# Münchener Kommentar zum Bürgerlichen Gesetzbuch

Herausgegeben von

**Dr. Dr. Dres. h.c. Franz Jürgen Säcker**
(em.) Professor an der Freien Universität Berlin

**Dr. Roland Rixecker**
Präsident des Saarländischen Oberlandesgerichts a.D.
Präsident des Verfassungsgerichtshofs des Saarlandes
Honorarprofessor an der Universität des Saarlandes

**Dr. Hartmut Oetker**
Professor an der Universität Kiel
Richter am Oberlandesgericht Jena

**Bettina Limperg**
Präsidentin des Bundesgerichtshofs, Karlsruhe

## Band 9
## Familienrecht I
## §§ 1297–1588

## Versorgungsausgleichsgesetz · Gewaltschutzgesetz
## Lebenspartnerschaftsgesetz

## Die einzelnen Bände des Münchener Kommentars zum BGB

---

Band 1: Einleitung und Allgemeiner Teil
§§ 1–240 · AllgPersönlR · ProstG · AGG
Redakteurin: Prof. Dr. Claudia Schubert

Band 2: Schuldrecht · Allgemeiner Teil I
§§ 241–310
Redakteur: Vors. Richter am BGH a.D. Prof. Dr. Wolfgang Krüger

Band 3: Schuldrecht · Allgemeiner Teil II
§§ 311–432
Redakteur: Vors. Richter am BGH a.D. Prof. Dr. Wolfgang Krüger

Band 4: Schuldrecht · Besonderer Teil I
§§ 433–534 · Finanzierungsleasing · CISG
Redakteur: Prof. Dr. Dres. h.c. Harm Peter Westermann

Band 5: Schuldrecht · Besonderer Teil II
§§ 535–630h · HeizkostenV · BetrKV · WBVG · EFZG · TzBfG · KSchG · MiLoG
Redakteure: Prof. Dr. Martin Henssler/Vors. Richter am BGH a.D. Prof. Dr. Wolfgang Krüger

Band 6: Schuldrecht · Besonderer Teil III
§§ 631–704
Redakteur: Prof. Dr. Martin Henssler

Band 7: Schuldrecht · Besonderer Teil IV
§§ 705–853 · PartGG · ProdHaftG
Redakteur: Prof. Dr. Mathias Habersack

Band 8: Sachenrecht
§§ 854–1296 · WEG · ErbbauRG
Redakteur: Richter des BVerfG a.D. Prof. Dr. Reinhard Gaier

Band 9: Familienrecht I
§§ 1297–1588 · GewSchG · VersAusglG · LPartG
Redakteurin: Prof. Dr. Elisabeth Koch

Band 10: Familienrecht II
§§ 1589–1921 · SGB VIII
Redakteur: Prof. Dr. Dr. h.c. Dieter Schwab

Band 11: Erbrecht
§§ 1922–2385 · §§ 27–35 BeurkG
Redakteurin: Richterin des BVerfG Dr. Sibylle Kessal-Wulf

Band 12: IPR I
Redakteur: Prof. Dr. Jan v. Hein

Band 13: IPR II · IntWR · Art. 50–248 EGBGB
Redakteur: Prof. Dr. Jan v. Hein

# Münchener Kommentar zum Bürgerlichen Gesetzbuch

## Band 9

**Familienrecht I**

**§§ 1297–1588**

**Versorgungsausgleichsgesetz · Gewaltschutzgesetz**
**Lebenspartnerschaftsgesetz**

Redakteurin:
**Dr. Elisabeth Koch**
em. Professorin an der Universität Jena

**8. Auflage 2019**

C.H.BECK

Zitiervorschlag:
MüKoBGB/*Bearbeiter* § … Rn. …

**www.beck.de**

ISBN 978 3 406 72609 5


Wilhelmstraße 9, 80801 München

Druck: Druckerei C.H. Beck Nördlingen
(Adresse wie Verlag)
Satz: Meta Systems Publishing & Printservices GmbH, Wustermark
Umschlaggestaltung: Druckerei C.H. Beck Nördlingen

$CO_2$ neutral
chbeck.de/nachhaltig

Gedruckt auf säurefreiem, alterungsbeständigem Papier
(hergestellt aus chlorfrei gebleichtem Zellstoff)

## Die Bearbeiter des neunten Bandes

---

*Dr. Barbara Ackermann-Sprenger*
Rechtsanwältin, Stuttgart

*Dr. Konrad Duden, LL.M.*
Max-Planck-Institut für ausländisches und internationales Privatrecht, Hamburg

*Dr. Elisabeth Koch*
em. Professorin an der Universität Jena

*Dr. Hans-Ulrich Maurer*
Vorsitzender Richter am Oberlandesgericht a.D., Hechingen

*Dr. Christof Münch*
Notar in Kitzingen

*Dr. Andreas Roth*
Professor an der Universität Mainz

*Dr. Karl August Prinz von Sachsen Gessaphe*
Professor an der Fernuniversität Hagen

*Silke Scholer*
Rechtsanwältin, Stuttgart

*Walther Siede*
Richter am Oberlandesgericht, München

*Albrecht Weber*
Rechtsanwalt, Richter am Oberlandesgericht a.D., Baden-Baden

*Beatrix Weber-Monecke*
Richterin am Bundesgerichtshof a.D., Hachenburg

*Dr. Marina Wellenhofer*
Professorin an der Universität Frankfurt am Main

## Im Einzelnen haben bearbeitet

| | |
|---|---|
| Einl. FamR | Dr. Elisabeth Koch |
| §§ 1297–1302 | Dr. Andreas Roth |
| Anh. § 1302 | Dr. Marina Wellenhofer |
| §§ 1303–1320 | Dr. Marina Wellenhofer |
| §§ 1321–1352 | (weggefallen) |
| § 1353 | Dr. Andreas Roth |
| § 1354 | (weggefallen) |
| § 1355 | Dr. Karl August Prinz von Sachsen Gessaphe |
| §§ 1356–1359 | Dr. Andreas Roth |
| §§ 1360–1362 | Beatrix Weber-Monecke |
| §§ 1363–1390 | Dr. Elisabeth Koch |
| §§ 1391–1407 | (weggefallen) |
| §§ 1408–1518 | Dr. Christof Münch |
| § 1519 | Dr. Elisabeth Koch |
| §§ 1520–1557 | (weggefallen) |
| §§ 1558–1563 | Dr. Christof Münch |
| §§ 1564–1568 | Albrecht Weber |
| §§ 1568a, 1568b | Dr. Marina Wellenhofer |
| §§ 1569–1586b | Dr. Hans-Ulrich Maurer |
| Anh. § 1586b | Dr. Hans-Ulrich Maurer |
| § 1587 | Walther Siede |
| § 1588 | Beatrix Weber-Monecke |
| VersAusglG §§ 1–5 | Walther Siede |
| VersAusglG §§ 6–8 | Albrecht Weber |
| VersAusglG § 9–11 | Walther Siede |
| VersAusglG §§ 12, 13 | Albrecht Weber |
| VersAusglG §§ 14–16 | Walther Siede |
| VersAusglG § 17 | Albrecht Weber |
| VersAusglG §§ 18, 19 | Walther Siede |
| VersAusglG § 20 | Dr. Barbara Ackermann-Sprenger |
| VersAusglG § 21 | Albrecht Weber |
| VersAusglG §§ 22–26 | Dr. Barbara Ackermann-Sprenger |
| VersAusglG § 27 | Walther Siede |
| VersAusglG §§ 28–31 | Dr. Barbara Ackermann-Sprenger |
| VersAusglG §§ 32–38 | Walther Siede |
| VersAusglG §§ 39–42 | Silke Scholer |
| VersAusglG § 43 | Albrecht Weber |
| VersAusglG § 44 | Walther Siede |
| VersAusglG § 45 | Albrecht Weber |
| VersAusglG §§ 46, 47 | Silke Scholer |
| VersAusglG §§ 48, 49 | Walther Siede |
| VersAusglG § 50 | Albrecht Weber |
| VersAusglG §§ 51–54 | Walther Siede |
| GewSchG | Dr. Konrad Duden |
| LPartG | Dr. Konrad Duden |
| Sachverzeichnis | Cordula Scholz Löhnig |

# Verzeichnis der ausgeschiedenen und teilweise ausgeschiedenen Bearbeiter

*Claus Dörr:* Vor § 1587 BGB aF, § 1587 BGB aF, §§ 1587a, 1587b, 1587c, 1587h BGB: 3. Aufl. 1993, 4. Aufl. 2010, 5. Aufl. 2009; § 1587o BGB: 5. Aufl. 2009; §§ 53b–53g FGG: 5. Aufl. 2009; § 10a VAHRG: 3. Aufl. 1993, 4. Aufl. 2000, 5. Aufl. 2009; § 1587 BGB; § 1587 BGB, §§ 1–3, 5, 9, 27, 28, 47, 48, 51–54 VersAusglG, §§ 217–229 FamFG: 5. Aufl. 2009, 6. Aufl. 2013, 7. Aufl. 2017

*Prof. Dr. Dr. h.c. Eberhard Eichenhofer:* § 1587a BGB: 5. Aufl. 2009; §§ 6–8, 12, 13, 17, 21, 45 VersAusglG: 5. Aufl. 2009, 6. Aufl. 2013, 7. Aufl. 2017

*Hans Eißler:* §§ 1587a, 1587d–1587f, 1587k, 1587m, 1587n BGB: 3. Aufl. 1993; § 2 VAHRG: 3. Aufl. 1993

*Gabriele Ey:* §§ 1564–1568 BGB: 5. Aufl. 2010, 6. Aufl. 2013

*Prof. Dr. Joachim Gernhuber:* §§ 1363–1390 BGB: 1. Aufl. 1978, 2. Aufl. 1989, 3. Aufl. 1993

*Uwe Gräper:* §§ 1587a, 1587d–1587f, 1587k, 1587m, 1587n BGB: 4. Aufl. 2000, 5. Aufl. 2009; Vor § 1, §§ 1, 3, 3c–10, 10b–13 VAHRG: 3. Aufl. 1993; Vor § 1, §§ 1–3, 3c–10, 10b–13 VAHRG: 4. Aufl. 2000, 5. Aufl. 2009; §§ 4, 10, 11, 14–16, 18, 19, 29–38, 44, 49 VersAusglG: 5. Aufl. 2010, 6. Aufl. 2013

*Rainer Glockner:* §§ 1587a, 1587g, 1587i, 1587l BGB: 3. Aufl. 1993, 4. Aufl. 2000, 5. Aufl. 2009; § 1587 BGB: 5. Aufl. 2010; § 3a VAHRG: 3. Aufl. 1993, 4. Aufl. 2000, 5. Aufl. 2009; §§ 5, 20, 22–26, 28, 39–42, 46, 47, 53 VersAusglG: 5. Aufl. 2010, 6. Aufl. 2013

*Klaus Hannemann:* §§ 1587–1587n, 1587p BGB: 1. Aufl. 1978; § 1265a RVO: 1. Aufl. 1978

*Tilo Herrmann:* §§ 1587–1587n, 1587p BGB: 2. Aufl. 1993; § 1265a RVO: 2. Aufl. 1993

*Dr. Rainer Kanzleiter:* §§ 1408–1518 BGB, §§ 1558–1563 BGB: 1. Aufl. 1978, 2. Aufl. 1989, 3. Aufl. 1993, 4. Aufl. 2000, 5. Aufl. 2010, 6. Aufl. 2013, 7. Aufl. 2017

*Wilhelm Knöbber:* §§ 1587–1587n, 1587p BGB: 1. Aufl. 1978, 2. Aufl. 1989; § 1265a RVO: 1. Aufl. 1978

*Dr. Antje Krüger:* GewSchG: 5. Aufl. 2010, 6. Aufl. 2013, 7. Aufl. 2017

*Dr. Kurt Maier:* §§ 1587–1587n, 1587p BGB: 1. Aufl. 1978, 2. Aufl. 1989; § 1265a RVO: 1. Aufl. 1978, 2. Aufl. 1989; VAHRG: 2. Aufl. 1989

*Klaus Michaeli:* §§ 1587–1587n, 1587p BGB: 1. Aufl. 1978, 2. Aufl. 1993; § 1265a RVO: 1. Aufl. 1978, 2. Aufl. 1993

*Dr. Dierk Müller-Gindullis:* EheG, 1. und 6 DVO EheG: 1. Aufl. 1978, 2. Aufl. 1989, 3. Aufl. 1993; §§ 1303–1320 BGB: 4. Aufl. 2000, 5. Aufl. 2010; HausratsVO: 4. Aufl. 2000

*Prof. Dr. Kurt Rebmann:* Einl. FamR: 1. Aufl. 1978, 2. Aufl. 1989, 3. Aufl. 1993

*Dr. Gerhard Richter:* §§ 1569–1586b BGB: 1. Aufl. 1978, 2. Aufl. 1989, 3. Aufl. 1993

*Jochen Rühmann:* § 1587a BGB: 3. Aufl. 1993, 4. Aufl. 2000

*Gregor Sander:* §§ 1587–1587n, 1587p BGB: 1. Aufl. 1978, 2. Aufl. 1989; § 1265a RVO: 1. Aufl. 1978, 2. Aufl. 1989; §§ 1587a, 1587b, 1587p BGB: 3. Aufl. 1993, 4. Aufl. 2000; § 3b VAHRG: 3. Aufl. 1993, 4. Aufl. 2000; VAÜG: 3. Aufl. 1993, 4. Aufl. 2000

*Udo Schöning:* §§ 1587–1587n, 1587p BGB: 1. Aufl. 1978, 2. Aufl. 1989; § 1265a RVO: 1. Aufl. 1978, 2. Aufl. 1989

*Johannes Strobel:* § 1587o BGB: 1. Aufl. 1978, 2. Aufl. 1989, 3. Aufl. 1993, 4. Aufl. 2000; §§ 53b–53g FGG: 1. Aufl. 1978, 2. Aufl. 1989, 3. Aufl. 1993, 4. Aufl. 2000

*Prof. Dr. Dr. h.c. mult. Andreas Wacke:* §§ 1297–1362, 1588 BGB: 1. Aufl. 1978, 2. Aufl. 1989, 3. Aufl. 1993; §§ 1297–1302 Anh., 1353–1362 BGB: 4. Aufl. 2000; LPartG: 4. Aufl. 2000, 5. Aufl. 2010, 6. Aufl. 2013, 7. Aufl. 2017

*Albrecht Weber:* §§ 1587a, 1587b, 1587p BGB: 5. Aufl. 2009; § 3b VAHRG: 5. Aufl. 2009; VAÜG: 5. Aufl. 2009

*Peter Weiß:* §§ 1587–1587n, 1587p BGB: 1. Aufl. 1978, 2. Aufl. 1989; § 1265a RVO: 1. Aufl. 1978, 2. Aufl. 1989

*Dr. Alfred Wolf:* §§ 1564–1568 BGB: 1. Aufl. 1978, 2. Aufl. 1989, 3. Aufl. 1993, 4. Aufl. 2000, § 1588 BGB: 4. Aufl. 2000

# Vorwort zur 8. Auflage

Der Inhalt des Bandes „Familienrecht I" hat sich mit der neuen numerischen Einstellung in der 8. Auflage des Münchener Kommentars zum BGB – aus Band 8 ist Band 9 geworden – nicht geändert. Kommentiert wird die Normierung der Bürgerlichen Ehe im BGB (4. Buch, Abschnitt 1) und die des – im Falle der Scheidung durchzuführenden – Versorgungsausgleichs im VersAusglG. Neben diesen die Ehe betreffenden Kommentierungen sind die Bestimmungen des Gewaltschutzgesetzes und die des Lebenspartnerschaftsgesetzes Gegenstand des vorliegenden Bandes.

Grundlegende legislatorische Änderungen hat seit Erscheinen der Vorauflage im Jahr 2017 das Eheschließungsrecht erfahren. Hier hat das „Gesetz zur Bekämpfung von Kinderehen" (v. 17.7.2017, in Kraft seit 22.7.2017) das Eheschließungsalter generell auf das 18. Lebensjahr heraufgesetzt und das „Gesetz zur Einführung des Rechts auf Eheschließung für Personen gleichen Geschlechts" (v. 20.7.2017, in Kraft seit 1.10.2017) einen Paradigmenwechsel im Eherecht herbeigeführt. In der Kommentierung der einschlägigen Normen des BGB werden die Entstehungsprozesse und die bisherigen Umsetzungsschritte dieser Neuerungen im Einzelnen dargestellt. Die eherechtlichen Bestimmungen, die von derart tiefgreifenden Eingriffen des Gesetzgebers verschont geblieben sind, sind entsprechend der Zielsetzung und Tradition des Münchener Kommentars bearbeitet worden: Die Entwicklungen der Rechtspraxis seit der Vorauflage finden sich im vorliegenden Band mit wissenschaftlich vertiefendem Blick nachgezeichnet und auf aktuellstem Stand wiedergegeben.

Bis zur 6. Auflage enthielt die Einleitung des Bandes (Einl. FamR) einen Abschnitt „Rechtstatsachen". Dass dieser in der 7. Auflage (erstmalig) fehlt, ist in einer Rezension moniert worden. Nach nochmaligem Überdenken wird jedoch an der Entscheidung, diesen Abschnitt wegzulassen, festgehalten. Die heutigen Möglichkeiten der Online-Recherche machen unseres Erachtens den Abdruck von Tabellen des Statistischen Bundesamtes, die im Internet zugänglich sind, entbehrlich. Deshalb enthält auch dieser Band nur noch den Hinweis zum Auffinden der entsprechenden Internetseite.

Die Änderungen im Kreis der Autoren geht auf das – seitens der Unterzeichneten bedauerten – Ausscheiden bisheriger Autoren zurück. So hat Notar a.D. Prof. Dr. Rainer Kanzleiter die Bearbeitung der Vorschriften zur Gütergemeinschaft abgegeben – Notar Dr. Christof Münch, ebenfalls ausgewiesener Kenner dieser Materie, führt sie fort. Einen Generationenwechsel hat es beim Lebenspartnerschaftsgesetz gegeben. Dieses kommentiert nach dem Rückzug von Univ.-Prof. Dr. Dr. h.c. mult. Wacke nun kenntnisreich und fundiert Dr. Konrad Duden (LL.M.). Ebenfalls übernommen hat Dr. Duden die Kommentierung des Gewaltschutzgesetzes, die bislang in den Händen von Richterin am BGH Dr. Antje Krüger lag. Im Recht des Versorgungsausgleichs sind Claus Dörr, Richter am BGH a.D. und Univ.-Prof. Dr. Dr. h.c. Eberhard Eichenhofer ausgeschieden. Rechtsanwältin Dr. Barbara Ackermann-Sprenger (Stuttgart), Rechtsanwältin Silke Scholer (Stuttgart) sowie Richter Walther Siede (OLG München) und Richter a.D. Albrecht Weber (OLG Karlsruhe) haben die vakant gewordenen Partien übernommen – und zwar jeweils zusätzlich zu den von ihnen schon in der Vorauflage bearbeiteten Normen. Alle vier sind, wie den Nutzern des Kommentars bekannt, in der komplizierten Materie mehr als zuhause!

Wir hoffen, dass auch die vorliegende 8. Auflage des „Familienrecht I" den Erwartungen, die Wissenschaft und Praxis an den Münchener Kommentar zum BGB stellen, gerecht wird.

Die Ausführungen befinden sich auf dem Stand Juli 2019. Für Kritik und Anregungen sind wir offen.

Und last but not least: Allen, die am Erscheinen des Bandes beteiligt waren, sei für ihr Engagement und ihren Einsatz herzlich gedankt.

München, im August 2019 *Herausgeber, Bandredakteurin und Verlag*

# Inhaltsverzeichnis



## Bürgerliches Gesetzbuch

## Inhaltsverzeichnis

# Verzeichnis der Abkürzungen und der abgekürzt zitierten Literatur

Zeitschriften werden, soweit nicht anders angegeben, nach Jahrgang und Seite zitiert.

| | |
|---|---|
| aA | anderer Ansicht |
| AAÜG | Gesetz zur Überführung der Ansprüche und Anwartschaften aus Zusatz- und Sonderversorgungssystemen des Beitrittsgebiets (Anspruch- und Anwartschaftsüberführungsgesetz) v. 25.7.1991 (BGBl. 1991 I 1606) |
| ABGB | Allgemeines Bürgerliches Gesetzbuch v. 1.6.1811 (Österreich) |
| AbgG | Gesetz über die Rechtsverhältnisse der Mitglieder des Deutschen Bundestages (Abgeordnetengesetz) idF der Bek. v. 21.2.1996 (BGBl. 1996 I 326) |
| Abh. | Abhandlung(en) |
| Abk. | Abkommen |
| abl. | ablehnend |
| ABl. | Amtsblatt |
| ABl. EU | Amtsblatt der Europäischen Union |
| *Bearbeiter* in Abramenko WEG-HdB | Abramenko, Handbuch WEG, 2. Aufl. 2014 |
| Abs. | Absatz |
| Abschn. | Abschnitt |
| Abt. | Abteilung |
| abw. | abweichend |
| AbzG | Gesetz betreffend die Abzahlungsgeschäfte (Abzahlungsgeschäftegesetz) v. 16.5.1894 (RGBl. 1894 S. 450), aufgehoben |
| AcP | Archiv für die civilistische Praxis (Zeitschrift; zitiert nach Band und Seite; in Klammer Erscheinungsjahr des jeweiligen Bandes) |
| ADHGB | Allgemeines Deutsches Handelsgesetzbuch von 1861 |
| AdoptÄndG | Gesetz zur Änderung von Vorschriften des Adoptionsrechts |
| AdoptG | Gesetz über die Annahme als Kind und zur Änderung anderer Vorschriften (Adoptionsgesetz) v. 2.7.1976 (BGBl. 1976 I 1749) |
| AdVermiG | Gesetz über die Vermittlung der Annahme als Kind idF der Bek. vom 22.12.2001 (BGBl. 2002 I 354) |
| aE | am Ende |
| AEntG | Gesetz über zwingende Arbeitsbedingungen für grenzüberschreitend entsandte und für regelmäßig im Inland beschäftigte Arbeitnehmer und Arbeitnehmerinnen (Arbeitnehmer-Entsendegesetz – AEntG) v. 20.4.2009 (BGBl. 2009 I 799) |
| Ärztl. Lab. | Das Ärztliche Laboratorium (Zeitschrift) |
| AEUV | Vertrag über die Arbeitsweise der Europäischen Union idF der Bek. v. 9.5.2008 (ABl. EU 2008 C 115, 47) |
| aF | alte Fassung |
| AfP | Archiv für Presserecht (Zeitschrift) |
| AFWoG | Gesetz über den Abbau der Fehlsubventionierung im Wohnungswesen idF der Bek. v. 13.9.2001 (BGBl. 2001 I 2414) |
| AG | Aktiengesellschaft; Die Aktiengesellschaft (Zeitschrift); Amtsgericht (mit Ortsnamen) |
| AGB | Allgemeine Geschäftsbedingungen |
| AGBG | Gesetz zur Regelung des Rechts der Allgemeinen Geschäftsbedingungen idF der Bek. v. 29.6.2000 (BGBl. 2000 I 946), aufgehoben |
| AGBGB | Ausführungsgesetz zum BGB (Landesrecht) |
| AGG | Allgemeines Gleichbehandlungsgesetz v. 14.8.2006 (BGBl. 2006 I 1897) |
| AGJ | Arbeitsgemeinschaft für Jugendhilfe |
| AGJJ | Arbeitsgemeinschaft für Jugendpflege und Jugendfürsorge |
| AgrarR | Agrarrecht, Zeitschrift für das gesamte Recht der Landwirtschaft, der Agrarmärkte und des ländlichen Raumes |
| AHK | Alliierte Hohe Kommission |
| AHKBl. | Amtsblatt der Alliierten Hohen Kommission in Deutschland |
| AHKG | Gesetz der Alliierten Hohen Kommission |
| AKB | Allgemeine Bedingungen für die Kfz-Versicherung (Musterbedingungen des GDV) v. 12.10.2017 |
| AK-BGB/*Bearbeiter* | Alternativkommentar zum Bürgerlichen Gesetzbuch, hrsg. von Wassermann, 1979 ff. |

## Abkürzungs- und Literaturverzeichnis

| | |
|---|---|
| AkDR | Akademie für Deutsches Recht |
| AktG | Aktiengesetz v. 6.9.1965 (BGBl. 1965 I 1089) |
| AL | Ad Legendum (Zeitschrift) |
| ALG | Gesetz über die Alterssicherung der Landwirte v. 29.7.1994 (BGBl. 1994 I 1890, 1891) |
| allgM | allgemeine Meinung |
| ALR | Allgemeines Landrecht für die Preußischen Staaten von 1794 (zitiert nach §, Teil und Titel) |
| Alt. | Alternative |
| AltGG | Altersgeldgesetz v. 28.8.2013, BGBl. 2013 I 3386 |
| AltZertG | Gesetz über die Zertifizierung von Altersvorsorge- und Basisrentenverträgen (Altersvorsorgeverträge-Zertifizierungsgesetz) v. 26.6.2001 (BGBl. 2001 I 1310, 1322) |
| aM | anderer Meinung |
| Am J Comp Law | American Journal of Comparative Law |
| *Bearbeiter* in Amann/Brambring/Hertel Vertragspraxis Neues SchuldR | Amann/Brambring/Hertel, Vertragspraxis nach neuem Schuldrecht, 2. Aufl. 2002 |
| *Ambrock* | Ambrock, Ehe und Ehescheidung, Kommentar zu den Vorschriften des materiellen Rechts (BGB, EheG, RVO ua) und des Verfahrensrechts (GVG, ZPO, FGG ua), 1977 |
| AMG | Gesetz über den Verkehr mit Arzneimitteln (Arzneimittelgesetz) idF der Bek. v. 12.12.2005 (BGBl. 2005 I 3394) |
| AMRHM/*Bearbeiter* | Arnold/Meyer-Stolte/Herrmann/Rellermeyer/Hintzen, Rechtspflegergesetz, Kommentar, 8. Aufl. 2015 |
| Amtl. Begr. | Amtliche Begründung |
| ÄndG | Gesetz zur Änderung |
| *Andrae* IntFamR | Andrae, Internationales Familienrecht, 3. Aufl. 2014 |
| Anh. | Anhang |
| Anm. | Anmerkung |
| AnwBl. | Anwaltsblatt (Zeitschrift) |
| AnwK-BGB/*Bearbeiter* | Anwaltkommentar (ab 2. Aufl. s. unter NK-BGB) |
| AP | Arbeitsrechtliche Praxis, Nachschlagewerk des Bundesarbeitsgerichts (Nr. ohne Gesetzesangabe bezieht sich auf den gerade kommentierten Paragraphen) |
| APS/*Bearbeiter* | Ascheid/Preis/Schmidt, Kündigungsrecht, Kommentar, 5. Aufl. 2017 |
| ArbeitsKommentar MietRÄndG/*Bearbeiter* | Börstinghaus/Eisenschmid, ArbeitsKommentar Mietrechtsänderungsgesetz, 2013 |
| ArbG | Arbeitsgericht (mit Ortsnamen) |
| ArbGG | Arbeitsgerichtsgesetz idF der Bek. v. 2.7.1979 (BGBl. 1979 I 853, berichtigt BGBl. 1979 I 1036) |
| ArbnErfG | Gesetz über Arbeitnehmererfindungen v. 25.7.1957 (BGBl. 1957 I 756) |
| ArbPlSchG | Gesetz über den Schutz des Arbeitsplatzes bei Einberufung zum Wehrdienst (Arbeitsplatzschutzgesetz) idF der Bek. v. 16.7.2009 (BGBl. 2009 I 2055) |
| ArbR | Arbeitsrecht |
| ArbSchG | Gesetz über die Durchführung von Maßnahmen des Arbeitsschutzes zur Verbesserung der Sicherheit und des Gesundheitsschutzes der Beschäftigten bei der Arbeit (Arbeitsschutzgesetz) v. 7.8.1996 (BGBl. 1996 I 1246) |
| ArbSG | Gesetz zur Sicherstellung von Arbeitsleistungen für Zwecke der Verteidigung einschließlich des Schutzes der Zivilbevölkerung (Arbeitssicherstellungsgesetz) v. 9.7.1968 (BGBl. 1968 I 787) |
| Arch. | Archiv |
| ArchBürgR | Archiv für Bürgerliches Recht (Zeitschrift) |
| ArchRWPhil | Archiv für Rechts- und Wirtschaftsphilosophie (Zeitschrift) |
| ArchSozWiss | Archiv für Sozialwissenschaft und Sozialpolitik (Zeitschrift) |
| arg. | argumentum |
| Armbrüster/Preuß/Renner/*Bearbeiter* | Armbrüster/Preuß/Renner, Beurkundungsgesetz und Dienstordnung für Notarinnen und Notare, Kommentar, 7. Aufl. 2015 |
| *Arndt/Lerch/Sandkühler* | Arndt/Lerch/Sandkühler, Bundesnotarordnung, Kommentar, 8. Aufl. 2016 |
| Arnold/Gräfl/*Bearbeiter* | Arnold/Gräfl, Teilzeit- und Befristungsgesetz, Kommentar, 4. Aufl. 2016 |
| ARSP | Archiv für Rechts- und Sozialphilosophie (Zeitschrift; zitiert nach Band und Seite) |
| Art. | Artikel |
| AS | Sammlung der eidgenössischen Gesetze |
| ASiG | Gesetz über Betriebsärzte, Sicherheitsingenieure und andere Fachkräfte für Arbeitssicherheit v. 12.12.1973 (BGBl. 1973 I 1885) |
| AsylG | Asylgesetz idF der Bek. v. 2.9.2008 (BGBl. 2008 I 1798) |

| | |
|---|---|
| AT | Allgemeiner Teil |
| AÜG | Gesetz zur Regelung der Arbeitnehmerüberlassung (Arbeitnehmerüberlassungsgesetz) idF der Bek. v. 3.2.1995 (BGBl. 1995 I 158) |
| AufenthG | Gesetz über den Aufenthalt, die Erwerbstätigkeit und die Integration von Ausländern im Bundesgebiet (Aufenthaltsgesetz) idF der Bek. v. 25.2.2008 (BGBl. 2008 I 162) |
| Aufl. | Auflage |
| AUG | Gesetz zur Geltendmachung von Unterhaltsansprüchen im Verkehr mit ausländischen Staaten (Auslandsunterhaltsgesetz) v. 23.5.2011 (BGBl. 2011 I 898) |
| ausf. | ausführlich |
| AusfG | Ausführungsgesetz |
| AusfVO | Ausführungsverordnung |
| AuslG | Ausländergesetz |
| AVO | Ausführungsverordnung |
| AWG | Außenwirtschaftsgesetz v. 6.6.2013 (BGBl. 2013 I 2789) |
| Az. | Aktenzeichen |
| B | Bundes- |
| Bad.-Württ.; bad.-württ. | Baden-Württemberg; baden-württembergisch |
| BadNotZ | Badische Notar-Zeitschrift |
| BadRpr. | Badische Rechtspraxis |
| BÄO | Bundesärzteordnung idF der Bek. v. 16.4.1987 (BGBl. 1987 I 1218) |
| Bärmann/*Bearbeiter* | Bärmann, Wohnungseigentumsgesetz, Kommentar, 14. Aufl. 2018 |
| Bärmann/*Pick* | Bärmann/Pick, Wohnungseigentumsgesetz, Kommentar, 19. Aufl. 2010 |
| BAG | Bundesarbeitsgericht |
| BAGE | Entscheidungen des Bundesarbeitsgerichts |
| Bahngastrechte-VO | Verordnung (EG) Nr. 1371/2007 des Europäischen Parlaments und des Rates vom 23.10.2007 über die Rechte und Pflichten der Fahrgäste im Eisenbahnverkehr (ABl. EG 2007 Nr. L 315, 14) |
| Bahrenfuss/*Bearbeiter* | Bahrenfuss, FamFG, Kommentar, 3. Aufl. 2017 |
| Bamberger/Roth | s. BeckOK BGB; s. BRHP |
| BAnz. | Bundesanzeiger |
| BarwertV | Verordnung zur Ermittlung des Barwerts einer auszugleichenden Versorgung nach § 1587a Abs. 3 Nr. 2, Abs. 4 des Bürgerlichen Gesetzbuchs (Barwert-Verordnung) v. 24.6.1977 (BGBl. 1977 I 1014), aufgehoben |
| Bassenge/Roth | Bassenge/Roth, Gesetz über das Verfahren in Familiensachen und in den Angelegenheiten der freiwilligen Gerichtsbarkeit, Rechtspflegergesetz, Kommentar, 12. Aufl. 2009 |
| Bauer/Schaub/*Bearbeiter* | Bauer/Schaub, Grundbuchordnung: GBO, Kommentar, 4. Aufl. 2018 |
| BauFordSiG | Gesetz über die Sicherung der Bauforderungen (Bauforderungssicherungsgesetz) v. 1.6.1909 (RGBl. 1909 I 449) |
| BauGB | Baugesetzbuch idF der Bek. v. 23.9.2004 (BGBl. 2004 I 2414) |
| Baumbach/Hefermehl/*Casper* | Baumbach/Hefermehl/Casper, Wechselgesetz und Scheckgesetz, Kommentar, 23. Aufl. 2008 |
| Baumbach/Hopt/*Bearbeiter* | Baumbach/Hopt, Handelsgesetzbuch, Kommentar, 38. Aufl. 2018 |
| Baumbach/Hueck/*Bearbeiter* | Baumbach/Hueck, GmbHG, Kommentar, 21. Aufl. 2017 |
| *Bearbeiter* in Baumgärtel/Laumen/Prütting Beweislast-HdB I–IX | Baumgärtel/Laumen/Prütting, Handbuch der Beweislast im Privatrecht, Bände 1–3: 4. Aufl. 2018; Band 8: Familienrecht, 3. Aufl. 2010, Band 9: Erbrecht, 3. Aufl. 2009 |
| *Baur/Stürner* SachenR | Baur/Stürner, Sachenrecht, 18. Aufl. 2009 |
| BauSparkG | Gesetz über Bausparkassen (Bausparkassengesetz) idF der Bek. v. 15.2.1991 (BGBl. 1991 I 454) |
| Bay., bay. | Bayern, bayerisch |
| BayBS | Bereinigte Sammlung des bayerischen Landesrechts |
| BayJMBl. | Bayerisches Justizministerialblatt |
| BayObLG | Bayerisches Oberstes Landesgericht |
| BayObLGZ | Amtliche Sammlung von Entscheidungen des Bayerischen Obersten Landesgerichts in Zivilsachen |
| BayVBl. | Bayerische Verwaltungsblätter (Zeitschrift) |
| BayVerfGE | Sammlung von Entscheidungen des Bayerischen Verfassungsgerichtshofes |

| | |
|---|---|
| BayVGH | Bayerischer Verfassungsgerichtshof |
| BB | Betriebs-Berater (Zeitschrift) |
| BBergG | Bundesberggesetz v. 13.8.1980 (BGBl. 1980 I 1310) |
| BBesG | Bundesbesoldungsgesetz (BBesG) idF der Bek. v. 19.6.2009 (BGBl. 2009 I 1434) |
| BBG | Bundesbeamtengesetz (BBG) v. 5.2.2009 (BGBl. 2009 I 160) |
| BBodSchG | Gesetz zum Schutz vor schädlichen Bodenveränderung und zur Sanierung von Altlasten (Bundes-Bodenschutzgesetz) v. 17.3.1998 (BGBl. 1998 I 502) |
| Bd. | Band |
| BDSG | Bundesdatenschutzgesetz v. 30.6.2017 (BGBl. 2017 I 2097) |
| BDSG 2003 | Bundesdatenschutzgesetz idF der Bek. v. 14.1.2003 (BGBl. 2003 I 66), aufgehoben |
| BeamtStG | Beamtenstatusgesetz (BeamtStG) v. 17.6.2008 (BGBl. 2008 I 1010) |
| BeamtVG | Gesetz über die Versorgung der Beamten und Richter des Bundes (Beamtenversorgungsgesetz) idF der Bek. v. 24.2.2010 (BGBl. 2010 I 150) |
| Bearb., bearb. | Bearbeitung/Bearbeiter; bearbeitet |
| Beck HOAI/*Bearbeiter* | Fuchs/Berger/Seifert, Beck'scher HOAI- und Architektenrechts-Kommentar: HOAI, 1. Aufl. |
| Beck-FormB BHW/*Bearbeiter* | Beck'sches Formularbuch zum Bürgerlichen, Handels- und Wirtschaftsrecht, hrsg. von Hoffmann-Becking/Gebele, 13. Aufl. 2019 |
| Beck-FormB FamR/*Bearbeiter* | Beck'sches Formularbuch Familienrecht, hrsg. von Bergschneider, 5. Aufl. 2017 |
| *Bearbeiter* in Beckmann/Matusche-Beckmann VersR-HdB | Beckmann/Matusche-Beckmann, Versicherungsrechts-Handbuch, 3. Aufl. 2015 |
| *Bearbeiter* in Beckmann/Scharff LeasingR | H. Beckmann/Scharff, Leasingrecht – Rechtsprobleme beim Finanzierungsleasing, 4. Aufl. 2015 |
| BeckOGK/*Bearbeiter* | Beck'scher Online-Großkommentar, Zivilrecht hrsg. v. Gsell/Krüger/Lorenz/Reymann, Handels- und Gesellschaftsrecht hrsg. v. Henssler, 2019 |
| BeckOK BGB/*Bearbeiter* | Bamberger/Roth/Hau/Poseck (Hrsg.), Beck'scher Online-Kommentar zum Bürgerlichen Gesetzbuch, 50. Edition, 1.5.2019 (Printwerk s. unter BRHP) |
| BeckOK FamFG/*Bearbeiter* | Hahne/Schlögel/Schlünder, Beck'scher Online-Kommentar zum FamFG, 31. Edition, 1.7.2019 |
| BeckOK GBO/*Bearbeiter* | Hügel, Beck'scher Online-Kommentar zur GBO, 36. Edition, Stand 1.6.2019 |
| BeckOK GG/*Bearbeiter* | Epping/Hillgruber, Beck'scher Online-Kommentar zum Grundgesetz, 41. Edition, Stand: 15.5.2019 |
| BeckOK WEG/*Bearbeiter* | Timme, Beck'scher Online-Kommentar zum WEG, 37. Edition, Stand 1.5.2019 |
| BeckRS | Rechtsprechungssammlung in Beck-Online (Jahr und Nummer) |
| BEEG | Gesetz zum Elterngeld und zur Elternzeit (Bundeselterngeld- und Elternzeitgesetz) idF der Bek. v. 27.1.2015 (BGBl. 2015 I 33) |
| BEG | Bundesgesetz zur Entschädigung für Opfer der nationalsozialisten Verfolgung (Bundesentschädigungsgesetz) idF der Bek. v. 29.6.1956 (BGBl. 1956 I 559) |
| begr. | begründet |
| Begr. | Begründung |
| Beih. | Beiheft |
| Beil. | Beilage |
| Bek. | Bekanntmachung |
| *Belchaus* | Belchaus, Elterliches Sorgerecht, Kommentar zum Gesetz zur Neuregelung der elterlichen Sorge, 1980 |
| *Belz* WEG-HdB | Belz, Handbuch des Wohnungseigentums, 3. Aufl. 1996 |
| Bem. | Bemerkung |
| Bender StaatshaftungsR | Bender, Staatshaftungsrecht, 2. Aufl. 1974 |
| ber. | berichtigt |
| *Bergerfurth* Anwaltszwang | Bergerfurth, Der Anwaltszwang und seine Ausnahmen, 2. Aufl. 1988 |
| *Bergerfurth/Rogner* Ehescheidung | Bergerfurth/Rogner, Der Ehescheidungsprozess und die anderen Eheverfahren, 15. Aufl. 2006 |
| Bergmann/Ferid/Henrich/*Bearbeiter* | Bergmann/Ferid/Henrich, Internationales Ehe- und Kindschaftsrecht, Loseblattausgabe, 228. EL 2018 |
| *Bergner* | Bergner, Kommentar zum reformierten Versorgungsausgleich, 2009 |
| *Bergschneider* Eheverträge | Bergschneider, Richterliche Inhaltskontrolle von Eheverträgen und Scheidungsvereinbarungen, 2008 |

| | |
|---|---|
| Bergschneider Verträge Familiensachen | Bergschneider, Verträge in Familiensachen, 6. Aufl. 2018 |
| BErzGG | Gesetz zum Erziehungsgeld und zur Elternzeit (Bundeserziehungsgeldgesetz) idF der Bek. v. 9.2.2004 (BGBl. 2004 I 206), aufgehoben |
| bes. | besonders |
| bespr. | besprochen |
| bestr. | bestritten |
| betr. | betreffend |
| BetrAV | Mitteilungsblatt der Arbeitsgemeinschaft für betriebliche Altersversorgung |
| BetrAVG | Gesetz zur Verbesserung der betrieblichen Altersversorgung (Betriebsrentengesetz) v. 19.12.1974 (BGBl. 1974 I 3610) |
| BetrKV | Verordnung über die Aufstellung von Betriebskosten (Betriebskostenverordnung) v. 25.11.2003 (BGBl. 2003 I 2346) |
| BetrVG | Betriebsverfassungsgesetz idF der Bek. v. 25.9.2001 (BGBl. 2001 I 2518) |
| BeurkG | Beurkundungsgesetz v. 28.8.1969 (BGBl. 1969 I 1513) |
| BewG | Bewertungsgesetz |
| bez. | bezüglich |
| BezG | Bezirksgericht |
| BFH | Bundesfinanzhof |
| BFHE | Sammlung der Entscheidungen und Gutachten des Bundesfinanzhofs |
| BFM | Bundesfinanzministerium |
| BG | Bundesgericht (Schweiz) |
| BGB | Bürgerliches Gesetzbuch idF der Bek. v. 2.1.2002 (BGBl. 2002 I 42; berichtigt BGBl. 2002 I 2909; BGBl. 2003 I 738) |
| BGB-InfoV | Verordnung über Informations- und Nachweispflichten nach bürgerlichem Recht (BGB-Informationspflichten-Verordnung-BGB-InfoV) idF der Bek. v. 5.8.2002 (BGBl. 2002 I 3002), aufgehoben |
| BGBl. I, II, III | Bundesgesetzblatt Teil I, Teil II, Teil III |
| BGG | Gesetz zur Gleichstellung von Menschen mit Behinderungen (Behindertengleichstellungsgesetz) v. 27.4.2002 (BGBl. 2002 I 1468) |
| BGH | Bundesgerichtshof |
| BGHR | Rechtsprechung des Bundesgerichtshofs (Band und Seite) |
| BGHWarn. | Rechtsprechung des Bundesgerichtshofs in Zivilsachen – in der Amtlichen Sammlung nicht enthaltene Entscheidungen (als Fortsetzung von WarnR) |
| BGHZ | Entscheidungen des Bundesgerichtshofs in Zivilsachen |
| *Bienwald* | s. BSH |
| BImSchG | Gesetz zum Schutz vor schädlichen Umwelteinwirkungen durch Luftverunreinigungen, Geräusche, Erschütterungen und ähnliche Vorgänge (Bundes-Immissionsschutzgesetz) idF der Bek. v. 17.5.2013 (BGBl. 2013 I 1274) |
| BImschG | Gesetz zum Schutz vor schädlichen Umwelteinwirkungen durch Luftverunreinigungen, Geräusche, Erschütterungen und ähnliche Vorgänge (Bundes-Immissionsschutzgesetz) idF der Bek. v. 17.5.2013 (BGBl. 2013 I 1274) |
| BinSchG | Gesetz betreffend die privatrechtlichen Verhältnisse der Binnenschiffahrt (Binnenschiffahrtsgesetz) idF der Bek. v. 20.5.1898 (RGBl. 1898 I 868) |
| BJagdG | Bundesjagdgesetz idF der Bek. v. 29.9.1976 (BGBl. 1976 I 2849) |
| BKGG | Bundeskindergeldgesetz idF der Bek. v. 28.1.2009 (BGBl. 2009 I 142, berichtigt BGBl. 2009 I 3177) |
| BKR | Bank- und Kapitalmarktrecht (Zeitschrift) |
| Bl. | Blatt |
| BLAH/*Bearbeiter* | Baumbach/Lauterbach/Albers/Hartmann (Hrsg.), Zivilprozessordnung, Kommentar, 77. Aufl. 2019 |
| Blank/Börstinghaus/*Bearbeiter* | Blank/Börstinghaus, Miete, Kommentar, 5. Aufl. 2017 |
| BLeistG | Bundesleistungsgesetz idF der Bek. v. 27.9.1961 (BGBl. 1961 I 1769, berichtigt BGBl. 1961 I 1920) |
| Bln. | Berlin(er) |
| Blomeyer/Rolfs/Otto/*Bearbeiter* | Blomeyer/Rolfs/Otto, Betriebsrentengesetz, Kommentar, 7. Aufl. 2018 |
| BMA | Bundesminister(ium) für Arbeit und Sozialordnung |
| BMFJG | Bundesministerium für Jugend, Familie und Gesundheit (1973–1986) |
| BMFSFJ | Bundesministerium für Familie, Senioren, Frauen und Jugend (ab 1994) |
| BMI | Bundesminister(ium) des Innern |
| BMJV | Bundesminister(ium) der Justiz und für Verbraucherschutz |
| BNotO | Bundesnotarordnung idF der Bek. v. 24.2.1961 (BGBl. 1961 I 97) |
| *Boecken/Joussen* | Boecken/Joussen, Teilzeit- und Befristungsgesetz, Kommentar, 5. Aufl. 2018 |
| *Böhmer/Finger* | Böhmer/Finger, Das gesamte Familienrecht, Loseblatt, 2009 |

| | |
|---|---|
| BörsG | Börsengesetz idF der Bek. v. 16.7.2007 (BGBl. 2007 I 1330) |
| *Bearbeiter* in Bonefeld Haftungsfallen | Bonefeld, Haftungsfallen im Erbrecht, 2. Aufl. 2012 |
| *Bearbeiter* in Bonefeld/Kroiß/Tanck Erbprozess | Bonefeld/Kroiß/Tanck, Der Erbprozess mit Erbscheinsverfahren und Teilungsversteigerung, 5. Aufl. 2017 |
| *Bearbeiter* in Bonefeld/Wachter FA-ErbR | Bonefeld/Wachter, Der Fachanwalt für Erbrecht, 3. Aufl. 2014 |
| Bonner KommGG/*Bearbeiter* | Kahl/Waldhoff/Walter, Bonner Kommentar zum Grundgesetz, Loseblatt, 195. EL 2018 |
| Bork/Jacoby/Schwab/*Bearbeiter* | Bork/Jacoby/Schwab, FamFG, Kommentar, 3. Aufl. 2018 |
| Bormann/Diehn/Sommerfeldt/*Bearbeiter* | Bormann/Diehn/Sommerfeldt, GNotKG, 2. Aufl. 2016 |
| *Borth* Praxis des UnterhaltsR | Borth, Praxis des Unterhaltsrechts, 3. Aufl. 2016 |
| *Borth* UnterhaltsR | Borth, Bedarfs- und Einkommensermittlung im Unterhaltsrecht, 1987 |
| *Borth* Versorgungsausgleich | Borth, Versorgungsausgleich in anwaltlicher und familiengerichtlicher Praxis, 8. Aufl. 2017 |
| BPatG | Bundespatentgericht |
| BPersVG | Bundespersonalvertretungsgesetz v. 15.3.1974 (BGBl. 1974 I 693) |
| BPflV | Verordnung zur Regelung der Krankenhauspflegesätze (Bundespflegesatzverordnung) v. 26.9.1994 (BGBl. 1994 I 2750) |
| BPolBG | Bundespolizeibeamtengesetz idF der Bek. v. 3.6.1976 (BGBl. 1976 I 1357) |
| BR | Bundesrat |
| *Braeuer* Zugewinnausgleich | Braeuer, Der Zugewinnausgleich, Eine Anleitung für Rechtsanwälte, Richter und Notare, 2. Aufl. 2015 |
| *Brambring* EheV und Vermögenszuordnung | Brambring, Ehevertrag und Vermögenszuordnung unter Ehegatten, 7. Aufl. 2012 |
| BRAO | Bundesrechtsanwaltsordnung v. 1.8.1959 (BGBl. 1959 I 565) |
| BR-Drs. | Drucksache des Deutschen Bundesrates |
| *Brecht* | Brecht, Entgeltfortzahlung an Feiertagen und im Krankheitsfall, Kommentar, 2. Aufl. 2000 |
| BReg. | Bundesregierung |
| *Brehm* Freiwillige Gerichtsbarkeit | Brehm, Freiwillige Gerichtsbarkeit, 4. Aufl. 2009 |
| *Brehm/Berger* SachenR | Brehm/Berger, Sachenrecht, 3. Aufl. 2014 |
| Breithaupt | Breithaupt, Sammlung von Entscheidungen aus dem Sozialrecht |
| Brem.; brem. | Bremen; bremisch |
| *Brenneisen* FamR/ErbR | Brenneisen, Familien- und Erbrecht, 3. Aufl. 2015 |
| BRHP/*Bearbeiter* | Bamberger/Roth/Hau/Poseck (Hrsg.), Bürgerliches Gesetzbuch, Kommentar, 4. Aufl. 2019 (s. unter BeckOK BGB für die Online-Fassung) |
| *Brox/Henssler* HandelsR | Brox/Henssler, Handelsrecht, 22. Aufl. 2016 |
| *Brox/Walker* BGB AT | Brox/Walker, Allgemeiner Teil des Bürgerlichen Gesetzbuchs, 42. Aufl. 2018 |
| *Brox/Walker* ErbR | Brox/Walker, Erbrecht, 28. Aufl. 2018 |
| *Brox/Walker* SchuldR AT | Brox/Walker, Allgemeines Schuldrecht, 42. Aufl. 2018 |
| *Brox/Walker* SchuldR BT | Brox/Walker, Besonderes Schuldrecht, 42. Aufl. 2018 |
| *Brox/Walker* ZVR | Brox/Walker, Zwangsvollstreckungsrecht, 11. Aufl. 2018 |
| BR-Prot. | Protokoll des Deutschen Bundesrates |
| BRRG | Rahmengesetz zur Vereinheitlichung des Beamtenrechts (Beamtenrechtsrahmengesetz) idF der Bek. v. 31.3.1999 (BGBl. 1999 I 654) |
| BRTV-Bau | Bundesrahmentarifvertrag für das Baugewerbe v. 4.7.2002 |
| Bruchner/Ott/Wagner/Wieduwilt/*Bearbeiter* | Bruchner/Ott/Wagner/Wieduwilt, Verbraucherkreditgesetz, Kommentar 2. Aufl. 1994 |
| Bruck/Möller/*Bearbeiter* | Bruck/Möller, Großkommentar zum Versicherungsvertragsgesetz, 9. Aufl. 2008/2013 |
| Brüssel I-VO | Verordnung (EG) Nr. 44/2001 des Rates über die gerichtliche Zuständigkeit und die Anerkennung und Vollstreckung von Entscheidungen in Zivil- und Handelssachen v. 22.12.2000 (ABl. EG 2001 L 12, 1, berichtigt ABl. EG L 307, 28 und ABl. EG 2010 L 328, 36), aufgehoben |

| | |
|---|---|
| Brüssel Ia-VO | Verordnung (EU) Nr. 1215/2012 des Europäischen Parlaments und des Rates über die gerichtliche Zuständigkeit und die Anerkennung und Vollstreckung von Entscheidungen in Zivil- und Handelssachen v. 12.12.2012 (ABl. EU 2012 L 351, 1) |
| Brüssel IIa-VO | Verordnung (EG) Nr. 2201/2003 des Rates über die Zuständigkeit und die Anerkennung und Vollstreckung von Entscheidungen in Ehesachen und in Verfahren betreffend die elterliche Verantwortung und zur Aufhebung der Verordnung (EG) Nr. 1347/2000 v. 27.11.2003 (ABl. 2003 EG L 338, 1, berichtigt 2016 L 99, 34) |
| Brüssel IIb-VO | Verordnung (EU) 2019/1111 |
| BrZ | britische Zone |
| BSchuWG | Gesetz zur Regelung des Schuldenwesens des Bundes (Bundesschuldenwesengesetz) v. 12.6.2006 (BGBl. 2006 I 1466) |
| BSG | Bundessozialgericht |
| BSGE | Entscheidungen des Bundessozialgerichts |
| BSH/*Bearbeiter* | Bienwald/Sonnenfeld/Harm, Betreuungsrecht, Kommentar, 6. Aufl. 2016 |
| BSHG | Bundessozialhilfegesetz idF der Bek. v. 23.3.1994 (BGBl. 1994 I 646, berichtigt BGBl. 1994 I 2975), aufgehoben |
| bspw. | beispielsweise |
| BStBl. | Bundessteuerblatt |
| BT | Besonderer Teil; Bundestag |
| BtÄndG | Betreuungsrechtsänderungsgesetz |
| BtBG | Gesetz über die Wahrnehmung behördlicher Aufgaben bei der Betreuung Volljähriger (Betreuungsbehördengesetz) v. 12.9.1990 (BGBl. 1990 I 2002) |
| BtBG | Gesetz über die Wahrnehmung behördlicher Aufgaben bei der Betreuung Volljähriger (Betreuungsbehördengesetz) v. 12.9.1990 (BGBl. 1990 I 2002) |
| BT-Drs. | Drucksache des Deutschen Bundestages |
| BtG | Gesetz zur Reform des Rechts der Vormundschaft und Pflegschaft für Volljährige (Betreuungsgesetz – BtG) |
| BtPrax | Betreuungsrechtliche Praxis (Zeitschrift) |
| BT-Prot. | Protokoll des Deutschen Bundestages |
| BuB | Hellner/Steuer (Hrsg.), Bankrecht und Bankpraxis, Loseblatt, 134. EL 2018 |
| *Bearbeiter* in Bub/Treier MietR-HdB | Bub/Treier, Handbuch der Geschäfts- und Wohnraummiete, 5. Aufl. 2019 |
| Buchst. | Buchstabe |
| *Bülow* | Bülow, Wechselgesetz und Scheckgesetz, Kommentar, 5. Aufl. 2013 |
| *Bülow* KreditsicherheitsR | Bülow, Recht der Kreditsicherheiten, 9. Aufl. 2017 |
| Bülow/Artz/*Bearbeiter* | Bülow/Artz, Verbraucherkreditrecht, Kommentar, 9. Aufl. 2016 |
| *Büte* Zugewinnausgleich | Büte, Zugewinnausgleich bei Ehescheidung, 5. Aufl. 2017 |
| Büte/Poppen/Menne/*Bearbeiter* | Büte/Poppen/Menne, Unterhaltsrecht, Kommentar, 3. Aufl. 2015 |
| Bumiller/Harders/Schwamb/*Bearbeiter* | Bumiller/Harders/Schwamb, Freiwillige Gerichtsbarkeit – FamFG, Kommentar, 12. Aufl. 2019 |
| Bunte | Bunte, Entscheidungssammlung zum AGB-Gesetz |
| Burandt/Rojahn/*Bearbeiter* | Burandt/Rojahn, Erbrecht, Kommentar, 3. Aufl. 2019 |
| *Burandt/Zacher-Röder* Unternehmertestament | Burandt/Zacher-Röder, Unternehmertestament, 2. Aufl. 2012 |
| *Bearbeiter* in Burgstaller/Neumayr IntZivilVerfR | Burgstaller/Neumayr, Internationales Zivilverfahrensrecht, Loseblatt, 20. EL 2016 |
| *Busch* Haftung des Erben | Busch, Die Haftung des Erben, 2008 |
| Busgastrechte-VO | Verordnung (EU) Nr. 181/2011 des Europäischen Parlaments und des Rates vom 16.2.2011 über die Fahrgastrechte im Kraftomnibusverkehr und zur Änderung der Verordnung (EG) Nr. 2006/2004 (ABl. EU 2011 L 55, 1) |
| BVerfG | Bundesverfassungsgericht |
| BVerfGE | Entscheidungen des Bundesverfassungsgerichts |
| BVerfGG | Gesetz über das Bundesverfassungsgericht (Bundesverfassungsgerichtsgesetz) idF der Bek. v. 11.8.1993 (BGBl. 1993 I 1473) |
| BVersTG | Gesetz über die interne Teilung beamtenrechtlicher Ansprüche von Bundesbeamtinnen und Bundesbeamten im Versorgungsausgleich (Bundesversorgungsteilungsgesetz) v. 3.4.2009 (BGBl. 2009 I 700) |
| BVerwG | Bundesverwaltungsgericht |
| BVerwGE | Entscheidungen des Bundesverwaltungsgerichts |

| | |
|---|---|
| BVFG | Gesetz über die Angelegenheiten der Vertriebenen und Flüchtlinge (Bundesvertriebenengesetz idF der Bek. v. 10.8.2007 (BGBl. 2007 I 1902) |
| BVG | Gesetz über die Versorgung der Opfer des Krieges (Bundesversorgungsgesetz) idF der Bek. v. 22.1.1982 (BGBl. 1982 I 21) |
| BWGD PKH | Büttner/Wrobel-Sachs/Gottschalk/Dürbeck, Prozesskostenhilfe und Beratungshilfe, 8. Aufl. 2016 |
| BWNotZ | Mitteilungen aus der Praxis, Zeitschrift für das Notariat in Baden-Württemberg (früher WürttNotV) |
| bzgl. | bezüglich |
| bzw. | beziehungsweise |
| c.i.c. | culpa in contrahendo |
| ca. | circa |
| Callies/Ruffert/*Bearbeiter* | Callies/Ruffert, EUV, AEUV – Das Verfassungsrecht der Europäischen Union, 5. Aufl. 2016 |
| *Canaris* BankvertragsR | Canaris, Bankvertragsrecht, 1. Teil 3. Aufl. 1988, 2. Teil 2. Aufl. 1981 |
| *Canaris* Vertrauenshaftung | Canaris, Die Vertrauenshaftung im deutschen Privatrecht, 1971 |
| *Canaris* Schuldrechtsmodernisierung 2002 | Canaris, Schuldrechtsmodernisierung 2002: Beck'sche Gesetzesdokumentation, 2002 |
| ChemG | Gesetz zum Schutz vor gefährlichen Stoffen (Chemikaliengesetz) idF der Bek. v. 28.8.2013 (BGBl. 2013 I 3498, berichtigt BGBl. 2013 I 3991) |
| CIC | Codex Iuris Canonici |
| CISG | Convention on Contracts for the International Sale of Goods – (Wiener) Übereinkommen der Vereinten Nationen über Verträge über den internationalen Warenkauf v. 11.4.1980 (BGBl. 1989 II 586; BGBl. 1990 II 1477) |
| *Bearbeiter* in Claussen BankR/BörsenR | Claussen, Bank- und Börsenrecht, 5. Aufl. 2014 |
| *Clemente* SicherungsgrundschuldR | Clemente, Recht der Sicherungsgrundschuld, 4. Aufl. 2008 |
| Clunet | Clunet, Journal du droit international |
| CMLRev | Common Market Law Review |
| Cod. | Codex |
| *Cosack/Mitteis* BürgerlR | Cosack/Mitteis, Lehrbuch des Bürgerlichen Rechts, 8. Aufl. 1927 |
| CR | Computer und Recht |
| CuR | Contracting und Recht (Zeitschrift) |
| DA | Dienstanweisung |
| *Damrau* Minderjährige im ErbR | Damrau, Der Minderjährige im Erbrecht, 2. Aufl. 2010 |
| Damrau/Tanck/*Bearbeiter* | Damrau/Tanck, Praxiskommentar Erbrecht, 3. Aufl. 2014 |
| Damrau/Zimmermann/*Bearbeiter* | Damrau/Zimmermann, Betreuungsrecht, Kommentar zum materiellen und formellen Recht, 4. Aufl. 2010 |
| DAngVers | Die Angestelltenversicherung (Zeitschrift) |
| Danner/Theobald/*Bearbeiter* | Danner/Theobald, Energierecht, Kommentar, Loseblatt, 100. Aufl. 2019 |
| *Danwerth* Finanztransfergeschäft | Danwerth, Das Finanztransfergeschäft als Zahlungsdienst, 2017 |
| *Danzig* KindschaftsR | Danzig, Kindschaftsrecht, Die familienrechtlichen Beziehungen in ihrer Bedeutung für Sozialarbeit und Sozialpädagogik, 1974 |
| Däubler/*Bearbeiter* | Däubler/Kittner/Klebe/Wedde, BetrVG: Betriebsverfassungsgesetz, Kommentar, 16. Aufl. 2018 |
| *Bearbeiter* in Dauner-Lieb/Konzen/Schmidt Neues SchuldR | Dauer-Lieb/Heidel/Lepa/Ring, Das neue Schuldrecht in der anwaltlichen Praxis, 2002 |
| DAVorm. | Der Amtsvormund, Rundbrief des Deutschen Instituts für Vormundschaftswesen (Zeitschrift, zitiert nach Jahrgang und Spalte) |
| DB | Der Betrieb (Zeitschrift) |
| DCFR | v. Bar/Clive/Schulte-Nölke, Principles, Definitions and Model Rules of European Private Law, Draft Common Frame of Reference, Outline Edition, 2009, 273 |
| DDR | Deutsche Demokratische Republik |

DeckRV .................... Deckungsrückstellungsverordnung v. 18.4.2016 (BGBl. 2016 I 767)
*Dehner* NachbarR ......... Dehner, Nachbarrecht, Gesamtdarstellung des privaten und öffentlichen Nachbarrechts des Bundes und der Länder (mit Ausnahme des Landes Bayern), Kommentar, 2 Ordner, Loseblatt, 67. EL, Stand: Februar 2018
*Demharter* .................... Demharter, Grundbuchordnung, Kommentar, 31. Aufl. 2018
Denkschrift .................... Denkschrift des Reichsjustizamts zum Entwurf eines Bürgerlichen Gesetzbuchs, 1896
DepotG ..................... Gesetz über die Verwahrung und Anschaffung von Wertpapieren (Depotgesetz) idF der Bek. v. 11.1.1995 (BGBl. 1995 I 34)
*Bearbeiter* in Derleder/Knops/Bamberger BankR-HdB ............... Derleder/Knops/Bamberger, Handbuch zum deutschen und europäischen Bankrecht, 3. Aufl. 2017
ders. ............................ derselbe
DesignG ..................... Gesetz über den rechtlichen Schutz von Design (Designgesetz) v. 24.2.2014 (BGBl. 2014 I 122)
*Dethloff* FamR ............. Dethloff, Familienrecht, 32. Aufl. 2018
*Detterbeck/Windthorst/Sproll* StaatshaftungsR .... Detterbeck/Windthorst/Sproll, Staatshaftungsrecht, 2000
*Deutsch* AllgHaftungsR .. Deutsch, Allgemeines Haftungsrecht, 2. Aufl. 1996
*Deutsch/Spickhoff* MedizinR ................. Deutsch/Spickhoff, Medizinrecht, 7. Aufl. 2014
DFGT ......................... Deutscher Familiengerichtstag
dgl. .............................. dergleichen
DGVZ ........................ Deutsche Gerichtsvollzieher-Zeitung
dh ............................... das heißt
dies. ............................ dieselbe
diff. ............................ differenzierend
Dig. ............................ Digesten
Digitale-Inhalte-RL ...... Richtlinie (EU) 2019/770 des Europäischen Parlaments und des Rates vom 20.5.2019 über bestimmte vertragsrechtliche Aspekte der Bereitstellung digitaler Inhalte und digitaler Dienstleistungen, ABl. 2019 L 136, 1
DIJuF ......................... Deutsches Institut für Jugendhilfe und Familienrecht
DiskE ......................... Diskussionsentwurf
Diss. ........................... Dissertation
DIV ............................ Deutsches Institut für Vormundschaftswesen
DJ .............................. Deutsche Justiz (Zeitschrift)
DJT ............................ Deutscher Juristentag
DJZ ............................ Deutsche Juristenzeitung (Zeitschrift)
DNotV ....................... Zeitschrift des Deutschen Notarvereins (1.1901–33.1933), dann DNotZ
DNotZ ....................... Deutsche Notar-Zeitung (Zeitschrift)
Dodegge/Roth/*Bearbeiter* ..................... Dodegge/Roth, Systematischer Praxiskommentar Betreuungsrecht, 5. Aufl. 2018
DÖD ........................... Der öffentliche Dienst (Zeitschrift)
*Dölle* FamR I, II .......... Dölle, Darstellung des deutschen Familienrechts mit rechtsvergleichenden Hinweisen, Bd. I 1964, Bd. II 1965
Dörr/Grote/Marauhn/*Bearbeiter* ..................... Dörr/Grote/Marauhn, EMRK/GG Konkordanzkommentar zum europäischen und deutschen Grundrechtsschutz, 2. Aufl. 2013
DogmJ ........................ Jahrbücher für die Dogmatik des heutigen römischen und deutschen Privatrechts
Dok. ........................... Dokument
*Dombois* Kirche und EheR ......................... Dombois, Kirche und Eherecht, 1974
DR ............................. Deutsches Recht (Zeitschrift)
Dreier/*Bearbeiter* ........... Dreier, Grundgesetz, Kommentar, 3 Bände, 3. Aufl. 2013–2018
DRiG .......................... Deutsches Richtergesetz idF der Bek. v. 19.4.1972 (BGBl. 1972 I 713)
Drittwirkungs-VO-E .... Vorschlag für eine Verordnung des Europäischen Parlaments und des Rates über das auf die Drittwirkung von Forderungsübertragungen anzuwendende Recht, COM(2018) 96 final
DRiZ .......................... Deutsche Richterzeitung (Zeitschrift)
DRspr. ........................ Deutsche Rechtsprechung, Entscheidungssammlung und Aufsatzhinweise
DRV ........................... Deutsche Rentenversicherung (Zeitschrift)
DRWiss. ..................... Deutsche Rechtswissenschaft (Zeitschrift, 1.1936–8.1943)
DRZ ........................... Deutsche Rechts-Zeitschrift
DS .............................. Der Sachverständige (Zeitschrift)

| | |
|---|---|
| DS-GVO | Verordnung (EU) 2016/679 des Europäischen Parlaments und des Rates zum Schutz natürlicher Personen bei der Verarbeitung personenbezogener Daten, zum freien Datenverkehr und zur Aufhebung der Richtlinie 95/46/EG (Datenschutz-grundverordnung) v. 27.4.2016 (ABl. EU 2016 L 119, 1) |
| DStR | Deutsches Steuerrecht (Zeitschrift) |
| DStRE | Deutsches Steuerrecht – Entscheidungen (Zeitschrift) |
| Dt.; dt. | deutsch |
| DtZ | Deutsch-Deutsche Rechts-Zeitschrift |
| DüssTab | Düsseldorfer Tabelle – Leitlinien für den Unterhaltsbedarf v. 1.1.2019 |
| DuR | Demokratie und Recht (Zeitschrift) |
| Dutta/Weber/*Bearbeiter* | Dutta/Weber, Internationales Erbrecht, Kommentar, 2016 |
| DVBl. | Deutsches Verwaltungsblatt (Zeitschrift) |
| DVO | Durchführungsverordnung |
| DZWIR | Deutsche Zeitschrift für Wirtschafts- und Insolvenzrecht (Zeitschrift) |
| E | Entwurf |
| e.V. | eingetragener Verein |
| *Ebenroth* ErbR | Ebenroth, Erbrecht, 1992 |
| *Ebert* Einstweiliger Rechtsschutz | Ebert, Einstweiliger Rechtsschutz in Familiensachen, 2. Aufl. 2007 |
| EBJS/*Bearbeiter* | Ebenroth/Boujong/Joost/Strohn, Handelsgesetzbuch, Kommentar, 4. Aufl. 2019 |
| *Eckert* SachenR | Eckert, Sachenrecht, 4. Aufl. 2005 |
| E-Commerce-RL | Richtlinie 2000/31/EG des Europäischen Parlaments und des Rates über bestimmte rechtliche Aspekte der Dienste der Informationsgesellschaft, insbesondere des elektronischen Geschäftsverkehrs, im Binnenmarkt („Richtlinie über den elektronischen Geschäftsverkehr") v. 8.6.2000 (ABl. EG 2000 L 178, 1) |
| ECU | European Currenca Unit |
| EDL-G | Gesetz über Energiedienstleistungen und andere Energieeffizienzmaßnahmen v. 4.11.2010 (BGBl. 2010 I 1483) |
| EFG | Entscheidungen der Finanzgerichte |
| EFZG | Gesetz über die Zahlung des Arbeitsentgelts an Feiertagen und im Krankheitsfalle (Entgeltfortzahlungsgesetz) v. 26.5.1994 (BGBl. 1994 I 1014) |
| EG | Einführungsgesetz; Europäische Gemeinschaft (jetzt: Europäische Union) |
| EGBGB | Einführungsgesetz zum Bürgerlichen Gesetzbuche idF der Bek. v. 21.9.1994 (BGBl. 1994 I 2494, berichtigt BGBl. 1997 I 1061) |
| EGFGB | Einführungsgesetz zum Familiengesetzbuch der Deutschen Demokratischen Republik |
| *Bearbeiter* in EGGPSSW Verfahren Familiensachen-HdB | Eckebrecht/Große-Boymann/Gutjahr/Paul/Schael/von Swieykowski-Trzaska/Weidemann, Verfahrenshandbuch Familiensachen, 2. Aufl. 2010 |
| EGMR | Europäischer Gerichtshof für Menschenrechte |
| EGV | Vertrag zur Gründung der Europäischen Gemeinschaften (EG-Vertrag) idF v. 2.10.1997 (ABl. EG 1997 C 340, 1), s. jetzt AEUV |
| EheG | Ehegesetz v. 20.2.1946 (= KRG Nr. 16; ABl. KR 1946 S. 77), aufgehoben |
| 1. EheRG | 1. Gesetz zur Reform des Ehe- und Familienrechts |
| EheschlRG | Gesetz zur Neuregelung des Eheschließungsrechts |
| *Eichenhofer* SozialR | Eichenhofer, Sozialrecht, 10. Aufl. 2017 |
| *Eicher/Haase/Rauschenbach* | Eicher/Haase/Rauschenbach, Die Rentenversicherung der Arbeiter und Angestellten, Kommentar, Loseblattsammlung, 101. EL 2018 |
| *Eichler* Institutionen SachenR | Eichler, Institutionen des Sachenrechts, 1954/1957/1960 |
| *Eickmann/Böttcher* GrundbuchVerfR | Eickmann/Böttcher, Grundbuchverfahrensrecht, 4. Aufl. 2011 |
| *Eickmann/Böttcher* ZVR | Eickmann/Böttcher, Zwangsversteigerung und Zwangsverwaltung, 3. Aufl. 2013 |
| Einf. | Einführung |
| einhM | einhellige Meinung |
| Einl. | Einleitung |
| einschr. | einschränkend |
| EJF | Entscheidungen aus dem Jugend- und Familienrecht (Abschnitt und Nr.) |
| EJRR | European Journal of Risk Regulation |
| EKMR | Europäische Kommission für Menschenrechte |
| ELJ | European Law Journal |
| ELR | European Law Review |
| Elzer/Riecke/*Bearbeiter* | Elzer/Riecke, Mietrechtskommentar, 2009 |

| | |
|---|---|
| *Emmerich* LeistungsstörungsR | Emmerich, Das Recht der Leistungsstörungen, 6. Aufl. 2005 |
| *Emmerich/Habersack* KonzernR | Emmerich/Habersack, Konzernrecht, 10. Aufl. 2013 |
| Emmerich/Habersack/*Bearbeiter* | Emmerich/Habersack, Aktien- und GmbH-Konzernrecht, Kommentar, 9. Aufl. 2019 |
| Emmerich/Sonnenschein/*Bearbeiter* | Emmerich/Sonnenschein, Miete, Kommentar, 11. Aufl. 2014 |
| EMRK | Konvention zum Schutz der Menschenrechte und Grundfreiheiten idF der Bek. v. 22.10.2010 (BGBl. 2010 II 1198) |
| EMRKZusProt | 1. Zusatzprotokoll zur Konvention zum Schutz der Menschenrechte und Grundfreiheiten vom 20.3.1952 (BGBl. 1952 II 1879, 1880) |
| *Endemann* BürgerlR | Endemann, Lehrbuch des Bürgerlichen Rechts, 5 Bände, 1903–1920 |
| EnEV | Verordnung über energiesparenden Wärmeschutz und energiesparende Anlagentechnik bei Gebäuden (Energieeinsparverordnung) v. 24.7.2007 (BGBl. 2007 I 1519) |
| *Engels* PKH | Engels, Prozeßkostenhilfe, 1990 |
| *Enneccerus/Kipp* FamR | Enneccerus/Kipp, Lehrbuch des Bürgerlichen Rechts, Band 4: Familienrecht (Teil II und III), 7. Aufl. 1931 |
| *Enneccerus/Lehmann* SchuldR | Enneccerus/Lehmann, Lehrbuch des Bürgerlichen Rechts, Band 2: Recht der Schuldverhältnisse, 15. Aufl. 1958 |
| *Enneccerus/Nipperdey* BGB AT I | Enneccerus/Nipperdey, Lehrbuch des Bürgerlichen Rechts, Band 1/1. Halbband: Allgemeiner Teil, 1959 |
| *Enneccerus/Nipperdey* BGB AT II | Enneccerus/Nipperdey, Lehrbuch des Bürgerlichen Rechts, Band 1/2. Halbband: Allgemeiner Teil, 1960 |
| *Enneccerus/Wolff* FamR | Enneccerus/Wolff, Lehrbuch des Bürgerlichen Rechts, Band 4: Familienrecht (Teil I), 7. Aufl. 1931 |
| *Enneccerus/Wolff/Raiser* SachenR | Enneccerus/Wolff/Raiser, Lehrbuch des Bürgerlichen Rechts, Band 3: Sachenrecht, 10. Aufl. 1957 |
| Entsch. | Entscheidung |
| entspr. | entsprechend |
| ErbbauRG | Gesetz über das Erbbaurecht (Erbbaurechtsgesetz – früher ErbbauVO) v. 15.1.1919 (RGBl. 1919 S. 72, berichtigt RGBl. 1919 S. 122) |
| ErbR | Erbrecht |
| ErbGleichG | Gesetz zur erbrechtlichen Gleichstellung nichtehelicher Kinder |
| ErbStG | Erbschaftsteuer- und Schenkungsteuergesetz (ErbStG) idF der Bek. v. 27.2.1997 (BGBl. 1997 I 378) |
| ERCL | European Review of Contract Law (Zeitschrift) |
| ErfK/*Bearbeiter* | Müller-Glöge/Preis/Schmidt (Hrsg.), Erfurter Kommentar zum Arbeitsrecht, 19. Aufl. 2019 |
| Erg. | Ergänzung |
| *Erichsen* ElternR | Erichsen, Elternrecht – Kindeswohl – Staatsgewalt, zur Verfassungsmäßigkeit staatlicher Einwirkungsmöglichkeiten auf die Kindererziehung durch und aufgrund von Normen des elterlichen Sorgerechts und des Jugendhilferechts, 1985 |
| Erl. | Erlass; Erläuterung |
| Erman/*Bearbeiter* | Grunewald/Maier-Reimer/Westermann (Hrsg.), Handkommentar zum Bürgerlichen Gesetzbuch, 15. Aufl. 2017 |
| ERPL | European Review of Private Law (Europäische Zeitschrift für Privatrecht) |
| *Bearbeiter* in Eschenbruch/Schürmann/Menne Unterhaltsprozess | Eschenbruch/Schürmann/Menne, Der Unterhaltsprozess, Praxishandbuch des materiellen und verfahrensrechtlichen Unterhaltsrechts, 6. Aufl. 2013 |
| ESchG | Gesetz zum Schutz von Embryonen (Embryonenschutzgesetz) idF der Bek. v. 13.12.1990 (BGBl. 1990 I 2746) |
| *Esser/Schmidt* SchuldR AT I bzw. AT II | Esser/Schmidt, Schuldrecht, Bd. I: Allgemeiner Teil, Teilband 1, 8. Aufl. 1995; Teilband 2, 8. Aufl. 2000 |
| *Esser/Weyers* SchuldR BT I bzw. BT II | Esser/Weyers, Schuldrecht, Bd. II: Besonderer Teil, Teilband 1, 8. Aufl. 1998; Teilband 2, 8. Aufl. 2000 |

| | |
|---|---|
| ESÜ | Übereinkommen über den internationalen Schutz von Erwachsenen v. 13.1.2000 (BGBl. 2007 II 323) |
| etc | et cetera |
| EU | Europäische Union |
| EuErbVO | Verordnung (EU) Nr. 650/2012 des Europäischen Parlaments und des Rates über die Zuständigkeit, das anzuwendende Recht, die Anerkennung und Vollstreckung von Entscheidungen und die Annahme und Vollstreckung öffentlicher Urkunden in Erbsachen sowie zur Einführung eines Europäischen Nachlasszeugnisses v. 4.7.2012 (ABl. EU 2012 L 201, 107, berichtigt ABl. EU L 344, 3, ABl. EU 2013 L 41, 16, ABl. EU L 60, 140, ABl. EU 2014 L 363, 186) |
| EuG | Europäisches Gericht Erster Instanz |
| EuGH | Gerichtshof der Europäischen Union |
| EuGHE | Entscheidungen des Gerichtshofes der Europäischen Gemeinschaften |
| EuGHMR | Europäischer Gerichtshof für Menschenrechte |
| EuGüVO | Verordnung (EU) 2016/1103 des Rates zur Durchführung einer Verstärkten Zusammenarbeit im Bereich der Zuständigkeit, des anzuwendenden Rechts und der Anerkennung und Vollstreckung von Entscheidungen in Fragen des ehelichen Güterstands v. 24.5.2016 (ABl. EU 2016 L 183, 1, berichtigt ABl. EU 2017 L 113, 62 und ABl. EU 2018 L 167, 36) |
| EuGVVO | Verordnung (EU) Nr. 1215/2012 des Europäischen Parlaments und des Rates vom 12.12.2012 über die gerichtliche Zuständigkeit und die Anerkennung und Vollstreckung von Entscheidungen in Zivil- und Handelssachen (ABl. Nr. L 351 S. 1) |
| EuPartVO | Verordnung (EU) 2016/1104 des Rates zur Durchführung der Verstärkten Zusammenarbeit im Bereich der Zuständigkeit, des anzuwendenden Rechts und der Anerkennung und Vollstreckung von Entscheidungen in Fragen güterrechtlicher Wirkungen eingetragener Partnerschaften v. 24.6.2016 (ABl. EU 2016 L 183, 30, berichtigt ABl. EU 2017 L 113, 62) |
| EuR | Europarecht (Zeitschrift) |
| EurEntfÜ | Europäisches Übereinkommen vom 20.5.1980 über die Anerkennung und Vollstreckung von Entscheidungen über das Sorgerecht für Kinder und die Wiederherstellung des Sorgeverhältnisses |
| EuroEG | Gesetz zur Einführung des Euro (Euro-Einführungsgesetz) v. 9.6.1998 (BGBl. 1998 I 1242) |
| EuSorgeRÜ | Europäisches Übereinkommen über die Anerkennung und Vollstreckung von Entscheidungen über das Sorgerecht für Kinder und die Wiederherstellung des Sorgeverhältnisses v. 20.5.1980 (BGBl. 1990 II 206, 220) |
| EuZW | Europäische Zeitschrift für Wirtschaftsrecht |
| EVertr | Vertrag zwischen der Bundesrepublik Deutschland und der Deutschen Demokratischen Republik über die Herstellung der Einheit Deutschlands (Einigungsvertrag) v. 31.8.1990 (BGBl. 1990 I 889) |
| EVO | Eisenbahn-Verkehrsordnung (EVO) idF der Bek. vom 20.4.1999 (BGBl. 1999 I 782) |
| evtl. | eventuell |
| EVÜ | (Europäisches) Übereinkommen über das auf vertragliche Schuldverhältnisse anzuwendende Recht v. 19.6.1980 (BGBl. 1986 II 809; ABl. EG 1980 L 226, 1) |
| EWGV | Vertrag zur Gründung der Europäischen Wirtschaftsgemeinschaft v. 25.3.1957 (BGBl. 1957 I 766) |
| EWiR | Entscheidungen zum Wirtschaftsrecht (Zeitschrift) |
| EWIVAG | Gesetz zur Ausführung der EWG-Verordnung über die Europäische Wirtschaftliche Interessenvereinigung (EWIV-Ausführungsgesetz – EWIVAG) v. 14.4.1988 (BGBl. 1988 I 514) |
| EWIV-VO | Verordnung (EWG) Nr. 2137/85 des Rates über die Schaffung einer Europäischen wirtschaftlichen Interessenvereinigung (EWIV) v. 25.7.1985 (ABl. EU 1985 L 199, 1) |
| EWS | Europäisches Währungssystem |
| Eylmann/Vaasen/*Bearbeiter* | Eylmann/Vaasen, Bundesnotarordnung, Beurkundungsgesetz: BNotO BeurkG, Kommentar, 4. Aufl. 2016 |
| EzA | Entscheidungen zum Arbeitsrecht, hrsg. von Stahlhacke (Nr. ohne Gesetzesstelle bezieht sich auf den gerade kommentierten Paragraphen) |
| EzFamR | Entscheidungen zum Familienrecht |
| f., ff. | folgend(e) |
| FachAnwK-ErbR/*Bearbeiter* | Frieser, Fachanwaltskommentar Erbrecht, 4. Aufl. 2013 |
| FachAnwK-FamR/*Bearbeiter* | Weinreich/Klein, Fachanwaltskommentar Familienrecht, 6. Aufl. 2018 |

| | |
|---|---|
| FachAnwK-MietR/ *Bearbeiter* | Schmid/Harz, Fachanwaltskommentar Mietrecht, 6. Aufl. 2018 |
| FA-FamR/*Bearbeiter* | Gerhardt/v. Heintschel-Heinegg/Klein, Handbuch des Fachanwalts Familienrecht, 11. Aufl. 2018 |
| FamFG | Gesetz über das Verfahren in Familiensachen und in den Angelegenheiten der freiwilligen Gerichtsbarkeit v. 17.12.2008 (BGBl. 2008 I 2586) |
| FamFR | Familienrecht und Familienverfahrensrecht (Zeitschrift) |
| FamG | Familiengericht |
| FamGB | Familiengesetzbuch der DDR |
| FamGb/*Bearbeiter* | Baumeister/Fehmel/Griesche/Hochgräber/Kayser/Wick, Familiengerichtsbarkeit, 1992 |
| FamNamRG | Gesetz zur Neuordnung des Familiennamenrechts |
| FamR | Familienrecht |
| FamRÄndG | Familienrechtsänderungsgesetz |
| FamRB | Der Familien-Rechts-Berater |
| FamRefK/*Bearbeiter* | Bäumel/Bienwald/Häußermann, Familienrechtsreformkommentar, 1998 |
| FamRZ | Ehe und Familie im privaten und öffentlichen Recht, Zeitschrift für das gesamte Familienrecht |
| FAV | Fernabsatzverträge |
| FD-ErbR | Fachdienst Erbrecht (Online-Zeitschrift) |
| FD-RVG | Fachdienst Vergütungs- und Kostenrecht (Online-Zeitschrift) |
| FD-SWVR | Fachdienst Straßenverkehrsrecht (Online-Zeitschrift) |
| FD-VersR | Fachdienst Versicherungsrecht (Online-Zeitschrift) |
| *Feichtinger/Malkmus* | Feichtinger/Malkmus, Entgeltfortzahlungsrecht, Kommentar, 2. Aufl. 2010 |
| Fernabsatz-RL | Richtlinie 97/7/EG des Europäischen Parlaments und des Rats über den Verbraucherschutz bei Vertragsschlüssen im Fernabsatz (Fernabsatz-Richtlinie) v. 20.5.1997 (ABl. EG 1997 L 144, 19), aufgehoben |
| Feuerich/Weyland/ *Bearbeiter* | Feuerich/Weyland, Bundesrechtsanwaltsordnung, Kommentar, 9. Aufl. 2016 |
| FeV | Verordnung über die Zulassung von Personen zum Straßenverkehr (Fahrerlaubnis-Verordnung) v. 13.12.2010 (BGBl. 2010 I 1980) |
| FEVG | Gesetz über das gerichtliche Verfahren bei Freiheitsentziehungen |
| FEVS | Fürsorgerechtliche Entscheidungen der Verwaltungs- und der Sozialgerichte |
| FF | Forum Familien- und Erbrecht (Zeitschrift) |
| FFDH/*Bearbeiter* IntErbR | Ferid/Firsching/Dörner/Hausmann, Internationsales Erbrecht, 9 Ordner, Loseblatt, 107. EL, 2019 |
| FG | Festgabe |
| FGB | s. FamGB |
| FGG | Gesetz über die Angelegenheit der freiwilligen Gerichtsbarkeit idF der Bek. v. 20.5.1898 (RGBl. 1898 S. 771), aufgehoben |
| FGPrax | Praxis der Freiwilligen Gerichtsbarkeit (Zeitschrift) |
| Fieseler/Schleicher/ Busch/Wabnitz/ Bearbeiter | Fieseler/Schleicher/Busch/Wabnitz, Kinder- und Jugendhilfe, Gemeinschaftskommentar zum SGB VIII, 2 Ordner, Loseblatt, 61. EL, Stand: Dezember 1015 |
| *Fikentscher/Heinemann* SchuldR | Fikentscher/Heinemann, Schuldrecht, 11. Aufl. 2017 |
| Finanzdienstleistungs-Fernabsatz-RL | Richtlinie 2002/65/EG des Europäischen Parlaments und des Rates v. 23.9.2002 über den Fernabsatz von Finanzdienstleistungen an Verbraucher und zur Änderung der Richtlinie 90/619/EWG des Rates und der Richtlinien 97/7/EG und 98/27/EG (ABl. EG 2002 L 271, 16) |
| *Finke/Ebert* FamR-HdB | Finke/Ebert, Bonner Fachanwaltshandbuch für Familienrecht, 7. Aufl. 2010 |
| *Finke/Garbe* FamR | Finke/Garbe, Familienrecht in der anwaltlichen Praxis, 6. Aufl. 2008 |
| *Firsching/Dodegge* FamR II | Firsching/Dodegge, Familienrecht, 2. Halbband, 8. Aufl. 2015 |
| *Bearbeiter* in Firsching/ Graf NachlassR-HdB | Firsching/Graf, Nachlassrecht, 11. Aufl. 2019 |
| Firsching/v. Hoffmann IPR | Firsching/v. Hoffmann, Internationales Privatrecht, 9. Aufl. 2007 |
| *Firsching/Schmid* FamR I | Firsching/Schmid, Familienrecht, 1. Halbband, 8. Aufl. 2015 |
| *Fischer* | Fischer, Strafgesetzbuch: StGB, Kommentar, 66. Aufl. 2019 |
| *Bearbeiter* in Fischer/ Klanten BankR | Fischer/Klanten (Hrsg.), Bankrecht, 4. Aufl. 2010 |

| | |
|---|---|
| Fischer-Dieskau/Pergande/Schwender/*Bearbeiter* | Fischer-Dieskau/Pergande/Schwender, Wohnungsbaurecht, Kommentar, Loseblatt, 2018 |
| *Fitting* | Fitting/Engels/Schmidt/Trebinger/Linsenmaier, Betriebsverfassungsgesetz: BetrVG, Kommentar, 29. Aufl. 2018 |
| FK-InsO/*Bearbeiter* | Wimmer, Frankfurter Kommentar zur Insolvenzordnung, 9. Aufl. 2018 |
| FK-SGB VIII/*Bearbeiter* | Münder/Meysen/Trenczek, Frankfurter Kommentar zum SGB VIII, 8. Aufl. 2019 |
| *Flechsig* ScheidungsR | Flechsig, Scheidungsrecht, 2010 |
| FlRG | Gesetz über das Flaggenrecht der Seeschiffe und die Flaggenführung der Binnenschiffe (Flaggenrechtsgesetz) v. 26.10.1994 (BGBl. 1994 I 3140) |
| Fluggastrechte-VO | Verordnung (EG) Nr. 261/2004 des Europäischen Parlaments und des Rates vom 11.2.2004 über eine gemeinsame Regelung für Ausgleichs- und Unterstützungsleistungen für Fluggäste im Fall der Nichtbeförderung und bei Annullierung oder großer Verspätung von Flügen und zur Aufhebung der Verordnung (EWG) Nr. 295/91 (ABl. EG 2004 L 46, 1, berichtigt ABl. EU 2019 L 119, 202) |
| *Flume* BGB AT I 1 | Flume, Allgemeiner Teil des Bürgerlichen Rechts, Bd. I Teil 1: Die Personengesellschaft 1977 |
| *Flume* BGB AT I 2 | Flume, Allgemeiner Teil des bürgerlichen Rechts Bd. I Teil 2: Die juristische Person, 1983 |
| *Flume* BGB AT II | Flume, Allgemeiner Teil des Bürgerlichen Rechts, 2. Band: Das Rechtsgeschäft, 4. unveränderte Aufl. 1992 |
| Fn. | Fußnote |
| FNA | Fundstellennachweis A, Beilage zum Bundesgesetzblatt Teil I |
| FNB | Fundstellennachweis B, Beilage zum Bundesgesetzblatt Teil II |
| *Bearbeiter* in Foerste/Graf v. Westphalen HdB Produkthaftung | Foerste/Graf v. Westphalen (Hrsg.), Produkthaftungshandbuch, 3. Aufl. 2012 |
| FormB FA-FamR | Jüdt/Kleffmann/Weinreich, Formularbuch des Fachanwalts Familienrecht, 5. Aufl. 2017 |
| Formkomm/*Bearbeiter* | Formularkommentar, 6. Band, Bürgerliches Recht, Bd. III, Erbrecht, 22. Aufl. 1986 |
| FPfZG | Gesetz über die Familienpflegezeit (Familienpflegezeitgesetz) v. 6.12.2011 (BGBl. 2011 I 2564) |
| FPR | Familie Partnerschaft Recht (Zeitschrift) |
| FR | Finanz-Rundschau (Zeitschrift) |
| *Bearbeiter* in Frank/Wachter EurImmobilienR-HdB | Frank/Wachter, Handbuch Immobilienrecht in Europa, 2. Aufl. 2015 |
| franz. | französisch |
| FreihEntzG | Gesetz über das gerichtliche Verfahren bei Freiheitsentziehungen v. 29.6.1956 (BGBl. 1956 I 599) |
| FRES | Entscheidungssammlung zum gesamten Bereich von Ehe und Familie |
| FRG | Fremdrentengesetz v. 25.2.1960 (BGBl. 1960 I 93) |
| *Friederici* | Friederici, Aktuelles Unterhaltsrecht, 2. Aufl. 1991 |
| *Fritz* GewerberaummietR | Fritz, Gewerberaummietrecht, 4. Aufl. 2005 |
| *Fröschle* | Fröschle, Praxiskommentar Betreuungs- und Unterbringungsverfahren, 3. Aufl. 2015 |
| *Fröschle* FamR | Fröschle, Familienrecht, 3. Aufl. 2016 |
| Frowein/Peukert/*Bearbeiter* | Frowein/Peukert, Europäische Menschenrechtskonvention, EMRK-Kommentar, 3. Aufl. 2009 |
| FrzZ | Französische Besatzungszone |
| FS | Festschrift |
| FSBW/*Bearbeiter* | Fieseler/Schleicher/Busch/Wabnitz, Kinder- und Jugendhilfe, Gemeinschaftskommentar zum SGB VIII, 2 Ordner, Loseblatt, 61. EL, Stand: Dezember 1015 |
| *Fuchs* FamR | Kommentar zum Bürgerlichen Recht 4. Band, Familienrecht. 1. Abschnitt: Schmidt, Bürgerliche Ehe, 1907; 3. Abschnitt: Fuchs, Vormundschaft, 1909 |
| *Bearbeiter* in Führich/Staudinger ReiseR | Führich/Staudinger, Reiserecht, 8. Aufl. 2019 |
| FuR | Familie und Recht (Zeitschrift) |
| FVE | Sammlung fremdenverkehrsrechtlicher Entscheidungen |
| FVG | Gesetz über die Finanzverwaltung (Finanzverwaltungsgesetz) idF der Bek. v. 4.4.2006 (BGBl. 2006 I 846, ber. S. 1202) |
| FWW | Die freie Wohnungswirtschaft (Informationsdienst des Verbandes Freier Wohnungsunternehmen; Zeitschrift) |
| FZR | Freiwillige Zusatzrentenversicherung der Sozialversicherung |

G ........ Gesetz
GA ........ Goltdammer's Archiv für Strafrecht (1953 ff.; vorher: Dt. Strafrecht)
Gaaz/Bornhofen/*Bearbeiter* ........ Gaaz/Bornhofen, Personenstandsgesetz, 4. Aufl. 2018
Gaier/Wolf/Göcken/*Bearbeiter* ........ Gaier/Wolf/Göcken, Anwaltliches Berufsrecht, Kommentar, 2. Aufl. 2014
GBl. ........ Gesetzblatt
GBO ........ Grundbuchordnung idF der Bek. v. 26.5.1994 (BGBl. 1994 I 1114)
GbR ........ Gesellschaft bürgerlichen Rechts
GD ........ Generaldirektion
GE ........ Grundeigentum (Zeitschrift)
*Bearbeiter* in Gebauer/Wiedmann EuropZivilR ........ Gebauer/Wiedmann, Zivilrecht unter europäischen Einfluss, 2. Aufl. 2010
*Bearbeiter* in Geigel Haftpflichtprozess ........ Geigel, Der Haftpflichtprozess, hrsg. v. Schlegelmilch, 27. Aufl. 2015
Geiser/Fountoulakis ........ Geiser/Fountoulakis, Zivilgesetzbuch: ZGB, I: Art. 1–456 ZGB, 6. Aufl. 2018
*Geiß/Greiner* ArzthaftpflichtR ........ Geiß/Greiner, Arzthaftpflichtrecht, 7. Aufl. 2014
*Geiß/Greiner* ArzthaftpflichtR ........ Geiß/Greiner, Arzthaftpflichtrecht, 7. Aufl. 2014
GEKR ........ Gemeinsames Europäisches Kaufrecht v. 26.2.2014, Oral P7-TA-PRCV (2014) 0159
gem. ........ gemäß
GemSOBG ........ Gemeinsamer Senat der obersten Bundesgerichte
GenDG ........ Gesetz über genetische Untersuchungen bei Menschen (Gendiagnostikgesetz) v. 31.7.2009 (BGBl. 2009 I 2529, berichtigt BGBl. 2009 S. 3672)
GenG ........ Gesetz betreffend die Erwerbs- und Wirtschaftsgenossenschaften (Genossenschaftsgesetz) idF der Bek. v. 16.10.2006 (BGBl. 2006 I 2230)
*Gernhuber* Erfüllung ........ Gernhuber, Die Erfüllung und ihre Surrogate, Handbuch des Schuldrechts, Bd. 3, 2. Aufl. 1994
*Gernhuber* Schuldverhältnis ........ Gernhuber, Das Schuldverhältnis, Handbuch des Schuldrechts, Bd. 8, 1989
*Gernhuber/Coester-Waltjen* FamR ........ Gernhuber/Coester-Waltjen, Familienrecht, Lehrbuch des Familienrechts, 6. Aufl. 2010
Gerold/Schmidt/*Bearbeiter* ........ Gerold/Schmidt, Rechtsanwaltsvergütungsgesetz, Kommentar, 23. Aufl. 2017
ges. ........ gesetzlich
GesR ........ Gesellschaftsrecht
GewO ........ Gewerbeordnung idF der Bek. v. 22.2.1999 (BGBl. 1999 I 202)
gewöhnl. ........ gewöhnlich
gewöhnl. A. ........ Gewöhnlicher Aufenthalt
GG ........ Grundgesetz für die Bundesrepublik Deutschland v. 23.5.1949 (BGBl. 1949 S. 1)
ggf. ........ gegebenenfalls
Ghassemi-Tabar/Guhling/Weitemeyer/*Bearbeiter* ........ Ghassemi-Tabar/Guhling/Weitemeyer, Gewerberaummiete, Kommentar, 2015
*v. Gierke* PrivatR I–III ... v. Gierke, Deutsches Privatrecht, Band I 1895, Band II 1905, Band III 1917
*v. Gierke* SachenR ........ v. Gierke, Bürgerliches Recht, Sachenrecht, 3. Aufl. 1948
*v. Gierke/Sandrock* HandelsR/WirtschaftsR I .... v. Gierke/Sandrock, Handels- und Wirtschaftsrecht, 9. Aufl. Bd. I 1975
*Giesen* ArzthaftungsR .... D. Giesen, Arzthaftungsrecht, 4. Aufl. 1995
*Gießler/Soyka* Vorl. Rechtsschutz in Familiensachen ........ Gießler/Soyka, Vorläufiger Rechtsschutz in Familiensachen, 6. Aufl. 2015
GKG ........ Gerichtskostengesetz idF der Bek. v. 5.5.2004 (BGBl. 2004 I 718)
*Bearbeiter* in GKKW IntErbR ........ Gierl/Köhler/Kroiß/Wilsch, Internationales Erbrecht, 2. Aufl. 2017
GK-SGB VI/*Bearbeiter* ... Ruland/Försterling, Gemeinschaftskommentar zum Sozialgesetzbuch, Gesetzliche Rentenversicherung, Loseblatt, 2018
GK-SGB VIII/*Bearbeiter* . Fieseler/Schleicher/Busch/Wabnitz, Gemeinschaftskommentar zum SGB VIII, Loseblatt, 2019
GK-SGB X/*Bearbeiter* .... v. Maydell/Schellhorn, Gemeinschaftskommentar zum Sozialgesetzbuch, Zusammenarbeit der Leistungsträger und ihre Beziehung zu Dritten, 1984
gl. Ans. ........ gleiche Ansicht

| | |
|---|---|
| GleichberG | Gesetz über die Gleichberechtigung von Mann und Frau auf dem Gebiete des bürgerlichen Rechts (Gleichberechtigungsgesetz |
| *Glockner/Hoenes/Weil* Versorgungsausgleich | Glockner/Hoenes/Weil, Der neue Versorgungsausgleich, 2. Aufl. 2013 |
| GmbH | Gesellschaft mit beschränkter Haftung |
| GmbH & Co. (KG) | Gesellschaft mit beschränkter Haftung und Compagnie (Kommanditgesellschaft) |
| GmbHG | Gesetz betreffend die Gesellschaften mit beschränkter Haftung idF der Bek. v. 20.5.1898 (RGBl. 1898 S. 846) |
| GmbHR | GmbH-Rundschau (Zeitschrift) |
| GMBl. | Gemeinsames Ministerialblatt |
| GmS-OGB | Gemeinsamer Senat der obersten Gerichte des Bundes |
| GNotKG | Gesetz über Kosten der freiwilligen Gerichtsbarkeit für Gerichte und Notare (Gerichts- und Notarkostengesetz) v. 23.7.2013 (BGBl. 2013 I 2586) |
| GoA | Geschäftsführung ohne Auftrag |
| GOÄ | Gebührenordnung für Ärzte idF der Bek. v. 9.2.1996 (BGBl. 1996 I 210) |
| *Godefroid* Verbraucherkreditverträge | Godefroid, Verbraucherkreditverträge, 3. Aufl. 2008 |
| *v. Godin/Tölke* | v. Godin/Tölke, Ehegesetz, Kommentar, 2. Aufl. 1950 |
| *Bearbeiter* in Göppinger/Rakete-Dombek Ehescheidung | Göppinger/Rakete-Dombek, Vereinbarungen anlässlich der Ehescheidung, 11. Aufl. 2018 |
| *Bearbeiter* in Göppinger/Wax UnterhaltsR | Göppinger/Wax, Unterhaltsrecht, 9. Aufl. 2008 |
| *Bearbeiter* in Gottwald InsR-HdB | Gottwald, Insolvenzrechts-Handbuch, 5. Aufl. 2015 |
| GPR | Zeitschrift für Gemeinschaftsprivatrecht |
| *Graba* Abänderung von Unterhaltstiteln | Graba, Die Abänderung von Unterhaltstiteln, 4. Aufl. 2011 |
| Grabitz/Hilf/Nettesheim/*Bearbeiter* | Grabitz/Hilf/Nettesheim, Das Recht der Europäischen Union, EUV/AEUV, Loseblatt-Ausgabe, 65. Aufl. 2018 |
| *Bearbeiter* in Graf v. Westphalen/Thüsing VertragsR | Graf v. Westphalen/Thüsing (Hrsg.), Vertragsrecht und AGB-Klauselwerke, Broschüren im Ordner, 42. EL 2019 |
| *Bearbeiter* in Grandel FamR | Grandel/Stockmann, Stichwortkommentar Familienrecht, 2. Aufl. 2014 |
| GRCh | Charta der Grundrechte der Europäischen Union v. 12.12.2007 (ABl. EU 2007 C 303, 1) |
| grdl. | grundlegend |
| grds. | grundsätzlich |
| *Greßmann* Neues KindschaftsR | Greßmann, Neues Kindschaftsrecht, 1998 |
| *Bearbeiter* in Grziwotz/Lüke/Saller NachbarR | Griwotz/Lüke/Saller, Praxishandbuch Nachbarrecht, 2. Aufl. 2013 |
| *Groß* Anwaltsgebühren | Groß, Anwaltsgebühren in Ehe- und Familiensachen, 5. Aufl. 2018 |
| Große-Wilde/Ouart/Schnabel/*Bearbeiter* | Große-Wilde/Ouart/Schnabel, Deutscher Erbrechtskommentar, 2. Aufl. 2010 |
| Grube/Wahrendorf | Grube/Wahrendorf, SGB XII, 6. Aufl. 2018 |
| Gruchot | Beiträge zur Erläuterung des (bis 15.1871: Preußischen) Deutschen Rechts, begr. von Gruchot (1.1857–73.1933) |
| *Grundmann* EG-Schuldvertragsrecht | Grundmann, Europäisches Schuldvertragsrecht – das Europäische Recht der Unternehmensgeschäfte 1999 (ZRG-Sonderheft 15) |
| Grundmann/Bianca/*Bearbeiter* | Grundmann/Bianca, EU-Kaufrechtsrichtlinie, Kommentar, 2002 |
| *Grunewald* BürgerlR | Grunewald, Bürgerliches Recht, begr. von Gernhuber, 9. Aufl. 2014 |
| GrünhutsZ | Zeitschrift für das Privat- und öffentliche Recht der Gegenwart, begr. von Grünhut |
| GRUR | Gewerblicher Rechtsschutz und Urheberrecht (Zeitschrift) |
| GRUR Ausl. | Gewerblicher Rechtsschutz und Urheberrecht, Auslands- und internationaler Teil (Zeitschrift), 1952–1969 |
| GRUR Int. | Gewerblicher Rechtsschutz und Urheberrecht, Internationaler Teil (Zeitschrift, 1970 ff.) |
| *Grziwotz* FamR | Grziwotz, Materielles Ehe- und Familienrecht, 2010 |

| | |
|---|---|
| *Grziwotz* neLG | Grziwotz, Partnerschaftsvertrag für die nichteheliche und nicht eingetragene Lebensgemeinschaft, 5. Aufl. 2014 |
| Grziwotz/Heinemann/*Bearbeiter* | Grziwotz/Heinemann, BeurkG, Beurkundungsgesetz, Kommentar, 3. Aufl. 2018 |
| *Bearbeiter* in Grziwotz/Lüke/Saller NachbarR | Grziwotz/Lüke/Saller, Praxishandbuch Nachbarrecht, 2. Aufl. 2013 |
| GS | Gedenkschrift; Großer Senat |
| GSZ | Großer Senat in Zivilsachen |
| GV | Gewaltverhältnis |
| GVBl. | Gesetz- und Verordnungsblatt |
| GVG | Gerichtsverfassungsgesetz idF der Bek. v. 9.5.1975 (BGBl. 1975 I 1077) |
| GvKostG | Gesetz über Kosten der Gerichtsvollzieher (Gerichtsvollzieherkostengesetz) v. 19.4.2001 (BGBl. 2001 I 623) |
| GWB | Gesetz gegen Wettbewerbsbeschränkungen idF der Bek. v. 26.6.2013 (BGBl. 2013 I 1750, berichtigt BGBl. 2013 I 3245) |
| GwG | Gesetz über das Aufspüren von Gewinnen aus schweren Straftaten (Geldwäschegesetz) v. 23.6.2017 (BGBl. 2017 I 1822) |
| GWR | Gesellschafts- und Wirtschaftsrecht (Zeitschrift) |
| Habersack/Schäfer/*Bearbeiter* | Habersack/Schäfer, Das Recht der OHG (Sonderausgabe aus dem Großkommentar von Staub), 2. Aufl. 2019 |
| Habilschr. | Habilitationsschrift |
| *Habscheid* FG | Habscheid, Freiwillige Gerichtsbarkeit, 7. Aufl. 1983 |
| *Hahn* Kindheits-, Jugend- und ErziehungsR | Hahn, Kindheits-, Jugend- und Erziehungsrecht, 2004 |
| Halbbd. | Halbband |
| Hamb.; hamb. | Hamburg; hamburgisch |
| *Hamm/Schwerdtner* MaklerR | Hamm/Schwerdtner, Maklerrecht, 7. Aufl. 2016 |
| *Hammer* SorgeR | Hammer, Elternvereinbarungen im Sorge- und Umgangsrecht, 2004 |
| HandelsR | Handelsrecht |
| HansGZ | Hanseatische Gerichtszeitung |
| HansRGZ | Hanseatische Rechts- und Gerichtszeitschrift |
| *Harder/Kroppenberg* ErbR | Harder/Kroppenberg, Grundzüge des Erbrechts, 5. Aufl. 2002 |
| *Harke* SchuldR AT | Harke, Allgemeines Schuldrecht, 2010 |
| *Härting* FernAbsG | Härting, Fernabsatzgesetz, Kommentar, 2000 |
| *Härting* InternetR | Härting, Internetrecht, 6. Aufl. 2017 |
| Hauck/Noftz/*Bearbeiter* | Hauck/Noftz, Kommentare zum SGB I, II, III, IV, V, VI, VII, VIII, IX, X, XI, XII, Loseblatt, 2018 |
| *Hausmann* IntEuFamR | Hausmann, Internationales und Europäisches Familienrecht, Kommentar, 2. Aufl. 2018 |
| *Bearbeiter* in Hausmann/Hohloch neLG | Hausmann/Hohloch, Das Recht der nichtehelichen Lebensgemeinschaft, 2. Aufl. 2004 |
| HausratsV | Verordnung über die Behandlung der Ehewohnung und des Hausrats v. 21.10.1944 (RGBl. 1944 I 256), aufgehoben |
| *Hauß* Elternunterhalt | Hauß, Elternunterhalt – Grundlagen und Strategien, 5. Aufl. 2015 |
| *Hauß/Bührer* Versorgungsausgleich | Hauß/Bührer, Versorgungsausgleich und Verfahren in der Praxis, 2. Aufl. 2014 |
| Haußleiter/*Bearbeiter* | Haußleiter, FamFG, Gesetz über das Verfahren in Familiensachen und in den Angelegenheiten der freiwilligen Gerichtsbarkeit, Kommentar, 2. Aufl. 2017 |
| Haustürgeschäfte-RL | Richtlinie 85/577/EWG betreffend den Verbraucherschutz im Falle von außerhalb von Geschäftsräumen geschlossenen Verträgen v. 20.12.1985 (ABl. EG 1985 L 372, 31), aufgehoben |
| HaustürWG | Gesetz über den Widerruf von Haustürgeschäften und ähnlichen Geschäften idF der Bek. v. 29.6.2000 (BGBl. 2000 I 955), aufgehoben |
| HdB | Handbuch |
| *Heck* SachenR | Heck, Grundriß des Sachenrechts, Nachdruck der Ausgabe von 1930, 1960 |
| *Heck* SchuldR | Heck, Grundriß des Schuldrechts, Nachdruck der Ausgabe von 1929, 1974 |
| HeimatlAuslG | Gesetz über die Rechtsstellung heimatloser Ausländer im Bundesgebiet v. 25.4.1951 (BGBl. 1951 I 269) |
| HeimG | Heimgesetz idF der Bek. v. 5.11.2001 (BGBl. 2001 I 2970) |
| *Bearbeiter* in Heiß FamR | Heiß/Heiß, Das Mandat im Familienrecht, 2. Aufl. 2010 |
| *Bearbeiter* in Heiß/Born UnterhaltsR | Heiß/Born, Unterhaltsrecht, Handbuch für die Praxis, Loseblatt, 54. EL 2018 |

| | |
|---|---|
| HeizkostenV ............... | Verordnung über die verbrauchsabhängige Abrechnung der Heiz- und Warmwasserkosten (Verordnung über Heizkostenabrechnung) idF der Bek v. 5.10.2009 (BGBl. 2009 I 3250) |
| *Henjes* GüterR ............ | Henjes, Das neue Güterrecht, 2010 |
| *Henjes/Klein* ................ | Henjes/Klein, Kompaktkommentar Familienrecht, 3. Aufl. 2008 |
| *Henrich* FamR ............. | Henrich, Familienrecht, 5. Aufl. 1995 |
| *Henrich* IntFamR ......... | Henrich, Internationales Familienrecht, 2. Aufl. 2000 |
| *Henrich* IntScheidungsR . | Henrich, Internationales Scheidungsrecht, 4. Aufl. 2017 |
| Henrich/Wagenitz/ Bornhofen/*Bearbeiter* ..... | Henrich/Wagenitz/Bornhofen, Deutsches Namensrecht, Kommentar, Loseblatt, 4. EL 2007 |
| *Henssler* ...................... | Henssler, Partnerschaftsgesellschaftsgesetz, 3. Aufl. 2018 |
| Henssler/Prütting/ *Bearbeiter* .................... | Henssler/Prütting, Bundesrechtsanwaltsordnung, Kommentar, 5. Aufl. 2019 |
| Henssler/Strohn/ *Bearbeiter* .................... | Henssler/Strohn, Gesellschaftsrecht, Kommentar, 4. Aufl. 2019 |
| HEntfÜ ...................... | Haager Übereinkommen vom 25.10.1980 über die zivilrechtlichen Aspekte internationaler Kindesentführung |
| *Hepting/Dutta* .............. | Hepting/Dutta, Familie und Personenstand, Ein Handbuch zum deutschen und internationalen Privatrecht, 3. Aufl. 2019 |
| Herrlein/Kandelhard/ *Bearbeiter* .................... | Herrlein/Kandelhard, Mietrecht, Kommentar, 4. Aufl. 2010 |
| Hess.; hess. ................. | Hessen; hessisch |
| HessRspr. ................... | Hessische Rechtsprechung |
| Heymann/*Bearbeiter* ....... | Heymann, Handelsgesetzbuch, Kommentar, hrsg. von Horn, 2. Aufl. 1995 ff. |
| HEZ ......................... | Höchstrichterliche Entscheidungen (Entscheidungssammlung) |
| HEZG ....................... | Gesetz zur Neuordnung der Hinterbliebenenrenten sowie zur Anerkennung von Kindererziehungszeiten in der gesetzlichen Rentenversicherung (Hinterbliebenenrenten- und Erziehungszeiten-Gesetz) |
| HFR ......................... | Höchstrichterliche Finanzrechtsprechung |
| HGB ......................... | Handelsgesetzbuch v. 10.5.1897 (RGBl. 1897 S. 219) |
| HGÜ ......................... | Übereinkommen über Gerichtsstandsvereinbarungen (Haager Gerichtsstandübereinkommen) v. 30.6.2005 (ABl. 2009 L 133, 3) |
| *Hingst/Lösing* Zahlungsdiensteaufsichts R .......... | Hingst/Lösing, Zahlungsdiensteaufsichtsrecht, 2015 |
| hins. ......................... | hinsichtlich |
| HintG ....................... | Hinterlegungsgesetz (Landesrecht) |
| HK-AdoptR/*Bearbeiter* .. | Reinhardt/Kemper/Weitzel, Adoptionsrecht, Handkommentar, 2. Aufl. 2015 |
| HK-AuslR/*Bearbeiter* ..... | Hofmann, Ausländerrecht, Handkommentar, 2. Aufl. 2016 |
| HK-BBiG/*Bearbeiter* ...... | Wohlgemuth, Berufsbildungsgesetz, Handkommentar, 2011 |
| HK-BetreuungsR/ *Bearbeiter* .................... | Jurgeleit, Betreuungsrecht, Handkommentar, 4. Aufl. 2018 |
| HK-BGB/*Bearbeiter* ....... | Schulze/Dörner/Ebert/Hoeren/Kemper/Saenger/Scheuch/Schreiber/Schulte-Nölke/Staudinger/Wiese (Hrsg.), Bürgerliches Gesetzbuch (BGB), Handkommentar, 10. Aufl. 2019 |
| HK-BUR Gesetzessammlung .................. | Bauer/Deinert, Gesetzessammlung zum Betreuungsrecht, 8. Aufl. 2016 |
| HK-BUR/*Bearbeiter* ...... | Bauer/Klie/Lütgens, Heidelberger Kommentar zum Betreuungs- und Unterbringungsrecht, Loseblatt, 119. EL 2019 |
| HK-FamGKG/*Bearbeiter* | Schneider/Volpert/Fölsch, FamGKG, Handkommentar, 3. Aufl. 2019 |
| HK-FamilienverfahrensR/ *Bearbeiter* .................... | Kemper/Schreiber, Familienverfahrensrecht, Handkommentar, 3. Aufl. 2015 |
| HK-FamR/*Bearbeiter* ..... | Schulz/Hauß, Familienrecht, 3. Aufl. 2018 |
| HKK/*Bearbeiter* ........... | Schmoekel/Rückert/Zimmermann (Hrsg.), Historisch-kritischer Kommentar zum BGB, Band 1: Allgemeiner Teil, 2003; Band 2: Schuldrecht AT in 2 Teilbänden, 2007; Band 3: Schuldrecht BT, 2013; Band 4: Familienrecht |
| HKÜ ......................... | Haager Übereinkommen über die zivilrechtlichen Aspekte internationaler Kindesentführung v. 25.10.1980 (BGBl. 1990 II 206) |
| HK-VersAusglR/ *Bearbeiter* .................... | Götsche/Rehbein/Breuers, Versorgungsausgleichsrecht, Handkommentar, 3. Aufl. 2018 |
| hL ........................... | herrschende Lehre |
| hM .......................... | herrschende Meinung |
| *Bearbeiter* in HMRSW Neues SchuldR ........... | Haas/Medicus/Rolland/Schäfer/Wendtland, Das neue Schuldrecht, 2002 |

| | |
|---|---|
| HOAI ........................ | Verordnung über die Honorare für Architekten- und Ingenieurleistungen (Honorarordnung für Architekten und Ingenieure) v. 10.7.2013 (BGBl. 2013 I 2276) |
| HöfeO ....................... | Höfeordnung idF der Bek. v. 26.7.1976 (BGBl. 1976 I 1933) |
| *Hoffmann/Stephan* ......... | Hoffmann/Stephan, Ehegesetz, Kommentar, 2. Aufl. 1968 |
| *Bearbeiter* in v. Hoffmann/Thorn IPR ........ | v. Hoffmann/Thorn, Internationales Privatrecht, 9. Aufl. 2007 |
| *Bearbeiter* in Hoffmann-Riem/Schmidt-Aßmann/Voßkuhle GVerwR III ................ | Hoffmann-Riem/Schmidt-Aßmann/Voßkuhle, Grundlagen des Verwaltungsrechts, Bd. III, 2. Aufl. 2013 |
| Holzer/*Bearbeiter* .......... | Holzer, FamFG, Kommentar zum FamFG, 2011 |
| Honsell/Vogt/Geiser ..... | Honsell/Vogt/Geiser, Kommentar zum ZGB I, 5. Aufl. 2014; 6. Aufl. 2018 s. Geiser/Fountoulakis |
| Hoppenz/*Bearbeiter* ....... | Hoppenz, Familiensachen, Kommentar, 9. Aufl. 2009 |
| Horndasch/Viefhues/*Bearbeiter* .................... | Horndasch/Viefhues, FamFG, Kommentar zum Familienverfahrensrecht, 3. Aufl. 2014 |
| v. Hoyningen-Huene/Linck/*Bearbeiter* ........... | v. Hoyningen-Huene/Linck, Kündigungsschutzgesetz, 14. Aufl. 2007 |
| HPflG ....................... | Haftpflichtgesetz idF der Bek. v. 4.1.1978 (BGBl. 1978 I 145) |
| *Hromadka/Maschmann* ArbR I, II ..................... | Hromadka/Maschmann, Arbeitsrecht, Bd. I: 7. Aufl. 2018, Bd. II: 6. Aufl. 2017 |
| HRR ......................... | Höchstrichterliche Rechtsprechung (Zeitschrift) |
| Hrsg.; hrsg. ................ | Herausgeber; herausgegeben |
| Hs. ............................ | Halbsatz |
| HTestFormÜ .............. | Übereinkommen über das auf die Form letztwilliger Verfügungen anzuwendende Recht v. 5.10.1961 (BGBl. 1961 II 1145) |
| *U. Huber* Leistungsstörungen I, II ................ | U. Huber, Leistungsstörungen Bd. I bzw. Bd. II, Handbuch des Schuldrechts in Einzeldarstellungen, Bd. 9 I und II, 1999 |
| *Bearbeiter* in Huber/Faust SchuldRMod ................. | P. Huber/Faust, Schuldrechtsmodernisierung, Einführung in das neue Recht, 2002 |
| *Hueck/Canaris* WertpapierR ......................... | Hueck/Canaris, Das Recht der Wertpapiere, Kommentar, 12. Aufl. 1986 |
| Hüffer/Koch/*Bearbeiter* .. | Hüffer/Koch, Aktiengesetz: AktG, Kommentar, 13. Aufl. 2018 |
| *Hügel/Elzer* ................. | Hügel/Elzer, Wohnungseigentumsgesetz: WEG, Kommentar, 2. Aufl. 2018 |
| HUntÜ 1956 .............. | Haager Übereinkommen über das auf Unterhaltsverpflichtungen gegenüber Kindern anwendbare Recht (Unterhaltsstatutabkommen für Kinder von 1956) v. 24.10.1956 (BGBl. 1961 II 1012) |
| HUntÜ 1973 .............. | Haager Übereinkommen über das auf Unterhaltspflichten anzuwendende Recht (Unterhaltsstatutabkommen von 1973) v. 2.10.1973 (BGBl. 1986 II 837) |
| HWB ........................ | Handwörterbuch |
| HWBRWiss. ............... | Handwörterbuch der Rechtswissenschaft, hrsg. von Stier-Somlo und Elster (Band und Seite) |
| *Ibold* MaklerR ............. | Ibold, Maklerrecht, 3. Aufl. 2015 |
| idF ........................... | in der Fassung |
| idR ........................... | in der Regel |
| idS ........................... | in diesem Sinne |
| iE ............................ | im Einzelnen |
| iErg .......................... | im Ergebnis |
| ieS ........................... | im engeren Sinne |
| IfSG ......................... | Gesetz zur Verhütung und Bekämpfung von Infektionskrankheiten beim Menschen (Infektionsschutzgesetz) v. 20.7.2000 (BGBl. 2000 I 1045) |
| IHK ......................... | Industrie- und Handelskammer |
| II. BV ...................... | Verordnung über wohnungswirtschaftliche Berechnungen (Zweite Berechnungsverordnung) idF der Bek. v. 12.10.1990 (BGBl. 1990 I 2178) |
| *Immenga/Mestmäcker* ...... | Immenga/Mestmäcker, Wettbewerbsrecht, 5. Aufl. 2012 |
| ImmoKWPLV .............. | Verordnung zur Festlegung von Leitlinien zu den Kriterien und Methoden der Kreditwürdigkeitsprüfung bei Immobiliar-Verbraucherdarlehensverträgen (Immobiliar-Kreditwürdigkeitsprüfungsleitlinien-Verordnung) v. 24.4.2018 (BGBl. 1994 I 529) |
| InfAuslR .................... | Informationsbrief Ausländerrecht |
| Ingenstau/Hustedt/*Bearbeiter* ...................... | Ingenstau/Hustedt, ErbbauRG, Kommentar, 11. Aufl. 2018 |

| | |
|---|---|
| Ingenstau/Korbion/ *Bearbeiter* | Ingenstau/Korbion, VOB Teil A und B, 20. Aufl. 2017 |
| insbes. | insbesondere |
| InsO | Insolvenzordnung v. 5.10.1994 (BGBl. 1994 I 2866) |
| IntHK | Internationale Handelskammer |
| IPG | Gutachten zum internationalen und ausländischen Privatrecht |
| IPR | Internationales Privatrecht |
| IPRax | Praxis des internationalen Privat- und Verfahrensrechts (Zeitschrift, 1.1981 ff.) |
| IPRspr. | Makarov/Gamillscheg/Müller/Dierk/Kropholler, Die deutsche Rechtsprechung auf dem Gebiet des internationalen Privatrechts, 1952 ff. |
| iSd | im Sinne des, im Sinne der |
| iSd | im Sinne des/der |
| iSv | im Sinne von |
| ital. | italienisch |
| iÜ | im Übrigen |
| iVm | in Verbindung mit |
| IVR | Internationales Vertragsrecht |
| iwS | im weiteren Sinne |
| IZPR | Internationales Zivilprozessrecht |
| iZw | im Zweifel |
| JA | Juristische Arbeitsblätter (Zeitschrift) |
| Jaeger/Henckel/ Gerhardt/*Bearbeiter* | Jaeger/Henckel/Gerhardt, Insolvenzordnung, Kommentar, 2004–2010 |
| *Jakobs/Schubert* FamR II | Jakobs/Schubert, Die Beratung des Bürgerlichen Gesetzbuches in systematischer Zusammenstellung der unveröffentlichten Quellen, Familienrecht II, §§ 1564–1921, 1989 |
| *Jakobs/Schubert* SachenR I | Jakobs/Schubert, Die Beratung des Bürgerlichen Gesetzbuches in systematischer Zusammenstellung der unveröffentlichten Quellen, Sachenrecht I, §§ 854–1017, 1985 |
| *Jakobs/Schubert* SchuldR III | Jakobs/Schubert, Die Beratung des Bürgerlichen Gesetzbuchs in systematischer Zusammenstellung der unveröffentlichten Quellen: Recht der Schuldverhältnisse III, §§ 652–853, 1983 |
| JAmt | Das Jugendamt (bis 2000: DAVorm) |
| Jans/Happe/Saurbier/ Maas | s. JHSM |
| Jansen FGG | Jansen, FGG, 2. Aufl. 1968 ff. |
| Jansen/Knöpfle | Jansen/Knöpfle, Das neue Unehelichengesetz, 1967 |
| Jarass | Jarass, Bundesimmissionsschutzgesetz, Kommentar, 12. Aufl. 2017 |
| Jarass/Pieroth/*Bearbeiter* | Jarass/Pieroth, Grundgesetz, Kommentar, 15. Aufl. 2018 |
| JArbSchG | Gesetz zum Schutze der arbeitenden Jugend (Jugendarbeitsschutzgesetz) v. 12.4.1976 (BGBl. 1976 I 965) |
| Jauernig/*Bearbeiter* | Jauernig, Bürgerliches Gesetzbuch, Kommentar, 17. Aufl. 2018 |
| JB | Jahrbuch |
| JbIntR | Jahrbuch des internationalen Rechts |
| JbJZivRWiss | Jahrbuch Junger Zivilrechtswissenschaftler |
| JBl. | Juristische Blätter (österreichische Zeitschrift) |
| JBlSaar | Justizblatt des Saarlandes |
| JbPraxSchG | Jahrbuch für die Praxis der Schiedsgerichtsbarkeit |
| JCP | Journal of Consumer Policy |
| Jennißen/*Bearbeiter* | Jennißen, Wohnungseigentumsgesetz, 6. Aufl. 2019 |
| JFG | Jahrbuch für Entscheidungen in Angelegenheiten der freiwilligen Gerichtsbarkeit und des Grundbuchrechts, begründet von Ring (1.1924–23.1943) |
| Jg. | Jahrgang |
| JGG | Jugendgerichtsgesetz idF der Bek. v. 11.12.1974 (BGBl. 1974 I 3427) |
| Jh. | Jahrhundert |
| JherJb | Jherings Jahrbücher für die Dogmatik des bürgerlichen Rechts (Zeitschrift, Band und Seite) |
| JHSM/*Bearbeiter* | Jans/Happe/Saurbier/Maas, Kinder- und Jugendhilferecht, Kommentar, Loseblatt, Stand Juni 2018 |
| JIPITEC | Journal of Intellectual Property, Information Technology and Electronic Commerce |
| JLLM BetreungsR | Jürgens/Lesting/Loer/Marschner, Betreuungsrecht kompakt, 8. Aufl. 2016 |
| JM | Justizministerium |
| JMBl. | Justizministerialblatt |

Johannsen/Henrich/*Bearbeiter* ..................... Johannsen/Henrich, Familienrecht, Kommentar, 6. Aufl. 2015
*Josten* KreditvertragsR .... Josten, Kreditvertragsrecht, 2. Aufl. 2017
*Joussen* SchuldR AT ...... Joussen, Schuldrecht I – Allgemeiner Teil, 5. Aufl. 2018
JR .............................. Juristische Rundschau (Zeitschrift)
Jürgens/*Bearbeiter* .......... Jürgens, Betreuungsrecht, Kommentar, 5. Aufl. 2014
*Jung* ............................ Jung, SGB VIII, Kinder – und Jugendhilfe, Kommentar, 2. Aufl. 2008
JurA ........................... Juristische Analysen (Zeitschrift)
Jura ............................ Juristische Ausbildung (Zeitschrift)
JurBüro ........................ Das juristische Büro (Zeitschrift)
jurisPK-BGB/*Bearbeiter* . Herberger/Martinek/Rüßmann/Weth, juris Praxiskommentar, BGB, 7. Aufl. 2014
jurisPK-SGB VIII/*Bearbeiter* ..................... Schlegel/Voelzke, juris Praxiskommentar, SGB VIII, Kinder- und Jugendhilfe, 2. Aufl. 2018
JurJBb ........................ Juristen-Jahrbuch
JuS ............................ Juristische Schulung (Zeitschrift)
JuSchG ........................ Jugendschutzgesetz v. 23.7.2002 (BGBl. 2002 I 2730)
Justiz ......................... Die Justiz (Zeitschrift)
JVEG ......................... Gesetz über die Vergütung von Sachverständigen, Dolmetscherinnen, Dolmetschern, Übersetzerinnen und Übersetzern sowie die Entschädigung von ehrenamtlichen Richterinnen, ehrenamtlichen Richtern, Zeuginnen, Zeugen und Dritten (Justizvergütungs- und -entschädigungsgesetz) v. 5.5.2004 (BGBl. 2004 I 718, 776)
JW ............................ Juristische Wochenschrift (Zeitschrift)
JWohl ........................ Jugendwohl, Zeitschrift für die Kinder- und Jugendhilfe
JZ ............................. Juristenzeitung (Zeitschrift)

K&R .......................... Kommunikation und Recht (Zeitschrift)
KAGB ......................... Kapitalanlagegesetzbuch v. 4.7.2013 (BGBl. 2013 I 1981)
Kap. ........................... Kapitel
Kapellmann/Messerschmidt/*Bearbeiter* Kapellmann/Messerschmidt, VOB, 6. Aufl. 2018
Kapp/Ebeling/*Bearbeiter* . Kapp/Ebeling, Erbschaftsteuer- und Schenkungsteuergesetz, Kommentar, Loseblatt, Stand 2019
Karpenstein/Mayer/*Bearbeiter* ..................... Karpenstein/Mayer, Konvention zum Schutz der Menschenrechte und Grundfreiheiten: EMRK, 2. Aufl. 2015
Kasseler HdB/*Bearbeiter* . Spellbrink/Eicher, Kasseler Handbuch des Arbeitsförderungsrechts, 2003
KDHK/*Bearbeiter* .......... Kaiser/Dunkl/Hold/Kleinsorge, Entgeltfortzahlungsgesetz, Kommentar, 5. Aufl. 2000
*Kegel/Schurig* IPR ........ Kegel/Schurig, Internationales Privatrecht, 9. Aufl. 2004
Keidel/*Bearbeiter* ........... Keidel, FamFG, Kommentar zum Gesetz über das Verfahren in Familiensachen und die Angelegenheiten der freiwilligen Gerichtsbarkeit, 19. Aufl. 2017
Keller/Munzig/*Bearbeiter* Keller/Munzig, Grundbuchrecht, 8. Aufl. 2019 (früher: KEHE)
*Kemper* Ehegattenunterhalt ........................... Kemper, Ehegattenunterhalt, 3. Aufl. 2012
Kfz. ............................ Kraftfahrzeug
KG ............................. Kammergericht; Kommanditgesellschaft
KGaA ......................... Kommanditgesellschaft auf Aktien
KGBl. ......................... Blätter für Rechtspflege im Bereich des Kammergerichts in Sachen der freiwilligen Gerichtsbarkeit in Kosten-, Stempel- und Strafsachen (Zeitschrift)
KGJ ........................... Jahrbuch für Entscheidungen des Kammergerichts in Sachen der freiwilligen Gerichtsbarkeit, in Kosten-, Stempel- und Strafsachen (bis 19.1899: in Sachen der nichtstreitigen Gerichtsbarkeit), 1.1881–53.1922
KGSG ......................... Gesetz zum Schutz von Kulturgut (Kulturgutschutzgesetz) v. 31.7.2016 (BGBl. 2016 I 1914)
KHEntgG ..................... Gesetz über die Entgelte für voll- und teilstationäre Krankenhausleistungen (Krankenhausentgeltgesetz) v. 23.4.2002 (BGBl. 2002 I 1412)
KIDL .......................... Kontoinformationsdienstleistern
Kind-Prax .................... Kindschaftsrechtliche Praxis (Zeitschrift)
KindRG ....................... Kindschaftsrechtsreformgesetz
KindRVerbG ................. Gesetz zur weiteren Verbesserung von Kinderrechten
KindUG ....................... Gesetz zur Vereinheitlichung des Unterhaltsrechts minderjähriger Kinder
KindUmÜ .................... Übereinkommen über den Umgang von und mit Kindern v. 15.5.2003 (zwischen Deutschland, Österreich und der Schweiz abgestimmte Endfassung), https://www.coe.int

| | |
|---|---|
| Kinne/Schach/Bieber/ *Bearbeiter* | Kinne/Schach/Bieber, Miet- und Mietprozessrecht, Kommentar, 7. Aufl. 2013 |
| *Kipp/Coing* ErbR | Kipp/Coing, Erbrecht, 14. Aufl. 1990 |
| *Kissel* Ehe und Ehescheidung | Kissel, Ehe und Ehescheidung, 1977 |
| *Kissel/Mayer* | Kissel/Mayer, Gerichtsverfassungsgesetz, Kommentar, 9. Aufl. 2018 |
| Kittner/Däubler/ Zwanziger/*Bearbeiter* | Kittner/Däubler/Zwanziger, Kündigungsschutzrecht, 7. Aufl. 2008 |
| *Bearbeiter* in Kittner/ Zwanziger/Deinert/ Heuschmid ArbR-HdB | Kittner/Zwanziger/Deinert/Heuschmid, Arbeitsrecht, Handbuch für die Praxis, 9. Aufl. 2017 |
| KJHG | Gesetz zur Neuordnung des Kinder- und Jugendhilferechts siehe SGB VIII |
| KKG | Gesetz zur Kooperation und Information im Kinderschutz v. 22.12.2011 (BGBl. 2011 I 2975) |
| KK-OWiG/*Bearbeiter* | Mitsch (Hrsg.), Karlsruher Kommentar zum OWiG, 5. Aufl. 2018 |
| KKRD/*Bearbeiter* | Koller/Kindler/Roth/Drüen, Handelsgesetzbuch, Kommentar, 9. Aufl. 2019 |
| KKRM/*Bearbeiter* | Koller/Kindler/Roth/Morck, Handelsgesetzbuch, Kommentar, 8. Aufl. 2015; s. KKRD 9. Aufl. 2019 |
| Klausel-RL | Richtlinie 93/13/EWG des Rates über mißbräuchliche Klauseln in Verbraucherverträgen v. 5.4.1993 (ABl. EG 1993 L 95, 29) |
| *Kleffmann/Klein* | Kleffmann/Klein, Unterhaltsrecht, Kommentar, 2. Aufl. 2014 |
| *Klein* FamilienvermögensR-HdB | Klein, Handbuch Familienvermögensrecht, Vorsorgende Gestaltung und Auseinandersetzung, 2. Aufl. 2015 |
| *Bearbeiter* in Kleine-Möller/Merl PrivBauR-HdB | Kleine-Möller/Merl, Handbuch des privaten Baurechts, 5. Aufl. 2014 |
| KLG | Gesetz über Leistungen der gesetzlichen Rentenversicherung für Kindererziehung an Mütter der Geburtsjahrgänge vor 1921 (Kindererziehungsleistungsgesetz) |
| Klin. Lab. | Klinisches Labor (Zeitschrift) |
| *Klingelhöffer* PflichtteilsR | Klingelhöffer, Pflichtteilsrecht, 4. Aufl. 2014 |
| *Klingelhöffer* Vermögensverwaltung | Klingelhöffer, Vermögensverwaltung in Vormundschafts- und Nachlaßsachen, 2002 |
| *Klinkhardt* | Klinkhardt, Kinder- und Jugendhilfe, SGB VIII, Kommentar, 1994 |
| *Knittel* | Knittel, Betreuungsgesetz (BtG), Kommentar, Loseblatt, 73. EL 2016 April 2016 |
| KnVNG | Gesetz zur Neuregelung der knappschaftlichen Rentenversicherung (Knappschaftsrentenversicherungs-Neuregelungsgesetz) |
| KO | Konkursordnung, aufgehoben |
| *Bearbeiter* in Koch UnterhaltsR | Koch, Handbuch des Unterhaltsrechts, 13. Aufl. 2017 |
| Köhler/Bornkamm/ Feddersen/*Bearbeiter* | Köhler/Bornkamm/Feddersen, UWG, Kommentar, 37. Aufl. 2019 |
| Kölner Komm AktG/ *Bearbeiter* | Kölner Kommentar zum Aktiengesetz, hrsg. von Zöllner, 3. Aufl. 2004 ff. |
| KölnZfSoz. | Kölner Zeitschrift für Soziologie und Sozialpsychologie |
| *Kötz/Wagner* DeliktsR | Kötz/Wagner, Deliktsrecht, 13. Aufl. 2016 |
| *Kogel* Strategien beim Zugewinnausgleich | Kogel, Strategien beim Zugewinnausgleich, 5. Aufl. 2016 |
| KoL | Oberlandesgericht Koblenz – Unterhaltsrechtliche Leitlinien der Familiensenate, Stand 1.1.2018 |
| Kom. endg. | Kommission, endgültig |
| KommBer. | Reichstagskommission über den Entwurf eines Bürgerlichen Gesetzbuchs und Einführungsgesetzes |
| KonsularG | Gesetz über die Konsularbeamten, ihre Aufgaben und Befugnisse (Konsulargesetz) v. 11.9.1974 (BGBl. 1974 I 2317) |
| *Koppensteiner/Kramer* Ungerechtfertigte Bereicherung | Koppensteiner/Kramer, Ungerechtfertigte Bereicherung, 2. Aufl. 1988 |
| *Kossmann/Meyer-Abich* HdB Wohnraummiete | Kossmann/Meyer-Abich, Handbuch der Wohnraummiete, 7. Aufl. 2014 |
| KostO | Gesetz über die Kosten in Angelegenheiten der freiwilligen Gerichtsbarkeit (Kostenordnung) idF der Bek. v. 26.7.1957 (BGBl. 1957 I 861, 960), aufgehoben |
| *Bearbeiter* in Koziol/Bydlinski/Bollenberger ABGB | Koziol/Bydlinski/Bollenberger, Kurzkommentar zum ABGB, 5. Aufl. 2017 |

| | |
|---|---|
| KR | Kontrollrat |
| *Krafka/Kühn* RegisterR | Krafka/Kühn, Registerrecht, 10. Aufl. 2017 |
| Kreikebohm/*Bearbeiter* | Kreikebohm, SGB VI, Gesetzliche Rentenversicherung, Kommentar, 5. Aufl. 2017 |
| KreisG | Kreisgericht |
| *Bearbeiter* in Krenzler/Borth FamR-HdB | Krenzler/Borth, Anwaltshandbuch Familienrecht, 2. Aufl. 2012 |
| *Kress* SchuldR AT | Kress, Lehrbuch des Allgemeinen Schuldrechts, 1929 (unveränderter Neudruck 1974, mit einer Einführung versehen und hrsg. von Weitnauer und Ehmann) |
| KRG | Kontrollratsgesetz |
| krit. | kritisch |
| KritJ | Kritische Justiz (Zeitschrift) |
| *Bearbeiter* in KRKB ErbR | Krug/Rudolf/Kroiß/Bittler, Anwaltformulare Erbrecht, 6. Aufl. 2019 |
| *Kropholler* IPR | Kropholler, Internationales Privatrecht, 6. Aufl. 2006 |
| *Kropholler/v. Hein* EuropZivilProzR | Kropholler/v. Hein, Europäisches Zivilprozessrecht, 9. Aufl. 2011 |
| *Krug/Dalichau* | Krug/Dalichau, SGB VIII, Kommentar, Loseblatt, 127. EL 2010 |
| *Krug/Daragan* Immobilie im ErbR | Krug/Daragan, Die Immobilie im Erbrecht, 2010 |
| *Krug/Riehle* | Krug/Riehle, SGB VIII, Kommentar, Loseblatt, 2018 |
| KrVjschr. | Kritische Vierteljahresschrift für Gesetzgebung und Rechtswissenschaft |
| KrWG | Gesetz zur Förderung der Kreislaufwirtschaft und Sicherung der umweltverträglichen Bewirtschaftung von Abfällen (Kreislaufwirtschaftsgesetz) v. 24.2.2012 (BGBl. 2012 I 212) |
| KSchG | Kündigungsschutzgesetz idF der Bek. v. 25.8.1969 (BGBl. 1969 I 1317) |
| KSÜ | Übereinkommen über die Zuständigkeit, das anzuwendende Recht, die Anerkennung, Vollstreckung und Zusammenarbeit auf dem Gebiet der elterlichen Verantwortung und der Maßnahmen zum Schutz von Kindern v. 19.10.1996 (BGBl. 2009 II 602, 603; ABl. EG 2003 L 48, 3; ABl. EU 2008 L 151, 39) |
| KTS | Zeitschrift für Konkurs-, Treuhand- und Schiedsgerichtswesen |
| *Kübler/Assmann* GesR | Kübler/Assmann, Gesellschaftsrecht, 6. Aufl. 2006 |
| Kübler/Prütting/Bork/*Bearbeiter* | Kübler/Prütting/Bork, Insolvenzordnung, Kommentar, Loseblatt, 66. EL 2018 |
| *Bearbeiter* in Kümpel/Wittig BankR/KapMarktR | Kümpel/Wittig, Bank- und Kapitalmarktrecht, 4. Aufl. 2011 |
| *Kunkel* JugendhilfeR | Kunkel, Jugendhilferecht, 9. Aufl. 2018 |
| KunstUrhG | Gesetz betreffend das Urheberrecht an Werken der bildenden Künste und der Photographie v. 9.1.1907 (RGBl. 1907 S. 7) |
| *Küppersbusch* Ersatzansprüche Personenschaden | Küppersbusch, Ersatzansprüche bei Personenschaden, 12. Aufl. 2016 |
| KUR | Kunstrecht und Urheberrecht (Zeitschrift) |
| KWG | Gesetz über das Kreditwesen (Kreditwesengesetz) idF der Bek. vom 9.9.1998 (BGBl. 1998 I 2776) |
| LAG | Landesarbeitsgericht (mit Ortsnamen); Gesetz über den Lastenausgleich (Lastenausgleichsgesetz) idF der Bek. v. 2.6.1993 (BGBl. 1993 I 845) |
| *Lagarde* | Paul Lagarde, Erläuternder Bericht zu dem Übereinkommen vom 19. Oktober 1996 über den Schutz von Kindern, 1998 |
| LAGE | Entscheidungssammlung der Landesarbeitsgerichte |
| *Lammel* HeizkostenV | Lammel, Heizkostenverordnung, Kommentar, 4. Aufl. 2015 |
| *Lammel* WohnraummietR | Lammel, Anwaltkommentar Wohnraummietrecht, 3. Aufl. 2007 |
| *Lange* ErbR | Lange, Erbrecht, 2. Aufl. 2017 |
| *Lange/Kuchinke* ErbR | Lange/Kuchinke, Erbrecht, 5. Aufl. 2001 |
| *Bearbeiter* in Lange/Schiemann Schadensersatz | Lange/Schiemann, Schadensersatz, Handbuch des Schuldrechts, Band I, 3. Aufl. 2003 |
| *Langenberg/Zehelein* BetriebskostenR | Langenberg/Zehelein, Betriebskosten- und Heizkostenrecht, 8. Aufl. 2016 |
| *Langenberg/Zehelein* Schönheitsreparaturen | Langenberg/Zehelein, Schönheitsreparaturen, Instandsetzung und Rückbau, 5. Aufl. 2015 |
| Langenbucher/Bliesener/Spindler/*Bearbeiter* | Langenbucher/Bliesener/Spindler (Hrsg.), Bankrechts-Kommentar, 2. Aufl. 2016 |

| | |
|---|---|
| *Langenfeld/Fröhler* Testamentsgestaltung ............ | Langenfeld/Fröhler, Testamentsgestaltung: Einzeltestament, Ehegattentestament, Unternehmertestament, 5. Aufl. 2015 |
| *Langenfeld/Gail* Familienunternehmen-HdB ....... | Langenfeld/Gail, Handbuch der Familienunternehmen, Loseblatt, 57. EL 2018 |
| *Langenfeld/Milzer* EheV-HdB .......................... | Langenfeld/Milzer, Handbuch der Eheverträge und Scheidungsvereinbarungen, 8. Aufl. 2019 |
| Langheid/Rixecker/*Bearbeiter* ..................... | Langheid/Rixecker, VVG, Kommentar, 6. Aufl. 2019 |
| *Larenz* Methodenlehre ... | Larenz, Methodenlehre der Rechtswissenschaft, 6. Aufl. 1991 |
| *Larenz* SchuldR AT ...... | Larenz, Lehrbuch des Schuldrechts, Band I Allgemeiner Teil, 14. Aufl. 1987 |
| *Larenz* SchuldR BT I .... | Larenz, Lehrbuch des Schuldrechts, Band II 1 Besonderer Teil/1. Halbband, 13. Aufl. 1986 |
| *Larenz/Canaris* SchuldR BT II .......................... | Larenz/Canaris, Lehrbuch des Schuldrechts, Band II /2 Besonderer Teil/2. Halbband, 13. Aufl. 1994 |
| *Bearbeiter* in Laufs/Kern ArztR-HdB ................ | Laufs/Kern, Handbuch des Arztrechts, 5. Aufl. 2019 |
| Laux/Schlachter/*Bearbeiter* ...................... | Laux/Schlachter, Teilzeit- und Befristungsgesetz, Kommentar, 2. Aufl. 2011 |
| *Leipold* ErbR ................ | Leipold, Erbrecht, 21. Aufl. 2016 |
| LeistungsVO ............... | Verordnung über die Leistungssätze des Unterhaltsgeldes, des Kurzarbeitergeldes, des Schlechtwettergeldes, des Arbeitslosengeldes und der Arbeitslosenhilfe für das Jahr |
| Lemke/*Bearbeiter* ........... | Lemke, Immobilienrecht, Kommentar, 2. Aufl. 2016 |
| *Leonhard* SchuldR I ....... | Leonhard, Schuldrecht, Bd. I, 1929 |
| Lerch .......................... | Lerch, BeurkG, 5. Aufl. 2016 |
| *Lewald* IPR ................. | Lewald, Das deutsche internationale Privatrecht, 1931 |
| LFGB ......................... | Lebensmittel-, Bedarfsgegenstände- und Futtermittelgesetzbuch idF der Bek. v. 24.7.2009 (BGBl. 2009 I 2205) |
| LG ............................ | Landgericht (mit Ortsnamen) |
| *Bearbeiter* in LHFM Notar-HdB ................ | Limmer/Hertel/Frenz/Mayer, Würzburger Notarhandbuch, 5. Aufl. 2017 |
| *Bearbeiter* in Lindner-Figura/Oprée/Stellmann Geschäftsraummiete ...... | Lindner-Figura/Oprée/Stellmann, Geschäftsraummiete, 4. Aufl. 2017 |
| *Lipp* ErbR .................. | Lipp, Examens-Repetitorium Erbrecht, 4. Aufl. 2017 |
| *Lipp* FamR ................. | Lipp, Examens-Repetitorium Familienrecht, 4. Aufl. 2013 |
| *Lipp/Wagenitz* Neues KindschaftsR .............. | Lipp/Wagenitz, Das neue Kindschaftsrecht, 1999 |
| lit. ............................ | Buchstabe |
| Lit. ............................ | Literatur |
| LKV ........................... | Landes- und Kommunalverwaltung (Zeitschrift) |
| LM ............................ | Lindenmaier/Möhring, Nachschlagewerk des Bundesgerichtshofs (Nr. ohne Gesetzesstelle bezieht sich auf den gerade kommentierten Paragraphen) |
| LMK .......................... | Lindenmaier/Möhring, Kommentierte BGH-Rechtsprechung (Zeitschrift) |
| LMRKM/*Bearbeiter* ....... | Loewenheim/Meessen/Riesenkampff/Kersting/Meyer-Lindemann, Kartellrecht, Kommentar, 3. Aufl. 2016 |
| *Löhnig* ErbR ................ | Löhnig, Erbrecht, 3. Aufl. 2016 |
| Löwe/Graf v. Westphalen/Trinkner/*Bearbeiter* .. | Löwe/Graf v. Westphalen/Trinkner, Großkommentar zum AGB-Gesetz, 2. Aufl, Band 1 (1985), Band 2 (1983), Band 3 (1985) |
| *Looschelders* ................. | Looschelders, Internationales Privatrecht, Art. 3–46 EGBGB, Kommentar, 2004 |
| *Looschelders* SchuldR AT | Looschelders, Schuldrecht Allgemeiner Teil, 16. Aufl. 2018 |
| *Looschelders* SchuldR BT | Looschelders, Schuldrecht Besonderer Teil, 13. Aufl. 2018 |
| Looschelders/Pohlmann/*Bearbeiter* ..................... | Looschelders/Pohlmann, VVG, Kommentar, 3. Aufl. 2016 |
| *Lorenz/Riehm* Neues SchuldR ...................... | Lorenz/Riehm, Neues Schuldrecht, 2002 |
| LPartG ........................ | Gesetz zur Beendigung der Diskriminierung gleichgeschlechtlicher Gemeinschaften: Lebenspartnerschaften v. 16.2.2001 (BGBl. 2001 I 266) |
| LPK-HeimG/*Bearbeiter* .. | Krahmer/Richter, Heimgesetz, 2. Aufl. 2006 |
| LPK-SGB VIII/*Bearbeiter* ..................... | Kunkel/Kepert/Pattar, Sozialgesetzbuch VIII, NomosKommentar, 7. Aufl. 2018 |
| Ls. ............................ | Leitsatz |

| | |
|---|---|
| LSG | Landessozialgericht (mit Ortsnamen) |
| LSpG | Gesetz zur Durchführung der Rechtsakte der Europäischen Gemeinschaft oder der Europäischen Union über Bescheinigungen besonderer Merkmale von Agrarerzeugnissen und Lebensmitteln (Lebensmittelspezialitätengesetz) v. 29.10.1993 (BGBl. 1993 I 1814) |
| *v. Lübtow* ErbR I/II | v. Lübtow, Erbrecht, Band I und II, 1971 |
| *Lüderitz/Dethloff* | siehe Dethloff |
| *Lüdtke-Handjery/ v. Jeinsen* HöfeO | Lüdtke-Handjery/v. Jeinsen Höfeordnung, 11. Aufl. 2015 |
| *Bearbeiter* in Lützenkirchen MietR-HdB | Lützenkirchen, Anwaltshandbuch Mietrecht, 6. Aufl. 2018 |
| Lützenkirchen/*Bearbeiter* | Lützenkirchen, Mietrecht, Kommentar, 2. Aufl. 2015 |
| LuftRG | Gesetz über Rechte an Luftfahrzeugen (LuftRG) v. 26.2.1959 (BGBl. 1959 I 57, berichtigt BGBl. 1959 I 223) |
| LuftVG | Luftverkehrsgesetz idF der Bek. v. 27.3.1999 (BGBl. 1999 I 550) |
| LugÜ | Lugano Übereinkommen über die gerichtliche Zuständigkeit und die Vollstreckung gerichtlicher Entscheidungen in Zivil- und Handelssachen v. 30.10.2007 (ABl. EU 2009 L 147, 5, berichtigt ABl. EU 2009 L 147, 44, ABl. EU 2011 L 115, 31 und ABl. EU 2014 L 18, 70) |
| Lutter/Hommelhoff/ *Bearbeiter* | Lutter/Hommelhoff, GmbHG, Kommentar, 19. Aufl. 2016 |
| LVA | Landesversicherungsanstalt |
| *Bearbeiter* in Lwowski/ Peters/Münscher VerbraucherdarlehensR | Lwowski/Peters/Münscher, Verbraucherdarlehensrecht, 3. Aufl. 2008 |
| LZ | Leipziger Zeitschrift für Deutsches Recht |
| MaBV | Verordnung über die Pflichten der Makler, Darlehens- und Anlagenvermittler, Bauträger und Baubetreuer (Makler- und Bauträgerverordnung) idF der Bek. v. 7.11.1990 (BGBl. 1990 I 2479) |
| mÄnd | mit Änderungen |
| MAH | Münchener Anwaltshandbuch |
| MAH ErbR/*Bearbeiter* | Scherer, Münchener Anwaltshandbuch Erbrecht, 5. Aufl. 2018 |
| MAH FamR/*Bearbeiter* | Schnitzler, Münchener Anwaltshandbuch Familienrecht, 4. Aufl. 2014 |
| MAH IntWR/*Bearbeiter* | Piltz, Münchener Anwaltshandbuch Internationales Wirtschaftsrecht, 2017 |
| MAH MietR/*Bearbeiter* | Hannemann/Wiegner, Münchener Anwaltshandbuch Mietrecht, 4. Aufl. 2014 |
| v. Mangoldt/Klein/ Starck/*Bearbeiter* | Starck (Hrsg.), Kommentar zum Grundgesetz, 3 Bände, 7. Aufl. 2018 |
| mAnm | mit Anmerkung |
| *Marburger* | Marburger, SGB VIII – Kinder- und Jugendhilfe, Kommentar, 11. Aufl. 2016 |
| *Marienhagen/Künzl* | Marienhagen/Künzl, Entgeltfortzahlungsgesetz, Loseblattwerk |
| MarkenG | Gesetz über den Schutz von Marken und sonstigen Kennzeichen (Markengesetz) v. 25.10.1994 (BGBl. 1994 I 3082, berichtigt BGBl. 1995 I 156) |
| Marschner/Volckart/ Lesting/*Bearbeiter* | Marschner/Volckart/Lesting, Freiheitsentziehung und Unterbringung, Kommentar, 5. Aufl. 2010 |
| *Martinek* Leasing und Factoring | Martinek, Moderne Vertragstypen, Bd. I: Leasing und Factoring, 1991 |
| *Bearbeiter* in Martinek/ Semler/Flohr VertriebsR-HdB | Martinek/Semler/Flohr, Handbuch des Vertriebsrechts, 4. Aufl. 2016 |
| *Bearbeiter* in Martinek/ Stoffels/Wimmer-Leonhardt LeasingR-HdB | Martinek/Stoffels/Wimmer-Leonhardt (Hrsg.), Handbuch des Leasingrechts, 2. Aufl. 2008 |
| *Martis/Meinhof* VerbraucherschutzR | Martis/Meinhof, Verbraucherschutzrecht, 2. Aufl. 2005 |
| *Massfeller/Böhmer/Coester* | Massfeller/Böhmer/Coester, Das gesamte Familienrecht, Kommentar, Loseblatt, Bd. 1: 82. EL 2013, Bd. 2: 99. EL 2014 |
| Maunz/Dürig/*Bearbeiter* | Herzog/Scholz/Herdegen/Klein (Hrsg.), Grundgesetz, Kommentar, Loseblatt, 84. EL 2018 |
| Maurer/Waldhoff AllgVerwR | Maurer/Waldhoff, Allgemeines Verwaltungsrecht, 19. Aufl. 2017 |
| *Bearbeiter* in Mayer/ Bonefeld TV-HdB | Mayer/Bonefeld, Praxishandbuch Testamentsvollstreckung, 4. Aufl. 2015 |

| | |
|---|---|
| MBl. | Ministerialblatt |
| MDR | Monatsschrift für Deutsches Recht (Zeitschrift) |
| mE | meines Erachtens |
| *Medicus/Lorenz* SchuldR AT | Medicus/Lorenz, Schuldrecht I, Allgemeiner Teil, 21. Aufl. 2015 |
| *Medicus/Lorenz* SchuldR BT | Medicus/Lorenz, Schuldrecht II, Besonderer Teil, 18. Aufl. 2018 |
| *Medicus/Petersen* BGB AT | Medicus/Petersen, Allgemeiner Teil des BGB, 11. Aufl. 2016 |
| *Medicus/Petersen* BürgerlR | Medicus/Petersen, Bürgerliches Recht, 26. Aufl. 2017 |
| MedR | Medizinrecht (Zeitschrift 1.1983 ff.) |
| Meikel/*Bearbeiter* | Meikel, Grundbuchordnung: GBO, Kommentar, 11. Aufl. 2015 |
| *Meinel/Heyn/Herms* | Meinel/Heyn/Herms, TzBfG – Teilzeit- und Befristungsgesetz, Kommentar, 5. Aufl. 2015 |
| MessEG | Gesetz über das Inverkehrbringen und die Bereitstellung von Messgeräten auf dem Markt, ihre Verwendung und Eichung sowie über Fertigpackungen (Mess- und Eichgesetz) v. 25.7.2013 (BGBl. 2013 I 2722) |
| *Meyer/Mittelstädt* | Meyer/Mittelstädt, Das Lebenspartnerschaftsgesetz, 2001 |
| Meyer-Goßner/Schmitt/*Bearbeiter* | Meyer-Goßner/Schmitt, Strafprozessordnung, Kommentar, 62. Aufl. 2019 |
| Meyer-Ladewig/Nettesheim/v. Raumer/*Bearbeiter* | Meyer-Ladewig/Nettesheim/v. Raumer, EMRK, Handkommentar, 4. Aufl. 2017 |
| *Meyer-Stolte/Zorn* FamR | Meyer-Stolte/Zorn, Familienrecht, 5. Aufl. 2011 |
| Meysen/Balloff/Ernst *Bearbeiter* | Meysen/Balloff/Ernst ua, Das Familienverfahrensrecht FamFG, Praxiskommentar, 2. Aufl. 2014 |
| *Meysen/Eschelbach* BKiSchG | Meysen/Eschelbach, Das neue Bundeskinderschutzgesetz, 2012 |
| MHbeG | Gesetz zur Beschränkung der Haftung Minderjähriger – Minderjährigenhaftungsbeschränkungsgesetz |
| MHdB ArbR/*Bearbeiter* | Richardi/Wlotzke/Wißmann/Oetker (Hrsg.), Münchener Handbuch zum Arbeitsrecht, 2 Bände, 3. Aufl. 2009 |
| MHdB GesR I/*Bearbeiter* | Gummert/Weipert, Münchener Handbuch des Gesellschaftsrecht, Bd. 1: BGB-Gesellschaft, Offene Handelsgesellschaft, Partnerschaftsgesellschaft, Partenreederei, EWIV, 5. Aufl. 2019 |
| MHdB GesR VI/*Bearbeiter* | Leible/Reichert, Münchener Handbuch des Gesellschaftsrecht, Bd. 6: Internationales Gesellschaftsrecht, Grenzüberschreitende Umwandlungen, 4. Aufl. 2013 |
| MHLS/*Bearbeiter* | Michalski/Heidinger/Leible/Schmidt, GmbH-Gesetz, Kommentar, 3. Aufl. 2017 |
| MietAnpG | Gesetz zur Ergänzung der Regelungen über die zulässige Miethöhe bei Mietbeginn und zur Anpassung der Regelungen über die Modernisierung der Mietsache (Mietrechtsanpassungsgesetz) v. 18.12.2018 (BGBl. 2018 I 2648) |
| MietNovG | Gesetz zur Dämpfung des Mietanstiegs auf angespannten Wohnungsmärkten und zur Stärkung des Bestellerprinzips bei der Wohnungsvermittlung (Mietrechtsnovellierungsgesetz) v. 21.4.2015 (BGBl. 2015 I 610) |
| MietRB | Der Miet-Rechtsberater (Zeitschrift) |
| MietRRefG | Gesetz zur Neugliederung, Vereinfachung und Reform des Mietrechts (Mietrechtsreformgesetz) v. 19.6.2001 (BGBl. 2001 I 1149) |
| MiLoG | Gesetz zur Regelung eines allgemeinen Mindestlohns (Mindestlohngesetz) v. 11.8.2014 (BGBl. 2014 I 1348) |
| MinNamÄndG | Minderheiten-Namensänderungsgesetz, Art. 2 des Zustimmungsgesetzes zum Rahmenübereinkommen des Europarates zum Schutz nationaler Minderheiten |
| MitbestG | Gesetz über die Mitbestimmung der Arbeitnehmer (Mitbestimmungsgesetz) v. 4.5.1976 (BGBl. 1976 I 1153) |
| Mitt. | Mitteilung(en) |
| Mitt. AGJ | Mitteilungen der Arbeitsgemeinschaft für Jugendhilfe (Zeitschrift) |
| Mitt. AGJJ | Mitteilungen der Arbeitsgemeinschaft für Jugendpflege und Jugendfürsorge (Zeitschrift) |
| MittBayNot | Mitteilungen des Bayerischen Notarvereins, der Notarkasse und der Landesnotarkammer |
| MittBl. Königsteiner Kreis | Mitteilungsblatt des Königsteiner Kreises |
| MittBlBLJA | Mitteilungsblatt des Bayerischen Landesjugendamtes |

MittPat ........................ Mitteilungen der deutschen Patentanwälte (Zeitschrift)
MittRhNotK .............. Mitteilungen der Rheinischen Notarkammer (jetzt: RNotZ = Rheinische Notar-Zeitschrift)
MiZi ......................... Allgemeine Verfügung über Mitteilungen in Zivilsachen
mj., Mj. ..................... minderjährig, Minderjähriger
MKGK KindschaftsR .... Mühlens/Kirchmeier/Greßmann/Knittel, Kindschaftsrecht, 2. Aufl. 1999
mkritAnm .................. mit kritischen Anmerkungen
MKSchG .................... Gesetz über den Mutter- und Kindesschutz und die Rechte der Frau (DDR)
MKSchVO ................. Verordnung über den Mutter- und Kindesschutz und die Rechte der Frau (Ost-Berlin)
MMR ........................ Multi-Media und Recht (Zeitschrift)
mN ............................ mit Nachweisen
Modernisierungs-HdB/ *Bearbeiter* ..................... Börstinghaus/Eisenschmid, Modernisierungs-Handbuch, 2014
*Möhring/Beisswingert/Klingelhöffer* Vermögensverwaltung ................ Möhring/Beisswingert/Klingelhöffer, Vermögensverwaltung in Vormundschafts- und Nachlaßsachen, 7. Aufl. 1999
Möller/Nix/*Bearbeiter* ... Möller/Nix, Kurzkommentar zum SGB VIII Kinder- und Jugendhilfe, 2006
Mot. I–V .................... Motive zu dem Entwurf eines Bürgerlichen Gesetzbuches für das Deutsche Reich (Band I Allgemeiner Teil; Band II Recht der Schuldverhältnisse; Band III Sachenrecht; Band IV Familienrecht; Band V Erbrecht)
MPFormB FamR/ *Bearbeiter* ..................... Gottwald, Münchener Prozessformularbuch, Bd. 3: Familienrecht, 5. Aufl. 2017
MPG ......................... Gesetz über Medizinprodukte (Medizinproduktegesetz) idF der Bek. v. 7.8.2002 (BGBl. 2002 I 3146)
MRK ......................... Konvention zum Schutze der Menschenrechte und Grundfreiheiten
*Mrozynski* SGB VIII ...... Mrozynski, SGB VIII Kinder- und Jugendhilfe, Kommentar, 5. Aufl. 2009
MSA ......................... Haager Übereinkommen vom 5.10.1961 über die Zuständigkeit der Behörden und das anzuwendende Recht auf dem Gebiet des Schutzes von Minderjährigen (BGBl. 1971 II 217)
*Bearbeiter* in MSTBW PflichteilsR-HdB ......... Mayer/Süß/Tanck/Bittler/Wälzholz, Handbuch Pflichtteilsrecht, 4. Aufl. 2017
MÜ ........................... Übereinkommen zur Vereinheitlichung bestimmter Vorschriften über die Beförderung im internationalen Luftverkehr v. 28.5.1999 (BGBl. 2004 II 458)
MüKoAktG/*Bearbeiter* ... Münchener Kommentar zum Aktiengesetz, hrsg. von Goette/Habersack, Band 2: 5. Aufl. 2019, im Übrigen 4. Aufl. 2016–2018
MüKoFamFG/*Bearbeiter* . Münchener Kommentar zum FamFG, hrsg. von Rauscher, 3. Aufl. 2018 f.
MüKoGmbHG/ *Bearbeiter* ..................... Münchener Kommentar zum GmbH-Gesetz, hrsg. von Fleischer/Goette, 3. Aufl. 2018 f.
MüKoHGB/*Bearbeiter* .... Münchener Kommentar zum Handelsgesetzbuch, hrsg. von K. Schmidt, 4. Aufl. 2018
MüKoInsO/*Bearbeiter* .... Münchener Kommentar zur Insolvenzordnung, hrsg. von Kirchhof/Stürner/Eidenmüller, 3. Aufl. 2013 f.
MüKoStGB/*Bearbeiter* .... Münchener Kommentar zum Strafgesetzbuch, hrsg. von Joecks/Miebach, 3. Aufl. 2017–2019
MüKoZPO/*Bearbeiter* .... Münchener Kommentar zur Zivilprozessordnung, hrsg. von Krüger/Rauscher, 5. Aufl. 2016
*Müller/Berenz* ............ Müller/Berenz, Entgeltfortzahlungsgesetz, Kommentar, 21. Aufl. 2006
*Müller/Gruber* SachenR .. Müller/Gruber, Sachenrecht, 2016
*Bearbeiter* in Müller/Sieghörtner/Emmerling de Oliveira AdoptR .......... Müller/Sieghörtner/Emmerling de Oliveira, Adoptionsrecht in der Praxis, 3. Aufl. 2016
*Müller-Freienfels* Ehe und Recht ........................ Müller-Freienfels, Ehe und Recht, 1962
*Münch* Ehebezogene Rechtsgeschäfte ........... Münch, Ehebezogene Rechtsgeschäfte, 4. Aufl. 2015
Münch FamiliensteuerR Münch, Familiensteuerrecht, 2015
*Bearbeiter* in Münch FamR ............................ Münch, Familienrecht in der Notar- und Gestaltungspraxis, 2. Aufl. 2016
*Münch* Versorgungsausgleich ........................ Münch, Vereinbarungen zum neuen Versorgungsausgleich, 2. Aufl. 2015
v. Münch/Kunig/ *Bearbeiter* ..................... v. Münch/Kunig, Grundgesetz, Kommentar, 6. Aufl. 2012

| | |
|---|---|
| Mugdan | Die gesamten Materialien zum Bürgerlichen Gesetzbuch für das deutsche Reich, hrsg. von Mugdan, Band I–V, 1899 |
| *Muscheler* ErbR | Muscheler, Erbrecht, Bd. 1 und 2, 2010 |
| *Muscheler* FamR | Muscheler, Familienrecht, 4. Aufl. 2017 |
| *Muscheler* LPartR | Muscheler, Das Recht der Eingetragenen Lebenspartnerschaft, 2. Aufl. 2004 |
| *Muscheler* Universalsukzession | Muscheler, Universalsukzession und Vonselbsterwerb, 2002 |
| MuSchG | Gesetz zum Schutz von Müttern bei der Arbeit, in der Ausbildung und im Studium (Mutterschutzgesetz) v. 23.5.2017 (BGBl. 2017 I 1228) |
| Musielak/Borth/*Bearbeiter* | Musielak/Borth, Familiengerichtliches Verfahren, Kommentar, 6. Aufl. 2018 |
| *Musielak/Hau* GK BGB | Musielak/Hau, Grundkurs BGB, 16. Aufl. 2019 |
| Musielak/Voit/*Bearbeiter* | Musielak/Voit (Hrsg.), Zivilprozessordnung, Kommentar, 15. Aufl. 2018 |
| MVHdB BürgerlR II/*Bearbeiter* | Langenfeld (Hrsg.), Münchener Vertragshandbuch, Bürgerliches Recht, Bd. 2, 7. Aufl. 2016 |
| MVHdB WirtschaftsR I, III, VI/*Bearbeiter* | Rieder/Schütze/Weipert (Hrsg.), Münchener Vertragshandbuch, Bd. 2: Wirtschaftsrecht I, 7. Aufl. 2015; Bd. 4: Wirtschaftsrecht III, 8. Aufl. 2018 |
| MWHLW/*Bearbeiter* | Meilicke/v. Westphalen/Hoffmann/Lenz/Wolff, Partnerschaftsgesellschaftsgesetz, Kommentar, 3. Aufl. 2015 |
| mwN | mit weiteren Nachweisen |
| mzN | mit zahlreichen Nachweisen |
| mzustAnm | mit zustimmenden Anmerkungen |
| Nachw. | Nachweise |
| NamÄndG | Gesetz über die Änderung von Familiennamen und Vornamen v. 5.1.1938 (RGBl. 1938 I 9) |
| NBl. | Nachrichtenblatt |
| NblLVABa. | Nachrichtenblatt, Zeitschrift der Landesversicherungsanstalt Baden |
| NDBZ | Neue Deutsche Beamtenzeitung (Zeitschrift) |
| NdBZ | Zeitschrift für die notarielle Beratungs- und Beurkundungspraxis |
| Nds., nds. | Niedersachsen, niedersächsisch |
| NdsRpfl. | Niedersächsische Rechtspflege (Zeitschrift) |
| NDV-RD | Rechtsprechungsdienst, Beilage zum Nachrichtendienst des Deutschen Vereins für öffentliche und private Fürsorge |
| ne. | nichtehelich |
| NEhelG | Gesetz über die rechtliche Stellung der nichtehelichen Kinder v. 19.8.1969 (BGBl. 1969 I 1243) |
| Nerlich/Römermann/*Bearbeiter* | Nerlich/Römermann, Insolvenzordnung, Kommentar, Loseblatt, 37. EL 2018 |
| NetzDG | Gesetz zur Verbesserung der Rechtsdurchsetzung in sozialen Netzwerken (Netzwerkdurchsetzungsgesetz) v. 1.9.2017 (BGBl. 2017 I 3352) |
| nF | neue Fassung |
| NF | Neue Folge |
| Niedenführ/Vandenhouten/*Bearbeiter* | Niedenführ/Vandenhouten, Kommentar und Handbuch zum Wohnungseigentumsrecht, 12. Aufl. 2017 |
| NiemeyersZ | Niemeyers Zeitschrift für internationales Recht (25.1915–52.1937/38; vorher s. BöhmsZ) |
| *Niepmann/Schwamb* Rspr. zur Höhe des Unterhalts | Niepmann/Schwamb, Die Rechtsprechung zur Höhe des Unterhalts, 13. Aufl. 2016 |
| NJ | Neue Justiz (Zeitschrift) |
| NJOZ | Neue Juristische Online-Zeitschrift |
| NJW | Neue Juristische Wochenschrift (Zeitschrift) |
| NJW-FER | NJW-Entscheidungsdienst Familien- und Erbrecht (Zeitschrift, vereinigt mit FPR ab 2002) |
| NJW-MietR | NJW-Entscheidungsdienst Miet- und Wohnungsrecht (Zeitschrift) |
| NJW-RR | NJW-Rechtsprechungs-Report, Zivilrecht (Zeitschrift) |
| NJW-VHR | NJW-Entscheidungsdienst Versicherungs- und Haftungsrecht (Zeitschrift) |
| NK-BGB/*Bearbeiter* | NomosKommentar Bürgerliches Gesetzbuch, Band 1: Allgemeiner Teil, EGBGB, hrsg. v. Heidel/Hüßtege/Mansel/Noack, 3. Aufl. 2016; Band 2/1 und 2/2: Schuldrecht, hrsg. v. Dauner-Lieb/Langen, 3. Aufl. 2016; Band 3: Sachenrecht, hrsg. v. Ring/Grziwotz/Keukenschrijver, 4. Aufl. 2016; Band 4: Familienrecht, hrsg. v. Kaiser/Schnitzler/Friederici/Schilling, 3. Aufl. 2014; Band 5: Erbrecht, hrsg. v. Kroiß/Ann/Meyer, 5. Aufl. 2018 |

| | |
|---|---|
| NK-GA/*Bearbeiter* | Boecken/Düwell/Diller/Hanau, Das gesamte Arbeitsrecht, NomosKommentar, 2016 |
| NK-GNotKG/*Bearbeiter* | Fackelmann/Heinemann, GNotKG: Gerichts- und Notarkostengesetz, Kommentar, 2013 |
| NK-LPartR/*Bearbeiter* | Bruns/Kemper, Lebenspartnerschaftsrecht, 2. Aufl. 2005 |
| NK-NachfolgeR/*Bearbeiter* | Kroiß/Horn/Solomon, Nachfolgerecht – Erbrechtliche Spezialgesetze, 2. Aufl. 2019 |
| NK-RPflG/*Bearbeiter* | Schmid, Rechtspflegergesetz, Kommentar, 2012 |
| Nobbe/*Bearbeiter* | Nobbe (Hrsg.), Kreditrecht, Kommentar, 3. Aufl. 2018 |
| *Bearbeiter* in Nörr/Scheyhing/Pöggeler Sukzessionen | Nörr/Scheyhing/Pöggeler, Sukzessionen, Handbuch des Schuldrechts, Bd. 2, 2. Aufl. 1999 |
| norddt. | norddeutsch |
| NotBZ | Zeitschrift für die notarielle Beratungs- und Beurkundungspraxis |
| Nov. | Novelle |
| npor | Zeitschrift für das Recht der Non Profit Organisationen |
| NPWJ/*Bearbeiter* | Neumann/Pahlen/Winkler/Jabben, Sozialgesetzbuch IX: SGB IX, Kommentar, 13. Aufl. 2018 |
| Nr. | Nummer(n) |
| NRW | Nordrhein-Westfalen |
| NStZ | Neue Zeitschrift für Strafrecht |
| NStZ-RR | NStZ-Rechtsprechungs-Report Strafrecht (Zeitschrift) |
| *Nußbaum* IPR | Nußbaum, Deutsches IPR, 1932 |
| NVersZ | Neue Zeitschrift für Versicherung und Recht |
| NVwZ | Neue Zeitschrift für Verwaltungsrecht |
| NVwZ-RR | Rechtsprechungs-Report Verwaltungsrecht (Zeitschrift) |
| NZA | Neue Zeitschrift für Arbeits- und Sozialrecht |
| NZA-RR | NZA-Rechtsprechungs-Report Arbeitsrecht |
| NZBau | Neue Zeitschrift für Baurecht und Vergaberecht |
| NZFam | Neue Zeitschrift für Familienrecht |
| NZG | Neue Zeitschrift für Gesellschaftsrecht |
| NZI | Neue Zeitschrift für Insolvenz und Sanierung |
| NZM | Neue Zeitschrift für Mietrecht |
| NZS | Neue Zeitschrift für Sozialrecht |
| NZV | Neue Zeitschrift für Verkehrsrecht |
| o. | oben |
| oÄ | oder Ähnliches |
| *Bearbeiter* in Oberloskamp Vormundschaft | Oberloskamp, Vormundschaft, Pflegschaft und Beistandschaft für Minderjährige, 3. Aufl. 2010 |
| ObG | Obergericht |
| *Odersky* | Odersky, Nichtehelichengesetz, Kommentar, 4. Aufl. 1978 |
| ÖBA | Österreichisches BankArchiv (Zeitschrift) |
| OECD | Organization of Economic Cooperation and Development |
| v. Oefele/Winkler/Schlögel ErbbauR-HdB | v. Oefele/Winkler/Schlögel, Handbuch des Erbbaurechts, 6. Aufl. 2016 |
| ÖJZ | Österreichische Juristenzeitung (Zeitschrift) |
| öRdW | (österr.) Recht der Wirtschaft (Zeitschrift) |
| *Oertmann* | Oertmann, Kommentar zum Bürgerlichen Gesetzbuch und seinen Nebengesetzen, Bd. I Allgemeiner Teil, 3. Aufl. 1927, Bd. II Recht der Schuldverhältnisse, 5. Aufl. 1928/29, Bd. III Sachenrecht, 3. Aufl. 1914, Bd. IV Familienrecht, 1906, Bd. V Erbrecht, 2. Aufl. 1912 |
| ÖZöffR | Österreichische Zeitschrift für öffentliches Recht (zitiert nach Bd. und Seite) |
| Oetker/*Bearbeiter* | Oetker, Handelsgesetzbuch, Kommentar, 5. Aufl. 2017 |
| *Oetker/Maultzsch* VertraglSchuldverhältnisse | Oetker/Maultzsch, Vertragliche Schuldverhältnisse, 5. Aufl. 2018 |
| OG | Oberstes Gericht (der ehem. DDR) |
| OGH | Oberster Gerichtshof (Österreich) |
| OGH-BrZ | Oberster Gerichtshof für die Britische Zone |
| OGHSt. | Entscheidungen des Obersten Gerichtshofes für die Britische Zone in Strafsachen (Bd. und Seite) |
| OGHZ | Entscheidungen des Obersten Gerichtshofes für die Britische Zone in Zivilsachen (Bd. und Seite) |

| | |
|---|---|
| OHG | offene Handelsgesellschaft |
| oJ | ohne Jahrgang |
| OLDI | Online-Bereitstellung digitaler Inhalte |
| OLG | Oberlandesgericht |
| OLGE | siehe OLGRspr. |
| OLG-NL | OLG-Rechtsprechung Neue Länder (Zeitschrift) |
| OLGR | OLG-Report |
| OLGRspr. | Die Rechtsprechung der Oberlandesgerichte auf dem Gebiete des Zivilrechts, hrsg. v. Mugdan und Falkmann (1.1900–46.1928; aufgegangen in HRR) |
| OLGZ | Rechtsprechung der Oberlandesgerichte in Zivilsachen, Amtliche Entscheidungssammlung |
| OR | Schweizerisches Obligationsrecht |
| ORDO | ORDO, Jahrbuch für die Ordnung von Wirtschaft und Gesellschaft |
| *Ossenbühl/Cornils* StaatshaftungsR | Ossenbühl/Cornils, Staatshaftungsrecht, 6. Aufl. 2013 |
| *Bearbeiter* in Ostendorf/Kluth Int. Wirtschaftsverträge | Ostendorf/Kluth (Hrsg.), Internationale Wirtschaftsverträge, 2. Aufl. 2017 |
| österr. | österreichisch |
| oV | ohne Verfasser |
| OV spezial | Offene Vermögensfragen spezial – Informationsdienst zum Vermögens- und Entschädigungsrecht in den neuen Bundesländern |
| OVG | Oberverwaltungsgericht |
| OWiG | Gesetz über Ordnungswidrigkeiten idF der Bek. v. 19.2.1987 (BGBl. 1987 I 602) |
| PachtkredG | Pachtkreditgesetz v. 5.8.1951 (BGBl. 1951 I 494) |
| Palandt/*Bearbeiter* | Palandt, Bürgerliches Gesetzbuch, Kommentar, 78. Aufl. 2019 |
| PAngV | Preisangabenverordnung idF der Bek. v. 18.10.2002 (BGBl. 2002 I 4197) |
| Pardey/Kieß | Pardey/Kieß, Betreuungs- und Unterbringungsrecht, 6. Aufl. 2018 |
| Parra-Aranguren | Parra-Aranguren, Explanatory Report on the 1993 Hague Intercountry Adoption Convention, 1994 |
| ParteiG | Gesetz über die politischen Parteien (Parteiengesetz) idF der Bek. v. 31.1.1994 (BGBl. 1994 I 149) |
| PartG | Partnerschaftsgesellschaft |
| PartGG | Gesetz über Partnerschaftsgesellschaften Angehöriger Freier Berufe (Partnerschaftsgesellschaftsgesetz) v. 25.7.1994 (BGBl. 1994 I 1744) |
| *Pasche* Familiensachen | Pasche, Familiensachen mit Auslandsbezug, 3. Aufl. 2013 |
| PatG | Patentgesetz idF der Bek. v. 16.12.1980 (BGBl. 1981 I 1) |
| *Pauge* ArzthaftungsR | Pauge, Arzthaftungsrecht, 13. Aufl. 2015 |
| *Pauly/Osnabrügge* Teilzeitarbeit | Pauly/Osnabrügge, Teilzeitarbeit und geringfügige Beschäftigung, 2. Aufl. 2007 |
| Pauschalreise-RL | Richtlinie (EU) 2015/2302 des Europäischen Parlaments und des Rates über Pauschalreisen und verbundene Reiseleistungen, zur Änderung der Verordnung (EG) Nr. 2006/2004 und der Richtlinie 2011/83/EU des Europäischen Parlaments und des Rates sowie zur Aufhebung der Richtlinie 90/314/EWG des Rates v. 25.11.2015 (ABl. EU 2015 L 326, 1) |
| Pauschalreise-RL 1990 | Richtlinie 90/314/EWG des Rates vom 13.6.1990 über Pauschalreisen [1] (ABl. EG 1990 L 158, 59) |
| *Pawlowski* BGB AT | Pawlowski, Allgemeiner Teil des BGB, 7. Aufl. 2003 |
| PECL | Principles of European Contract Law, in Lando/Clive/Prüm/Zimmermann, Principles of European Contract Law, Part III, 2003, 205; deutsche Fassung in ZEuP 2003, 895; PECL aF: Principles of European Contract Law alter Fassung, abgedruckt in ZEuP 2001, 400 |
| *Pérez-Vera* | Elisa Pérez-Vera, Explanatory Report on the 1980 Hague Child Abduction Convention, 1982 |
| PfandBG | Pfandbriefgesetz v. 22.5.2005 (BGBl. 2005 I 1373) |
| PflegeVG | Gesetz zur sozialen Absicherung des Risikos der Pflegebedürftigkeit (Pflege-Versicherungsgesetz) v. 26.5.1994 (BGBl. 1994 I 1014) |
| PflegeZG | Gesetz über die Pflegezeit (Pflegezeitgesetz) v. 28.5.2008 (BGBl. 2008 I 874) |
| PflVAuslG | Gesetz über die Haftpflichtversicherung für ausländische Kraftfahrzeuge und Kraftfahrzeuganhänger v. 24.7.1956 (BGBl. 1956 I 667) |
| PflVG | Gesetz über die Pflichtversicherung für Kraftfahrzeughalter (Pflichtversicherungsgesetz) idF der Bek. v. 5.4.1965 (BGBl. 1965 I 213) |
| PHI | Produkthaftpflicht International (Zeitschrift) |
| PICC | UNIDROIT Principles of International Commercial Contracts idF von 2010 mit Änderungen von Mai 2016, www.unidroit.org |

| | |
|---|---|
| *Picone/Wengler* IPR | Picone/Wengler, Internationales Privatrecht, 1974 |
| *Pikart/Henn* FGG | Pikart/Henn, Lehrbuch der freiwilligen Gerichtsbarkeit, 1963 |
| Planck/*Bearbeiter* | Plancks Kommentar zum BGB nebst Einführungsgesetz, 5 Bände, Band 4/2, 6: 3. Aufl. 1905/1906; Band 1, 2, 4/1, 5: 4. Aufl. 1913–1930; Band 3: 5. Aufl. 1933–1938 |
| *Potrykus* | Potrykus, Jugendwohlfahrtsgesetz, Kommentar, 2. Aufl. 1972 (Nachtrag 1974) |
| Pr.; pr. | Preußen; preußisch |
| PrALR | Allgemeines Landrecht für die Preußischen Staaten von 1794 (zitiert nach §, Teil und Titel) |
| Praxis | Die Praxis des Bundesgerichts (Zeitschrift) |
| *Preis* ArbR | Preis, Arbeitsrecht, 5. Aufl. 2007 |
| *Bearbeiter* in Preis Der Arbeitsvertrag | Preis, Der Arbeitsvertrag, 5. Aufl. 2015 |
| PreisklG | Gesetz über das Verbot der Verwendung von Preisklauseln bei der Bestimmung von Geldschulden (Preisklauselgesetz) v. 7.9.2007 (BGBl. 2007 I 2246) |
| PresseG | Pressegesetz (Landesrecht) |
| Probst BetrVerf/UnterbrVerf | Probst, Betreuungs- und Unterbringungsverfahren, 2. Aufl. 2009 |
| ProdSG | Gesetz über die Bereitstellung von Produkten auf dem Markt (Produktsicherheitsgesetz) v. 8.11.2011 (BGBl. 2011 I 2178, berichtigt BGBl. 2012 I 131) |
| Prölss/Martin/*Bearbeiter* | Prölss/Martin, VVG, Kommentar, 30. Aufl. 2018 |
| ProstG | Gesetz zur Regelung der Rechtsverhältnisse der Prostituierten (Prostitutionsgesetz) v. 20.12.2001 (BGBl. 2001 I 3983) |
| ProstSchG | Gesetz zum Schutz von in der Prostitution tätigen Personen (Prostituiertenschutzgesetz) v. 21.10.2016 (BGBl. 2016 I 2372) |
| Prot. I–VI | Protokolle der Kommission für die zweite Lesung des Entwurfs des BGB (Bände I und IV 1897; Band II 1898; Band III, V und VI 1899) |
| PrOVG | Preußisches Oberverwaltungsgericht |
| PrProt. I–VI | Protokolle der Kommission für die zweite Lesung des Entwurfs des BGB (Bände I und IV 1897; Band II 1898; Band III, V und VI 1899) |
| Prütting/Gehrlein/*Bearbeiter* | Prütting/Gehrlein, ZPO, Kommentar, 10. Aufl. 2018 |
| Prütting/Helms/*Bearbeiter* | Prütting/Helms, FamFG, Kommentar, 4. Aufl. 2018 |
| PStG | Personenstandsgesetz v. 19.2.2007 (BGBl. 2007 I 122) |
| PStG-VwV | Allgemeine Verwaltungsvorschrift zum Personenstandsgesetz v. 29.3.2010 (GMBl. 2010 S. 498) |
| PStV | Verordnung zur Ausführung des Personenstandsgesetzes (Personenstandsverordnung) v. 22.11.2008 (BGBl. 2008 I 2263) |
| PSVaG | Pensionssicherungsverein auf Gegenseitigkeit |
| PucheltsZ | Zeitschrift für französisches Zivilrecht |
| pVV | positive Vertragsverletzung |
| PWW/*Bearbeiter* | Prütting/Wegen/Weinreich (Hrsg.), BGB, Kommentar, 14. Aufl. 2019 |
| r+s | recht und schaden (Zeitschrift) |
| RA | Rechtsausschuss |
| Rabel | Rabel, The Conflict of Laws, I 2. Aufl. 1958, II 2. Aufl. 1960, III 2. Aufl. 1964, IV 1. Aufl. 1958 |
| RabelsZ | Rabels Zeitschrift für ausländisches und internationales Privatrecht |
| *Bearbeiter* in Rahm/Künkel FamR/FamVerfR-HdB | Rahm/Künkel, Handbuch des Familien- und Familienverfahrensrecht, Loseblatt, 78. EL 2018 |
| RANRSSWZ/*Bearbeiter* | Reinhard/Ackermann/Neumann-Redlin/Rambach/Schütz/Steuerer/Wagner/Zimmermann, Entgeltfortzahlungsgesetz, Kommentar, 2006 |
| RAnz. | Deutscher Reichs-Anzeiger |
| *Rauscher* FamR | Rauscher, Familienrecht, 2. Aufl. 2007 |
| *Rauscher* IPR | Rauscher, Internationales Privatrecht: mit internationalem und europäischem Verfahrensrecht, 5. Aufl. 2017 |
| *Rauscher* PflichtteilsR I | Rauscher, Reformfragen des gesetzlichen Erb- und Pflichtteilsrecht, Bd. I, 1993 |
| Rauscher/*Bearbeiter* | Rauscher, Europäisches Zivilprozess- und Kollisionsrecht, Kommentar, EuZPR/EuIPR, Bd. I, II, IV: 4. Aufl. 2015, Bd. III, V: 4. Aufl. 2016 |
| RBHG | Gesetz über die Haftung des Reichs für seine Beamten (Beamtenhaftungsgesetz) v. 22.5.1910 (RGBl. 1910 S. 798) |
| RdA | Recht der Arbeit (Zeitschrift) |
| RdErl. | Runderlass |

| | |
|---|---|
| RDG | Gesetz über außergerichtliche Rechtsdienstleistungen (Rechtsdienstleistungsgesetz) v. 12.12.2007 (BGBl. 2007 I 2840) |
| RdJ | Recht der Jugend (Zeitschrift) |
| RdJB | Recht der Jugend und des Bildungswesens (Zeitschrift) |
| RdTW | Recht der Transportwirtschaft (Zeitschrift) |
| RE | Rechtsentscheid |
| RechKredV | Verordnung über die Rechnungslegung der Kreditinstitute und Finanzdienstleistungsinstitute (Kreditinstituts-Rechnungslegungsverordnung) idF der Bek. v. 11.12.1998 (BGBl. 1998 I 3658) |
| Recht | Das Recht (Zeitschrift) |
| Rechtstheorie | Rechtstheorie (Zeitschrift) |
| RefE | Referentenentwurf |
| RegBl. | Regierungsblatt |
| RegE | Regierungsentwurf |
| RegUnterhV | Regelunterhalt-Verordnung |
| Reimann/Bengel/Mayer/*Bearbeiter* | Reimann/Bengel/Mayer, Testament und Erbvertrag, Kommentar, 6. Aufl. 2015 |
| *Reinicke/Tiedtke* BürgschaftsR | Reinicke/Tiedtke, Bürgschaftsrecht, 3. Aufl. 2008 |
| *Reinicke/Tiedtke* KaufR | Reinicke/Tiedtke, Kaufrecht, 8. Aufl. 2009 |
| *Reinicke/Tiedtke* Kreditsicherung | Reinicke/Tiedtke, Kreditsicherung, 5. Aufl. 2006 |
| *Reinking/Eggert* Autokauf | Reinking/Eggert, Der Autokauf, 13. Aufl. 2017 |
| *Bearbeiter* in Reithmann/Martiny IntVertragsR | Reithmann/Martiny, Internationales Vertragsrecht, 8. Aufl. 2015 |
| RelKErzG | Gesetz über die religiöse Kindererziehung v. 15.7.1921 (RGBl. 1921 I 939) |
| *Reuter/Martinek* Ungerechtfertigte Bereicherung II | Reuter/Martinek, Ungerechtfertigte Bereicherung, Handbuch des Schuldrechts, Band 2, 2. Aufl. 2016 |
| *Reuter/Martinek* Ungerechtfertigte Bereicherung IV | Reuter/Martinek, Ungerechtfertigte Bereicherung, Handbuch des Schuldrechts, Band 4, 1983 |
| RG | Reichsgericht |
| RGBl. | Reichsgesetzblatt |
| RG-Praxis | Die Reichsgerichtspraxis im deutschen Rechtsleben |
| RGRK-BGB/*Bearbeiter* | Das Bürgerliche Gesetzbuch mit besonderer Berücksichtigung der Rechtsprechung des Bundesgerichtshofs, Kommentar, hrsg. von Mitgliedern des Bundesgerichtshofs, 12. Aufl. 1974 ff. |
| RGZ | Amtliche Sammlung von Entscheidungen des Reichsgerichts in Zivilsachen |
| Rh.-Pf.; rh.-pf. | Rheinland-Pfalz; rheinland-pfälzisch |
| RheinZ | Rheinische Zeitschrift für Zivil- und Prozeßrecht |
| Richardi/*Bearbeiter* | Richardi, Betriebsverfassungsgesetz: BetrVG, Kommentar, 16. Aufl. 2018 |
| *Bearbeiter* in Rieck Ausl. FamR | Rieck, Ausländisches Familienrecht, 17. EL 2018 |
| Riecke/Schmid/*Bearbeiter* | Riecke/Schmid, Fachanwaltskommentar Wohnungseigentumsrecht, 5. Aufl. 2019 |
| *Bearbeiter* in Ringler Kinder- und Jugendhilfe | Ringler, Handlungsfelder und Methoden der Kinder- und Jugendhilfe, 2007 |
| *Bearbeiter* in Rißmann Erbengemeinschaft | Rißmann, Die Erbengemeinschaft, 3. Aufl. 2019 |
| RIW | Recht der Internationalen Wirtschaft (Zeitschrift) |
| RJA | Entscheidungen in Angelegenheiten der freiwilligen Gerichtsbarkeit und des Grundbuchrechts, zusammengestellt im Reichsjustizamt (1.1900–17.1922) |
| RJM | Reichsminister der Justiz |
| RJWG | Reichsjugendwohlfahrtsgesetz |
| RL | Richtlinie |
| RLA | Rundschau für den Lastenausgleich (1.1952 ff.) |
| RMBl. | Reichsministerialblatt |
| Rn. | Randnummer(n) |
| *Römermann* | Römermann, Kommentar zum Partnerschaftsgesellschaftsgesetz, 5. Aufl. 2017 |
| ROHG | Reichsoberhandelsgericht, auch Entscheidungssammlung (Bd. und Seite) |
| *Bearbeiter* in Rolland FamR | Rolland, Familienrecht, Kommentar, Zugleich die Fortführung des Kommentars zum 1. Eherechtsreformgesetz, 1982 |

*Rolland* VAHRG .......... Rolland, Gesetz zur Regelung von Härten im Versorgungsausgleich (HRG), Kommentar, 1983
Rom I-VO .................. Verordnung (EG) Nr. 593/2008 des Europäischen Parlaments und des Rates über das auf vertragliche Schuldverhältnisse anzuwendende Recht v. 17.6.2008 (ABl. EG 2008 L 177, 6, berichtigt ABl. EG 2009 L 309, 87)
Rom II-VO ................ Verordnung (EG) Nr. 864/2007 des Europäischen Parlaments und des Rates über das auf außervertragliche Schuldverhältnisse anzuwendende Recht v. 11.7.2007 (ABl. EG 2007 L 199, 40, berichtigt ABl. EU 2012 L 310, 52)
Rom III-VO ............... Verordnung (EU) Nr. 1259/2010 des Rates zur Durchführung einer Verstärkten Zusammenarbeit im Bereich des auf die Ehescheidung und Trennung ohne Auflösung des Ehebandes anzuwendenden Rechts v. 20.12.2010 (ABl. EU L 343, 10)
*Rosenberg/Schwab/Gottwald* ZivilProzR ..... Rosenberg/Schwab/Gottwald, Zivilprozessrecht, 18. Aufl. 2018
Roth/Altmeppen/*Bearbeiter* ..................... Roth/Altmeppen, GmbHG, Kommentar, 9. Aufl. 2019
*Bearbeiter* in Roth/Hannes/Mielke Vor- und Nacherbschaft ............. Roth/Hannes/Mielke, Vor- und Nacherbschaft, 2010
*Roth-Stielow* ................ Roth-Stielow, Adoptionsgesetz, Adoptionsvermittlungsgesetz, Kommentar, 1983
Rowedder/Schmidt-Leithoff/*Bearbeiter* ......... Rowedder, GmbH-Gesetz, Kommentar, hrsg. v. Schmidt-Leithoff, 6. Aufl. 2017
Rpfleger ..................... Der Deutsche Rechtspfleger (Zeitschrift)
RPflG ........................ Rechtspflegergesetz idF der Bek. v. 14.4.2013 (BGBl. 2013 I 778)
RRG 1992 .................. Gesetz zur Reform der gesetzlichen Rentenversicherung (Rentenreformgesetz 1992 – RRG 1992)
RRG 1999 .................. Gesetz zur Reform der gesetzlichen Rentenversicherung (Rentenreformgesetz 1999)
Rs. ............................ Rechtssache
Rspr. ......................... Rechtsprechung
RückAbzinsV .............. Rückstellungsabzinsungsverordnung (RückAbzinsV) v. 18.11.2009 (BGBl. 2009 I 3790)
RÜG ......................... Gesetz zur Herstellung der Rechtseinheit in der gesetzlichen Renten- und Unfallversicherung (Renten-Überleitungsgesetz) v. 25.7.1991 (BGBl. 1991 I 1606)
*Ruland* Versorgungsausgleich ......................... Ruland, Versorgungsausgleich, 4. Aufl. 2015
RuW ......................... Recht und Wirtschaft (Zeitschrift)
RV ............................ Die Rentenversicherung (Zeitschrift)
RVG .......................... Gesetz über die Vergütung der Rechtsanwältinnen und Rechtsanwälte (Rechtsanwaltsvergütungsgesetz) v. 5.5.2004 (BGBl. 2004 I 718, 788)
RvglHWB ................... Rechtsvergleichendes Handwörterbuch für das Zivil- und Handelsrecht des In- und Auslandes (Band und Seite)
RWP ......................... Rechts- und Wirtschaftspraxis (Loseblatt-Ausgabe)

S. .............................. Seite; Satz
s. .............................. siehe; section
Saarl. ......................... Saarland
SaBl. ......................... Sammelblatt für Rechtsvorschriften des Bundes und der Länder
SaBremR .................... Sammlung des bremischen Rechts
Sachgeb. ..................... Sachgebiet
Sachs/*Bearbeiter* ............. Sachs, Grundgesetz GG, Kommentar, 8. Aufl. 2018
SAE .......................... Sammlung arbeitsrechtlicher Entscheidungen (Zeitschrift)
*Salzgeber* ..................... Salzgeber, Familienpsychologische Gutachten, rechtliche Vorgaben und sachverständiges Vorgehen, 6. Aufl. 2015
*Bearbeiter* in Sandrock IntVertragsgestaltung-HdB I oder II ......................... Sandrock, Handbuch der Internationalen Vertragsgestaltung, 2 Bände, 1980
SaRegG ...................... Gesetz zur Errichtung eines Samenspenderregisters und zur Regelung der Auskunftserteilung über den Spender nach heterologer Verwendung von Samen (Samenspenderegistergesetz) v. 17.7.2017 (BGBl. 2017 I 2513)
*Sarres* ErbR Auskunftsansprüche ........................ Sarres, Erbrechtliche Auskunftsansprüche, 3. Aufl. 2017
*Sarres* Vermächtnis ........ Sarres, Vermächtnis, 2009
*Sauren* ........................ Sauren, Wohnungseigentumsgesetz, Kommentar, 6. Aufl. 2014
*Savigny* System I–VIII ... F.C. v. Savigny, System des heutigen römischen Rechts, Bände I–VIII, 1814–1849 (2. Neudruck 1981)
SBL BankR-HdB/*Bearbeiter* ......................... Schimanski/Bunte/Lwowski (Hrsg.), Bankrechts-Handbuch, 5. Aufl. 2017

| | |
|---|---|
| *Schapp/Schur* SachenR ... | Schapp/Schur, Sachenrecht, begr. v. Schapp, 4. Aufl. 2010 |
| *Bearbeiter* in Schaub ArbR-HdB ................. | Schaub, Arbeitsrechts-Handbuch, 17. Aufl. 2017 |
| Schellhorn/Hohm/ Schellhorn .................. | Schellhorn/Hohm/Schellhorn, SGB XII, 19. Aufl. 2015 |
| Schiffgastrechte-VO ...... | Verordnung (EU) Nr. 1177/2010 des Europäischen Parlaments und des Rates vom 24.11.2010 über die Fahrgastrechte im See- und Binnenschiffsverkehr und zur Änderung der Verordnung (EG) Nr. 2006/2004 (ABl. EU 2010 L 334, 1) |
| SchiffRG ................... | Gesetz über Rechte an eingetragenen Schiffen und Schiffsbauwerken v. 15.11.1940 (RGBl. 1940 I 1499) |
| Schippel/Bracker/ *Bearbeiter* ..................... | Schippel/Bracker, Bundesnotarordnung, 9. Aufl. 2011 |
| SchKG ........................ | Schwangerschaftskonfliktgesetz v. 27.7.1992 (BGBl. 1992 I 1398) |
| *Schlechtriem* SchuldR BT | Schlechtriem, Schuldrecht Besonderer Teil, 6. Aufl. 2008 |
| *Schlechtriem/Schmidt-Kessel* SchuldR AT ....... | Schlechtriem/Schmidt-Kessel, Schuldrecht Allgemeiner Teil, 6. Aufl. 2005 |
| *Bearbeiter* in Schleicher JugendR/FamR ........... | Schleicher, Jugend- und Familienrecht, 14. Aufl. 2014 |
| SchlH ......................... | Schleswig-Holstein |
| SchlHA ....................... | Schleswig-Holsteinische Anzeigen (NF 1.1837 ff. Zeitschrift) |
| *Schlüter* FamR ............. | Schlüter, BGB-Familienrecht, 14. Aufl. 2013 |
| *Schlüter/Röthel* ErbR ..... | Schlüter/Röthel, Erbrecht, 17. Aufl. 2015 |
| *Bearbeiter* in Schmid Miete ......................... | Schmid, Miete und Mietprozess, 4. Aufl. 2004 |
| *Bearbeiter* in Schmid Mietnebenkosten-HdB .. | Schmid, Handbuch der Mietnebenkosten, 16. Aufl. 2019 |
| Schmid/*Bearbeiter* ......... | Schmid, Miet- und Wohnungsrecht, Kommentar, Loseblatt |
| *Schmid/Kahlen* ............. | Schmid/Kahlen, Wohnungseigentumsgesetz, Kommentar 2007 |
| *Schmidbauer* Versorgungsausgleich ..................... | Schmidbauer, Versorgungsausgleich, 8. Aufl. 2009 |
| *E. Schmidt* Schuldverhältnis ............................. | Eike Schmidt, Das Schuldverhältnis, 2004 |
| *K. Schmidt* GesR ......... | K. Schmidt, Gesellschaftsrecht, 4. Aufl. 2002 |
| *K. Schmidt* HandelsR ..... | K. Schmidt, Handelsrecht, 6. Aufl. 2014 |
| K. Schmidt/*Bearbeiter* ..... | K. Schmidt, Insolvenzordnung: InsO mit EuInsVO, Kommentar, 19. Aufl. 2016 |
| L. Schmidt ................. | L. Schmidt, EStG, 38. Aufl. 2019 |
| Schmidt-Futterer/ *Bearbeiter* ..................... | Schmidt-Futterer/Blank, Mietrecht, Kommentar, 13. Aufl. 2017 |
| Schmitt/*Bearbeiter* ......... | Schmitt, Entgeltfortzahlungsgesetz, Kommentar, 28. Aufl. 2018 |
| Schmitt/Hörtnagl/ Stratz/*Bearbeiter* ............ | Schmitt/Hörtnagl/Stratz, Umwandlungsgesetz, Umwandlungssteuergesetz, Kommentar, 8. Aufl. 2018 |
| *Schmoeckel* ErbR ........... | Schmoeckel, Erbrecht, 5. Aufl. 2018 |
| *Bearbeiter* in Schneider/ Theobald HdB EnergieR ........................... | Schneider/Theobald, Recht der Energiewirtschaft, 4. Aufl. 2013 |
| Schoch/Schneider/Bier/ *Bearbeiter* ..................... | Schoch/Schneider/Bier, Verwaltungsgerichtsordnung, Kommentar, Loseblatt, 35. Aufl. 2019 |
| Scholz/*Bearbeiter* .......... | Scholz, GmbHG, Kommentar, 12. Aufl. 2018 |
| *Bearbeiter* in Scholz/Kleffmann/Motzer FamR-HdB ........................... | Scholz/Kleffmann/Motzer, Praxishandbuch Familienrecht, Loseblatt, 35. EL 2018 |
| *Schöner/Stöber* GrundbuchR ....................... | Schöner/Stöber, Grundbuchrecht, 15. Aufl. 2012 |
| Schönke/Schröder/ *Bearbeiter* ..................... | Schönke/Schröder, Strafgesetzbuch, Kommentar, 30. Aufl. 2019 |
| *Bearbeiter* in Schröer/ Struck/Wolff Kinder- und Jugendhilfe-HdB .... | Schröer/Struck/Wolff, Handbuch Kinder- und Jugendhilfe, 2. Aufl. 2016 |
| *Schubert* Vorentwürfe ..... | Die Vorlagen der Redaktoren für die erste Kommission zur Ausarbeitung des Entwurfs eines Bürgerlichen Gesetzbuches, hrsg. von W. Schubert, 1980 ff. |
| v. Schuckmann/ *Bearbeiter* ..................... | v. Schuckmann, FGG, Großkommentar, 3. Aufl. 2006 |
| SchuldR ..................... | Schuldrecht |

| | |
|---|---|
| SchuldRÄndG | Gesetz zur Änderung schuldrechtlicher Bestimmungen im Beitrittsgebiet (Schuldrechtsänderungsgesetz – SchuldRÄndG) v. 21.9.1994 (BGBl. 1994 I 2538) |
| SchuldRModG | Gesetz zur Modernisierung des Schuldrechts v. 26.11.2001 (BGBl. 2001 I 3138) |
| *Schulte-Bunert* FamR | Schulte-Bunert, Familienrecht, Lehrbuch, 3. Aufl. 2017 |
| Schulte-Bunert/ Weinreich/*Bearbeiter* | Schulte-Bunert/Weinreich, FamFG, Kommentar, 5. Aufl. 2016 |
| *Schulz/Hauß* Vermögensauseinandersetzung | Schulz/Hauß, Vermögensauseinandersetzung bei Trennung und Scheidung, 6. Aufl. 2015 |
| *Bearbeiter* in Schulze/ Schulte-Nölke SchuldRReform | Schulze/Schulte-Nölke, Schuldrechtsreform vor dem Hintergrund des Gemeinschaftsrechts, 2001 |
| SchVG | Gesetz über Schuldverschreibungen aus Gesamtemissionen (Schuldverschreibungsgesetz) v. 31.7.2009 (BGBl. 2009 I 2512) |
| *Schwab* FamR | Schwab, Familienrecht, 26. Aufl. 2018 |
| *Bearbeiter* in Schwab ScheidungsR-HdB | s. Schwab/Ernst ScheidungsR-HdB |
| *Bearbeiter* in Schwab/ Ernst ScheidungsR-HdB | Schwab/Ernst, Handbuch des Scheidungsrechts, 8. Aufl. 2019 |
| *Schwab/Löhnig* ZivilR | Schwab/Löhnig, Einführung in das Zivilrecht, 20. Aufl. 2016 |
| *Schwab/Prütting* SachenR | Schwab/Prütting, Sachenrecht, 36. Aufl. 2017 |
| SchwarzArbG | Gesetz zur Bekämpfung der Schwarzarbeit und illegalen Beschäftigung (Schwarzarbeitsbekämpfungsgesetz) v. 23.7.2004 (BGBl. 2004 I 1842) |
| schweiz. | schweizerisch |
| *Bearbeiter* in Schwintowski BankR | Schwintowski (Hrsg.), Bankrecht, 5. Aufl. 2018 |
| SE | Societas Europaea, Europäische Aktiengesellschaft |
| SeeArbG | Seearbeitsgesetz (SeeArbG) v. 20.4.2013 (BGBl. 2013 I 868) |
| *Seidl* FamR | Seidl, Familienrecht, 7. Aufl. 2010 |
| *Selb* | Selb, Mehrheiten von Gläubigern und Schuldnern, Handbuch des Schuldrechts, Band 5, 1984 |
| *Selk* Mietmängel und MängelR | Selk, Mietmängel und Mängelrechte, Handkommentar, 2. Aufl. 2018 |
| Sem. Jud. | La Semaine Judiciaire (Zeitschrift) |
| *Serick* EV I–VI | Serick, Eigentumsvorbehalt und Sicherungsübertragung, 1963 bis 1982 |
| SeuffA | Seufferts Archiv für Entscheidungen der obersten Gerichte in den deutschen Staaten (Zeitschrift, zitiert nach Band und Nr.; 1.1847–98.1944) |
| SeuffBl. | Seufferts Blätter für Rechtsanwendung (Zeitschrift, zitiert nach Band und Seite) |
| SFH/RSprBau | Schäfer/Finnern/Hochstein, Rechtsprechung zum privaten Baurecht, Stand Juni 2000 |
| SFMSK/*Bearbeiter* | Schellhorn/Fischer/Mann/Schellhorn/Kern, SGB VIII, Kommentar, 4. Aufl. 2012 |
| SG | Sozialgericht; Gesetz über die Rechtsstellung der Soldaten idF v. 5.2.2009 (BGBl. 2009 I 160) |
| SGb | Die Sozialgerichtsbarkeit (Zeitschrift) |
| SGB I–XII | Sozialgesetzbuch 1. bis 12. Buch |
| SGG | Sozialgerichtsgesetz idF der Bek. v. 23.9.1975 (BGBl. 1975 I 2535) |
| *Sievers* | Sievers, TzBfG – Teilzeit- und Befristungsgesetz, Kommentar, 6. Aufl. 2019 |
| SigG | Signaturgesetz (aufgehoben) |
| SigV | Verordnung zur elektronischen Signatur (Signaturverordnung) (aufgehoben) |
| Simader | Simader, Dienstanweisung für die Standesbeamten und ihre Aufsichtsbehörden, Loseblatt-Kommentar |
| SJZ | Süddeutsche Juristenzeitung (Zeitschrift) |
| Slg. | Entscheidungen des Europäischen Gerichtshofs |
| SM | Schutzmaßnahme |
| SMG | Schuldrechtsmodernisierungsgesetz |
| Soergel/*Bearbeiter* | Soergel, Bürgerliches Gesetzbuch mit Einführungsgesetz und Nebengesetzen, Kommentar, 13. Aufl. 1999 ff. |
| SoergRspr. | Soergel(s) Rechtsprechung zum gesamten Zivil-, Handels- und Prozeßrecht (Jahr, Paragraph und Nr.) |
| sog. | sogenannt |
| SoldG | Soldatengesetz |
| *Sonnenfeld* BetreuungsR | Sonnenfeld, Betreuungs- und Pflegschaftsrecht, 2. Aufl. 2001 |
| SorgeRG | Gesetz zur Regelung des Rechts der elterlichen Sorge |

| | |
|---|---|
| SorgeRÜbkAG ........... | Gesetz zur Ausführung von Sorgerechtsübereinkommen und zur Änderung des Gesetzes über die Angelegenheiten der freiwilligen Gerichtsbarkeit sowie anderer Gesetze |
| Sozialer Fortschritt ........ | Sozialer Fortschritt (Zeitschrift) |
| SozR .......................... | Sozialrecht (Zeitschrift), Rechtsprechung und Schrifttum, bearbeitet von den Richtern des Bundessozialgerichts |
| SozVers ....................... | Die Sozialversicherung (Zeitschrift) |
| SozW .......................... | Sozialwissenschaft(en) |
| Sp. ............................ | Spalte |
| Spickhoff/*Bearbeiter* ....... | Spickhoff, Medizinrecht, Kommentar, 3. Aufl. 2018 |
| Spindler/Schuster/ *Bearbeiter* ..................... | Spindler/Schuster, Recht der elektronischen Medien, Kommentar, 3. Aufl. 2015 |
| Spindler/Stilz/*Bearbeiter* . | Spindler/Stilz, Aktiengesetz, Kommentar, 4. Aufl. 2019 |
| SRa ............................ | SozialRecht aktuell |
| StAG .......................... | Staatsangehörigkeitsgesetz v. 22.7.1913 (RGBl. 1913 I 583) |
| *Bearbeiter* in Stahlhacke/ Preis/Vossen Kündigung | Stahlhacke/Preis/Vossen, Kündigung und Kündigungsschutz im Arbeitsverhältnis, 11. Aufl. 2015 |
| Staub/*Bearbeiter* ........... | Staub, Handelsgesetzbuch, Großkommentar, 5. Aufl. 2009 ff., insbesondere Bankvertragsrecht: Kreditgeschäft, Band 10/2, 5. Aufl. 2015 |
| Staudinger/*Bearbeiter* ..... | v. Staudinger, Bürgerliches Gesetzbuch, Kommentar, 13. Bearbeitung 1993 ff.; die Bände sind mit Angabe der Jahreszahl in Kommata zitiert |
| StAZ .......................... | Das Standesamt (Zeitschrift) |
| Stein/Jonas/*Bearbeiter* ..... | Stein/Jonas, Kommentar zur Zivilprozessordnung (ZPO), 23. Aufl. 2014 ff. |
| Stelkens/Bonk/Sachs/ *Bearbeiter* ..................... | Stelkens/Bonk/Sachs, Verwaltungsverfahrensgesetz VwVfG, Kommentar, 9. Aufl. 2018 |
| Sten. Prot. .................. | Stenographisches Protokoll |
| *Sternel* MietR ............... | Sternel, Mietrecht, 3. Aufl. 1988 |
| *Sternel* MietR aktuell ..... | Sternel, Mietrecht aktuell, 4. Aufl. 2009 |
| StGB .......................... | Strafgesetzbuch idF der Bek. v. 13.11.1998 (BGBl. 1998 I 3322) |
| *Stöber* Forderungspfändung .......................... | Stöber, Forderungspfändung, 16. Aufl. 2013 |
| StoffR ........................ | Zeitschrift für Stoffrecht (Zeitschrift) |
| StPO .......................... | Strafprozessordnung idF der Bek. v. 7.4.1987 (BGBl. 1987 I 1074, berichtigt BGBl. 1987 I 1319) |
| str. ............................ | streitig |
| StrEG ......................... | Gesetz über die Entschädigung von Strafverfolgungsmaßnahmen v. 8.3.1971 (BGBl. 1971 I 157) |
| Streit .......................... | Streit, Feministische Rechtszeitschrift |
| StrlSchG ..................... | Gesetz zum Schutz vor der schädlichen Wirkung ionisierender Strahlung (Strahlenschutzgesetz v. 27.6.2017 (BGBl. 2017 I 1966) |
| Strohal ErbR ............... | Strohal, Das deutsche Erbrecht, 3. Aufl., Band 1 (1903), Band 2 (1904) |
| stRspr ........................ | ständige Rechtsprechung |
| StudK/*Bearbeiter* .......... | Jacoby/v. Hinden, Studienkommentar zum BGB, 16. Aufl. 2018 |
| StuW .......................... | Steuer und Wirtschaft (Zeitschrift) |
| StVollzG ..................... | Strafvollzugsgesetz v. 16.3.1976 (BGBl. 1976 I 581, berichtigt BGBl. 1976 I 2088 und BGBl. 1977 I 436) |
| SüdL .......................... | Unterhaltsrechtliche Leitlinien der Familiensenate in Süddeutschland (Oberlandesgerichte Bamberg, Karlsruhe, München, Nürnberg, Stuttgart und Zweibrücken), Stand 1.1.2018 |
| *Bearbeiter* in Süß ErbR in Europa ........................ | Süß, Erbrecht in Europa, 3. Aufl. 2016 |
| *Bearbeiter* in Süß/Ring EheR in Europa ........... | Süß/Ring, Eherecht in Europa, 3. Aufl. 2017 |
| SV-Abk. ...................... | Sozialversicherungsabkommen |
| SVG ........................... | Gesetz über die Versorgung für die ehemaligen Soldaten der Bundeswehr und ihre Hinterbliebenen (Soldatenversorgungsgesetz) idF der Bek. v. 16.9.2009 (BGBl. 2009 I 3054) |
| SZS ........................... | Schweizerische Zeitschrift für Sozialversicherung und berufliche Vorsorge |
| *Bearbeiter* in Tamm/Tonner VerbraucherR-HdB . | Tamm/Tonner, Verbraucherrecht, 2. Aufl. 2016 |
| *Tanck/Krug* Testamente .. | Tanck/Krug, Anwaltformulare Testamente – Muster – Checklisten – Erläuterungen, 5. Aufl. 2015 |

| | |
|---|---|
| *Bearbeiter* in Tanck/ Uricher ErbR | Tanck/Uricher, Erbrecht – Testamentsgestaltung, Vertragsgestaltung, Prozessführung, 2. Aufl. 2011 |
| TEHG | Gesetz über den Handel mit Berechtigungen zur Emission von Treibhausgasen v. 21.7.2011 (BGBl. 2011 I 1475) |
| TestG | Gesetz über die Errichtung von Testamenten und Erbverträgen (Testamentsgesetz) v. 31.7.1938 (BGBl. 1938 I 973), aufgehoben |
| TFG | Gesetz zur Regelung des Transfusionswesens (Transfusionsgesetz) idF der Bek. vom 28.8.2007 (BGBl. 2007 I 2169) |
| Thomas/Putzo/ *Bearbeiter* | Thomas/Putzo, Zivilprozessordnung, ZPO, Kommentar mit Gerichtsverfassungsgesetz und den Einführungsgesetzen, 39. Aufl. 2018 |
| ThürTab | OLG Jena – Unterhaltsrechtliche Leitlinien der Familiensenate des Thüringer Oberlandesgerichts, Stand 1.1.2018 |
| Timesharing-RL | Richtlinie 2008/122/EG des Europäischen Parlaments und des Rates über den Schutz der Verbraucher im Hinblick auf bestimmte Aspekte von Teilzeitnutzungsverträgen, Verträgen über langfristige Urlaubsprodukte sowie Wiederverkaufs- und Tauschverträgen v. 14.1.2009 (ABl. EU 2009 L 33, 10) |
| Timesharing-RL 1994 | Richtlinie 94/47/EG des Europäischen Parlaments und des Rates zum Schutz der Erwerber im Hinblick auf bestimmte Aspekte von Verträgen über den Erwerb von Teilzeitnutzungsrechten an Immobilien v. 26.10.1994 (ABl. EG 1994 L 280, 83), aufgehoben |
| TKG | Telekommunikationsgesetz idF der Bek. v. 22.6.2004 (BGBl. 2004 I 1190) |
| TOA | Täter-Opfer-Ausgleich |
| TPG | Gesetz über die Spende, Entnahme und Übertragung von Organen und Geweben (Transplantationsgesetz) idF der Bek. v. 4.9.2007 (BGBl. 2007 I 2206) |
| TranspR | Transport- und Speditionsrecht (Zeitschrift) |
| *Treber* | Treber, EFZG, Kommentar, 2. Aufl. 2007 |
| TSG | Gesetz über die Änderung der Vornamen und die Feststellung der Geschlechtszugehörigkeit in besonderen Fällen (Transsexuellengesetz) v. 10.9.1980 (BGBl. 1980 I 1654) |
| türk. | türkisch |
| *v. Tuhr* BGB AT I, II/1, II/2 | v. Tuhr, Der Allgemeine Teil des Deutschen Bürgerlichen Rechts, Bd. I 1910, Bd. II 1. Halbbd. 1914, 2. Halbbd. 1918 |
| TVG | Tarifvertragsgesetz idF der Bek. v. 25.8.1969 (BGBl. 1969 I 1323) |
| TzBfG | Gesetz über Teilzeitarbeit und befristete Arbeitsverträge (Teilzeit- und Befristungsgesetz) v. 21.12.2000 (BGBl. 2000 I 1966) |
| ua | unter anderem; und andere |
| uÄ | und Ähnliches |
| uE | unseres Erachtens |
| überwM | überwiegende Meinung |
| Übk. | Übereinkommen |
| Uhlenbruck/*Bearbeiter* | Uhlenbruck, Insolvenzordnung, Kommentar, 14. Aufl. 2015 |
| UKlaG | Gesetz über Unterlassungsklagen bei Verbraucherrechts- und anderen Verstößen (Unterlassungsklagengesetz) idF der Bek. v. 27.8.2002 (BGBl. 2002 I 3422, berichtigt BGBl. 2002 I 4346) |
| Ulmer/Brandner/ Hensen/*Bearbeiter* | Ulmer/Brandner/Hensen, AGB-Recht, Kommentar, 12. Aufl. 2016 |
| Ulmer/Habersack/ Löbbe/*Bearbeiter* | Ulmer/Habersack/Löbbe (Hrsg.), Kommentar zum GmbHG, begr. von Hachenburg, 2. Aufl. 2013 ff. |
| Umbach/Clemens/ *Bearbeiter* | Umbach/Clemens/Dollinger (Hrsg.), Grundgesetz, Kommentar, 2. Aufl. 2005 |
| UmweltHG | Umwelthaftungsgesetz v. 10.12.1990 (BGBl. 1990 I 2634) |
| UmwG | Umwandlungsgesetz v. 28.10.1994 (BGBl. 1994 I 3210, berichtigt BGBl. 1994 I 428) |
| UNIDROIT | Institut International pour l'Unification du Droit Privé |
| UN-KaufR | siehe unter CISG |
| UN-KRK | Übereinkommen über die Rechte des Kindes (UN-Kinderrechtskonvention) v. 20.11.1989 (BGBl. 1992 II 121, 122) |
| UNO | United Nations Organization |
| unstr. | unstreitig |
| UnterhGrds F | Oberlandesgericht Frankfurt am Main – Unterhaltsgrundsätze, Stand 1.1.2019 |
| UnterHL BRB | Oberlandesgericht Brandenburg – Unterhaltsleitlinien, Stand 1.1.2019 |
| UnterHL BS | Oberlandesgericht Braunschweig – Unterhaltsrechtliche Leitlinien der Familiensenate, Stand 1.1.2019 |

| | |
|---|---|
| UnterHL CE | Oberlandesgericht Celle – Unterhaltsrechtliche Leitlinien der Familiensenate, Stand 1.1.2019 |
| UnterHL D | Oberlandesgericht Düsseldorf – Leitlinien zum Unterhalt, Stand 1.8.2019 |
| UnterHL DD | Oberlandesgericht Dresden – Unterhaltsleitlinien, Stand 1.1.2018 |
| UnterhL HAM | Oberlandesgericht Hamm – Leitlinien zum Unterhaltsrecht, Stand 1.1.2019 |
| UnterHL HB | Oberlandesgericht Bremen – Unterhaltsrechtliche Leitlinien der Familiensenate, Stand 1.1.2019 |
| UnterhL HH | Oberlandesgericht Hamburg – Unterhaltsrechtliche Leitlinien, Stand 1.1.2019 |
| UnterHL HRO | Oberlandesgericht Rostock – Unterhaltsrechtliche Leitlinien der Familiensenate, Stand 1.1.2019 |
| UnterHL K | Oberlandesgericht Köln – Unterhaltsleitlinien der Familiensenate, Stand 1.1.2019 |
| UnterHL KG | Kammergericht Berlin – Unterhaltsrechtliche Leitlinien der Familiensenate, Stand 1.1.2019 |
| UnterHL NMB | Oberlandesgericht Naumburg – Unterhaltsrechtliche Leitlinien, Stand 1.1.2019 |
| UnterHL OL | Oberlandesgericht Oldenburg – Unterhaltsrechtliche Leitlinien der Familiensenate, Stand 1.1.2019 |
| UnterHL SB | Unterhaltsrechtliche Tabellenwerte und Selbstbehaltssätze des OLG Saarbrücken |
| UnterHL SL | Oberlandesgericht Schleswig – Unterhaltsrechtliche Leitlinien, Stand 1.1.2019 |
| UnterhVG | Unterhaltsvorschussgesetz idF der Bek. v. 17.7.2007 (BGBl. 2007 I 1446) |
| UrhG | Gesetz über Urheberrecht und verwandte Schutzrechte (Urheberrechtsgesetz) v. 9.9.1965 (BGBl. 1965 I 1273) |
| USt | Umsatzsteuer |
| UStA | Haager Übereinkommen über das auf Unterhaltspflichten anzuwendende Recht (Unterhaltsstatutabkommen von 1973) |
| UStAK | Haager Übereinkommen über das auf Unterhaltsverpflichtungen gegenüber Kindern anwendbare Recht (Unterhaltsstatutabkommen für Kinder von 1956) |
| UStG | Umsatzsteuergesetz idF der Bek. v. 21.2.2005 (BGBl. 2005 I 386) |
| usw | und so weiter |
| uU | unter Umständen |
| UWG | Gesetz gegen den unlauteren Wettbewerb idF der Bek. v. 3.3.2010 (BGBl. 2010 I 254) |
| v. | vom; von |
| VA | Vermittlungsausschuss |
| VAE | Verkehrsrechtliche Abhandlungen und Entscheidungen (Zeitschrift) |
| VAG | Gesetz über die Beaufsichtigung der Versicherungsunternehmen (Versicherungsaufsichtsgesetz) v. 1.4.2015 (BGBl. 2015 I 434) |
| VAHRG | Gesetz zur Regelung von Härten im Versorgungsausgleich (VAHRG) v. 21.2.1983 (BGBl. 1983 I 105) |
| *Bearbeiter* in van Bühren VersR-HdB | van Bühren, Handbuch Versicherungsrecht, 7. Aufl. 2017 |
| Var. | Variante |
| VAStrRefG | Gesetz zur Strukturreform des Versorgungsausgleichs |
| VAÜG | Gesetz zur Überleitung des Versorgungsausgleichs auf das Beitrittsgebiet (Versorgungsausgleichs-Überleitungsgesetz) v. 25.7.1991 (BGBl. 1991 I 1606), aufgehoben |
| VAWMG | Gesetz über weitere Maßnahmen auf dem Gebiet des Versorgungsausgleichs |
| VBL | Versorgungsanstalt des Bundes und der Länder |
| VBlBW | Verwaltungsblätter für Baden-Württemberg |
| VDG | Vertrauensdienstegesetz (VDG) v. 18.7.2017 (BGBl. 2017 I 2745) |
| Verb. Komm. | Verbandskommentar, Kommentar zur Reichsversicherungsordnung (4. und 5. Buch), hrsg. v. Verband Deutscher Rentenversicherungsträger |
| Verb. Komm. SGB VI | Kommentar zum Recht der gesetzlichen Rentenversicherung. Sozialgesetzbuch, Sechstes Buch – Gesetzliche Rentenversicherung, hrsg. v. Verband Deutscher Rentenversicherungsträger |
| Verbraucherkredit-RL | Richtlinie 2008/48/EG des Europäischen Parlaments und des Rates über Verbraucherkreditverträge und zur Aufhebung der Richtlinie 87/102/EWG des Rates v. 23.4.2008 (ABl. EU 2008 L 133, 66, berichtigt ABl. EU 2009 L 207, 14, ABl. EU 2010 L 199, 40, ABl. EU 2011 L 234, 46) |
| Verbraucherkredit-RL 1987 | Richtlinie 87/102/EWG des Rates zur Angleichung der Rechts- und Verwaltungsvorschriften der Mitgliedstaaten über den Verbraucherkredit v. 22.12.1986 (ABl. EG 1987 L 42, 48), aufgehoben |
| Verbraucherrechte-RL | Richtlinie 2011/83/EU des Europäischen Parlaments und des Rates über die Rechte der Verbraucher, zur Abänderung der Richtlinie des Rates 93/13/EWG und der Richtlinie des Europäischen Parlaments und des Rates 1999/44/EG sowie zur Aufhebung der Richtlinie des Rates 85/577/EWG und der Richtlinie des Europäischen Parlaments und des Rates 97/7/EG v. 25.10.2011 (ABl. EU 2011 L 304, 64) |

| | |
|---|---|
| Verbrauchsgüterkauf-RL | Richtlinie 1999/44/EG des Europäischen Parlaments und des Rates zu bestimmten Aspekten des Verbrauchsgüterkaufs und der Garantien für Verbrauchsgüter v. 25.5.1999 (ABl. EG 1999 L 171, 12) |
| VerbrKrG | Gesetz über Verbraucherkredite, zur Änderung der Zivilprozessordnung und anderer Gesetze idF der Bek. v. 29.6.2000 (BGBl. 2000 I 940), aufgehoben |
| VereinsG | Vereinsgesetz idF der Bek. v. 5.8.1964 (BGBl. 1964 I 593) |
| Verh. | Verhandlung(en) |
| VermAnlG | Gesetz über Vermögensanlagen (Vermögensanlagengesetz) v. 6.12.2011 (BGBl. 2011 I 2481) |
| VersAusglG | Gesetz über den Versorgungsausgleich (Versorgungsausgleichsgesetz) v. 3.4.2009 (BGBl. 2009 I 700) |
| VersAusglMaßnG | Gesetz über weitere Maßnahmen auf dem Gebiet des Versorgungsausgleichs v. 8.12.1986 (BGBl. 1986 I 2317) |
| VerschG | Verschollenheitsgesetz idF der Bek. v. 15.1.1951 (BGBl. 1951 I 63) |
| VersR | Versicherungsrecht, Juristische Rundschau für die Individualversicherung (Zeitschrift) |
| VerwG | Verwaltungsgericht |
| VerwGH | Verwaltungsgerichtshof |
| VerwR | Verwaltungsrecht |
| VerwRspr. | Verwaltungsrechtsprechung in Deutschland (Band und Seite) |
| Vfg. | Verfügung |
| VFGüterstandsG | Gesetz über den ehelichen Güterstand von Vertriebenen und Flüchtlingen |
| VG | Verwaltungsgericht |
| VGH | Verfassungsgerichtshof |
| vgl. | vergleiche |
| vH | von Hundert |
| VIA | Verbraucherinsolvenz aktuell (Zeitschrift) |
| *Viehweg/Werner* SachenR | Viehweg/Werner, Sachenrecht, 8. Aufl. 2018 |
| *Vieweg/Bearbeiter* | juris Praxiskommentar, hrsg. von Herberger/Martinek/Rüßmann/Weth, 8. Aufl. 2017 |
| *Vieweg/Werner* SachenR | Vieweg/Werner, Sachenrecht, 8. Aufl. 2018 |
| *Vischer/Huber/Oser* IVR | Vischer/Huber/Oser, Internationales Vertragsrecht, Bern, 2. Aufl. 2000 |
| VIZ | Zeitschrift für Vermögens- und Investitionsrecht (seit 1997: Immobilienrecht) |
| VMBl. | Ministerialblatt des Bundesministers für (ab 1962: der) Verteidigung |
| VO | Verordnung |
| VOB/A, VOB/B | Vergabe- und Verdingungsordnung für Bauleistungen, Teil A: Allgemeine Bestimmungen für die Vergabe von Bauleistungen, Teil B: Allgemeine Vertragsbedingungen für die Ausführung von Bauleistungen, idF der Bek. v. 30.5.2002 (BAnz. 2002 Beilage Nr. 202a S. 19) |
| VOBl. | Verordnungsblatt |
| *Völker/Clausius* SorgeR/ UmgangsR | Völker/Clausius, Das familienrechtliche Mandat – Sorge- und Umgangsrecht, 7. Aufl. 2016 |
| *Vogelsang* | Vogelsang, Entgeltfortzahlung, Kommentar, 2003 |
| VolljG | Gesetz zur Neuregelung des Volljährigenalters |
| Vorb. | Vorbemerkung |
| *Vossius* | Vossius, Sachenrechtsbereinigungsgesetz, Kommentar, 2. Aufl. 1996 |
| VRegV | Verordnung über das Zentrale Vorsorgeregister (Vorsorgeregister-Verordnung) v. 21.2.2005 (BGBl. 2005 I 318) |
| VRG | Gesetz zur Förderung von Vorruhestandsleistungen (Vorruhestandsgesetz) v. 13.4.1984 (BGBl. 1984 I 601) |
| VRS | Verkehrsrechts-Sammlung (Zeitschrift; Band und Seite) |
| VRV | Vereinsregisterverordnung v. 10.2.1999 (BGBl. 1999 I 147) |
| VuR | Verbraucher und Recht (Zeitschrift) |
| VVDStRL | Veröffentlichungen der Vereinigung Deutscher Staatsrechtslehrer |
| VVG | Gesetz über den Versicherungsvertrag v. 23.11.2007 (BGBl. 2007 I 2631) |
| VwGO | Verwaltungsgerichtsordnung idF der Bek. v. 19.3.1991 (BGBl. 1991 I 686) |
| VwVfG | Verwaltungsverfahrensgesetz idF der Bek. v. 23.1.2003 (BGBl. 2003 I 102) |
| VZS | Vereinigte Zivilsenate |
| *Wagenitz/Bornhofen* | Wagenitz/Bornhofen, Familiennamensrechtsgesetz, 1994 |
| *Wall* | Wall, Betriebs- und Heizkosten-Kommentar, §§ 556, 556a, 560 BGB, Betriebskostenverordnung, Wohnflächenverordnung, 4. Aufl. 2015 |
| *Wandt* VersR | Wandt, Versicherungsrecht, 6. Aufl. 2016 |
| Warenkauf-RL | Richtlinie (EU) 2019/771 des Europäischen Parlaments und des Rates vom 20.5.2019 über bestimmte vertragsrechtliche Aspekte des Warenkaufs, zur Änderung der Verordnung (EU) 2017/2394 und der Richtlinie 2009/22/EG sowie zur Aufhebung der Richtlinie 1999/44/EG, ABl. 2019 L 136, 28 |

| | |
|---|---|
| WärmeLV | Verordnung über die Umstellung auf gewerbliche Wärmelieferung für Mietwohnraum (Wärmelieferverordnung) v. 7.6.2013 (BGBl. 2013 I 1509 |
| WarnR | Rechtsprechung des Reichsgerichts, hrsg. von Warneyer (Band und Nr.), ab 1961: Rechtsprechung des Bundesgerichtshofs in Zivilsachen |
| *Bearbeiter* in WBSK VerwR I, II | Wolff/Bachof/Stober/Kluth, Verwaltungsrecht, Bd. 1: 13. Aufl. 2017, Bd. 2: 7. Aufl. 2010 |
| WBVG | Gesetz zur Regelung von Verträgen über Wohnraum mit Pflege- oder Betreuungsleistungen (Wohn- und Betreuungsvertragsgesetz) v. 29.7.2009 (BGBl. 2009 I 2319) |
| *Weber* KreditsicherungsR | Weber, Kreditsicherungsrecht, 10. Aufl. 2018 |
| *Wedde/Kunz* | Wedde/Kunz, Entgeltfortzahlungsgesetz, Kommentar, 24. Aufl. 2015 |
| WEG | Gesetz über das Wohnungseigentum und das Dauerwohnrecht (Wohnungseigentumsgesetz) v. 15.3.1951 (BGBl. 1951 I 175, berichtigt BGBl. 1951 I 209) |
| Weitnauer/*Bearbeiter* | Weitnauer, Wohnungseigentumsgesetz, Kommentar, 9. Aufl. 2004 |
| *Wellenhofer* FamR | Wellenhofer, Familienrecht, 4. Aufl. 2017 |
| *Wellenhofer* SachenR | Wellenhofer, Sachenrecht, 33. Aufl. 2018 |
| *Weller/Prütting* HandelsR/GesR | Weller/Prütting, Handels- und Gesellschaftsrecht, 9. Aufl. 2016 |
| *Weller/Prütting* HandelsR/GesR | Weller/Prütting, Handels- und Gesellschaftsrecht, 9. Aufl. 2016 |
| *Bearbeiter* in Wendl/Dose UnterhaltsR | Wendl/Dose, Das Unterhaltsrecht in der familienrichterlichen Praxis, 9. Aufl. 2015 |
| Werner/Pastor Bauproz | Werner/Pastor, Der Bauprozess, 16. Aufl. 2018 |
| *Bearbeiter* in Westermann SchuldR 2002 | Westermann, Das Schuldrecht 2002, Systematische Darstellung der Schuldrechtsreform, 2002 |
| *Westermann/Bydlinksi/Weber* SchuldR AT | H.P. Westermann/P. Bydlinksi/Ralph Weber, Schuldrecht Allgemeiner Teil, 8. Aufl. 20014 |
| *Westermann/Gursky/Eickmann* SachenR | Westermann/Gursky/Eickmann, 8. Aufl. 2011 |
| *Bearbeiter* in Westermann/Wertenbruch PersGesR-HdB | Westermann/Wertenbruch, Handbuch der Personengesellschaften, Loseblatt, 72. EL 2019 |
| *Bearbeiter* in Graf v. Westphalen LeasingV | Graf v. Westphalen (Hrsg.), Der Leasingvertrag, 7. Aufl. 2015 |
| Graf v. Westphalen/Emmerich/v. Rottenburg/*Bearbeiter* | Graf v. Westphalen/Emmerich/v. Rottenburg, Verbraucherkreditgesetz, Kommentar, 2. Aufl. 1996 |
| *Bearbeiter* in Graf v. Westphalen/Thüsing VertragsR | Graf v. Westphalen/Thüsing (Hrsg.), Vertragsrecht und AGB-Klauselwerke, Loseblatt-Ausgabe, 41. Aufl. 2018 |
| *Wever* Vermögensauseinandersetzung | Wever, Vermögensauseinandersetzung der Ehegatten außerhalb des Güterrechts, 7. Aufl. 2018 |
| WG | Wechselgesetz v. 21.6.1933 (RGBl. 1933 I 399) |
| WGV | Verordnung über die Anlegung und Führung der Wohnungs- und Teileigentumsgrundbücher(Wohnungsgrundbuchverfügung) idF der Bek. v. 24.1.1995 (BGBl. 1995 I 134) |
| WHG | Gesetz zur Ordnung des Wasserhaushalts (Wasserhaushaltsgesetz) v. 31.7.2009 (BGBl. 2009 I 2585) |
| *Bearbeiter* in WHSSS Umstrukturierung | Willemsen/Hohenstatt/Schnitker/Schweibert/Seibt, Umstrukturierung und Übertragung von Unternehmen, 5. Aufl. 2016 |
| WiB | Wirtschaftsrechtliche Beratung (Zeitschrift) |
| *Wick* Versorgungsausgleich | Wick, Der Versorgungsausgleich: Berechnung – Durchführung – Auswirkungen – Verfahren, 3. Aufl. 2013 |
| *Wiedemann* GesR I, II | Wiedemann, Gesellschaftsrecht, Bd. 1: Grundlagen, 1980; Bd. 2: Recht der Personengesellschaften, 2004 |
| *Wieling* BereicherungsR | Wieling, Bereicherungsrecht, 4. Aufl. 2006 |

*Wieling* SachenR .......... Wieling, Sachenrecht, 5. Aufl. 2007
*Wieling* SachenR-HdB .. Wieling, Sachenrecht, Band 1: Sachen, Besitz und Rechte an beweglichen Sachen, 2. Aufl. 2006
*Bearbeiter* in Wiesner ..... Wiesner, SGB VIII – Kinder- und Jugendhilfe, Kommentar, 5. Aufl. 2015
*Wiesner/Zarbock* KJHG .. Wiesner/Zarbock, Das neue Kinder- und Jugendhilfegesetz (KJHG) und seine Umsetzung in der Praxis, 1991
*Wilhelm* SachenR ......... Wilhelm, Sachenrecht, 5. Aufl. 2016
WImmoT .................. Weimarer Immobilienrechtstage (Dokumentation)
*Windscheid/Kipp* PandektenR I, II, III ............. Windscheid, Lehrbuch des Pandektenrechts, Bände I–III, bearbeitet von Kipp, 9. Aufl. 1906
*Winkler* ...................... Winkler, Beurkundungsgesetz, Kommentar, 19. Aufl. 2019
*Winkler* TV ................ Winkler, Der Testamentsvollstrecker nach bürgerlichem, Handels- und Steuerrecht, 22. Aufl. 2016
WiRO ........................ Wirtschaft und Recht in Osteuropa (Zeitschrift)
WM ........................... Wertpapiermitteilungen, Zeitschrift für Wirtschaft und Bankrecht (Zeitschrift)
WoFlV ....................... Verordnung zur Berechnung der Wohnfläche (Wohnflächenverordnung) v. 25.11.2003 (BGBl. 2003 I 2346)
Wohnimmobilienkredit-RL ............................ Richtlinie 2014/17/EU des Europäischen Parlaments und des Rates über Wohnimmobilienkreditverträge für Verbraucher und zur Änderung der Richtlinien 2008/48/EG und 2013/36/EU und der Verordnung (EU) Nr. 1093/2010 v. 4.2.2014 (ABl. EU 2014 L 60, 34, berichtigt ABl. EU 2015 L 47, 34 und ABl. EU 2015 L 246, 11)
*Wöhrmann/Graß* LandwirtschaftsErbR ........... Wöhrmann/Graß, Das Landwirtschaftserbrecht, 11. Aufl. 2018
*E. Wolf* SachenR .......... E. Wolf, Lehrbuch es Sachenrechts, 2. Aufl. 1979
*M. Wolf* SachenR ......... M. Wolf, Sachenrecht, 12. Aufl. 1994
*E. Wolf* SchuldR ........... E. Wolf, Lehrbuch des Schuldrechts, 1978
*Wolf/Eckert/Ball* Gewerbl. MietR/PachtR-HdB .............. Wolf/Eckert/Ball, Handbuch des gewerblichen Miet-, Pacht- und Leasingrechts, 10. Aufl. 2009
Wolf/Lindacher/Pfeiffer/*Bearbeiter* .................... Wolf/Lindacher/Pfeiffer, AGB-Recht, Kommentar, 6. Aufl. 2013
*Wolf/Neuner* BGB AT ... Wolf/Neuner, Allgemeiner Teil des Bürgerlichen Rechts, 11. Aufl. 2016
*Wolff/Bachoff/Stober/Kluth* VerwR I bzw. VerwR II .................... Wolff/Bachoff/Stober/Kluth, Verwaltungsrecht, Band 1: 12. Aufl. 2007, Band 2, 6. Aufl. 2000, Band 3: 5. Aufl. 2004
*Wolff/Raiser* SachenR .... Wolff/Raiser, Sachenrecht, 10. Aufl. 1957
WoM ......................... Wohnungswirtschaft und Mietrecht (Informationsdienst des Deutschen Mieterbundes; Zeitschrift)
*Worzalla/Süllwald* .......... Worzalla/Süllwald, Kommentar zur Entgeltfortzahlung, 2. Aufl. 1999
WP ............................ Wahlperiode
WPflG ........................ Wehrpflichtgesetz idF der Bek. v. 15.8.2011 (BGBl. 2011 I 1730)
WpHG ........................ Gesetz über den Wertpapierhandel (Wertpapierhandelsgesetz) idF der Bek. v. 9.9.1998 (BGBl. 1998 I 2708)
WpPG ........................ Gesetz über die Erstellung, Billigung und Veröffentlichung des Prospekts, der beim öffentlichen Angebot von Wertpapieren oder bei der Zulassung von Wertpapieren zum Handel an einem organisierten Markt zu veröffentlichen ist (Wertpapierprospektgesetz) v. 22.6.2005 (BGBl. 2005 I 1698)
WpÜG ........................ Wertpapiererwerbs- und Übernahmegesetz v. 20.12.2001 (BGBl. 2001 I 3822)
WRV .......................... Weimarer Reichsverfassung v. 11.8.1919 (RGBl. 1919 S. 1383)
WuB ........................... Wirtschafts- und Bankrecht (Zeitschrift)
WürttNV .................... Mitteilungen aus der Praxis, hrsg. v. Württembergischen Notarverein (bis 20.1954), dann BWNotZ
WürttRpflZ ................ Württembergische Zeitschrift für Rechtspflege und Verwaltung
WürttZ ...................... Zeitschrift für die freiwillige Gerichtsbarkeit und Gemeindeverwaltung in Württemberg
WuM ......................... Wohnungswirtschaft und Mietrecht (Informationsdienst des Deutschen Mieterbundes; Zeitschrift)
*Bearbeiter* in Wussow UnfallhaftpflichtR ......... Wussow, Unfallhaftpflichtrecht, 16. Aufl. 2014
WuW ......................... Wirtschaft und Wettbewerb (Zeitschrift)

WZGA ........................ Abkommen zwischen der Bundesrepublik Deutschland und der Französischen Republik über den Güterstand der Wahl-Zugewinngemeinschaft v. 4.2.2010 (BGBl. 2012 II 178)

ZADL ........................ Zahlungsauslösungsdienstleister
Zahlungsdienste-RL ...... Richtlinie (EU) 2015/2366 des Europäischen Parlaments und des Rates über Zahlungsdienste im Binnenmarkt, zur Änderung der Richtlinien 2002/65/EG, 2009/110/EG und 2013/36/EU und der Verordnung (EU) Nr. 1093/2010 sowie zur Aufhebung der Richtlinie 2007/64/EG v. 25.11.2015 (ABl. EU 2015 L 337, 35, berichtigt ABl. EU 2016 L 169, 18)
Zahlungsdienste-RL 2007 ........................... Richtlinie 2007/64/EG des Europäischen Parlaments und des Rates v. 13.11.2007 über Zahlungsdienste im Binnenmarkt, zur Änderung der Richtlinien 97/7/EG, 2002/65/EG, 2005/60/EG und 2006/48/EG sowie zur Aufhebung der Richtlinie 97/5/EG (ABl. EG 2007 L 319, 1, berichtigt ABl. EG 2009 L 187, 5)
Zahlungsverzugs-RL ..... Richtlinie 2011/7/EU des Europäischen Parlaments und des Rates zur Bekämpfung von Zahlungsverzug im Geschäftsverkehr v. 16.2.2011 (ABl. EU 2011 L 48, 1)
ZAkDR ...................... Zeitschrift der Akademie für Deutsches Recht
ZAP ........................... Zeitschrift für die Anwaltspraxis
ZAR .......................... Zeitschrift für Ausländerrecht und Ausländerpolitik
ZAS ........................... Zeitschrift für Arbeits- und Sozialrecht (Österreich)
zB .............................. zum Beispiel
ZBB ........................... Zeitschrift für Bankrecht und Bankwirtschaft
ZBernJV ..................... Zeitschrift des Bernischen Juristenvereins
ZBlFG ........................ Zentralblatt für freiwillige Gerichtsbarkeit und Notariat (ab 12.1911/12: für freiwillige Gerichtsbarkeit, Notariat und Zwangsversteigerung), 1.1900/01–22.1921/22
ZBlHR ....................... Zentralblatt für Handelsrecht
ZBlJugR ..................... Zentralblatt für Jugendrecht und Jugendwohlfahrt
ZblSozVers ................. Zentralblatt für Sozialversicherung, Sozialhilfe und -versorgung
ZBR .......................... Zeitschrift für Beamtenrecht
ZErb .......................... Zeitschrift für Steuer- und Erbrechtspraxis
ZEuP ......................... Zeitschrift für Europäisches Privatrecht
ZEV ........................... Zeitschrift für Erbrecht und Vermögensnachfolge
ZevKR ....................... Zeitschrift für evangelisches Kirchenrecht
ZFE ........................... Zeitschrift für Familien- und Erbrecht
ZfF ............................ Zeitschrift für das Fürsorgewesen (Zeitschrift)
ZfIR .......................... Zeitschrift für Immobilienrecht (Zeitschrift)
ZfJ ............................ Zeitschrift für Jugendrecht (Zeitschrift)
ZfKiJugPsychiatrie ........ Zeitschrift für Kinder- und Jugendpsychiatrie
ZfPW ......................... Zeitschrift für die gesamte Privatrechtswissenschaft
ZfRV ......................... Zeitschrift für Rechtsvergleichung (Österreich)
ZfSH ......................... Zeitschrift für Sozialhilfe (1.1962 ff.)
ZfSoz ......................... Zeitschrift für Soziologie
ZfSozReform ............. Zeitschrift für Sozialreform
ZfSozW ..................... Zeitschrift für Sozialwissenschaft
ZfZ ........................... Zeitschrift für Zölle und Verbrauchsteuern
ZG ............................ Zeitschrift für Gesetzgebung
ZGB .......................... Schweizerisches Zivilgesetzbuch
ZGB DDR ................. Zivilgesetzbuch der Deutschen Demokratischen Republik v. 19.6.1975 (GBl. DDR 1975 I 465)
ZGS .......................... Zeitschrift für das gesamte Schuldrecht
ZgS ........................... Zeitschrift für die gesamte Staatswissenschaft (Band, Jahr, Seite)
ZHR .......................... Zeitschrift für das gesamte Handelsrecht und Wirtschaftsrecht
Ziff. .......................... Ziffer(n)
*Zimmermann* Betreuung und ErbR .................. Zimmermann, Betreuung und Erbrecht: Der Betreute als Erbe oder Erblasser, 2. Aufl. 2017
*Zimmermann* ErbR ........ Zimmermann, Erbrecht, 5. Aufl. 2019
*Bearbeiter* in Zimmermann ErbR Nebengesetze ........................... Zimmermann, Praxiskommentar Erbrechtliche Nebengesetze, 2. Aufl. 2017
*Zimmermann* Erbschein .. Zimmermann, Erbschein und Erbscheinsverfahren – Europäisches Nachlasszeugnis, 3. Aufl. 2016
*Zimmermann* TV .......... Zimmermann, Die Testamentsvollstreckung, 4. Aufl. 2014
*Zimmermann* Verlust der Erbschaft .................... Zimmermann, Der Verlust der Erbschaft, 2. Aufl. 2011

*Zimmermann* ZPO ........ Zimmermann, ZPO, Kommentar, 10. Aufl. 2015
*Zimmermann* FamFG ..... Zimmermann, FamFG, 2. Aufl. 2011
*Zimmermann/Dorsel* Eheverträge ........ Zimmermann/Dorsel, Eheverträge, Scheidungs- und Unterhaltsvereinbarungen, 2010
ZImmunForsch ........... Zeitschrift für Immunitätsforschung, Allergie und klinische Immunologie
ZInsO ........ Zeitschrift für das gesamte Insolvenzrecht (Zeitschrift)
ZIP ........ Zeitschrift für Wirtschaftsrecht (bis 1982: Zeitschrift für Wirtschaftsrecht und Insolvenzpraxis)
zit. ........ zitiert
ZivG ........ Zivilgericht
ZLW ........ Zeitschrift für Luftrecht und Weltraumrechtsfragen
ZMR ........ Zeitschrift für Miet- und Raumrecht
Zöller/*Bearbeiter* .......... Zöller, Zivilprozessordnung, Kommentar, 32. Aufl. 2018
*Zöllner/Loritz/Hergenröder* ArbR .......... Zöllner/Loritz/Hergenröder, Arbeitsrecht, 7. Aufl. 2015
ZPO ........ Zivilprozessordnung idF der Bek. v. 5.12.2005 (BGBl. 2005 I 3202, berichtigt BGBl. 2006 I 431 und BGBl. 2007 I 1781)
ZRechtsmed. .............. Zeitschrift für Rechtsmedizin
ZRG ........ Zeitschrift der Savigny-Stiftung für Rechtsgeschichte (germ. Abt. = germanistische Abteilung; rom. Abt. = romanistische Abteilung, kanon. Abt. = kanonistische Abteilung)
ZRP ........ Zeitschrift für Rechtspolitik
ZRvgl. ........ Zeitschrift für Rechtsvergleichung
ZS ........ Zivilsenat
ZSR ........ Zeitschrift für Sozialreform
ZStW ........ Zeitschrift für die gesamte Strafrechtswissenschaft
zT ........ zum Teil
ZUM ........ Zeitschrift für Urheber- und Medienrecht – Film und Recht
Zur Sache ........ Zur Sache 2/76, Reform des Ehe- und Familienrechts – Versorgungsausgleich –, hrsg. v. Presse- und Informationszentrum des Deutschen Bundestages
zust. ........ zustimmend
ZustErgG ........ Gesetz zur Ergänzung von Zuständigkeiten auf den Gebieten des Bürgerlichen Rechts, des Handelsrechts und des Strafrechts (Zuständigkeitsergänzungsgesetz) v. 7.8.1952 (BGBl. 1952 I 407)
zutr. ........ zutreffend
ZVG ........ Gesetz über die Zwangsversteigerung und Zwangsverwaltung idF der Bek. v. 20.5.1898 (RGBl. 1898 S. 713)
ZVglRWiss. ........ Zeitschrift für vergleichende Rechtswissenschaft (Band, Jahr und Seite)
ZWE ........ Zeitschrift für das Wohnungseigentum
ZWeR ........ Zeitschrift für Wettbewerbsrecht
ZZP ........ Zeitschrift für Zivilprozess (Band, Jahr und Seite)
zZt ........ zurzeit

# Bürgerliches Gesetzbuch

in der Fassung der Bekanntmachung vom 2. Januar 2002
(BGBl. 2002 I 42, ber. 2909 und BGBl. 2003 I 738),
zuletzt geändert durch Gesetz vom 31. Januar 2019 (BGBl. 2019 I 54)

# Einleitung zum Familienrecht (Einl. FamR)

**Schrifttum:** *Becker,* Der so genannte Kaiser-Paragraph (§ 1588 BGB), FS Schwab, 2005, 269; *Bextermöller,* Das Familienrecht in den Systemen der Pandektistik des 19. Jahrhunderts, Diss. Münster, 1970; *Buchholz,* Deutschland: Einzelgesetzgebung, Ehe- und Familienrecht: Eheschließungs- und Ehescheidungsrecht, Gebiete des gemeinen protestantischen Eherechts in Coing (Hrsg.), Handbuch der Quellen und Literatur der neueren europäischen Privatrechtsgeschichte, Bd. III/2, 1982; *Dieterich,* Das protestantische Eherecht in Deutschland bis zur Mitte des 17. Jahrhunderts, 1970; *Friedberg,* Das Recht der Eheschließung in seiner geschichtlichen Entwicklung, 1865; *Hubrich,* Das Recht der Ehescheidung in Deutschland, 1891; *Koch,* Das Verbot der kirchlichen Voraustrauung – politische Hintergründe und historische Entwicklung, Das Standesamt 2010, 129; *Menger,* Das bürgerliche Recht und die besitzlosen Volksklassen, Nachdruck der 4. Aufl. 1908, 1968; *Müller-Freienfels,* Zur Diskussion um die systematische Einordnung des Familienrechts, RabelsZ 37 (1973), 609; *Müller-Vollbehr,* Der Begriff des Sozialrechts im Wandel, JZ 1978, 249; *Renck,* Staatliche und kirchliche Eheschließung, NJW 1996, 907; *Savigny,* Darstellung der in den Preußischen Gesetzen über die Ehescheidung unternommenen Reformen, Berlin 1844, in: Vermischte Schriften, Bd. V, Berlin 1850; *Schulte,* Handbuch des katholischen Eherechts, 1855; *Schwab,* Grundlagen und Gestalt der staatlichen Ehegesetzgebung in der Neuzeit, 1967; *Schwarz,* Zur Entstehung des modernen Pandektensystems, ZRG RA 42 (1921), 578; *Stölzel,* Wiederverheirathung eines beständig von Tisch und Bett getrennten Ehegatten, 1876; *Svarez,* Amtliche Vorträge bei der Schlußrevision des Allgemeinen Landrechts, Berlin 1833; *Tillmanns,* Die Unvereinbarkeit des § 67 PStG mit dem Grundgesetz, NVwZ 2003, 43.

**Übersicht**

## I. Historische Entwicklung zum bürgerlichen Ehe- und Familienrecht

1 **1. Eherecht.** Als 1880 der ersten Kommission zur Ausarbeitung eines Bürgerlichen Gesetzbuchs der Entwurf des vierten Buches vorgestellt wurde, **rechtfertigte** der Redaktor Gottlieb Planck einleitend die **staatliche Gesetzgebungstätigkeit** auf dem Gebiet des Eherechts mit der Notwendigkeit, diese Materie konfessionell neutral und damit einheitlich für alle Angehörigen des Reiches zu regeln.[1]

2 Den Hintergrund dieser Erklärung bildeten die **Auseinandersetzungen,** die **Staat und Kirche** im 19. Jahrhundert um die Regelungskompetenz in Ehesachen geführt hatten und die in Deutschland erst 1875 endgültig zugunsten des Staates entschieden worden waren. Nach einem heftigen, das ganze Jahrhundert durchziehenden Streit war in diesem Jahr durch das Personenstandsgesetz die Zivilehe eingeführt worden und damit im gesamten Gebiet des deutschen Reiches die Zuständigkeit für Eheschließungen von kirchlichen auf staatliche Stellen übergegangen.[2] Hierdurch war die letzte der von den Kirchen gehaltenen Bastionen im Eherecht gefallen und eine jahrhundertelange Zuständigkeit der Kirche für Ehefragen endgültig beendet.

3 **a) Kirchliche Zuständigkeit.** Das Eheschließungs- und Ehescheidungsrecht hatte in Europa seit dem 12. Jahrhundert kirchlicher Gesetzgebung und Rechtsprechung unterstanden und war damit fast 600 Jahre lang **Kirchenrecht** gewesen. Der Zuständigkeit der weltlichen Obrigkeit hatten in diesem Zeitraum lediglich die güter- und vermögensrechtlichen Folgen der Ehe unterlegen. Theoretische Grundlage für das Jurisdiktionsmonopol der Kirche war die von der Theologie im Laufe des 12. Jahrhunderts entwickelte Lehre von der Sakramentsnatur der Ehe. Als ein von Christus eingesetztes Gnadenmittel zählte die Ehe zu den **causae spirituales,** den geistlichen Angelegenheiten, für deren Regelung nach den zeitgenössischen Vorstellungen über die Einflusssphären der geistlichen und weltlichen Obrigkeit nicht die politische Ordnungsmacht, sondern die Kirche zuständig war.

4 Diese setzte mit den Normen des kanonischen Rechts die **christliche Ehelehre** um, zu deren zentralen Elementen das Prinzip der Eheschließungsfreiheit und der Grundsatz der Unauflöslichkeit der Ehe gehörten. **Freiheit der Eheschließung** bedeutete juristisch die Durchsetzung des aus dem römischen Recht bekannten Konsensprinzips, nach dem zum gültigen Eheschluss allein der übereinstimmende Wille der Eheleute, nicht aber Zustimmungen Dritter oder sonstige Äußerlichkeiten erforderlich waren. **Unauflöslichkeit der Ehe** hieß in der juristischen Umsetzung, dass die Ehe auf Lebenszeit geschlossen wurde und nur durch den Tod der Eheleute enden konnte. Das kanonische Recht kannte somit keine Scheidung der Ehe und ließ in eng umgrenzten Ausnahmefällen lediglich eine Trennung von Tisch und Bett (separatio quoad mensam et thorum) zu, was jedoch, da die eheliche Verbindung als solche bestehen blieb, eine erneute Eheschließung zu Lebzeiten des Ehepartners ausschloss.[3] Eine Aufhebung der Ehe kam lediglich in Betracht, wenn sich herausstellte, dass eines der – in großer Zahl aufgestellten – Ehehindernisse bei Eingehung der Ehe nicht beachtet worden war.

---

[1] Begründung des Entwurfs eines Familienrechts für das Deutsche Reich, Berlin 1880, 1. Abschnitt, Die Ehe, Einl. S. 12, in Schubert, Die Vorlage der Redaktoren für die erste Kommission zur Ausarbeitung des Entwurfs eines Bürgerlichen Gesetzbuchs, Familienrecht Teil 1, 1983. Auch die ersten Kommentare thematisieren diese Kompetenzfrage noch, etwa *Schmidt/Habicht,* Kommentar zum BGB, Familienrecht, 1900, 1. Abschn. II.

[2] *Koch* StAZ 2010, 129 (134).

[3] Die einzige Möglichkeit der Wiederheirat noch zu Lebzeiten des Ehepartners gab das Privilegium Paulinum (vgl. 1. Kor. 7, 12–15). Nach diesem konnte ein während der Ehe christlich gewordener Ehegatte eine neue Ehe eingehen, wenn der ungläubige Ehepartner die Trennung verlangte, weil er nicht gewillt war, seine Glaubensausübung zu dulden.

**b) Konfessionelle Aufspaltung.** Die Grundsätze des kanonischen Rechts zu den Voraussetzungen der Ehe und zu ihrer Nichtauflösbarkeit wurden geschichtlich zum ersten Mal in der Reformation in Frage gestellt und angegriffen. Die Auseinandersetzungen um ihre Berechtigung endeten noch **im 16. Jahrhundert** mit der konfessionellen Aufspaltung des bis dahin einheitlichen christlichen Eherechts. Dabei konnte es auf protestantischer Seite wegen des landeskirchlichen Aufbaus keine einheitliche Kodifikation des Eherechts geben; die landesherrlichen Regelungen in den einzelnen Territorien erfolgten jedoch auf der gemeinsamen Grundlage der evangelischen Lehre und unterschieden sich im Ergebnis nur in Einzelfragen. 5

Die folgenschwerste inhaltliche Divergenz zwischen den Konfessionen bestand in der Anerkennung der **Ehescheidung** durch die Reformatoren. Diese hielten in bestimmten Fällen, zu denen jedenfalls Ehebruch, die böswillige Verlassung und der Abfall vom Glauben gehörten, die Auflösung der Ehe mit dem Recht auf Wiederheirat für zulässig.[4] 6

Zu unterschiedlichen Lösungen kamen die christlichen Kirchen aber auch in einer zentralen Frage der **Eheschließung.** Die konsequente Umsetzung des Konsensprinzips hatte in der Vergangenheit zu religiös problematischen und sozial unhaltbaren Zuständen geführt. Auf seiner Grundlage war es einem Paar nämlich möglich, ohne jede Publizität und Förmlichkeit allein aufgrund wechselseitiger Willensäußerungen die Ehe zu schließen. Solche ohne elterliche Einwilligung, ohne Zeugen und ohne Kenntnis Dritter bei einer Zusammenkunft zu zweit an irgendeinem Ort geschlossenen **matrimonia clandestina,** heimliche Ehen oder Winkelehen, hatten zu sozialen Missständen geführt. Zum einen blieben sie regelmäßig unbeweisbar, wenn einer der beiden Beteiligten später den Eheschluss leugnete. Die Nachteile trafen in diesem Fall vielfach die (schwangere) Frau, die sich auf ein der sexuellen Beziehung vorausgegangenes beidseitiges Eheversprechen berief, das der Mann, da ohne Zeugen abgegeben, erfolgreich leugnen konnte. Abgesehen von solchen Konstellationen waren die Winkelehen untragbar geworden, weil sie die Möglichkeit eröffneten, die Ehe gegen den elterlichen Willen einzugehen und damit familiäre Erb- und Heiratsstrategien zu durchkreuzen. Nicht aber nur unter **sozialen,** sondern auch unter **religiösen** Gesichtspunkten waren die matrimonia clandestina problematisch, ermöglichten sie doch die Eingehung mehrerer Ehen nebeneinander. Denn auch eine heimlich geschlossene Ehe war – und blieb – eine vollgültige Ehe, die vor Gott Bestand hatte. Dass sie vor menschlichen Gerichten nicht beweisbar war und den Beteiligten damit die weitere Eheschließung nicht verwehrt werden konnte, änderte daran nichts. 7

Nachdem alle von weltlichen wie kirchlichen Gesetzgebern angeordneten straf- und zivilrechtlichen Sanktionen die heimlichen Eheschlüsse nicht hatten verhindern können, begegnete die **katholische Kirche** dem Problem der heimlichen Ehen 1563 auf dem **Konzil von Trient** mit einer Änderung des Eheschließungsrechts. In dem berühmten Decretum tametsi wurde am 11.11.1563 die priesterliche Trauung zur Gültigkeitsvoraussetzung der Eheschließung erhoben.[5] Man hielt zwar am Konsens der Eheleute als tragendem Prinzip für den Eheschluss fest, forderte jedoch, dass dieser in einem Publizitätsakt vor dem Priester geäußert wurde. Auch wenn die praktische Umsetzung dieses Dekrets lange dauerte, weil seine Wirksamkeit von der Verkündung in den einzelnen Kirchengemeinden abhing, war das Problem der heimlichen Ehen in den katholischen Ländern theoretisch klar gelöst. In den **protestantischen Territorien** war dies nicht der Fall. In diesen wurde die kirchliche Trauung durch einen Geistlichen von den Landesgesetzgebern erst im Laufe des 18. Jahrhunderts nach und nach als zwingendes Erfordernis für einen gültigen Eheschluss eingeführt.[6] 8

**c) Regelungszuständigkeit.** Konfessionell unterschiedlich wurde seit der Reformation auch die Frage der gesetzgeberischen Regelungszuständigkeit in Ehesachen entschieden. Nach der **protestantischen Ehelehre** war die Ehe kein Sakrament, sondern wie Luther es formulierte, „eyn eußerlich leyplich ding",[7] also eine allgemeine weltliche Angelegenheit, für die nicht die Kirche, sondern die **weltliche Obrigkeit** zuständig war. Inhaltlich änderte die neue Kompetenzverteilung allerdings am Einfluss der kirchlichen Lehre auf das Eherecht nichts, denn die Ehe war durch die neue Zuordnung nicht als theologischer Gegenstand aufgegeben worden. So zählte das Eherecht in den evangelischen Territorien niemals zu den Gegenständen des ius civile, sondern wurde von Theologen 9

4 Andere Umstände wie die Verweigerung der ehelichen Pflicht, Misshandlung und Lebensnachstellung blieben als Scheidungsgründe umstritten, dazu *Dieterich,* Das protestantische Eherecht in Deutschland bis zur Mitte des 17. Jahrhunderts, 1970, Kap. 1 VI, 5, S. 69; Kap. 2 II, 6, S. 105; Kap. 3 III, 14, S. 143; Kap. 4 IV, 9, S. 163; Kap. 5 IV, 13, S. 234.

5 Decretum tametsi vom 11.11.1563 in *Societas Goerresiana,* Concilium Tridentinum, Bd. 9: Concilii Tridentini acta post sessionem sextum usque ad finem concilii (17. sept. 1562 – 4. dec. 1563), 1924, 968.

6 Vgl. dazu *Friedberg,* Das Recht der Eheschließung in seiner geschichtlichen Entwicklung, 1865, 3. Buch, II, 1c, 262 ff. und 2c, 297 ff.

7 Vom ehelichen Leben (1522), in Martin Luthers Werke, Kritische Gesamtausgabe (Weimarer Ausgabe), Bd. 10/2, 1907, 266, 283.

wie Juristen immer zu den Gegenständen des protestantischen **Kirchenrechts** gerechnet.[8] Nach lutherischem Verständnis war und blieb die Ehe ihrer Natur nach ein geistlicher, heiliger Stand, den die evangelischen Landesherren und Städte nach den biblischen Vorgaben zu regeln hatten.

**10** In diesem Sinne befassten sich die protestantischen Herrscher mit den Ehefragen nicht im Rahmen ihrer weltlichen Regierungsgeschäfte, sondern in Ausübung des ihnen als Landesherren zukommenden Kirchenregiments. Vielfach siedelten sie das Eherecht in Kirchen- oder speziellen Eheordnungen an, nicht aber in den die politisch-bürgerliche Ordnung regelnden Stadt- und Landrechten. Auch die Rechtsprechung in Ehesachen wurde nicht weltlichen Gerichten übertragen, sondern unterstand weiterhin der **kirchlichen Gerichtsbarkeit,** nämlich den Konsistorien. Mit Juristen und Theologen besetzt waren diese in den protestantischen Ländern neu geschaffenen Behörden mit kirchlichen Verwaltungs- und Rechtsprechungsaufgaben betraut und unter anderem für Ehesachen zuständig. In den **katholischen Territorien** blieb die Regelung der Ehefragen auch nach der Reformation Gegenstand des kanonischen Rechts und formell wie materiell **fest in kirchlicher Hand.**

**11** Ein einheitliches, **nicht konfessionell bestimmtes** Eherecht gab es in Europa von dieser Zeit an jahrhundertelang nicht. Dies warf historisch so lange keine Probleme auf, wie die europäischen Länder in glaubensmäßig homogene Gebiete aufgeteilt waren und es, außer den Angehörigen der jüdischen Religion, die traditionell eine Sonderstellung hatten, Nicht-Christen in nennenswertem Umfang nicht gab. Seit dem Augsburger Religionsfrieden von 1555 beanspruchten die territorialen Obrigkeiten das ius reformandi, das Recht, die Religionsangelegenheiten in ihrem Herrschaftsgebiet eigenständig zu regeln und das Bekenntnis der Untertanen entsprechend dem Grundsatz „cuius regio – eius religio" zu bestimmen. 1648 im Westfälischen Frieden ausdrücklich anerkannt, führte diese **Konfessionshoheit der Reichsstände** zu religiös geschlossenen Territorien, in denen die Bewohner grundsätzlich dem gleichen Bekenntnis anhingen. Bei Heiraten führte demzufolge auch die Anwendung eines konfessionell bestimmten Eherechts weder zu kollisionsrechtlichen noch zu persönlichen Glaubens- und Gewissensproblemen. In dieser Zeit, in der jeder Mensch selbstverständlich einer der christlichen Religionen angehörte und sich die individuellen Rechte in Religionsangelegenheiten auf das ius emigrationis, das Recht des andersgläubigen Untertanen auf freien „Ab- und Zugang" unter Mitnahme seines Vermögens beschränkte, gab es das Bedürfnis nach einer anderen als religiös bestimmten und konfessionell ausgerichteten Regelung des Eherechts nicht.

**12** **d) Säkularisierung des Eherechts.** Dies änderte sich in der **Zeit der Aufklärung,** in der sich die religiöse Gebundenheit der Menschen erstmals seit dem Mittelalter wieder lockerte und anstelle der göttlichen Offenbarung die menschliche Vernunft zum Ausgangspunkt des Denkens und aller Erkenntnis wurde. In dem neuen, rational bestimmten Denken hatten absolute, objektive Glaubensgewissheiten keinen Platz mehr und es konnte folglich auch **keine Religion,** auch nicht die christliche, **Anspruch auf Allgemeingültigkeit** ihrer Lehren erheben. Die Zurückweisung des Richtigkeitsanspruchs einer Religion – Lessing hat diesen Gedanken in der Ringparabel des Nathan literarisch unübertroffen formuliert – hatte rechtlich zur Folge, dass den Vorschriften einer Religionsgemeinschaft jeweils nur auf religiöser Ebene für die Angehörigen des entsprechenden Glaubens Bedeutung zuerkannt wurde. Die christlichen Vorschriften des Eherechts konnten mithin nicht länger Allgemeingültigkeit beanspruchen, eine sozial verbindliche Normierung der Ehe musste konfessionell neutral erfolgen.

**13** Auf diesem gedanklichen Hintergrund basierte im 18. Jahrhundert der **staatliche Zugriff auf das Eherecht,** das nun nicht nur formal der Regelungszuständigkeit, sondern auch inhaltlich dem Einfluss der christlichen Kirchen entzogen wurde. Man begriff in dieser Epoche die Ehe als profane Angelegenheit, die der staatliche Gesetzgeber als Teil der weltlichen Rechtsordnung zu regeln hatte. Die anderslautenden christlichen Konzeptionen, nach denen die Ehe ein Sakrament beziehungsweise eine geistliche Institution war, verwies man in den Bereich nur subjektiv geltender Glaubensvorstellungen.

**14** Die folgenschwerste Auswirkung der **Säkularisierung des Eherechts** war die weitest gehende Relativierung des Grundsatzes der Unauflöslichkeit der Ehe. So enthielt das Preußische Allgemeine Landrecht von 1794 – hier als zeittypische Kodifikation herangezogen, weil das Eherecht des BGB gerade in Abgrenzung von ihm konzipiert wurde – ein äußerst **liberales Scheidungsrecht.** Der preußische Gesetzgeber sah eine Vielzahl von bislang nicht gekannten Scheidungsgründen vor und schuf ein großes Angebot an Beendigungsmöglichkeiten einer Ehe.

**15** Nicht erst der Ehebruch, sondern auch schon der „verdächtige Umgang" gab eine Scheidungsmöglichkeit, daneben waren scheidungsrelevant die bösliche Verlassung, die Versagung der ehelichen

[8] Vgl. dazu *Schwab,* Grundlagen und Gestalt der staatlichen Ehegesetzgebung in der Neuzeit, 1967, 104 ff.; 221 ff.

Pflicht, Impotenz und Geisteskrankheit, Lebensnachstellung, die Verübung grober Verbrechen, unordentliche Lebensart, Versagung des Unterhalts sowie die Veränderung der Religion (II 1 §§ 669–751).

16 Geschichtlich ein novum stellte die auf der **Vertragsdoktrin** basierende Möglichkeit dar, kinderlose Ehen aufgrund „gegenseitiger Einwilligung" zu scheiden (II 1 § 716).[9] Nicht die rechtsdogmatische Konstruktion der Ehe als Vertrag, sondern das politische Ziel der „Vermehrung der Population" führte zur Einführung eines weiteren Scheidungsgrundes – des der „unüberwindlichen Abneigung". Auch bei nur einseitigem Vorliegen rechtfertigte eine solche Abneigung die Scheidung der Ehe (II 1 §§ 718a, 718b). Dass mit dieser Scheidungsmöglichkeit die **bevölkerungspolitischen** Interessen des preußischen Staates gefördert wurden, erläuterte Carl Gottlieb Svarez: „Wenn eine gegenseitige unversöhnliche Abneigung obwaltet, so ist wohl wenig Hoffnung vorhanden, daß irgend einer von den Zwecken der Ehe unter diesen Eheleuten jemals werde erreicht werden können. Es schadet also der Population, wenn man solche Leute, die in besser assortierten Verbindungen dem Staate noch mehr Kinder verschaffen könnten, zwingen will, bei einander zu bleiben".[10] Diese unmittelbare Orientierung des Eherechts an Staatswohlinteressen entsprach aufklärerischen Gesetzgebungsprinzipien, nach denen sich die rechtliche Regelung einer sozialen Angelegenheit am Wohle der Gesellschaft, und nicht an Glaubensgrundsätzen einer Konfession, auszurichten hatte.

17 **e) Kirchliches Trauungsmonopol.**[11] Während das ALR im Scheidungsrecht die säkulare Ehekonzeption der Aufklärung voll verwirklichte, behauptete sich im Eheschließungsrecht Preußens weiterhin die christliche Kirche. Der preußische Gesetzgeber nahm von der Regelung der Eingehung der Ehe Abstand und stellte für die Eheschließung ein staatliches Verfahren nicht zur Verfügung. Er verwies stattdessen Christen auf die priesterliche Trauung, Angehörige anderen Glaubens auf „die Gebräuche ihrer Religion" (II 1 §§ 136, 137).

18 Diese **(Nicht-)Regelung der Eheschließung** im Allgemeinen Landrecht des protestantischen Preußen stellte ein in den damaligen staatlichen Ehegesetzgebungen typisches **Zugeständnis** an die christlichen Kirchen dar. Die Berücksichtigung auch der sonstigen Religionsgemeinschaften beruhte hingegen auf aufklärerischem **Toleranzdenken.** Auch im katholischen Österreich beispielsweise hatte Kaiser Joseph II., als er im Ehepatent von 1783 das Eherecht regelte, die Trauung vor dem „Pfarrer, Pastor oder Popen" als einzig zulässige Eheschließungsform vorgesehen, 1811 wurde diese Lösung im ABGB fortgeschrieben.[12] Ähnlich gingen die Gesetzgeber anderer Territorien bei der Normierung des Eherechts vor. Das Scheidungs- und Ehehindernisrecht wurde staatlich eigenständiger Regelung unterworfen und dabei in der Regel den Kirchen zugleich auch die Jurisdiktionsgewalt über Ehesachen entzogen.

19 Gleichwohl aber behielt man die religiöse Zeremonie als einzige Eheschließungsform bei.[13] Bei allem Zugriff der weltlichen Gesetzgeber auf Gerichtsbarkeit, Ehevoraussetzungs- und Scheidungsrecht behauptete sich mithin das **kirchliche Trauungsmonopol** in den Ländern des deutschen Reiches durchgängig. Unangetastet bestand dieses ohnehin fort in den Territorien, in denen es zu einer weltlichen Ehegesetzgebung überhaupt nicht gekommen und das konfessionelle Eherecht der christlichen Kirchen unangetastet geblieben war.[14]

20 Angegriffen und beseitigt wurde die Eheschließungskompetenz der Kirchen erstmals in **Frankreich,** wo 1792 durch die Revolutionsgesetzgebung die **Zivilehe,** der Eheschluss vor einer staatlichen Behörde, als einzig zulässige Eheschließungsform eingeführt worden war. Der Code civil schrieb 1804 diese Säkularisierung fort mit der Bestimmung, dass eine Ehe „devant l'officier civil" zu schließen sei (Art. 165, 75 C.c.).[15]

---

9 Gekannt hatte die Ehescheidung aufgrund bloßer Einwilligung beider Teile allerdings schon das Corpus juris Fridericiani von 1749/51, doch war dieses Gesetz nur in einzelnen preußischen Landesteilen in Kraft getreten, dazu *Savigny,* Darstellung der in den Preußischen Gesetzen über die Ehescheidung unternommenen Reformen, 1844, in Vermischte Schriften, Bd. V, 1850, 222 ff., 257.

10 *Svarez,* Amtliche Vorträge, ad Teil 2, Tit. 1, Abschn. 8, 157; *Hubrich,* Das Recht der Ehescheidung in Deutschland, 1891, 185.

11 Zum Folgenden *Koch* StAZ 2010, 129.

12 § 29 Josephinisches Ehepatent von 1783. Das Allgemeine Bürgerliche Gesetzbuch von 1811 forderte die Erklärung vor dem Seelsorger eines der Brautleute, „er mag nun, … Pfarrer, Pastor oder wie sonst immer heißen" (§§ 69, 75 ABGB).

13 Vgl. etwa § 1588 Sächsisches BGB von 1863.

14 So etwa in Nassau, Kurhessen, Württemberg, vgl. dazu *Buchholz,* Beiträge zum Ehe- und Familienrecht des 19. Jahrhunderts, Ius commune IX, 1980, 1626, 1647 f.; *Schulte,* Handbuch des katholischen Eherechts, 1855, 2. Teil, § 1, 498.

15 *Becker* FS Schwab, 2005, 269 (271).

21 In **Deutschland** fand diese Regelung Eingang in den Territorien, in denen im Zusammenhang mit den Siegen Napoleons der Code civil Einfluss und Geltung erlangt hatte. „Die Civilehe ging", so die treffende Formulierung Friedbergs, „unmittelbar im **Gefolge der siegenden Heere**".[16] Sie wurde eingeführt in den linksrheinischen Gebieten, im Hansischen und Lippischen Departement, in der Stadt Danzig, im Großherzogtum Berg, im Königreich Westfalen, in einer Reihe der Rheinbundstaaten, im Fürstentum Arenberg, im Großherzogtum Frankfurt, in den Herzogtümern Köthen und Nassau. In Baden, wo der Code civil mit Zusätzen versehen in deutscher Übersetzung 1810 als Badisches Landrecht eingeführt wurde, kam es in Sachen Zivilehe zu dem sonderbaren Kompromiss, dass zwar die standesamtliche Eheschließung vorgeschrieben war, mit den Aufgaben des Standesbeamten jedoch Geistliche betraut wurden.[17]

22 Die militärische **Niederlage Napoleons** drängte den Einfluss seines Gesetzbuches wieder zurück. In einem Teil der genannten deutschen Territorien wurde bereits in den Jahren 1813/1814 der Code civil wieder aufgehoben und in Folge davon auch die Zivilehe abgeschafft. Während ihre Einführung hier nur ein kurzes Zwischenspiel gewesen war, blieb in anderen Ländern, wie den linksrheinischen Gebieten, dem ehemaligen Großherzogtum Berg und in Baden, das französische Recht und mit ihm auch die Zivilehe als einzig verbindliche Eheschließungsform in Geltung.

23 Schon bald wurde die **kirchliche Zuständigkeit** für die Eheschließung jedoch wieder allgemein zum **Problem.** Es zeigte sich, dass in der bürgerlichen Gesellschaft des **19. Jahrhunderts,** die ein individuelles Recht auf Glaubens- und Gewissensfreiheit anerkannte und sich nach dem Prinzip allgemeiner Rechtsgleichheit organisierte, ein Rechtsakt wie die Eheschließung nicht länger den unterschiedlichen Bestimmungen der Kirchen und Glaubensgemeinschaften unterliegen konnte. Zunehmend ergaben sich bei Heiraten Konstellationen, in denen die Inkompatibilität der kirchlichen Eheschließungskompetenz mit den rechtlichen und politischen Organisationsgrundsätzen des bürgerlichen Staates zutage trat.

24 Streit entzündete sich zum einen an der Frage der **Wiederheirat nach einer Scheidung.** Unter Hinweis auf die noch bestehende Ehe verweigerten katholische wie evangelische Priester ihre Mitwirkung bei einer erneuten Eheschließung geschiedener Partner, wenn sie deren Scheidung nach kirchlichem Recht für unzulässig hielten. Da dies bei Katholiken immer der Fall war und bei Protestanten dann, wenn kein nach protestantischem Recht anerkannter Scheidungsgrund vorgelegen hatte, kam es zu solchen **Trauungsverweigerungen** auch in protestantischen Territorien, vor allem in solchen, in denen wie in Preußen ein liberales staatliches Scheidungsrecht galt.

25 Aber selbst in den Territorien, in denen das kanonische Recht Geltung behalten hatte oder in denen die weltliche Gesetzgebung ihm insoweit folgte, als sie Katholiken nur die Trennung ihrer Ehe von Tisch und Bett gestattete,[18] kam es wegen der Zulässigkeit einer Wiederheirat zu Konflikten. Die weltlichen Gesetze gestatteten diese nämlich vielfach auch einem nur beständig von Tisch und Bett getrenntlebenden Ehepartner und erkannten damit der **Ehetrennung** die **gleiche** juristische **Wirkung** zu **wie** der **Scheidung.**[19] Der katholische Klerus unterlief auch hier das staatliche Recht, indem er in solchen Fällen die Mitwirkung bei der erneuten Eheschließung verweigerte.

26 Schwierigkeiten bereitete die kirchliche Trauungskompetenz zudem im Hinblick auf die **Ehevoraussetzungen,** bei deren Regelung die staatlichen Gesetzgebungen von den Vorgaben des kanonischen Rechts abwichen. So erkannten die weltlichen Gesetzgeber das stark ausgedehnte **kirchliche Ehehindernis** der Verwandtschaft und der Schwägerschaft nicht an,[20] stellten andererseits aber aus Gründen der Staatsraison **neue,** der christlichen Ehelehre unbekannte **Ehehindernisse** auf – machten etwa die Eheschließung von Militärpersonen oder Beamten von der Erlaubnis des Dienstvorgesetzten abhängig oder verlangten von Kindern unter 24 Jahren die Einwilligung der Eltern.[21] Die Gültigkeit der Ehe von Bedingungen abhängig zu machen, die „aus puren Utilitäts-Administrations-Finanzverwaltungsrücksichten entsprungen sind",[22] war für einen christlichen Geistlichen nicht hinnehmbar. Für ihn waren die Bedingungen für die Eingehung einer Ehe durch

16 *Friedberg,* Das Recht der Eheschließung in seiner geschichtlichen Entwicklung, 1865, 4. Buch VII 2, 594.

17 I, Titel 5, § 165 Badisches Landrecht; dazu *Friedberg,* Das Recht der Eheschließung in seiner geschichtlichen Entwicklung, 1865, 4. Buch XII 3, 684.

18 So zB § 39 Josephinisches Ehepatent 1783; §§ 103, 110, 111 Österreichisches ABGB 1811; § 1766 Sächsisches BGB 1863; I, 6, § 40 Codex Maximilianeus Bavaricus Civilis 1756.

19 So der Rechtszustand etwa in Sachsen-Weimar, Württemberg, Baden, Nassau, Kurhessen, zum Problem vgl. *Stölzel,* Wiederverheiratung eines beständig von Tisch und Bett getrennten Ehegatten, 1876, passim; *Schulte,* Handbuch des katholischen Eherechts, 1855, 2. Teil, § 6, 529 ff.

20 Zu den Auflockerungen im protestantischen Recht *Dieterich,* Das protestantische Eherecht in Deutschland bis zur Mitte des 17. Jahrhunderts, 1970, Kap. 5 IV 8, S. 214.

21 II 1 §§ 34 f., 45 ff., 950 Preußisches ALR 1794; § 54 Österreichisches ABGB 1811.

22 *Schulte,* Handbuch des katholischen Eherechts, 1855, 2. Teil, § 11, 555.

Theologie und christliche Jurisprudenz nach den Aussagen der Bibel festgelegt worden und aus politischen Gründen nicht variierbar.

Wie in der Frage der Wiederverheiratung nach Scheidung löste man den Konflikt, indem man sich über das staatliche Recht hinwegsetzte und die Trauung vornahm trotz gesetzlichen Verbots beziehungsweise sie verweigerte trotz gesetzlicher Zulässigkeit. Damit wurde auch das Ehehindernisrecht zu einer der Ursachen für die sich steigernden Spannungen zwischen Staat und Kirche um die Bestimmungsmacht in Ehesachen. 27

Zu unlösbaren Konflikten führte das Nebeneinander von kirchlichem und staatlichem Eherecht auch im Fall **konfessionell gemischter Ehen.** Aufgrund der politischen Neuordnung durch den Reichsdeputationshauptschluss von 1803 war in Deutschland die religiöse Geschlossenheit der Territorien aufgelöst worden. Es waren neue, konfessionell uneinheitliche Staaten entstanden, in denen es in zunehmendem Maße zu Heiraten zwischen Personen kam, die unterschiedlichen Glaubensgemeinschaften angehörten. Auch die Entwicklung der Verkehrsmittel, die die Mobilität der Menschen in bislang nicht gekanntem Ausmaß förderte, trug zur Verbreitung von Ehen zwischen Personen verschiedenen Glaubens bei. 28

Wurde eine solche Mischehe eingegangen, war nun nicht nur unklar, welche Glaubensgemeinschaft für die Eheschließung zuständig war, sondern auch, in welchem Bekenntnis die Kinder erzogen werden sollten, außerdem die Frage, welches Recht im Fall der Scheidung einer solchen Ehe heranzuziehen sei. Da die Eherechte der Kirchen, Glaubensgemeinschaften und Staaten hier jeweils eigene Lösungen aufstellten, gestaltete sich die **Rechtslage völlig unübersichtlich.** 29

**Katholisches wie evangelisches Eherecht** entschieden alle Fragen zu ihren Gunsten. Sie forderten von ihren Gläubigen jeweils die Trauung vor dem eigenen Priester, die Kindererziehung im eigenen Glauben und die Durchführung der Scheidungsverfahren vor den eigenen Gerichten unter Anwendung des jeweils eigenen Scheidungsrechts.[23] Die **Territorialstaaten** stellten in ihren Gesetzen hingegen andere, differenzierende Lösungen zur Verfügung.[24] In der Scheidungsfrage etwa knüpften sie, soweit es nicht ohnehin eine eigenständige staatliche Regelung gab, an die Stellung im Verfahren an und bestimmten das anzuwendende Recht nach der Konfession des Klägers oder der des Beklagten. Die Frage der religiösen Kindererziehung überließen die Landesgesetzgeber meist der freien Vereinbarung der Eltern und bestimmten nur für den Fall der Nicht-Einigung die Religion des Vaters zum ausschlaggebenden Kriterium. In wenigen Fällen orientierte man sich auch am Geschlecht der Kinder und verlangte, dass Söhne das Bekenntnis des Vaters, Töchter das der Mutter anzunehmen hatten. Die Zuständigkeit für die Eheschließung bestimmten die territorialen Gesetzgeber teils nach der Konfession des Bräutigams, teils nach der der Braut. Über die unumgängliche Mitwirkung bei der Eheschließung konnten sich die **Kirchen via Trauungsverweigerung** jedoch auch in all diesen Fragen der Mischehe über die staatlichen Regeln hinwegsetzen und ihre anderslautenden Vorstellungen durchsetzen. 30

**f) Einführung der Zivilehe.** Das **Nebeneinander verschiedener Eherechte** führte letztlich zu einem rechtlichen Chaos. Eine kollisionsrechtliche Einigung zwischen kirchlichen und staatlichen Normsetzern war nicht möglich. Zu sehr betraf das Eherecht Grundsatzfragen, in denen weder die Kirchen noch die Staaten nachgeben und die Regeln der Gegenseite anerkennen konnten. Während die Unauflöslichkeit der Ehe beispielsweise zum zentralen Kernbereich der christlichen Lehre zählte, war die Möglichkeit, eine Ehe zu scheiden, längst zum wesentlichen Bestandteil der säkularen Rechtsordnungen geworden. 31

Aus staatlicher Sicht war der Konflikt nur durch Verdrängung der Kirchen aus dem Eherecht zu lösen. Das Mittel dazu war die Einführung der Zivilehe. Nur durch die Übertragung der öffentlichen Funktionen bei der Eheschließung auf staatliche Stellen konnte den Kirchen die Einflussmöglichkeit in Ehesachen genommen und die dem **bürgerlichen Staat** zustehende umfassende **Rechtsautorität** durchgesetzt werden. In diesem Sinne war die Zivilehe zum unverzichtbaren Bestandteil des säkularen Rechtsstaates geworden. Zusätzliche Bedeutung bekam die Einführung eines staatlichen Trauungsaktes im Zusammenhang mit der **nationalen Einigung** Deutschlands insofern, als die bürgerliche Rechtsgleichheit für alle Deutschen nur mit einem überkonfessionellen, allgemein verbindlichen Eheschließungsrecht herzustellen war. 32

So enthielt denn auch die **Paulskirchenverfassung** von 1849 im Zusammenhang mit der Garantie der Glaubens- und Gewissensfreiheit die Bestimmung, dass niemand zu einer kirchlichen Handlung oder Feierlichkeit gezwungen werden dürfe und dass die Gültigkeit der Ehe **nur** „von der Vollziehung des **Civilaktes** abhängig" zu machen sei (§§ 49, 50 Paulskirchenverfassung 1849). 33

---

[23] Nachweise bei *Schulte,* Handbuch des katholischen Eherechts, 1855, 2. Teil, § 7, 534.

[24] Vgl. zum Folgenden die Übersicht bei *Schulte,* Handbuch des katholischen Eherechts, 1855, 2. Teil, § 7, 534; *Hubrich,* Das Recht der Ehescheidung in Deutschland, 1891, 2. Buch, § 20, 166.

Das Scheitern der nationalen Einigungsbewegung von 1848 hatte zur Folge, dass diese erste freiheitliche Verfassung für Deutschland Entwurf blieb und nie in Kraft trat.

34 Die Umsetzung der in ihr enthaltenen Grundsätze zum Eheschließungsrecht blieb **Sache der Territorien.**[25] Nur in einzelnen von ihnen wurde nach 1848 die Zivilehe **obligatorisch,** das heißt als einzig verbindliche Eheschließungsform eingeführt – teils bleibend wie im Jahre 1850 in Frankfurt am Main, teils nur vorübergehend wie 1849 in Anhalt-Köthen, wo sie ein Jahr später wieder abgeschafft wurde, oder in Kurhessen, wo sie immerhin fünf Jahre lang, von 1848 bis 1853, galt. Im Übrigen gab es die obligatorische Zivilehe noch in den Ländern, in denen nach wie vor der Code civil galt. Andere Länder wie das Herzogtum Oldenburg oder Städte wie Hamburg stellten nach 1848 die Zivilehe **fakultativ** zur Verfügung, gaben den Paaren also die Entscheidungsmöglichkeit zwischen kirchlicher und standesamtlicher Trauung. In den meisten Territorien stand die Zivilehe jedoch nur als sog **Notzivilehe** zur Verfügung, dh als Notbehelf für Personen, denen von ihrer Kirche die Trauung verweigert wurde oder die keiner Religionsgemeinschaft angehörten, deren Trauungsakte und Registerführung staatlich anerkannt waren.

35 **Abschließend entschieden** wurde das Ringen um die Säkularisierung des Trauungsaktes erst in den 70er Jahren des Jahrhunderts, als sich im preußisch-deutschen **Kulturkampf** die Auseinandersetzungen vor dem Hintergrund der allgemeinen antikatholischen Stimmung noch einmal verschärft hatten.[26] Von Bismarck, der als Abgeordneter des preußischen Herrenhauses 1849 noch einer der schärfsten Gegner der obligatorischen Zivilehe gewesen war, wurde das Thema – jetzt von der Gegenposition aus – in den Kampf gegen die Macht und den Einfluss der katholischen Kirche eingebracht. Da sich für die römisch-katholische Kirche vom Verständnis der Ehe als Sakrament her ein staatlicher Trauungsakt in weit grundlegenderem Maß verbot als für die evangelischen Landeskirchen, hatte sie sich in der Frage der Zivilehe von Anfang an sehr viel stärker engagiert und exponiert als die evangelische Kirche, für die die Ehe im lutherischen Sinn eine grundsätzlich weltliche Angelegenheit war.

36 Die Niederlage der katholischen Kirche, die so in dieser Frage zur Hauptgegnerin der laizistischen Forderungen geworden war, war **im Jahr 1875** besiegelt, als durch das **PStG 1875**[27] im gesamten Deutschen Reich die standesamtliche Trauung als einzig verbindliche Form der Eheschließung eingeführt wurde. § 24 PStG 1875 bestimmte: „Innerhalb des Deutschen Reiches kann eine Ehe rechtsgültig nur vor dem Standesbeamten geschlossen werden". Die Belange der Kirche erkannte der siegreiche Gesetzgeber in § 82 PStG 1875 an, in dem er darauf hinwies, dass durch den staatlichen Trauungsakt die kirchlichen Verpflichtungen nicht berührt würden. Diese als „Höflichkeitsformel ohne juristisch faßbaren Inhalt" bezeichnete Norm[28] wurde als **§ 1588** in das BGB übernommen. Dass dies auf Drängen Kaiser Wilhelm I. hin erfolgte, gab der Norm den Namen **Kaiserparagraph.**[29] Heute trägt § 1588 keine Überschrift mehr, enthält aber nach wie vor den Verweis auf die kirchlichen Verpflichtungen und zeugt so von dem einstigen Machtkampf zwischen Staat und Kirche. Bis zum 31.12.2008 zeugten von diesem Kampf auch die §§ 67, 67a PStG 1957, in denen die zeitliche Reihenfolge der Trauungen – zuerst standesamtliche, dann kirchliche – zwingend festgelegt war, um sicherzustellen, dass es die Ehegatten nicht – wie jahrhundertelang gewohnt – bei der kirchlichen Trauung beließen.[30]

37 Für das gesamte deutsche Reich hatte das Personenstandsgesetz zudem die ausschließliche **Zuständigkeit der bürgerlichen Gerichte** in Ehesachen begründet und damit die kirchliche Gerichtsbarkeit auf diesem Gebiet beseitigt (§ 76 PStG). Außerdem war es im **Scheidungsrecht** zu einer reichseinheitlichen Regelung gekommen und zwar insofern, als das Personenstandsgesetz in auf Auflösung der Ehe gerichteten Verfahren nur noch die Scheidung als Rechtsfolge anerkannte, nicht aber mehr die der Trennung von Tisch und Bett (§ 77 PStG). Abgesehen hiervon griff man in die konfessionell wie territorial zersplitterte scheidungsrechtliche Materie jedoch nicht ein. Eine einheitliche Regelung für das Deutsche Reich brachte hier, wie in den übrigen Fragen des Eherechts, erst das BGB.

---

25 Vgl. zum Folgenden die Zusammenstellung der Einzelgesetzgebung bei *Buchholz,* Beiträge zum Ehe- und Familienrecht des 19. Jahrhunderts, Ius commune IX, 1980, 1626 ff.

26 Hierzu *Buchholz,* Beiträge zum Ehe- und Familienrecht des 19. Jahrhunderts, Ius commune IX, 1980, 229 ff.

27 Gesetz über die Beurkundung des Personenstandes vom 6.2.1875 (RGBl. 1875 S. 23); → Rn. 89.

28 *Sacher,* Staatslexikon, 5. Aufl. 1926, Bd. 1: Ehe und Eherecht, Sp. 1549.

29 *Becker* FS Schwab, 2005, 269 (277).

30 Zum Personenstandsreformgesetz, das §§ 67, 67a PStG 1957 aufhob, *Koch* StAZ 2010, 129 (135 f.); → Rn. 198. Im Hinblick auf ihre Entstehungsgeschichte wurden die §§ 67, 67a PStG 1957 vielfach schon vor ihrer Aufhebung für unzeitgemäß gehalten, vgl. Staudinger/*Strätz,* 2000, § 1310 Rn. 7; v. Mangoldt/Klein/Starck/*Robbers,* 6. Aufl. 2010, GG Art. 6 Abs. 1 Rn. 41; *Renck* NJW 1996, 907; *Bosch/Hegnauer/Hoyer* FamRZ 1997, 1313; teils wurde auch ihre Verfassungswidrigkeit behauptet, *Tillmanns* NVwZ 2003, 43.

Mit dem den Zivilehestreit zugunsten des Staates beendenden Personenstandsgesetz war der Konflikt um die Zuständigkeit für die Ehegesetzgebung entschieden worden. Als das BGB konkrete Gestalt annahm, gab es, wie die eingangs wiedergegebene Äußerung Plancks zeigt, zwar noch immer einen Legitimationsbedarf für das Tätigwerden des Staates, der sich dagegen regende Widerstand wurde jedoch ohne größere Diskussionen überwunden. Nur auf verbaler Ebene lagen die Zugeständnisse, die der BGB-Gesetzgeber noch an die kirchlich-konservativen Kreise machte. So fügte er den schon genannten § 1588 in das BGB ein und sprach in der **Überschrift** des 1. Abschnitts des 4. Buches des BGB nicht einfach von der Ehe, sondern von der **Bürgerlichen Ehe.**[31] 38

**2. Familienrecht.** In den anderen familienrechtlichen Materien hatte es vergleichbare Kompetenzkonflikte zwischen Kirchen und Staat nicht gegeben. Wie die ehegüterrechtlichen Fragen hatte der weltliche Gesetzgeber die Fragen der Verwandtschaft und Vormundschaft, orientiert zwar an christlichen Wertvorstellungen und an Bestimmungen des kanonischen Rechts, aber ohne Streit um seine Befugnis hierzu, geregelt. Die staatliche Gesetzgebungszuständigkeit war bei der Konzeption eines reichseinheitlichen Familienrechts also kein Thema. Die hier zu entscheidenden grundsätzlichen Fragen drehten sich vielmehr um die richtige **Einordnung des Familienrechts in das bürgerliche Rechtssystem.** 39

**a) Einordnung in das Privatrecht.** Dabei bestand bei Schaffung des BGB Konsens darüber, dass das Familienrecht innerhalb der auf den Kategorien öffentlich und privat beruhenden Zweiteilung des Rechtssystems **dem Privatrecht** zuzuordnen war, dem Sektor, der in staatsfreiem Handlungsraum bürgerliche Selbstentfaltung ermöglichte.[32] Angesichts der allgemeinen Übereinstimmung in dieser Frage blieben begründende Erklärungen selten. Rudolph Sohm bemühte sich um eine solche und stellte auf die Entscheidungsbefugnisse des Hausherrn über die zur Familie gehörenden Personen wie Sachgüter ab und ordnete das Familienrecht unter dem Herrschaftsaspekt, also dem Aspekt des „Bestimmungsvermögens" des Mannes dem Vermögensrecht zu – und als solches dann auch dem Privatrecht.[33] 40

**b) Pandektensystem.** Fest stand mithin, dass das Familienrecht in das die privatrechtlichen Beziehungen der Bürger untereinander regelnde Bürgerliche Gesetzbuch aufzunehmen war. Die Frage, an welcher Stelle diese Materie dort angesiedelt werden sollte, entschied der Gesetzgeber zugunsten einer eigenständigen Regelung **in einem gesonderten Buch.**[34] Anders als bei der Anordnung der Rechtsmaterien in den ersten drei Büchern des BGB stellte er hier also nicht auf abstrakte, begriffliche Kriterien ab, sondern orientierte sich, wie bei der Regelung des Erbrechts, am gesellschaftlichen Lebensbereich. Die deutsche Zivilrechtskodifikation folgte damit dem im 19. Jahrhundert entwickelten **Pandektensystem** und übernahm nicht, wie etwa der französische Code civil oder das österreichische ABGB, die Systematik des römischen Institutionensystems. 41

Das **römische Recht** hatte die rechtlichen Materien nach der Einteilung systematisiert, die dem berühmten Lehrbuch des Juristen Gaius, den **Institutiones,** zugrunde lag. Gaius hatte dort die familiär bestimmten Beziehungen einer Person nicht zusammenhängend in einem die Familie erfassenden Abschnitt dargestellt, sondern diese Beziehungen je nach sachlichem Gehalt unterschiedlichen Rechtsmaterien zugeordnet. So waren die personenrechtlichen Beziehungen eines Menschen in der Familie im allgemeinen Personenrecht behandelt, die vermögensrechtlichen Beziehungen in das allgemeine Obligationenrecht eingestellt. Gaius hatte seiner Kategorisierung also nicht die Familie als soziale Einheit zugrunde gelegt, sondern das Individuum als solches. In Abweichung hiervon nahmen die Pandektisten die Familie als eigenständiges soziales Gebilde zum Ausgangspunkt und regelten die familiär bestimmten Beziehungen und Positionen eines Menschen zusammenhängend in einem eigenen Abschnitt. 42

Die Gesetzentwürfe der Pandektisten folgten damit den – erstmals im Naturrecht entwickelten[35] – Systementwürfen, in denen der Mensch in der Rechtsordnung primär nicht als Individuum, sondern als **Mitglied sozialer Gesamtheiten** berücksichtigt wurde. Diesen Ansatz übernahm der BGB-Gesetzgeber und entschied sich bei der Anordnung der Materien im BGB gegen das Institutionensystem und für das Pandektensystem. Ausgangspunkt der Regelung der familienspezifischen Rechtsbeziehungen ist von daher die Familie selbst als überindividueller Verband geworden. Die 43

31 Weitere Beispiele solcher Reverenzbezeigungen an die Kirchen bei *Kipp/Wolff,* Lehrbuch des Bürgerlichen Rechts, Bd. 2/2, 3. Aufl. 1920, Abschn. 1 § 2 IV 3, S. 10.

32 Öffentlich-rechtliche Ansätze hatten ohne nennenswerte Resonanz Thibaut und Burchardi vertreten, dazu HKK/*Koch,* Bd. 4, 2018, Einl. I: Familienrecht im System des Zivilrechts Rn. 1; *Bextermöller,* Das Familienrecht in den Systemen der Pandektistik des 19. Jahrhunderts, 1970, Kap. 6, 68.

33 *Sohm,* Institutionen, 11. Aufl. 1903, Einl. Kap. 2 § 7, 24.

34 Dazu HKK/*Koch,* Bd. 4, 2018, Einl. I: Familienrecht im System des Zivilrechts Rn. 3.

35 Dazu *Schwarz* ZRG RA 42 (1921), 578 (585); *Müller-Freienfels* RabelsZ 37 (1973), 609 (639).

familiär geprägten Beziehungen sind folglich zusammenhängend erfasst und nicht, wie im römischen Recht, getrennt nach ihrem rechtlichen Gehalt dem Personenrecht beziehungsweise dem Vermögensrecht zugeordnet worden.

44 Das so als **eigenständiges Rechtsgebiet** erfasste Familienrecht stellte der Gesetzgeber dann als **viertes** Buch in das BGB ein. Diese Einstellung erfolgte im Hinblick darauf, dass die Beziehungen zwischen Familienmitgliedern personen-, schuld- und sachenrechtlich geprägt sind und das Familienrecht insofern Elemente aller voranstehenden Bücher des BGB enthält. Anton Menger sah in dieser Reihenfolge einen Ausdruck der Prävalenz der materiellen Beziehungen in der bürgerlich-kapitalistischen Gesellschaft und forderte, das Familienrecht an den Anfang des Gesetzbuches zu stellen, da es in ihm um die „Grundlagen der ganzen bürgerlichen Gesellschaft" gehe und nicht, wie im Vermögensrecht, nur um die Interessen der besitzenden Schichten[36] – Erfolg war seinem Vorschlag nicht beschieden.

45 **c) Zuordnung der Materien.** Das vierte Buch des BGB wurde in drei Abschnitte betreffend **Ehe, Verwandtschaft** und **Vormundschaft** unterteilt. Vereinzelt gemachte Vorschläge, das **Güterrecht** und die Rechtsbeziehungen zwischen **Mündel und Vormund** wegen der schuldrechtlichen Aspekte nicht als Regelungsgegenstände des Familienrechts, sondern als solche des Schuldrechts zu begreifen und im Obligationenrecht anzusiedeln, fanden keine Verbreitung.[37]

46 Was die Einstellung der **vormundschaftlichen Materie,** untergliedert in Vormundschaft und Pflegschaft, in das vierte Buch angeht, so entsprach diese dem Verständnis des BGB-Gesetzgebers vom Familienrecht als Recht **personaler Herrschaftsbeziehungen.** Traditionell kennzeichnend für familienrechtliche Beziehungen war nämlich, dass sich die Personen in ihnen nicht, wie sonst in der bürgerlichen Rechtsordnung, auf gleicher Stufe gegenüber standen, sondern in hierarchisch geordneten Verhältnissen. Unter diesem Aspekt befanden sich Ehefrauen, Kinder und Mündel insofern in einer vergleichbaren Situation, als sie sämtlich der Herrschafts- und Schutzgewalt eines männlichen Familienoberhauptes unterstanden.[38]

47 Abgesehen von dieser personenrechtlichen Parallele stiftete der Aspekt **Fürsorge** für andere einen Zusammenhang zwischen Vormundschaft und Familienrecht. Im Fall der Vormundschaft wie der Pflegschaft ging es um die Betreuung von Menschen, die aus Alters-, Krankheits- oder sonstigen Gründen nicht in der Lage waren, für sich selbst zu sorgen. Der in solchen Fällen der Hilfsbedürftigkeit notwendige Beistand war geschichtlich lange Zeit reine Familienangelegenheit gewesen und hatte sich erst ganz allmählich zur gesellschaftlichen Aufgabe entwickelt.[39] Von den auch im 19. Jahrhundert noch stark vorhandenen familiären Bezügen dieser Fürsorge- und Pflegeverhältnisse ausgehend, konnte der Gesetzgeber die Vorschriften über die Vormundschaft und Pflegschaft sinnvoll in einem (dritten) Abschnitt des Familienrechts ansiedeln.

## II. Familienrechtliche Begriffe

48 Einen gesetzlich festgelegten einheitlichen Begriff der **Familie** gibt es nicht. Soweit Europäische Menschenrechtskonvention, Grundgesetz, BGB und andere Gesetze den Begriff allein oder in Wortzusammensetzungen gebrauchen (vgl. etwa Art. 8 Abs. 1 EMRK; Art. 6 Abs. 1, Art. 3 GG; § 574 Abs. 1 S. 1, § 1355 Abs. 1, §§ 1360 ff., § 1630 Abs. 3, § 1632 Abs. 4, § 2047 Abs. 2), ist sein Bedeutungsgehalt dem Sinn und Zweck der jeweiligen Norm zu entnehmen. Ausgangspunkt ist dabei der allgemeine Sprachgebrauch, nach dem das Wort Familie die Einheit von Eltern und Kindern, die in einem Haushalt zusammenleben, bezeichnet, aber auch die Gesamtheit der durch Ehe, Verwandtschaft oder Schwägerschaft verbundenen Personen umfassen kann. Im ersten Fall spricht man von der **Kleinfamilie,** im zweiten von der **Großfamilie.** Auch wenn Familie ohne Ehe heute nicht mehr als eine von der Norm abweichende Negativerscheinung angesehen wird, ist doch nach wie der Begriff Familie mit dem der Ehe eng verbunden. Eine Eheschließung setzte die rechtliche Anerkennung familialer Beziehungen allerdings niemals voraus. Auch nach früherem konservativen Verständnis war anerkannt, dass ein Kind unabhängig davon, ob seine Eltern miteinander verheiratet waren oder nicht, mit diesen, wie auch bereits mit jedem Elternteil allein, eine Familie bildete.[40]

---

36 *Menger,* Das bürgerliche Recht und die besitzlosen Volksklassen, Nachdruck der 4. Aufl. 1908, 1968, Kap. XIII, 37.

37 Vgl. dazu *Bextermöller,* Das Familienrecht in den Systemen der Pandektistik des 19. Jahrhunderts, 1970, Kap. 7, 79.

38 *Sohm,* Institutionen, 11. Aufl. 1903, Buch 3, § 90; *Kipp/Wolff,* Lehrbuch des Bürgerlichen Rechts, Bd. 2/2, 3. Aufl. 1920, § 1 III.

39 Handwörterbuch zur deutschen Rechtsgeschichte: Vormundschaft *(Erler),* Bd. 5, 1998, Sp. 1050 ff.; *Kipp/Wolff,* Lehrbuch des Bürgerlichen Rechts, Bd. 2/2, 3. Aufl. 1920, § 100 IV.

40 BVerfGE 8, 210 (215) = NJW 1958, 2059; BVerfGE 45, 104 (123) = NJW 1978, 33; EGMR NJW 1995, 2153 = FamRZ 1995, 110.

Als Einheit ist die Familie nicht Gegenstand von Regelungen des BGB, sie ist weder juristische Person noch sonst in ihrer Gesamtheit rechtlich anerkannt. Bei der Regelung der Rechte und Pflichten der Familienmitglieder knüpft das BGB nicht an die Gemeinschaft, sondern an das Individuum an und bestimmt die vermögens- und personenrechtlichen Beziehungen der familiär miteinander verbundenen Personen jeweils von der Einzelperson aus. **49**

Weiter als der Begriff Familie ist der Begriff **Angehöriger** (vgl. zB Art. 104 Abs. 4 GG; § 530, § 1611; § 11 Abs. 1 Nr. 1 StGB; § 20 Abs. 5 VwVfG) beziehungsweise **Familienangehöriger** (vgl. zB § 563 Abs. 2 S. 2, § 573 Abs. 2 Nr. 2, § 1969). Diese Begriffe haben keine allgemein feststehende Bedeutung, ihr Sinngehalt ist vom jeweiligen Normzweck abhängig. So können darunter fallen Verwandte und Verschwägerte unterschiedlichen Grades (vgl. etwa § 20 Abs. 5 Nr. 3 VwVfG), Pflegeeltern und Pflegekinder (§ 11 Abs. 1 Nr. 1 lit. b StGB), Verlobte (§ 20 Abs. 5 Nr. 1 VwVfG) und auch Partner einer nichtehelichen Lebensgemeinschaft.[41] **50**

Die Begriffe **häusliche Gemeinschaft** (vgl. § 1567, § 1600 Abs. 3) und **gemeinsamer Haushalt** (vgl. § 549 Abs. 2 Nr. 2, § 563 Abs. 2 S. 2, 3) stellen allein auf das faktische Zusammenleben ab. Da es auf familiäre Verbundenheit nicht ankommt, fallen hierunter auch Personen, die nicht Familienangehörige sind. Der Begriff **Hausstand** ist aus der Übung gekommen. Soweit er sich im BGB noch findet, spielt für die Zugehörigkeit zu ihm die verwandtschaftliche Beziehung eine Rolle. So stellen etwa die Regelungen in §§ 1619 f. ausdrücklich auf den elterlichen Hausstand ab, dem das Kind angehört, § 1969 gibt den Anspruch auf den Dreißigsten nur den im Hausstand lebenden Familienangehörigen. Die **Verwandtschaft** ist in § 1589, die **Schwägerschaft** in § 1590 definiert. **51**

Eine gesetzliche Definition der **Ehe** gibt es nicht. BGB und GG setzen den Ehebegriff voraus (vgl. § 1353, Art. 6 GG). Nach abendländisch-christlicher Tradition ist hierunter die auf Lebenszeit eingegangene, grundsätzlich unauflösbare Beziehung zwischen einem **Mann und einer Frau** zu verstehen. Zunehmend allerdings wurden seit Beginn des 21. Jahrhunderts in den europäischen Ländern auch **gleichgeschlechtliche** Beziehungen als Ehen anerkannt. Seit Inkrafttreten des Gesetzes zur Einführung des Rechts auf Eheschließung für Personen gleichen Geschlechts vom 7.7.2017 (BGBl. 2017 I S. 2787) am 1.10.2017 ist das auch in Deutschland der Fall. Über das Art. 6 zugrundeliegende Eheverständnis, nach dem der Gegengeschlechtlichkeit eine zentrale Bedeutung zukommt,[42] hat sich die Legislative mit diesem Gesetz überraschend – und ohne tiefergehende Diskussion – hinweggesetzt.[43] Zur Verfassungswidrigkeit dieses Vorgehens → Rn. 222. **52**

## III. Regelungsgegenstände des Familienrechts

Im Sinne des BGB ist Familienrecht der Inbegriff all der Normen, die die personen- und vermögensrechtlichen Beziehungen der durch Ehe, Verwandtschaft oder Schwägerschaft verbundenen Personen regeln.[44] Neben Ehe (erster Abschnitt) und Verwandtschaft (zweiter Abschnitt) regelt das BGB im vierten Buch das Recht der Vormundschaft, der rechtlichen Betreuung und der Pflegschaft (dritter Abschnitt). Aufgrund ihrer **systematischen Stellung** im BGB zählen mithin auch diese Materien zum Familienrecht, inhaltlich würde man diese Zuordnung heute allerdings kaum mehr vornehmen[45] (zur historischen Erklärung der Zuordnung → Rn. 46; zur – heute ebenfalls fragwürdigen – Qualifizierung als Privatrecht → Rn. 59). **53**

Einen sachlichen Bezug zum Familienrecht hat von den im dritten Abschnitt geregelten Materien heute nur noch die **Vormundschaft über Minderjährige.** Hier ersetzt die vormundschaftliche Fürsorgetätigkeit die elterliche Sorge, weshalb sich ihre Ausübung auch an den Vorschriften über das Sorgerecht der Eltern orientiert (§§ 1793, 1800). Abgesehen davon ist die Vormundschaft über Minderjährige jedoch in der gesamten Handhabung und Durchführung zur öffentlich-rechtlichen Angelegenheit ohne familiären Bezug geworden.[46] Da in den wenigsten Fällen eine zur Familie gehörende Person als Vormund zur Verfügung steht, werden Mitarbeiter des Jugendamts oder Berufsvormünder eingeschaltet. In beiden Fällen organisiert der Staat die Tätigkeit und finanziert sie in aller Regel auch – letzteres insofern, als die Jugendamtsmitarbeiter als Angestellte des öffentlichen Dienstes handeln und die Tätigkeit der freiberuflichen Berufsvormünder nach den Vorschriften des Vormünder- und Betreuervergütungsgesetzes von der Staatskasse vergütet wird (§ 1836). **54**

Die **rechtliche Betreuung,** das weitere in dem vormundschaftlichen Abschnitt des Familienrechts geregelte Rechtsinstitut, hat weder von der Zuständigkeit noch von der inhaltlichen Tätigkeit **55**

41 So BGH NJW 1993, 999 = FamRZ 1993, 533 zu § 569a Abs. 2 S. 1 aF.

42 So zuletzt BVerfGE 121, 175 = NJW 2008, 3117 = FamRZ 2008, 1593.

43 Krit. zu diesem Prozedere *Schwab* FamRZ 2017, 1284; *Weinreich* FF 2017, 441.

44 *Rauscher* FamR Rn. 58; *Dölle* FamR I § 1; Palandt/*Brudermüller* Einl. v. § 1297 Rn. 4.

45 Anders *Giesen* FamR Rn. 1 für die Fälle der § 1909 und § 1912 und die Vormundschaft.

46 Zu den diesem Umstand Rechnung tragenden Reformbestrebungen *Veit* FamRZ 2016, 2045; 2. Diskussionsteilentwurf des BMJV: Entwurf eines Gesetzes zur Reform des Vormundschaftsrechts, September 2018.

her etwas Familienspezifisches. Seit im Jahre 1992 die **Vormundschaft über Volljährige** durch das Rechtsinstitut der Betreuung **ersetzt** worden ist, fehlt bereits der sprachliche Anknüpfungspunkt an das Familienrecht, der mit dem Begriff Vormundschaft zumindest historisch noch gegeben war. Inhaltlich ist die als Betreuung gerichtlich angeordnete und kontrollierte Fürsorge für Erwachsene dem kindschaftsrechtlichen Vormundschaftsverhältnis ohnehin nicht vergleichbar. Der betreute Volljährige bleibt grundsätzlich geschäfts- und handlungsfähig und bekommt lediglich unterstützend zur Wahrnehmung der Angelegenheiten, zu deren Erledigung er allein nicht (mehr) in der Lage ist, jemanden als Betreuer zur Seite gestellt. Allein die Tatsache, dass dies vielfach ein Familienangehöriger ist, rechtfertigt es kaum, das Rechtsinstitut der Betreuung insgesamt als familiale Angelegenheit zu definieren.

**56** Ebenso hat die **Pflegschaft** als Rechtsinstitut inhaltlich nichts mit dem bürgerlichen Familienrecht zu tun. Um die Aufbringung von Kindern und damit um Belange mit familialem Bezug geht es lediglich bei der Ergänzungs- beziehungsweise Ersatzpflegschaft (§ 1909 Abs. 1 und 3) und bei der Pflegschaft für ein ungeborenes Kind (§ 1912). In diesen Fällen wird die elterliche Sorge ergänzt oder ersetzt, in allen anderen Pflegschaftsfällen gibt es einen an familientypische Fürsorge erinnernden Anknüpfungspunkt nicht – weder im Fall der Abwesenheitspflegschaft (§ 1911), noch im Fall der Pflegschaft für einen unbekannten Beteiligten (§ 1913), noch in dem Fall, in dem es um die Verwaltung eines durch öffentliche Sammlung entstandenen Vermögens geht (§ 1914). Erst recht fehlen familiale Bezüge bei der Nachlasspflegschaft (§ 1960) und den außerhalb des BGB geregelten Fällen, in denen ein (Verfahrens-)Pfleger zur Wahrnehmung der Interessen eines nicht feststellbaren Betroffenen eingesetzt wird, wie etwa in den Fällen der §§ 57, 58 ZPO, § 494 Abs. 2 ZPO, § 779 Abs. 2 ZPO, § 787 ZPO und der §§ 6, 7, 135, 157 Abs. 2 ZVG. In der Sache sind Pflegschaften gerichtlich angeordnete und kontrollierte Geschäftsführungen in fremdem Interesse. Es handelt sich bei ihnen um treuhänderische Tätigkeiten, die beschränkt sind auf bestimmte Aufgabenbereiche und mit einem elterlichen Fürsorgeverhältnis auch dann wenig zu tun haben, wenn es sich einmal zufällig um Belange von Minderjährigen handelt.[47]

### IV. Standort des Familienrechts in der Rechtsordnung der Bundesrepublik Deutschland

**57** **1. Bundesrecht.** Das Familienrecht des BGB und der es ergänzenden Gesetze und Rechtsverordnungen ist Bundesrecht. Es beruht, soweit es nach Inkrafttreten des GG ergangen ist, vor allem auf der konkurrierenden Gesetzgebungszuständigkeit des Bundes aus Art. 74 Nr. 1 GG („das bürgerliche Recht") und aus Art. 74 Nr. 2 GG („Personenstandswesen"). Soweit es sich um früheres Recht handelt, ist es – wie das BGB – unter den Voraussetzungen des Art. 125 GG Bundesrecht geworden. Bundesrecht sind auch die Bestimmungen des FGB und sonstige zivilrechtliche Vorschriften der DDR, soweit sie für dort vor dem 3.10.1990 begründete familienrechtliche Verhältnisse nach Maßgabe des Art. 234 EGBGB – und in Bezug auf das 1998 außer Kraft getretene Ehegesetz nach Maßgabe des Anl. I Kap. III Sachgebiet B Abschnitt III Nr. 11 Einigungsvertrag, Art. 9 Abs. 4 S. 2 Einigungsvertrag – noch fortgelten. Im Übrigen bestehen im Bereich des Familienrechts einige **Vorbehalte für den Landesgesetzgeber** (vgl. § 1784, § 1807 Abs. 2, § 1888; Art. 1 Abs. 2 EGBGB, Art. 137, 147, 212, 218 EGBGB), sie haben jedoch nur geringe sachliche Auswirkungen.

**58** **2. Privatrecht.** Das Familienrecht ist als Teil des Privatrechts im Bürgerlichen Gesetzbuch geregelt worden und zählt trotz vielfacher öffentlich-rechtlicher Bezüge aufgrund dieser Stellung im Gesamtzusammenhang der Rechtsordnung zum Privatrecht und nicht zum öffentlichen Recht.[48] Diese vom BGB-Gesetzgeber vorgenommene Einordnung entspricht auch der heutigen Auffassung zur Abgrenzung des privaten vom öffentlichen Recht als Sonderrecht für Hoheitsträger. Entscheidend für das Vorliegen öffentlichen Rechts ist, dass die Normen Rechtsfolgen anordnen, die nur gelten, wenn ein Träger staatlicher Gewalt in seiner Eigenschaft als Hoheits- und Gewaltträger beteiligt ist. Nach dieser Kategorisierung zählt das Familienrecht unzweifelhaft nicht zum öffentlichen Recht, soweit es im **ersten und zweiten Abschnitt** die vermögens- und personenrechtlichen Beziehungen von Privatrechtssubjekten regelt, die familiär miteinander verbunden sind und deren Beziehungen im Hinblick auf diese spezifische Verbundenheit Besonderheiten aufweisen. Dass viele ehe- und familienrechtliche Handlungen und Akte zu ihrer Rechtsverbindlichkeit staatlicher Mitwirkung bedürfen, ändert daran nichts. Der Staat hat hier nämlich niemals eigenständige hoheitliche Weisungs- und Handlungsbefugnisse, sondern wird nur als Kontroll- und Urkundsbehörde tätig.

**59** Von der Zuordnung des Familienrechts zum Privatrecht ausnehmen könnte man das in seinem **dritten Abschnitt** geregelte Recht der Vormundschaft, der rechtlichen Betreuung und der Pflegschaft. Die Eigenheiten und Strukturen dieser Materien, die losgelöst von familiären Zuständigkeiten

[47] Vgl. *Gernhuber/Coester-Waltjen* FamR § 75 Rn. 1 ff.
[48] HM, → 3. Aufl. 1993, Einl. FamR Rn. 7; *Giesen* FamR Rn. 30; *Muscheler* FamR Rn. 7.

als gesellschaftliche Aufgaben im Rahmen der staatlichen Leistungsverwaltung erledigt und finanziert werden, sind in der Sache jedenfalls auch treffend zu erfassen, wenn man sie **kategorial als Sozialrecht** begreift und damit in der herkömmlichen Dichotomie des Rechtssystems dem öffentlichen Recht zuordnet (→ Einl. BGB Rn. 2).[49] Der in den Regelungen über die Betreuung, Vormundschaft und Pflegschaft geregelte Beistand für hilfsbedürftige Personen ist Erfüllung einer Aufgabe der staatlichen Wohlfahrtspflege und Ausdruck sozialstaatlichen Handelns.[50] Es geht hier um einen von Amts wegen veranlassten und kontrollierten Schutz, der durch Dritte unabhängig von familiären Verbundenheiten gewährleistet wird und bei Mittellosigkeit des Schutzbedürftigen auch abschließend vom Staat finanziert wird (§ 1835 Abs. 4, § 1836 Abs. 1, § 1908i Abs. 1, § 1915). Dass sich im Fall der Vormundschaft über Minderjährige die Tätigkeit des Vormunds in einzelnen Punkten an das elterliche Sorgerecht anlehnt, ist eine Parallele mit marginaler Bedeutung gegenüber den Unterschieden zwischen der Rechtsstellung von Eltern und den ein Amt ausübenden, teils hoheitlich handelnden,[51] Vormündern.

Zu Gesetzesänderungen geben diese Überlegungen gleichwohl keinen Anlass. Abgesehen davon, dass die Beibehaltung der systematischen Stellung des Vormundschafts-, Betreuungs- und Pflegschaftsrechts im vierten Buch des BGB noch niemals zu Problemen bei der Rechtsanwendung geführt hat, verweist die Einordnung in das Familienrecht auf ein gesellschaftlich wohl nach wie vor weitgehend anerkanntes Leitbild: Dass es nämlich „eigentlich" Sache der Familie ist, für ihre des Schutzes bedürftigen Mitglieder zu sorgen und dass die Gesellschaft diese Aufgabe nur ersatzweise übernimmt.[52] 60

## V. Dogmatische Besonderheiten des Familienrechts

**1. Zwingendes Recht.** Anders als das Privatrecht sonst ist das Familienrecht vorwiegend zwingendes Recht. Dies ist Ausdruck des staatlichen Interesses an der Familie als der wichtigsten Grundlage von Gesellschaft und Staat.[53] Ein **Familienverhältnis** kann vertraglich – außer durch Eheschließung, die jedoch der staatlichen Mitwirkung bedarf und an bestimmte Voraussetzungen gebunden ist (vgl. §§ 1303 ff.) –, nicht begründet und durch rechtsgeschäftliche Vereinbarung der Beteiligten auch nicht aufgehoben werden. Auch der **Inhalt** der im Familienrecht geregelten Beziehungen ist im objektiven Recht festgelegt und, wie beispielsweise die Elternrechte und -pflichten, die aus der Verwandtschaft resultierenden Unterhaltsverbindlichkeiten oder die durch Adoption, Vormundschaft oder Betreuung entstehenden Rechtsbindungen, der rechtlichen Disposition der Beteiligten grundsätzlich entzogen. 61

Weitgehender **Privatautonomie** unterliegt allerdings die **Ehegattenbeziehung.** Nicht nur die vermögensrechtliche, auch die **personenrechtliche** Ausgestaltung der Lebensgemeinschaft obliegt grundsätzlich den Ehepartnern selbst. In Bezug auf letztere stellt der Gesetzgeber dies für die Organisation der Haushaltsführung ausdrücklich klar (§ 1356). Nur im Konfliktfall – wie etwa in der Situation des § 1565 Abs. 2 (Scheidung wegen unzumutbarer Härte), des § 1579 Nr. 7 (Versagung des Unterhaltsanspruchs wegen Fehlverhaltens) oder des § 1381 (grobe Unbilligkeit des Zugewinnausgleichs) – ist unter Heranziehung der herrschenden Moralvorstellungen und gesellschaftlichen Gepflogenheiten zu entscheiden, ob ein bestimmtes Verhalten typischerweise zur ehelichen Lebensgemeinschaft gehört und deshalb erwartet werden kann oder nicht. 62

Bei der Regelung ihrer **vermögensrechtlichen Beziehungen** sind die Ehegatten **von Gesetzes wegen** grundsätzlich **frei.** Eine wesentliche Beschränkung sieht das Gesetz nur für die Gestaltung ihrer Unterhaltsbeziehungen vor – nach § 1614 Abs. 1, § 1360a Abs. 3 ist ein Unterhaltsverzicht während bestehender Ehe nicht zulässig. In güterrechtlicher Hinsicht ist die Vertragsfreiheit hingegen von Gesetzes wegen nur durch marginale Bestimmungen beschränkt (vgl. §§ 1409, 1518). 63

Seit Ende des 20., verstärkt seit Beginn des 21. Jahrhunderts setzt allerdings die **Rspr.** der Vertragsfreiheit im Ehevermögensrecht durch die **Kontrolle von Eheverträgen und Scheidungsfolgenvereinbarungen** Grenzen. Soweit vertragliche Vereinbarungen zwischen Eheleuten zu einer evident einseitigen, unzumutbaren Lastenverteilung führen und sich nicht als Ergebnis beidseitig ausgeübter Selbstbestimmung darstellen, erklären die Gerichte sie nach § 138 Abs. 1 für nichtig. 64

---

49 Ähnlich *Müller-Vollbehr* JZ 1978, 249 (254); *Rauscher* FamR Rn. 60.

50 BVerfGE 10, 302 = NJW 1960, 811.

51 BVerfGE 10, 302 (328) = NJW 1960, 811; BVerfGE 54, 251 (268, 269) = NJW 1980, 2179; BGHZ 9, 255 = NJW 1953, 1100 Handeln des beamteten Amtsvormunds; BGHZ 17, 108 (115) = NJW 1955, 867 = FamRZ 1955, 248 privatrechtliches Handeln des nicht beamteten Einzelvormunds.

52 In diesem Sinne auch *Gernhuber/Coester-Waltjen* FamR § 1 Rn. 33; *Muscheler* FamR Rn. 4.

53 Das staatliche Interesse an der Familie kommt in der Rechtsordnung vielfältig zum Ausdruck, so zB in der Verfassungsgarantie des Art. 6 Abs. 1 GG (→ Rn. 221), im strafrechtlichen Schutz von Ehe und Familie (→ Rn. 292) und in der Steuer- und Sozialgesetzgebung.

Begründet ist das Sittenwidrigkeitsverdikt im Hinblick darauf, dass solche Verträge nicht Resultat beidseitig genutzter Vertragsfreiheit sind und der unterlegene, benachteiligte Ehepartner in seinem in Art. 1 GG iVm Art. 2 Abs. 1 GG garantierten Recht auf freie Entfaltung seiner Persönlichkeit verletzt ist.[54]

65 **2. Rechtssicherheit und Rechtsklarheit.** Angesichts der Bedeutung der Familie für Gesellschaft und Staat bedürfen die Familienverhältnisse in besonderem Maße der Rechtssicherheit und Rechtsklarheit.[55] Familienrechtliche Rechtsgeschäfte sind deshalb strengen **Formvorschriften** unterworfen. Dies gilt für Eheschließung und Eheverträge (§ 1311 S. 1, § 1410) ebenso wie für bestimmte familienrechtliche Willenserklärungen wie für die Anerkennung der Vaterschaft (§ 1597 Abs. 1) oder für den Antrag auf Adoption eines Kindes (§ 1752 Abs. 2 S. 2).

66 Familienrechtliche Rechtsgeschäfte sind – abgesehen von den Eheverträgen – durchweg **bedingungsfeindlich** ausgestaltet (§ 1311 S. 2, § 1594 Abs. 3, § 1752 Abs. 2 S. 1). Ihrem Wesen entsprechend sind sie grundsätzlich **höchstpersönlich;** Vertretung ist also nicht zulässig (§ 1311 S. 1, § 1516 Abs. 2 S. 1, § 1596 Abs. 4, § 1752 Abs. 2 S. 1). Zur Begründung und Auflösung familienrechtlicher Rechtsverhältnisse bedarf es weithin der Mitwirkung staatlicher Organe, so des Standesbeamten bei der Eheschließung (§ 1310), oder gerichtlicher Entscheidung, so des Familiengerichts bei der Annahme als Kind (§ 1752 Abs. 1) oder bei Aufhebung oder Scheidung der Ehe (vgl. §§ 1313, 1564).

67 **3. Einfluss sittlicher Wertvorstellungen.** Ehe und Familie stellen nach verfassungsrechtlich verankertem Verständnis einen Privat- und Freiraum dar, der grundsätzlich frei von staatlichen Eingriffen ist. Das bedeutet, dass Ehegatten ebenso wie auch Eltern und Kinder in der Gestaltung ihrer Gemeinschaft frei sind. Es gibt weder ein rechtlich vorgegebenes Eheleitbild noch ein solches für die Gemeinschaft zwischen Eltern und Kindern. Insbesondere gibt es für die Ehegatten keine staatliche Empfehlung zur Fortpflanzung, wie sie in vergangenen Rechtsordnungen üblich – und auch noch im Familiengesetzbuch der DDR verankert[56] – war.

68 Diese Nicht-Regelung des Ehe- und Familienverhältnisses entspricht der grundgesetzlichen Garantie der freien Entfaltung der Persönlichkeit (Art. 1 Abs. 1 GG iVm Art. 2 Abs. 1 GG) und der Anerkennung von Ehe und Familie als **staatsfreie Privatsphären** (Art. 6 GG). Die familienrechtlichen Normen des BGB haben deshalb nicht die Funktion, die persönlichen Beziehungen in Ehe- und Familienverhältnissen konkret vorzuschreiben und zu gestalten. Sie beschränken sich im Wesentlichen darauf, Rechtsschutz in Konfliktsituationen, insbesondere für den Fall des Auseinanderbrechens der Familie, zu gewähren und die vermögensrechtlichen Wirkungen der Ehe- und Familienverhältnisse festzulegen. Soweit sie überhaupt Handlungsempfehlungen enthalten, wie etwa §§ 1618a, 1619 betreffend das Verhalten zwischen Kindern und Eltern, geben sie mit Generalklauseln und unbestimmten Rechtsbegriffen nur die gesellschaftlich erwünschte allgemeine Zielrichtung ehelichen und familiären Verhaltens an.

69 Trotz des zwingenden Charakters und der Formenstrenge des Familienrechts lassen seine Regelungen deshalb Ehepartnern, Eltern, aber auch Vormündern, Betreuern und Pflegern Raum bei der konkreten Gestaltung der persönlichen Beziehungen und der Ausübung der daraus resultierenden Rechte und Pflichten. Soweit im Konfliktfall die Zulässigkeit einer Maßnahme oder eines Verhaltens rechtlich zu beurteilen ist, kann dies nur unter Heranziehung der herrschenden **moralischen Wertvorstellungen** und unter Einbeziehung der **gesellschaftlichen Gepflogenheiten** geschehen. Generalklauseln und unbestimmte Rechtsbegriffe sind dann unter Berücksichtigung der sich wandelnden Richtigkeitsvorstellungen auszufüllen und auf den zur Entscheidung anstehenden Fall anzuwenden.

70 **4. Klagbarkeit, Vollstreckbarkeit.** Im Hinblick auf die höchstpersönliche Natur des umstrittenen Verhaltens sind bestimmte familienrechtliche Ansprüche **nicht einklagbar,** andere **nicht vollstreckbar.** So kann das bei Eingehung des Verlöbnisses rechtsverbindlich gegebene Versprechen, die Ehe zu schließen, nicht eingeklagt werden (§ 1297 Abs. 1). Verpflichtungen zur Eingehung der Ehe und zur Herstellung des ehelichen Lebens können zwar gerichtlich geltend gemacht werden, doch sind die Entscheidungen nicht vollstreckbar. Den Ausschluss der Zwangsvollstreckung ordnet

[54] Zurück geht diese Vertragskontrolle auf die verfassungsrechtlichen Vorgaben in BVerfGE 103, 89 = NJW 2001, 957 = FamRZ 2001, 343 mAnm *Schwab* FamRZ 2001, 985. Zu den Wertungskriterien bei der Feststellung der Sittenwidrigkeit hat der BGH die sog. Kernbereichslehre entwickelt, BGH NJW 2004, 930 = FamRZ 2004, 601 mAnm Borth.

[55] Dazu *Gernhuber/Coester-Waltjen* FamR § 1 Rn. 44 f.

[56] § 5 Abs. 2 FGB: „Aus der Ehe soll eine Familie erwachsen, die ihre Erfüllung im gemeinsamen Zusammenleben, in der Erziehung der Kinder und in der gemeinsamen Entwicklung der Eltern und Kinder zu charakterfesten, allseitig gebildeten Persönlichkeiten findet"; § 9 Abs. 2 FGB: „Die eheliche Gemeinschaft erfährt ihre volle Entfaltung und findet ihre Erfüllung durch die Geburt und Erziehung der Kinder".

§ 120 Abs. 3 FamFG – im Anschluss an § 888 Abs. 3 ZPO aF – ausdrücklich an. Eheherstellungsanträge haben seit Einführung des verschuldensunabhängigen Scheidungsrechts allerdings so gut wie keine Bedeutung mehr. Bis 1977 waren diese Verfahren notwendig und entsprechend verbreitet, um den Scheidungsgrund der Quasi-Desertion zu erlangen. Nach § 1567 Abs. 1 Alt. 1 aF nämlich konnte ein von seinem Ehepartner verlassener Ehegatte die Scheidung verlangen, wenn der andere dem Urteil zur Herstellung der Ehe ein Jahr lang in böslicher Absicht keine Folge geleistet hatte. Nach heutigem Scheidungsrecht kann ehewidriges Verhalten nur noch mittelbar zu Rechtsnachteilen führen, dann nämlich, wenn es im Rahmen von Härteklauseln wie sie § 1565 Abs. 2, § 1579 Nr. 8, § 1381 enthalten, zu berücksichtigen ist oder etwa auch, wenn es um die Berechtigung zur Auskunftsverweigerung nach § 1385 Nr. 4 geht.

**5. Übertragbarkeit, Verzicht.** Wegen ihrer höchstpersönlichen Natur sind die Familienrechte **nicht übertragbar** und **nicht verzichtbar.** Sie sind grundsätzlich auch **nicht** aktiv und passiv **vererblich.** Dieser Grundsatz ist durch einige wichtige Ausnahmetatbestände durchbrochen, in denen das Gesetz die passive Vererblichkeit familienrechtlicher Ansprüche vorsieht (vgl. § 1378 Abs. 3 S. 1, § 1586b Abs. 1 S. 1, § 1615l Abs. 3 S. 4, § 31 VersAusglG). 71

**6. Verjährung.** Auch bezüglich der Verjährung bestehen besondere, der Eigenart des Familienrechts entsprechende Regelungen. So sind Ansprüche aus einem familienrechtlichen Verhältnis, die auf die Herstellung des diesem Verhältnis entsprechenden Zustandes gerichtet sind, **unverjährbar;** das Gleiche gilt für Ansprüche, die auf die Einwilligung in eine genetische Untersuchung zur Abstammungsklärung gerichtet sind (§ 194 Abs. 2). Nicht der Verjährung unterliegen auch Ansprüche gegen Dritte, die aus einem familienrechtlichen Verhältnis resultieren, wie der Anspruch auf Herausgabe des Kindes nach § 1632 (→ § 194 Rn. 7). Darüber hinaus ist die Verjährung familienrechtlicher Ansprüche zwischen Ehegatten, zwischen Eltern und minderjährigen Kindern und zwischen Vormund und Mündel **gehemmt,** solange das familienrechtliche Verhältnis besteht (§ 207). 72

**7. Deliktsrechtlicher Schutz.** Einige der aus einem familienrechtlichen Verhältnis entspringenden Rechte sind als **absolute Rechte** anerkannt und genießen als solche deliktsrechtlichen Schutz (→ 7. Aufl. 2017, § 823 Rn. 299). Hierzu zählen nach allgM das **Recht der elterlichen Sorge**[57] und das Recht auf Schutz des **räumlich-gegenständlichen Bereichs der Ehe.**[58] Diese Rechte wirken gegenüber jedermann und geben bei Eingriffen Schadensersatz- und Unterlassungsansprüche auch gegen Dritte. 73

Umstritten ist, inwieweit die **eheliche Lebensgemeinschaft** auch über den räumlichen Bereich hinaus gegen Störungen durch Dritte geschützt ist. Die Rechtsprechung verneint den deliktischen Schutz der Ehe als solcher. Sie sieht im ehewidrigen Verhalten einen im Wesentlichen innerehelichen Vorgang, der nicht dem allgemeinen Rechtsgüterschutz des Deliktsrechts unterstellt werden kann.[59] Nach überwM der Literatur stellt die eheliche Beziehung hingegen einen Bereich dar, der – da von außen eingegriffen werden kann – auch durch deliktsrechtliche Ansprüche gegen jedermann zu schützen ist (→ 7. Aufl. 2017, § 823 Rn. 299). 74

Rechte und Ansprüche, die nur gegenüber anderen Familienmitgliedern bestehen, wie etwa die Ansprüche auf Unterhalt, auf persönlichen Beistand und Dienstleistung oder Zugewinn- und Versorgungsausgleich, werden als **relative Familienrechte** bezeichnet. Da Dritte in diese Rechte nicht eingreifen können, erübrigt sich in Bezug auf sie die Frage nach deliktsrechtlichem Schutz. 75

**8. Anwendbarkeit des Allgemeinen Teils.** Nach dem Aufbau des BGB dienen die im ersten Buch abstrakt enthaltenen Regeln und Definitionen der Rechtsbegriffe der einheitlichen Gestaltung des bürgerlichen Rechts und sind hier sozusagen allen anderen Büchern „vor die Klammer" gestellt. Die Vorschriften des Allgemeinen Teils des BGB sind deshalb grundsätzlich auch auf familienrechtliche Tatbestände anwendbar. Zu untersuchen ist allerdings stets, ob nicht **familienrechtliche Sonderregelungen** bestehen, die den Sachverhalt spezieller regeln und deshalb vorgehen. So verdrängen zB im Recht der Aufhebung der Ehe die Vorschriften der §§ 1313 ff. die Bestimmungen der §§ 116 ff. über die Anfechtbarkeit von Willenserklärungen. Auch die §§ 164 ff. über Vertretung und Vollmacht kommen bei wichtigen familienrechtlichen Rechtsgeschäften und Willenserklärungen nicht oder nur beschränkt zur Anwendung (→ Vor § 164 Rn. 71). Abweichend von den Bestimmungen des Allgemeinen Teils gewährt das Familienrecht dem beschränkt Geschäftsfähigen insbes. nach Vollendung des 14. oder 16. Lebensjahres für höchstpersönliche Rechtsgeschäfte und Willenserklärungen in verschiedenem Umfang eigene Rechte (zB § 1596 Abs. 1 S. 1, § 1746). Verjährungsrechtliche 76

57 StRspr seit RG (für die frühere elterliche Gewalt); BGH NJW 1990, 2060; OLG Koblenz FamRZ 1995, 36.

58 StRspr seit BGHZ 6, 360 = NJW 1952, 975.

59 BGH NJW 1990, 706.

Sondervorschriften des Familienrechts finden sich etwa im Verlöbnisrecht (§ 1302) oder auch im Güterrecht für die Ansprüche des Ausgleichsberechtigten gegen Dritte (§ 1390 Abs. 3). Im Übrigen enthalten die Verjährungsvorschriften des Allgemeinen Teils spezielle Regeln für familienrechtliche Tatbestände (→ Rn. 72, § 194 Rn. 7).

77 Aber auch, wenn es keine ausdrücklichen Sonderregelungen gibt, ist jeweils zu prüfen, ob die vorwiegend personenrechtliche Natur der familienrechtlichen Rechtsverhältnisse und Rechtsgeschäfte der Anwendbarkeit der Vorschriften des Allgemeinen Teils entgegensteht. So ist beim Verlöbnis seinem Wesen nach Vertretung ausgeschlossen und neben dem Rücktritt (§§ 1298, 1299) für die Anwendung der Vorschriften über eine Anfechtung kein Raum (→ § 1297 Rn. 10, 12).[60]

78 **9. Anwendbarkeit des Schuldrechts.** Die **allgemeinen Vorschriften** des Schuldrechts (§§ 241–432) sind grundsätzlich auch auf schuldrechtliche Verhältnisse im Bereich des Familienrechts **anwendbar.** Dabei sind jedoch die gesetzlichen Modifikationen durch die Vorschriften des vierten Buches zu beachten, wie sie etwa beim Unterhaltsanspruch bestehen (→ 7. Aufl. 2017, Vor § 1601 Rn. 10; → § 1569 Rn. 4). Ausgeschlossen kann die Anwendung einer Bestimmung des allgemeinen Schuldrechts dann sein, wenn sie mit der familienrechtlichen Eigenart des Schuldverhältnisses nicht zu vereinbaren ist. So kann etwa nach hM dem personenrechtlich geprägten, auf Kindesherausgabe gerichteten Anspruch des § 1632 nicht das Zurückbehaltungsrecht aus § 273 wegen Unterhaltskosten entgegengehalten werden (→ 7. Aufl. 2017, § 1632 Rn. 11).

## VI. Änderungs- und Ergänzungsgesetze zum Familienrecht seit Inkrafttreten des BGB

79 Das Familienrecht gehört zu den Materien des bürgerlichen Rechts, die seit Inkrafttreten des BGB viele **elementare und tiefgreifende Änderungen und Ergänzungen** erfahren haben. Es ist vom Gesetzgeber zwischenzeitlich praktisch in allen Bereichen grundlegend reformiert worden. Die **wichtigsten Gesetze und Verordnungen** werden im Folgenden in chronologischer Reihenfolge nach dem Zeitpunkt ihres Erlasses aufgeführt. Die Skizzierung des jeweiligen wesentlichen Inhalts zeigt die Entwicklung auf, die das Familienrecht aufgrund sich wandelnder gesellschaftlicher Anschauungen im 20. und 21. Jahrhundert genommen hat.

80 **1. Gesetz über die religiöse Kindererziehung.** Im RelKErzG vom 15.7.1921 (RGBl. 1921, 939, 1263) war die bis dahin landesrechtlich bestimmte religiöse Kindererziehung erstmalig reichseinheitlich geregelt worden. Das Gesetz hatte eine über die sachliche Regelung der Religionserziehung **hinaus weisende Bedeutung.** Es räumte der – ansonsten im Nichteinigungsfall in Kindererziehungsfragen gegenüber dem Vater machtlosen – Mutter das Recht ein, das Vormundschaftsgericht anzurufen (§ 2 RelKErzG) und erkannte mit der Religionsmündigkeit ab zwölf bzw. 14 Jahren (§ 5 RelKErzG) die mit dem Heranwachsen zunehmende Fähigkeit der Jugendlichen zur Selbstbestimmung an. Das RelKErzG setzte also Gedanken um, die in anderen Materien der Elternbeziehung und des Minderjährigenrechts erst allmählich Eingang fanden (zum RelKErzG → 7. Aufl. 2017, Anh. § 1631 Rn. 1 ff.).

81 **2. Reichsjugendwohlfahrtsgesetz.** Das RJWG vom 9.7.1922 (RGBl. 1922 I 633) regelte die Leistungsangebote der **öffentlichen und privaten Jugendhilfe.** Diese waren gegenüber der Familienerziehung grundsätzlich subsidiär, griffen also nur im Fall des Versagens der familiären Sozialisation. Träger der öffentlichen Jugendhilfe waren im Wesentlichen die Jugendämter, Träger der freien Jugendhilfe die Wohlfahrtsverbände, Kirchen und Jugendverbände (vgl. § 5 Abs. 4 RJWG).

82 **3. Ersatzlos aufgehobene Gesetze aus der NS-Zeit.** Ersatzlos aufgehoben und entfallen sind die folgenden familienrechtlich bedeutsamen Gesetze aus der NS-Zeit.

83 **a) Gesetz zur Verminderung der Arbeitslosigkeit.** Familienrechtliche Relevanz hatte dieses Gesetz vom 1.6.1933 (RGBl. 1933 I 323) insofern, als darin zur Eindämmung der Arbeitslosigkeit auch die Förderung von Eheschließungen durch die Gewährung unverzinslicher **Ehestandsdarlehen** vorgesehen war. Voraussetzung für die Gewährung eines solchen Darlehens war, dass die berufstätige künftige Ehefrau spätestens zum Zeitpunkt der Eheschließung aus dem Berufsleben ausschied und sich verpflichtete, die Arbeit nicht wieder aufzunehmen, solange das Darlehen nicht getilgt war und der Mann monatliche Einkünfte von mindestens 125 RM hatte, die Familie also ernähren konnte (Abschnitt 5 § 1 Gesetz vom 1.6.1933). Ging es bei dieser Regelung um die Zurückdrängung der Frauen aus dem Arbeitsleben, so traten die bevölkerungspolitischen Intentionen des Gesetzes in den Bestimmungen der **Durchführungsverordnung** vom 20.6.1933 (RGBl. 1933 I 377) zutage. So erfolgte die Darlehensvergabe nicht, wenn die Gefahr bestand, dass aus der Ehe kein erbgesunder Nachwuchs zu erwarten war (§ 1 Nr. c DVO vom 20.6.1933). § 8 DVO vom 20.6.1933 erleichterte

[60] *Gernhuber/Coester-Waltjen* FamR § 8 Rn. 19, 32.

die Tilgung nach der Zahl der in der Ehe geborenen Kinder: Für jedes lebend geborene Kind wurden 25 % des ursprünglichen Darlehensbetrages erlassen, nach der Geburt von vier gesunden Kindern entfiel mithin die Rückzahlungspflicht ganz.

**b) Erbgesundheitsgesetz.** Das Gesetz zur Verhütung erbkranken Nachwuchses (Erbgesundheitsgesetz) vom 14.7.1933 (RGBl. 1933 I 529) regelte die Voraussetzungen und das Verfahren für die freiwillige bzw. zwangsweise Sterilisation von Erbkranken. Mit seiner Intention, die Geburt kranker Kinder zu vermeiden und biologisch minderwertiges Erbgut auszuschalten, griff es in elementarer Weise in die Ehe- und Familienplanung eines Paares ein. Als **erbkrank** galt, wer an einer der acht in § 1 Abs. 2 Erbgesundheitsgesetz aufgezählten Krankheiten litt: An angeborenem Schwachsinn, an Schizophrenie, an manisch-depressivem Irresein, an erblicher Blindheit oder Taubheit, an erblicher Fallsucht, an erblichem Veitstanz oder an schwerer erblicher körperlicher Missbildung. Zwar nicht erbkrank war, aber nach den Regeln des Gesetzes gleichwohl unfruchtbar gemacht werden konnte, wer an schwerem Alkoholismus litt (§ 1 Abs. 3 Erbgesundheitsgesetz). 84

**c) Gesetz gegen Missbräuche bei der Eheschließung und der Annahme an Kindes Statt.** Durch dieses Gesetz vom 23.11.1933 (RGBl. 1933 I 979) wurde § 1325a eingefügt, der eine Ehe, die ausschließlich geschlossen wurde, um der Frau den Namenswechsel zu ermöglichen, für nichtig erklärte. Die **Nichtigkeit** solcher **Namensehen** sollte verhindern, dass Ehen als Mittel zur Verdeckung der Abstammung eingesetzt werden konnten. In diesem Sinn wurde auch § 1754 ergänzt. Die Annahme an Kindes Statt war nach der neuen Regelung über den bisher vorgesehenen Fall des Fehlens einer der formalen gesetzlichen Voraussetzungen hinaus auch dann zu versagen, wenn **Zweifel** daran bestanden, dass durch die Adoption tatsächlich ein **Familienband hergestellt** werden sollte und wenn vom Standpunkt der Familie des Annehmenden aus oder im öffentlichen Interesse **wichtige Gründe gegen die Herstellung eines Familienbandes** sprachen. 85

**d) Blutschutzgesetz.** Das Gesetz zum Schutze des deutschen Blutes und der deutschen Ehre (Blutschutzgesetz) vom 15.9.1935 (RGBl. 1935 I 1146) verkündet auf dem Reichsparteitag der Freiheit in Nürnberg, **verbot die Eheschließung** zwischen **Juden und Staatsangehörigen** deutschen oder artverwandten Blutes. Gleichwohl, etwa im Ausland, geschlossene Ehen waren nichtig (§ 1 Blutschutzgesetz). Zudem wurde der Verstoß gegen das Heiratsverbot mit Zuchthaus bestraft (§ 5 Abs. 1 Blutschutzgesetz). § 2 Blutschutzgesetz verbot den außerehelichen sexuellen Verkehr zwischen Juden und Staatsangehörigen deutschen oder artverwandten Blutes und erklärte ihn als **Rassenschande** für den Mann für strafbar (§ 5 Abs. 2 Blutschutzgesetz). Die Organisation der Familienhaushalte betraf § 3 Blutschutzgesetz, der es Juden verbot, weibliche arische Staatsangehörige unter 45 Jahren **im Haushalt** zu beschäftigen. 86

**e) Ehegesundheitsgesetz.** Das Gesetz zum Schutze der Erbgesundheit des deutschen Volkes (Ehegesundheitsgesetz) vom 18.10.1935 (RGBl. 1935 I 1246) zielte auf die Sicherstellung gesunder ehelicher Nachkommen und änderte das Eheschließungsrecht durch die Aufstellung von **Eheverboten aus eugenischen Gründen.** Eine Ehe durfte fortan nicht mehr geschlossen werden, wenn einer der Verlobten an einer ansteckenden, die Gesundheit des Partners oder der Nachkommen gefährdenden Krankheit litt (§ 1 Abs. 1a Ehegesundheitsgesetz). Außerdem war die Eheschließung untersagt, wenn einer der Verlobten entmündigt war (§ 1 Abs. 1b Ehegesundheitsgesetz) oder an einer geistigen Störung litt, die die Ehe der Volksgemeinschaft unerwünscht machte (§ 1 Abs. 1c Ehegesundheitsgesetz). Verboten war die Eheschließung zudem bei Vorliegen einer Erbkrankheit iSd Gesetzes zur Verhütung erbkranken Nachwuchses (→ Rn. 84). Das Nichtvorliegen dieser Umstände musste vor der Eheschließung anhand eines vom Gesundheitsamt ausgestellten **Ehetauglichkeitszeugnisses** nachgewiesen werden (§ 2 Ehegesundheitsgesetz). 87

**f) Gesetz über erbrechtliche Beschränkungen wegen gemeinschaftswidrigen Verhaltens.** Das Gesetz vom 7.11.1937 (RGBl. 1937 I 1161) komplettierte das Blutschutzgesetz (→ Rn. 86) in erbrechtlicher Hinsicht insofern, als es deutsche Erblasser berechtigte, ihren Abkömmlingen den **Pflichtteil zu entziehen,** wenn diese eine Mischehe eingingen. 88

**4. Personenstandsgesetz.** Das Personenstandsgesetz vom 3.11.1937 (RGBl. 1937 I 1146) hatte das Gesetz vom 6.2.1875 (RGBl. 1875, Nr. 4, S. 23), mit dem für das Gebiet des gesamten deutschen Reichs die Zivilehe eingeführt worden war (→ Rn. 36), abgelöst. Die Neuregelungen, wie etwa die Einführung eines bei der Heirat anzulegenden Familienbuches, zielten auf die Erfassung und Sicherstellung des Nachweises der verwandtschaftlichen und abstammungsmäßigen Beziehungen. Das in der Folgezeit immer wieder den Änderungen und Ergänzungen des materiellen (Status-)Rechts angepasste PStG gilt heute idF vom 19.2.2007 (BGBl. 2007 I 122). 89

90 **5. Namensänderungsgesetz.** Das Gesetz über die Änderung von Familiennamen und Vornamen (NamÄndG) vom 5.1.1938 (RGBl. 1938 I 9 = BGBl. III 401–1) regelte die Voraussetzungen für die Änderung des Familien- oder Vornamens einer Person und erklärte diese nur ausnahmsweise, nämlich bei Vorliegen eines wichtigen Grundes, für zulässig.

91 **6. Ehegesetz.** Das Gesetz zur Vereinheitlichung des Rechts der Eheschließung und der Ehescheidung im Lande Österreich und im übrigen Reichsgebiet (EheG) vom 6.7.1938 (RGBl. 1938 I 807) brachte die bis dahin einschneidenste Änderung im Familienrecht des BGB. Anlass für die Regelung des Eherechts in einem speziellen Gesetz war der im Frühjahr 1938 erfolgte **Anschluss Österreichs** an Deutschland, der die Anpassung des österreichischen Eherechts an das im übrigen Reichsgebiet geltende Recht erforderlich machte. Die Schaffung eines „einheitlichen großdeutschen Ehe- und Familienrechts"[61] war insofern dringend, als in Österreich nach wie vor kirchliches Eheschließungsrecht galt, die Ehe also ohne Mitwirkung des Staates allein nach den Voraussetzungen und den Verfahren des Rechts der christlichen Kirchen oder anderer anerkannter Religionsgemeinschaften eingegangen wurde (→ Rn. 3, 18). Dieser Rechtszustand war im Hinblick auf die Bedeutung der Ehe für Volk und Staat unhaltbar: Ehe und Familie bildeten die „Grundlagen des völkischen Zusammenlebens", ihre Gründung durch Mitwirkung staatlicher Organe zu überwachen, wurde als „heilige Pflicht" des Staates apostrophiert.[62] Der politisch einfachste Weg, die Zivilehe in den österreichischen Teilen Großdeutschlands einzuführen, war, die den Bestand der Ehe betreffenden Vorschriften über die Eheschließung und die Eheauflösung aus dem BGB herauszunehmen, sie in einem speziellen Gesetz zusammenzufassen und dieses Gesetz dann in ganz Deutschland als neue Kodifikation einzuführen. Methodisch stand dieses Vorgehen zudem in Einklang mit dem in der Rechtswissenschaft propagierten **konkreten Ordnungsdenken.** Dieses forderte, die unterschiedlichen gesellschaftlichen Lebensverhältnisse wie Familie, Sippe, Arbeitsdienst, Heer ua nicht unter abstrakt generalisierenden Gesichtspunkten zusammenfassend zu regeln, sondern in einzelnen, ihren jeweiligen Besonderheiten und Strukturen konkret Rechnung tragenden Gesetzen.

92 Mit Schaffung des neuen Gesetzes traten im Eheschließungsrecht **neben die traditionellen Eheverbote** der Verwandtschaft, der Doppelehe, des Ehebruchs ua (§§ 6–14 EheG) die neuen, von der NS-Ideologie getragenen Eheverbote der **Blutsverschiedenheit** (§ 4 EheG) und des **Mangels der Ehetauglichkeit** (§ 5 EheG) – das EheG verwies hier auf das Blutschutzgesetz und das Ehegesundheitsgesetz.

93 Auf dem neuen Eheverständnis beruhte auch die **Ersetzung der bisherigen Anfechtbarkeit** der Ehe durch die **Aufhebbarkeit.** Nach der traditionellen Regelung des BGB war eine Ehe wegen Willensmängeln beim Eheschluss anfechtbar mit der Folge, dass sie im Fall erfolgreicher Anfechtung ex tunc als nichtig galt. Diese, den allgemeinen vertragsrechtlichen Prinzipien entsprechende Regelung widersprach der nationalsozialistischen Auffassung vom Wert und von der Bedeutung der Ehe für die Volksgemeinschaft. Einem individuellen Willensmangel eines Ehegatten die gleichen Wirkungen beizulegen wie einem Verstoß gegen die aus Gründen der völkischen Ordnung erlassenen zwingenden Eheverbote war nach der geltenden Werteordnung nicht tragbar. Subjektive Umstände wie ein Willensmangel sollten allenfalls zur Auflösung der Ehe für die Zukunft führen können, weshalb nach den neuen Regeln im Ehegesetz Ehen in solchen Fällen nur noch mit **ex nunc-Wirkung** aufhebbar waren (§§ 33 ff. EheG).[63]

94 Im Hinblick auf den Wert der Ehe für die Volksgemeinschaft wurden auch die **Scheidungsgründe erweitert.** Zulässig wurde die Scheidung ua wegen Verweigerung der Fortpflanzung (§ 48 EheG), wegen einer ansteckenden oder ekelerregenden Krankheit des Partners (§ 52 EheG) oder auch wegen einer während der Ehe eingetretenen Unfruchtbarkeit (§ 53 EheG). Im letzteren Fall war die Scheidung allerdings ausgeschlossen, wenn gemeinsame erbgesunde Nachkommenschaft vorhanden war (Abs. 2). Kein Recht zur Scheidung hatte zudem der Ehegatte, der selbst unfruchtbar war (Abs. 3).

95 **1946** wurde das **Ehegesetz aufgehoben** und – bereinigt von den Bestimmungen nationalsozialistischen Gehalts – ersetzt durch das Kontrollratsgesetz Nr. 16 vom 20.2.1946 (ABl. KR S. 77, berichtigt S. 294) mit Ergänzung durch KRG Nr. 52 vom 21.4.1947 (ABl. KR S. 273).

96 Zum EheG sind **sechs Durchführungsverordnungen** ergangen. Die wichtigste war die sechste, die „Verordnung über die Behandlung der Ehewohnung und des Hausrats" (HausratsVO) vom 21.10.1944 (RGBl. 1944 I 256). Diese Verordnung stellte für den Fall der Nichteinigung über die Hausratsverteilung und die künftige Nutzung der Ehewohnung bei Auflösung der ehelichen Lebensgemeinschaft ein richterliches Zuordnungsverfahren zur Verfügung. Notwendig geworden

---

[61] Offizielle Begründung des Ehegesetzes durch das RJM, in Deutsche Justiz 1938, 1102.
[62] Offizielle Begründung des Ehegesetzes durch das RJM, in Deutsche Justiz 1938, 1102, 1112.
[63] Offizielle Begründung des Ehegesetzes durch das RJM, in Deutsche Justiz 1938, 1106.

war die Regelung, da die kriegsbedingte Knappheit von Wohnraum und Konsumgütern zu verschärften Verteilungskonflikten führten, diese jedoch allein nach schuld- und sachenrechtlichen Regeln nicht befriedigend zu lösen waren.[64]

**7. Personenstandsverordnung der Wehrmacht.** Die WehrmPerstVO vom 17.10.1942 (RGBl. 1942 I 597) regelte insbesondere die Voraussetzungen der Ferntrauung. 97

**8. Gesetz über die Anerkennung freier Ehen rassisch und politisch Verfolgter.** Das EheAnerkG vom 23.6.1950 (BGBl. 1950, Nr. 27, S. 226) regelte die rückwirkende Anerkennung der dauerhaften Verbindung eines Paares, dem die standesamtliche Eheschließung in der NS-Zeit aus rassischen Gründen nicht möglich gewesen war, als Ehe. Durch das **Gesetz zur Änderung** dieses Gesetzes vom 7.3.1956 (BGBl. 1956 I 104) wurde die Antragsfrist bis zum 31.12.1958 verlängert. 98

**9. Gesetz über die Anerkennung von Nottrauungen.** Das Nottrauungen-Anerkennungsgesetz vom 2.12.1950 (BGBl. 1950 I 778) bestimmte, dass Ehen, die zwischen dem 1.1.1945 und dem 1.8.1948 nicht vor dem zuständigen Standesbeamten, aber vor – im einzelnen genannten – Autoritätspersonen in Lagern oder besetzten Gebieten geschlossen worden waren, vollgültige Ehen im Sinne der geltenden Gesetze darstellten. 99

**10. Gesetz über die Rechtswirkungen des Ausspruchs einer nachträglichen Eheschließung.** Das EheWirkG vom 29.3.1951 (BGBl. 1951 I 215) regelte die Wirkungen derjenigen Ehen, die aufgrund des Runderlasses des RJM vom 15.6.1943 zwischen deutschen Frauen und bereits gefallenen oder im Krieg verstorbenen Wehrmachtsangehörigen geschlossen worden waren. 100

**11. Gleichberechtigungsgesetz.** Mit dem Gesetz über die Gleichberechtigung von Mann und Frau auf dem Gebiete des bürgerlichen Rechts (GleichberG) vom 18.6.1957 (BGBl. 1957 I 609), in Kraft getreten am 1.7.1958, ist der Gesetzgeber dem Verfassungsauftrag des Art. 117 Abs. 1 GG nachgekommen, das der Gleichberechtigung von Mann und Frau entgegenstehende Recht Art. 3 Abs. 2 GG anzupassen. Damit wurde die „gesetzlose" Zeit, die mit Ablauf der dem Gesetzgeber für die Umsetzung des Gleichberechtigungsgrundsatzes eingeräumten Frist am 1.4.1953 eingetreten war (→ Rn. 275 ff.). 101

Das GleichberG brachte Änderungen des BGB, der ZPO, der KO, der VerglO, des FGG, der HausratsVO, des RPflG und der KostO. Die **wichtigsten Änderungen** im Familienrecht betrafen das Unterhaltsrecht, in dem die Ehefrau in gleichem Maße unterhaltspflichtig wurde wie der Ehemann (§§ 1360 ff.; §§ 1606 ff.), das Kindschaftsrecht, in dem der Mutter den Kindern gegenüber grundsätzlich die gleichen Rechten eingeräumt wurden wie dem Vater (§§ 1626 ff.) und das eheliche Güterrecht, in dem der gesetzliche Güterstand der Verwaltung und Nutznießung des Ehemannes durch die Zugewinngemeinschaft ersetzt wurde (§§ 1363 ff.). 102

Nur ein Jahr in Geltung waren § 1628, der in Konfliktfällen bei der Ausübung der elterlichen Gewalt den **Stichentscheid** des Vaters vorsah, und § 1629 Abs. 1, der die **Alleinvertretungsmacht** des Vaters statuierte. Beide Normen wurden durch Urteil des BVerfG vom 29.7.1959 wegen Verstoßes gegen Art. 3 Abs. 2 GG für nichtig erklärt.[65] 103

**12. Familienrechtsänderungsgesetz.** Das Gesetz zur Vereinheitlichung und Änderung familienrechtlicher Vorschriften (FamRÄndG) vom 11.8.1961 (BGBl. 1961 I 1221), in Kraft getreten am 1.1.1962, änderte Vorschriften des BGB, des EheG, der ZPO, des FGG, der HausratsVO, der KostO und des RPflG. Hervorzuheben ist die Einschränkung des Scheidungsrechts durch Verstärkung des Widerspruchsrechts des nicht (oder minder) schuldigen Ehegatten in § 48 Abs. 2 EheG. Außerdem hob das FamRÄndG das 1938 aus rassenpolitischen Gründen eingeführte Recht des Staatsanwalts zur Anfechtung der Ehelichkeit eines Kindes (§ 1595a) auf. Weitere wesentliche Änderungen erfolgten auf dem Gebiet der Adoption und des Rechts der nichtehelichen Kinder. 104

Im Übrigen wurden 27 Gesetze und Rechtsverordnungen, die zur Ergänzung des Familienrechts außerhalb des BGB ergangen waren, aufgehoben. Das FamRÄndG hat damit wesentlich zur Bereinigung der Systematik des Familienrechts beigetragen. 105

**13. Gesetz über den ehelichen Güterstand von Vertriebenen und Flüchtlingen.** Im VFGüterstandsG vom 4.8.1969 (BGBl. 1969 I 1067) wurde bestimmt, dass für Vertriebene und Flüchtlinge grundsätzlich das gesetzliche Güterrecht des BGB galt. 106

---

64 Durch das EheschlRG vom 4.5.1998, das das EheG aufhob (→ Rn. 181), ist der Klammerzusatz „6. DVO zum Ehegesetz" gestrichen worden. Die 2.–5. DVO sind 1961 durch das FamRÄndG (→ Rn. 104) aufgehoben worden; die 1. DVO ist durch das EheschlRG vom 4.5.1998 (→ Rn. 181) aufgehoben worden.

65 BVerfGE 10, 59 = NJW 1959, 1483.

107 **14. Nichtehelichengesetz.** Das Gesetz über die rechtliche Stellung der nichtehelichen Kinder (NEhelG) vom 19.8.1969 (BGBl. 1969 I 1243), in Kraft getreten am 1.7.1970, erging in Erfüllung des Verfassungsauftrages aus Art. 6 Abs. 5 GG, den nichtehelichen Kindern die gleichen Bedingungen für ihre Entwicklung und ihre Stellung in der Gesellschaft zu verschaffen wie den ehelichen Kindern. Das Gesetz enthielt zahlreiche Änderungen und Ergänzungen des BGB und der ZPO, außerdem Änderungen des EheG, der HöfeO, des GVG, der KO, des FGG, des PStG, des GKG, der BRAGO und der KostO.

108 Von zentraler Bedeutung war die Anerkennung der durch nichteheliche Abstammung vermittelten **Verwandtschaft** zwischen dem **Kind** und seinem **Vater.** § 1589 Abs. 2, der diese Verwandtschaft ausdrücklich negiert hatte, wurde ersatzlos gestrichen. Die – auf Anerkennung oder gerichtlicher Entscheidung beruhende – Feststellung der Vaterschaft hatte Wirkung für und gegen alle (§§ 1600a ff.). Konsequenzen ergaben sich aus der neuen rechtlichen Beziehung zwischen Vater und Kind vor allem im Unterhaltsrecht und im Erbrecht. Für die **Unterhaltspflicht** gegenüber nichtehelichen Kindern (→ Rn. 178) galten fortan die allgemeinen Vorschriften über den Verwandtenunterhalt (§ 1615a). Unterhaltspflichtig war damit nicht nur – wie bis dato – der Vater gegenüber dem Kind, sondern auch dieses gegenüber dem Vater (§ 1601). Außerdem erstreckte sich die Unterhaltspflicht nun auch auf die Verwandten des Vaters und die Abkömmlinge des Kindes. Zur Sicherung des Lebensunterhalts des in der Pflege der Mutter befindlichen Kindes wurde der **Regelunterhalt** eingeführt, der in Höhe des in der Regelunterhaltsverordnung festgesetzten Bedarfs in einem vereinfachten Verfahren geltend gemacht werden konnte (§§ 1615f–1615h). Die Möglichkeit, den dem individuellen Lebensbedarf entsprechenden Unterhalt im regulären Unterhaltsverfahren zu verlangen, blieb daneben bestehen. Außerdem erweiterte das NEhelG die **Unterhaltsansprüche der Mutter** des nichtehelichen Kindes (§§ 1615k ff.).

109 **Erbrechtlich** erhielt das nichteheliche Kind gegenüber seinem Vater wie gegenüber dessen Verwandten den gleichen Rang wie ein eheliches Kind. Es gehört seitdem beim Tod des Vaters zu den Erben erster Ordnung (§ 1924), der nichteheliche Vater beim Tod des Kindes zu denen zweiter Ordnung (§ 1925). Jedoch stand nichtehelichen Kindern beim Zusammentreffen mit ehelichen Abkömmlingen oder dem Ehegatten des Erblassers kein realer Erbteil, sondern nur ein Geldanspruch in Höhe des Wertes ihres Erbteils zu, sog Erbersatzanspruch (§§ 1934a ff.). Weitere Reformvorschriften betrafen das Namensrecht (§§ 1617, 1618), die elterliche Sorge, die – mit Einschränkungen – der Mutter zugewiesen wurde (§§ 1705 ff.), die Ehelicherklärung auf Antrag des Vaters (§§ 1723 ff.) und des Kindes (§§ 1740a ff.) sowie das Adoptionsrecht (§§ 1741 ff.).

110 Die wichtigsten **verfahrensrechtlichen Neuerungen** des NEhelG waren die erstinstanzliche Zuweisung aller Kindschaftssachen an das Amtsgericht (§ 23a Nr. 1 GVG), die Einführung des Rechtszuges von diesem zum Oberlandesgericht (§ 119 Abs. 1 Nr. 1 und 2 GVG) sowie die Neugestaltung der Verfahren in Kindschaftssachen (§§ 640–641k ZPO) und Unterhaltsachen des nichtehelichen Kindes (§§ 642–644 ZPO).

111 **15. Regelunterhaltsverordnung.** Die Verordnung zur Berechnung des Regelunterhalts (RegelunterhaltVO) vom 27.6.1970 (BGBl. 1970 I 1010), in Kraft getreten am 1.7.1970, führte auf der Grundlage der Ermächtigung in § 1615f Abs. 2 für nicht in den väterlichen Haushalt aufgenommene, in der Pflege der Mutter befindliche nichteheliche Kinder pauschalierte, nach drei Altersgruppen abgestufte Unterhaltssätze ein. Die Sätze sind im Laufe der Jahre mehrfach erhöht worden.

112 **16. Adoptionsrechtsänderungsgesetz.** Durch das Gesetz zur Änderung von Vorschriften des Adoptionsrechts vom 14.8.1973 (BGBl. 1973 I 1013) wurden – im Vorgriff auf die grundlegende Reform des Adoptionsrechts im Jahre 1977 (→ Rn. 138) – die Mindestaltersgrenze für den Annehmenden von der Vollendung des 50. auf die Vollendung des 25. Lebensjahres herabgesetzt (§ 1744 S. 1) und die Möglichkeiten, die elterliche Einwilligung in die Adoption zu ersetzen, erweitert (§ 1747a).

113 **17. Gesetz zur Neuregelung des Volljährigkeitsalters.** Durch das Gesetz vom 31.7.1974 (BGBl. 1974 I 1713), in Kraft getreten am 1.1.1975, wurde der Eintritt der Volljährigkeit von der Vollendung des 21. auf die Vollendung des 18. Lebensjahres herabgesetzt (§ 2). Gleichzeitig wurde die **Ehemündigkeit** von Mann und Frau auf dieses Alter festgelegt – mit der Möglichkeit vormundschaftsgerichtlicher Befreiung vom Alterserfordernis nach Vollendung des 16. Lebensjahres und Volljährigkeit des künftigen Ehegatten (§ 1 EheG).

114 **18. Eherechtsreformgesetz.** Das Erste Gesetz zur Reform des Ehe- und Familienrechts (1. EheRG) vom 14.6.1976 (BGBl. 1976 I 1421), das in Einzelvorschriften am 16.6.1976, bezüglich des Namensrechts am 1.7.1976 und im Übrigen am 1.7.1977 in Kraft getreten ist (Art. 12 Nr. 13 1. EheRG), enthielt die **bedeutendste Reform des Familienrechts** seit Inkrafttreten des BGB.[66]

[66] Zum Inhalt aus zeitgenössischer Sicht *Hillermeier* FamRZ 1976, 577; *Vogel* FamRZ 1976, 481; *Lüke* FS Bosch, 1976, 627.

**a) Persönliche Ehewirkungen.** Wesentlich geändert wurde das Recht der persönlichen Ehewirkungen. In § 1353 Abs. 1 S. 1 wurde ausdrücklich bestimmt, dass die Ehe auf Lebenszeit geschlossen wird. Dadurch sollte bekräftigt werden, dass die Einführung des Zerrüttungsprinzips im Ehescheidungsrecht (→ Rn. 118) den Grundsatz der auf Lebenszeit angelegten Ehe nicht berührt. Die übrigen Änderungen im Bereich der persönlichen Ehewirkungen verfolgten das Ziel, die **Ehe als partnerschaftliche Verbindung** gleichberechtigter und gleichverpflichteter Personen auszugestalten. Im Hinblick hierauf entfiel das bisherige Leitbild der Hausfrauenehe (§ 1356 Abs. 1 aF). Die Arbeitsteilung in der Ehe wurde mit der Maßgabe, bei der Wahl und Ausübung eines Berufs auf die Belange des anderen und der Familie die gebotene Rücksicht zu nehmen, der Vereinbarung der Ehegatten überlassen (§ 1356). Die „Schlüsselgewalt" wurde auf beide Ehegatten ausgedehnt (§ 1357). Außerdem wurde die Unterhaltsregelung bei Getrenntleben (§ 1361) entsprechend der Neukonzeption des Scheidungsrechts von Verschuldenselementen gelöst. Nur noch über die – auch für den Getrenntlebendenunterhalt geltenden (§ 1361 Abs. 3) – Härteklausel des § 1579 (→ Rn. 124) konnte in bestimmten Konstellationen Verschulden zu berücksichtigen sein. 115

**b) Ehe- und Familienname.** Wichtige Änderungen gab es auch im **Recht des Ehe- und Familiennamens** (§ 1355).[67] So konnten die Ehegatten bei der Eheschließung durch gemeinsame Erklärung gegenüber dem Standesbeamten zum Ehenamen den Geburtsnamen des Mannes **oder** den der Frau bestimmen (Abs. 2 S. 1). Trafen die Eheleute keine Bestimmung, so war Ehename der Geburtsname des Mannes (Abs. 2 S. 2). Der Ehegatte, dessen Geburtsname nicht zum Ehenamen gewählt wurde, konnte seinen Geburtsnamen oder den zur Zeit der Eheschließung geführten Namen dem Ehenamen **voranstellen** (Abs. 3). Für die vor dem 1.7.1976 geschlossenen Ehen blieb es grundsätzlich beim bisherigen Recht, wonach die Ehefrau den Familiennamen des Mannes als Ehenamen führte. Jedoch bekam die Ehefrau das Recht, diesem Namen ihren Geburtsnamen oder den zur Zeit der Eheschließung geführten Namen voranzustellen. 116

**c) Ehescheidung.** Die Neuregelung des **Ehescheidungsrechts** war das **Kernstück** der mit dem 1. EheRG verwirklichten Reformen. Die wichtigste Neuerung auf gesetzessystematischer Ebene war die Herauslösung der Scheidungsgründe und Scheidungsfolgen aus dem EheG und ihre Wiedereinfügung in das BGB (§§ 1564 ff.). 117

Die inhaltlich elementare Neuerung war die Abkehr vom Verschuldensprinzip und die Einführung des **Zerrüttungsprinzips.**[68] Am 1.7.1977 wurde **alleiniger Scheidungsgrund** das **Scheitern** der Ehe (§ 1565 Abs. 1 S. 1). Zum Nachweis des Scheiterns stellte das Gesetz die noch heute geltenden unwiderlegbaren Vermutungen nach einjährigem (§ 1565 Abs. 1 iVm § 1566 Abs. 1) bzw. dreijährigem (§ 1565 Abs. 1 iVm § 1566 Abs. 2) Getrenntleben zur Verfügung. Dass unabhängig von diesen Vermutungen das Scheitern der Ehe auch konkret nachgewiesen werden kann und die Scheidung grundsätzlich ein einjähriges Getrenntleben voraussetzt (vgl. § 1565 Abs. 2), gilt ebenfalls nach wie vor. 118

Festgehalten hat das EheRG daran, dass die Scheidung – wie seit Inkrafttreten des BGB – durch gerichtliches Urteil erfolgte, das hierauf gerichtete Verfahren wurde nun allerdings nicht mehr durch eine Klage, sondern durch einen Antrag eingeleitet (§ 1564). 119

Die zur Vermeidung außergewöhnlicher Scheidungshärten in § 1568 Abs. 1 eingeführte **Härteklausel,** mit der die Scheidung einer Ehe trotz Scheiterns versagt werden kann, hat in der Praxis kaum Bedeutung erlangt. 120

**d) Ehegattenunterhalt nach der Scheidung.** Der Unterhaltsanspruch des bedürftigen Ehegatten (§§ 1569, 1577) nach der Scheidung wurde – wie die Scheidung selbst – **vom Verschulden gelöst.** Die sechs in den §§ 1570 ff. enthaltenen **Unterhaltstatbestände** setzten nur voraus, dass der geschiedene Ehegatte nicht erwerbstätig sein konnte – und zwar aus einem der folgenden Gründe: Wegen Betreuung eines gemeinschaftlichen Kindes (§ 1570), wegen Alters (§ 1571), wegen Krankheit (§ 1572), wegen Arbeitslosigkeit (§ 1573), wegen einer im Hinblick auf die Ehe nicht durchgeführten Ausbildung (§ 1575) oder weil die Billigkeit dies aus einem sonstigen schwerwiegenden Grund gebot (§ 1576). 121

Der Unterhalt umfasste nach der Neuregelung den gesamten Lebensbedarf, dessen **Höhe** nach den ehelichen Lebensverhältnissen im Zeitpunkt der Scheidung zu bestimmen war (§ 1578 Abs. 1). 122

Bei Wiederheiratet des Unterhaltspflichtigen hatte der Unterhaltsanspruch des **geschiedenen** Ehegatten **Vorrang** vor dem des **neuen** Ehegatten, wenn die Ehe von langer Dauer gewesen war 123

---

67 Überblick über die Änderungen aus zeitgenössischer Sicht bei *Diederichsen* NJW 1976, 1169; *Ruthe* FamRZ 1976, 409.

68 Eingehender Überblick über das neue Scheidungsrecht bei *Schwab* FamRZ 1976, 491; krit. *Habscheid* FS Bosch, 1976, 355.

oder der geschiedene Ehegatte Anspruch auf Unterhalt wegen Kindesbetreuung (§ 1570) oder wegen Billigkeit (§ 1576) hatte. Priorität hatte der Unterhaltsanspruch des geschiedenen Ehegatten zudem, wenn der neue Ehegatte bei entsprechender Anwendung der Vorschriften über den Geschiedenenunterhalt keinen Unterhalt zu beanspruchen hätte (§ 1582).

124 Im Übrigen gab die **Härteklausel** des § 1579 die Möglichkeit, den Unterhaltsanspruch zu versagen, wenn die Inanspruchnahme des Verpflichteten grob unbillig war – und zwar, weil die Ehe nur von kurzer Dauer gewesen war (§ 1579 Nr. 1), weil der Berechtigte eine schwere Straftat gegen den Verpflichteten oder dessen nahe Angehörige begangen (§ 1579 Nr. 2) oder seine Bedürftigkeit mutwillig herbeigeführt hatte (§ 1579 Nr. 3) oder weil ein sonstiger, ebenso schwerwiegender Grund die Versagung des Unterhalts rechtfertigte (§ 1579 Nr. 4).

125 **e) Versorgungsausgleich.** Die Einführung des Versorgungsausgleichs (§§ 1587–1587p) war die bedeutendste rechts- und sozialpolitische Neuregelung des 1. EheRG. Mit der gleichmäßigen Aufteilung der von den Ehegatten in der Ehezeit für den Fall des Alters oder der Invalidität erworbenen Renten- und Versorgungsanwartschaften bei Scheidung hatte der Gesetzgeber juristisches Neuland betreten.

126 Obgleich die zur Durchführung des Ausgleichs erforderlichen Vorschriften vielfach in öffentlich-rechtlichen Gesetzen enthalten sind – bei gesetzlichen Rentenversicherungen in den Sozialversicherungsgesetzen, bei Beamtenversorgungen in den Versorgungsgesetzen des Bundes und der Länder etc. –, hatte er sich dafür entschieden, den Ausgleich über zivilrechtliche Ansprüche der Ehegatten abzuwickeln und nicht etwa öffentlich-rechtlich zu regeln. Angeordnet ist allerdings, dass der Ausgleich im Scheidungsverfahren **von Amts wegen** durchzuführen ist.

127 Die Grundsätze der Aufteilung gelten bis heute. **Ausgleichspflichtig** ist der Ehegatte, der in der Ehezeit die höheren Versorgungsanwartschaften erworben hat, **ausgleichsberechtigt** der Ehegatte mit den geringeren Versorgungsbezügen. Letzterem steht die Hälfte des Wertunterschiedes zwischen seinen und den Versorgungsanwartschaften des anderen zu.

128 Die **Ermittlung des Wertes** der auszugleichenden Versorgungen erfolgte nach Maßgabe der Bewertungsvorschriften des § 1587a Abs. 2–8. Ein Streit unter den Beteiligten über Grund oder Höhe einer Versorgungsanwartschaft wurde vor dem für diese Materie zuständigen Fachgericht, zB Sozialgericht oder Verwaltungsgericht, ausgetragen. In diesem Falle konnte oder musste das Familiengericht das Verfahren über den Versorgungsausgleich aussetzen (§ 53c FGG).

129 Der **Vollzug des Versorgungsausgleichs** erfolgte nach Maßgabe des § 1587b nach der Art der auszugleichenden Versorgung. Renten und Rentenanwartschaften aus der **gesetzlichen Rentenversicherung** wurden vom Versicherungskonto des Verpflichteten auf das – eventuell neu zu errichtende – Konto des Berechtigten übertragen (Abs. 1, sog. Rentensplittung). **Beamtenrechtliche Pensionen** und Pensionsanwartschaften wurden durch Begründung von Anwartschaften in der gesetzlichen Rentenversicherung bei entsprechender Kürzung der Beamtenversorgung geteilt (Abs. 2, sog Quasisplitting). Für die **übrigen Versorgungsarten** bestimmte Abs. 3 ausnahmslos die Realteilung, dh den Vollzug des Versorgungsausgleichs durch Entrichtung von Beiträgen in eine der gesetzlichen Rentenversicherungen. Diese Regelung war später um differenziertere Ausgleichsformen ergänzt worden (→ Rn. 147, 153).

130 Im Fall des **hilfsweise** unter den Voraussetzungen des § 1587f vorzunehmenden **schuldrechtlichen Versorgungsausgleichs** erhielt der ausgleichsberechtigte Ehegatte lediglich einen – erst im Versorgungsfall fälligen – Zahlungsanspruch gegen den Ausgleichsverpflichteten.

131 Der Versorgungsausgleich unterlag grundsätzlich der **Disposition der Ehegatten.** Im Falle des Ausschlusses durch Ehevertrag (§ 1408 Abs. 2 S. 1) trat Gütertrennung ein (§ 1414 S. 2). Der Ausschluss wurde allerdings unwirksam, wenn innerhalb eines Jahres nach Vertragsschluss Antrag auf Scheidung der Ehe gestellt wurde (§ 1408 Abs. 2 S. 2). Im Zusammenhang mit der Scheidung konnten Ehegatten den Versorgungsausgleich dann aber – mit Zustimmung des Familiengerichts – modifizieren oder auch ausschließen (§ 1587o).

132 **f) Sonstige Scheidungsfolgen.** Mit der Einführung des Zerrüttungsprinzips in das Scheidungsrecht durch das 1. EheRG im Jahr 1977 sind auch die sonstigen Scheidungsfolgen verschuldensunabhängig ausgestaltet worden. Dies hatte auf personenrechtlicher Ebene vor allem Bedeutung für die **Regelung der elterlichen Sorge** über die gemeinschaftlichen Kinder (§§ 1671, 1672). Auf ökonomischer Ebene war dies außer für das Unterhaltsrecht vor allem relevant für die **Verteilung des Hausrats** und für die **Zuteilung der Ehewohnung** nach der HausratsVO.

133 **g) Einrichtung von Familiengerichten – Eheverfahrensrecht.** Der verfahrensrechtliche Teil des 1. EheRG (Art. 5–8 1. EheRG) brachte mit der Schaffung von Familiengerichten und der Einführung der Entscheidungskonzentration für Scheidungs- und Folgesachen tiefgreifende Änderungen. Hervorzuheben sind folgende:

Bei den Amtsgerichten wurden Abteilungen für Familiensachen – **Familiengerichte** – gebildet (§ 23b Abs. 1 S. 1 GVG). In ihre ausschließliche Zuständigkeit fielen fortan alle **Familiensachen,** dh Ehesachen (vgl. § 606 Abs. 1 S. 1 ZPO) und die sonstigen im Katalog des § 23b Abs. 1 S. 2 GVG aufgeführten Verfahren. 134

Der **Rechtszug** führt seit dem 1. EheRG vom Amtsgericht (Familiengericht) zum Oberlandesgericht (§ 119 Abs. 1 Nr. 1 und 2 GVG). Dritte Instanz wurde unter den dafür in der ZPO statuierten Voraussetzungen der Bundesgerichtshof (§§ 621d und 621e ZPO; § 133 GVG). 135

**Über** die **Ehescheidung** selbst und **über Folgesachen** war seit dem 1. EheRG grundsätzlich gleichzeitig zu verhandeln und, sofern dem Scheidungsantrag stattgegeben wurde, zu entscheiden, sog. **Entscheidungsverbund** (§§ 623, 629 ZPO). Die im Verbundurteil enthaltenen Entscheidungen konnten allerdings jeweils eigenständig mit Rechtsmitteln angegriffen werden (§§ 621d, 621e ZPO). Den Verbund durch Abtrennung von **Folgesachen** aufzulösen, erklärte der Gesetzgeber nur unter bestimmten Voraussetzungen für zulässig (§ 628 ZPO). 136

**h) Beseitigung von Eheverboten und Ehenichtigkeitsgründen.** Durch das 1. EheRG wurde auch das Eheschließungsrecht geändert. Aufgehoben wurden das **Eheverbot** wegen Geschlechtsgemeinschaft mit den Eltern oder Abkömmlingen des Partners (§ 4 Abs. 2 EheG) sowie das Eheverbot wegen Ehebruchs (§ 6 Abs. 1 EheG). Außerdem ist der **Nichtigkeitsgrund** der Namensehe (§ 19 EheG) **beseitigt** worden. 137

**19. Adoptionsgesetz.** Durch das Gesetz über die Annahme als Kind und zur Änderung anderer Vorschriften (AdoptG) vom 2.7.1976 (BGBl. 1976 I 1749), in Kraft getreten am 1.1.1977, wurde das bisherige Rechtsinstitut der „Annahme an Kindes Statt" grundlegend umgestaltet. Die Adoption **Minderjähriger** wurde als **Volladoption** ausgestaltet – das Kind erhielt durch die Annahme die volle rechtliche Stellung eines Kindes des Annehmenden (§ 1754). Es wurde also mit dem Ehegatten des Annehmenden verschwägert und mit dessen Verwandten verwandt. Gleichzeitig erlosch das Verwandtschaftsverhältnis des Kindes zu seinen bisherigen Verwandten und die sich aus ihm ergebenden Rechte und Pflichten (§ 1755). Auswirkungen hatte die Adoption auch auf die Staatsangehörigkeit – das von deutschen Eltern adoptierte Kind erwarb die deutsche Staatsangehörigkeit (§ 6 RuStAG). Wie diese Regelungen gelten auch die Grundsätze über die Adoption **Volljähriger** bis heute weiter. Das AdoptG erklärte die Volljährigenadoption nur für zulässig, wenn sie sittlich gerechtfertigt war (§ 1767) und erstreckte ihre Wirkungen – das entsprach der alten Rechtslage – nicht auf die Verwandten des Annehmenden. Auch Schwägerschaft mit dessen Ehegatten trat nicht ein (§ 1770). Nur in den in § 1772 festgelegten Ausnahmefällen konnte auch ein Volljähriger mit den Wirkungen der Volladoption angenommen werden. Die Stiefkindadoption, dh die Adoption des leiblichen Kindes des Partners oder der Partnerin, beschränkte das AdoptG auf Ehepaare (§§ 1754, 1755 Abs. 2). Inzwischen hat das BVerfG den damit verbundenen generellen Ausschluss von Stiefkindadoptionen in nichtehelichen Familien für verfassungswidrig erklärt.[69] 138

Eine grundlegende Neuerung des Adoptionsrechts lag in der Ersetzung des bis dahin geltenden Vertragssystems durch das **Dekretsystem.** Die Adoption erfolgte nicht länger aufgrund eines – lediglich staatlicher Kontrolle unterliegenden – Vertrages zwischen Annehmendem und Angenommenem, sondern durch einen staatlichen Akt, nämlich durch Beschluss des Vormundschaftsgerichts (§§ 1752, 1768). Das Gleiche galt fortan für die – in eng begrenzten Fällen mögliche – Aufhebung des Kindschaftsverhältnisses (§§ 1759 ff., 1771). 139

**20. Adoptionsvermittlungsgesetz.** Durch das Gesetz über die Vermittlung der Annahme als Kind (AdVermiG) vom 2.7.1976 (BGBl. 1976 I 1749), in Kraft getreten am 1.1.1977, das an die Stelle des entsprechenden Gesetzes vom 29.3.1951 (BGBl. 1951 I 214) getreten ist, wurden die organisatorischen und personellen Voraussetzungen der **Adoptionsvermittlung** grundlegend neu geordnet. Die Adoptionsvermittlung wurde auf wenige Vermittlungsstellen im Bereich der Jugendämter und der freien Wohlfahrtsverbände konzentriert; diese Stellen mussten mit mindestens einer hauptamtlichen Fachkraft besetzt sein (§§ 2 f. AdVermiG). Zwecks möglichst vollständiger und frühzeitiger Erfassung der für eine Adoption in Frage kommenden Kinder wurden Meldepflichten der Adoptionsvermittlungsstellen und der Heime eingeführt (§ 10 AdVermiG; § 78a JWG). Weitere Vorschriften betrafen die Beratung der Beteiligten (§ 9 AdVermiG) und das Verbot von Adoptionsanzeigen (§ 6 AdVermiG). Zur Neufassung des Gesetzes → Rn. 156. 140

**21. Gesetz zur vereinfachten Abänderung von Unterhaltsrenten.** Kernstück des Gesetzes vom 29.7.1976 (BGBl. 1976 I 2029), in Kraft getreten am 1.1.1977, war die Regelung des § 1612a. Diese Vorschrift sah für Unterhaltsansprüche minderjähriger **ehelicher Kinder,** deren Höhe in einem vollstreckbaren Titel oder in einer Vereinbarung festgelegt war, eine Dynamisierung vor – 141

[69] BVerfG FamRZ 2019, 1061 mAnm *Helms* = NZFam 2019, 473.

und zwar in der Weise, dass die Unterhaltsrenten durch Rechtsverordnung prozentual an die Veränderungen der allgemeinen wirtschaftlichen Verhältnisse angepasst werden konnten. Spätestens alle zwei Jahre hatte die Bundesregierung zu prüfen, ob die Voraussetzungen für eine erneute Anpassung vorlagen (Art. 5 § 1 Abs. 2 Gesetz vom 29.7.1976). Prozessual konnte die Anpassung der Unterhaltstitel in einem vereinfachten Verfahren vor dem Rechtspfleger verlangt werden (§§ 641l–641t ZPO). Daneben blieb die Abänderungsklage unter den Voraussetzungen des § 323 Abs. 5 ZPO zulässig. Das Gesetz vereinheitlichte ferner die Verfahren in Unterhaltssachen ehelicher und nichtehelicher Kinder durch Änderung der Verfahrensvorschriften für die Geltendmachung des Regelunterhalts nichtehelicher Kinder (§§ 642a, 642b, 642d ZPO, → Rn. 111).

142 **22. Ehenamensänderungsgesetz.** Das Gesetz zur Änderung des Ehenamens (Ehenamensänderungsgesetz – EheNÄndG) vom 27.3.1979 (BGBl. 1979 I 401), in Kraft getreten am 1.7.1979, hat die Regelung des 1. EheRG aufgehoben, nach der die Befugnis, anstelle des Namens des Mannes den der Frau zum Ehenamen zu bestimmen, für **Altehen** nicht galt (→ Rn. 116). In Erfüllung des Auftrags des BVerfG von 1978[70] räumte der Gesetzgeber Ehegatten, die vor dem 1.7.1976 die Ehe geschlossen hatten, für eine einjährige Übergangsfrist das Recht ein, durch gemeinsame Erklärung anstelle des Mannesnamens den Geburtsnamen der Frau zum Ehenamen zu bestimmen. Die Erstreckung der Namensänderung auf Abkömmlinge war in § 2 EheNÄndG geregelt.

143 **23. Sorgerechtsgesetz.** Das Gesetz zur Neuregelung des Rechts der elterlichen Sorge (SorgeRG) vom 18.7.1979 (BGBl. 1979 I 1061), in Kraft getreten am 1.1.1980, gab die traditionelle, auf Herrschaftsstrukturen beruhende Ausgestaltung der Eltern-Kind-Beziehung auf und setzte ein neues Familienleitbild um. Das Gesetz enthielt insofern die bedeutendste Änderung des Rechts der Eltern-Kind-Beziehung seit Inkrafttreten des BGB. Es ging in ihm darum, die elterlichen Erziehungs- und Bestimmungsrechte zugunsten der freien Entfaltung der Individualität des Kindes zurückzunehmen. So wurde etwa der Begriff „elterliche Gewalt" durch den der „elterlichen Sorge" ersetzt, die Einbeziehung des Kindes in die Sorgerechtsentscheidungen angeordnet (§ 1626 Abs. 2), entwürdigenden Erziehungsmaßnahmen eine Absage erteilt (§ 1631 Abs. 2) oder auch in Ausbildungs- und Berufsangelegenheiten die Pflicht der Eltern zur Berücksichtigung der Eignung und Neigung des Kindes statuiert (§ 1631a Abs. 1). Die freiheitsentziehende Unterbringung, ein einschneidender Eingriff in das Persönlichkeitsrecht des Kindes, wurde gerichtlicher Genehmigung unterworfen (§ 1631b). Die **gleichberechtigte Stellung der Mutter** wurde durch die Einführung vormundschaftsgerichtlicher Entscheidung im Falle der Nichteinigung der Eltern in sorgerechtlichen Angelegenheiten (§ 1628) und durch die Kodifizierung der gemeinschaftlichen Vertretungsbefugnis der Eltern (§ 1629) anerkannt. Damit fasste das Gesetz diese beiden Normen nach zwanzig Jahren Nichtigkeit verfassungskonform – bereits 1959 hatte das BVerfG das in ihnen statuierte Letztentscheidungs- und Alleinvertretungsrecht des Vaters wegen Verstoßes gegen Art. 3 Abs. 2 GG für nichtig erklärt.[71] §§ 1640, 1667 enthielten Vorgaben zur wirksameren Sicherung des Kindesvermögens. Der **Schutz gefährdeter Kinder** wurde durch eine Neufassung des § 1666 insofern verbessert, als vormundschaftsgerichtliches Eingreifen auch bei nicht schuldhaftem Versagen der Eltern zulässig wurde. Einen verbesserten Schutz der **Pflegekinder** brachten die Regelungen in § 1630 Abs. 3, § 1632 Abs. 4.

144 Eine stärkere Berücksichtigung der Bindungen und des Willens des Kindes bei Sorgerechtsentscheidungen, die durch die **Trennung der Eltern** veranlasst waren, gewährleisteten die neuen Regelungen in § 1671 Abs. 2 und Abs. 3. Die Beibehaltung des **gemeinsamen Sorgerechts** im Fall der Trennung und Scheidung schloss das Gesetz generell aus (§ 1671 Abs. 4 S. 1). Den Ausschluss auch in dem Fall, in dem die geschiedenen Ehegatten willens und geeignet waren, die Elternverantwortung weiterhin zusammen zu tragen, erklärte das BVerfG allerdings schon im Jahr 1982 wegen Verstoßes gegen das Elternrecht des Art. 6 Abs. 2 S. 1 GG für verfassungswidrig und nichtig.[72] Neuregelungen zum **Umgangsrecht** brachten insbesondere die Wohlverhaltensklausel sowie das Auskunftsrecht des nicht sorgeberechtigten Elternteils (§ 1634 Abs. 1 und 3). Beide Regelungen galten im Übrigen auch für das Umgangsrecht des Vaters mit seinem nichtehelichen Kind (§ 1711). Verbesserungen des **Verfahrensrechts** in Sorgerechtsangelegenheiten brachten vor allem die §§ 50a–50c FGG durch Verstärkung der Pflicht zur persönlichen Anhörung der Betroffenen.

145 **24. Unterhaltsvorschußgesetz.** Das Gesetz zur Sicherung des Unterhalts von Kindern alleinstehender Mütter und Väter durch Unterhaltsvorschüsse oder -ausfallleistungen (Unterhaltsvorschußgesetz – UVG) vom 23.7.1979 (BGBl. 1979 I 1184), in Kraft getreten am 1.1.1980, gab unterhaltsbe-

[70] BVerfGE 48, 327 = NJW 1978, 2289.
[71] BVerfGE 10, 59 = NJW 1959, 1483.
[72] BVerfGE 61, 358 (371) = NJW 1983, 101.

rechtigten Kindern alleinerziehender Mütter und Väter bis zur Vollendung des sechsten Lebensjahres bei Bedürftigkeit einen **öffentlich-rechtlichen Anspruch** auf Unterhalt. Der Einsatz öffentlicher Mittel sollte den besonderen Schwierigkeiten begegnen, denen alleinstehende Elternteile im Falle der Nichterbringung der Unterhaltszahlung durch den hierzu verpflichteten anderen Elternteil ausgesetzt waren. Die Unterhaltsleistung wurde monatlich längstens für die Dauer von **drei Jahren** gezahlt (§ 3 UVG). Die Höhe orientierte sich zunächst am Regelbedarf für nichteheliche Kinder, nach Einführung der für nichteheliche wie eheliche Kinder gleichermaßen geltenden **Regelbetrag-Verordnung** nach dieser. Ersatz- und Rückzahlungspflichten waren in § 5 des Gesetzes geregelt. Mit der jeweiligen Zahlung des Vorschusses an den Berechtigten gingen dessen Unterhaltsansprüche auf das leistende Land über (§ 7 UVG).

**25. Transsexuellengesetz.** Das Gesetz über die Änderung der Vornamen und die Feststellung der Geschlechtszugehörigkeit in besonderen Fällen (Transsexuellengesetz – TSG) vom 10.9.1980 (BGBl. 1980 I 1654), in Kraft getreten am 1.1.1981, regelte – auch im Anschluss an den Beschluss des BVerfG vom 11.10.1978[73] – die Änderung der Vornamen Transsexueller (§§ 1–7 TSG), die Feststellung ihrer Geschlechtszugehörigkeit (§§ 8 ff. TSG) sowie die von der Änderung der Geschlechtszugehörigkeit betroffenen rechtlichen Beziehungen (§§ 10–12 TSG). Die zunächst eingeführte Altersgrenze von 25 Jahren für das Verfahren auf Feststellung der Geschlechtszugehörigkeit (§ 8 TSG) und für das auf Änderung des Vornamens (§ 1 TSG) hatte das BVerfG wegen Verstoßes gegen Art. 3 Abs. 1 GG allerdings für unwirksam erklärt.[74] 146

**26. Gesetz zur Regelung von Härten im Versorgungsausgleich.** Mit dem VAHRG vom 21.2.1983 (BGBl. 1983 I 105), in Kraft getreten am 1.4.1983, wurden vor allem verfassungsrechtliche Bedenken ausgeräumt, die gegen Einzelregelungen des Versorgungsausgleichs (§§ 1587 ff.) bestanden. Das BVerfG hatte dem Gesetzgeber 1980 aufgegeben, zur Vermeidung verfassungswidriger Auswirkungen des Versorgungsausgleichs ergänzende Regelungen für die **(Härte-)Fälle** zu schaffen, in denen beim Ausgleichspflichtigen eine spürbare Kürzung der Versorgung erfolgte, ohne dass sich diese beim Ausgleichsberechtigten angemessen auswirkte.[75] Das Gesetz trug diesen Anforderungen durch die Neuregelungen in §§ 4–10 VAHRG rückwirkend zum 1.7.1977 Rechnung. 1983 hatte das BVerfG dann die **ausnahmslose Anordnung** des Versorgungsausgleichs durch Beitragszahlung in § 1587b Abs. 3 S. 1 für verfassungswidrig und **nichtig** erklärt.[76] Das VAHRG ersetzte diese Regelung durch die Ausgleichsformen der Realteilung (§ 1 Abs. 2 VAHRG), des Quasi-Splitting (§ 1 Abs. 3 VAHRG) und des schuldrechtlichen Versorgungsausgleichs (§ 2 VAHRG). Die **Geltungsdauer** des VAHRG war ursprünglich bis zum **31.12.1986** begrenzt (zur Verlängerung → Rn. 153). 147

**27. Adoptionsanpassungsgesetz.** In dem Gesetz zur Anpassung rechtlicher Vorschriften an das Adoptionsgesetz (Adoptionsanpassungsgesetz – AdAnpG) vom 24.6.1985 (BGBl. 1985 I 1144), in Kraft getreten am 25.6.1985, wurde die familienrechtliche Gleichstellung der angenommenen Kinder mit leiblichen Kindern, die 1977 durch das Adoptionsgesetz (→ Rn. 138) in Angriff genommen worden war, auch auf anderen Rechtsgebieten verwirklicht. Entsprechend geändert wurden Vorschriften des BKGG, der RVO, des AVG, der Versorgungsgesetze des Bundes und der Länder, des SchfHwG, des BUKG ua. Zu weiteren Änderungen → Rn. 168. 148

**28. Unterhaltsrechtsänderungsgesetz.** Das Gesetz zur Änderung unterhaltsrechtlicher, verfahrensrechtlicher und anderer Vorschriften (UÄndG) vom 20.2.1986 (BGBl. 1986 I 301), in Kraft getreten am 1.4.1986,[77] enthielt vor allem verfassungsrechtlich notwendige Korrekturen sowie Ergänzungen und Klarstellungen des mit dem 1. EheRG geschaffenen materiellen Rechts und Verfahrensrechts. 149

Das BVerfG hatte 1980 festgestellt, dass die scheidungsrechtliche Härteklausel des **§ 1568 Abs. 2 idF des 1. EheRG** insoweit nicht mit Art. 6 Abs. 1 GG zu vereinbaren war, als die Scheidung nach fünfjährigem Getrenntleben der Ehegatten in jedem Fall, dh auch bei Fortbestehen des Härtegrundes, auszusprechen war.[78] Das UÄndG hat § 1568 Abs. 2 ersatzlos gestrichen und die gesetzliche Befristung für die Geltendmachung einer die Scheidung verhindernden Härte aufgehoben. 150

Den rechtspolitischen Schwerpunkt des UÄndG bildete die Neufassung und Ergänzung der **unterhaltsrechtlichen Härteklausel** des § 1579. 1981 hatte das BVerfG § 1579 idF des 1. EheRG insoweit als mit Art. 2 Abs. 1 GG nicht vereinbar erklärt, als ein Unterhaltsausschluss wegen unzu- 151

---

73 BVerfGE 49, 286 = NJW 1979, 595.
74 BVerfGE 60, 123 = NJW 1982, 2061; BVerfGE 88, 87 = NJW 1993, 1517.
75 BVerfGE 53, 257 = NJW 1980, 692.
76 BVerfGE 63, 88 = NJW 1983, 1417.
77 Zum rechtspolitischen Hintergrund *Dieckmann* FamRZ 1984, 946.
78 BVerfGE 55, 134 = NJW 1981, 108.

mutbarer Härte in Fällen der **Kindesbetreuung** generell nicht in Betracht kam.[79] Das UÄndG beseitigte § 1579 Abs. 2, der dies anordnete, ersatzlos und bestimmte lediglich im Einleitungssatz des neuen § 1579, dass bei Anwendung der Härteklausel die Belange eines gemeinschaftlichen, vom Unterhaltsberechtigten betreuten Kindes zu berücksichtigen seien.

152 **Erweitert** wurden durch das UÄndG die **Reaktionsmöglichkeiten** in Fällen grober Unbilligkeit der Unterhaltsverpflichtung – der Unterhalt konnte nicht nur versagt, sondern auch herabgesetzt und zeitlich begrenzt werden. Außerdem war die negative Härteklausel auf **weitere Fälle** erstreckt worden: Gründe für die Unterhaltsverweigerung waren seither auch, dass sich der Berechtigte mutwillig über schwerwiegende Vermögensinteressen des Verpflichteten hinweggesetzt (§ 1579 Nr. 4), die Pflicht, zum Familienunterhalt beizutragen, gröblich verletzt (§ 1579 Nr. 5) sowie sich gegenüber dem Verpflichteten schwerwiegend fehl verhalten (§ 1579 Nr. 6) hatte. Die **Bemessung des Unterhalts** nach den ehelichen Lebensverhältnissen konnte unter bestimmten Voraussetzungen zeitlich begrenzt und danach auf den (nur) angemessenen Lebensbedarf beschränkt werden (§ 1578 Abs. 1). Einer zeitlichen Begrenzung unterworfen wurde die Unterhaltspflicht gegenüber einem arbeitslosen Ehegatten sowie die Pflicht zur Zahlung von Aufstockungsunterhalt (§ 1573 Abs. 5). Zu den zwischenzeitlich erfolgten weiteren Änderungen → Rn. 194. Außerdem führte das Gesetz eine Regelung zur **Benutzung der Ehewohnung** vor Anhängigkeit des Scheidungsverfahrens ein (§ 1361b).

153 **29. Gesetz über weitere Maßnahmen auf dem Gebiet des Versorgungsausgleichs.** Das VAwMG vom 8.12.1986 (BGBl. 1986 I 2317), in Kraft getreten am 1.1.1987, änderte § 1587 Abs. 1 dahingehend, dass ein Ehegatte wegen seiner künftigen Ausgleichsansprüche von dem anderen eine Abfindung verlangen konnte, wenn diesem die Zahlung wirtschaftlich zumutbar war. Des Weiteren änderte das VAWMG das VAHRG (→ Rn. 147). So wurde die **Geltungsdauer des VAHRG** – zum Teil befristet, zum Teil unbefristet – **verlängert** (Neufassung des § 13 VAHRG); beseitigt wurde die Befristung durch Art. 30 RÜG → Rn. 167 Fn. 84.

154 Zum anderen wurde auf eine entsprechende Vorgabe des BVerfG hin[80] der Anwendungsbereich des schuldrechtlichen Versorgungsausgleichs weiter eingeschränkt (Neufassung der §§ 2 und 3b VAHRG). Nach der Neuregelung kam ein schuldrechtlicher Versorgungsausgleich nur noch in eng begrenzten Ausnahmefällen in Betracht.

155 **30. Auslandsunterhaltsgesetz.** Das Gesetz zur Geltendmachung von Unterhaltsansprüchen im Verkehr mit ausländischen Staaten (Auslandsunterhaltsgesetz – AUG) vom 19.12.1986 (BGBl. 1986 I 2563) regelte das Verfahren bei der grenzübergreifenden Geltendmachung und Verfolgung von Unterhaltsansprüchen. Wegen der Vorrangigkeit des UN-Übereinkommens zur Geltendmachung von Unterhaltsansprüchen im Ausland (→ Rn. 329) galt es in Deutschland nur im Verhältnis zu den Staaten, die diesem Übereinkommen nicht beigetreten waren. Als Rechtshilfegesetz setzte es im Übrigen zu seiner – zeitlich am 1.1.1987 eingetretenen – Geltung Gegenseitigkeit voraus, verlangte also entsprechende Verfahrensregeln des anderen Staates. Am 18.6.2011 ist das AUG in seiner Fassung vom 19.12.1986 außer Kraft getreten. Es gilt seither in der Fassung vom 23.5.2011 (BGBl. 2011 I 898), → Rn. 205.

156 **31. Adoptionsvermittlungsgesetz.** Das Gesetz über die Vermittlung der Annahme als Kind und über das Verbot der Vermittlung von Ersatzmüttern (Adoptionsvermittlungsgesetz – AdVermiG) idF der Bekanntmachung vom 27.11.1989, in Kraft seit 1.12.1989 (BGBl. 1989 I 2016, 2017), ist die – durch das Gesetz zur Änderung des Adoptionsvermittlungsgesetzes vom 27.11.1989 (BGBl. 1989 I 2014) erfolgte – Neufassung des AdVermiG vom 2.7.1976 (→ Rn. 140). Das neue Gesetz enthielt vor allem eine Definition des Begriffs der Ersatzmutter und der **Ersatzmuttervermittlung** (§§ 13a und 13b AdVermiG). Letztere wurde untersagt (§ 13c AdVermiG) und das **Verbot mit Strafe** bewehrt mit einem abgestuften Strafrahmen für unentgeltliche, entgeltliche sowie gewerbs- und geschäftsmäßige Vermittlung (§ 14b AdVermiG). Ebenso wurde es untersagt, Ersatzmütter oder Bestelleltern durch öffentliche Erklärungen, insbesondere durch Zeitungsanzeigen oder Zeitungsberichte, zu suchen oder anzubieten (§ 13d AdVermiG); Verstöße gegen das Anzeigenverbot wurden als Ordnungswidrigkeiten qualifiziert (§ 14 Abs. 1 Nr. 2 AdVermiG). § 14a AdVermiG stellte den Kinderhandel durch gewerbliche Adoptionsvermittlung unter Strafe (→ Rn. 318).

157 **32. Kinder- und Jugendhilfegesetz.** Das Gesetz zur Neuordnung des Kinder- und Jugendhilferechts (Kinder- und Jugendhilfegesetz – KJHG) vom 26.6.1990 (BGBl. 1990 I 1163) idF der Bekanntmachung vom 15.3.1996 (BGBl. 1996 I 477), in Kraft getreten am 1.1.1991, löste das aus dem Jahre 1922 stammende RJWG (→ Rn. 81) ab, das idF der Bekanntmachung des **Gesetzes für Jugendwohlfahrt** (JWG) vom 25.4.1977 (BGBl. 1977 I 633, berichtigt 795) galt und ersetzte

[79] BVerfGE 57, 361 = NJW 1981, 1771.
[80] BVerfGE 71, 364 = NJW 1986, 1321.

es durch ein **präventiv orientiertes Leistungsgesetz,** das Eltern bei ihren Erziehungsaufgaben unterstützen und jungen Menschen das Hineinwachsen in die Gesellschaft erleichtern sollte.

Gesetzessystematisch wurde das Recht der Kinder- und Jugendhilfe in das Sozialgesetzbuch eingefügt – und zwar als **SGB VIII „Kinder- und Jugendhilfe".**[81]

Schwerpunkte der **Neuregelung des Kinder- und Jugendhilferechts** waren die Verstärkung der allgemeinen Angebote der Jugendarbeit und der Jugendsozialarbeit (§§ 11–15 KJHG – SGB VIII), die Verbesserung der Angebote zur Förderung der Familienerziehung und der Familienhilfen in besonderen Lebenssituationen (§§ 16–21 KJHG – SGB VIII), die Verbesserung der Angebote der Tagesbetreuung von Kindern (§§ 22–26 KJHG – SGB VIII), die gesetzliche Verankerung der ambulanten und teilstationären Erziehungshilfen (§§ 27–40 KJHG – SGB VIII). Verstärkt wurden zudem die Hilfen für junge Volljährige (§ 41 KJHG – SGB VIII). **158**

Das KJHG änderte zudem **wesentliche Vorschriften des BGB.** Sie betrafen insbesondere die Einsetzung des Jugendamtes als Pfleger eines nichtehelichen Kindes (§ 1709) sowie das Recht der Amtsvormundschaft über Minderjährige (§§ 1791a und 1791c; §§ 1838, 1849, 1850, 1851, 1851a). Das KJHG enthielt außerdem Änderungen des JGG, des FGG, des RPflG und des StGB. **159**

**33. Betreuungsgesetz.** Das Gesetz zur Reform des Rechts der Vormundschaft und Pflegschaft für Volljährige (Betreuungsgesetz – BtG) vom 12.9.1990 (BGBl. 1990 I 2002), in Kraft getreten am 1.1.1992, ersetzte – unter Abschaffung der Entmündigungsmöglichkeit – die Vormundschaft und Pflegschaft über Volljährige durch das Rechtsinstitut der **Betreuung** (§§ 1896 ff.). Einem Volljährigen wird seither statt eines Vormunds oder Gebrechlichkeitspflegers ein **Betreuer** bestellt, wenn er wegen Krankheit oder Gebrechen seine Angelegenheiten nicht mehr eigenständig besorgen kann (§ 1896 Abs. 1). **160**

Die Bestellung des Betreuers hat **keine Auswirkungen auf die Geschäftsfähigkeit** des Betroffenen. Diese beurteilt sich ebenso wie für Nichtbetreute nach § 104 Nr. 2. Die Einsetzung eines Betreuers schränkt deshalb die Möglichkeiten des Betreuten, am Rechtsverkehr teilzunehmen, nicht ein; nur ausnahmsweise kann zur Abwendung einer erheblichen Gefahr ein Einwilligungsvorbehalt des Betreuers angeordnet werden (§ 1903). **161**

In seinem Aufgabenbereich vertritt der **Betreuer** den Betreuten **gerichtlich und außergerichtlich** (§ 1902), in besonders wichtigen Angelegenheiten der Personensorge (ärztliche Maßnahmen, Unterbringung, Wohnungsauflösung) bedürfen seine Entscheidungen gerichtlicher Genehmigung (§§ 1904 ff.). Der Erhaltung der **Autonomie des Betreuten** – und damit der Verwirklichung eines wesentlichen Prinzips des Betreuungsrechts – dient die Pflicht des Betreuers, die Angelegenheiten des Betreuten nach dessen Wünschen und Vorstellungen zu erledigen (§ 1901). **162**

Mit Inkrafttreten des BtG wurden die **bisherigen Vormundschaften und Pflegschaften über Volljährige** zu Betreuungen nach dem neuen Gesetz (Art. 9 § 1 BtG). Für Betreuungssachen wurde ein **Verfahren der freiwilligen Gerichtsbarkeit** vor dem Vormundschaftsgericht eingeführt (§§ 65 ff. FGG), in dem der Betroffene ohne Rücksicht auf seine Geschäftsfähigkeit für prozessfähig galt (§ 66 FGG). Im **Gesetz** über die **Wahrnehmung behördlicher Aufgaben bei der Betreuung Volljähriger** (Betreuungsbehördengesetz – BtBG), eingeführt aufgrund des Art. 8 BtG, wurden die mit dem neuen Rechtsinstitut verbundenen Verwaltungsfragen geregelt. **163**

**34. Gesetz zur unterhaltsrechtlichen Berechnung von Aufwendungen für Körper- oder Gesundheitsschäden.** Durch das Gesetz vom 15.1.1991 (BGBl. 1991 I 46), in Kraft getreten am 23.1.1991, wurde **§ 1610a** in das Recht des **Verwandtenunterhalts** des **BGB** eingefügt mit der **gesetzlichen Vermutung,** dass die für Körper- oder Gesundheitsschäden bedingten Mehraufwendungen die hierfür empfangenen **Sozialleistungen** aufzehren. Die hierin zum Ausdruck kommende unterhaltsrechtliche Zuordnung der Sozialleistungen hat zur Folge, dass ihr Empfänger gegenüber dem Unterhaltsverpflichteten nicht länger die Beweislast dafür trägt, dass er die Sozialleistungen tatsächlich **zur Deckung der schadensbedingten Mehraufwendungen** benötigt. Die Regelung des § 1610a gilt auch für den Unterhalt getrenntlebender und geschiedener Ehegatten (§ 1361 Abs. 1 S. 1, § 1578a). **164**

**35. Gesetz zur Änderung adoptionsrechtlicher Fristen.** Durch das AdoptFristG vom 30.9.1991 (BGBl. 1991 I 1930), in Kraft getreten am 3.10.1991, wurde das für die neuen Bundesländer im Einigungsvertrag geschaffene Übergangsrecht für Adoptionen geändert.[82] Nach Art. 234 § 13 Abs. 4–6 EGBGB aF konnten **Annahmeverhältnisse,** die **unter** dem Recht der DDR ohne wirksame Einwilligung der Eltern begründet worden waren, **auf Antrag** eines Elternteils gerichtlich **165**

[81] Abdruck und Kommentierung des SGB VIII → 7. Aufl. nach § 1921.

[82] Anl. I Kap. III Sachgebiet B Abschnitt II Einigungsvertrag, BGBl. 1990 II 889 (949).

untersucht und rückgängig gemacht werden. Im Blick hatte man bei der Regelung vor allem die politisch motivierten Zwangsadoptionen.

166 Der Antrag auf Aufhebung solcher Adoptionen musste nach Art. 234 § 13 Abs. 4–6 EGBGB aF bis zum 2.10.1991 gestellt werden. Diese Frist erwies sich zur Aufklärung der einzelnen Schicksale und zur rechtzeitigen Stellung von Aufhebungsanträgen als zu kurz.[83] Die Antragsfrist wurde deshalb bis zum 2.10.1993 verlängert, zugleich wurden die Voraussetzungen für die Aufhebung von Annahmeverhältnissen in Art. 234 § 13 Abs. 4 und 5 EGBGB zusammengefasst und erweitert.

167 **36. Versorgungsausgleichs-Überleitungsgesetz.** Das Gesetz zur Überleitung des Versorgungsausgleichs auf das Beitrittsgebiet (Versorgungsausgleichs-Überleitungsgesetz – VAÜG) vom 25.7.1991 (BGBl. 1991 I 1606, 1702), in Kraft getreten am 1.1.1992,[84] stellte das Instrumentarium zur Durchführung des Versorgungsausgleichs für Scheidungen von Ehen zur Verfügung, bei denen in der DDR erworbene Anrechte zu berücksichtigen waren. Die Vorschriften regeln, welche Anrechte in den Ausgleich einzubeziehen sind, und wie sie zu bewerten sind.

168 **37. Adoptionsrechtsänderungsgesetz.** Durch das Gesetz zur Änderung adoptionsrechtlicher Vorschriften (Adoptionsrechtsänderungsgesetz – AdoptRÄndG) vom 4.12.1992 (BGBl. 1992 I 1974), in Kraft getreten am 12.12.1992, wurde das Adoptionsrecht des BGB durch Neufassung der §§ 1757, 1768 und § 1772 in drei Einzelfragen geändert. Zum einen kann seither der **Vorname** des Kindes bei der Annahme **geändert oder ergänzt** werden, wenn dies dem Wohle des Kindes entspricht, also nicht nur – wie nach zuvor geltendem Recht – wenn dies aus schwerwiegenden Gründen zum Wohle des Kindes erforderlich ist. Zum anderen wurde das **Verbot der Mehrfachadoption** auf Minderjährige beschränkt, eine Zweitadoption bei Volljährigen also nicht mehr ausgeschlossen. Schließlich wurde die **Volladoption eines Volljährigen** für unzulässig erklärt, wenn ihr überwiegende Interessen der Eltern des Anzunehmenden entgegen standen.

169 **38. Familiennamensrechtsgesetz.** Gesetz zur Neuordnung des Familiennamensrechts (Familiennamensrechtsgesetz – FamNamRG) vom 16.12.1993 (BGBl. 1993 I 2054), in Kraft seit 1.4.1994. Dringender Handlungsbedarf zur Neuregelung des Ehenamensrechts war entstanden, nachdem das BVerfG 1991 die subsidiäre Geltung des Mannesnamens als Ehename in § 1355 Abs. 2 S. 2 für unvereinbar mit dem Gleichberechtigungsgrundsatz des Art. 3 Abs. 2 GG erklärt und den Gesetzgeber verpflichtet hatte, das Ehenamensrecht neu zu regeln.[85]

170 Mit der Neufassung des § 1355 ist die **Pflicht** der Ehegatten zur Führung eines **gemeinsamen Familiennamens** entfallen. Dass die Namenseinheit gleichwohl weiterhin erwünscht ist, drückte der Gesetzgeber in der Formulierung aus, dass die Ehegatten einen gemeinsamen Familiennamen (Ehenamen) bestimmen **sollen.** Für den Fall, dass sie dies nicht tun, legt das Gesetz die zur Auswahl stehenden Namen und Namenskombinationen im Einzelnen fest und regelt insbesondere auch das Vorgehen bei der Bestimmung des Kindesnamens, wenn für dieses als Geburtsname kein gemeinsamer Ehename zur Verfügung stand. Bezüglich des **Familiennamens eines nichtehelichen Kindes** bestimmte § 1617, dass dieses den von der Mutter zur Zeit der Geburt geführten Namen erhielt.

171 **39. Erbrechtsgleichstellungsgesetz.** Das Gesetz zur erbrechtlichen Gleichstellung nichtehelicher Kinder (Erbrechtsgleichstellungsgesetz – ErbGleichG) vom 16.12.1997 (BGBl. 1997 I 2968; berichtigt am 17.3.1998, BGBl. 1998 I 524), in Kraft getreten am 1.4.1998, verwirklichte die rechtliche Gleichstellung von nichtehelichen und ehelichen Kindern insofern, als es die **erbrechtlichen Sonderregelungen** für das nichteheliche Kind **aufhob.** Dieses war nun nach dem Tod des Vaters in gleicher Weise wie ein eheliches Kind erbberechtigt. Mit dieser Gleichstellung wurde das Recht des nichtehelichen Kindes, von seinem Vater den vorgezogenen Erbausgleich in Geld zu verlangen, entbehrlich und die diesbezügliche Regelung aufgehoben. Für die vor dem 1.7.1949 geborenen Kinder blieb es bei der bisherigen Rechtslage (→ Rn. 204).

172 **40. Kindschaftsrechtsreformgesetz.** Mit dem Gesetz zur Reform des Kindschaftsrechts (Kindschaftsrechtsreformgesetz – KindRG) vom 16.12.1997 (BGBl. 1997 I 2942; berichtigt am 29.4.1998, BGBl. 1998 I 946), in Kraft getreten am 1.7.1998, wurde das Kindschaftsrecht des BGB **grundlegend erneuert.**[86]

173 **a) Nichteheliche Kinder.** Unter Aufgabe des jahrhundertelang Sinn und Richtigkeit beanspruchenden Paradigmas Nichtehelichkeit/Ehelichkeit sind eheliche und nichteheliche Kinder

---

83 Dazu *Weber* DtZ 1992, 10 (13); *Wolf* FamRZ 1992, 12 (14).

84 Das VAÜG ist Bestandteil des Renten-Überleitungsgesetzes (RÜG) vom 25.7.1991 (BGBl. 1991 I 1606) gewesen, in das es als Art. 31 VAÜG eingefügt worden ist.

85 BVerfGE 84, 9 = NJW 1991, 1602.

86 Überblick anlässlich der Einführung *Schwab/Wagenitz* FamRZ 1997, 1377.

insofern gleichgestellt worden, als die Tatsache des Verheiratetseins ihrer Eltern per se kein Differenzierungskriterium mehr darstellt für die Regelung ihrer rechtlichen Stellung in der Gesellschaft. So wurde die **Abstammung** – im zweiten Titel des Abschnitts über die Verwandtschaft – ohne die herkömmliche Differenzierung zwischen ehelicher und nichtehelicher Geburt geregelt (§§ 1591 ff.). Außerdem wurde die sorgerechtliche Zuständigkeit zwischen den Eltern eines nichtehelichen Kindes neu geregelt. Das – zunächst der Mutter allein zustehende – **Sorgerecht** konnte durch Erklärung von ihnen beiden oder auch durch Eheschließung als gemeinsames begründet werden (§§ 1626a ff.). Außerdem wurden die Rechte des Vaters des nichtehelichen Kindes insofern gestärkt, als im Fall von dessen **Adoption** auch seine Einwilligung erforderlich wurde (§ 1747). Aufgehoben wurde die Regelung der Adoption des eigenen nichtehelichen Kindes in § 1747 Abs. 3 sowie die zur **Legitimation nichtehelicher Kinder** durch nachfolgende Heirat der Eltern (§§ 1719–1740). Der Sinn dieser Regelungen – Herstellung des ehelichen Status des Kindes – hatte sich mit der Aufhebung der Differenzierung zwischen ehelicher und nichtehelicher Abstammung erübrigt.

**b) Abstammungsrecht.** Im Hinblick auf die sich ausbreitende Inanspruchnahme künstlicher Fortpflanzungstechniken war eine Definition der **Mutterschaft** notwendig geworden. Diese wurde in § 1591 aufgenommen: Mutter ist die Frau, die das Kind zur Welt bringt. In § 1592 regelte der Gesetzgeber dann zusammengefasst die Konstellationen, in denen die **Vaterschaft** eines Mannes anzunehmen ist. Zudem wurden die Rechte der **Mutter** und des **Kindes zur Anfechtung** der Vaterschaft erweitert und von bisherigen Beschränkungen – wie Ausschluss bei Ehebruch der Mutter – befreit (§§ 1600 ff.). Zur Herleitung des unbeschränkten Anfechtungsrechts des Kindes → Rn. 286. 174

**c) Sorgerecht.** Die einschneidende Neuregelung der elterlichen Sorge betraf das Sorgerecht **nach Scheidung.** Während dessen gemeinsame Beibehaltung bislang nur eine unter bestimmten Voraussetzungen gegebene Möglichkeit war → Rn. 143, bestimmte das KindRG nun den **Fortbestand des gemeinsamen** Sorgerechts der Eltern auch nach der Scheidung als Regel (§§ 1671 ff.). 175

Das **Umgangsrecht** des Kindes mit dem Elternteil, mit dem es nicht zusammenlebte, sah das Gesetz unabhängig davon, ob das Kind als eheliches oder nichteheliches geboren worden war, für beide Eltern gleichermaßen vor. Inhaltlich wurde es als subjektives **Recht des Kindes** ausgestaltet, dem die **Pflicht der Eltern** korrespondiert, Umgang mit ihrem Kind zu pflegen (§ 1684 Abs. 1). Außerdem erweiterte das KindRG den Personenkreis der Umgangsberechtigten auf Großeltern, Geschwister, Stief- und Pflegeeltern für den Fall, dass dies dem Wohl des Kindes entsprach (§ 1685). 176

**d) Namensrecht.** Namensrechtliche Änderungen brachte das KindRG insofern, als die Bestimmung des Geburtsnamens nicht mehr an die Differenzierung zwischen ehelicher und nichtehelicher Geburt anknüpfte, sondern an die Kriterien ‚Eltern ohne Ehename' und ‚gemeinsame oder alleinige Sorgeberechtigung der Eltern' (§§ 1617 ff.). 177

**41. Kindesunterhaltsgesetz.** Das Gesetz zur Vereinheitlichung des Unterhaltsrechts minderjähriger Kinder (Kindesunterhaltsgesetz – KindUG) vom 6.4.1998 (BGBl. 1998 I 666), in Kraft getreten am 1.7.1998, beseitigte im Unterhaltsrecht die Differenzierung zwischen nichtehelichen und ehelichen Kindern. Während eheliche Kinder nur den ihren persönlichen Verhältnissen entsprechenden Unterhalt geltend machen konnten, hatten nichteheliche Kinder zusätzlich die Möglichkeit gehabt, in einem vereinfachten Verfahren einen Titel auf Regelunterhalt zu erlangen. Durch das KindUG wurden nun die den Unterhaltsanspruch nichtehelicher Kinder speziell regelnden §§ 1615a ff. samt der auf ihnen basierenden **Regelunterhalts-Verordnung aufgehoben** (→ Rn. 111) und der Unterhalt **einheitlich für alle Kinder in §§ 1601 ff.** geregelt. 178

Ehelichen wie nichtehelichen Kindern wurde ein vereinfachtes Verfahren zur Geltendmachung des unterhaltsrechtlichen **Regelbetrages** zur Verfügung gestellt (§ 1612a). Die Regelbeträge waren in der **Regelbetrags-Verordnung** festgesetzt und wurden alle zwei Jahre der Nettolohnentwicklung angepasst. Entscheidende Neuerung war dabei, dass ein Unterhaltstitel, der auf einem Prozentsatz eines Regelbetrags basierte, automatisch an der zweijährigen Dynamisierung teilnahm. Zur Aufhebung der Verordnung → Rn. 194. 179

**42. Beistandschaftsgesetz.** Das Gesetz zur Abschaffung der gesetzlichen Amtspflegschaft und Neuordnung des Rechts der Beistandschaft (Beistandschaftsgesetz – BeistandschaftsG) vom 4.12.1997 (BGBl. 1997 I 2846; berichtigt am 18.6.1998, BGBl. 1998 I 1660), in Kraft getreten am 1.7.1998, hob die im Falle der Geburt eines nichtehelichen Kindes von Gesetzes wegen eintretende, das Sorgerecht der Mutter einschränkende Amtspflegschaft auf und bestimmte, dass staatliche Unterstützung nur noch auf Antrag eines Elternteils hin als **Beistandschaft** erfolgte (§ 1712). Mit dieser Regelung wurde zum Einen die Rechtseinheit in Deutschland weiter komplettiert – in der DDR und in den neuen Bundesländern galt für die Mutter eines nichtehelichen Kindes eine vergleichbare 180

Regelung nie. Zum Anderen wurde durch die geschlechtsneutrale Fassung und die Voraussetzung der Freiwilligkeit ein Stück Frauenemanzipation verwirklicht.

181 **43. Eheschließungsrechtsgesetz.** Gesetz zur Neuordnung des Eheschließungsrechts (Eheschließungsrechtsgesetz – EheschlRG) vom 4.5.1998 (BGBl. 1998 I 833), in Kraft getreten am 1.7.1998. Unter **Aufhebung des Ehegesetzes** vom 6.7.1938 stellte der Gesetzgeber die Normen über die Eheschließung wieder in das BGB ein und beseitigte damit ein aus der Zeit des Nationalsozialismus stammendes legislatives Relikt (→ Rn. 91). Inhaltliche Änderungen erfuhr das Eheschließungsrecht durch die Aufhebung des öffentlichen **Aufgebotes.** Abgesehen davon, dass dieses seine ursprüngliche Funktion, Dritten Gelegenheit zur Anmeldung von Ehehindernissen zu geben, längst verloren hatte, war es unter datenschutzrechtlichen Aspekten bedenklich geworden. Auch für die Aufrechterhaltung des **Eheverbotes der Schwägerschaft** sah der Gesetzgeber keinen Grund mehr; es wurde abgeschafft (vgl. § 1307). Vereinfacht wurden die **Rechtsfolgen fehlerhafter Eheschließungen.** Die ex tunc wirkende Nichtigkeit wurde beseitigt und als einzige Rechtsfolge die ex nunc wirkende **Aufhebung der Ehe** vorgesehen (§§ 1313 ff.). Zur Einführung dieser Rechtsfolge in nationalsozialistischer Zeit → Rn. 93.

182 Außer diesen, die ehegesetzlichen Normen betreffenden Änderungen führte das Gesetz **in § 1353 Abs. 1** den Hinweis auf die **gegenseitige Verantwortlichkeit** der Ehegatten füreinander ein, um eine Handhabe gegen die Eingehung von Scheinehen zu schaffen (vgl. § 1310 Abs. 1, § 1314 Abs. 2 Nr. 5). Außerdem hat das EheschlRG den schon lange als problematisch und unzeitgemäß empfundenen sog. **Kranzgeldparagraph** (§ 1300) **aufgehoben.**

183 **44. Betreuungsrechtsänderungsgesetz.** Das Gesetz zur Änderung des Betreuungsrechts sowie weiterer Vorschriften (Betreuungsrechtsänderungsgesetz – BtÄndG) vom 25.6.1998 (BGBl. 1998 I 1580), in Kraft getreten am 1.1.1999 (nur einige Folgeänderungen zum KindRG und EheschlRG bereits am 1.7.1998), brachte keine konzeptionelle Änderung des erst sechs Jahre alten Betreuungsrechts, sondern betraf in erster Linie Fragen der **Finanzierung.** Die **Kostentragung** wurde dahingehend geregelt, dass der Staatskasse für verauslagte Betreuungskosten nach sozialhilferechtlichen Grundsätzen der Rückgriff auf Einkommen, Vermögen und Nachlass des Betreuten offenstand (§§ 1908i, 1836c ff.). Den **Vergütungsanspruch des Betreuers** orientierte der Gesetzgeber an der beruflichen Qualifikation und der für die Tätigkeit aufgewendeten Zeit (§§ 1908i, 1836 ff.); zur Neuregelung → Rn. 192. Zudem beschränkte das Gesetz die Befugnisse des aufgrund einer **Vorsorgevollmacht** Bevollmächtigten entsprechend den Regeln des Betreuungsrechts (§ 1904 Abs. 2, § 1906 Abs. 5).

184 Änderungen brachte das BtÄndG auch im Recht der **Vormundschaft über Minderjährige** durch Beteiligung des Vaters eines nichtehelichen Kindes bei der Auswahl des Vormunds (§ 1779 Abs. 2), durch Erleichterung der Möglichkeit, Ehegatten gemeinsam zu Vormündern zu bestellen (§ 1775) uÄ.

185 **45. Minderjährigenhaftungsbeschränkungsgesetz.** In seinen wesentlichen Bestimmungen setzte das Gesetz zur Beschränkung der Haftung Minderjähriger (Minderjährigenhaftungsbeschränkungsgesetz – MHbeG) vom 25.8.1998 (BGBl. 1998 I 2487), in Kraft getreten am 1.1.1999, eine bundesverfassungsgerichtliche Vorgabe aus dem Jahre 1986[87] (→ Rn. 288) um und beschränkte die Haftung des volljährig Gewordenen für Verbindlichkeiten, die **durch Vertreterhandeln oder aus Erbfällen** während seiner Minderjährigkeit entstanden waren, auf den Bestand des bei Eintritt der Volljährigkeit vorhandenen Vermögens (§ 1629a). Außerdem wurde dem volljährig Gewordenen das Recht eingeräumt, aus einer Personengesellschaft oder Erbengemeinschaft auszuscheiden (§§ 723, 1629a Abs. 4).

186 **46. Gewaltächtungsgesetz.** Das Gesetz zur Ächtung der Gewalt in der Erziehung und zur Änderung des Kindesunterhaltsrechts vom 2.11.2000 (BGBl. 2000 I 1479), in Kraft getreten am 8.11.2000 beziehungsweise am 1.1.2001, fügte in § 1631 Abs. 2 die ausdrückliche Feststellung ein, dass Kinder ein Recht auf gewaltfreie Erziehung haben und konkretisierte die Unzulässigkeit zuwiderlaufender Erziehungsmaßnahmen. Außerdem änderte das Gesetz § 1612b Abs. 5. Um Kindern das unterhaltsrechtliche Existenzminimum zu sichern, unterblieb die Anrechnung von Kindergeld zugunsten des Unterhaltsschuldners, sofern dieser nicht 135% des Regelunterhalts zahlte.

187 **47. Lebenspartnerschaftsgesetz.** Das Gesetz über die Eingetragene Lebenspartnerschaft (Lebenspartnerschaftsgesetz – LPartG) = Art. 1 Gesetz zur Beendigung der Diskriminierung gleichgeschlechtlicher Gemeinschaften vom 16.2.2001 (BGBl. 2001 I 266), in Kraft getreten am 1.8.2001, regelte die gleichgeschlechtliche Lebenspartnerschaft weitgehend durch Verweis auf die eherechtli-

---

[87] BVerfGE 72, 155 = NJW 1986, 1859.

chen Vorschriften des BGB. Dass darin ein Verstoß gegen die in Art. 6 Abs. 1 GG verankerte Institutsgarantie der Ehe liegt, hat das Bundesverfassungsgericht mit der Mehrheit seiner Stimmen verneint.[88]

**48. Gewaltschutzgesetz.** Art. 1 Gesetz zur Verbesserung des zivilgerichtlichen Schutzes bei Gewalttaten und Nachstellungen sowie zur Erleichterung der Überlassung der Ehewohnung bei Trennung vom 11.12.2001 (BGBl. 2001 I 3513), in Kraft getreten am 1.1.2002, führte das **Gesetz zum zivilrechtlichen Schutz vor Gewalttaten und Nachstellungen** ein (Gewaltschutzgesetz – GewSchG). Art. 2 senkte in § 1361b die Schwelle für die Möglichkeit, die Ehewohnung bei Getrenntleben einem der Ehepartner zuzuweisen und machte die unbillige – und nicht wie früher die schwere – Härte zur Voraussetzung der Zuweisung. **188**

**49. Kinderrechteverbesserungsgesetz.** Das Gesetz zur weiteren Verbesserung von Kinderrechten (Kinderrechteverbesserungsgesetz – KindRVerbG) vom 9.4.2002 (BGBl. 2002 I 1239), in Kraft getreten am 12.4.2002, enthielt ua eine Neuregelung für die Einbenennung von Kindern, eine Ergänzung des § 1666a für den Fall, dass ein Elternteil bereits aus der Familienwohnung verwiesen war und bestimmte außerdem den **Ausschluss** des Rechts der Eltern zur **Vaterschaftsanfechtung** im Falle konsentierter heterologer **Insemination** (§ 1600 Abs. 4). **189**

**50. Schadensersatzänderungsgesetz.** Das Zweite Gesetz zur Änderung schadensersatzrechtlicher Vorschriften vom 19.7.2002 (BGBl. 2002 I 2674), in Kraft getreten am 1.8.2002, hat familienrechtliche Bedeutung wegen der darin vorgenommenen haftungsrechtlichen Besserstellung von **Kindern im Straßenverkehr.** Kinder zwischen sieben und zehn Jahren sind seither für von ihnen im Straßenverkehr verursachte Schäden grundsätzlich nicht verantwortlich (§ 828 Abs. 2). **190**

**51. Umgangsrechtsänderungsgesetz.** Das Gesetz zur Änderung der Vorschriften über die Anfechtung der Vaterschaft und das Umgangsrecht von Bezugspersonen des Kindes, zur Registrierung von Vorsorgeverfügungen und zur Einführung von Vordrucken für die Vergütung von Berufsbetreuern vom 23.4.2004 (BGBl. 2004 I 598), in Kraft getreten am 30.4.2004 beziehungsweise am 31.7.2004, führte – unter eng umschriebenen Voraussetzungen – für nichteheliche Väter das Recht ein, die bestehende rechtliche Vaterschaft eines anderen Mannes anzufechten (§ 1600 Abs. 1 Nr. 2). Außerdem erweiterte das Gesetz den Kreis der umgangsberechtigten Bezugspersonen des Kindes (§ 1685). **191**

**52. Zweites Betreuungsrechtsänderungsgesetz.** Das zweite Gesetz zur Änderung des Betreuungsrechts (Zweites Betreuungsrechtsänderungsgesetz – 2. BtÄndG) vom 21.4.2005 (BGBl. 2005 I 1073) regelte die Finanzierung der Betreuung neu und führte das Vormünder- und Betreuervergütungsgesetz – VBVG ein. Außerdem wurde die Bedeutung von Betreuungswünschen und Vorsorgevollmachten verstärkt. **192**

**53. Kinder- und Jugendhilfeweiterentwicklungsgesetz.** Das Gesetz zur Weiterentwicklung der Kinder- und Jugendhilfe (KICK) vom 8.9.2005 (BGBl. 2005 I 2729), in Kraft getreten am 1.10.2005, änderte verschiedene Bestimmungen des SGB VIII. Von familienrechtlicher Relevanz waren im Hinblick auf § 1666 die Konkretisierung des Schutzauftrages der Kinder- und Jugendhilfe bei Kindeswohlgefährdungen (§ 8a SGB VIII) und die Neuregelung der Voraussetzungen für die Inobhutnahme von Kindern und Jugendlichen (§ 42 SGB VIII). **193**

**54. Unterhaltsrechtsänderungsgesetz.** Gesetz zur Änderung des Unterhaltsrechts (Unterhaltsrechtsänderungsgesetz – UÄndG) vom 21.12.2007 (BGBl. 2007 I 3189), in Kraft getreten am 1.1.2008. Mit dem Ziel, dem Prinzip der nachehelichen Eigenverantwortlichkeit Nachdruck zu verleihen, akzentuierte das Gesetz die Unterhaltspflichten geschiedener Ehegatten neu. So wurde der **Unterhaltsanspruch wegen Betreuung** gemeinschaftlicher Kinder grundsätzlich auf die Dauer von **drei Jahren nach der Geburt** beschränkt – verlängerbar nur aus Billigkeitsgründen (§ 1570). Außerdem wurde für **sämtliche Unterhaltsansprüche** die Möglichkeit **zeitlicher wie höhenmäßiger Beschränkung** eingeführt (§ 1578b). Zur Förderung des Kindeswohls wurde die **Rangfolge** der Unterhaltsberechtigten geändert. Kinderbetreuende Elternteile wurden – unabhängig davon, ob sie mit dem Unterhaltspflichtigen verheiratet sind oder nicht – auf den zweiten Rang gesetzt, geschiedene Ehegatten grundsätzlich auf den dritten Rang verwiesen (§ 1609). Im Interesse des Kindeswohls gestärkt wurde der **Betreuungsunterhaltsanspruch der nicht verheirateten Mutter** – dieser wurde nach drei Jahren bereits bei einfacher Unbilligkeit verlängerbar (§ 1615l). Außerdem führte das Gesetz eine am steuerlichen Kinderfreibetrag orientierte Definition des **Kindesmindestunterhalts** ein und hob die **Regelbetrag-VO** auf. **194**

---

88 BVerfGE 105, 313 = NJW 2002, 2543.

195 **55. Gesetz zur Klärung der Vaterschaft unabhängig vom Anfechtungsverfahren.** Das Gesetz vom 26.3.2008 (BGBl. 2008 I 441), in Kraft getreten am 1.4.2008, führte **wechselseitige Ansprüche** des Vaters, der Mutter und des Kindes auf Einwilligung in eine **genetische Abstammungsuntersuchung** und auf Duldung der Entnahme einer genetischen Probe zur Klärung der leiblichen Abstammung ein (§ 1598a). Der Gesetzgeber setzte damit die Vorgabe des Bundesverfassungsgerichts (→ Rn. 290) um, ein Verfahren zur Verfügung zu stellen, das der Feststellung der Vaterschaft dient, ohne zugleich auch auf deren Anfechtung gerichtet zu sein.

196 **56. Gesetz zur Ergänzung des Rechts zur Anfechtung der Vaterschaft.** Um ausländerrechtlich motivierten missbräuchlichen Vaterschaftsanerkennungen entgegenwirken zu können, führte das Gesetz vom 13.3.2008 (BGBl. 2008 I 313, in Kraft getreten am 1.6.2008) ein **(landes)behördliches Vaterschaftsanfechtungsrecht** ein (§ 1600 Abs. 1 Nr. 5). Im Jahre 2013 erklärte das BVerfG die Anfechtungsberechtigung der Behörde für verfassungswidrig und nichtig.[89] Zur gesetzlichen Aufhebung der Regelung → Rn. 214.

197 **57. Gesetz zur Erleichterung familiengerichtlicher Maßnahmen bei Gefährdung des Kindeswohls.** Das Gesetz vom 4.7.2008 (BGBl. 2008 I 1188), in Kraft getreten am 12.7.2008, senkte die Schwelle für staatliches Eingreifen bei Gefährdung des Kindeswohls und erklärte **familiengerichtliche Maßnahmen unabhängig von den Gründen** für die Gefährdung des Kindeswohls für **zulässig** (§ 1666 Abs. 1). Außerdem konkretisierte das Gesetz die in Betracht kommenden familiengerichtlichen Maßnahmen (§ 1666 Abs. 3).

198 **58. Personenstandsrechtsreformgesetz.** Wichtige Neuerung dieses Gesetzes zur Reform des Personenstandsrechts (Personenstandsrechtsreformgesetz – PStRG) vom 19.2.2007 (BGBl. 2007 I 1122), im Wesentlichen in Kraft getreten am 1.1.2009, war die **Aufhebung der §§ 67, 67a PStG 1957,** in denen zwingend festgelegt war, dass die kirchliche Trauung der standesamtlichen nachzufolgen habe. Das staatliche Recht verbietet nun nicht mehr, die kirchliche Eheschließung vor der staatlichen vorzunehmen. Zur historischen Bedeutung der §§ 67, 67a PStG 1957 → Rn. 35.

199 **59. FGG-Reformgesetz.** Das Gesetz zur Reform des Verfahrens in Familiensachen und in den Angelegenheiten der freiwilligen Gerichtsbarkeit (FGG-Reformgesetz – FGG-RG) vom 17.12.2008 (BGBl. 2008 I 2585), in Kraft getreten am 1.9.2009, führte mit dem **FamFG** ein für sämtliche Familiensachen geltendes Verfahrensrecht ein und bereitete damit der durch die Hin- und Herverweise in ZPO und FGG unübersichtlich gewordenen Regelung des familiengerichtlichen Verfahrens ein Ende. Das FGG und das 6. Buch der ZPO wurden aufgehoben.

200 **60. Gesetz zur Strukturreform des Versorgungsausgleichs.** Das VAStRefG vom 3.4.2009 (BGBl. 2009 I 700), in Kraft getreten am 1.9.2009, ordnete an, Zusatzversorgungen der Ehegatten grundsätzlich zum Zeitpunkt der Scheidung real zu teilen. Damit entfiel, und das war das Hauptziel der Reform, die mit vielen Unzulänglichkeiten behaftete Umrechnung von Zusatzversorgungen in Rentenanwartschaften der Regelversicherungssysteme auf der Grundlage der BarwertVO. Im Übrigen nahm das Gesetz mit der Aufhebung der §§ 1587 ff. eine systematische Neuordnung vor. Der Versorgungsausgleich wurde aus dem BGB genommen und in einem eigenständigen Gesetz, dem **Gesetz über den Versorgungsausgleich** (VersAusglG) geregelt.

201 **61. Gesetz zur Änderung des Zugewinnausgleichs- und Vormundschaftsrechts.** Mit dem Ziel, den Grundgedanken des Zugewinnausgleichs „hälftige Teilhabe an dem während der Ehe erzielten Gewinn" effektiver durchzusetzen, änderte das Gesetz vom 6.7.2009 (BGBl. 2009 I 1696), in Kraft getreten am 1.9.2009, die Bestimmungen, die der wertschöpfenden Beteiligung der Ehegatten nicht hinreichend Rechnung trugen. Um den in der Schuldentilgung liegenden wirtschaftlichen Gewinn als Zugewinn erfassen zu können, wurde die Möglichkeit geschaffen, Anfangs- wie Endvermögen negativ anzusetzen (§ 1374 Abs. 3, § 1375 Abs. 1 S. 2). Außerdem erweiterte das Gesetz in § 1379 die Auskunftsansprüche der Ehegatten sowie die Möglichkeiten, unabhängig von einem Scheidungsverfahren güterrechtliche Maßnahmen zu ergreifen (§ 1385, § 1385). Ferner wurden die Regelungen zur Verteilung von Hausrat und Ehewohnung anlässlich von Trennung und Scheidung in das BGB integriert (§ 1361a, § 1361b, § 1568a, § 1568b) und die HausratsVO aufgehoben.

202 **62. Drittes Betreuungsrechtsänderungsgesetz.** Das Dritte Gesetz zur Änderung des Betreuungsrechts (Drittes Betreuungsrechtsänderungsgesetz – 3. BtÄndG) vom 29.7.2009 (BGBl. 2009 I 2286), in Kraft getreten am 1.9.2009, zielte auf die Sicherung und Gewährleistung des Selbstbestimmungsrechts des Betreuten im Bereich der medizinischen Versorgung. Diesem Ziel dient insbesondere die Einführung des § 1901a, der Betreuer und Bevollmächtigte ausdrücklich

[89] BVerGE 135, 48 = NJW 2014, 1364 = FamRZ 2014, 449 mAnm *Helms*.

verpflichtet, dem in einer Patientenverfügung niedergelegten Willen des Betreuten bezüglich der (Nicht-)Vornahme von medizinischen Maßnahmen Geltung zu verschaffen. Bei Fehlen einer – auf die aktuelle Situation zutreffenden – Verfügung haben sie den mutmaßlichen Willen des einwilligungsunfähigen Betreuten aus den konkreten Umständen zu ermitteln.

**63. Gesetz zur Änderung des Erb- und Verjährungsrechts.** Das Gesetz vom 24.9.2009 (BGBl. 2009 I 3142), in Kraft getreten am 1.1.2010, hob die dreißigjährige Sonderverjährung für familien- und erbrechtliche Ansprüche auf. Zur Vermeidung von Wertungswidersprüchen und praktischen Abwicklungsschwierigkeiten wurde die Verjährung dieser Ansprüche in das System der Regelverjährung des BGB integriert. **203**

**64. Zweites Gesetz zur erbrechtlichen Gleichstellung nichtehelicher Kinder.** Das Zweite Gesetz zur erbrechtlichen Gleichstellung nichtehelicher Kinder, zur Änderung der Zivilprozessordnung und der Abgabenordnung vom 12.4.2011 (BGBl. 2011 I 615), hinsichtlich des hier skizzierten Regelungsgegenstandes rückwirkend in Kraft getreten am 29.5.2009, erging in Reaktion auf die Entscheidung des EGMR vom 28.5.2009. In dieser war die erbrechtliche Differenzierung des deutschen Rechts zwischen vor und nach dem 1.7.1949 geborenen nichtehelichen Kindern (→ Rn. 171) für unzulässig erklärt worden. Der EGMR hatte in dem Ausschluss der vor dem 1.7.1949 geborenen Kinder von der gesetzlichen Erbfolge nach ihrem Vater einen Verstoß gegen das Diskriminierungsverbot des Art. 14 EMRK iVm Art. 8 EMRK gesehen. Dieser Ausschluss wurde durch das Gesetz aufgehoben. Gleichzeitig wurde nichtehelichen Kindern wegen der ihnen vor dem Inkrafttreten des Gesetzes entgangenen Erbschaften ein Ersatzanspruch gegen Bund und Länder zugebilligt, soweit diese an ihrer Stelle nach § 1936 Erbe geworden waren. **204**

**65. Auslandsunterhaltsgesetz.** Im Gesetz zur Geltendmachung von Unterhaltsansprüchen im Verkehr mit ausländischen Staaten (Auslandsunterhaltsgesetz – AUG) vom 23.5.2011 (BGBl. 2011 I 898) hat der deutsche Gesetzgeber das **internationale Unterhaltsverfahrensrecht** neu geordnet. Das am 18.6.2011 in Kraft getretene Gesetz ersetzt das AUG aus dem Jahr 1986 (→ Rn. 155). Anlass für die Neufassung war das Inkrafttreten der EuUnthVO am 18.6.2011 (→ Rn. 349).[90] Im AUG sind seither sämtliche Aus- und Durchführungsbestimmungen, die der Durchsetzung von grenzüberschreitend geltend gemachten Unterhaltsansprüchen dienen, gebündelt. Das AUG enthält insofern Bestimmungen, die nur innerhalb der Europäischen Union gelten – wie der Verzicht auf das Exequatur (→ Rn. 349) –, aber auch Bestimmungen, die völkerrechtliche Verträge wie die Haager Unterhaltsabkommen (→ Rn. 370) oder das UN-UnterhaltsÜ 1956 (→ Rn. 329 f.) durchsetzen und im Verhältnis zu Staaten außerhalb der EU gelten. Zentrale Behörde für die gerichtliche und außergerichtliche Geltendmachung von Unterhaltsansprüchen ist das **Bundesamt für Justiz.** **205**

**66. Gesetz zur Bekämpfung der Zwangsheirat.** Das Gesetz zur Bekämpfung der Zwangsheirat und zum besseren Schutz der Opfer von Zwangsheirat sowie zur Änderung weiterer aufenthalts- und asylrechtlicher Vorschriften vom 23.6.2011 (BGBl. 2011 I 1266), in Kraft getreten am 1.7.2011, führte mit § 237 StGB den **Straftatbestand** ‚Zwangsheirat' ein. Ziel der Androhung einer Freiheitsstrafe für den Fall der Nötigung zur Eheschließung ist der Schutz von Migrantinnen vor Zwangsverheiratung. Zum Schutz des Opfers einer Zwangsheirat wurde im AufenthG ein **Wiederkehrrecht** nach Deutschland verankert. Zur Zurückdrängung von **Scheinehen** wurde die für das eigenständige Aufenthaltsrecht eines Ehegatten erforderliche Mindestbestandszeit der ehelichen Lebensgemeinschaft von zwei auf drei Jahre erhöht. **206**

**67. Gesetz zur Änderung des Vormundschafts- und Betreuungsrechts.** Anlass des Gesetzes vom 29.6.2011 (BGBl. 2011 I 1306), in Kraft getreten hinsichtlich des hier skizzierten Regelungsgegenstandes am 6.7.2011, waren spektakuläre Fälle von Kindesmisshandlungen und -vernachlässigungen, die Kritik an der Handhabung der Amtsvormundschaften evozierten. Das Gesetz verankerte nun die Pflicht des Vormunds zum persönlichen Kontakt mit dem Mündel im BGB. Im Übrigen regelte es die Dokumentation und gerichtliche Beaufsichtigung des persönlichen Kontaktes zwischen Betreuer und Betreutem – auch dies soll der Sicherstellung des Kontaktes dienen. **207**

**68. Bundeskinderschutzgesetz.** Das Gesetz zur Stärkung eines aktiven Schutzes von Kindern und Jugendlichen (Bundeskinderschutzgesetz – BKiSchG) vom 22.12.2011 (BGBl. 2011 I 2975), in Kraft getreten am 1.1.2012, zielt auf die Verbesserung des präventiven wie intervenierenden Schutzes von Kindern und Jugendlichen. Es setzt hierbei vor allem auf die Schaffung von verbindlichen Netzwerkstrukturen zwischen Institutionen und Leistungsträgern im Kinderschutz und auf die Stär- **208**

---

[90] Sie erging gesetzestechnisch als Art. 1 Gesetz zur Durchführung der Verordnung (EG) Nr. 4/2009 und zur Neuordnung bestehender Aus- und Durchführungsbestimmungen auf dem Gebiet des internationalen Unterhaltsverfahrensrechts vom 23.5.2011 (BGBl. 2011 I 898).

kung der Kooperationsmöglichkeiten zwischen Jugendämtern und Angehörigen der Gesundheitsberufe.

209 **69. Gesetz über den Güterstand der Wahl-Zugewinngemeinschaft.** Das Gesetz zu dem Abkommen vom 4.2.2010 zwischen der Bundesrepublik Deutschland und der Französischen Republik über den Güterstand der Wahl-Zugewinngemeinschaft (WZGA) vom 13.3.2010 (BGBl. 2010 II 178), in Kraft getreten am 1.5.2013, führt die Wahl-Zugewinngemeinschaft als dritten – neben Gütertrennung und Gütergemeinschaft stehenden – **optionalen Güterstand** in das BGB ein. Gesetzestechnisch erfolgt die Einführung durch den Verweis des § 1519 auf die Regelungen des Abkommens.

210 **70. Gesetz zur Reform der elterlichen Sorge nicht miteinander verheirateter Eltern.** Das Gesetz zur Reform des Sorgerechts nicht miteinander verheirateter Eltern (SorgeRefG) vom 16.4.2013 (BGBl. 2013 I 795), in Kraft getreten am 19.5.2013, erweitert – in Reaktion auf die Entscheidungen des EGMR vom 3.12.2009[91] und des BVerfG vom 21.7.2010[92] – die Zugangsmöglichkeiten des nicht mit der Kindesmutter verheirateten Vaters zum elterlichen Sorgerecht. Dieses steht ihm und der Mutter gemeinsam zu, wenn sie entsprechende Sorgeerklärungen abgeben oder einander heiraten. Fehlt es an solch einvernehmlichem Handeln, überträgt das Familiengericht auf Antrag eines Elternteils die elterliche Sorge beiden Eltern gemeinsam, wenn dies dem Kindeswohl nicht widerspricht. Letzteres wird vermutet, wenn keine der Übertragung auf beide entgegenstehenden Gründe vorgetragen oder ersichtlich sind (§ 1626a Abs. 2). Das Verfahren regelt § 155a FamFG.

211 **71. Gesetz zur Stärkung der Rechte des leiblichen, nicht rechtlichen Vaters.** Das Gesetz zur Stärkung der Rechte des leiblichen, nicht rechtlichen Vaters vom 4.7.2013 (BGBl. 2013 I 2176), in Kraft getreten am 13.7.2013, trug der Kritik des EGMR an der Regelung des – vom vorherigen Bestehen einer sozial-familiären Beziehung abhängigen – Umgangsrechts des leiblichen Vaters mit seinem Kind Rechnung. Eingeführt wurde § 1686a, nach dem das Umgangsrecht des leiblichen Vaters im Falle des Bestehens einer rechtlichen Vaterschaft neben der Kindeswohldienlichkeit nur noch ein gezeigtes ernsthaftes Interesse an dem Kind voraussetzt.

212 **72. Gesetz zur Bekämpfung von Kinderehen.** Das Gesetz zur Bekämpfung von Kinderehen vom 17.7.2017 (BGBl. 2017 I 2429), in Kraft seit 22.7.2017, hebt das Eheschließungsalter ohne Ausnahme auf das 18. Lebensjahr an (§ 1301 S. 1). Eheschließungen von minderjährigen Personen sind seither mithin ausnahmslos verboten.[93]

213 **73. Gesetz zur Regelung des Rechts auf Kenntnis der Abstammung bei heterologer Verwendung von Samen.** Das Gesetz zur Regelung des Rechts auf Kenntnis der Abstammung bei heterologer Verwendung von Samen vom 17.7.2017 (BGBl. 2017 I 2513), in Kraft seit 1.7.2018, regelt die heterologe Samenübertragung mit dem Ziel, den auf diese Weise gezeugten Kindern die Durchsetzung ihres Rechts auf Abstammungskenntnis zu gewährleisten.[94] Zur Erreichung dieses Ziels legt das – neu eingeführte – **Samenspenderregistergesetz** (SaRegG)[95] den bei der Fortpflanzung eingeschalteten medizinischen Einrichtungen Dokumentationspflichten auf und gibt zugleich den per Samenspende gezeugten Kindern einen auf Bekanntgabe dieser Daten gerichteten Auskunftsanspruch. Eine gleichzeitig in Kraft getretene Änderung der Abstammungsvorschriften des BGB stellt, wenn das Kind unter Einhaltung der Vorgaben des SaRegG gezeugt worden ist, den **Samenspender** von der **rechtlichen Vaterschaft frei.** Dieser kann nur noch als genetischer Vater ermittelt, nicht aber auch als rechtlicher Vater festgestellt werden (§ 1600d Abs. 4; der bisherige § 1600d Abs. 4 ist § 1600d Abs. 5 geworden).[96]

214 **74. Gesetz zur besseren Durchsetzung der Ausreisepflicht.** Das Gesetz zur besseren Durchsetzung der Ausreisepflicht vom 20.7.2017 (BGBl. 2017 I 2780), in Kraft getreten am 29.7.2017, führte in § 1597a das **Verbot der missbräuchlichen Anerkennung der Vaterschaft** ein. Ziel des Verbotes ist, allein der Verschaffung von Aufenthaltsrechten dienende Vaterschaftsaner-

---

91 EGMR NJW 2010, 501.

92 BVerfG NJW 2010, 3008 = FamRZ 2010, 1403 mAnm *Luthin.*

93 Zu den Ungereimtheiten *Schwab* FamRZ 2017, 1369; *Hüßtege* FamRZ 2017, 1374; krit. aus rechtsvergleichender Sicht *Reuß* FamRZ 2019, 1.

94 Dazu *Grziwotz* notar 2018, 163; *Koch* NotBZ 2019, 20.

95 Gesetz zur Errichtung eines Samenspenderregisters und zur Regelung der Auskunftserteilung über den Spender nach heterologer Verwendung von Samen (SaRegG) = Art. 1 Gesetz zur Regelung des Rechts auf Kenntnis der Abstammung bei heterologer Verwendung von Samen vom 17.7.2017 (BGBl. 2017 I 2513).

96 Art. 2 Gesetz zur Regelung des Rechts auf Kenntnis der Abstammung bei heterologer Verwendung von Samen vom 17.7.2017 (BGBl. 2017 I 2513).

kennungen zu verhindern. Mittel zur Erreichung dieses Ziels sind die Aussetzung der Vaterschaftsbeurkundung und die Mitteilung des Missbrauchsverdachts an die zuständige Ausländerbehörde. Auch formal aus der Welt geschafft wurde durch das Gesetz vom 20.7.2017 das – 2013 für verfassungswidrig und nichtig erklärte – behördliche Vaterschaftsanfechtungsrecht → Rn. 196.

**75. Gesetz zur Einführung des Rechts auf Eheschließung für Personen gleichen Geschlechts.** Das Gesetz zur Einführung des Rechts auf Eheschließung für Personen gleichen Geschlechts vom 20.7.2017 (BGBl. 2017 I 2787), in Kraft getreten am 1.10.2017, enthält die wohl grundlegendste Änderung des Eherechts seit Inkrafttreten des BGB – gemäß § 1353 Abs. 1 S. 1 steht die Eingehung der Ehe nun auch gleichgeschlechtlichen Personen offen → Rn. 52, 222. In eingetragener Lebenspartnerschaft lebenden Paaren steht der Wechsel in die Ehe frei. Sehen sie davon ab, besteht die Lebenspartnerschaft zwischen ihnen weiter. Die Begründung einer solchen aber ist seit dem 1.10.2017 nicht mehr möglich. 215

## VII. Familienrecht und Grundgesetz

**1. Allgemeines.** Das Familienrecht ist durch zentrale Bestimmungen des Grundgesetzes geprägt. Von maßgeblicher Bedeutung sind Art. 6 GG, Art. 3 Abs. 2 GG und Art. 2 Abs. 1 GG, die in den Grundrechtskatalog aufgenommen sind und gemäß Art. 1 Abs. 3 GG Gesetzgebung, vollziehende Gewalt und Rechtsprechung als unmittelbar geltendes Recht binden. 216

**a) Prüfung durch die Gerichte.** Alle deutschen Gerichte haben das Recht und die Pflicht, die für ihre Entscheidung erheblichen Vorschriften, also auch die **familienrechtlichen,** auf ihre **Vereinbarkeit mit dem Grundgesetz** zu prüfen. Hält ein Gericht ein Gesetz, auf dessen Gültigkeit es bei seiner Entscheidung ankommt, für unvereinbar mit dem Grundgesetz, so hat es gemäß Art. 100 Abs. 1 GG das Verfahren auszusetzen und die Entscheidung des BVerfG einzuholen. Eine eigene Verwerfungskompetenz haben die Gerichte nur in Bezug auf **vorkonstitutionelles** Recht. Die Feststellung der Verfassungswidrigkeit förmlicher, nachkonstitutioneller Gesetze ist dem BVerfG vorbehalten. 217

Ein vor Inkrafttreten des Grundgesetzes am 24.5.1949 verkündetes Gesetz kann vom Gesetzgeber in der Weise zu einem **nachkonstitutionellen** gemacht worden sein, dass er es in seinen Willen aufgenommen und damit bestätigt hat. Dabei kann sich der Bestätigungswille aus dem Inhalt des Gesetzes selbst ergeben oder sich – bei Gesetzesänderungen – aus dem engen sachlichen Zusammenhang zwischen unveränderten und geänderten Normen erschließen. Die bloße Hinnahme einer gesetzlichen Regelung genügt dagegen nicht.[97] Im Hinblick hierauf wurde so der – gesellschaftlich längst obsolet gewordene und als lächerlich empfundene – Kranzgeldparagraph **(§ 1300)** als vorkonstitutionelles Recht qualifiziert[98] mit der Folge, dass es den ordentlichen Gerichten zustand, die Regelung wegen Verstoßes gegen Art. 3 Abs. 2 GG für verfassungswidrig und unanwendbar zu erklären.[99] Zur Aufhebung der Norm → Rn. 182. 218

**b) Auslegung.** Vor Vorlage an das BVerfG nach Art. 100 Abs. 1 GG hat das Gericht – neben der Entscheidungserheblichkeit der verfassungsrechtlichen Frage – zu prüfen, ob eine verfassungsgemäße Entscheidung des Rechtsstreits im Wege der Auslegung der Verfassung oder des einfachen Rechts möglich ist. Bei der Prüfung einfachen Rechts gilt das Gebot der **verfassungskonformen Auslegung.** Ein Gesetz ist nicht verfassungswidrig, wenn eine Auslegung möglich ist, die im Einklang mit dem Grundgesetz steht und das Gesetz bei dieser Auslegung sinnvoll bleibt, dh seine Funktion und seinen Zweck erfüllt.[100] Die verfassungskonforme Auslegung findet dort ihre Grenze, wo sie mit dem Wortlaut und dem klar erkennbaren Willen des Gesetzgebers in Widerspruch treten würde.[101] 219

**c) Drittwirkung der Grundrechte.** Von dem Problem der unmittelbaren Geltung der Grundrechte zu trennen ist die Frage, ob die Grundrechte unmittelbar auch zwischen den an **familienrechtlichen Verhältnissen Beteiligten** gelten. Dies ist ein Problem der sog. Drittwirkung der Grundrechte.[102] Grundrechte sind in erster Linie dazu bestimmt, die Freiheitssphäre des Einzelnen vor Eingriffen der öffentlichen Gewalt zu sichern; sie sind also primär Abwehrrechte des Bürgers 220

---

97 BVerfGE 70, 126 (129) = NJW 1986, 915 Ls.

98 BVerfG 32, 296 = FamRZ 1972, 195 mAnm *Bosch.*

99 So AG Münster FamRZ 1993, 707; gebilligt von BVerfG BeckRS 1993, 01691 = FamRZ 1972, 662.

100 BVerfGE 59, 360 (386) = NJW 1982, 1375 = FamRZ 1982, 463 Ls. mAnm *Fehnemann* FamRZ 1982, 763 zur Regelung der Schweigepflicht von Schulberatern gegenüber den Eltern im Schulverwaltungsgesetz Bremens.

101 BVerfGE 18, 97 (111) = NJW 1964, 1563 zur Regelung der steuerlichen Zusammenveranlagung von Eltern und Kindern in § 27 EStG.

102 Vgl. Maunz/Dürig/*Herdegen* GG Art. 1 Rn. 59 ff.

gegen den Staat.[103] Aus diesem Grund lehnen überwM und BVerfG es ab, den Grundrechten im Privatrecht unmittelbare Wirkung zuzuerkennen. Allerdings verkörpert sich in den Bestimmungen des Grundgesetzes eine objektive Wertordnung, die für alle Bereiche des Rechts gilt. Die Wertvorstellungen des Grundgesetzes müssen deshalb auch bei der Anwendung der ehe- und familienrechtlichen Vorschriften berücksichtigt werden. Dies ist vor allem möglich und geboten bei der Konkretisierung von Generalklauseln und Rechtsbegriffen, die der wertenden Auslegung bedürfen. Über diese „Einbruchstellen" entfalten die Grundrechte dann ihre **mittelbare Wirkung im Familienrecht.**[104]

221 **2. Art. 6 GG. a) Art. 6 Abs. 1 GG.** Die **zentrale Grundrechtsvorschrift** für den Bereich des Familienrechts ist Art. 6 Abs. 1 GG, wonach Ehe und Familie unter dem besonderen Schutz der staatlichen Ordnung stehen.

222 **aa) Begriffe.** Nach traditionellem Verständnis ist Ehe iSd Grundgesetzes die auf freiem Entschluss von Mann und Frau beruhende, unter Wahrung der vom Gesetz vorgesehenen Formen eingegangene Verbindung zu einer grundsätzlich unauflösbaren Lebensgemeinschaft.[105] Das Erfordernis der Geschlechtsverschiedenheit der Ehepartner hat der Gesetzgeber mit der Öffnung der Ehe für Personen gleichen Geschlechts mit Wirkung zum 1.10.2017 aufgegeben (BGBl. 2017 I 2787 → Rn. 52). Das ist insofern zur Recht auf Kritik gestoßen, als die Gegengeschlechtlichkeit ein konstitutives Merkmal des verfassungsrechtlichen Ehebegriffs ist[106] und die Öffnung der Ehe für gleichgeschlechtliche Paare einer Grundgesetzänderung bedurft hätte.[107] Der legislative Schnellschuss auf einfachgesetzlicher Ebene ist von daher verfassungswidrig. Mit einem allgemeinen Wandel des gesellschaftlichen Eheverständnisses lässt er sich jedenfalls nicht rechtfertigen. Abgesehen davon, dass ein solcher Wandel nicht ersichtlich ist, legitimierte er auch nicht die Ausweitung des verfassungsrechtlichen Ehebegriffs auf einfachgesetzlicher Ebene. Denn eine Änderung der gesellschaftlichen Anschauungen vermag als solche keinen Wandel der Verfassung herbeizuführen. Für einen solchen bedarf es vielmehr zunächst der Umsetzung der geänderten gesellschaftlichen Meinung nach dem hierfür im Grundgesetz vorgesehenen Verfahren (Art. 79 GG).

223 **Familie** iSd Art. 6 Abs. 1 GG ist die **Hausgemeinschaft** von Eltern und Kindern, seien diese volljährig oder minderjährig,[108] ehelich oder nichtehelich.[109] Auch die Gemeinschaft des (nichtehelichen) Kindes mit seiner Mutter oder seinem Vater allein[110] fällt unter den Schutzbereich des Art. 6 Abs. 1 GG, ebenso die des (rechtlich nicht anerkannten) biologischen Vaters mit seinem Kind.[111] Ebenso zählen Stief-, Adoptiv- und Pflegekinder zur Familie iSd Art. 6 Abs. 1 GG[112] und auch das in einer Mehrehe begründete Eltern-Kind-Verhältnis unterfällt dem verfassungsrechtlichen Schutz.[113] Das gleiche gilt für die sozial-familiäre Gemeinschaft, die der Lebenspartner zum Kind des anderen begründet hat.[114] Der verfassungsrechtliche Schutz erstreckt sich mithin, ohne nach der Ausgestaltung der juristischen Beziehung zwischen Eltern und Kindern zu differenzieren, allgemein auf die in häuslicher Lebens- und Erziehungsgemeinschaft geeinte – oder geeint gewesene, zwischenzeitlich zur sog Begegnungsgemeinschaft gewordene[115] – vollständige wie unvollständige[116] (Klein-)Familie. Nicht unter den Schutz des Art. 6 Abs. 1 GG fällt die sich über die Generationszugehörigkeit definierende (Groß-)Familie.

224 **bb) Bedeutung.** Das in Art. 6 Abs. 1 GG enthaltene verfassungsrechtliche Bekenntnis zu Ehe und Familie enthält zunächst eine **Institutsgarantie.** Das Grundgesetz sichert die Existenz von Ehe und Familie als Einrichtungen, also als Lebensordnungen und schützt den – deren Aufrechterhaltung sichernden – Kern des staatlichen Ehe- und Familienrechts vor Aufhebung. Hinsichtlich dessen Änderung steht dem Gesetzgeber nach allgM allerdings ein erheblicher Gestaltungsspielraum zu.

[103] BVerfGE 7, 198 (204 f.) = NJW 1958, 257.
[104] Vgl. BVerfGE 73, 261 (269) = NJW 1987, 827.
[105] BVerfGE 49, 286 (300) = NJW 1979, 595; BVerfGE 53, 224 (245) = NJW 1980, 689.
[106] So zuletzt BVerfGE 133, 377 (409) = NJW 2013, 2257; BVerfGE 121, 175 = NJW 2008, 3117 = FamRZ 2008, 1593.
[107] v. Mangoldt/Klein/Starck/*Robbers*, 7. Aufl. 2018, GG Art. 6 Rn. 38; *Jarass/Pieroth*, 15. Aufl. 2018, GG Art. 6 Rn. 4; BeckOGK BGB/*Erbarth* § 1353 Rn. 16; *Ipsen* NVwZ 2017, 1096; *Schmidt* NJW 2017, 2225; *Battes* Eherecht, 2018, 51 (56).
[108] BVerfGE 57, 170 (178) = NJW 1981, 1943.
[109] BVerfGE 10, 59 (66) = NJW 1959, 1483; BVerfG NJW 2019, 1793 = FamRZ 2019, 1061 mAnm *Helms*.
[110] BVerfGE 45, 104 (123) = NJW 1978, 33; BVerfGE 79, 256 (267) = NJW 1989, 891.
[111] BVerfGE 108, 82 (112) = NJW 2003, 2151; NJW-RR 2005, 153.
[112] BVerfGE 18, 97 (105) = NJW 1964, 1563; BVerfGE 68, 176 (187) = NJW 1985, 423.
[113] BVerwGE 71, 228 (231) = NJW 1985, 2097.
[114] BVerfGE 133, 59 (82) = NJW 2013, 847.
[115] BVerfGE 80, 81 (90, 95) = NJW 1989, 2195; BVerfG NVwZ 2002, 849.
[116] BVerfGE 61, 319 (342) = NJW 1983, 271; BVerfGE 112, 268 = NJW 2005, 2448.

So hielt das BVerfG die Abkehr des Ehescheidungsrechts vom Verschuldensprinzip und die Einführung des Zerrüttungsprinzips für verfassungsgemäß.[117] Eine Pflicht des Staates, eine gescheiterte Ehe als Zwangsgemeinschaft gegen den Willen eines Partners aufrechtzuerhalten, ließ sich, das war überwiegender Konsens geworden, aus der Institutsgarantie des Art. 6 Abs. 1 GG nicht herleiten. Lediglich die reine Fristenlösung, nach der nach Ablauf von fünf Jahren auch im Falle außergewöhnlicher Härte die Scheidung nicht länger zu versagen war, evozierte das Verdikt des BVerfG. Dieses sah hierin einen Verstoß gegen die staatliche Pflicht zum Schutz der Ehe.[118] Der Gesetzgeber beließ es daraufhin bei der Härteklausel ohne Beendigungsfrist (§ 1568). Die Regelung der Scheidungsfolgen, insbes. die unterhaltsrechtlichen und versorgungsausgleichsrechtlichen, hielt im Hinblick darauf, dass Art. 6 Abs. 1 GG die auf Lebenszeit geschlossene Ehe voraussetzt und von daher ein gewisses Maß an nachehelicher Verantwortlichkeit gebietet, der verfassungsrechtlichen Überprüfung stand.[119] Speziell zur Konkurrenz von Unterhaltsansprüchen geschiedener und neuer Ehegatten galt, dass der neuen Ehe grundsätzlich kein geringerer Schutz zukam als der vorhergehenden.[120] Gleichwohl hielt die damalige Regelung des Mangelfalls – in bestimmten Konstellationen Vorrang der Unterhaltsansprüche des geschiedenen Ehegatten (→ Rn. 123) – dem Prüfungsmaßstab des Art. 6 Abs. 1 GG stand.[121] 225

Die zivilgerichtliche Rspr. hat aus der Institutsgarantie des Art. 6 Abs. 1 GG das Recht eines Ehegatten auf deliktsrechtlichen Schutz des räumlich-gegenständlichen Bereichs der Ehe hergeleitet.[122] Gestattet ein Ehegatte einem Dritten die Anwesenheit in der Ehewohnung, so kann sich der Ehepartner mit (Schadensersatz-)Ansprüchen aus § 823 Abs. 1 bzw. mit (Unterlassungs- und Beseitigungs-)Ansprüchen aus § 1004 Abs. 1 analog sowohl gegenüber dem Dritten wie gegenüber dem Partner wehren (→ Rn. 73 f.). 226

Neben der Institutsgarantie beinhaltet Art. 6 Abs. 1 GG ein **Abwehr- und Freiheitsrecht** im Sinne der klassischen Grundrechte und gewährleistet als solches Schutz vor störenden Eingriffen des Staates in die Familie. Diesem negatorischen Schutz nach außen entspricht im Innenverhältnis das Recht, die ehelichen bzw. familiären Beziehungen eigenständig und selbstverantwortlich auszugestalten und zu regeln.[123] Damit schützt Art. 6 Abs. 1 GG auch die private Entscheidungsfreiheit der einzelnen Familienmitglieder und verstärkt insofern im familiären Zusammenhang das allgemeine Selbstbestimmungsrecht des Art. 2 GG.[124] 227

Über die Funktion als Institutsgarantie und Freiheitsrecht hinaus stellt Art. 6 Abs. 1 GG eine verbindliche **Wertentscheidung** für den gesamten Bereich des Ehe und Familie betreffenden privaten und öffentlichen Rechts dar.[125] Aus dieser Bedeutung des Art. 6 Abs. 1 GG als wertentscheidende Grundsatznorm ergibt sich für den Staat einmal das Verbot, selbst die Ehe zu schädigen oder sonst zu beeinträchtigen, zum andern erwächst dem Staat aus dieser Verfassungsbestimmung die Aufgabe, Ehe und Familie vor Beeinträchtigungen durch andere Kräfte zu bewahren und durch geeignete Maßnahmen zu fördern.[126] **Beeinträchtigungsverbot** und **Förderungsgebot** von Ehe und Familie haben wesentliche Auswirkungen vor allem im öffentlichen Recht. Um zu bestimmen, ob und welche Differenzierungen in einer Sachfrage gerechtfertigt sind, sind die Positionen Verheirateter den Positionen eingetragener Lebenspartner und Lediger bzw. die von Familienmitgliedern und Nicht-Familienmitgliedern gegenüberzustellen und wertend miteinander zu vergleichen. 228

Große Bedeutung hat das **Beeinträchtigungsverbot** im Zusammenhang mit aufenthaltsrechtlichen Fragen ausländischer Ehepartner oder Eltern(teile) erlangt. Bei der Güterabwägung zwischen den öffentlichen Interessen der Bundesrepublik Deutschland und den persönlichen Interessen des Ausländers kommt dem Schutz seiner ehelichen und familiären Beziehungen besonderes Gewicht zu. Dies hindert jedoch nicht die Ausweisung eines ausländischen Ehepartners aus generalpräventiven Gründen, wenn dieser eine besonders schwerwiegende Straftat begangen hat.[127] Auch kann einem adoptierten erwachsenen Ausländer die Aufenthaltserlaubnis versagt werden, 229

---

117 BVerfGE 53, 224 (245) = NJW 1980, 689.

118 BVerfGE 55, 134 (141) = NJW 1981, 108; offengeblieben in BVerfGE 53, 224 (250) = NJW 1980, 689.

119 BVerfGE 57, 361 (378) = NJW 1981, 1771; BVerfGE 53, 257 (289) = NJW 1980, 692; BVerfGE 63, 88 (109) = NJW 1983, 1417.

120 BVerfGE 55, 114 (128) = NJW 1981, 107; BVerfGE 108, 351 (365) = NJW 2003, 3466.

121 BVerfGE 66, 84 (95) = NJW 1984, 1523.

122 StRspr seit BGHZ 6, 360 = NJW 1952, 975.

123 BVerfGE 6, 55 (71) = NJW 1957, 417; BVerfGE 80, 81 (92) = NJW 1989, 2195.

124 BVerfGE 57, 170 (178) = NJW 1981, 170; BVerfGE 107, 27 (53) = NJW 2003, 2079.

125 BVerfGE 80, 81 (93) = NJW 1989, 2195.

126 BVerfGE 6, 55 (76) = NJW 1957, 417; BVerfGE 24, 104 (109) = NJW 1968, 1771; BVerfGE 32, 260 (267) = NJW 1972, 524.

127 BVerfGE 51, 386 (396) = NJW 1980, 514; BVerfG NVwZ 2004, 853.

wenn die Adoption nicht auf eine Lebens- oder Hausgemeinschaft angelegt ist.[128] Da es auf die tatsächlich gelebte Familiengemeinschaft ankommt,[129] verhält es sich anders, wenn ein Familienmitglied auf Hilfe angewiesen ist und das adoptierte Mitglied diese Hilfe tatsächlich regelmäßig erbringt.[130] In der Regel hintanzustellen sind einwanderungspolitische Belange des Staates, wenn es um die Verwirklichung der Lebensgemeinschaft eines ausländischen Vaters mit seinem (nichtehelichen) deutschen Kind geht.[131] Ein Recht auf Nachzug von Familienangehörigen gibt es nicht.[132] Von daher kann der Nachzug eines Ehegatten auch an Bedingungen wie einfache Deutschkenntnisse geknüpft werden.[133]

230 Unter dem Aspekt des Beeinträchtigungsverbots des Art. 6 Abs. 1 GG ist auch die Behinderung des Kontakts der Ehegatten während der Untersuchungs- oder Strafhaft eines von ihnen zu beurteilen. In diesem Zusammenhang ging es immer wieder um die Frage, ob und inwieweit Besuche des inhaftierten Ehegatten durch seinen Partner durch Trennscheiben oder Anwesenheit von Wachpersonal behindert werden dürfen.[134]

231 Beträchtliche Relevanz entfaltet das Beeinträchtigungsverbot auch in den Fällen ungleicher Behandlung verheirateter Paare bzw. eingetragener Lebenspartner und rechtlich nicht verbundener Paare im Steuerrecht,[135] im Versorgungsrecht oder bei der Vergabe öffentlicher (Sozial-)Leistungen.[136] So ist etwa die Beschränkung der Leistungspflicht der gesetzlichen Krankenkassen für eine künstliche Befruchtung auf verheiratete Paare für verfassungsgemäß erklärt worden.[137]

232 Das **Förderungsgebot** des Art. 6 Abs. 1 GG steht generell unter dem Vorbehalt des Möglichen und im Kontext anderweitiger Fördernotwendigkeiten.[138] Ein individualrechtlicher Anspruch auf bestimmte staatliche Leistungen oder Maßnahmen folgt aus dem Förderungsgebot von daher nicht, insbesondere ist der Staat nicht gehalten, jegliche die Familie treffende Belastung auszugleichen.[139] Ob die Pflicht des Staates, die Ehe zu fördern, es ausschließt, ein anderes Institut des Zusammenlebens mit gleichen Rechten und Pflichten auszustatten, war im Zusammenhang mit der Einführung des LPartG stark umstritten. Das BVerfG hatte die Frage mit dem Argument verneint, dass sich die zu regelnde Lebenseinrichtung an einen anderen Adressatenkreis richtete und damit keine Konkurrenz zur Institution der Ehe entstand.[140]

233 **cc) Schutzbereich.** Art. 6 Abs. 1 GG enthält als wesentlichen Bestandteil die **Eheschließungsfreiheit.** Darunter versteht man das Recht, die Ehe mit einem selbstgewählten Partner einzugehen, wenn beide Partner die entsprechenden Voraussetzungen des deutschen Rechts, die ihrerseits der Verfassung entsprechen müssen, erfüllen.[141] Die Eheschließungsfreiheit verlangt vom Staat äußerste Zurückhaltung bei der Festlegung der **Ehevoraussetzungen** und der Aufstellung von Ehehindernissen. Solche sind nur insoweit zulässig, als sie von Sachgründen gefordert werden, die aus einem für das Institut der Ehe wesentlichen Strukturelement erwachsen. Zeugungsfähigkeit oder Gebärfähigkeit sind bspw. keine Umstände, die zur Voraussetzung für eine Eheschließung gemacht werden könnten.[142] Der Staat ist auch nicht berechtigt, fürsorglich Ehen zu verhindern, deren Bestand etwa wegen extremer Altersunterschiede oder charakterlicher Mängel von vornherein fraglich erscheint oder bei denen mit großer Wahrscheinlichkeit schwere Nachteile für die Frau zu besorgen sind.[143] Ebenso ist es dem Staat verwehrt, von einem verheirateten Transsexuellen als

---

128 BVerfGE 80, 81 (90 ff.) = NJW 1989, 2195.
129 BVerfG NVwZ 2004, 606.
130 BVerfG NJW 1990, 895.
131 BVerfG NJW 1994, 3155; NVwZ 2002, 849.
132 BVerfGE 76, 1 (47 f.) = NJW 1988, 626.
133 BVerfG NVwZ 2011, 870; BVerwG NVwZ 2013, 515.
134 BVerfGE 42, 95 (100) = NJW 1976, 1311; BVerfGE 89, 315 (321) = NJW 1994, 1401; BVerfG NJW 1995, 1478. Zum Schriftverkehr zwischen Eltern und volljährigem Kind BVerfGE 57, 170 (177) = NJW 1981, 1943.
135 BVerfGE 6, 55 (76) = NJW 1957, 417; BVerfGE 18, 97 (105) = NJW 1964, 1563; BVerfGE 99, 246 = NJW 1999, 561; BVerfGE 114, 316 (333) = NJW 2005, 3556.
136 BVerfGE 22, 100 = NJW 1967, 1901; BVerfGE 28, 104 (112) = NJW 1970, 1176; BVerfGE 28, 324 (346) = NJW 1970, 1675; BVerfGE 55, 114 (128) = NJW 1981, 107; BVerfGE 75, 382 (392) = NJW 1988, 403.
137 BVerfGE 117, 316 = NJW 2007, 1343; BSG NJW 2015, 1903 = FamRZ 2015, 855.
138 BVerfGE 103, 242 (259) = NJW 2001, 1712.
139 StRspr seit BVerfGE 23, 258 (264) = BeckRS 1968, 103898; BVerfGE 107, 205 = NJW 2003, 1381; BVerfGE 110, 412 (445) = NJW-RR 2004, 1657.
140 BVerfGE 105, 313 (350) = NJW 2002, 2543.
141 BVerfGE 31, 58 (67, 78) = NJW 1971, 1509; BVerfGE 62, 323 (330) = NJW 1983, 511.
142 BVerfGE 49, 286 (300) = NJW 1979, 595.
143 BVerfGE 31, 58 (84) = NJW 1971, 1509.

Voraussetzung der rechtlichen Anerkennung seiner neuen Geschlechtszugehörigkeit die Scheidung seiner Ehe zu verlangen.[144]

Bei der Eheschließung eines **deutschen** mit einem **ausländischen Partner** bestimmen sich 234
gemäß **Art. 13 Abs. 1 EGBGB** die Voraussetzungen der Eheschließung nach dem jeweiligen Heimatrecht der Verlobten. Unter dem Gesichtspunkt des Art. 6 Abs. 1 GG ist dies **prinzipiell nicht zu beanstanden,** obwohl die kollisionsrechtliche Verweisung dazu führen kann, dass der deutsche Partner stärker in seiner Eheschließungsfreiheit beschränkt wird, als dies bei ausschließlicher Anwendung des deutschen Rechts der Fall wäre.[145] Bei Unvereinbarkeit des ausländischen Rechts mit der Eheschließungsfreiheit allerdings kommt deutsches Recht zur Anwendung (Art. 13 Abs. 2 EGBGB).[146]

Sog. **Zölibatsklauseln,** in denen vertraglich Heiratsverbote für die Dauer von Dienst- oder 235
Arbeitsverhältnissen vereinbart werden, sind wegen Verstoßes gegen die Wertentscheidung des Art. 6 Abs. 1 GG unzulässig. Das gilt idR auch in Fällen, in denen das Selbstbestimmungsrecht der Kirchen, das in Art. 140 GG iVm Art. 137 Abs. 3 WRV gewährleistet und dem Schutzgut des Art. 6 Abs. 1 GG grundsätzlich gleichwertig ist, tangiert ist.[147] Ebenso sind Klauseln in Erbverträgen, die die standesgemäße Eingehung einer Ehe (sog Ebenbürtigkeitsklauseln) als Bedingung für die Erbeinsetzung beinhalten, mit Art. 6 Abs. 1 GG nicht vereinbar, wenn sie bei der Eingehung der Ehe einen unzumutbaren Druck auf den eheschließungswilligen Erben ausüben.[148]

Die Entscheidung, **keine Ehe** einzugehen, wird nicht durch Art. 6 Abs. 1 GG, sondern **durch** 236
**Art. 2 Abs. 1 GG** geschützt.[149] In Art. 6 Abs. 1 GG geht es allein um den Schutz der Ehe. Dieser verlangt, den ungehinderten Zugang zu ihr zu gewährleisten und gewollte Eheschließungen nicht zu erschweren.[150] Art. 6 Abs. 1 GG garantiert aber nicht die allgemeine Entscheidungsfreiheit in Ehesachen an sich, schützt mithin nicht die Entscheidung, der Ehe fernzubleiben.

**Nichteheliche Lebensgemeinschaften** werden von dem Eheschutz des Art. 6 Abs. 1 GG 237
**nicht erfasst.**[151] Sie unterfallen dem Schutz des Art. 2 Abs. 1 GG, den allerdings jeder Partner als Ausfluss seiner allgemeinen Handlungsfreiheit individuell für sich beanspruchen muss.[152] Da die nichteheliche Lebensgemeinschaft zu einer gesellschaftlich allgemein akzeptierten Lebensform geworden ist, ist es auch juristisch selbstverständlich geworden, dass die Partner der nichtehelichen Lebensgemeinschaft den vollen Schutz derjenigen Rechtsvorschriften und Grundrechte genießen, deren Verwirklichung vom Bestehen der Ehe unabhängig ist. Im Übrigen liegt es innerhalb der dem Gesetzgeber obliegenden Gestaltungsbefugnis und verstößt daher auch nicht gegen Art. 3 Abs. 1 GG, wenn die mit vielfältigen Rechten und Pflichten verbundene förmliche Eheschließung andere Rechtsfolgen nach sich zieht als eine freie Partnerschaft.[153]

**b) Art. 6 Abs. 2 GG. aa) Individualrecht für jeden Elternteil.** Das Grundrecht zur Pflege 238
und Erziehung der Kinder steht als Individualrecht **jedem Elternteil** einzeln zu.[154] Durch Art. 6 Abs. 2 S. 1 GG ist das elterliche Sorgerecht ebenso wie das Umgangsrecht des nichtsorgeberechtigten Elternteils[155] verfassungsrechtlich geschützt. Das wirkt sich auch auf die Verpflichtungen des Sozialhilfeträgers aus: Ist der umgangsberechtigte Elternteil sozialhilfebedürftig, so gebietet Art. 6 Abs. 2 S. 1 GG, dass die Sozialleistungen die Durchführung einer einverständlich getroffenen Umgangsregelung ermöglichen, auch wenn diese über das im Streitfall gerichtlich durchsetzbare Maß hinausgeht.[156]

Träger des Grundrechts sind die **Eltern** des Kindes, wenn diese zur Zeit der Geburt **miteinan-** 239
**der verheiratet** sind. Der Schutz des Elternrechts aus Art. 6 Abs. 2 S. 1 GG endet nicht mit der Ehescheidung.[157] Deshalb sah das BVerfG in der Regelung des § 1671 Abs. 4 S. 1 aF, wonach ein

---

144 BVerfGE 121, 175 = NJW 2008, 3117 = FamRZ 2008, 1593.
145 BVerfGE 31, 58 (79) = NJW 1971, 1509; BVerwG 143, 369 = NJW 2012, 3461.
146 BGH NJW 1997, 2114.
147 BAG NJW 1957, 1688; 1980, 2211; BAG NJW 2012, 1099 zum Verbot der Wiederheirat nach Scheidung; → AGG § 10 Rn. 26.
148 BVerfG NJW 2004, 2008 – Hohenzollernentscheidung.
149 BVerfGE 56, 363 (384) = NJW 1981, 1201.
150 BVerfGE 29, 166 (175) = BeckRS 1970, 104617.
151 BVerfGE 112, 50 (67) = NJW 2005, 1413; vgl. BVerfGE 9, 20 (34) = NJW 1959, 283; BVerfGE 36, 146 (165) = NJW 1974, 545.
152 BVerfGE 82, 6 (16) = NJW 1990, 1593.
153 BVerfG NJW 1984, 114; BVerfGE 117, 316 (327) = NJW 2007, 1343; BSG NJW 2015, 1903 = FamRZ 2015, 855.
154 BVerfGE 47, 46 (76) = NJW 1978, 807.
155 BVerfGE 31, 194 (206) = NJW 1971, 1447; BVerfG FamRZ 2007, 335; 2007, 531.
156 BVerfG NJW 1995, 1342.
157 BVerfGE 56, 363 (382) = NJW 1981, 1201.

gemeinsames Sorgerecht geschiedener Ehegatten auch dann ausgeschlossen war, wenn sie willens und geeignet waren, die Elternverantwortung weiterhin gemeinsam auszuüben, einen Verstoß gegen Art. 6 Abs. 2 S. 1 GG und erklärte die Vorschrift für nichtig.[158]

**240** Lange Zeit umstritten waren die elterlichen Rechte des nicht mit der Mutter verheirateten Vaters. Dass neben der Mutter[159] auch dem **Vater eines nichtehelichen Kindes** das Elternrecht aus Art. 6 Abs. 2 S. 1 GG zukommt – und zwar generell und nicht nur in einzelnen Beziehungen –, ist verfassungsgerichtlich im Jahr 1995 anerkannt worden.[160] Das BVerfG hielt den Gesetzgeber damals allerdings nicht für verpflichtet, Eltern, die sich bewusst gegen eine rechtsverbindliche Ausgestaltung ihrer Beziehung entscheiden, ein gemeinsames Sorgerecht zuzubilligen.[161] Auch die Regelung des § 1626a, nach der nicht miteinander verheiratete Eltern das der Mutter allein zustehende Sorgerecht nur einvernehmlich in ein gemeinsames umwandeln konnten, wurde zunächst für verfassungsgemäß gehalten.[162] Im Jahre 2010 hat das BVerfG das anders gesehen und die Abhängigkeit des väterlichen Zugangs zur elterlichen Sorge vom Willen der Mutter – unter Ausschluss einer gerichtlichen Überprüfungsmöglichkeit – als Verletzung des dem Vater nach Art. 6 Abs. 2 GG zustehenden Elternrechts gerügt.[163] In diesem Sinne hatte auch der EGMR entschieden, als er im Dezember 2009 die Regelung des § 1626a BGB als – gegen Art. 14 EMRK iVm Art. 8 EMRK verstoßende – Diskriminierung der deutschen Väter nichtehelicher Kinder beim Zugang zur elterlichen Sorge qualifizierte.[164] Zur zwischenzeitlich erfolgten Änderung der Regelung → Rn. 210.

**241** Eltern iSd Art. 6 Abs. 2 GG sind auch **Adoptiveltern.**[165] Gleichgeschlechtliche **Lebenspartner** sind Eltern iSd Art. 6 Abs. 2 GG, wenn beide – durch Abstammung bzw. Adoption – mit dem Kind rechtlich verwandt sind; allein das soziale Elternverhältnis begründet keine verfassungsrechtliche Elternschaft.[166] Ob **Pflegeeltern** Träger des Grundrechts aus Art. 6 Abs. 2 S. 1 GG sein können, ist umstritten; das BVerfG hat diese Frage ausdrücklich dahingestellt sein lassen.[167] Die rechtliche **Anerkennung der Vaterschaft** begründet hingegen die verfassungsrechtliche Elternschaft unabhängig von der biologischen Vaterschaft des Anerkennenden.[168] **Vormund und Pfleger iSd §§ 1909 ff.** können sich auf Art. 6 Abs. 2 GG berufen, soweit sie an Stelle der Eltern für die Erziehung und Pflege des Kindes verantwortlich sind.[169] Den **Kindern** selbst steht aus Art. 6 Abs. 2 GG kein Grundrecht zu,[170] als individuelle Personen sind sie allerdings als Träger anderer Grundrechte zu berücksichtigen (→ Rn. 286 ff.).[171]

**242** **bb) Inhalt und Umfang des Elternrechts.** Art. 6 Abs. 2 GG garantiert den Eltern Vorrang, Eigenständigkeit und Selbstverantwortlichkeit bei der Pflege und Erziehung der Kinder und überlässt ihnen die freie Entscheidung darüber, wie sie ihrer Verantwortung nachkommen wollen. Der Staat hat den Willen der Eltern selbst dann zu respektieren, wenn dieser einer den Fähigkeiten des Kindes bestmöglichen Förderung entgegensteht.[172]

**243** Der in Art. 6 Abs. 2 GG normierte Vorrang der Eltern gebietet auch eine **bevorzugte Berücksichtigung** der Familienangehörigen bei der Auswahl von **Pflegern** und **Vormündern,** sofern keine Interessenkollision besteht oder der Zweck der Fürsorgemaßnahme nicht aus anderen Gründen die Bestellung eines Dritten verlangt.[173] In diesen Grenzen sind auch bei der Bestellung von Interessenvertretern für künftige Kinder zunächst die Eltern heranzuziehen.[174] Zudem folgt aus der vorrangigen Verantwortlichkeit der Eltern, dass deren Umgangsrecht Vorrang vor dem sonstiger Bezugspersonen hat.[175]

---

158 BVerfGE 61, 358 (371) = NJW 1983, 101.
159 BVerfGE 24, 119 (135) = NJW 1968, 2233.
160 BVerfGE 92, 158 (176) = NJW 1995, 2155 = FamRZ 1995, 789.
161 BVerfGE 56, 363 (383 ff.) = NJW 1981, 1201.
162 BVerfGE 107, 150 (169) = NJW 2003, 955.
163 BVerfGE 127, 132 (147) = NJW 2010, 3008 = FamRZ 2010, 1403 mAnm *Luthin.*
164 EGMR NJW 2010, 501 = FamRZ 2010, 103.
165 BVerfGE 24, 119 (150) = NJW 1968, 2233.
166 BVerfGE 133, 59 (81) = NJW 2013, 847.
167 BVerfG NJW 1994, 183.
168 BVerfG NJW 2014, 1364.
169 BVerfGE 34, 165 (200) = NJW 1973, 133; vgl. andererseits aber BVerfGE 10, 302 (328) = NJW 1960, 811.
170 BVerfGE 28, 104 (112) = NJW 1970, 1176.
171 BVerfGE 37, 217 (252) = NJW 1974, 1609; BVerfGE 55, 171 (179) = NJW 1981, 217; BVerfGE 56, 363 (383) = NJW 1981, 1201.
172 BVerfGE 60, 79 (94) = NJW 1982, 1379.
173 BVerfG NJW 2009, 1133 mangelnde Berücksichtigung der Großeltern bei der Vormundbestellung verstößt gegen Art. 6 Abs. 1 GG.
174 BVerfGE 33, 236 (238) = BeckRS 1972, 00469.
175 BVerfG FamRZ 2007, 335 = BeckRS 2006, 25323.

Das **Elternrecht ist umfassend.** Es ergreift die gesamte körperliche, seelisch-geistige und weltanschaulich-religiöse Entwicklung des Kindes zu einer eigenständigen Persönlichkeit. Es unterliegt allerdings einer starken **Pflichtenbindung.** Das Grundrecht aus Art. 6 Abs. 2 GG unterscheidet sich von allen anderen Grundrechten durch die unlösliche Verknüpfung des Rechts zur Pflege und Erziehung mit der Pflicht hierzu. Diese Pflicht ist nicht nur eine das Recht begrenzende Schranke, sondern wesensbestimmender Bestandteil des Elternrechts.[176] Da es zum Verantwortungsbereich der Eltern gehört, die Rechte ihrer Kinder dem Staat oder Dritten gegenüber zu schützen, gebietet Art. 6 Abs. 2 S. 1 GG auch, Eltern im Jugendstrafverfahren frühzeitige Beteiligungsmöglichkeiten zu geben. Vorschriften, die dies verhindern, sind verfassungswidrig.[177] 244

**cc) Grenzen.** Inhalt und weiter Umfang bringen das elterliche Erziehungsrecht in Konkurrenz zu den Grundrechten des Kindes, insbesondere zu dem diesem nach Art. 2 Abs. 1 GG iVm Art. 1 GG zustehenden **Persönlichkeitsrecht** (→ Rn. 286 ff.).[178] Im Konfliktfall ist die besondere Struktur des Elternrechts zu beachten. Mit abnehmender Pflege- und Erziehungsbedürftigkeit sowie zunehmender Selbstbestimmungsfähigkeit des Kindes nämlich werden die im Elternrecht wurzelnden Befugnisse – bis hin zu deren Erlöschen bei Volljährigkeit – zurückgedrängt.[179] Im Übrigen dürfen die kraft elterlichen Bestimmungs- und Vertretungsrechts getroffenen Maßnahmen nicht so nachwirken, dass den Kindern bei Erreichen der Volljährigkeit die Möglichkeit genommen ist, ihr Leben selbstbestimmt zu gestalten. Mit der Beschränkung der Minderjährigenhaftung in § 1629a und dem Kündigungsrecht in § 723 ist insoweit dem Persönlichkeitsrecht der Kinder Rechnung getragen worden (→ Rn. 185, 288).[180] 245

Auch die **allgemeine Schulpflicht** beschränkt das in Art. 6 Abs. 2 S. 1 GG gewährleistete elterliche Bestimmungsrecht über die Erziehung des Kindes. Die Zulässigkeit dieser Beschränkung ergibt sich aus dem in **Art. 7 Abs. 1 GG** statuierten **Erziehungsauftrag des Staates.** Da dieser dem elterlichen Erziehungsrecht gleichgeordnet ist,[181] können schulische und familiäre Erziehung in Konflikt miteinander geraten. Dabei ist die Zulässigkeit der schulischen Sexualerziehung[182] zwischenzeitlich kaum ein Thema mehr, umso umstrittener sind Fragen der **weltanschaulich-religiösen Beeinflussung** der Kinder in der Schule geworden. In diesem Zusammenhang hat das BVerfG in der Anbringung von Kruzifixen in den Unterrichtsräumen staatlicher Schulen einen Verstoß gegen das elterliche Erziehungsrecht in Glaubens- und Weltanschauungsfragen (Art. 4 Abs. 1 GG iVm Art. 6 Abs. 2 S. 1 GG) gesehen.[183] Ob in gleicher Weise das Tragen eines Kopftuches durch eine muslimische Lehrerin das Recht der Eltern tangiert, ihre Kinder von ihnen unrichtig erscheinenden Glaubensinterpretationen fernzuhalten, wird kontrovers diskutiert. Das BVerfG hat das – wenig überzeugend – mit der Begründung verneint, dass das Erziehungsrecht der Eltern im schulischen Bereich durch den staatlichen Bildungs- und Erziehungsauftrag ohnehin eingeschränkt ist und die negative Glaubensfreiheit keine Verschonung von der Konfrontation mit religiös konnotierter Bekleidung von Lehrkräften garantiert. Dass von der Bekleidung ein gezielter beeinflussender Effekt ausgeht, vermochte das BVerfG nicht festzustellen, weil – auch das ist wenig plausibel – die Kleidung eines Lehrers erkennbar eine dem Staat nicht zurechenbare individuelle Grundrechtsausübung darstelle.[184] Gewahrt wird das Elternrecht auf dem Gebiet des Schulwesens dadurch, dass Eltern ein **Anspruch auf Information** über schulische Vorgänge, die Einfluss auf ihr Erziehungskonzept haben können, zugebilligt wird.[185] Ein Mitspracherecht, etwa bei der organisatorischen Gliederung von Schulen und Ausbildungsgängen oder bei der Festlegung von Unterrichtszielen, haben die Eltern nicht.[186] 246

---

176 BVerfGE 24, 119 (143) = NJW 1968, 2233; BVerfGE 56, 363 (382) = NJW 1981, 1201; BVerfGE 79, 203 (210) = NJW 1989, 1275.

177 BVerfGE 107, 104 = NJW 2003, 2004 zu § 51 Abs. 2 JGG.

178 BVerfGE 72, 155 (170) = NJW 1986, 1859.

179 BVerfGE 59, 360 (382) = NJW 1982, 1375; BVerfGE 72, 122 (137) = NJW 1986, 3129.

180 BVerfGE 72, 155 (167) = NJW 1986, 1859.

181 BVerfGE 138, 296 Rn. 106 = NJW 2015, 1359; BVerfGE 96, 288 (303) = NJW 1998, 131; BVerfGE 108, 282 = NJW 2003, 3111.

182 BVerfGE 47, 46 = NJW 1978, 807; BVerfG NJW 2009, 3151 zum Verstoß gegen die Schulpflicht wegen Nichtteilnahme an Veranstaltungen zum Thema sexueller Missbrauch.

183 BVerfGE 93, 1 (15) = NJW 1995, 2477. Zur Ausrichtung des Gesamtcharakters der Schule an christlichen Grundsätzen BVerfGE 41, 29 (44) = NJW 1976, 947; BVerfGE 41, 65 (77); zum Schulgebet BVerfGE 52, 223 (235) = NJW 1980, 575.

184 BVerfGE 138, 296 Rn. 106 = NJW 2015, 1359; BVerfGE 108, 282 = NJW 2003, 3111. In beiden Fällen war nicht das Elternrecht Gegenstand des Verfahrens, sondern die Glaubensfreiheit der Lehrerin und ihr Zugang zum öffentlichen Dienst.

185 BVerfGE 59, 360 (376, 381) = NJW 1982, 1375.

186 BVerfGE 34, 165 (182) = NJW 1973, 133; BVerfGE 45, 400 (415) = NJW 1977, 1723; BVerfGE 53, 185 (196) = NJW 1980, 2403.

247 Auch in der Einführung der Neuregelung der deutschen **Rechtschreibung im Schulunterricht** hat das BVerfG keinen unzulässigen Eingriff in das Elternrecht aus Art. 6 Abs. 2 S. 1 GG gesehen. Die Bestimmung der Grundlagen des Rechtschreibeunterrichts nämlich seien, so die Begründung, seit Einführung der allgemeinen Schulpflicht vornehmlich Aufgabe von Staat und Schule gewesen, weshalb elterliche Erziehungspläne durch die Unterrichtung des Kindes in einer bestimmten Schreibweise nicht in verfassungsrechtlich relevanter Art tangiert sein könnten.[187]

248 **dd) Wächteramt.** Handlungen, mit denen sich die Eltern ihrer Verantwortung entziehen, insbesondere ein **Missbrauch des Erziehungsrechts** oder die **Vernachlässigung des Kindes,** werden nicht von dem Grundrecht aus Art. 6 Abs. 2 S. 1 GG gedeckt.[188] Wenn Eltern in dieser Weise versagen, greift das **Wächteramt des Staates** ein. Der Staat ist berechtigt und verpflichtet, dafür zu sorgen, dass die Entwicklung des Kindes durch einen Missbrauch des Elternrechts oder eine Vernachlässigung des Kindes keinen Schaden leidet.[189] Seine Eingriffsmöglichkeiten sind im Hinblick auf den Grundsatz der Verhältnismäßigkeit allerdings auf das begrenzt, was nach Art und Ausmaß des Versagens der Eltern im Interesse der Entwicklung des Kindes geboten ist. Im BGB konkretisier **§ 1666** für diesen Fall die aus dem staatlichen Wächteramt fließenden Rechte und Pflichten und stellt das verfassungsrechtlich allein relevante Kindeswohl in den Mittelpunkt der Regelung.

249 Auch wenn sich die Eltern bei Trennung oder Scheidung über die **Verteilung der Elternrechte und -pflichten** nicht einigen können, muss der Staat aufgrund seines Wächteramtes für eine Regelung Sorge tragen, die dem Kindeswohl am besten entspricht.[190] Während man hier zunächst annahm, dass dies ausnahmslos die Übertragung des Sorgerechts auf einen Elternteil allein erfordere und diese Regelung zwingend vorsah (§ 1671 Abs. 4 S. 1 aF), hat sich das Einschätzungspendel zwischenzeitlich in die andere Richtung bewegt. Seit 1998 gilt, dass die Eltern im Falle der Trennung und Scheidung das Sorgerecht grundsätzlich gemeinsam behalten und dieses nur ausnahmsweise einem allein übertragen werden kann (§ 1671).

250 **c) Art. 6 Abs. 3 GG.** Art. 6 Abs. 3 GG sichert die Elternverantwortung gegen staatliche Maßnahmen, die Kinder zugunsten der Begründung staatlichen Erziehungseinflusses von ihrer Familie trennen. Die Bestimmung, die in ihrer Grundtendenz durch die Erfahrungen der nationalsozialistischen Zeit motiviert ist, will die Wegnahme der Kinder von ihren Eltern zum Zwecke einer staatlichen Zwangserziehung verhindern.[191]

251 **Trennung** von der Familie ist die faktische Wegnahme des Kindes aus der häuslichen Familiengemeinschaft bei grundsätzlichem Fortbestand des Eltern-Kind-Verhältnisses und der aus diesem resultierenden Rechte und Pflichten.[192]

252 **Erziehungsberechtigte** sind die Eltern iSd Art. 6 Abs. 2 S. 1 GG. Im Hinblick darauf, dass Art. 6 Abs. 3 GG einen speziellen Fall des Eingriffs in das elterliche Erziehungsrecht regelt, gibt es keinen Grund, den Kreis der Grundrechtsträger generell weiter zu ziehen als in Art. 6 Abs. 2 GG. Nur ausnahmsweise kann anderes gelten, so etwa wenn zu Pflegeeltern eine gewachsene Familienbeziehung iSd Art. 6 Abs. 1 GG besteht. In diesem Fall ist Abs. 3 auch in Bezug auf die sozialen Eltern zu berücksichtigen.[193]

253 Bei der Entscheidung über die **Herausnahme** des Kindes **aus einer Pflegefamilie** kann es zu einer Kollision der Interessen zweier Grundrechtsträger kommen. Den natürlichen Eltern steht nämlich der Schutz des Art. 6 Abs. 3 GG nicht nur im Augenblick der Trennung der Kinder von der Familie zu, sondern er gebührt ihnen auch dann, wenn es um die Aufrechterhaltung dieses Zustandes geht. Andererseits muss hier Art. 6 Abs. 3 GG auch auf Seiten der Pflegeeltern berücksichtigt werden, wenn das Kind von ihnen, und das heißt aus seiner sozialen Familie, herausgenommen werden soll. Bestimmend bei der Lösung dieses Konfliktes muss das Kindeswohl sein.[194]

254 Die vom BVerfG offen gelassene Frage,[195] ob **auch** das **Kind** Träger des Grundrechts aus Art. 6 Abs. 3 GG ist und einen Rechtsanspruch auf Verbleiben in der Familie hat, ist wegen des Charakters

---

187 BVerfGE 98, 218 (244) = NJW 1998, 2515.
188 BVerfGE 24, 119 (143) = NJW 1968, 2233.
189 BVerfGE 75, 201 (217) = NJW 1988, 125.
190 BVerfG NJW 1994, 1208.
191 BVerfGE 24, 119 (142) = NJW 1968, 2233; BVerfGE 31, 194 (210) = NJW 1971, 1447.
192 BVerfGE 76, 1 (48) = NJW 1988, 626.
193 BVerfGE 68, 176 (187) = NJW 1985, 423 = FamRZ 1985, 39; 79, 51 (59) = NJW 1989, 519 = FamRZ 1989, 31.
194 BVerfGE 68, 176 (187) = NJW 1985, 423 = FamRZ 1985, 39; 79, 51 (59) = NJW 1989, 519 = FamRZ 1989, 31.
195 BVerfGE 28, 104 (112) = NJW 1970, 1176; BVerfGE 75, 201 (207, 217) = NJW 1988, 125.

des Art. 6 Abs. 3 GG als einer Sondervorschrift für einen bestimmten Eingriff in das Elternrecht zu verneinen.

Gerichtliche **Umgangsregelungen** berühren den Schutzbereich der Bestimmung nicht. Denn das Kind wird in diesem Fall nicht den Erziehungsberechtigten weggenommen und staatlicher Erziehung unterstellt. Wenn gerichtlich bestimmt wird, in welchem Umfang der eine Elternteil sein Elternrecht ausüben darf und der andere dies dulden oder ermöglichen muss, betätigt sich die staatliche Gewalt nur als Schiedsrichter zwischen den streitenden Eltern.[196] Steht hingegen das Umgangsrecht der Eltern mit ihrem in einer Pflegefamilie lebenden Kind in Rede, greift der Staat in die Kontaktmöglichkeiten und das Verhältnis zwischen Eltern und Kind ein.[197] **255**

Auch bei einer – gegen den Willen der Eltern erfolgenden – **Adoption** wird die elterliche Erziehungstätigkeit nicht zugunsten einer staatlichen Erziehung beschränkt. Es wird vielmehr lediglich auf privatrechtlicher Ebene ein neues, funktionsfähiges Eltern-Kind-Verhältnis begründet.[198] **256**

Die staatlichen Trennungsmaßnahmen bedürfen einer **gesetzlichen Grundlage,** die die Trennung an eng bestimmte Voraussetzungen, nämlich an Elternversagen oder drohende Verwahrlosung der Kinder, zu knüpfen hat. Maßnahmen, die aufgrund von §§ 1666, 1666a BGB oder §§ 42 ff. SGB VIII (Kinder- und Jugendhilfe) zur Trennung des Kindes von seinen Eltern führen, sind an dieser Verfassungsvorgabe zu messen. Nur wenn das elterliche Fehlverhalten ein solches Ausmaß erreicht hat, dass ein Verbleiben des Kindes bei den Eltern dessen körperliches, geistiges oder seelisches Wohl gefährdet, ist die Trennung zulässig, allerdings nur unter strikter Wahrung des Grundsatzes der Verhältnismäßigkeit.[199] Art und Ausmaß des staatlichen Eingriffs müssen sich mithin nach dem Grad des Elternversagens und nach dem, was im Kindesinteresse geboten ist, richten. Daher muss der Staat nach Möglichkeit zunächst versuchen, durch unterstützende, auf Herstellung eines verantwortungsgerechten Verhaltens der Eltern gerichtete Maßnahmen sein Ziel zu erreichen.[200] **257**

**d) Art. 6 Abs. 4 GG.** Art. 6 Abs. 4 GG ist Ausdruck einer verfassungsrechtlichen Wertentscheidung und für den gesamten Bereich des privaten und öffentlichen Rechts verbindlich.[201] Die Vorschrift enthält nicht nur einen Programmsatz, sondern einen **bindenden Auftrag** an den **Gesetzgeber** zum Schutz und zur Fürsorge für die Mutter.[202] Außerdem statuiert Art. 6 Abs. 4 GG ein echtes **Grundrecht.**[203] Insgesamt konkretisiert Art. 6 Abs. 4 GG für den von ihm erfassten speziellen Bereich das allgemeine Sozialstaatsprinzip, ist gegenüber diesem also lex specialis.[204] **258**

Art. 6 Abs. 4 GG verpflichtet den Gesetzgeber, die besonderen Belastungen im Zusammenhang mit Schwangerschaft und Mutterschaft auszugleichen. Er schützt **jede Mutter** unabhängig von Familienstand, Alter oder Staatsangehörigkeit. Im **Arbeitsrecht** gebietet die Norm, die werdende Mutter vor dem Verlust ihres Arbeitsplatzes zu schützen.[205] Die dieses Verfassungsgebot umsetzenden arbeitsrechtlichen Kündigungsvorschriften waren auch bei der Abwicklung öffentlicher Einrichtungen im Zusammenhang mit der Wiedervereinigung Deutschlands zu beachten.[206] Wie die Kündigungsschutzvorschriften konkretisieren auch die Ansprüche auf Mutterschaftsgeld die Verfassungsentscheidung des Art. 6 Abs. 4 GG. Allerdings geht der grundgesetzliche Schutz nicht so weit, dass jede mit der Mutterschaft zusammenhängende wirtschaftliche Belastung zu berücksichtigen ist.[207] Es ist daher mit Art. 6 Abs. 4 GG vereinbar, nicht erwerbstätige oder arbeitslose Mütter vom Bezug des Mutterschaftsgeldes auszunehmen.[208] **259**

Aus Art. 6 Abs. 4 GG können besondere Rechte nur für Sachverhalte hergeleitet werden, die ausschließlich Mütter betreffen. Da dies etwa bei der Berücksichtigung von Kindererziehungszeiten im Rentenrecht nicht der Fall ist – hier können auch Väter betroffen sein –, fallen entsprechende Ansprüche nicht unter den Schutzbereich dieser Norm.[209] **260**

---

196 BVerfGE 31, 194 (210) = NJW 1971, 1449; BVerfG NJW 2013, 1867.
197 BVerfG NJW 2013, 1867.
198 BVerfGE 24, 119 (142) = NJW 1968, 2233 zu § 1747 Abs. 3 aF (jetzt § 1748).
199 BVerfGE 107, 104 (118) = NJW 2003, 2004; BVerfGE 60, 79 (89) = NJW 1982, 1379.
200 BVerfG NJW 2010, 2333.
201 BVerfGE 32, 273 (277) = NJW 1972, 572.
202 BVerfGE 60, 68 (74) = NJW 1982, 1863.
203 BVerwGE 47, 23 (27) = BeckRS 1974, 30441493.
204 BVerfGE 32, 273 (279) = NJW 1972, 572.
205 BVerfGE 32, 273 (277) = NJW 1972, 577; BVerfGE 44, 211 (215) = NJW 1977, 1493; BVerfGE 52, 357 (365) = NJW 1980, 824; BVerfGE 55, 154 (157) = NJW 1981, 1313.
206 BVerfG NJW 1991, 1667.
207 BVerfGE 60, 68 (74) = NJW 1982, 1863.
208 BVerfGE 65, 104 = NJW 1984, 603.
209 Vgl. BVerfGE 87, 1 (41) = NJW 1992, 2213. Anders als der frühere Anspruch auf Mutterschaftsurlaub fällt deshalb auch der heutige Anspruch auf Elternzeit (§ 15 BEEG) nicht unter Art. 6 Abs. 4 GG.

261 **e) Art. 6 Abs. 5 GG.** Als Schutznorm zugunsten des nichtehelichen Kindes[210] erfasst die Verfassungsbestimmung des Art. 6 Abs. 5 GG den gesamten Rechtskreis der nichtehelich Geborenen. Dem an ihn gerichteten **bindenden Auftrag ist der Gesetzgeber** – nach Fristsetzung durch das Bundesverfassungsgericht[211] – im Jahre 1969 nachgekommen (→ Rn. 107 ff.).

262 Außer der Anweisung an den Gesetzgeber enthält Art. 6 Abs. 5 GG auch eine **verfassungsrechtliche Wertentscheidung,** die für Gerichte und Verwaltung einen verbindlichen Maßstab bei der Auslegung und Anwendung des einfachen Rechts darstellt und unmittelbare Beachtung fordert. In dieser Funktion gibt die Verfassungsbestimmung zugleich den Prüfungsmaßstab für nachkonstitutionelles Recht ab.[212] Subjektiv-rechtlich begründet Art. 6 Abs. 5 GG ein **Grundrecht** für nichtehelich geborene Kinder, das nicht mit Erreichen eines bestimmten Alters endet. Kind im Sinne dieser Bestimmung ist daher auch der Volljährige, was insbesondere im erbrechtlichen Zusammenhang von Bedeutung war (→ Rn. 171, 204).[213]

263 Die in Art. 6 Abs. 5 GG zum Ausdruck gekommene Wertentscheidung ist eine **spezielle Ausprägung des Gleichheitssatzes** und geht diesem vor, soweit die rechtliche Stellung der nichtehelichen und der ehelichen Kinder in Rede steht.[214] Dies steht jedoch einer Anwendung der sonstigen Gleichheitssätze des Art. 3 GG innerhalb ihrer jeweiligen Geltungsbereiche nicht entgegen. Insbesondere gilt Art. 3 Abs. 2 GG im Verhältnis zwischen dem Kindesvater und der Mutter des nichtehelichen Kindes, denn es handelt sich insoweit um die interne Rechtsbeziehung zwischen den beiden Elternteilen, die in Art. 6 Abs. 5 GG nicht geordnet ist.

264 Zwischen Art. 6 Abs. 5 GG und **Art. 6 Abs. 1 GG** besteht **keine Antinomie.** Art. 6 Abs. 5 GG schafft lediglich einen Ausgleich für die bei nichtehelicher Geburt fehlende, in Abs. 1 als Modell vorausgesetzte eheliche Familiengemeinschaft. Eine im Rahmen des Art. 6 Abs. 5 GG angemessene und erforderliche Begünstigung des nichtehelichen Kindes beeinträchtigt daher weder den Schutz der Familie noch den der Ehe im Sinne von Art. 6 Abs. 1 GG.[215]

265 Das Verfassungsgebot, den nichtehelichen Kindern die „gleichen Bedingungen“ für die körperliche und seelische Entwicklung sowie für ihre Stellung in der Gesellschaft zu schaffen wie den ehelichen Kindern, bedeutet, dass die **Entwicklungsbedingungen der ehelichen Kinder** den Richtpunkt oder das Modell für die aufgrund von Art. 6 Abs. 5 GG erforderlichen Maßnahmen bilden müssen.

266 Jedoch ist keine schematische Übertragung der für eheliche Kinder geltenden Rechtsvorschriften auf die nichtehelichen Kinder geboten. Um die Situation der nichtehelichen Kinder insgesamt möglichst gleichwertig auszugestalten, kann es im Hinblick auf die unterschiedliche Ausgangslage gerechtfertigt oder sogar geboten sein, nichteheliche Kinder in einzelnen Beziehungen anders zu behandeln als eheliche Kinder.[216] Der Gesetzgeber hat **Spielraum bei der Auswahl der Mittel,** der erst dort endet, wo für eine abweichende Regelung ein – am Verfassungsauftrag gemessen – einleuchtender Grund fehlt.[217]

267 Innerhalb dieses ihm zur Verfügung stehenden Spielraums hat der Gesetzgeber im Laufe der Zeit die Gleichstellung der nichtehelichen Kinder immer weiter ausgebaut. Mit der zunehmenden Verbreitung und gesellschaftlichen Akzeptanz nichtehelicher Lebens- und unvollständiger Familiengemeinschaften haben sich in vielerlei Hinsicht die tatsächlichen Verhältnisse, in denen nichteheliche Kinder typischerweise aufwachsen, geändert. Die meisten der ehemals gegebenen Notwendigkeiten spezifischer Regelungen für die Aufbringung nichtehelicher Kinder sind inzwischen entfallen.

268 Hierauf haben Gesetzgebung und Rechtsprechung reagiert und im Personenrecht, Unterhaltsrecht und Erbrecht die Differenzierung zwischen nichtehelichen und ehelichen Kindern – unter Einschluss der Begrifflichkeit – weitestgehend aufgegeben (→ Rn. 171, 178, 204, 240).

269 Aus Art. 6 Abs. 5 GG lässt sich für das nichteheliche Kind zwar auch das **Recht auf Kenntnis der Abstammung** herleiten, doch beinhaltet dieses Recht nicht auch einen Auskunftsanspruch gegen die Mutter.[218]

270 **3. Art. 3 GG. a) Bedeutung des Art. 3 Abs. 2 GG im Familienrecht.** Die Verfassungsbestimmung des Art. 3 GG ist im Familienrecht primär in der Konkretisierung relevant, die **Art. 3**

[210] BVerfGE 79, 203 (209) = NJW 1989, 1275.
[211] BVerfGE 25, 167 (185) = NJW 1969, 597.
[212] BVerfGE 25, 167 (173, 182) = NJW 1969, 597; vgl. auch BVerfGE 74, 33 (38) = NJW 1987, 1007.
[213] BVerfGE 44, 1 (19) = NJW 1977, 1677.
[214] BVerfGE 26, 265 (272) = NJW 1969, 1617; BVerfGE 26, 44 (61) = NJW 1969, 1339; BVerfGE 17, 280 (286) = NJW 1964, 763.
[215] BVerfGE 25, 167 (195) = NJW 1969, 597.
[216] BVerfGE 26, 44 (61) = NJW 1969, 1339 zum nichteheliche Kinder begünstigenden Unterhaltsanspruch nach § 1708 BGB aF.
[217] BVerfGE 85, 80 (87) = NJW 1992, 1747 zum unterschiedlich geregelten Instanzenzug in Unterhaltssachen.
[218] BVerfGE 96, 56 = NJW 1997, 1769.

**Abs. 2 GG** im Verhältnis zum allgemeinen Gleichheitssatz darstellt.[219] Art. 3 Abs. 3 GG hat, soweit es um das Verbot der Differenzierung nach dem Geschlecht geht, gegenüber Art. 3 Abs. 2 GG keine eigenständige Bedeutung.

Das **Grundrecht** aus **Art. 3 Abs. 2 S. 1 GG** schützt Männer wie Frauen davor, wegen der Geschlechtszugehörigkeit gegenüber Personen des anderen Geschlechts benachteiligt zu werden und enthält insofern ein **Differenzierungs-** beziehungsweise **Diskriminierungsverbot.** Nur ausnahmsweise bildet das Geschlecht ein zulässiges Unterscheidungskriterium. Zum einen ist das der Fall, wenn andere Verfassungsnormen dies gebieten oder zulassen, wie die Wehrpflichtregelung des Art. 12a Abs. 1 GG und die Regelung über den Dienst an der Waffe des Art. 12a Abs. 4 S. 2 GG. Zum anderen ist eine Differenzierung nach dem Geschlecht zulässig, wenn es um Probleme geht, die ihrer Natur nach entweder nur bei Männern oder bei Frauen auftreten können und eine Differenzierung von daher zwingend erforderlich ist.[220] **271**

Umstritten war, ob eine rechtlich unterschiedliche Behandlung von Männern und Frauen auch zulässig ist, wenn biologische oder funktionale Unterschiede das in Frage stehende Lebensverhältnis (angeblich) so entscheidend prägen, dass gemeinsame Elemente daneben nicht mehr zu erkennen sind oder vollkommen zurücktreten.[221] Das Schrifttum lehnte einen solchen (dritten) Ausnahmetatbestand einer berechtigten Ungleichbehandlung einhellig ab, das BVerfG ist dem gefolgt.[222] **272**

Richtig ist die Ablehnung sog. funktionaler Unterschiede als Kriterium für eine Ungleichbehandlung von Mann und Frau insofern, als solche Unterschiede allein auf Herkommen und gesellschaftlicher Konvention beruhen und das Festhalten an ihnen lediglich dazu führt, rollentypisches Verhalten und bestehende gesellschaftliche Ungleichheit zu tradieren. Auch der biologische Unterschied zwischen Mann und Frau bietet kein im juristischen Zusammenhang brauchbares Differenzierungskriterium. In aller Regel werden unter dem Stichwort Biologie lediglich sittliche und soziale Gepflogenheiten als von der Natur vorgegebene Tatsachen ausgegeben. So hat etwa die einst unter dem Gesichtspunkt unterschiedlicher körperlicher Konstitution sinnvolle Zuordnung einer Angelegenheit zu einem Geschlecht aufgrund der veränderten sozialen und technischen Bedingungen längst ihren Sinn verloren – ablesbar am Beispiel vieler ehemals „typischer Männerberufe“. **273**

Der 1994 in **Art. 3 Abs. 2 GG** eingefügte **Satz 2** enthält einen **bindenden Auftrag an den Staat,** für die Durchsetzung der Gleichberechtigung zu sorgen. Bei der Auswahl der Mittel haben die staatlichen Organe einen weiten Gestaltungsspielraum, Art. 3 Abs. 2 S. 2 GG gibt also keinen individualrechtlichen Anspruch auf bestimmte Fördermaßnahmen. Inwieweit Bund und Länder der Förderklausel durch **Quotenregelungen** bei der Einstellung und Beförderung von Frauen im öffentlichen Dienst nachkommen können, ist umstritten. Nach Feststellungen des EuGH gehen nationale Regelungen, die Frauen bei Ernennungen und Beförderungen bedingungslos den Vorrang einräumen, über eine Förderung der Chancengleichheit hinaus und verstoßen gegen das in der EG-Richtlinie über die Gleichbehandlung von Männern und Frauen in beruflichen Zusammenhängen niedergelegte europäische Gemeinschaftsrecht.[223] **274**

**b) Historische Schritte bei der Umsetzung des Art. 3 Abs. 2 GG.** Die Umsetzung des auf die Aufhebung der Benachteiligung der Frau gerichteten Gleichberechtigungsgrundsatzes begegnete von Anfang an besonderen Schwierigkeiten. So war es im Zusammenhang mit Art. 3 Abs. 2 GG **im Jahr 1953** zu einer in der Bundesrepublik Deutschland einmaligen Situation gekommen. **275**

Nachdem der Gesetzgeber dem **Verfassungsauftrag des Art. 117 Abs. 1 GG,** das dem Gleichberechtigungsgrundsatz des Art. 3 Abs. 2 GG entgegenstehende Recht bis zum 31.3.1953 anzupassen, nicht nachgekommen war, traten am 1.4.1953 die entsprechenden Vorschriften außer Kraft. Es wurde Sache der Rechtsprechung, die dadurch entstandenen Gesetzeslücken im Wege der Rechtsfortbildung zu schließen. Nach der Feststellung des BVerfG verstieß dieser gesetzlose Zustand, in dem die Judikative die Versäumnisse der Legislative zu korrigieren hatte, weder gegen den Grundsatz der Gewaltenteilung noch führte er zu einer rechtsstaatlich nicht vertretbaren Rechtsunsicherheit.[224] Letztere Einschätzung entsprach insofern der Wirklichkeit, als die Gerichte von ihren weitreichenden Befugnissen nur eingeschränkt Gebrauch machten. **276**

In nicht-vermögensrechtlichen Fragen kamen sie bei der Überprüfung, ob eine Norm gegen Art. 3 Abs. 2 GG verstieß, regelmäßig zu dem Ergebnis, dass dies nicht der Fall sei, weil die konkret **277**

---

219 BVerfGE 21, 329 (343) = NJW 1967, 1851.

220 BVerfGE 85, 191 (207) = NJW 1992, 964; BVerfGE 92, 91 (109) = NJW 1995, 1733.

221 So das BVerfG in stRspr seit BVerfGE 3, 225 (242) = NJW 1954, 65.

222 Vgl. die Formel in BVerfGE 85, 191 (205) = NJW 1992, 964; BVerfGE 92, 91 (109) = NJW 1995, 1733; die Frage offenlassend noch BVerfGE 84, 9 (18) = NJW 1991, 1602.

223 EuGH NJW 1995, 3109 zur Vereinbarkeit des Bremer Gleichstellungsgesetzes mit Art. 2 RL 76/207/EWG aF (heute Art. 14 RL 2006/54/EG).

224 BVerfGE 3, 225 (237) = NJW 1954, 65.

angeordnete gesetzliche Ungleichbehandlung von Mann und Frau in naturgegebenen Wesensunterschieden zwischen den Geschlechtern begründet lag und damit die Differenzierung rechtfertigte. So widersprach nach der Rechtsprechung weder die Regelung des § 847 Abs. 2 aF, nach der einer Frau, nicht aber einem Mann, wegen Verletzung der Geschlechtsehre ein Schmerzensgeldanspruch zustand, dem Gleichheitssatz,[225] noch wurde § 181 Abs. 2 Nr. 2 StGB aF, der die Ehegattenkuppelei einseitig für den Mann unter Strafe stellte, als diesem widersprechend qualifiziert.[226] Auch der sog. Kranzgeldanspruch des § 1300 aF wurde für verfassungsgemäß gehalten, da er nach Ansicht des BGH der besonderen Schutzbedürftigkeit der Frau in sexuellen Angelegenheiten Rechnung trug.[227]

278 Ebenso wenig kam es im Kindschaftsrecht, im Namensrecht und im internationalen Privatrecht zu einer richterlichen Rechtsfortbildung unter dem Aspekt der Verwirklichung der Gleichberechtigung der Geschlechter. So blieb es dabei, dass als Ehe- und Familienname allein der Name des Mannes in Betracht kam, dass dieser als Vater bei Meinungsverschiedenheiten in sorgerechtlichen Fragen das letzte Wort hatte, dass sich in Fällen mit Auslandsberührung das anzuwendende Recht allein nach ihm bestimmte.

279 Anders als in diesen Bereichen waren die Gerichte **auf vermögensrechtlichem Gebiet** eher bereit, die Verfassungsmäßigkeit von Vorschriften, die dem Mann eine dominante Position einräumten, in Zweifel zu ziehen. Hier erklärte man etwa die ehegüterrechtlichen Vorschriften, die das eingebrachte Gut der Frau der Verwaltung und Nutznießung des Ehemannes unterstellten, für verfassungswidrig und sah auch in der nur hilfsweise unter bestimmten Voraussetzungen eintretenden ehelichen Unterhaltspflicht der Frau gegenüber dem Mann (§ 1360 aF) einen Verstoß gegen Art. 3 Abs. 2 GG.[228]

280 Im **Gesetz über die Gleichberechtigung von Mann und Frau auf dem Gebiete des bürgerlichen Rechts,** das am 1.7.1958 in Kraft trat (→ Rn. 101), übernahm der Gesetzgeber dann weitestgehend die von der Judikative entwickelten Lösungen. Das bedeutete insbesondere, dass in den nicht-vermögensrechtlichen Fragen des Kindschafts-, Namens- und internationalen Privatrechts die Benachteiligungen der Frau bestehen blieben und auch die § 1300 und § 847 Abs. 2 aF nicht aufgehoben wurden. Erst in der Folgezeit wurde die rechtliche Gleichberechtigung von Mann und Frau, immer wieder auch erst auf Vorgaben des BVerfG hin,[229] kontinuierlich weiter ausgebaut.

281 Angesichts der Tatsache, dass sich trotz weitgehender rechtlicher Gleichstellung an der tatsächlichen gesellschaftlichen Benachteiligung von Frauen wenig änderte, kam es dann zu neuen Überlegungen zum **Regelungsgehalt des Art. 3 Abs. 2 GG.** In den 70er Jahren mehrten sich die Stimmen, die aus ihm nicht nur ein Diskriminierungsverbot, sondern **zugleich ein staatliches Handlungsgebot** herleiteten.[230] Erstmals im Rentenaltersbeschluss stellte das BVerfG fest, dass der Gesetzgeber zumindest die Befugnis hat, faktische Nachteile, die typischerweise Frauen treffen, durch begünstigende Regelungen auszugleichen.[231]

282 1992 stellte das BVerfG im Urteil zum Nachtarbeitsverbot für Arbeiterinnen dann ausdrücklich fest, dass der Regelungsgehalt des Art. 3 Abs. 2 GG über das Diskriminierungsverbot des Art. 3 Abs. 3 GG hinausgeht und ein **positives Gleichbehandlungsgebot** enthält, das die Angleichung der faktischen Lebensverhältnisse von Männern und Frauen für die Zukunft fordert.[232] 1994 wurde diese Interpretation des Art. 3 Abs. 2 GG durch Einfügung des Satzes 2 im Grundgesetz festgeschrieben.

283 **4. Art. 2 Abs. 1 GG. a) Persönlichkeitsrecht der Ehepartner.** Eine spezielle Bedeutung für Ehepartner hat Art. 2 Abs. 1 GG seit der Aufhebung der Verpflichtung der Ehegatten zur Führung eines gemeinsamen Namens nicht mehr. Seit es den Ehegatten freisteht, einen gemeinsamen Ehenamen zu führen oder den eigenen Namen beizubehalten (§ 1355), hat sich die Frage, ob derjenige von ihnen, dessen Name nicht Ehename wird, zu Gunsten des anderen in seinem Persönlichkeitsrecht verletzt wird, erledigt.[233]

284 Von grundlegender Bedeutung ist das in Art. 2 Abs. 1 GG iVm Art. 1 Abs. 1 GG geschützte Grundrecht auf individuelle Selbstbestimmung für **Partner einer nichtehelichen Lebensgemein-**

---

225 OLG Bamberg FamRZ 1957, 260.

226 BGH FamRZ 1954, 107.

227 BGHZ 20, 195 = NJW 1956, 868 = FamRZ 1956, 179.

228 BGH NJW 1957, 537 = FamRZ 1957, 92.

229 Vgl. etwa BVerfGE 10, 59 = NJW 1959, 1483 zur Gleichstellung in Bezug auf die elterliche Gewalt; BVerfGE 15, 337 = NJW 1963, 947 zur erbrechtlichen Gleichstellung im Höferecht; BVerfGE 48, 327 = NJW 1978, 2289 zur Bestimmung des Ehenamens.

230 Zur rechtspolitischen Debatte vgl. *König* DÖV 1995, 837.

231 BVerfGE 74, 163 (180) = NJW 1987, 1541.

232 BVerfGE 85, 191 (206, 207) = NJW 1992, 134.

233 BVerfGE 78, 38 (49) = NJW 1988, 1577 kein Eingriff in das Persönlichkeitsrecht, weil es keine Namensführungspflicht gibt und es dem übergangenen Ehegatten frei steht, faktisch den eigenen Namen weiterzuführen.

**schaft** – das Persönlichkeitsrecht gewährt ihnen bei der Verwirklichung dieser Lebensform grundgesetzlichen Schutz (→ Rn. 236).[234]

**Unterhaltspflichten** beschränken die Dispositionsfreiheit des Verpflichteten im finanziellen Bereich und beeinträchtigen ihn in seinem Persönlichkeitsrecht aus Art. 2 Abs. 1 GG iVm Art. 1 Abs. 1 GG. Voraussetzungen und Umfang der unterhaltsrechtlichen Belastung haben daher dem Gebot der Verhältnismäßigkeit zu entsprechen.[235] 285

**b) Persönlichkeitsrecht der Kinder.** Im Familienrecht von besonderer Bedeutung ist das allgemeine Persönlichkeitsrecht im Verhältnis heranwachsender Kinder zu ihren Eltern. Das aus Art. 2 Abs. 1 GG iVm Art. 1 Abs. 1 GG herzuleitende Recht auf individuelle Entfaltung umfasst nach stRspr und herrschend gewordener Meinung auch das **Recht auf Kenntnis der eigenen Abstammung.**[236] Bei der Bestimmung der Voraussetzungen, unter denen dieses Recht im Konfliktfall gegen die Interessen und den Willen der Mutter durchgesetzt werden kann, stehen den staatlichen Organen, so hat das Verfassungsgericht festgestellt, Wertungs- und Gestaltungsspielräume zu. Doch darf den Kindesinteressen bei der Abstammungserforschung nicht ohne genaue Prüfung aller Einzelumstände der Vorrang vor den Interessen der – in diesem Punkt ebenfalls nach Art. 2 Abs. 1 GG iVm Art. 1 Abs. 1 GG geschützten – Mutter eingeräumt werden. Die Zivilgerichte haben deshalb bei der Beurteilung des Interessenkonflikts den zustehenden Wertungsspielraum voll auszuschöpfen, wenn sie den Anspruch des Kindes aus § 1618a BGB herleiten[237] – was dogmatisch im Übrigen unhaltbar ist, weil diese Norm keine Anspruchsgrundlage enthält, sondern lediglich die generelle Beistandspflicht zwischen Eltern und Kind statuiert.[238] 286

Um die Klärung der eigenen Abstammung zu ermöglichen und dem Persönlichkeitsrecht des Kindes Rechnung zu tragen, ist das Recht des Kindes, die **eigene Ehelichkeit anzufechten,** voraussetzungslos zugelassen (§§ 1600 ff.)[239] und die Laufzeit der Anfechtungsfrist durch das volljährig gewordene Kind (§ 1600b) kenntnisabhängig ausgestaltet worden.[240] Ist das Kind im Wege heterologer Verwendung von Samen gezeugt worden, so steht ihm zur Durchsetzung seines Rechts auf Kenntnis der Abstammung ein Auskunftsanspruch zu, mit dem es die im Samenspenderregister dokumentierten Daten seines Erzeugers in Erfahrung bringen kann (→ Rn. 213). 287

Aus dem aus Art. 2 Abs. 1 GG iVm Art. 1 Abs. 1 GG herzuleitenden Recht auf individuelle Selbstbestimmung der Kinder folgt, dass sie bei Erreichen der Volljährigkeit die Möglichkeit haben müssen, ihr weiteres Leben selbstbestimmt zu gestalten. Von daher ist es verfassungsrechtlich geboten, die **elterliche Vertretungsmacht einzuschränken** und den Eltern die Möglichkeit zu unbegrenzter rechtsgeschäftlicher Verpflichtung ihrer minderjährigen Kinder zu nehmen. Der Gesetzgeber hat auf entsprechende Vorhaltungen des BVerfG hin[241] das elterliche Vertretungsrecht insofern eingeschränkt, als der volljährig Gewordene die Möglichkeit hat, seine während der Zeit seiner Minderjährigkeit begründeten rechtsgeschäftlichen Verpflichtungen zu begrenzen (→ Rn. 185). 288

Unter dem Gesichtspunkt, dass das volljährige Kind nicht mit irreversiblen Entscheidungen, die die Eltern in Ausübung ihrer Vertretungsmacht getroffen haben, in die Volljährigkeit entlassen wird, ist auch der **Konflikt** zwischen einer minderjährigen Tochter, die einen **Schwangerschaftsabbruch** vornehmen lassen will, und ihren dies missbilligenden Eltern zu beurteilen. Es verstößt gegen das Recht auf individuelle Selbstbestimmung und Selbstentfaltung (Art. 2 Abs. 1 GG iVm Art. 1 Abs. 1 GG), wenn die zur Beurteilung der straf- und deliktsrechtlichen Tragweite des Eingriffs hinreichend einsichtsfähige Tochter von den Sorgeberechtigten an der Durchführung des Eingriffs dadurch gehindert wird, dass diese ihre Einwilligung in den Abschluss des ärztlichen Behandlungsvertrages verweigern bzw. dem körperlichen Eingriff nicht zustimmen.[242] 289

In der Kontroverse, ob ein ohne Wissen und Einverständnis des Kindes oder seines gesetzlichen Vertreters **heimlich eingeholter DNA-Vaterschaftstest** gegen das Persönlichkeitsrecht des Kindes verstößt und deshalb im Vaterschaftsanfechtungsverfahren nicht verwertbar ist, hatte sich die Judikative auf die Seite des Kindes geschlagen und die Unverwertbarkeit des Beweises wegen Verstoßes 290

---

234 BVerfGE 82, 6 (16) = NJW 1993, 643; BVerfGE 87, 234 (267) = NJW 1990, 1593.

235 BVerfGE 57, 361 (381) = NJW 1981, 1771; BVerfGE 80, 286 (292, 295) = NJW 1989, 2807; BVerfGE 113, 88 (102) = NJW 2005, 1927.

236 Zu generellen Bedenken *Koch* FamRZ 1990, 569.

237 BVerfGE 96, 56 (64) = NJW 1997, 1769.

238 Vgl. *Koch* FamRZ 1990, 569.

239 BVerfGE 79, 256 = NJW 1989, 891 Verfassungswidrigkeit der auf die Ehe der Mutter Rücksicht nehmenden Einschränkungen.

240 BVerfGE 90, 263 = NJW 1994, 2475 Verfassungswidrigkeit der kenntnisunabhängig ab Volljährigkeit laufenden Zweijahresfrist.

241 BVerfGE 72, 155 = NJW 1986, 1859.

242 *Siedhoff* FamRZ 1998, 8 über die uneinheitliche Rspr. in dieser Frage.

gegen dessen Recht auf informationelle Selbstbestimmung angenommen.[243] Mit der Einführung wechselseitig zwischen Vater, Mutter und Kind bestehender Ansprüche auf Einwilligung und Mitwirkung bei einer genetischen Abstammungsuntersuchung (§ 1598a → Rn. 195) hat sich das Problem erledigt. Es gibt seit 1.4.2008 keine Notwendigkeit mehr, sich heimlich genetisches Material zu beschaffen.

291 **5. Sonstige Grundrechte.** Die übrigen Grundrechte haben **für das Familienrecht keine größere Bedeutung** als für **sonstige Rechtsgebiete.** Auf das verfassungsrechtliche Schrifttum wird verwiesen. Im Zusammenhang mit der Regelung des **Versorgungsausgleichs** war es zu Zweifeln über die Vereinbarkeit einzelner Regelungen mit der Eigentumsgarantie und dem Gebot der Berücksichtigung der hergebrachten Grundsätze des Berufsbeamtentums gekommen. Die Überprüfung hatte ergeben, dass es nicht gegen **Art. 14 Abs. 1 GG** oder **Art. 33 Abs. 5 GG** verstieß, dass beim Vorversterben des ausgleichsberechtigten Ehegatten die Kürzung der Versorgung des Ausgleichsverpflichteten nur unter bestimmten Voraussetzungen und zur Vermeidung von Härten entfiel.[244] Andererseits war der Gesetzgeber im Hinblick auf **Art. 14 Abs. 1** und **Art. 33 Abs. 5 GG** verpflichtet worden, die Abänderbarkeit der Entscheidung über den **öffentlich-rechtlichen Versorgungsausgleich** voraussetzungslos zuzulassen, wenn sich später herausstellte, dass die in den Versorgungsausgleich einbezogenen Anwartschaften nicht so entstanden waren, wie bei der Verteilung angenommen. Die Regelung, dass eine Abänderung nur erfolgen konnte, wenn die Abweichung von den durch die frühere Entscheidung übertragenen oder begründeten Anrechten 10 vom Hundert des insgesamt übertragenen Wertes überstieg (§ 10a Abs. 2 S. 2 Alt. 1 VAHRG, jetzt § 225 Abs. 2 FamFG), war mit dem GG für vereinbar erklärt worden.[245]

## VIII. Familienrecht und Strafrecht

**Schrifttum:** Alternativ-Entwurf eines Strafgesetzbuchs. Besonderer Teil – Sexualdelikte, Straftaten gegen Ehe, Familie und Personenstand, 1968; *Kreß,* Das Sechste Gesetz zur Reform des Strafrechts, NJW 1998, 633; *Kudlich,* Das 6. Gesetz zur Reform des Strafrechts, JuS 1998, 468; *Lackner,* Die Neuregelung des Schwangerschaftsabbruchs. Das 15. Strafrechtsänderungsgesetz, NJW 1976, 1233; *Reis,* Offene Fragen zum Einigungsvertrag: Verfassungsrechtliche Implikationen der DDR-Fristenregelung, NJW 1991, 662; *Sachs,* Der Fortbestand der Fristenlösung in der DDR und das Abtreibungsurteil des Bundesverfassungsgerichts, DtZ 1990, 193.

292 **1. Strafvorschriften zum unmittelbaren Schutz von Ehe und Familie.** Strafvorschriften zum Schutz von Ehe und Familie enthält das StGB explizit im **12. Abschnitt,** der die **„Straftaten gegen den Personenstand, die Ehe und die Familie"** regelt. In der ursprünglichen Fassung des StGB war dieser Abschnitt nur den Straftaten „in Beziehung auf den Personenstand" gewidmet, also der Personenstandsfälschung (§ 169 StGB) und dem Ehebetrug (§ 170 StGB), während sich die Tatbestände der Doppelehe (§ 171 StGB) und des Ehebruchs (§ 172 StGB) im folgenden 13. Abschnitt über die „Verbrechen und Vergehen wider die Sittlichkeit" fanden.

293 Die VO zum Schutze von Ehe, Familie und Mutterschaft vom 9.3.1943 (RGBl. 1943 I 140) iVm der DVO vom 18.3.1943 (RGBl. 1943 I 169) gab dem 12. Abschnitt des StGB dann die heutige Überschrift. In ihn wurden die Vorschriften gegen Doppelehe und Ehebruch eingegliedert und eine Reihe neu geschaffener Straftatbestände aufgenommen: so das Vergehen der Verschleuderung von Familienhabe (§ 170a StGB) und das der Verletzung der Unterhaltspflicht (§ 170b StGB), das Vergehen der Versagung der Hilfe gegenüber einer vom Täter schwangeren Frau (§ 170c StGB) und das der Vernachlässigung eines Kindes (§ 170d StGB).

294 Die **grundlegenden Strafrechtsreformen** in den Jahren 1969 und 1974 führten zu einschneidenden Änderungen der familienrechtlich relevanten Strafvorschriften. Nach langen kontroversen Diskussionen um Sinn und Funktion der Strafbarkeit eines Verhaltens im Bereich von Ehe und Familie hatte sich Ende der 60er Jahre die Überzeugung durchgesetzt, „daß der Strafschutz gerade hier leicht mehr Schaden als Nutzen stiftet, weil sich die Ordnung der Beziehungen innerhalb von Ehe und Familie mit strafrechtlichen Normierungen kaum garantieren läßt".[246]

295 Der Gesetzgeber legte sich infolgedessen bei der Entscheidung, welche strafrechtlichen Schranken im Bereich von Ehe und Familie erhalten bleiben sollten, weitgehende Zurückhaltung auf. So brachte das 1. StrÄndG vom 25.6.1969 (BGBl. 1969 I 645) die Streichung des lange Zeit umstritten gewesenen Ehebruchstatbestandes in § 172 StGB. Durch das 4. StrÄndG vom 23.11.1973 (BGBl. 1973 I 1725) wurden weitere Straftatbestände wie die Ehegattenkuppelei (§ 181 StGB) beseitigt und

243 BVerfG NJW 2007, 753; BGHZ 162, 1 = NJW 2005, 497; BGHZ 166, 283 = NJW 2006, 1657.
244 BVerfGE 80, 297 (308) = NJW 1989, 1983.
245 BVerfGE 87, 348 = NJW 1993, 1057.
246 Alternativ-Entwurf eines Strafgesetzbuchs. Besonderer Teil – Sexualdelikte, Straftaten gegen Ehe, Familie und Personenstand, 1968, 59.

die verbleibenden Vorschriften zum Schutze von Ehe und Familie neu gestaltet. Als „gegen den Personenstand, die Ehe und die Familie" gerichtete Straftaten gelten seither nur noch die Personenstandsfälschung (§ 169 StGB), die Verletzung der Unterhaltspflicht (§ 170 StGB), die Verletzung der Fürsorge- und Erziehungspflicht (§ 171 StGB), die Doppelehe (§ 172 StGB) und der Beischlaf zwischen Verwandten (§ 173 StGB).

**a) Verletzung der Unterhaltspflicht (§ 170 StGB).** Die Strafvorschrift dient primär dem **Schutz der Unterhaltsberechtigten** vor Gefährdung ihrer wirtschaftlichen Existenzgrundlage. 296
Daneben schützt sie auch die Allgemeinheit vor ungerechtfertigter Inanspruchnahme von öffentlichen Mitteln. Der Gesetzgeber hatte sich für die Beibehaltung der – kriminalpolitisch sehr umstrittenen[247] – Regelung entschieden, weil der Druck der strafrechtlichen Sanktion erfahrungsgemäß häufig das einzige Mittel ist, um säumige Unterhaltsschuldner zur Erfüllung ihrer gesetzlichen Unterhaltspflichten anzuhalten. Durch das 6. StrÄndG vom 26.1.1998 (BGBl. 1998 I 164) ist Abs. 2 eingefügt worden, der die Vorenthaltung von Unterhalt mit erhöhter Strafe bedroht, wenn dadurch ein Schwangerschaftsabbruch veranlasst wird. Schutzgut dieses Absatzes ist das werdende Leben und die das Recht auf Mutterschaft umfassende Autonomie der Frau.

**b) Verletzung der Fürsorge- oder Erziehungspflicht (§ 171 StGB).** Schutzgut dieser Vorschrift ist die körperliche und psychische **Entwicklung von Personen unter 16 Jahren.** Neben den Eltern und den gleich ihnen kraft Gesetzes zur Fürsorge oder Erziehung Verpflichteten gehören auch solche Personen zum Täterkreis, die die Fürsorge- oder Erziehungspflicht vertraglich übernommen haben. Damit schließt der Straftatbestand Lücken, die Zivilrecht und öffentliches Recht gegenüber möglichen Gefährdungen Jugendlicher offenlassen. 297

**c) Doppelehe; doppelte Lebenspartnerschaft (§ 172 StGB).** Die Strafvorschrift dient der Wahrung des im abendländischen Kulturkreis anerkannten Prinzips der Monogamie und damit dem Schutz der auf diesem Prinzip beruhenden staatlichen Eheordnung (§ 1306). Das 4. StrÄndG hatte 1973 diesen Tatbestand bei sprachlicher Vereinfachung mit dem bisherigen Inhalt beibehalten. Der Strafrahmen ist jedoch so herabgesetzt worden, dass die Tat seither Vergehen ist; bei geringer Schuld ist also auch die Einstellung nach den §§ 153, 153a StPO möglich. Durch das Gesetz zur Bereinigung des Rechts der Lebenspartner vom 20.11.2015 (BGBl. 2015 I 164) wurden auch die doppelte Lebenspartnerschaft sowie die Doppelung von Ehe und Lebenspartnerschaft unter Strafe gestellt. 298

**d) Beischlaf zwischen Verwandten (§ 173 StGB).** Die Vorschrift dient dem Zweck, die engste Familie von sexuellen Beziehungen freizuhalten. Inwieweit daneben die Gefährdung der sexuellen Selbstbestimmung der Beteiligten (Kinder, Geschwister) und die Gefahr eugenischer oder genetischer Schäden Strafgrund ist, ist umstritten.[248] Nach der jetzigen Fassung wird vom Tatbestand des § 173 StGB nur noch der Beischlaf mit Verwandten absteigender und aufsteigender Linie sowie zwischen Geschwistern erfasst. 299

**2. Sonstige Strafvorschriften im Bereich des Familienrechts.** Auch außerhalb des 12. Abschnitts enthält das Strafgesetzbuch Bestimmungen, die in besonderem Maß Ehe und Familie betreffen. Das ist zunächst der Fall bei einem Teil der im 13. Abschnitt des Besonderen Teils geregelten **„Straftaten gegen die sexuelle Selbstbestimmung".** Diese sind in der umfassenden Reform des Strafrechts durch das 6. StrÄndG vom 26.1.1998 (BGBl. 1998 I 164) wesentlich umgestaltet worden. Zum einen führte die durch dieses Gesetz vorgenommene Anpassung der Strafrahmen von Tatbeständen zum Schutz höchstpersönlicher Rechtsgüter an die Strafrahmen zum Schutz materieller Rechtsgüter bei den Sexualdelikten vielfach zu einer Strafverschärfung. Zum anderen wurden einige Deliktstatbestände des 13. Abschnitts mit dem Ziel neu gefasst, besonders schutzbedürftigen Personen qualifizierteren strafrechtlichen Schutz zu geben. 300

**a) Sexueller Missbrauch von Schutzbefohlenen (§ 174 StGB).** Rechtsgut der Strafvorschrift ist der Schutz der **ungestörten sexuellen Entwicklung** des jungen Menschen. § 174 Abs. 1 Nr. 1 StGB schützt Kinder und Jugendliche unter 16 Jahren, die sich in Unterordnungs- und Abhängigkeitsverhältnissen befinden, vor sexuellen Übergriffen der Autoritätspersonen. Soweit die Vorschrift an Erziehungs-, Ausbildungs- und Betreuungsverhältnisse anknüpft, bezweckt der Straftatbestand auch, diese Verhältnisse zur Sicherung ihrer sozialen Funktion von sexuellen Handlungen freizuhalten. Über 16, aber noch nicht 18 Jahre alte **eigene Kinder, Adoptivkinder** und **Stiefkinder** sind durch § 174 Abs. 1 Nr. 3 StGB besonders geschützt. Stiefkinder unterfallen diesem Schutz allerdings erst seit 27.1.2015. Die Erweiterung des § 174 Abs. 1 Nr. 3 StGB auf Stiefkinder erfolgte durch das 49. StrÄndG – Umsetzung europäischer Vorgaben zum Sexualstrafrecht – vom 21.1.2015 301

[247] Zur Verfassungsmäßigkeit der Vorläufervorschrift § 170b StGB BVerfGE 50, 143 = NJW 1979, 1445 Ls.
[248] Schönke/Schröder/*Bosch*, 30. Aufl. 2019, StGB § 173 Rn. 1.

(BGBl. 2015 I 10). Bis dahin waren sie nur gemäß § 174 Abs. 1 Nr. 2 StGB geschützt, der ebenfalls die über 16, aber noch nicht 18 Jahre alten Jugendlichen erfasst, allerdings zusätzlich voraussetzt, dass der sexuelle Missbrauch unter Ausnutzung der aus dem Erziehungs- und Betreuungsverhältnis resultierenden Abhängigkeit des Jugendlichen erfolgt.

302 **b) Sexueller Missbrauch von Kindern (§§ 176–176b StGB).** Geschütztes Rechtsgut ist die **ungestörte sexuelle Entwicklung von Kindern** unter 14 Jahren. In Reaktion auf eine Reihe aufsehenerregender Sexualverbrechen an Kindern wurde 1998 durch das 6. StrÄndG (→ Rn. 300) – nicht zuletzt in Reaktion auf immer lauter werdende öffentliche Forderungen – der Schutz von Kindern vor sexuellen Übergriffen durch Einfügung der Qualifikationstatbestände der §§ 176a und 176b StGB verschärft. Korrespondierend zu dieser Erhöhung des Strafrechtsschutzes von Kindern wurden in § 66 Abs. 3 StGB die Voraussetzungen für die Anordnung der Sicherungsverwahrung herabgesetzt. Zudem wurde in diesem Zusammenhang die Höchststrafandrohung für das gewerbsmäßige Verbreiten pornographischer Schriften, die den sexuellen Missbrauch von Kindern und Jugendlichen zum Gegenstand haben, heraufgesetzt (§ 184 Abs. 4 StGB; seit 2004 § 184a und § 184b StGB).

303 **c) Sexueller Übergriff; sexuelle Nötigung, Vergewaltigung (§ 177 StGB).** 1997 wurden in § 177 StGB die Strafrechtstatbestände der sexuellen Nötigung und der Vergewaltigung in einer Vorschrift **zusammengefasst** und die traditionelle **Differenzierung** zwischen außerehelichen und ehelichen Kontakten sowie die zwischen Beischlaf und anderen Formen erzwungenen sexuellen Verhaltens **aufgegeben.** Außerdem wurde die Strafhöhe für einzelne Begehungsweisen heraufgesetzt.[249] 1998 wurde durch das 6. StrÄndG (→ Rn. 300) der Tatbestand der sexuellen Nötigung und Vergewaltigung durch Ergänzungen in § 177 StGB und Neueinfügung des § 178 StGB tatbestandlich weiter differenziert und der **Strafrahmen** noch einmal **angehoben.**[250] Das 50. StrÄndG vom 4.11.2016 – Verbesserung des Schutzes der sexuellen Selbstbestimmung (BGBl. 2016 I 2460) – erweiterte den Tatbestand um die Strafbarkeit jedweden ungewünschten sexuellen Übergriffs.

304 **d) Förderung sexueller Handlungen Minderjähriger (§ 180 StGB).** Gegen die Förderung und Beeinflussung sexueller Handlungen Minderjähriger richtet sich der Straftatbestand des § 180 StGB. Diese **der ungestörten sexuellen Entwicklung** und damit dem Jugendschutz dienende Vorschrift untersagt in Abs. 1 in Bezug auf Personen unter 16 Jahren jedes Vorschubleisten sexueller Handlungen, während ältere Jugendliche in den Abs. 2 und 3 nur vor bestimmten intensiven kupplerischen Einwirkungen geschützt werden. Durch ein Unterlassen (§ 13 StGB) kann sexuellen Handlungen eines Minderjährigen mit Dritten namentlich dann Vorschub geleistet werden, wenn die Unterlassenden aufgrund ihrer Garantenstellung, etwa als Eltern, Lehrer, Jugendgruppenleiter, rechtlich verpflichtet sind, die vom Tatbestand missbilligten sexuellen Beziehungen zu unterbinden.

305 Jedoch werden durch das sog **Erzieherprivileg** des § 180 Abs. 1 S. 2 StGB Handlungen **des Sorgeberechtigten,** die sich auf das Gewähren und Verschaffen von Gelegenheit beschränken und nicht gröblich gegen Erziehungspflichten verstoßen, von der Strafbarkeit ausgenommen. Diese Regelung beruht auf dem Gedanken, dass der Erziehungsberechtigte im Hinblick auf Art. 6 Abs. 2 GG auch in sexuellen Angelegenheiten einen Handlungsspielraum hat, den das Strafrecht respektieren muss. Umstritten war die Privilegierung bereits im Gesetzgebungsverfahren, sie wird auch heute teilweise noch kritisch beurteilt.[251]

306 **e) Aussetzung (§ 221 StGB).** Von den im 16. Abschnitt des Besonderen Teils des Strafgesetzbuchs geregelten **„Straftaten gegen das Leben"** hat die von Eltern oder sonstigen für die Erziehung oder Betreuung von Kindern Verantwortlichen begangene Aussetzung, wie sie § 221 Abs. 2 Nr. 1 StGB als Qualifikationstatbestand enthält, familienrechtliche Beziehungen zur Grundlage. In dieser Konstellation ist die Aussetzung im Jahre 1998 durch das 6. StrÄndG (→ Rn. 300) als Verbrechen definiert worden.

307 **f) Kindestötung.** Der praktisch ohnehin bedeutungslose Straftatbestand der Kindestötung (§ 217 StGB aF) wurde 1998 durch das 6. StrÄndG (→ Rn. 300) aufgehoben. Nach allgemeiner Überzeugung stellte die hierin vorgesehene Strafmilderung für nichteheliche Mütter eine nicht mehr zeitgemäße Privilegierung dar.

308 **g) Schwangerschaftsabbruch (§§ 218–219b StGB).** Die strafrechtlichen Vorschriften über den **Abbruch der Schwangerschaft,** die das im Mutterleib sich entwickelnde Leben als Rechtsgut schützen, sind insofern im familienrechtlichen Zusammenhang zu nennen, als sie das generative Verhalten der weiblichen Bevölkerung betreffen. Anders als die bisher genannten Delikte stellt der

---

249 Dazu Übersicht bei *Kudlich* JuS 1998, 468.

250 Dazu *Kreß* NJW 1998, 633 (638, 643).

251 Schönke/Schröder/*Perron/Eisele,* 30. Aufl. 2019, StGB § 180 Rn. 12 ff. mwN.

Schwangerschaftsabbruch einen Tatbestand dar, dessen **Strafbarkeit umstritten** und immer wieder Gegenstand rechtspolitischer Auseinandersetzungen ist. In den Diskussionen stehen sich im Wesentlichen folgende Positionen gegenüber: Die eine verweist die Frage der Zulässigkeit des Schwangerschaftsabbruchs grundsätzlich in den Bereich der Ethik und Moral. Von diesem Standpunkt aus hat der Staat im Konflikt zwischen dem zum Persönlichkeitsrecht der schwangeren Frau gehörenden Selbstbestimmungsrecht über ihren Körper und dem Recht des ungeborenen Kindes auf Leben Zurückhaltung zu üben und die Frage der Austragung der Schwangerschaft der freien Entscheidung der betroffenen Frau zu überlassen. Nach der anderen Meinung gebietet der Schutz des werdenden Lebens staatliche Intervention und das Zurücktreten der Persönlichkeitsrechte der Frau.

In der Bundesrepublik sollte es **erstmals im Jahre 1974** zu einer **Liberalisierung** des bis **309** dahin strengen Abtreibungsstrafrechts kommen. Das 5. StrRG vom 18.6.1974 (BGBl. 1974 I 1297) sah eine **Fristenlösung** vor, nach welcher der mit Einwilligung der Schwangeren von einem Arzt vorgenommene Schwangerschaftsabbruch in den ersten 12 Wochen seit der Empfängnis straffrei bleiben sollte. Diese Regelung ist allerdings nie in Kraft getreten, denn das BVerfG hatte sie 1975 insoweit **für nichtig erklärt,** als sie den Schwangerschaftsabbruch auch dann von der Strafbarkeit ausnahm, wenn für ihn keine Gründe vorlagen, die vor der Wertordnung des Grundgesetzes Bestand hatten.[252] Daraufhin wurde im folgenden Jahr die Strafbarkeit des Schwangerschaftsabbruchs in den §§ 218–219d StGB im Sinne einer durchgängigen **Indikationsregelung** geregelt.[253]

Diese Regelung ist dann mit der **Wiedervereinigung Deutschlands** unhaltbar geworden. **310** Nach dem Einigungsvertrag bestimmte sich nämlich die Strafbarkeit des Schwangerschaftsabbruchs in den neuen Bundesländern weiterhin nach dem Strafgesetzbuch der DDR und die §§ 153 ff. StGB/DDR sahen eine uneingeschränkte Fristenregelung vor.[254] Da § 5 Nr. 9 StGB, der die Geltung der §§ 218 ff. StGB auch für Auslandstaten Deutscher anordnet, innerhalb Deutschlands nicht anwendbar war,[255] galt also im Bundesgebiet nach der Wiederherstellung der deutschen Einheit für den Schwangerschaftsabbruch zweierlei Recht – im alten Bundesgebiet die Indikationenlösung, in den neuen Bundesländern die uneingeschränkte Fristenlösung.[256]

Nach dem Einigungsvertrag war es Aufgabe des gesamtdeutschen Gesetzgebers, spätestens bis **311** zum 31.12.1992 eine **einheitliche Neuregelung** zu treffen.[257] In Erfüllung dieser Aufgabe erging am 27.7.1992 das Schwangeren- und Familienhilfegesetz (BGBl. 1992 I 1398). Die hierin neu gefassten §§ 218–219b StGB regelten die Strafbarkeit der Abtreibung auf der Basis einer Fristenlösung mit Beratungspflicht. Diese Neuregelung trat jedoch nie in Kraft. Nachdem ihre Umsetzung zunächst von den Gegnern der darin vorgesehenen Straffreigaben im Wege eines einstweiligen Anordnungsverfahrens gestoppt worden war,[258] erklärte das BVerfG im Urteil vom 28.5.1993 wichtige Teile der Neuregelung für nichtig.[259]

Nach nochmaligen von beiden Seiten scharf und vehement geführten Auseinandersetzungen **312** ist **im Jahr 1995** durch das Schwangeren- und Familienhilfeänderungsgesetz vom 21.8.1995 (BGBl. 1995 I 1050) in den §§ 218–219b StGB dann folgende Lösung gefunden worden. Nach § 218 StGB bleibt der **Abbruch** der Schwangerschaft **grundsätzlich verboten** und wird mit Freiheitsstrafe bedroht. In der Sache führt § 218a Abs. 1 und Abs. 4 StGB dann jedoch eine **Fristenlösung mit Beratungspflicht** ein: Der von einem Arzt vorgenommene Schwangerschaftsabbruch bleibt zwar rechtswidrig, die **Schwangere** ist aber **nicht strafbar,** wenn sie sich entsprechend den Vorgaben des § 219 StGB hat beraten lassen und der Eingriff innerhalb von 22 Wochen nach der Empfängnis vorgenommen wird. Die **Strafbarkeit des Arztes entfällt** in dieser Konstellation allerdings nur, wenn der Eingriff innerhalb von zwölf Wochen seit Beginn der Schwangerschaft erfolgt. Praktisch nutzen kann die Frau den ihr zur Verfügung stehenden längeren Zeitraum, wenn sie den Eingriff im Ausland vornehmen lässt. Da der Schwangerschaftsabbruch zu den Auslandstaten gegen inländische Rechtsgüter zählt (§ 5 Nr. 9 StGB), führt die Verlängerung des zeitlichen Rahmens zu einer erweiterten Straffreiheit. Nicht nur straflos, sondern bereits **nicht rechtswidrig** ist der Schwangerschaftsabbruch aufgrund medizinischer (§ 218a Abs. 2 StGB) und kriminologischer Indikation (§ 218a Abs. 3 StGB). Da die **medizinische Indikation** auch die Berücksichtigung sozialer

---

[252] BVerfGE 39, 1 = NJW 1975, 573.

[253] Dazu *Lackner* NJW 1976, 1233 ff.

[254] Anl. II Kap. III Sachgebiet C Abschnitt I Nr. 1 und 4 Einigungsvertrag, BGBl. 1990 II 889 (1168).

[255] Anl. I Kap. III Sachgebiet C Abschnitt III Nr. 1 Einigungsvertrag, BGBl. 1990 II 889 (957).

[256] Zur verfassungsrechtlichen Problematik *Sachs* DtZ 1990, 193; *Reis* NJW 1991, 662.

[257] Art. 31 Abs. 4 S. 1 Einigungsvertrag, BGBl. 1990 II 889 (900). Zu den Problemen der Neuregelung vgl. Literaturnachweise → 3. Aufl. 1993, Einl. FamR Fn. 166.

[258] BVerfGE 86, 390 = NJW 1992, 2343; die einstweilige Anordnung wurde durch Beschluss des BVerfG vom 25.1.1993 wiederholt, BVerfGE 88, 83 = BeckRS 1993, 120795.

[259] BVerfGE 88, 203 = NJW 1993, 1751; zur Übergangsregelung → 3. Aufl. 1993, Einl. FamR Rn. 75d.

Aspekte verlangt, entfiel die Notwendigkeit, die embryopathische Indikation weiterhin ausdrücklich gesetzlich zu regeln. Eine zeitliche Befristung für die Vornahme des medizinisch indizierten Abbruchs gibt es nicht. **Kriminologisch indiziert** ist die Abtreibung, wenn die Schwangerschaft die Folge einer gegen die Frau nach §§ 176–179 StGB verübten Straftat ist. In diesem Fall muss der Abbruch innerhalb von zwölf Wochen nach Beginn der Schwangerschaft vorgenommen werden, andernfalls ist er sowohl in der Person der Frau wie der des Arztes rechtswidrig.

**313** **h) Misshandlung von Schutzbefohlenen (§ 225 StGB).** Von den Vorschriften des 17. Abschnitts über die „Straftaten gegen die körperliche Unversehrtheit" hat § 225 StGB familienrechtliche Relevanz. Die Strafandrohung gegen die Misshandlung von Schutzbefohlenen umfasst nämlich auch Täter, denen aufgrund **familienrechtlicher** Beziehungen Fürsorgepflichten gegenüber Minderjährigen oder wehrlosen Pflegebefohlenen obliegen. Durch das 6. StrÄndG (→ Rn. 300) von 1998 ist die Höchststrafandrohung für dieses Delikt angehoben worden.

**314** **i) Entziehung Minderjähriger (§ 235 StGB).** Innerhalb der im 18. Abschnitt enthaltenen „Straftaten gegen die persönliche Freiheit" ist die in § 235 StGB geregelte Entziehung Minderjähriger familienrechtlich relevant. **Schutzgut** des § 235 StGB ist seit der Neufassung der Vorschrift durch das 6. StrÄndG im Jahre 1998 (→ Rn. 300) nicht mehr allein das **Sorgerecht der Eltern** oder sonstiger Inhaber, sondern **auch der entzogene Minderjährige** selbst. Um nicht familienrechtliche Konflikte um Sorge- und Umgangsrechte mit strafrechtlichen Mitteln zu lösen, differenziert § 235 StGB auf der Täterseite zwischen Angehörigen und sonstigen Personen und knüpft im ersten Fall die Strafbarkeit an besondere Voraussetzungen.[260] Wird das Kind im Ausland vorenthalten, ordnet § 5 Nr. 6 lit. a StGB die Geltung deutschen Strafrechts für die **Auslandstat** an.

**315** **j) Kinderhandel (§ 236 StGB).** In § 236 StGB war einst die Entführung einer nicht verheirateten Frau ohne Einwilligung ihrer Sorgeberechtigten geregelt; seit dem 6. StrÄndG aus dem Jahr 1998 (→ Rn. 300) hat die Vorschrift einen anderen Inhalt. Sie erweitert den strafrechtlichen Schutz von Kindern, die von ihren Eltern **gegen ein Entgelt** dauerhaft anderen Personen **überlassen werden.** Schutzgut ist die **ungestörte körperliche und seelische Entwicklung** des Kindes. Bestraft werden nicht nur die Eltern, sondern auch ihre Geschäftspartner, die das Kind auf Dauer aufnehmen. Als Kindeshandel unter Strafe gestellt ist auch die Vermittlungstätigkeit, wenn jemand dafür ein Entgelt erhält oder in der Absicht handelt, sich oder einen Dritten zu bereichern (§ 236 Abs. 2 StGB). Die Neuregelung des Kindeshandels im StGB war erforderlich geworden, weil sich Fälle von Verkäufen von Kindern häuften und die nebenstrafrechtliche Norm des Adoptionsvermittlungsgesetzes (→ Rn. 317 f.) nur den Fall der gewerblichen Adoptionsvermittlung erfasste.

**316** **k) Nachstellung (§ 238 StGB).** Der Tatbestand der Nachstellung wurde mit dem 40. StrG vom 22.3.2007 (BGBl. 2007 I 354) in den 18. Abschnitt des StGB aufgenommen. Er ist die strafrechtliche Kodifizierung der umgangssprachlich als Stalking bezeichneten Sachverhalte. Tathandlung ist das beharrliche und unbefugte Nachstellen in einer der in § 238 Abs. 1 Nr. 1–5 StGB genannten Weise; Taterfolg ist die schwerwiegende Beeinträchtigung der Lebensgestaltung des Opfers. Primäres Schutzgut der Strafnorm ist nach den Vorstellungen des Gesetzgebers die Freiheitssphäre des Opfers.[261] Familienrechtliche Relevanz erhält die Vorschrift vor allem dadurch, dass in vielen Fällen der Stalking-Täter den Tatentschluss aufgrund einer gescheiterten oder versagten ehelichen oder nichtehelichen Beziehung mit dem Opfer fasst und umsetzt.

**317** **3. Nebenstrafrecht.** An strafrechtlichen Regelungen im Bereich des Familienrechts im weiteren Sinne sind hier insbes. zu nennen die Strafvorschriften des **Gesetzes über die Vermittlung der Annahme als Kind und über das Verbot der Vermittlung von Ersatzmüttern** (AdVermiG) vom 2.7.1976 (BGBl. 1976 I 2014) und die strafrechtlichen Regelungen im **Gesetz zum Schutz von Embryonen** (ESchG) vom 13.12.1990 (BGBl. 1990 I 2746).

**318** **a) Adoptionsvermittlungsgesetz.** § 14 AdVermiG richtet sich gegen den **Kinderhandel** im Wege der **gewerblichen Adoptionsvermittlung** und qualifiziert den Verstoß gegen das Verbot der Adoptionsvermittlung (§§ 5, 6 AdVermiG) als Ordnungswidrigkeit. Ordnungswidrig handelt nach § 14b Abs. 1 und 2 AdVermiG auch, wer entgegen dem Verbot der **Vermittlung von Ersatzmutterschaften** (§ 13c AdVermiG) eine solche Vermittlung betreibt; nicht betroffen von der Sanktion sind die Ersatzmutter selbst und die Bestelleltern (§ 14 Abs. 3 AdVermiG). Zum Gesetz auch → Rn. 140, 156.

---

260 Zur Zulässigkeit mehrfacher Verurteilung bei fortwährender Kindesentziehung vgl. BVerfG FamRZ 2007, 338.

261 BT-Drs. 16/575, 6.

319 **b) Embryonenschutzgesetz.** Das ESchG legt die Grenzen der Anwendung neuer Methoden der Gentechnologie und der künstlichen Reproduktion beim Menschen fest. Entscheidendes Ziel des Gesetzes ist es, der Manipulierung menschlichen Lebens bereits im Vorfeld zu begegnen. Familienrechtlichen Bezug haben vor allem die strafbewehrten **Verbote** der **Festlegung des Geschlechts** eines künftigen Kindes (§ 3 S. 1 ESchG) und der Mitwirkung an der Entstehung sog. **gespaltener Mutterschaften,** bei denen genetische und austragende Mutter nicht identisch sind; Ersatzmutter und Wunscheltern bleiben allerdings straffrei (vgl. § 1 Abs. 3 ESchG). Verboten ist zudem die **postmortale Insemination** – auch hier bleibt die Frau selbst straffrei (§ 4 Abs. 2 ESchG). Strafbar macht sich hingegen der, der eine **künstliche Befruchtung** oder einen **Embryotransfer bei einer Frau vornimmt,** die sich bereit erklärt hat, das **Kind** nach der Geburt **Dritten auf Dauer zu überlassen** (§ 1 Abs. 1 Nr. 7 ESchG).[262]

320 **c) Präimplantationsdiagnostikgesetz.** Das PräimpG vom 21.11.2011 (BGBl. 2011 I 2228) stellt die PDI grundsätzlich unter Strafe und erlaubt nur in engen Grenzen Ausnahmen, etwa bei hohem Risiko einer schwerwiegenden Erbkrankheit der Nachkommen.

321 **4. Angehörige im Strafrecht.** Bei Straftaten gegen Angehörige setzt die Strafverfolgung vielfach einen **Strafantrag** voraus – so bei Diebstahl und Unterschlagung (§ 247 StGB), im Fall der Hehlerei (§ 259 Abs. 2 StGB), in Betrugsfällen (§ 263 Abs. 4 StGB, § 263a Abs. 2 StGB, § 265a Abs. 3 StGB), bei Untreue (§ 266 Abs. 2 StGB) und Wilderei (§ 294 StGB). Will in diesen Fällen der verletzte Angehörige die Tat nicht verfolgt haben, so tritt die Durchsetzung des staatlichen Strafanspruchs aus Rücksicht auf das Angehörigenverhältnis zurück, um den Familienfrieden nicht zu gefährden.

322 Der Gesetzgeber trägt durch **Straffreiheit oder Strafreduzierung** darüber hinaus besonderen Zwangslagen Rechnung, die entstehen, wenn sich jemand zugunsten eines Angehörigen von ihm einer Straftat schuldig gemacht hat – so bei der Nichtanzeige geplanter Verbrechen (§ 139 Abs. 3 StGB), bei Falschaussagen (§ 157 Abs. 1 StGB) und im Fall der Strafvereitelung (§ 258 Abs. 6 StGB). Ähnlich berücksichtigt werden familienrechtliche Bindungen, wenn die Tat in Reaktion auf die Befindlichkeit eines Angehörigen begangen wird, so im Fall des entschuldigenden Notstands (§ 35 StGB) oder beim Totschlag (§ 213 StGB).

323 Auch das **Strafprozessrecht** nimmt in bestimmten Verfahrenslagen auf das Verhältnis des Beschuldigten zu seinen Angehörigen Rücksicht. So will das **Zeugnisverweigerungsrecht** des § 52 Abs. 1 StPO vermeiden, dass jemand als Zeuge in den Entscheidungskonflikt gerät, entweder den mit ihm verwandten Beschuldigten zu belasten oder die Unwahrheit zu sagen. Der Gesetzgeber legt hier, wie im Fall des **Auskunftsverweigerungsrechts** des § 55 StPO, dem persönlichen Interesse des Zeugen an einem ungestörten Familienfrieden höheres Gewicht bei als dem öffentlichen Interesse an einer möglichst ungehinderten Strafverfolgung. In diesen Zusammenhang gehört auch das **Eidesverweigerungsrecht** des Angehörigen der Beschuldigten in § 61 StPO, der die Vereidigung bei Aussagen von Angehörigen in das Ermessen des Gerichts stellt; im Übrigen kann nach § 61 StPO das Gericht von der Vereidigung auch von vornherein absehen.

## IX. Familienrecht im internationalen Zusammenhang

324 **1. Allgemeines.** Zahlreiche völkerrechtliche Verträge der Bundesrepublik Deutschland multilateraler Art enthalten familienrechtliche Bestimmungen oder regeln Materien, die auch einen Bezug zum Familienrecht haben. Solche Verträge bestehen innerhalb der **Vereinten Nationen** und zwischen den Mitgliedstaaten der **Europäischen Union.** Eine Reihe von Verträgen beruht auf den Arbeiten der **Internationalen Kommission für das Zivilstandswesen.** Wichtig sind darüber hinaus vor allem die **Haager** familienrechtlichen **Abkommen.**

325 Die im Folgenden dargestellten Abkommen sind – mit Ausnahme der Allgemeinen Erklärung der Menschenrechte – **völkerrechtlich verbindliche Verträge.** Sie enthalten aufgrund des jeweils ergangenen Zustimmungsgesetzes nach Art. 59 Abs. 2 GG innerstaatlich unmittelbar geltendes Recht im **Range eines einfachen Bundesgesetzes.** Einzelne Vorschriften in den Abkommen können allgemeine Regeln des Völkerrechts iSd Art. 25 S. 1 GG enthalten oder zu solchen erstarken und daher gemäß Art. 25 S. 2 GG **den einfachen Gesetzen vorgehen.** Unmittelbar geltendes Bundesrecht ist nach hM auch die Europäische Konvention zum Schutze der Menschenrechte und Grundfreiheiten (EMRK). Ihre generelle Anwendbarkeit als allgemeines Völkerrecht iSd Art. 25 GG wird abgelehnt, doch ist sie nach allgM bei der Auslegung deutscher Rechtsnormen, einschließlich des Verfassungsrechts, als regionales Völkergewohnheitsrecht zu berücksichtigen.

---

262 Informativer Überblick über das Gesetz bei *Coester-Waltjen* FamRZ 1992, 369.

326 **2. Vereinte Nationen. a) Charta der Vereinten Nationen.** Die Charta der Vereinten Nationen (UN-Charta) vom 26.6.1945 idF vom 20.12.1965 (BGBl. 1973 II 430, 505)[263] bekräftigt in der Präambel „den Glauben an die Gleichberechtigung von Mann und Frau".

327 **b) Menschenrechtserklärung.** Die Allgemeine Erklärung der Menschenrechte (AEMR), verkündet von der Generalversammlung der Vereinten Nationen am 10.12.1948,[264] nimmt in der Präambel Bezug auf die Charta der Vereinten Nationen und bekennt sich damit ebenfalls zur Gleichberechtigung von Mann und Frau. Art. 12 AEMR gewährt Schutz vor Eingriffen in Privatleben, Familie und Heim. Art. 16 AEMR schützt die Freiheit der Eheschließung (Art. 16 Abs. 1 S. 1, Abs. 2 AEMR) und gibt der Familie einen Anspruch auf Schutz durch Gesellschaft und Staat (Art. 16 Abs. 3 AEMR). Außerdem gesteht die Norm Männern und Frauen bei der Schließung der Ehe, während deren Bestehen und bei deren Auflösung die gleichen Rechte zu (Art. 16 Abs. 1 S. 2 AEMR). Art. 25 AEMR gibt Mutter und Kind einen Anspruch auf besondere Hilfe und Unterstützung und gesteht ehelichen wie nichtehelichen Kindern Schutz zu (Art. 25 Abs. 2 AEMR). Art. 26 Abs. 3 AEMR gibt Eltern das primäre Recht zur Bestimmung der Bildung ihrer Kinder.

328 Da die Menschenrechtsdeklaration **kein völkerrechtlicher Vertrag** ist, sind die in ihr aufgeführten Rechte nur verbindlich, soweit sie als Völkergewohnheitsrecht anerkannt sind. In Deutschland gelten sie dann gemäß Art. 25 GG unmittelbar. Insbes. wegen der entgegenstehenden Vorstellungen über die Gleichberechtigung von Mann und Frau in den islamischen Staaten können die familienrechtlichen Artikel wohl noch nicht zum Völkergewohnheitsrecht gezählt werden. Die die Gleichheit aller Familienmitglieder anerkennenden Artikel der AEMR entsprechen insofern keiner allgemeinen, ständigen und subjektiv auf der Überzeugung von deren Rechtmäßigkeit und Gebotenheit beruhenden Übung der Mitglieder der Völkergemeinschaft.[265]

329 **c) Übereinkommen über die Geltendmachung von Unterhaltsansprüchen im Ausland.** Das UN-Übereinkommen über die Geltendmachung von Unterhaltsansprüchen im Ausland (UN-UnterhaltsÜ 1956) vom 20.6.1956 (BGBl. 1959 II 149)[266] ist ein (Rechtshilfe-)Vertrag zur Erleichterung der Durchsetzung unterhaltsrechtlicher Ansprüche im Ausland durch Einrichtung besonderer Übermittlungs- und Empfangsstellen für entsprechende Klagen.

330 Die Aus- und Durchführung des Abkommens unterliegt seit dem 18.6.2011 nicht mehr den Verwaltungsvorschriften der Länder, sondern dem Auslandsunterhaltsgesetz (AUG) vom 23.5.2011 (BGBl. 2011 I 898), → Rn. 205.

331 **d) Übereinkommen über die Staatsangehörigkeit verheirateter Frauen.** Das UN-Übereinkommen über die Staatsangehörigkeit verheirateter Frauen vom 20.2.1957 (BGBl. 1973 II 1249)[267] garantiert das Recht verheirateter Frauen auf Beibehaltung ihrer Staatsangehörigkeit unabhängig von der Staatsangehörigkeit ihres Ehemannes. Außerdem erkennt jeder Vertragsstaat grundsätzlich an, dass ausländischen Ehefrauen von Inländern eine vereinfachte Einbürgerung eingeräumt wird.

332 **e) Übereinkommen über Ehewillenserklärung, Heiratsalter und Eheschließungsregistrierung.** Das UN-Übereinkommen über die Erklärung des Ehewillens, das Heiratsmindestalter und die Registrierung von Eheschließungen vom 10.12.1962 (BGBl. 1969 II 161)[268] bestimmt in Art. 1 Abs. 1 UN-EheschließungsÜ, dass eine Ehe ohne die freie und uneingeschränkte Willenseinigung beider Verlobten nicht rechtmäßig eingegangen werden kann. In Art. 2 und 3 UN-EheschließungsÜ werden die Vertragsstaaten verpflichtet, durch Gesetz ein Heiratsmindestalter festzulegen und alle Eheschließungen in ein amtliches Register einzutragen.

333 **f) UN-Zivilpakt.** Der **Internationale Pakt über bürgerliche und politische Rechte** (UN-Zivilpakt) vom 19.12.1966 (BGBl. 1973 II 1533)[269] erklärt Männer und Frauen bei der Ausübung aller in diesem Pakt festgelegten bürgerlichen und politischen Rechte für gleichberechtigt (Art. 3 UN-Zivilpakt). Geschützt sind Privatleben, Familie, Wohnung und Schriftverkehr (Art. 17 UN-Zivilpakt). Art. 18 Abs. 4 UN-Zivilpakt gewährleistet Eltern die Freiheit zur religiösen und sittlichen Erziehung der Kinder entsprechend ihren eigenen Überzeugungen. Art. 23 UN-Zivilpakt bezeichnet die Familie als natürliche Kernzelle der Gesellschaft und stellt ihren Anspruch auf Schutz durch Gesellschaft und Staat fest. Er gewährleistet zudem die Freiheit der Eheschließung und verpflichtet

---

263 Inkrafttreten BGBl. 1974 II 1397.

264 Französischer Urtext in ArchVR 1950, 213; deutsche Übersetzung in *Sartorius* Bd. II Nr. 19.

265 Zu dieser Definition v. Mangoldt/Klein/Starck/*Chr. König/D. König*, 7. Aufl. 2018, GG Art. 25 Rn. 20.

266 Inkrafttreten BGBl. 1959 II 1377.

267 Inkrafttreten BGBl. 1974 II 1304.

268 Inkrafttreten BGBl. 1970 II 110.

269 Inkrafttreten BGBl. 1976 II 1068.

die Vertragsstaaten, durch geeignete Maßnahmen sicherzustellen, dass die Ehegatten bei Eingehung, Auflösung sowie während des Bestehens der Ehe die gleichen Rechte und Pflichten haben. Außerdem gebietet Art. 23 UN-Zivilpakt, Kindern im Falle der Auflösung der Ehe den nötigen Schutz zu gewähren. In Art. 24 UN-Zivilpakt wird das Recht der Kinder auf Schutz durch Familie, Gesellschaft und Staat normiert, ferner der Anspruch auf Erwerb einer Staatsangehörigkeit.

**g) UN-Sozialpakt.** Auch der **Internationale Pakt über wirtschaftliche, soziale und kulturelle Rechte** (UN-Sozialpakt) vom 19.12.1966 (BGBl. 1973 II 1569)[270] erklärt die Gleichberechtigung von Mann und Frau bei der Ausübung der in dem Pakt festgelegten Rechte (Art. 3 UN-Sozialpakt). In Bezug auf Ehe und Familie legen die Vertragsstaaten fest, dass die Familie größtmöglichen Schutz und Beistand genießen soll, dass Müttern besonderer Schutz zu gewähren ist und Kinder und Jugendliche, insbesondere vor wirtschaftlicher Ausbeutung im Arbeitsleben, zu schützen sind (Art. 10 UN-Sozialpakt). 334

**h) UN-Frauenrechtskonvention.** Das Übereinkommen zur Beseitigung jeder Form von Diskriminierung der Frau (UN-Frauenrechtskonvention) – Convention on the Elimination of All Forms of Discrimination Against Women **(CEDAW)** – vom 18.12.1979 (BGBl. 1985 II 647) verpflichtet die Vertragsstaaten zu einer Vielzahl von Maßnahmen, um die gleichberechtigte Teilhabe von Frauen in allen gesellschaftlichen Bereichen rechtlich und faktisch sicherzustellen. Ratifiziert worden ist die UN-Frauenrechtskonvention inzwischen von 189 Staaten – von Deutschland im Jahre 1985. 335

**i) UN-Kinderrechtekonvention.** Übereinkommen über die Rechte des Kindes (UN-Kinderrechtekonvention) vom 20.11.1989 (BGBl. 1992 II 121). Die Konvention geht zurück auf den im Jahr 1979, dem Jahr des Kindes, gefassten Plan, die Rechte der Kinder umfassend in einem internationalen Vertragswerk mit weltweitem Geltungsanspruch zu verankern. 336

Inhaltlich berührt das Übereinkommen zahlreiche Fachgebiete. Vielfach werden allerdings lediglich Positionen, die in anderen internationalen Abkommen bereits als allgemeine Menschenrechte anerkannt sind, noch einmal explizit als Kindesrechte ausformuliert oder in solchen Abkommen bereits anerkannte Kindesrechte übernommen.[271] 337

Die Vertragsstaaten verpflichteten sich, zur Verwirklichung der in dem Übereinkommen anerkannten Rechte alle geeigneten Gesetzgebungs-, Verwaltungs- und sonstigen Maßnahmen zu treffen. Die Bestimmungen der Konvention wurden mithin durch Ratifizierung nicht unmittelbar anwendbares Recht, sondern bedurften der Umsetzung in innerstaatliches Recht. 338

Das Abkommen ist in Deutschland am 5.4.1992 in Kraft getreten. Die bei der Ratifizierung am 6.3.1992 erklärten Vorbehalte (BGBl. 1992 II 990) – ua bezüglich der Rechtsstellung der nichtehelichen Kinder[272] – sind 2010 zurückgenommen worden (BGBl. 2011 II 600). 339

**3. Europa. a) Europäische Menschenrechtskonvention.** Die Konvention zum Schutze der Menschenrechte und Grundfreiheiten (Europäische Menschenrechtskonvention – EMRK) vom 4.11.1950 (BGBl. 1952 II 685, 953)[273] schützt in Art. 8 EMRK das Privat- und Familienleben, Wohnung sowie den Brief- und Telekommunikationsverkehr. Nach Art. 12 EMRK haben Männer und Frauen mit Erreichung des Heiratsalters das Recht, eine Ehe einzugehen und eine Familie zu gründen. 340

**b) Europäische Sozialcharta.** Die Europäische Sozialcharta vom 18.10.1961 (BGBl. 1964 II 1261)[274] enthält folgende Schutzbestimmungen mit familienrechtlichem Bezug: Art. 4 Nr. 3 SozGRCh statuiert das Recht männlicher und weiblicher Arbeitnehmer auf gleiches Entgelt für gleichwertige Arbeit. Art. 7 SozGRCh gibt Kindern und Jugendlichen ein Recht auf Schutz im Arbeitsleben. Art. 8 SozGRCh gewährleistet Mutterschutz und Schutz der Frauen vor ungeeigneten, insbesondere gefährlichen und gesundheitsschädlichen Arbeiten. Art. 16 SozGRCh legt das Recht der Familie auf sozialen, gesetzlichen und wirtschaftlichen Schutz fest. Art. 17 SozGRCh normiert für Mütter und Kinder ein Recht auf sozialen und wirtschaftlichen Schutz. 341

**c) Europäisches Sorgerechts-Übereinkommen.** Das Europäische Übereinkommen über die Anerkennung und Vollstreckung von Entscheidungen über das Sorgerecht für Kinder und die Wiederherstellung des Sorgeverhältnisses (Europäisches Sorgerechts-Übereinkommen – EuSorgeRÜ) vom 20.5.1980 (BGBl. 1990 II 220) regelt, wie Sorge- und Umgangsrechtsentscheidungen in einem anderen Vertragsstaat anzuerkennen und zu vollstrecken sind (→ 7. Aufl. 2018, EuSorgeRÜ 342

[270] Inkrafttreten BGBl. 1976 II 428.
[271] Dazu *Stöcker* FamRZ 1992, 245.
[272] Dazu LG Essen FamRZ 1994, 399.
[273] Inkrafttreten BGBl. 1954 II 14.
[274] Inkrafttreten BGBl. 1965 II 1122.

Rn. 1 ff.). Zudem enthält das EuSorgeRÜ Bestimmungen zur Wiederherstellung der Sorgeverhältnisse, die durch unzulässiges Verbringen des Kindes aus seinem Heimat- oder Aufenthaltsstaat willkürlich unterbrochen worden sind.

**343** Das EuSorgeRÜ ist in Deutschland am 1.2.1991 in Kraft getreten (BGBl. 1991 II 392). Die innerstaatliche Durch- und Ausführung regelt das Gesetz zur Aus- und Durchführung bestimmter Rechtsinstrumente auf dem Gebiet des internationalen Familienrechts (**Internationales Familienrechtsverfahrensgesetz** – IntFamRVG) vom 26.1.2005 (BGBl. 2005 I 162). Das am 1.3.2005 in Kraft getretene IntFamRVG ersetzte das bis dahin geltende Sorgerechtsübereinkommens-Ausführungsgesetz (SorgeRÜbkAG) vom 5.4.1990 (BGBl. 1990 I 701). Es enthält neben den Durch- und Ausführungsvorschriften für das EuSorgeRÜ auch die für die Brüssel IIa-VO (→ Rn. 346), für das Haager Kindesentführungsübereinkommen (→ Rn. 374) und die für das KSÜ (→ Rn. 376). Das IntFamRVG regelt also insgesamt die Durch- und Ausführung für vier Abkommen.

**344** Die Aufgaben der nach dem Übereinkommen für die Zusammenarbeit mit den anderen Vertragsstaaten einzurichtenden Zentralen Behörde nimmt in Deutschland das **Bundesamt für Justiz** wahr (§ 3 IntFamRVG). Es hat die Anträge entgegenzunehmen und alle zur Erledigung erforderlichen Maßnahmen zu treffen, insbesondere auch den Aufenthalt des Kindes zu ermitteln (§ 7 IntFamRVG). Zuständig für gerichtliche Erledigungen sind die Familiengerichte. Diese werden wie die Zentrale Behörde selbst von den Jugendämtern unterstützt (§ 9 IntFamRVG).

**345** **d) Europäisches Übereinkommen über die Ausübung von Kinderrechten.** Das vom Europarat ausgearbeitete Europäische Übereinkommen über die Ausübung von Kinderrechten (EurKindRÜK) vom 25.1.1996 (BGBl. 1996 II 1074), in Kraft seit 13.11.2001, sieht vor, die verfahrensrechtliche Stellung von Kindern in familienrechtlichen Konflikten vor Behörden und Gerichten durch Schaffung von Informations-, Anhörungs- und Vertretungsrechten zu stärken.[275] Die in dem Übereinkommen vorgesehenen prozessualen Kindesrechte waren in der deutschen Rechtsordnung bereits verwirklicht (vgl. früher §§ 50, 50b FGG), so dass die Ratifizierung in der Bundesrepublik keinen Gesetzgebungsdruck schuf.

**346** **e) Verordnung über die Zuständigkeit, Anerkennung und Vollstreckung von Entscheidungen in Ehe- und Sorgerechtssachen.** Die VO (EG) Nr. 2201/2003 über die Zuständigkeit und die Anerkennung und Vollstreckung von Entscheidungen in Ehesachen und in Verfahren betreffend die elterliche Verantwortung **(Brüssel IIa-VO)** vom 27.11.2003 (ABl. EG 2003 L 338, 1) ist mit Wirkung vom 1.3.2005 an die Stelle der VO (EG) Nr. 1347/2000 (Brüssel II-VO) vom 29.5.2000 getreten. Inhaltlich übernimmt die neue Brüssel IIa-VO die bisherigen Regelungen über die gerichtliche Zuständigkeit und die Voraussetzungen für die Durchsetzung von Entscheidungen in Ehesachen im europäischen Rechtsraum. Dabei gilt sie nicht nur, wie ihre Vorläufer, für gemeinsame Kinder der Ehegatten, sondern für sämtliche Kinder und zudem unabhängig davon, ob die Sorgerechtsentscheidung im Zusammenhang mit einer Ehesache steht.[276]

**347** Die **Durchführung und Ausführung** der Bestimmungen der Brüssel IIa-VO sind im Internationalen Familienrechtsverfahrensgesetz (IntFamRVG) vom 26.1.2005 geregelt (→ Rn. 343). Als Zentrale Behörde zuständig ist das Bundesamt für Justiz, das bei der Erledigung dieser Aufgaben von den Jugendämtern unterstützt wird; wird gerichtliches Eingreifen erforderlich, so sind die Familiengerichte zuständig.

**348** **f) Charta der Grundrechte der Europäischen Union.** Die Charta der Grundrechte der Europäischen Union (GRCh) ist am 7.12.2000 **in Nizza proklamiert** (ABl. C 364, 1) und durch den am 1.12.2007 unterzeichneten **Vertrag von Lissabon** (ABl. C 306, 1) für rechtsverbindlich erklärt worden. In Kraft trat der Vertrag von Lissabon – und damit auch die GRCh – am 1.12.2009. Familienrechtlich von Bedeutung ist die Anerkennung des Rechts auf Wahrung des Privat- und Familienlebens (Art. 7 GRCh), die Anerkennung der Eheschließungsfreiheit (Art. 9 GRCh), das Gebot, die Gleichheit von Mann und Frau auf allen Rechtsgebieten sicherzustellen (Art. 23 GRCh), die Verankerung des Rechts der Kinder auf Schutz und Fürsorge (Art. 24 GRCh), die Gewährleistung des Schutzes der Familie (Art. 33 GRCh) und der Mutterschaft (Art. 33 Abs. 2 GRCh, Art. 34 Abs. 1GRCh).

**349** **g) Europäische Unterhaltsverordnung.** Die VO (EG) Nr. 4/2009 über die Zuständigkeit, das anwendbare Recht, die Anerkennung und Vollstreckung von Entscheidungen und die Zusammenarbeit in Unterhaltssachen (EuUnthVO) vom 18.12.2008 (ABl. 2009 L 7, 1) ersetzt für die Mitgliedstaaten der EU die Haager Unterhaltskonvention vom 23.11.2007 (→ Rn. 377). Inhaltlich

---

[275] Dazu *Baer/Marx* FamRZ 1997, 1185.

[276] Zum Zusammenspiel der Verordnung mit den anderen deutschen internationalen Kindschaftsregelungen *Schulz* FamRZ 2018, 797.

entspricht sie dieser, enthält aber weitergehende Bestimmungen zur Vereinfachung und Beschleunigung der Durchsetzung von Unterhaltstiteln im europäischen Ausland. Von besonderer Bedeutung ist der Verzicht auf die Vollstreckungsklausel. Innerhalb der Mitgliedstaaten der EU sind seit dem Inkrafttreten der Verordnung am 18.6.2011 ausländische Unterhaltstitel ohne Exequatur vollstreckbar.[277] Zur Neufassung des AUG im Zusammenhang mit dem Inkrafttreten der Verordnung → Rn. 205.

**h) Deutsch-Französisches Abkommen über die Wahl-Zugewinngemeinschaft.** Das Abkommen zwischen der Bundesrepublik Deutschland und der Französischen Republik über den Güterstand der Wahl-Zugewinngemeinschaft (WZGA) vom 4.2.2010 (BGBl. 2012 II 180) ist insofern von europäischer Bedeutung, als es allen Mitgliedstaaten der EU offensteht, diesem Abkommen beizutreten. Zur innerstaatlichen Umsetzung des Abkommens → Rn. 209. **350**

**i) Verordnung zur Verstärkten Zusammenarbeit in Ehescheidungs- und -trennungsverfahren.** Die VO (EU) Nr. 1259/2010 vom 20.12.2010 **(Rom III-VO)** zur Durchführung einer Verstärkten Zusammenarbeit im Bereich des auf die Ehescheidung und Trennung ohne Auflösung des Ehebandes anzuwendenden Rechts (ABl. EU 2010 L 343, 10) enthält eine gemeinsame Kollisionsnorm für das im Falle der Scheidung oder Trennung von Ehen mit internationalem Bezug anzuwendende Recht und schafft auf diesem Gebiet Rechtssicherheit. Hauptanknüpfungspunkt ist die von den Eheleuten getroffene Rechtswahl, die allerdings beschränkt ist auf Rechtsordnungen, zu der die Ehe einen Bezug hat. Haben die Ehegatten hinsichtlich der im Falle ihrer Scheidung oder Trennung anzuwendenden Rechtsordnung keine Bestimmung getroffen, so ist die Rechtsordnung ihres gewöhnlichen Aufenthaltsortes maßgebend. **351**

Nachdem der Plan einer umfassenden EU-Regelung an dem – auf dem Gebiet des Familienrechts geltenden – Einstimmigkeitserfordernis (Art. 81 Abs. 3 AEUV) gescheitert war, beschritten die an der gemeinsamen Kollisionsnorm interessierten Mitgliedstaaten den Weg der sog. Verstärkten Zusammenarbeit. In 14 Staaten, darunter Deutschland, gilt die Rom III-VO seit 21.6.2012 (→ Rn. 385 ff.). **352**

**j) Europäisches Übereinkommen über die Adoption von Kindern (revidiert).** Das EuAdoptÜ vom 27.11.2008 setzt mit dem Ziel der Angleichung des Rechts der Vertragsstaaten Standards zur innerstaatlichen Regelung der Minderjährigenadoption. Das Übereinkommen ist in Deutschland am 1.7.2015 in Kraft getreten (BGBl. 2015 II 463).[278] **353**

**k) Güterrechtsverordnungen.** Die VO (EU) 2016/1103 vom 24.6.2016 (EuGüVO) zur Durchführung einer Verstärkten Zusammenarbeit im Bereich der Zuständigkeit, des anzuwendenden Rechts und der Anerkennung und Vollstreckung von Entscheidungen in Fragen des ehelichen Güterstands (ABl. 2016 L 183, 1) enthält eine gemeinsame kollisionsrechtliche Regelung für die Fragen des **ehelichen Güterrechts.** Zu diesem zählen nach der Verordnung sämtliche vermögensrechtliche Beziehungen, die zwischen den Ehegatten untereinander und zu Dritten aufgrund der Ehe bestehen (Art. 3 Abs. 1 lit. a EuGüVO). Vom Gegenstand her erfasst die Kollisionsregelung sowohl die internationale **gerichtliche Zuständigkeit** in Güterrechtssachen als auch das in diesen Sachen anwendbare **materielle Recht** als auch die Anerkennung und **Vollstreckung** von diesbezüglichen Entscheidungen. Während die Verordnung für Gerichtsstandsvereinbarungen wenig Raum lässt – im Falle der Anhängigkeit einer Scheidungs- oder Erbsache etwa ist das güterrechtliche Verfahren zwingend von dem für diese Sachen zuständigen Gericht zu führen (Art. 4, 5 EuGüVO) –, gesteht sie den Ehegatten in der Frage des anzuwendenden materiellen Rechts weitgehende Wahlmöglichkeiten zu (Art. 22 EuGüVO). Bei Fehlen einer Vereinbarung ist Hauptanknüpfungspunkt das Recht des Staates, in dem die Ehegatten ihren ersten gemeinsamen gewöhnlichen Aufenthalt hatten (Art. 26 EuGüVO). **354**

Für **eingetragene Partnerschaften** sind diese Fragen parallel geregelt in der VO (EU) 2016/1104 vom 24.6.2016 (ABl. 2016 L 183, 30) zur Durchführung der Verstärkten Zusammenarbeit im Bereich der Zuständigkeit, des anzuwendenden Rechts und der Anerkennung und Vollstreckung von Entscheidungen in Fragen güterrechtlicher Wirkungen eingetragener Partnerschaften (EuPartVO). **355**

Da die Verordnungen im Rat die in familienrechtlichen Fragen erforderliche Einstimmigkeit (Art. 81 Abs. 3 AEUV) nicht erreicht haben, sind sie von den an der gemeinsamen Regelung interessierten Staaten im Wege der Verstärkten Zusammenarbeit eingeführt worden; sie gelten derzeit in achtzehn Mitgliedstaaten. Zeitlich erfassen sie (erst) die Ehen und Lebenspartnerschaften, die **356**

---

277 Zum Verhältnis der Verordnung zu anderen Abkommen *Henrich* FamRZ 2015, 1761.
278 Dazu *Maurer* FamRZ 2015, 1937.

**nach dem 29.1.2019** begründet worden sind.[279] Für alle davor eingegangenen Ehen und Partnerschaften bleibt es beim nationalen Kollisionsrecht, in Deutschland also bei der Geltung des Art. 15 Abs. 1 EGBGB iVm Art. 14 Abs. 1 EGBGB.

357 **4. Internationale Kommission für das Zivilstandswesen (C.I.E.C.). a) Übereinkommen über die Ausstellung mehrsprachiger Auszüge aus Personenstandsbüchern.** Das Übereinkommen vom 8.9.1976 (BGBl. 1997 II 774) ersetzt das Übereinkommen über die Erteilung für das Ausland bestimmter Auszüge aus Personenstandsbüchern vom 27.9.1956 (BGBl. 1961 II 1055). In den Übereinkommen ging und geht es um die Vereinfachung und Vereinheitlichung der Erteilung von Auszügen aus Geburten-, Heirats- und Sterbebüchern zwischen den Vertragsstaaten.

358 **b) Übereinkommen über die Erteilung von Personenstandsurkunden.** Im Übereinkommen über die kostenlose Erteilung von Personenstandsurkunden und den Verzicht auf ihre Legalisation vom 26.9.1957 (BGBl. 1961 II 1055, 1067)[280] wird die unentgeltliche Erteilung von Abschriften oder Auszügen aus Personenstandsbüchern für Verwaltungszwecke und zugunsten bedürftiger Personen zugesichert.

359 **c) Übereinkommen über den Auskunftsaustausch in Personenstandsangelegenheiten.** Nach dem Übereinkommen über den internationalen Austausch von Auskünften in Personenstandsangelegenheiten vom 4.9.1958 (BGBl. 1961 II 1055, 1071)[281] hat jeder Standesbeamte die Beurkundung einer Eheschließung oder eines Sterbefalles dem Standesbeamten des Geburtsortes jedes Ehegatten oder des Verstorbenen mitzuteilen, wenn dieser Ort im Gebiet eines anderen Vertragsstaates liegt.

360 **d) Übereinkommen über die Änderung von Namen und Vornamen.** Das Übereinkommen (NamÄndÜ) vom 4.9.1958 (BGBl. 1961 II 1055, 1076)[282] regelt die gegenseitige Anerkennung der behördlichen Bewilligung von Namensänderungen (→ 7. Aufl. 2017, EGBGB Anh. Art. 10 Rn. 1 ff.).

361 **e) Übereinkommen über die Behördenzuständigkeit für nichteheliche Kinder.** Das Übereinkommen über die Erweiterung der Zuständigkeit der Behörden vom 14.9.1961 (BGBl. 1965 II 19)[283] regelt die Behördenzuständigkeit für die Anerkennung nichtehelicher Kinder im Hoheitsgebiet eines anderen Vertragsstaates und dient der Erleichterung von Anerkennungen.

362 **f) Übereinkommen über die Feststellung mütterlicher Abstammung nichtehelicher Kinder.** Das Übereinkommen (AbstMutKindÜb) vom 12.9.1962 (BGBl. 1965 II 23)[284] soll die Vorschriften der Vertragsstaaten über den Eintritt von Rechtsbeziehungen zwischen Müttern und ihren nichtehelichen Kindern miteinander in Einklang bringen.

363 **g) Übereinkommen über die Eheschließung im Ausland.** Das Übereinkommen zur Erleichterung der Eheschließung im Ausland (ParCIECÜE) vom 10.9.1964 (BGBl. 1969 II 445, 451, berichtigt 588)[285] enthält Regelungen zum Aufgebot und den Eheschließungsvoraussetzungen.

364 **h) Übereinkommen betreffend Entscheidungen über die Berichtigung von Einträgen in Personenstandsbücher.** Das Übereinkommen vom 10.9.1964 (BGBl. 1969 II 445) stellt die Wirksamkeit und Vollziehung von Berichtigungsentscheidungen betreffend Personenstandsbucheintragungen in den jeweiligen Hoheitsgebieten sicher.

365 **i) Übereinkommen über die Angabe von Familiennamen und Vornamen in den Personenstandsbüchern.** Das Übereinkommen vom 13.9.1973 (BGBl. 1976 II 1473) gewährleistet die einheitliche Angabe von Familiennamen und Vornamen in den Personenstandsbüchern der unterzeichnenden Staaten.

366 **j) Übereinkommen über die Ausstellung von Ehefähigkeitszeugnissen.** Das Übereinkommen vom 5.9.1980 (BGBl. 1997 II 1086) legt einheitliche Bestimmungen für die Ausstellung

[279] Umfassender Überblick über Inhalt und Tragweite der Verordnungen in *Dutta/Weber,* Die Europäischen Güterrechtsverordnungen, Tagungsband, 2017.

[280] Inkrafttreten BGBl. 1962 II 43.

[281] Inkrafttreten BGBl. 1962 II 44.

[282] Inkrafttreten BGBl. 1962 II 45.

[283] Inkrafttreten BGBl. 1965 II 1162. Abgedruckt und kommentiert ist das Übereinkommen in → 3. Aufl. 1998, EGBGB Anh. I Art. 20.

[284] Inkrafttreten BGBl. 1965 II 1163. Abgedruckt und kommentiert ist das Übereinkommen in → 3. Aufl. 1998, EGBGB Anh. II Art. 20.

[285] Inkrafttreten BGBl. 1969 II 2054. Das Übereinkommen ist auszugsweise abgedruckt in → 3. Aufl. 1998, EGBGB Anh. II Art. 19.

von Ehefähigkeitszeugnissen fest und gewährleistet damit die Klarheit und Übersichtlichkeit der zur Eheschließung im Ausland benötigten Zeugnisse.

**5. Abkommen auf dem Gebiet des internationalen Privatrechts. a) Haager Eheschließungsabkommen.** Haager Abkommen zur Regelung des Geltungsbereichs der Gesetze auf dem Gebiete der Eheschließung (Haager Eheschließungsabkommen – HEheSchlA) vom 12.6.1902 (RGBl. 1904, 221).[286] Das Abkommen vom 14.3.1978, das an die Stelle des bisherigen treten soll, ist in Deutschland noch nicht in Kraft getreten. 367

**b) Haager Vormundschaftsabkommen.** Das Haager Abkommen zur Regelung der Vormundschaft über Minderjährige (Haager Vormundschaftsabkommen) vom 12.6.1902 (RGBl. 1904, 240) wurde am 27.11.2008 von Deutschland zum 1.6.2009 gekündigt (BGBl. 2008 II 209). 368

**c) Haager Entmündigungsabkommen.** Das Haager Abkommen über die Entmündigung und gleichartige Fürsorgemaßnahmen (Haager Entmündigungsabkommen) vom 17.7.1905 (RGBl. 1912, 463)[287] ist im Zusammenhang mit der Einführung des Betreuungsrechts von der Bundesrepublik Deutschland gekündigt worden und mit Wirkung vom 23.8.1992 nicht mehr anzuwenden. 369

**d) Haager Unterhaltsabkommen und Unterhaltsstatutabkommen.** Das Haager Übereinkommen über das auf die Unterhaltsverpflichtungen gegenüber Kindern anzuwendende Recht (**Haager Unterhaltsabkommen** – HUntÜ 1956) vom 24.10.1956[288] wird ergänzt durch Anerkennungs- und Vollstreckungsverträge. Das Abkommen hat durch das Unterhaltsstatutabkommen vom 2.10.1973, das Kindesunterhaltsansprüche mitumfasst, weitgehend seine Bedeutung verloren. 370

Das Haager Übereinkommen über das auf Unterhaltspflichten anzuwendende Recht (**Unterhaltsstatutabkommen** – HUntÜ 1973) vom 2.10.1973 (BGBl. 1986 II 825)[289] wird ergänzt durch einen Vertrag über die Anerkennung und Vollstreckung von Unterhaltsentscheidungen (HUVÜ 1973) vom 2.10.1973 (BGBl. 1986 II 825).[290] 371

Beide Abkommen sind im Verhältnis zu den Vertragsstaaten durch das Haager Übereinkommen zur Durchsetzung von Unterhaltsansprüchen vom 23.11.2007 **ersetzt** (→ Rn. 377). 372

**e) Haager Minderjährigenschutzabkommen.** Das Haager Übereinkommen über die Zuständigkeit der Behörden und das anzuwendende Recht auf dem Gebiet des Schutzes von Minderjährigen (Minderjährigenschutzabkommen – MSA) vom 5.10.1961 (BGBl. 1971 II 219)[291] wird ersetzt durch das **Kinderschutzübereinkommen** – KSÜ) vom 19.10.1996 und gilt folglich nur noch zwischen den Staaten, die dem KSÜ nicht beigetreten sind bzw. dieses noch nicht in Kraft gesetzt haben (→ Rn. 376).[292] 373

**f) Haager Kindesentführungs-Übereinkommen.** Das Haager Übereinkommen über die zivilrechtlichen Aspekte internationaler Kindesentführung (Haager Kindesentführungs-Übereinkommen – HKÜ) vom 25.10.1980 (BGBl. 1990 II 206)[293] bezweckt die sofortige Rückgabe widerrechtlich in einen Vertragsstaat verbrachter oder dort zurückgehaltener Kinder. Es soll überdies gewährleisten, dass das in einem Vertragsstaat bestehende Sorge- und Umgangsrecht in den anderen Vertragsstaaten beachtet wird. Umgesetzt wird das Übereinkommen seit dem 1.3.2005 durch das Internationale Familienverfahrensgesetz (IntFamRVG) vom 26.1.2005 (→ Rn. 343). Als zentrale Behörde zuständig ist danach das Bundesamt für Justiz. Unterstützt wird dieses von den Jugendämtern; gerichtliche Entscheidungen sind vom Familiengericht zu treffen. Bei Kindesentführungen in EU-Staaten verdrängt innerhalb ihres Anwendungsbereichs seit 1.3.2005 die Brüssel IIa-VO (→ Rn. 346) die Geltung des HKÜ.[294] 374

**g) Haager Adoptionsübereinkommen.** Das Haager Übereinkommen über den Schutz von Kindern und die Zusammenarbeit auf dem Gebiet der internationalen Adoption (Haager Adoptions- 375

286 Inkrafttreten RGBl. 1904, 249. Das Übereinkommen ist auszugsweise abgedruckt und kommentiert in → 3. Aufl. 1998, EGBGB Anh. I Art. 13.

287 Inkrafttreten RGBl. 1912, 475.

288 Inkrafttreten BGBl. 1962 II 16. Das Übereinkommen ist abgedruckt und kommentiert nach → 6. Aufl. 2010, EGBGB Anh. II Art. 18.

289 Inkrafttreten BGBl. 1987 II 225. Abgedruckt und kommentiert ist das Abkommen in → 6. Aufl. 2010, Anh. I Art. 18.

290 Inkrafttreten BGBl. 1987 II 220.

291 Inkrafttreten BGBl. 1971 II 1150.

292 Zum Zusammenspiel des Abkommens mit den anderen deutschen internationalen Kindschaftsregelungen *Schulz* FamRZ 2018, 797.

293 Inkrafttreten BGBl. 1990 II 206. Abgedruckt und kommentiert ist das Übereinkommen in → 7. Aufl. 2017, HKÜ Art. 1 Rn. 1 ff.

294 Zur Konkurrenz von HKÜ und Brüssel IIa-VO *Rieck* NJW 2008, 182.

übereinkommen – HAdoptÜ) vom 29.5.1993 (BGBl. 2001 II 1034) regelt die zwischenstaatliche Zusammenarbeit auf dem Gebiet der internationalen Adoption, um das Wohl und die Rechte der Kinder bei grenzüberschreitenden Adoptionen zu wahren (→ 7. Aufl. 2018, EGBGB Anh. Art. 22 Rn. 1 ff.). Den Vertragsstaaten geht es um den Schutz der Kinder vor Verkauf, Entführung und Handel. Die innerstaatliche Umsetzung des HAdoptÜ in Deutschland erfolgte durch das Gesetz zur Regelung von Rechtsfragen auf dem Gebiet der internationalen Adoption und zur Weiterentwicklung des Adoptionsvermittlungsrechts vom 5.11.2001 (BGBl. 2001 I 2950), in Kraft seit 1.1.2002. Das Gesetz regelt Zuständigkeiten, Verfahren und behördliche Aufgabenteilung bei der grenzüberschreitenden Adoptionsvermittlung; außerdem bestimmt es die Voraussetzungen von Auslandsadoptionen.

376 **h) Haager Kinderschutz-Übereinkommen.** Das Haager Übereinkommen über die Zuständigkeit, das anzuwendende Recht, die Anerkennung, Vollstreckung und Zusammenarbeit auf dem Gebiet der elterlichen Verantwortung und der Maßnahmen zum Schutz von Kindern (Kinderschutzübereinkommen – KSÜ) vom 19.10.1996 (BGBl. 2009 II 602) ersetzt das MSA (→ Rn. 373) im Verhältnis der Staaten, die diesem angehören und das KSÜ zwischenzeitlich in Kraft gesetzt haben. Die Geltung des KSÜ hatte sich in den der EU angehörigen Staaten verzögert, weil diese das Übereinkommen wegen der – aufgrund der Brüssel IIa-VO aF zwischenzeitlich entstandenen – Außenkompetenz der EU erst seit 1.4.2003 auf der Basis eines Ratsbeschlusses zeichnen konnten. In Deutschland ist das KSÜ am 1.1.2011 in Kraft getreten (BGBl. 2010 II 1527). In Europa wird das KSÜ seit 1.3.2005 allerdings weitgehend schon wieder verdrängt durch die Regelungen der Brüssel IIa-VO (→ Rn. 346). Diese nämlich gehen zwischen den EU-Staaten dem KSÜ vor, soweit eine Frage in beiden Abkommen geregelt ist.[295]

377 **i) Haager Übereinkommen zur Durchsetzung von Unterhaltsansprüchen.** Das Haager Übereinkommen zur grenzüberschreitenden Durchsetzung von Kindesunterhalt und anderer familienrechtlicher Unterhaltsansprüche vom 23.11.2007[296] sieht die Einrichtung zentraler Behörden vor, die Kinder bei der Durchsetzung ihrer Unterhaltsansprüche unterstützen. Außerdem enthält das Übereinkommen verfahrens- und zwangsvollstreckungsrechtliche Regelungen zur Durchsetzung dieser Ansprüche im Ausland und erleichtert Kindern die Erlangung von Prozesskostenhilfe bei der Verfolgung ihrer Rechte im Ausland. Das Übereinkommen ist am 1.8.2014 in Kraft getreten (BGBl. 2014 I 887). Im Verhältnis der Mitgliedstaaten der EU untereinander spielt es allerdings keine Rolle, denn hier gilt seit 18.6.2011 die EuUnthVO (→ Rn. 349).

378 **j) Haager Erwachsenenschutzübereinkommen.** Das Gesetz zur Ausführung des Haager Übereinkommens vom 13.1.2000 über den internationalen Schutz von Erwachsenen (Erwachsenenschutzübereinkommens-Ausführungsgesetz – ErwSÜAG) vom 17.3.2007 (BGBl. 2007 I 314), in Kraft seit 1.1.2009 (BGBl. 2009 II 39), enthält Regelungen zu den Zuständigkeiten und anzuwendenden Rechten bei grenzüberschreitenden Betreuungsfällen.

379 **6. Familienrecht im deutschen IPR.** Die familienrechtlichen Vorschriften des IPR sind in den Art. 13–24 EGBGB enthalten. Die grundlegendste Reform dieser Vorschriften hat 1986 stattgefunden, als mit Art. 14 EGBGB auf der Basis der **Gleichberechtigung** der Geschlechter eine **zentrale Kollisionsnorm** für die Rechtsbeziehungen zwischen Ehegatten und die Rechtsbeziehungen zwischen Eltern und Kindern geschaffen wurde. Im IPR hatte es also fast vierzig Jahre gedauert, bis es zur Umsetzung des Art. 3 Abs. 2 GG kam. Zu den Schwierigkeiten der Umsetzung des Art. 3 Abs. 2 GG im materiellen Familienrecht → Rn. 275 ff. Überlagert wird das deutsche IPR allerdings zunehmend durch Regelungen der Europäischen Union und völkerrechtliche Vereinbarungen. Diesen räumt Art. 3 EGBGB ausdrücklich Priorität ein.

380 Anknüpfungspunkt im Ehe- und Familienrecht ist nach den Kollisionsnormen des IPR die **Staatsangehörigkeit** und der gewöhnliche **Aufenthaltsort.** Außerdem gibt es für die Regelung der Rechtsbeziehungen der Ehegatten zueinander die Anknüpfung kraft **Rechtswahl.**

381 Form und Voraussetzungen der **Eheschließung** sind in Art. 13 EGBGB geregelt. Die sachlichen Voraussetzungen der Eheschließung unterliegen nach Art. 13 Abs. 1 EGBGB dem Heimatrecht eines jeden Verlobten. Das bedeutet, dass für jeden von beiden jeweils getrennt nach dem Recht des Staates, dem er zur Zeit der Heirat angehört, zu prüfen ist, ob die Voraussetzungen für die Eingehung einer rechtsgültigen Ehe vorliegen. Ist nach den herangezogenen Rechtsordnungen eine Voraussetzung für die Eheschließung nicht erfüllt, so ist deutsches Recht anzuwenden, wenn zumindest ein Verlobter seinen gewöhnlichen Aufenthalt im Inland hat oder Deutscher ist (Art. 13 Abs. 2

[295] Zum Zusammenspiel des Übereinkommens mit den anderen deutschen internationalen Kindschaftsregelungen *Schulz* FamRZ 2018, 797.
[296] Dazu *Andrae* FPR 2008, 196.

Nr. 1 EGBGB), die Verlobten die zumutbaren Schritte zur Beseitigung des Ehehindernisses unternommen haben (Art. 13 Abs. 2 Nr. 2 EGBGB) und es mit dem Grundrecht der Eheschließungsfreiheit unvereinbar wäre, die Eheschließung zu versagen (Art. 13 Abs. 2 Nr. 3 EGBGB). Im Inland geschlossen werden kann die Ehe grundsätzlich nur nach den deutschen Formvorschriften, also gemäß § 1310 ff. (Art. 13 Abs. 3 EGBGB).

Die **allgemeinen Ehewirkungen** unterliegen gemäß Art. 14 EGBGB in erster Linie dem Recht der gemeinsamen Staatsangehörigkeit bzw. der letzten gemeinsamen Staatsangehörigkeit bei einseitigem Fortbestand (Art. 14 Abs. 1 Nr. 1 EGBGB), in zweiter Linie dem Recht des gemeinsamen gewöhnlichen Aufenthalts bzw. des letzten gemeinsamen gewöhnlichen Aufenthalts bei einseitigem Fortbestand (Art. 14 Abs. 1 Nr. 2 EGBGB), hilfsweise dem Recht des Staates, mit dem die Ehegatten gemeinsam am engsten verbunden sind (Art. 14 Abs. 1 Nr. 3 EGBGB). Die Art. 14 Abs. 2–4 EGBGB lassen unter engen Voraussetzungen eine Abweichung von der gesetzlichen Anknüpfung durch Rechtswahl zu, die bestimmten Formerfordernissen unterliegt. **382**

Unter die in Art. 14 EGBGB geregelten „allgemeinen Wirkungen der Ehe" fallen die Sachbereiche, welche die **persönlichen Rechtsbeziehungen** der Ehegatten zueinander sowie ihr **Verhältnis zu Dritten** betreffen. Das sind praktisch die im BGB mit „Wirkungen der Ehe im Allgemeinen" (§§ 1353–1362) umschriebenen Tatbestände mit Ausnahme derjenigen, deren Anknüpfung außerhalb des Art. 14 EGBGB besonders geregelt ist wie das Ehenamensrecht (Art. 10 EGBGB). **383**

Die in Art. 14 EGBGB für die allgemeinen Ehewirkungen aufgestellten Grundsätze gelten kraft Verweisung auch für das **eheliche Güterrecht** (Art. 15 EGBGB) sowie für die **Adoption** eines Kindes durch Ehegatten (Art. 22 EGBGB). **384**

Die Voraussetzungen für die **Ehescheidung** ergeben sich aus der VO (EU) Nr. 1259/2010 zur Durchführung einer Verstärkten Zusammenarbeit im Bereich des auf die Ehescheidung und Trennung ohne Auflösung des Ehebandes anzuwendenden Rechts **(Rom III-VO)** vom 20.12.2010 (ABl. EU 2010 L 343, 10). Die Rom III-VO vereinheitlicht das Kollisionsrecht in Mitgliedstaaten der EU, die sich in dieser Frage zur Verstärkten Zusammenarbeit bereit erklärt haben (→ Rn. 351). **385**

Sachlich knüpft die Rom III-VO primär an die **Rechtswahl** der Eheleute an (Art. 5 Rom III-VO), in Ermangelung einer solchen an das Recht des **Aufenthaltsortes** und zwar an das des gewöhnlichen gemeinsamen Aufenthaltsortes bzw. an das des letzten gemeinsamen Aufenthaltsortes bei einseitigem Fortbestand. Ist die Anknüpfung nach diesen Kriterien nicht möglich, ist die übereinstimmende **Staatsangehörigkeit** der Ehegatten relevant, hilfsweise gilt das Recht des Staates des angerufenen Gerichts (Art. 8 Rom III-VO). **386**

Die Rom III-VO **gilt** in den Mitgliedstaaten **universell,** dh sie gilt auch für Scheidungen von Staatsangehörigen, die keinem Mitgliedstaat angehören (Art. 4 Rom III-VO). **387**

Art. 17 Abs. 2 EGBGB ordnet an, dass im Inland eine Ehe **nur durch ein Gericht geschieden** werden kann und stellt damit klar, dass sich das gerichtliche Scheidungsmonopol auch auf Scheidungen nach ausländischem Scheidungsstatut erstreckt. **388**

Für das auf die **vermögensrechtlichen Scheidungsfolgen** anzuwendende Recht verweist Art. 17 Abs. 1 EGBGB auf das sich aus der Rom III-VO ergebende Scheidungsstatut. Dem auf die Scheidung anzuwendenden Recht unterliegt auch der **Versorgungsausgleich;** durchzuführen ist dieser allerdings nur, wenn deutsches Recht anzuwenden ist und das Heimatrecht mindestens eines der Ehegatten einen solchen Ausgleich kennt (Art. 17 Abs. 3 S. 1 EGBGB). **389**

Anknüpfungspunkt im **Kindschaftsrecht** ist grundsätzlich der gewöhnliche Aufenthaltsort des Kindes. Das gilt für die rechtliche Beurteilung seiner **Abstammung** (Art. 19 EGBGB) wie auch für das allgemeine **Rechtsverhältnis zu seinen Eltern** (Art. 21 EGBGB). **390**

Entstehung, Änderung und Ende einer **Vormundschaft, Betreuung oder Pflegschaft** bestimmen sich nach dem Recht des Staates, dem der Mündel, Betreute oder Pflegling angehört. Für einen im Inland lebenden Ausländer kann allerdings ein Betreuer nach deutschem Recht bestellt werden (Art. 24 EGBGB). **391**

## X. Familienrecht und Verfahrensrecht

**1. Einheitliche Regelung.** Die früher im Buch 6 der Zivilprozessordnung geregelten „Verfahren in Familiensachen" waren durch ein unübersichtliches Zusammenspiel von Vorschriften der ZPO und des FGG geprägt. Das hat sich am 1.9.2009 geändert. Das an diesem Tag in Kraft getretene FamFG hat das FGG komplett aufgehoben und sämtliche familiengerichtlichen Verfahren einheitlich in seinem zweiten Buch geregelt (§§ 111–270 FamFG). **392**

**2. Familiensachen.** Nach der Definition des § 111 FamFG sind **Familiensachen** Ehesachen (§ 121 FamFG), Kindschaftssachen (§ 151 FamFG), Abstammungssachen (§ 169 FamFG), Adoptionssachen (§ 186 FamFG), Ehewohnungs- und Haushaltssachen (§ 200 FamFG), Gewaltschutzsachen **393**

(§ 210 FamFG), Versorgungsausgleichssachen (§ 217 FamFG), Unterhaltssachen (§ 231 FamFG), Güterrechtssachen (§ 261 FamFG), sonstige Familiensachen (§ 266 FamFG) sowie Lebenspartnerschaftssachen (§ 269 FamFG).

**394** **3. Familienstreitsachen.** Speziell als Familienstreitsachen definiert § 112 FamFG die **unterhaltsrechtlichen** und **güterrechtlichen** Streitigkeiten sowie die als **sonstige Familiensachen** in § 266 FamFG aufgeführten Streitigkeiten über Ansprüche aus Verlöbnis, aus § 1353, aus der (nicht güterrechtlichen) Vermögensauseinandersetzung anlässlich von Trennung und Scheidung ua.

**395** **4. Verfahren.** Für die Durchführung der Verfahren vor den Familiengerichten gelten im Einzelnen unterschiedliche Vorschriften. In den **Familienstreitsachen** und in **Ehesachen** gelten grundsätzlich die allgemeinen Bestimmungen der **ZPO** (§ 113 Abs. 1 FamFG). Allerdings ist die **Dispositionsmaxime,** die den Parteien in zivilrechtlichen Auseinandersetzungen die Verfügungsfreiheit über den Streitgegenstand gibt, **eingeschränkt** (vgl. § 113 Abs. 4 FamFG). So haben insbesondere Geständnis und Anerkenntnis nicht die ihnen nach §§ 307, 288 ZPO zukommenden Wirkungen – sie können vom Gericht allenfalls im Rahmen des § 286 Abs. 1 ZPO frei gewürdigt werden.

**396** In **Ehesachen** iSd § 121 FamFG ist im Hinblick auf das öffentliche Interesse am Bestand der Ehe die prozessuale Privatautonomie noch weiter eingeschränkt. Hier gilt für die Ermittlung der entscheidungserheblichen Tatsachen der **Amtsermittlungsgrundsatz** – beschränkt allerdings auf eheerhaltende Tatsachen und solche ehefeindlichen, denen der die Scheidung begehrende Ehegatte nicht widerspricht (§ 127 FamFG). Auch eine **Versäumnisentscheidung** gegen den Antragsgegner ist in Ehesachen **nicht zulässig,** da der Umfang der rechtlichen Tatsachennachprüfung in diesen Verfahren nicht zur Disposition der Beteiligten steht (§ 130 Abs. 2 FamFG).

**397** In **Eheaufhebungsverfahren** ist die Parteiherrschaft zudem dadurch eingeschränkt, dass die Einleitung des Verfahrens auch **von Staats wegen** – also ohne Willen der Beteiligten – möglich ist. So kann zum Beispiel der Antrag auf Aufhebung der Ehe im Falle des Vorliegens einer Doppelehe (§ 1306) oder Verwandtenehe (§ 1307) von der zuständigen Verwaltungsbehörde gestellt werden – vor allem ist das aber auch statthaft, wenn die Ehegatten aus ausländerrechtlichen Gründen eine Scheinehe iSd § 1314 Abs. 2 Nr. 5 eingegangen sind (§ 1316 Abs. 1).

**398** Alle **anderen Familiensachen** sind als Verfahren der freiwilligen Gerichtsbarkeit nach den Vorschriften des FamFG zu führen. In ihnen gilt die **Offizialmaxime.** Die Verfahren werden von Amts wegen eingeleitet und in Gang gehalten, soweit das Gesetz nicht ausdrücklich einen Antrag verlangt. Bei der Feststellung der entscheidungserheblichen Tatsachen gilt der **Amtsermittlungsgrundsatz** (§ 26 FamFG). Auch die tatsächlichen Grundlagen der Entscheidung stehen mithin nicht zur Disposition der Beteiligten, sondern werden von Amts wegen ermittelt. An das Vorbringen und an die Anträge der Beteiligten ist das Gericht bei der Ermittlung der Wahrheit nicht gebunden.

**399** **5. Gerichte.** Seit 1.9.2009 gibt es **keine Vormundschaftsgerichte** mehr. Deren Aufgaben wurden in der zu diesem Zeitpunkt in Kraft getretenen FGG-Reform den **Familiengerichten** bzw. den neu geschaffenen **Betreuungsgerichten** übertragen (§§ 23a, 23b, 23c GVG).

## XI. Rechtstatsachen zum Familienrecht

**400** Ehe- und familienrechtlich relevante Angaben zur **Bevölkerung** (Altersgruppen und Familienstand; Privathaushalte nach Zahl der Personen ua; Paare ohne Kinder und Familien; Eheschließungen, Geborene, Gestorbene), zu **gerichtlichen Entscheidungen** (Eheauflösungen durch Scheidungen; Auslastung der Familiengerichte), zu **Sozialleistungen** (Kinder- und Elterngeld; Kinder und Jugendhilfe), zu **Adoptionen** und anderen Daten sind abrufbar beim Statistischen Bundesamt Wiesbaden, unter https://www.destatis.de/DE/ZahlenFakten/ZahlenFakten.

# Abschnitt 1. Bürgerliche Ehe

## Titel 1. Verlöbnis

### § 1297 Kein Antrag auf Eingehung der Ehe, Nichtigkeit eines Strafversprechens

**(1) Aus einem Verlöbnis kann kein Antrag auf Eingehung der Ehe gestellt werden.**

**(2) Das Versprechen einer Strafe für den Fall, dass die Eingehung der Ehe unterbleibt, ist nichtig.**

**Schrifttum:** Älteres Schrifttum s. 3. Aufl. 1993; *Beitzke,* Zur rechtlichen Qualifikation der Verlöbnisfolgen, FS Ficker, 1967, 78; *Canaris,* Das Verlöbnis als „gesetzliches Rechtsverhältnis", AcP 165 (1965), 1; *Evans-v. Krbek,* Das „Zusammenleben" und sein Verhältnis zu Verlobung und Ehe, JA 1979, 236; *Grupp,* Das doppelte Verlöbnis, Diss. Tübingen 1940; *Kanzleiter,* Gemeinschaftliche Testamente bitte nicht auch für Verlobte!, FamRZ 2001, 1198; *Montanari,* Verlobung und Verlöbnisbruch, 1974; *Reichel,* Schadensersatzanspruch der Braut des Getöteten, DJZ 1931, 562; *Thönnissen,* Grundfragen des Verlöbnisrechts, 1964; *A. Wacke,* Gemeinschaftliche Testamente von Verlobten, FamRZ 2001, 457; *Wissing,* Die Rechtsnatur des Verlöbnisses, Diss. Saarbrücken 1967.

**Übersicht**



#### I. Normzweck

Durch die Versagung des Erfüllungsantrags aus dem Verlöbnis will § 1297 die **Freiheit der Eheschließung** sichern (→ Rn. 16). Bis zur formgerechten Eheschließung gemäß § 1311 soll die Heirat dem freien Entschluss der Verlobten überlassen bleiben. Abs. 2 schließt auch einen mittelbaren Erfüllungszwang durch Vereinbarung einer Vertragsstrafe aus. 1

#### II. Entstehungsgeschichte

Das Verlöbnis, das in früher Zeit als Teil einer zweiaktigen Eheschließung von dieser nicht genau getrennt wurde, erhielt mit der Eheschließungsform, die in erster Linie auf kirchliche Bemühungen zurückgeht, seine eigene Bedeutung als Brautstand. Vor allem wegen der vielen Erschwernisse der Eheschließung, die durch die verschiedenen Gesetzgeber bis weit ins 19. Jahrhundert hinein ständig verstärkt wurden, war die praktische Bedeutung des Verlöbnisses groß. Seitdem im Zuge der stärkeren Betonung der Eheschließungsfreiheit der Zugang zur Ehe erheblich erleichtert wurde, ist die Relevanz im Rechtsleben heute nur noch gering. Um das Missverständnis nicht aufkommen zu lassen, das Verlöbnis erzeuge nicht einmal eine moralische Pflicht zur Heirat, **verneinte** der 2. Entwurf **nur die Klagbarkeit** des Eheversprechens. Eine Klärung der Rechtsnatur des Verlöbnisses überließ man bewusst der Wissenschaft.[1] 2

[1] *Mugdan* IV I 2 (676). – Zur Geschichte des Verlöbnisrechts *Luther* RvglHWB VII, 1939, 193 ff.; *Dölle* FamR I § 6 II; Staudinger/*Löhnig,* 2018, Vor § 1297 Rn. 36 ff.

### III. Begriff und Rechtsnatur

3 **1. Doppelnatur.** Das Verlöbnis hat eine Doppelnatur, denn es stellt auf der einen Seite einen Vertrag dar, durch den zwei Personen sich versprechen, künftig die Ehe miteinander einzugehen. Auf der anderen Seite begründet das **wechselseitige Eheversprechen** (die Verlobung) das personenrechtliche Dauerrechtsverhältnis des **Brautstandes.**[2] Das BGB enthält im Wesentlichen „negative" Rechtsfolgen: den Ausschluss des Erfüllungszwanges (§ 1297) und die Ersatzpflichten bei unbegründetem Rücktritt (§§ 1298 ff.).[3]

4 **2. Ansichten.** Die Rechtsnatur des Verlöbnisses ist lebhaft umstritten:[4] Die früher vertretene Tatsächlichkeitstheorie[5] sah im Verlöbnis kein Rechtsgeschäft, sondern lediglich eine Erscheinung des sozialen Lebens ohne Rechtspflicht zur Eheschließung. Die ihr nahe stehende neuere Vertrauenshaftungslehre[6] hält das Verlöbnis für ein gesetzliches Rechtsverhältnis und erklärt die Ersatzpflichten der §§ 1298 ff. aus der Enttäuschung des im Partner erweckten Vertrauens auf die bevorstehende Heirat. Die bisher herrschende allgemeine Vertragstheorie[7] behandelt demgegenüber das aus zwei übereinstimmenden Willenserklärungen bestehende wechselseitige Heiratsversprechen als Vertrag iSd §§ 133 ff., §§ 145 ff. mit der Besonderheit, dass dessen Primärpflicht, die Eingehung der Ehe, nach § 1297 nicht erzwingbar ist und dass ein Verlöbnis nur persönlich (mit Zustimmung des gesetzlichen Vertreters) geschlossen werden kann. Die Lehre vom familienrechtlichen Vertrag sui generis[8] endlich postuliert statt der Geschäftsfähigkeitsvorschriften in §§ 106 ff. eine besondere „Verlöbnisfähigkeit", für die auf die individuelle Einsichtsfähigkeit abgestellt werden soll.[9]

5 **3. Stellungnahme.** Die Tatsächlichkeitstheorie steht mit dem historischen Willen des Gesetzgebers vom rechtsgeschäftlichen Charakter des Verlöbnisses nicht in Einklang. Die jüngeren Vertreter der Vertrauenslehre, die auf die Abgabe der Verlöbniserklärungen abstellen,[10] wählen letztlich doch als Kriterium nichts anderes als den Vertragsschluss, auch wenn sie ihn nicht so bezeichnen. Die Vertragstheorie ist immerhin in der Lage, das Verlöbnis sowohl dogmatisch sauber einzuordnen, als auch vernünftige Ergebnisse zu erzielen. So besteht kein Widerspruch zwischen der Annahme einer Rechtspflicht und dem freien Rücktritt, da beides mit der Rechtsordnung unproblematisch vereinbart werden kann (im BGB etwa im Falle des vorbehaltenden Rücktritts). Vielmehr deutet bereits der Begriff „Rücktritt" auf eine Einordnung als Vertrag hin, wird er doch sonst im BGB ausschließlich im Zusammenhang mit Verträgen verwendet.[11] Auch ist die Differenzierung zwischen der (fehlenden) Erzwingbarkeit einer Primärpflicht und der Entstehung von Sekundäransprüchen im Falle ihrer Verletzung dogmatisch einwandfrei. Schließlich ist der Ausschluss eines Rückgewährschuldverhältnisses (bei Beendigung) dem Gesetz von den Dauerschuldverhältnissen her durchaus geläufig. Der Vorwurf, die Parteien hätten mangels Wissens um das Verlöbnisrecht keinen Rechtsbindungswillen, überzeugt nicht, weil die Kenntnis von möglichen Sekundäransprüchen für die Frage einer Bindung unerheblich ist. Im Ergebnis ist es eine Frage des Einzelfalles, ob die Parteien sich ernsthaft verloben mit dem Bindungswillen hinsichtlich einer späteren Heirat, was dann die Sekundärpflichten begründet, egal ob sie gewollt sind. Andererseits genügt eine bloße Absichtserklärung nicht, die aber wohl auch eine Vertrauenshaftung (nach der Vertrauenshaftungslehre) nicht begründen würde.

---

[2] RGZ 80, 88 (89 f.); *Schwab* FamR Rn. 39; *Dölle* FamR I § 6 I; *Gernhuber/Coester-Waltjen* FamR § 8 I 2. Die auf *Stutz* zurückgehende Unterscheidung zwischen Verlobungsakt und Verlobtenverhältnis begegnet auch in anderen Rechtsordnungen, bes. deutlich in Art. 90–95 Schweizer ZGB; vgl. *Montanari,* Verlobung und Verlöbnisbruch, 1974, 32.

[3] Ähnlich §§ 45, 46 öst. ABGB, Art. 90–95 Schweizer ZGB, Art. 79–81 ital. c.c.; vgl. Staudinger/*Löhnig,* 2018, Vor § 1297 Rn. 11 ff.; zum Schweizer Recht *Montanari,* Verlobung und Verlöbnisbruch, 1974, 32.

[4] Ausf. Überblick bei Staudinger/*Löhnig,* 2018, Vor § 1297 Rn. 19 ff. Ähnliche Kontroversen bestehen im Ausland; Überblick bei *Luther* RvglHWB VII, 1939, 196 ff.

[5] Vgl. noch *Lehmann* FamR, 1. Aufl. 1926, § 6 I (später von ihm aufgegeben; vgl. *Lehmann* FamR, 3. Aufl. 1960; *Krüger/Breetzke/Nowack* Einl. Rn. 287. Das LG Koblenz FamRZ 1957, 325 behandelte das gegen den Willen der Eltern eingegangene Verlöbnis einer (nach damaligem Recht) Minderjährigen als wirksam.

[6] *Canaris* AcP 165 (1965), 1 (10, 15, 29) und passim; *Canaris,* Die Vertrauenshaftung im deutschen Privatrecht, 1971, 544; zust. *Pawlowski,* Das Studium der Rechtswissenschaft, 1965, 301 ff.; Erman/*Kroll-Ludwigs* Vor § 1297 Rn. 3.

[7] RGZ 61, 267 (271 f.); 80, 88 (89 f.); 98, 13 (14); BGHZ 28, 376 (377) = NJW 1959, 529; *Beitzke* FS Ficker, 1967, 78 ff.; *Dölle* FamR I § 6 III; *Muscheler* FamR Rn. 228; *Gernhuber/Coester-Waltjen* FamR § 8 I 4.

[8] *Boehmer* JZ 1961, 267; *Lehmann* FamR, 3. Aufl. 1960, § 6 I; BeckOGK/*Wellenhofer* § 1297 Rn. 29.

[9] Staudinger/*Löhnig,* 2018, Vor § 1297 Rn. 100.

[10] *Rauscher* FamR Rn. 107; *Dethloff* FamR § 2 Rn. 5 f.

[11] *Muscheler* FamR Rn. 228.

Praktisch relevant wird der Theorienstreit allein für die Frage der Behandlung des Verlöbnisses Minderjähriger. Obwohl Minderjährige seit 2017 nicht mehr heiraten dürfen, gilt dies für die Verlobung nicht, da diese ja auf eine spätere Eheschließung gerichtet sein kann. Sind beide Verlobte minderjährig, so werden sie durch die §§ 104 ff. geschützt. Im Übrigen wird der Schutz durch die elterliche Genehmigung gemäß § 107 gewährt, da eine solche Genehmigung auch noch nach dem Rücktritt des anderen Verlobten möglich ist und somit Schadensersatzansprüche auslösen kann. 6

### IV. Gültigkeitsvoraussetzungen

**1. Persönlicher Anwendungsbereich.** Das BGB ging als selbstverständlich davon aus, dass ein Verlöbnis nur zwischen Personen verschiedenen Geschlechts möglich sei. Aufgrund des Gesetzes vom 20.7.2017 (BGBl. 2017 I 2787) steht die Ehe auch für „Personen gleichen Geschlechts offen", so dass auch das Verlöbnisrecht nunmehr für gleichgeschlechtliche Paare gilt, es ist allerdings auf nichteheliche Lebensgemeinschaften nicht analog anwendbar.[12] 7

**2. Geschäftsfähigkeit.** Nach der herrschenden (und hier vertretenen) allgemeinen Vertragstheorie verlangt eine Verlobung die Geschäftsfähigkeit beider Partner. Die Verlobung eines Geschäftsunfähigen ist nach § 105 nichtig. Ein beschränkt Geschäftsfähiger bedarf nach § 107 der Einwilligung seiner Eltern als gesetzl. Vertreter;[13] ohne sie ist das Verlöbnis schwebend unwirksam (§ 108). Eine erteilte Zustimmung ist weder widerruflich noch anfechtbar. Etwas anderes gilt bei der Verweigerung der Genehmigung: Eine erneute Genehmigung ist möglich, falls die Verlobten (wie häufig) nach der Verweigerung noch eine Zeitlang am Verlöbnis festhalten (und es damit gemäß § 141 bestätigten). Um einem Minderjährigen zu den Ersatzansprüchen nach §§ 1298 ff. zu verhelfen, können die Eltern das Verlöbnis noch nach dem grundlosen Rücktritt des volljährigen Partners genehmigen.[14] Der volljährige Partner ist nach § 109 Abs. 2 auch an ein ungenehmigtes Verlöbnis gebunden, wenn er (wie regelmäßig) die Minderjährigkeit des anderen Teils kennt. Problematisch ist der Fall der (seltenen) Unkenntnis der Minderjährigkeit. In dieser Situation hängt das Bestehen von Ansprüchen aus §§ 1298 ff. von der Genehmigung der Eltern ab. 8

**3. Ernsthaftes, wechselseitiges Heiratsversprechen.** Vorausgesetzt ist ein ernsthaftes wechselseitiges Heiratsversprechen; es unterscheidet das Verlöbnis von der nichtehelichen Lebensgemeinschaft. Allein die Tatsache, dass beide von der späteren Möglichkeit einer Heirat ausgehen, genügt genauso wenig wie ein faktisches Zusammenleben, die Anmietung einer Wohnung, die gemeinsame Anschaffung von Haushaltsgegenständen. Ein Zusammenleben ohne ernstliches Eheversprechen ist selbst dann kein Verlöbnis, wenn sich die Partner als „Verlobte" bezeichnen und als solche kirchlichen Segen empfingen (→ Rn. 10).[15] Wird der Hochzeitstermin auf Dauer einverständlich aufgeschoben (zB um eine bestehende Witwenversorgung nicht zu verlieren) bedeutet dies die Beendigung des Verlöbnisses (→ § 1298 Rn. 2).[16] Die Verlobung ist **formfrei,**[17] kann also **auch konkludent** durch schlüssiges Verhalten zustande kommen (zB indem konkrete Hochzeitsvorbereitungen getroffen werden, etwa das Drucken von Einladungskarten).[18] Kundgabe (durch Ringwechsel,[19] Verlobungsanzeigen, Familienfeier) erleichtert nur den Nachweis eines ernsthaften Eheversprechens. 9

**4. Erklärung durch Dritte.** Als höchstpersönliches Rechtsgeschäft verträgt die Verlobung **keine Stellvertretung,**[20] auch nicht durch den gesetzlichen Vertreter eines beschränkt Geschäftsfähigen (ihm bleibt nur die Zustimmung zu dessen persönlicher Verlobungserklärung). Die Verlobung 10

---

12 *Hausmann* in Hausmann/Hohloch Nichteheliche Lebensgemeinschaft 236 mwN; aA *Evans-v. Krbek* JA 1979, 236.

13 RGZ 61, 267 (271 ff.); OLG Bremen FamRZ 1977, 555 f.; *Gernhuber/Coester-Waltjen* FamR § 8 I 5; wie hier ausdrücklich Art. 90 Abs. 2 Schweizer ZGB.

14 *Gernhuber/Coester-Waltjen* FamR § 8 I 5.

15 BayObLG FamRZ 1983, 1226 (1228); BayObLG NJWE-FER 2001, 261.

16 OLG Celle NJW 1983, 1065.

17 Nach ALR II 1 § 82 konnte aus gerichtlichen oder notariellen Verlöbnissen auf Eingehung der Ehe geklagt werden.

18 AG Neumünster FamRZ 2000, 817.

19 Der Verlobungsring ist ein Überrest des alten Brautkaufpreises, ähnlich der arrha sponsalicia im spätrömischen Recht (*Kaser,* Das Römische Privatrecht, Bd. II, 1975, § 216), dem heutigen Hand- oder Angeld (Draufgabe) nach §§ 336 ff. Hierin lebt fort der Realkontraktgedanke; vgl. auch das Ringgeld der Naturvölker (Manilla). Zur Geschichte etwa *O. Zallinger,* Die Ringgaben bei der Heirat, 1931; *Mühl,* Anulus pronubus, 1961; wN in Brockhaus Enzyklopädie Art. Verlobung.

20 EinhM, *Gernhuber/Coester-Waltjen* FamR § 8 II 2; Erman/*Kroll-Ludwigs* Vor § 1297 Rn. 10; Staudinger/*Löhnig,* 2018, Vor § 1297 Rn. 74; für Ausnahmen *Thönnissen,* Grundfragen des Verlöbnisrechts, 1964, 136 ff.

kann daher nicht Aufgabenkreis eines Betreuers sein, ein Einwilligungsvorbehalt ist insoweit nicht möglich.[21] Eine Erklärung durch **Boten** (Brautwerber) ist allerdings zulässig.

11 **5. Mentalreservation, Scheingeschäft.** Ein geheimer Vorbehalt (zB eines Heiratsschwindlers), die Eheschließung nicht zu wollen, ist nach § 116 unbeachtlich,[22] die Verlobung ist gültig. Ein Scheinverlöbnis (zB zwecks Erlangung eines Zeugnisverweigerungsrechts) ist nach § 117 nichtig.[23] Nichtig ist nach § 118 auch ein erkennbar nicht ernst gemeinter Heiratsantrag.[24] Die gemeinsame Absicht, nur eine kurzfristige Ehe zu führen, nimmt der Verlobung nicht die Ernstlichkeit. Die Verabredung, sich alsbald wieder scheiden zu lassen, ist unverbindlich, die Verlobung daher gültig.[25] Wollen die beiden Nupturienten aber eine Scheinehe (§ 1314 Abs. 2 Nr. 5) eingehen, handelt es sich nicht um ein Scheingeschäft, weil sie ja tatsächlich heiraten wollen (allerdings verstößt ein solches Verlöbnis gegen § 138; → Rn. 14).

12 **6. Anfechtung, Rücktritt.** Eine Anfechtung wegen Irrtums, arglistiger Täuschung oder Drohung kann das Verlöbnis als Dauerrechtsverhältnis nicht nach § 142 rückwirkend beseitigen. Anstelle der Anfechtung lässt die hM nur den Rücktritt zu.[26] Ein Willensmangel bildet für den Zurücktretenden den wichtigen Grund iSd § 1298 Abs. 3, § 1299.

13 **7. Bedingung.** Im Gegensatz zur Eheschließung ändert die Verlobung nicht den familienrechtlichen Status und verträgt daher einen Schwebezustand (vgl. § 108; → Rn. 8). Bedingte Verlöbnisse sind darum (abweichend von § 1311 S. 2) zulässig.[27] Die Unterscheidung zwischen aufschiebender und auflösender Bedingung ist eine Auslegungsfrage: Bei der Suspensivbedingung betrachten sich die Beteiligten als verlobt erst ab dem künftigen Bedingungseintritt. Bei der Resolutivbedingung wollen sie sogleich Verlobte sein, aber ungebunden bleiben, falls die Bedingung eintritt.[28] Zulässige Bedingungen sind zB das Bestehen einer Prüfung, die Erlangung einer bestimmten Berufsposition, die Einwilligung der Eltern[29] (bei Minderjährigen Rechtsbedingung), die Befreiung von einem Ehehindernis,[30] die Wahl des Familiennamens eines Verlobten zum Ehenamen (→ § 1355 Rn. 18), das Ergebnis ärztlicher Untersuchung.[31] Die Bedingung, dass ein gehabter Geschlechtsverkehr Folgen haben werde, verstößt nicht gegen die guten Sitten.[32] Einen **Endtermin** verträgt das Verlöbnis ebenso wenig wie die Ehe.[33]

14 **8. Gesetzliches Verbot, Sittenwidrigkeit.** Die Nichtigkeitsgründe der § 134 (gesetzliches Verbot), § 138 (Sittenwidrigkeit), gelten auch für Verlöbnisse.[34] Nur bei **unbehebbarem Ehehindernis** (Verwandtschaft) ist ein Verlöbnis wegen Verstosses gegen § 134 nichtig.[35] Wer das Hindernis kannte oder kennen musste, haftet dem Partner, der es unverschuldet nicht kannte, auf Ersatz des Vertrauensschadens im Umfang der §§ 1298 ff.[36] Bei behebbarem Eheverbot (§§ 1308, 1309 je Abs. 2) gilt das Verlöbnis nach dem mutmaßlichen Parteiwillen unter der aufschiebenden Bedingung, dass die Befreiung erteilt wird. Wegen Sittenwidrigkeit für nichtig angesehen wird verbreitet das Ehever-

---

21 *Roth* BtPrax 2007, 100.

22 RGZ 149, 143 (148).

23 BeckOK BGB/*Hahn* Rn. 10.

24 Vgl. OLG München OLGE 26, 209 (210).

25 LG Wiesbaden FamRZ 1965, 272 f.

26 LG Saarbrücken NJW 1970, 327 f.; Erman/*Kroll-Ludwigs* Vor § 1297 Rn. 12; *Gernhuber/Coester-Waltjen* FamR § 8 II 4; Staudinger/*Löhnig*, 2018, Vor § 1297 Rn. 76 f.; *Muscheler* FamR Rn. 229; aA – Anfechtung zulässig – RG JW 1936, 863; Palandt/*Brudermüller* Vor § 1297 Rn. 1.

27 RGZ 80, 88 (89); *Thönnissen*, Grundfragen des Verlöbnisrechts, 1964, 132 ff.; *Montanari*, Verlobung und Verlöbnisbruch, 1974, 61 ff.

28 Str.: im Anschluss an RGZ 80, 88 (89) wird oft das bedingte Verlöbnis unterschieden vom unbedingten Verlöbnis mit bedingter Eheschließungsabrede; krit. dazu *Thönnissen*, Grundfragen des Verlöbnisrechts, 1964, 132 ff.; Soergel/*Fischinger* Rn. 11.

29 Bei Volljährigen als Bedingung unbeachtlich jedoch nach *Gernhuber/Coester-Waltjen* FamR § 8 II 3; → § 1298 Rn. 13 mwN.

30 Ebenfalls Rechtsbedingung nach RGSt 40, 420 (421).

31 Staudinger/*Löhnig*, 2018, Vor § 1297 Rn. 73.

32 Zutr. OLG Hamburg OLGE 16, 203 f.; *Gernhuber/Coester-Waltjen* FamR, 5. Aufl. 2006, § 8 II 3, Fn. 27; BeckOK BGB/*Hahn* Rn. 11. Wenn es sittliche Pflicht ist, eine Geschwängerte zu heiraten, darf man ein darauf aufbauendes Verlöbnis nicht als unmoralisch verurteilen.

33 Staudinger/*Löhnig*, 2018, Vor § 1297 Rn. 73; *Montanari*, Verlobung und Verlöbnisbruch, 1974, 67 ff.

34 Staudinger/*Löhnig*, 2018, Vor § 1297 Rn. 78 ff.; *Muscheler* FamR Rn. 226; *Rauscher* FamR Rn. 111.

35 RG JW 1937, 996 f.; Staudinger/*Löhnig*, 2018, Vor § 1297 Rn. 78.

36 OLG Karlsruhe NJW 1988, 3023; *Löhnig*, FamRZ 2016, 2104; *Muscheler* FamR Rn. 229: „analog § 311 Abs. 2". Die Nichtigkeit des Verlöbnisses darf nicht den Schutz der §§ 1298, 1299 aushebeln.

sprechen eines derzeit mit einem Dritten **Verheirateten.**[37] Das wird man allerdings dann nicht annehmen können, wenn der Verheiratete zur Scheidung berechtigt ist[38] und diese auch betreibt. Denn wenn eine Ehe gescheitert ist, besteht auch die Verpflichtung aus § 1353 nicht mehr, so dass die Rechtsordnung dieser Ehe auch nicht den vollen Schutz gewährt.[39] Zwar wird die Eheschließungsfreiheit erst mit Auflösung der Ehe wieder gewonnen, gleichwohl dürfte ein Eheversprechen unter der aufschiebenden Bedingung, dass der noch Verheiratete geschieden wird, zulässig sein. Strafrechtlich kann die Angehörigen-Eigenschaft (bes. bei Zusammenleben) trotz Sittenwidrigkeit zu bejahen sein (→ Rn. 20). Die Unkenntnis des unverheirateten Verlöbnispartners nimmt einem Eheversprechen nicht die Sittenwidrigkeit, kann für ihn aber Schadensersatzansprüche im Umfang der §§ 1298 ff. auslösen.[40] Nach Auflösung der entgegenstehenden Ehe kann ein zunächst nichtiges Verlöbnis gemäß § 141 mit ex-nunc-Wirkung bestätigt werden, auch durch schlüssiges Handeln (zB Zusammenleben, Geschlechtsverkehr, Anerkennung eines Kindes).[41] Der Ehegatte eines für tot erklärten **Verschollenen** kann sich wegen § 1319 unbedenklich mit einer anderen Person verloben. Ohne Todeserklärung gilt die Verlobung unter der Bedingung, dass der Verschollene für tot erklärt wird.[42] Das Verlöbnis eines bereits anderweitig Verlobten ist sittenwidrig (**Doppelverlobung** eines Heiratsschwindlers), sofern nicht in der Zweitverlobung ein konkludenter Rücktritt von dem ersten Verlöbnis zu sehen ist.[43] Ein Eheversprechen, das auf eine sogenannte Scheinehe (iSd § 1314 Abs. 2 Nr. 5) gerichtet ist, verstößt zwar nicht gegen ein Eheverbot, § 134 ist insoweit nicht einschlägig. Wenn eine eheliche Lebensgemeinschaft nicht beabsichtigt ist, stellt die Heirat aber einen Missbrauch der Ehe dar; daher ist eine Sittenwidrigkeit des Verlöbnisses iSd § 138 zu bejahen.[44]

**9. Beendigung.** Das Verlöbnis endet mit Eheschließung, durch den Tod eines der Verlobten, durch Eintritt einer auflösenden Bedingung, durch Aufhebungsvertrag oder durch Rücktritt. Zum Vertragscharakter des Verlöbnisses → Rn. 4, 5. 15

## V. Wirkungen

**1. Kein Erfüllungszwang.** Ein Antrag aus dem Verlöbnis auf Eingehung der Ehe ist nach Abs. 1 unzulässig. Daher ist es eigentlich überflüssig, dass § 120 Abs. 3 FamFG auch die Vollstreckung hierauf gerichteter Beschlüsse untersagt. Die vor dem BGB erlassenen und vor dem Inkrafttreten des FamFG geltenden ZPO-Vorschriften (§ 888 Abs. 3, § 894 Abs. 2) waren aber vor 1900 von Bedeutung, da einige wenige Partikularrechte und das kanonische Recht den Bräutigam verpflichteten, die geschwängerte Braut zu ehelichen.[45] Auch für ausländische Urteile[46] hat § 120 Abs. 3 FamFG keine Bedeutung, da wegen Verstoßes gegen den ordre public etwaige Urteile auf Eingehung einer Ehe nach § 109 Abs. 1 Nr. 4 FamFG, § 110 Abs. 1 FamFG im Inland nicht anerkannt und vollstreckt würden. Einer Klage auf **Feststellung** des Bestehens oder Nichtbestehens eines Verlöbnisses (§ 256 ZPO) steht § 1297 Abs. 1 nicht entgegen.[47] Ein **Vertragsstrafeversprechen** für den Fall, dass die Eheschließung unterbleibt, erklärt § 1297 Abs. 2 (ergänzend zu § 344) für nichtig.[48] 16

**2. Pflichten aus dem Verlöbnis.** Trotz fehlenden Erfüllungszwanges besteht nach hL eine Rechtspflicht zur Eheschließung.[49] Die Tatsache, dass ein unbegründeter Rücktritt nach §§ 1298 ff. 17

---

[37] BGH VRS 36, Nr. 10; OLG Hamm NJW 1983, 1436; *Schwab* Rn. 48; *Gernhuber/Coester-Waltjen* FamR § 8 II 5.

[38] So aber BGH FamRZ 1984, 386 = NStZ 1983, 564 mAnm *Pelchen*; BayObLG FamRZ 1983, 277 = JR 1984, 125 m. beachtenswert krit. Anm. *Strätz*; für Nichtigkeit trotz nicht rechtskräftigen Scheidungsurteils LG Nürnberg-Fürth FamRZ 1956, 282; OLG Karlsruhe NJW 1988, 3023; aA LG Duisburg NJW 1950, 714.

[39] Wie hier *Dethloff* FamR § 2 Rn. 10; in die gleiche Richtung geht das Argument mit § 1599 Abs. 2, *Rauscher* FamR Rn. 111.

[40] OLG Oldenburg FamRZ 2016, 2102.

[41] OLG Halle JR 1951, 439 f.

[42] Vgl. OLG Schleswig SchlHA 1950, 288; *Schrodt* NJW 1950, 732 f. Für sittenwidrig hält ein solches Verlöbnis dagegen Soergel/*Fischinger* Rn. 23.

[43] RGZ 105, 245; *Grupp*, Das doppelte Verlöbnis, 1940.

[44] *Gernhuber/Coester-Waltjen* FamR § 8 II 5 Fn. 36; BeckOK BGB/*Hahn* § 1297 Rn. 12.

[45] Ein besonders drastisches Beispiel für solchen Heiratszwang bei *Ebel,* Curiosa iuris germanici, 1968, 71; weitere Beispiele bei *Luther* RvglHWB VII, 1939, 194 Fn. 1; *Schubart/Fikentscher,* Hallesche Spruchpraxis, 1960, 48 f. mN; *Zimmer,* Die Geschichte des OLG Frankfurt, 1976.

[46] Die meisten Rechtsordnungen haben den Heiratszwang abgeschafft; vgl. den Überblick bei *Luther* RvglHWB VII, 1939, 194, 202; Staudinger/*Löhnig,* 2018, Vor § 1297 Rn. 42 ff.

[47] RGRK/*Roth-Stielow* Rn. 11; kaum praktisch laut Staudinger/*Löhnig,* 2018, Rn. 2.

[48] In der Frühzeit waren Verlöbnisse klagbar und wurde bei Nichterfüllung Schadensersatz geschuldet; vgl. *Medicus,* Id quod interest, 1962, 213 f.; *Söllner,* Zur Vorgeschichte etc der actio rei uxoriae, 1969, 23.

[49] RG JW 1971, 848; *Beitzke* FS Ficker, 1967, 80 f.; *Gernhuber/Coester-Waltjen* FamR § 8 III 1; Palandt/*Brudermüller* Vor § 1297 Rn. 3; aA – nur sittliche Pflicht – *Stech* ZZP 77 (1964), 178 (182); *Canaris* AcP 165

Ersatzpflichten auslöst, ist allerdings kein überzeugendes Argument, vielmehr wird man sowohl einen Anspruch auf Eheschließung als auch auf der anderen Seite eine entsprechende Rechtspflicht schon im Hinblick auf die negative Eheschließungsfreiheit verneinen müssen. Die Pflichten aus dem Dauerrechtsverhältnis des Brautstandes sind im übrigen weniger intensiv als unter Ehegatten. Weder bestehen die Hauptpflichten aus § 1353 (Haus- und Geschlechtsgemeinschaft) noch Unterhaltspflichten (→ Anh. § 1302 Rn. 4 mwN).[50] Gleichwohl besteht eine personale Verbindung mit Pflichten zur Verlöbnistreue, zur Rücksichtnahme und zur Beistandsleistung.[51] Als Fürsorgepflicht diskutiert wird die Pflicht, einen **Selbstmord des Partners** zu verhindern.[52] Bei widerrechtlicher Tötung des Verlobten durch einen Dritten hat dessen Partner keine Unterhaltsansprüche nach § 844 Abs. 2 gegen den Schädiger.[53] Der Überlebende hat auch keinen sozialrechtlichen Anspruch auf „Witwenversorgung" nach dem Opferentschädigungsgesetz (§ 1 Abs. 1, 8 OEG).[54] Daher ist es fraglich, ob ein körperlich verletzter Verlobter als Schaden auch den ihm entgehenden Unterhalt ersetzt verlangen kann, wenn die Heirat infolge der Verletzung unterbleibt;[55] denn beeinträchtigt wird lediglich eine Aussicht auf Unterhalt, nicht aber eine verfestigte Rechtsposition.

18 **3. Vermögensrechtliche Folgen.** Das Verlöbnis begründet keine Unterhaltspflichten. Immerhin können Verlobte nach § 1408 schon einen **Güterrechtsvertrag** (Ehevertrag) schließen (nach ausländischen Rechten mit Unwandelbarkeit des Güterstandes können dies ausschließlich Verlobte), der allerdings erst mit der Eheschließung wirksam wird (→ § 1408 Rn. 3).[56] Auch für einen Ehevertrag unter Verlobten gelten die von der Rechtsprechung entwickelten Regeln zur Inhaltskontrolle.[57] Zu Ausgleichsansprüchen wegen **Dienstleistungen** → § 1301 Rn. 10. Zuwendungen anderer Art können eventuell als unbenannte Zuwendungen oder über die Regeln einer Innengesellschaft behandelt werden.[58]

19 **4. Erbrecht.** Das Verlöbnis begründet kein gesetzliches Erbrecht. Bei Erbverträgen und Erbverzichtsverträgen stehen Verlobte den Ehegatten gleich (§ 2275 Abs. 3, § 2276 Abs. 2, § 2279 Abs. 2, § 2290 Abs. 3 S. 2, § 2347 Abs. 1). Ein Ehegattentestament können Verlobte nicht errichten. Die Gegenansicht will eine Heilung gemeinschaftlicher Testamente von Verlobten durch die spätere Eheschließung zulassen, da die Gründe des BGB-Gesetzgebers gegen ein gemeinschaftliches Testieren von Verlobten nicht überzeugten.[59] Gegen die Gleichstellung von Ehegatten und Verlobten spricht, dass ein gemeinschaftliches Testament ein Vertrauensverhältnis sowie eine rechtliche Bindung voraussetzt, die noch am ehesten bei Ehegatten besteht, nicht jedoch schon bei Verlobten. Ein praktisches Bedürfnis besteht wegen der Möglichkeit, einen Ehevertrag abzuschließen, ohnehin kaum.[60] Setzt ein Verlobter den anderen in einem Testament oder Erbvertrag zum Erben ein, so ist diese Verfügung im Zweifel unwirksam, wenn das Verlöbnis aufgelöst wird (§ 2077 Abs. 2 ggf. iVm § 2279 Abs. 2). Dagegen bleibt die Verfügung von Todes wegen wirksam, wenn erst der Tod das Verlöbnis beendet; zwar erfolgte die testamentarische Zuwendung mit der Vorstellung, dass eine Eheschließung erfolgen werde, aber ein Ausschluss für den Fall des eigenen Todes ist in der Regel nicht gewollt. § 2077 Abs. 2 ist auf ein nichtiges Verlöbnis analog anzuwenden, wenn der Verfügende davon ausgeht, wirksam verlobt zu sein. Denn in diesem Fall ist Geschäftsgrundlage der Zuwendung die Hoffnung auf die baldige Eheschließung, die mit dem

---

(1965), 1 (4 ff.); unter Überbetonung der Eheschließungsfreiheit und nicht widerspruchsfrei *Montanari,* Verlobung und Verlöbnisbruch, 1974, 70 ff., 89 f.; bloßer „Eheschließungsplan" nach Staudinger/*Löhnig,* 2018, Vor § 1297 Rn. 86 ff.

50 Steuerrechtlich kann an den bedürftigen Verlobten gezahlter Unterhalt (als sittliche Pflicht) uU als außergewöhnliche Belastung anerkannt werden, BFH NJW 1994, 959.

51 OLG Koblenz FamRZ 1995, 1068; *Gernhuber/Coester-Waltjen* FamR § 8 III 2.

52 BGH LM StGB § 222 Nr. 25 = FamRZ 1955, 136 = JR 1955, 104 m. abl. Anm. *Heinitz*; krit. auch *Geilen* FamRZ 1961, 147 (150 f.). Eine Garantenstellung folgt jedenfalls aus faktischem Zusammenleben, so BGH FamRZ 1960, 402; aA Staudinger/*Löhnig,* 2018, Vor § 1297 Rn. 91.

53 KG NJW 1967, 1089 f. zu § 845; aA *Reichel* DJZ 1931, 562. Das Rechtsverhältnis, kraft dessen der Getötete unterhaltpflichtig werden konnte (§ 844 Abs. 2), muss nach hM bereits zurzeit der Tötung bestehen; → Anh. § 1302 Rn. 36; dagegen eindringlich *Bosch* FamRZ 1993, 1404 (1406 f.).

54 BVerfG FamRZ 1993, 1419 (1420) = NJW 1993, 3058; BSG FamRZ 1992, 808 = NJW 1991, 3299; krit. *Bosch* FamRZ 1993, 1404 (1406 f.).

55 So aber BGH FamRZ 1961, 260; → 4. Aufl. 2000, Rn. 17 *(Wacke).*

56 Die Heirat ist Rechtsbedingung für ihr Gültigwerden, BayOblGZ 1957, 49 (51).

57 OLG Schleswig NJW-RR 1999, 1094.

58 Vom Bräutigam im Auftrag und mit Mitteln seiner Braut gekaufte Möbel will er im Zweifel für sie erwerben, RGZ 100, 190 (193).

59 → 4. Aufl. 2000, Rn. 16 *(Wacke)*; *Wacke* FamRZ 2001, 457.

60 *Kanzleiter* FamRZ 2001, 1198.

Scheitern des (nichtigen) Verlöbnisses wegfällt. Liegt überhaupt kein Verlöbnis vor, sondern lediglich eine nichteheliche Lebensgemeinschaft, so greift § 2077 nicht ein.[61]

**5. Strafrecht.** Im Strafrecht sind Verlobte **Angehörige** gemäß § 11 Abs. 1 Nr. 1 lit. a StGB. 20
Für sie gilt der entschuldigende Notstand des § 35 StGB. Eine Strafvereitelung zugunsten des Verlobten bleibt straffrei (§ 258 Abs. 6 StGB). Manche Straftaten zum Nachteil des Verlobten sind Antragsdelikte (§ 247 StGB, § 259 Abs. 2 StGB, § 263 Abs. 4 StGB). Im Strafrecht gelten jedoch zum Teil vom bürgerlichen Recht **abweichende Verlöbnisvoraussetzungen:**[62] Statt der Geschäftsfähigkeit ließ das RG die tatsächliche Einsichtsfähigkeit genügen.[63]

**6. Verfahrensrecht.** Die Prozess- und Verfahrensordnungen gewähren Verlobten ein Zeugnis-, 21
Auskunfts-, Eides- und Gutachtenverweigerungsrecht (§§ 383–385, 408 ZPO; § 29 Abs. 2 FamFG; §§ 52, 55, 61 Nr. 2, 63, 76 StPO). Bekannte des Verlobten eines Beschuldigten haben kein Weigerungsrecht.[64]

**7. Ausländerrecht.** Im Ausländerrecht hat das Verlöbnis nicht die gleichen starken Wirkungen 22
wie eine Ehe, insbesondere entsteht kein genereller Anspruch auf ein Aufenthaltsrecht eines mit einem Deutschen verlobten Ausländers.[65] Im Einzelfall kann jedoch, wenn die Eheschließung unmittelbar bevorsteht, das Ermessen der Behörde eingeschränkt sein, da Art. 6 Abs. 1 GG auch den ungehinderten Zugang zur Ehe garantiert.

## § 1298 Ersatzpflicht bei Rücktritt

**(1) [1]Tritt ein Verlobter von dem Verlöbnis zurück, so hat er dem anderen Verlobten und dessen Eltern sowie dritten Personen, welche anstelle der Eltern gehandelt haben, den Schaden zu ersetzen, der daraus entstanden ist, dass sie in Erwartung der Ehe Aufwendungen gemacht haben oder Verbindlichkeiten eingegangen sind. [2]Dem anderen Verlobten hat er auch den Schaden zu ersetzen, den dieser dadurch erleidet, dass er in Erwartung der Ehe sonstige sein Vermögen oder seine Erwerbsstellung berührende Maßnahmen getroffen hat.**

**(2) Der Schaden ist nur insoweit zu ersetzen, als die Aufwendungen, die Eingehung der Verbindlichkeiten und die sonstigen Maßnahmen den Umständen nach angemessen waren.**

**(3) Die Ersatzpflicht tritt nicht ein, wenn ein wichtiger Grund für den Rücktritt vorliegt.**

**Schrifttum:** *Erbarth,* Beendigung eines Verlöbnisses, FPR 2011, 89.

**Übersicht**



[61] BayObLG NJWE-FER 2001, 261.

[62] *Bruns,* Die Befreiung des Strafrechts vom zivilistischen Denken, 1938, 182 ff.; *Bruns* MDR 1953, 458 ff.; *Geilen* FamRZ 1961, 156 f.; *Gernhuber/Coester-Waltjen* FamR § 8 I 5 Rn. 9. Eine Vereinigung von zivil- und strafrechtlichem Verlöbnisbegriff unternimmt auf der Grundlage der Vertrauenshaftungslehre *Wissing,* Die Rechtsnatur des Verlöbnisses, 1967, 37 ff., 88 f.

[63] RGSt 38, 242.

[64] BGHR StPO § 70 Ordnungsgeld 2.

[65] OVG NRW NWVBl. 2006, 418; VGH BW FamRZ 2002, 1113.

## I. Normzweck – Rechtsnatur

1 §§ 1298, 1299 ziehen eine Konsequenz aus der bestehenden Primärpflicht zur Eheschließung, die durch ein wirksames Verlöbnis begründet wird. Daher gewährt das Gesetz einen Ersatzanspruch für einen Vertrauensschaden, wenn einer der Verlobten grundlos vom Verlöbnis zurücktritt oder dem anderen durch sein schuldhaftes Verhalten einen Grund zum Rücktritt gibt. Im Ergebnis ist damit der Rücktritt vom Verlöbnis zwar jederzeit möglich (unbeschränkte Rücktrittsmacht),[1] ist jedoch sanktionslos zulässig nur bei einem bestehenden Grund[2] (eingeschränktes Rücktrittsrecht). Die Beschränkung des Schadensersatzes auf das Abwicklungsinteresse steht nicht im Widerspruch zum Bestehen der Primärpflicht, da im höchstpersönlichen Bereich Primärpflichten nicht erzwungen werden können.

## II. Der Rücktritt

2 **1. Voraussetzungen.** Der **Rücktritt** ist eine einseitige empfangsbedürftige Willenserklärung.[3] Wirksam wird die Rücktrittserklärung nach § 130 Abs. 1 S. 2 mit ihrem Zugang beim Verlöbnispartner.[4] Stillschweigende Rücktrittserklärung ist möglich,[5] etwa durch ostentative Hinwendung zu einem Dritten. (Versuchter) Selbstmord ist idR nicht Ausdruck eines Rücktrittswillens.[6] Die Frage, ob das Verlöbnis durch Rücktritt beendet ist, beurteilt sich nur nach dem Verhalten der Verlobten zueinander, nicht nach ihren Erklärungen gegenüber Dritten.[7] Eine Kundgabe nach außen ist auch für die Verlobung nicht konstitutiv (→ § 1297 Rn. 9). Als höchstpersönliche Rechtsgeschäfte können Rücktritt und Entlobung auch durch einen beschränkt geschäftsfähigen Verlobten erklärt werden,[8] sein gesetzlicher Vertreter kann ihn nicht gegen seinen Willen durch Verweigerung der Genehmigung am Verlöbnis festhalten (Eheschließungsfreiheit).[9] Vertretung ist bei Geschäftsunfähigen allerdings möglich.[10] Eine Rücktrittserklärung durch Boten ist zulässig. Bei der **einverständlichen Entlobung** entstehen keine Ansprüche aus §§ 1298 ff.[11] Keine Entlobung liegt vor, wenn die Verlobten einverständlich am Eheschließungswillen festhalten und nur gegenüber Dritten (zB den nicht einverstandenen Brauteltern) eine Auflösung behaupten.[12]

3 **2. Wirkungen.** Der erklärte Rücktritt hebt das Verlöbnis **für die Zukunft** auf[13] und beseitigt auch die Bindung des anderen Verlobten. Die schuldrechtlichen Rücktrittsfolgen aus §§ 346 ff. sind grundsätzlich unanwendbar.[14] Zu beseitigen ist ein erklärter Rücktritt nicht durch einseitigen Widerruf, sondern nur durch einverständliche Aussöhnung **(Wiederverlobung).** Solange die zweite Verlobung hält, wollen sich die Verlobten danach im Zweifel so stellen, als sei der Rücktritt nicht erfolgt.[15]

## III. Schadensersatz

4 **1. Aufwendungen und Verbindlichkeiten.** Vom Zurücktretenden zu ersetzen sind Schäden durch angemessene Aufwendungen oder eingegangene Verbindlichkeiten in Erwartung der Ehe.

---

[1] RGZ 80, 88 (90); 98, 13 f.
[2] *Gernhuber/Coester-Waltjen* FamR § 8 IV 4; Staudinger/*Löhnig,* 2018, Rn. 13 f.; Soergel/*Fischinger* Rn. 22.
[3] Palandt/*Brudermüller* Rn. 1; *Gernhuber/Coester-Waltjen* FamR § 8 IV 1.
[4] RGZ 105, 245 f. Nach *Wissing,* Die Rechtsnatur des Verlöbnisses, 1967, 85 soll schon die innere Aufgabe des Eheschließungswillens genügen, der Partner aber bis zur Kenntniserlangung noch als verlobt gelten.
[5] RGZ 170, 72 (81).
[6] Staudinger/*Löhnig,* 2018, Rn. 39; für die Rechtslage vor 1900 RGZ 39, 188.
[7] RGZ 141, 360.
[8] RGZ 98, 13 (15); Erman/*Kroll-Ludwigs* Rn. 2; Staudinger/*Löhnig,* 2018, Rn. 6.
[9] RGZ 98, 13 (15); *Gernhuber/Coester-Waltjen* FamR § 8 IV 2.
[10] Vgl. *Roth* BtPrax 2007, 100 (102).
[11] Palandt/*Brudermüller* Rn. 2; *Rauscher* FamR Rn. 116.
[12] RGZ 141, 358 (360 f.) = JW 1933, 2329 (2331) mAnm *Fraeb.*
[13] *Gernhuber/Coester-Waltjen* FamR § 8 IV 1; Staudinger/*Löhnig,* 2018, Rn. 4.
[14] *Gernhuber/Coester-Waltjen* FamR § 8 IV 1.
[15] Vgl. *Wacke* ZRG rom. Abt. 91 (1974), 251 ff.; abl. Staudinger/*Löhnig* Rn. 11. Über andere, in der Konstruktion (nicht iErg) abw. Ansichten vgl. *Gernhuber/Coester-Waltjen* FamR § 8 IV 3.

Aufwendungen sind freiwillige Vermögensopfer[16] für die beabsichtigte Ehegemeinschaft: Ausgaben und Anschaffungen für den künftigen Haushalt,[17] vor allem die Miete einer Wohnung,[18] Kaufverpflichtungen über ein Wohngrundstück oder eine Eigentumswohnung,[19] Umzugskosten, Ausgaben und Darlehensaufnahmen zum Kauf von Haushaltsgegenständen,[20] die Kosten für Verlobungsanzeigen,[21] und für die Verlobungsfeier.[22] Geldwerte Arbeitsleistungen zum Hausbau auf dem Grundstück des Verlobten sind ersatzfähig,[23] soweit daraus Vermögensnachteile iSv Abs. 1 S. 2 resultieren (→ Rn. 7). Nicht zu ersetzen sind regelmäßige Beiträge für den Unterhalt beider oder auch nur des anderen Verlobten.[24] Zuschüsse zur Finanzierung einer Berufsausbildung des Ex-Verlobten sind jedoch zu erstatten. Nicht zu ersetzen sind die Kosten einer gemeinsamen Vergnügungsreise, die auch Nichtverlobte unternehmen könnten. Für Geschenke unter Verlobten ist § 1301 lex specialis und § 1298 unanwendbar.

**2. Sonstige Maßnahmen.** Ebenfalls ersatzfähig sind Maßnahmen, die das Vermögen oder die Erwerbsstellung **des Verlöbnispartners** nach Abs. 1 S. 2 berühren. Darunter fallen etwa die Aufgabe seines Berufes, die Kündigung seiner Anstellung[25] oder seiner bisherigen Wohnung, die Veräußerung von Einrichtungsgegenständen am bisherigen Wohnort, der Ankauf eines (gemeinsam zu betreibenden) Geschäfts. Über Dienstleistungen → § 1301 Rn. 10. 5

**3. Ehebezogenheit.** In Erwartung der Ehe wurden die Aufwendungen oder Maßnahmen getroffen, wenn sie bei vorausgesehenem Scheitern der Verlobung unterblieben wären. Die erwartete Heirat muss der **Hauptbeweggrund** gewesen sein; anderweitige Nebenmotive sind alsdann unschädlich. Nicht in Erwartung der Ehe werden Maßnahmen getroffen, bei deren Vornahme der mangelnde Eheschließungswille des Partners bereits bekannt war. Gleiches gilt für erst in Erwartung einer Verlobung erbrachte Aufwendungen (Bewirtung des zukünftigen Verlobten). Bei nichtigem, später wirksam gewordenem Verlöbnis sind Aufwendungen in Erwartung der Ehe getroffen, wenn es der Aufwendende für gültig hielt oder mit dessen Wirksamwerden rechnete.[26] **Unterhaltsbeiträge** unter Verlobten, die schon vor der Heirat einen gemeinsamen Haushalt führen, sind auf das gegenwärtige Zusammenleben hin erbracht, nicht in Erwartung der Ehe, sondern in deren Vorwegnahme.[27] Gleiches gilt für diesbezügliche Leistungen von Angehörigen (zB mietfreies Wohnen bei den Brauteltern),[28] fallweise auch von Aufwendungen für Anschaffungen zum Zwecke vorehelichen Zusammenlebens. Geschützt wird nur konkretes Vertrauen auf das Zustandekommen einer Ehe, nicht der Aufwand um einer Partnerschaft willen. 6

**4. Schäden.** Ein Schaden im Sinne der Vorschrift setzt eine Kausalität zwischen den getätigten Aufwendungen und einer Vermögenseinbuße voraus, woran es bei anderweitiger Verwendbarkeit von angeschafften Haushaltsgegenständen fehlt. Bei einer Berufsaufgabe liegt der Schaden im Verdienstausfall bis zur Erlangung einer gleichwertigen Stellung. Für den Schadensersatzanspruch gelten die §§ 249 ff.; nach der Schadensminderungspflicht des § 254 Abs. 2 muss sich der Ex-Verlobte möglichst bald um die Wiedererlangung einer entsprechenden Berufsposition bemühen, für die vergeblich angemietete Wohnung müssen Nachmieter gesucht, aufgenommene Darlehen müssen möglichst storniert werden. **Gesundheitsschäden** infolge Verlöbnisbruches gehören **nicht** zu den 7

---

16 Vgl. BGHZ 59, 329 f. = NJW 1973, 46.

17 Palandt/*Brudermüller* Rn. 5.

18 Vgl. RGZ 58, 255.

19 OLG Köln FamRZ 1995, 1142.

20 OLG Hamburg OLGE 14, 243.

21 OLG Frankfurt NJW-RR 1995, 899.

22 OLG Karlsruhe OLGE 11, 278 f.; OLG Hamburg OLGE 14, 243; aA Staudinger/*Löhnig*, 2018, Rn. 53.

23 Vgl. zu §§ 994, 996 BGHZ 131, 220 (224 ff.) = NJW 1996, 921 = LM § 249 (A) Nr. 111 m. zust. Anm. *Stürner/Dittmann*. Strengere Anforderungen (nur bei berufstypischer Arbeit oder nachweisbarem Verdienstentgang) nach AG Augsburg FamRZ 1987, 1141; LG Gießen FamRZ 1994, 1522. Dass „berufsfremd eingesetzte Arbeitskraft typischerweise keinen Vermögenswert" habe, so Staudinger/*Löhnig*, 2018, Rn. 60, ist übertrieben. Bei berufstypischen Leistungen fällt nur der Schadensnachweis leichter.

24 OLG Hamburg OLGE 16, 203; auch nicht bei längerem Verlöbnis, *Schwab* FamR Rn. 52; *Rauscher* FamR Rn. 127; aA RG LZ 1917, 868.

25 OLG Stuttgart FamRZ 1977, 545 f. = NJW 1977, 1779.

26 In RGZ 170, 72 (77) mangels Schaden dahingestellt.

27 OLG Oldenburg FamRZ 1996, 287 = NJW-RR 1996, 577; OLG Hamm OLGR 1998, 248; OLG Düsseldorf FamRZ 1981, 770: auch kein Ersatz aus § 812; OLG Celle OLGZ 1970, 326; OLG Frankfurt NJW 1971, 470 f.; *Richter* FamRZ 1960, 267; gleiches Ergebnis (mit so nicht mehr haltbarer Begr.) in BGH FamRZ 1960, 129 mAnm *Bosch* = JZ 1960, 320; Staudinger/*Löhnig*, 2018, Rn. 54.

28 OLG Frankfurt NJW-RR 1995, 899 = JuS 1995, 936 mAnm *Hohloch*.

nach § 1298 zu ersetzenden, das Vermögen berührenden Aufwendungen oder Maßnahmen[29] in Erwartung der Ehe; auch nicht Aufwendungen für eine (auf Drängen des Partners vorgenommene) Sterilisation oder psychotherapeutische Behandlung.[30] Immaterielle Schäden können nur nach allgemeinen Vorschriften ersetzt werden – zu anderen Anspruchsgrundlagen (besonders aus § 823) → Rn. 19. Hinsichtlich der Schadenshöhe entscheidet der Zeitpunkt des Beschlusses. Wie allgemein im Schadensrecht gelten auch hier die Grundsätze des Vorteilsausgleichs; so kann eine Verheiratung mit einem anderen Partner zu einer Schadensminderung führen.[31]

8 **5. Ersatzberechtigter.** Ersatzberechtigt sind nach Abs. 1 S. 1 der (die) verlassene Verlobte sowie dessen (deren) Eltern oder die an deren Stelle handelnden Personen wegen der von ihnen selbst erbrachten Aufwendungen und eingegangenen Verbindlichkeiten. Wegen sonstiger Maßnahmen ist nach Abs. 1 S. 2 nur der Verlobte persönlich anspruchsberechtigt. Anstelle der Eltern handelt, wer aus gleicher persönlicher Bindung und sittlicher Einstellung heraus handelt; er kann auch neben den Eltern ergänzend handeln.[32]

9 **6. Angemessenheit (Abs. 2).** Wegen ihrer Höhe oder ihres Zeitpunktes unangemessene Aufwendungen oder Dispositionen sind nicht zu ersetzen. Hinsichtlich ihrer Angemessenheit kommt es nach Abs. 2 auf die Einzelfallumstände an, vor allem auf die Vermögensverhältnisse des Aufwendenden, unter Berücksichtigung des Lebensstandards der künftigen Eheleute.[33] Zu berücksichtigen ist die Ferne oder Nähe des in Aussicht genommenen Hochzeitstermins.[34] Je vager er geplant ist, desto besonnener muss man disponieren. Mit Einverständnis des Partners erbrachte Aufwendungen sind selten unangemessen.[35] Nicht angemessen (auch weil verfrüht oder gar überstürzt) ist die Aufgabe einer gut gehenden Steuerberaterpraxis durch einen lebenserfahrenen Mann wenige Wochen nach seiner Verlobung mit einer kurz zuvor kennengelernten Frau zwecks Ordnung ihrer Vermögensverhältnisse.[36]

## IV. Wichtiger Rücktrittsgrund (Abs. 3)

10 **1. Allgemeines.** Durch den Nachweis eines wichtigen, anerkennenswerten Grundes kann sich der Zurücktretende von seiner Schadensersatzpflicht befreien. Wichtige Gründe sind erhebliche Tatsachen, die bei verständiger, die Einzelfallumstände berücksichtigender Würdigung den Zurücktretenden von der Verlobung abgehalten hätten.[37] Die Hinderungsgründe können in objektiven Tatsachen oder in der Person eines Verlobten (auch des Zurücktretenden selbst)[38] liegen. Vom Zurücktretenden selbst verschuldete Rücktrittsgründe befreien ihn jedoch nicht von seiner Ersatzpflicht.[39] Ob die Überzeugung, die Ehe mit dem Partner werde nicht glücklich werden, als wichtiger Grund anzuerkennen ist, entscheidet über die Konzeption des Verlöbnisses als bloßer Probe- und Prüfungszeit oder aber als Vorvertrag mit der Rechtspflicht zur Heirat[40] (→ § 1297 Rn. 10): Die ganz hM lässt eine derartige unkontrollierbare Behauptung mit Recht nicht als wichtigen Grund gelten, da sich sonst jeder darauf berufen könnte und jede Bindung an den erklärten Eheschließungswillen entfiele.[41] Das Risiko eines nicht motivierbaren Verlusts der Ehebereitschaft trägt damit der Zurücktretende. Zur Vermeidung der Ersatzpflicht empfiehlt sich in diesem Fall eine einverständliche Entlobung (→ Rn. 2, aber → Rn. 18). Sinnvoll ist es auch, den anderen frühzeitig über wechselnde Gefühle zu informieren, weil dann später getätigte Aufwendungen nicht ersatzfähig sind.

---

[29] RG WarnR 1924, Nr. 181; OLG Düsseldorf FamRZ 1962, 429 f.; die gegenteilige Ansicht (RG WarnR 1918, Nr. 76) wurde ausdrücklich aufgegeben in RG LZ 1925, 594.

[30] OLG Düsseldorf FamRZ 1981, 355.

[31] RG WarnR 1925, 132.

[32] Staudinger/*Löhnig*, 2018, Rn. 44.

[33] Staudinger/*Löhnig*, 2018, Rn. 49 stellt im Zweifel auf den höheren Lebensstandard eines Verlobten ab.

[34] RG WarnR 1918; Nr. 76; OLG München HRR 1938, 1595; OLG Stuttgart FamRZ 1977, 545 f.

[35] Vgl. Prot. *Mugdan* IV 678.

[36] BGH NJW 1961, 1716 = FamRZ 1961, 424.

[37] HM, vgl. *Rauscher* FamR Rn. 125; *Gernhuber/Coester-Waltjen* FamR § 8 IV 4.

[38] Vgl. OLG München DJ 1938, 198 mAnm *Maßfeller*, damals allerdings zeitbedingt durch die NS-Erbgesundheitsgesetzgebung.

[39] Verbot des venire contra factum proprium; vgl. OLG Königsberg HRR 1937, 555; Staudinger/*Löhnig*, 2018, Rn. 37; aA *Gernhuber/Coester-Waltjen* FamR § 8 IV 6.

[40] Im zweiten Sinn zutr. *Montanari*, Verlobung und Verlöbnisbruch, 1974, 60 f. mwN, der Heiratspflicht 70 ff., 89 f. allerdings inkonsequent ablehnt. Ob man zueinander passt, ist nach hM vor der Verlobung zu prüfen: man verlobt sich nicht, um sich kennenzulernen, sondern nachdem und weil man sich kennen gelernt hat.

[41] *Schwab* FamR Rn. 51; *Dethloff* FamR § 2 Rn. 13; Staudinger/*Löhnig*, 2018, Rn. 16; *Montanari*, Verlobung und Verlöbnisbruch, 1974, 100 ff.; aA *Rauscher* FamR Rn. 124.

**2. Einzelfälle.** Wichtige Gründe sind zB: Bruch der Verlöbnistreue, auch schon der erweckte Anschein aufgrund ungewöhnlicher Vertraulichkeiten mit einem Dritten;[42] Beschimpfungen und Verdächtigungen des Partners,[43] soweit nicht verziehen;[44] grundlose langfristige Verzögerung der Heirat;[45] Nichteinhaltung von Zusagen von erkennbar wichtigem Wert für den Partner, woraus auf mangelnde Zuverlässigkeit zu schließen ist[46] (aber → Rn. 13). Unter Umständen schwere **Erkrankung** eines Verlobten (auch des zurücktretenden), die eine Heirat auf absehbare Zeit ausschließt oder unzumutbar macht,[47] insbes. wenn unheilbar oder ansteckend. 11

Bei aufschiebend **bedingter** Verlobung (→ § 1297 Rn. 13) bedarf es bei Nichteintritt der Bedingung keiner Rücktrittserklärung (insbes. nicht bei unbehebbarem Ehehindernis, → § 1297 Rn. 14), ebenso wenig bei auflösend bedingtem Verlöbnis nach dem Bedingungseintritt. Die **Anfechtungsgründe** nach §§ 119 ff. können wichtige Rücktrittsgründe bilden,[48] da die hM eine Anfechtung mit Rückwirkung nicht zulässt (→ § 1297 Rn. 12). Irrtum oder Täuschung über die **Vermögensverhältnisse** berechtigen zum Rücktritt nur bei ernsthafter Gefährdung der Existenzgrundlage der beabsichtigten Ehe (arg. e § 1314 Abs. 2 Nr. 3 Hs. 2)[49] oder wenn die Umstände der Täuschung ein charakterliches Defizit erkennen lassen. Bei Nichtaufklärung über andere Umstände ist deren Verschweigen nur dann arglistig, wenn ein Interesse des Partners an wahrheitsgemäßer Aufklärung über diese „Gretchenfrage" erkennbar war.[50] 12

**Kein wichtiger Grund** ist mangelndes Einverständnis der Eltern volljähriger Verlobter;[51] die Weigerung der Frau, dem vom Manne bestimmten Wohnsitz zu folgen,[52] denn kein Partner darf rücksichtslos seinen Willen durchsetzen. Zur Überzeugung vom voraussichtlichen Scheitern der Ehe → Rn. 10. 13

**3. Zeitpunkt.** Der wichtige Grund muss zur Zeit der Rücktrittserklärung vorliegen, nachher eintretende Gründe können die entstandene Schadensersatzpflicht nicht beseitigen. Ein Nachschieben rechtzeitig gegebener Gründe zur Begründung eines zunächst auf andere Umstände gestützten Rücktritts ist zulässig.[53] Dem Zurücktretenden bei der Verlobung **bekannte** Tatsachen geben ihm keinen wichtigen Grund (venire contra factum proprium; vgl. § 242).[54] Verziehene Gründe zählen nicht. Schlüssige Verzeihung ist anzunehmen bei Fortsetzung des Verlöbnisses in Kenntnis des Rücktrittsgrundes. Ein Versöhnungsversuch (die Bereitschaft, es noch einmal miteinander zu versuchen) ist nicht vorschnell als Verzeihung zu werten. 14

## V. Gerichtsstand – Beweislast

**1. Zuständigkeit.** Sofern ein Zusammenhang mit der Beendigung des Verlöbnisses besteht, sind sämtliche in Betracht kommenden Ansprüche – auch die nicht verlöbnisrechtlichen – sonstige Familiensachen iSd § 266 Abs. 1 Hs. 1 Nr. 1 FamFG, § 111 Nr. 10 FamFG, sodass die sachliche Zuständigkeit des Familiengerichts gemäß § 23a Abs. 1 Nr. 1 GVG begründet ist. Wie bei Ehegatten sind solche Streitigkeiten unabhängig von der Anspruchsgrundlage idR durch den persönlichen Grundkonflikt der Beteiligten geprägt.[55] 15

---

42 RG Recht 1914, Nr. 1570; OLG Düsseldorf FamRZ 1962, 429 f. Ein schwerwiegender Fall (Untreue mit der Brautmutter) in OLG Nürnberg FamRZ 1959, 114 f. Verheimlichtes Zusammenleben mit anderer Partnerin bis kurz vor der Heirat: OLG Koblenz NJW-RR 1995, 899 = JuS 1995, 939 mAnm *Hohloch*.

43 RGZ 98, 13: ungerechtfertigte Bezichtigung einer Straftat.

44 *Strätz* Jura 1984, 462; Soergel/*Lange*, 12. Aufl. 1988, Rn. 3 aE; Staudinger/*Löhnig*, 2018, Rn. 40.

45 RG WarnR 1925, Nr. 132; OLG Saarbrücken FamRZ 1954, 180.

46 *Strätz* Jura 1984, 461.

47 RG Recht 1907, Nr. 1447; HRR 1933, 1189 zur Pflicht zur Bemühung um Genesung.

48 *Gernhuber/Coester-Waltjen* FamR § 8 IV 4; Soergel/*Fischinger* Rn. 27.

49 Vgl. OLG Hamburg SeuffA 68, Nr. 15. Zu weitgehend als wichtiger Grund anerkannt von OLG Hamm Recht 1917, Nr. 412 – Täuschung; RG Recht 1908, Nr. 3275 – Irrtum; OLG Posen SeuffA 56, Nr. 153 – auf falschen Angaben des Partners beruhender Irrtum; Staudinger/*Löhnig*, 2018, Rn. 34; *Gernhuber/Coester-Waltjen* FamR § 8 IV 4.

50 Staudinger/*Löhnig*, 2018, Rn. 22 ff.

51 BeckOK BGB/*Hahn* Rn. 16;. Staudinger/*Löhnig*, 2018, Rn. 35. Bei Minderjährigen bedarf es keines Rücktritts von einem durch die Eltern nicht genehmigten Verlöbnis. Zu einer Konsensverweigerung ohne triftigen Grund abw. RGZ 58, 248 (254 f.); → § 1297 Rn. 13 mwN.

52 Entgegen OLG Rostock SeuffA 77, Nr. 38, da die Wohnsitzbegründung heute eine Einigung beider Partner voraussetzt. Hatten sich die Verlobten bereits geeinigt, gibt die grundlose Abweichung hiervon einen wichtigen Rücktrittsgrund (→ Rn. 11).

53 BGHZ 45, 258 (267) = NJW 1966, 1653; OLG Colmar OLGE 11, 279 f.

54 RG JW 1907, 480; LG Wiesbaden FamRZ 1965, 272.

55 *Erbarth* FPR 2011, 89 (95).

16 Zuständig ist das Familiengericht am gewöhnlichen Aufenthalt des Beklagten (§§ 12 ff. ZPO, § 267 Abs. 2 FamFG); bei Deliktsansprüchen wegen Heiratsschwindels (§ 823 Abs. 2; § 263 StGB) ist das Gericht des Tatorts zuständig. Die Zuständigkeit gemäß § 29 ZPO wird vom BGH nicht gebilligt, da der Erfüllungsort der beabsichtigten Eheschließung mangels eines antragsfähigen Anspruchs nicht in Betracht komme.[56] Für die internationale Zuständigkeit ist der Vorrang der Brüssel Ia-VO zu beachten, sofern der Beklagte seinen Wohnsitz in einem Mitgliedsstaat hat. Ansprüche aufgrund eines Verlöbnisbruchs (Schadensersatz, Rückgabe von Geschenken) unterfallen mangels Einschlägigkeit der Ausnahmetatbestände nach Art. 1 Abs. 2 Brüssel Ia-VO.[57] Obgleich das Verlöbnis (sofern es materiell deutschem Recht unterliegt) einen Vertrag darstellt, begegnet eine Anwendung des Art. 7 Nr. 1 Brüssel Ia-VO Zweifeln, da der Vertragsbegriff hier autonom bestimmt werden muss und im Übrigen eine Bestimmung des Erfüllungsorts, also letztlich des Eheschließungsortes kaum möglich ist. Der Verlöbnisbruch dürfte vielmehr eine einer unerlaubten Handlung gleichgestellte Handlung iSd Art. 7 Nr. 2 Brüssel Ia-VO darstellen.

17 **2. Beweislast.** Wer Schadensersatz beantragt, hat zu beweisen: eine wirksame Verlobung, den Rücktritt des Antragsgegners, die Höhe und Angemessenheit der von ihm in Erwartung der Ehe erbrachten Aufwendungen und dergleichen. Den wichtigen Rücktrittsgrund nach Abs. 3 (oder einen etwaigen Erlass; → Rn. 18) hat der zurücktretende Antragsgegner nachzuweisen.[58]

### VI. Verfügungen über den Ersatzanspruch – Konkurrenzen

18 **1. Forderungsübergang. Erlöschen.** Der Ersatzanspruch ist vererblich, abtretbar, pfändbar und verzichtbar. In einer Wiederaussöhnung liegt noch kein schlüssiger Verzicht.[59] Nicht als Verzicht angesehen wurde ein einmaliger Geschlechtsverkehr nach erklärtem Rücktritt.[60] Letztlich sind immer die Umstände des Einzelfalles zu würdigen, so auch bei einer einvernehmlichen Entlobung. Der Versuch rationaler Konfliktbewältigung würde vorschnell mit Anspruchsverlust bestraft, wenn darin immer ein Verzicht gesehen würde. Ein Minderjähriger bedarf nicht zum Rücktritt (→ Rn. 2), wohl aber zum Verzicht auf seinen Ersatzanspruch der Zustimmung seiner Eltern als gesetzlicher Vertreter.[61] Mit der Heirat erlischt der Ersatzanspruch; nach einer Ehescheidung lebt er nicht wieder auf. Nach § 1575 hat jedoch der Verlobte, der wegen der erwarteten Ehe seine Schul- oder Berufsausbildung nicht aufnahm oder abbrach, uU Unterhaltsansprüche. Zur Verjährung s. § 1302.

19 **2. Deliktsrecht etc.** Die Deliktsvorschriften der §§ 823 ff. sind neben den §§ 1298 ff. anwendbar. Bei vorgespiegelter Heiratsabsicht ist das Verlöbnis nach § 116 wirksam. Durch Heiratsschwindel angerichtete Vermögensschäden sind nach § 823 Abs. 2 iVm § 263 StGB, aber auch nach § 826 zu ersetzen.[62] Ein Ersatz immaterieller Schäden (zB wegen Nervenzusammenbruchs) ist trotz Aufhebung des Kranzgeldanspruchs aus § 1300 ausweislich der für die Aufhebung angegebenen amtlichen Begründung nicht ausgeschlossen,[63] insbesondere nicht wegen Verletzung des Allgemeinen Persönlichkeitsrechts in schweren Fällen von Verlöbnisbruch.[64] Der auch ohne wichtigen Grund wirksame Rücktritt ist als solcher keine unerlaubte Handlung.[65] Wer jahrelang ein Verhältnis mit einem Verheirateten unterhält, der vorgibt, sich scheiden zu lassen, hat keinen Anspruch auf Schmerzensgeld: Das Vertrauen eines Ehebrechers auf Scheidung der Ehe ist nicht schützenswert; wer an der Untreue eines Ehegatten partizipiert, kann nicht Treue für sich beanspruchen. Ansprüche gegen Dritte wegen Störung der Verlöbnistreue aus § 823 Abs. 1 (sonstiges Recht) scheiden aus,[66] da das Verlöbnis kein absolutes, gegenüber jedermann wirkendes Recht begründet; insoweit kommt allenfalls ein Anspruch aus § 826 in Betracht. Denkbar sind auch Ansprüche aus §§ 677 ff. und §§ 812 ff.,[67]

---

56 BGHZ 132, 105 (108) = NJW 1996, 1411.

57 *v. Sachsen-Gessaphe* LMK 2005 II, 57; MüKoZPO/*Gottwald* Brüssel Ia-VO Art. 1 Rn. 16; aA noch zum EuGVÜ BGHZ 132, 105 = NJW 1996, 1411.

58 RGZ 170, 72 (82); JW 1925, 2110 f.; zu allem *Laumen* in Baumgärtel/Laumen/Prütting/Beweislast-HdB Rn. 1–3.

59 Staudinger/*Löhnig*, 2018, Rn. 44.

60 OLG Nürnberg FamRZ 1959, 115 mAnm *Bosch*.

61 RGZ 98, 13 (15).

62 Vgl. BGHZ 132, 105 (108) = NJW 1996, 1411. Zum Aufwendungsersatz aus § 826 bei vorgespiegeltem Verlöbnis eines Verheirateten BGH FamRZ 1960, 192 mAnm *Bosch*; allg. zum Verlöbnis bei Heiratsschwindel *Bruns* MDR 1953, 458 ff.

63 BT-Drs. 13/4998, 14 f.

64 Vgl. OLG Düsseldorf NJW 1962, 429.

65 RGZ 163, 280 (286 f.); AG St. Ingbert FamRZ 1987, 941 f.: trotz seelischer Erkrankung kein Schmerzensgeld.

66 Erman/*Kroll-Ludwigs* Rn. 14; Soergel/*Fischinger* Rn. 37.

67 Allerdings selten, vgl. BGH FamRZ 1961, 424 (427).

sowie aus Auseinandersetzung einer Innengesellschaft (→ Rn. 4 mwN).[68] Darüber hinaus gelten die Grundsätze zur Auflösung nichtehelicher Lebensgemeinschaften (→ Anh. § 1302 Rn. 65 ff.) auch für den Fall, dass die Partner miteinander verlobt waren.

### VII. Internationales Privatrecht

Für Ansprüche aus Verlöbnis ist nach der stRspr des BGH das Heimatrecht des Schuldners maßgeblich,[69] während in der Literatur wegen der Nähe zur Ehe überwiegend auf Art. 14 EGBGB zurückgegriffen wird (→ EGBGB Vor Art. 13 Rn. 4),[70] was in der Tat konsequent ist, wenn man, wie auch der BGH, für die Eingehung eines Verlöbnisses Art. 13 EGBGB anwendet.[71] 20

## § 1299 Rücktritt aus Verschulden des anderen Teils

**Veranlasst ein Verlobter den Rücktritt des anderen durch ein Verschulden, das einen wichtigen Grund für den Rücktritt bildet, so ist er nach Maßgabe des § 1298 Abs. 1, 2 zum Schadensersatz verpflichtet.**

### I. Normzweck

Ergänzend zu § 1298 stellt § 1299 dem grundlosen Rücktritt die schuldhafte Verursachung eines wichtigen Grundes für den Rücktritt des Partners gleich (mittelbarer Verlöbnisbruch).[1] Dadurch wird vermieden, dass ein Verlobter, der ohne wichtigen Grund seinen Eheschließungswillen aufgibt, sich seiner Ersatzpflicht dadurch entzieht, dass er dem Partner einen wichtigen Rücktrittsgrund liefert. Wer aus einem vom Gegner schuldhaft veranlassten Grund zurücktritt, ist daher nicht nur selbst von Ersatzpflichten frei (§ 1298 Abs. 3), sondern sogar seinerseits ersatzberechtigt. 1

### II. Einzelheiten

**1. Rücktritt, Schäden.** Wegen des Rücktritts → § 1298 Rn. 2; wegen der (auch den Eltern und den ihnen gleichgestellten Personen) zu ersetzenden Schäden aus Aufwendungen, eingegangenen Verbindlichkeiten und sonstigen Maßnahmen sowie zu deren Angemessenheit → § 1298 Rn. 4–9; zum wichtigen Grund → § 1298 Rn. 10–14. 2

**2. Verschulden.** Schuldhaft veranlasst ein Verlobter einen wichtigen Grund für den Rücktritt des Partners eigentlich nur durch vorsätzlichen oder fahrlässigen Verstoß gegen die aus dem Verlöbnis resultierenden Pflichten (§ 276).[2] Dieser allgemeine Verschuldensbegriff ist allerdings in diesem Zusammenhang zu eng; denn die Abwendung vom Partner wegen einer Veränderung seiner Zuneigung mag häufig nicht fahrlässig im technischen Sinne sein, muss aber gleichwohl Schadensersatzansprüche auslösen können, da jeder die Konsequenzen der Unbeständigkeit der eigenen Gefühle zu tragen hat, weil sie in den eigenen Risikobereich fallen (→ § 1298 Rn. 10). Wegen der höchstpersönlich zu erfüllenden Verlöbnispflichten steht ein Verschulden der Eltern als gesetzliche Vertreter (abweichend von § 278) dem eigenen Verschulden nicht gleich.[3] Die Absicht, den Partner zum Rücktritt zu veranlassen, ist nicht erforderlich. Das vorwerfbare Verhalten muss aber die Ursache für den Rücktritt sein.[4] Nicht mehr ursächlich ist ein nach erklärtem Rücktritt gezeigtes Verhalten.[5] Dagegen genügt ein vor oder bei der Verlobung verschuldetes Verhalten, vor allem unterlassene Aufklärung (aber → § 1298 Rn. 12 aE) oder erst recht eine Täuschung über eine noch bestehende Ehe.[6] Verschulden wurde verneint, wenn beide Partner das Risiko eines Scheiterns bewusst eingingen, weil sie sich verlobten, ohne einander zu kennen.[7] Das ist so pauschal problematisch: Das Bewusstsein des Scheiterns allein wird man nicht genügen lassen, allenfalls wenn es Anhaltspunkte für einen konkludenten Verzicht auf Ersatzansprüche gibt. 3

---

68 AG Augsburg FamRZ 1987, 1141 f. für Innengesellschaft bei Hausbau.
69 BGHZ 132, 105 (116) = NJW 1996, 1411; BGH NJW-RR 2005, 1089 = FamRZ 2005, 1089; Palandt/*Thorn* EGBGB Art. 13 Rn. 36.
70 *Mankowski* IPRax 1997, 178; *Lorenz/Unberath* IPRax 2005, 520 f.; *v. Sachsen Gessaphe* LMK 2005 II, 57.
71 BGHZ 28, 375 (376) = NJW 1961, 279.
1 *Gernhuber/Coester-Waltjen* FamR § 8 IV 5.
2 Staudinger/*Löhnig*, 2018, Rn. 38.
3 Staudinger/*Löhnig*, 2018, Rn. 38; BeckOK BGB/*Hahn* Rn. 2.
4 Erman/*Kroll-Ludwigs* Rn. 1; Soergel/*Fischinger* Rn. 6.
5 RG WarnR 1914, Nr. 164.
6 OLG Oldenburg FamRZ 2016, 2102.
7 OLG Zweibrücken FamRZ 1986, 354 f.

4 **3. Wichtiger Grund.** Haben **beide Teile** einen wichtigen Grund für einen Rücktritt des Partners verschuldet, so kann – unabhängig davon, wer zuerst zurücktritt – jede Seite von der anderen Ersatz verlangen;[8] bei der Aufrechnung kann es nicht darauf ankommen, ob der Ersatzanspruch einem Verlobten persönlich oder seinen Eltern bzw. den ihnen gleichgestellten Personen zusteht.[9] Verschuldete nur **ein** Verlobter einen wichtigen Grund, so ist – wiederum unabhängig davon, wer (zuerst) zurücktritt – nur er zum Ersatz verpflichtet.[10] Vom Zufall des schnelleren Entschlusses darf in beiden Fällen die Haftung nicht abhängen.

5 **4. Abwendung der Schadensersatzpflicht.** Der ersatzpflichtige Verlobte kann seine Ersatzpflicht nicht abwenden, indem er seine Bereitschaft zur Eheschließung erklärt. Wer durch sein Verschulden dem Partner einen wichtigen Rücktrittsgrund liefert, kann ihn nicht deshalb am Verlöbnis festhalten und ist von seiner Ersatzpflicht auch nicht deswegen befreit, weil sie ihn in wirtschaftliche Not bringt.[11]

6 **5. Beweislast.** Zu beweisen hat der Antragssteller nach allgemeinen Regeln sämtliche Anspruchsvoraussetzungen des § 1299: den vom Antragsgegner verschuldeten wichtigen Rücktrittsgrund, seinen dadurch veranlassten Rücktritt sowie den daraus entstehenden Schaden.[12]

## § 1300 *(weggefallen)*

1 § 1300 wurde aufgehoben durch Art. 1 Nr. 1 EheschlRG.

## § 1301 Rückgabe der Geschenke

**[1]Unterbleibt die Eheschließung, so kann jeder Verlobte von dem anderen die Herausgabe desjenigen, was er ihm geschenkt oder zum Zeichen des Verlöbnisses gegeben hat, nach den Vorschriften über die Herausgabe einer ungerechtfertigten Bereicherung fordern. [2]Im Zweifel ist anzunehmen, dass die Rückforderung ausgeschlossen sein soll, wenn das Verlöbnis durch den Tod eines der Verlobten aufgelöst wird.**

**Schrifttum:** *Göppinger,* Rückforderung von Geschenken durch früheren Verlobten, JuS 1968, 405.

### I. Normzweck

1 Die Vorschrift gewährt unabhängig von den Voraussetzungen der in §§ 1298, 1299 geregelten Schadensersatzansprüche bei jedwedem Scheitern der Verlobung einen Bereicherungsanspruch eigener Art auf Rückgabe der Verlobungsgeschenke durch Verweis auf die Rechtsfolgen der §§ 812 ff.[1]

### II. Voraussetzungen

2 **1. Gültiges Verlöbnis.** Vorausgesetzt sind **während eines gültigen Verlöbnisses** erfolgte[2] Schenkungen oder sonstige Zuwendungen. Bei nichtigem Verlöbnis können sich Rückgabeansprüche nur unmittelbar aus §§ 812 ff. ergeben, die aber nach hM an der wirksamen Schenkungsabrede scheitern.[3] In Betracht kommt dann aber ein Anspruch aus Wegfall der Geschäftsgrundlage. Auf § 1301 kann sich der Schenker jedoch stützen, wenn er den Nichtigkeitsgrund bei der Zuwendung nicht kannte,[4] zB bei heimlicher Heirat des anderen Verlobten mit einem Dritten,[5] oder wenn er nach dem Wegfall des Nichtigkeitsgrundes und der anschließenden Bestätigung des Verlöbnisses

---

8 Zutr. Staudinger/*Löhnig,* 2018, Rn. 8 m. ausf. Begr. Die hM schließt dagegen die Ersatzansprüche beider Seiten aus; so *Gernhuber/Coester-Waltjen* FamR § 8 IV 7; Erman/*Kroll-Ludwigs* § 1298 Rn. 7; Palandt/*Brudermüller* § 1298 Rn. 9; Soergel/*Lange,* 12. Aufl. 1988, Rn. 2. Das ist unbillig, wenn eine Seite sehr viel höhere Aufwendungen hatte als die andere, zumal ein Mitverschulden ja nicht zu einem völligen Anspruchsausschluss führt.

9 Das Gesetz stellt die Aufwendungen der Brauteltern den Aufwendungen der Braut gleich.

10 OLG Saarbrücken FamRZ 1956, 109.

11 RG WarnR 1925, Nr. 132.

12 BeckOK BGB/*Hahn* Rn. 5; Staudinger/*Löhnig,* 2018, Rn. 37.

1 Vgl. BGHZ 132, 105 (108) = NJW 1996, 1411; OLG Köln NJW 1961, 1726; *Gernhuber/Coester-Waltjen* FamR § 8 VI 1.

2 BGHZ 35, 103 (105) = NJW 1961, 1458; BGHZ 45, 258 (260) = NJW 1966, 1653.

3 OLG Karlsruhe NJW 1988, 3023; hM, vgl. Staudinger/*Löhnig,* 2018, Rn. 22.

4 BGH FamRZ 1969, 474.

5 BGH FamRZ 2014, 1846 = NZFam 2014, 1007.

leistete.[6] Zur schlüssigen Bestätigung einer anfangs nichtigen Verlobung → § 1297 Rn. 14. Eine bei gültigem Verlöbnis angetragene Schenkung genügt zur Rückforderung auch dann, wenn sie erst nach erklärtem Rücktritt angenommen wurde.[7]

**2. Schenkungsbegriff.** Unter den **weit auszulegenden** Schenkungsbegriff in § 1301 fallen 3
außer unentgeltlichen Sachzuwendungen auch der Erlass einer Schadensersatzforderung aus unerlaubter Handlung[8] oder die Mithilfe am Aufbau eines Familienheimes.[9] Auf ihre Angemessenheit kommt es abweichend von § 1298 Abs. 2 nicht an.[10] Kleinere Aufmerksamkeiten im geselligen Verkehr (Blumen, Theaterkarten) sind aber nicht zu erstatten (entsprechend § 534, § 814 Alt. 2).[11] Unterhaltsleistungen unter eheähnlich Zusammenlebenden sind keine Geschenke (→ § 1298 Rn. 6). Was die beiden Verlobten jeweils zum Zusammenleben beigetragen haben, muss nicht auseinandergerechnet werden.[12] Fraglich ist, ob die Bezahlung einer Zahnarztrechnung in Höhe von fast 3.000 DM (im Jahr 1998) noch als Unterhalt eingeordnet werden kann.[13] Zuwendungen, die bei Ehegatten als „ehebedingt" eingeordnet würden, sind unter Verlobten nach § 1301 zurückzufordern. Zum Zeichen des Verlöbnisses gegeben sind besonders **Verlobungsringe** und Schmucksachen.[14] Der Rückforderung unterliegen nicht nur materielle Werte. Auf **Briefe** ist § 1301 analog anzuwenden[15] (wohl auch auf Fotografien). Demgegenüber scheidet ein Anspruch aus § 1301 auf Löschung nichtverkörperter Daten und Mitteilungen (Foto- und Videodateien, SMS, E-Mails etc) aus.[16] Hier kann im Einzelfall aber ein Anspruch aus § 1004 in Betracht kommen.[17]

**3. Auflösungsgrund.** Wird die Verlobung durch Rücktritt eines oder beider Verlobter aufge- 4
löst, besteht der Herausgabeanspruch unabhängig von den Gründen oder einem eventuellen Verschulden. Abweichend von §§ 1298 ff. genügt auch eine einverständliche Entlobung. Bei **Tod** eines Verlobten ist nach der widerlegbaren Auslegungsregel von S. 2 zu vermuten, dass der Verstorbene nicht den Willen zur Rückforderung hatte.[18] Zur Widerlegung, für die der Anspruchsteller beweispflichtig ist, kann sich auch die Art des Geschenks eignen (alter Familienschmuck).

## III. Rechtsfolgen

**1. Umfang des Rückgabeanspruchs.** Wegen der Verweisung auf die Rechtsfolgen der Berei- 5
cherungsvorschriften bestimmt sich der Umfang des Rückgabeanspruchs nach den § 818 Abs. 3, § 819 Abs. 1, § 822 (gegenstandslos sind die § 819 Abs. 2, § 820).[19] Der Beklagte hat nur seine noch vorhandene Bereicherung zurückzuerstatten.[20] Wusste er beim Empfang vom Scheitern der Verlobung oder erfuhr er es später, so kann er sich nach § 819 Abs. 1 nicht auf einen Wegfall seiner Bereicherung berufen.[21] Dies gilt vor allem für den grundlos zurücktretenden Verlobten vom Zeitpunkt seines Rücktritts an, bei schuldhafter Veranlassung eines wichtigen Grundes spätestens von der Kenntnis vom Rücktritt des Partners an. Angemessen scheint eine verschärfte Haftung bereits ab dem Zeitpunkt, in dem der Rücktrittsgrund schuldhaft geschaffen wird, wenn mit dem Rücktritt ernsthaft zu rechnen ist.

**2. §§ 814, 815.** Eine ergänzende Anwendung der §§ 814, 815 (jeweils Alt. 2) über den **Aus-** 6
**schluss des Bereicherungsanspruchs** ist daneben nach hM zulässig (str.). Der Gedanke des § 814 Alt. 2 gilt für kleinere Gelegenheitsgeschenke;[22] darüber hinausgehende Zuwendungen sind aber

[6] *Fenn* FamRZ 1975, 41 (42).
[7] BGHZ 45, 258 (260) = NJW 1966, 1653; *Göppinger* JuS 1968, 405.
[8] Vgl. OLG Köln NJW 1961, 1726; Erman/*Kroll-Ludwigs* Rn. 5; Staudinger/*Löhnig,* 2018, Rn. 11; zu eng OLG Hamburg OLGE 12, 298.
[9] Soergel/*Lange,* 12. Aufl. 1988, Rn. 3; aA Soergel/*Fischinger* Rn. 5.
[10] Staudinger/*Löhnig,* 2018, Rn. 10.
[11] Erman/*Kroll-Ludwigs* Rn. 5; Staudinger/*Löhnig,* 2018, Rn. 10.
[12] BGH FamRZ 2005, 1152 = NJW-RR 2005, 1089; *Schwab* FamR Rn. 49.
[13] So BGH NJW-RR 2005, 1089 = FamRZ 2005, 1151.
[14] Erman/*Kroll-Ludwigs* Rn. 6; Staudinger/*Löhnig,* 2018, Rn. 12.
[15] Str., bejahend *Gernhuber/Coester-Waltjen* FamR § 8 VI 2; Soergel/*Fischinger* Rn. 8: sogar direkte Anwendung; Staudinger/*Löhnig,* 2018, Rn. 13; BeckOK BGB/*Hahn* Rn. 5; verneinend *Rauscher* FamR Rn. 131.
[16] AA Staudinger/*Löhnig,* 2018, Rn. 13.
[17] Soergel/*Fischinger* Rn. 8.
[18] Zum römischen Recht vgl. *Kaser,* Römisches Privatrecht I, 2. Aufl. 1971, 332 m. A. 34.
[19] *Göppinger* JuS 1968, 405; Palandt/*Brudermüller* Rn. 3; Staudinger/*Löhnig,* 2018, Rn. 21. Keine reine Rechtsfolgeverweisung nach *Gernhuber/Coester-Waltjen* FamR § 8 VI 1; wohl auch BGHZ 45, 258 (264 f.) = NJW 1966, 1653.
[20] OLG Zweibrücken SeuffBl. 72, 455 f.
[21] Erman/*Kroll-Ludwigs* Rn. 7.
[22] Erman/*Kroll-Ludwigs* Rn. 5; Staudinger/*Löhnig,* 2018, Rn. 11.

zurück zu gewähren, falls die sittliche Pflicht oder die Anstandspflicht gerade aus dem Verlöbnis entsprangen, da diese Pflichten mit dem Verlöbnis wegfallen, so dass ein Behalten der Geschenke dem Anstandsempfinden widerspräche.[23] Hat der rückfordernde Verlobte die Heirat wider Treu und Glauben vereitelt, so ist nach hM auch der Kondiktionsausschlussgrund des § 815 Alt. 2 (zumindest analog) anzuwenden.[24] Dieser aus § 162 (exceptio doli) entnommene Grundsatz passt jedoch nicht für die verschuldensunabhängige Norm des § 1301. Überdies betrifft § 815 mit der Zweckverfehlungskondiktion gerade nicht die hier vorliegende Konstellation, da mit den Zuwendungen nicht die Eheschließung „erreicht" werden sollte.[25] Was für voreheliche Zuwendungen im Fall des Scheiterns der Ehe gilt,[26] muss auch im Fall des Scheiterns des Verlöbnisses gelten.[27]

7 **3. Geschenke der Eltern etc.** Abweichend von §§ 1298, 1299 kann nach dem Wortlaut des § 1301, dem die hM folgt, nur jeder Verlobte selbst seine Geschenke zurückfordern.[28] Für die Geschenke der Eltern und anderer ihnen in § 1298 Abs. 1 gleichgestellter Personen an den anderen Verlobten ist § 1301 jedoch analog anzuwenden. Vermögenszuwendungen potentieller Schwiegereltern an potentielle Schwiegerkinder, die um der Ehe des Schwiegerkindes mit dem eigenen Kind erfolgt sind, werden nach neuer Rechtsprechung des BGH[29] als Schenkungen iSd § 516 und nicht mehr als unbenannte Zuwendung qualifiziert, sodass diese nun dem Schenkungsrecht unterworfen sind. Die Grundsätze des Wegfalls der Geschäftsgrundlage sind dennoch auf sie anwendbar. Ebenso kommt eine Rückgewähr über § 812 Abs. 1 S. 2 Alt. 1 in Betracht, sofern eine entsprechende Zweckabrede feststellbar ist. Der verfolgte Zweck kann bereits darin bestehen, dass die Zuwendung dem eigenen Kind dauerhaft zugutekommt. Da § 1301 eine Konkretisierung der Lehre von der Geschäftsgrundlage ist, der Gesetzgeber aber die Ausweitung dieser Lehre auf Leistungen von Schwiegereltern nicht ahnen konnte, sollte sie auch auf die Geschenke der Schwiegereltern angewandt werden.[30] Eine Subsidiarität gegenüber dem Zugewinnausgleich kommt naturgemäß nicht in Betracht.

8 **4. Disponibilität.** Der Rückgabeanspruch aus § 1301 ist übertragbar, vererblich und verzichtbar (→ § 1298 Rn. 18).[31] Da auch von vornherein abdingbar, kann die eventuelle Rückgabepflicht schon bei der Schenkung ausgeschlossen werden.

## IV. Beweislast, Konkurrenzen

9 **1. Beweislast.** Wer einen Rückforderungsanspruch geltend macht, hat die Zuwendung während eines wirksamen Verlöbnisses und dessen Auflösung zu beweisen, der Antragsgegner den eventuellen Wegfall seiner Bereicherung sowie die einen Kondiktionsausschluss nach § 815 Alt. 2 begründenden Tatsachen.[32]

10 **2. Konkurrenzen.** § 530 (Rückforderung wegen groben Undanks) ist neben § 1301 anwendbar,[33] wird wegen der strengeren Voraussetzungen aber praktisch nur relevant, wenn der Anspruch aus § 1301 nach § 1302 verjährt ist. Nicht grob undankbar ist eine Braut, die weiteren vorehelichen Geschlechtsverkehr verweigert.[34] Die Ausschlussgründe der §§ 532 ff. gelten nur für § 530, nicht für § 1301.[35] Auch das Deliktsrecht kann neben § 1301 zur Anwendung kommen. Ein Anspruch aus Wegfall der Geschäftsgrundlage wird grundsätzlich von § 1301 verdrängt, kann aber außerhalb des

---

[23] OLG Köln NJW 1961, 1726; Soergel/*Lange,* 12. Aufl. 1988, Rn. 2; für gänzliche Unanwendbarkeit des § 814 Fall 2 *Göppinger* JuS 1968, 405.

[24] So RG JW 1925, 2110 f. m. abl. Anm. *Jacobi*; BGHZ 45, 258 (262 ff.) = NJW 1966, 1653; OLG Naumburg SeuffA 57, Nr. 12; OLG Kiel JW 1931, 2252; *Gernhuber/Coester-Waltjen* FamR § 8 VI 1; abl. KG LZ 1922, 691 f.; Staudinger/*Löhnig,* 2018, Rn. 15 ff.: § 1301 nicht Rechtsgrundverweisung; *Göppinger* JuS 1968, 406 f.; Erman/*Kroll-Ludwigs* Rn. 1; *Rauscher* FamR Rn. 132; *Henrich* FamR § 4 I 4c; *Erbarth* FPR 2011, 89 (94).

[25] Wie hier *Rauscher* FamR Rn. 132; vgl. auch BGHZ 115, 261 (267) = NJW 1992, 427: Wegfall der Geschäftsgrundlage für Arbeitsleistungen unter Verlobten.

[26] BGHZ 115, 261 (267) = NJW 1992, 427.

[27] OLG Oldenburg FamRZ 2009, 2004 (2005); aA → 4. Aufl. 2000, Rn. 6 *(Wacke).*

[28] HM, *Gernhuber/Coester-Waltjen* FamR § 8 VI 1; BeckOK BGB/*Hahn* Rn. 8; Palandt/*Brudermüller* Rn. 1; Jauernig/*Berger/Mansel* Rn. 1.

[29] BGH FamRZ 2010, 958 = NJW 2010, 2202; FamRZ 2010, 1626 = NJW 2010, 2884.

[30] Wie hier → 4. Aufl. 2000, Rn. 7 *(Wacke)*; *Rauscher* FamR Rn. 130.

[31] Palandt/*Brudermüller* Rn. 1; Planck/*Unzner* Anm. 5.

[32] RG JW 1925, 2110 f. mAnm *Jacobi*; OLG Rostock OLGE 41, 42.

[33] *Göppinger* JuS 1968, 405 f.; Staudinger/*Löhnig,* 2018, Rn. 29.

[34] BGH FamRZ 1961, 361 f.

[35] Soergel/*Fischinger* Rn. 11 aE.

Anwendungsbereichs der Norm bestehen. Dies ist etwa bei Arbeitsleistungen der Fall,[36] und zwar sowohl bei Tätigkeiten des Verlobten als auch solchen seiner Eltern, die dem anderen Verlobten zugute gekommen sind.[37] Nach seiner neueren Rechtsprechung zur Rückabwicklung gemeinschaftsbezogener Zuwendungen in einer nichtehelichen Lebensgemeinschaft, dürfte der BGH[38] nun auch unter Verlobten vermehrt Ansprüche auf Rückabwicklung nach den Grundsätzen der Zweckverfehlungskondiktion gemäß § 812 Abs. 1 S. 2 Alt. 2 in Erwägung ziehen.[39]

## § 1302 Verjährung

**Die Verjährungsfrist der in den §§ 1298 bis 1301 bestimmten Ansprüche beginnt mit der Auflösung des Verlöbnisses.**

**Schrifttum:** *Büte,* Neue Verjährungsregeln im Familienrecht ab 1.1.2010, FuR 2010, 64; *Otte,* Die Verjährung familienrechtlicher Ansprüche, ZGS 2010, 15.

### I. Verjährungsfrist

1 Die kurze zweijährige Sonderverjährung wurde mit dem Gesetz zur Änderung des Erb- und Verjährungsrechts vom 24.9.2009 (BGBl. 2009 I 3142) zum 1.1.2010 abgeschafft, um die Verjährungsfristen im Familienrecht zu vereinheitlichen. Gleichzeitig wurde die dreißigjährige Sonderverjährung familienrechtlicher Ansprüche (§ 197 Abs. 1 Nr. 2 aF) aufgehoben, sodass nun für alle familienrechtlichen Ansprüche und damit auch die aus den §§ 1298–1301 die dreijährige Regelverjährung des § 195 einschlägig ist.[1] Für etwa konkurrierende Deliktsansprüche (→ § 1298 Rn. 19) gilt die eigene Verjährungsfrist aus § 852.[2]

### II. Beginn der Verjährung

2 Die Verjährung beginnt entsprechend § 200 mit der Entstehung des Anspruchs, also mit der Auflösung des Verlöbnisses, gleichviel aus welchem Grunde. Auf die subjektive Kenntnis kommt es grundsätzlich nicht an. Dadurch wird die Höchstfrist des § 199 Abs. 4 gegenstandslos.[3] Im Falle der Rücktrittserklärung beginnt die Frist mit deren Zugang beim Verlöbnispartner (→ § 1298 Rn. 2), weil erst damit das Verlöbnis aufgelöst ist.

## Anh. § 1302. Zivilrechtsfragen der nichtehelichen Lebensgemeinschaft

**Schrifttum:** *Battes,* Nichteheliches Zusammenleben im Zivilrecht, 1983; *Brosius-Gersdorf,* Solidargemeinschaften jenseits der Ehe und der eingetragenen Lebenspartnerschaft, Möglichkeiten und Grenzen rechtlicher Anerkennung, NZFam 2016, 145 (Teil 1) und NZFam 2016, 245 (Teil 2); *Brosius-Gersdorf,* Bedarfsgemeinschaften im Sozialrecht, Nichteheliche und nichtpartnerschaftliche Lebensgemeinschaften als Verantwortungs- und Einstandsgemeinschaften in den Not- und Wechselfällen des Lebens, NZS 2007, 410; *Brudermüller,* Paarbeziehungen und Recht, 2017; *Brudermüller,* Regelung der Nutzungs- und Rechtsverhältnisse an Ehewohnungen und Hausrat, FamRZ 2003, 1705; *Brudermüller,* Zuweisung der Mietwohnung bei Ehegatten, Lebenspartnern, Lebensgefährten, WuM 2003, 250; *Burhoff,* Partnerschaftsverträge für nichteheliche Lebensgemeinschaften, MDR 1999, 709; *Burhoff,* Anwendung von Normen des Deliktsrechts, Verfahrensrechts und Prozessrechts auf nichteheliche Lebensgemeinschaften, FPR 2001, 18; *Burhoff,* Zwangsvollstreckung gegen den Partner einer nicht ehelichen Lebensgemeinschaft, ZFE 2002, 272; *Burhoff,* Muster eines Partnerschaftsvertrages für eine nichteheliche Lebensgemeinschaft, ZFE 2002, 94; *Busche,* Unterhaltsansprüche nach Beendigung nichtehelicher Lebensgemeinschaften, JZ 1998, 387; *Coester-Waltjen,* Die nichteheliche Lebensgemeinschaft: Strapazierung des Parteiwillens oder staatliche Bevormundung?, NJW 1988, 2085; *Dethloff,* Unterhalt, Zugewinn, Versorgungsausgleich – sind unsere familienrechtlichen Ausgleichssysteme noch zeitgemäß?, Gutachten zum 67. DJT, 2008; *Diederichsen,* Rechtsprobleme der nichteheliche Lebensgemeinschaft, FamRZ 1988, 889; *Dutta,* Paarbeziehungen jenseits der Ehe. Rechtsvergleichende und rechtspolitische Perspektiven, AcP 216 (2016), 609; *Everts,* Der private Darlehensvertrag – Investitionssicherung in Ehe, Partnerschaft und Familie, MittBayNot 2012, 258; *Gail,* Das Familien- und Angehörigenprivileg im Privatversicherungs- und Sozialrecht, Kriterien für das Vorliegen der häuslichen Gemeinschaft und der nichtehelichen Lebensgemeinschaft, SVR 2017, 241; *Grotkamp,* Das Recht zum Besitz in der nichtehelichen Lebensgemeinschaft – der Grundsatz der Nichtausgleichung auf dem

---

36 BGHZ 115, 261 (264) = NJW 1992, 427.
37 BGHZ 115, 261 (265) = NJW 1992, 427.
38 BGH NJW 2008, 3277.
39 Abl. *Erbarth* FPR 2011, 89 (94).
1 Vgl. *Otte* ZGS 2010, 15 (18).
2 Vgl. RG WarnR 1911, Nr. 259.
3 BT-Drs. 16/8954, 14.

Prüfstand, AcP 216 (2016), 584; *Grziwotz,* Die nichteheliche Lebensgemeinschaft, MDR 2018, 833; *Grziwotz,* Die nichteheliche Lebensgemeinschaft, Auseinandersetzung bei der Trennung und erbrechtliche Besonderheiten, MDR 2018, 907; *Grziwotz,* Der Erbvertrag nichtehelicher Partner, ZEV 1999, 299; *Grziwotz,* Letztwillige Verfügungen zugunsten des nichtehelichen Partners, MDR 1999, 913; *Grziwotz,* Vertragsstrafen- und Abfindungsklauseln in Partnerschaftsverträgen, FPR 2005, 156; *Grziwotz,* Ausgleichsansprüche zwischen nichtehelichen Partnern, FamFR 2010, 145; *Grziwotz,* Von der faktischen Lebensgemeinschaft zur Zusammenlebensgemeinschaft, FPR 2010, 369; *Grziwotz,* Vereinbarungen der nichtehelichen Lebensgemeinschaft, FPR 2013, 326; *Günther,* Gesellschaftsrechtliche Ausgleichsansprüche bei Beendigung der nichtehelichen Lebensgemeinschaft in der Praxis, FF 2012, 194; *Hausmann,* Nichteheliche Lebensgemeinschaften und Vermögensausgleich, 1989; *Helms,* Rechtliche, biologische und soziale Elternschaft – Herausforderungen durch neue Familienformen, Gutachten F zum 71. DJT, 2016; *Horndasch,* Unterhaltsvereinbarungen in der nichtehelichen Lebensgemeinschaft, FuR 2013, 623; *Huber,* Nichteheliche Lebensgemeinschaft – Ersatz nur bei Erfüllung einer gesetzlichen Unterhaltspflicht?, NZV 2007, 1; *Jahnke,* Versicherungsrecht – Die nichteheliche Lebensgemeinschaft im Schadenfall, MDR 2005, 668; *Jahnke,* Versorgungsschaden in der nichtehelichen Lebensgemeinschaft nach einem Unfall, NZV 2007, 329; *Jahnke,* Angehörigenprivileg im Wandel, NZV 2008, 57; *Kampen,* Haftungsrechtliche Aspekte der nichtehelichen Lebensgemeinschaft, NJW 2016, 1046; *Kindler,* Ausgleichsansprüche nach Beendigung einer Lebensgemeinschaft, Jura 2010, 131; *Kingreen,* Verfassungsrechtliche Stellung der nichtehelichen Lebensgemeinschaft, Diss. Münster 1995; *Kinne,* Nichteheliche Lebensgemeinschaft und Mietverhältnis, FPR 2001, 36; *Koutses,* Nichteheliche Lebensgemeinschaft und das Erbrecht, FPR 2001, 41; *Kretschmer,* Die nichteheliche Lebensgemeinschaft in ihren strafrechtlichen und strafprozessualen Problemen, JR 2008, 51; *Krings,* Verfassungsrechtliche Vorgaben für eine rechtliche Ordnung nichtehelicher Lebensgemeinschaften, FPR 2001, 7; *Kroiß/Eckert,* Das Erbrecht und die nichteheliche Lebensgemeinschaft, NJW 2012, 3768; *Lang,* Das Angehörigenprivileg bei nichteheliche Lebensgemeinschaft, das Ende aller Diskussionen?!, NZV 2009, 425; *Leipold,* Zur Anwendung der BGB §§ 2077 und 2078 Abs. 2 bei Scheitern einer nichtehelichen Lebensgemeinschaft, ZEV 2003, 330; *Leszczenski,* Rückforderung schwiegerelterlicher Zuwendungen, 2016; *Lieb,* Empfiehlt es sich, die rechtlichen Fragen der nichtehelichen Lebensgemeinschaften gesetzlich zu regeln?, Gutachten für den 57. DJT, 1988; *Lipp,* Die nichteheliche Lebensgemeinschaft und das bürgerliche Recht, AcP 180 (1980), 537; *Löhnig,* Der Haushaltsführungsschaden des Mitglieds einer Solidargemeinschaft, FamRZ 2005, 2030; *Löhnig/Würdinger,* Eigentums- und Gewahrsamsvermutung bei nichtehelichen Lebensgemeinschaften, FamRZ 2007, 1856; *N. Mayer,* Hausbau bzw. Hauserwerb durch nichteheliche Partner bei Miteigentum beider Partner, ZEV 2003, 453; *Messerle,* Zivilrechtliche Probleme der nichtehelichen Lebensgemeinschaft, JuS 2001, 28; *Milzer,* Der Interessenausgleich bei gemeinsamen Bauvorhaben nichtehelicher Lebenspartner, NJW 2008, 1621; *Moes,* Der Vermögensausgleich bei aufgelöster Lebensgemeinschaft, FamRZ 2016, 757; *Nave-Herz,* Die nichteheliche Lebensgemeinschaft – eine soziologische Analyse, FPR 2001, 3; *Oehlmann/Stille,* Das geteilte Familienprivileg – Der Ausschluss des Versicherungsregresses nach § 116 SGB X und § 67 VVG auch bei nichtehelichen Lebensgemeinschaften?, FPR 2003, 457; *Pohl,* Die nichteheliche Lebensgemeinschaft im Versicherungs- und Haftungsrecht des Straßenverkehrs, 2013; *v. Proff,* Tod des nichtehelichen Partners und Vermögensausgleich, NJW 2010, 980; *v. Proff,* Ausgleichsansprüche der Erben gegen den überlebenden Partner einer nichtehelichen Lebensgemeinschaft, FPR 2010, 382; *v. Proff,* Immobilienerwerb in der nichtehelichen Lebensgemeinschaft, NotBZ 2010, 73; *Röthel,* Ehe und Lebensgemeinschaft im Personenschadensrecht, NZV 2001, 329; *Röthel,* Rückgewähr von Zuwendungen durch Verlobte, Ehegatten, Lebenspartner, Jura 2006, 641; *Scharl/Schmid,* Wohnungszuteilung bei nichtehelichen Lebensgemeinschaften, FamRB 2018, 279; *Schekahn,* Tatsächliche Unterhaltsleistungen faktischer Lebensgefährten im Todesfall, 2013; *Schekahn,* § 844 II BGB – Ein Fall für den Gesetzgeber?, FamRZ 2012, 1187; *Julia Caroline Scherpe,* Vermögensrechtliche Abwicklung beendeter nichtehelicher Lebensgemeinschaften, JZ 2014, 659; *Schlüter/Belling,* Die nichteheliche Lebensgemeinschaft und ihre vermögensrechtliche Abwicklung, FamRZ 1986, 405; *Schrader,* Die Beendigung einer Wohngemeinschaft von Partnern einer nichtehelichen Lebensgemeinschaft, NZM 2010, 257; *Chr. Schreiber,* Vertragliche Unterhaltsansprüche in der nichtehelichen Lebensgemeinschaft, FPR 2010, 387; *Schulz,* Vermögensauseinandersetzung der nichtehelichen Lebensgemeinschaft, FamRZ 2007, 593; *Schulz,* Ausgleich gegenseitiger Leistungen bei Scheitern der nichtehelichen Lebensgemeinschaft, FPR 2010, 373; *E. Schumann,* Gemeinsam getragene Elternverantwortung nach Trennung und Scheidung – Reformbedarf im Sorge-, Umgangs- und Unterhaltsrecht?, Gutachten B zum 72. DJT, 2018; *M. Schwab,* Die Vermögensauseinandersetzung in nichtehelichen Lebensgemeinschaften, FamRZ 2010, 1701; *Schwenzer,* Gesetzliche Regelung der Rechtsprobleme der nichtehelichen Lebensgemeinschaft, JZ 1988, 781; *Stein,* Zuwendungen in der nichtehelichen Lebensgemeinschaft, NZFam 2014, 303; *Stein,* Ausgleichsansprüche nach Scheitern einer nichtehelichen Lebensgemeinschaft, FamFR 2011, 409; *Trimbach/El Alami,* Die nichteheliche Lebensgemeinschaft: eine Herausforderung für den Gesetzgeber, NJ 1996, 57; *Wälzholz,* Aktuelle Gestaltungsprobleme bei der nichtehelichen Lebensgemeinschaft, ErbR 2011, 226; *Weimer,* Nochmals: Schenkungsteuer bei der Immobilienfinanzierung durch nichteheliche Lebenspartner, ZEV 2007, 316; *Weinreich,* Vermögensrecht in der nichtehelichen Lebensgemeinschaft, FPR 2001, 29; *Weinreich,* Ausgleich bei Tod des zuwendenden Partners?, FPR 2010, 379; *Wellenhofer,* Regelungslücken bei der nichtehelichen Lebensgemeinschaft, AnwBl. 2008, 559; *Wellenhofer,* Gesetzlicher Unterhaltsanspruch für nichteheliche Lebensgemeinschaften?, FamRZ 2015, 973. Zu älterem Schrifttum → 7. Aufl. 2017, Anh. § 1302.

**Schrifttum zum ausländischen und internationalen Recht:** *M. Becker,* Das Gesetz über die nichteheliche Lebensgemeinschaft in Belgien, MittRhNotK 2000, 155; *Cubeddu Wiedemann,* Unioni civili und convivenze in Italien, FamRZ 2016, 1535; *Frantzen,* Norwegen: Geldansprüche nach Beendigung einer nichtehelichen Lebensgemeinschaft, FamRZ 2012, 1450; *Gergen,* Der französische PACS – Inhalt und Neuerungen bei der Registrierung, FPR 2010, 219; *Hoischen,* Die Vermögensauseinandersetzung nichtehelicher Lebensgemeinschaften in Deutschland und in Frankreich, 2015; *Ishyna,* Die nichteheliche Lebensgemeinschaft in der Ukraine und in Deutschland, 2015; *Jänterä-Jareborg,* Das neue schwedische Gesetz über die nichteheliche Lebensgemeinschaft, FamRZ 2004, 1431; *Kroppenberg/Schwab/Henrich/Gottwald* (Hrsg.), Rechtsregeln für nichteheliches Zusammenleben, 2009, 65; *Pintens,* Partnerschaft im belgischen und niederländischen Recht, FamRZ 2000, 69; *Röthel,* Lebensformen – Status – Personenstand – rechtsvergleichend und rechtspolitisch betrachtet, StAZ 2006, 34; *Schaal,* International-Privatrechtliche Probleme der nichtehelichen Lebensgemeinschaft in der notariellen Praxis, ZNotP 2009, 290 und ZNotP 2010, 207; *Scherpe/Yassari* (Hrsg.), Die Rechtsstellung nichtehelicher Lebensgemeinschaften, 2005, 307; *Schwidich,* Die nichteheliche Lebensgemeinschaft im deutschen und niederländischen Recht, 2007; *Sloan/Scherpe,* Civil Partnership und nichteheliche Lebensgemeinschaft in Irland, FamRZ 2011, 1451; *Unverfehrt,* Schweizerische Reformbestrebungen für eine erbrechtliche Besserstellung nichtehelicher Lebensgemeinschaften, 2018.

**Übersicht**

## I. Grundlagen

1 **1. Die Problematik der rechtlichen Erfassung.** Lange Zeit war die rechtliche Beschäftigung mit der **nichtehelichen Lebensgemeinschaft** von der Grundauffassung geprägt, dass diejenigen, die sich außerhalb des Rechts stellen bzw. nicht heiraten, auch nicht den Schutz des Rechts einfordern könnten.[1] Demgemäß wurden Ansprüche auf Ausgleich von Zuwendungen, auf Unterhalt und vieles mehr kurzer Hand verneint. Mit diesem pauschalen Grundsatz wird man den Besonderheiten der nichtehelichen Lebensgemeinschaft, die als tatsächliches Phänomen heute omnipräsent ist, jedoch nicht gerecht. Hierüber ist man mittlerweile wohl auch einig.[2] Immer mehr in den Blick geraten ist der **Gleichbehandlungsgrundsatz** (→ Rn. 17).[3] Diente er anfangs allein dazu, eine Schlechterstellung von Ehegatten (vor allem bei der Sozialhilfe) zu vermeiden, so gibt es inzwischen auch Ansätze, die nichteheliche Lebensgemeinschaft positiv der Ehe gleichzusetzen, zB im Hinblick auf Opferentschädigungsleistungen an den nichtehelichen Partner, der gemeinsame Kinder betreut.[4] Überdies zeichnet sich eine Sonderrolle der **nichtehelichen Lebensgemeinschaft mit Kindern** bzw. der „nichtehelichen" Familie ab.[5] Das reicht von der Anerkennung der nichtehelichen Lebensgemeinschaft als Vertrauenstatbestand im Zusammenhang mit der Ausdehnung von Unterhaltsansprüchen der Kindesmutter gemäß § 1615l[6] bis zur Erstreckung der unterhaltsrechtlichen Hausmann-

1 Historischer Rückblick bei Soergel/*Schumann* NehelLG Rn. 12 f.; zur Ideengeschichte *Brudermüller,* Paarbeziehungen und Recht, 2017, 40 ff.

2 Vgl. nur *Rauscher* FamR Rn. 734; *Dethloff* Gutachten zum 67. DJT, 2008, A 137 f.; *Trimbach/El Alami* NJ 1996, 57 (59).

3 Dazu auch *Martiny* in Scherpe/Yassari, Die Rechtsstellung nichtehelicher Lebensgemeinschaften, 2005, 79 (81).

4 Vgl. BVerfG NJW 2005, 1413.

5 S. auch die Verfassungen von Thüringen, Sachsen und Sachsen-Anhalt, die jede häusliche Gemeinschaft mit Kindern als schutz- und förderungswürdig begreifen.

6 BGH NJW 2006, 2687 = FamRZ 2006, 1362; NJW 2008, 3125 = FamRZ 2008, 1830.

Rspr.[7] auf die Rollenverteilung auch in der nichtehelichen Lebensgemeinschaft. Insoweit erkennt auch die Rspr. an, dass die Beziehung zwischen unverheirateten Partnern zumindest dann eine **rechtliche Qualität** aufweist, wenn Kinder vorhanden sind. Vom Recht vernachlässigt wird insoweit allerdings noch die faktische Stieffamilie, deren Schutzbedürftigkeit weder Gesetzgebung noch Rspr. bislang die nötige Aufmerksamkeit geschenkt haben.[8]

Die Bereiche, in denen der Gesetzgeber bereits an die Fälle der nichtehelichen Lebensgemeinschaft gedacht hat und (auch) dafür den Begriff des **„Haushaltsangehörigen"** eingeführt hat (zB § 138 Abs. 1 Nr. 3 InsO, § 178 Abs. 1 Nr. 1 ZPO, § 549 Abs. 2 Nr. 2 BGB, § 2 Abs. 1 GewSchG) betreffen zwar nur wenige Teilbereiche, zeigen aber, dass das Problem erkannt ist. Der Begriff des **Familienangehörigen** wiederum erscheint aufgrund der heutigen gesellschaftlichen Vorstellungen geeignet, auch den nichtehelichen Partner zu erfassen bzw. im Wege der Analogie auf diesen erstreckt zu werden.[9] Beim Wohnungsrecht (§ 1093) etwa wird mit dem Begriff der „Familie" auch der Partner einer nichtehelichen Lebensgemeinschaft erfasst.[10] Im Wohnungseigentumsrecht ist umstritten, ob der Lebensgefährte wie ein Ehegatte als Vertreter an der Wohnungseigentümerversammlung teilnehmen kann.[11] Das BVerfG hat im Jahr 1990 unter dem Begriff des Familienangehörigen in § 569a aF (Eintritt in das Mietverhältnis) auch den nichtehelichen Partner erfasst.[12] Auf dieser Linie liegt auch die Rspr. zur Sittenwidrigkeit von Bürgschaften naher Angehöriger, die auf nichteheliche Partner erstreckt wurde.[13] Weiterhin zeigt die Rspr. des BGH zum Vermögensausgleich nach Beendigung einer nichtehelichen Lebensgemeinschaft heute starke Parallelen zur entsprechenden Rspr. zu Ehen mit Gütertrennung (→ Rn. 119). Allein aus der Vergleichbarkeit des nichtehelichen Zusammenlebens mit der ehelichen Lebensgemeinschaft heraus lässt sich eine Analogie zwar nicht rechtfertigen;[14] das Untätigbleiben des Gesetzgebers steht einer Analogie aber auch nicht zwangsläufig im Wege.[15] 2

Die rechtlichen Schwierigkeiten bei der Erfassung der nichtehelichen Lebensgemeinschaft ergeben sich aus dem Widerstreit von anscheinend gewollter rechtlicher **Bindungslosigkeit** einerseits und nicht unerheblicher rechtlicher **Schutzbedürftigkeit** andererseits. Natürlich darf man den Partnern nicht Rechtswirkungen aufdrängen, die sie wirklich nicht gewollt haben. Die privatautonome Entscheidung für die nichteheliche Lebensgemeinschaft (die nicht unbedingt eine endgültige Entscheidung gegen die Ehe ist) und ihre individuelle Ausgestaltung bleibt daher die Richtschnur. Das Recht hat gleichwohl die Aufgabe, dem Schutz des Schwächeren zu dienen,[16] bei nichtehelichen Lebensgemeinschaften insbesondere dann, wenn der Schwächere in eine eheähnliche Rollenverteilung gedrängt wird, ihm aber vom Partner im Ernstfall ein eheähnlicher Schutz versagt wird. Gerade dann wird auch die familienrechtliche Natur[17] der Streitigkeiten offensichtlich, der man allein mit Mitteln des allgemeinen Schuldrechts kaum gerecht wird. Beachtung muss hier zudem die immer größere gesellschaftliche Funktion der nichtehelichen Lebensgemeinschaft als **Solidargemeinschaft** finden; diese sollte nicht nur im Sozialrecht zur Kürzung von Ansprüchen führen, sondern auch positiv als Gemeinschaft gewürdigt werden, in der – in jungen wie in alten Jahren – füreinander Verantwortung und Fürsorge übernommen wird.[18] 3

**2. Begriff der nichtehelichen Lebensgemeinschaft.** Der Begriff „nichteheliche Lebensgemeinschaft" hat sich seit langem durchgesetzt; deshalb empfiehlt es sich daran festzuhalten.[19] Um gleich- und verschiedengeschlechtliche Paare gleichermaßen zu erfassen (→ Rn. 8), wurde zwar 4

---

7 BGH NJW 2001, 1488.

8 Vgl. BVerfG NJW 2005, 1413 = FamRZ 2005, 590 betr. Opferentschädigung, m. zutr. krit. Anm. *Klinkhammer*; ferner LSG Saarl 30.4.2010 – L 10 AS 4/09 WA, nv; s. auch *Helms* Gutachten zum 71. DJT, 2016, F 58 ff.

9 Vorschlag für eine klare gesetzliche Regelung bei *Pohl,* Die nichteheliche Lebensgemeinschaft im Versicherungs- und Haftungsrecht des Straßenverkehrs, 2013, 59 f.

10 BGH NJW 1982, 1868.

11 Näher dazu *Armbrüster/Roguhn* ZWE 2016, 105 (108) mwN.

12 BVerfG NJW 1990, 1593.

13 BGH NJW 2000, 1182; NJW-RR 2004, 337 = FamRZ 2003, 1741 Ls.

14 Vgl. für § 1362 BGH NJW 2007, 1273 = FamRZ 2007, 456.

15 Zutr. BGH NJW 2009, 2062; s. auch schon *Schwenzer* JZ 1988, 781 (782).

16 So auch *Hausmann* in Hausmann/Hohloch neLG 56; ähnlich *Dethloff* Gutachten zum 67. DJT, 2008, A 138 f.; *Henrich* in Kroppenberg/Schwab/Henrich/Gottwald, Rechtsregeln für nichteheliches Zusammenleben, 2009, 329, 330 und 342.

17 Vgl. schon *Schwenzer* JZ 1988, 781 (785). Beleg dafür ist auch die Zuständigkeit des familienrechtlichen XII. Senats beim BGH.

18 Vgl. *Löhnig* FamRZ 2005, 2030 (2032).

19 So auch Soergel/*Schumann* NEhelG Rn. 3.

auch vorgeschlagen, stattdessen von einer **„faktischen Lebensgemeinschaft"** zu sprechen.[20] Dagegen spricht jedoch, dass auch der Begriff der nichtehelichen Lebensgemeinschaft flexibel genug erscheint, diese Aufgabe zu erfüllen, erst recht nach Einführung der Ehe für alle. Auch der BGH differenziert insoweit nicht.[21] Im Gegensatz zu Ehe und eingetragener Lebenspartnerschaft ist die nichteheliche Lebensgemeinschaft eine nicht formalisierte Lebensgemeinschaft. Das BVerfG definierte die „eheähnliche" Gemeinschaft im Jahr 1993 als auf Dauer angelegte Lebensgemeinschaft zwischen einem Mann und einer Frau, die daneben keine weitere Lebensgemeinschaft gleicher Art zulässt und sich durch innere Bindungen auszeichnet, die ein gegenseitiges Einstehen der Partner füreinander begründen, also über die Beziehungen in einer reinen Haushalts- und Wirtschaftsgemeinschaft hinausgehen.[22] Diese Definition übernahmen später die obersten Bundesgerichte[23] und auch das Schrifttum.[24] Entscheidend ist, dass das Zusammenleben nicht nur als bloße Wohn- oder Wirtschaftsgemeinschaft, sondern als sog. **„Verantwortungs- und Einstehensgemeinschaft"** charakterisiert werden kann, bei der nicht die persönlichen Bedürfnisse im Vordergrund stehen, sondern primär der gemeinsame Lebensbedarf.[25] Die Existenz einer so definierten Gemeinschaft ist aufgrund von **Indizien** zu ermitteln.[26] Dazu zählen der Bestand einer häuslichen Gemeinschaft,[27] die auf Dauer angelegt ist,[28] das gemeinsame Wirtschaften, die gemeinsame Lebensführung, die (allerdings nicht notwendig vorausgesetzte)[29] Geschlechtsgemeinschaft,[30] die Versorgung von Kindern, die Verfügungsmacht über Konten des Partners, die nach außen erkennbare Intensität der Beziehung ua. Bloß gemeinsame Freizeitgestaltung, Urlaubsreisen oder gegenseitige Besuche genügen nicht.

5 Daneben kann auf die **Begriffsbestimmung des Sozialrechts** zurückgegriffen werden. Gemäß § 7 Abs. 3 Nr. 3 lit. c SGB II zählen zu einer **Bedarfsgemeinschaft** iSd SGB II auch Personen, die mit dem Hilfebedürftigen als Partner in einem gemeinsamen Haushalt so zusammenleben, dass nach verständiger Würdigung der wechselseitige Wille anzunehmen ist, Verantwortung füreinander zu tragen und füreinander einzustehen.[31] Ein wechselseitiger Wille, Verantwortung füreinander zu tragen und füreinander einzustehen, wird dabei vermutet, wenn die Partner länger als ein Jahr zusammenleben oder mit einem gemeinsamen Kind zusammenleben oder Kinder oder Angehörige im Haushalt versorgen oder die Partner befugt sind, über Einkommen oder Vermögen des anderen zu verfügen (§ 7 Abs. 3a SGB II). Diese Kriterien sind ebenfalls gut geeignet, den Inbegriff der nichtehelichen Lebensgemeinschaft zu beschreiben.

6 Infolge mangelnder Publizität ist der genaue **Beginn** einer nichtehelichen Lebensgemeinschaft nachträglich oft nicht zweifelsfrei feststellbar.[32] Es gibt eben kein besonderes Zeremoniell, keinen Austausch von Geschenken; allenfalls die gemeinsame Wohnungseinweihung oder die Anmeldung beim Einwohnermeldeamt nach einem Umzug können als Startzeitpunkt gedeutet werden. Indes

[20] ZB Staudinger/*Löhnig,* 2018, Anh. § 1297 Rn. 1 ff.; *Grziwotz* FamRZ 2014, 257; *Grziwotz* FPR 2013, 326 (327); *Schekahn,* Tatsächliche Unterhaltsleistungen faktischer Lebensgefährten im Todesfall, 2013, 9, 89 f.; ferner *Weinreich* FuR 2011, 492 (493).

[21] Vgl. BGH NZFam 2018, 844.

[22] BVerfG NJW 1993, 643; s. auch BVerfG NJW 2011, 1793.

[23] BSG NJW 1993, 3346 zu §§ 5, 6 BErzGG aF; BVerwG NJW 1995, 2802 zu § 122 BSHG aF; BGH NJW 1993, 999 zu § 569a; NJW 2006, 2687 zu § 1615l; NJW 2008, 2333 = FamRZ 2008, 1404; NJW 2009, 2062. S. auch GE von Bündnis 90/Die Grünen zur Regelung nichtehelicher (unter Einbeziehung homosexueller) Partnerschaften, BT-Drs. 13/7228.

[24] Vgl. nur Palandt/*Brudermüller* Einl. v. § 1297 Rn. 10; *Dethloff* FamR § 8 Rn. 3; ausf. zur Definition *Grziwotz* neLG § 3 Rn. 33 ff.

[25] Vgl. auch BGH NJW 2006, 2687 = FamRZ 2006, 1362, mit der Feststellung, dass die Lage dann mit der von Ehegatten vergleichbar sei.

[26] Ausf. *Gail* SVR 2017, 241 (244 f.).

[27] Vgl. BGH NJW 2002, 217 = FamRZ 2002, 23 mAnm *Schwab* FamRZ 2002, 92 f.; OLG Frankfurt FamRZ 2003, 99; *Dethloff* FamR § 8 Rn. 3; zum Begriff *Gail* SVR 2017, 241.

[28] Die tatsächliche Dauer kann – wie bei Ehen auch – nicht entscheidend sein, vgl. zutr. *Grziwotz* neLG § 3 Rn. 42; PWW/*Weinreich* Vor § 1297 Rn. 4 f.

[29] BVerfG NJW 1993, 643 = FamRZ 1993, 164 (168); Soergel/*Schumann* NEhelG Rn. 1; *Schekahn,* Tatsächliche Unterhaltsleistungen faktischer Lebensgefährten im Todesfall, 2013, 91.

[30] Sie kann als intime Tatsache nicht Beweisthema sein; vgl. *Holzhauer* in Hausmann/Hohloch neLG 434; BVerwG NJW 1995, 2802; zum weitergehenden US-amerikanischen „bed-check" vgl. *Wacke* FS Medicus, 1999, 668.

[31] Dazu LSG Hamburg BeckRS 2008, 51191; LSG NRW BeckRS 2010, 75312; 2010, 73358; ausf. *Spellbrink* NZS 2007, 121 (125).

[32] Zu diesem Problem am Rande auch BVerfG NJW 2003, 1381; de lege ferenda wurde für deren Aufnahme und Beendigung die Möglichkeit zu einer notariellen Erklärung vorgeschlagen, s. Anhörungsbericht in ZRP 1998, 286. Skeptisch *Schumacher* FamRZ 1994, 857 (858 f.).

kommt es auf den genauen Zeitpunkt auch nur selten an. Ihr **Ende** findet die nichteheliche Lebensgemeinschaft mit dem Tod eines Partners, der Trennung der Partner oder auch mit Heirat der Partner. Von Trennung ist auszugehen, wenn die Partner dauerhaft gewollt getrennt leben,[33] während vorübergehendes oder gar erzwungenes Getrenntleben (Strafhaft) die nichteheliche Lebensgemeinschaft fortbestehen lässt, solange Zuneigung und Zusammengehörigkeitsgefühl beiderseits andauern. Ausschlaggebend ist stets das **Gesamtbild** aller feststellbaren Indizien. Trotz etwaiger Ermittlungsschwierigkeiten im Einzelfall setzt sich die nichteheliche Lebensgemeinschaft damit „hinreichend deutlich" von anderen Gemeinschaften ab.[34] Verbleibende Abgrenzungsprobleme können – wie auch sonst – jedenfalls kein Argument gegen die angemessene rechtliche Erfassung bilden.[35]

Die genannte Definition des BVerfG (→ Rn. 4) ergab sich zunächst aus den aus Art. 6 Abs. 1 GG abgeleiteten Bemühungen, eine Benachteiligung von Ehegatten beim Bezug von Sozialleistungen im Vergleich zu unverheiratet Zusammenlebenden zu verhindern. Mittlerweile steht die Entwicklung eigener Rechtsgrundsätze für die nichteheliche Lebensgemeinschaft im Vordergrund. Angesichts dieser Zielrichtung kann die Formulierung, dass daneben „typischerweise keine weitere Lebensgemeinschaft"[36] dieser Art bestehen darf, regelmäßig nicht bedeuten, dass Lebensgemeinschaften, bei denen ein Partner **noch** anderweitig **verheiratet** ist, nicht erfasst werden.[37] Anderes kann nur gelten, soweit es der Schutz dieser Ehe ausnahmsweise erfordert. 7

Der Begriff der nichtehelichen Lebensgemeinschaft umfasst auch **homosexuelle Paare.**[38] Das galt bereits zu der Zeit, in der eingetragene Lebenspartnerschaften begründet werden konnten, da sich bei der (noch) „nicht eingetragenen"[39] Lebenspartnerschaft spiegelbildliche Probleme stellten. Auch wenn manche hierfür einen eigenen Begriff (zB **„lebenspartnerschaftsähnlich"**[40] in § 20 SGB XII) wählten, gab es sachlich – wie auch ausländische Regelungen zeigen[41] – keinen Anlass zur Differenzierung.[42] Mit der Einführung der Ehe für alle haben sich diesbezügliche Unterscheidungen ohnehin erledigt. Für die nichteheliche Lebensgemeinschaft muss lediglich darauf geachtet werden, dass der umgangssprachliche Begriff des „Lebenspartners" von Rechts wegen nur noch für eingetragene Lebenspartner iSd LPartG gilt. Bei nichtehelichen Partnern wird daher vorgeschlagen, von „Lebensgefährten" oder schlicht vom „Partner" zu sprechen.[43] 8

Unter dem Begriff der nichtehelichen oder eheähnlichen Lebensgemeinschaft sind auch die Fälle einer **unwirksamen Eheschließung** zu erfassen. Relevant geworden ist dies insbesondere nach Anhebung des Eheschließungsalters auf 18 Jahre durch das Gesetz zur Bekämpfung von Kinderehen vom 17.7.2017 (BGBl. 2017 I 2429), wodurch die Minderjährigenehe in Deutschland abgeschafft wurde. **Auslandsehen** mit Minderjährigen unter 16 Jahren werden danach ausnahmslos nicht mehr anerkannt bzw. vom Gesetz als unheilbar nichtig erachtet (vgl. § 1303 S. 2, Art. 13 Abs. 3 Nr. 1 EGBGB). 9

**3. Erscheinungsformen und Verbreitung. a) Statistik.** Die nichteheliche Lebensgemeinschaft hat sich in den letzten Jahrzehnten[44] europaweit zu einem Massenphänomen entwickelt. Die Zahl der nichtehelichen Lebensgemeinschaften ist von ca. 137.000 im Jahre 1972 (im ehemaligen 10

---

33 *Holzhauer* in Hausmann/Hohloch neLG 434. Bei überwiegendem Auslandsaufenthalt eines Partners ist Auflösung anzunehmen nach LG Berlin WM 1995, 38 = FamRZ 1995, 600 Ls.

34 So auch BVerfG NJW 1993, 643 = FamRZ 1993, 164.

35 IdS auch BGH NJW 1993, 999 (1001).

36 Vgl. BVerfG NJW 1993, 643 = FamRZ 1993, 164.

37 So auch VGH Mannheim NJW 1996, 2178; HmbOVG NJW 1996, 1225; *Martiny* in Scherpe/Yassari, Die Rechtsstellung nichtehelicher Lebensgemeinschaften, 2005, 79, 85; Soergel/*Schumann* NEhelG Rn. 1; einschränkend *Schekahn,* Tatsächliche Unterhaltsleistungen faktischer Lebensgefährten im Todesfall, 2013, 88, erst nach einem Jahr Trennung der Ehegatten.

38 Im Hinblick auf das AGB-Transparenzgebot hielt es OLG Köln VersR 2002, 182 nicht für eindeutig, dass unter die nichteheliche Lebensgemeinschaft auch homosexuelle Paare fallen.

39 Davon spricht etwa BVerfG NJW 2005, 1709; ArbG Heilbronn NZFam 2017, 770.

40 So auch BVerfG NJW 2006, 895 = FamRZ 2006, 470.

41 S. zB die schwedischen Sambo-Gesetze oder die französische Regelung des PACS (→ Rn. 32, 37).

42 So auch *Martiny* in Scherpe/Yassari, Die Rechtsstellung nichtehelicher Lebensgemeinschaften, 2005, 79, 83; *Schekahn,* Tatsächliche Unterhaltsleistungen faktischer Lebensgefährten im Todesfall, 2013, 70; Staudinger/*Löhnig,* 2018, Anh. § 1297 Rn. 9; *Hausmann* in Hausmann/Hohloch neLG 49; *Schulz* FamRZ 2007, 593 (594); *Busche* JZ 1998, 387 (390); *Kinne* FPR 2001, 36 (38) für Mietrecht; wohl auch *Rauscher* FamR Rn. 728; *Grziwotz* neLG § 3 Rn. 39.

43 ZB Palandt/*Brudermüller* Einl. v. § 1297 Rn. 10; Soergel/*Schumann* NEheLG Rn. 3.

44 Zur Rechtsgeschichte *Limbach* in Limbach/Schwenzer, Familie ohne Ehe, 1988, 1 ff.; *Kingreen,* Verfassungsrechtliche Stellung der nichtehelichen Lebensgemeinschaft, 1995, 23 ff.; *Schwab* FamRZ 1981, 1151; *Kroppenberg* in Kroppenberg/Schwab/Henrich/Gottwald, Rechtsregeln für nichteheliches Zusammenleben, 2009, 43, 49 ff.; eingehend *Schumann,* Die nichteheliche Familie, 1998, 1 ff.

Bundesgebiet) auf rund **2,9 Mio. Paare** im Jahr 2017 gestiegen. Das betrifft rund 6 Mio. Menschen in Deutschland und etwa 8,4 % der Familien mit Kindern und 16,5 % der Paargemeinschaften ohne Kinder.[45] Bei der Geburt des ersten Kindes ist die nichteheliche Lebensgemeinschaft in Ostdeutschland die häufigste Lebensform.[46]

11 Der **typische Fall** der nichtehelichen Lebensgemeinschaft ist, dass beide Partner unter 35 Jahre alt sind, voll berufstätig oder in Ausbildung sowie ledig und kinderlos.[47] Für diese Lebensphase bildet die nichteheliche Lebensgemeinschaft auch kein Konkurrenzmodell zur Ehe,[48] sondern eine vorgeschaltete Lebensform. Vor allem in der jüngeren Generation bis zu 30 Jahren stieg die Zahl nichtehelicher Partnerschaften beachtlich an. Paare unter 25 Jahren leben zu 75 % in nichtehelichen Lebensgemeinschaften.[49] Das Bildungsniveau bei nichtehelichen Partnern soll im Schnitt höher liegen als das von Ehegatten.[50] Motiv ist wie bei Eheschließungen die emotionale Bindung aneinander; sexuelle Treue wird in ähnlicher Weise vorausgesetzt.[51] Dabei geht rund ein Drittel auch davon aus, später einander zu heiraten. Studien[52] haben ergeben, dass ca. 38 % der Paare nach fünf Jahren immer noch unverheiratet zusammenleben (nach zehn Jahren noch 22 %), während 45 % geheiratet und 17 % sich getrennt haben. Meist wird geheiratet, wenn sich ein Kind ankündigt, im Westen Deutschlands allerdings eher als im Osten.[53]

12 **b) Gründe für die Zunahme von nichtehelichen Lebensgemeinschaften.** Die Gründe für die Zunahme von nichtehelichen Lebensgemeinschaften sind vielfältig.[54] Große Bedeutung kommt den geänderten gesellschaftlichen Rahmenbedingungen zu. Beachtlich sind die **veränderte Rolle der Frau,** die längeren Ausbildungszeiten, die dazu führen, dass junge Menschen erst später an Familiengründung und Heirat denken, sowie insgesamt zunehmende Individualisierungstendenzen. Außerdem nahmen die normativen Zwänge zur Eheschließung ab. Liebeserklärung und Heiratsversprechen sind nicht mehr miteinander verknüpft. Das nichteheliche Zusammenleben wird gesellschaftlich akzeptiert und als „Ehe auf Probe"[55] sogar gutgeheißen und erwartet.[56] Wohnungen sind problemlos zu bekommen. Zahlenmäßig im Vordergrund steht demgemäß das Zusammenleben junger Menschen (zwischen 20 und 30) im Vorfeld einer denkbaren späteren Eheschließung mit diesem oder einem anderen Partner. Die Zahl derer, die die Ehe prinzipiell ablehnen, ist hingegen gering. Die nichteheliche Lebensgemeinschaft wird nicht mehr als Gegenentwurf zur Ehe verstanden; sie weist vielmehr zunehmend den Charakter einer **eigenständigen Lebensform** für eine besondere Lebensphase auf.[57] Bedeutung hat das nichteheliche Zusammenleben allerdings auch im Anschluss an eine vorangegangene gescheiterte Ehe. Hier spielt nicht nur die Enttäuschung über die gescheiterte frühere Beziehung eine wichtige Rolle, sondern auch der befürchtete Verlust einer Witwenversorgung oder eines Unterhaltsanspruchs. Zudem können – gerade aus Sicht von Kindern – erbrechtliche Folgen einer weiteren Eheschließung unerwünscht sein (obwohl durch Erbverzicht und Ehevertrag die wirtschaftlichen Konsequenzen freilich weitgehend abgefangen werden könnten).

---

45 Stat. Bundesamt, Stat. Jahrbuch 2017, 62 unter Ziff. 2.6.10: Familien, Paare ohne Kinder und Alleinstehende; die genannten Zahlen betreffen nur verschiedengeschlechtliche Lebensgemeinschaften. Laut Stat. Jahrbuch für 2007, 47 waren es noch 2,4 Mio.; *Nave-Herz* FPR 2001, 3 spricht von 2,1 Mio. im Jahr 1999; Bestandsaufnahme auch bei *Dethloff* Gutachten zum 67. DJT, 2008, A 13 f.

46 *Schumann* Gutachten zum 72. DJT, 2018, B 19.

47 *Nave-Herz* FPR 2001, 3 (4).

48 Deutlich *Nave-Herz* FPR 2001, 3 (6).

49 *Nave-Herz* FPR 2001, 3 (5) belegt das nichteheliche Zusammenleben von 75 % der Paare mit Kindern in der Altersgruppe der 18–29Jährigen; *Hausmann* in Hausmann/Hohloch neLG 51 spricht von 8,2 % der 18–24Jährigen und von 11,3 % der 25–34Jährigen im Jahr 1995.

50 *Nave-Herz* FPR 2001, 3 (4).

51 Vgl. *Nave-Herz* FPR 2001, 3 (5); *Knoche* MDR 1988, 743 (745); *Schwenzer* JZ 1988, 781 (782).

52 Vgl. *Hausmann* in Hausmann/Hohloch neLG 52 f.; ähnliche Zahlen bei *Nave-Herz* FPR 2001, 3 (6).

53 *Kreyenfeld/Konietzka* in Scherpe/Yassari, Die Rechtsstellung nichtehelicher Lebensgemeinschaften, 2005, 45, 61 f.; *Nave-Herz* FPR 2001, 3 (5).

54 Vgl. *Grziwotz* neLG § 2 Rn. 14 ff.; *Brosius-Gersdorf* NZFam 2016, 145 (146); *Muscheler* FamR Rn. 491 ff.; *Hohloch* in Hausmann/Hohloch neLG 63 f. Spannend sind insoweit auch die historischen Bezüge, vgl. *Wagner* in Scherpe/Yassari, Die Rechtsstellung nichtehelicher Lebensgemeinschaften, 2005, 19 ff.

55 Wobei Untersuchungen ergeben haben, dass voreheliches Zusammenleben die Stabilität späterer Ehen mit demselben Partner nicht begünstigt, *Nave-Herz* FPR 2001, 3 (6). Der Ursachenzusammenhang ist offen. Wahrscheinlich vertreten diejenigen, die „gleich" heiraten, andere (traditionelle) Werte, die eben auch der Ehestabilität förderlich sind.

56 Vgl. *Kreyenfeld/Konietzka* in Scherpe/Yassari, Die Rechtsstellung nichtehelicher Lebensgemeinschaften, 2005, 45, 49.

57 *Kreyenfeld/Konietzka* in Scherpe/Yassari, Die Rechtsstellung nichtehelicher Lebensgemeinschaften, 2005, 45, 50.

Auch mag die Erfahrung eines Scheidungsverfahrens von einer weiteren Eheschließung abhalten; das gilt insbesondere im Hinblick auf die finanziellen Folgen einer Scheidung. Nicht zu vergessen sind im Übrigen Paare, die gerne heiraten würden, es aber wegen bestehender Ehehindernisse nicht können, zB weil einer der Partner (auf dem Papier) noch verheiratet, noch als Lebenspartner eingetragen ist oder als katholischer Geistlicher zum Zölibat verpflichtet ist. Und schließlich gibt es die „Dauer-Verlobten", von denen einer zwar gerne heiraten möchte, vom anderen aber immer wieder hingehalten wird. Abgesehen davon mag es auch ein Alter geben, in dem der Einzelne eine Eheschließung für sich als nicht mehr passend erachtet.

**4. Verfassungsrecht.**[58] **a) Handlungsfreiheit.** Eingehung und Führung einer nichtehelichen Lebensgemeinschaft unterfallen der allgemeinen **Handlungsfreiheit** (Art. 2 Abs. 1 GG).[59] Da es zugleich um die Intimsphäre des Einzelnen geht, wird zum Teil auch auf das allgemeine **Persönlichkeitsrecht** verwiesen, um daraus Abwehrrechte und staatliche Schutzpflichten abzuleiten.[60] Weiterhin ist die Entscheidung nicht zu heiraten von Art. 6 Abs. 1 GG geschützt, der auch die negative Eheschließungsfreiheit erfasst.[61] Von den Verfassungen der neuen Bundesländer erkennen Brandenburg (Art. 26 Abs. 2 BbgVerf) sowie abgeschwächt auch Berlin „die Schutzbedürftigkeit anderer, auf Dauer angelegter Lebensgemeinschaften" (Art. 12 Abs. 2 BlnVerf) an.[62] 13

**b) Verhältnis zur Ehe, Art. 6 Abs. 1 GG.** Nach einhelliger Ansicht kann die nichteheliche Lebensgemeinschaft **keinen mit der Ehe vergleichbaren Schutz** für sich beanspruchen. Aus Art. 6 Abs. 1 GG ergibt sich insbesondere kein Anspruch auf Teilhabe an den Vergünstigungen für Verheiratete.[63] Art. 6 Abs. 1 GG steht einem (bereichsbezogenen) gesetzlichen Schutz der nichtehelichen Lebensgemeinschaft aber auch nicht im Wege. In seiner Entscheidung zur Verfassungsmäßigkeit des LPartG hat das BVerfG[64] dargelegt, dass es **keinen exklusiven Schutzanspruch der Ehe** gibt, und das sog. Abstandsgebot deutlich relativiert. Das Fördergebot für die Ehe kann nicht als Benachteiligungsgebot für andere Lebensformen verstanden werden. Die Eheschließungsfreiheit wie auch das Institut der Ehe und ihre Strukturmerkmale würden daher nicht verletzt, wenn man sich etwa für die gesetzliche Regelung eines zivilen Solidarpakts (zB ähnlich wie in Frankreich) entscheiden würde.[65] Erst recht können Judikative und Legislative einzelne Regelungen zum Schutz der nichtehelichen Lebensgemeinschaft entwickeln,[66] solange damit kein Rechtsinstitut geschaffen würde, welches aufgrund gleicher Rechte und Pflichten mit der Ehe austauschbar wäre.[67] Abgesehen davon bestehen eben auch keine Bedenken dagegen, dass die Partner einer nichtehelichen Lebensgemeinschaft punktuell (zB in Bezug auf § 1362; → Rn. 51) rechtlich besser stehen als Ehegatten.[68] 14

**c) Schutz der „nichtehelichen Familie" (Art. 6 Abs. 1 GG).** In Erfüllung des Verfassungsauftrags aus Art. 6 Abs. 5 GG wurde im Kindschaftsrecht eine **rechtliche Gleichstellung** von ehelichen und **nichtehelichen Kindern** erreicht. Die Unterhaltsansprüche der unverheirateten Mutter aus § 1615l und der verheirateten Mutter aus § 1570 wegen Kindesbetreuung sind vereinheitlicht worden.[69] Der Begriff der „Familie" iSv Art. 6 Abs. 1 GG, der selbstständig neben dem der Ehe steht, wird inzwischen weit gefasst. Auch das unverheiratete Paar und sein Kind bilden eine 15

[58] Dazu Sachs/*v. Coelln,* 8. Aufl. 2018, GG Art. 6 Rn. 47; Maunz/Dürig/*Badura,* 81. EL 2017, GG Art. 6 Rn. 55 ff.; v. Münch/Kunig/*Coester-Waltjen,* 6. Aufl. 2012, GG Art. 6 Rn. 11; Jarass/Pieroth/*Jarass,* 14. Aufl. 2016, GG Art. 6 Rn. 5; Schmidt-Bleibtreu/*Hofmann/Henneke,* 14. Aufl. 2017, GG Art. 6 Rn. 26 f.; *Vogelgesang* in Hausmann/Hohloch neLG 193–224.

[59] *Brosius-Gersdorf* NZFam 2016, 245; *Grziwotz* FamRZ 2003, 1417 (1418); *Trimbach/El Alami* NJ 1996, 57 (58).

[60] *Krings* FPR 2001, 7 (11 f.).

[61] Dreier/*Brosius-Gersdorf,* 3. Aufl. 2013, GG Art. 6 Rn. 64; *Kirchhof* FamRZ 2007, 241 (242).

[62] Näher *Grziwotz* neLG § 4 Rn. 9 f.

[63] ZB im Erbschaftsteuerrecht, BVerfG FamRZ 1983, 1211 = NJW 1984, 114 Ls.; BFH BB 1983, 430 = FamRZ 1983, 486 Ls.; kein Anspruch auf Arbeitsfreistellung bei Niederkunft der Lebensgefährtin, BAG FamRZ 1987, 939; keine Rundfunkgebührenbefreiung nach damaligen Vorschriften, BayVGH BeckRS 2008, 27669; keine Witwenrente gemäß § 46 SGB VI, BVerfG NJW 2011, 1663.

[64] BVerfG BeckRS 2002, 22627 = FamRZ 2002, 1169.

[65] Ausf. *Brosius-Gersdorf* NZFam 2016, 245 ff.

[66] So auch *Brosius-Gersdorf* NZFam 2016, 245 ff.; *Coester-Waltjen* Jura 2008, 108 (109); *Delank* ZfS 2007, 183 (184); *Krings* FPR 2001, 7 (10); *Lieb* Gutachten zum 57. DJT, 1988, A 16 ff.; Staudinger/*Löhnig,* 2018, Anh. § 1297 Rn. 22; Erman/*Kroll-Ludwigs* Vor § 1353 Rn. 14; krit. aber wohl *Kroppenberg* in Kroppenberg/Schwab/Henrich/Gottwald, Rechtsregeln für nichteheliches Zusammenleben, 2009, 43, 47 f.

[67] Vgl. BVerfG NJW 2002, 2543 (2549); Soergel/*Schumann* NehelLG Rn. 24 f.

[68] So auch BVerwG NVwZ-RR 2011, 387 = FamRZ 2011, 453 zu § 104a Abs. 3 S. 1 AufenthG 2004; ferner BVerwG BeckRS 2010, 54709 = FamRZ 2010, 1979.

[69] S. vorangehend BVerfG NJW 2007, 1735 mAnm *Caspary.*

Familie iSd GG.[70] Eheliche und nichteheliche Familien nehmen dieselben erzieherischen Aufgaben wahr und können daher ähnlichen rechtlichen Schutz und Förderung beanspruchen. Angesichts der gesetzlichen Unterhaltspflicht aus § 1615l sowie der Möglichkeit der gemeinsamen Sorgerechtsausübung kann zwischen den Partnern nicht mehr von einem rechtsfreien Raum gesprochen werden.[71] Daraus resultiert vielmehr eine rechtliche Sonderstellung der nichtehelichen Lebensgemeinschaft mit Kindern.[72] Das gilt bisher aber nur für die nichteheliche Lebensgemeinschaft mit **gemeinschaftlichen Kindern.**

16 Die **faktische Stieffamilie** hingegen (dh regelmäßig die Beziehung von Mutter und Kind zum nichtehelichen Partner der Mutter) genießt im BGB bislang keinen Schutz. Das BSG hat klargestellt, dass der pflegeversicherungsrechtliche Begriff der Stiefeltern Partner einer nichtehelichen Lebensgemeinschaft nicht erfasst, da es in der nichtehelichen Stieffamilie an eigenständigen Rechtsbeziehungen, insbesondere Pflichten zu Unterhalt und elterlicher Sorge fehle.[73] Beim Zählkindervorteil nach § 66 Abs. 1 EStG bleiben nichteheliche Stiefkinder laut BFH ebenfalls unberücksichtigt.[74] Ob die nichteheliche Stieffamilie als Familie iSd GG anzusehen ist, hat das BVerfG offengelassen.[75] Insoweit wird vorgeschlagen, zumindest bei einer länger andauernden sozial-familiären Beziehung zwischen faktischem Stiefelternteil und Kind von einer Familie iSv Art. 6 Abs. 1 GG auszugehen.[76] Mit diesem Ansatz wären allerdings erhebliche Feststellungsprobleme im Einzelfall verbunden. Hier besteht insgesamt noch Handlungsbedarf für den Gesetzgeber.[77]

17 **d) Gleichbehandlungsgrundsatz.** Im Einzelfall kann sich aus Art. 3 Abs. 1 GG im Vergleich mit Ehegatten auch ein Anspruch auf Gleichbehandlung der nichtehelichen Lebensgemeinschaft ergeben. So sah sich das BVerfG gehalten, Leistungen nach dem **Opferentschädigungsgesetz** nicht nur dem überlebenden Ehegatten, sondern aus Gründen der Gleichbehandlung und des Familienschutzes auch dem nichtehelichen Partner zu gewähren, soweit dieser unter Verzicht auf Erwerbstätigkeit für die gemeinschaftlichen Kinder sorgt.[78] Andererseits ist es mit dem Gleichbehandlungsgrundsatz vereinbar, wenn ein Dienstherr bei der Niederkunft der Ehefrau **Sonderurlaub** gewährt, bei der nichtehelichen Partnerin jedoch nicht.[79] Als Differenzierungskriterien werden insoweit rechtsgebietsübergreifend die fehlende umfassende Rechtsverbindlichkeit und die Möglichkeit der jederzeitigen Beendigung der Partnerschaft ohne Einhaltung bestimmter Voraussetzungen begriffen.[80] Auch die steuerrechtlichen Unterschiede zwischen Ehe und nichtehelicher Lebensgemeinschaft sind daher verfassungsgemäß (→ Rn. 25). Weiterhin ist es mit dem Gleichbehandlungsgrundsatz vereinbar, dass die Kürzung des Familienzuschlags eines Beamten wegen Teilzeitbeschäftigung nur bei Ehegatten entfällt.[81] Nach dem Tod des Partners hat der hinterbliebene nichteheliche Lebensgefährte keinen Anspruch auf eine **Hinterbliebenenrente.**[82] Die versorgungsrechtliche Ungleichbehandlung nichtehelicher Lebensgefährten ist laut BVerwG wegen des Fehlens einer der Ehe oder der eingetragenen Lebenspartnerschaft vergleichbaren rechtlichen Bindung mit langfristigen wechselseitigen, rechtlich verbindlichen Unterhalts- und Einstandspflichten durch sachliche Gründe gerechtfertigt. Dies gilt auch, soweit sie nichteheliche Lebensgemeinschaften mit gemeinsamen Kindern betrifft.[83] Der Umzug zum Zweck der (erstmaligen) Begründung einer nichtehelichen Lebensge-

[70] BVerfG NJW 2005, 1413; BFH NJW 2007, 2143 für Anerkennung von Mehrkosten für doppelte Haushaltsführung; BGH NJW 2006, 2687 = FamRZ 2006, 1362; v. Münch/Kunig/*Coester-Waltjen*, 6. Aufl. 2012, GG Art. 6 Rn. 11; Maunz/Dürig/*Badura*, 81. EL 2017, GG Art. 6 Rn. 60 ff.; Sachs/*v. Coelln*, 8. Aufl. 2018, GG Art. 6 Rn. 16; Dreier/*Brosius-Gersdorf*, 3. Aufl. 2013, GG Art. 6 Rn. 100 ff.; *Schumann*, Die nichteheliche Familie, 1998, 169 ff. mwN; vgl. EGMR NJW 2003, 1921 = FamRZ 2002, 1017 zu Art. 8 EMRK, der auch die *de facto family* erfasst.

[71] IdS auch BGH NJW 2001, 1488.

[72] Dazu *Dethloff* in Scherpe/Yassari, Die Rechtsstellung nichtehelicher Lebensgemeinschaften, 2005, 137 ff.

[73] BSG SGb 2018, 92 = NZS 2018, 547 mAnm *Lange*.

[74] BFH NJW 2018, 2589 = FamRZ 2018, 1309.

[75] BVerfG NJW 2005, 1417 = FamRZ 2005, 595 (596).

[76] Soergel/*Schumann* NehelLG Rn. 30.

[77] Dazu *Wellenhofer* AnwBl 2008, 559; Soergel/*Schumann* NehelLG Rn. 236.

[78] BVerfG NJW 2005, 1413 mit Verweis auf die gesetzliche Unterhaltspflicht gemäß § 1615l; anders bei Versorgung von Stiefkindern BVerfG NJW 2005, 1417 = FamRZ 2005, 595 (Nichtannahmebeschluss); näher *Grziwotz* neLG § 11 Rn. 74.

[79] BVerfG NJW 1998, 2043 = FamRZ 1998, 606 (Nichtannahmebeschluss); OVG Bautzen BeckRS 2016, 52371.

[80] BFH NJW 2017, 2223; BGH NJW 2017, 1672 zur Stiefkindadoption; BVerfG NJW 1993, 643 = FamRZ 1993, 164; VG Berlin ArbuR 2014, 166; BayLSG BeckRS 2011, 68435 zur Hinterbliebenenrente.

[81] VG Neustadt NVwZ-RR 2010, 617 zu § 40 Abs. 4 S. 2 BBesG.

[82] BVerwG BeckRS 2014, 51451.

[83] BVerfGE 112, 50 (65) = NJW 2005, 1413; BVerfGE 124, 199 (221 ff.) = NJW 2010, 1439; BVerfG NJW 2011, 1663.

meinschaft wurde aber als wichtiger Grund für die Aufgabe eines Arbeitsplatzes anerkannt mit der Folge, dass eine Sperrzeit für den Arbeitslosengeldanspruch verneint wurde.[84]

Was Maßnahmen der **künstlichen Befruchtung** betrifft, werden nichteheliche Lebensgemeinschaften in Bezug auf Leistungen der gesetzlichen Krankenversicherung schlechter gestellt; § 27a Abs. 1 Nr. 3 SGB V schließt für sie eine entsprechende Finanzierung der homologen Befruchtung durch die Krankenkasse aus. Laut BVerfG[85] hatte der Gesetzgeber hinreichende sachliche Gründe, die Gewährung von Leistungen der gesetzlichen Krankenversicherung zur Herbeiführung einer Schwangerschaft auf Ehepaare zu beschränken; denn nur in der Ehe könne die gegenseitige Solidarität auch rechtlich eingefordert werden. Ehegatten könnten zudem als besonders geeignet angesehen werden, die mit den jeweiligen medizinischen Maßnahmen verbundenen Belastungen und Risiken gemeinsam zu bewältigen. Die Fraktion Bündnis 90/Die Grünen hat 2018 einen Gesetzesentwurf vorgelegt, der auf eine Gleichstellung von auf Dauer angelegten nichtehelichen Lebensgemeinschaften mit Ehegatten bei der Kostenübernahme für die künstliche Befruchtung zielt.[86] Anspruch auf Förderleistungen nach der Bundesförderrichtlinie zur „Unterstützung von Maßnahmen der assistierten Reproduktion" idF vom 7.1.2016 haben auch unverheiratete Paare.[87] 18

Der Zugang zu **reproduktionsmedizinischen Maßnahmen** steht nichtehelichen Paaren ebenfalls offen. Es ist auch die Behandlung mit Spendersamen zulässig. Die Richtlinie der Bundesärztekammer zur Entnahme und Übertragung von menschlichen Keimzellen im Rahmen der assistierten Reproduktion vom 6.10.2017 enthält insoweit keine Einschränkungen. 19

**5. Nichteheliche Lebensgemeinschaft und Menschenrechtskonvention.** Gemäß Art. 8 Abs. 1 EMRK hat jede Person das Recht auf **Achtung ihres Privat- und Familienlebens,** ihrer Wohnung und ihrer Korrespondenz. Das Recht auf Eheschließung und Familiengründung hingegen wird über Art. 12 EMRK geschützt. Das „Familienleben" iSv Art. 8 EMRK ist dabei sehr weit zu verstehen. So wird die **private Beziehung** zwischen zwei Partnern unabhängig davon geschützt, ob sie verheiratet oder verpartnert sind, gleich- oder verschiedengeschlechtlich sind.[88] Insbesondere wird auch eine de-facto-Beziehung zwischen gleich- oder verschiedenengeschlechtlichen Partnern vom Begriff des Familienlebens gemäß Art. 8 EMRK umfasst.[89] Der Schutz des Art. 8 EMRK erstreckt sich zudem auf alle Varianten der **„de-facto-Familie",** insbesondere auch auf enge persönliche Bindungen des Kindes zu einem nichtehelichen Stiefelternteil.[90] 20

**6. Rechtliche Behandlung außerhalb des Zivilrechts. a) Sozialrecht; Versicherungsrecht.** Die nichteheliche Lebensgemeinschaft wird in vielfältigen Gesetzen punktuell erfasst,[91] wobei eine klare Linie oder Zielsetzung des Gesetzgebers nicht erkennbar ist. Im Folgenden werden nur exemplarische Regelungen herausgegriffen. Am weitgehendsten ist die Erfassung im Sozialrecht.[92] Gemäß § 20 SGB XII[93] dürfen Personen, die in „eheähnlicher Gemeinschaft" leben, hinsichtlich der **Sozialhilfe** nicht besser gestellt werden als Ehegatten. Faktische Unterhaltsleistungen des Partners werden daher bedarfsmindernd angerechnet. § 43 Abs. 1 S. 2 SGB XII stellt dabei auf den Partner einer eheähnlichen oder lebenspartnerschaftsähnlichen Gemeinschaft ab und bestimmt die Berücksichtigung von dessen Einkommen bei der Sozialhilfe. Gleiches gilt bei der **Grundsicherung** von Arbeitssuchenden, wo zur **Bedarfsgemeinschaft**[94] auch Personen gezählt werden, die mit dem Hilfebedürftigen als Partner in einem gemeinsamen Haushalt so zusammenleben, dass nach verständiger Würdigung der wechselseitige Wille anzunehmen ist, Verantwortung füreinander zu tragen und füreinander einzustehen (§ 7 Abs. 3 Nr. 3 lit. c SGB II).[95] 21

---

84 LSG Bremen NZA-RR 2018, 159; ausf. dazu *Bienert* infoalso 2018, 51.

85 BVerfG NJW 2007, 1343 = FamRZ 2007, 529; LSG Berlin NZS 2014, 625; OVG Münster FamRZ 2013, 912: keine Beihilfe; näher *Helms/Wanitzek* FamRZ 2007, 685.

86 BT-Drs. 19/1832.

87 Richtlinie des BMFSFJ über die Gewährung von Zuwendungen zur Förderung von Maßnahmen der assistierten Reproduktion vom 29.3.2012, geändert am 23.12.2015, https://www.informationsportal-kinderwunsch.de/fileadmin/Content/Bundesfoerderrichtlinie160208.pdf (zuletzt abgerufen am 15.12.2018).

88 *Meyer-Ladewig,* 4. Aufl. 2017, EMRK Art. 8 Rn. 7.

89 EGMR NJOZ 2017, 34 = FamRZ 2015, 1785.

90 EGMR NJW 2003, 809; BeckRS 2008, 25586 = FamRZ 2008, 377.

91 Überblick bei Soergel/*Schumann* NEhelG Rn. 4; *Zwißler* FPR 2001, 15. Zu Fragen des Arbeitsrechts *Grziwotz* neLG § 17 Rn. 41 ff.

92 Ausf. Soergel/*Schumann* NehelLG Rn. 33 ff. mwN; *Schekahn,* Tatsächliche Unterhaltsleistungen faktischer Lebensgefährten im Todesfall, 2013, 11 f.

93 Dazu *Udsching* in Hausmann/Hohloch neLG 639 ff.; zu verschiedenen Bereichen *Hohnerlein* FPR 2001, 49 ff.; zur gesetzlichen Rentenversicherung *Grziwotz* neLG § 25 Rn. 53 f.

94 Zur sozialrechtlichen Bedarfsgemeinschaft Unverheirateter *Brosius-Gersdorf* NZS 2007, 410.

95 Dazu LSG Hamburg BeckRS 2008, 51191; LSG NRW BeckRS 2010, 75312; 2010, 73358; ausf. *Spellbrink* NZS 2007, 121 (125 f.).

22 **Elterngeld** und Elternzeit stehen nur dem betreuenden leiblichen Elternteil zu, nicht dem Partner als betreuendem faktischen Stiefelternteil (vgl. § 1 Abs. 3 BEEG). Der Zählkindervorteil beim Kindergeld kommt faktischen Stiefeltern ebenfalls nicht zugute.[96] Leistungen nach dem **UVG** sind bei Bestehen einer nichtehelichen Lebensgemeinschaft der Eltern ausgeschlossen (§ 1 Abs. 3 UVG).[97] Die Möglichkeiten, die das **Pflegezeitgesetz** und das ergänzende Familienpflegezeitgesetz zur Unterstützung der Pflege von Angehörigen bieten, stehen auch dem nichtehelichen Partner zu (§ 7 Abs. 3 Nr. 2 PflegeZG, § 2 Abs. 3 FPfZG).

23 In der **gesetzlichen Krankenversicherung** umfasst die Familienversicherung den nichtehelichen Partner nicht (§ 10 Abs. 1, 2 SGB V).[98] Entsprechendes gilt in der gesetzlichen Pflegeversicherung (§ 25 SGB XI). § 10 Abs. 3 SGB V verstößt laut BVerfG nicht gegen Art. 3 Abs. 1 GG iVm Art. 6 Abs. 1 GG, soweit er Ehen und nichteheliche Lebensgemeinschaften in Bezug auf den Ausschluss von Kindern aus der Familienversicherung unterschiedlich behandelt.[99] Problematisch bleibt im Übrigen, dass das nichteheliche Stiefkind kein Stiefkind oder Pflegekind im Sinne der Sozialversicherung ist.[100]

24 Der BGH hat eine analoge Anwendung des **Familienprivilegs**[101] aus **§ 116 Abs. 6 SGB X,** das den **Regress des Versicherers** gegen den „familienangehörigen" Schadensverursacher ausschließt, auf die nichteheliche Lebensgemeinschaft im Jahr 2013 unter Aufgabe seiner früheren Rspr.[102] ausdrücklich bejaht.[103] Demgemäß ist heute ganz hM, dass auch der nichteheliche Partner zu den „Familienangehörigen" gemäß § 116 Abs. 6 SGB X gehört, mit welchen der Geschädigte **„in häuslicher Gemeinschaft"** lebt.[104] Darunter wird die Lebensführung in einem gemeinsamen Haushalt und in wirtschaftlicher Einheit verstanden; regelmäßige Aufenthalte und Übernachtungen beim Partner genügen nicht.[105] Im **Versicherungsvertragsrecht**[106] hat der Gesetzgeber mit der Regelung in § 86 Abs. 3 VVG bereits Klarheit geschaffen und den Übergang von Ansprüchen für den Fall ausgeschlossen, dass sich der Ersatzanspruch des Versicherungsnehmers gegen eine Person richtet, mit der er bei Eintritt des Schadens in häuslicher Gemeinschaft lebt. Damit wurde bewusst auf die „heutigen gesellschaftlichen Verhältnisse" reagiert.[107] Vor der VVG-Reform hatte der BGH schon die Auffassung vertreten, dass § 67 Abs. 2 VVG aF auf die Partner einer nichtehelichen Lebensgemeinschaft analog anzuwenden sei.[108] Unabhängig davon, ob die Partner einer nichtehelichen Lebensgemeinschaft schon im Wortsinne als Familienangehörige begriffen werden könnten, sei die Norm insoweit jedenfalls entsprechend anzuwenden. Der Schutzzweck, den häuslichen Frieden nicht zu stören und den Rückgriff gegen den in häuslicher Gemeinschaft lebenden Angehörigen zu verhindern, gelte hier in gleicher Weise.

25 **b) Steuerrecht.** Steuerrechtlich[109] werden die unverheirateten Partner wie Einzelpersonen behandelt.[110] Insbesondere ist der nichteheliche Partner kein „Lebenspartner" iSv § 2 Abs. 8 EStG, da die gesetzliche Nomenklatur damit nur den eingetragenen Lebenspartner iSd LPartG meint.[111] Der Ausschluss unverheirateter Paare vom einkommensteuerrechtlichen **Splittingtarif** nach §§ 26, 26b EStG verstößt laut BFH weder gegen das Gebot, Ehe und Familie zu schützen (Art. 6 Abs. 1

96 FG Düsseldorf BeckRS 2017, 94586.

97 OVG Saarbrücken NVwZ-RR 2011, 239.

98 BSG NJW 1991, 447; LSG Nds NZS 1995, 221 zur Begründung eines sozialversicherungspflichtigen Beschäftigungsverhältnisses zwischen Partnern einer neLG.

99 BVerfG NJW 2003, 1381 = FamRZ 2003, 356.

100 Vgl. BSG NZS 1995, 132 für Pflegekindbegriff.

101 Ausf. Soergel/*Schumann* NehelLG Rn. 74 ff.

102 BGH NJW 1988, 1091 m. krit. Anm. *Striewe*; abl. auch OLG Koblenz VersR 2003, 1381; OLG Frankfurt VersR 1997, 561; für Analogie LG Saarbrücken VersR 1995, 158; OLG Naumburg VersR 2007, 1405; OLG Brandenburg NJW 2002, 1581; dazu *Röthel* NZV 2001, 329; *Hohloch* in Hausmann/Hohloch neLG 114 ff.

103 BGH NZV 2013, 334; OLG Jena VersR 2017, 190; OLG Köln BeckRS 2012, 12090; OLG München RUS 2016, 50.

104 *Kampen* NJW 2016, 1046 (1048); *Gail* SVR 2017, 241 (243 ff.); *Dahm* NZV 2008, 280 (281); *Lang* NZV 2009, 425 (427); *Röthel* NZV 2001, 329 (331).

105 OLG Nürnberg r+s 2016, 50; ausf. *Gail* SVR 2017, 241 ff.

106 Überblick bei *Jahnke* MDR 2005, 668 f.; Staudinger/*Löhnig,* 2018, Anh. § 1297 Rn. 255 f.

107 BT-Drs. 16/3945, 82; dazu *Jahnke* NZV 2008, 57 ff.; *Lang* NZV 2009, 425.

108 BGH NJW 2009, 2062.

109 Dazu Staudinger/*Löhnig,* 2018, Anh. § 1297 Rn. 276 f.; *Bültmann* in Hausmann/Hohloch neLG 665 ff.; *Seikel,* Die nichteheliche Lebensgemeinschaft im Steuerrecht, 1998; *Grziwotz* FamRZ 2018, 480 (483) und FamRZ 2009, 750 (751 f.); *Wälzholz* ErbR 2011, 226.

110 Kein Splittingtarif, vgl. BFH NJW 2017, 2223; BVerfG NJW 1983, 271; BFH NJW 1990, 734; 1990, 2712; NdsFG FamRZ 2005, 1253.

111 BFH NJW 2017, 2223.

GG), noch gegen das Gebot zur Gleichstellung nichtehelicher Kinder (Art. 6 Abs. 5 GG) oder den Gleichheitsgrundsatz (Art. 3 Abs. 1 GG).[112] Einkommensteuerrechtliche Vorteile für Unverheiratete ergeben sich ggf. dort, wo die Finanzgerichte bei Ehegatten sehr kritisch sind, nämlich bei der Anerkennung von Pachtverhältnissen, Arbeits- und Darlehensverträgen sowie Gesellschaftsverhältnissen zwischen den Partnern.[113] Ein Mietverhältnis ist steuerlich aber nicht anzuerkennen, wenn zwischen Mieter und Vermieter eine nichteheliche Lebensgemeinschaft bestand, bei der die Mietwohnung vom Vermieter mitbenutzt wurde.[114] **Unterhaltsleistungen** an den Lebensgefährten können nur in Ausnahmefällen gemäß § 33a Abs. 1 EStG, § 33 Abs. 2 EStG einkommensmindernd geltend gemacht werden.[115] Kosten der doppelten Haushaltsführung nach § 9 Abs. 1 S. 3 Nr. 5 EStG können wie bei Ehegatten abgesetzt werden.[116]

Bei der Übertragung eines Grundstücks auf den Partner gilt keine **Grunderwerbsteuer**befrei- 26
ung.[117] Einschneidend ist, dass im Rahmen der Schenkung-[118] und **Erbschaftsteuer** Unverheirateten (wie Fremden) in Steuerklasse III nur der geringe **Freibetrag** von 20.000 EUR zusteht (§ 15 Abs. 1 ErbStG, § 16 Abs. 1 Nr. 7 ErbStG), wobei Erwerbe über einen Zeitraum von zehn Jahren zusammengerechnet werden (§ 14 Abs. 1 ErbStG). Demgegenüber genießen Ehegatten den Vorzug eines Freibetrags von 500.000 EUR (§ 16 Abs. 1 Nr. 1 ErbStG) und eines zusätzlichen Versorgungsfreibetrags von 256.000 EUR (§ 15 Abs. 1 ErbStG, § 17 Abs. 1 ErbStG).[119] Die unterschiedliche Behandlung ist laut BFH verfassungsrechtlich nicht zu beanstanden.[120] Eine staatliche Förderpflicht ergäbe sich aus Art. 6 Abs. 1 GG nur für die Ehe. Eine Ungleichbehandlung sei gerechtfertigt, weil es sich um eine rechtlich nicht verfestigte Partnerschaft handle, bei der die Partner anders als Ehegatten nicht kraft Gesetzes gegenseitig zu Fürsorge, Unterstützung und Unterhalt verpflichtet wären. Hier sollte jedoch de lege ferenda für langjährige Lebensgefährten eine Vergünstigung eingeführt werden;[121] sie könnten etwa auf eine Ebene mit Geschwistern gestellt und demgemäß in Steuerklasse II eingeordnet werden. **Zuwendungen** zwischen den Partnern einer nichtehelichen Lebensgemeinschaft unterliegen, unabhängig davon ob sie zivilrechtlich als Schenkung oder unbenannte Zuwendung eingeordnet werden (→ Rn. 104), der **Schenkungsteuer.**[122] Auch der Zinsvorteil aus einer unentgeltlichen Darlehensgewährung ist schenkungsteuerpflichtig.[123] Im Fall der tatsächlichen **Rückgewähr von Zuwendungen** (etwa auch aus § 313 oder § 812 Abs. 1 S. 2 Alt. 2) erlischt die Schenkungsteuer rückwirkend (§ 29 Abs. 1 Nr. 1 ErbStG), und zwar auch nach Festsetzungsverjährung.[124] Bei nichtehelichen Lebenspartnern ist Inhaber einer Zweitwohnung in aller Regel nur derjenige Partner, der Eigentümer, Mieter oder sonst Nutzungsberechtigter dieser Wohnung ist.[125] Nur für diese Person fällt daher ggf. eine **Zweitwohnungsteuer** an. Der nur mitwohnende Lebensgefährte kommt als Steuerschuldner nicht in Betracht.

**c) Strafrecht.** Im Strafrecht[126] stellt sich die Frage, ob der nichteheliche Partner als **(Fami-** 27
**lien-)Angehöriger** zu begreifen ist,[127] was sowohl bei Taten zu Gunsten als auch zum Nachteil

---

112 BFH NJW 2017, 2223; BeckRS 2012, 95112.
113 Dazu BFH GS BStBl. II 1990, 160; abl. für Mietverhältnis innerhalb der gemeinsam genutzten Wohnung BFH FamRZ 1996, 1471; BFH DStR 2016, 2947: streng bei Mietverhältnis zwischen Mutter und Sohn; näher Soergel/*Schumann* NehelLG Rn. 132.
114 FG München NZFam 2018, 335.
115 Dazu BFH NJW 1990, 2712; 2010, 1838; BStBl. II 1994, 31; 1994, 442; 1994, 236; 1998, 187; ausf. *Bültmann* in Hausmann/Hohloch neLG 675 ff.
116 BFH NJW 2012, 2223; 2015, 655 = FamRZ 2015, 577.
117 BFH NJW 2001, 2655; *Wälzholz* ErbR 2011, 226.
118 Zur Schenkungsteuer bei lebzeitigen Zuwendungen BFH DStR 1997, 2018: einzelfallabhängig; BFH/NV 2007, 2296; *Weimer* ZEV 2007, 316; *Schlünder/Geißler* ZEV 2007, 64.
119 Laut BVerfG unbedenklich, BVerfG NJW 1990, 1593 (Nichtannahmebeschluss); so auch BSG NJWE-FER 1999, 102 (104) zur Ungleichbehandlung von neLG und Ehegatten im Einkommensteuerrecht; FG Köln DStRE 2006, 36; BFH ZEV 2006, 87.
120 BFH/NV 2017, 39 = EStB 2016, 455; genauso zuvor FG Münster NJW-Spezial 2016, 550.
121 So auch *Gernhuber/Coester-Waltjen* FamR § 43 Rn. 3–5; *Schumacher* FamRZ 1994, 857 (862); *Henrich* in Kroppenberg/Schwab/Henrich/Gottwald, Rechtsregeln für nichteheliches Zusammenleben, 2009, 329, 343; zu Alternativgestaltungen nach geltendem Recht *Grziwotz* FamRZ 2018, 480 (488) mwN.
122 Näher Soergel/*Schumann* NehelLG Rn. 122; *Grziwotz* MDR 2018, 833 (836).
123 BFH ZEV 2014, 267.
124 FG Hamburg DStRE 2012, 1453.
125 VGH Baden-Württemberg NVwZ-RR 2013, 658.
126 Näher *Kretschmer* JR 2008, 51 ff.; Soergel/*Schumann* NehelLG Rn. 106 ff.; *Grziwotz* neLG § 11 Rn. 48 ff.; zum Strafvollzugsrecht *Burhoff* FPR 2001, 18 (24 f.).
127 Dazu *Skwirblies,* Nichteheliche Lebensgemeinschaft und Angehörigenbegriff im Straf- und Strafprozessrecht, 1990; *Burhoff* FPR 2001, 18; *Burhoff* StRR 2008, 287; *Herold* JA 2014, 347.

des Partners wegen der besonderen Motivationslage diverse Privilegierungen (zB §§ 247, 259 Abs. 2, 263 Abs. 4 StGB) mit sich bringt. Ausdrücklich erfasst die Angehörigendefinition in § 11 Abs. 1 Nr. 1 lit. a StGB die unverheirateten Partner nicht. Es spricht jedoch viel dafür, auch den nichtehelichen Partner als Angehörigen im strafrechtlichen Sinne zu begreifen bzw. die Norm insoweit analog anzuwenden.[128] Umstritten ist auch, ob eine strafrechtlich relevante Garantenpflicht zwischen nichtehelichen Partnern besteht[129] und ob Zeugnisverweigerungsrechte im Strafprozess analog § 52 StPO anzuerkennen sind.[130] Die Befugnis zum Anschluss als Nebenkläger gilt nur für die in § 395 Abs. 2 StPO genannten Personen, insbesondere Ehegatten, nicht für nichteheliche Partner; letztere sind daher bei Tötungsdelikten auch nicht als Verletzte iSv § 172 StPO zu begreifen und können daher kein Klageerzwingungsverfahren betreiben.[131] Zumindest ist der nichteheliche Partner aber eine nahestehende Person iSd StGB (vgl. § 35 StGB); meist besteht zudem eine häusliche Gemeinschaft (vgl. § 247 StGB).[132]

28 **d) Ausländerrecht.** Im Ausländerrecht[133] steht der nichteheliche Partner weder dem Ehegatten (§§ 27 ff. AufenthG) noch den sonstigen Familienangehörigen (§ 36 AufenthG) gleich. Daher bestehen keine abgeleiteten Aufenthalts- oder Nachzugsrechte.[134] Das ist im Sinne der Rechtssicherheit und um Manipulationen vorzubeugen kaum anders regelbar. Anderes gilt nur für die nichteheliche Lebensgemeinschaft mit Kindern.[135]

29 **7. Gesetzgebungsvorschläge.** Die Gemeinsame Verfassungskommission sah 1993 keinen Bedarf für eine Änderung der bisherigen Rechtslage.[136] Sie betrachtete eine Erstreckung des Art. 6 Abs. 1 GG auf die nichteheliche Lebensgemeinschaft als sachlich verfehlt und praktisch kaum durchführbar.[137] Tatsächlich konnte sich auch bis heute kein diesbezügliches Gesetzgebungsprojekt durchsetzen. An Ideen und Empfehlungen mangelt es indes nicht.[138] Bereits mehrfach angedacht wurde – im Anschluss an europäische Vorbilder (→ Rn. 31) – der Entwurf eines Gesetzes für die nichteheliche Lebensgemeinschaft.[139] Zu nennen ist vor allem der ausführliche Entwurf eines Gesetzes zur Regelung der Rechtsverhältnisse nichtehelicher Lebensgemeinschaften (NeLgG) der Fraktion Bündnis 90/Die Grünen.[140]

30 Die Defizite des geltenden Rechts, wie insbesondere die Unsicherheiten bei der analogen Anwendung einzelner angehörigenrechtlicher Vorschriften, das fehlende Verteilungsverfahren für Haushaltsgegenstände und Wohnung bei Trennung sowie vor allem das Fehlen eines (unterhaltsrechtlichen) Mindestschutzes für den haushaltsführenden Partner nach Auflösung der nichtehelichen Lebensgemeinschaft,[141] ließen sich am besten durch eine gesetzliche Regelung bewältigen, die an den faktischen Tatbestand der nichtehelichen Lebensgemeinschaft anknüpft und dafür eine gesetzliche Definition bietet.[142] Auch die Abstimmungsergebnisse auf dem 57. DJT 1988 sprachen anknüpfend

---

[128] So auch *Fischer*, 65. Aufl. 2018, StGB § 11 Rn. 10; *Kingreen* Jura 1997, 408; aA BayObLG NJW 1983, 831; 1986, 202; OLG Celle NJW 1997, 1084; OLG Braunschweig NStZ 1994, 344; Lackner/Kühl/*Heger*, 28. Aufl. 2014, StGB § 11 Rn. 2; diff. Schönke/Schröder/*Eser/Hecker*, 29. Aufl. 2014, StGB § 11 Rn. 10.

[129] Verneinend *Grziwotz* neLG § 11 Rn. 67 f. mwN; aA *Kretschmer* JR 2008, 51 (52).

[130] Abl. BVerfG NJW 1999, 1622; für Analogie *Burhoff* FPR 2001, 18 (19); *Grziwotz* neLG § 11 Rn. 84; *Grziwotz* FamRZ 2018, 480; s. auch BVerfG NJW 1993, 3316 f.: kein Recht des Lebensgefährten zur Nebenklage im Strafverfahren.

[131] OLG Celle VRS 130, 113 = NStZ-RR 2016, 285.

[132] Schönke/Schröder/*Eser/Hecker*, 29. Aufl. 2014, StGB § 11 Rn. 10.

[133] Dazu *Wegner* FamRZ 1996, 587 ff.; *Grziwotz* neLG § 33 Rn. 13 ff.

[134] Zu § 104a Abs. 3 S. 1 AufenthG 2004 BVerfG InfAuslR 2014, 40 = BeckRS 2013, 59948.

[135] Näher dazu Soergel/*Schumann* NehelLG Rn. 280.

[136] Bericht vom 5.11.1993, BT-Drs. 12/6000, 57; dazu *Kingreen*, Verfassungsrechtliche Stellung der nichtehelichen Lebensgemeinschaft, 1995, 300 ff. (selber abl. 302 f.).

[137] Vgl. *Vogelgesang* in Hausmann/Hohloch neLG 202 ff., 742.

[138] Vgl. *Schwenzer* JZ 1988, 781 ff.; *Schumacher* FamRZ 1994, 857; *Trimbach/El Alami* NJ 1996, 57; *Brudermüller*, Paarbeziehungen und Recht, 2017, 72 ff.; ferner *Röthel* ZRP 1999, 511 ff.

[139] *Schumacher* FamRZ 1994, 857 ff.; *Trimbach/El Alami* NJ 1996, 57 ff.; *Vogelgesang* in Hausmann/Hohloch neLG 556 ff. Der DJT 1988 empfahl Einzelregelungen für den Fall der Auflösung (Vermögensauseinandersetzung, evtl. Zuteilung von Wohnung und Haushaltsgegenständen); Bericht dazu von *Ihrig* JZ 1989, 31 ff.; ähnlich der 8. DFamGT, s. FamRZ 1990, 24 (27).

[140] BT-Drs. 13/7228 vom 14.3.1997.

[141] Dazu *Dethloff* Gutachten zum 67. DJT, 2008, A 140 ff. mit näheren Vorschlägen; *Wellenhofer* AnwBl 2008, 559; *Wellenhofer* FamRZ 2015, 973; *Löhnig* NJW 2016, 1487 (1489); *Brudermüller*, Paarbeziehungen und Recht, 2017, 243 f.

[142] So auch *Martiny* in Scherpe/Yassari, Die Rechtsstellung nichtehelicher Lebensgemeinschaften, 2005, 79, 98; (zu weitgehender) Vorschlag für eine Norm zur Vermögensauseinandersetzung bei *Trimbach/El Alami* NJ 1996, 57 (62).

an das Gutachten von *Lieb* für die Einführung eines solchen Unterhaltsanspruchs.[143] Eine entsprechende Regelung könnte im Familienrecht des BGB verortet werden.[144] Unabhängig davon sollte darüber nachgedacht werden, nach dem Vorbild **registrierter Partnerschaften** im Ausland (insbesondere Frankreich, → Rn. 37; Niederlande, → Rn. 35 und Luxemburg[145]) auch in Deutschland eine Form der verrechtlichten Paarbeziehung unterhalb der Ehe einzuführen.[146] Der Bedarf dafür scheint in den genannten Nachbarländern jedenfalls zu bestehen.[147]

**8. Ausländische Rechtsordnungen. a) Überblick.** In ganz Europa[148] wird eine steigende Zahl von nichtehelichen Lebensgemeinschaften verzeichnet, allerdings mit gewissem Nord-Süd-Gefälle.[149] In einer Reihe von Ländern (neben Deutschland etwa Österreich,[150] Schweiz,[151] Polen,[152] Dänemark,[153] Island, Griechenland,[154] Zypern, Polen, Rumänien,[155] Ukraine[156] und letztlich auch England[157]) ist die faktische nichteheliche Lebensgemeinschaft nach wie vor nicht näher gesetzlich erfasst. Demgegenüber kennen immer mehr Länder inzwischen Teilregelungen, zB Schweden (→ Rn. 32), Norwegen,[158] Finnland,[159] Schottland (→ Rn. 34), Irland (→ Rn. 34), Kroatien (→ Rn. 33), Slowenien (→ Rn. 33), Ukraine,[160] Portugal,[161] Spanien,[162] Kanada.[163] **Italien** hat im Jahr 2016 immerhin eine gesetzliche Definition der *convivenza* vorgenommen, bestimmte Optionen der Partner gesetzlich konkretisiert (zB betr. Vollmachten, Abschluss eines Zusammenlebensvertrags) und einzelne weitere Rechtswirkungen bestimmt (zB Schadensersatzanspruch bei Tötung des Partners).[164] Die jeweiligen ausländischen Regelungen knüpfen insoweit an das faktische Zusammen- 31

---

[143] Vgl. Beschluss II 10 b, NJW 1988, 2993 (2994).

[144] *Martiny* in Scherpe/Yassari, Die Rechtsstellung nichtehelicher Lebensgemeinschaften, 2005, 79 (97); *Trimbach/El Alami* NJ 1996, 57 (62).

[145] Vgl. http://luxembourg.public.lu/en/vivre/famille/vie-couple/partenariat/index.html (zuletzt abgerufen am 22.11.2018).

[146] IdS auch *Brosius-Gersdorf* NZFam 2016, 245; *Brudermüller,* Paarbeziehungen und Recht, 2017, 74 und 240 f.: „erwägenswert"; näher *Hoischen,* Die Vermögensauseinandersetzung nichtehelicher Lebensgemeinschaften in Deutschland und in Frankreich, 2015, 223 ff.; *Dutta* AcP 216 (2016), 609 (629 ff.).

[147] Zum Bedarf in Deutschland *Dutta* AcP 216 (2016), 609 (633).

[148] Weitere Länderberichte (auch zu Kanada, Dänemark, Australien und Neuseeland) bei *Scherpe/Yassari,* Die Rechtsstellung nichtehelicher Lebensgemeinschaften, 2005, 205 ff.; *Martiny* in Hausmann/Hohloch neLG 781 ff.; *Dethloff* Gutachten zum 67. DJT, 2008, A 35 ff.; *Röthel* ZRP 1999, 511 ff.; *Röthel* StAZ 2006, 34; *Dethloff* FamR § 8 Rn. 43 ff. Zu Norwegen, das keine einschlägige gesetzliche Regelung hat, *Ryrstedt* in Scherpe/Yassari, Die Rechtsstellung nichtehelicher Lebensgemeinschaften, 2005, 439 ff.; zur Schweiz *Trimbach/El Alami* NJ 1996, 57 (59 f.); zu Australien *Trimbach/El Alami* NJ 1996, 57 (60).

[149] Vgl. Übersicht bei *Kreyenfeld/Konietzka* in Scherpe/Yassari, Die Rechtsstellung nichtehelicher Lebensgemeinschaften, 2005, 45, 53.

[150] Dazu *Ferrari* in Kroppenberg/Schwab/Henrich/Gottwald, Rechtsregeln für nichteheliches Zusammenleben, 2009, 167 ff.

[151] Dazu *Aebi-Müller* in Kroppenberg/Schwab/Henrich/Gottwald, Rechtsregeln für nichteheliches Zusammenleben, 2009, 65 ff.; *Unverfehrt* Schweizerische Reformbestrebungen 92 ff.; zur aktuellen Diskussion *Aebi-Müller* FamRZ 2018, 1725 (1729 f.).

[152] *Blümel* in Rieck Ausl. FamR, Stand: Mai 2012, Polen Rn. 27.

[153] *Reinel* in Rieck Ausl. FamR, Stand: März 2013, Dänemark Rn. 25, wobei nach stRspr ein Ausgleichsanspruch anlässlich Trennung in Betracht kommt, Rn. 26.

[154] Dazu *Koutsouradis* in Kroppenberg/Schwab/Henrich/Gottwald, Rechtsregeln für nichteheliches Zusammenleben, 2009, 225 ff.

[155] *Barsan* in Rieck Ausl. FamR, Stand: März 2013, Rumänien Rn. 30.

[156] Dazu *Ishyna,* Die nichteheliche Lebensgemeinschaft in der Ukraine und in Deutschland, 2015; *Leshchenko* in Kroppenberg/Schwab/Henrich/Gottwald, Rechtsregeln für nichteheliches Zusammenleben, 2009, 251 ff.

[157] Dazu *Henrich* in Bergmann/Ferid/Henrich, Internationales Ehe- und Kindschaftsrecht, Stand 1.3.2016, Vereinigtes Königreich S. 40 f.; *Scherpe* in Kroppenberg/Schwab/Henrich/Gottwald, Rechtsregeln für nichteheliches Zusammenleben, 2009, 309 ff.

[158] Dazu *Sperr* in Bergmann/Ferid/Henrich, Internationales Ehe- und Kindschaftsrecht, Stand 1.7.2011, Norwegen S. 49; *Frantzen* FamRZ 2012, 1450.

[159] *Arends* in Bergmann/Ferid/Henrich, Internationales Ehe- und Kindschaftsrecht, Stand 2016, Finnland S. 30; *Pöpken/Huhtala* in Rieck Ausl. FamR, Stand: Juli 2016, Rn. 25.

[160] Dazu *Debryckyi* in Rieck Ausl. FamR, Stand: Juli 2016, Ukraine Rn. 24 f.

[161] Dazu *Nordmeier* in Bergmann/Ferid/Henrich, Internationales Ehe- und Kindschaftsrecht, Stand 7.3.2016, Portugal S. 36; *Schäfer* in Rieck Ausl. FamR, Stand: Okt. 2011, Portugal Rn. 33.

[162] Dazu *Ferrer i Riba* in Kroppenberg/Schwab/Henrich/Gottwald, Rechtsregeln für nichteheliches Zusammenleben, 2009, 1187 ff.; *Adam/Perona Feu* in Rieck Ausl. FamR, Stand: Feb. 2014, Spanien Rn. 28.

[163] *Hewel* in Rieck Ausl. FamR, Stand: Sept. 2011, Kanada Rn. 25.

[164] Dazu *Henrich* in Bergmann/Ferid/Henrich, Internationales Ehe- und Kindschaftsrecht, Stand 15.5.2017, Italien S. 45, 140 f.; *Cubeddu-Wiedemann* FamRZ 2016, 1535 (1538).

leben an, das entweder von Anfang an oder nach einer bestimmten Zeit des Zusammenlebens bzw. nach Auflösung kraft Gesetzes einzelne Rechtsfolgen auslöst. Davon wiederum zu unterscheiden sind Länder, die neben der faktischen Lebensgemeinschaft und der Ehe eine dritte Variante geschaffen haben, nämlich eine **registrierte Lebensgemeinschaft** mit Rechtswirkungen, die hinter denjenigen der Ehe zurückbleiben.[165] Das gilt insbesondere für Frankreich (→ Rn. 37), Luxemburg, Niederlande (→ Rn. 35), Belgien (→ Rn. 36) und Griechenland.[166]

32 **b) Schweden.** Schweden[167] hatte bereits seit 1988 ein Gesetz über das gemeinsame Heim Zusammenlebender (*Cohabitees Act; Sambolag*). Gleichzeitig war ein Gesetz für das Zusammenleben homosexueller Paare geschaffen worden. Eine Gesetzesreform von 2003 führte beide Gesetze zusammen.[168] Angeknüpft wird nicht an einen Vertrag oder Erklärungen, sondern an das bloße Bestehen einer dauerhaften eheähnlichen Haushalts- und Geschlechtsgemeinschaft zwischen einem gleich- oder verschiedengeschlechtlichen Paar. Das (teilweise dispositive) Gesetz enthält für die gemeinsame Wohnung und die während des Zusammenlebens erworbenen, gemeinsam genutzten Güter Regelungen über die Auseinandersetzung im Trennungsfall sowie Verfügungsbeschränkungen.[169] Hinzu kommen Regelungen im Steuer- und Sozialrecht. Hintergrund ist vor allem der Schutz des wirtschaftlich schwächeren Teils.

33 **c) Slowenien, Kroatien.** Noch weitergehend sind die Regelungen in **Slowenien.** Wenn die Voraussetzungen einer nichtehelichen Lebensgemeinschaft erfüllt sind (Lebensgemeinschaft zwischen Mann und Frau im natürlichen, moralisch-geistlichen, geschlechtlichen und wirtschaftlichen Sinne auf längere Zeit) und Ehehindernisse auf beiden Seiten fehlen, gelten kraft Gesetzes viele eherechtliche Normen, insbesondere aus dem Vermögensrecht, Erbrecht und Unterhaltsrecht.[170] Damit verbundene Streitigkeiten müssen ggf. gerichtlich entschieden werden. Eingehung und Auflösung der nichtehelichen Lebensgemeinschaft erfolgen jedoch formlos durch faktischen Entschluss. In **Kroatien**[171] bestimmt Art. 61 Kroat. Verfassung, dass die Rechtsbeziehungen der nichtehelichen Lebensgemeinschaft durch Gesetz zu regeln sind. Seit 2003 wird die Lebensgemeinschaft zwischen einem unverheiratetem Mann und einer unverheirateten Frau ausdrücklich geregelt.[172] Nach der Definition in Art. 3 kroat. FamG muss die Lebensgemeinschaft mindestens drei Jahre bestehen; sofern ein gemeinsames Kind geboren wurde, reicht eine kürzere Lebensgemeinschaft aus. In vielen Bereichen ist die nichteheliche Lebensgemeinschaft der Ehe gleichgestellt. Das gilt insbesondere für das eheliche Güterrecht (Art. 258 kroat. FamG iVm Art. 247 ff. kroat. FamG) und das Erbrecht (Art. 8 Abs. 2 kroat. ErbG). Daneben bestehen Unterhaltsansprüche bei Beendigung der nichtehelichen Lebensgemeinschaft (Art. 222 kroat. FamG iVm Art. 217 kroat. FamG) und wegen Betreuung eines gemeinschaftlichen Kindes (Art. 226 kroat. FamG). Nach dreijährigem Bestehen der nichtehelichen Lebensgemeinschaft besteht auch Anspruch auf Hinterbliebenenversorgung. Lebensgemeinschaften gleichgeschlechtlicher Partner regelt das Gesetz über gleichgeschlechtliche Lebensgemeinschaften.[173]

34 **d) Irland, Schottland.** In **Irland** sind durch den *Civil Partnership and Certain Rights and Obligations of Cohabitation Act* 2010 neue Regeln für die nichteheliche Lebensgemeinschaft *(cohabitants)* eingeführt worden.[174] Nach fünfjähriger Lebensgemeinschaft ohne Kinder oder zweijähriger Gemeinschaft mit minderjährigen oder in Ausbildung befindlichen Kindern spricht das Gesetz von

[165] Überblick auch bei *Unverfehrt,* Schweizerische Reformbestrebungen für eine erbrechtliche Besserstellung nichtehelicher Lebensgemeinschaften, 2018, 134 ff.

[166] Zu Griechenland *Koutsouradis* in Kroppenberg/Schwab/Henrich/Gottwald, Rechtsregeln für nichteheliches Zusammenleben, 2009, 227 ff.; *v. Huebner/Vlachopoulos* in Rieck Ausl. FamR, Stand: Okt. 2011, Griechenland Rn. 23.

[167] Dazu *Giesen* in Bergmann/Ferid/Henrich, Internationales Ehe- und Kindschaftsrecht, Stand 1.5.2017, Schweden S. 31; *Ryrstedt* in Scherpe/Yassari, Die Rechtsstellung nichtehelicher Lebensgemeinschaften, 2005, 415 ff.; *Jänterä-Jareborg* FamRZ 2004, 1431; *Jänterä-Jareborg* in Kroppenberg/Schwab/Henrich/Gottwald, Rechtsregeln für nichteheliches Zusammenleben, 2009, 205 ff.

[168] Deutscher Text bei *Giesen* in Bergmann/Ferid/Henrich, Internationales Ehe- und Kindschaftsrecht, Stand 1.5.2017, Schweden S. 95 ff.

[169] *Firsching* in Rieck Ausl. FamR, Stand: Jan. 2011, Schweden Rn. 25 f.

[170] Einzelheiten bei *Rijavec/Kraljic* in Scherpe/Yassari, Die Rechtsstellung nichtehelicher Lebensgemeinschaften, 2005, 375 ff.; *Novak* in Kroppenberg/Schwab/Henrich/Gottwald, Rechtsregeln für nichteheliches Zusammenleben, 2009, 265 ff.; *Buschbaum* RNotZ 2010, 73 (78).

[171] Dazu *Hrabar/Korać* in Bergmann/Ferid/Henrich, Internationales Ehe- und Kindschaftsrecht, Stand 1.3.2014, Kroation S. 22a f.; *Hrabar* in Scherpe/Yassari, Die Rechtsstellung nichtehelicher Lebensgemeinschaften, 2005, 399 ff.; zu Serbien *Nemet* in Rieck Ausl. FamR, Stand: Nov. 2014, Serbien Rn. 25 f.

[172] *Jelic* in Rieck Ausl. FamR, Stand: Mai 2012, Kroatien Rn. 25.

[173] *Jelic* in Rieck Ausl. FamR, Stand: Mai 2012, Kroatien Rn. 26 f.

[174] Ausf. *Sloan/Scherpe* FamRZ 2011, 1451.

*qualified cohabitation.* Sofern sich aus einer solchen Beziehung eine finanzielle Abhängigkeit eines Partners ergibt, kann das Gericht Anordnungen in Bezug auf Unterhalt oder Vermögensübertragung treffen, soweit es diese für angemessen hält. Bei der Ermessensausübung sind die im Gesetz genannten Umstände zu berücksichtigen, nämlich die Rechte und Bedürfnisse der Kinder, die Dauer und Natur der Lebensgemeinschaft, die beiderseitigen Beiträge der Partner, die Rollenverteilung und die eingetretenen Fortkommensnachteile. Für den Fall der Beendigung der Lebensgemeinschaft durch Tod bestehen zudem erbrechtliche Ansprüche. Abgesehen davon ist ausdrücklich vorgesehen, dass die Partner in Schriftform rechtlich bindende Verträge über ihre vermögensmäßigen Beziehungen schließen können. In **Schottland** sehen sec. 25–29 Family Law Act 2006[175] für den Fall der Auflösung einer nichtehelichen Lebensgemeinschaft ebenfalls die Möglichkeit vor, vor Gericht eine Ausgleichszahlung zu beantragen. Voraussetzung gemäß sec. 28 Family Law Act 2006 ist, dass der beklagte Partner mit Hilfe des Klägers ökonomische Vorteile erworben hat und der Kläger wirtschaftliche Nachteile (*economic disadvantage*) im Interesse des Beklagten oder eines Kindes erlitten hat.[176] Diese Nachteile können die Vermögensbildung, das Einkommen oder die Erwerbsfähigkeit betreffen.

**e) Niederlande.** Eigenständige Rechtsinstitute[177] sind nur in einzelnen Ländern geschaffen 35
worden. Die **Niederlande**[178] haben die **Registrierte Partnerschaft** (*Geregistreerd partnerschap*) 1998 eingeführt, geregelt in den Art. 80a ff. Burgerlijk Wetboek (erstes Buch). Diese war zunächst vor allem als Rechtsform für gleichgeschlechtliche Paare gedacht gewesen, verlor insoweit aber an Bedeutung, als dort schon 2001 die Ehe auch gleichgeschlechtlichen Paaren geöffnet wurde. In den letzten Jahren hat die registrierte Partnerschaft nun allerdings gerade bei verschiedengeschlechtlichen Paaren an Beliebtheit gewonnen. Im Jahr 2016 kamen auf 65.249 Eheschließungen in den Niederlanden immerhin 15.706 Partnerschaftsregistrierungen (in 2010: 10.363).[179] Die diesbezüglichen Regelungen entsprechen in vielfacher Hinsicht dem Eherecht; Unterschiede betreffen ua die fehlende Vaterschaftsvermutung zu Gunsten des Partners und die Möglichkeit der einverständlichen vertraglichen Auflösung ohne Richterspruch. Davon zu unterscheiden ist die **faktische,** nicht institutionalisierte nichteheliche Lebensgemeinschaft. Dafür gibt es keine einheitliche rechtliche Regelung, aber immerhin zahlreiche Einzelvorschriften, die zum Teil auch insoweit eine Gleichstellung mit der Ehe bewirkt haben. Große Unterschiede gibt es aber nach wie vor in der Eltern-Kind-Beziehung, im Vermögens- und im Erbrecht. Beachtenswert ist, dass in einigen Bereichen des Privat- wie des öffentlichen Rechts ein notariell beurkundeter Partnerschaftsvertrag erforderlich ist, um bestimmte Begünstigungen beanspruchen zu können. Demgemäß findet sich in der Hälfte der nichtehelichen Lebensgemeinschaften ein solcher Vertrag.[180]

**f) Belgien.** In Belgien gibt es seit dem Jahr 2000 das Institut des gesetzlichen Zusammenwoh- 36
nens (*wettelijke samenwoning/cohabitation légale,* Art. 1475 ff. Code civil).[181] Dafür wird die Abgabe einer schriftlichen Erklärung über den gemeinsamen Wohnort bei einem Standesbeamten vorausgesetzt. Erfasst wird auch ein Zusammenwohnen von Verwandten oder Personen gleichen Geschlechts.[182] Die Partner dürfen aber nicht mit anderen Personen verheiratet sein (Art. 1475 § 2 Code civil). Rechtsfolgen des gesetzlichen Zusammenlebens betreffen ua Unterhaltspflichten sowie Verfügungsbeschränkungen bezüglich der gemeinsamen Wohnung. Durch Gesetz vom 28.3.2007 wurde für den überlebenden Partner ein beschränktes gesetzliches Erbrecht in der Form eines Nießbrauchs an der gemeinsamen Wohnung und dem Mobiliar geschaffen (Art. 745$^{\text{octies}}$ § 1 Code

---

175 Abrufbar unter http://www.legislation.gov.uk/asp/2006/2/contents (zuletzt abgerufen am 22.11.2018).

176 Vgl. *Voigt* in Rieck Ausl. FamR, Stand: Jan. 2011, Schottland Rn. 25.

177 Weitere Beispiele finden sich in Portugal und elf Autonomen Gemeinschaften von Spanien, dazu *Gonzales Beilfuss* in Scherpe/Yassari, Die Rechtsstellung nichtehelicher Lebensgemeinschaften, 2005, 249 ff.; zu Katalonien *Lamarca i Marquès* ZEuP 2002, 557 (571 f.); außerdem in den kanadischen Provinzen Nova Scotia und Quebec.

178 Ausf. *Schwidich,* Die nichteheliche Lebensgemeinschaft im deutschen und niederländischen Recht, 2007, 23 ff.; *Schaal* ZNotP 2010, 207 (212 f.); *Buschbaum* RNotZ 2010, 73 (76); *Boele-Woelki/Schrama* in Scherpe/Yassari, Die Rechtsstellung nichtehelicher Lebensgemeinschaften, 2005, 307 ff.; *Pintens* FamRZ 2000, 69 ff.; *Breemhaar* in Kroppenberg/Schwab/Henrich/Gottwald, Rechtsregeln für nichteheliches Zusammenleben, 2009, 97 ff.

179 Vgl. Centraal Bureau voor de Statistiek, https://www.cbs.nl/nl-nl/nieuws/2017/34/geregistreerd-partnerschap-wint-aan-populariteit (zuletzt abgerufen am 15.12.2018).

180 *Boele-Woelki/Schrama* in Scherpe/Yassari, Die Rechtsstellung nichtehelicher Lebensgemeinschaften, 2005, 337.

181 Dazu *Schaal* ZNotP 2010, 207 f.; *Pintens* in Scherpe/Yassari, Die Rechtsstellung nichtehelicher Lebensgemeinschaften, 2005, 277 ff.; *Pintens* FamRZ 2000, 69 ff.; *Pintens* in Kroppenberg/Schwab/Henrich/Gottwald, Rechtsregeln für nichteheliches Zusammenleben, 2009, 281 ff.; *Becker* MittRhNotK 2000, 155.

182 *Heitmüller* in Rieck Ausl. FamR, Stand: Nov. 2014, Belgien Rn. 23.

civil). Dabei handelt es sich allerdings nicht um einen Pflichtteilsanspruch; vielmehr kann der Erblasser durch Testament eine abweichende Verfügung treffen. Die Bedeutung der *cohabitation légale* ist eher gering geblieben. Wichtiger ist, dass auch Belgien – dem französischen Vorbild folgend (→ Rn. 37) – im Jahr 2008 einen *pacte civil de solidarité* eingeführt hat,[183] also eine Form der registrierten Partnerschaft. Im Übrigen steht gleichgeschlechtlichen Paaren in Belgien schon seit 2003 auch die Ehe offen.

37 **g) Frankreich.** Frankreich[184] ermöglicht seit 1999 mit dem in Art. 515-1 ff. Code Civil geregelten *Pacte civil de solidarité* **(PACS)** eine Registrierung der (gleich- oder verschiedengeschlechtlichen) Lebensgemeinschaft auf einem Niveau unterhalb der Ehe.[185] Bis zum Jahr 2005 wurden bereits über 200.000 Registrierungen vorgenommen.[186] Seitdem ging die Erfolgsgeschichte weiter. Im Jahr 2016 wurden in Frankreich 232.725 Eheschließungen und 191.537 PACS-Begründungen gezählt. Jeweils gut 3 % bzw. 4 % entfallen dabei auf homosexuelle Paare.[187] Die Gesamtzahl der jährlichen Eheschließungen ist zwar, blickt man auf die letzten zehn Jahre, in Frankreich insgesamt leicht rückläufig; diese Entwicklung verläuft aber nicht anders als in anderen Ländern, die keinen PACS kennen. Der PACS wird auch nach wie vor nicht als Konkurrenz- sondern als Alternativmodell zur Ehe verstanden[188] oder auch als Vorstufe zur Ehe.[189] Von den Paaren unter 30 Jahren bevorzugen allerdings auch in Frankreich ca. zwei Drittel das Zusammenleben in einer (nicht registrierten) nichtehelichen Lebensgemeinschaft (sog. *concubinage*).[190]

38 Zur **Begründung** des PACS ist – inzwischen wie bei der Ehe – eine gemeinsame Erklärung und Registrierung im Bürgermeisteramt durch den Standesbeamten erforderlich (Art. 515-3 Code Civil). Verwandte in gerader Linie oder anderweitig Verheiratete können keinen PACS begründen (Art. 515-2 Code Civil). Die Partner verpflichten sich zu einem gemeinsamen Leben, gegenseitigem Beistand und materieller Unterstützung. Für Schulden der laufenden Lebensgemeinschaft wird gesamtschuldnerisch gehaftet (Art. 515-4 Code Civil). Im Grundsatz gelten Gütertrennung und getrennte Vermögensverwaltung (Art. 515-5 Code Civil), solange nichts anderes vereinbart wird (Art. 515-5-1 Code Civil). Die Besteuerung entspricht mittlerweile derjenigen von Ehegatten.[191] Es gibt kein gesetzliches Erbrecht (vgl. Art. 515-6 Code Civil); Kinder gelten als nichtehelich. Die **Auflösung** erfolgt ohne Gerichtsentscheidung entweder kraft Gesetzes durch Tod oder durch Eheschließung eines oder beider Partner oder infolge rechtsgeschäftlicher Erklärungen.[192] Möglich sind dabei die einvernehmliche Erklärung gegenüber der zuständigen Stelle (Standesbeamter/Notar) oder die einseitige Erklärung, die dem anderen Partner entsprechend zuzustellen ist (Art. 515-7 Code Civil). Bei Streit über die vermögensbezogene Abwicklung der Partnerschaft kann auch das Gericht angerufen werden.

39 Nicht weiter rechtlich erfasst ist auch in Frankreich das **faktische nichteheliche Zusammenleben** (*concubinage*). Art. 518-8 Code Civil enthält dafür lediglich eine Definition. Danach handelt es sich um eine faktische Verbindung zweier gleich- oder verschiedengeschlechtlicher Personen, die als Paar zusammenleben, wobei sich ihre Lebensgemeinschaft durch Stabilität und Kontinuität auszeichnet.[193] Wie in Deutschland knüpfen daran nur einzelne Normen, zB des Miet- oder Sozialrechts, an.

40 **h) Australien.** Die bereits in einigen Staaten Australiens kodifizierten, aber uneinheitlichen Regelungen für nichteheliche Lebensgemeinschaften wurden 2009 durch eine Neuregelung im

---

183 Dazu *Brosius-Gersdorf* NZFam 2016, 145 (149).

184 Dazu *Ferrand* in Scherpe/Yassari, Die Rechtsstellung nichtehelicher Lebensgemeinschaften, 2005, 211 ff.; *Ferrand* in Kroppenberg/Schwab/Henrich/Gottwald, Rechtsregeln für nichteheliches Zusammenleben, 2009, 135 ff.; *Buschbaum* RNotZ 2010, 73 (77); *Gergen* FPR 2010, 219; *Hauser* DEuFamR 2000, 29 ff.

185 Deutsche Übersetzung des Gesetzes in FamRZ 2000, 531; ausf. dazu *Uhlenbrock*, Gesetzliche Regelungen für nichteheliche Lebensgemeinschaften in Deutschland und Frankreich, 2004, 99 ff.

186 Vgl. *Ferrand* in Scherpe/Yassari, Die Rechtsstellung nichtehelicher Lebensgemeinschaften, 2005, 220 mwN.

187 S. Institut national de la statistique, https://www.insee.fr/fr/statistiques/2381498#tableau-Donnes (zuletzt abgerufen am 21.11.2018).

188 *Ferrand/Francoz-Terminal* FamRZ 2017, 1456 (1458).

189 *Hoischen*, Die Vermögensauseinandersetzung nichtehelicher Lebensgemeinschaften in Deutschland und in Frankreich, 2015, 15.

190 Vgl. Institut national de la statistique, https://www.insee.fr/fr/statistiques/3306175#tableau-figure1 (zuletzt abgerufen am 21.11.2018).

191 *Döbereiner* in Süß/Ring, Eherecht in Europa, Länderbericht Frankreich Rn. 248; *Henrich/Schönberger*, in Bergmann/Ferid/Henrich, Internationales Ehe- und Kindschaftsrecht, Nov. 2014, Frankreich S. 49.

192 Näher *Hoischen*, Die Vermögensauseinandersetzung nichtehelicher Lebensgemeinschaften in Deutschland und in Frankreich, 2015, 197 ff.

193 Näher *Hoischen*, Die Vermögensauseinandersetzung nichtehelicher Lebensgemeinschaften in Deutschland und in Frankreich, 2015, 29 ff.

*Familiy Law Act 1975* überlagert (Part VIIIAB – *Financial matters relating to* ***de facto relationships***). Danach können nichteheliche Paare zur Geltendmachung von Ansprüchen wegen Beendigung der nichtehelichen Lebensgemeinschaft das Familiengericht anrufen, sofern sie die gesetzlichen Anforderungen an eine nichteheliche Lebensgemeinschaft erfüllen. Es gelten dann insoweit dieselben Regelungen wie für Ehepaare.[194] Aus sec. 4AA Family Law Act ergibt sich, nach welchen Kriterien sich das Vorliegen einer nichtehelichen Lebensgemeinschaft bestimmt (Dauer der Beziehung, Eigenart der Beziehung, gemeinsamer Wohnort, sexuelle Beziehung, Eigentumserwerb, Grad der gegenseitigen (auch finanziellen) Abhängigkeit ua).[195] Bestreitet ein Partner das Vorliegen einer Lebensgemeinschaft, muss das Gericht Nachforschungen anstellen und die offensichtlichen Tatsachen abwägen.[196] In **Neuseeland** sind *de facto partner* erbrechtlich Ehegatten gleichgestellt mit der Folge, dass sie ein gesetzliches Erbrecht genießen. Eine faktische Partnerschaft besteht, wenn die zwei (verschieden- oder gleichgeschlechtlichen) Partner mindestens 18 Jahre alt sind und seit mindestens drei Jahren als Paar in einem gemeinsamen Haushalt leben.[197]

## II. Rechtliche Erfassung der bestehenden Lebensgemeinschaft im Zivilrecht

**1. Allgemeines. a) Anzuwendendes Recht.** Die rechtliche Einordnung als solche ist schwierig, weil regelmäßig kein Rechtsgeschäft feststellbar ist, an das Rechte oder Pflichten geknüpft werden könnten. In einen völlig rechtsfreien Raum wollen sich die Partner gleichwohl nicht begeben.[198] Die fehlende Eheschließung kann auch nicht mit einer strikten Ablehnung sämtlicher eherechtlicher Normen gleichgesetzt werden. Es ist vielmehr Aufgabe des Richters, bei Rechtsproblemen aller Art eine angemessene Lösung auf Basis des geltenden Rechts oder auch in vorsichtiger Rechtsfortbildung zu finden. Dazu kann insbesondere auf die Vorschriften des Allgemeinen Teils (etwa die §§ 164 ff. an Stelle von § 1357) sowie des Schuld- und Sachenrechts zurückgegriffen werden.[199] Außerdem bleibt in jedem Einzelfall eine (analoge) Anwendung familienrechtlicher Vorschriften zu prüfen. Zwar scheidet sowohl eine direkte Anwendung von Eherecht als auch eine pauschale **Analogie zum Eherecht** nach ganz hM[200] aus; zumal dagegen regelmäßig auch der Parteiwille spricht.[201] Als analogiefähig gelten aber Normen, die keinen ehespezifischen Gehalt aufweisen, sondern generell die Beziehung zwischen nahestehenden Personen betreffen.[202] 41

**b) Sittenwidrigkeit.** Sittenwidrigkeitsfragen haben sich praktisch erledigt. Weder lebzeitige unentgeltliche Zuwendungen an den Lebensgefährten noch entsprechende Verfügungen von Todes wegen oder Mietverträge mit Unverheirateten verstoßen nach heutiger Sozialmoral gegen die guten Sitten (§ 138);[203] und zwar auch dann nicht, wenn ein Partner verheiratet ist.[204] Zur Sittenwidrigkeit sog. Mätressentestamente → § 138 Rn. 59 ff. Nach länger dauernder Partnerschaft kann es sogar einer moralischen Pflicht iSd § 534 entspringen, für den Unterhalt des Partners zu sorgen und seine Altersversorgung zu sichern.[205] Erheblich ist dies zB für die Frage der Beeinträchtigungsabsicht bei § 2287 und für den Pflichtteilsergänzungsanspruch gemäß §§ 2325, 2329. 42

**c) Kein konkludenter „Zusammenlebensvertrag".** Die Abrede über die Begründung eines gemeinsamen Hausstandes impliziert nach allgM keinen konkludenten Zusammenlebensvertrag 43

---

194 *Thistleton* in Rieck Ausl. FamR, Stand: März 2013, Australien Rn. 24; ferner zu Australien *Voß,* Ein Gesetzesvorschlag für die vermögens- und unterhaltsrechtliche Auseinandersetzung nichtehelicher Lebensgemeinschaften in Deutschland nach dem Beispiel des De facto relationship act 1984 von Neusüdwales/Australien, 1993.

195 Bei Trennung der nichtehelichen Lebensgemeinschaft vor dem 1.3.2009 gelten noch die staatlich kodifizierten Regelungen.

196 *Thistleton* in Rieck Ausl. FamR, Stand: März 2013, Australien Rn. 24.

197 Näher *Mueller/Gelbke* ZEV 2017, 561 (562).

198 Vgl. nur *Schwenzer* JZ 1988, 781 (782); *Helms/Wanitzek* FamRZ 2007, 685 (687).

199 OLG Köln FamRZ 2001, 1608; OLG Hamm NZG 2000, 929.

200 BGH NJW 1980, 124 = FamRZ 1980, 40; LG Wiesbaden FamRZ 1955, 262; BFH FamRZ 1983, 486; ArbG Heilbronn NZFam 2017, 770; *Grziwotz* neLG § 5 Rn. 14 f.; *Lipp* AcP 180 (1980), 561 mwN.

201 LG Aachen FamRZ 1988, 717; *Battes,* Nichteheliches Zusammenleben im Zivilrecht, 1983, Rn. 7; *Battes* ZHR 1979, 390; *Lipp* AcP 180 (1980), 569; *Strätz* FamRZ 1980, 304; aA AG Berlin-Lichterfelde JR 1952, 244.

202 Vgl. Einteilung bei *Schumacher* FamRZ 1994, 857 (859 f.); Einzelfragen bei *Holzhauer* in Hausmann/Hohloch neLG 431 ff.

203 BGH NJW 1980, 1520 = FamRZ 1980, 664; NJW 1984, 797 (798); 1984, 2150; OLG Hamm NJW 1978, 224; OLG Köln FamRZ 2001, 1608; *Grziwotz* neLG § 22 Rn. 40 ff.

204 BGH NJW 1991, 830 (831).

205 BGH NJW 1983, 674 = FamRZ 1983, 53.

(„Kooperationsvertrag"), aus dem sich umfangreiche, dem Eherecht analog zu entwickelnde Rechte und Pflichten ergeben könnten.[206] Ein umfassender Bindungswille zum Abschluss eines Rahmenvertrags nach Art eines Dauerschuldverhältnisses liegt (trotz jederzeitiger Kündigungsmöglichkeit) in der Regel nicht vor. Abgesehen davon wäre ein hinreichend konkreter Vertragsinhalt zur Lösung praktischer Einzelfragen aus solch hypothetischen Generalabreden meist nicht zu ermitteln. Konkludente Einzelabreden bezüglich der Ausgestaltung des gemeinschaftlichen Lebens (Wohnung, Rollenverteilung betreffend Beruf und Haushaltsführung,[207] Anschaffungen, Lastenverteilung) sind hingegen kaum weniger häufig als unter Ehegatten. Wie unter Eheleuten werden sie selten ausdrücklich vereinbart, sondern schlicht gelebt.

44 **2. Rücksichtnahmegebot.** Pflichten iSv § 1353 bestehen zwischen Unverheirateten nicht und können auch nicht vertraglich vereinbart werden. Erst recht muss eine Analogie zum Eheherstellungsantrag ausscheiden. Ebenso lässt sich das für die Ausübung einer **Erwerbstätigkeit** gemäß § 1356 Abs. 2 S. 2 geltende Gebot der Familienverträglichkeit nicht auf die nichteheliche Lebensgemeinschaft erstrecken,[208] auch nicht durch Partnerschaftsvertrag.[209] Allerdings findet die sog. Hausmann-Rspr. entsprechende Anwendung, wenn der Unterhaltspflichtige in einer nichtehelichen Lebensgemeinschaft mit einem anderen Partner zusammenlebt und ein aus dieser Beziehung stammendes Kind betreut; die Unterhaltspflicht gegenüber einem (Ex)Ehegatten oder anderen Kindern erlaubt dann grundsätzlich keine freie Rollenwahl in der nichtehelichen Lebensgemeinschaft, sondern fordert mittelbar auch Rücksichtnahme vom neuen Partner.[210] Im Übrigen besteht das allgemeine Gebot gegenseitiger Rücksichtnahme, das im Rechtsverkehr auch sonst (vgl. nur § 1 StVO) und in engeren Gemeinschaften im Besonderen gilt (§§ 242, 705), auch in einer nichtehelichen Lebensgemeinschaft.[211] Daher gelten auch die von der Rspr. entwickelten Grundsätze zur Sittenwidrigkeit einer **Bürgschaft** von Angehörigen wegen Ausnutzung einer emotionalen Nähebeziehung für unverheiratete Partner analog.[212] Demgemäß sollte auch § 207 über die Hemmung der **Verjährung** aus familiären und ähnlichen Gründen auf Ansprüche zwischen unverheirateten Partnern entsprechend angewandt werden.[213] Die Privat- und Intimsphäre des Partners (Briefgeheimnis etc) ist ebenso wie unter Ehegatten (→ § 1353 Rn. 29) zu respektieren.

45 **3. Vertretungsmacht.**[214] Jeder Partner **haftet** grundsätzlich nur für seine eigenen Verbindlichkeiten. **§ 1357,** die Regelung zur Schlüsselgewalt, ist als ehespezifische Norm (da prinzipiell an den in § 1360a gesetzlich definierten Begriff des ehelichen und familiären Lebensbedarfs anknüpfend) nach allgM weder direkt noch analog anwendbar[215] und auch nicht vertraglich begründbar.[216] Schließlich müsste sonst auch der Ausschluss zum Güterrechtsregister angemeldet werden können. Der beim Wohnungsmieter miteingezogene Partner haftet daher zB nicht für bezogene Energie.[217] Eine **Bevollmächtigung** des Partners für laufende Bedarfsdeckungsgeschäfte ist zwar möglich, ergibt sich aber nicht schon konkludent aus dem Zusammenleben.[218] Ansonsten finden die Grundsätze

---

[206] So allerdings *Roth-Stielow* JR 1978, 233 ff.; RGRK-BGB/*Roth-Stielow* Vor § 1353 Rn. 30 ff. Dagegen aber die ganz hM, LG Aachen FamRZ 1988, 717 (719); *Lipp* AcP 180 (1980), 570 ff.; *Derleder* NJW 1980, 547; *Strätz* FamRZ 1980, 305; *Grziwotz* neLG § 5 Rn. 12; *Hohloch* in Hausmann/Hohloch neLG 72 f.

[207] Ob auch unter Ehegatten letztlich nicht erzwingbare Abreden über die Rollenverteilung dem rechtsfreien Raum angehören (so *Hausmann,* Nichteheliche Lebensgemeinschaften und Vermögensausgleich, 1989, 90) ist str.; dagegen *Grziwotz* neLG § 16 Rn. 1 f.

[208] Vgl. *Huffmann,* Die Erfassung der Familie im Zivilrecht, 1989, 197 ff.

[209] *Burhoff* ZFE 2002, 94.

[210] BGH NJW 2001, 1488.

[211] Näher *Grziwotz* neLG § 10 Rn. 12, 16.

[212] BGH NJW-RR 2004, 337 = FamRZ 2003, 1741 Ls.; NJW 2002, 744; 2000, 1182 = FamRZ 2000, 736; OLG Naumburg EWiR 2004, 165; OLG Dresden WM 2003, 277; NJ 2006, 564; *E. Schmidt* EWiR 1997, 397 f.

[213] BeckOK BGB/*Henrich* § 207 Rn. 7 für Analogie im Einzelfall; aA OLG Köln NJW-RR 2000, 558 (559) bez. § 204 aF; Palandt/*Ellenberger* § 207 Rn. 2; Staudinger/*Peters/Jacoby,* 2014, § 207 Rn. 7.

[214] Zu Vollmachten in der nichtehelichen Lebensgemeinschaft *Grziwotz* FPR 2001, 45 ff.; zur Vertretung des Partners bei Wohnungseigentümergemeinschaften OLG Köln NZM 2004, 656.

[215] OLG Hamm NJW 1989, 909; Palandt/*Brudermüller* Einl. v. § 1297 Rn. 23; NK-BGB/*Wellenhofer* § 1357 Rn. 33; *Gernhuber/Coester-Waltjen* FamR § 43 Rn. 8; *Dethloff* FamR § 8 Rn. 9; *Weinreich* FPR 2001, 29 (32); *Grziwotz* FPR 2001, 45 (46); *Martiny* in Scherpe/Yassari, Die Rechtsstellung nichtehelicher Lebensgemeinschaften, 2005, 79, 86; aA *Harke* FamRZ 2006, 88 (91); zweifelnd auch *Rauscher* FamR Rn. 730.

[216] *Grziwotz* in Kroppenberg/Schwab/Henrich/Gottwald, Rechtsregeln für nichteheliches Zusammenleben, 2009, 7, 32.

[217] AG Hamburg NJW-RR 1988, 1522 zur Gasentnahme.

[218] *Weinreich* FPR 2001, 29 (32); Staudinger/*Löhnig,* 2018, Anh. § 1297 Rn. 51; Soergel/*Schumann* NehelLG Rn. 116.

über die Duldungs- oder **Anscheinsvollmacht** Anwendung; der Vollmachtsumfang wird allerdings im Zweifel nicht über den Rahmen des § 1357 hinausgehen.[219] Für den Rechtsschein genügt dabei nicht, dass ein unverheiratetes Paar den Anschein eines verheirateten erweckt.[220] Wird der Name des Partners mit dessen Einverständnis benutzt, muss sich das Paar jedoch daran festhalten lassen, um Täuschungen des Rechtsverkehrs zu vermeiden.[221]

**4. Namensrecht.** Die Partner führen keinen gemeinsamen Familiennamen.[222] Zwecks scheinbarer Legalisierung bildet eheähnliches Zusammenleben keinen wichtigen Grund für eine Namensänderung gemäß § 3 Abs. 1 NamÄndG.[223] 46

**5. Eigentums- und Besitzverhältnisse.** Nichteheliches Zusammenleben verändert nicht die Zuordnung des beiderseitigen Vermögens. Jeder Partner bleibt Eigentümer seiner mitgebrachten Sachen (vgl. auch § 1006 Abs. 2).[224] Später erworbene Sachen gehören prinzipiell demjenigen, der sie anschafft bzw. nach §§ 929 ff. der Erwerber ist,[225] sofern er nicht als Vertreter des anderen handelt. Entscheidend ist insoweit der Erwerbswille; es gelten die Regeln über das „Geschäft für den es angeht". Allerdings wird später zum Erwerbsvorgang oft nichts mehr feststellbar sein. Welche Indizien dann ausschlaggebend sein sollen, ist umstritten.[226] Die Vermutung des § 1568b Abs. 2, die bei Haushaltsgegenständen der Ehegatten im Zweifel von Miteigentum ausgeht, gilt nicht analog.[227] Zum Teil wird angenommen, dass Gegenstände, die zur gemeinsamen Benutzung angeschafft werden, im Zweifel Miteigentum werden sollen.[228] Das passt jedoch nur bei einer nichtehelichen Lebensgemeinschaft, die von der Arbeitsteilung her einer Hausfrauenehe entspricht.[229] Ansonsten ist auf die **Finanzierung** als entscheidendem Indiz für den Erwerb(swillen) abzustellen.[230] Demnach liegt nur bei gemeinsamer Finanzierung gemeinschaftlicher Erwerb zu Miteigentum vor, und zwar regelmäßig im Verhältnis der Finanzierungsbeiträge; ist hierzu nichts mehr festzustellen, ist hilfsweise von jeweils hälftigem Miteigentum auszugehen.[231] 47

Nur zum **persönlichen Gebrauch** eines Partners bestimmte Gegenstände erwirbt (sofort oder durch nachträgliche Übereignung) im Zweifel derjenige, für dessen Gebrauch sie bestimmt sind (Rechtsgedanke des § 1362 Abs. 2).[232] Ersatzanschaffungen für unbrauchbar gewordene Haushaltsgegenstände können im Einzelfall zu Gunsten des Eigentümers des ersetzten Stückes gedacht sein (vgl. Surrogationsgedanke des § 1370 aF), eine Vermutung hierfür besteht jedoch nicht.[233] Unentgeltliche **Zuwendungen Dritter** durch Erbschaft, Vermächtnis oder Schenkung (von Todes wegen oder unter Lebenden) gelten im Zweifel als Zuwendungen allein an denjenigen Partner, dem der Zuwendende persönlich nahe steht (Rechtsgedanke der § 1374 Abs. 2, § 1418 Abs. 2 Nr. 2 – Vorbehaltsgut). Vorbehaltlich dieser Spezialregeln gilt für gemeinschaftlich besessenes Mobiliar die widerlegliche **Miteigentumsvermutung** aus § 1006 Abs. 1 iVm § 1008 mit im Zweifel gleichen Anteilen gemäß § 742.[234] Insoweit kann, wenn die Voraussetzungen für Alleineigentum nicht nachgewiesen werden können, bei Gegenständen in Mitbesitz im Zweifel von hälftigem Miteigentum ausgegangen werden. 48

---

219 Näher *Weinreich* FPR 2001, 29 (32).

220 *Grziwotz* neLG § 18 Rn. 60.

221 *Grziwotz* neLG § 10 Rn. 24 aE.

222 Zur Führung des Partnernamens besteht kein Recht; bei Unterzeichnung mit ihm setzt eine Bestrafung wegen Urkundenfälschung allerdings absichtliche Identitätsänderung voraus, RG JW 1912, 338; 1912, 431. Für eine Führung des Partnernamens als „Wahlnamen" (Pseudonym) *Grziwotz* neLG § 10 Rn. 24.

223 Öst. VwGH VWGH Slg. nF 7682.

224 Vgl. OLG Düsseldorf MDR 1999, 233; *Rauscher* FamR Rn. 731.

225 Vgl. OLG Hamm FamRZ 2003, 529: gemeinsames Auftreten beim Kauf eines Wohnmobils.

226 Diff. nach der Art der Lebensgemeinschaft OLG Düsseldorf NJW 1992, 1706; ausf. zum Ganzen *Pfeiffer,* Eigentumsverhältnisse an beweglichen Sachen in der nichtehelichen Lebensgemeinschaft, 2001.

227 Palandt/*Brudermüller* § 1568b Rn. 2; Palandt/*Brudermüller* Einf. v. § 1568a Rn. 3; Soergel/*Schumann* NehelLG Rn. 133; *Grziwotz* FamRZ 2009, 750.

228 LG Aachen FamRZ 1983, 61; aA OLG Hamm FamRZ 1989, 616.

229 Dafür Miteigentum bejahend *Schulz* FamRZ 2007, 593 (601).

230 OLG Hamm NJW 1989, 616; OLG Brandenburg BeckRS 2008, 09521; *Schwab* FamR Rn. 1059; *Gernhuber/Coester-Waltjen* FamR § 44 Rn. 12; *Rauscher* FamR Rn. 731; *Messerle* JuS 2001, 28 (30); aA Staudinger/*Löhnig,* 2018, Anh. § 1297 Rn. 56; *Schlüter* FamR Rn. 497; *Halfmeier* JA 2008, 97 (98).

231 OLG Köln NJW-RR 1996, 1411 für Teppichersteigerung; *Rauscher* FamR Rn. 731.

232 *Martiny* in Scherpe/Yassari, Die Rechtsstellung nichtehelicher Lebensgemeinschaften, 2005, 79, 88; Staudinger/*Löhnig,* 2018, Anh. § 1297 Rn. 89; ausf. zum Auto *Schulz* FamRZ 2007, 593 (602).

233 Zurückhaltend auch *Schulz* FamRZ 2007, 593 (601); aA *Weinreich* FPR 2001, 29 (31); eher großzügig auch Staudinger/*Löhnig,* 2018, Anh. § 1297 Rn. 53.

234 ZB LG Duisburg BeckRS 2011, 20635; OLG Karlsruhe FamRZ 2007, 59 (61); OLG Düsseldorf MDR 1999, 233; *Gernhuber/Coester-Waltjen* FamR § 44 Rn. 19; Palandt/*Brudermüller* Einl. v. § 1297 Rn. 20; Soergel/*Schumann* NehelLG Rn. 135, 137; *Grziwotz* MDR 2018, 833 (838); *Weinreich* FPR 2001, 29 (31).

Das kann etwa auch einen **Hund** betreffen; bei Trennung kann gemäß § 745 Abs. 2 eine Benutzungs- bzw. Umgangsregelung nach billigem Ermessen verlangt werden.[235]

**49** Im Hinblick auf die **Besitzverhältnisse** besteht regelmäßig (berechtigter) **Mitbesitz** der Partner an allen Gegenständen, die zum gemeinsamen Haushalt gehören.[236] Das Besitzrecht an Haushaltsgegenständen uÄ dürfte auf tatsächlicher Gestattung[237] beruhen, nicht auf (rechtsverbindlicher) Leihe. In Bezug auf die Mitbenutzung der Wohnung hingegen spricht mit Blick auf die wirtschaftliche Bedeutung der Sache und die regelmäßig längere Nutzungszeit viel dafür, von einem (bindenden, nach § 604 Abs. 3 jederzeit kündbaren) Leihvertrag iSv § 598 auszugehen.[238] Das Recht zum Mitbesitz endet für den Lebensgefährten mit Aufkündigung der nichtehelichen Lebensgemeinschaft. Danach kann Anspruch auf Nutzungsentschädigung aus § 987 bestehen.[239]

**50** **Übereignungen zwischen den Partnern** erfolgen bei beweglichen Sachen nach den §§ 929 ff. Bei der Übereignung von Haushaltsgegenständen oder anderen Sachen, die weiterhin im Mitbesitz beider Partner stehen sollen, kann die Übereignung im Grunde nur nach § 930 vorgenommen werden, weil die Varianten des § 929 stets vollständigen Besitzverlust des Veräußerers voraussetzen. § 930 setzt allerdings die Vereinbarung eines Besitzmittlungsverhältnisses (§ 868) voraus. Bei Ehegatten wird dieses ohne weiteres in der Ehe bzw. ehelichen Lebensgemeinschaft (§ 1353 Abs. 1) gesehen. Für die nichteheliche Lebensgemeinschaft fehlt eine entsprechende Norm. Demgemäß wird die nichteheliche Lebensgemeinschaft nicht als gesetzliches Besitzmittlungsverhältnis eingeordnet.[240] Eine Übereignung eines Gegenstands an den Partner wird daher, solange der Veräußerer Mitbesitzer bleibt (zB durch Besitz eines Zweitschlüssels für ein Auto[241]), nur vorliegen, wenn diese zweifelsfrei erklärt wurde bzw. ein sonstiges Besitzmittlungsverhältnis vereinbart wurde. Die Frage kann insbesondere erheblich werden, wenn über den Vollzug eines bislang formnichtigen Schenkungsversprechens gestritten wird (§ 518 Abs. 2).

**51** **6. Vollstreckungsschutz.** Nach zutreffender Auffassung des BGH ist die Gläubigerschutzvorschrift des **§ 1362 Abs. 1** mit der **Eigentumsvermutung** zu Gunsten des jeweiligen Schuldners **nicht** auf die nichteheliche Lebensgemeinschaft analog anzuwenden.[242] Die dafür gelieferte Begründung, dass angesichts der absichtlichen Untätigkeit des Gesetzgebers eine planwidrige Regelungslücke fehle, die eine Analogie rechtfertigen könnte,[243] überzeugt aber nicht. Schließlich muss immer wieder neu überprüft werden, ob eine Untätigkeit wirklich auf einen fortdauernden negativen gesetzgeberischen Willen hindeutet.[244] Abgesehen davon wird die Auffassung des BGH rechtspolitisch kritisiert,[245] da die nichteheliche Lebensgemeinschaft in ähnlicher Weise wie ein ehelicher Haushalt von Vermögensvermischungen geprägt sei, so dass die ratio legis eher für eine analoge Anwendung spreche.[246] Demgemäß hatte man sich im Schrifttum vor der Entscheidung des BGH auch überwiegend für die Analogie ausgesprochen.[247] Andererseits ist zu berücksichtigen, dass die Gefahr von manipulativen Vermögensverschiebungen zwischen Unverheirateten doch insgesamt geringer sein dürfte als zwischen Ehegatten. Zudem wäre die Anwendung von § 1362 Abs. 1, die im Ergebnis auf eine faktische Mithaftung für Schulden des Partners hinauslaufen kann, vor allem im Fall der (typischen) nichtehelichen Lebensgemeinschaft zwischen jungen Leuten fragwürdig. Ihre Entscheidung, sich rechtlich noch nicht binden zu wollen bzw. zunächst noch nicht zu heiraten,

---

[235] LG Duisburg BeckRS 2011, 20635.

[236] AG Köln FamRZ 2015, 1310.

[237] Näher dazu *Grotkamp* AcP 216 (2016), 584 (604 ff.).

[238] AA *Grotkamp* AcP 216 (2016), 584 (602 f.); *Scharl/Schmid* FamRB 2018, 279 (280).

[239] BGH NJW 2008, 2333 = FamRZ 2008, 1404 mAnm *Grziwotz.*

[240] OLG München NJW 2013, 3525; OLG Düsseldorf BeckRS 2013, 17147; großzügiger LG Köln NJW-Spezial 2017, 645 = FamRZ 2018, 194.

[241] OLG München NJW 2013, 3525.

[242] BGH NJW 2007, 992 = FamRZ 2007, 459 m. abl. Anm. *Böttcher;* OLG Köln NJW 1989, 1737; AG Weilburg DGVZ 2004, 30; Erman/*Kroll-Ludwigs* Vor § 1353 Rn. 25; Zöller/*Seibel* ZPO § 739 Rn. 14; *Ahrens* EWiR 2007, 171; *Metz* NJW 2007, 995; aA und für die Analogie hingegen: AG Eschweiler FamRZ 1992, 942; NdsFG BB 1991, 1996 (1997); *Gernhuber/Coester-Waltjen* FamR § 43 Rn. 7; *Dethloff* FamR § 8 Rn. 15; *Thran* NJW 1995, 1458 ff.; Palandt/*Brudermüller* Vor § 1297 Rn. 26; Palandt/*Brudermüller* § 1362 Rn. 1; Staudinger/*Löhnig,* 2018, Anh. § 1297 Rn. 266; *Löhnig/Würdinger* FamRZ 2007, 1856; *Roth* JZ 2007, 530; *Seier* ZFE 2007, 295.

[243] So aber auch NK-BGB/*Gruber* § 1362 Rn. 6.

[244] Vgl. *Roth* JZ 2007, 530 (531); *Löhnig/Würdinger* FamRZ 2007, 1856.

[245] NK-BGB/*Gruber* § 1362 Rn. 6; *Thran* NJW 1995, 1458 (1461).

[246] Hierauf ging der IX. Senat des BGH im genannten Urteil gar nicht ein, BGH NJW 2007, 992 = FamRZ 2007, 459.

[247] *Burhoff* ZFE 2002, 272 (273); *Burhoff* FPR 2001, 18 (22); *Messerle* JuS 2001, 28 (35); *Harke* FamRZ 2006, 88 (91).

würde durch die Anwendung von § 1362 Abs. 1 missachtet. Die Analogie wäre daher allenfalls im Fall einer eheersetzenden nichtehelichen Lebensgemeinschaft angemessen. Entsprechende Abgrenzungsprobleme erspart man sich, wenn man dem BGH folgt.

**7. Haftungsfragen. a) Interner Haftungsmaßstab.** Im Innenverhältnis haften die Partner einander nach ganz hM nur für **eigenübliche Sorgfalt** iSv § 277.[248] Das ergibt sich aus einer Gesamtanalogie zu den §§ 708, 1359, 1664, deren Rechtsgedanke an die enge persönliche Verbundenheit der Partner anknüpft. Zur Geltung des Haftungsprivilegs innerhalb spezieller Vertragsverhältnisse sowie im Straßenverkehr kann auf die für Ehegatten geltenden Grundsätze zurückgegriffen werden (→ § 1359 Rn. 10 ff.). Andere kommen zum gleichen Ergebnis, indem für den entsprechenden Anwendungsbereich des § 1359 von einem stillschweigenden Haftungsverzicht ausgegangen wird.[249] Anders als Ehegatten[250] sind unverheiratete Partner nicht verpflichtet, die gerichtliche Geltendmachung von Schadensersatzansprüchen während des Zusammenlebens ggf. zu unterlassen.[251] Zum versicherungsrechtlichen Angehörigenprivileg → Rn. 24. 52

**b) Deliktischer Schutz der Beziehung und Intimsphäre.** Die Beziehung als solche genießt – wie die Ehe auch – grundsätzlich keinen deliktsrechtlichen Schutz. Die bei der Ehe anerkannte Ausnahme für den **räumlich-gegenständlichen Schutzbereich** der Ehe (Ehewohnung) sollte auf die nichteheliche Lebensgemeinschaft erstreckt werden, soweit es um den Schutz desjenigen Partners geht, der den Haushalt führt und gemeinsame Kinder betreut.[252] Insoweit kann man, ebenfalls mit Verweis auf Art. 6 Abs. 1 GG, vom räumlich-gegenständlichen Schutz der Familie sprechen. Nach Auflösung der nichtehelichen Lebensgemeinschaft kann der Aufnahme eines neuen Partners in die Wohnung aber nicht mehr widersprochen werden.[253] Der Verstoß gegen interne Abreden über Empfängnisverhütung, **Familienplanung** etc begründet – wie unter Ehegatten – keine Schadensersatzpflichten, da solche Abreden als unverbindlich gelten.[254] Die gemäß § 844 Abs. 2 einer Witwe zustehende Schadensersatzrente entfällt zwar mit ihrer Wiederverheiratung, nicht aber bei Eingehung einer nichtehelichen Lebensgemeinschaft. Zur Legalisierung der neuen Partnerschaft besteht dem Schädiger gegenüber keine Obliegenheit.[255] 53

**c) Schadensersatz wegen entgangenen Unterhalts. aa) Tötung.** Bei Tötung des Lebensgefährten besteht kein Schadensersatzanspruch des überlebenden Partners wegen eines entgangenen, bislang erhaltenen Unterhalts.[256] Es fehlt – sofern nicht ein Fall von § 1615l vorliegt – an der von **§ 844 Abs. 2** und diversen entsprechenden Haftungsgesetzen (etwa § 10 Abs. 2 StVG, § 5 Abs. 2 HPflG, § 35 Abs. 2 LuftVG, § 7 Abs. 2 ProdHaftG, § 12 Abs. 2 UmweltHG, § 86 Abs. 2 AMG, § 28 Abs. 2 AtG, § 53 Abs. 2 BPolG, § 42 ZFdG, § 32 Abs. 4 GenTG) aus Rechtssicherheitsgründen vorausgesetzten gesetzlichen Unterhaltspflicht zur Zeit der Verletzung. Auf eine etwaig geplante spätere Heirat kommt es nicht an. Die Regelung ist mit Art. 8 EMRK und Art. 14 EMRK vereinbar.[257] Auch eine analoge Anwendung von § 844 Abs. 2 wird abgelehnt.[258] Bei vorsätzlicher Tötung kann diese Rechtslage freilich zu Härten führen.[259] De lege ferenda wäre ein Schadensersatzanspruch 54

---

[248] OLG Oldenburg NJW 1986, 2259 m. zust. Anm. *Bosch*; NK-BGB/*Wellenhofer* § 1359 Rn. 12; Soergel/*Schumann* NehelLG Rn. 139; Erman/*Kroll-Ludwigs* Vor § 1353 Rn. 21; *Dethloff* FamR § 8 Rn. 6; *Gernhuber/Coester-Waltjen* FamR § 44 Rn. 4–6 (allerdings nur über § 277, nicht analog § 1359); *Grziwotz* neLG § 10 Rn. 41 ff.; *Pohl,* Die nichteheliche Lebensgemeinschaft im Versicherungs- und Haftungsrecht des Straßenverkehrs, 2013, 92 ff.; *Grigoleit* VersR 2018, 769 (786). Eine Haftung im Einzelfall bejahend: OLG Koblenz NJW-RR 1995, 24.

[249] OLG Celle FamRZ 1992, 941; OLG Karlsruhe FamRZ 1992, 940.

[250] Dazu BGH NJW 1988, 1208.

[251] Palandt/*Brudermüller* Einl. v. § 1297 Rn. 23.

[252] AA *Grziwotz* neLG § 13 Rn. 5.

[253] AG Offenbach FamRZ 1992, 1427.

[254] BGH NJW 1986, 2043.

[255] BGH NJW 1984, 2520 = JZ 1985, 86 m. krit. Anm. *H. Lange,* für Ruhen des Anspruchs.

[256] OLG Frankfurt FamRZ 1984, 790 betr. Tötung eines Verlobten; s. auch BGH NJW 2007, 506 Rn. 24 f.; *Gernhuber/Coester-Waltjen* FamR § 43 Rn. 10–12; *Dethloff* FamR § 8 Rn. 35; *Martiny* in Scherpe/Yassari, Die Rechtsstellung nichtehelicher Lebensgemeinschaften, 2005, 79, 93; *Röthel* NZV 2001, 329 (330); aA AG Bad Säckingen FamRZ 1997, 293.

[257] EGMR NLMR 2010, 52.

[258] Soergel/*Schumann* NehelLG Rn. 68; *Schekahn,* Tatsächliche Unterhaltsleistungen faktischer Lebensgefährten im Todesfall, 2013, 97 f.

[259] Wenn etwa bei einer jahrzehntelang geführten „Sinti-Ehe" der Mann (und Vater von fünf Kindern) erschlagen wird, s. BVerfG NJW 1993, 3316 (3317); ferner OLG Nürnberg FamRZ 1988, 1047 zum unverzüglichen Trauungsvollzug bei lebensgefährlicher Erkrankung.

oder Abfindungsanspruch[260] daher wünschenswert.[261] Im Schrifttum wurden bereits konkrete Vorschläge dazu entwickelt.[262] Ansprüche Hinterbliebener nach dem Opferentschädigungsgesetz bestehen aus Gleichbehandlungsgründen (Art. 3 Abs. 1 GG) immerhin dann, wenn der überlebende Partner ein gemeinschaftliches Kind betreut (→ Rn. 15).[263] Besteht ein Anspruch aus § 844 Abs. 2 nach Tötung eines Ehegatten, bewirken die nachträgliche Aufnahme einer nichtehelichen Lebensgemeinschaft und die Haushaltsführung durch den neuen Partner allerdings keine Anspruchsminderung, da es sich insoweit um eine freiwillige Leistung eines Dritten handelt, auf die kein Anspruch besteht und die dem Schädiger nicht zugutekommen soll.[264] Der Anspruch des Hinterbliebenen auf angemessene Entschädigung wegen des erlittenen seelischen Leids aus **§ 844 Abs. 3** dürfte auch dem nichtehelichen Partner zustehen, da regelmäßig ein besonderes persönliches Näheverhältnis (S. 2) dargelegt werden kann.[265]

55 **bb) Verletzung.** Ob eine Verletzung des Lebensgefährten, der den Haushalt führt, für ihn selbst einen Erwerbsschaden gemäß **§§ 842, 843** begründet, ist umstritten.[266] Mit der im Schrifttum wohl überwiegenden Ansicht ist dies jedoch zu bejahen (→ 7. Aufl. 2017, §§ 842, 843 Rn. 55).[267] Nachdem für solche Ansprüche nur auf §§ 842, 843 und nicht auf § 844 abzustellen ist, kommt es auf eine gesetzliche Unterhaltspflicht nicht an.[268] Ausschlaggebend sind die Beeinträchtigung der faktischen Erwerbsfähigkeit und die dadurch entstandene Vereitelung einer Erwerbsaussicht. Dafür muss es genügen, dass der Partner tatsächlich Leistungen im Haushalt erbracht hat und die begründete Annahme besteht, dass solche Leistungen künftig im Rahmen der fortbestehenden nichtehelichen Lebensgemeinschaft weiter erbracht worden wären. Man kann auch eine konkludente Entgeltvereinbarung unterstellen, schließlich erweist sich die Haushaltsführung als Gegenstück zur Erwerbstätigkeit des anderen Teils.[269] Im Übrigen kann auch nur so ein Gleichklang mit dem unterhaltsrechtlichen Grundsatz erzielt werden, wonach ein bedürftigkeitsminderndes (fiktives) Entgelt angesetzt wird, wenn die geschiedene Ehefrau einem neuen nichtehelichen Partner (ohne Rechtspflicht) Haushaltsleistungen erbringt (→ Rn. 73). Ferner kann in diesem Zusammenhang auch auf die Rechtsprechung zum versicherungsrechtlichen Angehörigenprivileg (§ 86 Abs. 3 VVG) verwiesen werden (→ Rn. 24). Von rechtlicher Unbeachtlichkeit der faktischen Leistungen kann demgemäß nicht ausgegangen werden. Der Hinweis darauf, dass die nichteheliche Lebensgemeinschaft jederzeit beendet werden könne, reicht kaum als Gegenargument. Auch Ehegatten können sich jederzeit trennen mit der Folge, dass kein Anspruch mehr auf die Führung des Haushalts etc besteht (vgl. § 1353 Abs. 2).

56 **d) Vertragliche Schutzwirkungen zu Gunsten des Partners ua.** In den Schutzbereich von **Mietverträgen,** die ein Partner schließt, ist der Lebensgefährte miteinbezogen.[270] Das gilt je nach Zusammenhang auch für andere Verträge.[271] So kann der Partner Ansprüche wegen eines Unterhaltsschadens für ein Kind auch auf den **Arztvertrag** der Partnerin stützen, der Maßnahmen der Empfäng-

---

260 Soergel/*Schumann* NehelLG Rn. 68.

261 *Gernhuber/Coester-Waltjen* FamR § 43 Rn. 10–12; *Schwenzer* JZ 1988, 781 (787); *Dethloff* FamR § 8 Rn. 35; *Dethloff* in Scherpe/Yassari, Die Rechtsstellung nichtehelicher Lebensgemeinschaften, 2005, 137, 158; *Schwenzer,* Vom Status zur Realbeziehung, 1987, 216 ff.; *Kingreen,* Verfassungsrechtliche Stellung der nichtehelichen Lebensgemeinschaft, 1995, 264 f.; *Pohl,* Die nichteheliche Lebensgemeinschaft im Versicherungs- und Haftungsrecht des Straßenverkehrs, 2013, 128 ff.; abl. aber *Schumacher* FamRZ 1994, 857 (861 f.).

262 *Schekahn,* Tatsächliche Unterhaltsleistungen faktischer Lebensgefährten im Todesfall, 2013, 107 ff. mit Formulierungsvorschlag, 266; *Schekahn* FamRZ 2012, 1187 f.

263 BVerfG NJW 2005, 1413 mit Verweis auf die gesetzliche Unterhaltspflicht gemäß § 1615l; anderes gilt für die nichteheliche Stieffamilie, BVerfG NJW 2005, 1417 = FamRZ 2005, 595.

264 OLG Hamm Schaden-Praxis 2013, 185; BGH NJW 1984, 2520.

265 So auch *Grziwotz* FamRZ 2018, 480 (483).

266 Abl. OLG Düsseldorf NJW-RR 2006, 1535; OLG Nürnberg FamRZ 2005, 2069; LG Hildesheim VersR 2002, 1431 (1432); Palandt/*Sprau* § 843 Rn. 8; *Röthel* NZV 2001, 329 (333); *Jahnke* NZV 2007, 329 (335).

267 LG Offenburg SVR 2015, 383; LG Zweibrücken NJW 1993, 3207 = FamRZ 1994, 955; AG Bad Säckingen FamRZ 1997, 293; *Rauscher* FamR Rn. 745; *Kampen* NJW 2016, 1046 (1047); *Löhnig* FamRZ 2005, 2030 f.; *Pardey* ZfS 2007, 243 (248); *Delank* ZfS 2007, 183 (188); Jauernig/*Teichmann* § 843 Rn. 4; *Chr. Huber* NZV 2007, 1 (7).

268 AA KG NJW-RR 2010, 1687; OLG Düsseldorf NJW-RR 2006, 1535 mit Ausnahme für vertraglich vereinbarten Unterhalt; OLG Nürnberg VersR 2007, 248.

269 *Chr. Huber* NZV 2007, 1 (3); Soergel/*Schumann* NehelLG Rn. 70 f.; vgl. auch OLG Nürnberg NZV 2006, 209, das für den Fall einer vertraglich vereinbarten Unterhaltspflicht ein anderes Ergebnis andeutet.

270 OLG Hamburg NJW-RR 1988, 1481; Palandt/*Brudermüller* Einl. v. § 1297 Rn. 18; Staudinger/*Löhnig,* 2018, Anh. § 1297 Rn. 197; *Schwab* FamR Rn. 1053; *Spranger* ZMR 2001, 11; *Knoche,* Die Partner einer nichtehelichen Lebensgemeinschaft als „Familienangehörige"?, 1986, 181 ff.; *Grziwotz* neLG § 14 Rn. 64; aA noch OLG Hamm FamRZ 1977, 318.

271 Soergel/*Lange,* 12. Aufl. 1988, NehelLG Rn. 55.

nisverhütung[272] oder genetische Beratung betrifft.[273] Auch in den Kreis derjenigen Personen, die Ersatz sog. **Schockschäden** beim Unfalltod eines Angehörigen beanspruchen können, ist der Lebensgefährte einzubeziehen.[274] Fahrtkosten für Krankenhausbesuche zum unfallgeschädigten Lebensgefährten sind vom Schädiger gemäß § 249 Abs. 2 S. 1 als Heilungskosten zu erstatten.[275]

**8. Miet- und Wohnungsrecht.**[276] **a) Vertragsabschluss.** Nur wenn beide Partner im Mietvertrag genannt sind *und* beide den Mietvertrag unterzeichnen, werden beide Partner Mietvertragsparteien und haften dem Vermieter gemäß § 427 als Gesamtschuldner. Das Vermieterpfandrecht gemäß § 562 erfasst dann die eingebrachten Sachen beider Partner. Eine Kündigung (→ Rn. 61) oder ein Mieterhöhungsverlangen muss beiden Mietern gegenüber erklärt werden bzw. zugehen. Bezeichneten sich die Partner bei Vertragsabschluss wahrheitswidrig als verheiratet und hätte der Vermieter an Unverheiratete erkennbar nicht vermietet, kann er gemäß § 123 Abs. 1 Alt. 1 wegen arglistiger Täuschung anfechten.[277] Das AGG setzt bei der Auswahl der Mieter insoweit keine Grenzen. Nennt das Mietvertragsformular beide Partner als Mieter, unterschreibt aber nur einer von ihnen, so kann sich Stellvertretung für den anderen idR nur aus einem Zusatz zur Unterschrift ergeben.[278] Die schlichte Mitunterzeichnung des Mietvertrags macht den anderen Partner nicht zur Partei.[279] Die Beschränkung der Vertretungsmacht in einer Gemeinschaftsordnung auf den Ehegatten und auf Verwandte des Wohnungseigentümers schließt dessen nichtehelichen Partner (der selber nicht Eigentümer ist) als Vertreter aus.[280] Bei gemeinschaftlicher Miete der Partner unterliegen ihre Rechtsbeziehungen im **Innenverhältnis** dem **Gesellschaftsrecht.**[281] Ein nachträglicher Anspruch auf internen Ausgleich wegen während der nichtehelichen Lebensgemeinschaft geleisteter Mietzahlungen aus § 426 wird meist ausscheiden;[282] zu bejahen ist ein solcher Anspruch aber für Zahlungen nach Auszug des Partners (→ Rn. 136 f.).[283] 57

**b) Aufnahme des Partners in die Mietwohnung.** Die Aufnahme eines Lebensgefährten in eine bereits gemietete Wohnung ist nach § 553 Abs. 1 **erlaubnispflichtig.** Während man bei der Aufnahme von Ehegatten (auch wegen Art. 6 Abs. 1 GG) keine Erlaubnis benötigt,[284] werden nichteheliche Partner insoweit als „Dritte" eingeordnet.[285] Allerdings begründet die nichteheliche Lebensgemeinschaft ein **berechtigtes Interesse** an der Aufnahme des Partners,[286] so dass grundsätzlich Anspruch auf die Erlaubnis besteht. Das gilt auch für eine homosexuelle nichteheliche Lebensgemeinschaft.[287] Nur bei Überbelegung oder einem wichtigen Grund gerade in der Person des Partners kann die Erlaubnis verweigert werden (Abs. 1 S. 2). Vorbehalte gegen das nichteheliche Zusammenleben als solches genügen nicht.[288] Eine Vertragsklausel, die das nichteheliche Zusammenleben 58

---

272 BGH NJW 2007, 989 = FamRZ 2007, 126.

273 BGH NJW 1997, 1635 (1638); *Gehrlein* MDR 2002, 638 (639); Palandt/*Grüneberg* § 249 Rn. 74; Staudinger/*Klump*, 2015, § 328 Rn. 194.

274 Vgl. OLG Köln VersR 2011, 674; LG Frankfurt NJW 1969, 2286; *Grziwotz* FamRZ 2018, 480 (483); wohl auch *Kampen* NJW 2016, 1046 (1047).

275 Für Fälle, in denen die Partner danach heiraten, LG Münster NJW 1998, 1801; aA OLG Oldenburg ZfS 1989, 45; diff. *Grziwotz* neLG § 16 Rn. 22.

276 Dazu *Kinne* FPR 2001, 36; eingehend *Grziwotz* neLG §§ 14, 15.

277 *Battes*, Nichteheliches Zusammenleben im Zivilrecht, 1983, Rn. 120; *Rauscher* FamR Rn. 742. Zur Frage einer Aufklärungspflicht *Sternel* in Hausmann/Hohloch neLG 375 f.

278 AG Osnabrück NJW-RR 1997, 774; *Kinne* FPR 2001, 36; Einzelheiten bei *Sternel* in Hausmann/Hohloch neLG 375.

279 LG Berlin ZMR 1988, 103; *Kinne* FPR 2001, 36.

280 Evtl. jedoch schlüssige Zulassung bei längerer Duldung (§ 242), BayObLG FamRZ 1997, 1477.

281 OLG München ZMR 1994, 216; LG Berlin GE 2017, 476; LG Berlin ZMR 2002, 751; AG Kiel NJW-RR 2001, 154; *Schrader* NZM 2010, 257 (258); *Messerle* JuS 2001, 28 (30).

282 LG Oldenburg FamRZ 2008, 155; Staudinger/*Löhnig*, 2018, Anh. § 1297 Rn. 204 ff.; anders OLG Dresden FamRZ 2003, 158.

283 OLG Köln FamRZ 2003, 1839; OLG Düsseldorf NJW-RR 1998, 658.

284 BGH NJW 1991, 1750; BayObLG NJW 1998, 1324; Palandt/*Weidenkaff* § 540 Rn. 5.

285 BGH NJW 2004, 56 (mit Hinweis auf BT-Drs. 14/4553, 49); NJW 1985, 130 = FamRZ 1985, 42 m. krit. Anm. *Bosch*; LG Berlin WE 2006, 81; *Dethloff* FamR § 8 Rn. 10; Soergel/*Schumann* NehelLG Rn. 87 ff.; aA *Sternel* in Hausmann/Hohloch neLG 389 ff.; *Blank* LMK 2004, 1.

286 BGH NJW 2004, 56; BGHZ 92, 213 (214) = NJW 1985, 130; vgl. auch BVerfG NJW 2000, 2658; *Schwab* FamR Rn. 1052; *Martiny* in Scherpe/Yassari, Die Rechtsstellung nichtehelicher Lebensgemeinschaften, 2005, 79, 91; *Scharl/Schmid* FamRB 2018, 279 (280); *Kinne* FPR 2001, 36 (38); s. auch BR-Drs. 439/00; anders noch *Diederichsen* FamRZ 1988, 889 (892).

287 BGH NJW 2004, 56.

288 Auch nicht bei Kirchengemeinde, OLG Hamm NJW 1992, 513; aA *Listl* FamRZ 1993, 326 f. Duldungspflicht wurde aber verneint, wenn Wohngebäude eindeutig dem kirchlichen Bereich zugehört, LG Aachen FamRZ 1993, 325.

verbietet, ist grundsätzlich unwirksam (§ 553 Abs. 3).[289] Das Interesse an der Aufnahme des Partners muss allerdings „nach Abschluss des Mietvertrags" entstanden sein, was vom Mieter darzulegen ist. Bei engem zeitlichem Zusammenhang mit dem Vertragsabschluss muss ggf. bewiesen werden, dass man es nicht darauf anlegte, erwarteten Widerstand des Vermieters gegen eine Vermietung an Unverheiratete zu umgehen.[290] Duldet der Vermieter die nichteheliche Lebensgemeinschaft längere Zeit, kann er deswegen nicht mehr kündigen[291] oder auf Unterlassung klagen. Aber auch die unterlassene Einholung der Erlaubnis gibt regelmäßig **keinen Grund** zur **fristlosen Kündigung;** denn wenn Anspruch auf die Erlaubnis besteht, liegt keine erhebliche Pflichtverletzung vor, die nach § 543 Abs. 2 S. 1 Nr. 2 die Kündigung rechtfertigen könnte.[292]

**59** Der aufgenommene Lebensgefährte hat keinen Anspruch auf Abschluss eines Mietvertrages mit dem Vermieter,[293] der Vermieter auch nicht gegen ihn.[294] Vom Partner eingebrachte Sachen unterliegen nicht dem Vermieterpfandrecht nach § 562. Der Partner ist jedoch in die **Schutzwirkungen** des Vertrags mit aufgenommen.[295] Zugleich muss der Mieter für Pflichtverletzungen des Partners gemäß § 278 einstehen, da dieser insoweit als sein **Erfüllungsgehilfe** anzusehen ist.[296] Die Aufnahme in die Wohnung führt regelmäßig zur Einräumung von Mitbesitz an der Wohnung (zur Räumungsvollstreckung → Rn. 63). Mit der Auflösung der nichtehelichen Lebensgemeinschaft endet das Gebrauchsrecht des aufgenommenen Partners.[297] Zieht der Mieter aus und überlässt er seinem Lebensgefährten die Wohnung zum Alleingebrauch, berechtigt dies den Vermieter zur fristlosen Kündigung.[298] Härten sind durch Zubilligung von Räumungsfristen zu mildern. Der Inhaber eines **dinglichen Wohnrechts** darf entsprechend § 1093 Abs. 2 seinen dauerhaften Lebensgefährten in die Wohnung aufnehmen.[299] Eine abweichende Vereinbarung ist zulässig.[300]

**60** **c) Eintritt in den Mietvertrag bei Tod des Partners.** Bei Tod des Mieters erstreckt sich das Eintrittsrecht von Familienangehörigen in den Mietvertrag gemäß § 563 Abs. 2 S. 3 auch auf Personen, die mit dem Mieter einen auf Dauer angelegten gemeinsamen Haushalt führen, also auch auf den nichtehelichen Lebensgefährten.[301] Sein Eintrittsrecht gilt allerdings nur **subsidiär** zum Eintrittsrecht der Ehegatten, Kinder oder sonstigen Familienangehörigen. Das Eintrittsrecht des Partners ist nicht vertraglich abdingbar, §§ 563 Abs. 5, 563a Abs. 3. Sind beide Partner Mietvertragsparteien, gilt § 563a, wonach das Mietverhältnis grundsätzlich mit dem Überlebenden fortgesetzt wird.

**61** **d) Kündigung des Mietvertrags.** Sind **beide Partner Mietvertragsparteien,** kann eine Kündigung nur von beiden bzw. gegen beide gemeinsam ausgesprochen werden.[302] Eine Empfangsvollmacht zu Gunsten des Partners kann bestimmt werden.[303] Einen Anspruch auf Kautionsrückzahlung können beide nur gemeinsam geltend machen.[304] Bei Scheitern der nichtehelichen Lebensgemeinschaft kann jeder Partner vom anderen gemäß § 730 Abs. 1 verlangen, an der Kündigung des Mietverhältnisses zum nächstmöglichen Termin mitzuwirken.[305] Zu klagen ist auf Abgabe einer entspr. Willenserklärung (§ 894 ZPO). Wer nicht mitwirkt, handelt treuwidrig, wenn er sich zugleich

---

289 AG Berlin-Schöneberg NJW 1979, 2051.

290 Vgl. BGHZ 92, 213 (221) = NJW 1985, 130; *Kinne* FPR 2001, 36 (38).

291 LG Frankfurt MDR 1967, 216; LG Köln FamRZ 1975, 164; *Strätz* FamRZ 1980, 438.

292 Vgl. LG München NJW-RR 1991, 1112; Staudinger/*Löhnig,* 2018, Anh. § 1297 Rn. 199; *Kraemer* NZM 2001, 553 (560).

293 *Kinne* FPR 2001, 36 (37); erst recht kein unmittelbarer Vertragseintritt, *Sternel* in Hausmann/Hohloch neLG 377 f.; auch bei einvernehmlicher Mieterhöhung gemäß § 557 Abs. 1 begründet der Einzug des Lebensgefährten weder ein Miet- noch ein Untermietverhältnis, *Plate* FuR 1995, 212 (218).

294 *Kinne* FPR 2001, 36 (37).

295 OLG Hamburg NJW-RR 1988, 1481; Palandt/*Brudermüller* Einl. v. § 1297 Rn. 18; Staudinger/*Löhnig,* 2018, Anh. § 1297 Rn. 197; *Schwab* FamR Rn. 1053; *Spranger* ZMR 2001, 11.

296 Soergel/*Schumann* NehelLG Rn. 89.

297 LG Berlin FamRZ 1995, 600 Ls.; LG Potsdam FamRZ 1995, 1142.

298 AG Neukölln NJW-RR 1997, 584; genauso für Ehegatten LG Cottbus WM 1995, 38.

299 BGH NJW 1982, 1868.

300 *Hohloch* in Hausmann/Hohloch neLG 97.

301 Vgl. nur *Gernhuber/Coester-Waltjen* FamR § 43 Rn. 9; *Sternel* in Hausmann/Hohloch neLG 424. So auch schon zuvor analog § 569a Abs. 2 aF BGH NJW 1993, 999; BVerfG NJW 1990, 1593 = FamRZ 1990, 727. Zum Kündigungsrecht des Vermieters BGH NJW 2018, 2397.

302 BGH NJW 2005, 1715; *Schrader* NZM 2010, 257 (258).

303 BGH NJW 1997, 3437.

304 *Kinne* FPR 2001, 36 (40) mwN.

305 BGH NJW 2005, 1715; OLG Düsseldorf FamRZ 2008, 154; LG Berlin GE 2017, 476; ZMR 2002, 751; OLG Köln WuM 1999, 521; AG Kiel NJW-RR 2001, 154; AG Hamburg-St. Georg ZMR 2019, 36; *Schrader* NZM 2010, 257 (261); PWW/*Weinreich* Vor § 1297 Rn. 45; *Schulz* FamRZ 2007, 593 (600).

auch einer Vertragsänderung bzw. Fortsetzung des Vertrags mit ihm allein widersetzt.[306] Allerdings hat keiner der Partner einen Anspruch auf Vertragsfortsetzung mit ihm allein. Will ein Partner nicht kündigen und den Vertrag allein fortsetzen, muss er die Miete intern allein tragen und den Partner von der Forderung freistellen.[307] Wirkung gegenüber dem Vermieter hat das aber nur, wenn der Vermieter zustimmt.[308] Der Auszug eines Partners aus der Wohnung bedeutet zwar im Innenverhältnis die Kündigung der durch den gemeinsamen Mietvertrag begründeten Innengesellschaft, ändert im Außenverhältnis aber nichts an den Pflichten aus dem Mietvertrag.[309] Die Kündigungsfristen für den Mietvertrag gelten für die Mitmieter untereinander nicht. Die Gemeinschaft kann jedenfalls gemäß § 723, wohl auch ohne wichtigen Grund, gekündigt werden.[310] Ausgleichsansprüche im Innenverhältnis wegen geleisteter Mietzahlungen richten sich nach den Vorschriften über den Gesamtschuldnerausgleich, § 426 (→ Rn. 136). Dabei handelt es sich nicht um einen Streit aus einem Mietverhältnis gemäß § 23 Nr. 2 lit. a GVG.[311]

**Hat nur ein Partner gemietet,** braucht der Vermieter nur ihm zu kündigen. Mit Ablauf der Kündigungsfrist verliert auch der andere Partner sein vom Mieter abgeleitetes Besitzrecht an der Wohnung. Ein Kündigungsgrund in der Person des aufgenommenen Lebensgefährten (zB störendes Benehmen) genügt für eine Kündigung gegenüber dem Mieter (§ 278).[312] Übernimmt ein rechtsschutzversicherter Partner die Kosten eines Mietrechtsstreits, hat die Versicherungsgesellschaft keinen Regress gegen den anderen Partner, wenn die Partner dessen Kostenbeteiligung einvernehmlich ausgeschlossen haben.[313] Ein Kündigungsrecht wegen **Eigenbedarfs** des Vermieters, der die Wohnung seinem Kind zwecks Begründung einer nichtehelichen Lebensgemeinschaft überlassen will, ist zu bejahen.[314] 62

**e) Räumung der Mietwohnung.** Sind beide Partner Mietvertragsparteien, haben sich Räumungsklage und Zwangsräumung gegen beide Partner als Schuldner zu richten. Nach hM[315] gilt das indes auch, wenn zwar nur ein Partner Vertragspartei ist, die Aufnahme des Lebensgefährten in die Wohnung dem Vermieter aber angezeigt worden ist. Dem ist inzwischen zu Recht auch der BGH gefolgt und hat seine einschlägige Ehegatten-Rspr.[316] sinngemäß auf die nichteheliche Lebensgemeinschaft erstreckt.[317] Für eine **Zwangsvollstreckung** auf Räumung und Herausgabe der Wohnung nach § 885 ZPO iVm § 750 Abs. 1 S. 1 ZPO ist danach auch ein gegen den nichtehelichen Lebensgefährten des Schuldners gerichteter Vollstreckungstitel erforderlich, wenn er aufgrund der tatsächlichen Besitzverhältnisse klar als Mitbesitzer anzusehen ist. Ob dafür schon genügt, dass das Namensschild ergänzt worden ist,[318] erscheint aber zweifelhaft. 63

**f) Räumungsverlangen oder Rauswurf durch den Partner.** Gegen den „Rauswurf" oder das unverhoffte Ausgesperrtwerden kann sich ein Partner als Mitbesitzer der Wohnung über die **Besitzschutzvorschriften** (§§ 861, 866) wehren[319] und vorübergehend Wiedereinräumung des Mitbesitzes (auch an beweglichen Sachen) verlangen, solange der Partner keinen Räumungstitel gegen ihn erwirkt hat (vgl. § 864 Abs. 2). Das Auswechseln der Schlösser, das dem anderen Partner das Betreten der Wohnung unmöglich macht, ist als verbotene Eigenmacht (§ 858) einzuordnen.[320] Von Mitbesitz der Lebensgefährten ist dabei solange auszugehen, wie der Wille, aus der Wohnung auszuziehen bzw. den Mitbesitz aufzugeben, nicht eindeutig zum Ausdruck gekommen ist.[321] Außer- 64

---

306 BGH NJW 2005, 1715 (1716).

307 OLG Düsseldorf FamRZ 1998, 739; OLG Koblenz FamRZ 2001, 95; OLG Hamburg NJW-RR 2001, 1012 betr. Ehegatten.

308 Die Frage, ob die vom Vermieter akzeptierte Entlassung aus dem Mietvertrag der Zustimmung des Mitmieters bedarf, ist umstr., vgl. BGH NJW 2004, 1797; 2005, 1715; näher *Schrader* NZM 2010, 257 (260).

309 Vgl. etwa OLG Dresden FamRZ 2003, 158; AG Hamburg-St. Georg ZMR 2019, 36; PWW/*Weinreich* Vor § 1297 Rn. 44.

310 LG München II NJW-RR 1993, 334; LG Karlsruhe FamRZ 1995, 94.

311 OLG München NZM 2014, 447.

312 AA *Sternel* in Hausmann/Hohloch neLG 405 f.; vgl. KG NZM 2000, 905.

313 LG Tübingen NJW-RR 1989, 1193. Zu Versicherungsfragen *Grziwotz* neLG § 18 Rn. 93 ff.

314 BGH NJW 2014, 2102; OLG Karlsruhe NJW 1982, 889; dazu *Lieb* Gutachten zum 57. DJT, 1988, A 104.

315 KG NJW-RR 1994, 713; OLG Düsseldorf NZM 1998, 880; OLG Köln MDR 1997, 782; *Dethloff* FamR § 8 Rn. 10; *Grziwotz* neLG § 14 Rn. 48; *Burhoff* FPR 2001, 18 (23); aA OLG Düsseldorf WuM 1989, 362.

316 BGH NJW 2004, 3041 = FamRZ 2004, 1555.

317 BGH NJW 2008, 1959 Rn. 17; krit. *Pauly* DGVZ 2008, 165.

318 So *Bergsdorf* ZfIR 2008, 474; zweifelnd auch *Grziwotz* FamRZ 2009, 750 (751).

319 AG Köln FamRZ 2015, 1310; LG Chemnitz NJW-RR 1995, 269; AG Waldshut NJW-RR 1994, 712; *Schwab* FamR Rn. 1054; *Rauscher* FamR Rn. 735; Staudinger/*Löhnig*, 2018, Anh. § 1297 Rn. 209; aA AG Bruchsal FamRZ 1981, 447.

320 AG Köln FamRZ 2015, 1310.

321 AG Köln FamRZ 2015, 1310.

dem genießt der Lebensgefährte Räumungsschutz gemäß § 721 ZPO,[322] notfalls zudem noch Vollstreckungsschutz gemäß § 765a ZPO.[323] Bei einem Räumungsverlangen zur Unzeit kann uU analog § 723 Abs. 2 S. 2 ein Schadensersatzanspruch bestehen.[324] Gegenüber dem Anspruch des bisherigen Lebensgefährten auf Räumung seiner **Eigentumswohnung** hat der hinausgeklagte Partner kein Zurückbehaltungsrecht wegen von ihm gezahlter Finanzierungsbeiträge, denn damit könnte er die Fortführung der Wohngemeinschaft mittelbar erzwingen.[325]

65 Bei weiterer **Nutzung der Eigentumswohnung** des anderen Partners trotz Räumungsverlangens des Partners oder seines Betreuers besteht Anspruch auf **Nutzungsentschädigung** aus § 987.[326] Das Mitbesitzrecht beruht insoweit nur auf tatsächlicher Gestattung und endet, sobald der Eigentümer bzw. Alleinmieter oder dessen Betreuer die Herausgabe verlangt.[327] Damit entsteht ab diesem Zeitpunkt ein Eigentümer-Besitzer-Verhältnis. Ein bindender Leihvertrag, der ein länger währendes Besitzrecht iSv § 986 liefern könnte, ist regelmäßig nicht anzunehmen. Auch ein bindendes Wohnrecht wird in der Regel nicht gewollt sein, da der Eigentümer im Fall des Scheiterns der Beziehung die Möglichkeit behalten will, die Hausgemeinschaft aufzukündigen.[328] Ist eine weitergehende Absicherung des Partners gewünscht, sollte ein dingliches Wohnungs- oder Nießbrauchsrecht für ihn bestellt werden.[329]

66 **g) Wohnungszuweisung und Gewaltschutz.** Eine richterliche **Zuweisung von Haushaltsgegenständen** und Wohnung kommt nach hM nicht in Betracht, da die §§ 1361a, 1361b und §§ 1568a, 1568b nicht analog anwendbar sind.[330] Indes stellt sich die Interessenlage vor allem bei einer nichtehelichen Lebensgemeinschaft mit Kindern, die möglichst in ihrer gewohnten Umgebung bleiben sollen, nicht anders dar als bei einer zerbrechenden Ehe. Daher sollte – von berechtigten Forderungen de lege ferenda nach ausländischem Vorbild[331] abgesehen – bereits de lege lata eine analoge Anwendung bejaht werden.[332] Eine Nutzungsteilung gemäß §§ 730 ff., §§ 741 ff. erfordert einen Beschluss der Mitmieter (§ 745); ihn kann das Gericht nicht ersetzen.[333] Bei **Gewalt** oder Gewaltandrohung kann gemäß § 2 GewSchG beantragt werden, dass die gemeinsam genutzte Wohnung dem Verletzten zur Alleinbenutzung zugewiesen wird. Insoweit besteht auch für die nichteheliche Lebensgemeinschaft auf Grundlage des GewSchG ein gesetzlicher **Gewaltschutz.** Unterhalb dieser Schwelle bestehen allerdings keine konkreten gerichtlichen Eingriffsmöglichkeiten.[334] Bei Kindeswohlgefährdung kommen Maßnahmen nach § 1666 in Betracht.

67 **9. Unterhalt. a) Allgemeines.** Die Beitragspflicht zum **Familienunterhalt**[335] gemäß §§ 1360, 1360a gilt für die nichteheliche Lebensgemeinschaft weder direkt noch analog.[336] **Gesetzliche** Unterhaltspflichten oder ein Taschengeldanspruch[337] bestehen – vorbehaltlich § 1615l – nicht.[338]

---

322 LG Wiesbaden FamRZ 1960, 152; PWW/*Weinreich* Vor § 1297 Rn. 29; *Battes,* Nichteheliches Zusammenleben im Zivilrecht, 1983, Rn. 169.

323 AA BLAH/*Hartmann* ZPO § 765a Rn. 4.

324 *Battes,* Nichteheliches Zusammenleben im Zivilrecht, 1983, Rn. 170; ferner *Scharl/Schmid* FamRB 2018, 279 (280).

325 OLG Hamm NJW 1986, 728; zust. *Diederichsen* FamRZ 1988, 891 f.

326 BGH NJW 2008, 2333 = FamRZ 2008, 1404.

327 BGH NJW 2008, 2333 = FamRZ 2008, 1404; im Einzelfall anders AG Köln FamRZ 2015, 1310; ferner VGH BW NVwZ-RR 2011, 117 zu Trennungsgeld.

328 BGH NJW 2008, 2333 = FamRZ 2008, 1404.

329 Dazu OLG München NJW-RR 2017, 589 = FamRZ 2017, 1437.

330 OLG Hamm FamRZ 2005, 2085; LG Hagen FamRZ 1993, 187; *Brudermüller* FamRZ 2003, 1705 (1713); *Brudermüller* WuM 2003, 250 (254); *Schrader* NZM 2010, 257 (260); *Gernhuber/Coester-Waltjen* FamR § 44 Rn. 19; *Grziwotz* MDR 2018, 833 (838); Staudinger/*Voppel,* 2018, § 1361b Rn. 5; *Weinreich* FPR 2001, 29 (30); aA LG München I NJW-RR 1991, 834 für § 1361b.

331 *Brudermüller* WuM 2003, 250 (255); *E. Schumann,* Die nichteheliche Familie, 1998, 371 ff., 388 f.; Soergel/*Schumann* NehelLG Rn. 272; *Dethloff* FamR § 8 Rn. 38; *Dethloff* in Scherpe/Yassari, Die Rechtsstellung nichtehelicher Lebensgemeinschaften, 2005, 137, 161; ferner *Kemper* NZFam 2014, 500 (503); vgl. auch GE, BR-Drs. 307/94 und BT-Drs. 13/196.

332 *Schwenzer* JZ 1988, 781 (786); für § 1361b LG München I NJW-RR 1991, 834; aA Soergel/*Schumann* NehelLG Rn. 271.

333 AG Berlin Neukölln NJW-RR 1993, 133; LG Berlin NJW-RR 1995, 463.

334 Krit. *Brudermüller* WuM 2003, 250 (255) = FuR 2003, 433 (442).

335 Dazu *Holzhauer* in Hausmann/Hohloch neLG 491 ff.; *Busche* JZ 1998, 387 ff.; Vorschläge de lege ferenda bei *Schumacher* FamRZ 1994, 857 (861).

336 BGH BeckRS 2010, 21773 = FamRZ 1980, 879; Palandt/*Brudermüller* Einl. v. § 1297 Rn. 17; *Muscheler* FamR Rn. 496; aA *Roth-Stielow* JR 1978, 233 ff.

337 Bejahend nur für Fälle, in denen Anspruch aus § 1615l besteht, LG Tübingen FamRZ 2002, 556 mAnm *Ernst.*

338 BSG NJW 1993, 3346.

Der bereits vielfach wiederholte Ruf nach dem Gesetzgeber[339] blieb bislang ohne Folgen. Unterhaltsgewährung bildet auch keine sittliche Pflicht iSv § 40 Abs. 1 S. 1 Nr. 4 BBesG; ein Beamter hat darum keinen Anspruch auf Familienzuschlag.[340] Analogiefähig ist aber die Vermutung des § 1360 S. 2 über die Gleichwertigkeit von Haushaltsführung und tatsächlich geleistetem Unterhalt. Auch der Gedanke des § 1360b über die freiwillige Zuvielleistung gilt entsprechend.[341] Eine Prozesskostenvorschusspflicht unter nichtehelichen Partnern ist zu verneinen; § 1360a Abs. 4 setzt eine gesetzliche Unterhaltspflicht voraus und ist nicht analog anwendbar.[342]

**b) Unterhalt gemäß § 1615l bei Kindesbetreuung.** Geregelt ist der Unterhaltsanspruch des Vaters oder der Mutter, der/die das gemeinschaftliche Kind betreut. Der Anspruch aus § 1615l Abs. 2 S. 2 ist unabhängig vom Zusammenleben der Eltern, endet aber zunächst mit dem dritten Geburtstag des Kindes. Das entspricht der Regelung für die Betreuung ehelicher Kinder in § 1570 Abs. 1. **Verlängerungen** sind aus Billigkeitsgründen denkbar,[343] so etwa wenn in der nichtehelichen Lebensgemeinschaft ein gemeinsamer Kinderwunsch verwirklicht wird und Einigkeit bestand, dass ein Elternteil das gemeinsame Kind betreut, während der andere den hierfür benötigten Unterhalt zur Verfügung stellt.[344] Das gilt vor allem, wenn im Vertrauen auf den Fortbestand der Beziehung sogar mehrere Kinder gezeugt wurden.[345] Insoweit ist auch die Dauer des Zusammenlebens für die Beurteilung der Verlängerungsmöglichkeit relevant,[346] nicht aber ein vor der Geburt des Kindes liegendes Zusammenleben.[347] Daher kann nach fünfjährigem Zusammenleben regelmäßig nicht die unverzügliche Aufnahme einer vollschichtigen Erwerbstätigkeit vom betreuenden Elternteil erwartet werden.[348] Was eine Befristung des Unterhaltsanspruchs betrifft, ist – ebenso wie beim Betreuungsunterhalt nach § 1570 – ein Antrag auf künftigen Betreuungsunterhalt gemäß § 1615l Abs. 2 nur dann abzuweisen, wenn im Zeitpunkt der Entscheidung für die Zeit nach Vollendung des dritten Lebensjahres absehbar keine kind- und elternbezogenen Verlängerungsgründe mehr vorliegen.[349] Bei der Bemessung von **Elternunterhalt** ist ein verlängerter Unterhaltsanspruch aus § 1615l Abs. 2 S. 4, der auf dem elternbezogenen Grund einer einvernehmlichen weiteren Betreuung des Kindes durch den nichtehelichen Partner beruht, leistungsmindernd zu berücksichtigen.[350] 68

Aufgrund der Parallelen von § 1615l Abs. 2 S. 2–5 und § 1570 ist anerkannt, dass einzelne Normen des **Ehegattenunterhaltsrechts** auf den Betreuungsunterhalt aus § 1615l – trotz der anderweitigen Bestimmung in § 1615l Abs. 3 S. 1 – analog anzuwenden sind.[351] Das betrifft etwa die Anwendung von § 1586 Abs. 1 über den Unterhaltswegfall bei Wiederheirat,[352] von § 1577 Abs. 2 im Hinblick auf die Anrechnung überobligationsmäßigen Einkommens der Mutter oder auch des **Halbteilungsgrundsatzes** als Grenze für den Unterhaltsbedarf der Mutter.[353] Zudem spricht viel für eine analoge Anwendung von § 1579 Nr. 2.[354] Die Bedarfsermittlung erfolgt gemäß § 1615l Abs. 3 S. 1, § 1610 jedoch nach der **Lebensstellung der Mutter.**[355] Entscheidend ist zunächst, 69

---

339 *Busche* JZ 1998, 387, 393; *Wellenhofer* AnwBl 2008, 559 (562); *Wellenhofer* FamRZ 2015, 973; *Schwenzer* JZ 1988, 781 (785); *Schumacher* FamRZ 1994, 857 (861); *Venger*, Gesetzliche Regelung der Rechtsverhältnisse nichtehelicher Lebensgemeinschaften, 2004, 194 ff.; *Dethloff* Gutachten zum 67. DJT, 2008, A 141 ff.; GE der GRÜNEN, BT-Drs. 13/7228.

340 BVerwG NVwZ-RR 1991, 309; anders nach einjährigem Zusammenleben SchlHOVG NJW 1992, 258, aber aufgehoben von BVerwG NJW 1994, 1168, ein Jahr sei jedenfalls zu kurz, da auch nachehelicher Unterhalt wegen kurzer Ehedauer (dh unter drei Jahren) gemäß § 1579 Nr. 1 versagt werden kann; *Grziwotz* neLG § 17 Rn. 44 f.

341 *Rauscher* FamR Rn. 740.

342 ArbG Heilbronn NZFam 2017, 770; Palandt/*Brudermüller* Einl. v. § 1297 Rn. 27; Palandt/*Brudermüller* § 1360a Rn. 9; *Burhoff* FPR 2001, 18 (21) mwN.

343 Dazu zB OLG Karlsruhe JAmt 2014, 341.

344 BGH NJW 2006, 2687 = FamRZ 2006, 1362; ähnlich schon OLG Frankfurt FamRZ 2000, 1522; s. auch BGH NJW 2008, 3125 = FamRZ 2008, 1739.

345 BGH NJW 2010, 937 = FamRZ 2010, 357; NJW 2006, 2687; 2008, 3126; OLG Frankfurt FamRZ 2000, 1522; OLG Düsseldorf FamRZ 2005, 1772.

346 BT-Drs. 16/6980, 22; OLG Bremen FamRZ 2010, 1917.

347 BGH NJW 2015, 2257 = FamRZ 2015, 1369; *Viefhus* FuR 2015, 686 (688).

348 BGH NJW 2010, 937 = FamRZ 2010, 357.

349 BGH NJW 2013, 3578.

350 BGH NJW 2016, 1511 = NZFam 2016, 410.

351 BGH NJW 2005, 500 = FamRZ 2005, 354.

352 BGH NJW 2005, 503 = FamRZ 2005, 347 mAnm *Schilling.*

353 BGH NJW 2005, 818 = FamRZ 2005, 442 mAnm *Schilling*; OLG Stuttgart FamRZ 2007, 1839.

354 OLG Hamm FamRZ 2011, 1600; *Griesche* FamFR 2011, 51; so auch schon andeutungsweise BGH NJW 2008, 3125; *Maurer* FamRZ 2008, 1831; gegen Analogie OLG Nürnberg NJW 2011, 939.

355 S. zB OLG Saarbrücken NJW 2014, 559.

wie sich ihre eigenen wirtschaftlichen Verhältnisse bis zur Geburt des Kindes darstellen.[356] Die Lebensstellung ist aber nicht auf den Zeitpunkt der Geburt festgeschrieben; vielmehr ist zu ermitteln, wie sich die Einkommenssituation des betreuenden Elternteils ohne die Geburt und Kindesbetreuung, zB wegen eines erwarteten Studienabschlusses, entwickelt hätte.[357] Ein Anspruch auf Teilhabe an der **Lebensstellung des Kindesvaters** im Sinne eines Quotenunterhalts besteht jedoch nicht und zwar auch nicht nach längerem Zusammenleben der Kindeseltern in einer nichtehelichen Lebensgemeinschaft mit einem oder mehreren Kindern.[358] Die Lebensstellung der Mutter setzt insoweit laut BGH eine **nachhaltig gesicherte Position** voraus. Eben das sei aber in einer nichtehelichen Gemeinschaft mangels gesetzlicher Unterhaltsansprüche zu verneinen. Auch bei Geburt des zweiten Kindes blieben die Verhältnisse bei Geburt des ersten Kindes maßgeblich, es sei denn der Unterhaltsberechtigte habe selbst zwischenzeitlich, etwa durch ein nachhaltig gesichertes höheres Einkommen, eine höhere Lebensstellung erworben. Diese Auffassung wird im Schrifttum[359] (→ § 1615l Rn. 40) und in der OLG-Rechtsprechung[360] zu Recht kritisch gesehen. Wenn sich die Lebensstellung nach langjähriger Beziehung faktisch am Einkommen des verdienenden Partners orientiert, sollte auch im Rahmen von § 1610 Abs. 1 darauf abgestellt werden. Das gilt gerade auch mit Blick auf die Gleichstellung von nichtehelichen und ehelichen Kindern.

70 **c) Rechtsgeschäftliche Vereinbarungen zum Unterhalt.** Rechtsgeschäftliche Vereinbarungen über Unterhaltszahlungen sind zulässig,[361] und zwar auch solange ein Teil noch anderweitig verheiratet ist.[362] Darin liegt grundsätzlich kein unzulässiges Vertragsstrafeversprechen.[363] Anders mag es nur liegen, wenn die Auslegung der Vereinbarung ergibt, dass die Zahlungspflicht bestimmte personale Verhaltensweisen sanktionieren soll.[364] Zu empfehlen sind Regelungen im Hinblick auf gemeinschaftsbedingte Bedürfnislagen infolge der partnerschaftlichen Arbeitsteilung, dh vor allem zu Gunsten der Frau, die während der nichtehelichen Lebensgemeinschaft auf eigene Berufstätigkeit verzichtet und für Haushalt und gemeinsame Kinder sorgt.[365] Insoweit können auch die Dauer der Zahlungen und ihre Höhe bestimmt werden (zB abhängig von der Dauer der nichtehelichen Lebensgemeinschaft). Eine Abänderungsmöglichkeit iSv § 323 ZPO sollte vorbehalten werden. Zudem sollte an eine Regelung für den Fall des Zusammentreffens mit weiteren Ansprüchen (aus § 1615l Abs. 2 S. 2–4 oder auch aus Ehe) gedacht werden. Sinnvoll wäre dabei auch, die Höhe und die Dauer eines Anspruchs aus § 1615l Abs. 2 S. 2–4 zu konkretisieren.[366] Alternativ kann für den Trennungsfall eine angemessene **Abfindung** vereinbart werden. Solche Vereinbarungen sind nicht deshalb unzulässig, weil sie mittelbar eine Trennung vom Partner erschweren,[367] schließlich gilt das auch für das Ehegattenunterhaltsrecht. Bei der Annahme **konkludenter** Unterhaltsvereinbarungen ist jedoch Zurückhaltung geboten (→ Rn. 72).

71 Da es sich bei Abfindungen bzw. Unterhaltszusagen nicht um Schenkungen, sondern um Kompensationsleistungen bzw. unbenannte Zuwendungen (→ Rn. 104) handelt, liegt kein formbedürftiges Schenkungsversprechen vor. Die **Form** des § 518 gilt daher nicht.[368] Zwar hatte der BGH im Jahr 1983 die freiwillige Zusage eines (verheirateten) Mannes an seine Geliebte, ihr monatliche Unterstützungszahlungen zu leisten, als formbedürftiges Schenkungsversprechen (§ 518 Abs. 1) ein-

[356] BGH NJW 2015, 2257 = FamRZ 2015, 1369; NJW 2010, 937 = FamRZ 2010, 357; NJW 2010, 1138 = FamRZ 2010, 444; OLG Brandenburg NJW-RR 2010, 874.

[357] BGH NJW 2015, 2257.

[358] BGH NJW 2010, 937 = FamRZ 2010, 357; NJW 2010, 1138 = FamRZ 2010, 1422 mAnm *Löhnig/Preisner*; NJW 2008, 3125; OLG Düsseldorf FamRZ 2008, 87; OLG Nürnberg NJW 2009, 1974.

[359] Vgl. *Ehinger* FPR 2010, 389 (393); *Pauling* FamFR 2010, 77; *Budzikiewicz* NJW 2008, 1748; Johannsen/Henrich/*Graba/Maier* § 1615l Rn. 14; Soergel/*Schumann* NehelLG Rn. 269; *Graba* NJW 2008, 3105; *Maurer* FamRZ 2008, 1831; *Wever/Schilling* FamRZ 2000, 581 (584); *Dethloff* FamR § 11 Rn. 89.

[360] OLG Bremen NJW 2008, 1745; OLG Düsseldorf FamRZ 2005, 1772; OLG Zweibrücken FuR 2000, 286; OLG Köln FamRZ 2001, 1608.

[361] *Busche* JZ 1998, 387 (395); *Strätz* FamRZ 1980, 301 (307); *Horndasch* FuR 2013, 623 (624); näher *Grziwotz* neLG § 24 Rn. 9, *Grziwotz,* Partnerschaftsvertrag für die nichteheliche und nicht eingetragene Lebensgemeinschaft, 4. Aufl. 2002, 75 ff.; *Schreiber* FPR 2010, 387; s. auch OLG Köln FamRZ 2001, 1608.

[362] *Horndasch* FuR 2013, 623 (624).

[363] OLG Hamm FamRZ 2000, 95; näher *Grziwotz* FPR 2005, 156 ff.

[364] OLG Hamm JZ 1988, 249; krit. *Busche* JZ 1998, 392.

[365] Vgl. *Ehinger* FPR 2001, 25 (28 f.); *Grziwotz* FPR 2005, 156 (158).

[366] Dazu *Horndasch* FuR 2013, 623 (626).

[367] *Grziwotz* FPR 2005, 156 (158); etwas kritischer PWW/*Weinreich* Vor § 1297 Rn. 7.

[368] BGH NJW 1986, 374 = FamRZ 1986, 145; OLG Köln FamRZ 2001, 1608; *Grziwotz* FPR 2005, 158; Soergel/*Schumann* NehelLG Rn. 124, 130; *Horndasch* FuR 2013, 623 (624); PWW/*Weinreich* Vor § 1297 Rn. 9; OLG Saarbrücken OLGR 2008, 285 = BeckRS 2008, 05444 für Einmalzahlung; OLG Köln FamRZ 2001, 1608.

gestuft.[369] Dabei ging es allerdings nicht um eine nichteheliche Lebensgemeinschaft und demgemäß auch nicht um eine sog. unbenannte Zuwendung, sodass diese Entscheidung nicht auf die Fälle der nichtehelichen Lebensgemeinschaft übertragen werden kann. Die analoge Anwendung von § 1585c muss ebenfalls ausscheiden.[370] Auch die Auffassung, dass hier die §§ 759, 761[371] oder § 780[372] entsprechend anzuwenden seien, überzeugt nicht. Vielmehr ist von formlos wirksamen Vereinbarungen auszugehen.[373] Gleichwohl ist die notarielle Beurkundung – insbesondere aus Beweisgründen – zu empfehlen.[374] Vereinbarungen über den laufenden Unterhalt in der nichtehelichen Lebensgemeinschaft enden nicht notwendig mit der Trennung (Fortgeltung ist Auslegungsfrage).[375] Unterhaltsversprechen für die Zukunft nach Trennung sind grundsätzlich **schenkungsteuerpflichtig**[376] und daher selten;[377] schenkungsteuerfrei sind nur laufende Unterhaltszahlungen.[378]

**d) Unterhaltspflichten kraft Vertrauenshaftung.** Unterhaltspflichten kraft Vertrauenshaftung können im Einzelfall denkbar sein.[379] Zwar genügt dafür weder das (jederzeit beendbare) Zusammenleben als solches noch der Umstand faktisch gewährter Unterhaltsleistungen.[380] Auch die langfristige (bisherige) Unterhaltsgewährung lässt nach hM noch kein rechtlich geschütztes Vertrauen auf künftige Unterstützung entstehen.[381] Vertrauensbegründend kann im Anschluss an die Rspr. des BGH zu § 1615l Abs. 2 S. 4[382] jedoch der Umstand wirken, dass einvernehmlich für die auf Dauer angelegte nichteheliche Lebensgemeinschaft eine bestimmte Form der Arbeitsteilung gewählt wird, die für den berufstätigen Teil eine erhebliche Entlastung bedeutet, während der haushaltsführende Teil Fortkommensnachteile erleidet und in wirtschaftliche Abhängigkeit gerät. Bestand etwa Einigkeit darüber, dass man erst die Karriere des einen Partners und anschließend die des anderen fördern wolle, wäre es treuwidrig, bei vorzeitiger Trennung die beziehungsbedingten **Fortkommensnachteile** einseitig dem haushaltsführenden Partner (meist der Frau) zuzuweisen.[383] Das Vertrauen dieses Partners darauf, im Fall der Trennung zumindest für eine Übergangszeit im notwendigen Umfang unterstützt zu werden, kann daher schützenswert sein. Das gilt erst recht, wenn für einen späteren Zeitpunkt – zB nach Abschluss eines Studiums – die Eheschließung geplant war.[384] Zum Teil wird im Schrifttum in solchen Fällen auch von konkludent übernommenen Unterhaltspflichten ausgegangen.[385] Es erscheint jedoch vorzugswürdig, auf die allgemeinen Prinzipien der Vertrauenshaftung zurückzugreifen. Wie die Regelung des § 1298 zeigt, sind diese Prinzipien auch dem Familienrecht nicht fremd. Indes ist nicht zu erwarten, dass die Gerichte dazu übergehen werden, auf Grundlage einer vertragsähnlichen Vertrauenshaftung Unterhaltsansprüche zuzusprechen.[386] Möglicherweise würden damit auch die Grenzen erlaubter richterlicher Rechtsfortbildung[387] gesprengt.[388] Daher gilt es, hier weiter auf den Gesetzgeber zu warten. 72

**e) Einfluss nichtehelichen Zusammenlebens auf bestehende Unterhaltsansprüche.** 73
Bestehende Unterhaltsansprüche gegen einen geschiedenen oder getrennt lebenden Ehegatten können infolge der Eingehung einer nichtehelichen Lebensgemeinschaft wegen geminderter Bedürftig-

369 BGH NJW 1984, 797.
370 OLG Köln FamRZ 2001, 1608; Soergel/*Schumann* NEhelLG Rn. 130.
371 So *Schreiber* FPR 2010, 387 (389).
372 OLG Köln FamRZ 2001, 1608 betr. Zahlungszusage für Fall der Trennung.
373 Soergel/*Schumann* NEhelLG Rn. 124.
374 *v. Proff* NJW 2008, 3266 (3270).
375 Bejahend BGH NJW 1986, 374 = JZ 1986, 239 mAnm *Battes*; krit. *Rauscher* FamR Rn. 740.
376 Meincke/*Hannes/Holtz*, 17. Aufl. 2018, ErbStG § 13 Rn. 49 ff.; zum Themenkreis auch *Grziwotz* neLG § 22 Rn. 45 ff., § 23 Rn. 67 ff.
377 *Grziwotz* MDR 2018, 833 (836).
378 *Grziwotz* FamRZ 1999, 413 (414); *Grziwotz* MDR 1999, 709 (710).
379 Dazu *Busche* JZ 1998, 392 f.; s. auch OLG Schleswig NJW 1992, 258 (259), nach einjährigem Zusammenleben; Staudinger/*Löhnig*, 2018, Anh. § 1297 Rn. 73 zur Vertrauenshaftung. *Ramm* FamR I (1985) S. 547, schlug einen Anspruch analog § 723 Abs. 2 S. 2 vor, gerichtet auf Hilfe zur Wiedereingliederung in das Erwerbsleben.
380 Vgl. BVerfG DVBl 2004, 36 für Hinterbliebenenrente; *Rauscher* FamR Rn. 729; *Grziwotz* neLG § 24 Rn. 17.
381 *Strätz* FamRZ 1980, 301 (307); *Heinrich*, Unterhaltsansprüche nach Aufhebung der nichtehelichen Lebensgemeinschaft, 1995, 56; Soergel/*Schumann* NehelLG Rn. 126; ferner *Schwenzer* JZ 1988, 781 (785).
382 BGH NJW 2006, 2687 = FamRZ 2006, 1362.
383 Vgl. *Busche* JZ 1998, 387 (393); gesetzgeberisches Handeln fordern: *Schwenzer* JZ 1988, 781 (785); Palandt/*Brudermüller* Einl. v. § 1297 Rn. 27; *Dethloff* Gutachten zum 67. DJT, 2008, A 138 f.
384 Vgl. *Bartsch* JR 1979, 364 (365).
385 Soergel/*Schumann* NehelLG Rn. 128; *Battes* JZ 1986, 240 f.
386 Ausf. *Busche* JZ 1998, 387 (393 f.).
387 BVerfG NJW 2011, 836; 2015, 1506.
388 Zutr. schon *Eyrich* ZRP 1990, 139; *Lieb* Gutachten zum 57. DJT, 1988, A 88.

keit oder grober Unbilligkeit zu reduzieren sein bzw. ganz **entfallen.**[389] Bedürftigkeitsmindernd (§ 1577) wirken sich Versorgungsleistungen des Unterhaltsberechtigten an seinen neuen Partner (zB in Form der Haushaltsführung) aus, für die zum Teil ein fiktives Einkommen angesetzt wird.[390] Abgesehen davon bejahte die Rspr. früher auf Grundlage von § 1579 Nr. 7 aF (heute § 1579 Nr. 8) die Unzumutbarkeit von Unterhaltsleistungen, wenn bei hinreichender Versorgung durch den neuen Partner eine „ehegleiche ökonomische Solidarität" bzw. eine Unterhaltsgemeinschaft entstanden war.[391] Unabhängig hiervon und unabhängig von einer nachhaltigen Absicherung des Unterhalts wurde aber jedenfalls nach zwei bis drei Jahren[392] des Zusammenlebens in einer **festen sozialen Verbindung** angenommen, dass diese nun an die Stelle einer Ehe getreten sei und damit (letztlich entsprechend § 1586) den Unterhaltsanspruch entfallen lasse (§ 1579 Nr. 7 aF).[393] Diese Rspr. überzeugte den Gesetzgeber derart, dass er sie in Gestalt von § 1579 Nr. 2 nF im Zuge der Unterhaltsrechtsreform von 2008 ins Gesetz schrieb. Eine Änderung der Rechtslage ist damit nicht verbunden.[394]

**74** Eine **verfestigte Lebensgemeinschaft** iSd **§ 1579 Nr. 2**[395] setzt eine gewisse Dauer der neuen Verbindung voraus, die allerdings von weiteren, für eine besondere Nähe der Partner sprechenden objektiven Umständen beeinflusst wird. Für die Frage, ab wann eine Beziehung die Qualität einer verfestigten Lebensgemeinschaft erreicht, wird auf objektive, nach außen tretende Umstände, wie etwa einen über einen längeren Zeitraum hinweg geführten gemeinsamen Haushalt, das Erscheinungsbild in der Öffentlichkeit bzw. Auftreten als Paar,[396] größere gemeinsame Investitionen wie den Erwerb eines gemeinsamen Familienheims oder die gemeinsame Familiengründung[397] abgestellt. Kriterien wie die Leistungsfähigkeit des neuen Partners sollen dabei keine Rolle spielen.[398] Im Einzelfall kann eine verfestigte Lebensgemeinschaft schon nach einem Jahr zu bejahen sein.[399] Ein intimes Verhältnis allein reicht indes nicht aus,[400] auch nicht die Veröffentlichung gemeinsamer Fotos im Internet.[401] Andererseits muss eine verfestigte Lebensgemeinschaft nicht notwendig sexueller Natur sein;[402] auch ein gemeinsamer Haushalt wird nicht unbedingt vorausgesetzt.[403] Sofern die Partner ihre Lebensbereiche aber getrennt gehalten und die Beziehung damit bewusst auf Distanz angelegt haben, wird es auch bei einem länger dauernden Verhältnis an einer verfestigten Lebensgemeinschaft im Sinne des Gesetzes fehlen.[404]

**75** Ein nach § 1579 Nr. 2 beschränkter oder versagter nachehelicher **Unterhaltsanspruch** kann grundsätzlich **wiederaufleben,** wobei es einer umfassenden Zumutbarkeitsprüfung unter Berücksichtigung aller Umstände bedarf. Bei Beendigung der verfestigten Lebensgemeinschaft lebt ein versagter Unterhaltsanspruch regelmäßig im Interesse gemeinsamer Kinder als Betreuungsunterhalt wieder auf. Für andere Unterhaltstatbestände gilt dies nur dann, wenn trotz der für eine gewisse Zeit verfestigten neuen Lebensgemeinschaft noch ein Maß an nachehelicher Solidarität geschuldet ist, das im Ausnahmefall eine weitergehende nacheheliche Unterhaltspflicht rechtfertigen kann.[405]

---

389 S. schon BGH NJW 1980, 124 = FamRZ 1980, 40; NJW 1980, 1686 = FamRZ 1980, 665; NJW-RR 1991, 514 = FamRZ 1991, 542; OLG Nürnberg FamRZ 1981, 954; OLG Düsseldorf FamRZ 1982, 932; 1982, 1076; näher *Holzhauer* FS Jayme, 2004, 1447 ff.

390 Vgl. BGH NJW 2004, 2303 = FamRZ 2004, 1170 – Trennungsunterhalt; NJW 1995, 962 = FamRZ 1995, 343; NJW 2014, 225 = FamRZ 2013, 1970 zur etwaigen Pfändung eines solchen Anspruchs durch Dritte; *Holzhauer* in Hausmann/Hohloch neLG 494 f.; abl. OLG München FamRZ 2006, 1535: kein fiktives Einkommen, sondern ersparte Aufwendungen.

391 BGH NJW-RR 1994, 1154 = FamRZ 1995, 540.

392 Für kürzere Frist *Grohmann* FamRZ 2013, 670.

393 BGH NJW 2002, 1947 mwN; OLG Schleswig FamRZ 2005, 277: 18 Monate; OLG Nürnberg FuR 2002, 328: 18 Monate; zu Recht teilweise krit. *Büttner* FamRZ 1996, 136 (140).

394 BGH NJW 2011, 3712.

395 Dazu BGH NJW 2011, 3089; KG FamRZ 2017, 202; OLG Saarbrücken NJW-RR 2017, 1092; OLG Hamburg FamRZ 2014, 1209; OLG Frankfurt FF 2011, 121; OLG Hamm FamRZ 2011, 1600; OLG Düsseldorf FamRZ 2011, 225; OLG Nürnberg FamRZ 2011, 735; näher *Grohmann* FamRZ 2013, 670.

396 OLG Oldenburg NZFam 2017, 74; KG FamRZ 2017, 202.

397 OLG Koblenz FamRZ 2016, 1938.

398 BGH NJW 2011, 3089; 2011, 3712.

399 OLG Oldenburg NZFam 2017, 74; NJW 2012, 2450; OLG Hamm NZFam 2014, 660; AG Ludwigslust FamRZ 2011, 1066; im Einzelfall erst später OLG Brandenburg NZFam 2016, 983.

400 BGH NJW 2011, 3712.

401 AG Lemgo NZFam 2016, 269.

402 Zu den Abgrenzungsproblemen bereits BGH NJW 2002, 1947; 2002, 217 = FamRZ 2002, 23; OLG Koblenz FamRZ 2000, 1372.

403 BGH NJW 2002, 1947; OLG Karlsruhe NJW-RR 2011, 655.

404 BGH NJW 2011, 1582.

405 Zum Ganzen BGH NJW 2011, 3089.

Aus Sicht des **Unterhaltsverpflichteten** wiederum kann es bei Aufnahme einer nichtehelichen Lebensgemeinschaft zur Absenkung des Selbstbehalts kommen.[406] Insoweit kann – wie bei Ehegatten – die durch eine gemeinsame Haushaltsführung eintretende Ersparnis zu berücksichtigen sein.[407] Außerdem gilt auch bei Eingehung einer nichtehelichen Lebensgemeinschaft mit einem neuen Partner die sog. **Hausmann-Rspr.**[408] Danach ist in der neuen Beziehung bei der Rollenwahl Rücksicht auf bestehende Unterhaltspflichten gegenüber dem (Ex)Ehegatten oder Kindern zu nehmen. Der Rückzug in die Hausmann- bzw. Hausfrauenrolle zum Zweck der Betreuung eines gemeinschaftlichen Kindes wird nur dann als leistungsfähigkeitsmindernd akzeptiert, wenn der andere Partner deutlich mehr verdient bzw. wirtschaftliche Gründe oder sonstige Gründe von gleichem Gewicht die gewählte Rollenwahl rechtfertigen;[409] andernfalls wird fortdauernde Leistungsfähigkeit unterstellt. 76

**10. Nichteheliche Lebensgemeinschaft mit Kindern.**[410] **a) Elternschaft.** Kinder unverheirateter Eltern wurden bis zum KindRG von 1998 im BGB ausdrücklich als nichtehelich bezeichnet. Heute spricht das BGB nur noch von dem Kind, dessen Eltern nicht miteinander verheiratet sind (vgl. Untertitel vor § 1615a). Eine notwendige Differenzierung ergibt sich gleichwohl hinsichtlich der Voraussetzungen für die Begründung der Vaterschaft. Sind die Eltern im Zeitpunkt der Geburt nicht miteinander verheiratet, kann die rechtliche Vaterschaft nur durch freiwillige **Vaterschaftsanerkennung** (§ 1592 Nr. 2), die frühestens mit Eintritt der Schwangerschaft möglich ist (§ 1594 Abs. 4), oder gerichtliche Vaterschaftsfeststellung (§ 1592 Nr. 3) begründet werden. Kinder, die in eine nichteheliche Lebensgemeinschaft hineingeboren werden, werden nicht automatisch dem Lebensgefährten der Mutter zugerechnet. Wurde das Kind mithilfe der Samenspende eines Dritten gezeugt, kann der nichteheliche Lebenspartner nur durch Vaterschaftsanerkennung zum Vater werden. Unterlässt er die Anerkennung, bleibt das Kind vaterlos.[411] Im Einzelfall kann aber eine Unterhaltspflicht für das Kind kraft Vertrags bestehen.[412] Eine Anfechtung der Vaterschaft des Ehemanns der Mutter durch den nichtehelichen Partner der Mutter als Erzeuger kommt nur unter den engen Voraussetzungen des § 1600 Abs. 1 Nr. 2, Abs. 2, 3 in Betracht.[413] Ein Anspruch auf Klärung der Abstammung gemäß § 1598a steht nur dem Mann zu, der im Rechtssinne Vater ist, nicht dem (gegenwärtigen oder früheren) nichtehelichen Partner der Mutter, solange dieser nur (vermuteter) leiblicher Vater ist.[414] 77

Eine gemeinsame **Adoption** eines Kindes mit der Folge einer gemeinsamen Elternschaft ist einem unverheirateten Paar nicht möglich (§ 1741 Abs. 2 S. 1, § 1742). In gleicher Weise ist eine **Stiefkindadoption** in der nichtehelichen Lebensgemeinschaft bislang nicht möglich (vgl. § 1741 Abs. 2, § 1755 Abs. 1; → Rn. 83). 78

**b) Sorgerecht.** Das Sorgerecht für ein Kind steht der **unverheirateten** Mutter grundsätzlich allein zu (§ 1626a Abs. 3). Stirbt sie oder wird ihr die Sorge entzogen, gilt § 1680 Abs. 2, 3. Ein **gemeinsames Sorgerecht** kann durch die Abgabe von Sorgeerklärungen durch Mutter und Vater (§ 1626a Abs. 1 Nr. 1, §§ 1626b ff.), durch Verheiratung der Eltern (§ 1626a Abs. 1 Nr. 2) oder auf Antrag durch gerichtliche Übertragung (§ 1626a Abs. 1 Nr. 3) erlangt werden. Bis 2013 konnte der nichteheliche Vater allerdings gegen den Willen der Mutter weder die gemeinsame Sorge noch ein Alleinsorgerecht (vgl. § 1672 aF) erreichen[415] und zwar auch dann nicht, wenn das gemeinsame Sorgerecht für das Kind die beste Lösung war. Diese Gesetzeslage verstieß jedoch laut EGMR gegen 79

[406] BGH NJW 2008, 1373; OLG Brandenburg OLGR 2007, 132 = BeckRS 2006, 10142; OLG Dresden FamRZ 2007, 1477; OLG Düsseldorf FuR 2006, 425; OLG Hamm FamRZ 2005, 53; 2003, 1210; 2002, 693; OLG Nürnberg FamRZ 2005, 1502; OLG Stuttgart FamRZ 2005, 54; OLG München FamRZ 2004, 485; OLG Koblenz NJW-RR 2003, 146; aA OLG Karlsruhe FamRZ 2005, 2091.

[407] Vgl. BGH NJW 2013, 1305 betr. Elternunterhalt.

[408] BGH NJW 2015, 1178; 2001, 1488 = FamRZ 2001, 614 mit Verweis auf die in BGHZ 75, 272 = NJW 1980, 340 und BGH NJW 1996, 1815 = FamRZ 1996, 796 entwickelten Grundsätze; AG Saarbrücken NJW-RR 2003, 865.

[409] BGH NJW 2015, 1178.

[410] Dazu *Holzhauer* in Hausmann/Hohloch neLG 446 ff.

[411] S. *Wellenhofer* FamRZ 2013, 825 (826); zu Reformideen BMJV (Hrsg.), Arbeitskreis Abstammungsrecht, Abschlussbericht, 2017, 61.

[412] BGH NJW 2015, 3434 = NZFam 2015, 1055.

[413] S. zB BGH NJW 2018, 947; OLG Hamm NZFam 2016, 479; s. auch EGMR FamRZ 2017, 385.

[414] Vgl. auch EGMR NLMR 2018, 352 = BeckRS 2018, 16483 – Fröhlich/Deutschland; Reformideen bei BMJV (Hrsg.), Arbeitskreis Abstammungsrecht, Abschlussbericht, 2017, 83 ff.

[415] Vgl. BGH NJW 2001, 2472 = FamRZ 2001, 907; BVerfG NJW 2003, 955 = FamRZ 2003, 285; BeckRS 2003, 22318 = FamRZ 2003, 1447; zu Recht krit. zB *Dethloff* in Scherpe/Yassari, Die Rechtsstellung nichtehelicher Lebensgemeinschaften, 2005, 137 (145); *Coester* FamRZ 2007, 1137.

das **Diskriminierungsverbot** des Art. 14 EMRK iVm Art. 8 EMRK.[416] Nachdem sich das BVerfG dieser Auffassung angeschlossen hatte und im früheren Gesetzeskonzept einen unverhältnismäßigen Eingriff in das Elternrecht des unverheirateten Vaters aus Art. 6 Abs. 2 GG sah,[417] entschied sich der Gesetzgeber mit dem Gesetz zur Reform der elterlichen Sorge nicht miteinander verheirateter Eltern vom 16.4.2013 (BGBl. 2013 I 795) zur Neuregelung mWv 19.5.2013 in § 1626a Abs. 1 Nr. 3, Abs. 2. Die alternative Idee, die Mitsorge des Vaters stets – oder zumindest im Fall einer nichtehelichen Lebensgemeinschaft mit der Mutter[418] – von Anfang an kraft Gesetzes eintreten zu lassen, wurde verworfen, hat im Schrifttum aber nach wie vor Anhänger.[419]

80 Gemäß § 1626a Abs. 2 S. 1 überträgt das FamG den unverheirateten Eltern auf **Antrag** eines Elternteils die **gemeinsame Sorge,** wenn die Übertragung dem **Kindeswohl nicht widerspricht.**[420] Trägt der andere Elternteil keine Anhaltspunkte dafür vor, dass die Übertragung der gemeinsamen elterlichen Sorge dem Kindeswohl entgegenstehen könnte, und sind solche Gründe auch sonst nicht ersichtlich, **wird vermutet,** dass die gemeinsame elterliche Sorge dem Kindeswohl nicht widerspricht (§ 1626a Abs. 2 S. 2). Insoweit wird von einem Regel-Ausnahme-Verhältnis zu Gunsten der gemeinsamen elterlichen Sorge ausgegangen. Der Gesetzgeber orientiert sich am Leitbild der gemeinsamen Sorgetragung, weil diese seiner Meinung nach den Bedürfnissen des Kindes nach Beziehung zu beiden Elternteilen entspricht.[421] Gleichwohl ist in Bezug auf die Kindeswohlverträglichkeit der gemeinsamen Sorge eine erschöpfende Sachaufklärung vom Gericht vorzunehmen. Erst wenn sich danach nicht feststellen lässt, dass die gemeinsame Sorge dem Kindeswohl widerspricht, ist die elterliche Sorge auf die Eltern gemeinsam zu übertragen.[422] **Eine positive Feststellung** dahingehend, dass die gemeinsame Sorge dem Kindeswohl entspricht, ist nicht erforderlich.[423] Die gemeinsame Sorge widerspricht dem Kindeswohl, wenn die Eltern eindeutig nicht in der Lage sind, im Interesse des Kindes miteinander zu kommunizieren.[424] Im Übrigen gilt, dass die **Trennung** der Eltern am gemeinsamen Sorgerecht nichts ändert; auf Antrag kann das Gericht dann aber eine Neuregelung treffen (§ 1671).

81 **c) Umgangsrecht.** Der **rechtliche Vater** hat ein Umgangsrecht[425] mit seinem Kind aus § 1684 Abs. 1, unabhängig von einem Zusammenleben mit Mutter oder Kind. Der Lebensgefährte der Mutter, der nicht rechtlicher Vater des Kindes iSv § 1592 ist, aber längere Zeit mit dem Kind in häuslicher Gemeinschaft zusammengelebt hat und somit zu einer **Bezugsperson** geworden ist, hat ein Umgangsrecht mit dem Kind, wenn der Umgang dem Wohl des Kindes dient (§ 1685 Abs. 2). Fehlt es an beiden Voraussetzungen, ist der Mann also weder rechtlicher Vater gemäß § 1592 noch eine Bezugsperson des Kindes, so kommt ein Umgangsrecht nur aus § 1686a in Betracht. Dafür müssen die leibliche Vaterschaft des Antragstellers und sein **ernsthaftes Interesse am Kind** dargelegt werden.[426] Der mutmaßliche leibliche Vater muss sich in engem zeitlichen Zusammenhang mit der Kenntnis von seiner möglichen Vaterschaft um eine Kontaktaufnahme mit dem Kind bemüht haben und sich zu dem Kind bekennen; ein ernsthaftes Interesse wird verneint, wenn sich der Vater erst sieben Jahre später um eine Kontaktaufnahme kümmert.[427] Weitere Voraussetzung für das Umgangsrecht aus § 1686a ist, dass der Umgang dem **Kindeswohl** dient (Abs. 1 Nr. 1). Allein der Umstand, dass sich die rechtlichen Eltern beharrlich weigern, einen Umgang des Kindes mit seinem leiblichen Vater zuzulassen, genügt dabei nicht, um den Umgangsantrag als nicht kindeswohldienlich zurückzuweisen.[428] Relevant wird das Umgangsrecht aus § 1686a etwa dann, wenn die anderweitig verheiratete Mutter das Kind in einer außerhalb der Ehe geführten nichtehelichen Lebensgemeinschaft

---

[416] EGMR NJW 2010, 501 = FamRZ 2010, 103.
[417] BVerfG NJW 2010, 3008; anders noch BVerfG NJW 2003, 955 = FamRZ 2003, 285; BeckRS 2003, 22318 = FamRZ 2003, 1447.
[418] Dafür *Schumann* Gutachten zum 72. DJT, 2018, B 35 ff.; *Löhnig* in Coester-Waltjen/Lipp/Schumann/Veit, Reformbedarf im nichtehelichen Eltern-Kind-Verhältnis, 2012, 29 (34).
[419] Vgl. *Schumann* in Coester-Waltjen/Lipp/Schumann/Veit, Reformbedarf im nichtehelichen Eltern-Kind-Verhältnis, 2012, 3 (5 ff.); *Hammer* FamRZ 2018, 229 (232).
[420] Grdl. dazu BGH NJW 2016, 2497.
[421] BT-Drs. 17/11048, 12.
[422] BGH NJW 2016, 2497.
[423] BT-Drs. 17/11048, 12; zB OLG Brandenburg NJW 2014, 233.
[424] OLG Bremen BeckRS 2016, 120485 = FamRZ 2017, 1407; OLG Saarbrücken FamRZ 2016, 1858; OLG Brandenburg FamRZ 2014, 1856; KG FamRZ 2014, 1375.
[425] Zum Umgangsrecht des nichtehelichen Vaters auch EGMR FPR 2004, 344 = FamRZ 2004, 337; NJW 2011, 3565 = FamRZ 2011, 269; NJW 2012, 2781 = FamRZ 2011, 1715.
[426] Zur Reihenfolge der Prüfung BVerfG NJW 2015, 542.
[427] OLG Bremen NJW 2015, 259 = NZFam 2014, 1045.
[428] Näher BGH NZFam 2016, 1179 = FamRZ 2016, 2082; OLG Karlsruhe NZFam 2015, 776.

empfangen hat, den nichtehelichen Partner dann aber bereits vor der Geburt des Kindes wieder verlassen hat. **Auskunftsrechte** des nur leiblichen Vaters betr. das Kind regelt § 1686a Abs. 1 Nr. 2.

**d) Name des Kindes.** Das Kind erhält den **Familiennamen** seiner unverheirateten Mutter, 82
wenn diese die Personensorge allein ausübt (§ 1617a Abs. 1). Das Kind kann aber auch den Namen des anderen Elternteils erhalten (§ 1617a Abs. 2).[429] Haben die unverheirateten Eltern ein gemeinsames Sorgerecht, so müssen sie sich binnen eines Monats nach der Geburt einigen, ob das Kind (einschließlich etwaiger noch ungeborener Geschwister) den Geburtsnamen des Vaters oder der Mutter erhalten soll (§ 1617). Bei nachträglich eintretender gemeinsamer Sorge kann der Name neu bestimmt werden (§ 1617b). Die Beilegung eines Doppelnamens kommt nur ausnahmsweise bei Nachweis eines im Verfahren nach § 3 Abs. 1 NamÄndG anerkannten wichtigen Grundes in Betracht.[430]

**e) Stiefkinder und Stiefkindadoption.** Die Aufnahme eines Kindes eines Partners in die 83
nichteheliche Lebensgemeinschaft hat keine rechtlichen Konsequenzen. Eine Adoption des Kindes durch den Lebensgefährten, die die Verwandtschaft des Kindes zu seinem betreuenden Elternteil unberührt lässt **(Stiefkindadoption),** mit der Folge, dass das Kind gemeinschaftliches Kind der Partner wird, ist gesetzlich bislang nicht vorgesehen. Eine mit ihrem Partner weder verheiratete noch in einer Lebenspartnerschaft lebende Person kann dessen Kind nicht annehmen, ohne dass zugleich das Verwandtschaftsverhältnis zwischen ihrem Partner und seinem Kind erlischt.[431] Der BGH hat diese Rechtslage für verfassungskonform gehalten.[432] Es liege im Gestaltungsermessen des Gesetzgebers, eine Stiefkindadoption nur für Ehegatten vorzusehen, da insoweit von einer stabileren Elternbeziehung ausgegangen werden könne. Mit Beschl. vom 26.3.2019 hat das BVerfG den pauschalen Ausschluss der Stiefkindadoption in nichtehelichen Familien jedoch für verfassungswidrig erklärt.[433]

Die geltende Regelung verstoße gegen das allgemeine Gleichbehandlungsgebot aus Art. 3 84
Abs. 1 GG. Laut BVerfG ist es zwar ein legitimes Ziel, eine Stiefkindadoption nur dann zuzulassen, wenn die Beziehung zwischen dem Elternteil und dem Stiefelternteil Bestand verspricht. Demgemäß könne die Ehelichkeit der Elternbeziehung im Gesetz auch als positiver Stabilitätsfaktor berücksichtigt werden. Es sei aber nicht ausgeschlossen, dass in einer nichtehelichen Elternbeziehung vergleichbar stabile Verhältnisse gegeben seien. Daher sei es unverhältnismäßig, wenn eine diesbezügliche Einzelfallprüfung bei Unverheirateten von vornherein ausgeschlossen sei und betroffenen Kindern die Verrechtlichung der Beziehung zum Stiefelternteil strikt vorenthalten werde. Vielmehr müsse insoweit ebenfalls eine Einzelfallprüfung möglich sein. Der Gesetzgeber wurde aufgefordert, bis zum 31.3.2020 eine Neuregelung zu schaffen. Geregelt ist bislang nur das **Umgangsrecht:** Hat das Kind längere Zeit mit dem nichtehelichen Partner seines Elternteils in häuslicher Gemeinschaft zusammengelebt, steht auch diesem Partner als enger Bezugsperson nach der Trennung ein Recht auf Umgang mit dem Kind zu (§ 1685 Abs. 2). Eine Anordnung, dass das Kind im Haushalt der nichtehelichen Lebensgemeinschaft beim „nichtehelichen“ Stiefelternteil verbleibt, nachdem der leibliche Elternteil verstorben ist, scheidet nach geltendem Recht aus, da § 1682 dieses Recht nur dem Ehe- oder Lebenspartner einräumt;[434] auch insoweit wird Reformbedarf geltend gemacht.[435]

**11. Betreuungsrecht.** Lebensgemeinschaften nehmen gerade auch zwischen älteren Menschen 85
zu, wobei die Abgrenzung zwischen Wohngemeinschaft und nichtehelicher Lebensgemeinschaft fließend sein kann. In einer Betreuungsverfügung kann der Partner als **Betreuer** vorgeschlagen werden (§ 1897 Abs. 4). Damit lässt sich ggf. auch verhindern, dass ein anderer Betreuer den betroffenen Partner ins Pflegeheim schickt und dessen Partner aus der bislang gemeinsam genutzten Wohnung hinauskündigt.[436] Alternativ kann dem Partner eine Vorsorgevollmacht erteilt werden (vgl. § 1896 Abs. 2 S. 2). Ansonsten ist bei der Auswahl eines Betreuers auf die verwandtschaftlichen und sonstigen persönlichen Bindungen des Betroffenen Rücksicht zu nehmen (§ 1897 Abs. 5). Insoweit kommt auch der nichteheliche Partner in Betracht. Da sich insoweit allerdings Interessenkonflikte zwischen dem Partner und anderen Familienangehörigen, zB Kindern des Betroffenen, ergeben

---

429 BGH NJW-RR 2016, 1473; KG BeckRS 2017, 143874; VGH München BeckRS 2016, 53484.

430 *E. Schumann,* Die nichteheliche Familie, 1998, 310 f.; krit. *Sacksofsky* KritV 1995, 94 ff.; *M. Baldus* FuR 1996, 3 ff.

431 Dazu *Botthoff* FamRZ 2016, 768; *Campbell* NJW-Spezial 2016, 132; *Grziwotz* NJW 2017, 1646; *Herzog* FuR 2016, 450; *Zimmermann* NZFam 2016, 12.

432 BGH NJW 2017, 1672.

433 BVerfG BeckRS 2019, 7418.

434 Für Änderung de lege ferenda *Muscheler* FamRZ 2004, 921.

435 Vgl. *Helms* Gutachten zum 71. DJT, 2016, F 63.

436 Vgl. Fallgestaltung bei BGH NJW 2008, 2333.

können, ist eine vorsorgende Verfügung angeraten. Gegen die Bestellung eines **Betreuers** steht nach § 303 Abs. 2 Nr. 2 FamFG auch einer Person des Vertrauens das Beschwerderecht zu, sofern diese Person im ersten Rechtszug (nach § 274 Abs. 4 Nr. 1 FamFG) beteiligt wurde; damit wird auch der nichteheliche Lebensgefährte erfasst.[437]

86 **12. Partnerschaftsverträge. a) Form.** Vertragliche Regelungen[438] des Zusammenlebens sind eher selten,[439] aber zweifellos empfehlenswert.[440] Vereinbarungen sind grundsätzlich formlos möglich, sollten zu Zwecken der Nachweisbarkeit aber schriftlich abgefasst werden. Soweit Abreden Schenkungsversprechen enthalten – zB auch in Form von Prämienklauseln,[441] etwa für die Geburt eines Kindes –, ist ausnahmsweise gemäß § 518 notarielle Beurkundung erforderlich.[442] Die Zusage einer unbenannten Zuwendung bzw. einer Abfindung für den Fall der Trennung betrifft jedoch keine Schenkungen iSd BGB und unterfällt daher nicht § 518.[443] Zwecks Vermeidung etwaiger Gesamtnichtigkeit gemäß § 139 können einzelne formbedürftige Klauseln die Beurkundung des ganzen Vertrages erfordern.[444] Stillschweigende, rechtlich bindende Vereinbarungen bilden angesichts der **Formlosigkeit** und rechtlichen Unverbindlichkeit der nichtehelichen Lebensgemeinschaft die Ausnahme und können daher nur angenommen werden, wenn ein entsprechender beidseitiger Rechtsbindungswille nachgewiesen wird (→ Rn. 102).

87 **b) Inhalt.** Partnerschaftsverträge verstoßen grundsätzlich nicht gegen die guten Sitten (§ 138).[445] Der Umstand, dass ein Partner (noch) anderweitig verheiratet ist, macht eine vertragliche Regelung mit dem nichtehelichen Partner grundsätzlich nicht sittenwidrig,[446] solange der andere Ehegatte dadurch nicht gezielt benachteiligt wird.[447] Wo etwaige **Grenzen der Vertragsfreiheit** liegen, ergibt sich aus allgemeinen Prinzipien (Grundrechtspositionen, höchstpersönliche Rechte, kein Eingriff in Rechte Dritter oder öffentlich-rechtliche Rechtsverhältnisse etc) sowie aus den für Ehegatten entwickelten Grundsätzen. Demgemäß bleiben etwa Klauseln über den höchstpersönlich-sittlichen Bereich wie beiderseitige Treue,[448] Kinderwunsch, Empfängnisverhütung,[449] Abtreibung, persönlichen Umgang mit Dritten, politische, weltanschauliche und religiöse Betätigung oder auch Wohnort unverbindlich.[450] Schadensersatzansprüche bei Nichterfüllung scheiden insoweit aus. Auch Klauseln ohne erhebliche Relevanz, etwa über Nebensächlichkeiten des Zusammenlebens wie Haushaltsorganisation oder Freizeitgestaltung sind verbindlicher rechtlicher Regelung nach hM nicht zugänglich.[451] Ob auf Normen des Eherechts verwiesen werden kann, muss mit Rücksicht auf die

---

[437] So schon auf Basis von § 69g FGG analog, LG Oldenburg FamRZ 1996, 1343; PWW/*Weinreich* Vor § 1297 Rn. 24; aA zum früheren Recht OLG Karlsruhe FamRZ 2008, 184; BayObLG NJW 1998, 1567; OLG Schleswig FamRZ 2002, 987.

[438] Siehe *Grziwotz,* Partnerschaftsverträge für die nichteheliche und die nicht eingetragene Lebenspartnerschaft, 4. Aufl. 2002; *Grziwotz* in Kroppenberg/Schwab/Henrich/Gottwald, Rechtsregeln für nichteheliches Zusammenleben, 2009, 7 ff.; *Grziwotz* neLG § 8, Rn. 9; *Grziwotz* MDR 1999, 709 ff.; Muster bei *Burhoff* ZFE 2002, 94 ff.; *Hausmann* in Hausmann/Hohloch neLG 841 ff.; MVHdB BürgerlR II/*Langenfeld* S. 703 ff.

[439] Nach *Hausmann,* Nichteheliche Lebensgemeinschaften und Vermögensausgleich, 1989, 2, trifft nur ein Fünftel der Paare schriftliche Vereinbarungen. Fast die Hälfte vertraue auf die Fairness des Partners. Fast 30 % hätten über die Folgen einer etwaigen Trennung noch nicht nachgedacht.

[440] Dazu insbesondere *Tzschaschel,* Vereinbarungen bei nichtehelichen Lebensgemeinschaften, 5. Aufl. 2010.

[441] Vorgeschlagen von *Oberto* FamRZ 1993, 1 (7); *Grziwotz,* Partnerschaftsvertrag für die nichteheliche und nicht eingetragene Lebensgemeinschaft, 4. Aufl. 2002, 38; *Grziwotz* neLG § 10 Rn. 20; Staudinger/*Löhnig,* 2018, Anh. § 1297 Rn. 32; Zweifel an der Zulässigkeit bei *Rauscher* FamR Rn. 732.

[442] OLG Saarbrücken OLGR 2008, 285 = BeckRS 2008, 05444.

[443] *v. Proff* NJW 2008, 3266 (3270).

[444] *Grziwotz* neLG § 9 Rn. 27 f.; allg. zu Regelungsschwerpunkten, Beratung, Form und Kosten *Grziwotz* neLG § 9 Rn. 12 ff.

[445] BGH FamRZ 1965, 368; NJW 1970, 1540; OLG Hamm FamRZ 1988, 618; OLG Köln FamRZ 2001, 1608 (1609); *Schreiber* FPR 2010, 387.

[446] OLG Hamm FamRZ 2000, 95; aA Vorinstanz LG Paderborn FamRZ 1999, 790; ferner OLG Köln FamRZ 2001, 1608: keine Sittenwidrigkeit bei Zusage einer Abfindung.

[447] *Grziwotz* in Kroppenberg/Schwab/Henrich/Gottwald, Rechtsregeln für nichteheliches Zusammenleben, 2009, 7, 22.

[448] Dazu *Grziwotz* neLG § 10 Rn. 27.

[449] Vgl. BGH NJW 1986, 2043; Erman/*Kroll-Ludwigs* Vor § 1353 Rn. 21; aA *Grziwotz* neLG § 10 Rn. 27 f.; *Muscheler* FamR Rn. 499.

[450] Teilweise großzügiger *Rauscher* FamR Rn. 739; *Grziwotz* neLG § 10 Rn. 23 ff.

[451] Vgl. *Hausmann,* Nichteheliche Lebensgemeinschaften und Vermögensausgleich, 1989, 90 ff. mit aufschlussreichen Gegenbeispielen aus der amerikanischen Kautelarpraxis; teilweise aA *Grziwotz* neLG § 10 Rn. 34 ff.; *Grziwotz* FPR 2005, 156 (157).

konkrete Norm geklärt werden.[452] Die Vereinbarung von Gütergemeinschaft oder eines öffentlich-rechtlichen Versorgungsausgleichs ist nicht möglich. Etwa vereinbarte Zustimmungserfordernisse analog §§ 1365, 1369 gelten nur in den Grenzen von § 137.[453] Sinnvoll sind vertragliche Regelungen für Teilbereiche, etwa Eigenheimfinanzierung[454] einschließlich Verlustbeteiligung, Vollmachten für bestimmte Lebensbereiche,[455] insbesondere Vorsorgevollmachten[456] sowie Unterhalt (→ Rn. 45). Im Hinblick auf die gerichtliche Durchsetzung von Vereinbarungen bleibt der Gedanke des § 120 Abs. 3 FamFG zu beachten.[457]

### III. Die Auflösung der Gemeinschaft

**1. Auflösung durch Tod; Erbrecht.**[458] **a) Verfügungen von Todes wegen.** Beerben kann der überlebende Lebensgefährte den Verstorbenen nur aufgrund einer **Verfügung von Todes wegen;**[459] eine (auch analoge) Anwendung der §§ 1931, 1371 über das gesetzliche Ehegattenerbrecht scheidet aus.[460] Die Einführung eines generellen gesetzlichen Erbrechts des Partners erschiene auch nicht sinnvoll.[461] Zu denken wäre allenfalls an ein gesetzliches Erbrecht für den Fall des Fehlens von Verwandten.[462] Die Bestimmung des nichtehelichen Partners zum Erben ist nicht sittenwidrig,[463] auch nicht bei gleichgeschlechtlichen Beziehungen.[464] **Sittenwidrigkeit** letztwilliger Verfügungen kann nur höchst ausnahmsweise in eklatanten Fällen bejaht werden,[465] etwa bei besonders familienfeindlicher Gesinnung des Erblassers[466] bzw. bei unerträglicher Zurücksetzung von Ehepartner und Kindern gegenüber dem neuen Partner. Eine entsprechende Fallgestaltung ist heute aber kaum mehr vorstellbar. Insbesondere entspringen Zuwendungen an den Lebensgefährten nach längerem Zusammenleben auch einer sittlichen Pflicht, sodass ihnen nichts Sittenwidriges anhaftet. Ein sogenanntes „Geliebtentestament" ist auch dann regelmäßig nicht als sittenwidrig gemäß § 138 Abs. 1 anzusehen, wenn es zu Miteigentum der Geliebten und der Ehefrau an dem von der Ehefrau bewohnten Haus führt.[467] 88

Ein **Testament** zu Gunsten des Partners ist nach der **Trennung** analog **§ 2077 Abs. 1, 2** nach der hier vertretenen Auffassung im Zweifel als hinfällig anzusehen.[468] Schließlich handelt es sich nur um eine Auslegungsregel, deren Gedanke auf die nichteheliche Lebensgemeinschaft in gleicher Weise passt. Nach der hM[469] ist § 2077 jedoch nicht analog anzuwenden, so dass das Testament in solchen Fällen – wenn nicht schon die Auslegung weiterhilft – nur durch Anfechtung unwirksam werden kann, deren Voraussetzungen aber nicht leicht darzulegen sind. Die Regelung des § 2077 soll auch dann nicht (analog) gelten, wenn die Partner ein Jahr nach Testamentserrichtung geheiratet hatten und die Ehe danach geschieden wurde.[470] Ob Abkömmlinge des bedachten Partners (analog § 2069) auch dessen **Ersatzerben** sein sollen, muss durch Auslegung ermittelt werden.[471] Testamen- 89

[452] Zurückhaltend *Lipp* AcP 180 (1980), 537 (576 ff.).
[453] *Hausmann* in Hausmann/Hohloch neLG 875 f.
[454] *Milzer* NJW 2008, 1621; *Mayer* ZEV 2003, 453; *v. Proff* NJW 2008, 3266 (3269); *v. Proff* RNotZ 2008, 313; *v. Proff* NotBZ 2010, 73 ff.; „Beratungscheckliste" bei *Grziwotz* MDR 1999, 710 ff.
[455] Einzelheiten über Typisierung, Umfang und Widerruf bei *Grziwotz* neLG § 18 Rn. 61 ff.
[456] Für Krankheit oder Todesfall *Grziwotz* MDR 1999, 714 f.; *Grziwotz* neLG § 18 Rn. 78 ff.
[457] *Hausmann* in Hausmann/Hohloch neLG 847 ff.; *Rauscher* FamR Rn. 739; *Grziwotz* neLG § 10 Rn. 17 ff.
[458] Dazu *Grziwotz* ZEV 1999, 299; *Grziwotz* MDR 1999, 913; *Koutses* FPR 2001, 41; rechtsvergleichend *Martiny* FPR 2010, 399.
[459] Zu Einzelheiten *Grziwotz* MDR 1999, 913; *Koutses* FPR 2001, 41 ff.; näher *Schmidt-Burbach,* Die nichteheliche Lebensgemeinschaft und ihre erbrechtlichen Verfügungsmöglichkeiten, 2004.
[460] OLG Saarbrücken NJW 1979, 2050; *Koutses* FPR 2001, 41; *Lange/Kuchinke* ErbR § 12 II 1; zu Reformüberlegungen *Götz* FamRZ 1985, 987 (988 ff.).
[461] Vgl. *Schwenzer* JZ 1988, 781 (786).
[462] Zur Diskussion *Dethloff* Gutachten zum 67. DJT, 2008, A 35 ff, 131 ff.; *Bosch* FamRZ 1980, 849 (853); *Leipold* AcP 180 (1980), 160 (180 f.); *Unverfehrt,* Schweizerische Reformbestrebungen für eine erbrechtliche Besserstellung nichtehelicher Lebensgemeinschaften, 2018, 248 ff.
[463] Anders noch BGH NJW 1965, 865; 1970, 1273; 1983, 674; 1984, 2150 für Darlehen.
[464] S. bereits OLG Frankfurt NJW-RR 1995, 265.
[465] BGH NJW 1983, 674; 1984, 2150; BayObLG FamRZ 2002, 915; OLG Frankfurt FamRZ 1995, 1026.
[466] Näher *Reinicke* FPR 2001, 56 (64).
[467] OLG Düsseldorf FamRZ 2009, 545.
[468] *Meier-Scherling* DRiZ 1979, 299; *Koutses* FPR 2001, 41 (42).
[469] Vgl. OLG Frankfurt ZEV 2016, 289; OLG Celle FamRZ 2004, 310, das auch die Anfechtung nicht durchgreifen ließ; BayObLG NJWE-FER 2001, 261; *Leipold* ZEV 2003, 330; PWW/*Weinreich* Vor § 1297 Rn. 73; Staudinger/*Löhnig,* 2018, Anh. § 1297 Rn. 162 ff.; vgl. auch BGH NJW 2003, 2095: keine Analogie bei Schwiegerkindscheidung.
[470] OLG Frankfurt ErbR 2016, 276; krit. zu Recht *Grziwotz* FamRZ 2018, 480 (487).
[471] BayObLG FamRZ 2005, 840; NJWE-FER 2000, 318; OLG Düsseldorf FamRZ 2013, 492.

tarische Zuwendungen an den Partner können mit erheblichen **Pflichtteilsansprüchen** der nächsten Angehörigen des Verstorbenen belastet sein (§§ 2303 ff.).[472] Zuwendungen zu Lebzeiten können im Erbfall Pflichtteilsergänzungsansprüche der Pflichtteilsberechtigten auslösen, da meist Schenkungen iSd § 2325 vorliegen.[473] Die diesbezügliche Fristenregelung in § 2325 Abs. 3 S. 1, 2 gilt uneingeschränkt; die Ausnahmeregelung für Ehegatten in § 2325 Abs. 3 S. 3 findet bei Schenkungen an den nichtehelichen Partner keine Anwendung.[474] Die für Ehegatten vorgesehenen Vergünstigungen des **Erbschaft- und Schenkungsteuerrechts** stehen dem überlebenden Partner nicht zu (→ Rn. 25).

90 **Gemeinschaftliche Kinder** sind seit dem Erbrechtsgleichstellungsgesetz vom 16.12.1997 (BGBl. 1997 I 2968) wie eheliche Kinder **erbberechtigt,** sofern der Erbfall nach dem 1.4.1998 liegt und das Kind nach dem 1.7.1949 geboren ist (Art. 1 Nr. 3 ErbGleichG, Art. 2 Nr. 1 Abs. 1 ErbGleichG; Art. 12 § 10 Abs. 1 NEhelG iVm Art. 12 § 1 NEhelG).[475] Durch das **Zweite Gesetz zur erbrechtlichen Gleichstellung nichtehelicher Kinder** vom 12.4.2011 (BGBl. 2011 I 615) wurde diese Regelung auf die vor dem 1.7.1949 geborenen Kinder erstreckt.[476] Auslöser dafür war eine Entscheidung des EGMR.[477] Weitere Entscheidungen des EGMR[478] zu diesbezüglichen Verstößen gegen das Diskriminierungsverbot des Art. 14 EMRK veranlassten den BGH, das Erbrecht des nichtehelichen Kindes im Einzelfall auch zu bejahen, wenn der Erbfall vor dem 1.4.1998 lag.[479]

91 Ein **gemeinschaftliches Testament** der nichtehelichen Partner nach § 2265 scheidet aus.[480] Zur Konvaleszenz im Fall nachträglicher Heirat → § 1297 Rn. 19. Eine **Umdeutung** (§ 140) in Einzeltestamente ist möglich, soweit die dafür vorgeschriebene Form für den jeweiligen Partner bzw. Erblasser eingehalten ist und die Aufrechterhaltung als Einzelverfügung dem Parteiwillen entspricht.[481] Beim eigenhändigen Testament (§ 2247) kommt eine Umdeutung in ein Einzeltestament somit nur zugunsten desjenigen Partners in Betracht, der die betreffenden Verfügungen selbst niedergeschrieben hat, nicht aber für denjenigen, der nur mitunterzeichnet hat. Die Beschränkung des Formprivilegs aus § 2267 auf Ehegatten ist verfassungsgemäß.[482] **Erbverträge** sind zulässig und erlauben vielfältige Regelungen;[483] auch bei beiderseitigem Rücktrittsvorbehalt bis zum Tode des Erstversterbenden ist ein Erbvertrag sicherer vor einem heimlichen Widerruf als wechselseitige testamentarische Verfügungen.[484] Im Fall der **Trennung** ist ein Erbvertrag gemäß § 2078 Abs. 2, §§ 2281 ff. anfechtbar. Ein **Ehegattentestament,** welches für den Fall der Wiederverheiratung des überlebenden Ehegatten bestimmt, dass die Wechselbezüglichkeit bestimmter Verfügungen dann entfallen soll, kann regelmäßig nicht dahin ausgelegt werden, dass dies auch für den Fall der Eingehung einer nichtehelichen Lebensgemeinschaft gelten soll.[485]

92 **b) Schuldrechtliche Ausgleichsansprüche im Todesfall.** Etwaige Ausgleichsansprüche, die bei Trennung zu Lebzeiten entstanden wären, kann der Leistende bei Tod des Leistungsempfängers im Zweifel gegen dessen Erben geltend machen (→ Rn. 115, 127). Bei Ansprüchen infolge Wegfalls der Geschäftsgrundlage (§ 313) oder Zweckverfehlung (§ 812 Abs. 1 S. 2 Alt. 2) werden testamentarische Zuwendungen an den Überlebenden aber im Rahmen der Gesamtabwägung zu berücksichtigen sein. **Stirbt** hingegen **der Leistende** bzw. Ausgleichsgläubiger, so wird die Inanspruchnahme des überlebenden Leistungsempfängers durch die Erben des Verstorbenen meist nicht dessen Willen entsprechen. Das gilt unabhängig davon, ob mit dem baldigen Tod gerechnet wurde oder nicht. Demgemäß wird man bereits von einem konkludenten Verzicht des zuerst Versterbenden auf seinen Ausgleichsanspruch (zB auch aus Gesellschaft, §§ 730 ff.) ausgehen können.[486] Eine letztwillige Verfügung gleichen Inhalts lässt selbst bei Formnichtigkeit auf einen entsprechenden Verzichtswillen

---

472 OLG Düsseldorf FamRZ 1997, 1110 für Schenkungen iSd Erbrechts. Zu Minimierungsstrategien *Grziwotz* FamRZ 2018, 480 (487) mwN.
473 Dazu OLG Köln FamRZ 1997, 1113; OLG Düsseldorf NJW-RR 1997, 1497.
474 LG Kiel BeckRS 2018, 4906.
475 Die Regelung ist laut BGH NJW 2012, 231 verfassungsgemäß.
476 Dazu BVerfG ZEV 2013, 326.
477 EGMR ZEV 2014, 645 – Fabris/Frankreich.
478 EGMR ZEV 2009, 510 – Brauer/Deutschland; ZEV 2017, 507 – Wolter und Safert/Deutschland.
479 BGH ZEV 2017, 510.
480 Vgl. BVerfG NJW 1989, 1986; *Kroiß/Eckert* NJW 2012, 3768.
481 OLG Braunschweig NJW-RR 2005, 1027; LG Bonn FamRZ 2004, 405; BayObLG FamRZ 2001, 1563; *Grziwotz* MDR 2018, 907 (911).
482 BVerfG NJW 1989, 1986; *Kingreen,* Verfassungsrechtliche Stellung der nichtehelichen Lebensgemeinschaft, 1995, 282 ff.
483 Dazu OLG München FamRZ 2015, 1061; Vorschläge bei *Grziwotz,* Partnerschaftsvertrag für die nichteheliche und nicht eingetragene Lebensgemeinschaft, 4. Aufl. 2002, 123 ff.; *Kroiß/Eckert* NJW 2012, 3768 f.
484 *Grziwotz* neLG § 30 Rn. 64 ff.
485 OLG Düsseldorf FamRZ 2014, 421.
486 *Coester* JZ 2008, 315 (316).

schließen.[487] Dafür spricht auch der Gedanke des § 1301 S. 2. Erst recht gilt dies, wenn der Leistende gerade die Absicherung des überlebenden Partners im Blick hatte. Bei Ansprüchen wegen Wegfalls der Geschäftsgrundlage wird freilich meist schon die Auslegung ergeben, dass der Tod nicht als Störung der Geschäftsgrundlage zu begreifen ist (→ Rn. 126). Entsprechendes gilt bei Ansprüchen aus § 812 Abs. 1 S. 2 Alt. 2; der Tod des Leistenden führt nicht zum Zweckfortfall (→ Rn. 115).

**c) Sonstiges.** Das **Totenfürsorgerecht** kann im Einzelfall auch ohne eine ausdrückliche Regelung dem Partner zustehen, soweit auf einen dahin gehenden Willen des Verstorbenen geschlossen werden kann.[488] Die Bestattungskosten tragen gemäß § 1968 die Erben. Der Anspruch auf Unterhalt und Haushaltsnutzung für 30 Tage nach dem Erbfall für im Haushalt lebende Familienangehörige nach § 1969 (**„Dreißigster"**) ist auch dem Lebensgefährten zuzubilligen, falls er vom Verstorbenen Unterhalt bezog.[489] Als Hausgenosse ist der nichteheliche Lebensgefährte auf Verlangen der Erben auskunftspflichtig über den Verbleib von Nachlassgegenständen (§ 2028);[490] die weitergehende Pflicht aus § 2027 Abs. 2 trifft ihn nur bei Ansichnahme von Sachen, die er nicht schon vor dem Erbfall gemeinsam mit dem Erblasser besaß.[491] Der sog. **Voraus** gemäß § 1932 steht dem Partner nach hM nicht zu.[492] Eben diese Regelung sollte indes de lege ferenda auf die Fälle der langjährigen nichtehelichen Lebensgemeinschaft ausgedehnt werden, um Notlagen zu vermeiden.[493] **Unterhaltsansprüche** einer überlebenden schwangeren oder ein Kind betreuenden Partnerin können sich aus den §§ 1615l, 1615n ergeben. 93

**2. Die Trennung unter Lebenden.** Der Entschluss zur Beendigung der Gemeinschaft kann jederzeit einvernehmlich, aber auch einseitig formfrei und ohne Angabe von Gründen mit sofortiger Wirkung gefasst werden. Die jederzeitige freie Lösbarkeit der Gemeinschaft lässt sich nicht vertraglich einschränken.[494] Vereinbarte Kündigungsfristen begründen (abweichend von § 723 Abs. 1) keine Rechtspflicht zur Fortsetzung der nichtehelichen Lebensgemeinschaft, auch nicht für eine Übergangszeit. Sie mögen aber als Verpflichtung zur wirtschaftlichen Absicherung des Partners während dieser Zeit auszulegen sein. Vereinbarte Geldzahlungen für den Fall der Aufkündigung der nichtehelichen Lebensgemeinschaft können unzulässige Vertragsstrafeversprechen beinhalten, wenn sie dazu dienen, das Verbleiben in der Gemeinschaft zu erzwingen.[495] Meist werden sie aber als pauschalierte Unterhaltszahlung zur Absicherung des wirtschaftlich schwächeren Partners zu deuten sein; je länger die Beziehung dauerte und je intensiver die rollenspezifische Abhängigkeit, desto höhere Abfindungssummen sind zuzulassen.[496] Gegen Belästigungen (Telefonterror), persönliche Nachstellungen oder tätliche Angriffe nach konfliktgeladener Auflösung der Gemeinschaft sind bei Wiederholungsgefahr gerichtliche Anordnungen nach § 1 GewSchG (→ Rn. 66) möglich.[497] Zum Rechtsschutz hinsichtlich der **Wohnung** → Rn. 64; zum **Mietrecht** → Rn. 57 ff.; zu **Unterhaltsfragen** → Rn. 67 ff. 94

**3. Kein Versorgungs- und Zugewinnausgleich.** Die §§ 1363 ff. über den Zugewinnausgleich sowie das VersAusglG gelten für die nichteheliche Lebensgemeinschaft nicht analog.[498] Vertragliche Vereinbarungen sind möglich, liegen aber regelmäßig nicht vor. Ein vereinbarter Versorgungsausgleich ist nur als schuldrechtlicher Ausgleich denkbar. Für den Fall des Vorversterbens des 95

[487] LG Aachen FamRZ 1988, 717; iErg genauso BGH NJW 1980, 1520 nach Verneinung einer Innengesellschaft.

[488] LG Ansbach NJW-Spezial 2012, 104 = ZEV 2012, 361; OLG Karlsruhe NJW 2001, 2980; *Grziwotz* MDR 2018, 907 (910).

[489] OLG Düsseldorf FamRZ 1983, 274 m. abl. Anm. *Bosch*; *Koutses* FPR 2001, 41 (42); Palandt/*Weidlich* § 1969 Rn. 1; *Grziwotz* MDR 2018, 907 (910); *Gernhuber/Coester-Waltjen* FamR § 43 Rn. 10–12; Staudinger/*Löhnig*, 2018, Anh. § 1297 Rn. 166; auch *Lieb* Gutachten zum 57. DJT, 1988, A 94 ff.; für zeitliche Ausdehnung de lege ferenda *Schwenzer* JZ 1988, 781 (787).

[490] Dazu LG Wiesbaden FamRZ 2015, 1231; LG Berlin FamRZ 1979, 503; Staudinger/*Löhnig*, 2018, Anh. § 1297 Rn. 165.

[491] Soergel/*Schumann* NehelLG Rn. 204.

[492] Soergel/*Schumann* NehelLG Rn. 201; krit. *Koutses* in Hausmann/Hohloch neLG 542 f.; aA *Grziwotz* neLG § 29 Rn. 2 f.

[493] *Schwenzer* JZ 1988, 781 (787); *Koutses* FPR 2001, 41.

[494] *Hausmann*, Nichteheliche Lebensgemeinschaften und Vermögensausgleich, 1989, 91 f.; Staudinger/*Löhnig*, 2018, Anh. § 1297 Rn. 31, 68.

[495] Vgl. OLG Hamm NJW 1988, 2474 für eine vorgesehene Abfindung von 40.000 DM, die sich nach zehn Jahren verdoppeln sollte; abl. *Lieb* DNotZ 1988, 712 (714 ff.); näher *Grziwotz* neLG § 12 Rn. 107 ff.

[496] Vgl. OLG Köln FamRZ 2001, 1608; ferner LG Coburg FamRZ 2005, 518.

[497] Näher Palandt/*Brudermüller* GewSchG § 1 Rn. 1 ff.

[498] Vgl. nur LG Aachen NJW-RR 1988, 450 (451); s. auch OLG Bremen NJW-RR 2013, 197; *Kindler* Jura 2010, 131 (136); näher *Hoischen*, Die Vermögensauseinandersetzung nichtehelicher Lebensgemeinschaften in Deutschland und in Frankreich, 2015, 64 ff.

Ausgleichspflichtigen bietet das aber keine Vorsorge. Insoweit müsste durch freiwillige Beiträge zur Rentenversicherung oder den Abschluss einer privaten Lebensversicherung vorgesorgt werden.[499] Das (gegenseitige) Versprechen eines Zugewinnausgleichs sollte wegen der weitreichenden Folgen analog §§ 1410, 1414 notariell beurkundet werden.

96 **4. Vermögensauseinandersetzung. a) Miteigentum.** Zum Zweck des gemeinschaftlichen Lebens genutzte Sachen sind dem **Eigentümer** gemäß §§ 985, 732 herauszugeben (zu den Eigentumsverhältnissen → Rn. 47) bzw. können von diesem mitgenommen werden;[500] ein Zurückbehaltungsrecht steht dem anderen Teil nicht zu, wenn dies faktisch, insbesondere an der gemeinsamen Wohnung, zu einer Fortsetzung der Gemeinschaft führen würde.[501] Über **Miteigentum** (nicht aber über Mitbesitz) müssen sich die Partner nach gemeinschaftsrechtlichen Regeln (§§ 741 ff., §§ 752 ff.) auseinandersetzen.[502] Eine richterliche Zuweisung von Wohnung und Haushaltsgegenständen analog §§ 1361a, 1361b oder §§ 1568a, 1568b scheidet nach ganz hM aus (→ Rn. 66).

97 Wird eine im Miteigentum stehende Immobilie **nach Trennung** von einem Partner **allein** weiter **genutzt,** kann der andere Partner ggf. Anspruch auf **Nutzungsentschädigung** haben. Erforderlich dafür ist allerdings, dass der wegziehende Partner eine diesbezügliche Neuregelung der Verwaltung und Benutzung nach § 745 Abs. 2 verlangt hat. Das schlichte Nichtnutzen des Wohnraums durch einen Teilhaber führt für sich allein noch nicht zu einem Anspruch auf Nutzungsentschädigung.[503] Weiterhin kann der Umstand, dass der in der Immobilie verbleibende Partner im Gegenzug die gesamten Lasten übernimmt (Darlehenstilgung; Zinszahlung) die stillschweigende Vereinbarung beinhalten, dass keine Nutzungsentschädigung zu leisten ist.[504] Macht der die Immobilie nach Trennung allein nutzende Partner nachträglich jedoch einen Anspruch aus § 426 auf anteiligen Lastenausgleich geltend, so kann der ausgezogene Partner dem nachträglich nach Treu und Glauben auch einen Ausgleichsanspruch wegen des Nutzungswertes entgegenhalten.[505] Die Ansprüche sind insoweit zu verrechnen, ohne dass es einer ausdrücklichen Aufrechnung bedürfte (→ Rn. 139).[506]

98 **b) Bankguthaben.** Gemeinsam angelegte Ersparnisse[507] sind einschließlich der Gewinne analog §§ 734, 743 im Verhältnis zu den erbrachten Einlagen, bei unaufklärbarer Herkunft der Einlagen analog §§ 430, 742 hälftig zu teilen.[508] Bei faktischen Gemeinschaftskonten, dh Bankkonten, die zwar nur auf den Namen eines Partners lauten, faktisch aber im Innenverhältnis als gemeinsame Konten betrachtet werden und gemeinsamen Zwecken dienen,[509] können ebenfalls Ausgleichsansprüche des formal nicht berechtigten Partners bei Auflösung der nichtehelichen Lebensgemeinschaft in Betracht kommen.[510] Hier sollte wie bei Ehegatten ein Ausgleich entsprechend §§ 430, 742 bejaht werden, wenn die gemeinsame Benutzung des Kontos, insbesondere auf Grundlage einer Kontovollmacht, auf eine rechtsgeschäftlich begründete Bruchteilsgemeinschaft am Konto schließen lässt.[511] Hierfür kann auch eine stillschweigende Vereinbarung genügen. Insoweit erscheint ein Gleichlauf mit dem Ehegattenrecht angemessen.[512]

## IV. Vermögensrechtliche Ausgleichsansprüche nach Beendigung der Gemeinschaft

99 **1. Grundsatz der Nichtausgleichung für laufende Beiträge.** Als Ausgangspunkt kann auf Grundlage der Rspr. des BGH gelten, dass es zwischen den Partnern einer nichtehelichen Lebensgemeinschaft bei Trennung grundsätzlich keine Ausgleichsansprüche gibt: „Bei einer solchen Gemeinschaft stehen die persönlichen Beziehungen derart im Vordergrund, dass sie auch das die Gemein-

---

499 *Hausmann* in Hausmann/Hohloch neLG 852, 867; *Grziwotz* neLG § 25 Rn. 67 ff.
500 *Gernhuber/Coester-Waltjen* FamR § 44 Rn. 18.
501 OLG Hamm NJW 1986, 728.
502 AG Walsrode NJW-RR 2004, 365 betr. Zuweisung eines gemeinschaftlichen Hundes; Staudinger/*Löhnig,* 2018, Anh. § 1297 Rn. 90.
503 BGH NZFam 2018, 844.
504 Vgl. BGH NZFam 2018, 844.
505 BGH NZFam 2018, 844.
506 BGH NZFam 2018, 844.
507 Dazu *Schulz* FamRZ 2007, 593 (602 f.).
508 Soergel/*Schumann* NehelLG Rn. 200, Halbteilung als Grundsatz.
509 Dazu *Hausmann* in Hausmann/Hohloch neLG 296 f., zum Gesamtgläubigerregress beim gemeinsamen Oder-Konto S. 255 ff.
510 Bejahend OLG Schleswig Beschl. v. 17.11.2015 – 3 U 20/15; abl.: OLG Düsseldorf NJW 1979, 1509; OLG Frankfurt NJW 1982, 1885.
511 OLG Schleswig BeckRS 2016, 00502 = FamRZ 2016, 993; *Grziwotz* FamRZ 2018, 480 (484); zur Ehegatten-Rspr. BGH NJW 2002, 3702 = FamRZ 2002, 1696; NJW 2000, 2347 = FamRZ 2000, 948.
512 Vgl. *Hausmann* in Hausmann/Hohloch neLG 297; *Schulz* FamRZ 2007, 593 (603); Staudinger/*Löhnig,* 2018, Anh. § 1297 Rn. 150.

schaft betreffende vermögensmäßige Handeln der Partner bestimmen und daher nicht nur in persönlicher, sondern auch in wirtschaftlicher Hinsicht keine Rechtsgemeinschaft besteht. Wenn die Partner nicht etwas Besonderes unter sich geregelt haben, werden dementsprechend persönliche und wirtschaftliche Leistungen nicht gegeneinander aufgerechnet. Beiträge werden geleistet, sofern Bedürfnisse auftreten, und, wenn nicht von beiden, so von demjenigen erbracht, der dazu in der Lage ist. Soweit nachträglich noch etwas ausgeglichen wird, geschieht das aus Solidarität, nicht in Erfüllung einer Rechtspflicht."[513] Dem hat sich die hM im Schrifttum angeschlossen, soweit es um die **laufenden Beiträge** zur Aufrechterhaltung der Gemeinschaft geht.[514] Daher wird für Haushaltsführung,[515] Pflegeleistungen,[516] Kinderbetreuung,[517] Unterhalts- oder Wohnraumgewährung, Zahlung der Wohnungsmiete während des Bestehens der Gemeinschaft, gelegentliche Handwerkerleistungen[518] und sonstige laufende finanzielle Leistungen kein Ausgleich geschuldet. Gleiches gilt für eine Mitarbeit im Beruf oder Betrieb des Partners, soweit und solange sie sich im Rahmen der auch unter Ehegatten zu erwartenden Mitarbeit hält. Es wäre auch kaum möglich, alle diese Leistungen nachträglich noch zu erfassen und zu beziffern. Im Ergebnis geht das freilich zu Lasten desjenigen Partners, der seine Erwerbssicherung zugunsten von Haushaltsführung und Kinderbetreuung hintanstellt. Zur Rechtfertigung eines fehlenden Ausgleichsanspruchs kann indes auch bei Unverheirateten auf den Gedanken des **§ 1360b** verwiesen werden, wonach derjenige, der vergleichsweise mehr **Unterhaltsbeiträge** leistet, im Zweifel keinen nachträglichen Ausgleich dafür verlangen kann. Auch in der nichtehelichen Lebensgemeinschaft sind entsprechend § 1360 S. 2 Haushaltsführung und Barunterhalt als gleichwertig anzusehen. Bestehen demnach im Einzelfall keine Ansprüche, kann ein abgegebenes abstraktes **Schuldanerkenntnis** kondiziert werden (§ 812 Abs. 2).[519]

Von laufenden, unterhaltsähnlichen Leistungen zu unterscheiden sind **größere Zuwendungen** **100**
an den Partner, die deutlich über das hinausgehen, was zur Aufrechterhaltung der Lebensgemeinschaft erforderlich ist. Das kann umfangreiche **Dienstleistungen** betreffen (etwa im Betrieb des anderen oder Handwerkerleistungen zugunsten der Immobilie des Partners), größere **Zuwendungen von Geld** (Investitionen in Haus oder Unternehmen des Partners), die Bezahlung von Schulden, insbesondere die Tilgung eines Immobiliendarlehens,[520] die Einräumung des Bezugsrechts in einer Lebensversicherung[521] oder die Übertragung großer **Sachwerte,** vor allem von Immobilien(anteilen). Es im Falle einer Trennung stets endgültig bei solchen Vermögensverschiebungen zu belassen, weil keine konkrete Vereinbarung über eine Ausgleichsleistung vorliegt, würde nicht selten zu großen Ungerechtigkeiten führen.[522] Insoweit sollte auch kein Partner auf Kosten des anderen bereichert aus der Gemeinschaft hervorgehen.[523] Daran anknüpfend ist in der Rspr.[524] inzwischen anerkannt, dass Ansprüche aus § 812 Abs. 1 S. 2 Alt. 2 (→ Rn. 110 ff.) sowie § 313 (→ Rn. 119 ff.) in Betracht kommen können, wenn es um Leistungen größeren Umfangs geht, die sich im Zeitpunkt der Trennung noch messbar im Vermögen des Empfängers niederschlagen; deren Wert und Nutzen somit über die Zeit der Lebensgemeinschaft hinausgehen, für die der Leistende aber keine angemessene Gegenleistung erhalten hat, so dass ein Festhalten an der Vermögensverschiebung für ihn nach der Trennung unzumutbar erscheint. Vor dem Rückgriff auf das Bereicherungsrecht und das allgemeine Schuldrecht sind jedoch zunächst alle in Betracht kommenden spezielleren Anspruchsgrundlagen (→ Rn. 101 ff.) zu prüfen.

---

513 StRspr, BGH NJW 2008, 443 = FamRZ 2008, 247; NJW 2004, 58; 1997, 3371; 1996, 2727; NJW-RR 1996, 1473; 1993, 774; NJW 1992, 906; NJW-RR 1991, 898; NJW 1983, 1055; 1981, 1502; OLG Hamm FamRZ 2014, 228; BeckRS 2013, 10991; LG Köln FamRZ 2006, 623.

514 *Gernhuber/Coester-Waltjen* FamR § 44 Rn. 20; *Dethloff* FamR § 8 Rn. 18; Palandt/*Brudermüller* Einl. v. § 1297 Rn. 29; Staudinger/*Löhnig,* 2018, Anh. § 1297 Rn. 66, 86; *Hausmann* in Hausmann/Hohloch neLG 233 f.; *Stein* FamFR 2011, 409 (411); *Schlüter/Belling* FamRZ 1986, 405; *Weinreich* FPR 2001, 29 (31, 33); grds. auch *Lieb* Gutachten zum 57. DJT, 1988, A 46; vertiefend zuletzt *Grotkamp* AcP 216 (2016), 584.

515 BGH BeckRS 1960, 31397134 = FamRZ 1960, 129; OLG Bremen NJW-RR 2013, 197; OLG München FamRZ 1980, 239; OLG Frankfurt FamRZ 1981, 253; krit. insoweit *Oehlmann/Stille* FamRZ 2004, 151 (155); *Dethloff* Gutachten zum 67. DJT, 2008, A 140.

516 OLG Frankfurt NJW 1982, 1885; Soergel/*Schumann* NehelLG Rn. 164; *Günther* FF 2012, 194 (197).

517 OLG Bremen NJW-RR 2013, 197.

518 BGH NJW 2013, 2187; 1983, 1055 = FamRZ 1983, 349.

519 BGH NJW-RR 1999, 573.

520 ZB BGH NJW 2013, 2187; OLG Brandenburg NZFam 2014, 1010.

521 BGH NJW-RR 2013, 404 = FPR 2013, 333.

522 Fraglich etwa OLG Saarbrücken DAR 2002, 70.

523 Ähnlich *Dethloff* Gutachten zum 67. DJT, 2008, A 135 ff.

524 Grdl. BGH NJW 2008, 3277 = FamRZ 2008, 1822 mAnm *Grziwotz;* bereits in Erwägung gezogen von BGH NJW 1991, 830; anders noch, im konkreten Fall aber ggf. zu Recht, BGH NJW 2008, 443 = FamRZ 2008, 247 mAnm *Grziwotz;* NJW-RR 2005, 1089 = FamRZ 2005, 1151; NJW 2004, 58; NJW 1996, 2727; 1997, 3371 (3372); 1980, 1520.

101 **2. Ansprüche aus Verlöbnis.** Bei einem nachweisbaren **Heiratsversprechen,** das allerdings noch nicht im längeren Zusammenleben als solchem liegt, sind Ansprüche aus **Verlöbnisrecht** (§§ 1298 ff.), gerichtet auf Rückgabe von echten Verlobungsgeschenken oder Schadensersatz bei unbegründetem Rücktritt vom Verlöbnis, denkbar.[525] Eine generelle analoge Anwendung dieser Normen auf die nichteheliche Lebensgemeinschaft ist mit der ganz hM[526] jedoch abzulehnen. Im Übrigen handelt es sich auch zwischen Verlobten nicht um Verlobungsgeschenke, wenn eine während der Verlobungszeit erfolgte Zuwendung lediglich der Ausgestaltung der Lebensgemeinschaft dient und gerade nicht in Erwartung der Ehe oder zum Zeichen des Verlöbnisses erfolgt ist.[527] Ist die Geschäftsgrundlage für Zuwendungen unter Verlobten gerade auch in der geplanten Eheschließung zu sehen und werden Rückforderungsansprüche erst nach Scheitern dieser Ehe geltend gemacht, so werden voreheliche und ehezeitliche Zuwendungen einheitlich nach den Grundsätzen über ehebedingte Zuwendungen abgewickelt.[528] Sofern es sich um gegenwärtige oder ehemals Verlobte handelt, ist für die vermögensmäßige Auseinandersetzung bei Trennung unabhängig von der Anspruchsgrundlage das FamG zuständig (vgl. § 266 Abs. 1 Nr. 1 FamFG).[529]

102 **3. Ansprüche aus besonderen vertraglichen Absprachen. a) Dienstvertrag, Darlehen.** Ansprüche können bestehen, wenn entsprechende vertragliche Vereinbarungen getroffen wurden. Ein Entgelt für **Dienstleistungen** aus § 611 ist nur geschuldet, wenn ein echtes Dienst- oder Arbeitsverhältnis bestand und eine Vergütung als vereinbart galt, was für Haushaltsführung, Kinderbetreuung oder geringfügige Mitarbeit im Beruf aber regelmäßig nicht zutrifft.[530] Für die Entgeltvereinbarung ist der die Zahlung Fordernde beweispflichtig.[531] Liegt ein Dienst- bzw. Arbeitsverhältnis im Einzelfall vor, richtet sich die Vergütung nach § 612; ein Rückgriff auf § 313 oder § 812 Abs. 1 scheidet aus.[532]

103 Bei Geldleistungen setzt ein Rückzahlungsanspruch aus **Darlehen** (§ 488) eine zumindest stillschweigende **Abrede** über die Rückzahlungsverpflichtung voraus.[533] Zur Annahme von stillschweigenden Verträgen bedarf es allerdings „besonderer tatsächlicher Anhaltspunkte", die erkennbar werden lassen, dass die Partner gerade die betreffende Leistung – anders als die sonstigen laufenden Beiträge zur Gemeinschaft – einer rechtlich bindenden Regelung zuführen wollten.[534] Die Leistungserbringung alleine genügt hierfür nicht. Die Kürze der bisherigen Beziehung ist allenfalls ein erstes Indiz für ein Darlehen. Fehlen konkrete Anhaltspunkte für einen **Rechtsbindungswillen,** ist im Zweifel nicht von einer vertraglichen Bindung auszugehen. Die nachträgliche Konstruktion von Vertragsschlüssen muss ausscheiden.[535] Auch aus diesem Grund wird freilich die ausdrückliche Vereinbarung eines Darlehens zwischen den Partnern nachdrücklich empfohlen, insbesondere in den Hausbaufällen.[536] Nachträgliche Ansprüche auf **Miete** nach Wohnungsgewährung werden aus den genannten Gründen ebenfalls meist ausscheiden. Gleichwohl kann versucht werden, primär aus Darlehen, aus Mietvertrag etc. vorzugehen und Ansprüche aus § 313 oder § 812 Abs. 1 S. 2 Alt. 2 nur hilfsweise geltend zu machen. Darin liegt kein widersprüchliches Vorgehen.[537]

104 **b) Schenkungsrecht.** Geld- und Sachzuwendungen, die dem Empfänger ausschließlich zu eigenen Zwecken zugute kamen, können **Schenkungen** (§ 516) sein.[538] Eine Schenkung liegt vor, wenn die Zuwendung nach dem Willen der Partner unentgeltlich im Sinne echter Freigiebigkeit

---

525 Vgl. BGH NJW-RR 2005, 1089 = FamRZ 2005, 1151 abl. für Zahnbehandlungskosten; OLG Oldenburg FamRZ 1996, 287 abl. für Möbel.

526 Vgl. nur OLG Brandenburg NZFam 2016, 336; Staudinger/*Löhnig,* 2018, Anh. § 1297 Rn. 40; ausf. *Grziwotz* neLG § 7.

527 Beispiel: BGH NJW-RR 2005, 1089 = FamRZ 2005, 1151; OLG Brandenburg NZFam 2016, 336; OLG Oldenburg FamRZ 1996, 287.

528 BGH NJW 2012, 3374.

529 LG Mainz FamRZ 2013, 68.

530 Vgl. OLG München FamRZ 1980, 239; LAG Köln MDR 1999, 1331; *Schwab* FamR Rn. 982 ff., 962; näher *Weinreich* FPR 2001, 29 (33); zu Sonderfällen Staudinger/*Löhnig,* 2018, Anh. § 1297 Rn. 123 ff.

531 OLG Oldenburg BeckRS 2012, 00950; ferner OLG Naumburg BeckRS 2012, 20195.

532 OLG Brandenburg NJW-RR 2015, 516.

533 Abl. im Einzelfall zB OLG Karlsruhe FamRZ 1994, 377; OLG Brandenburg BeckRS 2009, 88660; OLG Naumburg BeckRS 2012, 20195; bejahend OLG Koblenz NJW-RR 1998, 1516 für Ausgleich eines Kontos nach nur zweimonatiger Beziehung; ferner BGH NJW 1985, 1841.

534 BGH NJW 2008, 2333 = FamRZ 2008, 1404.

535 BAG NJW 1959, 1511; BFH NJW 1989, 1696; ähnlich KG FamRZ 2010, 476.

536 Ausf. *Everts* MittBayNot 2012, 258 (262 ff.).

537 OLG Naumburg FamRZ 2013, 55.

538 Vgl. OLG Stuttgart Justiz 1985, 201 für Zuwendung von Miteigentum an der gemeinsam benutzten Wohnung.

erfolgt und nicht konkret an die Erwartung des Fortbestehens der Beziehung geknüpft ist, sondern zur freien Verfügung des Empfängers geleistet wird.[539] Das gilt regelmäßig für Weihnachts- oder Geburtstagsgeschenke. Allerdings gehen hM und Rspr. – wie bei Ehegatten – davon aus, dass die meisten unentgeltlichen Leistungen zwischen Unverheirateten nicht als Schenkungen, sondern als sog. **unbenannte Zuwendungen**[540] einzuordnen sind. Diese erfolgen weder unentgeltlich noch rechtsgrundlos, sondern zur Ausgestaltung, Erhaltung oder Sicherung der Partnerschaft und insoweit in einem gewissen Gegenseitigkeitsverhältnis.[541] Die Zuwendungen führen nämlich regelmäßig nicht zu einer den Empfänger einseitig begünstigenden und frei disponiblen Bereicherung, sondern sollen die Lebensgemeinschaft fördern und damit auch dem Leistenden selbst im Rahmen der Gemeinschaft zugutekommen.[542] Auf solche Zuwendungen findet – unabhängig davon, ob der Leistende sie als Schenkung bezeichnet – Schenkungsrecht keine Anwendung (Schenkungsteuerrecht allerdings schon; → Rn. 26). Eine Schenkung kann im Einzelfall jedoch vorliegen, wenn die Zuwendung allein der (endgültigen) finanziellen **Absicherung des Partners** dienen soll und demgemäß gerade vom Fortbestand der nichtehelichen Lebensgemeinschaft unabhängig ist.[543] Das trifft aber nicht zu, wenn die Absicherung nur einen evtl. bevorstehenden Unglücksfall (etwa auf einer gefährlichen Reise) betrifft, der dann nicht eintritt, sodass die Zuwendung ihren weiteren Zweck dann doch in der Förderung der nichtehelichen Lebensgemeinschaft findet.[544]

Auch wenn im Einzelfall eine Schenkung zu bejahen sein sollte, bringt die Anwendbarkeit der **105**
§§ 516 ff. kaum nennenswerte Vorteile. Eine **Rückforderung wegen groben Undanks** (§ 530 Abs. 1) erfordert wegen der jederzeitigen Auflösbarkeit der Gemeinschaft mehr als Untreue oder den Abbruch der Beziehungen.[545] Hinzukommen müssen schwere Verfehlungen oder ein grober Vertrauensbruch, zB die Strafanzeige gegen den Partner, Anschwärzung bei dessen Arbeitgeber[546] oder die Entgegennahme einer Zuwendung nach dem bereits gefassten Entschluss zur Trennung oder zur heimlichen Beziehung mit einer anderen Person.[547] In den zuletzt genannten Fällen kommt auch eine Rückforderung gemäß § 826 in Betracht.[548] Zu denken bleibt außerdem an eine Anfechtung der Schenkung wegen arglistiger Täuschung (§ 123). Ansonsten kann ein Schenkungswiderruf auf die Verarmung des Schenkers gestützt werden (§ 528). Liegt eine echte Schenkung vor und sind die Sondertatbestände des Schenkungsrechts für Rückforderungen nicht erfüllt, bleibt außerdem der Rückgriff auf § 313 wegen Störung der Geschäftsgrundlage möglich.[549]

**4. Ansprüche aus Gesellschaftsrecht. a) Keine Gesellschaft durch Zusammenleben.** **106**
Nach hM bilden weder die nichteheliche Lebensgemeinschaft als solche noch das gemeinsame Wirtschaften[550] eine Gesellschaft gemäß oder analog § 705.[551] Dagegen spricht zwar nicht schon, dass die überwiegend vermögensrechtlichen Regeln der BGB-Gesellschaft die nichteheliche Lebensgemeinschaft als umfassende personale Beziehung nicht hinreichend erfassen könnten.[552] Das Problem wäre vielmehr, dass man bei genereller Annahme einer Gesellschaft – abgesehen von Detailfragen, was alles zum Gesellschaftsvermögen zu zählen wäre[553] und wem welcher Anteil

539 BGH NJW 2014, 2638.
540 BGH NJW 2008, 3277; OLG Bremen FamRB 2010, 338; OLG Naumburg FamRZ 2006, 1534; OLG Köln FamRZ 2001, 1608; LG Köln NJW-Spezial 2017, 645 = FamRZ 2018, 194; *Schwab* FamR Rn. 957; *Gernhuber/Coester-Waltjen* FamR § 44 Rn. 21 Fn. 46; *Dethloff* FamR § 8 Rn. 20; *Schulz* FamRZ 2007, 593 (598); *M. Schwab* FamRZ 2010, 1701; *Weinreich* FPR 2001, 29 (35); PWW/*Weinreich* Vor § 1297 Rn. 67; näher *Lorenz* FG 50 Jahre BGH, 2000, 571 ff.; *Conradt,* Unbenannte Zuwendungen, 1998; *Zain,* Unbenannte Zuwendungen und lebensgemeinschaftsdienliche Dienstleistungen, 2000.
541 Anders sieht es die Rspr. bei Schwiegerelternzuwendungen, vgl. BGHZ 184, 190 = NJW 2010, 2202.
542 BGH NJW 2008, 3277 = FamRZ 2008, 1822.
543 Vgl. OLG München FamRZ 2009, 1831 für Ehegatten.
544 BGH NJW 2014, 2638.
545 OLG Hamm NJW 1978, 224; OLG Karlsruhe FamRZ 1986, 1095; *Dethloff* FamR § 8 Rn. 21; *Battes,* Nichteheliches Zusammenleben im Zivilrecht, 1983, Rn. 39; Soergel/*Schumann* NehelLG Rn. 171; *Weinreich* FPR 2001, 29 (35).
546 BGH JR 1991, 281 mAnm *Probst.*
547 OLG Hamm NJW 1978, 224; *Schwab* FamR Rn. 1005.
548 Soergel/*Lange,* 12. Aufl. 1988, NEhelLG Rn. 103.
549 BGHZ 184, 190 = NJW 2010, 2202 in Bezug auf Schwiegerelternzuwendung.
550 So aber → 4. Aufl. 2000, Anh. § 1302 Rn. 18 *(Wacke); Krause* JuS 1989, 455 (456 f.); *Liebs* JZ 1998, 408 (409); *Battes* JZ 1988, 908 (910 f.); *Schwenzer,* Vom Status zur Realbeziehung, 1987, 192 ff.
551 BGH NJW 1980, 1520 = FamRZ 1980, 664; NJW 1986, 51; OLG Naumburg NJW 2003, 1819; *Lieb* Gutachten zum 57. DJT, A 69 f.; *Coester-Waltjen* NJW 1988, 2088; *Schlüter/Belling* FamRZ 1986, 405 (406); *Grziwotz* FPR 2010, 369 (372).
552 So noch *Derleder* NJW 1980, 547; *Strätz* FamRZ 1980, 436; *Lipp* AcP 180 (1980), 572.
553 Krit. *Schlüter/Belling* FamRZ 1986, 405 (410). Zur Lösung dieses Problems *Battes* ZHR 143 (1979), 385 (398 f.).

zustände[554] – im Fall der Trennung zu einer umfassenden Vermögensauseinandersetzung ähnlich dem Zugewinnausgleich käme.[555] Es kann jedoch nicht sein, dass die Folgen einer nichtehelichen Lebensgemeinschaft weiter greifen als die einer Ehe mit Gütertrennung. Zur Regelung etwa eines Bauvorhabens kann es sich aber anbieten, eine BGB-Gesellschaft zu gründen, etwa auch aus steuerrechtlichen Gründen.[556]

107 **b) Ausnahme: Abfindungsanspruch aus beendeter Innengesellschaft.** Nach der Rspr. kann im Hinblick auf **einzelne Vermögensgegenstände** oder Wirtschaftsziele nach den Regeln der §§ 730 ff. ein Ausgleichsanspruch zu bejahen sein, wenn auf Grund der Gesamtwürdigung aller „in Betracht zu ziehenden Umstände"[557] ausnahmsweise ein Gesellschaftsverhältnis (Innengesellschaft ohne Gesamthandsvermögen[558]) anzunehmen ist.[559] Dabei genügt eine rein faktische Willensübereinstimmung nicht.[560] Voraussetzung ist vielmehr ein ausdrücklicher oder zumindest ein **schlüssig zustande gekommener Vertrag.**[561] Indizien für den Rechtsbindungswillen können sich aus Planung, Umfang und Dauer der Zusammenarbeit ergeben. In der Sache wird dabei gefordert, dass die Partner – über den Zweck der Verwirklichung der Lebensgemeinschaft hinausgehend[562] – durch gemeinschaftliche Leistungen einen Vermögensgegenstand erworben und hierbei die Absicht verfolgt haben, einen – wenn auch nur wirtschaftlich – gemeinsamen Wert zu schaffen, der von ihnen nicht nur gemeinsam genutzt werden, sondern ihnen nach ihrer Vorstellung auch gemeinsam gehören sollte.[563] Die **formal-dingliche,** also sachenrechtliche **Zuordnung** kann dabei in den Hintergrund treten,[564] solange aufgrund gemeinsamen Einsatzes von Arbeit und Kapital subjektiv von der Vorstellung ausgegangen wird, etwas Gemeinsames zu schaffen. Kommt es den Parteien jedoch durchaus auf die formal-dingliche Zuordnung an (zB um den Vermögensgegenstand dem Zugriff von Gläubigern zu entziehen), spricht das eher gegen die Annahme einer Gesellschaft.[565] Gleiches gilt, wenn wegen eines bestehenden Schufa-Eintrags eines Partners das Eigentum bewusst dem anderen Partner zugeordnet werden soll.[566] Wurde ausdrücklich ein **Arbeitsvertrag** mit dem Partner geschlossen, steht das der Annahme einer Gesellschaft entgegen.[567] Wie auch bei der Rspr. zu § 313 (→ Rn. 119 ff.) zeigen sich insgesamt viele Parallelen zur entsprechenden Ehegattenrechtsprechung bzw. Ehegatteninnengesellschaft.[568] Die dazu entwickelten Grundsätze können weitgehend auf die nichteheliche Lebensgemeinschaft übertragen werden.

108 Versucht man, die **Voraussetzungen** für die Annahme einer (Innen-)Gesellschaft tatbestandlich zu fassen, kommt es laut BGH neben dem (konkludenten) Vertragsschluss selbst im Wesentlichen auf Folgendes an:

– (1) Es muss ein **hochwertiger Vermögensgegenstand**[569] geschaffen worden sein, zB eine Immobilie[570] oder ein Unternehmen.[571] Dabei kann es sich auch um die von den Partnern

---

554 Für hälftige Beteiligung am Überschuss *Krause* JuS 1989, 455 (457).

555 PWW/*Weinreich* Vor § 1297 Rn. 10; *Schlüter/Belling* FamRZ 1986, 405 (410).

556 Empfehlungen bei *Milzer* NJW 2008, 1621.

557 BGH NJW-RR 2003, 1658 = FamRZ 2003, 1542 mAnm *Burger*; zust. *Langenfeld* LMK 2003, 227.

558 Krit. gegenüber der dogmatischen Konstruktion *Schlüter* FamR Rn. 502.

559 Ausf. *Hausmann* in Hausmann/Hohloch neLG 269 ff.

560 So aber wohl noch BGHZ 77, 55 = NJW 1980, 1520; BGHZ 84, 388 = NJW 1982, 2863; BGH NJWE-FER 2000, 209; ähnlich OLG Schleswig FamRZ 2002, 96.

561 BGH NJW 2013, 2187; 2010, 998; 2006, 1268; NJW 2008, 3277 = FamRZ 2008, 1822; NJW 2008, 3282 = FamRZ 2008, 1828; NZG 2011, 984; OLG Brandenburg NJW-RR 2015, 516; OLG Bremen NJW-RR 2013, 197; OLG Hamm FamRZ 2014, 228; LG Köln NJW-Spezial 2017, 645 = FamRZ 2018, 194; dazu auch *Günther* FF 2012, 194 (196 f.).

562 Vgl. zB OLG Dresden NZFam 2014, 90 – dort abgelehnt.

563 BGH NJW 2013, 2187; 2010, 998; NJW-RR 2003, 1658 = FamRZ 2003, 1542; NJWE-FER 2000, 209; NJW 1999, 2962 für Ehegatten; NJW 1997, 3371; 1996, 1473; NJW-RR 1993, 774; NJW 1992, 906; NJW-RR 1991, 898; NJW 1986, 51; OLG Bremen NJW-RR 2013, 197; OLG Oldenburg BeckRS 2012, 00950; OLG Schleswig FamRZ 2002, 884.

564 Klarstellend BGH NJW-RR 1993, 774; NJW 1997, 3371; NJWE-FER 2000, 209; ferner BGH NJW 1992, 906; anders noch BGH NJW 1983, 2375.

565 BGH NZG 2011, 984.

566 BGH NJW 2013, 2187.

567 OLG Brandenburg NJW-RR 2015, 516.

568 Dazu etwa BGH NJW 2012, 3374 mwN; NZG 2016, 547 = BeckRS 2016, 07527; KG NJW 2017, 3246.

569 Nicht verallgemeinerungsfähig: OLG Düsseldorf FamRZ 1978, 109 für Autofinanzierung; KG FamRZ 1983, 271 für Wohnungseinbauten und Inventar.

570 BGH NJW-RR 1993, 774; NJW 1992, 906; 1986, 51 = FamRZ 1985, 1232; NJW 1986, 51; anders bei Mietobjekt, OLG München FamRZ 1988, 58.

571 BGH NJW 1982, 2863; dazu *Schulte* ZGR 1983, 437.

bewohnte Immobilie handeln. Der Zweck des Vermögensgegenstands kann also zugleich auch der Verwirklichung der Lebensgemeinschaft dienen.[572] Dann sind allerdings höhere Anforderungen an die Annahme einer stillschweigend vereinbarten Gesellschaft zu stellen, da unter solchen Umständen grundsätzlich Zweifel an einem Rechtsbindungswillen bestehen.[573] Die schlichte Vermögensbildung auf der Seite eines Partners bildet keinen Vermögensgegenstand im genannten Sinne.[574]

- Es müssen (2) von beiden Partnern erhebliche[575] und gewissermaßen gleichberechtigte **wirtschaftliche Beiträge** geleistet worden sein, sei es in Form von Geld oder Dienstleistungen.[576] Wie bei einer echten Gesellschaft müssen sich die Partner also grundsätzlich hierarchisch auf der gleichen Ebene sehen. Werden nur untergeordnete Dienst- oder Finanzleistungen für die Immobilie oder den Betrieb des Partners erbracht, fehlt es an einer solchen gesellschafterähnlichen Stellung. Für die Erheblichkeit der Leistung wird auf die konkreten wirtschaftlichen Verhältnisse der Partner abgestellt.[577]
- Und (3) muss aus subjektiver Sicht der Partner die **Absicht gemeinsamer Wertschöpfung** bestanden haben, die gesondert zu prüfen und nicht schon bei Vorliegen der anderen Voraussetzungen zu vermuten ist.[578] Die Mitfinanzierung eines Ferienhauses, das allein dem anderen Partner gehören soll, genügt nicht für gemeinsame Wertschöpfung.[579]

Ein Ausgleichsanspruch setzt dann die **Beendigung der Gesellschaft** durch Trennung der Partner 109
und Aufgabe des gemeinsamen Projekts voraus. Auf Basis einer einzelfallbezogenen **Beteiligungsberechnung** ist der konkrete Auseinandersetzungsanspruch analog §§ 733 Abs. 2, 734[580] zu ermitteln. Entscheidend ist dabei, welche **Wertsteigerung** das betreffende Objekt durch die Beitragsleistungen des Partners erfahren hat und welcher Anteil demgemäß auf diesen Partner entfällt.[581] Das ist ggf. vom Gericht zu schätzen.[582] Für die Bewertung eines Unternehmens ist der Veräußerungswert entscheidend. Nur als Auffanglösung ist auf den Halbteilungsgrundsatz des § 722 Abs. 1 zurückzugreifen.[583] Für eine Verlustbeteiligung gilt Entsprechendes.[584] Als Rechtsfolge kommt zudem die Heraus- bzw. Zurückgabe von Gegenständen in Betracht (§ 732). Alle Ansprüche sind vor den allgemeinen **Zivilgerichten** zu verfolgen.[585] Wird die Gesellschaft durch **Tod** eines Partners beendet, muss ermittelt werden, ob ein Abfindungsanspruch zugunsten der Erben gewollt war. Oft wird dies nicht dem Willen des Erblassers entsprechen.[586] Etwas anderes hätte ein Anspruchsteller näher darzulegen. Die Rechtsfigur der Partner-Innengesellschaft soll schließlich nur die angemessenen Nutznießungsinteressen des zur Wertschöpfung beitragenden Partners schützen, nicht aber die finanziellen Interessen seiner Erben.

**5. Ansprüche aus Bereicherungsrecht. a) Zweckverfehlungskondiktion als Anspruchs-** 110
**grundlage.** Fehlen konkrete vertragliche Ansprüche und sind auch die Voraussetzungen für einen Anspruch aus den §§ 730 f. (analog) nicht erfüllt (→ Rn. 107), so kann (auch neben § 313) ein Anspruch aus § 812 Abs. 1 in Betracht kommen.[587] § 812 Abs. 1 S. 2 Alt. 1 passt indes nicht; denn da die nichteheliche Lebensgemeinschaft keine rechtlichen Leistungspflichten erzeugt, ist sie selbst

---

572 BGH NJW 2008, 3277 = FamRZ 2008, 1822; NJW 2008, 3282 = FamRZ 2008, 1828; OLG Brandenburg NJW-RR 2015, 516.

573 BGH NJW 2010, 998 = FamRZ 2010, 277.

574 OLG Bremen NJW-RR 2013, 197.

575 Vgl. BGH NJW-RR 1993, 774, wo ein erheblicher Beitrag des Mannes abzulehnen war.

576 OLG Bremen NJW-RR 2013, 197; OLG Brandenburg NJW-RR 2015, 516; bei Dienstleistungen reichen untergeordnete Tätigkeiten nicht aus, BGH DB 1974, 1957; *Grziwotz* FamRZ 2018, 480 (485); *Günther* FF 2012, 194 (197).

577 BGH WM 2000, 522.

578 BGH NJW-RR 2003, 1658 = FamRZ 2003, 1542 mAnm *Burger*; restriktiv auch OLG Schleswig OLGR 2002, 45 = MittBayNot 2003, 54; zur Wertschöpfung auch *Günther* FF 2012, 194 (196).

579 OLG Bremen FamRB 2010, 338 mAnm *Burger*.

580 Staudinger/*Löhnig*, 2018, Anh. § 1297 Rn. 105 f. Teilweise wird auch auf § 738 Abs. 2 S. 2 verwiesen: *Krause* JuS 1989, 455 (457); *Hausmann* in Hausmann/Hohloch neLG 281; *Weinreich* FPR 2001, 29 (34).

581 Näher dazu *Hausmann* in Hausmann/Hohloch neLG 282 f.

582 BGH WM 2000, 522.

583 BGH NJW 1999, 2962 = FamRZ 1999, 1580 für Ehegatteninnengesellschaft; NZG 2016, 547 = BeckRS 2016, 07527; Soergel/*Schumann* NehelLG Rn. 178; Staudinger/*Löhnig*, 2018, Anh. § 1297 Rn. 109 sieht hälftige Teilung als Regelfall.

584 *Schulz* FamRZ 2007, 593.

585 Klarstellend *Burger* FamRB 2010, 214 (218).

586 *Coester* JZ 2008, 315 (316).

587 Anders noch BGH NJW-RR 1996, 1473; NJW 1992, 906 = FamRZ 1992, 408.

von vornherein nicht der Rechtsgrund, sondern nur das Motiv der Leistung.[588] Demgemäß bedeutet auch die Trennung keinen Wegfall eines Rechtsgrundes.[589] Auch § 812 Abs. 1 S. 1 Alt. 1 muss zumindest wegen § 814 ausscheiden, da die Partner wissen, dass sie rechtlich zu nichts verpflichtet sind.[590] Bedeutung hat jedoch die **condictio ob rem,** die Zweckverfehlungskondiktion (§ 812 Abs. 1 S. 2 Alt. 2).[591]

**111** Das Verhältnis des **Anspruchs aus § 313** zu § 812 Abs. 1 S. 2 Alt. 2 ist weitgehend ungeklärt, so dass es keine klare Maßgabe für die Prüfungsreihenfolge gibt.[592] Zum Teil scheint der BGH die Zweckabrede iSv § 812 Abs. 1 S. 2 Alt. 2 als den konkreteren Tatbestand zu begreifen.[593] Tatsächlich dürften die Rechtsfolgen des Bereicherungsanspruchs auch etwas leichter zu handhaben sein als die des § 313, der überwiegend auf Billigkeit abstellt. In anderen Fällen beginnt der BGH mit der Prüfung derjenigen Norm, die er für erfolgversprechender hält.[594] Im Schrifttum wird demgegenüber – mit beachtlichen Argumenten – von einer Mindermeinung geltend gemacht, dass die Fälle der Ausgleichsansprüche bei nichtehelichen Lebensgemeinschaften grundsätzlich nur über § 812 Abs. 1 S. 2 Alt. 2 gelöst werden sollten, da es an einem Vertrag, wie ihn § 313 voraussetze, regelmäßig fehle.[595]

**112** **b) Leistung an den Partner.** § 812 Abs. 1 S. 2 Alt. 2 setzt voraus, dass eine Leistung an den Anspruchsgegner erfolgt ist, der eine konkrete Zweckvereinbarung zu Grunde liegt, und dass dieser **Zweck** verfehlt worden ist. Was die **Leistung** und das dadurch vom Partner Erlangte betrifft, muss die Zuwendung/Dienstleistung – wie bei § 313 (→ Rn. 119 f.) – deutlich über das hinausgehen, was die Gemeinschaft Tag für Tag benötigt (→ Rn. 99).[596] Denn andernfalls liegt der Zweck lediglich in der Verwirklichung der aktuellen Lebensgemeinschaft und dieser Zweck wird im jeweiligen Zeitpunkt erreicht, so dass von einer Zweckverfehlung von vornherein nicht die Rede sein kann. In der Sache kommen als „Leistung" sowohl **Dienstleistungen** als auch die **Zuwendung von Geld** oder von Vermögensgegenständen sowie die Begleichung von Schulden in Betracht. Beiträge zur Instandhaltung der bewohnten, dem anderen Partner gehörenden Immobilie erfüllen diese Voraussetzung eher nicht, wenn sie zusammengerechnet nur im vierstelligen Bereich liegen.[597] Bei größeren fünfstelligen Summen kann aber von einer entsprechend großen Zuwendung und Vermögensbildung beim Partner gesprochen werden.[598] In Bezug auf **Pflegeleistungen** liegt noch keine Entscheidung vor, die bereicherungsrechtliche Ansprüche bejaht hätte. Indes ist kaum einzusehen, dass Dienstleistungen für den Betrieb oder das Haus des Partners rechtlich anders bewertet werden sollten als umfangreiche Dienstleistungen zum Zweck der Pflege eines Angehörigen des Partners (zB dessen Eltern). Sofern diese Leistungen das unterhaltsrechtlich Geschuldete weit überschreiten und sich der Partner dadurch zugleich eigene Aufwendungen (insbesondere Elternunterhalt) erspart, sollte die Anwendung von § 812 Abs. 1 S. 2 Alt. 2 nicht von vornherein ausgeschlossen sein.[599]

**113** **c) Zweckabrede.** Unter der Zweckabrede ist die finale Ausrichtung der Leistung auf einen (nicht erzwingbaren) Erfolg zu verstehen.[600] Die Annahme einer Zweckabrede setzt eine tatsächliche **Willensübereinstimmung** der Partner über einen mit der Leistung bezweckten Erfolg voraus; einseitige Vorstellungen genügen nicht.[601] Die Beurteilung, was nur einseitiges Motiv und was

---

[588] Staudinger/*Löhnig,* 2018, Anh. § 1297 Rn. 112; *Sorge* JZ 2011, 660 (662).

[589] *Dethloff* FamR § 8 Rn. 26.

[590] OLG Oldenburg BeckRS 2012, 00950; ferner BGH NJW-RR 2009, 1142 Rn. 17 = FamRZ 2009, 849; *Halfmeier* JA 2008, 97 (100).

[591] Grdl. BGH NJW 2008, 3277; generell gegen die Anwendung der condictio ob rem bei persönlichen Zuwendungen *Leszczenski,* Rückforderung schwiegerelterlicher Zuwendungen, 2016, 123 ff.; aA auch *Leitmeier* NJW 2010, 2006 (2008).

[592] Letztlich auch offengelassen von *M. Schwab* FamRZ 2010, 1701 (1705); ferner *Moes* FamRZ 2016, 757 (762); *Stein* NZFam 2014, 303.

[593] Vgl. BGH NJW 2008, 3277; dafür auch *v. Proff* NJW 2008, 3266 (3268).

[594] Vgl. BGH NJW 2013, 2187, wo zunächst § 313 geprüft wird.

[595] *Scherpe* JZ 2014, 659 ff.; *Sorge* JZ 2011, 660 ff.

[596] BGH NJW-RR 2009, 1142 = FamRZ 2009, 849; NJW 2008, 3277; 2010, 998; 2013, 2187; OLG Brandenburg NJW-RR 2015, 516; OLG Naumburg NJW-RR 2010, 224.

[597] ZB OLG Brandenburg BeckRS 2010, 14103.

[598] Vgl. KG FamRZ 2010, 476 für einen Betrag von ca. 55.000 EUR.

[599] IdS auch Soergel/*Schumann* NehelLG Rn. 165, 174.

[600] ZB BGH NJW-RR 2009, 1142 = FamRZ 2009, 849; LG Köln NJW-Spezial 2017, 645 = FamRZ 2018, 194.

[601] BGH NJW 2008, 3277 = FamRZ 2008, 1822; NJW-RR 2009, 1142 = FamRZ 2009, 849; OLG Brandenburg NZFam 2016, 336; BeckRS 2010, 14103; OLG Hamm FamRZ 2014, 228; OLG Dresden NZFam 2014, 90.

bereits beiderseitige stillschweigende Zweckvereinbarung ist, bereitet freilich Schwierigkeiten. Da der jeweilige primäre Zweck (Hausbau etc) zunächst erreicht wird, ist es schwierig zu bestimmen, ob und unter welchen Voraussetzungen ein Partner seine Leistungen tatsächlich von einem weitergehenden Zweck abhängig gemacht oder ob er damit nur vage Hoffnungen verbunden hat.[602] Die Rspr. setzt jedenfalls voraus, dass der andere Teil die stillschweigende einseitige **Erwartung positiv erkannt** hat und die Leistung annimmt, ohne zu widersprechen.[603] Demgemäß wurde die condictio ob rem früher nur in Sonderfällen bejaht, in denen eine ausdrückliche beiderseitige Willensübereinstimmung über die Zweckbestimmung ermittelt werden konnte.[604] Das betraf etwa den Fall, dass ein Partner in der (nicht nur allgemeinen sondern) erkennbaren **Erwartung der Eheschließung**[605] (oder Erbeinsetzung) erhebliche Dienstleistungen[606] zu Gunsten des anderen Teils erbracht hatte. Nach neuerer Rspr. kann eine entsprechende Zweckvereinbarung bei der nichtehelichen Lebensgemeinschaft aber bereits zu bejahen sein, wenn die Partner zwar keine gemeinsamen Vermögenswerte schaffen wollten, der eine Partner aber das Vermögen des anderen in der Erwartung vermehrt hat, an dem betreffenden **Gegenstand langfristig partizipieren** zu können.[607] Der Zweck kann sich bei immobilienbezogenen Investitionen und Arbeitsleistungen auch auf ein in Aussicht gestelltes Wohnrecht richten.[608] Erwartungen dieser Art bleiben dem anderen Teil in der Regel nicht verborgen.[609] Gegen die Annahme entspr. Zwecksetzungen und Erwartungen kann nicht eingewandt werden, dass grundsätzlich immer mit dem (vorzeitigen) Scheitern einer Beziehung zu rechnen sei.[610] Schließlich gilt diese Überlegung für Ehen in ähnlicher Weise und ändert dort auch nichts an den Scheidungsfolgen.

**d) Nichteintritt des bezweckten Erfolgs.** Der Zweck der langfristigen Partizipation am Leistungsgegenstand oder den Früchten eigener Arbeitsleistungen wird ggf. nicht erreicht, wenn die Beziehung durch **Trennung** oder **Tod** (→ Rn. 115) vorzeitig endet. Im Fall einer (vorzeitigen) Trennung wird die Erwartung, an dem Investitionsgegenstand (zB Wohnung, Betrieb, Auto etc) noch in Form von Mitbesitz und Mitbenutzung partizipieren zu können, enttäuscht, sobald man aus der Wohnung auszieht bzw. aus dem Unternehmen ausscheidet.[611] Allerdings ist sorgfältig zu prüfen, ob nicht zumindest partielle Zweckerreichung bejaht werden kann, weil zumindest eine **zeitweilige Teilhabe** am Leistungsgegenstand erreicht worden war; in diesem Fall ist die Rückforderung im jeweiligen Umfang ausgeschlossen. Es gilt also, den verfolgten Zweck auch zeitlich zu erfassen (etwa lebzeitige Teilhabe) und die tatsächlich erlangte Teilhabe mit diesem hypothetischen Gesamtzeitraum in Relation zu setzen.[612] Eine exakte Ermittlung der Restlebenserwartung des Leistenden ist dazu indes nicht erforderlich.[613] Hat eine Lebensgemeinschaft 20 Jahre oder länger bestanden, wird meist von Zweckerreichung bzw. „Vollamortisation" der Investition ausgegangen werden können.[614] Kann man die Immobilie, in die man investiert hat, auf Grundlage eines dinglichen Wohnrechts weiter nutzen, ist die Nutzungserwartung ebenfalls nicht enttäuscht worden.[615] 114

**Stirbt der leistende Partner,** kann nicht von fehlender Zweckerreichung gesprochen werden. Schließlich liegt der Zweck regelmäßig in der lebzeitigen Teilhabe am Leistungsgegenstand und dieser Zweck wird erreicht.[616] Nur höchst ausnahmsweise wird noch ein über das eigene Lebensende hinausgehender Zweck verfolgt worden sein.[617] Dies müsste dann vom Leistenden aber auch klar zum Ausdruck gebracht werden.[618] **Stirbt der Leistungsempfänger** und entfällt damit für den 115

602 Vgl. Kritik bei *Rauscher* FamR Rn. 733; *Weinreich* FPR 2001, 29 (34); *Hausmann* in Hausmann/Hohloch neLG 312 ff.
603 BGH NJW 2010, 998 = FamRZ 2010, 277; NZG 2011, 984; NJW-RR 2009, 1142 = FamRZ 2009, 849; NJW 2008, 3277 = FamRZ 2008, 1822; krit. *Moes* FamRZ 2016, 757 (762 ff.).
604 OLG Hamm FamRZ 1990, 625.
605 OLG Stuttgart NJW 1977, 1779.
606 Für Anwendung von § 611 insoweit noch BAG AP § 612 Nr. 24 mAnm *Diederichsen*.
607 BGH NZG 2011, 984; NJW 2010, 998 = FamRZ 2010, 277; NJW 2008, 3277; NJW-RR 2009, 1142 = FamRZ 2009, 849; OLG Brandenburg NZFam 2016, 336.
608 So BGH NJW 2008, 3277.
609 *M. Schwab* FamRZ 2010, 1701 (1703).
610 BGH NZG 2011, 984.
611 BGH NJW 2008, 3277; *Schlüter/Belling* FamRZ 1986, 405 (414).
612 *M. Schwab* FamRZ 2010, 1701 (1703).
613 S. allerdings Vorschläge bei *Wever* FamRZ 2013, 1 ff. in Bezug auf Ehegatten; ähnlich auch *Henke/Keßler* JuS 2011, 686 (690), und *Schulz* FamRZ 2011, 12 (13) für Schwiegerelternzuwendungen.
614 *Schulz* FPR 2010, 373 (375).
615 OLG Naumburg MDR 2012, 1348.
616 BGH NJW 2010, 998 = FamRZ 2010, 277; *Coester* JZ 2008, 315 (316); *Grziwotz* MDR 2018, 907 (909).
617 S. aber BGH NJW 2010, 998.
618 Zutr. *Coester* JZ 2008, 315 (316).

Leistenden die Chance der weiteren Partizipation, weil der Leistungsgegenstand nun den Erben des Verstorbenen zusteht, so ist der bezweckte Erfolg dann nicht eingetreten,[619] wenn der Leistende – unter Berücksichtigung des Wertes der Zuwendung – eine gewisse Mindestzeit der eigenen Nutznießung bezweckte, die nun wegen des Todes des Partners nicht mehr erreichbar ist. Eine Zweckvereinbarung wurde zwar nur mit dem Partner getroffen, in dessen schuldrechtliche Rechtsposition rückt der Erbe indes gemäß § 1922 ein.[620] Liegt der Zweck jedoch in der Erwartung, dass die nichteheliche Lebensgemeinschaft Bestand haben werde, so wird dieser Zweck erreicht, wenn die Lebensgemeinschaft nicht durch Trennung, sondern durch Tod endet.

116 **e) Rechtsfolgen; Anspruchsausschluss.** Der bereicherungsrechtliche Anspruch richtet sich auf **Herausgabe des Erlangten** (§ 818 Abs. 1), hilfsweise auf **Wertersatz** in Geld (§ 818 Abs. 2). Letzteres spielt gerade bei Dienstleistungen, die nicht in natura herausgegeben werden können, eine Rolle. Dabei können maximal die Kosten einer (ersparten) fremden Arbeitskraft (mit gleicher Qualifikation) verlangt werden. Der jeweilige Betrag ist vom Gericht gemäß § 287 ZPO zu schätzen.[621] Eine weitere Grenze setzt § 818 Abs. 3. Die Herausgabepflicht beschränkt sich auf die noch vorhandene Bereicherung, also den konkret erzielten Mehrwert (etwa der Immobilie). Fehlt es daran und hat der Leistungsempfänger sich auch nicht andere Aufwendungen erspart, scheidet ein Anspruch aus. Eine **verschärfte Haftung** nach § 820 Abs. 1, welche insbesondere die Berufung auf § 818 Abs. 3 ausschließt, wird regelmäßig ausscheiden. Laut BGH stellt der Bestand der nichtehelichen Lebensgemeinschaft keinen beabsichtigten Erfolg dar, dessen Eintritt ungewiss war. Die Partner wüssten zwar um die jederzeitige Auflösbarkeit ihres Verhältnisses und könnten damit gegebenenfalls auch die Beendigung der gemeinsamen Nutzung vorhersehen. In der Regel werde es sich aber aus der Sicht des Empfängers nur um eine als entfernt angesehene Möglichkeit handeln, dass alles anders als erwartet kommen könne. Dies sei jedoch noch keine Ungewissheit iSd § 820 Abs. 1 S. 1.[622]

117 Bejaht man § 812 Abs. 1 S. 2 Alt. 2 im Einzelfall, so bleibt zu prüfen, ob **§ 815** im Wege steht. Die Vorschrift kann eingreifen, wenn der Leistende selbst die nichteheliche Lebensgemeinschaft **wider Treu und Glauben** aufgelöst hat.[623] Dabei bleibt allerdings zu beachten, dass das Trennungsrisiko jeder Paarbeziehung immanent ist, weshalb das „schuldhafte" Herbeiführen einer Trennung für sich allein noch keinen Verstoß gegen Treu und Glauben (§ 242) bedeuten kann. Die Anwendung von § 815 kann daher nur in außergewöhnlichen Fällen in Betracht kommen. Zum Teil wird auch vorgeschlagen, die Norm § 815 Alt. 2 dahingehend teleologisch zu reduzieren, dass sie in Fällen der unbenannten Zuwendungen gar nicht zur Anwendung kommt.[624] § 814 wiederum gilt für die Kondiktion nach § 812 Abs. 1 S. 2 Alt. 2 ohnehin nicht.[625]

118 **f) Darlegungs- und Beweislast.** Für den Bereicherungsanspruch trägt grundsätzlich derjenige die volle Darlegungs- und Beweislast, der den Anspruch, sei es im Wege der Klage, sei es zum Zwecke der Aufrechnung, geltend macht. Derjenige Partner, der eine Leistung zurückfordert, muss also die Voraussetzungen der Zweckabrede darlegen und den Inhalt des gemeinsamen Zwecks präzisieren. Außerdem müssen die erbrachten Leistungen konkretisiert werden.[626] Erst dann ist es Aufgabe des Leistungsempfängers, zu den konkreten Gründen vorzutragen, die nach seiner Rechtsauffassung dem behaupteten gemeinsamen Zweck entgegenstehen. Durch die den Bereicherungsschuldner für sog. negative Umstände (fehlender Rechtsgrund) treffende sekundäre Behauptungslast und durch seine Verpflichtung zum substantiierten Bestreiten des gegnerischen Vortrags ändert sich nichts an der grundsätzlichen Beweislast des Bereicherungsgläubigers.[627] Für eine eingetretene Entreicherung trägt der Bereicherungsschuldner die Darlegungs- und Beweislast.[628]

119 **6. Ansprüche wegen Wegfalls der Geschäftsgrundlage. a) Übertragung der Ehegatten-Rspr. auf die nichteheliche Lebensgemeinschaft.** Seit seiner Rechtsprechungsänderung im Jahr 2008[629] wendet der BGH die Regeln über den Wegfall bzw. die Störung der Geschäftsgrundlage

619 Vgl. OLG Naumburg NJW-RR 2010, 224.

620 IdS auch BGH NJW 2013, 2025, allerdings für andere Fallkonstellation; aA OLG Brandenburg BeckRS 2010, 14103.

621 KG FamRZ 2010, 476.

622 BGH NJW 2008, 3277; krit. *Moes* FamRZ 2016, 757 (763).

623 BGH NJW 2008, 3277 – dort nicht einschlägig.

624 *Sorge* JZ 2011, 660 (666); ähnlich *Lipp* AcP 180 (1980), 588; *Schlüter/Belling* FamRZ 1986, 414.

625 Vgl. nur Palandt/*Sprau* § 814 Rn. 2.

626 Dazu näher *M. Schwab* FamRZ 2010, 1701 (1704).

627 BGH NJW-RR 2009, 1142 = FamRZ 2009, 849.

628 *M. Schwab* FamRZ 2010, 1701 (1704).

629 BGH NJW 2008, 3277 = FamRZ 2008, 1822; NJW 2008, 3282 = FamRZ 2008, 1828. Das war zuvor gefordert worden von: OLG Naumburg NJW 2003, 1819; NJW 2006, 2418; *Lipp* AcP 180 (1980), 537 (593 ff.); *Schulz* FamRZ 2007, 593 (598 f.); *Lieb* Gutachten A zum 57. DJT, 1988, A 70; *Wellenhofer* in

(§ 313) auch auf Vermögensausgleichsansprüche in der nichtehelichen Lebensgemeinschaft an.[630] Anknüpfungspunkt ist die entsprechende **Ehegatten-Rspr. des BGH.**[631] Danach ist für Ehen mit Gütertrennung anerkannt, dass umfangreiche oder längerfristige Leistungen eines Ehegatten, die deutlich über das unterhaltsrechtlich geschuldete Maß hinausgehen, die Annahme eines **stillschweigenden familienrechtlichen Vertrags**[632] rechtfertigen können, dessen Geschäftsgrundlage mit der Scheidung entfällt. Schließlich wird etwa bei umfänglichen Dienstleistungen darauf vertraut, dass man im Rahmen der ehelichen Lebensgemeinschaft an den gemeinsam erarbeiteten Überschüssen teilhaben und auf diese Weise auch in den Genuss der Früchte der eigenen Arbeit gelangen werde. Daraus resultiert ein Ausgleichsanspruch, dessen Höhe sich bei Dienstleistungen auf die ersparten Arbeitskosten und höchstens auf die noch vorhandene Bereicherung beläuft.

Auch bei **Unverheirateten** liegt größeren Investitionen uä meist die Vorstellung und Erwartung 120
der Partner zu Grunde, dass die nichteheliche Lebensgemeinschaft Bestand haben werde und dass die Leistungen als Beitrag zur Erhaltung oder Sicherung der nichtehelichen Lebensgemeinschaft erbracht wird und hierin ihre Geschäftsgrundlage haben. Anders als bei der an sich lebenslangen Ehe, die mit gesetzlichem Erbrecht, Zugewinnausgleich etc ausgestattet ist, herrscht bei der nichtehelichen Lebensgemeinschaft sogar erst recht die Erwartung eines aktuellen Gegenseitigkeitsverhältnisses und einer entsprechenden Zweckvereinbarung.[633] Auch hier gilt, dass nicht geschuldete und nicht dem laufenden Lebensunterhalt dienende größere Zuwendungen in der erkennbaren Erwartung gemacht werden, die Gemeinschaft habe Bestand.[634] Letztlich steht in allen Fällen der personale Gesichtspunkt im Vordergrund.[635] Wie bei der Ehe liegt die Besonderheit darin, dass der Zuwendung Motive affektiver Art zu Grunde liegen und nicht das wirtschaftliche Eigeninteresse. Daher muss bei der nichtehelichen Lebensgemeinschaft gleichfalls eine Korrektur über § 313 möglich sein, wenn das **Festhalten an der Vermögensverschiebung unzumutbar** erscheint. Nicht unerwähnt bleiben soll dabei, dass im Schrifttum zum Teil auch gefordert wird, für den Bereich der persönlichen Zuwendungen und ihre Rückforderung neue eigenständige Normen zu schaffen.[636]

**b) Größere Zuwendung auf Grundlage eines Kooperationsvertrags.** Ein Anspruch nach 121
den Geschäftsgrundlagenregeln (§ 313), der vor dem **allgemeinen Zivilgericht** einzuklagen ist, ist **subsidiär** gegenüber vertraglichen, insbesondere gesellschaftsrechtlichen Ansprüchen.[637] Vorausgesetzt wird eine Zuwendung, der nach den jeweiligen Verhältnissen **erhebliche Bedeutung** zukommt und der die Vorstellung oder Erwartung zu Grunde lag, die Lebensgemeinschaft, deren Ausgestaltung sie gedient hat, werde Bestand haben.[638] Laut BGH wird vor allem durch das Merkmal der Unbilligkeit in § 313 impliziert, dass ein Ausgleich nur wegen solcher Leistungen in Betracht kommt, denen nach den jeweiligen Verhältnissen unter Gesamtabwägung der Umstände des Einzelfalls eine erhebliche Bedeutung zukommt.[639] Insoweit wird dann von einem (stillschweigenden) **Kooperationsvertrag**[640] eigener Art mit dem **Bestand der Lebensgemeinschaft als Geschäftsgrundlage** gesprochen. Auf Basis dieser Konstruktion kann man laut BGH auch bei Unverheirateten von einem **Rechtsgeschäft** sprechen, dessen Geschäftsgrundlage entfallen kann.[641] Ob ein Rechtsbindungswille in Bezug auf ein solches Rechtsgeschäft feststellbar ist, wird nicht näher geprüft.[642]

**Ausgeschlossen** sind Ansprüche wegen solcher Leistungen, die, wie die Erfüllung der laufen- 122
den **Unterhaltsbedürfnisse** oder die Entrichtung der Miete für die gemeinsam genutzte Wohnung, das Zusammenleben in der gewollten Art erst ermöglicht haben, die also auf das gerichtet sind, was

Scherpe/Yassari, Die Rechtsstellung nichtehelicher Lebensgemeinschaften, 2005, 101, 124; immerhin angeprüft von BGH NJW 2008, 443 = FamRZ 2008, 247.

630 Zust. *Gernhuber/Coester-Waltjen* FamR § 44 Rn. 25; *Dethloff* FamR § 8 Rn. 30 ff.; Staudinger/*Löhnig,* 2018, Anh. § 1297 Rn. 128 ff.; *Rauscher* FamR Rn. 737.

631 ZB BGH NJW 2012, 2728; NJW-RR 2010, 1513; NJW 1994, 2545 für Mitarbeit im Betrieb; s. auch OLG Koblenz NJW 2001, 2480 für Zuwendungen von Eltern.

632 Dazu näher *Leszczenski,* Rückforderung schwiegerelterlicher Zuwendungen, 2016, 97 ff.

633 Vgl. *Lipp* AcP 180 (1980), 537 (585), allerdings bez. § 812 Abs. 1 S. 2 Alt. 2.

634 *Rauscher* FamR Rn. 737; inzwischen auch BGH NJW 2008, 3277.

635 *Rauscher* FamR Rn. 737; *Lieb* Gutachten zum 57. DJT, 1988, A 51 ff.

636 Konkreter Vorschlag bei *Leszczenski,* Rückforderung schwiegerelterlicher Zuwendungen, 2016, 150.

637 So auch BGH NJW 2008, 3282 = FamRZ 2008, 1828; NJW 2010, 998 = FamRZ 2010, 277.

638 BGH NJW 2013, 2187; 2008, 3277 = FamRZ 2008, 1822; NJW 2008, 3282 = FamRZ 2008, 1828; NJW 2014, 2638; FPR 2013, 333; LG Bamberg FamRZ 2015, 1307; *Schulz* FPR 2010, 373 (374).

639 BGH NJW 2014, 2638; 2013, 2187.

640 Vgl. *Dethloff* FamR § 8 Rn. 31; Staudinger/*Löhnig,* 2018, Anh. § 1297 Rn. 129; *Schulz* FPR 2010, 373 (374); *Coester* JZ 2008, 315; abl. *Moes* FamRZ 2016, 757 (764): will § 242 anwenden; *Scherpe* JZ 2014, 659 (664); *Sorge* JZ 2011, 660 (671).

641 Krit. *Sorge* JZ 2011, 660 (671).

642 Krit. *v. Proff* NJW 2008, 3266 (3268).

die Gemeinschaft Tag für Tag benötigt.[643] Eine etwaige „Geschäftsgrundlage" dafür findet sich nämlich allein in der aktuellen Lebensgemeinschaft, nicht im längerfristigen Bestand der nichtehelichen Lebensgemeinschaft. Zu nicht ausgleichspflichtigen laufenden Leistungen gehören auch Zinszahlungen auf einen Immobilienkredit[644] (→ Rn. 129), da die Zinsen die laufenden Wohnkosten widerspiegeln, die Bezahlung von Baumaterial für die gemeinsam bewohnte Immobilie, sofern es sich um einen kleineren Betrag handelt,[645] Handwerkerleistungen im Haus des Partners, soweit sie sich im Rahmen „bloßer Gefälligkeiten"[646] halten, oder Beiträge zur Wohnungsausstattung.[647] Dabei ist unerheblich, ob solche Leistungen als **laufende Beiträge** (zB Miete, Versicherungen, Kfz-Leasing) oder als größere **Einmalzahlungen** (zB für Reisen) getätigt werden.[648] Beachtlich ist zudem, dass unter Umständen nur ein Partner finanziell dazu in der Lage ist, für den laufenden Bedarf der Gemeinschaft aufzukommen, insbesondere weil der andere sich um Haushalt und Kinder kümmert. In diesem Fall wirken sich die **Einkommensverhältnisse** der Partner laut BGH dahin aus, dass der Partner mit dem höheren Einkommen in größerem Umfang als der andere zu den Kosten der gemeinsamen Lebensführung und einer etwaig geplanten Veränderung der gemeinsamen Wohnsituation beiträgt.[649] Erst wenn die betreffenden Leistungen einen erheblichen Vermögenszuwachs beim anderen Partner bewirken, kann eine Ausgleichspflicht in Betracht kommen. Entscheidend ist insoweit, nicht ausgleichsfähige Beiträge zum täglichen Zusammenleben abzugrenzen von ausgleichsfähigen Beiträgen, die beim anderen Partner zu einer spürbaren **Vermögensbildung** führen.[650] Bei dieser Abgrenzung kann man auch darauf abstellen, dass es Leistungen sein müssen, bei denen sich der Empfänger, wäre diese Frage bedacht worden, mit einer Ausgleichslösung für den Fall der Trennung hätte einverstanden erklären müssen.[651]

123 Auf die **Art der Zuwendung** kommt es grundsätzlich nicht an. Erfasst werden neben der Zuwendung von **Vermögen oder Geld** auch Arbeits- oder andere Eigenleistungen, die wirtschaftlich betrachtet ebenso eine geldwerte Leistung darstellen, zB Architektenleistungen[652] oder Handwerkerleistungen.[653] Solche **Arbeitsleistungen** müssen sich jedoch klar von den laufenden Dienstleistungen in der nichtehelichen Lebensgemeinschaft (Haushaltsführung; Kindererziehung; Pflegeleistungen) absetzen und dürfen nicht nur als Gefälligkeiten oder unselbstständige Unterhaltsbeiträge einzuordnen sein. Sind vermögensbildende Zuwendungen oder Arbeitsleistungen größeren Umfangs zu bejahen, kann davon ausgegangen werden, dass diese Leistungen nach einer **stillschweigenden Übereinkunft** mit dem anderen Partner zur Ausgestaltung der Lebensgemeinschaft erbracht werden und darin ihre Geschäftsgrundlage haben.[654] Der zeitliche und qualitative Arbeitsumfang ist vom Tatrichter festzustellen und zu schätzen. Dabei wird von anwaltlicher Seite empfohlen, so früh wie möglich für eine klare Dokumentation der erbrachten Leistungen zu sorgen.[655] Beachtlich ist insofern auch, dass der BGH bei einer **Vielzahl verschiedener Leistungen** des Anspruchstellers (zB Handwerkerleistungen, Zinszahlungen und Kostenübernahmen) diese nicht wertmäßig addiert, sondern jeweils **gesondert** betrachtet.[656]

124 Irrelevant ist das Argument, dass das **Trennungsrisiko** bei nichtehelichen Lebensgemeinschaften allgegenwärtig sei,[657] während Geschäftsgrundlage nur unbewusst eingegangene Risiken sein könnten.[658] Diesen Einwand müsste man nämlich bei den aktuellen Scheidungsziffern konsequenter Weise auch gegen die Anwendung der Geschäftsgrundlagenlösung bei Ehen erheben.[659] Insoweit

---

[643] BGH NJW 2008, 3277; 2010, 868 = FamRZ 2010, 542 mAnm *Wellenhofer*; OLG Brandenburg NZFam 2016, 336; LG Köln NJW-Spezial 2017, 645 = FamRZ 2018, 194.
[644] BGH NJW 2013, 2187.
[645] BGH NJW 2013, 2187: 850 EUR.
[646] BGH NJW 2013, 2187.
[647] OLG Brandenburg NZFam 2016, 336 für Home Office.
[648] BGH NJW 2013, 2187; 2008, 3277 = FamRZ 2008, 1822; NJW 2008, 3282 = FamRZ 2008, 1828; NJW 2011, 2880; OLG Brandenburg BeckRS 2010, 14103; *Grziwotz* FamFR 2010, 145.
[649] BGH NJW 2013, 2187.
[650] Vgl. BGH NZG 2011, 984; *Grziwotz* FamFR 2010, 145; *von Proff* NJW 2010, 980 (982).
[651] Vgl. *Lieb* Gutachten A zum 57. DJT, 1988, A 57 f.; vgl. auch *Röthel,* die einen Ausgleich nur in „Extremfällen" zulassen will, Jura 2006, 641 (649).
[652] So in BGH NJW 2008, 3282 = FamRZ 2008, 1828.
[653] BGH NJW 2013, 2187; 2015, 1523.
[654] BGH NJW 2008, 3282 = FamRZ 2008, 1828; NJW 2013, 2187; ferner OLG Düsseldorf FamRZ 2009, 1219.
[655] *Stein* FamFR 2011, 409 (412).
[656] BGH NJW 2013, 2187.
[657] Vgl. etwa *Simon* JuS 1980, 252 (254), das Scheitern sei „vorprogrammiert".
[658] So aber *Krause* JuS 1989, 455 (458).
[659] In diesem Sinne auch BGH NJW 2008, 3277.

ist auch irrelevant, ob der Leistende die Möglichkeit des Scheiterns der Beziehung überhaupt in Betracht gezogen hat oder nicht.[660]

**c) Wegfall der Geschäftsgrundlage durch vorzeitige Beendigung der nichtehelichen Lebensgemeinschaft.** Kann der erwartete, dauerhafte Bestand der Lebensgemeinschaft als Geschäftsgrundlage eingeordnet werden, so entfällt diese Geschäftsgrundlage, wenn die nichteheliche Lebensgemeinschaft vorzeitig durch endgültige Trennung der Partner aufgelöst wird.[661] Insoweit kann auf die oben zur fehlenden Zweckerreichung gemachten Ausführungen verwiesen werden (→ Rn. 114). 125

Zu differenzieren ist bei Auflösung der nichtehelichen Lebensgemeinschaft durch **Tod. Stirbt der leistende Partner,** kann regelmäßig nicht vom Wegfall der Geschäftsgrundlage gesprochen werden. Denn als Geschäftsgrundlage des Leistenden ist regelmäßig nur seine **eigene persönliche Teilhabe** oder Nutzung am Geleisteten zu werten; ist diese Nutzungsmöglichkeit aber bis zum Tag des eigenen Todes gegeben, so erfüllt sich die zu Grunde liegende Erwartung und die Geschäftsgrundlage wird nicht gestört.[662] Auch die Erwartung, dass die Lebensgemeinschaft, deren Ausgestaltung die Zuwendung/Dienstleistung gedient hat, Bestand haben werde (dh nicht durch Trennung zu Lebzeiten endet), ist in diesem Fall nicht enttäuscht worden.[663] Erst recht gilt dies, wenn die Zuwendung in Kenntnis einer lebensgefährlichen Erkrankung geleistet wird.[664] **Ansprüche der Erben** scheiden demgemäß aus. Es wäre laut BGH auch nicht nachzuvollziehen, wenn der Leistungsempfänger den Erben einen Ausgleich schulden würde, auf den der Zuwendende selbst zu Lebzeiten keinen Anspruch gehabt hätte.[665] Überdies zeigt auch der Gedanke des § 1301 S. 2, dass Ausgleichsansprüche der Erben des Zuwendenden in der Regel nicht gewünscht sind.[666] Ausnahmen sind allenfalls denkbar, wenn die Geschäftsgrundlage über den genannten Rahmen hinausgehen sollte, was allerdings sehr selten sein dürfte.[667] Abgesehen davon können bei Schenkungen, zu denen erbrechtlich auch Zuwendungen zählen, aber Pflichtteilsergänzungsansprüche (§ 2325) in Betracht kommen.[668] 126

Anders liegt es, wenn der **Leistungsempfänger verstirbt** und die Zuwendung im Wege der Erbfolge in das Vermögen von dessen Erben gelangt. Hier erfüllt sich die Erwartung der eigenen Teilhabe des Leistenden regelmäßig nicht, so dass Ansprüche unter den genannten Voraussetzungen gegeben sein werden.[669] 127

**d) Unzumutbarkeit des Festhaltens an der Leistung.** Weitere Voraussetzung für einen Anspruch aus § 313 ist, dass das **Festhalten** an der erfolgten **Vermögensverschiebung** nach dem Wegfall der Geschäftsgrundlage für den Leistenden im Ergebnis **untragbar** ist.[670] Ausgangspunkt ist dabei die Feststellung, dass es der Partner einmal für richtig erachtet hat, dem anderen diese Leistung zu gewähren.[671] Ein korrigierender Eingriff ist daher nur gerechtfertigt, wenn dem Leistenden die Beibehaltung der durch die Leistungen geschaffenen Vermögensverhältnisse ausnahmsweise nach **Treu und Glauben** nicht zuzumuten ist. Insoweit kann auf die für Ehegatten entwickelten Maßstäbe zurückgegriffen werden. Entscheidend ist die **Gesamtabwägung aller Umstände** im Einzelfall (Dauer der Lebensgemeinschaft, Alter der Partner, Art und Umfang der erbrachten Leistungen, Zweck der Leistungen, die Höhe der dadurch bewirkten, noch vorhandenen Vermögensmehrung, die beiderseitigen gegenwärtigen und künftigen Einkommens- und Vermögensverhältnisse).[672] Verfügt der Leistende über ein großes Vermögen, ist es ihm umso eher zuzumuten, an einer geleisteten Zuwendung festgehalten zu werden. Anders liegt es aber, wenn die Zuwendung die Hälfte seines 128

---

660 BGH NJW 2014, 2638.
661 *Schulz* FPR 2010, 373 (375); *Stein* NZFam 2014, 303 (304).
662 BGH NJW 2010, 998.
663 BGH NJW 2010, 998 = FamRZ 2010, 277; *v. Proff* NJW 2010, 980 (983); *v. Proff* FPR 2010, 382 (386); *Schwab* FamR Rn. 961; *Weinreich* FPR 2010, 379 (381); *Stein* NZFam 2014, 303 (306).
664 Vgl. Fall von BGH NJW 2008, 443.
665 BGH NJW 2010, 998.
666 *Grziwotz* FamRZ 2009, 750 (752).
667 BGH NJW 2010, 998 = FamRZ 2010, 277.
668 S. auch dazu BGH NJW 2010, 998.
669 Klarstellend BGH NJW 2010, 998 = FamRZ 2010, 277; *Grziwotz* FamFR 2010, 145.
670 Vgl. BGHZ 128, 230 (238) = NJW 1995, 592.
671 BGH NJW 2008, 3277 = FamRZ 2008, 1822; NJW 2008, 3282 = FamRZ 2008, 1828; NJW 2011, 2880; 2013, 2187; OLG Brandenburg NZFam 2016, 336; NZFam 2014, 1010; LG Bamberg FamRZ 2015, 1307.
672 BGH NJW 2011, 2880; NJW 2013, 2187; OLG Brandenburg NZFam 2016, 336; OLG Dresden NZFam 2014, 90; LG Köln NJW-Spezial 2017, 645 = FamRZ 2018, 194; LG Bamberg FamRZ 2015, 1307; *Schulz* FPR 2010, 373 (375).

eigenen (Spar-)Guthabens betrifft.[673] Auch mag eine moralische Verpflichtung eine Bindung an die Zuwendung begründen können.[674]

129 Von **Zumutbarkeit** (des Festhaltens an der Leistungsverschiebung) kann ausgegangen werden, wenn Zweck der Leistung war, den anderen auf Dauer zu versorgen; wenn die Leistung trotz ihres Umfangs als unselbstständiger Beitrag zur laufenden Verwirklichung der Lebensgemeinschaft gedacht war; wenn die Leistung durch Gegenleistungen des Partners praktisch kompensiert worden ist, zB aufgrund langjährigen mietfreien Wohnens im Haus des Partners;[675] oder wenn die Leistung dem Partner mehr oder weniger aufgedrängt worden war (zB unnötige Luxusrenovierung in dessen Haus; Gedanke der § 994 Abs. 2, § 996). Beachtlich ist insoweit auch, ob sich der Leistungsempfänger den Zuwendungsgegenstand selbst hätte leisten können oder nicht.[676] Zumutbarkeit wird auch zu bejahen sein, wenn die Beteiligung an der Tilgung eines Immobiliarkredits angesichts eines geringen jährlichen Tilgungsanteils nur eine kleinere Summe betraf,[677] nicht aber bei einem hohen Tilgungssatz und entsprechender Bereicherung des Partners.[678] Insofern ist zu fragen, ob die geleisteten Zahlungen ungefähr der für gemieteten Wohnraum aufzubringenden Miete entsprechen. In dieser Größenordnung werden **Wohnkosten** vom BGH zu demjenigen Aufwand gerechnet, den die Gemeinschaft Tag für Tag benötigt (→ Rn. 99, 122) und der daher nicht ausgleichsfähig ist.[679] Demgemäß muss bei Darlehenszahlungen zudem nach **Tilgungsanteil und Zinsen** differenziert werden. Der Zinsanteil wird grundsätzlich den laufenden Wohnkosten zugerechnet und begründet daher keine Ansprüche.[680] **Unzumutbarkeit** wird hingegen anzunehmen sein, wenn die Hälfte der bewohnten Immobilie dem anderen Partner in der Erwartung einer lebenslangen Partnerschaft zu Miteigentum übertragen worden war. Aber auch bei kleineren Investitionen kann Unzumutbarkeit zu bejahen sein, wenn sie unter den konkreten Umständen bzw. Einkommensverhältnissen ein besonderes Opfer darstellten. Insoweit ist auf die individuellen Einkommens- und Vermögensverhältnisse Rücksicht zu nehmen.[681]

130 **e) Rechtsfolgen.** Mit dem Wegfall der Geschäftsgrundlage entfällt auch die Grundlage für das Behaltendürfen der Zuwendung. Da eine Vertragsanpassung gemäß § 313 Abs. 1 meist ausscheidet, bejaht die Rspr. ein **Rücktrittsrecht** des Leistenden aus § 313 Abs. 3 S. 1.[682] Das hat zur Folge, dass die (gänzliche oder teilweise) Rückgabe des Gegenstands oder Wertersatz verlangt werden kann, § 346 Abs. 1, Abs. 2 Nr. 2. Die Auszahlung von Geld bzw. die Leistung von **Wertersatz** (vgl. § 346 Abs. 2) wird der Regelfall sein. Ausnahmsweise kann – bei besonders schützenswertem Interesse des Zuwendenden – die Wiederherstellung einer früheren dinglichen Rechtslage (zB Rückübertragung des Eigentums an einer Haushälfte) verlangt werden.[683] Das mag auf Gegenstände in Familienbesitz zutreffen. Bei **Arbeitsleistungen** kann keine nachträgliche Bezahlung, sondern nur eine angemessene Beteiligung an dem gemeinsam Erarbeiteten verlangt werden, höchstens aber die ersparten Kosten einer fremden Arbeitskraft.[684] Ein Ausgleichsanspruch kommt zudem nur in Betracht, wenn die Leistung zu einem messbaren und noch vorhandenen **Vermögenszuwachs** des anderen Partners geführt hat[685] (Gedanke des § 818 Abs. 3). Der Wert der noch vorhandenen Bereicherung beim Leistungsempfänger bildet die Obergrenze des Anspruchs.[686] Ist nichts mehr vorhanden, kann auch nichts verlangt werden; das ist nachvollziehbar, schließlich wäre der Leistende im Parallelfall der Ehe mit Zugewinnausgleich in diesem Fall insoweit auch nicht besser gestellt. Der Anspruch aus § 313 **verjährt** in drei Jahren (§ 195). Die Verjährungsfrist beginnt mit der Entstehung des Anspruchs zu laufen (§ 199 Abs. 1), dh regelmäßig mit der Trennung der Partner bzw. dem endgültigem Auszug aus der gemeinsamen Wohnung. Sofern der Zuwendungsgegenstand ein Grundstück oder ein Grundstücksanteil war, gilt die Zehnjahresfrist des § 196.

---

673 So im Fall BGH NJW 2014, 2638.
674 Im Einzelfall verneint von BGH NJW 2014, 2638.
675 Vgl. OLG Brandenburg NZFam 2016, 336.
676 OLG Brandenburg NZFam 2016, 336 betr. Kamineinbau.
677 Vgl. BGH NJW 2013, 2187.
678 OLG Brandenburg NZFam 2014, 1010: Tilgung von 7,5%.
679 BGH NJW 2013, 2187; LG Bamberg FamRZ 2015, 1307.
680 BGH NJW 2013, 2187; OLG Brandenburg NZFam 2016, 336; OLG Hamm FamRZ 2014, 228; *Grziwotz* FamRZ 2018, 480 (485).
681 OLG Bremen FamRB 2010, 338.
682 BGH NJW 2014, 2638.
683 Vgl. BGH NJW-RR 2006, 664 für Ehegatten- bzw. Schwiegerelternzuwendung; *Schulz* FamRZ 2007, 593 (599) und FPR 2010, 373 (375); *Stein* NZFam 2014, 303 (304).
684 BGH NJW 2008, 3277 = FamRZ 2008, 1822; NJW 2008, 3282 = FamRZ 2008, 1828; NJW 2011, 2880.
685 BGH NJW 2011, 2880.
686 BGH NJW 2008, 3277; KG FamRZ 2010, 476; *Schulz* FPR 2010, 373 (375).

**f) Ansprüche von und gegen die Eltern des Partners.** Zuwendungen, die einer Immobilie zugutekommen, insbesondere Zahlungen auf ein Darlehen oder hausbezogene Arbeitsleistungen, können auch durch die Eltern eines Partners geleistet werden oder sich zugunsten der Eltern auswirken, wenn diese Grundstückseigentümer sind. Im ersten Fall (**Leistungen der Eltern** an den nichtehelichen Partner ihres Kindes) können die Rechtsprechungsgrundsätze über Schwiegerelternzuwendungen zur Anwendung kommen.[687] Insoweit wird regelmäßig von echten Schenkungen gemäß § 516 ausgegangen, deren Geschäftsgrundlage (§ 313) mit Trennung des Kindes vom Leistungsempfänger entfällt. Für die Zumutbarkeitsprüfung gilt das oben Ausgeführte (→ Rn. 128 f.) entsprechend. 131

Im umgekehrten Fall (Partner investiert in die bewohnte Immobilie, welche im **Eigentum der Eltern** des anderen Partners steht) nimmt der BGH **keine Schenkung** an, da nicht die Bereicherung der Eltern bezweckt wird sondern die Verwirklichung der eigenen Lebensgemeinschaft. Aber auch eine unbenannte Zuwendung auf Grundlage eines Kooperationsvertrags (→ Rn. 121) wird abgelehnt, da es nicht um die Ausgestaltung einer Lebensgemeinschaft mit dem Empfänger geht. Der Leistende nimmt vielmehr eine eigennützige Investition vor, die im Verhältnis zu den Eltern des Partners nicht in einem Gegenseitigkeitsverhältnis steht. Das Rechtsverhältnis zu den Eltern wird vielmehr als **Leihe** (§ 598) begriffen, woraus sich aber jedenfalls solange keine Ansprüche aus § 313 ergeben, als das Leihverhältnis fortbesteht und die Wohnung von dem Leistenden, seinem Kind oder seinem Ex-Partner genutzt wird.[688] Solange das Leihverhältnis fortbesteht, existiert zudem ein Rechtsgrund iSv § 812, sodass auch kein Anspruch aus § 812 Abs. 1 S. 2 Alt. 1 in Betracht kommt.[689] Auch von einer Zweckverfehlung gemäß § 812 Abs. 1 S. 2 Alt. 2 kann dann noch keine Rede sein. Ansprüche aus § 601, §§ 677 ff. scheitern daran, dass der aufwendende Partner im Zeitpunkt der Investition kein fremdnütziges Geschäft führen wollte bzw. keine Absicht hatte, vom Geschäftsherrn Ersatz zu verlangen (vgl. § 685). Ansprüche aus § 313 oder § 812 Abs. 1 S. 2 Alt. 2 werden aber in Betracht kommen, sofern die Immobilie den Eltern wieder zur Alleinnutzung oder Fremdvermietung zur Verfügung steht und sie vorzeitig aus dem (wertsteigernden) Aus- oder Umbau Nutzungsvorteile ziehen können.[690] 132

**7. Besonderheiten bei Tilgung von Schulden des Partners. a) Während der Partnerschaft entstandene Schulden.** Werden Verbindlichkeiten des Partners beglichen, kommen neben den genannten Anspruchsgrundlagen auch Ansprüche aus **Auftrag** bzw. **Geschäftsführung ohne Auftrag** in Betracht. Dabei muss nach dem Zeitpunkt der Fälligkeit der Schuld und nach dem **Verwendungszweck** differenziert werden.[691] Diente die eingegangene (Kredit-)Verbindlichkeit lediglich der Verwirklichung der nichtehelichen Lebensgemeinschaft, wozu auch **laufende eigene Bedürfnisse** des anderen Partners wie Freizeitgestaltung, Reisen oder ärztliche Behandlung gehören, so bleibt es im Hinblick auf darauf während der Lebensgemeinschaft erbrachte Zins- oder Tilgungsleistungen beim Grundsatz der Nichtausgleichung[692] (→ Rn. 99). Insoweit ist auch unerheblich, wer im Außenverhältnis der Schuldner war. In gleicher Weise scheidet ein **Bürgschaftsregress nach § 774** aus, wenn man sich für den Partner verbürgt hatte und der Kredit letztlich Zwecken des Zusammenlebens diente.[693] Das Gleiche gilt, wenn die Zahlung zwar erst nach Trennung erfolgt, die Verbindlichkeit aber noch während der nichtehelichen Lebensgemeinschaft begründet worden war. Entscheidend ist der **Zeitpunkt der Entstehung der Verbindlichkeit.**[694] 133

Dient die Schuldentilgung jedoch nicht dem laufenden Bedarf sondern der **Vermögensbildung** und führt sie beim anderen Partner zu einer erheblichen Vermögensmehrung, die bei Trennung noch vorhanden ist (zB Abzahlung seines Immobiliardarlehens), so kann von einer Zuwendung im oben genannten Sinne (→ Rn. 100) gesprochen werden.[695] In diesem Fall sind Ausgleichsansprüche aus § 812 Abs. 1 S. 2 Alt. 2 (→ Rn. 110 ff.) und/oder aus § 313 (→ Rn. 119 ff.) und ggf. auch aus Gesellschaftsrecht (→ Rn. 106 f.) zu prüfen.[696] Der Ausgleichsanspruch kann hier nach dem 134

---

687 BGH NJW 2010, 2202 = JuS 2010, 732; NJW 2010, 2884; NJW 2012, 523 = JuS 2012, 558.

688 BGH NJW 2015, 1523.

689 BGH NJW 2015, 1523.

690 BGH NJW 2015, 1523.

691 Vgl. BGH NJW 2010, 868 für Gesamtschulden; OLG Hamm BeckRS 2013, 10991; Soergel/*Schumann* NehelLG Rn. 188.

692 OLG Oldenburg FamRZ 1986, 465; LG Oldenburg FamRZ 2008, 155 (bez. Mietzins); *Schulz* FamRZ 2007, 593 (603).

693 LG Bamberg FamRZ 1988, 59.

694 BGH NJW 2010, 868 = FamRZ 2010, 542 mAnm *Wellenhofer*; *Weinreich* FPR 2010, 379 (380).

695 Vgl. OLG Bremen FamRB 2010, 338; *Grziwotz* FamRZ 2018, 480 (485); FamFR 2010, 145 (146).

696 Anders noch BGH NJW 1983, 1055.

Wertzuwachs bemessen werden, den etwa eine Immobilie (wirtschaftlich betrachtet) durch die Kredittilgung erfahren hat.[697] Ein Anspruch aus § 670 wird hingegen ausscheiden, da es typischerweise an einem Rechtsbindungswillen für einen rechtlich verbindlichen **Auftrag** gemäß § 662 fehlt (→ Rn. 102).

135 **b) Zahlungen nach Trennung.** Werden nach Trennung Zahlungen auf Schulden des (ehemaligen) Partners geleistet, so gilt für vor Trennung entstandene und fällig gewordene Schulden das oben Ausgeführte (→ Rn. 133). Auf den Zahlungszeitpunkt kommt es insoweit nicht an. Werden hingegen Verbindlichkeiten beglichen, die erst **nach Trennung**[698] **fällig** werden (zB fortlaufende Miete, Leasingraten) oder nun erst vom Partner begründet worden sind (zB Miete für neue Wohnung, Abzahlung eines jetzt aufgenommenen Kredits), so kann regelmäßig von einem **Auftragsverhältnis** (§ 662) oder zumindest von Geschäftsführung ohne Auftrag (§§ 677 ff.) gesprochen werden, so dass sich Aufwendungsersatzansprüche in voller Höhe aus § 670 ergeben werden.[699] Daneben verbleibt es bei der Anwendung von § 426. Der Anspruch aus § 426 verjährt gemäß § 199 Abs. 1 Nr. 1; die Verjährung beginnt mit dem Schluss des Jahres, in dem die Forderung, von der zu befreien ist, fällig geworden ist.[700]

136 **8. Gesamtschuldnerausgleich. a) Während der Lebensgemeinschaft entstandene Schulden.** Wurden **gemeinschaftliche Schulden** (zB Mietzahlungspflicht; Abzahlung eines Immobiliardarlehens) eingegangen, so gilt für den Gesamtschuldnerregress die Regel des § 426. Daneben können bei Miteigentum Ansprüche aus Bruchteilsgemeinschaft bestehen (§§ 748, 755). Nach § 426 Abs. 1 S. 1 sind die Gesamtschuldner im Verhältnis zueinander zu gleichen Teilen verpflichtet **(Halbteilungsgrundsatz),** soweit nicht ein anderes bestimmt ist. Die vorrangige anderweitige Bestimmung kann sich nach stRspr. aus dem Gesetz, einer ausdrücklichen oder stillschweigenden Vereinbarung, Inhalt und Zweck des Rechtsverhältnisses sowie aus der **Natur der Sache** ergeben.[701] Einschlägige gesetzliche Bestimmungen finden sich für nichteheliche Lebensgemeinschaften nicht. Aber auch eine ausdrückliche Vereinbarung über die interne Verteilung der Schuldenlast wird in Streitfällen regelmäßig fehlen. In einer teilweisen Ausgleichszahlung an den Partner während bestehender Gemeinschaft kann aber das Anerkenntnis einer Erstattungspflicht liegen. Ansonsten ist laut BGH zu fragen, was sich aus der „Natur der Sache" bzw. der **„besonderen Gestaltung des tatsächlichen Geschehens"** ergibt. Es ist abzustellen auf die tatsächliche Gestaltung des Innenverhältnisses der konkreten nichtehelichen Lebensgemeinschaft. Hier kann – wie bei Ehegatten – eine **Rollenverteilung** festzustellen sein, wonach ein Teil den Haushalt führt und Kinder betreut, während der andere Teil erwerbstätig ist. Unter solchen Umständen trägt regelmäßig der verdienende Partner die laufenden gemeinsamen Verpflichtungen (zB Miete) endgültig alleine.[702] Ein Ausgleichsanspruch aus § 426 für Zahlungen auf während der nichtehelichen Lebensgemeinschaft entstandene bzw. fällig gewordene gemeinschaftliche Schulden (insbesondere Miete, Darlehenszinsen, Tilgung von Verbraucherkrediten) scheidet dann aus, und zwar unabhängig vom Zeitpunkt der Zahlung.

137 Lässt sich eine solche besondere Gestaltung des tatsächlichen Geschehens nicht feststellen, bleibt der **Grundsatz der Nichtausgleichung**[703] (→ Rn. 99) zu beachten, wonach für laufende Beiträge zur Verwirklichung des Zusammenlebens grundsätzlich keine Ausgleichsansprüche bestehen.[704] Insoweit ergibt sich aus der **Natur des Rechtsverhältnisses** der nichtehelichen Lebensgemeinschaft eine andere Bestimmung, die den Halbteilungsgrundsatz des § 426 Abs. 1 S. 1 überlagert.[705] Die generelle Annahme, dass während der nichtehelichen Lebensgemeinschaft erbrachte Tilgungsleistungen allein im Interesse des Zusammenlebens erbracht werden,[706] würde allerdings zu kurz greifen. Nachdem der BGH inzwischen die Anwendbarkeit von § 313 und § 812 Abs. 1 S. 2 Alt. 2 im

---

[697] OLG Bremen FamRB 2010, 338.

[698] Auf diesen Zeitpunkt stellen ab: BGH NJW 1981, 1502; OLG Frankfurt FamRZ 1984, 1013; OLG Karlsruhe FamRZ 1986, 1095; OLG Saarbrücken FamRZ 1998, 738; OLG Celle NJW 1983, 1063; *Krause* JuS 1989, 455 (459); krit. *Schlüter/Belling* FamRZ 1986, 405 (407).

[699] BGH NJW 1981, 1502; OLG Frankfurt FamRZ 1984, 1013; NJW 1985, 810; OLG Saarbrücken FamRZ 1998, 738; dazu *Battes,* Nichteheliches Zusammenleben im Zivilrecht, 1983, Rn. 83 ff., 96; abl. LG Bamberg FamRZ 1988, 59 für Inanspruchnahme als Bürge; OLG Oldenburg FamRZ 1986, 465.

[700] OLG Bremen NJW 2016, 1248.

[701] BGH NZFam 2018, 844; NJW 2010, 868; 2010, 998; NJW 2008, 849 = FamRZ 2008, 602; NJW 2007, 3564 = FamRZ 2007, 1975.

[702] So der Fall von BGH NJW 2010, 868.

[703] BGHZ 77, 55 (58) = NJW 1980, 1520.

[704] BGH NZFam 2018, 844; OLG Oldenburg FamRZ 1986, 465; OLG Hamm BeckRS 2013, 10991.

[705] BGH NZFam 2018, 844; NJW 2010, 998 = FamRZ 2010, 277.

[706] So zB *Steinert* NJW 1986, 683 (688).

Rahmen der Vermögensauseinandersetzung von nichtehelichen Lebensgemeinschaften anerkannt hat (→ Rn. 110 ff.), ist die frühere Rspr. zum Gesamtschuldnerausgleich, die pauschal auf den Grundsatz der Nichtausgleichung verwies,[707] überholt. Vielmehr muss auf den **Einzelfall** abgestellt werden und insoweit auf die Art der Leistung und ihren Verwendungszweck.[708] Insofern gilt auch hier die Unterscheidung nach Leistungen zur laufenden täglichen Bedarfsdeckung einerseits und zur **Vermögensbildung** andererseits. Dienen größere Investitionen bzw. Kredite der Vermögensbildung bei einem Partner (Immobilie, Betrieb) kommen Ausgleichsansprüche nach allgemeinen Grundsätzen (→ Rn. 110 ff.) in Betracht. Hier kann es keinen Unterschied machen, ob die jeweilige Zuwendung bzw. Leistung sogleich in vollem Umfang erbracht wurde oder ob infolge einer Kreditaufnahme oder Stundung die Abzahlung erst nach und nach erfolgt.[709]

**b) Tilgung von nach Trennung fällig werdenden Gesamtschulden.** Mit dem Scheitern der Beziehung entfällt regelmäßig der Grund für eine von der hälftigen Ausgleichsregel des § 426 Abs. 1 abweichende (besondere) Gestaltung. Für (weitere) Tilgungsleistungen auf gemeinsame Schulden, die **nach Trennung**[710] fällig werden, besteht daher im Zweifel ein anteiliger Ausgleichsanspruch aus § 426.[711] Der Halbteilungsgrundsatz des § 426 Abs. 1 S. 1, der während der nichtehelichen Lebensgemeinschaft überlagert wurde, lebt nun wieder auf.[712] Sofern nicht (stillschweigend) anderes vereinbart ist, treffen die Lasten jetzt jeden Partner zur Hälfte (vgl. § 426 Abs. 1 S. 1). Schließlich kann die Vermutung, dass keine gegenseitige Aufrechnung gewollt ist, nur solange gelten, wie ein Gegenseitigkeitsverhältnis besteht. Eine während der bestehenden nichtehelichen Lebensgemeinschaft geübte „besondere Gestaltung des tatsächlichen Geschehens" (→ Rn. 136) findet mit Trennung der Partner idR ihr Ende, ohne dass es einer besonderen Handlung oder Erklärung des (bislang allein) zahlenden Partners bedürfte.[713] 138

**Abweichungen vom Halbteilungsgrundsatz** können sich allerdings daraus ergeben, dass die **Anteile** der **Miteigentümer** verschieden groß sind; dann wird es naheliegen, die Kostenlast auf die Partner im Verhältnis ihrer konkreten Miteigentumsanteile zu verteilen. Außerdem kann der Halbteilungsgrundsatz durch eine neue abweichende (stillschweigende) Vereinbarung oder Gestaltung verdrängt werden. **Nutzt** ein Partner mit Duldung des anderen ein in **Miteigentum stehendes Haus** nach der Trennung **allein** und trägt er wie bisher die Lasten, ohne zu erkennen zu geben, einen hälftigen Ausgleich geltend machen zu wollen, und ohne dass der andere Partner ihm ein Nutzungsentgelt abverlangt, so kann darin eine (stillschweigende) von § 426 **abweichende Regelung** liegen.[714] Ein (ggf. wider Erwarten) erhobener Ausgleichsanspruch beläuft sich dann nach Treu und Glauben (§ 242) auf den Betrag, der sich nach Saldierung von (hälftiger) Lastentragung und hälftigem **Nutzungswert** ergibt, ohne dass es einer Aufrechnungserklärung bedarf. Damit wird kein eigenständiger Nutzungsersatzanspruch des ausgezogenen Partners geschaffen; zumal ein solcher Anspruch grundsätzlich voraussetzt, dass beim Auszug eine Neuregelung der Verwaltung und Benutzung gemäß § 745 Abs. 2 verlangt worden ist (→ Rn. 96). Der Nutzungswert ist vielmehr als Rechenfaktor bei der Ermittlung eines angemessenen Ausgleichsanspruchs anzusetzen.[715] Insoweit gelten für Ehegatten und nichteheliche Lebensgemeinschaften einheitliche Grundsätze.[716] 139

Sollte der Gegenstand, dessen Finanzierung eine Kredittilgung dient, im **Alleineigentum** eines Partners stehen, trifft im Innenverhältnis im Zweifel denjenigen die Zahlungspflicht, dem dieser Wert (zB Kfz, Immobilie, Betrieb) nun verbleibt.[717] Ein Ausgleichsanspruch kann sich dann auch auf den gesamten Betrag richten.[718] In solchen Fällen bestehen meist auch Ausgleichsansprüche des Zahlenden aus **Auftrag oder GoA**[719] sowie im Hinblick auf **künftig fällig werdende Raten** ein 140

---

707 Vgl. noch BGH NJW 1980, 1520; 1983, 1055; 1981, 1502; OLG Oldenburg FamRZ 1986, 465; aA bereits *Hausmann* in Hausmann/Hohloch neLG 333 ff.; *Rauscher* FamR Rn. 738; *Schlüter/Belling* FamRZ 1986, 405 (407).

708 Vgl. BGH NJW 2010, 868.

709 Vgl. LG Bamberg NJW 1988, 1219; *Schlüter/Belling* FamRZ 1986, 407; *Grziwotz* neLG § 21 Rn. 26; Soergel/*Schumann* NehelLG Rn. 192.

710 So auch *Weinreich* FPR 2010, 379 (380).

711 BGH NZFam 2018, 844; NJW 2010, 868; OLG Koblenz NJW-RR 2010, 653; *Schwab* FamR Rn. 1018 f.; *Schulz* FPR 2010, 373 (377).

712 OLG Bremen NJW 2016, 1248; Erman/*Kroll-Ludwigs* Vor § 1353 Rn. 36.

713 OLG Koblenz NJW-RR 2010, 653 = FamRZ 2010, 1176.

714 BGH NZFam 2018, 844.

715 Zum Ganzen BGH NZFam 2018, 844.

716 BGH NZFam 2018, 844.

717 KG NJW-RR 1999, 1093 für Ehegatten nach Trennung; *Schulz* FPR 2010, 373 (377).

718 Vgl. OLG Hamm FamRZ 2001, 95; *Grziwotz* neLG § 21 Rn. 26.

719 Vgl. OLG Frankfurt FamRZ 1984, 1013; letztlich auch BGH NJW 1981, 1502; *Lipp* JuS 1982, 17 (21).

**Anspruch auf Freistellung** (§ 257) im Innenverhältnis.[720] Bei der Inanspruchnahme als Bürge folgt der Anspruch aus §§ 774, 488.[721]

## V. Sonstiges

141 **1. Verfahrensrecht. Zuständig** für Streitigkeiten zwischen den Parteien einer nichtehelichen Lebensgemeinschaft sind während ihres Bestehens und nach Trennung grundsätzlich die **allgemeinen Zivilgerichte,** da es sich nicht um Familiensachen iSd § 23a Abs. 1 S. 1 Nr. 1 GVG handelt. Die Behauptung eines familienrechtlichen Anspruchs genügt nicht,[722] da sich die Qualifizierung objektiv nach dem jeweiligen Streitgegenstand richtet. Die Familiengerichte sind aber zuständig für Kindschaftssachen (§ 151 FamFG), Abstammungssachen (§ 169 FamFG), Streitigkeiten zwischen ehemals Verlobten (§ 266 Abs. 1 Nr. 1 FamFG)[723] sowie Gewaltschutzsachen (§ 210 FamFG), die gemäß § 111 Nr. 2, 3, 6 FamFG Familiensachen sind. Für den Streit **geschiedener Eheleute** über Ausgleichsansprüche im Zusammenhang mit einem Kredit, den die Eheleute während der vorangegangenen nichtehelichen Lebensgemeinschaft für den Erwerb eines Grundstücks aufgenommen und während der Ehe weiterhin abbezahlt hatten, ist ebenfalls das FamG zuständig.[724] Eine Familiensache iSv § 266 Abs. 1 Nr. 3 (sonstige Ansprüche im Zusammenhang mit Trennung und Scheidung) liegt insoweit vor, wenn der Ausgleichsanspruch im Zusammenhang mit Trennung und Scheidung entstanden sein soll, mag er auch sachlich seinen Grund in einer vorehelichen Zuwendung finden.[725] Beim BGH ist auch für Angelegenheiten der nichtehelichen Lebensgemeinschaft grundsätzlich der (familienrechtliche) XII. Senat zuständig.

142 Eine **Ersatzzustellung** an den nichtehelichen Lebensgefährten ist wirksam.[726] Insoweit bestimmt § 178 Abs. 1 Nr. 1 ZPO ausdrücklich, dass die Zustellung auch an einen „erwachsenen ständigen Mitbewohner" erfolgen kann.[727] Gleiches gilt nach den einschlägigen Normen der anderen Verfahrensordnungen.

143 Auf **Prozesskostenvorschuss** besteht gegen den Partner kein Anspruch; es fehlt an einer gesetzlichen Unterhaltspflicht iSv § 1360a Abs. 4.[728] Einem Antragsteller auf **Prozesskostenhilfe** sind gleichwohl geldwerte Zuwendungen seines Partners (freie Kost und Wohnung) analog zu sozialhilferechtlichen Grundsätzen als Einkommen iSv § 115 Abs. 1 S. 2 ZPO anzurechnen.[729] Umgekehrt sind vom Antragsteller an seinen Lebensgefährten erbrachte Leistungen, da nicht aufgrund Gesetzes geschuldet, nur dann gemäß § 115 Abs. 1 S. 3 Nr. 2 ZPO von seinem Einkommen absetzbar, wenn den Partnern im Rahmen einer Solidargemeinschaft Sozialleistungen gekürzt werden.[730]

144 Als **Richter,** Rechtspfleger, Sachverständiger etc kann der Lebensgefährte wegen Besorgnis der Befangenheit abgelehnt werden oder sich selbst ablehnen (§§ 42, 48 ZPO etc).[731] Eine nichteheliche Lebensgemeinschaft zwischen der erstinstanzlichen Richterin, die an der angefochtenen Entscheidung mitgewirkt hat, und dem Rechtsmittelrichter begründet, wenn nicht weitere Umstände hinzutreten, noch nicht die Besorgnis der **Befangenheit.**[732] Gleichwohl hat der Rechtsmittelrichter solche Umstände anzuzeigen und zwar unabhängig davon, ob auch ein materieller Grund für die Annahme der Befangenheit gegeben ist. Die Verletzung dieser Offenbarungspflicht kann einen selbständigen Befangenheitsgrund darstellen.[733] Die **Zeugnisverweigerungsrechte** aus § 383 ZPO,

---

720 OLG Bremen NJW 2016, 1248; OLG Saarbrücken FamRZ 1998, 738; OLG Köln NJW-RR 1995, 1282.

721 LG Bamberg NJW 1988, 1219 will keinen Anspruch geben, wenn die ursprüngliche Schuld auch der gemeinsamen neLG diente. Dazu auch *Schulz* FamRZ 2007, 593 (605).

722 Anders wohl OLG Hamm NJW 1982, 2876.

723 LG Mainz FamRZ 2013, 68.

724 LG Halle FamRZ 2013, 1687.

725 OLG Dresden NZFam 2014, 90.

726 Vgl. nur *Grziwotz* neLG § 11 Rn. 85 mwN; Musielak/Voit/*Wittschier* ZPO § 178 Rn. 3b.

727 IErg so auch schon auf Grundlage von § 181 ZPO aF, OLG Köln VersR 2001, 1536; OLG Schleswig NJW 1999, 2602; *Burhoff* FPR 2001, 18 (20); *Messerle* JuS 2001, 28 (34); für Familienkonstellationen auch BGH NJW 1990, 1666; aA BGHSt 34, 250 = NJW 1987, 1562.

728 *Burhoff* FPR 2001, 18 (21) mwN; PWW/*Weinreich* Vor § 1297 Rn. 11, 34.

729 OLG Koblenz NJW-RR 1992, 1348; FamRZ 1987, 612; OLG Köln FamRZ 1984, 304; OLG Hamm FamRZ 1984, 409; Soergel/*Schumann* NehelLG Rn. 154; *Grziwotz* neLG § 11 Rn. 87; aA OLG Köln FamRZ 1988, 306; Zöller/*Geimer* ZPO § 115 Rn. 10; *Burhoff* FPR 2001, 18 (20).

730 KG FamRZ 2006, 962 (963); OLG Karlsruhe FamRZ 2008, 421; OLG Dresden FamRZ 2008, 2287; MDR 2009, 1048; OLG Düsseldorf FamRZ 2010, 141.

731 *Grziwotz* neLG § 11 Rn. 88 ff.: § 41 Nr. 2 ZPO (Ehegatte) gilt nicht analog.

732 OVG Bremen NZFam 2015, 888.

733 OVG Bremen NJW 2015, 2828.

§ 52 StPO sind zwar bislang nicht kraft Gesetzes auf nichteheliche Partner erstreckt worden, sollten aber analog angewandt werden.[734]

**2. Zwangsvollstreckung.** Zur Vollstreckung zwecks Räumung einer Wohnung → Rn. 63 f., in bewegliche Sachen analog § 1362 → Rn. 51. Pfändungsschutz gemäß § 811 ZPO genießen auch dem Bedarf des Lebensgefährten des Schuldners dienende Kompetenzstücke. Im Positiven in den Kreis der Familien- und Hausangehörigen einzubeziehen ist der Lebensgefährte bei den Bestimmungen über unpfändbare Sachen des § 811 Abs. 1 Nr. 1, 2, 3, 4, 4a, 10, 12 ZPO.[735] § 850c Abs. 1 S. 2, Abs. 2 ZPO, wonach sich der unpfändbare Teil des Arbeitseinkommens erhöht, wenn der Schuldner auf Grund einer gesetzlichen Verpflichtung seinem Ehegatten Unterhalt gewährt, gilt nicht analog, wenn der Schuldner seinen nichtehelichen Partner unterhält. Auch im Rahmen von § 850f ZPO konnte der Schuldner früher keine Änderung des unpfändbaren Betrags mit dem Hinweis auf Unterhaltsleistungen gegenüber dem nichtehelichen Partner erlangen.[736] Insoweit zeichnet sich jedoch eine Rechtsprechungsänderung ab. Ohne eine entsprechende Anwendung von § 850f Abs. 1a ZPO würden Schuldner, die mit ihrem Arbeitseinkommen im Wesentlichen den gesamten Unterhalt einer Bedarfsgemeinschaft nach SGB II bestreiten müssen, nämlich Gefahr laufen, unter das Niveau des nach SGB II jedenfalls notwendigen Lebensunterhaltes zu fallen; genau dies wäre mit dem Zweck des § 850f ZPO jedoch nicht zu vereinbaren, der daher analog anzuwenden ist.[737] Bei richterlichen Durchsuchungsanordnungen gemäß § 758a ZPO, in die der Schuldner einwilligt, hat der nichteheliche Partner als Mitgewahrsamsinhaber an der Wohnung des Schuldners nach Abs. 3 die Durchsuchung zu dulden. 145

**3. Insolvenz.** Ohne namentliche Erwähnung werden Partner einer nichtehelichen Lebensgemeinschaft durch den von § 138 Abs. 1 InsO definierten Kreis der nahestehenden Personen erfasst. Im Kontext der Insolvenzanfechtung gehören dazu (außer dem Ehegatten des Schuldners, seinen oder dessen Verwandten in gerader Linie und Geschwistern) gemäß Nr. 3 auch Personen, die mit dem Schuldner in häuslicher Gemeinschaft leben. Darunter sind vor allem die Partner einer nichtehelichen Lebensgemeinschaft zu verstehen,[738] nicht aber Mitglieder von Zweck-Wohngemeinschaften wie sog. „Studenten-WGs" oder Dienstpersonal[739] (zur Ersatzzustellung an den Partner → Rn. 142). Die Rechtsfolge ist insoweit, dass Rechtsgeschäfte des Schuldners mit seinem Partner unter erleichterten Voraussetzungen anfechtbar sind (vgl. § 130 Abs. 3 InsO, § 131 Abs. 2 S. 2 InsO, § 132 Abs. 3 InsO, § 133 Abs. 2 InsO). Die Einbeziehung des nichtehelichen Lebensgefährten in den Kreis der suspekten Kontrahenten des späteren Gemeinschuldners war ein Anliegen der Insolvenzreform, um die frühere Benachteiligung des Ehegatten durch das *privilegium odiosum* der Beweislastumkehr bei der Anfechtung innerhalb und außerhalb des Konkurses (§ 31 Nr. 2 KO aF, § 3 Abs. 1 Nr. 2 AnfG aF) zu beseitigen. 146

**4. Hinweise zum IPR.** Das IPR[740] wird relevant, wenn die Partner zwar in Deutschland leben, mindestens einer von ihnen jedoch Ausländer ist, sowie dann, wenn deutsche nichteheliche Partner im Ausland leben.[741] Eine besondere Regelung für die nichteheliche Lebensgemeinschaft fehlt freilich nicht nur im materiellen Recht, sondern auch im IPR. Für einzelne Bereiche (**Erbrecht,** Art. 25 f. EGBGB; Verhältnis zu **Kindern,** Art. 19 ff. EGBGB) bestehen eindeutige kollisionsrechtliche Anknüpfungspunkte. Für konkrete vertragliche Verpflichtungen kann auf das Vertragsstatut zurückgegriffen werden. Probleme macht die Einordnung von Fragen der Außenwirkung der nichtehelichen Lebensgemeinschaft[742] sowie von vermögensrechtlichen Ausgleichsansprüchen der Partner untereinander. Gerade letzteres ist umstritten. Zum Teil wird vorgeschlagen, die nichteheliche Lebensgemeinschaft **familienrechtlich** einzuordnen; dementsprechend sei analog an die Regeln des Verlöbnis- und Eherechts anzuknüpfen (für den Fall der Auflösung besonders an Art. 14, 15 EGBGB) (→ 7. Aufl. 2018, EGBGB Art. 17b Rn. 106 ff.).[743] Das würde in erster Linie zur Anwen- 147

[734] BayObLG NJW 1986, 202; Palandt/*Brudermüller* Vor § 1297 Rn. 26; *Gernhuber/Coester-Waltjen* FamR § 43 Rn. 3–5; *Dethloff* FamR § 8 Rn. 16; *Burhoff* FPR 2001, 18 (19); aA Musielak/Voit//*Huber* ZPO § 383 Rn. 3; Zöller/*Greger* ZPO § 383 Rn. 9; Erman/*Kroll-Ludwigs* Vor § 1353 Rn. 25.

[735] Vgl. Musielak/Voit/*Becker* ZPO § 811 Rn. 11 ff.

[736] LG Osnabrück FamRZ 1999, 526; LG Schweinfurt NJW 1984, 374; *Burhoff* FPR 2001, 18 (22).

[737] Zutr. LG Darmstadt VuR 2008, 396.

[738] Begr. RegE zu § 153 InsO, BT-Drs. 12/2443, 161 f.; Einzelheiten bei *Grziwotz* neLG § 21 Rn. 39.

[739] Smid/*Zeuner* InsO § 138 Rn. 7; Braun/*Riggert,* 5. Aufl. 2012, InsO § 138 Rn. 7.

[740] Dazu *Grziwotz* neLG § 32 Rn. 2 ff.; *Martiny* in Hausmann/Hohloch neLG 786 ff.; *Schümann,* Nichteheliche Lebensgemeinschaften und ihre Einordnung im Internationalen Privatrecht, Diss. Frankfurt 2001.

[741] Sehr ausf. zum Kollisionsrecht der nichtehelichen Lebensgemeinschaft *Buschbaum* RNotZ 2010, 73 ff.

[742] Näher *Grziwotz* neLG § 32 Rn. 10.

[743] Vgl. *Martiny* in Scherpe/Yassari, Die Rechtsstellung nichtehelicher Lebensgemeinschaften, 2005, 79, 93; *Martiny* in Hausmann/Hohloch neLG 786 ff.; Staudinger/*Mankowski,* 2011, EGBGB Anh. Art. 13 Rn. 61 ff.; *Röthel* IPRax 2000, 74; *Schümann,* Nichteheliche Lebensgemeinschaften und ihre Einordnung im IPR, 2001, 71 ff.

dung des gemeinsamen Heimatrechts der Partner führen; hilfsweise käme es auf den gewöhnlichen Aufenthaltsort an (Art. 14 Abs. 1 Nr. 2 EGBGB). In den Einzelheiten werden dabei wiederum unterschiedliche Auffassungen vertreten. Die Gegenmeinung plädiert für eine ausschließlich **schuld- und sachrechtliche Anknüpfung,** was zur Anwendung der Art. 38 ff. EGBGB und der Rom I-VO führt.[744] Nach den Art. 38 ff. EGBGB ist das Recht des Staates maßgeblich, in dem die Partner das Rechtsgeschäft tätigen oder sich die Sache befindet (Art. 43 EGBGB). In diese Richtung weist auch eine einschlägige Entscheidung des BGH[745] zu Ansprüchen der Partner aus Gesellschaft, Bereicherungsrecht oder infolge Wegfalls der Geschäftsgrundlage. Ob solche finanziellen Ausgleichsansprüche nach Trennung bestehen, bestimmt sich demgemäß nach dem Statut, dem die Zuwendung unterstand bzw. – mangels eines konnexen Vertragsstatuts – nach dem Recht des Staates, in dem die Bereicherung eingetreten ist (Art. 38 Abs. 3 EGBGB), also das Vermögen des einen Partners durch Leistungen des anderen vermehrt worden ist. Ggf. ist also je nach Leistung zu differenzieren.

**148** Sofern ein deutsches Paar im Ausland eine dort mögliche **registrierte Lebensgemeinschaft** (zu den Ländern → Rn. 31 ff.) begründet hat, geht die hM zutreffend davon aus, dass Art. 17b EGBGB, die Norm zum IPR der eingetragenen Lebenspartnerschaft, analog anzuwenden ist (→ 7. Aufl. 2018, EGBGB Art. 17b Rn. 91 ff.).[746] Auf diese Weise lässt sich eine Gleichbehandlung von registrierten homosexuellen und heterosexuellen Lebensgemeinschaften erreichen. Auch der französische PACS ist kollisionsrechtlich nach Art. 17b EGBGB analog zu beurteilen.[747]

## Titel 2. Eingehung der Ehe

### Vorbemerkung (Vor § 1303)

**Schrifttum:** *Brosius-Gersdorf,* Die Ehe für alle durch Änderung des BGB, NJW 2015, 3557; *Brosius-Gersdorf,* Gleichstellung von Ehe und Lebenspartnerschaft, FamFR 2013, 169; *Brudermüller,* Paarbeziehungen und Recht, 2017; *Coester,* Nichtehe, doch Ehe? Neue Feststellungen zu einem alten Problem, FS Heldrich, 2005, 537; *Coester,* Standesbeamter und Eheschließung, StAZ 1996, 33; *Coester/Coester-Waltjen,* Polygame Verbindungen und deutsches Recht, FamRZ 2016, 1618; *Coester-Waltjen,* Ehefähigkeit und das Ordnungsinteresse des Staates, FamRZ 2012, 1185; *Coester-Waltjen/Heiderhoff,* Zum Entwurf eines Gesetzes zur Bekämpfung der Mehrehe, JZ 2018, 762; *Conring,* Rechtliche Behandlung von Scheinehen nach der Reform des deutschen Eheschließungsrechts, 2002; *Dethloff,* Ehe für alle, FamRZ 2016, 351; *Eherechtskommission beim BMJ,* Vorschläge zur Verbesserung der sozialen Sicherung der Ehegatten, zur Neuregelung des Verlöbnisrechts, zur Reform des formellen und materiellen Eheschließungsrechts sowie zur Ehemündigkeit der Frau, 1972 (zitiert: Eherechtskommission III); *Eisfeld,* Rechtspolitische und verfassungsrechtliche Probleme des Eheaufhebungsgrundes der Scheinehe, AcP 201 (2001), 662; *Eisfeld,* Die Scheinehe in Deutschland im 19. und 20. Jahrhundert, 2005; *Erbarth,* Umwandlung einer eingetragenen Lebenspartnerschaft in eine Ehe, FamRZ 2018, 1221; *Erbarth,* Öffnung der Ehe für alle?, NZFam 2016, 536; *Fadlalla,* Zwangsheirat – die Änderungen des Personenstandsgesetzes und das neue Gesetz zur Bekämpfung der Zwangsheirat, FPR 2011, 449; *Gaaz,* Die Reform des Personenstandsrechts – Vision und Wirklichkeit, StAZ 2008, 198; *Gärditz,* „Ehe für Alle“: Verfassungswandel oder zeitgebundene Rechtspolitik?, FF 2018, 8; *Hartmann,* Scheinehen mit deutschen Staatsangehörigen, 2008; *Haydn-Quindeau,* Die „Ehe für alle“ – ein Verstoß gegen die Institutsgarantie des Art. 6 I GG?, NJOZ 2018, 201; *Hecker,* Ehe für alle – Ende des Streits über die Verfassungsmäßigkeit der Neuregelung, NJOZ 2018, 641; *Heiderhoff,* Ehevoraussetzungen in Europa, StAZ 2014, 193; *Helms,* Im Ausland begründete – im Inland unbekannte Statusverhältnisse, StAZ 2012, 2; *Hepting/Dutta,* Familie und Personenstand, 3. Aufl. 2019; *Ipsen,* Ehe für alle – verfassungswidrig?, NVwZ 2017, 1096; *Kaiser,* Zwangsheirat, FamRZ 2013, 77; *Kaiser,* Gleichgeschlechtliche Ehe – nicht ganz gleich und nicht für alle, FamRZ 2017, 1889; *Kaiser,* Statuswechsel: Umwandlung einer Lebenspartnerschaft in eine gleichgeschlechtliche Ehe, § 20a LPartG, FamRZ 2017, 1985; *Koch,* Das Verbot der kirchlichen Voraustrauung – politische Hintergründe und historische Entwicklung, StAZ 2010, 129; *Löhnig,* Umwandlung einer Lebenspartnerschaft in eine Ehe – Voraussetzungen und Rechtsfolgen, NZFam 2017, 977; *Mankowski,* Genießt die Polygamie Schutz durch Grund- oder Menschenrechte aus Verfassungs-, Unions- oder Völkerrecht?, FamRZ 2018, 1134; *Meyer,* Gleichgeschlechtliche Ehe unabhängig vom Ehebegriff des Art. 6 Abs. 1 GG verfassungsmäßig, FamRZ 2017, 1281; *Roth,* Unterhaltsansprüche nach Eheaufhebung, FS Schwab, 2005, 687; *Rüßmann,* Zur Wiederaufnahme eines Ehescheidungsrechtsstreites nach Wiederverheiratung eines der früheren Ehepartner, AcP 167 (1967), 410; *C. Schmidt,* „Ehe für alle“ – Ende der Diskriminierung oder Verfassungsbruch?, NJW 2017, 2225; *Schmitz/Bornhofen,* Die Allgemeine Verwaltungsvorschrift zum Personenstandsgesetz – Zur neuen Konzeption, StAZ 2010, 321; *Schmitz-Justen,* Das Verfahren zur Befreiung von der Beibringung des Ehefähigkeitszeugnisses nach § 1309 BGB, StAZ 2007, 107; *Schüller,* Die verblüffende Aufhebung des Voraustrauungsverbots und ihre Auswirkungen, NJW 2008, 2745; *Schulz,* Verfahren und materielle Voraussetzungen der Befreiung von der Beibringung des

---

744 Palandt/*Thorn* EGBGB Art. 17b Rn. 13; Erman/*Hohloch* EGBGB Vor Art. 13 Rn. 13.

745 BGH NJW-RR 2005, 1089 = FamRZ 2005, 1151; dazu *Lorenz/Unberath* IPRax 2005, 518.

746 Palandt/*Thorn* EGBGB Art. 17b Rn. 2; Soergel/*Schumann* NehelLG Rn. 291; Erman/*Hohloch* EGBGB Art. 17b Rn. 6; *Buschbaum* RNotZ 2010, 73 (83); *Wagner* IPRax 2001, 292.

747 *Schaal* ZNotP 2010, 207 (210) mwN.

Ehefähigkeitszeugnisses, StAZ 1991, 32; *Schwab,* Kirchliche Trauung ohne Standesamt, FamRZ 2008, 1121; *Schwab,* Eheschließung für Personen gleichen Geschlechts, FamRZ 2017, 1284; *Sering,* Das neue „Zwangsheirats-Bekämpfungsgesetz", NJW 2011, 2161; *Sturm,* Handschuhehe und Selbstbestimmung, IPRax 2013, 412; *Sütçü,* Zwangsheirat und Zwangsehe, 2008; *Theilen,* Intersexualität, Personenstandsrecht und Grundrechte, StAZ 2014, 1; *Voppel,* Aufhebung der Ehe wegen arglistiger Täuschung, FamFR 2012, 435; *Wagenitz/Bornhofen,* Handbuch des Eheschließungsrechts, 1998; *Wagner,* Inhaltliche Anerkennung von Personenstandsurkunden – ein Patentrezept?, FamRZ 2011, 609; *Winkler,* Der Ehename bei Eheaufhebung, 2004. Speziell zur Ehemündigkeit s. § 1303.

**Übersicht**



## I. Entwicklung

**1. Ehegesetz von 1938.** Das Eheschließungs- und Ehescheidungsrecht des BGB, das bis 1933 überhaupt nicht und auch danach nur geringfügig geändert worden war, wurde vom nationalsozialistischen Gesetzgeber durch das Gesetz zur Vereinheitlichung des Rechts der Eheschließung und der Ehescheidung im Lande Österreich und im übrigen Reichsgebiet („EheG 1938") vom 6.7.1938 (RGBl. 1938 I S. 807) ersetzt.[1] Das EheG 1938 brachte eine Reihe von wichtigen Änderungen, die zum Teil auf den politischen Anschauungen des Nationalsozialismus beruhten (zB Eheverbote aus rassischen Gründen), zum Teil der Angleichung des österreichischen Rechts an das deutsche Recht dienten, zum Teil aber auch bereits vor 1933 hervorgetretene Reformbestrebungen verwirklichten und dem Wandel der Anschauungen seit Inkrafttreten des BGB Rechnung trugen. An Verbesserungen des Eheschließungsrechts sind hervorzuheben: die Einschränkung der Möglichkeit, die Nichtigkeit der Ehe geltend zu machen (Geltendmachung ausschließlich im Wege der Klage, Ausschluss des Klagerechts Dritter), und die Ersetzung der Anfechtung der Ehe, die zur rückwirkenden Vernichtung der Ehe führte, durch die „Aufhebung" der Ehe, welche die Ehe nur für die Zukunft auflöste und in ihren Wirkungen weitgehend der Scheidung glich. 1

**2. Ehegesetz von 1946.** Das Ehegesetz (Gesetz Nr. 16 des Kontrollrats) vom 20.2.1946 (KRABl. 1946 S. 77, 294) – EheG – beruhte im Wesentlichen auf dem durch § 79 aufgehobenen EheG 1938, an das es sich eng anlehnte. Die Vorschriften des EheG 1938 wurden überwiegend wörtlich oder nur mit geringen Abweichungen übernommen. Die nationalsozialistischen Unrechtsvorschriften wurden ausgemerzt, insbesondere die auf rassen- und bevölkerungspolitischen Erwägungen beruhenden Eheverbote der Blutsverschiedenheit und der Volksgesundheit. In manchen Punkten knüpfte das EheG wieder an das vor 1933 geltende Recht an, so im Eheschließungsrecht mit der Wiedereinführung des Eheverbots der Geschlechtsgemeinschaft, der Beseitigung des Nichtigkeitsgrundes der Staatsangehörigkeitsehe, der Eheaufhebung wegen Irrtums über persönliche Eigenschaften des anderen Ehegatten (statt Umstände, die die Person des anderen Ehegatten betreffen). 2

**3. Bundesrepublik.** In der Bundesrepublik ist das EheG in der Folgezeit durch eine Reihe von Gesetzen ergänzt und geändert worden. Nachdem bereits durch das GleichberG vom 18.6.1957 (BGBl. 1957 I 609) die sorgerechtlichen Bestimmungen für Kinder aus nichtigen, aufgehobenen und geschiedenen Ehen in das BGB zurückgeführt worden waren, wurde mit dem Ersten Gesetz zur Reform des Ehe- und Familienrechts (1. EheRG) vom 14.6.1976 (BGBl. 1976 I 1421) ein größerer Schritt zur Rückführung des Eheschließungs- und Ehescheidungsrechts in das BGB getan. Das Scheidungsrecht wurde wieder in das BGB eingefügt und der zweite Abschnitt des EheG (Recht 3

[1] Zur Entstehungsgeschichte vgl. *Wolf* FamRZ 1988, 1217 ff.; *Gruchmann* ZNR 11 (1989), 63 ff.

der Ehescheidung) vollständig aufgehoben. Daneben brachte Art. 3 1. EheRG eine ganze Reihe von Änderungen im Recht der Eheschließung, die überwiegend durch die Neuregelung des Ehescheidungs- und Scheidungsfolgenrechts und den Wegfall des Verschuldensprinzips erforderlich wurden. Weiter beseitigte das Gesetz das verfassungswidrige Eheverbot der Geschlechtsgemeinschaft sowie das Eheverbot der Namensehe und gestaltete die vermögensrechtlichen Folgen der Nichtigkeit neu.[2]

4 **4. Frühere DDR.** In der früheren DDR und Ost-Berlin war das EheG im Jahre 1955 außer Kraft getreten (vgl. NJ 1955, 580). Seit dem 29.11.1955 galt zunächst die Verordnung über Eheschließung und Eheauflösung vom 24.11.1955 (GBl. DDR I S. 849). Seit dem 1.4.1966 galten die Bestimmungen des Familiengesetzbuchs (FGB) vom 20.12.1965 (GBl. DDR 1966 I S. 1), geändert durch das Einführungsgesetz zum ZGB vom 19.6.1975 (GBl. DDR I S. 517) und das 1. FamRÄndG vom 20.7.1990 (GBl. DDR I S. 1038). Ergänzende Vorschriften über die Eheschließung enthielten §§ 10 ff. des PStG vom 4.12.1981 (GBl. DDR I S. 421).

5 Nach der Anlage I Kap. III Sachgebiet B Abschn. III **Nr. 11** Einigungsvertrag (BGBl. 1990 II 954) war das EheG im Beitrittsgebiet am 3.10.1990 mit folgenden Maßgaben in Kraft getreten:

a) §§ 1 bis 21 und §§ 28 bis 37 des Ehegesetzes gelten nicht für Ehen, die vor dem Wirksamwerden des Beitritts geschlossen worden sind. Die Wirksamkeit solcher Ehen bestimmt sich nach dem bisherigen Recht.

b) Ist nach dem bisherigen Recht eine Ehe nichtig, so bestimmen sich die Folgen der Nichtigkeit nach den §§ 23 bis 26 des Ehegesetzes. Dies gilt nicht, wenn eine Ehe vor dem Wirksamwerden des Beitritts für nichtig erklärt worden ist.

c) Ist eine Ehe vor dem Wirksamwerden des Beitritts für nichtig erklärt worden, so bestimmen sich die Folgen der Nichtigkeit nach dem bisherigen Recht. Für den Anspruch auf Unterhalt gelten die Vorschriften über den Unterhalt von Ehegatten, deren Ehe vor dem Wirksamwerden des Beitritts geschieden worden ist, entsprechend. Ein Unterhaltsanspruch besteht nicht, wenn der Berechtigte die Nichtigkeit der Ehe bei der Eheschließung gekannt hat.

d) Ist ein Ehegatte vor dem Wirksamwerden des Beitritts für tot erklärt worden, so bestimmt sich die Beendigung der Ehe nach dem bisherigen Recht. Ist der andere Ehegatte eine neue Ehe eingegangen und ist diese vor dem Wirksamwerden des Beitritts geschieden worden, weil der für tot erklärte Ehegatte noch lebte, so bestimmt sich ein Wiederaufleben der durch die Todeserklärung beendeten Ehe nach dem bisherigen Recht.

6 **5. Eheschließungsrechtsgesetz.** Durch das nach Art. 16 Abs. 3 EheschlRG am **1.7.1998** in Kraft getretene **Gesetz zur Neuregelung des Eheschließungsrechts** (EheschlRG)[3] vom 4.5.1998 (BGBl. 1998 I 833) wurde das Eheschließungsrecht wieder in das BGB zurückgeführt (§§ 1303–1320) und die dort seit 1938 bestehende Lücke gefüllt. Damit wurde zugleich einer Absprache während der Beitrittsverhandlungen mit dem Justizministerium der DDR Rechnung getragen, das es als unerträglich erachtet hatte, Besatzungsrecht und Rechtsvorschriften des Dritten Reichs im Beitrittsgebiet neu in Kraft zu setzen. Das EheG nebst seinen auf die Eheschließung bezogenen Durchführungsverordnungen wurde aufgehoben (Art. 14 EheschlRG). Zugleich wurde das Eheschließungsrecht gestrafft und insbesondere hinsichtlich einzelner Formalien vereinfacht; Zuständigkeits-, Verfahrens- und Registrierungsvorschriften wurden zum Teil in das PStG eingestellt. **Abgeschafft** wurden die **Eheverbote** der Schwägerschaft, der Wartezeit nach vorangegangener Auflösung der Vorehe und des fehlenden Auseinandersetzungszeugnisses sowie die Aufhebungsgründe des Mangels der Einwilligung des gesetzlichen Vertreters, des Irrtums über die Person des anderen Ehegatten und des Irrtums über die persönlichen Eigenschaften des anderen Ehegatten. An die Stelle des **Aufgebots,** dessen öffentlicher Aushang seine Funktion seit langem nicht mehr erfüllte und das auch datenschutzrechtlich Bedenken begegnete, ist die **Anmeldung der Ehe** getreten. Bei der Beseitigung fehlerhafter Ehen ist die Zweispurigkeit zwischen Nichtigerklärung, die in ihrer Rückwirkung bereits durch zahlreiche Ausnahmen durchbrochen war, und Aufhebung entfallen. Verstöße gegen Eheverbote führen jetzt ebenso wie Willensmängel zur Aufhebung der Ehe mit Wirkung für die Zukunft. Hierbei wurden die Rechtsfolgen der Aufhebung deutlicher von den Scheidungsfolgen abgegrenzt und damit die Unterschiede zwischen Aufhebbarkeit und Scheidbarkeit der Ehe stärker betont. An Neuerungen hervorzuheben ist weiter der Versuch, fehlerhafte Ehen, insbesondere

[2] Zu ersten, nicht weiterverfolgten Überlegungen der Bundesregierung für eine Reform des Eheschließungsrechts und dessen Rückführung in das BGB s. *Bosch* FamRZ 1982, 862 (868 ff.) sowie *Finger* JZ 1983, 125 ff.

[3] Materialien: Gesetzentwurf der Bundesregierung nebst Stellungnahme des Bundesrats und Gegenäußerung der Bundesregierung, BT-Drs. 13/4898; Stellungnahme der Bundesregierung zu den Prüfungsempfehlungen des Bundesrats, BR-Drs. 827/96; Beschlussempfehlung und Bericht des Rechtsausschusses, BT-Drs. 13/9416.

Scheinehen, möglichst präventiv zu verhindern, indem dem Standesbeamten untersagt wird, an solchen Eheschließungen mitzuwirken, die Einbeziehung von Scheinehen, bei denen sich beide Ehegatten bei der Eheschließung darüber einig waren, keine eheliche Lebens- und Verantwortungsgemeinschaft zu begründen, in den Kreis der aufhebbaren Ehen (→ § 1314 Rn. 33 ff.) sowie schließlich die Möglichkeit der Heilung nicht vor dem Standesbeamten geschlossener Ehen.

Nach der **Überleitungsvorschrift** des Art. 226 EGBGB finden auf die vor dem 1.7.1998 geschlossenen Ehen die §§ 1303–1320 mit folgenden Ausnahmen Anwendung (→ 5. Aufl. 2010, EGBGB Art. 226 Rn. 1 ff.): Die Aufhebung einer vor dem 1.7.1998 geschlossenen Ehe ist ausgeschlossen, wenn die Ehe nach dem bis dahin geltenden Recht nicht hätte aufgehoben oder für nichtig erklärt werden können; ist vor dem 1.7.1998 die Nichtigkeits- oder Aufhebungsklage erhoben worden, so bleibt für die Voraussetzungen und Folgen der Nichtigkeit oder Aufhebung sowie für das Verfahren das bis dahin geltende Recht maßgebend (→ § 1313 Rn. 13 f.). 7

**6. Personenstandsreformgesetz.** Das Personenstandsreformgesetz (PStRG) vom 19.2.2007 (BGBl. 2007 I 122) wurde Anfang 2007 verkündet, trat im Wesentlichen jedoch erst am **1.1.2009** in Kraft.[4] Zielsetzung war, das Personenstandsrecht den neuen Anforderungen an eine moderne Registerführung anzupassen und eine effiziente Arbeit der Standesämter zu ermöglichen.[5] Die frühere Dienstanweisung für Standesbeamte wurde am 29.3.2010 durch die **Allgemeine Verwaltungsvorschrift zum Personenstandsgesetz (PStG-VwV)** ersetzt.[6] Nach § 51 Abs. 1 PStG finden seitdem die Vorschriften des FamFG im personenstandsrechtlichen Verfahren subsidiär Anwendung.[7] Mit der Personenstandsrechtsreform ging eine Erweiterung von Aufgaben und Befugnissen der Standesbeamten einher (zB Nachbeurkundung von ausländischen Personenstandsfällen, Entgegennahme namensrechtlicher Erklärungen, erweiterte Berichtigungsbefugnis).[8] Dem zuständigen Anmeldestandesamt am Wohnsitz obliegt nach wie vor die Prüfung der Eheschließungsvoraussetzungen (§ 13 Abs. 1 S. 1 PStG); jedoch kann ein von den Verlobten gewähltes Standesamt für die Niederschrift und Beurkundung der Eheschließung zuständig sein.[9] Durch das genannte Gesetz wurden auch **elektronisch geführte Personenstandsregister** eingeführt, welche das früher in Papierform geführte Heiratsbuch und Familienbuch abgelöst haben (s. §§ 3, 75 PStG).[10] 8

Im Rahmen der Reform war auch das **Voraustrauungsverbot abgeschafft** worden.[11] Die Vornahme einer kirchlichen[12] vor der standesamtlichen Trauung hatte nach den früheren Normen der §§ 67, 67a PStG aF eine Ordnungswidrigkeit dargestellt; sie war allerdings nicht mit einem Bußgeld bewehrt gewesen.[13] Seit Streichung dieser Normen steht es den Verlobten theoretisch frei, sich zunächst kirchlich trauen zu lassen und erst danach eine standesamtliche Eheschließung vorzunehmen oder sogar gänzlich auf diese zu verzichten. Von Seiten der christlichen Kirchen wurde aber klargestellt, dass Trauungen weiterhin nur nach Vollzug der standesamtlichen Eheschließung erfolgen würden.[14] Muslimisch begründete religiöse Voraustrauungen schienen indes vorzukommen.[15] Die nur kirchliche Eheschließung erzeugt allerdings keine Rechtswirkungen im zivil- oder aufenthaltsrechtlichen Sinne.[16] 9

**7. Gesetz zur Bekämpfung von Kinderehen.** Durch das Gesetz zur Bekämpfung von Kinderehen vom **17.7.2017** (BGBl. 2017 I 2429)[17] wurden mWv 22.7.2017 materielle Eheschließungsnormen des BGB, vor allem § 1303, sowie die kollisionsrechtliche Norm des Art. 13 EGBGB geändert. Im Mittelpunkt stand die **Abschaffung der Minderjährigenehe** in Deutschland. Die frühere Regelung in § 1303 aF, wonach bereits eine 16- oder 17-Jährige Person ausnahmsweise heiraten konnte, sofern eine familiengerichtliche Befreiung vom Volljährigkeitserfordernis vorlag, wurde gestrichen. Nun ist die Volljährigkeit ausnahmslos Voraussetzung für die Eheschließung. Der Standesbeamte muss seine Mitwirkung verweigern, wenn offenkundig ist, dass die Ehe wegen der 10

4 Näher *Gaaz* StAZ 2008, 198; *Gaaz* StAZ 2009, 357.
5 BR-Drs. 616/05.
6 Dazu *Schmitz/Bornhofen* StAZ 2010, 321.
7 Dazu *Helms/Krömer* StAZ 2009, 325 (327 f.).
8 Näher Bundesverband der Deutschen Standesbeamten StAZ 2011, 229 (230 f.).
9 *Gaaz* StAZ 2009, 357 (358, 360 f.).
10 Dazu *Königbauer* StAZ 2010, 97 ff.; *Meireis* StAZ 2008, 204 (205).
11 Dazu *Heinig* ZevKR 2010, 20 (24); *Koch* StAZ 2010, 129 (135 f.); *Schüller* NJW 2008, 2745 (2746); *Schwab* FamRZ 2008, 1121; krit. *Fadlalla* FPR 2011, 449.
12 Zur Ehe und Eheschließung nach katholischem Verständnis *Hierold* FamRZ 2011, 6.
13 Näher *Schüller* NJW 2008, 2745 (2746).
14 *Heinig* FamRZ 2010, 81.
15 Vgl. *Fadlalla* FPR 2011, 449.
16 Vgl. OVG Berlin NJW 2014, 2665: kein Aufenthaltsrecht; *Schüller* NJW 2008, 2745 (2748 f.).
17 BT-Drs. 18/12086.

Minderjährigkeit unwirksam bzw. aufhebbar wäre (vgl. § 1310 Abs. 1 S. 2). Wird eine Ehe gleichwohl von einer 16- oder 17-jährigen Person eingegangen, ist sie grundsätzlich aufhebbar (§ 1314 Abs. 1 Nr. 1). Weiterhin wurde in § 11 PStG ein (religiöses) **Voraustrauungsverbot** für den Bereich der **Minderjährigenehe** eingeführt (→ § 1303 Rn. 11). Im BGB wurden alle Normen gestrichen, die auf den verheirateten Minderjährigen Bezug nahmen, zB § 1633.[18]

11 **8. Eheöffnungsgesetz.** Die grundlegendste Änderung des Eheschließungsrechts brachte das Gesetz zur Einführung des Rechts auf Eheschließung für Personen gleichen Geschlechts vom 17.7.2017 (BGBl. 2017 I 2787) (Eheöffnungsgesetz), das zum **1.10.2017** in Kraft trat. Seitdem steht in § 1353 Abs. 1 S. 1, dass die Ehe von zwei Personen verschiedenen oder gleichen Geschlechts auf Lebenszeit geschlossen wird. Die Begründung einer (gleichgeschlechtlichen) eingetragenen Lebenspartnerschaft ist seit diesem Zeitpunkt nicht mehr möglich; zuvor geschlossene Lebenspartnerschaften bestehen fort. Der Ehebegriff wurde damit verändert (→ Rn. 13 f.). Das früher prägende Element der Verschiedengeschlechtlichkeit wurde aufgegeben. Der Gesetzgeber beruft sich auf den grundlegenden **Wandel des traditionellen Eheverständnisses** infolge der Einführung des Instituts der Eingetragenen Lebenspartnerschaft und der Rspr. des BVerfG,[19] die in fast allen Lebensbereichen zu deren Gleichstellung mit der Ehe geführt habe. Zudem wird die Gestaltungsfreiheit des Gesetzgebers betont[20] und auf die parallele Rechtsentwicklung im Ausland[21] verwiesen.[22]

12 **9. Gesetz zur Umsetzung des Eheöffnungsgesetzes.** Durch das Gesetz zur Umsetzung des Gesetzes zur Einführung des Rechts auf Eheschließung für Personen gleichen Geschlechts vom 18.12.2018 (BGBl. 2018 I 2639)[23] wurden die durch das Eheöffnungsgesetz (→ Vor § 1303 Rn. 11) notwendig gewordenen konzeptionellen und redaktionellen Angleichungen im Ehe- und Lebenspartnerschaftsrecht bewirkt. Normen, wie etwa § 1355 Abs. 2, § 1362 Abs. 1, § 1363 Abs. 2, § 1366 Abs. 2, die noch auf „Mann und Frau" verwiesen, wurden entsprechend geändert. Weiterhin wird in § 20a LPartG klargestellt, dass die Umwandlung einer bestehenden Lebenspartnerschaft in eine Ehe eine Eheschließung bedeutet; insoweit wurde nun auf das Eheschließungsrecht verwiesen. Hinzu kamen Regelungen zu damit verbundenen rechtlichen Rückwirkungen[24] sowie Anpassungen im PStG.

## II. Eheschließung und Verfassung

13 **1. Ehebegriff des Art. 6 Abs. 1 GG.** Grundnorm für das Eheschließungsrecht ist Art. 6 Abs. 1 GG, der Ehe und Familie unter den besonderen Schutz der staatlichen Ordnung stellt. Zu den prägenden Merkmalen der Ehe gehören das **Prinzip der Einehe**[25] bzw. Monogamie und das Erfordernis der (freien) Willensübereinstimmung der Verlobten. Insbesondere Polygamie ist unserer Rechtsordnung fremd.[26] Unter einer Ehe verstand das Grundgesetz zudem über Jahrzehnte hinweg ausschließlich die rechtliche Vereinigung **eines Mannes und einer Frau.**[27] Auch das BVerfG führte noch 2008 aus, dass zum „Gehalt der Ehe, wie er sich ungeachtet des gesellschaftlichen Wandels und der damit einhergehenden Änderungen ihrer rechtlichen Gestaltung bewahrt und durch das Grundgesetz seine Prägung bekommen hat", gehöre, dass die Ehe „die Vereinigung eines Mannes mit einer Frau zu einer auf Dauer angelegten Lebensgemeinschaft ist, begründet auf freiem Entschluss unter Mitwirkung des Staates".[28] Durch das Gesetz zur Einführung des Rechts auf Eheschließung für Personen gleichen Geschlechts wurde dieser (bislang ungeschriebene) Ehebegriff geändert. Mit der Neuformulierung in § 1353 Abs. 1 S. 1[29] wurde das Erfordernis der Verschiedengeschlechtlichkeit ausdrücklich aufgegeben.

---

18 Krit. *Schwab* FamRZ 2017, 1369 (1371 ff.); *Coester* DFGT-Stellungnahme 2017, 4; *Bongartz* NZFam 2017, 541 (544).

19 ZB BVerfGE 133 377 = NJW 2013, 2257; BVerfGE 124, 199 = NJW 2010, 1439.

20 BT-Drs. 18/6665, 7 f.

21 Dazu zB *Heiderhoff* StAZ 2014, 193 (194).

22 BT-Drs. 18/6665, 9.

23 RegE, BT-Drs. 19/4670; Beschlussempfehlung und Bericht des RA, BT-Drs. 19/6137.

24 Dazu ausf. *Kaiser* FamRZ 2017, 1985 (1990 ff.).

25 Vgl. KG NJW-RR 2016, 1161; zur Polygamie *Coester/Coester-Waltjen* FamRZ 2016, 1618 ff.; *Mankowski* FamRZ 2018, 1134.

26 Dazu *Brudermüller,* Paarbeziehungen und Recht, 2017, 216 ff.

27 BVerfGE 10, 59 (66) = NJW 1959, 1483; BVerfGE 29, 166 (176) = BeckRS 1970, 104617; BVerfGE 62, 323 (330) = NJW 1983, 511; BVerfGE 87, 234 (264) = NJW 1993, 643; BVerfGE 105, 313 (345) = NJW 2002, 2543; BVerfGE 115, 1 (19) = BeckRS 2008, 38044; BVerfGE 131, 239 (259) = FamFR 2012, 407; dazu *Erbarth* NZFam 2016, 536 (537); klarstellend etwa noch OLG Zweibrücken BeckRS 2016, 118747 = FamRZ 2017, 601.

28 BVerfGE 122, 175 = NJW 2008, 3117 – Transsexuellen-Entscheidung.

29 Diesen Standort kritisiert zu Recht *Schmidt* NJW 2017, 2225.

Daran anknüpfend wird im Schrifttum diskutiert, ob die Neufassung von § 1353 Abs. 1 S. 1 mit Art. 6 Abs. 1 GG vereinbar ist. Das GG enthält indes keine Definition der Ehe und ist damit offen für eine einfach-rechtliche Begriffsbestimmung,[30] solange prägende **Strukturmerkmale** der Ehe nicht unterlaufen werden oder der Ehebegriff selbst ausgehöhlt wird. Dies ist aber vorliegend nicht der Fall. Der Inbegriff der Ehe hat sich über die vergangenen Jahrzehnte auch in anderer Hinsicht verändert. Das betrifft vor allem die Gleichberechtigung von Mann und Frau,[31] aber auch die fortschreitende Entkoppelung von Ehe und Familie als jeweils eigenständige Institute.[32] In gleicher Weise kann die Vorstellung von der Geschlechtszugehörigkeit bzw. Verschiedengeschlechtlichkeit der Ehegatten dem Wandel unterliegen.[33] Umfragen in der Bevölkerung kommen insoweit zu einem klaren Ergebnis.[34] Man mag zwar von einem mittelbaren „Verfassungswandel" durch die Neuregelung sprechen können; es liegt gleichwohl keine Verfassungsänderung vor, die gemäß Art. 79 Abs. 2 GG einer Zweidrittelmehrheit bedurft hätte.[35] So sieht es auch die Gesetzesbegründung, die darauf verweist, dass sich die „Bedeutung einer Verfassungsrechtsnorm ohne Veränderung ihres Textes ändern" könne.[36] Überwiegend wird auch zu Recht von der Verfassungsmäßigkeit des Eheöffnungsgesetzes (→ Vor § 1303 Rn. 11) ausgegangen.[37] Mit einer Verfassungsbeschwerde wird nicht gerechnet.[38] 14

Zum Teil wird allerdings geltend gemacht, dass es infolge der Neuregelung nun zwei **verschiedene Ehebegriffe** gäbe, nämlich den verfassungsrechtlichen Begriff der Ehe einerseits, der ausschließlich die Ehe von Mann und Frau betreffe, und einen **bürgerlich-rechtlichen Ehebegriff** andererseits.[39] Im Sinne der Einheitlichkeit der Rechtsordnung ist eine solche Differenzierung jedoch – wie auch beim Begriff der Familie[40] – abzulehnen. Insbesondere die Rspr. des BVerfG zur rechtlichen Gleichbehandlung und Funktionsgleichheit von eingetragener Lebenspartnerschaft und Ehe belegt, dass es für eine solche Differenzierung keine hinreichende Rechtfertigung gibt. 15

**2. Besonderheiten bei Transsexualität und Intersexualität. a) Transsexualität.** Transsexuelle sind Menschen mit gestörter Geschlechtsidentität, die nach der Anpassung ihres Vornamens bzw. des Personenstands an das Gegengeschlecht, dem sie sich zugehörig empfinden, streben. Das TSG ermöglicht die Anpassung in einem der freiwilligen Gerichtsbarkeit unterliegenden Verfahren (vgl. § 1 Abs. 1 TSG, § 8 TSG). Solange für eine Ehe bzw. eine Eheschließung die Verschiedengeschlechtlichkeit der Ehegatten Voraussetzung war, war es für Transsexuelle ggf. erforderlich, mithilfe von Personenstandsurkunden den **Nachweis über die Verschiedengeschlechtlichkeit** zu führen (→ 7. Aufl. 2017, Rn. 12). Mit der Einführung der „Ehe für alle" haben sich diesbezügliche Fragen erledigt. 16

Davon zu trennen ist die Frage, welche Rechtsfolgen eine **während bestehender Ehe** oder Lebenspartnerschaft erfolgende (rechtliche) **Geschlechtsumwandlung** (§§ 1, 8 TSG) hat(te).[41] Einschlägige gesetzliche Regelungen dazu fehlen. Da der seit 1.10.2017 geltende Ehebegriff nun ohnehin geschlechtsunabhängig ist (→ Rn. 11), stellt sich diese Frage allerdings nur noch für Geschlechtsumwandlungen, die vor dem genannten Stichtag erfolgt sind. Insofern gelten die Grundsätze, die das BVerfG in seiner Entscheidung vom 27.5.2008 entwickelt hat. Danach lässt die rechtliche Anerkennung des Geschlechtswechsels nach § 8 TSG und die daraus folgende faktische Gleichgeschlechtlichkeit der Partner den **Bestand der Ehe unberührt,** wenn beide Ehegatten an ihrer Ehe festhalten 17

---

[30] So auch *Brosius-Gersdorf* NJW 2015, 3557 (3559); *Dethloff* FamRZ 2016, 351 (352); aA *Schmidt* NJW 2017, 2225 (2227).

[31] *Dethloff* FamRZ 2016, 351 (352).

[32] *Brosius-Gersdorf* NJW 2015, 3557 (3559) mwN; *Dethloff* FamRZ 2016, 351 (353).

[33] AA *Haydn-Quindeau* NJOZ 2018, 201 (206).

[34] Vgl. *Dethloff* FamRZ 2016, 351 mwN.

[35] Vgl. *Gärditz* FF 2018, 8 (15 ff.); *Wapler* FamRZ 2017, 602; *Meyer* FamRZ 2017, 1281; *Dethloff* FamRZ 2016, 351 (353); *Brosius-Gersdorf* FamFR 2013, 169 (171); *Brosius-Gersdorf* NJW 2015, 3557; *Beck* FPR 2010, 220 (226); aA *Erbarth* NZFam 2016, 536 (538); *Ipsen* NVwZ 2017, 1096 (1098); *Haydn-Quindeau* NJOZ 2018, 201 (206); wohl auch *Schmidt* NJW 2017, 2225 (2228); *Froese* DVBl 2017, 1152.

[36] BT-Drs. 18/6665, 7; ähnlich auch *Wapler* FamRZ 2017, 602 (603).

[37] *Meyer* FamRZ 2017, 1281; *Gärditz* FF 2018, 8; *Wasmuth* NJ 2017, 353; *Blome* NVwZ 2017, 1658; *Schaefer* AöR 143 (2018), 393.

[38] Vgl. *Ipsen* NVwZ 2017, 1096 (1099); *Hecker* NJOZ 2018, 641 (642); s. allerdings BT-Drs. 19/4810 vom 8.10.2018.

[39] So *Kaiser* FamRZ 2017, 1889 (1891); *Gärditz* FF 2018, 8 (20 f.); angedacht auch von *Schwab* FamRZ 2017, 1284 (1286); *Meyer* FamRZ 2017, 1281 (1283); aA *Brosius-Gersdorf* NJW 2015, 3557; *Theilen* StAZ 2014, 1 (7).

[40] Zu dieser Parallele BT-Drs. 18/6665, 8.

[41] Dazu OLG Rostock NJOZ 2005, 4714; ausf. HK-LPartR/*Augstein* Transsexuellenrecht S. 479 Rn. 2.

wollten.[42] Nach der Geschlechtsumwandlung würde die Ehe zwar im Tatsächlichen und nach ihrem äußeren Erscheinungsbild nunmehr von gleichgeschlechtlichen Partnern geführt. Sie sei aber weiterhin eine dauerhafte Lebens- und Verantwortungsgemeinschaft von zwei Ehegatten, die als solche vom grundrechtlichen Schutz des Art. 6 Abs. 1 GG nicht ausgenommen seien. Folglich habe der Gesetzgeber dafür Sorge zu tragen, dass die Ehe des Transsexuellen zumindest als rechtlich gesicherte Verantwortungsgemeinschaft fortbestehen könne.

18 **b) Intersexualität.** Intersexuelle Menschen sind solche, die im Hinblick auf ihre Chromosomen, Anatomie und Hormonproduktion nicht eindeutig dem männlichen oder dem weiblichen Geschlecht zugeordnet werden können. Insoweit regelte § 22 Abs. 3 PStG seit 2013,[43] dass eine **Geschlechtsangabe** im Geburtenregister unterbleiben kann, wenn das Kind weder dem männlichen noch dem weiblichen Geschlecht zugeordnet werden kann. Durch das Gesetz zur Änderung der in das Geburtenregister einzutragenden Angaben vom 18.12.2018 (BGBl. 2018 I 2635) wurde § 22 Abs. 3 PStG ergänzt. Nun kann alternativ auch die Angabe „divers" eingetragen werden. In Bezug auf Heirat oder Verpartnerung kann die Unmöglichkeit der eindeutigen Geschlechtszuordnung nicht dazu führen, dass intersexuelle Menschen von der Eheschließung (oder in der Vergangenheit von der Begründung einer Eingetragenen Lebenspartnerschaft) ausgeschlossen sind.[44] Das muss erst recht gelten, seitdem die Ehe „für alle" geöffnet worden ist. Allerdings wird im Schrifttum auch die Auffassung vertreten, dass die Formulierung in § 1353 Abs. 1 S. 1 die Zuordnung zu einem (bestimmten) **Geschlecht iSd PStG** voraussetze mit der Folge, dass intersexuelle Menschen davon nicht erfasst würden und somit nicht heiraten könnten.[45] Eine solche Auslegung ist jedoch weder mit dem allgemeinen Persönlichkeitsrecht der Betroffenen aus Art. 2 Abs. 1 GG iVm Art. 1 Abs. 1 GG vereinbar, das auch die geschlechtliche Identität schützt, noch mit dem Diskriminierungsverbot aus Art. 3 Abs. 3 S. 1 GG,[46] und auch nicht mit der Eheschließungsfreiheit (Art. 6 Abs. 1 GG).[47] Das kann nicht zuletzt aus der Entscheidung des BVerfG vom 10.10.2017 zum dritten Geschlecht abgeleitet werden, in der klargestellt wurde, dass das Personenstandsrecht intersexuelle Menschen nicht dazu zwingen dürfe, das Geschlecht zu registrieren, solange es keinen anderen positiven Eintrag als männlich oder weiblich zulasse.[48] Die Verpflichtung zur Zuordnung zu einem bestimmten Geschlecht wurde als weder erforderlich noch verhältnismäßig angesehen. Das kann unschwer auf die Voraussetzungen für eine Eheschließung übertragen werden. Abgesehen davon gibt es auch keinen Anlass, den Begriff des „Geschlechts" in § 1353 Abs. 1 S. 1 eng bzw. binär auszulegen; vielmehr kann der Begriff hier eigenständig und verfassungskonform dahin ausgelegt werden, dass es auf das konkrete Geschlecht gar nicht ankommt.[49] Das BVerfG hat in Bezug auf Art. 3 Abs. 3 S. 1 GG klargestellt, dass „Geschlecht" im diesbezüglichen Sinne allgemein zu verstehen sei und auch ein Geschlecht jenseits von männlich oder weiblich erfasse.[50] Weiterhin zielte die Formulierung des Gesetzgebers in **§ 1353 Abs. 1 S. 1** allein auf den Abschied vom ausschließlichen Mann-Frau-Ehebegriff, nicht auf die Ausschließung intersexueller Menschen von der Ehe. Die Ehe ist damit vielmehr auch **für das dritte Geschlecht geöffnet** worden.[51] Diese Deutung wird auch bestätigt durch das Gesetz zur Umsetzung des Eheöffnungsgesetzes (→ Vor § 1303 Rn. 12). Dort wird klargestellt, dass die Neuregelung in § 1353 Abs. 1 S. 1 auch Personen erfasse, deren Geburtsregistereintrag keine Angabe zum Geschlecht enthalte, da auch diese in Bezug auf den Ehegatten entweder gleichen oder verschiedenen Geschlechts seien. Außerdem wird auch hier auf eine verfassungskonforme Auslegung der Regelung im Anschluss an die genannte Entscheidung des BVerfG verwiesen. Eine gesonderte (klarstellende) gesetzliche Regelung wird daher zu Recht für entbehrlich gehalten.[52]

19 **3. Eheschließungsfreiheit.** Art. 6 Abs. 1 GG enthält als wesentlichen Bestandteil das Recht oder die Freiheit, die Ehe mit einem selbst gewählten Partner einzugehen.[53] Dieses Grundrecht

---

[42] BVerfGE 121, 175 = NJW 2008, 3117; dazu *Bräcklein* StAZ 2008, 297; *Cornils* ZJS 2009, 85; *Rixe* FF 2008, 451; *Stüber* JZ 2009, 49.

[43] Angefügt durch Gesetz zur Änderung personenstandsrechtlicher Vorschriften vom 7.5.2013, BGBl. 2013 I 1122.

[44] Zutr. *Theilen* StAZ 2014, 1 (6); BeckOGK/*Kriewald* § 1310 Rn. 15 ff.

[45] *Kaiser* FamRZ 2017, 1889 (1897 f.); *Lindenberg* NZFam 2018, 1062 (1064); Palandt/*Brudermüller* Einf. v. § 1303 Rn. 4.

[46] So auch *Schwab* FamRZ 2017, 1284 (1286); *Kaiser* FamRZ 2017, 1889 (1898).

[47] Vgl. *Gärditz* FF 2018, 8 (19); *Kaiser* FamRZ 2017, 1889 (1898).

[48] BVerfGE 147, 1 = NJW 2017, 3643.

[49] So iErg auch *Gärditz* FF 2018, 8 (19); aA *Kaiser* FamRZ 2017, 1889 (1898 f.).

[50] BVerfGE 147, 1 = NJW 2017, 3643.

[51] Dazu *Gärditz* FF 2018, 8 (18 f.).

[52] BR-Drs. 432/18, 17.

[53] BVerfGE 31, 58 (67) = NJW 1971, 1509; BVerfGE 36, 146 (161) = NJW 1974, 545; BVerfGE 76, 1 (42) = NJW 1988, 626; BVerfGE 105, 313 (342) = NJW 2002, 2543; BVerfG NJW 2004, 2008 (2010).

enthält ausdrücklich auch Art. 9 GRCh. Zudem haben Männer und Frauen im heiratsfähigen Alter nach **Art. 12 EMRK** das Recht, nach den innerstaatlichen Gesetzen, welche die Ausübung dieses Rechts regeln, eine Ehe einzugehen und eine Familie zu gründen. Die **Eheschließungsfreiheit,** die einen elementaren Bestandteil der durch die Grundrechte gewährleisteten freien persönlichen Existenz des Menschen bildet, ist weder durch einen Gesetzesvorbehalt noch auf andere Weise eingeschränkt. Die allgemeinen Schranken, wie sie Art. 2 Abs. 1 GG für die Handlungsfreiheit normiert, gelten daher nicht. Dennoch lässt die Freiheit der Eheschließung gesetzliche Regeln über die Form der Eheschließung und ihre sachlichen Voraussetzungen nicht nur zu, sondern setzt sie geradezu voraus. Art. 6 Abs. 1 GG bedarf zu seiner Verwirklichung einer allgemeinen familienrechtlichen Regelung, welche diejenige Lebensgemeinschaft zwischen zwei Menschen, die als Ehe den Schutz der Verfassung genießt, rechtlich definiert und abgrenzt. Hierbei hat der Gesetzgeber einen erheblichen Gestaltungsraum, zB bei der Regelung der Form der Eheschließung, der Ehemündigkeit oder der Voraussetzungen der Auflösung. Stets müssen jedoch die einzelnen Regelungen an Art. 6 Abs. 1 GG als vorrangiger Leitnorm gemessen und dürfen nicht etwa umgekehrt Inhalt und Umfang des Rechts auf Eheschließung erst aus den Regelungen des BGB erschlossen werden. Das Grundrecht auf Eheschließung existiert also nicht von vornherein nur in den Grenzen, die durch die Ehehindernisse des einfachen Rechts gezogen sind.[54]

Verfassungsrechtlich unbedenklich ist das Erfordernis der Eheschließung vor einem zur **Mitwirkung** bereiten **Standesbeamten** (§ 1310 Abs. 1).[55] Es hat den Zweck, die im Hinblick auf die Bedeutung der Ehe erforderliche Mitwirkung des Staates an der Eheschließung sicherzustellen, eine Mitwirkung, die vor allem für die Prüfung der Ehevoraussetzungen und Ehehindernisse von Bedeutung ist und zugleich die Offenkundigkeit der Eheschließung und damit die Klarheit der Rechtsverhältnisse gewährleistet. 20

Die Freiheitsgarantie des Art. 6 Abs. 1 GG erfordert vom Staat jedoch äußerste Zurückhaltung bei der **Aufstellung von Eheverboten.** Er darf sich nur dort verbietend dem Wunsch von ehefähigen Verlobten, miteinander die Ehe einzugehen, entgegenstellen, wo dies einleuchtende Sachgründe, die sich aus Wesen und Gestalt der den heutigen Auffassungen entsprechenden Ehe ergeben und ihrerseits aus einem das Institut der Ehe iSd Verfassung bestimmenden Strukturprinzip oder Strukturelement erwachsen, erfordern.[56] 21

Bestimmungen, nach denen Beamte oder andere Angehörige des öffentlichen Dienstes zur Eingehung der Ehe der **dienstlichen Erlaubnis** bedürften oder die Verheiratete von der Zugehörigkeit zu bestimmten Zweigen des öffentlichen Dienstes (zB der Bereitschaftspolizei) ausschlössen, würden gegen Art. 6 Abs. 1 GG verstoßen und nichtig sein. Nichtig sind auch **Zölibatsklauseln** in Dienst- und Arbeitsverträgen (→ BGB § 134 Rn. 34). Sie begründen weder eine Verpflichtung, sich nicht zu verheiraten, noch sind sie als auflösende Bedingung, dass mit der Verheiratung das Arbeits- oder Dienstverhältnis beendet sei, möglich. Schließlich darf auch **Strafgefangenen,** selbst wenn sie zu lebenslanger Haft verurteilt sind, die Eingehung einer Ehe nicht verwehrt werden.[57] 22

Problematisch sind mit Blick auf die Eheschließungsfreiheit Regelungen im Hausrecht von Adelsfamilien bzw. in letztwilligen Verfügungen, welche die standesgemäße oder jedenfalls konsentierte Verheiratung zur Bedingung für die Erbeinsetzung machen (sog. **Ebenbürtigkeits- bzw. Heiratsklauseln**). Solche Klauseln soll(t)en in der Nachfolge vorkonstitutioneller Hausverfassungen oder Hausgesetze der Adelshäuser der Wahrung der Familientradition im Wege des Erbrechts dienen. So kann ein Erbvertrag die Berufung des ältesten männlichen Abkömmlings zum Nacherben etwa unter der auflösenden Bedingung vorsehen, dass er zur Zeit des Erbfalls nicht in einer hausverfassungsgemäßen und insoweit konsentierten Ehe lebt.[58] Bedenklich ist insoweit, dass der Erblasser seinen Angehörigen eine selbstbestimmte Lebensführung unter Umständen nur bei gleichzeitiger 23

---

[54] BVerfGE 31, 58 (69 f.) = NJW 1971, 1509; BVerfGE 36, 146 (161 f.) = NJW 1974, 545; BVerfGE 105, 313 (345) = NJW 2002, 2543.

[55] BVerfGE 29, 166 (176) = BeckRS 1970, 104617; BVerfGE 62, 323 (331) = NJW 1983, 511; BGH NJW-RR 2003, 850 = FamRZ 2003, 838 (840).

[56] BVerfGE 36, 146 (163) = NJW 1974, 545.

[57] Vgl. OLG Hamm FamRZ 1968, 387; AG Freiburg Inf AuslR 2002, 436; *v. Münch* JZ 1958, 75; aA OLG Frankfurt NJW 1965, 412 (413) m. abl. Anm. *Altenhain;* OLG Celle NJW 1961, 692 (693) für lebenslange Haft.

[58] Hier spielten in der Rspr. die Klauseln der Familien Leiningen und Hohenzollern eine Rolle. Während im Fall Leiningen die die Sittenwidrigkeit der Heiratsklausel verneinende Entscheidung des BayObLG (BayObLG FamRZ 2000, 380) der verfassungsgerichtlichen Überprüfung (BVerfG NJW 2000, 2495 = FamRZ 2000, 945) standhielt, wurde im Fall Hohenzollern die gleichgerichtete Entscheidung des BGH (BGHZ 140, 118 = NJW 1999, 566) durch das BVerfG (BVerfG NJW 2004, 2008 = FamRZ 2004, 765) wegen unzulänglicher Abwägung aufgehoben; s. ferner OLG Stuttgart FamRZ 2005, 1863.

Inkaufnahme erheblicher wirtschaftlicher Nachteile gestatten will.[59] Unter Berücksichtigung der Drittwirkung der Grundrechte[60] sind solche Klauseln darauf zu überprüfen, ob sie die durch Art. 6 Abs. 1 GG geschützte Eheschließungsfreiheit des Erben in sitten- oder treuwidriger Weise beeinträchtigen. Laut BVerfG sind dabei im Einzelfall die Testierfreiheit des Erblassers als wesentliches Element der durch Art. 14 Abs. 1 GG geschützten Eigentumsgarantie und die Eheschließungsfreiheit des Erben aus Art. 6 Abs. 1 GG gegeneinander abzuwägen.[61] Die Nichtigkeit solcher Klauseln nach §§ 138, 242 wird angenommen, wenn die Abwägung ergibt, dass durch die Klausel unzumutbarer Druck auf den Erben zur (Nicht)Eingehung einer Ehe ausgeübt wird (→ 7. Aufl. 2017, § 2074 Rn. 24, 26).[62] Entscheidend ist somit das Ergebnis der Abwägung im Einzelfall.

### III. Hinweise zum Internationalen Privatrecht

24 **1. Allgemeines.** Zum IPR wird auf die Kommentierung von Art. 13 EGBGB verwiesen (→ 7. Aufl. 2018, EGBGB Art. 13 Rn. 1 ff.). Die **sachlichen Voraussetzungen der Eheschließung,** also insbesondere die Ehemündigkeit, der Kreis der Eheverbote, die Zustimmung dritter Personen (Eltern, gesetzliche Vertreter), erforderliche Zeugnisse, richten sich, auch wenn keiner der Verlobten die deutsche Staatsangehörigkeit besitzt, für jeden Verlobten nach seinem Heimatrecht im Zeitpunkt der Heirat (vgl. Art. 13 Abs. 1 EGBGB; → 7. Aufl. 2018, EGBGB Art. 13 Rn. 36 ff.). Das Heimatrecht gilt auch, soweit das nach Art. 13 Abs. 1 EGBGB maßgebende Recht auf die Geschäftsfähigkeit abstellt (Art. 7 Abs. 1 EGBGB). Nach dem Heimatrecht eines jeden Verlobten ist ferner zu beurteilen, ob ein Ehehindernis einseitig oder zweiseitig ist. Weiterverweisung und Rückverweisung sind zu beachten (Art. 4 Abs. 1 EGBGB). Für Staatenlose ist das Recht ihres gewöhnlichen Aufenthalts maßgebend (Art. 5 Abs. 2 EGBGB).

25 Nach dem Heimatrecht eines jeden der Verlobten bestimmen sich grundsätzlich auch die **Rechtsfolgen,** die sich aus dem **Fehlen sachlicher Eheschließungsvoraussetzungen** (zB Verstoß gegen ein Eheverbot, fehlende Zustimmung des gesetzlichen Vertreters, Willensmängel) ergeben (→ 7. Aufl. 2018, EGBGB Art. 13 Rn. 108 ff.). Nichtigkeit, Aufhebbarkeit und Anfechtbarkeit einer Ehe sind in Ansehung eines jeden Gatten nach seinem Heimatrecht zur Zeit der Eheschließung, also nach Art. 13 EGBGB und nicht nach dem Scheidungsstatut (Art. 17 EGBGB), zu beurteilen.[63] Zur neuen Sonderregelung in Art. 13 Abs. 3 EGBGB zur **Minderjährigenehe** → § 1303 Rn. 17.

26 Gehören die **Verlobten verschiedenen Staaten** an, so sind auf die Eheschließung verschiedene Rechtsordnungen nebeneinander anzuwenden. Für jeden Verlobten sind die sachlichen Ehevoraussetzungen gesondert nach seinem Heimatrecht zu beurteilen, so dass bei zweiseitigen Ehehindernissen beide Rechtsordnungen kumulativ bestimmen, ob die Eheschließung zulässig ist oder nicht. Hinsichtlich der Folgen materieller Mängel der Eheschließung bedeutet dies, dass sich die Rechtsordnung mit den weiterreichenden Rechtsfolgen durchsetzt. Ist die Ehe zB nach der einen Rechtsordnung nichtig, nach der anderen aber lediglich aufhebbar oder anfechtbar oder gar wirksam, so ist sie nichtig.[64]

27 Eine Einschränkung des Grundsatzes des Art. 13 Abs. 1 EGBGB aus **ordre public-Erwägungen** enthält **Art. 13 Abs. 2 EGBGB** (→ 7. Aufl. 2018, EGBGB Art. 13 Rn. 24 ff.). Fehlt eine vom Heimatrecht des ausländischen Verlobten aufgestellte Eheschließungsvoraussetzung, so ist insoweit deutsches Recht anzuwenden, wenn (1.) ein Verlobter seinen gewöhnlichen Aufenthalt im Inland hat oder Deutscher ist, (2.) die Verlobten die zumutbaren Schritte zur Erfüllung der Voraussetzung unternommen haben und (3.) es mit der Eheschließungsfreiheit unvereinbar ist, die Eheschließung zu versagen; insbesondere steht die frühere Ehe eines Verlobten nicht entgegen, wenn ihr Bestand durch eine hier erlassene oder anerkannte Entscheidung beseitigt oder der Ehegatte des Verlobten für tot erklärt ist.

28 **2. Form der Eheschließung.** Eine Ehe kann **im Inland** nur in der in den §§ 1310, 1311 vorgeschriebenen Form geschlossen werden (Art. 13 Abs. 4 S. 1 EGBGB). Eine Ausnahme vom Erfordernis der Inlandsform macht Art. 13 Abs. 4 S. 2 EGBGB. Verlobte, von denen keiner Deutscher ist, können die Ehe auch vor einer von der Regierung des Staates, dem einer der Verlobten

---

[59] Vgl. *Goebel* FamRZ 1997, 656 (660 f.).

[60] Vgl. BVerfGE 7, 198 (206 f.) = GRUR 1958, 254; BVerfGE 42, 143 (148) = NJW 1976, 1677; BVerfGE 89, 214 (229 f.) = NJW 1994, 36 = FamRZ 1994, 151.

[61] BVerfG NJW 2000, 2495 = FamRZ 2000, 945 betr. erbvertragliche Heiratsklausel; NJW 2004, 2008 = FamRZ 2004, 765 betr. erbvertragliche Ebenbürtigkeitsklausel.

[62] BVerfG NJW 2004, 2008 = FamRZ 2004, 765; zust. *Staudinger* FamRZ 2004, 768; *Otte* ZEV 2004, 393; *Gaier* ZEV 2006, 1; *Paal* JZ 2005, 441; Palandt/*Weidlich* § 1937 Rn. 15; Erman/*M. Schmidt* § 2074 Rn. 6; aA *Isensee* DNotZ 2004, 754; *Gutmann* NJW 2004, 2347; Palandt/*Ellenberger* § 138 Rn. 49; Staudinger/*Kanzleiter*, 2014, Einl. §§ 2274 ff. Rn. 31.

[63] Palandt/*Thorn* EGBGB Art. 13 Rn. 6 ff.; NK-BGB/*Gruber* Rom III-VO Art. 1 Rn. 11.

[64] Johannsen/Henrich/*Henrich* EGBGB Art. 13 Rn. 6; OLG Zweibrücken FamRZ 2004, 950.

angehört, ordnungsgemäß ermächtigten Person in der nach dem Recht dieses Staates vorgeschriebenen Form schließen (→ 7. Aufl. 2018, EGBGB Art. 13 Rn. 136 ff.).

Eine im **Ausland geschlossene Ehe** ist **formgültig,** wenn sie entweder dem Ortsrecht 29 (Art. 11 Abs. 1 Hs. 2 EGBGB) oder dem Recht, das nach dem oben Gesagten für die Ehe selbst maßgeblich ist, dem Wirkungsstatut (Art. 11 Abs. 1 Hs. 1 EGBGB), entspricht. Deutsche können im Ausland eine Ehe nur in der Ortsform eingehen, da § 1310 sich nur auf die Eheschließung vor einem inländischen Standesbeamten bezieht. Zu Einzelheiten → 7. Aufl. 2018, EGBGB Art. 13 Rn. 146 ff.

Die Rechtsordnung, die für die Form maßgeblich ist, bestimmt auch die Folgen von **Formverstößen** 30 (→ 7. Aufl. 2018, EGBGB Art. 13 Rn. 152 ff.). Die Folgen der Verletzung der Inlandsform richten sich also nach deutschem Recht. Fehlen die Voraussetzungen für eine Eheschließung nach Art. 13 Abs. 4 S. 2 EGBGB, ist insbesondere die Eheschließung nicht vor einer ordnungsgemäß ermächtigten Person erfolgt, so liegt eine Nichtehe vor. Zur Heilung s. § 1310 Abs. 3 (→ § 1310 Rn. 29 ff.). Dagegen richten sich die Folgen einer Verletzung von Formvorschriften des ausländischen Rechts nach dem betreffenden Recht.

## Untertitel 1. Ehefähigkeit

### § 1303 Ehemündigkeit

**[1]Eine Ehe darf nicht vor Eintritt der Volljährigkeit eingegangen werden. [2]Mit einer Person, die das 16. Lebensjahr nicht vollendet hat, kann eine Ehe nicht wirksam eingegangen werden.**

**Schrifttum:** *Andrae,* Flüchtlinge und Kinderehen, NZFam 2016, 923; *Antomo,* Kinderehen, ordre public und Gesetzesreform, NJW 2016, 3558; *Antomo,* Eheschließung Minderjähriger und das deutsche Recht, NZFam 2016, 1155; *Antomo,* Verbot von Kinderehen?, ZRP 2017, 79; *Bongartz,* Zur gebotenen rechtlichen Behandlung von Ehen unter Beteiligung Minderjähriger, NZFam 2017, 541; *Coester,* Die rechtliche Behandlung von im Ausland geschlossenen Kinderehen, StAZ 2016, 257; *Coester,* Kinderehen in Deutschland, FamRZ 2017, 77; *Coester-Waltjen,* Minderjährigenehen – wider den „gesetzgeberischen Furor", IPRax 2019, 127; *Dethloff/Maschwitz,* Ehemündigkeit in Europa – ein Beitrag zur Entwicklung gemeineuropäischer Prinzipien, StAZ 2010, 162; *Eeg,* Some recent developments in Norwegian Family Law, FamRZ 2018, 1397; *Frank,* Die Anerkennung von Minderjährigenehen, StAZ 2012, 129; *Frie,* Drum prüfe, wer sich ewig bindet… – Zum Entwurf eines Gesetzes zur Bekämpfung von Kinderehen, FamRB 2017, 232; *Gausing/Wittebol,* Die Wirksamkeit von im Ausland geschlossenen Minderjährigenehen – Grundrechtsdogmatische Bewertung des neuen Art. 13 EGBGB –, DÖV 2018, 41; *Gössl,* Ist das Gesetz zur Bekämpfung von Kinderehen verfassungswidrig?, BRJ 2019, 6; *Heiderhoff,* Ehevoraussetzungen in Europa, StAZ 2014, 193; *Hüßtege,* Das Verbot der Kinderehe nach neuem Recht aus kollisionsrechtlicher Sicht, FamRZ 2017, 1374; *Lack,* Die Eheschließung Minderjähriger, StAZ 2013, 275; *Lentz,* Islamisches Recht vor deutschen Familiengerichten, FuR 2017, 597; *Lohse/Meysen,* Gesetz zur Bekämpfung von Kinderehen: Rechtliche Behandlung von Minderjährigenehen, JAmt 2017, 345; *Maas,* Kinderehen – war's das?, jM 2018, 128; *Majer,* Anerkennung einer ausländischen Minderjährigenehe, NZFam 2016, 1019; *Majer,* Das Gesetz zur Bekämpfung von Kinderehen, NZFam 2017, 537; *Meyer-Wehage,* Das Gesetz zur „Bekämpfung von Kinderehen" und der politische Wille, Recht und Politik 2017, 226; *Möller/Yassari,* Wenn Jugendliche heiraten, Die Minderjährigenehe aus rechtsvergleichender und international-privatrechtlicher Sicht, KJ 2017, 269; *Opris,* Ausländische Ehen im deutschen Recht im Lichte des Gesetzesentwurfs zur Bekämpfung von Kinderehen, ZErb 2017, 158; *Reuß,* Das Verbot von „Kinderehen" – die deutsche Regelung aus rechtsvergleichender Sicht, FamRZ 2019, 1; *Rohe,* Die rechtliche Behandlung von Minderjährigenehen in Deutschland, StAZ 2018, 73; *Schwab,* Die verbotene Kinderehe, FamRZ 2017, 1369; *Sütterlin-Waack,* Das Gesetz zur Bekämpfung von Kinderehen, FF 2017, 473; *Weller/Thomale/Hategan/Werner,* Das Gesetz zur Bekämpfung von Kinderehen – eine kritische Würdigung, FamRZ 2018, 1289.

**Übersicht**

## I. Normzweck

1 Wie die Überschrift vor § 1303 zeigt, setzt sich die **Ehefähigkeit** aus der **Ehemündigkeit** gemäß § 1303 und der fehlenden Geschäftsunfähigkeit gemäß § 1304 zusammen. § 1303 knüpft die Ehemündigkeit[1] inzwischen zwingend an die **Volljährigkeit.** Durch das Gesetz zur Bekämpfung von Kinderehen hat der Gesetzgeber die Minderjährigenehe abgeschafft (→ Rn. 4). Insoweit besteht nun Einklang mit der allgemeinen Geschäftsfähigkeit, die ebenfalls mit der Volljährigkeit eintritt. Die frühere Möglichkeit der gerichtlichen Befreiung vom Erfordernis der Ehemündigkeit ist entfallen. Wird eine Ehe gleichwohl von einer 16- oder 17-jährigen Person eingegangen, ist sie grundsätzlich aufhebbar (§ 1314 Abs. 1 Nr. 1). Die Eheschließung einer Person unter 16 Jahren führt zu einer unwirksamen Ehe (→ Rn. 12). Für Fälle mit Auslandsbezug gelten gemäß Art. 13 Abs. 3 EGBGB dieselben Grundsätze (→ Rn. 17 f.).

## II. Entstehungsgeschichte

2 **1. Frühere Fassungen.** Das Eheschließungsrecht einschließlich der Vorschriften über die Ehemündigkeit war von 1938 bis 1998 im EheG geregelt. Zu einer wichtigen Änderung führte in dieser Zeit das Gesetz zur Neuregelung des Volljährigkeitsalters vom 31.7.1974 (BGBl. 1974 I 1713),[2] das die Volljährigkeit nun für beide Geschlechter mit Vollendung des 18. Lebensjahrs eintreten ließ und im neugefassten § 1 EheG die Eheschließung grundsätzlich an den Eintritt der Volljährigkeit knüpfte. Zuvor war der Mann erst mit Vollendung des 21. Lebensjahres, also regelmäßig ebenfalls mit Eintritt der Volljährigkeit, die Frau dagegen bereits mit Vollendung des 16. Lebensjahres ehemündig geworden.[3] Diese Regelung hatte man mit der früheren biologischen Reife der Frau begründet, war aber insbesondere Ausdruck eines tradierten Eheverständnisses gewesen, welches der Frau vor allem die Haushaltsführung und die Erziehung der Kinder, dem Mann aber die Sorge für den Lebensunterhalt, die Verwaltung des Vermögens und die Vertretung der Familie im Rechtsverkehr zuwies.[4] Das Vormundschaftsgericht hatte dem Mann und der Frau Befreiung erteilen können, dem Mann jedoch nur dann, wenn er das 18. Lebensjahr vollendet hatte und für volljährig erklärt worden war. Mit der Neuregelung in § 1 Abs. 2 EheG durch die Reform von 1974 war die vormundschaftsgerichtliche Befreiung nun geschlechtsunabhängig für einen 16 oder 17 Jahre alten Verlobten möglich geworden, sofern der andere Verlobte volljährig war. Als die Regelungen des EheG durch das Eheschließungsrechtsgesetz vom 4.5.1998 (BGBl. 1998 I 833) in das BGB zurückgeführt wurden, fand sich die entspr. Regelung in § 1303 aF wieder.

3 Bis zur Reform von 2017 galt dann, dass die Volljährigkeit der Ehegatten zwar grundsätzlich Heiratsvoraussetzung war; von diesem Erfordernis konnte jedoch auf Antrag[5] eine gerichtliche Befreiung erlangt werden, wenn ein Verlobter mindestens 16 Jahre und der andere volljährig war (§ 1303 Abs. 2 aF). Relevant war insbesondere der Fall der schwangeren Minderjährigen. Ob eine Befreiung zu erteilen war oder nicht, war maßgeblich mit Blick auf das Wohl des Antragstellers zu entscheiden.[6] Die Befreiung war zu erteilen gewesen, wenn das **Wohl des Minderjährigen** der beabsichtigten Eheschließung nicht erkennbar entgegenstand.[7] Zu prüfen war insbesondere, ob der Minderjährige über die **für eine Ehe erforderliche Reife** verfügte und die Tragweite des Heiratsentschlusses zu erfassen vermochte.[8] Der gesetzliche Vertreter des Antragstellers konnte dem Antrag widersprechen mit der Folge, dass das FamG die Befreiung nur erteilen durfte, wenn der Widerspruch nicht auf triftigen Gründen beruhte (§ 1303 Abs. 3 aF).[9] Die **Bedeutung** der **Befreiungsregelung** war indes **gering;**[10] meist ging es um ausländische Staatsbürger.[11]

---

1 Zum Begriff der Ehemündigkeit *Gernhuber/Coester-Waltjen* FamR § 9 Rn. 2; Staudinger/*Löhnig,* 2018, Rn. 7.
2 Dazu *Lack* StAZ 2013, 275 (278).
3 Rechtsgeschichtliche Betrachtungen bei *Coester* StAZ 2016, 257 (258); *Lack* StAZ 2013, 275 (278).
4 Vgl. Begr. RegE, BT-Drs. 7/117, 10; Bericht des BT-RA, BT-Drs. 7/1762, 5; s. auch Eherechtskommission III, 1972, 104 ff.
5 → 7. Aufl. 2017, Rn. 5.
6 OLG Hamm FamRZ 1965, 562; OLG Jena FamRZ 1997, 1274 f.; OLG Saarbrücken NJW-RR 2007, 1302 f.; LG Augsburg FamRZ 1998, 1106; *Barth/Wagenitz* FamRZ 1996, 834 (840) m. Fn. 136.
7 OLG Hamm BeckRS 2010, 02869 = FamRZ 2010, 1801.
8 OLG Hamm BeckRS 2010, 02869 = FamRZ 2010, 1801; OLG Saarbrücken FamRZ 2008, 275; näher → 7. Aufl. 2017, Rn. 6 ff.
9 → 7. Aufl. 2017, Rn. 12.
10 Stat. Bundesamt, Bevölkerung und Erwerbstätigkeit 2015 (erschienen 2017), 119: Im Jahr 2015 waren es vier Männer und 88 Frauen, https://www.destatis.de/DE/Publikationen/Thematisch/Bevoelkerung/Bevoelkerungsbewegung/Bevoelkerungsbewegung2010110157004.pdf?__blob=publicationFile (zuletzt abgerufen am 30.11.2018).
11 Dazu auch *Lack* StAZ 2013, 275 (279) Fn. 49; Beispiel: OLG Bamberg MDR 2016, 772.

4 **2. Neufassung durch das Gesetz zur Bekämpfung von Kinderehen.** Durch das Gesetz zur Bekämpfung von Kinderehen vom **17.7.2017** (BGBl. 2017 I 2429)[12] wurde § 1303 mWv 22.7.2017 grundlegend geändert.[13] Der Gesetzgeber hat sich für die gänzliche Abschaffung der Minderjährigenehe in Deutschland entschieden.[14] Die frühere Befreiungsmöglichkeit vom Volljährigkeitserfordernis ist damit entfallen. Nun ist die Volljährigkeit ausnahmslos Voraussetzung für die Eheschließung. Über diesen Grundsatz schien auch im Rahmen des Gesetzgebungsverfahrens auf allen Seiten Einigkeit zu bestehen. Neben den materiell-rechtlichen Normen wurde auch Art. 13 EGBGB neugefasst. Mit der Regelung in Art. 13 Abs. 3 EGBGB werden die neuen Grundsätze weitgehend auch auf nach ausländischem Recht wirksam geschlossene Minderjährigenehen erstreckt (→ Rn. 17 f.).

5 Mit auslösend für die Gesetzesreform war die **Entscheidung des OLG Bamberg** vom 12.5.2016.[15] Der Fall betraf eine Frau, die 2015 im Alter von 14 Jahren in Syrien ihren 21-jährigen Cousin geheiratet hatte. Die Ehegatten kamen dann als Flüchtlinge nach Deutschland. Das AG Aschaffenburg stellte das Ruhen der elterlichen Sorge fest, bestellte das Jugendamt zum Vormund für die nun 15-jährige Frau, trennte die Ehegatten, untersagte den Kontakt zum Ehemann und verbrachte die Frau in eine Jugendhilfeeinrichtung. Der Ehemann begehrte allerdings die „Rückführung" seiner Frau zu ihm. Das OLG Bamberg befand auf Grundlage von Art. 13 Abs. 1 EGBGB, dass die Ehe nach dem einschlägigen syrischen Recht wirksam war.[16] Der Anerkennung der Ehe in Deutschland stehe nichts entgegen. Im Übrigen läge auch kein Verstoß gegen den internationalrechtlichen ordre public[17] vor; schließlich sei auch in Deutschland eine (gesetzeswidrig) mit einem Minderjährigen geschlossene Ehe zunächst wirksam bzw. lediglich nach § 1314 aufhebbar. Anhaltspunkte für eine Zwangsehe seien nicht ersichtlich. Kindeswohlbelange erforderten ebenfalls nicht, die Ehe für unwirksam zu erachten. Gemäß § 1633 (aF) iVm § 1800 habe die Frau daher selbst über ihren Aufenthalt und den Umgang mit ihrem Mann zu entscheiden. Die Entscheidung spiegelte die wohl hM wider, welche bei im Ausland geschlossenen Minderjährigenehen in der Regel von einer **kollisionsrechtlichen Anerkennung** ausging. Im Detail war indes vieles ungeklärt. Während man sich über die Nicht-Anerkennung von Ehen von Minderjährigen unter 14 Jahren weitgehend einig war, war die Frage in Bezug auf Minderjährige von 15 oder 16 Jahren höchst umstritten.[18]

6 Die (unübersichtliche) Rechtslage[19] wurde laut Gesetzesbegründung im Hinblick auf das **Schutzbedürfnis der minderjährigen Ehegatten** zunehmend als unbefriedigend empfunden. Hinzu kam angesichts der „Flüchtlingskrise" eine steigende Zahl relevanter Fälle. Daher wurde angestrebt, zur Wahrung des Kindeswohls klare Regelungen für den Umgang der deutschen Rechtsordnung mit Ehen minderjähriger ausländischer Staatsangehöriger zu schaffen. Bei der Überprüfung, ob solche Ehen in Deutschland ausnahmsweise Bestand haben könnten, müssten vorrangig Aspekte des Wohls der minderjährigen Ehegatten berücksichtigt werden. Darüber hinaus sei dafür zu sorgen, dass verheiratete Minderjährige vor und während des Eheaufhebungsverfahrens zur Wahrung des Kindeswohls mit dem vorhandenen kindschaftsrechtlichen Instrumentarium geschützt werden können.[20] Nach Meinung des Gesetzgebers würden Minderjährigenehen zunehmend kritisch gesehen, weil eine zu frühe Eheschließung das Wohl vor allem der minderjährigen Frau und ihre **Entwicklungschancen** beeinträchtigen könne.[21] Oft beruhten Minderjährigenehen auch nicht auf der freien Entscheidung des Minderjährigen, sondern auf dem Druck des familiären Umfeldes.[22] Auch international werde die Möglichkeit, die Ehe vor Volljährigkeit zu schließen, zunehmend eingeschränkt,

---

12 BT-Drs. 18/12086.

13 Zum Gesetzgebungsverfahren *Sütterlin-Waack* FF 2017, 473 (475).

14 Forderungen in diese Richtung bereits bei *Antomo* NJW 2016, 3558 (3563); dieser Neuregelung zust. zB *Coester* FamRZ 2017, 77; *Bongartz* NZFam 2017, 541 (543).

15 OLG Bamberg NZFam 2016, 807 = FamRZ 2016, 1270; dazu *Mankowski* FamRZ 2016, 1274; *Coester* StAZ 2016, 257; *Nehls* ZJS 2015, 657; *Majer* NZFam 2016, 1019; *Ring* FF 2016, 410; *Andrae* NZFam 2016, 923 (927); nachfolgend BGH NZFam 2019, 65, BVerfG-Vorlage betr. Art. 13 Abs. 3 Nr. 1 EGBGB.

16 So auch BGH NZFam 2019, 65.

17 OLG Bamberg NZFam 2016, 807 = FamRZ 2016, 1270; bestätigt von BGH NZFam 2019, 65. Anders im Fall einer 14-jährigen Libanesin KG BeckRS 2011, 27003 = FamRZ 2012, 1495.

18 Dazu zB KG BeckRS 2011, 27003 = StAZ 2012, 142; KG BeckRS 1989, 2838 = FamRZ 1990, 45; AG Offenbach BeckRS 2010, 23013; *Opris* ZErb 2017, 158 (161); *Majer* NZFam 2016, 1019; *Antomo* NJW 2016, 3558; *Antomo* NZFam 2016, 1155 (1158); *Andrae* NZFam 2016, 923 (924); DIJuF-Rechtsgutachten JAmt 2016, 127; *Kraus* StAZ 2017, 117; *Frank* StAZ 2012, 129 ff.

19 Dazu auch BT-Drs. 18/12607, 2.

20 BT-Drs. 18/12086, 15; BR-Drs. 275/17, 14.

21 So zB auch *Sütterlin-Waack* FF 2017, 473.

22 BT-Drs. 18/12086, 15; BR-Drs. 275/17, 14; *Maas* jM 2018, 128.

womit eine Ächtung von Kinderehen zum Ausdruck gebracht werde.[23] Weiterhin könnten Minderjährige die Tragweite der **Rechtsfolgen einer Ehe** (zB Unterhaltspflichten, Versorgungsausgleich) meist nicht erkennen.[24] Von der Befreiungsmöglichkeit nach § 1303 Abs. 2 aF sei ohnehin nur selten Gebrauch gemacht worden; im Jahr 2015 seien lediglich 92 Fälle registriert worden.[25] Ein Bedürfnis für die Minderjährigenehe sei damit nicht mehr vorhanden. Insbesondere werde ledige Mutterschaft heute in der Gesellschaft auch kaum noch als Makel angesehen, zumal das Gesetz nicht mehr zwischen ehelicher und nichtehelicher Geburt unterscheide, sondern allen Kindern die gleiche rechtliche Stellung einräume.[26]

7 Der Gesetzgeber verweist zudem darauf, dass im Zuge der Einreise von Flüchtlingen von den deutschen Behörden eine größere Zahl von verheirateten Minderjährigen registriert worden sei. So seien im Juli 2016 im Ausländerzentralregister 1475 in Deutschland lebende minderjährige ausländische Personen mit dem Familienstand „verheiratet" gespeichert gewesen, davon 994 im Alter von 16 oder 17 Jahren, 120 im Alter von 14 oder 15 Jahren und 361 unter 14 Jahre alt.[27] Bei den zuständigen Behörden, insbesondere den Jugendämtern, hätte zu große Unsicherheit bestanden, wie mit diesen Kindern und Jugendlichen umgegangen werden solle.[28]

### III. Rechtsvergleich

8 In den meisten Mitgliedstaaten der **EU** liegt das Ehemündigkeitsalter inzwischen bei 18 Jahren.[29] In Schweden, den Niederlanden, Norwegen[30] und Dänemark gibt es wie in Deutschland keine Ausnahmeregelungen mehr. Eine abweichende Ehemündigkeit bereits ab 16 Jahren kennen Schottland (sec. 1 Marriage Act 1977), Portugal (Art. 1601a CC), Malta (Art. 3 (1) Marriage Act) und Nordirland (Sec. 11 Matrimonial Causes Act 1978). Wie bis 2017 in Deutschland bestehen in mehreren Ländern nach wie vor **Dispensmöglichkeiten;** das gilt für Frankreich (Art. 144, 145 Code Civil), Belgien (Art. 144, 145 Code Civil), England (sec. 2, 3 Marriage Act 1949), Italien (Art. 84 Code Civil iVm Art. 2 Code Civil), Luxemburg (Art. 144, 145 Code civil), Polen, Bulgarien und Rumänien.[31] Eine Sonderrolle nimmt Thrakien im Nordosten Griechenlands ein, wo für Muslime kraft völkerrechtlicher Vereinbarung islamisches Recht gilt, wonach im Einzelfall auch Ehen mit Minderjährigen unter 14 Jahren wirksam sein können.[32]

9 Vielfältiger ist die Rechtslage hingegen in vielen **außereuropäischen,** muslimisch geprägten **Rechtsordnungen,**[33] die zum Teil für Männer und Frauen ein unterschiedliches Mindestalter festlegen und Dispense von einer ggf. gesetzlich geregelten Altersgrenze sogar für Frauen unter 14 Jahren zulassen, zB Syrien.[34] Auch im iranischen Recht werden Mädchen bereits mit 13 Jahren heiratsmündig.[35] Eine Reihe von Ländern kennt keine konkrete Altersgrenze, sondern überlässt dem Gericht die Entscheidung im Einzelfall, etwa Algerien, Tunesien und Marokko.[36] In Marokko werden angeblich 96 % der Anträge positiv verbeschieden.[37] In Indien gilt zwar offiziell ein Mindestheiratsalter von 21 Jahren, faktisch werden aber sehr viele Kinderehen geschlossen.[38] Weltweit soll es rund 700 Mio. Frauen geben, die unter 18 Jahren geheiratet haben, ein Drittel davon sogar unter 15 Jahren.[39] Das UN-EheschließungsÜ[40] verlautbart die grundsätzliche Verpflichtung der Vertragsstaaten, ein Mindestalter für die Eheschließung festzulegen, allerdings fehlt eine Konkretisie-

---

23 BT-Drs. 18/12377, 1.

24 BT-Drs. 18/12086, 15; BR-Drs. 275/17, 14; *Maas* jM 2018, 128; *Antomo* NZFam 2016, 1155 (1160).

25 Wohl ganz überwiegend mit Auslandsbezug, vgl. *Andrae* NZFam 2016, 923 (925).

26 BT-Drs. 18/12086, 13; BR-Drs. 275/17, 12.

27 BT-Drs. 18/9595, Antwort auf Frage 29, 20 f.; näher dazu *Möller/Yassari* KJ 2017, 269 (270).

28 BT-Drs. 18/12086, 14; BR-Drs. 275/17, 14.

29 Übersicht zum europäischen Recht bei *Dethloff/Maschwitz* StAZ 2010, 162; *Heiderhoff* StAZ 2014, 193 (198); *Reuß* FamRZ 2019, 1 (4 ff.).

30 Vgl. *Eeg* FamRZ 2018, 1397 (1398) zur entspr. Reform von 2018.

31 Zu Rumänien AG Nordhorn BeckRS 2018, 5796 = FamRZ 2018, 750.

32 Vgl. *Majer* NZFam 2017, 537 (540); *Rohe* StAZ 2018, 73 (74 ff.).

33 Ausf. *Weller/Thomale/Hategan/Werner* FamRZ 2018, 1289 (1292); *Möller/Yassari* KJ 2017, 269 (271 ff.); ferner *Lentz* FuR 2017, 597 (600).

34 Zu Syrien OLG Bamberg NZFam 2016, 807 = FamRZ 2016, 1270; *Möller/Yassari* KJ 2017, 269 (272).

35 *Möller/Yassari* KJ 2017, 269 (272) mwN.

36 *Möller/Yassari* KJ 2017, 269 (272) mwN.

37 *Lack* StAZ 2013, 275 (281).

38 *Lack* StAZ 2013, 275 (280).

39 UNICEF, Ending Child Marriage, 2014, 2, abrufbar unter https://www.unicef.org/media/files/Child_Marriage_Report_7_17_LR..pdf (zuletzt abgerufen am 30.11.2018).

40 UN-Übereinkommen über die Erklärung des Ehewillens, das Heiratsmindestalter und die Registrierung von Eheschließungen vom 10.12.1962 (BGBl. 1969 II 161).

rung der Altersstufe. Auch die UN-Kinderrechtskonvention äußert sich nicht konkret zu der Thematik und legt auch nicht fest, ab welchem Lebensalter von „Volljährigkeit" auszugehen ist.[41]

## IV. Norminhalt

**1. Erfordernis der Volljährigkeit.** § 1301 S. 1 setzt für die Ehemündigkeit zwingend Volljährigkeit voraus. Volljährigkeit wird mit Vollendung des 18. Lebensjahres erlangt, § 2. Die Volljährigkeit muss im **Zeitpunkt der Eheschließung** gegeben sein. Die Anmeldung der Eheschließung (§ 12 PStG) und die Prüfung der Voraussetzungen für die Eheschließung (§ 13 PStG) können schon vor Vollendung des 18. Lebensjahres erfolgen.[42] Solange die Volljährigkeit nicht eingetreten ist, darf der **Standesbeamte** die Eheschließung nicht vornehmen (§ 1310 Abs. 1). Befreiungsmöglichkeiten gibt es nicht mehr. Für die Berechnung des Lebensalters gilt § 187 Abs. 2 S. 2 (→ § 187 Rn. 7). Die genaue **Bestimmung des Alters** kann bei (minderjährigen) Flüchtlingen erhebliche Probleme bereiten.[43] 10

Ergänzend zum neugefassten § 1303 wurde in § 11 PStG eine Regelung aufgenommen, welche eine Art **religiöses Voraustrauungsverbot für Minderjährige** beinhaltet.[44] Nach § 11 Abs. 2 S. 1 PStG ist eine religiöse oder traditionelle Handlung, die darauf gerichtet ist, eine der Ehe vergleichbare dauerhafte Bindung zweier Personen zu begründen, von denen eine das 18. Lebensjahr noch nicht vollendet hat, verboten. Nach S. 2 gilt das Gleiche für den Abschluss eines Vertrages, der nach den traditionellen oder religiösen Vorstellungen der Partner an die Stelle der Eheschließung tritt. Die Verbote richten sich gegen Personen, die als Geistliche eine solche Handlung vornehmen oder hieran mitwirken, die als Sorgeberechtigte eines Minderjährigen eine solche Handlung veranlassen, als Volljährige oder Beauftragte einem Vertrag zustimmen, der eine der Ehe vergleichbare dauerhafte Bindung begründet, oder als anwesende Personen eine solche Handlung bezeugen, soweit ihre Mitwirkung für die Gültigkeit der Handlung nach religiösen Vorschriften, den traditionellen Vorstellungen oder dem Heimatrecht eines der Bindungswilligen als erforderlich angesehen wird. Ein Verstoß gegen die Norm ist als Ordnungswidrigkeit mit Bußgeld bewehrt (§ 70 Abs. 1 PStG). Im Ergebnis wird damit entsprechenden religiösen Handlungen „der Schein von Legalität" genommen.[45] 11

**2. Fehlerfolgen. a) Eheschließung unter 16 Jahren.** Wird eine Ehe entgegen § 1303 mit einem Minderjährigen geschlossen, hängen die Rechtsfolgen vom Alter des Minderjährigen ab (Altersstufenmodell[46]). Hatte ein Verlobter bei Eheschließung das 16. Lebensjahr noch nicht vollendet, ist die Ehe endgültig und **unheilbar nichtig.** § 1303 S. 2 stellt dazu klar, dass die Ehe nicht wirksam eingegangen werden kann. Auch eine Bestätigung ist nicht möglich, und zwar unabhängig davon, wie lange die Ehe gelebt wurde.[47] Man kann von einer unwirksamen Ehe bzw. einer Nichtehe sprechen.[48] Im Zweifelsfall kann auf Feststellung des Bestehens bzw. Nichtbestehens der Ehe geklagt werden (§ 121 Nr. 3 FamFG).[49] Antragsberechtigt sind insoweit, mangels anderweitiger Regelung, nur die betroffenen Ehegatten bzw. ihre gesetzlichen Vertreter.[50] Auch der minderjährige Ehegatte ist insoweit nach § 125 Abs. 1 FamFG verfahrensfähig.[51] § 1303 S. 2 gilt allerdings gemäß der **Überleitungsnorm** des Art. 229 § 44 Abs. 1 EGBGB nur für Ehen, die ab Inkrafttreten der Regelung, dh ab dem 22.7.2017, geschlossen worden sind. Auf zuvor eingegangene Ehen ist die Norm nicht anzuwenden. Insofern verbleibt es grundsätzlich bei der Wirksamkeit einer solchen Ehe; ihre Aufhebbarkeit richtet sich nach dem bis zum 21.7.2017 geltenden Recht, dh insbesondere nach § 1314 Abs. 1 aF, § 1315 Abs. 1 S. 1 Nr. 1 aF. 12

Die mit einem Minderjährigen unter 16 Jahren geschlossene „Ehe" entfaltet **„keinerlei Rechtswirkung".**[52] Eherecht findet keine Anwendung; auch nicht analog.[53] Für Kinder, die aus solchen „Ehen" hervorgehen, ist der „Ehemann" – soweit deutsches Recht Anwendung findet[54] – 13

---

[41] Das betont auch BGH NZFam 2019, 65.
[42] Vgl. *Wagenitz/Bornhofen,* Handbuch des Eheschließungsrechts, 1998, Abschn. 1 Rn. 6.
[43] Dazu *Hüßtege* FamRZ 2017, 1374 (1377); Deutscher Notarverein Stellungnahme 2017, 4.
[44] Krit. mit Blick auf Art. 4 GG *Schwab* FamRZ 2017, 1369 (1374).
[45] *Coester* FamRZ 2017, 77 (78); zust. *Bongartz* NZFam 2017, 541 (545).
[46] Vgl. *Sütterlin-Waack* FF 2017, 473 (476).
[47] Sehr krit. *Rohe* StAZ 2018, 73 (78): „restlos missglückt".
[48] Vgl. BeckOGK/*Kriewald* Rn. 31; *Schwab* FamRZ 2017, 1369 (1370).
[49] ZB AG Kassel BeckRS 2018, 13248 = FamRZ 2018, 1149.
[50] Klarstellend *Dutta* FamRZ 2018, 1150 (1151) entgegen AG Kassel BeckRS 2018, 13248 = FamRZ 2018, 1149.
[51] BeckOGK/*Kriewald* Rn. 36.
[52] BT-Drs. 18/12086, 15; BR-Drs. 275/17, 15; *Maas* jM 2018, 128 (129).
[53] *Kemper* FamRB 2017, 438.
[54] Dazu *Hüßtege* FamRZ 2017, 1374 (1378).

nicht gemäß § 1592 Nr. 1 Vater des Kindes. Vielmehr bedarf es einer Vaterschaftsanerkennung (§§ 1594 ff.) oder einer gerichtlichen Vaterschaftsfeststellung (§ 1600d). Für eine Vaterschaftsanerkennung ist dabei auch die Zustimmung des gesetzlichen Vertreters der Mutter erforderlich (§ 1596 Abs. 2 S. 2). Ein gemeinsames Sorgerecht entsteht nur unter den Voraussetzungen von § 1626a Abs. 1; in Fällen mit Auslandsbezug und Geburt im Ausland kann auf Grundlage von Art. 16 Abs. 3 KSÜ eine bisherige Sorgeberechtigung des Vaters aber auch fortbestehen. Ein Anspruch auf Unterhalt wegen der Betreuung eines gemeinschaftlichen Kindes kann sich aus § 1615l Abs. 2 ergeben. Gesetzliche Erbansprüche bestehen nach deutschem Recht nicht.[55]

14 Ob diese **Unwirksamkeitslösung** die richtige Entscheidung des Gesetzgebers war, ist höchst **umstritten,** vor allem in Bezug auf die relevanten Fälle mit Auslandsbezug, für die über Art. 13 Abs. 3 Nr. 1 EGBGB Entsprechendes gilt (→ Rn. 17 f.).[56] Für die Unwirksamkeit spricht zwar, dass junge Frauen, die sonst nicht in der Lage wären, ihre eigenen Interessen wirksam zu vertreten bzw. eine Eheaufhebung zu betreiben, damit von vornherein vor den Folgen der Ehe geschützt werden.[57] Auch handelt es sich um eine klare Lösung, die frühere Unsicherheiten bei der Beurteilung entsprechender Ehen beseitigt[58] und zur Gleichbehandlung von Inländer- und Ausländerehen führt.[59] Gegen die Unwirksamkeitslösung wird aber zu Recht ins Feld geführt, dass die Nichtigkeitsfolge im BGB bei Rechtsgeschäften die absolute Ausnahme darstelle, für die es auch im vorliegenden Kontext keine Rechtfertigung gibt.[60] Die Nichtigkeitsfolge wäre lediglich bei Ehen mit Minderjährigen unter 14 Jahren richtig.[61] Die Neuregelung würde zwangsläufig zu **hinkenden Rechtsverhältnissen** führen.[62] Nicht zuletzt wäre damit die **Gefahr von Doppelehen** verbunden, weil die betroffenen Personen hier nicht als verheiratet gelten und damit erneut heiraten könnten.[63] Die Altersstufenlösung sei außerdem bedenklich, weil die **Feststellung** des genauen **Alters von Flüchtlingen** im Einzelfall äußerst schwierig sein könne.[64] Aber auch das Eheschließungsdatum sei nicht immer eindeutig feststellbar.[65] Die Angaben auf Dokumenten über Geburt oder Eheschließung entsprächen oft auch nicht der Realität.[66] Auf eine etwaige Verletzung von **Art. 6 Abs. 1 GG** wird ebenfalls verwiesen,[67] zumal auch sog. hinkende Ehen grundsätzlich in den Schutzbereich von Art. 6 Abs. 1 GG fallen,[68] jedenfalls was den abwehrrechtlichen Schutz angeht.[69] Es müsse auf die Schutzwürdigkeit der Ehe im Einzelfall abgestellt werden.[70] Auch dürften Minderjährigenehen und Zwangsehen nicht in einen Topf geworfen werden.[71]

15 Vor allem aber wird kritisiert, dass der **Schutz des Minderjährigen** auf der Strecke bliebe.[72] Während sich 16- oder 17-Jährige nach Aufhebung ihrer Ehe im Einzelfall gemäß § 1318 auf die Rechtsfolgen der Ehe (zB Unterhaltsanspruch, Erbrecht) berufen könnten, wird der damit verbundene Schutz den „Ehegatten" unter 16 Jahren versagt.[73] Der Gesetzgeber habe es versäumt, zu ihrem Schutz eine mit § 1318 vergleichbare Norm zu schaffen;[74] er ignoriere zu Unrecht das faktisch

---

55 Krit. *Schwab* FamRZ 2017, 1369 (1371).

56 Krit. *Schwab* FamRZ 2017, 1369 (1370 ff.); *Antomo* ZRP 2017, 79 (81); *Weller/Thomale/Hategan/Werner* FamRZ 2018, 1289 (1294); *Rohe* StAZ 2018, 73 (77); *Bongartz* NZFam 2017, 541 (543); *Coester-Waltjen* IPRax 2017, 429 (431); *Möller/Yassari* KJ 2017, 269 (270 ff.); s. auch BGH NZFam 2019, 65 zu Art. 13 Abs. 3 Nr. 1 EGBGB.

57 Vgl. *Sütterlin-Waack* FF 2017, 473 (476).

58 *Sütterlin-Waack* FF 2017, 473 (476 f.); *Opris* ZErb 2017, 158 (163); *Weller/Thomale/Hategan/Werner* FamRZ 2018, 1289 (1294).

59 *Opris* ZErb 2017, 158 (165); *Weller/Thomale/Hategan/Werner* FamRZ 2018, 1289 (1294).

60 *Weller/Thomale/Hategan/Werner* FamRZ 2018, 1289 (1294 f.); ferner *Antomo* NJW 2016, 3558 (3563).

61 *Antomo* NZFam 2016, 1155 (1161); *Rohe* StAZ 2018, 73 (77).

62 *Hüßtege* FamRZ 2017, 1374 (1377); *Möller/Yassari* KJ 2017, 269 (283); *Frie* FamRB 2017, 232 (236).

63 *Hüßtege* FamRZ 2017, 1374 (1377); *Weller/Thomale/Hategan/Werner* FamRZ 2018, 1289 (1295); *Rohe* StAZ 2018, 73 (77); ferner BGH NZFam 2019, 65.

64 *Hüßtege* FamRZ 2017, 1374 (1377); *Rohe* StAZ 2018, 73 (77).

65 *Frie* FamRB 2017, 232 (236).

66 *Rohe* StAZ 2018, 73 (75).

67 BGH NZFam 2019, 65; *Coester* DFGT-Stellungnahme 2017, 3; *Coester* FamRZ 2017, 77 (79); *Coester-Waltjen* IPRax 2017, 429 (431); *Gössl* BRJ 2019, 6 (9); Palandt/*Thorn* EGBGB Art. 13 Rn. 22.

68 Vgl. BVerfGE 62, 323 = NJW 1983, 511; *Coester-Waltjen* IPRax 2017, 429 (435); ausf. *Gausing/Wittebol* DÖV 2018, 41 (44 f., 50); s. auch OLG Nürnberg NJW-RR 1998, 2.

69 *Gausing/Wittebol* DÖV 2018, 41 (46).

70 *Gausing/Wittebol* DÖV 2018, 41 (46); s. auch BGH NZFam 2019, 65, Vorlagebeschl.

71 *Coester-Waltjen* IPRax 2017, 429 (435).

72 BGH NZFam 2019, 65; *Weller/Thomale/Hategan/Werner* FamRZ 2018, 1289 (1295).

73 *Antomo* ZRP 2017, 79 (81); *Coester* DFGT-Stellungnahme 2017, 3; Deutscher Notarverein Stellungnahme 2017, 2; *Bongartz* NZFam 2017, 541 (544).

74 *Opris* ZErb 2017, 158 (164).

geführte Eheleben.[75] Für Einzelfallgerechtigkeit sei kein Raum mehr.[76] Insoweit werden auch mit Blick auf Art. 8 EMRK und die UN-Kinderrechtskonvention (Art. 3, 12 UN-Kinderrechtskonvention) Bedenken geltend gemacht.[77] Demgemäß wird im Schrifttum zum Teil die analoge Anwendung von § 1318 empfohlen,[78] um eine Schlechterstellung der jüngeren Minderjährigen gegenüber den 16- oder 17-Jährigen zu vermeiden. Der Gesetzgeber scheint diesen Punkt aber wohl gesehen und bewusst keine Regelung getroffen zu haben, so dass eine Regelungslücke zu verneinen ist.[79] Im Übrigen ist dieser Kritik auch entgegen zu halten, dass die Schutzlücken eher theoretischer Natur sind. Ein **Unterhaltsanspruch** nach Eheaufhebung wird gemäß deutschem Recht meist ohnehin nicht bestehen, da die Ehen (nachdem Altfälle nicht betroffen sind → Rn. 19) regelmäßig kurz iSv § 1579 Nr. 1 gewesen sein dürften. Für den praktisch relevanten Fall der Kindesbetreuung wiederum ergibt sich der Anspruch ohnehin aus § 1615l Abs. 2. Ein Anspruch auf Zugewinnausgleich dürfte nur selten Bedeutung haben. Ein erbrechtlicher Anspruch mag sich aus dem jeweiligen Heimatrecht ergeben, vgl. Art. 21 ff. EuErbVO (iVm Art. 25 EGBGB). Abgesehen davon sind Ansprüche iVm § 1318 grundsätzlich von der Gutgläubigkeit des Minderjährigen abhängig, welche meist zu verneinen sein wird.[80] Im Übrigen steht ein Minderjähriger noch unter der Sorge seiner Eltern, die grundsätzlich für seinen Schutz verantwortlich sind; ansonsten greift das Schutzinstrumentarium des SGB VIII (Kinder- und Jugendhilfe). Hervorzuheben ist dabei die Regelung in § 42a Abs. 1 S. 2 SGB VIII, wonach auch verheiratete ausländische Jugendliche grundsätzlich als unbegleitet zu betrachten sind, wenn die Einreise nicht in Begleitung eines Personensorgeberechtigten bzw. Erziehungsberechtigten erfolgt. Asylrechtlich wiederum ist in § 26 Abs. 1 S. 2 AsylG zugunsten des im Zeitpunkt der Eheschließung Minderjährigen klargestellt worden, dass es für die Anerkennung als Asylberechtigter unbeachtlich ist, dass die Ehe nach deutschem Recht wegen Minderjährigkeit im Zeitpunkt der Eheschließung unwirksam oder aufgehoben worden ist. Entsprechendes ist für den Aufenthaltsstatus in § 31 Abs. 2 S. 2 AufenthG geregelt.

**b) Eheschließung von 16- oder 17-Jährigen.** War ein Verlobter bei Eheschließung 16 oder 17 Jahre alt, ist die Ehe trotz des Verstoßes gegen S. 1 wirksam geschlossen, jedoch nach § 1314 Abs. 1 Nr. 1 auf Antrag aufhebbar (→ § 1314 Rn. 3 ff.; dort auch zum Übergangsrecht gemäß Art. 229 § 44 Abs. 2 EGBGB; → 7. Aufl. 2018, EGBGB Art. 229 § 44 Rn. 7 ff.). Laut Gesetzesbegründung soll die Aufhebung auf Antrag der Behörde den Regelfall darstellen[81] (→ § 1316 Rn. 15 f.). Nach Erreichen der Volljährigkeit kann der Minderjährige die Ehe aber auch bestätigen (§ 1315 Abs. 1 Nr. 1a), sodass die Aufhebung ausgeschlossen ist. Im Fall der Aufhebung richten sich die Rechtsfolgen nach § 1318. Seltsam ist dabei, dass die minderjährige Mutter im Fall der unwirksamen Ehe (→ Rn. 13) mit dem dann geltenden Unterhaltsanspruch wegen Kindesbetreuung aus § 1615l Abs. 2 ggf. besser stehen kann als die minderjährige Mutter nach Aufhebung der Ehe, weil § 1318 den Unterhaltsanspruch aus § 1570 nicht zwangsläufig gewährt.[82] 16

## V. Fälle mit Auslandsbezug

**1. Überblick.** § 1303 gilt für **Eheschließungen in Deutschland** vor einem deutschen Standesamt, bei denen sich die Ehemündigkeit nach deutschem Recht beurteilt. Davon zu unterscheiden sind Eheschließungen, bei denen sich die Ehemündigkeit nach ausländischem Recht beurteilt. Das betrifft zum einen Eheschließungen von Ausländern im Inland, für die sich die **Ehemündigkeit gemäß Art. 13 Abs. 1 EGBGB**[83] nicht nach § 1303, sondern nach dem Recht des Staates richtet, dem die Verlobten angehören. In diesem Fall hat der Standesbeamte das jeweilige Sachrecht nach § 13 PStG zu prüfen und ggf. ein Ehefähigkeitszeugnis nach § 1309 einzufordern. Dabei dürfte es in der Vergangenheit aber kaum vorgekommen sein, dass ein deutscher Standesbeamter Trauungen mit Minderjährigen unter 16 Jahren vorgenommen hat, auch wenn es einzelne Staaten gibt, die eine Ehemündigkeit schon vor Vollendung des 16. Lebensjahrs kennen (→ Rn. 8 f.). Zum anderen geht es um **Eheschließungen,** die **im Ausland** nach dem dortigen Recht erfolgt sind. Wenn die 17

[75] *Schwab* FamRZ 2017, 1369 (1371); *Weller/Thomale/Hategan/Werner* FamRZ 2018, 1289 (1295).
[76] *Coester* DFGT-Stellungnahme 2017, 3.
[77] Palandt/*Brudermüller* Einf. v. § 1313 Rn. 2; *Brudermüller,* Paarbeziehungen und Recht, 2017, 223; *Coester* FamRZ 2017, 77 (79); *Coester-Waltjen* IPRax 2017, 429 (431); dazu auch *Gausing/Wittebol* DÖV 2018, 41 (43).
[78] *Majer* NZFam 2017, 537 (540); *Weller/Thomale/Hategan/Werner* FamRZ 2018, 1289 (1296); aA Staudinger/*Löhnig,* 2018, Rn. 16.
[79] *Maas* jM 2018, 128 (129); BeckOGK/*Kriewald* Rn. 34.
[80] *Coester-Waltjen* IPRax 2017, 429 (431).
[81] BT-Drs. 18/12377, 2; BR-Drs. 275/17, 15.
[82] Vgl. *Schwab* FamRZ 2017, 1369 (1371).
[83] Dazu näher BeckOGK/*Kriewald* Rn. 44 ff.; *Hüßtege* FamRZ 2017, 1374 (1376).

Ehegatten dann nach Deutschland kommen, stellt sich die Frage, ob ihre Ehe hier anerkannt wird. Die damit in der Vergangenheit verbundene Rechtsunsicherheit hat der Gesetzgeber durch die Neufassung von Art. 13 EGBGB weitgehend beseitigt. Durch die Regelung in Art. 13 Abs. 3 EGBGB wird nun vollständiger **Gleichklang mit der Regelung in § 1303** erreicht. Damit werden alle Fallvarianten im Ergebnis rechtlich gleich behandelt. In der Sache handelt es sich um eine **Sonderregelung,** die den allgemeinen ordre public-Vorbehalt verdrängt bzw. konkretisiert.[84] Zu beachten bleibt, dass Art. 13 EGBGB nur für **verschiedengeschlechtliche Ehegatten** gilt,[85] da für gleichgeschlechtliche Ehen die (wohl günstigere) Sonderregelung in Art. 17b EGBGB greift (→ 7. Aufl. 2018, EGBGB Art. 17b Rn. 1 ff.). Zwar dürfte die gleichgeschlechtliche Minderjährigenehe kaum vorkommen; formal liegt trotzdem eine kaum zu rechtfertigende Ungleichbehandlung vor.[86]

18 **2. Ehen mit Minderjährigen unter 16 Jahren.** Art. 13 Abs. 3 EGBGB knüpft an den Fall an, dass sich die Ehemündigkeit des Verlobten gemäß Art. 13 Abs. 1 EGBGB nach ausländischem Recht richtet und die Prüfung ergibt, dass die Ehe **nach ausländischem Recht wirksam geschlossen** worden ist. Nach **Art. 13 Abs. 3 Nr. 1 EGBGB** ist eine nach ausländischem Recht wirksam geschlossene Ehe nun nach deutschem Recht unwirksam, wenn der Eheschließende im Zeitpunkt der Eheschließung das 16. Lebensjahr noch nicht vollendet hatte.[87] Eine Heilung (etwa durch Bestätigung) ist – vorbehaltlich der Übergangsregelung in Art. 229 § 44 Abs. 4 EGBGB – ausgeschlossen.[88] Auf die Anerkennung der Rechtslage nach dem jeweiligen Heimatrecht bzw. die einzelfallbezogene Prüfung der Vereinbarkeit mit dem ordre public kommt es demgemäß nicht mehr an. Den „Ehegatten" bleibt allein die Möglichkeit, nach Erreichen der Volljährigkeit (erneut) zu heiraten; ggf. ist ihnen die Unwirksamkeit ihrer Ehe aber gar nicht bewusst.[89] Der BGH hält die Regelung in Art. 13 Abs. 3 Nr. 1 EGBGB für **verfassungswidrig,** da Art. 1 GG, Art. 2 Abs. 1 GG, Art. 3 Abs. 1 GG und Art. 6 Abs. 1 GG verletzt seien. Die Sache wurde dem BVerfG zur Normenkontrolle vorgelegt.[90]

19 **Art. 229 § 44 Abs. 4 EGBGB**[91] enthält die **wichtige Übergangsregelung** für die Fälle des Art. 13 Abs. 3 Nr. 1 (→ 7. Aufl. 2018, EGBGB Art. 229 § 44 Rn. 7 ff.). Dadurch wird der Anwendungsbereich der neuen Normen erheblich eingeschränkt. Die Rechtsfolge der **Nichtigkeit** der Ehe gilt nach Art. 229 § 44 Abs. 4 **Nr. 1** EGBGB zum einen nicht, wenn der Minderjährige im Zeitpunkt des Inkrafttretens der Regelung in Art. 13 Abs. 3 Nr. 1 EGBGB nach deutschem Recht **bereits volljährig** bzw. vor dem 22.7.1999 geboren war. Besonders deutlich wird das etwa in dem Fall, dass eine Frau zwar bereits im Alter von 15 Jahren (nach ausländischem Recht) geheiratet hat, inzwischen aber längst volljährig ist und vielleicht schon viele Jahre in dieser Ehe lebt.[92] Gemäß Art. 229 § 44 Abs. 4 **Nr. 2** EGBGB gilt Art. 13 Abs. 3 Nr. 1 EGBGB zum anderen nicht, wenn die **Ehe bis zur Volljährigkeit** des Minderjährigen **im Ausland geführt** wurde und kein Ehegatte seinen Aufenthalt bis zu diesem Zeitpunkt im Inland hatte. Laut Gesetzesbegründung wird eine Ehe **geführt,** wenn beide Ehegatten an einer ehelichen Lebensgemeinschaft festhalten. Als Beispiel wird der Fall genannt, dass ein Ausländer eine Ehe mit einer 15-Jährigen geschlossen und mit ihr fünf Jahre außerhalb Deutschlands zusammengelebt hat. Die Aufhebung wäre in diesem Fall ausgeschlossen bzw. die Ehe wäre geheilt.[93] Auch diese Regelungen werden im Schrifttum **kritisiert,** da die Abgrenzung zwischen den Fällen der heilbaren und der nicht heilbaren Ehe vom Sachverhalt her „geringfügig" und „eher zufällig" sei.[94] Komme man als noch 17-Jährige(r) nach Deutschland, sei die Ehe unwirksam oder aufhebbar, ist man gerade schon 18 Jahre alt, sei die Ehe wirksam. Außerdem wird darauf verwiesen, dass die Frage der Wirksamkeit der Ehe damit mittelbar vom Volljährigkeitsstatut abhängen könne; in den Fällen, in denen sich die Volljährigkeit nach dem Heimatrecht des Ehegatten beurteilen würde, wäre die Ehe dann ggf.

---

[84] BeckOGK/*Kriewald* Rn. 52; krit. insoweit *Coester-Waltjen* IPRax 2017, 429 (432 f.); s. auch BGH NZFam 2019, 65, Vorlagebeschl.

[85] Klarstellend *Coester-Waltjen* IPRax 2017, 429 (432).

[86] S. Palandt/*Thorn* EGBGB Art. 13 Rn. 20.

[87] ZB AG Kassel BeckRS 2018, 13248 = FamRZ 2018, 1149; zur Auslegung des Gesetzes BGH NZFam 2019, 65.

[88] Krit. *Antomo* ZRP 2017, 79 (81); *Rohe* StAZ 2018, 73 (78).

[89] Vgl. *Rohe* StAZ 2018, 73 (78).

[90] BGH NZFam 2019, 65, Vorlagebeschl.

[91] Dazu *Hüßtege* FamRZ 2017, 1374 (1375).

[92] Vgl. BT-Drs. 18/12086, 24 bzw. BR-Drs. 275/17, 26 mit Beispiel einer 30-jährigen Ehe.

[93] BT-Drs. 18/12086, 24; BR-Drs. 275/17, 27.

[94] *Coester* DFGT-Stellungnahme 2017, 3; ähnlich *Frie* FamRB 2017, 232 (236); *Bongartz* NZFam 2017, 541 (545).

doch wirksam.[95] Dagegen spricht jedoch, dass der Gesetzgeber den Begriff der Volljährigkeit hier wohl ausschließlich iSd deutschen Regelung zu verstehen scheint,[96] sodass sich dieses Problem nicht stellt. Im Übrigen bleibt unklar, was man sich genau unter dem „Führen" einer Ehe vorzustellen hat. Es liegt nahe, alle Fälle einer bestehenden ehelichen Lebensgemeinschaft iSv § 1353 Abs. 1 darunter zu subsumieren,[97] welche aber zu verneinen ist, sobald die Ehegatten iSv § 1567 getrennt leben. An der Grenze liegen dann Fälle von Ehegatten, die längere Zeit einen unterschiedlichen gewöhnlichen Aufenthalt haben.[98]

**3. Ehen mit Minderjährigen von 16 oder 17 Jahren. Art. 13 Abs. 3 Nr. 2 EGBGB** bezieht sich auf Eheschließende, die im Zeitpunkt der Eheschließung das 16., aber noch nicht das 18. Lebensjahr vollendet haben. Solche nach ausländischem Recht wirksam geschlossene Ehen sind nunmehr nach Maßgabe des deutschen Rechts aufhebbar (→ § 1314 Rn. 3 ff.). Die Aufhebbarkeit beurteilt sich ausschließlich nach deutschem Recht.[99] „Im Rahmen des Aufhebungsverfahrens vor deutschen Familiengerichten werden solche Ehen fortan also an den eherechtlichen und kindeswohlorientierten Maßstäben des deutschen Rechts gemessen."[100] Das betrifft aber nur die Aufhebbarkeit wegen fehlender Ehemündigkeit. Eine Übergangsregelung dazu hat der Gesetzgeber nicht getroffen. Insoweit zeigt sich eine Ungleichbehandlung im Vergleich zu deutschen Minderjährigen,[101] deren Ehen nach Art. 229 § 44 Abs. 2 EGBGB unantastbar sind, wenn sie noch mit einer Befreiung gemäß § 1303 Abs. 2 aF geheiratet haben. 20

Das Aufhebungsverfahren soll unabhängig davon einzuleiten und durchzuführen sein, ob die Minderjährigen an der Seite ihrer Eltern nach Deutschland einreisen. Die Zustimmung der Eltern ist für die Durchführung des Aufhebungsverfahrens laut Gesetzesbegründung nicht erforderlich. Die zuständige Behörde habe das Aufhebungsverfahren auch gegen den **Willen der Eltern** des Minderjährigen einzuleiten.[102] Für Verfahren auf Aufhebung der Ehe nach Art. 13 Abs. 3 Nr. 2 EGBGB sind die **deutschen Gerichte** auch zuständig, wenn keiner der Ehegatten Deutscher ist, aber zumindest der 16 oder 17 Jahre alte Ehegatte seinen (schlichten) Aufenthalt im Inland hat (§ 98 Abs. 2 FamFG). Eines Rückgriffs auf diese Regelung bedarf es aber nur, wenn die internationale Zuständigkeit der deutschen Gerichte nicht schon aus Art. 3 ff. Brüssel IIa-VO folgt. Die Rechtsfolgen der Aufhebung richten sich auch in den Fällen des Art. 13 Abs. 3 EGBGB nach § 1318.[103] 21

## § 1304 Geschäftsunfähigkeit

**Wer geschäftsunfähig ist, kann eine Ehe nicht eingehen.**

### I. Normzweck

Zur Ehefähigkeit zählt neben der Ehemündigkeit auch die **Ehegeschäftsfähigkeit.** Der Geschäftsunfähige kann nicht heiraten.[1] Das ist angesichts der Bedeutung der Ehe und ihres Vertragscharakters selbstverständlich. Auch mit Zustimmung seines gesetzlichen Vertreters oder Betreuers kann er eine Ehe nicht eingehen. Befreiung ist nicht möglich. Dabei geht es nicht darum, dem Geschäftsunfähigen den Zugang zur Ehe zu verwehren; vielmehr soll die an der freien Willensbestimmung gehinderte Person vor den weitreichenden Rechtsfolgen der Ehe bewahrt werden.[2] Schließlich soll nur der freie höchstpersönliche Eheschließungswille in die Ehe führen. Eine unter Verstoß gegen § 1304 geschlossene Ehe ist gleichwohl wirksam und kann aufgehoben werden (§ 1314 Abs. 1 Nr. 2). 1

### II. Die Fälle der Geschäftsunfähigkeit

**1. Geschäftsunfähigkeit.** Geschäftsunfähig ist – abgesehen von Kindern unter sieben Jahren (§ 104 Nr. 1) – wer sich in einem die freie Willensbestimmung ausschließenden Zustand **krankhafter** 2

95 *Frie* FamRB 2017, 232 (237); ferner BeckOGK/*Kriewald* § 1314 Rn. 11.1.
96 Palandt/*Thorn* EGBGB Art. 13 Rn. 22.
97 So auch Palandt/*Thorn* EGBGB Art. 13 Rn. 22.
98 Vgl. *Coester-Waltjen* IPRax 2017, 429 (433).
99 BT-Drs. 18/12086, 23; BR-Drs. 275/17, 25.
100 BT-Drs. 18/12086, 15; BR-Drs. 275/17, 15, 25.
101 Zutr. *Coester-Waltjen* IPRax 2017, 429 (433).
102 BT-Drs. 18/12086, 16; BR-Drs. 275/17, 15.
103 *Hüßtege* FamRZ 2017, 1374 (1379).
1 Rechtsvergleichend *Heiderhoff* StAZ 2014, 193 (197).
2 BGH NJW-RR 2012, 897.

**Störung der Geistestätigkeit** befindet, sofern nicht der Zustand seiner Natur nach ein vorübergehender ist (§ 104 Nr. 2). Wegen der Einzelheiten ist auf die Erläuterungen zu § 104 zu verweisen (→ § 104 Rn. 10 ff.). Praktisch relevant sind Fälle von Psychosen, Persönlichkeitsstörungen und **Demenz.** Hervorzuheben ist dabei, dass nicht jede krankhafte Störung der Geistestätigkeit den freien Willensentschluss in Frage stellt und sich die Störung auf bestimmte Lebensbereiche beschränken kann. Eine Person, die in ihrer geistigen Entwicklung zurückgeblieben, schlicht strukturiert und von unterdurchschnittlicher Intelligenz ist, ist deswegen nicht schon geschäftsunfähig.[3] Da das Gesetz auf die fehlende Geschäftsunfähigkeit abstellt, wird grundsätzlich die bestehende **Geschäftsfähigkeit vermutet.** Wer das Gegenteil behauptet, hat dies zu beweisen.

3 Mit Blick auf die grundrechtlich gewährleistete Eheschließungsfreiheit (→ Vor § 1303 Rn. 19) muss in jedem Einzelfall geprüft werden, ob sich die jeweilige Störung auch auf den **Bereich der Ehe** erstreckt oder ob der Betreffende die nötige Einsicht in das Wesen der Ehe und die Tragweite der Eheschließung besitzt und insoweit zu einem freien Willensentschluss in der Lage ist **(Ehegeschäftsfähigkeit).**[4] Die Ehegeschäftsfähigkeit wird als Unterfall der Geschäftsfähigkeit begriffen.[5] Demgemäß kann trotz einer für einzelne oder mehrere Lebensbereiche festgestellten **(partiellen) Geschäftsunfähigkeit** des Betroffenen seine Ehegeschäftsfähigkeit zu bejahen sein.[6] So mag der Betroffene wirksam eine Ehe eingehen können, wenn sich seine Störung nicht auch auf den Bereich der Ehe auswirkt, zB bei Querulantenwahn. Entscheidend ist die Einsicht in die Bedeutung der Ehe und die Freiheit des Willensentschlusses zur Eingehung der Ehe, die auch bei Intelligenzminderung gegeben sein kann; ein bestimmter IQ wird nicht vorausgesetzt.[7] Der Sinn der Ehe und die damit bewirkte Änderung im Leben müssen erkannt werden, nicht aber die rechtlichen Konsequenzen einer Ehe.[8] In diesem Umfang gilt es auch, das **Selbstbestimmungsrecht** des Betroffenen zu wahren.[9] Ggf. ist ein Sachverständigengutachten einzuholen.[10] Weiter ist zu beachten, dass eine Störung der Geistestätigkeit nicht dauerhaft zu sein braucht. Ist die Geistestätigkeit zeitweilig nicht gestört, so ist der Betreffende in den lichten Intervallen voll geschäfts- und ehefähig.[11]

4 **2. Betreuung.** Eine Entmündigung wegen Geisteskrankheit mit der Folge der Geschäftsunfähigkeit (§ 104 Nr. 3 aF) gibt es seit Inkrafttreten des BtG vom 12.9.1990 nicht mehr. Die Bestellung eines Betreuers (§ 1896 Abs. 1) führt nicht zur Geschäftsunfähigkeit des Betreuten und hat damit keine Auswirkungen auf dessen Ehefähigkeit.[12] Ein Betreuter bedarf zur Eheschließung **niemals der Einwilligung seines Betreuers.** Ein Einwilligungsvorbehalt erstreckt sich nicht auf Willenserklärungen, die auf Eingehung einer Ehe gerichtet sind (§ 1903 Abs. 2 Nr. 1). Ein geschäftsfähiger Erwachsener, der aufgrund einer psychischen Krankheit oder einer körperlichen, geistigen oder seelischen Behinderung seine Angelegenheiten ganz oder teilweise nicht zu besorgen vermag, bleibt somit bei der Eheschließung ohne Schutz, ungeachtet des Umstandes, dass es dem anderen Verlobten (beispielsweise einem Ausländer, dem von vornherein der Wille zur Herstellung der ehelichen Lebensgemeinschaft mit dem Kranken oder Behinderten fehlt) gerade um die Ausnutzung dieser Situation gehen mag.[13]

5 **3. Vorübergehende Störung der Geistestätigkeit.** Eine Willenserklärung, die im Zustand der Bewusstlosigkeit oder vorübergehenden Störung der Geistestätigkeit abgegeben wird, ist nach allgemeinen Grundsätzen nichtig (§ 105 Abs. 2; näher → § 105 Rn. 35 ff.). Wer sich in einem solchen, die freie Willensbestimmung ausschließenden Zustand (zB Fieberdelirium, Volltrunkenheit, Hypnose, Drogenrausch) befindet, kann grundsätzlich auch keine Ehe eingehen.[14] Gleichwohl behandelt das Gesetz die Ehe als wirksam, es besteht jedoch ein Aufhebungsgrund. Wie die Ehe

---

[3] Vgl. BGH NJW 1970, 1680 (1681) – Schwachsinn leichten bis mittleren Grades; BayObLG FamRZ 1997, 294 (295) = StAZ 1996, 229; AG Rottweil FamRZ 1990, 626; AG Bremen StAZ 1992, 272 (273).

[4] Vgl. BGH NJW-RR 2012, 897; BayObLG FamRZ 1997, 294 f.; 2003, 373 (374); LG Osnabrück FPR 2002, 90; *Coester-Waltjen* FamRZ 2012, 1185 (1186); *Böhmer* StAZ 1992, 65 (67).

[5] BGH NJW-RR 2012, 897.

[6] BVerfG NJW 2003, 1382 = FamRZ 2003, 359 (360 f.); OLG Brandenburg BeckRS 2017, 118463 = FamRZ 2017, 1747; BayObLG BeckRS 2002, 30293337.

[7] OLG Brandenburg BeckRS 2017, 118463 = FamRZ 2017, 1747, dort auch zur Fähigkeit, einen Ehevertrag abzuschließen.

[8] OLG Brandenburg FamRZ 2011, 216.

[9] Zutr. *Coester-Waltjen* FamRZ 2012, 1185 (1186).

[10] Vgl. OLG Brandenburg BeckRS 2017, 118463 = FamRZ 2017, 1747.

[11] Ausf. BeckOGK/*Kriewald* Rn. 11.

[12] S. zB LG Saarbrücken FamRZ 2000, 819 Ls.

[13] Vgl. *Schwab* FS Rebmann, 1989, 685 (692 ff.); *Finger* StAZ 1996, 225 (226 f.).

[14] Zur Prüfung der Ehefähigkeit bei lebensbedrohender Erkrankung vgl. *Böhmer* StAZ 1990, 213 (217).

eines Geschäftsunfähigen ist auch eine im Zustand der Bewusstlosigkeit oder vorübergehenden Störung der Geistestätigkeit eingegangene Ehe aufhebbar (§ 1314 Abs. 2 Nr. 1).

### III. Rechtsfolgen

6 Wird die Ehe trotz Geschäftsunfähigkeit im Zeitpunkt der Heirat geschlossen, ist sie – abweichend von § 105 Abs. 1 – wirksam, aber **aufhebbar** (§ 1314 Abs. 1 Nr. 2, Abs. 2 Nr. 1). In diesem Fall ist neben den beiden Ehegatten auch die **Behörde** antragsbefugt (§ 1316 Abs. 1 Nr. 1). Die Verwaltungsbehörde entscheidet nach pflichtgemäßem Ermessen[15] (→ § 1316 Rn. 9 ff.). Eine Aufhebung der Ehe ist ausgeschlossen, wenn der betreffende Ehegatte nach dem Wegfall der Geschäftsunfähigkeit, der Bewusstlosigkeit oder der Störung der Geistestätigkeit zu erkennen gegeben hat, dass er die Ehe fortsetzen will (§ 1315 Abs. 1 Nr. 2 und Nr. 3; → § 1315 Rn. 8 ff.). War ein Ehegatte bei Eheschließung geschäftsunfähig und hatte der andere Ehegatte bei Eheschließung Kenntnis von der daraus folgenden Aufhebbarkeit der Ehe, so entfällt dessen **Ehegattenerbrecht** (§ 1318 Abs. 5;[16] → § 1318 Rn. 16).

### IV. Prüfung und Verfahren

7 Das Standesamt hat – im Rahmen der Prüfung nach § 13 Abs. 1 PStG – die Frage der Geschäftsfähigkeit selbständig zu beurteilen.[17] Die persönliche **Anhörung des Betroffenen** ist dabei in der Regel unerlässlich.[18] Eine konstitutive gerichtliche Feststellung der Geschäftsunfähigkeit gibt es nicht mehr.[19] In Zweifelsfällen hat der Standesbeamte die Möglichkeit, von sich aus die **Entscheidung des Gerichts** herbeizuführen (§ 49 Abs. 2 PStG). Anlass zu Zweifeln an der Ehefähigkeit und zu näheren Ermittlungen, insbesondere zur Einholung eines **Sachverständigengutachtens,** kann ein auffälliges Verhalten eines Heiratswilligen geben, ferner die Bestellung eines Betreuers, insbesondere mit Einwilligungsvorbehalt (§ 1903 Abs. 1).[20] Eine zuverlässige Kenntnis hiervon wird dem Standesbeamten allerdings eine Mitteilung des Betreuungsgerichts nach § 308 Abs. 1 FamFG kaum je vermitteln.[21] Ist eine Geschäftsunfähigkeit nicht nachweisbar, darf die Eheschließung nicht abgelehnt werden.

8 Lehnt der **Standesbeamte** seine **Mitwirkung** bei der beabsichtigten Eheschließung wegen Geschäftsunfähigkeit eines Eheschließenden ab, so kann gemäß § 49 Abs. 1 PStG das Gericht angerufen werden. Der Eheschließende ist ungeachtet fehlender Geschäftsfähigkeit verfahrensfähig.[22] Zum IPR s. Art. 7 EGBGB (bezüglich Geschäftsfähigkeit; → 7. Aufl. 2018, EGBGB Art. 7 Rn. 1 ff.) und Art. 13 Abs. 1 EGBGB (bezüglich Eheschließung; → 7. Aufl. 2018, EGBGB Art. 13 Rn. 1 ff.).

## § 1305 *(weggefallen)*

## Untertitel 2. Eheverbote

## § 1306 Bestehende Ehe oder Lebenspartnerschaft

**Eine Ehe darf nicht geschlossen werden, wenn zwischen einer der Personen, die die Ehe miteinander eingehen wollen, und einer dritten Person eine Ehe oder Lebenspartnerschaft besteht.**

**Übersicht**



15 BGH NJW-RR 2012, 897.
16 Als Beispiel: OLG Schleswig BeckRS 2012, 23530.
17 Näher *Böhmer* StAZ 1990, 213 (215 f.); BT-Drs. 11/4528, 65.
18 Vgl. BayObLG FamRZ 2003, 373 (374).
19 Zu den Gründen vgl. BT-Drs. 11/4528, 64 f.; krit. *Dieckmann* JZ 1988, 789 (794 f.).
20 LG München StAZ 1994, 258 f.; *Böhmer* StAZ 1990, 216 und 1992, 65 (66 f.).
21 Vgl. *Böhmer* StAZ 1990, 215; anders die Annahme der BReg., BT-Drs. 11/4528, 65, 182.
22 Vgl. OLG Stuttgart FamRZ 1991, 724.

## I. Überblick zu den Eheverboten

1 Das BGB regelt in den §§ 1306–1308 die Eheverbote. Im Vergleich zu den früheren Eheverboten der Schwägerschaft (§ 4 EheG),[1] der Wartezeit nach vorangegangener Auflösung einer Vorehe (§ 8 EheG), des fehlenden Auseinandersetzungszeugnisses (§ 9 EheG) sowie des Eheverbots der Staatsangehörigkeitsehe aus § 23 EheG 1938 und der Namensehe aus § 19 EheG 1948[2] gibt es heute nur noch ganz wenige Eheverbote. Das entspricht der in Art. 6 Abs. 1 GG gewährleisteten Eheschließungsfreiheit, die dem Gesetzgeber bei der Aufstellung von Eheverboten äußerste Zurückhaltung auferlegt (→ Vor § 1303 Rn. 19).

2 In Bezug auf die Rechtsfolgen kann man **trennende** bzw. dauerhafte Eheverbote („darf nicht") und **aufschiebende** bzw. vorübergehende[3] Eheverbote („soll nicht") unterscheiden. Ein Verstoß gegen ein trennendes Eheverbot (§§ 1306, 1307) führt zur Aufhebbarkeit der Ehe; ein aufschiebendes Eheverbot (§ 1308) steht zwar ebenfalls der Eheschließung entgegen, beeinträchtigt aber die Gültigkeit der gleichwohl geschlossenen Ehe nicht. Die Unterscheidung ist praktisch wenig erheblich, weil der Standesbeamte Ehehindernisse fast immer rechtzeitig erkennen wird; zudem ist der diesbezügliche Sprachgebrauch im Gesetz auch uneinheitlich (vgl. § 1303 Abs. 1). Weiter kann man Eheverbote danach einteilen, ob eine Befreiung durch gerichtliche Entscheidung ausgeschlossen ist **(absolute Eheverbote)** oder nicht **(relative oder dispensable Eheverbote).** Eine Befreiungsmöglichkeit sieht § 1308 Abs. 2 vor. Die Unterscheidung deckt sich nicht mit der zuvor genannten (→ Rn. 5). So kann vom aufschiebenden Eheverbot der Annahme als Kind bei Verwandtschaft in gerader Linie (§ 1308 Abs. 2) keine Befreiung erteilt werden. Eine weitere Unterscheidungsmöglichkeit bildet die Differenzierung danach, ob das Eheverbot nur einen Beteiligten betrifft (**einseitige** Eheverbote) oder sich gleichermaßen gegen beide Beteiligte richtet (**zweiseitige** Eheverbote). Die Eheverbote der §§ 1306–1308 sind alle zweiseitig.

## II. Normzweck

3 Als Konsequenz des zentralen Grundsatzes der Einehe (Monogamie) enthält § 1306 das **Verbot der Doppelehe.**[4] Die Eingehung einer bigamischen Ehe ist unter **Strafe** gestellt (§ 172 StGB). Zugleich verschließt sich das deutsche Recht damit der **Polygamie.** Nationale Verbote von Bigamie oder Polygamie sind auch mit Art. 12 EMRK vereinbar.[5] Sofern über Art. 13 Abs. 1 EGBGB allerdings ausländisches Recht als Eheschließungsstatut berufen ist, kann eine (ausländische) Mehrehe in ihrem Bestand anzuerkennen sein.[6] Das Land Bayern hat dazu bereits einen Gesetzentwurf zur Bekämpfung der Mehrehe eingebracht; danach soll Art. 13 EGBGB um eine entsprechende Aufhebungsregelung ergänzt werden.[7]

4 Das Gesetz zur Überarbeitung des Lebenspartnerschaftsrechts vom 15.12.2004 (BGBl. 2004 I 3396) stellte der bestehenden Ehe eine bestehende Lebenspartnerschaft gleich (→ Rn. 12 ff.). Das Bigamieverbot betrifft seitdem beide Formen der rechtlichen Paarbeziehung.[8] Das Verbot, von dem **keine Befreiung** möglich ist, ist zweiseitig und richtet sich auch gegen den Teil, der nicht verheiratet oder nicht Lebenspartner ist.

## III. Hindernis der bestehenden Ehe

5 **1. Bestehende Ehe.** Eine Ehe besteht, solange sie nicht wirksam aufgelöst worden ist. Die Ehe wird aufgelöst durch Tod eines Ehegatten, durch Wiederverheiratung nach Todeserklärung eines Ehegatten (§ 1319 Abs. 2), durch Aufhebung (§ 1313) oder durch Scheidung (§ 1564). Eine Ehe ist

[1] Dazu EGMR FamRZ 2005, 1971 mAnm *Henrich*: Verstoß gegen Art. 12 EMRK.
[2] Zu früheren Eheverboten BeckOGK/*Kriewald* Rn. 3; *Böhmer* StAZ 1991, 125.
[3] Vgl. *Muscheler* FamR Rn. 235.
[4] Rechtsvergleichend zu Europa *Heiderhoff* StAZ 2014, 193 (196).
[5] ZB EGMR Urt. v. 5.1.2010 – Beschw. 22933/02, nv (Frasik ./. Polen).
[6] Zum Themenkreis *Mankowski* FamRZ 2018, 1134 ff.
[7] Gesetzentwurf des Freistaates Bayern zur Bekämpfung der Mehrehe, BR-Drs. 249/18; dazu zu Recht krit. *Dutta* FamRZ 2018, 1141; *Coester-Waltjen/Heiderhoff* JZ 2018, 762.
[8] Staudinger/*Löhnig*, 2018, Rn. 4; BeckOGK/*Kriewald* Rn. 13.

nicht aufgelöst, solange die die Scheidung oder Aufhebung aussprechende Gerichtsentscheidung noch nicht **rechtskräftig** ist (vgl. § 1315 Abs. 2 Nr. 1). Solange die Ehe nicht aufgelöst ist, begründet sie das Ehehindernis der Doppelehe, ohne dass es auf den guten oder schlechten Glauben der Ehepartner ankommt. Eine lediglich **aufhebbare** Ehe ist, solange sie nicht aufgehoben ist (§ 1313 S. 2), eine bestehende Ehe und steht daher ebenfalls einer erneuten Eheschließung entgegen. Anderes gilt nur für eine **von Anfang an unwirksame Ehe,** die kein Ehehinderns bildet; das betrifft zB eine Ehe, die ohne Mitwirkung eines Standesbeamten geschlossen wurde, oder eine Ehe mit einer Person unter 16 Jahren (§ 1303 S. 2). Vor der Eheschließung müssen die Verlobten dem Standesbeamten einen Nachweis über die Auflösung einer vorangehenden Ehe (bzw. Lebenspartnerschaft; → Rn. 13) vorlegen (Nr. 12.4.1 PStG-VwV).

**2. Fälle mit Auslandsbezug.** Das Eheverbot wirkt zweiseitig. Ein lediger Inländer kann weder im Inland noch im Ausland die Ehe mit einem bereits **verheirateten Ausländer** eingehen, mag dessen Heimatrecht die **Polygamie** auch erlauben bzw. das Eheverbot der Doppelehe nicht kennen.[9] Das Monogamieprinzip als Bestandteil des deutschen ordre public setzt sich aber auch durch, wenn zwei Ausländer hier heiraten wollen.[10] Damit verbunden ist die Vorfrage, ob zuvor im Ausland überhaupt eine wirksame (Vor-)Ehe geschlossen wurde und ob eine solche Ehe wieder wirksam aufgehoben bzw. geschieden worden ist.[11] Auf welche Rechtsordnung insoweit abzustellen ist, beurteilt sich nach IPR (→ 7. Aufl. 2018, EGBGB Art. 13 Rn. 60 ff.).[12] Wird eine Ehe im Ausland für nichtig erklärt, aufgehoben oder geschieden, so stellt sich weiterhin die Frage, ob diese **Entscheidung im Inland anerkannt** wird. Ausländische Entscheidungen, die unter die Brüssel IIa-VO fallen, sind ohne besonderes Anerkennungsverfahren auch im Inland kraft Gesetzes anerkannt (Art. 21 Abs. 1 Brüssel IIa-VO), sofern keine Ausnahme gemäß Art. 22 Brüssel IIa-VO greift. Gerichtsentscheidungen, die in einem Land außerhalb der EU ergangen sind, bedürfen hingegen der Anerkennung gemäß § 107 FamFG, um auch im Inland Rechtswirkung zu entfalten. Eine Ausnahme gilt nach § 107 Abs. 1 S. 2 FamFG. Die Anerkennung wirkt auf den Zeitpunkt der Rechtskraft der betreffenden ausländischen Entscheidung zurück.[13] Solange die Tatsache der Scheidung im Ausland nicht nachgewiesen ist bzw. werden kann und auch keine zusätzlichen Anhaltspunkte für die Scheidung einer vorangegangenen Ehe gegeben sind, ist indes vom Vorliegen eines Eheverbotes bzw. nach weiterer Verheiratung im Inland von einer Doppelehe auszugehen.[14] Von einer hier eingegangenen bigamischen oder polygamen Ehe zu trennen sind **im Ausland** wirksam geschlossene polygame Ehen.[15] Diese sind auch hier grundsätzlich als wirksam anzusehen[16] (→ 7. Aufl. 2018, EGBGB Art. 13 Rn. 66 ff.). 6

**3. Wiedereinsetzung in den vorigen Stand und Wiederaufnahme des Verfahrens.** Eine Doppelehe liegt auch vor, wenn die erste Ehe zunächst rechtskräftig geschieden worden ist, eine spätere Entscheidung diese **Rechtskraft** jedoch **rückwirkend wieder beseitigt.**[17] Das betrifft die Wiedereinsetzung in den vorigen Stand wegen Versäumung der Rechtsmittelfrist (§ 233 ZPO) und die Wiederaufnahme des Verfahrens (§§ 578 ff. ZPO). Beide Rechtsbehelfe sind in Ehesachen uneingeschränkt zulässig (§ 113 Abs. 1 FamFG, § 117 Abs. 5 FamFG, § 118 FamFG), und zwar auch dann, wenn eine Partei zwischenzeitlich wieder geheiratet hat. Die Rechtsunsicherheit, die hiermit verbunden ist, hat der Gesetzgeber bewusst in Kauf genommen. 7

Ist einer der Ehegatten unter Vorlegung der bereits als endgültig angesehenen Entscheidung in der Zwischenzeit eine neue Ehe eingegangen und wird diese **Entscheidung über die Aufhebung oder Scheidung der Ehe nachträglich aufgehoben** und die erste Ehe aufrechterhalten, so wird die neue Ehe somit rückwirkend zu einer bigamischen Ehe.[18] Das Eherecht enthält keine Vorschrift zum Schutz einer Ehe, die unter der irrtümlichen Voraussetzung geschlossen wurde, dass die frühere Ehe eines der Eheschließenden rechtskräftig aufgelöst ist. Dem einstigen Vorschlag, § 38 Abs. 2 8

[9] Vgl. BGHZ 41, 136 (142) = NJW 1964, 976; OLG Zweibrücken FamRZ 2004, 950 (951); näher *Helms* StAZ 2012, 2 (3).
[10] *Helms* StAZ 2012, 2 (3); *Hepting/Dutta,* Familie und Personenstand, 3. Aufl. 2019, Rn. III-301; *Coester/Coester-Waltjen* FamRZ 2016, 1618 (1624).
[11] Dazu *Coester/Coester-Waltjen* FamRZ 2016, 1618 (1624).
[12] S. auch *Hepting/Dutta,* Familie und Personenstand, 3. Aufl. 2019, Rn. III-301 ff.; BeckOGK/*Kriewald* § 1306 Rn. 51 ff.
[13] BGH NJW 1983, 514; BeckOGK/*Kriewald* § 1306 Rn. 20.
[14] AG Tempelhof-Kreuzberg FamRZ 2004, 1488: erste Ehe in Republik Guinea.
[15] Zur Rücknahme einer Einbürgerung wegen Polygamie BVerwG ZAR 2018, 313 = BeckRS 2018, 15074.
[16] *Coester/Coester-Waltjen* FamRZ 2016, 1618 (1624 f.).
[17] Zum diesbezüglichen älteren Schrifttum BeckOGK/*Kriewald* § 1306 Rn. 16.
[18] BGHZ 8, 284 = NJW 1953, 423; BGH NJW 1959, 45; 1976, 1590 (1591); 1953, 1263; Staudinger/*Löhnig,* 2018, Rn. 14.

EheG (heute § 1319 Abs. 2) analog anzuwenden,[19] ist mangels Vergleichbarkeit der Sachverhalte nicht zuzustimmen.[20] Auch Art. 6 Abs. 1 GG, unter dessen Schutz auch die erste Ehe steht, gestattet es nicht, die Stellung eines Wiederaufnahmeantrags als unzulässige Rechtsausübung anzusehen, nur weil bei einer Abwägung die zweite Ehe als schützenswerter erscheint.[21]

9 Bleibt der jeweilige Rechtsbehelf (→ Rn. 7) jedoch erfolglos und wird die **Rechtskraft** der die Ehe auflösenden Entscheidung somit **bestätigt,** so ist die neue Ehe als von Anfang an gültig anzusehen (§ 1315 Abs. 2 Nr. 1). Wird die frühere Entscheidung in dem wiedereröffneten Verfahren bestätigt, so ist im Interesse der neuen Ehe darüber hinwegzusehen, dass die Bestätigung eine Aufhebung der alten Entscheidung ex tunc und deren Ersetzung durch eine neue Entscheidung mit Wirkung ex nunc bedeutet, und dem Bestandsschutz der zweiten Ehe der Vorrang einzuräumen.[22] Hier wiegt das Interesse der Ehegatten der neuen Ehe an deren Aufrechterhaltung schwerer als das Bedürfnis, den Zeitpunkt der Auflösung der ersten Ehe neu zu bestimmen. Der Vorrang der älteren Ehe verliert seinen Sinn. Das entspricht der in § 1315 Abs. 2 Nr. 1 getroffenen Entscheidung.

10 **4. Rechtsfolgen bei Verstoß gegen das Bigamieverbot.** Auch die bigamische Ehe ist eine wirksame Ehe mit allen Rechtsfolgen (Unterhaltsrecht, Vaterschaft[23] etc).[24] Erst recht bleibt die Wirksamkeit der ersten Ehe unberührt. Ein Verstoß gegen das Eheverbot der Doppelehe führt allerdings zur **Aufhebbarkeit der** (zweiten) **Ehe** (§ 1314 Abs. 1 Nr. 2). Eine ausländische Gerichtsentscheidung, die den Ausschluss der Aufhebung einer bigamischen Ehe bewirken soll, wäre mit dem deutschen ordre public unvereinbar und könnte daher nicht nach § 107 FamFG anerkannt werden (§ 109 Abs. 1 Nr. 4 FamFG).[25] Antragsberechtigt im Aufhebungsverfahren sind die Ehegatten sowie die zuständige Verwaltungsbehörde.[26] Die Darlegungs- und Beweislast für die Doppelehe trägt der Antragsteller.[27] Die Aufhebung hat auch hier nur ex-nunc-Wirkung.[28] Die Aufhebung ist ausgeschlossen im Fall des § 1315 Abs. 2 Nr. 1 (→ § 1315 Rn. 21). Davon abgesehen wird die Aufhebbarkeit nicht durch die spätere Auflösung der ersten Ehe (durch Tod des anderen Ehegatten, Scheidung oder Aufhebung, Wiederheirat des anderen Ehegatten nach Todeserklärung) geheilt.[29] Die bigamische Ehe ist aber ohne Aufhebungsmöglichkeit voll wirksam, wenn die erste Ehe später – nach dem alten (vgl. Art. 226 Abs. 2 EGBGB) oder nach dem maßgebenden ausländischen Recht – für nichtig erklärt wird, weil damit rückwirkend feststeht, dass der Ehegatte bei der zweiten Eheschließung nicht mit einem Dritten in gültiger Ehe lebte. Das Gleiche gilt, wenn die Landesjustizverwaltung oder der Präsident des OLG nachträglich feststellt, dass die Voraussetzungen für die Anerkennung der die Scheidung der Erstehe aussprechenden ausländischen Entscheidung vorliegen, weil die Anerkennung auf den Zeitpunkt der Rechtskraft der ausländischen Ehescheidung zurückwirkt.[30] Zum Sonderfall der Wiederverheiratung nach Todeserklärung s. § 1319 (→ § 1319 Rn. 1 ff.).

11 **5. Sonderfall: Wiederholung der Eheschließung.** Das Verbot der Doppelehe steht – wie sich bereits aus dem Gesetzeswortlaut („einer dritten Person") ergibt – einer Wiederholung der **Eheschließung mit demselben Partner** nicht entgegen, wenn die Ehegatten Zweifel an der Gültigkeit oder an dem Fortbestand ihrer Ehe hegen oder wenn sie mit Sicherheit wissen, dass ihre frühere Ehe nicht gültig ist.[31] Der Standesbeamte hat zu prüfen, ob ernsthafte Zweifel an der Gültigkeit oder dem Fortbestand der Ehe möglich sind.[32] Ist das nicht der Fall und erscheint das Begehren rechtsmissbräuchlich, kommt eine Wiederholung der Eheschließung nicht in Betracht. Ist die Behebung eines Aufhebungsgrundes durch Bestätigung möglich (§ 1315 Abs. 1 S. 1 Nr. 1–4), so ist eine Wiederholung der Eheschließung gleichfalls ausgeschlossen.[33] Bei der Wiederholung sind alle Vorschriften über die Eheschließung zu beachten. Als Erklärungen des Eheschließungswillens

---

[19] *Rüßmann* AcP 167 (1967), 427 ff.
[20] Abl. auch BeckOGK/*Kriewald* Rn. 22.1.
[21] So aber OLG Frankfurt BeckRS 2010, 25025 = FamRZ 1978, 922.
[22] *Zeuner* MDR 1960, 85 ff.; vgl. weiter *Gernhuber/Coester-Waltjen* FamR § 10 Rn. 17; *Piekenbrock* IPRax 2001, 119 (122); aA BGH NJW 1959, 45 (46); *Muscheler* FamR Rn. 246.
[23] S. zB OLG Jena StAZ 2014, 178 = FamRZ 2014, 579.
[24] Vgl. zB OLG Naumburg NJW-RR 2015, 1025.
[25] OLG München NZFam 2015, 920.
[26] Zum zuständigen Gericht in diesem Fall OLG Dresden FamRZ 2004, 952.
[27] Beispielsfall: OLG Nürnberg FamRZ 2011, 1508.
[28] BGH NJW 2001, 2394 = FamRZ 2001, 685.
[29] BGH NJW 1964, 1853 = FamRZ 1964, 418.
[30] BGH NJW 1983, 514 = FamRZ 1982, 1203.
[31] Vgl. BT-Drs. 13/4898, 15; BGH BeckRS 2010, 12059 = FamRZ 1983, 450; LG Köln FamRZ 1959, 117.
[32] AA Erman/*Roth* Rn. 7.
[33] AA BeckOK BGB/*Hahn* Rn. 14.

kann die Bekundung genügen, die Ehe fortsetzen zu wollen.[34] Die Wiederholung hat keine rückwirkende Kraft, heilt also etwaige Mängel nur für die Zukunft. Eine Eheschließung ist zudem dann möglich, wenn die Partner bereits im Ausland geheiratet haben, eine Anerkennung dieser Ehe im Inland aber ausscheidet.[35] Zur Eheschließung von eingetragenen Lebenspartnern nach Geschlechtsumwandlung → Rn. 15.

### IV. Hindernis der bestehenden Lebenspartnerschaft

**1. Rechtsentwicklung.** Durch Art. 2 Nr. 2 Gesetz zur **Überarbeitung des Lebenspartnerschaftsrechts** vom 15.12.2004 (BGBl. 2004 I 3396) wurde mWv 1.1.2005 das Eheverbot der Doppelehe ergänzt. Dem Bestehen einer Ehe gleichgestellt ist das Bestehen einer Lebenspartnerschaft mit einer **dritten Person.** Zuvor war noch ungeregelt gewesen, welche Folgen eine Eheschließung bei bestehender eingetragener Lebenspartnerschaft für den weiteren Bestand der Lebenspartnerschaft nach sich zog. Insofern sah auch das BVerfG die Regelungslücke kritisch und empfahl dem Gesetzgeber tätig zu werden.[36] Der Gesetzgeber folgte der vom BVerfG aufgezeigten Möglichkeit, das Eingehen der Ehe davon abhängig zu machen, dass eine Lebenspartnerschaft nicht oder nicht mehr besteht, und so dem Gebot, die Ehe als Lebensform zwischen zwei Menschen zu schützen, nachzukommen.[37] Das Ehehindernis der eingetragenen Lebenspartnerschaft schränkt die Freiheitsgarantie des Art. 6 Abs. 1 GG nicht unzulässig ein, weil es seinen sachlichen Grund gerade im Wesen und in der Gestalt der Ehe findet. Es entspricht laut BVerfG dem Schutz der Ehe, sie nur denjenigen zu eröffnen, die sich nicht schon anderweitig in einer Partnerschaft rechtsverbindlich gebunden haben. 12

**2. Wirksame Lebenspartnerschaft.** Eingetragene Lebenspartnerschaften konnten ab dem Inkrafttreten des LPartG vom 1.8.2001 bis zum 30.9.2017 begründet werden. Ob eine Lebenspartnerschaft wirksam zustande kam, beurteilt sich nach § 1 LPartG (näher → LPartG § 1 Rn. 1 ff.). Beachtlich ist insoweit, dass Verstöße gegen § 1 Abs. 3 LPartG die Lebenspartnerschaft unheilbar nichtig machten. Diese Fehler führten von Anfang an unmittelbar zur Nichtigkeit der Lebenspartnerschaft,[38] auf die sich jedermann berufen kann. Gleiches galt bei fehlender Gleichgeschlechtlichkeit, bei Fehlen der entsprechenden Willenserklärungen, fehlender Höchstpersönlichkeit der Erklärungen, bei ausdrücklichem Anknüpfen an Bedingungen oder Befristungen, bei Fehlen der Mitwirkung des Standesbeamten sowie bei Fehlen der (unbeschränkten) Geschäftsfähigkeit.[39] Die **Feststellung der Nichtigkeit** ist sowohl inzident möglich als auch durch Feststellungsantrag, der in § 269 Abs. 1 Nr. 2 FamFG ausdrücklich als Lebenspartnerschaftssache bezeichnet ist. Eine Heilungsmöglichkeit, etwa durch Eintragung in das zuständige Personenstandsregister, ist nicht vorgesehen.[40] Die Nichtigkeit kann noch nach Jahren geltend gemacht werden.[41] Auch eine erfolgte Eintragung im jeweiligen Personenstandsregister ändert an diesem Ergebnis nichts. § 1310 Abs. 3 ist hier mangels planwidriger Gesetzeslücke ebenfalls nicht analog anzuwenden.[42] Eine Bestätigung der unwirksamen Lebenspartnerschaft durch die Partner kann allein nach § 141 erfolgen, dh nur durch neue vollwirksame Partnerschaftsbegründung, die allen Anforderungen des § 1 LPartG genügt.[43] 13

Das Gesetz nimmt sprachlich auf die eingetragene Lebenspartnerschaft nach dem LPartG Bezug. Einer solchen Lebenspartnerschaft gleichgestellt sind nach dem Gesetzeszweck **rechtsförmliche Partnerschaften ausländischen Rechts,** sofern diese ebenfalls auf eine Paarbeziehung angelegt sind und durch formalisierten Akt begründet werden.[44] Das können gleich- oder verschiedengeschlechtliche Lebenspartnerschaften sein. 14

**3. Umwandlung der Lebenspartnerschaft in eine Ehe.** Das Ehehindernis der bestehenden Lebenspartnerschaft betrifft nur Dreipersonenverhältnisse. Eine eingetragene Lebenspartnerschaft zwischen den Heiratswilligen selbst bildet kein Hindernis. Durch das Eheöffnungsgesetz (→ Vor § 1303 Rn. 11) wurde für diesen Fall vielmehr die Umwandlung der Lebenspartnerschaft in eine Ehe vorgesehen (§ 20a LPartG; näher → LPartG § 20a Rn. 1 ff.). 15

---

34 BGH BeckRS 2010, 12059 = FamRZ 1983, 450.
35 Vgl. KG FGPrax 2012, 113 = StAZ 2012, 107.
36 Vgl. BVerfGE 105, 313 (343) = NJW 2002, 2543; zum Problemkreis *Sachs* JR 2001, 45 (48).
37 BVerfGE 105, 313 (344) = NJW 2002, 2543; BT-Drs. 15/3445, 17.
38 *Schwab* FamRZ 2001, 385 (388); *Kemper* FPR 2001, 449 (451); *Finger* FPR 2001, 460 (461); Erman/*Kaiser* LPartG § 1 Rn. 11; *Weber* ZFE 2005, 187 (188).
39 Insoweit aA *Gernhuber/Coester-Waltjen* FamR § 42 Rn. 29.
40 BT-Drs. 14/3751, 36; *Schwab* FamRZ 2001, 385 (388); *Kaiser* FamRZ 2002, 866 (868).
41 *Rauscher* FamR Rn. 750c.
42 Palandt/*Brudermüller* LPartG § 1 Rn. 6; aA *Rauscher* FamR Rn. 750a.
43 Vgl. nur *Kaiser* FamRZ 2002, 866 (868).
44 *Gernhuber/Coester-Waltjen* FamR § 10 Rn. 13; BeckOGK/*Kriewald* Rn. 15, 31.

16 **4. Rechtsfolgen bei Verstoß.** Ein Verstoß gegen das Ehehindernis der eingetragenen Lebenspartnerschaft führt zur **Aufhebbarkeit der Ehe** (§ 1314 Abs. 1 Nr. 2). Es gilt das unter → Rn. 10 Ausgeführte.

### § 1307 Verwandtschaft

**[1]Eine Ehe darf nicht geschlossen werden zwischen Verwandten in gerader Linie sowie zwischen vollbürtigen und halbbürtigen Geschwistern. [2]Dies gilt auch, wenn das Verwandtschaftsverhältnis durch Annahme als Kind erloschen ist.**

#### I. Normzweck

1 § 1307 verbietet die Ehe zwischen Verwandten in gerader Linie und zwischen Geschwistern.[1] Eine Befreiung ist nicht möglich. Der Grund dafür liegt im **Inzestverbot,**[2] welches für die gesellschaftliche Entwicklung wichtige Funktionen erfüllt. Der Beischlaf zwischen Verwandten steht gemäß § 173 StGB sogar nach wie vor **unter Strafe.**[3] Das ist laut BVerfG verfassungsgemäß;[4] die Unzweideutigkeit der sozialen Rolle des einzelnen Familienmitglieds soll sichergestellt, eine Geschlechtskonkurrenz in der Kernfamilie verhindert oder vermindert und jedes Familienmitglied gezwungen werden, außerfamiliäre Beziehungen einzugehen. Insbesondere der Geschwisterinzest ist laut BVerfG mit dem traditionellen **Bild der Familie** unvereinbar.[5] Die Rechtfertigung des Eheverbots ist allerdings primär darin zu sehen, dass bei Kindern, die aus einer inzestuösen Beziehung hervorgehen, wegen der erhöhten Möglichkeit der Summierung rezessiver Erbanlagen eine größere Gefahr erblicher Schädigungen besteht.[6] Abgesehen davon kann die gesellschaftliche Tabuisierung des Inzests Auswirkungen auf das Inzestkind haben, das wegen seiner Abstammung diskriminiert werden könnte.

2 Wird eine Lebenspartnerschaft nach § 20a LPartG in eine Ehe umgewandelt, gilt die Norm gemäß § 20a Abs. 1 S. 2 LPartG entsprechend.

#### II. Tatbestandsvoraussetzungen und Rechtsfolgen

3 **1. Verwandtschaft in gerader Linie.** § 1307 verbietet zunächst die Ehe zwischen Verwandten in gerader Linie. In gerader Linie verwandt sind nach der gesetzlichen Definition des § 1589 Personen, deren eine von der anderen abstammt. Auf die Ehelichkeit der Geburt kommt es nicht an. Der **Grad** der Verwandtschaft (→ § 1589 Rn. 13) ist ebenfalls unerheblich. Verboten ist also zB die Ehe zwischen Vater und Tochter, Großmutter und Enkel, Urgroßvater und Urenkelin. Sofern rechtliche und genetische Verwandtschaft miteinander in Einklang stehen, macht die Normanwendung insoweit keine Probleme. Im anderen Fall bedarf es der verfassungskonformen Normauslegung,[7] um sachgerechte Ergebnisse zu erzielen (→ Rn. 4 ff.). Ansonsten kann rechtliche Verwandtschaft außer durch Abstammung auch durch die **Annahme als Kind** begründet werden. Dafür gilt jedoch die Sonderregelung des § 1308.

4 **a) Genetische Elternteile.** Ausgelöst wird das Eheverbot nach hM[8] mit Blick auf den genannten erbbiologischen Normzweck (→ Rn. 1) auch durch die **nur genetische Abstammung.** Ein Mann, der genetischer Vater einer Tochter ist, kann diese (oder deren Tochter) nicht heiraten und zwar unabhängig davon, ob er auch Vater im Rechtssinne gemäß § 1592 ist. Insbesondere kann ein **Samenspender,** der meist nicht rechtlicher Vater ist, seine genetische Tochter nicht heiraten.[9] Das gilt ohne Rücksicht darauf, ob die Tochter einen anderen Mann zum rechtlichen Vater hat (zB gemäß § 1592 Nr. 1 den Ehemann der Mutter) oder ob dessen Vaterschaft bereits durch Anfechtung mit Rückwirkung beseitigt worden ist. Entsprechendes gilt für die **Mutterschaft.** Die genetische Mutter (zB Eizellspenderin) darf keine Ehe mit ihrem genetischen (aber nicht rechtlichem) Sohn eingehen.[10] Zur Leihmutter → Rn. 7.

---

1 Rechtsvergleichend *Heiderhoff* StAZ 2014, 193 (199).
2 Ausf. historisch und rechtsvergleichend BVerfGE 120, 224 = NJW 2008, 1137.
3 Dazu zuletzt BGH NStZ-RR 2010, 371.
4 BVerfGE 120, 224 = NJW 2008, 1137 zur Strafvorschrift des § 173 Abs. 2 S. 2 StGB, die den Beischlaf zwischen Geschwistern mit Strafe bedroht; krit. zu Recht *Hörnle* NJW 2008, 2085.
5 BVerfGE 120, 224 = NJW 2008, 1137.
6 Dazu BT-Drs. 6/1552, 14; BT-Drs. 6/3521, 17 f.; BVerfGE 120, 224 = NJW 2008, 1137.
7 Zutr. BeckOGK/*Kriewald* Rn. 3.
8 Palandt/*Brudermüller* Rn. 3; *Muscheler* FamR Rn. 247 ff.; Erman/*Roth* Rn. 2; Soergel/*Heintzmann* Rn. 4, 6.
9 BeckOGK/*Kriewald* Rn. 6, 19 ff.; Palandt/*Brudermüller* Rn. 3.
10 Vgl. *Hohloch* StAZ 1986, 153 (159); Palandt/*Brudermüller* Rn. 3; BeckOK BGB/*Kriewald* Rn. 3; Soergel/*Heintzmann* Rn. 6.

Das Eheverbot bleibt zwischen den leiblichen bzw. genetischen Eltern und ihrem Kind auch dann bestehen, wenn das Kind von Dritten **adoptiert** worden ist (S. 2). Zwar erlischt mit der Annahme eines Minderjährigen das rechtliche Verwandtschaftsverhältnis des Kindes und seiner Abkömmlinge zu den bisherigen Verwandten (§ 1755). Das gleiche gilt bei der Annahme eines Volljährigen, wenn das FamG gemäß § 1772 beim Ausspruch der **Adoption** bestimmt hat, dass sich die Wirkungen der Annahme nach den Vorschriften über die Annahme eines Minderjährigen richten sollen. Dies berührt jedoch das Eheverbot der Verwandtschaft nicht, da dieses aus den genannten Gründen primär an die genetische Abstammung anknüpft, an der sich infolge der Adoption des Kindes durch einen Dritten nichts ändert. Der Fortbestand des Eheverbots nach S. 2 ist allerdings teleologisch auf den Fall zu beschränken, dass der betreffende bisherige Elternteil auch tatsächlich ein genetischer Elternteil des Kindes ist.[11] 5

**b) „Nur rechtliche" Elternteile.** Der Wortlaut des § 1307, der schlicht auf „Verwandte in gerader Linie" abstellt, nimmt auf die Verwandtschaft im rechtlichen Sinne Bezug. Rechtliche Mutterschaft gemäß § 1591 und rechtliche Vaterschaft gemäß § 1592 müssen jedoch nicht mit der genetischen Elternschaft deckungsgleich sein. Grundsätzlich darf der Standesbeamte allerdings auch bei „nur" rechtlicher Elternschaft die Trauung verweigern. Insoweit hat § 1307 auch den Zweck, die Rolle jedes Familienmitglieds eindeutig festzulegen und für Statusklarheit zu sorgen. Dieser Normzweck erscheint jedoch von etwas geringerem Gewicht, sodass er in Einklang mit dem Grundrecht der **Eheschließungsfreiheit** gebracht werden muss. Da der ganz im Vordergrund stehende erbbiologische Zweck bei nur rechtlicher Verwandtschaft nicht greift, sollte eine Eheschließung nicht endgültig unmöglich sein. Das zeigt auch die Norm des § 1308 für den Bereich der Adoption, die dafür den Ausweg der Auflösung des Annahmeverhältnisses aufzeigt. Soweit es um die **Vaterschaft** geht, sollte sich das Problem aber zumeist durch **Vaterschaftsanfechtung** lösen lassen. Mit Rechtskraft der stattgebenden gerichtlichen Entscheidung entfällt die Verwandtschaft zwischen Vater und Tochter mit Rückwirkung auf den Zeitpunkt der Geburt (→ § 1599 Rn. 55) und damit erledigt sich auch das Eheverbot. Falls die Anfechtungsfrist des § 1600b Abs. 1 schon abgelaufen sein sollte, wird im Fall des Eheschließungswunsches ein Fall von § 1600b Abs. 6 zu Gunsten des Kindes zu bejahen sein; denn das Festhalten an der Vaterschaft erscheint unter diesen Umständen unzumutbar. 6

Im Hinblick auf die rechtliche **Mutterschaft** als Ehehindernis liegen die Dinge komplizierter, weil das Gesetz keine Möglichkeit der Mutterschaftsanfechtung kennt. Eine inzidente Abstammungsklärung wird allenfalls bei Kindesvertauschung uÄ zugelassen (→ § 1591 Rn. 9).[12] Insoweit ist str., ob die **Leihmutter** den Sohn heiraten kann, den sie lediglich ausgetragen hat, mit dem sie aber genetisch nicht verwandt ist.[13] Soweit die Leihmutterschaft im Ausland abgewickelt und hier anerkannt wurde, besteht indes regelmäßig die rechtliche Elternschaft anderer Personen (Wunscheltern), so dass zwischen Leihmutter und Kind zum Zeitpunkt der gewünschten Eheschließung weder eine rechtliche noch eine genetische Verwandtschaft vorliegt. Die Eheschließung muss daher möglich sein. Entsprechendes sollte letztlich auch gelten, wenn die Leihmutter immer noch rechtliche Mutter gemäß § 1591 ist. Art. 3 Abs. 1 GG fordert insoweit in Bezug auf § 1307 eine Gleichbehandlung von nur rechtlicher Mutterschaft und Vaterschaft. Daher sollte der Sohn seine Leihmutter heiraten können, welche eine von einer anderen Frau stammende Eizelle ausgetragen hat, mag er auch im rechtlichen Sinne mit der Mutter verwandt sein.[14] Insoweit muss ebenfalls eine (negative) Abstammungsfeststellung nach § 169 Nr. 1 FamFG möglich sein. 7

**2. Verwandtschaft in der Seitenlinie.** Das Eheverbot erstreckt sich in der Seitenlinie lediglich auf **Geschwister,** wobei sowohl vollbürtige Geschwister, die Mutter und Vater gemeinsam haben, als auch halbbürtige Geschwister, die nur einen gemeinsamen Elternteil haben, erfasst werden. Entscheidend ist nach dem Gesetzeszweck auch insoweit die **genetische Verwandtschaft.** Daher sollte ein Kind, das von einer Leihmutter ausgetragen wurde und von ihr genetisch nicht abstammt, ein anderes leibliches Kind der Leihmutter heiraten können.[15] Der Anwendungsbereich des § 1307 ist insoweit teleologisch zu reduzieren. Zum gleichen Ergebnis kommt man, wenn man § 1308 Abs. 2 analog anwendet.[16] Die fehlende Blutsverwandtschaft kann im Streitfall im Rahmen eines Feststellungsantrags (analog) § 169 Nr. 1 FamFG geklärt werden.[17] Gleiches gilt für Halbgeschwister, die rechtlich denselben Vater haben, genetisch aber von verschiedenen Vätern abstammen. Hier stets 8

---

11 Vgl. BeckOGK/*Kriewald* Rn. 15.

12 Vgl. Schulte-Bunert/Weinreich/*Schwonberg* FamFG § 169 Rn. 6; Erman/*Hammermann* § 1591 Rn. 6 f.

13 Abl. Soergel/*Heintzmann* Rn. 6.

14 AA Palandt/*Brudermüller* Rn. 5; Soergel/*Heintzmann* Rn. 6.

15 Erman/*Roth* Rn. 3; wohl auch *Hepting/Dutta,* Familie und Personenstand, 3. Aufl. 2019, Rn. III-83.

16 BeckOGK/*Kriewald* Rn. 20.6 f.; s. auch OLG Naumburg StAZ 2015, 346.

17 So auch Erman/*Roth* Rn. 3.

die Vaterschaftsanfechtung zu fordern, würde oft über das Ziel hinausschießen; es muss ebenfalls ein Antrag auf Feststellung der fehlenden genetischen Verwandtschaft zulässig sein. Andere in der Seitenlinie Verwandte können einander ohne weiteres heiraten, so etwa die Kinder von Geschwistern (Cousin und Cousine), Onkel und Nichte, Tante und Neffe. Ohnehin nicht miteinander verwandt sind von den Eltern zusammengebrachte Kinder aus früheren Ehen, also Stiefgeschwister. Für Adoptivkinder und leibliche Kinder der Adoptiveltern gilt wiederum die Sonderregelung des § 1308.

9 **3. Schwägerschaft.** Das frühere Eheverbot der Schwägerschaft in gerader Linie (§ 4 EheG) – verschwägert sind nach § 1590 die Verwandten eines Ehegatten mit dem anderen Ehegatten – ist 1998 entfallen. Daher dürfen Stiefeltern und Stiefkinder, Schwiegereltern und Schwiegerkinder einander heiraten. Die Ehe zwischen Schwager und Schwägerin, Stiefmutter und Mann der Stieftochter – Schwägerschaft in der Seitenlinie – war schon zuvor erlaubt gewesen.

10 **4. Verfahren; Rechtsfolgen.** Bestehen Zweifel an der Verwandtschaft als Voraussetzung des Eheverbots, haben die Ehegatten nachzuweisen, dass das Verbot des § 1307 der Ehe nicht entgegensteht.[18] Insoweit ist von den Eheschließenden bei der Anmeldung zur Eheschließung ein beglaubigter Ausdruck aus dem Geburtenregister vorzulegen (Nr. 12-4-1 PStG-VwV). Entscheidend für die Beurteilung der Voraussetzungen ist der **Zeitpunkt** der Eheschließung. Die verbotswidrig trotz Verwandtschaft geschlossene Ehe ist wirksam, aber aufhebbar (§ 1314 Abs. 1 Nr. 2). Antragsberechtigt ist neben beiden Ehegatten auch die Verwaltungsbehörde (§ 1316 Abs. 1 Nr. 1). Die Aufhebung ist nicht mehr möglich, wenn das (rechtliche) Verwandtschaftshindernis inzwischen durch Vaterschaftsanfechtung mit ex tunc-Wirkung wirksam beseitigt ist. Im **IPR** gilt für die Beurteilung der Verwandtschaft Art. 19 EGBGB (näher → 7. Aufl. 2018, EGBGB Art. 19 Rn. 1 ff.).

## § 1308 Annahme als Kind

**(1) [1]Eine Ehe soll nicht geschlossen werden zwischen Personen, deren Verwandtschaft im Sinne des § 1307 durch Annahme als Kind begründet worden ist. [2]Dies gilt nicht, wenn das Annahmeverhältnis aufgelöst worden ist.**

**(2) [1]Das Familiengericht kann auf Antrag von dieser Vorschrift Befreiung erteilen, wenn zwischen dem Antragsteller und seinem künftigen Ehegatten durch die Annahme als Kind eine Verwandtschaft in der Seitenlinie begründet worden ist. [2]Die Befreiung soll versagt werden, wenn wichtige Gründe der Eingehung der Ehe entgegenstehen.**

### I. Normzweck

1 § 1308 enthält eine mit § 1307 weitgehend gleichlaufende, in der Sache aber viel weniger strikte Sonderregelung für die durch Annahme als Kind begründete Verwandtschaft: Eine Ehe soll nicht geschlossen werden zwischen Personen, deren **Verwandtschaft durch Adoption** begründet worden ist. Insoweit soll – auch iSd Statusklarheit – die familiäre Rollenverteilung bewahrt werden. Im Gegensatz zum Eheverbot der Verwandtschaft ist das Eheverbot der Annahme als Kind aber nicht endgültig, sondern nur aufschiebend; eine dennoch geschlossene Ehe ist wirksam und auch nicht aufhebbar. Für Adoptivgeschwister ist zudem eine **Befreiung** (Abs. 2) möglich.

### II. Voraussetzungen und Rechtsfolgen des Eheverbotes

2 **1. Stellung des Adoptivkindes.** Durch die Adoption erlangt das **minderjährige Kind** in vollem Umfang die rechtliche Stellung eines Kindes des oder der Annehmenden (§ 1754). Das Kind und seine Abkömmlinge werden mit allen Verwandten des oder der Annehmenden gleichfalls verwandt. Bei der **Annahme Volljähriger** erstrecken sich die Wirkungen der Adoption nicht auf die Verwandten des Annehmenden (§ 1770 Abs. 1). Jedoch kann das FamG gemäß § 1772 beim Ausspruch der Annahme eines Volljährigen bestimmen, dass auch hier die Wirkungen der Annahme eines Minderjährigen eintreten.

3 **2. Umfang des Eheverbotes.** Bei der Adoption eines **Minderjährigen** bestimmt sich der Kreis der Verwandten, auf die sich das Eheverbot erstreckt, unmittelbar nach § 1307. Verboten ist danach die Ehe bei Verwandtschaft in gerader Linie (zB zwischen dem adoptierenden Mann und seiner Adoptivtochter) oder in der Seitenlinie zwischen Geschwistern (→ § 1307 Rn. 3, 8). Bei Geschwistern gilt dies unabhängig davon, ob es sich insoweit um leibliche Kinder des Annehmenden oder andere Adoptivkinder handelt. Durchgreifende verfassungsrechtliche Bedenken gegen das Eheverbot zwischen Adoptivgeschwistern bestehen im Hinblick auf die Befreiungsmöglichkeit

[18] Palandt/*Brudermüller* Rn. 6.

(→ Rn. 6) nicht. Bei der Adoption eines **Volljährigen** – sofern ihr nicht die Wirkungen der Minderjährigenannahme beigelegt worden sind – erstreckt sich das Eheverbot auf alle Abkömmlinge des Adoptierten, gleichgültig, ob sie im Zeitpunkt der Adoption bereits geboren waren oder nicht, dagegen nicht auf Verwandte des Annehmenden. Der angenommene Volljährige kann daher beispielsweise ein anderes Kind des Annehmenden heiraten.[1]

**3. Auflösung des Annahmeverhältnisses (Abs. 1 S. 2).** Die Adoption hindert die Eheschließung nicht, wenn das Annahmeverhältnis nachträglich wieder aufgelöst worden ist. In diesem Fall besteht bei der nicht auf Abstammung beruhenden Verwandtschaft kein Bedürfnis, das Eheverbot aufrechtzuerhalten. Bei **Minderjährigen** ist die Aufhebung der Adoption allerdings nur ausnahmsweise unter den engen Voraussetzungen der §§ 1760, 1763 möglich. Bei **Volljährigen** richtet sich die Aufhebung nach den §§ 1771, 1772 Abs. 2. Ein wichtiger Grund iSv § 1771 S. 1 mag insoweit im Fall des Eheschließungswunsches zu bejahen sein. 4

**4. Rechtsfolgen.** Die Nichtbeachtung des Eheverbots beeinflusst die **Gültigkeit** der Ehe nicht. Die Ehe kann auch nicht aufgehoben werden, da dieser Fall nicht in § 1314 genannt ist. Schließt ein Annehmender mit dem Angenommenen oder einem seiner Abkömmlinge entgegen § 1308 die Ehe, so wird mit der Eheschließung das durch die Annahme zwischen ihnen begründete Rechtsverhältnis aufgehoben (§§ 1766, 1767 Abs. 2). 5

### III. Befreiung für Geschwister (Abs. 2)

Anders als bei leiblichen Verwandten kann das FamG nach Abs. 2 von dem Eheverbot bei Verwandtschaft in der **Seitenlinie** Befreiung erteilen. Ausgeschlossen ist die Befreiung bei Verwandtschaft in gerader Linie. Ein Elternteil kann daher nicht das angenommene Kind oder dessen Abkömmlinge, ein Großelternteil (bei Annahme Minderjähriger) nicht sein Enkelkind heiraten (aber → Rn. 5). Insoweit verbleibt es bei Abs. 1. Der Standesbeamte muss seine Mitwirkung daher verweigern. Dagegen kann das FamG die Ehe zwischen Geschwistern zulassen, deren Verwandtschaft auf der Annahme (eines Minderjährigen) beruht.[2] Die Befreiung darf nur verweigert werden, wenn der Eingehung der Ehe **wichtige Gründe** entgegenstehen. Dabei handelt es sich um einen auslegungsbedürftigen unbestimmten Rechtsbegriff.[3] Sind keine wichtigen Gründe vorhanden, muss Befreiung erteilt werden.[4] Die Befreiung ist also die Regel.[5] In Betracht kommen nur Versagensgründe, die mit dem **Sinn und Zweck des Eheverbots** in Zusammenhang stehen, also im Bereich der Sittenordnung liegen und ihm im Einzelfall ein besonderes Gewicht verleihen. Eine Versagung soll etwa bei einer empfindlichen Störung des Familienverbandes gerechtfertigt sein.[6] Jedenfalls ist stets die gesamte familiäre Situation aufzuklären. Keine Rolle spielen indes persönliche Eigenschaften oder eine ungünstige Eheprognose, weil dies mit dem Zweck des Eheverbots nichts zu tun hat.[7] 6

Die Befreiung kann jeder Verlobte **beantragen.** Da beide betroffen sind, bedürfen allerdings auch beide der Befreiung. Es handelt sich um eine Adoptionssache iSv § 186 Nr. 4 FamFG. Die örtliche Zuständigkeit des FamG ergibt sich aus § 187 Abs. 3, 4 FamFG. Es entscheidet der Richter (§ 14 Abs. 1 Nr. 16 RPflG), der die Sache von Amts wegen zu ermitteln hat (§ 26 FamFG). Die Befreiung ist unanfechtbar (§ 198 Abs. 3 FamFG). Gegen die Versagung der Befreiung findet die befristete Beschwerde zum OLG statt (§§ 58, 63 Abs. 1 FamFG). 7

## Untertitel 3. Ehefähigkeitszeugnis

## § 1309 Ehefähigkeitszeugnis für Ausländer

**(1) [1]Wer hinsichtlich der Voraussetzungen der Eheschließung vorbehaltlich des Artikels 13 Abs. 2 des Einführungsgesetzes zum Bürgerlichen Gesetzbuche ausländischem Recht unterliegt, soll eine Ehe nicht eingehen, bevor er ein Zeugnis der inneren Behörde seines Heimatstaats darüber beigebracht hat, dass der Eheschließung nach dem Recht dieses Staates kein Ehehindernis entgegensteht. [2]Als Zeugnis der inneren Behörde gilt auch eine**

---

1 AG Bad Hersfeld StAZ 2007, 275 mAnm *Sachse.*

2 Vgl. OLG Naumburg StAZ 2015, 346.

3 OLG Hamburg FamRZ 1970, 27 f.; OLG Frankfurt FamRZ 1984, 582 f., jeweils zu § 4 EheG; Palandt/*Brudermüller* Rn. 3.

4 Vgl. BVerfGE 36, 146 (152) = NJW 1974, 545 noch zu § 4 Abs. 3 S. 2 EheG.

5 BeckOGK/*Kriewald* Rn. 17.

6 Palandt/*Brudermüller* Rn. 3; ferner KG FamRZ 1986, 993 = OLGZ 1986, 286, noch in Bezug auf das frühere Eheverbot der Schwägerschaft.

7 KG FamRZ 1986, 993 = OLGZ 1986, 286.

**Urkunde im Sinne von Artikel 3 Nummer 1 Buchstabe e der Verordnung (EU) 2016/1191 des Europäischen Parlaments und des Rates vom 6. Juli 2016 zur Förderung der Freizügigkeit von Bürgern durch die Vereinfachung der Anforderungen an die Vorlage bestimmter öffentlicher Urkunden innerhalb der Europäischen Union und zur Änderung der Verordnung (EU) Nr. 1024/2012 (ABl. L 200 vom 26.7.2016, S. 1) sowie eine Bescheinigung, die von einer anderen Stelle nach Maßgabe eines mit dem Heimatstaat des Betroffenen geschlossenen Vertrags erteilt ist. [3]Das Zeugnis verliert seine Kraft, wenn die Ehe nicht binnen sechs Monaten seit der Ausstellung geschlossen wird; ist in dem Zeugnis eine kürzere Geltungsdauer angegeben, ist diese maßgebend.**

**(2) [1]Von dem Erfordernis nach Absatz 1 Satz 1 kann der Präsident des Oberlandesgerichts, in dessen Bezirk das Standesamt, bei dem die Eheschließung angemeldet worden ist, seinen Sitz hat, Befreiung erteilen. [2]Die Befreiung soll nur Staatenlosen mit gewöhnlichem Aufenthalt im Ausland und Angehörigen solcher Staaten erteilt werden, deren Behörden keine Ehefähigkeitszeugnisse im Sinne des Absatzes 1 ausstellen. [3]In besonderen Fällen darf sie auch Angehörigen anderer Staaten erteilt werden. [4]Die Befreiung gilt nur für die Dauer von sechs Monaten.**

**Übersicht**



## I. Normzweck

1 Das ausländische Ehefähigkeitszeugnis bzw. die Befreiung von diesem Erfordernis durch den OLG-Präsidenten soll dem Standesbeamten die **Prüfung erleichtern,** ob das nach deutschem Internationalen Eheschließungsrecht maßgebende **Heimatrecht des Ausländers** (Art. 13 Abs. 1 EGBGB) die Eheschließung erlaubt. Es soll zudem eine Ehe verhindern, die den Vorschriften des Heimatrechts des Betroffenen widerspricht und dort nicht anerkannt wird (sog. hinkende Ehe).[1] § 1309 enthält kein Eheverbot, sondern ist eine Vorschrift, welche das die Eheschließung vorbereitende personenstandsrechtliche Verfahren betrifft.[2] Die Norm enthält entgegen dem Wortlaut von Abs. 1 S. 1 („soll nicht") **zwingendes Recht;** es steht nicht im Ermessen des Standesbeamten, von dem Erfordernis des Ehefähigkeitszeugnisses abzusehen. Die Vorschrift ist mit Art. 14 EMRK (Diskriminierungsverbot) vereinbar.[3] Im Übrigen ist das Ehefähigkeitszeugnis nur erforderlich für die Eheschließung, die nach deutschem Recht vor dem **deutschen Standesbeamten** erfolgt; die Norm gilt nicht für Eheschließungen ausländischer Paare vor einer ermächtigten Person iSd Art. 13 Abs. 4 S. 2 EGBGB (→ 7. Aufl. 2018, EGBGB Art. 13 Rn. 136 ff.). Abs. 1 S. 2 wurde ergänzt mWv 1.4.2019 durch Gesetz zur Förderung der Freizügigkeit von EU-Bürgerinnen und -Bürgern ua vom 31.1.2019 (BGBl. 2019 I S. 54).

2 Die Voraussetzungen, unter denen eine **Befreiung** vom Erfordernis des Ehefähigkeitszeugnisses in Betracht kommt, regelt **Abs. 2.**

---

1 Vgl. BGHZ 41, 136 (139) = NJW 1964, 976; BGHZ 46, 87 (92) = NJW 1966, 1811; OLG Hamm NJW 1973, 2158; KG NJW 1961, 2209 (2210); *Barth/Wagenitz* FamRZ 1996, 833 (837); Staudinger/*Mankowski,* 2011, EGBGB Art. 13 Rn. 561 f.; BT-Drs. 13/4898, 15 und Nr. 12.6.1 PStG-VwV.

2 Vgl. BayObLG FamRZ 1997, 817; *Hepting* FamRZ 1998, 713 (718).

3 KG NJW 1961, 2209.

## II. Das Erfordernis des Ehefähigkeitszeugnisses

**1. Betroffener Personenkreis.** Wer hinsichtlich der Voraussetzungen der Eheschließung nach Art. 13 Abs. 1 EGBGB **ausländischem Recht** unterliegt, braucht für die Eingehung der Ehe vor dem deutschen Standesbeamten ein Zeugnis der inneren Behörde seines Heimatstaats darüber, dass der Eheschließung nach dem Recht dieses Staates kein Ehehindernis entgegensteht. Das gilt auch dann, wenn dieses Recht auf das deutsche Recht zurückverweist (Art. 4 Abs. 1 S. 2 EGBGB), weil diese vorrangige kollisionsrechtliche Frage allein nach dem ausländischen Recht zu beantworten ist (→ 7. Aufl. 2018, EGBGB Art. 13 Rn. 99).[4] Der Beibringung des Ehefähigkeitszeugnisses bedarf es – wie der Vorbehalt in Abs. 1 zugunsten des Art. 13 Abs. 2 EGBGB klarstellt – ferner auch in den Fällen, in denen aufgrund des deutschen ordre public das ausländische Recht nicht zur Anwendung gelangt.[5] Hier muss nämlich zunächst der Inhalt des ausländischen Rechts festgestellt sein. Kein Ehefähigkeitszeugnis brauchen nichtdeutsche Verlobte, die im Inland in der Form des Art. 13 Abs. 3 S. 2 EGBGB heiraten wollen. 3

Kein Ehefähigkeitszeugnis bedarf dem Normzweck entsprechend derjenige, der hinsichtlich der Voraussetzungen der Eheschließung deutschem Recht unterliegt. Das sind zunächst deutsche Staatsangehörige und **Deutsche** iSd Art. 116 Abs. 1 GG (vgl. Art. 9 Abs. 2 Nr. 5 FamRÄndG). Das gilt auch dann, wenn sie **gleichzeitig eine ausländische Staatsangehörigkeit** besitzen (Art. 5 Abs. 1 S. 2 EGBGB). 4

Wie das Gesetz klarstellt, benötigen **Ausländer** kein Ehefähigkeitszeugnis, wenn sich ihre Ehefähigkeit ungeachtet ihrer Staatsangehörigkeit nach deutschem Recht bestimmt, weil sie ein **deutsches Personalstatut** haben (→ 7. Aufl. 2018, EGBGB Art. 13 Rn. 98). Das betrifft, sofern sie ihren Wohnsitz oder gewöhnlichen Aufenthalt, hilfsweise ihren Aufenthalt, im Bundesgebiet haben, heimatlose Ausländer iSd HeimatlAuslG vom 25.4.1951 (BGBl. 1951 I 269),[6] Flüchtlinge iSd Genfer Flüchtlingskonvention vom 28.7.1951 (BGBl. 1953 II 559) gemäß Art. 12 GFK (→ 7. Aufl. 2018, EGBGB Anh. II Art. 5 Rn. 18 ff.), verschleppte Personen und Flüchtlinge iSd AHKG Nr. 23 vom 17.3.1950 und Asylberechtigte iSd § 2 Abs. 1 AsylG (→ 7. Aufl. 2018, EGBGB Anh. II Art. 5 Rn. 72 ff.). 5

**Staatenlose** und Personen, deren Staatsangehörigkeit nicht festgestellt werden kann, benötigen kein Ehefähigkeitszeugnis, wenn sie ihren gewöhnlichen Aufenthalt oder mangels eines solchen ihren Aufenthalt im Inland haben (Art. 5 Abs. 2 EGBGB, Art. 12 Abs. 1 StaatenlosenÜ;[7] zu Staatenlosen → 7. Aufl. 2018, EGBGB Art. 5 Rn. 94 ff.; → 7. Aufl. 2018, EGBGB Anh. I Art. 5 Rn. 1 ff.). Andernfalls ist ein Ehefähigkeitszeugnis beizubringen. 6

**2. Heimatstaat.** Heimatstaat ist derjenige Staat, dessen Staatsangehöriger der Verlobte ist. Die jeweilige **Staatsangehörigkeit** und **Identität** ist durch entsprechende Dokumente nachzuweisen.[8] Gehört jemand **mehreren** ausländischen **Staaten** an, so ist für das Ehefähigkeitszeugnis der Staat zuständig, mit dem der Mehrstaatler am engsten verbunden ist; in aller Regel ist das der Staat, in dem er seinen gewöhnlichen Aufenthalt hat (vgl. Art. 5 Abs. 1 S. 1 EGBGB). Erteilt dieser Staat keine Ehefähigkeitszeugnisse, gilt Abs. 2. Als Heimatstaat eines **Staatenlosen** oder Flüchtlings ist der Staat anzusehen, nach dessen Recht sich sein Personalstatut bestimmt, also regelmäßig der Staat, in dem er sich gewöhnlich aufhält. Jede andere Auffassung wäre inkonsequent, nachdem sich Deutschland als Heimatstaat derjenigen Staatenlosen, heimatlosen Ausländer, Asylberechtigten und Flüchtlinge ansieht, die hinsichtlich der Voraussetzungen der Eheschließung deutschem Recht unterliegen, und diesem Personenkreis auch selbst Ehefähigkeitszeugnisse ausstellt (§ 39 Abs. 3 PStG). Der – beibehaltenen – Regelung des Abs. 2 S. 2, wonach die Befreiung Staatenlosen mit gewöhnlichem Aufenthalt im Ausland erteilt werden kann, ist weder zu entnehmen, dass Staatenlose keinen Heimatstaat iSv Abs. 1 haben, noch dass Ehefähigkeitszeugnisse des Staates, in dem sie sich gewöhnlich aufhalten, nicht akzeptiert werden können.[9] 7

---

4 Vgl. BT-Drs. 13/4898, 15; *Barth/Wagenitz* FamRZ 1996, 833 (837); *Hepting* FamRZ 1998, 713 (718); Staudinger/*Löhnig,* 2018, Rn. 43; Staudinger/*Mankowski,* 2011, EGBGB Art. 13 Rn. 568 f.; *Gernhuber/Coester-Waltjen* FamR § 11 Rn. 32; aA Palandt/*Thorn* EGBGB Art. 13 Rn. 29. Zur Weiterverweisung durch das Heimatrecht Staudinger/*Mankowski,* 2011, EGBGB Art. 13 Rn. 571 f.

5 Vgl. *Barth/Wagenitz* FamRZ 1996, 833 (837); Gaaz/Bornhofen/*Gaaz* PStG § 12 Rn. 43, 52, 60.

6 Dazu BT-Drs. 13/4898, 16.

7 Übereinkommen über die Rechtsstellung der Staatenlosen vom 28.9.1954, BGBl. 1976 II 474, BGBl. 1977 II 235.

8 Klarstellend OLG Düsseldorf NJOZ 2018, 132 = FamRZ 2018, 249; VG München BeckRS 2017, 134748.

9 Vgl. *Wagenitz/Bornhofen,* Handbuch des Eheschließungsrechts, 1998, Abschn. 5 Rn. 103, 128; Gaaz/Bornhofen/*Gaaz* PStG § 12 Rn. 44, 54; aA Staudinger/*Mankowski,* 2011, EGBGB Art. 13 Rn. 574, 597.

8 Einige **Staaten,** die ein **Ehefähigkeitszeugnis ausstellen,** und die dafür zuständigen Behörden waren früher in § 166 Abs. 4 Dienstanweisung für Standesbeamte aufgeführt. Dies sind: Bulgarien, Dänemark, Finnland, Griechenland, Großbritannien, Irland, Italien, Japan, Kenia, Kuba, Liechtenstein, Luxemburg, Mosambik, Neuseeland, Niederlande,[10] Norwegen, Österreich, Polen, Portugal, Schweden, Schweiz, Slowakei, Spanien, Tansania, Tschechische Republik, Türkei, Ungarn. Diese Aufstellung, die nicht in die PStG-VwV übernommen wurde, zeigt, dass nur verhältnismäßig wenige Staaten Ehefähigkeitszeugnisse ausstellen. Die Zeugnisse mancher Staaten entsprechen zudem nicht den an sie zu stellenden Mindestanforderungen.

9 **3. Anforderungen an das Ehefähigkeitszeugnis. a) Behörde.** Das Ehefähigkeitszeugnis muss von der **inneren Behörde** des Heimatstaates ausgestellt sein. Das Zeugnis einer anderen Stelle, insbesondere einer diplomatischen oder **konsularischen Vertretung,**[11] genügt grundsätzlich auch dann nicht, wenn nach dem Recht des Heimatstaates die andere Stelle für die Ausstellung ausschließlich zuständig ist. Beachtlich ist jedoch, dass nach **Abs. 1 S. 2** weitere Stellen einer **inneren Behörde gleichgestellt** werden. Das betrifft zum einen Ehefähigkeitszeugnisse bzw. Urkunden iSd Art. 3 Nr. 1 lit. e VO (EU) 2016/1191 (EU-Apostillen-Verordnung), die von den diplomatischen oder konsularischen Vertretern eines **EU-Mitgliedstaates,** die im Hoheitsgebiet irgendeines Staates tätig sind, in ihrer amtlichen Funktion errichtet worden sind. Durch das Gesetz zur Förderung der Freizügigkeit von EU-Bürgerinnen und -Bürgern ua vom 31.1.2019 (BGBl. 2019 I 54) wurde dies nun in Abs. 1 S. 2 mWv 1.4.2019 ausdrücklich klargestellt. Auch ein von solchen Stellen ausgestelltes Ehefähigkeitszeugnis gilt als Zeugnis der inneren Behörde des Heimatstaates des ausländischen Verlobten und kann somit in Deutschland als Ehefähigkeitszeugnis anerkannt werden.[12] Weiterhin verweist Abs. 1 S. 2 auf eine **Bescheinigung,** die von einer anderen Stelle nach Maßgabe eines mit dem Heimatstaat des Betroffenen geschlossenen **Vertrags** erteilt ist. Ein derartiger Staatsvertrag ist das Ehefähigkeitszeugnis-Übereinkommen.[13] Jeder Vertragsstaat (BRD, Italien, Luxemburg, Niederlande, Österreich, Portugal, Schweiz, Spanien, Türkei) benennt die für die Ausstellung der Zeugnisse zuständigen Behörden (Art. 8 Ehefähigkeitszeugnis-Übereinkommen). Ein von der danach zuständigen anderen Behörde (zB einer Auslandsvertretung) ausgestelltes Ehefähigkeitszeugnis steht nach § 1309 Abs. 1 S. 2 dem Zeugnis der inneren Behörde gleich. Ausgestellt wird das Ehefähigkeitszeugnis nach dem vom Übereinkommen vorgesehenen Muster nicht nur Angehörigen des Heimatstaates (Art. 1 Ehefähigkeitszeugnis-Übereinkommen), sondern auch Flüchtlingen und Staatenlosen, deren Personalstatut sich nach dem Recht dieses Staates bestimmt (Art. 2 Ehefähigkeitszeugnis-Übereinkommen).

10 Das ausländische Ehefähigkeitszeugnis braucht nicht mehr mit der früher vorgeschriebenen Bescheinigung des zuständigen deutschen Konsuls darüber versehen zu werden, dass die ausländische Behörde zur Ausstellung befugt ist.[14] Verträge mit Luxemburg,[15] Österreich[16] und der Schweiz[17] enthalten weitere Bestimmungen über eine erleichterte Beschaffung des Ehefähigkeitszeugnisses (vgl. Nr. 39.5.4 PStG-VwV).[18]

11 **b) Inhalt.** Inhaltlich muss sich das Zeugnis auf eine **bestimmte Ehe** und auf alle materiellrechtlichen **Ehevoraussetzungen** beziehen. Aus ihm muss hervorgehen, dass der ausstellenden Behörde kein Ehehindernis bekannt oder dem Betroffenen von einem bestehenden dispensablen Ehehindernis Befreiung erteilt ist. **Beide Verlobten** müssen ihrer Person nach benannt sein, also auch der Verlobte, der nicht dem Staat angehört, der das Ehefähigkeitszeugnis ausstellt, da durch das Zeugnis der Nachweis erbracht werden soll, dass der fremde Staatsangehörige nach den Vorschriften seines Heimatrechts mit einer bestimmten anderen Person die Ehe schließen kann.[19] Haben beide Verlobte die gleiche Staatsangehörigkeit, so genügt ein **gemeinsames Zeugnis.** Verweist das Recht des Heimatstaates auf das deutsche Recht zurück, so genügt die Bejahung dieser Frage. Ein Zeugnis,

---

[10] S. dazu KG FGPrax 2012, 113 = StAZ 2012, 107; FGPrax 2014, 27 = StAZ 2014, 15.

[11] Vgl. AG Kleve BeckRS 2011, 21134 = StAZ 2011, 341: vom Generalkonsulat der Republik Türkei ausgestelltes Ehefähigkeitszeugnis genügt den Anforderungen nicht.

[12] Dazu BT-Drs. 19/4851, 12, 17.

[13] CIEC-Übereinkommen vom 5.9.1980 über die Ausstellung von Ehefähigkeitszeugnissen vom 5.9.1980, BGBl. 1997 II S. 1086; dazu *Gaaz* StAZ 1996, 289 ff.; Denkschrift der BReg., BT-Drs. 13/4339, 15 f. Das Übereinkommen ist am 1.11.1997 für die Bundesrepublik in Kraft getreten, vgl. Bek. vom 25.5.1999, BGBl. 1999 II 486.

[14] Vgl. BT-Drs. 13/4898, 23 f.

[15] Deutsch-luxemburgisches Personenstandsabkommen vom 3.6.1982, BGBl. 1983 II 698.

[16] Deutsch-österreichischer Personenstandsvertrag vom 18.11.1980, BGBl. 1981 II 1050.

[17] Deutsch-schweizerisches Personenstandsabkommen vom 4.11.1985, BGBl. 1988 II 126.

[18] Vgl. auch *Schmitz/Bornhofen* StAZ 2010, 321.

[19] BGHZ 41, 136 (142) = NJW 1964, 976; OLG Köln NJW 1990, 644.

das dem Betroffenen nur allgemein Ehefähigkeit (Ledigkeit) bescheinigt, reicht nicht aus. Die **Geltungsdauer** des Ehefähigkeitszeugnisses beträgt nach Abs. 1 S. 3 sechs Monate, sofern sich nicht aus dem Zeugnis selbst eine kürzere Frist ergibt (Abs. 1 S. 3). Für die Fristberechnung gelten die § 187 Abs. 1, § 188 Abs. 2, 3. Die Frist beginnt mit dem Datum der Ausstellung der Urkunde.

**4. Wirkung.** Das Ehefähigkeitszeugnis ist grundsätzlich von dem Eheschließungswilligen selbst beizubringen. Besteht eine Beibringungspflicht, wird das Zeugnis aber nicht vorgelegt, darf der Standesbeamte die Trauung nicht vornehmen. Andererseits hat aber auch die Vorlage des Zeugnisses nicht zwangsläufig zur Folge, dass der Standesbeamte die Trauung durchführen muss. Das **Ehefähigkeitszeugnis** erweist sich vielmehr nur als gesetzlich vorgeschriebenes Beweismittel;[20] es entfaltet **keine Bindungswirkung** für den Standesbeamten.[21] Das gilt auch für Ehefähigkeitszeugnisse nach dem Ehefähigkeitszeugnis-Übereinkommen (→ Rn. 9). Der Standesbeamte hat sich aber zu vergewissern, ob der Ausstellungsstaat überhaupt der Heimatstaat des Ausländers ist. Dieser hat daher seine Staatsangehörigkeit zu belegen. Darüber hinaus kann der Standesbeamte prüfen, ob ein Ehehindernis vorliegt. Eine Nachprüfungspflicht besteht aber nur, wenn ihm Umstände bekannt werden, die die Richtigkeit des Zeugnisses in Frage stellen, etwa weil Zeugnisse eines bestimmten Heimatstaates als unzuverlässig bekannt sind. Es gibt **keine generelle Nachprüfungspflicht.** Verzögert der Standesbeamte schuldhaft das Verfahren oder gibt er unrichtige Auskunft, kann ein Amtshaftungsanspruch bestehen.[22] Der Standesbeamte hat die Mitwirkung bei der Eheschließung abzulehnen, wenn er der Überzeugung ist, dass die Eheschließung verboten ist.[23] Die Eheschließenden können in einem solchen Falle gemäß § 49 Abs. 1 PStG Antrag auf gerichtliche Entscheidung stellen. In Zweifelsfällen kann auch der Standesbeamte eine Entscheidung des Gerichts herbeiführen (§ 49 Abs. 2 PStG). Der Beschluss des Amtsgerichts (§ 50 PStG) ist für den Standesbeamten bindend. 12

## III. Befreiung (Abs. 2)

**1. Bei Nichtausstellung von Zeugnissen.** Die Regelung in Abs. 2 knüpft an Abs. 1 an, setzt also grundsätzlich den Fall voraus, dass eine Pflicht zur Beibringung eines Ehefähigkeitszeugnisses besteht. Allerdings gibt es zahlreiche Staaten, die keine entsprechenden Zeugnisse ausstellen, zB Marokko oder Ghana.[24] Eine Befreiung von der Beibringung eines Ehefähigkeitszeugnisses wird daher auf Antrag Angehörigen solcher **Staaten** erteilt, **deren Behörden kein Ehefähigkeitszeugnis** iSd Abs. 1 oder kein diesen Anforderungen (→ Rn. 11) genügendes Zeugnis[25] **ausstellen,** sowie Staatenlosen mit gewöhnlichem Aufenthalt im Ausland (Abs. 2 S. 2). Für das Befreiungsverfahren ist das OLG zuständig. Deutsche Oberlandesgerichte haben sich insoweit jährlich mit Tausenden von Befreiungsanträgen zu befassen.[26] Werden diejenigen Angaben des Antragstellers, die gerade die förmliche Befreiung vom Erfordernis der Beibringung eines Ehefähigkeitszeugnisses erst entbehrlich machen, von den zuständigen Behörden angezweifelt (zB die Staatenlosigkeit eines Ausländers mit gewöhnlichem Aufenthalt im Inland), so besteht ebenfalls ein Anspruch auf Befreiung.[27] 13

Die Befreiung steht angesichts der grundrechtlich gewährleisteten Eheschließungsfreiheit **nicht im Ermessen des OLG-Präsidenten.**[28] Dieser hat vielmehr unter allen rechtlichen Aspekten zu prüfen, ob der Betroffene die beabsichtigte Ehe eingehen kann oder ob das maßgebliche ausländische Recht die Eingehung der Ehe verbietet, gleichgültig ob die Nichtbeachtung des Ehehindernisses die Gültigkeit der Ehe beeinträchtigt oder nicht.[29] Insoweit sind die Antragsteller in Bezug auf ihre Ehefähigkeit durch die Vorlage von Urkunden **darlegungs- und beweispflichtig.**[30] Entsprechende Urkunden sollten entsprechend § 1309 Abs. 1 S. 3, Abs. 2 S. 4 grundsätzlich **nicht älter als sechs Monate** sein.[31] Im Einzelfall sind aber auch ältere Urkunden anzuerkennen, wenn im Heimatland 14

---

20 BeckOGK/*Kriewald* Rn. 35.
21 BGHZ 56, 180 (184) = NJW 1971, 1519.
22 LG Ulm NJW-RR 1995, 198; Palandt/*Brudermüller* Rn. 14.
23 BGHZ 46, 87 (92) = NJW 1966, 1811; *Barth/Wagenitz* FamRZ 1996, 833 (838).
24 Zu Ghana OLG Düsseldorf NJOZ 2018, 132 = FamRZ 2018, 249 Ls.
25 Vgl. AG Kleve BeckRS 2011, 21134 = StAZ 2011, 341 für ein vom Generalkonsulat der Republik Türkei ausgestelltes Ehefähigkeitszeugnis.
26 Dazu *Schmitz-Justen* StAZ 2007, 107 ff.
27 Vgl. KG BeckRS 2014, 01905 = InfAuslR 2000, 299 (301).
28 BGHZ 56, 180 (184) = NJW 1971, 1519; OLG Düsseldorf NJOZ 2018, 132 = FamRZ 2018, 249; OLG Frankfurt StAZ 2014, 174; BeckOK BGB/*Hahn* Rn. 24.
29 Vgl. BGHZ 41, 136 (140) = NJW 1964, 976; BGHZ 56, 180 (183) = NJW 1971, 1519; *Hepting* FamRZ 1998, 713 (718).
30 OLG Düsseldorf NJOZ 2018, 132 = FamRZ 2018, 249; OLG Frankfurt StAZ 2014, 174; *Schmitz-Justen* StAZ 2007, 107 (109).
31 OLG Düsseldorf NJOZ 2018, 132 = FamRZ 2018, 249; OLG Frankfurt StAZ 2014, 174.

erhebliche Schwierigkeiten bestehen, alle erforderlichen Nachweise innerhalb von sechs Monaten zu erlangen. Eidesstaatliche Versicherungen der Verlobten, sie seien ledig, reichen grundsätzlich nicht aus.[32] Denkbar ist, entsprechende Versicherungen von anderen Familienangehörigen, zB des Vaters als Familienoberhaupt, zu verlangen.[33] Der OLG-Präsident hat das ausländische Recht dabei nur in dem Umfange heranzuziehen, als ihm das **deutsche IPR** die Anwendung des fremden Rechts vorschreibt, also nur hinsichtlich der **sachlichen Voraussetzungen,** nicht hinsichtlich der Form der Eheschließung (vgl. Art. 13 Abs. 4 S. 1 EGBGB). Liegen nach dem Heimatrecht des Verlobten die materiellen Ehevoraussetzungen vor, steht also der beabsichtigten Ehe weder mangelnde Ehefähigkeit noch ein Eheverbot entgegen, und besteht auch nach deutschem Recht kein Ehehindernis,[34] drängt sich also insbesondere kein Fall einer Scheinehe gemäß § 1310 Abs. 1 S. 3 Nr. 1 iVm § 1314 Abs. 2 Nr. 5 auf (→ Rn. 21), so ist die Befreiung zu erteilen. Insbesondere darf die Befreiung nicht von einer Traubereitschaftserklärung des zuständigen Geistlichen abhängig gemacht werden, wenn das Heimatrecht eines Verlobten die kirchliche Trauung als Voraussetzung für eine gültige Ehe ansieht und eine standesamtliche Eheschließung nicht anerkennt.[35] Insoweit geht es allein um die Form der Eheschließung, die sich gemäß Art. 13 Abs. 4 S. 1 EGBGB ausschließlich nach deutschem Recht richtet (→ 7. Aufl. 2018, EGBGB Art. 13 Rn. 120 ff.).

15 **Verbietet das maßgebende Recht die beabsichtigte Ehe,** so hat der OLG-Präsident weiter zu prüfen, ob die Anwendung des ausländischen Rechts im Einzelfall gemäß Art. 13 Abs. 2 EGBGB – erforderlich ist danach insbesondere, dass der Ausländer die zumutbaren Schritte zur Behebung des Ehehindernisses unternommen, beispielsweise die Anerkennung eines inländischen Scheidungsurteils im Heimatstaat betrieben hat (Art. 13 Abs. 2 Nr. 2 EGBGB)[36] – oder gemäß Art. 6 EGBGB **(ordre public) ausgeschlossen** ist. Letzteres wird meist der Fall sein, wenn das ausländische Recht die Eheschließungsfreiheit (Art. 6 Abs. 1 GG, Art. 13 Abs. 2 Nr. 3 EGBGB) eindeutig verletzt.[37] Ist das der Fall, ist die Befreiung auszusprechen, weil dann insoweit ein vom deutschen Recht anerkanntes Ehehindernis nicht besteht. Solange das ausländische Eheverbot keinen ordre public-Verstoß beinhaltet, ist die Befreiung jedoch zu verweigern. Die Befreiung darf kein Mittel sein, sich über ausländische Ehehindernisse hinwegzusetzen, gleichgültig, ob es sich um ein aufschiebendes oder trennendes Ehehindernis handelt.[38] So steht etwa das **niederländische Ehehindernis der registrierten Partnerschaft,** auch wenn die Partnerschaft zwischen den Verlobten selbst besteht, der Eheschließung in Deutschland entgegen.[39] Ein festgestelltes Ehehindernis darf auch nicht aus besonderen Gründen des Einzelfalls unbeachtet bleiben, zB weil der Ausländer aus seinem Heimatstaat emigriert ist und keine Beziehung mehr zu ihm hat.[40]

16 **2. Bei Ausstellung von Zeugnissen.** Von dem Angehörigen eines **Staates, dessen innere Behörden Ehefähigkeitszeugnisse ausstellen,** ist im Regelfall der urkundliche Nachweis zu verlangen, dass er bei der zuständigen Behörde einen ordnungsgemäßen Antrag gestellt und welchen Bescheid er erhalten hat.[41]

17 In **besonderen Fällen** darf die Befreiung allerdings auch Angehörigen von Staaten erteilt werden, deren innere Behörden Ehefähigkeitszeugnisse ausstellen (Abs. 2 S. 3). Diese Ausnahme bedeutet allerdings nicht, dass ein vom deutschen Recht anerkanntes Ehehindernis aus besonderen Gründen des Einzelfalles unbeachtet bleiben darf. Ein **besonderer Fall** ist anzunehmen, wenn die materiellen Voraussetzungen für die Eheschließung gegeben sind, der ausländische Verlobte aber das Ehefähigkeitszeugnis aus anderen Gründen nicht oder nicht in angemessener Zeit oder nur unter **unzumutbaren Schwierigkeiten** oder Nachteilen zu erlangen vermag, etwa wegen Krieges oder Naturkatastrophen in seinem Heimatland oder weil ihm das Zeugnis aus politischen Gründen, wegen Auslandsaufenthalts, wegen Rückverweisung auf das deutsche Recht, wegen Nichterfüllung der

---

[32] OLG Düsseldorf NJOZ 2018, 132 = FamRZ 2018, 249.
[33] OLG Düsseldorf NJOZ 2018, 132 = FamRZ 2018, 249.
[34] Vgl. KG FamRZ 1976, 353; NJW-RR 2001, 1373 = StAZ 2001, 298 (299 f.) – Scheinehe; OLG Düsseldorf StAZ 1980, 239 (240) – Nichtauflösung einer früheren Ehe.
[35] KG NJW 1961, 2209.
[36] Vgl. OLG Köln NJW 1990, 644 (645); OLG Hamm StAZ 2003, 169 (170); *Schulz* StAZ 1991, 32 (34): akute Todesgefahr begründet Unzumutbarkeit.
[37] Verneint für ein ausländisches Eheverbot der Schwägerschaft in direkter Linie: OLG Stuttgart FamRZ 2000, 821; zum Themenkreis auch *Helms* StAZ 2012, 2 (3).
[38] BGHZ 41, 136 (142 f.) = NJW 1964, 976; BGHZ 56, 180 (184) = NJW 1971, 1519; KG NJW 1969, 987; OLG Hamm StAZ 1977, 101 (102); OLG Düsseldorf StAZ 1980, 239.
[39] KG FGPrax 2012, 113 = StAZ 2012, 107.
[40] Vgl. OLG Hamm FamRZ 1963, 566 = NJW 1963, 1944 Ls.; FamRZ 1974, 457 = OLGZ 1974, 370.
[41] Vgl. KG NJW 1969, 987; zur Antragsbegründung *Schulz* StAZ 1991, 32 (37).

Wehrpflicht,[42] politischer Verfolgung,[43] oder im Hinblick auf ein Ehehindernis verweigert wird, das nach deutschem Recht bzw. deutschen ordre public nicht anzuerkennen ist,[44] oder weil eine Kontaktaufnahme mit den Behörden des Heimatstaats sein Asylverfahren ungünstig beeinflussen könnte oder weil die angerufene **Heimatbehörde untätig** bleibt (12.6.2 PStG-VwV).

Dagegen genügt es nicht, dass die Erlangung des ausländischen Ehefähigkeitszeugnisses **Kosten und Zeit** erfordert, zB weil vorher noch die Anerkennung eines ausländischen Scheidungsurteils beantragt werden muss, oder dass die Eheschließung aus persönlichen Gründen eilbedürftig ist. Die Möglichkeit der Befreiung dient nicht dazu, die nach dem Heimatrecht der ausländischen Verlobten zur Erlangung des Ehefähigkeitszeugnisses normalerweise erforderlichen Formalitäten zu umgehen oder zu ersparen.[45] Denkbar ist eine Befreiung allenfalls bei **lebensgefährlicher Erkrankung,** die keine Zeit mehr zu rechtzeitiger Einholung eines Ehefähigkeitszeugnisses lässt, sofern Ehehindernisse nicht ersichtlich sind und das Unterbleiben der Heirat gewichtige Nachteile zur Folge hätte.[46] Eine Befreiung wird nicht erteilt, wenn ein **Transsexueller** einen Partner seines früheren Geschlechts heiraten möchte, das Heimatland des Transsexuellen Geschlechtsumwandlungen aber nicht anerkennt und eine Heirat gleichgeschlechtlicher Personen ausschließt.[47] Zum Themenkreis Transsexualität und Eheschließung → Vor § 1303 Rn. 11 ff. Eine Befreiung scheidet auch aus, wenn die Verlobten in den Niederlanden bereits eine (verschiedengeschlechtliche) **registrierte Partnerschaft** eingegangen waren.[48] 18

**3. Verfahren. a) Antrag.** Den Antrag auf Befreiung von der Beibringung des Ehefähigkeitszeugnisses hat nach § 12 Abs. 3 PStG das Standesamt aufzunehmen. Dieses hat auch die Entscheidung vorzubereiten. Hierfür haben die Eheschließenden die Nachweise (auch zu Identität, Staatsangehörigkeit und Familienstand) zu erbringen, die für die Prüfung der Zulässigkeit der Ehe nach anzuwendendem ausländischen Recht erforderlich sind, wobei § 9 PStG entsprechend gilt.[49] Können erhebliche Tatsachen weder durch öffentliche noch durch andere Urkunden nachgewiesen werden, zB dass der Antrag auf Erteilung eines Ehefähigkeitszeugnisses von der ausländischen Behörde ohne zureichenden Grund in angemessener Zeit nicht beschieden worden ist, so kann der Standesbeamte zum Nachweis dieser Tatsachen **Versicherungen an Eides statt** der Eheschließenden oder anderer Personen verlangen und abnehmen (§ 9 Abs. 2 S. 2 PStG). Zum Nachweis seiner Staatsangehörigkeit hat der Antragsteller grundsätzlich einen gültigen Pass vorzulegen (§ 8 Abs. 2 PStV).[50] Angesichts einer hohen Fälschungsrate bei ausländischen Urkunden ist eine sorgfältige Prüfung durch die Behörde angezeigt.[51] 19

**b) Entscheidung.** Über den Antrag entscheidet der **Präsident des OLG,** in dessen Bezirk das Standesamt, bei dem die Eheschließung angemeldet worden ist, seinen Sitz hat. Das ist folgerichtig, weil die Befreiung systematisch Teil des Anmeldeverfahrens ist. Letztlich maßgebend ist also in der Regel der **Wohnsitz** oder gewöhnliche Aufenthalt eines der Verlobten (§ 12 Abs. 1 PStG). Der OLG-Präsident hat nicht zu prüfen, ob der Standesbeamte danach seine örtliche Zuständigkeit bejahen durfte.[52] Regelmäßig ist die Legalisation ausländischer öffentlicher Urkunden zu verlangen, ersatzweise eine Überprüfung der Urkunde durch einen Vertrauensanwalt der deutschen Botschaft.[53] Die Einsichtnahme in die Ausländerakte wird häufig geboten sein.[54] Unzumutbare Anforderungen 20

---

42 OLG Köln FamRZ 1969, 335.

43 OLG Oldenburg StAZ 1989, 75; OLG Zweibrücken StAZ 1977, 16 (17); OLG Köln NJW 1990, 644.

44 BGH NJW 1972, 1014; 1977, 1014 (1015); OLG Hamm NJW 1972, 1006 = FamRZ 1972, 140; NJW 1974, 1626 = FamRZ 1974, 457; OLG Celle StAZ 1988, 261; LG Kassel StAZ 1990, 169.

45 Vgl. OLG Karlsruhe FamRZ 1972, 507; OLG Hamm NJW 1972, 1006 = FamRZ 1972, 140.

46 BeckOK BGB/*Hahn* Rn. 18; Palandt/*Brudermüller* Rn. 3.

47 OLG Karlsruhe FamRZ 2003, 1663; *Schmitz-Justen* StAZ 2007, 107 (109); beachte aber auch BVerfG BeckRS 2006, 26880 = FamRZ 2006, 1818.

48 KG FamFR 2013, 576 = StAZ 2014, 15 = FamRZ 2014, 1105.

49 Informativ zu den Erfordernissen die „Kölner Liste online" unter http://www.olg-koeln.nrw.de/aufgaben/justizverwaltung/organisation_verwaltung/dez_7/ausl_ehesachen/index.php (zuletzt abgerufen am 30.11.2018).

50 Vgl. OLG Frankfurt StAZ 1999, 281; KG StAZ 2000, 303; 2004, 9; OLG Hamm StAZ 2007, 177; OLG Rostock BeckRS 2006, 13581 = StAZ 2007, 208; BeckRS 2008, 24162 = FamRZ 2009, 1324.

51 Näher dazu *Schmitz-Justen* StAZ 2007, 107 (110).

52 Vgl. *Kissner* StAZ 2003, 276.

53 Vgl. *Schmitz-Justen* StAZ 2007, 107 (110).

54 Vgl. KG NJW-RR 2001, 1373 = StAZ 2001, 298; OLG-NL 2004, 85 = StAZ 2004, 9; *Kissner* StAZ 2007, 283 (285); *Riedel* StAZ 1989, 241 (244 ff.); *Schulz* StAZ 1991, 32 (39 f.). Gegen Amtsermittlungen OLG Düsseldorf StAZ 1980, 239 m. abl. Anm. *Gottwald.*

dürfen indes nicht gestellt werden.[55] Das gilt auch hinsichtlich der Frage, ob der Ausländer die **behauptete Staatsangehörigkeit** besitzt.[56] Ausreichend ist ein Grad von Gewissheit und nicht nur von Wahrscheinlichkeit, der einen etwaigen verbleibenden Zweifel ausschließt. Die **Feststellungslast** trägt der Antragsteller;[57] diesem ist die Möglichkeit zu geben, vorhandene Bedenken auszuräumen. Demgemäß ist die Befreiung zu versagen, wenn nach Ausschöpfung aller zumutbaren in Betracht kommenden Erkenntnisquellen nicht ausgeräumte Zweifel an Identität oder Personenstand des Ausländers, zB Bestehen einer Vorehe, verbleiben, insbesondere durchgreifende Zweifel daran bestehen, dass der vorgelegte Pass gerade für den Antragsteller als Inhaber ausgestellt worden ist und seine Personalien zutreffend wiedergibt.[58]

21 Der Antrag ist mangels eines rechtlich schutzwürdigen Interesses **abzulehnen,** wenn der Standesbeamte seine Mitwirkung an der Eheschließung verweigern muss, also wenn offenkundig ist, dass die **Ehe** nach § 1314 Abs. 2 **aufhebbar wäre** (§ 1310 Abs. 1 S. 3 Nr. 1; → § 1310 Rn. 16). Praktisch am wichtigsten ist dabei der Aufhebungsgrund des § 1314 Abs. 2 Nr. 5, der Fall der sog. **Scheinehe,**[59] der einen **Missbrauch** des Instituts der Ehe bezweckt. In solchen Fällen fehlt das Rechtsschutzbedürfnis für den Antrag.[60] Von einem Rechtsmissbrauch ist aber nicht schon allein deswegen auszugehen, weil sich die Verlobten noch nicht persönlich begegnet sind bzw. bislang nur über digitale Kommunikationsmedien miteinander Kontakt hatten.[61]

22 Gegen die Erteilung der Befreiung ist ein **Rechtsmittel** nicht gegeben, gegen die Ablehnung oder bei Untätigbleiben kann Antrag auf gerichtliche Entscheidung gemäß §§ 23 ff. EGGVG gestellt werden.[62] Die Befreiung von der Pflicht zur Beibringung des Ehefähigkeitszeugnisses ist **gebührenpflichtig** (§ 1 Abs. 2 Nr. 1 JVKostG). Zur Höhe der Gebühr s. KV 1330 JVKostG (Anlage zu § 4 Abs. 1 JVKostG, Hauptabschnitt 3).

23 **c) Wirkung der Befreiung.** Der Befreiungsbescheid durch den OLG-Präsidenten hat die gleiche Funktion wie das Ehefähigkeitszeugnis bzw. tritt an seine Stelle.[63] Da die Befreiung nur feststellender Natur ist und auf die **materielle Rechtslage ohne Einfluss** bleibt, **bindet** sie den Standesbeamten ebenso wenig wie das ausländische Ehefähigkeitszeugnis selbst (→ Rn. 12). Die Befreiung hat nicht zur Folge, dass ein nach ausländischem Recht begründetes Ehehindernis beseitigt wird,[64] dies ist vielmehr gesondert zu prüfen. Das gilt auch, soweit der OLG-Präsident die Anwendung des ausländischen Rechts nach Art. 13 Abs. 2 EGBGB oder Art. 6 EGBGB (→ Rn. 15) verneint hat. Der Standesbeamte hat daher die Mitwirkung bei der Eheschließung abzulehnen, wenn nach seiner Überzeugung ein Ehehindernis vorliegt und die Ehe verboten ist.[65] Ist eine Entscheidung über die Befreiung durch das zuständige OLG im Verfahren nach §§ 23 ff. EGGVG ergangen, so ist der Standesbeamte daran gebunden, da auch das Verfahren nach §§ 49 ff. PStG bei diesem OLG enden würde. Die Befreiung gilt wie das ausländische Ehefähigkeitszeugnis nur für die Dauer von **sechs Monaten.** Danach muss eine neue Befreiung erwirkt werden.

## IV. Rechtsfolgen bei Verstößen gegen Abs. 1, 2

24 Die Nichtbeachtung von § 1309 beeinträchtigt die **Gültigkeit der Ehe** nicht. Das ergibt sich aus der Formulierung der Norm als Sollvorschrift (vgl. Abs. 1 S. 1: „soll nicht"). Es handelt sich gleichwohl um **zwingendes Recht** (→ Rn. 1). Dem Standesbeamten kommt kein Ermessen zu,

---

[55] Vgl. KG BeckRS 1998, 12378 = StAZ 1999, 112; OLG Rostock BeckRS 2006, 13581 = StAZ 2007, 208; OLG Düsseldorf StAZ 1980, 239; OLG Zweibrücken StAZ 1977, 16; *Riedel* StAZ 1989, 241 (246 f.).

[56] OLG Frankfurt StAZ 1990, 48; OLG Rostock FamRZ 2009, 1324; Palandt/*Brudermüller* Rn. 12.

[57] *Schmitz-Justen* StAZ 2007, 107 (109).

[58] Vgl. OLG Düsseldorf FamRZ 1998, 1107; KG BeckRS 1998, 12378 = StAZ 1999, 112; 1999, 334 (336); 2004, 9; OLG Rostock FamRZ 2009, 1324 betr. gefälschte Dokumente.

[59] Vgl. OLG Naumburg FamRZ 2009, 1324; OLG Dresden StAZ 2001, 35; KG NJW-RR 2001, 1373 = StAZ 2001, 298; 2004, 9; OLG Naumburg StAZ 2003, 112; FamRZ 2002, 1115; 2008, 276; KG StAZ 1996, 84; OLG Hamburg StAZ 1996, 139; OLG Celle StAZ 1996, 366; FamRZ 1998, 1108; OLG Jena StAZ 1998, 177; *Schmitz-Justen* StAZ 2007, 107 (111); aA OLG Düsseldorf FamRZ 1996, 1145; *Weizsäcker* InfAuslR 2003, 300 (306); Gaaz/Bornhofen/*Gaaz* PStG § 12 Rn. 60; Erman/*Roth* Rn. 10.

[60] OLG Naumburg FamRZ 2009, 1324.

[61] KG BeckRS 2012, 25264 = StAZ 2012, 370 = FamRZ 2013, 953 betr. Eheschließung mit Thailänderin.

[62] BGH NJW 1964, 976; 1971, 1519; 1972, 1619; OLG Hamm FamRZ 1974, 93.

[63] BGHZ 46, 87 (93) = NJW 1966, 1811.

[64] OLG Hamm NJW 1969, 373; Palandt/*Brudermüller* Rn. 15.

[65] BGHZ 46, 87 (93) = NJW 1966, 1811; OLG Hamm NJW 1974, 1626 = FamRZ 1974, 457; OLG Braunschweig StAZ 1996, 85; OLG Dresden StAZ 2001, 35; aA *Riedel* StAZ 1989, 241 (248); *Wagenitz/Bornhofen,* Handbuch des Eheschließungsrechts, 1998, Abschn. 5 Rn. 158; Staudinger/*Mankowski,* 2011, EGBGB Art. 13 Rn. 593 für Fallgestaltungen nach Art. 13 Abs. 2 EGBGB.

in Härtefällen (bevorstehende Niederkunft der Braut oder Abschiebung des Ausländers) von der Vorlage eines Ehefähigkeitszeugnisses oder der Befreiung abzusehen. Auf der anderen Seite ist zu berücksichtigen, dass weder das Ehefähigkeitszeugnis noch die Befreiung materiell-rechtliche Wirkungen haben. Trotz Vorlage eines Ehefähigkeitszeugnisses oder der Befreiungsurkunde kann daher die Ehe wegen eines in dem ausländischen Recht begründeten Ehehindernisses fehlerhaft sein.

### V. Aufenthaltsrecht

Das Vorliegen eines Ehefähigkeitszeugnisse oder einer Befreiung davon ist grundsätzlich erforderlich, um im aufenthaltsrechtlichen Sinne vom **unmittelbaren Bevorstehen einer Eheschließung** sprechen zu können. Nach § 60a Abs. 2 S. 1 **AufenthG** ist die Abschiebung eines Ausländers auszusetzen, solange die Abschiebung aus tatsächlichen oder rechtlichen Gründen unmöglich ist und keine Aufenthaltserlaubnis erteilt wird. Als **rechtliches Abschiebungshindernis** wird insoweit iVm Art. 6 Abs. 1 GG und Art. 12 EMRK die Eheschließungsfreiheit gesehen. Eine entspr. Vorwirkung entfaltet Art. 6 Abs. 1 GG aber nur, wenn die geplante Eheschließung unmittelbar bevorsteht.[66] Dazu gehört, dass die Verlobten die Eheschließung beim Standesamt angemeldet und alle erforderlichen Urkunden beschafft haben.[67] Die Entscheidung des Präsidenten des OLG muss also bereits ergangen sein.[68] 25

### VI. Keine Ausnahmeregelung für gleichgeschlechtliche Ehen

Durch das Eheöffnungsgesetz, das zum 1.10.2017 die „Ehe für alle" brachte[69] (→ Vor § 1303 Rn. 11) war vorübergehend ein Abs. 3 an die Norm angefügt worden. Danach sollte Abs. 1 nicht für Personen gelten, die eine gleichgeschlechtliche Ehe eingehen wollen und deren Heimatstaat die Eingehung einer gleichgeschlechtlichen Ehe nicht vorsieht. Damit sollte gewährleistet werden, dass gleichgeschlechtlichen Paaren die Ehe auch dann offen steht, wenn ihr Heimatstaat die gleichgeschlechtliche Ehe nicht kennt.[70] Dann wurde vom Gesetzgeber jedoch erkannt, dass eine solche Regelung keinen praktischen Anwendungsbereich hatte, denn die Pflicht zur Vorlage eines Ehefähigkeitszeugnisses bestehe nach § 1309 Abs. 1 S. 1 nur für Personen, die hinsichtlich der Voraussetzungen der Eheschließung ausländischem Recht unterliegen. Da sich die Eingehung einer gleichgeschlechtlichen Ehe gemäß Art. 17b Abs. 4 EGBGB nach dem Recht des Register führenden Staates richte, sei bei einer Eheschließung von Personen gleichen Geschlechts in Deutschland stets deutsches Recht anzuwenden. Damit sei bereits nach § 1309 Abs. 1 S. 1 kein Ehefähigkeitszeugnis vorzulegen, so dass es einer Ausnahmeregelung nicht bedürfe.[71] Durch das Gesetz zur Umsetzung des Gesetzes zur Einführung des Rechts auf Eheschließung für Personen gleichen Geschlechts vom 18.12.2018 (BGBl. 2018 I 2639) wurde Abs. 3 daher wieder gestrichen[72] (s. auch → LPartG § 20a Rn. 10). 26

### VII. Ehefähigkeitszeugnis für Deutsche bei Heirat im Ausland

Die Ausstellung eines Ehefähigkeitszeugnisses, welches ein Deutscher oder ein Staatenloser, heimatloser Ausländer, Asylberechtigter oder ausländischer Flüchtling mit gewöhnlichem Aufenthalt im Inland zur Eheschließung im Ausland braucht, regelt § 39 PStG (vgl. weiter Art. 1 und 2 Ehefähigkeitszeugnis-Übereinkommen; → Rn. 9). Das Verbot des § 1310 Abs. 1 S. 3, an einer aufhebbaren Ehe mitzuwirken, erfasst auch die Ausstellung des Ehefähigkeitszeugnisses zur Eheschließung im Ausland.[73] 27

## Untertitel 4. Eheschließung

## § 1310 Zuständigkeit des Standesbeamten, Heilung fehlerhafter Ehen

**(1) [1]Die Ehe wird nur dadurch geschlossen, dass die Eheschließenden vor dem Standesbeamten erklären, die Ehe miteinander eingehen zu wollen. [2]Der Standesbeamte darf seine**

[66] VG München BeckRS 2017, 134748; OVG Berlin-Brandenburg AuAS 2017, 101; BeckRS 2018, 3020; OVG Bremen FamRZ 2017, 935.

[67] VG München BeckRS 2017, 134748.

[68] OVG Berlin-Brandenburg AuAS 2017, 101; OVG Bremen FamRZ 2017, 935; OVG Sachsen-Anhalt AuAS 208, 15; VG Frankfurt (Oder) BeckRS 2017, 143649; LG Halle BeckRS 2017, 122049.

[69] Gesetz zur Einführung des Rechts auf Eheschließung für Personen gleichen Geschlechts vom 20.7.2017, BGBl. 2017 I 2787; dazu BT-Drs. 18/6665.

[70] BT-Drs. 18/6665, 9.

[71] So auch schon *Kaiser* FamRZ 2017, 1889 (1891).

[72] Dazu BR-Drs. 243/18, 25.

[73] Vgl. OLG Düsseldorf FGPrax 2008, 103 = FamRZ 2008, 277.

**Mitwirkung an der Eheschließung nicht verweigern, wenn die Voraussetzungen der Eheschließung vorliegen. Der Standesbeamte muss die Mitwirkung verweigern, wenn**
**1. offenkundig ist, dass die Ehe nach § 1314 Abs. 2 aufhebbar wäre, oder**
**2. nach Artikel 13 Absatz 3 des Einführungsgesetzes zum Bürgerlichen Gesetzbuche die beabsichtigte Ehe unwirksam wäre oder die Aufhebung der Ehe in Betracht kommt.**

**(2) Als Standesbeamter gilt auch, wer, ohne Standesbeamter zu sein, das Amt eines Standesbeamten öffentlich ausgeübt und die Ehe in das Eheregister eingetragen hat.**

**(3) Eine Ehe gilt auch dann als geschlossen, wenn die Ehegatten erklärt haben, die Ehe miteinander eingehen zu wollen, und**
**1. der Standesbeamte die Ehe in das Eheregister eingetragen hat,**
**2. der Standesbeamte im Zusammenhang mit der Beurkundung der Geburt eines gemeinsamen Kindes der Ehegatten einen Hinweis auf die Eheschließung in das Geburtenregister eingetragen hat oder**
**3. der Standesbeamte von den Ehegatten eine familienrechtliche Erklärung, die zu ihrer Wirksamkeit eine bestehende Ehe voraussetzt, entgegengenommen hat und den Ehegatten hierüber eine in Rechtsvorschriften vorgesehene Bescheinigung erteilt worden ist**

**und die Ehegatten seitdem zehn Jahre oder bis zum Tode eines der Ehegatten, mindestens jedoch fünf Jahre, als Ehegatten miteinander gelebt haben.**

Übersicht



## I. Einführung

1 **1. Obligatorische Zivilehe.** Die §§ 1310–1312 beinhalten die formellen Eheschließungsvorschriften. Einleitend steht in § 1310 Abs. 1 S. 1 der **Grundsatz der obligatorischen Zivilehe.** Die **Mitwirkung des Standesbeamten** stellt die im Hinblick auf die Bedeutung der Ehe erforderliche Mitwirkung des Staates an der Eheschließung sicher, weist die Verlobten auf die Bedeutung der von ihnen abzugebenden Erklärungen hin und schützt sie vor Übereilung (Warnfunktion). Zudem wird eine Überprüfung ihrer persönlichen Verhältnisse im Hinblick auf etwaige Ehehindernisse ermöglicht und Klarheit über das Zustandekommen einer Ehe geschaffen. Die Ehe wird leicht und zuverlässig feststellbar.[1] Eine **Nottrauung** ohne Mitwirkung eines Standesbeamten kennt das geltende Recht nicht. § 1310 nimmt gegenüber allen anderen Formvorschriften eine Sonderstellung ein. Die ohne Mitwirkung eines Standesbeamten geschlossene Ehe wird als nicht existent **(Nichtehe)** angesehen

[1] Vgl. BVerfGE 29, 166 (176) = BeckRS 1970, 104617; BVerfGE 56, 363 (386) = NJW 1981, 1201; BGHZ 29, 137 (141) = NJW 1959, 717; *Coester* StAZ 1996, 33 ff.

(→ Rn. 26 f.). Die Verletzung anderer wesentlicher Formvorschriften führt dagegen nur zu einer aufhebbaren Ehe (vgl. § 1314 Abs. 1).

**Verfassungsrechtliche Bedenken** gegenüber der obligatorischen Zivilehe **bestehen nicht.** 2
Die Ehe iSd GG ist ein öffentliches Rechtsverhältnis in dem Sinne, dass die Tatsache der Eheschließung für die Allgemeinheit erkennbar ist, die Eheschließung selbst unter amtlicher Mitwirkung erfolgt und der Bestand der Ehe amtlich registriert wird.[2] Insbesondere ist das Grundrecht der Glaubens- und Gewissensfreiheit (Art. 4 Abs. 1 GG) nicht verletzt. Das BGB regelt nur die bürgerlich-rechtliche Ehe (vgl. § 1588). Die Frage, unter welchen Voraussetzungen nach **kirchlichem Recht** eine Ehe vorliegt, ist der selbständigen und eigenverantwortlichen Regelung der Kirche überlassen. Jedermann steht es frei, sich kirchlich trauen zu lassen und allein den kirchlichen Akt als ehebegründend anzusehen.[3] Das gesetzliche Verbot der vorangehenden kirchlichen Trauung (§§ 67, 67a PStG aF) ist zum 1.1.2009 aufgehoben worden, wird aber in der Praxis weiterhin beachtet. Speziell für den Bereich der Minderjährigenehe wurde durch das Gesetz zur Bekämpfung von Kinderehen mit Wirkung zum 22.7.2017 allerdings in § 11 PStG wieder ein (religiöses) Voraustrauungsverbot eingeführt.[4] Sollte ausnahmsweise nur eine kirchliche Trauung erfolgt sein, handelt es sich im (zivil)rechtlichen Sinne um eine Nichtehe.[5]

**2. Rechtsnatur der Eheschließung.** Der Wortlaut von § 1310 Abs. 1 und § 1312 zeigt, dass 3
die Eheschließung nicht durch staatlichen Hoheitsakt erfolgt, sondern durch die von den Eheschließenden vor dem Standesbeamten abgegebenen (vertraglichen) Erklärungen, die Ehe miteinander eingehen zu wollen. Die Eheschließung erweist sich als **Vertrag familienrechtlicher Art.** Die Mitwirkung des Standesbeamten ist zwar unerlässlich, er ist aber nicht Erklärungsempfänger. Der anschließende Ausspruch des Standesbeamten und die Eintragung der Eheschließung in das Eheregister (→ § 1312 Rn. 4) haben nur deklaratorische Bedeutung.

**3. Fälle mit Auslandsbezug.** Die formellen Eheschließungsvoraussetzungen der §§ 1310 f. 4
gelten nur für Eheschließungen im Inland, bei denen zumindest ein Verlobter Deutscher ist. Soll die Ehe im Inland zwischen Verlobten, von denen **keiner Deutscher** ist, geschlossen werden, gilt Art. 13 Abs. 4 S. 2 EGBGB, wonach auch andere ordnungsgemäß ermächtigte Personen in der jeweils vorgeschriebenen Form die Eheschließung vornehmen können (→ 7. Aufl. 2018, EGBGB Art. 13 Rn. 136 ff.).[6]

## II. Erklärung des Eheschließungswillens (Abs. 1 S. 1)

Die Erklärung der Verlobten, die Ehe miteinander eingehen zu wollen, ist das wesentliche 5
Element der Eheschließung.[7] Die **übereinstimmenden Willenserklärungen** erzeugen die rechtliche Bindung (formelles Konsensprinzip). Fehlt es am Konsens der Verlobten, verneint zB der eine Teil die Frage, ob er mit dem anderen die Ehe eingehen wolle, oder erklärt er sich gar nicht, so kommt eine Ehe nicht zustande **(Nichtehe).** Die (empfangsbedürftigen) Erklärungen erfolgen **zwischen den Ehegatten,** nicht gegenüber dem Standesbeamten; diesem kommt nur die Funktion eines notwendigen Zeugen zu.[8] Unerheblich ist seit 1.10.2017 die Geschlechtszugehörigkeit der Verlobten (→ Vor § 1303 Rn. 11).

Die Eheschließenden müssen die **Erklärung persönlich** und bei gleichzeitiger Anwesenheit 6
unbedingt und unbefristet abgeben (§ 1311; s. aber § 1314 Abs. 1 Nr. 2: Mängel bilden nur einen Aufhebungsgrund). Weitere zwingende Vorschriften über die Erklärung des Eheschließungswillens enthält das Gesetz nicht. Die Erklärung kann mündlich (auch in einer Mundart, zB plattdeutsch), schriftlich, aber auch durch schlüssige Handlung (Kopfnicken) abgegeben werden. Letzteres betrifft insbesondere den Fall, dass ein Beteiligter taub, stumm oder sonst am Sprechen verhindert und auch keine schriftliche Verständigung mit ihm möglich ist (§ 3 Abs. 1 PStV). Es gelten die allgemeinen Auslegungsgrundsätze. Auch eine Erklärung, die lediglich auf eine (angeblich) bereits erfolgte Eheschließung hinweist oder diese bestätigt, kann unter Umständen genügen (→ § 1306 Rn. 11).[9]

---

2 BVerfGE 62, 323 (330) = NJW 1983, 511; BVerfG NJW 1993, 3316.

3 Zum Wegfall des Verbots kirchlicher Voraustrauung *Schwab* FamRZ 2008, 1121 ff.; *Schwab* FamRZ 2009, 1 (3); *Schüller* NJW 2008, 2745 ff.; *Heinig* FamRZ 2010, 81; *Koch* StAZ 2010, 129; Entschließung des BR, Beschluss, BR-Drs. 713/08, 30 f.; zuvor schon *Bosch/Hegnauer/Hoyer* FamRZ 1997, 1313; *Renck* NJW 1996, 907.

4 Begr., BT-Drs. 18/12086, 24.

5 S. OVG Berlin NJW 2014, 2665: kein Aufenthaltsrecht; genauso VG Bayreuth BeckRS 2014, 50955.

6 Dazu zB OLG Hamm OLGZ 1986, 135 = FamRZ 1986, 678.

7 BGH BeckRS 2010, 12059 = FamRZ 1983, 450.

8 BeckOK BGB/*Hahn* Rn. 14.

9 Vgl. BGH BeckRS 2010, 12059 = FamRZ 1983, 450.

Versteht ein Beteiligter die **deutsche Sprache** nicht, so hat der Standesbeamte, falls er die fremde Sprache nicht beherrscht, einen Dolmetscher zuzuziehen (§ 2 Abs. 2 PStV). Unterbleibt die Zuziehung eines Dolmetschers, so ist das unschädlich, auch wenn der Standesbeamte oder die Zeugen die Erklärungen der Verlobten nicht verstanden haben, es sei denn, dass auch die Verlobten selbst die einander abgegebenen Erklärungen nicht erfassen.

7 Eine gültige Ehe kommt auch dann zustande, wenn die Erklärungen der Eheschließenden oder eines Verlobten nur **zum Schein** oder aus Scherz abgegeben worden sind. Die §§ 116 ff. sind nicht anwendbar.[10] **Willensmängel** (Irrtum, Täuschung und Drohung) machen die Ehe allenfalls aufhebbar (§ 1314 Abs. 2 Nr. 2–4).

### III. Mitwirkung des Standesbeamten

8 **1. Bestellung des Beamten.** Im Inland (vgl. Art. 13 Abs. 4 S. 1 EGBGB) kommt eine Ehe, sofern nicht der Ausnahmefall des Art. 13 Abs. 4 S. 2 EGBGB vorliegt, nur zustande, wenn sie vor einem Standesbeamten geschlossen wird. **Standesbeamte** sind öffentlich bestellte **Urkundspersonen,** die im Standesamt (§ 2 Abs. 1 PStG) insbesondere die Beurkundungen für Zwecke des Personenstandswesens vornehmen. Zu Standesbeamten dürfen nur nach Ausbildung und Persönlichkeit geeignete Beamte und Angestellte bestellt werden. Bei der Wahrnehmung ihrer Aufgaben als Urkundspersonen sind Standesbeamte nicht an Weisungen gebunden (§ 2 Abs. 2 PStG). Maßgebend ist allein der Bestellungsakt. Ist jemand zum Standesbeamten bestellt, der nicht hätte bestellt werden dürfen oder sollen, zB weil ihm die erforderliche Eignung fehlt, so berührt das die Gültigkeit seiner Amtshandlungen nicht.[11] Der Standesbeamte darf nur in dem **Bezirk** (Sprengel) tätig werden, für den er bestellt ist. Außerhalb seines Bezirkes ist er nicht etwa nur unzuständig, sondern überhaupt kein Standesbeamter.[12]

9 **2. Bereitschaft des Standesbeamten.** Vor einem Standesbeamten ist die Ehe nur geschlossen, wenn er **zur Mitwirkung bereit** ist. Es genügt also nicht, dass bei der Eheschließung ein Standesbeamter körperlich zugegen ist, er muss auch zur Entgegennahme der Erklärungen der Verlobten bereit und in der Lage sein. Dabei kommt es allein auf das **äußere Verhalten** des Standesbeamten an, ein innerer Vorbehalt des keine erkennbar ablehnende Haltung einnehmenden Standesbeamten beeinträchtigt die Gültigkeit der Eheschließung nicht.[13] Wird der Standesbeamte von den Verlobten oder anwesenden Dritten mit Gewalt oder **Drohung** zur Mitwirkung gezwungen, so wird die Ehe nicht vor ihm geschlossen. Die Mitwirkung des Standesbeamten braucht lediglich darin zu bestehen, die Erklärung der Verlobten entgegenzunehmen. § 1312 betreffend die aktive Mitwirkung ist nur eine Sollvorschrift, deren Nichtbeachtung die Gültigkeit der Eheschließung nicht berührt. Es ist auch nicht erforderlich, dass der Standesbeamte die Erklärungen der Verlobten rechtlich zutreffend wertet.[14] Die Abgabe von Eheschließungserklärungen vor einem die Mitwirkung verweigernden Standesbeamten führt zu einer **Nichtehe** (→ Rn. 26).

10 **3. Örtliche Zuständigkeit.** Zuständig für die Eheschließung ist jedes **deutsche Standesamt** (§ 11 PStG). Seit dem 1.1.2009 gibt es keine Festschreibung der Zuständigkeit für die Vornahme der Eheschließung auf ein bestimmtes Standesamt (Wohnsitzstandesamt) mehr. Die Eheschließenden haben unter den deutschen Standesämtern die **freie Wahl.** Als Ort der Eheschließung kommt nicht nur das Standesamt, sondern auch jeder **andere Ort** in Betracht, der dem Standesbeamten eine ordnungsgemäße Vornahme seiner Amtshandlung ermöglicht (§ 14 Abs. 2 PStG). Die Ehegatten können also grundsätzlich auch ungewöhnliche Orte wählen.[15] Von der Frage der örtlichen Zuständigkeit des Standesamtes ist die Zuständigkeit des Standesbeamten zu unterscheiden. Ist ein Standesbeamter außerhalb des Bezirks tätig geworden, für den er bestellt ist, hat er nicht als Standesbeamter gehandelt (→ Rn. 8). Die Eheschließung kann dann allenfalls nach Abs. 2 gültig sein (→ Rn. 14).

11 **4. Anmeldung der Eheschließung.** Die Eheschließenden haben die beabsichtigte Eheschließung mündlich oder schriftlich bei einem Standesamt, in dessen Zuständigkeitsbereich einer der Verlobten seinen Wohnsitz oder gewöhnlichen Aufenthalt hat, anzumelden (§ 12 Abs. 1 S. 1 PStG; dazu § 28 Abs. 1 PStV). Das gilt auch, wenn für die Eheschließung ein anderes Standesamt gewählt wird. Die **Anmeldung** bei einem Wohnsitzstandesamt erschwert einen Missbrauch der Ehe (Scheinehe); zugleich kommt sie (bei Eheschließung an einem vom Wohnsitz der Eheschließenden entfern-

[10] BayObLG FamRZ 1982, 603; OLG Hamm FamRZ 1982, 1073; OLG Hamburg FamRZ 1983, 64.
[11] Palandt/*Brudermüller* Rn. 2.
[12] Gaaz/Bornhofen/*Gaaz* PStG § 11 Rn. 4; *Hepting* FamRZ 1998, 713 (724).
[13] Vgl. RGZ 166, 341 (343) in Bezug auf den Pfarrer.
[14] Vgl. BGH BeckRS 2010, 12059 = FamRZ 1983, 450.
[15] Zu den diesbezüglichen Problemen *Gaaz* StAZ 2009, 357 (360).

ten Ort) auch den Eheschließenden entgegen.[16] Hat keiner der Eheschließenden seinen Wohnsitz oder gewöhnlichen Aufenthalt im Inland, so ist das Standesamt, vor dem die Ehe geschlossen werden soll, für die Entgegennahme der Anmeldung zuständig (§ 12 Abs. 1 S. 2 PStG). Die Eheschließenden haben bei der Anmeldung nach § 12 Abs. 2 PStG Folgendes durch öffentliche Urkunden **nachzuweisen:** ihren Personenstand – s. Begriffsbestimmung § 1 Abs. 1 PStG – (Nr. 1), ihren Wohnsitz oder gewöhnlichen Aufenthalt (Nr. 2), ihre Staatsangehörigkeit (Nr. 3, dazu § 8 PStV) und, wenn sie schon verheiratet waren oder eine Lebenspartnerschaft begründet hatten, die letzte Eheschließung oder Begründung der Lebenspartnerschaft sowie die Auflösung dieser Ehe oder Lebenspartnerschaft (Nr. 4). Ausländer haben ggf. ein Ehefähigkeitszeugnis vorzulegen (§ 1309).

Das Standesamt hat zu **prüfen,** ob der **Eheschließung ein Hindernis** entgegensteht (§ 13 12
Abs. 1 S. 1 PStG). Bestehen konkrete Anhaltspunkte dafür, dass die zu schließende Ehe nach § 1314 Abs. 2 aufhebbar wäre, so können die Eheschließenden einzeln oder gemeinsam befragt werden. Zum Beleg ihrer Angaben kann ihnen die Beibringung geeigneter Nachweise aufgegeben werden (§ 13 Abs. 2 PStG). Soll die Ehe wegen der lebensgefährlichen Erkrankung eines Eheschließenden ohne abschließende Prüfung der Ehevoraussetzungen geschlossen werden, so muss durch ärztliches Zeugnis oder auf andere Weise nachgewiesen werden, dass die Eheschließung nicht aufgeschoben werden kann, sowie glaubhaft gemacht werden, dass kein Ehehindernis besteht (§ 13 Abs. 3 PStG). Wird bei der Prüfung der Ehevoraussetzungen ein Ehehindernis nicht festgestellt, so teilt das Standesamt den Eheschließenden mit, dass die Eheschließung vorgenommen werden kann. Die **Mitteilung** ist für das Standesamt, das die Eheschließung vornimmt, verbindlich (zur Unterrichtung dieses Standesamts s. § 28 Abs. 3 PStV).

Die Eheschließenden sind verpflichtet, **Änderungen** in ihren die Ehevoraussetzungen betref- 13
fenden tatsächlichen Verhältnissen unverzüglich anzuzeigen. Sind seit der Mitteilung mehr als sechs Monate vergangen, ohne dass die Ehe geschlossen wurde, so bedarf die Eheschließung erneut der Anmeldung und der Prüfung der Voraussetzungen für die Eheschließung (§ 13 Abs. 4 PStG). **Vor der Eheschließung** sind die Eheschließenden zu **befragen,** ob sich seit der Anmeldung ihrer Eheschließung **Änderungen** in ihren die Ehevoraussetzungen betreffenden tatsächlichen Verhältnissen ergeben haben (§ 14 Abs. 1 PStG). Ist die Eheschließung durch einen Bevollmächtigten angemeldet worden, hat der Vertretene die bei der Anmeldung abgegebenen Erklärungen persönlich zu bestätigen (§ 29 Abs. 1 PStV). Sind Änderungen eingetreten oder ist dem Standesamt ein sonstiger Anlass dafür bekannt geworden, hat eine erneute Prüfung der Ehevoraussetzungen durch das Anmeldestandesamt zu erfolgen (§ 29 Abs. 2 PStV). Der Standesbeamte, vor dem die Eheschließung stattfindet, hat somit trotz der Verbindlichkeit der Mitteilung (→ Rn. 12) seine Mitwirkung zu verweigern, wenn ihm durch die Befragung der Eheschließenden oder aus anderen Erkenntnisquellen nachträglich ein Ehehindernis oder ein Aufhebungsgrund bekannt wird (§ 1310 Abs. 1 S. 3).[17] Stellt das Standesamt fest, dass die Voraussetzungen für die Eheschließung nicht vorliegen, und lehnt der Standesbeamte daher die Trauung ab, so können die Eheschließenden das Gericht anrufen (§ 49 Abs. 1 PStG).

**5. Scheinstandesbeamter (Abs. 2).** Abs. 2 regelt die Voraussetzungen des Zustandekommens 14
einer wirksamen Ehe bei Eheschließung vor einem Nicht- bzw. Scheinstandesbeamten. Nach Abs. 2 gilt als Standesbeamter auch, wer, ohne Standesbeamter zu sein, das Amt eines Standesbeamten öffentlich ausgeübt und die Ehe in das Eheregister (§§ 3, 15 PStG; bis zum 31.12.2008: Heiratsbuch) eingetragen hat. **Öffentliche Ausübung** bedeutet zunächst, dass der Scheinstandesbeamte nicht insgeheim im Verborgenen tätig geworden sein darf; er muss sich vielmehr wie ein wirklicher Standesbeamter verhalten haben. Das ist insbesondere anzunehmen, wenn er in den Räumen des Standesamts aufgetreten ist. Neben der öffentlichen Amtsausübung verlangt das Gesetz, dass der **Scheinstandesbeamte** die Ehe in das **Eheregister eingetragen** hat. Die Beurkundung in der Niederschrift (§ 14 Abs. 3 PStG) genügt nicht.[18] Die Eintragung muss der Scheinstandesbeamte selbst vornehmen. Es genügt nicht, dass die Ehe vor dem Scheinstandesbeamten geschlossen und alsdann von dem richtigen Standesbeamten eingetragen wird. Jedoch braucht die Eintragung nicht unmittelbar der Eheschließung nachzufolgen. Die Ehe wird erst mit der Eintragung gültig, die hier ausnahmsweise konstitutive Bedeutung hat. Weitere Anforderungen stellt das Gesetz nicht auf. Insbesondere kommt es weder auf den guten Glauben der Verlobten noch auf den des Scheinstandesbeamten an.[19] Praktische Bedeutung kann Abs. 2 allenfalls erlangen, wenn eine noch nicht oder

---

16 Vgl. BT-Drs. 16/1831, 44 f.
17 Vgl. *Bornhofen* StAZ 2007, 33 (38).
18 Vgl. Staudinger/*Löhnig*, 2018, Rn. 49.
19 OLG Celle StAZ 1962, 100.

nicht mehr zum Standesbeamten bestellte Person oder ein Standesbeamter außerhalb seines Bezirks tätig geworden ist.[20]

### IV. Verweigerung der Mitwirkung (Abs. 1 S. 2)

15 **1. Grundsatz der Mitwirkungspflicht.** Gemäß Abs. 1 S. 2 darf der Standesbeamte seine Mitwirkung an der Eheschließung nicht verweigern, wenn die Voraussetzungen der Eheschließung vorliegen. Verfahrensrechtlich korrespondiert damit die Verpflichtung des Standesamts aus § 13 Abs. 4 S. 1 PStG, den Verlobten verbindlich mitzuteilen, dass die Eheschließung vorgenommen werden kann.[21] Der Standesbeamte hat insoweit keinen Ermessensspielraum. Er ist nicht berechtigt, die Schließung einer ihm anstößig erscheinenden Ehe – zB wegen großen Altersunterschiedes der Partner – abzulehnen oder auch nur zu versuchen, die Verlobten von der Eingehung einer solchen Ehe abzuhalten. Die Motive für die Eheschließung und die mit ihr verfolgten Zwecke oder die Erfolgsaussichten der jeweiligen Ehe unterliegen nicht der Prüfung und Bewertung durch den Standesbeamten. Es ist für die Eheschließung ohne Bedeutung, ob ein Verlobter die eheliche Lebensgemeinschaft mit seinem Partner vor allem deshalb anstrebt, um seinen Aufenthalt im Bundesgebiet zu sichern, materiell versorgt zu sein, leichter eine Wohnung, einen Studienplatz oder eine Strafvergünstigung zu erhalten, dessen Namen zu erwerben oder ein erwartetes Kind in einer Ehe aufwachsen zu lassen.[22]

16 **2. Verweigerung der Mitwirkung bei Aufhebbarkeit der Ehe.** Der Standesbeamte **muss** seine **Mitwirkung verweigern,** wenn offenkundig ist, dass die Ehe nach § 1314 Abs. 2 aufhebbar wäre (Abs. 1 S. 3 Nr. 1). Das betrifft in der Praxis vor allem die Fälle von Scheinehen (→ Rn. 17). Durch das Gesetz zur Bekämpfung von Kinderehen vom 17.7.2017 (BGBl. 2017 I 2429) wurde außerdem klargestellt, dass der Standesbeamte seine Mitwirkung bei der Eheschließung von Minderjährigen mit Auslandsbezug verweigern muss, Abs. 1 S. 3 Nr. 2 (→ Rn. 18). Umstände wiederum, die zur Aufhebung einer Ehe nach § 1314 Abs. 1 führen könnten, werden in Abs. 1 zwar nicht ausdrücklich erwähnt, sie verpflichten den Standesbeamten aber ebenfalls dazu, die Eheschließung zu unterlassen und zunächst weitere Nachweise anzufordern. Diesbezügliche Mängel werden bei der Prüfung der Ehevoraussetzungen nach § 13 Abs. 1 PStG meist erkannt werden.

17 **a) Verhinderung von Scheinehen.** Bedeutsam ist im vorstehenden Zusammenhang vor allem der **Aufhebungsgrund des § 1314 Abs. 2 Nr. 5,** also der Fall, dass beiderseitig der **Wille zur Begründung einer ehelichen Lebensgemeinschaft** iSv § 1353 Abs. 1 **fehlt.** Die damit gemeinten sog. Scheinehen betreffen vor allem den Fall, dass ein Teil die Eheschließung dazu missbraucht, ein Aufenthaltsrecht zu erlangen. Scheinehen können aber auch in Form von Namensehen oder Versorgungsehen[23] in Erscheinung treten oder zum Zweck der Ersparnis von Erbschaftsteuer eingegangen werden[24] (zum Begriff der Scheinehe → § 1314 Rn. 33 f.). Jedenfalls muss ein Missbrauch des Instituts Ehe zu bejahen sein.[25] Das wäre idR zu verneinen bei der Eheschließung mit einem Todkranken (→ § 1314 Rn. 37) oder einem Langzeitstrafgefangenen.[26]

18 **b) Verhinderung von Minderjährigenehen.** Ist einer der Eheschließungswilligen noch minderjährig und fehlt somit die Ehemündigkeit, wäre eine dennoch geschlossene Ehe im Fall eines Verlobten unter 16 Jahren gänzlich unwirksam (§ 1303 S. 2), ansonsten nach § 1314 Abs. 1 Nr. 1 aufhebbar. In beiden Fällen muss der Standesbeamte die Eheschließung ablehnen. Durch das Gesetz zur Bekämpfung von Kinderehen vom 17.7.2017 (BGBl. 2017 I 2429) wurde in Abs. 1 S. 3 Nr. 2 explizit ergänzend geregelt, dass der Standesbeamte seine Mitwirkung an der Eheschließung auch dann zu verweigern hat, wenn eine Unwirksamkeit der Ehe oder deren Aufhebung nach Art. 13 Abs. 3 EGBGB in Betracht kommt. Das betrifft die Fälle, in denen die Ehemündigkeit internationalprivatrechtlich nach ausländischem Recht zu beurteilen ist und danach zu bejahen, nach deutschem Recht aber zu verneinen wäre. Insoweit soll vermieden werden, dass der Standesamte zunächst an einer unter Anwendung ausländischen Eherechts gemäß Art. 13 Abs. 1 EGBGB zulässigen Eheschlie-

---

[20] Vgl. auch OLG Oldenburg StAZ 1962, 218 für Bürgermeister als Scheinstandesbeamter.

[21] Sind jedoch seit der Mitteilung an die Verlobten mehr als sechs Monate vergangen, ohne dass die Ehe geschlossen wurde, bedarf es einer erneuten Anmeldung und Prüfung der Voraussetzungen der Eheschließung (§ 13 Abs. 4 S. 3 PStG).

[22] *Wolf* FamRZ 1998, 1477 (1483).

[23] S. zB BSG NZS 2012, 230.

[24] Vgl. OLG Brandenburg BeckRS 2008, 02834 = FamRZ 2008, 1534 (1535).

[25] OLG Brandenburg BeckRS 2008, 02834 = FamRZ 2008, 1534; *Hepting* FamRZ 1998, 713 (722); Palandt/*Brudermüller* Rn. 9; aA *Wolf* FamRZ 1998, 1477 (1478).

[26] *Wolf* FamRZ 1998, 1477; Palandt/*Brudermüller* Rn. 9.

ßung mitwirkt, welche dann aber nach Art. 13 Abs. 3 EGBGB unwirksam oder aufzuheben wäre. Anders als bei § 1310 Abs. 1 S. 3 Nr. 1, wo die Offenkundigkeit der Aufhebbarkeit vorausgesetzt wird, genügt es bei Nr. 2, dass die **Aufhebbarkeit** aus Sicht des Standesbeamten **in Betracht kommt.**[27] Laut Gesetzesbegründung muss der Standesbeamte vor einer Ablehnung der Eheschließung daher nicht sämtliche Aufhebungsvoraussetzungen nach § 1315 Abs. 1 S. 1 Nr. 1 positiv festzustellen.[28] Man kann daraus schließen, dass die Vermutung des Standesbeamten, dass einer der Verlobten noch nicht volljährig ist, für die Ablehnung der Trauung ausreichend ist. Das kann insbesondere relevant werden, wenn die Altersfeststellung bei den Verlobten mit Schwierigkeiten verbunden ist. Die Verweigerung der Mitwirkung durch den Standesbeamten können die Beteiligten gemäß § 49 PStG gerichtlich überprüfen lassen. Insofern obliegt es dann dem Gericht zu bewerten, ob ein Fall der Härteklausel nach § 1315 Abs. 1 S. 1 Nr. 1 lit. b gegeben wäre oder nicht.[29]

**3. Nachforschungspflichten des Standesbeamten.** Nach § 1310 Abs. 1 S. 3 Nr. 1 **muss** der Standesbeamte seine Mitwirkung verweigern, wenn das Vorliegen eines Aufhebungsgrundes **offenkundig ist.** Der Standesbeamte hat in diesem Fall die **Pflicht,**[30] die Trauung abzulehnen. Insoweit besteht **kein Ermessensspielraum.** Ergänzend dazu bestimmt § 13 Abs. 2 PStG: Bestehen konkrete Anhaltspunkte dafür, dass die zu schließende Ehe nach § 1314 Abs. 2 aufhebbar wäre, so kann der Standesbeamte die Eheschließenden in dem hierzu erforderlichen Umfang einzeln oder gemeinsam befragen und ihnen die **Beibringung geeigneter Nachweise** aufgeben; notfalls kann er auch eine eidesstattliche Versicherung über Tatsachen verlangen, die für das Vorliegen oder Nichtvorliegen von Aufhebungsgründen von Bedeutung sind.[31] Eine Vermutung, dass die versicherten Umstände vorliegen bzw. nicht vorliegen, begründet die eidesstattliche Versicherung nicht. Die Vorschrift beschränkt die **Nachforschungspflicht** nicht auf die dort genannten Mittel. Daneben hat der Standesbeamte insbesondere die Möglichkeit, im Wege der Amtshilfe von öffentlichen Stellen Auskünfte einzuholen und Akten anzufordern.[32] § 13 Abs. 2 PStG ist – wie der Zusammenhang mit § 1310 Abs. 1 S. 3 ergibt – keine Ermessensvorschrift, sondern eine Befugnisnorm. 19

Bei Vorliegen eines konkreten **Verdachts** hat der Standesbeamte den Sachverhalt **von Amts wegen aufzuklären** und die ihm hierfür zur Verfügung stehenden Mittel auszuschöpfen. Es ist ihm insoweit verwehrt, die Angelegenheit gemäß § 49 Abs. 2 PStG an das Gericht weiterzureichen.[33] Erst wenn feststeht, dass von einem „offenkundigen“ Vorliegen eines Aufhebungsgrundes nicht die Rede sein kann, insbesondere die anfangs vorhandenen Verdachtsmomente ausgeräumt sind, oder wenn die Aufklärungsmöglichkeiten ausgeschöpft sind, darf er seine Bemühungen einstellen. Im Übrigen verlangt § 13 Abs. 2 PStG **konkrete Anhaltspunkte.** Der Standesbeamte ist daher nicht berechtigt, etwa bei jeder deutsch-ausländischen Ehe, die vor ihm eingegangen werden soll, jeweils vorab zu ermitteln, ob es sich nur um eine sog. Scheinehe handelt.[34] Die Weigerung, an der Eheschließung mitzuwirken, ist wiederum nur berechtigt, wenn zweifelsfrei feststeht, dass eine Scheinehe geplant ist.[35] 20

Die Zulässigkeit von Ermittlungen und Feststellungen über die Absicht, eine sog. Scheinehe einzugehen, begegnet **keinen verfassungsrechtlichen Bedenken.** Sieht das Gesetz eine Ehe als aufhebbar an, wenn beide Ehegatten sich bei der Eheschließung darüber einig waren, keine Verpflichtung gemäß § 1353 Abs. 1 zu begründen, und untersagt es dem Standesbeamten, an der Eingehung einer offenkundig aufhebbaren Ehe mitzuwirken, so ist er bei berechtigtem Anlass zu der Prüfung befugt, ob diese Voraussetzungen vorliegen. Dies darf freilich nur unter Wahrung des Verfassungsgebots geschehen, die Menschenwürde und die Intimsphäre der Betroffenen zu achten. Insbesondere die Befragung hat in einer Weise zu geschehen, die deren Grundrechte aus Art. 1, 2 Abs. 1 GG respektiert.[36] 21

---

27 Krit. gegenüber dieser Formulierung *Rohe* StAZ 2018, 73 (76).

28 BT-Drs. 18/12086, 22; BR-Drs. 275/17, 23 f.

29 BT-Drs. 18/12086, 22; BR-Drs. 275/17, 24.

30 Unklar der Bericht des Rechtsausschusses, BT-Drs. 13/9416, 27 f. Verfahrensrechtlich korrespondiert damit die Verpflichtung des Standesamts aus § 13 Abs. 1 PStG, anhand der gemäß § 12 Abs. 2 PStG bei der Anmeldung der Eheschließung vorzulegenden Urkunden zu prüfen, ob die Voraussetzungen für die Eheschließung vorliegen.

31 Vgl. KG NJW-RR 2001, 1373 = StAZ 2001, 298; OLG Köln FGPrax 2005, 260 = StAZ 2005, 322; näher *Gaaz* StAZ 1998, 241 (243 f.); Gaaz/Bornhofen/*Gaaz* PStG § 13 Rn. 21 ff.

32 Zu den datenschutzrechtlichen Anforderungen für eine Aktenübersendung *Kissner* StAZ 2007, 283 (284 f.).

33 Vgl. *Hepting* FamRZ 1998, 713 (721).

34 Vgl. BVerfGE 76, 1 (61) = NJW 1988, 626.

35 OLG Köln FGPrax 2005, 260 = StAZ 2005, 322; BayObLG FamRZ 1982, 603.

36 Vgl. BVerwGE 98, 298 (306) = NVwZ 1995, 1119; BVerwGE 65, 174 (181) = NJW 1982, 1956.

22 **4. Offenkundigkeit der Aufhebbarkeit der Ehe bei Scheinehen.** Die Mitwirkung an der Eheschließung darf nur verweigert werden, wenn die Aufhebbarkeit der Ehe offenkundig ist. Offenkundig ist nicht iSv § 291 ZPO als allgemeinkundig oder amtskundig zu verstehen.[37] Es ist daher nicht zu verlangen, dass die Umstände, welche die Aufhebbarkeit der beabsichtigten Ehe begründen, insbesondere ihr Charakter als sog. Scheinehe, bekannt sind oder jedermann, insbesondere der Standesbeamte, sich hierüber ohne besondere Sachkunde aus allgemein zugänglichen, zuverlässigen Quellen unschwer überzeugen kann.[38] Dieses Normverständnis würde die Vorschrift von vornherein leerlaufen lassen und auch mit § 13 Abs. 2 PStG unvereinbar sein, der den Standesbeamten auffordert, vorliegenden Verdachtsmomenten nachzugehen und die noch verborgene Wahrheit ans Licht zu fördern. Dem Normzweck entspricht es vielmehr, offenkundig iSv **offensichtlich oder evident** auszulegen. Danach hat der Standesbeamte seine Mitwirkung zu verweigern, wenn nach Erforschung des Sachverhalts (§ 13 Abs. 2 PStG) **vernünftigerweise kein Zweifel** daran bestehen kann, dass die Ehe nach § 1314 Abs. 2 aufhebbar wäre, sich dieses Ergebnis also einem verständigen und erfahrenen Menschen geradezu aufdrängt.[39] Dazu bedarf es des Vorliegens eindeutiger und widerspruchsfreier Umstände; entgegenstehendes übereinstimmendes Vorbringen der Verlobten muss widerlegt sein. **Verbleibende Zweifel** an der Ernsthaftigkeit der beabsichtigten Ehe gehen daher nicht zu Lasten der Eheschließungswilligen.[40] Der Umstand, dass neben der ehelichen Lebensgemeinschaft auch die Aufenthaltserlaubnis angestrebt wird, erlaubt keine Ablehnung der Eheschließung.[41]

23 Der Begriff der Offenkundigkeit stellt somit auf den **Grad der Überzeugung des Standesbeamten** von der Aufhebbarkeit der Ehe ab, nicht auf die Leichtigkeit, mit der man zu diesem Ergebnis gelangt ist.[42] Der Standesbeamte hat seine Nachforschungen nicht auf das zu beschränken, was relativ leicht zugänglich ist. Darüber hinaus ist das Vorliegen eines Aufhebungsgrundes auch dann als offenkundig anzusehen, wenn die Verlobten es **ablehnen,** an der **Aufklärung** (§ 13 Abs. 2 PStG) **mitzuwirken,** zB sich einzeln befragen zu lassen, Nachweise beizubringen oder eine eidesstattliche Versicherung abzugeben, und Ansatzpunkte für weitere Ermittlungen fehlen.[43] Andernfalls blieben die dem Standesbeamten eingeräumten Befugnisse ohne Wert. Die Herbeiführung einer Entscheidung des Gerichts (§ 49 Abs. 2 PStG) bei Zweifeln über Tatfragen (anders bei Rechtsfragen, zB nach dem kollisionsrechtlichen Anwendungsbereich der Vorschrift), ist dem Standesbeamten grundsätzlich verwehrt, weil Zweifel Offenkundigkeit ausschließen.[44]

24 Als **konkrete Anhaltspunkte** für das Vorliegen einer **Scheinehe** kommen vornehmlich in Betracht:[45] Fehlen einer für beide Verlobten verständlichen **Sprache;**[46] ein eklatanter Altersunterschied;[47] Alkohol- oder Drogenabhängigkeit des deutschen Teils; gewöhnlicher Aufenthalt der Verlobten in weit auseinanderliegenden Standesamtsbezirken, insbesondere wenn das Aufenthaltsrecht des ausländischen Verlobten räumlich beschränkt ist; Zusammenleben eines oder beider Verlobter mit einem **anderen Partner;** fehlende Kenntnis der Verlobten von den persönlichen Daten und den Lebensumständen des jeweils anderen Teils; fehlende persönliche Kontakte; widersprüchliche Angaben über die Umstände des persönlichen Kennenlernens oder die persönlichen Kontakte;[48] Zahlung eines **Geldbetrages** für die Eingehung der Ehe; **frühere Scheinehen** eines oder beider

---

37 OLG Düsseldorf FGPrax 2008, 103 = FamRZ 2008, 277.

38 Vgl. etwa BVerfGE 10, 177 (183) = NJW 1960, 31.

39 Vgl. dazu OLG Düsseldorf FGPrax 2008, 103 = FamRZ 2008, 277; KG NJW-RR 2001, 1373 = StAZ 2001, 298; OVG Saarl NVwZ 2006, 718; OLG Naumburg BeckRS 2007, 18476 = FamRZ 2008, 276; OLG Düsseldorf FGPrax 2008, 103 = FamRZ 2008, 277.

40 Vgl. OLG Naumburg FGPrax 2005, 212; OLG Köln FGPrax 2005, 260; LG Braunschweig InfAuslR 2005, 337.

41 BayObLG FamRZ 1982, 603.

42 So aber *Hepting* FamRZ 1998, 713 (721).

43 Vgl. *Wagenitz/Bornhofen,* Handbuch des Eheschließungsrechts, 1998, Abschn. 1 Rn. 131; *Wagenitz* FS Rolland, 1999, 379 (392 f.).

44 Vgl. OLG Düsseldorf NJW 1999, 501 = FamRZ 1999, 225 m. abl. Anm. *Otto* FamRZ 1999, 791 f.; *Gaaz* StAZ 1998, 241 (244); *Otte* JuS 2000, 148 (152 f.); *Muscheler* FamR Rn. 263; vgl. auch OLG Hamm StAZ 2000, 213; OLG Frankfurt StAZ 2001, 270, jeweils zur Einbenennung eines Kindes; aA OLG Jena StAZ 2000, 175 – Vorlagebeschluss vom BGH nicht angenommen – BGH NJW 1993, 3316 = FamRZ 2002, 1327; Palandt/*Brudermüller* Rn. 8.

45 Ausf. *Hartmann,* Scheinehen mit deutschen Staatsangehörigen, 2008, 294 ff.; vgl. auch die Entschließung des Rates der EU über Maßnahmen zur Bekämpfung von Scheinehen vom 4.12.1997, ABl. C 382, 1; inhaltliche Wiedergabe bei *Finger* FuR 1998, 289 (291 f.).

46 KG BeckRS 2012, 25264 = StAZ 2012, 370.

47 KG BeckRS 2012, 25264 = StAZ 2012, 370.

48 ZB OLG Naumburg BeckRS 2007, 18476 = FamRZ 2008, 276.

Verlobten; kürzlich vorausgegangene Anmeldung(en)[49] einer beabsichtigten Ehe mit einem oder verschiedenen anderen Partner(n). **Keinen konkreten Anhaltspunkt** bildet für sich genommen der Umstand, dass der ausländische Verlobte über kein gesichertes Aufenthaltsrecht verfügt oder sich gar illegal im Bundesgebiet aufhält und gegen ihn aufenthaltsbeendende Maßnahmen eingeleitet worden sind.[50] Auch fehlendes Wissen über die Verwandten des anderen Teils und fehlendes Interesse, diese kennenzulernen, brauchen noch nicht dafür zu sprechen, dass die Begründung einer ehelichen Lebensgemeinschaft nicht beabsichtigt ist.[51] Weiterhin müssen sich die Verlobten auch noch nicht persönlich begegnet sein; eine längerfristige Kommunikation über Telemedien kann bereits einen ernsthaften Wunsch zur Eheschließung begründet haben.[52] Stets dürfen die angegebenen Verdachtsmomente nicht isoliert, sondern nur im **Gesamtzusammenhang** betrachtet werden.[53] Die Anhaltspunkte für das Vorliegen eines Aufhebungsgrundes können sich insbesondere aus einem **Gespräch** des Standesbeamten mit den Verlobten bei Anmeldung der beabsichtigten Eheschließung ergeben, ferner beispielsweise aus Mitteilungen Dritter oder Erkenntnissen des Standesbeamten bei Vorbereitung der Entscheidung über die Befreiung von der Beibringung des Ehefähigkeitszeugnisses (§ 12 Abs. 3 PStG).

**5. Rechtsschutz.** Lehnt der Standesbeamte die Mitwirkung ab, so kann jeder Eheschließungswillige gemäß § 49 Abs. 1 PStG das Gericht anrufen. Eine schriftliche Begründung der Ablehnung ist bereits aus diesem Grunde geboten.[54] 25

## V. Fehlerfolgen; Nichtehe

Hat die Eheschließung nicht vor einem zur Mitwirkung bereiten **Standesbeamten** stattgefunden, so kommt keine Ehe zustande, auch wenn sie im Eheregister eingetragen sein sollte. Es handelt sich vielmehr um eine sog. Nichtehe (matrimonium non existens). Das gilt auch dann, wenn eine kirchliche Trauung oder eine andere religiöse Feierlichkeit vorausgegangen oder nachgefolgt ist,[55] und zwar auch im Falle einer lebensgefährlichen Erkrankung eines Eheschließenden (dazu § 13 Abs. 3 PStG). An dem Begriff Nichtehe sollte der Klarheit willen auch nach Abschaffung des Instituts der Ehenichtigkeit festgehalten werden. 26

Die fehlende Mitwirkung eines Standesbeamten bildet nicht den einzigen Fall einer Nichtehe. Eine Ehe kommt auch dann nicht zustande, wenn einer der Verlobten bei der Eheschließung nicht mehr am Leben war, wenn es an einem **gegenseitigen Ehekonsens** gefehlt hat (→ Rn. 5) oder wenn einer der Verlobten bei einer nach dem 21.7.2017 erfolgten Eheschließung unter 16 Jahre alt war (§ 1303 S. 2, Art. 229 § 44 Abs. 1 EGBGB). Bis zum 30.9.2017 war zudem eine Nichtehe gegeben, wenn Personen desselben Geschlechts die Ehe miteinander eingegangen sind (→ 7. Aufl. 2017, Vor § 1303 Rn. 10). 27

Die **Nichtehe** begründet **keinerlei Rechtsbeziehung** zwischen den Beteiligten. Jeder von ihnen kann sich anderweit verheiraten. Eine Aufhebung oder Scheidung einer Nichtehe kommt nicht in Betracht; geschieht dies versehentlich doch einmal, so wird damit weder festgestellt, dass die Ehe vorher bestanden hat, noch kommt dem Ausspruch auf sonstige Weise rechtserzeugende Kraft zu.[56] Auf das Nichtbestehen der Ehe kann sich jedermann, jederzeit und in jeder Form berufen. Eine **Feststellungsklage** (§ 256 ZPO) durch Dritte ist zulässig. Begehrt einer der Beteiligten die Feststellung des Bestehens oder Nichtbestehens einer Ehe, so handelt es sich um eine Ehesache iSd § 121 Nr. 3 FamFG. Antragsgegner ist der jeweilige andere Ehegatte. Eine Entscheidung entfaltet nur Rechtskraft inter partes. Für das Verfahren gelten die §§ 113, 122 ff. FamFG. 28

## VI. Heilung (Abs. 3)

**1. Normzweck. Abs. 3** ermöglicht die statusrechtliche, rückwirkende Heilung solcher Nichtehen, die im Inland nicht vor dem Standesbeamten oder im Ausland vor einer unzuständigen Stelle eingegangen worden sind. Wird im Nachhinein durch eine Amtshandlung des Standesbeamten der **Rechtsschein einer gültigen Eheschließung** erweckt, so wird der gute Glaube der Betroffenen 29

49 VG Saarlouis BeckRS 2010, 54660.
50 Gaaz/Bornhofen/*Gaaz* PStG § 13 Rn. 20; aA noch *Gaaz* StAZ 1998, 241 (242).
51 Anders KG NJW-RR 2001, 1373 = StAZ 2001, 298 (301).
52 KG BeckRS 2012, 25264 = StAZ 2012, 370.
53 OVG Saarl NVwZ 2006, 718; Palandt/*Brudermüller* Rn. 8.
54 Vgl. OLG Düsseldorf NJW 1999, 501 = FamRZ 1999, 225.
55 Vgl. BVerfG NJW 1993, 3316 = FamRZ 1993, 781 für nach Sinti-Art geschlossene Ehe; BGH NJW-RR 2003, 850 = FamRZ 2003, 838. Zur Haftung des Anwalts für Schäden infolge der Scheidung einer Nichtehe vgl. Anm. *Borgmann* FamRZ 2003, 844.
56 BGH NJW-RR 2003, 850 = FamRZ 2003, 838.

nach Ablauf einer bestimmten Frist des Zusammenlebens geschützt. Damit nimmt auch die Heilungsvorschrift den Grundsatz auf, dass in Deutschland eine wirksame Ehe nur unter Mitwirkung des Standesbeamten zustande kommt. Sind die Voraussetzungen des Abs. 3 erfüllt, liegt eine rechtlich voll gültige Ehe vor. Praktisch relevant wird Abs. 3 bei deutsch-ausländischen oder rein ausländischen Ehen, die im Inland **vor einer Trauungsperson** geschlossen wurden, die nach dem jeweiligen Auslandsrecht zur Eheschließung befugt war, ohne dass die Voraussetzungen des Art. 13 Abs. 4 S. 2 EGBGB (→ 7. Aufl. 2018, EGBGB Art. 13 Rn. 136 ff.) vorlagen. Voraussetzung für die Anwendung von Abs. 3 ist dabei, dass für die Form der Eheschließung **deutsches Recht** maßgeblich ist (Art. 11 Abs. 1 EGBGB, Art. 13 Abs. 4 EGBGB, Art. 14 Abs. 1 EGBGB).[57] Demgemäß kommt die Vorschrift bei Auslandsheiraten von Ausländern im Regelfall nicht zum Zuge.

30 **2. Anwendungsvoraussetzungen.** Die Ehe gilt nach Abs. 3 auch dann als geschlossen, wenn **drei Voraussetzungen** gegeben sind. Erstens müssen zwei Personen erklärt haben, die Ehe miteinander eingehen zu wollen. Zweitens muss von dem **Standesbeamten** ein bestimmter, abschließend aufgeführter **Vertrauenstatbestand** gesetzt worden sein, der die irrige Auffassung der Eheschließenden, nach deutschem Recht wirksam verheiratet zu sein, generell als schutzwürdig erscheinen lässt. Und drittens müssen die Ehegatten seitdem über einen längeren Zeitraum als Ehegatten zusammengelebt haben (→ Rn. 33); das bloße mehrjährige Zusammenleben allein genügt nicht. Ohne die **qualifizierte Mitwirkung eines Standesbeamten** kommt eine Heilung nicht in Betracht. Auch aus Art. 6 Abs. 1 GG lässt sich eine allgemeine oder weitergehende vollständige Heilung der gutgläubig gelebten Nichtehe durch Zeitablauf nicht herleiten (→ 7. Aufl. 2018, EGBGB Art. 13 Rn. 164 ff.).[58] Keine zusätzliche Heilungsvoraussetzung ist nach dem Gesetz das Fehlen von Eheverboten.[59] Allerdings kann auch die nach Abs. 3 zustande gekommene Ehe nach § 1314 aufhebbar sein.

31 Was den **Ehekonsens** anbelangt, setzt das Gesetz eine **förmliche Trauungszeremonie** voraus, welche von den Eheschließenden als ehebegründend angesehen werden durfte.[60] Eine reine Privatveranstaltung[61] oder die Vorlage einer Heiratsurkunde eines sog. „Informationsbüros der afghanischen Mojahedin" genügt nicht.[62] Das folgt schon aus den nachfolgend aufgeführten Vertrauenstatbeständen: Der rechtskundige Standesbeamte muss in einer Amtshandlung von einer gültigen Ehe ausgegangen sein.

32 **3. Die Tatbestände von Abs. 3 Nr. 1–3.** Ein **Vertrauenstatbestand** ist zunächst, dass der deutsche[63] Standesbeamte die Ehe – fälschlicherweise – in das **Eheregister** (§ 15 PStG) eingetragen hat **(Abs. 3 Nr. 1).** Einen zweiten Vertrauenstatbestand bildet ein Hinweis des Standesbeamten auf die Eheschließung im **Geburtenregister** (§ 21 Abs. 3 Nr. 2 PStG)[64] im Zusammenhang mit der Beurkundung der Geburt eines gemeinsamen Kindes der (vermeintlichen) Ehegatten **(Abs. 3 Nr. 2).** Der Hinweis auf die Eheschließung wird heute nur noch am unteren Rand des Eintrags im Geburtenregister angebracht (Anlage 4 zu §§ 11, 19, 48, 65 PStV). Schließlich entsteht ein Vertrauenstatbestand, wenn der Standesbeamte von den vermeintlichen Ehegatten eine familienrechtliche Erklärung, die zu ihrer Wirksamkeit eine bestehende Ehe voraussetzt, entgegengenommen hat und ihnen hierüber eine in Rechtsvorschriften vorgesehene **Bescheinigung** erteilt worden ist **(Abs. 3 Nr. 3).** In Betracht kommt insbesondere eine Erklärung über die Bestimmung des Ehenamens (vgl. Art. 10 Abs. 2 EGBGB, § 46 PStV), den Begleitnamen (§ 1355 Abs. 3 S. 2, Abs. 4) oder den Kindesnamen (§ 1617).[65] Die Aufzählung in Abs. 3 Nr. 1–3 ist abschließend.

33 Außerdem müssen die vermeintlichen Ehegatten nach Entstehung des Vertrauenstatbestandes („seitdem") **zehn Jahre** oder bis zum Tod eines Ehegatten, mindestens jedoch fünf Jahre, **als Ehegat-**

[57] Vgl. *Sturm* StAZ 1999, 289 (293 f.); weitergehend *Wagenitz/Bornhofen,* Handbuch des Eheschließungsrechts, 1998, Abschn. 4 Rn. 41, die über Art. 11 Abs. 1 Hs. 2 EGBGB allein an den vom deutschen Standesbeamten gesetzten Vertrauenstatbestand anknüpfen.

[58] Vgl. BGH NJW-RR 2003, 850 = FamRZ 2003, 838 (839 f.); Staudinger/*Voppel,* 2018, Vor § 1313 Rn. 21 f.; aA *Coester* FS Heldrich, 2005, 537 (543 ff.); *Pfeiffer* LMK 2003, 128 (129); Staudinger/*Mankowski,* 2011, EGBGB Art. 13 Rn. 542 ff. Zur Kritik an der geltenden Regelung als nicht weitreichend genug *Hepting* FamRZ 1998, 713 (726).

[59] BeckOGK/*Kriewald* Rn. 72; aA Staudinger/*Löhnig,* 2018, Rn. 79.

[60] Vgl. AG Siegburg BeckRS 2017, 117299 = StAZ 2018, 54 betr. Eheschließung in Afghanistan.

[61] Vgl. BayObLG FamRZ 2000, 699; *Sturm* StAZ 1999, 289 (290 f.); Palandt/*Brudermüller* Rn. 11; aA Staudinger/*Löhnig,* 2018, Rn. 81.

[62] AG Groß-Gerau FamRZ 2017, 1491.

[63] AA *Sturm* StAZ 1999, 289 (294); *Coester* FS Heldrich, 2005, 537 (539 f.).

[64] Bis Ende 2008 Hinweis auf die Eheschließung nach § 33 Abs. 1 PStV 1977 im Geburtenbuch; zum Tatbestand auch *Hepting* FamRZ 1998, 713 (725 f.).

[65] Palandt/*Brudermüller* Rn. 12.

**ten miteinander gelebt** haben (→ § 1315 Rn. 17 ff.). Ein Zusammenleben als Ehegatten setzt voraus, dass das Paar die Eheschließung als ehebegründend angesehen hat (subjektives Element). Unerheblich ist, ob sie den Mangel der Eheschließung erkannt haben oder nicht bzw. ob sie insoweit gutgläubig waren.[66] Die Frist beginnt mit dem Tag, an dem der Standesbeamte die urkundliche Handlung nach § 1310 Abs. 3 Nr. 1–3 vorgenommen hat. Liegen mehrere derartige Handlungen vor, ist auf die früheste abzustellen.[67] Die Lebensgemeinschaft wird dabei durch eine vorübergehende Trennung aus faktischen Gründen (Auslands- oder Krankenhausaufenthalte, Strafvollzug) nicht aufgehoben.[68] Auf den Ort des Zusammenlebens kommt es nicht an. Lehnt der Standesbeamte während des Laufs der Frist eine Eintragung oder die Entgegennahme einer Erklärung mit der Begründung ab, die Ehegatten seien überhaupt nicht verheiratet, so braucht das im Hinblick auf die vorliegende abweichende Auffassung eines anderen Standesbeamten den guten Glauben nicht zu zerstören.[69] Dagegen kommt eine Heilung nicht in Betracht, wenn die Eintragung vor Fristablauf förmlich berichtigt wird.[70]

**4. Übergangsrecht.** Abs. 3 gilt nach der **Übergangsvorschrift** des Art. 226 Abs. 3 EGBGB 34
auch für alle vor dem 1.7.1998 geschlossenen Ehen (→ 5. Aufl. 2010, EGBGB Art. 226 Rn. 1 ff.). Folge ist, dass vor allem manche in den Wirren der Kriegs- und der ersten Nachkriegszeit nicht vor dem Standesbeamten geschlossene Nicht-Ehen als wirksam zu behandeln sind, soweit nicht Sondervorschriften der Kriegs- und Nachkriegszeit (→ 6. Aufl. 2013, Rn. 35) zu einer Legalisierung der Verbindung geführt haben. Das gilt auch dann, wenn die Nichtehe vor dem 1.7.1998 durch den Tod eines Partners beendet worden ist.[71]

**5. Fälle mit Auslandsbezug.** Unabhängig von Abs. 3 kann bei Sachverhalten mit internatio- 35
nalem Bezug – und das ist in vorstehendem Zusammenhang die Regel – ein kollisionsrechtlicher Heilungstatbestand in Betracht kommen, zB Heilung durch Statutenwechsel[72] (→ 7. Aufl. 2018, EGBGB Art. 13 Rn. 17 ff.). Darüber hinaus ist im Falle einer gutgläubig geschlossenen und tatsächlich geführten Nichtehe stets zu prüfen, ob vom Nichtbestehen einer Ehe wirklich uneingeschränkt und in jeder Beziehung auszugehen oder nicht zwischen dem Personenstand als solchem und seinen einzelnen Rechtswirkungen zu unterscheiden ist. Eine Modifikation kann insbesondere angebracht sein, wenn es sich um eine **„hinkende" Ehe**[73] handelt, die dem Heimatrecht eines Teils entspricht. Hier ist zu fragen, ob die maßgebliche deutsche Sachnorm dahin ausgelegt werden kann, dass eine hinkende Ehe ausreicht, um etwa Renten-, Unterhalts- oder Erbansprüche zu begründen.[74] In diesem Sinne hat das BVerfG – allerdings ohne tragfähige Begründung – entschieden, dass Art. 6 Abs. 1 GG – richtig erscheint eine Heranziehung des Grundsatzes des Vertrauensschutzes (Art. 20 Abs. 3 GG) – eine Auslegung des § 1264 RVO (jetzt § 46 SGB VI) dahin gebietet, dass Witwe im Sinne dieser Vorschrift auch die hinterbliebene Frau aus einer „hinkenden" Ehe ist.[75] Näher → 7. Aufl. 2018, EGBGB Art. 13 Rn. 167 f.

## VII. Anwendung auf die Umwandlung einer Lebenspartnerschaft in eine Ehe

Eine Verweisung auf die Norm des § 1310 Abs. 2, 3 war in § 20a LPartG, der die Umwandlung 36
einer Lebenspartnerschaft in eine Ehe regelt und im Zuge des Eheöffnungsgesetz erlassen wurde, zunächst nicht enthalten. Insoweit sprach aber viel dafür, die verbleibenden Lücken mit einer **analogen Anwendung der eherechtlichen Vorschriften** zu schließen,[76] da von einer planwidrigen Unvollständigkeit des Gesetzes auszugehen war.[77] Diese Regelungslücke hat der Gesetzgeber inzwischen

---

66 Erman/*Roth* Rn. 11a; Palandt/*Brudermüller* Rn. 13.

67 AG Mainz FamRZ 2003, 600; Staudinger/*Löhnig,* 2018, Rn. 77; Palandt/*Brudermüller* Rn. 13.

68 Palandt/*Brudermüller* Rn. 13.

69 AA *Sturm* StAZ 1999, 289 (292).

70 Vgl. Staudinger/*Löhnig,* 2018, Rn. 68.

71 Vgl. AG Mainz FamRZ 2003, 600; Staudinger/*Löhnig,* 2018, Rn. 86.

72 Vgl. *Coester* FS Heldrich, 2005, 537 (541 f.).

73 S. zB AG Mainz FamRZ 2003, 600.

74 Vgl. *v. Maydell* FS Bosch, 1976, 645 (648 ff.); *Winkler v. Mohrenfels* RabelsZ 51 (1987), 20 (30); Staudinger/*Mankowski,* 2011, EGBGB Art. 13 Rn. 531 ff.; Erman/*Roth* Rn. 10; *Mäsch* IPRax 2004, 421 (424); abl. hinsichtlich einer entsprechenden Auslegung familienrechtlicher Normen BGH NJW-RR 2003, 850 = FamRZ 2003, 838.

75 BVerfGE 62, 323 = NJW 1983, 511; dazu krit. *Müller-Freienfels* JZ 1983, 230 ff. und Sozialversicherungs-, Familien- und Internationalprivatrecht und das BVerfG, 1984, 14 ff., 97 ff.; *Beitzke* SGb 1983, 238 f.

76 *Erbarth* FamRZ 2018, 1221 (1223); Palandt/*Brudermüller* LPartG § 20a Rn. 1; angedeutet auch von *Schwab* FamRZ 2017, 1284 (1287); aA *Löhnig* NZFam 207, 977 (978), „nicht erforderlich"; *Kaiser* FamRZ 2017, 1985 (1987).

77 *Erbarth* FamRZ 2018, 1221 (1223).

erkannt. Durch das Gesetz zur Umsetzung des Gesetzes zur Einführung des Rechts auf Eheschließung für Personen gleichen Geschlechts vom 18.12.2018 (BGBl. 2018 I 2639)[78] wurde § 20a Abs. 1 LPartG dahin geändert, dass die entsprechende Geltung der Vorschriften über die Eheschließung und Eheaufhebung darin nun ausdrücklich angeordnet wird[79] (→ LPartG § 20a Rn. 4, 16 ff.).

## § 1311 Persönliche Erklärung

**[1]Die Eheschließenden müssen die Erklärungen nach § 1310 Abs. 1 persönlich und bei gleichzeitiger Anwesenheit abgeben. [2]Die Erklärungen können nicht unter einer Bedingung oder Zeitbestimmung abgegeben werden.**

### I. Normzweck

1 § 1311 nennt die zwingenden Vorschriften für die Erklärung des Eheschließungswillens vor dem Standesbeamten. Das Gesetz will Ehen verhindern, die nicht auf einer freien und ernstlichen Willenseinigung der Verlobten beruhen.[1] Ihr Konsens soll über jeden Zweifel erhaben, Bestand und Fortbestand der Ehe sollen gewiss sein.[2]

### II. Persönliche und gleichzeitige Anwesenheit der Eheschließenden

2 **1. Persönliche Anwesenheit.** Das Erfordernis der beiderseitigen persönlichen Anwesenheit schließt eine **Stellvertretung** sowohl im Willen als auch in der Erklärung durch eine Mittelsperson (sog. Handschuhehe[3]) aus.[4] Zugleich ist eine Übermittlung der Erklärung durch Boten, Brief oder Telekommunikationsmittel (zB Videokonferenz) ausgeschlossen. In solchen Fällen hat der Standesbeamte seine Mitwirkung freilich ohnehin zu verweigern, auch wenn dieser Fall in § 1310 Abs. 1 S. 2 Hs. 2 nicht ausdrücklich aufgeführt ist.[5] Geschieht das ausnahmsweise nicht, so ist zwar, sofern ein Konsens der Ehegatten besteht, die Ehe mit dem nicht erschienenen Verlobten wirksam geschlossen; die Ehe ist jedoch aufhebbar (§ 1314 Abs. 1). Von vornherein endgültig unwirksam ist eine Eheschließung mit einer bereits verstorbenen Person (posthume Eheschließung).[6]

3 Im Fall der **verdeckten Stellvertretung** ist der Erschienene der Vertreter eines Ehegatten, dieses wird dem Standesbeamten gegenüber jedoch nicht aufgedeckt. Der Erschienene gibt sich insoweit als der zur Eheschließung angemeldete Heiratswillige aus. Theoretisch ist dies auch auf Seiten beider Verlobter denkbar. Hier kommt eine – nach § 1314 Abs. 1 aufhebbare – Ehe mit dem Vertretenen zustande, sofern der andere Eheschließende dies weiß und ihm klar ist, für wen der ihm Gegenüberstehende handeln will.[7] Ist dem anderen Teil dagegen die Stellvertretung nicht bekannt (zB bei Stellvertretung durch einen Zwillingsbruder oder eine Zwillingsschwester), so kommt eine gültige Ehe zwischen den Erschienenen zustande.[8] Dieser Fall ist wie das Handeln unter fremdem bzw. falschem Namen (→ Rn. 4) zu behandeln.

4 Ein **Handeln unter falschem Namen** berührt die Wirksamkeit der Eheschließung nicht. In diesem Fall will die anwesende Person selbst die Ehe schließen, gibt aber vor, einen anderen Namen zu haben. Hier kommt zwischen den tatsächlich vor dem Standesbeamten Erschienenen eine gültige Ehe zustande. Sofern damit allerdings eine Täuschung über die eigene Identität verbunden ist, kann eine Täuschung eines Verlobten nach § 1314 Abs. 2 Nr. 3 vorliegen, die eine Eheaufhebung rechtfertigt.[9]

5 **2. Gleichzeitige Anwesenheit.** Das Erfordernis der gleichzeitigen Anwesenheit bedeutet, dass der Standesbeamte nicht zu verschiedenen Zeiten bzw. Terminen zunächst die Erklärung des einen und später die des anderen entgegennehmen darf und dass die Verlobten ihren Eheschließungswillen

---

78 Vgl. dazu BR-Drs. 432/18; BT-Drs. 19/4670, 28 ff.

79 BR-Drs. 432/18, 4, 28.

1 Mot. IV 39.

2 BGHZ 29, 137 (141) = NJW 1959, 717.

3 Dazu *Jacobs* StAZ 1992, 5; *Sturm* IPRax 2013, 412; *Spellenberg* FS Schwab, 2005, 1279 ff.; zu Fällen mit Auslandsbezug *Hepting/Dutta,* Familie und Personenstand, 3. Aufl. 2019, Rn. III-395 ff.

4 Rechtsvergleichend *Heiderhoff* StAZ 2014, 193 (195).

5 BeckOGK/*Kriewald* Rn. 23; *Hepting/Dutta,* Familie und Personenstand, 3. Aufl. 2019, Rn. III-191.

6 Zu abweichenden früheren Regelungen in Kriegszeiten BeckOGK/*Kriewald* Rn. 7.

7 Vgl. OLG Karlsruhe StAZ 1994, 286; *Beitzke* FS Dölle, Bd. II, 1963, 244 ff.; *Kremer* StAZ 1990, 367; BeckOK BGB/*Hahn* Rn. 4; Palandt/*Brudermüller* Rn. 5; *Hepting/Dutta,* Familie und Personenstand, 3. Aufl. 2019, Rn. III-192.

8 BeckOGK/*Kriewald* Rn. 15 f.; Palandt/*Brudermüller* Rn. 5; BeckOK BGB/*Hahn* Rn. 4.

9 Vgl. *Beitzke* FS Dölle, Bd. II, 1963, 236 ff. (242); Palandt/*Brudermüller* Rn. 5.

nicht vor verschiedenen Standesbeamten erklären können. Ausnahmen vom Erfordernis der gleichzeitigen Anwesenheit der Verlobten (Ferntrauung) enthielt die heute obsolet gewordene Kriegsgesetzgebung. Bestimmte **Formerfordernisse** ergeben sich aus § 1311 **nicht.** Die Eheschließungserklärungen können (etwa bei Taub- und/oder Stummheit) auch durch Zeichen zum Ausdruck gebracht werden. Weiterhin ist die Hinzuziehung eines Dolmetschers möglich.

### III. Bedingung und Befristung

6 Die Erklärung der Verlobten, die Ehe miteinander eingehen zu wollen, darf nicht unter einer aufschiebenden oder auflösenden Bedingung (vgl. § 158) oder Zeitbestimmung (§ 163) erfolgen. Die Erklärung kann also weder an den Eintritt eines künftigen ungewissen Ereignisses geknüpft werden noch unter Bestimmung eines Anfangs- oder Endtermins abgegeben werden. Das entspricht der Regelung in § 1353 Abs. 1 S. 1: „Die Ehe wird … auf Lebenszeit geschlossen". Der Standesbeamte wird die Entgegennahme einer bedingten oder befristeten Erklärung zwangsläufig ablehnen und seine Mitwirkung an der Eheschließung entsprechend § 1310 Abs. 1 S. 2 Hs. 2 verweigern.[10] Dann kommt eine Ehe überhaupt nicht zustande (Nichtehe). Geschieht das ausnahmsweise nicht, so ist die geschlossene Ehe aufhebbar. § 1314 Abs. 1 sanktioniert nach seinem eindeutigen Wortlaut nicht nur Verstöße gegen § 1311 S. 1, sondern auch gegen § 1311 S. 2.[11]

7 Das Gesagte bezieht sich aber nur auf **ausdrücklich** gegenüber dem Standesbeamten **geäußerte** Bedingungen und Befristungen, die Inhalt der Eheschließungserklärung geworden sind. Dagegen ist eine bloß von den Verlobten **untereinander vereinbarte,** aber nicht vor dem Standesbeamten offenbarte **Bedingung,** Zeitbestimmung oder andere Einschränkung des Ehewillens ohne Einfluss auf den Bestand der Ehe.[12] Eine solche Vereinbarung ist – da mit dem Wesen der Ehe unvereinbar – ausnahmslos nichtig und entfaltet keinerlei Rechtswirkungen unter den Eheleuten. Auch eine bloße Mentalreservation ist unbeachtlich. Unstatthaft ist es, die von den Verlobten bei der Trauungsverhandlung abgegebenen vorbehaltlosen Erklärungen im Hinblick auf anderweit bekanntgewordene Umstände, zB Erklärungen gegenüber Dritten, im Wege der Auslegung als bedingt oder befristet anzusehen.

## § 1312 Trauung

**[1]Der Standesbeamte soll bei der Eheschließung die Eheschließenden einzeln befragen, ob sie die Ehe miteinander eingehen wollen, und, nachdem die Eheschließenden diese Frage bejaht haben, aussprechen, dass sie nunmehr kraft Gesetzes rechtmäßig verbundene Eheleute sind. [2]Die Eheschließung kann in Gegenwart von einem oder zwei Zeugen erfolgen, sofern die Eheschließenden dies wünschen.**

### I. Erklärung des Eheschließungswillens

1 § 1312 enthält die **nicht zwingenden Formvorschriften** für die Eheschließung, die der Standesbeamte zu beachten hat, deren Verletzung jedoch ohne Einfluss auf den Bestand der Ehe ist. Die **Eheschließung** soll in einer der Bedeutung der Ehe entsprechenden würdigen Form, die dem Standesbeamten eine ordnungsgemäße Vornahme seiner Amtshandlung ermöglicht, vorgenommen werden (§ 14 Abs. 2 PStG). Ihr Kern ist die vom Standesbeamten an die Verlobten jeweils einzeln bzw. nacheinander gerichtete **Frage,** ob sie die **Ehe miteinander eingehen wollen,** und die Bejahung dieser Frage durch die Verlobten (→ § 1310 Rn. 5 f.). Eine bestimmte Reihenfolge ist nicht vorgeschrieben. Haben die Verlobten die an sie gerichtete Frage bejaht, so spricht der Standesbeamte aus, dass sie nunmehr kraft Gesetzes rechtmäßig verbundene Eheleute sind. Der **Ausspruch** hat lediglich deklaratorische Bedeutung. Stirbt ein Ehegatte vor dem Ausspruch, so ist die Ehe gültig. Im Übrigen bleibt darauf hinzuweisen, dass der Standesbeamte die Eheschließenden vor der Eheschließung zu befragen hat, ob sich seit der Anmeldung ihrer Eheschließung (§ 12 PStG) Änderungen in ihren die Ehevoraussetzungen betreffenden tatsächlichen Verhältnissen ergeben haben und ob sie einen Ehenamen (§ 1355) bestimmen wollen (§ 14 Abs. 1 PStG).

2 Die Eheschließung kann auf Wunsch der Eheschließenden in Gegenwart von einem oder zwei **Zeugen** stattfinden.[1] Dies mag die Feierlichkeit der Trauung unterstreichen.[2] Da die Anwesenheit

---

[10] *Hepting/Dutta,* Familie und Personenstand, 3. Aufl. 2019, Rn. III-158 f.

[11] BeckOGK/*Kriewald* Rn. 27; Staudinger/*Löhnig,* 2018, Rn. 20; aA *Gernhuber/Coester-Waltjen* FamR § 11 Rn. 50; *Gernhuber/Coester-Waltjen* FamR § 14 Rn. 55.

[12] Vgl. RG Recht 1920 Nr. 3396; BayObLG FamRZ 1982, 603; OLG Hamm FamRZ 1982, 1073; *Spellenberg* StAZ 1987, 33 (39 f.).

[1] Zu den Gründen für die Abschaffung der früheren Sollvorschrift des § 14 Abs. 1 EheG vgl. BT-Drs. 13/4898, 30.

[2] BT-Drs. 13/4898, 34.

von Zeugen weder erforderlich ist noch irgendwelche Rechtsfolgen für die Ehegatten oder die Zeugen selbst hat, können heutzutage auch Minderjährige oder Geschäftsunfähige als Zeugen mitwirken.[3]

3 **Ort** der Eheschließung ist regelmäßig das Dienstgebäude des Standesbeamten oder ein von der Gemeinde außerhalb des Standesamts eingerichtetes besonderes Trauzimmer. **Zeitlich** wird die Eheschließung in den meisten Fällen während der Dienststunden des Standesbeamten stattfinden. Auf Wunsch der Verlobten kann der Standesbeamte die Eheschließung jedoch auch an jedem anderen Ort seines Amtsbezirks, an dem eine Eheschließung in würdiger Form möglich ist, und zu jeder beliebigen Stunde (zB an einem Samstag) vornehmen.[4] Ein Anspruch auf eine Trauung außerhalb des Standesamts oder außerhalb der regulären Dienststunden des Standesbeamten besteht beim Vorliegen besonderer Gründe (zB Krankheit, Inhaftierung).

### II. Eintragung in das Eheregister

4 Die Erklärungen der Eheschließenden, die Ehe miteinander eingehen zu wollen, sind von dem Standesbeamten im Anschluss an die Eheschließung in einer **Niederschrift** zu beurkunden (§ 14 Abs. 3 PStG). Diese ist nach dem Muster der Anlage 10 zu § 29 PStV zu fertigen (§ 29 Abs. 3 PStV). Die Niederschrift muss alle im Eheregister zu beurkundenden Angaben enthalten; sie ist von den Ehegatten, den Zeugen und dem Standesbeamten zu unterschreiben. Im (inzwischen elektronisch geführten) Eheregister werden im Anschluss an die Eheschließung beurkundet: 1. Tag und Ort der Eheschließung; 2. die Vornamen und die Familiennamen der Ehegatten, Ort und Tag ihrer Geburt sowie auf Wunsch eines Ehegatten seine rechtliche Zugehörigkeit zu einer Religionsgemeinschaft, die Körperschaft des öffentlichen Rechts ist; 3. die nach der Eheschließung geführten Familiennamen der Ehegatten (§ 15 Abs. 1 PStG). Bis zur Beurkundung der Eheschließung im Eheregister können Eheurkunden auch aus der Niederschrift über die Eheschließung ausgestellt werden (§ 55 Abs. 1 Nr. 2 PStG). Das **Eheregister** ist an die Stelle des früheren Heiratsbuchs getreten. Um eine überflüssige Doppelregelung zu vermeiden, ist § 1312 Abs. 2 aF durch Art. 2 Abs. 16 Nr. 4 PStRG vom 19.2.2007 (BGBl. 2007 I 122) aufgehoben worden.

### III. Rechtsfolgen

5 Eine Verletzung der Ordnungsvorschriften des § 1312 oder der registerrechtlichen Vorschriften berührt die Gültigkeit der Ehe nicht. Zur Bedeutung der Eintragung der Ehe in das Eheregister bei der Eheschließung vor einem Scheinstandesbeamten → § 1310 Rn. 14.

## Titel 3. Aufhebung der Ehe

### § 1313 Aufhebung durch richterliche Entscheidung

**[1]Eine Ehe kann nur durch richterliche Entscheidung auf Antrag aufgehoben werden. [2]Die Ehe ist mit der Rechtskraft der Entscheidung aufgelöst. [3]Die Voraussetzungen, unter denen die Aufhebung begehrt werden kann, ergeben sich aus den folgenden Vorschriften.**

**Übersicht**



### I. Allgemeines

1 Die Auflösung einer Ehe durch Eheaufhebung betrifft nur ca. 0,05 % aller Eheauflösungen. Die Zahlen sind seit Jahren rückläufig. Während im Jahr 2003 noch 299 Ehen aufgehoben wurden, waren es im Jahr 2015 nur noch 169 Ehen.[1] Die Auflösung der Ehe erfolgt in allen genannten Fällen

[3] Zutr. BeckOGK/*Kriewald* Rn. 12.
[4] Vgl. *Gebel/Richert* StAZ 1994, 250 ff.
[1] Vgl. Stat. Bundesamt, Statistisches Jahrbuch 2017, 59.

mit **Wirkung für die Zukunft** (ex nunc). Die durch die Eheschließung begründete und in der Regel auch verwirklichte Lebensgemeinschaft der Ehegatten soll nicht rückwirkend beseitigt und damit in ihrer Existenz ignoriert, sondern nur für die Zukunft aufgelöst werden. Das Institut der **Ehenichtigkeit** im Sinne einer rückwirkenden Vernichtbarkeit der Ehe gibt es nicht mehr. Die frühere Zweispurigkeit „Nichtigkeit der Ehe" (§§ 16 ff. EheG) und „Aufhebung der Ehe" (§§ 28 ff. EheG) ist seit 1998 entfallen. Unwirksame Ehen wiederum (etwa iSv § 1303 S. 2, ggf. iVm Art. 13 Abs. 3 EGBGB) sind von Anfang an unwirksam bzw. nichtexistent, sodass es keiner Aufhebung bedarf.

Scheidung und Aufhebung ergehen im Wege einer **richterlichen Entscheidung.** Seit Inkrafttreten des FamFG ist dies ein Beschluss (vgl. § 38 Abs. 1 S. 1 FamFG, § 116 Abs. 1 FamFG). Von der **Scheidung** unterscheidet sich die **Aufhebung** vor allem durch die Gründe. Die Scheidung setzt das (spätere) Scheitern der Ehe (§ 1565) voraus, die Aufhebung hingegen stützt sich auf einen Mangel beim Zustandekommen der Ehe, mögen sich auch im Einzelfall beide Gesichtspunkte überschneiden. Die Aufhebung dient zum einen der Wahrung der allgemeinen, durch das Sittengesetz geprägten Ordnung der Ehe und damit öffentlichen Interessen, zum anderen schützt sie die Willensfreiheit des einzelnen Ehegatten bei der Eheschließung. 2

## II. Aufhebungsvoraussetzungen

**1. Aufhebungsantrag eines Antragsberechtigten.** Die Aufhebung setzt einen **Antrag** beim FamG voraus (§ 124 S. 1 FamFG). Es handelt sich um eine Ehesache iSv § 121 Nr. 2 FamFG. Die örtliche Zuständigkeit des Gerichts beurteilt sich nach § 122 FamFG. Den Antrag kann nur ein Antragsberechtigter stellen (§ 1316). Auch ein in der Geschäftsfähigkeit beschränkter Ehegatte ist verfahrensfähig (§ 125 Abs. 1 FamFG). Für Geschäftsunfähige wird das Verfahren durch den gesetzlichen Vertreter geführt (§ 125 Abs. 2 S. 1 FamFG). Der Tod eines Ehegatten führt dazu, dass das Verfahren als in der Hauptsache erledigt gilt (§ 131 FamFG). Der Aufhebungsantrag muss zudem unter Wahrung der **Antragsfrist** des § 1317 gestellt werden. 3

**2. Aufhebungsgrund.** Die gerichtliche Aufhebung der Ehe setzt das Vorliegen eines Aufhebungsgrundes voraus. Die Aufhebungsgründe sind in §§ 1314, 1320 **erschöpfend aufgezählt.** Den Aufhebungsgrund des Irrtums über eine persönliche Eigenschaft des anderen Ehegatten (s. noch § 32 EheG; → 5. Aufl. 2010, Rn. 4) gibt es schon lange nicht mehr. Relevanz können entsprechende Umstände allein dann entfalten, wenn zugleich eine arglistige Täuschung iSv § 1314 Abs. 2 Nr. 3 zu bejahen ist. Ein Rückgriff auf die allgemeinen Vorschriften des bürgerlichen Rechts über Rechtsgeschäfte ist ausgeschlossen. Die Möglichkeit der Aufhebung tritt an die Stelle einer Nichtigkeit wegen eines Verstoßes gegen ein gesetzliches Verbot (§ 134) oder die guten Sitten (§ 138) oder einer Anfechtung der Erklärung über die Eingehung der Ehe wegen eines Willensmangels (§§ 116 ff.). Ebenso ausgeschlossen ist eine entsprechende Anwendung der §§ 1313 ff. auf in §§ 1314, 1320 nicht genannte Mängel beim Zustandekommen der Ehe oder auf Fälle der Nichtehe (→ § 1310 Rn. 5). Insoweit kann nur die Feststellung des Nichtbestehens der Ehe zwischen den Beteiligten beantragt werden (§ 121 Nr. 3 FamFG).[2] Dass sich die Folgen des Fehlens einer Ehevoraussetzung mit der Aufhebung besser lösen lassen als mit der Annahme einer Nichtehe, genügt nicht.[3] Die Darlegungs- und Beweislast für das Vorliegen eines Aufhebungsgrundes trägt der Antragsteller.[4] 4

**3. Kein Ausschluss der Aufhebung.** Die Aufhebung ist ausgeschlossen, wenn die Ehe inzwischen bestätigt worden ist, vgl. Fälle des § 1315 Abs. 1 (→ § 1315 Rn. 2 ff.). Weitere Heilungstatbestände ergeben sich aus § 1315 Abs. 2 (→ § 1315 Rn. 17). Ist die Aufhebung danach nicht mehr möglich, kann die Ehe zu Lebzeiten der Ehegatten nur noch durch Scheidung aufgelöst werden. 5

## III. Das Aufhebungsverfahren

Das Verfahren ist in den **§§ 121 ff. FamFG** geregelt. Das Verfahren wird durch Einreichung einer Antragsschrift anhängig (§ 124 S. 1 FamFG). Ein Verhandlungs- und Entscheidungsverbund mit Folgesachen (§ 137 FamFG) findet nicht statt. Wird auf Aufhebung der Ehe erkannt, ist über die Folgesachen gesondert zu entscheiden.[5] Die Aufhebung erfolgt in allen Fällen der Aufhebbarkeit 6

---

[2] Zum Feststellungsinteresse OLG München StAZ 2013, 143.

[3] AA OLG Rostock FamRZ 2005, 900 für die Eheschließung eines Transsexuellen, insbes. wenn dessen Zugehörigkeit zum anderen Geschlecht schon vorab gemäß § 9 TSG festgestellt war.

[4] OLG Nürnberg FamRZ 2011, 1508.

[5] BGH NJW 1982, 2386; NJW-RR 1989, 72 = FamRZ 1989, 153; OLG Hamm FamRZ 1981, 61; OLG Stuttgart FamRZ 1981, 579; OLG Zweibrücken FamRZ 1982, 373; Staudinger/*Voppel,* 2018, Vor § 1313 Rn. 38.

durch **Beschluss** (§ 116 Abs. 1 FamFG). Eine durch Tod oder Scheidung bereits aufgelöste Ehe kann nicht mehr aufgehoben werden (§ 1317 Abs. 3). Der Aufhebungsbeschluss löst die Ehe mit Eintritt der Rechtskraft mit Wirkung für und gegen alle für die Zukunft auf und hat somit rechtsgestaltende Wirkung. Für die Rechtsfolgen gilt § 1318. Eine abweisende Entscheidung wirkt hingegen nur inter partes, also nicht gegen andere Antragsberechtigte. Für die Kosten gilt § 132 FamFG. Das Rechtsmittel gegen die Endentscheidung ist die Beschwerde (§§ 58 ff. FamFG).

7 Stehen dem Ehegatten **mehrere Aufhebungsgründe** zur Seite, so muss er wählen, auf welchen Grund er den Antrag stützen will. Er kann seinen Aufhebungsantrag auch auf mehrere Gründe stützen und dabei die Reihenfolge bestimmen, in welcher das Gericht über sie befinden soll. Mehrere Aufhebungsgründe können indes nicht nebeneinander in selbstständigen Verfahren geltend gemacht werden. Möglich ist aber, dass der Ehegatte nach Abweisung eines ersten Aufhebungsantrags später aus einem anderen Grund erneut die Aufhebung beantragt, sofern die Antragsfrist noch nicht verstrichen ist.

8 Zum **Verhältnis von Scheidung und Aufhebung** enthält § 126 FamFG eine Regelung. Mit dem Aufhebungsantrag kann – auch hilfsweise oder im Wege des Widerantrags – ein Antrag auf Scheidung der Ehe verbunden werden und umgekehrt (vgl. § 126 Abs. 1 FamFG). Maßgeblich ist, was der Antragsteller (vorrangig) **beantragt.**[6] Hier besteht ein Wahlrecht. Wird in demselben Verfahren Aufhebung und Scheidung der Ehe beantragt, ohne dass insoweit eine Rangfolge bestimmt wird, und sind beide Anträge begründet, so hat kraft Gesetzes das Aufhebungsbegehren Vorrang (§ 126 Abs. 3 FamFG).[7] Das gilt unabhängig davon, ob beide Begehren von einer Partei geltend gemacht worden sind oder der eine Ehegatte die Scheidung und der andere die Aufhebung beantragt hat, also auch bei entsprechenden Wideranträgen.[8] Eine Abweisung des anderen Antrags kommt nicht in Betracht. Der Ehegatte kann bis zum Schluss der mündlichen Verhandlung die Rangfolge verbundener Verfahren auf Aufhebung und Scheidung der Ehe ändern oder von dem einen zu dem anderen Begehren übergehen (§ 113 Abs. 4 Nr. 2 FamFG).[9] Bis zur letzten mündlichen Verhandlung in der zweiten Instanz kann noch ein Scheidungsantrag gestellt werden, auch wenn bisher in erster Instanz nur ein Aufhebungsantrag geltend gemacht wurde.[10] Erst wenn über den Scheidungsantrag zu entscheiden ist, kann ein Scheidungsverbund mit Folgesachen eintreten.[11]

### IV. Die Wirkungen der aufhebbaren Ehe für die Zeit ihres Bestehens

9 Die aufhebbare Ehe hat bis zur rechtskräftigen Aufhebung für beide Ehegatten **alle Wirkungen einer gültigen Ehe.** Auch der doppelt verheiratete Ehegatte lebt in zwei von der Rechtsordnung anerkannten Ehen mit allen sich daraus ergebenden Folgen (Unterhaltsrecht, Güterrecht, Erbrecht, Ehenamen etc). Der aufhebungsberechtigte Ehegatte kann jedoch insoweit die Herstellung der ehelichen Lebensgemeinschaft verweigern, als er dadurch sein Aufhebungsrecht (durch Bestätigung) verlieren könnte (vgl. § 1315 Abs. 1, Abs. 2 Nr. 2). Der doppelt Verheiratete ist nicht zur ehelichen Lebensgemeinschaft mit dem zweiten Gatten verpflichtet, wenn er mit dem ersten Gatten zusammenlebt oder zusammenleben will. Die Pflichten aus der gültigen ersten Ehe haben den Vorrang vor denen aus der mit einem dauernden Mangel behafteten zweiten Ehe.[12]

10 Ist der aufhebungsberechtigte Ehegatte nach Stellung des Aufhebungsantrags **gestorben,** ohne dass es vor seinem Tode zur Aufhebung der Ehe gekommen ist, so ist – falls der Antrag begründet gewesen wäre – das gesetzliche **Erbrecht** des überlebenden Ehegatten sowie das Recht auf den Voraus und den Pflichtteil ausgeschlossen (§ 1933 S. 2). Eine letztwillige Verfügung zugunsten des Ehegatten und ein Erbvertrag, in dem der Ehegatte oder seitens der Ehegatten ein Dritter bedacht wurde, sind im Zweifel unwirksam (vgl. § 2077 Abs. 1 S. 3 und Abs. 3, § 2268, § 2279). Voraussetzung ist immer, dass der Erblasser den Aufhebungsantrag vor seinem Tode gestellt hatte. Andernfalls kann die Aufhebbarkeit der Ehe, ohne dass ein Aufhebungsurteil ergangen ist, auch in erbrechtlicher Hinsicht nicht geltend gemacht werden. Im Übrigen kann das gesetzliche Erbrecht nach § 1318 Abs. 5 ausgeschlossen sein.

11 Hängt die Entscheidung eines anderen gerichtlichen Verfahrens davon ab, ob eine Ehe, deren Aufhebung beantragt wurde, aufhebbar ist, so hat das Gericht auf Antrag (§ 152 ZPO) oder

---

6 Vgl. BGH NJW-RR 1989, 72 = FamRZ 1989, 153; OLG Braunschweig FamRZ 2017, 910 = FamRB 2017, 166.

7 Vgl. BGHZ 133, 227 (229) = NJW 1996, 2727; OLG Braunschweig FamRZ 2017, 910 = FamRB 2017, 166.

8 OLG Braunschweig FamRZ 2017, 910 = FamRB 2017, 166.

9 Vgl. BGH NJW-RR 1989, 72 = FamRZ 1989, 153.

10 OLG Köln NJW-RR 1999, 1595; Palandt/*Brudermüller* Rn. 4.

11 OLG Brandenburg BeckRS 2008, 09470.

12 OLG Tübingen NJW 1950, 389 (390).

fakultativ von Amts wegen (§ 148 ZPO; § 21 FamFG) das Verfahren bis zur Erledigung des Aufhebungsverfahrens **auszusetzen.** Eine inzidente Entscheidung über die Aufhebbarkeit ist nicht zulässig.[13] Vor Anhängigkeit des Aufhebungsantrags kommt eine Aussetzung nicht in Betracht. Die Ehe ist als gültig zu behandeln.

Auch nach Aufhebung kommen der Ehe für den Zeitraum ihres Bestehens alle Wirkungen 12
einer Ehe zu. Der Aufhebungsberechtigte kann nicht im Wege des Schadensersatzes aus unerlaubter Handlung (§ 826) verlangen, so gestellt zu werden, als habe die Ehe nicht bestanden oder als wäre sie zu einem früheren Zeitpunkt aufgelöst worden, und damit die Belastungen durch die vermögensrechtlichen Wirkungen der Ehe (zB Unterhalt) beseitigen.[14] Das hat auch für den getäuschten oder bedrohten Ehegatten zu gelten.

### V. Übergangsrecht

**Art. 226 EGBGB** enthält für vor dem Inkrafttreten des Eheschließungsrechtsgesetzes 13
geschlossene Ehen **zwei Übergangsvorschriften** (→ 5. Aufl. 2010, EGBGB Art. 226 Rn. 1 ff.): Eine **vor dem 1.7.1998 geschlossene Ehe** kann nur dann aufgrund des geltenden Rechts aufgehoben werden, wenn sie auch nach dem bis zum 1.7.1998 geltenden Recht hätte aufgehoben oder für nichtig erklärt werden können (Abs. 1). Eine bis dato nicht (mehr) vernichtbare oder aufhebbare Ehe sollte nicht nach neuem Recht aufgehoben werden können. Näher → 7. Aufl. 2017, Rn. 13.

## § 1314 Aufhebungsgründe

**(1) Eine Ehe kann aufgehoben werden, wenn sie**
**1. entgegen § 1303 Satz 1 mit einem Minderjährigen geschlossen worden ist, der im Zeitpunkt der Eheschließung das 16. Lebensjahr vollendet hatte, oder**
**2. entgegen den §§ 1304, 1306, 1307, 1311 geschlossen worden ist.**

**(2) Eine Ehe kann ferner aufgehoben werden, wenn**
**1. ein Ehegatte sich bei der Eheschließung im Zustand der Bewusstlosigkeit oder vorübergehender Störung der Geistestätigkeit befand;**
**2. ein Ehegatte bei der Eheschließung nicht gewusst hat, dass es sich um eine Eheschließung handelt;**
**3. ein Ehegatte zur Eingehung der Ehe durch arglistige Täuschung über solche Umstände bestimmt worden ist, die ihn bei Kenntnis der Sachlage und bei richtiger Würdigung des Wesens der Ehe von der Eingehung der Ehe abgehalten hätten; dies gilt nicht, wenn die Täuschung Vermögensverhältnisse betrifft oder von einem Dritten ohne Wissen des anderen Ehegatten verübt worden ist;**
**4. ein Ehegatte zur Eingehung der Ehe widerrechtlich durch Drohung bestimmt worden ist;**
**5. beide Ehegatten sich bei der Eheschließung darüber einig waren, dass sie keine Verpflichtung gemäß § 1353 Abs. 1 begründen wollen.**

**Übersicht**



[13] Vgl. nur BeckOK BGB/*Hahn* Rn. 1.
[14] Vgl. BGHZ 48, 82 = NJW 1967, 2008.

## I. Allgemeines

1 § 1314 nennt die Gründe, aus denen die Aufhebung der Ehe begehrt werden kann. Die Aufzählung ist, abgesehen von dem in § 1320 enthaltenen Aufhebungsgrund, abschließend (§ 1313 S. 3). Eine analoge Anwendung auf andere Fälle – zB wegen unterbliebenen Zusammenlebens der Ehegatten[1] – ist ausgeschlossen.[2] Die Aufhebungsgründe des Abs. 1 sanktionieren die Verletzung der angeführten Vorschriften über die Eingehung der Ehe (Ehefähigkeit, Eheverbote, Eheschließungsform). Die Gründe des Abs. 2 dienen einerseits der Wahrung der Willensfreiheit der Eheschließenden, andererseits der Beseitigung missbräuchlich zum Schein eingegangener Ehen.[3] Abs. 1 wurde mit Wirkung zum 22.7.2017 neugefasst durch das Gesetz zur Bekämpfung von Kinderehen vom 17.7.2017 (BGBl. 2017 I 2429).[4]

2 In Bezug auf den **Anwendungsbereich** der Norm war zunächst unklar, ob § 1314 Abs. 1 Nr. 2 entsprechend anzuwenden ist, wenn es nicht um Mängel einer Eheschließung, sondern um Mängel bei der **Umwandlung einer Lebenspartnerschaft** (§ 20a LPartG) in eine Ehe geht.[5] Die analoge Anwendung erschien indes vorzugswürdig gegenüber der Anwendung von Normen des BGB AT, die ggf. zur Nichtigkeit der Umwandlung(serklärungen) führen würden. Durch das Gesetz zur Umsetzung des Gesetzes zur Einführung des Rechts auf Eheschließung für Personen gleichen Geschlechts vom 18.12.2018 (BGBl. 2018 I 2639)[6] hat sich das Problem erledigt. Im geänderten § 20a Abs. 1 LPartG wird die entsprechende Geltung der Vorschriften über die Eheschließung und Eheaufhebung nun ausdrücklich angeordnet[7] (→ LPartG § 20a Rn. 4, 16 ff.).

## II. Aufhebungsgründe des Abs. 1

3 **1. Aufhebung der Minderjährigenehe (Abs. 1 Nr. 1).** Nach Abs. 1 Nr. 1 **kann** eine Ehe aufgehoben werden, wenn sie entgegen § 1303 S. 1 (Ehemündigkeit) geschlossen wurde. Das gilt allerdings nur, wenn kein Fall von Bestätigung gegeben ist (§ 1315 Abs. 1 Nr. 1 lit. a) und kein Härtefall vorliegt (§ 1315 Abs. 1 Nr. 1 lit. b), der die Aufhebung ausschließt.

4 Infolge der Abschaffung der Minderjährigenehe und der diesbezüglichen Befreiungsmöglichkeit ist eine Ehe grundsätzlich aufhebbar, wenn einer oder beide Ehegatten **bei Eheschließung 16 oder 17 Jahre** alt war(en). Ohne weiteres gilt dies für Ehen, die nach Inkrafttreten der Neuregelung, also seit dem 22.7.2017, geschlossen worden sind. Für davor geschlossene Ehen gilt die Einschränkung, dass die Aufhebung ausgeschlossen ist, wenn bei Eheschließung eine gerichtliche Befreiung nach § 1303 Abs. 2–4 aF vorlag (**Art. 229 § 44 Abs. 2 EGBGB;** näher → 7. Aufl. 2018, EGBGB Art. 229 § 44 Rn. 1 ff.). Nach früherem Recht gesetzeskonform geschlossene Ehen bleiben also unberührt. Bis zum 22.7.2017 laufende Befreiungsverfahren iSv § 1303 Abs. 2 aF waren nicht mehr fortzuführen, sondern kraft Gesetzes erledigt (Art. 229 § 44 Abs. 3 EGBGB). Auch eine vorliegende Befreiung berechtigt(e) den Standesbeamten nach dem 22.7.2017 nicht mehr dazu, die Trauung vorzunehmen.[8]

5 Die Verweisung in **Art. 13 Abs. 3 Nr. 2 EGBGB** auf § 1303 bewirkt, dass auch Ehen, die nach **ausländischem Recht** wirksam geschlossen wurden, nach § 1314 Abs. 1 Nr. 1 aufgehoben werden können. Ob nach einschlägigem ausländischem Recht Ehemündigkeit gegeben war oder nicht, ist dabei irrelevant.[9] Der Verstoß gegen § 1303 S. 1 genügt, um einen Aufhebungsgrund zu liefern. Etwaige nach ausländischem Recht vorgesehene Aufhebungsmöglichkeiten wegen der Unterschreitung des Ehemündigkeitsalters werden damit verdrängt. Aufhebungsmöglichkeiten des

---

[1] OLG Brandenburg BeckRS 2008, 02834 = FamRZ 2008, 1534.
[2] Johannsen/Henrich/*Henrich* Rn. 13.
[3] Vgl. BT-Drs. 13/4898, 19; BT-Drs. 13/9416, 28.
[4] BT-Drs. 18/12086.
[5] Bejahend *Erbarth* FamRZ 2018, 1221 (1224); *Löhnig* NZFam 2017, 977 (978); Palandt/*Brudermüller* LPartG § 20a Rn. 1; offengelassen von *Schwab* FamRZ 2017, 1284 (1287); aA *Kaiser* FamRZ 2017, 1985 (1987).
[6] BR-Drs. 432/18.
[7] BR-Drs. 432/18, 28.
[8] BT-Drs. 18/12086, 24; BR-Drs. 275/17, 27.
[9] BT-Drs. 18/12086, 23; BR-Drs. 275/17, 16.

ausländischen Rechts aus anderen Gründen bleiben hingegen unberührt. Folglich kommt § 1314 Abs. 1 unabhängig davon zur Anwendung, ob die Ehe nach deutschem oder ausländischem Recht geschlossen wurde. Es gelten dieselben Maßstäbe.[10] Der **Antrag** kann von den Ehegatten oder der Behörde gestellt werden (→ § 1316 Rn. 15 f.). Zum Ausschluss der Aufhebung einer Minderjährigenehe im Härtefall → § 1315 Rn. 3.

Unklar ist, welcher Ermessensspielraum dem Gericht bei der Entscheidung über die Aufhebung der Minderjährigenehe verbleibt. Zwar muss die Behörde den Antrag stellen (vgl. § 1316 Abs. 3 S. 2; → § 1316 Rn. 15 ff.). Gleichwohl spricht § 1314 Abs. 1 auch in Bezug auf die Fälle des § 1303 S. 1 unverändert davon, dass die Ehe aufgehoben werden **„kann"**. Den Gesetzesmaterialien zum Gesetz zur Bekämpfung von Kinderehen ist allerdings zu entnehmen, dass die Aufhebung eindeutig der Regelfall sein soll bzw. die Nichtaufhebung nur im besonderen Härtefall in Betracht kommen kann.[11] Die Beurteilung des Härtefalls verlangt indes, dass die Umstände im Einzelfall und die Schutzwürdigkeit der konkreten Ehe genau betrachtet werden.[12] Insbesondere sind die Schutzwirkungen von Art. 6 Abs. 1 GG zu beachten, welche (zum Entscheidungszeitpunkt) für den Bestandsschutz einer Ehe sprechen können[13] (→ § 1315 Rn. 4). Insoweit wird zu Recht eine verfassungskonforme Auslegung der Ermessensnorm gefordert.[14] Die Annahme, dass dem Gericht keinerlei Ermessen verbleibe, kann daher nicht überzeugen.[15] Nicht zuletzt muss auch überprüft werden, ob dem Kindeswohl durch die Aufhebung der Ehe nicht ausnahmsweise mehr geschadet wird als durch den Fortbestand der Ehe. 6

**2. Aufhebung bei Verstoß gegen §§ 1304, 1306, 1307, 1311 (Abs. 1 Nr. 2).** Nach Abs. 1 Nr. 2 kann eine Ehe aufgehoben werden, wenn sie entgegen § 1304 (Geschäftsfähigkeit), § 1306 (bestehende Ehe oder Lebenspartnerschaft), § 1307 (Verwandtschaft) oder § 1311 (Erklärung des Ehekonsenses) geschlossen worden ist. Die **bigamische,** unter **Verstoß gegen § 1306** zustande gekommene Ehe ist – vorbehaltlich der Sonderregelung in § 1315 Abs. 2 Nr. 1 – unheilbar. Die Aufhebung ist nur in dem Sonderfall ausgeschlossen, dass die zweite Ehe nach Ausspruch der Scheidung bzw. Aufhebung der ersten Ehe geschlossen wurde und danach die Rechtskraft dieses Ausspruches eintritt. Eine Heilung der zweiten Ehe durch ihre Fortsetzung scheidet aus.[16] Hier bleibt nach Auflösung der ersten Ehe allein die Möglichkeit der erneuten Eheschließung. Einen Gutglaubensschutz der Ehegatten im Hinblick auf die Nichtigkeit oder wirksame Auflösung der Erstehe (durch Scheidung, Aufhebung oder Tod) gibt es nicht.[17] Die Anerkennung einer ausländischen Scheidung wirkt jedoch auf den Zeitpunkt der betreffenden Entscheidung zurück und kann demgemäß den Tatbestand der Doppelehe beseitigen.[18] Geht ein Ehegatte, nachdem der andere Ehegatte für **tot erklärt** worden ist, eine neue Ehe ein, so kann, wenn der für tot erklärte Ehegatte noch lebt, die neue Ehe nur dann wegen Verstoßes gegen **§ 1306 (Verbot der Doppelehe)** aufgehoben werden, wenn beide Ehegatten bei der Eheschließung wussten, dass der für tot erklärte Ehegatte im Zeitpunkt der Todeserklärung noch lebte (§ 1319 Abs. 1). 7

Bei einer entgegen **§ 1307** geschlossenen Ehe entfällt die Aufhebbarkeit rückwirkend, wenn die rechtliche **Verwandtschaft** nach der Eheschließung im Wege der Vaterschaftsanfechtung (§ 1599 Abs. 1) beseitigt worden ist und damit nachträglich (wegen der ex tunc-Wirkung) feststeht, dass von Anfang an keine Verwandtschaft iSv § 1307 bestand. Von diesem Fall abgesehen gibt es keine Heilungsmöglichkeit. Eine Verletzung der Vorschriften des **§ 1308 (Adoptivverwandtschaft)** berührt die Gültigkeit der Ehe wegen § 1766 (Ehe bricht Adoption) nicht; daher wird dieser Fall in Abs. 1 nicht genannt. 8

Bei einer Verletzung der Vorschriften über die Mitwirkung des Standesbeamten sowie bei fehlendem Ehekonsens **(§ 1310 Abs. 1)** kommt eine Ehe von vornherein nicht zustande (sog. Nichtehe). Bei Verstoß gegen **§ 1311** (unzulässige Vertretung eines Ehegatten; fehlende Gleichzeitigkeit der Erklärungen; Erklärung gegenüber dem Standesbeamten unter Bedingung oder Zeitbestimmung) ist die Aufhebung der Ehe unter den Voraussetzungen des § 1315 Abs. 2 Nr. 2 ausgeschlossen. Ein Verstoß gegen die Sollvorschrift des § 1312 bleibt folgenlos und begründet keine Aufhebungsmöglichkeit. 9

---

10 BR-Drs. 275/17, 16.
11 Vgl. erfolglosen Vorstoß des BR, BT-Drs. 18/12377, 11.
12 AG Frankenthal NZFam 2018, 331; *Gausing/Wittebol* DÖV 2018, 41 (47).
13 *Gausing/Wittebol* DÖV 2018, 41 (50).
14 *Gausing/Wittebol* DÖV 2018, 41 (50); auch *Löhnig* FamRZ 2018, 749 (750).
15 So aber BeckOK BGB/*Hahn,* 1.8.2018, § 1314 Rn. 1; eher restriktiv auch *Löhnig* FamRZ 2018, 749 (750); BeckOGK/*Kriewald* § 1315 Rn. 11.1.
16 BGH NJW 1964, 1853 = FamRZ 1964, 418; NJW 1962, 1152 = FamRZ 1962, 299.
17 Palandt/*Brudermüller* Rn. 4.
18 BGH BeckRS 1961, 31392760 = FamRZ 1961, 427; NJW 1976, 1590 = FamRZ 1976, 336.

### III. Aufhebungsgründe des Abs. 2

10 **1. Vorübergehende Störung der Geistestätigkeit (Abs. 2 Nr. 1).** Ergänzend zur Aufhebbarkeit wegen Geschäftsunfähigkeit iSv § 1304 (Abs. 1) bestimmt Abs. 2 **Nr. 1,** dass die Ehe aufhebbar ist, wenn einer der Ehegatten bei der Eheschließung bewusstlos war oder sich in einem Zustand vorübergehender Störung der Geistestätigkeit befand (→ § 1304 Rn. 5). Welche Sachverhalte man sich unter der Bewusstlosigkeit vorstellen soll, bleibt im Dunkeln. Vielleicht mag Hypnose in Betracht kommen; insoweit kann man aber schon anzweifeln, ob dann überhaupt noch eine zurechenbare Erklärung des Eheschließenden vorliegt.[19] Wie bei der dauernden krankhaften Störung der Geistestätigkeit (§ 1304 iVm § 104 Nr. 2) ist auch für die bloß vorübergehende Störung zu fordern, dass sie die freie Willensbestimmung in Bezug auf die Eingehung der Ehe ausschließt.[20] Zur Bestätigung s. § 1315 Abs. 1 S. 1 Nr. 3.

11 **2. Irrtum über die Eheschließung (Abs. 2 Nr. 2).** Abs. 2 **Nr. 2** begründet ein Aufhebungsrecht in einem in der Praxis wenig relevanten Fall:[21] Die Ehe kann aufgehoben werden, wenn ein Ehegatte bei der Eheschließung nicht gewusst hat, dass es sich um eine Eheschließung handelt. Bloße Zweifel sind nicht ausreichend.[22] Wer sich lediglich für den Trauzeugen hält, fällt nicht unter Abs. 2 Nr. 2, da insoweit kein Irrtum über die „Eheschließung" gegeben ist. Anders liegt es aber, wenn jemand meint, nur an der Generalprobe oder einer Filmaufnahme teilzunehmen. Gleichgültig ist, ob der Irrtum über die Eheschließung auf Verschulden beruht. Der Irrtum kann ein Tatsachen- oder ein Rechtsirrtum sein. Maßgeblicher Zeitpunkt ist die Eheschließung. Antragsberechtigt ist nur der irrende Ehegatte (§ 1316 Abs. 1 Nr. 2). Zur Antragsfrist s. § 1317 Abs. 1 (→ § 1317 Rn. 2 ff.), zur Bestätigung s. § 1315 Abs. 1 S. 1 Nr. 4 (→ § 1315 Rn. 8 f.).

12 Bedeutung kann Abs. 2 Nr. 2 allenfalls bei Eheschließungen mit Auslandsbezug erlangen. Mangelnde deutsche **Sprachkenntnisse** und die Nichtaufnahme einer ehelichen Lebensgemeinschaft (Scheinehe!) sind bei Eheschließung im Inland noch kein Beweis für den behaupteten Irrtum. Irrelevant ist, dass Ausländer bei einer Trauung vor einem deutschen Standesbeamten irrtümlich davon ausgehen, dass die eigentlichen Rechtsfolgen der Eheschließung erst mit einer nachfolgenden traditionellen Hochzeitsfeier eintreten.[23] Ein solcher Rechtsfolgenirrtum fällt nicht unter Abs. 2 Nr. 2. Für den Fall, dass ein im Ausland kirchlich heiratender Deutscher nicht gewusst hat, dass die Trauung eine in Deutschland gültige bürgerliche Ehe begründet, gilt Folgendes: Ein Aufhebungsrecht besteht, wenn der Eheschließende davon überzeugt war, es handele sich nach Ortsrecht lediglich um eine rechtlich wirkungslose kirchliche Zeremonie, und ihm der Eheschließungswille gefehlt hat. Rechnete er jedoch damit, dass die Trauung im Ausland eine zivilrechtlich gültige Ehe begründe, und irrte er sich lediglich über die Anerkennung dieser Ehe im Inland, so hat er kein Aufhebungsrecht.[24]

13 Nicht unter Abs. 2 Nr. 2 gehört der Fall, dass der Ehegatte die **Erklärung,** eine Ehe eingehen zu wollen, gar **nicht abgegeben** hat. Dann liegt überhaupt keine Ehe vor (Fall der sog. Nichtehe). War der Ehegatte bei Abgabe der Erklärung nicht geschäfts- oder urteilsfähig, so ist die Ehe nach § 1314 Abs. 1, Abs. 2 Nr. 1 aufhebbar.

14 **3. Arglistige Täuschung (Abs. 2 Nr. 3). a) Allgemeines.** Der Tatbestand des Abs. 2 **Nr. 3,** die arglistige Täuschung (entsprechend früher § 33 EheG), beinhaltet den wichtigsten Aufhebungsgrund. Das gegenseitige Vertrauen bildet eine der wesentlichen Grundlagen für den Bestand der Ehe. Bewegt ein Ehegatte den anderen Teil durch arglistige Täuschung dazu, die Ehe mit ihm einzugehen, dann entbehrt die Ehe von vornherein der Grundlage, auf der eine dem Wesen der Ehe entsprechende dauerhafte Lebensgemeinschaft errichtet werden kann. Es wäre sittlich nicht gerechtfertigt, den getäuschten Ehegatten an einer so zustande gekommenen Ehe festzuhalten.[25]

15 **b) Begriff der Täuschung.** Der Begriff der arglistigen Täuschung entspricht dem des **§ 123,** auf dessen Erläuterung ergänzend verwiesen wird. Dass nur die Täuschung über bestimmte eherelevante Umstände objektiv erheblich ist, steht dem nicht entgegen. Arglistige Täuschung ist das vorsätzliche Hervorrufen oder Unterhalten eines Irrtums in der Absicht, den Getäuschten zur Eingehung der Ehe zu veranlassen, wobei die Täuschung durch Vorspiegelung falscher oder durch Entstellung oder Unterdrückung bzw. Verschweigen wahrer Tatsachen erfolgen kann.[26]

---

[19] Palandt/*Brudermüller* Rn. 6.

[20] RGZ 74, 110; 103, 399; ferner BGH BeckRS 1970, 31123543 = FamRZ 1970, 641 zur partiellen Geschäftsfähigkeit eines Erblassers.

[21] S. allerdings AG Prüm FamRZ 2002, 1561 m. abl. Anm. *Hau.*

[22] RG Warn 1931 Nr. 165.

[23] OLG Hamm NZFam 2014, 1006 = FamRZ 2014, 1109 betr. türk. Ehegatten.

[24] RG JW 1925, 1639; vgl. auch Staudinger/*Voppel,* 2018, Rn. 18 f.

[25] BGHZ 5, 186 (188) = NJW 1952, 701.

[26] AG Berlin-Tempelhof-Kreuzberg BeckRS 2018, 17068; Palandt/*Ellenberger* § 123 Rn. 2, 3 mwN.

**c) Beteiligte Personen.** Der **Getäuschte** muss immer der eine Ehegatte sein. Die Täuschung Dritter, etwa der Eltern, ist unerheblich. Der Irrtum muss im Zeitpunkt der Eheschließung noch bestehen. **Täuschender** kann der andere Ehegatte oder ein Dritter sein. Die Aufhebung ist jedoch ausgeschlossen, wenn der Dritte die Täuschung ohne Wissen des anderen Ehegatten verübt hat (Abs. 2 Nr. 3 Hs. 2 Alt. 2). Der andere Ehegatte muss die Täuschung durch den Dritten und deren ursächliche Bedeutung für den Entschluss seines Partners, die Ehe mit ihm einzugehen, gekannt haben. Wissenmüssen genügt nicht. Maßgeblich ist der **Zeitpunkt der Eheschließung.** Spätere Kenntnis schadet nicht. Zu beachten ist, dass bei Täuschung eines Ehegatten **durch einen Dritten** zugleich eine arglistige Täuschung durch den anderen Ehegatten vorliegen kann. Ein Ehegatte, der die von einem Dritten verübte Täuschung erkennt, ist gehalten, den Irrtum seines Partners aufzuklären. Tut er das nicht und will er dadurch erreichen, dass die Ehe zustande kommt, so liegt darin seinerseits eine arglistige Täuschung. Das ist bedeutsam, wenn der Dritte gutgläubig war, also nicht arglistig gehandelt hat, oder bei späterer Kenntniserlangung. 16

**d) Täuschungshandlung und Kausalität. Gegenstand der Täuschung** kann jeder Umstand sein, der den Ehegatten bei Kenntnis der Sachlage und richtiger (verständiger) Würdigung des Wesens der Ehe von der Eingehung der Ehe abgehalten hätte. Danach muss zwischen der Täuschung und der Eheschließung ein **ursächlicher Zusammenhang** bestehen,[27] wobei es genügt, dass der Getäuschte die Ehe nicht zu diesem Zeitpunkt geschlossen hätte.[28] Dieser Zusammenhang ist sowohl objektiv vom Standpunkt einer verständigen Würdigung des Wesens der Ehe als auch subjektiv vom Standpunkt des getäuschten Ehegatten bei fiktiver Kenntnis der Sachlage zu beurteilen.[29] Beide Erfordernisse müssen erfüllt sein, wenn das Aufhebungsbegehren Erfolg haben soll. Sowohl unter objektivem wie unter subjektivem Maßstab muss anzunehmen sein, dass der Ehegatte die Ehe nicht geschlossen hätte. Unklar bleibt dabei, ob sich durch die Öffnung der Ehe auch für gleichgeschlechtliche Paare der Inbegriff des Wesens der Ehe verändert hat.[30] 17

Das Erfordernis der **richtigen Würdigung des Wesens der Ehe** erfüllt die Aufgabe, den Kreis der für die Eheaufhebung in Betracht kommenden Umstände gegenüber unerheblichen Umständen abzugrenzen. Die Würdigung des Wesens der Ehe schließt aus, dass ein Ehegatte die Aufhebung wegen jeder Täuschung verlangen kann. Ein Ehegatte muss von vornherein mit gewissen Enttäuschungen, mit Schwächen und Lügen seines Partners rechnen.[31] Dabei ist kein rein abstrakter Maßstab anzulegen; die **Umstände des Einzelfalls** sind mit zu berücksichtigen. Es kommt darauf an, ob der Umstand unter den allgemeinen Lebensverhältnissen der Eheleute mit den sich daraus ergebenden Notwendigkeiten nach der Denk- und Empfindungsweise der Bevölkerungsschicht, der sie angehören, den anderen Ehegatten veranlassen könnte, von der Eingehung der Ehe abzusehen.[32] 18

Weiter müsste gerade der getäuschte Ehegatte unter Berücksichtigung der Verhältnisse zur Zeit der Eheschließung und seiner damaligen persönlichen Denk- und Empfindungsweise bei **Kenntnis der wahren Sachlage** von der Eheschließung abgesehen haben. Maßgebend ist der Zeitpunkt der Eheschließung.[33] An dieser Ursächlichkeit fehlt es, wenn ihm der Umstand auch bei Kenntnis gleichgültig oder mindestens nicht so wichtig gewesen wäre, dass er seinen Eheschließungswillen beeinflusst hätte,[34] oder auch, wenn dies unentschieden bleibt.[35] Ein Rückschluss darauf ergibt sich oft aus dem eigenen Verhalten des Ehegatten. Wer zB alsbald nach der Eheschließung mehrmals die Ehe bricht, wird nicht beweisen können, dass er bei Kenntnis des mehrfachen vorehelichen Geschlechtsverkehrs des anderen Teils von der Ehe Abstand genommen hätte.[36] 19

Als **erhebliche Umstände** kommen danach in erster Linie **persönliche Eigenschaften** und persönliche Verhältnisse des anderen Teils in Betracht, zB **Schwangerschaft,**[37] **Sterilisation**[38] oder **Beruf** und berufliche Aktivitäten.[39] An sonstigen Umständen ist beispielhaft zu nennen die fehlende 20

---

[27] OLG Düsseldorf BeckRS 2015, 13485 = FamRZ 2015, 1289.
[28] RG JW 1920, 832 zur Täuschung über Schwangerschaft der Verlobten.
[29] Vgl. RG JW 1928, 896; OLG München BeckRS 2008, 07454 = FamRZ 2008, 1536.
[30] Vgl. *Schwab* FamRZ 2017, 1284 (1286).
[31] So auch OLG Düsseldorf BeckRS 2015, 13485 = FamRZ 2015, 1289.
[32] Vgl. BGHZ 25, 66 (78) = NJW 1957, 1517 für krankhafte Schlafsucht bei einer Bäuerin; OLG Hamburg BeckRS 2010, 15282 = FamRZ 1982, 1211 für Epilepsie.
[33] OLG München BeckRS 2008, 07454 = FamRZ 2008, 1536.
[34] LG Rostock BeckRS 2002, 31149913 = FamRZ 2003, 598 zum unbedingten Eheschließungswillen eines Teils.
[35] OLG München BeckRS 2008, 07454 = FamRZ 2008, 1536.
[36] OLG Celle NdsRpfl. 1959, 248.
[37] RGZ 163, 139.
[38] Vgl. OLG Stuttgart NJW 2004, 2247.
[39] RG JW 1930, 74; AG Krefeld BeckRS 2006, 919 = FamRZ 1987, 815; AG Weinheim BeckRS 1995, 10955 = FamRZ 1995, 1411.

Absicht des Ausländers zu ehelicher Lebensgemeinschaft mit seinem deutschen Ehegatten oder die fehlende Bereitschaft zu einer kirchlichen Trauung. Vom Gesetz ausdrücklich **ausgenommen** sind die **Vermögensverhältnisse.** Letzteres kann Täuschungen über das Einkommen oder das vorhandene Vermögen[40] betreffen. Ist mit der Täuschung über das Einkommen zugleich eine Täuschung über den ausgeübten **Beruf** verbunden, betrifft dies in der Regel nur einen schlechten Charakter des Täuschenden, was für sich genommen aber noch keinen Aufhebungsgrund bildet. Die mit einem Beruf verbundenen Einkommensverhältnisse sind als Teil der Vermögensverhältnisse ohnehin irrelevant.[41] Ein Umstand, der nach richtiger Würdigung des Wesens der Ehe von der Eingehung der Ehe abgehalten hätte, wird insoweit nur selten darzulegen sein.

21 **e) Verschweigen von Tatsachen.** Die Täuschung kann auch durch Verschweigen wesentlicher Umstände erfolgen, wenn sich im Einzelfall eine besondere Offenbarungspflicht ergibt.[42] Eine allgemeine Offenbarungspflicht besteht nicht.[43] Eine **Offenbarungspflicht** kann aus einer ausdrücklichen Nachfrage des anderen Teils, aus dem ausgesprochenen Verlangen, über einen bestimmten Punkt aufgeklärt zu werden,[44] aber auch aus den Umständen folgen, wenn nämlich der andere Teil zu erkennen gibt, dass er auf einen bestimmten Punkt besonderen Wert legt.[45] Vor allem aber ergibt sich aus dem Wesen der Ehe eine Offenbarungspflicht hinsichtlich solcher Umstände, die für die eheliche Gemeinschaft und das Familienleben von grundlegender Bedeutung sind,[46] zB Beiwohnungsunfähigkeit oder absolute Beiwohnungsunwilligkeit,[47] Unfruchtbarkeit, Zeugungsunfähigkeit,[48] unheilbare, ansteckende oder erbliche Krankheiten[49] (Aids, HIV-Infektion, Geschlechtskrankheiten), homosexuelle Veranlagung,[50] Geschlechtsverkehr der Frau in der gesetzlichen Empfängniszeit mit einem weiteren Mann mit der Folge, dass das erwartete Kind auch von diesem abstammen kann,[51] Existenz eines minderjährigen Kindes (nicht aber eines verstorbenen Kindes[52]) oder einer weiteren Ehefrau,[53] frühere Ehe mit fortwirkenden Pflichten,[54] langjährige Ausübung der Prostitution,[55] nicht unerhebliche Vorstrafen wegen schwerwiegender Vergehen oder Verbrechen.[56] Ob nach dem operativen **Geschlechtswechsel** eine diesbezügliche Offenbarungspflicht gegenüber dem Partner anzunehmen ist, wird einzelfallabhängig zu entscheiden sein.[57] Relevant werden kann dieser Punkt zumindest unter dem Aspekt der Zeugungsfähigkeit.

22 Dagegen besteht ohne ausdrückliche Nachfrage grundsätzlich **keine Offenbarungspflicht** über das voreheliche Geschlechtsleben, geringe körperliche Mängel (Schwerhörigkeit),[58] einen ohne Folgen überstandenen Nervenzusammenbruch, auch wenn dieser einen mehrmonatigen Aufenthalt in einer Heilanstalt erforderlich machte,[59] getilgte oder **geringfügige Bestrafungen,**[60] die **Religion**[61] oder – gegenüber einem nichtkatholischen Verlobten – die ehemalige Stellung als katholischer

---

[40] OLG Köln NJW-RR 1988, 1350 = FamRZ 1988, 60; AG Berlin-Tempelhof-Kreuzberg BeckRS 2018, 17068.
[41] Vgl. AG Berlin-Tempelhof-Kreuzberg BeckRS 2018, 17068.
[42] RGZ 52, 306; Staudinger/*Voppel,* 2018, Rn. 24.
[43] OLG Zweibrücken BeckRS 2005, 10798 = FamRZ 2006, 1201 (1202).
[44] RG Warn 1926 Nr. 91; BGH NJW 1958, 1290 = FamRZ 1958, 314 (315).
[45] Vgl. RG DR 1944, 416.
[46] BGH NJW 1958, 1290 = FamRZ 1958, 314 (315).
[47] Vgl. OLG Köln NJW-RR 1999, 1595 = FamRZ 2000, 819; OLG Stuttgart NJW 2004, 2247 zur Sterilisation; aA wohl OLG Zweibrücken BeckRS 2005, 10798 = FamRZ 2006, 1201.
[48] *Voppel* FamFR 2012, 435 (436).
[49] OLG Hamburg BeckRS 2010, 15282 = FamRZ 1982, 1211 – Epilepsie je nach Schwere; s. auch OLG München BeckRS 2008, 07454 = FamRZ 2008, 1536 – Erbkrankheit der Mutter (Chorea Huntington); ferner RGZ 165, 121 – Tuberkulose.
[50] BGH NJW 1958, 1290 = FamRZ 1958, 314 (315).
[51] BGHZ 29, 265 (268) = NJW 1959, 876; OLG Hamm FamRZ 1964, 438; OLG Karlsruhe NJW-RR 2000, 737; aA OLG Stuttgart BeckRS 2005, 7421 = FamRZ 2005, 2070, wenn sich aufgrund der Gesamtsituation dem Bräutigam erhebliche Zweifel an seiner Vaterschaft aufdrängen mussten.
[52] OLG Koblenz BeckRS 2016, 107584 = FamRZ 2016, 1854.
[53] AG Warendorf BeckRS 2006, 17563 = FamRZ 2006, 1377; OLG Nürnberg FamRZ 1966, 104 betr. nichteheliches Kind.
[54] Vgl. OLG Celle FamRZ 1965, 213 (214).
[55] Vgl. OLG Brandenburg FamRZ 2006, 1376 (1377); kurzfristige Ausübung genügt nach Palandt/*Brudermüller* Rn. 11 nicht.
[56] AG Berlin-Tempelhof-Kreuzberg BeckRS 2018, 17068; AG Kulmbach NJW 2002, 2112.
[57] Abl. *Bräcklein* StAZ 2008, 297 (301).
[58] OLG München HRR 1940 Nr. 71.
[59] BGH FamRZ 1967, 372 (376) = NJW 1967, 1417 Ls.
[60] AG Kulmbach NJW 2002, 2112: Aufhebung nur bei erheblichen Vorstrafen; Palandt/*Brudermüller* Rn. 11.
[61] OLG Düsseldorf BeckRS 2015, 13485 = FamRZ 2015, 1289 betr. Hindu.

Priester.[62] Dasselbe gilt für den Wunsch nach **Empfängnisverhütung** oder nach einem Kind. Ein Ehegatte, der solche Fragen nicht mit dem anderen vor Eingehung der Ehe bespricht, kann sich nicht auf Täuschung berufen, wenn seine Vorstellungen mit denen des Partners nicht in Einklang zu bringen sind.[63] Nicht offenbarungspflichtig sind allgemeine Vorstellungen über die Führung der Ehe (zB fehlender Wunsch zusammenzuziehen) sowie subjektive Empfindungen (zB fehlende Liebe).[64] Insofern handelt es sich auch nicht um Tatsachen, die einer objektiven Feststellung zugänglich wären.[65] In Zweifelsfällen sollte darauf abgestellt werden, ob es sich um fortbestehende, fortwirkende oder in der Vergangenheit liegende, abgeschlossene Umstände handelt.

**f) Arglist.** Die Täuschung muss arglistig sein, also **vorsätzlich** erfolgen. Dolus eventualis genügt, nicht hingegen grobe Fahrlässigkeit (Wissenmüssen).[66] Mitwirkendes Verschulden des Getäuschten schadet nicht. Der Täuschende muss sich bewusst sein oder damit rechnen, der Getäuschte werde bei voller Kenntnis der Sachlage von der Eheschließung Abstand nehmen.[67] Eine Schädigungsabsicht ist nicht erforderlich.[68] Ein Verschweigen von Umständen aus Scham, fehlendem Mut, Scheu vor Aufregung oder die Hoffnung auf einen glücklichen Verlauf der Ehe schließt Arglist nicht aus.[69] Wesentlich ist die Meinung des Täuschenden über das gegenwärtige Verhalten des Getäuschten, nicht darüber, wie dieser sich nach erfolgter Eheschließung verhalten werde. Der Täuschende braucht **nicht schuldfähig** zu sein. Auch wer durch die Täuschung eines Geisteskranken zur Eingehung der Ehe verleitet worden ist, hat ein Aufhebungsrecht.[70] 23

**g) Bestätigung.** Die Aufhebung ist ausgeschlossen, wenn der Ehegatte nach Entdeckung der Täuschung zu erkennen gegeben hat, dass er die Ehe **fortsetzen** will (§ 1315 Abs. 1 S. 1 Nr. 4; → § 1315 Rn. 10). 24

**h) Unzulässige Rechtsausübung.** Das Verlangen nach Aufhebung wegen arglistiger Täuschung kann gegen **Treu und Glauben** verstoßen und sich als unzulässige Rechtsausübung darstellen. Dass sich die Ehe bewährt hat, reicht allerdings nicht aus, es müssen vielmehr weitere Umstände hinzukommen, welche bewirken, dass das Aufhebungsbegehren dem Empfinden aller billig und gerecht Denkenden grob widerspricht.[71] Das ist zB der Fall, wenn die arglistige Täuschung nicht schwerwiegend war, die Schuld des Täuschenden gering ist und sich die arglistige Täuschung nicht oder nur in geringem Maße auf das eheliche Leben ausgewirkt hat und auswirken wird.[72] Eine unzulässige Rechtsausübung liegt auch vor, wenn sich aus dem **Gesamtverhalten des Ehegatten** ergibt, dass die Täuschung ihn innerlich nicht berührt hat, er die Aufhebung der Ehe allein deswegen erstrebt, um sich ohne die vermögensrechtlichen Folgen einer Scheidung von dem als lästig empfundenen Eheband zu befreien, und er sich auf die arglistige Täuschung nur als willkommenen Vorwand beruft, um dieses Ziel zu verwirklichen.[73] Anders liegt es, wenn der getäuschte Ehegatte schon vor Aufdeckung der Täuschung aus einem triftigen Grunde entschlossen war, das Eheband zu lösen, auch wenn er die Täuschung dazu benutzt, die erstrebte Auflösung der Ehe leichter zu erreichen.[74] 25

**i) Verfahren.** Antragsberechtigt ist nur der getäuschte Ehegatte. Zur Antragsfrist s. § 1317 (→ § 1317 Rn. 2 ff.). Der Antragsteller hat den gesamten Aufhebungstatbestand darzulegen[75] und zu beweisen, bei der Täuschung durch einen Dritten auch die Kenntnis des anderen Ehegatten.[76] 26

**4. Widerrechtliche Drohung (Abs. 2 Nr. 4). a) Drohung.** Nach Abs. 2 Nr. 4 (früher § 34 Abs. 1 EheG) kann ein Ehegatte, der widerrechtlich durch Drohung zur Eheschließung bestimmt worden ist, die Aufhebung der Ehe verlangen. Zum Begriff der Drohung kann auf die Erläuterungen 27

[62] OLG Frankfurt FamRZ 1964, 258 (260).
[63] OLG Köln NJW-RR 1999, 1595 = FamRZ 2000, 819 (820).
[64] Vgl. OLG Zweibrücken BeckRS 2005, 10798 = FamRZ 2006, 1201 (1202); OLG Koblenz BeckRS 2016, 107584 = FamRZ 2016, 1854; OLG Hamm FPR 2004, 26; OLG Brandenburg BeckRS 2008, 02834 = FamRZ 2008, 1534 (1535); ferner OLG Zweibrücken FamRZ 2002, 1560 Ls.
[65] OLG Koblenz BeckRS 2016, 107584 = FamRZ 2016, 1854.
[66] *Voppel* FamFR 2012, 435.
[67] Vgl. BGH NJW 1958, 1290 = FamRZ 1958, 314 (315); RG JW 1931, 1362 (1363); Warn 1931 Nr. 125.
[68] RGZ 111, 5 (7); RG JW 1931, 1362 (1363).
[69] Vgl. BGH NJW 1958, 1290 = FamRZ 1958, 314 (315); RGZ 111, 5 (7 f.); RG JW 1931, 1362 (1363).
[70] OLG Hamm FamRZ 1964, 438 (439); Staudinger/*Voppel*, 2018, Rn. 37; aA Johannsen/Henrich/*Henrich* Rn. 55; BeckOK BGB/*Hahn* Rn. 7.
[71] BGH NJW 1958, 1290 = FamRZ 1958, 314 (315 f.).
[72] BGHZ 29, 265 (270) = NJW 1959, 876.
[73] BGHZ 5, 186 (189) = NJW 1952, 701.
[74] BGHZ 29, 265 (269) = NJW 1959, 876.
[75] OLG Zweibrücken BeckRS 2005, 10798 = FamRZ 2006, 1201 (1202).
[76] OLG Köln NJW-RR 1999, 1595.

zu § 123 verwiesen werden (→ § 123 Rn. 108 ff.). Die Drohung enthält ein objektives und ein subjektives Element: **Objektiv** ist die Ankündigung der Herbeiführung eines vom Drohenden zu bewirkenden Übels erforderlich oder die Aufrechterhaltung eines schon bestehenden Übels, wenn der Drohende in der Lage und rechtlich oder sittlich verpflichtet ist, das Übel zu beseitigen. **Subjektiv** wird die Absicht vorausgesetzt, hierdurch den Bedrohten zu einem bestimmten Verhalten, der Eingehung einer Ehe, zu veranlassen. Es genügt jedes Übel, das geeignet ist, die Willensentscheidung des Verlobten zu beeinflussen. Daher kann sich die Drohung auch gegen Dritte (zB Angehörige des Verlobten) richten. Die Drohung braucht nicht ernst gemeint zu sein; es genügt, dass sie der Bedrohte **ernst genommen** hat und der Drohende damit rechnete. Keine Drohung ist der Hinweis auf ein bevorstehendes Übel oder die bloße Ausnutzung einer bestehenden Zwangslage, auf dessen Eintritt oder deren Fortbestand der Betreffende keinen Einfluss hat. Die Drohung kann von dem anderen Verlobten oder einem **Dritten** ausgehen. Anders als bei der arglistigen Täuschung (Abs. 2 Nr. 3) ist nicht erforderlich, dass der andere Ehegatte von der Drohung des Dritten gewusst hat.

28 **b) Insbesondere Zwangsheirat.** Wesentliche Fallgruppe ist insoweit die **Zwangsverheiratung,** die in Deutschland insbesondere Mädchen und junge Frauen aus türkischen Familien betreffen kann.[77] Dabei ist der Übergang zwischen arrangierten Ehen, bei denen die Eltern Braut und Bräutigam aussuchen, aber den Betroffenen ein Ablehnungsrecht gewähren, und Zwangsehen, bei denen etwa aufgrund Gewaltandrohung faktisch kein Wahlrecht mehr für die Betroffenen besteht, freilich fließend.[78] Eine Zwangsheirat liegt vor, wenn mindestens einer der Eheschließenden durch **Willensbeugung** zur Ehe gebracht wird.[79] Zwangsmittel sind körperliche, psychische oder sexuelle Gewalt, wobei der Druck oft von den Familienangehörigen der Frau ausgeht. Durch Zwangsheirat wird das Recht zur freien Eheschließung aus Art. 6 Abs. 1 GG verletzt. Zudem liegt ein Verstoß gegen Art. 12 EMRK und gegen Art. 16 AEMR (Allgemeine Erklärung der Menschenrechte der Vereinten Nationen vom 10.12.1948) vor.[80] Erkennt der Standesbeamte die geplante Zwangsheirat, muss er die Eheschließung verweigern (§ 1310 Abs. 1 S. 3 Nr. 1). Die Feststellung trifft indes auf Schwierigkeiten. Abgesehen davon findet die Verheiratung auch meist im Ausland statt. Gemäß **§ 237 Abs. 1 StGB** steht die rechtswidrige Nötigung zur Ehe (Zwangsheirat) unter Strafe. § 237 Abs. 2 StGB betrifft die Heiratsverschleppung ins Ausland. Das AufenthG erfasst die Zwangsehe insbesondere in § 27 Abs. 1a Nr. 2 AufenthG, § 37 Abs. 2a AufenthG, § 54 Abs. 2 Nr. 6 AufenthG.[81]

29 **c) Widerrechtlichkeit.** Eine Drohung ist im Allgemeinen widerrechtlich, wenn der mit der Drohung verfolgte Zweck oder das angedrohte Mittel rechtswidrig ist oder wenn die Anwendung des Druckmittels zur Herbeiführung des verfolgten Zwecks von der Rechtsordnung missbilligt wird, mögen auch das angedrohte Verhalten und der Zweck für sich betrachtet nicht widerrechtlich sein. Hier ist der mit der Drohung verfolgte **Zweck** selbst nie widerrechtlich, da eine Eheschließung stets rechtmäßig ist. Das angedrohte **Mittel** ist zB rechtswidrig bei Androhung von **Gewalt** oder einer anderen strafbaren Handlung. Aufgrund der **Mittel-Zweck-Relation** ist die Widerrechtlichkeit nicht schon deswegen zu bejahen, weil der Drohende keinen Rechtsanspruch auf den mit der Drohung erstrebten Erfolg hat. Dann wäre nämlich eine Drohung mit einem an sich erlaubten Mittel, die auf Eingehung einer Ehe zielt, von vornherein widerrechtlich, da ein erzwingbarer Anspruch auf Eingehung einer Ehe nie besteht (vgl. § 1297) und das Merkmal der Widerrechtlichkeit damit überflüssig. Es kommt vielmehr darauf an, ob der Drohende ein anerkennenswertes, sittlich zu billigendes Interesse an dem erstrebten Erfolg hat und die Drohung nach Auffassung aller billig und gerecht Denkenden ein angemessenes Mittel ist, um diesen Erfolg zu erreichen.[82] Hierbei ist angesichts der Tragweite der Eheschließung für das ganze weitere Leben des Betroffenen ein strenger Maßstab anzulegen. Als erlaubt wird man den Hinweis auf die vermögensrechtlichen Folgen eines Verlöbnisbruches (§ 1298) anzusehen haben;[83] verboten ist die Drohung mit einer **Strafanzeige,** mit **Selbstmord** oder mit **Enterbung.** Der Widerrechtlichkeit der Drohung braucht sich der Drohende nicht bewusst gewesen zu sein.

30 **d) Kausalität.** Die Drohung muss für die Eingehung der Ehe kausal geworden sein. Mitursächlichkeit genügt. Ebenso reicht es aus, dass die Drohung zur vorzeitigen Eingehung einer bereits beabsichtigten Ehe geführt hat.

---

[77] Ausf. *Kaiser* FamRZ 2013, 77 ff.; ferner *Fadlalla* FPR 2011, 449 ff.; *Mirbach/Schaak/Triebel,* Zwangsverheiratung in Deutschland – Anzahl und Analyse von Beratungsfällen, Kurzfassung 2011.

[78] Näher dazu *Sütçü,* Zwangsheirat und Zwangsehe, 2008, 36 ff.

[79] BT-Drs. 17/4401, 8.

[80] Vgl. BT-Drs. 17/4401, 8; *Sering* NJW 2011, 2161.

[81] Überblick dazu bei *Kaiser* FamRZ 2013, 77 (81, 84).

[82] BGHZ 2, 287 (296 f.) = NJW 1951, 643 (644 f.); BGHZ 25, 217 (220) = NJW 1957, 1796 (1797).

[83] Vgl. Johannsen/Henrich/*Henrich* Rn. 73; Staudinger/*Voppel,* 2018, Rn. 58.

**e) Bestätigung.** Die Aufhebung ist ausgeschlossen, wenn der Ehegatte nach Aufhören der durch die Drohung begründeten Zwangslage zu erkennen gegeben hat, dass er die Ehe fortsetzen will (§ 1315 Abs. 1 S. 1 Nr. 4). 31

**f) Verfahren.** Antragsberechtigt ist nur der bedrohte Ehegatte (§ 1316 Abs. 1 Nr. 2). Zur Antragsfrist s. § 1317. Die Darlegungs- und Beweislast für den Aufhebungstatbestand trifft den Antragsteller. 32

**5. Scheinehe (Abs. 2 Nr. 5). a) Begriff und Anwendungsbereich.** Der Aufhebungstatbestand des Abs. 2 Nr. 5 wurde durch das Eheschließungsrechtsgesetz vom 4.5.1998 (BGBl. 1998 I 833) eingeführt.[84] Sind sich beide[85] Ehegatten bei der Eheschließung darüber einig, keine eheliche Lebensgemeinschaft begründen und keine gegenseitige Verantwortung iSv § 1353 Abs. 1 übernehmen zu wollen, so fehlt ihnen die Absicht zu einer umfassenden miteinander gelebten Gemeinschaft und damit der Geschäftswille für das durch die Heirat begründete familienrechtliche Dauerverhältnis der Ehe mit seinen daraus erwachsenden Einzelpflichten. Ist eine rechtsmissbräuchliche Inanspruchnahme des Instituts der Ehe für ehefremde Zwecke bezweckt, insbesondere zur Erlangung von an die Ehe geknüpften Vorteilen, so muss der Standesbeamte bereits seine Mitwirkung bei der Eheschließung verweigern (§ 1310 Abs. 1 S. 3 Nr. 1; zur Sachverhaltsermittlung § 13 Abs. 2 PStG). Wurde die Ehe dennoch geschlossen, kann ihre Aufhebung auch durch die zuständige Behörde (vgl. § 1316 Abs. 1 Nr. 1) beantragt werden. 33

**Hauptanwendungsfall** ist die sog. Scheinehe zwischen einem Ausländer und einem Deutschen oder einem hier aufenthaltsberechtigten Ausländer, die nicht auf die Aufnahme einer ehelichen Lebensgemeinschaft zielt, sondern allein bezweckt, die Erteilung einer **Aufenthaltserlaubnis** (§ 30 Abs. 1 AufenthG) zu erreichen oder eine Aufenthaltsbeendigung zu verhindern.[86] Der Wortlaut der Nr. 5 beschränkt sich indes nicht auf diese Fälle. Auch wenn der Gesetzgeber bei Erlass der Norm an sich nur die Aufenthaltsehen im Blick hatte, so wurde doch eine Formulierung gewählt, die es erlaubt, auch Scheinehen mit anderer Zielsetzung zu erfassen. Eine teleologische Reduktion[87] der Norm auf die ausländerrechtlichen Fälle ist daher nicht angezeigt.[88] Indes ist die die Eingehung einer Ehe allein zu dem Zweck, den Geburtsnamen des anderen Teils als Ehenamen zu führen **(Namensehe),** Steuern zu sparen oder dem anderen Teil eine Versorgung zukommen zu lassen, praktisch von geringer Bedeutung. Durchgreifende **verfassungsrechtliche Bedenken** gegen den Aufhebungsgrund in Nr. 5 bestehen nicht. Insbesondere verstößt Abs. 2 Nr. 5 durch die Verweisung auf § 1353 Abs. 1 nicht gegen den Bestimmtheitsgrundsatz – die eheliche Lebensgemeinschaft ist kein konturenloser Begriff – und bedeutet auch keinen unverhältnismäßigen Eingriff in die Eheschließungsfreiheit und das allgemeine Persönlichkeitsrecht.[89] 34

**b) Eheliche Lebens- und Verantwortungsgemeinschaft.** Nach **§ 1353 Abs. 1** S. 1 wird die Ehe auf Lebenszeit geschlossen; die Ehegatten sind einander zur **ehelichen Lebensgemeinschaft** verpflichtet und tragen füreinander Verantwortung.[90] Im Rahmen des Aufhebungstatbestandes geht es allein um die eheliche Lebensgemeinschaft. Nur insoweit spricht das Gesetz von einer „Verpflichtung". Es reicht nicht aus, dass die Ehegatten bei der Eheschließung darüber einig waren, die Ehe nicht auf Lebenszeit einzugehen, sondern nur auf bestimmte Zeit zu führen. Das bestätigt auch der Ausschlussgrund des § 1315 Abs. 1 S. 1 Nr. 5. Im Hinblick darauf, dass danach die Aufhebung der Ehe ausgeschlossen ist, wenn die Ehegatten nach der Eheschließung als Ehegatten miteinander gelebt 35

---

84 Näher zum Gesetzgebungsverfahren *Conring,* Rechtliche Behandlung von Scheinehen nach der Reform des deutschen Eheschließungsrechts, 2002, 155 ff.; zur Geschichte der Scheinehe *Conring,* Rechtliche Behandlung von Scheinehen nach der Reform des deutschen Eheschließungsrechts, 2002, 116 ff.; ausf. *Hartmann,* Scheinehen mit deutschen Staatsangehörigen, 2008, 26 ff., auch zur Situation in der früheren DDR, 103 ff.

85 Keine Scheinehe bei einseitigem Eheschließungswunsch, LG Rostock BeckRS 2002, 31149913 = FamRZ 2003, 598.

86 Zur Behandlung von Scheinehen im Ausländerrecht *Hartmann,* Scheinehen mit deutschen Staatsangehörigen, 2008, 198 ff.; ferner *Conring,* Rechtliche Behandlung von Scheinehen nach der Reform des deutschen Eheschließungsrechts, 2002, 49 ff.

87 So aber *Hepting* FamRZ 1998, 713 (722); *Otte* JuS 2000, 148 (151 f.); *Muscheler* FamR Rn. 262; Palandt/*Brudermüller* Rn. 14.

88 Wie hier *Eisfeld* AcP 201 (2001), 662 (679 ff., 693 ff.); *Eisfeld,* Die Scheinehe in Deutschland im 19. und 20. Jahrhundert, 2005, 243 ff.; *Conring,* Rechtliche Behandlung von Scheinehen nach der Reform des deutschen Eheschließungsrechts, 2002, 195; Staudinger/*Voppel,* 2018, Rn. 67, 76; BeckOK BGB/*Hahn* Rn. 13; *Gernhuber/Coester-Waltjen* FamR § 11 Rn. 21; OLG Saarbrücken BeckRS 2008, 25879 = FamRZ 2009, 626 (627) – Eheschluss aus Scherz.

89 AA *Eisfeld* AcP 201 (2001), 662 (675 ff., 685 ff.) und Die Scheinehe in Deutschland im 19. und 20. Jahrhundert, 2005, 248 ff. – allerdings unter Verneinung eines Verstoßes gegen den Bestimmtheitsgrundsatz, 237 ff.

90 Vgl. dazu *Wagenitz* FS Rolland, 1999, 379 ff.

haben, kommt es auch im Rahmen von Abs. 2 Nr. 5 lediglich darauf an, ob die Ehegatten sich bei der Eheschließung darüber einig waren, keine eheliche Lebensgemeinschaft zu begründen und künftig nicht als Ehegatten miteinander zu leben. Es schadet nicht, dass sie eine solche Beziehung nur auf freiwilliger Basis, nicht aber als rechtliche Verpflichtung begründen und aufrechterhalten wollten. Auf der anderen Seite wird die Einigkeit der Ehegatten, eine eheliche Lebensgemeinschaft nicht aufzunehmen, nicht dadurch in Frage gestellt, dass der eine Teil sich für den anderen in Teilbereichen verantwortlich zeigt, zB der Ausländer die Bereitschaft des anderen Teils, mit ihm eine Scheinehe einzugehen, dadurch honoriert, dass er sich verpflichtet, während des Bestehens der Ehe für dessen Unterhalt aufzukommen.

36 Zu den **Indizien,** die für eine **Scheinehe** sprechen, → § 1310 Rn. 24. Auf den beiderseitigen Willen der Ehegatten,[91] keine Verpflichtung gemäß § 1353 Abs. 1 begründen zu wollen, kann sowohl aus Umständen vor der Eheschließung (Fehlen jeglicher auf Zuneigung und Achtung beruhender partnerschaftlichen Verbundenheit) als auch aus dem Verhalten nach der Eheschließung geschlossen werden. Der Begriff der ehelichen Lebensgemeinschaft fordert in der Regel eine gemeinsame Lebensführung, die einen Mittelpunkt besitzt. Zur Entfaltung eines gemeinsamen Lebens gehört daher im Allgemeinen eine **gemeinsame Wohnung.** Leben die Ehegatten räumlich getrennt, bedarf es zusätzlicher Anhaltspunkte, um gleichwohl eine eheliche Lebensgemeinschaft annehmen zu können. Solche Anhaltspunkte können beispielsweise intensive persönliche **Kontakte,** gemeinsam verbrachte Ferien und erhebliche Beistandsleistungen sein, dagegen nicht schon gelegentliche Begegnungen.[92] Die tatsächliche persönliche Verbundenheit muss nach außen hin **erkennbar** und nachprüfbar in konkreter Weise in Erscheinung treten sowie in der Ausgestaltung der Beziehung einen fassbaren Niederschlag finden.

37 **c) Ehe auf dem Sterbebett.** Abs. 2 Nr. 5 erfasst nicht die Fälle, in denen die eheliche Lebensgemeinschaft aus tatsächlichen Gründen, auf die die Ehegatten keinen Einfluss haben, ganz oder in Teilbereichen nicht (mehr) geführt werden kann. Nicht unter den Aufhebungstatbestand fällt daher in der Regel – insbesondere wenn bereits eine auf Zuneigung und Achtung beruhende Partnerschaft oder personale Beziehung vorausgegangen ist – die sog. **Ehe auf dem Sterbebett.**[93] Da eine Ehe, die durch Tod eines Ehegatten aufgelöst ist, nicht mehr aufgehoben werden kann (§ 1317 Abs. 3), ist die Frage lediglich für den Standesbeamten im Rahmen seiner Prüfung nach § 1310 Abs. 1 S. 3 Nr. 1 von praktischer Relevanz. Unterlässt der Standesbeamte die dringliche Eheschließung zu Unrecht, kann ein Schadensersatzanspruch aus § 839 bestehen.[94] Bei der Ehe auf dem Sterbebett sind sich die Ehegatten allenfalls darüber einig, eine eheliche Lebensgemeinschaft wegen des nahen Todes des einen Teils nicht aufnehmen zu „können"; „wollen" werden sie dies durchaus, zB im Falle einer wider aller Voraussicht eintretenden Genesung oder einer größeren als der erwarteten Lebensspanne. Die Richtigkeit dieses Ergebnisses bestätigt zum einen die beibehaltene Vorschrift über die erleichterte Eingehung der Ehe im Falle einer lebensgefährlichen Erkrankung eines Verlobten (§ 13 Abs. 3 PStG), welche zeigt, dass die Aussicht auf eine eheliche „Lebens"gemeinschaft keine Voraussetzung der Eheschließung ist. Zum anderen kann auf den Ausschlussgrund des § 1315 Abs. 1 S. 1 Nr. 5 verwiesen werden: Als Ehegatten miteinander gelebt haben die Ehegatten nach der Eheschließung auch dann, wenn sich das eheliche Miteinander wegen des Zustandes des einen Teils auf Besuche am Krankenbett beschränkt hat. Von der Frage der Aufhebbarkeit zu unterscheiden ist die Prüfung, ob es sich um eine Versorgungsehe zum Zweck der Erlangung einer Hinterbliebenenrente handelt.[95] Insoweit verstößt es nicht gegen Verfassungsrecht, dass der Anspruch auf Witwenrente der gesetzlichen Rentenversicherung im Regelfall eine mindestens einjährige Ehedauer voraussetzt.[96]

38 **d) Einigkeit beider Ehegatten.** Beide Ehegatten müssen sich darüber einig gewesen sein, keine eheliche Lebensgemeinschaft aufzunehmen. Es reicht nicht aus, dass ein Ehegatte hierzu entschlossen war.[97] In diesem Falle liegt allerdings regelmäßig eine arglistige Täuschung des anderen Ehegatten und damit der Aufhebungsgrund des Abs. 2 Nr. 3 vor.

---

91 Zur Definition der Scheinehe BVerfGE 76, 1 (58) = NJW 1988, 626 (631).
92 Vgl. BVerwGE 106, 13 (18 f.).
93 Vgl. *Wolf* FamRZ 1998, 1477 (1483); Johannsen/Henrich/*Henrich* Rn. 78; Erman/*Roth* Rn. 12b; aA *Eisfeld,* Die Scheinehe in Deutschland im 19. und 20. Jahrhundert, 2005, 242 f.
94 Vgl. OLG Nürnberg StAZ 1988, 204.
95 Dazu zB BSG NZS 2010, 400 Ls.; BVerwG FamRZ 2009, 1826.
96 BSG NZS 2010, 400.
97 Vgl. OLG Zweibrücken BeckRS 2005, 10798 = FamRZ 2006, 1201; AG Saarbrücken StAZ 2006, 235 (236); LG Rostock BeckRS 2002, 31149913 = FamRZ 2003, 598; Staudinger/*Voppel,* 2018, Rn. 77.

**e) Zeitpunkt.** Maßgebend ist der Zeitpunkt der Eheschließung. Waren die Ehegatten bei der Eheschließung noch gewillt, eine eheliche Lebensgemeinschaft zu begründen, ist der Aufhebungsgrund nicht gegeben. Die spätere Einigung, dies nicht zu tun, reicht auch dann nicht aus, wenn es nach der Eheschließung noch nicht zur Aufnahme der ehelichen Lebensgemeinschaft gekommen war. 39

**f) Ausschluss der Eheaufhebung bei ehelichem Miteinanderleben.** Die Aufhebung der Ehe ist **ausgeschlossen,** wenn die Ehegatten nach der Eheschließung als Ehegatten miteinander gelebt haben (§ 1315 Abs. 1 S. 1 Nr. 5; → § 1315 Rn. 17). 40

**g) Verfahren. Antragsberechtigt** ist jeder Ehegatte sowie die Verwaltungsbehörde (§ 1316 Abs. 1 Nr. 1). Eine Antragsfrist besteht nicht. § 1565 Abs. 2 ist auf den Aufhebungsantrag eines Partners der Scheinehe nicht entsprechend anzuwenden. Es braucht nicht ein Jahr lang abgewartet zu werden, ob es zu einer Heilung (§ 1315 Abs. 1 S. 1 Nr. 5) kommt. Die Darlegungs- und Beweislast für den Aufhebungstatbestand trifft den Antragsteller. Der Antrag auf Bewilligung von **Verfahrenskostenhilfe** kann nicht wegen Mutwilligkeit abgelehnt werden.[98] Rechtsmissbräuchlich ist zwar die Eingehung der Scheinehe, nicht aber deren Aufhebung; die (alsbaldige) Auflösung der Ehe ist auch nicht stets von vornherein beabsichtigt. Eine Partei trifft jedoch grundsätzlich, insbesondere wenn sie für die Eingehung der Scheinehe ein Entgelt erhalten hat, die Pflicht, Rücklagen zu bilden, um die Kosten eines absehbaren Eheaufhebungsverfahrens finanzieren zu können.[99] Nur wenn sie hierzu nicht imstande war, sind die wirtschaftlichen Voraussetzungen für die Bewilligung von Verfahrenskostenhilfe erfüllt.[100] Die Behauptung, ein versprochenes Entgelt für die Scheinehe nicht erhalten zu haben, muss der Antragsteller glaubhaft machen.[101] 41

## § 1315 Ausschluss der Aufhebung

**(1) [1]Eine Aufhebung der Ehe ist ausgeschlossen**
**1. bei Verstoß gegen § 1303 Satz 1, wenn**
**a) der minderjährige Ehegatte, nachdem er volljährig geworden ist, zu erkennen gegeben hat, dass er die Ehe fortsetzen will (Bestätigung), oder**
**b) auf Grund außergewöhnlicher Umstände die Aufhebung der Ehe eine so schwere Härte für den minderjährigen Ehegatten darstellen würde, dass die Aufrechterhaltung der Ehe ausnahmsweise geboten erscheint;**
**2. bei Verstoß gegen § 1304, wenn der Ehegatte nach Wegfall der Geschäftsunfähigkeit zu erkennen gegeben hat, dass er die Ehe fortsetzen will (Bestätigung),**
**3. im Falle des § 1314 Abs. 2 Nr. 1, wenn der Ehegatte nach Wegfall der Bewusstlosigkeit oder der Störung der Geistestätigkeit zu erkennen gegeben hat, dass er die Ehe fortsetzen will (Bestätigung),**
**4. in den Fällen des § 1314 Abs. 2 Nr. 2 bis 4, wenn der Ehegatte nach Entdeckung des Irrtums oder der Täuschung oder nach Aufhören der Zwangslage zu erkennen gegeben hat, dass er die Ehe fortsetzen will (Bestätigung),**
**5. in den Fällen des § 1314 Abs. 2 Nr. 5, wenn die Ehegatten nach der Eheschließung als Ehegatten miteinander gelebt haben.**
**[2]Die Bestätigung eines Geschäftsunfähigen ist unwirksam.**

**(2) Eine Aufhebung der Ehe ist ferner ausgeschlossen**
**1. bei Verstoß gegen § 1306, wenn vor der Schließung der neuen Ehe die Scheidung oder Aufhebung der früheren Ehe oder die Aufhebung der Lebenspartnerschaft ausgesprochen ist und dieser Ausspruch nach der Schließung der neuen Ehe rechtskräftig wird;**
**2. bei Verstoß gegen § 1311, wenn die Ehegatten nach der Eheschließung fünf Jahre oder, falls einer von ihnen vorher verstorben ist, bis zu dessen Tode, jedoch mindestens drei Jahre als Ehegatten miteinander gelebt haben, es sei denn, dass bei Ablauf der fünf Jahre oder zur Zeit des Todes die Aufhebung beantragt ist.**

---

[98] Vgl. BGH NJW 2011, 1814; OLG Koblenz MDR 2016, 1338; OLG Hamm FamRZ 2001, 1081; OLG Karlsruhe FamRZ 2003, 1760; OLG Frankfurt FamRZ 2006, 1128 (1129); OLG Köln FamRZ 2008, 1260; OLG Saarbrücken BeckRS 2008, 25879 = FamRZ 2009, 626 sowie tendenziell BGH NJW 2005, 2781 = FamRZ 2005, 1477 mit Darstellung des Sach- und Streitstandes.

[99] BGH NJW 2011, 1814 mAnm *Rauscher* LMK 2011, 318616.

[100] Vgl. BGH NJW 2005, 2781 = FamRZ 2005, 1477; OLG Rostock FamRZ 2007, 1335; OLG Koblenz NJW-RR 2009, 1308.

[101] BGH NJW 2011, 1814.

**Übersicht**



## I. Normzweck

1 § 1315 regelt, für jeden Aufhebungsgrund gesondert, unter welchen Voraussetzungen die Aufhebbarkeit einer Ehe, insbesondere durch Bestätigung des Ehewillens, nachträglich **geheilt** werden kann. Lediglich bei einem Verstoß gegen die im öffentlichen Interesse liegenden Verbote des § 1306 (Doppelehe)[1] und des § 1307 (Verwandtenehe) kommt eine Heilung nicht in Betracht. Abs. 1 Nr. 1 wurde mit Wirkung zum 22.7.2017 neugefasst durch das Gesetz zur Bekämpfung von Kinderehen vom 17.7.2017 (BGBl. 2017 I 2429).[2]

## II. Ausschlusstatbestände

2 **1. Ausschluss der Aufhebung einer Minderjährigenehe (Abs. 1 S. 1 Nr. 1). a) Überblick.** Die Aufhebung einer entgegen § 1303 S. 1 mit einer 16- oder 17-jährigen Person geschlossenen Ehe ist ausgeschlossen, wenn sie der betreffende Ehegatte nach Eintritt seiner Volljährigkeit selbst **bestätigt** (Abs. 1 S. 1 Nr. 1 lit. a; allgemein zur Bestätigung → Rn. 8 ff.). Die frühere Möglichkeit, die Genehmigung der Minderjährigenehe durch das FamG nachzuholen, nachdem eine vorherige **Befreiung** gemäß § 1303 Abs. 2 aF unterblieben war (→ 7. Aufl. 2017, Rn. 2), ist durch das Gesetz zur Bekämpfung von Kinderehen mit Wirkung zum 22.7.2017 abgeschafft worden. Ehen wiederum, die mit einer Person unter 16 Jahren geschlossen wurden, sind von vornherein unheilbar nichtig, sodass es ohnehin keiner Aufhebung bedarf (→ § 1303 Rn. 12).

3 **b) Keine Aufhebung im Härtefall (Abs. 1 S. 1 Nr. 2).** § 1315 Abs. 1 Nr. 1 lit. b ermöglicht es dem FamG, in besonderen Härtefällen, die von außergewöhnlichen Umständen geprägt sind, von der Aufhebung der Ehe abzusehen (s. auch → § 1314 Rn. 6). Dabei muss es sich laut Gesetzesbegründung allerdings um **gravierende Einzelfälle** handeln, in denen die Aufhebung der Ehe für den Minderjährigen unter Berücksichtigung des Kindeswohls eine so schwere Härte darstellen würde, dass die Aufrechterhaltung der Ehe ausnahmsweise geboten erscheint. Zu denken sei etwa an eine schwere und lebensbedrohliche **Erkrankung** oder eine krankheitsbedingte[3] **Suizidabsicht** des Minderjährigen. Weiterhin soll sich – was freilich eine völlig andere Fallgruppe betrifft[4] bzw. nicht recht unter den Begriff des außergewöhnlichen Härtefalls passt[5] – eine Härte auch daraus ergeben können, dass die Aufhebung einer von einem minderjährigen Unionsbürger geschlossenen Ehe dessen Freizügigkeitsrecht verletzen würde.[6]

4 Gegenüber dieser sehr **restriktiven Gesetzeslösung** sind vielfach Bedenken erhoben worden. **Kritisiert** wird vor allem, dass es in den Fällen der Minderjährigenehe stets einer Einzelfallentscheidung unter Berücksichtigung des individuellen **Kindeswohls** sowie der rechtlichen und sozialen

[1] Vgl. AG Offenbach BeckRS 2009, 7540 = StAZ 2009, 13.
[2] BT-Drs. 18/12086.
[3] Nicht „krankheitsbedingte" Selbstmordabsicht reicht wohl auch, vgl. BeckOGK/*Kriewald* Rn. 11.1.
[4] Vgl. *Rohe* StAZ 2018, 73 (79), „gesetzessystematisch verfehlt".
[5] *Coester-Waltjen* IPRax 2017, 429 (434).
[6] BT-Drs. 18/12086, 22; BR-Drs. 275/17, 17, 24; s. dazu schon *Bongartz* NZFam 2017, 541 (544); *Coester* FamRZ 2017, 77 (79).

Umstände der Eheschließung bedürfe.[7] Auch die persönliche Reife des Minderjährigen, die Dauer der Ehe und die Motive der Eheschließung müssten beachtet werden.[8] Im Einzelfall könne – insbesondere im Zusammenhang mit einem traumatischen Fluchterlebnis – eine schutzwürdige enge Bindung zum Ehemann entstanden sein.[9] Eine zunächst nicht schutzwürdige Ehe könne mit fortschreitender Zeit „konsensual gelebt" und damit schutzwürdig werden.[10] Auch ein erkennbarer Ehefortsetzungswille des Minderjährigen dürfe nicht außer Acht gelassen werden.[11] Die psychischen und sozialen Auswirkungen der Eheaufhebung seien abzuwägen.[12] Jedenfalls sollten an die Härte keine übertriebenen Anforderungen gestellt werden.[13] Die Minderjährigen sollten nicht zur Flucht vor den deutschen Behörden verleitet werden.[14] All diese Einwände überzeugen durchaus. Indes ist zu beachten, dass der Vorschlag des Bundesrates, die Härtefallregelung zur Ermöglichung von **Einzelfallgerechtigkeit** weiter zu fassen, damit nicht nur „extreme Ausnahmefälle" darunter fallen und etwa auch die besonderen kulturellen Hintergründe berücksichtigt werden könnten,[15] vom Gesetzgeber bewusst nicht aufgegriffen wurde.[16] Vielmehr wurde der Rechtsklarheit Vorzug gegeben. Indem das Gesetz auf **„außergewöhnliche Umstände"** und die „so schwere Härte" abstellt, wurde deutlich gemacht, dass die Ablehnung der Aufhebung die Ausnahme darstellt und umfassender Begründung bedarf. Gleichwohl kann die Wertung von Art. 6 Abs. 1 GG nicht außer Acht bleiben. Am abwehrrechtlichen Schutz von **Art. 6 Abs. 1 GG** haben auch Ehen teil, die nach ausländischem Recht wirksam sind, tatsächlich gelebt werden und deren Bestand (zum gegenwärtigen Zeitpunkt) vom Ehewillen beider Ehegatten getragen wird.[17] Eine Abwägung mit dem Ziel, eine **verfassungskonforme Entscheidung** im Einzelfall zu finden, ist daher nicht verboten, sondern vielmehr unerlässlich.[18]

**c) Insbesondere Verstoß gegen das Freizügigkeitsrecht.** Die Gesetzesbegründung bezieht 5
sich konkret auf den (Härte-)Fall, dass mit der Aufhebung die Verletzung der **Freizügigkeit eines EU-Bürgers** verbunden wäre.[19] Insofern wird davon ausgegangen, dass die Nichtanerkennung einer in einem anderen Mitgliedstaat der EU wirksam geschlossenen Ehe bzw. der damit erworbenen Statusverhältnisse einen Verstoß gegen das Freizügigkeitsrecht bzw. das Recht auf Arbeitnehmerfreizügigkeit und Aufenthalt in Deutschland bedeuten kann (vgl. Art. 21 AEUV).[20] Im Schrifttum wird zu Recht geltend gemacht, dass bereits die Verfahrenseinleitung durch deutsche Behörden gegen das unionsrechtlich verbürgte Freizügigkeitsrecht verstoßen könne.[21] Angeknüpft wird damit an die Rspr. des EuGH, der die Nichtanerkennung eines in einem Mitgliedstaat erworbenen Namens bereits als Verstoß gegen den Grundsatz der Freizügigkeit gewertet hatte.[22] Allerdings gilt auch das nicht einschränkungslos; insbesondere kann der Aspekt der Gleichbehandlung der Staatsangehörigen eine Ausnahme rechtfertigen.[23] Tatsächlich lässt sich der Gesetzesbegründung auch nicht entnehmen, dass bei Ehen von EU-Ausländern stets von einem Härtefall auszugehen wäre;[24] vielmehr bleibt auch in dieser Fallgruppe zu prüfen, ob im konkreten Einzelfall eine Härte gegeben ist.[25] In der Sache betrifft das Schottland, Portugal, Bulgarien[26] und Rumänien,[27] wo Eheschließungen grundsätzlich

[7] Deutsches Institut für Jugendhilfe und Familienrecht JAmt 2016, 598; BR, BT-Drs. 18/12377, 11; *Möller/Yassari* KJ 2017, 269 (270); *Antomo* ZRP 2017, 79 (81); *Coester* FamRZ 2017, 77 (79 f.); *Gausing/Wittebol* DÖV 2018, 41 (48); BeckOGK/*Kriewald* Rn. 11.1.

[8] *Antomo* ZRP 2017, 79 (82).

[9] BT-Drs. 18/12377, 11; *Rohe* StAZ 2018, 73 (79); *Möller/Yassari* KJ 2017, 269 (284).

[10] *Gausing/Wittebol* DÖV 2018, 41 (49).

[11] *Antomo* ZRP 2017, 79 (82); *Frie* FamRB 2017, 232 (233).

[12] *Schwab* FamRZ 2017, 1369 (1370).

[13] *Schwab* FamRZ 2017, 1369 (1370).

[14] *Opris* ZErb 2017, 158 (164); Deutsches Institut für Jugendhilfe und Familienrecht JAmt 2016, 598 (599).

[15] BT-Drs. 18/12377, 11.

[16] Bedauert von *Lohsse/Meysen* JAmt 2017, 345 (346).

[17] *Gausing/Wittebol* DÖV 2018, 41 (46).

[18] In diese Richtung auch *Löhnig* FamRZ 2018, 749 (750).

[19] BT-Drs. 18/12086.

[20] AG Nordhorn StAZ 2018, 127 = BeckRS 2018, 5796 für Ehe von Rumänen; *Bongartz* NZFam 2017, 541 (544).

[21] *Bongartz* NZFam 2017, 541 (544); *Coester-Waltjen* IPRax 2017, 429 (434); *Löhnig* FamRZ 2018, 749 (750); BeckOGK/*Kriewald* Rn. 11.1.

[22] EuGH NJW 2009, 135.

[23] EuGH NJW 2016, 2093.

[24] Etwas vorschnell AG Frankenthal NZFam 2018, 331.

[25] *Majer* NZFam 2018, 610; aA aber AG Nordhorn StAZ 2018, 127 = BeckRS 2018, 5796.

[26] AG Frankenthal NZFam 2018, 331 m. abl. Anm *Majer.*

[27] AG Nordhorn StAZ 2018, 127 = BeckRS 2018, 5796.

ab 16 Jahren wirksam sind, sowie Frankreich und Italien, wo – ähnlich wie früher in Deutschland – ein richterlicher Dispens möglich ist, und schließlich Spanien, welches Minderjährigenehen nach Mündigkeitserklärung kennt (Länderüberblick in → § 1303 Rn. 8 f.).

6 **d) Sonstige Härtefallumstände.** Das AG Nordhorn hat in einem Beschluss die Aufhebung einer in **Rumänien** geschlossenen Minderjährigenehe abgelehnt;[28] das OLG Oldenburg hat die Entscheidung bestätigt.[29] Die Ehefrau, eine Vollwaise, hatte vier Monate vor ihrem 17. Geburtstag geheiratet. Sie war zu diesem Zeitpunkt schwanger, inzwischen ist das Kind in Deutschland geboren worden. Ohne die Heirat hätte sie wahrscheinlich nicht aus Rumänien ausreisen und ihrem Mann nach Deutschland folgen können. Das zuständige Jugendamt sah keinen Anlass für die Aufhebung der Ehe, da die Ehegatten in geordneten Verhältnissen lebten. Die Ehefrau wollte auch weiterhin mit ihrem Ehemann verheiratet sein bzw. gab an, ihn im Fall der Aufhebung der Ehe erneut heiraten zu wollen. Anzeichen für eine Zwangsheirat waren nicht ersichtlich.[30] Insoweit nahm das Gericht an, dass die Aufhebung gegen den Willen der Ehegatten einen **Härtefall** begründen würde.[31] Daran wurde zwar kritisiert, dass der Wille des Minderjährigen nicht entscheidend sein könne, da zu unterstellen sei, dass die Willensbildung von Dritten beeinflusst worden sei.[32] Rein affektive Umstände könnten nicht ausschlaggebend sein.[33] Und auch die wirtschaftliche Absicherung der Ehefrau sollte kein entscheidendes Kriterium sein;[34] denn langfristig muss es eher darum gehen, dass die Minderjährige durch Aus- und Fortbildung eine eigene wirtschaftliche Selbstständigkeit erlangt, was durch die Ehe eher behindert werden mag.[35] Im Ergebnis dürften die genannten Entscheidungen aber nicht zu beanstanden sein, da an die Beurteilung der Härte keine übertrieben hohen Anforderungen zu stellen sind.[36]

7 Es erscheint unverhältnismäßig, eine Ehe aufzuheben, wenn sie die Ehegatten bei Erreichen der Volljährigkeit sogleich wieder schließen würden.[37] Der einvernehmliche Wunsch der Ehegatten, verheiratet zu bleiben, kann nicht ignoriert werden.[38] Das gilt vor allem, wenn der minderjährige Ehegatte nicht mehr weit vom **Erreichen der Volljährigkeit**[39] entfernt ist.[40] Ein geringer Altersunterschied zwischen den Ehegatten wird ebenfalls eher zu Gunsten der bestehenden Ehe angeführt werden können.[41] Gegen die Aufhebung der Ehe kann weiterhin die Schwangerschaft der Frau bzw. die Geburt eines **gemeinsamen Kindes** sprechen.[42] Zu berücksichtigten sind insoweit auch die Folgen der Eheaufhebung für das Verhältnis des Vaters zu dem Kind.[43] Es darf ferner nicht unbeachtet bleiben, welche Folgen die Eheaufhebung für die Minderjährige im jeweiligen kulturellen Milieu haben würde.[44] Der/die Minderjährige sollte am Schluss nicht schlechter stehen als ohne die Aufhebung der Ehe, sonst würde das eigentliche Ziel des Gesetzes zur Bekämpfung von Kinderehen konterkariert.[45] Irrelevant sind allerdings die Interessen des anderen Ehegatten.[46] Bei der Beurteilung mögen im Übrigen auch die Umstände, die früher eine Befreiung vom Erfordernis der Ehemündigkeit gerechtfertigt haben, zu berücksichtigt sein (→ 7. Aufl. 2017, § 1303 Rn. 6 ff.). Und nicht zuletzt sollte auch berücksichtigt werden, wie lange sich die Ehegatten in Deutschland aufhalten (wollen). Bei nur kurzem Aufenthalt dürfte das Tätigwerden deutscher Behörden völkerrechtliche Bedenken auslösen.[47]

---

28 AG Nordhorn StAZ 2018, 127 = BeckRS 2018, 5796.
29 OLG Oldenburg NZFam 2018, 609; dazu *Coester-Waltjen* IPRax 2019, 127 (131).
30 Krit. zur Berücksichtigung dieses Aspekts bei § 1315 Abs. 1 Nr. 1 *Majer* NZFam 2018, 610.
31 Vgl. AG Nordhorn StAZ 2018, 127 = BeckRS 2018, 5796.
32 *Majer* NZFam 2018, 610.
33 Staudinger/*Voppel*, 2018, Rn. 26.
34 AA wohl AG Frankenthal NZFam 2018, 331.
35 Zutr. *Majer* NZFam 2018, 332.
36 Vgl. *Löhnig* FamRZ 2018, 749 (750); BeckOGK/*Kriewald* Rn. 11; zweifelnd *Coester-Waltjen* IPRax 2019, 127 (131).
37 Vgl. *Rohe* StAZ 2018, 73 (78); BeckOGK/*Kriewald* Rn. 11.1.
38 Vgl. BeckOGK/*Kriewald* Rn. 11.1; *Löhnig* FamRZ 2018, 749 (750).
39 Zur Frage, nach welchem Recht sich diese beurteilt, *Rohe* StAZ 2018, 73 (78).
40 AG Nordhorn StAZ 2018, 127 = BeckRS 2018, 5796; *Löhnig* FamRZ 2018, 749 (750); BeckOGK/*Kriewald* Rn. 11.1.
41 *Rohe* StAZ 2018, 73 (79).
42 Vgl. AG Nordhorn StAZ 2018, 127 = BeckRS 2018, 5796; AG Frankenthal NZFam 2018, 331; *Frie* FamRB 2017, 232 (233); *Gausing/Wittebol* DÖV 2018, 41 (49); *Löhnig* FamRZ 2018, 749 (750).
43 Vgl. im Zusammenhang mit dem ordre public *Möller/Yassari* KJ 2017, 269 (278).
44 Vgl. *Rohe* StAZ 2018, 73 (79).
45 Ähnlich *Möller/Yassari* KJ 2017, 269 (284).
46 Staudinger/*Voppel*, 2018, Rn. 27.
47 *Rohe* StAZ 2018, 73 (78).

**2. Bestätigung (Abs. 1 S. 1 Nr. 1 lit. a, Nr. 2, 3 und 4). a) Fallgruppen.** Die Aufhebbarkeit der Ehe entfällt, wenn der minderjährige Ehegatte nach Erreichen der Volljährigkeit (Abs. 1 S. 1 Nr. 1 lit. a), der geschäftsunfähige Ehegatte nach Wegfall der Geschäftsunfähigkeit (Abs. 1 S. 1 Nr. 2), der bewusstlose oder geistesgestörte Ehegatte nach Wegfall der Bewusstlosigkeit oder Störung der Geistestätigkeit (Abs. 1 S. 1 Nr. 3), der nicht um die Eheschließung wissende, der getäuschte oder der bedrohte Ehegatte nach Entdeckung des Irrtums oder der Täuschung oder nach Aufhören der Zwangslage (Abs. 1 S. 1 Nr. 4) **zu erkennen gegeben** hat, dass er die **Ehe fortsetzen will.** Da in diesen Fällen die Aufhebbarkeit dem Schutz der **Willensfreiheit** des betreffenden Ehegatten dient, verliert sie ihre Berechtigung, wenn der Ehegatte nach Erlangung der Willensfreiheit an der Ehe trotz des Mangels bei ihrer Begründung festhält. 8

**b) Entdeckung von Irrtum oder Täuschung.** Der Irrtum oder die Täuschung ist entdeckt **(Abs. 1 S. 1 Nr. 4),** wenn dem Ehegatten die eine Aufhebung rechtfertigenden Tatsachen in ihrer Tragweite und ihren Auswirkungen ausreichend bekannt sind.[48] Ein bloßer Verdacht oder eine Vermutung genügt nicht. Fahrlässige Unkenntnis (Kennenmüssen) steht der Kenntnis nicht gleich. Die **Kenntnis** muss alle wesentlichen Umstände erfassen, im Falle der Täuschung auch die Täuschungsabsicht. Die Entdeckung braucht jedoch nicht auf Grundlagen zu beruhen, wie sie zur Herstellung voller Gewissheit erforderlich sind. Es genügt, wenn für das Bestehen des Aufhebungsgrundes Anhaltspunkte bekannt werden, die einen über eine bloße Vermutung hinausgehenden Schluss gestatten und bei vernünftiger Überlegung zur Geltendmachung des Aufhebungsrechts ausreichen.[49] Eine Kenntnis des Aufhebungsrechts als solchem ist nicht erforderlich.[50] 9

**c) Äußerung des Fortsetzungswillens.** Die Bestätigung ist **keine rechtsgeschäftliche,** empfangsbedürftige Willenserklärung,[51] insbesondere keine Bestätigung iSv § 141, sondern eine rechtsgeschäftsähnliche Handlung.[52] Damit gibt der betreffende Ehegatte nach außen zu erkennen, dass er die Ehe trotz des erkannten Mangels fortsetzen will (Fortsetzungswille). Insoweit kann man eine Parallele zur Bestätigung eines anfechtbaren Rechtsgeschäftes nach § 144 ziehen.[53] Eine Vertretung ist ausgeschlossen. Die Bestätigung ist möglich, solange die Ehe nicht rechtskräftig aufgelöst ist, allerdings nicht mehr nach der letzten mündlichen Verhandlung der Tatsacheninstanz im Scheidungs- oder Aufhebungsverfahren.[54] Eine Kenntnis vom Aufhebungsrecht ist nicht erforderlich; auch ein besonderer Wille, auf das Aufhebungsrecht zu verzichten und die Heilung der Ehe herbeizuführen, ist nicht zu verlangen. Der Ehegatte muss jedoch die den Mangel begründenden Tatsachen kennen und wenigstens ein allgemeines **Bewusstsein** davon haben, dass er die Ehe wegen des Mangels bei ihrer Eingehung zur Auflösung bringen kann oder dass Zweifel an ihrer Gültigkeit bestehen und er durch sein Verhalten ein möglicherweise vorhandenes Aufhebungsrecht aufgibt.[55] 10

Eine Bestätigung liegt in jedem **Verhalten,** durch das der Ehegatte seinen Willen, den Aufhebungsgrund auf sich beruhen zu lassen, nach objektiver Betrachtung zum Ausdruck bringt.[56] Ein innerer Vorbehalt entgegen dem äußeren Verhalten ist unbeachtlich. Unerheblich ist, wie der andere Ehegatte das Verhalten verstanden hat oder verstehen musste; der andere muss auch nicht von der Bestätigung Kenntnis nehmen.[57] Die Bestätigung kann sowohl durch **ausdrückliche Erklärung,** die keiner Form bedarf, gegenüber dem anderen Ehegatten oder gegenüber einem Dritten wie auch durch **schlüssige Handlung** erfolgen, insbesondere durch weiteres Zusammenleben in ehelicher Gemeinschaft, Geschlechtsverkehr[58] oder Rücknahme des Aufhebungsantrags.[59] Insofern kann auf eine einzelne Handlung abzustellen sein, regelmäßig wird die Bestätigung aber in einem über längere 11

---

[48] Vgl. RGZ 164, 106 (109); RG JW 1928, 896 (897); 1939, 635 (636); OLG Nürnberg FamRZ 1967, 152 (154); Erman/*Roth* Rn. 7.

[49] RG JW 1927, 2124; 1928, 896 (897); WarnR 1933 Nr. 81; Johannsen/Henrich/*Henrich* Rn. 6; Staudinger/*Voppel,* 2018, Rn. 18; FamRefK/*Wax* Rn. 11.

[50] BGH FamRZ 1967, 372 (375) = NJW 1967, 1417 Ls; RG WarnR 1934 Nr. 105; Staudinger/*Voppel,* 2018, Rn. 18.

[51] RG DR 1944, 840.

[52] *Coester-Waltjen* FamRZ 2012, 1185 (1186).

[53] OLG Dresden DR 1942, 81.

[54] Palandt/*Brudermüller* Rn. 9.

[55] OLG Frankfurt BeckRS 2019, 3941; Palandt/*Brudermüller* Rn. 6; BeckOK BGB/*Hahn,* 1.8.2018, § 1315 Rn. 3.

[56] RGZ 165, 121; RG DR 1944, 840.

[57] RG DR 1944, 840; Johannsen/Henrich/*Henrich* Rn. 7 f.

[58] Anders bei erzwungenem Geschlechtsverkehr, RGZ 165, 121 (123).

[59] Vgl. BGH BeckRS 2010, 12059 = FamRZ 1983, 450; OLG Köln FamRZ 2003, 375; FamRefK/*Wax* Rn. 4.

Zeit gezeigten **eheloyalen Verhalten** liegen.[60] Situationsbedingte Zeichen freundlicher Gesinnung sowie Äußerungen des Wohlwollens und des Mitgefühls gegenüber dem anderen Ehegatten (Besuche im Krankenhaus, kleine Geschenke) werden meist noch nicht die Bekundung des Willens darstellen, die Ehe fortzusetzen. Zu berücksichtigen sind stets alle Umstände des Einzelfalls,[61] entscheidender Beurteilungszeitpunkt ist dabei die letzte mündliche Verhandlung. Auf die Auffassung des anderen Ehegatten kommt es nicht an. Dieser braucht nicht seinerseits zu bekunden, die Ehe fortsetzen zu wollen.

12 **Keine Bestätigung** ist es, wenn der getäuschte oder bedrohte Ehegatte erklärt, er wolle versuchen, über die seelische Erschütterung hinwegzukommen und die Ehe noch kurze Zeit fortsetzt. Allerdings darf dieser Versuch nicht zeitlich so ausgedehnt werden, dass dadurch für lange Zeit ein unerträglicher Schwebezustand entsteht.[62] Entsprechendes gilt, wenn der über die Sterilisation getäuschte Ehegatte noch einige Monate mit dem anderen zusammenlebt, sofern er in dieser Zeit durchgehend, aber vergeblich versucht hat, diesen zur Teilnahme an medizinischen Maßnahmen zur Behebung seiner Zeugungsunfähigkeit zu veranlassen.[63]

13 Eine der Bestätigung hinzugefügte **Bedingung oder Zeitbestimmung** ist beachtlich, sofern der Vorbehalt nicht dem Wesen der Ehe widerspricht oder einen unangemessen langen Schwebezustand schafft.[64] Die einmal erfolgte Bestätigung ist **unwiderruflich.** Die §§ 116–124 sind nicht anwendbar.

14 **d) Geschäftsfähigkeit des Bestätigenden (Abs. 1 S. 2).** Der **geschäftsunfähige** Ehegatte kann die Ehe nicht bestätigen[65] (Abs. 1 S. 2) und zwar angesichts des höchstpersönlichen Charakters der Rechtshandlung auch nicht durch seinen gesetzlichen Vertreter. Wie bei § 1304 auch genügt aber partielle Geschäftsfähigkeit (→ § 1304 Rn. 3).

15 Im Fall einer **Minderjährigenehe** kann der betreffende Ehegatte eine aufhebbare Ehe nur selbst bestätigen und zwar erst **nach Eintritt der Volljährigkeit** (Abs. 1 S. 1 Nr. 1 lit. a). Zur früher in Abs. 1 S. 3 geregelten Zustimmung des gesetzlichen Vertreters zur Bestätigung der Ehe durch den Minderjährigen in Sonderfällen → 7. Aufl. 2017, Rn. 9.

16 **e) Ausschluss der Aufhebung.** Nach der Bestätigung können auch der andere Ehegatte und die Verwaltungsbehörde die Aufhebung der Ehe nicht mehr herbeiführen.

17 **3. Eheliches Miteinanderleben (Abs. 1 S. 1 Nr. 5, Abs. 2 Nr. 2). a) Begriff.** Eheliches Miteinanderleben führt in den **Fällen der Scheinehe** und bei **Verstoß gegen § 1311** (Modalitäten der Eheschließungserklärung) zur Heilung der aufhebbaren Ehe. Die Ehegatten leben als Ehegatten miteinander, wenn sie in häuslicher und ehelicher Gemeinschaft zusammenleben,[66] wohl aber auch dann, wenn sie zwar aufgrund äußerer Umstände oder ihrer Entscheidung über die eheliche Lebensführung keinen gemeinsamen Haushalt haben, sich aber innerlich als Ehegatten fühlen, dies auch nach außen dokumentieren und die eheliche Gemeinschaft in der unter den gegebenen Verhältnissen möglichen Weise verwirklichen.[67] Nicht Voraussetzung für das eheliche Miteinanderleben ist eine Geschlechtsgemeinschaft der Ehegatten.[68] Die Eheleute müssen nicht wissen, dass ihre Ehe aufhebbar ist und nicht den Willen haben, die Heilung ihrer Ehe herbeizuführen. An einem ehelichen Miteinanderleben fehlt es jedoch, wenn mindestens einer der Ehegatten es ablehnt, den anderen als Ehegatten zu behandeln, und dies dem anderen gegenüber auch zum Ausdruck gebracht wird.[69] Wurde tatsächlich ehelich miteinander gelebt, bleibt nur noch die Auflösung der Ehe durch Scheidung.

18 **b) Situation bei der Scheinehe (Abs. 1 S. 1 Nr. 5).** Im Falle einer Scheinehe (§ 1314 Abs. 2 Nr. 5) kommt es auf die Dauer des ehelichen Miteinanderlebens nicht an. Maßgeblich ist, ob nach außen erkennbar der objektive Eindruck einer auf Dauer angelegten ehelichen Lebensgemeinschaft entstanden ist. Ein nur ganz kurzfristiges Zusammenleben wird lediglich dann als eheliches Miteinanderleben angesehen werden können, wenn der Entschluss der Ehegatten feststeht, entgegen ihrer ursprünglichen Vereinbarung nun doch eine auf Dauer angelegte eheliche Lebens- und Verantwortungsgemeinschaft einzugehen, mag diese dann auch bereits nach kurzer Zeit scheitern. Dass die

---

60 OLG Hamm FPR 2004, 26; Palandt/*Brudermüller* Rn. 7.
61 RGZ 165, 121 (123).
62 RGZ 163, 139 (141 f.).
63 Vgl. OLG Stuttgart NJW 2004, 2247.
64 Vgl. RG DR 1944, 664; RGZ 163, 139 (141 f.); Erman/*Roth* Rn. 2a; Staudinger/*Voppel*, 2018, Rn. 12; aA Palandt/*Brudermüller* Rn. 7, Bestätigung unter Vorbehalt sei nicht ausreichend.
65 RGZ 157, 129 (130).
66 Vgl. hierzu OLG Celle FamRZ 2004, 949; AG Pankow-Weißensee FamRZ 2009, 1325.
67 Etwas restriktiver wohl Palandt/*Brudermüller* Rn. 14.
68 Palandt/*Brudermüller* Rn. 14.
69 Palandt/*Brudermüller* Rn. 16; Johannsen/Henrich/*Henrich* Rn. 22.

Frau während der Ehe ein Kind geboren hat, belegt noch nicht, dass die Ehegatten nach der Eheschließung als Ehegatten miteinander gelebt haben.[70] Die einseitige Aufnahme der Fürsorge für den infolge Geisteskrankheit jeglicher ehelichen Gesinnung unfähigen anderen Ehegatten führt noch nicht zur Heilung.[71] Erst recht reichen finanzielle Zuwendungen des einen an den anderen Ehegatten nicht aus. Scheidet ein Zusammenleben aus Gründen aus, auf die die Ehegatten keinen Einfluss haben (zB Strafhaft, Ausbildungen an verschiedenen Orten), so kann ausnahmsweise ein Miteinanderleben als Ehegatten auch zu bejahen sein, wenn die Ehegatten subjektiv zur ehelichen Gemeinschaft stehen und diese im Rahmen des Möglichen realisieren.[72]

**c) Situation bei Verstoß gegen § 1311 (Abs. 2 Nr. 2).** Bei einem Verstoß gegen § 1311 (Persönliche Erklärung) muss das eheliche **Zusammenleben** fünf oder bei Tod eines Ehegatten mindestens drei Jahre gedauert haben; außerdem darf bei Fristablauf nicht die Aufhebung der Ehe beantragt sein. Das macht auch im Falle des Todes, der nach § 131 FamFG zur Erledigung des Aufhebungsverfahrens führt, im Hinblick auf § 1933 S. 2, § 2077 Abs. 1 S. 3 einen Sinn.[73] Die **fünf- bzw. dreijährige Frist** berechnet sich nach § 187 Abs. 1, § 188. Die Frist beginnt frühestens mit der Eheschließung, kann jedoch auch erst später beginnen, nämlich dann, wenn die Ehegatten die eheliche Gemeinschaft nicht sofort aufgenommen haben. Eine vorübergehende kürzere Trennung der Eheleute infolge Strafhaft, Wehrdienst, Krankheit, auswärtiger Berufstätigkeit usw. schließt eheliches Miteinanderleben nicht aus, sofern die ehelichen Beziehungen fortdauern. Ein **Indiz** für das eheliche Miteinanderleben kann die gemeinsame Führung eines Ehenamens (vgl. § 1355) sein. Haben die Ehegatten die häusliche Gemeinschaft bewusst aufgegeben, sie aber später nach einer Aussöhnung wieder aufgenommen, so ist der Ablauf der Frist während der Zeit der Trennung gehemmt und läuft nach Wiederaufnahme der häuslichen Gemeinschaft weiter. Auf eine Eintragung im Eheregister kommt es bei Abs. 2 Nr. 2 nicht an. Irrelevant ist weiterhin, ob die Ehegatten den Formfehler bei der Eheschließung inzwischen erkannt haben oder nicht.[74] 19

Nach **Ablauf der Frist** ist der Mangel geheilt, es sei denn, dass bei Ablauf der Frist ein auf die Verletzung des § 1311 gestützter Aufhebungsantrag (zB seitens der antragsberechtigten Verwaltungsbehörde) anhängig ist (§ 124 S. 1 FamFG) und dem Antrag stattgegeben wird. Wird der Antrag dagegen zurückgenommen oder abgewiesen, so bleibt die Antragstellung auf die Heilung ohne Einfluss. Das Gleiche gilt für einen auf einen anderen Aufhebungsgrund gestützten Antrag. 20

**4. Nachträgliche Rechtskraft einer die frühere Ehe oder die Lebenspartnerschaft auflösenden Entscheidung (Abs. 2 Nr. 1).** Eine Sonderregelung für die **Bigamie** enthält Abs. 2 Nr. 1. Es geht um die Fälle, dass die Doppelehe in einem Zeitpunkt begründet wurde, in dem die Scheidung oder Aufhebung der früheren Ehe (oder Lebenspartnerschaft) bereits ausgesprochen, aber noch nicht rechtskräftig war. Hier wird die eingegangene bigamische Ehe rückwirkend geheilt, wenn die Entscheidung über die Auflösung der früheren Ehe oder der Lebenspartnerschaft nachträglich Rechtskraft erlangt. Die Vorschrift des Abs. 2 Nr. 1 soll die nach einer vermeintlich rechtskräftigen Auflösung der früheren Beziehung – insbesondere weil die Entscheidung von der Geschäftsstelle des FamG vorzeitig mit einem Rechtskraftvermerk versehen worden war[75] – eingegangene Ehe schützen. Zu denken ist überdies an den Fall, dass es in einem Verbundverfahren zu einer hinkenden Rechtskraft des Scheidungsbeschlusses gekommen ist, weil die Verbundentscheidung an einen der Beteiligten nicht ordnungsgemäß zugestellt worden ist.[76] Stirbt einer der Partner der Erstehe oder Lebenspartnerschaft vor Rechtskraft,[77] so kann die Entscheidung nicht mehr rechtskräftig werden (§§ 131, 270 Abs. 1 FamFG). Eine Heilung ist nicht mehr möglich.[78] Zur Heranziehung des Rechtsgedankens des Abs. 2 Nr. 1 im Falle der Bestätigung der früheren Entscheidung nach Wiederaufnahme des Verfahrens → § 1306 Rn. 9. 21

Dagegen bleibt die bigamische Ehe nach dem eindeutigen Wortlaut des Gesetzes aufhebbar, wenn die erste Ehe später durch **Tod des anderen Ehegatten,** Aufhebung oder Scheidung aufgelöst oder die Lebenspartnerschaft später aufgehoben wird und zwar auch dann, wenn die Ehegatten die 22

---

70 Staudinger/*Voppel,* 2018, Rn. 31; Johannsen/Henrich/*Henrich* Rn. 18; aA *Wolf* FamRZ 1998, 1477 (1486).

71 Vgl. den Fall BGH NJW 2002, 671 = JZ 2002, 710 (716) m. abl. Anm. *Muscheler* = JR 2002, 455 (459) m. abl. Anm. *Rauscher.*

72 BeckOK BGB/*Hahn* Rn. 9.

73 Vgl. FamRefK/*Wax* Rn. 9; *Rauscher* FamR Rn. 208, 213.

74 Palandt/*Brudermüller* Rn. 16.

75 Zu den Ursachen s. *Otto* StAZ 1980, 226 f.

76 Palandt/*Brudermüller* Rn. 15; *Heintzmann* FamRZ 1980, 112 (123).

77 Vgl. OLG München FamRZ 1980, 565 (566).

78 Vgl. Johannsen/Henrich/*Henrich* Rn. 20; BeckOK BGB/*Hahn* Rn. 11; aA *Rauscher* FamR Rn. 165.

eheliche Lebensgemeinschaft fortsetzen.[79] Die Aufhebung der bigamischen Ehe bezweckt nicht nur, das alleinige Vorrecht der ersten Ehe bzw. der Lebenspartnerschaft wiederherzustellen, sondern auch den in der Eingehung der bigamischen Ehe liegenden Verstoß gegen das Sittengesetz zu beseitigen. Die Partner der zweiten Ehe haben nach Auflösung der ersten Ehe oder nach Aufhebung der Lebenspartnerschaft lediglich die Möglichkeit, durch Wiederholung der Eheschließung ihre Ehe mit Wirkung ex nunc zu einer vollgültigen Ehe zu machen.

## § 1316 Antragsberechtigung

**(1) Antragsberechtigt**
**1. sind bei Verstoß gegen § 1303 Satz 1, die §§ 1304, 1306, 1307, 1311 sowie in den Fällen des § 1314 Abs. 2 Nr. 1 und 5 jeder Ehegatte, die zuständige Verwaltungsbehörde und in den Fällen des § 1306 auch die dritte Person. Die zuständige Verwaltungsbehörde wird durch Rechtsverordnung der Landesregierungen bestimmt. Die Landesregierungen können die Ermächtigung nach Satz 2 durch Rechtsverordnung auf die zuständigen obersten Landesbehörden übertragen;**
**2. ist in den Fällen des § 1314 Abs. 2 Nr. 2 bis 4 der dort genannte Ehegatte.**
**(2) [1]Der Antrag kann für einen geschäftsunfähigen Ehegatten nur von seinem gesetzlichen Vertreter gestellt werden. [2]Bei einem Verstoß gegen § 1303 Satz 1 kann ein minderjähriger Ehegatte den Antrag nur selbst stellen; er bedarf dazu nicht der Zustimmung seines gesetzlichen Vertreters.**

**(3) [1]Bei Verstoß gegen die §§ 1304, 1306, 1307 sowie in den Fällen des § 1314 Abs. 2 Nr. 1 und 5 soll die zuständige Verwaltungsbehörde den Antrag stellen, wenn nicht die Aufhebung der Ehe für einen Ehegatten oder für die aus der Ehe hervorgegangenen Kinder eine so schwere Härte darstellen würde, dass die Aufrechterhaltung der Ehe ausnahmsweise geboten erscheint. [2]Bei einem Verstoß gegen § 1303 Satz 1 muss die zuständige Behörde den Antrag stellen, es sei denn, der minderjährige Ehegatte ist zwischenzeitlich volljährig geworden und hat zu erkennen gegeben, dass er die Ehe fortsetzen will.**

**Übersicht**



### I. Normzweck

1 Die Vorschrift regelt in abschließender Weise, wer befugt ist, die Aufhebung der Ehe zu beantragen. Zum abschließenden Kreis der Antragsberechtigten gehören die Ehegatten, bei der Bigamie auch der dritte Ehegatte, sowie die Verwaltungsbehörde. Jeder Antragsberechtigte kann über die Ausübung seines Antragsrechts selbstständig entscheiden.[1] Mit dem Antrag können weitere Ehesachen verbunden werden (§ 126 Abs. 1 FamFG). Die Norm wurde durch das Gesetz zur Bekämpfung von Kinderehen vom 17.7.2017 (BGBl. 2017 I 2429)[2] mWv 22.7.2017 in Abs. 2 geändert sowie um Abs. 3 S. 2 ergänzt.

### II. Antragsrecht der Ehegatten

2 **1. Antragsberechtigte Personen.** Das Antragsrecht ist **höchstpersönlich,** Stellvertretung durch Dritte scheidet aus. Unberührt bleibt die Möglichkeit, einen Anwalt als Verfahrensbevollmäch-

[79] BGHZ 37, 51 (55 f.) = NJW 1962, 1152; BGH JZ 1962, 446 (447) = FamRZ 1961, 427; NJW 1986, 3083 (3084); OLG Oldenburg IPRax 2001, 143 (144); AG Offenbach BeckRS 2009, 7540 = StAZ 2009, 13; *Piekenbrock* IPRax 2001, 119 (122); Staudinger/*Voppel,* 2018, Rn. 35.
[1] BGHZ 30, 140 = NJW 1959, 2207 = FamRZ 1959, 450 (451).
[2] BT-Drs. 18/12086.

tigten zu bestellen (§ 114 FamFG). **In den Fällen des § 1314 Abs. 1, Abs. 2 Nr. 1 und 5** sind beide Ehegatten antragsbefugt (Abs. 1 Nr. 1). Keine Rolle spielt, ob der Ehegatte den Aufhebungsgrund bei Eingehung der Ehe kannte oder nicht und in wessen Person der Mangel begründet wurde.

Im Fall der **Bigamie bzw. Doppelehe** (Verstoß gegen § 1306) ist außerdem antragsberechtigt 3
der andere Ehegatte der Erstehe. Anderes gilt nur, wenn die Aufhebung der Ehe mittlerweile ohnehin nach § 1315 Abs. 2 Nr. 1 ausgeschlossen ist. Entsprechendes gilt bei einer Ehe während (noch) bestehender Lebenspartnerschaft. An ein im Einzelfall darzulegendes besonderes Rechtsschutzinteresse ist das Antragsrecht des (dritten) Ehegatten bzw. des anderen Lebenspartners nach dem Gesetzeswortlaut an sich nicht geknüpft. Ein **schutzwürdiges Interesse** wird – solange die andere Ehe bzw. Lebenspartnerschaft noch besteht – vielmehr generalisierend unterstellt.[3] Anders liegt es jedoch, wenn die erste Ehe bzw. die Lebenspartnerschaft inzwischen aufgelöst ist. Dann setzt der Antrag des Dritten die Geltendmachung eigener Belange voraus, die sein objektives Interesse an der Aufhebung der bigamischen Ehe begründen und sich auch gegenüber den Belangen der Ehegatten der zweiten Ehe und etwaiger aus ihr hervorgegangener Kinder als schutzwürdig erweisen.[4] Das kann zB die Klärung vermögensrechtlicher, insbesondere renten- und versorgungsrechtlicher Fragen betreffen. Das Bedürfnis, die staatliche Ordnung und ihre Eheverbote zu wahren, begründet hingegen kein eigenes Aufhebungsinteresse des früheren Ehegatten der Erstehe.[5] Der Antrag des dritten Ehegatten bzw. des anderen Lebenspartners ist gegen beide Ehegatten der bigamischen Ehe zu richten (§ 129 Abs. 1 FamFG).

In den verbleibenden **Fällen des § 1314 Abs. 2 Nr. 2–4** ist nur der Ehegatte antragsbefugt, 4
der sich geirrt hat oder getäuscht oder bedroht worden ist, also ausschließlich der Ehegatte, in dessen Person der genannte **Willensmangel** vorliegt (Abs. 1 Nr. 2).

**2. Geschäftsfähigkeit (Abs. 2).** Für einen **geschäftsunfähigen Ehegatten** kann der Aufhe- 5
bungsantrag nur von dem gesetzlichen Vertreter bzw. Betreuer gestellt werden. Dieser bedarf der Genehmigung des FamG (§ 125 Abs. 2 S. 2 FamFG). Bei einem Verstoß gegen **§ 1303 S. 1** kann der **minderjährige Ehegatte,** der nicht zugleich geschäftsunfähig ist, den Antrag nur selbst stellen; er bedarf dazu nicht der Zustimmung seines gesetzlichen Vertreters. Das entspricht seiner Verfahrensfähigkeit in Ehesachen (§ 125 Abs. 1 FamFG). Der gesetzliche Vertreter ist nicht antragsbefugt. Entscheidend für die Beurteilung der Geschäftsfähigkeit ist der Zeitpunkt des Aufhebungsverfahrens.[6]

**3. Unzulässige Rechtsausübung.** Ist eine Ehe mit einem Begründungsmangel behaftet und 6
fehlt ein Ausschlussgrund (§ 1315) für den betreffenden Aufhebungsgrund, so kann ein antragsberechtigter Ehegatte die Aufhebung beantragen. Nur im seltenen Ausnahmefall wird sich ein Aufhebungsantrag als unzulässige Rechtsausübung darstellen. Bei einem **Verstoß gegen § 1306** ist dies denkbar bei einem Aufhebungsantrag des Ehegatten der Erstehe nach deren Auflösung (→ Rn. 3). Als unzulässige Rechtsausübung kann es anzusehen sein, wenn der Antragsteller nach Auflösung der ersten Ehe die Aufhebung einer bigamischen Ehe nur begehrt, um von einer ihm lästig gewordenen ehelichen Bindung trotz Fehlen eines Scheidungsgrundes loszukommen und alsdann eine dritte Ehe einzugehen[7] oder um sich wieder dem Partner der ersten inzwischen geschiedenen Ehe zuwenden zu können.[8] Dem Aufhebungsantrag wird dagegen in aller Regel ein schutzwürdiges Interesse nicht fehlen, solange die frühere Ehe noch besteht[9] oder wenn der Antragsteller die Scheidung der bigamischen Ehe unschwer erreichen könnte und die Aufhebung anstelle der Scheidung wegen der vermögensrechtlichen Folgen der Aufhebung (§ 1318) beantragt. Ein Missbrauch kann ferner vorliegen, wenn der Antragsteller den Aufhebungsgrund beseitigen könnte, zB durch Stellung eines Antrags auf Anerkennung eines ausländischen Scheidungsurteils, durch das seine frühere Ehe schon vor Eingehung der bigamischen Ehe rechtskräftig geschieden war.[10]

### III. Antragsrecht der Verwaltungsbehörde

**1. Zuständigkeit.** In den Fällen des § 1314 Abs. 1, Abs. 2 Nr. 1 und 5 ist auch die zuständige 7
Verwaltungsbehörde antragsbefugt. Bei diesen Aufhebungstatbeständen geht es in erster Linie um

---

3 BGHZ 149, 357 (360) = NJW 2002, 1268 (1269).

4 BGHZ 149, 357 (360) = NJW 2002, 1268 (1269).

5 BGHZ 149, 357 (362) = NJW 2002, 1268 (1269) = LM § 1316 Nr. 1 mAnm *Hohloch* Bl. 3 f.; vgl. auch *Oehlmann/Stille* FuR 2003, 494 ff.; aA OLG Oldenburg IPRax 2001, 143 – Vorinstanz.

6 Palandt/*Brudermüller* Rn. 6.

7 BGHZ 30, 140 (142 ff.) = NJW 1959, 2207 = JZ 1959, 633 mAnm *Müller-Freienfels*; OLG Bamberg FamRZ 1958, 370 – Vorinstanz; zurückhaltend aber BGHZ 37, 51 = NJW 1962, 1152.

8 BGH NJW 1964, 1853 = MDR 1964, 663.

9 BGH NJW 1975, 872 (873).

10 BGH MDR 1961, 919 = BeckRS 1961, 31392760; OLG Celle NdsRpfl. 1961, 30 – Vorinstanz; anders bei nicht anerkennungsfähiger Auslandsscheidung, s. hierzu *Rauscher* FamR Rn. 217.

die Wahrung der rechten Ordnung der Ehe und damit um öffentliche Belange. Die Verwaltungsbehörde wird durch **Rechtsverordnung der Landesregierungen** bestimmt; diese können die Ermächtigung durch Rechtsverordnung auf die zuständigen obersten Landesbehörden übertragen. Sollte eine Landesregierung keine Rechtsverordnung erlassen, ist die entsprechende Verwaltungsbehörde selbst zuständig.[11]

8 **Übersicht** über die zuständige Verwaltungsbehörde (Abs. 1 Nr. 1 S. 2) in den einzelnen Bundesländern:

| | |
|---|---|
| **Baden-Württemberg:** | EheAufhBehVO vom 16.1.2001, GVBl. S. 2: Regierungspräsidium Tübingen |
| **Bayern:** | § 22 ZustV vom 16.6.2015, GVBl. S. 184: Regierung von Mittelfranken |
| **Berlin:** | § 3 Abs. 2 S. 1 Allgemeines Zuständigkeitsgesetz, § 4 Abs. 1 S. 2 Allgemeines Zuständigkeitsgesetz idF vom 22.7.1996, GVBl. S. 302, 472: Bezirksverwaltungen |
| **Brandenburg:** | § 18 BbgAGBGB vom 28.7.2000, GVBl. I S. 114: Ministerium des Inneren |
| **Bremen:** | EheAufhAZustVO vom 7.8.2001, GBl. S. 261: Standesämter Bremen-Mitte, Bremen-Nord und Bremerhaven |
| **Hamburg:** | Anordnung vom 1.9.1998, Amtl. Anz. S. 2450: Bezirksämter |
| **Hessen:** | EheAufhZustVO vom 22.12.1999, GVBl. I S. 26, iVm Art. 1 VO vom 13.12.2004, GVBl. I S. 414: Regierungspräsidien |
| **Mecklenburg-Vorpommern:** | § 1316-BGB-AufgÜbG vom 10.12.1999, GVBl. S. 632: Landkreise und kreisfreie Städte |
| **Niedersachsen:** | § 2 Nr. 8 AllgZustVO-Kom vom 14.12.2004, GVBl. S. 589: Landkreise, kreisfreie Städte und die großen selbständigen Städte |
| **Nordrhein-Westfalen:** | NRWEheAZustVO vom 26.5.1998, GVBl. S. 391: Bezirksregierungen Köln und Arnsberg |
| **Rheinland-Pfalz:** | EheAufhAZuVO vom 3.7.1998, GVBl. S. 198: Aufsichts- und Dienstleistungsdirektion mit Hauptsitz in Trier |
| **Saarland:** | § 30a AGJusG vom 5.2.1997, ABl. S. 518: Landkreise, Stadtverband Saarbrücken, Landeshauptstadt Saarbrücken |
| **Sachsen:** | § 6 SächsPStVO vom 7.1.2009, geändert durch VO vom 10.10.2018, GVBl. S. 622: Landesdirektion Sachsen, bei Verstoß gegen § 1303 S. 1 auch die Jugendämter |
| **Sachsen-Anhalt:** | § 1 Abs. 1 Nr. 14 AllgZustVO-Kom vom 7.5.1994, GVBl. LSA 1994, 568: Landkreise und kreisfreie Städte |
| **Schleswig-Holstein:** | ZustVO-1316 BGB vom 26.5.1998, GVBl. S. 199: Landräte der Kreise sowie Bürgermeister der kreisfreien Städte |
| **Thüringen:** | ZustVO-1316 BGB vom 11.1.1999, GVBl. S. 52: Landesverwaltungsamt |

9 **2. Entscheidung über die Antragstellung und Härteklausel (Abs. 3). a) Überblick.** Bei Verstoß gegen die §§ 1304, 1306, 1307 sowie in den Fällen des § 1314 Abs. 2 Nr. 1 und 5 **soll** die zuständige Behörde den Antrag stellen (Abs. 3 S. 1). Das betrifft insbesondere Fälle der Geschäftsunfähigkeit, der Doppelehe sowie der Scheinehe. In Fällen des Verstoßes gegen **§ 1303** S. 1 (Minderjährigenehe) **muss** die Behörde den Antrag stellen (Abs. 3 S. 2; → Rn. 15). Nur **bei Verstößen gegen § 1311** (persönliche Erklärung) steht die Antragstellung im **pflichtgemäßen Ermessen** der Behörde.[12] Die Entscheidung über die Antragstellung hat sich daran zu orientieren, ob die Aufhebung der Ehe unter Berücksichtigung der Belange der Betroffenen im Einzelfall im öffentlichen Interesse liegt. Das ist nicht der Fall, wenn eine Heilung nach § 1315 Abs. 2 Nr. 2 bevorsteht.[13]

10 **b) Antragstellung in Fällen von Abs. 3 S. 1.** Bei Verstoß gegen die §§ 1304, 1306, 1307 sowie in den Fällen des § 1314 Abs. 2 Nr. 1 und 5 soll die zuständige Verwaltungsbehörde den Antrag stellen, sofern nicht die Aufhebung der Ehe für einen (oder beide) Ehegatten oder für die aus der Ehe hervorgegangenen Kinder eine so **schwere Härte** darstellen würde, dass die Aufrechterhaltung der Ehe ausnahmsweise geboten erscheint (Abs. 3 S. 1). Sachlich betrifft das vor allem Fälle der **Geschäftsunfähigkeit, Doppelehe** oder **Scheinehe.** Bei Abs. 3 S. 1 handelt es sich um eine

[11] OLG Karlsruhe Justiz 2001, 192.
[12] BGH NJW 1986, 3083 (3084); Palandt/*Brudermüller* Rn. 8.
[13] Vgl. Johannsen/Henrich/*Henrich* Rn. 12.

**Soll-Vorschrift** im verwaltungsrechtlichen Sinne, dh im Regelfall hat die Behörde den Antrag zu stellen. Nur wenn Umstände vorliegen, die den Fall als atypisch erscheinen lassen, kann die Behörde von der Antragstellung absehen.[14] Die Härteklausel ist also nicht als gesetzliche Bestimmung des Ausnahmefalls zu verstehen;[15] gemeint ist vielmehr, dass die Behörde in atypischen Fällen auch dann von der Antragstellung absehen darf, wenn die Voraussetzungen der Härteklausel nicht erfüllt sind. Beantragt die Behörde die Aufhebung der Ehe, obwohl die Härteklausel eingreift, so ist der Antrag als **unzulässig** abzuweisen. Die Voraussetzungen der Härteklausel sind vom FamG im Aufhebungsverfahren eigenständig von Amts wegen zu prüfen.[16] Nur so kann das „Gebot", die Ehe aufrechtzuerhalten, erfüllt und zugleich dem weiteren Erfordernis, den Ehegatten gegen die Vorgehensweise der Behörde Rechtsschutz zu gewähren, Rechnung getragen werden.[17] In der Sache ist das **private Eheerhaltungsinteresse der Ehegatten** gegen das **öffentliche Ordnungsinteresse** abzuwägen.[18]

Relevant wird die Härteklausel insbesondere im Fall einer Eheaufhebung auf Grundlage von § 1304 BGB (zB **Geschäftsunfähigkeit** aufgrund von Demenz). Das staatliche Ordnungsinteresse besteht hier vor allem in der Wahrung der Eheschließungsfreiheit des Geschäftsunfähigen (Art. 6 Abs. 1 GG). Dieser soll nicht gegen seinen freien Willen in eine Ehe eingebunden werden.[19] Weitere Ordnungsinteressen können überdies berührt sein, wenn der andere Ehegatte durch die Eheschließung in den Genuss staatlicher Leistungen kommen will. Nicht zuletzt ist an ehe- bzw. erbrechtliche Ansprüche zu denken, von denen ausschließlich oder ganz überwiegend der geschäftsfähige Ehegatte profitieren würde. Das Eheerhaltungsinteresse wird jedoch überwiegen, wenn die Ehegatten in langjähriger (ehelicher) **Solidarität** miteinander verbunden sind und der geschäftsfähige Ehegatte den geschäftsunfähigen Ehegatten umfassend **pflegt.** Unter solchen Umständen besteht weder für den Staat noch für den Geschäftsunfähigen ein überwiegendes Interesse an der Wiederherstellung der Eheschließungsfreiheit; abweichende Interessen etwaiger gesetzlicher Erben treten insoweit in den Hintergrund.[20] **11**

Ein **atypischer Fall,** in dem die Behörde von der Stellung des Aufhebungsantrags ausnahmsweise abzusehen hat, ist demgemäß gegeben, wenn vom Standpunkt eines billig und gerecht denkenden Betrachters dem **öffentlichen Interesse** an der **Aufhebung kein wesentliches Gewicht** mehr beigemessen werden kann, also insbesondere in den Fällen, in denen früher die Nichtigkeitsklage des Staatsanwalts als unzulässige Rechtsausübung angesehen wurde.[21] Hierfür genügt allein der bloße Zeitablauf nicht. So kann im Falle des Verstoßes gegen § 1306 **(Bigamie)** der Aufhebungsantrag auch noch Jahrzehnte nach Eingehung der bigamischen Ehe erhoben werden, wenn die frühere Ehe noch besteht.[22] Ebenso wenig reicht es aus, dass die Behörde nach Auflösung der ersten Ehe lediglich bezweckt, die vermögens- und versorgungsrechtlichen Folgen der zweiten Eheschließung zu klären.[23] Auch Art. 6 Abs. 1 GG verlangt kein anderes Ergebnis.[24] Dagegen kommt eine Ausnahme in Betracht, wenn die Behörde die bigamische Ehe in der Vergangenheit bewusst hingenommen und von der Antragstellung abgesehen hat,[25] bei einer deutsch-ausländischen Ehe das Heimatrecht des ausländischen Teils die Aufhebung nicht anerkennen würde und die Erstehe bereits aufgelöst ist[26] oder wenn eine Heilung nach § 1315 Abs. 2 Nr. 1 nur wegen Todes des Partners der Erstehe nicht möglich ist.[27] Bei einer **Scheinehe** (§ 1314 Abs. 2 Nr. 5) kann ein öffentliches Interesse an der Aufhebung fehlen, wenn der ausländische Ehegatte wegen der fehlenden ehelichen Lebensge- **12**

---

14 Vgl. BVerwGE 56, 220 (223) = VerwRspr 1979, 869; BVerwGE 64, 318 (323) = BeckRS 1982, 5998; BVerwGE 88, 1 (8) = NVwZ 1991, 1080.

15 Vgl. Staudinger/*Voppel,* 2018, Rn. 17; aA Johannsen/Henrich/*Henrich* Rn. 9.

16 BGH NJW-RR 2012, 897.

17 AA BLAH/*Hartmann* FamFG § 129 Rn. 5.

18 BGH NJW-RR 2012, 897; *Coester-Waltjen* FamRZ 2012, 1185 (1187).

19 Vgl. *Coester-Waltjen* FamRZ 2012, 1185 (1186).

20 BGH NJW-RR 2012, 897.

21 BGH NJW 1975, 872 f.; 2001, 2394 (2395); NJW-RR 1994, 264 = FamRZ 1994, 498 (499).

22 BGH NJW-RR 1994, 264 = FamRZ 1994, 498 (499); NJW 1975, 872 (873).

23 Vgl. BGH NJW 1975, 872 (873); 1986, 3083 (3084); 2001, 2394 (2395); NJW-RR 1994, 264 = FamRZ 1994, 498 (499); OLG München FamRZ 1980, 565 (566); OLG Nürnberg FamRZ 1998, 1109 (1110); aA OLG Hamm FamRZ 1986, 1204 m. abl. Anm. *Bosch.*

24 BGH NJW 1986, 3083 (3084); NJW-RR 1994, 264 = FamRZ 1994, 498 (499); BVerfGE 62, 323 (330) = NJW 1983, 511; BLAH/*Hartmann* FamFG § 129 Rn. 3; Staudinger/*Voppel,* 2018, Rn. 14; aA OLG Nürnberg NJW-RR 1998, 2 = FamRZ 1998, 1109 (1111); LG Frankfurt NJW 1976, 1096.

25 Vgl. hierzu OLG Karlsruhe IPRax 1986, 166 (167); restriktiv aber BGH NJW 1975, 872 (873) trotz Ehedauer von 25 Jahren.

26 Vgl. OLG Nürnberg NJW-RR 1998, 2 = FamRZ 1998, 1109 (1110 f.); aber auch OLG Frankfurt StAZ 2006, 142.

27 Vgl. KG BeckRS 1985, 2986 = FamRZ 1986, 355 (356 f.).

meinschaft eine Aufenthaltserlaubnis nicht besitzt, sich nicht mehr im Inland aufhält und auch nicht zu erwarten ist, dass er in Zukunft unter Berufung auf die Ehe einen Aufenthaltstitel beanspruchen wird.

13 Voraussetzung für die Rechtspflicht der **Behörde** ist weiter, dass sie vom Vorliegen des Aufhebungsgrundes in einem gerichtlichen Verfahren **überzeugt** ist. Kommt sie zB zu dem Ergebnis, dass die Abrede, keine eheliche Lebensgemeinschaft aufnehmen zu wollen, zwar vermutet, den Ehegatten aber nicht nachgewiesen werden kann, so darf die Behörde von der Antragstellung absehen. Das Gleiche gilt, wenn zu erwarten steht, dass der Eheschließungsmangel im Laufe des Aufhebungsverfahrens geheilt werden wird.

14 Lehnt es die Verwaltungsbehörde ab, einen Aufhebungsantrag zu stellen oder bleibt sie untätig, so haben **Dritte** (zB Kinder der Ehegatten) dagegen **keine Rechtsbehelfe.** Sie werden nicht in eigenen Rechten verletzt.[28] Interessen Dritter spielen auch im Rahmen der genannten Abwägung (→ Rn. 10) keine Rolle.[29]

15 **c) Antragstellung bei Minderjährigenehe (Abs. 3 S. 2).** Anders als nach früherem Recht steht es in Fällen der Minderjährigenehe seit der Gesetzesänderung im Jahr 2017 nicht mehr im Ermessen der zuständigen Behörde, ob sie einen Aufhebungsantrag bei Gericht stellt oder nicht. Bei einem Verstoß gegen § 1303 S. 1 **muss die Behörde** den Antrag nun gemäß Abs. 3 S. 2 stellen. Ein Entscheidungsspielraum besteht laut Gesetzesbegründung nicht mehr.[30] Auch ein evidenter Härtegrund steht der Antragstellung nicht entgegen.[31] Diese gesetzliche Ermessensreduzierung auf Null wird im Schrifttum zu Recht kritisiert.[32] Eine Ausnahme gilt nach Abs. 3 S. 2 nur, wenn der bei Heirat minderjährige Ehegatte inzwischen volljährig geworden ist und zu erkennen gegeben hat, dass er die Ehe fortsetzen will. Allerdings dürfte dem der Fall gleichzusetzen sein, dass die Volljährigkeit und die damit verbundene Bestätigung der Ehe unmittelbar bevorstehen, da ein Verfahren sonst umgehend wieder einzustellen wäre. Insoweit gilt es, eine überflüssige psychische Belastung des Minderjährigen mit dem Aufhebungsverfahren[33] zu vermeiden. Soweit EU-Bürger betroffen sind, wird zudem geltend gemacht, dass bereits die Einleitung des Verfahrens einen Verstoß gegen das unionsrechtlich verbürgte Freizügigkeitsrecht (Art. 45 Abs. 3 lit. b AEUV) darstellen könnte.[34] War der Minderjährige bei Eheschließung unter 16 Jahre alt, stellen sich diese Fragen nicht, da ohnehin keine Ehe zustande gekommen ist, die man aufheben könnte (vgl. § 1303 S. 2).

16 Die Bestimmung der **zuständigen Behörde** obliegt den Ländern (→ Rn. 7). Das gilt auch für die Fälle der Aufhebung einer Minderjährigenehe, welche durch die Neuregelung mit Gesetz zur Bekämpfung von Kinderehen vom 17.7.2017 (BGBl. 2017 I 2429) in Art. 13 Abs. 3 EGBGB[35] an Bedeutung gewonnen haben dürften. Der Bundesgesetzgeber hat allerdings angeregt, dass die Länder insoweit die **Jugendämter** zur zuständigen Behörde bestimmen, um einen effizienteren Schutz der Minderjährigen zu gewährleisten.[36] Das Land Sachsen hat dies aufgegriffen und das Jugendamt als weitere zuständige Behörde bestimmt.[37] Tatsächlich dürften es in Fällen mit Auslandsbezug auch gerade die Jugendämter sein, welche nach entsprechenden Informationen durch die jeweilige Erstaufnahmeeinrichtung am ehesten Kenntnis von Bestehen einer Minderjährigenehe erlangen.[38] Soweit eine andere Behörde zuständig ist, bleibt zu klären, inwieweit das Jugendamt datenschutzrechtlich befugt ist, ihre diesbezüglichen Kenntnisse weiterzugeben.[39]

17 **3. Verfahren.** Der Antrag der Verwaltungsbehörde ist gegen beide Ehegatten zu richten (§ 129 Abs. 1 FamFG). Diese sind notwendige Streitgenossen (§ 62 ZPO). Ein Ehegatte kann der Behörde nicht als Streitgehilfe beitreten.[40] Für das Verfahren auf Aufhebung einer Ehe wegen Eheunmündig-

[28] Vgl. KG NJW 1987, 197; OLG Düsseldorf FamRZ 1996, 109.

[29] BGH NJW-RR 2012, 897.

[30] BT-Drs. 18/12086, 16, 22 f.; BR-Drs. 275/17, 16, 25.

[31] Palandt/*Brudermüller* § 1316 Rn. 8; BeckOGK/*Kriewald* Rn. 13.

[32] *Weller/Thomale/Hategan/Werner* FamRZ 2018, 1289 (1297); *Meyer-Wehage* Recht und Politik 2017, 226 (227); *Coester* DFGT-Stellungnahme 2017, 1; *Bongartz* NZFam 2017, 541 (544); wohl auch BeckOGK/*Kriewald* Rn. 13.

[33] Vgl. auch *Schwab* FamRZ 2017, 1369 (1370).

[34] *Bongartz* NZFam 2017, 541 (544); *Coester-Waltjen* IPRax 2017, 429 (434).

[35] BT-Drs. 18/12086, 15 f., 23.

[36] BT-Drs. 18/12086, 16; BR-Drs. 275/17, 16.

[37] Verordnung zur Änderung der Verordnung zur Ausführung personenstandsrechtlicher und familienrechtlicher Vorschriften vom 10.10.2018 (GVBl. 2018, 14).

[38] Vgl. *Lohse/Meysen* JAmt 2017, 345 (347).

[39] Näher dazu *Lohse/Meysen* JAmt 2017, 345 (347).

[40] OLG München NJW 1957, 954; der umgekehrte Fall ist aber möglich, die Stellung der Verwaltungsbehörde als Vertreter des öffentlichen Rechts geht über die eines Streithelfers oder eines Streitgenossen hinaus, s. hierzu *Gernhuber/Coester-Waltjen* FamR § 14 Rn. 13; RGZ 160, 396 (401 ff.).

keit gilt das Vorrang- und **Beschleunigungsgebot** des § 155 Abs. 1 FamFG laut § 129a S. 1 FamFG nun entsprechend.[41] Die Anhörung soll spätestens einen Monat nach Beginn des Verfahrens stattfinden (§ 129a S. 2 FamFG). Das stellt die zuständigen Stellen vor große Herausforderungen, da die Anhörung einer gründlichen Vorbereitung bedarf und meist Dolmetscher hinzugezogen werden müssen.[42] Das **Jugendamt** ist anzuhören, sofern die Ehegatten nicht inzwischen volljährig geworden sind (§ 129a S. 3 FamFG). Zur Kostenentscheidung s. § 132 Abs. 2 FamFG.

**4. Mitwirkung der Behörde bei Antragstellung eines Ehegatten.** Hat in den Fällen des Abs. 1 Nr. 1 einer der Ehegatten oder die dritte Person den Aufhebungsantrag gestellt, so ist die zuständige Verwaltungsbehörde vom FamG über den Antrag zu unterrichten. Die Behörde kann in diesen Fällen, auch wenn sie den Antrag nicht gestellt hat, das Verfahren selbständig betreiben, insbesondere selbständig Anträge stellen oder Rechtsmittel einlegen (§ 129 Abs. 2 S. 1 und 2 FamFG). Nimmt der Antragsteller den Antrag zurück oder stirbt die dritte Person, so kann die bereits mitwirkende Verwaltungsbehörde das Verfahren fortführen; hatte sie sich dagegen noch nicht beteiligt, so muss sie einen neuen Aufhebungsantrag stellen. 18

## § 1317 Antragsfrist

**(1) [1]Der Antrag kann in den Fällen des § 1314 Absatz 2 Nummer 2 und 3 nur binnen eines Jahres, im Falle des § 1314 Absatz 2 Nummer 4 nur binnen drei Jahren gestellt werden. [2]Die Frist beginnt mit der Entdeckung des Irrtums oder der Täuschung oder mit dem Aufhören der Zwangslage; für den gesetzlichen Vertreter eines geschäftsunfähigen Ehegatten beginnt die Frist jedoch nicht vor dem Zeitpunkt, in welchem ihm die den Fristbeginn begründenden Umstände bekannt werden. [3]Auf den Lauf der Frist sind die §§ 206, 210 Abs. 1 Satz 1 entsprechend anzuwenden.**

**(2) Hat der gesetzliche Vertreter eines geschäftsunfähigen Ehegatten den Antrag nicht rechtzeitig gestellt, so kann der Ehegatte selbst innerhalb von sechs Monaten nach dem Wegfall der Geschäftsunfähigkeit den Antrag stellen.**

**(3) Ist die Ehe bereits aufgelöst, so kann der Antrag nicht mehr gestellt werden.**

**Übersicht**



### I. Normzweck

Im Interesse der beteiligten Ehegatten und ihrer Familie, aber auch wegen des öffentlichen Interesses, über den Fortbestand einer wegen eines Willensmangels aufhebbaren Ehe alsbald Klarheit zu schaffen, kann der Aufhebungsantrag in den Fällen des § 1314 Abs. 2 Nr. 2 und 3 nur binnen **Jahresfrist** gestellt werden.[1] Eine entsprechende Regelung trifft § 1320 für den dort genannten Aufhebungsgrund. Für den Fall der widerrechtlichen Drohung (§ 1314 Abs. 2 Nr. 4) ist durch das **Gesetz zur Bekämpfung der Zwangsheirat** und zum besseren Schutz der Opfer von Zwangsheirat[2] vom 23.6.2011 (BGBl. 2011 I 1266) zum 1.7.2011 eine **Dreijahresfrist** eingeführt worden. Nach Fristablauf ist der Antrag ausgeschlossen. In allen anderen Fällen ist der Aufhebungsantrag grundsätzlich **unbefristet** möglich. Ausgeschlossen ist der Aufhebungsantrag allerdings stets, wenn die aufhebbare Ehe bereits aufgelöst ist (Abs. 3). Durch das Gesetz zur Bekämpfung von Kinderehen vom 17.7.2017 (BGBl. 2017 I 2429) wurde die frühere Regelung in Abs. 1 S. 2 zum Fristenlauf bei minderjährigen Ehegatten mit Wirkung zum 22.7.2017 gestrichen.[3] 1

---

41 Grds. für eine solche Regelung *Antomo* NZFam 2016, 1155 (1161); *Bongartz* NZFam 2017, 541 (545).
42 *Hüßtege* FamRZ 2017, 1374 (1379).
1 Vgl. BGHZ 25, 66 (74) = NJW 1957, 1517. Eine entsprechende Regelung enthielt früher § 35 EheG.
2 Dazu *Sering* NJW 2011, 2161.
3 BT-Drs. 18/12086.

## II. Antragsfrist

2 **1. Fristwahrung.** Die Jahresfrist für die Stellung des Aufhebungsantrags in den Fällen des § 1314 Abs. 2 Nr. 2–4 ist eine **Ausschlussfrist,** die von Amts wegen zu beachten ist. Ihre Versäumung führt zum Verlust des Rechts auf Aufhebung der Ehe. Auf die Einhaltung der Frist kann nicht verzichtet, eine Abkürzung oder Verlängerung der Frist kann nicht vereinbart werden. Eine zusätzliche Überlegungsfrist besteht neben der einjährigen Frist nicht.[4] Die Frist wird gewahrt durch **Zustellung der Antragsschrift** an den Gegner (§ 124 S. 2 FamFG, § 253 Abs. 1 ZPO); allerdings tritt die Wirkung, sofern die Zustellung demnächst erfolgt, bereits mit der Einreichung der Antragsschrift (§ 124 S. 1 FamFG) ein (§ 124 S. 2 FamFG, § 167 ZPO). Das gilt auch bei Anrufung eines unzuständigen Gerichts, wenn das Verfahren später gemäß § 281 ZPO an das zuständige Gericht verwiesen wird. Wird der Aufhebungsantrag zurückgenommen oder als unzulässig abgewiesen und danach abermals die Aufhebung beantragt, kommt es für die Fristwahrung auf den neuen Antrag an.

3 Durch den Antrag wird die Frist auch für einen neben dem geltend gemachten **Aufhebungsgrund** etwa noch vorhandenen anderen Aufhebungsgrund gewahrt, für welchen die Antragsfrist noch nicht abgelaufen ist, wenn der Antragsteller sich im Laufe des Verfahrens auf diesen beruft. Auch ein Scheidungsantrag wahrt die Frist, da es sich auch insoweit um ein auf Auflösung der Ehe gerichtetes Verfahren handelt.[5] Zugunsten des Antragsgegners wirkt die Fristwahrung nicht.

4 Eine **absolute Ausschlussfrist** nach Art der § 121 Abs. 2, § 124 Abs. 3 **besteht** für den Aufhebungsantrag **nicht.** Er kann also unter Umständen auch noch Jahrzehnte nach der Eheschließung gestellt werden.

5 **2. Fristbeginn (Abs. 1 S. 2).** In den Fällen des § 1314 Abs. 2 Nr. 2 und 3 beginnt die Frist mit dem Zeitpunkt, in welchem der Ehegatte den Irrtum oder die **Täuschung** entdeckt (→ § 1315 Rn. 9). Entdeckung in diesem Sinne setzt voraus, dass der Getäuschte auch von der Täuschungsabsicht Kenntnis erlangt.[6] Fahrlässige Unkenntnis oder bloße Vermutung genügen nicht. Erfährt der Ehegatte besondere Umstände, die eine erheblich schwerere Wertung rechtfertigen, erst später, so läuft die Jahresfrist von diesem Zeitpunkt an erneut.[7] Die Berechnung der Frist erfolgt nach § 187 Abs. 1, § 188 Abs. 2.

6 Im Falle der **Drohung** beginnt die Frist mit dem Zeitpunkt, in welchem die Zwangslage aufhört. Von dem Ende der Zwangslage muss der Ehegatte Kenntnis haben. Die Zwangslage endet nicht, solange er nach der Eheschließung durch Ankündigung eines Übels veranlasst wird, von der Lösung des Ehebandes abzusehen. Nach Ende der Zwangslage hat der Ehegatte, regelmäßig die Frau, nach der Neuregelung von 2011 (→ Rn. 1) nun **drei Jahre Zeit,** um den Eheaufhebungsantrag zu stellen. Hintergrund der längeren Frist ist, dass sich die Frau in Fällen der **Zwangsheirat** aus Angst vor dem Verlust der Familie, vor den Aggressionen des Vaters oder der männlichen Verwandten sowie vor der Gewalt des Ehemannes oder auch infolge jahrelanger Misshandlungen und psychischem Druck auch nach Ende der Zwangslage oft noch länger ihrem Schicksal fügt und vor rechtlichen Schritten zurückschreckt. Auch wenn die Frist ohnehin erst mit dem Ende der Zwangslage beginnt, mag die Frau eben erst Jahre später in der Lage sein, eine Aufhebung der Ehe aktiv zu betreiben.[8]

7 **3. Fristhemmung.** Auf den Lauf der Frist ist außer § 210 Abs. 1 S. 1 (→ Rn. 8) § 206 entsprechend anzuwenden (Abs. 1 S. 3). Der Lauf der Frist ist gehemmt, solange der Aufhebungsberechtigte innerhalb der letzten sechs Monate der Antragsfrist durch höhere Gewalt an der Stellung des Antrags gehindert war. Gemeint ist ein Ereignis, das von dem Ehegatten unter den gegebenen Umständen auch bei Anwendung äußerster Sorgfalt nicht abgewendet werden konnte, zB eine plötzliche schwere Erkrankung, unverschuldete Mittellosigkeit, sofern er spätestens am Tage des Ablaufs der Frist das Verfahrenskostenhilfeverfahren durch einen ordnungsgemäß begründeten vollständigen Antrag eingeleitet hat.[9] Eigenes Verschulden oder Verschulden des Verfahrensbevollmächtigten[10] schließt höhere Gewalt aus. Ein Rechtsirrtum ist keine höhere Gewalt, zB nicht Unkenntnis von dem Bestehen der Frist. Auch Beweisschwierigkeiten führen nicht zur Fristhemmung (→ § 206 Rn. 1 ff.).

---

4 Zu Bestrebungen des Bundesrats, die Antragsfrist im Falle der Drohung auf drei Jahre zu verlängern, s. Begr. RegE zum Zwangsheirat-Bekämpfungsgesetz, BT-Drs. 16/1035, 9 m. abl. Stellungnahme BReg. BT-Drs. 16/1035, 11.

5 RGZ 104, 155 (157); 160, 19 (23); OLG Oldenburg MDR 1955, 166; so jetzt auch Staudinger/*Voppel*, 2018, Rn. 11.

6 Palandt/*Brudermüller* Rn. 4.

7 RGZ 128, 74 (76); KG NJW 1952, 980.

8 BT-Drs. 17/4401, 13.

9 Vgl. BGHZ 70, 235 (239) = NJW 1978, 938.

10 BGHZ 17, 199 (205 f.) = NJW 1955, 1225; BGHZ 31, 342 (347) = NJW 1960, 766.

**4. Fehlende Geschäftsfähigkeit.** Ist der **antragsberechtigte Ehegatte geschäftsunfähig,** beginnt die Frist für seinen gesetzlichen Vertreter nicht vor dem Zeitpunkt, in welchem ihm die den Fristbeginn begründenden Umstände bekannt werden (Abs. 1 S. 2 Hs. 2). Bei einem Wechsel in der Person des gesetzlichen Vertreters läuft die einmal begonnene Frist weiter. Der **gesetzliche Vertreter** bedarf für den Antrag der Genehmigung des FamG (§ 125 Abs. 2 S. 2 FamFG). Diese muss vor Fristablauf vorgelegt werden. Ist der geschäftsunfähige Ehegatte ohne gesetzlichen Vertreter, so endet die Antragsfrist nicht vor Ablauf von sechs Monaten nach dem Zeitpunkt, in welchem der Ehegatte unbeschränkt geschäftsfähig oder der Mangel der Vertretung behoben wird (Abs. 1 S. 3 iVm § 210 Abs. 1 S. 1). Maßgebend ist der Zeitpunkt des Fristablaufs. Hat es der gesetzliche Vertreter versäumt, innerhalb der Antragsfrist den Aufhebungsantrag zu stellen, so kann der Ehegatte binnen einer Frist von sechs Monaten, gerechnet vom Wegfall der Geschäftsunfähigkeit an, selbst den Antrag stellen (Abs. 2). War im Zeitpunkt des Wegfalls der Geschäftsunfähigkeit die Aufhebungsfrist noch nicht voll abgelaufen, so steht dem Ehegatten der Rest der Frist, mindestens jedoch die in Abs. 2 vorgesehene Frist von sechs Monaten zu.[11] Der bisher Geschäftsunfähige soll nach dem Gesetz mindestens sechs Monate Zeit für die Rechtsverfolgung haben.[12] Für den Lauf der Sechsmonatsfrist gilt Abs. 1 S. 3. 8

Ist der **andere Ehegatte** geschäftsunfähig und fehlt ein gesetzlicher Vertreter, so endet die Antragsfrist gleichfalls nicht vor dem Ablauf von sechs Monaten nach dem Zeitpunkt, in dem dieser geschäftsfähig oder der Mangel der Vertretung behoben wird (Abs. 1 S. 3 iVm § 210 Abs. 1 S. 1). Eines Rückgriffs auf § 206[13] bedarf es nicht mehr, nachdem die Ablaufhemmung in § 210 beidseitig ausgestaltet ist. 9

**5. Beweislast.** Der Antragsteller trägt die Darlegungs- und Beweislast für alle Umstände, die seinen Aufhebungsantrag stützen. Dazu gehören auch die Fristwahrung sowie die Voraussetzungen für eine Fristhemmung. Macht der Antragsgegner einen früheren Fristablauf (zB die frühere Entdeckung der Täuschung) geltend, trifft ihn jedoch die diesbezügliche Darlegungs- und Beweislast. Ist dem Antragsteller der Aufhebungsgrund in einer Weise mitgeteilt worden, die für einen vernünftigen Menschen überzeugend wirken musste, so muss er Umstände darlegen, warum diese Mitteilung ihre überzeugende Wirkung auf ihn verfehlt hat.[14] 10

### III. Ausschluss des Antrags nach Eheauflösung (Abs. 3)

Anders als Abs. 1 und 2 gilt Abs. 3 nicht nur für Aufhebungsbegehren aus den Gründen des § 1314 Abs. 2 Nr. 2–4, sondern allgemein. Ist die Ehe bereits aufgelöst – insbesondere durch Scheidung oder auch durch Tod –, so kann der Antrag nicht mehr gestellt werden.[15] Ein gleichwohl gestellter Antrag ist als unzulässig abzuweisen.[16] Dies entspricht der Natur der Eheaufhebung. Sie führt zur Auflösung der Ehe mit Rechtskraft der richterlichen Entscheidung (§ 1313), also mit Wirkung ex nunc. Danach ist es konsequent, dass eine bereits rechtskräftig geschiedene Ehe nicht nachträglich nochmals aufgelöst werden kann; dieses Ziel eines möglichen Aufhebungsverfahrens ist bereits erreicht.[17] Entdeckt der Ehegatte nach Ausspruch der Scheidung einen Aufhebungsgrund (zB dass er durch arglistige Täuschung über seine Vaterschaft des erwarteten Kindes zur Eingehung der Ehe bestimmt worden ist), so kann er allerdings ein anerkennenswertes und rechtsschutzwürdiges Interesse daran haben, die Folgen einer Eheaufhebung (§ 1318) herbeizuführen. Im Hinblick auf dieses Interesse ist es geboten, ihm einen in einem gerichtlichen Verfahren, in dem er wie in einem Eheaufhebungsverfahren den Aufhebungstatbestand darzulegen und zu beweisen hat, durchsetzbaren Anspruch darauf einzuräumen, dass der Auflösung seiner Ehe nunmehr die Rechtsfolgen des § 1318 beigegeben werden.[18] 11

## § 1318 Folgen der Aufhebung

**(1) Die Folgen der Aufhebung einer Ehe bestimmen sich nur in den nachfolgend genannten Fällen nach den Vorschriften über die Scheidung.**

---

11 So auch BeckOK BGB/*Hahn* Rn. 3; aA Palandt/*Brudermüller* Rn. 8; Johannsen/Henrich/*Henrich* Rn. 17.

12 Staudinger/*Voppel,* 2018, Rn. 27; Erman/*Roth* Rn. 4; aA Johannsen/Henrich/*Henrich* Rn. 17.

13 Vgl. OLG Zweibrücken FamRZ 1982, 373 (375).

14 RG WarnR 1933 Nr. 81.

15 Beispielsfall OLG Stuttgart BeckRS 2010, 21155 = FamRZ 2011, 217.

16 Vgl. BT-Drs. 13/9416, 28.

17 Vgl. BGHZ 133, 227 (230 ff.) = NJW 1996, 2727; *Lüke* JuS 1997, 397 (398 f.); *Lüke* FS Gaul, 1997, 425 (429 f.); OLG Stuttgart FamRZ 1995, 618 – Vorinstanz.

18 BGHZ 133, 227 (233 ff.) = NJW 1996, 2727 = LM EheG § 29 Nr. 4 mAnm *Wax,* zu § 37 Abs. 2 EheG; Johannsen/Henrich/*Henrich* Rn. 18; Palandt/*Brudermüller* Rn. 10; Staudinger/*Voppel,* 2018, Rn. 44; krit. *Lüke* JuS 1997, 397 (399); *Lüke* FS Gaul, 1997, 425 (431): Feststellungsantrag.

**(2) [1]Die §§ 1569 bis 1586b finden entsprechende Anwendung**
**1. zugunsten eines Ehegatten, der bei Verstoß gegen die §§ 1303, 1304, 1306, 1307 oder § 1311 oder in den Fällen des § 1314 Abs. 2 Nr. 1 oder 2 die Aufhebbarkeit der Ehe bei der Eheschließung nicht gekannt hat oder der in den Fällen des § 1314 Abs. 2 Nr. 3 oder 4 von dem anderen Ehegatten oder mit dessen Wissen getäuscht oder bedroht worden ist;**
**2. zugunsten beider Ehegatten bei Verstoß gegen die §§ 1306, 1307 oder 1311, wenn beide Ehegatten die Aufhebbarkeit kannten; dies gilt nicht bei Verstoß gegen § 1306, soweit der Anspruch eines Ehegatten auf Unterhalt einen entsprechenden Anspruch der dritten Person beeinträchtigen würde.**

**[2]Die Vorschriften über den Unterhalt wegen der Pflege oder Erziehung eines gemeinschaftlichen Kindes finden auch insoweit entsprechende Anwendung, als eine Versagung des Unterhalts im Hinblick auf die Belange des Kindes grob unbillig wäre.**

**(3) Die §§ 1363 bis 1390 und 1587 finden entsprechende Anwendung, soweit dies nicht im Hinblick auf die Umstände bei der Eheschließung oder bei Verstoß gegen § 1306 im Hinblick auf die Belange der dritten Person grob unbillig wäre.**

**(4) Die §§ 1568a und 1568b finden entsprechende Anwendung; dabei sind die Umstände bei der Eheschließung und bei Verstoß gegen § 1306 die Belange der dritten Person besonders zu berücksichtigen.**

**(5) § 1931 findet zugunsten eines Ehegatten, der bei Verstoß gegen die §§ 1304, 1306, 1307 oder § 1311 oder im Falle des § 1314 Abs. 2 Nr. 1 die Aufhebbarkeit der Ehe bei der Eheschließung gekannt hat, keine Anwendung.**

**Übersicht**



## I. Normzweck (Abs. 1)

1 § 1318 regelt, inwieweit sich die Folgen einer Aufhebung der Ehe im Einzelfall nach den Vorschriften über die Scheidung bestimmen. Damit soll der Unterschied zwischen Scheidung und Eheaufhebung verdeutlicht werden.[1] Für die aufgehobene Ehe gelten die **Scheidungsfolgen** grundsätzlich nicht[2] bzw. nur in dem in den Abs. 2–4 geregelten Umfang. Insgesamt lässt sich der Normgehalt dahin deuten, dass derjenige Ehegatte, der den Aufhebungsgrund nicht kannte, und selbstverständlich auch Kinder, die aus der Ehe hervorgegangen sind, schutzbedürftig sein können, so dass zumindest zu Gunsten dieser Personen eine entsprechende Anwendung der Normen des Scheidungsfolgenrechts in Betracht kommt. Das gilt etwa auch für die Regelung der Vaterschaftsanfechtung bei Geburt eines Kindes während des Eheaufhebungsverfahrens in § 1599 Abs. 2.[3]

2 **Voraussetzung** für die **Anwendung** von § 1318 ist stets, dass die **Ehe** – trotz des Aufhebungsgrundes – zunächst **wirksam zustande gekommen** ist, was entsprechend nachzuweisen ist.[4] Die Norm gilt daher nicht, wenn eine Ehe nach deutschem Recht von vornherein unwirksam ist, was

[1] BT-Drs. 13/9416, 28.
[2] Erman/*Roth* Rn. 1; BeckOK BGB/*Hahn* Rn. 1; tendenziell anders aber BGH NJW-RR 2005, 1521 zu § 1355 Abs. 5.
[3] AG Hagen BeckRS 2005, 14520 = FamRZ 2005, 1191; aA Erman/*Roth* Vor § 1313 Rn. 9.
[4] OLG Bremen NJW-RR 2016, 195.

vor allem Eheschließungen mit Personen unter 16 Jahren betrifft (§ 1303 S. 2, Art. 13 Abs. 3 Nr. 1 EGBGB). Zwar wird für diesen Fall im Schrifttum zum Teil die analoge Anwendung von § 1318 vorgeschlagen,[5] um den Schutz des betroffenen Minderjährigen zu gewährleisten. Der Gesetzgeber scheint diesen Punkt aber durchaus gesehen und bewusst keine Regelung getroffen zu haben, so dass eine Regelungslücke zu verneinen ist[6] (→ § 1303 Rn. 15).

## II. Unterhaltsansprüche (Abs. 2)

**1. Überblick.** Abs. 2 regelt, inwieweit die Vorschriften über den **Scheidungsunterhalt** (§§ 1569–1586b) nach der Eheaufhebung entsprechende Anwendung finden. Unterhaltsansprüche kommen insoweit in Betracht bei Gutgläubigkeit eines oder beider Ehegatten (S. 1 Nr. 1), bei Bösgläubigkeit beider Ehegatten immerhin in bestimmten Fällen (S. 1 Nr. 2) sowie bei Pflege und Erziehung eines gemeinschaftlichen Kindes (S. 2). Sofern danach ein Unterhaltsanspruch besteht, kann sich der andere Ehegatte allerdings auch auf für ihn günstige Vorschriften, etwa § 1579, berufen. Zum **Trennungsunterhalt** enthält Abs. 2 keine ausdrückliche Regelung. Da während des Getrenntlebens die Ehe noch besteht, kann § 1361 freilich direkt angewendet werden. Soweit dabei ein Ehegatte Unterhalt begehrt, der nach der Scheidung gemäß Abs. 2 keinen Unterhalt verlangen könnte, wird zu prüfen sein, ob eine angemessene Lösung über § 1361 Abs. 3 iVm § 1579 erreicht werden kann. Die Umstände, die gemäß Abs. 2 zur Versagung von Unterhalt führen, werden bei beabsichtigter Eheaufhebung meist auch ein Grund sein, der gemäß § 1579 Nr. 8 die Gewährung von Unterhalt ausschließt; zwar liegt das entscheidende Verhalten vor Eheschließung,[7] jedoch kann die Nichtaufklärung des anderen Ehegatten durchaus auch als eheliches Fehlverhalten gewertet werden. Führt diese Argumentation nicht zum Ziel, wird bei geplanter Eheaufhebung Abs. 2 auf den Anspruch aus § 1361 entsprechend anzuwenden sein.[8] 3

**2. Fälle des Abs. 2 S. 1 Nr. 1 (Anwendung zugunsten eines Ehegatten).** Bei **Verstoß** gegen § 1303 (Ehemündigkeit), § 1304 (Geschäftsunfähigkeit), § 1306 (Doppelehe), § 1307 (Verwandtschaft) oder § 1311 (Adoption) oder in den Fällen des § 1314 Abs. 2 Nr. 1 (Bewusstlosigkeit; vorübergehende Störung der Geistestätigkeit) oder Nr. 2 (fehlendes Wissen von Eheschließung) kann **derjenige Ehegatte** nachehelichen Unterhalt entsprechend §§ 1569–1586b verlangen, der die **Aufhebbarkeit** der Ehe **nicht gekannt** hat. Ob ein Verstoß gegen einen in S. 1 Nr. 1 genannten Aufhebungstatbestand vorliegt, ergibt sich aus der **Aufhebungsentscheidung.**[9] Ist die **Aufhebung** ausweislich der Gerichtsentscheidung **aus mehreren Gründen** erfolgt (zB Bigamie und Scheinehe), schließt bereits ein Aufhebungsgrund, der nicht zu einer entsprechenden Anwendung des nachehelichen Unterhaltsrechts führt (zB Scheinehe), jeglichen Unterhaltsanspruch nach S. 1 Nr. 1 aus; in diesen Fällen wollten die Ehegatten nämlich von vornherein keine eheliche Mitverantwortung füreinander übernehmen.[10] Erfolgt die Aufhebung allein auf Grundlage eines in Nr. 1 genannten Grundes, schadet es hingegen nicht, dass der danach unterhaltsberechtigte Ehegatte zugleich einen **weiteren Aufhebungsgrund** kannte, der im Verfahren nicht relevant wurde.[11] Deswegen ist der Unterhaltsanspruch nicht ausgeschlossen. 4

Der begünstigte Ehegatte darf im maßgeblichen **Zeitpunkt der Eheschließung** von dem Verstoß **keine Kenntnis** gehabt haben. Ihm sollen Unterhaltsansprüche nicht versagt werden, wenn er auf den rechtsfehlerfreien Bestand seiner Ehe vertraute. Kenntnis zu einem späteren Zeitpunkt schadet nicht mehr. **Kenntnis** ist nicht bereits dann gegeben, wenn der Ehegatte die das Aufhebungsrecht begründenden äußeren und inneren Tatsachen kannte.[12] Hinzukommen muss eine zumindest **laienhafte Kenntnis der Rechtsfolgen**[13] bzw. der Auswirkungen des Verstoßes auf den Bestand der Ehe. Das Gesetz spricht nämlich von der Nichtkenntnis der „Aufhebbarkeit". Da der Gesetzes- 5

[5] *Majer* NZFam 2017, 537 (540); *Weller/Thomale/Hategan/Werner* FamRZ 2018, 1289 (1296).
[6] Vgl. *Maas* jM 2018, 128 (129).
[7] Zutr. Soergel/*Heintzmann* Rn. 7.
[8] OLG Bremen NJW-RR 2016, 195 = FF 2016, 40.
[9] Soergel/*Heintzmann* Rn. 5.
[10] Palandt/*Brudermüller* Rn. 8; Soergel/*Heintzmann* Rn. 6.
[11] Vgl. Soergel/*Heintzmann* Rn. 6; Johannsen/Henrich/*Henrich* Rn. 4; Palandt/*Brudermüller* Rn. 2; BeckOK BGB/*Hahn* Rn. 4; *Borth* in Schwab ScheidungR-HdB IV Rn. 151; aA RGZ 78, 369 (370).
[12] OLG Koblenz BeckRS 1980, 31128666 = FamRZ 1980, 589; Erman/*Roth* Rn. 4; aA OLG Bremen FF 2016, 40; Palandt/*Brudermüller* Rn. 2; *Winkler,* Der Ehename bei Eheaufhebung, 2004, 155; Johannsen/Henrich/*Henrich* Rn. 3; *Wagenitz/Bornhofen,* Handbuch des Eheschließungsrechts, 1998, Abschn. 4 Rn. 17; *Borth* in Schwab ScheidungsR-HdB IV Rn. 151; Soergel/*Heintzmann* Rn. 11.
[13] Vgl. OLG Koblenz BeckRS 1980, 31128666 = FamRZ 1980, 589; *Roth* FS Schwab, 2005, 687 (690); BeckOK BGB/*Hahn* Rn. 3; Göppinger/Wax/*Maurer* Rn. 1175; Staudinger/*Voppel,* 2018, Rn. 15; aA OLG Bremen NJW-RR 2016, 195.

wortlaut zudem **positive Kenntnis** voraussetzt, bleibt auch **grobe Fahrlässigkeit unschädlich.** Die Darlegungs- und Beweislast für die fehlende Kenntnis trägt im Streitfall derjenige Ehegatte, der Unterhalt begehrt (→ Rn. 11).[14] Haben beide Ehegatten die Aufhebbarkeit der Ehe bei der Eheschließung nicht gekannt, so finden die Vorschriften über den Unterhalt nach Scheidung zugunsten beider Ehegatten entsprechende Anwendung. Das gilt auch bei einem **Verstoß gegen § 1304** oder **§ 1314 Abs. 2 Nr. 1.**[15] Hier hat der **geschäftsunfähige** oder geistesgestörte Ehegatte die Aufhebbarkeit von Rechts wegen nicht gekannt, weil ihm ein etwaiges Wissen über seinen Zustand nicht zugerechnet werden darf. Unterhaltsberechtigt kann nach dem Gesetz aber auch der andere Ehegatte sein, sofern er gutgläubig war.[16] Aus Gründen der Parität leuchtet es nämlich nicht ein, dass der Geschäftsunfähige gegen seinen Ehegatten nach Aufhebung der Ehe stets Unterhaltsansprüche geltend machen darf, er aber niemals dessen Unterhaltsschuldner werden kann. Bei einem Verstoß gegen **§ 1306** können der gutgläubige Ehegatte der Zweitehe und der Ehegatte der Erstehe vom Bigamisten gleichermaßen Unterhalt verlangen; ihr Rang richtet sich nach § 1609. Bei geminderter Leistungsfähigkeit sind die §§ 1581 ff. zu beachten.

6 Bei einem Verstoß gegen **§ 1303** (Eheschließung mit **Minderjährigem** im Alter von 16 oder 17 Jahren) sind Unterhaltsansprüche des gutgläubigen volljährigen Ehegatten gegen den minderjährigen Ehegatten unter dem Gesichtspunkt des **Minderjährigenschutzes** (mangels anderweitiger Regelung) nicht von vornherein ausgeschlossen.[17] Im Einzelfall können aber Aspekte des Minderjährigenschutzes der Annahme einer Unterhaltspflicht entgegenstehen.[18] Indes dürfte eine solche Fallkonstellation höchst selten sein. Relevanter sind Ansprüche des minderjährigen Ehegatten (meist der minderjährigen Ehefrau) gegen den volljährigen Ehegatten. Dann stellt sich die Frage, ob die Minderjährige die Aufhebbarkeit der Ehe gekannt hat. Zum Begriff der Kenntnis → Rn. 7. In den (allein relevanten) Fällen mit Auslandsbezug kann dabei nicht ohne weiteres unterstellt werden, dass die Minderjährige das deutsche Recht und damit die Aufhebbarkeit der Ehe kennt. Im Zweifel dürfte von Unkenntnis auszugehen sein. Abgesehen davon bestehen nach hier vertretener Meinung grundsätzlich keine Bedenken, dem 16- bzw. 17-jährigen Ehegatten seine eigene Kenntnis zuzurechnen[19] mit der Folge, dass nicht auf die Kenntnis der gesetzlichen Vertreter abzustellen ist.

7 In gleicher Weise ist nach S. 1 Nr. 1 unterhaltsberechtigt derjenige Ehegatte, der in den Fällen des **§ 1314 Abs. 2 Nr. 3 oder 4** von dem anderen Ehegatten oder mit dessen Wissen **getäuscht oder bedroht** worden ist. Der andere Ehegatte hat auch dann keinen Unterhaltsanspruch, wenn die Drohung ohne sein Wissen erfolgt ist. Dass die Täuschung oder Drohung durch einen Dritten mit Wissen des anderen Ehegatten verübt sein muss, ist nur für den Fall der Drohung von Bedeutung, weil gemäß § 1314 Abs. 2 Nr. 3 die Aufhebung ohnehin ausgeschlossen ist, wenn die Täuschung von einem Dritten ohne Wissen des anderen Ehegatten verübt worden ist. Ob der unterhaltspflichtige Ehegatte, der die Drohung gekannt hat, die Drohung vor der Eheschließung zu verhindern suchte, ist irrelevant.[20] Zum **Wissen** gehört die Kenntnis des gesamten äußeren und inneren Aufhebungstatbestandes einschließlich der Ursächlichkeit der Drohung. Mit Wissen des anderen Ehegatten ist der Ehegatte auch dann getäuscht oder bedroht worden, wenn der andere Ehegatte von der Täuschung oder Drohung noch nichts gewusst hat, als der Dritte diese verübte, er aber bis zur Eheschließung von der fortwirkenden Täuschung oder Drohung Kenntnis erlangt hat.[21] Sind **beide Ehegatten** durch Drohung zur Eheschließung veranlasst worden, sollten Unterhaltsansprüche auf beiden Seiten ausscheiden,[22] da die Ehegatten – ähnlich wie bei der Scheinehe (→ Rn. 10) – keine eheliche Lebensgemeinschaft eingehen wollten. Denkbar bleibt in diesem Fall aber die Anwendung von Abs. 2 S. 2 (→ Rn. 9).

8 **3. Fälle des Abs. 2 S. 1 Nr. 2 (Anwendung zugunsten beider Ehegatten).** Bei **Bösgläubigkeit beider Ehegatten** sind nacheheliche Unterhaltsansprüche nur bei Verstoß gegen § 1306 (Doppelehe), § 1307 (Verwandtschaft) oder § 1311 (persönliche Erklärung) gegeben (S. 1 Nr. 2). Im Falle der Doppelehe gehen Unterhaltsansprüche des Ehegatten der Erstehe gegen den Bigamisten Ansprüchen des bösgläubigen Ehegatten der Zweitehe vor (S. 1 Nr. 2 Hs. 2). Der Bigamist hat

---

14 *Roth* FS Schwab, 2005, 687 (691).
15 AA Johannsen/Henrich/*Henrich* Rn. 7, 11.
16 So auch BeckOK BGB/*Hahn* Rn. 4; aA *Roth* FS Schwab, 2005, 687 (697 f.); Palandt/*Brudermüller* Rn. 4.
17 BeckOK BGB/*Hahn* Rn. 6; aA *Roth* FS Schwab, 2005, 687 (694 f.); Erman/*Roth* Rn. 3.
18 Palandt/*Brudermüller* Einf. v. § 1318 Rn. 3 sieht die Norm nicht im Einklang mit dem Minderjährigenschutz.
19 Vgl. Erman/*Roth* Rn. 3; Soergel/*Heintzmann* Rn. 12.
20 Soergel/*Heintzmann* Rn. 14.
21 Zu Bestrebungen, im Falle der Drohung die Tatbestandsvoraussetzung „von dem anderen Ehegatten oder mit dessen Wissen" zu streichen, s. den BR-Entwurf zum Zwangsheirat-Bekämpfungsgesetz, BT-Drs. 16/1035, 9 f. m. abl. Stellungnahme BReg., BT-Drs. 16/1035, 11.
22 Soergel/*Heintzmann* Rn. 14.

seinen Unterhaltsverpflichtungen gegenüber dem Ehegatten der Erstehe ungeschmälert nachzukommen; die Berechnung des Unterhalts erfolgt insoweit ohne Rücksicht auf den zweiten Ehegatten aus der Doppelehe.[23] Abweichend von Nr. 1 sind in Nr. 2 neben § 1303 die §§ 1304, 1314 Abs. 2 Nr. 1 und Nr. 2 nicht aufgeführt. Ersteres dient dem Schutz des Minderjährigen, bei den letztgenannten Verstößen ist eine zurechenbare Kenntnis beider Ehegatten ausgeschlossen.

**4. Besonderheiten beim Betreuungsunterhalt (Abs. 2 S. 2).** Liegen die Voraussetzungen 9 für eine entsprechende Anwendung des nachehelichen Unterhaltsrechts nach S. 1 Nr. 1 und Nr. 2 nicht vor, so kommt nach S. 2 gleichwohl ein Unterhaltsanspruch wegen **Betreuung eines gemeinschaftlichen Kindes** in entsprechender Anwendung von § 1570 in Betracht, sofern eine Versagung des Unterhalts im Hinblick auf die Belange des Kindes grob unbillig wäre. Die grobe Unbilligkeit hat sich am Kindeswohl zu orientieren. Es ist zu fragen, ob sich die Notwendigkeit einer Erwerbstätigkeit des betreuenden Elternteils negativ auf die Entwicklung des Kindes auswirken würde. Dies hängt im Wesentlichen von dem Alter sowie der körperlichen und geistigen Entwicklung des Kindes und der Verfügbarkeit anderweitiger Betreuungsmöglichkeiten (s. auch § 1570 Abs. 1 S. 3) ab. Dem Grundsatz der Verhältnismäßigkeit ist Rechnung zu tragen. Solange ein **Kind unter drei Jahren** zu betreuen ist, wird allerdings regelmäßig Betreuungsunterhalt zu zahlen sein. Schließlich kann es nicht sein, dass der betreuende Elternteil nach Eheaufhebung schlechter steht als ein Elternteil, der nie mit dem anderen Elternteil verheiratet war und aus **§ 1615l Abs. 2 S. 2–5** unterhaltsberechtigt ist. Insoweit ist zu berücksichtigen, dass der Betreuungsunterhalt heute dem Grunde nach weitgehend eheunabhängig ausgestaltet ist. Um ein gemeinschaftliches Kind handelt es sich auch bei der aufgehobenen Ehe, solange das Kind während der Ehezeit geboren worden ist (§ 1592 Nr. 1). Wird das Kind erst nach Eheaufhebung geboren und die Vaterschaft dann anerkannt oder festgestellt (§ 1592 Nr. 2, 3), verbleibt es ohnehin bei der Anwendung von § 1615l.

**5. Scheinehe.** Kein Unterhaltsanspruch besteht von vornherein bei einem Verstoß gegen 10 **§ 1314 Abs. 2 Nr. 5.** Das ist konsequent. Nacheheliche Unterhaltsansprüche sind Ausdruck der fortwirkenden Verantwortung der Ehegatten füreinander. Bei der Scheinehe waren sich jedoch die Ehegatten bei der Eheschließung darüber einig, keine Verantwortung füreinander zu übernehmen.[24] Abs. 2 S. 2 spielt keine Rolle, da aus einer Scheinehe gemeinschaftliche Kinder nicht hervorzugehen pflegen.

**6. Beweislast.** Beweispflichtig für seine eigene Unkenntnis ist der Unterhalt begehrende Ehe- 11 gatte. Ob ein Ehegatte die Aufhebbarkeit der Ehe bei der Eheschließung nicht gekannt hat (S. 1 Nr. 1) oder gekannt hat (S. 1 Nr. 2), kann in der Aufhebungsentscheidung ohne Rechtskraftwirkung (zB bei der Kostenentscheidung nach § 132 Abs. 1 FamFG) festgestellt sein. Im Hinblick auf § 1318 ist es zweckmäßig, in den Gründen auszusprechen, ob einem oder beiden Ehegatten die Aufhebbarkeit bei der Eheschließung bekannt war. Enthält die Entscheidung keine solche Feststellung oder wird die Richtigkeit der getroffenen Feststellung bestritten, so ist hierüber im Unterhaltsverfahren zu entscheiden.

### III. Zugewinn- und Versorgungsausgleich (Abs. 3)

**1. Grundsatz.** Abs. 3 – die Fassung beruht auf Art. 3 Nr. 2 VAStrRefG vom 3.4.2009 (BGBl. 12 2009 I 700) – erklärt die Vorschriften über die Zugewinngemeinschaft und den Versorgungsausgleich für entsprechend anwendbar, soweit dies nicht im Hinblick auf die Umstände der Eheschließung oder bei Verstoß gegen § 1306 im Hinblick auf die Belange des Ehegatten der Erstehe **grob unbillig** wäre. Beides ist sachlich gerechtfertigt, da Zugewinn- und Versorgungsausgleich retrospektive Folgen der Auflösung der Ehe sind. Durch die Verweisung auf die §§ 1363–1371, die keine Folgen der gerichtlichen Ehelösung betreffen, wird zugleich deutlich, dass durch die Aufhebungsentscheidung der gesetzliche Güterstand der Zugewinngemeinschaft nicht rückwirkend entfällt. Haben die Ehegatten durch Ehevertrag etwas anderes vereinbart, verbleibt es dabei (§ 1363 Abs. 1).

**2. Situation bei Doppelehe.** Bei einer Doppelehe gelten im rechtlichen Ansatz weder für 13 die Erst- noch für die Zweitehe Besonderheiten. Der Ausgleich findet nicht zu dritt, sondern allein zwischen den Parteien der jeweiligen Ehesache statt. Sowohl der Ehegatte der Erstehe als auch der Ehegatte der Zweitehe können grundsätzlich vollen Zugewinn- und Versorgungsausgleich in Anspruch nehmen, und zwar jeweils so, als ob es die jeweils andere Ehe nicht gäbe. Wie man das rechnerisch sinnvoll hinbekommt, ist indes fraglich. Die Verfassungsmäßigkeit der Regelung wird

---

23 Vgl. Soergel/*Heintzmann* Rn. 18.

24 AA *Wolf* FamRZ 1998, 1477 (1487); krit. auch *Finger* FuR 2007, 341 (343).

bezweifelt.[25] Korrekturmöglichkeiten eröffnen indes § 1381 und § 27 VersAusglG. Nach § 1381 kann eine teilweise Ausgleichspflicht in Betracht kommen.[26] Wie weit die Einbeziehung der zugleich auf beide Ehezeiten entfallenden Versorgungszeiten grob unbillig ist, hängt von den Umständen des Einzelfalls ab, insbesondere der wirtschaftlichen Situation der Ehegatten, den Umständen, die zur Doppelehe geführt haben, der Möglichkeit zum Aufbau weiterer Versorgungsanrechte sowie der Dauer der ehelichen Lebensgemeinschaft.[27]

14 **3. Billigkeitsbeurteilung.** Die Billigkeitsklausel des Abs. 3 ergänzt und konkretisiert § 1381 und § 27 VersAusglG durch Einbeziehung der Umstände der Eheschließung und – bei Aufhebung einer bigamischen Ehe – der Belange des Ehegatten der Erstehe. Sie erlaubt neben einem **völligen** auch den **teilweisen Ausschluss des Zugewinn- und Versorgungsausgleichs** („soweit"). Grobe Unbilligkeit liegt vor, wenn der Ausgleich in der vom Gesetz vorgesehenen Weise dem Gerechtigkeitsgefühl in unerträglicher Weise widersprechen würde. Die Umstände der Eheschließung werden den Zugewinn- und Versorgungsausgleich insbesondere bei Verstoß gegen § 1314 Abs. 2 Nr. 5 als grob unbillig erscheinen lassen. Bei der Schließung einer Doppelehe liegen solche besonderen Umstände vor, wenn der Berechtigte unter Täuschung des Verpflichteten vorsätzlich die bigamische Ehe eingegangen ist.[28] Inwieweit Ansprüche des Ehegatten der Zweitehe im Hinblick auf den Ehegatten der Erstehe grob unbillig wären, mit der Folge, dass er hinter dem ersten Ehegatten zurücktreten muss, hängt wiederum von einer **umfassenden Würdigung** der näheren Umstände des jeweiligen Falls ab. Eine Rolle spielen die jeweiligen Einkommens- und Vermögensverhältnisse, die Gut- oder Bösgläubigkeit des Ehegatten der bigamischen Zweitehe und die Dauer der ehelichen Lebensgemeinschaft zwischen den Gatten der Erstehe. Weiter kann eine Rolle spielen, wieweit sich der Ehegatte der Erstehe in seiner Lebensplanung seinerseits von der Ehe gelöst hatte.

## IV. Ehewohnung und Haushaltsgegenstände (Abs. 4)

15 Nach Aufhebung der Ehe finden die Vorschriften über die Behandlung der Ehewohnung und der Haushaltsgegenstände anlässlich der Scheidung (§§ 1568a, 1568b) entsprechende Anwendung (Abs. 4). Dabei sind wie beim Zugewinn- und Versorgungsausgleich (Abs. 3) die Umstände der Eheschließung und bei einer Doppelehe die Belange des Ehegatten der Erstehe besonders zu berücksichtigen. Auf diese Weise werden die gemäß § 1568a Abs. 1 und Abs. 2 und § 1568b Abs. 1 vorzunehmenden **Billigkeitsabwägungen** um die genannten Gesichtspunkte ergänzt. Zuweisung der Ehewohnung und Verteilung der Haushaltsgegenstände während eines Getrenntlebens der Ehegatten beurteilen sich nach den §§ 1361a, 1361b. Auch insoweit können Aspekte im Zusammenhang mit der Aufhebbarkeit in die Beurteilung mit einfließen, sofern diese offensichtlich sind.

## V. Erbrecht (Abs. 5)

16 Abs. 5 regelt – anders als die Ankündigung des Abs. 1 erwarten lässt – nicht die Folgen der Aufhebung der Ehe, sondern die **Folgen einer durch Tod aufgelösten aufhebbaren Ehe.** Er trägt dem Umstand Rechnung, dass nach dem Tode eines Ehegatten ein Aufhebungsantrag (mit der Folge des Erbrechtsausschlusses nach § 1933 S. 2) nicht mehr gestellt werden kann (§ 1317 Abs. 3) und **erweitert damit § 1933 S. 2.** Das gesetzliche Erbrecht des überlebenden Ehegatten ist ausgeschlossen, wenn dieser bei Verstoß gegen die §§ 1304, 1306, 1307 oder § 1311 oder im Falle des § 1314 Abs. 2 Nr. 1 die Aufhebbarkeit bei der Eheschließung gekannt hat. Das ist im Hinblick auf den bewussten Verstoß gegen die durch das Sittengesetz geprägte Ordnung der Ehe sachgerecht. Abweichend von Abs. 2 S. 1 Nr. 1 (→ Rn. 4) wird der Verstoß gegen § 1303 (Ehemündigkeit) oder § 1314 Abs. 2 Nr. 2 (Irrtum über das Vorliegen einer Eheschließung) nicht aufgeführt, ebenso bleiben die Fälle der Täuschung oder Bedrohung des verstorbenen Ehegatten (§ 1314 Abs. 2 Nr. 3 und 4) unerwähnt.[29] Der Erbrechtsausschluss tritt auch dann ein, wenn der verstorbene Ehegatte von einem Aufhebungsantrag abgesehen hat.[30] Da es sich bei Abs. 5 um eine Erweiterung des § 1933 S. 2 handelt, der wiederum eine Berechtigung, die Aufhebung der Ehe

---

[25] S. Vorlagebeschluss AG Kempten 25.2.2011 – 2 F 812/10; für unzulässig erachtet von BVerfG BeckRS 2012, 59983.

[26] Vgl. BGH NJW 1980, 1462 (1463) = JR 1981, 115 mAnm *Görgens.*

[27] Vgl. BGH NJW 1983, 176 (177 f.); OLG Zweibrücken FamRZ 1983, 1145 (1146); OLG Stuttgart BeckRS 2009, 29012 = FamRZ 1986, 1006.

[28] Vgl. OLG Karlsruhe NJW-RR 2004, 1514 f.

[29] Zum Bestreben, die widerrechtliche Drohung in den Anwendungsbereich von Abs. 5 einzubeziehen, s. den Entwurf eines Zwangsheirat-Bekämpfungsgesetzes, BT-Drs. 16/1035, 10, 11.

[30] AA bei einem Verstoß gegen § 1311 FamRefK/*Wax* Rn. 20.

zu beantragen, fordert, ist es sachgerecht, ihn nicht anzuwenden, wenn die Aufhebung der Ehe nach § 1315 ausgeschlossen war.[31]

### VI. Ehename

Während § 1355 Abs. 5 für den Scheidungsfall eine Regelung zum Ehenamen vorsieht, enthält § 1318 **keine ausdrückliche Regelung** dazu. Allerdings heißt es in Abs. 1, dass sich die Aufhebungsfolgen „**nur** in den nachfolgend genannten Fällen nach den Vorschriften über die Scheidung" beurteilen. Daraus wird zum Teil der Schluss gezogen, dass die Regelung des § 1355 Abs. 5 zum Ehenamen nach Scheidung bei einer Eheaufhebung nicht gelte, da darauf nicht Bezug genommen werde.[32] Folge soll demgemäß sein, dass der erheiratete Ehename nicht weiter geführt werden darf, sodass die Ehegatten mit Rechtskraft des Aufhebungsbeschlusses automatisch wieder den früheren Namen führen.[33] Das **Wortlautargument** ist jedoch angreifbar. Schließlich mag der Gesetzgeber mit den „Vorschriften über die Scheidung" nur die Normen aus dem Titel 6 (Eheliches Güterrecht) und Titel 7 (Scheidung der Ehe) im Blick gehabt haben. § 1355 hingegen befindet sich nach der Systematik des Gesetzes in Titel 5 (Wirkungen der Ehe im Allgemeinen).[34] 17

Gegen den automatischen Wegfall des Ehenamens spricht zudem der Grundsatz der **Namenskontinuität.**[35] Der Normalfall ist, dass ein Statuswechsel keine Namensänderung zur Folge hat. Einen Namensentzug kraft Gesetzes kennt das BGB lediglich im Fall der Aufhebung einer Adoption gemäß § 1765.[36] Bei der Vaterschaftsanfechtung hingegen, die im Hinblick auf alle sonstigen Rechtsfolgen der Vaterschaft sogar eine ex tunc-Wirkung (§ 142) entfaltet, bleibt der Name des Kindes zunächst unangetastet; eine Namensänderung erfolgt erst auf Antrag (§ 1617b Abs. 2). Das dient zugleich dem Bedürfnis nach **Namensklarheit.** Der Grundsatz der Namenskontinuität folgt auch aus den verfassungsrechtlichen Vorgaben. Insoweit ist zu beachten, dass der **Entzug des Namens** einen erheblichen Grundrechtseingriff bedeutet, da der Name als Teil des Persönlichkeitsrechts gemäß Art. 2 Abs. 1 GG iVm Art. 1 Abs. 1 GG geschützt ist.[37] Laut BVerfG ist auch der „erheiratete" Name nicht nur ein geliehener Name, sondern wird zum eigenen Namen seines neuen Trägers und zum Teil seiner Persönlichkeit. Damit genießt auch dieser Name (über die Dauer der Ehe hinaus) den vollen Schutz von Art. 2 Abs. 1 GG iVm Art. 1 Abs. 1 GG.[38] Für einen Namensentzug muss folglich der **Vorbehalt des Gesetzes** gelten. Da eine entsprechende gesetzliche Regelung für den Fall der Eheaufhebung jedoch fehlt, kommt ein automatischer Verlust des erheirateten Namens nicht in Betracht. Abgesehen davon wäre die ohne weiteres eintretende **Unrichtigkeit des Personenstandsregisters** auch höchst problematisch.[39] Demnach würde sich nun ergeben, dass in allen früheren Fällen, in denen Ehegatten nach Eheaufhebung den erheirateten Ehenamen tatsächlich weitergetragen und ggf. an Kinder oder neue Ehegatten weitergegeben haben, ein falscher Name geführt worden wäre.[40] Das kann der Gesetzgeber kaum gewollt haben. 18

Allerdings kann es auch nicht sein, dass die Namenskontinuität im Fall der Eheaufhebung weiter reicht als bei der Scheidung. Demgemäß spricht viel für eine **analoge Anwendung des § 1355 Abs. 5.**[41] Bei der entsprechenden Anwendung müssen indes auch die Wertungen des § 1318 Berücksichtigung finden. Der **Normzweck** des § 1318 kann dahin beschrieben werden, dass sich die Aufhebungsfolgen nur insoweit mit den Scheidungsfolgen decken sollen, als die Ehegatten jeweils schutzwürdig sind.[42] Der Gesetzgeber hat die Folgen der Eheaufhebung nach der situationsbedingt verschiedenen **Schutzbedürftigkeit** der Ehegatten differenziert regeln wollen.[43] Dieser Gedanke kann auf das Namensrecht in gleicher Weise übertragen werden. Es gibt Fälle, in denen der Wunsch, 19

---

[31] Zur Kritik an der Regelung vgl. Staudinger/*Voppel*, 2018, Rn. 45; *Rauscher* FamR Rn. 223; *Gernhuber/Coester-Waltjen* FamR § 14 Rn. 7 f.; Entwurf zum Zwangsheirat-Bekämpfungsgesetz, BT-Drs. 16/1035, 10, 11.

[32] OLG Celle NJW 2013, 2292.

[33] So iErg auch NK-BGB/*Finger* Rn. 26, der das allerdings aus einer Analogie zu § 1355 herleiten will.

[34] IdS auch Soergel/*Heintzmann* Rn. 34.

[35] Betont von *Keuter* FamRZ 2013, 1936 (1937).

[36] S. BeckOK BGB/*Pöcker* § 1765 Rn. 2.

[37] Ähnlich Soergel/*Heintzmann* Rn. 34.

[38] BVerfG NJW 2004, 1155 = FamRZ 2004, 515.

[39] Zutr. *Keuter* FamRZ 2013, 1936 (1937).

[40] *Keuter* FamRZ 2013, 1936 (1937).

[41] Die Anwendung bejahen: BGH NJW-RR 2005, 1521; *Hohloch* JuS 2006, 266 (268); *Wagenitz/Bornhofen*, Handbuch des Eheschließungsrechts, 1998, Abschn. 4 Rn. 30; *Hepting/Gaaz* III Rn. 750; Erman/*Roth* Rn. 11; *Rauscher* FamR Rn. 225; aA BeckOK BGB/*Hahn* Rn. 23; *Muscheler* FamR Rn. 277; Staudinger/*Voppel*, 2018, Rn. 51 f.; *Keuter* FamRZ 2013, 1936 (1938).

[42] So vorbehaltlos für das Namensrecht BGH NJW-RR 2005, 1521.

[43] BT-Drs. 13/9416, 27.

den erheirateten Namen weiterzutragen, durchaus schutzwürdig ist, etwa weil auch ein aus der Ehe hervorgegangenes Kind diesen Namen trägt. Das hat zur Folge, dass die Ehegatten auch nach der Eheaufhebung grundsätzlich ihren Ehenamen behalten, sofern sie einen Ehenamen geführt haben (**§ 1355 Abs. 5 S. 1**). Damit verbunden ist nach § 1355 Abs. 5 S. 2 analog die Möglichkeit, nach der Eheaufhebung den Geburtsnamen oder den bei Eheschließung geführten Namen wieder anzunehmen.

20 Zu klären bleibt indes, wie Fälle zu lösen sind, in denen **kein schutzwürdiges Interesse** an der Namensfortführung bejaht werden kann. Das gilt insbesondere für den Fall der **Namenserschleichung.** So mag die Ausnutzung der Geschäftsunfähigkeit eines Ehegatten oder seine Täuschung gerade zu dem Zweck erfolgt sein, durch Eheschließung dessen Namen annehmen zu können. Hier ist das Interesse des „betrogenen" Ehegatten, die Fortführung des Namens, insbesondere eines Adelsnamens, zu unterbinden, idR schutzwürdig. Allerdings gibt das Gesetz dem Ehegatten, dessen Name Ehename geworden war, keinen ausdrücklichen Anspruch darauf, vom anderen Ehegatten nach Eheaufhebung oder Scheidung die Ablegung des Namens zu verlangen. Zwar kannte § 57 EheG die Möglichkeit, auf Antrag des Mannes der Frau bei ehrlosem oder unsittlichem Lebenswandel die Weiterführung des Mannesnamens zu untersagen. Diese – nach dem damaligen Recht konsequent auf die Ablegung des „erheirateten" Mannesnamens beschränkte – Möglichkeit ist jedoch vom 1. EheRG ersatzlos beseitigt worden und kann daher laut BGH heute nicht mehr entsprechend gelten.[44] Ein Anspruch auf Ablegung eines erheirateten Namens lässt sich im Ausnahmefall aber auf Grundlage von **§ 242** (Treu und Glauben) bejahen. Insoweit kann es – gerade mit Blick auf die Wertungen des § 1318 – rechtsmissbräuchlich sein, wenn sich der bösgläubige Ehegatte auf die Regelung in § 1355 beruft. Dabei muss der **verfassungsrechtliche Schutz des Namens** zurücktreten; denn der rechtsmissbräuchlich erschlichene Name verdient diesen Schutz grundsätzlich nicht. Die Norm des § 242 bietet insofern genug Raum, um die Interessen beider Seiten unter Berücksichtigung aller Umstände des Einzelfalls angemessen abzuwägen und die Rechtsfolgen je nach Schutzbedürftigkeit des betroffenen Ehegatten entsprechend den in § 1318 enthaltenen Wertungen zu bestimmen.[45] Folglich kann der andere Ehegatte auf Abgabe einer Erklärung iSv § 1355 Abs. 5 S. 2 gegenüber dem Standesamt klagen.[46] Mit Rechtskraft der Entscheidung gilt die Erklärung dann als abgegeben (§ 894 S. 1 ZPO).

## Titel 4. Wiederverheiratung nach Todeserklärung

### § 1319 Aufhebung der bisherigen Ehe

**(1) Geht ein Ehegatte, nachdem der andere Ehegatte für tot erklärt worden ist, eine neue Ehe ein, so kann, wenn der für tot erklärte Ehegatte noch lebt, die neue Ehe nur dann wegen Verstoßes gegen § 1306 aufgehoben werden, wenn beide Ehegatten bei der Eheschließung wussten, dass der für tot erklärte Ehegatte im Zeitpunkt der Todeserklärung noch lebte.**

**(2) [1]Mit der Schließung der neuen Ehe wird die frühere Ehe aufgelöst, es sei denn, dass beide Ehegatten der neuen Ehe bei der Eheschließung wussten, dass der für tot erklärte Ehegatte im Zeitpunkt der Todeserklärung noch lebte. [2]Sie bleibt auch dann aufgelöst, wenn die Todeserklärung aufgehoben wird.**

#### I. Normzweck

1 Eine Ehe wird außer durch richterliche Entscheidung durch Tod, nicht aber durch die Todeserklärung eines verschollenen Ehegatten aufgelöst. Eine **Todeserklärung** begründet lediglich die widerlegbare Vermutung, dass der Verschollene in dem im Todeserklärungsbeschluss festgestellten Zeitpunkt gestorben ist (§ 9 Abs. 1 VerschG). Erweist sich die durch die Todeserklärung begründete Vermutung als unrichtig, so sind die Rechtsverhältnisse der wirklichen Sachlage entsprechend zu beurteilen, wie wenn die Todeserklärung nicht erfolgt wäre. Geht der zurückgebliebene Ehegatte gestützt auf die Vermutung des § 9 Abs. 1 VerschG, dass seine frühere Ehe durch den Tod des anderen Ehegatten mit dem festgestellten Zeitpunkt aufgelöst ist, eine neue Ehe ein und stellt sich später heraus, dass der für tot erklärte Ehegatte noch lebt, so wäre danach die neue Ehe eine nach §§ 1306,

---

44 BGH NJW-RR 2005, 1521.

45 IdS auch *Winkler,* Der Ehename bei Eheaufhebung, 2004, 147 ff., 177 f., 191 ff.; restriktiver allerdings Soergel/*Heintzmann* Rn. 34.

46 So auch Soergel/*Heintzmann* Rn. 34.

1314 Abs. 1 aufhebbare Doppelehe. Dieses Ergebnis vermeidet im **Interesse der Aufrechterhaltung der neuen Ehe** die Ausnahmevorschrift des § 1319. Sie statuiert, dass die neue Ehe nicht deshalb wegen Verstoßes gegen § 1306 aufhebbar ist, weil der für tot erklärte Ehegatte zur Zeit der Wiederverheiratung noch lebt, sofern nicht die Partner der neuen Ehe gewusst haben, dass er die Todeserklärung überlebt hat, und ordnet – da nicht zwei Ehen nebeneinander bestehen können – gleichzeitig an, dass mit der im Vertrauen auf die staatliche Todeserklärung erfolgten Schließung der neuen Ehe die frühere Ehe aufgelöst wird.[1]

## II. Aufhebbarkeit der neuen Ehe wegen Verstoßes gegen § 1306 (Abs. 1)

Die Aufhebung einer nach Todeserklärung des früheren Ehegatten eingegangenen neuen Ehe wegen Verstoßes gegen das Eheverbot der Doppelehe setzt zunächst voraus, dass der für tot erklärte Ehegatte im **Zeitpunkt der Eheschließung noch lebt.** Ist das nicht der Fall, scheidet Aufhebbarkeit aus, und zwar auch dann, wenn der frühere Ehegatte den Zeitpunkt der Todeserklärung überlebt hat oder die neuen Ehegatten annehmen, er sei noch am Leben. Außerdem muss der Verschollene vor der Eheschließung für **tot erklärt** worden sein. Weiter ist für die Aufhebung erforderlich, dass beide Ehegatten der neuen Ehe bei der Eheschließung wussten, dass der für tot erklärte Ehegatte im Zeitpunkt der Todeserklärung noch lebte. Entscheidend ist die **Kenntnis beider Ehegatten,** Bösgläubigkeit eines Teils genügt nicht. Zweifel, fahrlässige, selbst grobfahrlässige Unkenntnis reichen nicht aus. Maßgebend ist der Zeitpunkt der Eheschließung. Nachträgliche Kenntnis schadet nicht. Darauf, dass der frühere Ehegatte noch lebt, braucht sich die Kenntnis nicht zu erstrecken. Die irrtümliche Annahme, der frühere Ehegatte, der die Todeserklärung überlebt hat, sei zwischenzeitlich gestorben, hebt Bösgläubigkeit nicht auf. Auf die Aufhebbarkeit der neuen Ehe ist es ohne Einfluss, dass der frühere Ehegatte nachträglich stirbt oder die erste Ehe im Wege der Scheidung oder Aufhebung aufgelöst wird. 2

Zur Antragsbefugnis s. § 1316 Abs. 1 Nr. 1, Abs. 3 (→ § 1316 Rn. 3, 10 ff.). Der Antragsteller hat zu beweisen, dass die Ehegatten bösgläubig waren. Bis zur Aufhebung ist die alte Ehe als gemäß Abs. 2 aufgelöst zu behandeln, weil hier zunächst einmal von der Gutgläubigkeit zumindest eines Partners der neuen Ehe auszugehen ist („es sei denn, dass"). 3

Die neue Ehe ist stets eine bigamische Ehe, wenn sie vor der Todeserklärung des früheren Ehegatten eingegangen wird, wobei zu beachten ist, dass es nicht auf den Zeitpunkt des Beschlusses, sondern auf den seiner Rechtskraft ankommt, da der Beschluss erst mit seiner Rechtskraft wirksam wird (§ 29 Abs. 1 VerschG). Eine bigamische Ehe liegt auch vor, wenn die Todeserklärung vor Schließung der neuen Ehe wieder aufgehoben worden ist. Durch den späteren Eintritt der **Rechtskraft** des Beschlusses wird eine zuvor geschlossene Ehe jedoch geheilt. § 1315 Abs. 2 Nr. 1 ist entsprechend anzuwenden.[2] 4

## III. Auflösung der bisherigen Ehe (Abs. 2)

**1. Eingehung einer neuen Ehe.** Falls die Ehe des zurückgebliebenen Ehegatten nicht bereits durch den Tod des anderen, für tot erklärten Ehegatten aufgelöst ist, wird sie – und zwar auch mit Wirkung für den irrtümlich für tot erklärten Ehegatten – dadurch aufgelöst, dass der zurückgebliebene Ehegatte eine neue Ehe eingeht, sofern nicht beide Ehegatten der neuen Ehe gewusst haben, dass der alte Ehegatte die Todeserklärung überlebt hat. In diesem Falle ist die neue Ehe eine aufhebbare Doppelehe (Abs. 1) und die alte Ehe nicht aufgelöst. Abs. 2 hat nicht den Sinn, dass die frühere Ehe auf jeden Fall bis zur Wiederverheiratung fortbesteht.[3] Die alte Ehe bleibt nach Abs. 2 S. 2 auch dann aufgelöst, wenn die Todeserklärung später aufgehoben (§§ 30 ff. VerschG) oder ein anderer Todeszeitpunkt festgestellt wird (§ 33a VerschG). 5

Die alte Ehe besteht nach der Auflösung auch nicht latent fort. Sie wird nicht etwa dadurch wieder wirksam, dass die neue Ehe aufgelöst wird.[4] Die Ehegatten der früheren Ehe müssen einander erneut heiraten. Zu diesem Zweck gewährt § 1320 dem zurückgebliebenen Ehegatten, sofern er bei Eingehung der neuen Ehe gutgläubig war, ein Aufhebungsrecht. 6

**2. Rechtsfolgen.** Mit der Eheauflösung der früheren Ehe entfällt das Ehegattenerbrecht. Für den Ehenamen gilt § 1355 Abs. 5 S. 1 entsprechend.[5] Der Güterstand wird iSv § 1372 beendet. Für die Berechnung des Zugewinns ist der Zeitpunkt der Eingehung der neuen Ehe maßgebend. Hausrat und Ehewohnung werden entsprechend §§ 1568a, 1568b auseinandergesetzt. Im Übrigen können 7

[1] Vgl. BGH NJW-RR 1994, 264 = FamRZ 1994, 498 mAnm *Bosch*.
[2] So grds. auch BeckOK BGB/*Hahn* Rn. 4.
[3] Vgl. RGZ 60, 196 (198); BSGE 12, 139 (140) = NJW 1960, 2213; OLG Neustadt NJW 1952, 940 (941).
[4] OLG Düsseldorf FamRZ 1965, 612.
[5] BeckOK BGB/*Hahn* Rn. 14.

die Vorschriften über die vermögensrechtlichen Folgen einer Scheidung grundsätzlich entsprechend angewandt werden.[6] Unterhaltsrechtlich ist auf die Besonderheiten der Auflösung der Ehe durch die neue Eheschließung Rücksicht zu nehmen.[7] Eine Unterhaltspflicht des irrtümlich für tot Erklärten scheidet regelmäßig schon wegen § 1586 aus. § 1318 ist nicht heranzuziehen, da die Ehe aufgelöst, aber nicht – wegen eines Mangels – aufgehoben worden ist.

### IV. Analoge Anwendung der §§ 1319, 1320

8 Die §§ 1319, 1320 gelten entsprechend, wenn ein Ehegatte, nachdem der Tod des anderen Ehegatten gemäß §§ 39 ff. VerschG gerichtlich festgestellt worden ist, eine neue Ehe eingeht (Art. 3 § 1 Gesetz zur Änderung von Vorschriften des Verschollenheitsrechts vom 15.1.1951, BGBl. 1951 I 59). Zur Eheschließung vor Rechtskraft des Beschlusses s. Art. 3 § 2 VerschollRÄndG.

9 § 1319 ist eine Ausnahmevorschrift, die nicht ausdehnend auf andere Fälle der unrichtigen Annahme des Todes einer Person angewandt werden kann.[8] Insbesondere kann auf diese Norm nicht zurückgegriffen werden, wenn die Wiederheirat ohne Todeserklärung aufgrund einer irrig ausgestellten standesamtlichen Sterbeurkunde erfolgt ist.[9] Die Regelung des § 1319 ist nicht entsprechend auf den Fall anwendbar, dass nicht der scheinbar zurückgelassene, sondern der fälschlich für tot erklärte Ehegatte eine neue Ehe eingeht.[10]

## § 1320 Aufhebung der neuen Ehe

**(1) [1]Lebt der für tot erklärte Ehegatte noch, so kann unbeschadet des § 1319 sein früherer Ehegatte die Aufhebung der neuen Ehe begehren, es sei denn, dass er bei der Eheschließung wusste, dass der für tot erklärte Ehegatte zum Zeitpunkt der Todeserklärung noch gelebt hat. [2]Die Aufhebung kann nur binnen eines Jahres begehrt werden. [3]Die Frist beginnt mit dem Zeitpunkt, in dem der Ehegatte aus der früheren Ehe Kenntnis davon erlangt hat, dass der für tot erklärte Ehegatte noch lebt. [4]§ 1317 Abs. 1 Satz 3, Abs. 2 gilt entsprechend.**

**(2) Für die Folgen der Aufhebung gilt § 1318 entsprechend.**

### I. Normzweck

1 Das Wiederauftauchen des für tot geglaubten früheren Ehegatten kann den zurückgebliebenen Ehegatten, der sich gutgläubig wiederverheiratet hat, in einen schweren inneren Konflikt stürzen. Dieser seelischen Bedrängnis trägt § 1320 Rechnung. Er gibt dem zurückgebliebenen Ehegatten das Recht, die Aufhebung seiner zweiten Ehe zu begehren, und eröffnet ihm so die Möglichkeit, seinen irrtümlich für tot erklärten ersten Ehegatten wieder zu heiraten.[1] Die Vorschrift gehört damit ihrem Gehalt nach in den Abschnitt über die Aufhebung der Ehe. Aus Gründen des Sachzusammenhangs hat der Gesetzgeber sie jedoch in den Abschnitt über die Wiederverheiratung im Falle der Todeserklärung gestellt. Die **Folgen der Aufhebung** bestimmen sich nach § 1318 (Abs. 2). Das bedeutet insbesondere, dass der Ehegatte der Zweitehe keinen Unterhalt verlangen kann, wenn er bei der Eheschließung bösgläubig war (§ 1318 Abs. 2 S. 1 Nr. 1).[2]

### II. Voraussetzungen der Eheaufhebung

2 **1. Aufhebungsberechtigung.** Aufhebungsberechtigt ist lediglich der zurückgebliebene Ehegatte, der sich wiederverheiratet hat. Die Aufhebung ist ausgeschlossen, wenn der zurückgebliebene Ehegatte bei Eingehung der neuen Ehe wusste, dass der für tot erklärte Ehegatte die Todeserklärung überlebt hat. Der bösgläubige Ehegatte kann die Aufhebung der neuen Ehe auch dann nicht verlangen, wenn er annahm, sein früherer Ehegatte sei vor der Wiederheirat gestorben. Der irrtümlich für tot erklärte Ehegatte hat kein Aufhebungsrecht aus § 1320, ebenso wenig der Partner der neuen Ehe. War dieser gutgläubig, so kommt die Aufhebung der Ehe wegen arglistiger Täuschung (§ 1314 Abs. 2 Nr. 3) in Betracht.

---

6 Johannsen/Henrich/*Henrich* § 1320 Rn. 4.
7 Näher BeckOK BGB/*Hahn* Rn. 12.
8 Vgl. BGH NJW 1960, 2213 = MDR 1994, 171; OLG Schleswig NJW 1951, 201.
9 Vgl. OLG Schleswig SchlHA 1950, 88; *Beitzke* NJW 1950, 390; *Volkmar* SJZ 1949, 322; *Schrodt* JR 1950, 236.
10 Vgl. BGH NJW-RR 1994, 264 = FamRZ 1994, 498 f. mAnm *Bosch*; NJW 2001, 2394.
1 Vgl. BayObLG NJW 1961, 1725.
2 Vgl. Johannsen/Henrich/*Henrich* Rn. 8.

**2. Weitere Voraussetzungen.** Der für tot erklärte **Ehegatte muss** im Zeitpunkt der letzten Tatsachenverhandlung **noch leben.**[3] Es genügt nicht, dass er zur Zeit der Antragstellung noch am Leben war, erst recht nicht, dass er die Todeserklärung überlebt oder die neue Eheschließung erlebt hat. Weiterhin muss die **neue Ehe noch bestehen.** Ist sie zwischenzeitlich aufgelöst, so entfällt das Aufhebungsrecht (§ 1317 Abs. 3). Das Gesetz knüpft das Aufhebungsrecht allerdings nicht an die weitere Voraussetzung, dass der zurückgebliebene Ehegatte die Möglichkeit hat, den alten Ehegatten wieder zu heiraten. Das Aufhebungsbegehren wird also nicht bereits dadurch ausgeschlossen, dass der zurückgekehrte Ehegatte eine erneute Heirat entschieden ablehnt oder sich gar anderweitig wiederverheiratet hat. Jedoch ist in diesen Fällen zu prüfen, ob nicht der Aufhebungsantrag eine **unzulässige Rechtsausübung** darstellt. Das wird immer dann zu bejahen sein, wenn er nicht wegen der Rückkehr des alten Ehegatten, sondern aus anderen Beweggründen gestellt wird. 3

**3. Antragsfrist.** Die Aufhebung der Ehe kann nur **binnen eines Jahres** begehrt werden. Die Frist ist eine Ausschlussfrist und von Amts wegen zu beachten. Sie beginnt mit dem Zeitpunkt, in dem der Ehegatte Kenntnis davon erlangt, dass der für tot erklärte andere Ehegatte noch lebt. Darauf, ob der Verschollene zu seinem früheren Ehegatten zurückkehren kann oder daran durch äußere Umstände (zB Kriegsgefangenschaft) gehindert ist, kommt es für den Fristbeginn nicht an.[4] Kenntnis bedeutet sicheres Wissen, eine Vermutung oder grob fahrlässige Unkenntnis genügt nicht. Erfährt der Ehegatte lediglich, dass der Verschollene den Zeitpunkt der Todeserklärung überlebt hat, so beginnt die Frist noch nicht zu laufen. § 1317 Abs. 1 S. 3 und Abs. 2 sind entsprechend anzuwenden. 4

Eine **Bestätigung** der neuen Ehe entsprechend § 1315 Abs. 1 mit der Folge, dass die Aufhebung ausgeschlossen ist, kennt das Gesetz nicht. Auch ein Verzicht auf das Aufhebungsrecht, der auf das Gleiche hinauslaufen würde, ist nicht zuzulassen.[5] Der zurückgebliebene Ehegatte hat also immer ein Jahr Zeit, in dem er sich für die alte oder für die neue Ehe entscheiden kann, ohne an einen ersten Entschluss sofort gebunden zu sein. Das ist der Schwere seines Konflikts angemessen. 5

**4. Beweislast.** Der Antragsteller hat zu beweisen, dass sein früherer Ehegatte noch am Leben ist, der Antragsgegner, dass der Antragsteller wusste, der für tot erklärte Ehegatte habe die Todeserklärung überlebt, und dass die Antragsfrist abgelaufen ist. 6

### III. Situation bei Wiederheirat

Wird die neue Ehe aufgehoben, so lebt die alte Ehe nicht wieder auf. Die alten Ehegatten müssen einander vielmehr erneut heiraten, wobei alle Ehevoraussetzungen vorliegen müssen. Die Aufhebung der neuen Ehe dient diesem Ziel. Das aufschiebende Eheverbot des früheren § 39 Abs. 2 S. 1 EheG, wonach der zurückgebliebene Ehegatte zu Lebzeiten seines früheren Ehegatten nur mit diesem eine neue Ehe eingehen durfte, ist jedoch entfallen.[6] Dem Ehegatten steht es daher nach Aufhebung der Zweitehe frei, seinen früheren Partner oder jemand anderen zu heiraten oder unverehelicht zu bleiben. Ein nennenswerter Missbrauch des Aufhebungsrechts zur Umgehung der Scheidungsvorschriften ist nicht zu befürchten. Ein Aufhebungsantrag aus offensichtlich unlauteren Motiven kann wegen unzulässiger Rechtsausübung abgewiesen werden. 7

## §§ 1321–1352 *(weggefallen)*

## Titel 5. Wirkungen der Ehe im Allgemeinen

### § 1353 Eheliche Lebensgemeinschaft

**(1) [1]Die Ehe wird von zwei Personen verschiedenen oder gleichen Geschlechts auf Lebenszeit geschlossen. [2]Die Ehegatten sind einander zur ehelichen Lebensgemeinschaft verpflichtet; sie tragen füreinander Verantwortung.**

**(2) Ein Ehegatte ist nicht verpflichtet, dem Verlangen des anderen Ehegatten nach Herstellung der Gemeinschaft Folge zu leisten, wenn sich das Verlangen als Missbrauch seines Rechts darstellt oder wenn die Ehe gescheitert ist.**

---

3 AA Staudinger/*Löhnig,* 2018, Rn. 8.
4 Vgl. BayObLG NJW 1961, 1725.
5 Vgl. OLG Oldenburg FamRZ 1958, 321 (323).
6 Zu den Gründen vgl. BT-Drs. 13/4898, 21 f.

**Schrifttum:** *Bauernfeind,* Zweckgemeinschaften im Bereich ehelicher Lebensgemeinschaft auf der Basis einvernehmlicher Entscheidungen der Ehegatten, Diss. Regensburg 1984; *Beitzke,* Personenrechtliche Rechtsgeschäfte, FS Flume, Bd. I, 1978, 317; *Bergerfurth,* Die negative Herstellungsklage im Eheprozeß, FamRZ 1965, 585; *Boehmer,* Zur Ehestörungsklage, AcP 155 (1956), 181; *Bosch,* Die Neuordnung des Eherechts ab 1.7.1977, FamRZ 1977, 569; *Deutsch,* Familienrechte als Haftungsgrund, FS Gernhuber, 1993, 581; *Diederichsen,* Die allgemeinen Ehewirkungen nach dem 1. EheRG und Ehevereinbarungen, NJW 1977, 217; *Dostmann,* Bürgerlich-rechtlicher Einkommenssteuerausgleich zwischen Ehegatten, FamRZ 1991, 760; *Eichenhofer,* Die Auswirkungen der Ehe auf Besitz und Eigentum der Eheleute, JZ 1988, 326; *Geilen,* Eingeschränkte Notwehr unter Ehegatten?, JR 1976, 314; *Geilen,* Garantenpflicht aus ehelicher und eheähnlicher Gemeinschaft, FamRZ 1961, 147; *Gernhuber,* Das eheliche Vermögensrecht und die Verpflichtung zur ehelichen Lebensgemeinschaft, FamRZ 1959, 465; *Gernhuber,* Die geordnete Ehe, FamRZ 1979, 193; *Grziwotz,* Möglichkeiten und Grenzen von Vereinbarungen unter Ehegatten, MDR 1998, 1075; *Hanelt,* Schadensersatz-, Beseitigungs- und Unterlassungsansprüche gegen den anderen Ehegatten und den Drittstörer aus ehewidrigem Verhalten, Diss. Mainz 1971; *Heinz,* Die Trennungsfristen des neuen Eherechts und ihre Bedeutung für die Klage auf Wiederherstellung des ehelichen Lebens, DRiZ 1978, 80; *Hepting,* Ehevereinbarungen, 1984; *v. Hippel,* Schadensersatz bei Ehestörung, NJW 1965, 665; *Holzhauer,* Auslegungsprobleme des neuen Eherechts, JZ 1977, 729; *Jayme,* Die Familie im Recht der unerlaubten Handlungen, 1971; *Kern-Eimann,* Das neue Ehebild des EheschlRG. Eine Untersuchung anhand der Scheineheregelungen, Diss. Mainz 2003; *Larenz,* Zur „Institution Ehe", JZ 1968, 96; *Lipp,* Die eherechtlichen Pflichten und ihre Verletzung, 1988; *Löwisch,* Der Deliktsschutz relativer Rechte, 1970; *Lüke,* Die persönlichen Ehewirkungen und die Scheidungsgründe nach dem neuen Ehe- und Familienrecht, FS Bosch, 1976, 627; *Lüke,* Grundsätzliche Veränderungen im Familienrecht durch das 1. EheRG, AcP 178 (1978), 1; *Müller-Freienfels,* Zur Scheidung wegen Glaubenswechsels, JZ 1964, 305 und JZ 1964, 344; *Pawlowski,* Die „Bürgerliche Ehe" als Organisation, 1983; *Rasch,* Juristische Probleme bei der Durchführung des Getrenntlebens, Diss. Berlin 1983; *Schwind,* Ehe und Recht, FS Bosch, 1976, 303; *Smid,* Zur Dogmatik der Klage auf Schutz des „räumlich-gegenständlichen Bereichs" der Ehe, Diss. Mannheim 1983; *Smid,* Schutz des räumlich-gegenständlichen Bereichs der Ehe oder Eheschutz, JuS 1984, 101; *Smid,* Der Fluch der bösen Tat, FamRZ 1989, 1144; *Sonnenschein,* Interner Steuerausgleich zusammenveranlagter Ehegatten, NJW 1980, 257; *Stake,* Die Pflichten aus der ehelichen Lebensgemeinschaft und ihre gerichtliche Durchsetzung, JA 1994, 115; *Streck,* Generalklausel und unbestimmter Begriff im Recht der allgemeinen Ehewirkungen, 1970; *Struck,* „Räumlich-gegenständlicher Bereich der Ehe" oder Gemeinsamkeit der Wohnung?, JZ 1976, 160; *Tiedtke,* Mitwirkungspflichten der Ehegatten an der Zusammenveranlagung zur Einkommenssteuer und ihre Durchsetzung, FPR 2003, 400; *Weinkauff,* Zwang zur Ehe?, JZ 1968, 15; *Nikolaus Werner,* Ehestörung und Gattenrecht, Diss. Bonn 1968; *E. Wolf,* Zwang zur Ehe, JZ 1967, 659; *E. Wolf,* Zwang zur Ehe – „Institution Ehe", JZ 1968, 172; *E. Wolf,* Zur Institution der Ehe, JZ 1967, 749; *A. Wolf,* Der Standesbeamte als Ausländerbehörde, oder: Das neue Eheverbot der pflichtenlosen Ehe, FamRZ 1998, 1477.

**Übersicht**

## I. Das Wesen der Bürgerlichen Ehe; Freiheit und Bindung in der Ehe

**1. Das Wesen der Bürgerlichen Ehe.** Der Begriff der Ehe bezeichnet eine soziale Erscheinung, eine religiöse Kategorie, nach katholischer Lehre sogar ein Sakrament, sowie schließlich die von der Rechtsordnung des Staats anerkannte hetero- oder homosexuelle Verbindung von zwei Personen zur Lebensgemeinschaft. Der genaue juristische Gehalt dieses Rechtsbegriffs (sein „Wesen") war lange Zeit umstritten, insbesondere ob er eher institutionell zu verstehen oder als Vertrag zu begreifen ist. Für Ersteres spricht die Verankerung in Art. 6 GG als Institutsgarantie. Je nach der politischen oder weltanschaulichen Überzeugung des Interpreten lässt die „Institution Ehe" allerdings die verschiedensten Ausdeutungen zu. So entwarfen die nationalsozialistische Rechtsdoktrin, die marxistische Staatsideologie, die christkatholische Kirchenlehre drei verschiedene Konzepte vom „Wesen der Ehe" mit unterschiedlichen Inhalten und divergierenden praktischen Konsequenzen.[1] Nicht zuletzt deshalb setzte sich zunehmend die pragmatische Deutung der Ehe als **soziale Verhaltensform**[2] durch, die ihren Inhalt erhält aus den gesellschaftlichen Vorstellungen und Erwartungen, die sich mit der Ehe verbinden. Es handelt sich dabei sowohl um historisch überlieferte, sozial nachweisbare Eheinhalte als auch um aktuell vorgefundene Verhaltensmuster, die von den Ehegatten selbst gelebt werden. 1

Die relativierende Befreiung der bürgerlichen Ehe von ihren metaphysischen und religiösen Hintergründen sichert ihr zugleich den Vorteil der Wandlungsfähigkeit. Gleichzeitig ist sie auch stark durch die christliche Kultur und abendländische Wertvorstellungen geprägt; der juristische Geltungsanspruch ist jedoch von der kirchlichen Trauung unabhängig, ohne dass damit besondere kirchenrechtliche Regelungen ausgeschlossen wären, denen jedoch keine bürgerlich-rechtlichen Wirkungen zukommen.[3] 2

Das GG schützt die Ehe als Institution in Art. 6 Abs. 1 GG und damit in gewissem Umfang auch einen unverzichtbaren Kern des BGB-Eherechts.[4] Das ist unstreitig und unabhängig von einer institutionellen Eheauffassung. Gleichwohl wird die Ehe in erster Linie konkret durch die beiden Ehegatten entsprechend ihren individuellen Vorstellungen gestaltet, wobei das Recht dazu Orientierungshilfen zu geben vermag. Auch wenn die Ehe insoweit weniger als Institut, sondern eher als individueller Vertrag aufgefasst wird, enthält das Bürgerliche Eherecht, dass die soziale Verhaltensform „Ehe" regelt, einige zwingende Vorgaben. Dieser Kern hat durch die Rechtsprechung der letzten Jahre etwas an Konturen gewonnen: Zum einen hat der BGH klargestellt, dass zum **Kernbereich** ehelicher Solidarität der Versorgungsaspekt und der Ausgleich ehebedingter Nachteile im Falle der Eheauflösung gehören, insbesondere wenn auch gemeinsame Kinder betroffen sind.[5] Ferner hat das Gericht den objektiven Pflichtcharakter hervorgehoben und betont, dass die Gemeinschaft auch 3

1 Einzelheiten bei *E. Wolf* JZ 1967, 659 ff.; dazu *Weinkauff* JZ 1968, 15 und wieder *E. Wolf* JZ 1968, 172; *E. Wolf* JZ 1967, 749; dazu *Larenz* JZ 1968, 96 und wieder *E. Wolf* JZ 1968, 173. Krit. zur Auffassung der Ehe als Institution auch *Rüthers,* Institutionelles Rechtsdenken im Wandel der Verfassungsepochen, 1970; dazu *Teichmann* Rechtstheorie 3 (1972), 113 ff.; zum Einfluss der NS-Ideologie auf das damalige Eheverständnis *Rüthers,* Institutionelles Rechtsdenken im Wandel der Verfassungsepochen, 1970,400 ff. Zu konfessionellen und sozialistischen Eheleitbildern *A. Wolf* FamRZ 1998, 1481.

2 *Gernhuber/Coester-Waltjen* FamR § 4 I 5; *Pawlowski,* Die „Bürgerliche Ehe" als Organisation, 1983, 2 f.

3 Dazu *Schnur,* Institution und Recht, 1968; *Raiser,* Rechtsschutz und Institutionenschutz im Privatrecht (in Summum ius, summa iniuria, 1963, 145 ff.); *Fikentscher* FS Raiser, 1974, 559 ff.

4 Zum Begriff der Institution s. Historisches Wörterbuch der Philosophie IV, 1967, Sp. 418 ff.; zurin → 5. Aufl. 2010, Rn. 1 f. *(Wacke)* auch Hinweise auf Ursprünge in Savignys organischer Rechtslehre.

5 BGHZ 158, 81 = NJW 2004, 930.

dann noch verwirklicht werden kann, wenn einer der beiden Ehegatten wegen einer starken Behinderung zu einem ehelichen Empfinden nicht mehr in der Lage ist.[6] Schließlich hat der Gesetzgeber mit der Normierung der Verantwortungsgemeinschaft und der Schaffung der Scheinehevorschriften (§§ 1310, 1314 Abs. 2 Nr. 5) ein Bekenntnis zu einem Merkmal der ehelichen Lebensgemeinschaft abgelegt, dass über das rein individuelle Eheverhalten der jeweiligen Ehegatten hinausgeht.[7] Insoweit lässt sich nach wie vor die Ehe interindividuell als Institution begreifen. Damit ist es aber nicht unvereinbar, dass die Ehepartner weitgehend selbst ihre Ehe gestalten und ganz unterschiedliche Ehemodelle wählen können.

4 **2. Zwingendes Recht.** Zu den Wesensmerkmalen der Ehe als (prinzipiell lebenslanger) Verbindung zweier Personen gehört das Gebot der **Einehe** (§ 1306), während die **Geschlechtsverschiedenheit** zwar vom Gesetzgeber des BGB von 1900 als selbstverständlich vorausgesetzt worden ist, aber durch die seit 2017 geschaffene Möglichkeit einer Eheschließung für gleichgeschlechtliche Paareaufgegeben wurde[8] Die aus § 1353 fließenden Pflichten der Ehegatten untereinander galten früher als zwingend,[9] ihre Unabdingbarkeit betonen besonders die institutionellen Ehelehren. Die interindividuellen Ehelehren lassen der Parteivereinbarung dagegen weiten Spielraum.[10] Das 1. EheRG hat ihre Verfügbarkeit bedeutend erweitert, etwa hinsichtlich der Rollenverteilung (§§ 1356, 1357) oder indem es die frühere Mitarbeitspflicht (§ 1356 Abs. 2 aF) entfallen ließ. Das geltende Eherecht enthält kaum noch absolut zwingende Normen; zu erwähnen wäre insoweit das Lebenszeitprinzip (§ 1353 Abs. 1 S. 1). Nur grundsätzlich verpflichtend ist das Leben in häuslicher Gemeinschaft (→ Rn. 34), denn man wird Ehegatten gestatten müssen, dass sie einvernehmlich verschiedene Wohnsitze wählen. Ausnahmslos verbindlich ist das staatliche Personenstandsrecht und damit Beginn und Ende der Ehe; denn mit Wirkung allen gegenüber muss feststehen, ob zwei Personen miteinander verheiratet sind.

5 **3. Privatautonome Regelungen.** Mit der Gleichberechtigung der Geschlechter und der Zurückdrängung institutioneller Ehelehren gewinnt die Autonomie der Ehegatten zur Gestaltung der ehelichen Lebensgemeinschaft an Gewicht.[11] Damit wendet sich das heutige Recht deutlich ab von früheren Versuchen, selbst Einzelheiten des intimen Ehelebens rechtlich regeln zu wollen.[12] Stattdessen erkennt das Gesetz Ehe und Familie als primär sittliches Verhältnis an und gewährt den Ehegatten insoweit einen relativ großen Freiraum. Das Versprechen einer **Vertragsstrafe** zur Sicherung eines bestimmten Verhaltens in der Ehe ist allenfalls in Ausnahmefällen zulässig, im Übrigen aber nach § 138 nichtig.[13]

6 **a) Inhalte.** Ehevereinbarungen können sich auf verschiedenste Materien beziehen und dann auch sehr unterschiedlich wirken, wobei eine Kategorienbildung meist nur einen Erklärungsversuch darstellt,[14] ohne dass daraus konkrete Rechtsfolgen abgeleitet werden können. Zunächst müssen sich die Ehegatten ganz generell über das von ihnen gelebte „Ehemodell" einigen, etwa ob sie eine Doppel- oder Einzelverdienerehe bilden wollen, ob nur einer den Haushalt führt und wer dies sein soll und ob Kinder gewollt sind. Darüber hinaus müssen sie sich einigen, wo sie ihren Wohnsitz begründen, wie sie konkret wohnen wollen und – damit zusammenhängend – welchen Lebensstandard sie sich leisten möchten. Einzelne vermögensrechtliche Fragen, insbesondere über den Güterstand, können Gegenstand gesonderter Verträge sein. Letztere werden mitunter konkret formuliert,

---

6 BVerfG NJW 2000, 25; BGHZ 149, 140 (143) = NJW 2002, 671.

7 Dazu *Kern-Eimann,* Das neue Ehebild des EheschlRG, 2003, 65 ff.

8 BVerfG NJW 2002, 25.

9 RGZ 61, 50 (53); JW 1914, 355 f.; DJ 1941, 712; BGHZ 26, 196 (199) = NJW 1958, 546; *Planck/Unzner* Anm. 17; RGRK/*Roth-Stielow* Rn. 7, 13; Soergel/*Lipp* Rn. 29: zwingender Kernbereich; Staudinger/*Voppel,* 2018t, Rn. 23; OLG Frankfurt OLGE 7, 548 f.: jederzeitiges Rücktrittsrecht.

10 Insbes. *Streck,* Generalklausel und unbestimmter Begriff im Recht der allgemeinen Ehewirkungen, 1970, § 10 passim; letzterer anerkennt nur noch die beiden Formalpflichten zur gemeinsamen Entscheidung und zum Leben in räumlicher Zuordnung und verweist ansonsten auf die jeweilige Vertrauenslage. Für weite Dispositionsbefugnis auch *Lüke* FS Bosch, 1976, 629 (632); übereinstimmend *Gernhuber/Coester-Waltjen* FamR § 18 III, IV 4, V.

11 *Hepting,* Ehevereinbarungen, 1984, 15 ff.

12 Je genauer solche Versuche von Gesetzgebern unternommen wurden, desto schneller veralteten ihre Produkte. Vgl. *Schulz,* Prinzipien des römischen Rechts, 1934/1954, 15. Zum Wandel der Familienmodelle von ALR, Code civil und BGB s. *Dörner,* Industrialisierung und Familienrecht, 1974; dazu *Kleinheyer* FamRZ 1975, 524 ff.; *Schwab* JZ 1975, 422 f.

13 So RGZ 158, 294 (300); dazu *Hepting,* Ehevereinbarungen, 1984, 206 f., 216 f. und zu Vertragsstrafen diff. S. 223 f.

14 *Gernhuber* FamRZ 1979, 193 ff.; *Gernhuber/Coester-Waltjen* FamR § 18 III 3–6: Sie unterscheidet die Kategorien der Ordnung, der Beschlüsse und der Verträge.

zumal wenn, wie bei Eheverträgen, eine Form vorgeschrieben ist; in vielen anderen Fällen werden die Absprachen jedoch konkludent getroffen, indem die Ehegatten sich einfach entsprechend verhalten.

Die geschilderten Vereinbarungen sind grundsätzlich zulässig, soweit sie nicht gegen zwingendes Recht verstoßen oder formunwirksam sind. Da selbst die wenigen ehelichen Pflichten, die § 1353 heute noch entnommen werden, als dispositiv anzusehen sind, besteht eine weitgehende Freiheit der Ehegatten. Eine ausdrücklich normierte Grenze steckt lediglich § 1314 Abs. 2 Nr. 5 ab: Die Ehepartner können nicht die Verpflichtung zur ehelichen Lebensgemeinschaft generell abbedingen. Das bedeutet, dass sie zumindest das Gebot der gegenseitigen Rücksichtnahme und der Übernahme von Verantwortung für den anderen Ehegatten ernst nehmen müssen.[15] Inwieweit die getroffenen Absprachen justitiabel sind, ist eine davon zu unterscheidende zweite Frage.[16] 7

**b) Zulässigkeit.** Die Zulässigkeit von Ehevereinbarungen richtet sich danach, ob der zu regelnde Bereich im Verhältnis der Ehegatten zueinander **zwingend oder dispositiv rechtsfrei** gestellt ist. Nur im zweiten Fall, dh soweit ein Ehegatte seine persönlichen, internen Gestaltungsfreiräume durch Rechtsakt innerhalb der Zweierbeziehung einschränken kann, ist eine Ehevereinbarung wirksam. Als Gesichtspunkte[17] zur Beurteilung der Dispositivität des intern rechtsfrei gelassenen Bereichs können das Maß an Autonomiebedürfnis des einzelnen Ehegatten (→ Rn. 21 f.), die Bedeutung der Absprache für das gemeinschaftliche Leben (keine Absprachen über „Bagatellen") und die Konkretheit der Absprache gelten. Grenzen der Privatautonomie bestehen dort, wo **Dritte benachteiligt** werden, etwa beim Verzicht auf Unterhalt für die Zukunft zu Lasten der Kinder; aber bei einem Verzicht auf den Unterhalt zu Lasten der Sozialhilfe hat grundsätzlich die eheliche Disposition Vorrang.[18] 8

**c) Geltungsgrund.** Die **Verbindlichkeit** und die **Rechtsfolgen** von Ehevereinbarungen, die den so ermittelten dispositiv rechtsfreien Raum ausfüllen, sind nur beschränkt anhand schuldrechtlicher Regeln zu beurteilen. Ehevereinbarungen, im Spannungsfeld von schuldrechtlicher Verpflichtung und Eherecht stehend, entziehen sich zumeist, außer bei **förmlichen Eheverträgen** und bei **Vereinbarungen anlässlich der Abkehr von der ehelichen Lebensgemeinschaft,**[19] mangels Erklärungsbewusstseins bzw. Rechtsfolgewillens der Erfassung als Rechtsgeschäft.[20] Damit wird auch die Kategorisierung als „Ordnung", „Beschluss" oder „Vertrag", obwohl als Inhaltsangabe tauglich, zur Lösung des Verbindlichkeits- und Rechtsfolgeproblems fraglich,[21] und auch die Frage nach der Geltung der §§ 104 ff., 119, 123 stellt sich nur bei unmittelbarer Involvierung von Vermögensinteressen.[22] Wo Ehevereinbarungen hingegen „schlicht gelebt" werden, wie bei der Rollenverteilung gemäß § 1356, beziehen sie ihren Geltungsgrund weniger aus rechtsgeschäftlicher Verbindlichkeit als vielmehr aus dem Gedanken der Bindung an zurechenbar geschaffenes **Vertrauen.**[23] Als Leitlinie gilt: Je klarer eine Einigung erzielt, je länger sie praktisch befolgt wurde, umso größeres Vertrauen erzeugt und desto bestandskräftiger ist sie deshalb. Von einem rechtswidrigen übereinstimmenden Verhalten ist jedoch jederzeit die einseitige Abkehr erlaubt. Bei bloßer Konkretisierung der ehelichen Lebensgemeinschaft ohne unmittelbare Vermögensrelevanz ist auch die Alleinentscheidung eines minderjährigen Ehegatten anzuerkennen, wenn er ehefähig ist.[24] Zur Namenswahl (→ § 1355 Rn. 18 ff.). 9

**d) Verbindlichkeit.** Für die Verbindlichkeit von Ehevereinbarungen ist zwischen dem persönlichen und dem vermögensrechtlichen Bereich zu unterscheiden. Soweit Vereinbarungen zwischen den Ehegatten den Intimbereich betreffen, entfalten sie keine Bindungswirkung im rechtlichen Sinne.[25] Hierunter fallen insbesondere Abreden über die Familienplanung, also etwa das abredewid- 10

---

15 *Kern-Eimann,* Das neue Ehebild des EheschlRG, 2003, 129 ff., 169.

16 *Hepting,* Ehevereinbarungen, 1984, 209 ff., 215 ff.

17 Vgl. *Pawlowski* AcP 185 (1985), 396 (399).

18 BGH FamRZ 2007, 197 = NJW 2007, 904.

19 „Trennungsverträge" in der Terminologie von *Gernhuber/Coester-Waltjen* FamR § 18 III 6.

20 *Hepting,* Ehevereinbarungen, 1984, 229 ff.; *Lipp,* Die eherechtlichen Pflichten und ihre Verletzung, 1988, 85 ff., 99.

21 Dazu *Hepting,* Ehevereinbarungen, 1984, 67 ff., 90 ff., 120 ff.

22 Dort ist eine zumindest analoge Anwendung iErg mit *Gernhuber/Coester-Waltjen* FamR § 18 III 6 zu bejahen, nach deren Kategorisierung es sich regelmäßig um „Verträge" handeln wird.

23 Anders akzentuierend *Hepting,* Ehevereinbarungen, 1984, 257 ff., 280 ff.; vgl. *Streck,* Generalklausel und unbestimmter Begriff im Recht der allgemeinen Ehewirkungen, 1970, 99 f.

24 Vgl. *Gernhuber* FamRZ 1979, 193 (196); *Hepting,* Ehevereinbarungen, 1984, 81 f., 404.

25 BGHZ 146, 391 (397 f.) = NJW 2001, 1789; dem folgend auch Palandt/*Brudermüller* Rn. 7; *Hepting,* Ehevereinbarungen, 1984, 90 ff.

rige Absetzen empfängnisverhütender Maßnahmen,[26] der Widerruf der Zustimmung zu einer homologen In-Vitro-Fertilisation[27] oder zu einer heterologen Insemination.[28] Solche Absprachen binden die Ehegatten zwar im sittlich-moralischen Sinne, sind aber jederzeit (ganz gleich aus welchem Grund) widerrufbar,[29] selbst dann, wenn das Vertrauen eines Ehegatten auf den Fortbestand dieser Vereinbarung als schutzwürdig anzusehen ist. Allerdings kann ein Zuwiderhandeln ohne Rücksprache mit dem Partner ehewidrig sein und dann Sanktionen nach sich ziehen.

11 Vereinbarungen persönlicher Art, die nicht den Intimbereich berühren, also etwa die Haushaltsführung oder die Aufnahme eines Angehörigen in den gemeinsamen Haushalt, sind insoweit bindend, dass bei Verstoß der Vertrauensschaden zu ersetzen ist.[30] Ein Erfüllungszwang ist genauso wenig zulässig wie das Versprechen einer Vertragsstrafe. Die Möglichkeit einer gerichtlichen Geltendmachung der Abrede[31] würde dazu führen, dass der Richter in die künftige Gestaltung der Ehe eingreifen würde,[32] was einen nicht hinnehmbaren staatlichen Eingriff in den ehelichen Autonomiebereich bedeuten würde. Ein Widerruf wird bei wichtigem Grund zuzulassen sein, wobei die Anforderungen an einen solchen Grund nicht sehr hoch angesetzt werden sollten.[33]

12 In Vermögensangelegenheiten, insbesondere bei Unterhaltsvereinbarungen, kommen bindende Verträge in Betracht, die dann auch einklag- und vollstreckbar sind. Dies ist in der Regel bei getrennt Lebenden der Fall, denn nach Aufhebung der häuslichen Gemeinschaft enden zumeist die persönlichen Beziehungen, die durch eine richterliche Entscheidung im oben genannten Sinne beeinflusst werden könnten.[34] Bei nicht getrennt lebenden Ehegatten werden derartige Abreden häufig in Abhängigkeit von persönlichen Ehevereinbarungen getroffen, da in einer funktionierenden Ehe eine Unterhaltsabrede die persönliche zwischen den Ehegatten getroffene Lebensgestaltung widerspiegelt. Dann haben Entscheidungen in dem einen Bereich auch Auswirkungen auf den anderen zur Folge.

13 **e) Rechtsfolgen.** Durch die Nichtbefolgung getroffener Abreden oder die einseitige Lossagung von einer Ehevereinbarung wird häufig ein zurechenbar geschaffenes Vertrauen enttäuscht. Im Intimbereich der Ehegatten zieht die Nichtbefolgung persönlicher Abreden dennoch keine unmittelbaren Sanktionen nach sich, etwa im Wege des Ersatzes von Vertrauensschaden.[35] Die Abkehr von Entscheidungen in diesem höchstpersönlichen Bereich muss jederzeit möglich sein und soll nicht durch die Gefahr einer Schadensersatzforderung eingeschränkt werden,[36] und zwar unabhängig davon, ob der Grund für die Abkehr von der Vereinbarung nachvollziehbar und begründet ist oder nicht, da unabhängig von einem Grund eine Verbindlichkeit nicht besteht (→ Rn. 10 ff.). Allerdings kann eine Abweichung von einer Vereinbarung, insbesondere wenn sie ohne vorherige Information des Partners erfolgt, ein ehewidriges Verhalten darstellen, das dann negative Folgen nach sich zieht, sei es dass der ehewidrig Handelnde nicht seinerseits vom anderen Unterlassen von Ehewidrigkeiten verlangen kann, sei es dass es im Rahmen einer ausfüllungsbedürftigen Norm (zB § 1579) bewertet wird.[37]

14 Im vermögensrechtlichen Bereich kommen Schadensersatzansprüche in Betracht, wenn die betreffende Vereinbarung als verbindlich einzustufen ist. Zu ersetzen ist (gem. § 280) der Schaden, der durch die Vertragsverletzung entstanden ist, etwa die Kosten für eine Haushaltshilfe. Zu denken ist ferner an Ansprüche auf Rückabwicklung bereits erbrachter Leistungen. Nach Scheitern und Scheidung der Ehe richten sich diese aber nach dem allgemeinen Scheidungsfolgenrecht, vor Scheidung finden die allgemeinen Regelungen Anwendung. Eine Rückabwicklung von Leistungen, die aufgrund getroffener Ehevereinbarungen bereits erbracht wurden, über bereicherungsrechtliche Vorschriften kommt jedoch zumeist nicht in Betracht, denn mit der Vereinbarung wurde regelmäßig eine Ausgestaltung der ehelichen Lebensgemeinschaft in der Vergangenheit bezweckt. Dieser Zweck ist damit bereits zum damaligen Zeitpunkt erreicht, weshalb die Vereinbarung den Rechtsgrund bildet.

---

26 BGHZ 97, 372 (379) = NJW 1986, 2043; s. auch BGHZ 146, 391 (397) = NJW 2001, 1789.
27 BGHZ 146, 391 (396) = NJW 2001, 1789; *Luh* ZKJ 2007, 351 ff.
28 BGHZ 87, 169 (174) = NJW 1983, 2073.
29 BGHZ 146, 391 (397 f.) = NJW 2001, 1789.
30 Wie hier *Rauscher* FamR Rn. 235; *Muscheler* FamR, 4. Aufl. 2017, Rn. 285.
31 Staudinger/*Voppel*, 2018, § 1353 Rn. 20 f.
32 *Hepting*, Ehevereinbarungen, 1984, 93.
33 *Gernhuber/Coester-Waltjen* FamR § 18 III 4.
34 Vgl. zum Ganzen *Hepting*, Ehevereinbarungen, 1984, 93 ff.
35 BGH 146, 391 (396) = NJW 2001, 1789.
36 BGHZ 23, 215 (217 ff.) = NJW 1957, 670.
37 Ähnlich *Rauscher* FamR Rn. 235, 238; *Dethloff* FamR § 4 Rn. 25.

## II. Das Lebenszeitprinzip (Abs. 1 S. 1)

**1. Normzweck.** Das Prinzip der Lebenszeitehe galt seit jeher als selbstverständliche Folgerung aus der Pflicht zur ehelichen Lebensgemeinschaft (Abs. 1 S. 2). Denn die Ehe ist (als „Lebensbund") begrifflich eine auf Lebenszeit angelegte Gemeinschaft.[38] Die Verankerung des Lebenszeitprinzips am Beginn des Rechts der allgemeinen Ehewirkungen soll etwaigen Missverständnissen vorbeugen und klarstellen, dass **eine Ehe grundsätzlich nur durch den Tod aufgelöst wird.** Dieses Bekenntnis zum Lebenszeitprinzip gehört seit jeher zu den konstituierenden Merkmalen der bürgerlichen Ehe; durch die **verfassungsrechtliche Institutsgarantie** des Art. 6 GG ist es der Disposition des einfachen Gesetzgebers entzogen.[39] Da die Unauflöslichkeit der Ehe kein absolutes Dogma, sondern nur ein Grundsatz ist, steht die Scheidungsmöglichkeit zu ihr nicht in Widerspruch.[40] Dass wegen der naturgegebenen menschlichen Unvollkommenheiten und gewisser schicksalhafter Entwicklungen viele Ehen unabhängig vom jeweils geltenden Scheidungsrecht zerbrechen, ist eine statistisch nachweisbare Tatsache. Sie fordert die Scheidung als notwendige Ausnahme, um hinter unglücklich verlaufenen Ehen einen Schlussstrich ziehen zu können und die Chance für einen neuen Anfang zu erhalten, was auch der Wiederherstellung der verfassungsrechtlich geschützten Eheschließungsfreiheit dient. 15

**2. Folgerungen: Scheidungserleichterungen, Scheinehen.** Das Lebenszeitprinzip äußert sich konkret darin, dass die Ehegatten über das Ende der Ehe nicht disponieren können, ferner folgt daraus das Verbot der Zeitehe oder Probeehe, die Bedingungsfeindlichkeit der Eheschließungserklärung (§ 1311 S. 2), die Unzulässigkeit von Rücktritts- oder Widerrufsvorbehalten. Durch eine Abrede kann eine Scheidung nicht erleichtert werden,[41] der numerus clausus der gesetzlichen Aufhebungs- oder Scheidungsgründe ist nicht erweiterungsfähig. Auch die Aufhebungsgründe des § 1314 stehen nicht zur Disposition. 16

Bei offenkundig fehlender Absicht zur Begründung einer ehelichen Lebensgemeinschaft (§ 1314 Abs. 2 Nr. 5 verweist auf § 1353) darf der Standesbeamte an der Schließung einer **Scheinehe** nicht mitwirken (§ 1310 Abs. 1 S. 2 Hs. 2; → § 1310 Rn. 17). Der Aufhebungsgrund knüpft unmittelbar nicht an den Missbrauchstatbestand an, sondern an den Willen, eine Lebensgemeinschaft nicht zu wollen. Das ist nicht schon dann der Fall, wenn einzelne Pflichten des § 1353 abbedungen werden, sondern erst, wenn keine Verantwortungsgemeinschaft gewollt wird.[42] Eine dennoch geschlossene Scheinehe ist jedoch bürgerrechtlich (zunächst) gültig. Ein nur auf **kurze Frist** zu erwartendes Zusammenleben verstößt nicht gegen das Lebenszeitprinzip, wenn es bis zum Tode gewollt ist; gültig sind darum Eheschließungen **angesichts des Todes**[43] (→ § 1314 Rn. 37) oder trotz großen Altersunterschieds.[44] Das Versorgungsrecht erkennt erst im Ruhestand eingegangene Ehen allerdings nicht an, grundsätzlich auch nicht, wenn die Ehe noch über ein Jahr bestanden hat.[45] Eine **postmortale Heirat** kennt das geltende Recht nicht.[46] 17

## III. Die Pflicht zur ehelichen Lebensgemeinschaft (Abs. 1 S. 2)

**1. Normzweck.** Die **Generalklausel** der Verpflichtung zur ehelichen Lebensgemeinschaft beruht auf der Einsicht, dass es ausgeschlossen ist, das, was Ehe fordert, in einem Mosaik scharfkonturierter Rechtssätze zu regeln. Die Generalklausel erzeugt auch rechtlich verbindliche **Verhaltenspflichten** und hat damit sowohl pflichtenbegründende als auch rechtsbegrenzende Funktionen.[47] Die Pflicht zur ehelichen Lebensgemeinschaft dient als **Auslegungsrichtlinie** für vorhandene und als **Lückenbüßer** für fehlende Eherechtsnormen bzw. Ehevereinbarungen.[48] Heute tritt die Aushilfs- 18

[38] Als consortium omnis vitae bezeichnete sie bereits *Modestin* in seiner berühmten Definition der Ehe, Dig. 23, 2 (1); dazu *Kaser,* Römisches Privatrecht, Bd. I, 1971, 310 ff., auch 73 m. Fn. 9 zur beabsichtigten Lebenslänglichkeit und Unzulässigkeit der Probeehe.

[39] *Gernhuber/Coester-Waltjen* FamR § 5 I 2, 3.

[40] BVerfG FamRZ 1980, 319 (323); ua dazu *Giesen* JZ 1982, 817 (819); *Gernhuber/Coester-Waltjen* FamR § 24 II 1 hält das Zerrüttungsprinzip zutr. für vereinbar mit dem Lebenszeitprinzip.

[41] BGH LM EheG § 48 Nr. 13.

[42] Erman/*Roth* § 1314 Rn. 12 f.

[43] *Müller-Freienfels* RabelsZ 26 (1961), 153 ff.

[44] OLG München HRR 1941 Nr. 600; OLG Schleswig JR 1950, 27; OLG Nürnberg FamRZ 1959, 116 m. zust. Anm. *Bosch.*

[45] § 19 BeamtVG: die Versorgung ist ausgeschlossen, wenn sie erst im Ruhestand eingegangen wurde oder nicht mindestens ein Jahr gedauert hat (ähnlich § 46 Abs. 2a SGB VI).

[46] Die aufgrund des „Führererlasses" von 1941 (veröffentlicht erst in JR 1947, 113) postmortal geschlossenen Ehen waren Nichtehen. Rechtsvergleichend *Macherey,* Die postmortale Eheschließung in Frankreich, 1969.

[47] *Gernhuber/Coester-Waltjen* FamR § 18 IV 4–6.

[48] *Gernhuber/Coester-Waltjen* FamR § 18 IV 3.

funktion des § 1353 besonders hervor, nachdem das 1. EheRG die Vorschriften sowohl über die Mitarbeitspflicht unter Ehegatten (§ 1356 Abs. 2 aF) als auch über die Pflicht der Hausfrau (jetzt des haushaltsführenden Ehegatten) zur Berufstätigkeit in Notfällen (§ 1360 S. 2 Abs. 2 aF) gestrichen hat: Beide Pflichten werden jetzt aus § 1353 abgeleitet (→ § 1356 Rn. 11).[49] Als Ersatz für eine fehlende Norm tritt § 1353 etwa ein bezüglich der Pflicht des berufstätigen Ehegatten zur Mithilfe im Haushalt (→ § 1356 Rn. 11). Andere Vorschriften wie § 1356 Abs. 2 über die Familienverträglichkeit einer Erwerbstätigkeit sind nur ein klarstellender oder präzisierender (daher uU entbehrlicher) Ausfluss aus der Generalklausel des § 1353 (→ § 1356 Rn. 14).

19 **2. Sanktionen.** Die Ehepflichten aus § 1353 sind zwar mit dem **Antrag auf Herstellung des ehelichen Lebens** gerichtlich geltend zu machen (→ Rn. 47 ff.). Die praktische Bedeutung der Eheherstellungsklage war jedoch immer gering, denn eine Verurteilung war nie vollstreckbar (§ 888 Abs. 3 ZPO, heute § 120 Abs. 3 FamFG). Zu Zeiten des Verschuldensprinzips im Scheidungsrecht gab es vielfältige Sanktionen für ehewidriges Verhalten, während das an die formalen Trennungsfristen anknüpfende geltende Scheidungsrecht nicht mehr auf die Auslegung der §§ 1353 ff. zurückwirkt. Nur besonders schwerwiegende Eheverfehlungen können noch Bedeutung haben für die Auslegung der §§ 1565 Abs. 2, 1381, 1579 Nr. 2, 6–8. Das sind in den meisten Fällen nur Eheverfehlungen mit ehezerstörender Wirkung und Folgen für das Vermögen des schuldlosen Partners. Davon abgesehen bleibt eine Verletzung der Pflichten aus § 1353 jedoch **sanktionslos.** Außerhalb des Scheidungsrechts kommen in praktisch nennenswertem Umfang Schadensersatzansprüche infolge von Verletzungen der Verpflichtung zur ehelichen Lebensgemeinschaft allenfalls im vermögensrechtlichen Bereich (→ Rn. 48 f.) in Betracht.[50]

20 **3. Normqualität.** Die Sanktionslosigkeit der Verletzung von Pflichten aus § 1353, mehr noch der Verzicht auf ein gesetzliches Eheleitbild und die weitgezogene Befugnis der Ehegatten zur selbständigen Regelung ihrer ehelichen Verhältnisse (→ Rn. 5 ff.) haben erhebliche praktische Konsequenzen für die Auslegung des § 1353. Zu Recht wurde schon früh betont, dass eine Darstellung des Pflichtenkatalogs aus § 1353 im früheren Umfang nach Inkrafttreten des 1. EheRG nicht mehr möglich ist.[51] Neue Urteile bzw. (seit 1.9.2009) Beschlüsse zur Präzisierung des § 1353 sind selten und betreffen meist vermögensrechtliche Fragen. Die Auslegung des § 1353 hat zu beachten, dass das weitgehende Fehlen von Sanktionen ehewidrigen Verhaltens es erschwert und auch praktisch weitgehend überflüssig macht, das Bestehen einzelner Ehepflichten zu erkennen, sofern sie nicht elementar oder konkret fassbarer vermögensrechtlicher Natur sind. Dies gilt auch, wenn es sich bei den allgemeinen Ehepflichten um **Rechtspflichten** handelt. Für diese wohl zutreffende Einordnung[52] sprechen immerhin die Rechtstradition und die Tatsache, dass Sanktionsbewehrtheit keine Voraussetzung von Rechtspflichten ist; die allgemeinen Ehepflichten erzeugen häufig keine unmittelbar durchsetzbaren Verbindlichkeiten und wirken nur reflexweise zum Nachteil des Verpflichteten, indem dieser insbes. als ultima ratio eine Scheidung hinnehmen muss.[53]

21 **4. Interpretationsrichtlinie.** Die veränderte Normqualität der Verpflichtung zur ehelichen Lebensgemeinschaft führte aus den genannten Gründen zu einer **restriktiven** Interpretation der Norm, während die Stärkung der Verantwortungsgemeinschaft im EheschlRG der Norm neue Impulse geben kann. Detaillierte Verhaltensmaßregeln zu geben, ist nicht Sache des Eherechts oder des Familiengerichts (zu den verfahrensrechtlichen Folgen → Rn. 52). Die Eheleute müssen ihre Ehe in weiten Bereichen autonom gestalten, und für die dazu erforderliche Einigung gibt es keinen Ersatz.

### IV. Die Ehe als Verantwortungsgemeinschaft (Abs. 1 S. 2 Hs. 2)

22 Der durch das EheSchlRG 1998 eingefügte Zusatz **gegenseitiger Verantwortung** dehnt den Pflichtenkreis der Eheleute nicht aus. Die Verweisung auf sozialethische Verhaltensgebote einer

---

49 BGH NJW 1980, 2196 (2197).

50 Nicht zB bei Täuschung anlässlich gemeinsamer Adoption, OLG Karlsruhe FamRZ 1988, 1270; allg. *Diederichsen* NJW 1977, 217 (219); dagegen *Pawlowski,* Die „Bürgerliche Ehe" als Organisation, 1983, 45 ff., der jedoch 71 ff. solchenfalls vollstreckbare Ansprüche nach allg. Recht wegen Verletzung „organisationsrechtlicher Treuepflichten" (87) zulassen will.

51 *Diederichsen* NJW 1977, 217; *Gernhuber/Coester-Waltjen* FamR § 18 V 1; krit. *Wollschläger* AcP 182 (1982), 474; ebenso zutr. wies die Minderheit im BT-Rechtsausschuss darauf hin, dass der bisherigen Rspr. zu § 1353 die Grundlage entzogen wird, BT-Drs. 7/4361, 7.

52 *Lipp,* Die eherechtlichen Pflichten und ihre Verletzung, 1988, 57 f.

53 Gegen die Qualifizierung der allgemeinen Ehepflichten als „Obliegenheiten" *Lipp,* Die eherechtlichen Pflichten und ihre Verletzung, 1988, 59; *Stake* JA 1994, 115 f.; vgl. auch *Hepting,* Ehevereinbarungen, 1984, 204.

harmonischen Partnerschaft hat laut Gesetzgeber zunächst klarstellende Funktion und soll die Ehe gegenüber anderen Lebensgemeinschaften aufwerten.[54] Auch wenn der Begriff der Verantwortungsgemeinschaft erstmals im BGB verankert wird, führt der Gesetzgeber doch kein neues Prinzip ein, sondern greift einen schon bestehenden Grundsatz auf,[55] der nicht unmittelbar neues Recht schafft, aber vielleicht mittelbar den Pflichtcharakter der Ehe konturieren kann. Verantwortung unter Eheleuten ist an sich schon immer eine Selbstverständlichkeit gewesen, die sich etwa in der Pflicht zum wechselseitigen Beistand oder in Garantenpflichten ausdrückt.[56] Nunmehr charakterisiert diese Verantwortung füreinander als ein fundamentales Prinzip das „Wesen der Ehe". Bei aller (zunehmender) Offenheit der Ehe gegenüber dem personalen Eheverständnis und den persönlichen Gestaltungsmöglichkeiten wird hiermit ein allen Ehen gemeinsames Prinzip hervorgehoben. Es ging dem Gesetzgeber damit offensichtlich auch darum, die Ehe davor zu bewahren, dass sie völlig den subjektiven individuellen Einstellungen überlassen bleibt und als überindividuelles Institut nicht mehr erkennbar ist.[57]

Der Satz enthält eine ausfüllungsbedürftige **Wertentscheidung,** die zum einen den Pflichten- 23
charakter betont und ein Gegengewicht zum dispositiv – vertraglichen Charakter der Ehe bildet. Zum anderen vermittelt er der Ehe einen Sinn, der unabhängig ist von den verschiedenen Funktionen wie der Versorgung der Ehegatten oder der Kinderzeugung. Darüber hinaus wirkt der Grundsatz der Verantwortungsgemeinschaft in andere Rechtsnormen hinein: So wird man die Scheineheregelungen (§§ 1310, 1314 Abs. 2 Nr. 5) dahingehend auszulegen haben, dass sie solche „Paare" erfassen, die eine gegenseitige Verantwortung nicht wollen.[58] Sodann kann die Norm im Rahmen der Inhaltskontrolle von Eheverträgen herangezogen werden, ferner bei den Tatbeständen grober Unbilligkeit, etwa im Rahmen der Verwirkung des nachehelichen Unterhalts gemäß § 1579,[59] oder schließlich auch bei der Frage, ob eine Ehe gescheitert ist, wenn einer der Gatten mittlerweile so stark geistig behindert ist, dass er das Wesen der Ehe nicht mehr erfasst.[60]

Die Verantwortung überdauert (in abgeschwächter Form) auch eine Ehescheidung (als nachehe- 24
liche Solidarität besonders im Unterhaltsrecht).

## V. Einzelpflichten aus der ehelichen Lebensgemeinschaft

**1. Grundsätze.** Einer konkretisierenden Beschreibung der aus der Generalklausel fließenden 25
Einzelpflichten enthält sich das BGB zu Recht.[61] Den Vorschlägen, für die Inhaltsbestimmung der Generalklausel die wichtigsten Einzelpflichten ausdrücklich zu normieren, folgte der Gesetzgeber nicht wegen der Befürchtung, eine solche Festschreibung könnte die Weiterentwicklung des Ehebildes hemmen.[62] Das geltende Eherecht bezieht seine Leitbilder aus der historisch erfahrbaren soziokulturellen Überlieferung; es ist folglich innerhalb der vom Verfassungsrecht (Art. 6 GG) und von den wenigen zwingenden Privatrechtsnormen gelassenen Grenzen wandelbar (→ Rn. 2 f.). Die Ausweitung des Bereichs autonomer eherechtlicher Regelungen durch die Ehegatten selbst hat den Kreis der aus dem Gesetz ableitbaren Ehepflichten wesentlich verkleinert (→ Rn. 4). Wegen der gebotenen restriktiven Interpretation der gesetzlichen Verpflichtung zur ehelichen Lebensgemeinschaft (→ Rn. 21) werden im Folgenden nur die wichtigsten Grundpflichten dargestellt, die für den Richter notwendig sind, solange die Möglichkeit zur Erhebung des Herstellungsantrags fortbesteht.

**2. Verständnisbereitschaft.** Liebe und Zuneigung, die noch vom Reichsgericht als Grund- 26
pflicht der Ehegatten verlangt wurden,[63] können rechtlich nicht verordnet werden, wohl aber ein äußerliches Verhalten, das von Verständnisbereitschaft zeugt. So ergibt sich aus der Pflicht zur ehelichen Lebensgemeinschaft das Gebot, Verletzungen oder Kränkungen des Partners zu unterlassen oder ihm in Zeiten der Krankheit beizustehen sowie kleinere Fehler zu verzeihen. Letztlich drückt sich allerdings auch hier eher ein Appell aus als eine Rechtspflicht; nur ausnahmsweise kann ein

---

54 BT-Drs. 13/9416, 29. Die Verantwortung füreinander ist nicht identisch mit der eigenen Verantwortung bei Haushaltsführung (§ 1356) und Ausübung der elterlichen Sorge (§ 1627); krit. *A. Wolf* FamRZ 1998, 1477 (1481 f.) m. Fn. 45.

55 Bericht des Rechtsausschusses zum RegE des 1. EheRG, BT-Drs. 7/4316, 15.

56 *Gernhuber/Coester-Waltjen* FamR § 18 V 3.

57 Vgl. auch Bericht des Rechtsausschusses BT-Drs. 13/9416, 29.

58 *Kern-Eimann,* Das neue Ehebild des EheschlRG, 2003, 167 f.; Erman/*Roth* § 1314 Rn. 12 f.

59 *Wagenitz* FS Schwab, 2008, 382 f.; *Schwab* FamR Rn. 106.

60 Vgl. BGHZ 149, 140 (145) = NJW 2002, 671.

61 Vgl. bereits *Lehmann* FamR, 1960, § 11 II 1: „Was im einzelnen dazu gehört, ist zu Recht im Gesetz nicht gesagt, eine Zergliederung wäre geschmacklos." – *Bosch* FamRZ 1977, 569 (573) hält dagegen eine Erwähnung der wichtigsten Grundpflichten im Gesetz nach ausländischen Vorbildern für wünschenswert.

62 Vgl. BT-Drs. 7/4361, 7.

63 RGZ 87, 56 (61); krit. *Huba* FamRZ 1989, 127 (128).

Verstoß in diesem Bereich im Zusammenhang mit anderen Normen rechtlich relevant werden. Eigene Pflichtverletzungen (etwa Ehebruch) sind zu offenbaren, falls der Partner die vermeintliche eheliche Treue zum Anlass für testamentarische Zuwendungen nimmt.[64]

27 **3. Verständigungsbereitschaft.** Die Achtung vor dem Partner gebietet, alle wichtigen gemeinschaftlichen Angelegenheiten einvernehmlich zu regeln, so vor allem die Funktionsteilung in der Ehe (→ Rn. 6 ff.; zur Haushaltsführung → § 1356 Rn. 6 ff.). Orientierungsrichtlinie für die **Einigungsbemühungen** sind das Familieninteresse, Rücksichtnahme und Toleranz;[65] persönliche Wünsche müssen zurücktreten. Innerhalb des einem Ehegatten überlassenen Bereichs kann er grundsätzlich allein entscheiden (vgl. § 1356 Abs. 1 S. 2). Dritte dürfen oft vom (stillschweigenden) Einverständnis des Ehepartners ausgehen (vgl. § 15 FGB DDR; → § 1357 Rn. 1). Bei Widerspruch des Partners muss die geplante Maßnahme nicht ohne weiteres unterbleiben,[66] doch kann dies im Einzelfall zuzumuten sein (vgl. § 711 BGB, § 115 Abs. 1 HGB; → § 1357 Rn. 22). Eine Streitschlichtung durch das Familiengericht (→ Rn. 21) scheidet aus.

28 **4. Rücksicht auf Verwandte.** Um **erst- oder voreheliche minderjährige Kinder** des Partners muss sich der Stiefelternteil grundsätzlich ebenso kümmern wie um gemeinsame.[67] Diese Pflicht korrespondiert mittlerweile mit dem entsprechenden Recht aus § 1687a. Minderjährige Stiefkinder sind in den gemeinsamen Haushalt aufzunehmen, außer wenn sie das Zusammenleben unzumutbar stören.[68] Dagegen besteht ihnen gegenüber keine Unterhaltspflicht kraft Gesetzes (→ § 1360a Rn. 10 ff.). Nicht anzuerkennen ist die Pflicht zur dauernden Aufnahme **anderer Verwandter** des Ehepartners in die gemeinschaftliche Wohnung,[69] insbesondere seiner Eltern: Selbst wenn diese pflegebedürftig sind, ist zur Aufnahme die Einigung beider Ehegatten erforderlich.

29 **5. Persönlichkeitsrecht und Privatsphäre.** Das Persönlichkeitsrecht und die Privatsphäre des Partners hat der Ehegatte zu **respektieren.**[70] Insoweit soll juristisch kein Druck auf den Ehegatten ausgeübt werden, auch nicht mit dem Herstellungsverfahren. Unverbindlich sind Ehevereinbarungen, die den Bereich der frei gestaltbaren persönlichen Angelegenheiten in einem darüber hinausgehenden Maße einengen (→ Rn. 5 f.).[71] Das **Briefgeheimnis** ist zu wahren.[72] Eine Beschattung durch private **Detektive** ist unzulässig,[73] ebenso heimliche **Tonbandaufnahmen** oder Beobachtungen durch Dritte in der Wohnung.[74] Ehewidrig sind herabsetzende Äußerungen gegenüber Dritten, auch falls sie wahr sind,[75] oder das Ausplaudern von Einzelheiten aus dem ehelichen Intimleben. Letzteres ist auch nicht durch die Kunstfreiheit gerechtfertigt.[76] Zur vom Partner zu achtenden persönlichen Freiheitssphäre gehört der Umgang mit anderen Personen.[77] Beziehungen zu Dritten, die weder ehewidrig sind noch den Anschein der Ehewidrigkeit erwecken, kann er nicht untersagen, selbst wenn sie ihm missfallen. Ungültig ist die dem Partner gegebene Zusage, Geschäftsreisen nur in dessen Begleitung zu unternehmen oder keine Verwandten ins eigene Handelsgewerbe aufzunehmen.[78] Die Respektierung des Arzt/Patienten-Verhältnisses gehört ebenfalls hierher, jedoch kann die Verpflichtung bestehen, dem Ehegatten eine Vollmacht zu erteilen, damit dieser selbständig die Krankheitskosten abrechnen kann.[79]

---

64 BGHZ 49, 155 = NJW 1968, 642.

65 *Gernhuber/Coester-Waltjen* FamR § 18 V 4.

66 *Gernhuber/Coester-Waltjen* FamR § 18 III 5 aE; *Lüke* FS Bosch, 1976, 629 (632).

67 RGZ 126, 173 (177) zur Pflicht der Frau, ersteheliche Kinder des Mannes während dessen Heeresdienstes zu versorgen; auch RGZ 124, 55 f. = JW 1930, 986 mAnm *Rosenberg*; OLG Karlsruhe FamRZ 1961, 371 (373); ferner OVG Lüneburg FamRZ 1957, 30 f.; *Veit* FPR 2004, 68 f.; Erman/*Kroll-Ludwigs* Rn. 10; aA *Carré-Jesch,* Das Stiefkindverhältnis im Sorge- und Unterhaltsrecht, 1995, 35.

68 RG WarnR 1916, Nr. 141; Recht 1924, Nr. 1124; BeckOK BGB/*Hahn* Rn. 8.

69 *Gernhuber/Coester-Waltjen* FamR § 18 V 6.

70 Sanktion: vollstreckbare Unterlassungsklage (→ Rn. 50); bei Verkauf der Lebensgeschichte uU Schadensersatzklage oder Anspruch auf Gewinnherausgabe.

71 *Hepting,* Ehevereinbarungen, 1984, 210 f.

72 LG Bonn FamRZ 1967, 678 mAnm *Bosch*; zur Verletzung des Allgemeinen Persönlichkeitsrechts unter getrennt lebenden Ehegatten BGH JZ 1990, 754 = NJW-RR 1990, 764.

73 RG DRiZ 1927, Nr. 277; OLG Dresden HRR 1939, Nr. 5.

74 BGH NJW 1970, 1848; OLG Düsseldorf FamRZ 1955, 362 mAnm *Bosch.*

75 Soergel/*Lipp* Rn. 44.

76 Und zwar unabhängig von einer bestehenden Ehe, BGH NJW 2005, 2844 – „Esra" von Maxim Biller; im Falle einer fiktiven Darstellung geht allerdings die Kunstfreiheit vor, BVerfG NJW 2008, 39.

77 *Gernhuber/Coester-Waltjen* FamR § 18 I 3.

78 RGZ 158, 294 (298); krit. *Hepting,* Ehevereinbarungen, 1984, 206 ff., 216 f.

79 OLG Hamm NJW-RR 2007, 1234.

**6. Religiöse und weltanschauliche Überzeugung.** Die Freiheit der religiösen und weltanschaulichen Überzeugung hat der Ehepartner gleichfalls zu respektieren, ebenso eine (partei-)politische Bindung.[80] Das Grundrecht des Art. 4 GG wirkt über die Generalklausel des § 1353 Abs. 1 S. 2 ins Eherecht hinein (Drittwirkung). Einen Konfessionswechsel können Ehegatten nicht vertraglich ausschließen,[81] auch gegen den Willen des Partners verletzt er als solcher nicht die Verpflichtung zur ehelichen Lebensgemeinschaft,[82] er entbindet andererseits nicht von den ehelichen Pflichten. Aus § 1353 folgt lediglich die Pflicht zur vorherigen Information des Partners[83] vor allen wichtigen Entscheidungen und die Gewährung der Gelegenheit zu einer Aussprache. Eine einseitige konfessionelle Beeinflussung der Kinder ist unzulässig. 30

**7. Beistand, Fürsorge, Gefahrenabwehr.** Zu Beistand, Hilfe und Abwehr von Gefahren (bes. für Leib und Leben) sind die Ehegatten einander verpflichtet. Ob dazu die Pflicht gehört, einen **Selbstmord** des Partners zu verhindern, ist strittig.[84] Bei zerrütteter Ehe sind die Anforderungen aber nicht zu überspannen; so ist beispielsweise nicht zu erwarten, dass ein Ehegatte die Ehegemeinschaft aufrechterhält, wenn der andere mit Selbstmord und Tötung der Kinder für den Fall droht, dass sich die Ehegatten trennen sollten.[85] Auch ist nicht zumutbar, sich zur Rettung des Partners selbst in Lebensgefahr zu begeben.[86] Die **Fürsorgepflicht** im Krankheitsfalle umfasst die Pflicht, einen gefährlich geisteskranken Partner uU in eine Heil- und Pflegeanstalt einweisen zu lassen.[87] Die Pflege eines Schwerstbehinderten unter Aufgabe eigener Ausbildung oder Erwerbstätigkeit geht jedoch über das Maß der im Rahmen von § 1353 geschuldeten Krankenpflege hinaus.[88] Ohne diesbezügliche Vereinbarung erfolgt sie freiwillig und ist nicht zu vergüten (§ 1360b). Nur soweit Pflegeleistungen das von einem Ehegatten geschuldete Maß überschreiten, wirkt eine für sie vereinbarte Vergütung anderen Unterhaltsgläubigern gegenüber leistungsmindernd, selbst wenn die angeheiratete Pflegeperson eine gelernte Fachkraft ist.[89] Aus der Beistandspflicht folgt eine Pflicht zur **Nothilfe** (vgl. § 32 Abs. 2 StGB) gegen rechtswidrige Angriffe Dritter (zur zivilrechtlichen Ersatzpflicht des Begünstigten → § 1360b Rn. 13). Gegen den angreifenden Ehepartner ist das eigene **Notwehrrecht eingeschränkt** durch § 1353 Abs. 1 S. 2, soweit dem Angegriffenen ein Ausweichen zugemutet werden kann.[90] 31

**8. Verhinderung von Straftaten.** Aus der Pflicht, den Partner an strafbaren Handlungen zu hindern, folgert der BGH eine generelle Garantenstellung zur Verhinderung strafbarer Handlungen in der Ehewohnung.[91] Die dem Schutz des Partners dienende Pflicht wird hier aber in fragwürdiger Weise umgedeutet in eine Pflicht, Rechtsgüter Dritter vor Angriffen durch den eigenen Ehegatten zu schützen; das führt zu einer Art Sippenhaftung, die im Ergebnis abzulehnen ist.[92] Den Ehemann trifft keine Pflicht, Betrügereien seiner Frau zu verhindern.[93] Der BGH lässt die Garantenpflicht enden, wenn sich ein Ehegatte von dem anderen in der Absicht trennt, sich scheiden zu lassen.[94] 32

---

80 *Bauernfeind,* Zweckgemeinschaften im Bereich ehelicher Lebensgemeinschaft auf der Basis einvernehmlicher Entscheidungen der Ehegatten, 1984, 16 f.

81 Soergel/*Lipp* Rn. 51.

82 BGHZ 33, 145 = NJW 1961, 68; bestätigt durch BVerfG NJW 1964, 1174; BGHZ 38, 317 = NJW 1963, 761; KG FamRZ 1954, 145; OLG Stuttgart FamRZ 1955, 256 mAnm *Dunz*; *Gernhuber/Coester-Waltjen* FamR § 18 I 2; vgl. auch *Müller- Freienfels* JZ 1964, 305 ff., 344 ff.; aA *Erdsiek* NJW 1959, 2007.

83 *Schwab* FamR Rn. 117.

84 BGHSt 2, 150 (153 f.) = NJW 1952, 552; BGHSt 32, 367 (373 ff.) = NJW 1984, 2639; krit. *Scholderer* JuS 1989, 918 (921); vgl. auch OLG Bamberg FamRZ 1987, 1264 f.: polizeiliche Anzeige von Trunkenheitsfahrten zumindest erlaubt, wenn aus Sorge um Ehegatten und unbeteiligte Dritte geschehen.

85 BGHSt 7, 268 = LM StGB § 222 Nr. 28 = NJW 1955, 1038; dazu *Diederichsen* FS Larenz, 1983, 127 (175 f.).

86 BSG NJW 1957, 1943 f.

87 RGZ 70, 48 (50).

88 BGH NJW 1995, 1486 = LM § 1353 Nr. 34 mAnm *Hohloch* = FamRZ 1995, 537.

89 OLG Hamm FamRZ 1999, 166 (167).

90 BGH NJW 1969, 802 mAnm *Deubner* NJW 1969, 1184; JR 1976, 335 f. m. krit. Anm. *Geilen* JR 1976, 314 ff.; doch vgl. zB Schönke/Schröder/*Perron* StGB § 32 Rn. 53; *Sangviroatjanapat,* Einschränkungen des Notwehrrechts im Rahmen ehelicher Beziehungen, 2003.

91 BGH NJW 2003, 3212 in stRspr: NJW 1953, 591 – Ehemann duldet fortgesetzt Fremdabtreibungshandlungen seiner Frau in der Ehewohnung; FamRZ 1956, 81 – Ehefrau duldet wiederholten Geschlechtsverkehr zwischen Ehemann und Stieftochter; OLG Bremen NJW 1957, 72 f. – fortgesetzte Körperverletzung durch gemeinsam gehaltenen bissigen Hund.

92 Zutr. Bedenken bei OLG Celle StV 2000, 624; *Gernhuber/Coester-Waltjen* FamR § 18 V 3; Soergel/*Lipp* Rn. 54; *Ranft* JZ 1987, 909; abl. *Geilen* FamRZ 1961, 157 ff.; Schönke/Schröder/*Stree/Bosch* StGB § 13 Rn. 21a.

93 OLG Stuttgart NJW 1986, 1767.

94 BGH NJW 2003, 3212 mAnm *Freund* NJW 2003, 3384.

33 **9. Anzeige von Straftaten.** Strafanzeigen gegen den Ehepartner können ehewidrig sein,[95] denn in der Ehe als Sphäre der Privatheit darf man sich aussprechen. Dem **Zeugnisverweigerungsrecht** des Ehegatten (§ 52 Abs. 1 Nr. 2 StPO, § 383 Abs. 1 Nr. 2 ZPO) entspricht seine **Verschwiegenheitspflicht** (→ § 1361 Rn. 42); eine Bespitzelung (wie in totalitären Regimes) wäre eine Pflichtverletzung (→ Rn. 29). Anders sieht es bei der Gefährdung hoher Rechtsgüter aus. Die Pflicht zur Anzeige eines geplanten Mordes oder anderer gemeingefährlicher Delikte trifft nach §§ 138, 139 StGB auch den Ehegatten, sofern es ihm nicht gelingt, den Partner von der geplanten Straftat abzubringen oder den Erfolg abzuwenden.[96]

34 **10. Wohngemeinschaft.** Ehegemeinschaft ist in der Regel auch Wohngemeinschaft (uU auch ohne festen Wohnsitz: Weltenbummler, Wanderzirkus).[97] Das Leben in einer selbständigen Ehewohnung geht dem Wunsch eines Ehegatten, die Wohnung bei den (Schwieger-)Eltern zu nehmen, grundsätzlich vor.[98] Die Herstellung der häuslichen Gemeinschaft ist das primäre Ziel des Eheherstellungsantrags. Er hat jedoch nur bei willkürlicher Weigerung eines Ehegatten Erfolg; im Übrigen gibt es für eine Einigung keinen Ersatz.[99] Eine einverständliche räumliche Trennung aus beruflichen oder sonstigen Gründen ist mit ehelicher Gemeinschaft nicht unvereinbar.[100] Die Entscheidung der Ehegatten gegen eine Wohngemeinschaft kann auch auf einer vom gesetzlichen Leitbild abweichenden Lebensgestaltung beruhen, etwa wenn die Eheleute sich erst im Alter kennenlernen und ihre Freizeit auch ohne gemeinsame Wohnung überwiegend zusammen verbringen.[101] Haft oder längerer Aufenthalt in einer Klinik heben die eheliche Lebensgemeinschaft nicht auf.[102] Das gilt selbst dann, wenn ein Ehegatte aller Voraussicht nach dauerhaft in einem Heim leben wird.[103] Vereinbarungen über ein **Getrenntleben** sind grundsätzlich als zulässig anzusehen,[104] ebenso Vereinbarungen über die Ehewohnung, die zur Aufhebung der Gemeinschaft führen sollen, auch wenn nur der Ehegatte, der kein Recht zum Getrenntleben gemäß § 1353 Abs. 2 hat, den Entschluss fasste, die Lebensgemeinschaft auf Dauer aufzuheben, und die Vereinbarungen nicht der einvernehmlichen Vorbereitung der Scheidung dienen.[105] Der **gemeinschaftliche Wohnsitz**[106] ist nach § 1353 einvernehmlich zu begründen. Inwieweit der nicht berufstätige Partner berufsbedingte Wohnortwechsel mitzuvollziehen hat, ist eine Frage des Einzelfalles; sie hängt etwa von der Notwendigkeit der beruflichen Veränderung, der Situation der Kinder und den Möglichkeiten des Pendelns ab.[107] Bei Versetzungsgesuchen ist das Familieninteresse zu berücksichtigen.[108] In der Doppelverdienerehe sind Wohnsitzwahl und Wahl der Arbeitsstätten miteinander zu koordinieren (→ § 1356 Rn. 14). Jeder Ehegatte darf selbständig einen Zweitwohnsitz begründen. Selbständige Begründung und Aufhebung eines Wohnsitzes sind wirksam, auch wenn sie ehewidrig sind.

35 **11. Nutzung von Ehewohnung und Haushaltsgegenständen.** Das Recht auf die **Mitbenutzung** von Ehewohnung und Haushaltsgegenständen ist Teil des Unterhaltsanspruchs und als

---

[95] BGH FamRZ 1963, 515 = LM EheG § 48 Abs. 2 Nr. 56; FamRZ 1964, 493 (495) = LM Nr. 9. Ausnahme bei Wahrnehmung berechtigter Interessen, insbes. gegen rechtswidrige Angriffe des Partners oder als Maßnahme der Fürsorge für Ehegatten oder unbeteiligte Dritte, vgl. OLG Bamberg FamRZ 1987, 1264 f.; uU ist die Anzeige geboten, um Bestrafung eines unschuldig in Verdacht Geratenen zu verhindern.

[96] Vgl. Staudinger/*Voppel,* 2018, Rn. 62.

[97] BGH NJW 1987, 1761 (1762); RGZ 53, 337 (340); 97, 286 f.; 137, 102 f.; HRR 1930 Nr. 295; *Streck,* Generalklausel und unbestimmter Begriff im Recht der allgemeinen Ehewirkungen, 1970, § 5 III und § 9 I hält dies für eine unzulässige Präzisierung und betrachtet nur ein Leben in „räumlicher Zuordnung" als geboten.

[98] OLG Hamm FamRZ 1980, 247; dazu *Giesen* JR 1983, 89 (91).

[99] BGH NJW 1987, 1761 (1762); auch im Rahmen von § 1579 Nr. 6 hat nur die willkürliche Weigerung nachhaltige Folgen.

[100] RGZ 95, 330 (332); 151, 159 (163); Soergel/*Lipp* Rn. 35; Staudinger/*Voppel,* 2018, Rn. 72 ff.; vgl. auch OLG Frankfurt OLGE 7, 458 f.

[101] OLG Brandenburg FamRZ 2008, 1535; Palandt/*Brudermüller* Rn. 6. Zur dennoch bestehenden Bedarfsgemeinschaft vgl. BSG FamRZ 2010, 973 = NJW 2011, 172.

[102] LSG RhPf NZS 2005, 661 f.; BGHZ 38, 266 (268) = NJW 1963, 581 bei längerer Strafhaft.

[103] BGHZ 149, 140 (144) = NJW 2002, 671.

[104] So schon OLG Schleswig FamRZ 1957, 420 mAnm *Bosch; Rasch,* Juristische Probleme bei der Durchführung des Getrenntlebens, 1983, 52 ff. zur Verbindlichkeitsgrenze 66 ff.; aA OLG Köln FamRZ 1982, 403 (404).

[105] OLG Düsseldorf FamRZ 1981, 545 f. m. abl. Anm. *Knütel;* OLG Köln FamRZ 1982, 403; zust. *Giesen* JR 1983, 89 (92).

[106] Vgl. Staudinger/*Voppel,* 2018, Rn. 76; *Gernhuber/Coester-Waltjen* FamR § 16 III, § 18 III 5; *Henrich* FamR § 7 6 I 2.

[107] *Diederichsen* NJW 1977, 217 (218); einschr. *Bauernfeind,* Zweckgemeinschaften im Bereich ehelicher Lebensgemeinschaft auf der Basis einvernehmlicher Entscheidungen der Ehegatten, 1984, 173 ff.

[108] OLG München FamRZ 1967, 394.

sonstige Familiensache (§ 266 Abs. 1 Nr. 2 FamFG) im familiengerichtlichen Verfahren geltend zu machen und vollstreckbar.[109] Unabhängig von der Eigentumslage haben beide Ehegatten daran **Mitbesitz.**[110] Ein Ehegatte kann wegen seines ehelichen Rechts zum Besitz bezüglich der dem anderen Ehegatten gehörenden beweglichen Sachen Besitzmittler sein. **Übereignungsvorgänge** sind daran jedoch für Außenstehende schwer durchschaubar (→ § 1362 Rn. 4 aE).[111] Im Interesse eines Minimums an Erkennbarkeit ist zur Übereignung gemeinsam besessener Mobilien unter Ehegatten (zumal schenkungshalber) eine **Umkehrung der Besitzerrolle** zu fordern, die auf irgendeine Weise objektiv nachvollziehbar ist.[112] Das Recht zum Mitbesitz der dem anderen Ehegatten gehörenden Ehewohnung und Haushaltsgegenstände entfällt erst mit rechtskräftiger Scheidung, sofern keine abweichende Regelung des Gerichts im Scheidungsverfahren gem. §§ 1361a, 1361b ergeht.[113] Vorher besteht auch kein Anspruch auf Räumung der dem Partner vermieteten Geschäftsräume.[114] Das Besitzrecht eines gemeinsamen Kindes am eigenen Zimmer kann der ausziehende Elternteil nicht ohne Zustimmung des anderen beenden, auch wenn das Kind nicht mehr unterhaltsberechtigt ist; auf Nutzungsvergütung hat der Ausziehende darum keinen Anspruch.[115] Ein Recht zum Betreten der vom Ehepartner und den gemeinschaftlichen Kindern bewohnten Wohnung folgt für einen dauernd getrenntlebenden Gatten weder aus § 1353 noch aus §§ 1626 ff.[116]

Gegen **ehewidrige Veräußerungen** von Haushaltsgegenständen schützt im gesetzlichen Güterstand das Zustimmungserfordernis des § 1369. Bei Veräußerung der Ehewohnung können die Voraussetzungen des § 1365 vorliegen (→ § 1365 Rn. 55 ff.)[117] während eine Mindermeinung für eine analoge Anwendung des § 1369 auf die Ehewohnung plädiert[118] Bei Gütertrennung besteht nach § 1353 nur eine **Unterlassungspflicht ohne Außenwirkung.**[119] Ein nach §§ 49 ff. FamFG erwirktes Veräußerungsverbot ist zwar gemäß § 113 Abs. 1 FamFG, § 120 Abs. 1 FamFG iVm § 890 ZPO vollstreckbar, bewirkt aber keine effektive dingliche Bindung der betroffenen Sache. Die Veräußerung eines Familienwohngrundstücks ist nicht deshalb nichtig, weil der Erwerber dessen Zweckbestimmung kennt. Die durch einen Ehegatten erfolgte **Kündigung eines Mietverhältnisses** kann ausnahmsweise[120] wegen Verstoßes gegen § 1353 rechtsmissbräuchlich sein, wenn die Kündigung eine Familie mit Kindern in große soziale Schwierigkeiten bringt und der Vermieter dies weiß.[121] Zum Teil wird dem in der Wohnung verbleibenden Ehegatten ein Eintrittsrecht in den Mietvertrag analog § 569a (jetzt § 563) gewährt.[122] Ein nach §§ 180 ff. ZVG zulässiger Antrag auf **Teilungsversteigerung** gemeinschaftlichen Grundbesitzes oder Wohnungseigentums ist nach 36

---

109 *Gernhuber/Coester-Waltjen* FamR § 19 III 1; BGHZ 12, 380 = NJW 1954, 918; BGH NJW 1977, 43 f.; OLG Bremen FamRZ 1965, 77; LG Tübingen JZ 1965, 107 f. mAnm *F. Baur.* Anders noch RGZ 87, 56 (61). Das gilt auch bei Gütertrennung.

110 BGHZ 12, 380 = NJW 1954, 918. Für Mitbesitz iSv § 866 *Schulz,* Ehewohnung und Hausrat in der ungestörten Ehe, 1982, 64, 68; für gesamthänderischen Mitbesitz *Smid,* Zur Dogmatik der Klage auf Schutz des „räumlich-gegenständlichen Bereichs" der Ehe, 1983, 62 f.; vgl. dazu auch *Eichenhofer* JZ 1988, 327 f. und 331 f.

111 Für eine Übereignung gemäß §§ 929, 930 BGHZ 73, 253 = NJW 1979, 976 (977); dazu *Schulz,* Ehewohnung und Hausrat in der ungestörten Ehe, 1982, 126 ff.; *Vlassopoulos,* Der eheliche Hausrat im Familien- und Erbrecht, 1983, 22 ff., 27 ff.; krit. *Eichenhofer* JZ 1988, 328 f.

112 Zu diesem abgeschwächten Traditionsprinzip beifallswert *Gernhuber/Coester-Waltjen* FamR § 19 III 1.

113 BGHZ 71, 216 (222 f.) = NJW 1978, 1529 (1530) = FamRZ 1978, 496 (497); dazu *Giesen* JR 1983, 89 (92); OLG Düsseldorf FamRZ 1988, 1053 – weitgehend: gemietete Praxisräume; zur Haftung wegen Beschädigung der dem einen Ehegatten gehörenden Ehewohnung durch den diese während des Scheidungsverfahrens allein bewohnenden anderen Ehegatten OLG Stuttgart FamRZ 1983, 68.

114 OLG Düsseldorf FamRZ 1988, 1053.

115 LG Frankfurt a. M. FamRZ 1990, 44.

116 BGH NJW 1972, 44.

117 *H. P. Westermann,* Die Rechtslage der Familienwohnung, 1977, 11 ff. Gerichtliche Veräußerungsverbote aufgrund einstweiliger Verfügung zur Sicherung des Zustimmungserfordernisses (dafür OLG Celle NJW 1970, 1982 f.) bewirken jedoch keinen dinglichen Erfolg unter Vermittlung des § 136; dazu *Kohler,* Das Verfügungsverbot gemäß § 938 Abs. 2 ZPO im Liegenschaftsrecht, 1984, 341 ff.

118 *Jacobs* FamRZ 2014, 1750 mwN.

119 *Gernhuber/Coester-Waltjen* FamR § 19 III 2.

120 Gegen eine generelle Unwirksamkeit wegen Verstoßes gegen § 1353 auch LG Stuttgart FamRZ 1977, 200 f. mAnm *Bosch;* Johannsen/Henrich/*Götz* § 1568a Rn. 27; aA LG Bamberg FamRZ 1957, 258 mAnm *Bosch* und *Brühl.* Bei Einstellung der Mietzahlungen kann dem Vermieter ein Kündigungsrecht nicht verwehrt sein.

121 LG Hamburg FamRZ 2002, 818; Johannsen/Henrich/*Götz* § 1568a Rn. 27; *Gernhuber/Coester-Waltjen* FamR § 19 III 2; aA NK-BGB/*Wellenhofer* Rn. 7.

122 *Hanisch* NJW 1967, 1033.

§ 1353 zu unterlassen bzw. zurückzunehmen (→ § 1365 Rn. 59 ff.).[123] Bei ernsthafter Gefährdung des Wohls eines gemeinschaftlichen Kindes ermächtigt § 180 Abs. 3 ZVG zur einstweiligen Einstellung des Teilungsversteigerungsverfahrens (→ § 1365 Rn. 60).[124]

37 **12. Vermögensverhältnisse.** Grundsätzlich hat jeder Ehegatte eine Fürsorgepflicht für das Vermögen des anderen, aus der sich ergibt, dass die Gatten negativ alles zu unterlassen haben, was das Vermögen des anderen mindert, was auch gewisse Mitwirkungshandlungen erfordern kann.[125]

38 **a) Auskunfts- und Fürsorgepflichten.** Bezüglich des Vermögens erzeugt § 1353 Rechte und Pflichten,[126] zB zur **Unterrichtung** über den wesentlichen Bestand, einschließlich des laufenden Einkommens,[127] zur Information über wichtige Transaktionen[128] (über § 1365 hinaus). Belege müssen nicht vorgelegt werden, ein Anspruch auf Einsicht in Geschäftsbücher ergibt sich aus § 1353 nicht. Auch Auskunftsansprüche können aus § 1353 abgeleitet werden,[129] sie bestehen aber nur in engen Grenzen (zB bei Beendigung des Güterstandes § 1379); keine Rechnungslegungspflicht besteht über die Verwendung des Wirtschaftsgeldes (→ § 1360a Rn. 16). Über den Bestand ihres Vermögens schulden zusammenlebende Ehegatten einander regelmäßig Aufklärung nur in groben Zügen,[130] ohne detaillierte Rechnungslegung. Begehrt ein Ehegatte dagegen Unterrichtung über das für die Höhe des Familienunterhalts maßgebliche laufende Einkommen des anderen Ehegattens, geht der Anspruch auf Erteilung von Auskunft in einer Weise, die die Feststellung des Unterhaltsanspruchs ermöglicht (die Auskunftspflicht entspricht damit derjenigen aus § 1605 Abs. 1 S. 1);[131] eine Verpflichtung zur Belegvorlage sowie zur eidesstattlichen Versicherung besteht allerdings aufgrund der Unvereinbarkeit solcher Ansprüche mit dem ehelichen Vertrauen auch hinsichtlich dieser Auskunftsverpflichtung nicht.[132] Die Begleichung von Verbindlichkeiten des Ehegatten wird ehelich nicht geschuldet, doch kommt sie häufig vor; eine Darlehensvereinbarung zwischen den Ehegatten ist substanziiert darzulegen.[133] Schadensersatzansprüche sind im Hinblick auf das pflichtgemäß schonend auszuübende Mitbenutzungsrecht (→ Rn. 35) bzw. auf die durch § 1353 begründete Pflicht zur Wahrnehmung sonstiger, nicht dem höchstpersönlichen Ehebereich zuzurechnender Vermögensinteressen des Partners, in den Grenzen des § 1359 möglich.[134] Aus dem Gebot der Rücksichtnahme folgt ein Verbot ruinöser existenzgefährdender Schadensersatzbegehren (→ § 1359 Rn. 7).[135] Die **Fürsorgepflicht** für das Partnervermögen umfasst die Pflicht, dagegen gerichtete Straftaten Dritter abzuwehren.[136] Ansprüche gegen Dritte kann der Ehepartner in gewillkürter Prozessstandschaft geltend machen.[137] Auch nachehelich kann § 1353 iVm § 242 vor allem im vermögensrechtlichen Bereich bedeutsam sein: So etwa bei Kreditabwicklungen[138] oder als Grundlage eines Anspruchs auf Übertragung eines Schadensfreiheitsrabatts, wenn dies den in Anspruch genommenen Ehegatten nicht benachteiligt; anderenfalls ist eine Übertragung nur bei auftragsweiser Versicherung des

---

123 BGHZ 37, 38 (40 ff.) = NJW 1962, 1244; für eine Abwägung der Verfügungsfreiheit gegen das Ehegatteninteresse an fortgesetztem Mitbesitz RGRK-BGB/*Roth-Stielow* Rn. 84.

124 *Diederichsen* NJW 1986, 1283 (1285); *Brudermüller* FamRZ 1996, 1516 ff.

125 BGH FamRZ 2005, 182; OLG Oldenburg FamRZ 2007, 147.

126 Vgl. besonders *Gernhuber* FamRZ 1959, 465.

127 BGH FamRZ 1978, 677; 2011, 23; OLG Hamburg FamRZ 1967, 101; OLG Schleswig FamRZ 1975, 164; OLG Düsseldorf FamRZ 1990, 46 über Versorgungsanwartschaften; OLG Karlsruhe FamRZ 1990, 161 (zwecks Ermittlung des Wirtschafts- und Taschengeldes). Beharrliche Weigerung berechtigt zu vorzeitigem Zugewinnausgleich (§ 1385 Nr. 4).

128 BGH FamRZ 1976, 516 f.; 1978, 677 zur Durchsetzung mit der Herstellungsklage und zur eidesstattlichen Bekräftigung.

129 OLG Karlsruhe FPR 2002, 312; OLG Koblenz FamRZ 2017, 2016.

130 OLG Karlsruhe FamRZ 1990, 161.

131 BGH FamRZ 2011, 23 = NJW 2011, 226; aA noch OLG Jena (Vorinstanz) FamRZ 2009, 891; OLG Karlsruhe FamRZ 1990, 162.

132 BGH FamRZ 2011, 23 = NJW 2011, 226.

133 OLG Schleswig FamRZ 1988, 165.

134 BGH FamRZ 1977, 38 (40 f.) = NJW 1977, 378; FamRZ 1988, 143 f. = NJW 1988, 2032 (gegen Anspruch auf Erstattung der Kosten eines vom anderen Ehegatten unberechtigt eingeleiteten Rechtsstreits); *Hepting*, Ehevereinbarungen, 1984, 103 f., 202.

135 BGHZ 53, 352 (356) = NJW 1970, 1271.

136 Für Garantenpflicht RGSt 64, 273 (278 f.); RG JW 1933, 427 f. – Mittäterschaft an Brandstiftung zum Schaden der Ehefrau.

137 BGH FamRZ 1961, 435.

138 BGH FamRZ 1989, 835 = NJW 1989, 1920; OLG Saarbrücken FamRZ 1990, 58 f.

Fahrzeugs gem. § 667 zu verlangen.[139] Ehebedingte Kontoverfügungsrechte erlöschen dagegen im Innenverhältnis mit Trennung der Ehegatten.[140]

**b) Gemeinsame steuerliche Veranlagung.** Aus der gegenseitigen Beistandspflicht (→ Rn. 31) ergibt sich für beide Ehegatten die Verpflichtung, die finanziellen Lasten des anderen Teils zu vermindern, soweit dies ohne eine Verletzung eigener Interessen möglich ist.[141] Dies gilt insbesondere im Bereich des Steuerrechts. Danach hat jeder Ehegatte einer Zusammenveranlagung zur Einkommenssteuer nach § 26b EStG zuzustimmen, wenn die Gesamtbelastung beider dadurch geringer wird,[142] unabhängig davon, wer die Unterhaltslast trägt.[143] Dies gilt selbst dann, wenn es zweifelhaft erscheint, ob die Voraussetzungen des § 26 Abs. 1 S. 1 EStG vorliegen.[144] Ein Anspruch auf Zustimmung zur gemeinsamen Veranlagung ist nur ausgeschlossen, wenn eindeutig feststeht, dass eine solche nicht in Betracht kommt.[145] Eine Pflicht zur Zustimmung kann auch den Ehegatten treffen, der während der Zeit des Zusammenlebens steuerliche Verluste erwirtschaftet hat, die er im Wege des Verlustvortrags in einem späteren Veranlagungszeitraum zur Verminderung seiner eigenen Steuerlast einsetzen könnte.[146] Das Recht, die Art der steuerlichen Veranlagung nach § 26 EStG zu wählen, steht im Falle der Insolvenz eines Ehegatten dem Insolvenzverwalter nach § 80 Abs. 1 InsO zu; ihn trifft daher auch die Zustimmungspflicht.[147] Ist ein Anspruch auf Zustimmung gegeben, löst ihre Verweigerung Schadensersatzpflichten aus.[148] Von etwaigen Nachteilen durch die gemeinsame Veranlagung (Steuernachzahlungen) ist der Zustimmungspflichtige Zug um Zug durch eine Gegenerklärung des Berechtigten freizustellen.[149] Eine Mehrbelastung nach erfolgter Zusammenveranlagung ist im Innenverhältnis auszugleichen.[150] Diese **Ausgleichung** erfolgt grds. nach gleichen Anteilen, wobei sich aus den Umständen der konkreten Ehe (§ 426 Abs. 1 S. 1 Hs. 2) etwas anderes ergeben kann.[151] Der Anspruch auf gemeinsame Veranlagung ist als sonstige Familiensache iSd § 266 Abs. 1 Nr. 2 FamFG vor dem Familiengericht geltend zu machen. Hierbei wird beantragt, den Antragsgegner zu verpflichten, die Wahl der getrennten Veranlagung zu unterlassen oder den hierauf bezogenen bereits gestellten Antrag zurückzunehmen.[152] Mit der Rechtskraft des Beschlusses gilt die Zustimmung für das Finanzamt als gegeben (§ 120 Abs. 1 FamFG iVm § 894 ZPO); § 888 ZPO (Zwangsgeld-Festsetzung) ist nicht anzuwenden.[153] Eine Trennung lässt die Zustimmungspflicht nicht entfallen.[154] Nach Trennung oder Scheidung kann der Unterhaltsschuldner zu dessen Absetzung als Sonderausgabe die Zustimmung des anderen verlangen (sog begrenztes Realsplitting nach 39

139 Vgl. OLG Celle FamRZ 2017, 1829; LG Flensburg NJW-RR 2006, 1300; *Wever* FamRZ 2003, 760; LG Köln NJW 1977, 1969 f.; LG Freiburg FamRZ 1991, 1147.

140 BGH FamRZ 1988, 476 (478) = NJW 1988, 1208; FamRZ 1989, 834 (835) = NJW RR 1989, 834; OLG Bamberg FamRZ 1991, 1058 f.

141 BGH FamRZ 2002, 1024 = NJW 2002, 2319.

142 BGH FamRZ 1977, 38 (40 f.) = NJW 1977, 378; FamRZ 2005, 182 f. = NJW RR 2005, 225; FamRZ 2007, 1229 Rn. 10 = NJW 2007, 2554; OLG Düsseldorf FamRZ 1990, 160; aA – nicht klagbar, wohl überholt – OLG Nürnberg FamRZ 1971, 434 f.; vgl. Staudinger/*Voppel*, 2018, Rn. 93 ff.

143 LG Fulda FamRZ 1989, 1174 f. gegen LG Bremen FamRZ 1982, 1070; vgl. zum Ganzen *Tiedtke* FPR 2003, 400 ff.

144 BGH FamRZ 2005, 182 f. = NJW RR 2005, 225; aA OLG Hamm FamRZ 1994, 893 f.

145 BGH FamRZ 2005, 182 f. mAnm *Meyer* = NJW RR 2005, 225; der Anspruch erlischt nicht mit der Bestandskraft des Steuerbescheids des anderen Ehegatten, OLG Koblenz FamRZ 2016, 2013.

146 BGH FamRZ 2010, 269 = NJW 2010, 1879; krit. *Tiedke/Szczesny* FamRZ 2011, 425 ff. Das Entgehen des zukünftigen steuerlichen Vorteils ändert an der Zustimmungspflicht nach dem BGH nichts, soweit dieser Nachteil aufgrund der tatsächlichen Gestaltung der ehelichen Lebensgemeinschaft – der eingeplante steuerliche Vorteil der Zusammenveranlagung wurde zur gemeinsamen Lebensführung oder zur auch dem Zustimmungspflichtigen zugutekommenden Vermögensbildung eingesetzt – bereits kompensiert wurde.

147 BGH FamRZ 2007, 1320 = NJW 2007, 2556; FamRZ 2011, 211 = NJW-Spezial 2011, 118; FamRZ 2012, 357 = NJW 2011, 2715; OLG Dresden FamRZ 2010, 588.

148 BGH NJW 1977, 378; FamRZ 2010, 269 = NJW 2010, 1879; OLG Köln FamRZ 1989, 1174; Soergel/*Lipp* Rn. 58. Zur Schadensberechnung LG Köln NJW-RR 1990, 140; zu einem (vorliegend abgelehnten) Zurückbehaltungsrecht s. OLG Stuttgart FamRZ 2018, 1493.

149 BGH FamRZ 1979, 115 = NJW 1979, 877; OLG Düsseldorf FamRZ 1990, 160; OLG Hamm FamRZ 1990, 291; LG Ulm FamRZ 1988, 1051; LG Berlin FamRZ 1992, 436 f.; AG Neuss FamRZ 1989, 1176.

150 OLG Hamm FamRZ 1998, 241; *Dostman* FamRZ 1991, 760; *Sonnenschein* NJW 1980, 257 ff.; vgl. auch LG Bremen FamRZ 1982, 1070 für die Gefahr, dass Ausgleichsanspruch nicht durchsetzbar ist; vgl. auch OLG Koblenz FamRZ 2018, 1493: kein rückwirkender Ausgleichsanspruch.

151 BGH FamRZ 2007, 1229 Rn. 13 ff. mAnm *Engels* = NJW 2007, 2554; vgl. auch Bsp. in Palandt/*Brudermüller* Rn. 12c.

152 *Tiedtke* FPR 2003, 400 (405 f.).

153 OLG Frankfurt FamRZ 1989, 1321; OLG Düsseldorf FamRZ 1990, 160; *Tiedtke* FamRZ 1978, 385 ff.

154 OLG Karlsruhe FamRZ 1994, 894; OLG Hamm FamRZ 1994, 893; 1998, 241.

§ 10 Abs. 1 Nr. 1 EStG).[155] Gewaltanwendung gegenüber dem Ehepartner lässt den Anspruch entfallen.[156]

40 **13. Sexualbereich. a) Eheliche Treue.** Im Sexualbereich[157] ist die Einhaltung der ehelichen **Treue** als Rechtspflicht anzuerkennen,[158] da die Ausschließlichkeit der Sexualbeziehung zwischen den Ehegatten ein Element unseres Prinzips der Einehe ist.[159] Eine Eheverfehlung kann bereits begehen, wer nur den Anschein ehewidriger Beziehungen erweckt.[160] Sind die Ehegatten jedoch einig, eine „liberale" Ehe führen zu wollen, so kann die Rechtsordnung dies nicht für unzulässig erklären. Ein geschlechtskrank gewesener oder gewordener Ehegatte muss den behandelnden Arzt von seiner Schweigepflicht entbinden, um dem Partner Gewissheit über seine Gesundung zu verschaffen.[161] Ein eventuell mit AIDS Infizierter hat den Ehepartner schon über den Infektionsverdacht aufzuklären.

41 **b) Geschlechtsverkehr.** Zum **Geschlechtsverkehr** besteht keine Rechtspflicht,[162] ein Herstellungsverfahren ist insoweit ausgeschlossen.[163] Dem Staat kommt es nicht zu, den Eheleuten (wie zurzeit des Preuß. ALR II 1 §§ 178 ff.) für ihren Intimbereich Vorschriften zu machen. Abreden über dauernde Enthaltsamkeit sind zulässig (platonische Kameradschaftsehe, Josefsehe).[164] Ohne ausdrücklichen Verzicht darf jeder Heiratende freilich davon ausgehen, dass sich der Partner dem Wunsch nach geschlechtlicher Erfüllung nicht verschließen werde.[165] Gewaltsam darf Geschlechtsverkehr auch in der Ehe selbstverständlich nicht erzwungen werden; dies ist strafbar gem. § 177 StGB und verpflichtet uU zu Schmerzensgeldzahlung.[166]

42 **c) Kinderzeugung.** Die Zeugung von Nachwuchs ist keine Rechtspflicht der Ehegatten.[167] Eine kinderlos bleibende oder im nicht mehr zeugungsfähigen Alter geschlossene Ehe ist eine vollwertige Ehe.[168] **Abreden über Kinderlosigkeit** oder Methoden der Empfängnisverhütung sind zweifellos zulässig, jedoch rechtlich nicht verbindlich, da sie den Intimbereich betreffen und insoweit weder mit staatlichem Zwang durchgesetzt werden können noch Schadensersatzansprüche auslösen. Wird entgegen einer entsprechenden Absprache ein Kind geboren, so kann der eine Ehegatte von dem abredewidrig handelnden Ehegatten nicht eine Freistellung von der gesetzlichen Unterhaltspflicht verlangen, da die Zuordnung des Kindes zu beiden Eltern mit allen entsprechenden Rechten und Pflichten für beide Seiten existentiell wichtig ist. Immerhin kommt den Abreden jedoch insoweit Rechtswirkung zu, als derjenige, der gegen sie verstößt, pflichtwidrig handelt. Die Vereinbarungen (sei es über Kinderlosigkeit, sei es über den Verzicht auf empfängnisverhütende Methoden) sind jederzeit frei widerrufbar (→ Rn. 10),[169] jedoch ist der Ehegatte, der davon abweichen will, verpflichtet, den Partner von seinem Sinneswandel zu informieren.[170] Ohne konkrete Absprache ist

---

155 OLG Hamburg FamRZ 1991, 831; Soergel/*Häberle* § 1578 Rn. 83.

156 LG Leipzig FamRZ 2010, 1802.

157 Die hM stellt ihn traditionsgemäß im Pflichtenkatalog zu § 1353 oft an erster Stelle heraus, zB Staudinger/*Voppel,* 2018, Rn. 29 ff., und neigte früher zu einer übertriebenen Verrechtlichung.

158 *Grziwotz* MDR 1998, 1075 (1078).

159 Ausdrücklich anerkannt vom BT-Rechtsausschuss, BT-Drs. 7/4361, 7. Zur Treuepflicht nach kanonischem Kirchenrecht *Rokahr,* Ehe ohne Treue?, 1976.

160 RGZ 138, 73 (75 f.); RG WarnR 1926, 215; Staudinger/*Voppel,* 2018, Rn. 32; ebenso schon ALR II 1 § 183.

161 OLG Hamburg OLGE 3, 245.

162 Anders die früher allgM und die zu § 43 EheG aF ergangene Rspr.; vgl. Staudinger/*Voppel,* 2018, Rn. 35; Soergel/*Lipp* Rn. 40. BGH NJW 1967, 1078 ließ es nicht genügen, den Beischlaf teilnahmslos oder gar widerwillig über sich ergehen zu lassen und forderte sogar von einer empfindungslosen Ehefrau, ihn in Zuneigung und Opferbereitschaft zu erdulden; zust. noch *Diederichsen* NJW 1977, 218; dagegen aber krit. *Gernhuber/Coester-Waltjen* FamR § 18 V 1 Fn. 32.

163 *Finger* FamR 109 ff.; *Gernhuber/Coester-Waltjen* FamR § 18 V 1; *Horn* ZZP 1985, 266; *Lüke* AcP 178 (1978), 1 (6).

164 *Grziwotz* MDR 1998, 1075 (1079); aA OLG Hamburg HansGZ 1915, Beibl. S. 142.

165 Zutr. insoweit *Streck,* Generalklausel und unbestimmter Begriff im Recht der allgemeinen Ehewirkungen, 1970, 87 ff.

166 OLG Schleswig FamRZ 1993, 548 f.

167 Auch dies gegen die früher hL, RG HRR 1942, 780; Soergel/*Lipp* Rn. 42. Die Kinderzeugung als vornehmsten Zweck der Ehe betonen frühere Rechtsordnungen häufig; vgl. noch § 44 öst. ABGB und § 9 Abs. 2 S. 1 FGB-DDR; zum römischen Recht *Kaser,* Römisches Privatrecht, Bd. I, 1971, 73 m. Fn. 8.

168 BGHZ 146, 391 = NJW 2001, 1789.

169 Im Ergebnis *Hepting,* Ehevereinbarungen, 1984, 211 ff.; RGRK-BGB/*Roth-Stielow* Rn. 27; aA *Gernhuber/Coester-Waltjen* FamR § 18 V 7. – Für eine Verwirkung des Rechts auf Zeugung und Empfängnis nach jahrelang kinderlos geführter Ehe *Streck,* Generalklausel und unbestimmter Begriff im Recht der allgemeinen Ehewirkungen, 1970, 88 f., 100; vgl. *Brühl* FamRZ 1970, 614.

170 *H.P. Westermann* Justizblatt 1979, 113 (119); *Rauscher* FamR Rn. 241; *Dethloff* FamR § 4 Rn. 26.

davon auszugehen, dass die Eheleute Kinder wollen. Deshalb ist vor einer Sterilisation der andere Ehegatte zu befragen.[171] Ist der Kindeswunsch beidseitig, wäre die einseitige Verhinderung ehewidrig.[172] Ein gerechtfertigter **Schwangerschaftsabbruch** ist eine höchstpersönliche Entscheidung der Frau, gleichwohl gebietet § 1353, sich vorher mit dem Ehemann zu besprechen. Ein rechtswidriger Abbruch ist unzulässig und daher auch nicht möglicher Gegenstand einer Vereinbarung. Eine Beeinflussung der Schwangeren durch Druck oder Zwang zum Abbruch ist nicht nur ehewidrig, sondern sogar strafbar (besonders schwerer Fall einer Nötigung gemäß § 240 Abs. 4 S. 2 Nr. 2 StGB). Schließlich bedarf auch eine künstliche Insemination der Zustimmung des Ehepartners.[173]

**14. Wechselseitige Pflichtverletzungen.** Die beiderseitigen Ehepflichten stehen zueinander nicht im Synallagma nach §§ 320 ff. Pflichtverletzungen des anderen Teils entschuldigen eigene Pflichtverletzungen nicht.[174] Hat ein Ehegatte die Gemeinschaft schuldhaft zerstört (zB durch Alkoholismus), muss ihm der andere im Gegenteil uU helfen, in sie zurückzufinden.[175] 43

### VI. Wegfall der Herstellungspflicht (Abs. 2)

**1. Normzweck.** Abs. 2 normiert eine Grenze der grundsätzlich bestehenden Pflicht zur Herstellung der ehelichen Lebensgemeinschaft und stellt dabei auf den Missbrauchsgedanken ab. Die Norm war zur der Zeit, als es noch die Verschuldensscheidung gab, konsequent, hat aber nach Einführung des Zerrüttungsprinzips im Jahre 1977 kaum noch eine Funktion. Die von der früheren Rechtsprechung als Missbrauchsfälle eingeordneten Sachverhalte[176] lassen nach heutigem Verständnis schon die eheliche Pflicht entfallen, so dass Abs. 2 erst gar nicht bemüht werden muss. Die immer restriktiver werdende Haltung zu den konkreten ehelichen Pflichten hat den Anwendungsbereich des Abs. 2 zusätzlich reduziert. Es bleiben allerdings noch solche Fälle, in denen eine eheliche Pflicht grundsätzlich besteht, diese aber verweigert werden kann, weil der andere Ehegatte sich seinerseits pflichtwidrig verhält (oder verhalten hat). Im Übrigen besteht aber das Recht eines Ehegatten, getrennt zu leben, wenn er die Voraussetzung für eine Scheidung herstellen will. 44

**2. Gescheiterte Ehe.** Bei gescheiterter Ehe entfällt die Herstellungspflicht nach Abs. 2 Fall 2 ebenfalls,[177] dh wenn nach §§ 1565 ff. die Voraussetzungen für eine Scheidung vorliegen, so dass eine Wiederherstellung der Ehegemeinschaft sinnlos wäre. Als gescheitert gilt eine Ehe gemäß § 1566 Abs. 2 nach dreijährigem Getrenntleben. Da ein Scheitern der Ehe idR ein Getrenntleben voraussetzt, ein Recht zum Getrenntleben aber das Scheitern, muss die Vorschrift erweiternd ausgelegt werden: Schon wenn ein Ehegatte die häusliche Gemeinschaft ablehnt, weil er die Ehe für gescheitert hält und sich scheiden lassen möchte, ist ein Herstellungsverfahren nicht mehr möglich.[178] Scheitert die Scheidung an der Härteklausel des § 1568, schließt dies ein Recht zum Getrenntleben nicht notwendig aus.[179] Die **Beweislast** für die ein Scheitern der Ehe begründenden Tatsachen trägt der Antragsgegner.[180] 45

**3. Aufhebbare Ehe.** Bei aufhebbarer Ehe kann der zur Aufhebung berechtigte Ehegatte auf sein Aufhebungsrecht verzichten und Fortsetzung der Ehe verlangen (vgl. § 1315 Abs. 1). Zur Herstellung kann er seinerseits aber nicht verpflichtet werden, da er durch sie sein Aufhebungsrecht verlieren würde.[181] 46

---

171 Mangels Einigung der Ehegatten über die Sterilisation kommen andere Methoden zur Empfängnisverhütung in Betracht, die es erlauben, einen eventuellen späteren Entschluss zur Kindeszeugung zu verwirklichen. Nicht entgegen steht BGHZ 67, 48 (54) = NJW 1976, 1790: von einer Mutter von drei Kindern gewünschte Sterilisation nicht rechtswidrig.

172 RG WarnR 1914, Nr. 23; OLG Frankfurt NJW 1947/48, 303; OLG Hamburg MDR 1948, 176 mAnm *Gieseke*; vgl. auch RGZ 94, 123 (126).

173 *Benecke,* Die heterologe künstliche Insemination im geltenden deutschen Zivilrecht, 1986, 94. *Roth* DNotZ 2003, 805 (809 ff.).

174 Ebenso bereits ALR II 1 § 182.

175 BGH LM EheG § 48 Abs. 2 Nr. 79 = FamRZ 1967, 324.

176 → 4. Aufl. 2000, Rn. 34 Fn. 185 f. *(Wacke)*.

177 Abs. 2 aE insoweit neu formuliert durch 1. EheRG, BT-Drs. 7/650, 96; näher *Rasch,* Juristische Probleme bei der Durchführung des Getrenntlebens, 1983, 62 ff.

178 Wie hier *Rauscher* FamR Rn. 239.

179 *Lüke* AcP 178 (1978), 1 (7 f.).

180 BGH NJW 1971, 1406 = FamRZ 1971, 364; *Laumen* in Baumgärtel/Laumen/Prütting Beweislast-HdB Rn. 3.

181 BayObLG NJW 1949, 221; OLG Nürnberg FamRZ 1966, 104 (106); Staudinger/*Voppel,* 2018, Rn. 154; RGRK-BGB/*Roth-Stielow* Rn. 109.

## VII. Der Schutz gegen Ehestörungen

47 **1. Allgemeines.** Bedeutsamer als das wenig praktische Herstellungsverfahren ist für den durch einen Ehebruch oder eine andere schwere Eheverfehlung Verletzten die Frage, inwieweit er von dem Ehebrecher und dem schuldigen Ehepartner Schadensersatz bzw. vorbeugend Unterlassung verlangen kann. Bedeutsam ist ein materiellrechtlicher Anspruch auf Erstattung der Scheidungskosten, weil es für die Verteilung der Verfahrenskosten nach § 150 FamFG auf ein Verschulden an der Scheidung nicht mehr ankommt. Eheverfehlungen mit wirtschaftlich nachteiligen Folgen sind nach wie vor beachtlich (§ 1381 Abs. 2; → § 1361 Rn. 72 ff.).

48 **2. Schadensersatz.** Der BGH lehnt Schadensersatzansprüche wegen Ehestörungen sowohl gegen den ungetreuen Ehepartner als auch gegen den Dritten ab.[182] Ehebruch sei als eheinterner Vorgang durch die Vorschriften des Familienrechts abschließend geregelt und nicht in den Schutzzweck der deliktsrechtlichen Haftungstatbestände einbezogen; eine Außenhaftung des Dritten dürfe den mitschuldigen Ehepartner überdies nicht über den Gesamtschuldnerausgleich mitverantwortlich machen. Diese Begründung überzeugt nicht. Die ablehnende Haltung widerspricht der höchstrichterlichen Zubilligung von Geldersatz für Verletzungen des allgemeinen Persönlichkeitsrechts.[183] Aus § 826 lässt der BGH[184] Schadensersatzansprüche gegen den Ehepartner zu, wenn zum Ehebruch weitere sittenwidrige Schädigungen hinzutreten (zB hartnäckiges Leugnen, nicht aber bloßes Verschweigen ehelicher Untreue); ähnlich bei vorehelicher Täuschung über die Abstammung eines erwarteten Kindes.[185] Das (im Einzelnen kontroverse) Schrifttum[186] gewährt dagegen zum Teil **auf das Abwicklungsinteresse beschränkte Ersatzansprüche, zum Teil gegen beide an der Ehezerstörung Schuldige. Der** Anspruch gegen den **ungetreuen Ehepartner wird** auf die verletzte Rechtspflicht auf Einhaltung der geschlechtlichen Treue gestützt (→ Rn. 40), als Anspruchsgrundlage gegen den **Ehebruchspartner** wird das nach § 823 Abs. 1 absolut geschützte Recht auf Ungestörtheit der geschlechtlichen Beziehungen in der Ehe angesehen.[187] Das Gegenargument, die Verpflichtungen aus § 1353 seien „dem Wesen der Ehe entsprechend" persönlicher Natur, sie bänden daher nur die Ehegatten und könnten folglich von Dritten nicht verletzt werden,[188] ist ungenau: Der Anspruch auf Einhaltung der ehelichen Pflichten gegen den Ehepartner und das Recht auf Ungestörtheit dieser Beziehung gegenüber allen übrigen Personen sind nicht identisch, aber gut miteinander vereinbar.[189] Auch wer sich der institutionellen Ehelehre nicht anschließt (→ Rn. 1), kann Schadensersatzansprüche gegen den Ehezerstörer bejahen, da die auf Lebenszeit angelegte Ehe (§ 1353 Abs. 1 S. 1) wesentlich schwerer lösbar ist als ein Vertragsverhältnis.[190] Das Vollstreckungsverbot des § 120 Abs. 3 FamFG wird nicht umgangen, denn es schließt nur den unmittelbaren Erfüllungszwang aus; sekundäre Schadensersatzpflichten sind ebenso vollstreckbar wie bei Verletzung der dort ebenfalls erwähnten Dienstleistungspflichten.[191] Die Berücksichtigung ver-

---

[182] BGHZ 23, 215 = NJW 1957, 670; BGHZ 23, 279 = NJW 1957, 671; BGHZ 26, 217 = NJW 1958, 544; BGHZ 48, 82 (85) = NJW 1967, 2008; BGHZ 57, 229; ebenso OLG Oldenburg VersR 1978, 1123; OLG Celle FamRZ 1971, 371; LG Arnsberg FamRZ 1967, 630; *Henrich* § 8 II.

[183] Im Ausland werden zT Schadensersatzansprüche bejaht – *Jayme,* Die Familie im Recht der unerlaubten Handlungen, 1971, 223 ff.; Art. 151 Schweizer ZGB gewährt bei schuldhafter Ehezerrüttung einen Genugtuungsanspruch, der mit den Ansprüchen aus Verlöbnisbruch und außerehelicher Schwängerung (Art. 93, 318 ZGB) auf gleicher Stufe steht wie die Ansprüche wegen Persönlichkeitsverletzung (Art. 28 ZGB, 49 OR): *Frank* AcP 172 (1972), 61 (70 ff.).

[184] BGH NJW 1990, 706 = JZ 1990, 438 mAnm *Schwenzer.*

[185] BGHZ 80, 235 (238) = NJW 1981, 1445.

[186] Vor allem *Boehmer* JZ 1953, 745 f.; *Boehmer* AcP 155 (1956), 190 ff.; *Boehmer* FamRZ 1957, 196; *Gernhuber/Coester-Waltjen* FamR § 17 III 1 ff.; *Hepting,* Ehevereinbarungen, 1984, 104 ff.; *Medicus/Petersen* BürgerlR Rn. 616 ff., 619; *v. Hippel* NJW 1965, 665 ff.; *Künkel* FamRZ 1966, 176 (178 ff.); *Fabricius* AcP 160 (1961), 322 (333 f.); *Werner,* Ehestörung und Gattenrecht, 1968, 141 f.; *Jayme,* Die Familie im Recht der unerlaubten Handlungen, 1971, 260 ff.; *Giesen* FamR Rn. 187 ff.; Staudinger/*Voppel,* 2018, Rn. 116 ff.; *Dethloff* FamR § 4 Rn. 16; dem BGH folgend *Rauscher* FamR Rn. 254; *Schlüter* FamR Rn. 60.

[187] Keine zivilrechtliche Anspruchsgrundlage liefert Art. 6 GG, *Gernhuber/Coester-Waltjen* FamR § 17 I 1; zu § 826 vgl. RGZ 152, 397; RG SeuffA 61 Nr. 38; *Löwisch,* Deliktschutz relativer Rechte, 1970, 190 f.; *Lüke* AcP 178 (1978), 1 (8 ff.); abl. BGHZ 23, 221 f. = NJW 1957, 670.

[188] So BGHZ 23, 279 (281) = NJW 1957, 671; BGHZ 26, 221 = NJW 1958, 544; BGHZ 57, 232 f. = NJW 1972, 199; OLG Celle FamRZ 1971, 371; vgl. *Henrich* FamR § 8 II.

[189] *Rauscher* FamR Rn. 250; *Gernhuber/Coester-Waltjen* FamR § 17 III 4.

[190] Ebenso *Gernhuber/Coester-Waltjen* FamR § 17 I 1 und 2.

[191] Zutr. Analyse der Motive durch *Fabricius* AcP 160 (1961), 324 ff.; zust. *Jayme,* Die Familie im Recht der unerlaubten Handlungen, 1971, 253, 261; aA *Hanelt,* Schadensersatz-, Beseitigungs- und Unterlassungsansprüche gegen den anderen Ehegatten und den Drittstörer aus ehewidrigem Verhalten, 1971, 98 f.

mögensschädigender Eheverfehlungen durch die § 1381 Abs. 2, § 1579 Abs. 1 Nr. 8 ist nicht abschließend.[192]

Obwohl somit keine generellen Bedenken gegen einen Schadensersatzanspruch bestehen, kommt ein solcher nur selten in Betracht. Auszuklammern ist zunächst der **Bestandsschutz,** da es ein schützenswertes Interesse am Fortbestand der Ehe nicht gibt;[193] daher sind durch die Scheidung entgangene Vorteile nicht ersatzfähig. Im Übrigen ist das Familienrecht hinsichtlich der Scheidungsfolgen abschließend; die Regeln über den nachehelichen Unterhalt, den Zugewinnausgleich und über die Behandlung der Ehewohnung und der Haushaltsgegenstände verdrängen einen Schadensersatzanspruch wegen Ehebruchs. Letzterer kommt daher allenfalls für das **Abwicklungsinteresse** in Betracht.[194] Genannt werden vor allem die Verfahrenskosten für das Scheidungsverfahren.[195] Insoweit bestehen jedoch zwei Bedenken: Zum einen ist wohl § 150 FamFG als Spezialvorschrift anzusehen, neben der ein Schadensersatzanspruch nicht zulässig ist, weil das Gesetz bewusst die Verschuldensfrage für die Verfahrenskosten außen vor lässt. Zum anderen ist die Kausalität zweifelhaft: Hat wirklich der Ehebruch zur Scheidung geführt oder war die Ehe schon vorher gescheitert? Die Frage, ob die ehewidrige Handlung Symptom oder Ursache ist, kann schwer zu beantworten sein. Ein weiterer denkbarer Schaden sind die Kosten für das Kind, das aufgrund eines Ehebruchs geboren wurde (Kosten für die Vaterschaftsanfechtung, für die Entbindung, Unterhalt). Hier gewährt § 1607 Abs. 3 einen Forderungsübergang gegen den wirklichen Vater, so dass häufig ein Schaden erst gar nicht entsteht. Allerdings werden durch die Vorschrift nicht alle Nachteile aufgefangen.[196] Für den „Unterhaltsschaden" gilt schließlich die Einschränkung, dass er nicht unmittelbar Folge der Zeugung und Geburt ist, sondern auf der Ehelichkeitsvermutung beruht.[197] Denn die Zeugung an sich löst keinen Unterhaltsanspruch aus. Kausal ist insoweit die Geburt in der Ehe und die unterlassene Vaterschaftsanfechtung geworden: Hätte der Mann die Vaterschaft angefochten, wäre auch kein Unterhaltsanspruch angefallen. Verletzungshandlung ist insoweit das Verschweigen des Ehebruchs durch die Ehefrau, ein Verhalten, das zu einem Vermögensschaden geführt hat, der aber nicht über § 823, sondern allenfalls über § 826 zu ersetzen ist. Ersatzfähig sind wohl die dem Ehemann nach § 183 FamFG auferlegten Verfahrenskosten. Als ersatzfähiger Schaden bleibt ferner ein denkbarer, allerdings nicht so häufig vorkommender Gesundheitsschaden.[198] Ein Schmerzensgeldanspruch wegen des Ehebruchs ist im Ergebnis jedoch abzulehnen.[199] 49

**3. Unterlassung.** Der Ehepartner kann mit dem **nicht vollstreckbaren Herstellungsverfahren** auf Unterlassung von Ehebruch und anderen Ehewidrigkeiten in Anspruch genommen werden.[200] Die Zuordnung dieses Unterlassungsanspruchs zum Herstellungsverfahren[201] und, damit verbunden, dem Vollstreckungsverbot des § 120 Abs. 3 FamFG ergibt sich daraus, dass die Unterscheidung zwischen Tun und Unterlassen bloß eine Formulierungsfrage ist (zB „die ehewidrigen Beziehungen zu X abzubrechen" oder „den ehewidrigen Verkehr mit X zu unterlassen").[202] Einen 50

---

192 Entgegen BGHZ 23, 217 f. = NJW 1957, 670; BGHZ 48, 85 = NJW 1967, 2008; *Medicus/Petersen* BürgerlR Rn. 619.

193 Nur dessen Ausschluss wird vom Normzweck des Deliktsrechts gefordert, nicht der gänzliche Ausschluss jeglichen Ersatzes. Gegen die zu pauschale Berufung auf den Normzweck durch den BGH (etwa BGHZ 57, 232 f. = NJW 1972, 199; BGH NJW 1973, 991 f.) zutr. *Medicus/Petersen* BürgerlR Rn. 618 f.; wie hier auch *Lipp,* Die eherechtlichen Pflichten und ihre Verletzung, 1988, 290 f.

194 *Fabricius* AcP 160 (1961), 326 ff. gegen BGHZ 23, 216 = NJW 1957, 670 und *Berg* JuS 1961, 137 (140). Zu den in Mot. IV 613 ff. abgelehnten Scheidungsstrafen nach römischem Recht s. *Söllner,* Zur Vorgeschichte und Funktion der actio rei uxoriae, 1969.

195 → 4. Aufl. 2000, Rn. 41 *(Wacke)*; aA *Lipp,* Die eherechtlichen Pflichten und ihre Verletzung, 1988, 314 f.

196 *Gernhuber/Coester-Waltjen* FamR § 17 III 3.

197 Vgl. *Roth* FuR 1991, 86.

198 So auch *Schlüter* FamR Rn. 60.

199 Zutr. iErg insoweit BGHZ 23, 279 = NJW 1957, 671; ebenso *v. Hippel* NJW 1965, 667; aA *Boehmer* AcP 155 (1956), 194 ff.; *Künkel* FamRZ 1966, 179.

200 BGHZ 6, 360 (364 f.) = NJW 1952, 975; BGHZ 37, 38 (41 f.) = NJW 1962, 1244; BGHZ 46, 392 (397) = NJW 1967, 1081; *Hanelt,* Schadensersatz-, Beseitigungs- und Unterlassungsansprüche gegen den anderen Ehegatten und den Drittstörer aus ehewidrigem Verhalten, 1971, 171; *Jayme,* Die Familie im Recht der unerlaubten Handlungen, 1971,268; *Streck,* Generalklausel und unbestimmter Begriff im Recht der allgemeinen Ehewirkungen, 1970, 170 f.; *Werner,* Ehestörung und Gattenrecht, 1968, 144, 157; *Boehmer* JZ 1953, 745; *D. Schwab* JuS 1961, 145; *Gernhuber/Coester-Waltjen* FamR § 17 II 2.

201 Da für Unterlassungsurteile in § 890 ZPO ein dem § 120 Abs. 3 FamFG (zuvor § 888 Abs. 3 ZPO) entsprechendes Vollstreckungsverbot fehlt und dies daher umgangen werden könnte, ließ RGZ 151, 159 (162) eine Unterlassungsklage nicht zu; ähnlich OLG Frankfurt NJW 1974, 2325.

202 Krit. insofern *Lipp,* Die eherechtlichen Pflichten und ihre Verletzung, 1988, 244 f.

vollstreckbaren Unterlassungsantrag wegen Ehebruchs oder anderer Ehewidrigkeiten gegen den ehestörenden **Dritten** lehnen Rechtsprechung und wohl hL ab.[203]

51 **4. Schutz des räumlich-gegenständlichen Ehebereichs.** Gegen das Eindringen des Ehestörers in den räumlich-gegenständlichen Bereich der Ehe gewährt die gefestigte Rechtsprechung jedoch vollstreckbare Unterlassungs- und Beseitigungsansprüche sowohl gegen den Ehepartner als auch gegen den Dritten.[204] Das geschützte Rechtsgut wurzelt im **allgemeinen Persönlichkeitsrecht.** Die „aus der Ehe herrührenden" Ansprüche unterliegen als sonstige Familiensachen (§ 266 Abs. 2 Nr. 2 FamFG) seit dem 1.9.2009 der Zuständigkeit des Familiengerichts.[205] Eine Ehefrau kann von ihrem Mann die Entfernung der Geliebten aus der Ehewohnung verlangen, von der Geliebten selbst das Verlassen der Wohnung und das Unterlassen künftigen Betretens.[206] Schutznorm ist weniger Art. 6 GG als vielmehr im Verhältnis zum Ehegatten § 1353, im Verhältnis zu Dritten § 1004 iVm § 823 Abs. 1 (sonstiges Recht). Dass der Antragsteller selbst die Scheidung betreibt, schließt seinen Unterlassungsanspruch nicht aus.[207] Der Anspruch bleibt bestehen, obgleich die Ehefrau die Wohnung vorübergehend verlassen hat, solange noch ein gemeinschaftliches Kind in ihr zurückblieb.[208] Der Anspruch erlischt, wenn die Wohnung ihre Eigenschaft als Ehewohnung verliert.[209] Die Aufnahme der Geliebten in eine andere Wohnung desselben Dreifamilienhauses braucht die Ehefrau gleichfalls nicht zu dulden:[210] Die tägliche Konfrontation mit der Konkurrentin unter einem Dach ist ihr nicht zuzumuten; gemeinschaftliche Nebenräume, evtl. Garten sind in den Schutzbereich einzubeziehen. Auch die **Geschäftsräume** können zum räumlich-gegenständlichen Ehebereich gehören,[211] jedenfalls bei untrennbarer Verbindung zum Wohnbereich und langjähriger Mitarbeit des Ehegatten. Die (frühere) Beschränkung dieses Eheschutzes auf die Ehefrau[212] ist (zumal nach dem Wegfall des Leitbilds der Hausfrauenehe, § 1356 Abs. 1) nicht mehr aufrechtzuerhalten; dem **Ehemann** muss der Schutz **gleichermaßen** zugute kommen.[213] Den Ehebrecher, der beim Ehebruch in der ehelichen Wohnung erwischt und vom Ehemann tätlich angegriffen wird, trifft an seiner Körperverletzung ein Mitverschulden gemäß § 254.[214]

## VIII. Verfahrensrechtliches

52 **1. Das Eheherstellungsverfahren.** Die Möglichkeit, die aus § 1353 fließenden Ehepflichten mit dem Antrag auf Herstellung des ehelichen Lebens zu verfolgen, hat wegen des Ausschlusses der Vollstreckbarkeit eines obsiegenden Beschlusses (§ 120 Abs. 3 FamFG) **nur geringe praktische Bedeutung.** Das Verfahren erscheint heute als ein Anachronismus. Es verlor wesentliche Funktionen

---

203 RGZ 71, 85 (88 f.); 151, 159 (164); BGHZ 6, 360 (364 f.) = NJW 1952, 975; OLG Frankfurt NJW 1974, 2325; *Berg* JuS 1961, 138; *D. Schwab* JuS 1961, 145; *Gernhuber/Coester-Waltjen* FamR § 17 II 2. *Rauscher* FamR Rn. 249; aA *Jayme,* Die Familie im Recht der unerlaubten Handlungen, 1971, 267; *Boehmer* AcP 155 (1956), 202 (205 ff.).

204 BGHZ 6, 360 (365 ff.) = NJW 1952, 975; BGHZ 34, 80 = NJW 1961, 504; BGH LM GG Art. 6 Nr. 3 = FamRZ 1956, 50; FamRZ 1963, 553; OLG Celle FamRZ 1963, 295; OLG München FamRZ 1973, 93; OLG Stuttgart FamRZ 1980, 49 (auf das Eigentum an der Wohnung abstellend); OLG Celle NJW 1980, 711 = FamRZ 1980, 242; dazu *Smid* JuS 1984, 101 ff.; *Smid* FamRZ 1989, 1144 ff.; *Smid,* Zur Dogmatik der Klage auf Schutz des „räumlich-gegenständlichen Bereichs" der Ehe, 1983, 141 unter Betonung des Gedankens solidarischen Mitbesitzes und der Auffassung von der Ehe als Organisation gemeinsamen Handelns mit mitgliedschaftlichen Rechten und Pflichten; *Hepting,* Ehevereinbarungen, 1984, 109 ff.; *Gernhuber/Coester-Waltjen* FamR § 17 II 2; *Schwab* FamR Rn. 146; auch *Streck,* Generalklausel und unbestimmter Begriff im Recht der allgemeinen Ehewirkungen, 1970, 90 ff.; vgl. *Struck* JZ 1976, 160 ff.

205 Prütting/Helms/*Heiter* FamFG § 266 Rn. 43; *Gernhuber/Coester-Waltjen* FamR § 17 II 5. Das Verfahren gegen den ehestörenden Dritten stellt keine Familiensache iSd § 266 Abs. 1 Nr. 2 FamFG dar, wenn die ehestörende Handlung außerhalb des räumlich-gegenständlichen Bereichs der Ehe erfolgt (BGH NJW 2014, 1243).

206 OLG Karlsruhe FamRZ 1980, 139; OLG Celle NJW 1980, 711 = FamRZ 1980, 242.

207 OLG Schleswig FamRZ 1989, 979.

208 BGH LM § 1356 Nr. 12 = FamRZ 1963, 553.

209 AG Mönchengladbach FamRZ 1988, 1057.

210 Zu eng OLG Düsseldorf FamRZ 1991, 705.

211 BGHZ 34, 80 f. = NJW 1961, 504; OLG Düsseldorf FamRZ 1988, 1053; OLG Celle FamRZ 1963, 295; LG Hamburg FamRZ 1964, 265.

212 Dazu neigt OLG Bremen NJW 1963, 395 f. Dass ein Mann sich leichter selber helfen könne als eine Frau, darf entgegen BGHZ 6, 360 (366) = NJW 1952, 975 seinen Rechtsschutz nicht ausschließen.

213 OLG Karlsruhe FamRZ 1980, 139 f.; LG Saarbrücken FamRZ 1967, 288 f.; *Gernhuber/Coester-Waltjen* FamR § 17 II 2; *Schwab* FamR Rn. 146.

214 LG Paderborn FamRZ 1990, 516 m. zust. Anm. *D. Schwab*; krit. jedoch *Ennuschat/Pohl* FamRZ 1994, 622 f.

bereits mit der Beseitigung des Scheidungsgrundes der böslichen Verlassung durch das Ehegesetz von 1938, dann weiter durch die Aufgabe des Verschuldensprinzips im Rahmen des 1. EheRG und der Tendenz, wesentliche Eheinhalte der einvernehmlichen Regelung durch die Ehegatten selbst zu überlassen. Solange jedoch die rechtspolitische Forderung nicht erfüllt ist, das Eheherstellungsverfahren zu beseitigen,[215] ist es **nicht** unter Hinweis auf § 120 Abs. 3 FamFG mangels Rechtsschutzbedürfnisses als **unzulässig** anzusehen, da einem obsiegenden Beschluss immerhin **Appellwirkung** eigen ist. Bei gescheiterter Ehe (Abs. 2 Fall 2) ist der Antrag zulässig,[216] aber unbegründet. Den Lauf der Trennungsfrist unterbricht auch ein erfolgreiches Herstellungsverfahren nicht. Denn entscheidend ist die tatsächliche Trennung (→ § 1567 Rn. 53 f.). Das Verfahren ist keine Ehesache iSd § 121 FamFG mehr, sondern sonstige Familiensache (§ 266 Abs. 1 Nr. 2 FamFG).

**2. Vermögensrechtliche Ansprüche.** Vermögensrechtliche Ansprüche – insbesondere die 53
praktisch relevanten Ansprüche auf Zustimmung zur gemeinsamen steuerlichen Veranlagung (→ Rn. 30) sowie sich aus der Zustimmungspflicht ergebende Schadensersatzansprüche – gehören dagegen nicht zum engen Bereich des Herstellungsverfahrens und sind schon aus Vollstreckungsgründen hinreichend zu konkretisieren.[217] Sie sind ebenso wie das Eheherstellungsbegehren als sonstige Familiensachen (§ 266 Abs. 1 Nr. 1 FamFG) vor dem Familiengericht geltend zu machen.

**3. Feststellung des Rechts zum Getrenntleben.** Das Gegenstück zum Herstellungsverfah- 54
ren bildet der Antrag auf Feststellung des Rechts zum Getrenntleben.[218] Das Feststellungsverfahren ist sonstige Familiensache iSd § 266 Abs. 1 Nr. 3 FamFG. Der Antrag ist begründet, wenn der Antragsteller nach § 1353 Abs. 2 zum Getrenntleben berechtigt ist (→ Rn. 45 ff.). Das nach § 256 ZPO erforderliche Feststellungsinteresse ist gegeben, wenn der Antragsgegner das Recht des Antragstellers zum Getrenntleben bestreitet[219] oder sich des Anspruchs auf die häusliche Gemeinschaft berühmt.[220] Das Feststellungsinteresse fehlt, wenn der Antragsgegner mit dem Getrenntleben einverstanden ist oder beide Seiten die Ehegemeinschaft nicht mehr herstellen wollen.[221] Da ein Antrag auf Trennung von Tisch und Bett vom geltenden Recht abgelehnt wird und ein lebenslängliches Weigerungsrecht gegenwärtig nicht festgestellt werden kann (auch nicht, wenn die Ehe gescheitert ist), wirkt die Feststellung des Rechts zum Getrenntleben grundsätzlich nur für einen vorübergehenden Zeitraum.[222]

**4. Vollstreckbarkeit.** Für das Herstellungsverfahren ist Vollstreckungszwang gemäß § 120 Abs. 3 55
FamFG ausgeschlossen. Soweit der Ausschluss nach § 120 Abs. 3 FamFG, der nur den engen ursprünglichen Anwendungsbereich des Verfahrens auf Herstellung der Ehe betrifft,[223] nicht greift, richtet sich die Vollstreckung nach den ZPO-Vorschriften (§ 113 Abs. 1 FamFG, § 120 Abs. 1 FamFG). Verfahren mit Vollstreckungszwang kommen demgemäß insbesondere in unmittelbar **vermögensrechtlichen Angelegenheiten** in Betracht (→ Rn. 37 f.). Für Schadensersatzverfahren folgt dies bereits aus § 1359 (→ § 1359 Rn. 7). Das Gleiche gilt für Unterhaltssachen. Vollstreckbar ist auch der Anspruch gegen Dritte sowie die Ansprüche auf **Unterlassung** von Ehestörungen im **räumlich-gegenständlichen Bereich** der Ehe sowie aus Ehestörungen erwachsene **Schadensersatzansprüche** (→ Rn. 48 ff.). Vollstreckbar sind des Weiteren die auch nach Inkrafttreten des FamFG im gewöhnlichen Zivilprozess klagbaren, auf Schadensersatz oder Unterlassung gerichteten Ansprüche gegen den Ehepartner aus Rechtsgütern, die (nicht allein durch dessen ehewidriges Verhalten, sondern) durch beliebige Dritte gleichermaßen verletzbar sind, zB auf Wahrung der Gesundheit gegen Körperverletzungen, der Ehre gegen üble Nachrede, der Privatsphäre (einschließlich des Briefgeheimnisses) gegen unberechtigte Nachforschungen oder Überwachungen des persönlichen Umgangs (→ Rn. 29).

---

215 Näher → 1. Aufl. 1978, Rn. 6 ff. *(Wacke)*; *Gernhuber/Coester-Waltjen* FamR, 4. Aufl. 1994, § 23 4; dagegen *Heinz* DRiZ 1978, 80 (81) Fn. 11; Staudinger/*Voppel,* 2018, Rn. 139 ff.

216 AA nach dreijährigem Getrenntleben wegen § 1566 Abs. 2 *Heinz* DRiZ 1978, 80 (81).

217 JurisPK-BGB/*Grandel,* 7. Aufl. 2015, Rn. 68; Musielak/*Borth* FamFG § 266 Rn. 10; s. auch *Gernhuber/Coester-Waltjen* FamR § 22 III 2.

218 OLG Bamberg FamRZ 1979, 804; zu ihrer gestiegenen Bedeutung nach neuem Scheidungsrecht *Wacke* FamRZ 1977, 508; RGRK-BGB/*Roth-Stielow* Rn. 113; aus der früheren Zeit BGH LM ZPO § 511 Nr. 18 = FamRZ 1964, 38; RGZ 150, 70.

219 OLG Düsseldorf FamRZ 1967, 629; OLG Hamm OLGE 1968, 405; *Bergerfurth* FamRZ 1965, 587; Soergel/*Lipp* Rn. 91.

220 KG FamRZ 1964, 507; OLG Celle FamRZ 1968, 165. Das OLG Nürnberg FamRZ 1965, 508 lässt bereits eine dauernde Ungewissheit über das Recht zum Getrenntleben genügen.

221 OLG Nürnberg FamRZ 1965, 150; LG Saarbrücken FamRZ 1970, 140; OLG Hamburg FamRZ 1970, 487.

222 OLG Hamm OLGZ 1968, 405; *Bergerfurth* FamRZ 1965, 585 ff.

223 *Gernhuber/Coester-Waltjen* FamR § 22 III 2.

### IX. Internationales Privatrecht

56 Soweit keine europäischen oder staatsvertraglichen Kollisionsregeln oder speziellere Anknüpfungen des autonomen IPR greifen, unterfallen die in den §§ 1353–1362 geregelten Rechtsfragen Art. 14 EGBGB. Für unterhaltsrechtliche Fragen gilt das Haager Unterhaltsprotokoll (HUP) vom 23.11.2007 (vgl. Art. 15 EuUnthVO). Vorrangige autonome Kollisionsnormen bestehen für das Ehenamensrecht (Art. 10 EGBGB) sowie für die Nutzungsbefugnisse an Ehewohnung und Haushaltsgegenständen (Art. 17a EGBGB). Zudem ist Art. 16 Abs. 2 EGBGB zu beachten, der zum Schutz des inländischen Rechtsverkehrs den §§ 1357, 1362 auch bei anwendbarem ausländischem Ehewirkungsstatut Geltung verleiht.

## § 1354 *(weggefallen)*

## § 1355 Ehename

**(1) [1]Die Ehegatten sollen einen gemeinsamen Familiennamen (Ehenamen) bestimmen. [2]Die Ehegatten führen den von ihnen bestimmten Ehenamen. [3]Bestimmen die Ehegatten keinen Ehenamen, so führen sie ihren zur Zeit der Eheschließung geführten Namen auch nach der Eheschließung.**

**(2) Zum Ehenamen können die Ehegatten durch Erklärung gegenüber dem Standesamt den Geburtsnamen oder den zur Zeit der Erklärung über die Bestimmung des Ehenamens geführten Namen eines Ehegatten bestimmen.**

**(3) [1]Die Erklärung über die Bestimmung des Ehenamens soll bei der Eheschließung erfolgen. [2]Wird die Erklärung später abgegeben, so muss sie öffentlich beglaubigt werden.**

**(4) [1]Ein Ehegatte, dessen Name nicht Ehename wird, kann durch Erklärung gegenüber dem Standesamt dem Ehenamen seinen Geburtsnamen oder den zur Zeit der Erklärung über die Bestimmung des Ehenamens geführten Namen voranstellen oder anfügen. [2]Dies gilt nicht, wenn der Ehename aus mehreren Namen besteht. [3]Besteht der Name eines Ehegatten aus mehreren Namen, so kann nur einer dieser Namen hinzugefügt werden. [4]Die Erklärung kann gegenüber dem Standesamt widerrufen werden; in diesem Falle ist eine erneute Erklärung nach Satz 1 nicht zulässig. [5]Die Erklärung, wenn sie nicht bei der Eheschließung gegenüber einem deutschen Standesamt abgegeben wird, und der Widerruf müssen öffentlich beglaubigt werden.**

**(5) [1]Der verwitwete oder geschiedene Ehegatte behält den Ehenamen. [2]Er kann durch Erklärung gegenüber dem Standesamt seinen Geburtsnamen oder den Namen wieder annehmen, den er bis zur Bestimmung des Ehenamens geführt hat, oder dem Ehenamen seinen Geburtsnamen oder den zur Zeit der Bestimmung des Ehenamens geführten Namen voranstellen oder anfügen. [3]Absatz 4 gilt entsprechend.**

**(6) Geburtsname ist der Name, der in die Geburtsurkunde eines Ehegatten zum Zeitpunkt der Erklärung gegenüber dem Standesamt einzutragen ist.**

**Schrifttum:** ältere Lit. s. 4. Aufl.; *Arndt,* Die Geschichte und Entwicklung des familienrechtlichen Namensrechts in Deutschland unter Berücksichtigung des Vornamensrechts, 2003; *Battes,* Prologomena zu einer grundlegenden Reform des deutschen Namensrechts, FS H.P. Westermann, 2008, 93; *Battes,* Der Weg aus der Sackgasse – Vorschlag für eine gründliche Reform des deutschen Namensrechts, FamRZ 2008, 1037; *Bornhofen,* Das geänderte Recht zum Ehenamen und Lebenspartnerschaftsnamen, StAZ 2005, 226; *Coester,* Das neue Familiennamensrechtsgesetz, FuR 1994, 1; *Coester-Waltjen,* „Auf dass Ihr Euch ewig bindet …" – Das Ehenamensrecht, Jura 2007, 586; *Dutta,* Reform des Namensrechts?, ZRP 2017, 47; *Everts,* Vereinbarungen zur nachehelichen Namensführung, FamRZ 2005, 249; *Ferrari/Richter,* Das österreichische Kindschafts- und Namensrechts-Änderungsgesetz 2013, FamRZ 2013, 1457; *Gaaz,* Das deutsche Ehenamensrecht – gestern, heute und morgen, StAZ 2006, 157; *Giesen,* Der Familienname aus rechtshistorischer, rechtsvergleichender und rechtspolitischer Sicht, FuR 1993, 65; *v. Hein,* Zur Frage der Weitergabe des Ehenamens nach Scheidung, FamRZ 2004, 519; *Henrich,* Die Angleichung im internationalen Namensrecht – Namensführung nach Statutenwechsel, StAZ 2007, 197; *Hepting,* Regelungszwecke und Regelungswidersprüche im Namensrecht, StAZ 1996, 1; *Hepting,* Grundlinien des aktuellen Familiennamensrechts, FPR 2002, 115; *Hepting,* Die Angleichung in Art. 47 EGBGB, StAZ 2008, 161; *Machulla-Notthoff,* Von Doppelnamen, Namensketten und deren Verfassungsmäßigkeit – zugleich Besprechung der Entscheidung des BVerfG v. 5.5.2009 – 1 BvR 1155/03, ZFE 2010, 9; *Manteuffel,* Zur Reform des Ehenamensrechts – quo vadis, Gesetzgeber?, NJW 2004, 1773; *Martens,* Vermerkeltes Eherecht, JZ 2018, 143; *v. Oertzen/Engelmeier,* Namensrechtliche Regelungen in Eheverträgen und Scheidungsfolgevereinbarungen, FamRZ 2008, 1133; *v. Sachsen Gessaphe,* Transposition oder Fortführung von Vatersnamen nach Eingangsstatutenwechsel, StAZ 2015, 65; *Sacksofsky,* Das Ehenamensrecht zwischen Tradition und Gleichberechtigung – zum neuen Ehenamensurteil des BVerfG, FPR 2004, 371; *Sacksofsky,* Das Bundesverfassungsgericht und das Familiennamensrecht. Ein Schritt zurück im Zickzackkurs, FPR 2010, 15; *v. Schorlemer,* Die zivilrechtlichen Möglichkeiten der Namensänderung, 1998; *Schwenzer,* Namensrecht im Überblick, Entwicklung – Rechtsvergleich – Analyse, FamRZ 1991, 390; *Seeger,* Der Ehe- und Lebenspartnerschaftsname in der notariellen Praxis, MittBayNot 2002, 229; *Sperling,* Der französische Ehegattengebrauchsname – ein vermeintlicher Ehename, StAZ 2010, 259; *v. Spoenla-Metternich,* Namenserwerb, Namensführung und Namensänderung, 1997 (dazu Rezension *Wacke* FamRZ 1999, 977); *Wagenitz,* Über Schall, Rauch und andere Unwägbarkeiten, FS D. Schwab, 2005, 443; *Wagenitz,* Grundlinien zum neuen Familiennamensrecht, FamRZ 1994, 409; *Wagenitz/Bornhofen,* Wahl und Qual im Namensrecht – zum Gesetz zur Änderung des Ehe- und Lebenspartnerschaftsnamensgesetz, FamRZ 2005, 1425; *Winkler,* Der Ehename bei Eheaufhebung, 2005.

**Übersicht**



## I. Allgemeines

**1. Gesetzgebungsgeschichte.** Die Vorschrift über den Ehenamen wurde seit 1900 mehrmals geändert.[1] Die seit dem ALR (§ 192, II 1) bestehende Tradition fortführend, wurde in der ursprüngli- 1

[1] Zu deren geschichtlicher Entwicklung *Arndt,* Die Geschichte und Entwicklung des familienrechtlichen Namensrechts in Deutschland unter Berücksichtigung des Vornamensrechts, 2003, 51 ff.; *Gaaz* StAZ 2006,

chen Fassung ein gemeinsamer Ehename dadurch gebildet, dass die Frau den Familiennamen des Mannes erhielt. Ungeachtet der zwischenzeitlichen Geltung des Art. 3 Abs. 2 GG beließ es das GleichberG von 1957 gleichheitssatzwidrig[2] bei dieser Regelung und gestattete es der Frau lediglich, dem Ehenamen für ihre Person ihren Mädchennamen anzufügen. Das 1. EheRG von 1976 hielt am Prinzip des einheitlichen Ehenamens fest, brachte aber mit dem Wahlrecht der Ehegatten in Abs. 2 ein Element der Gleichberechtigung; die männliche Namensherrschaft setzte sich insoweit fort, als bei unterbliebener Namenswahl subsidiär der Mannesname kraft Gesetzes Ehename wurde. Das früher in bestimmten Fällen vorgesehene Recht des Mannes, der geschiedenen Frau die Fortführung des erheirateten Namens zu untersagen, wurde beseitigt (→ Rn. 64). Die Anfügung des Mädchennamens wurde dahin modifiziert, dass der mit seinem Namen weichende Ehegatte dem Ehenamen seinen Geburtsnamen oder den davon abweichenden, vor der Ehe aktuell geführten Namen voranstellen konnte (Begleitname). Es blieb damit bei einer Ungleichbehandlung von Mann und Frau, denn eine Wahl des Namens der Frau war nur einvernehmlich möglich, so dass der Mann faktisch die Geltung seines Namens gegen den Willen der Frau durchsetzen konnte, wenn es zu keiner Einigung kam.

2 Das BVerfG erklärte deshalb 1991 den damaligen Abs. 2 S. 2 für mit Art. 3 Abs. 2 GG unvereinbar und erließ eine Übergangsregelung, der zufolge mangels Einigung der Ehegatten jeder seinen aktuell geführten Namen beibehielt;[3] damit war erstmals die getrennte Namensführung in der Ehe möglich. Das FamNamRG von 1993 erfüllte den Auftrag des BVerfG zur gleichheitssatzkonformen Neuregelung des Ehenamensrechts durch eine Neufassung der Vorschrift, die mit Ausnahme des Abs. 3 bis zur Reform von 2005 Bestand hatte:[4] Vorrangig blieb die Bestimmung eines einheitlichen Ehenamens, die auch noch nach Eheschließung zugelassen wurde;[5] mangels Einigung der Ehegatten hierüber behielten diese aber ihre bisherigen Namen bei. Die Wahl blieb entgegen der ursprünglichen Konzeption[6] auf den Geburtsnamen jedes Ehegatten unter Ausschluss erheirateter Namen und der Bildung von Doppelnamen begrenzt. Ein Begleitname konnte voran- oder nachgestellt werden. Das KindRG änderte die Folgenregelungen in §§ 1616 ff. über den Kindesnamen, das EheschlRG erlaubte wieder die Aufhebung von Scheinehen zum Namenserwerb gemäß §§ 1314 Abs. 2 Nr. 5, 1318 (str., → Rn. 57).

3 Das BVerfG erklärte 2004 die Beschränkung des Wahlrechts auf die jeweiligen Geburtsnamen in § 1355 Abs. 2 insoweit für verfassungswidrig, als danach der durch frühere Ehe erworbene und geführte Name eines Ehegatten in dessen neuer Ehe nicht zum Ehenamen bestimmt werden konnte.[7] Den Neuregelungsauftrag erfüllte das Gesetz zur Änderung des Ehe- und Lebenspartnerschaftsnamensrechts von 2005 (BGBl. 2005 I 203). Art. 229 § 13 EGBGB räumte Ehegatten mit einem nach altem Recht bestimmten Ehenamen innerhalb eines Jahres ab Inkrafttreten (12.2.2005) eine Neubestimmung des Ehenamens in den aktuell geführten Namen eines von ihnen sowie Änderungen eines geführten Begleitnamens ein. Die Regelung des § 1355 übertrug § 3 LPartG von 2001 inhaltlich auf gleichgeschlechtliche eingetragene Lebenspartnerschaften, durch das Reformgesetz von 2005 wurde diese Vorschrift der Neufassung des § 1355 angepasst (→ LPartG § 3 Rn. 1). Zu den praktischen Auswirkungen dieser Reformen → Rn. 71. Durch das Gesetz zur Änderung personenstandsrechtlicher Vorschriften von 2013 (BGBl. 2013 I 1122) wurde das Erfordernis öffentlicher Beglaubigung für die Beifügung eines Begleitnamens oder deren Widerruf in § 1355 Abs. 4 S. 5 an die Regelung in § 1355 Abs. 3 angeglichen (→ Rn. 48).

4 Durch das EheöffnungsG (BGBl. 2017 I 2787) wurde nach einer Interviewäußerung der Bundeskanzlerin *Dr. Angela Merkel* trotz evidenter Verfassungswidrigkeit[8] handstreichartig die sog. **Ehe für**

---

157; *Wagenitz* FS Schwab, 2005, 443 ff.; *Coester-Waltjen* Jura 2007, 586 f.; Staudinger/*Voppel*, 2018, Rn. 1 ff.; *Henrich/Wagenitz/Bornhofen* Vor § 1355 Rn. 1 ff.; eingehend *Giesen* FuR 1993, 65 (68 ff.); insbes. zur Entwicklung der einschlägigen Rspr. des BVerfG *Sacksofsky* FPR 2010, 15 (18 f.).

[2] Für Altfälle vor Inkrafttreten des 1. EheRG nachträglich festgestellt, BVerfGE 48, 327 = NJW 1978, 2289.

[3] BVerfGE 84, 9 (23) = NJW 1991, 1602 (1603) = FuR 1991, 93 (95) mit zust. Anm. *Niemeyer* = JZ 1991, 769 (770) mit krit. Anm. *Kimminich*.

[4] Zu den diversen Neuregelungsvorschlägen BT-Drs. 12/3163, 9 f.; *Giesen* FuR 1993, 65 (73 ff.); *Wagenitz* FS Schwab, 2005, 444 ff.

[5] Die ursprüngliche Befristung auf fünf Jahre nach Eheschließung wurde schon 1998 durch das KindRG wieder beseitigt, indem Abs. 3 S. 2 idF des FamNamRG durch Art. 1 Nr. 47 KindRG aufgehoben wurde.

[6] § 1355 Abs. 2 idF des RegE, BT-Drs. 12/3163; diese Optionen wurden im weiteren Gesetzgebungsverfahren verworfen, dazu *Wagenitz* FS Schwab, 2005, 444 ff.; zur damaligen Diskussion um Doppelnamen *Arndt*, Die Geschichte und Entwicklung des familienrechtlichen Namensrechts in Deutschland unter Berücksichtigung des Vornamensrechts, 2003, 98 ff.

[7] BVerfGE 109, 256 (267 ff.) = NJW 2004, 1155.

[8] *Ipsen* NVwZ 2017, 1096; *Froese* DVBl 2017, 1152 (1153 f.); *Schmidt* NJW 2017, 2225; *von Coelln* NJ 2018, 1; von „vermerkeltem Eherecht" spricht *Martens* JZ 2018, 143 f.; von schleichender Verfassungsänderung *Rüthers* NJW-aktuell 13/2018, 14; krit. auch BeckOGK/*Erbarth* § 1353 Rn. 11 ff.

**alle** eingeführt,[9] indem die Eheschließung entgegen dem Art. 6 Abs. 1 GG zu Grunde liegenden und vom BVerfG[10] vertretenen Ehebild für Personen gleichen Geschlechts geöffnet wurde. Allerdings war dieses Gesetz so fehlerhaft gemacht,[11] dass zB der Wortlaut des § 1355 Abs. 2 unverändert blieb. Es stellte sich daher die Frage, ob bei einer zwischen Männern geschlossenen Ehe einem Partner die Rolle zukomme, als Ehefrau zu fungieren, bzw. bei einer Ehe zweier Frauen einer die Rolle als Ehemann zustehe, da die Norm weiterhin auf geschlechtsverschiedene Ehepaare und damit auf den Namen der Ehefrau und des Ehemannes abstellte.[12] Diesem Mangel wurde durch das EheöffnungsumsetzungsG (BGBl. 2018 I 2639) abgeholfen, indem in § 1355 Abs. 2 nun nicht mehr vom „Namen der Frau oder des Mannes", sondern geschlechtsneutral vom „Namen eines Ehegatten" die Rede ist, um sowohl verschieden- als auch gleichgeschlechtliche Ehen zu erfassen. Erfreulicherweise hat sich der Gesetzgeber einem Vorschlag aus dem Rechtsausschuss des Bundesrates nicht angeschlossen, im Interesse gendermäßiger Inklusion stattdessen vom „Namen einer an der Ehe beteiligten Person" zu sprechen.[13]

Als weitere Folge der Einführung der „Ehe für alle" können seit Inkrafttreten des EheöffnungsG 5
am 1.10.2017 **keine** gleichgeschlechtlichen **Lebenspartnerschaften** mehr begründet werden, Art. 3 Abs. 3 EheöffnungsG. Zuvor begründete Lebenspartnerschaften bestehen fort, sofern die Partner sich nicht dafür entscheiden, gem. § 20a LPartG die Lebenspartnerschaft in eine **Ehe** umzuwandeln. Hier gab es ebenfalls gesetzgeberische Fehler, doch hat der Gesetzgeber durch das EheöffnungsumsetzungsG die zuvor str. Frage[14] geklärt, dass gem. § 20a Abs. 2 LPartG bei der Umwandlung in eine Ehe ein Ehename nicht mehr bestimmt werden könne, wenn die Lebenspartner zuvor bereits einen **Lebenspartnerschaftsnamen** nach § 3 LPartG bestimmt hatten (→ § 20a LPartG Rn. 30). Im Umkehrschluss folgt hieraus, dass Lebenspartner, die keinen Lebenspartnerschaftsnamen bestimmt hatten, bei der Umwandlung in eine Ehe gem. § 1355 Abs. 2 erstmals einen gemeinsamen Namen als **Ehenamen** wählen können (→ Rn. 12). Da eine Neubegründung von Lebenspartnerschaften nicht mehr möglich ist, wird auf diese Möglichkeit nachfolgend nicht mehr eingegangen.

**2. Normzweck.** Ursprünglich bezweckte die Norm die **Namenseinheit** der Eheleute. Näher 6
zu den unterschiedlichen namensrechtlichen Prinzipien → Vor § 1616 Rn. 8 f. Es sei „eine natürliche Folge der Innigkeit und der das ganze Leben umfassenden Bedeutung der ehelichen Gemeinschaft, dass beide Ehegatten denselben Familiennamen führen".[15] Dass die Namenseinheit anfangs durch Anknüpfung an den Mannesnamen hergestellt wurde, war weniger Normziel als Folge der patriarchalischen Familienstruktur des BGB, wonach die Frau mit Eheschließung in die Familie des Mannes als des Familienoberhauptes eintrat.[16] Die Namenseinheit der Ehegatten soll die **familiäre Zuordnung** ermöglichen; führen ein Mann und eine Frau einen einheitlichen Ehenamen, so dokumentiert dies, dass sie verheiratet sind.[17] Von Anfang an sollten auch die Kinder aus einer Ehe einen mit ihren Eltern einheitlichen Namen haben, um so ihre familiäre Zugehörigkeit nach außen kundzutun (→ § 1616 Rn. 2). Unter dem Einfluss des Grundgesetzes und dem Wandel der Wertvorstellungen ist die familiäre Zuordnungsfunktion des Familiennamens indes zusehends abgeschwächt worden: Nach den Vorgaben des BVerfG hat der Gesetzgeber für die Herstellung von Namenseinheit eine gleichheitssatzkonforme Lösung anzubieten, die das Persönlichkeitsrecht beider Ehegatten an ihrem bisherigen Namen und damit deren Interesse an Kontinuität ihrer Namensführung berücksichtigt (→ Rn. 1 f., 8 f.). Da der Gesetzgeber sich nicht zur Zulassung eines aus dem Namen beider Ehegatten gebildeten Doppelnamens als Ehenamen durchringen wollte (→ Rn. 2) und dies im Hinblick auf § 1355 Abs. 4 verfassungsrechtlich auch nicht musste,[18] blieb nur die Möglichkeit, eine Fremdbestimmung – Richterspruch (vgl. § 1617 Abs. 2) oder Losentscheid[19] – über die Namenswahl einzuführen oder den Grundsatz der Namenseinheit zur Disposition der Ehegatten zu stellen.

---

9 Hierzu eindrücklich *Martens* JZ 2018, 143 f.

10 Zuletzt BVerfGE 121, 175 Rn. 45 = NJW 2008, 3117 mwN.

11 Zu weiteren Mängeln *Schwab* FamRZ 2017, 1284.

12 Krit. dazu *Binder/Kiehnle* NZFam 2017, 742; *Martens* JZ 2018, 143; *Schwab* FamRZ 2017, 1284 f.

13 BR-Drs. 432/1/18 zu Art. 1 Nr. 3 des Gesetzentwurfs BR-Drs. 432/18.

14 Für ein Neubestimmungsrecht *Helms* StAZ 2018, 33 (35), dagegen *Kienemund* NZFam 2017, 1073.

15 Mot. IV 106. Zur Kritik an der Mystifizierung des Einheitsgedankens jedoch *Simitis* StAZ 1969, 276 mit Fn. 13.

16 Mot. IV 106; dazu *Sturm* StAZ 1994, 370; *Hepting* StAZ 1996, 1 (2); *Giesen* FuR 1993, 65 (69).

17 *Hepting* FPR 2002, 115; *Hepting* StAZ 1996, 1 (2), der insoweit von der gesellschaftlichen Namensfunktion spricht; *Klippel,* Der zivilrechtliche Schutz des Namens, 1985, 361 ff.; *Raschauer,* Namensrecht: Eine systematische Darstellung des geltenden österreichischen und des geltenden deutschen Rechts, Wien 1978, 22 f.

18 BVerfGE 104, 373 = NJW 2002, 1256 = FamRZ 2002, 306.

19 So als Übergangsregelung für eheliche Kinder namensverschiedener Eltern vorgesehen von BVerfGE 84, 9 (23 f.) = NJW 1991, 1602 (1604); zu dem im Gesetzgebungsverfahren des FamNamRG diskutierten Losentscheid und weiteren Optionen zur Bildung einer gleichheitssatzkonformen Auffangregelung näher *Arndt,*

7 Seit dem FamNamRG hält § 1355 Abs. 1 zwar am Ideal der Namenseinheit in Ehe und Familie (§ 1616) fest, doch lediglich in Form einer sanktionslosen Empfehlung (→ Rn. 18). Regelungstechnisch macht die Norm die **Namensverschiedenheit** indes zum Grundsatz, weil diese bei fehlender Ehenamensbestimmung ipso iure eintritt (→ Rn. 39). Abs. 2 kennt keine Auffangregelung mehr für den Fall einer unterbliebenen einvernehmlichen Bestimmung und dient daher insoweit der **Gleichberechtigung** der Ehegatten. Die Vorschrift räumt den Ehegatten also eine mehrfache **Dispositionsbefugnis** ein: die Wahl zwischen Namensverschiedenheit oder einem einheitlichen Ehenamen; letzterenfalls die Auswahl zwischen dem Namen des einen oder des anderen Ehegatten und, seit 2005, die Auswahl zwischen dem Geburtsnamen oder dem aktuell geführten, selbst erheirateten Namen eines jeden Ehegatten. Überdies gewähren Abs. 4 und 5 verheiratet gewesenen Ehegatten vielfältige Möglichkeiten, den aktuell geführten Namen vor der Ehenamensbestimmung zu ändern und dadurch mittelbar die Wahloptionen zu vergrößern (→ Rn. 23). Das Gesetz eröffnet damit jedem Ehegatten in weitem Maße die Möglichkeit, den eigenen vorehelichen Namen fortzuführen: als Ehename, als Begleitname, bei Namensverschiedenheit oder bei Ablegung eines abweichenden Ehenamens nach Eheauflösung. Diese Optionen sollen das **Persönlichkeitsrecht** eines jeden Ehegatten an seinem bisherigen Namen und damit dessen Kontinuitätsinteresse wahren, doch gibt es bei Doppelnamen Durchbrechungen (→ Rn. 24, 45 f.). Durch die vielfältigen Wahlmöglichkeiten ist der Ehename ein Mittel namensmäßiger **Selbstdarstellung** der Ehegatten geworden, so dass gerade mehrfach Verheiratete sich einen Wunschnamen zurechtbasteln können. In der gegenwärtigen Regelung manifestieren sich somit **widersprechende Namensprinzipien,** woraus sich zahlreiche Ungereimtheiten ergeben (→ Rn. 68 ff.).

8 **3. Verfassung und internationale Menschenrechte.** Obgleich weder GG noch EMRK und GRC eine ausdrückliche Bestimmung über die Namensgebung enthalten, ist der Name doch als Mittel der persönlichen Identifizierung und der Zuordnung zu einer Familie vom allgemeinen Persönlichkeitsrecht (Art. 2 Abs. 1 iVm Art. 1 Abs. 1 GG)[20] bzw. vom Schutz des Privat- und Familienlebens in Art. 8 EMRK[21] und Art. 7 GRC[22] umfasst. Bei der Ausgestaltung des Ehenamensrechts kann der Gesetzgeber die verschiedenen Namensfunktionen unterschiedlich gewichten, hat dabei aber neben dem Schutz des eigenen Namens durch das allgemeine Persönlichkeitsrecht die Gleichbehandlung von Mann und Frau nach Art. 3 Abs. 2 GG zu beachten.[23] Daher verstieß die frühere einseitige (vor dem 1. EheRG) oder subsidiäre Anknüpfung an den Mannesnamen (bis 1991) gegen Art. 3 Abs. 2 GG (→ Rn. 1 f.), selbst wenn die Frau ihren Geburtsnamen dem Ehenamen beifügen konnte; gleiches gilt für das Diskriminierungsverbot des Art. 14 iVm Art. 8 EMRK.[24] Dem wird das Wahlrecht des § 1355 Abs. 2, welches keinem der Ehegatten einen namensmäßigen Vorrang einräumt, jetzt gerecht.[25] Die von § 1355 Abs. 1 erwünschte Namenseinheit der Ehegatten entspricht zwar dem Leitbild der Einheit der Familie in Art. 6 Abs. 1 GG, ist aber verfassungsrechtlich nicht geboten.[26] Umgekehrt verletzt die mit der Bildung eines Ehenamens verbundene Aufgabe des eigenen Namens des einen Ehegatten nicht dessen allgemeines Persönlichkeitsrecht, zumal er jenen als Begleitnamen fortführen kann.[27]

9 In seiner **Entscheidung vom 18.2.2004** hat das BVerfG allerdings in der Beschränkung des Wahlrechts auf den jeweiligen Geburtsnamen unter Ausschluss eines durch frühere Eheschließung erworbenen und aktuell geführten Namens durch § 1355 Abs. 2 idF des FamNamRG einen unverhältnismäßigen Eingriff in das allgemeine Persönlichkeitsrecht des Namensträgers erblickt:[28] Der

Die Geschichte und Entwicklung des familienrechtlichen Namensrechts in Deutschland unter Berücksichtigung des Vornamensrechts, 2003, 96 ff.

20 BVerfGE 104, 373 (387) = NJW 2002, 1256 (1257) = FamRZ 2002, 306 (308).

21 EuGHMR ÖJZ 1994, 559 (560) – Burghartz/CH; NJW 2003, 1921 (1922) = FamRZ 2002, 1017 (1018) – Petersen/Deutschland; StAZ 2008, 375 (377) – Freifrau von Rehlingen/Deutschland; näher dazu *Pintens* FS Henrich, 2000, 451 ff.; auch rechtsvergleichend *Gaaz* StAZ 2008, 365 (366 ff.).

22 EuGH BeckRS 2011, 80519 Rn. 66 – Runevič-Vardyn und Wardyn/Vilniaus miesto savivaldybės administracija ua; EuZW 2011, 888 = StAZ 2011, 77 Rn. 52 – Sayn-Wittgenstein/Landeshauptmann von Wien.

23 Zusammenfassend BVerfGE 104, 373 (385 ff.) = NJW 2002, 1256 (1257) = FamRZ 2002, 306 (308) mwN; BVerfGE 123, 90 Rn. 23 f. = NJW 2009, 1657.

24 Zu einer vergleichbaren Regelung im türkischen Recht EuGHMR FamRZ 2005, 427.

25 BVerfGE 104, 373 (388) = NJW 2002, 1256 (1258) = FamRZ 2002, 306 (309); BVerfGE 123, 90 Rn. 25 = NJW 2009, 1657.

26 BVerfGE 78, 38 (49) = NJW 1988, 1577 = FamRZ 1988, 587 (589); BVerfGE 84, 9 (17 f.) = NJW 1991, 1602 (1603 f.); BVerfGE 104, 373 (384 ff.) = NJW 2002, 1256 (1257) = FamRZ 2002, 306 (307 f.); BVerfGE 109, 256 = NJW 2004, 1155 f.

27 BVerfGE 78, 38 = NJW 1988, 1577 = FamRZ 1988, 587 mit zust. Anm. *Bosch*; s. auch BVerfGE 104, 373 (388) = NJW 2002, 1256 (1258) = FamRZ 2002, 306 (309); BVerfGE 109, 256 = NJW 2004, 1155 (1157).

28 BVerfGE 109, 256 = NJW 2004, 1155; im Ergebnis zust. *Sacksofsky* FPR 2004, 371; krit. dazu hingegen *v. Hein* FamRZ 2004, 519 ff.; *Wagenitz* FS Schwab, 2005, 447 ff.

durch Eheschließung erworbene, vom anderen Ehegatten abgeleitete Ehename drücke nicht nur die familiäre Einheit der Eheleute aus, sondern werde zugleich zum neuen Familiennamen des erwerbenden Ehegatten und somit Teil und Ausdruck von dessen eigener Persönlichkeit. Als eigener und nicht nur geliehener Name falle er unter den Schutz des Persönlichkeitsrechts, unabhängig von Anlass und Grund des Namenserwerbs; es handele sich nicht um einen Namen minderer Qualität, und dessen Schutz sei nicht auf die Ehezeit begrenzt. Durch die Begrenzung auf die Wahl des Geburtsnamens werde bereits in die Auswahlentscheidung desjenigen Ehegatten, der einen erheirateten Namen führt, eingegriffen, weil er nur entweder den Namen des anderen Ehegatten oder seinen eigenen, nicht mehr geführten Geburtsnamen wählen könne. Die gegen die Weitergabe eines erheirateten Namens sprechenden Gründe – vor allem das Interesse des namensspendenden früheren Ehegatten an der Nichtweitergabe seines Namens und mögliche Missbrauchsgefahren – erachtet das BVerfG demgegenüber als geringerwertig.

Diese Entscheidung hält einer **kritischen Prüfung** nicht stand: Es trifft zwar zu, dass der 10
erheiratete Name als nunmehr eigener Name vom Persönlichkeitsrecht des erwerbenden Ehegatten geschützt wird. Die Aufgabe dieses aktuell geführten Namens bei der Bestimmung eines Ehenamens stellt jedoch keine Verletzung dieses Grundrechts des mit seinem Namen weichenden Ehegatten dar, denn dieser verzichtet ja freiwillig auf die Fortführung seines Namens,[29] zudem ist sein Persönlichkeitsrecht an der Beibehaltung des eigenen Namens durch die Möglichkeit getrennter Namensführung oder der Beifügung als Begleitname hinreichend gewahrt.[30] In Wirklichkeit geht es darum, dem Träger eines in früherer Ehe erworbenen Namens die Möglichkeit zu eröffnen, diesen zum Ehenamen in einer neuen Ehe zu bestimmen und damit auf dessen neuen Ehegatten zu übertragen, doch ist diese Namensweitergabe gerade nicht vom Persönlichkeitsrecht des Namensträgers gedeckt.[31] Der eigentliche Grund ist denn auch eine vermeintliche mittelbare Frauenbenachteiligung, welche darin liegen soll, dass sich nach wie vor in der Mehrzahl der Fälle der Mannesname als Ehename durchsetzt und die Frau bei dessen Nichtweitergabe in einer neuen Ehe zum wiederholten Male auf die Fortführung ihres Namens bei Bildung eines Ehenamens verzichten müsse.[32] Die gegen die Namensweitergabe sprechenden Argumente hat das Gericht nur zum Teil gesehen oder sehen wollen und, soweit geschehen, lediglich oberflächlich gewichtet: Der durch eine Namensweitergabe an einen Dritten bewirkten Verfälschung der familiären Zuordnung und des Nachzeichnens von Abstammungslinien schenkt das Gericht keinerlei Beachtung;[33] ohne großen argumentativen Aufwand werden die Interessen des namensspendenden früheren Ehegatten an der Nichtweitergabe seines Namens an einen Dritten, die nicht nur bei Trägern vormaliger Adelsbezeichnungen durchaus vorstellbar sind,[34] ua mit dem Pauschalhinweis, die Verfassung kenne kein Recht auf Namensexklusivität, in das Reich unbeachtlicher Wünsche verwiesen;[35] wohl völlig unterschätzt hat das Gericht die tatsächlich bestehenden Missbrauchsgefahren (zB Inflation vormaliger Adelstitel);[36] der Verweis auf das Instrumentarium der Aufhebung einer Scheinehe verfängt nicht, denn zum einen ist dessen Anwendbarkeit auf Namensehen strittig, zum anderen insofern untauglich, als es hierzu eines Antrages eines Ehegatten bedarf, der nur unter engen Voraussetzungen Erfolg versprechend ist (→ Rn. 57). Überhaupt nicht gesehen hat das Gericht die Loyalitätskonflikte, die sich für Kinder aus der Vorehe ergeben, wenn der eine Elternteil, von dem sich der nach § 1616 zum Kindesnamen gewordene frühere Ehename nicht ableitet, erneut heiratet und diesen Namen auf den neuen Ehegatten überträgt; dadurch usurpiert der neue Ehegatte aus der Sicht der Kinder geradezu die Stellung des anderen Elternteils. Letztlich

---

29 Ebenso BVerfGE 123, 90 Rn. 42 = NJW 2009, 1657; *Sacksofsky* FPR 2004, 371 (373); *Manteuffel* NJW 2004, 1773 (1774).

30 So bereits BVerfGE 78, 38 = NJW 1988, 1577 = FamRZ 1988, 587 mit zust. Anm. *Bosch*; BVerfGE 104, 373 (388) = NJW 2002, 1256 (1258) = FamRZ 2002, 306 (308 f.); BVerfGE 123, 90 Rn. 26 = NJW 2009, 1657; ebenso *Battes* FS Westermann, 2008, 98; *Manteuffel* NJW 2004, 1773 (1774); *Wagenitz* FS Schwab, 2005, 447.

31 Zu letzterem ebenso BVerfGE 104, 373 (392 f.) = NJW 2002, 1256 (1259) = FamRZ 2002, 306 (310); *Sacksofsky* FPR 2004, 371 (373).

32 So auch *Sacksofsky* FPR 2004, 371 (373 f.).

33 Krit. auch *Battes* FS Westermann, 2008, 97 f.; *Manteuffel* NJW 2004, 1773 (1774); *v. Hein* FamRZ 2004, 519 (520).

34 Ein beredtes Beispiel hierfür bietet *v. Hein* FamRZ 2004, 519 (521).

35 Zu Recht ablehnend *Battes* FS Westermann, 2008, 97 f.

36 *Manteuffel* NJW 2004, 1773 (1774); *v. Hein* FamRZ 2004, 519 (521); s. schon *Schwab* FamRZ 1992, 1015. Dem Autor sind solche Gefahren aus eigener Erfahrung durchaus bekannt: So erhielt er am Tag der Veröffentlichung der Entscheidung ein Schreiben einer Titelübertragungsfirma mit dem Angebot auf Eingehung einer entgeltlichen Namensehe, kurze Zeit später ein entsprechendes Telephonat im Auftrag eines bekannten Titelhändlers mit einem lukrativen Angebot.

erscheint die Entscheidung als ergebnisorientierte Verwirklichung feministischer Ziele[37] mit erheblichen handwerklichen Fehlern.

11 Die der Umsetzung dieser Entscheidung dienende Neufassung des § 1355 birgt indes neuen Sprengstoff: Abs. 2 enthält für Ehegatten nach wie vor das **Verbot,** einen aus ihren jeweiligen Namen gebildeten **Doppelnamen** zum Ehenamen zu bestimmen, während der mit seinem Namen weichende Ehegatte nach Scheidung genau diesen Doppelnamen, zusammengesetzt aus dem Ehenamen der Vorehe und einem Begleitnamen, in einer neuen Ehe mit einem Dritten als Ehenamen zur Wahl stellen kann (→ Rn. 22, 25). Trotz dieser absurden Konsequenz hält das BVerfG die Verhinderung der Entstehung mehrgliedriger Namensketten in diesem Falle für legitim.[38] Im vergleichbaren Fall des Verbots der Doppelnamenserteilung an Kinder nach § 1617 liegt kein Verstoß gegen Art. 8, 14 EMRK vor, → § 1617 Rn. 6 f.[39] Für verfassungskonform hält das BVerfG gleichfalls die widersprüchliche Regelung zur Vermeidung mehrgliedriger Namensketten durch Beifügung eines **Begleitnamens** in Abs. 4 S. 2 (→ Rn. 45 f.).[40]

12 **4. Begriffe. a) Ehename.** Der erstmals vom EheG von 1938 verwendete Begriff des Ehenamens war bis zum GleichberG mit dem des Familiennamens identisch, doch gab das 1. EheRG diese Identität auf: Ehename ist nur noch der **gemeinsam geführte Familienname** beider Ehegatten. Einen Ehenamen können **allein Ehegatten** bzw. Verwitwete oder Geschiedene als Nachwirkung ihrer Ehe (Abs. 5 S. 1) führen. Nachdem das EheöffnungsG nun auch die Ehe zwischen Personen gleichen Geschlechts zugelassen hat (→ Rn. 4), kann in einer solchen Ehe ebenfalls ein Ehename bestimmt werden. Haben gleichgeschlechtliche Partner vor dem 1.10.2017 eine eingetragene Lebenspartnerschaft iSv § 1 LPartG begründet und gem. § 3 LPartG einen **Lebenspartnerschaftsnamen** gewählt, führen sie diesen fort, ungeachtet dessen, ob sie ihre Partnerschaft in eine Ehe umwandeln oder nicht, § 20a LPartG; hatten sie hingegen keinen Lebenspartnerschaftsnamen gewählt, so können sie nach Umwandlung in eine Ehe einen Ehenamen nach § 1355 Abs. 2 bestimmen. Keinen gemeinsamen Namen können dagegen hetero- oder homosexuelle Personen, die ohne Ehe oder gesetzliche Lebenspartnerschaft zusammenleben, rechtlich führen; diese tragen je ihren eigenen Familiennamen. Der mit seinem Namen weichende Ehegatte erwirbt den Familiennamen des anderen als Ehenamen und zugleich als eigenen, neuen Familiennamen; fügt er dem Ehenamen einen **Begleitnamen** an, so führt er einen vom Ehenamen abweichenden Familiennamen, da der Begleitname zum Bestandteil seines persönlichen Familiennamens wird. Entgegen dem Sprachverständnis wird der Ehename nicht erst mit der Geburt von Kindern zum Familiennamen, sondern bereits mit Erklärung nach Abs. 3. Einigen sich die Ehegatten nicht auf einen gemeinsamen Ehenamen, so führt jeder von ihnen seinen zur Zeit der Eheschließung geführten Familiennamen weiter (Abs. 1 S. 3).

13 **b) Familienname.** Gemeint ist damit der personenstandsrechtlich zu führende Name; dieser ist gleichbedeutend mit dem Zu- oder **Nachnamen** iSd allgemeinen Sprachgebrauchs, im Unterschied zum **Vornamen** (dazu Nach § 1618). Obgleich der Begriff des Familiennamens nur in § 1355 auftaucht, sind die Begriffe „Geburtsname" oder „Name" in §§ 1616 ff. gleichbedeutend (→ Vor § 1616 Rn. 13).[41] Im personenstandsrechtlichen Sinne ist Familienname der Oberbegriff für Geburts-, Ehe- und Begleitnamen.[42] Kein Familienname ist grundsätzlich ein davon abweichender Gebrauchsname (→ Rn. 15). Gemäß Art. 109 Abs. 3 S. 2 WRV iVm Art. 123 Abs. 1 GG sind **ehemalige Adelsbezeichnungen** Bestandteile des Familiennamens[43] und werden nach dem Vornamen geführt (Nr. A 1.3.3 S. 1 PStG-VwV, zB Ernst August Prinz von …). Sie werden bei Erwerb vor Inkrafttreten der Weimarer Verfassung (14.8.1919) seit diesem Zeitpunkt nach bürgerlichem Recht erworben und verloren.[44] Da es für die Art der Namensführung auf das frühere Adelsrecht ankommt, ist es durchaus konsequent, dass Frauen die vormalige Adelsbezeichnung durch Deklination des männlichen Titels in die weibliche Form führen (→ Vor § 1616

[37] In diese Richtung auch *Wagenitz* FS Schwab, 2005, 447 (449) (frauenpolitischer Zungenschlag an Schärfe zugenommen); *v. Hein* FamRZ 2004, 519.

[38] BVerfGE 104, 373 (388) = NJW 2002, 1256 (1258); BVerfGE 123, 90 Rn. 30 ff. = NJW 2009, 1657; krit. dazu auch *Sacksofsky* FPR 2010, 15 (16 ff.).

[39] EGMR StAZ 2008, 375 (377 f.) – Freifrau von Rehlingen/Deutschland.

[40] BVerfGE 123, 90 Rn. 27 ff. = NJW 2009, 1657 = FamRZ 2009, 939 mit krit. Anm. *Henrich* FamRZ 2009, 943 f.; BayObLG FamRZ 2004, 374; krit. dazu *Sacksofsky* FPR 2010, 15 (16 ff.); zust. hingegen *Machulla-Notthoff* ZFE 2010, 9 (11 ff.).

[41] S. auch BeckOK BGB/*Hahn* Rn. 2.

[42] *Hepting/Dutta* Rn. II-149 ff.

[43] StRspr., BVerwGE 23, 344 (345).

[44] RGZ 103, 190 (194); BayObLG FamRZ 1980, 445; allgM.

Rn. 17).[45] Unter deutschem Namensstatut sind ausländische **Namenszusätze** mit geringer Kennzeichnungsfunktion[46] grundsätzlich keine Familiennamen, wie der bei indischen Sikhs gebräuchliche religiöse Namenszusatz „Singh" (Löwe) bei Männern bzw. „Kaur" (Schmuck) bei Frauen, und kann daher nicht allein zum Ehenamen bestimmt werden,[47] sofern nicht ein persönlichkeitsrechtlich geschützter Vertrauenstatbestand begründet worden ist (→ Rn. 15);[48] bei einem Statutenwechsel greift Art. 47 EGBGB. Dazu sowie zu weiteren internationalprivatrechtlichen Fragen des Familiennamens → Rn. 65 ff.

**c) Geburtsname.** Geburtsname iSd Abs. 2, 4, 5 ist gemäß Abs. 6 der zur Zeit des Wirksamwerdens der Erklärung über die Ehenamensbestimmung (Abs. 2, 3, 4 S. 1 Alt. 2, Abs. 5 S. 2 Alt. 4), die Hinzufügung eines Begleitnamens (Abs. 4 S. 1 Alt. 1, Abs. 5 S. 2 Alt. 3) oder die Wiederannahme als vorehelicher Name (Abs. 5 S. 2) gegenüber dem Standesamt in das Geburtenregister (§ 21 Abs. 1 Nr. 1 PStG) und die Geburtsurkunde (§ 59 Abs. 1 Nr. 1 PStG) einzutragende Familienname eines Ehegatten. Meist ist dieser mit dem bei der Geburt gemäß §§ 1616 ff. erworbenen Namen identisch, er kann jedoch davon abweichen, denn sämtliche nachgeburtlichen Änderungen desselben nach § 1617a Abs. 2, §§ 1617b, 1617c, durch substituierende Einbenennung (§ 1618 S. 1), durch Adoption (§ 1757) oder nach dem NamensÄndG sind in die Geburtsurkunde einzutragen, mit Ausnahme einer Änderung durch Bestimmung eines Ehenamens und der Hinzufügung eines Begleitnamens (§ 1355 Abs. 4, 5 S. 2, § 1618 S. 2);[49] kein bloßer Begleitname ist jedoch der bei Adoption nach § 1757 Abs. 3 S. 1 Nr. 2 dem neuen Familiennamen hinzugefügte bisherige Familienname des Angenommenen, vielmehr wird der zusammengesetzte Name neuer Geburtsname des Angenommenen (→ § 1757 Rn. 79).[50] Der neue Name mutiert dann zum Geburtsnamen. Geburtsname ist also der **ohne jede Ehe** oder additive Einbenennung **geführte Familienname.** 14

**d) Aktuell geführter Name, Gebrauchsname.** Die Vorschrift stellt mehrfach auf den zur Zeit der Eheschließung (Abs. 1 S. 3) bzw. der Erklärung über die Bestimmung des Ehenamens (Abs. 2, 4, 5) geführten Namen eines Ehegatten ab. Wie schon beim Geburtsnamen ist der personenstandsrechtlich zu führende Name gemeint. Er wird teils als Tages- oder Präsenzname bezeichnet,[51] besser ist indes die Bezeichnung als **aktuell geführter Name.** Ob er im täglichen Leben vom Namensträger verwendet wird, ist unerheblich.[52] Der nach den gesetzlichen Namenserwerbstatbeständen zu führende Name kann der **Geburtsname** sein, es kann aber auch ein davon abweichender Name sein: der um einen Begleitnamen ergänzte Geburtsname (§ 1618 S. 2) oder ein durch frühere Eheschließung erworbener Ehename, ggf. mit beigefügtem Begleitnamen. Soweit nachfolgend von dem **erheirateten Namen** oder dem durch frühere Ehe erworbenen, vom damaligen anderen Ehegatten abgeleiteten Namen die Rede ist, gelten die Ausführungen sinngemäß für den durch frühere homosexuelle Lebenspartnerschaft iSd § 1 LPartG gemäß § 3 LPartG erworbenen, vom damaligen anderen Partner abgeleiteten **Lebenspartnerschaftsnamen.** Nicht erfasst wird demgegenüber ein entgegen den gesetzlichen Namenserwerbstatbeständen bloß faktisch geführter **Künstler-** oder **Gebrauchsname.** Solche Pseudonyme oder Wahlnamen können zwar den Schutz des § 12 genießen (→ § 12 Rn. 10 ff.), doch stellen sie keine Familiennamen dar und sind daher für die Zwecke des § 1355 grundsätzlich unbeachtlich. Gleichwohl ist deren Verwendung gesellschaftlich durchaus üblich; so wird vielfach selbst bei getrennter Namensführung von Ehegatten die Frau noch mit dem Namen des Mannes angeredet, oder ein Ehegatte lässt sich trotz Annahme eines Ehenamens mit seinem bisherigen Namen ansprechen.[53] Allerdings kann das rein tatsächliche Führen eines Gebrauchsnamens über längere Zeit entgegen den gesetzlichen Namenserwerbstatbeständen vom Schutz des allgemeinen Persönlichkeitsrechts umfasst sein, wenn er über einen nicht unbedeutenden Zeitraum die Persönlichkeit des Trägers tatsächlich mitbestimmt hat und ein entsprechender Vertrau- 15

---

[45] RGZ 113, 107 (112 ff.); BayObLGZ 1967, 62 (67); OLG Düsseldorf NJWE-FER 1997, 127 = StAZ 1997, 178; OLG Köln NJW 2015, 1121 = StAZ 2015, 278; für inkonsequent halten dies Staudinger/*Hilbig-Lugani*, 2015, § 1616 Rn. 8; Staudinger/*Voppel*, 2018, Rn. 35; vehement dagegen *v. Spoenla-Metternich,* Namenserwerb, Namensführung und Namensänderung, 1997, 130–138, 151–154.

[46] Zu solchen Staudinger/*Hausmann*, 2019, EGBGB Vor Art. 10 Rn. 28 ff.; s. auch *Henrich* StAZ 2007, 197 (200).

[47] OLG Jena StAZ 1996, 172; vgl. BayObLGZ 1998 Nr. 66 = StAZ 1999, 72.

[48] BVerfG NJWE-FER 2001, 193 = StAZ 2001, 207 (208) zu Singh.

[49] Zum Ehe- und Lebenspartnerschaftsnamen *Gaaz/Bornhofen* PStG § 27 Rn. 69 f.

[50] Staudinger/*Frank*, 2007, § 1757 Rn. 25 mwN.

[51] Für ersteres *Gernhuber/Coester-Waltjen* FamR § 16 Rn. 9; für letzteres *Manteuffel* NJW 2004, 1773 (1774).

[52] Ebenso Staudinger/*Voppel*, 2018, Rn. 21; BeckOGK/*Kienemund* Rn. 31.

[53] Ausdrücklich angesprochen in BVerfGE 78, 38 (50 ff.) = NJW 1988, 1577 f. = FamRZ 1988, 587 (589 f.); BVerfGE 123, 90 Rn. 42 = NJW 2009, 1657.

enstatbestand vorliegt;[54] der Gebrauchsname wird dann als Ehe- oder Begleitname wählbar (→ Rn. 21, 44).

16 **e) Begleitname.** Dieser ist ein voreheliche Name desjenigen Ehegatten, dessen Name nicht Ehename wird, den dieser gemäß Abs. 4 bzw. Abs. 5 S. 2 dem Ehenamen voranstellt oder anfügt („Beifügung" oder „Hinzufügung" decken als Oberbegriffe beide Fälle).[55] Er setzt demnach die Bestimmung eines Ehenamens voraus. Der Begleitname ist persönlicher Namenszusatz, durch dessen Beifügung der betroffene Ehegatte einen vom Ehenamen abweichenden Familiennamen im personenstandsrechtlichen Sinne erhält. Dadurch entsteht ein **unechter Doppelname,** welcher durch Ablegen des Begleitnamens gemäß Abs. 4 S. 4 jederzeit auflösbar ist; er kann indes in einer neuen Ehe oder als Geburtsname von Kindern zum echten Doppelnamen mutieren (→ Rn. 52).

17 **f) Echte und unechte Doppelnamen.** Besteht der Familienname aus mehreren Bestandteilen, so spricht man von einem Doppel- oder mehrgliedrigen Namen, im Gegensatz zum eingliedrigen Namen. Hier gilt es zu unterscheiden: Werden **mehrgliedrige Namen** herkömmlich als einheitliche Namen empfunden, so können sie wie eingliedrige Namen problemlos zum Ehenamen bestimmt (→ Rn. 20, 22) oder als Begleitname hinzugefügt (→ Rn. 45) werden; das gilt für vormalige Adelsbezeichnungen (zB Prinz von Preußen, Graf von Brockdorff-Rantzau), Hofnamen (zB Meier auf der Heide, Schulze zur Wiesche) oder unselbständige Namensbestandteile wie Mac (schottisch), oder De, Di oder Del (romanische Sprachen).[56] **Echte Doppelnamen** sind zusammengesetzte Namen, die eine grundsätzlich untrennbare Einheit bilden, vorbehaltlich des Abs. 4 S. 3 (→ Rn. 46). Sie können durch Geburt, nachgeburtliche Namensänderung oder Eheschließung erworben und regelmäßig nur insgesamt zum Ehenamen bestimmt oder auf Kinder übertragen werden; hierzu gehört insbes. auch der durch Adoption nach § 1757 Abs. 3 S. 1 Nr. 2 aus dem neuen und dem bisherigen Familiennamen zusammengesetzte Name des Angenommenen.[57] **Unechte Doppelnamen** entstehen dadurch, dass einem Namen ein weiterer hinzugefügt wird und diese Verbindung vom Namensträger wieder aufgelöst werden kann, wie dies bei der Beifügung eines Begleitnamens zu einem Ehenamen wegen Abs. 4 S. 4 der Fall ist; führen die Eltern einen Ehenamen, so geht der Begleitname des einen nicht auf deren eheliche Kinder über. Allerdings kann ein unechter Doppelname zum echten mutieren, wenn er außerhalb der Fälle des § 1616 als aktuell geführter Name eines Elternteils zum Kindesnamen wird oder ein Ehegatte ihn in einer Vorehe getragen hatte und ihn in einer neuen Ehe zum Ehenamen bestimmt.

## II. Die Bestimmung des Ehenamens (Abs. 1 S. 1, 2, Abs. 2, 3)

18 **1. Das gesetzliche Leitbild des einheitlichen Ehenamens (Abs. 1 S. 1).** Nach der Wunschvorstellung des Gesetzgebers sollen die Ehegatten möglichst einen gemeinsamen Ehenamen bilden. Dies kommt systematisch darin zum Ausdruck, dass das Postulat der Ehenamensbestimmung am Anfang der Vorschrift steht. Das Wort „sollen" verdeutlicht indes, dass es sich um ein bloßes gesetzliches Leitbild handelt, nicht hingegen um eine Rechtspflicht.[58] Das Unterlassen einer Ehenamensbestimmung hat lediglich die Namensverschiedenheit zwischen den Ehegatten und zu deren Kindern zur Folge (→ Rn. 40), einer Eheschließung steht sie nicht entgegen.[59] Namensverschiedenheit ist somit der regelungstechnische Grundsatz der Norm (→ Rn. 39), Namenseinheit hingegen der vom Gesetzgeber erwünschte Regelfall.[60] Um die Entscheidung für einen Ehenamen zu erleichtern, hat der Gesetzgeber zahlreiche Anreize geschaffen:[61] Die Namenswahl soll, muss aber nicht bei der Eheschließung erfolgen, sondern kann während der Ehe zu jedem späteren Zeitpunkt nachgeholt werden (Abs. 3 S. 2); nach Auflösung der Ehe wird der Ehename grundsätzlich weitergeführt, kann dann aber wieder abgelegt werden (Abs. 5). Zwang wird nur insoweit ausgeübt, als der einmal gewählte Ehename während der Ehe nicht mehr aufgegeben werden kann. Den Ehegatten steht ein durch die Reform von 2005 noch wesentlich erweitertes Angebot an wählbaren Ehenamen

[54] BVerfG NJWE-FER 2001, 193 = StAZ 2001, 207 (208); eingehend dazu *Hepting* StAZ 2013, 1 ff.
[55] Auf Vorschlag von *Diederichsen* NJW 1976, 1169 (1171).
[56] BT-Drs. 12/3163, 16; für den Begleitnamen ebenso OLG Jena StAZ 2007, 121; Staudinger/*Voppel*, 2018, Rn. 70; *Henrich/Wagenitz/Bornhofen* Rn. 65 f.
[57] Staudinger/*Frank*, 2007, § 1757 Rn. 25 mwN.
[58] BT-Drs. 12/3163, 11, 15: Namenseinheit in der Familie als Ziel, nicht als Zwang; OLG Brandenburg BeckRS 2017, 125926; *Gaaz* StAZ 2006, 157 (161 f.); *Coester-Waltjen* Jura 2007, 586 (587) Fn. 24; BeckOK BGB/*Hahn* Rn. 1; *Hepting* Rn. III-564; aA *Henrich/Wagenitz/Bornhofen* Rn. 14; *Wagenitz/Bornhofen* Rn. 31; Staudinger/*Voppel*, 2018, Rn. 26: echte Rechtspflicht, aber ohne Verletzungssanktion.
[59] *Wagenitz/Bornhofen* Rn. 33; *Henrich/Wagenitz/Bornhofen* Rn. 16.
[60] *Hepting/Dutta* Rn. III-572, 592 ff.
[61] Dazu *Gaaz* StAZ 2006, 157 (161 f.).

zur Verfügung (→ Rn. 19 ff.). Dem mit seinem Namen weichenden Teil wird die Entscheidung weiterhin dadurch versüßt, dass er jederzeit ab Ehenamenswahl und sogar noch nach Auflösung der Ehe seinen Geburtsnamen oder den bei der Ehenamensbestimmung davon abweichenden aktuell geführten Namen zum Begleitnamen bestimmen, dabei über die Reihenfolge von Ehe- und Begleitname entscheiden und letzteren später wieder ablegen kann. Schließlich müssen die Ehegatten sich eines Ehenamens bedienen, wenn sie vollständige Namenseinheit zu ihren Kindern herstellen wollen (§ 1616); eine nachträgliche Ehenamensbestimmung wirkt sich nach Maßgabe des § 1617c Abs. 1 auf den Kindesnamen aus. Zur Kritik an der Regelung → Rn. 68 ff.

**2. Die Wahl des Ehenamens (Abs. 2). a) Wahlmöglichkeiten.** Seit dem FamNamRG hatten die Verlobten allein die Wahl zwischen dem **Geburtsnamen** der Frau und demjenigen des Mannes. Der Geburtsname eines Ehegatten kann aber von dem zur Zeit der Namensbestimmung aktuell geführten Namen abweichen (→ Rn. 15). Vor der Reform von 2005 hatte die Regelung des Abs. 2 daher zur Folge, dass bei einem Verlobten mit einem erheirateten Namen nur dessen von ihm nicht geführter Geburtsname oder der Name des anderen Verlobten zur Wahl stand; dieser konnte indes ebenfalls einen von seinem Geburtsnamen abweichenden erheirateten Namen führen, der dann auch nicht wählbar war, so dass sich das Wahlrecht der Ehegatten dann auf deren jeweilige, aktuell nicht mehr geführte Geburtsnamen beschränkte.[62] Seit dem Reformgesetz von 2005 ist die Beschränkung auf die jeweiligen Geburtsnamen als verfassungswidrig gefallen (→ Rn. 3, 9), so dass die Wahl jetzt zwischen dem Geburtsnamen oder dem im Zeitpunkt der Erklärung über die Namensbestimmung davon abweichenden **aktuell geführten Namen** eines jeden Ehegatten besteht. Wählbar sind nur die in Abs. 2 bezeichneten Namen der Ehegatten, welche nach den gesetzlichen Namenserwerbstatbeständen erworben worden sind. Unwirksam ist die Bestimmung des von einem Ehegatten entgegen den gesetzlichen Namenserwerbstatbeständen geführten (zB Gebrauchsname, aber → Rn. 21) oder nach Abs. 2 nicht zur Wahl stehenden Namens (zB aus den Namen beider gebildeter Doppelname, → Rn. 24; oder bei Eheschließung nicht geführter, auf familiäre Tradition zurückgehender Name[63]) zum Ehenamen; die Ehegatten führen dann bis zur wirksamen Bestimmung eines Ehenamens ihre jeweiligen aktuellen Namen weiter (Abs. 1 S. 3).[64] Die darin liegende Beschränkung der Wahlfreiheit der Ehegatten ist verfassungskonform.[65] Mit einmaliger Ehenamensbestimmung ist das Wahlrecht während der Ehe **verbraucht** (→ Rn. 34). 19

**b) Wahl eines der Geburtsnamen.** Zur Wahl steht nur der im Erklärungszeitpunkt maßgebliche Geburtsname eines der Ehegatten, nicht hingegen ein davon abweichender früherer.[66] Der Geburtsname kann von dem im Zeitpunkt der Namensbestimmung rechtlich zu führenden Namen unterschiedlich sein, wenn er durch einen erheirateten Namen verdrängt oder um einen Begleitnamen ergänzt worden ist (→ Rn. 14). Er kann **einseitiger mehrgliedriger Name** eines Ehegatten sein (→ Rn. 17). Wird dieser als einheitlicher Name empfunden, so ist er problemlos wählbar. Dies gilt ebenso für den echten Doppelnamen eines Ehegatten, den dieser auf Grund der vom BVerfG bis zum Inkrafttreten des FamNamRG geschaffenen Übergangsregelung,[67] nach Art. 224 § 3 EGBGB (→ § 1616 Rn. 16 f.), als aktuell geführten Namen des namensgebenden Elternteils nach §§ 1617, 1617a, 1617b, 1617c Abs. 2, 3, durch substituierende Einbenennung (§ 1618 S. 1), durch Adoption (§ 1757, aber Abs. 1 S. 2; → Rn. 17) oder nach dem NamensÄndG erworben hat. Wählbar ist weiterhin ein nach ausländischem Recht als Geburtsname geführter Doppelname, wie im spanischen Rechtskreis, wo ein aus dem ersten Vaters- und Muttersnamen gebildeter Name üblich ist; ein solcher kann selbst bei Maßgeblichkeit deutschen Rechts über Art. 10 Abs. 1 oder 2 EGBGB zum Ehenamen bestimmt werden (→ § 1616 Rn. 21).[68] Ein echter Doppelname als Geburtsname steht allerdings nur **ungetrennt** zur Wahl.[69] Bei der Bestimmung eines Begleitna- 20

62 Krit. dazu zB *Coester* FuR 1994, 1 (2); *Wagenitz* FamRZ 1994, 409 (410).

63 OLG Naumburg NZFam 2014, 1048 (1049 f.) m. zust. Anm. *Voppel* NZFam 2014, 1051 ff. = StAZ 2015, 210.

64 OLG Zweibrücken FamRZ 1996, 487; implizit ebenso OLG Naumburg NZFam 2014, 1048 (1050 f.) m. zust. Anm. *Voppel* NZFam 2014, 1051 ff. = StAZ 2015, 210; Staudinger/*Voppel*, 2018, Rn. 34, 54.

65 OLG Naumburg NZFam 2014, 1048 (1049 f.) m. zust. Anm. *Voppel* NZFam 2014, 1051 ff. = StAZ 2015, 210.

66 OLG Hamm FamRZ 1981, 360; *Seeger* MittBayNot 2002, 229 (231) mwN.

67 BVerfGE 84, 9 (23 f.) = NJW 1991, 1602 (1604).

68 BGH NJW-RR 1999, 873 = FamRZ 1999, 570 = IPRax 2000, 428 mit Anm. *Hepting/Bauer* IPRax 2000, 394 ff.; zur Bildung des Familiennamens im spanischen Recht *v. Sachsen Gessaphe* IPRax 1991, 107 (111).

69 Implizit BayObLG FamRZ 2004, 374; LG Koblenz StAZ 1997, 343; AG Berlin-Schöneberg StAZ 1998, 180; Palandt/*Brudermüller* Rn. 4; *Seeger* MittBayNot 2002, 229 (232); Staudinger/*Voppel*, 2018, Rn. 33a, 33b; *Henrich/Wagenitz/Bornhofen* Rn. 20; *Wagenitz/Bornhofen* Rn. 45; *v. Schorlemer,* Die zivilrechtlichen Möglichkeiten der Namensänderung, 1998, 60; *Wagenitz* FamRZ 1994, 409 (412).

mens kann dies zu Wertungswidersprüchen führen (→ Rn. 45 f.). Ist der Geburtsname beider Verlobter jeweils ein echter Doppelname, können sie nur zwischen dem des einen oder der anderen wählen, nicht aber Teile von beiden miteinander kombinieren. Mit der Wahl erlangt der Geburtsname die **rechtliche Qualität** des Ehenamens, sogar für denjenigen Ehegatten, von dem er sich herleitet. Dies zeigt sich daran, dass eine nachträgliche Änderung von dessen Geburtsnamen nicht automatisch auf den Ehenamen durchschlägt, sondern nur, wenn sich auch der andere Ehegatte der Änderung anschließt (§ 1617c Abs. 3).[70] Aus diesem Grunde ist sogar eine Ehenamensbestimmung bei zufällig identischem Geburtsnamen (zB Schmitz) möglich: Nur wenn der Name des einen der Ehegatten zum Ehenamen bestimmt wird, folgt er nicht automatisch Änderungen des ihm zu Grunde liegenden Geburtsnamens nach;[71] zur Möglichkeit der Beifügung eines identischen Namens als Begleitname → Rn. 44 aE.

21 **c) Wahl eines der aktuell geführten Namen.** Einen entscheidenden Schritt zur völligen namensmäßigen Beliebigkeit im Interesse der Selbstdarstellung stellt die Zulassung der Wahl des aktuell geführten Namens jedes Ehegatten (→ Rn. 15) dar. Zur Wahl stehen diejenigen Namen, welche die Ehegatten im Zeitpunkt der Ehenamensbestimmung personenstandsrechtlich führen. Zwar kann der Geburtsname nach dem Wortlaut ebenfalls erfasst sein, wenn er nicht im maßgeblichen Zeitpunkt durch einen anderen Namen modifiziert oder verdrängt worden ist. Nach der Intention des Gesetzgebers sollte die Alternative des aktuell geführten Namens jedoch gerade den in einer Vorehe **erheirateten,** vom damaligen Ehegatten abgeleiteten Ehenamen zur Wahl stellen, um dem Verdikt des Bundesverfassungsgerichts (→ Rn. 9) zu entsprechen.[72] Nach den Intentionen des Gesetzgebers schließen sich beide Wahlmöglichkeiten daher wechselseitig aus.[73] Aktuell geführter Name kann ebenso ein **Lebenspartnerschaftsname** (§ 3 LPartG) aus einer früheren homosexuellen Lebenspartnerschaft sein. Ein vom Geburtsnamen abweichender, bloß faktisch geführter **Gebrauchsname** steht dagegen grundsätzlich nicht zur Wahl, sofern nicht ein persönlichkeitsrechtlich geschützter Vertrauenstatbestand begründet worden ist (→ Rn. 15); in diesem Falle ist er ausnahmsweise als Ehename wählbar.[74]

22 Der aktuell geführte Name kann Einzelname, ein dem gleichzustellender mehrgliedriger Name oder Doppelname sein (→ Rn. 17). Für einen vom Geburtsnamen abweichenden, in einer Vorehe oder früheren Lebenspartnerschaft erworbenen echten Doppelnamen gilt das zum Geburtsnamen Gesagte (→ Rn. 20). Durch das Abstellen auf den aktuell geführten Namen kann insbes. ein **unechter Doppelname** eines Ehegatten, der aus dem Ehenamen einer Vorehe und einem Begleitnamen zusammengesetzt ist, zum Ehenamen bestimmt werden,[75] wie die Übergangsregelung des Art. 229 § 13 S. 1 Hs. 2 EGBGB eindeutig klarstellt. Mit der Bestimmung zum Ehenamen erlangt er dessen Rechtsqualität und **mutiert** zum **echten** Doppelnamen: Während der Ehe kann der namensgebende Ehegatte diesen durch Ablegen des (früheren) Begleitnamens nicht wieder trennen, dies ist ihm erst nach Auflösung der Ehe möglich;[76] als Ehename geht der Doppelname nach § 1616 auf gemeinsame Kinder über. Gleiches gilt für den von einem Ehegatten im Wege **additiver Einbenennung** erworbenen Doppelnamen, der sich gemäß § 1618 S. 2 Hs. 1 aus dessen Geburtsnamen und dem diesem beigefügten stiefelterlichen Ehenamen zusammensetzt (→ § 1618 Rn. 16). Seit der Neuregelung können somit echte wie unechte einseitige Doppelnamen eines Ehegatten zum Ehenamen und damit mittelbar zum Kindesnamen bestimmt werden. Erstere stehen – wie beim Geburtsnamen (→ Rn. 20) – nur **ungetrennt** zur Wahl, und nichts anderes gilt für letztere: Die Problematik des Abs. 4 S. 2 wird dadurch entschärft, dass ein Ehegatte mit einem aus dem Ehenamen einer Vorehe und einem Begleitnamen gebildeten unechten Doppelnamen über die Kombination der durch Abs. 4 S. 4 und Abs. 5 S. 2 eröffneten Möglichkeiten diese Namensverbindung noch vor der Ehenamensbestimmung beseitigen und so nur einen der beiden Namensteile zur Wahl stellen kann.[77] Den (die)

---

70 *Hepting/Dutta* Rn. III-574; Staudinger/*Voppel*, 2018, Rn. 18 f.

71 KG BeckRS 2018, 3425 Rn. 13; *Henrich/Wagenitz/Bornhofen* Rn. 31; *Wagenitz/Bornhofen* Rn. 82; *Coester* FuR 1994, 2 Fn. 16; BeckOGK/*Kienemund* Rn. 37, 37.1; aA 4. Aufl. Rn. 12 *(Wacke)*; *Diederichsen* NJW 1994, 1089 (1090) Fn. 14.

72 BT-Drs. 15/3979, 7.

73 So zur vergleichbaren Wahlmöglichkeit für den Begleitnamen nach § 1355 Abs. 4 S. 1 BGH NJW 2011, 3094 Rn. 16 mit zust. Anm. *v. Sachsen Gessaphe* LMK 2011, 327385; BeckOGK/*Kienemund* Rn. 29.

74 Implizit BVerfG NJWE-FER 2001, 193 = StAZ 2001, 207 (208); das BVerfG hat jedoch nicht dazu Stellung genommen, ob der Gebrauchsname zum Geburtsnamen erstarkt sei, denn nur als solcher hätte er nach damaliger Rechtslage zur Wahl gestanden; Palandt/*Brudermüller* Rn. 4; BeckOGK/*Kienemund* Rn. 24; NK-BGB/*Wellenhofer* Rn. 5.

75 BT-Drs. 15/3979, 7.

76 Dazu *Wagenitz/Bornhofen* FamRZ 2005, 1425 (1427); *Bornhofen* StAZ 2005, 226 (228).

77 Beispiele dazu bei *Wagenitz* FS Schwab, 2005, 453 f.; *Wagenitz/Bornhofen* FamRZ 2005, 1425 (1427 f.).

hierfür nötigen Zwischenschritt(e) – Ablegen des aktuellen Namens, ggf. kombiniert mit dem Widerruf einer Begleitnamensbeifügung (→ Rn. 23) – halten einige für unnötig oder verfassungsrechtlich bedenklich und wollen daher den Ehegatten unmittelbar die Bestimmung eines Teiles des unechten Doppelnamens eines von ihnen zum Ehenamen gestatten, mit der Folge, dass die Sperre des Abs. 4 S. 2 für den anderen Ehegatten dann nicht greift.[78] Da die Vorschrift aber eindeutig auf den „zur Zeit der Bestimmung des Ehenamens geführten Namen" abstellt,[79] erscheint dieser Weg nicht gangbar;[80] er ist auch nicht geboten: Wer sich einen Namen zurechtbasteln will, soll sich der Werkzeuge bedienen, welche das Gesetz hierfür vorsieht. Zur Beifügung eines Begleitnamens bei Bestimmung eines – echten oder unechten – Doppelnamens zum Ehenamen → Rn. 45 f.

Nach dem Wortlaut des Abs. 2 scheint nur der im Bestimmungszeitpunkt aktuell zu führende Name als Alternative zum Geburtsnamen zur Verfügung zu stehen. Damit könnte ein **mehrfach verheirateter** Ehegatte bloß den noch geführten Ehenamen aus seiner (letzten) Vorehe unter Ausschluss zwischenzeitlich nach Abs. 5 S. 2 abgelegter früherer Ehenamen wählen. Indes kommt es auf das geschickte Ausnutzen der durch diese Vorschrift eröffneten Möglichkeiten an:[81] Möchte zB eine mehrfach verheiratete Frau mit Geburtsnamen Scholz für ihre jetzige dritte Ehe nicht ihren aktuell geführten, von ihrem zweiten Ehemann abgeleiteten Ehenamen Müller, sondern den von ihrem ersten Ehemann stammenden Ehenamen Agricola zur Wahl stellen, so kann sie dies dadurch erreichen, dass sie vor der Ehenamensbestimmung den Ehenamen aus der Zweitehe (Müller) gemäß Abs. 5 S. 2 ablegt und dadurch denjenigen aus der Erstehe (Agricola) wieder annimmt und diesen für die Bestimmung des Ehenamens der Drittehe als aktuell geführten Namen zur Wahl stellt. Erleichtert wird dies dadurch, dass die Ehenamensbestimmung nicht notwendig bei der Eheschließung, sondern auch noch später erfolgen kann. Der Rückgriff auf Ehenamen aus weiteren Vorehen, bei der Viertehe zB statt auf den aktuell geführten aus der Drittehe (Meyer) auf denjenigen aus der Erstehe (Agricola), ist zwar nicht unmittelbar, aber doch im Wege eines **gestuften Vorgehens** möglich: Zunächst wird der Name aus der Drittehe (Meyer) nach Abs. 5 S. 2 zu Gunsten desjenigen aus der Zweitehe (Müller) abgelegt, sodann dieser nach Abs. 5 S. 2 zu Gunsten desjenigen aus der Erstehe (Agricola). Ein unmittelbarer oder mittelbarer Rückgriff auf frühere Ehenamen funktioniert freilich nur, solange der betreffende Ehegatte nicht zwischendurch zu seinem Geburtsnamen (hier: Scholz) zurückgekehrt war.[82] Mehrfach Verheiratete können also einen aktuell geführten Namen eigens für eine neue Ehe zusammenbasteln. Erweitert werden diese Möglichkeiten durch die Kombination mit Begleitnamen, und ein so entstehender unechter Doppelname steht in einer erneuten Ehe ebenfalls zur Wahl (→ Rn. 25).[83] 23

**d) Ausschluss neu gebildeter Doppelnamen.** Grundsätzlich sind Familiennamen im deutschen Recht **eingliedrig,** die Bildung von Doppelnamen daher unerwünscht,[84] wie § 1355 Abs. 2, Abs. 4 S. 2, 3 und § 1617 Abs. 1 deutlich zeigen: § 1355 Abs. 2 lässt nur die Wahl zwischen dem Geburts- oder aktuell geführten Namen des einen *oder* des anderen Ehegatten zu und verwehrt den Ehegatten dadurch implizit die Bildung eines aus ihren beiden wählbaren Namen **zusammengesetzten Doppelnamens;** dementsprechend beschränkt § 1617 Abs. 1 bei namensverschiedenen, gemeinsam sorgeberechtigten Eltern die Wahl auf den Namen des einen oder des anderen Elternteils; und § 1355 Abs. 4 S. 2 schließt die Beifügung eines Begleitnamens aus, wenn der Ehename bereits mehrgliedrig ist. **Zweck** der Regelung ist es, durch Heirat **keine neuen Doppelnamen** entstehen zu lassen. Der Gesetzgeber des FamNamRG befürchtete, dass sonst der Ehename in der Generationenfolge bald seine identitätsstiftende Wirkung verliere und sich das Ordnungsgefüge der Familiennamen innerhalb weniger Generationen tiefgreifend verändern könne.[85] Außerdem schreckte er vor 24

---

78 *Wagenitz/Bornhofen* FamRZ 2005, 1425 (1427 f.); *Henrich/Wagenitz/Bornhofen* Rn. 25.

79 Wenig konsequent wollen *Henrich/Wagenitz/Bornhofen* Rn. 27 aus ebendiesem Grunde einen direkten Zugriff auf nicht mehr geführte frühere Ehenamen nicht zulassen.

80 Vorsichtig BeckOGK/*Kienemund* Rn. 36.

81 Eingehend dazu *Wagenitz/Bornhofen* FamRZ 2005, 1425 (1426 ff.); zu Beispielen s.a. BeckOGK/*Kienemund* Rn. 36.1 f.

82 *Wagenitz/Bornhofen* Rn. 113, 117; *Wagenitz/Bornhofen* FamRZ 2005, 1425 (1426); *Bornhofen* StAZ 2005, 226 (228).

83 Anschaulich zu diesen Möglichkeiten *Wagenitz/Bornhofen* FamRZ 2005, 1425 (1427); *Gaaz* StAZ 2006, 157 (162).

84 BVerfGE 104, 373 (388) = NJW 2002, 1256 (1258) = FamRZ 2002, 306 (309); Staudinger/*Voppel*, 2018, Rn. 67.

85 BT-Drs. 12/5982, 17 f.; *Schwab* FamRZ 1992, 1015 ff.; zust. *Gaaz* StAZ 2006, 157 (164); krit. zu Doppelnamen auch *Rauscher* FamR Rn. 256; zu den Beratungen anlässlich des FamNamRG s. *Wagenitz/Bornhofen* Rn. 41 ff., 44; *Arndt,* Die Geschichte und Entwicklung des familienrechtlichen Namensrechts in Deutschland unter Berücksichtigung des Vornamensrechts, 2003, 98 ff.

praktischen Problemen im Rechtsverkehr und bei der Registerführung zurück.[86] Das Verbot der Doppelnamensbildung kann grundsätzlich auch nicht dadurch umgangen werden, dass nach Bestimmung des Namens eines der Ehegatten zum Ehenamen im Wege der **Namensänderung** nach § 3 NamensÄndG doch noch ein aus den Namen beider Ehegatten gebildeter Doppelname gewählt wird (→ Rn. 35).

25 Das Verbot aus den Namen der Ehegatten gebildeter Doppelnamen ist zwar verfassungsrechtlich nicht zu beanstanden, da das Persönlichkeitsrecht des mit seinem Namen weichenden Teils durch die Möglichkeit eines Begleitnamens gewahrt wird;[87] gleichwohl erscheint es als **fragwürdig.**[88] Zunächst ist es inkonsequent, da das Gesetz zahlreiche Fälle kennt, in denen der einseitige Doppelname eines Ehegatten als Ehename wählbar ist, seit der Reform von 2005 sogar der aus einem erheirateten Ehenamen und einem Begleitnamen gebildete unechte Doppelname (→ Rn. 20, 22). Bei einem mehrfach verheirateten Ehegatten führt dies im Beispielsfall in → Rn. 23 dazu, dass Ehefrau Scholz zwar in der Erstehe nicht einen aus ihrem und ihres damaligen Ehemannes Agricola gebildeten Doppelnamen Scholz-Agricola (oder umgekehrt) als Ehenamen erwerben, diesen aber bei Bestimmung von Agricola zum Ehenamen durch Hinzufügung des eigenen Geburtsnamens Scholz nach Abs. 4 als unechten Doppelnamen führen kann; in der Zweitehe mit Müller kann sie den in ihrer Erstehe noch verbotenen Doppelnamen Scholz-Agricola dann als ihren aktuellen Namen doch zum Ehenamen wählen, welcher für beide Ehegatten, vor allem aber für den Ehemann Müller, eine falsche familiäre Zuordnung vortäuscht. Noch grotesker sind die Folgen in der nächsten Generation: Die Kinder aus der Erstehe erwerben den Ehenamen Agricola, nicht aber den Doppelnamen Scholz-Agricola, obgleich deren Mutter diesen führt; dagegen erlangen die Kinder aus der Zweitehe diesen Doppelnamen als Ehenamen ihrer Eltern gemäß § 1616 kraft Gesetzes, obgleich sie nicht von Agricola abstammen![89] Als Gipfel der Absurdität können Ehegatten über einen – zugegebenermaßen skurrilen – Umweg ihr Ziel eines aus ihren beiden vorehelichen Nachnamen gebildeten Doppelnamens doch erreichen: In unserem Beispiel fügt die Ehefrau dem Ehenamen Agricola den eigenen Geburtsnamen Scholz hinzu, die Ehegatten lassen sich scheiden, um sogleich erneut einander zu heiraten und auf Grund des wiedererlangten Wahlrechts aus Abs. 2 (→ Rn. 34) nun den unechten Doppelnamen Scholz-Agricola der Ehefrau als deren aktuell geführten Namen zum Ehenamen zu bestimmen.[90] Damit ist das Verbot der Neubildung aus den Namen der Ehegatten zusammengesetzter Doppelnamen – und dessen Entsprechung in § 1617 Abs. 1 – vollends unhaltbar geworden (→ Rn. 72).[91]

26 **3. Die Namensbestimmung (Abs. 3). a) Verfahren.** Der Standesbeamte hat die Eheschließungswilligen bei der Eheschließung danach zu fragen, ob sie einen Ehenamen führen wollen (§ 14 Abs. 1 PStG); allerdings soll er nach Nr. 12.5.4 PStG-VwV bereits bei Anmeldung der Eheschließung diese Frage stellen und auf die Folgen einer unterlassenen Erklärung hinweisen,[92] so dass ihn insoweit doch eine Belehrungspflicht trifft.[93] Gründe für die Wahl eines Ehenamens oder deren Unterlassen haben die Eheschließungswilligen jedoch nicht anzugeben. Die Verletzung der Belehrungspflicht des Standesbeamten aus § 14 Abs. 1 PStG zeitigt keine Folgen, da die Ehenamensbestimmung jederzeit nachholbar ist.[94] Im Regelfall soll diese bereits bei der Trauung als Begleitakt erfolgen (Abs. 3 S. 1) und ist dann gegenüber dem Standesbeamten zu erklären, der sie aktenkundig macht und die Namensführung in das Eheregister einträgt (§ 15 Abs. 1 Nr. 3 PStG);[95] zur vorherigen oder nachträglichen Bestimmung → Rn. 28.

27 **b) Rechtsnatur, Wirksamkeit, Form und Zeitpunkt.** Die Bestimmung des Ehenamens geschieht durch namensgestaltende, amtsempfangsbedürftige Willenserklärungen der Ehegatten,[96]

---

86 *Wagenitz/Bornhofen* Rn. 42.

87 BVerfGE 104, 373 (388) = NJW 2002, 1256 (1258) = FamRZ 2002, 306 (309); bestätigend BVerfGE 123, 90 Rn. 30 ff. = NJW 2009, 1657.

88 Krit. auch Staudinger/*Hilbig-Lugani*, 2015, § 1617 Rn. 25 mwN; BeckOGK/*Kienemund* Rn. 39; *Wagenitz/Bornhofen* Rn. 43 f.; *Hepting* FPR 2002, 115 (119 f.).

89 Näher zu diesem Beispiel *Wagenitz* FS Schwab, 2005, 452; *Wagenitz/Bornhofen* FamRZ 2005, 1425 (1430).

90 *Bornhofen* StAZ 2005, 226 (230); *Henrich/Wagenitz/Bornhofen* Rn. 30; *Coester-Waltjen* Jura 2007, 586 (589).

91 Anders BVerfGE 123, 90 Rn. 30 ff. = NJW 2009, 1657; wie hier dagegen *Gaaz* StAZ 2006, 157 (161); Staudinger/*Hilbig-Lugani*, 2015, § 1617 Rn. 25; *Sacksofsky* FPR 2004, 371 (375); *Wagenitz/Bornhofen* FamRZ 2005, 1425 (1430); schärfer *Wagenitz* FS Schwab, 2005, 453 (bar jeder Vernunft).

92 Dazu *Gaaz/Bornhofen* PStG § 14 Rn. 6 f.

93 *Henrich/Wagenitz/Bornhofen* Vor § 1355 Rn. 12, 17.

94 *Gaaz/Bornhofen* PStG § 14 Rn. 6.

95 Näher dazu *Gaaz/Bornhofen* PStG § 14 Rn. 18, 22 ff.

96 Allg. zur Rechtsnatur BGH NJW-RR 2016, 1473 Rn. 25 = FamRZ 2016, 1747; für die Erklärung der Ehegatten: *Hepting/Dutta* Rn. III-584; *Wagenitz/Bornhofen* Rn. 57; *Seeger* MittBayNot 2002, 229 (232).

welche gemeinsam oder getrennt abgegeben werden können, aber jedenfalls **gleichlautend** sein müssen; sie sind bedingungs- und befristungsfeindlich. Nur die einverständliche Bildung des Ehenamens ist eine personenstandsrechtlich relevante Erklärung, während bei Verneinung der Frage nach der Bildung eines Ehenamens ebenso wie bei deren Nichtbeantwortung kraft Gesetzes Namensverschiedenheit eintritt (→ Rn. 39).

**Wirksam** wird die Namensbestimmung bei Vorliegen der übrigen Wirksamkeitsvoraussetzungen mit Zugang der Erklärungen beim zuständigen Standesamt (§ 130 Abs. 3 iVm Abs. 1); insoweit ist nach dem **Zeitpunkt** zu differenzieren: Aus dem Bezug auf die Ehegatten folgt, dass eine verbindliche Namensbestimmung frühestens mit Vollzug der Eheschließung und danach nur während der Ehedauer möglich ist. Die Erklärungen können schon **vor Eheschließung** (zB bei der Anmeldung) formlos (Abs. 3 S. 2 e contrario) erfolgen, sind dann aber bis zur Trauung nicht verbindlich, so dass die Verlobten ihre Meinung bis dahin noch ändern können; daher sind sie bei der Trauung zu befragen, ob es bei der Namenswahl bleiben soll.[97] Bei Abgabe **während der Eheschließung** kommt es auf die Wahrnehmung seitens des Standesbeamten und den Vollzug der Eheschließung an; eine Form ist nicht vorgeschrieben. Bei **nachträglicher** Bestimmung müssen die Erklärungen demselben (zuständigen) Standesamt zugehen, aber nicht notwendig gleichzeitig abgegeben werden.[98] Die Erklärungen bedürfen dann nach Abs. 3 S. 2 **öffentlicher Beglaubigung;** hierzu sind neben Notaren nach § 41 Abs. 1 S. 1 Nr. 1 PStG auch die Standesbeamten zuständig. Selbstverständlich stehen bei nachträglicher Bestimmung gleichfalls allein die Wahlmöglichkeiten aus Abs. 2 zur Verfügung.[99] Der Eintragung des Ehenamens in das Eheregister kommt lediglich deklaratorische Wirkung zu.[100] 28

Die namensbestimmenden Erklärungen unterliegen nur bedingt den allgemeinen Regeln über Willenserklärungen (→ Rn. 27). Mit wirksamer Abgabe werden sie grundsätzlich **unwiderruflich,**[101] aber auch **unanfechtbar,** sofern nicht ein ganz offensichtlicher Irrtum oder ein grober Verfahrensmangel (zB nicht ordnungsgemäße und vollständige Aufklärung über das Namensrecht durch das Standesamt)[102] vorliegt,[103] doch wird man aus Praktikabilitätsgründen eine Korrektur bis zur Eintragung in die Personenstandsbücher zulassen müssen.[104] Freilich kann eine unrichtige Eintragung des Ehenamens in das Eheregister nach §§ 47 f. PStG berichtigt werden. Außerhalb solcher Fälle bleibt in gravierenden Fällen eine Änderung des Ehenamens nach dem NamensÄndG (→ Rn. 35). 29

**c) Stellvertretung, Geschäftsfähigkeit.** Wegen ihrer höchstpersönlichen Natur kann die Erklärung nicht durch einen gewillkürten **Vertreter** abgegeben werden; aus demselben Grunde kommt die Abgabe durch einen gesetzlichen Vertreter nur bei einem geschäftsunfähigen Betreuten nach Maßgabe der folgenden Ausführungen in Betracht. Keine Vorschrift enthält das Gesetz über die zur Namenswahl erforderliche Geschäftsfähigkeit, im Unterschied zu vergleichbaren Fällen des Namenswechsels von Kindern (zB § 1617c Abs. 1 S. 2). Die Frage dürfte von geringer praktischer Relevanz sein: Unwirksam ist die Erklärung eines **geschäftsunfähigen Volljährigen** (§ 104 Nr. 2, 105 Abs. 1). 30

Umstritten ist die Lage bei Bestehen einer **Betreuung:** Überwiegend wird der Schluss von der Ehefähigkeit auf die Fähigkeit der Ehenamensbestimmung gezogen. Da bei der Eheschließung keine 31

---

97 *Gaaz/Bornhofen* PStG § 14 Rn. 7; *Henrich/Wagenitz/Bornhofen* Vor § 1355 Rn. 21, § 1355 Rn. 33.

98 *Schwab* FS Medicus, 1999, 587 (600); *Hepting/Dutta* Rn. III-588 ff.

99 OLG Naumburg NZFam 2014, 1048 (1050) m. zust. Anm. *Voppel* NZFam 2014, 1051 (1052) = StAZ 2015, 210.

100 OLG Naumburg NZFam 2014, 1048 (1050 f.) = StAZ 2015, 210; *Gaaz/Bornhofen* PStG § 41 Rn. 3.

101 BayObLG NJW 1993, 337 (338) = FamRZ 1993, 61 (62); OLG Nürnberg NJOZ 2017, 88 = FamRZ 2016, 1586; *v. Schorlemer,* Die zivilrechtlichen Möglichkeiten der Namensänderung, 1998, 68; Erman/*Kroll-Ludwigs* Rn. 13; Staudinger/*Voppel*, 2018, Rn. 41; *Wagenitz/Bornhofen* Rn. 60; *Gernhuber/Coester-Waltjen* FamR § 16 Rn. 11; grundsätzlich auch *Gaaz/Bornhofen* PStG § 41 Rn. 5.

102 AG Gießen StAZ 2010, 208 f.

103 Allg. dazu BayObLG NJW 1993, 337 (338) = FamRZ 1993, 61 (62); BayObLGZ 1997, 323 = NJW-RR 1998, 1015 (1016); OLG Zweibrücken NJWE-FER 2000, 4 = FamRZ 2000, 1361; OLG München StAZ 2009, 78 (79); Staudinger/*Voppel*, 2018, Rn. 46 ff. mwN; *Gernhuber/Coester-Waltjen* FamR § 16 Rn. 11; grds. auch *Gaaz/Bornhofen* PStG § 41 Rn. 11; *Hepting/Dutta* Rn. II-157 f.; für unbegrenzte Anfechtung hingegen: *v. Schorlemer,* Die zivilrechtlichen Möglichkeiten der Namensänderung, 1998, 68 ff.; *Henrich/Wagenitz/Bornhofen* Rn. 45; *Wagenitz/Bornhofen* Rn. 61; NK-BGB/*Wellenhofer* Rn. 9; BeckOK BGB/*Hahn* Rn. 6.

104 Auf die Eintragung stellt auch die gerichtliche Praxis ab, so BayObLG NJW 1993, 337 (338) = FamRZ 1993, 61 (62); BayObLGZ 1997, 323 = NJW-RR 1998, 1015 (1016); OLG Zweibrücken NJWE-FER 2000, 4 = FamRZ 2000, 1361; OLG München StAZ 2009, 78 (79); wie hier *Gaaz/Bornhofen* PStG § 41 Rn. 5 (Widerruf), 11 (Anfechtung); *Hepting/Dutta* Rn. II-158.

Vertretung durch einen Betreuer möglich sei und ein Einwilligungsvorbehalt sich gemäß § 1903 Abs. 2 nicht hierauf erstrecken könne, scheide dies bei der Ehenamensbestimmung ebenfalls aus, so dass ein geschäftsfähiger Erwachsener, selbst wenn er sich unter Betreuung befinde, hierfür allein zuständig sei und insoweit nicht einem sonst bestehenden Einwilligungsvorbehalt unterfalle, während ein Geschäftsunfähiger überhaupt keine wirksame Bestimmung treffen könne.[105] Dem ist im Ergebnis für den Regelfall zu folgen, dass die Ehenamensbestimmung **anlässlich der Eheschließung** erfolgt, denn für den allein relevanten Fall des geschäftsfähigen betreuten Ehegatten erschiene es widersinnig, die wesentlich wichtigere Eheschließung seiner alleinigen Verantwortung zu überlassen, nicht jedoch die Mitbestimmung über den in der Ehe zu führenden Namen.[106] Da die Namensbestimmung jedoch zu jedem späteren Zeitpunkt während der Ehe und damit noch Jahre später möglich ist, verfängt dieses Argument bei einer **nachträglichen,** in einigem zeitlichen Abstand zur Eheschließung erklärten Namenswahl nicht mehr, vor allem, wenn der Ehegatte erst in der Zwischenzeit einen Betreuer erhalten hat. Für derartige Situationen ist entsprechend § 1617c Abs. 1 S. 2 (→ § 1617c Rn. 11) der geschäftsfähige Betreute gleichfalls allein erklärungszuständig, die Erklärung kann aber von einem Einwilligungsvorbehalt erfasst sein, so dass der Betreute dann insoweit der Einwilligung seines Betreuers bedarf; für den zwischenzeitlich geschäftsunfähig gewordenen Ehegatten kann nur ein Betreuer als dessen gesetzlicher Vertreter die Erklärung für ihn abgeben; → § 1902 Rn. 30. Bei Zweifeln an der Geschäftsfähigkeit eines Ehegatten hat der Standesbeamte daher Ermittlungen hierüber anzustellen.[107]

32 Eine Namensbestimmung durch eine **beschränkt geschäftsfähige** Person kommt nur bei eheschließungsfähigen, über 16jährigen Minderjährigen in Betracht; diese nach § 1303 Abs. 2–4 aF denkbare Situation ist allerdings dadurch praktisch obsolet geworden, dass durch das Gesetz zur Bekämpfung von Kinderehen v. 17.7.2017 (BGBl. 2017 I 2429) in § 1303 nF das Verbot der Minderjährigenehe verankert wurde. Für Altfälle s. 7. Aufl. Rn. 30.

33 **d) Wirkungen der Namensbestimmung.** Mit der wirksamen Namensbestimmung wird der vom namensgebenden Ehegatten abgeleitete Name zum Ehenamen, und zwar auch für diesen Ehegatten; der andere Ehegatte erwirbt ihn zum **eigenen Namen** unter dem vollen Schutz des allgemeinen Persönlichkeitsrechts, da der Ehename nicht nur vom namensgebenden Ehegatten entliehen ist (→ Rn. 9).[108] Dies zeigt sich darin, dass der mit seinem Namen weichende Ehegatte nach Auflösung der Ehe allein darüber entscheidet, ob er den Ehenamen fortführt, ihm einen früheren Namen beifügt oder ihn wieder ablegt (Abs. 5 S. 2) oder ihn gar zum Ehenamen in einer neuen Ehe mit einem Dritten macht. Zu möglichen Beschränkungen der Fortführung oder Weitergabe des Ehenamens nach Eheauflösung → Rn. 63 f.

34 Im Interesse identitätswahrender **Kontinuität** bleibt der einmal gewählte Ehename während der Ehe **bindend** (zu Widerruf und Anfechtung → Rn. 29) und überdauert grundsätzlich sogar die Auflösung der ihn vermittelnden Ehe (Abs. 5 S. 1). Eine Rückkehr zur Namensverschiedenheit oder Neubestimmung eines anderen Ehenamens ist nicht möglich, der Weg hierzu wird erst nach Auflösung der Ehe frei (Abs. 5); jederzeit möglich sind hingegen die Beifügung eines Begleitnamens und deren Widerruf (Abs. 4). Heiraten Ehegatten nach Scheidung einander erneut, so erlangen sie in der neuen Ehe wieder das Wahlrecht aus Abs. 2 und können sich diesbezüglich jetzt anders als in ihrer ersten Ehe entscheiden (→ Rn. 25).[109] Entsprechend können Partner einer gleichgeschlechtlichen Lebenspartnerschaft nach vollzogener Geschlechtsumwandlung eines von ihnen die Ehe miteinander schließen und eine vom Lebenspartnerschaftsnamen abweichende Neubestimmung des Ehenamens vornehmen.[110] Hatten Partner einer gleichgeschlechtlichen Lebenspartnerschaft einen Lebenspartnerschaftsnamen nach § 3 LPartG bestimmt und wandeln sie jene gem. § 20a LPartG in eine Ehe um, so steht ihnen kein Recht zu, einen Ehenamen zu bestimmen, wie § 20a Abs. 2 LPartG ausdrücklich klarstellt. Im Umkehrschluss folgt hieraus, dass Lebenspartner, die keinen Lebenspartnerschaftsnamen bestimmt hatten, bei der Umwandlung in eine Ehe gem. § 1355 Abs. 2 erstmals einen gemeinsamen Namen als **Ehenamen** wählen können.

---

[105] *Böhmer* StAZ 1992, 65 (67 f.); *v. Sachsen Gessaphe,* Der Betreuer als gesetzlicher Vertreter für eingeschränkt Selbstbestimmungsfähige, 1999, 155 f. und in Fn. 150; *Seeger* MittBayNot 2002, 229 (233); *Bienwald/Bienwald* Betreuungsrecht § 1903 Rn. 59; *Wagenitz/Bornhofen* Rn. 61; *Henrich/Wagenitz/Bornhofen* Rn. 46; *Gaaz/Bornhofen* PStG § 41 Rn. 10; Staudinger/*Voppel*, 2018, Rn. 45; Palandt/*Götz* § 1896 Rn. 25, § 1903 Rn. 6.

[106] Mit anderer Begründung iE ebenso *Fröschle* StAZ 2015, 130 (137).

[107] *Gaaz/Bornhofen* PStG § 13 Rn. 7; Staudinger/*Löhnig*, 2018, § 1304 Rn. 12.

[108] Ganz deutlich BVerfGE 109, 256 = NJW 2004, 1155 (1156); bestätigend BGH NJW-RR 2005, 1521 (1522) = StAZ 2005, 356 (357).

[109] OLG Frankfurt NJW 1978, 2301.

[110] AG Köln BeckRS 2014, 18988 = FamRZ 2015, 408.

Freilich ist eine **nachträgliche Änderung** des Ehenamens möglich, sei es durch Änderung des zum Ehenamen gewordenen Geburtsnamens des namensgebenden Ehegatten, der sich der andere Ehegatte jedoch anzuschließen hat (→ Rn. 20), sei es durch eine von den Ehegatten beantragte Namensänderung nach dem **NamensÄndG.** Eine solche setzt zunächst einen gleichlautenden Antrag beider Ehegatten voraus, sofern die Änderung während des Bestehens der Ehe begehrt wird, denn Rechtsträger des gemeinsamen Ehenamens sind beide Ehegatten.[111] Erforderlich ist des Weiteren das Vorliegen eines wichtigen Grundes iSd § 3 NamensÄndG. Die öffentlich-rechtliche Namensänderung darf aber nicht dazu führen, dass „die allgemeinen gesetzlichen Wertentscheidungen des Namensrechts des BGB für Erwerb und Änderung von Ehe- und Familiennamen revidiert oder umgangen werden".[112] Notwendig ist daher ein besonderes, die persönliche Situation der Namensträger prägendes Interesse an der Namensänderung, das den allgemeinen gesetzlichen Wertungen des familienrechtlichen Namensrechts nicht zuwiderläuft.[113] Bei Wahl eines Sammelnamens zum Ehenamen genügt deshalb die bloße dadurch bedingte Verwechselungsgefahr nicht, um entgegen dem Verbot der Doppelnamensbildung im Wege der Namensänderung einen neuen Ehenamen aus dem Namen beider Ehegatten zu bilden.[114] 35

Da der Ehename gemeinsamer Familienname ist, muss er identisch sein, so dass unter Geltung deutschen Namensrechts eine **geschlechtsbezogene Differenzierung** des vom Mann und der Frau geführten Namens ausscheidet, wie sie bei slawischen Namen üblich ist (zB Plominski/Plominska);[115] mit der Wahl des Ehenamens ist auch dessen geschlechtsabhängige Endung von beiden zu führen,[116] doch kann die jeweils andere Form als Gebrauchsname benutzt werden. Zur Lage bei einem Statutenwechsel → Rn. 44. Anders ist dagegen bei Wahl eines ehemaligen **Adelsprädikats** zu verfahren: Der vom namensgebenden Ehemann herrührende Name (zB Prinz von Preußen) wird für dessen Frau in weiblicher Form geführt (zB Prinzessin von Preußen → Rn. 9), wie auch umgekehrt der weibliche Adelsname für den Mann die männliche Form erhält. 36

Gehen **Kinder** aus der Ehe hervor, so erwerben sie kraft Gesetzes den Ehenamen, selbst wenn bei deren Geburt die Eltern nicht mehr verheiratet sind, sofern sie dann noch den Ehenamen führen (→ § 1616 Rn. 10). Die Pflicht zur **Führung des Ehenamens** folgt öffentlich-rechtlich aus § 111 OWiG, § 15 Abs. 1 Nr. 3 PStG. Er ist bei Rechtsanwälten gem. § 31 Abs. 3 Nr. 1 BRAO in das Rechtsanwaltsverzeichnis einzutragen, selbst wenn der davon abweichende Geburtsname zulässigerweise als Berufsname geführt wird.[117] Privatrechtlich ist der Ehename gegenüber dem Ehepartner zur Führung aus § 1353 verpflichtet; diese Verpflichtung ist mit dem wegen § 120 Abs. 3 FamFG nicht vollstreckbaren Antrag auf Herstellung des ehelichen Lebens aus §§ 111 Nr. 10, 112 Nr. 3, 266 Abs. 1 Nr. 2 FamFG verfolgbar.[118] Den **Schutz vor Missbrauch** des Ehenamens gemäß § 12 kann jeder Ehegatte ohne Einwilligung des anderen wahrnehmen. Der Ehegatte kann dem/der Geliebten des anderen Ehegatten den Gebrauch des Ehenamens untersagen; ihm kann sie verbieten, den/die Geliebte(n) als seinen Ehegatten auszugeben.[119] Dritten gegenüber besteht Anspruch auf die Anrede (auch des Ehepartners) mit dem Ehenamen. 37

**4. Vereinbarungen über die Namensführung.** Auf Grund der Vertragsfreiheit (§ 311 Abs. 1) können Verlobte nach str., aber zutreffender Ansicht vor Eheschließung Vereinbarungen über den zu wählenden Ehenamen treffen.[120] Diese sind nämlich von den amtsempfangsbedürftigen namensgestaltenden Erklärungen in Abs. 2 und 3 zu unterscheiden, die allein das Standesamt zu binden 38

111 BVerwG NJW 2015, 1321 Rn. 14 = FamRZ 2015, 402.

112 BVerwG NJW 2017, 2361 Rn. 6 = FamRZ 2017, 691.

113 St. Rspr. BVerwG NJW 2015, 1321 Rn. 11 = FamRZ 2015, 402 mwN; BVerwG NJW 2017, 2361 Rn. 6 = FamRZ 2017, 691.

114 BVerwG NJW 2017, 2361 Rn. 9 = FamRZ 2017, 691, Anm. dazu *Tegethoff* jurisPR-BVerwG 14/2017 Anm. 2; dem folgend OVG Greifswald BeckRS 2017, 122395 Rn. 18 f.

115 *Henrich/Wagenitz/Bornhofen* Rn. 50; zu weiteren Beispielen geschlechtsabhängiger Namensendungen Staudinger/*Hausmann*, 2019, EGBGB Vor Art. 10 Rn. 32.

116 LG Berlin NJW-RR 2000, 1247; Soergel/*Schurig* EGBGB Art. 10 Rn. 6; Staudinger/*Voppel*, 2018, Rn. 36; aA BeckOK BGB/*Mäsch* EGBGB Art. 10 Rn. 25 mwN.

117 BGH NJW-RR 2017, 310.

118 Vgl. RGZ 108, 230 obiter; Staudinger/*Voppel*, 2018, Rn. 31 mwN.

119 Wegen Störung des Ehegatten-Persönlichkeitsrechts, auch außerhalb des räumlich-gegenständlichen Ehebereichs: *Gernhuber/Coester-Waltjen* FamR § 17 Rn. 18 mwN (noch zur heterosexuellen Ehe).

120 Offengelassen in BGHZ 175, 173 Rn. 15, 22 = NJW 2008, 1528 = FamRZ 2008, 859 (860, 861); wie hier *v. Oertzen/Engelmeier* FamRZ 2008, 1133 (1135); *Gernhuber/Coester-Waltjen* FamR § 16 Rn. 12; Palandt/*Brudermüller* Rn. 5; *Hepting* Ehevereinbarungen, 1984, 84; eingehend dazu *v. Schorlemer,* Die zivilrechtlichen Möglichkeiten der Namensänderung, 1998, 73 f. mwN; tendenziell ebenso BeckOGK/*Kienemund* Rn. 52; aA *Hohloch* LMK 2008, 259989; Staudinger/*Voppel*, 2018, Rn. 51; BeckOK BGB/*Hahn* Rn. 8; *Wagenitz/Bornhofen* Rn. 63 f.; *Ruthe* FamRZ 1976, 409 (411).

vermögen; sie sind indes von geringer Wirkungskraft, da sie entsprechend § 1297 nicht klagbar[121] oder jedenfalls nicht vollstreckbar sind,[122] auch nicht mittelbar über ein Vertragsstrafeversprechen erzwingbar (analog § 1297 Abs. 2). Als einzige Sanktion bleibt somit die Abstandnahme von der Heirat; ein Bruch der Abrede kann einen wichtigen Grund zum Rücktritt vom Verlöbnis abgeben (→ § 1298 Rn. 11). Zu Vereinbarungen über die Fortführung des Ehenamens nach Eheauflösung → Rn. 63.

### III. Weiterführung des bisherigen Namens (Abs. 1 S. 3)

39 **1. Regelungstechnischer Grundsatz der Namensverschiedenheit.** Das Unterbleiben einer Ehenamensbestimmung, gleich aus welchen Gründen, oder die unwirksame Bestimmung eines nach Abs. 2 nicht wählbaren Namens (→ Rn. 19) hindern nicht die Eheschließung (→ Rn. 18); die Ehegatten tragen dann weiterhin ihren jeweils bei der Eheschließung geführten Namen. Entgegen dem von der Systematik des Abs. 1 vermittelten Eindruck stellt nicht die Ehenamenswahl, sondern die Namensverschiedenheit den regelungstechnischen Grundsatz dar, da dieser immer dann greift, wenn und solange die Ehegatten nicht positiv einen Ehenamen bestimmen.[123] Auch handelt es sich nicht bloß um eine subsidiäre Auffangregel für den Fall einer unterbliebenen oder unwirksamen Ehenamensbestimmung, vielmehr räumt die Vorschrift den Ehegatten zur Wahrung ihrer Gleichberechtigung und ihres Namenskontinuität erheischenden Persönlichkeitsrechts am je eigenen bisherigen Namen eine echte Alternative zum Ehenamen ein (→ Rn. 7).

40 **2. Auswirkungen unterbliebener Ehenamensbestimmung.** Jeder Ehegatte trägt dann weiterhin seinen personenstandsrechtlich vor der Eheschließung zu führenden Namen, ausnahmsweise einen davon abweichenden Gebrauchsnamen, sofern ein persönlichkeitsrechtlich geschützter Vertrauenstatbestand begründet worden ist (→ Rn. 15). Dem eigenen Namen kann derjenige des anderen Ehegatten **nicht als Begleitname** beigefügt werden;[124] gegen dessen Gebrauch im Alltag wird der Partner jedoch nichts einzuwenden haben. Gemeinsame **Kinder** erwerben im Regelfall gemeinsamer elterlicher Sorge nicht kraft Gesetzes den Namen eines der Ehegatten, vielmehr ist dann gemäß § 1617 die Bestimmung des Namens eines von ihnen nötig; die Bildung eines Doppelnamens aus ihren beiden Namen ist nicht möglich, so dass auf diesem Wege nur partielle Namenseinheit zu den Eltern herstellbar ist (→ § 1617 Rn. 5).

41 Freilich können die Ehegatten noch zu jedem Zeitpunkt während der Ehe einen Ehenamen bestimmen (Abs. 3 S. 2); eine Rückkehr zur getrennten Namensführung ist dann jedoch bis zur Auflösung der Ehe nicht mehr möglich (Abs. 5). Ein verwitweter oder geschiedener Ehegatte hat umfängliche Möglichkeiten, den im Zeitpunkt der Eheschließung zu tragenden Namen dadurch zu beeinflussen, dass er zuvor seinen Geburtsnamen oder einen anderen, früher geführten Namen wieder annimmt, einen dieser Namen zum Begleitnamen bestimmt oder die Beifügung eines Begleitnamens widerruft (§ 1355 Abs. 4, 5; → Rn. 18).

42 Da kein gemeinsamer Name gebildet wird, behält der Name eines jeden Ehegatten seine bisherige rechtliche Qualität bei und ist hinsichtlich **späterer Namensänderungen** selbständig zu beurteilen: Diese können nach dem NamensÄndG, den §§ 1616 ff., § 1767 Abs. 2 iVm § 1757 oder infolge Abänderung eines erheirateten Ehenamens nach Maßgabe des § 1355 Abs. 4, 5 eintreten, ohne dass der andere Ehegatte dem zustimmen müsste, da es sich um den individuellen Familiennamen des Namensträgers handelt.[125] Die getrennte Namensführung gestattet im Gegensatz zum Ehenamen keinen Rückschluss auf den familiären Status der Ehegatten; Dritten fehlt damit ein Indiz für die Erkenntnis, ob ihr Schuldner verheiratet ist und sie daher nach §§ 1357, 1362 und § 739 ZPO auf den anderen Ehegatten zugreifen können.

### IV. Die Beifügung eines vorehelichen Namens (Begleitname: Abs. 4)

43 **1. Zweck.** Als erster Schritt zur gleichheitssatzkonformen Ausgestaltung des Ehenamens gestattete es das GleichberG von 1957 Frauen, dem stets zum Ehenamen gewordenen Mannesnamen ihren Mädchennamen als Begleitnamen anzufügen; im Laufe der Zeit verselbständigte sich das

[121] Eingehend *v. Schorlemer,* Die zivilrechtlichen Möglichkeiten der Namensänderung, 1998, 76 ff.; s. auch *Ruthe* FamRZ 1976, 409 (411); *Gernhuber/Coester-Waltjen* FamR § 16 Rn. 12; *Henrich/Wagenitz/Bornhofen* Rn. 48.

[122] Ein solches Vollstreckungshindernis analog § 888 Abs. 3 ZPO (jetzt § 120 Abs. 3 FamFG) werde nur bei vor Eheschließung getroffenen Vereinbarungen, die aber erst danach erfüllt werden sollen, relevant, *v. Schorlemer,* Die zivilrechtlichen Möglichkeiten der Namensänderung, 1998, 78 ff.

[123] *Hepting* FPR 2002, 115 (116); *Hepting/Dutta* Rn. III-592 ff.

[124] *Rauscher* FamR Rn. 265.

[125] Ebenso *Henrich/Wagenitz/Bornhofen* Rn. 17; *Hepting/Dutta* Rn. III-599 ff.; ähnlich Staudinger/*Voppel,* 2018, Rn. 55.

Beifügungsrecht und steht nun unabhängig vom Geschlecht jeweils demjenigen Ehegatten zu, der bei Bildung eines Ehenamens mit seinem vorehelichen Namen weichen muss (→ Rn. 1 f.). Heute soll das Beifügungsrecht das **Persönlichkeitsrecht** des bei Bildung eines Ehenamens mit seinem Namen weichenden Ehegatten wahren, um neben der durch den Ehenamen ausgedrückten neuen gemeinsamen auch die über einen eigenen vorehelichen Namen vermittelte eigene Identität wenigstens partiell nach außen kundtun zu können und ihm so das Zurücktreten bei der Ehenamenswahl zu erleichtern (→ Rn. 10).[126] Freilich verfolgen die beiden Wahlmöglichkeiten, welche die Vorschrift dem mit seinem Namen weichenden Ehegatten einräumt, unterschiedliche namensrechtliche Zwecke: die Wahl des Geburtsnamens soll die eigene Abstammung verdeutlichen, während diejenige des aktuell zu führenden Namens das persönlichkeitsrechtliche Interesse an Namenskontinuität in den Vordergrund stellt.[127] Als weitere Anreize ist die Beifügung ab Eheschließung und Ehenamensbildung jederzeit noch nachträglich möglich und auch wieder auflösbar und kann der Beifügende zwischen Voranstellung oder Anfügung des Begleitnamens wählen.[128] Diese Individualisierungs- und Identifikationsmöglichkeit bleibt ihm für die Dauer seines Lebens erhalten und überdauert selbst die Auflösung der den Ehenamen vermittelnden Ehe, wenn er sich nicht durch einmaligen Widerruf nach Abs. 4 S. 4 wieder davon lösen will; eine Beifügung ist sogar erst nach Auflösung der Ehe möglich (Abs. 5 S. 2). Dem mit seinem Namen weichenden Ehegatten steht somit hinsichtlich der Beifügung eines Begleitnamens eine mehrfache **Dispositionsbefugnis** zu, welche das Beifügungsrecht zu einem weiteren Mittel namensmäßiger **Selbstdarstellung** macht. Allerdings manifestieren sich in der Regelung zahlreiche **Wertungswidersprüche** (→ Rn. 69 f.).

**2. Beifügungsmöglichkeiten. a) Wahloptionen.** Zur Wahl steht zum einen der **Geburtsname** (→ Rn. 14) im Zeitpunkt des Wirksamwerdens der Beifügungserklärung (Abs. 6); er bleibt selbst dann wählbar, wenn er durch einen erheirateten Namen verdrängt worden und daher nicht mehr rechtlich zu führen ist, da sonst die Alternative des aktuell geführten Namens keinen Sinn machte. Wählbar ist zum anderen der rechtlich **aktuell zu führende Name** (→ Rn. 15), für den es im Gegensatz zum Geburtsnamen nach dem Wortlaut des Abs. 4 S. 1 auf den Zeitpunkt des Wirksamwerdens der Ehenamensbestimmung ankommt. Dies ist regelmäßig ein vom Geburtsnamen abweichender, in früherer Ehe erheirateter Name oder ein aus einem solchen und einem Begleitnamen zusammengesetzter unechter Doppelname (dann aber Abs. 4 S. 3). Dagegen kann der Geburtsname, selbst wenn er aktuell personenstandsrechtlich zu führen ist, nicht nach der zweiten Variante der Vorschrift zum Begleitnamen bestimmt werden, um ein automatisches Nachfolgen in spätere Änderungen desselben zu vermeiden; nach dem Willen des Gesetzgebers schließen beide Varianten der Vorschrift sich vielmehr wechselseitig aus.[129] Nicht wählbar ist grundsätzlich ein bloß faktisch geführter **Gebrauchsname,** sofern nicht ein persönlichkeitsrechtlich geschützter Vertrauenstatbestand begründet worden ist (→ Rn. 15). Wie schon bei der Ehenamensbestimmung, können auch gegenwärtig nicht mehr geführte Ehenamen aus früheren Ehen – ggf. in Verbindung mit früheren Begleitnamen – über die Möglichkeiten der Abs. 4 und 5 mittelbar zur Wahl gestellt werden (→ Rn. 22 f.).[130] Ob der Begleitname voran- oder nachgestellt wird, ist reine Geschmacksfrage (zB vom Wohlklang[131] oder von der Reihenfolge im Alphabet abhängig). Bei zufällig identischem Geburtsnamen beider Ehegatten kann keiner von ihnen den Namen verdoppeln (Schmitz-Schmitz); wessen Name zum Ehenamen bestimmt wurde, wäre dann entgegen Abs. 4 S. 1 nicht erkennbar.[132] 44

**b) Verbot mehrgliedriger Namensketten.** Ähnlich wie beim Ehenamen (→ Rn. 24) ist bei der Beifügung eines Begleitnamens die Neubildung mehrgliedriger Namensketten unerwünscht. 45

---

[126] BVerfGE 78, 38 = NJW 1988, 1577 = FamRZ 1988, 587 mit zust. Anm. *Bosch*; BVerfGE 104, 373 (388) = NJW 2002, 1256 (1258) = FamRZ 2002, 306 (308 f.); BVerfGE 109, 256 = NJW 2004, 1155 (1157); BVerfGE 123, 90 Rn. 26 = NJW 2009, 1657.

[127] *v. Schorlemer,* Die zivilrechtlichen Möglichkeiten der Namensänderung, 1998, 82; *Henrich/Wagenitz/Bornhofen* Rn. 84.

[128] Zu letzterem BT-Drs. 12/3163, 12.

[129] Der aktuell geführte Name kann nur statt des Geburtsnamens (BT-Drs. 7/3119, 4) als ein von diesem abweichender Familienname (BT-Drs. 12/3163, 16) gewählt werden, BGH NJW 2011, 3094 Rn. 16 mit zust. Anm. *v. Sachsen Gessaphe* LMK 2011, 327385; OLG Celle StAZ 2011, 112; aA 5. Aufl. Rn. 26; *Hepting/Dutta* Rn. III-607; Staudinger/*Voppel*, 2018, Rn. 64; *v. Schorlemer,* Die zivilrechtlichen Möglichkeiten der Namensänderung, 1998, 82 f.

[130] *Henrich/Wagenitz/Bornhofen* Rn. 73; *v. Schorlemer,* Die zivilrechtlichen Möglichkeiten der Namensänderung, 1998, 91.

[131] Wohltönende Namenskombinationen (Schmitz-Rogall) können in ihrer Umkehrung eine Kakophonie ergeben.

[132] Erman/*Kroll-Ludwigs* Rn. 14; Palandt/*Brudermüller* Rn. 8; Staudinger/*Voppel*, 2018, Rn. 59; *Seeger* MittBayNot 2002, 229 (234); aA *Henrich/Wagenitz/Bornhofen* Rn. 68; BeckOK BGB/*Hahn* Rn. 10; BeckOGK/*Kienemund* Rn. 59; *Wagenitz/Bornhofen* Rn. 82.

Zum einen entfällt gemäß **Abs. 4 S. 2** das Recht zur Hinzufügung eines Begleitnamens, wenn der zum **Ehenamen** gewählte Partnername ein **Doppelname** ist.[133] Das Verbot betrifft nicht mehrgliedrige Namen, die als einheitliche Namen aufzufassen sind (→ Rn. 17), so dass zB dem Namen „Graf von Brockdorff-Rantzau" durchaus ein Begleitname hinzufügbar ist,[134] was indes zu Namensungetümen führen kann. Dagegen erfasst es **echte wie unechte** Doppelnamen, gleich, ob durch Geburt, Vorehe oder aus anderem Grund erworben. Dadurch werden die **Dispositionsmöglichkeiten** der Ehegatten erheblich **eingeschränkt:** Wird der Doppelname des einen Ehegatten zum Ehenamen, so kann der andere diesem seinen vorehelichen Namen nicht beifügen. Er hat daher nur die Wahl, entweder seinen vorehelichen Namen als Ehenamen durchzusetzen, sich mit dem Doppelnamen seines Ehepartners als Ehenamen abzufinden, ohne seiner bisherigen Identität durch Beifügung eines Begleitnamens Ausdruck verleihen zu können, oder auf die Bildung eines Ehenamens ganz zu verzichten, so dass jeder Ehegatte seinen bisherigen Namen fortführt. Haben jedoch beide Ehegatten einen (echten oder unechten) vorehelichen Doppelnamen, so scheidet die Beifügung eines Begleitnamens für beide aus, sie können nur entweder den Namen des einen oder des anderen wählen oder es bei getrennter Namensführung bewenden lassen. Der mit seinem Namen weichende Ehegatte muss also insgesamt auf die Weiterführung seines Namens verzichten. Dies schafft nicht nur eine schwierige Verhandlungssituation, sondern erscheint im Hinblick auf die identitätswahrende Funktion des Begleitnamens als Kompensation für den Verzicht auf die Fortführung des eigenen Namens (→ Rn. 43) in höchstem Maße befremdlich;[135] hinnehmbar ist dies am ehesten noch für den aus einem früheren Ehenamen und einem Begleitnamen zusammengesetzten unechten Doppelnamen, weil der Namensträger einen der Namensteile ablegen, den verbleibenden zum Ehenamen bestimmen und dem anderen Ehegatten die Beifügung eines Begleitnamens ermöglichen kann, so dass das Persönlichkeitsrecht beider zumindest partiell gewahrt wird.

46 Zum anderen schränkt **Abs. 4 S. 3** das Beifügungsrecht ein, wenn der **beizufügende Name** seinerseits aus mehreren Teilen besteht. Hiervon werden wiederum mehrgliedrige Namen, die als einheitliche Namen verstanden werden (→ Rn. 17), nicht erfasst.[136] Aus dem Zusammenspiel von S. 2 und 3 des Abs. 4 folgt, dass die Vorschrift allein den Fall eines eingliedrigen – oder diesem gleichzusetzenden mehrgliedrigen – Namens betrifft, dem ein mehrgliedriger Begleitname hinzugefügt werden soll; ist hingegen bereits der Ehename mehrgliedrig, so greift der Ausschlusstatbestand des S. 2. Soll einem eingliedrigen Ehenamen ein mehrgliedriger Begleitname beigefügt werden, so erzwingt S. 3 dessen Aufspaltung; das gilt gleichermaßen für sonst untrennbare **echte** Doppelnamen wie für auflösbare **unechte Doppelnamen.**[137] Durch den Zwang zur Abspaltung eines Teiles des Doppelnamens des mit seinem Namen weichenden Ehegatten wird dessen Persönlichkeitsrecht tangiert, welches sich ja auf den gesamten Namen erstreckt.[138] Insgesamt erscheint die Regelung zur Vermeidung mehrgliedriger Namensketten in **Abs. 4 S. 2 und 3** als **widersprüchlich,** doch ist sie verfassungskonform[139] und angesichts ihres eindeutigen Wortlauts hinzunehmen:[140] Ist der Geburtsname des einen (ersten) Ehegatten echter Doppelname, so lässt er sich für die Ehenamensbestimmung nicht aufteilen, so dass der andere (zweite) Ehegatte diesem Namen nach Abs. 4 S. 2 keinen Begleitnamen beifügen könnte; die Vorschrift verwehrt dem zweiten Ehegatten also die der Wahrung seines Persönlichkeitsrechts dienende Beifügung eines selbst eingliedrigen Begleitnamens. Bestimmten die Ehegatten hingegen den (eingliedrigen) Namen des zweiten Ehegatten zum Ehenamen, wäre eine Aufspaltung des Doppelnamens des ersten Ehegatten zum Zwecke der Beifügung eines Begleitnamens nicht nur möglich, sondern nach Abs. 4 S. 3 sogar geboten; hier ist die Beifügung wenigstens eines Teiles eines Doppelnamens zu einem eingliedrigen Ehenamen somit gestattet, so dass der Namensträger einen Teil seines identitätswahrenden vorehelichen Namens beibehalten kann und den anderen aufzugeben hat.

---

133 Zur historischen Begr. *Wagenitz/Bornhofen* Rn. 72.

134 *Hepting* Rn. III-600 f.; *Henrich/Wagenitz/Bornhofen* Rn. 65 f.; Staudinger/*Voppel*, 2018, Rn. 70 mit Beispielen; krit. zur Ausklammerung solcher mehrgliedriger Namen jedoch *Machulla-Notthoff* ZFE 2010, 9 (13).

135 *Wagenitz/Bornhofen* FamRZ 2005, 1425 (1428); *Sacksofsky* FPR 2010, 15 ff.; *Henrich/Wagenitz/Bornhofen* Rn. 58; *v. Schorlemer*, Die zivilrechtlichen Möglichkeiten der Namensänderung, 1998, 86 ff.; Staudinger/*Voppel*, 2018, Rn. 68; zust. hingegen *Machulla-Notthoff* ZFE 2010, 9 (11 ff.).

136 *Hepting* Rn. III-600 f.; *Henrich/Wagenitz/Bornhofen* Rn. 65 f.; Staudinger/*Voppel*, 2018, Rn. 70 mit Beispielen; krit. zur Ausklammerung solcher mehrgliedriger Namen jedoch *Machulla-Notthoff* ZFE 2010, 9 (13).

137 Ebenso *Henrich/Wagenitz/Bornhofen* Rn. 74.

138 So auch *Wagenitz/Bornhofen* FamRZ 2005, 1425 (1428).

139 BVerfGE 123, 90 = NJW 2009, 1657; krit. dazu *Sacksofsky* FPR 2010, 15 (16 ff.); zust. hingegen *Machulla-Notthoff* ZFE 2010, 9 (11 ff.); schon zuvor für Verfassungsmäßigkeit BayObLG FamRZ 2004, 374 f.

140 Krit. zur Regelung *Henrich/Wagenitz/Bornhofen* Rn. 58; *Wagenitz/Bornhofen* FamRZ 2005, 1425 (1428); *v. Schorlemer*, Die zivilrechtlichen Möglichkeiten der Namensänderung, 1998, 90; *Coester* FuR 1994, 1 (2); *Hepting/Dutta* Rn. III-616; Staudinger/*Voppel*, 2018, Rn. 68.

**3. Beifügungserklärung.** Diese **setzt voraus,** dass der beifügende Ehegatte bereits einen Ehenamen führt, der wegen Abs. 4 S. 2 nicht aus mehreren Namen bestehen darf; beifügungsberechtigt ist nur der **mit seinem Namen weichende Ehegatte,** der seinen Wunsch nicht zu begründen hat, auch ist weder eine Anhörung oder Zustimmung des anderen Ehegatten nötig. Die Beifügung erfolgt durch namensgestaltende, amtsempfangsbedürftige Willenserklärung des mit seinem Namen weichenden Ehegatten, welche mit Zugang beim zuständigen Standesamt **wirksam** wird, sofern die übrigen Wirksamkeitsvoraussetzungen gegeben sind. Soweit nachfolgend nichts anderes gesagt wird, gelten die Ausführungen zur Ehenamensbestimmung entsprechend (→ Rn. 26 ff.). 47

Hinsichtlich der **Form** der Beifügungserklärung differenziert Abs. 4 S. 5 seit einer Reform von 2013 (→ Rn. 3) danach, ob diese bei Eheschließung vor einem deutschen Standesamt oder **nachträglich** abgegeben wird: nur im letzten Fall bedarf die Beifügungserklärung **öffentlicher Beglaubigung** (Abs. 4 S. 5), wozu neben Notaren nach § 41 Abs. 1 S. 1 Nr. 2 PStG auch die Standesbeamten befugt sind. Hierdurch sollte ein Gleichlauf mit der Bestimmung des Ehenamens nach Abs. 3 ermöglicht werden.[141] Diese Regelung gilt infolge der Verweisung des Abs. 5 S. 3 für Erklärungen nach Abs. 5 S. 2 entsprechend (→ Rn. 61). Einen **Zeitpunkt** für die Erklärung fixiert das Gesetz nicht. Aus dem Bezug auf die Ehegatten folgt, dass eine verbindliche Beifügungserklärung frühestens mit Vollzug der Eheschließung und danach nur **während der Ehedauer** möglich ist, solange der vom anderen Ehegatten abgeleitete Ehename geführt wird, während sich die Beifügungsmöglichkeit für den geschiedenen oder verwitweten Ehegatten nach Abs. 5 S. 2, 3 richtet.[142] Diese meist nicht gesehene tatbestandliche Differenzierung wirkt sich bei der Bindungswirkung eines Widerrufes nach Abs. 4 S. 4 aus (→ Rn. 54, 62). Als Annex zur Ehenamensbestimmung ist die Beifügungserklärung dieser notwendigerweise zeitlich nachgeschaltet; eine Ausschlussfrist besteht hierfür nicht.[143] 48

Die Erklärung muss erkennen lassen, welchen der nach Abs. 4 wählbaren Namen der Berechtigte beifügen möchte. Ist der gewählte Name **mehrgliedrig** (→ Rn. 46), so hat der Berechtigte gemäß Abs. 4 S. 3 zugleich anzugeben, welcher von beiden Namensteilen hinzugefügt werden soll, widrigenfalls die Erklärung unwirksam ist.[144] Eine **Anfechtung** der Bestimmung des Begleitnamens und seiner Position (Voranstellung oder Anfügung) wegen Willensmängeln ist ebenso wie die Ehenamensbestimmung selbst (→ Rn. 29) grundsätzlich unzulässig,[145] es bleibt nur der Widerruf nach Abs. 4 S. 4 (→ Rn. 54), sofern kein Berichtigungsgrund nach §§ 47 f. PStG vorliegt. 49

**4. Wirkungen.** Gebildet wird der aus Ehe- und Begleitname zusammengesetzte Name durch Verknüpfung mit einem Bindestrich; dieser soll die Zusammengehörigkeit beider Namen und zugleich verdeutlichen, dass der eine Ehe- und der andere Begleitname ist, so dass Missverständnisse vermieden werden.[146] Die **rechtliche Natur** des aus Ehe- und Begleitname gebildeten Namens ist komplex: Der Begleitname ist zunächst reiner **persönlicher Namenszusatz** des mit seinem Namen weichenden Ehegatten. Einerseits ist er wegen der Widerrufsmöglichkeit des Abs. 4 S. 4 grundsätzlich nur lose mit dem Ehenamen verbunden, andererseits ist er von dessen Führung abhängig, indem der Namensverbund gemäß Abs. 5 S. 1 grundsätzlich die Eheauflösung überdauert und der Begleitname zugleich mit der nach Eheauflösung erfolgenden Ablegung des Ehenamens durch Rückkehr zu einem vorehelichen Namen (Abs. 5 S. 2) oder durch Bestimmung eines neuen Ehenamens in einer neuen Ehe entfällt.[147] 50

Ehename und Begleitname bilden zusammen den personenstandsrechtlich zu führenden **persönlichen Familiennamen** des betreffenden Ehegatten, der im amtlichen Verkehr mit Beamten und Behörden zu führen ist (§ 111 OWiG)[148] und im Handelsverkehr gemäß §§ 17, 18 HGB als Firma eines Einzelkaufmanns verwendet werden kann.[149] Der Schutz des § 12 erfasst ebenfalls den Begleitnamen. Er bleibt dem Namensträger solange erhalten, als er die Verbindung nicht durch Widerruf (Abs. 4 S. 4) auflöst oder den Ehenamen nach Eheauflösung ablegt (Abs. 5 S. 2). Es kommt also zu **partieller Namensverschiedenheit** in der Ehe, da der namensgebende Ehegatte rechtlich 51

---

141 Begr. RegE, BT-Drs. 17/10489, 54.
142 Wie hier *Hepting/Dutta* Rn. III-621 f.; aA *Wagenitz/Bornhofen* Rn. 125.
143 BT-Drs. 7/3119, 9; näher dazu *v. Schorlemer,* Die zivilrechtlichen Möglichkeiten der Namensänderung, 1998, 92 f.
144 *Hepting/Dutta* Rn. III-617.
145 Speziell zum Begleitnamen eingehend BayObLGZ 1997, 323 = NJW-RR 1998, 1015 mwN; dem folgend Palandt/*Brudermüller* Rn. 7, 12; aA OLG Celle FamRZ 1982, 267; *v. Schorlemer,* Die zivilrechtlichen Möglichkeiten der Namensänderung, 1998, 93 f.; *Wagenitz/Bornhofen* Rn. 93.
146 KG Berlin NJW 2013, 1891; *Henrich/Wagenitz/Bornhofen* Rn. 77 mit Beispielen.
147 *Hepting/Dutta* Rn. III-631 f.
148 KK-OWiG/*Rogall* § 111 Rn. 41.
149 Baumbach/Hopt/*Hopt* HGB § 19 Rn. 6.

nur den Ehenamen führt und diesem nicht den vorehelichen Namen des anderen hinzufügen darf, doch bleibt ihm dies im rein gesellschaftlichen Verkehr unbenommen.

52 Durch die Beifügung entsteht ein **unechter Doppelname,** weil jene jederzeit nach Abs. 4 S. 4 widerruflich ist; der Doppelname muss sogar aufgespalten werden, wenn aus ihm in einer neuen Ehe ein Begleitname gebildet werden soll (Abs. 4 S. 3). Auf Kinder der Ehegatten geht gemäß § 1616 nur der Ehename ohne den Begleitnamen über, für ein Adoptivkind gehört dieser nach § 1757 Abs. 1 S. 2 auch nicht zum Familiennamen des Annehmenden. Allerdings **ändert** dieser unechte Doppelname seine **rechtliche Qualität,** wenn er in einer neuen Ehe des Namensträgers mit einem Dritten zum Ehenamen bestimmt wird und als solcher kraft Gesetzes auf eheliche Kinder aus dieser Verbindung (§ 1616) oder im Wege der Einbenennung auf – auch eigene – einseitige Kinder übertragen wird; wählen die neuen Ehegatten keinen Ehenamen, so kann der unechte Doppelname als aktuell geführter des einen Ehegatten nach § 1617 zum Kindesnamen bestimmt werden. Auch in anderen Fällen (§§ 1617a, 1617b, 1617c) kann dieser Name als aktuell geführter des namensgebenden Elternteils auf dessen Kinder aus anderen Verbindungen übergehen. In all diesen Konstellationen **mutiert** der unechte zu einem **echten Doppelnamen.** Das sinnwidrige Ergebnis beruht darauf, dass der seit dem 1. EheRG stereotype (aber nur noch in § 1757 Abs. 1 S. 2 beibehaltene) Zusatz, der Begleitname gelte insoweit nicht als Ehename,[150] vom KindRG weggelassen wurde.

53 Inwieweit **Änderungen des Geburtsnamens,** der zum Begleitnamen bestimmt worden ist, sich auf letzteren auswirken, ist **strittig:** Man könnte ab Wirksamwerden der Beifügung des Begleitnamens im Interesse der Namenskontinuität dessen Versteinerung befürworten. Der Geburtsname als Begleitname soll aber gerade Abstammungsverhältnisse offen legen und daher grundsätzlich spätere Veränderungen nachzeichnen.[151] Fügt der Ehegatte seinen Geburtsnamen bei, so muss er daher hinnehmen, dass dieser sich nachträglich ändern kann und dies auf den davon abgeleiteten Begleitnamen durchschlägt. Freilich hat er es in den meisten Fällen in der Hand, die Erstreckung einer Änderung des elterlichen Bezugsnamens auf seinen Geburtsnamen (§ 1617a Abs. 2, §§ 1617b, 1617c, 1618 BGB) und damit mittelbar auf den davon abgeleiteten Begleitnamen dadurch zu vermeiden, dass er sich dieser nicht anschließt (§ 1617c Abs. 1 BGB). Bei der adoptionsbedingten Änderung des Geburtsnamens gibt es eine solche Möglichkeit hingegen nicht, so dass der zum Begleitnamen bestimmte ursprüngliche Geburtsname sich kraft Gesetzes in den neuen wandelt (→ § 1767 Rn. 90); missfällt dies dem Namensträger, so kann er lediglich die Beifügung des Geburtsnamens widerrufen.[152]

54 **5. Widerruf.** Die Hinzufügung eines Begleitnamens ist mit Wirkung ex nunc jederzeit widerruflich (Abs. 4 S. 4). Alleiniges Ziel ist die Beseitigung der Beifügung des Begleitnamens, weil die dadurch ermöglichte Rückkehr zum eingliedrigen Ehenamen dem gesetzlichen Leitbild des Abs. 1 S. 1 entspricht. Dagegen soll der Widerruf keine Korrektur der Namenswahl ermöglichen und schließt daher die Wahl eines anderen Begleitnamens (vor Ehenamensbestimmung geführter statt Geburtsname oder umgekehrt) oder einen Wechsel seiner Position (von Voranstellung zu Anfügung oder umgekehrt) aus.[153] Eine solche Korrektur kann nach hier vertretener Ansicht nicht durch Anfechtung der Beifügungserklärung (→ Rn. 49), sondern nur nach dem NamensÄndG erreicht werden. Der einmal erklärte Widerruf ist **während der Ehedauer bindend,** so dass eine erneute Beifügung eines Begleitnamens – und sei es auch eines anderen als des widerrufenen – ausgeschlossen ist; allerdings erlangt der Namensträger nach Auflösung der Ehe gemäß Abs. 5 wieder Wahlfreiheit und kann dem fortgeführten Ehenamen aus der aufgelösten Ehe erneut einen Begleitnamen beifügen, selbst den zuvor durch Widerruf abgelegten (→ Rn. 60).[154] Im Übrigen gelten die Ausführungen zur Beifügungserklärung für den Widerruf als einer namensbestimmenden Willenserklärung einschl. des Formerfordernisses (Abs. 4 S. 5) entsprechend (→ Rn. 47 ff.).

55 **6. Vereinbarungen und Verzicht.** Vorherige Abreden über die Hinzufügung eines Begleitnamens oder deren Unterlassung sind zwar zulässig, vermögen das Standesamt indes nicht zu binden

---

150 Für nichteheliche Kinder zB § 1617 Abs. 1 S. 2 idF des FamNamRG.

151 *v. Sachsen Gessaphe* LMK 2011, 327385; *Hepting/Dutta* Rn. III-605; BeckOGK/*Kienemund* Rn. 75; Staudinger/*Voppel*, 2018, Rn. 78; *v. Schorlemer,* Die zivilrechtlichen Möglichkeiten der Namensänderung, 1998, 82; *Henrich/Wagenitz/Bornhofen* Rn. 84.

152 BGH NJW 2011, 3094 mit zust. Anm. *v. Sachsen Gessaphe* LMK 2011, 327385, und hins. der Volljährigenadoption mit krit. Anm. *Maurer* FamRZ 2011, 1720 f.; OLG Celle StAZ 2011, 112; Palandt/*Götz* § 1767 Rn. 11; dem folgend BeckOK BGB/*Pöcker* § 1767 Rn. 18, 18.1; Staudinger/*Voppel*, 2018, Rn. 78a; allgemein für einen automatischen Wechsel *Seeger* MittBayNot 2002, 229 (236).

153 Zu letzterem BayObLGZ 1997, 323 = NJW-RR 1998, 1015; wie hier *Wagenitz* FamRZ 1994, 409 (411); Staudinger/*Voppel*, 2018, Rn. 72; *Gernhuber/Coester-Waltjen* FamR § 16 Rn. 19.

154 So auch Staudinger/*Voppel*, 2018, Rn. 73.

und sind überdies von geringer Wirkungskraft (→ Rn. 38).[155] Hingegen sind Vereinbarungen für den Fall der Scheidung oder den Tod des anderen Ehegatten wirksam und bindend (→ Rn. 63) und können nach § 894 ZPO direkt oder über § 120 Abs. 1 FamFG durch Verurteilung zur Abgabe einer öffentlich beglaubigten Erklärung gegenüber dem zuständigen Standesamt erzwungen werden; eine solche Erklärung ist nicht mehr widerruflich.[156]

### V. Der Name verwitweter oder geschiedener Ehegatten (Abs. 5)

**1. Grundsatz: Beibehaltung des Ehenamens (S. 1).** Traditionsgemäß behält ein Ehegatte 56
den Ehenamen gemäß Abs. 5 S. 1 auch nach Auflösung seiner Ehe durch Scheidung oder Tod. Die Perpetuierung des Ehenamens gehört zu den persönlichen Nachwirkungen der Ehe und entspricht dem Grundsatz der **Namenskontinuität.** Sie überdauert selbst eine erneute Heirat und endet erst, wenn der Namensträger den Ehenamen gemäß Abs. 5 S. 2 zu Gunsten eines früheren Namens ablegt oder in einer neuen Verbindung einen davon abweichenden Ehenamen annimmt. Die Namenskontinuität nach Eheauflösung kann seit der Reform von 2005 sogar dazu führen, dass der Ehename – mit oder ohne Begleitnamen – in einer neuen Ehe des Namensträgers als dessen aktuell geführter Name zum Ehenamen und so zum Familiennamen eines Dritten wird. Die Namensfortführung stellt den Grundsatz dar, denn sie tritt ein, solange der Namensträger nicht eine Erklärung nach Abs. 5 S. 2 abgibt; es bedarf also weder einer Erklärung oder gar Begründung des Namensträgers noch einer Zustimmung des früheren, namensgebenden Ehegatten. Zu Beschränkungen des Rechts zur Namensfortführung → Rn. 63 f. Ungeachtet der Statusänderung behält der fortgeführte Ehename seine **rechtliche Qualität** bei: Die Beifügung eines Begleitnamens bleibt erhalten, solange der Namensträger diese nicht durch Widerruf nach Abs. 4 S. 4 auflöst oder den Ehenamen aufgibt; sie ist sogar noch nach Eheauflösung möglich, selbst nach erneuter Heirat, sofern nur der Ehename weiter geführt wird. Nach Eheauflösung – sei es durch Tod oder durch Scheidung – eintretende **Änderungen** des dem Ehenamen zu Grunde liegenden Geburtsnamens des namensgebenden Ehegatten wirken sich für keinen der Ehegatten auf den Ehenamen aus, da die hierfür nötige Zustimmung des anderen Ehegatten nicht mehr möglich ist.[157] Will der namensgebende Ehegatte seinen geänderten Geburtsnamen führen, hat er zu dessen Gunsten den Ehenamen nach Abs. 5 S. 2 abzulegen.

Nicht **anwendbar** ist Abs. 5 auf Ehegatten, welche bei Eheauflösung keinen Ehenamen führen; 57
es bleibt bei deren getrennter Namensführung. Umstritten ist die Anwendbarkeit bei **Aufhebung** einer Ehe: Einige befürworten eine (entsprechende) Anwendung des Abs. 5 und damit eine Fortführung des Ehenamens aus der aufgehobenen Ehe, da die unterbliebene Verweisung auf das Ehenamensrecht eine planwidrige Lücke darstelle,[158] während andere dies angesichts des streng formulierten § 1318 ablehnen mit der Folge des Fortfalls des Ehenamens für den nicht namensspendenden Partner.[159] Eine pauschale (analoge) Anwendung des § 1355 Abs. 5 wird indes den wertungsmäßigen Unterschieden zwischen Scheidung und Eheaufhebung nicht gerecht, vielmehr ist sie nur hinsichtlich des/der gutgläubigen Ehegatten angezeigt (→ § 1318 Rn. 19 f.).[160] Seit dem EheschlRG ist insbes. eine bloß zwecks **Namenserwerbs** geschlossene **Scheinehe** jedenfalls bei nicht hinnehmbarem Missbrauch der Eheschließungsform nach § 1314 Abs. 2 Nr. 5 aufhebbar (→ § 1318 Rn. 20).[161]

---

[155] Ebenso *Henrich/Wagenitz/Bornhofen* Rn. 80; *Hepting/Dutta* Rn. III-620; näher dazu *v. Schorlemer,* Die zivilrechtlichen Möglichkeiten der Namensänderung, 1998, 95 f.

[156] Nur zu letzterem wie hier *Gernhuber/Coester-Waltjen* FamR § 16 Rn. 20; Staudinger/*Voppel*, 2018, Rn. 75; eingehend *v. Schorlemer,* Die zivilrechtlichen Möglichkeiten der Namensänderung, 1998, 95 ff.

[157] *Henrich/Wagenitz/Bornhofen* Rn. 96; näher dazu *v. Schorlemer,* Die zivilrechtlichen Möglichkeiten der Namensänderung, 1998, 103 ff.

[158] *Henrich/Wagenitz/Bornhofen* Rn. 93; *Hepting/Dutta* Rn. III-637; NK-BGB/*Finger* § 1318 Rn. 25; *Gernhuber/Coester-Waltjen* FamR § 14 Rn. 26 (anders aber ebd. § 16 Rn. 24 Fn. 47); iE ebenso Erman/*Roth* § 1318 Rn. 11.

[159] OLG Celle NJW 2013, 2292 (2293 f.) = FamRZ 2013, 955 m. krit. Anm. *Keuter* FamRZ 2013, 1936 ff., für den entschiedenen Fall zust. hingegen *Brammen* FamFR 2013, 168; *Bosch* NJW 1998, 2004 (2011); 4. Aufl. Rn. 25 *(Wacke)*; BeckOK BGB/*Hahn* Rn. 18, § 1318 Rn. 23; Staudinger/*Voppel*, 2018, Rn. 80; *Gernhuber/Coester-Waltjen* FamR § 16 Rn. 24 Fn. 47, wenngleich krit. (vgl. aber ebd. § 14 Rn. 26); wohl auch Palandt/*Brudermüller* § 1318 Rn. 16.

[160] Eingehend dazu *Winkler,* Der Ehename bei Eheaufhebung, 2005, 81 ff., 115 ff.; ebenso NK-BGB/*Wellenhofer* Rn. 14; für einen Anspruch des namensspendenden vormaligen Ehegatten gegen den anderen auf Ablegung des Ehenamens in besonders krassen Fällen hingegen *Keuter* FamRZ 2013, 1936 (1938).

[161] Allg. hierfür *Winkler,* Der Ehename bei Eheaufhebung, 2005, 107; *v. Hein* FamRZ 2005, 519 (521); wie hier restriktiv; *Hepting* FamRZ 1998, 713 (722) bei Fn. 113 (entgeltlicher Namensschacher); Staudinger/*Voppel*, 2018, Rn. 121 und Staudinger/*Voppel*, 2015, § 1314 Rn. 70; Palandt/*Brudermüller* § 1314 Rn. 14; BeckOK BGB/*Hahn* § 1314 Rn. 13. Zur wechselvollen Gesetzgebungsgeschichte s. *Wacke* FS Medicus,

Entgegen der für die Aufhebung von § 19 EheG angeführten amtlichen Begründung zum 1. EheRG gibt es unter Ausnutzung menschlicher Eitelkeit einen gewerbsmäßigen Handel mit ehemaligen Adelsprädikaten und akademischen Titeln, so dass die Frage durchaus praxisrelevant ist; aA → § 1314 Rn. 34 (*Wellenhofer*).[162] Die Beseitigung der Befugnis zur Führung des Ehenamens ist das Ziel dieser Aufhebungsklage; ein Recht zur Namensfortführung wäre in diesem Falle sinnwidrig.[163]

58 **2. Abweichende oder ergänzende Wahlmöglichkeiten (S. 2).** Die Namenskontinuität wird keinem Ehegatten nach Beendigung der Ehe aufgezwungen.[164] Die Gründe für die Einheit des Ehenamens entfallen mit der Eheauflösung.[165] Abs. 5 S. 2 räumt daher geschiedenen oder verwitweten Ehegatten eine **mehrfache Dispositionsbefugnis** ein: Solange sie keine namensbezogenen Erklärungen abgeben, behalten sie den Ehenamen, ggf. in Verbindung mit einem Begleitnamen. Stattdessen kann der Ehename zu Gunsten eines früheren Namens abgelegt (Abs. 5 S. 2 Fälle 1 und 2) oder zwar beibehalten, diesem aber ein früherer Name hinzugefügt werden (Abs. 5 S. 2 Fälle 3 und 4). Eine Erweiterung dieser Wahlmöglichkeiten auf einen anderen, danach nicht wählbaren Namen, zB den Geburtsnamen eines Elternteils, kann grundsätzlich nicht im Wege der öffentlich-rechtlichen Namensänderung erreicht werden, denn sonst müsste ein wichtiger Grund iSd § 3 NamensÄndG hinsichtlich jedes der nach Abs. 5 zur Wahl stehenden Namens gegeben sein.[166] Grundvoraussetzung für eine Wahl nach Abs. 5 S. 2 ist, dass der in der (zuletzt) aufgelösten Ehe bestimmte **Ehename noch geführt** wird.

59 **a) Wiederannahme des vorehelichen Namens.** Der Ehename aus der aufgelösten Ehe kann abgelegt und durch den Geburtsnamen oder den vor der Bestimmung des abgelegten Ehenamens geführten Namen ersetzt werden, Abs. 5 S. 2 Fälle 1 und 2; die Wiederannahme ist **unwiderruflich,** → Rn. 62. Zum **Geburtsnamen** iSd Abs. 6 → Rn. 20. Auch der namensgebende Ehegatte kann zu seinem Geburtsnamen, von dem sich der abzulegende Ehename ableitet, zurückkehren, wenn der Geburtsname sich nachträglich geändert hat, der Ehename aber nicht (→ Rn. 20). Die Rückkehr zu einem **früher geführten Namen** steht ebenfalls beiden Ehegatten offen und setzt voraus, dass der Erklärende ihn bis zur Bestimmung des Ehenamens aus der aufgelösten Ehe getragen hatte. Vielfach wird es sich dabei um den Ehenamen aus einer Vorehe handeln; einer Einwilligung des namensgebenden früheren Ehepartners bedarf es hierzu nicht. Der Bezug auf den Zeitpunkt der Bestimmung des jetzt abzulegenden Ehenamens bedeutet aber nicht, dass einem mehrfach verheirateten Ehegatten die Rückkehr zu einem noch vor diesem Zeitpunkt geführten Namen, zB zum Ehenamen aus einer Vorvorehe, verschlossen wäre; vielmehr erlaubt die Vorschrift den **gestuften Rückgriff** auf zwischenzeitlich abgelegte Ehenamen aus früheren Ehen, um einen solchen ggf. für eine weitere Ehe zur Wahl zu stellen: Der wiederangenommene Ehename aus einer Vorehe kann als solcher seinerseits nach Abs. 5 S. 2 abgelegt werden, usw. (→ Rn. 23). Allerdings scheidet ein gestufter Rückgriff aus, wenn der Ehename aus der Vorehe im maßgeblichen Zeitpunkt gar nicht mehr geführt, sondern zuvor seinerseits nach Abs. 5 S. 2 abgelegt worden war.[167] Wählbar ist der früher geführte Name nur in der **konkreten Form,** in welcher er im maßgeblichen Zeitpunkt rechtlich zu führen war: War dem Ehenamen aus der Vorehe damals ein Begleitname beigefügt worden, so steht allein dieser unechte Doppelname in der damals gebrauchten Reihenfolge als rechtlich zu führender Name zur Wahl, doch kann der Namensträger nach Rückkehr zu diesem den Begleitnamen durch Widerruf nach Abs. 4 S. 4 davon abspalten.

60 **b) Beibehaltung des Ehenamens und Hinzufügung eines früheren Namens.** Der geschiedene oder verwitwete Ehegatte kann den Ehenamen aus der aufgelösten Ehe beibehalten und ihm den Geburtsnamen oder den zur Zeit der Bestimmung des Ehenamens geführten Namen hinzufügen. Abs. 5 betont die **Eigenständigkeit** des darin normierten Beifügungsrechts gegenüber dem des Abs. 4: Es steht **jedem** der **Ehegatten** und nicht nur dem mit seinem Namen weichenden zu; freilich macht dies bloß Sinn, wenn der fortgeführte Ehename und der Begleitname nicht identisch sind.[168] Widerruft der mit seinem Namen weichende Ehegatte während der Ehe die

---

1999, 651 (665, 670 ff.); s. auch *Eisfeld,* Die Scheinehe in Deutschland im 19. und 20. Jahrhundert, 2005, der die jetzige Norm für verfassungswidrig hält, S. 234 ff.

162 Dazu auch *v. Spoenla-Metternich,* Namenserwerb, Namensführung und Namensänderung, 1997, 249; *Wacke* FamRZ 1999, 977; *Eisfeld,* Die Scheinehe in Deutschland im 19. und 20. Jahrhundert, 2005, 1, 208.

163 *Winkler,* Der Ehename bei Eheaufhebung, 2005, 174 ff., 192; für den entschiedenen Fall ist daher OLG Celle NJW 2013, 2292 (2293 f.) = FamRZ 2013, 955 zuzustimmen.

164 *Gernhuber/Coester-Waltjen* FamR § 16 Rn. 24.

165 BT-Drs. 7/650, 119.

166 VG München BeckRS 2018, 20433 Rn. 24.

167 *Henrich/Wagenitz/Bornhofen* Rn. 106.

168 *Wagenitz/Bornhofen* FamRZ 2005, 1425 (1429) mit teils paradoxen Beispielen für diese Regelung.

Beifügung eines Begleitnamens nach Abs. 4 S. 4, so kann er ungeachtet dessen nach Auflösung der Ehe dem fortgeführten Ehenamen nach Maßgabe des Abs. 5 S. 2 den gleichen oder einen anderen Begleitnamen beifügen, sein Beifügungsrecht lebt insoweit wieder auf.[169] Zum Widerruf dieser Beifügung → Rn. 62.

**3. Namensrechtliche Erklärungen.** Die Erklärungen über die Wiederannahme oder die Hinzufügung eines früheren Namens weisen dieselbe Rechtsnatur wie die Erklärungen über die Ehenamensbestimmung (→ Rn. 27 ff.) oder die Beifügung eines Begleitnamens (→ Rn. 47 ff.) auf, so dass insoweit sowie hinsichtlich der Voraussetzungen, dem Wirksamwerden und den Wirkungen auf die dortigen Ausführungen verwiesen wird, sofern hier nichts Abweichendes gesagt wird. Wegen der Verweisung des Abs. 5 S. 3 auf Abs. 4 S. 5 gilt hinsichtlich der Form der Erklärung das zur Beifügung eines Begleitnamens Gesagte entsprechend (→ Rn. 48). Die Erklärungen können bei Auflösung der Ehe und danach noch **jederzeit** abgegeben werden, selbst nach erneuter Eheschließung, doch endet das Erklärungsrecht mit Bestimmung eines neuen Ehenamens in einer neuen Ehe. Wird der frühere Ehename dem neuen Ehenamen einer erneuten Ehe beigefügt, so ist er nicht mehr Ehename und kann daher nicht nach Abs. 5 S. 2 geändert werden. 61

**4. Verweisung auf Abs. 4, insbes. Widerruf.** Die Bedeutung der Verweisung in Abs. 5 S. 3 ist **umstritten.** Im Gesetzgebungsverfahren war lediglich ein Bezug zur Beifügung eines Begleitnamens hergestellt worden; für diesen Fall sollte ein einmaliger Widerruf möglich sein.[170] Überwiegend wird die Verweisung daher zu Recht so verstanden, dass sie mit Ausnahme des Formerfordernisses des Abs. 4 S. 5 nur die Beifügung eines Begleitnamens betrifft, die einmal widerruflich sein soll; dagegen ist die **Wiederannahme** eines früheren Namens **unwiderruflich,** so dass eine Rückkehr zu dem zuvor geführten Ehenamen auf diesem Wege ausscheidet.[171] Hinsichtlich der Beifügung eines Begleitnamens zum fortgeführten Ehenamen erfasst die Verweisung hingegen den Abs. 4 insgesamt: das Verbot mehrgliedriger Namensketten in S. 2 und 3, die einmalige Widerrufsmöglichkeit des S. 4 sowie das Formerfordernis des S. 5.[172] Zum Verhältnis von Abs. 5 und 4 → Rn. 60. 62

**5. Vereinbarungen und Verzicht.** Aus der Möglichkeit, auf die grundsätzlich vorgesehene Fortführung des Ehenamens nach Scheidung gemäß § 1355 Abs. 5 S. 2 zu verzichten, folgt, dass Ehegatten vor oder während der Ehe – in einem Ehevertrag oder einer Scheidungsvereinbarung – wirksam die Verpflichtung des mit seinem Namen weichenden Ehegatten vereinbaren können, nach Scheidung oder Tod des anderen Ehegatten den durch Eheschließung erworbenen Ehenamen aufzugeben; das Persönlichkeitsrecht des verpflichteten Ehegatten an dem als eigenem Familiennamen erheirateten Ehenamen steht dem nicht entgegen.[173] Diese Verpflichtung ist einklagbar und nach § 894 ZPO direkt oder über § 120 Abs. 1 FamFG vollstreckbar durch Verurteilung zur Abgabe einer öffentlich beglaubigten Erklärung gegenüber dem zuständigen Standesamt, den Geburtsnamen oder den vor der Ehe geführten oder sonst vereinbarten Namen anzunehmen.[174] Hat der verpflichtete Ehegatte nach Scheidung der Ehe entgegen der Vereinbarung den vom anderen Ehegatten abgeleiteten Ehenamen zum Ehenamen in einer neuen Ehe mit einer dritten Person bestimmt, so ist seine Ehenamensbestimmung nach § 138 Abs. 1 nichtig; die mithin unwirksame Ehenamensbe- 63

---

169 Ebenso Staudinger/*Voppel*, 2018, Rn. 73, 94; *Seeger* MittBayNot 2002, 229 (237); aA *v. Schorlemer,* Die zivilrechtlichen Möglichkeiten der Namensänderung, 1998, 110, freilich zum alten Recht.

170 BT-Drs. 12/5982, 18.

171 OLG Frankfurt NJW-RR 2010, 73 = StAZ 2010, 12; *Wagenitz* FamRZ 1994, 409 (412); *Wagenitz/Bornhofen* Rn. 121; *Gaaz* StAZ 2006, 157 (162) Fn. 43; BeckOK BGB/*Hahn* Rn. 21; BeckOGK/*Kienemund* Rn. 91; Staudinger/*Voppel*, 2018, Rn. 101; *Henrich/Wagenitz/Bornhofen* Rn. 109; *v. Schorlemer,* Die zivilrechtlichen Möglichkeiten der Namensänderung, 1998, 107, 112; zweifelnd *Hepting/Dutta* Rn. III-648.

172 *Bornhofen* StAZ 2005, 226 (228); Staudinger/*Voppel*, 2018, Rn. 101 ff.

173 BGHZ 175, 173 Rn. 17 ff. = NJW 2008, 1528 = FamRZ 2008, 859 (860 f.); mit zust. Anm. *Hohloch* LMK 2008, 259989 und *Löhnig* JA 2009, 64 (65 f.); OLG Frankfurt StAZ 1971, 137; LG Bonn MittBayNot 2008, 134; für auf den Fall einer Wiederheirat bedingten Verzicht RGZ 86, 114; eingehend *Everts* FamRZ 2005, 249 ff. (253 f.); ebenso *v. Oertzen/Engelmeier* FamRZ 2008, 1133 (1135); *Gernhuber/Coester-Waltjen* FamR § 16 Rn. 27; Staudinger/*Voppel*, 2018, Rn. 110; BeckOGK/*Kienemund* Rn. 95; BeckOK BGB/*Hahn* Rn. 17; *v. Hein* FamRZ 2004, 519 (521); grundsätzlich auch *Seeger* MittBayNot 2002, 229 (238 f.); *v. Schorlemer,* Die zivilrechtlichen Möglichkeiten der Namensänderung, 1998, 112 ff.; aA *Wagenitz/Bornhofen* Rn. 120.

174 BGHZ 175, 173 Rn. 28 ff. = NJW 2008, 1528 = FamRZ 2008, 859 (862) implizit; RG SeuffA 76 Nr. 55; LG Bonn MittBayNot 2008, 134; LG München I FamRZ 2000, 1168; AG Hamburg NJW 2010, 1890 (1891); *v. Oertzen/Engelmeier* FamRZ 2008, 1133 (1137 f.); *Seeger* MittBayNot 2002, 229 (238); *Everts* FamRZ 2005, 249 (253); *v. Hein* FamRZ 2004, 519 (521); Staudinger/*Voppel*, 2018, Rn. 110b; BeckOGK/*Kienemund* Rn. 97; diff. nach dem Inhalt der Vereinbarung, *v. Schorlemer,* Die zivilrechtlichen Möglichkeiten der Namensänderung, 1998, 114.

stimmung ist im Eheregister zu berichtigen.[175] Gleiches muss für die Verpflichtung gelten, den erheirateten Ehenamen nicht in einer neuen Ehe mit einem Dritten zum Ehenamen zu bestimmen, doch sollten derartige Unterlassungsverpflichtungen zu ihrer Durchsetzung mit einer Vertragsstrafe sanktioniert werden.[176] Die Berufung auf solche Vereinbarungen kann im Einzelfall nach § 242 rechtsmissbräuchlich sein,[177] doch ist dies nicht automatisch bei langer Ehedauer und gemeinsamen Kindern der Fall.[178] Ein entgeltlicher Verzicht kann im Einzelfall im Hinblick auf die Höchstpersönlichkeit des Namensrechts sittenwidrig sein (§ 138).[179] Umgekehrt ist eine Verpflichtung zur Fortführung des Ehenamens denkbar, etwa im Hinblick auf die Namenseinheit zu ehelichen Kindern.[180] Zur Wirksamkeit eines Verzichts auf die Beifügung eines Begleitnamens → Rn. 55; es ist jedoch im Wege der Auslegung zu ermitteln, ob dieser sich auch auf die Zeit nach Eheauflösung erstrecken soll.

64 **6. Namensaberkennung.** Die Befugnis des Mannes, einer schuldig geschiedenen Frau die Weiterführung seines Namens zu untersagen (§ 56 aF EheG), beseitigte das 1. EheRG zusammen mit dem Verschuldensprinzip. Zugleich entfiel seine Untersagungsbefugnis, falls sich die Frau später einer schweren sittlichen Verfehlung schuldig machte (§ 57 aF EheG).[181] Da der vom anderen Ehegatten abgeleitete Ehename nicht bloß geliehener, sondern zu eigenem Recht erworbener Name des mit seinem Namen weichenden Ehegatten wird (→ Rn. 9), hat der namensgebende Ehegatte grundsätzlich **kein Recht zur Untersagung** der Fortführung des Ehenamens durch den anderen Ehegatten[182] oder der Weitergabe durch ihn an einen neuen Ehegatten; eine Untersagung kommt nur in Fällen krassen Rechtsmissbrauchs als Sanktion für ein in so hohem Maße zu missbilligendes Verhalten des anderen Ehegatten in Betracht, dass die Fortführung – oder Weitergabe – des Namens gegen Treu und Glauben verstößt.[183]

## VI. Internationales Privatrecht

65 **1. Autonomes deutsches IPR.** Die Bestimmung des Ehenamens unterliegt gemäß Art. 10 Abs. 1 EGBGB dem Personalstatut eines jeden Ehegatten, vorbehaltlich einer abweichenden Rechtswahl nach Art. 10 Abs. 2 EGBGB (→ 7. Aufl. 2018, EGBGB Art. 10 Rn. 86 ff.). Durch die Zulassung der Ehe zwischen Personen gleichen Geschlechts können auch gleichgeschlechtliche Ehegatten, die im Ausland eine nach dortigem Recht mögliche Ehe geschlossen haben, bei Wahl deutschen Rechts als Namensstatut nach Art. 10 Abs. 2 EGBGB einen Ehenamen bestimmen.[184] Bei gemischtnationalen Ehen kann Art. 10 Abs. 1 EGBGB zur Anwendung zweier unterschiedlicher Ehenamensstatute führen; dadurch entstehende Spannungen sind im Wege der Angleichung zu lösen; aA → 7. Aufl. 2018, Art. 10 EGBGB Rn. 93 f. (*Lipp*).[185] Der Wahl eines Namens als Ehename nach § 1355 kann bei Sachverhalten mit Auslandsbezug kollisionsrechtliche Bedeutung zukommen: So ist eine gemeinsame Erklärung eines ausländischen und eines deutschen Ehegatten, den Mannesnamen als Ehenamen führen zu wollen, hinsichtlich des deutschen Ehegatten als gemeinsame Ehenamensbestimmung nach dem für diesen gemäß Art. 10 Abs. 1 EGBGB maßgeblichen § 1355 Abs. 2 anzusehen, wenn dies im Ergebnis mit dem vom ausländischen Ehegatten nach dessen Heimatrecht kraft Gesetzes zu führenden Namen (hier der Mannesname nach türkischem Recht) übereinstimmt.[186] In der Bestimmung eines Ehenamens nach § 1355 kann eine konkludente Rechtswahl nach Art. 10

---

175 AG Hamburg NJW 2010, 1890; BeckOGK/*Kienemund* Rn. 97.

176 Dazu *Everts* FamRZ 2005, 249 (251, 253); Staudinger/*Voppel*, 2018, Rn. 110b; die Verknüpfung jeglicher Namensvereinbarung mit einer Vertragsstrafe empfehlen *v. Oertzen/Engelmeier* FamRZ 2008, 1133 (1138).

177 ZB bei Verstoß gegen das Wohl der den Ehenamen als Familiennamen führenden ehelichen Kinder, dazu *Everts* FamRZ 2005, 249 (251).

178 BGHZ 175, 173 Rn. 25 f. = NJW 2008, 1528 = FamRZ 2008, 859 (862).

179 Offengelassen in BGHZ 175, 173 Rn. 20 = NJW 2008, 1528 = FamRZ 2008, 859 (861); bejahend LG Bonn MittBayNot 2008, 134; eingehend dazu *Everts* FamRZ 2005, 249 (250 f.); nur in seltensten Fällen bejahend *v. Oertzen/Engelmeier* FamRZ 2008, 1133 (1135 ff.); vorsichtig *Gernhuber/Coester-Waltjen* FamR § 16 Rn. 27 (es liegt nahe); ablehnend *Löhnig* JA 2009, 64 (65 f.); anders noch RG SeuffA 76 Nr. 55.

180 *Gernhuber/Coester-Waltjen* FamR § 16 Rn. 27; Staudinger/*Voppel*, 2018, Rn. 110; *v. Schorlemer*, Die zivilrechtlichen Möglichkeiten der Namensänderung, 1998, 112 ff.

181 Dazu *Gaaz* StAZ 2006, 157 (158); Staudinger/*Voppel*, 2018, Rn. 1 ff., 106.

182 BGH NJW-RR 2005, 1521 = FamRZ 2005, 1658 mit zT krit. Anm. *Wellenhofer* LMK 2005, 159865; ebenso *Gernhuber/Coester-Waltjen* FamR § 16 Rn. 26 mwN.

183 BGH NJW-RR 2005, 1521 = FamRZ 2005, 1658.

184 Zur abweichenden früheren Rechtslage BGH NJW 2016, 2953.

185 Staudinger/*Hausmann*, 2019, EGBGB Art. 10 Rn. 232 ff.; ebenso *Hepting/Dutta* Rn. III-668 ff., jeweils mit Beispielsfällen.

186 OLG Stuttgart FamRZ 2007, 149 = StAZ 2006, 361.

Abs. 2 EGBGB enthalten sein, sofern im konkreten Fall hinreichend deutlich auf einen entsprechenden Rechtswahlwillen der Eheleute geschlossen werden kann.[187] Ehegatten, die unter dem für ihre Namensführung zuvor maßgebenden ausländischen Recht bereits einen Ehenamen bestimmt hatten, können, wenn für sie nunmehr deutsches Recht über Art. 10 Abs. 1 oder Abs. 2 EGBGB anwendbar wird, unter Ausschöpfung sämtlicher Möglichkeiten des § 1355 ihren Ehenamen mit Wirkung ex nunc neu bestimmen[188] oder statt des Ehenamens zu getrennter Namensführung übergehen,[189] zumal die erforderlichen namensrechtlichen Erklärungen jeweils auch nach Eheschließung abgegeben werden können; das betrifft insbes. Spätaussiedler. Eine Durchbrechung des Ehenamensstatuts soll sogar ohne Statutenwechsel möglich sein, wenn dieses (hier türkisches Recht) einem deutschen Ehegatten die Fortführung des Ehenamens nach Scheidung verwehrt; analog Art. 10 Abs. 2 EGBGB ist ihm die Rückkehr zum deutschen Recht und damit zur Namensfortführung nach § 1355 Abs. 5 S. 1 zu ermöglichen.[190]

**2. Statutenwechsel zum deutschen Recht (Art. 47 EGBGB).** Kommt es bezüglich eines Ehegatten zu einem Wechsel des bislang ausländischen Namensstatuts zum deutschen Recht nach Art. 10 Abs. 1 oder 2 EGBGB, so kann dies zu Problemen führen, wenn das ausländische Namensstatut zB keine Unterscheidung zwischen Vor- und Familiennamen oder unbekannte Namensbestandteile wie Vatersnamen kennt; dem deutschen Namensrecht liegt nämlich die Einteilung in Vor- und Familiennamen zu Grunde.[191] Zur Lösung solcher Probleme gibt es Regelungen speziell für Aussiedler in § 94 BVFG[192] und allgemein in Art. 47 EGBGB.[193] Bei dieser Norm handelt es sich um eine namensrechtliche Sachnorm des deutschen Rechts mit Auslandsbezug, welche entgegen verbreiteter Ansicht nicht zu einer internationalprivatrechtlichen Angleichung (→ 7. Aufl. 2018, EGBGB Art. 47 Rn. 3),[194] sondern zur **Transposition** ausländischer Namensbestandteile in solche des deutschen Rechts führt.[195] So kann eine ausländische Person, die nach ihrem ausländischen Namensstatut lediglich Eigennamen führt, bei Wahl deutschen Rechts nach Art. 10 Abs. 2 EGBGB aus den Eigennamen gem. Art. 47 Abs. 1 Nr. 1 EGBGB den/die Vornamen sowie den Familiennamen bestimmen (Sortiererklärung), um den so gebildeten Familiennamen nach § 1355 Abs. 2 zum Ehenamen oder nach § 1355 Abs. 4 zum Begleitnamen wählen zu können.[196] Besondere Probleme birgt die Namensführung von vormals ausländischem Namensrecht unterstehenden Namensträgerinnen aus dem slawischen Rechtskreis: Sie können gem. Art. 47 Abs. 1 Nr. 4 EGBGB statt der weiblichen Form nun die ursprüngliche Form ihres Namens annehmen, zB Golowin statt Golowina, sofern es eine solche in dem betreffenden Namensrecht überhaupt gibt,[197] müssen dies aber nicht. Hierbei handelt es sich nicht um Fälle der Transposition, sondern lediglich einer sprachlichen Anpassung an die neue Umwelt.[198] Der nach Art. 47 EGBGB geänderte Name steht dann als Ehe- oder Begleitname zur Wahl, sofern ein solcher noch nicht gebildet wurde; war der zu ändernde Name hingegen bereits zum Ehenamen bestimmt worden, so ist dessen Änderung während der Ehedauer nur durch gemeinsame Erklärung(en) der Ehegatten möglich, Art. 47 Abs. 1 S. 2 EGBGB. 66

**3. Namenserwerb im EU-Ausland (Art. 48 EGBGB).** Um dem Einfluss der europäischen Grundfreiheiten auf die Namensführung in Sachverhalten mit Bezug zum EU-Ausland gerecht zu werden, wurde **Art. 48 EGBGB** geschaffen, wonach ein während eines gewöhnlichen Aufenthaltes im EU-Ausland erworbener und dort registrierter Name, der von dem nach deutschem Namensrecht zu führenden abweicht, grundsätzlich durch Erklärung gewählt werden und so auch zum Ehenamen bestimmt werden kann (→ 7. Aufl. 2018, EGBGB Art. 48 Rn. 1 ff.). Der EuGH hat klargestellt, dass eine **freiwillige Namensänderung** in einem **EU-Staat,** dessen Staatsangehörigkeit der Betroffene 67

[187] OLG Nürnberg NJOZ 2017, 88 Rn. 10; dazu *Andrae/Ising* IPRax 2018, 382 (383).
[188] BGHZ 147, 159 = NJW 2001, 2469; ebenso OLG München FGPrax 2011, 122.
[189] OLG Frankfurt FGPrax 2006, 262.
[190] OLG Frankfurt FGPrax 2005, 25; OLG Dresden StAZ 2004, 170; OLG Hamm StAZ 1999, 370.
[191] BGH FGPrax 2015, 67 Rn. 20 = FamRZ 2015, 477; s.a. *v. Sachsen Gessaphe* StAZ 2015, 65.
[192] Dazu Palandt/*Thorn* EGBGB Art. 10 Rn. 10; zur Unwiderruflichkeit einer Erklärung nach dieser Vorschrift OLG München StAZ 2007, 239.
[193] Dazu *Henrich* StAZ 2007, 197 ff.; *Majer* StAZ 2018, 80 ff.
[194] So aber die amtl. Überschrift des Art. 47 EGBGB enthaltenden Dritten Kapitels des EGBGB; ebenso Begr. RegE BT-Drs. 16/1831, 79; BGH FGPrax 2015, 67 Rn. 18, 23 f. = FamRZ 2015, 477; aus dem Schrifttum: *Hepting* StAZ 2008, 161 (162 f.); Staudinger/*Hausmann*, 2019, EGBGB Art. 47 Rn. 3 ff.
[195] Eingehend dazu *v. Sachsen Gessaphe* StAZ 2015, 65 (69 f.); ebenso NK-BGB/*Mankowski* EGBGB Art. 10 Rn. 31; letztlich auch *Hepting* StAZ 2001, 257 (261 ff.); *Hepting* StAZ 2008, 161 (163); von einer Gedankenparallele zur Transposition sprechen Staudinger/*Hausmann*, 2019, EGBGB Art. 47 Rn. 19.
[196] BGH FGPrax 2015, 67 Rn. 20 = FamRZ 2015, 477 (für den Begleitnamen).
[197] Dazu *Henrich* StAZ 2007, 197 (202 f.); *Hepting* StAZ 2008, 161 (173).
[198] *Hepting* StAZ 2008, 161 (164 f.); *v. Sachsen Gessaphe* StAZ 2015, 65 (70).

(auch) besitzt, nach Art. 21 AEUV in Deutschland grundsätzlich **anzuerkennen** ist, doch können objektive Erwägungen der öffentlichen Ordnung hiergegen sprechen;[199] dies ist der Fall, wenn der etwa im Wege einer „deed poll" englischen Rechts[200] geänderte Name **Adelsbezeichnungen** enthält (→ Rn. 71).[201] Art. 48 EGBGB ist daher in diesem Sinne zu verstehen.

## VII. Würdigung und Reformbedarf

68 **1. Würdigung der geltenden Regelung.** Das geltende Ehenamensrecht ist in den letzten Jahren immer wieder reformiert worden, um den Vorgaben der Verfassung und den gewandelten gesellschaftlichen Vorstellungen gerecht zu werden. Die ständigen Nachbesserungen haben dazu geführt, ein ursprünglich einfaches Konzept immer komplexer werden zu lassen, weil jetzt widersprüchliche namensrechtliche Prinzipien aufeinanderprallen und diese ihrerseits nicht konsequent verwirklicht werden;[202] dazu kommen gesetzestechnische Fehlleistungen. Am traditionellen Prinzip der **Namenseinheit** in der ehelichen Familie wird festgehalten. Diese entspricht dem Gedanken der Familieneinheit in Art. 6 Abs. 1 GG, soll die innere Verbundenheit der Ehegatten und ihrer Kinder nach außen kundtun, so die familiäre Zuordnung der Namensträger ermöglichen und die Abstammung ihrer Kinder kenntlich machen. Zu den Namensfunktionen → Vor § 1616 Rn. 8 f. Die mit der Eheschließung verbundene Statusänderung rechtfertigt einen Wechsel des Namens, der als Ausdruck der Individualität seines Trägers sonst auf Kontinuität angelegt ist; der einmal gewählte Ehename bleibt dann im Interesse der Kontinuität während der Ehe bestehen. Allerdings ist die Ehenamensregelung mit dem **Gleichberechtigungsgebot** von Mann und Frau in Einklang zu bringen. Problematisch ist dies, weil der Gesetzgeber sich bislang weigert, die Bildung eines aus den Namen beider zusammengesetzten Ehenamens zuzulassen (→ Rn. 24, 72), und am grundsätzlich eingliedrigen Ehenamen festhält: Es muss daher eine Wahl zwischen den Namen beider Ehegatten erfolgen, und diese überlässt das Gesetz der Autonomie der Parteien, denn das automatische Abstellen auf den Namen des Mannes oder der Frau ist nicht gleichheitssatzkonform. Damit muss einer der Ehegatten mit seinem bisherigen Namen weichen, so dass die Möglichkeit, diesen als Begleitnamen dem Ehenamen beizufügen, vom Persönlichkeitsrecht des weichenden Ehegatten eingefordert wird (→ Rn. 43). Des Weiteren ist eine gleichheitssatzkonforme Auffanglösung bei unterbliebener Ehenamensbestimmung zu finden. Der subsidiäre Rückgriff auf den Namen nur des Mannes oder der Frau scheidet aus; und der Gesetzgeber hat den Ausweg der Doppelnamensbildung ebenso wie Modelle einer Fremdbestimmung oder subsidiären Anknüpfung mit Hilfe geschlechtsunabhängiger Kriterien nicht aufgegriffen.[203] Stattdessen hat er als Alternative zur Namenseinheit deren gegenläufiges Prinzip der **Namensverschiedenheit** vorgesehen. Diese wahrt zwar in jedem Fall das Persönlichkeitsrecht eines jeden Ehegatten an seinem bisherigen Namen, macht aber die Tatsache der Eheschließung nicht kenntlich und erlaubt nur partiell ein Nachzeichnen der Abstammung (§ 1617 Abs. 1).

69 Der Gesetzgeber hat also die Lösung der Spannung zwischen Namenseinheit und Gleichberechtigung den Ehegatten überlassen, indem er ihnen die **Dispositionsbefugnis** darüber eingeräumt hat, ob sie einen Ehenamen führen und wessen Name dazu bestimmt wird, oder ob jeder bei seinem Namen bleibt. Um trotz fehlenden Zwangs zum Ehenamen den Ehegatten die Entscheidung hierfür schmackhaft zu machen, werden ihnen zahlreiche Brücken gebaut, welche freilich die hinter dem Prinzip der Namenseinheit stehenden Wertungen wieder aufweichen: Die Ehenamensbestimmung wird zeitlich von der Eheschließung entkoppelt und weist daher nicht mehr notwendig auf die erfolgte Statusänderung hin; mehr noch gilt dies für die nach Ehenamensbestimmung und selbst nach Eheauflösung jederzeit mögliche Beifügung eines Begleitnamens und dessen spätere Abtrennung. Überhaupt erscheint der **Begleitname** als **Fremdkörper:**[204] Wer dem Ehenamen einen Begleitnamen hinzufügt, führt einen anderen Familiennamen als der namensgebende Ehegatte und die

[199] EuGH NJW 2016, 2093 Rn. 56 ff. – Bogendorff von Wolffersdorff/Standesamt der Stadt Karlsruhe ua.

[200] Zu Namenserwerb und Namensänderung einschl. deed poll nach englischem Recht *Lettmaier* StAZ 2015, 289 ff.

[201] BGH BeckRS 2019, 1441; in einem anderen Fall ebenso BGH BeckRS 2018, 32623 = NZFam 2019, 139 m. Anm. *Kienemund* = FamRZ 2019, 218 m. Anm. *Dutta;* abl. *Otto* StAZ 2019, 71 (73 ff.).

[202] Eingehend dazu *Hepting* StAZ 1996, 1 (3 ff.); *Hepting* FPR 2002, 115 (119 ff.); *Gaaz* StAZ 2006, 157 (161 ff.); krit. auch *Battes* FS Westermann, 2008, 93 (96 ff.); *Battes* FamRZ 2008, 1037 f.; krit. zur Rolle des BVerfG dabei *Sacksofsky* FPR 2010, 15 ff.

[203] Zu den nicht verwirklichten Neuregelungsvorschlägen im Zusammenhang mit dem FamNamRG BT-Drs. 12/3163, 9 f.; *Giesen* FuR 1993, 65 (73 ff.); *Wagenitz* FS Schwab, 2005, 444 ff.; zu weitergehenden Vorschlägen *Arndt,* Die Geschichte und Entwicklung des familienrechtlichen Namensrechts in Deutschland unter Berücksichtigung des Vornamensrechts, 2003, 129 ff.

[204] Krit. auch *Hepting* FPR 2002, 115 (119); *Gaaz* StAZ 2006, 157 (165): Büchse der Pandora.

gemeinsamen Kinder; durch die Wahlfreiheit zwischen Voranstellung und Anfügung des Begleitnamens wird für Außenstehende verschleiert, welcher der Ehename und welcher der Begleitname ist; schließlich ist der entstehende unechte Doppelname ein Vehikel zur Umgehung des Doppelnamensverbotes, jedenfalls in einer neuen Ehe und für daraus hervorgehende Kinder.

Vollends konterkariert wird die soziale Zuordnungsfunktion des Namens durch die 2005 eingeführte Option, den aktuell geführten Namen aus einer Vorehe in einer neuen Ehe zum Ehenamen zu bestimmen. Auf diese Weise wird die **Weitergabe erheirateter Namen,** die sich von einem früheren Ehegatten ableiten, auf mit diesem nicht verwandte Dritte und deren Kinder zugelassen. Die vom BVerfG hierfür ins Feld geführten Argumente vermögen nicht zu überzeugen, zumal es die dagegen sprechenden gewichtigen Gründe im Interesse des gewünschten frauenpolitischen Ergebnisses nicht hinreichend hat würdigen wollen (→ Rn. 10). Die zahlreichen Wahlmöglichkeiten haben das einst statische Namensrecht **dynamisiert**[205] und die Namensführung in der Ehe weithin der **Privatautonomie** der Ehegatten überlassen, und dies wirkt sich auch auf das Kindesnamensrecht aus (→ § 1617 Rn. 5, 41 f.). Damit steht die deutsche Regelung in einem rechtsvergleichend zu beobachtenden Trend,[206] der freilich recht unterschiedliche Ausprägungen erfährt und etwa in Österreich zu einer weitergehenden Flexibilisierung geführt hat (→ Rn. 72).[207] Durch das Abstellen auf den aktuell geführten Namen, die damit verbundene Zulassung der Weitergabe erheirateter Namen, die über Abs. 5 S. 2 sogar eine gestufte Rückkehr zu Ehenamen aus Vorvorehen erlaubt (→ Rn. 23, 59), und die vielfältigen Kombinationen mit Begleitnamen (→ Rn. 44 ff., 60) ist der Ehename ein Mittel namensmäßiger **Selbstdarstellung** der Ehegatten geworden: Gerade mehrfach Verheiratete können sich so einen Wunschnamen zurechtbasteln.[208] Allerdings hat der Gesetzgeber den Schritt zur völligen Freigabe der Namensführung, wie sie den angloamerikanischen Rechtsordnungen bekannt ist,[209] dann doch nicht unternehmen wollen, sondern ein hochkomplexes Regelungswerk geschaffen, das der sonst herrschenden Beliebigkeit teils völlig willkürliche Grenzen setzt. Das gilt insbes. für das fortbestehende Verbot der Bildung von Doppel- oder Mehrfachnamen, welches aber die Bestimmung eines unechten Doppelnamens aus einer Vorehe zum Ehenamen einer neuen Ehe nicht hindert (→ Rn. 24). Und Ähnliches gilt für die widersprüchliche Regelung des Abs. 4 S. 2 und 3 (→ Rn. 46). 70

**2. Praktische Auswirkungen.** In Ermangelung zentraler Statistiken sind die praktischen Auswirkungen der letzten Reformen noch nicht absehbar. Wahrscheinlich ist einerseits eine Zunahme von Doppelnamen als Ehe- und Kindesnamen durch die Weitergabe unechter Doppelnamen aus Vorehen.[210] Andererseits wird vielfach der Wunsch bestehen, nach Eheauflösung eine Weitergabe des eigenen Namens durch den Ehegatten an dessen neue(n) Ehegatten und dessen/deren einseitige Kinder zu vermeiden. Am besten eignet sich hierfür der Verzicht auf einen Ehenamen, weil es dann gar nicht erst zu einer unerwünschten Namensweitergabe kommen kann;[211] allerdings verlagert sich das Problem der Namenswahl dann auf die Ebene der Kinder (§ 1617 Abs. 1). Ein anderer Weg ist es, die Wahl eines Ehenamens mit einer Vereinbarung über den Verzicht des mit seinem Namen weichenden Ehegatten, den Ehenamen nach Auflösung der Ehe weiterzuführen, zu verbinden (→ Rn. 63).[212] Solche Vereinbarungen setzen sich in der Praxis durch. Um den verbleibenden Beschränkungen des deutschen Ehenamensrechts zu entgehen, gibt es Tendenzen, über **Namensänderungen im EU-Ausland** zur gewünschten Namensführung zu gelangen: So mehren sich Gerichtsentscheidungen zu Fällen, in denen (auch) Deutsche über eine einfache „deed poll" englischen Rechts einen Wunschnamen, teils sogar mit erfundenen Adelstiteln, in England registrieren lassen, um unter Ausnutzung der Rspr. des EuGH zu den Auswirkungen der Freizügigkeit und der Unionsbürgerschaft auf das Namensrecht und deren Umsetzung in Art. 48 EGBGB dem gewünsch- 71

205 *Hepting* FPR 2002, 115.
206 Dazu *Hepting* StAZ 2012, 257 (260 ff.).
207 §§ 93 bis 93c ABGB idF des öst. Kindschafts- und Namensrechts-Änderungsgesetzes v. 1.2.2013 (öst. BGBl. I 15/2013); dazu *Ferrari/Richter* FamRZ 2013, 1457 (1461).
208 Zu den neuen Wahl- und Kombinationsmöglichkeiten näher *Bornhofen* StAZ 2005, 226 (227 ff.).
209 Anschaulich dazu *Woelke* FamRZ 2004, 1342; *Schwenzer* FamRZ 1991, 390 (393 f.); zu England *Odersky,* Eherecht in Großbritannien: England und Wales, Rn. 25 in Süß/Ring, Eherecht in Europa, 3. Aufl. 2016.
210 In diese Richtung auch *Wagenitz* FS Schwab, 2005, 455; nicht sehr aussagekräftig sind die Daten der Gesellschaft für deutsche Sprache e. V., da dort undifferenziert von Doppelnamen die Rede ist, ohne klarzustellen, ob es sich dabei um einen unechten, aus Ehe- und Begleitnamen zusammengesetzten handelt oder ob ein solcher zum echten Doppelnamen mutiert ist: https://gfds.de/familiennamen-bei-der-heirat-und-vornamenprognose-2018/ (zuletzt abgerufen 6.3.2019).
211 So auch *v. Hein* FamRZ 2004, 519 (521).
212 Dazu *Manteuffel* NJW 2004, 1773 (1774 f.); *v. Hein* FamRZ 2004, 519 (521).

ten Namen hierzulande Geltung zu verschaffen, doch hat der EuGH dem jetzt Grenzen gesetzt (→ Rn. 67).

72 **3. Reformbedarf.** Die Komplexität, Widersprüchlichkeit und Fehlerhaftigkeit der gegenwärtigen Regelung verlangt nach einer grundlegenden **Neukonzeption des Ehenamensrechts,** wenn nicht gar des gesamten Namensrechts.[213] Die Vorschläge hierzu reichen von einzelnen Korrekturen wie der Abschaffung der von der Eheschließung entkoppelten nachträglichen Bestimmung des Ehenamens[214] oder des Begleitnamens[215] über die Beseitigung des Verbotes der Doppelnamensbildung[216] bis zu einem grundlegenden Paradigmenwechsel. Für die Zulassung der Bildung eines aus den Namen beider Ehegatten zusammengesetzten **Doppelnamens** spricht schon, dass das geltende Verbot im Widerspruch zu den immer weitergehenden Möglichkeiten steht, bestehende einseitige Doppelnamen zum Ehenamen zu bestimmen (→ Rn. 24). Wichtiger aber ist, dass ein solcher Doppelname die eheliche und – bei gemeinsamen Kindern (→ § 1617 Rn. 43) – die familiäre Einheit am sinnfälligsten nach außen zum Ausdruck bringt,[217] das Persönlichkeitsrecht der Ehegatten an ihrem bisherigen Namen wahrt, dem Gleichheitsgebot genügt und die Kompromisssuche bei der Entscheidung für einen Ehenamen erleichtert.[218] Die praktischen Probleme für den Rechtsverkehr und die Registerführung ließen sich bewältigen, wenn man die Zulassung auf zweigliedrige Namen beschränkte; ohnehin treten echte und unechte Doppelnamen auf Grund der widersprüchlichen namensrechtlichen Regelungen immer häufiger auf. Freilich kann zwischen den Ehegatten Streit über die Reihenfolge ihrer Namen entstehen, zudem wird sich dieser Name in der Generationenfolge notwendigerweise ändern.[219] Diese Probleme lassen sich freilich lösen: Bei fehlender Einigung über die Reihenfolge könnte jeder Ehegatte seinen bisherigen Namen voran und den des anderen hintan stellen; freilich müssten sie sich dann auf eine Reihenfolge für den Kindesnamen einigen, doch hierfür könnte auf den Mechanismus des § 1617 Abs. 1 zurückgegriffen werden. In jedem Fall sollte den Kindern bei Erreichen der Volljährigkeit das Recht eingeräumt werden, die Reihenfolge der Namen umzustellen. Mit der notwendigen Aufspaltung des elterlichen Doppelnamens in nachfolgenden Generationen müsste man leben. All dies wird in **Spanien** und den hiervon beeinflussten lateinamerikanischen Rechtsordnungen schon lange unproblematisch praktiziert (vgl. Art. 109 span. Código Civil).[220] Auch **Österreich** hat sich durch eine Reform von 2013 dazu entschlossen, den Ehegatten im Grundsatz die gleiche Option wie bei § 1355 zwischen der Beibehaltung ihres Familiennamens und der Bestimmung eines gemeinsamen Ehenamens zu eröffnen, welcher auch als Doppelname aus den Familiennamen eines jeden der Ehegatten gebildet werden kann.[221]

73 Der hier favorisierte, am weitesten gehende Vorschlag zielt auf die völlige **Abschaffung des Ehenamens** ab.[222] Jeder Ehegatte behielte personenstandsrechtlich seinen bisherigen Namen bei. Zur Verdeutlichung des ehelichen Status bieten sich unterschiedliche Wege an: Man überlässt es den Ehegatten, sich in der Gesellschaft eines gemeinsamen eingliedrigen oder zusammengesetzten Gebrauchsnamens zu bedienen oder einen solchen nur von einem Ehegatten zu führen.[223] So hat die Eheschließung in Frankreich und diesem folgenden Rechtsordnungen keine Auswirkungen

[213] So auch *Dutta* ZRP 2017, 47 ff.; *Battes* FS Westermann, 2008, 93 (105 ff.); *Battes* FamRZ 2008, 1037 (1038 ff.); *Bornhofen* StAZ 2005, 226 (230); Reformbedarf sehen auch *Sacksofsky* FPR 2010, 15 (20); *Gaaz* StAZ 2006, 157 (164 f.); *Wagenitz/Bornhofen* FamRZ 2005, 1425 (1430); *Manteuffel* NJW 2004, 1773 (1775); *Hepting* FPR 2002, 115 (121).

[214] *Gaaz* StAZ 2006, 157 (165); krit. dazu auch *Hepting* FPR 2002, 115 (116, 119).

[215] So wohl *Gaaz* StAZ 2006, 157 (165).

[216] Offenbar *Sacksofsky* FPR 2004, 371 (375); *Sacksofsky* FPR 2010, 15 (20); *Wagenitz* FS Schwab, 2005, 453; eher ablehnend *Gaaz* StAZ 2006, 157 (165).

[217] *Diederichsen* NJW 1998, 1977 (1981); *Schwenzer,* 59. DJT, S. A 58.

[218] Ebenso *Henrich/Wagenitz/Bornhofen* Rn. 29; *Sacksofsky* FPR 2004, 371 (375); näher dazu *Arndt,* Die Geschichte und Entwicklung des familienrechtlichen Namensrechts in Deutschland unter Berücksichtigung des Vornamensrechts, 2003, 135 f.

[219] Daher krit. dazu *Arndt,* Die Geschichte und Entwicklung des familienrechtlichen Namensrechts in Deutschland unter Berücksichtigung des Vornamensrechts, 2003, 136 ff.

[220] Dazu *Flägel* StAZ 1995, 229 (231 f.); krit. dazu *Arndt,* Die Geschichte und Entwicklung des familienrechtlichen Namensrechts in Deutschland unter Berücksichtigung des Vornamensrechts, 2003, 150 ff.; zu weiteren ausländischen Vergleichsmodellen und den dabei auftretenden Problemen dort S. 147 ff.; *Sturm* FS G. Lüke, 1997, 825 ff.

[221] §§ 93 bis 93c ABGB idF des öst. Kindschafts- und Namensrechts-Änderungsgesetzes v.1.2.2013 (öst. BGBl. I 15/2013), dazu *Ferrari/Richter* FamRZ 2013, 1457 (1461).

[222] So auch dezidiert *Battes* FamRZ 2008, 1037 (1038 f.).

[223] *Hepting* StAZ 1996, 1 (9 f.); *Hepting* FPR 2002, 115 (121); dem folgend *Gaaz* StAZ 2006, 157 (165); mit rechtsvergleichenden Argumenten *Schwenzer* FamRZ 1991, 390 (395); eingehend dazu *Arndt,* Die Geschichte und Entwicklung des familienrechtlichen Namensrechts in Deutschland unter Berücksichtigung

auf den rechtlich zu führenden Namen eines jeden Ehegatten, daneben können diese jedoch in unterschiedlicher Weise einen von jenem Namen abweichenden Gebrauchsnamen *(nom d'usage)* führen; meist gebraucht die Ehefrau den Namen ihres Mannes, möglich ist aber auch die Führung eines aus beiden Geburtsnamen zusammengesetzten Doppelnamens.[224] Mit Scheidung kann ein Ehegatte den Namen des anderen nicht mehr ohne dessen Zustimmung oder gerichtliche Bewilligung als Gebrauchsnamen fortführen,[225] spätestens bei Wiederheirat erlischt das Recht hierzu.[226] Diese Lösung hätte den Vorteil, einerseits dem Persönlichkeitsrecht jedes Ehegatten an seinem Namen, dessen Kontinuität sowie dem Gleichberechtigungsgebot gerecht zu werden, andererseits dem Regulierungswahn mit seinen ständig neuen Blüten zu Gunsten einer einfachen und praktikablen Regelung ein Ende zu setzen. Vor allem würde das die ärgerliche Möglichkeit der Weitergabe eines erheirateten Namens an Dritte entgegen den Interessen des namensspendenden früheren Ehegatten unterbinden. Die Komplexität und Widersprüchlichkeit des jetzigen § 1355 reduzierte sich auf eine einfache Norm, eine Normierung könnte auch überhaupt unterbleiben. Dass der Familienname dann keinen Rückschluss auf den ehelichen Status und die Zugehörigkeit der Ehegatten zueinander ermöglichte, lässt sich hinnehmen, weil der tatsächliche Gebrauchsname eine solche Zuordnung erlaubte. Die Namensführung ehelicher Kinder richtete sich dann nach der schon jetzt bei Namensverschiedenheit der Eltern geltenden Regel des § 1617 Abs. 1, welche zumindest partielle Namenseinheit zu einem Elternteil bewirkt; im Interesse des Selbstbestimmungsrechts des Kindes sollte diesem nach Erreichen der Volljährigkeit ein Optionsrecht zu Gunsten des Namens des anderen Elternteils eingeräumt werden. Dass sich damit nur der Name eines Elternteils in der nächsten Generation fortsetzt, ist bei der Wahl eines notwendigerweise eingliedrigen Ehenamens nach der gegenwärtigen Regelung auch nicht anders.

Eine andere Lösung ist von *Battes* vorgeschlagen worden:[227] Ungeachtet der Eheschließung **74** behält jeder Ehegatte seinen Geburtsnamen bei; die eheliche Verbundenheit kann jedoch dadurch zum Ausdruck gebracht werden, dass die Ehegatten das Recht erhalten, dem eigenen Geburtsnamen den des anderen Ehegatten als Begleitname beizufügen, um die Abstammungsverhältnisse aber nicht zu verschleiern, ausschließlich durch Nachstellung; dieser Begleitname geht bei Wiederverheiratung nach Scheidung wieder verloren. Für den Kindesnamen plädiert er für ein Wahlrecht der Eltern, wessen Geburtsname das Kind als Hauptnamen erhalten soll, und diesem kann der nicht gewählte Geburtsname des anderen Elternteils als Begleitname hinzugefügt werden, wobei nur der Hauptname in die nächste Generation weitergegeben wird. Einen weiteren, interessanten Lösungsweg geht das **schweizerische Recht:**[228] Danach behält jeder Ehegatte seinen Ledignamen bei,[229] möglich ist aber auch die Bestimmung des Ledignamens eines von ihnen zum gemeinsamen Familiennamen. Damit wird im Grunde die Regelung des § 1355 übernommen, aber mit zwei gewichtigen Unterschieden: es gibt keine Begleitnamen mehr, und durch die Begrenzung auf die Ledignamen der Ehegatten ist die Weitergabe erheirateter Namen an neue Ehepartner sowie an Kinder, die nicht vom namensspendenden vormaligen Ehepartner abstammen, ausgeschlossen.[230] Damit werden zwei gravierende Schwachstellen der deutschen Regelung vermieden und wird das Ehenamensrecht insgesamt wesentlich einfacher und konsistenter ausgestaltet. Ob der deutsche Gesetzgeber den Mut zu derart radikalen Änderungen aufbringen wird, erscheint jedoch sehr fraglich, eher wird es weitergehen mit dem Herumbasteln an der gegenwärtigen Regelung, die immer neue Wertungs- und Regelungswidersprüche hervorbringen wird.

---

des Vornamensrechts, 2003, 132 ff.; krit. dazu *Battes* FamRZ 2008, 1037 (1038); *Battes* FS Westermann, 2008, 105 f.

224 Eingehend zum französischen Recht *Sperling* StAZ 2010, 259 ff.; zu Spanien und Italien *Arndt,* Die Geschichte und Entwicklung des familienrechtlichen Namensrechts in Deutschland unter Berücksichtigung des Vornamensrechts, 2003, 150 ff.; für einen Kurzüberblick über die Lage in den Konventionsstaaten der EMRK *Gaaz* StAZ 2008, 365 (367 f.).

225 Art. 264 Abs. 2 franz. Code Civil; bei begründetem Interesse kann die fehlende Zustimmung durch das Gericht ersetzt werden, dazu *Sperling* StAZ 2010, 259 (262).

226 Das gilt auch im Falle des Todes des namensspendenden Ehegatten, dazu *Sperling* StAZ 2010, 259 (262).

227 *Battes* FS Westermann, 2008, 107 f.; *Battes* FamRZ 2008, 1037 (1038 ff.).

228 Art. 160 schweiz. ZGB idF des Bundesgesetzes v. 30.9.2011, Amtliche Sammlung (Schweiz) 2012, 2569, welches am 1.1.2013 in Kraft treten ist; dazu *Uhl* StAZ 2012, 33 ff.; *Hausheer* FamRZ 2012, 1454 ff.

229 Ledigname ist gem. Art. 24 Abs. 2 schweiz. Zivilstandsverordnung v. 28.4.2004 der Familienname, den eine Person unmittelbar vor der ersten Eheschließung oder Begründung einer eingetragenen Partnerschaft geführt hat oder gestützt auf einen Namensänderungsentscheid als neuen Ledignamen erworben hat.

230 Kinder können nur den Ledignamen eines der Elternteile zum Kindesnamen erhalten, sei es bei Namensverschiedenheit der Eltern durch elterliche Bestimmung, Art. 270 schweiz. ZGB, sei es als gemeinsamer Familienname der Eltern kraft Gesetzes, Art. 270 Abs. 3 schweiz. ZGB.

## § 1356 Haushaltsführung, Erwerbstätigkeit

**(1) [1]Die Ehegatten regeln die Haushaltsführung im gegenseitigen Einvernehmen. [2]Ist die Haushaltsführung einem der Ehegatten überlassen, so leitet dieser den Haushalt in eigener Verantwortung.**

**(2) [1]Beide Ehegatten sind berechtigt, erwerbstätig zu sein. [2]Bei der Wahl und Ausübung einer Erwerbstätigkeit haben sie auf die Belange des anderen Ehegatten und der Familie die gebotene Rücksicht zu nehmen.**

**Schrifttum:** *Adomeit,* Hausarbeit: Männersache!, NJW 1996, 299; *Bauernfeind,* Zweckgemeinschaften im Bereich ehelicher Lebensgemeinschaften (Haushalt, Wohnung, Kind) auf der Basis einvernehmlicher Entscheidungen der Ehegatten, Diss. Regensburg 1984; *Burckhardt,* Der Ausgleich für Mitarbeit eines Ehegatten im Beruf oder Geschäft des anderen, Diss. Bonn 1969; *Diederichsen,* Die allgemeinen Ehewirkungen nach dem 1. EheRG, NJW 1977, 217; *Fenn,* Die Mitarbeit in den Diensten Familienangehöriger, 1970; *Giesen,* Allgemeine Ehewirkungen gem. §§ 1353, 1356 BGB im Spiegel der Rechtsprechung, JR 1983, 89; *Henrich,* Schuldrechtliche Ausgleichsansprüche zwischen Ehegatten in der Rechtsprechung des BGH, FamRZ 1975, 533; *Hepting,* Ehevereinbarungen, 1984; *Hergenröder,* Ehegattenmitarbeit, AR-Blattei 615.1 (2003); *Hülsheger,* Zuwendungen zwischen Ehegatten zum gemeinsamen Hausbau, Diss. Münster 1982; *Köbl,* Familienarbeit und soziale Sicherheit, FS Schwab, 2005, 997; *Klunzinger,* Mitarbeit im Familienverband, FamRZ 1972, 70; *Körner-Dammann,* Veränderte Erwerbs- und Familienstrukturen als Voraussetzung der Vereinbarkeit von Beruf und Familie, NJW 1994, 2056; *Langohr-Plato,* Die rechtlichen Rahmenbedingungen von Ehegattenarbeitsverhältnissen, ZAP Fach 20, 307 (1997); *Leuze-Ott,* Arbeitsverhältnisse zwischen Familienangehörigen, FamRZ 1965, 15; *Lieb,* Die Ehegattenmitarbeit im Spannungsfeld zwischen Rechtsgeschäft, Bereicherungsausgleich und gesetzlichem Güterstand, 1970; *Maiberg,* Ehegatten-Innengesellschaften nach der Rechtsprechung des Bundesgerichtshofs, DB 1975, 385; *Menken,* Arbeitsrechtliche Probleme des Ehegattenarbeitsverhältnisses, DB 1993, 161; *Müller-Freienfels,* Ehe und Recht, 1962; *Pickartz,* Die zivil- und arbeitsrechtliche Stellung der Ehegatten bei Mitarbeit im Familienverband, Diss. Köln 1967; *Reiche,* Eheliche Mitarbeit und Arbeitsverhältnisse unter Ehegatten, Diss. Freiburg 1966; *Schön,* Mitarbeit und Mithilfe von Familienangehörigen im Steuerrecht als verfassungsrechtliches Problem, FS Franz Klein, 1994, 467.

**Übersicht**

## I. Normzweck

Die Vorschrift betrifft das Recht und die Pflicht der Ehegatten zur Haushaltsführung und zur Erwerbstätigkeit. Beide Fragenkreise gehören zusammen, denn ein stärkeres Engagement im Haushalt wird idR mit einem entsprechenden Verzicht auf eigene Berufstätigkeit erkauft. Die Haushaltsführung überlässt Abs. 1 der einvernehmlichen Regelung durch beide Ehegatten. Das Recht beider Ehegatten zur Berufstätigkeit stellt Abs. 2 unter den Vorbehalt der familiären Verträglichkeit. § 1356 betrifft grundsätzlich nur das Verhältnis der Ehepartner zueinander und berührt nicht die Interessen familienfremder Personen (→ Rn. 16). Unterhaltsberechtigte Angehörige eines Ehegatten (bes. aus früherer Ehe) darf eine gemäß § 1356 zu treffende Regelung aber nicht benachteiligen (→ Rn. 15). 1

## II. Rechtsentwicklung

Nach der ab 1900 geltenden Fassung war die Ehefrau zur Leitung des gemeinschaftlichen Hauswesens berechtigt und verpflichtet, unbeschadet des dem Manne zustehenden Entscheidungsrechts in allen Angelegenheiten des gemeinschaftlichen Ehelebens. Zur Mitarbeit im Haus und Geschäft des Mannes war die Frau verpflichtet, soweit dies nach den Verhältnissen der Eheleute üblich war. Dieses Leitbild der Hausfrauenehe modifizierte das GleichberG vom 18.6.1957 (BGBl. 1957 I 609) nur insoweit, als die Ehefrau den Haushalt in eigener Verantwortung zu führen hatte. Zu einer Erwerbstätigkeit war die Frau berechtigt, soweit dies mit ihren Pflichten in Ehe und Familie vereinbar war. Die Mitarbeitspflicht in Beruf oder Geschäft des Ehepartners erstreckte das GleichberG auf beide Ehegatten. 2

Trotz der vom GleichberG als gleichwertig anerkannten Partnerfunktionen (vgl. § 1360 S. 2 aF) widersprach die gesetzlich festgelegte Rollenverteilung dem Gleichheitssatz.[1] Die gewandelten wirtschaftlichen Verhältnisse und gesellschaftlichen Anschauungen veranlassten den Reformgesetzgeber zur Aufgabe des alleinigen Leitbilds der Hausfrauenehe. Entsprechend dem heutigen Eheverständnis als einer auf Partnerschaft basierenden Lebensgemeinschaft[2] verzichtet das 1. EheRG auf die Fixierung eines neuen Eheleitbildes[3] und überlässt die Aufgabenverteilung der einvernehmlichen Regelung durch beide Ehegatten. Eine gesetzliche Vorgabe in diesem Bereich wäre ein nicht gerechtfertigter Eingriff in das Recht der Ehegatten, ihr eigenes Eheverständnis umzusetzen. 3

## III. Leitbild/Rechtswirklichkeit

Der Prozentsatz der berufstätigen Ehefrauen ist seit Kriegsende beträchtlich gestiegen. 1950 waren weniger als 25 % (= 2,76 Mio.) aller verheirateten Frauen berufstätig.[4] Bis 1979 stieg der Anteil der erwerbstätigen verheirateten Frauen in der Altersgruppe zwischen 15 und 65 Jahren auf 43,3 % (= 5,8 Mio.),[5] bis zum 1.1.2012 auf 72,2 % (= 10,3 Mio.) und bis zum 1.1.2017 auf 75% (= 10,33 Mio.).[6] Diese Entwicklung vollzieht das Gesetz mit dem Recht beider Ehegatten zur Erwerbstätigkeit gemäß Abs. 2 nach und trägt damit dem Gleichheitssatz Rechnung.[7] Andererseits verbietet sich eine Festlegung der Doppelverdienerehe als verbindliches Modell.[8] Arbeitsmarkt- und Familienpolitik können zwar grundsätzlich das eine oder andere Familienmodell bevorzugen, das Ehebild des BGB hat jedoch insoweit Neutralität zu wahren. Eine freie Gesellschaftsordnung muss den Ehegatten die freie Wahl in der Gestaltung ihres Zusammenlebens lassen. 4

## IV. Die Regelung der Haushaltsführung (Abs. 1 S. 1)

**1. Ehetypen.** Die Haushaltsführungsehe (Abs. 1 S. 2) kann sowohl **Hausfrauenehe** als auch **Hausmannehe** sein. Gekennzeichnet ist sie durch eine strenge Trennung der Partnerfunktionen. Die **Doppelverdienerehe** ist dadurch charakterisiert, dass beide voll berufstätig sind, so dass sich auch beide um den Haushalt kümmern müssen. Bei der **Zuverdienstehe** übt der den Haushalt führende Ehegatte eine Nebenbeschäftigung aus (Teilzeitarbeit, Heimarbeit). Auf diese Ehetypen beschränkt sich indes das Wahlrecht der Eheleute nicht. Sie können jede beliebige Mischform einvernehmlich festlegen. Alle Ehetypen schützt das Grundgesetz (Art. 6) gleichermaßen. 5

---

[1] *Gernhuber/Coester-Waltjen* FamR § 18 III 1, Rn. 14.
[2] Vgl. BVerfG FamRZ 1975, 328 (329) = NJW 1975, 919; *Müller-Freienfels,* Ehe und Recht, 1962, 104.
[3] BT-Drs. 7/650, 97.
[4] Vgl. *Vogel* FamRZ 1976, 482 mit Quellennachweis.
[5] Statistisches Jahrbuch 1980, 100.
[6] Statistisches Bundesamt, Mikrozensus 2012, Fachserie 1, Reihe 4.1.1, Punkt 1.3, S. 3.
[7] *Dethloff* FamR § 4 Rn. 28.
[8] *Giesen* JZ 1982, 824; *Giesen* JR 1983, 96 f.; *Adomeit* NJW 1996, 299; *Schwab* FamR Rn. 125 f.; aA *Ramm* JZ 1968, 41 ff. (90 ff.), *Körner-Dammann* NJW 1994, 2056.

6 **2. Gegenstand der einvernehmlichen Regelung.** Einvernehmlich zu regeln ist nicht die (alltägliche) Haushaltsführung, sondern die Frage, welcher Ehegatte die Haushaltsführung übernehmen bzw. in welcher Weise sie gegebenenfalls zwischen ihnen gegenständlich oder zeitlich aufgeteilt werden soll. Diese Festlegung auf einen bestimmten Ehetyp (→ Rn. 5) betrifft gewissermaßen das **„Grundverhältnis"** der Ehegatten zueinander, nicht das tägliche „Betriebsverhältnis".[9] Abs. 1 S. 1 enthält entgegen dem Wortlaut keine reine Zustandsbeschreibung, sondern eine **Sollvorschrift:** Aus der Verpflichtung zur ehelichen Lebensgemeinschaft (§ 1353) folgt die Pflicht zur Einigung hinsichtlich der Übernahme der Haushaltsführung. In welcher Weise die Ehegatten sie regeln, ist ihnen freigestellt, insbesondere gibt es keine gesetzliche Vermutung kraft Herkommens für die Hausfrauenehe. Können sich die Partner nicht einigen, müssen beide nach § 1353 dazu beitragen, dass ihr Haushalt nicht verkommt. Eine zwecks Streitschlichtung erhobene Herstellungsklage ist nicht zulässig, da ein Gericht nicht in die Autonomie der Ehegatten eingreifen kann.[10] § 1356 normiert zumindest eine Obliegenheit zur Einigung.[11]

7 **3. Rechtsnatur des Einvernehmens.** Überwiegend wird hierin ein Vertrag gesehen,[12] mitunter ein Realakt,[13] ein Beschluss[14] oder das Einvernehmen als „Ordnung" der Ehe angesehen.[15] Die einvernehmliche Regelung der Haushaltsführung ist ein Hauptanwendungsfall zulässiger Ehevereinbarungen (→ § 1353 Rn. 7 ff.). Sie ist nicht Rechtsgeschäft in dem Sinne, dass die Vorschriften über Willenserklärungen anwendbar wären. Der Ausdruck „überlassen" in Abs. 1 S. 2 (und § 1360 S. 2) stellt klar, dass die tatsächliche Handhabung in der Ehe genügt, was weniger ist als ein konkludenter Vertragsschluss.[16] Die Überlassung der Haushaltsführung durch faktische Übung ist indessen **kein bloßer Realakt,** sondern eine rechtlich relevante Handlung und begründet einen **Vertrauenstatbestand**[17] (→ § 1353 Rn. 7, 9).

8 **4. Bestandskraft des Einvernehmens.** Einvernehmlich können die Ehegatten jederzeit eine andere Aufgabenverteilung beschließen. Auch eine **einseitige Lossagung** ist grundsätzlich möglich,[18] muss aber dem Partner mitgeteilt werden. An einen Grund für eine Änderung sind keine zu hohen Anforderungen zu stellen, da es um den persönlichen Bereich geht, in dem eine dauerhafte Selbstbindung allein durch konkludentes Handeln zu vermeiden ist (→ § 1353 Rn. 11). Bei wesentlicher Änderung der tatsächlichen Voraussetzungen (Krankheit, Geburt) kann jeder Ehegatte eine Anpassung an die veränderte Sachlage vom anderen verlangen,[19] in besonderen Notfällen uU auch mit der nicht vollstreckbaren Herstellungsklage.[20] Eine Tötung des alleinverdienenden Ehegatten hebt die Festlegung der einvernehmlich überlassenen Haushaltsführung nicht auf: Der gemäß § 844 Abs. 2 für den Tod Verantwortliche haftet dem überlebenden Gatten auf Schadensersatz; dieser ist nicht verpflichtet, erwerbstätig zu sein.[21]

### V. Die Haushaltsführung durch einen Ehegatten (Abs. 1 S. 2)

9 **1. Eigenverantwortlichkeit des Haushaltsführenden.** Abs. 1 S. 2 ist zugeschnitten auf die Einverdienerehe, passt aber auch auf die Zuverdienstehe. Der mit der Führung des Haushalts allein betraute Ehegatte leitet ihn in eigener Verantwortung. Er unterliegt keinen Weisungen seines Partners, denn Haushaltsführung und Erwerbstätigkeit außer Haus sind von Rechts wegen gleichwertig. Diese gesetzliche Wertung ist zwingendes Recht.[22] Der erwerbstätige Ehegatte darf auch nicht indirekt durch Entzug oder Kürzung des Wirtschaftsgeldes die Haushaltsführung beeinflussen. Denn über die Höhe des Wirtschaftsgeldes entscheiden beide Ehegatten im Rahmen des § 1353 gemeinsam, und eine detaillierte Abrechnung über dessen Verwendung wird nicht verlangt (→ § 1360a Rn. 16).

---

9 Dazu *Hepting,* Ehevereinbarungen, 1984, 72 f.; für detailliertere Einzelregelungen *Grziwotz* MDR 1998, 1075 (1077, 1079).

10 Vgl. *Gernhuber/Coester-Waltjen* FamR § 20 I 1; *Lüke* FS Bosch, 1976, 634.

11 Vgl. *Lüke* FS Bosch, 1976, 634.

12 *Diederichsen* NJW 1977, 219; *Holzhauer* JZ 1977, 729.

13 Nachweise bei *Hepting,* Ehevereinbarungen, 1984, 67 ff.

14 *Pawlowski,* Die „Bürgerliche Ehe" als Organisation, 1983, 54, 58.

15 *Gernhuber* FamRZ 1979, 193 ff.

16 BT-Drs. 7/650, 98; krit. dazu *Lüke* FS Bosch, 1976, 634.

17 So auch *Dethloff* FamR § 4 Rn. 31; Palandt/*Brudermüller* Rn. 2.

18 Vgl. *Lüke* AcP 178 (1978), 13.

19 *Gernhuber/Coester-Waltjen* FamR § 20 I 2.

20 Vgl. *Diederichsen* NJW 1977, 219 sub II.3.

21 OLG Celle FamRZ 1980, 137.

22 *Gernhuber/Coester-Waltjen* FamR § 18 III 2; *Hepting,* Ehevereinbarungen, 1984, 224; aA *Grziwotz* MDR 1998, 1075 (1079).

**2. Pflicht zur Haushaltsführung.** Dem Recht auf eigenverantwortliche Führung des Haushalts korrespondiert die Pflicht, sich ihm zu widmen.[23] Selbst bei schwerer Vernachlässigung kann der andere die Pflicht nicht durchsetzen – § 120 Abs. 3 FamFG; insoweit ist die Art und Weise der Haushaltführung nicht justitiabel. Das gilt auch bei Verweigerung einer dieser Pflichten, weil sonst das Vollstreckungsverbot umgangen würde.[24] Die Autonomie des haushaltsführenden Gatten muss auf die Belange der gesamten Familie Rücksicht nehmen und die Haushaltsführung den wirtschaftlichen Verhältnissen anpassen. Er ist **verantwortlich** für eine ordnungsgemäße Haushaltsführung und für die pflichtgemäße Verwendung des zur Verfügung stehenden Wirtschaftsgeldes. Recht und Pflicht zur Haushaltsführung **entfallen** mit der einvernehmlichen Aufhebung der häuslichen Gemeinschaft,[25] spätestens mit der Scheidung. 10

**3. Mithilfepflicht des Erwerbstätigen.** Eine Pflicht des erwerbstätigen Ehegatten zur Mithilfe im Haushalt folgt im Rahmen des Zumutbaren je nach den Umständen aus der allgemeinen Beistandspflicht des § 1353. Von einem ganztägig berufstätigen Ehegatten wird diesbezüglich kein großer Einsatz zu erwarten sein. Größere Anstrengungen kann der haushaltsführende Partner von ihm verlangen, falls auch er berufstätig ist.[26] Da in Doppel- oder Zuverdienerehen beide Gatten gemäß § 1360 S. 1 barunterhaltspflichtig sind, muss auch die Naturalunterhaltspflicht auf beide verteilt werden, woraus sich eine entsprechende Teilung der Hausarbeit ergibt.[27] Leistet stattdessen nur einer die Hausarbeit, muss der andere einen entsprechend höheren Barunterhaltsbeitrag beisteuern. 11

**4. Inhalt des Rechts zur Haushaltsführung.** Die eigenverantwortliche Haushaltsführung umfasst sowohl die Leitung des Hauswesens als auch die Verrichtung der anfallenden einzelnen Arbeiten. Dem Partner gegenüber ermächtigt sie zu allen mit dem **Wirtschaftsgeld** (§ 1360a Abs. 2 S. 2) zu finanzierenden und darüber hinaus von der ehelichen **Vertretungsmacht** nach § 1357 (→ § 1357 Rn. 17 ff.) gedeckten Geschäften, insbesondere zum Abschluss von Rechtsgeschäften. Die **Grenze** zwischen Haushaltsführung und allgemeinen Angelegenheiten, die beide Ehegatten im Rahmen ihrer Lebensgestaltung angehen, lässt sich nicht generell bestimmen, sondern nur je nach den zur Verfügung stehenden Mitteln, den persönlichen Anschauungen der Ehegatten und nach dem in ihren Gesellschaftskreisen Üblichen.[28] Die einverständliche Übertragung der Haushaltsführung auf einen der Ehegatten im Einklang mit § 1356 Abs. 1 S. 2 befreit diesen nicht von der Verfügungsbeschränkung des § 1369.[29] 12

**5. Einzelfälle.** Zur Haushaltsführung gehören (→ § 1357 Rn. 23 mwN zur Rspr.) der Einkauf von Nahrungsmitteln, von Kleidung für beide Ehegatten und die Kinder, die Bezahlung der Strom- und Gasrechnungen, die Erneuerung von Haushaltsgegenständen, der Bezug von Zeitungen und Zeitschriften, die Versorgung mit Medikamenten, die Zuziehung eines Arztes. Je nach dem Zuschnitt des Haushalts kann die Haushaltsführung auch größere Anschaffungen umfassen wie den Bezug von Kohle oder Öl für die gesamte Heizperiode, die Anstellung, Beurlaubung und Entlassung von Hauspersonal oder den Kauf von Einrichtungsgegenständen. 13

### VI. Das Recht zur Erwerbstätigkeit (Abs. 2)

**1. Familienverträglichkeit.** Das GleichberG vom 18.6.1957 (BGBl. 1957 I 609) gestattete der Frau eine Erwerbstätigkeit insoweit, als dies mit ihren häuslichen und familiären Pflichten vereinbar war (§ 1356 Abs. 1 S. 2 aF). Unter derselben **Schranke** der Familienverträglichkeit[30] ist jetzt grundsätzlich jeder Ehegatte zur Erwerbstätigkeit berechtigt, Abs. 2 S. 1.[31] Den Eheleuten ist aufgegeben, ihre beruflichen Vorstellungen partnerschaftlich zu koordinieren. Jeder Ehegatte muss bei der Wahl und Ausübung seines Berufes auf seinen Partner und die Belange der Familie die gebotene Rücksicht nehmen (Abs. 2 S. 2); das folgt schon aus der Generalklausel des § 1353 (→ § 1353 Rn. 34). Auf betreuungsbedürftige Kinder ist besondere Rücksicht zu nehmen. Das Kindeswohl gefährdende Tätigkeiten sind unzulässig (§ 1666). Zur Familie gehören auch außerhalb der Hausgemeinschaft lebende Angehörige, die aus sittlichen Gründen der Betreuung bedürfen.[32] Der Vorrang 14

[23] BGHZ 51, 109 (111) = NJW 1969, 321; OLG Nürnberg FamRZ 1967, 151 (152); *Gernhuber/Coester-Waltjen* FamR § 20 I; *Dethloff* FamR § 4 Rn. 29.
[24] NK-BGB/*Wellenhofer* Rn. 19.
[25] AG Kleve FamRZ 1996, 1408.
[26] BGH LM § 845 Nr. 10 = FamRZ 1960, 21 (22); OLG Stuttgart NJW 1961, 2113 f.
[27] *Schacht,* Die Bewertung der Hausarbeit im Unterhaltsrecht, 1980, 35.
[28] RGZ 61, 78 (81); Soergel/*Lipp* Rn. 9.
[29] Staudinger/*Thiele,* 2017, § 1369 Rn. 42 mwN.
[30] *Giesen* JZ 1982, 822.
[31] Für unnötig hält diese Vorschrift *Lüke* FS Bosch, 1976, 635.
[32] BT-Drs. 7/4361, 26.

der Familienverträglichkeit gilt entsprechend für sportliche, politische, gemeinnützige oder karitative Aktivitäten.[33] Soweit Haushaltsführungspflichten nicht betroffen sind, ist der mit ihnen betraute Ehegatte jedoch erwerbsberechtigt, wie idR bei kinderlosen Ehen. Die Verträglichkeit mit den Familieninteressen beurteilt sich nicht allein nach dem subjektiven Empfinden des erwerbswilligen Ehegatten, sondern nach den Auswirkungen auf alle Familienmitglieder, wobei tunlichst auch die Kinder (je nach Alter und Reife) um ihre Meinung zu befragen sind (§ 1626 Abs. 2). Außer der Anzahl und dem Alter der Kinder ist erheblich, inwieweit der andere Ehegatte im Haushalt mithelfen kann.

15 **2. Hausfrau/Hausmann-Rollenverteilung in der Zweitehe.** Die Aufgabenverteilung ist grundsätzlich für jede Ehe neu möglich, so dass ein Ehegatte, der in einer früheren Ehe den Haushalt geführt hat, sich nunmehr für eine Erwerbstätigkeit entscheiden kann. Im umgekehrten Fall kann dieser Rollenwechsel (vom Erwerbstätigen zum Hausmann) Nachteile für die Unterhaltsberechtigten aus einer vorangegangenen Ehe mit sich bringen. Gleichwohl ist der Rollenwechsel nach der Rechtsprechung hinzunehmen, wenn die Unterhaltsberechtigten aus der ersten Ehe nachrangig gegenüber Unterhaltsberechtigten der neuen Familie sind.[34] Das gleiche gilt, wenn die Rollenwahl sich auf den Familienunterhalt insgesamt günstiger auswirkt, etwa weil der neue Ehegatte erheblich mehr verdient.[35] In diesem Fall kann allerdings eine Obliegenheit bestehen, durch Aufnahme eines Nebenerwerbs zum Unterhalt minderjähriger Kinder aus der früheren Ehe beizutragen. Der früher Erwerbstätige hat dann seine Haushaltstätigkeit in der neuen Ehe entsprechend zu beschränken.[36] Ist der Rollenwechsel wirtschaftlich sinnlos, erfolgt eine fiktive Zurechnung des früher vom Unterhaltspflichtigen erzielten Einkommens.[37] Ein fiktives Einkommen wegen bestehender Erwerbsobliegenheit wird ferner angenommen, wenn alle Unterhaltsberechtigten gleichberechtigt sind.[38] Bei Nachrangigkeit der Unterhaltsberechtigten der Zweitehe müssen die vorhandenen Geldmittel für den Unterhalt der ersten Familie verwendet werden. Während der BGH früher die Erwerbsobliegenheit der Höhe nach begrenzte durch die Kontrollrechnung, welcher Betrag sich ergäbe wenn der Rollenwechsel nicht stattgefunden hätte,[39] bemisst das Gericht die Höchstgrenze nunmehr auch nach den bestehenden Verhältnissen.[40] Im Ergebnis können dann der Taschengeldanspruch gegenüber dem neuen Ehegatten und die Nebenerwerbstätigkeitspflicht letztlich zu einem höheren Unterhaltsanspruch führen als die (frühere) vollzeitige Erwerbstätigkeit.

16 **3. Rechtsverhältnisse mit Dritten.** Die familieninterne Pflicht zur Rücksichtnahme beschränkt nicht die Fähigkeit zur Eingehung von Dienst-, Arbeits-, Beamten- und sonstigen Rechtsverhältnissen mit Dritten. Kein Ehegatte bedarf dazu einer ausdrücklichen Einwilligung seines Partners. Selbst eine Vernachlässigung familieninterner Belange berechtigt den Partner nicht zu deren Kündigung.[41]

17 **4. Getrennt lebende Ehegatten.** Da unter getrennt lebenden Ehegatten Recht und Pflicht zur Haushaltsführung entfallen (→ Rn. 10 aE), hat der erwerbstätige Teil entsprechend Abs. 2 S. 2 nur auf die Belange der bei ihm lebenden Familienmitglieder Rücksicht zu nehmen. Diese müssen sich eine stärkere Beschränkung ihrer Bedürfnisse gefallen lassen als in einer intakten Vollfamilie.

18 **5. Verpflichtung zur Erwerbstätigkeit.** Abs. 2 betrifft nur die Berechtigung zur Erwerbstätigkeit. Eine etwaige Verpflichtung des haushaltsführenden Ehegatten hierzu in Notfällen folgt gege-

---

[33] An der Übernahme und Ausübung eines Abgeordnetenmandats darf zwar niemand gehindert werden (Art. 48 Abs. 2 GG), doch geht diese Grundgesetznorm nur einer vertraglichen Bindung vor, BGHZ 43, 384 (386) = NJW 1965, 270, aber nicht dem Ehe- und Familienschutz des Art. 6 GG, als dessen Ausfluss das Gebot der Familienverträglichkeit zu sehen ist. Schadensersatzansprüche gegen einen Ehegatten wegen Verletzung dieses Gebots sind freilich selbst innerhalb einer Familiengesellschaft ausgeschlossen; vgl. BGHZ 43, 384 (386) = NJW 1965, 1958 mAnm *Ganssmüller*; *Bertermann* BB 1967, 270 ff.; → Rn. 32.

[34] BGH NJW 1987, 1549 f.; 1996, 1815 = FamRZ 1996, 796; BGHZ 75, 272 = NJW 1980, 340 = FamRZ 1980, 43; OLG Stuttgart FamRZ 1994, 1403. Fallweise Bedenken äußert *Giesen* JR 1983, 89 (97 f.); BVerfG FamRZ 1985, 143 = NJW 1985, 1211 hält diese Rspr. für verfassungsgemäß.

[35] BGH NJW 2006, 2404 = FamRZ 2006, 1010 (1012); NJW 2007, 139 = FamRZ 2006, 1827.

[36] BGH NJW 1987, 1549 f.; 1996, 1815 = FamRZ 1996, 796; BGHZ 75, 272 = NJW 1980, 340 = FamRZ 1980, 43.

[37] BGH NJW 2007, 139 f. = FamRZ 2006, 1827.

[38] BGH NJW 1987, 1549.

[39] BGH FamRZ 1985, 318 f.; NJW 1987, 1549 = FamRZ 1987, 472 f.

[40] BGH NJW 2007, 139 f.

[41] Das bis 1953 geltende Recht des Mannes, Dienstverträge seiner Frau mit Zustimmung des Vormundschaftsgerichts fristlos zu kündigen (§ 1358 aF), verstieß gegen den Gleichheitssatz.

benenfalls aus § 1360 (→ § 1360 Rn. 17). Da sie der Verpflichtung zur Haushaltsführung vorgeht,[42] erfordern derartige Notfälle ggf. eine Neuverteilung der familiären Aufgaben (→ Rn. 8). Eine den Haushalt führende Mutter ist zur (Wieder)aufnahme einer Erwerbstätigkeit verpflichtet, wenn ihr Ehemann in seinem Beruf kein hinreichendes Einkommen erzielen, aber statt ihrer die Kinderbetreuung übernehmen kann.[43]

### VII. Die Mitarbeit im Beruf oder Geschäft des Ehepartners

**1. Ausgangssituation.** Ursprünglich kannte das BGB eine Pflicht der Ehefrau zur Mitarbeit 19 in Beruf oder Geschäft des Mannes, die dann durch das GleichberG geschlechtsneutral auf beide Ehegatten erstreckt wurde. Da diese durch das 1. EheRG gestrichen wurde, besteht gegenwärtig eine gesetzliche Mitarbeitspflicht unter Ehegatten von Ausnahmen abgesehen (→ Rn. 2) nicht mehr. Probleme bereitet heute weniger die fehlende Pflicht zur Mitarbeit als eher die fehlende Regelung einer Vergütungsfrage, die der Gesetzgeber hätte treffen sollen.[44] Denn nach wie vor arbeiten Ehegatten häufig freiwillig im Betrieb des anderen mit, so schon immer in der Landwirtschaft und im Handwerk,[45] aber auch mitunter in den freien Berufen (Arztpraxis, Anwaltskanzlei), wozu die steigenden Personalkosten und die bessere berufliche Qualifizierung der Frauen beitragen.

**2. Rechtsgrundlagen einer Pflicht.** Grundsätzlich steht es jedem Ehegatten frei, seine 20 Arbeitskraft nach seinen persönlichen Wünschen einzusetzen. Eine Mitarbeitspflicht im Beruf oder Geschäft des Ehepartners bestand nach Abs. 2 aF, soweit dies nach den Lebensverhältnissen der Eheleute üblich war.[46] Aus der Verweisung auf das faktisch Übliche ist gegenwärtig weder eine Pflicht zur Mitarbeit noch ihr Umfang abzuleiten. Aus der Generalklausel des § 1353 ergibt sich eine Mitarbeitspflicht heute nur noch in Gestalt der ehegenossenschaftlichen **Beistandspflicht,** etwa in Notfällen (→ § 1360 Rn. 17),[17] sowie aus der Pflicht zur Wahrung der Familienbelange bei der Wahl und Ausübung der Berufstätigkeit nach § 1356 Abs. 2. Wenn der Ehepartner auf die Mitarbeit (für eine begrenzte Zeit) angewiesen ist, kann es gegen das Gebot der Rücksichtnahme verstoßen, eine fremde Arbeit anzunehmen.

**3. Einzelheiten.** Unter Beachtung der hiernach gebotenen **restriktiven Auslegung** ist eine 21 Pflicht zur Mitarbeit nur noch ausnahmsweise (meist für begrenzte Zeit) zu bejahen:[48] bei Krankheit und in Notzeiten;[49] vorübergehendem Personalmangel (zB in der Landwirtschaft, im Handwerk oder Einzelhandel);[50] Liquiditätsschwierigkeiten. Allein die Tatsache, dass in bestimmten Bereichen die Mitarbeit „üblich" ist, begründet noch keine Pflicht.[51] In diesen engen Grenzen besteht eine Mitarbeitspflicht auch, wenn der Ehepartner sein Geschäft gemeinsam mit einem **Dritten** betreibt (etwa als Gesellschafter einer OHG oder Komplementär einer KG).[52] Der Dritte hat auf die Mitarbeit aber keinen Anspruch. Da die Mitarbeitspflicht jedoch nur im Rahmen des **Zumutbaren** besteht, kann kein Ehegatte gezwungen werden, eine einträglichere Stellung oder den notwendigen Aufbau einer eigenen Existenz aufzugeben[53] oder eine seiner Ausbildung und seinen Fähigkeiten inadäquate

42 OLG Stuttgart NJW 1961, 2113; Palandt/*Brudermüller* Rn. 5.

43 Entspr. § 1608 dann keine Unterhaltspflicht von Verwandten mütterlicherseits, AG Lahnstein FamRZ 1986, 199.

44 Vgl. allg. *Diederichsen,* Die Flucht des Gesetzgebers aus der politischen Verantwortung im Zivilrecht, 1974.

45 Die ungeregelte Mitarbeit von Angehörigen (ohne Lohnauszahlung und Sozialabgaben) ging allerdings deutlich zurück. 1983 gab es in Westdeutschland 872.000 mithelfende Familienangehörige (Statistisches Jahrbuch 1984, 98). 1997 waren es im wiedervereinigten Deutschland noch 360.000 (1 % aller Erwerbstätigen: Statistisches Jahrbuch 1998, 108), Mittlerweile werden die mithelfenden Angehörigen nicht mehr gesondert erfasst, wohl weil ihr Anteil zu gering ist.

46 Zum schwierigen Begriff der Üblichkeit s. *Reiche,* Eheliche Mitarbeit und Arbeitsverhältnisse unter Ehegatten, 1966, 14 ff.; *Streck,* Generalklausel und unbestimmter Begriff im Recht der allgemeinen Ehewirkungen, 1970, 121 ff., je mwN.

47 *Gernhuber/Coester-Waltjen* FamR § 20 III 1; *Henrich* FamR § 6 III 4a; Palandt/*Brudermüller* Rn. 7; *Schwab* FamR Rn. 134. Offenlassend, ob sich durch die geänderte Rechtsgrundlage der Umfang entscheidend änderte, BGHZ 127, 48 (55) = NJW 1994, 2524; ausnahmslos gegen eine Mitarbeitspflicht, da der partnerschaftlichen Eheauffassung entgegenstehend, *Ramm* FamR I § 22 III 1a.

48 Bei den im Folgenden zitierten älteren Präjudizien sind die Begründungen für die geänderte Rechtslage nur noch begrenzt aussagekräftig.

49 RGZ 133, 381 (382 f.).

50 BGH LM Nr. 13.

51 *Schwab* FamR Rn. 135.

52 HM, BGH FamRZ 1963, 343 (344); RGZ 148, 303 (308); RG JW 1909, 502; diff. *Reiche,* Eheliche Mitarbeit und Arbeitsverhältnisse unter Ehegatten, 1966, 6.

53 Vgl. BGH LM § 1353 Nr. 13 = FamRZ 1967, 611 (612 f.).

Position im Geschäft seines Ehepartners zu übernehmen. Da sich die Mitarbeit begrifflich nicht auf weisungsabhängige Hilfsarbeiten beschränkt, können auch **gleichgeordnete** oder bei entsprechender Befähigung sogar **leitende** Tätigkeiten übernommen werden.[54]

22 **4. Recht auf Mitarbeit.** Ein Recht auf Mitarbeit im Geschäft des Ehepartners lässt sich aus Abs. 2 S. 1 nicht herleiten. Eine Ablehnung der Mitarbeit kann ausnahmsweise ehewidrig sein; zB verstieße es gegen das Gebot der ehelichen Partnerschaft, einen fremden Arbeitnehmer statt des beschäftigungslosen aber gleichbefähigten Ehepartners einzustellen.[55] Eine begonnene Mitarbeit darf nicht in verletzender Form beendet werden. Ein **Verzicht** auf Mitarbeit ist zulässig, soweit sie nicht unterhaltsrechtlich geschuldet wird (→ § 1360 Rn. 12, 14, 17; vgl. § 1614).

### VIII. Vergütungsansprüche des mitarbeitenden Ehegatten

23 **1. Das Problem.** Die „Grundfrage des Familienrechts",[56] ob und in welchem Umfang dem mitarbeitenden Ehegatten ein Entgeltsanspruch zusteht, ist weder theoretisch noch praktisch geklärt und mit den Mitteln der herkömmlichen Zivilrechtsdogmatik schwer zu bewältigen. Denn die Ehegatten treffen häufig keine Vereinbarungen, obwohl in einigen Konstellationen das Gerechtigkeitsgefühl ein Entgelt für die geleistete Mitarbeit fordert. Da es auch an einer konkreten gesetzlichen Regelung fehlt, sind Rechtsprechung und Lehre gehalten, die Probleme (vor allem innerfamiliärer Vermögensausgleich und externer Gläubigerschutz) zu lösen.

24 **2. Mögliche Anspruchsgrundlagen.** Jedenfalls für eine unterhaltsrechtlich geschuldete Mitarbeit besteht kein Vergütungsanspruch („Unterhaltsarbeit");[57] das folgt auch aus § 1360b.[58] Verneint wird eine Entgeltspflicht auch für gemäß §§ 1353, 1356 geschuldete Mitarbeiten, jedenfalls für kleinere, gelegentliche oder kurzfristige Hilfeleistungen.[59] Für darüber hinausgehende Tätigkeiten gewährt weder das gesetzliche Güterrecht noch das Unterhaltsrecht einen angemessenen Ausgleich. Zwar führt das fehlende Entgelt des mitarbeitenden Ehegatten idR zu einem umso höheren Zugewinn seines Ehepartners. Mitunter wird aber trotz Mitarbeit kein Zugewinn bei dem begünstigten Gatten erzielt, etwa weil Verluste den objektiv vorhandenen Wert der Mitarbeit kompensieren.[60] Außerdem gewährt der Zugewinnausgleich keine sofortige, periodisch fällig werdende Beteiligung am Ertrag.[61] Unterhaltsrechtlich wird die geleistete Arbeit durch die Teilhabe an dem durch sie erhöhten Lebensstandard ebenfalls nur teilweise abgegolten; zwischen Unterhaltspflicht und Mitarbeitspflicht besteht keine Korrelation.[62] Die Vergütungsfiktion des § 612 ist nur selten anwendbar, da bei Arbeiten im Familienverband eine Vergütung regelmäßig nicht wie unter Externen zu erwarten ist;[63] die Vorschrift findet überdies nur Anwendung, wenn die Erbringung der Dienstleistung rechtsgeschäftlich zugesagt ist.[64] Zur Annahme einer Schenkung (mit Rückforderung gemäß §§ 528, 530) vermisst die Rechtsprechung die Übertrag von Vermögenssubstanz.[65] Ein Bereicherungsanspruch wegen Nichteintritts des mit der Arbeitsleistung bezweckten Erfolges aus § 812 Abs. 1 S. 2 Fall 2 (condictio ob rem) scheitert schließlich häufig am Fehlen einer hinreichend konkretisierten beiderseitigen Zweckvereinbarung. Denn dafür genügt nicht die allgemeine Erwartung, dass die Ehe Bestand haben und der mithelfende Gatte an den Früchten seiner Arbeit irgendwie teilhaben

[54] BVerfGE 13, 311 = NJW 1962, 437; NK-BGB/*Wellenhofer* Rn. 12; anders noch BGH LM Nr. 18 = FamRZ 1967, 618 (620).

[55] *Gernhuber/Coester-Waltjen* FamR § 20 III 2.

[56] *Bosch* FamRZ 1958, 291; *Bosch* FamRZ 1958, 81 (84).

[57] BGHZ 38, 55 (59) = NJW 1962, 2248; RGZ 133, 381 (383); *Fenn,* Die Mitarbeit in den Diensten Familienangehöriger, 1970, 216 ff.

[58] Dazu besonders *Burckhardt,* Der Ausgleich für Mitarbeit eines Ehegatten im Beruf oder Geschäft des anderen, 1969, 80 ff.

[59] Soergel/*Lipp* Rn. 35; *Hergenröder* AR-Blattei SD 615.1 (2003) Rn. 99 f.; vgl. BGHZ 127, 48 (53, 55) = NJW 1994, 2524.

[60] Vgl. *Gernhuber/Coster-Waltjen* FamR § 20 III 7, Rn. 33.

[61] Wegen weiterer Nachteile vgl. *Gernhuber/Coester-Waltjen* FamR § 20 III 7; insbes. *Lieb,* Die Ehegattenmitarbeit im Spannungsfeld zwischen Rechtsgeschäft, Bereicherungsausgleich und gesetzlichem Güterstand, 1970, 153 ff., 156 ff.

[62] *Klunzinger* FamRZ 1972, 70 f. mN.

[63] IE *Klunzinger* FamRZ 1972, 72 f.

[64] So *Richardi* FS Schwab, 2005, 1027 (1032). Aus einem ähnlichen Grund hilft ebenfalls nicht die (umstrittene) Lehre vom faktischen Dienst- oder Gesellschaftsvertrag; denn auch sie kann eine gänzlich fehlende rechtsgeschäftliche Regelung nicht ersetzen. Ältere Versuche einer Herleitung eines Anspruchs aus § 1353 werden heute nicht mehr vertreten, → 4. Aufl. 2000, Rn. 24 Fn. 66 *(Wacke).*

[65] BGHR 127, 48 (51); ältere Nachweise bei *Hepting,* Ehevereinbarungen, 1984, 146 ff.

werde.[66] Immerhin hat der BGH im Zusammenhang mit der Rückabwicklung von Zuwendungen oder Arbeitsleistungen im Rahmen einer nichtehelichen Lebensgemeinschaft die Möglichkeit einer Zweckverfehlungskondiktion in Betracht gezogen, wenn diese über den üblichen Betrag des zur täglichen Lebensführung Benötigten hinausgehen. Voraussetzung ist eine diesbezügliche Zweckabrede; einseitige Vorstellungen genügen nicht. Eine stillschweigende Einigung hierüber kann angenommen werden, wenn der eine Teil mit seiner Leistung einen bestimmten Erfolg bezweckt und der andere Teil dies erkennt und die Leistung entgegennimmt, ohne zu widersprechen.[67] Eine solche zur Ausgleichungspflicht führende Zweckabrede kann etwa dann vorliegen, wenn ein Ehegatte das Vermögen des anderen in der Absicht vermehrt, an der Zuwendung selbst langfristig partizipieren zu können.[68] Aufgrund der Rechtsprechungsentwicklung steht zu erwarten, dass die Zweckverfehlungskondiktion – auch im Hinblick auf den Partizipationsgedanken – zukünftig für die Rückabwicklungen von Zuwendungen oder Arbeitsleistungen unter Ehegatten vermehrt in Erwägung zu ziehen ist. In seiner bisherigen Rechtsprechung war der BGH davon ausgegangen, dass derartige Zuwendungen oder Arbeitsleistungen im Hinblick auf den Erhalt der ehelichen Lebensgemeinschaft erbracht worden seien und darin regelmäßig eine Geschäftsgrundlage zu sehen sei.[69] Die Frage, ab wann eine langfristige Partizipation und damit Zweckerreichung gegeben ist, obliegt der Betrachtung im Einzelfall.

**3. Rechtsgeschäftliche Regelung.** Nach alldem ist Ehegatten anzuraten, die Entgeltsfrage rechtsgeschäftlich zu regeln. Arbeits- und Gesellschaftsverträge unter Ehegatten sind unbedenklich zulässig und vor allem in sozialversicherungsrechtlicher, aber auch in steuerrechtlicher Hinsicht empfehlenswert.[70] Eine freiwillige dienstvertragliche Subordination im Teilbereich der Mitarbeit ist mit partnerschaftlichem Eheverständnis nicht unvereinbar, doch ist sie im Zweifel nicht zu vermuten.[71] Bei gleichgewichtigen Dienstleistungen ist der **Gesellschaftsvertrag** die angemessene Rechtsform (gemeinsamer Hotelbetrieb). Dienst- und Gesellschaftsverträge können Ehegatten **auch stillschweigend** schließen (→ Rn. 26). An der oft weitherzigen Bereitschaft der Rechtsprechung zur Anerkennung konkludenter Verträge wird kritisiert, dass sie zwecks Erzielung billiger Ergebnisse nicht ohne Unterstellungen und Willensfiktionen auskomme.[72] Darum müssen hinreichende Anhaltspunkte für ein Erklärungsbewusstsein und einen Rechtsbindungswillen vorliegen. Ein (stillschweigender) Arbeitsvertrag erfordert eine erkennbare Einigung, dass Mitarbeit auf vertraglicher Basis gegen Entgelt geleistet werden soll, und eine (grundsätzlich weisungsgebundene) Eingliederung in den Betrieb.[73] 25

**4. Innengesellschaft.** Ansprüche wegen geleisteter Mitarbeit werden von der Rechtsprechung in bestimmten Sachverhaltskonstellationen aus einer Innengesellschaft zwischen Ehegatten hergeleitet.[74] Voraussetzung für eine solche Ehegatteninnengesellschaft ist zunächst der Abschluss eines Gesellschaftsvertrages, woran keine hohen Anforderungen geknüpft werden: Allein die Tatsache, dass die Ehegatten beiderseitige Leistungen, zu denen auch die Mitarbeit gehören kann, zu einem gemeinsamen Zweck beisteuern, kann bereits genügen. Höhere Anforderungen werden an den Gesellschaftszweck gestellt: Er muss über die Förderung der ehelichen Lebensgemeinschaft hinausgehen, so dass die Mitarbeit beim Aus- oder Aufbau eines Familienheimes nicht nach gesellschaftsrechtlichen Regeln zu bewerten ist. Im Übrigen ist es unerheblich, ob die Ehegatten gemeinsam ein 26

[66] Dafür allerdings RGZ 158, 380 (383); RG HRR 1939, Nr. 1221; *Maier* JurJb 1963/1964, 87; *Fenn* FamRZ 1968, 291 (296); dagegen aber *Lieb,* Die Ehegattenmitarbeit im Spannungsfeld zwischen Rechtsgeschäft, Bereicherungsausgleich und gesetzlichem Güterstand, 1970, 116 f.; *Hepting,* Ehevereinbarungen, 1984, 154 ff.; Soergel/*Lipp* Rn. 43.

[67] BGH NJW 2008, 3277 (3280); vgl. auch schon BGH FamRZ 1992, 160 (161); abl. gegenüber bereicherungsrechtlichen Ausgleichsansprüchen wegen nicht unentgeltlicher Ehegatten-Mitarbeit und ehebezogener Zuwendungen BeckOK BGB/*Hahn* Rn. 34.

[68] BGH NJW 2008, 3277 (3280).

[69] BGHZ 127, 48 (54 f.) = NJW 1994, 2545.

[70] BGH FamRZ 1962, 357 (358) = NJW 1962, 1612; *Pickartz,* Die zivil- und arbeitsrechtliche Stellung der Ehegatten bei Mitarbeit im Familienverband, 1967, 4 mwN; zur steuerrechtlichen Seite → Rn. 29.

[71] Vgl. BGH LM BEG 1956 § 65 Nr. 6 = FamRZ 1961, 212 (214); LM Nr. 13 = FamRZ 1966, 492 (494).

[72] Vgl. *Schlüter* FamR Rn. 84; *Henrich* FamRZ 1975, 533 (534); treffend *Gernhuber* FamRZ 1979, 202: ein beredtes Beispiel für scheinpositivistisches Richterrecht. Vgl. auch *Hepting,* Ehevereinbarungen, 1984, 130 ff.

[73] BSG MDR 1995, 294 (295) = NJW 1995, 2655; *Menken* DB 1993, 161 (162 f.).

[74] Vgl. BGHZ 8, 249 (253) = NJW 1953, 418; BGHZ 14, 147 = NJW 1967, 1275; Zusammenstellung der Rspr. in BGH NJW 1989, 1920 (1921) und bei *Maiberg* DB 1975, 385 ff.; krit. Würdigung bei *Henrich* FamRZ 1975, 533 ff.; ausdrückliche Vereinbarungen haben Vorrang nach BGH FamRZ 1990, 1219 (1220) = NJW-RR 1990, 1090; FamRZ 1995, 1062 (1063) = NJW 1995, 3383 (3384).

Unternehmen aufbauen oder eine berufliche oder gewerbliche Tätigkeit ausüben.[75] Entscheidend ist, dass die Ehegatten durch eine planvolle und zielstrebige Zusammenarbeit das gemeinsame Ziel verfolgen.[76] Eine nur untergeordnete und eher sporadische Mitarbeit, die der eines Angestellten gleichzusetzen ist, dürfte dagegen nicht genügen. Der Ausgleichsanspruch wird mit Beendigung der Gesellschaft, also der Auflösung der Ehe bejaht, wobei teilweise auch schon auf die Trennung der Ehegatten abgestellt wird.[77] Gehört ein gemeinsam betriebenes Erwerbsgeschäft zum Gesamtgut einer Gütergemeinschaft, so ist jedoch nicht von einer konkludenten Innengesellschaft auszugehen.[78]

27 **5. Wegfall der Geschäftsgrundlage.** Bei nicht feststellbarem Gesellschaftszweck verhilft die Rechtsprechung dem Leistenden nach gescheiterter Ehe unter Umständen zu einem Ausgleichsanspruch über den Wegfall der Geschäftsgrundlage (§ 313) eines **familienrechtlichen Vertrages besonderer Art.**[79] Diese Rechtsfigur wird insbesondere bemüht, wenn eine Innengesellschaft daran scheitert, dass die Ehegatten nur Beiträge zur Verwirklichung der ehelichen Lebensgemeinschaft leisteten; hier kommt der Wegfall der Geschäftsgrundlage in Betracht, etwa wenn (namentlich bei Gütertrennung) ein Ehegatte zum Aufbau der Familienwohnung durch erhebliche Arbeitsleistungen beitrug.[80] Nicht nur bei Sachleistungen, sondern auch bei Mitarbeit im Geschäft oder Betrieb des anderen Ehegatten gelangt die Rechtsprechung zu einem Ausgleich mittels nach Scheidung weggefallener Geschäftsgrundlage eines stillschweigenden familienrechtlichen Vertrages.[81] Die Höhe des Ausgleichs bemisst sich nach den Umständen des Einzelfalles (Umfang der Leistungen, dadurch ersparte Kosten, noch vorhandene Vermögensmehrung, etc). Bei gesetzlichem Güterstand soll allerdings der Zugewinnausgleich nach hM grundsätzlich abschließenden Charakter haben.[82] Der kraft Gesetzes geschuldete Zugewinnausgleich ist systematisch jeder ausdrücklich oder stillschweigend getroffenen einzelvertraglichen Regelung nachgeordnet. Die Anforderungen an die Darlegungslast für länger zurückliegende Mitarbeit dürfen nicht zu hoch angesetzt werden.[83]

28 **6. Das Gläubigerinteresse an der Entgeltlichkeit.** Ist für die Mitarbeit des Ehegatten kein oder nur ein unverhältnismäßig geringes Entgelt angesetzt, gilt den Gläubigern gegenüber nach **§ 850h Abs. 2 ZPO** eine angemessene Vergütung als vereinbart, wenn diese Mitarbeit regelmäßig geleistet wird.[84] Dem Gläubigerschutzzweck der Vorschrift entsprechend fallen darunter Dienstleistungen jeder Art, unabhängig von der Rechtsform, in der sie erbracht werden, somit auch rein tatsächliche, familienrechtliche Mitarbeit.[85] Entscheidend ist, ob aus der Sicht eines Dritten eine ständige, üblicherweise zu vergütende Tätigkeit vorliegt.[86]

29 **7. Steuerrecht.** Der BFH erkennt Arbeitsverträge unter Ehegatten steuerlich an, wenn sie (zivilrechtlich wirksam und) ernstlich und eindeutig vereinbart sind, tatsächlich durchgeführt werden

---

75 BGH NJW 1974, 2278; FamRZ 1975, 35 (36) = NJW 1974, 2278; FamRZ 1982, 910 (911 f.) = NJW 1982, 2236; *Hepting,* Ehevereinbarungen, 1984, 129 f.

76 BGH FamRZ 1999, 1584 = NJW 1999, 2962; FamRZ 2003, 1454 (1456) = NJW 2003, 2982.

77 Konsequenterweise müsste man schon während des Bestehens der Gesellschaft gewisse Zahlungsansprüche des mitarbeitenden Ehegatten bejahen; so auch *Lipp* FS Schwab, 2005, 621.

78 BGH FamRZ 1994, 295 (297) = NJW 1994, 652.

79 BGHZ 127, 48 (54 ff.) = NJW 1994, 2545; BGH NJW 1974, 2045; OLG Düsseldorf FamRZ 1976, 344 (345); zust. *Henrich* FamRZ 1975, 533 (537); abl. *Kühne* JR 1975, 157; *Kühne* JZ 1976, 487.

80 BGHZ 82, 227 = NJW 1982, 1093 = FamRZ 1982, 246 = JR 1982, 237 m. krit. Anm. *Kühne*; BGH FamRZ 1982, 910 (912) = NJW 1982, 2236 = JR 1982, 493 mAnm *Olzen; Schwab* FamR Rn. 136, 334 ff. und *Schlüter* FamR Rn. 84 sprechen sich für einen familienrechtlichen Ausgleichsanspruch aus.

81 BGHZ 127, 48 = NJW 1994, 2545 = FamRZ 1994, 1167; zust. *Jaeger* DNotZ 1995, 674; krit. *Gernhuber* EWiR 1994, 977; dagegen *Hergenröder* AR-Blattei SD 615.1 Rn. 124, 130 mit dem Argument, die Mitarbeit sei keine Zuwendung.

82 BGHZ 65, 320 = NJW 1976, 328 = FamRZ 1976, 82; BGHZ 68, 299 = NJW 1977, 1234 = FamRZ 1977, 458; dazu *Hülsheger,* Zuwendungen zwischen Ehegatten zum gemeinsamen Hausbau, 1982, 136 ff. mwN; *Schlüter* FamR Rn. 84; krit. *Gernhuber/Coester-Waltjen* FamR § 20 III 7 Rn. 33.

83 BGH FamRZ 2002, 949 (950) = NJW-RR 2002, 1297.

84 *Hergenröder* AR-Blattei SD 615.1 Rn. 179 f. *Menken* DB 1993, 161 (163 ff.), jeweils mwN. Zur Entstehungsgeschichte *Burckhardt,* Der Ausgleich für Mitarbeit eines Ehegatten im Beruf oder Geschäft des anderen, 1969, 153 ff. Eine Absicht der Gläubigerbenachteiligung bei der Festsetzung des Entgelts ist für § 850h Abs. 2 ZPO nicht erforderlich, RAG JW 1936, 1247; BGH NJW 1979, 1600 (1602).

85 BAG FamRZ 1977, 707 = NJW 1978, 343; HessLAG MDR 1965, 1026; *Fenn* AcP 167 (1967), 148 (151 ff.) mzN; *Fenn,* Die Mitarbeit in den Diensten Familienangehöriger, 1970, 75 f., 496 f.; Zöller/*Stöber* ZPO § 850h Rn. 4; s. auch BLAH/*Hartmann* ZPO § 850h Rn. 2, 6 f.; bei Mitarbeit in Form einer Gesellschaft jedoch Pfändung des Gesellschaftsanteils nach §§ 859, 857 ZPO, *Menken* DB 1993, 161 (163).

86 BAG FamRZ 1977, 707 = NJW 1978, 343: nach § 850h Abs. 2 S. 2 ZPO sind die familiären Beziehungen allerdings bei der Bemessung der Vergütungshöhe zu berücksichtigen.

und eine angemessene Vergütung ausgezahlt wird. Vertragsgestaltung und Durchführung müssen vergleichbar sein mit dem, was im Verhältnis zu Familienfremden üblich ist.[87] Seit der Einführung des Steuersplittings bei zusammenveranlagten Ehegatten verlor die Absetzbarkeit des Ehegattengehalts als Betriebsausgabe an praktischer Bedeutung. Die Absetzbarkeit wirkt sich aber weiterhin aus für die Gewerbesteuer. Außerdem kann der Arbeitnehmer-Ehegatte zusätzlich den Werbungskostenpauschalbetrag und Steuervergünstigungen für vermögenswirksame Leistungen beanspruchen. Von Vorteil können auch die Vorschriften zur Pauschalierung der Lohnsteuer sein (§§ 40, 40a, 40b EStG).[88]

**8. Sozialversicherungsrecht.** Seit 1964 werden Arbeitsverhältnisse zwischen Ehegatten auch sozialversicherungsrechtlich anerkannt;[89] wie jedes andere entgeltliche Beschäftigungsverhältnis unterliegen sie den Bestimmungen der Renten-, Unfall-, Kranken-, Pflege- und Arbeitslosenversicherung. Für die Haushaltsführung eines Ehegatten besteht kein Schutz in der Unfallversicherung (§ 4 Abs. 4 SGB VII).[90] 30

### IX. Haftungsfragen

**1. Haftungsmaßstab.** Zusammenarbeitende Ehegatten haften einander nach §§ 277, 1359 nur für sog. **eigenübliche Sorgfalt** (→ § 1359 Rn. 10),[91] insbesondere innerhalb eines zwischen ihnen bestehenden Gesellschaftsverhältnisses (§ 708). Bei Arbeitsverträgen ist § 1359 im Zweifel ebenfalls anzuwenden[92] (→ § 1359 Rn. 15 aE); zumindest gelten die Regeln über gefahrengeneigte Tätigkeiten sowie die Beweislastumkehr nach § 619a. 31

**2. Folgen der Nichterfüllung.** Aus der Nichterfüllung der gesetzlichen Mitarbeitspflicht folgt keine Schadensersatzpflicht.[93] Dem geschädigten Partner bleibt allenfalls die nicht vollstreckbare Eheherstellungsklage (→ Rn. 10); im gesetzlichen Güterstand besteht als Sanktion auch die Verweigerung des Zugewinnausgleichs wegen grober Unbilligkeit und die Klage auf vorzeitigen Zugewinnausgleich (§§ 1381, 1386) sowie die Möglichkeit eines Ausschlusses oder der Begrenzung gem. § 1579. Wegen Verletzung einer arbeits- oder gesellschaftsvertraglich geschuldeten Mitarbeit sind auch Schadensersatzansprüche nicht ausgeschlossen.[94] 32

**3. Deliktshaftung.** Für die Deliktshaftung **gegenüber Dritten** gelten die allgemeinen Regeln: Der mitarbeitende Ehegatte haftet als Schädiger nach § 823, 276 für jede Sorgfalt. Die **Haftung des Dritten** für eine Tötung oder Verletzung des haushaltsführenden oder sonst mitarbeitenden Ehegatten richtet sich nach § 844 Abs. 2.[95] 33

## § 1357 Geschäfte zur Deckung des Lebensbedarfs

**(1) [1]Jeder Ehegatte ist berechtigt, Geschäfte zur angemessenen Deckung des Lebensbedarfs der Familie mit Wirkung auch für den anderen Ehegatten zu besorgen. [2]Durch solche Geschäfte werden beide Ehegatten berechtigt und verpflichtet, es sei denn, dass sich aus den Umständen etwas anderes ergibt.**

---

87 Sog. Fremd-Vergleich: BFH NJW 1990, 853; 1997, 1872; BVerfG NJW 1996, 833 verlangt ausgewogene Gesamtwürdigung aller Umstände, die Anerkennung dürfe nicht automatisch am Fehlen eines der Merkmale scheitern; dazu *Tipke/Lang* SteuerR § 8 Rn. 162 ff.; *Gernhuber/Coester-Waltjen* FamR § 20 III 4; ausf. *Langohr-Plato* ZAP Fach 20 (1997), 307 ff.; *Genthe* FuR 1992, 346 ff. Zur mangelnden Rechtfertigung von Verdachtsvermutungen gegen Familienverträge vor Art. 6 GG s. *G. Wacke,* Die Beweislast der Familienunternehmen in Steuersachen: Verdachtsvermutungen gegen Familienverträge?, 1966, passim, bes. 71 ff.; *Görlich,* Die steuerliche Behandlung von Vertragsgestaltungen zwischen Angehörigen, 1979; krit. zur gegenwärtigen Praxis im Hinblick auf Art. 6 GG auch *Schön* FS Franz Klein, 1994, 467 (472 ff., 480 ff.) mwN.

88 *Tipke/Lang* SteuerR § 8 Rn. 162 ff., 165.

89 BVerfG FamRZ 1965, 29 (31 f.). Zu den Anerkennungskriterien im Sozialversicherungsrecht sowie zur Abgrenzung zur (nicht sozialversicherungspflichtigen) familienrechtlichen Mitarbeit und zur Ehegattengesellschaft s. BSG MDR 1995, 294 (295); ferner *Fenn,* Die Mitarbeit in den Diensten Familienangehöriger, 1970, 89 ff., 505 ff. Ausdrückliche Regelung in § 134 Abs. 2 Nr. 1 SGB III.

90 Dazu *Köbl* FS Schwab, 2005, 1008 ff. mit Hinweisen dazu, wann die Rspr. etwa bei Mithilfe von Großeltern im Haushalt eine Ausnahme macht.

91 RGZ 148, 303 (308).

92 AA *Gernhuber/Coester-Waltjen* FamR § 20 III 4.

93 *Fenn,* Die Mitarbeit in den Diensten Familienangehöriger, 1970, 235 und 464.

94 Vgl. BGHZ 34, 80 (85); 37, 38 (41 f.), jeweils mit der Einschränkung, dass dadurch der „äußere Lebensbereich" des anderen Ehegatten nicht beeinträchtigt werden darf.

95 Vgl. *Muscheler* FamR Rn. 290 f.

**(2) [1]Ein Ehegatte kann die Berechtigung des anderen Ehegatten, Geschäfte mit Wirkung für ihn zu besorgen, beschränken oder ausschließen; besteht für die Beschränkung oder Ausschließung kein ausreichender Grund, so hat das Familiengericht sie auf Antrag aufzuheben. [2]Dritten gegenüber wirkt die Beschränkung oder Ausschließung nur nach Maßgabe des § 1412.**

**(3) Absatz 1 gilt nicht, wenn die Ehegatten getrennt leben.**

**Schrifttum (ab 1976):** *J. Arndt,* Kreditgeschäfte und Schlüsselgewalt, Diss. Göttingen 1978; *H. J. Bartel,* „Beiderseitige Schlüsselgewalt", Diss. Tübingen 1978; *F. Baur,* Die prozessualen Auswirkungen der Neuregelung der „Schlüsselgewalt", FS Beitzke, 1979, 111; *A. M. Binder,* Die neue Schlüsselgewalt, Diss. Regensburg 1980; *Brötel,* Eigentumsverhältnisse am ehelichen Hausrat, Jura 1992, 470; *Brox,* Schlüsselgewalt und Haustürgeschäfte, FS Mikat, 1989, 841; *Büdenbender,* Die Neuordnung der „Schlüsselgewalt", FamRZ 1976, 662; *Cebulla/Pützhoven,* Geschäfte nach dem Haustürwiderrufsgesetz und Schlüsselgewalt, FamRZ 1996, 1124; *Diederichsen,* Die allgemeinen Ehewirkungen nach dem 1. EheRG etc., NJW 1977, 217; *Elsing,* Probleme bei Schlüsselgewaltgeschäften minderjähriger Ehegatten, bes. in der Zwangsvollstreckung, JR 1978, 494; *Heinrichsmeier,* Die Einbeziehung des Ehegatten in die Haftung für Geldkredite, 1993; *Käppler,* Familiäre Bedarfsdeckung im Spannungsfeld von Schlüsselgewalt und Güterstand, AcP 179 (1979), 245; *Kliffmüller,* Verbraucherschutz des Ehepartners bei Abzahlungsverträgen, FuR 1992, 138; *Lange,* Mithaftung des Ehegatten für Strom- und Gasrechnungen – kritische Fragen an § 1357 BGB, FamRZ 2016, 354; *Leipold,* Wirtschaftsgemeinschaft oder Güterindividualismus: Eigentum an Hausrat in Ehe und nichtehelicher Partnerschaft, FS Gernhuber, 1993, 695; *Löhnig,* Verbrauchergeschäfte mit Ehegatten – zum Verhältnis von Verbraucherschutz und Schlüsselgewalt, FamRZ 2001, 135; *Lüke,* Die persönlichen Ehewirkungen etc., FS Bosch, 1976, 627; *Lüke,* Grundsätzliche Veränderungen im Familienrecht, AcP 178 (1978), 1; *Medicus,* Gedanken zur „Schlüsselgewalt", Perspektiven des Familienrechts, FS Schwab, 2005, 359; *Mikat,* Verfassungsrechtliche Aspekte der Neuordnung der „Schlüsselgewalt", FS Beitzke, 1979, 293; *Mikat,* Rechtsprobleme der Schlüsselgewalt, Rhein.-Westf. Akad. Düsseldorf 1981; *H. Roth,* Die Mitberechtigung der Ehegatten in Fällen des § 1357 BGB, FamRZ 1979, 361; *Schanbacher,* Geschäfte zur Deckung des Familienlebensbedarfs und Verbraucherkreditgesetz, NJW 1994, 2335; *M. Schmidt,* Die Anwendung der Schlüsselgewalt auf Ratenkaufverträge, FamRZ 1991, 629; *v. Simon,* Zu den Gestaltungs- und Gewährleistungsrechten bei den Schlüsselgewaltgeschäften des § 1357 BGB, Perspektiven des Familienrechts, FS Schwab, 2005, 417; *Teschner,* Die Ehe als Schuldnergemeinschaft, 1999, 155; *Vlassopoulos,* Der eheliche Hausrat im Familien- und Erbrecht, 1983; *Wacke,* Streitfragen um die neugeregelte „Schlüsselgewalt", NJW 1979, 2585; *Wacke,* Einzelprobleme der neugeregelten „Schlüsselgewalt", FamRZ 1980, 13; *Weinreich,* Vermögensrecht in der nichtehelichen Lebensgemeinschaft, FPR 2001, 29; *H. P. Westermann,* Die Rechtslage der Familienwohnung, 1977; *Witte-Wegmann,* Schlüsselgewalt bei Teilzahlungsgeschäften?, NJW 1979, 749.

**Übersicht**

## I. Normzweck – Entstehungsgeschichte

1 **1. Normzweck.** Die Vorschrift regelt unabhängig vom Güterstand die vor allem bei Kreditgeschäften praktisch werdende (→ Rn. 26) Frage, in welchem Umfang die von einem Ehegatten abgeschlossenen Rechtsgeschäfte auch ohne ausdrückliche Vollmacht zugleich für und gegen dessen Ehepartner wirken, ihn also mitberechtigen und mitverpflichten. Diese Wirkung wird bejaht unter den beiden Voraussetzungen, dass die Ehegatten nicht getrennt leben (Abs. 3) und das Rechtsgeschäft zur angemessenen Deckung des Lebensbedarfs der Familie erforderlich ist (Abs. 1 S. 1). Ausnahmsweise wird die Wirkung verneint, falls sich aus den Umständen etwas anderes ergibt (Abs. 1 S. 2), oder falls das Mitvertretungsrecht des handelnden Ehegatten durch einen Vermerk im Güterrechtsregister ausgeschlossen bzw. der Ausschluss dem Dritten bekannt ist (Abs. 2).

2 Bis 1976 hatte die Schlüsselgewalt die Hauptaufgabe, der Ehefrau die eigenverantwortliche Haushaltsführung (§ 1356 Abs. 1 S. 1 aF) zu ermöglichen, ohne bei Rechtsgeschäften mit Dritten jeweils auf eine Vollmacht ihres Mannes angewiesen zu sein.[1] Ob die Pflicht und die Befugnis des haushaltsführenden Ehegatten zur eigenständigen Haushaltsführung auch heute noch die Eingehung von Kreditgeschäften erfordert, kann bezweifelt werden.[2] Dass ein Gläubiger ein Rechtsgeschäft nur deshalb eingeht, weil er über § 1357 einen zweiten Schuldner erhält, dürfte eher selten sein. Während früher die Kreditfähigkeit der Ehefrau gesichert werden musste, da der Gläubiger hinsichtlich ihrer Person Zweifel haben konnte, ist dies bei der nunmehr sehr unterschiedlichen Rollenverteilung in den Ehen nicht mehr gegeben. Gleichwohl ermöglicht die Vorschrift den direkten Zugriff auch gegen den nicht handelnden (aber mitbegünstigten) Ehepartner, ohne dass der Dritte den Unterhaltsanspruch des handelnden gegen den verdienenden Ehegatten pfänden und sich überweisen müsste. Damit kommt die Norm einem Vertrag zu Lasten Dritter nahe. § 1357 wird vielfach als Folgenorm zu § 1356 aufgefasst.[3]

3 Der gegenüber früher verstärkte **Gläubigerschutz** ist laut BVerfG nicht Zweck der Norm,[4] wohl aber (praktisch wichtige) Konsequenz der aus Gründen der Geschlechterparität eingeführten wechselseitigen Schlüsselgewalt, die wegen technischer Unzuträglichkeiten der früheren Regelung mit einer gesamtschuldnerischen Haftung verbunden wurde (→ Rn. 6). Für den erwerbstätigen Ehegatten war die Ermächtigung zur Mitverpflichtung des haushaltsführenden jedoch aus Gründen des Gläubigerschutzes nicht geboten.

4 **2. Entstehungsgeschichte. Bis 1953** war die Ehefrau berechtigt, Geschäfte innerhalb ihres häuslichen Wirkungskreises für den Mann zu besorgen und ihn zu vertreten. Derartige Geschäfte galten als im Namen des Mannes vorgenommen, sofern die Umstände nichts anderes ergaben. Da nach dem **GleichberG** vom 18.6.1957 (BGBl. 1957 I 609) die Frau den Haushalt in eigener Verantwortung führte, galten ihre Schlüsselgewaltgeschäfte nicht mehr allein als für den Mann abgeschlossen; doch wurde die Frau nur subsidiär aus ihnen verpflichtet, falls der Mann zahlungsunfähig war.

1 Vgl. etwa *Gernhuber* FamR, 2. Aufl. 1971, § 19 III 2; krit. dazu *Struck* MDR 1975, 449 (452).
2 *Zintl/Singbartl* NJOZ 2015, 321 für ersatzlose Streichung der Norm.
3 Vgl. *Diederichsen* NJW 1977, 221 bei Fn. 63; *Lüke* AcP 178 (1978), 1 (18); *Mikat,* Rechtsprobleme der Schlüsselgewalt, 1981, 44 f.
4 BVerfGE 81, 1 = NJW 1990, 175 = FamRZ 1989, 1273.

5 Die Unvereinbarkeit dieser Regelung mit dem Gleichheitssatz lag auf der Hand, so dass schließlich das 1. EheRG die Vorschrift wesentlich veränderte:[5] Die Schlüsselgewalt wurde geschlechtsneutral ausgestaltet und wegen der Preisgabe des Modells der Hausfrauenehe von der internen Aufgabenverteilung losgelöst. Im Zusammenhang damit wurde der „häusliche Wirkungskreis" durch den „angemessenen Lebensbedarf der Familie" ersetzt, sowie die gesamtschuldnerische Haftung beider Ehegatten anstelle der bisherigen bloßen Ausfallhaftung der Ehefrau eingeführt. Die Bindung der Schlüsselgewalt an den haushaltführenden Gatten musste gelöst werden, da die vom Geschlecht unabhängige einvernehmliche Rollenverteilung (§ 1356) dem Geschäftspartner nicht erkennbar ist.[6] Der Vorschlag, die Schlüsselgewalt nur dem jeweils haushaltsführenden Ehegatten zuzugestehen und die gesamtschuldnerische Haftung auf die Doppelverdienerehe zu beschränken,[7] war nicht praktikabel.[8] Die Haftung darf nicht vom Zufall abhängen, welcher Ehegatte eine bestimmte Besorgung für die Familie vornimmt. Vergleichbare Regelungen einer solchen „beiderseitigen Schlüsselgewalt" finden sich in Skandinavien,[9] in mehreren osteuropäischen Staaten[10] und seit 1965 in Frankreich.[11]

## II. Würdigung – Rechtsnatur

6 **1. Rechtfertigung der Gesamtschuld.** Die gesamtschuldnerische Haftung beider Ehegatten bewirkt in erster Linie einen Gläubigerschutz, obwohl dieser nicht unmittelbar den Zweck der Norm bildet, sondern lediglich ein Mittel zum Zweck darstellt.[12] Ob die Gesamtschuld wirklich notwendig ist, um dem haushaltführenden Ehegatten den Abschluss bestimmter Geschäfte für die Familie zu ermöglichen, ist zweifelhaft.[13] Eine gewisse Plausibilität hätte eine gesamtschuldnerische Haftung, wenn man den Sinn der Vorschrift darin sieht, die Kreditwürdigkeit der gesamten Familie zu erhöhen;[14] dies ist allerdings deshalb wenig überzeugend, weil eine Kenntnis des Gläubigers vom Verheiratetsein seines Vertragspartners unerheblich ist. Außerdem greift der Gedanke nicht bei fehlender Leistungsfähigkeit des Mitverpflichteten. Im Ergebnis ist die Notwendigkeit des Gläubigerschutzes nicht überzeugend zu begründen, ja verfassungsrechtlich angreifbar.

7 **2. Rechtfertigung als Versionshaftung.** Die Vorschrift wird teilweise mit dem Gedanken gerechtfertigt, dass die durch das Schlüsselgewaltgeschäft erworbene Leistung dem ehelichen Haushalt und damit beiden Ehegatten zugute kommt; diese bildeten letztlich eine Wirtschaftseinheit.[15] Dieses Verständnis hat den Vorteil, die Mithaftung des haushaltführenden Ehegatten akzeptieren zu können. Damit werden einige Widersprüche der Vorschrift vermieden und eine schlüssige Begründung für den Gläubigerschutz geliefert. Andererseits führt die Auffassung zu einer Haftung des nicht handelnden Ehegatten aufgrund einer als Wirtschaftseinheit bezeichneten Gemeinschaft, womit die dogmatischen Grenzen des Vertretungs- und Gesellschaftsrechts verwischt werden. Denn das BGB kennt sonst eine Haftung wegen mittelbar erworbener Vorteile nicht.[16] Auch zu § 1357 Abs. 2 passt die Theorie nicht, denn die Ausschlussmöglichkeit dürfte es bei einer Wirtschaftseinheit nicht geben. Würde der Versionsgedanke greifen, müsste trotz ausdrücklichen Ausschlusses einer Haftung eine Eingriffskondiktion des Dritten gegen den nicht handelnden Ehegatten bejaht werden, was wohl kaum vertretbar ist. Schließlich führt der Austausch des Gesetzeszweckes zu einer völligen Umfunktionierung der Norm, die methodisch nicht mehr im Wege der Auslegung zu bewerkstelligen ist.

---

5 Zu den Materialien eingehend *Mikat,* Rechtsprobleme der Schlüsselgewalt, 1981, 9–22, 92 ff. mit rechtsvergleichendem Überblick 23–33.

6 BT-Drs. 7/4361, 26.

7 So *Bosch* FamRZ 1976, 401 (403); vgl. *Büdenbender* FamRZ 1976, 662 (663).

8 *Mikat,* Rechtsprobleme der Schlüsselgewalt, 1981, 46 f., 95 f.; BT-Drs. 7/650, 99.

9 Beiderseitige „Hausvertretung" mit solidarischer Haftung seit 1920 in Schweden, 1925 in Dänemark usw., s. *Müller-Freienfels* FS Lehmann, Bd. I, 1956, 388 (395) Fn. 24 und (404 f.) Fn. 64. Zu Dänemark auch *Büdenbender* FamRZ 1976, 662 (665).

10 *Müller-Freienfels* FS Lehmann, Bd. I, 1956, 388 (405) Fn. 65.

11 Art. 220 Code civil nF; *Sturm* FamRZ 1966, 161 f.; *Ferid,* Französisches Zivilrecht, Bd. II, 2. Aufl. 1986, Rn. 4 B, 127 ff.: „pouvoir à double clef"; Schweizer ZGB Art. 166 (seit 1984). Zu Österreich s. *Wacke* NJW 1979, 2585 (2586) Fn. 11.

12 BVerfG NJW 1990, 175.

13 *Gernhuber,* Neues Familienrecht, 1977, 130 ff.; *Gernhuber/Coester-Waltjen* FamR § 19 IV 3; *Holzhauer* FamRZ 1977, 729 (731); *Käppler* AcP 179 (1979), 245 (252 ff.).

14 RegE zum 1. EheRG, BT-Drs. 7/650, 98 f.; für einen Schutz des Rechtsverkehrs *Schlüter* FamR Rn. 86.

15 *Harke* FamRZ 2006, 89 f.

16 Wird der Geschäftsvorteil als Verpflichtungsgrund angesehen, auch mit dem Argument, dass dies zu dem richtigen Ergebnis führe, ein Widerrufsrecht auszuschließen weil der Geschäftsvorteil nicht mehr rückgängig gemacht werden kann, *Harke* FamRZ 2006, 89 (91), so beruht diese Überlegung auf einem Zirkelschluss.

**3. Vergleich mit Ledigen.** Im Vergleich zu Unverheirateten ist die Regelung ebenfalls angreifbar.[17] Denn wenn der Gläubigerschutz nicht Zweck der Vorschrift ist, führt die gesamtschuldnerische Haftung der Ehegatten zu einer Benachteiligung verheirateter Paare gegenüber nichtehelich zusammenlebenden. Nach der vom BVerfG bestätigten Lehre ist § 1357 jedoch mit Art. 2 Abs. 1 GG, Art. 3 GG und Art. 6 GG vereinbar.[18] 8

**4. Konsequenz für die Auslegung.** Gleichwohl hat nach der hier vertretenen Auffassung das GG Auswirkungen auf das Verständnis der Norm: Diese ist – verfassungskonform – eng auszulegen und damit weitgehend auf Ergebnisse reduziert, die auch mit den Mitteln der allgemeinen Rechtsgeschäftslehre erzielt werden können. Insbesondere darf der Gläubigerschutz nicht Ergebnis einer Auslegung sein. 9

**5. Rechtsnatur.** Die solidarische Berechtigung und Verpflichtung aus Geschäften nach § 1357 verleiht dem handelnden Ehegatten eine Rechtsmacht sui generis,[19] eine Art gesetzlicher Verpflichtungsermächtigung,[20] die zu einer akzessorischen Verbindlichkeit führt.[21] Der Unterschied zur Vertretungsmacht ist die fehlende Offenheit sowie die Doppelverpflichtung. Ein Handeln im Namen des Mitverpflichteten wie nach § 164 ist unnötig. 10

Grundlage der Verpflichtungsermächtigung ist das stillschweigende Einverständnis des anderen Ehegatten mit üblichen Bedarfsdeckungsgeschäften. Historisch entwickelte sich die Schlüsselgewalt aus einer **vermuteten Vollmacht** (mandatum praesumptum, mandat tacite domestique).[22] Für die Auslegung ist daraus abzuleiten, dass der zulässige Kreis der Geschäfte nur so weit reicht wie das mutmaßliche Einverständnis (→ Rn. 19). 11

**6. Vergleich mit § 1362.** § 1362 und § 1357 beruhen trotz ihrer gemeinsamen Gläubigerschutztendenz auf verschiedenen Grundlagen und decken sich im praktischen Ergebnis nur teilweise. § 1357 gilt nur für Schulden aus Rechtsgeschäft, § 1362 für Schulden jeder Art (auch aus Delikt). § 1357 stellt gegenständlich auf die Zweckbestimmung des Geschäfts ab, § 1362 auf das Haftungssubstrat der beweglichen Sachen im Besitz der Ehegatten. § 1362 geht insofern über § 1357 hinaus, als die (allerdings widerlegbare) Vermutung des Schuldnereigentums an beweglichen Sachen auch für Vollstreckungen wegen persönlicher Schulden eines Ehegatten wirkt, die nicht aus Geschäften zur Deckung des familiären Lebensbedarfs herrühren oder zu denen ihm die Geschäftsbesorgungsmacht nach Abs. 2 entzogen war. Wegen unter § 1357 fallender Schulden beider Ehegatten ist ein Rückgriff auf § 1362 dagegen unnötig und kann auch in anderes Vermögen als bewegliche Sachen vollstreckt werden (Grundstücke, Forderungen und dergleichen). Für das Gros der durchschnittlichen Alltagsgeschäfte wird § 1357 jedoch durch § 1362 relativiert.[23] Der Gläubiger gelangt meist auch dann zum Ziel, wenn er nur gegen den vertragschließenden Ehegatten einen Vollstreckungstitel erwirkt. 12

### III. Allgemeine Voraussetzungen

**1. Zusammenleben in gültiger Ehe.** Für das Zusammenleben (vgl. Abs. 3) ist ein eigenständiger Hausstand nicht erforderlich; genauso wenig ist ein fester Wohnsitz nötig (Schausteller). Auf Reisen abgeschlossene Geschäfte werden mit umfasst.[24] Eine aufhebbare Ehe gilt bis zum Aufhebungsurteil als gültig (§ 1313). § 1357 gilt für alle Güterstände und ist darum **güterrechtsneutral** auszulegen (→ Rn. 42 aE). Mit Eheauflösung endet die Befugnis; ein Gläubiger wird in seinem 13

---

17 *Lüke* FS Bosch, 1976, 627 (636); ebenso iErg *Büdenbender* FamRZ 1976, 662 (664 ff., 672 f.).

18 BVerfGE 81, 1 = NJW 1990, 175 = FamRZ 1989, 1273; *Mikat,* Rechtsprobleme der Schlüsselgewalt, 1981, 92 ff.; *Mikat* FS Beitzke, 1979, 293 (295 ff., 305 ff.); *Holzhauer* JZ 1977, 729 (731); *Bartel,* „Beiderseitige Schlüsselgewalt", 1978, 130 ff.; *Käppler* AcP 179 (1979), 245 (255 f.); *Wacke* NJW 1979, 2585 (2587); Soergel/*Lipp* Rn. 4; *Teschner,* Die Ehe als Schuldnergemeinschaft, 1999, 172 ff.

19 *Gernhuber/Coester-Waltjen* FamR § 19 IV 4; *Lüke* AcP 178 (1978), 1 (19); *Käppler* AcP 179 (1979), 245 (273 ff.).

20 *Schwab* FamR Rn. 169; *Medicus* FS Schwab, 2005, 361. *Diederichsen* NJW 1977, 217 (221); zur rechtsgeschäftlichen Verpflichtungsermächtigung allg. abl. *Peters* AcP 171 (1971), 234 ff.

21 *Berger* FamRZ 2005, 1132.

22 Zur (umstrittenen) Lehre vom mandatum praesumptum im 19. Jahrhundert vgl. *Stobbe,* HdB des deutschen Privatrechts IV, 1884, 229 I. Sie galt in Frankreich als mandat tacite domestique bis 1942; vgl. *Harke* FamRZ 2006, 89 f. und *Sonnenberger,* Verkehrssitten im Schuldvertrag, 1972, 217 f.; sie gilt wohl heute noch in Italien; noch weiter geht das englische Recht, vgl. *Müller-Freienfels* FS Lehmann, Bd. I, 1956, 388 (392) Fn. 18 und (415); *Wacke* NJW 1979, 2585 (2596) m. Fn. 21 und 25 (2588 f.).

23 Vgl. bereits *F. Baur* FamRZ 1958, 254.

24 OLG Celle HRR 1932 Nr. 237.

guten Glauben auf den Bestand der Ehe nicht geschützt,[25] zum einen weil unser Recht den gutgläubigen Erwerb eines Schuldners nicht kennt, zum anderen weil der Gläubigerschutz nicht Sinn der Vorschrift ist.[26]

14 **2. Eheloses Zusammenleben, Verlobte.** Bei eheähnlichem Zusammenleben ist die Erzielung eines dem § 1357 ähnlichen Ergebnisses nach den Grundsätzen über die Duldungs- oder Anscheinsvollmacht möglich,[27] eine analoge Anwendung wird überwiegend zu Recht abgelehnt, da die eheähnliche Gemeinschaft zu wenig rechtlich verfestigt ist, um eine gesetzlich angeordnete Gesamtschuld zu rechtfertigen.[28] Für **Verlobte** gilt **§ 1357 nicht,** auch nicht bei Anschaffungen für den künftigen gemeinsamen Hausstand. Auch die Heirat bewirkt keine automatische Gesamthaftung aus vorehelichen Geschäften; jeder Ehegatte kann sie für sich ebenso wie für den Partner durch Genehmigung herbeiführen.

15 **3. Geschäftsfähigkeit.** Der vertragschließende Ehegatte kann **beschränkt** geschäftsfähig sein (§ 165 analog),[29] aber nicht geschäftsunfähig (§ 105). Gegen einen beschränkt geschäftsfähigen Ehegatten wirken die Geschäfte aus § 1357, wenn sie vom volljährigen Partner getätigt wurden;[30] dann haftet der Minderjährige auch ohne Zustimmung seines gesetzlichen Vertreters (§ 107; vgl. § 179 Abs. 3 S. 2),[31] denn die Verpflichtung tritt ein, ohne dass der Minderjährige rechtsgeschäftlich handelt, so dass der Minderjährigenschutz nicht eingreift.

16 **4. Ausschluss der Eigenhaftung.** Ob der Gläubiger seinen Kontrahenten als verheiratet erkennt, ist gleichgültig, da § 1357 objektiv wirkt. Beim Handeln **im Namen und in Vollmacht** des anderen Ehegatten ist in der Regel eine Vertretung gewollt, die dann eine Eigenhaftung ausschließen würde. Zum Ausschluss der Eigenhaftung des handelnden Ehegatten bedarf es allerdings deutlicher Offenlegung der gegen eine Gesamthaftung sprechenden Umstände.[32] Eine Akzeptanz des Vertragspartners ist unerheblich, da der Gläubigerschutz nicht Zweck der Vorschrift ist. Ein solcher Ausschluss der Eigenhaftung bedarf regelmäßig keiner Zustimmung des alleinhaftenden Ehepartners, lässt aber die eventuelle interne (sich nach Unterhaltsrecht richtende) Beitragspflicht des kontrahierenden Gatten unberührt. Auch ein späterer Erlassvertrag mit einem Ehegatten berührt (als bloßes pactum de non petendo) im Zweifel nicht dessen interne Ausgleichspflicht.[33]

### IV. Geschäfte für den Lebensbedarf der Familie (Abs. 1 S. 1)

17 **1. Sicherung des Lebensbedarfs.** Vorwiegend aus Gründen der Geschlechterparität wurde der frühere, auf die Hausfrau zugeschnittene Begriff „häuslicher Wirkungskreis" (→ Rn. 4, 5) ersetzt durch die „Geschäfte zur angemessenen Deckung des Lebensbedarfs der Familie". Dass der Gesetzgeber mit der terminologischen Änderung zugleich den **Umfang** der bisherigen Schlüsselgewaltgeschäfte ändern wollte, geht aus der amtlichen Begründung nicht hervor. Eine Begrenzung auf den **laufenden Unterhalt** wurde danach bewusst nicht vorgenommen; denn jeder Ehegatte sollte auch außergewöhnliche Geschäfte vornehmen können, die keinen Aufschub dulden, zB die Unterbringung eines Kindes im Krankenhaus. Das Mitvertretungsrecht sei jedoch zu begrenzen auf Geschäfte, „die zur sachgerechten Sicherung des angemessenen Lebensbedarfs notwendig sind: Geschäfte größeren Umfangs, die ohne Schwierigkeiten zurückgestellt werden können, sollen nicht darunter fallen".[34]

---

[25] So auch *Schwab* FamR Rn. 171.

[26] AA → 5. Aufl. 2010, Rn. 13 *(Wacke),* der eine Analogie zu §§ 674, 169, 173 befürwortet; ebenso *Mikat,* Rechtsprobleme der Schlüsselgewalt, 1981, 57 ff.

[27] *Mikat,* Rechtsprobleme der Schlüsselgewalt, 1981, 54 ff.; *Käppler* AcP 179 (1979), 245 (285); *Müller-Freienfels* FS Lehmann, Bd. I, 1956, 388 (412 f.); *Weinreich* FPR 2001, 29 (32).

[28] Erman/*Kroll-Ludwigs* Rn. 7; *Holzhauer* in Hausmann/Hohloch Nichteheliche Lebensgemeinschaft 438 mwN.

[29] Dazu *Elsing* JR 1978, 494; *Wacke* FamRZ 1980, 13 (14 f.); *Weimar* MDR 1961, 745 (746); *Lüke* JuS 1970, 288 (289); *Büdenbender* FamRZ 1976, 662 (669); aA *Gernhuber/Coester-Waltjen* FamR § 19 IV 4 Rn. 44; dagegen *Mikat,* Rechtsprobleme der Schlüsselgewalt, 1981, 52.

[30] *Käppler* AcP 179 (1979), 245 (276 f.); *Gernhuber/Coester-Waltjen* FamR § 19 IV 4; aA Erman/*Kroll-Ludwigs* Rn. 8; *Wacke* FamRZ 1980, 13 (16); *Mikat,* Rechtsprobleme der Schlüsselgewalt, 1981, 53.

[31] RGRK-BGB/*Roth-Stielow* Rn. 14; vgl. Soergel/*Lipp* Rn. 8.

[32] BGHZ 94, 1 (3 f.) = NJW 1985, 1395 = FamRZ 1985, 576 = JZ 1985, 680 mAnm *Holzhauer* JR 1986, 20 mAnm *Böhmer*; OLG Köln MDR 1993, 1057 für Arztvertrag; vgl. *Büdenbender* FamRZ 1976, 662 (667); *Käppler* AcP 179 (1979), 245 (276).

[33] *Wacke* AcP 170 (1970), 42 (50 ff.); aA *Gernhuber/Coester-Waltjen* FamR § 19 IV 7.

[34] BT-Drs. 7/650, 99.

**2. Anknüpfung an das Unterhaltsrecht.** Der Begriff „angemessene Deckung des Lebensbedarfs der Familie" ist ohne Rückgriff auf den früheren Begriff des „häuslichen Wirkungskreises" selbständig aus sich und der Systematik des Gesetzes heraus auszulegen, insbesondere gestattet die insoweit unmissverständliche amtliche Begründung (→ Rn. 17) keine Begrenzung auf die laufenden Haushaltsführungsgeschäfte, die regelmäßig wiederkehren.[35] Auch Leistungen, die nur einem Ehegatten zugute kommen, können unter die Vorschrift fallen. 18

Der Begriff „angemessene Deckung des Lebensbedarfs" knüpft begrifflich an das Unterhaltsrecht an.[36] Bei seiner Auslegung sind daher die §§ 1360, 1360a zu berücksichtigen, ohne dass allerdings eine völlige Parallelität besteht (→ Rn. 20, 24). Die Norm erfasst also neben den Anschaffungen, soweit sie der unmittelbaren Bedarfsdeckung (→ § 1356 Rn. 13) tatsächlich dienen,[37] auch Geschäfte, die nach den Verhältnissen der Ehegatten erforderlich sind zur Führung des Haushalts und zur Befriedigung der Bedürfnisse der Ehegatten und der gemeinsamen unterhaltsberechtigten Kinder (vgl. § 1360a Abs. 1; → Rn. 23). Die Begriffe „angemessen" und „Bedarf" sind in § 1357 jedoch restriktiver auszulegen als in §§ 1360, 1360a, denn § 1357 gewährt (anders als §§ 1360 f.) dem vertragschließenden Ehegatten ein **Selbstbestimmungsrecht** bei der Verwendung des Familieneinkommens, durch das der Ehepartner vor vollendete Tatsachen gestellt werden könnte. Deshalb sind **Einschränkungen,** etwa bei der Anschaffung von Luxusartikeln geboten. Auch für Sonderbedarf (vgl. §§ 1360a Abs. 3, 1613 Abs. 2) gewährt § 1357 ein Selbstbeschaffungsrecht nur in Notfällen. Über die Verwendung überschüssigen Einkommens müssen sich die Eheleute zuvor verständigen (→ Rn. 23 ff.). 19

**3. Angemessenheit.** Der Begriff begrenzt die Geschäfte dem Umfang nach, wobei auf den Unterhalt Bezug genommen wird. Allerdings ist nicht dessen allgemeine Höhe (eheliche Lebensverhältnisse) der Maßstab, sondern das, was von einem Ehegatten selbständig, dh ohne Konsultation und Mitwirkung des anderen, zwecks Bedarfsdeckung erledigt zu werden pflegt.[38] Die Notwendigkeit eines Geschäfts im Einzelfall ist nicht Voraussetzung, kann aber mitunter zur Begründung dienen.[39] Unangemessen ist die Deckung des Lebensbedarfs durch ein Geschäft größeren Umfangs, das ohne Schwierigkeiten zurückgestellt werden kann und über das eine vorherige Vereinbarung der Ehegatten angezeigt ist.[40] Beruht ein solches Geschäft aber im Einzelfall auf einer zuvor erfolgten Abstimmung beider Gatten, so kann § 1357 eingreifen.[41] 20

Bei der Beurteilung der Angemessenheit im Einzelfall ist nicht von einer Durchschnittsfamilie, sondern vom **äußerlich erkennbaren Zuschnitt** des individuellen Haushalts auszugehen.[42] Maßgeblich ist die Sicht eines **objektiven Betrachters,** denn bei den heutigen anonymen Warengeschäften (zB im Supermarkt oder im Versandhandel, bei denen persönlicher Kontakt überhaupt nicht stattfindet) gibt das jeweilige Auftreten beim Vertragsschluss, wenn überhaupt, nur ein schwaches Indiz.[43] Ebenso muss außer Betracht bleiben, ob der tatsächliche Lebensstil den Einkommensverhältnissen „angemessen" ist.[44] Wenn Ehegatten einverständlich über ihre Verhältnisse leben, müssen sie andererseits auch solidarisch dafür aufkommen. Zu beurteilen ist nur das konkret abgeschlossene Geschäft. Bleiben mehrere selbständige Geschäfte je für sich im Rahmen des § 1357, so werden sie nicht deshalb unangemessen, weil sie zusammengerechnet dessen Rahmen übersteigen würden.[45] Ohne Bedeutung ist auch die Gefahr mehrfacher Geschäftsabschlüsse, etwa weil es an einer Koordination der Ehegatten gefehlt hat. 21

**4. Widerspruch des Partners.** Bei ausdrücklichem Widerspruch des Partners muss das Geschäft zwar intern unterbleiben (vgl. § 711 BGB, § 115 Abs. 1 HGB). Für die nach objektiven Kriterien (Üblichkeit der Alleingeschäftsführung, äußerlicher Lebenszuschnitt der Familie) zu beur- 22

---

35 Schon bei § 1357 aF waren Praxis und hL darüber hinausgegangen und hatten auch andere zum Familienunterhalt im weiteren Sinne gehörende Geschäfte in die Schlüsselgewalt einbezogen, → 4. Aufl. 2000, Rn. 18 *(Wacke).*

36 Wie hier mittlerweile ganz hM, Erman/*Kroll-Ludwigs* Rn. 11; *Gernhuber/Coester-Waltjen* FamR § 19 IV 6 Rn. 46.

37 Vgl. AG Bochum FamRZ 1991, 435 (436).

38 BGHZ 94, 1 (8) = NJW 1985, 1394; *Gernhuber/Coester-Waltjen* FamR § 19 IV 6, Rn. 46. Dazu können grds. auch sog. Haustürgeschäfte gehören, vgl. *R. Gaul* NJW 1987, 2855; → Rn. 30.

39 Soergel/*Lipp* Rn. 16; *Mugdan* IV 65.

40 Begr. RegE, BT-Drs. 7/650, 99.

41 BGHZ 94, 1 (9) = NJW 1985, 1394.

42 RGZ 61, 79 (81); Erman/*Kroll-Ludwigs* Rn. 10; *Käppler* AcP 179 (1979), 277 ff.; aA Staudinger/*Voppel,* 2018, Rn. 41.

43 *Diederichsen* NJW 1977, 217 (221); *Schlüter* FamR Rn. 88.

44 So schon RGZ 61, 79 (81).

45 *Gernhuber/Coester-Waltjen* FamR § 19 IV 6 Fn. 62.

teilende Angemessenheit ist ein Widerspruch, aber grundsätzlich bedeutungslos. Dritten gegenüber wirkt der entgegenstehende Wille nur nach den entsprechend anzuwendenden Regeln über den Missbrauch der Vertretungsmacht, dh wenn er dem Dritten bekannt oder doch so evident war, dass er ihn hätte erkennen müssen.[46] Ein nachträgliches Vetorecht gibt es nicht; unberührt bleibt aber das jedem Ehegatten zustehende Recht zum Ausschluss nach Abs. 2 (→ Rn. 44 f.).

23 **5. Einzelfälle gegebener Solidarwirkung.** Unter § 1357 fallen die täglichen Einkäufe, besonders von Lebensmitteln,[47] aber auch von Bekleidung für die unterhaltsberechtigten Kinder;[48] der Kauf einzelner Einrichtungsgegenstände, nicht jedoch einer gesamten Wohnungseinrichtung,[49] wohl aber der Abschluss einer Hausratsversicherung,[50] der Vertrag mit einer Möbelspedition für den Umzug der Familie (aber → Rn. 24 aE).[51] Zu den persönlichen Bedürfnissen der Ehegatten gehören auch die Ausgaben für Haar- und Körperpflege und Kosmetika, des Weiteren für Bildung und Unterhaltung,[52] nicht jedoch für Fachliteratur (→ Rn. 24). Ferner fallen unter § 1357 für die Kindererziehung notwendige Anschaffungen wie Spielzeug, Bücher und Lernmittel;[53] die Versorgung mit Medikamenten (→ Rn. 35);[54] Tierarztkosten für ein in die Familienwohnung aufgenommenes Haustier;[55] Reparaturaufträge für gemeinsam benutztes Gut;[56] Begutachtung eines Wasserschadens im gemeinsam bewohnten Haus;[57] die stundenweise Beschäftigung einer Putzfrau oder eines Gärtners.[58] Auch die Bestellung eines Handwerkers zur Vornahme einer kleinen Reparatur verpflichtet den anderen Ehegatten,[59] bei Dringlichkeit (Beseitigung eines Brandschadens) sogar für größere Summen.[60] Ferner die Kosten für die Unterhaltung eines den Verhältnissen entsprechenden gesellschaftlichen Lebens (→ § 1360a Rn. 5), sowie der Kauf von Pflicht- und Anstandsgeschenken für Verwandte und Freunde.[61] Die Befriedigung persönlicher Genüsse (Tabak-Konsum) und Liebhabereien (Hobbys) fällt unter § 1357 nur, soweit sie den Anspruch auf ein angemessenes Taschengeld aus dem Familieneinkommen nicht übersteigen (→ § 1360a Rn. 6). Die Anschaffung eines PKW ist Lebensbedarf der Familie, wenn er überwiegend für familiäre Zwecke genutzt wird (Urlaubsfahrt, Einkäufe, „Bringdienste“ für Kinder);[62] dann fällt auch der Abschluss einer Vollkaskoversicherung darunter.[63] Bei dem Erwerb eines PKW ist allerdings die Angemessenheit oft fraglich, da sich das Paar in der Regel darüber abzusprechen pflegt.

24 **6. Einzelfälle fehlender Solidarwirkung.** Alle der beruflichen oder rein vermögensrechtlichen Sphäre eines Ehegatten angehörenden Geschäfte fallen nicht unter § 1357.[64] **Berufliche Schulden** gehören selbst dann nicht dazu, wenn beide Ehegatten zusammenarbeiten,[65] Berufsausbildungskosten ebenso wenig, selbst wenn der Ehepartner unterhaltsrechtlich für sie aufzukommen hat (→ § 1360a Rn. 8). Zu der von § 1357 nicht erfassten **vermögensrechtlichen Seite** gehören die nicht den gegenwärtigen Bedarf deckenden Geschäfte zur **Altersvorsorge,**[66] ebenso wenig die

---

[46] Vgl. *Brox/Walker* BGB AT Rn. 582.
[47] OLG Braunschweig OLGE 26, 212.
[48] Nach KG OLGE 34, 248 auch für die erwachsene, im elterlichen Haushalt lebende Tochter.
[49] OLG Hamburg OLGE 40, 54 (66).
[50] AG Eschwege VersR 1959, 1038; AG Karlshafen VersR 1965, 871. Für andere Versicherungsverträge abl. LG Siegen VersR 1951, 168; ganz abl. *Gernhuber/Coester-Waltjen* FamR § 19 IV 6, Rn. 47; Soergel/*Lipp* Rn. 25.
[51] AG Besigheim WM 1998, 350.
[52] LG Itzehoe SchlHA 1964, 215 für Lesemappe.
[53] Obiter LG Stuttgart MDR 1967, 45; Soergel/*Lipp* Rn. 25.
[54] LG Itzehoe FamRZ 1969, 90; LG München FamRZ 1970, 314.
[55] AG Kerpen FamRZ 1989, 619.
[56] LG Freiburg FamRZ 1988, 1052 für Familien-PKW; Staudinger/*Voppel,* 2018, Rn. 45; *Struck* MDR 1975, 449 (451).
[57] LG Frankfurt NJW-RR 1993, 1286.
[58] RGRK-BGB/*Roth-Stielow* Rn. 28. Jedoch keine Haftung nach § 1357 für die Abschiebekosten einer illegal eingereisten Putzhilfe, VG Darmstadt NJW 1993, 1349.
[59] OLG Düsseldorf NJW-RR 2001, 1084.
[60] OLG Düsseldorf NJW FER 2001, 197: 18.000 DM für Beseitigung von Brandschäden.
[61] Erman/*Kroll-Ludwigs* Rn. 12.
[62] OLG Naumburg NJW 2007, 1011; OLG Frankfurt NZFam 2016, 889; Erman/*Kroll-Ludwigs* Rn. 15; weitergehend OLG Düsseldorf FamRZ 2007, 1325 = NJW 2007, 1001.
[63] BGH FamRZ 2018, 673 = NJW 2018, 1313.
[64] Vgl. *Müller-Freienfels* FS Lehmann, Bd. I, 1956, 388 (402).
[65] LG Hannover FamRZ 1984, 268 wendet dagegen § 1357 an, wenn eine Hausfrau einen kleinen Wirtschaftsbetrieb auf dem ehelichen Wohngrundstück betreibt; wie hier AG Augsburg FamRZ 1987, 819 f.
[66] Erman/*Kroll-Ludwigs* Rn. 14: „im Zweifel nicht“.

Verfügung über ein **Girokonto** des Ehegatten[67] sowie die Abrechnung mit dessen Gläubigern.[68] Der **Vermögensanlage** dienender Erwerb von Gegenständen, die nicht Haushaltsgegenstände sind, wie Grundstücke, Eigentumswohnungen, Wertpapiere, Sammlungen, Schmuckgehören nicht zum Familienunterhalt (→ § 1360a Rn. 4) und scheiden für § 1357 selbst dann aus, wenn sie sich im Rahmen des regelmäßig verfügbaren Einkommens bewegen.[69] Gleiches gilt für die Provision eines Immobilienmaklers,[70] sowie für den Abschluss eines Bauvertrages, selbst wenn das zu errichtende Gebäude für Wohnzwecke auf gemeinschaftlichem Grundstück vorgesehen ist.[71] Ein wertvoller Teppich ist jedoch, wenn gemeinsam benutzt, Einrichtungsgegenstand.[72] Die Anschaffung eines **Kraftfahrzeugs** für berufliche oder sportliche Zwecke fällt nicht unter § 1357.[73] **Anmietung**[74] **und Kündigung**[75] **einer Wohnung** sowie einvernehmliche Mietaufhebung[76] oder eine Abänderung des Mietvertrages hinsichtlich der Nebenkosten[77] werden ebenfalls nicht von § 1357 erfasst, weil sie die Lebensgrundlage der Familie berühren und deshalb vorheriger Absprache unter den Ehegatten bedürfen, ebenso wenig die Maklerprovision beim Kauf eines Einfamilienhauses.[78] Die Gegenansicht dehnt den Anwendungsbereich über den – ohnehin fraglichen Normzweck hinaus – ohne Grund aus. Gleiches gilt für die längerfristige Pacht eines Kleingartens und die Errichtung eines Gartenhauses.[79] Während diese Geschäfte Neuerungen für die Lebensgrundlage schaffen, dient die Abwehr einer Kündigung oder Räumung der Erhaltung der Lebensgrundlage, so dass die dafür notwendigen Anwaltskosten unter § 1357 fallen können.[80] Der Beitritt zu einem Mieterverein unterfällt nicht § 1357,[81] genauso wenig die Zustimmung zu einer Mieterhöhung bei einem von beiden Ehegatten abgeschlossenen Mietvertrag[82] Nicht unter § 1357 zu subsumieren ist die Buchung einer Urlaubsreise,[83] oder die Anmietung eines Ferienappartements, da sich die Ehegatten bei beidem abzustimmen pflegen.[84] Bei Nichtvorliegen des § 1357 kann sich eine konkludente Mitverpflichtung des Ehepartners ergeben bei gemeinsam geführten Vertragsverhandlungen und Abschluss in seiner Gegenwart,[85] etwa bei einem Maklervertrag[86] (vgl. § 164 Abs. 1 S. 2). § 1357 gilt schließlich nicht für Geschäfte zwecks **Auflösung** der ehelichen Lebensgemeinschaft,[87] zB für den Umzugsvertrag eines trennungswilligen Ehegatten.[88] Geschäfte zur Anbahnung des Getrenntlebens (Abs. 3) sind nicht Lebensbedarf der Familie.

**7. Veräußerungen.** Nur der unmittelbaren Bedarfsdeckung dienende Geschäfte fallen unter 25
§ 1357, also vor allem Anschaffungen, nicht Veräußerungen **zwecks Beschaffung von Geldmitteln** zum Familienunterhalt.[89] Veräußerungsgeschäfte dienen allenfalls mittelbar der Bedarfsdeckung, die erst mit diesen Mitteln erfolgen soll. Das gilt unabhängig davon, ob es sich um die Veräußerung von Haushaltsgegenständen[90] oder von Erzeugnissen der Hof- oder Gartenwirtschaft

67 *Gernhuber/Coester-Waltjen* FamR § 19 IV 6 Rn. 47; aA *Westermann* FamRZ 1967, 646 f.: nach Lage des Einzelfalls.

68 Nach OLG Frankfurt OLGE 18, 254 f. nicht einmal mit Gläubigern aus Schlüsselgewaltschulden. Das ist abzulehnen (→ Rn. 38).

69 *Diederichsen* NJW 1977, 217 (221).

70 OLG Düsseldorf NJW-RR 1996, 1524.

71 BGH FamRZ 1989, 35; OLG Hamm OLGR 1995, 74.

72 Vgl. OLG Karlsruhe OLGE 3, 13.

73 RGRK-BGB/*Roth-Stielow* Rn. 25; anders für das familiär genutzte Fahrzeug (→ Rn. 23).

74 LG Mannheim FamRZ 1994, 445; dazu *Pauly* Jura 1995, 193 (195 ff.).

75 Obiter AG Münster MDR 1996, 900 f.

76 LG Köln WM 1990, 142.

77 BGH ZMR 2016, 519.

78 OLG Oldenburg FamRZ 2011, 37; LG Köln FamRZ 1990, 744 Ls.; OLG Brandenburg FamRZ 2007, 558; *Gernhuber/Coester-Waltjen* FamR § 19 IV 6; aA *Mikat,* Rechtsprobleme der Schlüsselgewalt, 1981, 75; *Henrich* FamR § 7 II 3; *H. P. Westermann,* Die Rechtslage der Familienwohnung, 1977, 6 ff.

79 OLG Koblenz NJW-RR 1991, 66.

80 OLG Düsseldorf FamRZ 2011, 35.

81 AG Marl FamRZ 1988, 283.

82 LG Berlin GE 2003, 1210; aA AG Münster MDR 1996, 900.

83 *Gernhuber/Coester-Waltjen* FamR § 19 IV 6 Rn. 47; einschr. OLG Köln FamRZ 1991, 434 f.; Jauernig/*Berger/Mansel* Rn. 4.

84 Anders OLG Celle HRR 1932 Nr. 237.

85 Lieferung einer Einbauküche, OLG Hamm OLGR 1993, 289.

86 LG Darmstadt NJW-RR 2006, 306.

87 *Mikat,* Rechtsprobleme der Schlüsselgewalt, 1981, 79.

88 LG Aachen FamRZ 1980, 996; iErg zust. *Mikat,* Rechtsprobleme der Schlüsselgewalt, 1981, 77.

89 Vgl. *Gernhuber/Coester-Waltjen* FamR § 19 IV 6 Rn. 47.

90 So der Vorschlag von *Hobelmann* FamRZ 1971, 499 (500); zurückhaltend auch *H. Westermann* FamRZ 1967, 645 (647).

handelt.[91] Erst recht gilt das Gesagte für die unentgeltliche Weggabe von Sachen, sei es als Spende oder als Beteiligung an Altkleidersammlungen. Hierdurch wird kein Bedarf gedeckt. Und auch die Untervermietung von Zimmern der Ehewohnung fällt nicht unter § 1357.[92]

26 **8. Kreditgeschäfte. a) Im Allgemeinen.** Für Kreditgeschäfte ist die Bestimmung der Angemessenheit besonders wichtig, denn nur für sie wird § 1357 in Streitfällen praktisch. Die Masse der unproblematischen Bargeschäfte des Alltags regelt sich von selbst. Wollte man alle Kreditaufnahmen von § 1357 ausnehmen, so könnte man die alsdann entbehrliche Vorschrift streichen. Bei der Beurteilung der Angemessenheit der Bedarfsdeckung durch ein Kreditgeschäft sind **anderweitige Schulden** nur zu berücksichtigen, soweit sie **dem Geschäftspartner erkennbar** sind.[93] Weitere Verbindlichkeiten gegenüber Dritten, von denen der Geschäftspartner nichts wissen kann, bleiben außer Betracht (→ Rn. 22). Ausgehend vom historischen Hauptanwendungsfall der Schlüsselgewalt, dem **„Anschreiben“,**[94] erfasst § 1357 vor allem **Warenlieferungen und Dienstleistungen auf Kredit,** bei denen eine Prüfung der Kreditwürdigkeit des einzelnen Ehegatten weder üblich noch zumutbar ist,[95] zB einzelne Warenlieferungen durch den Versandhandel (aber nicht gewerbliche Sammelbestellungen).[96]

27 **b) Geldkredite.** Im Gegensatz zu Naturaldarlehen unterfallen Geldkredite dem § 1357 in der Regel nicht, da sie genauso wie Dienst- oder Arbeitsverträge lediglich die Geldmittel zum Unterhalt der Familie beschaffen und deren Bedarf nicht unmittelbar decken. Wenn in der Literatur darauf hingewiesen wird, dass der Darlehensgeber das Darlehen der Familie zur Verfügung stellt (etwa wenn der Geldkredit von Freunden oder Nachbarn gegeben wird), so ist es eine Frage der Auslegung, ob der Vertrag mit beiden Ehegatten geschlossen wurde. Dagegen ist die Tatsache, dass der Geber von Geld nicht schlechter behandelt werden darf als der Geber von Naturalien,[97] unerheblich, da der Gläubigerschutz nicht Zweck des § 1357 ist. Eine Ausnahme ist zu machen, wenn der Geldkredit mit dem Lebensbedarfsdeckungsgeschäft unmittelbar verknüpft wird, etwa bei verbundenen Geschäften iSd § 358.[98]

28 **c) Bankkredite.** Bankkredite sind nach dem Gesagten erst recht von § 1357 **auszunehmen.**[99] Überdies prüft die Bank anhand der Angaben über die Einkommensverhältnisse im Darlehensvertrag, ob der Kunde allein kreditwürdig oder die Mitverpflichtung des Ehegatten erforderlich ist. Ohne Mitunterzeichnung haftet der Ehepartner nicht. Auch hier gilt etwas anderes für verbundene Geschäfte. Bei „**Hausfrauenkrediten** ohne Unterschrift des Ehemannes“ gibt der Kreditgeber den Umständen nach zu erkennen, dass er den Ehemann nicht mitverpflichten will.[100] Auch **Wechselzeichnungen** sind niemals Geschäfte der Schlüsselgewalt.[101]

29 **9. Dauerschuldverhältnisse.** Dauerschuldverhältnisse können von § 1357 erfasst werden, da sie gerade Ausdruck davon sind, dass hier ein für die Familie ständig anfallender Bedarf gedeckt wird. Anerkannt ist dies für Verträge über die Lieferung von Strom und Heizmaterial.[102] Die Frage, ob das Geschäft angemessen ist, bestimmt sich nach dem Zeitpunkt des Vertragsschlusses, so dass eventuelle Schwankungen im Verbrauch hinzunehmen sind. Nach hM endet die Haftung nicht mit der Trennung der Ehegatten, auch wenn erst danach entsprechende Leistungen abgerufen werden,[103] da für den Zeitpunkt der Haftung der Abschluss des Rahmenvertrages maßgeblich ist. Fraglich bleibt in solchen Fällen, wann die Haftung endet. Der BGH hat entschieden, dass eine bloße Kenntnis

---

91 AA → 4. Aufl. 2000, Rn. 25 *(Wacke)*.

92 *Gernhuber/Coester-Waltjen* FamR § 19 IV 6, Rn. 47; *Käppler* AcP 179 (1979), 245 (279).

93 RGZ 61, 79 (82); OLG Frankfurt OLGE 16, 205 (206); LG Flensburg MDR 1950, 611.

94 Krit., inwieweit für heutige Verhältnisse noch relevant, *Teschner,* Die Ehe als Schuldnergemeinschaft, 1999, 193 Fn. 164, 203 f.

95 *Wacke* NJW 1979, 2585 (2590).

96 AG Bochum FamRZ 1991, 435.

97 → 4. Aufl. 2000, Rn. 27 *(Wacke)*; für eine Haftung auch AG Solingen FamRZ 1992, 554; *Mikat* FS Beitzke, 1979, 293 (301).

98 *Schwab* FamR Rn. 179.

99 Auch wenn zur Hausfinanzierung dienend, LG Aachen FamRZ 1989, 1176; ebenso wohl *Gernhuber/Coester-Waltjen* FamR § 19 IV 6; *Arndt,* Kreditgeschäfte und Schlüsselgewalt, 1978, 18 ff.; BeckOK BGB/*Hahn* Rn. 21; *Heinrichsmeier,* Die Einbeziehung des Ehegatten in die Haftung für Geldkredite, 1993, 12–28.

100 LG Aachen FamRZ 1980, 566 f.; *Wacke* NJW 1979, 2585 (2588); ebenso *Mikat* FS Beitzke, 1979, 293 (302); *Heinrichsmeier,* Die Einbeziehung des Ehegatten in die Haftung für Geldkredite, 1993,27; *Teschner,* Die Ehe als Schuldnergemeinschaft, 1999, 192 Fn. 160.

101 Vgl. *Mikat* FS Beitzke, 1979, 293 (302); aA Soergel/*Lipp* Rn. 26.

102 LG Koblenz WM 1990, 445; OLG Düsseldorf NJW-RR 1998, 490 für Stromlieferung.

103 BGH NJW 2013, 897; LG Karlsruhe NJW-RR 2013, 1326; *Wellenhofer* JuS 2013, 1137; *Heinemann* FamRB 2013, 273; aA *Stalinski* FamRZ 2013, 1933; *Lange* FamRZ 2016, 354; *Luther* FamRZ 2016, 276.

des Vertragspartners von der Trennung nicht ausreicht.[104] Dann bleibt allein die Kündigung des Vertrages.[105] Dogmatisch mag dies vertretbar sein, jedoch führt diese Auslegung zu einem sehr ausgedehnten Gläubigerschutz, ohne dass dies zum Schutz der ehelichen Interessen notwendig wäre. Daher ist verfassungskonform eine restriktive Auslegung geboten, wonach eine Haftung für einen Verbrauch nach Trennung nicht mehr unter § 1357 fällt.[106] Auch der Telefonfestnetzanschluss für die Ehewohnung ist ein Geschäft zur Deckung des angemessenen Lebensbedarfs der Familie, wenn der Apparat für alle Familienmitglieder zugänglich ist, so dass für die Telefongebühren von diesem Apparat grundsätzlich auch der andere Ehegatte haftet.[107] Auch hier besteht keine betragsmäßige Grenze für die Mitverpflichtung. Der BGH hat jedoch die Haftung abgelehnt, wenn in einem Monat aufgrund der Wahl bestimmter teurer Nummern mehr als das Doppelte des bisherigen Durchschnittswerts vertelefoniert wurde.[108] Der darüber hinausgehende Betrag sei nicht mehr angemessen. Im Ergebnis wird dieses Urteil begrüßt,[109] ob allerdings ein Durchschnittswert als Begrenzungsmaßstab taugt, ist zu bezweifeln, wenn beispielsweise jeden Monat sehr viel über entsprechend teure Nummern telefoniert wird.

**10. Verbraucherschutz. a) Anwendbarkeit/Verhältnis von Verbraucherschutzvorschriften und Schlüsselgewalt.** § 1357 ist neben den Vorschriften über den Verbraucherschutz, insbesondere über Haustürgeschäfte, Fernabsatz- und Verbraucherkreditverträge anzuwenden.[110] Die Gegenansicht, wonach die speziell dem Verbraucher dienenden Bestimmungen über die Vertragsurkunde und das Widerrufsrecht § 1357 vollständig verdrängen,[111] stützt sich im Wesentlichen darauf, dass sonst die kurze Dauer der Widerrufsfrist von zwei Wochen (§ 355 Abs. 1 S. 2) gegenüber dem Ehepartner des Handelnden laufe, obwohl der Mitverpflichtete nicht unbedingt Kenntnis von dem Geschäft habe. Der Beginn der kurzen Frist sei allenfalls gerechtfertigt, wenn der Mitverpflichtete selbst über den Fristbeginn informiert sei.[112] Für eine Mitverpflichtung des anderen (nicht handelnden) Ehegatten müssten die Formvorschriften ihm gegenüber eingehalten werden.[113] 30

Dass die kurze Widerrufsfrist ohne Wissen des Mitverpflichteten zu laufen beginnt, ist hinzunehmen, da es sich bei der rechtzeitigen Information durch den handelnden Ehegatten um ein Problem des Innenverhältnisses zwischen den Ehegatten handelt, vergleichbar dem Verhältnis zwischen Vertretenem und Vertreter. Darüber hinaus wird der Anwendungsbereich der Schlüsselgewalt bei der Annahme einer vollständigen Verdrängung enorm geschmälert, denn eine große Anzahl von Geschäften zur Deckung des täglichen Bedarfs dürfte unter die Verbraucherschutzvorschriften fallen; soll § 1357 überhaupt noch einen Sinn haben, ist die Vorschrift auf die genannten Geschäfte anzuwenden.[114] 31

**b) Einzel- oder Gesamtwirkung.** Fraglich ist, ob der andere Ehegatte den Schutz der jeweiligen Verbraucherschutzvorschrift genießt, insbesondere ob ihm gegenüber die Schriftform gewahrt, er informiert oder über sein Widerrufsrecht belehrt werden muss[115] und welchem Ehegatten gegebenenfalls das Widerrufsrecht zusteht und welche Wirkung der Ausübung zukommt.[116] 32

---

104 BGH NJW 2013, 897; zust. *Heinemann* FamRB 2013, 273.

105 Dazu müsste dem mitverpflichteten Ehegatten ein gesondertes Kündigungsrecht eingeräumt werden; dafür *Lange* FamRZ 2016, 358 f.

106 Wie hier *Luther* FamRZ 2016, 276; *Lange* FamRZ 2016, 359; Beck OGK/*Erbarth* Rn. 33, 65.

107 BGH NJW 2004, 1593 = FamRZ 2004, 778.

108 BGH NJW 2004, 1593 = FamRZ 2004, 778.

109 *Medicus* FS Schwab, 2005, 361; *Brudermüller* NJW 2004, 2265.

110 Staudinger/*Voppel,* 2018 Rn. 73; Soergel/*Lipp* Rn. 21; *Schanbacher* NJW 1994, 2335 (2337); *M. Schmidt* FamRZ 1991, 629 (632 f.); *Cebulla/Pützhofen* FamRZ 1996, 1124 (1125 f.); *Schwab* FamRZ 2000, 1207 (1208); *Löhnig* FamRZ 2001, 135 (136); Palandt/*Brudermüller* Rn. 11; LG Würzburg NJW-RR 1988, 1324; LG Kiel SchlHA 1956, 17.

111 So *Kliffmüller* FuR 1992, 138 (142); *Witte-Wegmann* NJW 1979, 749 ff.; *Wacke* NJW 1979, 2585 (2588).

112 Andernfalls werde kein ausreichender Schutz des mitverpflichteten Verbrauchers sichergestellt. Wünsche der Geschäftspartner eine gesamtschuldnerische Haftung, so müsse er auf die Unterzeichnung des Vertrages durch beide Ehegatten bestehen, vgl. *Wacke* NJW 1979, 2585 (2588).

113 Vgl. AG Michelstadt NJW 1985, 205; AG Elmshorn NJW-RR 1987, 457; LG Detmold NJW-RR 1989, 10.

114 Ebenso Erman/*Kroll-Ludwigs* Rn. 17; *Cebulla/Pützhoven* FamRZ 1996, 1124 (1126); Soergel/*Lipp* Rn. 21; *Löhnig* FamRZ 2001, 135 (136).

115 *M. Schmidt* FamRZ 1991, 629; *Brox* FS Mikat, 1989, 850; LG Würzburg NJW-RR 1988, 1324: sprechen sich für eine Einhaltung der jeweiligen Form- und Informationsvorschriften gegenüber beiden Ehegatten aus; während Staudinger/*Voppel,* 2018, Rn. 75; *Löhnig* FamRZ 2001, 135 (137): für eine Wahrung allein dem handelnden Ehegatten gegenüber plädieren.

116 *Gernhuber/Coester-Waltjen* FamR § 19 IV 7; *Berger* FamRZ 2005, 1131 f.; *Schmidt* JuS 1987, 425 (430); *Schanbacher* NJW 1994, 1335 (1336); *Simon* FS Schwab, 2005, 426 ff.; *Muscheler* FamR Rn. 331 nehmen

33 Die Form- und Informationsvorschriften sehen ausschließlich die Einhaltung gegenüber dem Verbraucher vor; darunter ist der nach außen auftretende Ehegatte zu verstehen, der erst durch den Vertragsschluss den anderen Ehegatten mitverpflichtet bzw. -berechtigt. Die Einhaltung der Form- und Informationsanforderungen gegenüber dem Handelnden wirkt demnach auch gegenüber dem anderen Ehegatten.[117]

34 Überdies ist davon auszugehen, dass jedem Ehegatten ein Widerrufsrecht[118] mit Wirkung für beide Ehegatten zusteht.[119] Zwar wird teilweise eine lediglich einseitige akzessorische Mitverpflichtung des anderen Ehegatten angenommen, die nur durch den Widerruf des Handelnden erlöschen könne,[120] was auf die fehlende Eigenschaft des nicht handelnden Ehegatten als Vertragspartei[121] gestützt wird. Doch besteht § 1357 in dem begründeten Schuldverhältnis fort,[122] und die aus der Schlüsselgewalt folgende Handlungseinheit zwischen Ehegatten muss in einem Verhältnis gegenseitiger Akzessorietät von beiden Ehegatten wieder beseitigt werden können, da nicht der Gläubigerschutz Zweck der Vorschrift ist.[123] Der Beginn der Widerrufsfrist tritt wegen der wechselseitigen Akzessorietät mit der korrekten Belehrung des handelnden Ehegatten für beide Eheleute ein.[124] Widerruft der mitverpflichtete Ehegatte, so bringt dies das gesamte Geschäft zum Erlöschen und nicht nur seine eigene Verpflichtung.[125]

35 **11. Arzt- und Krankenhausverträge.** Die Gesundheit des Ehegatten und der Kinder ist für das gemeinsame Zusammenleben von zentraler Bedeutung, so dass die ärztliche Versorgung (einschließlich der Verschaffung von Medikamenten) zum Lebensbedarf der Familie gehört und zwar sowohl eine ambulante als auch eine stationäre Behandlung.[126] Auch die eigene medizinische Versorgung des handelnden Ehegatten kann die Mithaftung des anderen auslösen, wobei jedoch nach der Dringlichkeit der Maßnahme sowie dem Umfang zu differenzieren ist (→ Rn. 36). Die sich aus dem Vertrauensverhältnis zwischen Arzt und Patient ergebenden Besonderheiten der medizinischen Behandlung (Schweigepflicht)[127] hindern eine Anwendung des § 1357 nicht, denn sie sind von der wirtschaftlichen Seite des Vertrages (Honorierung der ärztlichen Bemühung) zu trennen.[128] Bedeutsam ist die Haftung immer dann, wenn die Krankenkassen die angefallenen Kosten nicht oder nur teilweise übernehmen,[129] was bei immer mehr ärztlichen Leistungen der Fall ist.

---

eine einseitige akzessorische Mitverpflichtung des nicht handelnden Ehegatten an, die lediglich durch einen Widerruf des handelnden Ehegatten erlöschen könne; demgegenüber sprechen sich Staudinger/*Voppel,* 2018, Rn. 76; *Schwab* FamRZ 2000, 1207 (1208); *Löhnig* FamRZ 2001, 135 (137); *Medicus* FS Schwab, 2005, 365 für ein gemeinsames Widerrufsrecht beider Ehegatten mit Wirkung für beide unter dem Gesichtspunkt des § 351 aus.

117 Ähnlich Staudinger/*Voppel,* 2018, Rn. 75; *Cebulla/Pützhoven* FamRZ 1996, 1124 (1129 f.); *Schanbacher* NJW 1994, 2335 (2337); AG Lampertheim NJW-RR 1987, 1155 unter Verweis auf die Stellvertretungsregeln, insbes. auf § 166 Abs. 1; *Löhnig* FamRZ 2001, 136 (137).

118 *Lüke* AcP 178 (1978), 1 (21); *Mikat* FS Beitzke, 1979, 293 (301 ff.); Staudinger/*Voppel,* 2018, Rn. 76 spricht zutreffend von einem eigenen Widerrufsrecht sowohl des handelnden als auch des anderen Ehegatten, das beide unabhängig voneinander ausüben können.

119 So auch *Löhnig* FamRZ 2001, 135 (137); *Medicus* FS Schwab, 2005, 365; BeckOK BGB/*Hahn* Rn. 29.

120 Vgl. Erman/*Kroll-Ludwigs* Rn. 17; *Gernhuber/Coester-Waltjen* FamR § 19 IV 7; *Berger* FamRZ 2005, 1131 f.; *Muscheler* FamR Rn. 331.

121 *Gernhuber/Coester-Waltjen* FamR § 19 IV 7; *Schanbacher* NJW 1994, 2335 (2336); *Simon* FS Schwab, 2005, 428.

122 So auch *Löhnig* FamRZ 2001, 135 (138).

123 Zum gleichen Ergebnis kommen *Büdenbender* FamRZ 1976, 662 (666); *Müller-Freienfels* FS Lehmann, Bd. I, 1956, 406 f., die aber die Vergleichbarkeit der familienrechtlichen Schlüsselgewalt mit dem Gesellschaftsrecht für entscheidend halten, da die eheliche Gemeinschaft bei einem Auftreten nach außen als personengesellschaftsähnlich angesehen und der Vergleich zu einem Auftreten von vertretungsberechtigten Gesellschaftern einer Personengesellschaft gezogen werden könne. Innerhalb der ehelichen Gemeinschaft könne jeder Ehegatte mit Wirkung für und gegen die Gemeinschaft aufgrund der nach innen bestehenden Geschäftsführungsbefugnis und nach außen bestehenden Vertretungsmacht handeln. Doch besteht bei der ehelichen Gemeinschaft, anders als bei Personengesellschaften, kein Rechtssubjekt und kein dem gesamthänderisch verbundenen Gesellschaftsvermögen ähnliches Vermögen, das einer Verpflichtung zugänglich wäre, da im gesetzlichen Güterstand der Zugewinngemeinschaft Gütertrennung besteht und eine beiden Ehegatten gemeinsam zustehende Vermögensmasse nicht existent ist; vgl. auch *Gernhuber/Coester-Waltjen* FamR § 19 IV 3 und 4.

124 Ebenso *Löhnig* FamRZ 2001, 135 (137); Staudinger/*Voppel,* 2018, Rn. 76.

125 So aber *M. Schmidt* FamRZ 1991, 629 (639).

126 Palandt/*Brudermüller* Rn. 14.

127 Vgl. *Holzhauer* JZ 1985, 685.

128 Palandt/*Brudermüller* Rn. 14; Soergel/*Lipp* Rn. 24; *Gernhuber/Coester-Waltjen* FamR § 19 IV 6 Rn. 48; aA *Dölle* FamR I § 45 II 2a.

129 LG Koblenz NJW 1981, 1324. Keine Mithaftung des haushaltsführenden Ehegatten für Arztkosten des beihilfeberechtigten und privat versicherten Partners mit eigenem Einkommen, OLG Köln MDR 1993, 55 = VersR 1993, 441.

Laut BGH lassen sich die allgemeinen Kriterien, nach denen sich beurteilt, ob eine größere Anschaffung zur **angemessenen Deckung** des Lebensbedarfs der Familie dient, nicht auf eine ärztlich gebotene Handlung übertragen. Denn auf deren Kosten könne der Patient keinen Einfluss nehmen.[130] Bejaht wurde die Haftung für alle Arzt- und Krankenhausverträge über unaufschiebbare und notwendige Maßnahmen.[131] Überschreiten die Kosten einer solchen Maßnahme die Leistungsfähigkeit der Familie, scheide eine Anwendung des § 1357 gleichwohl aus, weil sich insoweit gemäß Abs. 1 S. 2 aus den Umständen etwas anderes ergebe.[132] Dasselbe Ergebnis wird auch mit der fehlenden Angemessenheit der Behandlung begründet.[133] Handelt es sich um eine teure, aber nicht gebotene medizinische Leistung, scheidet eine Mithaftung des anderen Ehegatten aus. Das gilt insbesondere, wenn Zusatzleistungen vereinbart werden, die nicht notwendig sind (Einzelzimmer, spezieller Zahnersatz, privatärztliche Behandlung). Dies werden häufig Maßnahmen sein, die nicht durch die gesetzliche Versicherung abgedeckt sind; eine Prüfung, ob die Kosten von einer Versicherung (möglicherweise auch einer Privatversicherung) getragen werden, ist allerdings für die Anwendbarkeit des § 1357 nicht notwendig.[134] Bei nicht teuren, aber auch nicht notwendigen Behandlungen oder Medikamenten liegt kein Geschäft zur Deckung des Lebensbedarfs der Familie vor; die Kostentragung ist allein Sache des handelnden Ehegatten, selbst wenn derartiger Behandlungsaufwand dem Lebenszuschnitt der Eheleute entspricht. In solchen Fällen kann eine Mithaftung allerdings ausnahmsweise in Betracht kommen, wenn sich die Ehegatten zuvor abgestimmt haben.[135] 36

## V. Wirkungen (Abs. 1 S. 2)

**1. Interne Geschäftsführungsbefugnis.** Im Innenverhältnis ist grundsätzlich **jeder Ehegatte** zur Besorgung der entsprechenden Geschäfte berechtigt (Abs. 1 S. 1), soweit nicht durch Ehevereinbarungen (→ § 1353 Rn. 5 ff.; → § 1356 Rn. 6 f.) etwas anderes geregelt ist. Einvernehmliche Aufhebung oder einseitige Lossagung (→ § 1353 Rn. 13; → § 1356 Rn. 8) bringen die Verpflichtungsmacht jedoch nicht zum Erlöschen (→ Rn. 44 ff.). Die Geschäftsführungsbefugnis ist nicht auf Dritte übertragbar. Für das Verschulden hinzugezogener Gehilfen haftet der handelnde Ehegatte dem Partner nach §§ 277, 278, 1359 ebenso wie für eigenes Verschulden (→ § 1359 Rn. 10). 37

**2. Haftung. a) Gesamtschuldner.** Dem Geschäftsgegner haften beide Ehegatten als Gesamtschuldner (Abs. 1 S. 2; § 421). Richtet ein Ehegatte als Sammelbesteller gebündelte Bestellungen mehrerer Einzelbesteller an ein Versandhaus, so schließt dies die Mithaftung des anderen Ehegatten aus, wenn der Lieferant nicht beweist, dass Teile der Bestellungen dem familiären Lebensbedarf des Sammelbestellers dienen.[136] Unerheblich ist, ob der Geschäftsgegner den vertragschließenden Ehegatten für unverheiratet hielt (→ Rn. 10, 16). Die Haftung des erwerbstätigen Gatten ist nicht deshalb ausgeschlossen, weil er dem haushaltführenden Partner bereits das Wirtschaftsgeld vorgeschossen hatte. Bei nichtigem Vertrag haften beide Ehegatten aus §§ 812, 822 als Teilschuldner auf das jeweils Erlangte.[137] 38

**b) Schuldveränderungen.** Die konkrete Ausgestaltung der Gesamtschuld, insbesondere **Veränderungen** des Schuldverhältnisses, richtet sich grundsätzlich nach § 425, jedoch mit einigen Abweichungen, die sich aus der besonderen Situation der ehelichen Lebensgemeinschaft ergeben. Dazu gehört, dass die Ehegatten für das Verschulden des jeweils anderen nach § 278 einzustehen haben. Überdies unterbricht jedes Anerkenntnis die Verjährungsfrist auch für den anderen, und umgekehrt wirken verjährungsunterbrechende Handlungen des Gläubigers gegen beide Gatten.[138] Beide Ehegatten sind empfangszuständig für die vom Gläubiger abgegebenen Willenserklärungen.[139] Im Innenverhältnis der Ehegatten werden die Kosten entsprechend der finanziellen Unterhaltslast getragen.[140] Erlass und Stundung sind gegenüber jedem einzelnen Ehegatten mit Einzelwirkung jederzeit möglich.[141] Von der Existenz des anderen Ehegatten braucht der Gläubiger für rechtserhaltende Maßnahmen gar nichts zu wissen, da ja auch dessen Mithaftung von vornherein ohne Rück- 39

---

130 BGHZ 116, 184 = NJW 1992, 909 = FamRZ 1992, 291.
131 BGHZ 116, 184 = NJW 1992, 909; KG NJW 1985, 682; OLG Stuttgart MedR 1995, 320.
132 So auch OLG Köln FamRZ 2007, 1993 für eine teure psychiatrische Behandlung.
133 OLG Köln NJW RR 1999, 733.
134 AA Erman/*Kroll-Ludwigs* Rn. 16.
135 BGHZ 94, 1 (9) = NJW 1985, 1394; OLG Schleswig NJW 1993, 2996.
136 AG Bochum FamRZ 1991, 435.
137 *P. Schlosser* FamRZ 1961, 287 (294, 295).
138 AA *Gernhuber/Coester-Waltjen* FamR § 19 IV 7.
139 *Schwab* FamR Rn. 180; *Dethloff* FamR § 4 Rn. 68; aA *Büdenbender* FamRZ 1976, 662 (667).
140 *Rauscher* FamR Rn. 282; vgl. auch *Gernhuber* JZ 1996, 765 (767) insgesamt zur Gesamtschuld.
141 So auch *Gernhuber/Coester-Waltjen* FamR § 19 IV 7.

sicht auf die Kenntnis des Gläubigers kraft Gesetzes eintritt (→ Rn. 16). Aufrechnen kann jeder Ehegatte nur mit eigenen Gegenforderungen, mangels Gegenseitigkeit (§ 387) nicht mit einer Gegenforderung seines Partners.[142]

40 **c) Interner Ausgleich.** Die **interne Ausgleichspflicht** (§ 426) richtet sich nach Unterhaltsrecht (§§ 1360 ff.).[143] Gegebenenfalls muss ein Vorschuss auf das Wirtschaftsgeld gezahlt werden (→ § 1360a Rn. 16 ff.). Der nicht erwerbstätige Ehegatte erfüllt die Ausgleichspflicht regelmäßig voll durch seine Haushaltsführung (vgl. § 1360 S. 2).

41 **3. Gesamtgläubigerschaft.** Der Gesamtschuld entspricht die Gesamtgläubigerschaft gemäß **§ 428.**[144] Das dafür geforderte enge Vertrauensverhältnis[145] besteht zwischen Ehegatten. Der Geschäftsgegner kann an jeden Ehegatten mit befreiender Wirkung leisten.[146] Das muss hinsichtlich der Leistung an den handelnden Ehegatten schon deshalb gelten, da der Dritte oft nicht wissen kann, ob sein Vertragspartner verheiratet ist (zB eine Frau kauft für sich ein Kleid). Jeder Ehegatte ist allein empfangszuständig und daher auch zur Leistung an sich klagebefugt. Mahnung, Fristsetzung und dgl. durch einen Ehegatten wirken auch für den Ehepartner.[147] Die Empfangszuständigkeit endet nicht mit der Trennung.[148] Ebenso brauchen Gestaltungsrechte (Anfechtung, Kündigung, Rücktritt, Widerruf), Minderung und Schadensersatz nicht gemeinschaftlich geltend gemacht zu werden (→ Rn. 31).[149] § 1357 erlaubt jedem Ehegatten allein nicht nur die Begründung von Rechten und Pflichten mit Wirkung für und gegen den Partner, sondern auch sekundär deren Änderung mit Gesamtwirkung.[150] Auch die Kenntnis eines Ehegatten (zB für § 442, §§ 932 ff.) wirkt (über § 166 hinaus) gegen beide.[151]

42 **4. Dingliche Rechtslage.** Die dingliche Rechtslage wird nach allgemeinen sachenrechtlichen Regeln (§§ 929 ff., 164 ff.) geordnet. § 1357 enthält keinen selbständigen Eigentumserwerbstatbestand.[152] Die Gegenansicht argumentiert damit, dass § 1357 ohne eine dingliche Wirkung zu einer reinen Gläubigerschutzvorschrift degradiert würde.[153] Diese Kritik trifft indes die Konzeption der Vorschrift insgesamt, die aber durch eine Konstruktion einer Surrogatfolge auch nicht wesentlich an Sinn gewinnt. Konkret wird man daher hinsichtlich der Übereignung auf die Umstände des Einzelfalls abstellen müssen. Laut BGH übereignet der Veräußerer an den Ehegatten, **den es angeht.**[154] Das seien mit Rücksicht auf den mutmaßlichen Willen der Ehegatten im Zweifel beide. Vorrangig ist jedoch immer der Wille der Parteien, da für die Übereignung beweglicher Sachen (um die es hier nur geht) die Einigung iSd § 929 maßgeblich ist. Auch die Auffassung des BGH ist zu pauschal. In vielen Fällen wird es dem Veräußerer zwar in der Tat gleichgültig sein, an wen er übereignet, zwingend ist dies jedoch nicht, sondern immer konkret zu begründen. Werden Haushaltsgegenstände erstmalig angeschafft, wurde der früher in § 1370 enthaltene Surrogatgedanke dafür angeführt, dass derjenige Ehegatte Eigentum erwerben soll, mit dessen Mitteln sie angeschafft werden. Das mag häufig dem

---

142 Vgl. *Lüke* JuS 1970, 288 (290).

143 *Käppler* AcP 179 (1979), 245 (272, 284); *Gernhuber/Coester-Waltjen* FamR § 19 IV 7.

144 Heute ganz hM, *Gernhuber/Coester-Waltjen* FamR § 19 IV 8; *Simon* FS Schwab, 2005, 422; *Dethloff* FamR § 4 Rn. 67; *Rauscher* FamR Rn. 282; *Käppler* AcP 179 (1979), 245 (284 f.); wohl auch *Baur* FS Beitzke, 1979, 111 (117 f.); *Weimar* MDR 1977, 465; *Mikat,* Rechtsprobleme der Schlüsselgewalt, 1981, 47 f. Für die Anwendung des § 432 *Büdenbender* FamRZ 1976, 662 (667 f.); *Lüke* AcP 178 (1978), 1 (20); *H. Roth* FamRZ 1979, 361 (363 ff.); *Binder,* Die neue Schlüsselgewalt, 1980, 78 ff. Aber § 428 hat selbst bei unteilbaren Leistungen Vorrang vor dem subsidiären § 432 (s. dessen Wortlaut). § 432 gilt nur, wenn eine Leistung an einen Ehegatten nach dem Inhalt des Schuldverhältnisses von vornherein ausscheidet (Hochzeitsreise im Gegensatz zur gewöhnlichen Urlaubsreise). Für „Berechtigung eigener Art in Form einer erweiterten Rechtssubjektivität" *Bartel,* „Beiderseitige Schlüsselgewalt", 1978, 118.

145 Soergel/*Gebauer* § 428 Rn. 2.

146 *Rütten,* Mehrheit von Gläubigern, 1989, 240 ff., 247 f. Nach § 432 wirkt die Leistung an einen Gläubiger nicht befreiend, soweit sie nicht allen zugute kommt, Palandt/*Grüneberg* § 432 Rn. 8. Das wäre für den Schuldner hier untragbar.

147 *Rauscher* FamR Rn. 282; *Dethloff* FamR § 4 Rn. 68; aA *Gernhuber/Coester-Waltjen* FamR § 19 IV 8.

148 LG Karlsruhe NJW-RR 2013, 1326.

149 So aber *H. Roth* FamRZ 1979, 361 (366 ff.).

150 *Wacke* NJW 1979, 2585 (2589) mit Fn. 66 zu § 1b AbzG; *Wacke* FamRZ 1980, 13 (14 f.); *Rauscher* FamR Rn. 282; *Dethloff* FamR § 4 Rn. 68; aA *Binder,* Die neue Schlüsselgewalt, 1980, 84 f.

151 *Weimar* JR 1976, 318 ff.; *Büdenbender* FamRZ 1976, 662 (668); Staudinger/*Voppel,* 2018, Rn. 79.

152 BGHZ 114, 74 = NJW 1991, 2283 = JuS 1991, 960 *(Hohloch)* = JZ 1992, 217 mAnm *Kick* = JR 1992, 287 mAnm *W. Lüke* = FamRZ 1991, 923; OLG Frankfurt NZFam 2016,889; *Schlüter* FamR Rn. 89.

153 *Schwab* FamR Rn. 201; *Lipp* Rn. 148.

154 BGHZ 114, 74 = NJW 1991, 2283; OLG Köln NJW-RR 1996, 904. Trotz ihrer Kritik iErg auch *Käppler* AcP 179 (1979), 245 (269 f.); ebenso *Mikat,* Rechtsprobleme der Schlüsselgewalt, 1981, 50 f.; krit. *Gernhuber/Coester-Waltjen* FamR § 19 IV 9.

Willen der Ehegatten entsprechen, ist aber nicht generell anzunehmen. Genauso ist eine allgemeine Regel, wonach der allein finanzierende erwerbstätige Ehegatte Alleineigentum erwirbt bzw. bei gemeinsamer Finanzierung Miteigentum nach Finanzierungsbeiträgen[155] entsteht, im Ergebnis abzulehnen.[156] Dazu ist die Bandbreite der unter § 1357 fallenden Geschäfte zu weit (Medikamente, Haustier usw.), so dass es bei der Einzelfallbetrachtung bleiben muss.[157] Gesamthandseigentum entsteht nur bei Gütergemeinschaft (§ 1416 Abs. 1 S. 2, § 1419).

Ebenfalls nicht gerechtfertigt ist es, die Unterhaltspflicht über die Eigentumszuordnung entscheiden zu lassen. Erstens wäre der haushaltsführende Gatte benachteiligt, falls er die Gegenleistung aufbringt, denn der wirtschaftlich stärkere Partner erhielte aufgrund seiner Barunterhaltspflicht Miteigentum, ohne sich an der Finanzierung beteiligt zu haben. Zweitens würde der erwerbstätige Ehegatte durchweg ebenfalls benachteiligt, weil wegen der Gleichwertigkeit der Haushaltsführung (§ 1360 S. 2) unter Verstoß gegen das Gütertrennungsprinzip (§ 1363 Abs. 2) regelmäßig Miteigentum je zur Hälfte angenommen werden müsste.[158] Dies verstieße zudem gegen die gesetzliche Vermutung für alleiniges Eigentum des schuldenden Ehegatten gemäß § 1362 (→ § 1362 Rn. 23 aE). 43

## VI. Ausschluss und Beschränkung der Verpflichtungsermächtigung (Abs. 2)

**1. Ausschlusserklärung; Kenntnis des Dritten.** Jeder Ehegatte ist allein zur Entziehung berechtigt (Abs. 2);[159] dem trägt § 1561 Abs. 2 Nr. 4 Rechnung. Der Ausschluss erfolgt durch **formlose Erklärung** gegenüber dem Ehepartner oder dem kontrahierungswilligen Dritten (§ 167 Abs. 1 und 2, § 168 Abs. 3 analog) oder gegenüber der Allgemeinheit durch einen Antrag auf Eintragung im Güterrechtsregister (→ Rn. 45). In jedem Fall folgt aus § 1353 die Pflicht, den Partner (vorher) zu informieren. Wirkung gegenüber **Dritten** entfaltet die Erklärung nur, wenn sie ihnen bekannt oder im Güterrechtsregister eingetragen ist (Abs. 2 S. 2, § 1412). Grob fahrlässige Unkenntnis steht der Kenntnis nicht gleich; ein Zugang der Erklärung spricht aber prima facie für die Kenntnisnahme.[160] Von der Veröffentlichung (§ 1562) hängt die Wirksamkeit nicht ab. Eine unrichtige Eintragung wirkt nicht gegen Dritte (zB: trotz Aufhebungsbeschluss oder freiwilliger Rücknahme unterbleibt die Löschung); im Streitfall prüft dies inzident das Prozessgericht.[161] Das Ausschließungsrecht ist als solches unverzichtbar.[162] Zulässig ist aber ein Vergleich über den Widerruf der Ausschlusserklärung im Einzelfall.[163] 44

**2. Eintragungsverfahren und Rücknahme.** Den Eintragungsantrag kann jeder Ehegatte in beglaubigter Form vor dem zuständigen Registergericht stellen (§§ 1558, 1560, 1561 Abs. 2 Nr. 4). Die Bevollmächtigung eines Vertreters zur Antragstellung ist möglich.[164] Der Antrag ist nicht an Gründe gebunden, aber bedingungsfeindlich. Ein beschränkt geschäftsfähiger Ehegatte kann ihn ohne Zustimmung seines gesetzlichen Vertreters stellen.[165] Die Heiratsurkunde ist vorzulegen.[166] Die Eintragung bleibt wirksam, solange sich der betroffene Ehegatte nicht nach Abs. 2 S. 1 Hs. 2 dagegen wehrt.[167] Die Rücknahme ist jederzeit möglich; fällt der Grund später weg, ist der Antragsteller nach § 1353 zur Gegenerklärung verpflichtet. Ob der Antrag gerechtfertigt ist, hat das Regis- 45

[155] Für alleinigen Eigentumserwerb desjenigen, „der am Ende zahlt", *Hanisch* FamRZ 1977, 832 (833); *Dethloff* FamR § 4 Rn. 69; iErg auch *Eichenhofer* JZ 1988, 329; Erman/*Kroll-Ludwigs* Rn. 21. Krit. *Käppler* AcP 179 (1979), 245 (269).

[156] *Kick* JZ 1992, 219 f.; *Brötel* Jura 1992, 470 (472 ff.) gegen die in sich widersprüchliche Argumentation des BGH in BGHZ 114, 74 = NJW 1991, 2283. Nach dem BGH ist insoweit 1 Euro von der Hochzeit an effektiv nur noch 50 Cent wert. Nach *Brötel* Jura 1992, 470 (475) zu vermutendes Alleineigentum des anschaffenden Ehegatten verstößt gegen den Grundgedanken des § 1357, dass die Person des jeweils handelnden Ehegatten irrelevant ist.

[157] Wie hier *Gernhuber/Coester-Waltjen* FamR § 19 IV 9.

[158] Dafür aber BGHZ 114, 74 = NJW 1991, 2283; OLG Köln NJW-RR 1996, 904; LG Aachen NJW-RR 1987, 712 (713); *Meincke* DStR 1977, 363 (365); *Holzhauer* JZ 1977, 729 (731 f.); *Lüke* AcP 178 (1978), 1 (20); *Elsing* JR 1978, 494 (497); *H. Roth* FamRZ 1979, 361 (369 f.); *Leipold* FS Gernhuber, 1993, 695 ff. (712). Dagegen *Käppler* AcP 179 (1979), 245 (257 ff.); *Gernhuber/Coester-Waltjen* FamR § 19 IV 9; *Wacke* NJW 1979, 2585 (2591); *Wacke* Jura 1979, 617 (620); RGRK-BGB/*Roth-Stielow* Rn. 39.

[159] Vgl. BT-Drs. 7/650, 99.

[160] *Lüke* JuS 1970, 288 (290); *Lüke* FS Bosch, 1976, 629 (637).

[161] *Lüke* JuS 1970, 288 (290).

[162] HM, *Gernhuber/Coester-Waltjen* FamR § 19 IV 11 Rn. 66; Soergel/*Lipp* Rn. 40.

[163] Zu streng OLG Hamm OLGE 26, 216.

[164] Erman/*Kroll-Ludwigs* Rn. 22; aA *Reichel,* Höchstpersönliche Rechtsgeschäfte, 1931, 55.

[165] *Beitzke* FS Flume I, 1978, 329.

[166] KG RJA 13, 120 (121).

[167] Vgl. RGZ 60, 15.

tergericht nicht zu prüfen. Hatte der betroffene Ehegatte einen Aufhebungsbeschluss erwirkt (→ Rn. 47), kann ein neuer Ausschluss jederzeit auf neue Tatsachen gestützt erfolgen. Der Aufhebungsbeschluss hat keine Rechtskraftwirkung.[168]

46 **3. Wirkung; wechselseitige Entziehung.** Die Verpflichtungsmacht kann ganz ausgeschlossen oder für bestimmte Geschäfte beschränkt werden; der Ausschluss wirkt für die Zukunft und nicht für bereits getätigte Geschäfte. Recht und Pflicht zur Haushaltsführung bleiben unberührt (→ Rn. 37). Zu Bargeschäften mit dem überlassenen Wirtschaftsgeld bleibt die Vertretungsmacht stets erhalten[169] (Rechtsgedanke des § 110). Der Partner des ausgeschlossenen Ehegatten kann ihn zu einzelnen Geschäften bevollmächtigen oder sie genehmigen (§§ 164 ff., § 177). Für die Vollstreckung bleibt § 1362 unberührt (→ Rn. 12). Oft wird der ausgeschlossene Ehegatte kontern und die Geschäftsbesorgungsmacht dem Partner ebenfalls entziehen.

47 **4. Anrufung des Familiengerichts.** Gegen eine **grundlose Entziehung** kann der betroffene Ehegatte das Familiengericht anrufen (§ 266 Abs. 2 FamFG; örtliche Zuständigkeit: § 267 FamFG; Richtervorbehalt: § 14 Abs. 1 Nr. 1 RPflG). Kein Antragsrecht auf Aufhebung hat der Geschäftspartner des ausgeschlossenen Ehegatten.[170] Für einen auf das gleiche Ziel gerichteten, aber nicht vollstreckbaren Herstellungsantrag fehlt idR das Rechtsschutzbedürfnis (→ § 1353 Rn. 45).[171] Das Familiengericht ermittelt von Amts wegen (§ 26 FamFG), die Parteien müssen durch eingehende Tatsachendarstellungen mitwirken.[172] Zur Feststellungslast bei erfolglosen Ermittlungen → Rn. 55. Ob **ausreichende Gründe** vorliegen, ist ein (unbestimmter) Rechtsbegriff, keine Ermessensfrage.[173] Berechtigte Gründe sind Tatsachen, die die mangelnde Befähigung oder den mangelnden guten Willen zur pflichtgemäßen (§ 1353) Ausübung der Geschäftsführungsmacht anzeigen.[174] Auf ein Verschulden kommt es nicht an;[175] es genügt zB die Unfähigkeit, mit Geld umzugehen oder die Verschwendung des Familieneinkommens. Allgemeine eheliche Verfehlungen stellen einen Grund nur dann dar, wenn sie finanzielle Auswirkungen haben; daran fehlt es etwa bei einem Ehebruch.[176] Das Gericht kann die Entziehung oder Beschränkung ganz oder teilweise aufheben (letzteres unzweckmäßig). Die Entscheidung wird erst mit der Rechtskraft wirksam (§ 40 Abs. 3 FamFG); bei anfänglich gegebenem, später weggefallenem Grund ist die Entziehung daher aufzuheben.[177] Bestand kein Grund für den Ausschluss, treten die Wirkungen des § 1357 Abs. 1 für die Zukunft wieder ein,[178] zwischenzeitlich abgeschlossene Geschäfte verpflichten und berechtigen den Ehepartner aber nicht. Aufgrund des Aufhebungsbeschlusses kann der betroffene Ehegatte entsprechend § 1561 Abs. 2 Nr. 4 die Löschung im Güterrechtsregister beantragen. Erneute Entziehung nur aufgrund neuer Tatsachen (→ Rn. 45 aE).

## VII. Ruhen der Verpflichtungsermächtigung (Abs. 3)

48 **1. Normzweck.** Aus dem Begriff „häuslicher Wirkungskreis" wurde seit jeher gefolgert, dass die Schlüsselgewalt bei Getrenntleben ruht. Der vom 1. EheRG hinzugefügte Abs. 3 normiert diese Folge ausdrücklich. Das Ruhen der Geschäftsführungsmacht von Rechts wegen trägt dazu bei, unnötige und entwürdigende Auseinandersetzungen unter getrennt lebenden Ehegatten über deren Entziehung nach Abs. 2 zu vermeiden.

49 **2. Getrenntleben.** Gesamthaftung und Gesamtberechtigung nach Abs. 1 treten nicht ein, wenn die Eheleute zur Zeit des Vertragsabschlusses dauernd getrennt leben.[179] Getrennt leben die Ehegatten nach § 1567, wenn zwischen ihnen keine häusliche Gemeinschaft besteht und ein Ehegatte sie

---

[168] Staudinger/*Voppel,* 2018, Rn. 109; Erman/*Kroll-Ludwigs* Rn. 23; *Gernhuber/Coester-Waltjen* FamR § 19 IV 11, Rn. 68; aA → 4. Aufl. 2000, Rn. 40 *(Wacke).*
[169] Vgl. OLG Hamm OLGE 26, 216.
[170] *Büdenbender* FamRZ 1976, 662 (669).
[171] *Dölle* FamR I § 45 IV 3c. Für die Herstellungsklage bei wiederholtem unbegründetem Ausschluss *Eißer* FamRZ 1959, 179; Staudinger/*Voppel,* 2018, Rn. 117.
[172] BayObLG FamRZ 1959, 504 (505).
[173] Staudinger/*Voppel,* 2018, Rn. 121.
[174] OLG Hamm FamRZ 1958, 465; Staudinger/*Voppel,* 2018, Rn. 120. Zu weitgehend ließ OLG Karlsruhe HRR 1932 Nr. 954 bereits Geschäfte genügen, die vom Wirtschaftsgeld nicht bestritten werden können.
[175] OLG Hamm FamRZ 1958, 465; BayObLG FamRZ 1959, 504 (505); Soergel/*Lipp* Rn. 45.
[176] KGJ 53, A 20, 24.
[177] OLG Hamm FamRZ 1958, 465 (466); BayObLG FamRZ 1959, 504 (505).
[178] *Gernhuber/Coester-Waltjen* FamR § 19 IV 11; *Müller* AcP 168 (1968), 136 f.; aA Staudinger/*Voppel,* 2018, Rn. 116.
[179] Für Arztkosten zB BGH NJW 1991, 2958; OLG Hamm VersR 1997, 1360 = NJW-RR 1998, 263.

erkennbar ablehnt.[180] Eine vorübergehende oder durch äußere Umstände (Strafhaft) erzwungene Trennung schadet nicht.[181] Bei einer Wiedervereinigung nach einer absichtlich vollzogenen Trennung lebt die Geschäftsführungsmacht ex nunc wieder auf.[182] Lebten die Gatten zurzeit des Vertragsabschlusses noch zusammen, hindert eine spätere Trennung die Gesamthaftung nicht. Bei Sukzessivlieferungen über die Zeit der Trennung hinaus bleibt die Gesamthaftung nach hM bestehen, in der Literatur wird zum Teil zu Recht eine Enthaftung angenommen (→ Rn. 29).

**3. Verkehrsschutz.** Gutgläubigkeit des Geschäftspartners hinsichtlich des Zusammenlebens wird nicht geschützt, auch nicht, wenn die Ehegatten innerhalb einer Wohnung getrennt leben, da das Interesse des Gläubigers (an einem zweiten Schuldner) nicht Schutzzweck der Norm ist.[183] Insoweit ist es auch unerheblich, ob eine laufende Geschäftsbeziehung besteht, es sei denn, die Grundsätze über eine Anscheinsvollmacht greifen ein. Verlegt ein Ehegatte aus beruflichen Gründen ohne Trennungsabsicht seinen Wohnsitz, um seine Familie später nachzuholen, so ist zwar für Dritte nicht erkennbar, wenn er sich später (durch Einstellen des Briefwechsels und dergleichen) dennoch von ihr abwendet, allerdings dienen Geschäfte zur Ermöglichung des Getrenntlebens den Umständen nach nicht dem Lebensbedarf der Familie (→ Rn. 24 aE). 50

**4. Entziehung bei Trennung?** Da die Verpflichtungsmacht nur ruht und Abs. 3 den Abs. 2 nicht ausnimmt, kann sie trotz des Getrenntlebens entzogen werden.[184] Dadurch wird der Gefahr einer Reaktivierung der Schlüsselgewalt vorgebeugt.[185] Umgekehrt kann der von ihr ausgeschlossene Ehegatte gegen eine ihn kränkende grundlose Entziehung ebenfalls das Familiengericht anrufen,[186] solange die Eheleute zwar getrennt leben, aber nicht geschieden sind. 51

**5. Eintragung des Ruhens?** Das Ruhen der Verpflichtungsermächtigung kann nicht analog Abs. 2 im Güterrechtsregister eingetragen werden,[187] da das Getrenntleben eine reine Tatsache ist, die als solche nicht eintragungsfähig und der Geschäftsverkehr nicht schutzwürdig ist. Außerdem würde bei späterer Wiederbegründung eines gemeinsamen Haushalts die Eintragung automatisch unrichtig. 52

## VIII. Prozessuales

**1. Passivprozesse.** In Passivprozessen sind Ehegatten **keine notwendigen Streitgenossen** (§ 62 Abs. 1 ZPO), weder aus materiell-rechtlichen noch aus prozessualen Gründen.[188] Der mitverklagte Partner des geschäftsführenden Gatten kann vorbringen, dass ihm gegenüber die Verbindlichkeit gestundet worden sei (§ 425 Abs. 2); dass das Geschäft den Rahmen des Abs. 1 überschritten habe; dass der geschäftsführende Ehegatte allein verpflichtet werden sollte (Abs. 1 S. 2 aE) oder ihm die Geschäftsbesorgungsmacht entzogen worden sei (Abs. 2). Erscheint oder verhandelt nur ein Ehegatte (vgl. §§ 330, 333 ZPO), so ergeht trotz einfacher Streitgenossenschaft gegen den anderen **kein Versäumnisurteil,** weil im Zweifel die Prozessführung des einen Ehegatten für den anderen durch § 1357 gedeckt ist.[189] Wurde nur ein Ehegatte verklagt, erfolgt **keine Rechtskrafterstreckung** des Urteils gegen den Partner.[190] 53

**2. Aktivprozesse.** § 1357 ermächtigt einen Ehegatten, im eigenen sowie im Namen seines Partners Klage zu erheben, wenn es sich bei dem streitigen Rechtsverhältnis um ein Geschäft iSv § 1357 handelt.[191] Beide Ehegatten sind im gemeinschaftlichen Aktivprozess notwendige Streitgenos- 54

---

180 *Mikat,* Rechtsprobleme der Schlüsselgewalt, 1981, 38 ff.; *Gernhuber/Coester-Waltjen* FamR § 19 IV 10; aA *Schlüter* FamR Rn. 91, der mit dem Gläubigerschutz argumentiert; s. auch Staudinger/*Voppel,* 2018, Rn. 99. Die Missachtung des Abs. 3 durch ein Gericht verstößt nach BVerfG FamRZ 2016, 21 gegen das Willkürverbot.

181 HM, → § 1362 Rn. 13 aE; zT abw. *Büdenbender* FamRZ 1976, 662 (669).

182 Soergel/*Lipp* Rn. 30.

183 *Gernhuber/Coester-Waltjen* FamR § 19 IV 10; aA *Wacke* FamRZ 1980, 13 (16); *Käppler* AcP 179 (1979), 245 (285).

184 *Binder,* Die neue Schlüsselgewalt, 1980, 164; Staudinger/*Voppel,* 2018, Rn. 117; Soergel/*Lipp* Rn. 30.

185 *Gernhuber/Coester-Waltjen* FamR § 19 IV 11.

186 HM, *Gernhuber/Coester-Waltjen* FamR § 19 IV 11.

187 So aber → 4. Aufl. 2000, Rn. 52 *(Wacke); Lüke* JuS 1970, 288 (289) Fn. 4; *Lüke* FS Bosch, 1976, 629 (637). wie hier die hM, OLG Hamburg OLGE 41, 46 f.; OLG Hamm MDR 1951, 740 f.; *Mikat,* Rechtsprobleme der Schlüsselgewalt, 1981, 68 f.; *Müller-Freienfels* FS Lehmann, Bd. I, 1956, 388 (418); *Gernhuber/Coester-Waltjen* FamR § 19 IV 10.

188 *F. Baur* FS Beitzke, 1979, 111 ff.; Zöller/*Vollkommer* ZPO § 62 Rn. 17.

189 *F. Baur* FS Beitzke, 1979, 111 (113).

190 *F. Baur* FS Beitzke, 1979, 111 (113).

191 Vgl. *F. Baur* FS Beitzke, 1979, 111 (118).

sen gemäß § 62 Abs. 1 ZPO.[192] Bei Einzelprozessführung eines Gatten erstreckt das Urteil seine Rechtskraft auch auf den Partner.[193]

55 **3. Beweislast.** Die Angemessenheit der Bedarfsdeckung muss beweisen, wer sich darauf beruft.[194] Gegen die Solidarwirkung sprechende Umstände (Abs. 1 S. 2) hat der jeweilige Gegner zu beweisen.[195] Auch die Unanwendbarkeit von Abs. 1 wegen Trennung der Ehegatten (Abs. 3) muss die sich darauf berufende Partei beweisen.[196] In einem familiengerichtlichen Verfahren über die Aufhebung einer Entziehung nach Abs. 2 S. 1 Hs. 2 (→ Rn. 44) sind die entscheidungserheblichen Tatsachen gemäß § 26 FamFG zwar von Amts wegen zu ermitteln. Die Feststellungslast bei ergebnislosen Ermittlungen trägt, wer die Schlüsselgewalt beschränkt oder entzogen hat; im non-liquet-Fall ist die Beschränkung bzw. Entziehung (entgegen dem Wortlaut) aufzuheben.[197]

## IX. Internationales Privatrecht

56 Die Mitverpflichtung und Mitberechtigung von Ehegatten ist als allgemeine Ehewirkung zu qualifizieren und fällt damit unter Art. 14 EGBGB. Eine Rechtwahl ist nach Art. 14 Abs. 2 und Abs. 3 EGBGB nur in bestimmten Sonderfällen möglich. Zum Schutz des Rechtsverkehrs gilt § 1357 für im Inland vorgenommene Geschäfte zugunsten gutgläubiger Dritter auch dann, wenn nach Art. 14 EGBGB im Übrigen eine andere Rechtsordnung auf die allgemeinen Ehewirkungen Anwendung findet (Art. 16 Abs. 2 EGBGB).

## § 1358 *(weggefallen)*

1 § 1358 wurde aufgehoben durch Art. I Ziff. 7 GleichberG vom 18.6.1957 (BGBl. 1957 I 609).

## § 1359 Umfang der Sorgfaltspflicht

**Die Ehegatten haben bei der Erfüllung der sich aus dem ehelichen Verhältnis ergebenden Verpflichtungen einander nur für diejenige Sorgfalt einzustehen, welche sie in eigenen Angelegenheiten anzuwenden pflegen.**

**Schrifttum:** *Bern,* Ersatzansprüche bei Schädigung Angehöriger, NZV 1991, 449; *Christensen,* Gestörter Gesamtschuldnerausgleich bei familienrechtlichen Haftungsbeschränkungen, MDR 1989, 948; *Deutsch,* Abschied von der culpa in concreto?, JuS 1967, 496; *Deutsch,* Allgemeines Haftungsrecht, 1996; *Dieckmann,* Zur Haftung unter Ehegatten, FS Reinhardt, 1972, 51; *Diederichsen,* Haftungsfreistellungen zwischen Familienmitgliedern, 25 Jahre Karlsruher Forum (Beiheft VersR) 1983, 141; *Hager,* Das Mitverschulden von Hilfspersonen und gesetzlichen Vertretern des Geschädigten, NJW 1989, 1640; *Hasse,* Die culpa des Römischen Rechts, 2. Aufl. 1838, Neudruck 1963, 136–280; *Hausmaninger,* Diligentia quam in suis, FS Kaser, 1976, 265; *Hoffmann,* Die Fragwürdigkeit der Haftung für diligentia quam in suis, NJW 1967, 1207; *Hoffmann,* Die Abstufung der Fahrlässigkeit in der Rechtsgeschichte, 1968, 207; *Jayme,* Die Familie im Recht der unerlaubten Handlungen, 1971, 167–222; *Muscheler,* Die Störung der Gesamtschuld: Lösung zu Lasten des Zweitschädigers?, JR 1994, 441; *Rother,* Haftungsbeschränkungen im Schadensrecht, 1965; *Schlechtriem,* Vertragsordnung und außervertragliche Haftung, 1972, 413; *Steininger,* Die deliktische Haftung zwischen Ehegatten, Diss. Hamburg 1970; *Sundermann,* Schadensausgleich bei Mitschädigung Minderjähriger durch Vernachlässigung der Aufsichtspflicht und elterliches Haftungsprivileg, JZ 1989, 927.

**Übersicht**



[192] Zöller/*Vollkommer* ZPO § 62 Rn. 16 aE; BeckOK BGB/*Hahn* Rn. 31.
[193] Zöller/*Vollkommer* ZPO § 325 Rn. 30; zweifelhaft ist dies, wenn die Klage des nicht kontrahierenden Ehegatten scheiterte, weil die Voraussetzungen des § 1357 nicht vorlagen, weil dann gleichwohl eine Verpflichtung des handelnden Ehegatten bestehen kann.
[194] *Laumen* in Baumgärtel/Laumen/Prütting Beweislast-HdB Rn. 2 mwN in Fn. 5; hM, aA RGRK-BGB/*Roth-Stielow* Rn. 42: beklagter Ehegatte muss beweisen, dass angemessene Bedarfsdeckung nicht vorlag.
[195] *Laumen* in Baumgärtel/Laumen/Prütting Beweislast-HdB Rn. 1, 2.
[196] *Laumen* in Baumgärtel/Laumen/Prütting Beweislast-HdB Rn. 6; BeckOK BGB/*Hahn* Rn. 45.
[197] *Laumen* in Baumgärtel/Laumen/Prütting Beweislast-HdB Rn. 5.

## I. Entstehungsgeschichte

Die diligentia quam in suis (rebus adhibere solet) galt im klassischen römischen Recht teilweise als Haftungs*ausdehnungs*prinzip in Rechtsverhältnissen mit ursprünglich auf den Vorsatz beschränkter Verantwortlichkeit (Verwahrungsvertrag, vgl. § 690),[1] überwiegend jedoch als Haftungs*milderungs*prinzip im Gegensatz zur exactissima diligentia.[2] Das Gemeine Recht hatte sie übernommen, und die landesrechtlichen Kodifikationen[3] kannten unterschiedliche Ansätze, das ALR differenzierte nach Sachgebieten, das lübische Gesetz von 1862 beschränkte die Haftung unter Ehegatten generell auf grobe Fahrlässigkeit.[4] Ihre geltende Fassung erhielt die Vorschrift durch die 2. Kommission, während noch Planck und der erste Entwurf die Haftungserleichterung auf das Güterrecht hatten beschränken wollen. Bei rechtsgeschäftlichen Beziehungen unter Eheleuten sollte nach dem Willen der Gesetzesverfasser jedoch der für das jeweilige Rechtsverhältnis vorgesehene normale Haftungsmaßstab gelten.[5] Die Vorschrift ist trotz der wiederholt an ihr geäußerten Kritik seit 1900 unverändert geblieben.[6] 1

## II. Normzweck

**1. Funktion.** Die Vorschrift regelt nur den **Haftungsmaßstab,** ist also eine Modifikation der §§ 276 f., und **keine Anspruchsgrundlage** (nur für die Parallelvorschrift des § 1664 str.). Sie beruht auf der Vorstellung, dass Ehegatten sich gegenseitig mit ihren persönlichen Qualitäten, ihren Vorzügen und Schwächen so hinnehmen, wie sie sind. Denn, so der Gesetzgeber, den Ehegatten pflege man sich **sorgfältig** auszusuchen. Ihre rechtliche Grundlage hat dieser Gedanke in § 1363 Abs. 1 S. 2 gefunden. Wer einen minder befähigten oder weniger zuverlässigen Partner heiratet, hat dies sich selbst zuzuschreiben und die Folgen zu tragen, jedenfalls soweit es um eheinterne Angelegenheiten geht. Angelegenheiten seines Partners braucht daher kein Ehegatte sorgfältiger zu behandeln als seine eigenen;[7] von ihm wird nur erwartet, dass er in ihnen nicht sorgloser verfährt. Hinzu kommt wie bei den **Parallelvorschriften** in §§ 690, 708, 1664 und § 2131, die sämtlich eine uneigennützige Obhutspflicht oder eine mehr oder weniger enge personenrechtliche Beziehung voraussetzen, dass die Haftung für jede Fahrlässigkeit den Rechtsfrieden mit Rücksicht auf die Intensität und Dauer der Beziehung zwischen Schädiger und Geschädigtem unerträglich belasten würde.[8] Wer hiernach nur für sog **eigenübliche Sorgfalt** einzustehen hat, ist nach § 277 von einer Haftung für grobe Fahrlässigkeit und Vorsatz nicht befreit. Nur bei leichter Fahrlässigkeit wirkt sich die Haftungserleich- 2

[1] Denn es ist treuwidrig, die anvertrauten fremden Sachen nachlässiger als die eigenen zu behandeln, *Celsus* Dig. 16, 3 (32).

[2] *Rother,* Haftungsbeschränkung im Schadensrecht, 1965, 185; *Kaser,* Römisches Privatrecht, Bd. II, 1975, 354 f.; *Hausmaninger* FS Kaser, 1976, 265 ff.

[3] Preuß. ALR II 1 §§ 554 f., 561, 595 iVm Preuß. ALR I 21 § 132; Sächs. BGB § 1655; eingehend *Hasse,* Die Culpa des römischen Rechts, 2. Aufl. 1838, Neudruck 1963, 136–280.

[4] *Mugdan* IV 67 f.

[5] *Mugdan* IV 742; dazu krit. → Rn. 11, 15; *Planck* wollte sie für das Auftragsverhältnis anwenden, bei GoA nicht.

[6] Abl. bes. *Dölle* FamR I § 44 I 1c; *Rother,* Haftungsbeschränkung im Schadensrecht, 1965, 185; *Hoffmann* NJW 1967, 1207 ff.; *Eike Schmidt* in Grundlagen des Vertrags- und Schuldrechts, 1974, 502.

[7] Die gegenteilige Ansicht, das eheliche Verhältnis verlange *gesteigerte* Sorgfaltsanforderungen für die Partnerangelegenheiten (*Dölle* FamR I § 44 I 2; *Rother,* Haftungsbeschränkung im Schadensrecht, 1965, 193 f.) imponiert zwar als moralisch besonders hochstehender Grundsatz („Du sollst deinen Partner mehr lieben als dich selbst"), ist jedoch unrealistisch bei der Vielzahl möglicher und verzeihlicher Alltagsversehen, derentwegen der Partner mutmaßlich keine Ersatzansprüche erheben wird.

[8] *Deutsch,* Allgemeines Haftungsrecht, 1996, Rn. 429; *Diederichsen* 25 Jahre Karlsruher Forum 1983, 142.

terung aus: Der Beklagte kann sich durch den Nachweis exkulpieren, dass er auch in vergleichbaren[9] eigenen Angelegenheiten nicht sorgfältiger zu handeln „pflegt".

3 **2. Sinn und Interpretationsrichtlinie.** Die Norm wurde vor allem in der Vergangenheit als verfehlt kritisiert, weil sie zu einer Privilegierung des besonders nachlässigen Ehegatten führe. Der Schuldner werde verleitet, „nachlässiger zu handeln, als es seiner Natur entspricht",[10] und vor Gericht ein möglichst schlechtes Bild von sich zu malen.[11] Die hier angesprochene Missbrauchsgefahr der Vorschrift ist für Extremfälle dadurch gebannt, dass eine Haftung für grobe Fahrlässigkeit immer besteht und fadenscheinige Behauptungen eigener Nachlässigkeit vom Gericht nicht nachvollzogen werden müssen. Auf der anderen Seite unterstellt die Praxis mitunter eine Nachlässigkeit in eigenen Angelegenheiten, was im Ergebnis zu einem generellen Ausschluss der leichten Fahrlässigkeit führt, ohne dass dies vom Gesetzgeber beabsichtigt ist.

4 Um die vermeintliche Ungerechtigkeit zu vermeiden, wurde vorgeschlagen, in § 1359 ein normatives Element einzufügen[12] und die eigen-übliche Sorgfalt durch eine eigen-mögliche, persönlich zumutbare Sorgfalt zu ersetzen. Diese Überlegung ist weder mit dem Wortlaut noch dem Sinn der Vorschrift vereinbar, wonach sich Ehegatten so anzunehmen haben, wie sie sind – mit all ihren Vorzügen und Fehlern. Ferner findet die Vorschrift ihre Berechtigung darin, dass das Zusammenleben in einer ehelichen Lebensgemeinschaft das Risiko einer Rechtsgutsverletzung erhöht, so dass der allgemeine Fahrlässigkeitsmaßstab als zu hart empfunden wird.[13] Die Ehe soll als privater Rückzugsbereich von den allgemeinen Anforderungen, die sonst im Alltag an den Einzelnen gestellt werden, verschont bleiben. Die Gefahr einer Schädigung des anderen ist hier einerseits leichter möglich, wird andererseits auch eher in Kauf genommen. Daher muss es bei der eigenüblichen Sorgfalt als Haftungsmaßstab bleiben. Eine generelle Haftungserleichterung für leichte Fahrlässigkeit enthält die Vorschrift nicht.

5 **3. Sorgfalt des Geschädigten als Haftungsgrenze.** Die Überlegung, den Haftungsmaßstab für beide Ehegatten weitgehend dadurch anzunähern, dass die eigenübliche Sorgfalt des Geschädigten als Haftungsgrenze normiert wird und dessen (hypothetisches) Alternativverhalten berücksichtigt wird,[14] beruht auf dem Gedanken, den sorgfältigeren Partner nicht zu benachteiligen. Dieser Ansatz steht jedoch mit dem zuvor skizzierten Sinn der Norm nicht in Einklang. Die Forderung, ein Ehegatte müsse gegenüber seinem Partner ein höheres Maß an Sorgfalt aufbringen als gegenüber sich selbst, ist sittlich diskutabel, aber nicht der Maßstab des § 1359.

6 **4. Bloße Haftungsmilderung.** Höhere Anforderungen als im Verkehr erforderlich werden an einen Ehegatten andererseits unstreitig auch dann nicht gestellt, wenn er in eigenen Angelegenheiten eine gesteigerte Sorgfalt zu beobachten pflegt.[15] Die Vorschrift enthält eine Haftungserleichterung (arg. „nur" in §§ 277, 1359), keine Verschärfung.

7 **5. Sonstige Schadenshaftung unter Ehegatten.** Soweit das Haftungsprivileg nicht eingreift, verstößt eine Klage auf Schadensersatz gegen den Ehepartner nicht durchweg gegen die Verpflichtung zur Rücksichtnahme aus der ehelichen Lebensgemeinschaft[16] (→ § 1353 Rn. 38). Anderes kann gelten, wenn sich der schädigende Ehegatte im Rahmen seiner Möglichkeiten um einen anderweitigen, ehegerechten Schadensausgleich bemüht, insbesondere den Schaden partnerschaftlich mitträgt.[17] Auch gegen Schmerzensgeldbegehren ist (trotz deren Genugtuungsfunktion) grundsätzlich nichts einzuwenden.[18] Während bestehender Ehe wird dem Verletzten jedoch deren Einklagung zwecks Verjährungs-

[9] Nicht in seinem Gesamtverhalten: *Hoffmann,* Abstufung der Fahrlässigkeit, 1968, 210 Fn. 1371.

[10] So *Hoffmann* NJW 1967, 1209. „Wahre Lockspeise der Faulheit": *Hoffmann,* Abstufung der Fahrlässigkeit, 1968, 209.

[11] So *Rother,* Haftungsbeschränkung im Schadensrecht, 1965, 188; *Hoffmann,* Abstufung der Fahrlässigkeit, 1968, 210.

[12] → 4. Aufl. 2000, Rn. 4 *(Wacke)*; ähnlich OLG Hamm VersR 2002, 732.

[13] So auch Staudinger/*Voppel,* 2018, § 1359 Rn. 6.

[14] → 4. Aufl. 2000, Rn. 5 *(Wacke).*

[15] Staudinger/*Voppel,* 2018, Rn. 4; Soergel/*Lipp* Rn. 3.

[16] BGH FamRZ 1988, 476 (477); *Bern* NZV 1991, 447 ff. Übereinstimmend das französische Recht. Anders jedoch die erst 1962 beseitigte „doctrine of interspousal immunity" des englischen Rechts, *Kötz* NJW 1967, 1214 f.; *Jayme,* Die Familie im Recht der unerlaubten Handlungen, 1971, 171 ff., 194 ff. Ihr sehr ähnlich schon das justinianische Recht, *Wacke,* Actio rerum amotarum, 1963, 78 ff.

[17] BGH FamRZ 1988, 476 = NJW 1988, 1208.

[18] BGHZ 61, 101 (105 ff.) = NJW 1973, 1654; *Steininger,* Die deliktische Haftung zwischen Ehegatten, 1970, 79 f. Eine Ausnahme erwägt BGHZ 61, 108, falls der ersatzpflichtige Ehegatte durch die Inanspruchnahme wesentliche, den angerichteten Schaden übersteigende Nachteile erleiden würde. Bei leichtem Verschulden ist das Schmerzensgeld geringer zu bemessen als unter Unverheirateten, OLG Schleswig VersR 1992, 462 (463).

unterbrechung nicht zugemutet (§ 207).[19] Die Haftungserleichterung erstreckt sich auch auf paralleldeliktische Ansprüche und damit auch auf Gefährdungstatbestände (→ Rn. 20).[20]

## III. Anwendungsbereich

8 **1. Persönlicher Geltungsbereich.** Die Vorschrift gilt für **Ehegatten,** für die eingetragene Lebenspartnerschaft enthält § 4 LPartG eine entsprechende Regelung. Auf eheähnlich Zusammenlebende, evtl. auch auf Verlobte, ist ihr Grundgedanke entsprechend anwendbar (§ 708!).[21] Strittig ist, ob auch bei Getrenntleben der Ehegatten die Vorschrift eingreift, etwa wenn ein Ehegatte die ihm zum Gebrauch überlassenen Haushaltsgegenstände (§ 1361a Abs. 1 S. 2) beschädigt.[22] Besteht zwischen den Ehegatten keine häusliche Gemeinschaft mehr, ist ein wesentlicher Zweck der Vorschrift, die besondere Gefahr der Schädigung durch den anderen, weggefallen, so dass mehr dafür spricht, die Haftungserleichterung bei getrennt lebenden Ehegatten nicht anzuwenden. **Zeitlich** gilt das Haftungsprivileg für alle während der Ehe entstandenen Ansprüche, auch wenn sie erst nach der Scheidung geltend gemacht werden (vgl. § 207 S. 1). Für erst mit oder nach der Scheidung entstehende Ansprüche (zB auf Zugewinnausgleich einschließlich der Auskunftspflicht nach § 1379; → Rn. 19)[23] gilt dagegen § 276. Für Schadensersatzansprüche wegen herauszugebender Vermögensgegenstände unter geschiedenen Gatten entscheidet hinsichtlich der zu vertretenden Sorgfalt demnach der Zeitpunkt der Schadensverursachung. Die Beweislast für die Anwendung des milderen Haftungsmaßstabs trifft den Herausgabepflichtigen (arg. § 280 Abs. 1 S. 2, § 286 Abs. 4).

9 Bei **aufhebbarer Ehe** gilt § 1359 gleichfalls für alle bis zur Rechtskraft des Aufhebungsurteils entstandenen Ansprüche (§ 1313). Doch müssen von diesem Grundsatz Ausnahmen gemacht werden: Ein bei der Heirat Geschäftsunfähiger, ein über persönliche Eigenschaften des Partners arglistig Getäuschter sowie ein Bedrohter braucht sich das Haftungsprivileg aus der aufgehobenen Ehe nicht entgegenhalten lassen. Denn die Eheschließungserklärung, auf der das Haftungsprivileg aufbaut (weil man sich den Partner ausgesucht hat), ist gerade nicht zurechenbar abgegeben worden.

10 **2. Sachlicher Geltungsbereich.** Die Haftungserleichterung gilt für die Erfüllung (einschließlich Nichterfüllung und Schlechterfüllung) aller „sich aus dem ehelichen Verhältnis ergebenden Verpflichtungen", also – über die §§ 1353–1362 hinaus – grundsätzlich für den **Gesamtbereich des ehelichen Pflichtenkreises** (zur Entstehungsgeschichte → Rn. 1).[24] So im Rahmen der allgemeinen Beistandspflicht (§ 1353), der daraus auch heute noch in engen Grenzen resultierenden Mitarbeitspflicht (→ § 1356 Rn. 20 ff.), bei der Haushaltsführung (§ 1356), für die Geschäfte zur Deckung des familiären Lebensbedarfs (§ 1357) und für die Unterhaltspflichten (§§ 1360 ff.). Den Haftungsvorzug genießt ein Ehegatte auch bei Einschaltung eines Dritten.[25]

11 Im **Ehegüterrecht,** der ursprünglichen Domäne des konkreten Sorgfaltsmaßstabs im gemeinrechtlichen Dotalprinzip und im ehemaligen gesetzlichen Güterstand der Nutzverwaltung, verlor § 1359 seit der Einführung der gesetzlichen Gütertrennung mit Zugewinnausgleich ebenso an Bedeutung (s. § 1364) wie bei vertraglicher Gütertrennung. Übernimmt ein Ehegatte nun freiwillig die Vermögensverwaltung für den Partner (vgl. § 1413), muss die Haftungserleichterung des § 1359 jedoch ebenfalls gelten (vgl. auch den Rechtsgedanken des § 690; → Rn. 12).[26] Bei Gütergemeinschaft gilt § 1359 überdies für die Verantwortlichkeit des verwaltenden Ehegatten nach § 1435 und bei gemeinschaftlicher Verwaltung für die Mitwirkungspflicht nach § 1451.[27]

12 **3. Rechte und Pflichten aus Rechtsgeschäften.** Treten die Ehegatten in rechtsgeschäftliche Beziehungen, so gilt grundsätzlich der jeweilige gesetzliche Haftungsmaßstab, etwa bei einem Auftrag

---

19 Für eine Ausdehnung der Verjährungshemmung auf alle miteinander in häuslicher Gemeinschaft lebenden Personen *Spiro* FS Bosch, 1976, 975 ff.

20 KG MDR 2002, 35 für § 833.

21 OLG Celle FamRZ 1992, 941 (942); iErg OLG Karlsruhe FamRZ 1992, 940 (941); *Diederichsen* FamRZ 1988, 891; *Holzhauer* in Hohloch/Hausmann Nichteheliche Lebensgemeinschaft 439.

22 Dafür OLG Stuttgart FamRZ 1983, 68 f.; *Gernhuber/Coester-Waltjen* FamR § 22 I 1 Fn. 8; aA *Rauscher* FamR Rn. 304.

23 *Diederichsen* 25 Jahre Karlsruher Forum 1983, 142.

24 *Diederichsen* 25 Jahre Karlsruher Forum 1983, 142 (144 f.) mzN, insbes. BGHZ 46, 313 (316) = NJW 1967, 558; *Bern* NZV 1991, 449 (451 f.).

25 RGZ 138, 1 (5 f.) = JW 1932, 3711 (3712); RGZ 148, 303 (308): Haftung nach §§ 1359, 277 (und nicht nach § 278) für die „Eignung" (dh wohl: Auswahl nach § 664) eines Kraftwagenfahrers zum Transport der Ehefrau. Bei Anwendung des § 278 wäre Vergleichsmaßstab jedenfalls die eigenmögliche Sorgfalt des verpflichteten Ehegatten, nicht die des Erfüllungsgehilfen.

26 Ebenso Staudinger/*Voppel,* 2018, Rn. 25; bereits *Mugdan* IV 68; aA *Gernhuber/Coester-Waltjen* FamR § 32 IV 2.

27 Staudinger/*Voppel,* 2018, Rn. 25; Soergel/*Gaul/Althammer* § 1435 Rn. 10.

oder einer Leihe. Allerdings bedeutet allein die Tatsache, dass der eine Ehegatte dem anderen seine Sache „leiht", noch nicht den Abschluss eines Vertrages; häufig wird es sich um eine Gefälligkeit handeln, da bei intakter Ehe die eheliche Verbundenheit gegen den Vertragscharakter spricht.[28] Dann aber bleibt es beim Haftungsmaßstab aus § 1359.[29] Etwas anderes gilt bei Benutzung einer Sache des Ehepartners gegen dessen Willen, hier ist der allgemeine Haftungsmaßstab anzuwenden.[30] Für vorsätzlich entwendete Sachen gilt sogar die Zufallshaftung des deliktischen Besitzers (§§ 848, 990 Abs. 2, 287, vgl. 678). Diebstahl unter Ehegatten ist auf Antrag strafbar (§ 247 StGB).

## IV. Änderungen kraft Parteiwillens

13 **1. Disponibilität.** Unstreitig können die Ehegatten für Einzelfälle oder Teilbereiche des ehelichen Lebens den Haftungsmaßstab des § 1359 durch ausdrückliche Vereinbarung **verschärfen** oder (über § 277 hinaus bis zur Vorsatzgrenze des § 276 Abs. 2) **mildern.** Da die Konkretisierung der ehelichen Lebensgemeinschaft Sache der beiden Ehegatten ist, muss auch eine Vereinbarung über eine generelle Änderung des Haftungsmaßstabes zulässig sein;[31] soweit nicht eine gegenseitige Freistellung von jeglicher Haftung wegen besonderer Umstände einen Verstoß gegen das – zwingende – in § 1353 S. 2 normierte Rücksichtnahmegebot darstellt.[32]

14 **2. Übernahme besonderer Pflichten.** Für **rechtsgeschäftliche Beziehungen** unter Eheleuten gilt, wie gesagt (→ Rn. 12) grundsätzlich der für das jeweilige Rechtsverhältnis vorgesehene, sonst der allgemeine Haftungsmaßstab (§ 276).[33] Aber wer auf Bitten seines Ehepartners einen „Auftrag" übernimmt, tut dies meist aus ehelicher Verbundenheit und will im Zweifel nicht strenger haften als nach § 1359 (zur „Leihe" → Rn. 12).[34] Aus der nach § 1353 gebotenen Pflicht zur Auftragsübernahme folgt allein noch nicht die strenge Auftragshaftung (→ Rn. 11 mwN), da sich Eheleute insoweit nicht wie ausschließlich rechtsgeschäftlich Gebundene gegenüberstehen. Es muss ihnen überlassen bleiben, die Haftung evtl. ausdrücklich abweichend von § 1359 zu verschärfen (→ Rn. 13). Im Zweifelsfall ist daher § 1359 anzuwenden.

15 **3. Haftungsverzicht.** Für einen Haftungsverzicht bleibt neben § 1359 Raum, da er dem Haftpflichtigen auch für grobe Fahrlässigkeit[35] sowie insbesondere dann gewährt werden kann, wenn er nicht in eigenen Angelegenheiten leicht fahrlässig verfährt. Die Fiktion eines **stillschweigenden** Haftungsverzichts beim Handeln auf eigene Gefahr gaben Rspr. und hL jedoch auf zugunsten der elastischeren Lösung über § 254 (Anspruchskürzung je nach Verschuldensabwägung statt Anspruchsausschluss).[36] Ist der Schädiger haftpflichtversichert, sind Haftungsausschlüsse nicht zu vermuten.[37] Den Grundsätzen über **gefahrengeneigte Tätigkeiten** entsprechend bleibt auch im Rahmen des § 254 bei leichtester Fahrlässigkeit ein Anspruchsausschluss möglich, sofern der Haftpflichtige nicht versichert ist.

## V. Verkehrsunfallrecht

16 **1. Allgemeiner Haftungsmaßstab.** Der BGH beschränkt das Haftungsprivileg auf den häuslichen Bereich; bei Sachbeschädigungen und Körperverletzungen des Ehepartners im Straßenverkehr wendet er § 276 an, da die Schutzfunktion des Haftungsrechts dies erfordere. Denn die Straßenverkehrsregeln ließen keinen Spielraum für individuelle Sorglosigkeit, und niemand dürfe sich darauf berufen, er pflege sie gewöhnlich zu verletzen.[38] Dies, so der BGH, gelte auch, wenn die Ehegatten gemeinsam Wasserski betreiben.[39]

---

28 → 4. Aufl. 2000, Rn. 12 *(Wacke).*

29 Ähnlich iErg BGHZ 35, 317 = NJW 1961, 1966; *Dethloff* FamR § 4 Rn. 76.

30 So BGHZ 53, 352 = NJW 1970, 1271; aA → 4. Aufl. 2000, Rn. 12 *(Wacke)*: der Benutzer dürfe nicht sorgloser handeln als der andere Ehegatte.

31 *Gernhuber/Coester-Waltjen* FamR § 22 I 5.

32 *Rauscher* FamR Rn. 299; BeckOK BGB/*Hahn* Rn. 3.

33 Vgl. zur Entstehungsgeschichte Rn. 1; *Diederichsen* 25 Jahre Karlsruher Forum 1983, 145; Staudinger/*Voppel*, 2018, Rn. 15 f.

34 Entgegen *Mugdan* IV 68.

35 Vgl. OLG Karlsruhe VersR 1963, 685; stark einschr. jedoch *Deutsch,* Allgemeines Haftungsrecht, 1996, 330 ff., 333 f.

36 BGHZ 34, 355 = NJW 1961, 655; BGHZ 41, 81 = NJW 1964, 860; *Stoll,* Das Handeln auf eigene Gefahr, 1961, 361 ff.; *Schlechtriem,* Vertragsordnung und außervertragliche Haftung, 1972, 413 ff.

37 *Böhmer* MDR 1959, 816; *Jayme,* Die Familie im Recht der unerlaubten Handlungen, 1971, 215. Ein Verzicht soll nur den Schädiger vor dem Griff in die eigene Tasche, nicht aber dessen Versicherer verschonen. Den Grundsätzen der Vorteilsausgleichung entsprechend bleibt der dem Schädiger aus rein persönlichen Gründen gewährte Verzicht dessen Haftpflichtversicherer gegenüber unberücksichtigt.

38 BGHZ 53, 352 (355) = NJW 1970, 1271; BGHZ 61, 101 (105) = NJW 1973, 1654; BGHZ 63, 51 (57) = NJW 1974, 2124; zust. *Jayme* FamRZ 1970, 388; *Jayme,* Die Familie im Recht der unerlaubten Handlungen,

Mit dieser generalpräventiven verkehrserzieherischen Begründung ist erstens beabsichtigt, dem geschädigten Ehegatten zu Ersatzansprüchen gegen den **Versicherer** des Schädigers zu verhelfen.[40] Zweitens sollte einem zunächst auf die volle Ersatzleistung in Anspruch genommenen **Zweitschädiger** nach älterer Rspr. auch der **Rückgriff** gegen den Versicherer des mitschuldigen Ehegatten offen stehen,[41] während der BGH nunmehr[42] den Zweitschädiger den vollen Schaden allein tragen lässt (für ein gemäß § 1664 nicht zurechenbares leichtes Mitverschulden eines Sorgeberechtigten – auch für § 1359 beachtlich).[43] 17

**2. Stellungnahme.** Die geschilderte Rechtsprechung überzeugt nicht in allen Punkten, da § 1359 grundsätzlich auch für deliktische Ansprüche wegen Verletzung ehelicher Pflichten gilt und ein außerhäuslicher Bereich sich nicht vom häuslichen konkret abtrennen lässt.[44] Da jedoch der BGB-Gesetzgeber weder die Entwicklung des modernen Straßenverkehrs noch das Versicherungswesen mit einer gesetzlichen Haftpflicht voraussehen konnte, kann eventuell eine nachträglich eingetretene Gesetzeslücke bejaht werden, die die geschilderte Normkorrektur rechtfertigt.[45] Die Rechtsprechung wird jedenfalls mittlerweile als Gewohnheitsrecht allgemein akzeptiert,[46] sollte aber leicht modifiziert werden (→ Rn. 19 f.). In den Fällen der gestörten Gesamtschuld sollte die Haftungserleichterung im Ergebnis zu Lasten des verletzten Ehegatten gehen.[47] 18

Eine totale **Beseitigung** des Privilegs ist auch für den Straßenverkehr **nicht gerechtfertigt.** Mit der verkehrsstrafrechtlich sanktionierten Pflicht zur Anwendung der objektiv gebotenen Sorgfalt sind zivilrechtliche Haftungsbeschränkungen gegenüber bestimmten Personen durchaus vereinbar (sonst wäre jeder vertragliche Haftungsausschluss nichtig).[48] Der Widerspruch in einem beachtlichen Teil des Schrifttums gegen die BGH-Rspr. beruht auf dem auch bei den Instanzgerichten spürbaren Empfinden, dass der objektive **Sorgfaltsmaßstab des § 276** besonders bei gemeinschaftlichen Fahrten **unangemessen streng** ist:[49] Ein sehr leichtes Versehen hätte dem Geschädigten ebenso gut unterlaufen können; und das haftungsrechtliche Ergebnis darf auch hier nicht davon abhängen, welcher Ehegatte auf der gemeinsamen Unglücksfahrt zufällig am Steuer saß. Entsprechend den im Arbeitsrecht anerkannten, dort auch auf den Kraftverkehr angewendeten Regeln über **schadensgeneigte Tätigkeiten** ist die Verantwortlichkeit für leichteste Fahrlässigkeit daher – unter Erhaltung sämtlicher Versicherungsansprüche[50] (insoweit ist § 1359 konkludent abbedungen) – im Innenverhältnis unter den Eheleuten auszuschließen bzw. für leichte zu mindern.[51] 19

---

1971, 218; *Rother,* Haftungsbeschränkungen im Schadensrecht, 1965, 193 f.; insbes. *Böhmer* in zahlreichen Veröffentlichungen, zuletzt JR 1967, 56; 1969, 54. Als richterliche Rechtsfortbildung hingenommen von *Gernhuber/Coester-Waltjen* FamR § 22 I 3; Staudinger/*Voppel,* 2018, Rn. 23, 18; ebenso BGH NJW 1992, 1227 (1228) aE, falls anstelle des schädigenden Ehegatten gemäß Art. 34 GG der Staat haftet. – Anders OLG Hamburg VersR 1958, 809 f.; OLG Bremen VersR 1964, 644; *Stoll* FamRZ 1962, 64 (65); krit. auch *Medicus/Petersen* BürgerlR Rn. 930; *Brandenburg* JuS 1974, 20.

39 BGH NJW 2009, 1875.

40 BGHZ 63, 51 (59) = NJW 1974, 2124.

41 BGHZ 35, 317 (323 f.) = NJW 1961, 1966; OLG Frankfurt NJW 1971, 1993. Kein Rückgriff gegen den nichtversicherten Ehegatten persönlich, vgl. zur Luftfahrt BGH LM § 708 Nr. 1a = JZ 1972, 88; *Brandenburg* JuS 1974, 16 ff. Der Anspruch des geschädigten Ehegatten gegen den Zweitschädiger muss von vornherein gekürzt werden um den nach § 254 auf den mitschuldigen Ehepartner entfallenden Tatbeitrag; zur Aufspaltung der Gesamtschuld in Fällen dieser Art *Wacke* AcP 170 (1970), 42 ff. (67 ff.); *Gernhuber/Coester-Waltjen* FamR § 22 I 4; anders bei § 1664, für ungekürzte Haftung des Zweitschädigers, BGHZ 103, 338 (348 f.). Keine Kürzung bei Haftpflichtversicherung des mitschuldigen Ehegatten; entgegen *Prölß* JuS 1966, 400.

42 BGHZ 103, 338 (344 ff.) = NJW 1988, 2667 = JR 1989 mAnm *Dunz* = JZ 1989, 45 mAnm *Herm. Lange.* Dazu *Medicus/Petersen* BürgerlR Rn. 932; *J. Hager* NJW 1989, 1640 ff.; *Christensen* MDR 1989, 948 ff.: *Sundermann* JZ 1989, 927 ff.; *Muscheler* JR 1994, 441 ff.

43 BGHZ 103, 348 = NJW 1988, 2677.

44 Auf die sicher außerhäusliche Sportfliegerei wendet der BGH § 708 an (BGH JZ 1972, 88) und müsste folglich auch § 1359 anwenden. Auch in § 1357 ist der antiquierte Begriff „häuslicher Wirkungskreis" weggefallen (→ § 1357 Rn. 5, 17); krit. auch *Diederichsen* 25 Jahre Karlsruher Forum 1983, 143.

45 Vgl. *Larenz,* Methodenlehre der Rechtswissenschaft, 6. Aufl. 1991, 370 ff., 391 ff.

46 Vgl. Begr. RegE zu § 4 LPartG, BT-Drs. 14/3751, 37.

47 *Medicus/Petersen* BürgerlR Rn. 933 f. mwN.

48 *Medicus/Petersen* BürgerlR Rn. 930; zust. *Larenz* FS Westermann, 1974, 305. Die Gefahr, eine teilweise Haftungsfreistellung könnte den Begünstigten zur Sorglosigkeit verleiten, ist kaum begründet, soweit er sich selbst gefährden würde.

49 *Hartung* VersR 1970, 674.

50 Vgl. BGHZ 63, 51 (59) = NJW 1974, 2124.

51 Vgl. *Clauß* FamRZ 1959, 41 f.; *Stoll* JZ 1964, 63; *Deutsch* JuS 1967, 496; *Diederichsen* 25 Jahre Karlsruher Forum 1983, 144; abl. *Jayme,* Die Familie im Recht der unerlaubten Handlungen, 1971, 219 ff.; aA BeckOGK/*Erbarth* Rn. 53; offengelassen von BGHZ 43, 72 (77) = NJW 1965, 907; BGHZ 53, 352 (356) =

20 Eine besondere Beurteilung könnte gerechtfertigt sein, wenn es nicht um Verhaltensanforderungen geht, nämlich im Bereich der **Gefährdungshaftung.**[52] Jedoch trifft der spezielle Zeck der Gefährdungshaftung in erster Linie im Verhältnis zu Dritten zu, weniger auf die eigene Familie. Das zeigt auch der frühere § 8a StVG, der die unentgeltlich beförderten Insassen von der Halterhaftung ausnahm; allein die Tatsache, dass diese Vorschrift gestrichen wurde, taugt nicht als Begründung für den Ausschluss des § 1359. Es ist aber nach wie vor nicht gerechtfertigt, den Ehegatten als Fahrzeughalter haften zu lassen, wenn in seinem PKW der andere Ehegatte und die Kinder in den Urlaub fahren. Insoweit führt § 1359 nach der hier vertretenen Auffassung zu einem Ausschluss der Halterhaftung gegenüber dem Ehegatten.

21 **3. Weitere Schädiger; Regress.** Beim Zusammentreffen mit einem **Amtshaftungsanspruch** gegen einen zweiten Schädiger bleibt die Forderung gegen den mitverantwortlichen Ehegatten als anderweitige Ersatzmöglichkeit iSd § 839 Abs. 1 S. 2 unberücksichtigt.[53] Haben Dritte den verletzten Ehegatten entschädigt (§ 116 SGB X, § 6 EFZG, § 76 BBG), **hindert** sie der entsprechend anzuwendende § 86 Abs. 3 VVG **am Rückgriff gegen den Schädiger.**[54] Der Forderungsübergang ist ausgeschlossen bei jeder unvorsätzlichen Schädigung des mit ihm in häuslicher Gemeinschaft lebenden Ehepartners. Denn eine auf dem Regresswege auf den anderen Ehegatten zurückgeworfene Ersatzleistung wäre für die Familie wertlos; was ihr der Versicherer mit der einen Hand gegeben hat, darf er ihr nicht mit der anderen Hand nehmen. Zur analogen Anwendung auf nichtehelich Zusammenlebende → Anh. § 1302 Rn. 52. Zur gestörten Gesamtschuld → Rn. 17.

## VI. Beweislast

22 Der Geschädigte muss im Rahmen des § 823 eine Verletzung der im Verkehr erforderlichen Sorgfalt beweisen, der Schädiger, dass die von ihm beobachtete Sorgfalt hinter der eigenüblichen (und eigenmöglichen) nicht zurückblieb.[55] Die Tatsache der einmaligen **Selbstschädigung** durch das die Haftung auslösende Verhalten ist bestenfalls ein Indiz, aber kein Beweis für generelle Sorglosigkeit in eigenen Angelegenheiten.[56]

## § 1360 Verpflichtung zum Familienunterhalt

**[1]Die Ehegatten sind einander verpflichtet, durch ihre Arbeit und mit ihrem Vermögen die Familie angemessen zu unterhalten. [2]Ist einem Ehegatten die Haushaltsführung überlassen, so erfüllt er seine Verpflichtung, durch Arbeit zum Unterhalt der Familie beizutragen, in der Regel durch die Führung des Haushalts.**

**Schrifttum:** *Balthasar,* Die Pfändung des Taschengeldanspruchs des vermögenslosen Ehegatten, FamRZ 2005, 85; *Bodmann,* Die Pfändbarkeit des Taschengeldanspruchs des nicht erwerbstätigen Ehegatten, Diss. Göttingen 1981; *Braun,* Der Taschengeldanspruch des Ehegatten, AcP 195 (1995) 311; *Derleder,* Die Pfändung des Taschengeldanspruchs einkommens- und vermögensloser Ehegatten, JurBüro 1994, 129 und JurBüro 1994, 195; *Grziwotz,* Möglichkeiten und Grenzen von Vereinbarungen unter Ehegatten, MDR 1998, 1075; *Maurer,* Der pflegebedürftige Ehegatte im Familienunterhalt, FamRZ 2016, 1220; *Sauer/Maiendresch,* Zur Pfändung des Taschengeldanspruchs, FamRZ 1994, 1441; *Schacht,* Die Bewertung der Hausarbeit im Unterhaltsrecht, 1980.

**Übersicht**



NJW 1970, 1271; BGHZ 63, 51 (58 f.) = NJW 1974, 2124. Für „Stillhaltepflicht" während der Ehe Soergel/*Lipp* Rn. 8.

52 *Gernhuber/Coester-Waltjen* FamR § 22 I 2 Rn. 5 halten den Sinn der Gefährdungshaftung mit einer Sonderrolle der Ehegatten nicht für vereinbar.

53 So BGHZ 68, 217 = NJW 1977, 1238 f., gegen BGHZ 42, 176 (178) = NJW 1964, 1895; dazu krit. *Hartung* VersR 1970, 674 (675).

54 BGHZ 41, 79 (83 f.) = NJW 1964, 860; BGHZ 43, 72 (78 f.) = NJW 1965, 907; BGH FamRZ 1977, 35 (37) = NJW 1977, 108; Soergel/*Lipp* Rn. 10; *Dieckmann* FS Reinhardt, 1972, 54 ff., teilweise noch zu § 67 VVG aF.

55 Staudinger/*Voppel,* 2018, Rn. 28.

56 OLG Düsseldorf VersR 1959, 568; *Böhmer* JR 1964, 416; BeckOK BGB/*Hahn* Rn. 11; *Rother,* Haftungsbeschränkungen im Schadensrecht, 1965, 188 Anm. 3. Als generelle Schlussfolgerung dagegen zugelassen von RG Recht 1915, Nr. 506; Soergel/*Lange,* 12. Aufl. 1988, Rn. 11; *Wilts* VersR 1964, 455 (459).

## I. Normzweck (Überblick)

1 Bei der gegenseitigen Verpflichtung der Eheleute, ihre Familie angemessen zu unterhalten, handelt es sich um die bedeutsamste Ausprägung der ehelichen Grundpflicht zur Lebensgemeinschaft. Die Verantwortung für einander (§ 1353 Abs. 1 aE) impliziert vor allem die Pflicht, dem Ehepartner und den gemeinsamen Kindern beizustehen und sie zu unterstützen. Die konkrete Ausgestaltung dieser Pflicht bleibt seit der Aufgabe des bis 1977 vorgegebenen Leitbilds der Hausfrauenehe dem Einvernehmen der Ehegatten überlassen (§ 1356). Die einem Ehegatten einvernehmlich überlassene Haushaltsführung genügt nach S. 2 regelmäßig als dessen Beitrag zum Familienunterhalt. In den **§§ 1360–1361a** behandelt das Gesetz die gegenseitige Unterhaltspflicht bei **bestehender Ehe.** Dabei wird unterschieden, ob die Ehegatten in häuslicher Gemeinschaft (dazu §§ 1360–1360b) oder getrennt leben (dazu §§ 1361, 1361a, 1361b). § 1360 regelt die grundsätzlichen Voraussetzungen, § 1360a den Umfang der Unterhaltspflicht zusammenlebender Gatten. Unterhaltspflichten unter geschiedenen Gatten richten sich nach den §§ 1569 ff. Die Unterhaltsansprüche zwischen Eltern und Kindern sind in den §§ 1601 ff. geregelt.

## II. Grundsatz der Unterhaltspflicht (S. 1)

2 **1. Bestehende Ehegemeinschaft.** Die Unterhaltspflicht obliegt den **Ehegatten.** Voraussetzung ist eine bestehende Ehe. Die Ansprüche entstehen mit der Heirat nach § 1310 ff. und erlöschen mit der Auflösung der Ehe durch den Tod eines Gatten (§ 1360a Abs. 3, § 1615 Abs. 1; im Einzelnen → § 1360a Rn. 19; im Einzelnen → § 1615 Rn. 1 ff.), durch Scheidung (§§ 1569 ff.) oder die Aufhebung der Ehe (§§ 1313 ff.). Außerdem muss grundsätzlich eine **häusliche Gemeinschaft** bestehen. Getrennt lebende Ehegatten haben Unterhaltsansprüche nach § 1361, nicht nach § 1360, geschiedene nach §§ 1569 ff. § 1361 ist aber nur anwendbar, wenn die Ehegatten vollständig getrennt leben, wobei dieser Begriff mit demjenigen des § 1567 übereinstimmt.[1] § 1360 bleibt – ggf. modifiziert – anwendbar, wenn die Ehegatten, ohne die eheliche Lebensgemeinschaft abzulehnen – etwa aus beruflichen Gründen oder weil einer von ihnen in einem Pflegeheim aufgenommen worden ist[2] –, nicht oder nur eingeschränkt zusammenleben.[3]

3 **2. Wechselseitige Verpflichtung.** Die Unterhaltspflicht der Ehegatten richtet sich als wechselseitige gegeneinander.[4] Je nach den Umständen schuldet jeder Gatte dem anderen Unterhalt oder kann er von ihm Unterhalt verlangen. Zwischen den im Familieninteresse zu erbringenden gegensei-

---

1 BGH NJW 2016, 2122 Rn. 12 = FamRZ 2016, 1142 (1143).

2 OLG Köln NJW-RR 2010, 1301 = FamRZ 2010, 2076; OLG Nürnberg FamRZ 2008, 788 (789).

3 BGH NJW 2016, 2122 Rn. 14 = FamRZ 2016, 1142; Staudinger/*Voppel,* 2018, Rn. 12; BeckOGK/*Preisner* Rn. 116; NK-BGB/*Kaiser* Rn. 4; *Rauscher* FamR Rn. 308.

4 BGH NJW 2007, 139 Rn. 34 = FamRZ 2006, 1827; vgl. auch Staudinger/*Voppel,* 2018, Rn. 9.

tigen Unterhaltsbeiträgen besteht keine synallagmatische Verknüpfung.[5] Die Nichterbringung des dem einen Teil obliegenden Beitrags berechtigt den Partner nicht zur Aufrechnung oder Zurückbehaltung des erforderlichen eigenen Beitrags. Muss ein Ehegatte mehr leisten, weil sich der Partner seiner Unterhaltspflicht entzieht, kann er ggf. gegen ihn Regress nehmen (→ § 1360b Rn. 9). Zu leisten ist der Unterhalt dem Ehepartner (zur zweckentsprechenden Verwendung), nicht an eine gemeinsame Kasse.[6] Die Einrichtung einer besonderen Kasse oder eines Kontos für das Wirtschaftsgeld bleibt den Eheleuten überlassen. Für eine Unterhaltsberechtigung „der Familie" als solcher fehlt es an deren Rechtspersönlichkeit.

4 **3. Begrenzt disponibel.** Die Unterhaltspflicht bestimmt sich prinzipiell nach objektivem Recht und gilt herkömmlicherweise sogar als zwingend (aber → Rn. 21). Gebunden sind die Ehegatten besonders an den in § 1360a Abs. 1 festgelegten Umfang.[7] Damit legt das Gesetz aber nur einen weiten allgemeinen Rahmen fest; angesichts äußerst unterschiedlicher Lebensverhältnisse wäre dies auch nicht anders möglich. Die konkrete Ausgestaltung der Unterhaltsgewährung bleibt weitestgehend dem gegenseitigen Einvernehmen der Ehegatten überlassen (§ 1353 Abs. 1 S. 2, § 1356).[8] Diesbezügliche Regelungen ergeben sich meist nur aus den Umständen, insbesondere aus dem jeweiligen Ehetyp.

5 **4. Proportionalität und Leistungsfähigkeit.** Der von dem einzelnen Ehegatten zum Unterhalt beizusteuernde Anteil bestimmt sich nach dem Verhältnis, in dem seine Arbeitskraft und sein Vermögen zu Arbeitskraft und Vermögen seines Partners stehen.[9] Dieses Proportionalitätsprinzip ist ebenso wenig abdingbar wie der Grundsatz der Wechselbezüglichkeit der Unterhaltspflicht.[10] In der Doppelverdienerehe müssen beide Ehegatten sowohl finanzielle Beiträge leisten als sich auch die Haushaltsführung und Kindererziehung teilen. Bei gleich starker beruflicher Belastung müssen beide auch gleiche Anteile an der Hausarbeit übernehmen. Dabei muss nicht jede einzelne Arbeit aufgeteilt werden, sondern bei unterschiedlichen Verrichtungen nur die Gesamtbelastung gleich bleiben.[11] Der Betrag der Unterhaltspflicht kann unterschiedlich hoch sein, je nach Arbeitskraft und Vermögen des (oder der) Verpflichteten.[12] Wer nicht leistungsfähig ist, schuldet nichts. Anders als unter Verwandten (§ 1603 Abs. 1) entfällt die Unterhaltspflicht jedoch nicht schon mit der Gefährdung des eigenen angemessenen Unterhalts. Ehegatten müssen **alle verfügbaren Mittel** auch in Notfällen **gleichmäßig miteinander teilen** (und mit ihren minderjährigen unverheirateten und privilegierten volljährigen Kindern, § 1603 Abs. 2). Der für Verwandte sonst geltende Vorrang der angemessenen Selbsterhaltung vor der Fremderhaltung (§ 1603 Abs. 1) ist dem ehegemeinschaftlichen Prinzip fremd.[13] Die Selbsterhaltung begrenzt nicht die eheliche Unterhaltspflicht, sondern bestimmt nur das Rangverhältnis zum nächsten unterhaltspflichtigen Verwandten.[14] Ist der eigene angemessene Unterhalt des verpflichteten Ehegatten gefährdet, muss dessen Partner nach § 1608 S. 2 seine Verwandten in Anspruch nehmen[15] (→ Rn. 26). In besonders gelagerten Fällen kann es indessen gerechtfertigt sein, die Leistungsfähigkeit des Unterhaltspflichtigen auch beim Familienunterhalt als Anspruchsvoraussetzung anzusehen. Besteht bei einem Ehegatten, der seinerseits zu Familienunterhaltsleistungen nicht in der Lage ist, ein besonderer Mehrbedarf, insbesondere bei stationärer Pflegebedürftigkeit (Heim- und Pflegekosten), und würde bereits dadurch das gesamte Familieneinkommen verbraucht, so würden bei unbeschränkter Unterhaltspflicht des anderen Ehegatten der übrigen Familie die Mittel entzogen, die diese für den eigenen Lebensbedarf benötigt. Unter solchen Umstän-

---

5 Teilweise aA *Ramm* FamR, 1985, § 22 I 5b m. Fn. 4 für die kinderlose „partnerschaftliche Erwerbstätigenehe".

6 OLG München FamRZ 1982, 801.

7 Zwingend zB bezüglich Eigenheimkosten in ihrer Abgrenzung zu Vermögensanlageaufwendungen (→ § 1361a Rn. 7); BGH NJW 1985, 49 = FamRZ 1984, 980 (981) = VersR 1984, 961.

8 Vgl. BAG NJW 1987, 461 = FamRZ 1986, 573 f.; BGHZ 77, 157 (162) = NJW 1980, 2196.

9 BGHZ 186, 350 Rn. 40 = NJW 2010, 3161 = FamRZ 2010, 1535; BGH NJW 2004, 674 = FamRZ 2004, 366 (368).

10 Vgl. *Gernhuber* FamRZ 1979, 198 re. Sp.

11 Vgl. OLG Bamberg FamRZ 1983, 914 f.; auch BSG FamRZ 1977, 641 f.; *Schacht*, Die Bewertung der Hausarbeit im Unterhaltsrecht, 1980, 37 f.

12 Vgl. BGHZ 186, 350 Rn. 40 = NJW 2010, 3161 = FamRZ 2010, 1535; BGH NJW 2004, 674 = FamRZ 2004, 366 (368). Beiderseits erwerbstätige Ehegatten haben grds. nach dem Verhältnis ihrer Nettoeinkommen zum Familienunterhalt beizutragen.

13 BGH NJW 2006, 2404 Rn. 36 = FamRZ 2006, 1010 (1014); BVerfG NJW 1984, 1523 = FamRZ 1984, 346 (350); bestr., zum Meinungsstand OLG Köln NJW-RR 2010, 1301 = FamRZ 2010, 2076.

14 Staudinger/*Voppel*, 2018, Rn. 15, 15a; Soergel/*Leiß* Rn. 13 f.

15 Staudinger/*Voppel*, 2018, Rn. 15a zuzüglich eines Barbetrags für die Bedürfnisse des täglichen Lebens; Palandt/*Brudermüller* Rn. 3.

den muss dem Unterhaltspflichtigen im Unterschied zu dem Fall des häuslichen Zusammenlebens auch beim Familienunterhalt der angemessene eigene Unterhalt als Selbstbehalt belassen werden.[16]

**5. Bedürftigkeit.** Der aus § 1360 berechtigte Ehegatte braucht nicht bedürftig zu sein[17] (im Gegensatz zu Verwandten nach § 1602 Abs. 1). Auch wegen sittlichen Verschuldens beschränkt sich der Anspruch nicht auf den notdürftigen Unterhalt; § 1611 ist auf den Ehegatten nicht anwendbar (vgl. § 1360a Abs. 3). Selbstverschuldete Bedürftigkeit oder schwere Verfehlungen gegen den Partner führen nicht zur Herabsetzung des Unterhaltsanspruchs, solange die Gatten zusammenleben (bei Getrenntleben s. § 1361 Abs. 3; → § 1361 Rn. 64 ff.). Ausnahmsweise kann der Bedarf konkret zu ermitteln sein, wenn der Familienunterhalt, wie im Fall der stationären Unterbringung eine Ehegatten in einem Pflegeheim, als Geldrente zu leisten ist. Dann bestimmen die angemessenen Heimkosten zuzüglich eines Barbetrags für die Bedürfnisse des täglichen Lebens den Bedarf.[18] 6

**6. Familienunterhalt.** Die aus § 1360 folgende Verpflichtung ist seit dem GleichberG auf den Unterhalt der Familie gerichtet. Der Familienunterhalt gilt **für alle Güterstände.** Er setzt sich zusammen aus dem Ehegattenunterhalt und dem ehelichen Aufwand iSd früheren Güterrechts. Das Unterhaltsrechtsänderungsgesetz vom 21.12.2007 (BGBl. 2007 I S. 3189) hat den Familienunterhalt unberührt gelassen. Aus der Begründung wird jedoch erkennbar, dass die Haushaltsführungsehe als der sozialen Wirklichkeit nicht mehr entsprechend angesehen wird. Wegen des angemessenen Umfangs des Familienunterhalts s. § 1360a (→ § 1360a Rn. 1 ff.). 7

**7. Kindesunterhalt.** Den Unterhalt für die **gemeinsamen Kinder** kann ein Elternteil vom andern kraft eigenen Rechts verlangen, denn der Familienunterhalt umfasst auch die Befriedigung des Lebensbedarfs der gemeinsamen unterhaltsberechtigten Kinder (§ 1360a Abs. 1).[19] Eine Mindermeinung folgert aus § 1360 auch eigene Ansprüche der Kinder.[20] Diese Ansicht entspricht aber nicht der gesetzlichen Systematik. Die §§ 1353 ff. behandeln nur die sich aus der ehelichen Lebensgemeinschaft ergebenden Rechte und Pflichten der Gatten gegeneinander; eine mittelbare Begünstigung der gemeinsamen Kinder durch solche eigenen Rechte eines Elternteils ist damit vereinbar. Eigene Unterhaltsansprüche der Kinder gegen ihre Eltern sind dagegen in den §§ 1601 ff. gesondert geregelt. Sie bestehen neben dem wechselseitigen Anspruch der Eltern auf Gewährung von Familienunterhalt. Soweit das Kind in der Familie lebt und die Eltern beiderseits ihrer Pflicht zur Leistung des Familienunterhalts nachgekommen sind, wird der nach den §§ 1601 ff. bestehende Anspruch erfüllt.[21] 8

**8. Rangordnung der Unterhaltsquellen.** Zu erfüllen ist die Unterhaltspflicht nach § 1360 aus den **Arbeitseinkünften** und dem **Vermögen.** Diese Aufzählung ist nicht erschöpfend. Eine Verpflichtung zur **Kreditaufnahme** besteht aber allenfalls in besonders gelagerten Einzelfällen, etwa wenn sich ein unabweisbarer Sonderbedarf ergibt, nicht dagegen, um dem Wunsch eines Ehegatten nach einem höheren Lebensstandard zu entsprechen.[22] Eine Reihenfolge, nach der die Unterhaltsquellen heranzuziehen sind, schreibt das Gesetz nicht vor. (Nur bei Gütergemeinschaft legt § 1420 die Reihenfolge der zum Familienunterhalt zu verwendenden Vermögensmassen fest.) Die Eheleute müssen sich über eine Reihenfolge unter Berücksichtigung ihrer Vermögensverhältnisse verständigen. Hinsichtlich der Aufgabenverteilung – Erwerbstätigkeit und Haushaltsführung – wird herkömmlich zwischen den folgenden **Ehetypen** unterschieden: Haushaltsführungs-/Alleinverdienerehe, Doppelverdienerehe und Zuverdienstehe.[23] In der sozialen Wirklichkeit entscheiden sich Ehegatten allerdings zumeist nicht mehr auf Dauer für die Alleinverdienerehe, vielmehr wird dieser 9

16 BGH NJW 2016, 2122 Rn. 22 = FamRZ 2016, 1142 (1143); OLG Koblenz FamRZ 2017, 2016 Ls.; Palandt/*Brudermüller* § 1360a Rn. 1; krit. *Schürmann* FamRZ 2017, 937 (948 f.); aA bzgl. des dem Unterhaltspflichtigen zu belassenden Selbstbehalts *Maurer* FamRZ 2016, 1220: nur notwendiger Selbstbehalt.

17 BGH FamRZ 1966, 138 (139) = BeckRS 1965 30381431; BAG NJW 1987, 461 = FamRZ 1986, 573 f.; Soergel/*Lange* Rn. 11; *Dölle* FamR I § 36 A II 1a.

18 BGH NJW 2016, 2122 Rn. 18 = FamRZ 2016, 1142 (1143); NJW 2013, 301 Rn. 15 ff. = FamRZ 2013, 203 (204).

19 BGH NJW 2016, 2122 Rn. 17 = FamRZ 2016, 1142 (1143); NJW 1997, 735 = FamRZ 1997, 281; Staudinger/*Voppel*, 2018, Rn. 11, 53; *Bäumel* in Göppinger/Wax UnterhaltsR Rn. 925 f.; Erman/*Kroll-Ludwigs* § 1360a Rn. 2.

20 So *Schrade* FamRZ 1957, 342 (347); *Gernhuber/Coester-Waltjen* FamR § 21 Rn. 2 f. gliedern den Anspruch auf Familienunterhalt in mehrere individuelle, aber „kollektiv formierte" Ansprüche auf. Den Anspruch der Kinder mache ein Ehegatte im eigenen Namen als Prozessstandschafter geltend.

21 BGH NJW 1997, 735 = FamRZ 1997, 281.

22 Staudinger/*Voppel*, 2018, Rn. 47; *Rauscher* FamR Rn. 315; *Gernhuber/Coester-Waltjen* FamR § 21 Rn. 8; aA Soergel/*Lange* Rn. 13.

23 Staudinger/*Voppel*, 2018, Rn. 20 ff.

Ehetyp überwiegend nur phasenweise gewählt, zB um einem Ehegatten die Kinderbetreuung zu ermöglichen, aber auch wegen der Situation auf dem Arbeitsmarkt.[24] Von wem und in welcher Weise der Familienunterhalt aufzubringen ist, richtet sich nach der Aufgabenverteilung in dem zu beurteilenden Zeitraum (§ 1360a Abs. 2 S. 1). Bei fehlender Einigung der Eheleute lassen sich folgende Grundsätze aufstellen:

10 **9. Vermögenserträge.** Ein über ausreichendes Vermögen verfügender Ehegatte kann den geschuldeten Unterhalt aus den Vermögenserträgen bestreiten und ist insoweit nicht zu einer Erwerbstätigkeit verpflichtet.[25] Bei zulänglichem Vermögen kann auch die einem Ehegatten obliegende Haushaltsführung bezahlten Hausangestellten überlassen werden, soweit dies nicht die Belange des anderen Ehegatten und der Kinder beeinträchtigt (Rechtsgedanke des § 1356 Abs. 2). Ist nur *ein* Ehegatte vermögend, so muss der vermögenslose Partner seine Arbeitskraft zum Familienunterhalt beisteuern; denn es widerspräche dem sittlichen Wesen der Ehe, wenn ein Teil gar nicht zum Unterhalt beitrüge. Selbst wenn das Vermögen des ersteren zum Unterhalt der ganzen Familie ausreichen würde, darf der Partner nicht auf den Einsatz seiner Arbeitskraft verzichten; zumindest muss er die Haushaltsführung übernehmen.

11 **10. Vermögensstamm.** Der Einsatz des Vermögens für den Familienunterhalt ist gesetzlich ausdrücklich vorgesehen; er entfällt nur dann, wenn die Verwertung unwirtschaftlich oder unter Berücksichtigung der beiderseitigen wirtschaftlichen Verhältnisse unbillig wäre.[26] Im Übrigen darf ein Ehegatte nur dann von einer Erwerbstätigkeit absehen und den Partner bei unzureichenden Erträgen auf die Verwertung seines Vermögensstammes verweisen, wenn dies den Verhältnissen der Ehegatten entspricht (so die sachgerechte Lösung des früheren § 1360 S. 2 Hs. 2 idF des GleichberG vom 18.6.1957, BGBl. 1957 I S. 609). Dies trifft vor allem auf ältere Ehepaare zu, die sich zur Ruhe gesetzt haben. Bei jüngeren Ehegatten kommt eine Verwertung auch des eigenen Vermögensstammes nicht in Betracht, soweit aus ihm beide Partner im Alter unterhalten werden müssen. Die Unterhaltspflicht umfasst nämlich auch eine Altersversorgung für den nicht berufstätigen Ehegatten (→ § 1360a Rn. 5 aE).

12 **11. Erwerbstätigkeit.** Bei unzureichenden Vermögenseinkünften müssen die Eheleute die Mittel für den Familienunterhalt durch Arbeit aufbringen. Wie sie das im Einzelnen gestalten, regeln beide im gegenseitigen Einvernehmen (§ 1356 Abs. 1 S. 1; → Rn. 9). Allerdings kann diese **Gestaltungsfreiheit** nur im Verhältnis der Ehegatten zueinander Geltung beanspruchen. Unterhaltsrechtlich entlastet die Übernahme der Haushaltsführung den Ehegatten nur gegenüber den Mitgliedern der Familie, denen diese Leistung zugute kommt, nicht dagegen gegenüber anderen Unterhaltsberechtigten. Kinder iSd § 1603 Abs. 2 S. 1 und 2 aus einer früheren Verbindung stehen denjenigen aus der gegenwärtigen Ehe aber im Rang gleich (§ 1609 Nr. 1), ebenso können die ein Kind betreuenden Elternteile gleichrangig sein (§ 1609 Nr. 2). Da die gewählte **Funktionsteilung** nicht zu Lasten vorrangiger oder gleichrangiger, außerhalb des Haushalts stehender Berechtigter gehen darf, kann diesen gegenüber eine **Erwerbsobliegenheit** bestehen. Der neue Ehegatte des Unterhaltspflichtigen hat die Erfüllung dieser Obliegenheit, die etwa die Aufnahme einer Nebentätigkeit erfordern kann, zu ermöglichen (§ 1356 Abs. 2).[27] Ein nach der Funktionsteilung erwerbstätiger Ehegatte muss seine Arbeitskraft voll einsetzen und bestrebt sein, das nach seiner Ausbildung und seinen Fähigkeiten mögliche Einkommen zu erzielen.[28] Zu einer geringer bezahlten, wenngleich angenehmeren Tätigkeit darf er nicht willkürlich wechseln. Kündigen darf er nicht von sich aus; Kündigungen der Arbeitgeberseite muss er, soweit zumutbar, mit den Behelfen des KSchG und BetrVG entgegentreten.[29] Bei Aufgabe des Arbeitsplatzes zwecks (Zweit-)Ausbildung zu einem anderen Beruf, die gegen den Willen des Partners und ohne Rücksicht auf eine hierdurch eintretende Bedürftigkeit erfolgt, ist dem Ehegatten der Abbruch der Ausbildung auch im fortgeschrittenen Stadium zuzumuten.[30] Die Grundrechte des Unterhaltspflichtigen auf freie Berufswahl und Entfaltung seiner Persönlichkeit (Art. 12 und 2 GG) müssen zurücktreten gegenüber seiner höherwertigen, aus Art. 6 Abs. 2 GG resultierenden unterhaltsrechtlichen Verantwortung für seine Familie.[31] Berufli-

[24] Vgl. auch *Bömelburg* in Wendl/Dose UnterhaltsR § 3 Rn. 15.
[25] Staudinger/*Voppel,* 2018, Rn. 49.
[26] OLG Nürnberg FamRZ 2008, 788 (789) zur Verpflichtung eines krankheitsbedingt in einem Heim lebenden Ehegatten zur Leistung von Familienunterhalt aus seinem Vermögensstamm.
[27] BGH NJW 2007, 139 Rn. 17 f. = FamRZ 2006, 1827; Staudinger/*Voppel,* 2018, Rn. 27 f.
[28] AA nur AK-BGB/*Derleder* Rn. 3.
[29] OLG Frankfurt FamRZ 1983, 392 f.
[30] BGH NJW 1981, 1609 = FamRZ 1981, 539 f.; NJW 1983, 814 = FamRZ 1983, 140 f. zu § 1360; einschr. NK-BGB/*Kaiser* Rn. 24: angemessene Ausbildung habe Vorrang vor den Unterhaltsansprüchen.
[31] BGH NJW 1983, 814 = FamRZ 1983, 140 f.

che Veränderungen mit zeitweiliger Einkommensminderung können jedoch im gemeinsamen Lebensplan angelegt sein (ein angestellter Mediziner lässt sich als praktischer Arzt nieder: → § 1361 Rn. 22). Haben Eheleute vereinbart, dass einer von ihnen zunächst sein **Studium** abschließen soll, dann ist der Studierende so lange von Unterhaltspflichten befreit; der andere hat auch ihn zu unterhalten und dessen Ausbildungskosten mit zu tragen.[32] Hindert in diesem Fall ein unvorhergesehenes Ereignis (wie eine Geburt) den unterhaltspflichtigen Gatten an weiterer Erwerbstätigkeit, so ist bei der Frage, ob der Studierende deswegen seine Ausbildung abbrechen muss, abzuwägen zwischen Art, Dauer und Ziel der Ausbildung einerseits und den Belangen der Unterhaltsgläubiger andererseits; aus dieser Abwägung kann sich die Unzumutbarkeit des Abbruchs ergeben, insbesondere bei schon weit fortgeschrittener Ausbildung.[33] Wegen der Pflicht zu weitestgehender Rücksichtnahme auf die Partnerbelange muss jeder Ehegatte jedoch bei veränderten Umständen grundsätzlich in eine zumutbare Änderung früherer Regelungen einwilligen.[34]

**12. Berufswechsel zwecks Einkommenssteigerung.** Wer in seinem erlernten Beruf genü- 13
gend verdient, ist nicht zum Berufswechsel oder zur Leistung von Überstunden verpflichtet, um den Lebensstandard der Familie zu erhöhen oder kostspielige Anschaffungen zu ermöglichen.[35] Wer im gegenwärtigen Beruf kein zum Familienunterhalt ausreichendes Einkommen erzielt, muss jedoch – unter Umständen nach einer Umschulung – den Beruf wechseln, soweit ihm dies möglich und zumutbar ist.[36] Wer gleichwohl einen möglichen und zumutbaren Wechsel zu besseren Verdienstchancen unterlässt, schuldet Unterhalt in Höhe des erzielbaren Einkommens[37] (trotz geringer Vollstreckungsaussichten von Bedeutung für § 1613 und § 170 StGB). Die Ehefrau ist zu einer Erwerbstätigkeit nach dem Wegfall des früheren § 1360 S. 2 Hs. 2 nicht mehr nur subsidiär bei unzulänglichen Arbeitseinkünften des Mannes oder Vermögenserträgnissen der Ehegatten verpflichtet. Einem nicht berufstätigen Ehegatten ist solchenfalls darum die zusätzliche Aufnahme einer sich anbietenden und seinen Fähigkeiten entsprechenden Erwerbstätigkeit eher zuzumuten als dem bereits berufstätigen Partner ein schwieriger, unter Umständen eine Umschulung voraussetzender Berufswechsel. Dies gilt nicht, soweit die häusliche Anwesenheit dieses Elternteils zur Betreuung minderjähriger Kinder erforderlich ist (Rechtsgedanke des § 1356 Abs. 2 S. 2).

**13. Partnerschaftliche Mitarbeit.** Auch eine nicht vergütete Mitarbeit im Geschäft oder auf 14
dem Hof des Partners erfüllt die Unterhaltspflicht.[38] Das gleiche kann – zumindest teilweise – für die unentgeltliche Überlassung eines Vermögensgegenstands (Grundstücks) für den Betrieb des Ehegatten gelten.

### III. Unterhaltsleistung durch Haushaltsführung (S. 2)

**1. Keine Ergänzungspflicht.** Die einem Ehegatten übertragene Haushaltsführung ist ein der 15
Unterhaltsgewährung aus Erwerbstätigkeit oder Vermögen gleichwertiger und nicht ergänzungsbedürftiger Beitrag zum Familienunterhalt.[39] Nach § 1360 S. 2 bedeutet die Haushaltsführung im Verhältnis zur Erwerbstätigkeit des anderen Ehegatten die volle Erfüllung der Unterhaltspflicht;[40] eine Bewertung findet zwischen den Ehegatten insofern nicht statt. Zur Aufnahme einer Erwerbstätigkeit ist der haushaltführende Ehegatte deshalb grundsätzlich nicht verpflichtet.[41] Ob er aus seinem Vermögen zum Unterhalt der Familie beizutragen hat, ist nach dem Grundsatz der Proportionalität (→ Rn. 5) zu entscheiden. Die Gleichstellung des § 1360 S. 2 von Unterhaltsleistung durch Haushaltsführung und durch Arbeit gilt nur bezogen hierauf.[42]

---

32 BGH NJW 1985, 803 = MDR 1985, 473.

33 BGH NJW 1983, 814 = FamRZ 1983, 140 f. = MDR 1983, 474.

34 *Gernhuber/Coester-Waltjen* FamR § 21 I 7; *Gernhuber/Coester-Waltjen* FamR § 18 III 5; ausf. *Hepting* Ehevereinbarungen 89 ff. und passim (Reg. „Ehepflicht zur Änderung").

35 Staudinger/*Voppel,* 2018, Rn. 38; Soergel/*Leiß* Rn. 39.

36 Staudinger/*Voppel,* 2018, Rn. 39; *Bömelburg* in Wendl/Dose UnterhaltsR § 3 Rn. 20.

37 BGH NJW-RR 1987, 706 = FamRZ 1987, 930 (932); NJW-RR 1987, 770 = FamRZ 1987, 372 (374); Staudinger/*Voppel,* 2018, Rn. 40; *Bömelburg* in Wendl/Dose UnterhaltsR § 3 Rn. 24.

38 BGHZ 77, 157 (160 ff.) = NJW 1980, 2196 = FamRZ 1980, 776 (777); Staudinger/*Voppel,* 2018, Rn. 42; Soergel/*Leiß* Rn. 40.

39 Begr. zum 1. EheRG, BT-Drs. 7/650, 99.

40 BGH NJW 1980, 1947 = FamRZ 1980, 873 (874); Soergel/*Leiß* Rn. 44.

41 BGH NJW 1980, 2196 = MDR 1980, 924 (925); Staudinger/*Voppel,* 2018, Rn. 25; *Bömelburg* in Wendl/Dose UnterhaltsR § 3 Rn. 21; für eine Teilerwerbsobliegenheit, wenn keine Kinder zu betreuen sind und die Finanzierung des gewählten Lebenszuschnitts übermäßige Anstrengungen des anderen Ehegatten erfordern würde, *Rauscher* FamR Rn. 318.

42 Staudinger/*Voppel,* 2018, Rn. 25; *Rauscher* FamR Rn. 317.

16 **2. Pflicht zur Mithilfe im Haushalt.** Eine Pflicht zur Mithilfe im Haushalt ist für den Ehegatten, der seinen Unterhaltsbeitrag vereinbarungsgemäß primär durch eine Erwerbstätigkeit leistet, nicht ausdrücklich geregelt. Sie ist aber aus der Generalklausel des § 1353 zu folgern.[43] Sind beide Ehegatten berufstätig, müssen sie die Hausarbeit entsprechend der beruflichen Belastung aufteilen;[44] Ausmaß und Art und Weise lassen sich nicht allgemein, sondern nur nach den Umständen bestimmen. Im Haushalt mithelfen muss vor allem ein Ehepartner, der den Familienunterhalt ohne gegenwärtigen Arbeitseinsatz aus seinem Vermögen oder einer Altersversorgung bestreitet: Die Frau eines Rentners oder Pensionärs kann verlangen, dass er sie im Alter anteilig entlastet.

17 **3. Noterwerbstätigkeit.** In Notfällen kann auch für den bisher nur den Haushalt führenden Ehegatten die Verpflichtung bestehen, statt dessen oder zusätzlich eine Erwerbstätigkeit aufzunehmen, insbesondere wenn die Arbeitskraft des anderen und die Vermögenseinkünfte beider Gatten zum Familienunterhalt nicht (mehr) ausreichen. Eine solche Verpflichtung muss jedoch mit Rücksicht auf den aus § 1360 S. 2 folgenden Vertrauensschutz die Ausnahme bleiben. Eine Erwerbspflicht besteht deshalb nicht bereits, wenn allein ein höherer Lebensstandard erreicht werden soll.[45]

18 **4. Zusätzliche Erwerbstätigkeit.** Ist der den Haushalt betreuende Ehegatte zusätzlich erwerbstätig, ist zu unterscheiden: Wenn und soweit das zusätzliche Erwerbseinkommen für den Familienunterhalt benötigt wird, ist der zuverdienende Ehegatte auch mit diesem Einkommen unterhaltspflichtig; sein Anteil am Familienunterhalt kann aber wertend zu verändern sein, falls die Beanspruchung des einen Ehegatten insgesamt die des anderen erheblich übersteigt. Wird das Erwerbseinkommen zum Familienunterhalt ganz oder teilweise nicht gebraucht, zB weil es zum Teil zur Vermögensbildung verwendet wird, kann der zuverdienende Ehegatte den nicht benötigten Teil für sich beanspruchen.[46] Zum Taschengeldanspruch in der Zuverdienerehe → § 1360a Rn. 6, 16 aE.

19 **5. Deliktsrechtliche Auswirkungen auf die §§ 844, 845. a) Tötung oder Verletzung des haushaltführenden Ehegatten.** Wird der **haushaltführende Ehegatte** durch einen Dritten **getötet,** so ist der andere Ehegatte nicht nach § 845 ersatzberechtigt, da eine Dienstleistungspflicht ihm gegenüber – seit der Qualifizierung der Haushaltsführung als Unterhaltsbeitrag – nicht (mehr) besteht.[47] Der überlebende Ehegatte hat vielmehr einen Ersatzanspruch nach § 844 Abs. 2, der sich konkret nach den Kosten einer vergleichbaren Ersatzkraft für die Haushaltsführung bemisst (→ 7. Aufl. 2017, § 844 Rn. 63 ff.).[48] Die Gleichstellung von Haushaltsführung und Erwerbstätigkeit gilt nur im Verhältnis der Ehegatten zueinander. Wird der haushaltführende Ehegatte **verletzt,** so erwirbt er selbst einen Ersatzanspruch gegen den Schädiger.[49] Der Anspruch ist insoweit – anders als derjenige nach § 844 Abs. 2 – nach dem Wert der ohne die Verletzung tatsächlich erbrachten Arbeitsleistung zu bemessen (→ 7. Aufl. 2017, §§ 842, 843 Rn. 50 ff.).[50] Die Kosten einer etwaigen Ersatzkraft bieten für die Schadenshöhe nur einen Anhalt (→ 7. Aufl. 2017, §§ 842, 843 Rn. 51).[51]

20 **b) Tötung oder Verletzung des mitarbeitenden Ehegatten.** Bei Tötung oder Verletzung des in Beruf oder Geschäft des Partners **mitarbeitenden Ehegatten** gilt nach dem BGH Entsprechendes:[52] Soweit diese Mitarbeit unterhaltsrechtlich geschuldet wird (→ § 1356 Rn. 20 f.), ist § 844 Abs. 2 anwendbar und der Ersatzanspruch dem überlebenden Partner des Getöteten zuzuerkennen, im Falle seiner Verletzung ihm selbst. Für § 845 verbleibt danach bei Tötung oder Verletzung eines Ehegatten auch in der „Mitarbeitsehe" kein Raum (sondern wegen § 1619 nur noch bei mitarbeitenden Kindern). Bei entgeltlicher Mitarbeit innerhalb eines Arbeits- oder Gesellschaftsvertrages haftet der Schädiger der Restfamilie des Getöteten danach ebenso wenig wie bei Tötung eines familienfremden Mitarbeiters.

---

43 Staudinger/*Voppel,* 2018, Rn. 35; *Bömelburg* in Wendl/Dose UnterhaltsR § 3 Rn. 16.

44 OLG Bamberg FamRZ 1983, 914 f.; auch BSG FamRZ 1977, 641 f.

45 Staudinger/*Voppel,* 2018, Rn. 46; *Bömelburg* in Wendl/Dose UnterhaltsR § 3 Rn. 21; *Bäumel* in Göppinger/Wax UnterhaltsR Rn. 895.

46 BGH NJW 2004, 674 = FamRZ 2004, 366 (368); NJW 2004, 677 = FamRZ 2004, 370 (372 f.); NJW-RR 2004, 793 = FamRZ 2004, 792 (797 f.); *Bömelburg* in Wendl/Dose UnterhaltsR § 3 Rn. 17; vgl. auch Staudinger/*Voppel,* 2018, Rn. 23.

47 (GSZ) BGHZ 50, 304 = NJW 1968, 1823.

48 BGHZ 51, 109 (111) = NJW 1969, 321; BGHZ 77, 157 (159) = NJW 1980, 2196; BGH NJW-RR 1990, 34 = FamRZ 1990, 31; Palandt/*Sprau* § 844 Rn. 11; krit. bzgl. der sich daraus ergebenden Einschränkung der Schadensbemessung *Rauscher* FamR Rn. 317 Fn. 290.

49 (GSZ) BGHZ 50, 304 (306) = NJW 1968, 1823.

50 BGH NJW 1974, 1651; Palandt/*Sprau* § 843 Rn. 8.

51 (GSZ) BGHZ 50, 304 = NJW 1968, 1823; BGHZ 51, 109 = NJW 1969, 321; BGH NJW 1974, 41.

52 BGHZ 59, 172 = NJW 1972, 2217 betr. Verletzung; BGHZ 77, 157 (160 ff.) = NJW 1980, 2196 = FamRZ 1980, 776 betr. Tötung; dazu zT krit. *Herm. Lange* FamRZ 1983, 1185 f.; auch *Lüke* AcP 178 (1978), 17.

## IV. Unterhaltsverträge

Die Eheleute können die aus §§ 1360 ff. folgende Unterhaltspflicht in Grenzen vertraglich festlegen oder ändern (→ Rn. 4; → Vor § 1601 Rn. 10).[53] Insbesondere können sie vereinbaren, sparsamer zu leben. Die Form des Ehevertrages (§ 1410) ist dafür nicht erforderlich. Eine vereinbarte Verringerung der Unterhaltspflicht darf Dritte nicht benachteiligen.[54] Ein Unterhaltsverzicht für die Zukunft ist nach § 1360a Abs. 3, § 1614 nichtig. Ein durch gegenseitiges Nachgeben abgeschlossener Unterhaltsvergleich stellt nicht unbedingt einen unzulässigen Unterhaltsverzicht dar. Vielmehr besteht für die Bemessung des Unterhalts ein Spielraum, innerhalb dessen interessengerechte, angemessene Regelungen vereinbart werden können. Nur eine Abrede, die unterhalb eines solchen Rahmens des angemessenen Unterhalts iSv §§ 1360, 1360a liegt, kann keinen Bestand haben[55] (→ § 1361 Rn. 51). Die vereinbarte Unterhaltshöhe muss auch die Kinder gebührend berücksichtigen und deren Recht auf eine den Verhältnissen entsprechende Ausbildung.[56] Bei vertraglicher Festlegung kann der Berechtigte auch für die Vergangenheit Unterhalt fordern, unabhängig von den Voraussetzungen der § 1360a Abs. 3, § 1613 Abs. 1. Unterhaltsverträge müssen überdies mit dem Wesen der Ehe vereinbar sein.[57] Abreden über die Unterhaltsgewährung in Form einer Geldrente bei bestehender häuslicher Gemeinschaft sind nicht stets unzulässig (→ § 1360a Rn. 14); wohl aber die Sicherung der Unterhaltspflicht durch eine Vertragsstrafe.[58] Doch kann aus Unterhaltsvereinbarungen generell nicht geklagt werden, soweit dabei über die Ausgestaltung der persönlichen Beziehungen inzident mitentschieden werden müsste.[59] Aus triftigen Gründen kann der Verpflichtete eine Unterhaltsvereinbarung überdies widerrufen, etwa bei Gefährdung seines eigenen Unterhalts oder wenn die Eheleute sich trennen.[60] Zu vertraglichen Erweiterungen der Unterhaltspflicht, besonders zugunsten von Stiefkindern → § 1360a Rn. 12. 21

## V. Eigenschaften des Unterhaltsanspruchs

**1. Pfändbarkeit; Taschengeld.** Eine Leistung an einen anderen als den Unterhaltsgläubiger wäre eine Inhaltsänderung des Unterhaltsanspruchs; darum ist dieser **nicht abtretbar** (§ 399)[61] und grundsätzlich **unpfändbar** (§ 851 ZPO). Auch die beschränkte Pfändbarkeit gemäß § 850b ZPO gilt nicht für den Anspruch aus § 1360[62] (wohl für den aus § 1361), denn der Unterhalt ist nicht durch Zahlung einer Geldrente, sondern in der durch die eheliche Lebensgemeinschaft gebotenen Weise zu leisten (vgl. § 1360a Abs. 2 S. 1). Die begrenzte Pfändbarkeit des zum Unterhalt gehörenden Anspruchs auf **Taschengeld** gemäß § 850b Abs. 1 Nr. 2, Abs. 2 ZPO ist mit der überwiegenden Ansicht zu bejahen.[63] Das Taschengeld stellt eine auf gesetzlicher Vorschrift beruhende Unterhaltsrente iSd § 850d Abs. 1 Nr. 1 ZPO dar, auch wenn es Teil des Familienunterhalts ist. Es handelt sich um einen nicht zweckgebundenen, bezifferbaren Baranspruch, da das Taschengeld dem Ehegatten zur Befriedigung seiner persönlichen Bedürfnisse nach eigenem Gutdünken gewährt wird.[64] Zur Höhe → § 1360a Rn. 6. Der Anspruch auf Taschengeld ist deshalb nicht gemäß § 850 Abs. 1 ZPO 22

---

53 RGZ 164, 65; Soergel/*Leiß* Rn. 20; Staudinger/*Voppel,* 2018, Rn. 55. Für stärkere Disponibilität *Hepting* Ehevereinbarungen 94 ff.; *Grziwotz* MDR 1998, 1075 (1080).

54 HessFG EFG 1998, 107 (108): keine Wirkung gegenüber Familienkasse.

55 BGH NJW 2015, 3715 Rn. 16 = FamRZ 2015, 2131 (2133).

56 Staudinger/*Voppel,* 2018, Rn. 55; *Rauscher* FamR Rn. 307.

57 *Dölle* FamR I § 36 A I 3.

58 RGZ 158, 294 (299 ff.).

59 *Hepting* Ehevereinbarungen 98 f.

60 Staudinger/*Voppel,* 2018, § 1360a Rn. 46 f.

61 LG München II NJW 1976, 1796 mwN.

62 Zu einer Ausnahme bei Sonderbedarf (Kosten der ärztlichen Behandlung), wenn wegen eines hieraus resultierenden Anspruchs des Arztes gepfändet wird, LG Frankenthal FamRZ 2001, 842; *Bömelburg* in Wendl/Dose UnterhaltsR § 3 Rn. 120.

63 Vgl. BGH NJW 2004, 2450 = FamRZ 2004, 1784; NJW 2004, 2452 = FamRZ 2004, 1279 f.; OLG Frankfurt FamRZ 2009, 703; 1991, 727; OLG Nürnberg FamRZ 1999, 505; OLG Stuttgart FamRZ 1997, 1494; OLG Köln FamRZ 1995, 309; OLG Celle NJW 1991, 1960; OLG Hamm NJW-RR 1990, 1224; eingehend OLG München FamRZ 1988, 1161 mwN; *Balthasar* FamRZ 2005, 85; *Foerste* NJW 2006, 2945; *Ackermann* FamRZ 1983, 520 (521); *Büttner* FamRZ 1994, 1433 (1439 ff.); Staudinger/*Voppel,* 2018, Rn. 71; Zöller/*Stöber* ZPO § 850b Rn. 18. Eine Pfändbarkeit verstößt nach BVerfG FamRZ 1986, 773 nicht gegen Art. 6 Abs. 1 GG. – Gegen Pfändbarkeit: LG Braunschweig Rpfleger 1997, 394; AG Dieburg FamRZ 1991, 729; *Bodmann,* Die Pfändbarkeit des Taschengeldanspruchs des nicht erwerbstätigen Ehegatten, 1981, 106 ff., 192 ff.; *Derleder* JurBüro 1994, 129; *Derleder* JurBüro 1994, 195 (198); MüKoZPO/*Smid* ZPO § 850b Rn. 7; vgl. auch *Haumer* FamRZ 1986, 193 (195) und *Braun* AcP 195 (1995), 311 (332 ff., 352 ff.); *Braun* NJW 2000, 97, bereits gegen Taschengeldanspruch als solchen.

64 BGH NJW 1998, 1553 = FamRZ 1998, 607 (608).

unpfändbar, sondern unterliegt unter den Voraussetzungen des § 850b Abs. 2 ZPO der Pfändung nach den für Arbeitseinkommen geltenden Vorschriften. Bei der Prüfung der nach § 850c Abs. 1 ZPO zu beachtenden Pfändungsfreigrenzen[65] ist auf den fiktiven betragsmäßigen Unterhaltsanspruch abzustellen. Das daraus zu entnehmende Taschengeld ist zu 7/10 (vgl. § 850c Abs. 2 ZPO)[66] pfändbar, wenn der fiktive Unterhaltsanspruch den Pfändungsfreibetrag insoweit übersteigt und die Voraussetzungen des § 850b Abs. 2 ZPO vorliegen, insbesondere wenn die Pfändung der Billigkeit entspricht.[67] Letzteres muss positiv feststehen; die Darlegungs- und Beweislast hierfür liegt beim Gläubiger.[68] Für die Beurteilung der Billigkeit sind neben der Höhe der Bezüge und derjenigen des dem Schuldner verbleibenden Betrages vor allem Art und Umstände der Entstehung der beizutreibenden Forderung von Bedeutung. Kommt die Pfändung eines Taschengeldanspruchs in Betracht, so hat der Schuldner in dem nach § 807 Abs. 1 ZPO vorzulegenden Vermögensverzeichnis auch die ihm möglichen Angaben zur Höhe des Einkommens seines Ehegatten zu machen.[69] Ein etwaiger Zuverdienst des Schuldners mindert (auch wenn gemäß § 850c ZPO unpfändbar) allerdings seinen Anspruch auf Taschengeld, so dass ein solcher Anspruch nicht besteht, wenn der Eigenverdienst eines Ehegatten höher ist als sein Taschengeldbedarf.[70] Die Klage des Forderungspfandgläubigers gegen den Ehepartner als Drittschuldner ist Familiensache gemäß § 111 Nr. 8 FamFG.[71] Haften beide Ehegatten als Gesamtschuldner (wie aus Geschäften zur Deckung des familiären Bedarfs, § 1357), ist der geschilderte Weg entbehrlich.

23 **2. Pfändungsprivilegien.** Unterhaltsgläubiger genießen das Pfändungsprivileg aus § 850d ZPO. Umgekehrt erhöht sich der Betrag des unpfändbaren Arbeitseinkommens gemäß § 850c Abs. 1 S. 2 ZPO wegen der dem Vollstreckungsschuldner seinen Angehörigen gegenüber obliegenden Unterhaltspflichten. Dabei darf nicht der volle aus §§ 1360, 1360a resultierenden Betrag zugrunde gelegt werden, denn in diesem ist auch der eigene Unterhalt des Vollstreckungsschuldners enthalten. Hat eine nach dem Gesetz unterhaltsberechtigte Person allerdings eigene Einkünfte, so kann das Vollstreckungsgericht nach billigen Ermessen bestimmen, dass diese Person bei der Berechnung des unpfändbaren Teils des Arbeitseinkommens ganz oder teilweise unberücksichtigt bleibt (§ 850c Abs. 4 ZPO).[72]

24 **3. Insolvenz; Tod des Schuldners.** Im Insolvenzfall gilt: Bzgl. der Unterhaltsansprüche für die Zeit vor Eröffnung des Insolvenzverfahrens ist der unterhaltsberechtigte Ehegatte Insolvenzgläubiger iSd § 38 InsO; später entstehende Ansprüche richten sich grundsätzlich (anders soweit der Schuldner als Erbe des Unterhaltspflichtigen haftet) gegen des insolvenzfreie Vermögen des Schuldners.[73] Diesem sowie seiner Familie kann jedoch der notwendige Unterhalt aus der Insolvenzmasse (durch die Gläubigerversammlung bzw. den Insolvenzverwalter, § 100 Abs. 1 und 2 InsO) gewährt werden. Die bewilligte Unterstützung gehört zu den Masseverbindlichkeiten, die vorweg zu berichtigen sind (§ 55 Abs. 1 Nr. 1 InsO, § 53 InsO). Im Übrigen können sich die Unterhaltsgläubiger nur noch an das unpfändbare Arbeitseinkommen des Schuldners halten, denn nur insoweit ist die Zwangsvollstreckung auch in künftiges Einkommen zulässig (§ 89 Abs. 2 S. 2 InsO).[74] Vollstreckt werden kann in den Teil der Bezüge, der dem Zugriff anderer Gläubiger entzogen ist (nämlich in die Differenz zwischen den Pfändungsfreibeträgen des § 850c ZPO und dem notwendigen Unterhalt nach § 850d ZPO).[75] Unterhaltsansprüche des Ehegatten (auch des getrennt lebenden) erlöschen mit dem **Tode des Verpflichteten** ebenso wie Unterhaltsansprüche von Kindern (§ 1360a Abs. 3, § 1361 Abs. 4 S. 4, § 1615); doch bleibt diesen Unterhaltsberechtigten ihr Erbrecht, mindestens ihr Pflichtteilsrecht.

25 **4. Verjährung.** Unterhaltsansprüche verjähren in **drei Jahren,** gerechnet vom Schluss des Jahres an, in dem sie entstanden sind und der Gläubiger Kenntnis iSd § 199 Abs. 1 Nr. 2 erlangt hat

[65] Zur Frage, inwieweit Unterhaltsberechtigte bei der Berechnung des unpfändbaren Teils des Arbeitseinkommens des Schuldners unberücksichtigt bleiben, BGH NZI 2010, 578 Rn. 6 = FamRZ 2010, 123 (124).

[66] BGH NJW 2004, 2450 = FamRZ 2004, 1784 (1785); OLG Nürnberg FamRZ 1999, 505 (506).

[67] BGH NJW 2004, 2450 = FamRZ 2004, 1784 (1785 f.); OLG Stuttgart FamRZ 2002, 185 f.; OLG Hamm Rpfleger 2002, 161 f.; Staudinger/*Voppel,* 2018, Rn. 71; Palandt/*Brudermüller* § 1360a Rn. 4; *Balthasar* FamRZ 2005, 85 (86); aA *Vogel* in Göppinger/Wax UnterhaltsR Rn. 2614; *Sauer/Meiendresch* FamRZ 1994, 1441 (1448): Die Billigkeitsprüfung führt zur Unpfändbarkeit des Taschengeldanspruchs, soweit er – für sich gesehen – die Pfändungsfreigrenzen nicht übersteigt.

[68] BGH NJW 2004, 2450 = FamRZ 2004, 1784 (1786).

[69] BGH NJW 2004, 2452 = FamRZ 2004, 1279 (1280).

[70] BGH NJW 1998, 1553 = FamRZ 1998, 608.

[71] Staudinger/*Voppel,* 2018, Rn. 73.

[72] Vgl. hierzu BGH NZI 2010, 578 Rn. 6 = FamRZ 2010, 123 (124).

[73] *Häsemeyer,* Insolvenzrecht, 4. Aufl. 2007, Rn. 16.19.

[74] *Häsemeyer,* Insolvenzrecht, 4. Aufl. 2007, Rn. 14.20.

[75] *Häsemeyer,* Insolvenzrecht, 4. Aufl. 2007, Rn. 16.19 Fn. 57; zur Kritik *Uhlenbruck* FamRZ 1993, 1026 (1027 ff.); 1998, 1473.

oder hätte erlangen müssen; ohne Rücksicht auf die Kenntnis oder grob fahrlässige Unkenntnis in zehn Jahren (§§ 195, 197 Abs. 2, 199 Abs. 1, 4). Während bestehender Ehe ist die Verjährung gehemmt (§ 207 Abs. 1). Das Stammrecht auf Unterhalt verjährt nicht.

### VI. Verhältnis zum Verwandtenunterhalt

Ehegatten stehen einander näher als Verwandte. Der Ehepartner schuldet Unterhalt deshalb vor den Verwandten des Bedürftigen, § 1608 S. 1. Nur soweit der eigene angemessene Unterhalt des Ehepartners gefährdet ist, haften vor ihm die Verwandten des Bedürftigen (§ 1608 S. 2; → Rn. 5). Als Unterhaltsgläubigern kommt seit dem 1.1.2008 infolge der Neuregelung der Rangverhältnisse durch das Unterhaltsrechtsänderungsgesetz minderjährigen unverheirateten und privilegierten volljährigen Kindern der erste Rang zu (§ 1609 Nr. 1). Ehegatten stehen demgegenüber erst im 2. oder 3. Rang (§ 1609 Nr. 2 und 3; → § 1609 Rn. 10, 16 ff.)[76] und gehen den übrigen Verwandten vor (§ 1609 Nr. 4–7). Dem Anspruch auf Familienunterhalt kommt gegenüber demjenigen aus § 1615l kein Vorrang zu[77] 26

### VII. Verhältnis zum Unterhalt unter Getrenntlebenden und Geschiedenen

Der Anspruch auf Familienunterhalt ist mit demjenigen auf Trennungsunterhalt und auf nachehelichen Unterhalt nicht identisch.[78] Einem Unterhaltstitel aus §§ 1360 ff. ist nach der Scheidung daher mit der Vollstreckungsgegenantrag aus § 767 ZPO, nicht mit dem Abänderungsantrag nach §§ 238, 239 FamFG zu begegnen (→ § 1361 Rn. 81 aE). Dasselbe gilt für einen bei bestehender Lebensgemeinschaft ergangenen Titel nach vollzogener Trennung.[79] Leben Ehegatten nach einer Phase der Trennung für einen nicht nur vorübergehenden Zeitraum wieder in ehelicher Gemeinschaft zusammen, wird ein Anspruch auf Trennungsunterhalt durch einen Anspruch auf Familienunterhalt abgelöst.[80] 27

### VIII. Verfahrensrechtliches

Unterhaltsstreitigkeiten aus §§ 1360 ff. sind Familiensachen; ausschließlich zuständig ist das AG (§ 23a Abs. 1 Nr. 1, GVG, § 111 Nr. 8 FamFG). Bezüglich vermögenswerter Unterhaltsleistungen ist der Leistungsantrag gegeben, insbesondere für bezifferbare pekuniäre Ansprüche etwa auf Wirtschaftsgeld, Taschengeld oder auf einmalige Leistungen für persönliche Zwecke (zB Kosten einer ärztlichen Behandlung). Nur der Antrag auf Herstellung des ehelichen Lebens ist gegeben, wenn die Streitigkeit lediglich die nicht erzwingbare konkrete Ausgestaltung der ehelichen Lebensgemeinschaft in Zusammenhang mit der Unterhaltsgewährung betrifft, so etwa bei Streit um die ehegerechte Art und Weise der Erfüllung[81] oder bei Ansprüchen auf Wohnungsgewährung,[82] auf Haushaltsführung und Kinderbetreuung sowie auf Mitarbeit des haushaltsführenden Ehegatten im Familiennotstand (→ Rn. 17).[83] 28

## § 1360a Umfang der Unterhaltspflicht

**(1) Der angemessene Unterhalt der Familie umfasst alles, was nach den Verhältnissen der Ehegatten erforderlich ist, um die Kosten des Haushalts zu bestreiten und die persönlichen Bedürfnisse der Ehegatten und den Lebensbedarf der gemeinsamen unterhaltsberechtigten Kinder zu befriedigen.**

**(2) [1]Der Unterhalt ist in der Weise zu leisten, die durch die eheliche Lebensgemeinschaft geboten ist. [2]Die Ehegatten sind einander verpflichtet, die zum gemeinsamen Unterhalt der Familie erforderlichen Mittel für einen angemessenen Zeitraum im Voraus zur Verfügung zu stellen.**

**(3) Die für die Unterhaltspflicht der Verwandten geltenden Vorschriften der §§ 1613 bis 1615 sind entsprechend anzuwenden.**

---

[76] Zur Rechtslage bis zum 31.12.2007 → 5. Aufl. 2009, Rn. 28.
[77] KG FF 2015, 498.
[78] OLG Düsseldorf FamRZ 1992, 943; OLG Hamm FamRZ 1988, 947; OLG München FamRZ 1982, 1801; Staudinger/*Voppel*, 2018, Rn. 52; *Bömelburg* in Wendl/Dose UnterhaltsR § 3 Rn. 115.
[79] OLG Hamm FamRZ 1980, 249; OLG München FamRZ 1981, 450.
[80] OLG Hamm NJW-Spezial 2011, 228.
[81] RGZ 97, 286 (289 f.) zur Gewährung von Taschengeld in unwürdiger Weise.
[82] *Brühl* FamRZ 1957, 281 Fn. 34; OLG Hamm FamRZ 1966, 450; s. aber OLG Hamm FamRZ 1966, 449 (vollstreckbarer vermögensrechtlicher Anspruch, wenn es vor allem um Vermeidung von Obdachlosigkeit geht); Zöller/*Stöber* ZPO § 888 Rn. 17.
[83] Palandt/*Brudermüller* § 1356 Rn. 8.

**(4) [1]Ist ein Ehegatte nicht in der Lage, die Kosten eines Rechtsstreits zu tragen, der eine persönliche Angelegenheit betrifft, so ist der andere Ehegatte verpflichtet, ihm diese Kosten vorzuschießen, soweit dies der Billigkeit entspricht. [2]Das Gleiche gilt für die Kosten der Verteidigung in einem Strafverfahren, das gegen einen Ehegatten gerichtet ist.**

**Schrifttum (allgemein):** *Haumer,* Taschengeld unter Ehegatten, FamRZ 1996, 193.

**Schrifttum (zu Abs. 4 – Prozesskostenvorschuss):** S. bei § 1360; *Benkelberg,* Prozesskosten-„Vorschuss" und Rückzahlungspflicht, FuR 2003, 68; *Bißmaier,* Der Prozesskostenvorschuss in der familiengerichtlichen Praxis, FamRZ 2002, 863; *Caspary,* Der Anspruch auf Prozesskostenvorschuss, NJW 2005, 2577; *Kleinwegener,* Die Erstattung außergerichtlicher Kosten der Rechtsverfolgung durch den Unterhaltspflichtigen, FamRZ 1992, 755; *Knops,* Der Prozesskostenvorschuss in kostenrechtlicher Sicht, JurBüro 1992, 448; *Olzen,* Die Rückforderung von Prozesskostenvorschüssen unter Ehegatten, JR 1990, 1; *Pastor,* Prozesskostenvorschuss und Prozesskostentragung, Diss. Bonn 1962; *Pastor,* Die Prozesskostenvorschusspflicht der Ehegatten, FamRZ 1958, 298.

**Übersicht**



## I. Normzweck

1 § 1360a ist Ausführungsvorschrift zu § 1360. Die in § 1360 dem Grunde nach festgelegte Unterhaltspflicht umschreibt § 1360a Abs. 1 bezüglich des Umfangs sowie des Kreises der Empfänger näher. (→ Rn. 3 ff.). § 1360a Abs. 2 regelt die Art der Unterhaltsgewährung (→ Rn. 14 ff.). In Bezug auf die Unterhaltspflicht für die Vergangenheit, auf Verzicht und Erlöschen des Unterhaltsanspruchs verweist Abs. 3 auf die §§ 1613–1615 aus dem Verwandtenunterhaltsrecht (→ Rn. 19). § 1360a Abs. 4 rechnet zum Unterhalt schließlich die Pflicht, dem bedürftigen Ehepartner die Kosten eines Rechtsstreits über eine persönliche Angelegenheit vorzuschießen (→ Rn. 20 ff.).

## II. Umfang der Unterhaltspflicht und Kreis der Empfänger (Abs. 1)

2 **1. Grundsätze.** Der Unterhaltsanspruch nach §§ 1360, 1360a ist nicht ohne weiteres nach den zum Ehegattenunterhalt nach Trennung oder Scheidung entwickelten Grundsätzen zu bemessen. Er geht nach seiner Ausgestaltung nicht auf Gewährung einer – frei verfügbaren – laufenden Geldrente für den jeweils anderen Ehegatten, sondern ist als **gegenseitiger Anspruch der Ehegatten** darauf gerichtet, dass jeder von ihnen seinen Beitrag zum Familienunterhalt entsprechend

seiner nach dem individuellen Ehebild übernommenen Funktion leistet.[1] Der Unterhalt umfasst den **gesamten Lebensbedarf der Familie.** Dazu gehören nicht nur die persönlichen Bedürfnisse der **Ehegatten** (→ Rn. 5 ff.), sondern auch die Kosten des **Haushalts** (→ Rn. 4) sowie der Unterhalt der gemeinsamen **Kinder,** den diese nach §§ 1601 ff. auch selber verlangen können (→ Rn. 9 ff.; → § 1360 Rn. 8). Das Maß des Unterhalts bestimmt sich nach den ehelichen Lebensverhältnissen, so dass § 1578 als Orientierungshilfe herangezogen werden kann. Im Fall der Konkurrenz mit anderen Unterhaltsansprüchen kann der Anspruch auf Familienunterhalt deshalb zu Berechnungszwecken auf die einzelnen Familienmitglieder aufgeteilt und in Geldbeträgen veranschlagt werden.[2]

**2. Einkommensverhältnisse beider Ehegatten.** Den **Maßstab** für die Angemessenheit des 3
Unterhalts bilden die Verhältnisse beider Ehegatten. Ihre Zugehörigkeit zu einer bestimmten Gesellschaftsschicht ist dabei nicht ausschlaggebend; das Gesetz spricht nicht mehr vom standesgemäßen, sondern vom angemessenen Unterhalt. Als Kriterien bleiben daher nur die Vermögens- und Einkommensverhältnisse der Eheleute. Sie sind **objektiv** nach den Maßstäben eines vernünftigen Betrachters zu beurteilen: Nicht der tatsächliche Lebenszuschnitt entscheidet (der im Einzelfall besonders sparsam, aber auch übertrieben aufwendig sein kann), sondern derjenige Standard, den entsprechend situierte Eheleute im Regelfall wählen.[3] Nur in diesem Rahmen kann das tatsächliche Konsumverhalten berücksichtigt werden.[4] Dabei begrenzt das Einkommen der Ehegatten sowie vorhandenes Vermögen die Unterhaltspflicht nach oben.[5] Zur Verpflichtung zur Aufnahme von Krediten → § 1360 Rn. 9. Zur Pflicht zur Erzielung des nach Ausbildung und Fähigkeiten bestmöglichen Einkommens → § 1360 Rn. 12. Feste Größen des geschuldeten Unterhalts lassen sich nicht angeben, auch nicht eine absolute Obergrenze. Grundsätzlich ist davon auszugehen, dass den Ehegatten als Familienunterhalt die Hälfte der beiderseitigen Einkommen – ohne Abzug eines Erwerbstätigenbonus[6] – zusteht, soweit diese die ehelichen Lebensverhältnisse prägen und nicht zur Vermögensbildung verwendet werden. Ebenfalls als prägend, nämlich den Bedarf innerhalb der Familie senkend, können weitere (auch latente) Unterhaltspflichten – auch gegenüber nachrangigen Berechtigten – zu berücksichtigen sein.[7] Das sollte nach der inzwischen aufgegebenen Rspr. des BGH allerdings nicht gelten, wenn es sich um Unterhaltsansprüche einander nachfolgender Ehegatten handelt. Dann sollten sich die Ansprüche des geschiedenen und des jetzigen Ehegatten in der Weise beeinflussen, dass sich der Bedarf des einen dem des anderen angleicht.[8] Danach sollte für die Bemessung des Familienunterhalts nicht von einem um den – isoliert berechneten – nachehelichen Unterhalt reduzierten Einkommen des Unterhaltspflichtigen auszugehen sein, vielmehr sollte jedem der Ehegatten ein Drittel des unterhaltsrelevanten Einkommens zustehen. Diese Art der Bedarfsbestimmung hebt indessen die gesetzliche Differenzierung zwischen Unterhaltsbedarf und Leistungsfähigkeit auf; bei der erneuten Eheschließung handelt es sich um eine nacheheliche Entwicklung, die für sich allein in Anspruch nehmen kann, die persönlichen Verhältnisse des Unterhaltspflichtigen widerzuspiegeln, nicht aber einen Bezug zur Erstehe aufzuweisen. Darüber hinaus werden die ehelichen Lebensverhältnisse der geschiedenen Ehe im Sinne des § 1578 Abs. 1 S. 1 mit einem Maßstab, der unter Anwendung der Dreiteilungsmethode gebildet wird, nicht mehr widergegeben. Mit einem solchen Systemwechsel werden die Grenzen zulässiger richterlicher Rechtsfortbildung überschritten, so dass eine dement-

1 BGH NJW 2003, 1112 = FamRZ 2003, 363 (366); NJW 2003, 3770 = FamRZ 2004, 24 (25); NJW 2006, 142 Rn. 30 = FamRZ 2006, 26 (29); BGHZ 177, 356 Rn. 34 = NJW 2008, 3213 = FamRZ 2008, 1911.

2 BGH NJW 2003, 1112 = FamRZ 2003, 363 (366); NJW 2003, 3770 = FamRZ 2004, 24 (25); NJW 2006, 142 Rn. 30 = FamRZ 2006, 26 (29); BGHZ 177, 356 Rn. 34 = NJW 2008, 3213 = FamRZ 2008, 1911; BGHZ 186, 350 Rn. 30 = NJW 2010, 3161 = FamRZ 2010, 1535.

3 BGH NJW 2008, 57 Rn. 27 = FamRZ 2007, 1532; NJW-RR 1993, 898 = FamRZ 1993, 789 (792); NJW-RR 1990, 323 = FamRZ 1990, 283 (285); NJW-RR 1987, 194 = FamRZ 1987, 36 (39); Staudinger/*Voppel,* 2018, Rn. 3; BeckOGK/*Preisner* Rn. 46 f.; NK-BGB/*Kaiser* Rn. 20; *Bäumel* in Göppinger/Wax UnterhaltsR Rn. 908; Palandt/*Brudermüller* Rn. 1.

4 BGH NJW 2008, 57 Rn. 27 = FamRZ 2007, 1532.

5 Staudinger/*Voppel,* 2018, Rn. 5; *Bömelburg* in Wendl/Dose UnterhaltsR § 3 Rn. 42; Palandt/*Brudermüller* Rn. 1.

6 BGH NJW 2002, 1646 = FamRZ 2002, 742.

7 BGH NJW-RR 2004, 793 = FamRZ 2004, 792 (793); NJW 2003, 1660 = FamRZ 2003, 860 (864 ff.), jeweils zum Elternunterhalt; FamRZ 2009, 762 = NJW 2009, 1742 Rn. 45 zum Unterhalt für volljährige Kinder.

8 BGHZ 177, 356 Rn. 35 f. = NJW 2008, 3213 = FamRZ 2008, 1911 m. krit. Anm. *Maurer* FamRZ 2008, 1919 ff.; NJW 2009, 145 Rn. 27 ff. = FamRZ 2009, 23; vgl. auch BGHZ 166, 351 (362) Rn. 28 = NJW 2006, 1654 = FamRZ 2006, 683 (686) m. krit. Anm. *Borth* FamRZ 2006, 852 f. Zur Kritik → 5. Aufl. 2009, § 1361 Rn. 15.

sprechende Bestimmung des Unterhaltsbedarfs Art. 2 Abs. 1 GG iVm dem Rechtsstaatsprinzip (Art. 20 Abs. 3 GG) verletzt (→ § 1361 Rn. 14 f.).[9]

4 **3. Haushaltskosten.** Zu den Haushaltskosten gehören vor allem die Aufwendungen für die **Ernährung** der Familienmitglieder und für eine den Raumbedarf der Familie befriedigende **Wohnung** samt entsprechender Einrichtung.[10] Aber nur die **laufenden** Aufwendungen für die Wohnung sind Haushaltskosten (Miete, Mietnebenkosten, Unterhaltungskosten eines Eigenheims, Hypothekenzinsen, nicht jedoch Tilgungsbeiträge). Der **Erwerb** eines **Eigenheims** ist **Vermögensbildung** und wird unterhaltsrechtlich auch bei hohem Einkommen nicht geschuldet.[11] Bei schuldenfreiem Wohneigentum(santeil) ist dessen Überlassung zur Benutzung Unterhaltsleistung in Höhe des sonst erforderlichen Mietaufwands. Je nach den Verhältnissen der Ehegatten gehören zu den Haushaltskosten auch die Aufwendungen für die PKW-Haltung, eventuell auch diejenigen für einen Zweitwagen.[12] Jedenfalls bei überdurchschnittlichem Einkommen dient ein Teil hiervon aber regelmäßig der Vermögensbildung;[13] es vollständig zum laufenden Unterhalt aufzubrauchen, wäre nach objektivem Maßstab (→ Rn. 3) nicht angemessen (→ § 1361 Rn. 3).[14] Die Anschaffung gewisser **Luxusgüter** kann hingegen bei entsprechenden Einkommensverhältnissen zu den Haushaltungskosten rechnen.[15] Nicht hierzu gehören die Steuern, die auf die Einkünfte der Ehegatten entfallen und die diese Bezüge mindern.[16]

5 **4. Persönliche Bedürfnisse.** Zu den persönlichen Bedürfnissen der Ehegatten gehören die Kosten für eine angemessene **Kleidung** (auch eventuell erforderliche Berufskleidung),[17] für Körperpflege und eine notwendige **ärztliche Behandlung**[18] einschließlich unaufschiebbarer Krankenhausbehandlung (als Sonderbedarf: Abs. 3 iVm § 1613 Abs. 2) sowie – vorbeugend – angemessener **Krankenversicherung;**[19] kostspielige längerfristige Kuraufenthalte und andere, nicht unbedingt notwendige, teure Behandlungen (Zahnimplantate) hingegen grundsätzlich nur aufgrund diesbezüglicher Einigung.[20] Bei dauerhaften Gesundheitsschäden (Behinderungen) umfasst die Unterhaltspflicht auch den Betreuungs- und Pflegeaufwand.[21] Ferner gehören hierzu die Kosten für geistige, künstlerische, politische Aktivitäten,[22] auch innerhalb entsprechender Organisationen (Vereinsbeiträge), ebenso **Kirchensteuer** oder Kirchgeld.[23] Über die rein physischen Bedürfnisse hinaus umfasst die Unterhaltspflicht also auch nach heutiger Lebensweise angemessene Aufwendungen für ein psychisches Wohlbefinden. Außer den angeführten kulturellen Bedürfnissen sind zu nennen etwaige **Liebhabereien,**[24] die Unterhaltung eines den Verhältnissen entsprechenden **geselligen Verkehrs**[25]

---

[9] BVerfG NJW 2011, 836 = FamRZ 2011, 437; vgl. bereits → 5. Aufl. 2009, Rn. 3. Zur inzwischen geänderten Rspr. BGH NJW 2012, 384 = FamRZ 2012, 281; → § 1361 Rn. 15.

[10] BGH NJW 1998, 1553 = FamRZ 1998, 608 (609); Staudinger/*Voppel,* 2018, Rn. 7; *Bömelburg* in Wendl/Dose UnterhaltsR § 3 Rn. 27; Palandt/*Brudermüller* Rn. 2.

[11] BGH NJW 1985, 49 = FamRZ 1984, 980 f. mwN; LG Lüneburg Schaden-Praxis 1995, 333; *Bäumel* in Göppinger/Wax UnterhaltsR Rn. 909; aA *Bömelburg* in Wendl/Dose UnterhaltsR § 3 Rn. 27 bzgl. Tilgungsleistungen.

[12] BGH NJW 1983, 1113 = FamRZ 1983, 351; Staudinger/*Voppel,* 2018, Rn. 9; *Bömelburg* in Wendl/Dose UnterhaltsR § 3 Rn. 28; *Bäumel* in Göppinger/Wax UnterhaltsR Rn. 912.

[13] BGH NJW 2004, 677 = FamRZ 2004, 370 (372); NJW-RR 2004, 721 = FamRZ 2004, 795 (798).

[14] BGH NJW 2008, 57 Rn. 27 = FamRZ 2007, 1532; NJW-RR 1993, 898 = FamRZ 1993, 789 (792); NJW-RR 1990, 323 = FamRZ 1990, 283 (285); NJW-RR 1987, 194 = FamRZ 1987, 36 (39).

[15] Vgl. KG OLGE 21, 243 f.; Staudinger/*Voppel,* 2018, Rn. 10; Soergel/*Leiß* Rn. 6.

[16] BGH NJW 2002, 2319 = FamRZ 2002, 1024 (1026).

[17] RGRK-BGB/*Wenz* Rn. 2; Staudinger/*Voppel,* 2018, Rn. 11; Soergel/*Leiß* Rn. 8.

[18] Vgl. BGH NJW 1998, 1553 = FamRZ 1998, 608 (609); NJW 1992, 909 = FamRZ 1992, 291 (292); NJW 1982, 328 = FamRZ 1982, 145; OLG Braunschweig FamRZ 1996, 288; OLG Schleswig FamRZ 1994, 444; Staudinger/*Voppel,* 2018, Rn. 11.

[19] OLG Hamm FamRZ 1987, 1142 f.

[20] OLG Braunschweig FamRZ 1996, 288; Staudinger/*Voppel,* 2018, Rn. 11; vgl. auch Soergel/*Leiß* Rn. 5.

[21] BGH NJW 2016, 2122 Rn. 18 = FamRZ 2016, 1142 (1143); NJW 1993, 124 = FamRZ 1993, 411 (412); NJW 1995, 1486; OLG Düsseldorf NJW 2002, 1353; OLG Hamm FamRZ 1999, 166; *Bömelburg* in Wendl/Dose UnterhaltsR § 3 Rn. 30.

[22] Staudinger/*Voppel,* 2018, Rn. 12; Erman/*Kroll-Ludwigs* Rn. 4; *Bömelburg* in Wendl/Dose UnterhaltsR § 3 Rn. 27.

[23] BVerwG NJW 1977, 1304 für Hessen; FG Hamburg FamRZ 1997, 1155; Staudinger/*Voppel,* 2018, Rn. 12; Erman/*Kroll-Ludwigs* Rn. 4; *Bömelburg* in Wendl/Dose UnterhaltsR § 3 Rn. 27.

[24] Staudinger/*Voppel,* 2018, Rn. 13; Soergel/*Leiß* Rn. 11.

[25] Staudinger/*Voppel,* 2018, Rn. 11; Erman/*Kroll-Ludwigs* Rn. 4; *Bömelburg* in Wendl/Dose UnterhaltsR § 3 Rn. 27.

sowie die weithin üblich gewordene **Urlaubsreise.**[26] Ferner gehört zum persönlichen Bedarf der Aufbau einer angemessenen **Altersversorgung,** bei entsprechenden Einkommensverhältnissen auch im Umfang der über die primäre Altersversorgung hinausgehenden zusätzlichen Altersversorgung.[27] Geschuldet wird aber keine eigenständige Altersversorgung des nicht erwerbstätigen Ehegatten, sondern nur eine vom erwerbstätigen Ehegatten abhängige Versorgung.[28]

**5. Taschengeld.** Bestandteil des Familienunterhalts ist auch das Taschengeld. Beide Ehegatten haben Anspruch auf einen angemessenen Teil des Gesamteinkommens als Taschengeld, dh auf einen Geldbetrag, der jedem von ihnen die Befriedigung persönlicher Bedürfnisse nach eigenem Gutdünken und freier Wahl unabhängig von einer Mitsprache des anderen ermöglichen soll.[29] Hinsichtlich der Höhe wird in der Regel eine Quote von **5–7 % des verfügbaren Nettoeinkommens** zugrunde gelegt.[30] Der BGH hat es allerdings nicht beanstandet, dass als Taschengeld (nur) eine Quote von 5 % des der Familie zur Verfügung stehenden Nettoeinkommens zugrunde gelegt worden ist.[31] Dies entspricht auch den Bedürfnissen der Praxis nach einer einheitlichen Berechnungsweise. Der Anspruch wird, falls beide Ehegatten über Einkommen verfügen, nach der Lebenserfahrung in der Weise befriedigt, dass der mehr verdienende Ehegatte den entsprechenden Betrag von seinem Einkommen einbehält, ebenso der weniger verdienende Ehegatte, so dass er nur insoweit einen Baranspruch hat, als sein Einkommen zur Erfüllung des Taschengeldanspruchs nicht ausreicht.[32] Taschengeld ist **unterhaltspflichtiges Einkommen;** es kann deshalb, soweit der jeweilige Selbstbehalt des Unterhaltspflichtigen gewahrt ist, zur Erfüllung von Unterhaltsansprüchen (zB gegenüber Kindern aus einer früheren Ehe oder gegenüber Eltern) einzusetzen sein.[33] Der Taschengeldanspruch ist **bedingt pfändbar** (→ § 1360 Rn. 22). Im Falle der Pfändung besteht keine „Nachschusspflicht" des anderen Ehegatten.[34] Kein Anspruch besteht, soweit das Einkommen zur Bestreitung des notwendigen Familienunterhalts nicht ausreicht.[35] Eine Abrede über die Verwaltung des Taschengeldes durch den Unterhaltspflichtigen verstieße gegen die Natur des individuellen Baranspruchs.[36] Einem Alkoholkranken steht ein solcher jedoch nicht zu.[37] 6

**6. Negativabgrenzung.** Nicht zum Familienunterhalt gehören Aufwendungen zur Vermögensbildung (→ Rn. 4), die Begleichung von **Schulden** der Kinder oder des Ehepartners (außer solchen nach § 1357)[38] und von Geldstrafen,[39] die Aufwendungen für Bestattung und Grabpflege von Verwandten des Ehepartners (zu deren Unterhalt → Rn. 10 ff.). 7

**7. Berufsausbildung.** Ob die Kosten für eine Berufsausbildung oder ein Hochschulstudium des Partners zur Unterhaltspflicht gehören, hängt von den Verhältnissen der Eheleute ab. Ein Anspruch auf **Ausbildungsfinanzierung** kommt jedenfalls bei entsprechender Einigung in Betracht, eine zur Zeit der Heirat begonnene Ausbildung fortzusetzen, oder bei späterem gemeinsa- 8

---

26 BGH NJW 1998, 1553 = FamRZ 1998, 608 (609).

27 BGH NJW 2005, 3277 = FamRZ 2005, 1817; *Bömelburg* in Wendl/Dose UnterhaltsR § 3 Rn. 28; Staudinger/*Voppel,* 2018, Rn. 14, 31; Soergel/*Leiß* Rn. 12; einschr. *Bäumel* in Göppinger/Wax UnterhaltsR Rn. 914: Sicherung im Rahmen bestehender gesetzlicher Versorgungen ist ausreichend.

28 BGHZ 74, 38 (46 f.) = NJW 1979, 1289; *Rauscher* FamR Rn. 314.

29 BGH NJW 1998, 1553 = FamRZ 1998, 608 (609); NJW 2004, 674 = FamRZ 2004, 366 (369); NJW 2007, 139 Rn. 34 = FamRZ 2006, 1827 (1831); Staudinger/*Voppel,* 2018, Rn. 17; *Bömelburg* in Wendl/Dose UnterhaltsR § 3 Rn. 62 ff.; *Bäumel* in Göppinger/Wax UnterhaltsR Rn. 921; abl. *Haumer* FamRZ 1996, 193 ff.; *Braun* AcP 195 (1995), 311 (352 ff.) und NJW 2000, 97 ff.

30 BGH NJW 1998, 1553 = FamRZ 1998, 608 (609); NJW 2004, 2450 = FamRZ 2004, 1784 (1785); NJW 2004, 674 = FamRZ 2004, 366 (369); OLG Celle FamRZ 1999, 162 (163); OLG Nürnberg FamRZ 1999, 505 (506); *Scholz* in Wendl/Dose UnterhaltsR § 3 Rn. 66; Niepmann/Schwamb Rspr. zur Höhe des Unterhalts Rn. 433.

31 BGH NJW 2014, 3514 Rn. 14 = FamRZ 2014, 1990 zum Elternunterhalt.

32 BGH NJW 2014, 3514 Rn. 14 = FamRZ 2014, 1990; NJW 1998, 1553 = FamRZ 1998, 608 (609); Staudinger/*Voppel,* 2018, Rn. 18; *Bömelburg* in Wendl/Dose UnterhaltsR § 3 Rn. 64.

33 BGH NJW 2014, 2570 Rn. 13 = FamRZ 2014, 1540 (1541); NJW 2007, 139 Rn. 33 f. = FamRZ 2006, 1827 (1831); NJW 2004, 674 = FamRZ 2004, 366 (369).

34 BGH NJW 2004, 2450 = FamRZ 2004, 1784 (1785).

35 BGH NJW 2004, 2450 = FamRZ 2004, 1784; NJW 1998, 1553 = FamRZ 1998, 608 (609); OLG Köln FuR 2004, 249; NJW 1998, 1553; OLG Hamm FamRZ 1986, 357.

36 AG Holzminden FamRZ 1997, 1156 (1157).

37 OLG Hamburg FamRZ 1998, 182 f.

38 BGH NJW-RR 1990, 194 = FamRZ 1990, 280 (282); NJW 1985, 2265 = FamRZ 1985, 902.

39 LG Essen FamRZ 1970, 494: insoweit auch keine Pflicht zur Geltendmachung oder zur Erhöhung des Taschengeldes.

mem Entschluss, eine weitere Ausbildung zu beginnen.[40] Die Pflicht zur Ausbildungsfinanzierung steht unter dem Vorbehalt, dass die Umstände gleich bleiben; sie kann sich ändern, etwa bei Krankheit, bei Geburt eines Kindes oder durch Arbeitslosigkeit des unterhaltsverpflichteten Partners (→ § 1360 Rn. 12). Ob darüber hinaus ein solcher Anspruch besteht, wird nicht einheitlich beantwortet.[41] Ausgehend von der Erwägung, dass eine Berufsausbildung eine nachhaltige Sicherung des Einkommens aus Erwerbstätigkeit verspricht und das UÄndG 2007 den Grundsatz der Eigenverantwortung hervorgehoben hat, erscheint die Annahme gerechtfertigt, dass auch während des Zusammenlebens der Ehegatten bestehenden Ausbildungswünschen Rechnung zu tragen ist, wenn sie nach den gegebenen Verhältnissen einer vernünftigen Lebensplanung entsprechen. Nach dem Gebot der Rücksichtnahme (§ 1356 Abs. 2 S. 2) muss der Ausbildungswunsch zurücktreten, falls Belange der Familie entgegenstehen.

9 **8. Kindesbedarf.** Der Lebensbedarf der Kinder umfasst vor allem die Aufwendungen für **Nahrung, Kleidung, Gesundheitsfürsorge** und **geistiges Wohlergehen.** Besonders bedeutsam sind naturgemäß die Kosten für die **Erziehung** und für eine den Anlagen und Neigungen entsprechende **Berufsausbildung.**[42] Zum Lebensbedarf kleinerer Kinder gehören auch **Spielsachen.** Von einem bestimmten Alter an und je nach ihrem geistigen Entwicklungsstand ist auch Kindern ein angemessenes **Taschengeld** zu überlassen.

### III. Unterhaltsgewährung an Verschwägerte, besonders an Stiefkinder

10 **1. Grundsatz.** Unterhaltsberechtigt sind nach § 1360a Abs. 1, §§ 1601 ff. nur die gemeinsamen Kinder; dazu zählen auch voreheliche sowie beiderseits adoptierte und das von einem Ehegatten angenommene Kind des anderen Ehegatten (§ 1754 Abs. 1, § 1767 Abs. 1). Das gilt unabhängig davon, ob die Kinder minderjährig oder volljährig sind; entscheidend ist, ob sie unterhaltsberechtigt sind und den Unterhalt im elterlichen Haushalt empfangen.[43] Keine gesetzliche Unterhaltspflicht besteht unter Verschwägerten, dh gegenüber Verwandten des unterhaltsberechtigten Ehegatten (§ 1590), insbesondere dessen (einseitigen) Kindern, auch dann nicht, wenn diese im ehelichen Haushalt leben.[44] Der Unterhalt für Verwandte des unterhaltsberechtigten Ehegatten gehört weder zu dessen persönlichen Bedürfnissen noch zu den Haushaltskosten. Ein Unterhaltsanspruch Verschwägerter lässt sich auch nicht mittelbar aus einer Verpflichtung des Unterhaltspflichtigen zu Mehrleistungen im Rahmen des Familienunterhalts herleiten, mit denen der Partner seine Verwandten unterstützen kann.[45] Der Partner kann nur seinen eigenen Beitrag zum Familienunterhalt vermindern, wenn er zugleich seine Kinder aus einer anderen Beziehung unterhalten muss (→ § 1360 Rn. 12). Ein zuverdienender Ehegatte kann gegenüber seinen bedürftigen Verwandten auch dann als leistungsfähig gelten, falls sein Zuverdienst seinen eigenen Bedarf nicht voll deckt, nämlich wenn und soweit sein Selbstbehalt durch seinen Anspruch auf Familienunterhalt gesichert ist, der Zuverdienst hierfür also nicht benötigt wird.[46]

11 **2. Stiefkinder.** Der im 2. RegE zum GleichberG vorgesehene § 1360c, der Unterhaltsansprüche naher Angehöriger eines Ehegatten vorsah, ist nicht Gesetz geworden. Die Novelle zum Kindschaftsrecht von 1998 brachte keine Änderung. Mit dem vom überlebenden Stiefelternteil nach § 1371 Abs. 4 aus dem erhöhten gesetzlichen Erbteil zu erfüllenden Ausbildungsanspruch[47] (eingehend → § 1371 Rn. 55 ff.) ist dem bedürftigen Kind nur ausnahmsweise geholfen, falls der verstor-

[40] BGH NJW 1985, 803 = FamRZ 1985, 353 f.; NJW 1981, 1214 = FamRZ 1981, 439 (440); Staudinger/*Voppel*, 2018, Rn. 28; *Bäumel* in Göppinger/Wax UnterhaltsR Rn. 922; *Bömelburg* in Wendl/Dose UnterhaltsR § 3 Rn. 33; auch OLG Stuttgart FamRZ 1983, 1030.

[41] Staudinger/*Voppel*, 2018, Rn. 27 f.; *Bömelburg* in Wendl/Dose UnterhaltsR § 3 Rn. 33; *Rauscher* FamR Rn. 14: wenn die Ausbildung durch die ehelichen Lebensverhältnisse gerechtfertigt ist; NK-BGB/*Kaiser* Rn. 9: Ausbildung zählt zu den persönlichen Bedürfnissen eines Ehegatten; Palandt/*Brudermüller* Rn. 3: kein allgemeiner Anspruch auf Ausbildungsfinanzierung; Ausnahme: bei Eheschließung bereits begonnene, aber noch nicht abgeschlossene Ausbildung; Erman/*Kroll-Ludwigs* Rn. 4: für den Abschluss einer bei Eheschließung bereits begonnenen Ausbildung oder bei entsprechender Einigung.

[42] Staudinger/*Voppel*, 2018, Rn. 34; *Borth* in Schwab ScheidungsR-HdB IV Rn. 28.

[43] Staudinger/*Voppel*, 2018, Rn. 35; *Borth* in Schwab ScheidungsR-HdB IV Rn. 28; aA NK-BGB/*Kaiser* Rn. 14: mit Eintritt der Volljährigkeit verdrängt der Unterhaltsanspruch des Kindes aus §§ 1601 ff. den kindesbezogenen Anspruch der Eltern auf Familienunterhalt.

[44] BGH NJW 1969, 2007; 1984, 977 = FamRZ 1984, 462 f.; Staudinger/*Voppel*, 2018, Rn. 36 f.

[45] Staudinger/*Voppel*, 2018, Rn. 39; *Bömelburg* in Wendl/Dose UnterhaltsR § 3 Rn. 36 f.; Erman/*Kroll-Ludwigs* Rn. 9; *Bäumel* in Göppinger/Wax UnterhaltsR Rn. 889.

[46] BGH NJW 2007, 139 Rn. 19 = FamRZ 2006, 1827 (1829); NJW 2006, 2404 Rn. 38 = FamRZ 2006, 1010 (1014); NJW 2014, 1173 Rn. 16 ff. = FamRZ 2014, 538.

[47] Dazu *Boehmer* FamRZ 1961, 41 ff.

bene leibliche Elternteil zureichendes eigenes Vermögen hinterlässt. Das öffentliche Recht, bes. das Sozialrecht, stellt Stiefkinder den leiblichen Kindern (bezüglich Kindergeld etc) weitgehend gleich.[48] Ob hinsichtlich der unterhaltsrechtlichen Belange von Stiefkindern **Reformbedarf** besteht, erscheint indes zweifelhaft. Eine Verrechtlichung tatsächlich erbrachter Leistungen dürfte im System des Unterhaltsrechts erheblichen Schwierigkeiten begegnen; problematisch wäre in jedem Fall die Einbeziehung derjenigen Kinder, deren leiblicher Elternteil mit einem neuen Partner in nichtehelicher Lebensgemeinschaft zusammenlebt.

**3. (Stillschweigende) Unterhaltsverträge?** Mangels gesetzlicher Verpflichtung kann eine Unterhaltspflicht zwar durch Vertrag übernommen werden. In der Annahme stillschweigend geschlossener Alimentierungsverträge[49] ist jedoch Zurückhaltung geboten.[50] Aus bloßem Mitgefühl gewährte Gefälligkeiten lassen noch nicht auf einen Rechtsfolgewillen schließen. Keine ausreichenden Indizien für einen fortdauernden rechtlichen Bindungswillen sind hiernach die Aufnahme des Verschwägerten in die eheliche Wohnung[51] und die Einbenennung nach § 1618 (andernfalls könnte dies einer entsprechenden Bereitschaft entgegenwirken). Ein konkludenter Vertragsabschluss ist aber anzunehmen, wenn eine bisher alleinstehende, berufstätige Frau mit Kind ihren Beruf aufgibt, um den Haushalt ihres jetzigen Ehemannes zu versorgen. Der den Haushalt führende Ehegatte übernimmt im Zweifel auch die Pflicht zur persönlichen Betreuung und Versorgung einseitiger, im Haushalt lebender Kinder des berufstätigen Partners.[52] Wegen der fehlenden gesetzlichen Verpflichtung besteht kein Abschlusszwang zu Unterhaltsverträgen. Die Verwahrung des Stiefelternteils gegen die Deutung seines Verhaltens als konkludente Verpflichtungserklärung ist grundsätzlich beachtlich.[53] Zulässig ist die Übernahme bloß eingeschränkter Unterhaltsbeiträge, die die Bedürfnisse des Verschwägerten nicht voll befriedigen.[54] Die Inanspruchnahme öffentlich-rechtlicher Leistungen (Kindergeld, Lohnsteuerermäßigung, Sozialhilfe) lässt auf den Willen des Stiefvaters schließen, dem Kinde in Höhe dieser Vergünstigungen Unterhalt zu gewähren,[55] solange er sie bezieht. 12

Derartige ausdrückliche oder stillschweigende Unterhaltsverträge unter Ehegatten sind im Zweifel **unechte Verträge** zugunsten des Verschwägerten. Ihre einvernehmliche Aufhebung oder Änderung bedarf keiner Zustimmung des Verschwägerten (vgl. § 328 Abs. 2). Da unter dem Vorbehalt gleichbleibender Umstände stehend, kann sich der Verpflichtete aus triftigen Gründen davon auch einseitig lösen, besonders bei Verschlechterung seiner wirtschaftlichen Lage.[56] Nach dem mutmaßlichen Parteiwillen erlischt die Verpflichtung mit dem Ausscheiden des Begünstigten aus dem gemeinsamen Haushalt, desgleichen mit dem Getrenntleben der Eheleute (→ § 1361 Rn. 5; aber → Rn. 40), nicht erst mit deren Scheidung.[57] **Echte Verträge** zugunsten des unterhaltsberechtigten (Stief-)Kindes werden hingegen bei Zustimmung zu heterologer Insemination bejaht. Als mitverantwortlich bereits für das Entstehen des Kindes steht der Ehemann der Mutter dort einem Adoptivvater näher.[58] Seine konkludent übernommene Unterhaltspflicht ist dann nicht 13

[48] Vgl. *Muscheler* FamRZ 2004, 913 (918), auch zu Reformvorschlägen: Regelung eines gesetzlichen Unterhaltsanspruchs des Stiefkindes gegen den ehelichen/lebenspartnerschaftlichen Stiefelternteil, der mit dem Kind in häuslicher Gemeinschaft lebt; Nachrangigkeit dieser Unterhaltspflicht gegenüber derjenigen des leiblichen Elternteils; Erlöschen des Anspruchs bei Auflösung von Ehe oder Lebenspartnerschaft; vgl. auch *Kremer,* Das Stiefkind im Unterhaltsrecht, 2000; *Peschel-Gutzeit* FPR 2004, 47 (49 f.).

[49] Dazu *Hepting* Ehevereinbarungen 170 ff.

[50] AA *Borth* in Schwab ScheidungsR-HdB IV Rn. 32: in der Regel sei von einer stillschweigenden Vereinbarung der Ehegatten auszugehen, dass der Unterhaltsbedarf eines einseitigen, in den Haushalt aufgenommenen Kindes gedeckt werde, soweit der für dieses geleistete Barunterhalt nicht ausreiche.

[51] So zu Recht die hM, OLG Nürnberg FamRZ 1965, 217; Staudinger/*Voppel,* 2018, Rn. 44; Soergel/*Leiß* Rn. 20 gegen LG Berlin FamRZ 1955, 267 mAnm *Bosch* und mAnm *Boehmer*; auch BVerwG MDR 1960, 525 f.

[52] Staudinger/*Voppel,* 2018, Rn. 42; Soergel/*Lange* Rn. 11; vgl. auch OLG Karlsruhe FamRZ 1961, 371 (373).

[53] Staudinger/*Voppel,* 2018, Rn. 45; LG Berlin FamRZ 1955, 267.

[54] Staudinger/*Voppel,* 2018, Rn. 41.

[55] *Boehmer* FamRZ 1955, 125 (128); vgl. auch Staudinger/*Voppel,* 2018, Rn. 42 u. BayVGH FamRZ 1955, 190; abl. VG Ansbach FamRZ 1956, 127.

[56] BVerwG MDR 1960, 526 f.; Staudinger/*Voppel,* 2018, Rn. 46; Soergel/*Leiß* Rn. 22; *Boehmer* FamRZ 1961, 41 f.

[57] OLG Nürnberg FamRZ 1965, 217; Staudinger/*Voppel,* 2018, Rn. 47; *Borth* in Schwab ScheidungsR-HdB IV Rn. 32; Soergel/*Leiß* Rn. 22; aA LG Berlin FamRZ 1955, 267 f. mAnm *Boehmer.*

[58] BGH NJW 2015, 3434 Rn. 9 ff. = FamRZ 2015, 2134; BGHZ 129, 297 (302 f.) = NJW 1995, 2028 = FamRZ 1995, 861 (862) mwN; BGH NJW 1995, 2031 = FamRZ 1995, 865; ebenso bei fehlgeschlagener Adoption durch beide Ehegatten, BGH NJW-RR 1995, 1089 = FamRZ 1995, 995. *Grziwotz* MDR 1998, 1075 (1079) befürwortet Gleiches auch für andere Fälle, wie geduldeten Drittverkehr, Abhalten von Schwangerschaftsabbruch und Methoden moderner Fortpflanzungsmedizin.

einseitig kündbar, sie erlischt auch nicht infolge Trennung oder Scheidung, ggf. aber durch Wegfall der Geschäftsgrundlage.[59]

## IV. Art der Unterhaltsgewährung

14 **1. Grundsätzlich Naturalleistung (Abs. 2 S. 1).** Der Unterhalt ist in der durch die eheliche Lebensgemeinschaft gebotenen Weise zu leisten, Abs. 2 S. 1. Die eheliche Lebensgemeinschaft gebietet grundsätzlich Unterhaltsleistungen **in Natur.** Die Haushaltsführung und die Kinderbetreuung sind regelmäßig persönlich zu erfüllende Pflichten. Abreden über die Erfüllung der Unterhaltspflicht durch **Geldrenten** verstoßen aber nicht zwangsläufig gegen die eheliche Lebensgemeinschaft; bei berufsbedingter Abwesenheit zB sind Geldüberweisungen einzig ehegemäß,[60] ebenso ist von einem Anspruch auf Barunterhalt auszugehen, wenn ein Ehegatte in einem Pflegeheim untergebracht werden musste[61] (→ § 1360 Rn. 6). Bei Nichterfüllung ist Verpflichtung zur Zahlung zulässig.[62] Keine echte Rente ist der nach Lage der Dinge in Geld zu erfüllende Taschengeldanspruch (→ Rn. 6, 16), da ein nicht erwerbstätiger Ehegatte einen Geldbetrag zwecks persönlicher Bedürfnisbefriedigung zur freien Verfügung haben muss.

15 **2. Vorschusspflicht (Abs. 2 S. 2).** Die erforderlichen Unterhaltsmittel für einen angemessenen Zeitraum im Voraus zur Verfügung zu stellen, sind **beide Ehegatten** einander verpflichtet (Abs. 2 S. 2). Die Vorschrift passt dem Wortlaut nach nur auf die Doppelverdienerehe. Bei **Alleinverdienerehen** ist sie einschränkend nur auf den erwerbstätigen Ehegatten anzuwenden (arg. § 1360 S. 2). Der Anspruch des haushaltführenden Gatten auf Wirtschaftsgeld ist für die große Zahl der kleinen Alltagsgeschäfte praktisch bedeutsamer als seine Schlüsselgewalt (§ 1357).

16 **3. Wirtschaftsgeld; Taschengeld.** Die Pflicht zur Gewährung von Wirtschaftsgeld ist eine weitere (unechte) Ausnahme von der grundsätzlich in natura zu erfüllenden Unterhaltspflicht. Das Wirtschafts- oder Haushaltsgeld umfasst die Mittel zur Deckung der gewöhnlichen, **regelmäßig wiederkehrenden Aufwendungen** für den Haushalt, für die persönlichen Bedürfnisse der Ehegatten und für den laufenden Lebensbedarf der gemeinsamen unterhaltsberechtigten Kinder. Grundsätzlich nicht dazu gehören über die Alltagsgeschäfte hinausgehende, **außergewöhnliche Ausgaben** (wie größere, einmalige Anschaffungen). Für diese braucht der haushaltführende Ehegatte aus dem erhaltenen Wirtschaftsgeld keine Rücklagen zu bilden, vielmehr hat der Unterhaltspflichtige hierfür im Rahmen seiner Leistungsfähigkeit zusätzlich aufzukommen.[63] Der Anspruch ist auf treuhänderische Überlassung mit Verfügungsmacht nach §§ 185, 1357 zur zweckentsprechenden Verwendung gerichtet, nicht auf Übereignung des Geldes.[64] Die Geldüberlassung erfüllt die Unterhaltspflicht noch nicht, sondern bereitet sie erst vor. Bei zweckwidriger Verwendung durch den Empfänger ist der Pflichtige von den Unterhaltsansprüchen der Kinder nicht befreit.[65] Im Unterschied zum Vorschussanspruch eines Beauftragten (§ 669) ist Wirtschaftsgeld spontan zu gewähren,[66] nicht erst auf Verlangen. Eine **Rechnungslegungspflicht** aus § 666 verstieße gegen die Befugnis zur eigenverantwortlichen Leitung des Haushalts (→ § 1356 Rn. 9). Lediglich bei Streit über die Angemessenheit bestimmter Ausgaben oder bei begründetem Verdacht fortlaufend zweckwidriger Verwendung ist eine Informationspflicht zu bejahen, allerdings nicht buchhalterisch detailliert, sondern in ehegerecht großzügiger Weise.[67] Ansonsten muss der haushaltführende Ehegatte den Partner über die Verwendung des Wirtschaftsgeldes nur in groben Zügen unterrichten,[68] ungewöhnliche Ausgaben aber mit ihm vorher beraten; größere Überschüsse darf er vor ihm nicht verheimlichen.[69] Kleinere Ersparnisse

---

[59] BGH NJW 1995, 2031 = FamRZ 1995, 865: Geschäftsgrundlage ist die Vorstellung, die Beziehungen des sozialen Elternteils zum Kind entwickelten sich wie bei biologischer Elternschaft.

[60] Für Toleranz zutr. *Hepting* Ehevereinbarungen 94 ff., 98; vgl. Staudinger/*Voppel,* 2018, Rn. 50a.

[61] BGH NJW 2016, 2122 Rn. 18 = FamRZ 2016, 1142 (1143); OLG Düsseldorf NJW 2002, 1353 f.; OLG Nürnberg FamRZ 2008, 788 f.; OLG Köln NJW-RR 2010, 1301 (1302) = FamRZ 2010, 2076 (2077).

[62] OLG Dresden OLGE 2, 385.

[63] Staudinger/*Voppel,* 2018, Rn. 51; *Bäumel* in Göppinger/Wax UnterhaltsR Rn. 917; *Bömelburg* in Wendl/Dose UnterhaltsR § 3 Rn. 59.

[64] OLG Hamburg FamRZ 1984, 583 f.; Staudinger/*Voppel,* 2018, Rn. 51; Palandt/*Brudermüller* Rn. 5.

[65] Staudinger/*Voppel,* 2018, Rn. 51; *Bäumel* in Göppinger/Wax UnterhaltsR Rn. 920.

[66] AA OLG Hamm FamRZ 1988, 947 f.

[67] BGH NJW 2000, 3199 = FamRZ 2001, 23 (24); OLG Hamburg FamRZ 1984, 583 f.

[68] BGH NJW 2000, 3199 = FamRZ 2001, 23 (24); Staudinger/*Voppel,* 2018, Rn. 54; *Bäumel* in Göppinger/Wax UnterhaltsR Rn. 920; *Borth* in Schwab ScheidungsR-HdB IV Rn. 42. Aus dem Begriff „Vorschuss" ergeben sich keine weitergehenden Rechenschaftspflichten oder Kontrollrechte.

[69] Für eine Herausgabepflicht analog § 667, die nur bei (nicht zu vermutender) Zustimmung des Verdienenden entfalle, OLG Frankfurt NJW 1970, 1882; OLG Schleswig FamRZ 1958, 218; wie hier Staudinger/*Voppel,* 2018, Rn. 55.

darf er im Zweifel als **Taschengeld** betrachten.[70] Denn das Taschengeld des haushaltführenden Gatten ist regelmäßig ohne nähere Bezifferung im Wirtschaftsgeld enthalten (ebenso wie der Verdienende bei dessen Auszahlung sein Taschengeld einbehält).[71] Auch bei Doppelverdiener- oder Zuverdienstehen behält jeder Gatte sein Taschengeld von seinem Verdienst ein; ein Zahlungsanspruch besteht nur bei zu geringem Eigenverdienst (→ Rn. 6; → § 1360 Rn. 22).[72] Der Anspruch auf Wirtschaftsgeld kann im Wege des Leistungsantrags geltend gemacht, aber auch durch **einstweilige Anordnung** gemäß §§ 49 ff., 246 FamFG geregelt werden (→ § 1361 Rn. 82). Nach einer Trennung wird Wirtschaftsgeld – anders als Taschengeld – grundsätzlich nicht mehr für die vor der Trennung liegenden Zeiträume geschuldet.[73]

Die **Angemessenheit des Zeitraums,** für den Wirtschaftsgeld im Voraus zur Verfügung zu stellen ist (§ 1360a Abs. 2 S. 2), richtet sich bei abhängig Beschäftigten nach den Zeitabständen, in denen Arbeitsverdienst ausbezahlt wird.[74] Neigt der Vorschussberechtigte zu unwirtschaftlichem Verhalten, sind kürzere Zeiträume zulässig. Allzu kurzfristige (tägliche) Übergabe macht ihm die selbständige Leitung des Haushalts aber unmöglich.[75] Geht umgekehrt der erwerbstätige Gatte mit seinem Arbeitsverdienst zu leichtfertig oder verschwenderisch um, kann der haushaltführende das ganze Einkommen verwalten und dem verdienenden Partner sein Taschengeld zuteilen. Unvorhergesehener Sonderbedarf (wie Krankenkosten: Abs. 3 iVm § 1613 Abs. 2) ist gesondert zu befriedigen, soweit dafür keine Rücklagen gebildet werden können und entsprechende finanzielle Leistungsfähigkeit besteht (→ Rn. 16).[76] 17

Das Wirtschaftsgeld ist **unpfändbar** (§ 95 Abs. 1 FamFG, § 850b Abs. 1 Nr. 2 ZPO). Der Anspruch hierauf ist als zweckgebundener nicht abtretbar und nicht verpfändbar, daher auch nicht pfändbar (§§ 399, 1274 Abs. 2 BGB, § 851 ZPO). Er genießt das Vollstreckungsprivileg des § 850d ZPO (→ § 1360 Rn. 22 f., auch zur Pfändbarkeit von Taschengeld). 18

### V. Entsprechende Anwendung des Verwandten-Unterhaltsrechts (Abs. 3)

In Bezug auf die Unterhaltspflicht für die Vergangenheit, den Verzicht auf Unterhalt für die Zukunft und das Erlöschen des Unterhaltsanspruchs mit dem Tode des Berechtigten oder des Verpflichteten wird auf die Kommentierung zu den §§ 1613–1615 verwiesen. Zum Unterhaltsverzicht → § 1360 Rn. 21; → § 1361 Rn. 51. Auf § 1605 verweist Abs. 3 nicht. Aus der Verpflichtung der Ehegatten zur ehelichen Lebensgemeinschaft (§ 1353 Abs. 1 S. 2) folgt aber ihr wechselseitiger **Anspruch, sich über die für die Höhe des Familienunterhalts maßgeblichen finanziellen Verhältnisse zu informieren.** Geschuldet wird dabei die Erteilung von Auskunft in einer Weise, wie sie zur Feststellung des Unterhaltsanspruchs erforderlich ist; die Vorlage von Belegen kann nicht verlangt werden[77] (→ § 1353 Rn. 38). 19

### VI. Prozess-/Verfahrenskostenvorschusspflicht (Abs. 4)

**1. Wesen.** Einen unterhaltsberechtigten Ehegatten für eine Prozessführung über eine persönliche Angelegenheit trotz Leistungsfähigkeit des unterhaltspflichtigen Partners auf Verfahrens- bzw. Prozesskostenhilfe zu verweisen, wäre sowohl dem prozessentschlossenen Ehegatten als auch der Staatskasse gegenüber unbillig. Nach dem zwischen Staat und Familie geltenden Subsidiaritätsprinzip ist die eheliche Beistands- und Fürsorgepflicht **vorrangig.** Die Prozesskostenvorschusspflicht des leistungsfähigen Ehegatten gestaltete das GleichberG abweichend vom früheren Güterrecht als **Teil der Unterhaltspflicht** aus.[78] Die Vorläufigkeit des (eventuell zurück zu gewährenden) Vorschusses 20

---

[70] OLG Hamburg FamRZ 1984, 583 f.

[71] Staudinger/*Voppel,* 2018, Rn. 55; NK-BGB/*Kaiser* Rn. 32.

[72] BGH NJW 1998, 1553 = FamRZ 1998, 608 (609).

[73] OLG Hamm FamRZ 1988, 947 f.; AG Holzminden FamRZ 1997, 1156. Bei trotz laufendem Scheidungsverfahren fortgesetzter gemeinsamer Haushaltsführung besteht der Anspruch auf Wirtschaftsgeld fort: AG Kleve FamRZ 1996, 1408. Aus gerichtlichem Vergleich titulierte Beträge sind auch rückwirkend bis zur Trennung beitreibbar, AG Lingen FamRZ 1994, 1272.

[74] Vgl. Staudinger/*Voppel,* 2018, Rn. 53; RGRK-BGB/*Wenz* Rn. 11; Soergel/*Leiß* Rn. 41.

[75] Für wochenweise Gewährung als kleinster angemessener Zeitraum Staudinger/*Voppel,* 2018, Rn. 53.

[76] BGH FamRZ 1992, 292 (293); NJW 1982, 328 = FamRZ 1982, 145; nicht für vorhersehbare längerfristige Zahnbehandlung, OLG Zweibrücken FamRZ 1984, 169 f.

[77] BGHZ 186, 13 Rn. 22 f. = FamRZ 2011, 21 = NJW 2011, 226.

[78] So die hM, BGH NJW-RR 2004, 1662 = FamRZ 2004, 1633 (1635); BGHZ 110, 247 (248) = NJW 1990, 1476 = FamRZ 1990, 491; *Vogel* in Göppinger/Wax UnterhaltsR Rn. 2623; ausf. Überblick über Entstehungsgeschichte und Meinungsstand bei *Olzen* JR 1990, 1 ff. – Eine Mindermeinung leitet die Vorschusspflicht aus der allgemeinen Fürsorgepflicht des § 1353 ab, OLG Frankfurt FamRZ 1959, 62; LG Münster NJW 1977, 1066 f. Beide Gesichtspunkte schließen sich nicht aus. Für Darlehenscharakter *Künkel* FamRZ 1964, 550 ff.

(→ Rn. 32) ändert nichts an der gesetzlichen Qualifizierung als Unterhaltsanspruch (zum Wirtschaftsgeld → Rn. 16). Die Vorschusspflicht besteht nur gegenüber dem Ehepartner, nicht gegenüber der Gerichtskasse.[79] Sie gilt für Prozesse/Verfahren **zwischen Ehegatten**[80] ebenso wie **eines Ehegatten gegen Dritte.**

21 **2. Anwendungsbereich.** Die Vorschusspflicht besteht **zwischen den Partnern einer wirksam geschlossenen Ehe;** sie ist in Abs. 4 abschließend geregelt.[81] Weitergehende Vorschusspflichten sind für Ehegatten weder aus der Generalklausel des § 1353 noch aus prozessualen Vorschriften herleitbar.[82] Die Pflicht besteht auch unter Getrenntlebenden (§ 1361 Abs. 4 aE). Entsprechende Bezugnahmen fehlen aber bei den Unterhaltspflichten unter **Geschiedenen** (§§ 1569 ff.) und unter Verwandten (§§ 1601 ff.). Eine analoge Anwendung unter Geschiedenen kommt nicht in Betracht.[83] Sonderbedarf wird zwar auch dort geschuldet (§ 1585b Abs. 1, § 1613 Abs. 2), ist aber angesichts der mit Prozesskostenhilfe gegebenen Klagemöglichkeit fraglich.[84] Die nach Auffassung des BGH bestehende Wesensverschiedenheit von Ehegatten- und Geschiedenenunterhalt (→ § 1360 Rn. 27) steht einer entsprechenden Anwendung entgegen. Der der Vorschusspflicht zugrunde liegende Billigkeitsgedanke (→ Rn. 24) mag auf andere Unterhaltspflichten ebenfalls zutreffen, unterliegt aber der freien Gestaltung durch den Gesetzgeber. Die Qualifikation als Teil des Unterhaltsanspruchs schließt den Gesichtspunkt der nur unter Ehegatten bestehenden engen Fürsorgepflicht nicht aus. Mit dem sachlichen Umfang der Unterhaltspflicht kann Abs. 4 zugleich den persönlichen Anwendungsbereich konkretisieren. Da ein Versehen des Gesetzgebers in den übrigen Fällen nicht ersichtlich ist, spricht die ausdrückliche Bezugnahme in § 1361 Abs. 4 aE für einen Umkehrschluss. Anzunehmen ist eine Vorschusspflicht aber für das Wiederaufnahmeverfahren gegen ein rechtskräftiges Scheidungsurteil.[85] Sie kann ferner für eine im Verbund anhängig gemachte Scheidungsfolgesache bestehen, auch nach deren Abtrennung. Eine Vorschusspflicht kann selbst nach Rechtskraft der Scheidung noch bestehen, wenn der Unterhaltsberechtigte den Anspruch zuvor bereits unter den Voraussetzungen des § 1613 Abs. 1 geltend gemacht hatte.[86] Auch wenn eine § 1360a Abs. 4 entsprechende Vorschrift im Rahmen des Verwandtenunterhalts fehlt, bejahen Rspr. und hM einen Prozesskostenvorschuss in analoger Anwendung der Bestimmung für minderjährige[87] (→ § 1610 Rn. 159 ff.) und privilegierte volljährige **Kinder** (§ 1603 Abs. 2 S. 2) sowie für volljährige Kinder, die sich noch in der Ausbildung befinden und noch keine eigene Lebensstellung erlangt haben (→ § 1610 Rn. 164 ff.).[88] Begründet wird dies zu Recht mit der zu diesen Kindern bestehenden engen Verbundenheit, die derjenigen unter Verheirateten vergleichbar ist. Ein Anspruch auf Prozesskostenvorschuss zwischen unverheirateten Eltern[89] sowie im Verhältnis zwischen Eltern und

[79] Mangels gesamtschuldnerischer Kostenhaftung des Unterhaltsschuldners: Staudinger/*Voppel,* 2018, Rn. 59; Palandt/*Brudermüller* Rn. 7.

[80] Vom 1. EheRG (entgegen dem ursprünglichen Entwurf) ausdrücklich beibehalten, BT-Drs. 7/4361, 26 f.; → 3. Aufl. 1993, Rn. 20 aE.

[81] BGHZ 41, 104 (110) = NJW 1964, 1129 (1131); Staudinger/*Voppel,* 2018, Rn. 62.

[82] BGH NJW 2005, 1722 = FamRZ 2005, 883 (884); OLG Düsseldorf NJW 1961, 1563 = FamRZ 1961, 380.

[83] BGH NJW 2017, 1960 Rn. 12 = FamRZ 2017, 1052; NJW 2010, 372 = FamRZ 2010, 189; NJW 2005, 1722 = FamRZ 2005, 883 (885); NJW-RR 1990, 194 = FamRZ 1990, 280 (282); NJW 1984, 291 = FamRZ 1984, 148 f.; OLG Zweibrücken FamRZ 2000, 757; OLG München FamRZ 1997, 1542; Staudinger/*Voppel,* 2018, Rn. 64; *Vogel* in Göppinger/Wax UnterhaltsR Rn. 2624; Johannsen/Henrich/*Markwardt* ZPO § 115 Rn. 79; *Borth* in Schwab ScheidungsR-HdB IV Rn. 77; *Klinkhammer* in Wendl/Dose UnterhaltsR § 6 Rn. 23.

[84] OLG Schleswig FamRZ 1985, 481 f. sieht die Kosten eines Rechtsstreites über eine persönliche Angelegenheit bei Vorliegen besonderer Voraussetzungen als Sonderbedarf iSd § 1613 Abs. 2 an; ähnlich *Herpers* FamRZ 1984, 465; ähnlich *Duderstadt* FamRZ 1995, 1305 (1307); abl. BGHZ 89, 33 (37) = NJW 1984, 291 f. = FamRZ 1984, 148 f. mAnm *Herpers* FamRZ 1984, 465.

[85] OLG Hamm NJW 1972, 590 = FamRZ 1971, 651: insoweit noch Annex der Scheidungskosten, selbst wenn das Wiederaufnahmeverfahren erfolglos bleibt.

[86] *Schlecht* FamRZ 2017, 1053; Palandt/*Brudermüller* § 1360a Rn. 10; offengelassen in BGH NJW 2017, 1960 = FamRZ 2017, 1052.

[87] BGH NJW-RR 2004, 1662 = FamRZ 2004, 1633 (1634); OLG Köln FamRZ 2003, 102; OLG Nürnberg FamRZ 2001, 233 (234); OLG Karlsruhe FamRZ 1996, 872 f.; OLG Koblenz FamRZ 1996, 226; *Vogel* in Göppinger/Wax UnterhaltsR Rn. 2626; Zöller/*Philippi* ZPO § 115 Rn. 67b.

[88] BGH NJW 2005, 1722 = FamRZ 2005, 883 (885) m. zust. Anm. *Borth* FamRZ 2005, 886; OLG München FamRZ 2007, 911; KG FPR 2002, 539 (540); OLG Köln FamRZ 2000, 757; OLG Hamm FamRZ 2000, 255; OLG Braunschweig OLGR 1999, 307; OLG Nürnberg FamRZ 1996, 814.

[89] Staudinger/*Voppel,* 2018, Rn. 64b; *Klinkhammer* in Wendl/Dose UnterhaltsR § 6 Rn. 24; *Bißmaier* FamRZ 2002, 863 (864); *Büttner* FamRZ 2000, 781 (786); *Vogel* in Göppinger/Wax UnterhaltsR Rn. 2624; aA OLG München FamRZ 2002, 1219; Palandt/*Götz* § 1615l Rn. 22; vgl. auch *Caspary* NJW 2005, 2577 (2578).

Kindern[90] ist dagegen abzulehnen. Die entscheidenden Gründe für eine analoge Anwendung liegen insofern nicht vor. Auch zwischen den Partnern einer nichtehelichen Lebensgemeinschaft besteht mangels gesetzlichen Unterhaltsanspruchs keine Vorschusspflicht.[91]

**3. Verhältnis zur Prozesskostenhilfe.** Der Anspruch auf Kostenvorschuss lässt (als Vermögenswert) die Bedürftigkeit für Prozess-/Verfahrenskostenhilfe entfallen, soweit er zweifelsfrei besteht und alsbald realisiert werden kann.[92] Bei **zweifelhafter Realisierbarkeit** des Vorschussanspruchs ist eine Verweisung darauf unzumutbar und Prozesskostenhilfe zu gewähren.[93] Das kann der Fall sein, wenn der Verpflichtete sich im Unterhaltsrechtsstreit auf Verwirkung des Unterhaltsanspruchs berufen hat und davon auszugehen ist, dass er diesen Einwand auch dem Vorschussanspruch entgegenhalten wird. Da im Hinblick darauf ein Rechtsstreit mit ungewissem Ausgang geführt werden müsste, fehlt es an der alsbaldigen Realisierbarkeit des Vorschussanspruchs.[94] Auf die Vorschusspflicht darf ein Prozess-/Verfahrenskostenhilfe beantragender Ehegatte dann nicht verwiesen werden, wenn der andere Ehegatte selbst Anspruch auf Prozess-/Verfahrenskostenhilfe ohne Raten hätte.[95] Andernfalls stünde Letzterer schlechter als bei eigener Prozessführung. Ein Kostenvorschuss kommt dagegen in Betracht, wenn der hierauf in Anspruch Genommene seinerseits gemäß § 115 ZPO **Raten auf die Kosten** zahlen müsste; dann kann er nach der Rspr. des BGH verpflichtet sein, den **Kostenvorschuss in entsprechenden Raten** zu leisten (→ Rn. 24).[96] In einem solchen Fall kann dem Berechtigten Prozess-/Verfahrenskostenhilfe unter Auferlegung von Ratenzahlungen bewilligt werden.[97] Unterlässt es der Berechtigte vorwerfbar, rechtzeitig einen Kostenvorschussanspruch geltend zu machen, kann dies im Rahmen bewilligter Prozess-/Verfahrenskostenhilfe zur Festsetzung von aus dem Vermögen zu zahlenden Beträgen führen.[98] Bei gerichtlicher Geltendmachung der von einem Sozialleistungsträger rückübertragenen Unterhaltsansprüche steht dem Leistungsberechtigten grundsätzlich ein Kostenvorschussanspruch gegen den Leistungsträger zu, so dass Prozesskostenhilfe nicht zu bewilligen ist.[99] – Bereits bewilligte Prozesskostenhilfe kann wegen nachträglichen Entstehens der Voraussetzungen von § 1360a Abs. 4 (zB gestiegenes Einkommen des Verpflichteten) nicht mehr entzogen, doch kann gemäß § 120 Abs. 4 ZPO bei wesentlichen Änderungen Nachzahlung der Prozesskosten (auch teil- oder ratenweise) angeordnet werden.[100] 22

**4. Voraussetzungen. a) Bedürftigkeit.** Die Vorschusspflicht besteht nur, soweit der begehrende Ehegatte **außer Stande** ist, die Kosten zu tragen, ohne seinen eigenen angemessenen Unterhalt zu gefährden. Der Maßstab der §§ 114 ff. ZPO gilt nicht.[101] Bei geringer Leistungsfähigkeit des Vorschussverpflichteten muss der Berechtigte aber dennoch seine eigenen Mittel je nach Billigkeit heranziehen, so dass ihm unter Umständen nur der notwendige Unterhalt verbleibt.[102] Die Billigkeit kann eventuell gebieten, zunächst den **Stamm des eigenen Vermögens** zu verwerten, sofern es sich nicht lediglich um eine angemessene Rücklage für Notfälle handelt.[103] Ein Kostenvorschuss kann in Betracht kommen, wenn die Vermögensverhältnisse des in Anspruch genommenen Ehegatten wesentlich günstiger sind und der Berechtigte den Vermögensstamm zurzeit nur schwer verwerten kann. Generell gilt: Je leistungsfähiger der Verpflichtete ist, umso geringer sind die Anforderungen an die Bedürftigkeit des Berechtigten und umgekehrt;[104] das gebietet die für den Anspruch maßgebende 23

---

90 OLG München FamRZ 1993, 821; *Klinkhammer* in Wendl/Dose UnterhaltsR § 6 Rn. 27; Zöller/*Philippi* ZPO § 115 Rn. 6d; *Caspary* NJW 2005, 2577 (2578); → § 1610 Rn. 161; aA BSG NJW 1970, 352.
91 *Büte* FF 2004, 272 (273); *Vogel* in Göppinger/Wax UnterhaltsR Rn. 2624; Palandt/*Brudermüller* Rn. 9.
92 BGH NJW-RR 2008, 1531 Rn. 8 = FamRZ 2008, 1842; OLG Karlsruhe FamRZ 2016, 1195; OLG Celle FamRZ 2015, 1421.
93 BGH NJW-RR 2008, 1531 Rn. 8 = FamRZ 2008, 1842; Zöller/*Philippi* ZPO § 115 Rn. 71; Staudinger/*Voppel*, 2018, Rn. 84.
94 OLG Brandenburg FamRZ 2014, 1195; Staudinger/*Voppel*, 2018, Rn. 84.
95 OLG Rostock OLG-NL 1995, 88 f.; OLG Oldenburg JurBüro 1994, 484; *Vogel* in Göppinger/Wax UnterhaltsR Rn. 2719; *Klinkhammer* in Wendl/Dose UnterhaltsR § 6 Rn. 30.
96 BGH NJW-RR 2004, 1662 = FamRZ 2004, 1633 (1635); so auch OLG Saarbrücken FamRZ 2010, 749.
97 *Vogel* in Göppinger/Wax UnterhaltsR Rn. 2719; *Scholz* in Wendl/Dose UnterhaltsR § 6 Rn. 30; *Viefhues* FamRZ 2004, 1636.
98 OLG Zweibrücken FamRZ 2002, 1200 f.; Palandt/*Brudermüller* Rn. 8.
99 BGH NJW 2008, 1950 Rn. 13 ff. = FamRZ 2008, 1159; OLG Karlsruhe FamRZ 2016, 1195; OLG Celle FamRZ 2015, 1420 (1421).
100 Vgl. OLG Brandenburg FamRZ 2011, 54; OLG Bamberg NJW-RR 1996, 69; *Bratfisch* Rpfleger 1987, 100 f.; *Büttner* Rpfleger 1997, 347 ff.
101 Staudinger/*Voppel*, 2018, Rn. 74; NK-BGB/*Kaiser* Rn. 50; Palandt/*Brudermüller* Rn. 11.
102 Palandt/*Brudermüller* Rn. 11; Staudinger/*Voppel*, 2018, Rn. 74; Soergel/*Leiß* Rn. 75.
103 OLG Frankfurt FamRZ 1986, 485.
104 OLG Köln NJW-RR 2002, 1585 f.; Staudinger/*Voppel*, 2018, Rn. 74; Palandt/*Brudermüller* Rn. 11.

Billigkeit. Nur soweit der Berechtigte im Vermögensstamm über zur Prozessführung bereite Mittel verfügt, kann ihn ein leistungsfähiger Verpflichteter darauf verweisen. Die Bedürftigkeit entfällt nicht durch das Angebot der Verpflichteten, dem Berechtigten ein Darlehen in Höhe des Vorschussanspruchs zu gewähren.[105]

24 **b) Leistungsfähigkeit. Billigkeit.** Der nur nach Billigkeit geschuldete Vorschuss setzt die **Leistungsfähigkeit des Verpflichteten** voraus. Sie entfällt bereits mit der Gefährdung des eigenen **angemessenen Unterhalts,** nicht erst des notwendigen wie nach § 114 ZPO.[106] Bei Verbindlichkeiten des Verpflichteten scheidet eine Vorschusspflicht zwar nicht schlechthin aus; diese können aber nach allgemeinen unterhaltsrechtlichen Grundsätzen zu beachten sein. Ein genereller Vorrang der Vorschusspflicht kann deshalb nicht angenommen werden.[107] Anderweitige Unterhaltspflichten zur Deckung des allgemeinen Lebensbedarfs gehen der Vorschusspflicht vor. Sie entfällt, wenn sie zusammen mit den Unterhaltspflichten und sonstigen zu berücksichtigenden Schulden die Leistungsfähigkeit des Verpflichteten übersteigt, insbesondere wenn er für einen entsprechenden Prozess selbst Prozesskostenhilfe ohne Raten beanspruchen könnte.[108] Sozialrentenansprüche des Verpflichteten sind, soweit gemäß § 54 Abs. 4 SGB I iVm Abs. 3 SGB I pfändbar, bei seiner Leistungsfähigkeit zu berücksichtigen.[109] Bei beschränkter Leistungsfähigkeit des Verpflichteten kann der Bedürftige für den Restbetrag Prozess-/Verfahrenskostenhilfe erhalten.[110] Kann der Kostenvorschuss nicht in einem Betrag aufgebracht werden, etwa weil der Verpflichtete seinerseits **Prozesskostenhilfe mit Raten** beanspruchen könnte, kann in Höhe der nach § 115 ZPO bemessenen Raten Leistungsfähigkeit bestehen, soweit der angemessene bzw. im Verhältnis zu minderjährigen Kindern der notwendige Selbstbehalt gewahrt bleibt (→ Rn. 22).[111] Das gilt nicht, wenn der Verpflichtete zugleich Prozesspartei ist und selbst Raten auf die ihm gewährte Prozesskostenhilfe zu zahlen hat.[112] Andernfalls müsste er in demselben Verfahren höhere Raten zahlen als in § 115 Abs. 2 ZPO vorgesehen, was zu einer unzumutbaren Belastung führen würde.[113] Eine Einschränkung der Vorschusspflicht kann sich auch aus anderen Umständen, etwa den sonstigen persönlichen Verhältnissen der Ehegatten, ergeben, deren Berücksichtigung unter Billigkeitsgesichtspunkten geboten ist.[114] Als der Billigkeit widersprechend wäre grds. auch die Vorschusspflicht im Falle eines nach Quoten berechneten Unterhalts anzusehen. Denn eine zusätzliche Belastung des Verpflichteten durch den Vorschuss würde zu einem Verstoß gegen den unterhaltsrechtlichen Halbteilungsgrundsatz führen.[115]

25 **c) „Rechtsstreit".** Der Begriff „Rechtsstreit" ist weit auszulegen.[116] Die persönliche Angelegenheit kann **jedwede Verfahrensart** betreffen: die streitige Zivilgerichtsbarkeit einschl. einstweiliger Verfügung und Arrest; Verfahren nach dem FamFG, die Verwaltungs-[117] und Sozialgerichtsbarkeit,[118] eventuell das Schiedsgerichtsverfahren;[119] in Strafsachen außer der Verteidigung (Abs. 4 S. 2) auch Privatklage- und Nebenklagekosten.[120] Ein Kostenvorschuss kommt auch für ein mit dem Ziel der Restschuldbefreiung eingeleitetes Insolvenzverfahren in Betracht, wenn die Insolvenz des

[105] OLG Frankfurt MDR 2014, 230.

[106] OLG Celle FamRZ 2014, 783; OLG München FamRZ 2006, 791 f.; OLG Brandenburg FamRZ 2002, 1414 f.; OLG Köln FamRZ 1999, 792; OLG Zweibrücken FamRZ 1997, 757 (759); Staudinger/*Voppel,* 2018, Rn. 75; *Klinkhammer* in Wendl/Dose UnterhaltsR § 6 Rn. 31; *Vogel* in Göppinger/Wax UnterhaltsR Rn. 2652; *Borth* in Schwab ScheidungsR-HdB IV Rn. 86; Palandt/*Brudermüller* Rn. 12. Anders im Verhältnis zu Kindern BGH NJW-RR 2004, 1662 = FamRZ 2004, 1633 (1635) betr. notwendigen Selbstbehalt.

[107] Ebenso *Klinkhammer* in Wendl/Dose UnterhaltsR § 6 Rn. 31; vgl. auch *Borth* in Schwab ScheidungsR-HdB IV Rn. 86; OLG Hamm FamRZ 1986, 1013; aA *Vogel* in Göppinger/Wax UnterhaltsR Rn. 2654; Staudinger/*Voppel,* 2018, Rn. 76; zweifelnd Palandt/*Brudermüller* Rn. 12.

[108] BGH NJW-RR 2004, 1662 = FamRZ 2004, 1633 (1634); OLG Saarbrücken FamRZ 2010, 749; OVG Saarlouis FamRZ 2011, 1162; *Klinkhammer* in Wendl/Dose Unterhaltsrecht § 6 Rn. 30.

[109] OLG Düsseldorf FamRZ 1979, 806 f.

[110] Soergel/*Leiß* Rn. 76; Palandt/*Brudermüller* Rn. 12.

[111] BGH NJW-RR 2004, 1662 = FamRZ 2004, 1633 (1634 f.); OLG Celle FamRZ 2014, 783; OLG Brandenburg FamRZ 2014, 784.

[112] OLG Celle FamRZ 2010, 53 f.

[113] OLG Celle FamRZ 2014, 783.

[114] OLG Brandenburg FamRZ 2014, 784 bei möglicher Verwirkung (→ Rn. 22); Staudinger/*Voppel,* 2018, Rn. 78; *Borth* in Schwab ScheidungsR-HdB IV Rn. 85; *Vogel* in Göppinger/Wax UnterhaltsR Rn. 2655 zu weiteren Einzelheiten.

[115] OLG Karlsruhe FamRZ 2016, 1279.

[116] BGHZ 156, 92 = NJW 2003, 2910 = FamRZ 2003, 1651.

[117] OVG Lüneburg FamRZ 1973, 145 f.

[118] BSG NJW 1960, 502.

[119] Erman/*Gamillscheg* Rn. 23.

[120] BGH NStZ 1993, 351; aA OLG Frankfurt NStZ 1994, 298.

Antragstellers nicht im Wesentlichen auf vorehelichen Schulden oder sonstigen Verbindlichkeiten beruht, die weder zum Aufbau oder zur Erhaltung einer wirtschaftlichen Existenz der Eheleute eingegangen wurden noch aus sonstigen Gründen mit der gemeinsamen Lebensführung in Zusammenhang stehen.[121] Die Kosten für eine den Unterhaltsanspruch verbriefende vollstreckbare Urkunde muss der Unterhaltspflichtige analog § 1360a Abs. 4 vorschießen.[122]

**d) Persönliche Angelegenheiten.** Abgesehen von den in Abs. 4 S. 2 beispielhaft erwähnten Kosten der Verteidigung in einem Strafverfahren[123] muss der Rechtsstreit, für den Kostenvorschuss verlangt wird, eine persönliche Angelegenheit betreffen.[124] Dieser Begriff ist schwierig zu bestimmen. Die Unterscheidung zwischen vermögensrechtlichen und nichtvermögensrechtlichen Streitigkeiten ist nicht maßgebend;[125] in beiden Fällen kann der Rechtsstreit eine persönliche Angelegenheit betreffen. Auch die Lebenswichtigkeit ist kein geeignetes Abgrenzungskriterium;[126] denn für jemand, der nicht in der Lage ist, die Kosten eines Rechtsstreits zu tragen, sind vermögensrechtliche Prozesse von einiger Bedeutung zumeist „lebenswichtig" und rühren an die Existenzgrundlage. Zu den persönlichen Angelegenheiten gehören, insbesondere **im vermögensrechtlichen Bereich,** vielmehr diejenigen Ansprüche, die „ihre Wurzel in der ehelichen Lebensgemeinschaft" haben, die auch die wirtschaftliche Existenz der Ehegatten umfasst.[127] Bei einem **Rechtsstreit mit einem Dritten** scheidet die eheliche Lebensgemeinschaft „als Wurzel" des Anspruchs in der Regel aus. In solchen Fällen liegt eine persönliche Angelegenheit vor, wenn eine genügend enge Verbindung zur Person des betroffenen Ehegatten besteht.[128] Nicht zu fordern ist dagegen, dass der Rechtsstreit auch im Verhältnis zu dem anderen Ehegatten einen persönlichen Bezug aufweist; § 1360a Abs. 4 stellt allein auf die Verhältnisse des vorschussberechtigten Ehegatten ab.[129] Ein Rechtsstreit, der danach als persönliche Angelegenheit zu qualifizieren ist, verliert diese Eigenschaft nicht in einer neuen Ehe. Deshalb kann auch ein neuer Ehegatte prozesskostenvorschusspflichtig für Rechtstreitigkeiten sein, die eine frühere Ehe des anderen betreffen (→ Rn. 28).[130] **Keine persönlichen Angelegenheiten** stellen dagegen vermögensrechtliche Ansprüche dar, die in Wahrnehmung allgemeiner wirtschaftlicher Interessen eines Ehegatten entstanden sind, vor allem Vertragsbeziehungen mit Dritten entstammen.[131] Dass die eheliche Lebensgemeinschaft vom Erfolg eines hierüber geführten Rechtsstreits materiell berührt wird, reicht für die Beurteilung als persönliche Angelegenheit nicht aus. Auch ein Rechtsstreit mit dem anderen Ehegatten ist nicht zwingend eine persönliche Angelegenheit, nämlich dann nicht, wenn sich die Ehegatten wie andere Vertragspartner gegenüber stehen.[132] 26

Wann danach eine persönliche Angelegenheit vorliegt, lässt sich nur nach Fallgruppen entscheiden. Unzweifelhaft, aber nicht ausnahmslos, gehören dazu unübertragbare nichtvermögensrechtliche (personenrechtliche) Ansprüche.[133] Bei vermögensrechtlichen Streitigkeiten ist die Unübertragbarkeit des eingeklagten Anspruchs kein geeignetes Abgrenzungskriterium.[134] Insofern sind vielmehr 27

---

[121] BGHZ 156, 92 = NJW 2003, 2910 = FamRZ 2003, 1651.

[122] OLG Karlsruhe FamRZ 1984, 584 f.

[123] Entgegen *Koch* NJW 1974, 89 keine Fiktion.

[124] Vgl. dazu *Borth* in Schwab ScheidungsR-HdB IV Rn. 79 ff.

[125] BGHZ 31, 384 (386) = NJW 1960, 765.

[126] So allerdings *Pastor,* Prozesskostenvorschuss und Prozesskostentragung, 1962, 52 ff.; dagegen BGHZ 41, 104 (111 f.) = NJW 1964, 1129; OLG Köln NJWE-FER 2000, 31; OLG Nürnberg FamRZ 1986, 697 f.

[127] BGHZ 31, 384 (386 f.) = NJW 1960, 765; BGHZ 156, 92 = NJW 2003, 2910 = FamRZ 2003, 1651.

[128] BGH NJW 2010, 372 Rn. 6 = FamRZ 2010, 189 (190); BGHZ 41, 104 (111 f.) = NJW 1964, 1129; OLG Celle FamRZ 2008, 2199 (2200); OLG Karlsruhe FamRZ 2005, 1744 (1745); OLG Koblenz FamRZ 1986, 466; OLG Nürnberg FamRZ 1986, 697 f.; Palandt/*Brudermüller* Rn. 14; nur auf den Bezug zur ehelichen Lebensgemeinschaft abstellend OLG Düsseldorf FamRZ 1984, 388 (389); *Vogel* in Göppinger/Wax UnterhaltsR Rn. 2633; Staudinger/*Voppel,* 2018, Rn. 68.

[129] Diesem Verständnis steht BGHZ 156, 92 = NJW 2003, 2910 = FamRZ 2003, 1651 nicht entgegen. Zwar wird dort nur auf einen Zusammenhang mit den aus der Ehe erwachsenen Bindungen eingegangen; die Frage, ob eine allein in der Person des Ehegatten begründete persönliche Angelegenheit vorlag, stellte sich aber nicht.

[130] BGH NJW 2010, 372 Rn. 7, 10 = FamRZ 2010, 189; OLG Celle FamRZ 2008, 2199 (2200); OLG Karlsruhe FamRZ 2005, 1744 (1745); OLG Koblenz FamRZ 1986, 466; OLG Hamm FamRZ 1989, 277 (278); *Klinkhammer* in Wendl/Dose UnterhaltsR § 6 Rn. 33; aA Staudinger/*Voppel,* 2018, Rn. 69b; *Vogel* in Göppinger/Wax UnterhaltsR Rn. 2633.

[131] BGHZ 41, 104 (112) = NJW 1964, 1129; OLG Köln NJW-RR 1989, 967; Staudinger/*Voppel,* 2018, Rn. 67; *Borth* in Schwab ScheidungsR-HdB IV Rn. 82; *Vogel* in Göppinger/Wax UnterhaltsR Rn. 2637.

[132] OLG Frankfurt FamRZ 2001, 1148 m. krit. Anm. *Carnap*; Staudinger/*Voppel,* 2018, Rn. 67.

[133] Staudinger/*Voppel,* 2018, Rn. 68; *Borth* in Schwab ScheidungsR-HdB IV Rn. 72.

[134] Zu einseitig herausgestellt von *Koch* NJW 1974, 88 Fn. 12 f.; vgl. dagegen nur § 399 Alt. 2. Rein geldwerte Ansprüche auf Dienstleistungen, aus Nießbrauch oder Verletzung des Urheberrechts sind trotz Unübertragbarkeit nicht vorschusspflichtig (entgegen *Koch* NJW 1974, 88 [89]).

die vorgenannten Grundsätze zur Beurteilung heranzuziehen. Persönliche Angelegenheiten betreffen hiernach vor allem **immaterielle Rechtsgüter** wie die körperliche Integrität, Gesundheit, Freiheit, Ehre; den Status in Abstammungssachen;[135] Unterlassungsansprüche gegen den Missbrauch des Ehe- und Geburtsnamens (→ § 1355 Rn. 23 aE) und des Rechts am eigenen Bild;[136] aber auch Streitigkeiten um eine Aufenthaltserlaubnis[137] oder wegen Entziehung der Fahrerlaubnis. In die Kategorie der Streitigkeiten bzgl. der Gesundheit gehören solche um Rente wegen krankheitsbedingter Arbeitsunfähigkeit,[138] Schadensersatz wegen ärztlichen Kunstfehlers,[139] Schmerzensgeld.[140] Als **mit der ehelichen Lebensgemeinschaft in Zusammenhang stehend** sind zu bevorschussen: Ehesachen einschließlich der Folgesachen sowie sämtliche Familiensachen iSd § 111 Nr. 1–10 FamFG, eine auf Nichtveräußerung des Familieneigenheims gerichtete Unterlassungsklage,[141] Klagen wegen Eingriffs in den räumlich-gegenständlichen Bereich der Ehe;[142] Ansprüche auf güterrechtliche Auseinandersetzung der Ehegatten einschließlich der sie vorbereitenden Auskunftsklage.[143] In Ehesachen und Folgesachen sind die Kosten zwar gemäß § 113 Abs. 1 FamFG, § 93a ZPO regelmäßig gegeneinander aufzuheben; gleichwohl kommt ein Anspruch auf Kostenvorschuss in Betracht, denn die nach Billigkeit zu treffende Kostenentscheidung kann erst am Ende des Verfahrens ergehen, zuvor also nicht der Billigkeit iSd § 1360a Abs. 4 S. 1 entgegenstehen.[144] Als **die eheliche Lebensgemeinschaft betreffend** und damit gleichermaßen als persönliche Angelegenheit gelten: die Nachbarklage auf Immissionsabwehr, wenn der vorschusspflichtige Ehepartner das beeinträchtigte Grundstück mitbewohnt,[145] desgleichen ein Baugenehmigungsverfahren zur Errichtung eines Familieneigenheims.[146] Andernfalls könnte nach Grundstücksüberschreibung der finanzschwache Teil vorgeschickt werden, um auf Staatskosten zu prozessieren. – Als vermögensrechtliche Angelegenheiten sind **nicht vorschusspflichtig:** Streitigkeiten um ein gesellschaftsrechtliches Auseinandersetzungsguthaben,[147] um Steuern und sonstige Abgaben,[148] um ein Erb-[149] oder Pflichtteilsrecht.[150] Bei arbeitsgerichtlichen Streitigkeiten ist zu differenzieren: Bei Bestandsstreitigkeiten handelt es sich wegen der Bedeutung des Arbeitsverhältnisses für die Persönlichkeitsentfaltung um eine persönliche Angelegenheit.[151] Bei Streitigkeiten um Lohn oder Gehalt erscheint dies fraglich; auch wenn die eheliche Lebensgemeinschaft davon materiell berührt wird, dürfte der erforderliche persönliche Bezug fehlen.[152] Ein mit dem Ziel der Restschuldbefreiung eingeleitetes Insolvenzverfahren zählt nicht zu den persönlichen Angelegenheiten, falls die Insolvenz im Wesentlichen auf vorehelichen Schulden oder solchen Verbindlichkeiten beruht, die mit der gemeinsamen Lebensführung der Ehegatten nicht in Zusammenhang stehen.[153]

28 Umstritten ist, ob und ggf. unter welchen Umständen eine Vorschusspflicht des jetzigen Ehegatten für die prozessuale **Durchsetzung oder Abwehr von Ansprüchen aus einer geschiedenen Ehe** oder einer hiermit in Zusammenhang stehenden anderweitigen Auseinandersetzung gegeben ist. Die Rspr. hierzu ist uneinheitlich. Die Beurteilung ist davon abhängig, ob es sich um eine

135 OLG Köln FamRZ 1999, 792; OLG Koblenz FamRZ 1997, 679.
136 *Koch* NJW 1974, 88.
137 HessVGH NJW-RR 2009, 1436 f.
138 BSG NJW 1960, 502.
139 OLG Frankfurt FamRZ 1967, 43 f.
140 OLG Frankfurt NJW-RR 2010, 1689; OLG München NJW-RR 2007, 657; LG Koblenz FamRZ 2000, 761; *Koch* NJW 1974, 88.
141 LG München I FamRZ 1970, 84.
142 OLG Frankfurt FamRZ 1982, 606 f.
143 BGH NJW 2010, 372 Rn. 7 = FamRZ 2010, 189 (190); BGHZ 31, 384 = NJW 1960, 765 = FamRZ 1960, 130 f. mAnm *Bosch*; zust. auch *Koch* NJW 1974, 88 für eine Klage auf Auskunft zwecks Aufstellung einer Auseinandersetzungsbilanz über die gemeinsam erarbeitete Errungenschaft.
144 KG (18. ZS) FamRZ 2003, 773; Palandt/*Brudermüller* Rn. 8; aA KG (16. ZS) FamRZ 1995, 680.
145 OVG Lüneburg FamRZ 1973, 145 f.
146 Palandt/*Brudermüller* Rn. 14.
147 BGHZ 41, 104 (112) = NJW 1964, 1129.
148 AA für „tätigkeitsbezogene" Abgaben BFH JurBüro 1992, 557; BFH/NV 1998, 489.
149 OLG Düsseldorf NJW 1960, 2189. Für die Klage auf Feststellung der Gültigkeit eines Erbvertrags unter Ehegatten jedoch bejahend OLG Köln MDR 1963, 51.
150 Entgegen OLG Köln FamRZ 1961, 122. Trotz des zugrundeliegenden Verwandtschaftsverhältnisses berührt der Pflichtteil nicht den Status des Berechtigten; anderenfalls wäre jedes gesetzliche Verwandtenerbrecht eine vorschusspflichtige Angelegenheit. Abl. wegen der Übertragbarkeit des Pflichtteilsrechts nach § 2317 Abs. 2 auch *Koch* NJW 1974, 89 m. Fn. 28.
151 BAG NZA 2006, 694 = FamRZ 2006, 1117.
152 OLG Köln NJWE-FER 2000, 31; Staudinger/*Voppel,* 2018, Rn. 71; zweifelnd *Borth* in Schwab ScheidungsR-HdB IV Rn. 81.
153 BGHZ 156, 92 = NJW 2003, 2910 = FamRZ 2003, 1651.

Angelegenheit handelt, die eine genügend enge, persönliche Verbindung zu dem einen Vorschuss begehrenden Ehegatten aufweist. Davon wird etwa bei Verfahren, die die elterliche Sorge oder das Umgangsrecht betreffen, auszugehen sein. Ebenso wird es für unterhaltsrechtliche Streitigkeiten zu bejahen sein, da die Unterhaltspflicht Ausdruck fortwirkender ehelicher oder verwandtschaftlicher Verantwortung ist.[154] Der BGH hat eine Vorschusspflicht des neuen Ehegatten auch für die Geltendmachung eines Anspruchs auf Zugewinnausgleich gegen den geschiedenen Ehegatten bejaht, weil die Einordnung als persönliche Angelegenheit des Ehegatten nicht mit dessen Wiederverheiratung entfalle.[155] Zu erwägen ist allerdings, ob in solchen Fällen aus Billigkeitsgründen eine Begrenzung der Vorschusspflicht in Betracht kommt.[156]

**e) Erfolgsaussichten.** Der Billigkeit entspricht eine Kostenvorschusspflicht außerdem nur dann, wenn der beabsichtigte Rechtsstreit **nicht als mutwillig** erscheint und die beabsichtigte Rechtsverfolgung oder Rechtsverteidigung **hinreichende Aussicht auf Erfolg** bietet, was jeweils nach den für die Prozesskostenhilfe geltenden Maßstäben des § 114 ZPO zu beurteilen ist.[157] Dem Ehegatten eine Prozessfinanzierung nach einem großzügigeren Maßstab zuzumuten, erschiene unbillig.[158] Wird ein Prozesskostenvorschuss zur Rechtsverteidigung gegen ein Scheidungsverfahren begehrt, kann die Erfolgsaussicht aus den Erwägungen, wie sie im Rahmen der Bewilligung von Prozesskostenhilfe herangezogen werden, allerdings regelmäßig nicht maßgebend sein.[159] 29

**f) „Vorschuss" grundsätzlich nicht rückwirkend.** Kostenvorschuss kann verlangt werden, solange die Partei gegenüber ihrem Rechtsanwalt vorschusspflichtig ist.[160] Der Begriff „Vorschuss" knüpft an die **Vorschusspflicht der Partei gegenüber ihrem Rechtsanwalt** an (§ 9 RVG). Diese Vorschusspflicht besteht auch für Gebühren, die durch die Vornahme der betreffenden anwaltlichen Tätigkeit bereits entstanden, aber noch nicht fällig geworden sind. Kostenvorschuss kann dagegen grundsätzlich **nicht für die Vergangenheit** und deshalb nicht mehr verlangt werden, wenn der Rechtsstreit oder die betreffende Instanz abgeschlossen ist.[161] Etwas anderes gilt, wenn der Anspruch zuvor gerichtlich geltend gemacht oder der Verpflichtete rechtzeitig in Verzug gesetzt worden ist.[162] Säumnis des Zahlungspflichtigen darf ihm nicht zum Vorteil gereichen. Bei bevorstehender endgültiger Kostenregelung widerspräche ein Vorschussbegehren dagegen der Billigkeit. Aus tituliertem Vorschussanspruch kann jedoch auch nach dem Endurteil in der Hauptsache (ungeachtet einer dortigen Kostenentscheidung) vollstreckt werden.[163] Ansonsten können Kosten rückwirkend auch nicht als Sonderbedarf gemäß Abs. 3 iVm § 1613 Abs. 2 Nr. 1 verlangt werden.[164] Kein Verlust des Anspruchs tritt ein, falls der Berechtigte einen Anwaltskostenvorschuss zunächst durch Kreditaufnahme oder aus eigener Tasche aufbringt.[165] 30

**g) Umfang.** Die Vorschusspflicht umfasst[166] alle zur **sachdienlichen Prozessführung** erforderlichen Geldmittel:[167] die notwendigen gerichtlichen und außergerichtlichen Kosten, Gebühren 31

---

[154] OLG Celle FamRZ 2008, 2199 (2200) für eine gegen den früheren Ehegatten gerichtete Unterhaltsabänderungsklage; OLG Karlsruhe FamRZ 2005, 1744 (1745) für eine Abänderungs- und Vollstreckungsabwehrklage gegen ein aus einer früheren Ehe stammendes Kind; Palandt/*Brudermüller* Rn. 14; aA Staudinger/*Voppel,* 2018, Rn. 69a, 69b; *Vogel* in Göppinger/Wax UnterhaltsR Rn. 2633.

[155] BGH NJW 2010, 372 Rn. 4, 7 = FamRZ 2010, 189; vgl. hierzu auch OLG Nürnberg FamRZ 1986, 697 (968); OLG Koblenz FamRZ 1986, 466; OLG Hamm FamRZ 1989, 277: Klage der Ehefrau gegen ihren früheren Ehemann auf Erstattung der ihr aus der Zustimmung zu dem Realsplitting erwachsenen Steuernachteile.

[156] Vgl. BGH NJW 2010, 372 Rn. 11 = FamRZ 2010, 189 (190): etwa wenn aus sachfremden Erwägungen prozessiert wird.

[157] BGH NJW 2001, 1646 = FamRZ 2001, 1363 (1364) mwN; zust. *Bißmaier* FamRZ 2002, 863 f.

[158] Staudinger/*Voppel,* 2018, Rn. 79; *Borth* in Schwab ScheidungsR-HdB IV Rn. 89.

[159] Vgl. Zöller/*Philippi* ZPO § 114 Rn. 42 f.

[160] BGHZ 94, 316 (320 f.) = NJW 1985, 2263 = FamRZ 1985, 802.

[161] BGH NJW 1985, 2265 = FamRZ 1985, 902; OLG Brandenburg FamRZ 2011, 54; OLG Köln FamRZ 2007, 108; ferner nicht nach Ehescheidung, → Rn. 21.

[162] OLG Frankfurt ZFE 2005, 96; OLG Karlsruhe FamRZ 2000, 431; Palandt/*Brudermüller* Rn. 16; vgl. auch OLG Schleswig ZFE 2008, 36; OLG Köln FamRZ 1991, 842: als Verzugsschaden, m. krit. Anm. *Knops;* ebenso *Klinkhammer* in Wendl/Dose UnterhaltsR § 6 Rn. 37; aA *Borth* in Schwab ScheidungsR-HdB IV Rn. 94.

[163] BGHZ 94, 316 (319 f.) = NJW 1985, 2263 f. = FamRZ 1986, 803; OLG Hamm FamRZ 1977, 466.

[164] BGH NJW 1985, 2265 = FamRZ 1985, 902; auch OLG Nürnberg FamRZ 1982, 937.

[165] OLG Kiel SchlHA 1967, 57; aA OLG München FamRZ 1976, 696; obiter auch OLG Frankfurt FamRZ 1967, 484.

[166] Vgl. *Vogel* in Göppinger/Wax UnterhaltsR Rn. 2656 ff.

[167] KG NJW 1961, 737; *Borth* in Schwab ScheidungsR-HdB IV Rn. 92.

und Auslagen, einschließlich derjenigen, die zur Durchsetzung des Prozesskostenvorschussanspruchs benötigt werden.[168] Die Vorschusspflicht für Anwaltskosten in Verfahren ohne Anwaltszwang, desgleichen für einen Verkehrsanwalt, richtet sich nach Erforderlichkeit und Billigkeit, dh nach der Verhältnismäßigkeit unter Berücksichtigung von Schwierigkeit, wirtschaftlicher Bedeutung der Sache und Leistungsfähigkeit des Verpflichteten. Unter diesen Voraussetzungen sind Anwaltsgebühren auch für das Prüfungsverfahren über die Bewilligung von Prozess-/Verfahrenskostenhilfe zu bevorschussen.[169] Für die bloße Rechtsberatung wird dagegen kein Vorschuss geschuldet, da es sich nicht um Kosten eines Rechtsstreits iSd Abs. 4 handelt.[170]

32 **5. Verhältnis zu §§ 91 ff. ZPO; Rückzahlungspflicht.** Über eine endgültige Kostentragungspflicht zwischen Ehegatten fehlen gesetzliche Vorschriften (abgesehen von den § 1441 Nr. 3, § 1442, § 1443, § 1463 Nr. 3, § 1464, § 1465 bei Gütergemeinschaft). Abs. 4 sagt auch nichts über eine Rückzahlungspflicht des vorschussberechtigten Ehegatten aus; der Gesetzgeber überließ die Frage bewusst Wissenschaft und Rspr.[171] Die früher hM beurteilte die endgültige Kostentragungspflicht schematisch nach der Kostenentscheidung in der rechtskräftig entschiedenen Hauptsache.[172] Nach einer Grundsatzentscheidung des BGH,[173] der die Oberlandesgerichte folgen,[174] richtet sich die Rückzahlungspflicht (ebenso wie die Vorschusspflicht selbst) **nur nach Billigkeit** (und soll wegen wesentlicher Verbesserung der Vermögenslage des Vorschussempfängers in Betracht kommen,[175] ferner wenn sich herausstellt, dass die Voraussetzungen von vornherein nicht vorlagen), während die Kostenentscheidung ausschließlich den prozessualen Vorschriften der §§ 91 ff. ZPO, §§ 81 ff. FamFG folgt. Der Rückzahlungsanspruch leitet sich aus den unterhaltsrechtlichen Vorschriften her; mangels einer speziellen gesetzlichen Regelung ist der den §§ 1360 ff. zugrunde liegende Rechtsgedanke heranzuziehen und der Vorschusscharakter der Leistung zu berücksichtigen.[176] Da es sich um einen familienrechtlichen Anspruch eigener Art handelt, ist Bereicherungsrecht nicht anwendbar.[177] Der in der Hauptsache **unterlegene** Vorschussempfänger ist somit nur nach Billigkeit rückerstattungspflichtig, gleichviel ob er den Rechtsstreit gegen den Ehepartner oder einen Dritten führte. Der gegen einen Dritten **obsiegende** Vorschussempfänger ist jedoch sofort rückerstattungspflichtig (allgM). Stellt sich während des Rechtsstreits heraus, dass der Vorschussberechtigte die Kosten ganz oder teilweise selber tragen muss, so rechtfertigt dies noch keine Abänderung des den Vorschuss anordnenden Beschlusses.[178] Eine abweichende Kostenentscheidung in der Hauptsache setzt den (einstweiligen) Anordnungsbeschluss nicht automatisch außer Kraft.[179]

33 Ob und ggf. inwieweit ein – unstreitig gezahlter – **Kostenvorschuss bei einem Verfahren zwischen den Ehegatten im Kostenfestsetzungsverfahren** berücksichtigt werden kann, wird nicht einheitlich beantwortet. Folgende Fallgestaltungen sind zu unterscheiden: Sind dem Vorschusspflichtigen die Kosten des Rechtsstreits auferlegt worden, kann er einwenden, er habe den Erstattungsanspruch des Vorschussberechtigten (teilweise) erfüllt.[180] Der Empfänger kann in Höhe des Vorschusses keine Kostenerstattung mehr verlangen. – Sind dem Vorschussempfänger die Kosten des Rechtsstreits auferlegt worden, kann ein Kostenvorschuss nur insoweit berücksichtigt werden, als er die tatsächlichen Kosten des Empfängers übersteigt.[181] – Bei **Kostenquotelung** hängt die Antwort auf die Frage, ob der Vorschuss auf den Erstattungsanspruch des Empfängers anzurechnen ist, davon ab, worauf der Vorschuss gezahlt wurde. Richtigerweise ist anzunehmen, dass die Zahlung nicht auf einen künftigen Erstattungsanspruch erfolgte, sondern auf den in den Prozesskosten bestehenden

[168] BGH NJW 1981, 1564 = FamRZ 1981, 760; OLG Zweibrücken OLGR 2002, 179.
[169] Staudinger/*Voppel,* 2018, Rn. 81.
[170] OLG München FamRZ 1990, 312 (313); *Vogel* in Göppinger/Wax UnterhaltsR Rn. 2658; NK-BGB/*Kaiser* Rn. 51; aA *Kleinwegener* FamRZ 1992, 755; *Borth* in Schwab ScheidungsR-HdB IV Rn. 83.
[171] BT-Drs. 2/3409, 38.
[172] OLG München NJW 1960, 438 = FamRZ 1960, 69 f.; NJW 1965, 1721.
[173] BGHZ 56, 92 = NJW 1971, 1262 = FamRZ 1971, 360; ebenso BGHZ 94, 316 = NJW 1985, 2263 f. = FamRZ 1985, 802 f.; bestätigt von BGHZ 110, 247 = NJW 1990, 1476 = JR 1991, 25 m. abl. Anm. *Olzen.*
[174] OLG Düsseldorf FamRZ 1981, 295 f.; OLG München FamRZ 1994, 1605; OLG Bamberg FamRZ 1986, 484 f.; OLG Hamm FamRZ 1992, 672 = NJW-RR 1992, 582.
[175] Dagegen *Benkelberg* FuR 2003, 68 (69 ff.).
[176] BGHZ 110, 247 (248) = NJW 1990, 1476.
[177] AA *Olzen* JR 1990, 1 (8 f.).
[178] OLG Bamberg FamRZ 1975, 421.
[179] BGHZ 94, 316 (319) = NJW 1985, 2263 = FamRZ 1985, 803; OLG Hamm FamRZ 1977, 466 f.; OLG Düsseldorf FamRZ 1980, 815; 1981, 295 f.; OLG Nürnberg NJW 1980, 349 = MDR 1980, 236; OLG Bamberg FamRZ 1986, 484; aA OLG Köln FamRZ 1978, 912 f.
[180] OLG Köln FamRZ 2006, 218; OLG Koblenz FamRZ 1996, 887 f.; OLG Celle FamRZ 1985, 731 f.
[181] *Dose,* Einstweiliger Rechtsschutz in Familiensachen, Rn. 121.

unterhaltsrechtlichen Sonderbedarf. Der Vorschuss deckt damit auch die Kosten des Empfängers ab, deretwegen ihm kein Erstattungsanspruch zusteht. Eine Anrechnung des Vorschusses kann deshalb nicht in voller Höhe, sondern nur insoweit erfolgen, als dieser zusammen mit dem Kostenerstattungsanspruch die tatsächlichen Kosten des Vorschussempfängers übersteigt.[182] Auf diese Weise bleiben die dem Berechtigten entstandenen Kosten gedeckt, es wird aber vermieden, dass er aus dem Prozess einen Gewinn erzielt. – Zulässig ist auch die Aufrechnung mit einem Rückforderungsanspruch gegen einen Anspruch des anderen Ehegatten auf Zugewinn oder rückständigen Unterhalt.[183]

**6. Prozessuales.** Sachlich zuständig ist das Familiengericht (§ 23a Abs. 1 Nr. 1 GVG, § 111 **34** Nr. 8 FamFG), da der Vorschussanspruch Teil der Unterhaltspflicht ist. Nach § 246 Abs. 1 FamFG kann das Gericht durch einstweilige Anordnung abweichend von § 49 FamFG auf Antrag die Verpflichtung zur Zahlung von Unterhalt oder zur Zahlung eines Kostenvorschusses für ein gerichtliches Verfahren regeln. Die **Darlegungs- und Beweislast** richtet sich nach den allgemeinen Regeln; sie umfasst auch die Erfolgsaussicht der beabsichtigten Rechtsverfolgung.[184] Die Klage auf Rückzahlung eines gewährten Prozesskostenvorschusses ist ebenfalls Familiensache. Zu Fragen des **IPR** → 7. Aufl. 2018, HUP Art. 1 Rn. 9 f.

**7. Pfändbarkeit.** Der zweckgebundene Anspruch auf Kostenvorschuss ist weder abtretbar noch **35** verpfändbar oder pfändbar[185] (§§ 399, 1274 Abs. 2 BGB, § 851 ZPO), außer zugunsten des Gebührengläubigers (Gerichtskasse, Anwalt). Gemäß § 394 kann gegen ihn auch nicht **aufgerechnet** werden (zB mit einem Kostenerstattungsanspruch).[186] Nach zulässiger Pfändung und Überweisung ist das Verfahren gegen den Drittschuldner Familiensache.[187] Als Teil der Unterhaltspflicht genießt der Vorschussanspruch das Vollstreckungsprivileg des § 850d ZPO.[188] Der prozessuale Kostenerstattungsanspruch des Unterhaltsgläubigers gegen den Unterhaltsschuldner aus einem Unterhaltsverfahren fällt dagegen nicht hierunter.[189]

## § 1360b Zuvielleistung

**Leistet ein Ehegatte zum Unterhalt der Familie einen höheren Beitrag als ihm obliegt, so ist im Zweifel anzunehmen, dass er nicht beabsichtigt, von dem anderen Ehegatten Ersatz zu verlangen.**

**Schrifttum:** S. bei § 1360, § 1360a; *Gießler,* Erlöschen der elterlichen Prozessführungsbefugnis und Übergang zum familienrechtlichen Ausgleichsanspruch, FamRZ 1994, 800; *Holzhauer,* Der Unterhaltsregress, FS Ernst Wolf, 1985, 223; *Müller,* Die Bank- und Sparkonten bei der Trennung und Scheidung von Ehegatten, ZfJ 1991, 35; *Roth,* Der familienrechtliche Ausgleichsanspruch, FamRZ 1994, 793; *Roth-Stielow,* Vermögensrechtliche Streitfragen nach der Scheidung, NJW 1970, 1032; *M. Schwab,* Rückforderung von Ehegattenunterhalt nach einstweiliger Anordnung, FamRZ 1994, 1567; *Wacke,* Donatio non praesumitur, AcP 191 (1991), 1; *Wohlfahrt,* Aufrechnung gegen Unterhaltsansprüche mit Rückzahlungsansprüchen aus Unterhaltsüberzahlungen, FamRZ 2001, 1185.

---

182 BGH NJW-RR 2010, 718 Rn. 19 ff. = FamRZ 2010, 452; OLG Frankfurt OLGR 2005, 278 f. = BeckRS 2005, 678; FuR 2001, 523; KG NJW-RR 2002, 140 f.; OLG Nürnberg FuR 2002, 287 f.; OLG Hamm FamRZ 1999, 728; OLG Bamberg FamRZ 1999, 724; 1997, 1417; OLG Karlsruhe FamRZ 1986, 376 f.; vgl. auch OLG Köln (26. ZS) FamRZ 2006, 218; Staudinger/*Voppel,* 2018, Rn. 95; Stein/Jonas/*Bork* ZPO § 104 Rn. 22; Palandt/*Brudermüller* Rn. 21; *Benkelberg* FuR 2003, 68 (72 f.). – Keine Anrechnung: OLG Oldenburg FamRZ 1998, 445; OLG Düsseldorf FamRZ 1996, 1409 f.; KG Rpfleger 1980, 438 f. – Volle Anrechnung: OLG Köln OLGR 2006, 133 = BeckRS 2006, 293; OLG Düsseldorf Rpfleger 2005, 483 f.; OLG Braunschweig FamRZ 2005, 1190; OLG Schleswig OLGR 2002, 269 f. = BeckRS 2001, 30223798; OLG Zweibrücken MDR 1998, 862; OLG München FamRZ 1994, 1605 f.; OLG Stuttgart FamRZ 1992, 1462 f.

183 BGHZ 56, 92 (97) = NJW 1971, 1262 = FamRZ 1971, 360; OLG Koblenz OLGR 2000, 333 f. = BeckRS 1999, 30085514; Staudinger/*Voppel,* 2018, Rn. 90; Palandt/*Brudermüller* Rn. 21; *Borth* in Schwab ScheidungsR-HdB IV Rn. 99.

184 BGH NJW 2001, 1646 = FamRZ 2001, 1363 (1364).

185 BGHZ 94, 316 = NJW 1985, 2263 = FamRZ 1985, 802 f.; Staudinger/*Voppel,* 2018, Rn. 98; Soergel/*Leiß* Rn. 110.

186 BGHZ 94, 316 (321 ff.) = NJW 1985, 2264 = FamRZ 1985, 803 f.; OLG Karlsruhe FamRZ 1984, 1090.

187 Vgl. OLG Hamm FamRZ 1978, 602.

188 Str.; dafür: Staudinger/*Voppel,* 2018, Rn. 99; *Pastor* FamRZ 1958, 298 (302); *Weimar* NJW 1959, 2102; dagegen: LG Essen Rpfleger 1960, 250 f.; LG Bremen Rpfleger 1970, 214 f.; Soergel/*Leiß* Rn. 110; Palandt/*Brudermüller* Rn. 18. Die Gefahr einer unbilligen Belastung des Schuldners besteht nicht, da die Billigkeit im Erkenntnisverfahren zu prüfen ist.

189 BGH NJW-RR 2009, 1441 Rn. 8 = FamRZ 2009, 1483.

**Übersicht**



## I. Zweck und Wesen der Norm; Parallelvorschriften

1 **1. Normzweck.** Die widerlegbare Vermutung des § 1360b soll Streit zwischen Ehegatten über die Rückforderung eventuell zu viel geleisteten Unterhalts im **Interesse des Familienfriedens** vermeiden. Es entspricht der Lebenserfahrung und dem Wesen der ehelichen Lebensgemeinschaft, dass der Zuvielleistende **im Zweifel keinen Rückforderungswillen** hat.[1] Der geschuldete Unterhalt steht selten ziffernmäßig genau fest. Bei überschüssigen Leistungen, besonders bei gebräuchlichen Mehraufwendungen und Gelegenheitsgeschenken zu bestimmten Anlässen,[2] die mit zur Unterhaltspflicht iwS gehören, ist die Abgrenzung zur Schenkung schwierig. Für eine Schenkung erfordert § 516 Einigung über die Unentgeltlichkeit; bloßes Fehlen einer Entgeltlichkeitsvereinbarung genügt nicht. Demgegenüber lässt § 1360b (als quasi-Schenkung) schon das bloße Fehlen der Rückforderungsabsicht zum Rückforderungsausschluss genügen. Eine Verpflichtung des Ehepartners zum Ersatz bestimmungsmäßig verbrauchten Unterhalts brächte ihn wegen der sich schnell summierenden Einzelbeträge ähnlich unbillig in Schwierigkeiten wie umgekehrt den Unterhaltspflichtigen eine Nachzahlungspflicht im Falle des für die Vergangenheit nicht entrichteten Unterhalts (vgl. § 1613, § 1360a Abs. 3, § 1361 Abs. 4 S. 3). Für die Vergangenheit kann darum Unterhalt grundsätzlich weder gefordert noch zurückgefordert werden. Großzügig bemessene Unterhaltsbeiträge nach § 1360a Abs. 2 S. 2 erhöhen den Lebenszuschnitt der gesamten Familie, an dem in der Regel auch der Leistende partizipiert. Die praktizierte Großzügigkeit bei einer Ehekrise oder Scheidung einer kleinlichen Nachkalkulation zu unterwerfen, wäre ein Verstoß gegen das Rechtsgebot des konsequenten Verhaltens.[3] Ausgleichsansprüche nach der Scheidung sind grundsätzlich auf das Ehegüterrecht, den vorhandenen Zugewinn, beschränkt.

2 **2. Wesen.** Der Normzweck bestimmt das Wesen der Vorschrift. Teilweise wird in ihr (dem Wortlaut entsprechend) eine bloße Auslegungsregel[4] (gemeint ist wohl: Beweisregel) gesehen, die erst bei einem non liquet hinsichtlich eines von vornherein bestehenden Rückforderungswillens des Leistenden angewendet werden dürfe. Dann würde es sich um eine reine Schutzvorschrift zugunsten des redlichen Rückforderungsbeklagten handeln, ähnlich § 818 Abs. 3, § 814; von leichtfertigen Rückforderungsbegehren würde sie den Leistenden aber nicht abhalten. Wird die Hauptaufgabe des § 1360b dagegen in der darüber hinausgehenden präventiven Streitvermeidung zwecks Gewährleistung des familiären Friedens gesehen, muss die Vorschrift schärfer als **gesetzliche Vermutung** zu Lasten des Rückfordernden aufgefasst werden, welche dieser durch den Beweis des Gegenteils zu widerlegen hat.[5] Seiner Darlegungslast genügt der Rückfordernde nur, wenn er über die Tatsache der Zuvielleistung hinaus substantiiert die Umstände behauptet, aus denen seine Rückforderungsabsicht – für den Empfänger von vornherein erkennbar – zu folgern war.[6]

---

1 BGHZ 50, 266 (270) = NJW 1986, 1780; BeckOGK/*Preisner* Rn. 2; NK-BGB *Kaiser* Rn. 1; Soergel/*Leiß* Rn. 1; Palandt/*Brudermüller* Rn. 2.

2 Zu den Gelegenheitsgeschenken, Pflicht- und Anstandsschenkungen *Migsch* AcP 173 (1973), 46.

3 OLG Karlsruhe FamRZ 1990, 744.

4 So Erman/*Kroll-Ludwigs* Rn. 1; Palandt/*Brudermüller* Rn. 1; RGRK-BGB/*Wenz* Rn. 2.

5 OLG Karlsruhe FamRZ 1990, 744 (745); OLG Oldenburg FamRZ 2006, 267 (268); *Pruskowski* in Baumgärtel/Laumen/Prütting Beweislast-HdB Rn. 1; Staudinger/*Voppel*, 2018, Rn. 5; NK-BGB/*Kaiser* Rn. 4; *Borth* in Schwab ScheidungsR-HdB IV Rn. 102.

6 OLG Karlsruhe FamRZ 1990, 744 (745); OLG Oldenburg FamRZ 2006, 267 (268); *Wohlfahrt* FamRZ 2001, 1185 (186).

**3. Parallelvorschriften.** Verwandte Regelungen finden sich in § 685 Abs. 2 (Unterhaltsleistungen von Eltern und Voreltern an Abkömmlinge und umgekehrt) und § 1620 (Aufwendungen volljähriger, dem elterlichen Hausstand angehörender Kinder zu den Haushaltskosten). Diese Vorschriften enthalten Regeln, nach denen Schenkung ausnahmsweise vermutet wird,[7] als ergänzende Spezialnormen zu § 685 Abs. 1 (kein Geschäftsführerregress bei fehlender Rückforderungsabsicht) und zu § 814 (Kondiktionsausschluss bei wissentlicher Zuvielleistung oder Erfüllung einer sittlichen bzw. gesellschaftlichen Pflicht).[8] Der darin zum Ausdruck kommende allgemeine Rechtsgedanke erlaubt eine analoge Anwendung bei Unterhaltsleistungen innerhalb vergleichbar enger Gemeinschaften, besonders unter nichtehelich Zusammenlebenden (→ Rn. 6). Vgl. auch § 534 mit weiteren Parallelen. 3

## II. Anwendungsbereich

**1. Persönlicher Geltungsbereich; präkludierte Ansprüche.** § 1360b gilt in allen Güterständen für überschießende Unterhaltsleistungen unter zusammen lebenden Ehegatten ebenso wie unter getrennt lebenden (§ 1361 Abs. 4 S. 3),[9] nicht dagegen für Leistungen unter Geschiedenen.[10] Bei beschränkter Geschäftsfähigkeit gilt § 1360b nur für vom gesetzlichen Vertreter erbrachte oder konsentierte Leistungen. Die Vorschrift schließt Regressansprüche aus jedwedem rechtlichen Gesichtspunkt aus, sei es aus Geschäftsführung ohne Auftrag, ungerechtfertigter Bereicherung oder etwaiger besonderer familienrechtlicher Ausgleichspflicht (→ Rn. 11).[11] Ausgeschlossen ist auch eine Aufrechnung gegen künftig fällig werdende Unterhaltsraten sowie deren Zurückbehaltung. 4

**2. Freiwillige unterhaltsartige Leistungen. Konto-Abhebungen.** Der vermutete Rückforderungsverzicht des § 1360b gilt **nur für freiwillige Leistungen,** die der Art nach **zum Familienunterhalt** gehören. Hierbei kann es sich auch um Zins- und sonstige Leistungen für ein als Familienheim dienendes Hausgrundstück handeln, selbst wenn die Ehegatten als Gesamtschuldner für die entsprechenden Darlehen haften.[12] Besteht eine gesamtschuldnerische Haftung, ohne dass die Schuld zur Deckung des Familienunterhalts eingegangen wurde, greift § 1360b nicht ein, ebenso wenig bzgl. der Tilgungsleistungen für das Familienheim (→ § 1360a Rn. 4). In solchen Fällen ist während intakter Ehe hinsichtlich der Ausgleichspflicht nach § 426 Abs. 1 in der Regel konkludent „etwas anderes bestimmt" (§ 426 Abs. 1 S. 1 Hs. 2), weil der ehelichen Lebensgemeinschaft die Anschauung zugrunde liegt, mit dem Einkommen gemeinsam zu wirtschaften und finanzielle Mehrleistungen eines Ehegatten nicht auszugleichen. Will sich ein Ehegatte die Rückforderung von Mehrleistungen für den Fall der Trennung vorbehalten, bedarf es hierzu einer Vereinbarung.[13] Im Übrigen gilt: Bei Leistungen, welche nicht gemäß §§ 1360 ff. zum Unterhalt der Kleinfamilie gehören, ist § 1360b schon tatbestandlich nicht anwendbar, ohne dass es noch auf eine Widerlegung der Vermutung ankäme, so zB bei Begleichung von Schulden des Ehepartners (bes. geschäftlichen oder vorehelichen), bei Zuschüssen zum Aufbau eines vom Partner betriebenen Geschäfts,[14] bei Übernahme höherer steuerlicher Belastungen durch einen Ehegatten durch Wahl der Steuerklasse V;[15] bei Unterhaltsgewährung an Schwiegereltern und Stiefkinder (→ § 1360a Rn. 10 ff.).[16] Soweit ein Ehegatte die Unterhaltspflicht für ein gemeinsames Kind übernimmt, weil der andere sich insoweit der Unterhaltspflicht entzieht, greift § 1360b ebenfalls vom Tatbestand her nicht ein. Denn dem Kind gegenüber ist der Leistende aufgrund seiner Ersatzhaftung zum Unterhalt verpflichtet. Dann ist es aber nicht sachgerecht, im Verhältnis zu dem anderen Ehegatten von einer überobliga- 5

7 *Wacke* AcP 191 (1991), 1 (5 ff.).

8 *Migsch* AcP 173 (1973), 46.

9 OLG Karlsruhe FamRZ 1990, 191; OLG Oldenburg FamRZ 2006, 267; einschr. Erman/*Kroll-Ludwigs* Rn. 2: Lockerung der ehelichen Beziehungen kann leichter zur Widerlegung der Vermutung führen.

10 Vgl. OLG Koblenz FamRZ 1997, 368 (370); OLG Celle NJW 1974, 504; *Wohlfahrt* FamRZ 2001, 1185 (186); zweifelnd OLG Frankfurt FamRZ 1987, 1185. Zu Mehrleistungen zu Gunsten gemeinsamer Kinder → Rn. 5.

11 BGHZ 50, 266 (270) = NJW 1968, 1780; OLG Karlsruhe FamRZ 1990, 744; Staudinger/*Voppel,* 2018, Rn. 16.

12 OLG Oldenburg FamRZ 2005, 1837 (1838).

13 BGH NJW 2002, 1570 = FamRZ 2002, 739 (740) mwN zur Frage des gesamtschuldnerischen Ausgleichs wegen während des Zusammenlebens erbrachter Steuervorauszahlungen; vgl. auch OLG Karlsruhe FamRZ 1991, 441.

14 Nach *Gernhuber/Coester-Waltjen* FamR § 21 Rn. 63 Fn. 107 gilt solchenfalls die Vermutung des § 1360b in der Regel als widerlegt.

15 BGH NJW 2002, 2319 = FamRZ 2002, 1024 (1026); die auf die Einkünfte der Ehegatten zu zahlenden Steuern gehören nicht zum Familienunterhalt.

16 Staudinger/*Voppel,* 2018, Rn. 10; Soergel/*Lange* Rn. 3.

tionsmäßigen Leistung auszugehen.[17] Freiwilligkeit der Leistung ist dagegen anzunehmen bei Duldung der Verfügung über gemeinsame (Oder-)**Konten** während des Zusammenlebens, nicht aber wenn heimlich oder nach der Trennung verfügt worden ist.[18] Die Zweckbestimmung des Oder-Kontos (Finanzierung der gemeinsamen Lebensführung) entfällt mit der Trennung; danach mutmaßlich nicht mehr konsentierte Abhebungen sind gemäß §§ 430, 742 im Zweifel hälftig auszugleichen.[19] Die Rückforderung von Unterhalt, der aufgrund ungerechtfertigter **einstweiliger Anordnung** (und damit unfreiwillig) gezahlt wurde, wird durch § 1360b nicht beschränkt,[20] ebenso wenig diejenige eines Prozesskostenvorschusses.[21]

6 **3. Analogie.** Für tatbestandsmäßig nicht unter § 1360b subsumierbare Erstattungsansprüche im Zweifel eine Erlassofferte zu vermuten, würde eine analoge Anwendung bedeuten, die nur in engen Grenzen zulässig ist: zB für erlittene Körperschäden bei spontanen Rettungshandlungen (Hilfeleistungen) in Gefahrensituationen (tätlicher Angriff Dritter).[22] Bei anderen Aufwendungen muss der Schenkungswille in Umkehrung des § 1360b positiv festgestellt, etwa aus bestimmten Indizien[23] (unter Umständen auch aus längerem Schweigen) erschlossen werden. Doch bleibt § 814 anwendbar (zB für die Finanzierung eines Studiums).[24] Zur Mitarbeit in Beruf oder Geschäft des Ehepartners entfiel mit dem 1. EheRG die gesetzliche Verpflichtung. Die Pflicht zu nicht vergüteter Mitarbeit kann sich aber ausnahmsweise aus der ehelichen Beistandspflicht (§ 1353) ergeben. In solchen Fällen kommt eine Anwendung von § 1360b in Betracht, wenn die Leistungen über das unterhaltsrechtlich geschuldete Maß hinausgehen.[25] In der Regel stellt sich die Mitarbeit allerdings schon nicht als Unterhaltsleistung dar, so dass § 1360b nicht eingreift. Ein Ausgleich erfolgt insofern güterrechtlich; er ist, soweit keine vertragliche Regelung besteht, aber auch aufgrund einer ggf. anzunehmenden Ehegatteninnengesellschaft oder eines stillschweigend zustande gekommenen besonderen familienrechtlichen Vertrages (sog Kooperationsvertrag) möglich (→ § 1356 Rn. 24, 26 f.). Für nichtehelich Zusammenlebende kann, auch wenn Leistungen in diesem Verhältnis ohne rechtliche Verpflichtung erfolgen, der Rechtsgedanke des § 1360b herangezogen werden, soweit es um Gewährung dessen geht, was das tägliche Zusammenleben betrifft.[26]

7 **4. Maß.** Das Maß des geschuldeten Unterhalts ergibt sich aus § 1360a,[27] für Getrenntlebende aus § 1361 Abs. 1–3. Für dieses Maß übersteigende einmalige oder laufende Unterhaltsleistungen iSd §§ 1360 ff. gilt § 1360b; gleichviel ob in Geld oder Naturalien, ob aus den Arbeitseinkünften[28] oder dem Vermögensstamm[29] erbracht oder ob bei Gütergemeinschaft dem Vorbehaltsgut[30] oder dem Sondergut entnommen.

## III. Rechtsfolge

8 Bei freiwilligen Unterhaltsleistungen, die das Ausmaß der § 1360a, § 1361 Abs. 1–3 übersteigen, wird vermutet, dass dem Leistenden im Zeitpunkt der Unterhaltsgewährung die Absicht fehlte, vom Ehepartner Ersatz zu verlangen. Fehlende Absicht genügt (so besser formuliert in § 685 Abs. 2, § 1620). Nicht nötig ist Schenkungswille, also auf Ersatzverzicht gerichtete Absicht (→ Rn. 6). Ob der Leistende das Fehlen seiner rechtlichen Verpflichtung kannte, ist unerheblich.[31] Auch wenn er sich irrtümlich für verpflichtet hielt, verhindert der spezielle Kondiktionsausschließungsgrund des

---

17 *Roth* FamRZ 1994, 793 (798); Staudinger/*Voppel,* 2018, Rn. 15; *Borth* in Schwab ScheidungsR-HdB IV Rn. 103; *Holzhauer* FS Ernst Wolf, 1985, 223 (230 ff.); aA BGH NJW 1968, 1780 = FamRZ 1968, 450.
18 *W. Müller* ZfJ 1991, 35 (36).
19 OLG Karlsruhe FamRZ 1990, 629 f.; 1990, 744 ff.
20 *Schwab* FamRZ 1994, 1567 (1568); Staudinger/*Voppel,* 2018, Rn. 15a.
21 BGHZ 110, 247 (248) = NJW 1990, 1476 = FamRZ 1990, 491 (492); Staudinger/*Voppel,* 2018, Rn. 11.
22 Vgl. (zu § 685 Abs. 2) BGHZ 38, 302 = NJW 1963, 483. Für Analogie vgl. Soergel/*Leiß* Rn. 18.
23 Etwa spätere Zuwendungen im Testament ohne Vorbehalt bezüglich der bezahlten Schulden; so schon Dig. 32, 33 (2); *Wacke* ZRG rom. Abt. 91 (1974), 255 f.
24 OLG Düsseldorf OLGZ 1966, 283.
25 NK-BGB/*Kaiser* Rn. 11; Palandt/*Brudermüller* Rn. 1; vgl. auch BGH NJW 1995, 1486 = FamRZ 1995, 537 (538).
26 Im Ergebnis ebenso BGH NJW 2008, 3277 Rn. 40 = FamRZ 2008, 1822. Angesichts mehrerer Parallelvorschriften (→ Rn. 3) ist § 1360b keine ehespezifische Norm (→ Anh. § 1302 Rn. 99).
27 Für intensive Krankenpflege BGH NJW 1995, 1486 = FamRZ 1995, 537 (538); → § 1353 Rn. 31.
28 BGHZ 50, 266 (269) = NJW 1968, 1780.
29 BGH FamRZ 1985, 351 = BeckRS 1984, 31078405; OLG Oldenburg FamRZ 2005, 1837 (1838); OLG Düsseldorf OLGR 1995, 70.
30 Vgl. BGH NJW 1995, 1486 = FamRZ 1995, 537 (538).
31 Staudinger/*Voppel,* 2018, Rn. 12.

§ 1360b eine Rückforderung aus § 812[32] (und § 683; vgl. § 685 Abs. 2 zu Abs. 1), sofern die Leistung nur der Art nach Unterhaltsgewährung ist (→ Rn. 5). Von dem nach § 814 erforderlichen Nachweis, dass der Leistende den Mangel seiner Rechtspflicht kannte, will § 1360b den rückforderungsbeklagten Ehepartner im Interesse des familiären Friedens freistellen. Nur eine solche ehefreundliche Interpretation wird dem Sinn und Zweck der Vorschrift gerecht (→ Rn. 1, 2). Wer für § 1360b Kenntnis der mangelnden Rechtspflicht verlangt, entleert die Vermutung jedes über § 814 hinausgehenden Sinngehalts. Bei der überwiegenden Zahl von Leistungen, bei denen der Gedanke an eine Rückforderung erst im späteren Streitfalle auftaucht, schließt § 1360b die Erstattung deshalb aus.[33] Gemäß § 1360b nicht rückforderbare Leistungen sind jedoch nach § 1380 als Vorausempfang auf die Zugewinnausgleichsforderung des Empfängers anrechenbar.[34]

## IV. Widerlegung der Vermutung

9 **1. Grundsatz.** Die Vermutung des § 1360b ist widerlegbar durch den **Beweis des Gegenteils** (→ Rn. 2; nicht durch bloßen Gegenbeweis). Seine Rückforderungsabsicht kann der Leistende bei der Leistung ausdrücklich erklärt, insbesondere mag er Sicherheitsleistung, die Ausstellung eines Schuldscheins[35] oder einer Quittung verlangt haben. Die Absicht kann sich aber auch aus den Umständen ergeben, zB aus der ungewöhnlichen Höhe einmaliger Mehrleistungen.[36] Aus dem Getrenntleben allein ist die Rückforderungsabsicht im Allgemeinen nicht zu folgern;[37] damit würde die Schlichtungswirkung des § 1360b illusorisch, die das Gesetz durch die Bezugnahme in § 1361 Abs. 4 S. 3 ausdrücklich auch für Getrenntlebende anordnet. Bei Zuschüssen zur Berufsausbildung (Studium) des Partners wird, soweit sie nicht schon zum Unterhalt gehören (→ § 1360a Rn. 8), Rückforderungsabsicht meist fehlen; zumindest hilft § 814.[38] Vertraglich bedungene Mehrleistungen im sachlichen Rahmen der §§ 1360 ff. sind im Zweifel Schenkungen, nicht Vollzug eines zur Rückerstattung verpflichtenden Vertrages.[39]

10 Ein geheimer Vorbehalt genügt nicht: Seine Rückforderungsabsicht muss der Leistende dem Ehepartner gegenüber im Zeitpunkt der Leistung zum Ausdruck gebracht haben; zumindest müssen dem Partner die Umstände erkennbar gewesen sein, aus denen diese Absicht schon damals zu folgern war.[40] Der Partner muss sich in seinen Dispositionen von vornherein auf die Rückforderbarkeit einstellen können; § 1360b ist (ähnlich § 1613; → Rn. 1) zugleich Vertrauensschutzvorschrift.

11 **2. Kein selbständiger Ersatzanspruch.** In der **Erschwerung der Rückforderung** erschöpft sich § 1360b. Die Widerlegung der Vermutungsfolge begründet noch kein Rückforderungsrecht: § 1360b enthält **keinen eigenen Ersatzanspruch,** falls sich der Leistende die Rückforderung vorbehalten hatte.[41] Der nachgewiesene Vorbehalt eröffnet vielmehr erst die Regresswege[42] über § 607, §§ 683 ff. oder §§ 812 ff., deren Voraussetzungen gesondert zu prüfen sind. Zulässig bleibt auch die Berufung auf den Bereicherungswegfall (§ 818 Abs. 3), wenngleich ihr § 819 bei erkanntem (nicht bei bloß erkennbarem) und berechtigtem Vorbehalt entgegensteht. Eine Umdeutung in eine (unter

---

32 Anders OLG Stuttgart FamRZ 1981, 36; *Gernhuber/Coester-Waltjen* FamR § 23 Rn. 33: „Die irrtümliche Mehrleistung findet in § 1360b keinen Anknüpfungspunkt; es bleibt der Anspruch aus § 812." Gewiss kann sich der Leistende die Rückforderung nur vorbehalten, wenn er den Mangel seiner Rechtspflicht kennt. Da diese Kenntnis nach der Regelung des § 814 jedoch der rückforderungsbeklagte Ehepartner beweisen müsste, wäre für § 1360b seiner Zwecksetzung zuwider in den meisten Fällen von zweifelhaftem Umfang der Unterhaltspflicht kein Raum; der Vorschrift wären damit tatbestandlich zu enge Grenzen gezogen. Richtigerweise enthält § 1360b mit seinen Parallelen in § 685 Abs. 2, § 1620 – über § 814 hinaus – eine eigenständige Einschränkung des Bereicherungs- und Geschäftsführungsregresses: Rückforderung nur bei positiv nachweisbarer Rückforderungsabsicht objektiv zu viel geleisteter Beträge ohne Rücksicht auf Kenntnis.

33 Zutr. iErg insoweit *Roth-Stielow* NJW 1970, 1033.

34 BGH NJW 1983, 1113 = FamRZ 1983, 351.

35 Vgl. RG JW 1909, 661.

36 Für Zuschüsse zum Geschäftsbetrieb des Partners *Gernhuber/Coester-Waltjen* FamR § 21 Rn. 63 Fn. 107.

37 Krit. *Holzhauer* FS Ernst Wolf, 1985, 223 (235 f.); *Gießler* FamRZ 1994, 800. Bei der Gesamtwürdigung der Umstände jedoch zu berücksichtigen nach Staudinger/*Voppel,* 2018, Rn. 23; Erman/*Kroll-Ludwigs* Rn. 2.

38 Für sittliche Pflicht OLG Düsseldorf OLGZ 1966, 283.

39 *Gernhuber/Coester-Waltjen* FamR § 21 III 4.

40 OLG Karlsruhe FamRZ 1990, 744; Staudinger/*Voppel,* 2018, Rn. 19 ff.; RGRK-BGB/*Wenz* Rn. 3.

41 BGH NJW 1984, 2096 = FamRZ 1984, 767 (768 f.); Staudinger/*Voppel,* 2018, Rn. 24; *Borth* in Schwab ScheidungsR-HdB IV Rn. 93; Soergel/*Leiß* Rn. 4; *Gernhuber/Coester-Waltjen* FamR § 21 III 4. Für einen eigenständigen familienrechtlichen Ausgleichsanspruch auch BGHZ 31, 329 (332) = NJW 1960, 957; BGHZ 50, 267 = NJW 1968, 1780; krit. *Roth* FamRZ 1994, 793; vgl. *Gießler* FamRZ 1994, 800 (804).

42 Dazu *Holzhauer* JuS 1983, 830 ff.; vgl. auch *Wohlfahrt* FamRZ 2001, 1185 (1186 ff.).

den Voraussetzungen des § 530 wegen groben Undanks widerrufbare) Schenkung[43] wäre nur möglich bei nachgewiesener Einigkeit über die Unentgeltlichkeit der Zuwendung und unterläge nach § 531 Abs. 2 ebenfalls den Beschränkungen des Bereicherungsanspruchs. Das Schenkungswiderrufsrecht des schuldlos geschiedenen Gatten (§ 73 EheG) beseitigte das 1. EheRG mit dem Wegfall des Schuldprinzips ersatzlos. Diese Entscheidung ist auch bei § 1360b zu respektieren: keine Rückforderung der Aufwendungen für das eheliche Leben nach der Scheidung wegen Wegfalls des Leistungszwecks iSd § 812 Abs. 1 S. 2 Alt. 2.[44]

12 **3. Beweislast.** Der Ersatz begehrende Ehegatte muss beweisen, (1.) dass er Unterhaltsleistungen erbracht hat, die (2.) das gesetzliche Maß überstiegen, dass er (3.) schon bei der Leistung die Absicht hatte, Ersatz zu verlangen, und (4.) dass diese Absicht dem beklagten Partner von vornherein entweder bekannt oder doch den Umständen nach erkennbar war.[45]

## V. Zuständigkeit

13 Für Rückforderungsverlangen ist gemäß § 23a Abs. 1 Nr. 1 GVG, § 111 Nr. 8 FamFG das **Familiengericht** zuständig.

## § 1361 Unterhalt bei Getrenntleben

**(1) [1]Leben die Ehegatten getrennt, so kann ein Ehegatte von dem anderen den nach den Lebensverhältnissen und den Erwerbs- und Vermögensverhältnissen der Ehegatten angemessenen Unterhalt verlangen; für Aufwendungen infolge eines Körper- oder Gesundheitsschadens gilt § 1610a. [2]Ist zwischen den getrennt lebenden Ehegatten ein Scheidungsverfahren rechtshängig, so gehören zum Unterhalt vom Eintritt der Rechtshängigkeit an auch die Kosten einer angemessenen Versicherung für den Fall des Alters sowie der verminderten Erwerbsfähigkeit.**

**(2) Der nicht erwerbstätige Ehegatte kann nur dann darauf verwiesen werden, seinen Unterhalt durch eine Erwerbstätigkeit selbst zu verdienen, wenn dies von ihm nach seinen persönlichen Verhältnissen, insbesondere wegen einer früheren Erwerbstätigkeit unter Berücksichtigung der Dauer der Ehe, und nach den wirtschaftlichen Verhältnissen beider Ehegatten erwartet werden kann.**

**(3) Die Vorschrift des § 1579 Nr. 2 bis 8 über die Beschränkung oder Versagung des Unterhalts wegen grober Unbilligkeit ist entsprechend anzuwenden.**

**(4) [1]Der laufende Unterhalt ist durch Zahlung einer Geldrente zu gewähren. [2]Die Rente ist monatlich im Voraus zu zahlen. [3]Der Verpflichtete schuldet den vollen Monatsbetrag auch dann, wenn der Berechtigte im Laufe des Monats stirbt. [4]§ 1360a Abs. 3, 4 und die §§ 1360b, 1605 sind entsprechend anzuwenden.**

**Schrifttum:** S. § 1360 und §§ 1569 ff., besonders § 1578, bezüglich Abs. 3 s. auch § 1579; *Born,* Verlust der Arbeit und Bewerbungsbemühungen: ein Bonus für sorgloses Verhalten?, FamRZ 1995, 523; *Büttner,* Auswirkungen der Pflegeversicherung auf das Unterhaltsrecht, FamRZ 1995, 193; *Büttner,* Das Zusammenleben mit einem neuen Partner und seine Auswirkungen auf den Unterhaltsanspruch, FamRZ 1996, 136; *Büttner,* Grenzen ehevertraglicher Gestaltungsmöglichkeiten, FamRZ 1998, 1; *Eschenbruch/Loy,* Die Sättigungsgrenze beim Ehegattenunterhalt, FamRZ 1994, 665; *Finke,* Alkoholmissbrauch als Problem bei Trennungs- und nachehelichem Unterhalt, FPR 1998, 9; *Finke,* Der Wohnwert beim Ehegatten- und Kindesunterhalt unter besonderer Berücksichtigung unterschiedlicher Eigentumsverhältnisse am Familienheim, FPR 2008, 94; *Gerhardt,* Die Bereinigung des Nettoeinkommens nach der geänderten Rechtsprechung des BGH, FamRZ 2007, 945; *Graba,* Auf dem Weg zu einem Ehegattenunterhaltsrecht nach Billigkeit, FamRZ 2008, 1217; *Griesche,* Die neuere Rechtsprechung des BGH zu den wandelbaren ehelichen Lebensverhältnissen und ihre Auswirkungen auf den Bedarf des Unterhaltsberechtigten im Ehegattenunterhaltsrecht, FPR 2008, 63; *Klein,* Einkünfte aus „Schwarzarbeit" – Profit der Unterhaltsberechtigten, FuR 1997, 292; *Kleinle,* Trennungsunterhalt und Gütergemeinschaft mit gemeinschaftlicher Gesamtgutsverwaltung, FamRZ 1997, 1194; *Laws,* Steuerrechtliche Unterlagen im Unterhaltsrecht: Bemessungsgrundlagen der Leistungsfähigkeit und Bedürftigkeit, 1998; *Maier,* Über Wohnwert und Nutzungen im Unterhalt, FamRZ 2016, 426; *Maurer,* Ersatzhaftung von Verwandten bei Ausschluss des Ehegattenunterhalts, FPR 2005, 331; *Schellhorn,* Der Übergang von Unterhaltsansprüchen nach § 91 BSHG, FuR 1999, 4; *Schnitzler,* Auswirkungen von Straftaten auf das Familienrecht: Verwirkung, FPR 2006, 376; *Schwab,* Unterhaltsbemessung zwi-

[43] Dazu *Bosch* FS Beitzke, 1979, 122 ff.
[44] OLG Düsseldorf OLGZ 1966, 283 f.; *Roth-Stielow* NJW 1970, 1032 f., jeweils mwN.
[45] Ebenso *Pruskowski* in Baumgärtel/Laumen/Prütting Beweislast-HdB Rn. 1; iErg OLG Düsseldorf OLGR 1995, 70.

schen Gesetz, Richtlinien und freier richterlicher Entscheidung, FF 2004, Sonderheft 2, 164; *Soyka,* Der Wandel der ehelichen Lebensverhältnisse, FuR 2008, 264; *Spangenberg,* Kriterien einer wirksamen Vereinbarung über Trennungsunterhalt, FF 2016, 152; *Strohal,* Der Vorruhestand im Unterhaltsrecht, FamRZ 1996, 197; *Viefhues/Mleczko,* Das neue Unterhaltsrecht 2008, 2. Aufl. 2008; *Weinreich,* Unterhalt in der Gütergemeinschaft, FuR 1999, 49.

**Übersicht**

## I. Allgemeines

1 **1. Normzweck.** § 1361 regelt die Unterhaltspflichten unter getrennt lebenden Ehegatten. Mit dem Beginn des Getrenntlebens ändert sich das eheliche Pflichtenverhältnis: Während bei bestehender ehelicher Lebensgemeinschaft die Verpflichtung zum Familienunterhalt nach §§ 1360, 1360a gegeben ist, erzwingt der faktische Zerfall der Familie die Preisgabe kollektiver Züge der Unterhaltsgewährung.[1] An die Stelle der gegenseitigen Verpflichtung beider Ehegatten, ihre Familie durch ihre Arbeit und mit ihrem Vermögen zu unterhalten (§ 1360 S. 1), tritt ein isolierter **einseitiger Anspruch** des bedürftigen Ehegatten gegen den leistungsfähigen anderen (→ Rn. 16 ff.). An die Stelle des Naturalunterhalts (§ 1360a Abs. 2) tritt gemäß § 1361 Abs. 4 S. 1 die Zahlung einer Geldrente (→ Rn. 77). Die Möglichkeit, gemäß § 1360 S. 2 durch Haushaltsführung zum Familienunterhalt beizutragen, entfällt. Nur der Grundsatz der Gleichwertigkeit von Barunterhalt und Kinderbetreuung (§ 1606 Abs. 2 S. 3) lässt sich (mit Einschränkungen) aufrecht erhalten (zum Betreuungsbonus → Rn. 32, 36). Der Trennungsunterhalt steht zwischen Familienunterhalt und Geschiedenenunterhalt. Die Verantwortung füreinander ist geringer als unter zusammenlebenden Ehegatten, aber größer als unter Geschiedenen.[2] Daraus ist zunächst zu folgern, dass getrennt lebende Ehegatten nicht schlechter stehen sollen als geschiedene, aber auch nicht besser als zusammenlebende. Denn trotz der Trennung besteht das Eheband weiter, und es ist nicht voraussehbar, ob die Ehe geschieden wird oder ob es zu einer Versöhnung der Ehegatten kommt. Ausgangspunkt für die Unterhaltsgewährung ist deshalb die Erwägung, dass sich die Eheleute während des Getrenntlebens in einem Stadium befinden, in dem die Ehe noch nicht aufgehoben und eine Wiederherstellung der ehelichen Lebensgemeinschaft nicht gänzlich auszuschließen ist.[3] Mit der Regelung des Trennungsunterhalts soll erreicht werden, dass die **Chance einer Versöhnung** so wenig wie möglich beeinträchtigt wird. Der wirtschaftlich schwächere Ehegatte soll im Vertrauen auf den Fortbestand der gemeinsamen Planung jedenfalls für eine gewisse Zeit vor nachteiligen Veränderungen der Verhältnisse geschützt werden. Der bisherige eheliche Lebensstandard soll deshalb möglichst erhalten und in die bisherige Lebensplanung möglichst wenig eingegriffen werden. Der bisher nicht erwerbstätige, wirtschaftlich schwächere Ehegatte ist nach der Schutzvorschrift des Abs. 2 (→ Rn. 53 ff.) nur ausnahmsweise zur Aufnahme einer Erwerbstätigkeit verpflichtet. Die Dauer der Ehe steht in Relation zur Zeit der Trennung: Solidarität füreinander wirkt umso intensiver fort, je länger die Ehe dauerte. Mit zunehmender Trennungszeit tritt angesichts schwindender Versöhnungschancen andererseits die Eigenverantwortlichkeit in den Vordergrund (→ Rn. 53, 62). Auf die Gründe, welche zur Trennung führten, bzw. auf ein Recht zum Getrenntleben (§ 1353 Abs. 2), insbesondere auf ein etwaiges Verschulden eines Gatten am Zerwürfnis, kommt es seit dem Wegfall des Verschuldensprinzips im Scheidungsrecht mit dem 1. EheRG nicht mehr an.[4] Diese Gründe sind bei der Prüfung der Anspruchsvoraussetzungen (zunächst) außer Acht zu lassen. Als Korrektiv dient bei schweren Solidaritätsverstößen des Unterhaltsgläubigers die Versagung oder Reduzierung seines Anspruchs wegen grober Unbilligkeit gemäß der in Abs. 3 in Bezug genommenen Härteklausel des § 1579 Nr. 2–8 (→ Rn. 64 ff.). Durch das UÄndG vom 21.12.2007 (BGBl. 2007 I 3189) wurde § 1361 nicht berührt. Die erfolgten gesetzlichen Änderungen können sich jedoch mittelbar auf den Trennungsunterhalt auswirken (zB Verschärfung der Erwerbsobliegenheit, Rang).

2 **2. Die konkretisierende Aufgabe der Rspr. Ehemodelle und Berechnungsmethoden.** Unterhaltsrechtliche Streitigkeiten sind unter getrenntlebenden Ehegatten ungleich häufiger als bei bestehender häuslicher Gemeinschaft. In der intakten Familie tragen Ehegatten finanzielle Auseinandersetzungen selten gerichtlich untereinander aus; zum Rechtsstreit gelangen die in §§ 1360, 1360a geregelten Fragen dagegen häufiger bei einer Beteiligung Dritter, etwa nach Übergang von Ansprüchen der Träger von Sozialleistungen oder Ausbildungsförderung, nach Pfändung eines Anspruchs auf Taschengeld (→ § 1360 Rn. 22; → § 1360a Rn. 6) oder als Vorfrage für den Umfang der Schlüsselgewalt (→ § 1357 Rn. 19 ff.). Bei einer Ehekrise belasten Streitigkeiten um den *nervus rerum* des begehrten Geldes nach empirischen Erhebungen von Ehepsychologen das ohnehin gespannte

---

1 *Gernhuber/Coester-Waltjen* FamR § 21 II 1.

2 Gleichwohl werden die Unterschiede zwischen Trennungs- und nachehelichem Unterhalt zunehmend für nicht bedeutsam gehalten, vgl. etwa BGHZ 166, 351 = NJW 2006, 1654 = FamRZ 2006, 683 zum Selbstbehalt des Unterhaltspflichtigen, der in gleicher Höhe gegenüber Trennungs- und nachehelichem Unterhalt gelten soll. Der zur Begründung allein herangezogene Grundsatz der Verhältnismäßigkeit rechtfertigt dieses Ergebnis indessen nicht. So auch Anm. *Büttner* FamRZ 2006, 765.

3 BGH NJW 1994, 190 = FamRZ 1994, 87 (90).

4 BGHZ 176, 150 Rn. 25 = NJW 2008, 2779 = FamRZ 2008, 1414. Das ist verfassungskonform, BVerfGE 57, 361 = NJW 1981, 1771 = FamRZ 1981, 745.

und emotionsgeladene Verhältnis zusätzlich[5] zu dem durch eine Trennung hervorgerufenen finanziellen Mehrbedarf (→ Rn. 8). Das in intakter Ehe selbstverständlich praktizierte „Teilen" fällt schwer, wenn die Lebensgemeinschaft in die Brüche geht. Der Weg zum Anwalt und Gericht zwecks Erwirkung eines Vollstreckungstitels ist häufig unvermeidlich. Die Rspr. zum Unterhalt unter Getrenntlebenden konkretisierte die unbestimmten Rechtsbegriffe der Lebensverhältnisse der Ehegatten (→ Rn. 6 ff.) und ihrer jeweiligen Erwerbs- und Vermögensverhältnisse (→ Rn. 16 ff.). Das von den Ehegatten einvernehmlich gewählte Rollenmodell (→ § 1356 Rn. 6) wirkt in der Trennungsphase prinzipiell fort (zur Erwerbsobliegenheit → Rn. 53 ff.). Allerdings kommt dem Umstand, ob die Ehegatten eine Doppelverdiener- oder eine Haushaltsführungsehe geführt haben, nach der geänderten Rspr. des BGH[6] regelmäßig keine Bedeutung mehr für die Art der Unterhaltsberechnung zu. Während zuvor entscheidend darauf abgestellt wurde, dass an Barmitteln für den Lebensunterhalt nur die Einkünfte eines erwerbstätigen Ehegatten zur Verfügung standen und die für die Unterhaltsbemessung maßgebenden ehelichen Lebensverhältnisse grundsätzlich hierdurch entscheidend geprägt wurden,[7] wird nunmehr auch der wirtschaftliche Wert der von dem haushaltführenden Ehegatten erbrachten Leistungen als die ehelichen Lebensverhältnisse mitbestimmend berücksichtigt. In Fällen, in denen der Unterhalt begehrende Ehegatte ein Einkommen erzielt oder erzielen kann, wird dieses gleichsam als Surrogat des wirtschaftlichen Werts der bisherigen Familienarbeit angesehen und in die Unterhaltsberechnung nach der Differenzmethode einbezogen (→ Rn. 44). Der (tatsächlich oder fiktiv) geringer verdienende Ehegatten erhält (unter beiderseitiger Berücksichtigung eines Erwerbstätigenbonus, → Rn. 43) als Unterhalt grundsätzlich eine Quote – nach den Unterhaltstabellen häufig von 3/7 – der Differenz der beiderseitigen Nettoeinkünfte. Der Anwendungsbereich der Anrechnungsmethode, bei der das Einkommen des Unterhaltsberechtigten von dessen ohne dieses Einkommen ermittelten Bedarf in Abzug gebracht wird, ist dadurch deutlich reduziert worden.

## II. Grundsätzliche Unterhaltspflicht unter Getrenntlebenden (Abs. 1)

**1. Güterstand. Vermögensbildung. Erbschaftserwerb.** Die Vorschrift des § 1361 gilt unabhängig vom Güterstand. Bei **Gütergemeinschaft** sind für den Unterhalt allerdings gemäß § 1420 vorrangig die ins Gesamtgut fallenden Einkünfte zu verwenden; statt des Anspruchs auf Geldrente gemäß § 1361 Abs. 4 besteht die Mitwirkungspflicht an der Verwaltung gemäß § 1451.[8] Bei **Zugewinngemeinschaft** mindern Aufwendungen des erwerbstätigen Ehegatten infolge hoher Unterhaltspflichten seine Zugewinnausgleichspflicht. Niedrige Unterhaltslasten können umgekehrt seinen Zugewinn erhöhen. Niedrige Unterhaltsbemessung für den bedürftigen Ehegatten kann durch Steigerung seines Zugewinnanteils kompensiert werden, solange der Zugewinn noch wachsen kann, nämlich bis zur Rechtshängigkeit des Scheidungsantrags (§ 1384). Mit höheren Unterhaltsraten steht sich der Empfänger allerdings besser: Sie laufen über den Stichtag des § 1384 hinaus, während der Zugewinnausgleichspflichtige von diesem Stichtag an für sich selbst spart. Vor allem kann die Aussicht auf den einmaligen Ausgleich des Zugewinns (zumal durch Mehrausgaben des Ausgleichspflichtigen während der Trennungsphase) verloren gehen; die Verfügungsbeschränkungen der §§ 1365, 1369 schützen dagegen nicht hinreichend. Die Ermittlung von Unterhaltshöhe und Zugewinnausgleich beeinflussen sich somit wechselseitig. Partizipation am Vermögen des erwerbstätigen Partners ist jedoch Aufgabe des Zugewinnausgleichs, nicht des Unterhaltsrechts.[9] Letzteres bezweckt keine Umverteilung der beiderseitigen Vermögensverhältnisse. Zu einer Konkurrenz zwischen Zugewinnausgleich und Unterhalt kann es unter anderem dann kommen, wenn zum Unterhalt auch der Vermögensstamm herangezogen wird. Insofern ist eine doppelte Teilhabe – einerseits durch den Zugewinnausgleich, andererseits im Wege des Unterhalts – zu vermeiden (zur Doppelverwertung → Rn. 34). In welcher Weise ihre Einkünfte für den Lebensunterhalt und für eine **Vermögensbildung** aufzuteilen sind, bestimmen die Ehegatten durch ihre bis zur Trennung gezeigten Lebensverhältnisse. Allerdings hat für die Unterhaltsbemessung sowohl eine zu dürftige Lebensführung als auch ein übermäßiger Aufwand außer Betracht zu bleiben. Entscheidend ist der Lebensstandard, der nach 3

---

5 *W. Beelmann*, Stressbelastung und Bewältigungsreaktionen bei der Auseinandersetzung mit einer Trennung vom Ehepartner: eine empirische Langzeitstudie, 1994, 151; *Schmidt-Denter/Beelmann/Hauschild*, Formen der Partnerbeziehung und familiäre Anpassungsleistung nach der Trennung, in: Psychologie in Erziehung und Unterricht 44 (1997), 289–306.

6 BGHZ 146, 105 = NJW 2001, 2254 = FamRZ 2001, 986.

7 Vgl. etwa BGH NJW 1985, 1026 = FamRZ 1985, 161; NJW 1987, 898 = FamRZ 1986, 783.

8 BGHZ 111, 248 = NJW 1990, 2252 = FamRZ 1990, 851; OLG München FamRZ 1996, 166; 1996, 557; OLG Zweibrücken FamRZ 1998, 239; *Kleinle* FamRZ 1997, 1194; *Weinreich* FuR 1999, 49.

9 BGH NJW 2008, 1221 Rn. 16 = FamRZ 2008, 761; vgl. auch *Schwab* FamRZ 1982, 456.

einem objektiven Maßstab angemessen erscheint (→ Rn. 6).[10] Aufwendungen für die Vermögensbildung wirken unterhaltsrechtlich allerdings im allgemeinen nicht einkommensmindernd,[11] es sei denn, dass sie – wie etwa Investitionen zur Bildung von Wohneigentum – bereits die ehelichen Lebensverhältnisse prägten (→ Rn. 27) oder als zusätzliche Altersversorgung anzuerkennen sind (→ Rn. 28). Zur Behandlung vermögenswirksamer Arbeitgeberleistungen sowie der Arbeitnehmersparzulage → Rn. 19.

4 Unterhalt ist grundsätzlich für den laufenden Verbrauch, dh zur Deckung der Lebenshaltungskosten bestimmt. Nach Deckung des notwendigen Bedarfs kann in überdurchschnittlichen Verhältnissen aber bei einem sparsamen Empfänger ein Überschuss für die Thesaurierung verbleiben. – Vermögenszuwächse, die nach § 1374 Abs. 2 nicht einmal ausgleichspflichtiger Zugewinn sind, weil sie evident nicht auf gemeinsamer Lebensleistung beruhen, insbesondere **Erbschaften,**[12] sind grundsätzlich auch unterhaltsrechtlich außer Betracht zu lassen. Beim Erbschaftsanfall nach vollzogener Trennung ist der mangelnde Einfluss auf die ehelichen Lebensverhältnisse in der Regel evident.[13] Grundsätzlich nicht zu berücksichtigen sind auch Einkünfte aus einer (je nach Lebensalter) nicht unerwartet nach der Trennung anfallenden Erbschaft.[14] Vor oder nach der Trennung angefallener Erbschaftserwerb bleibt zugewinnausgleichsfreies Kapital jedes Ehegatten gemäß § 1374 Abs. 2. Daraus fließende **Erträgnisse** sind zwar wegen dieser eng ausgelegten Ausnahmeklausel zugewinnausgleichspflichtig (→ § 1374 Rn. 18); aber auch die Erträgnisse sind prinzipiell für die Thesaurierung und nicht für die Lebenshaltung bestimmt. Als bedarfserhöhend sind sie nur anzusehen, wenn und soweit sie nachweislich der Konsumsteigerung während des Zusammenlebens dienten. Das kann etwa dann in Betracht kommen, wenn die ehelichen Lebensverhältnisse dadurch geprägt waren, dass ein Ehegatte mit Rücksicht auf eine zu erwartende Erbschaft davon abgesehen hat, in angemessener Weise für sein Alter vorzusorgen und den Ehegatten deshalb höhere Mittel für den allgemeinen Lebensunterhalt zur Verfügung standen.[15] Der entsprechende Beweis obliegt dem Anspruchssteller. Im Zweifel erhöhen Erbschaftserträgnisse allerdings nicht den Unterhaltsbedarf,[16] wohl aber die Leistungsfähigkeit des Verpflichteten; auf Seiten des Gläubigers mindern sie dessen Bedürftigkeit. Die Erträgnisse sind nach allgemeinem unterhaltsrechtlichen Prinzip vor dem Stamm zu verwerten. Den Stamm einer angefallenen oder anfallenden Erbschaft braucht ein Ehegatte analog § 1581 S. 2 nicht zu verwerten, wenn dies bei intakter Ehe nie beabsichtigt war.[17] Bei lebzeitig von elterlicher Seite gewährter **Ausstattung** (§ 1624) entscheidet die Bestimmung des Zuwendenden über den Verwendungszweck (→ § 1624 Rn. 5 f.).

5 **2. Getrenntleben.** Zum Begriff des Getrenntlebens kann auf die Legaldefinition des § 1567 verwiesen werden.[18] Erforderlich ist zum einen eine wirksam geschlossene Ehe,[19] zum anderen die vollständige, auf Trennungswillen und Ablehnung der ehelichen Lebensgemeinschaft beruhende **Aufhebung der häuslichen Gemeinschaft.** Bei nur zeitweisem oder durch äußere Umstände erzwungenem Getrenntleben gelten die §§ 1360, 1360a; abweichend von diesen Vorschriften ist dann aber entsprechend § 1361 Abs. 4 zumeist Geldzahlung geboten.[20] Auf ein Verschulden an der Trennung oder auf Scheidungsabsichten kommt es nicht an (→ Rn. 1). Ein Getrenntleben ist gemäß § 1567 Abs. 1 S. 2 auch innerhalb der Ehewohnung möglich. Ohne eine darin vollständig vollzogene Trennung gelten jedoch die §§ 1360, 1360a.[21] Zwecks Betreuung gemeinsamer Kinder noch bestehende Verbindungen stehen einem Getrenntleben in der Regel aber nicht entgegen.[22] Lebten Ehe-

---

[10] BGH NJW 2008, 57 Rn. 27 = FamRZ 2007, 1532.
[11] *Niepmann/Schwamb* Rspr. zur Höhe des Unterhalts Rn. 1043, 1062.
[12] *Wacke* JA 1981, 476 f.
[13] Zutr. OLG Frankfurt FamRZ 1986, 165 (166).
[14] Weitergehend – unter Bezugnahme auf OLG Hamm FamFR 2012, 345; FamRZ 1999, 620 – *Bömelburg* in Wendl/Dose UnterhaltsR § 4 Rn. 62: Berücksichtigung einer zwischen Trennung und Scheidung angefallenen Erbschaft, wenn der Erbfall absehbar und erwartet war.
[15] BGH NJW 2006, 1794 Rn. 29 = FamRZ 2006, 387 (390) mAnm *Büttner*; OLG Hamburg FamRZ 2003, 1108.
[16] Entgegen OLG Hamm FamRZ 1998, 620 cit.
[17] OLG München FamRZ 1993, 62 (63).
[18] BGH NJW 2016, 2122 Rn. 12 = FamRZ 2016, 1142 (1143); NK-BGB/*Kaiser* Rn. 3; Palandt/*Brudermüller* Rn. 9.
[19] OLG Bremen FamRZ 2016, 428.
[20] BGH NJW 2016, 2122 Rn. 18 = FamRZ 2016, 1142 (1143).
[21] BGHZ 35, 302 (307 f.) = NJW 1961, 1811 (1812); Staudinger/*Voppel,* 2018, Rn. 15.
[22] OLG Köln FamRZ 2002, 1341; Johannsen/Henrich/*Hammermann* Rn. 12; Palandt/*Brudermüller* Rn. 9; für noch verbliebene andere (zB wohnungsbedingte) Gemeinsamkeiten OLG Jena FamRZ 2002, 99; OLG München FamRZ 1998, 826; OLG Stuttgart FamRZ 1992, 1435; enger OLG München FamRZ 2001, 1457.

gatten niemals zusammen, besteht kein Anspruch auf Trennungsunterhalt:[23] Es fehlt an prägenden Faktoren für die ehelichen Lebensverhältnisse des Abs. 1 als Bemessungsgrundlage (→ Rn. 6 ff.); vom Prinzip der Eigenverantwortlichkeit abzurücken besteht kein Grund, wenn kein gemeinsamer Lebensbereich entstanden ist und eheliche Solidarität damit nie in Kraft trat, insbesondere wenn Unterhaltszahlungen zuvor nie geflossen sind. Bei anfänglichem Einvernehmen darüber, keine eheliche Lebensgemeinschaft zu begründen, zumal bei aufhebbarer Scheinehe gemäß § 1314 Abs. 2 Nr. 5, wäre ein Unterhaltsbegehren vollends rechtsmissbräuchlich[24] (falls das Paar nicht gemäß § 1315 Abs. 1 Nr. 5 dennoch zusammenlebte). Nach Wiederaussöhnung erlischt der titulierte Anspruch; mit erneuter Trennung lebt er nicht wieder auf.[25] Der Anspruch erlischt dagegen nicht durch vorübergehendes (maximal dreimonatiges)[26] Zusammenleben zwecks Versöhnungsversuchs iSv § 1567 Abs. 2; seine Durchsetzung ist während der Interimsphase jedoch gehemmt.[27] Die Dauer des Getrenntlebens hat auf den Unterhaltsanspruch an sich keine Auswirkungen; ihr kommt erst im Rahmen der Prüfung einer Erwerbsobliegenheit Bedeutung zu.[28]

**3. Prägende eheliche Lebensverhältnisse. a) Garantie des bisherigen angemessenen Lebensstandards. Trennungsbedingter Mehrbedarf. Spekulationsgewinne. Illegaler Erwerb.** Der Begriff der Lebensverhältnisse in Abs. 1 stimmt mit demjenigen in § 1360a Abs. 1 sowie in § 1578 Abs. 1 überein (→ § 1360a Rn. 3).[29] Danach kann jeder Ehegatte grundsätzlich die Beibehaltung des vor der Trennung erreichten Lebensstandards verlangen. Das erreichte eheliche Lebensniveau beruht zum Teil auf den beiderseitigen Anfangsvermögen (§ 1374 Abs. 1), zum Teil ist es das Ergebnis gemeinschaftlicher Anstrengungen. Einen sozialen Abstieg des bedürftigen Ehegatten soll die im Rahmen des Getrenntlebens geltende Lebensstandardgarantie soweit möglich verhindern.[30] Dies soll nach hM im Ansatz selbst dann gelten, wenn beide vorher in außergewöhnlich luxuriösen Verhältnissen zusammenlebten.[31] Zur Sättigungsgrenze jedoch einschränkend → Rn. 45. Die Garantie des bisherigen, zunächst rein faktischen Lebensstandards ist jedoch im Grenzbereich normativ zu korrigieren und einzuschränken durch den in Abs. 1 und § 1360a Abs. 1 festgelegten **objektiven Maßstab** der Angemessenheit und Erforderlichkeit (→ § 1578 Rn. 5): Eine nach den Erwerbs- und Vermögensverhältnissen zu dürftige Lebensführung („Geizkragen-Ehe") bleibt ebenso außer Betracht wie übertriebener Aufwand („Verschwender-Ehe").[32] Künftig weiterhin so karg wie ein Geizkragen oder so üppig wie ein Verschwender zu leben, kann unter den veränderten Umständen der Trennung billigerweise kein Ehegatte vom anderen verlangen. Eine Verabredung, möglichst hart für ein später gemeinsam zu verwirklichendes Ziel zu sparen, hält nicht länger als das faktische Einvernehmen und entfällt mit dem Zerfall der gemeinschaftlichen Lebensplanung.[33] An einem zwecks **Vermögensbildung** während des Zusammenlebens geübten Konsumverzicht braucht sich der bedürftige Ehegatte jedenfalls nicht uneingeschränkt festhalten zu lassen.[34] (→ Rn. 45) Eine ausschweifende Lebensweise muss ein Ehegatte auch während des Zusammenlebens einstellen dürfen (soweit angesichts eingegangener Bindungen – gesellschaftlicher Art oder etwa kostspielige Internats- 6

[23] AA BGH NJW 1982, 1460 f. = FamRZ 1982, 573 (574); NJW 1989, 1920 = FamRZ 1989, 838 f.; dagegen zutr. *Henrich* FamRZ 1989, 839; Staudinger/*Voppel,* 2018, Rn. 11; Soergel/*Leiß* Rn. 16; zweifelnd Palandt/*Brudermüller* Rn. 10. Kein Anspruch nach kriegsbedingt nur sechstägigem Zusammenleben, nach dem sich 30 Jahre lang jeder Ehegatte selbst unterhielt, OLG Hamm FamRZ 1979, 581; ähnlich OLG Celle FamRZ 1990, 519.

[24] Zum Anspruchausschluss gemäß Abs. 3, § 1579 Nr. 8 → § 1579 Rn. 57. Ebenso bei Einigkeit, noch keine Gemeinschaft aufzunehmen, BGH NJW-RR 1994, 644 = FamRZ 1994, 558 f.

[25] OLG Hamm NJW-RR 2011, 1015; OLG Düsseldof FamRZ 1992, 943.

[26] Vgl. OLG Hamm NJW-RR 1986, 554. Eine Klarstellung (in welcher Weise?), dass der Versöhnungsversuch nicht zum dauernden Verlust des titulierten Anspruchs führen solle, empfiehlt (wenig lebensnah) *Büttner* NJW 1999, 2315 (2318 f.). Eine solche *protestatio* würde den Versuch von vornherein zum Scheitern verurteilen. Die Frage klärt sich ohnedies durch tatrichterliche Beurteilung *ex post.*

[27] Johannsen/Henrich/*Hammermann* Rn. 15: Arglisteinwand; *Bömelburg* in Wendl/Dose UnterhaltsR § 4 Rn. 30: Erfüllung ggf. auch Arglisteinwand.

[28] Staudinger/*Voppel,* 2018, Rn. 18; Johannsen/Henrich/*Hammermann* Rn. 53 f.; Palandt/*Brudermüller* Rn. 9.

[29] BGH NJW 2016, 322 Rn. 12 = FamRZ 2016, 199.

[30] *Luthin* FamRZ 1988, 1109 (1110).

[31] BGH NJW 1969, 919 (920); vgl. auch OLG Stuttgart FamRZ 1971, 255.

[32] BGH NJW 2008, 57 Rn. 26 ff. = FamRZ 2007, 1532; NJW 1997, 735 = FamRZ 1997, 281 (284); NJW-RR 1990, 323 = FamRZ 1990, 283 (285); NJW-RR 1988, 519 = FamRZ 1988, 256 (258); Staudinger/*Voppel,* 2018, Rn. 101, 169; *Gerhardt* in Wendl/Dose UnterhaltsR § 4 Rn. 463 ff.; teilweise aA *Luthin* FamRZ 1988, 1109 (1110), vorwiegend mit Blick auf den nachehelichen Unterhalt.

[33] BGH NJW 1992, 2477 = FamRZ 1992, 1045 (1048). Gegen den Rückgriff auf die Unterhaltspflicht konkretisierende Ehevereinbarungen *Hepting* Ehevereinbarungen S. 97.

[34] BGH NJW 1992, 2477 = FamRZ 1992, 1045 (1048).

unterbringung eines Kindes – möglich), ohne damit gegen seine Pflichten aus §§ 1353, 1360 zu verstoßen.[35] Der andere Ehegatte muss der Reduzierung des Konsums auf ein vernünftiges Maß zustimmen. Eine Überschuldung infolge übermäßigen Konsumverhaltens müssen beide Ehegatten kooperativ durch bescheidene Lebensweise abbauen; der Bedürftige muss sich unter Umständen mit Beträgen begnügen, die seinen notwendigen Unterhalt unterschreiten.[36] Wo der Luxus beginnt, hört der Bedarf auf. Luxus kann immer nur faktisch gewährt, aber nie rechtlich garantiert werden. Bei auffälligem Missverhältnis zwischen tatsächlicher Lebensführung und effektiven Einkommens- und Vermögensverhältnissen ist somit gemäß Abs. 1 ein „angemessener" Betrag zugrunde zu legen. Angemessen ist das bei Personen in gleichen Verhältnissen typische, übliche und vernünftige Maß (→ Rn. 45).[37] Der danach für eine **Korrektur unangemessener Vermögensbildung** heranzuziehende Maßstab wird häufig dazu führen, dass nicht sämtliche Einkünfte als die Lebensverhältnisse prägend zugrunde zu legen sind; dies ist insoweit nicht der Fall, als die betreffenden Mittel auch nach einem objektiven Maßstab nicht für die allgemeine Lebensführung verwendet werden, etwa wenn die Ehegatten einvernehmlich jeweils für sich selbst Vermögen gebildet haben, ohne übertrieben sparsam zu leben.[38] Die vom Unterhaltsberechtigten zu beweisenden durchschnittlichen Ausgaben während des Zusammenlebens (im Ansatz ausgehend von Haushaltsgeld → § 1360a Rn. 16 ff.) begründen nur eine faktische Vermutung für die ehelichen Lebensverhältnisse.[39] Im Durchschnittsfall ist allerdings davon auszugehen, dass die tatsächliche Lebensgestaltung während der Ehe vernünftigen Maßstäben entspricht.

7 Die Lebensverhältnisse bemessen sich in erster Linie nach dem **verfügbaren Gesamteinkommen** (→ § 1360a Rn. 3). In einer Doppelverdienerehe sind also die Einkünfte beider Ehegatten zu addieren. War dagegen nur ein Ehegatte erwerbstätig, während der andere die Haushaltsführung übernommen hatte, werden die ehelichen Lebensverhältnisse allein durch das Einkommen des verdienenden Ehegatten bestimmt. Das ändert sich erst, wenn der andere Ehegatte ebenfalls Erwerbseinkommen erzielt oder – bei bestehender Erwerbsobliegenheit – erzielen könnte (→ Rn. 53 ff.). Dann ist auch das tatsächlich erzielte oder fiktiv zu berücksichtigende Einkommen als Surrogat des Wertes der früheren Familienarbeit bedarfsprägend (→ Rn. 2. Zur Behandlung von Einkünften aus überobligationsmäßiger Erwerbstätigkeit → Rn. 36).[40] Weiterhin richten sich die Lebensverhältnisse nach Alter, Gesundheit, Vorbildung und sozialer Stellung der Ehegatten sowie nach Zahl und Alter der zu betreuenden Kinder.[41] Diese Kriterien sind insbesondere für die Frage von Bedeutung, ob und ggf. welche Erwerbstätigkeit dem bisher haushaltführenden Ehegatten angesonnen werden kann (Abs. 2). Die Dauer der Ehe bis zur Trennung ist dagegen grundsätzlich nicht maßgeblich für die Beurteilung der Lebensverhältnisse (wohl aber für die Zumutbarkeit einer Erwerbstätigkeit nach Abs. 2; → Rn. 54 ff.).[42] Entscheidend für die Bestimmung des angemessenen Unterhaltsbedarfs sind diejenigen Einkünfte, welche die ehelichen Lebensverhältnisse einigermaßen dauerhaft oder nachhaltig **„prägten"**. Dabei sind in der Regel allerdings Einschränkungen geboten, wenn das erzielte Einkommen auf überobligationsmäßiger Tätigkeit beruht.[43] Wegen des dafür in Betracht zu ziehenden Zeitraums unterscheidet sich die Beurteilung grundlegend von der Berechnung des Zugewinnausgleichs, wofür rein punktuell auf die Momente des Beginns und der Beendigung des Güterstandes abzustellen ist (erheblich bei naturgemäß schwankenden Spekulationsgewinnen oder -verlusten). Kurzfristige, vorübergehende Veränderungen sind keine eheprägenden Faktoren.[44] Grds. ist für die Bedarfsbemessung auf die aktuellen wirtschaftlichen Verhältnisse abzustellen, an deren Entwicklung die Ehegatten jedenfalls bis zur Scheidung teilnehmen.[45] Die Differenzierung zwischen prägenden und nicht prägenden Einkünften unterscheidet die Berechnung des Ehegattenunterhalts grundlegend von derjenigen des Kindesunterhalts. Zu beachten ist der Unterschied vor allem, wenn

---

35 Vgl. *Schwab* FamRZ 1982, 456 (458). § 1360b schützt den Empfänger jedenfalls vor Rückgabeansprüchen (auch vor einer Aufrechnung mit in der Vergangenheit überzahltem Unterhalt, → § 1360b Rn. 4).

36 BGH NJW 1984, 2351 (2352) = FamRZ 1984, 657; *Gerhardt* in Wendl/Dose UnterhaltsR § 4 Rn. 465 aE.

37 *Schwab* FamRZ 1982, 456 (457 f.).

38 BGH NJW 2008, 57 Rn. 30 = FamRZ 2007, 1532; NJW 1997, 735 = FamRZ 1997, 281 (284).

39 *Pruskowski* in Baumgärtel/Laumen/Prütting Beweislast-HdB Rn. 18.

40 BGH FPR 2003, 245 = FamRZ 2003, 434.

41 BGHZ 146, 105 = NJW 2001, 2254 = FamRZ 2001, 986 (989); Staudinger/*Voppel*, 2018, Rn. 25; Soergel/*Leiß* Rn. 19.

42 Staudinger/*Voppel*, 2018, Rn. 18, 25; Johannsen/Henrich/*Hammermann* Rn. 53 f.; Palandt/*Brudermüller* Rn. 9.

43 BGH NJW 2016, 322 Rn. 13 = FamRZ 2016, 199.

44 BGH NJW 1999, 717 = FamRZ 1999, 367 für den nachehelichen Unterhalt.

45 So nach Aufgabe der Rspr. zu den wandelbaren ehelichen Lebensverhältnissen auch wieder der BGH: BGHZ 192, 45 = NJW 2012, 384 = FamRZ 2012, 281; → Rn. 14 f.

ein Ehegatte im selben Verfahren zugleich Kindesunterhalt geltend macht.[46] In die Bedarfsbemessung (1. Berechnungsstufe) sind nur die prägenden Einkünfte einzustellen. Nicht prägende Einkünfte jedes Ehegatten sind erst bei der Ermittlung seiner Leistungsfähigkeit bzw. seiner Bedürftigkeit zu berücksichtigen (2. und 3. Berechnungsstufe). Auch **fiktive Einkünfte** können die ehelichen Lebensverhältnisse prägen, insbesondere wenn ihre Zurechnung auf einer Verletzung der Erwerbsobliegenheit des Unterhaltsberechtigten oder des Unterhaltspflichtigen beruht (→ Rn. 23, 36). Sie sind dagegen nicht prägend, wenn sie keine Grundlage in der tatsächlichen Einkommenssituation der Ehegatten haben, für den Unterhaltsbedarf also nie zur Verfügung standen (etwa aus der Veräußerung einer nicht ertragreichen, ererbten Immobilie, → § 1578 Rn. 198).[47]

Infolge getrennter Haushaltsführung mit zusätzlichem Aufwand (gegenüber den Kosten des ehelichen Haushalts iSv § 1360a Abs. 1) lässt sich der bisherige Lebensstandard meist nicht in vollem Umfang aufrechterhalten. Deshalb kann sowohl auf Seiten des Unterhaltsberechtigten als auch des Unterhaltspflichtigen **trennungsbedingter Mehrbedarf** entstehen, der entweder zu einem höheren Bedarf oder zu einer eingeschränkten Leistungsfähigkeit führt. Gleichwohl bleibt diese Position im Anwendungsbereich der Differenz- oder Additionsmethode jedenfalls bei durchschnittlichen Einkommensverhältnissen grundsätzlich unberücksichtigt. Denn der nach einer Quote ermittelte Bedarf wird in der Regel bereits nach dem gesamten verfügbaren Einkommen bemessen, so dass schon hierdurch eine angemessene Einkommensverteilung erreicht wird und für weitere Zu- oder Abschläge kein Raum ist.[48] Die Berücksichtigung trennungsbedingten Mehrbedarfs kann deshalb grundsätzlich nur bei Heranziehung der Anrechnungsmethode in Betracht kommen.[49] Die betreffenden Mehrkosten hat der Anspruchssteller spezifiziert darzulegen.[50] Nach luxuriösem ehelichen Aufwand kann sich trennungsbedingt aber auch ein **Minderbedarf** einstellen, etwa infolge Verzichts auf die Ausübung von bisher gemeinsam gepflegten kostspieligen Hobbies[51] oder wenn übertriebener Aufwand dem Zweck dienen sollte, den Partner an sich zu binden, aber die Ehe gescheitert ist.[52] In solchen Fällen gelangt regelmäßig das Korrektiv der Bedarfsbemessung nach einem objektiven Maßstab zur Anwendung. 8

Bei hohem **Lottogewinn** kurz vor der Trennung ist nur der Teil als eheprägendes Einkommen anzusehen, der nach objektivem Maßstab vernünftigerweise für die laufende Lebensführung verwendet wird.[53] Ein unerwarteter Glückstreffer nach vollzogener Trennung ist unterhaltsrechtlich irrelevant. Schon vorher einigermaßen regelmäßig erzielte **Spielgewinne** sollten als überobligatorische Anstrengungen (dem Nebenverdienst eines Ruheständlers vergleichbar: Rn. 20) ebenso außer Betracht bleiben[54] wie umgekehrt (noch wahrscheinlichere) Spielverluste, welche die Unterhaltspflicht nicht mindern würden (falls der Gläubiger der Teilnahme am Spiel nicht zustimmte).[55] Von einer Garantie des bisherigen Lebensstandards wird die Fortsetzung der Spielgewinne jedenfalls nicht gedeckt.[56] Dem Unterhaltsschuldner muss erlaubt sein, seine Spielleidenschaft einzuschränken oder aufzugeben (vgl. auch § 762). Nicht alle bisher faktisch erzielten Einkünfte werden dauerhaft garantiert und für die Zukunft festgeschrieben. 9

---

46 *Dose* in Wendl/Dose UnterhaltsR § 1 Rn. 21, 41.

47 BGH NJW 1997, 735 (737 f.) = FamRZ 1997, 281; NJW 2008, 57 Rn. 30 = FamRZ 2007, 1532.

48 BGH NJW 2004, 3106 = FamRZ 2004, 1357; NJW 1995, 962 = FamRZ 1995, 343 (344); OLG Hamburg FamRZ 1998, 1585 (1586); OLG Zweibrücken FamRZ 1998, 239; Staudinger/*Voppel*, 2018, Rn. 32; *Niepmann/Schwamb* Rspr. zur Höhe des Unterhalts Rn. 56, 447; *Borth* in Schwab ScheidungsR-HdB IV Rn. 954, 946, 1049 ff.

49 Staudinger/*Voppel*, 2018, Rn. 32; *Niepmann/Schwamb* Rspr. zur Höhe des Unterhalts Rn. 56, 447; Palandt/*Brudermüller* § 1578 Rn. 41. Generell gegen die Berücksichtigung von trennungsbedingtem Mehrbedarf, da als Folge der Trennung nicht eheprägend: *Gutdeutsch* in Wendl/Dose UnterhaltsR § 4 Rn. 836.

50 Eine pauschale prozentuale Erhöhung genügt im Allgemeinen nicht: BGH NJW 1990, 2886 = FamRZ 1990, 1085 (1088); NJW 1995, 963 = FamRZ 1995, 346; NJW 1996, 517 = FamRZ 1996, 345. Zu Einzelheiten vgl. die Übersicht bei *Niepmann/Schwamb* Rspr. zur Höhe des Unterhalts Rn. 58.

51 OLG Köln FamRZ 1992, 322 (324) im Anschluss vornehmlich an *Schwab* FamRZ 1982, 456 ff.

52 Materielle Gunsterweise des Ehegatten verpflichten ihn nach der Trennung nicht zur Fortsetzung: *Schwab* FamRZ 1982, 456 (458).

53 OLG Frankfurt NJW-RR 1995, 2 = FamRZ 1995, 874 (875). Der Rest dient der Vermögensbildung, ist mit dem Zugewinn auszugleichen (BGHZ 68, 43 = NJW 1977, 377; → § 1374 Rn. 17) und für die Unterhaltsberechnung irrelevant. Einmalige Ausgaben anlässlich des Gewinns (Vergnügungsreise) mindern diesen um den verbrauchten Betrag, prägen aber nicht dauerhaft die Lebensverhältnisse.

54 AA OLG Düsseldorf NJW 1993, 3078 = FamRZ 1994, 896. Monatliche Gewinne von 1.400 DM beim Kartenspielen sind jedenfalls keine freiwilligen Zuwendungen Dritter; → Rn. 31.

55 Eine Partizipation bloß am Glück, aber nicht am (noch wahrscheinlicheren) Pech des Partners verstieße gegen die eheliche Solidarität und gegen das Symmetrieprinzip. Eine Teilnahme am Spiel kann nicht nur unter der Voraussetzung erlaubt sein, dass man gewinnt.

56 *Niepmann/Schwamb* Rspr. zur Höhe des Unterhalts Rn. 774.

10 **Illegal** (durch Hehlerei, Rauschgifthandel, Zuhälterei) **erzieltes Einkommen** ist ebenso wenig garantiert. Es gibt keine unterhaltsrechtliche Obliegenheit zu verbotenem Tun.[57] Eine entsprechende Einkommensfiktion für die Zukunft scheidet deshalb ebenso aus wie eine Heranziehung der aus schweren Straftaten (Erpressung, Raub) stammenden Mittel zum Unterhalt für die Vergangenheit.[58] Hiervon zu unterscheiden sind Einkünfte, bei denen das Unrecht nicht im Erwerbsvorgang an sich liegt (Arbeit), sondern in der Nichterfüllung daraus folgender gesetzlicher Pflichten (zB **Schwarzarbeit,** Steuerhinterziehung eines Selbständigen). Solche Einkünfte sind für Unterhaltszwecke einzusetzen, allerdings mit der Maßgabe, dass auch die mit der Aufdeckung der Gesetzwidrigkeit verbundenen Folgen (etwa steuer- oder strafrechtlicher Art) bis zur Höhe des Einkommens zu berücksichtigen sind.[59] Da Schwarzarbeit jederzeit aufgegeben werden darf, kann der betreffende Ehegatte nicht auf die weitere Erzielung dieses Einkommens verwiesen werden. Für die Zukunft können derartige Einkünfte deshalb nicht berücksichtigt, wohl aber der Ehegatte darauf verwiesen werden, soweit möglich in gesetzlich einwandfreier Weise Einkommen zu erzielen.[60] Schwarz angelegte (vor dem Fiskus verheimlichte) Gelder sind zu berücksichtigen, falls die Erträgnisse daraus nachweisbar für den Unterhalt verwendet wurden.[61]

11 **b) Änderungen während der Trennung.** Die zum Zeitpunkt der Trennung nachhaltig vorliegenden wirtschaftlichen Verhältnisse sind nicht allein Grundlage der Unterhaltsbemessung. Da die Ehe bis zur Scheidung fortbesteht und die Eheleute jederzeit wieder zu der ehelichen Lebensgemeinschaft zurückkehren können, nehmen sie auch während der Trennungsphase an der Weiterentwicklung der wirtschaftlichen Verhältnisse teil, soweit diese nicht auf einer unerwarteten, vom Normalverlauf erheblich abweichenden Veränderung beruht. Demgemäß können sich zwischen Trennung und Scheidung eintretende Verbesserungen und Verschlechterungen der Einkommenssituation noch auf die ehelichen Lebensverhältnisse auswirken (→ § 1578 Rn. 21 ff.).[62]

12 **Verbesserung der Verhältnisse:** Erwerbseinkommen, das im Zeitpunkt der Trennung bereits in prägender Weise vorhanden war, bleibt prägend, auch wenn es sich – etwa aufgrund Anpassung an die allgemeine Einkommensentwicklung, Regelbeförderung oder in der Ehe angelegter beruflicher Qualifikation – erhöht.[63] Anders zu beurteilen ist ein Einkommensanstieg, der aufgrund außergewöhnlicher Umstände erfolgt und zu einer nicht zu erwartenden Karriereentwicklung führt (sog **Karrieresprung**); hiervon werden die ehelichen Lebensverhältnisse nicht mitbestimmt.[64] Erwerbeinkommen, das im Zeitpunkt der Trennung noch nicht erzielt wurde, das aber als Surrogat der bisherigen Familienarbeit gilt, wirkt sich ebenfalls bedarfsprägend aus, und zwar – im Gegensatz zur früheren Rspr. des BGH – unabhängig davon, ob die Aufnahme oder Ausweitung der Erwerbstätigkeit bereits während des Zusammenlebens geplant und angelegt war und deshalb auch ohne die Trennung erfolgt wäre.[65] Dieselbe Bewertung erfährt fiktives Einkommen, das dem haushaltführenden Ehegatten aufgrund einer Verletzung seiner Erwerbsobliegenheit zugerechnet wird.[66] Auch für sonstige Einkünfte, die schon bei der Trennung prägend waren, perpetuiert sich diese Beurteilung, sofern keine außergewöhnliche Entwicklung vorliegt. Hierzu zählen etwa Erträge aus Kapitalvermö-

---

57 *Niepmann/Schwamb* Rspr. zur Höhe des Unterhalts Rn. 778.

58 *Niepmann/Schwamb* Rspr. zur Höhe des Unterhalts Rn. 673; Staudinger/*Voppel,* 2018, Rn. 58.

59 OLG Nürnberg EzFamR aktuell 1997, 339; *Niepmann/Schwamb* Rspr. zur Höhe des Unterhalts Rn. 673; Palandt/*Brudermüller* Rn. 31; *Borth* in Schwab ScheidungsR-HdB IV Rn. 674. Wegen zahlreicher Einzelfragen anschaulich *E. Metzger,* Nichtigkeit und Wirksamkeit von Geschäften der Schattenwirtschaft, 1996. Zu Einschränkungen der Berücksichtigungsfähigkeit von Einkünften aus Schwarzarbeit, die neben der hauptberuflichen Tätigkeit verrichtet wird, *Klein* FuR 1997, 292 f.

60 *Niepmann/Schwamb* Rspr. zur Höhe des Unterhalts Rn. 673; *Borth* in Schwab ScheidungsR-HdB IV Rn. 674.

61 Vgl. BGH NJW 2016, 322 Rn. 13 = FamRZ 2016, 199; NJW 2008, 57 Rn. 25 ff. = FamRZ 2007, 1532.

62 BGHZ 192, 45 Rn. 17 ff. = NJW 2012, 384 = FamRZ 2012, 281; BGH NJW 1999, 717 = FamRZ 1999, 367 mwN; BGHZ 153, 358 (364 f.) = NJW 2003, 1518 = FamRZ 2003, 590.

63 Staudinger/*Voppel,* 2018, Rn. 26; BeckOGK/*Preisner* Rn. 335 f.; *Borth* in Schwab ScheidungsR-HdB IV Rn. 989.

64 BGH NJW 2016, 322 Rn. 13 = FamRZ 2016, 199; NJW 2010, 2582 Rn. 28 = FamRZ 2010, 1311 zu einer nach der Scheidung zusätzlich zu dem in unveränderter Höhe bezogenen Einkommen erhaltenen Abfindung; BGHZ 171, 206 Rn. 21 = NJW 2007, 1961 = FamRZ 2007, 793; BGHZ 166, 351 (361) Rn. 26 = NJW 2006, 1654 = FamRZ 2006, 683 (685); BGHZ 148, 105 = NJW 2001, 2254 = FamRZ 2001, 986; vgl. zu derartigen Fallgestaltungen etwas die Nachweise bei Palandt/*Brudermüller* § 1578 Rn. 24 und *Born* FamRZ 1999, 541 (549 f.).

65 BGHZ 148, 105 = NJW 2001, 2254 = FamRZ 2001, 986. Das ist verfassungsrechtlich nicht zu beanstanden: BVerfGE 105, 1 = FamRZ 2002, 527 = FPR 2002, 180. Zur Kritik s. etwa *Schwab* FF 2004, 164 (169 ff.); *Rauscher* FuR 2001, 385 (387 f.); *Muscheler* JZ 2002, 661; *Schürmann* FPR 2005, 292 (294).

66 BGH FPR 2003, 245 = FamRZ 2003, 434; NJW 2005, 3639 = FamRZ 2005, 1979.

gen oder aus Beteiligungen, aber auch die Nutzungsvorteile eines Eigenheims, soweit diese den zu berücksichtigenden Aufwand übersteigen.[67] Zum Wohnvorteil → Rn. 27 f. Im Fall einer Veräußerung der Immobilie tritt an die Stelle der Nutzungsvorteile der Erlös als Surrogat mit der Folge, dass die Vorteile, die die Ehegatten in Form von Zinseinkünften aus dem Erlös ziehen oder ziehen könnten, die ehelichen Lebensverhältnisse bestimmen.[68] Wird der Veräußerungserlös wiederum für den Erwerb einer neuen Wohnung eingesetzt, tritt der Wohnvorteil der neuen Wohnung an die Stelle eines Zinses aus dem Erlös.[69] Einkünfte, die zwar tatsächlich vorhanden waren, aber für den Lebensunterhalt nicht eingesetzt wurden, bleiben für die Beurteilung der ehelichen Lebensverhältnisse außer Betracht, soweit nicht die Anlegung eines objektiven Maßstabs zur Korrektur einer zu dürftigen Lebensweise und damit zu einer Berücksichtigung führt (→ Rn. 6). Wenn allerdings während der Trennungszeit Kapitaleinkünfte erzielt und zur weiteren Vermögensbildung verwendet wurden, an der der Unterhaltsberechtigte über den Zugewinnausgleich bereits teilnimmt, haben die bis zur Rechtshängigkeit des Scheidungsantrags geflossenen Kapitaleinkünfte unter dem Gesichtspunkt einer andernfalls erfolgenden Doppelberücksichtigung (→ Rn. 34) für die Unterhaltsbemessung außer Betracht zu bleiben.[70] Dem Wegfall von Aufwendungen, also einer Verbesserung im Ausgabenbereich, kommt prägende Bedeutung zu, wenn er sich auf prägende Einkünfte bezieht. Auswirkungen hat demgemäß der Wegfall oder die Reduzierung von Kreditverpflichtungen, die aus prägendem Einkommen bedient wurden,[71] aber auch von Unterhaltsverpflichtungen.[72]

**Verschlechterung der Verhältnisse:** Einkommensminderungen (etwa durch Krankheit, 13
Rentenbezug, Arbeitslosigkeit) wirken sich auf die ehelichen Lebensverhältnisse aus, sofern sie nicht auf einer Verletzung der Erwerbsobliegenheit beruhen oder durch freiwillige berufliche oder wirtschaftliche Dispositionen veranlasst sind und durch zumutbare Vorsorge aufgefangen werden können.[73] Erhöhte Ausgaben prägen die Verhältnisse, wenn sie sich auf prägende Einkünfte beziehen und zwangsläufig entstehen (erhöhte Steuerlast, gestiegene Krankenversicherungskosten). Trennungsbedingte Aufwendungen bleiben außer Betracht, schon weil die ehelichen Lebensverhältnisse hiervon nicht mitbestimmt worden sind (→ Rn. 8).[74] Prägend wirken sich aber der Kindesunterhalt oder dessen Erhöhung aus. Sinkt das Einkommen des zum Barunterhalt verpflichteten Ehegatten durch den Abzug des Kindesunterhalts unterdasjenige des betreuenden Ehegatten, so ist das Entstehen eines Anspruchs auf Trennungsunterhalt die notwendige Folge.[75] Auch die Unterhaltspflicht gegenüber einem nichtehelichen, nach der Trennung geborenen Kind beeinflusst die ehelichen Lebensverhältnisse.[76] Das gilt auch dann, wenn ein Kind aus einer neuen Verbindung in der Zeit zwischen dem Scheidungsurteil und dessen Rechtskraft geboren worden ist.[77] Prägend ist darüber hinaus der Anspruch auf Betreuungsunterhalt, den die Mutter eines vor Rechtskraft der Scheidung geborenen nichtehelichen Kindes von dem Unterhaltspflichtigen verlangen kann.[78] Eine Änderung der ehelichen Lebensverhältnisse kann sich auch dann ergeben, wenn sich eine bereits vor der Trennung latent vorhandene Unterhaltslast gegenüber einem Elternteil realisiert, und zwar soweit die sich aus einem entsprechenden Vorwegabzug ergebende Verteilung der zum Unterhalt zur Verfügung stehenden Mittel nicht zu einem Missverhältnis hinsichtlich des wechselseitigen Bedarfs der Beteiligten führt.[79] Auch die latente

---

67 BGH NJW 2010, 3097 Rn. 10 = FamRZ 2010, 1633; NJW 2008, 1946 = FamRZ 2008, 963; NJW 2007, 1974 = FamRZ 2007, 879; NJW 1998, 753 = FamRZ 1998, 87.

68 BGHZ 163, 84 = NJW 2005, 3277 = FamRZ 2005, 1817; BGH NJW 2002, 436 = FamRZ 2002, 88; NJW 2001, 2259 = FamRZ 2001, 1140.

69 BGH NJW 2014, 1733 Rn. 12 = FamRZ 2014, 1098 zum nachehelichen Unterhalt.

70 BGH NJW 2008, 57 Rn. 33 = FamRZ 2007, 1532.

71 Staudinger/*Voppel,* 2018, Rn. 26; *Niepmann/Schwamb* Rspr. zur Höhe des Unterhalts Rn. 72.

72 So BGH NJW 1990, 2886 = FamRZ 1990, 1086; NJW-RR 1990, 1346 = FamRZ 1990, 1090 – unter Aufgabe der früheren Rspr. – hinsichtlich des Wegfalls von Kindesunterhalt für die Bemessung des nachehelichen Unterhalts; dies muss für den Trennungsunterhalt erst recht gelten.

73 BGHZ 175, 182 Rn. 43 ff. = NJW 2008, 1663 = FamRZ 2008, 968; BGHZ 166, 351 Rn. 26 = NJW 2006, 1654 = FamRZ 2006, 683; BGHZ 153, 358 = NJW 2003, 1518 = FamRZ 2003, 590.

74 BGH NJW 2004, 1357 = FamRZ 2004, 1357.

75 BGH NJW 2016, 322 Rn. 16 = FamRZ 2016, 199.

76 BGHZ 192, 45 Rn. 18 = NJW 2012, 384 = FamRZ 2012, 281; BGH NJW 2000, 3140 = FamRZ 2000, 1492 m. insoweit krit. Anm. *Scholz*; NJW 1999, 717 = FamRZ 1999, 367 m. krit. Anm. *Graba* und m. abl. Anm. *Veit* JZ 1999, 681; NJW 1994, 190 = FamRZ 1994, 87; ebenso OLG Koblenz FamRZ 1998, 1584 m.abl. Anm. *Schumacher*; krit. *Born* FamRZ 1999, 541 (553); aA Staudinger/*Voppel,* 2018, Rn. 29; *Gernhuber/Coester-Waltjen* FamR § 21 Rn. 37.

77 BGH NJW 1999, 717 = FamRZ 1999, 367; OLG Hamm FamRZ 1997, 886.

78 BGHZ 192, 45 Rn. 20 = NJW 2012, 384 = FamRZ 2012, 281.

79 BGH NJW 2003, 1660 = FamRZ 2003, 860; NJW-RR 2004, 212 = FamRZ 2004, 186; NJW-RR 2004, 793 = FamRZ 2004, 792.

Gefahr der Inanspruchnahme aus einer Bürgschaft prägt bereits die ehelichen Lebensverhältnisse.[80]

14 **c) Die Rechtsprechung zu den wandelbaren ehelichen Lebensverhältnissen.** Nach der früheren Rspr. des BGH schloss eine Unterhaltsbemessung nach den ehelichen Lebensverhältnissen es darüber hinaus generell nicht aus, nacheheliche Entwicklungen, und zwar Einkommensverbesserungen wie -verminderungen, schon bei der Bedarfsbemessung zu berücksichtigen. Außer Betracht bleiben sollten allein Veränderungen, die auf vorwerfbarem, unterhaltsbezogen mutwilligem Verhalten beruhen. Mit dieser Begründung wurde eine Bedarfsprägung der Lebensverhältnisse der Erstehe auch durch das Hinzutreten vorrangiger oder gleichrangiger Unterhaltsberechtigter als nicht vorwerfbarer Veränderung bejaht. Nach der Rspr. zu den „wandelbaren ehelichen Lebensverhältnissen" gleiche sich der höhere Bedarf eines früheren Ehegatten zwangsläufig dem unter Berücksichtigung mehrerer Unterhaltsberechtigter geringeren Bedarf eines neuen Ehegatten an; der ursprünglich höhere Bedarf eines geschiedenen Ehegatten verringere sich nämlich wegen des Hinzutretens des unterhaltsberechtigten neuen Ehegatten. Mit Rücksicht darauf sollte der angemessene Unterhalt der jeweiligen Unterhaltsberechtigten sowie der eigene Bedarf des Unterhaltspflichtigen im Wege der **Dreiteilung der verfügbaren Einkommen** bemessen werden.[81]

15 Diese Rspr. hat zu Recht **Kritik** erfahren.[82] Durch Beschluss vom 25.1.2011 hat das BVerfG entschieden, dass die zur Auslegung des § 1578 Abs. 1 S. 1 entwickelte Rspr. zu den wandelbaren Lebensverhältnissen unter Anwendung der Dreiteilung des Einkommens die Grenzen richterlicher Rechtsfortbildung überschreitet und Art. 2 Abs. 1 GG in Verbindung mit dem Rechtsstaatsprinzip verletzt.[83] Im Anschluss daran hat der BGH die vorgenannte Rspr. zur Bemessung des Unterhaltsbedarfs aufgegeben und ist insofern zu seiner früheren Rspr. zurückgekehrt.[84] Die ehelichen Lebensverhältnisse werden danach grundsätzlich nur noch von solchen Umständen bestimmt, die das für Unterhaltszwecke verfügbare Einkommen bereits bei Rechtskraft der Scheidung beeinflusst haben. Auch das Hinzutreten weiterer Unterhaltsberechtigter ist nur bis zu diesem Zeitpunkt – da noch eheprägend – zu berücksichtigen. Ohne Auswirkung bleiben hingegen nacheheliche Entwicklungen, die in der Ehe nicht angelegt waren. Das gilt insbesondere für die Unterhaltspflicht gegenüber einem neuen Ehegatten, einem nachehelich geborenen Kind und für den Betreuungsunterhalt nach § 1615l. Im Rahmen der Prüfung der **Leistungsfähigkeit** für Unterhaltsansprüche gleichrangiger Ehegatten hat der BGH es allerdings nicht beanstandet, wenn die wechselseitige Beeinflussung der Ansprüche grundsätzlich im Wege der **Dreiteilung** des vorhandenen Gesamteinkommens gelöst wird, weil der gleichrangige und gleichwertige Schutz der verschiedenen Ehen zu beachten sei.[85] Da die Dreiteilung nicht zwingend ist, hat dies zur Folge, dass auch andere Unterhaltsberechnungen, die zu einer ausgewogenen Verteilung der vorhandenen Mittel führen, nicht ausgeschlossen sind. Insbesondere bleibt danach Raum für eine wertende Veränderung zugunsten des Unterhaltsanspruchs der geschiedenen Ehefrau, deren Bedarf ohne Berücksichtigung der Unterhaltspflicht gegenüber der späteren Ehefrau zu bemessen und deshalb höher ist als derjenige der Letzteren. Dem Gesichtspunkt, dass aus dem höheren Bedarf auch ein höherer Anspruch folgen sollte, kann demgemäß in angemessenem Umfang Rechnung getragen werden.

### III. Beiderseitige Erwerbs- und Vermögensverhältnisse

16 **1. Überblick.** Nach den prägenden (konsolidierten) ehelichen Lebensverhältnissen richtet sich der auch während der Trennung maßgebende Unterhaltsbedarf (→ Rn. 6). Der objektive Bedarf bildet die erste Berechnungsgröße für das Maß des zu erbringenden Unterhalts. Auf der zweiten und dritten Berechnungsstufe folgen die in Abs. 1 weiter erwähnten beiderseitigen Erwerbs- und Vermögensverhältnisse; nach ihnen bestimmen sich individuell (→ Rn. 1) unter Einbeziehung nichtprägender Einkünfte die Leistungsfähigkeit des Verpflichteten (→ Rn. 17 ff.) und die Bedürf-

[80] OLG Hamm NJW-RR 1998, 6 = FamRZ 1998, 558.

[81] BGH NJW 2008, 3213 Rn. 35 ff. = FamRZ 2008, 1911; BGHZ 166, 351 (361 ff.) Rn. 27 = NJW 2006, 1654 = FamRZ 2006, 683 (685 f.); BGHZ 171, 206 Rn. 21 = NJW 2007, 1961 = FamRZ 2007, 793; BGHZ 175, 182 Rn. 43 ff. = NJW 2008, 1663 = FamRZ 2008, 968.

[82] *Borth* FamRZ 2006, 852; *Born* NJW 2008, 1669; *Born* NJW 2008, 3089; *Graba* FPR 2008, 309; *Graba* FamRZ 2008, 1217 (1222); *Graba* FF 2008, 437 ff.; *Grandel* NJW 2008, 796; *Griesche* FPR 2008, 63; *Maurer* FamRZ 2008, 975; *Maurer* FamRZ 2008, 1919; *Schürmann* NJW 2006, 2301; *Soyka* FuR 2008, 264; *Büttner/Niepmann* NJW 2008, 796. 797; Palandt/*Brudermüller*, 70. Aufl. 2011, § 1578 Rn. 12; → 5. Aufl. 2010, Rn. 15.

[83] BVerfGE 128, 193 = NJW 2011, 83 = FamRZ 2011, 437.

[84] BGHZ 192, 45 Rn. 18 = NJW 2012, 384 = FamRZ 2012, 281.

[85] BGH NJW 2014, 2109 Rn. 29 = FamRZ 2014, 1183; BGHZ 192, 45 Rn. 42 f. = NJW 2012, 384 = FamRZ 2012, 281.

tigkeit des Berechtigten (→ Rn. 36 ff.). Jeder getrennt lebende Ehegatte hat seinen Unterhalt grundsätzlich zunächst durch zumutbaren Einsatz der eigenen Arbeitskraft und jedenfalls der eigenen Vermögenseinkünfte zu bestreiten (→ Rn. 36). Ist er trotzdem bedürftig, muss ihn der leistungsfähige Partner unterhalten. Die in § 1361 (abweichend von § 1602) nicht ausdrücklich erwähnte Bedürftigkeit ist eine allgemeine Anspruchsvoraussetzung im Unterhaltsrecht.

**2. Leistungsfähigkeit des Verpflichteten. a) Grundlagen. Steuerrechtliche Konsequenzen.** Leistungsfähig ist der Verpflichtete, der über die zur Unterhaltszahlung erforderlichen Mittel entweder tatsächlich verfügt oder unter Berücksichtigung seiner Vorbildung und Fähigkeiten sowie der Arbeitsmarktlage (unter Umständen nach einem Orts- oder Berufswechsel, → § 1360 Rn. 13) und durch ertragreichen Einsatz eventuell vorhandenen Vermögens bei gutem Willen in zumutbarer Weise verfügen könnte.[86] Maßgebend sind die **Nettoeinkünfte,** also die Bruttobezüge abzüglich der Lohn- bzw. Einkommensteuer und der Sozialversicherungsbeiträge.[87] Über die **primäre Altersvorsorge** hinaus können grundsätzlich 4 % des Jahresbruttoeinkommens für eine **zusätzliche Altersversorgung** aufgewendet werden, da die primäre Vorsorge allein nicht mehr für eine angemessene Altersversorgung ausreicht. Deshalb darf einem Unterhaltspflichtigen die Möglichkeit, zusätzlich vorzusorgen, nicht genommen werden. Denn diese als notwendig erkannte Maßnahme geht der Sorge für die Unterhaltsberechtigten grundsätzlich vor.[88] Nachdem seit der grundlegenden Entscheidung des BGH hierzu mehr als 15 Jahre vergangen sind, wird die seinerzeit für angemessen gehaltene Höhe der zusätzlichen Altersversorgung von 4 %[89] allerdings zu überprüfen sein. Angesichts der seit Jahren zu verzeichnenden Verhältnisse auf dem Kapitalmarkt kann das durch die Anlage von 4 % des Jahresbruttoeinkommens angesparte Altersvorsorgevermögen im Hinblick auf das schon längerfristig anhaltende niedrige Zinsniveau und den damit verbundenen Renditerückgang nicht mehr die Höhe erreichen, die als zusätzliche Altersvorsorge für angemessen und erforderlich gehalten wurde.[90] Als solche können auch Tilgungsleistungen, die dem Erwerb einer Immobilie dienen, anerkannt werden.[91] **Steuervorteile** (Eintragung von Freibeträgen auf der Lohnsteuerkarte, mögliche Steuererstattungen) sind wahrzunehmen.[92] Im Jahr der Trennung können die Ehegatten noch nach der Splittingtabelle zusammen veranlagt werden (§§ 26, 26b EStG). Ab dem Jahre nach der Trennung werden sie getrennt veranlagt (§ 26a EStG). Durch den Wechsel von der Lohnsteuerklasse III zur Lohnsteuerklasse I erleidet der Unterhaltsschuldner einen spürbaren Steuernachteil (→ § 1578 Rn. 30). Bei **Anwendung des begrenzten Realsplittings**[93] kann der Unterhaltsschuldner Unterhaltszahlungen an den getrennt lebenden oder geschiedenen Ehegatten bis zu jährlich 13.805 Euro als Sonderausgaben absetzen (§ 10 Abs. 1a Nr. 1 EStG).[94] Dann hat allerdings der Empfänger den Unterhalt zu versteuern. Diese Steuerlast sowie sonstige finanzielle Nachteile (zB Entzug oder Kürzung öffentlicher Leistungen, wie Eigenheim- oder Arbeitnehmersparzulage) hat der Schuldner dem Gläubiger wiederum zu erstatten.[95] Nicht steuerpflichtig wird der Gläubiger, wenn der Schuldner den Unterhalt unter den Voraussetzungen des § 33a EStG als außergewöhnliche Belastung geltend 17

[86] BGH NJW 2003, 3122 = FamRZ 2003, 1471.

[87] BGH NJW 1980, 934 (935) = FamRZ 1980, 555 (556). Zur Einkommensermittlung bei Selbständigen *Spieker* in Wendl/Dose UnterhaltsR § 1 Rn. 160 ff.; s. auch *Laws,* Steuerrechtliche Unterlagen im Unterhaltsrecht, 1998.

[88] StRspr, grdl. BGH NJW-RR 2004, 793 = FamRZ 2004, 792 (793).

[89] Gegenüber der Inanspruchnahme auf Zahlung von Elternunterhalt 5 %, vgl. nur BGHZ 213, 288 Rn. 26 = NJW 2017, 1169 = FamRZ 2017, 519.

[90] Der BGH hat es 2013 noch nicht für gerechtfertigt gehalten, bezogen auf das gesamte Berufsleben des Unterhaltspflichtigen von einer geringeren Rendite als 4 % auszugehen: BGH NJW 2013, 3024 Rn. 30 = FamRZ 2013, 1554 (1556).

[91] BGHZ 213, 288 Rn. 26 = NJW 2017, 1169 = FamRZ 2017, 519; BGHZ 163, 84 = NJW 2005, 3277 = FamRZ 2005, 1817 (1821 f.); BGH NJW 2006, 1794 Rn. 29 = FamRZ 2006, 387 (390); BGHZ 171, 206 Rn. 27 = NJW 2007, 1961 = FamRZ 2007, 793; BGH NJW 2008, 1946 Rn. 23 = FamRZ 2008, 963. Zu Einzelheiten → Rn. 28; *Gerhardt* in Wendl/Dose UnterhaltsR § 1 Rn. 1034, 1037.

[92] BGH NJW-RR 1999, 297 = FamRZ 1999, 372; OLG Koblenz NJW-RR 2002, 364.

[93] Eine Obliegenheit des Unterhaltsschuldners zur Geltendmachung des begrenzten Realsplittings besteht nur, wenn die Unterhaltspflicht auf einem Anerkenntnis oder einer rechtskräftigen Verurteilung beruht oder freiwillig erfüllt wird, BGHZ 171, 206 Rn. 41 = NJW 2007, 1961 = FamRZ 2007, 793.

[94] Der Unterhaltsberechtigte muss dem darauf gerichteten Antrag zustimmen: BGH NJW-RR 1998, 1153 = FamRZ 1998, 953; NJW 1988, 2886 = FamRZ 1988, 820, und zwar selbst dann, wenn zweifelhaft ist, ob steuerlich geltend gemachte Aufwendungen dem Grunde und der Höhe nach als Unterhaltsleistungen iSd § 10 Abs. 1 Nr. 1 EStG anerkannt werden.

[95] BGH NJW 1983, 1545 = FamRZ 1983, 576; NJW 1988, 2886 = FamRZ 1988, 826; OLG Hamm NJW-RR 1989, 1353 = FamRZ 1989, 638; *Niepmann/Schwamb* Rspr. zur Höhe des Unterhalts Rn. 938 ff.

macht (ab 1.1.2019: bis zum Höchstbetrag von 9.168 Euro jährlich).[96] Der **Splittingvorteil** oder sonstige von einer neuen Ehe abhängige Einkommenszuschläge sind nach der geänderten Rspr. des BGH für die Bedarfsbemessung der aktuellen Ehe des Pflichtigen zuzurechnen.[97] Soweit im Rahmen der Leistungsfähigkeit gegenüber einem geschiedenen und einem gleichrangigen neuen Ehegatten bei der Billigkeitsabwägung eine Dreiteilung des vorhandenen Einkommens erfolgt, ist dagegen das gesamte Einkommen aller Beteiligten – und damit auch der Splittingvorteil – zu berücksichtigen.[98]

18 **Bemessungsgrundlage** für die Höhe des geschuldeten Unterhalts ist das im Durchschnitt nachhaltig erzielte Einkommen (→ § 1578 Rn. 7 ff.). Deshalb sind nicht allein die im Zeitpunkt des Unterhaltsbegehrens gegebenen Einkünfte zugrunde zu legen; zu berücksichtigen sind auch die Einkünfte aus einem genügend langen, zurückliegenden Zeitraum (→ Rn. 7). Diesen Zeitraum bemisst die Rspr. bei unselbständig Erwerbstätigen in der Regel auf ein Jahr (→ § 1578 Rn. 9, 95),[99] bei Selbständigen in der Regel auf drei Jahre (→ § 1578 Rn. 101).[100] Zwecks Erlangung eines repräsentativen Querschnitts über das Durchschnittseinkommen ist bei Freiberuflern im Einzelfall auch ein längerer oder kürzerer Zeitraum zu betrachten.[101] Ausnahmsweise kann nur das zuletzt erzielte Einkommen zugrunde zu legen sein, wenn etwa nach einer Anlaufphase eine stabile Aufwärtsentwicklung eingetreten ist.[102] Eine Anlaufphase und atypische Schwankungen bleiben regelmäßig außer Betracht.[103] Maßgeblich ist grundsätzlich das vor der letzten mündlichen Verhandlung in der Tatsacheninstanz abgelaufene Kalenderjahr; weitere bis zur Entscheidung über den Unterhaltsanspruch eintretende Änderungen der Einkommensverhältnisse sind aber noch zu berücksichtigen.[104] Bei **Freiberuflern und Gewerbetreibenden** ist der Gewinn notfalls gemäß § 287 Abs. 2 ZPO zu schätzen. Getätigte Entnahmen können dafür ein Indiz darstellen, falls sie nicht in die Substanz des Unternehmens eingreifen.[105] **Steuerliche Abschreibungen** können zwecks Auflösung verdeckter Rücklagen zu korrigieren sein.[106] Das gilt in erster Linie bezüglich der Abschreibungen für die Abnutzung von Gebäuden, die das unterhaltsrechtsrechtlich maßgebende Einkommen nicht berühren, soweit die Wertminderung durch die Entwicklung auf dem Immobilienmarkt ausgeglichen werden kann.[107] Der BGH hat die Frage, ob an dieser Beurteilung festzuhalten sei, inzwischen allerdings offen gelassen.[108] Jedenfalls in besonders gelagerten Einzelfällen, in denen sich ein Wertverlust konkret feststellen lässt und in etwa den Abschreibungsbeträgen entspricht, können diese berücksichtigt werden.[109] Im Übrigen hält der BGH die AfA-Ansätze dagegen für berücksichtigungsfähig, soweit sie der tatsächlichen Wertminderung entsprechen. Nur soweit die Ansätze über die Wertminderung hinausgehen, kommt eine unterhaltsrechtliche Kürzung der AfA in Betracht. Insofern wird es für unbedenklich gehalten, die Erfahrungswerte zu übernehmen, die den von der Finanzverwaltung herausgegebenen AfA-Tabellen (insbesondere der neuen Tabelle für die allgemein verwendbaren Anlagegüter vom 15.12.2000, durch die die maßgebliche Nutzungsdauer der Wirtschaftsgüter im Vergleich zu früher weitgehend verlängert wurde) zugrunde zu legen. Eine hiervon

---

96 *Niepmann/Schwamb* Rspr. zur Höhe des Unterhalts Rn. 929.

97 BGHZ 192, 45 Rn. 26 = NJW 2012, 384 = FamRZ 2012, 281; BGHZ 163, 84 (90 f.) = NJW 2005, 3277 = FamRZ 2005, 1817 (1819) mit Rücksicht auf BVerfG NJW 2003, 3466 = FamRZ 2003, 1821 (1824).

98 BGHZ 192, 45 Rn. 44 = NJW 2012, 384 = FamRZ 2012, 281.

99 BGH NJW 1985, 909 = FamRZ 1985, 357 mwN; *Niepmann/Schwamb* Rspr. zur Höhe des Unterhalts Rn. 786.

100 BGH NJW 1985, 909 = FamRZ 1985, 357 mwN; *Niepmann/Schwamb* Rspr. zur Höhe des Unterhalts Rn. 680. Für die Zugrundelegung eines Fünfjahreszeitraums insbesondere bei starken Gewinnschwankungen, umfangreichen Abschreibungen und Rückstellungen *Spieker* in Wendl/Dose UnterhaltsR § 1 Rn. 420.

101 BVerfG BeckRS 1992, 1791 = FamRZ 1993, 169; vgl. auch *Spieker* in Wendl/Dose UnterhaltsR § 1 Rn. 420.

102 OLG Hamm FamRZ 1997, 310.

103 BGH BeckRS 1985, 03612 = FamRZ 1985, 471 (472); OLG Köln NJW-RR 1995, 1157.

104 BGH NJW 2010, 2056 Rn. 25 = FamRZ 2010, 869; BeckRS 2010, 5199 = FamRZ 1984, 353; OLG München FamRZ 1984, 173 (174); *Dose* in Wendl/Dose UnterhaltsR § 1 Rn. 26.

105 OLG Hamm FamRZ 1996, 1216; *Niepmann/Schwamb* Rspr. zur Höhe des Unterhalts Rn. 680. Nach *Schürmann* FamRB 2006, 215 f.; *Schürmann* FamRZ 2002, 1149 ff. sollen die Privatentnahmen regelmäßig der Einkommensfeststellung Selbständiger zugrunde gelegt werden. Vgl. allg. zur Einkommensermittlung bei Selbstständigen *Strohal*, Unterhaltsrechtlich relevantes Einkommen bei Selbstständigen, 4. Aufl. 2010; *Spieker* in Wendl/Dose UnterhaltsR § 1 Rn. 160 ff.; *Strohal* in Göppinger/Wax UnterhaltsR Rn. 442 ff.

106 BGH NJW 1980, 2083 = FamRZ 1980, 770; OLG Bremen FamRZ 1995, 935; OLG Brandenburg NJW-RR 1998, 217 (218).

107 BGH NJW 1984, 303 = FamRZ 1984, 39 (41); NJW-RR 1986, 66 = FamRZ 1986, 48 f.; NJW 1997, 735 = FamRZ 1997, 281 (283).

108 BGH NJW 2005, 2077 = FamRZ 2005, 1159 (1160).

109 BGH BeckRS 2012, 4471 Rn. 33 = FamRZ 2012, 514.

abweichende Bestimmung der Nutzungsdauer und eine dementsprechende unterhaltsrechtliche Korrektur der AfA-Ansätze sollen nur in Betracht kommen, wenn die Tabellen nicht auf Erfahrungswissen beruhen, also offensichtlich unzutreffend sind.[110] – Die mit dem Einkommenserwerb aus nicht selbständiger Tätigkeit verbundenen **Werbungskosten,** insbesondere Fahrtkosten, sind in der Regel abzuziehen.[111] Dazu können auch die Mehrkosten für eine einvernehmlich während des Zusammenlebens begründete Zweitwohnung am Dienstort gehören.[112] Auf der Basis des maßgeblichen Kalenderjahres ist das Nettoeinkommen zu errechnen und hiervon 1/12 als monatliches Nettoeinkommen anzusetzen.

**b) Einzelne Einkunftsarten.** Zur Ermittlung des verteilungsfähigen Einkommens sind grundsätzlich **alle Einkünfte** heranzuziehen, gleich welcher Art sie sind und aus welchem Anlass sie erzielt werden. Maßgebend ist nur, dass sie geeignet und dazu bestimmt sind, den laufenden Lebensbedarf des Unterhaltspflichtigen und seiner Unterhaltsgläubiger zu decken.[113] Anzurechnen ist daher jedwedes Entgelt, das dem unterhaltspflichtigen Ehegatten aufgrund eines Arbeits- oder Dienstverhältnisses gewährt wird; vgl. die Aufzählung in § 850 Abs. 2, 3 ZPO. Hierzu gehören auch Zulagen und sonstige Nebeneinnahmen[114] (Trinkgelder),[115] Weihnachts- und Urlaubsgeld sowie Prämien,[116] sogar das Entgelt für Schwarzarbeit (abzüglich darauf lastender Steuerschuld, → Rn. 10).[117] Aufwandsentschädigungen, Spesenpauschalen und dergleichen sind abzüglich der tatsächlich anfallenden Kosten – aber unter Berücksichtigung einer häuslichen Ersparnis – der Vergütung hinzuzurechnen.[118] Sachbezüge (Firmenwagen, verbilligte Dienstwohnung, freie Verpflegung usw.) sind entsprechend dem ersparten Aufwand in Geld umzurechnen.[119] Bei (aktiven oder Ruhestands-)Beamten sind grundsätzlich alle Bezüge ohne Rücksicht auf ihre Benennung oder Berechnungsart zugrunde zu legen, also das Beamtengehalt nebst Familienzuschlag, einschließlich kindbezogener Bestandteile der Vergütung. Der Familienzuschlag nach § 40 Abs. 1 BBesG ist grundsätzlich in voller Höhe Bestandteil des Einkommens des Pflichtigen, auch wenn er hiervon nachehelichen Unterhalt zu zahlen hat. Das muss auch dann gelten, wenn beide Ehegatten im öffentlichen Dienst tätig sind und der Zuschlag nur einmal ausgezahlt wird. Denn auch das Einkommen der Ehefrau fließt in die zu verteilenden Gesamteinkünfte ein.[120] Sog **vermögenswirksame Leistungen** des Arbeitgebers oder Dienstherrn gehören an sich zum laufenden Einkommen. Da sie dem Empfänger aber nicht zur freien Verfügung stehen, erscheint es gerechtfertigt, weder die vermögenswirksamen Arbeitgeberleistungen noch die **Arbeitnehmersparzulage,** die für bestimmte Einkommensgruppen als staatliche Leistung gewährt wird, als unterhaltspflichtiges Einkommen anzusehen.[121] Langfristig angelegte Teile des Arbeitslohns mindern das verfügbare Einkommen unterhaltsrechtlich jedenfalls dann, wenn die 19

[110] BGH NJW 2003, 1734 = FamRZ 2003, 741 (743) m. krit. Anm. *Gerken* FamRZ 2003, 744 und im Wesentlichen zust. Anm. *Weychardt* FamRZ 2003, 1001. Einzelheiten – auch zu sonstigen Abschreibungsmöglichkeiten – bei *Strohal* UnterhaltsR Rn. 257 ff.; *Spieker* in Wendl/Dose UnterhaltsR § 1 Rn. 205 ff.; *Strohal* in Göppinger/Wax UnterhaltsR Rn. 470 ff.; *Niepmann/Schwamb* Rspr. zur Höhe des Unterhalts Rn. 999 ff.

[111] Zu Einzelheiten s. *Niepmann/Schwamb* Rspr. zur Höhe des Unterhalts Rn. 982 ff.

[112] OLG Hamm NJW-RR 1998, 724; OLG Schleswig NJW-RR 1994, 584.

[113] BGH NJW 1994, 1334 = FamRZ 1994, 21 (22); NJW 1994, 935 = FamRZ 1994, 228 (229); *Niepmann/Schwamb* Rspr. zur Höhe des Unterhalts Rn. 782 ff.

[114] BGH NJW-RR 1986, 1002 = FamRZ 1986, 780; NJW 1982, 822 = FamRZ 1982, 250.

[115] Je nach Branche gemäß § 287 Abs. 2 ZPO zu schätzen: OLG Köln FamRZ 1996, 1215 (1216). Einem konkreten Beweisantritt ist aber nachzugehen: BGH NJW 1991, 697 = FamRZ 1991, 182 (184).

[116] BGH NJW 1991, 1049 = FamRZ 1991, 416 (418); NJW 1982, 822 = FamRZ 1982, 250; NJW 1971, 137 = FamRZ 1970, 636 f. (Gratifikationen, Leistungszulagen und Treueprämien).

[117] OLG Nürnberg EzFamR aktuell 1997, 339.

[118] BGH NJW 2012, 2190 Rn. 24 ff. = FamRZ 2012, 1201 (120) – Auslandsverwendungszuschlag eines in Afghanistan eingesetzten Berufssoldaten: Die Bemessung des als Einkommen zu berücksichtigenden Anteils hat einzelfallbezogen unter Einbeziehung der mit der Tätigkeit verbundenen erheblichen Gefahren und erschwerten Umstände zu erfolgen; ggf. kommt ein Teilbetrag von ½ bis 1/3 des Zuschlags als Einkommen in Betracht; NJW 1994, 1334 = FamRZ 1994, 21 – Kampfflieger-Aufwandsentschädigung; OLG Bamberg FamRZ 1997, 1339 – Kaufkraftausgleich und Mietzuschuss für Auslandstätigkeit; OLG Stuttgart FamRZ 1994, 1251 – Abgeordneten-Pauschale. Näher *Niepmann/Schwamb* Rspr. zur Höhe des Unterhalts Rn. 804 ff., 836 ff.; *Dose* in Wendl/Dose UnterhaltsR § 1 Rn. 86 ff.; → § 1578 Rn. 97 f.

[119] Vgl. OLG Köln NJW-RR 1994, 2 = FamRZ 1994, 897; OLG Karlsruhe FamRZ 2006, 1759. Näher *Dose* in Wendl/Dose UnterhaltsR § 1 Rn. 91 f.; → § 1578 Rn. 95.

[120] BGH NJW 2008, 3213 Rn. 52 ff. = FamRZ 2008, 1911; vgl. zur früheren Rspr. BGHZ 171, 206 Rn. 45 f. = NJW 2007, 1961 = FamRZ 2007, 793; BGH NJW 2007, 1969 Rn. 33 f. = FamRZ 2007, 882; BGHZ 163, 84 = NJW 2005, 3277 = FamRZ 2005, 1817 (1822).

[121] *Niepmann/Schwamb* Rspr. zur Höhe des Unterhalts Rn. 819; Palandt/*Brudermüller* Rn. 29, jeweils mwN; BGH NJW 1980, 2251 = FamRZ 1980, 984 zur Arbeitnehmersparzulage.

Anlage bereits die ehelichen Lebensverhältnisse prägte und einen angemessenen Rahmen nicht übersteigt.[122] (→ Rn. 6) Unterschiede zwischen allgemeiner Vermögensbildung und zusätzlicher Altersversorgung bestehen – in dem der Höhe nach vorgegebenen Rahmen – grundsätzlich ohnehin nicht mehr (zur zusätzlichen Altersversorgung → Rn. 17, 34). Dienen vom Arbeitgeber zugunsten des Arbeitnehmers in eine Lebensversicherung direkt eingezahlte Gehaltsanteile der angemessenen Altersversorgung, sind sie nicht als Sachbezüge dem Einkommen zuzurechnen.[123]

20 Einnahmen aus **Mehrarbeit** sind zu berücksichtigen, wenn die Zahl der Überstunden gering oder in dem ausgeübten Beruf üblich ist.[124] Inwieweit Einnahmen aus darüber hinausgehender Mehrarbeit anzurechnen sind, richtet sich nach den Umständen des Einzelfalles;[125] bei Einkünften aus einer **Nebenbeschäftigung,** die zusätzlich zu einer anderen Tätigkeit ausgeübt wird, hat sich die Beurteilung daran zu orientieren, ob der weitergehende Einsatz zumutbar und nicht unverhältnismäßig belastend ist.[126] Der ohne finanzielle Not erfolgten Aufnahme kann indizielle Bedeutung für die Zumutbarkeit zukommen.[127] Eine unzumutbare Nebenbeschäftigung kann jederzeit eingestellt werden, da insoweit keine Erwerbsobliegenheit besteht. Überstunden darf der Unterhaltspflichtige dagegen nicht grundlos einstellen, wenn der Berechtigte der Eingehung erheblicher Kreditverbindlichkeiten im Vertrauen auf den Fortbestand des durch die Mehrarbeit erzielten Einkommens zugestimmt hat.[128] **Überobligationsmäßig erzielte Einkünfte** des Unterhaltspflichtigen (der zB trotz schwerer Erkrankung noch arbeitet, diese Tätigkeit aber jederzeit aufgeben könnte), sind gemäß § 242 – nach dem entsprechend heranzuziehenden Rechtsgedanken des § 1577 Abs. 2 – nicht in voller Höhe anzusetzen.[129] Entgegen der früheren Rspr. des BGH[130] sind sie nach einer Billigkeitsabwägung aber in der zu berücksichtigenden Höhe als bedarfsprägend – und nicht nur als die Leistungsfähigkeit steigernd – anzusehen, wenn der Unterhalt als Quote des beiderseitigen Einkommens ermittelt wird.[131] Wegen weiterer unterhaltsrechtlicher Konsequenzen des Eintritts in den Ruhestand → § 1578 Rn. 99. Nach **Erreichen des regulären Ruhestandsalters** erzieltes Erwerbseinkommen ist in der Regel nicht zu berücksichtigen, da grundsätzlich keine Erwerbsobliegenheit mehr besteht.[132] Dabei macht es grundsätzlich keinen Unterschied, ob es sich um eine abhängige oder um eine gewerbliche oder freiberufliche Tätigkeit handelt. Für die Abgrenzung der zumutbaren von der unzumutbaren (überobligationsmäßigen) Erwerbstätigkeit kommt es auch nicht darauf an, ob diese sich im Rentenalter als berufstypisch darstellt oder der Lebensplanung der Ehegatten entspricht. In welchem Umfang das Einkommen für den Unterhalt heranzuziehen ist, muss aufgrund der Umstände des Einzelfalls (Alter, körperliche und geistige Belastung, ursprüngliche Planung der Ehegatten, beiderseitige wirtschaftliche Verhältnisse) beurteilt werden.[133] Würde der Unterhalt durch eine unzureichende Altersversorgung des Pflichtigen mehr als üblich geschmälert, kann dies für eine erweiterte Heranziehung des Erwerbseinkommens sprechen.[134] Für eine eingeschränkte Berücksichtigung des Einkommens kann dagegen der Gesichtspunkt herangezogen werden, dass der Pflichtige eine durch Versorgungs- oder Zugewinnausgleich entstandene Versorgungslücke auffüllt.[135] Im Einzelfall (etwa bei fortgeschrittenem Alter des Unterhaltspflichtigen) kann eine Anrechnung insgesamt

---

122 BGH NJW 1984, 292 = FamRZ 1984, 149 f.

123 OLG Celle FamRZ 2005, 297; OLG Hamm OLGR 1998, 66; aA OLG München FamRZ 1997, 613.

124 BGH FPR 2004, 148 = FamRZ 2004, 186: Im Regelfall können Überstunden bis zu 10 % der normalen Arbeitszeit als solche geringen Umfangs angesehen werden; NJW 1983, 2321 = FamRZ 1983, 886; NJW 1982, 2664 = FamRZ 1982, 779; eingehend *Niepmann/Schwamb* Rspr. zur Höhe des Unterhalts Rn. 821 ff.; *Dose* in Wendl/Dose UnterhaltsR § 1 Rn. 86 f.

125 BGH NJW 1980, 2251 = FamRZ 1980, 984; OLG Stuttgart FamRZ 1995, 681 (1487).

126 BGH NJW 2008, 1525 Rn. 29 ff. = FamRZ 2008, 872; BVerfG FuR 2003, 533 = FamRZ 2003, 661 f.; NJW 1985, 1211 = FamRZ 1985, 143. Dabei ist auch das Arbeitszeitgesetz vom 6.4.1994 (BGBl. 1994 I 1170) zu beachten. Vgl. auch KG FamRZ 2003, 1208 (1210).

127 S. BGH NJW 2006, 2182 = FamRZ 2006, 846 zu der vergleichbaren Frage, ob eine Berufstätigkeit neben der Betreuung eines behinderten Kindes überobligationsmäßig ist.

128 OLG Düsseldorf FamRZ 1981, 38.

129 BGH NJW 2011, 670 Rn. 17 = FamRZ 2011, 454; BGHZ 153, 372 (381) = NJW 2003, 1796 = FamRZ 2003, 848.

130 BGH NJW 1983, 1548 FamRZ 1983, 569 (571).

131 BGH NJW 2011, 670 = FamRZ 2011, 454; BGHZ 153, 372 (381) = NJW 2003, 1796 = FamRZ 2003, 848.

132 BGH NJW 2012, 3434 Rn. 29 ff. = FamRZ 2012, 1483; NJW 1999, 1547 = FamRZ 1999, 708; NJW-RR 92, 1474 = FamRZ 1993, 43; OLG Düsseldorf NJW-RR 2007, 1157 = FamRZ 2007, 1817. Für den Unterhaltspflichtigen BGH NJW 2011, 670 Rn. 19 = FamRZ 2011, 454.

133 BGH NJW 2013, 461 Rn. 16 = FamRZ 2013, 191 (192); NJW 2011, 670 Rn. 22 f. = FamRZ 2011, 454.

134 BGH NJW 2011, 670 Rn. 23 f. = FamRZ 2011, 454; NJW 2006, 1794 = FamRZ 2006, 387.

135 BGH NJW 2011, 670 Rn. 23 = FamRZ 2011, 454.

ausscheiden.[136] Eine Obliegenheit zur Weiterführung der Tätigkeit wird regelmäßig nicht bestehen. Ob der Unterhaltspflichtige sein Einkommen durch die Inanspruchnahme von **Altersteilzeit oder von Vorruhestandsregelungen** reduzieren darf, ist nach den Maßstäben unterhaltsbezogener Mutwilligkeit oder Leichtfertigkeit zu beurteilen. Bei der Vereinbarung von Altersteilzeit wird eine unterhaltsbezogene Mutwilligkeit regelmäßig nicht vorliegen, wenn der Bedarf des Unterhaltsberechtigten schon durch eigene Einkünfte und einen ggf. fortbestehenden Unterhaltsanspruch auf einem relativ hohen Niveau sichergestellt ist. Im Übrigen wird die Vereinbarung von Altersteilzeit dann gerechtfertigt sein, wenn sich der Unterhaltspflichtige dafür auf betriebliche, persönliche oder gesundheitliche Gründe berufen kann, die bei einer Gesamtabwägung eine Einschränkung seiner Erwerbstätigkeit auch gegenüber dem Unterhaltsberechtigten als angemessen erscheinen lässt. Ähnliche Maßstäbe gelten auch für Vereinbarungen, durch die ein Unterhaltspflichtiger seinen Arbeitsplatz wegen der Möglichkeit des Zugangs zu einem vorgezogenen Altersruhegeld bereits vor dem Erreichen der Regelaltersgrenze aufgibt. In diesen Fällen kann es auch darauf ankommen, inwieweit es dem Unterhaltspflichtigen möglich ist, das Niveau seines bisherigen Erwerbseinkommens über seine Frühpensionierung hinaus durch eine andere berufliche Tätigkeit oder durch die Umlage einer Entschädigung für den Verlust seines Arbeitsplatzes bis zum Erreichen der für ihn maßgeblichen Regelaltersgrenze zu halten.[137] Auch neben einer zeitlich begrenzt bezogenen **Erwerbsunfähigkeitsrente** erzieltes Arbeitseinkommen hat nicht generell außer Betracht zu bleiben; der Bezug einer solchen Rente bedeutet nicht zwingend, dass der Empfänger nicht noch leichte Tätigkeiten verrichten kann.[138] Einmalige Leistungen (zB Gratifikationen, Jubiläumszuwendungen) sind zu berücksichtigen und auf einen angemessenen Zeitraum zu verteilen.[139]

Für **Abfindungen,** die aufgrund eines Sozialplans gemäß § 112 BetrVG oder einer Einzelmaß- 21
nahme anlässlich der Beendigung eines Beschäftigungsverhältnisses gezahlt werden, gilt: Werden sie als Ersatz für künftigen Lohn- oder Gehaltsausfall und damit als vorweggenommenes Einkommen gewährt, haben sie Lohnersatzfunktion und sind unterhaltsrechtlich relevantes Einkommen.[140] Soweit eine Abfindung dagegen in erster Linie vergangenheitsbezogen als Entschädigung für den Verlust des Arbeitsplatzes und des damit verbundenen Besitzstands gewährt wird, soll sie einen – ggf. dem Zugewinnausgleich unterliegenden – Vermögenswert darstellen.[141] Diese Differenzierung erscheint unterhaltsrechtlich indes nicht zwingend,[142] denn aus der Sicht des seinen Arbeitsplatz verlierenden Ehegatten gleicht auch bei der vorgenannten (arbeitsrechtlichen) Zweckbestimmung die Abfindung in der Regel einen entstehenden Einkommensverlust aus.[143] Der Pflichtige hat deshalb – nach dem nicht vorwerfbaren Verlust seines Arbeitsplatzes – den unterhaltsrechtlich zu berücksichtigenden Teil der erhaltenen Abfindung (mit ihrem Nettobetrag und ohne Abzug eines Erwerbstätigenbonus sowie berufsbedingter Aufwendungen)[144] zur Aufstockung eines geringeren Einkommens einzusetzen. Ob eine Aufstockung bis zu dem bisherigen Einkommen geboten ist und der bisherige Lebensstandard vollständig aufrecht zu erhalten ist, beurteilt sich nach den Umständen des Einzelfalls unter Berücksichtigung der beiderseitigen Interessen.[145] Für den Umlegungszeitraum sind die Höhe des bisherigen Einkommens und die Zeit, die voraussichtlich zu überbrücken ist, von Bedeutung.[146] Bei älteren Arbeitnehmern ist in der Regel

[136] BGH NJW 2011, 670 Rn. 23 = FamRZ 2011, 454; BGHZ 153, 372 (381) = NJW 2003, 1796 = FamRZ 2003, 848 (851).

[137] BGH NJW 2012, 3434 Rn. 29 ff. = FamRZ 2012, 1483; NJW-RR 2004, 505 = FamRZ 2004, 254 (255); NJW 1999, 1547 = FamRZ 1999, 708 (710) für den Unterhaltsberechtigten; *Dose* in Wendl/Dose UnterhaltsR § 1 Rn. 749.

[138] OLG Düsseldorf FamRZ 2001, 1477; OLG Jena FamRZ 2006, 1299; *Niepmann/Schwamb* Rspr. zur Höhe des Unterhalts Rn. 741. Zu Einkünften aus selbstständiger Tätigkeit neben Erwerbsunfähigkeitsrente: OLG Hamm FamRZ 1998, 1169.

[139] BGH NJW 1982, 822 = FamRZ 1982, 250 (252); OLG München FamRZ 1998, 559 auch zum Abzug von Sonderausgaben; OLG Braunschweig FamRZ 1995, 357; nach OLG Oldenburg FamRZ 1996, 672 ggf. Streckung auf 5–6 Jahre; *Strohal* FamRZ 1996, 197 (200 f.).

[140] BGH NJW 2001, 439 = FamRZ 2001, 278 (282); NJW 2004, 2675 = FamRZ 2004, 1352 (1353); NJW 2007, 2249 Rn. 36 = FamRZ 2007, 983.

[141] BGH NJW 2001, 439 = FamRZ 2001, 278 (280 ff.).

[142] Sie dürfte in der Praxis auch zu Problemen hinsichtlich der Aufteilung in vergangenheits- und zukunftsbezogene Elemente führen.

[143] *Niepmann/Schwamb* Rspr. zur Höhe des Unterhalts Rn. 879; *Maurer* FamRZ 2005, 757 ff., auch zu weiteren Einzelheiten.

[144] BGHZ 171, 206 Rn. 38 = NJW 2007, 1961 = FamRZ 2007, 793 m. zust. Anm. *Born* NJW 2007, 2253 f.

[145] BGHZ 193, 78 Rn. 39 ff. = NJW 2012, 1868 = FamRZ 2012, 1040 unter teilweiser Aufgabe der früheren Rspr., nach der eine Abfindung und die Erträge hieraus grds. nicht für den Unterhalt zu verwenden waren, so BGHZ 153, 358 = NJW 2003, 1518 = FamRZ 2003, 590 (592).

[146] BGH NJW 1987, 1554 = FamRZ 1987, 359 (360); NJW 1990, 709 = FamRZ 1990, 269 (271); OLG Karlsruhe FamRZ 2001, 1615; OLG Brandenburg FamRZ 1995, 1220.

eine Verteilung auf die Zeit bis zum Beginn der Altersrente angemessen.[147] Ein vollständiger Einsatz einer Abfindung kann, insbesondere bei beengten wirtschaftlichen Verhältnissen, für Unterhaltszwecke nicht unbedingt verlangt werden.[148] Endet die Zeit der Einkommensminderung vor ihrer angenommenen Dauer, wird der nicht verbrauchte Teil der Abfindung wie sonstiges Vermögen behandelt.[149] Das gilt entsprechend, wenn kein Einkommensrückgang eintritt. Hat der Unterhaltspflichtige nach dem – unterhaltsrechtlich nicht vorwerfbaren – Verlust seines Arbeitsplatzes eine Abfindung erhalten und im Anschluss daran eine neue Arbeitsstelle mit dauerhaft geringerem Einkommen gefunden, so ist die Abfindung bis zur Höchstgrenze des Bedarfs aufgrund des früheren Einkommens grundsätzlich für den Unterhalt zu verwenden.[150] Soweit eine Abfindung unterhaltsrechtlich berücksichtigt worden ist, ist ihre Einbeziehung in den Zugewinnausgleich aus Gründen einer andernfalls erfolgenden Doppelberücksichtigung ausgeschlossen (→ Rn. 34).[151] Das gilt auch, wenn und soweit die Ehegatten vereinbart haben, eine im Zugewinnausgleich zu berücksichtigende Abfindung in die Unterhaltsbemessung einzubeziehen.[152] Einen Anspruch auf Abfindung muss der Unterhaltsschuldner geltend machen. Umzulegen auf den Zeitraum, den die Zahlung betrifft, sind ferner Rentennachzahlungen[153] und Steuerrückerstattungen.

22 **c) Arbeitsplatzverlust. Tätigkeitswechsel.** Schwerwiegende Verstöße gegen das Gebot, seine Leistungsfähigkeit zu erhalten, mindern die Unterhaltspflicht grundsätzlich nicht; mittels **fiktiver Ansätze**[154] wird der Unterhaltspflichtige als in der früheren Höhe leistungsfähig behandelt.[155] Da er seine Arbeitskraft so gut wie möglich einsetzen muss (→ § 1360 Rn. 12), ist eine durch freiwillige Aufgabe seines Arbeitsplatzes herbeigeführte Leistungsunfähigkeit in der Regel treuwidrig und damit unbeachtlich,[156] insbesondere dann, wenn er sich dadurch seiner Unterhaltspflicht entziehen wollte. Für Fälle des unfreiwilligen, jedoch selbstverschuldeten Verlusts des Arbeitsplatzes geht der BGH in Übereinstimmung mit der Rspr. der Oberlandesgerichte sowie der hM im Schrifttum davon aus, dass dem Unterhaltsschuldner die Berufung auf seine Leistungsunfähigkeit nur dann versagt ist, wenn diese unterhaltsbezogen mutwillig oder leichtfertig herbeiführt worden ist, was voraussetzt, dass das Unterhaltsschuldner die Möglichkeit des Eintritts der Leistungsunfähigkeit als Folge seines Verhaltens erkannt und im Bewusstsein dieser Möglichkeit, wenn auch im Vertrauen auf den Nichteintritt jener Folge, gehandelt hat. Erforderlich ist deshalb eine genaue Bewertung und Abwägung aller Umstände des Einzelfalls.[157] Allein die Vorhersehbarkeit des Arbeitsplatzverlusts reicht danach nicht aus, um den unterhaltsrechtlichen Bezug zu begründen.[158] Mit Rücksicht auf die Erwerbsobliegenheit des Unterhaltsschuldners ist jedoch darauf Bedacht zu nehmen, dass die vorgenannten Anforderungen nicht zulasten des Unterhaltsberechtigten überspannt werden.[159] Unbeachtlich sollte ein leichtfertig verschuldeter Arbeitsplatzverlust, zB bei Kündigung eines Berufskraftfahrers wegen alkoholbedingten Führerscheinentzugs[160]

---

147 BGHZ 171, 206 Rn. 36 = NJW 2007, 1961 = FamRZ 2007, 793.

148 BGH NJW 1990, 709 = FamRZ 1990, 269 (271); OLG München FamRZ 1998, 559; *Niepmann/Schwamb* Rspr. zur Höhe des Unterhalts Rn. 880; Palandt/*Brudermüller* Rn. 29.

149 BGHZ 153, 358 = NJW 2003, 1518 = FamRZ 2003, 590 (592).

150 BGHZ 193, 78 Rn. 39 f. = NJW 2012, 1868 = FamRZ 2012, 1040.

151 BGH NJW 2003, 1396 = FamRZ 2003, 432; NJW 2004, 2675 = FamRZ 2004, 1352; vgl. auch *Schulz* FamRZ 2006, 1237 ff.

152 BGH NJW 2003, 1396 = FamRZ 2003, 432; NJW 2004, 2675 = FamRZ 2004, 1352.

153 BGH NJW 1985, 486 (487) = FamRZ 1985, 155 (156).

154 Die unterhaltsrechtliche Berücksichtigung fiktiven Einkommens ist verfassungsrechtlich grds. nicht zu beanstanden: BVerfG FamRZ 2012, 1283 (1284) mwN, auch zu den Grenzen fktiver Ansätze. Vgl. zu fiktivem Einkommen im Unterhaltsrecht allg. *Graba* FamRZ 2001, 1257 ff.

155 BGH NJW 2008, 1525 Rn. 21 = FamRZ 2008, 873; zahlreiche Einzelnachweise zum Folgenden bei *Niepmann/Schwamb* Rspr. zur Höhe des Unterhalts Rn. 724 ff.

156 BGH NJW 2008, 1525 Rn. 19 = FamRZ 2008, 873; NJW 1985, 732 (733 f.) = FamRZ 1985, 158 (159 f.); anderes kann bei Arbeitsplatzwechsel mit (vorübergehender) Einkommensminderung gelten, BGH NJW-RR 1988, 519 = FamRZ 1988, 256 f.

157 BGH NJW 2011, 1874 Rn. 36 = FamRZ 2011, 1041 zum Kindesunterhalt.

158 BGH NJW 2000, 2351 = FamRZ 2000, 815 (816 f.); NJW 1993, 1974 = FamRZ 1993, 1055 (1056 f.): Beachtlichkeit jeweils bejaht bei Kündigung wegen Diebstahls am Arbeitplatz; NJW 2002, 1799 = FamRZ 2002, 813 (814 f.), ebenso bei Strafhaft wegen Sexualstraftaten; NJW 1994, 258 = FamRZ 1994, 240 (241); OLG Koblenz NJW 1997, 1588.

159 So auch Staudinger/*Voppel*, 2018, Rn. 78 aE.

160 OLG Bamberg FamRZ 1987, 699 f.; eine Kündigung wegen zweimaligen Arbeitsantritts in alkoholisiertem Zustand kurz nacheinander trotz Abmahnung wertete hingegen der BGH nicht als schwerwiegendes Verschulden, BGH NJW 1994, 258 = FamRZ 1994, 240 (241); dagegen zutr. Anm. *G. H. Raiser* FamRZ 1994, 817 ff.; ihm grds. zust. *Born* FamRZ 1995, 523 ff.; allg. zu Alkoholproblemen im Unterhaltsrecht *Finke* FPR 1998, 9 ff.

oder die Entlassung eines Zeitsoldaten wegen Fahnenflucht[161] sein. Lohnkürzungen aufgrund beruflicher Fehlleistungen sind hingegen wie bei intakter Familie von allen gemeinsam zu tragen (insoweit gilt ultra posse nemo obligatur).[162] Unterhaltsrechtlich vorwerfbar ist ein Arbeitsplatzverlust nur in schwerwiegenden Kündigungsfällen.[163] Aus sachgerechten Gründen kann der Unterhaltspflichtige seinen Arbeitsplatz hingegen aufgeben.[164] Das Grundrecht auf freie Arbeitsplatzwahl (Art. 12 GG) ist dabei gegenüber den von Art. 6 GG geschützten Belangen des Unterhaltsgläubigers abzuwägen (→ § 1360 Rn. 12). War eine berufliche Veränderung schon während des Zusammenlebens geplant (zB dass sich ein angestellter Krankenhausarzt freiberuflich niederlässt), gebührt der freien Berufswahl der Vorrang vor der Aufrechterhaltung des ehelichen Lebensstandards.[165] Verfügt der Gläubiger über ausreichendes eigenes Einkommen, kann der Vorwurf treuwidrigen Verhaltens entfallen, falls der Schuldner nicht mutwillig handelte.[166] Im Übrigen ist ein Tätigkeitswechsel trotz geringerer Entlohnung anzuerkennen, wenn dafür vernünftige Gründe bestehen, insbesondere wenn der Mindestbedarf weiterhin gesichert ist.[167] Eine befristete Umschulung mit Verdienstminderung kann mit Blick auf die Chancen späterer Einkommensmehrung hinnehmbar sein.[168] Einer Änderungskündigung wegen schlechter Auftragslage darf der Verpflichtete nicht widersprechen; mit einer geringeren, aber über dem Arbeitslosengeld liegenden Entlohnung muss er sich einverstanden erklären.[169] Eine Arbeitsplatzaufgabe wegen innerbetrieblicher Konflikte ohne intensives Bemühen um deren Beilegung ist bei fehlender Aussicht auf anderweitige Beschäftigung als mutwillig anzusehen.[170] Die Nichterhebung einer **Kündigungsschutzklage** ist nur in Fällen einer offensichtlich unbegründeten Kündigung vorwerfbar, nicht dagegen bei ungewissem Ausgang eines arbeitsgerichtlichen Rechtsstreits.[171] Erfolgt eine Kündigung wegen Alkoholabhängigkeit, ist dies dem Unterhaltspflichtigen grundsätzlich nicht vorwerfbar, weil die Abhängigkeit als Krankheit anzusehen ist, soweit sie nicht leichtfertig herbeigeführt wurde.[172] Der Plan, sich selbständig zu machen, darf erst verwirklicht werden, nachdem durch Bildung von Rücklagen oder anderweitig (Kredite) die Erfüllung der Unterhaltspflicht während einer Übergangszeit mit geringeren Einkünften gesichert ist.[173] Scheitert der Weg in die Selbständigkeit, muss der Unterhaltspflichtige alles unternehmen, um wieder leistungsfähig zu werden.[174]

**d) Arbeitslosigkeit.** Ein Arbeitsloser hat sich ernsthaft und intensiv um einen neuen Arbeitsplatz zu bemühen. 23 Wegen der Anforderungen, die an den Beginn der Bemühungen zu stellen sind, kann auf § 38 Abs. 1 SGB III zurückgegriffen werden. Denn das, was dem Unterhaltspflichtigen als Arbeitsuchendem gegenüber der Allgemeinheit abverlangt werden kann, muss er in der Regel auch gegenüber seinen Unterhaltsberechtigten leisten.[175] Nach § 38 Abs. 1 SGB III muss bei Verlust des Arbeitsplatzes frühzeitig mit der **Suche nach einer neuen Stelle** begonnen werden (grundsätzlich spätestens drei Monate vor Beendigung des Arbeits- oder Ausbildungsverhältnisses).

---

161 OLG Bamberg FamRZ 1997, 1486; Staudinger/*Voppel,* 2018, Rn. 80.
162 AG Groß-Gerau FamRZ 1993, 806.
163 OLG Schleswig NJW-RR 1994, 1095 f.
164 BGH NJW 2003, 3122 = FamRZ 2003, 1471 (1473); OLG Hamm FamRZ 2005, 211; 1997, 310. Vgl. OLG Düsseldorf FamRZ 1981, 1177 (1178); OLG Frankfurt FamRZ 1987, 1144 bei einer Kündigung zu dem Zweck, die eigenen Chancen im Sorgerechtsverfahren zu verbessern. Weitere Beispiele bei *Niepmann/Schwamb* Rspr. zur Höhe des Unterhalts Rn. 733.
165 BGH NJW-RR 1987, 519 = FamRZ 1988, 256 (257); OLG Bamberg FamRZ 2000, 307; Staudinger/*Voppel,* 2018, Rn. 82.
166 KG FamRZ 1998, 1112 f.
167 OLG Oldenburg FamRZ 1998, 289.
168 OLG Hamm FamRZ 1997, 1168 f.; 2004, 1574; OLG Stuttgart FamRZ 2005, 646; OLG Jena NJW-RR 2004, 76 (77). Voraussetzung ist, dass die Umschulung arbeitsmarktpolitisch und individuell sinnvoll ist und die Arbeitschancen nachhaltig verbessert.
169 OLG Celle FamRZ 1983, 704 (705).
170 OLG Hamm FamRZ 1997, 357.
171 BGH NJW 1994, 1002 = FamRZ 1994, 372 (374); OLG Hamm FamRZ 2002, 1427 f.; OLG Dresden FamRZ 1997, 836 (837); OLGR 2000, 51 (52) = NJW-FER 2000, 256.
172 BGH NJW 1987, 1554 = FamRZ 1987, 359 (361); NJW 1988, 1147 = FamRZ 1988, 375 (378); NJW 1994, 258 = FamRZ 1993, 240; NJW 1994, 1002 = FamRZ 1994, 372; OLG Hamm FamRZ 1996, 1017; KG FamRZ 2001, 1617 f.; Staudinger/*Voppel,* 2018, Rn. 80; *Niepmann/Schwamb* Rspr. zur Höhe des Unterhalts Rn. 742.
173 BGH NJW-RR 1987, 770 = FamRZ 1987, 372 (374 f.); OLG Hamm FamRZ 2000, 21; OLG Köln FamRZ 2006, 1756 Ls.; Staudinger/*Voppel,* 2018, Rn. 82.
174 BGH NJW 1999, 2365 = FamRZ 1999, 843 (844); *Graba* FamRZ 2001, 1257 (1263); *Niepmann/Schwamb* Rspr. zur Höhe des Unterhalts Rn. 736.
175 *Büttner* FF 2003, 192 ff.; *Niepmann/Schwamb* Rspr. zur Höhe des Unterhalts Rn. 711.

Die Meldung bei der Agentur für Arbeit ist erforderlich, aber nicht genügend.[176] Zu verlangen sind vielmehr eigene **intensive Anstrengungen,** wie systematisches Verfolgen von geeigneten Stellenanzeigen, gezielte Bewerbungen aus eigenem Antrieb, konkrete Bemühungen im Rahmen des Möglichen.[177] Die Bewerbungen müssen je nach den Umständen auch über den engeren Umkreis des Wohnortes hinaus ausgedehnt, im Einzelfall selbst auf das gesamte Bundesgebiet erstreckt werden.[178] Dabei ist die Anzahl der vorgetragenen Bewerbungen allerdings nur ein Indiz für ausreichende Bemühungen, nicht deren alleiniges Merkmal. Deshalb können unter realistischer Einschätzung der Arbeitsmarktlage auch Bewerbungen in geringerer Anzahl ausreichend sein, etwa wenn nur geringe Chancen für einen Wiedereinstieg in das betreffende Berufsbild bestehen.[179] Die Forderung, für die Suche nach einer vollschichtigen Arbeitsstelle sei nahezu die gesamte Zeit eines voll Erwerbstätigen aufzuwenden,[180] ist deshalb nicht grundsätzlich gerechtfertigt, sondern dürfte in vielen Fällen überzogen sein. Bei fehlendem Bemühen ist fiktiv das erzielbare, nicht das zuletzt erzielte Einkommen zugrunde zu legen, wenn für den Arbeitslosen eine reale Beschäftigungschance bestanden hätte. Das hängt neben den Verhältnissen auf dem Arbeitsmarkt auch von den persönlichen Eigenschaften des Bewerbers (Alter, Ausbildung, Berufserfahrung, Gesundheitszustand) ab.[181] Nicht vorwerfbar sind unterbliebene Bewerbungsbemühungen, wenn sie aller Voraussicht nach erfolglos geblieben wären.[182] Für die Aussichtslosigkeit trägt der Arbeitslose die Beweislast.[183] Eine vom Arbeitsamt vorgeschlagene Umschulungsmaßnahme kann ein Indiz für die Unvermittelbarkeit sein.[184] Von einem fiktiv anzurechnenden Erwerbseinkommen sind (konsequenterweise) sowohl berufsbedingte Aufwendungen als auch ein Erwerbstätigenbonus abzuziehen; außerdem ist der Selbstbehalt eines Erwerbstätigen zu berücksichtigen. War bereits das Zusammenleben von Arbeitslosigkeit geprägt, sind grds. keine fiktiven Einkünfte anzusetzen.[185]

**24** Das vom Unterhaltsverpflichteten bezogene **Arbeitslosengeld I** (§§ 117 ff. SGB III) hat Lohnersatzfunktion und gehört deshalb zum anrechnungsfähigen Einkommen.[186] Es ist auch dann in voller Höhe anzusetzen, wenn es an die Stelle von Einkommen aus einer an sich unzumutbaren Tätigkeit tritt.[187] Dem **Arbeitslosengeld II,** das mit Wirkung zum 1.1.2005 an die Stelle der früheren Arbeitslosenhilfe getreten ist, kommt als bedarfsabhängiger Sozialleistung keine Lohnersatzfunktion zu. Die Leistung ist subsidiär; Unterhaltsansprüche des Empfängers gehen seit dem 1.8.2006 kraft Gesetzes[188] auf den Leistungsträger über. Deshalb ist Arbeitslosengeld II beim Unterhaltsberech-

---

[176] BGH NJW 1982, 1873 = FamRZ 1982, 255 (257); NJW 1986, 718 = FamRZ 1986, 244; NJW 2008, 3635 = FamRZ 2008, 2104 Rn. 18; NJW 2011, 3577 Rn. 13 = FamRZ 2011, 1851; OLG Brandenburg FamRZ 2006, 3286 (3287); OLG Frankfurt FamRZ 2001, 624 (625); OLG Düsseldorf FamRZ 1998, 852.

[177] BGH NJW-RR 2000, 1385 = FamRZ 2000, 1358 (1359); OLG Brandenburg FamRZ 2006, 1297 (1298); OLG Karlsruhe FamRZ 2002, 1567; OLG Koblenz FamRZ 2000, 313 (314); OLG Dresden FamRZ 1997, 836. Die Darlegungs- und Beweislast für die getätigten Anstrengungen trifft den Unterhaltspflichtigen: BGH NJW 2011, 3577 Rn. 13 = FamRZ 2011, 1851. Nicht ernstliche „Blindbewerbungen" zählen grundsätzlich nicht. – Wegen der anfallenden Kosten können unterstützende Leistungen der Agentur für Arbeit in Anspruch genommen werden (§ 45 SGB III).

[178] OLG Hamm FamRZ 1999, 165; Staudinger/*Voppel,* 2018, Rn. 85. Im Rahmen des Trennungsunterhalts ist insoweit allerdings auch zu berücksichtigen, dass noch eine Wiederherstellung der ehelichen Lebensgemeinschaft in Betracht kommen kann.

[179] BGH NJW 2011, 3577 Rn. 15 = FamRZ 2011, 1851.

[180] So OLG Brandenburg FamRZ 2006, 1297 (1298); OLG Stuttgart FamRZ 2006, 1757; OLG Koblenz FamRZ 2000, 313 f.; OLG Naumburg FamRZ 2003, 1022 (1023); OLG Köln FamRZ 1997, 1104 (1105); OLG Karlsruhe FamRZ 1995, 615 (617 ff.).

[181] BGH NJW 1996, 517 = FamRZ 1996, 345 (346); NJW 2003, 3122 = FamRZ 2003, 1471 (1473); NJW 2008, 3635 Rn. 22 = FamRZ 2008, 2104; NJW 2011, 3577 Rn. 14 = FamRZ 2011, 1851; OLG Frankfurt FamRZ 2000, 25; 2000, 1217.

[182] BGH NJW 1986, 1869 = FamRZ 1986, 668; NJW 1987, 2739 = FamRZ 1987, 691 (693); NJW-RR 1987, 962 = FamRZ 1987, 912; NJW 2008, 3635 Rn. 22 = FamRZ 2008, 2104; *Niepmann/Schwamb* Rspr. zur Höhe des Unterhalts Rn. 716.

[183] BGH NJW 2011, 3577 Rn. 13 = FamRZ 2011, 1851; Staudinger/*Voppel,* 2018, Rn. 86 aE. Jeder ernsthafte Zweifel geht zu seinen Lasten, BGH NJW 1986, 3080 = FamRZ 1986, 885 (886).

[184] *Niepmann/Schwamb* Rspr. zur Höhe des Unterhalts Rn. 720.

[185] OLG Karlsruhe FamRZ 1994, 754 (755).

[186] BGH NJW 2008, 1373 Rn. 20 = FamRZ 2008, 594; *Dose* in Wendl/Dose UnterhaltsR § 1 Rn. 106; Staudinger/*Voppel,* 2018, Rn. 87; *Niepmann/Schwamb* Rspr. zur Höhe des Unterhalts Rn. 883.

[187] OLG Düsseldorf FamRZ 2002, 99; OLG München FamRZ 1996, 150; Staudinger/*Voppel,* 2018, Rn. 87; *Dose* in Wendl/Dose UnterhaltsR § 1 Rn. 81; *Niepmann/Schwamb* Rspr. zur Höhe des Unterhalts Rn. 883.

[188] Nach entspr. Regelung durch das am 1.8.2006 in Kraft getretene Gesetz zur Fortentwicklung der Grundsicherung für Arbeitssuchende vom 20.7.2006, BGBl. 2006 I 1706; zuvor sah § 33 SGB II die Überleitung durch Verwaltungsakt vor.

tigten nicht als Einkommen anzurechnen.[189] Das gilt grundsätzlich auch für das dem Unterhaltspflichtigen gewährte Arbeitslosengeld II, weil es allein den sozialhilferechtlichen Bedarf deckt. In jedem Fall liegt es – auch bei Einbeziehung der Kosten der Unterkunft – unter den Selbstbehaltssätzen der Unterhaltstabellen, so dass hierdurch keine Leistungsfähigkeit begründet wird.[190] Der nach § 24 SGB II gewährte befristete Zuschlag[191] zählt[192] dagegen nicht zum sozialhilferechtlichen Lebensbedarf, sondern stellt eine zusätzliche Leistung dar. Mit Rücksicht darauf dürfte ihm Lohnersatzfunktion zukommen, so dass er unterhaltsrechtlich als Einkommen zu behandeln ist.[193]

**e) Kindergeld, Erziehungsgeld, Elterngeld.** Das staatliche **Kindergeld,** das früher als Ausgleich für die Last der Familie durch die Kindererziehung gezahlt wurde, ist durch das Jahressteuergesetz 1996 vom 11.10.1995 (BGBl. 1995 I 1250) neu geregelt worden. Der verfassungsrechtlich gebotene[194] Familienleistungsausgleich erfolgt seitdem vorrangig durch das Einkommensteuerrecht; der Anspruch ergibt sich in der Regel aus §§ 62 ff. EStG und nur noch ausnahmsweise aus den Vorschriften des BKGG.[195] Kindergeld – sowohl nach dem BKGG als auch nach dem EStG – ist grundsätzlich kein für den Ehegattenunterhalt einzusetzendes Einkommen (→ § 1578 Rn. 36 f.),[196] so dass es weder im Rahmen der Leistungsfähigkeit noch der Bedürftigkeit zu berücksichtigen ist. Nach § 1612b Abs. 1[197] ist das auf das Kind entfallende Kindergeld zur Deckung seines Barbedarfs zu verwenden, „mindert" diesen also entsprechend. Damit entlastet es den barunterhaltspflichtigen Elternteil, was zur Folge hat, dass bei der Berechnung des Ehegattenunterhalts nur der Zahlbetrag des Kindesunterhalts vorweg vom Einkommen des Unterhaltspflichtigen abzuziehen ist, so dass sich der zu zahlende Ehegattenunterhalt im Ergebnis erhöht.[198] **Kindbezogene Einkommensbestandteile** sind dagegen grundsätzlich unterhaltsrelevantes Einkommen, jedenfalls in der aktuellen Ehe.[199] Zu Einschränkungen der Berücksichtigungsfähigkeit im Rahmen des nachehelichen Unterhalts → § 1578 Rn. 36 f. – **Erziehungsgeld** nach dem BErzGG wurde nur noch für Kinder gezahlt, die vor dem 1.1.2007 geboren sind. Für später geborene Kinder richtet sich die Förderung nach dem Gesetz zum Elterngeld und zur Elternzeit (BEEG) vom 5.12.2006 (BGBl. 2006 I 2748). Erziehungsgeld war nur in den Fällen der § 1361 Abs. 3, § 1579, § 1603 Abs. 2 und § 1611 Abs. 1 unterhaltsrechtlich anrechenbares Einkommen (§ 9 BErzGG).[200] **Elterngeld** wird nach § 2 Abs. 1 BEEG in Höhe von 67 % des in den letzten zwölf Monaten vor der Geburt eines Kindes erzielten Nettoeinkommens (bis höchstens 1.800 Euro) gezahlt, falls der betreuende Elternteil vor der Geburt nicht erwerbstätig war in Höhe von 300 Euro.[201] In Höhe dieses Sockelbetrages wird Elterngeld wie das bisherige Erziehungsgeld behandelt (vgl. § 11 BEEG).[202] Der darüber hinaus (einkommensabhängig) gezahlte Betrag hat 25

189 BGH NJW-RR 2009, 289 Rn. 20 = FamRZ 2009, 307; *Niepmann/Schwamb* Rspr. zur Höhe des Unterhalts Rn. 884; Staudinger/*Voppel*, 2018, Rn. 87; *Dose* in Wendl/Dose UnterhaltsR § 1 Rn. 110; Palandt/*Brudermüller* Rn. 24.

190 OLG München NJW-RR 2006, 439 sowie vorstehende Fn.; zu Einzelheiten *Klinkhammer* FamRZ 2006, 1171; *Klinkhammer* FamRZ 2004, 1909; *Dose* in Wendl/Dose UnterhaltsR § 1 Rn. 110.

191 Die Gewährung erfolgte nur bis Dezember 2010, vgl. Gesetz zur Ermittlung von Regelbedarfen und zur Änderung des Zweiten und Zwölften Buchs des Sozialgesetzbuchs vom 24.3.2011, BGBl. 2011 I 453 (464 ff.).

192 Nach Klarstellung durch das vorgenannte Gesetz vom 20.7.2006.

193 OLG München FamRZ 2006, 1125; *Klinkhammer* FamRZ 2006, 1171 (1172); Palandt/*Brudermüller* Rn. 24; vgl. auch *Dose* in Wendl/Dose UnterhaltsR § 1 Rn. 112. Zum Einstiegsgeld nach § 29 SGB II s. OLG Celle FamRZ 2006, 1203; *Klinkhammer* FamRZ 2006, 1171; *Dose* in Wendl/Dose UnterhaltsR § 1 Rn. 113.

194 BVerfG FamRZ 1999, 285.

195 ZB für beschränkt Steuerpflichtige, vgl. *Klinkhammer* in Wendl/Dose UnterhaltsR § 2 Rn. 701.

196 BGH NJW 2006, 57 Rn. 35 = FamRZ 2006, 99 (101); NJW 2005, 503 = FamRZ 2005, 347 (350); NJW 2000, 3140 = FamRZ 2000, 1492 (1494); NJW 1997, 1919 = FamRZ 1997, 806 (809 ff.); *Niepmann/Schwamb* Rspr. zur Höhe des Unterhalts Rn. 893 ff.; *Dose* in Wendl/Dose UnterhaltsR § 1 Rn. 679; Staudinger/*Voppel*, 2018, Rn. 65.

197 In der seit dem 1.1.2008 geltenden Fassung des UÄndG. Vgl. hierzu *Dose* FamRZ 2007, 1289 ff.

198 *Niepmann/Schwamb* Rspr. zur Höhe des Unterhalts Rn. 895; *Dose* in Wendl/Dose UnterhaltsR Rn. 679. Krit. hierzu *Maurer* FamRZ 2008, 1985 (1991 ff.).

199 *Niepmann/Schwamb* Rspr. zur Höhe des Unterhalts Rn. 900, 902, auch zu den in Betracht kommenden Leistungen.

200 BGH NJW-RR 2006, 1225 = FamRZ 2006, 1182 (1183); BVerfG NJW-RR 2000, 1529 = FamRZ 2000, 1149.

201 Einzelheiten bei *Scholz* FamRZ 2007, 7 ff.; *Dose* in Wendl/Dose UnterhaltsR § 1 Rn. 117 ff.; *Niepmann/Schwamb* Rspr. zur Höhe des Unterhalts Rn. 913.

202 Der nach § 11 S. 1 BEEG geschonte Sockelbetrag bleibt bei der Ermittlung des für die Dreiteilung im Rahmen des Leistungsfähigkeit (→ Rn. 15) verfügbaren Gesamteinkommens unberücksichtigt: BGH NJW 2014, 2109 Rn. 39 = FamRZ 2014, 1183.

dagegen Lohnersatzfunktion und ist als unterhaltsrechtliches Einkommen des Bezugsberechtigten zu berücksichtigen.[203] Zu BAföG-Leistungen → § 1578 Rn. 127.

26 **f) Sozialstaatliche Leistungen.** Bei Sozialleistungen ist je nach ihrem Leistungszweck zu unterscheiden: Solche mit **Lohnersatzfunktion** (zB Arbeitslosengeld I: → Rn. 24; Krankengeld, Renten, Insolvenzgeld) sind unterhaltsrechtlich als Einkommen anzurechnen, diejenigen mit **Unterhaltsersatzfunktion** (zB Sozialhilfe, Arbeitslosengeld II) hingegen nicht.[204] Daher kann **Sozialhilfe**[205] kein unterhaltsrechtlich erhebliches Einkommen des Unterhaltspflichtigen sein; ihm müssen die Mittel verbleiben, die er für seinen eigenen, existenznotwendigen Bedarf benötigt.[206] Daraus folgt aber nicht, dass der Empfänger von Sozialhilfe nicht unterhaltspflichtig sein kann. Ihm ist ggf. fiktives Einkommen anzurechnen, so dass er insoweit als leistungsfähig gilt (→ Rn. 22). – Bezogene Sozialhilfe ist wegen ihrer Subsidiarität (§ 2 SGB XII) grundsätzlich auch auf Seiten des Unterhaltsberechtigten kein Einkommen. Der Unterhaltsanspruch geht für die Zeit, für die Leistungen erbracht werden, bis zur Höhe der geleisteten Aufwendungen nach § 94 Abs. 1 S. 1 SGB XII[207] kraft Gesetzes auf den Sozialhilfeträger über. Geht er ausnahmsweise nicht über, bleibt es gleichwohl bei der Nachrangigkeit der Sozialhilfe;[208] dem Unterhaltsbegehren des Hilfeempfängers kann jedoch im Einzelfall der Grundsatz von Treu und Glauben entgegenstehen.[209] Aufgrund fiktiven Einkommens berechnete Unterhaltsansprüche gehen nicht auf den Sozialhilfeträger über, da solche Einkünfte kein Einkommen iSd § 82 SGB XII sind, im Rahmen der nach § 94 Abs. 3 S. 1 Nr. 1 SGB XII erforderlichen Vergleichsberechnung also grundsätzlich unberücksichtigt zu bleiben haben.[210] **Leistungen der Grundsicherung** nach §§ 41 ff. SGB XII[211] sind unter den Voraussetzungen des § 43 Abs. 2 S. 1 SGB XII auf den Unterhaltsbedarf des Leistungsempfängers anzurechnen; allerdings mindern Unterhaltsleistungen – anders als bloße Unterhaltsansprüche – den Anspruch auf Grundsicherungsleistungen.[212] **Pflegegeld** nach § 37 Abs. 1 SGB XI, das an die Pflegeperson weitergeleitet wird, bleibt nach § 13 Abs. 6 S. 1 SGB XI bei der Ermittlung von Unterhaltsansprüchen der Pflegeperson unberücksichtigt, soweit kein Ausnahmefall nach Abs. 6 S. 2 vorliegt.[213] Nach **§ 1610a** besteht die (widerlegliche) Vermutung, dass infolge von Körper- oder Gesundheitsschäden dem Berechtigten gewährte Sozialleistungen durch den schädigungsbedingten Mehrbedarf aufgezehrt werden. Obwohl sie grundsätzlich Einkommen sind, stehen sie damit für Unterhaltsleistungen nicht zur Verfügung.[214] Das gilt nach allgemeiner Auffassung für die Conterganrente, die – ebenso wie Renten nach dem HIV-Hilfegesetz – kein unterhaltsrelevantes Einkommen darstellt.[215] Die unmittelbar nur für den Verwandtenunterhalt geltende Bestimmung des § 1610a ist auf die Unterhaltspflicht zwischen Ehegatten entsprechend anwendbar. – Die **Versehrtenrenten** nach dem BVG gehören wegen ihrer Eignung, neben dem schädigungsbedingten auch den allgemeinen Lebensbedarf des Beschä-

---

203 *Büttner in* Niepmann/Schwamb Rspr. zur Höhe des Unterhalts Rn. 913; *Dose* in Wendl/Dose UnterhaltsR Rn. 119; Palandt/*Brudermüller* Rn. 24.

204 BGH NJW-RR 2009, 289 Rn. 19 f. = FamRZ 2009, 307. Zur grundlegenden Unterscheidung *Dose* in Wendl/Dose UnterhaltsR § 1 Rn. 105; *Klinkhammer* in Wendl/Dose UnterhaltsR § 8 Rn. 5 ff.

205 Ausf. zu den Fragen des Verhältnisses von Unterhalt und Sozialhilfe *Scholz* FamRZ 2004, 751 ff.; *Klinkhammer* in Wendl/Dose UnterhaltsR § 8 Rn. 5 ff.; zur Frage der Geltendmachung von Unterhalt für die Zukunft bei laufendem Sozialhilfebezug, zur Rückübertragung des übergegangenen Unterhaltsanspruchs und zur erneuten Abtretung an den Sozialhilfeträger *Klinkhammer* in Wendl/Dose UnterhaltsR § 8 Rn. 107 ff.

206 BGHZ 166, 351 Rn. 16 = NJW 2006, 1654 = FamRZ 2006, 683 (684); BVerfG NVwZ-RR 2004, 81 = FamRZ 2004, 253.

207 In den in Abs. 1 S. 2–5, Abs. 2 und 3 festgelegten Grenzen. Zur sozialhilferechtlichen Vergleichsberechnung im Fall des Abs. 3 S. 1 Nr. 1: *Klinkhammer* in Wendl/Dose UnterhaltsR § 8 Rn. 91 ff.; zum Ausschluss des Anspruchsübergangs bei unbilliger Härte, Abs. 3 S. 1 Nr. 2: BGH NJW-RR 2004, 1298 = FamRZ 2004, 1097 (1098 f.); *Klinkhammer* in Wendl/Dose UnterhaltsR § 8 Rn. 87 ff.

208 BGH NJW 1999, 2365 = FamRZ 1999, 843 (845 ff.); NJW-RR 2000, 1385 = FamRZ 2000, 1358 (1359).

209 BGH NJW-RR 1993, 322 = FamRZ 1993, 417 (419); NJW 1999, 2365 = FamRZ 1999, 843 (847); NJW-RR 2000, 1385 = FamRZ 2000, 1358 (1359). Zu Einzelheiten *Klinkhammer* in Wendl/Dose UnterhaltsR § 8 Rn. 126 ff.

210 BGH NJW 1998, 2219 = FamRZ 1998, 818 (819) mwN; OLG München FamRZ 1998, 553 f. Zur Kritik vgl. *Kalthoener/Büttner* NJW 1998, 2012 (2016); *Büttner* NJW 1999, 2315 (2321).

211 Vgl. hierzu *Münder* NJW 2002, 3661; *Strohal* FamRZ 2002, 277; *Klinkhammer* FamRZ 2002, 997; *Klinkhammer* FamRZ 2003, 1793; *Günther* FF 2003, 10; *Dose* in Wendl/Dose UnterhaltsR § 1 Rn. 703 ff.

212 BGH NJW-RR 2007, 1513 Rn. 14, 17 ff. = FamRZ 2007, 1158 mAnm *Scholz*.

213 BGH NJW 2006, 2182 = FamRZ 2006, 846 (848).

214 Dazu allg. *Kalthoener* NJW 1991, 1037; *Hülsmann* FuR 1991, 218; *Künkel* FamRZ 1991, 1131.

215 BGH NJW-RR 2014, 1089 Rn. 12 = FamRZ 2014, 1619 mwN betr. Conterganrente; NJW 2018, 2638 Rn. 21 = FamRZ 2018, 1506 betr. Rente nach dem HIV-Hilfegesetz.

digten zu decken, zum unterhaltsrechtlich relevanten Einkommen,[216] jedoch nur insoweit, als sie nicht aufgrund des beschädigungsbedingten Mehrbedarfs verbraucht werden.[217] **Wohngeld** stellt unterhaltsrelevantes Einkommen dar, soweit ihm nicht unvermeidbar erhöhte Wohnkosten gegenüberstehen.[218]

**g) Vermögenseinkünfte; Wohnvorteile; Zuwendungen Dritter.** Zu den Einkünften aus Vermögen gehören Kapitalerträge (Zinsen und Dividenden) sowie Einnahmen aus Vermietung und Verpachtung, jeweils mit ihren Nettobeträgen.[219] Zu berücksichtigen sind auch die Gebrauchsvorteile (§ 100) eines im Eigentum eines oder beider Ehegatten stehenden, selbst bewohnten Familienheims. Der Wert derartiger Nutzungsvorteile ist den Einkünften hinzuzurechnen, soweit er die Aufwendungen zur Finanzierung und die Grundstückskosten übersteigt, die nicht üblicherweise auf den Mieter umgelegt werden.[220] Denn der Eigentümer lebt nur in Höhe der Differenz günstiger als ein Mieter. Während der Trennungszeit ist der **Vorteil mietfreien Wohnens** in der Regel allerdings nicht mit dem objektiven Mietwert, sondern nur in dem Umfang zu berücksichtigen, wie er sich als angemessene Wohnungsnutzung durch den in der Ehewohnung verbliebenen Ehegatten darstellt, wenn die Wohnung gemessen an den Einkommensverhältnissen der Ehegatten zu groß ist. Denn insoweit besteht grundsätzlich noch keine Obliegenheit, das Familienheim zu verwerten oder zu vermieten, weil es im Falle einer möglichen Versöhnung der Ehegatten weiterhin der ehelichen Lebensgemeinschaft dienen soll. Mit Rücksicht darauf ist der Vorteil des mietfreien Wohnens nach der Trennung nur in dem Umfang zu berücksichtigen, wie die Wohnung für den dort verbliebenen Ehegatten angemessen ist. Deshalb ist auf die Miete abzustellen, die dieser auf dem örtlichen Wohnungsmarkt für eine dem ehelichen Lebensstandard entsprechende kleinere Wohnung zahlen müsste.[221] Bei der **Bemessung der ersparten Miete** ist eine strikte Anknüpfung an durchschnittliche Mietkosten (sog Drittelobergrenze) nicht zulässig.[222] 27

Nach der **früheren Rspr. des BGH** sollte diese Bemessung des Wohnvorteils indes nicht mehr gelten, wenn eine Wiederherstellung der ehelichen Lebensgemeinschaft nicht mehr zu erwarten ist, etwa von der Zustellung des Scheidungsantrags an oder nach einer ehevertraglichen Regelung, durch die die Ehegatten die vermögensrechtlichen Folgen ihrer Ehe abschließend geregelt haben. Zur Begründung wurde angeführt, die mit der Kredittilgung für eine im Alleineigentum eines Ehegatten stehende Immobilie verbundene Vermögensbildung gehe von da an einseitig zulasten des unterhaltsberechtigten Ehegatten, weil dieser hiervon nicht mehr über den Zugewinnausgleich profitieren könne.[223] Deshalb sollte auch während des Getrenntlebens einerseits vom objektiven Mietwert, andererseits von einer Außerachtlassung des Tilgungsanteils der Darlehensraten auszugehen sein, soweit diese nicht als Form der zusätzlichen Altersversorgung zu berücksichtigen sind (→ Rn. 17).[224] Diese Abkehr von der bisherigen Rspr. ist mit beachtlichen Argumenten kritisiert worden.[225] Sie steht zum 28

216 BGH NJW 1981, 1313 (1314) = FamRZ 1981, 338 (339); NJW 1982, 41 (42) = FamRZ 1981, 1165 (1166) – Grundrente gemäß § 31 BVersG; NJW 1982, 1593 = FamRZ 1982, 252 (253) – Ausgleichsrente gemäß § 32 BVersG; Ehegattenzuschlag gemäß § 33a BVersG.

217 BGH NJW 1981, 1313 (1314) = FamRZ 1981, 338 (339); NJW 1982, 41 (42) = FamRZ 1981, 1165 (1167); NJW 1982, 1593 = FamRZ 1982, 252 (253, 898 f.); OLG Düsseldorf FamRZ 1982, 380 f.; krit. (insbes. zur Anrechenbarkeit der Grundrente nach § 31 BVG) *Schwagerl* NJW 1982, 1798 ff. Außer der Ausgleichsrente nach § 32 BVG fallen Kriegsopferrenten jedoch in den Anwendungsbereich des § 1610a: OLG Nürnberg FuR 1993, 170. Überblick über Renten für Körper- und Gesundheitsschäden bei *Niepmann/Schwamb* Rspr. zur Höhe des Unterhalts Rn. 889.

218 BGH NJW 2012, 2190 Rn. 15 = FamRZ 2012, 1201; NJW 2003, 1660 = FamRZ 2003, 860 (862); *Niepmann/Schwamb* Rspr. zur Höhe des Unterhalts Rn. 903 f.

219 BGH NJW 1998, 753 = FamRZ 1998, 87 (88); *Niepmann/Schwamb* Rspr. zur Höhe des Unterhalts Rn. 573 ff., 681, 847.

220 BGH NJW 2009, 2523 = FamRZ 2009, 1300 unter Aufgabe der bisherigen Rspr., nach der zwischen verbrauchsunabhängigen und -abhängigen Kosten differenziert wurde; NJW 1992, 2477 = FamRZ 1992, 1045 (1049); NJW 1995, 1148 = FamRZ 1995, 291 (292); NJW 1998, 2821 = FamRZ 1998, 899 (901); BGHZ 154, 247 = NJW 2003, 2306 = FamRZ 2003, 1179 (1180); NJW 2007, 1974 Rn. 9 f. = FamRZ 2007, 879; NJW 2008, 1946 Rn. 11 = FamRZ 2008, 963.

221 BGH NJW 2013, 461 Rn. 24 = FamRZ 2013, 191; BeckRS 2012, 4471 = FamRZ 2012, 514; NJW 2008, 1946 Rn. 15 = FamRZ 2008, 963 (965); BGHZ 154, 247 = NJW 2003, 2306 = FamRZ 2003, 1179 (1180); NJW 2000, 284 = FamRZ 2000, 351 (353); NJW 1998, 2821 = FamRZ 1998, 899 (901).

222 NJW 1998, 2821 = FamRZ 1998, 899 (901 f.).

223 BGH NJW 2008, 1946 Rn. 18 f. = FamRZ 2008, 963; so auch *Gerhardt* FamRZ 2007, 945 ff.; *Gerhardt* in Wendl/Dose UnterhaltsR § 1 Rn. 480.

224 Vgl. BGHZ 163, 84 (97) = NJW 2005, 3277 = FamRZ 2005, 1817: in Höhe von 4 % des Jahresbruttoeinkommens.

225 *Born* NJW 2009, 148; *Büttner* FamRZ 2008, 967 f.; *Graba* FF 2008, 253; *Juncker* FamRZ 2008, 1601; *Norpoth* FamRZ 2008, 2245; vgl. auch *Finke* FPR 2008, 94 ff.; grds. zust. dagegen *Griesche* NJW 2008, 1949.

einen nicht damit in Einklang, dass die ehelichen Lebensverhältnisse auch durch die Tilgungsleistungen eingeschränkt waren. Deren Nichtberücksichtigung hat deshalb zur Folge, dass der Bedarf des Unterhaltsberechtigten steigt,[226] er sich also besser steht als bei fortbestehender ehelicher Lebensgemeinschaft, und das, obwohl der volle Wohnwert als Vermögenswert noch nicht vorhanden ist, sondern durch fortschreitende Tilgungsleistungen erst erworben wird.[227] Hinzu kommt, dass es der ausziehende Ehegatte in der Hand hat, durch Einleitung des Scheidungsverfahrens die Erhöhung seines Bedarfs (objektiver Mietwert, kein Abzug von Tilgungsleistungen) herbeizuführen.[228]

29 Inzwischen hat der **BGH** – im Rahmen einer zum Elternunterhalt ergangenen Entscheidung – eine **geänderte Betrachtungsweise** hinsichtlich der Tilgungsleistungen für das Familienheim für angezeigt gehalten. Insofern wird der Überlegung Rechnung getragen, dass es an einer Vermögensbildung „zulasten" des Unterhaltsberechtigten fehlt, wenn und soweit den Tilgungsleistungen noch ein einkommenserhöhender Wohnwert aufseiten des Unterhaltspflichtigen gegenübersteht, und ferner, dass es ohne die Zins- und Tilgungsleistungen den Wohnvorteil in Form einer ersparten Miete nicht gäbe. Die Tilgungsleistungen werden deshalb zu Recht bis zur Höhe des Wohnwerts auf diesen angerechnet. Nur hinsichtlich eventueller darüber hinausgehender Tilgungsleistungen stellt sich die Frage einer Vermögensbildung des Unterhaltspflichtigen zulasten des anderen Ehegatten. Eine solche ist diesem im Rahmen und bis zur Höhe einer zusätzlichen Altersversorgung zuzubilligen. Nur die die anzuerkennende Altersversorgung übersteigenden Tilgungsleistungen haben unterhaltsrechtlich außer Betracht zu bleiben.[229] – Die Berücksichtigung von Tilgungsleistungen für ein Familienheim ist indessen nicht auf den Aszendentenunterhalt beschränkt. Richtigerweise muss aus den genannten Erwägungen grundsätzlich eine Anrechnung solcher Leistungen bis zur Höhe des Wohnwerts erfolgen. Das gilt jedenfalls, wenn und soweit sich die Verbindlichkeiten und die hieraus resultierenden Annuitäten in einer im Verhältnis zu den Einkünften angemessenen Höhe halten.[230]

30 Ob nicht gezogene Erträge, die bei anderer Vermögensverwendung hätten erzielt werden können, fiktiv als vorhanden anzusehen sind, richtet sich nach der Zumutbarkeit einer **Vermögensumschichtung.**[231] Die Art und Weise der Vermögensanlage unterliegt grundsätzlich der Disposition des Inhabers. Er hat es so anzulegen, dass es möglichst sichere und hohe Einkünfte erbringt. Bei eindeutig unwirtschaftlicher Anlage (zB Goldbarren, leerstehendes Haus) ist er auf eine ertragreichere Anlageform zu verweisen; in Höhe der daraus möglichen Erträge sind fiktive Einkünfte hinzuzurechnen.[232] Das gilt auch bei thesaurierenden Fonds.[233] Auch der **Vermögensstamm** kann in Anlehnung an § 1581 S. 2 zur Erfüllung der Unterhaltspflicht herangezogen werden, jedoch noch schonender und restriktiver als in den Fällen von § 1577 Abs. 3, weil noch nicht geschiedene Ehegatten verstärkt aufeinander Rücksicht nehmen müssen.[234] Als **Inflationsausgleich** dürfen Zinserträge zwecks Erhaltung der Kapitalsubstanz zur Aufrechterhaltung des Lebensstandards (→ Rn. 6) teilweise reinvestiert werden,[235] sofern zum Unterhalt nicht ausnahmsweise der Vermögensstamm ange-

[226] So auch *Juncker* FamRZ 2008, 1601; *Finke* FPR 2008, 94 ff.; *Norpoth* FamRZ 2008, 2245. Zu Recht wird darauf hingewiesen, dass auch einseitige Vermögensbildung iRd Bedarfs nicht immer unbeachtlich ist; als Korrektiv einer unangemessenen Vermögensbildung wird ein objektiver Maßstab herangezogen, → Rn. 6.

[227] Zu diesem Gesichtspunkt vor allem *Norpoth* FamRZ 2008, 2245 (2247 f.).

[228] Vgl. insoweit auch *Born* NJW 2009, 148; *Büttner* FamRZ 2008, 967 (968).

[229] BGHZ 213, 288 Rn. 33 ff. = NJW 2017, 1169 = FamRZ 2017, 519 (521 f.).

[230] Vgl. BGH NJW 2018, 2638 Rn. 31 = FamRZ 2018, 1506 (1509). Zur Behandlung des Wohnvorteils, wenn ein Ehegatte den Miteigentumsanteil des anderen erwirbt: BGH NJW 2005, 2077 = FamRZ 2005, 1159; BGHZ 163, 84 = NJW 2005, 3277 = FamRZ 2005, 1817. Zur Behandlung des Erlöses bei Veräußerung einer selbst genutzten Immobilie → Rn. 12.

[231] BGH NJW 2000, 2349 = FamRZ 2000, 950 (951); NJW 2001, 2259= FamRZ 2001, 1140 (1143); NJW 2005, 2077 = FamRZ 2005, 1159 (1162); NJW 2006, 1794 Rn. 38 = FamRZ 2006, 387 (391); NJW 2009, 145 Rn. 19; idR ist ein Verzicht auf den Erwerb von Immobilien zugunsten von ertragreicheren Anlagen nicht zumutbar, insbesondere dann nicht, wenn Wohneigentum bereits die ehelichen Lebensverhältnisse prägte. Risikoreiche Anlageformen können nicht verlangt werden. Zu Einzelheiten vgl. *Niepmann/Schwamb* Rspr. zur Höhe des Unterhalts Rn. 848, 855; *Dose* in Wendl/Dose UnterhaltsR § 1 Rn. 632 ff.

[232] BGH NJW 2008, 57 Rn. 29 = FamRZ 2007, 1532; OLG Hamm FamRZ 1995, 1418 (1421); vgl. OLG Stuttgart FamRZ 1993, 559 (560).

[233] BGH NJW 2008, 57 Rn. 29 = FamRZ 2007, 1532 (1535).

[234] BGH BeckRS 2012, 4471 Rn. 36 = FamRZ 2012, 514; NJW-RR 2009, 289 Rn. 17 = FamRZ 2009, 307; NJW 2005, 433 = FamRZ 2005, 97 (99); NJW-RR 1986, 685 = FamRZ 1986, 556 (557); *Niepmann/Schwamb* Rspr. zur Höhe des Unterhalts Rn. 583 ff.; *Dose* in Wendl/Dose UnterhaltsR § 1 Rn. 614 ff.; *Duderstadt* FamRZ 1998, 273 (277). Vgl. zum Maßstab während der Trennung auch BGH NJW 2008, 1946 Rn. 26 = FamRZ 2008, 963.

[235] Zutr. OLG Saarbrücken FamRZ 1985, 477; OLG Stuttgart FamRZ 1985, 607; aA BGH NJW 1992, 1044 = FamRZ 1992, 423. Jede Stiftung reinvestiert pflichtgemäß einen Teil ihrer Erträgnisse, um nicht im Laufe der Zeit auszubluten. Die Versagung eines Inflationsausgleichs widerspricht dem Grundsatz des schonendsten Zugriffs auf den Vermögensstamm unter noch nicht geschiedenen Ehegatten.

griffen werden muss. Von Mieteinkünften dürfen Rücklagen für notwendige Reparaturen und Modernisierungsmaßnahmengebildet werden.[236] Zwecks Aufrechterhaltung des bisherigen Lebensstandards (zumal in höherem Alter) ist eine Teilveräußerung von beträchtlichem Immobilienbesitz jedoch unter Umständen zumutbar.[237] Eine Existenzgefährdung ist aber regelmäßig nicht zumutbar.[238] – Ein Pflichtteilsanspruch muss unter Umständen geltend gemacht werden.[239]

**Freiwillige Zuwendungen Dritter** sind anzurechnen, wenn dies der Zweckbestimmung des 31
Dritten entspricht.[240] Liegt keine ausdrückliche Willensbestimmung des Zuwendenden vor, lässt sie sich in der Regel aus den persönlichen Beziehungen der Beteiligten zueinander schließen.[241] Ausschlaggebend ist, ob der Dritte außer dem ihm nahestehenden Zuwendungsempfänger auch den anderen Ehegatten begünstigen oder entlasten will. Bisher gemeinsames mietfreies Wohnen im elterlichen Haus eines Ehegatten hat trotz der Mietersparnis keinen Einkommenscharakter.[242] Zu bedarfsprägenden Wohnvorteilen → Rn. 27 f.; → § 1578 Rn. 134 ff. **Freiwillige Pflegeleistungen** erhöhen die Leistungsfähigkeit nur, wenn sie außer dem Unterhaltspflichtigen auch dem Unterhaltsberechtigten zugutekommen sollen.[243] Zum Erbschaftserwerb → Rn. 4.

**h) Abzüge; Kindesunterhalt; Betreuungsbonus.** Vom Nettoeinkommen des Verpflichteten 32
ist vorweg der den gemeinsamen Kindern[244] geschuldete **Unterhalt** abzusetzen, und zwar **sowohl für minderjährige als auch für privilegierte volljährige Kinder** (auch Adoptivkinder), da die ehelichen Lebensverhältnisse davon geprägt werden, dass die entsprechenden Mittel für den allgemeinen Lebensbedarf der Ehegatten nicht zur Verfügung stehen (allgM). Daran hat sich durch die seit dem 1.1.2008 geltende Rangordnung nichts geändert; der Vorrang der Kinder nach § 1609 Nr. 1 wirkt sich grundsätzlich nicht auf der Bedarfsebene, sondern erst im Rahmen der Leistungsfähigkeit aus.[245] Allerdings kann der Bedarf für den Kindesunterhalt im Rahmen einer Angemessenheitsbetrachtung mit Rücksicht auf weitere Unterhaltspflichten zu korrigieren sein, etwa durch Herabstufung innerhalb der Düsseldorfer Tabelle. Schließlich ist ein Vorwegabzug des Kindesunterhalts im Ergebnis dadurch begrenzt, dass der Mindestbedarf des unterhaltsberechtigten Ehegatten nicht unterschritten werden darf.[246] Ein Vorwegabzug ist auch auf Seiten des Unterhaltsberechtigten vorzunehmen, wenn dieser für ein beim Unterhaltspflichtigen lebendes Kind Unterhalt schuldet und tatsäch-

---

236 Nur für Instandsetzungskosten (Erhaltungsaufwand), nicht für wertsteigernde Ausbauten (welche der Vermögensbildung dienen): BGH NJW 2000, 284 = FamRZ 2000, 351 (354); NJW 1997, 735 = FamRZ 1997, 281 (283). Eine Orientierung bietet der Begriff der notwendigen Verwendungen iSv § 994. Aber auch Modernisierungen können mit allgemein steigendem Wohnkomfort erforderlich werden. Ihr Unterbleiben darf nicht dahin führen, dass ein Mietobjekt nicht mehr oder nur noch zu unrentablen Konditionen vermietbar ist. Zu steuerrechtlichen Abschreibungen → Rn. 18.

237 OLG Hamm FamRZ 1992, 1175 (1176).

238 BGH NJW-RR 1986, 685 = FamRZ 1986, 556 (557); s. aber OLG Schleswig FamRZ 1985, 809 m. abl. Anm. *Zieroth*: Pflicht zur Veräußerung eines unrentablen landwirtschaftlichen Betriebes. Nach der Scheidung ist eine Veräußerung eher zumutbar, OLG Koblenz FamRZ 1985, 812, nicht jedoch nach kurzer Trennungszeit, OLG Hamm FamRZ 1994, 895 (896).

239 BGH NJW 1982, 2771 = FamRZ 1982, 996 (997 f.) für den Unterhaltspflichtigen; NJW 1993, 1920 = FamRZ 1993, 1065 (1066) für den Unterhaltsberechtigten; NJW 2013, 530 Rn. 21 f. = FamRZ 2013, 278 bei der Inanspruchnahme auf Kindesunterhalt.

240 AllgM, BGH NJW-RR 2005, 945 = FamRZ 2005, 967 (969) für Gewährung eines zinslosen Darlehens durch die Eltern, für dessen Rückzahlung keine Zeit bestimmt ist; *Niepmann/Schwamb* Rspr. zur Höhe des Unterhalts Rn. 603 ff. Das gilt vice versa auch für Zuwendungen Dritter an den Unterhaltsberechtigten. Sie sollen den Unterhaltspflichtigen im Zweifel nicht entlasten. Zum Zusammenleben mit einem neuen Partner → Rn. 37.

241 BGH NJW-RR 2005, 945 = FamRZ 2005, 967 (969); NJW 1999, 2804 = FamRZ 2000, 153 (154); NJW 1995, 1486 = FamRZ 1995, 537 (538 f.).

242 OLG München FamRZ 1996, 169.

243 BGH NJW 1995, 1486 = FamRZ 1995, 537 für überobligatorische Pflege eines Schwerstbehinderten.

244 Zur Berücksichtigung von Unterhaltsleistungen für nichteheliche und nachehelich geborene Kinder → Rn. 13 ff.

245 BGHZ 175, 182 Rn. 48 = NJW 2008, 1663 = FamRZ 2008, 968. Nach der Gesetzesbegr. (BT-Drs. 16/1830, 24) ist trotz des Vorrangs von Kindern zu prüfen, ob die Aufteilung des verfügbaren Einkommens auf diese sowie den oder die unterhaltsberechtigten Ehegatten insgesamt billig und angemessen ist. Nach Auffassung des BGH kann eine ausgewogene Verteilung etwa mit Hilfe der Bedarfskontrollbeträge der Unterhaltstabellen erreicht werden; ebenso *Scholz* FamRZ 2007, 2021 (2028 f.); *Wever* FamRZ 2008, 553 (559); aA *Born* NJW 2008, 1 (2); *Vossenkämper* FamRZ 2008, 201 (210); *Schürmann* FamRZ 2008, 313 (320 f.); krit. *Maurer* FamRZ 2006, 975 (977).

246 BGH NJW 2016, 322 Rn. 14 = FamRZ 2016, 199; BGHZ 192, 45 = FamRZ 2012, 282 Rn. 29; BGH NJW 2013, 866 Rn. 26 = FamRZ 2013, 534; NJW 2010, 1598 Rn. 32 = FamRZ 2010, 629.

lich zahlt.[247] Vorweg abzuziehen ist ferner der Unterhalt, den der Berechtigte für ein nicht aus der Ehe stammendes Kind aufzubringen hat, das vor der Trennung im Haushalt der Ehegatten unterhalten worden ist.[248] Nicht privilegierte volljährige Kinder stehen zwar seit dem 1.1.2008 im vierten Rang (§ 1609 Nr. 4). Da aber auch der für sie aufzubringende Unterhalt die ehelichen Lebensverhältnisse geprägt hat, ist diese Unterhaltspflicht ebenfalls vorweg in Abzug zu bringen, solange sich hieraus kein Missverhältnis zum verbleibenden Bedarf des Ehegatten ergibt.[249] Der Rang ist erst im Rahmen der Leistungsfähigkeit von Bedeutung. Abzugsfähig ist der Zahlbetrag des Kindesunterhalts, dh der um das volle oder anteilige Kindergeld (vgl. § 1612b) reduzierte Tabellenbetrag. Durch den Vorwegabzug des Kindesunterhalts kann das Einkommen des barunterhaltspflichtigen Ehegatten unter das Einkommen des kinderbetreuenden Ehegatten sinken. Dadurch kann ein Anspruch auf Ehegattenunterhalt (als Aufstockungsunterhalt) entstehen.[250]

33 Bei Betreuung gemeinsamer minderjähriger Kinder wegen Berufstätigkeit des betreuenden Elternteils sind entweder die hierdurch veranlassten Kosten als berufsbedingter Aufwand[251] oder – falls keine konkreten Betreuungskosten anfallen – ein sog **Betreuungsbonus** zu berücksichtigen,[252] soweit die Kosten nicht – wie etwa solche für den Kindergarten – als Mehrbedarf des Kindes Teil des Kindesunterhalts sind.[253] Durch Ausübung des Umgangsrechts mit dem Kind entstehende Kosten des Barunterhaltspflichtigen sind bei entsprechender Leistungsfähigkeit von diesem zu tragen. Bleibt ihm nach Abzug seiner Unterhaltsverpflichtungen und unter Beachtung des notwendigen Selbstbehalts indes kein ausreichendes Einkommen, um ein dem Kindeswohl entsprechendes, angemessenes Umgangsrecht auszuüben, so sind die dafür anfallenden Kosten entweder durch Minderung des unterhaltsrelevanten Einkommens oder durch Erhöhung des Selbstbehalts zu berücksichtigen. Denn das Unterhaltsrecht darf dem Pflichtigen nicht die Möglichkeit nehmen, sein Umgangsrecht zur Erhaltung der Eltern-Kind-Beziehung auszuüben.[254] Unabhängig von der bedarfsdeckenden Anrechnung des hälftigen Kindergeldes kann dem Pflichtigen nach Abzug des Kindesunterhalts nämlich nur der notwendige Selbstbehalt zur Verfügung stehen, aus dem Aufwendungen zur Wahrnehmung des Umgangsrechts nicht bestritten werden können.[255]

34 **Verbindlichkeiten** können die Leistungsfähigkeit mindern; den Ansprüchen der Unterhaltsberechtigten kommt kein genereller Vorrang vor anderen Verbindlichkeiten des Unterhaltspflichtigen zu. Andererseits dürfen solche Verbindlichkeiten nicht ohne Rücksicht auf die Interessen des Unterhaltsberechtigten getilgt werden. Vielmehr bedarf es eines Ausgleichs der Belange von Unterhaltsgläubiger, Unterhaltsschuldner und Drittgläubiger. Insofern ist eine umfassende Interessenabwägung vorzunehmen, in die insbesondere einzubeziehen sind: der Zweck der Verbindlichkeiten, der Zeitpunkt und die Art ihrer Entstehung, die Dringlichkeit der beiderseitigen Bedürfnisse, die Kenntnis des Unterhaltsschuldners von Grund und Höhe der Unterhaltsschuld und seine Möglichkeiten, die Leistungsfähigkeit wiederherzustellen.[256] Um diese Abwägung zu ermöglichen, hat der Unterhaltsschuldner die entsprechenden Angaben zu machen; ferner hat er im Bestreitensfall die regelmäßige Schuldentilgung nachzuweisen. **Schulden aus der Zeit des Zusammenlebens** sind grundsätzlich abzuziehen, da sie die ehelichen Lebensverhältnisse bereits geprägt haben.[257] Dazu gehören vor allem Zins- und Tilgungsleistungen für ein gemeinsames Haus (→ Rn. 27 f.). Wegen der Möglichkeit nur vorübergehender Trennung der Ehegatten ist eine Veräußerung des Familienheims vor der

---

247 OLG Zweibrücken NJW-RR 2006, 1659; OLG Koblenz NJW 2005, 686.

248 BGH NJW 1999, 717 = FamRZ 1999, 367 (370).

249 BGHZ 192, 45 Rn. 19 = NJW 2012, 384 = FamRZ 2012, 281; BGH NJW 2003, 1660 = FamRZ 2003, 860 (865); *Scholz* FamRZ 2007, 2021 (2028); *Gerhardt* in Wendl/Dose UnterhaltsR § 4 Rn. 445, auch zu der Feststellung, wann ein Missverhältnis vorliegt.

250 BGH NJW 2016, 322 Rn. 16 = FamRZ 2016, 199.

251 BGH NJW 2017, 3786 Rn. 18 = FamRZ 2018, 23.

252 BGH NJW 2001, 973 = FamRZ 2001, 350 (352); OLG Hamburg FamRZ 1997, 357 (358); KG FamRZ 1998, 1112 (1113); OLG München FamRZ 1998, 824.

253 BGH NJW 2008, 2337 Rn. 17 ff. = FamRZ 2008, 1152: Kosten der Erziehung.

254 So für die bis zum 31.12.2007 hinsichtlich des Kindergeldes geltende Rechtslage: BGH NJW 2005, 1493 = FamRZ 2005, 706 (708); NJW 2007, 511 = FamRZ 2007, 193 (194); NJW 2008, 1373 Rn. 46 = FamRZ 2008, 594. An dieser Beurteilung hat sich durch die Neufassung des § 1612b durch das UÄndG 2007 iErg nichts geändert; ebenso *Klinkhammer* in Wendl/Dose UnterhaltsR § 2 Rn. 272.

255 *Klinkhammer* in Wendl/Dose UnterhaltsR § 2 Rn. 272.

256 BGH NJW 2014, 1173 Rn. 42 = FamRZ 2014, 538; BGHZ 154, 247 = NJW 2003, 2306 = FamRZ 2003, 1179 (1181).

257 BGH NJW 1982, 232 f. = FamRZ 1982, 23 (24); NJW 1984, 2351 = FamRZ 1984, 657 (658 f.); OLG Hamm FamRZ 1999, 851; OLG Koblenz FamRZ 1991, 459; KG FamRZ 1991, 808; OLG Karlsruhe FamRZ 1981, 548 (549); Staudinger/*Voppel*, 2018, Rn. 102; *Niepmann/Schwamb* Rspr. zur Höhe des Unterhalts Rn. 1048.

Scheidung grundsätzlich unzumutbar.[258] Die Nichtberücksichtigung von Tilgungsleistungen könnte die Notwendigkeit einer Veräußerung bewirken. Der Verpflichtete muss sich um Stundung und ratenweise Abtragung seiner Verbindlichkeiten nach einem Tilgungsplan bemühen.[259] Im Rahmen der Finanzierung der übernommenen Miteigentumshälfte am Hausgrundstück (im Rahmen einer Vermögensauseinandersetzung der Ehegatten) können neben den Zinsen Tilgungsleistungen bis zur Höhe des Wohnwerts zu berücksichtigen sein (→ Rn. 28).[260] Die Erträgnisse aus einem gezahlten Erlös verringern jedoch die Bedürftigkeit des Berechtigten (→ Rn. 12).[261] – Finanzierte der Schuldner seine Ausbildung mit Krediten, muss der Gläubiger Einschränkungen der Leistungsfähigkeit durch Tilgungsleistungen auch nach der Trennung hinnehmen. – Werbungskosten im steuerrechtlichen Sinne sind unterhaltsrechtlich abzusetzen, soweit sie unabweisbar notwendig sind (→ Rn. 18 aE). --Zur Finanzierung des Zugewinnausgleichs eingegangene Schulden sind nicht absetzbar, da der Berechtigte ansonsten die Ausgleichsforderung über einen geringeren Unterhaltsanspruch mittragen müsste.[262] Auch in anderen Fallgestaltungen ist darauf Bedacht zu nehmen, dass sich dieselbe Position, sei es im Rahmen der Aktiva,[263] sei es der Passiva, nicht gleichzeitig in den Ausgleichsystemen des Unterhaltsrechts und des Güterrechts auswirkt, weil dies zu einer Benachteiligung des davon betroffenen Ehegatten führen kann. Das sog **Verbot der Doppelverwertung**[264] betrifft in der Praxis in erster Linie die Frage der Berücksichtigungsfähigkeit von Verbindlichkeiten in der Zeit zwischen Rechtshängigkeit der Scheidung und rechtskräftiger Entscheidung über den Zugewinnausgleich. Denn vor Rechtshängigkeit des Scheidungsantrags erhöht die Beteiligung des Unterhaltsberechtigten an der Schuldentilgung (durch einen niedrigeren Unterhalt) das Endvermögen des anderen mit der Möglichkeit der Partizipation hieran. Eine allgemein gültige Lösung für alle Fallgestaltungen dürfte indes nicht zur Verfügung stehen. Es kommt im Einzelfall darauf an, ob und ggf. auf welcher Grundlage in dem einen oder anderen Ausgleichssystem eine Regelung getroffen worden ist, die bei der Entscheidung im Übrigen zu berücksichtigen ist, damit ein unangemessenes Ergebnis vermieden wird. Falls keine Vereinbarung vorliegt, spricht einiges dafür, in der Auseinandersetzung über den Trennungsunterhalt nach allgemeinen Grundsätzen zu verfahren, zumal in der Regel zunächst nicht absehbar ist, ob überhaupt ein Zugewinnausgleichsanspruch besteht. Bei der Regelung eines möglichen späteren Zugewinnausgleichs sind sodann im Rahmen des rechtlich Möglichen die unterhaltsrechtlichen Auswirkungen zu berücksichtigen.[265] Dadurch kann zugleich verhindert werden, dass der Bedarfsbemessung Umstände zugrunde gelegt werden, die die ehelichen Lebensverhältnisse nicht geprägt haben. – Als Selbständiger oder Freiberufler darf der Verpflichtete einen angemessenen Teil seines Einkommens für ausreichende **Vorsorgeaufwendungen** (Alter, Krankheit und Pflege) einsetzen. Ausgehend davon, dass als angemessene primäre Altersvorsorge regelmäßig der Betrag anzusehen ist, den ein Nichtselbständiger für seine Altersversicherung entrichtet, nämlich in der Regel ca. 20 % des Bruttoeinkommens, ist einem Selbständigen zuzubilligen, in Höhe von insgesamt 24 % seines Bruttoeinkommens/Gewinns primäre sowie zusätzliche Altersversorgung (4 %) zu betreiben.[266] Die Möglichkeit, insgesamt 24 % des Jahresbruttoeinkommens für die Altersversorgung aufzuwenden, ist auch abhängig Beschäftigten zuzubilligen, deren Einkommen die Beitragsbemessungsgrenze der gesetzlichen Rentenversicherung übersteigt. Denn durch die Beiträge hierzu werden sie bereits im Bereich der primären Altersvorsorge nicht ihrem Einkommen entsprechend für das Alter abgesichert (→ Rn. 28).[267]

---

258 BGH NJW 2007, 1974 Rn. 10 = FamRZ 2007, 879; NJW 2008, 1946 Rn. 15 = FamRZ 2008, 963.

259 BGH NJW 1982, 232 (233) = FamRZ 1982, 23 (24); NJW 1982, 822 (823) = FamRZ 1982, 250 (252); NJW 1982, 1641 = FamRZ 1982, 678 (679); OLG Bamberg FamRZ 1997, 23 (24); OLG Hamm FamRZ 1997, 821; *Niepmann/Schwamb* Rspr. zur Höhe des Unterhalts Rn. 1063 mwN, auch zu Einzelheiten.

260 Anders noch BGH NJW-RR 2007, 1513 = FamRZ 2007, 1159 (1161).

261 BGH NJW-RR 2007, 1513 = FamRZ 2007, 1159 (1162).

262 OLG Zweibrücken FamRZ 2016, 925; OLG Nürnberg OLGR 1997, 256 = NJW-RR 1998, 78; *Niepmann/Schwamb* Rspr. zur Höhe des Unterhalts Rn. 1035.

263 Etwa einer arbeitsrechtlichen Abfindung (→ Rn. 21), des Wertes einer freiberuflichen Praxis – BGH NJW 2008, 1221 = FamRZ 2008, 761 – oder eines ertragreich angelegten Vermögens – BGH NJW 2008, 57 Rn. 32 f. = FamRZ 2007, 1532.

264 *Gerhardt/Schulz* FamRZ 2005, 145 (317); *Gerhardt/Schulz* FamRZ 2005, 1523; *Schulz* FamRZ 2006, 1237; *Maurer* FamRZ 2005, 757 (1526); *Hoppenz* FamRZ 2006, 1242; *Münch* FamRZ 2006, 1164; *Wohlgemuth* FamRZ 2007, 187; *Jakobs* NJW 2007, 2885; *Hermes* FamRZ 2007, 184.

265 Vgl. zur Behandlung von Verbindlichkeiten, die sich unterhaltsrechtlich ausgewirkt haben, im Rahmen des Zugewinnausgleichs BGH NJW 2008, 1221 Rn. 37 = FamRZ 2008, 761 mAnm *Hoppenz*.

266 BGH NJW 2009, 2450 Rn. 30 = FamRZ 2009, 1207; NJW 2008, 1946 = FamRZ 2008, 963; NJW 2003, 1660 = FamRZ 2003, 860 (863); NJW 2006, 1794 Rn. 29 = FamRZ 2006, 387 (389); *Niepmann/Schwamb* Rspr. zur Höhe des Unterhalts Rn. 410.

267 So auch *Gerhardt* in Wendl/Dose UnterhaltsR § 1 Rn. 1033, 1037.

35 **i) Selbstbehalt. Mangelfall.** Für die Unterhaltspflicht kommt es zum einen auf die **Leistungsfähigkeit** des Verpflichteten, zum anderen auf die **Bedürftigkeit** des Berechtigten an. Das Recht des Trennungsunterhalts enthält zwar keine den §§ 1581 ff. bzw. § 1603 Abs. 1 entsprechende Regelung, die die Unterhaltspflicht ausdrücklich begrenzt, wenn der Pflichtige außerstande ist, den Unterhalt zu gewähren. Die Leistungsfähigkeit ist jedoch Grundvoraussetzung jedes Unterhaltsanspruchs. Überschreitet der ausgeurteilte Unterhalt die Grenze des Zumutbaren, ist die Beschränkung der Dispositionsfreiheit des Pflichtigen im finanziellen Bereich nicht mehr Bestandteil der verfassungsmäßigen Ordnung und kann vor dem Grundrecht des Art. 2 Abs. 1 GG nicht bestehen.[268] Der Grundsatz der Verhältnismäßigkeit gebietet es deshalb, auch im Rahmen des Trennungsunterhalts die Vorschrift des § 1581 entsprechend anzuwenden.[269] Die finanzielle Leistungsfähigkeit endet jedenfalls dort, wo der Pflichtige nicht mehr in der Lage ist, seine eigene Existenz zu sichern; er darf durch die Unterhaltsgewährung nicht sozialhilfebedürftig werden. Zur Bestimmung dieser Grenze können die in den unterhaltsrechtlichen Leitlinien aufgeführten **Selbstbehaltssätze** herangezogen werden.[270] Der Selbstbehalt gegenüber einem Anspruch auf Trennungsunterhalt entspricht nach der Rspr. des BGH aber nicht dem notwendigen Selbstbehalt, wie er gegenüber minderjährigen Kindern heranzuziehen ist; denn im Verhältnis der Ehegatten zueinander besteht keine gesteigerte Unterhaltspflicht, wie sie § 1603 Abs. 2 vorsieht. Im Regelfall ist vielmehr von einem Betrag auszugehen, der zwischen dem notwendigen und dem angemessenen Selbstbehalt liegt.[271] Das gilt auch dann, wenn der Berechtigte ein gemeinsames minderjähriges Kind betreut.[272] Einem erwerbstätigen Schuldner ist dabei als Anreiz ein gewisser Alimentationsvorteil (wie auch durch den Erwerbstätigenbonus; → Rn. 43) zu belassen.[273] Der Selbstbehalt kann herabgesetzt werden, wenn der Pflichtige in einer Lebensgemeinschaft wohnt und durch das Zusammenleben Kosten der allgemeinen Lebensführung spart.[274] Die **Haushaltsersparnis** bemisst der BGH in Anlehnung an die Regelungen im Sozialrecht mit 10 % des Einkommens.[275] Andererseits kann der Selbstbehalt heraufgesetzt werden, wenn unvermeidbare Wohnkosten den in den Selbstbehaltssätzen enthaltenen Wohnkostenanteil übersteigen.[276] Eine Herabsetzung des Selbstbehalts wegen geringer Wohnkosten (weil der Pflichtige sich insoweit bescheidet) kommt dagegen nicht in Betracht.[277] – Reicht das unter Berücksichtigung des maßgebenden Selbstbehalts verbleibende Einkommen nicht für alle Berechtigten aus **(Mangelfall),** sind die betreffenden Mittel nach den vorgegebenen Rangverhältnissen (§ 1609) zu verteilen (→ Rn. 48; → § 1609 Rn. 10 ff.).[278] Dem verschuldeten Pflichtigen obliegt es im Rahmen des Trennungsunterhalts wie des nachehelichen Unterhalts im Hinblick auf die damit verbundene Einschränkung der allgemeinen Handlungsfreiheit regelmäßig nicht, ein **Verbraucherinsolvenzverfahren** einzuleiten, um den Unterhaltsansprüchen Vorrang vor Kreditverpflichtungen zu verschaffen.[279]

36 **3. Bedürftigkeit des Berechtigten. a) Zu berücksichtigendes Einkommen. Kinderbetreuungsbonus.** Der Unterhaltsanspruch bei Getrenntleben setzt – wie jeder Unterhaltsanspruch –

---

268 BVerfGE 57, 361 (381) = NJW 1981, 1771 = FamRZ 1981, 745; BVerfG FuR 2003, 533 = FamRZ 2003, 661 f.; NJW-RR 2007, 649 = FamRZ 2007, 273 f.

269 BVerfG NJW 2002, 2701 = FamRZ 2002, 1397 (1398 f.).

270 BVerfG NJW 2002, 2701 = FamRZ 2002, 1397 (1398 f.).

271 BGH NJW-RR 2009, 289 Rn. 26 = FamRZ 2009, 307; NJW-RR 2009, 649 Rn. 10 = FamRZ 2009, 404; BGHZ 166, 351 (358) Rn. 19 = NJW 2006, 1654 = FamRZ 2006, 683: etwa mittig zwischen notwendigem und angemessenem Selbstbehalt (→ Rn. 1 mwN).

272 BGH NJW-RR 2009, 289 Rn. 26 f. = FamRZ 2009, 307 zum Trennungsunterhalt; NJW 2009, 675 = FamRZ 2009, 311 Rn. 18 ff. zum nachehelichen Unterhalt.

273 BGH NJW 2008, 1373 Rn. 26 = FamRZ 2008, 594 mAnm *Borth*. Die unterhaltsrechtlichen Leitlinien der Oberlandesgerichte sehen idR Selbstbehaltssätze vor, bei denen zwischen dem erwerbstätigen und dem nichterwerbstätigen Unterhaltsschuldner differenziert wird.

274 BGH NJW 2009, 1742 = FamRZ 2009, 762; NJW 2008, 1373 mAnm *Born* = FamRZ 2008, 594 Rn. 34 ff. mAnm *Borth*; krit. *Schwamb* FF 2008, 160 und *Weychardt* FamRZ 2008, 778. Bei Heranziehung des notwendigen Selbstbehalts soll die Herabsetzung bis auf den notwendigen Lebensbedarf nach sozialhilferechtlichen Grundsätzen möglich sein.

275 BGHZ 186, 350 = FamRZ 2010, 1535 Rn. 45; BGHZ 192, 45 Rn. 46 = NJW 2012, 384 = FamRZ 2012, 281, auch zu den unterschiedlichen Berücksichtigungsmöglichkeiten; s. auch *Gutdeutsch* in Wendl/Dose UnterhaltsR § 5 Rn. 20.

276 Einzelheiten bei *Gutdeutsch* in Wendl/Dose UnterhaltsR § 5 Rn. 22 ff.; *Niepmann/Schwamb* Rspr. zur Höhe des Unterhalts Rn. 385.

277 BGH NJW 2006, 3561 = FamRZ 2006, 1664.

278 Einzelheiten bei *Niepmann/Schwamb* Rspr. zur Höhe des Unterhalts Rn. 107 ff.; *Gutdeutsch* in Wendl/Dose UnterhaltsR § 5 Rn. 31 ff.

279 BGHZ 175, 67 Rn. 18 ff. = NJW 2008, 851 = FamRZ 2008, 497 m. im Wesentlichen zust. Anm. *Hauß* = NJW 2008, 85; aA OLG Koblenz FamRZ 2004, 823 f.; anders grds. bei Unterhaltsansprüchen minderjähriger Kinder, BGHZ 162, 234 (240 ff.) = FamRZ 2005, 608 = NJW 2005, 1279.

die Bedürftigkeit des Berechtigten voraus. Der Bedarf richtet sich nach den Einkommens- und Vermögensverhältnissen der Ehegatten (→ Rn. 6 ff.). Bedürftig ist ein Ehegatte, wenn er diesen Bedarf nicht durch eigene Einkünfte oder zumutbare Erwerbstätigkeit selbst decken kann. Hinsichtlich der Art der Einkünfte und der einzelnen Einkommensbestandteile kann auf die Ausführungen zur Leistungsfähigkeit (→ Rn. 17 ff.) verwiesen werden. Einkünfte aus zumutbarer Arbeit mindern die Bedürftigkeit. **Einkünfte,** die **aus unzumutbarer Erwerbstätigkeit** erzielt werden, sind nach den Grundsätzen zu beurteilen, die sich aus § 1577 Abs. 2 ergeben;[280] denn es muss gewährleistet sein, dass bei an sich gleicher Sachlage der Anspruch auf Trennungsunterhalt nicht niedriger ausfällt als derjenige für die nacheheliche Zeit. Ob und inwieweit Einkommen des Berechtigten, das dieser neben der Kindererziehung erzielt, als überobligatorisch zu bewerten ist, richtet sich nach den Umständen des Einzelfalls.[281] Soweit überobligatorische Anstrengungen vorliegen, hat das Einkommen gleichwohl nicht von vornherein außer Betracht zu bleiben. Über die Berücksichtigung ist aber nicht schematisch, sondern unter Würdigung der konkreten Umstände nach Treu und Glauben zu entscheiden. Konkreter Betreuungsaufwand für ein Kind kann abgezogen werden.[282] Das nach § 1577 Abs. 2 zuzurechnende Einkommen ist in die Unterhaltsberechnung nach der Additions- bzw. Differenzmethode einzustellen (sog unterhaltsrelevanter Anteil). Nach der geänderten Rspr. des BGH handelt es sich auch bei Einkünften aus unzumutbarer Tätigkeit um ein Surrogat der früheren Familienarbeit und damit um prägendes Einkommen.[283] Der weitere, nach §§ 1577 Abs. 2, 242 nicht unterhaltsrelevante Anteil des Einkommens prägt die ehelichen Lebensverhältnisse dagegen nicht; er ist nicht als bedarfsdeckend zu behandeln, sondern bleibt bei der Unterhaltsberechnung außer Betracht (→ § 1577 Rn. 11 f.).[284] – Wegen der Berücksichtigung von Kinder- bzw. Elterngeld, von kindbezogenen Einkommensbestandteilen, Arbeitslosengeld und Sozialhilfe → Rn. 24–26. BAföG-Leistungen sind, soweit es sich nicht um Vorausleistungen nach § 36 BAföG handelt,[285] grundsätzlich voll anzurechnen.[286] – Inwieweit eine Erwerbstätigkeit dem Berechtigten zumutbar ist, richtet sich nach Abs. 2 (→ Rn. 53 ff.). Bei Nichtausübung einer zumutbaren Tätigkeit ist fiktiv ein erzielbares angemessenes Entgelt zuzurechnen. Kann eine selbständig Erwerbstätige ihr Geschäft noch nach längerer Zeit nicht gewinnbringend betreiben, muss sie es schließen und ein abhängiges Arbeitsverhältnis eingehen.[287]

**b) Zusammenleben mit neuem Partner.** Lebt ein Ehegatte mit einem Dritten in eheähnlicher Gemeinschaft, kann sein Unterhaltsanspruch gemäß Abs. 3 (→ Rn. 69, 76), § 1579 Nr. 2 oder 8 (→ § 1579 Rn. 12 ff., 59) ausgeschlossen oder eingeschränkt sein (→ Rn. 64). Andernfalls muss er sich Zuwendungen und Leistungen des neuen Partners (auch ersparten Mietaufwand einschließlich Wohnnebenkosten)[288] **bedarfsmindernd** anrechnen lassen, soweit es sich nicht um freiwillige Leistungen handelt (→ Rn. 31), sondern ein Entgeltcharakter für Versorgungs- und Betreuungsleistungen anzunehmen ist, die für den neuen Partner erbracht werden.[289] Für das Fehlen derartiger Einkünfte trägt der Unterhalt fordernde Ehegatte die Darlegungs- und Beweislast;[290] eine tatsächli- 37

[280] BGH NJW 1983, 833 (835) = FamRZ 1982, 146 (148 f.).

[281] BGHZ 193, 78 Rn. 24 = NJW 2012, 1868 = FamRZ 2012, 1040; BGH NJW 2016, 322 Rn. 17 = FamRZ 2016, 199; NJW 2001, 973 = FamRZ 2001, 350 (352); NJW 2005, 818 = FamRZ 2005, 442 (444) mwN: Ein Indiz für die Zumutbarkeit kann die freiwillige Aufnahme der Tätigkeit sein; iÜ ist entscheidend, inwieweit sich Kindererziehung und Arbeitsmöglichkeiten vereinbaren lassen; ebenso BGH NJW 2006, 2182 = FamRZ 2006, 846 (848).

[282] BGH NJW 2005, 2145 = FamRZ 2005, 1154 (1155). Ein angemessener Betrag kann aber auch dann anrechnungsfrei sein, wenn tatsächlich keine Kosten entstehen, weil das Kind anderweit mitbetreut wird, vgl. BGH NJW 2001, 973 = FamRZ 2001, 350 (352); NJW 1986, 2054 = FamRZ 1986, 790 (791).

[283] BGHZ 148, 368 (381) = FamRZ 2001, 1687 (1691); BGH NJW 2005, 2145 = FamRZ 2005, 1154 (1157).

[284] BGH NJW 2005, 2145 = FamRZ 2005, 1154 (1157 f.); zu Einzelheiten *Niepmann/Schwamb* Rspr. zur Höhe des Unterhalts Rn. 535 ff.; *Gerhardt* in Wendl/Dose UnterhaltsR § 1 Rn. 821 f.

[285] BGH NJW 1985, 2331 = FamRZ 1985, 916.

[286] OLG Nürnberg FamRZ 2003, 1025; OLG Hamm FamRZ 1995, 1422; Einzelheiten bei *Niepmann/Schwamb* Rspr. zur Höhe des Unterhalts Rn. 663.

[287] OLG München MDR 1998, 658: zwei Jahre; ebenso OLG Hamm FamRZ 1995, 1144 = NJW-RR 1995, 1283, falls eine Boutique nach drei Jahren noch keine Gewinne abwirft.

[288] BGH NJW 1995, 962 = FamRZ 1995, 343; Staudinger/*Voppel,* 2018, Rn. 151; eingehend *Dose* in Wendl/Dose UnterhaltsR § 1 Rn. 715 f.

[289] Vgl. BGH NJW 2012, 2190 Rn. 16 = FamRZ 2012, 1201; NJW 2008, 57 Rn. 38 = FamRZ 2007, 1532 (1536); NJW 2001, 3779 = FamRZ 2001, 1693 (1694); Staudinger/*Voppel,* 2018, Rn. 149; *Niepmann/Schwamb* Rspr. zur Höhe des Unterhalts Rn. 563 ff.; *Borth* in Schwab ScheidungsR-HdB IV Rn. 1054 ff.; *Dose* in Wendl/Dose UnterhaltsR § 1 Rn. 715 f.

[290] BGH NJW 1995, 962 = FamRZ 1995, 343 (344); NJW 1995, 1148 = FamRZ 1995, 291 (292); OLG Hamm FuR 1998, 263 (265); Staudinger/*Voppel,* 2018, Rn. 149; *Niepmann/Schwamb* Rspr. zur Höhe des Unterhalts Rn. 572.

che Vermutung dafür, dass Einkünfte erzielt werden, besteht nicht.[291] Auch wenn der Nachweis gelingt, dass keine Zuwendungen erfolgen, ist gleichwohl analog § 850h Abs. 2 ZPO ein fiktives Einkommen für tatsächlich erbrachte geldwerte Dienste anzusetzen, die statt dem unterhaltspflichtigen Ehegatten dem neuen Partner zugute kommen,[292] falls sie nicht etwa (bei sehr kleiner Wohnung) nur geringfügig sind[293] oder der neue Partner zu einer Vergütung außerstande wäre.[294] Die Höhe des anzusetzenden Betrages ist nach dem objektiven Wert der erbrachten Leistungen zu bestimmen.[295] Anhaltspunkte für die Bewertung können die von der Rspr. entwickelten Berechnungsgrundsätze für Schadensersatzansprüche bei Tötung oder Verletzung des haushaltführenden Ehegatten bieten (→ § 1360 Rn. 19 f.).[296] Zu berücksichtigen ist ein fiktives Entgelt für die Haushaltsführung auch bei gleichzeitiger Betreuung minderjähriger Kinder.[297] Nach der geänderten Rspr. des BGH tritt der **Wert der Versorgungsleistungen als Surrogat** an die Stelle der Haushaltsführung während des ehelichen Zusammenlebens und ist deshalb im Wege der Differenzmethode in die Unterhaltsberechnung einzubeziehen.[298] Andere, nicht als Entgelt für die Haushaltsführung anzusehende geldwerte Zuwendungen des neuen Partners sollen den Unterhaltspflichtigen im Zweifel nicht entlasten (→ Rn. 31); sie mindern die Bedürftigkeit des Unterhaltsberechtigten deshalb nicht.[299] Die Erwerbsobliegenheit gegenüber der ehelichen Familie (→ Rn. 53 ff.) wird durch das Zusammenleben mit einem neuen Partner nicht eingeschränkt. Eine Berufstätigkeit daneben ist nicht stets überobligatorisch; trotz Unzumutbarkeit sind Einkünfte daraus jedenfalls analog § 1577 Abs. 2 nach Billigkeit anzurechnen.[300]

38 **c) Sonstige Einkünfte. Schulden.** Der Bedürftige muss sich ferner seine sämtlichen (realisierbaren, fälligen) **Vermögenseinkünfte,** ohne Rücksicht auf die Herkunft des Vermögens,[301] und den fiktiven Mietwert bei mietfreiem Wohnen[302] bedarfsmindernd anrechnen sowie grundsätzlich (§ 1577 Abs. 3) auch auf eine **Verwertung seines Vermögensstamms** verweisen lassen;[303] letzteres gilt aber wegen des vorläufigen Charakters der Unterhaltsregelung nach § 1361 nicht, soweit wirtschaftlich unzumutbar (→ Rn. 30 aE).[304] Die Zumutbarkeit richtet sich nach den Umständen des Einzelfalls. Eine Vermögensverwertung, durch die die wirtschaftliche Grundlage des Einkommens entzogen und damit die gemeinsame Lebensplanung im Fall einer Fortsetzung der ehelichen Lebensgemeinschaft gefährdet würde, kann grundsätzlich nicht erwartet werden.[305] Eine Verwertung des

---

[291] BGH NJW 1980, 124 (126) = FamRZ 1980, 40 (41 f.); Staudinger/*Voppel,* 2018, Rn. 149; *Pruskowski* in Baumgärtel/Laumen/Prütting Beweislast-HdB Rn. 13 ff. Die sozialhilferechtlichen Vorschriften sind nicht entsprechend anwendbar.

[292] BGH NJW 1980, 1686 (1688) = FamRZ 1980, 665 (668); NJW 1983, 683 = FamRZ 1983, 150; NJW 2004, 2303 = FamRZ 2004, 1170 (1173 ff.); Staudinger/*Voppel,* 2018, Rn. 150; *Niepmann/Schwamb* Rspr. zur Höhe des Unterhalts Rn. 567; *Dose* in Wendl/Dose UnterhaltsR § 1 Rn. 715.

[293] OLG Hamm FamRZ 1999, 93 Ls.

[294] BGH NJW 1989, 1083 = FamRZ 1989, 487; NJW 1985, 806 = FamRZ 1985, 273; OLG Celle FamRZ 1994, 1324; OLG Hamm FamRZ 1997, 1080 f.; Staudinger/*Voppel,* 2018, Rn. 150; *Niepmann/Schwamb* Rspr. zur Höhe des Unterhalts Rn. 565; *Dose* in Wendl/Dose UnterhaltsR § 1 Rn. 715. Krit. zu der Frage, ob es auf die Leistungsfähigkeit des Partners ankommt, *Borth* in Schwab ScheidungsR-HdB IV Rn. 1057.

[295] BGH NJW 2001, 3779 = FamRZ 2001, 1693 (1694) mwN.

[296] BGH NJW 1984, 2358 = FamRZ 1984, 662; NJW 1980, 124 = FamRZ 1980, 40 (42); OLG Koblenz NJW 1991, 183 = FamRZ 1991, 944 veranschlagt für die Haushaltsführung mindestens 17 Stunden wöchentlich. Nach *Büttner* FamRZ 1996, 136 (137) sind die für Haushaltshilfskräfte zu zahlenden Löhne zugrunde zu legen; ebenso Staudinger/*Voppel,* 2018, Rn. 150. Vgl. hierzu auch die Leitlinien der Oberlandesgerichte.

[297] BGH NJW 1995, 962 = FamRZ 1995, 343; OLG Hamm FamRZ 1997, 1080 (1081) = NJW-RR 1997, 645.

[298] BGH NJW 2012, 2190 Rn. 16 = FamRZ 2012, 1201; NJW 2004, 2303 = FamRZ 2004, 1170 (1171 f.); NJW 2001, 3779 = FamRZ 2001, 1693 (1694); NJW 2004, 2303 = FamRZ 2004, 1170 (1171 f.); NJW 2004, 2305 = FamRZ 2004, 1173 f.; aA OLG München FamRZ 2005, 713; 2006, 1535: Kein Einkommen, sondern nur ersparte Aufwendungen durch das Zusammenleben.

[299] BGH NJW 1995, 1486 = FamRZ 1995, 537 (538 f.); OLG Hamm FamRZ 2000, 1285.

[300] BGH NJW 1995, 962 = FamRZ 1995, 343.

[301] BGH NJW 1994, 935 = FamRZ 1994, 228 – Leibrente; NJW 2008, 57 Rn. 29, 43 f. = FamRZ 2007, 1532. – Zugewinnausgleich; fiktive Zinsen bei thesaurierenden Fonds; NJW 2008, 57 Rn. 29 = FamRZ 2007, 1532; FamRZ 1988, 1031 – Anlage einer kapitalisierten Schmerzensgeldrente; NJW 2003, 1396 = FamRZ 2003, 432 – Einnahmen aus Kapitalbeteiligungen an Personengesellschaften; OLG Oldenburg FamRZ 2005, 718; OLG Hamm FamRZ 1998, 620.

[302] → Rn. 27 f.; die Ausführungen für den Pflichtigen gelten für den Berechtigten entsprechend.

[303] BGH NJW 1985, 907 = FamRZ 1985, 360.

[304] BGH NJW 1985, 907 = FamRZ 1985, 360; NJW 2005, 433 = FamRZ 2005, 97 (99).

[305] BGH NJW 2005, 443 = FamRZ 2005, 97 (99).

Stammes kann unbillig sein, wenn der Erlös für die voraussichtliche Lebenszeit des Berechtigten nicht genügt.[306] Ein Pflichtteils-(ergänzungs)anspruch ist geltend zu machen; im Rahmen der Zumutbarkeit ist jedoch dessen Höhe gegenüber dem Prozessrisiko abzuwägen (vgl. § 1577 Abs. 3).[307] Ob unentgeltliches Wohnen bei den Eltern das unterhaltspflichtige Schwiegerkind entlasten soll, hängt von deren Willen ab (→ Rn. 31). Für die Anlage eines güterrechtlich zugeflossenen Auseinandersetzungsguthabens kann der Berechtigte eine angemessene Überlegungsfrist genießen.[308]

**Schulden** des Berechtigten sind von dessen Einkommen ebenso abzuziehen wie beim Verpflichteten (→ Rn. 34);[309] maßgebend ist unter anderem, wann die Schulden entstanden sind und ob damit ein unterhaltsrechtlich anzuerkennender Bedarf gedeckt worden ist. Wesentliche Einkommensverbesserungen sind dem Unterhaltsverpflichteten nach Treu und Glauben unaufgefordert mitzuteilen;[310] widrigenfalls kommt eine Haftung nach § 826 auf Erstattung überzahlten Unterhalts in Betracht (→ Rn. 52 aE).[311] Das Unterlassen kann auch einen Verwirkungsgrund nach §§ 1361 Abs. 3, 1579 Nr. 5 darstellen.[312] 39

## IV. Unterhaltsberechnung

**1. Nur persönlicher Unterhalt.** Ein getrenntlebender Ehegatte hat nur Anspruch auf seinen persönlichen Unterhalt, nicht auf Familienunterhalt (wie nach §§ 1360, 1360a), daher auch nicht auf Wirtschaftsgeld.[313] Nicht zu seinem Lebensbedarf gehören die Unterhaltspflichten gegenüber Dritten; andernfalls würde man zu einer mittelbaren Unterhaltsgewährung nicht Unterhaltspflichtiger gelangen.[314] Für ein in seiner Obhut befindliches minderjähriges Kind kann ein getrenntlebender Ehegatte in gesetzlicher Prozessstandschaft den Unterhalt nach § 1629 Abs. 2 S. 2 bzw. Abs. 3 vom anderen Elternteil verlangen. 40

**2. Unterhaltsvereinbarungen zugunsten Verschwägerter.** Verschwägerte (Stiefkinder, Schwiegereltern) haben nach § 1361 ebenso wenig Unterhaltsansprüche wie nach §§ 1360, 1360a (→ § 1360a Rn. 10 ff.). Soweit aus vor der Trennung freiwillig erbrachten Unterhaltsleistungen ausnahmsweise ein bindender Unterhaltsvertrag gefolgert werden kann, ist er einseitig nur aus wichtigem Grunde widerruflich (→ § 1360a Rn. 13). Getrenntleben ist nach dem mutmaßlichen Regelungswillen als Widerrufsgrund in der Regel beachtlich.[315] Eine einseitig vollzogene grundlose Trennung berechtigt im Zweifel aber nicht zum sofortigen Widerruf.[316] Die Härteklausel (Abs. 3; → Rn. 64 ff.) gilt auch für Unterhaltsvereinbarungen. 41

**3. Unterhaltsverteilung. a) Nach Tabellen. Halbteilungsgrundsatz. Erwerbstätigenbonus.** Geschuldet wird der nach den beiderseitigen Lebens- und Einkommensverhältnissen angemessene Unterhalt. Dabei sind alle Einzelfallumstände zu berücksichtigen. Eine Orientierungshilfe bieten die **Unterhaltstabellen und Leitlinien** der Oberlandesgerichte, die aber nur den Charakter von Hilfsmitteln haben und nicht schematisch angewandt werden dürfen.[317] Sie fördern die Entscheidungskonformität verschiedener Gerichte bei gleichen Sachverhalten und erleichtern den Parteien 42

306 OLG Hamm FamRZ 1997, 1537 (1538); vgl. auch BGH NJW 2003, 128 = FamRZ 2002, 1698 (1702) zum Elternunterhalt.

307 BGH NJW 1993, 1920 = FamRZ 1993, 1065; OLG Hamm FamRZ 1997, 1537. Unwirtschaftlich wäre die Geltendmachung beim Berliner Testament (§ 2269), wenn wegen einer Verwirkungsklausel die Aussicht auf die Schlusserbschaft vereitelt würde.

308 BGH NJW-RR 1986, 682 = FamRZ 1986, 441.

309 Zu Einzelheiten vgl. etwa *Niepmann/Schwamb* Rspr. zur Höhe des Unterhalts Rn. 445.

310 BGH NJW 1999, 2804 = FamRZ 2000, 153 (154) allg. im Rahmen der prozessualen Geltendmachung eines Unterhaltsanspruchs; NJW 2008, 2581 Rn. 28 = FamRZ 2008, 1325: jedenfalls aufgrund vertraglicher Treuepflicht nach Abschluss eines Unterhaltsvergleichs. Aufgrund des unterhaltsrechtlichen Treueverhältnisses *Büttner* FF 2008, 15.

311 BGH NJW 1988, 1965 = FamRZ 1988, 270; OLG Düsseldorf FamRZ 1985, 599; OLG Hamm FuR 1998, 319; zur Rechtskraftdurchbrechung mittels § 826 *Tintelnot* FamRZ 1988, 242 ff.

312 BGH NJW 2008, 2581 Rn. 28 ff. = FamRZ 2008, 1325.

313 Nach OLG Hamm FamRZ 1988, 947 nicht einmal für die Zeit vor der Trennung.

314 BGH NJW 1985, 806 = FamRZ 1985, 273 (275). Ob der Berechtigte aufgrund des ihm gezahlten Unterhalts seinerseits leistungsfähig gegenüber Personen ist, denen er unterhaltspflichtig ist, stellt eine andere Frage dar. Vgl. hierzu BGH NJW 2014, 2570 Rn. 13 = FamRZ 2014, 1540; NJW 2004, 674 = FamRZ 2004, 366 (369) zur Verpflichtung, das Taschengeld für den Elternunterhalt einzusetzen.

315 OLG Nürnberg FamRZ 1965, 217.

316 Vgl. OLG Düsseldorf FamRZ 1958, 106.

317 BGHZ 166, 351 (356) Rn. 25 = NJW 2006, 1654 = FamRZ 2006, 683; BGH NJW 2000, 954 = FamRZ 2000, 358.

die Vorausberechnung. Wie bei der Ausfüllung von Generalklauseln tragen sie innerhalb des Richterrechts zur Konkretisierung der vom Gesetzgeber gelassenen Entscheidungsspielräume bei. Das mit Hilfe der Tabellen gewonnene Ergebnis ist stets auf seine Angemessenheit und Ausgewogenheit im Einzelfall zu überprüfen.[318]

43 Grundsätzlich sind alle bereinigten eheprägenden Einkünfte (→ Rn. 7 ff., 17 ff., 36 ff.) in die Unterhaltsberechnung einzubeziehen und im Wege der Halbteilung auszugleichen.[319] Für **Einkommen aus Erwerbstätigkeit** wäre eine Halbteilung aber unangemessen. Denn insofern ist der mit einer Erwerbstätigkeit typischerweise verbundene, nicht spezifiziert als Werbungskosten messbare (→ Rn. 18 aE), höhere Aufwand abzugelten und zugleich ein Anreiz für die weitere Erwerbstätigkeit zu schaffen. Nach der Rspr. des BGH muss dem erwerbstätigen Unterhaltspflichtigen deshalb bei der Bemessung des Unterhaltsbedarfs ein die Hälfte des verteilungsfähigen Erwerbseinkommens maßvoll übersteigender Betrag verbleiben.[320] Die Festlegung einer bestimmten Quote ist dem Tatrichter überlassen.[321] Sind bereits vorweg berufsbedingte Aufwendungen abgezogen worden, dient der **Bonus** nur dazu, einen Anreiz zur Erwerbstätigkeit zu schaffen. Mit Rücksicht darauf kann er niedriger als sonst üblich zu bemessen sein.[322] Bei einer Bedarfsermittlung nach den konkreten Verhältnissen ist eigenes Erwerbseinkommen des Unterhaltsberechtigten nicht um einen Erwerbsbonus zu kürzen, sondern in vollem Umfang auf den Bedarf anzurechnen.[323] Auf **Lohnersatzleistungen** (Arbeitslosen-, Krankengeld, Abfindung als Ersatz für entfallendes Arbeitseinkommen) ist kein Erwerbstätigenbonus zu gewähren, da es weder eines Arbeitsanreizes noch eines Ausgleichs nicht messbaren Mehraufwands bedarf.[324] Soweit Einkünfte nicht aus Erwerbstätigkeit stammen, bedarf eine Abweichung vom Grundsatz der gleichmäßigen Teilhabe der Ehegatten einer besonderen Begründung.[325] Mit dem Ausscheiden aus dem Erwerbsleben entfällt der Bonus;[326] der Halbteilungsgrundsatz gilt dann uneingeschränkt.

44 **b) Anrechnung von Einkünften.** Dem allein erwerbstätigen Ehegatten gebühren – nach der Düsseldorfer Tabelle – 4/7 seines bereinigten Nettoeinkommens, dem nicht mehr erwerbstätigen (Rentner, Pensionär) gebührt nur ½. Erzielt der Berechtigte eigene Einkünfte aus zumutbarer Arbeit, sind diese grundsätzlich nach der **Additions- bzw. Differenzmethode** in die Unterhaltsberechnung einzustellen (→ Rn. 2),[327] so dass er nur in Höhe der Quote der Einkommensdifferenz unterhaltsberechtigt ist. Ist ein Ehegatte erwerbstätig, obwohl er nach Abs. 2 nicht dazu verpflichtet ist, oder erzielt er sonst **überobligatorische Einkünfte,** soll er einen Anreiz erhalten, diese Tätigkeit nicht aufzugeben. Darum ist nur ein Teil des Einkommens entsprechend § 1577 Abs. 2 nach Billigkeit bei der Unterhaltsbemessung zu berücksichtigen.[328] Als unangemessen ist es angesehen worden, wenn im Ergebnis der Berechtigte einen höheren Geldbetrag als der Verpflichtete zur Verfügung hat, auch soweit der Mehrbetrag auf unzumutbarer Arbeitsleistung beruht.[329]

---

318 BGH NJW 2000, 954 = FamRZ 2000, 358; NJW 2000, 3140 = FamRZ 2000, 1492; NJW 1992, 1621 = FamRZ 1992, 539 (541).

319 BGH NJW 2018, 468 Rn. 16 = FamRZ 2018, 260 (262) zum nachehelichen Unterhalt.

320 BGH NJW 2007, 2249 Rn. 38 = FamRZ 2007, 983; NJW-RR 1990, 1346 = FamRZ 1990, 1090 (1091); NJW-RR 1990, 514 = FamRZ 1990, 503; NJW 1989, 1992 = FamRZ 1989, 842; NJW 2005, 61 = FamRZ 2005, 23 (25) bei fiktivem Einkommen.

321 BGH NJW 1997, 1919 = FamRZ 1997, 806 (807); NJW 2001, 3779 = FamRZ 2001, 1693.

322 BGH NJW-RR 1990, 1346 = FamRZ 1990, 1090 (1091); NJW 1997, 1919 = FamRZ 1997, 806 (807). Wenn in besonders beengten wirtschaftlichen Verhältnissen vorweg pauschal 5 % berufsbedingte Aufwendungen abgezogen werden, kann es angemessen sein, iÜ bei der strikt hälftigen Aufteilung zu bleiben: BGH NJW 1992, 1621 = FamRZ 1992, 539 (541).

323 BGH NJW 2011, 303 Rn. 27 = FamRZ 2011, 192.

324 BGH NJW 2007, 2249 Rn. 38 = FamRZ 2007, 983 betr. Arbeitslosengeld, Abfindung; NJW-RR 2009, 289 Rn. 15 = FamRZ 2009, 307 betr. Krankengeld.

325 BGH NJW 2007, 2249 Rn. 38 = FamRZ 2007, 983; NJW 2006, 1794 = FamRZ 2006, 387 (392). Zu weiteren Einzelheiten, auch zu Mischeinkünften, vgl. *Niepmann/Schwamb* Rspr. zur Höhe des Unterhalts Rn. 35 ff.

326 BGH NJW 1982, 2442 = FamRZ 1982, 894.

327 BGHZ 148, 105 = NJW 2001, 2254 = FamRZ 2001, 986. Wegen Einzelheiten vgl. auch *Niepmann/Schwamb* Rspr. zur Höhe des Unterhalts Rn. 513 ff.

328 Zur Berücksichtigung beim Berechtigten → Rn. 36. Beim Unterhaltpflichtigen gilt nach Treu und Glauben Entsprechendes, auch wenn eine § 1577 Abs. 2 vergleichbare Bestimmung fehlt (arg. unterhaltsrechtliche Gleichbehandlung): BGH NJW 2011, 670 Rn. 17 = FamRZ 2011, 454. Zur Berücksichtigung von Einkünften aus Nebentätigkeit, Überstunden usw → Rn. 20.

329 OLG Düsseldorf NJW-RR 1997, 385 (386). Der getrenntlebende Ehegatte soll nach der Trennung nicht besser stehen als vorher (→ Rn. 1).

**c) Grenzfälle.** Eine absolute Obergrenze zum nicht mehr angemessenen Unterhalt gibt es nach hM nicht (→ § 1578 Rn. 47).[330] Eine relative **Sättigungsgrenze** muss es jedoch geben, wenngleich ihre Festlegung schwierig und nur mit erheblicher Bandbreite möglich ist.[331] Das gesamte Familieneinkommen für den Konsum zu verbrauchen, wäre nicht vernünftig und kann deshalb nicht verlangt werden. Von einem Teil dürfen Rücklagen gebildet werden (auch zwecks Befriedigung unvorhersehbaren Sonderbedarfs: Rn. 75). Bei weit überdurchschnittlichen Einkommen bleiben deshalb Einkommensteile außer Betracht, die zur Vermögensbildung und nicht für den Unterhalt verwendet werden. Denn der Unterhalt ist allein dazu bestimmt, den laufenden Lebensbedarf zu decken. Der Unterhaltsberechtigte soll dagegen nicht in die Lage versetzt werden, von den Unterhaltszahlungen Vermögen zu bilden. In solchen Fälle muss er in geeigneter Weise vortragen, in welchem Umfang das Familieneinkommen für den Konsum verbraucht worden ist. Zu diesem Zweck kann er den **Bedarf** nach den ehelichen Lebensverhältnissen **konkret darlegen.**[332] 45

Von welchem Einkommen an eine tatsächliche Vermutung für den vollständigen Verbrauch der Einkünfte zur Bestreitung des laufenden Lebensbedarfs entfällt, ist aufgrund der Umstände des Einzelfalls zu bestimmen. Nach Auffassung des BGH ist es insofern nicht zu beanstanden, dass der Verbrauch des Einkommens vermutet wird, wenn das Familieneinkommen das Doppelte des höchsten Einkommensbetrags der Düsseldorfer Tabelle nicht übersteigt. Ist das jedoch der Fall, so hat der Unterhaltsberechtigte, der gleichwohl nach der Quotenmethode errechneten Unterhalt begehrt, die vollständige Verwendung des Einkommens für den Lebensbedarf darzulegen und erforderlichenfalls zu beweisen.[333] Er kann sich aber auch darauf beschränken, von dem Einkommen, dessen tatsächlicher Verbrauch für den Lebensbedarf vermutet wird, eine Quote als Unterhalt zu verlangen. – Andererseits schuldet der Unterhaltspflichtige bei einem Familieneinkommen unterhalb der Vermutung des tatsächlichen Verbrauchs für den Lebensbedarf nicht unbedingt den nach einer Quote errechneten Unterhalt. Er kann vielmehr darlegen (und muss dies erforderlichenfalls beweisen), dass das Einkommen tatsächlich in einem bestimmten Umfang zur Vermögensbildung verwendet worden ist, weshalb die ehelichen Lebensverhältnisse nicht von einem Verbrauch des gesamten verfügbaren Einkommens geprägt waren. Soweit als Folge der Vermögensbildung keine – gemessen an den Verhältnissen – übertrieben sparsame Lebensführung vorliegt, ist diesem Umstand bei der Bemessung des Unterhalts, zB durch einen Abzug von dem nach einer Quote errechneten Bedarf, Rechnung zu tragen. In jedem Fall ist der Unterhaltsbedarf nach dem tatsächlichen Zuschnitt der ehelichen Lebensverhältnisse zu bestimmen. Dabei ist zwar ein objektiver Maßstab anzulegen, der Boden der ehelichen Lebensverhältnisse darf aber nicht verlassen werden. (→ Rn. 6; → § 1360a Rn. 3).[334] 46

Bei beengten wirtschaftlichen Verhältnissen erkennt der BGH in Abkehr von seiner früheren Rspr. einen am Existenzminimum orientierten **Mindestbedarf** des Unterhaltsberechtigten an; dieser stellt die unterste Grenze des Unterhaltsbedarfs dar. Dabei entspricht die Höhe des zu wahrenden Existenzminimums dem in den Leitlinien der Oberlandesgerichte ausgewiesenen notwendigen Selbstbehalt eines nicht erwerbstätigen Unterhaltspflichtigen, und zwar auch dann, wenn von dem Unterhaltsberechtigten noch eine Erwerbstätigkeit erwartet werden kann.[335] 47

Relevant wurde die Frage nach dem Mindestbedarf vor allem im echten **Mangelfall bei Konkurrenz mit** den Unterhaltsansprüchen minderjähriger und privilegierter volljähriger Kinder. Nach der früheren Rspr. des BGH war der **Kindesunterhalt** auch im Mangelfall abzuziehen, bevor der „eheangemessene" Bedarf des Ehegatten nach Quote oder Halbteilungsgrundsatz ermittelt wurde.[336] Das konnte zu einem Unterhaltsanspruch des Ehegatten führen, der deutlich unter dem Sozialhilfeniveau lag. An dieser Rspr. hat der BGH zunächst für den absoluten Mangelfall nicht festgehalten. Er ist vielmehr – vor allem mit Rücksicht auf den seinerzeit nicht mehr definierten Mindestbedarf minderjähriger Kinder – davon ausgegangen, dass insoweit für den unterhaltsberechtigten Ehegatten der seiner jeweiligen Lebenssituation entsprechende notwendige Eigenbedarf als Einsatzbetrag in die Mangelverteilung einzustellen ist. Für gleichrangige Kinder war ein Betrag von 135 % des Regelbetrags nach der Regelbetrag-Verordnung zugrunde zu legen.[337] Nunmehr ist generell jedenfalls von einem Min- 48

330 BGH NJW-RR 1990, 194 = FamRZ 1990, 280; NJW 1983, 683 = FamRZ 1983, 150 (678); OLG Hamm FamRZ 1992, 1175.

331 Die von Abs. 1 vorgeschriebene Angemessenheitskontrolle (→ Rn. 6) darf nicht außer Acht gelassen werden. Dazu eingehend *Schwab* FamRZ 1982, 456 ff.; *Eschenbruch/Loy* FamRZ 1994, 665 ff.

332 BGH NJW 2018, 468 Rn. 17 = FamRZ 2018, 260 (262) mAnm *Seiler*; NJW 2012, 1578 Rn. 35 f. = FamRZ 2012, 947 mAnm *Maurer*; NJW 2011, 303 Rn. 26 ff. = FamRZ 2011, 192 mAnm *Schürmann*.

333 BGH NJW 2018, 468 Rn. 21 = FamRZ 2018, 260 (262 f.).

334 BGH NJW 2008, 57 = FamRZ 2007, 1532.

335 BGH NJW 2013, 866 Rn. 26 = FamRZ 2013, 534; NJW 2010, 1598 Rn. 32 = FamRZ 2010, 629; NJW 2010, 1665 = FamRZ 2010, 802.

336 BGH NJW 1997, 1919 = FamRZ 1997, 806 (808); NJW 1999, 717 = FamRZ 1999, 367 (368 f.).

337 BGH NJW 2003, 1112 = FamRZ 2003, 363.

destbedarf auszugehen. Das Ergebnis der quotalen Kürzung im Rahmen einer Mangelverteilung ist auf seine Angemessenheit zu überprüfen. Dem Verpflichteten verbleibt in jedem Fall der **Selbstbehalt** (→ Rn. 35).

49 **4. Vorsorgeunterhalt.** Der (verfassungsgemäße)[338] Anspruch auf Versicherungsbeiträge nach **Abs. 1 S. 2** ab Beginn des Monats, in dem der Scheidungsantrag rechtshängig wird,[339] besteht neben dem Anspruch auf laufenden Elementarunterhalt als Teil eines einheitlichen Unterhaltsanspruchs.[340] Der laufende Unterhalt hat gegenüber dem Vorsorgeunterhalt aber Vorrang.[341] Der Anspruch auf Vorsorgeunterhalt ergänzt § 1578 Abs. 3 sowie den Versorgungsausgleich. Das Gesetz sorgt auf diese Weise für eine **lückenlose „soziale Biografie"**, da der Versorgungsausgleich nur die Zeit bis zum Ende des Monats umfasst, der der Rechtshängigkeit des Scheidungsantrags vorangeht (§ 3 Abs. 1 VersAusglG), und § 1578 Abs. 3 erst ab dem Tag der Rechtskraft der Scheidung eingreift. Vorsorge- und Elementarunterhalt hängen voneinander ab: Bemessungsgrundlage für den Vorsorgeunterhalt ist der an sich zu zahlende Elementarunterhalt. Dieser Betrag wird als Nettoeinkommen angesehen, das durch (fiktive) Zuschläge (für Lohnsteuer und den Arbeitnehmeranteil zu den Sozialabgaben, ohne Krankenversicherung) auf eine fiktive Bruttobemessungsgrundlage hochgerechnet wird.[342] Der jeweils maßgebliche Prozentsatz hiervon stellt den Vorsorgeunterhalt dar. Der endgültige Elementarunterhalt ist sodann unter Berücksichtigung des Vorsorgeunterhalts zu ermitteln, um eine Verletzung des Halbteilungsgrundsatzes zu Lasten des Pflichtigen zu vermeiden.[343] Bei überdurchschnittlichen Einkünften kann die zweistufige Berechnung entfallen.[344] – Ob der Unterhaltsberechtigte neben dem laufenden Elementarunterhalt auch Vorsorgeunterhalt geltend machen will, steht in seinem Belieben. Hat er im Erstverfahren lediglich Elementarunterhalt verlangt, hängt die Zulässigkeit einer Nachforderung von Vorsorgeunterhalt im Wege eines neuen Leistungsantrags davon ab, ob der Berechtigte sich diese Nachforderung im Erstverfahren vorbehalten hat.[345] Vorsorgeunterhalt kann für die Vergangenheit nicht erst von dem Zeitpunkt an verlangt werden, in dem er ausdrücklich geltend gemacht worden ist. Es reicht vielmehr aus, dass von dem Pflichtigen Auskunft mit dem Ziel der Geltendmachung eines Unterhaltsanspruchs begehrt worden ist.[346] Dem Berechtigten steht es frei, in welcher Weise er den Vorsorgeunterhalt für die Absicherung im Alter verwendet.[347] Bei zweckwidriger Verwendung muss er sich so behandeln lassen, als habe er mit den Mitteln für sein Alter gesorgt.[348] Beim Berechtigten ist neben der primären Altersversorgung grundsätzlich ebenfalls ein zusätzlicher Altersvorsorgeaufwand in Höhe von 4 % des Jahresbruttoeinkommens zu berücksichtigen.[349]

50 **5. Krankenversicherung.** Auch die – in dem nach Quoten bemessenen Unterhalt nicht enthaltenen – Kosten angemessener Krankenversicherung gehören zum Unterhalt.[350] Sie müssen ausdrücklich geltend gemacht werden, sind sodann aber Bestandteil des Gesamtunterhalts. Angemessen ist grds. der Versicherungsschutz, der demjenigen während der Ehe entspricht.[351] Die Kosten bemessen sich danach, was der Berechtigte für gleichwertigen Versicherungsschutz zu zahlen hätte, wenn er sich freiwillig weiterversichern würde und ein Einkommen in Höhe des Elementar-

---

338 BGH NJW 1981, 1556 = FamRZ 1981, 442 (443).

339 BGH NJW 2007, 511 = FamRZ 2007, 193 (196); NJW 1981, 1556 = FamRZ 1981, 442.

340 BGH NJW 1982, 1873 (1875) = FamRZ 1982, 255 (257); NJW 1982, 1875 (1876) = FamRZ 1982, 465; NJW 2007, 144 = FamRZ 2007, 117; NJW 2007, 511 = FamRZ 2007, 193 (196).

341 BGH NJW 1999, 717 = FamRZ 1999, 367 (369) mN; *Niepmann/Schwamb* Rspr. zur Höhe des Unterhalts Rn. 424.

342 Das kann unter Heranziehung der sog Bremer Tabelle erfolgen; vgl. BGH NJW-RR 1999, 297 = FamRZ 1999, 372 (374).

343 BGH NJW 1999, 717 = FamRZ 1999, 367 (370); NJW-RR 1999, 297 = FamRZ 1999, 372 (373 f.); NJW 2007, 511 = FamRZ 2007, 193 (197) mit Berechnungsbeispiel.

344 BGH NJW-RR 1999, 297 = FamRZ 1999, 372 (374). Die Höhe ist in solchen Fällen auch nicht auf den Betrag beschränkt, der sich aus der Beitragsbemessungsgrenze der gesetzlichen Rentenversicherung ergibt: BGH NJW 2007, 144 Rn. 12, 24 = FamRZ 2007, 117 (119). Zur Bemessung des Vorsorgeunterhalts, wenn der Elementarunterhalt anderweitig, etwa durch ein eheähnliches Verhältnis, gedeckt ist sowie zu weiteren Einzelheiten → § 1578 Rn. 83 f.; *Niepmann/Schwamb* Rspr. zur Höhe des Unterhalts Rn. 409 ff.

345 BGH NJW 2015, 334 Rn. 15 = FamRZ 2015, 309; BGHZ 94, 145 (147 f.) = NJW 1985, 1701 = FamRZ 1985, 690 (691).

346 BGH NJW 2007, 511 = FamRZ 2007, 193 (195 f.) m. zust. Anm. *Borth*; *Borth* FRP 2008, 86 ff.

347 BGH NJW 2007, 144 Rn. 24 = FamRZ 2007, 117 (119).

348 Zur Anwendbarkeit von § 1579 Nr. 4 vgl. BGHZ 153, 372 = NJW 2003, 1796 = FamRZ 2003, 848 (853); → Rn. 72.

349 Für den Pflichtigen → Rn. 17, 34 aE; *Niepmann/Schwamb* Rspr. zur Höhe des Unterhalts Rn. 410.

350 Soweit in der Trennungszeit keine Mitversicherung in der gesetzlichen Krankenversicherung besteht.

351 *Niepmann/Schwamb* Rspr. zur Höhe des Unterhalts Rn. 394.

unterhalts bezöge.[352] Auch diese Beiträge sind zur Ermittlung des verteilungsfähigen Nettoeinkommens des Verpflichteten von dessen tatsächlichem Einkommen vorweg abzuziehen.[353] Krankenvorsorgeunterhalt ist auch im Mangelfalle zuzusprechen; ein Vorrang des Elementarunterhalts besteht insofern – wegen der Dringlichkeit des Versicherungsschutzes – nicht.[354] Bei in Anspruch genommenem Realsplitting (→ Rn. 17) sind Unterhaltszahlungen als Einkommen iSv § 10 Abs. 1 Nr. 5 SGB V anzusehen. Dadurch kann der getrenntlebende unterhaltsberechtigte Ehegatte seinen Anspruch auf beitragsfreie Familienhilfe verlieren und selbst versicherungspflichtig werden.[355] **Pflegeversicherungsunterhalt** wird wie Krankenversicherungsunterhalt gleichrangig neben dem Elementarunterhalt geschuldet.[356]

**6. Unterhaltsvereinbarungen zwischen Getrenntlebenden.** Unterhaltsvereinbarungen zwischen Getrenntlebenden sind innerhalb gewisser Grenzen zulässig (→ § 1360 Rn. 21).[357] Sie liegen aber nicht schon dann vor, wenn ein Ehegatte einen Unterhaltsanspruch nicht geltend macht, etwa weil der andere Ehegatte Schulden abträgt.[358] Unterhaltsvereinbarungen ändern in der Regel nicht die auf Gesetz beruhende Natur des Anspruchs (von Bedeutung für § 844 Abs. 2: → § 1360 Rn. 19 f.), sondern gestalten diesen nur inhaltlich nach Höhe, Dauer und Modalitäten der Unterhaltsgewährung näher aus.[359] Möglich sind vor allem Erhöhungen über das Maß des gesetzlichen Unterhalts hinaus[360] (vgl. auch § 1360b). **Nichtig** ist aber abweichend vom Geschiedenenunterhalt (→ § 1585c Rn. 22 f.) ein Unterhaltsverzicht für die Zukunft (Abs. 4 S. 4, § 1360a Abs. 3, § 1614 Abs. 1; → § 1360 Rn. 21), selbst wenn eine Abfindung gewährt wird.[361] Angesichts des schmalen Grats zwischen zulässiger inhaltlicher Ausgestaltung des angemessenen Unterhalts und unzulässigem Teilverzicht wird für eine grobe Einschätzung von der Wirksamkeit einer Vereinbarung ausgegangen, wenn der rechnerisch geschuldete Betrag um bis zu 20 % unterschritten wird.[362] Bei Vereinbarung eines Unterhalts, der um ein Drittel unter dem an sich geschuldeten liegt, wird in der Regel ein Verstoß gegen § 1614 gegeben sein.[363] In dem Bereich dazwischen ist nach den Umständen des Einzelfalls zu entscheiden, ob ein unwirksamer Teilverzicht vorliegt.[364] Dabei ist zu berücksichtigen, dass hinsichtlich der Bestimmung des Unterhalts in verschiedener Hinsicht Unsicherheiten bestehen können.[365] Die Beurteilung, ob eine unzulässige Unterschreitung des angemessenen Unterhalts vorliegt, setzt voraus, dass zunächst die Höhe dieses angemessenen Unterhalts im hierfür erforderlichen Umfang festgestellt worden ist. Denn andernfalls lässt nicht erkennen, ob ein Verzicht vorliegt.[366] Eine teleologische Reduktion von § 1614 dahin, dass nur ein Verzicht auf künftigen Trennungsunterhalt, durch den eine Sozialhilfebedürftigkeit des Unterhaltsberechtigten entsteht, unwirksam ist, findet im Gesetz keine Stütze.[367] Auch der Ausschluss der Abänderbarkeit einer Unterhaltsvereinbarung kann auf einen unzulässigen Teilverzicht hinauslaufen, nämlich dann, wenn nach einer Veränderung der Verhältnisse eine nicht mehr zu tolerierende Unterschreitung des gesetzlich geschuldeten Unterhalts vorliegt. Durch ein pactum de non petendo kann § 1614 nicht umgan- 51

[352] BGH NJW 1983, 2937 (2938) = FamRZ 1983, 888 f.
[353] BGH NJW 1983, 2937 (2938) = FamRZ 1983, 888 f.
[354] OLG München FamRZ 1998, 553 im Anschluss an BGH NJW-RR 1989, 386 = FamRZ 1989, 483 (485).
[355] BSG FamRZ 1994, 1239 mAnm *Weychardt*; LSG Darmstadt FamRZ 1991, 992 m. abl. Anm. *Weychardt*; *L. Müller* FPR 2003, 160 (162); *Böhmel* FamRZ 1995, 270.
[356] *Büttner* FamRZ 1995, 193 (197); *Gutdeutsch* FamRZ 1994, 878; *Gutdeutsch* in Wendl/Dose UnterhaltsR § 4 Rn. 927.
[357] Eingehend *Kilger/Pfeil* in Göppinger/Börger Ehescheidung Teil 5 Rn. 122 ff.
[358] BGH NJW 2005, 2307 = FamRZ 2005, 1236 (1237) im Rahmen des Gesamtschuldnerausgleichs zwischen Ehegatten.
[359] BGH NJW 2009, 842 Rn. 17 = FamRZ 2009, 198 mAnm *Bergschneider*; NJW 1991, 2709 = FamRZ 1990, 867; NJW 1987, 2999 = FamRZ 1987, 1021.
[360] Zu den Grenzen einer solchen Gestaltung BGH NJW 2009, 842 Rn. 22 ff., 35 ff. = FamRZ 2009, 198.
[361] BGH NJW 2015, 3715 Rn. 12, 14 = FamRZ 2015, 2131; Staudinger/*Voppel*, 2018, Rn. 284.
[362] BGH NJW 2015, 3715 Rn. 22 = FamRZ 2015, 2131; *Kilger/Pfeil* in Göppinger/Börger Ehescheidung Teil 5 Rn. 126 ff., 131 ff. mit Gegenüberstellung zulässiger und unzulässiger Vereinbarungen. Gegen die Festlegung fixer prozentualer Abschläge die Empfehlungen des 12. DFGT, NJW 1998, 2025 (2027).
[363] BGH NJW 2015, 3715 Rn. 22 = FamRZ 2015, 2131; NJW 1985, 64 = FamRZ 1984, 997 (999); OLG Hamm FamRZ 2007, 732 (733) m. zust. Anm. *Bergschneider*; OLG Düsseldorf FamRZ 2001, 1148 Ls.; *Hoffmann* in Göppinger/Wax UnterhaltsR Rn. 1478; *Niepmann/Schwamb* Rspr. zur Höhe des Unterhalts Rn. 153; Palandt/*Brudermüller* Rn. 71.
[364] BGH NJW 2015, 3715 Rn. 13 = FamRZ 2015, 2131.
[365] Staudinger/*Voppel*, 2018, Rn. 284.
[366] BGH NJW 2015, 3715 Rn. 13 = FamRZ 2015, 2131.
[367] BGH NJW 2015, 3715 Rn. 19 = FamRZ 2015, 2131.

gen werden.[368] Sittenwidrig ist ein Verzicht auf Kosten Dritter, insbesondere zulasten der Sozialhilfe;[369] eine dahingehende Benachteiligungsabsicht ist Tatfrage.[370] Im Interesse des Gläubigers sollte die ausgehandelte Höhe in gerichtlichem Protokoll oder in notarieller Urkunde unter Festschreibung ihrer Bemessungsgrundlage[371] **tituliert** werden. Vorhersehbare künftige Änderungen sollten einbezogen oder insoweit ein Vorbehalt angebracht werden.

52 Bei **nachträglicher Änderung** der einem gerichtlichen oder notariellen Unterhaltsvergleich zugrunde liegenden Verhältnisse kann Abänderung beantragt werden (§ 239 FamFG). Bei erneuter Trennung nach kurzem zwischenzeitlichem Zusammenleben gilt eine Vereinbarung über Trennungsunterhalt weiter (§ 1567 Abs. 2; → Rn. 5). Nach längerem Zusammenleben unterliegt ein vollstreckbarer Titel der Vollstreckungsabwehrklage nach § 767 ZPO; der nach erneuter Trennung geschuldete Unterhalt ist neu zu bemessen (→ Rn. 5).[372] Ob ein im Verfahren der einstweiligen Anordnung geschlossener Unterhaltsvergleich nur eine einstweilige Anordnung ersetzen und damit nur vorläufige Geltung beanspruchen soll, ist durch Auslegung zu ermitteln.[373] Für die Vergangenheit kann vertraglich festgelegter Unterhalt ohne die Schranken des § 1613 Abs. 1 verlangt werden, weil der Schuldner seine Leistungspflicht kennt.[374] Die Entgegennahme von Unterhalt in dem Wissen, dass sich die Bemessungsgrundlagen zu Ungunsten des Empfängers verändert haben (zB durch Erwerbsaufnahme), kann Schadensersatzansprüche gemäß § 826 auslösen (→ Rn. 39 aE).[375] Über die Pflicht zur unaufgeforderten Offenbarung erheblicher Veränderungen → Rn. 71.

## V. Der Schutz des nicht erwerbstätigen Ehegatten (Abs. 2)

53 **1. Normzweck. Ausnahmevorschrift.** Ein getrennt lebender Ehegatte kann nach Abs. 1 grundsätzlich die Aufrechterhaltung des im Trennungszeitpunkt erreichten Lebensstandards beanspruchen (→ Rn. 6). Abs. 2 bezweckt den Schutz des während des Zusammenlebens nicht bzw. nicht vollschichtig berufstätig gewesenen Ehegatten vor dem Zwang zur Aufnahme oder Erweiterung einer Erwerbstätigkeit. Hieran hat sich durch das UÄndG, das in den §§ 1569 ff. für den nachehelichen Unterhalt die gesteigerte Eigenverantwortung betont, jedenfalls für die Zeit bis zum Ablauf des Trennungsjahrs nichts geändert.[376] Eine veränderte Erwerbsobliegenheit besteht für den getrennt lebenden Ehegatten (unter den sonstigen Voraussetzungen des Abs. 2) nach dem Wortlaut („kann nur dann") und Schutzzweck mithin zunächst nur ausnahmsweise; insofern gelten regelmäßig engere Voraussetzungen als für die Zeit nach der Scheidung. Die mit der Trennung bereits eingetretene Zerrüttung soll nicht durch die Pflicht, sich seinen Lebensunterhalt selbst zu verdienen, weiter vertieft werden. Entsprechend der mit dem GleichBerG Vom 18.6.1957 (BGBl. 1957 I 609) eingeführten, seitdem insoweit unveränderten Vorgängervorschrift enthält Abs. 2 somit nach hM eine Ausnahmevorschrift.[377] Die Darlegungs- und Beweislast für ihre Voraussetzungen trägt folglich der in Anspruch genommene Ehegatte.[378] Abs. 2 statuiert mithin nicht etwa in Antizipation der für den Scheidungsunterhalt geltenden Maßstäbe eine grundsätzliche Erwerbsobliegenheit zwecks Wieder-

---

368 BGH NJW 2014, 1101 Rn. 48 = FamRZ 2014, 629; NJW 2015, 3715 Rn. 13 = FamRZ 2015, 2131; aA OLG Köln FamRZ 2000, 609 m. krit. Anm. *Bergschneider* und m. abl. Anm. *Deisenhofer* FamRZ 2000, 1368 f.

369 *Büttner* FamRZ 1998, 1 (3 f.); BGHZ 86, 82 (88) = NJW 1983, 1851 = FamRZ 1983, 137; BGH NJW 1985, 1833 = FamRZ 1985, 788 (790) zum nachehelichen Unterhalt.

370 BGH NJW 2009, 842 Rn. 38 ff. = FamRZ 2009, 198; verneint von OLG Koblenz FamRZ 1995, 171 f., falls mit dem Verzicht primär die Wiederherstellung der Lebensgemeinschaft auf überschaubarer wirtschaftlicher Grundlage bezweckt war.

371 Eine Aufnahme der Vergleichsgrundlagen empfiehlt sich im Hinblick auf die Darlegungslast für spätere Abänderungsverfahren gemäß § 239 FamFG.

372 OLG Karlsruhe FamRZ 2003, 1104 mAnm *Bergschneider.*

373 BGH NJW-RR 1991, 1154 = FamRZ 1991, 1175 (1176); OLG Köln FamRZ 1983, 1122 (1123).

374 *Niepmann/Schwamb* Rspr. zur Höhe des Unterhalts Rn. 268.

375 BGH NJW 1986, 1751 = FamRZ 1986, 450.

376 Palandt/*Brudermüller* Rn. 13; MAH FamR/*Grandel* § 8 Rn. 23; *Büte* FuR 2008, 309; vgl. auch *Borth* Rn. 74: Verschärfung der Erwerbsobliegenheit bei langer Trennungszeit. Zu Auswirkungen des UÄndG nach Ablauf des Trennungsjahrs: Rn. 54.

377 BGH NJW 2008, 1946 Rn. 26 = FamRZ 2008, 963; NJW 2001, 973 = FamRZ 2001, 350 (351); NJW-RR 1990, 323 = FamRZ 1990, 283 (285 f.); NJW 1991, 1049 = FamRZ 1991, 416 (418); Staudinger/*Voppel,* 2018, Rn. 200; *Bäumel* in Göppinger/Wax UnterhaltsR Rn. 947; Erman/*Kroll-Ludwigs* Rn. 37.

378 *Pruskowski* in Baumgärtel/Laumen/Prütting Beweislast-HdB Rn. 27; Staudinger/*Voppel,* 2018, Rn. 203; Palandt/*Brudermüller* Rn. 72. Wenn dagegen feststeht, dass eine Erwerbsobliegenheit besteht, trägt der Unterhaltsberechtigte die Beweislast dafür, dass er sich in ausreichender Weise um eine Erwerbstätigkeit bemüht hat: BGH NJW 1986, 718 = FamRZ 1986, 244 (246); OLG Hamm FamRZ 1996, 1219 (1220).

eingliederung in den Arbeitsprozess.[379] Wenn allerdings eine (teilweise) Erwerbsobliegenheit zu bejahen ist, besteht in der Regel kein Anlass, an die Bemühungen um Erlangung einer Arbeitsstelle geringere Anforderungen zu stellen, als sie für den Unterhaltspflichtigen bestehen.[380] Mit zunehmender Verfestigung der Trennung wird eine allmähliche Annäherung der unterschiedlichen Maßstäbe (Trennungszeit einerseits, Zeit nach der Scheidung andererseits) bewirkt. Wenn die Scheidung nur noch eine Frage der Zeit ist, besteht für eine erheblich großzügigere Beurteilung im Rahmen des Trennungsunterhalts in der Regel kein Anlass mehr.[381] (→ Rn. 56 f.) Das gilt auch dann, wenn eine Erwerbstätigkeit (→ Rn. 56 f.) bei fortgesetztem Zusammenleben nicht aufgenommen worden wäre.[382] Einzelfragen, wie der Gesundheitszustand des Berechtigten (→ Rn. 59), sind nicht allein ausschlaggebend, vielmehr ist eine Gesamtwürdigung der in Abs. 2 (vgl. auch § 1574 Abs. 2) erwähnten Kriterien vorzunehmen.[383]

**2. Erwerbsobliegenheit. a) Persönliche Verhältnisse.** Eine Pflicht zur Aufnahme einer Erwerbstätigkeit besteht zunächst nur, wenn dies von dem bisher nicht berufstätigen Ehegatten nach seinen persönlichen Verhältnissen erwartet werden kann. Das richtet sich unter anderem nach seinem Alter (→ Rn. 59) und nach einer von ihm eventuell früher (vor oder während der Ehe) ausgeübten Erwerbstätigkeit unter Berücksichtigung der Dauer der Ehe (Abs. 2). Die Pflicht ist, falls die weiteren Voraussetzungen vorliegen, zu bejahen, wenn der Ehegatte aus früherer längerer Erwerbstätigkeit noch über hinreichende berufliche Kenntnisse und Fähigkeiten verfügt und eine entsprechende Stellung wiedererlangen kann.[384] Die Wiedereingliederung wird umso schwerer möglich sein, je älter der Ehegatte ist. Zuzumuten ist ihm nur eine den ehelichen Lebensverhältnissen entsprechende, also eheangemessene Tätigkeit. Als Kriterien für die Beurteilung der Angemessenheit nennt der insoweit auch im Rahmen des Trennungsunterhalts heranzuziehende § 1574 Abs. 2 unter anderem Ausbildung, Fähigkeiten und Lebensalter eines Ehegatten. Daraus folgt aber nicht, dass allein eine der Ausbildung entsprechende Tätigkeit als angemessen in Betracht kommt. Neben der Berufsausbildung ist zu berücksichtigen, ob der Unterhaltsberechtigte nicht nur vorübergehend eine ausbildungsfremde Tätigkeit verrichtet hat. Deren Fortsetzung kann ihm, insbesondere wenn in dem erlernten Beruf keine realistische Beschäftigungschance besteht, zuzumuten sein.[385] Je kürzer die bisherige Dauer der Ehe ist, desto eher ist eine Erwerbstätigkeit zumutbar.[386] Bei kurzer Ehedauer tritt der Gesichtspunkt des durch die Eheschließung erlangten Status zurück; die Zumutbarkeit einer Erwerbstätigkeit beurteilt sich dann allein nach den sonstigen persönlichen Verhältnissen des Ehegatten.[387] Nach 30 jährigem Zusammenleben kann auch einer über 50-jährigen Ehefrau eine Erwerbstätigkeit nach einer Übergangszeit zuzumuten sein.[388] Bei **Doppelverdienern** ist eine Fortsetzung der Erwerbstätigkeit nach der Trennung zu erwarten, wenn kein wichtiger Grund entgegensteht.[389] Eine trotz Kinderbetreuung ausgeübte Erwerbstätigkeit kann aber infolge der Trennung unzumutbar werden, wenn die Doppelbelastung nur durch Unterstützung des anderen Ehegatten bewältigt werden konnte.[390] Hat ein Ehegatte während einer langen Trennungszeit freiwillig Unterhalt gezahlt, 54

[379] So allerdings *Borth* in Schwab ScheidungsR-HdB IV Rn. 105, 121 mit der Begr., aus Abs. 2 ergebe sich, wenn auch schwächer ausgeprägt, eine Obliegenheit zur (Wieder-)Eingliederung in das Erwerbsleben.

[380] Johannsen/Henrich/*Hammermann* Rn. 66; Palandt/*Brudermüller* Rn. 18; aA OLG Stuttgart FamRZ 1993, 559 (560).

[381] BGH NJW 2012, 2190 Rn. 18 = FamRZ 2012, 1201; NJW 2008, 1946 Rn. 26 = FamRZ 2008, 963; NJW 2001, 973 = FamRZ 2001, 350 (351); OLG Düsseldorf FamRZ 2010, 646; *Dose* FamRZ 2007, 1289 (1926).

[382] OLG Hamm FamRZ 1996, 1219.

[383] BGH NJW 2001, 973 = FamRZ 2001, 350 (351); NJW 1991, 1049 = FamRZ 1991, 416 (418); NJW 1989, 2809 = FamRZ 1989, 1160.

[384] Staudinger/*Voppel*, 2018, Rn. 209; Erman/*Kroll-Ludwigs* Rn. 40; PWW/*Kleffmann* Rn. 8; *Bömelburg* in Wendl/Dose UnterhaltsR § 4 Rn. 42; Soergel/*Leiß* Rn. 99. Sprachprobleme (bei Ausländern) können ähnlich wie fehlende Berufsqualifikation zu berücksichtigen sein, vgl. BGH NJW 2005, 61 = FamRZ 2005, 23 (25); OLG Oldenburg FamRZ 1988, 170 f.

[385] BGH NJW 2005, 61 = FamRZ 2005, 23 (24 f.).

[386] BGH NJW 1979, 1348 (1349) = FamRZ 1979, 569 (571), dort auch dazu, dass kurze Ehedauer gemäß § 1361 Abs. 3 kein Versagensgrund wie bei § 1579 Nr. 1 ist; NJW 1979, 1452 (1453) = FamRZ 1979, 571 (572); OLG Koblenz NZFam 2016, 755: im Einzelfall bereits vor Ablauf des Trennungsjahrs.

[387] BGH NJW 1979, 1452 = FamRZ 1979, 571 (572).

[388] BGH NJW 2006, 1967 = FamRZ 2006, 769 (7770 f.): bei Getrenntleben während fast der Hälfte der Ehezeit; OLG Hamm FamRZ 1995, 1580; OLG München FamRZ 2001, 1618 Ls.: nach 20 jähriger Ehe mit einem Kind Ausweitung der bisherigen Tätigkeit frühestens zwei Jahre nach der Trennung; ebenso OLG Zweibrücken FamRZ 2007, 470 f. nach mehr als 30jähriger Ehe.

[389] OLG Hamm FamRZ 1979, 508 (509); OLG München FamRZ 1982, 270 f.

[390] OLG Düsseldorf FamRZ 1985, 1039; *Niepmann/Schwamb* Rspr. zur Höhe des Unterhalts Rn. 454; *Bömelburg* in Wendl/Dose UnterhaltsR § 4 Rn. 45.

ohne den anderen auf eine Erwerbstätigkeit zu verweisen, so ist hierdurch regelmäßig ein Vertrauenstatbestand geschaffen worden, der den Zeitpunkt für die Annahme einer Erwerbsobliegenheit hinausschiebt.[391] Eine frühere Erwerbstätigkeit bleibt außer Betracht, wenn der Ehegatte zu ihr gezwungen war, weil sich der andere seiner Unterhaltspflicht entzog. Wer sich trotz Erwerbsobliegenheit nicht ernsthaft um eine Beschäftigung bemüht, muss sich das erzielbare Einkommen fiktiv anrechnen lassen. An die Ernsthaftigkeit der Bemühungen des Unterhaltsberechtigten sind gleich hohe Anforderungen zu stellen wie an die des Verpflichteten (→ Rn. 53 aE; zu den an den Pflichtigen zu stellenden Anforderungen → Rn. 23). Für die Ausdehnung einer Teilzeitbeschäftigung nach der Trennung gelten entsprechende Maßstäbe.

55 **b) Kinderbetreuung.** Trotz früherer Erwerbstätigkeit und kurzer Ehedauer kann eine Pflicht zur Erwerbstätigkeit ausscheiden, wenn der bedürftige Ehegatte berechtigtermaßen[392] gemeinsame minderjährige Kinder zu betreuen hat (§§ 1570, 1579 analog); im Gegensatz zum nachehelichen Unterhalt kann aber auch die Betreuung nicht gemeinschaftlicher, minderjähriger Kinder einer Erwerbsobliegenheit entgegenstehen.[393] Inwieweit Kinderbetreuung und Erwerbstätigkeit miteinander zu vereinbaren sind, richtet sich vor allem nach der **Betreuungsbedürftigkeit** eines Kindes. Dabei spielt nicht nur das Alter des Kindes eine Rolle, sondern insbesondere auch sein Gesundheitszustand, sein sonstiger Entwicklungsstand sowie eventuell aufgetretene Verhaltensstörungen.[394] Die Rspr. beurteilte die Betreuungsbedürftigkeit bis zum Inkrafttreten des UÄndG 2007 – ebenso wie bei § 1570 – im Allgemeinen nach dem sog Altersphasenmodell, wenn auch im Rahmen des Trennungsunterhalts aufgrund eines großzügigeren Maßstabs. Danach bestand bis zum Beginn der dritten Grundschulklasse des jüngsten Kindes in der Regel keine Erwerbsobliegenheit; für die Zeit danach, etwa bis zur Vollendung des 15. Lebensjahres des jüngsten Kindes, wurde von der Obliegenheit zur Aufnahme einer Teilzeitbeschäftigung ausgegangen und erst anschließend von einer solchen zu vollschichtiger Erwerbstätigkeit.[395]

56 Nach der zum 1.1.2008 in Kraft getretenen **Neuregelung des § 1570,** nach der ein „Basisunterhalt" nur für die ersten drei Lebensjahre eines Kindes gewährt wird und danach – von Verlängerungsmöglichkeiten aus kind- oder elternbezogenen Gründen abgesehen – die Eigenverantwortung des betreuenden Elternteils eingreift, stellt sich die Frage, inwieweit sich hierdurch Auswirkungen auf die Erwerbsobliegenheit des getrennt lebenden Ehegatten ergeben, auch wenn § 1361 keine Änderung erfahren hat. Mit Rücksicht auf den Schutzzweck der Vorschrift ist davon auszugehen, dass **bis zum Ablauf des Trennungsjahrs** grundsätzlich **keine Erwerbsobliegenheit** besteht (→ Rn. 53, 62). Denn zunächst sollen die vorliegenden Verhältnisse geschützt und die Wiederherstellung der ehelichen Lebensgemeinschaft soll nicht erschwert werden. Schon nach der früheren Rspr. schwächen sich die Folgen der ehelichen Lebensgemeinschaft mit fortdauernder Trennung aber ab, so dass die Verfestigung der Trennung eine allmähliche Annäherung der unterschiedlichen Maßstäbe der Erwerbsobliegenheit bewirkt. Wenn die Scheidung nur noch eine Frage der Zeit ist, besteht für eine erheblich großzügigere Beurteilung in der Regel kein Grund mehr.[396]

57 Werden diese Erwägungen weiterhin herangezogen, so gilt bei verfestigter Trennung jedenfalls im Ansatz nunmehr auch die gesteigerte Eigenverantwortung: Zum einen erscheint es grundsätzlich nicht gerechtfertigt, den getrennt lebenden Ehegatten erheblich besser zu stellen als den geschiedenen, wenn vom Scheitern der Ehe auszugehen ist; zum anderen wird vermieden, dass derjenige Ehegatte begünstigt wird, dem es gelingt, die Scheidung zu verzögern. Mit Rücksicht darauf wird das bisherige **Altersphasenmodell** auch im Rahmen des Trennungsunterhalts **nicht mehr heranzuziehen,** sondern zu berücksichtigen sein, dass der Ehegatte in die verstärkte Eigenverantwortung

---

[391] BGH NJW 2006, 1967 = FamRZ 2006, 769 (770 f.) zu § 1587c Nr. 1; OLG Köln FamRZ 1999, 853; OLG Hamm FamRZ 1995, 1580; *Bömelburg* in Wendl/Dose UnterhaltsR § 4 Rn. 49; Staudinger/*Voppel,* 2018, Rn. 223; *Niepmann/Schwamb* Rspr. zur Höhe des Unterhalts Rn. 454; Palandt/*Brudermüller* Rn. 13. Krit. *Schürmann* FPR 2005, 492 (495 f.) unter Hinweis auf das Prinzip der Eigenverantwortung, das einem schützenswerten Vertrauen entgegenstehe.

[392] Eine im Widerspruch zu einer Sorgerechtsentscheidung stehende Betreuung entlastet nicht von der Erwerbsobliegenheit: OLG Frankfurt FamRZ 1995, 234; → Rn. 66.

[393] BGH NJW 1981, 1782 = FamRZ 1981, 752 (754) für gemeinsam aufgenommenes Pflegekind; NJW 1982, 1461 = FamRZ 1982, 463 f. für nichteheliches Kind; 1995, 995 für Kind, das unter Umgehung einer förmlichen Adoption in den Haushalt aufgenommen worden ist; Staudinger/*Voppel,* 2018, Rn. 213; *Bömelburg* in Wendl/Dose UnterhaltsR § 4 Rn. 38; Palandt/*Brudermüller* Rn. 14.

[394] BGH NJW 2006, 2182 = FamRZ 2006, 846 (847) zum erhöhten Betreuungsbedarf sog. Problemkinder.

[395] → 5. Aufl. 2010, § 1570 Rn. 4–8.

[396] BGH NJW 2012, 2190 Rn. 18 = FamRZ 2012, 1201; NJW 2008, 1946 Rn. 26 = FamRZ 2008, 963; NJW 2001, 973 = FamRZ 2001, 350 (351).

hineinzuwachsen hat.[397] Dabei ist allerdings zu bedenken, dass die zusätzlich zu der Betreuung eines Kindes in einer Betreuungseinrichtung zu erbringenden eigenen Leistungen des Elternteils iVm einer vollschichtigen Tätigkeit zu einer überobligationsmäßigen Belastung führen können. Insoweit ist deshalb zu prüfen, ob, in welchem Umfang und bis zu welchem Zeitpunkt die Erwerbspflicht des betreuenden Ehegatten unter dem Gesichtspunkt einer sich andernfalls ergebenden unzumutbaren Doppelbelastung noch eingeschränkt ist.[398] Dem bedürftigen Ehegatten kann im Einzelfall eine Teilzeitbeschäftigung zuzumuten sein, insbesondere wenn sie zu Hause ausgeübt werden kann.[399] Ist das Hauptmotiv für die Aufgabe einer zumutbaren Teilzeitbeschäftigung nicht in der Kinderbetreuung, sondern in der Zuwendung zu einem neuen Partner zu sehen, wird von einer Erwerbsobliegenheit auszugehen sein.[400] Wegen einer Erwerbstätigkeit entstehende Kosten der Kinderbetreuung sind zu berücksichtigen (→ Rn. 33, 36). Aus voller Berufstätigkeit neben Kinderbetreuung während des Zusammenlebens folgt nicht, dass auch nach der Trennung in jedem Fall von dem allein erziehenden Elternteil die Fortführung der Tätigkeit zu erwarten wäre. Vielmehr kommt dem Umstand Bedeutung zu, dass mit der Trennung die Mehrbelastung des ein Kind betreuenden Elternteils nicht wie früher durch den anderen Elternteil aufgefangen werden kann, sondern der betreuende Elternteil nunmehr grundsätzlich auf sich allein angewiesen ist.[401] – Um Aktualisierung seiner Ausbildung und Weiterbildung zwecks späterer Arbeitsplatzaufnahme muss sich der betreuende Elternteil bemühen, um bei Beginn der Erwerbspflicht eine adäquate Tätigkeit ausüben zu können.[402]

Betreut die Mutter neben ehelichen Kindern ein **in der Trennungszeit geborenes nichteheliches Kind,** so haften der Ehemann gemäß § 1361 und der Vater des nichtehelichen Kindes gemäß § 1615l Abs. 2 S. 2 für ihren Unterhalt in entsprechender Anwendung von § 1606 Abs. 3 S. 1 anteilig.[403] Soweit das Alter der ehelichen Kinder an einer Erwerbstätigkeit nicht mehr hindert, besteht eine anteilige Mithaftung des Ehemannes nur insoweit, als er ohne die Geburt des nichtehelichen Kindes auf Unterhalt in Anspruch genommen werden könnte. Das neben der Betreuung der ehelichen Kinder erzielbare Einkommen ist der Mutter fiktiv zuzurechnen.[404] Entsteht ein Anspruch auf Trennungsunterhalt erst dadurch, dass die Ehefrau die bisher ausgeübte Erwerbstätigkeit wegen der Geburt eines nicht von ihrem Ehemann abstammenden Kindes aufgibt, so tritt der Anspruch auf Trennungsunterhalt hinter einem gleichzeitig bestehenden Anspruch aus § 1615l zurück. Nur wenn auch bei Ausübung der Erwerbstätigkeit ein ungedeckter Bedarf der Mutter besteht, haftet der Ehemann anteilig neben dem Vater des Kindes.[405] 58

**c) Alter oder Krankheit.** Alter oder Krankheit kann die Erwerbspflicht ebenfalls mindern oder ausschließen. Bei Unterhaltsneurosen kommt es darauf an, ob eine krankheitsbedingte Erwerbsunfähigkeit oder eine – ggf. mit ärztlicher Hilfe – zu überwindende Flucht in die Krankheit vorliegt.[406] Der Bezug einer vorgezogenen Altersrente beseitigt die Arbeitsobliegenheit nicht.[407] Unter- 59

---

397 Palandt/*Brudermüller* Rn. 13; *Bömelburg* in Wendl/Dose UnterhaltsR § 4 Rn. 36; *Bäumel* in Göppinger/Wax UnterhaltsR Rn. 951; PWW/*Kleffmann* Rn. 7; *Borth* in Schwab ScheidungsR-HdB IV Rn. 74; *Büte* FuR 2008, 309 (310). Nach *Grandel* könnte sich ein modifiziertes Altersphasenmodell mit herabgesetzten Altersgrenzen anbieten, MAH FamR/*Grandel* § 8 Rn. 23.

398 BGH NJW 2008, 3125 Rn. 103 f. = FamRZ 2008, 1739.

399 ZB fremdsprachliche Übersetzungen, OLG München FamRZ 1981, 461 (462).

400 OLG Naumburg FamRZ 1998, 552.

401 BGH NJW 2006, 2182 = FamRZ 2006, 846 (848); OLG Düsseldorf FamRZ 1981, 39 (40); OLG Frankfurt FamRZ 1995, 877 (878).

402 Approbierte Ärztin ohne praktische Berufserfahrung: OLG Hamm FamRZ 1998, 243 (244).

403 BGH NJW 2008, 3125 Rn. 45 = FamRZ 2008, 1739 für Ansprüche aus § 1570 und § 1615l; NJW 2007, 2409 = FamRZ 2007, 1303 (1305); NJW 2005, 502 = FamRZ 2005, 357 (358); NJW 1998, 1309 = FamRZ 1998, 541 (543 f.) = MDR 1998, 473 m. zust. Anm. *A. Wenger* = JuS 1998, 560 mAnm *Hohloch.*

404 OLG Köln NJW-RR 2006, 218 (auch zu einer Ersatzhaftung vor Feststellung der Vaterschaft); OLG Koblenz FamRZ 2005, 804 (805), auch dann, wenn der benannte Erzeuger seine Vaterschaft bestreitet und eine Unterhaltszahlung verweigert; OLG Hamm FamRZ 2000, 637.

405 OLG Bremen FamRZ 2005, 213 (214) mit der zutr. Begr., die an sich analog § 1606 Abs. 3 S. 1 bestehende nur anteilige Haftung des Vaters des Kindes müsse sich mit Rücksicht auf dessen Verantwortlichkeit für die eingetretene Bedürftigkeit zu einer Alleinhaftung ausweiten. Der Haftungsmaßstab kann auch nach der Rspr. des BGH nach Lage des Einzelfalls wertend zu verändern sein, um der jeweiligen Verantwortung flexibel Rechnung zu tragen. AA OLG Jena FamRZ 2006, 1205 mit Rücksicht auf das Fehlen eines Verwirkungsgrundes und einen (nach damaliger Rechtslage) nicht bestehenden Vorrang des Anspruchs auf Betreuungsunterhalt gegenüber dem nicht auf Kinderbetreuung beruhenden Unterhaltsanspruch. Vgl. auch KG FamRZ 2001, 29 (30); OLG Hamm FamRZ 2000, 637 Ls.; OLG Schleswig FamRZ 2000, 637 (638); *Wever/Schilling* FamRZ 2002, 581 (589); *Büttner* FamRZ 2000, 781 (785). Zur anteiligen Haftung OLG Bremen FamRZ 2006, 1207 (1208 f.).

406 BGH NJW 1984, 1816 = FamRZ 1984, 660 (661); OLG Düsseldorf FamRZ 1981, 255 (256); *Bäumel* in Göppinger/Wax UnterhaltsR Rn. 1030, auch zu weiteren Einzelheiten. Abzugrenzen ist die echte Erkran-

schiedliche Altersgrenzen für Männer und Frauen sind unterhaltsrechtlich nicht anzuerkennen.[408] Die individuelle Zumutbarkeit hängt vielmehr von den jeweiligen Umständen ab. Auch ein Ehegatte, der nie berufstätig war, muss bei Trennung eine Arbeit aufnehmen, wenn ihn nicht besondere Umstände (Krankheit, Kinderbetreuung) daran hindern, und sich notfalls berufsqualifizierend weiterbilden. Wer bei fortbestehender häuslicher Gemeinschaft zur Erwerbstätigkeit verpflichtet gewesen wäre (→ § 1360 Rn. 12, 17), muss sich nach der Trennung erst recht darauf verweisen lassen.[409] Obliegenheitswidrig nicht erzieltes Einkommen ist wie erzieltes bei der Unterhaltsbemessung fiktiv zu berücksichtigen.[410]

60 **d) Zeitpunkt der Beurteilung; Ausbildung.** Die „persönlichen Verhältnisse" iSd Abs. 2 sind zunächst nach der konkreten Situation im Zeitpunkt der Trennung zu beurteilen.[411] Die gemeinsame Lebensplanung kann aber auch nach der Trennung noch bedeutsam sein. Haben sich die Ehegatten zB dahin verständigt, dass einer von ihnen **studiert** und der andere den gemeinsamen Unterhalt erarbeitet, so kann dem Studenten der Abbruch des Studiums nicht zugemutet werden, wenn er es planvoll betreibt und ein erfolgreicher Abschluss mit daraus folgender Unterhaltssicherung zu erwarten ist.[412] Im Übrigen ist die Frage, ob ein getrennt lebender Ehegatte Unterhalt verlangen kann, soweit er durch eine **Berufsausbildung** an einer Erwerbstätigkeit gehindert ist, in Anlehnung an die § 1573 Abs. 1, § 1574 Abs. 3 zu beantworten. Wenn die Ehe zerrüttet und die Trennung endgültig ist, kann ein Recht auf Ausbildung, ebenso wie eine Obliegenheit zur Ausbildung, in Betracht kommen, weil der Ehegatte sich auf eine Wiedereingliederung in das Erwerbsleben einstellen muss bzw. sich hierauf frühzeitig einrichten darf. In besonders gelagerten Ausnahmefällen kann auch ein Unterhaltsanspruch nach den Maßstäben des § 1575 in Betracht kommen, etwa wenn ein Ehegatte während der Trennungszeit im Vorgriff auf die Voraussetzungen des § 1575 eine Ausbildung aufnimmt, nachdem das endgültige Scheiten der Ehe feststeht.[413]

61 **3. Wirtschaftliche Verhältnisse.** Unter den wirtschaftlichen Verhältnissen beider Ehegatten sind die Einkommens- und Vermögensverhältnisse eines jeden zu verstehen (Abs. 1, → Rn. 6 ff.), seine Schulden, sonstigen Unterhaltspflichten und Bedürfnisse. Je schlechter der Unterhaltsschuldner situiert ist, desto eher ist dem Berechtigten eine Erwerbstätigkeit zuzumuten.[414] Demgegenüber ist die Erwerbsobliegenheit bei günstigen wirtschaftlichen Verhältnissen großzügiger zu beurteilen: Der unterhaltsberechtigte Ehegatte braucht sich zB nicht sogleich nach Ablauf des Trennungsjahrs auf eine nicht sozialversicherungspflichtige Tätigkeit verweisen zu lassen, sondern darf sich längerfristig um eine qualifizierte Beschäftigung bemühen.[415] Stellt sich eine aufgenommene selbständige Tätigkeit nach zwei oder drei Jahren als unrentabel heraus, ist der Wechsel in eine abhängige Stellung zumutbar (→ Rn. 36 aE). An einem beruflichen Aufstieg nach der Trennung partizipiert der andere Ehegatte nur, wenn ein solcher schon vor der Trennung zu erwarten war, nicht bei außergewöhnlicher, unvorhersehbarer Karriere (→ Rn. 12).

62 **4. Zu erwartende Tätigkeit. Beginn. Umfang.** Welche **Art der Erwerbstätigkeit** erwartet werden kann, richtet sich nach den Umständen des Einzelfalls,[416] aber auch nach der gesamtwirtschaftlichen Lage. Während einer Übergangszeit ist dem Ehegatten ein Unterhaltsanspruch nach

kung von der bloß simulierten, → § 1572 Rn. 3. Zeitweiliges Aussetzen des Anspruchs kann sich empfehlen, um zu testen, ob die Schwellenangst vor dem Wiedereintritt in das Erwerbsleben für den Betroffenen überwindbar ist: *Niepmann/Schwamb* Rspr. zur Höhe des Unterhalts Rn. 495.

407 BGH NJW 1999, 1547 = FamRZ 1999, 708. Zu Ausnahmen *Bäumel* in Göppinger/Wax UnterhaltsR Rn. 1020 aE.

408 BGH NJW 1999, 1547 = FamRZ 1999, 708 (709 f.); *Büttner* NJW 1999, 2315 (2320); aA *Bäumel* in Göppinger/Wax UnterhaltsR Rn. 1021.

409 BT-Drs. 7/650 S. 101.

410 Im Wege der Additions- bzw. Differenzmethode, wenn es als Surrogat des wirtschaftlichen Werts der Haushaltsführung anzusehen ist: BGH FPR 2003, 245 = FamRZ 2003, 434 (435); NJW-RR 2004, 505 = FamRZ 2004, 254 (255 f.).

411 BGH NJW 2001, 973 = FamRZ 2001, 350 (351); NJW-RR 1990, 323 = FamRZ 1990, 283 (286).

412 BGH NJW 1981, 1214 (1215) = FamRZ 1981, 439 (440); OLG Düsseldorf FamRZ 1991, 76.

413 BGH NJW 2001, 973 = FamRZ 2001, 350 (351).

414 OLG Koblenz FamRZ 1994, 1253 (1254); OLG Karlsruhe FamRZ 1994, 755; OLG Bamberg NJW 1993, 601; OLG Hamm FamRZ 1997, 1073 Ls.; Staudinger/*Voppel*, 2018, Rn. 221; Johannsen/Henrich/*Hammermann* Rn. 59; *Niepmann/Schwamb* Rspr. zur Höhe des Unterhalts Rn. 454; *Bömelburg* in Wendl/Dose UnterhaltsR § 4 Rn. 47.

415 BGH NJW-RR 1990, 323 = FamRZ 1990, 283 (286); Staudinger/*Voppel*, 2018, Rn. 221; *Bömelburg* in Wendl/Dose UnterhaltsR § 4 Rn. 48; Johannsen/Henrich/*Hammermann* Rn. 59. Krit. Palandt/*Brudermüller* Rn. 15: Widerspruch zum Grundsatz der Eigenverantwortung.

416 BT-Drs. 7/650, 101.

dem Rechtsgedanken des § 1573 Abs. 1 zuzubilligen, damit er sich um eine angemessene Tätigkeit bemühen kann.[417] Das gilt entsprechend für die Ausweitung einer Teilzeitbeschäftigung.[418] – Der **Beginn** der Erwerbsobliegenheit kann nicht allgemein festgelegt werden, sondern richtet sich ebenfalls nach den Umständen des Einzelfalls.[419] Ein Jahr nach der Trennung ist einem bisher nicht Berufstätigen jedoch die Aufnahme intensiver Arbeitssuche im Allgemeinen zumutbar.[420] Die Frist von einem Jahr kann je nach den Umständen erheblich kürzer sein, etwa bei hoher Verschuldung und früherer langjähriger Tätigkeit während des Zusammenlebens,[421] oder wenn der bisher den Haushalt und die Kinder versorgende Ehegatte die Familie verlassen hat.[422] Die Frist kann bei langer Ehe und langjähriger Berufspause auch länger zu messen sein.[423] Sobald das endgültige Scheitern der Ehe feststeht,[424] gleichen sich die Voraussetzungen der Erwerbsobliegenheit tendenziell den Maßstäben des nachehelichen Unterhalts an (→ Rn. 56 aE).

Der **Umfang** der aufzunehmenden Tätigkeit richtet sich nach den genannten Kriterien, 63
wobei sich insbesondere aus der Betreuungsbedürftigkeit von Kindern Einschränkungen ergeben können. Bei einer Obliegenheit zu vollschichtiger Tätigkeit muss in der Regel eine zwar gesicherte, aber nicht ausweitbare Teilzeitbeschäftigung zu Gunsten einer vollen Stelle aufgegeben werden;[425] stattdessen kann aber auch die Aufnahme einer Nebenbeschäftigung in Betracht kommen.[426] Das Risiko des Verlusts der neuen Arbeitsstelle trägt grundsätzlich der Unterhaltspflichtige.[427] Die Beweislast für fortdauernde Unzumutbarkeit einer objektiv zumutbaren Erwerbstätigkeit trägt der Anspruchssteller.[428] Bei späterem schuldlosem **Verlust der Arbeitsstelle** (→ Rn. 22) lebt der Anspruch ohne die Begrenzung des § 1573 Abs. 4 (der von nachehelicher Eigenverantwortlichkeit ausgeht) wieder auf.[429]

### VI. Die Härteklausel (Abs. 3, § 1579)

**1. Normzweck. Wesen.** Die negative Härteklausel des Abs. 3 iVm § 1579 Nr. 2–8 bietet 64
einen beschränkten Ersatz für die mit dem 1. EheRG entfallene Billigkeitsprüfung als Voraussetzung für eine Unterhaltspflicht unter getrennt lebenden Ehegatten (→ Rn. 1 aE). Sie bildet eine spezielle Ausprägung des Grundsatzes von Treu und Glauben (§ 242) im Unterhaltsrecht und beruht auf dem Gedanken des Rechtsmissbrauchs verbunden mit dem unterhaltsrechtlichen **Gegenseitigkeitsprinzip** (→ § 1360 Rn. 3): Unterhaltsrechtliche Solidarität darf ein Ehegatte von dem anderen nicht fordern, wenn er sie dem anderen nicht zuteilwerden ließ.[430] **Schwere Loyalitätsverstöße** des Unterhaltsberechtigten lassen ein während des Zusammenlebens gewachsenes Vertrauen auf Versorgung nicht mehr als gerechtfertigt erscheinen. Unter den abschließend aufgezählten Voraussetzungen des § 1579 Nr. 2–8 entfällt die Unterhaltspflicht ganz, nur zeitweilig oder sie wird – auch zeitweise – reduziert, soweit das Begehren grob unbillig wäre. Obwohl ein Rückfall in das Verschuldensprinzip vermieden werden sollte, enthalten die Ausnahmetatbestände Verschuldenselemente, weil sich herausstellte, dass ein Trennungs- und Scheidungsfolgenrecht ohne die Möglichkeit, Unterhalt aus Gründen grober Unbilligkeit zu versagen, nicht gestaltet werden kann.[431] Da § 1579 nicht von Verwirkung spricht, kann die Unterhaltspflicht wieder aufleben, wenn sich die Gegebenheiten, die die Unzumutbarkeit der Inanspruchnahme begründet haben, ändern. Erforderlich ist in diesem Fall eine neue umfassende Prüfung, ob die aus einer wiederauflebenden Unterhaltspflicht erwachsenden Belastungen für den Unterhaltspflichtigen

[417] OLG Bamberg FamRZ 1997, 1486; OLG Hamm FamRZ 1997, 1536; Staudinger/*Voppel,* 2018, Rn. 223.
[418] OLG Hamm FamRZ 1994, 1253 Ls.
[419] BGH NJW 2001, 973 = FamRZ 2001, 350 (351); NJW 1987, 2739 = FamRZ 1987, 691; OLG Koblenz NZFam 2016, 755.
[420] OLG Köln NJW-RR 1995, 1157; Johannsen/Henrich/*Büttner* Rn. 25.
[421] BGH NJW 2001, 973 = FamRZ 2001, 350 (351); OLG Koblenz NZFam 2016, 755; FamRZ 1994, 1253 (1254).
[422] OLG München FamRZ 1997, 313.
[423] BGH NJW-RR 1986, 872 = FamRZ 1986, 722 (724); KG FamRZ 1991, 1188; Staudinger/*Voppel,* 2018, Rn. 217.
[424] Manifestiert etwa durch Einleitung des Scheidungsverfahrens oder den Abschluss einer Scheidungsfolgenvereinbarung: BGH NJW 2008, 1946 Rn. 27 = FamRZ 2008, 963; *Borth* in Schwab ScheidungsR-HdB IV Rn. 74; *Viefhues/Mleczko,* Das neue Unterhaltsrecht 2008, 2. Aufl. 2008, Rn. 246.
[425] OLG Frankfurt FamRZ 2000, 25; OLG Celle FamRZ 1994, 963 (964 f.).
[426] OLG Köln FamRZ 2002, 1627 Ls.; OLG Schleswig FamRZ 1993, 72 (73).
[427] OLG Frankfurt FamRZ 2000, 25; Staudinger/*Voppel,* 2018, Rn. 226.
[428] OLG Hamm FamRZ 1996, 1219 (1220).
[429] Staudinger/*Voppel,* 2018, Rn. 225.
[430] BGHZ 176, 150 Rn. 26 = NJW 2008, 2779 = FamRZ 2008, 1414 mwN.
[431] Vgl. Staudinger/*Voppel,* 2018, Rn. 231; Erman/*Kroll-Ludwigs* Rn. 52.

weiterhin die Zumutbarkeitsgrenze überschreiten.[432] Neben den unterhaltsrechtlichen Bestimmungen über den Verlust des Unterhaltsanspruchs haben die allgemeinen Regeln über die Verwirkung von Ansprüchen keine eigenständige Bedeutung.[433] Die auf das objektive Vorliegen eines Härtegrundes gestützte **Einwendung** ist von Amts wegen zu beachten. Unterhaltszahlungen über einen längeren Zeitraum trotz Kenntnis eines Härtegrundes kann als Verzicht auf seine Geltendmachung gedeutet werden.[434] Kein konkludenter Verzicht ist anzunehmen, wenn der unterhaltspflichtige Ehegatte das Zusammenleben trotz Vorliegens eines Härtegrundes zunächst versuchsweise fortsetzt: Er darf nicht schlechter stehen als jemand, der sofort Konsequenzen zieht (zum misslungenen Versöhnungsversuch → Rn. 71).

65 Die jeweiligen Ausnahmetatbestände sind mit Blick auf das Merkmal der „groben Unbilligkeit" **eng auszulegen;** ihr Vorliegen darf auch nicht zu einer schematischen Begrenzung führen. Zur Bejahung eines vom Anspruchsgegner zu beweisenden Härtegrundes[435] ist eine Billigkeitsprüfung vorzunehmen.[436] Der Anspruchssteller hat Tatsachen darzulegen und ggf. zu beweisen, die trotz des bewiesenen Härtegrundes sein Begehren nicht als grob unbillig erscheinen lassen sollen.[437] Ein Abänderungsbegehren erfordert eine erneute Billigkeitsprüfung unter den veränderten Umständen.[438] Ob der Bedürftige bei Versagung des Anspruchs analog § 1611 Abs. 3 auch seine Verwandten nicht in Anspruch nehmen kann, ist in der Literatur streitig. Es spricht einiges dafür, dies nur dann zu verneinen, wenn sich der Härtegrund des § 1579 zugleich als unter § 1611 fallender Ausschlussgrund darstellt.[439]

66 **2. Vorrang der Kindesbetreuung.** Zugunsten des Unterhaltsgläubigers ist bei der Billigkeitsprüfung der **Vorrang von Kindesinteressen** zu berücksichtigen (→ § 1579 Rn. 67 ff.). Soweit ihm die Betreuung gemeinschaftlicher Kinder anvertraut ist, sind deren Belange zu wahren. Ein „Anvertrauen" geht über die rein faktische Kindesbetreuung hinaus und setzt eine Berechtigung hierzu aufgrund elterlicher Einigung (§ 1687 Abs. 1) oder gerichtlicher Sorgerechtsregelung voraus (→ § 1579 Rn. 69 f.).[440] Trotz Herabsetzung oder Versagung des Unterhalts muss die Pflege und Erziehung der Kinder gesichert bleiben. Das setzt voraus, dass dem betreuenden Elternteil zumindest die Mittel zur Verfügung stehen, die er – ggf. zusammen mit seinen Erwerbseinkünften – zur Deckung seines Mindestbedarfs[441] benötigt. Die Belange des Kindes können auch gewahrt sein, soweit der betreuende Elternteil die erforderlichen Mittel von anderer Seite erhalten kann und deshalb auf den Unterhalt nicht angewiesen ist (zB Zuwendungen durch einen neuen Partner, Zurechnung fiktiven Einkommens für dessen Versorgung). Schließlich können die Belange des Kindes gewahrt sein, wenn seine Pflege und Erziehung in anderer Weise als durch elterliche Betreuung sichergestellt werden kann.[442] Diesem Gesichtspunkt kommt seit der Neufassung des § 1570 durch das UÄndG 2007 besondere Bedeutung zu, da ein „Basisunterhalt" nur für drei Jahre zu leisten und über eine Verlängerung des Unterhalts unter anderem unter Berücksichtigung bestehender

---

[432] BGH NJW 2011, 3089 Rn. 30 ff. = FamRZ 2011, 1498; OLG Hamm FamRZ 2007, 1106 f.; OLG Schleswig MDR 2000, 770; *Niepmann/Schwamb* Rspr. zur Höhe des Unterhalts Rn. 1193 ff. Eine einheitliche Beurteilung für alle Tatbestände ist nicht möglich. Erforderlich ist eine Würdigung des Einzelfalls, ob etwa der Härtegrund seiner Natur nach zeitlich begrenzt ist oder ob die Inanspruchnahme dauerhaft grob unbillig erscheint. Ein nach § 1579 Nr. 2 versagter Unterhaltsanspruch lebt regelmäßig nur im Interesse gemeinsamer Kinder als Betreuungsunterhalt wieder auf, BGH NJW 2011, 3089 = FamRZ 2011, 1498.

[433] BGHZ 84, 280 (283) = NJW 1982, 1999 = FamRZ 1982, 898; FamRZ 1985, 376 (378) = NJW 1985, 1345 (1347); Staudinger/*Voppel*, 2018, Rn. 234. Zur Verwirkung wegen verzögerter Geltendmachung eines Unterhaltsanspruchs → Rn. 78.

[434] OLG Düsseldorf FamRZ 1997, 1159; von Verzeihung (→ Rn. 71) zu unterscheiden.

[435] BGH NJW 1991, 1290 = FamRZ 1991, 670; NJW-RR 1989, 1218 = FamRZ 1989, 1054; *Pruskowski* in Baumgärtel/Laumen/Prütting Beweislast-HdB Rn. 28; *Pruskowski* in Baumgärtel/Laumen/Prütting Beweislast-HdB § 1579 Rn. 88 ff.; *Niepmann/Schwamb* Rspr. zur Höhe des Unterhalts Rn. 1025.

[436] BGH NJW 2002, 1947 = FamRZ 2002, 810 (813); NJW 1998, 1309. Zu den zu berücksichtigenden Gesichtspunkten: *Niepmann/Schwamb* Rspr. zur Höhe des Unterhalts Rn. 1189; *Gerhardt* in Wendl/Dose UnterhaltsR § 4 Rn. 1221 ff.; *Borth* in Schwab ScheidungsR-HdB IV Rn. 399 ff.

[437] ZB die Verzeihung eines Fehlverhaltens oder sonst zu seinen Gunsten sprechende Umstände: Staudinger/*Voppel*, 2018, Rn. 276; *Gerhardt* in Wendl/Dose UnterhaltsR § 4 Rn. 1241.

[438] BGH NJW 2011, 3712 Rn. 26 ff. = FamRZ 2011, 1854 zu § 1579 Nr. 2.

[439] Zum Meinungsstand *Maurer* FPR 2005, 331 ff.; → § 1579 Rn. 85.

[440] BGH NJW 1983, 451 = FamRZ 1983, 142 (143); BVerfGE 57, 361 = NJW 1981, 1771 = FamRZ 1981, 745.

[441] Krit. zum Mindestbedarf, weil Betreuender und Kinder gemeinsam wirtschafteten und letztere deshalb an den erheblichen wirtschaftlichen Einschränkungen teilnähmen: Johannsen/Henrich/*Büttner* Rn. 46; *Schwab* FamRZ 1997, 521 (525 f.); *Gerhardt* in Wendl/Dose UnterhaltsR § 4 Rn. 1230.

[442] BGH NJW 1997, 1851 = FamRZ 1997, 671 (672); NJW-RR 1997, 897 = FamRZ 1997, 873 (875); NJW 1990, 253 = FamRZ 1989, 1279 (1280).

Möglichkeiten der Kinderbetreuung zu entscheiden ist. Im Rahmen der Billigkeitsabwägung ist deshalb auch beim Trennungsunterhalt die frühzeitige Aufnahme einer (teilweisen) Erwerbstätigkeit oder deren Ausweitung in Betracht zu ziehen.[443] Die Kinderbetreuung garantiert dem betreuenden Elternteil einen dem Mindestbedarf entsprechenden Unterhaltsanspruch allerdings nicht ausnahmslos. Eine weitergehende Herabsetzung oder gar ein völliger Ausschluss kommt jedoch nur bei besonders krassen, schwerwiegenden Verstößen iSd Nr. 2–8 des § 1579 zur Vermeidung untragbarer Ergebnisse in Betracht.[444] Dabei kann die Erwerbslosigkeit eines neuen Partners von Bedeutung sein, die jenem die Möglichkeit der Kinderbetreuung unter entsprechender Freistellung des Elternteils zu Gunsten einer Erwerbstätigkeit eröffnet.[445] Die Verweisung des Elternteils auf Sozialhilfeleistungen oder Arbeitslosengeld II kommt nach dem Grundsatz der Subsidiarität nicht in Betracht (→ Rn. 24, 26). Der Anspruch ist auf den Zeitpunkt zu befristen, von dem an nach den Umständen des Falles neben der Betreuung eine Erwerbstätigkeit, durch die der Mindestbedarf gedeckt werden kann, voraussichtlich zumutbar ist.[446]

**3. „Entsprechende Anwendung".** Die für den nachehelichen Unterhalt zum Enumerativ-Katalog der Nr. 2–8 des § 1579 ergangene Judikatur ist auf den Trennungsunterhalt **nicht schematisch** zu übertragen. Die noch bestehende Ehe begründet Unterschiede in den Verhaltensanforderungen, insbesondere die (anders als unter Geschiedenen) fortbestehende eheliche Treuepflicht zeitigt Konsequenzen beim einseitigen Ausbruch aus intakter Ehe (→ Rn. 75). Voreheliches Fehlverhalten spielt generell keine Rolle.[447] Spätere Verfehlungen sind grundsätzlich erst für den danach fällig werdenden Unterhalt beachtlich.[448] 67

**4. Härtegründe. a) Kurze Ehedauer.** Auf die in § 1579 **Nr. 1** erwähnte kurze Dauer der Ehe wird in Abs. 3 nicht mit verwiesen. Die ratio der Nr. 1 passt auf den zunächst als vorübergehend anzusehenden Zustand des Getrenntlebens nicht. Die als heilbar zu betrachtende Ehekrise soll nicht durch Versagung von Unterhalt verschärft werden. Auch eine entsprechende Anwendung scheidet aus.[449] Die Dauer des Zusammenlebens ist grundsätzlich für die Frage der Erwerbsobliegenheit (Abs. 2) von Bedeutung. Bei vorliegenden anderen Härtegründen ist sie überdies im Rahmen der Billigkeitsprüfung mit zu berücksichtigen.[450] Extrem kurzes Zusammenleben kann auch einen Versagungsgrund wegen objektiver Unzumutbarkeit innerhalb der Generalklausel des § 1579 Nr. 8 bilden.[451] Nach sehr langem Getrenntleben kommt mit zunehmender Eigenverantwortlichkeit gegenüber nachlassender Solidarität füreinander eher ein Unterhaltsausschluss oder eine Beschränkung in Betracht.[452] Bei fehlendem Zusammenleben von Anfang an ist Unterhalt schon dem Grunde nach zu versagen (→ Rn. 5). 68

**b) Verfestigte Lebensgemeinschaft.** Der in der Praxis bedeutsamste Härtegrund, das dauerhafte Zusammenleben des Unterhaltsberechtigten mit einem neuen Partner, den die Rspr. früher unter Nr. 7 gefasst hat, ist durch das UÄndG 2007 als eigenständiger Ausschlusstatbestand normiert worden (§ 1579 **Nr. 2**). Nach wie vor gilt, dass kein vorwerfbares Verhalten des Unterhaltsberechtigten sanktioniert wird, sondern es wird eine rein objektive Gegebenheit bzw. eine Veränderung in den Lebensverhältnissen des bedürftigen Ehegatten erfasst, die eine dauerhafte Unterhaltsleistung unzumutbar erscheinen lässt.[453] Ob im Einzelfall eine verfestigte Lebensgemeinschaft vorliegt, ist entsprechend der bisherigen, hierzu ergangenen Rspr. zu entscheiden. Vor Ablauf einer gewissen **Mindestdauer,** die in der Regel mit zwei bis drei Jahren angesetzt wird, im Einzelfall aber auch kürzer sein kann, wird sich kaum verlässlich beurteilen lassen, ob die Partner nicht nur „probeweise" 69

---

443 OLG Bremen FamRZ 2007, 1465 (1466 f.) offensichtlich bereits mit Blick auf § 1570 nF, mAnm *Bergschneider* NJW 2007, 1892 f.; *Gerhardt* in Wendl/Dose UnterhaltsR § 4 Rn. 1231.

444 BGH NJW 1998, 1309 = FamRZ 1998, 541 (542); BVerfGE 80, 286 = NJW 1989, 2807 = FamRZ 1989, 941 (943).

445 OLG Celle FamRZ 2000, 1374 f. = NJW 2000, 2283; Palandt/*Brudermüller* § 1579 Rn. 40.

446 BGH NJW 1997, 1851 = FamRZ 1997, 671 (673).

447 OLG Köln FamRZ 1994, 1253.

448 ZB bei Nr. 3 erst ab Verübung der Straftat: BGH NJW 1984, 296 f. = FamRZ 1984, 34 f. In besonders gelagerten Ausnahmefällen kann allerdings auch ein Anspruch auf rückständigen Unterhalt ausgeschlossen sein: BGH NJW 2004, 1324 = FamRZ 2004, 612 (613 f.).

449 BGH NJW 1982, 1460 = FamRZ 1982, 573; OLG Koblenz FamRz 2016, 1938; OLG Köln 1998, 1427 (1428); OLG Hamm FamRZ 1997, 417; OLG Schleswig FamRZ 1996, 489; Staudinger/*Voppel,* 2018, Rn. 235.

450 OLG Celle FamRZ 1990, 519; Palandt/*Brudermüller* Rn. 70.

451 OLG Celle FamRZ 1990, 519; insbes. nach späterem längeren Getrenntleben: OLG Köln FamRZ 1999, 93; → Rn. 76.

452 Vgl. AG Holzminden FamRZ 1994, 1033.

453 BGH NJW 2011, 3089 Rn. 27 = FamRZ 2011, 1498; BT-Drs. 16/1830, 21.

zusammen leben.[454] Einem gemeinsamen Haushalt wird regelmäßig indizielle Bedeutung für das Vorliegen einer Lebensgemeinschaft zukommen, wenngleich räumliches Zusammenleben und gemeinsame Haushaltsführung hierfür nicht zwingend erforderlich sind.[455] Legen die Partner ihre Beziehung dagegen bewusst auf Distanz an und entspricht dies auch dem Erscheinungsbild der Verbindung in der Öffentlichkeit, so ist die Entscheidung für eine solche Lebensgestaltung unterhaltsrechtlich zu akzeptieren; Auswirkungen auf den Unterhaltsanspruch nach Nr. 2 kommen dann nicht in Betracht.[456] Unerheblich ist, ob eine intime Beziehung oder die Möglichkeit der Eheschließung besteht.[457] Auch auf finanzielle Leistungsfähigkeit des neuen Partners kommt es grundsätzlich nicht an, denn der Härtegrund knüpft nicht an eine Bedarfsdeckung, sondern an ein Herauslösen aus der (nach-)ehelichen Solidarität als Anwendungsfall der groben Unbilligkeit an. Die Leistungsfähigkeit kann aber für die Frage, ob die Belange eines Kindes bei einer Beschränkung des Unterhaltsanspruchs gewahrt sind, Bedeutung haben, ebenso im Rahmen der umfassenden Billigkeitsabwägung.[458] Die genannten Grundsätze gelten ebenfalls für das Zusammenleben in einer gleichgeschlechtlichen Beziehung.[459]

70 **c) Verbrechen oder schwere vorsätzliche Vergehen.** Verbrechen oder schwere vorsätzliche Vergehen (§ 1579 **Nr. 3,** → § 1579 Rn. 22 ff.), die der Berechtigte gegen den Verpflichteten oder einen nahen Angehörigen des Verpflichteten begangen hat, können ebenfalls zum vollen oder eingeschränkten Unterhaltsausschluss führen. Für den Unterhaltsanspruch Verwandter vgl. § 1611 (unter anderem bei „schwerer Verfehlung" Reduktion nach Billigkeit und Wegfall bei grober Unbilligkeit). Bei Verbrechen (mit Freiheitsstrafe von mindestens einem Jahr bedroht, § 12 Abs. 1 StGB) wird die weitere Unterhaltszahlung meist grob unbillig sein. Vergehen haben dies nur dann zur Folge, wenn sie „schwer" sind. Die Schwere der Tat ist nicht nach dem im StGB vorgesehenen Strafrahmen zu beurteilen; entscheidend ist vielmehr, ob der Verpflichtete im Einzelfall von der Tat besonders schwer getroffen worden ist.[460] Als schwere Vergehen kommen auch Straftaten nach § 4 GewSchG in Betracht.[461] Nr. 3 setzt schuldhaftes Verhalten und damit Schuldfähigkeit voraus. Ein Mitverschulden des Verpflichteten ist zu berücksichtigen.[462] Verminderte **Schuldfähigkeit** kann genügen;[463] bei Schuldunfähigkeit iSd § 20 StGB kann der Unterhaltsanspruch nicht beschränkt oder ausgeschlossen werden.[464] Von Schuldfähigkeit ist auszugehen; vorliegende Anzeichen für deren Verminderung oder

---

454 BGH NJW 1997, 1851 = FamRZ 1997, 671 (672); NJW 2002, 1947 = FamRZ 2002, 810 (811). Indizien für eine bereits früher eingetretene Verfestigung können sein: Zusammenleben in einer Wohnung mit gemeinsamem Kind: BGH NJW 2012, 2190 Rn. 34 = FamRZ 2012, 1201; Erwerb eines gemeinsamen Wohnzwecken dienenden Hausgrundstücks, OLG Köln FamRZ 2000, 290 (291); OLG Hamburg FamRZ 2002, 1038; OLG Schleswig FamRZ 2005, 277 (278); 2006, 954 f.; Zusammenleben mit gemeinsamem Kind OLG Köln FF 2005, 192 f.; OLG Schleswig NJW-RR 2005, 734 f.; eheähnliches Auftreten und gemeinsame Wohnung: OLG Oldenburg FamRZ 2017, 799.

455 BGH NJW 2002, 217 = FamRZ 2002, 23 (25); NJW 1997, 1851 = FamRZ 1997, 671 (672); OLG Frankfurt FamRZ 2003, 99; OLG Saarbrücken FF 2003, 252 f.; OLG Hamm NJW-RR 2003, 1297; OLG Koblenz NJW-RR 2004, 1373; OLG Stuttgart OLGR 2005, 127 = FamRZ 2005, 1746 Ls.; OLG Köln FF 2006, 319 f.; OLG Bremen FamRZ 2007, 1465 (1466); OLG Zweibrücken FamRZ 2008, 1630. Zu sonstigen Indizien für eine verfestigte Lebensgemeinschaft *Niepmann/Schwamb* Rspr. zur Höhe des Unterhalts Rn. 1116; Palandt/*Brudermüller* Rn. 12.

456 BGH NJW 2011, 1582 Rn. 39 = FamRZ 2011, 791; FPR 2002, 204 = FamRZ 2002, 22 (25) mAnm *Schwab* FamRZ 2002, 92 ff.

457 BGH NJW 2002, 1947 = FamRZ 2002, 810 (812 f.); vgl. auch BT-Drs. 16/1830, 21.

458 BGH NJW 2012, 2190 Rn. 30 = FamRZ 2012, 1201; NJW 1989, 1083 = FamRZ 1989, 487 (491); *Borth* in Schwab ScheidungsR-HdB IV Rn. 505; vgl. auch BT-Drs. 16/1830, 21; krit. *Schwab* FamRZ 2005, 1417 (1420 f.).

459 BGHZ 176, 150 Rn. 27 = NJW 2008, 2779 = FamRZ 2008, 1414 mAnm *Wellenhofer*; vgl. auch BGH NJW 2002, 1947 = FamRZ 2002, 810 (812); BT-Drs. 16/1830, 21.

460 Staudinger/*Voppel*, 2018, Rn. 239; *Borth* in Schwab ScheidungsR-HdB IV Rn. 437.

461 OLG Bamberg FamRZ 2007, 1465 Ls.

462 OLG Koblenz OLGR 1999, 223 = NJW-FER 1998, 122 = FamRZ 1998, 745; OLG Hamm FamRZ 1995, 808; *Niepmann/Schwamb* Rspr. zur Höhe des Unterhalts Rn. 1119.

463 Sie kann im Rahmen der Gesamtabwägung die grobe Unbilligkeit aber auch beseitigen: BGH NJW 1982, 100; OLG Hamm FamRZ 2002, 240 (241); NJW 1990, 1119 (1120) = FamRZ 1990, 887.

464 Im Einzelfall kann die Anwendung von Nr. 8 gerechtfertigt sein, weil objektive Gründe vorliegen, die eine Inanspruchnahme des Unterhaltspflichtigen unzumutbar erscheinen lassen: BGH BGHR § 1579 Nr. 7 Schuldunfähigkeit 1 und 2. OLG Schleswig FamRZ 2000, 1375 (1376 f.): Berücksichtigung der Folgen der rechtswidrigen Tat jedenfalls dann, wenn sie fortwirken und derart schwer wiegen, dass die uneingeschränkte Unterhaltsverpflichtung unzumutbar und unverhältnismäßig wäre. Vgl. auch OLG Hamm FamRZ 1997, 1485 (1486): Nr. 7 aF nach Tötung eines gemeinsamen Kindes durch die Mutter im Zustand der Schuldunfähigkeit nur im Ergebnis verneint (→ Rn. 76).

Ausschluss hat der Anspruchsgegner auszuräumen.[465] Auch der Versuch und alle Teilnahmehandlungen unterfallen Nr. 3. Beim Versuch ist im Rahmen der Billigkeitsabwägung zu berücksichtigen, aus welchen Gründen die Vollendung gescheitert ist.[466] Ein Strafurteil bindet nicht.[467]

Als schwere Straftaten kommen sowohl Gewalt- und Vermögensdelikte als auch gravierende Beleidigung, Verleumdung[468] und Falschaussage (zB im Ehelichkeitsanfechtungsprozess) in Betracht.[469] Unter den **Vermögensdelikten** sind Fälle (versuchten) Prozessbetrugs häufig, etwa im Unterhaltsrechtsstreit durch Verschweigen von Einkünften.[470] Umstände von einiger Bedeutung sind auch ungefragt zu offenbaren[471] (→ Rn. 39 aE; → § 1579 Rn. 26 ff.). Auf Nachfrage müssen sämtliche Einkünfte angegeben werden.[472] Das Erfordernis der „groben Unbilligkeit" gebietet aber, nur schwerwiegende Unredlichkeiten zu sanktionieren. Leichtere Unaufrichtigkeiten sind nicht mit scharfen Folgen zu belegen.[473] Ein Verschweigen von ohnehin anrechnungsfrei gebliebenen Einkünften, die den Mindestbedarf nicht übersteigen, wiegt weniger schwer.[474] – Bei eskalierenden Auseinandersetzungen von Ehegatten kommt es darauf an, welche Bedeutung sie selbst dem Vorfall beigemessen haben;[475] aus dem Verzicht auf eine Strafanzeige kann in der Regel geschlossen werden, dass sie nicht von einer schwerwiegenden Tat ausgegangen sind. – Im Übrigen ist für die unterhaltsrechtliche Beurteilung einer Straftat zu fragen, ob das Vergehen den Verpflichteten ebenso schwer trifft wie den Berechtigten der Verlust des Unterhaltsanspruchs.[476] Danach ist im Rahmen der gebotenen Gesamtabwägung zu entscheiden, ob und ggf. inwieweit die Inanspruchnahme des Verpflichteten grob unbillig ist. Ein nicht als schwerwiegend beurteiltes Vergehen kann keinen Versagungsgrund nach der Generalklausel der Nr. 8 bilden, weil es an der „gleichen Schwere" fehlt.[477] Die tatrichterliche Beurteilung der Schwere des Vergehens ist nur begrenzt revisibel.[478] – Als an einem nahen Angehörigen[479] verübte Straftaten kommen unter anderem sexuelle Vergehen an einem Kind des Verpflichteten in Betracht.[480] Fahrlässige Tötung genügt nicht.[481] Eine kaltblütige Eifersuchtstat gegenüber dem neuen Partner des Unterhaltsschuldners sollte zur Verwirkung (zumindest gemäß § 1579 Nr. 8) genügen.[482] – Versuchsweise Wiederaufnahme der Lebensgemeinschaft 71

[465] *Pruskowski* in Baumgärtel/Laumen/Prütting Beweislast-HdB § 1579 Rn. 7.

[466] OLG Köln FamRZ 2003, 678 (679); NJW-FER 2001, 276; OLG Koblenz OLGR 1997, 245; Johannsen/Henrich/*Büttner* § 1579 Rn. 8.

[467] *Pruskowski* in Baumgärtel/Laumen/Prütting Beweislast-HdB § 1579 Rn. 7; vgl. auch BGH NJW 2004, 1324 = FamRZ 2004, 612 (613).

[468] BGH NJW 1982, 100: jedenfalls wiederholte, schwerwiegende Beleidigungen und Verleumdungen, wenn sie mit nachteiligen Auswirkungen auf die persönliche und berufliche Entfaltung sowie die Stellung in der Öffentlichkeit verbunden sind.

[469] Vgl. die Zusammenstellung bei *Niepmann/Schwamb* Rspr. zur Höhe des Unterhalts Rn. 1122 f.; *Borth* in Schwab ScheidungsR-HdB IV Rn. 439 ff.; *Gerhardt* in Wendl/Dose UnterhaltsR § 4 Rn. 1279, 1285 ff.; → § 1579 Rn. 29 ff.

[470] OLG Oldenburg FamRZ 2018, 680 (681) m. zust. Anm. *Schnitzler* FF 2018, 322 f. Im Regelfall wird dabei auch der Tatbestand der Nr. 5 – sich Hinwegsetzen über schwerwiegende Vermögensinteressen des Verpflichteten – erfüllt sein.

[471] Jedenfalls wenn ein Vergleich vorausgegangen ist: BGH NJW 2008, 2581 Rn. 28 = FamRZ 2008, 1325; NJW 1999, 2804 = FamRZ 2000, 153 betr. erhebliche freiwillige Zuwendungen Dritter, die im Rahmen eines Unterhaltsrechtsstreits nicht angegeben wurden; OLG Schleswig FamRZ 2000, 1367 betr. verschwiegenen Rentenbeginn; OLG Hamm NJW-RR 2003, 510 betr. verschwiegene Nebeneinkünfte. Für eine weitergehende Offenbarungspflicht – auch nach einem Urteil – *Büttner* FF 2008, 15 (17).

[472] OLG Karlsruhe FamRZ 2002, 1037, Johannsen/Henrich/*Büttner* Rn. 12. Angaben dürfen nicht mit der Begründung zurückgehalten werden, sie seien unterhaltsrechtlich nicht von Bedeutung. Die Entscheidung hierüber obliegt dem Gericht; vgl. BGH NJW 1999, 2804 = FamRZ 2000, 153 (155).

[473] In jedem Fall ist auch das Prozessverhalten der Gegenseite in die Würdigung einzubeziehen. Vgl. aber BGH NJW 2007, 1001 = FamRZ 2007, 1325 (1327): Das Verschweigen von Einkünften durch den Verpflichteten könne die unterbliebene Mitteilung einer Einkommenssteigerung der Berechtigten nicht ungeschehen machen.

[474] OLG Hamm FamRZ 1998, 561. Mangelnde Kausalität der Pflichtverletzung.

[475] OLG Düsseldorf FamRZ 1994, 896; *Niepmann/Schwamb* Rspr. zur Höhe des Unterhalts Rn. 1125.

[476] Staudinger/*Voppel*, 2018, Rn. 257; *Borth* in Schwab ScheidungsR-HdB IV Rn. 438.

[477] OLG Düsseldorf FamRZ 1983, 585 (587).

[478] BGH NJW 1984, 296 = FamRZ 1984, 34 (35).

[479] Der Begriff ist nicht mit dem in § 11 Abs. 1 Nr. 1 StGB definierten Personenkreis gleichzusetzen; es kommt weniger auf die rechtliche Verbindung als auf eine besondere soziale und gefühlsmäßige Verbundenheit an: *Pruskowski* in Baumgärtel/Laumen/Prütting Beweislast-HdB § 1579 Rn. 6.

[480] OLG Hamm NJW 1990, 1119 = FamRZ 1990, 887; FamRZ 2002, 240.

[481] *Bäumel* in Göppinger/Wax UnterhaltsR Rn. 1159.

[482] Auch wenn keine häusliche Gemeinschaft mit dem neuen Partner begründet wurde. Str.: für Einbeziehung des neuen Lebensgefährten *Pruskowski* in Baumgärtel/Laumen/Prütting Beweislast-HdB § 1579 Rn. 6; aA *Bäumel* in Göppinger/Wax UnterhaltsR Rn. 1159; → § 1579 Rn. 65.

oder Festhalten an ihr sind nicht stets als **Verzeihung** mit Fortfall des Verwirkungsgrundes zu würdigen: Anfängliche Versöhnungsbereitschaft darf nicht bestraft, Unversöhnlichkeit nicht durch Wegfall der Unterhaltspflicht prämiiert werden.[483] Ein Versöhnungsversuch kann misslingen und ist von definitiver Verzeihung zu unterscheiden. Zu beweisen hat eine Verzeihung der Unterhaltbegehrende.[484] – Die Rechtsfolgen treten grundsätzlich nur für die Zukunft ein; besondere Umstände der Tat können in Ausnahmefällen auch die Inanspruchnahme wegen Unterhaltsrückständen grob unbillig erscheinen lassen.[485]

72 **d) Mutwillig herbeigeführte eigene Bedürftigkeit.** Mutwillig herbeigeführte eigene Bedürftigkeit (§ 1579 **Nr. 4,** → § 1579 Rn. 30 ff.) dient der Abgrenzung des Bereichs der (nach-) ehelichen Solidarität gegen grob unbillige Unterhaltsforderungen.[486] Seine Anwendung setzt unterhaltsbezogene Mutwilligkeit voraus.[487] Der Berechtigte muss sich über die von ihm erkannte Möglichkeit nachteiliger Folgen für seine Bedürftigkeit bewusst oder in Verantwortungs- und Rücksichtslosigkeit gegen den Verpflichteten hinweggesetzt haben. Dabei braucht er nicht vorsätzlich oder absichtlich gehandelt zu haben, vielmehr genügt leichtfertiges Verhalten.[488] Erfasst wird jede **selbstverschuldete Arbeitsplatzaufgabe** entgegen der Erwerbsobliegenheit des § 1361 Abs. 2 (auch in Gestalt einer provozierten Kündigung von Seiten des Arbeitgebers). Erfasst wird ferner die **Verschleuderung** oder die völlig unwirtschaftliche Anlage **von Vermögen;** ebenso eine leichtfertig herbeigeführte Beeinträchtigung der Erwerbsfähigkeit. Soweit letztere auf einer Suchterkrankung beruht, geht der Vorwurf nicht dahin, der Berechtigte habe in Kenntnis einer gesundheitlichen Gefahr gehandelt,[489] sondern er habe eine zumutbare, Erfolg versprechende Behandlung zur Wiederherstellung seiner Erwerbsfähigkeit unterlassen. Die Annahme leichtfertigen Verhaltens ist insofern nur dann gerechtfertigt, wenn die Einsicht in die Behandlungsbedürftigkeit und die Fähigkeit, danach zu handeln, nicht suchtbedingt erheblich eingeschränkt waren.[490] In anderen Fällen krankheitsbedingt eingeschränkter oder völliger Erwerbsunfähigkeit knüpft der Vorwurf daran, dass eine gebotene und zumutbare (weil nicht über das allgemeine Lebensrisiko hinausgehende) ärztliche Behandlung, die Aussicht auf Heilung oder wesentliche Besserung versprochen hätte, nicht wahrgenommen wurde.[491] Beruht das Unterlassen der Behandlung allerdings auf der Krankheit selbst, fehlt es wiederum an einer Vorwerfbarkeit.[492] Weitere Anwendungsfälle der Nr. 4 sind die zweckwidrige Verwendung von Alters- und Krankenvorsorgeunterhalt, das Unterlassen einer für eine angemessene Erwerbstätigkeit als notwendig erkannten, Erfolg versprechenden Ausbildungsmaßnahme, um den Unterhaltsanspruch zu erhalten, sowie die unterbliebene Geltendmachung vermögensrechtlicher Ansprüche.[493] Die Trennung ist als solche keine mutwillig herbeigeführte Bedürftigkeit.[494] Dasselbe gilt nach der Rspr. des BGH, wenn die Ehefrau einen Kinderwunsch mit dem Ehemann (durch Täuschung über die Anwendung empfängnisverhütender Mittel) oder im Wege der homologen In-vitro-Fertilisation ohne sein Einverständnis realisiert. Insofern fehlt es an einer unterhaltsbezogenen Leichtfertigkeit.[495]

---

483 Im Ergebnis ebenso *Pruskowski* in Baumgärtel/Laumen/Prütting Beweislast-HdB § 1579 Rn. 8; aA *Borth* in Schwab ScheidungsR-HdB IV Rn. 435.

484 *Pruskowski* in Baumgärtel/Laumen/Prütting Beweislast-HdB § 1579 Rn. 8.

485 BGH NJW 2004, 1324 = FamRZ 2004, 612 (613 f.).

486 BGH BeckRS 1983, 31072572 = FamRZ 1984, 364 (367).

487 BGH NJW 1988, 1147 = FamRZ 1988, 375 (378); BeckRS 1983, 31072572 = FamRZ 1984, 364 (367); NJW 1981, 2085 = FamRZ 1981, 1042 (1044 f.); NJW 2000, 2351 = FamRZ 2000, 815 (817) für die Entsprechung auf Seiten des Verpflichteten; OLG Koblenz FamRZ 1990, 51 (52); Staudinger/*Voppel*, 2018, Rn. 242.

488 BGH NJW 1988, 1147 = FamRZ 1988, 375 (378); BeckRS 1983, 31072572 = FamRZ 1984, 364 (367); NJW 1981, 2085 = FamRZ 1981, 1042 (1044 f.); NJW 2000, 2351 = FamRZ 2000, 815 (817).

489 Darin kann regelmäßig keine Mutwilligkeit gesehen werden, vgl. BGH NJW 2000, 2351 = FamRZ 2000, 815 (816); OLG Hamm FamRZ 2006, 1603 (1605).

490 BGH NJW 1981, 2085 (2086 f.) = FamRZ 1981, 1042 (1044); NJW 1988, 1147 = FamRZ 1988, 375 (377 f.); OLG Bamberg FamRZ 1998, 370. Zum Problemkreis des Alkoholmissbrauchs *Finke* FPR 1998, 9 ff. Vgl. auch *Niepmann/Schwamb* Rspr. zur Höhe des Unterhalts Rn. 1129.

491 OLG Hamm FamRZ NJW-RR 2003, 510; 1996, 1080; OLG Köln FamRZ 1999, 920.

492 BGH NJW-RR 2005, 1450 = FamRZ 2005, 1897 (1898) für fehlende Krankheitseinsicht in eine Schizophrenie.

493 Zu Einzelheiten *Niepmann/Schwamb* Rspr. zur Höhe des Unterhalts Rn. 1129; *Borth* in Schwab ScheidungsR-HdB IV Rn. 447; *Gerhardt* in Wendl/Dose UnterhaltsR § 4 Rn. 1301 ff.

494 BGH NJW 1989, 2809 = FamRZ 1989, 1160; NJW 1986, 1340 = FamRZ 1986, 434.

495 BGH NJW 2001, 1789= FamRZ 2001, 541 (543 f.); zust. *Borth* in Schwab ScheidungsR-HdB IV Rn. 450, 465 *Niepmann/Schwamb* Rspr. zur Höhe des Unterhalts Rn. 1129; krit. Palandt/*Brudermüller* Rn. 23; *Niepmann* MDR 2002, 794 (796).

**e) Mutwilliges Hinwegsetzen über schwerwiegende Vermögensinteressen des Verpflichteten.** Mutwilliges Hinwegsetzen über schwerwiegende Vermögensinteressen des Verpflichteten (§ 1579 **Nr. 5**) ist ein Fall widersprüchlichen Verhaltens: Wer seinen Ehepartner auf Unterhalt in Anspruch nimmt, darf dessen Leistungsfähigkeit nicht untergraben. Wie bei Nr. 4 ist mutwilliges Handeln, das zumindest leichtfertiges Verhalten voraussetzt, erforderlich. Erfasst werden schwerwiegende Einkommens- und Vermögensschädigungen – wobei eine Gefährdung ausreicht[496] –, etwa durch Anschwärzen bei Geschäftspartnern oder beim Arbeitgeber;[497] belastende Aussagen in einem Disziplinarverfahren, anstatt vom Aussageverweigerungsrecht Gebrauch zu machen, selbst wenn sie sich letztlich als zutreffend herausstellen;[498] Anschwärzen beim Finanzamt;[499] ferner gezielt existenzgefährdendes Herabsetzen im Patientenkreis eines Arztes bzw. innerhalb der Klientel eines Rechtsanwalts. – Nr. 5 kommt darüber hinaus in Betracht, wenn unterhaltsrelevante Umstände nicht offenbart werden (Anstieg des Einkommens, Zusammenleben mit einem neuen Partner in eheähnlicher Gemeinschaft),[500] ebenso wenn Vermögen mit der Folge verschwendet worden ist, dass die Klage des Verpflichteten auf Zugewinnausgleich gemäß § 1378 Abs. 2 wegen Vermögenslosigkeit des Berechtigten abgewiesen wird.[501] – Die Weigerung zur Mitwirkung an der steuerlichen Zusammenveranlagung begründet allein noch keine mutwillige Verletzung schwerwiegender Vermögensinteressen.[502] 73

**f) Wegen gröblicher längerfristiger Verletzung der eigenen Beitragspflicht zum Familienunterhalt.** Wegen gröblicher längerfristiger Verletzung der eigenen Beitragspflicht zum Familienunterhalt während des Zusammenlebens (§§ 1360, 1601 ff.) kann ein Unterhaltsanspruch nach der Trennung ausgeschlossen oder beschränkt werden, § 1579 **Nr. 6,** → § 1579 Rn. 38 ff. Der Tatbestand ist den früheren § 1587c Nr. 3, § 1587h Nr. 3 nachgebildet. Für den Zugewinnausgleich findet sich eine Parallelvorschrift in § 1381 Abs. 2. Die praktische Bedeutung der Bestimmung, die eine „gröbliche" Verletzung voraussetzt und damit zB über den Vorwurf der Vernachlässigung des Haushalts deutlich hinausgeht, ist gering. 74

**g) Eindeutig beim Berechtigten liegendes, offensichtlich schwerwiegendes Fehlverhalten gegenüber dem Verpflichteten.** Eindeutig beim Berechtigten liegendes, offensichtlich schwerwiegendes Fehlverhalten gegenüber dem Verpflichteten (§ 1579 **Nr. 7,** → § 1579 Rn. 43 ff.) erfasst wiederum die Unbilligkeit der Unterhaltsgewährung aufgrund widersprüchlichen Verhaltens des Berechtigten, der sich zum einen aus den ehelichen Bindungen löst, zum anderen aber die (nach-)eheliche Solidarität durch ein Unterhaltsbegehren einfordert und damit gegen das Prinzip der Gegenseitigkeit verstößt.[503] Wesentlicher Anwendungsbereich ist ein Fehlverhalten vor dem Scheitern der Ehe, wobei die Verletzung der ehelichen Treuepflicht und der ehelichen Solidarität im Vordergrund steht.[504] Die „reaktive Flucht" aus bereits gescheiterter Ehe erfüllt den Tatbestand dagegen in der Regel nicht,[505] 75

---

496 BGH NJW 2008, 2581 Rn. 27 = FamRZ 2008, 1325; OLG Düsseldorf FamRZ 1996, 1419 f.

497 OLG Zweibrücken FamRZ 1989, 63 betr. Äußerung des Verdachts von Diebstählen am Arbeitsplatz sowie von sexuellen Übergriffen auf Auszubildende; OLG Karlsruhe FamRZ 1998, 746 (747) betr. Diebstahlsverdacht; OLG Düsseldorf FamRZ 1996, 1418 (1419 f.); OLG Koblenz EzFamR aktuell 1996, 279 = FamRZ 1997, 418 Ls. betr. Äußerung eines – wohl begründeten – Korruptionsverdachts aus Hass und Rachsucht.

498 OLG Köln FamRZ 1995, 1580 betr. ua Ehebruchsvorwurf gegenüber dem Dienstherrn eines evangelischen Pfarrers.

499 Im Einzelfall kann aber in Wahrnehmung berechtigter Interessen gehandelt worden sein, etwa bei Sachvortrag im Unterhaltsrechtsstreit, die ehelichen Lebensverhältnisse seien durch nicht versteuerte Einkünfte geprägt gewesen, der die Vorlage der Akten an die Ermittlungsbehörden zur Folge hatte: OLG Zweibrücken OLGR 2002, 105.

500 BGH NJW 2008, 2581 Rn. 28 = FamRZ 2008, 1325: Verpflichtung zur ungefragten Information, jedenfalls bei vorausgegangenem Vergleich; offengelassen, ob sich die Pflicht bereits aus dem unterhaltsrechtlichen Treueverhältnis ergibt; vgl. auch *Büttner* FF 2008, 15 ff.; ebenso OLG Koblenz MDR 2015, 953; OLG Hamm FamRZ 2007, 215 (216); bei Verschweigen im Rahmen des Unterhaltsrechsstreits; OLG Frankfurt FuR 2002, 83; OLG Hamm FamRZ 2002, 242 (243).

501 OLG Hamm FamRZ 2007, 1889 (1890). Weitere Anwendungsfälle bei *Schnitzler* FPR 2006, 376 ff.; Palandt/*Brudermüller* § 1579 Rn. 26; *Niepmann/Schwamb* Rspr. zur Höhe des Unterhalts Rn. 1133 f.

502 Vgl. OLG Hamm FamRZ 2004, 1786 (1787); OLG Celle FamRZ 1994, 1324; aA → § 1579 Rn. 35.

503 BGHZ 176, 150 Rn. 26 = NJW 2008, 2779 = FamRZ 2008, 1414 m. krit. Anm. *Wellenhofer* = FF 2008, 413 m. zust. Anm. *Schnitzler* = FPR 2008, 452 m. zust. Anm. *Zimmermann*; OLG Hamm FamRZ 2006, 1538 (1539). Zur Verfassungsmäßigkeit BVerfG FamRZ 1980, 319 (324).

504 BGH NJW 1981, 1782 = FamRZ 1981, 752 (753); NJW 1982, 1461 = FamRZ 1982, 463 (464); KG FamRZ 2006, 1542 f.; OLG Hamm FamRZ 2006, 1538 (1539); OLG Frankfurt NJW 2006, 3286; OLG Koblenz FPR 2002, 446.

505 BGH NJW 1981, 1782 = FamRZ 1981, 752 (753); BGHZ 176, 150 Rn. 30 = NJW 2008, 2779 = FamRZ 2008, 1414; Staudinger/*Voppel*, 2018, Rn. 267.

auch wenn die Treuepflicht bis zur rechtskräftigen Scheidung fortbesteht.[506] Als Hauptanwendungsfall von Nr. 7 kommt demgemäß der **Ausbruch aus intakter Ehe** und die Zuwendung zu einem neuen Partner in Betracht, wobei unerheblich ist, ob es sich um einen heterosexuellen oder einen gleichgeschlechtlichen Partner handelt und ob die Begründung einer eheähnlichen Gemeinschaft oder die Aufnahme eines nachhaltigen, auf längere Dauer angelegten intimen Verhältnisses im unmittelbaren Anschluss an die Trennung oder erst später erfolgt.[507] Eindeutig beim Berechtigten liegen hingegen nur **einseitige Eheverfehlungen.**[508] Unanwendbar ist Nr. 7 deshalb, wenn der verlassene Ehegatte nicht unerhebliche Mitschuld an der Zerrüttung trägt,[509] vor allem wenn er seinerseits Ehebruch beging[510] (→ § 1579 Rn. 51). Verschweigt die Ehefrau dem Ehemann, dass ein während der Ehe geborenes Kind möglicherweise von einem anderen Mann abstammt, verwirklicht dies grundsätzlich den Härtegrund der Nr. 7.[511] Dabei ist die Anfechtung der Vaterschaft nicht Voraussetzung für die Erhebung des Einwands, da Nr. 7 nicht an die rechtliche Abstammung des Kindes, sondern an die Verfehlung des Unterhaltsberechtigten anknüpft. Ein Härtegrund kann nicht nur angenommen werden, wenn die anderweitige leibliche Vaterschaft unstreitig ist, sondern auch dann, wenn der Ausschluss der leiblichen Vaterschaft des Ehemannes in zulässiger Weise festgestellt worden ist (etwa durch das Abstammungsklärungsverfahren nach § 1598a).[512] Weitere Anwendungsfälle von Nr. 7 können sein: die fortgesetzte, massive Vereitelung des Umgangsrechts,[513] der leichtfertig und ohne hinreichend gravierende Anhaltspunkte gegen einen Elternteil geäußerte Verdacht des Kindesmissbrauchs,[514] ehebrecherische Beziehungen, die besonders schwer sind,[515] weil sie langfristig[516] oder mit häufig wechselnden Partnern[517] geführt wurden,[518] Eingriffe in das Eigentum des Verpflichteten durch Vernichtung von Gegenständen von beträchtlichem Wert.[519] Nicht ausreichend ist hingegen die schlichte Trennung vom Ehegatten,[520] die regelmäßig Voraussetzung für eine Ehescheidung ist.

76 **h) Sonstige, ebenso schwerwiegende Gründe.** Die General- oder **Auffangklausel** des § 1579 **Nr. 8** (→ § 1579 Rn. 56 ff.) erfasst außer verschuldeten auch **objektive,** nicht auf vorwerfbarem Verhalten des Anspruchsstellers beruhende Versagungsgründe,[521] so etwa bei Einigkeit der

---

506 BGH NJW 1983, 1548 = FamRZ 1983, 569 (572); NJW 1995, 655 = FamRZ 1995, 344 (345).

507 BGHZ 176, 150 Rn. 22, 26 f. = NJW 2008, 2779 = FamRZ 2008, 1414; OLG Brandenburg FPR 2008, 639 (640).

508 BGH NJW 1981, 1782 = FamRZ 1981, 752 (753); NJW 1982, 1461 (1462) = FamRZ 1982, 463 (464).

509 ZB langdauernde beharrliche Vorenthaltung jeglichen ehelichen Verkehrs: KG NJW-RR 1992, 648 (649) = FamRZ 1992, 571.

510 BGH NJW 1989, 1083 = FamRZ 1989, 487 (489); NJW 1987, 893 (895). Zu weiteren Gründen, die gegen eine Einseitigkeit des Fehlverhaltens sprechen können: *Niepmann/Schwamb* Rspr. zur Höhe des Unterhalts Rn. 1146; *Gerhardt* in Wendl/Dose UnterhaltsR § 4 Rn. 1365 ff.; Palandt/*Brudermüller* § 1579 Rn. 31.

511 BGH NJW 2012, 1443 Rn. 23 ff. = FamRZ 2012, 779; OLG Hamm FamRZ 2017, 724.

512 BGH NJW 2012, 1443 Rn. 23 ff. = FamRZ 2012, 779; teilweise wird demgegenüber vertreten, dass die Geltendmachung grundsätzlich erst nach rechtskräftiger Feststellung des Nichtbestehens der Vaterschaft des Ehemannes zulässig ist, OLG Köln FamRZ 2003, 1751; OLG Düsseldorf NJW-RR 1994, 197 (198) = FamRZ 1993, 962 (964).

513 BGH NJW 2007, 1969 Rn. 64 f. = FamRZ 2007, 883; OLG München FamRZ 2006, 1605; OLG Schleswig FamRZ 2004, 808.

514 OLG Frankfurt FuR 2005, 460 (46); OLG Celle FamRZ 2008, 1627 (1629), wenn auszuschließen ist, dass das Verhalten in Wahrnehmung der Interessen des Kindes erfolgte. Vgl. hierzu KG FamRZ 1995, 355 f.; *Niepmann/Schwamb* Rspr. zur Höhe des Unterhalts Rn. 1156.

515 Bei Wiederaufnahme einer früheren ehebrecherischen Beziehung bejaht von OLG Hamm FamRZ 1996, 289.

516 BGH NJW 1981, 1214 (1215) = FamRZ 1981, 439 (441); NJW 1982, 1216 (1217 f.) = FamRZ 1982, 466 (468); NJW 1983, 451 = FamRZ 1983, 142; NJW 1986, 722; OLG Oldenburg FamRZ 1981, 775 (776 f.); OLG Frankfurt FamRZ 1994, 169.

517 BGH BeckRS 2010, 12054 = FamRZ 1983, 670 (671 f.); OLG Frankfurt OLGR 2002, 8 = FamRB 2002, 101. Nicht, wenn verziehen: OLG Hamm FamRZ 1997, 1080 (1081).

518 Als ohne weitere Umstände nicht ausreichend angesehen wird es, wenn die Ehefrau während der Trennungszeit ein Kind von einem anderen Partner geboren hat: OLG Bremen FamRZ 2005, 213 f.; OLG Köln NJW-RR 2006, 218; OLG Jena FamRZ 2006, 1205; offen gelassen von OLG Koblenz FamRZ 2005, 804 (805). Nr. 7 ist ebenfalls verneint worden, wenn trotz lang andauernden intimen Verhältnisses zu einem Dritten die Ehegemeinschaft fortgesetzt und der Bestand der Ehe nicht in Frage gestellt wurde: OLG Köln FamRZ 2007, 1463 (1464).

519 OLG Oldenburg FamRZ 2002, 243 (244).

520 BGH NJW 2011, 1582 Rn. 41 = FamRZ 2011, 791; BGHZ 176, 150 Rn. 25 = NJW 2008, 2779 = FamRZ 2008, 1414.

521 BGH NJW 1983, 1548 = FamRZ 1983, 569; NJW 1987, 1761 = FamRZ 1987, 572; NJW-RR 1988, 834 = FamRZ 1988, 930; NJW 1994, 1286 = FamRZ 1994, 566; OLG Hamm FamRZ 1996, 1080 (1081); OLG Celle FamRZ 1986, 910 (912). Verneint bei Nacherklärung zunächst steuerlich nicht angegebener

Eheschließenden, (vorerst) keine Lebensgemeinschaft miteinander einzugehen.[522] Bei Unanwendbarkeit von Nr. 3 wegen Schuldunfähigkeit kann eine Unterhaltsleistung nach Nr. 8 objektiv unzumutbar sein.[523] Auch nach kurzfristigem Zusammenleben und späterem langjährigem Getrenntleben ohne Unterhaltsbegehren kann eine unbefristete Unterhaltsgewährung grob unbillig sein,[524] ebenso bei einem Unterhaltsbegehren nach mehr als zehnjährigem Getrenntleben.[525] Die Beziehung zu einem neuen Partner, die sich (noch) nicht als verfestigte Lebensgemeinschaft iSd Nr. 2 darstellt, kann in Ausnahmefällen als Härtegrund nach Nr. 8 zu bewerten sein, zB wenn sie wegen besonderer, etwa kränkender oder sonst anstößiger Begleitumstände geeignet ist, den Verpflichteten in außergewöhnlicher Weise zu treffen.[526] Umstände, die für sich allein die Anwendung der Nr. 2–7 nicht zu rechtfertigen vermögen, können in der Regel auch den Auffangtatbestand nicht erfüllen, allenfalls wenn sie zusammen mit weiteren Gesichtspunkten einen „anderen Grund" iSd Nr. 8 abgeben können.[527]

### VII. Art und Weise der Unterhaltsgewährung (Abs. 4)

**1. Laufende monatliche Geldrente. Sonderbedarf. Naturalleistung. Verzug.** Für die 77
praenumerando (üblicherweise bis zum dritten Kalendertag) zu zahlende Unterhaltsrente gilt das **Monatsprinzip** (Abs. 4 S. 2 und 3). Auch für den Monat der Scheidungsrechtskraft ist der volle Monatsbetrag zu zahlen.[528] Vorausleistungen sind gemäß § 1361 Abs. 3, § 1360a Abs. 3, § 1614 Abs. 2, § 760 Abs. 2 nur für drei Monate wirksam, so dass der Verpflichtete bei weitergehenden Zahlungen auf eigene Gefahr handelt und erforderlichenfalls erneut leisten muss.[529] Die Rente steht dem Berechtigten zur freien Verfügung zu;[530] über ihre Verwendung schuldet er keine Rechenschaft. Gemäß Abs. 4 S. 1 deckt die Rente den laufenden (regelmäßig wiederkehrenden) Bedarf. Abweichend von der Zahlung einer Geldrente können auch Naturalunterhaltsleistungen vereinbart werden.[531] In der Praxis finden sich vor allem solche durch unentgeltliche Wohnungsüberlassung (→ § 1361b Rn. 18); diese erlaubt einen Abzug vom Barunterhalt in Höhe des angemessenen Nutzungswertes (→ Rn. 27). Unregelmäßiger, außergewöhnlich hoher Bedarf (**Sonderbedarf,** § 1613 Abs. 2 Nr. 1, § 1585b Abs. 1) kann ggf. neben der laufenden Geldrente verlangt werden.[532] – Seit der Neufassung des § 1613 Abs. 1 zum 1.7.1998 bedarf es im Rahmen des Verwandtenunterhalts und kraft Verweisung (§ 1361 Abs. 4 S. 4, § 1360a Abs. 3) auch im Rahmen des Trennungsunterhalts für eine Inanspruchnahme auf Unterhalt weder eines bezifferten Antrags noch der sog Stufenmahnung. Unterhalt für die Vergangenheit kann von dem Zeitpunkt an gefordert werden, zu dem der Verpflichtete zur Auskunftserteilung zum Zweck der Geltendmachung des Unterhaltsanspruchs aufgefordert worden ist. Seit Inkrafttreten des UÄndG 2007 am 1.1.2008 nimmt auch § 1585b Abs. 2 für den nachehelichen Unterhalt auf § 1613 Abs. 1 Bezug.

**2. Anzuwendende weitere Vorschriften (Abs. 4 S. 4);. Nachforderung von Rückständen; Verjährung; Verwirkung.** Wegen der Bezugnahme auf die § 1360a Abs. 3–4, § 1360b und 78
§ 1605 schuldet der Unterhaltspflichtige insbesondere auch einen **Prozesskostenvorschuss**

Einkünfte, die sich auch zu Lasten des Unterhaltspflichtigen auswirkte: BGH NJW 2011, 1582 Rn. 42 = FamRZ 2011, 791.

522 BGH NJW-RR 1994, 644 = FamRZ 1994, 558 f.

523 OLG Hamm FamRZ 1998, 371 f.; OLG Schleswig FamRZ 2000, 1375 (1376 f.); vgl. auch OLG Hamm FamRZ 1997, 1485 (1486) bei Tötung eines gemeinsamen Kindes in schuldunfähigem Zustand; ferner → Rn. 70.

524 BGH NJW-RR 1988, 834 = FamRZ 1988, 930 (932); OLG Köln FamRZ 1999, 93; OLG Brandenburg NJW-RR 2004, 581.

525 OLG Bamberg FamRZ 2014, 1707.

526 BGH NJW 1989, 1083 = FamRZ 1989, 487 (490).

527 BGH NJW 1987, 1761 = FamRZ 1987, 572 (575); NJW 1980, 2247 = FamRZ 1980, 981 (983).

528 *Luthin* FamRZ 1985, 262 f.; *Schmitz* FamRZ 1988, 700; *Niepmann/Schwamb* Rspr. zur Höhe des Unterhalts Rn. 231; *Borth* in Schwab ScheidungsR-HdB IV Rn. 138. Die gegenteilige Ansicht von BGHZ 103, 62 (67) = NJW 1988, 1137 = FamRZ 1988, 370 erscheint dogmatisch nicht zwingend und erweist sich auch als wenig praktikabel: Der Eintritt der Rechtskraft der Scheidung lässt sich im Voraus nicht verlässlich bestimmen; Rückforderungsansprüche werden aber regelmäßig an der Entreicherung des Berechtigten scheitern.

529 BGH NJW 1993, 2105 = FamRZ 1993, 1186.

530 Im Gegensatz zum Wirtschaftsgeld nach § 1360a Abs. 2 S. 2 (→ § 1360a Rn. 16).

531 BGH NJW 1997, 731 = FamRZ 1997, 484.

532 BGH NJW 1982, 328 (329) = FamRZ 1982, 145 (146) – Arztkosten; NJW 1983, 224 = FamRZ 1983, 29 – Umzugskosten zur Erlangung einer Arbeitsstelle; OLG Düsseldorf FamRZ 1982, 1068 (1069) – Umzugskosten bei unerwarteter Trennung; Staudinger/*Voppel,* 2018, Rn. 273; *Niepmann/Schwamb* Rspr. zur Höhe des Unterhalts Rn. 335.

(→ § 1360a Rn. 20 ff.; → § 1360b Rn. 1 ff.; → § 1605 Rn. 1 ff.). Für Mehrleistungen gilt ferner die **Vermutung des fehlenden Rückforderungswillens** (§ 1360b); aus dem Getrenntleben allein darf eine Rückforderungsabsicht nicht gefolgert werden (→ § 1360b Rn. 9). § 1605 gewährt dem Unterhaltskläger ebenso wie § 1580 den praktisch wichtigen **Auskunftsanspruch.** Für die **Vergangenheit** kann Unterhalt gemäß Abs. 4 S. 4, § 1360a Abs. 3, § 1613 Abs. 1 vom Zugang des Auskunftsbegehrens (→ Rn. 77) an verlangt werden; bei Verfolgungshindernissen (§ 1613 Abs. 2 Nr. 2, Abs. 3) unter Umständen auch darüber hinaus.[533] Eine § 1578b entsprechende Befristungsmöglichkeit ist im Rahmen des Trennungsunterhalts dagegen nicht vorgesehen. Nach der Begründung des Regierungsentwurfs[534] fehlt für eine entsprechende Anwendung der Bestimmung eine Notwendigkeit, solange die Ehe besteht. Ungeachtet dessen kann in besonders gelagerten Fällen – etwa bei nur kurzer Zeit des Zusammenlebens und sehr langem Getrenntleben – eine Inanspruchnahme grob unbillig sein und zur Annahme eines Härtegrundes nach Abs. 3 iVm § 1579 Nr. 8 führen.[535] – Unterhaltsansprüche **verjähren,** ohne dass es auf eine Titulierung ankommt, nach der Neufassung der Verjährungsvorschriften zum 1.1.2002 gemäß § 197 Abs. 2, § 195 in drei Jahren. Erfasst werden, anders als nach früherem Recht,[536] auch Ansprüche auf Sonderbedarf (§ 1613 Abs. 2, § 1585b Abs. 1). Die Verjährungsfrist beginnt nach § 199 Abs. 1 mit dem Schluss des Jahres, in dem der Anspruch entstanden ist und der Gläubiger von den den Anspruch begründenden Umständen und der Person des Schuldners Kenntnis erlangt oder ohne grobe Fahrlässigkeit hätte erlangen müssen. Die bis zur Rechtskraft aufgelaufenen Leistungen bzw. bis zum Abschluss eines Vergleichs oder Errichtung einer vollstreckbaren Urkunde entstandenen Ansprüche verjähren dagegen in 30 Jahren (§ 197 Abs. 1 Nr. 3 und 4). Zur Übergangsregelung s. Art. 229 § 6 EGBGB. Die Verjährung von Ansprüchen zwischen Ehegatten ist gehemmt, solange die Ehe besteht (§ 207 Abs. 1 S. 1). Wegen § 207 insoweit unverjährbare Ansprüche können darum infolge treuwidrig verzögerter Geltendmachung **verwirkt** werden (§ 242); deswegen hat der Verwirkungseinwand hier größere praktische Bedeutung als sonst im Verjährungsrecht. Da Unterhalt für die Vergangenheit nur ausnahmsweise gefordert werden kann (§ 1613 Abs. 1), sind an das „Zeitmoment" keine strengen Anforderungen zu stellen. Die Jahresfrist des § 1585b Abs. 3 (→ § 1585b Rn. 27) ist zwar nicht analog anzuwenden, das „Zeitmoment" kann aber erfüllt sein, wenn die Rückstände Zeitabschnitte betreffen, die etwas mehr als ein Jahr zurückliegen.[537] Das bloße Unterlassen der Geltendmachung des Unterhalts vermag das Umstandsmoment der Verwirkung allerdings nicht zu begründen.[538] Weitere Rechtsfolgen des Getrenntlebens → § 1567 Rn. 67.

## VIII. Prozessuales

79 **1. Zuständigkeit; Verfahren; Darlegungs- und Beweislast.** Sachlich ausschließlich zuständig ist in erster Instanz das Amtsgericht nach § 23a Abs. 1 Nr. 1 GVG, § 111 Nr. 8 FamFG. Örtlich ausschließlich zuständig ist nach § 232 Abs. 1 FamFG während der Anhängigkeit einer Ehesache das Gericht, bei dem die Ehesache im ersten Rechtszug anhängig ist oder war. Sofern eine Zuständigkeit nach § 232 Abs. 1 FamFG nicht besteht, bestimmt sich die Zuständigkeit nach den Vorschriften der ZPO (§§ 12 ff. ZPO) mit der Maßgabe, dass in den Vorschriften über den allgemeinen Gerichtsstand an die Stelle des Wohnsitzes der gewöhnliche Aufenthalt tritt (§ 232 Abs. 3 S. 1 FamFG). Zu weiteren Zuständigkeiten nach Wahl des Antragstellers vgl. § 232 Abs. 3 S. 2 FamFG. Abweichend von den §§ 91 ff. ZPO entscheidet das Gericht in Unterhaltssachen nach billigem Ermessen über die Verteilung der Kosten des Verfahrens auf die Beteiligten (§ 243 FamFG). Zu den hierbei insbesondere zu berücksichtigenden Gesichtspunkten vgl. § 243 S. 2 FamFG, etwa Nr. 4 (sofortiges Anerkenntnis nach § 93 ZPO). Endentscheidungen in Familienstreitsachen (solche sind ua die Verfahren, die die durch Ehe begründete Unterhaltspflicht betreffen, § 112 Nr. 1 FamFG, § 231 Abs. 1 Nr. 2 FamFG) werden mit Rechtskraft wirksam. Soweit die Endentscheidung eine Verpflichtung zur Leistung von Unterhalt enthält, soll das Gericht die sofortige Wirksamkeit anordnen (§ 116 Abs. 3 FamFG). Die §§ 708–713 ZPO sind nicht anwendbar.[539] Nach § 235 FamFG kann das Gericht anordnen, dass der Antragsteller und der Antragsgegner Auskünfte über ihre Einkünfte, ihr Vermögen und ihre persönlichen und wirtschaftlichen Verhältnisse erteilen, soweit dies für die Bemessung des Unterhalts

[533] Johannsen/Henrich/*Graba* § 1613 Rn. 15; *Kalthoener/Büttner* NJW 1998, 2012 (2016).
[534] BT-Drs. 16/1830, 16.
[535] OLG Frankfurt FamRZ 2004, 1574: 10jähriges Getrenntleben bei finanzieller Selbständigkeit der Ehegatten; weitergehend *Graba* FamRZ 2008, 1217 (1221): analoge Anwendung auch im Fall einfacher Unbilligkeit.
[536] BGHZ 103, 160 (167) = NJW 1988, 2604 = FamRZ 1988, 387.
[537] BGHZ 103, 62 = NJW 1988, 1137 = FamRZ 1988, 370 (372); vgl. auch BGH NJW 2003, 128 = FamRZ 2002, 1698 zum Elternunterhalt.
[538] BGH NJW 2018, 1013 = FamRZ 2018, 589 (561).
[539] BT-Drs. 16/6308, 226.

von Bedeutung ist, ferner dass die Wahrheitsgemäßheit und Vollständigkeit der Auskunft schriftlich versichert wird.[540] – Bezüglich etwa bereits vorliegender Vollstreckungstitel hat der Anwalt zwecks richtiger Antragsstellung (Erst- oder Abänderungsantrag; → Rn. 80) seinen Mandanten bei Ungenauigkeit von dessen Angaben zu befragen.[541] § 308 ZPO (ne ultra petita) ist nach der Verweisung in § 113 Abs. 1 FamFG auf die Vorschriften der ZPO zu beachten; besonders zu beantragen sind Sonderbedarf (→ Rn. 77) und Vorsorge-Unterhalt (→ Rn. 49 f.). Die Darlegungs- und **Beweislast** wird grundsätzlich entsprechend den Informationssphären der Parteien verteilt.[542] Demgemäß hat der Anspruchssteller seine Bedürftigkeit zu beweisen.[543] Der Beweis einer ausnahmsweisen Erwerbsobliegenheit gemäß Abs. 2 oder eines Härtegrundes gemäß Abs. 3 ist grundsätzlich vom Anspruchsgegner zu führen. Steht die Erwerbsobliegenheit fest, muss der Anspruchssteller beweisen, dass ihm die Arbeitsaufnahme aus gesundheitlichen Gründen oder wegen der Situation am Arbeitsmarkt nicht möglich ist.[544] Der Kläger trägt ferner die Darlegungs- und Beweislast für die Angemessenheit seiner Unterhaltsforderung.[545] Der Anspruchsgegner muss seine fehlende oder eingeschränkte Leistungsfähigkeit beweisen.

**2. Abänderung gerichtlicher Entscheidungen sowie von Vergleichen und Urkunden.** 80
§ 323 ZPO ist mit dem Inkrafttreten des FGG-Reformgesetzes zum 1.9.2009 geändert und den §§ 238 ff. FamFG angepasst worden. Die Bestimmung betrifft in der neuen Fassung nur noch Urteile, während die Abänderung von Vergleichen und Urkunden in § 323a ZPO geregelt ist. § 238 FamFG gilt für die Abänderung gerichtlicher Endentscheidungen, die nach § 38 Abs. 1 FamFG allein durch Beschluss ergehen. Die für eine Herab- oder Heraufsetzung des Unterhalts zu wahrenden Zeitgrenzen ergeben sich aus § 238 Abs. 3 FamFG. Abs. 4 sieht vor, dass im Falle einer wesentlichen Änderung die Ausgangsentscheidung unter Wahrung ihrer Grundlagen anzupassen ist. Die Abänderung von Vergleichen und Urkunden ist in § 239 FamFG geregelt.

**3. Verhältnis zum Geschiedenen-Unterhalt.** Zum Familienunterhalt bei intakter Ehe 81
(§§ 1360, 1360a) bestehen zahlreiche Unterschiede (→ Rn. 1), zum Unterhalt unter Geschiedenen hingegen viele Übereinstimmungen. Die Übereinstimmungen zum Geschiedenenunterhalt manifestieren sich in gesetzlichen Bezugnahmen (Abs. 3) und in diversen jurisdiktionellen Analogieschlüssen. Unterschiede zeigen sich hingegen in den Grundannahmen: Die Garantie des zunächst aufrecht zu erhaltenden bisherigen Lebensstandards verpflichtet den getrennt lebenden Unterhaltsberechtigten nur ausnahmsweise zu einer Erwerbstätigkeit (→ Rn. 53 ff.). Nach der Scheidung ist hingegen umgekehrt von prinzipieller Eigenverantwortlichkeit auszugehen; die grundsätzlich bestehende Pflicht zu angemessener eigener Erwerbstätigkeit wird nur in bestimmten Bedarfssituationen eingeschränkt. Angesichts von einerseits gleichen, andererseits unterschiedlichen Merkmalen fragt sich, ob die Ähnlichkeiten oder die Unterschiede überwiegen. Hiernach richtet sich, ob real von gleichen oder von unterschiedlichen Lebenssachverhalten und prozessual von identischen oder von disparaten Streitgegenständen auszugehen ist. Nach der Rspr. des BGH sind ehelicher und nachehelicher Unterhalt nicht identisch.[546] Titel, die Trennungsunterhalt zum Gegenstand haben, können nach rechtskräftiger Scheidung deshalb nicht gemäß §§ 238 f. FamFG in solche auf nachehelichen Unterhalt „angepasst" werden. Diese Ansicht hat sich trotz damit verbundener prozessualer Nachteile für die Parteien[547] in der Praxis durchgesetzt.

**4. Einstweiliger Rechtsschutz.** Die Neuregelung des einstweiligen Rechtsschutzes durch die 82
§§ 49 ff. FamFG führte zu einem Systemwechsel:[548] Anders als nach den §§ 621g, 644, 127a ZPO aF setzt die Zulässigkeit nicht mehr die Anhängigkeit einer gleichartigen Hauptsache bzw. eines entsprechenden Prozesskostenhilfegesuchs oder einer Ehesache voraus. Für den Erlass einer einstweili-

540 Die „schriftliche Versicherung" ist aber keine eidesstattliche Versicherung, so dass eine falsche Erklärung nicht nach § 156 StGB strafbar ist.

541 BGH NJW 1998, 2048 = FamRZ 1998, 896. Der Anwalt haftet, selbst wenn das Gericht entgegen § 139 ZPO nicht auf sachdienliche Antragsstellung hinwirkte oder wenn es die Leistungsklage rechtsfehlerhaft nicht in eine Abänderungsklage umdeutete; krit. *Büttner* NJW 1999, 2315 (2325).

542 *Pruskowski* in Baumgärtel/Laumen/Prütting Beweislast-HdB Rn. 1.

543 BGH NJW 1995, 1148 = FamRZ 1995, 291; NJW 1986, 718 = FamRZ 1986, 244 (246); BeckRS 1983, 31072564 = FamRZ 1984, 988.

544 *Pruskowski* in Baumgärtel/Laumen/Prütting Beweislast-HdB Rn. 6 ff.

545 *Pruskowski* in Baumgärtel/Laumen/Prütting Beweislast-HdB Rn. 1.

546 BGHZ 78, 130 ff. = NJW 1980, 2811 = FamRZ 1980, 1099 f.; BGH NJW 1981, 978 = FamRZ 1981, 242 (243) m. abl. Anm. *Mutschler.*

547 → 4. Aufl. 2000, Rn. 49.

548 So *van Els* FPR 2008, 406 (408).

gen Anordnung sind erforderlich: ein Antrag (§ 51 Abs. 1 FamFG)[549] und ein Anordnungsanspruch, dh eine materiell-rechtliche Grundlage für den Anspruch. Der Antrag ist zu begründen; die Voraussetzungen für die Anordnung sind glaubhaft zu machen (§ 51 Abs. 1 FamFG). In Abweichung von der Regelung des § 49 FamFG gelten nach § 246 FamFG folgende Besonderheiten, wenn die Verpflichtung zur Zahlung von Unterhalt oder eines Kostenvorschusses für ein gerichtliches Verfahren angeordnet werden soll: Es erfolgt nicht nur eine vorläufige Sicherung oder Regelung eines Zustands, sondern es wird eine Zahlungspflicht begründet; ein dringendes Bedürfnis für ein sofortiges Tätigwerden des Familiengerichts ist nicht notwendig. Anders als bei der Leistungsverfügung (§§ 935, 940 ZPO) erfolgt weder eine Befristung noch eine Begrenzung des Unterhalts der Höhe nach auf den zur Abdeckung eines Mindestbedarfs notwendigen Betrag. Die dadurch geschaffene verfahrensrechtliche Möglichkeit dürfte in vielen Fällen zur Folge haben, dass ein Hauptsacheverfahren überflüssig wird, weil der Antragsteller im Wege der einstweiligen Anordnung schneller und einfacher zu seinem Ziel kommen kann (zB keine Beweisführung, sondern Glaubhaftmachung). Im Übrigen gelten die §§ 50–57 FamFG: Die einstweilige Anordnung auf Unterhalt ist mithin unanfechtbar, falls sie auf mündliche Verhandlung ergangen ist (§ 57 S. 1 FamFG). Der Zahlungspflichtige kann aber ein Hauptsacheverfahren erzwingen (§ 52 Abs. 2 FamFG) bzw. – falls ohne mündliche Verhandlung entschieden wurde – den Antrag stellen, aufgrund mündlicher Verhandlung erneut zu entscheiden (§ 54 Abs. 2 FamFG) sowie die Aufhebung oder Änderung der Entscheidung beantragen (§ 54 Abs. 1 FamFG). Das Außerkrafttreten der einstweiligen Anordnung bestimmt sich nach § 56 FamFG. Sie tritt nicht ohne weiteres mit der Rechtskraft des Scheidungsurteils außer Kraft. Eine Änderung kann prozessual durch einen negativen Feststellungsantrag herbeigeführt werden,[550] der mit dem Antrag auf Rückforderung überzahlten Unterhalts verbunden werden kann. Rückzahlung kann unter den Voraussetzungen der § 812 Abs. 1, § 818 mit der Leistungskondiktion verlangt werden. Der Leistungsempfänger kann sich auf den Wegfall der Bereicherung (§ 818 Abs. 3) berufen. Die Entreicherung muss er zwar beweisen, die Rspr. hat insofern jedoch, insbesondere für untere und mittlere Einkommensverhältnisse, Beweiserleichterungen geschaffen.[551] Die Berufung auf den Entreicherungseinwand ist dem Unterhaltsempfänger in den Fällen der verschärften Haftung gemäß § 818 Abs. 4, § 819 Abs. 1 verwehrt. Die Anwendung von § 818 Abs. 4 erfordert die Rechtshängigkeit des Rückforderungsantrags.[552] § 820 ist auf Unterhaltsüberzahlungen nicht anwendbar, auch nicht analog.[553] – Für die Kosten des Verfahrens der einstweiligen Anordnung gelten die allgemeinen Vorschriften (§ 51 Abs. 4 FamFG).

83 **5. Sicherheitsleistung; Pfändung; Arrest.** Ein gesetzlicher Anspruch auf Sicherheitsleistung für den Unterhaltsanspruch besteht nicht; § 1585a ist nicht entsprechend anwendbar (→ § 1585a Rn. 1). Vereinbarung einer Sicherheitsleistung ist zulässig, sie ändert nicht die Rechtsnatur des zu sichernden Anspruchs (→ § 1585c Rn. 15). Ein titulierter Anspruch ermöglicht die vorteilhafte Vorratspfändung gemäß § 850d Abs. 3 ZPO. Unterhaltsansprüche können bei Gefährdung, etwa wenn sich abzeichnet, dass der Schuldner sich in das Ausland absetzt, durch **Arrest** gesichert werden. § 119 Abs. 2 S. 2 FamFG ordnet insofern die Anwendung der entsprechenden Bestimmungen der ZPO an.

84 **6. Pfändbarkeit. Aufrechnung.** Pfändbar ist die laufende Unterhaltsrente einschließlich eventueller Rückstände, auch wenn vertraglich modifiziert (→ Rn. 51), gemäß § 850b Abs. 1 Nr. 2, Abs. 2 ZPO nur beschränkt. Der zweckgebundene Anspruch auf Deckung von Sonderbedarf ist unpfändbar. Soweit unpfändbar, ist der Anspruch auch nicht abtretbar (§ 400). Unpfändbaren Unterhaltsansprüchen gegenüber kann mit einem Rückforderungsanspruch wegen überhöht beigetriebenen Unterhaltsraten (zB aufgrund überzogener Lohnpfändung) grundsätzlich nicht **aufgerechnet** werden (§ 394).[554] Mit einer Schadensersatzforderung aus einer im Rahmen des Unterhaltsrechtsverhältnisses begangenen vorsätzlichen unerlaubten Handlung kann der Unterhaltsschuldner aufrechnen, da in einem solchen Fall dem Aufrechnungsverbot des § 394 der Einwand der Arglist entgegensteht. Dem Unterhaltsberechtigten muss jedoch das Existenzminimum verbleiben. Da der Unterhaltsgläubiger nicht verpflichtet ist, Vorauszahlungen auf den Trennungsunterhalt für einen

[549] Wenn – wie bei einem Unterhaltsbegehren – ein entsprechendes Hauptsacheverfahren nur auf Antrag eingeleitet wird.

[550] BGHZ 143, 65 = NJW 2000, 740 = FamRZ 2000, 751; BGH NJW 1991, 705 f. = FamRZ 1991, 180.

[551] BGHZ 118, 363 = NJW 1992, 2415 = FamRZ 1992, 1152; BGH NJW 2000, 74 = FamRZ 2000, 751.

[552] BGH NJW 1998, 2433 = FamRZ 1998, 951, auch zur Bösgläubigkeit bzgl. zu viel gezahlten Unterhalts gemäß § 819 Abs. 1. Hierzu ferner BGHZ 133, 246 = NJW 1996, 2652; BGHZ 118, 383 = NJW 1992, 2415 = FamRZ 1992, 1152.

[553] BGH NJW 1998, 2433 = FamRZ 1998, 951.

[554] Zu Einzelheiten *Wohlfahrt* FamRZ 2001, 1183 ff.; aA OLG Schleswig FamRZ 1986, 707; OLG Hamburg und OLG Naumburg FamRZ 1999, 436; 1999, 437; BGH NJW 2013, 2592 Rn. 20 ff. = FamRZ 2013, 1202: das Aufrechnungsverbot gilt auch zugunsten von Sozialhilfeträgern.

längeren Zeitraum als drei Monate entgegen zu nehmen (§ 1614 Abs. 2, § 760 Abs. 2, § 1361 Abs. 4, § 1360a Abs. 3), kann gegen den Anspruch auf Unterhalt auch nicht in weitergehendem Umfang aufgerechnet werden.[555] Trotz der bei Vorsatz gebotenen Restriktion des § 394 besteht die Aufrechnungsmöglichkeit nicht, wenn der Gläubiger bis zur Klärung des Schuldvorwurfs Sicherheit leistet.[556]

## § 1361a Verteilung der Haushaltsgegenstände bei Getrenntleben

**(1) [1]Leben die Ehegatten getrennt, so kann jeder von ihnen die ihm gehörenden Haushaltsgegenstände von dem anderen Ehegatten herausverlangen. [2]Er ist jedoch verpflichtet, sie dem anderen Ehegatten zum Gebrauch zu überlassen, soweit dieser sie zur Führung eines abgesonderten Haushalts benötigt und die Überlassung nach den Umständen des Falles der Billigkeit entspricht.**

**(2) Haushaltsgegenstände, die den Ehegatten gemeinsam gehören, werden zwischen ihnen nach den Grundsätzen der Billigkeit verteilt.**

**(3) [1]Können sich die Ehegatten nicht einigen, so entscheidet das zuständige Gericht. [2]Dieses kann eine angemessene Vergütung für die Benutzung der Haushaltsgegenstände festsetzen.**

**(4) Die Eigentumsverhältnisse bleiben unberührt, sofern die Ehegatten nichts anderes vereinbaren.**

**Schrifttum:** S. § 1568a; *Brudermüller,* Ehewohnung und Hausrat als Streitobjekt bei Trennung der Ehegatten, FuR 1996, 229; *Brudermüller,* Regelungen der Nutzungs- und Rechtsverhältnisse an Ehewohnung und Hausrat, FamRZ 1999, 129, FamRZ 1999, 193, FamRZ 2003, 1705, FamRZ 2006, 1157 und FamRZ 2008, 1895; *Elden,* Herausgabe von Haushaltsgegenständen während der Trennung, NJW-Spezial 2012, 196; *Götz/Brudermüller,* Nutzungs- und Rechtsverhältnisse an Ehewohnung und Haushaltsgegenständen, Verfahren nach dem GewSchG, FamRZ 2015, 177; *Hambitzer,* Der possessorische Besitzschutz unter getrennt lebenden Ehegatten, FamRZ 1989, 236; *Holzwarth,* Die Verteilung von Haushaltsgegenständen bei Getrenntleben, FPR 2010, 559; *Klein,* Rechtsverhältnisse an Ehewohnung und Hausrat, FuR 1997, 39, FuR 1997, 73, FuR 1997, 107, FuR 1997, 142, FuR 1997, 199, FuR 1997, 239, FuR 1997, 269; *Kobusch,* Die eigenmächtige Hausratsteilung, FamRZ 1994, 935; *Krebs,* Die Eigentumsvermutung des § 1006 Abs. 1 S. 1 BGB bei Auszug aus einer gemeinschaftlichen Wohnung, FamRZ 1994, 281; *Kuhnt,* Die Regelung des Hausrats nach der Ehescheidung, AcP 150 (1949), 130; *Quambusch,* Zur rechtlichen Behandlung der Vorräte bei Ehescheidung und Getrenntleben, FamRZ 1989, 691; *Vomberg,* Begriff der Hausratsgegenstände iSd § 1361a BGB, §§ 1, 8 ff. HausratsVO, FPR 2000, 67.

**Übersicht**



[555] BGH NJW 1993, 2105 = FamRZ 1993, 1186 (1187 f.).
[556] AG Groß-Gerau FamRZ 1995, 297 f.

## I. Normzweck

1 **1. Normzweck.** Durch § 1361a soll der Gebrauch der Haushaltsgegenstände für die Zeit des Getrenntlebens geregelt werden können. Hierdurch sollen die Folgen des Getrenntlebens zwischen den Ehegatten gemildert werden. Die Vorschrift wurde durch das Gesetz zur Änderung des Zugewinnausgleichs- und Vormundschaftsrecht vom 6.7.2009 (BGBl. 2009 I 1696) inhaltlich nicht geändert. Lediglich die Überschrift wurde der neuen Terminologie (Haushaltsgegenstände anstatt Hausrat) angepasst. Abs. 1 Satz 1 gibt jedem Ehegatten einen **Anspruch auf Herausgabe** ihm gehörender Haushaltsgegenstände gegen den getrenntlebenden Partner. Ist die Herausgabe unbillig, weil dem Partner bestimmte Haushaltsgegenstände unentbehrlich sind, gewährt Abs. 1 S. 2 insoweit einen **Gebrauchsüberlassungsanspruch.** Die Ansprüche nach § 1361a Abs. 1 dienen nicht dazu, den vor der Trennung erreichten Lebensstandard zu erhalten.[1] Erzielt werden soll vielmehr ein billiger Ausgleich zwischen der dinglichen Berechtigung an Hausratsgegenständen und dem Interesse an ihrer Benutzung zwecks Führung eines gesonderten Haushalts während der Trennung. Abs. 2 enthält eine Regelungsmöglichkeit für die im **Miteigentum der Ehegatten** stehenden Haushaltsgegenstände; sie sollen nach den Grundsätzen der Billigkeit verteilt werden. Geregelt wird durch die gerichtliche Entscheidung nur eine **vorläufige Nutzung.** Die Eigentumsverhältnisse bleiben unberührt, soweit die Ehegatten nichts anderes vereinbaren (Abs. 4).

2 **2. Parallelvorschriften.** Für die Zeit nach Rechtskraft der Scheidung enthält § 1568b Regelungen über die Verteilung von im Miteigentum der Ehegatten stehenden Haushaltsgegenständen. Danach können (im Gegensatz zu § 1361a Abs. 4) auch die Eigentumsverhältnisse durch Richterspruch geändert werden. Eine Zuteilung von Gegenständen, die sich im Alleineigentum eines Ehegatten befinden, kommt allerdings nicht mehr in Betracht. Eine analoge Anwendung auf ehelos Zusammenlebende scheidet aus (aber → Anh. § 1302 Rn. 53). Für eingetragene Lebenspartnerschaften sieht § 13 LPartG eine entsprechende Bestimmung vor.

## II. Allgemeine Voraussetzungen

3 **1. Getrenntleben.** Nach dem Wortlaut von Abs. 1 S. 1 wird das Getrenntleben der Ehegatten vorausgesetzt. Der Begriff entspricht dem des § 1361 (→ § 1361 Rn. 5) sowie der Legaldefinition des § 1567.[2] Die Gründe, die zu dem Getrenntleben geführt haben, sind für die Anwendbarkeit der Bestimmung unerheblich; sie können aber im Rahmen der Billigkeitsprüfung nach Abs. 1 S. 2, Abs. 2 Bedeutung haben (→ Rn. 12).[3] Im Unterschied zu § 1361b genügt die Absicht des Getrenntlebens nicht. Dies erscheint wenig sachgerecht, hat es doch zur Folge, dass nicht gleichzeitig mit der Regelung der Nutzung der Ehewohnung eine solche bezüglich des Hausrats erfolgen kann. Mit Rücksicht darauf wird die Auffassung vertreten, der Wortlaut des § 1361a hindere nicht, die Anwendung der Norm schon bei bloßer Trennungsabsicht zuzulassen.[4] Der strikten Formulierung des Gesetzes, die bei bekannter Problematik trotz der Reform durch das Gesetz zur Änderung des Zugewinnausgleichs- und Vormundschaftsrecht vom 6.7.2009 (BGBl. 2009 I 1696) beibehalten worden ist, entspricht dies freilich nicht.

4 **2. Haushaltsgegenstände.** Der Begriff Haushaltsgegenstände (so auch in § 1568b) ist identisch mit den „Gegenständen des ehelichen Haushalts" nach §§ 1369, 1932 und mit dem „Hausrat" nach §§ 8 ff. der zum 1.9.2009 außer Kraft getretenen HausratsVO (abweichend der versicherungsvertragliche Hausratsbegriff). Erfasst werden bei der gebotenen (und im Rahmen des § 1361a, der nicht auf eine endgültige Regelung zielt, jedenfalls unbedenklichen) weiten Auslegung alle beweglichen Gegenstände, die nach den Lebens- und Vermögensverhältnissen der Ehegatten für die gemeinsame Wohnung, die Hauswirtschaft und das Zusammenleben der Familie sowie deren Freizeitgestaltung bestimmt sind.[5] Die betroffenen Gegenstände müssen als Hausrat geeignet, ihre Zweckbestimmung muss auf die tatsächliche Verwendung im Rahmen der Lebensführung der Familie gerichtet sein.[6] Der Zeitpunkt der Anschaffung ist unerheblich; auch vor der Eheschließung – bis zur endgültigen

---

[1] OLG Köln FamRZ 1980, 249 (250); Staudinger/*Voppel,* 2018, Rn. 3; Johannsen/Henrich/*Götz* Rn. 1.

[2] Staudinger/*Voppel,* 2018, Rn. 6; Johannsen/Henrich/*Götz* Rn. 5; *Motzer* in Schwab Scheidungs-HdB Teil VIII Rn. 117.

[3] Staudinger/*Voppel,* 2018, Rn. 6; Johannsen/Henrich/*Götz* Rn. 7.

[4] Johannsen/Henrich/*Götz* Rn. 5; ähnlich MAH FamR/*Müller* § 17 Rn. 43 f.: erwägenswert; vgl. auch NK-BGB/*Boden* Rn. 8: sachgerecht, aber in der Praxis nicht unproblematisch.

[5] BGH NJW 1984, 484 = FamRZ 1984, 144 (146); NJW 1984, 1758 = FamRZ 1984, 575; *Kuhnt* AcP 150 (1948/1949), 130 (132); Soergel/*Leiß* Rn. 9; Staudinger/*Voppel,* 2018, Rn. 8; *Vomberg* FPR 2000, 67; aA *Smid* AcP 189 (1989), 51 (67): „alle in der Ehewohnung befindlichen Gegenstände im Alleineigentum eines oder Miteigentum beider Ehegatten".

[6] *Vomberg* FPR 2000, 67; Johannsen/Henrich/*Götz* Rn. 9.

Trennung – für den gemeinsamen Haushalt erworbene Sachen gehören zu den Haushaltsgegenständen.[7] Anders zu beurteilen sind Gegenstände, die nach der Trennung von einem Ehegatten für seinen gesonderten Haushalt angeschafft worden sind; insofern fehlt es an der gemeinsamen Zweckbestimmung.[8] Zur Berücksichtigung bei der Billigkeitsentscheidung → Rn. 15. Zu den Haushaltsgegenständen gehört die **Wohnungseinrichtung** (vgl. § 1 HausratsVO aF; § 1568b sieht insofern von einer ausdrücklichen Erwähnung ab) – soweit nicht ausschließlich für einen Ehegatten bestimmt (Arbeitszimmer) – einschließlich Lampen, Teppichen, Bildern und sonstigem Wandschmuck, Haus- und Küchengeräten, Geschirr, Besteck, Gläsern, Wäsche, Heizmaterial.[9] Je nach Ehezuschnitt können dies auch wertvolle Gegenstände einschließlich kostbarer **Kunstgegenstände** sein.[10] Hinzukommen alle der Versorgung, Erziehung, Ausbildung und Gesundheit der Kinder dienenden Sachen.[11] Über die Gegenstände des körperlichen Wohlbefindens hinaus ist Hausrat alles der **Bildung und Unterhaltung** der Familienmitglieder Dienliche,[12] wie Radio- und Fernsehgeräte, Film- und Videogeräte, Musikanlagen,[13] Bücher,[14] auch Nachschlagewerke,[15] aber nicht Fachliteratur[16] (→ Rn. 7), Computer, die der Familie zur allgemeinen Nutzung zur Verfügung stehen[17] und Musikinstrumente, wenn sie überwiegend von den Mitgliedern der Familie gemeinsam benutzt werden,[18] nicht dagegen bei Benutzung durch nur einen Ehegatten. Auch Fahrräder, Sportgeräte, Segel- oder Motoryacht,[19] Wohnanhänger und Wohnmobile[20] sowie die Einrichtung und Ausstattung eines Wochenendhauses[21] können Hausrat darstellen, soweit sie der **Freizeit- und Urlaubsgestaltung** der Familie – und nicht nur derjenigen eines Ehegatten – dienen.

Bei **eingebauten Einrichtungsgegenständen** hängt die Qualifizierung als Haushaltsgegen- 5
stand davon ab, ob sie durch den Einbau wesentliche Bestandteile des Gebäudes geworden sind (§ 94 Abs. 2), oder ob es sich um Normteile handelt, die ohne größeren Zeit- und Kostenaufwand ausgebaut und anderweitig genutzt werden können.[22] Ist Letzteres der Fall, handelt es sich idR um Haushaltsgegenstände, es sei denn, die Sachen wären dauerhaft eingefügt und gäben einem Raum erst sein besonderes, großzügiges Gepräge.[23] Die Zuordnung einer **Einbauküche** hängt ansonsten von der regional unterschiedlichen Verkehrsanschauung darüber ab, ob die serienmäßig hergestellten und an Ort und Stelle zusammengefügten Teile einer vollständigen Kücheneinrichtung als zum Haus gehörend angesehen werden.[24] Zum Verbrauch bestimmte **Vorräte** sind wie Hausrat zu behandeln.[25] Gemeinsam gehaltene **Haustiere** sind zwar keine Sachen (§ 91a), aber wie Haushaltsgegenstände nach § 1361a zu verteilen;[26] dabei sind auch Aspekte des Tierwohls zu berücksichtigen, im Rahmen der Billigkeitsabwägung allerdings vorzugsweise Kriterien, durch die den Ehegatten eine Teilhabe an dem Tier ermöglicht wird.[27]

---

7 OLG Brandenburg FamRZ 2003, 532 Ls. 2; Soergel/*Leiß* Rn. 9.

8 *Holzwarth* FPR 2010, 559 (560).

9 OLG Karlsruhe FamRZ 2007, 59; *Vomberg* FPR 2000, 67; Johannsen/Henrich/*Götz* Rn. 9.

10 BGH NJW 1984, 1758 = FamRZ 1984, 575 = JR 1984, 379 mAnm *Schubert*; OLG Brandenburg FamRZ 2003, 532 Ls. 3; OLG Bamberg FamRZ 1997, 378, jeweils: sofern nicht als Kapitalanlage angeschafft.

11 *Kuhnt* AcP 150 (1948/1949), 130 (133).

12 Amtl. Erläuterung zu § 1 HausratsVO, DJ 1944, 278; *Kuhnt* AcP 150 (1948/1949), 130 (133).

13 Staudinger/*Voppel*, 2018, Rn. 11; Johannsen/Henrich/*Götz* Rn. 9; *Vomberg* FPR 2000, 67.

14 Staudinger/*Voppel*, 2018, Rn. 11; *Michaelis* JR 1949, 436.

15 KG FamRZ 1960, 71; Staudinger/*Voppel*, 2018, Rn. 11.

16 Staudinger/*Voppel*, 2018, Rn. 11.

17 OLG Hamburg FamRZ 1990, 1118; AG Amberg NJW-RR 2009, 2 f.; Staudinger/*Voppel*, 2018, Rn. 11.

18 BayObLG OLGZ 1952, 279 (282); Staudinger/*Voppel*, 2018, Rn. 10; *Vomberg* FPR 2000, 67 (68).

19 OLG Dresden FPR 2003, 596 = FamRZ 2004, 273 Ls.

20 OLG Hamm MDR 1999, 615; OLG Koblenz MDR 1994, 589 = FamRZ 1994, 1255; OLG Köln FamRZ 1992, 696; aA OLG Düsseldorf FamRZ 1992, 60 f.: güterrechtlich zu berücksichtigen; bei dauernder Nutzung sind sie als Ehewohnung anzusehen, OLG Zweibrücken FamRZ 1980, 569.

21 OLG Bamberg FamRZ 1993, 335.

22 OLG Köln NJW-RR 1991, 1077; OLG Zweibrücken NJW-RR 1989, 84; FamRZ 1993, 82; OLG Hamm FamRZ 1991, 89; 1998, 1028; Johannsen/Henrich/*Götz* Rn. 13; *Vomberg* FPR 2000, 67; *Klein* FuR 1997, 142 (145).

23 BGH NJW-RR 1990, 586 betr. Einbauküche; OLG Koblenz FamRZ 2017, 1391.

24 BGH NJW-RR 1990, 586 (587); 1990, 787; 1990, 914, jeweils mwN; OLG Karlsruhe NJW-RR 1986, 19; OLG Hamm NJW-RR 1989, 333; OLG Düsseldorf NJW-RR 1994, 1039; OLG Celle NJW-RR 1989, 913; Johannsen/Henrich/*Götz* Rn. 13; *Klein* FuR 1997, 142 (145); *Vomberg* FPR 2000, 67 (68).

25 *Kuhnt* AcP 150 (1948/1949), 133; *Michaelis* JR 1949, 436; hM, einschr. Staudinger/*Voppel*, 2018, Rn. 12: in Zeiten der Knappheit. Insoweit Anspruch auf Verbrauch, nicht bloß auf Gebrauch (Abs. 1 S. 2). Wer dies ablehnt, *Quambusch* FamRZ 1989, 691, müsste eine Überlassungspflicht zumindest aus der Unterhaltspflicht herleiten.

26 OLG Stuttgart FamRZ 2014, 1300; OLG Schleswig FamRZ 2013, 1984 für die Zeit nach der Scheidung.

27 OLG Nürnberg FamRZ 2017, 513: Berücksichtigung von Affektionsinteresse, praktizierter Sorge für das Tier, Aspekte des Tierschutzes; OLG Stuttgart FamRZ 2014, 1300; OLG Bamberg FamRZ 2004, 559;

6 Ein **PKW** ist nach der Rspr. des BGH nur ausnahmsweise ein Haushaltsgegenstand, nämlich dann, wenn er von den Ehegatten gemeinschaftlich zum Zweck der Haushalts- und privaten Lebensführung der Familie und nicht für berufliche Zwecke genutzt wurde.[28] In der Instanzrechtsprechung wird teilweise – weitergehend – ein PKW auch dann als Haushaltsgegenstand angesehen, wenn er aufgrund gemeinsamer Zweckbestimmung überwiegend der familiären Nutzung dient.[29] Nach einer zunehmend vertretenen Auffassung ist ein PKW dagegen grundsätzlich den Haushaltsgegenständen zuzuordnen, wenn es sich um das einzige im Besitz der Familie befindliche Fahrzeug handelt, weil es dann zwangsläufig für alle im familiären Bereich anfallenden Fahrten eingesetzt werde. Dass ein Ehegatte den PKW auch für die Fahrt zur Arbeit nutze, stehe nicht entgegen, da auch das dem Interesse der Familie diene.[30] Dieser Ansicht ist zuzustimmen: Es liegt jedenfalls eine Familienzwecken dienende Nutzung vor, die für die Einordnung als Haushaltsgegenstand unabhängig davon, welcher der Ehegatten das Fahrzeug mehr nutzt, ausreicht. Bei dieser Betrachtungsweise kann im Rahmen der Verteilung den Besonderheiten des Einzelfalles durch den heranzuziehenden Billigkeitsmaßstab auch besser Rechnung getragen und der beruflichen Nutzung als Verteilungskriterium angemessene Bedeutung beigemessen werden.[31] – Besitzt jeder der Ehegatten einen eigenen PKW, mit dem er nur selbst fährt, so gehören beide Fahrzeuge nicht zu den Haushaltsgegenständen.[32] Das gilt auch hinsichtlich eines erst nach der Trennung angeschafften PKWs.[33] – Wird der PKW eines Ehegatten dem anderen zum Gebrauch zugewiesen,[34] so muss der andere als Halter die Steuern übernehmen und zu eigenen Lasten eine Haftpflichtversicherung, bei hohem Zeitwert auch eine Vollkaskoversicherung abschließen.[35]

7 **Keine Haushaltsgegenstände** sind der Vermögensanlage dienende Luxus- oder Kunstgegenstände (Sammlungen),[36] ebenso wenig die zum ausschließlich persönlichen Gebrauch (oder zur Berufsausübung) eines Ehegatten oder eines Kindes[37] dienenden Sachen iSd § 1362 Abs. 2 (→ § 1362 Rn. 27 ff.),[38] Kleider und Schmuck, Fachbücher. Auch das von einem Berufsmusiker gespielte Klavier ist kein Haushaltsgegenstand (zur Abgrenzung → Rn. 4). Solche Sachen kann ein Ehegatte von dem anderen nach § 985 herausverlangen.,[39] bzw. bei Sachen des Kindes nach §§ 1601, 1610 Abs. 2 analog.[40] Hat ein Ehegatte einen Haushaltsgegenstand unter Verstoß gegen § 1369 veräußert, so ist der Gegenstand rechtlich aus dem Hausrat ausgeschieden; der andere Ehegatte hat insoweit einen Rückschaffungsanspruch gegen den Dritten nach § 1369 Abs. 3, § 1368.[41]

---

OLG Zweibrücken FamRZ 1998, 1432; *Götz/Brudermüller* FamRZ 2015, 177; Johannsen/Henrich/*Götz* Rn. 20; *Schneider* MDR 1999, 193; *Niepmann* MDR 1999, 653 (658). Eine Umgangsrechtsregelung mit dem Hund (so AG Bad Mergentheim NJW 1997, 3033 f. = FamRZ 1998, 1432 (1434)) ginge aber zu weit, so OLG Hamm FamRZ 2011, 893; OLG Schleswig NJW 1998, 3127; OLG Bamberg FamRZ 2004, 559; vgl. auch OLG Celle FamRZ 2009, 1911 = NJW-RR 2009, 1306: nur Zuweisung möglich, keine bloße Verhinderung der Nutzung durch den anderen Ehegatten.

28 BGH NJW 1991, 1547 = FamRZ 1991, 43 (49); NJW-RR 1992, 386 = FamRZ 1992, 538; BeckRS 2010, 7122 = FamRZ 1983, 794.

29 OLG Zweibrücken FamRZ 2005, 902; OLG Frankfurt FamRZ 2004, 1105; OLG Köln FamRZ 2002, 322; OLG Karlsruhe FamRZ 2001, 760; OLG Oldenburg FamRZ 1997, 942 Ls.

30 OLG Stuttgart NJW 2016, 1665; OLG Koblenz FamRZ 2016, 1770; OLG Frankfurt NJW 2015, 2346, 2348; OLG Düsseldorf FamRZ 2007, 1325 (1326); OLG Koblenz FamRB 2006, 102; OLG Naumburg FamRZ 2004, 889 (890); KG FamRZ 2003, 1926 m. zust. Anm. *Wever;* ebenso *Schulz/Hauß* Trennung und Scheidung Kap. 4 Rn. 132; *Holzwarth* FPR 2010, 559 (560); *Wever* FamRZ 2008, 1485; Staudinger/*Voppel,* 2018, Rn. 13; Palandt/*Brudermüller* Rn. 5.

31 Vgl. etwa OLG Köln FamRZ 2010, 470.

32 BGH NJW 1991, 1547 = FamRZ 1991, 43 (49); *Schulz/Hauß* Trennung und Scheidung Kap. 4 Rn. 133; *Brudermüller* FamRZ 2006, 1157 Fn. 56.

33 OLG Naumburg NJW-Spezial 2009, 598: mit der Folge der Berücksichtigung iRd. Zugewinnausgleichs.

34 Auch ein vom Ehemann geleaster Pkw. kann ungeachtet der Bestimmungen des Leasingvertrags der Frau zufallen, die ihn bisher benutzte, OLG Stuttgart FamRZ 1995, 1275 (1276).

35 OLG Koblenz FamRZ 1991, 1302; OLG München FamRZ 1998, 1230.

36 Amtl. Erläuterung zu § 1 HausratsVO, DJ 1944, 278; hM.

37 OLG Nürnberg ZKJ 2016, 62: Impfpass, Untersuchungsheft.

38 OLG Bamberg FamRZ 1997, 378; vgl. Staudinger/*Voppel,* 2018, Rn. 9; Johannsen/Henrich/*Götz* Rn. 19; *Kuhnt* AcP 150 (1948/49), 130 (133).

39 Zum Verfahren → Rn. 18; zur Kritik an der Erforderlichkeit der Abgrenzung im Hinblick auf die verfahrensrechtlichen Unterschiede von Haushaltssachen (§ 200 Abs. 2 Nr. 1 FamFG) einerseits und Familienstreitsachen (§ 112 Nr. 3 FamFG, § 266 Abs. 1 FamFG) andererseits s. Johannsen/Henrich/*Götz* Rn. 2.

40 OLG Nürnberg ZKJ 2016, 62; Johannsen/Henrich/*Götz* Rn. 19.

41 OLG Frankfurt FamRZ 2004, 1106.

### III. Der Herausgabeanspruch (Abs. 1 S. 1)

**1. Anwendungsbereich.** Der Herausgabeanspruch des Eigentümers nach Abs. 1 S. 1 ist lex specialis zu § 985[42] und beschränkt sich auf Haushaltsgegenstände (zum Begriff → Rn. 4 ff.); Klagen gemäß § 985 auf Herausgabe von Hausrat sind ab dem Zeitpunkt der Trennung der Eheleute unzulässig.[43] Die herausverlangten Gegenstände müssen nicht Sachen iSd §§ 90, 985 sein. In Betracht kommen auch surrogierte Geldansprüche unter getrennt lebenden Partnern gegen Sachversicherer[44] oder gegen sonstige Dritte wegen Zerstörung oder (unbefugter) Veräußerung eines dem Anspruchsteller gehörenden Haushaltsgegenstandes (→ Rn. 7 aE).[45] Körperliche Gegenstände brauchen nicht im (Voll-)Eigentum des fordernden Ehegatten zu stehen; Anwartschaften aus aufschiebend bedingter Übereignung genügen.[46] Desgleichen ist aktivlegitimiert, wer etwa aufgrund Nießbrauchs, einer Sicherungsübereignung oder eines Mietvertrages mit einem Dritten zum Besitz berechtigt ist.[47] Die Vorfrage des Eigentums oder der sonstigen Berechtigung des Anspruchstellers ist von Amts wegen (§ 26 FamFG) zu ermitteln, soweit es für die Entscheidung darauf ankommt.[48] Anderes persönliches Eigentum kann jeder Ehegatte ohne die Beschränkungen des § 1361a vom anderen nach § 985 herausverlangen (zum Verfahren → Rn. 18; zum Eigentumsbeweis → Rn. 14). 8

**2. Einwendungen.** Das situationsabhängige Recht des Ehepartners zum Mitbesitz der Haushaltsgegenstände iSd § 986 aus § 1353 reduziert sich mit der Trennung auf die Einwendung aus einer eventuellen Gebrauchsüberlassungsverpflichtung nach Abs. 1 S. 2 (→ Rn. 10 f.). Wegen Verwendungen kann der Besitzer Gegenansprüche und ein Zurückbehaltungsrecht haben: gemäß §§ 683, 677, 273 iVm § 601 Abs. 2 S. 1 analog bei Verwendungen als rechtmäßiger Besitzer, gemäß § 994 Abs. 2, § 1000 bei Vornahme der Verwendung als unrechtmäßiger Besitzer.[49] Außerdem hat er das allgemeine Zurückbehaltungsrecht aus § 273, wenn ihm der Eigentümer seinerseits die Rückgabe anderer Sachen schuldet (Konnexität folgt aus § 1353). Wendet der Gegner einen Anspruch auf Rückübereignung aus widerrufener Schenkung ein (§ 530), ist das Verfahren bis zur Klärung dieser vorgreiflichen Frage auszusetzen.[50] Derartige Einwendungen können aber ausgeschlossen sein, wenn der Eigentümer seine Sachen zur Führung eines abgeschlossenen Haushalts benötigt (Rechtsgedanke des Abs. 1 S. 2, a fortiori).[51] Nicht zulässig sind weitergehende Einwendungen, insbesondere nicht deswegen, weil der Eigentümer den Besitzer grundlos verlassen oder kein Recht zum Getrenntleben hat,[52] oder weil er die herausverlangten Sachen mit seinem jetzigen Lebensgefährten zusammen benutzen will, mit dem er die Ehe gebrochen hat.[53] Unbeachtlich ist für Abs. 1 S. 1 auch der Einwand, dass der Eigentümer die herausverlangten Sachen nicht benötige;[54] diese Frage ist nur unter den Voraussetzungen des angriffs- oder einredeweise gegen ihn geltend gemachten Gebrauchs- 9

---

42 Ebenso OLG Frankfurt NJW 2015, 2346; OLG Zweibrücken FamRZ 1991, 848; Staudinger/*Voppel,* 2018, Rn. 17; Johannsen/Henrich/*Götz* Rn. 22; Soergel/*Leiß* Rn. 21; Erman/*Kroll-Ludwigs* Rn. 9; BGHZ 212, 133 Rn. 10 ff. = NJW 2017, 260 = FamRZ 2017, 22 (23 f.) zu § 1361b; aA BayObLG NJW 1972, 949; OLG Bamberg FamRZ 1993, 335; *Gernhuber/Coester-Waltjen* FamR § 19 Rn. 28: bloße Verweisungsvorschrift auf § 985.

43 BGHZ 67, 217 (220) = NJW 1977, 43; OLG Zweibrücken FamRZ 1991, 848.

44 HM; Staudinger/*Voppel,* 2018, Rn. 15; BRHP/*Neumann* Rn. 4; Palandt/*Brudermüller* Rn. 8; Erman/*Kroll-Ludwigs* Rn. 5.

45 Vgl. (obiter) BGH NJW 1980, 192 = FamRZ 1980, 45 (46); NJW 1980, 2476 = FamRZ 1980, 988; BeckRS 2010, 7122 = FamRZ 1983, 794; KG FamRZ 2003, 1927.

46 BayObLG FamRZ 1968, 319 (320); OLG Frankfurt FamRZ 1981, 375; Staudinger/*Voppel,* 2018, Rn. 20; Johannsen/Henrich/*Götz* Rn. 16.

47 Staudinger/*Voppel,* 2018, Rn. 20; Jauernig/*Berger* Rn. 3; RGRK-BGB/*Wenz* Rn. 13; OLG Stuttgart FamRZ 1995, 1275 (1276) für Besitz aufgrund Leasingvertrags.

48 OLG Brandenburg FamRZ 2000, 1102 (1103); Staudinger/*Voppel,* 2018, Rn. 18; Johannsen/Henrich/*Götz* Rn. 53. Auch wenn nach § 1361a nur eine vorläufige Regelung getroffen wird, folgt daraus nicht, dass an den Nachweis des Eigentums geringere Anforderungen zu stellen wären. So aber *Laumen* in Baumgärtel/Laumen/Prütting Beweislast-HdB Rn. 1; FamK/*Rolland/Brudermüller* Rn. 17.

49 KG FamRZ 1960, 71 (72); Staudinger/*Voppel,* 2018, Rn. 22; Soergel/*Leiß* Rn. 22.

50 Abw. OLG Celle FamRZ 1997, 381 f.

51 Soergel/*Leiß* Rn. 22; Staudinger/*Voppel,* 2018, Rn. 23.

52 KG FamRZ 1960, 71; Staudinger/*Voppel,* 2018, Rn. 24; *Gernhuber/Coester-Waltjen* FamR § 19 Rn. 30; Johannsen/Henrich/*Götz* Rn. 28.

53 AA LG Berlin FamRZ 1956, 55 f.; LG Bonn NJW 1960, 2243 f. § 1361a dient jedoch nicht der Sanktion für Fehlverhalten; allein solches kann nicht zur Abweisung des Herausgabeverlangens führen. So auch FamK/*Rolland/Brudermüller* Rn. 6; Staudinger/*Voppel,* 2018, Rn. 24. Zur Berücksichtigung beim Gebrauchsüberlassungsanspruch nach Abs. 1 S. 2 → Rn. 12 aE.

54 OLG Köln FamRZ 1986, 703 (704); OLG Frankfurt NJW 1960, 1768 (1769); Staudinger/*Voppel,* 2018, Rn. 23a.

überlassungsanspruchs nach Abs. 1 S. 2 erheblich. Ein stillschweigend abgeschlossener Gebrauchsüberlassungsvertrag[55] ist nur bei ausreichenden Indizien anzunehmen, also bei mindestens so langem Schweigen, dass der Besitzer billigerweise davon ausgehen darf, der Eigentümer wolle auf den eigenen Gebrauch verzichten.

### IV. Der Anspruch auf Gebrauchsüberlassung (Abs. 1 S. 2)

10 **1. Allgemeines.** Wer seinem Ehepartner gehörende Sachen zur Führung eines abgesonderten Haushalts benötigt, kann von ihm deren Überlassung zum Gebrauch verlangen, wenn dies der Billigkeit entspricht. Zu beweisen hat die Voraussetzungen, wer die Überlassung beansprucht. Die Gebrauchsüberlassungspflicht begründet nicht nur eine Einrede gegenüber dem Herausgabeverlangen nach Abs. 1 S. 1, sondern auch einen davon unabhängigen Anspruch auf Überlassung des Gebrauchs (weitergehend als § 986).[56] Abs. 1 S. 2 ist damit als selbständiger Anspruch zu sehen, nicht als bloße Ausnahme von Abs. 1 S. 1. Für die Zeit nach der Scheidung kommt ein vergleichbarer Anspruch nach § 1568b dagegen nicht in Betracht.

11 **2. Begriff der benötigten Gegenstände.** Zu den benötigten Gegenständen gehören nicht nur die schlechthin unentbehrlichen (dringlichst erforderlichen),[57] sondern alle, auf deren Weiterbenutzung der Nichteigentümer zur alleinigen Führung eines nach den ehelichen Lebensverhältnissen angemessenen Haushalts (§ 1932 Abs. 1 S. 2) angewiesen ist.[58] Auf die Aufrechterhaltung des bisherigen Lebensstandards eines Ehegatten zielt § 1361a allerdings nicht (→ Rn. 1). Der bisherige Lebensstandard lässt sich für beide Ehegatten regelmäßig nicht aufrechterhalten, wenn die zum Gebrauch zu überlassenden Gegenstände nur einmal zur Verfügung stehen. Neben den persönlichen Bedürfnissen sind die der mitzuversorgenden **Kinder** ausschlaggebend.[59] Beansprucht werden können nur zum Eigengebrauch, nicht zum Fremdgebrauch (zB für Untermieter) benötigte Sachen. Schlechtere (abgenutzte, ausrangierte) Stücke oder Sachen Dritter statt der bisher gemeinsam benutzten darf der Überlassungspflichtige (ohne Zustimmung des Berechtigten) nicht gewähren,[60] die vorhandenen braucht er nicht nachzubessern,[61] andere nicht anzuschaffen.[62] Keinesfalls muss er dem Berechtigten eine neue Wohnung einrichten.[63] Abgesondert ist ein Haushalt, wenn ein vom ehelichen Lebensbereich getrennter Bereich zur Verfügung steht; dieser kann auch in der Wohnung selbst liegen und mit einem Dritten geteilt werden[64] Wer keinen abgesonderten Haushalt führt, hat keinen Überlassungsanspruch. Bewohnt der Ehegatte eine möblierte Wohnung, kommt es darauf an, ob er auf weiteren Hausrat angewiesen ist. Das kann jedenfalls nicht grds. verneint werden.

12 **3. Billigkeit.** Die Gebrauchsüberlassungspflicht besteht nur, soweit sie den Umständen nach der Billigkeit entspricht. Dies hängt primär davon ab, ob die Überlassung der Gegenstände dem Eigentümer zugemutet werden kann, dh ob er die beanspruchten Stücke entbehren oder sich ggf. neue anschaffen kann, während sie für den anderen erforderlich sind.[65] Dabei sind auch die Bedürfnisse, die sich für den einen oder den anderen Ehegatten aus der Kinderbetreuung ergeben, zu berücksichtigen.[66] Da Abs. 1 S. 2 Folgerungen aus der Unterhaltspflicht zieht, gelten Bedürftigkeit und Leistungsfähigkeit auch hier als Verteilungskriterien (→ § 1361 Rn. 17 ff., 36 ff.).[67] Je mehr der Nichteigentümer eine Sache braucht, umso eher kann dem Eigentümer zuzumuten sein, hierauf zu verzichten. Soweit Gegenstände von beiden Ehegatten benötigt werden, kommt es darauf an, wem von ihnen eine Ersatzbeschaffung finanziell leichter möglich ist. Im Zweifel gebührt dem Eigentümer

---

55 Dafür Soergel/*Leiß* Rn. 23; Staudinger/*Voppel,* 2018, Rn. 21; Johannsen/Henrich/*Götz* Rn. 30.

56 Staudinger/*Voppel,* 2018, Rn. 25; Johannsen/Henrich/*Götz* Rn. 26; vgl. auch OLG Naumburg FamRZ 2007, 231.

57 BayObLG NJW 1972, 949; nicht einmal bei Trennungsverschulden: OLG Frankfurt NJW 1960, 1768 f.

58 KG FamRZ 2003, 1927; OLG Köln FamRZ 1986, 703; Staudinger/*Voppel,* 2018, Rn. 26; Johannsen/Henrich/*Götz* Rn. 26.

59 KG FamRZ 2003, 1927; Staudinger/*Voppel,* 2018, Rn. 26; Soergel/*Leiß* Rn. 32.

60 Um den bisherigen Lebensstandard des Berechtigten nicht zu schmälern, OLG Hamm JMBl. NRW 1961, 175.

61 KG OLGE 21, 215; Staudinger/*Voppel,* 2018, Rn. 29; *Klein* FuR 1997, 199 (200).

62 KG OLGE 7, 45 f.; 21, 215; OLG Frankfurt FamRZ 2004, 1105; Soergel/*Leiß* Rn. 35: nur Überlassung vorhandener Gegenstände, kein Beschaffungsanspruch.

63 Staudinger/*Voppel,* 2018, Rn. 29; Soergel/*Leiß* Rn. 35.

64 Johannsen/Henrich/*Götz* Rn. 26; *Holzwarth* FPR 2010, 559 (561).

65 BayObLG NJW 1972, 949 f.; Staudinger/*Voppel,* 2018, Rn. 30; Soergel/*Leiß* Rn. 33; Johannsen/Henrich/*Götz* Rn. 27.

66 KG FamRZ 2003, 1927; Staudinger/*Voppel,* 2018, Rn. 30; Johannsen/Henrich/*Götz* Rn. 27; Erman/*Kroll-Ludwigs* Rn. 10.

67 *Kobusch* FamRZ 1994, 935 (937).

der Vorrang.[68] – Ausgeschlossen ist der Gebrauchsüberlassungsanspruch, soweit ein Unterhaltsanspruch gemäß § 1361 Abs. 3 aus Billigkeitsgründen herabzusetzen oder zu versagen ist. Ein **Verschulden an der Trennung** ist dabei nur insoweit zu berücksichtigen, als es im Rahmen der von § 1361 Abs. 3 in Bezug genommenen Härteklausel des § 1579 beachtlich ist (→ § 1361 Rn. 64 ff.).[69] Deshalb führt das Eingehen einer neuen Partnerschaft nicht ohne weiteres zur Unbilligkeit der begehrten Gebrauchsüberlassung. Da letztere indes nur zur Deckung des eigenen Bedarfs verlangt werden kann, vermag ein Bedarf, der erst durch das Zusammenleben mit einem Dritten entsteht, eine Gebrauchsüberlassung nicht zu rechtfertigen.[70] Zur entsprechenden Situation beim Herausgabeanspruch → Rn. 9.

**4. Inhalt des Anspruchs.** Die Gebrauchsüberlassungspflicht ist **Holschuld** (vgl. § 269). Der Überlassungspflichtige schuldet weder den Transport noch dessen Kosten[71] (anders nur aufgrund besonderer Umstände des Einzelfalls).[72] Die Überlassungspflicht ist ein verhaltener Anspruch und entsteht **nur auf Verlangen:** Nicht gewünschte Sachen braucht sich der Berechtigte nicht aufdrängen zu lassen.[73] Die Eigentumsverhältnisse bleiben im Zweifel unverändert (Abs. 4); der Überlassende behält den mittelbaren Besitz.[74] 13

## V. Die Verteilung gemeinschaftlicher Haushaltsgegenstände (Abs. 2)

**1. Gemeinschaftliches Eigentum.** Beiden Ehegatten gemeinsam gehörende Sachen kann keiner vom anderen herausverlangen; auch die Einräumung von Mitbesitz scheidet unter Getrenntlebenden aus.[75] Insoweit hat deshalb eine Aufteilung nach Billigkeitskriterien zu erfolgen (§ 1361a Abs. 2). Zum gemeinschaftlichen Eigentum zählt Bruchteilseigentum (§ 1008) ebenso wie Gesamthandseigentum bei Gütergemeinschaft (§ 1416). An während der Ehe angeschafften Haushaltsgegenständen wird gemeinsames Eigentum vermutet (analog § 1568b Abs. 2), sofern nicht Alleineigentum feststeht.[76] Unabhängig vom Güterstand steht jedem Ehegatten der Nachweis offen, Alleineigentümer eines Haushaltsgegenstandes zu sein. Dafür reicht der Beweis nicht aus, die Sache im eigenen Namen gekauft und mit eigenen Mitteln bezahlt zu haben; zusätzlich hat der Ehegatte vielmehr zu beweisen, den Gegenstand für sich selbst erworben zu haben.[77] 14

**2. Verteilung nach Billigkeit.** Es gelten die gleichen Grundsätze wie für die Gebrauchsüberlassung nach Abs. 1 S. 2. Maßgebend sind mithin Bedürftigkeit[78] und Leistungsfähigkeit, eventuelles ehewidriges Verhalten[79] (→ Rn. 12) und insbesondere die Interessen der von einem Ehegatten betreuten Kinder.[80] Verteilt werden können nicht nur die zur Führung eines abgesonderten Haushalts benötigten, sondern alle Gegenstände. Anzustreben ist eine möglichst gleichmäßige Verteilung, bei der auch zu berücksichtigen ist, inwieweit ein Ehegatte Alleineigentümer von Haushaltsgegenständen ist.[81] In die Beurteilung einzubeziehen sein kann ferner das Vorhandensein von Gegenständen, die von einem Ehegatten nach der Trennung zur Führung eines abgesonderten Haushalts erworben wurden.[82] Durch die Regelung erfolgt eine vorläufige Zuweisung zum Gebrauch; die Eigentumsver- 15

---

68 Johannsen/Henrich/*Götz* Rn. 27; NK-BGB/*Boden* Rn. 12.

69 Staudinger/*Voppel,* 2018, Rn. 35; BRHP/*Neumann* Rn. 9; *Gernhuber/Coester-Waltjen* FamR § 19 Rn. 30 f.; aA *Vlassopoulos,* Der eheliche Hausrat in Familien- und Erbrecht, 1983, 61 f.

70 Ebenso Staudinger/*Voppel,* 2018, Rn. 35; Johannsen/Henrich/*Götz* Rn. 29; einschr. *Klein* FuR 1997, 199 (200) (strenger Maßstab).

71 KG OLGE 21, 215; JW 1920, 713; OLG Darmstadt OLGE 42, 17; allgM.

72 Staudinger/*Voppel,* 2018, Rn. 36; Palandt/*Brudermüller* Rn. 15; *Klein* FuR 1997, 199 (200).

73 Staudinger/*Voppel,* 2018, Rn. 36.

74 Staudinger/*Voppel,* 2018, Rn. 37; BRHP/*Neumann* Rn. 10; Soergel/*Leiß* Rn. 37.

75 Ggf. kann insofern § 1353 als Anspruchsgrundlage in Betracht kommen, *Holzwarth* FPR 2010, 559.

76 OLG Nürnberg FamRZ 2017, 513; OLG Koblenz FamRZ 2016, 1770; OLG Brandenburg FamRZ 2000, 1102 (1103); OLG Hamburg FamRZ 1980, 250; Staudinger/*Voppel,* 2018, Rn. 39; *Laumen* in Baumgärtel/Laumen/Prütting Beweislast-HdB Rn. 5; Soergel/*Leiß* Rn. 39; Johannsen/Henrich/*Götz* Rn. 36.

77 Staudinger/*Voppel,* 2018, Rn. 39; *Laumen* in Baumgärtel/Laumen/Prütting Beweislast-HdB Rn. 6; Soergel/*Leiß* Rn. 39; Johannsen/Henrich/*Götz* Rn. 53.

78 Vgl. OLG Köln NJW-RR 2010, 150: bei einem Pkw. ist im Rahmen der Billigkeit zu prüfen, wer das Fahrzeug dringender benötigt.

79 Derartige Vorwürfe führen nicht dazu, dass der betreffende Ehegatte sich auf das unbedingt Notwendige beschränken muss; ihm kann aber uU weniger als dem anderen zuerkannt werden, Staudinger/*Voppel,* 2018, Rn. 40; *Rauscher* FamR § 15 Rn. 343; aA Erman/*Kroll-Ludwigs* Rn. 12: Trennungsgründe und -verschulden können grds. nicht mehr herangezogen werden.

80 Staudinger/*Voppel,* 2018, Rn. 40; Johannsen/Henrich/*Götz* Rn. 36; Erman/*Kroll-Ludwigs* Rn. 12.

81 Staudinger/*Voppel,* 2018, Rn. 40; *Rauscher* FamR § 15 Rn. 343.

82 *Holzwarth* FPR 2010, 559 (560).

hältnisse bleiben unberührt (Abs. 4). Für Ausgestaltung und Folgen der Gebrauchsüberlassung gelten die Ausführungen zu Abs. 1 Satz 2 (→ Rn. 13) entsprechend.

### VI. Gerichtliche Entscheidung – Überlassungsvergütung (Abs. 3)

16 **1. Entscheidung des Familiengerichts. Verfahren.** In erster Linie obliegt es den Ehegatten, die Verteilung ihrer Haushaltsgegenstände zum Zweck des Getrenntlebens vorzunehmen, wie sich aus dem in Abs. 3 normierten Vorrang der Einigung ergibt. Gelingt ihnen das nicht, so entscheidet das Familiengericht (§ 23a Abs. 1 Nr. 1 GVG, § 111 Nr. 5 FamFG, § 200 Abs. 2 Nr. 1 FamFG) auf Antrag eines Ehegatten (§ 203 Abs. 1 FamFG). Der Antrag soll in Haushaltssachen (hier: § 200 Abs. 2 Nr. 1 FamFG) die Angabe der Gegenstände enthalten, deren Zuteilung begehrt wird. Dabei müssen die Angaben so genau sein, dass sie Grundlage für die Entscheidung und damit auch für die Zwangsvollstreckung sein können. Eine Verteilung des gesamten Hausrats ist nach § 1361a Abs. 3 nicht geboten; der Antrag kann deshalb auf einzelne Gegenstände beschränkt werden.[83] Haushaltssachen nach § 1361a sind stets als isolierte Verfahren zu führen, da insoweit keine Entscheidung für den Fall der Scheidung zu treffen ist. Für das **Verfahren** gelten die §§ 200–209 FamFG. Das Gericht kann jedem Ehegatten Auflagen erteilen (§ 206 Abs. 1 FamFG), insbesondere die Hausratsgegenstände anzugeben, deren Zuteilung er begehrt (Nr. 1).[84] § 206 Abs. 2 FamFG enthält eine Präklusionsregelung für den Fall der Versäumung einer zur Mitwirkung gesetzten Frist. Abs. 3 stellt klar, dass das Gericht zur weiteren Aufklärung des Sachverhalts nicht verpflichtet ist, soweit ein Ehegatte einer Auflage nicht nachgekommen oder nach Abs. 2 mit bestimmten Umständen präkludiert ist. Im Übrigen hat das Gericht die zur Entscheidung erforderlichen Tatsachen von Amts wegen zu ermitteln und die notwendigen Beweise in geeigneter Form zu erheben (§§ 26, 29 FamFG). Das Gericht soll mit der Endentscheidung die Anordnungen treffen, die zu ihrer Durchsetzung erforderlich sind (§ 209 Abs. 1 FamFG). Zu entsprechenden Schutz- und Zusatzanordnungen gehören unter anderem die Verpflichtung zur Herausgabe an den Antragsteller und das Verbot des Wegschaffens der zugewiesenen Haushaltsgegenstände. Eines Veräußerungsverbots bedarf es dagegen wegen des Schutzes durch § 1369 nicht (→ Rn. 7). Entscheidungen nach § 1361a gelten nur für die Zeit der Trennung und verlieren ihre Kraft, wenn die Ehegatten die eheliche Lebensgemeinschaft wieder aufnehmen oder die Ehe rechtskräftig geschieden wird. Die Zuweisung von Hausrat und das zum Zweck der Durchführung nötige Herausgabegebot, die erst mit Rechtskraft der Entscheidung wirksam werden (§ 209 Abs. 2 S. 1 FamFG), müssen mit der für die Zwangsvollstreckung notwendigen Bestimmtheit ausgesprochen werden.[85]

17 Nach § 48 Abs. 1 FamFG können rechtskräftige Entscheidungen mit Dauerwirkung (also auch solche über Haushaltsgegenstände) auf Antrag aufgehoben oder geändert werden, wenn sich die zugrunde liegende Sach- oder Rechtslage nachträglich wesentlich geändert hat. – Das Gericht kann durch **einstweilige Anordnung** (auf Antrag, § 51 Abs. 1 FamFG iVm § 203 Abs. 1 FamFG) – unabhängig von einem Hauptsacheverfahren – eine vorläufige Verteilung der Haushaltsgegenstände vornehmen, wenn die Voraussetzungen des § 1361a erfüllt sind und ein dringendes Bedürfnis für ein sofortiges Tätigwerden besteht (§ 49 Abs. 1 FamFG). Mit der einstweiligen Anordnung können auch die zu ihrer Durchführung erforderlichen Anordnungen getroffen werden (§ 49 Abs. 2 S. 2 FamFG). Zuständigkeit und Verfahren richten sich nach den §§ 50 ff. FamFG.

18 Die Zuständigkeit des Familiengerichts in Haushaltssachen (§ 200 Abs. 2 Nr. 1 FamFG) besteht grundsätzlich für alle in Betracht kommenden Gegenstände, auch wenn sie möglicherweise nicht zum *gemeinsamen* Hausrat gehören (zB die Einrichtung eines Arbeitszimmers), sowie für den Anspruch auf Herausgabe von Gegenständen des persönlichen Bedarfs des Kindes (Kleidung, Schulbedarf, Sportgeräte, Musikinstrumente, Impfausweis, Untersuchungsheft) als Annex zum Unterhaltsanspruch (§§ 1601, 1610 Abs. 2 analog).[86] Das Familiengericht ist zuständig, wenn ein Ehegatte in schlüssiger Weise Tatsachen für einen Streit um Haushaltsgegenstände vorträgt.[87] Bei der Art nach nicht hierzu gehörendem persönlichen Eigentum eines Ehegatten, dessen Herausgabe im Zusammenhang mit der Trennung begehrt wird, entfällt seit dem Inkrafttreten des FamFG zwar die

[83] So schon OLG Frankfurt FamRZ 2004, 1105; OLG Brandenburg FamRZ 2000, 1102 (1103); OLG Düsseldorf FamRZ 1999, 1293; Staudinger/*Voppel,* 2018, Rn. 4.

[84] Das betrifft den Antragsteller, soweit er entgegen § 203 Abs. 2 FamFG keine Angaben gemacht hat, aber auch den Antragsgegner, der von dieser Bestimmung nicht betroffen ist.

[85] OLG Brandenburg FamRZ 2000, 1102 (1103); vgl. auch *Elden* NJW-Spezial 2012, 196: Benennung des Herausgabeorts.

[86] OLG Nürnberg FamRZ 2016, 563; *Schulz/Hauß,* Vermögensauseinandersetzung Rn. 1262; Palandt/*Brudermüller* Rn. 20; aA Palandt/*Götz* § 1632 Rn. 6; Erman/*Döll* § 1632 Rn. 15: extensive Auslegung von § 1632 Abs. 1.

[87] BGH NJW 1983, 47 = FamRZ 1982, 1200.

Notwendigkeit, eine Klage vor dem Zivilgericht zu erheben; vielmehr sind solche Streitigkeiten als **sonstige Familiensachen** ebenfalls der Zuständigkeit des Familiengerichts zugewiesen (§ 266 Abs. 1 FamFG). Allerdings richtet sich das Verfahren maßgeblich nach den Bestimmungen der ZPO, weshalb insofern weiterhin eine Differenzierung zwischen Haushaltsgegenständen einerseits und persönlichen Sachen andererseits notwendig ist. – Zur Zuständigkeit des Familiengerichts gehören (als sonstige Familiensachen) über den Anwendungsbereich des § 1361a hinaus auch anderweitige Streitigkeiten der Ehegatten, die mit Besitz und Benutzung des Hausrats in Zusammenhang stehen. Für den Streit um possessorische Ansprüche in Bezug auf Haushaltsgegenstände ist ebenfalls das Familiengericht zuständig (→ Rn. 24).

**2. Rechtsverhältnisse nach Besitzzuweisung.** Da sich die Eigentumslage im Zweifel nicht ändert (Abs. 4), begründet die gerichtliche Besitzzuweisung ein der Leihe oder (wenn entgeltlich) der Miete ähnliches Verhältnis.[88] Es ist nicht einseitig kündbar.[89] Für Verlust oder Beschädigung **haftet** der Besitzer nicht nur beschränkt nach § 1359, sondern in Analogie zu den vorgenannten schuldrechtlichen Regelungen. Das Haftungsprivileg des § 1359 erscheint nach einer Trennung und der damit einhergehenden Einschränkung der ehelichen Rücksichtnahme nicht mehr angemessen.[90] Für normale Abnutzungen haftet der Besitzer aber nicht (§§ 548, 602).[91] 19

**3. Benutzungsvergütung (Abs. 3 S. 2).** Das Familiengericht kann eine angemessene Benutzungsvergütung für die Überlassung der Haushaltsgegenstände festsetzen (Abs. 3 S. 2). Nach der systematischen Stellung der Vorschrift gilt dies gleichermaßen für die Fälle des Abs. 1 S. 1 wie des Abs. 2. Ob eine Nutzungsentschädigung zu entrichten ist, entscheidet sich nach Billigkeitsgesichtspunkten. Zu berücksichtigen sind die Einkommens- und Vermögensverhältnisse der Beteiligen.[92] Eine Vergütung setzt daher hinreichende Leistungsfähigkeit voraus; sie scheidet in Mangelfällen regelmäßig aus. Die Nutzungsvergütung setzt weiterhin voraus, dass zunächst eine angemessene und billig Verteilung des Haushaltsgegenstände angestrebt wird; erst danach kommt eine Vergütung in Betracht.[93] Die Höhe der Nutzungsentschädigung muss – bezogen auf den auszugleichenden Nutzungsausfall – angemessen sein; sie hat sich am objektiven Nutzungs- bzw. Mietwert zu orientieren. – Eine außergerichtlich vereinbarte Vergütung ist ebenso wie eine gerichtlich festzusetzende vor dem **Familiengericht** geltend zu machen (→ Rn. 18). 20

## VII. Eigentumsübergang – Pfändungen

**1. Nur provisorische Gebrauchsüberlassung.** Eigentum kann das Gericht (abweichend von § 1568b) nicht rechtsgestaltend übertragen; es kann nur eine vorläufige Gebrauchsregelung, keine Eigentumsauseinandersetzung beschließen.[94] Solange die Ehe nicht geschieden ist, sind Änderungen des Beschlusses wegen wesentlich veränderter Sachlage auf Antrag eines Beteiligten zulässig (→ Rn. 17). So lange ist Eigentum nur im beiderseitigen Einverständnis gemäß §§ 929 ff. übertragbar (Abs. 4). Einvernehmliche Regelungen sind im Zweifel nur Benutzungsregelungen;[95] ein Übereignungswille ist nicht zu vermuten, sondern zu beweisen.[96] Alleineigentum des nunmehrigen Alleinbesitzers wird entgegen § 1006 im Verhältnis der Ehegatten zueinander nicht vermutet.[97] Verfügungen über Haushaltsgegenstände unterliegen jedoch nach Auflösung des „ehelichen Haushalts" gemäß vordringender Ansicht nicht mehr der Zustimmungspflicht des anderen Ehegatten aus § 1369 (→ § 1369 Rn. 25). Die Übereignung kann auch in einem gerichtlichen **Vergleich** erklärt werden. Auf übereinstimmenden Antrag beider Parteien müsste der Familienrichter als sachverständiger Schlichter ebenfalls das Eigentum unter ihnen aufteilen können. Eine gegen Abs. 4 verstoßende 21

---

88 Staudinger/*Voppel,* 2018, Rn. 47; Erman/*Kroll-Ludwigs* Rn. 14; *Holzwarth* FPR 2010, 559 (562); *Rauscher* FamR § 15 Rn. 344; aA Johannsen/Henrich/*Götz* Rn. 31: Besitzmittlungsverhältnis aufgrund der fortbestehenden Pflicht zur ehelichen Lebensgemeinschaft, § 1353 Abs. 1 S. 2.

89 Staudinger/*Voppel,* 2018, Rn. 47.

90 Str., wie hier Staudinger/*Voppel,* 2018, Rn. 37; Johannsen/Henrich/*Götz* Rn. 31; *Rauscher* FamR § 15 Rn. 344; MAH FamR//*Müller* § 17 Rn. 64; FachAnwK-FamR/*Klein* Rn. 23; Soergel/*Leiß* Rn. 37. AA RGRK-BGB/*Wenz* Rn. 28; BRHP/*Neumann* Rn. 10.

91 Vgl. auch OLG München FamRZ 1998, 1230.

92 OLG München FamRZ 1998, 1230; Staudinger/*Voppel,* 2018, Rn. 48 f.; Johannsen/Henrich/*Götz* Rn. 38; Soergel/*Leiß* Rn. 46.

93 OLG Düsseldorf FamRZ 2016, 1087; Palandt/*Brudermüller* Rn. 17.

94 OLG Brandenburg FamRZ 2000, 1102 (1103); Staudinger/*Voppel,* 2018, Rn. 51; Johannsen/Henrich/*Götz* Rn. 40.

95 OLG Köln FamRZ 2002, 322 (323 f.); *Laumen* in Baumgärtel/Laumen/Prütting Beweislast-HdB Rn. 9.

96 *Laumen* in Baumgärtel/Laumen/Prütting Beweislast-HdB Rn. 9.

97 *Krebs* FamRZ 1994, 281 ff.; Staudinger/*Voppel,* 2018, Rn. 53.

gerichtliche Eigentumszuweisung ist darum nicht nichtig,[98] sondern nur unter den Voraussetzungen der §§ 58 ff. FamFG mit der Beschwerde anfechtbar. In **Rechte Dritter** kann das Gericht ohne deren Zustimmung aber (selbst dadurch) nicht eingreifen; ebenso wenig können dies die Ehegatten: Ein Beschluss oder Vergleich, wie Dritte zu befriedigen sind, wirkt unter den Ehegatten nur intern. Das gilt vor allem für unter Eigentumsvorbehalt gekaufte Sachen.[99]

22 **2. Pfändungen.** Wegen seiner höchstpersönlichen Natur ist der Gebrauchsüberlassungsanspruch – im Gegensatz zu dem Herausgabeanspruch nach Abs. 1 Satz 1 und dem Anspruch auf Benutzungsvergütung nach Abs. 3 S. 2 – **unpfändbar.** Gegen Pfändungen in den zu überlassenden Gegenstand kann sich auch der Überlassungsberechtigte mit der **Erinnerung** nach §§ 766, 811 Nr. 1 ZPO wehren.[100]

## VIII. Auskunftspflicht

23 Die §§ 1361a, 1568b sehen einen Auskunftsanspruch nicht vor. Gleichwohl wird zu Recht angenommen, dass gemäß §§ 1353, 242 Auskunft über die vorhandenen Haushaltsgegenstände erteilt werden muss, wenn der Anspruchssteller den derzeitigen Bestand entschuldbar nicht kennt, sich die Kenntnis nicht anderweitig zumutbar verschaffen und der Verpflichtete die Auskunft unschwer geben kann.[101] Die Auffassung, seit Inkrafttreten des FamFG bedürfe es eines Auskunftsanspruchs nicht mehr, weil auch dem Antragsgegner nach § 206 Abs. 1 Nr. 2 FamFG aufgegeben werden kann, etwa eine Aufstellung der vorhandenen Haushaltsgegenstände vorzulegen,[102] erscheint demgegenüber zu eng. Dem Berechtigten ist unter den genannten Voraussetzungen bereits vorprozessual ein Auskunftsanspruch zuzubilligen, weil dadurch ein förmliches Verfahren evtl. vermieden werden kann.[103] Kein Anspruch besteht auf Anfertigung eines detaillierten Bestandsverzeichnisses bei umfangreichen Haushaltsgegenständen.[104]

## IX. Verbotene Eigenmacht

24 In Fällen eigenmächtiger Entfernung von Haushaltsgegenständen durch einen Ehegatten ist das Verhältnis des Anspruchs auf Wiedereinräumung des Mitbesitzes gemäß § 861 zu einer Hausratssache umstritten. Im Wesentlichen werden drei Auffassungen vertreten: Die §§ 861, 1361a stünden in freier Konkurrenz zueinander, weil sie unterschiedliche Zwecke verfolgten.[105] Eine weitere Ansicht hält § 1361a für eine Spezialvorschrift, durch die Besitzschutzansprüche generell verdrängt würden.[106] Nach einer vermittelnden Meinung ist § 1361a – in entsprechender Anwendung – auch dann heranzuziehen, wenn possessorische Ansprüche geltend gemacht werden, allerdings sei der Regelungsgehalt letzterer im Rahmen der Billigkeitsprüfung einzubeziehen.[107] Es erscheint konsequent, die unterschiedlichen Rechtsschutzziele zu berücksichtigen und den possessorischen Besitzschutz grundsätzlich uneingeschränkt zu gewähren. Die eigenmächtige Wegnahme zwecks Durchsetzung des Herausgabe- oder Überlassungsanspruchs ist verboten (§ 858). Der bisherige Besitzer hat den Anspruch auf Wiedereinräumung des entzogenen Besitzes aus § 861. Ihm gegenüber ist die Einwendung eines Gegenanspruchs auf Herausgabe nicht zulässig, § 863 (außer wenn der Antragsteller zustimmt).[108] Gegenüber § 861 ist § 1361a nicht lex specialis, weil die Billigkeitsentscheidung nach

[98] So aber RGRK-BGB/*Scheffler* HausratsVO § 18a Anm. 1 Nr. 3; wie hier Johannsen/Henrich/*Götz* Rn. 40.
[99] Für Zuweisung eines geleasten PKW (abw. vom Leasingvertrag) jedoch OLG Stuttgart FamRZ 1995, 1275.
[100] OLG Bamberg JR 1953, 424 zu § 1361 Abs. 1 S. 2 aF; *Dölle* FamR I § 36 Fn. 79.
[101] KG FamRZ 1982, 68 bei Strafhaft; OLG Düsseldorf FamRZ 1987, 81; OLG Frankfurt FamRZ 1988, 645; OLG Bamberg FamRZ 1992, 332; OLG Koblenz FamRZ 2017, 1391 (1393).
[102] Johannsen/Henrich/*Götz* Rn. 42.
[103] So auch *Holzwarth* FPR 2010, 559 (563).
[104] OLG Zweibrücken FamRZ 1995, 1211 (1212).
[105] OLG Koblenz FamRZ 2009, 1934; OLG Bamberg FamRZ 1993, 335 (336); OLG Düsseldorf FamRZ 1987, 484; KG FamRZ 1987, 1147; *Rauscher* FamR § 15 Rn. 345; *Hambitzer* FamRZ 1989, 236 (237 f.).
[106] OLG Schleswig FamRZ 1997, 892; OLG Stuttgart FamRZ 1996, 172; OLG Oldenburg FamRZ 1994, 1254; OLG Düsseldorf FamRZ 1994, 390; OLG Zweibrücken FamRZ 1987, 1146; OLG Hamm FamRZ 1988, 1303.
[107] OLG Koblenz NJW 2007, 2337 f. m. zust. Anm. *Caspary* = FF 2007, 271 mAnm *Brudermüller*; OLG Karlsruhe FamRZ 2001, 760; 2007, 59; OLG Köln FamRZ 2001, 174; OLG Frankfurt FamRZ 2003, 47; OLG Hamm FamRZ 1991, 81; Johannsen/Henrich/*Götz* Rn. 46 ff.; *Brudermüller* FuR 1996, 229 (230 f.); *Holzwarth* FPR 2010, 559 (562 f.); MAH FamR/*Müller* § 15 Rn. 74 f.; FachAnwK-FamR/*Klein* Rn. 39; weitergehend OLG Nürnberg FamRZ 2006, 484 = NJW-RR 2006, 149 f. m. krit. Anm. *Miesen*; krit. auch *Brudermüller* FamRZ 2006, 1157 (1161).
[108] OLG Düsseldorf FamRZ 1983, 164 mwN; 1984, 1095; KG FamRZ 1987, 1147; AG Darmstadt FamRZ 1994, 109; *Hambitzer* FamRZ 1989, 236 (238).

§ 1361a auch die einen bestimmten Bedarf indizierenden Besitzverhältnisse bei der Trennung berücksichtigen muss und eine Nutzungsregelung nur für die Dauer des Getrenntlebens vorsieht. Deshalb ist keinem Beteiligten die willkürliche Änderung der Besitzlage gestattet; eigenmächtigen „Sicherstellungen" von Hausrat soll nicht Vorschub geleistet werden.[109] Durchzusetzen ist der Restitutionsanspruch nicht vor dem allgemeinen Prozessgericht,[110] sondern – ebenso wie eine Haushaltssache – vor dem Familiengericht (ggf. durch einstweilige Anordnung, §§ 49 ff. FamFG),[111] allerdings als sonstige Familiensache gemäß § 266 Abs. 1 Nr. 3 FamFG, bei der sich das Hauptsacheverfahren überwiegend nicht nach dem allgemeinen Teil des FamFG, sondern nach den Bestimmungen der ZPO richtet. Analog zu § 864 Abs. 2 ist allerdings wie bei petitorischer Widerklage (§ 33 ZPO) ein entscheidungsreifer Gegenantrag auf einstweilige Zuweisung an den Besitzentzieher (gestützt auf § 1361a) zu berücksichtigen.[112]

## X. IPR

Für den im Inland befindlichen Hausrat ordnet Art. 17a EGBGB (eingefügt durch Art. 10 GewSchG vom 11.12.2001) die Anwendung deutscher Sachvorschriften an. In Fällen, in denen sich Haushaltsgegenstände im Ausland befinden, sind die Ansprüche auf Hausratsteilung während des Getrenntlebens (ebenso wie die auf Wohnungszuweisung, → § 1361b Rn. 30) wegen des engen Sachzusammenhangs mit dem Unterhalt ist unterhaltsrechtlich zu qualifizieren.[113] 25

## § 1361b Ehewohnung bei Getrenntleben

**(1) [1]Leben die Ehegatten voneinander getrennt oder will einer von ihnen getrennt leben, so kann ein Ehegatte verlangen, dass ihm der andere die Ehewohnung oder einen Teil zur alleinigen Benutzung überlässt, soweit dies auch unter Berücksichtigung der Belange des anderen Ehegatten notwendig ist, um eine unbillige Härte zu vermeiden. [2]Eine unbillige Härte kann auch dann gegeben sein, wenn das Wohl von im Haushalt lebenden Kindern beeinträchtigt ist. [3]Steht einem Ehegatten allein oder gemeinsam mit einem Dritten das Eigentum, das Erbbaurecht oder der Nießbrauch an dem Grundstück zu, auf dem sich die Ehewohnung befindet, so ist dies besonders zu berücksichtigen; Entsprechendes gilt für das Wohnungseigentum, das Dauerwohnrecht und das dingliche Wohnrecht.**

**(2) [1]Hat der Ehegatte, gegen den sich der Antrag richtet, den anderen Ehegatten widerrechtlich und vorsätzlich am Körper, der Gesundheit oder der Freiheit verletzt oder mit einer solchen Verletzung oder der Verletzung des Lebens widerrechtlich gedroht, ist in der Regel die gesamte Wohnung zur alleinigen Benutzung zu überlassen. [2]Der Anspruch auf Wohnungsüberlassung ist nur dann ausgeschlossen, wenn keine weiteren Verletzungen und widerrechtlichen Drohungen zu besorgen sind, es sei denn, dass dem verletzten Ehegatten das weitere Zusammenleben mit dem anderen wegen der Schwere der Tat nicht zuzumuten ist.**

**(3) [1]Wurde einem Ehegatten die Ehewohnung ganz oder zum Teil überlassen, so hat der andere alles zu unterlassen, was geeignet ist, die Ausübung dieses Nutzungsrechts zu erschweren oder zu vereiteln. [2]Er kann von dem nutzungsberechtigten Ehegatten eine Vergütung für die Nutzung verlangen, soweit dies der Billigkeit entspricht.**

**(4) Ist nach der Trennung der Ehegatten im Sinne des § 1567 Abs. 1 ein Ehegatte aus der Ehewohnung ausgezogen und hat er binnen sechs Monaten nach seinem Auszug eine ernstliche Rückkehrabsicht dem anderen Ehegatten gegenüber nicht bekundet, so wird unwiderleglich vermutet, dass er dem in der Ehewohnung verbliebenen Ehegatten das alleinige Nutzungsrecht überlassen hat.**

---

109 Ebenso Staudinger/*Voppel,* 2018, Rn. 58.

110 So aber zur Rechtslage vor dem Inkrafttreten des FamFG: OLG Bamberg FamRZ 1993, 335; OLG Frankfurt FamRZ 1981, 184; OLG Düsseldorf FamRZ 1983, 164; AG Darmstadt FamRZ 1994, 109; *Hambitzer* FamRZ 1989, 236 (238).

111 Zur früheren Rechtslage BGH NJW 1983, 47 = FamRZ 1982, 1200; OLG Frankfurt FamRZ 2003, 47; OLG Köln FamRZ 2001, 174; OLG Hamm FamRZ 1991, 81; Düsseldorf FamRZ 1987, 484; KG FamRZ 1987, 1147; *Walter* JZ 1983, 54; *Kobusch* FamRZ 1994, 935 (941 f.); Staudinger/*Voppel,* 2018, Rn. 59.

112 Staudinger/*Voppel,* 2018, Rn. 58 aE; vgl. auch *Kobusch* FamRZ 1994, 935 (940 f.); *Kobusch* FRP 1998, 129 (132 f.), mit weitgehend entsprechenden Ergebnissen.

113 Str., vgl. zum Meinungsstand Staudinger/*Voppel,* 2018, Rn. 83 ff.

**Schrifttum:** *Brudermüller,* Regelungen der Nutzungs- und Rechtsverhältnisse an Ehewohnung und Hausrat, FamRZ 2006, 1157; *Brudermüller,* Zuweisung des Mietwohnung bei Ehegatten, FuR 2003, 433; *Coester,* Wohnungszuweisung bei getrenntlebenden Ehegatten, FamRZ 1993, 249; *Erbarth,* Die Benutzungsvergütung des die Ehewohnung verlassenden Ehegatten bei Bestehen eines dinglichen Wohnrechts, NJW 1997, 974; *Erbarth,* Die zeitlichen Grenzen des § 1361b II, FamRZ 1998, 1007; *Erbarth,* Der Anspruch auf Entrichtung einer Nutzungsvergütung des die Ehewohnung „freiwillig" verlassenden Ehegatten gemäß § 1361b Abs. 3 S. 2 BGB, FamRZ 2005, 1713; *Finke,* Wohnwert – Nutzungsentschädigung. Die Nutzung des Familienheims im Unterhaltsrecht und allgemeinen Zivilrecht, FF 2007, 185; *Götz/Brudermüller,* Die gemeinsame Wohnung, 2008; *Klein,* Rechtsverhältnisse an Ehewohnung und Hausrat, FuR 1997, 39, FuR 1997, 73, FuR 1997, 107, FuR 1997, 199, FuR 1997, 239, FuR 1997, 269; *Schumacher,* Mehr Schutz bei Gewalt in der Familie – Das Gesetz zur Verbesserung des zivilrechtlichen Schutzes bei Gewalttaten und Nachstellungen sowie zur Erleichterung der Überlassung der Ehewohnung bei Trennung, FamRZ 2002, 645; *Schumacher/Janzen,* Gewaltschutz in der Familie, 2003; *Schwab,* Zivilrechtliche Schutzmöglichkeiten bei häuslicher Gewalt, FamRZ 1999, 1317; *Vaskovics/Buba,* Zuweisung einer Ehewohnung bei Getrenntleben – Rechtstatsächliche Untersuchung zu § 1361b BGB, 1999; *Wever,* Vermögensauseinandersetzung der Ehegatten außerhalb des Güterrechts, 7. Aufl. 2014.

**Übersicht**



## I. Normzweck

1 **1. Regelungsbedürfnis.** Ein Bedürfnis für eine gerichtliche Zuweisung der Ehewohnung kann unabhängig von einem Scheidungsverfahren, insbesondere aber vor dessen Anhängigkeit, bestehen, um den Ehegatten ein Getrenntleben zu ermöglichen. Die durch das UÄndG vom 20.2.1986 (BGBl. 1986 I 301) eingeführte Vorschrift schloss eine vom 1. EheRG gelassene Lücke, weil grundsätzlich mindestens einjähriges Getrenntleben Voraussetzung für die Einleitung eines Scheidungsverfahrens ist (§§ 1565 ff.), eine einstweilige richterliche Wohnungsregelung aber nur annexweise während eines **anhängigen Eheverfahrens** oder nach Einreichung eines Gesuchs um Prozesskostenhilfe zulässig war. Durch Art. 2 Nr. 1 Gesetz zur Verbesserung des zivilrechtlichen Schutzes bei Gewalttaten und Nachstellungen sowie zur Erleichterung der Überlassung der Ehewohnung bei Trennung (GewSchG) vom 11.12.2001 (BGBl. 2001 I 3513) ist § 1361b mit Wirkung zum 1.1.2002 umfassend geändert worden. Die bis dahin geltende Eingriffsschwelle des Vorliegens einer „schweren Härte" ist herabgesetzt worden; nunmehr genügt eine „unbillige Härte". Das Gesetz sieht von einer Aufführung der einzelnen Härtegründe ab, macht hiervon aber zwei Ausnahmen: die Beeinträchtigung des Kindeswohls (Abs. 1 S. 2) und die Anwendung oder Androhung von Gewalt (Abs. 2). § 1361b erlaubt – anders als § 1568a – nur eine vorläufige Regelung während der Trennungszeit.

2 **2. Konkurrenzen.** Als lex specialis verdrängt der Überlassungsanspruch die Vindikation aus § 985[1] (ein auf § 985 gestützter Antrag auf Herausgabe der Ehewohnung ist unzulässig),[2] bei Mitei-

[1] BGHZ 212, 133 Rn. 10 ff. = NJW 2017, 260 = FamRZ 2017, 22 (23 f.); BGH NJW-RR 2006, 1081 = FamRZ 2006, 930 (933); Staudinger/*Voppel,* 2018, Rn. 55. Der (letztlich aus § 1353 herleitbare) Überlas-

gentum beider Ehegatten auch eine Benutzungsregelung gemäß § 745 Abs. 2.[3] Einem eigenmächtig ausgesperrten Ehegatten bleiben hingegen die Besitzschutzrechte aus § 861 ebenso erhalten wie bei unberechtigter Entziehung von Haushaltsgegenständen (→ § 1361a Rn. 24). Bei (bloß) beanspruchter Wiedereinräumung von Mitbesitz liegt § 1361b tatbestandlich nicht vor.[4] Einen Anspruch auf Überlassung der gemeinsam genutzten Wohnung sieht – unter den dort genannten Voraussetzungen – auch § 2 GewSchG vor. Die Bestimmung findet jedoch auf Ehegatten nur Anwendung, wenn sie nicht getrennt leben oder wenn sie eine Trennung nicht beabsichtigen. Ist das der Fall, so ist § 1361b lex specialis.[5] Wird Gewalt gegen ein Kind verübt, kommt eine Nutzungsregelung der Wohnung sowohl nach § 2 GewSchG als auch nach den §§ 1666, 1666a in Betracht. Aus dem Schutzbereich des GewSchG sind Kinder allerdings ausgenommen, wenn die Gewalt von einem Sorgeberechtigten ausgeht (§ 3 Abs. 1 GewSchG). Insoweit treten die §§ 1666, 1666a an die Stelle der §§ 1, 2 GewSchG. Im Übrigen bestehen beide Ansprüche nebeneinander. Die nach Abs. 2 begehrte Wohnungszuweisung setzt Gewaltanwendung im Verhältnis der Ehegatten zueinander voraus. Wird ein Kind hiervon im Rahmen eines eskalierenden Paarkonflikts betroffen, so ist die Beeinträchtigung des Kindeswohls für das Vorliegen einer unbilligen Härte zu berücksichtigen.

## II. Voraussetzungen

**1. Regelungsbereich.** Nach Wortlaut und systematischer Stellung kommt eine Regelung nur zwischen Ehegatten in Betracht. Eine entsprechende Anwendung auf Partner, die in nichtehelicher Lebensgemeinschaft zusammenleben, scheidet aus, selbst wenn aus der Beziehung Kinder hervorgegangen sind.[6] Für Lebenspartner findet sich eine § 1361b nachgebildete Vorschrift in § 14 LPartG. Fehlende Scheidungsabsicht steht dem Überlassungsbegehren nicht entgegen.[7] Die Trennung braucht noch nicht vollzogen, muss aber, wenn auch nur seitens eines Ehegatten, beabsichtigt sein. Dann kann jeder der Ehegatten die Zuweisung der Ehewohnung jeweils an sich beantragen.[8] 3

**2. Ehewohnung.** Der Begriff Ehewohnung entspricht § 1568a (→ § 1568a Rn. 1 ff.). Er ist weit auszulegen und umfasst alle Räume, die die Ehegatten zum Wohnen benutzt oder gemeinsam bewohnt haben, oder die dafür nach den Umständen bestimmt waren,[9] einschließlich Nebenräumen, wie Keller oder Dachboden, aber auch Garten und Garage. Eine ständige Nutzung ist nicht erforderlich, insbesondere braucht es sich nicht um den Lebensmittelpunkt zu handeln. Ausreichend ist vielmehr ein zeitweiliger Gebrauch zum Wohnen, woraus folgt, dass Ehegatten über mehrere Ehewohnungen verfügen können.[10] Die Qualifizierung als „Ehewohnung" richtet sich nach dem Zustand vor Beginn des Getrenntlebens; sie hängt nicht davon ab, dass noch beide Ehegatten in der Wohnung leben. Die Ehewohnung behält ihren Charakter vielmehr grds. während der gesamten Trennungszeit. Denn nur bei diesem – auch aus § 1568a Abs. 3–5 folgenden – Verständnis kann gewährleistet werden, dass sich der gegenständliche Schutz der Ehe und Familie durchsetzt und für den gewichenen Ehegatten selbst nach längerer Abwesenheit noch die Möglichkeit besteht, in die Ehewohnung zurückzukehren, falls etwa Belange des Kindeswohls dies erforderlich machen. Insoweit muss während der Trennungszeit eine Abänderung (§ 48 FamFG) möglich sein, die den Fortbestand als Ehewohnung voraussetzt.[11] Die Wohnung verliert ihre Eigenschaft als Ehewohnung allerdings, 4

sungsanspruch gewährt ein Recht zum Besitz (§ 986): *Brudermüller* FamRZ 1987, 109 f.; *Graba* NJW 1987, 1722; vgl. für anhängiges Scheidungverfahren, aber nicht darauf zu beschränken BGHZ 71, 216 (222) = NJW 1978, 1529 (1530) = FamRZ 1978, 496 (497).

2 BGHZ 212, 133 Rn. 10 = NJW 2017, 260 = FamRZ 2017, 22 (23 f.) mwN.

3 OLG Hamm FamRZ 2011, 481 (482); 2008, 1639; OLG Düsseldorf FamRZ 2007, 1655; KG FamRZ 1997, 421 Ls.; iErg ebenso *Erbarth* FamRZ 1998, 1007 (1011 f.) mwN (anders wohl noch in NJW 1997, 974 [977]); sehr str., aA *Wever* FamRZ 1996, 905 (906). Nach BGH NJW 1993, 3326 = FamRZ 1994, 98; NJW 1994, 1721 = FamRZ 1994, 822 ist bei Auszug mit endgültiger Trennungsabsicht § 745 Abs. 2 anzuwenden; die dann geschuldete Nutzungsvergütung ist seit Inkrafttreten des FamFG als sonstige Familiensache (§ 266 Abs. 1 Nr. 3 FamFG) anzusehen.

4 Vgl. OLG Brandenburg FamRZ 2008, 1930 f.: Es ist zu prüfen, ob die Einräumung des Mitbesitzes zu unterbleiben hat, weil sich der andere Ehegatte auf § 1361b berufen kann.

5 BT-Drs. 14/5429, 21; hM, vgl. *Götz/Brudermüller,* Die gemeinsame Wohnung, 2008, Rn. 259 mN.

6 Staudinger/*Voppel,* 2018, Rn. 5; Johannsen/Henrich/*Götz* Rn. 3; BRHP/*Neumann* Rn. 2. Zur Kritik *Schumann* FF 2007, 227 (230 f.); *Götz/Brudermüller,* Die gemeinsame Wohnung, 2008, Rn. 457.

7 OLG Naumburg FamRZ 2003, 1748; Staudinger/*Voppel,* 2018, Rn. 14; Palandt/*Brudermüller* Rn. 4; Hoppenz/*Müller* Rn. 21; aA OLG Bamberg FamRZ 1992, 1299; → 4. Aufl. 2000, Rn. 8.

8 Staudinger/*Voppel,* 2018, Rn. 14; Johannsen/Henrich/*Götz* Rn. 6; Hoppenz/*Müller* Rn. 21.

9 Auch ein Gartenhaus, BGH NJW-RR 1990, 1026 = FamRZ 1990, 987 (988).

10 Staudinger/*Voppel,* 2018, Rn. 6.

11 BGHZ 212, 133 Rn. 13 = NJW 2017, 260 = FamRZ 2017, 22 (23 f.) unter Aufgabe der früheren Rspr.; aA → 7. Aufl. 2017, Rn. 4.

wenn der Ehegatte, der ausgezogen ist, alleiniger Mieter war und den Mietvertrag gekündigt hat.[12] Ob die Qualifizierung als Ehewohnung im Falle einer Einigung der Ehegatten, die Wohnung zu verlassen und zu veräußern, verloren geht,[13] erscheint indessen fraglich, solange der Plan noch nicht umgesetzt worden ist. – Den Antrag auf Zuweisung kann – vorbehaltlich der Regelung des Abs. 4 (→ Rn. 25 ff.) – auch der Ehegatte stellen, der die Wohnung zunächst verlassen hat.[14]

5 **3. Unbillige Härte. a) Begriffswechsel.** Die vollständige oder teilweise Überlassung der Ehewohnung kann verlangt werden, soweit dies auch unter Berücksichtigung der Belange des anderen Ehegatten notwendig ist, um eine unbillige Härte zu vermeiden. Durch das Absenken der Eingriffsschwelle **(Ersetzung der „schweren" durch die „unbillige" Härte)** soll erreicht werden, dass zugunsten des von Gewalt des Ehegatten betroffenen Ehepartners und/oder der im Haushalt lebenden Kinder ein rasches und effektives Einschreiten des Familiengerichts erleichtert wird; bei Gewalttaten unter Eheleuten soll die Wohnung im Regelfall dem Opfer zu überlassen sein. Bei der Einführung der Vorschrift im Jahr 1986 hatte sich der Gesetzgeber noch veranlasst gesehen, die Eingriffsschwelle hoch anzusetzen, um ehefeindlichen Tendenzen entgegen zu wirken; es sollte verhindert werden, dass die Ehegatten bei einem ernsteren Konflikt im Frühstadium einer Ehekrise vorzeitig in die Inanspruchnahme gerichtlicher Hilfe „flüchten".[15] Der gegenläufige Wechsel verdeutlicht, dass der frühere strenge Maßstab[16] nicht mehr der Zielrichtung des Gesetzes entspricht. Eine weitergehende Erläuterung ergibt sich aus den Gesetzesmaterialien nicht; auf einen Katalog von Härtegründen ist mit Rücksicht auf die Vielgestaltigkeit der Lebensverhältnisse verzichtet worden. Die konkreten gesetzlichen Vorgaben beschränken sich auf die durch Gewalttätigkeiten gekennzeichneten Fällen sowie die Beeinträchtigung des Wohls von im Haushalt lebenden Kindern, die als die häufigsten, eine unbillige Härte begründenden Lebenssachverhalte bezeichnet werden.

6 **b) Begriff der unbilligen Härte.** Mit Rücksicht auf die Absenkung der Eingriffsschwelle ist davon auszugehen, dass Sachverhalte, die nach der alten Fassung des § 1361b die Zuweisung der Wohnung rechtfertigten, nunmehr erst recht ein Überlassungsbegehren zu begründen vermögen. In den Fällen, in denen eine schwere Härte verneint wurde, stellt sich die Frage, ob die Eingriffsschwelle nach der neuen Fassung erreicht ist. Festzuhalten ist jedenfalls daran, dass bloße Unbequemlichkeiten oder Belästigungen, die zum regelmäßigen Erscheinungsbild einer in Auflösung befindlichen Ehe zu rechnen sind, nicht genügen,[17] andererseits aber – schon nach früherer Rechtslage zweifelsfrei – die begründete Furcht vor Gewalttätigkeiten mit Gefahr für Leib oder Leben nicht zu fordern ist.[18] Damit ist zur Beantwortung der Frage, welcher Grad der Unerträglichkeit des weiteren Zusammenlebens erreicht sein muss, um eine Wohnungszuweisung zu rechtfertigen, aber nur in den Grenzbereichen etwas gewonnen. Trotz der Bandbreite der Interpretationsmöglichkeiten für die dazwischen liegenden Fallgestaltungen findet sich – bezogen auf § 1361b aF – verbreitet die Umschreibung, eine schwere Härte liege vor, wenn und soweit aufgrund außergewöhnlicher Umstände ausnahmsweise die Wohnungszuweisung – unter Berücksichtigung auch der Belange des anderen Ehegatten – dringend erforderlich sei, um eine unerträgliche Belastung des die Zuteilung begehrenden Ehegatten abzuwenden.[19] Eine entsprechende Definition ist für den Maßstab der unbilligen Härte nicht entwickelt worden. Allerdings werden in Abs. 2 und Abs. 1 S. 2 die in der Praxis hauptsächlich auftretenden Sachverhalte ausgeübter oder angedrohter Gewalt sowie die Beeinträchtigung des Wohls eines Kindes als solche bezeichnet, die eine unbillige Härte begründen können. Für den weiteren Anwendungsbereich eine allgemeine Umschreibung zu finden, begegnet schon deshalb Schwierigkeiten, weil die Eingriffsschwelle Veränderungen unterliegen kann. Je geringer etwa aufgrund der Trennungsdauer die Chance auf eine Wiederherstellung der ehelichen Lebensgemeinschaft wird, umso weniger streng können tendenziell die Voraussetzungen für die Woh-

[12] OLG Köln FamRZ 2005, 1993 f.; KG FamRZ 2017, 1393; NJW-RR 1993, 132; Staudinger/*Voppel* Rn. 8b.
[13] So OLG München FamRZ 2007, 836.
[14] OLG Bamberg FamRZ 1990, 1353; Staudinger/*Voppel,* 2018, Rn. 8; *Rauscher* FamR § 15 Rn. 347.
[15] BT-Drs. 14/5429, 21, 33; BT-Drs. 10/2888, 16.
[16] → 4. Aufl. 2000, Rn. 1, 4: restriktive Handhabung geboten. Entsprechend dem Normzweck ist die Eingangsschwelle hoch anzusetzen und der Begriff der schweren Härte eng auszulegen.
[17] OLG Hamm FamRZ 2016, 1802; NJW 2015, 2349; OLG Düsseldorf NZFam 16, 764; OLG Köln FamRZ 2011, 372 (373); OLG Naumburg FamRZ 2006, 1207 Ls.; OLG Brandenburg FamRZ 1996, 743 (744); OLG Hamburg FamRZ 1993, 190; OLG Bamberg FamRZ 1995, 560; OLG München FamRZ 1996, 730; Staudinger/*Voppel,* 2018, Rn. 20; Johannsen/Henrich/*Götz* Rn. 14; *Rauscher* FamR § 15 Rn. 348.
[18] OLG Köln FamRZ 2001, 761 Ls.; OLG Hamm FamRZ 1997, 301; OLG Naumburg FamRZ 2006, 1207; Staudinger/*Voppel,* 2018, Rn. 23; *Rauscher* FamR § 15 Rn. 348.
[19] KG FamRZ 1987, 850 (851); FuR 1997, 123; OLG München FamRZ 1996, 730; OLG Frankfurt FamRZ 1996, 289; OLG Karlsruhe FamRZ 1991, 1440; OLG Celle FamRZ 1992, 676; OLG Schleswig FamRZ 1991, 82; 1991, 1301; krit. hierzu *Schwab* FamRZ 1999, 1317 (1320 f.): der Ausnahmecharakter werde über den gesetzlichen Wortlaut hinaus betont.

nungszuweisung anzusetzen sein.[20] Danach ist der Begriff der unbilligen Härte **einzelfallbezogen auszufüllen.**[21] In die Gesamtabwägung einzubeziehen sind neben dem Verhältnis der Ehegatten zueinander die Belange des anderen Ehegatten, dingliche Rechtspositionen (→ Rn. 10) und alle wesentlichen sonstigen Umstände, die die Lebensbedingungen der Ehegatten, aber auch ihre Beziehung zu der Ehewohnung bestimmen (→ Rn. 11). In jedem Fall ist angesichts der Schwere des Eingriffs der Grundsatz der Verhältnismäßigkeit zu beachten und dem Gedanken des Rechtsmissbrauchs Rechnung zu tragen. Die Entscheidung soll einerseits dem Persönlichkeitsschutz des in der Wohnung Verbleibenden dienen, andererseits dem anderen die räumliche und soziale Lebensbasis möglichst erhalten.

**c) Härtefälle.** Ein Überlassungsanspruch kommt nach Abs. 1 in Betracht, soweit eine Benut- 7
zungsregelung unter Berücksichtigung der Belange des anderen Ehegatten notwendig ist, um eine unbillige Härte zu vermeiden. Dabei kann eine unbillige Härte auch dann gegeben sein, wenn das Wohl von im Haushalt lebenden Kindern beeinträchtigt ist (Abs. 1 S. 2). Abs. 2 sieht einen Überlassungsanspruch, und zwar idR hinsichtlich der gesamten Wohnung, wegen ausgeübter oder angedrohter Gewalt in der im Einzelnen bezeichneten Form vor, nämlich einer widerrechtlichen, vorsätzlichen Verletzung von Körper, Gesundheit oder Freiheit oder der widerrechtlichen Drohung mit einer solchen Verletzung oder der Verletzung des Lebens.

Danach lassen sich folgende Anwendungsfälle unterscheiden: Bei einer **Gewalttat** iSd § 1 Abs. 1 8
S. 1 GewSchG[22] **oder** der **Drohung** mit ihr greift Abs. 2 S. 1 ein; in solchen Fällen ist idR die gesamte Wohnung zu überlassen (zu Ausnahmen → Rn. 12 f.). Für die Feststellung, ob die Voraussetzungen einer Körper-, Gesundheits- oder Freiheitsverletzung erfüllt sind, kann auf die Rspr. zu § 823 Abs. 1 zurückgegriffen werden.[23] Mit den Rechtsgütern Körper und Gesundheit wird auch die psychische Integrität geschützt, und zwar insoweit als Gewaltanwendung zu einer psychischen Erkrankung führt.[24] Darüber hinaus wird die Anwendung psychischer Gewalt ebenso wenig vom GewSchG erfasst wie der Schutz des allgemeinen Persönlichkeitsrechts als solches;[25] deshalb scheidet insoweit auch eine Anwendung von Abs. 2 S. 1 aus. **Psychische Gewalt** in ihren unterschiedlichen Erscheinungsformen (Erniedrigung, Anschreien, Psychoterror, häuslicher Vandalismus)[26] kann eine Wohnungszuweisung allein nach Abs. 1 rechtfertigen. Unter diese Regelung fallen außerdem schwere **Störungen des Familienfriedens,** etwa infolge Alkohol- oder Drogenmissbrauchs oder durch wiederholtes Randalieren,[27] und sonstige grob rücksichtslose Verhaltensweisen, die das Zusammenwohnen unerträglich machen.[28] Dabei kann auch eine Vielzahl von Vorkommnissen, die für sich allein als bloße Belästigungen zu beurteilen wären, bei einer Gesamtbetrachtung (→ Rn. 11) eine unbillige Härte begründen.[29] Die Ursachen für das Scheitern der Ehe sind dabei – entsprechend dem verschuldensunabhängigen Scheidungs- und Scheidungsfolgenrecht – grundsätzlich ohne Bedeutung. Die Umstände, aus denen eine unbillige Härte iSd Abs. 1 folgt, müssen nicht verschuldet sein.[30]

Besonders beachtet wurde schon nach § 1361b aF das **Wohl von Kindern.**[31] Die jetzige 9
Fassung sieht ausdrücklich vor, dass das Wohl von Kindern – ohne Rücksicht darauf, ob es sich um gemeinschaftliche Kinder, um Stief-[32] oder Pflegekinder oder um minderjährige oder volljährige

---

[20] OLG Brandenburg FamRZ 2001, 636 (637); OLG Bamberg FamRZ 1990, 1353; *Brudermüller* FamRZ 1999, 129 (132) mN aus der Rspr.; Staudinger/*Voppel,* 2018, Rn. 43; *Rauscher* FamR § 15 Rn. 348; BRHP/*Neumann* Rn. 10.

[21] OLG Köln FamRZ 2011, 118; 2006, 126 f. Ls.; Staudinger/*Voppel,* 2018, Rn. 17; Palandt/*Brudermüller* Rn. 9.

[22] Insofern gilt für § 1361b Abs. 2 dieselbe Definition, *Schumacher/Janzen,* Gewaltschutz in der Familie, 2003, Rn. 60; Palandt/*Brudermüller* Rn. 15.

[23] Vgl. etwa Palandt/*Sprau* § 823 Rn. 4–6.

[24] BGHZ 56, 163 (164 ff.) = NJW 1971, 1883.

[25] BT-Drs. 14/5429, 18 f.; *Schumacher* FamRZ 2002, 645 (647); *Götz/Brudermüller,* Die gemeinsame Wohnung, 2008, Rn. 218.

[26] Vgl. auch OLG Hamm FamRZ 1993, 1442: Aufnahme eines neuen Lebensgefährten in die Ehewohnung verletzt die seelische Integrität.

[27] OLG Hamm FamRZ 1997, 301 (302); OLG München FamRZ 1996, 730; OLG Frankfurt FamRZ 1993, 1343; OLG Celle FamRZ 1992, 676 (677); OLG Karlsruhe FamRZ 1991, 1440 (1441); OLG Schleswig FamRZ 1991, 82.

[28] OLG Hamm FamRZ 2016, 1082 (1084): Übernachtungen der neuen Lebensgefährtin des Ehemanns in der Ehewohnung bei beengten Wohnverhältnissen; OLG Naumburg FamRZ 2006, 1207 Ls.; OLG Köln FamRZ 2001, 761 Ls.

[29] AG Tempelhof-Kreuzberg FamRZ 2003, 532 (533); Staudinger/*Voppel,* 2018, Rn. 23; Palandt/*Brudermüller* Rn. 10.

[30] Staudinger/*Voppel,* 2018, Rn. 24; FachAnwK-FamR/*Klein* Rn. 22.

[31] OLG Schleswig FamRZ 1991, 1301; OLG Bamberg FamRZ 1995, 560; OLG Frankfurt FamRZ 1996, 289; OLG Hamm FamRZ 1997, 301 (302).

[32] OLG Hamm FF 2013, 505.

Kinder[33] handelt – bei der Beurteilung, ob eine unbillige Härte vorliegt, maßgeblich zu berücksichtigen ist. Richtet sich physische oder psychische Gewalt eines Ehegatten gegen Kinder, so begründet dies eine unbillige Härte, die zu einer Wohnungszuweisung zugunsten des anderen Ehegatten führen kann. Erleben Kinder Gewalt zwischen Erwachsenen mit, führt dies bei ihnen regelmäßig zu seelischen Schäden sowie zur Ausbildung von Verhaltensauffälligkeiten.[34] Aber auch wenn schwere Spannungen zwischen den Erwachsenen bestehen und die häusliche Atmosphäre durch Streitigkeiten und rücksichtslosen Umgang miteinander nachhaltig gestört ist, kann dies zu erheblichen Belastungen eines Kindes führen.[35] Seinen Bedürfnissen an einer geordneten und spannungsfreien Familiensituation kommt auch in solchen Fällen Vorrang zu.[36] Die Wohnung ist vorzugsweise dem Elternteil zuzuweisen, der das Kind in erster Linie betreut.[37] Für eine Zuweisung an den anderen Elternteil gelten verschärfte Anforderungen (unter anderem wegen der schwierigeren Wohnungssuche mit Kindern und der nachteiligen Auswirkungen eines Wohnungswechsels auf sie).[38] Im Kampf um die Wohnung dürfen die Kinder jedoch nicht zur Waffe werden.[39] Haben die Belange des Kindes Vorrang, kommt es grundsätzlich nicht mehr darauf an, welcher Ehegatte die dem Kindeswohl schädliche Situation verursacht hat.[40] – Die Interessen von pflege- oder betreuungsbedürftigen **Angehörigen,** die dem gemeinsamen Haushalt angehören, sind gleichfalls zu bedenken.[41]

10 **d) Dingliche Rechtspositionen. Eigentum** eines Ehegatten an der Wohnung oder dem Grundstück sowie ein **dingliches Nutzungsrecht** an der Ehewohnung sind nach **Abs. 1 S. 3** besonders zu berücksichtigen[42] und dürfen nicht geändert werden (vgl. § 1361a Abs. 4);[43] eine Zuweisung zur Nutzung an den anderen darf nur unter engen Voraussetzungen erfolgen.[44] Beantragt der dinglich Berechtigte die Zuweisung an sich selbst, so ist die Eingriffsschwelle niedriger; im umgekehrten Fall sind dagegen höhere Anforderungen an die unbillige Härte zu stellen.[45] Bei einer Beeinträchtigung des Kindeswohls tritt die dingliche Berechtigung jedoch regelmäßig zurück.[46] Ist eine solche nicht zu besorgen und haben beide Ehegatten gleichermaßen das Vorliegen einer unbilligen Härte verursacht, so ist die dingliche Berechtigung ausschlaggebend.[47] Sind beide Ehegatten an der Ehewohnung dinglich berechtigt, ergibt sich hieraus kein Abwägungskriterium, vielmehr ist nach den sonstigen Gesichtspunkten zu entscheiden.[48] Eine Zuweisung an den Eigentümer scheidet aus, wenn er die Wohnung nicht bewohnen, sondern veräußern (oder

---

33 OLG Hamm ZKJ 2014, 22.

34 *Kindler/Salzgeber/Fichtner/Werner* FamRZ 2004, 1241 (1245); *Buba/Hofmann* in Vaskovics/Buba, Zuweisung einer Ehewohnung bei Getrenntleben – Rechtstatsächliche Untersuchung zu § 1361b BGB, 1999, 195.

35 OLG Brandenburg FamRZ 2010, 1983 (1984); AG Tempelhof-Kreuzberg FamRZ 2003, 532 (533); OLG Karlsruhe OLGR 1998, 112; Staudinger/*Voppel,* 2018, Rn. 37; Johannsen/Henrich/*Götz* Rn. 16; *Schwab/Motzer* VIII Rn. 74. Nicht ausreichend ist ein Streit über den Umfang des Umgangsrechts, OLG Köln FamRZ 2011, 118.

36 OLG Brandenburg FamRZ 2011, 1983 (1984); OLG Celle NJW-RR 2006, 505 = FamRZ 2006, 1143.

37 OLG Celle FamRZ 2006, 1143; OLG Karlsruhe OLGR 1998, 112; OLG Frankfurt FamRZ 1993, 1343; OLG Nürnberg EzFamR aktuell 1997, 200: Zuweisung an den Nichteigentümer, der die gesamten Hauskosten trägt und eine Nutzungsentschädigung zahlt, um den Kindern einen Umgebungswechsel zu ersparen; KG FamRZ 15, 1191: Vermeidung des dem Wohl eines seniblen Kindes abträglichen Wohnungswechsels.

38 *Coester* FamRZ 1993, 249 (251).

39 *Schulz/Hauß* Kap. 4 Rn. 18; Johannsen/Henrich/*Götz* Rn. 17; *Coester* FamRZ 1993, 249 (251).

40 OLG Bamberg FamRZ 1995, 560; Staudinger/*Voppel,* 2018, Rn. 37; *Schulz/Hauß* Trennung und Scheidung Kap. 4 Rn. 18; Palandt/*Brudermüller* Rn. 11.

41 Johannsen/Henrich/*Götz* Rn. 28.

42 Besteht die Eigentümerposition dagegen nur formal – etwa um die Wohnung dem Vollstreckungszugriff von Gläubigern des anderen Ehegatten zu entziehen –, kommt ihr geringere Bedeutung zu: Johannsen/Henrich/*Götz* Rn. 26; Staudinger/*Voppel,* 2018, Rn. 48; FachAnwK-FamR/*Klein* Rn. 28.

43 OLG Hamm FamRZ 1989, 739 (740); OLG Köln FamRZ 1994, 632 (633); AG Kerpen FamRZ 1997, 420.

44 Ist ein Ende des Getrenntlebens nicht absehbar, sollte die Zuweisung an den Nichteigentümer zudem nur befristet erfolgen, *Klein* FuR 1997, 73 (77); so auch OLG Hamm FamRZ 2016, 1082 (1084).

45 OLG Düsseldorf NZFam 2016, 764; OLG Karlsruhe NJW-RR 2016, 132 (133); Staudinger/*Voppel,* 2018, Rn. 46; *Rauscher* FamR § 15 Rn. 349; *Götz/Brudermüller,* Die gemeinsame Wohnung, 2008, Rn. 180.

46 FachAnwK-FamR/*Klein* Rn. 27; *Götz/Brudermüller,* Die gemeinsame Wohnung, 2008, Rn. 180; *Kemper* Ehegattenunterhalt Rn. 171; OLG Stuttgart FamRZ 2004, 876: jedenfalls für einen eingeschränkten Zeitraum, in dem der Nichteigentümer sich um eine andere Wohnung zu bemühen hat.

47 OLG Köln FamRZ 1994, 632 (633) für einen Fall, in dem der Eigentümer sich zwar aus der Ehe lösen, das Hausgrundstück aber wieder gewerblich nutzen will; Staudinger/*Voppel,* 2018, Rn. 46; FachAnwK-FamR/*Klein* Rn. 27.

48 Staudinger/*Voppel,* 2018, Rn. 48; FachAnwK-FamR/*Klein* Rn. 28; *Götz/Brudermüller,* Die gemeinsame Wohnung, 2008, Rn. 180; *Kemper* Ehegattenunterhalt Rn. 172.

vermieten) will.[49] Entsprechende Grundsätze gelten für eine **Dienst- oder Werkswohnung** (§ 1568a Abs. 4); die Zuweisung kann nur in Ausnahmefällen – und dann regelmäßig nur befristet – an den nicht zur Dienstleistung verpflichteten Ehegatten erfolgen.[50] Im Übrigen sind obligatorische Überlassungsansprüche eines Ehegatten (Alleinmieter der Wohnung) für die Zuweisung nicht relevant.[51]

**e) Gesamtabwägung.** Nach Maßgabe der vorstehenden Grundsätze ist im Einzelfall eine Gesamtabwägung aller relevanten Umstände vorzunehmen, in die die persönliche und wirtschaftliche Lage beider Ehegatten sowie ihr Gesundheitszustand,[52] die berufliche, schulische oder sonstige familiäre Bindung an einen Ort, die Möglichkeit, eine angemessene Ersatzwohnung zu beschaffen,[53] ferner die Einkommens- und Vermögensverhältnisse (die allerdings modifiziert werden durch den Anspruch auf Trennungsunterhalt gemäß § 1361) einzubeziehen sind. Dabei kann von Bedeutung sein, dass ein Ehegatte die Wohnung schon vor der Heirat bewohnt oder durch Eigenleistungen ausgebaut hat.[54] Auch ein Verhalten, das für sich allein noch keine unbillige Härte bewirkt, kann bei der Abwägung eine Rolle spielen.[55] Da ein Verschulden für die unbillige Härte nach Abs. 1 nicht erforderlich ist, kommt es für die Wohnungsüberlassung vor allem darauf an, welcher Ehegatte den unzumutbaren Zustand verursacht hat; untadeliges Verhalten des Antragstellers ist andererseits nicht zu fordern.[56] Haben beide durch ihr Verhalten in etwa gleichermaßen zu der Situation beigetragen, ist maßgebend, wer von ihnen aus persönlichen oder beruflichen Gründen mehr auf die Wohnung angewiesen ist.[57] 11

**4. Gewaltschutzregelung.** Nach früherer Rechtslage entsprach es einhelliger Auffassung, dass eine Alleinzuweisung nach dem Grundsatz des Übermaßverbots nicht in Betracht kam, wenn als weniger einschneidende Maßnahme eine Aufteilung der Wohnung zur jeweils alleinigen Nutzung erfolgen konnte.[58] Nunmehr enthält Abs. 2 insofern eine besondere Regelung für Gewalttaten. Die Bestimmung knüpft an die allgemeine Gewaltschutzregelung an und sieht als spezielle Ausprägung des Grundsatzes der Verhältnismäßigkeit vor, dass der Ehegatte, gegen den sich der Antrag richtet, idR die gesamte Wohnung zur alleinigen Benutzung zu überlassen hat, wenn er gegen den anderen eine Gewalttat der im einzelnen bezeichneten Art verübt oder damit gedroht hat (→ Rn. 8).[59] Dabei kommt es auf die objektive Ernsthaftigkeit einer Bedrohung nicht (mehr) entscheidend an, sondern darauf, ob sich der betroffene Ehegatte subjektiv so belastet fühlt, dass ihm objektiv die Fortsetzung der häuslichen Gemeinschaft nicht mehr zumutbar ist.[60] Gleichwohl muss ein objektivierender Maßstab dazu führen, völlig unerhebliche Verhaltensweisen als Drohung mit Gewalt auszuscheiden.[61] Hintergrund der Regelung des Abs. 2 ist es zu vermeiden, dass durch eine Aufteilung der Wohnung weiteres Konfliktpotential für neue Gewalttätigkeiten geschaffen wird.[62] Eine Aufteilung der Wohnung kann danach nur noch ausnahmsweise in Betracht kommen. Das kann der Fall sein, wenn die Wohnverhältnisse entweder so großzügig sind, dass mit einem Zusammentreffen der 12

[49] OLG Frankfurt FamRZ 2004, 875; OLG Saarbrücken OLGR 2004, 515; OLG Köln FamRZ 1997, 942; OLG Hamm FamRZ 1998, 1172. Ein Verwertungsinteresse wird von § 1361b nicht geschützt (→ Rn. 16); aA OLG Hamburg FamRZ 1992, 1298.

[50] Johannsen/Henrich/*Götz* Rn. 26; Staudinger/*Voppel,* 2018, Rn. 49.

[51] Johannsen/Henrich/*Götz* Rn. 26; Staudinger/*Voppel,* 2018, Rn. 49; *Rauscher* FamR § 15 Rn. 349.

[52] OLG Hamm FamRZ 1993, 1441 betr. auf Erdgeschoßwohnung angewiesenen Lungenkranken; FamRZ 1996, 1411; OLG Jena FamRZ 1997, 559.

[53] OLG Hamm FF 2013, 505; FamRZ 2016, 1082 (1084 f.).

[54] KG FamRZ 1988, 182.

[55] Vgl. OLG Hamm FamRZ 1993, 1441; 1996, 1411 betr. Aussperrung aus der Wohnung durch verbotene Eigenmacht; OLG Braunschweig NJW-RR 1996, 578 betr. wiederholte Verstöße gegen eine Teilungsregelung.

[56] Johannsen/Henrich/*Götz* Rn. 25.

[57] Staudinger/*Voppel,* 2018, Rn. 42; Johannsen/Henrich/*Götz* Rn. 25; *Schumacher/Janzen,* Gewaltschutz in der Familie, 2003, Rn. 58.

[58] Vgl. etwa OLG Frankfurt FamRZ 1987, 159; OLG Zweibrücken FamRZ 1987, 508.

[59] OLG Stuttgart FamRZ 2007, 829 (830).

[60] OLG Köln FamRZ 2006, 126 Ls.; Staudinger/*Voppel,* 2018, Rn. 23; Palandt/*Brudermüller* Rn. 10; aA noch OLG Karlsruhe FamRZ 1991, 1440.

[61] *Kemper* Ehegattenunterhalt Rn. 212; *Götz/Brudermüller,* Die gemeinsame Wohnung, 2008, Rn. 174; *Rauscher* FamR § 15 Rn. 348a, zugleich mit dem zutr. Hinweis, auch bei den Regelbeispielen der Gewaltanwendung sei eine realitätsnahe Einschätzung der Zumutbarkeit der Rechtsfolge geboten, um nur Rechtsgutsverletzungen von einer gewissen Schwere oder Nachhaltigkeit zu erfassen, nicht dagegen – etwa auf verbale Provokation zurückzuführende – kleinere Handgreiflichkeiten.

[62] *Buba/Hofmann* in Vaskovics/Buba, Zuweisung einer Ehewohnung bei Getrenntleben – Rechtstatsächliche Untersuchung zu § 1361b BGB, 1999, 161; *Schumacher* FamRZ 2002, 645 (656).

Ehegatten nicht zu rechnen ist,[63] oder wenn durch bauliche Maßnahmen eine Aufteilung in völlig getrennte Wohnbereiche entstehen kann[64] und unter solchen Umständen ein erträgliches Miteinander noch möglich ist. Andererseits können – wie bei § 2 Abs. 3 Nr. 3 GewSchG – in eng begrenzten Ausnahmefällen besonders schwerwiegende Belange des Täters[65] einer Wohnungsüberlassung entgegenstehen, wie aus dem Zusammenhang von Abs. 1 und Abs. 2 zu schließen ist,[66] ebenso andernfalls zu befürchtende Beeinträchtigungen des Kindeswohls.[67]

13 Der Anspruch auf Wohnungsüberlassung ist nach **Abs. 2 S. 2** ausgeschlossen, wenn keine weiteren Verletzungen oder widerrechtlichen Drohungen zu besorgen sind, es sei denn, dass dem verletzten Ehegatten das weitere Zusammenleben mit dem anderen wegen der Schwere der Tat nicht zuzumuten ist. Damit wird eine tatsächliche **Vermutung für die Wiederholungsgefahr** aufgestellt; es obliegt dem Täter, darzulegen und zu beweisen, dass keine weiteren Taten zu befürchten sind.[68] An die Widerlegung der Vermutung sind hohe Anforderungen zu stellen.[69] Das Angebot, eine (uU auch strafbewehrte) Unterlassungserklärung abzugeben, genügt hierfür nicht, insbesondere wenn heftige verbale Auseinandersetzungen in der Vergangenheit bereits mehrfach zu kritischen Situationen geführt haben.[70] Selbst wenn dem Täter der Nachweis fehlender Wiederholungsgefahr gelingt, wird die Wohnungszuweisung an den verletzten Ehegatten nicht ausgeschlossen, falls die Schwere der Tat ein weiteres Zusammenleben mit dem Täter unzumutbar macht.[71] Dies hat der Verletzte darzulegen.

## III. Regelungsinhalt

14 **1. Vorläufige Benutzungsregelung.** Ziel ist nur eine vorläufige Benutzungsregelung – bis zur rechtskräftigen Scheidung – unter den Ehegatten. Rechtsgestaltende Maßnahmen mit Außenwirkung sind im Unterschied zu § 1568a, der eine Scheidung voraussetzt, im Rahmen von § 1361b nicht möglich,[72] auch nicht bei Einverständnis beider Ehegatten.[73] Mit Rücksicht auf den vorläufigen Charakter der Regelung kann eine Befristung der Wohnungszuweisung in Betracht kommen, vor allem bei einer Zuweisung an den Nichteigentümer (→ Rn. 10 mwN).[74]

15 **2. Verhältnismäßigkeit; Regelungsumfang.** Voraussetzungen und Anordnungsfolgen müssen dem Gebot der Verhältnismäßigkeit entsprechen. Die Zuweisung der gesamten Wohnung an einen Ehegatten ist deshalb – außerhalb der Regelung des Abs. 2 – nur dann zulässig, wenn weniger einschneidende Maßnahmen nicht in Betracht kommen, insbesondere eine Aufteilung der Wohnung wegen Unerträglichkeit des weiteren Zusammenlebens ausscheidet. Bei zumutbarem Getrenntleben in der bisherigen Wohnung ist eine geeignete Benutzungsregelung mit zweckdienlichen Einzelgeboten und -verboten möglich.[75] Darüber hinaus soll das Gericht mit der Endentscheidung die Anordnungen treffen, die zu ihrer Durchführung erforderlich sind (§ 209 Abs. 1 FamFG). Das schließt sowohl die Anordnung der Räumung und Herausgabe[76] als auch einzelne Gebote (zB Schlüsselherausgabe) ein. Dem Ausgewiesenen kann eine Räumungsfrist bewilligt, selbige kann nachträglich geändert werden (§ 48 Abs. 1 FamFG).[77]

---

63 BT-Drs. 14/5429, 21; OLG Hamm FF 2013, 505; OLG Brandenburg FamRZ 2011, 118 Ls.

64 OLG Frankfurt FamRZ 1996, 289 (290).

65 Behinderung, schwerwiegende Erkrankung und daraus resultierendes Angewiesensein auf die Wohnung: Palandt/*Brudermüller* GewSchG § 2 Rn. 7.

66 *Schumacher* FamRZ 2002, 645 (656); *Schumacher/Janzen,* Gewaltschutz in der Familie, 2003, Rn. 60.

67 Staudinger/*Voppel,* 2018, Rn. 44: wenn die Gewalt von dem Ehegatten ausgeht, der trotzdem besser für die Kinder zu sorgen vermag.

68 OLG Stuttgart FamRZ 2004, 876; 2007, 829 (830).

69 OLG Brandenburg NJW-RR 2006, 220 f.; Palandt/*Brudermüller* Rn. 16; vgl. auch BGHZ 140, 1 (11) mwN.

70 OLG Stuttgart FamRZ 2007, 829 (830).

71 BT-Drs. 14/5429, 31 nennt insofern zu § 2 GewSchG schwere Körperverletzung, versuchte Tötung und Vergewaltigung.

72 OLG Köln FamRZ 2005, 1993 (1994); Staudinger/*Voppel,* 2018, Rn. 51; Johannsen/Henrich/*Götz* Rn. 4.

73 KG NJW-RR 1993, 964; OLG Köln FamRZ 1994, 632; Staudinger/*Voppel,* 2018, Rn. 51.

74 OLG Hamm FamRZ 2016, 1082 (1084); Johannsen/Heinrich/*Götz* Rn. 4; *Klein* FuR 1997, 73 (77).

75 Zuweisung einzelner Zimmer, Benutzungsweise der gemeinschaftlichen Räume, von Telefon und Fernseher, Gebot zur Rückschaffung unerlaubt entfernter Möbel, Verbot des Wegschaffens von Hausrat: Johannsen/Henrich/*Götz* FamFG § 209 Rn. 10.

76 Eine Wohnungszuweisung ist noch kein Räumungstitel, BGH NJW 1993, 3326 = FamRZ 1994, 98 (101); Johannsen/Henrich/*Götz* FamFG § 209 Rn. 4.

77 Überblick über die in Betracht kommenden Anordnungen bei Johannsen/Henrich/*Götz* FamFG § 209 Rn. 3–13.

16 **3. Schutz- und Durchführungsanordnungen.** Abs. 3 Satz 1 enthält seit der zum 1.1.2002 erfolgten Änderung des § 1361b die ausdrückliche Verpflichtung, dass derjenige Ehegatte, der dem anderen die Wohnung ganz oder teilweise überlassen muss, alles zu unterlassen hat, was geeignet ist, die Benutzung zu erschweren oder zu vereiteln. Zu den hiernach in Betracht kommenden, nach § 209 Abs. 1 FamFG möglichen Maßnahmen gehört insbesondere das an einen Ehegatten gerichtete **Verbot, die Wohnung wieder zu betreten,** oder sich der Wohnung auf eine bestimmte Distanz zu nähern.[78] Dem ausziehenden Alleinmieter kann auch ein **Kündigungsverbot** auferlegt werden, um durch die Rechtswirkungen der §§ 135, 136 zu verhindern, dass die Anordnung der Wohnungsüberlassung vereitelt wird.[79] Gegen eine Veräußerung des Eigenheims durch den ausgewiesenen Ehegatten kann den verbleibenden Ehegatten im Einzelfall § 1365 schützen (→ § 1365 Rn. 54 ff.; → § 1353 Rn. 36). Dessen verweigerte Zustimmung darf nur nach einer Abwägung der Interessen beider Ehegatten gemäß § 1365 Abs. 2 ersetzt werden, so dass einerseits das Nutzungsrecht und andererseits das Interesse an der Veräußerung zu würdigen sind.[80] Liegen die Voraussetzungen des § 1365 nicht vor, kommt – entgegen der Intention der Gesetzesbegründung[81] – die Anordnung eines Veräußerungsverbots nicht in Betracht. Das Gericht darf zwar das Eigentum durch eine zeitweilige Nutzungsregelung einschränken, nicht aber in die Eigentumsverhältnisse eingreifen, wie es durch Anordnung eines Veräußerungsverbots als Verfügungsbeschränkung der Fall wäre. Hierzu bedürfte es einer materiellen Rechtsgrundlage, die aber fehlt.[82] Zum Schutz des Zuweisungsberechtigen kann das Gericht allerdings ein (befristetes) Miet- oder Nutzungsverhältnis zwischen den Ehegatten begründen (vgl. § 18 LPartG);[83] § 566 gewährt dann dem Erwerber gegenüber den Schutz aus dem Mietverhältnis.[84] Ob bei Miteigentum der Ehegatten an der Wohnung als zusätzliche Anordnung das – ggf. zeitweilige – Verbot, eine Teilungsversteigerung zu beantragen, in Betracht kommt, ist streitig.[85] Dagegen dürfte sprechen, dass sich ein solches Verbot wie ein Eingriff in die Eigentümerposition auswirkt,[86] für den § 1361b keine Rechtsgrundlage bietet.[87] Schutz kann dem Zuweisungsberechtigen – ebenso wie bei Alleineigentum des Weggewiesenen – durch Begründung eines Mietverhältnisses gewährt werden.[88] Denn der Ersteher tritt mit allen Rechten und Pflichten in das Mietverhältnis ein (§§ 57 ZVG, 566) und hat nach § 183 ZVG kein Sonderkündigungsrecht gemäß § 57a ZVG.

## IV. Benutzungsvergütung (Abs. 3 S. 2)

17 **1. Verhaltener Anspruch. Voraussetzungen. Bezüge zum Unterhalt.** Wurde einem Ehegatten die Wohnung ganz oder zum Teil überlassen, kann der andere zum Ausgleich für den Verlust des Besitzrechts und der damit einhergehenden wirtschaftlichen Nachteile[89] vom Partner eine Benutzungsvergütung verlangen, soweit dies der Billigkeit entspricht. Dabei kommt es auf eine wirtschaftliche Verwertbarkeit der Nutzungsvorteile durch den in der Wohnung Verbliebenen nicht an.[90] Im Gegensatz zur früheren Rechtslage, nach der es für den Vergütungsanspruch maßgeblich war, ob der Ausziehende nach Abs. 1 zur Wohnungsüberlassung verpflichtet war (Abs. 2 aF), ist dies nach dem Wortlaut der Neufassung nicht mehr erforderlich. Hierunter fallen vielmehr alle Sachverhalte, in denen die Ehewohnung dem anderen Ehegatten während der Trennungszeit zur alleinigen Nutzung

---

78 OLG Köln FamRZ 2003, 319 (320); OLG Stuttgart FamRZ 2004, 876; OLG Hamm NJW 2015, 2349: Mitnahme von Gegenständen; *Schwab* FamRZ 1999, 1317 (1322); Palandt/*Brudermüller* Rn. 17.

79 *Brudermüller* FuR 2003, 433 (436 f.); zu § 1361b aF OLG Dresden FamRZ 1997, 183 mAnm *Drescher.*

80 Vgl. OLG Stuttgart NJW 1983, 634; Palandt/*Brudermüller* § 1365 Rn. 23; *Smid* NJW 1983, 2486 f.

81 BT-Drs. 14/5429, 21; ebenso *Schumacher* FamRZ 2002, 645 (656); *Schumacher/Janzen,* Gewaltschutz in der Familie, 2003, Rn. 62.

82 Ebenso Johannsen/Henrich/*Götz* FamFG § 209 Rn. 8; *Schulz/Hauß* Trennung und Scheidung Kap. 4 Rn. 50 ff.; MAH FamR/*Müller* § 16 Rn. 73; *Rauscher* FamR § 15 Rn. 349a; *Finger* FuR 2006, 241 (244).

83 Zur Möglichkeit der Befristung *Götz/Brudermüller,* Die gemeinsame Wohnung, 2008, Rn. 318.

84 Palandt/*Brudermüller* Rn. 17. Das eheabhängige Mitbesitzrecht aus § 1353 ist nicht nachfolgefest; § 566 gilt dafür auch nicht analog, *A. Schulz,* Ehewohnung und Hausrat in der ungestörten Ehe, 1982, 122 f.

85 Bejahend OLG Hamburg FamRZ 2017, 1892 (1893) m. abl. Anm. *Wever* FamRZ 2018, 649 (653 f.) und *Uecker* FF 2018, 265.

86 Vgl. BGH NJW 2007, 3124 = FamRZ 2007, 1634 (1635): Der Teilungsversteigerungsantrag stellt zwar weder eine Verfügung über das Grundstück dar noch eine rechtsgeschäftliche Verpflichtung dazu, führt aber zu einem Verlust des Grundeigentums, weshalb es geboten erscheint, ihn wie eine Veräußerung des Grundstücks zu behandeln.

87 Ebenso *Götz/Brudermüller,* Die gemeinsame Wohnung, 2008, Rn. 319, auch zu weiteren Einzelheiten; *Schulz/Hauß* Trennung und Scheidung Kap. 4 Rn. 54.

88 OLG Celle FamRZ NJW 2011, 2062 (2063).

89 BGH NJW-RR 2006, 1081 = FamRZ 2006, 930 (933).

90 BGHZ 199, 322 Rn. 14 = NJW 2014, 462 = FamRZ 2014, 460.

tatsächlich überlassen worden ist, unbeschadet der Gründe hierfür und unabhängig davon, ob die Wohnung im Alleineigentum eines Ehegatten oder im Miteigentum beider Ehegatten steht. Abs. 3 S. 2 ist deshalb auch im Fall der **freiwilligen Überlassung** anwendbar.[91] Die für Abs. 2 aF streitige Frage einer analogen Anwendung der Bestimmung als Spezialregelung gegenüber § 745 Abs. 2[92] dürfte sich damit nicht mehr stellen. Abs. 3 S. 2 ist jedenfalls einschlägig, wenn ein Ehegatte dem anderen die in seinem Alleineigentum stehende Ehewohnung freiwillig zur alleinigen Nutzung überlassen hat.[93] Aus dieser Vorschrift – und nicht aus § 745 Abs. 2 – ergibt sich der Anspruch aber auch dann, wenn die Wohnung im Miteigentum der Ehegatten steht; eine unterschiedliche Behandlung dieser beiden rechtlichen Konstellationen ist nicht gerechtfertigt.[94] Nichts anderes gilt, wenn den Ehegatten gemeinsam ein unentgeltliches Wohnungsrecht eingeräumt ist.[95] Nach Inkrafttreten des FamFG kommt der Anspruchsgrundlage allerdings keine Bedeutung für die gerichtliche Zuständigkeit mehr zu: Bei einem auf § 745 Abs. 2 gestützten Anspruch handelt es sich – wegen des Zusammenhangs mit Trennung oder Scheidung – um eine sonstige Familiensache iSd § 266 Nr. 3 FamFG,[96] für die gleichermaßen das Familiengericht zuständig ist (§ 111 Nr. 10 FamFG, § 23a Abs. 1 Nr. 1 GVG).

18 Der (verhaltene) Anspruch auf Benutzungsvergütung entsteht (entsprechend § 745 Abs. 2) erst mit dem **deutlichen Zahlungsverlangen.**[97] Ohne ein solches kann er nicht rückwirkend geltend gemacht werden; nach dem Vertrauensgrundsatz muss sich der Zahlungspflichtige darauf einstellen können.[98] Die Vergütungspflicht kann durch jederzeitiges Angebot auf Wiedereinräumung des aufgegebenen Mitbesitzes abwendet werden.[99] Sie wird idR nur bei dinglicher Berechtigung an der Wohnung geltend gemacht, kann aber auch bei einer Mietwohnung in Betracht kommen.[100] Häufig besteht ein **Zusammenhang mit der Unterhaltsregelung:** Begehrt der in der Wohnung verbliebene Ehegatte Trennungsunterhalt oder ist er seinerseits unterhaltspflichtig, ist bei der Unterhaltsbemessung der Vorteil mietfreien Wohnens zu berücksichtigen, entweder als bedarfsdeckendes Einkommen des Unterhaltsberechtigten oder als unterhaltsrelevantes Einkommen des Unterhaltpflichtigen (→ § 1361 Rn. 38, 27 f.). Bei einer Unterhaltsregelung, die den Wohnvorteil in dieser Art einbezieht, kommt daneben eine Nutzungsvergütung grundsätzlich nicht mehr in Betracht, weil bereits ein angemessener Ausgleich für den Wohnvorteil bewirkt worden ist.[101]

---

91 BGHZ 199, 322 Rn. 10 = NJW 2014, 462 = FamRZ 2014, 460; OLG Frankfurt FamRZ 2011, 373; OLG Hamm FamRZ 2011, 481; 2011, 892; OLG Brandenburg FamRZ 2006, 1392 f.; OLG Jena FamRZ 2006, 868 f.; OLG Dresden NJW 2005, 3151 f.; Johannsen/Henrich/*Götz* Rn. 33; *Götz/Brudermüller,* Die gemeinsame Wohnung, 2008, Rn. 274; *Schulz/Hauß* Trennung und Scheidung Kap. 4 Rn. 63; FachAnwK-FamR/*Klein* Rn. 44; *Kemper* Ehegattenunterhalt Rn. 180; *Müller* FF 2002, 43 (48); *Finke* FF 2007, 185 (191); *Wever,* Vermögensauseinandersetzung der Ehegatten außerhalb des Güterrechts, 6. Aufl. 2014, Rn. 101 unter Aufgabe der gegenteiligen Auffassung; aA Staudinger/*Voppel,* 2018, Rn. 63; *Erbarth* FamRZ 2005, 1713 (1719), das bloße Verlassen der Wohnung reiche nicht aus, um einen Vergütungsanspruch zu begründen. Unerheblich ist mithin, ob die Überlassung durch eine andernfalls drohende unbillige Härte gerechtfertigt ist, vgl. BGH NJW-RR 2006, 1081 = FamRZ 2006, 930 (933). Unerheblich ist demgemäß ferner, ob noch ein Zuweisungsanspruch besteht; aA KG FamRZ 2007, 908.

92 Zum Meinungsstand *Huber* FamRZ 2000, 129 (130).

93 So auch Staudinger/*Voppel,* 2018, Rn. 68.

94 OLG München FamRZ 2007, 1655 (1656) m. abl. Anm. *Wever,* soweit die Entscheidung den auf eine analoge Anwendung der §§ 2, 3 HausratsVO gestützten Anspruch auf Nutzungsentschädigung für die Zeit nach Rechtskraft der Scheidung betrifft; OLG Brandenburg FamRZ 2006, 1392 f.; OLG Jena FamRZ 2006, 868; 2008, 1934 f.; KG FamRZ 2008, 1933 f.; OLG Hamm FamRZ 2008, 1935 f.; OLG Dresden NJW 2005, 3151; Palandt/*Brudermüller* Rn. 20; *Götz/Brudermüller,* Die gemeinsame Wohnung, 2008, Rn. 277; *Schulz/Hauß* Trennung und Scheidung 4. Kap. Rn. 56.

95 BGHZ 199, 322 Rn. 13 = FamRZ 2014, 460.

96 So auch *Wever* FF 2008, 399 (401).

97 Vgl. OLG Hamm FamRZ 2014, 1298 für den Anspruch nach § 745 Abs. 2: verbleibender Ehegatte muss vor die Alternative „Zahlung oder Auszug" gestellt werden.

98 OLG Braunschweig FamRZ 1996, 548 (549); OLG München FamRZ 1999, 1270; Johannsen/Henrich/*Götz* Rn. 35; FachAnwK-FamR/*Klein* Rn. 46; MAH-FamR/*Müller* § 16 Rn. 53; *Gernhuber* JZ 1996, 765 (772); aA – für Rückwirkung ab dem Zeitpunkt des Verlassens der Ehewohnung – Staudinger/*Voppel,* 2018, Rn. 74 f.; *Erbarth* FamRZ 1998, 1007 (1009 ff.).

99 KG FamRZ 2001, 368.

100 Vgl. aber OLG München FamRZ 2008, 696: Nutzungsentschädigung könne grundsätzlich nur aufgrund einer nachweislichen dinglichen Berechtigung verlangt werden.

101 BGHZ 199, 322 = FamRZ 2014, 460 Rn. 10; KG FamRZ 2015, 1191 (1192); OLG Bremen FamRZ 2014, 1299; BGH NJW 1986, 1340 = FamRZ 1986, 434 (435) = NJW 1986, 1340 (1341); NJW 1986, 1339 = FamRZ 1986, 436 (437); NJW 1997, 731 = FamRZ 1997, 484 (486 f.); OLG Köln FamRZ 2005, 640, das eine „überschießende" Nutzungsentschädigung für möglich hält, wenn der unterhaltsrechtlich berücksichtigte Wohnwert hinter einem billigen Ausgleich zurückbleibt; OLG Bremen FamRZ 2014, 1299;

**2. Vergütungsgrundsätze.** Die Zubilligung einer Nutzungsvergütung setzt voraus, dass der Verlust des Mitbesitzes an der Ehewohnung einen **Eingriff** in Rechtspositionen des Anspruchstellers darstellt, die auch im Verhältnis zu dem anderen Ehegatten einen ihm vorbehaltenen **Vermögenswert** haben. Dies bedeutet im Einzelnen: 19

**a) Gleichwertige Wohnungsteilung.** Eine etwa gleichwertige Wohnungsteilung verwandelt Mitbesitz in Teilbesitz, stellt aber keinen so schwerwiegenden Eingriff in die Position des dinglich Alleinberechtigten oder Alleinmieters dar, dass dafür eine Vergütung geboten wäre.[102] Gleichwertigkeit ist auch gegeben, wenn ein Partner für von ihm zu versorgende Kinder größere Räumlichkeiten erhält. 20

**b) Auszug des Alleinberechtigten.** Beim Auszug des dinglich Alleinberechtigten (Abs. 1 S. 3) oder Alleinmieters entspricht eine am Mietwert und an den sonstigen Lasten (zB Zinskosten) orientierte Vergütung idR der Billigkeit.[103] Das gilt auch dann, wenn die Wohnung von dem nicht dinglich berechtigten Ehegatten mit den gemeinsamen Kindern genutzt wird.[104] Hat der weichende Ehegatte dem anderen Ehegatten die Alleinnutzung gegen dessen Willen aufdrängt, steht dies einer Nutzungsvergütung nicht generell entgegen. Dem Umstand kann mit dem Kriterium der Billigkeit Rechnung getragen werden, an das der Vergütungsanspruch nach Grund und Höhe anknüpft.[105] Der Ausgleichsanspruch ist auch nicht davon abhängig, dass der in der Wohnung verbleibende Ehegatte die ihm durch die ungeteilte Nutzung zuwachsenden Vorteile wirtschaftlich verwerten kann.[106] Es ist vielmehr eine Frage der im Einzelfall zu beurteilenden Billigkeit, ob und inwieweit eine Wohnwertsteigerung für den verbleibenden Ehegatten tatsächlich eintritt und inwieweit es der Billigkeit entspricht, eventuelle wirtschaftliche Nachteile des weichenden Ehegatten durch eine Nutzungsvergütung zu kompensieren.[107] Maßgebend sind grundsätzlich die persönlichen und wirtschaftlichen Verhältnisse, auch die Betreuungsbedürftigkeit gemeinsamer Kinder, weshalb im Einzelfall – bei mangelnder finanzieller Leistungsfähigkeit – ein Anspruch auf Nutzungsvergütung entfallen kann.[108] Im Übrigen ist eine Vergütung **billig,** weil und soweit der weichende Ehegatte im Außenverhältnis allein die Wohnungskosten (Miete; als dinglich Berechtigter oft den Kapitaldienst) trägt und als dinglich Berechtigter durch die Nutzungsüberlassung an der Verwertung der Wohnung gehindert wird (→ Rn. 16).[109] In Betracht kommt auch eine Übernahme der Wohnungskosten im Innenverhältnis.[110] Die Billigkeit kann jedoch je nach den Lebensverhältnissen und sonstigen Umständen eine Herabsetzung der so errechneten Vergütung gebieten.[111] 21

**c) Verbleiben des Alleinberechtigen.** Beim Verbleiben des dinglich Alleinberechtigten oder Alleinmieters in der Wohnung trägt dieser auch deren Kosten. Das vom weichenden Partner aufgegebene eheliche Recht auf unentgeltliche Mitbenutzung hat keinen so erheblichen merkantilen Wert, dass dessen Umsetzung in Geld geboten wäre. 22

**d) Gemeinsame Berechtigung.** Sind beide Ehegatten dinglich berechtigt[112] oder gemeinsam Mieter der Ehewohnung, gilt das zu → Rn. 21 Ausgeführte entsprechend. Abs. 3 S. 2 geht als lex specialis § 745 Abs. 2 vor (→ Rn. 2). Ein Zahlungsanspruch entfällt, wenn der verbleibende Mitberechtigte die Wohnungskosten faktisch allein trägt;[113] denn die Billigkeit gebietet, stärker die 23

---

*Finke* FF 2007, 185; *Schulz/Hauß* Trennung und Scheidung Kap. 4 Rn. 60; Johannsen/Henrich/*Götz* Rn. 39; *Wever,* Vermögensauseinandersetzung der Ehegatten außerhalb des Güterrechts, 6. Aufl. 2014, Rn. 157 ff. mit Berechnungsbeispielen.

102 OLG Brandenburg FamRZ 2008, 1931 (1932).

103 OLG München FamRZ 2008, 695 (696); Staudinger/*Voppel,* 2018, Rn. 76; Palandt/*Brudermüller* Rn. 21.

104 OLG Bremen NZM 2010, 526 (527).

105 BGHZ 199, 322 Rn. 15 = NJW 2014, 462 = FamRZ 2014, 460; BGH NJW-RR 2006, 1081 = FamRZ 2006, 930 (933).

106 BGHZ 199, 322 Rn. 14 = NJW 2014, 462 = FamRZ 2014, 460.

107 BGHZ 199, 322 Rn. 16 = NJW 2014, 462 = FamRZ 2014, 460.

108 BGH NJW 1986, 1339 = FamRZ 1986, 436 (437); OLG Rostock FamRZ 2017, 433 (434 f.); vgl. andererseits OLG Saarbrücken FamRZ 2014, 1636; OLG Brandenburg FamRZ 2002, 397 Ls. 4; OLG Köln FamRZ 1997, 943.

109 OLG Schleswig FamRZ 1988, 722 (723 f.).

110 OLG Naumburg FamRZ 2003, 1748; OLG Frankfurt FamRZ 1992, 677 (679).

111 OLG Köln FamRZ 1998, 1438 Ls.; OLG Köln FamRZ 1993, 562 – Berücksichtigung des Verhaltens, das zur Alleinzuweisung führte; OLG Celle OLGR 1998, 193 für Übergangszeit nach der Trennung Beschränkung auf den unterhaltsrechtlich angemessenen Wohnwert. Zur Behandlung von verbrauchsabhängigen und -unabhängigen Nebenkosten OLG Saarbrücken FamRZ 2010, 1981.

112 Zur Sonderproblematik bei Gütergemeinschaft OLG Düsseldorf FamRZ 1984, 1098 f.

113 BGHZ 87, 265 (271 f.) = NJW 1983, 1845 (1847) = FamRZ 1983, 795 (797); BGH NJW 1986, 1339 = FamRZ 1986, 436 (437); vgl. auch OLG Braunschweig FamRZ 1996, 548 (549).

faktische wirtschaftliche Lastentragung als die formale Rechtslage zu berücksichtigen. Die Auflösung eines gemeinschaftlichen Mietverhältnisses kann (da endgültige Maßnahme) vor rechtskräftiger Scheidung nicht verlangt werden (→ Rn. 14).[114] Ein Ehegatte kann allerdings verpflichtet sein, an der Entlassung des anderen aus dem gemeinsamen Mietverhältnis mitzuwirken, wenn diese Änderung angemessen und für den betroffenen Ehegatten zumutbar ist. Dies folgt aus dem Gebot der gegenseitigen Rücksichtnahme (§ 1353 Abs. 1 S. 2) und setzt die Mitwirkungsbereitschaft des Vermieters voraus.[115]

24 **e) Höhe der Vergütung.** Die Höhe der idR monatlich zu entrichtenden Nutzungsvergütung sowie deren Fälligkeit setzt das Gericht nach pflichtgemäßem Ermessen unter Berücksichtigung der Umstände des Einzelfalls fest. Maßgebend sind neben dem objektiven Mietwert die Lebens- und wirtschaftlichen Verhältnisse der Ehegatten und ihre bisherige Lebensgestaltung. Obergrenze ist stets die ortübliche Miete für eine vergleichbare Wohnung;[116] vor Ablauf des Trennungsjahres wird allerdings regelmäßig nicht der volle Mietwert, sondern lediglich die für eine angemessene kleinere Wohnung zu entrichtende Miete anzusetzen sein.[117] Denn während der Trennungszeit kann eine Wiederherstellung der ehelichen Lebensgemeinschaft nicht ausgeschlossen werden; sie soll durch die Notwendigkeit der vorzeitigen Aufgabe des Familienheims nicht erschwert werden. Bei Miteigentum ist der anteilige (idR hälftige) objektive Mietwert anzusetzen.[118] Trägt der in der Wohnung verbliebene Ehegatte die Hauslasten und verbrauchsunabhängigen Nebenkosten, ist die Nutzungsvergütung entsprechend zu kürzen,[119] soweit die Nebenkosten nicht üblicherweise auf den Mieter umgelegt werden (→ § 1361 Rn. 27).[120] Für sonstige Ausgleichs- oder Abstandszahlungen (etwa für in der Wohnung verbliebene Möbelstücke) ergibt sich aus Abs. 3 S. 2 keine Rechtsgrundlage.[121]

## V. Vermutung der Überlassung (Abs. 4)

25 **1. Grundsätze.** Ist nach der Trennung iSd § 1567 Abs. 1 ein Ehegatte aus der Ehewohnung ausgezogen, so stellt Abs. 4 eine **unwiderlegliche Vermutung** dafür auf, dass er dem in der Ehewohnung verbliebenen Ehegatten das alleinige Nutzungsrecht überlassen hat, falls er diesem gegenüber nicht binnen sechs Monaten nach seinem Auszug eine ernstliche Rückkehrabsicht bekundet hat. Die – zum 1.1.2002 eingeführte – Bestimmung[122] soll der Rechtssicherheit dienen, indem innerhalb des genannten Zeitraums Klarheit über die Nutzungsverhältnisse an der Wohnung geschaffen wird.[123] Die Frist beginnt mit dem Auszug, dh dem tatsächlichen Verlassen der Wohnung zur Durchführung einer Trennung iSd § 1567 Abs. 1, wobei auch die Fälle erfasst werden, in denen die Trennung erst mit dem Auszug herbeigeführt wird.[124] Voraussetzung ist danach – wie bei der Trennung – die Begründung eines neuen räumlichen Lebensmittelpunkts.[125] Unerheblich sind die Gründe für den Auszug, da das Gesetz – anders als in Abs. 1–3 – nicht von einem Überlassen spricht.[126] Die Vermutung greift ein, wenn nicht innerhalb der Frist eine ernstliche – nicht nur vorgeschobene – Rückkehrabsicht bekundet wird, für deren Verlautbarung – im Gegensatz zu § 2 Abs. 3 Nr. 2 GewSchG – eine bestimmte Form nicht vorgesehen, aus Beweisgründen aber zu empfehlen ist (Schriftform, ggf. Zustellung). Im Fall der Fristversäumung wird unwiderleglich ver-

[114] OLG Zweibrücken FamRZ 1990, 55; OLG Hamm FamRZ 1984, 1016. Keine Entlassung des Ausziehenden aus dem Mietvertrag analog § 736: *Vollmer* FamRZ 1999, 262 gegen LG Duisburg NJW 1998, 1499 = FamRZ 1998, 1581.

[115] OLG Hamburg NJW-RR 2011, 374 = FamRZ 2011, 481.

[116] BGH NJW 1994, 1721 = FamRZ 1994, 822.

[117] BGH NJW 2000, 284 = FamRZ 2000, 351 (353) zum unterhaltsrechtlich zu berücksichtigenden Wohnvorteil; OLG Brandenburg FamRZ 2003, 378 Ls. 5: für eine Übergangszeit von sechs bis zwölf Monaten nach der Trennung; OLG Hamm FamRZ 2011, 483; 2011, 892: im ersten Jahr nach der Trennung; zu einem besonders gelagerten Fall (Nutzungsentschädigung wegen widersprüchlichen Verhaltens eines Ehegatten abgelehnt) OLG Frankfurt FamRZ 2011, 373.

[118] Palandt/*Brudermüller* Rn. 22.

[119] OLG Düsseldorf FamRZ 1999, 1271 (1272); OLG Braunschweig FamRZ 1996, 548; OLG Frankfurt FamRZ 1992, 677.

[120] Dem überlassenden Ehegatten, der die verbrauchsabhängigen und umlagefähigen Nebenkosten weiterzahlt, steht ein Anspruch auf Erstattung zu, OLG Saarbrücken FamRZ 2010, 1981.

[121] *Brudermüller* FamRZ 1989, 7 ff.; *Finger* FuR 2006, 241 (246).

[122] Die aufgrund ihrer systematischen Stellung nur für die Trennungszeit gilt, Palandt/*Brudermüller* Rn. 25 aE.

[123] *Schumacher* FamRZ 2002, 645 (656).

[124] *Schumacher* FamRZ 2002, 645 (656).

[125] OLG Koblenz FamRZ 2006, 1207; Johannsen/Henrich/*Götz* Rn. 50; *Motzer* in Schwab Scheidungs-HdB Teil VIII Rn. 70; Johannsen/Henrich/*Jaeger* § 1567 Rn. 13; krit. *Rauscher* FamR § 15 Rn. 350: iErg billigenswerter, aber mit dem Wortlaut der Norm kaum zu vereinbarender Korrekturversuch der Rspr.

[126] Johannsen/Henrich/*Götz* Rn. 50; MAH-FamR/*Müller* § 16 Rn. 56.

mutet, dass die Wohnung dem anderen Ehegatten zur alleinigen Nutzung überlassen worden ist. Rechtsfolge ist mithin eine – wenn auch nicht endgültige – Nutzungsregelung. Sie führt allerdings nicht dazu, dass die Wohnung den Charakter als Ehewohnung verliert (→ Rn. 4) und eine Zuweisung nach Abs. 1 und 2 nicht mehr in Betracht kommt.[127]

**2. Kritik.** Die Vorschrift wird in verschiedener Hinsicht kritisiert. Zum einen wird darauf hingewiesen, dass durch die **knappe Bemessung der Frist** vor Ablauf des Trennungsjahres vollendete Tatsachen geschaffen würden.[128] Der von der Vermutung betroffene Ehegatte könne eine Änderung erst für die Zeit nach der Scheidung erreichen, die aber grundsätzlich den Ablauf des Trennungsjahres voraussetze (§ 1565 Abs. 1, § 1566 Abs. 1). Bis dahin müsse der weichende Alleineigentümer sich mit der nach Billigkeit festgesetzten Nutzungsvergütung begnügen, die keinen hinreichenden Ausgleich für seine Einbuße gewährleiste.[129] Darüber hinaus könne sich ein eklatanter **Widerspruch zum Normzweck des GewSchG** ergeben, der dahin gehe, dass idR dem Opfer die Wohnung zu überlassen sei.[130] Da es auf die Gründe für den Auszug nicht ankomme, könne der Fall eintreten, dass das Gewaltopfer aus der Wohnung „fliehe" und der Täter aufgrund der Regelung des Abs. 4 bis zur Scheidung dort verbleiben könne. Unklar sei auch, wie mit der Vermutung umzugehen sei, wenn das Kindeswohl nach Ablauf der Frist eine Rückkehr des weichenden Ehegatten in die Wohnung gebiete; erforderlichenfalls müsse der Familienrichter dann im Rahmen des § 1666 zu Gunsten des Kindes auch eine Regelung über die Nutzung der Ehewohnung treffen.[131] 26

Die Kritik erscheint in mancher Hinsicht gerechtfertigt. Ihr kann nur teilweise durch eine am Normzweck orientierte Auslegung begegnet werden, insbesondere soweit ein Widerspruch zum Gewaltschutz in Rede steht. Auch wenn das Motiv für den Auszug irrelevant ist, muss gefordert werden, dass dieser freiwillig erfolgte.[132] Eine solche Einschränkung schließt die Anwendung auf Fälle der Flucht vor ausgeübter oder angedrohter Gewalt aus, bei denen zudem fraglich ist, ob das Verlassen der Wohnung in Trennungsabsicht geschah. Zu Lasten des Gewaltopfers kann die Vermutung danach nicht eingreifen.[133] Die darüber hinaus zu findende Einschränkung, die Frist beginne bei erstmaligem Eintreten von Härtegründen nach der Trennung erst von da an zu laufen,[134] ist dagegen mit dem Wortlaut des Abs. 4 nicht zu vereinbaren.[135] Die Intention, den Fristbeginn hinauszuzögern, ist zwar im Hinblick auf die Bemessung der Frist mit (nur) sechs Monaten und die Rechtsfolgen der unwiderleglichen Vermutung verständlich, das angestrebte Ziel de lege lata aber nicht erreichbar. Um verfassungsrechtlich nicht unbedenkliche Folgen eines nur eingeschränkten Ausgleichs für den Besitzverlust, vor allem des Alleineigentümers, zu vermeiden und sonstigen schwer erträglichen Ergebnissen, die aufgrund der unwiderleglichen Vermutung eintreten können, entgegenzuwirken, sollte eine Verlängerung der Frist erwogen werden.[136] Dem Argument, der von der Vermutung betroffene Ehegatte könne vor der Scheidung keine Änderung erreichen, dürfte im Hinblick auf die Auffassung des BGH, die gesetzliche Vermutung begründe kein endgültiges Überlassungsverhältnis,[137] keine Bedeutung mehr zukommen. 27

## VI. Verfahren; IPR

**1. Verfahren.**[138] Der Anspruch aus § 1361b ist in einem isolierten Verfahren geltend zu machen und nicht im Verbund (§ 137 Abs. 2 Nr. 3 FamFG), da keine Entscheidung für den Fall der Scheidung, sondern für die Dauer des Getrenntlebens zu treffen ist. Das Verfahren ist in den §§ 200 ff. FamFG geregelt.[139] Sachlich zuständig ist das Amtsgericht – Familiengericht – (§ 23a Abs. 1 Nr. 1 28

---

127 BGHZ 212, 133 Rn. 13 = NJW 2017, 260 = FamRZ 2017, 22 (23 f.).

128 *Rauscher* FamR § 15 Rn. 350.

129 Johannsen/Henrich/*Götz* Rn. 52; MAH-FamR/*Müller* § 16 Rn. 61.

130 *Rauscher* FamR § 15 Rn. 350; MAH-FamR/*Müller* § 16 Rn. 62 f.; NK-BGB/*Boden* Rn. 37.

131 BRHP/*Neumann* Rn. 16; zur weiteren Kritik *Erbrath* FamRZ 2005, 1713 (1714 f.); *Erbrath* FuR 2001, 197 (201 f.).

132 Staudinger/*Voppel*, 2018, Rn. 11; *Götz/Brudermüller*, Die gemeinsame Wohnung, 2008, Rn. 188; NK-BGB/*Boden* Rn. 37; FA-FamR/*Klein* 8. Kap. Rn. 82h.

133 Ebenso NK-BGB/*Boden* Rn. 37.

134 OLG Hamburg OLGR 2003, 272 f. = FamRB 2003, 277 Ls.; FA-FamR/*Klein* 8. Kap. Rn. 82h.

135 *Rauscher* FamR § 15 Rn. 350; *Götz/Brudermüller*, Die gemeinsame Wohnung, 2008, Rn. 188.

136 Ebenso *Götz/Brudermüller*, Die gemeinsame Wohnung, 2008, Rn. 188; Bedenken gegen die Unwiderleglichkeit der Vermutung bei Palandt/*Brudermüller* Rn. 25.

137 BGHZ 212, 133 Rn. 22 = NJW 2017, 260 = FamRZ 2017, 22 (23 f.).

138 Dazu für die Zeit nach Inkrafttreten des FamFG am 1.9.2009 *Götz/Brudermüller* FPR 2009, 38 ff.; *Götz/Brudermüller*, Die gemeinsame Wohnung, 2008, Rn. 199 ff.; → § 1361a Rn. 16 ff.; zur früheren Rechtslage → 4. Aufl. 2000, Rn. 18.

139 Die HausratsVO gilt ab 1.9.2009 nicht mehr sinngemäß; § 18a HausratsVO aufgehoben mWv 1.9.2009.

GVG iVm § 111 Nr. 5 FamFG); die – ausschließliche – örtliche Zuständigkeit regelt § 201 FamFG. Nach der dort vorgegebenen Reihenfolge ist zunächst das Gericht zuständig, bei dem die Ehesache anhängig ist (Nr. 1); die Zuständigkeit vor Anhängigkeit einer Ehesache richtet sich nach Nr. 2–4. § 202 FamFG bewirkt die Zuständigkeitskonzentration bei dem Gericht der Ehesache für den Fall der nachträglichen Rechtshängigkeit einer Ehesache bei einem anderen Gericht; in diesem Fall ist das Verfahren von Amts wegen an das Gericht der Ehesache abzugeben. Das Verfahren wird durch den Antrag eines Ehegatten eingeleitet (§ 203 Abs. 1 FamFG); der Antrag soll die Angabe enthalten, ob Kinder im Haushalt der Ehegatten leben (§ 203 Abs. 3 FamFG), um frühzeitig eine sachgerechte Beteiligung des Jugendamtes zu gewährleisten. Das Vorliegen einer Einigung wird nicht mehr ausdrücklich als Verfahrenshindernis erwähnt; es lässt aber weiterhin das Rechtsschutzbedürfnis für ein gerichtliches Verfahren entfallen.[140] Das Gericht soll die Angelegenheit mit den Ehegatten in einem Termin erörtern (§ 207 FamFG) und auf eine gütliche Einigung der Beteiligten hinwirken (§ 36 Abs. 1 FamFG). Da das Wohnungszuweisungsverfahren nicht zu den Familienstreitsachen (§ 112 FamFG) gehört, besteht kein Anwaltszwang (vgl. § 114 FamFG). Einer Beteiligung der Vermieter, Grundstückseigentümer usw. bedarf es in dem die Dauer des Getrenntlebens betreffenden Verfahren nicht (vgl. § 204 Abs. 1 FamFG; anders bei der Wohnungszuweisung für die Zeit nach Rechtskraft der Scheidung), da eine Umgestaltung des Mietverhältnisses nicht in Betracht kommt (→ Rn. 14, 23). Das Jugendamt ist allerdings auf seinen Antrag zu beteiligen, wenn Kinder im Haushalt leben (§ 204 Abs. 2 FamFG); in jedem Fall soll es dann angehört werden (§ 205 Abs. 1 FamFG).

29 Beschlüsse sind mit Wirksamwerden vollstreckbar (§ 86 Abs. 2 FamFG); Endentscheidungen in Wohnungszuweisungssachen werden mit Rechtskraft wirksam (§ 209 Abs. 2 FamFG). In Wohnungszuweisungssachen nach § 1361b soll das Gericht die sofortige Wirksamkeit anordnen (§ 209 Abs. 2 Satz 2 FamFG). Nach § 209 Abs. 1 FamFG sollen mit der Endentscheidung die Anordnungen getroffen werden, die zu ihrer Durchsetzung erforderlich sind (etwa Räumungsverpflichtung, Verbot, die Wohnung erneut zu betreten, Wohlverhaltensgebote); → Rn. 16. Zur Änderung von Entscheidungen oder Vereinbarungen sowie zum Eilverfahren → § 1361a Rn. 17. Rechtsmittel: Beschwerde (§§ 58 ff. FamFG); Vollstreckung einer Überlassungspflicht: § 95 FamFG, der auf die Vorschriften der ZPO verweist; Sondervorschrift in § 96 Abs. 2 FamFG: Bei einer einstweiligen Anordnung in Wohnungszuweisungssachen ist die mehrfache Einweisung des Besitzes iSd § 885 Abs. 1 ZPO während der Geltungsdauer möglich; einer erneuten Zustellung bedarf es nicht. Im Übrigen erfolgt die Vollstreckung, wenn zugleich die Räumungspflicht angeordnet wurde (→ Rn. 15 mwN), gemäß § 885 ZPO, sonst nach § 888 ZPO.[141] Kostenentscheidung: §§ 80 ff. FamFG; Kosten Drittbeteiligter gehören zu den Verfahrenskosten; ihnen können nur nach Maßgabe des § 81 Abs. 4 FamFG Kosten auferlegt werden. Verfahrenswert: grundsätzlich 3.000 Euro mit der Möglichkeit der Abweichung im Einzelfall (§ 48 Abs. 1 und 3 FamFGKG);[142] im Verfahren der einstweiligen Anordnung ist der Wert zu ermäßigen (§ 41 FamFGKG). Zur Zuständigkeit des Familiengerichts für Ansprüche auf Nutzungsentschädigung → Rn. 17 aE.

30 **2. IPR.** Für die im Inland belegene Ehewohnung ordnet Art. 17a EGBGB (eingefügt durch Art. 10 GewSchG vom 11.12.2001) die Anwendung deutscher Sachvorschriften an, und zwar sowohl für die Nutzungsbefugnis als auch für damit zusammenhängende Betretungs-, Näherungs- und Kontaktverbote. In Fällen mit Auslandsberührung sind die Ansprüche auf Wohnungszuweisung während des Getrenntlebens (ebenso wie die auf Hausratsteilung, → § 1361a Rn. 25) wegen des engen Sachzusammenhanges mit dem Unterhalt unterhaltsrechtlich zu qualifizieren.[143]

## § 1362 Eigentumsvermutung

**(1) [1]Zugunsten der Gläubiger eines der Ehegatten wird vermutet, dass die im Besitz eines Ehegatten oder beider Ehegatten befindlichen beweglichen Sachen dem Schuldner gehören. [2]Diese Vermutung gilt nicht, wenn die Ehegatten getrennt leben und sich die Sachen im Besitz des Ehegatten befinden, der nicht Schuldner ist. [3]Inhaberpapiere und Orderpapiere, die mit Blankoindossament versehen sind, stehen den beweglichen Sachen gleich.**

**(2) Für die ausschließlich zum persönlichen Gebrauch eines Ehegatten bestimmten Sachen wird im Verhältnis der Ehegatten zueinander und zu den Gläubigern vermutet, dass sie dem Ehegatten gehören, für dessen Gebrauch sie bestimmt sind.**

---

140 BT-Drs. 16/6308, 249.

141 Vgl. iE *Eckebrecht* FPR 2008, 436 ff.; *Götz/Brudermüller,* Die gemeinsame Wohnung, 2008, Rn. 388 ff.; *Schulz/Hauß* Trennung und Scheidung Kap. 4 Rn. 399 ff.

142 Vgl. etwa OLG Bamberg FamRZ 2011, 1424.

143 Str., vgl. zum Meinungsstand Staudinger/*Voppel,* 2018, Rn. 99; diff. EGBGB Art. 14 Rn. 105 ff.

**Schrifttum:** *F. Baur,* Zwangsvollstreckungs- und konkursrechtliche Fragen zum GleichberG, FamRZ 1958, 252; *Brox,* Zur Frage der Verfassungswidrigkeit der §§ 1362 BGB, 739 ZPO, FamRZ 1981, 1125; *Erchinger,* Probleme der Zwangsvollstreckung gegen die Partner einer eheähnlichen Gemeinschaft und einzelne Mitglieder einer Wohngemeinschaft, Diss. Tübingen 1987; *Holzapfel,* Ehegattenschenkungen und Gläubigerschutz, 1979; *Reinicke,* Zwangsvollstreckung gegen Ehegatten, DB 1965, 961 und DB 1965, 1001; *Teschner,* Die Ehe als Schuldnergemeinschaft, 1999; *Thran,* Die analoge Anwendung der §§ 1362 BGB, 739 ZPO auf nichteheliche Lebensgemeinschaften, NJW 1995, 1458; *Weimar,* Ist die entsprechende Anwendung des § 739 ZPO auf eheähnliche Gemeinschaften begründet?, JR 1982, 323.

**Übersicht**



## I. Vorgeschichte

§ 1362 wurde neu gefasst durch Art. 1 Nr. 8 GleichberG vom 18.6.1957 (BGBl. 1957 I S. 609). 1
Nach § 1362 **Abs. 1 aF** wurde nur zugunsten der Gläubiger des Mannes vermutet, dass die von einem oder von beiden Ehegatten besessenen beweglichen Sachen dem Manne gehörten. Diese einseitige Vermutungswirkung zugunsten der Mannesgläubiger war dadurch zu rechtfertigen, dass regelmäßig nur der Mann im Erwerbsleben stand und Schulden machte, der Mann zudem nach Güterrecht weitgehend für die Frauenschulden haftete, so dass sich die Gläubiger meist an ihn hielten. Das Vorbild für diese vom Güterstand gleichwohl unabhängige Vermutung war die (nach ihrem Urheber *Quintus Mucius Scaevola,* um 100 v. Chr.) sog **praesumptio Muciana** des römisch-gemeinen Rechts. Danach wurde im Zweifelsfall angenommen, dass die von der Frau während der Ehe erworbenen Sachen aus Zuwendungen ihres Mannes herrührten.[1] Da Schenkungen unter Ehegatten überdies nichtig waren, blieben die der Frau vom Manne geschenkten Sachen Eigentum des Mannes.

## II. Normzweck – Rechtfertigung und Verfassungsmäßigkeit der Vorschrift

**1. Gläubigerschutz.** Die Eigentumsvermutung dient dem Gläubigerschutz. Sie soll hauptsächlich im Vollstreckungsfall einen **Beweisnotstand** der Gläubiger verhindern, denen die Eigentumsverhältnisse der Ehegatten an Mobilien nicht bekannt sind.[2] Nach § 1006 müsste aus dem idR bestehenden Mitbesitz beider Ehegatten an den in der Ehewohnung befindlichen Sachen auf entsprechendes Miteigentum geschlossen werden. Die Zwangsvollstreckung würde folglich scheitern, sofern die Ehegatten nicht kraft Rechtsgeschäfts (wie häufig bei Mietverträgen) oder Gesetzes (wie nach § 1357) als Gesamtschuldner haften. Zur Abwendung dieser Beweisnot trifft § 1362 Abs. 1 S. 1 2

[1] Dig. 24, 1 (51); Cod. 5, 16 (6, 1); *Kaser,* Römisches Privatrecht I, 2. Aufl. 1971, 332; *Kaser,* Studi in onore di P. De Francisci, 1956, 216 ff. Zur Entwicklung im 19. Jh. eingehend *Mugdan* IV 70 ff.; auch *Windscheid* PandektenR III, 9. Aufl. 1906, 54 (§ 509 aE); *Kreller,* Römisches Recht II, 1950, 134 auch zu § 1237 S. 2 ABGB. Weitere rechtsvergleichende Hinweise bei *Dölle* FamR I § 44 Fn. 20; *Hanisch,* Moderne Tendenzen des englischen Ehegüterrechts, 1963, 97 ff.; *Sielemann* MittRhNotK 1971, 16.

[2] Vgl. Amtl. Begr., BT-Drs. 2/224, 33. Zu den Schwierigkeiten der Zwangsvollstreckung gegen Ehegatten *Pohle* MDR 1954, 705 ff.; *Pohle* ZZP 68 (1955), 260 ff.; *Boennecke* NJW 1959, 1260 f.; *Baur* FamRZ 1958, 252 ff.; *Reinicke* DB 1965, 961 ff.; *Reinicke* DB 1965, 1001 ff.; *Hj. Müller,* Zwangsvollstreckung gegenüber Ehegatten, 1970.

eine Sonderregelung für bewegliche Sachen von Ehegatten[3] in Abweichung von der allgemeinen Beweislastregel des § 1006. Für die durch das Grundbuch ausgewiesenen Liegenschaftsrechte, desgleichen für Forderungen und andere unkörperliche Rechte, ist eine Sonderregelung entbehrlich, da § 1006 für sie ohnehin nicht gilt.

3 **2. Sachrichtigkeit.** Die Regelung des Abs. 1 S. 1 ist sachgerecht.[4] Zur Abwendung der unzumutbaren Beweisnot des Gläubigers ist die Sondernorm zur Gewährleistung effektiver Vollstreckungsmöglichkeiten erforderlich. Sie statuiert für Ehegatten die Last, rechtzeitig für eine Klarstellung ihrer Eigentumsverhältnisse an beweglichen Sachen zu sorgen, ehe ein Gatte Schulden macht. Der nichtschuldende Gatte kann die gegen ihn sprechende Vermutung zwar häufig nicht entkräften, da zweifelsfreies Alleineigentum an gemeinsam besessenen Sachen selten ist. Soweit die Vermutung nicht widerlegbar ist, führt Abs. 1 S. 1 somit praktisch oft zu einer **Gesamthaftung** beider Gatten für einseitige Verbindlichkeiten eines von ihnen. Der güterrechtliche Grundsatz der Haftungstrennung (§ 1363 Abs. 2 S. 1, § 1364) erscheint dadurch vielen für bewegliche Sachen bedenklich weit eingeschränkt.[5] Doch geht es nicht an, das Risiko, dass der Eigentumsnachweis misslingt, dem Vollstreckungsgläubiger aufzubürden.

4 **3. Normwürdigung.** Die Würdigung der Vorschrift ist eine vom Standort des jeweiligen Beurteilers abhängige **Tendenzfrage.** Familienrechtler betrachten den Vollstreckungsvorteil des Gläubigers und die Einschränkung des Familienschutzes meist kritisch; Praktiker des Vollstreckungs- und Insolvenzrechts halten die Maßnahme für unzulänglich. Als präzisierende Ausführungsvorschrift zu § 1006 Abs. 1 S. 1 enthält § 1362 Abs. 1 S. 1 zunächst dessen notwendige Begrenzung: Aus Mitbesitz oder Alleinbesitz des nichtschuldenden Ehegatten darf nicht – auch nicht im Wege des Anscheinsbeweises – auf Miteigentum oder Alleineigentum dieses Ehegatten geschlossen werden. § 1362 schaltet die Vermutungswirkung des § 1006 aus, welche unter anderem durch die weitgehende Zulassung besitzloser Mobiliarsicherheiten im heutigen Wirtschaftsleben ohnehin stark durchlöchert ist.[6] In der rein negativen Ausschaltung des Besitzes als Beweisindiz erschöpft sich § 1362 jedoch nicht. Die weitergehende Wirkung, dass die Vorschrift ihrem Wortlaut und der einhelligen Auslegung entsprechend dem nichtschuldenden Ehegatten die volle Beweislast für sein Eigentum auferlegt, lässt sich nur durch den Erfahrungssatz rechtfertigen, dass die Neigung zu Scheinübertragungen und Verschiebungsgeschäften zwecks Vereitelung von Vollstreckungsmaßnahmen unter Ehegatten unverhältnismäßig groß ist.[7] („Böse Schuldner kriechen ihren Frauen unter den Pelz“, lautet ein altes Rechtssprichwort.) Da Übereignungsvorgänge unter Ehegatten für Außenstehende überdies schwer durchschaubar sind (→ § 1353 Rn. 35), erscheint eine solche Umkehrung der Beweislast angemessen.

5 Die Vorschrift entspricht damit der allgemeinen Regel, dass sich Dritte gegen Vollstreckungsübergriffe auf ihr nichthaftendes Vermögen mit der Drittwiderspruchsklage nach § 771 ZPO wehren müssen und für deren Voraussetzungen die Beweislast tragen (→ Rn. 31 ff.). Die gegenwärtige Besitzrechtsvermutung des § 1006 Abs. 1 S. 1 kommt Drittwiderspruchsklägern niemals zugute. Die Vermutung aus früherem Besitz (§ 1006 Abs. 2), auf die sie sich berufen können (iVm dem Beweisantritt, dass eine Übergabe an den Vollstreckungsschuldner keinen Eigentumsübergang bewirkt habe), hilft auch einem Ehegatten, der vorehelichen Alleinbesitz nachweist (→ Rn. 23 mwN). Auch die problematische Bereicherungshaftung des Vollstreckungsgläubigers bei eventuell versäumter Drittwiderspruchsklage ist bei § 1362 ebenso zu entscheiden wie allgemein bei § 771 ZPO.[8] Der Grundgedanke des § 1362 Abs. 1 S. 1 erweist sich somit als durchaus **systemgerecht;** eine andere Regelung wäre nicht gut denkbar und bevorzugte die Interessen des mit einem Vollstreckungsschuldner verheirateten Ehegatten ungebührlich gegenüber sonstigen Drittintervenienten.

---

[3] Das englische Recht kennt keine entsprechende Eigentumsvermutung; zu den nachteiligen Auswirkungen *Hanisch,* Moderne Tendenzen des englischen Ehegüterrechts, 1963, 97 ff.

[4] Zutr. iErg namentlich *Hj. Müller,* Zwangsvollstreckung gegenüber Ehegatten, 1970, 16 ff., 43 f.; *Hj. Müller* KTS 1969, 157 f.; auch *Reinicke* DB 1965, 961; aA *Teschner,* Die Ehe als Schuldnergemeinschaft, 1999, 84 ff.

[5] Vgl. vor allem *Bosch* FamRZ 1957, 194; *Bosch* FamRZ 1958, 85; *Bosch* FamRZ 1963, 421; *Bosch* FamRZ 1968, 439; ferner *Gernhuber* FamR, 1. Aufl. 1964, § 22 II 9 (in folgenden Auflagen entfiel der Passus); *Baur* FamRZ 1958, 253 f.; *Boennecke* NJW 1959, 1260 f.

[6] Zur geminderten Aussagekraft des Besitzes für die Rechtszuständigkeit statt aller *Wacke,* Das Besitzkonstitut als Übergabesurrogat, 1974, 31 ff., 33 f.

[7] Vgl. LG Aachen NJW-RR 1987, 712 (713). Den Ehegatten als typischen Scheingeschäfts-Partner in der *familia suspecta* analysiert anhand der Rspr. des BVerfG *Teschner,* Die Ehe als Schuldnergemeinschaft, 1999, 76 ff.

[8] Dazu *Blomeyer,* Zivilprozessrecht: Vollstreckungsverfahren, 1975, § 39; *Bruns/Peters,* Zwangsvollstreckungsrecht, 3. Aufl. 1987, § 15 IV 6; *Gerhardt,* Vollstreckungsrecht, 1982, § 8 II 3; *Baur/Stürner* SachenR § 29 Rn. 13.

Dass die Wirkung des Abs. 1 S. 1 bei gescheitertem Eigentumsbeweis mit dem güterrechtlichen Prinzip der Vermögens- und Haftungstrennung in Widerspruch treten kann (→ Rn. 3), ist kein neues, etwa erst nach Einführung der Zugewinngemeinschaft aufgekommenes Argument: Bereits die BGB-Verfasser nahmen diese Wirkung des § 1362 bewusst in Kauf.[9] Seit Jahrhunderten zog man besondere zivil- und strafrechtliche Konsequenzen aus der unter Ehegatten trotz juristischer Vermögenstrennung faktisch doch immer bestehenden **Besitz- und Gewahrsams-, Gebrauchs- und Nutzungsgemeinschaft** an beweglichen Sachen.[10] Unangetastet bleibt die Vermögenstrennung für die wichtigen Liegenschaftsrechte, für Forderungen und andere unkörperliche Gegenstände. Bei beweglichen Sachen aber widerspräche eine strikte Trennung von Gewahrsam und Nutzung dem Wesen der ehelichen Lebensgemeinschaft;[11] dieses naturgegebene Faktum ist insoweit stärker als die Idee der getrennten Vermögen.[12] Die quasi-solidarische Haftung bei misslungenem Beweis mit dem Gedanken der **Schicksalsgemeinschaft** zu rechtfertigen, ist nicht zu gewagt, wenn das Gesetz wegen desselben ehegenossenschaftlichen Gesichtspunktes andererseits in § 1374 Abs. 2 bewusst pauschalierend auch einen Lottogewinn nicht von der Zugewinnausgleichspflicht ausnimmt.[13] 6

Die Angemessenheit dieser Lösung des Konflikts zwischen Gläubigerinteressen und Familieninteressen ist aber auch daran zu prüfen, wieweit sie den Eheleuten Mittel an die Hand gibt, den Eigentumsnachweis mit geringstmöglichem Aufwand zu führen. Bei Schaffung des BGB war der Kreis der Güter, die zum eingebrachten Gut der Frau gehörten, durch Mitgiftbestellungsurkunden und dgl. verhältnismäßig leicht zu bestimmen.[14] Heute ist das Vermögen der Eheleute nur noch selten überkommenes, regelmäßig während des Ehestandes erarbeitetes Gut; das Erbrecht trägt dem Rechnung durch Erhöhungen des Ehegattenerbteils auch bei Gütertrennung (§ 1371 Abs. 1, § 1931 Abs. 4). Die gemeinsame Errungenschaft aber wird oft (vor allem an Hausrat) im Miteigentum beider Ehegatten stehen (einschränkend → § 1357 Rn. 42 f.; → Rn. 23 aE).[15] Da die daraus resultierende Ungewissheit den Gläubigern nicht zum Nachteil gereichen darf, muss es Aufgabe einer zeitgemäßen Rechtsanwendung sein, den Eheleuten **liquide und nicht zu aufwändige Beweismittel** für den Eigentumsnachweis zur Verfügung zu stellen (notarielle Beglaubigung, → Rn. 24). Auch ist die Gegenvermutung des Abs. 2 nicht allzu engherzig auszulegen (→ Rn. 26). 7

Bei **Haushaltsgegenständen** sind die **gegenläufigen Tendenzen zwischen § 1362 und § 1369** auffallend: § 1362 betont vor allem bei Vollstreckungsmaßnahmen den Gläubigerschutz, § 1369 bei rechtsgeschäftlichen Verfügungen umgekehrt den Familienschutz. Solange nicht § 1365 eingreift, kann ein Ehegatte ohne Zustimmung des Partners Schulden machen, für die notfalls (bis auf die unpfändbaren Sachen) der gesamte Hausrat haften muss; einen einzelnen Haushaltsgegenstand aber kann er, selbst wenn er ihm allein gehört, nicht ohne Zustimmung des Partners veräußern. Liegt die ratio des § 1362 im Schutz des Gläubigers vor seiner Unkenntnis der familieninternen Eigentumsverhältnisse, so erklärt die hM zu § 1369 umgekehrt eine ebensolche Unkenntnis des Erwerbers durch Verweigerung gutgläubigen Erwerbs für nicht schutzwürdig. Diese selten hervorgehobenen Friktionen[16] werden allerdings praktisch weitgehend abgeschwächt durch die Unpfändbarkeitsvorschriften der § 811 Nr. 1 ZPO, § 812 ZPO, auf die sich auch der nichtschuldende Ehegatte berufen kann. 8

Dass **Alleinbesitz** des nichtschuldenden Ehegatten zum Eigentumsbeweis nicht genügt, sondern dem Mitbesitz nach Abs. 1 S. 1 gleichgestellt wird, ist schließlich dadurch begründet, dass sich durch einverständliche Verschiebungen der Anschein solchen Alleinbesitzes allzu leicht herstellen ließe (→ Rn. 4). An die Stelle des Alleinbesitzes setzt **Abs. 2** darum das brauchbarere Kriterium der **Zweckbestimmung für den persönlichen Gebrauch.** Bei Abs. 2 tritt der Gläubigerschutz 9

---

9 S. *Mugdan* IV 71, 73.

10 Zum Ausschluss der Diebstahlshaftung aus diesem Grunde seit dem römischen Recht *Wacke,* Actio rerum amotarum, 1963, 1, 94–105. Der persönliche Strafausschließungsgrund des § 247 Abs. 2 StGB entfiel mit dem 1.1.1975. Diebstahl unter Ehegatten ist seither Antragsdelikt; dazu BT-Drs. 7/550, 246 f.

11 Aus § 1353 und dem Unterhaltsrecht ergibt sich sogar ein Anspruch auf angemessene Mitbenutzung: *Kremer* FamRZ 1954, 186 ff.; *Kremer,* Besitz und Besitzberechtigung der Ehegatten an Hausrat und Ehewohnung, Diss. Bonn 1956.

12 *Beitzke* ZZP 68 (1955), 254 verweist hierzu auf das Horazwort: *naturam expellas furca, tamen usque recurret.*

13 BGH NJW 2013, 3645 = FamRZ 2014, 24.

14 Vgl. *Mudgan* IV 73.

15 Vgl. *Thiele* FamRZ 1958, 115 ff.; *Weimar* MDR 1962, 525 f.

16 Aber → Rn. 35; → § 1369 Rn. 30 f. Bei den Beratungen zum GleichberG wurde die beantragte Schaffung eines Hausguts als Sondervermögen ua mit der Begründung abgelehnt, wenn man den Hausrat nur für gemeinsame Verbindlichkeiten beider Ehegatten haften lasse, so führe das zu einer Benachteiligung der Gläubiger, denen lediglich ein Ehegatte haftet: Anlage zu BT-Drs. 2/3409, 7; *Schmidt* NJW 1974, 323.

überdies zurück gegenüber dem zusätzlich verfolgten Zweck: der erleichterten güterrechtlichen Auseinandersetzung der Ehegatten untereinander (→ Rn. 25 ff.).

10 **4. Verfassungsmäßigkeit; Analogie.** Die Vorschrift ist nicht analog auf zusammenlebende erwachsene **Verwandte** oder **nichteheähnliche Lebensgemeinschaften** anzuwenden.[17] Zwar lassen sich durchaus Gründe dafür anführen, nichteheliche Lebensgemeinschaften einer vergleichbaren Regelung zu unterwerfen, um der Beweisnot der Gläubiger eines Partners entgegen zu wirken. Dagegen sprechen aber bereits praktische Probleme der Abgrenzung, welche Lebensgemeinschaften betroffen sein sollen, denn Dauer und Festigkeit solcher Gemeinschaften sind für Außenstehende kaum feststellbar.[18] Auch die von der Gegenansicht angeführte ratio des § 1362 Abs. 1 S. 1 rechtfertigt allein eine Analogie nicht; es fehlt an der hierfür erforderlichen planwidrigen Regelungslücke. Obwohl dem Gesetzgeber die Problematik seit längerer Zeit bekannt war, hat er sowohl im Rahmen des Zweiten Gesetzes zur Änderung zwangsvollstreckungsrechtlicher Vorschriften vom 17.12.1997 (BGBl. 1997 I 2039) als auch des LPartG, das in § 8 Abs. 1 LPartG für Lebenspartner eine § 1362 entsprechende Regelung vorsieht, davon abgesehen, die für Ehegatten geltenden Eigentums- und Gewahrsamsvermutungen auf nichteheliche Lebensgemeinschaften zu erstrecken.[19] Einer „gesetzesübersteigenden" Rechtsfortbildung steht jedenfalls entgegen, dass die Korrektur eines möglicherweise verfassungswidrigen Ergebnisses auf verschiedene Weise erfolgen kann, nämlich durch Aufhebung der Norm oder durch Erstreckung ihres Anwendungsbereichs auf einen näher zu definierenden Personenkreis. Dann ist ein eventueller Verfassungsverstoß aber grundsätzlich im Wege einer Neuregelung durch den Gesetzgeber zu beseitigen.[20]

### III. Die Eigentumsvermutung nach Abs. 1

11 **1. Voraussetzungen.** Voraussetzung ist eine **gültige Ehe** im maßgeblichen Zeitpunkt (Pfändung und dergleichen, → Rn. 18). Nachträgliche Heirat hilft nicht,[21] nachträgliche Scheidung schadet nicht. Für eine aufhebbare Ehe gilt § 1362 wegen § 1313 bis zur rechtskräftigen gerichtlichen Entscheidung.[22] Für eheähnliche Verhältnisse → Rn. 10.

12 Weitere Voraussetzung ist ein **gemeinsam geführter Hausstand.** Nur dann besteht die typische Gebrauchsgemeinschaft und Gewahrsamsvermischung (→ Rn. 6). Gleichgültig ist, wer Eigentümer oder Mieter der Ehewohnung ist.[23] Bei **Getrenntleben** gilt die Vermutung nicht für Sachen im Besitz des nichtschuldenden Ehegatten (Abs. 1 S. 2); insofern gilt die allgemeine Vermutung des § 1006. Vollstreckungsübergriffe auf den nichtschuldenden Ehegatten sind unzulässig; es bleibt nur die Pfändung eines eventuellen Herausgabeanspruchs gegen den abwesenden Gatten gemäß §§ 846, 847 ZPO.

13 Dem Schutzzweck des § 1362 entsprechend genügt für **Abs. 1 S. 2** nach hM (abweichend von §§ 1567, 1361, 1361a) die **rein tatsächliche,** nicht nur vorübergehende räumliche **Trennung.**[24] Unerheblich ist, ob wenigstens einer der Ehegatten die eheliche Gemeinschaft aufheben will. Mit dem äußeren Merkmal der getrennten Haushaltsführung muss sich der Gerichtsvollzieher begnügen; mit der Prüfung der subjektiven Einstellung der Ehegatten zueinander soll er nicht belastet werden. Abs. 1 S. 2 gilt darum sinngemäß auch für Ehegatten, die (etwa als Jungvermählte noch) keinen

---

17 Vgl. BGHZ 170, 187 Rn. 11 ff. = NJW 2007, 992 = FamRZ 2007, 457 (458 f.) m. iErg zust. Anm. *Böttcher;* OLG Köln NJW 1989, 1737 f. = FamRZ 1990, 623; LG Frankfurt NJW 1986, 729 = FamRZ 1985, 1380 = DGVZ 1985, 115 (116); AG Siegen DGVZ 1993, 61; *Brox* FamRZ 1981, 1125 (1127); *O. Werner* DGVZ 1986, 53; AK-BGB/*Finger* Rn. 7; Staudinger/*Voppel,* 2018, Rn. 12; *Teschner,* Die Ehe als Schuldnergemeinschaft, 1999, 54 ff., 67 ff., 108 f.; *Bruns/Heese* LMK 2007, 226293; aA AG Berlin-Neukölln und iErg zust. *Kabisch* DGVZ 1966, 24 ff.; *Diederichsen* FamRZ 1988, 889 (891); *Erchinger,* Probleme der Zwangsvollstreckung gegen die Partner einer eheähnlichen Gemeinschaft und einzelne Mitglieder einer Wohngemeinschaft, 1987, 50 ff.; *Weimar* JR 1982, 323 f.; *Thran* NJW 1995, 1458 (1460 ff.) mwN; *Gernhuber/Coester-Waltjen* FamR § 43 Rn. 7; eingehend *Laumen* in Baumgärtel/Laumen/Prütting Beweislast-HdB Rn. 3–6; *Sternel* in Hausmann/Hohloch Nichteheliche Lebensgemeinschaft Kap. 5 Rn. 53; *Löhnig/Würdinger* FamRZ 2007, 1856 (1858); *Roth* JZ 2007, 530; Palandt/*Brudermüller* Rn. 1; → 4. Aufl. 2000, Rn. 10.

18 Staudinger/*Voppel,* 2018, Rn. 12; aA *Thran* NJW 1995, 1458 (1460).

19 Vgl. BGHZ 170, 187 Rn. 15 ff. NJW 2007, 992 = FamRZ 2007, 457 (458) *Bruns/Heese* LMK 2007, 226293; gleichwohl eine Analogie bejahend *Roth* JZ 2007, 530.

20 Vgl. BGHZ 170, 187 Rn. 23 = NJW 2007, 992 = FamRZ 2007, 457 (458 f.); dagegen krit. *Seier* ZFE 2007, 295 (296).

21 BGHZ 170, 187 Rn. 10 = NJW 2007, 992 = FamRZ 2007, 457.

22 Vgl. Stein/Jonas/*Münzberg* ZPO § 739 Rn. 11.

23 LG Kaiserslautern DGVZ 1986, 63.

24 OLG Köln FamRZ 1965, 510 f.; *Pohle* MDR 1954, 705 (706); anders vor allem *Gernhuber/Coester-Waltjen* FamR § 22 Rn. 18; auch AG Bonn MDR 1963, 680 (681) fordert eine ehefeindliche Gesinnung.

gemeinsamen Hausstand führen („Besuchsehe"). Klares räumliches Getrenntwohnen ist andererseits – wiederum abweichend von § 1567 Abs. 1 S. 2, § 1361, § 1361a – auch erforderlich; bloßes Getrenntleben innerhalb desselben Wohnbereichs schaltet die Vermutungswirkung von S. 1 nicht aus. Bei arglistig vollzogener Trennung zwecks Vollstreckungsvereitelung soll (nach hM nicht ganz konsequent) § 1362 Abs. 1 S. 1 ausnahmsweise wieder eingreifen;[25] die dafür zu fordernde Evidenz wird jedoch selten vorliegen. Vorübergehende Abwesenheit genügt nicht: Der Kraftwagen, mit dem die Ehefrau eine Reise unternimmt, kann unterwegs für Schulden des Mannes gepfändet werden. Strafhaft (auch längere) ist kein Getrenntleben.[26]

Seiner Stellung im Gesetzessystem entsprechend gilt § 1362 **für alle Güterstände.**[27] Bei Gütergemeinschaft ist allerdings die Gesamtgutsvermutung des **§ 1416** vorrangig.[28] § 1362 greift erst ein, wenn der Gläubiger nachweist, dass die zu pfändende Sache nicht zum Gesamtgut gehörendes Vorbehaltsgut ist. Gelingt dieser Nachweis, sind die Eigentumsverhältnisse idR soweit geklärt, dass für § 1362 Abs. 1 S. 1 praktisch kaum Raum bleibt.[29] Für die Vollstreckung ist vom gesetzlichen Güterstand auszugehen; Gütergemeinschaft wäre nachzuweisen (§§ 740–745, 860 ZPO).[30] 14

Wegen der Anknüpfung an den Besitz gilt § 1362 nur für **bewegliche Sachen** (auch vertretbare und verbrauchbare; Vorräte), nicht für Grundstücke, Forderungen und unkörperliche Rechte (→ Rn. 2 aE). Abs. 1 gilt auch für **Bargeld,**[31] sowie kraft ausdrücklicher Hervorhebung in S. 3 für **Inhaber-** und (weitergehend als § 1006) **blankoindossierte Orderpapiere.** Inhaberpapiere sind Inhaberschuldverschreibungen (§§ 793 ff.) einschließlich Inhaberzeichen (§ 807) und Inhaberaktien. Nicht genügen qualifizierte Legitimationspapiere („hinkende Inhaberpapiere") nach § 808, gewöhnliche Orderpapiere und blankozedierte Rektapapiere. 15

Vorausgesetzt sind bewegliche Sachen im **Alleinbesitz** eines oder Mitbesitz beider Ehegatten (→ Rn. 9). Nötig ist grundsätzlich **gegenwärtiger** Besitz. Früherer Besitz (§ 1006 Abs. 2) kann genügen, wenn Sachen in den Fremdbesitz eines Dritten gelangen und der Herausgabeanspruch des schuldenden Ehegatten gepfändet wird.[32] Ob Eigen- oder Fremdbesitz ist unerheblich; der Gerichtsvollzieher muss sich auf die Prüfung des Gewahrsams beschränken.[33] Bei Fremdbesitz eines oder beider Ehegatten zugunsten Dritter ist der Dritte auf § 771 ZPO zu verweisen; bei Fremdbesitz zugunsten des vollstreckenden Gläubigers ist § 1362 analog anzuwenden (→ Rn. 18 aE). Mittelbarer Besitz eines oder beider Gatten genügt; zugunsten des Gläubigers wird dann vermutet, dass der nach §§ 846 ff. ZPO zu pfändende Herausgabeanspruch dem schuldenden Gatten allein zusteht.[34] 16

**2. Wirkungen.** Die Vermutung des Abs. 1 gilt nur zugunsten der **Gläubiger** eines Ehegatten, nicht im Verhältnis der Ehegatten zueinander oder zu deren Rechtsnachfolgern (anders für die unter Abs. 2 fallenden Sachen Rn. 25); insoweit gilt § 1006 Abs. 1. Die Vorschrift enthält **zwingendes Recht;** Abreden der Ehegatten untereinander können die Vermutungswirkung zugunsten der Gläubiger naturgemäß nicht aufheben (zB eine ehevertragliche Vereinbarung, dass bestimmte oder sogar alle Vermögensstücke bis zum Beweis des Gegenteils als Eigentum des Mannes oder der Frau gelten sollen).[35] Unzweifelhafte Übertragungen bestimmter Vermögensstücke auf einen Ehegatten wirken aber auch gegenüber den Gläubigern und werden spätestens nach vier Jahren unanfechtbar (§ 134 Abs. 1 InsO, § 4 Abs. 1 AnfG). 17

Die Vermutung des Abs. 1 wirkt primär in Zwangsvollstreckung und Insolvenz (auch im Verfahren der eidesstattlichen Versicherung, → Rn. 22 aE), ist darauf jedoch nicht beschränkt. Sie greift vielmehr stets ein, wo die **Eigentumsverhältnisse** des Schuldners **für die Gläubiger von Bedeutung** sind, zB auch bei freiwillig gewährter Deckung (Sicherungsübereignung)[36] oder bei gesetzli- 18

[25] BLAH/*Hartmann* ZPO § 739 Rn. 8.
[26] OLG Düsseldorf NJW-RR 1995, 963 (964).
[27] LG Aachen NJW-RR 1987, 712 f.; Staudinger/*Voppel,* 2018, Rn. 16; Soergel/*Lange* Rn. 3.
[28] LG München II FamRZ 1983, 172 = DGVZ 1982, 188.
[29] *Mugdan* IV 71; *Weber* Rpfleger 1959, 179 (180); Staudinger/*Voppel,* 2018, Rn. 16; Soergel/*Lange* Rn. 3.
[30] Stein/Jonas/*Münzberg* ZPO § 740 Rn. 14.
[31] BGH NJW 1955, 20.
[32] BGH NJW 1993, 935 = FamRZ 1993, 668 = LM § 857 Nr. 3 m. krit. Anm. *Hohloch.*
[33] Staudinger/*Voppel,* 2018, Rn. 22; str., aA Soergel/*Lange* Rn. 5.
[34] OG Danzig SeuffA 81 (1927) Nr. 190 ff.; BGH NJW 1993, 935 = FamRZ 1993, 668; OLG Celle FamRZ 2013, 1760.
[35] Vgl. LG Aachen NJW-RR 1987, 712 f.; übereinstimmend das niederländische Recht, vgl. *Sielemann* MittRhNotK 1971, 16.
[36] RGZ 80, 62. Den verfügenden Ehegatten weist § 1362 gegenüber der ehelichen Gemeinschaft bis auf weiteres als Eigentümer aus. Gutgläubiger Erwerb ist ohne Übergabe wegen § 933 nicht möglich. Für den Beweis des Gegenteils ist guter oder schlechter Glaube des Gläubigers folglich vorher bedeutungslos, nachher ist er ausgeschlossen. An Haushaltsgegenständen geht im gesetzlichen Güterstand das Zustimmungserfordernis aus § 1369 jedoch dem § 1362 vor.

chen Einbringungspfandrechten,[37] desgleichen bei Vollstreckung eines Urteils auf Übereignung einer beweglichen Sache gemäß §§ 883, 894 ZPO.[38] Bei Vollstreckung von Herausgabetiteln aus fremdem Eigentum verweist § 1362 Abs. 1 S. 1 den Ehepartner des Verurteilten sinngemäß ebenfalls auf den Weg des § 771 ZPO.[39]

19 Gesteigerte Bedeutung erlangte § 1362 bei Insolvenz eines Ehegatten, nachdem **§ 45 KO** wegen Verstoßes gegen Art. 6 Abs. 1 GG für **verfassungswidrig** erklärt wurde.[40] Die Vermutung des Abs. 1 S. 1 spricht für das Eigentum des Gemeinschuldners und gegen dessen Ehegatten, damit für die Zugehörigkeit beweglicher Sachen zur Masse. Sie gilt sowohl bei Herausgabeansprüchen des Verwalters an die Masse als auch bei Aussonderungsansprüchen des Ehegatten des Gemeinschuldners. Der aussondernde Ehegatte kann sich auf die Besitzrechtsvermutung des § 1006 nicht stützen, sondern muss sein Eigentum anderweit voll beweisen.[41]

20 Bei einer **Schenkungsanfechtung** des Verwalters nach § 134 Abs. 1 InsO streitet § 1362 Abs. 1 S. 1 ebenfalls **zugunsten der Masse:** Alle Zuwendungen, die Ehegatten einander aus ihrem Besitz gewähren, weist die Vermutung im Zweifel den unentgeltlichen zu, da jede vereinbarte Gegenleistung mutmaßlich bereits von vornherein zum Vermögen des zuwendenden Ehegatten gehört.[42] Die (bedenklich erscheinende) Vermutung, dass Vermögensübertragungen unter Ehegatten im Zweifel unentgeltlich erfolgen, ist der Lebenserfahrung nach notwendig; Sachschenkungen lassen sich durch simulierte Quittungen oder vorgeschobene Kontoabbuchungen für angebliche Vergütungen leicht verschleiern.

21 **Schulden beide Ehegatten** aus verschiedenen Titeln, so kann sich bezüglich derselben Sachen ein **konkurrierender Zugriff mehrerer Gläubiger** ergeben. Können die einander widersprechenden Vermutungen weder von den Ehegatten noch im Verfahren nach § 805 oder §§ 872 ff. ZPO von den Gläubigern widerlegt werden, so bestimmt sich der Rang der Pfändungspfandrechte analog § 804 Abs. 3 ZPO nach der **Priorität.**[43]

22 Im **Strafrecht** ist § 1362 **nicht anwendbar,** wenn es auf die dingliche Rechtslage ankommt. Der Strafrichter muss die Vermögenszugehörigkeit gemäß §§ 261, 262 StPO von Amts wegen feststellen.[44] Vor dem Prinzip der materiellen Wahrheit wäre ein vermutetes Alleineigentum sowohl des Mannes als auch der Frau an denselben Sachen ein innerer Widerspruch. § 1362 gilt jedoch, soweit das Strafrecht an die Vermutungslage anknüpft: für die Rechtmäßigkeit der Amtsausübung des Gerichtsvollziehers bei § 113 StGB;[45] für die falsche eidesstattliche Versicherung.[46]

23 **3. Widerlegung der Vermutung.** § 1362 enthält eine Rechtsvermutung, keine Tatsachenvermutung iSd § 292 ZPO. Die Voraussetzungen (→ Rn. 11–16) hat der Gläubiger zu beweisen;

---

37 §§ 562, 704; RGSt. 36, 332. Gutgläubiger Erwerb des Vermieterpfandrechts an den von der Ehefrau eingebrachten Sachen wird jedoch zutr. abgelehnt bei *Mugdan* II 857 f.

38 *F. Baur* FamRZ 1958, 252 (254); *Hj. Müller,* Zwangsvollstreckung gegenüber Ehegatten, 1970, 45 f.; unstr. Für den guten Glauben des Vollstreckungsgläubigers (§ 898 ZPO) entscheidet erst der Zeitpunkt der Ablieferung an den Gläubiger, trotz der Übergabefiktion des § 897 ZPO nicht schon der Wegnahme durch den Gerichtsvollzieher. Denn die Interventionsklage des Ehepartners (oder eines Dritten) muss materiell-rechtlich solange Aussicht auf Erfolg haben, wie sie prozessual zulässig ist; zutr. *Deubner* MDR 1952, 405 ff.; zust. *Blomeyer,* Zivilprozessrecht: Vollstreckungsverfahren, 1975, § 90 V 3, Fn. 59; aA BLAH/*Hartmann* ZPO § 897 Rn. 4; Thomas/Putzo/*Hüßtege* ZPO § 897 Rn. 2.

39 Str.; wie hier *Hj. Müller,* Zwangsvollstreckung gegenüber Ehegatten, 1970, 45 ff.; aA *Gernhuber/Coester-Waltjen* FamR § 22 Rn. 22. Gleichstellung mit dem vorigen Fall – Maßgeblichkeit des Zeitpunkts der Ablieferung an den Gläubiger mit dem guten Glauben des Vollstreckungsschuldners – ist praktisch erforderlich, da dem Tenor von Herausgabetiteln nicht anzusehen ist, ob sie aus obligatorischem oder dinglichem Recht ergangen sind. Bei wortgetreuer Auslegung würde im Widerspruch zum Urteil das Eigentum des Verurteilten vermutet; doch darf sich diese Vermutung nur „zugunsten" des Klägers auswirken. Gegenüber dem Ehepartner des Verurteilten schafft der Herausgabetitel keine Rechtskraft.

40 BVerfGE 24, 104 = NJW 1968, 1771. Zu den Folgen *Brox* FamRZ 1968, 406 ff.; krit. *Hj. Müller,* Zwangsvollstreckung gegenüber Ehegatten, 1970, 77 ff.; *Hj. Müller* KTS 1969, 146 ff.; zust. *Teschner,* Die Ehe als Schuldnergemeinschaft, 1999, 79 ff.

41 Nach § 45 KO musste er überdies nachweisen, dass er den Gegenstand nicht mit Mitteln des Gemeinschuldners erworben hatte.

42 *Gernhuber/Coester-Waltjen* FamR § 22 Rn. 15; RGZ 120, 107; BGH NJW 1955, 20.

43 Staudinger/*Voppel,* 2018, Rn. 41; Erman/*Gamillscheg* Rn. 11 aE; *Gernhuber/Coester-Waltjen* FamR § 22 Rn. 25; MüKoZPO/*Arnold* ZPO § 739 Rn. 17; iErg auch *Hj. Müller,* Zwangsvollstreckung gegenüber Ehegatten, 1970, 39, 66 ff.; *Baur* FamRZ 1958, 252 (254); krit. *Bosch* FamRZ 1958, 81 (85). Zur Wirkung des § 1362 im Konkurs beider Ehegatten *Brox* FamRZ 1968, 406 (408).

44 Vgl. RGSt. 36, 332 (334) zu § 289 StGB an vom Vermieter gepfändeten eingebrachten Sachen.

45 BayObLGSt 3, 125.

46 AA *Boennecke* NJW 1959, 1260 (1261).

Tatsachen für einen Eigentumserwerb seines Schuldners braucht er nicht nachzuweisen. Eine Widerlegung durch den nichtschuldenden Ehegatten erfordert **vollen Beweis des Gegenteils** (Hauptbeweis, nicht bloßer Gegenbeweis).[47] Der Beweis des alleinigen Eigentumserwerbs (vor oder während der Ehe) genügt.[48] Ausreichend ist auch der Nachweis des Erwerbs von Miteigentum,[49] der allerdings nicht bereits dadurch als geführt angesehen werden kann, dass es sich um ein Geschäft zur angemessenen Deckung des Lebensbedarfs der Familie gemäß § 1357 Abs. 1 gehandelt hat. Der Fortbestand eines einmal erworbenen Rechts wird vermutet,[50] nicht der Verlust an den Ehepartner (ihn müsste der Gläubiger beweisen). Nicht gefordert wird darum der Beweis, dass der nichtschuldende Gatte bis zu dem für § 1362 maßgeblichen Zeitpunkt Eigentümer geblieben sei. Der Nachweis vorehelichen Alleinbesitzes reicht aus; § 1006 Abs. 2 streitet dann für den nichtschuldenden Gatten (→ Rn. 5).[51] Ihm nützt auch nachgewiesener Besitz seines Erblassers (§ 857).[52] Vorehelicher Mitbesitz unter bereits Zusammenlebenden spricht für, nicht gegen die Vermutung von Abs. 1 S. 1 (zur Frage einer analogen Anwendung → Rn. 10). An während der Ehe gemäß § 1357 erworbenen Haushaltsgegenständen entsteht nicht kraft Gesetzes Miteigentum;[53] die dingliche Berechtigung richtet sich vielmehr nach den allgemeinen sachenrechtlichen Vorschriften der §§ 929 ff. Zwar wird es häufig zu einem Miteigentumserwerb der Ehegatten kommen,[54] eine generelle Widerlegung der Eigentumsvermutung ist damit aber nicht verbunden. Daher wird die Vermutung des § 1362 durch § 1357 nicht allgemein betroffen.[55]

An die **Beweisführung** sind dem Gläubigerschutzzweck entsprechend (→ Rn. 5) **strenge** 24
**Anforderungen** zu stellen. Eine zwingende Beweisführungsregel, dass die Vermutung etwa nur durch ein Inventar des eingebrachten Gutes widerlegt werden könne, stellte das BGB bewusst nicht auf.[56] Ein von den Ehegatten ohne Mitwirkung Dritter aufgenommenes **Vermögensverzeichnis** begründet eine Richtigkeitsvermutung nach § 1377 Abs. 1 nur im Verhältnis der Ehegatten zueinander und genügt nicht zur Widerlegung des § 1362 (→ Rn. 17); der Beweiswert ist (auch für einen Anscheinsbeweis)[57] gering, da stets die **Gefahr rückdatierter nachträglicher Anfertigung zwecks Gläubigertäuschung** besteht (→ Rn. 4). Dieser Verdacht besteht nicht bei einem gemäß §§ 1035 S. 2, 1377 Abs. 2 S. 2 **öffentlich beglaubigten** Verzeichnis. Vollen Beweis erbringt (trotz des Wortlauts von § 1377 Abs. 1) ein gemäß § 1035 S. 3 behördlich oder notariell aufgenommenes Verzeichnis.[58] Auch bei Vermögenstransaktionen unter Ehegatten empfiehlt sich zumindest die öffentliche Beglaubigung zwecks Schaffung eines für eventuelle Anfechtungsprozesse feststehenden Datums.[59] Eine Eintragung im **Güterrechtsregister** beweist gemäß §§ 1412, 1418 Abs. 4 nur für hinreichend deutlich bezeichnetes Vorbehaltsgut.[60] Der **Kraftfahrzeugbrief** weist gemäß § 25 StVZO den Halter, nicht den Eigentümer aus; die legitimierende Funktion des Briefbesitzes wird unter Ehegatten durch § 1362 Abs. 1 oder Abs. 2 verdrängt.[61]

---

47 *Laumen* in Baumgärtel/Laumen/Prütting Beweislast-HdB Rn. 14 f.; Staudinger/*Voppel*, 2018, Rn. 45; OLG Celle FamRZ 2013, 1760; LG Düsseldorf Kunst und Recht 2016, 22. Zum Unterschied s. etwa *Rosenberg/Schwab/Gottwald* ZivilProzR § 112 II 4.

48 BGH NJW 1976, 238 = FamRZ 1976, 81 = JR 1976, 328 mit zust. Anm. *Kaehler.*

49 Staudinger/*Voppel*, 2018, Rn. 45; *Laumen* in Baumgärtel/Laumen/Prütting Beweislast-HdB Rn. 15; Palandt/*Brudermüller* Rn. 7; *Rauscher* FamR § 14 Rn. 293.

50 BGH NJW 1992, 1162 = FamRZ 1992, 409; 1993, 668 (669); 1976, 81; KG OLGE 12, 129; Staudinger/*Voppel,* 2018, Rn. 46; Palandt/*Brudermüller* Rn. 7; *Laumen* in Baumgärtel/Laumen/Prütting Beweislast-HdB Rn. 15; Stein/Jonas/*Münzberg* ZPO § 739 Rn. 29.

51 BGH NJW 1992, 1162; NJW 1993, 935 = FamRZ 1993, 668; *Gernhuber/Coester-Waltjen* FamR § 22 Rn. 16; Soergel/*Lange* Rn. 8; *Hj. Müller,* Zwangsvollstreckung gegenüber Ehegatten, 1970, 7 Fn. 16; *Laumen* in Baumgärtel/Laumen/Prütting Beweislast-HdB Rn. 16.

52 BGH NJW 1993, 935 = FamRZ 1993, 668 (670).

53 BGH NJW 1991, 2283 = FamRZ 1991, 923; Staudinger/*Voppel,* 2018, Rn. 7; *Laumen* in Baumgärtel/Laumen/Prütting Beweislast-HdB Rn. 7; aA OLG Schleswig FamRZ 1989, 88 f.; Soergel/*Lange* § 1357 Rn. 23.

54 Vgl. hierzu iE BGH NJW 1991, 2283 = FamRZ 1991, 923 (924 f.).

55 Staudinger/*Voppel,* 2018, Rn. 7; *Laumen* in Baumgärtel/Laumen/Prütting Beweislast-HdB Rn. 7; ähnlich → 4. Aufl. 2000, Rn. 23.

56 *Mugdan* IV 72 f.

57 Anders RG Gruchot 51, 1005.

58 *Laumen* in Baumgärtel/Laumen/Prütting Beweislast-HdB Rn. 19; zweifelnd *Teschner,* Die Ehe als Schuldnergemeinschaft, 1999, 47 m. Fn. 25.

59 Zum parallelen Problem einer *date certaine* für die Sicherungsübereignung, wie im Ausland vielfach vorgeschrieben, s. *Wacke* JZ 1975, 543; *Drobnig* Gutachten zum 51. DJT, 1976, 67 f.; *Holzapfel,* Ehegattenschenkungen und Gläubigerschutz, 1979, 6, 141 ff.

60 KG OLGE 12, 303.

61 *Hj. Müller,* Zwangsvollstreckung gegenüber Ehegatten, 1970, 36 f.; *Laumen* in Baumgärtel/Laumen/Prütting Beweislast-HdB Rn. 22; aA BLAH/*Hartmann* ZPO § 793 Rn. 7.

### IV. Die Vermutung nach Abs. 2

25 **1. Wirkungen.** Anders als Abs. 1 wirkt Abs. 2 **auch zwischen den Ehegatten** und gegenüber deren Rechtsnachfolgern.[62] Hierin liegt dessen primäre Bedeutung, vor allem bei einer Vermögensauseinandersetzung nach der Scheidung. Als Zugriffserleichterung für die Gläubiger wird Abs. 2 seltener praktisch, da einer Pfändung persönlicher Gegenstände oft § 811 Nr. 1 oder 5 ZPO entgegenstehen. Zwischen den Ehegatten und deren Rechtsnachfolgern wirkt Abs. 2 über das Ende der Ehe hinaus **bis zur endgültigen Vermögensauseinandersetzung.**[63] Da statt des Besitzes die Zweckbestimmung für den persönlichen Gebrauch entscheidet (→ Rn. 9), gilt Abs. 2 darum **auch bei Getrenntleben.**[64]

26 Abs. 2 enthält eine Schutznorm für den persönlichen Bereich eines Ehegatten. Für die **Auslegung** ist zu beachten, dass eine Subsumtion unter Abs. 1 zugunsten aller Gläubiger von Mann oder Frau wirkt und so deren Kollektivhaftung verstärkt; eine Subsumtion unter Abs. 2 begünstigt hingegen den durch die Zweckbestimmung als Eigentümer ausgewiesenen Gatten persönlich und dessen Eigengläubiger. Die problematische Kollektivhaftung des Abs. 1 (→ Rn. 3 ff.) lässt sich durch eine behutsame Extension des Abs. 2 zweckentsprechend einengen (Gewerbebetrieb, → Rn. 29).

27 **2. Voraussetzungen.** Nach den in Abs. 2 aF beispielhaft für die Frau aufgezählten Sachen (Kleider, Schmuck, Arbeitsgeräte [einst Spinnrad; Handarbeitszeug, Nähmaschine]) erschiene es im Rechtssicherheitsinteresse wünschenswert, den Kreis dieser Dinge abstrakt-geschlechtsspezifisch danach zu bestimmen, ob sie ihrer Natur nach typischerweise von einer Frau oder von einem Mann benutzt werden (Damen-/Herrenfahrrad; Kosmetikartikel/Rasierapparat). Die Kriterien für diese generell-typisierende Auslegung versagen jedoch oft (das Damenfahrrad benutzt allein der Mann). Bei zahlreichen Gebrauchsartikeln (Trauring; Krankenfahrstuhl für den kranken Ehegatten; Violine für den, der darauf spielt) lässt sich die Zweckbestimmung nur konkret-individuell ermitteln. Die **konkrete Betrachtungsweise** ist darum ganz **herrschend.**[65] Auch das Erbrecht gab die nicht mehr durchführbare Güteraufteilung je nach ihrer Funktion oder Herkunft und deren gesonderte Vererbung im Mannes- oder im Frauenstamm (Schwertmagen/Spindelmagen) längst preis. Nach Aufgabe der gesetzlichen Rollenfixierung wäre eine strikt nach dem Geschlecht typisierende Sichtweise nicht mehr zeitgemäß (Küchengerät, → Rn. 29). Abs. 2 erfasst darum alle Sachen, für die der begünstigte Ehegatte den Vermutungstatbestand konkret nachweisen kann. Bei geschlechtstypischer Gebrauchsbestimmung ist ihr konkreter Nachweis jedoch entbehrlich. Die geschlechtstypische Auslegung gilt, soweit eine ihr widersprechende konkrete Benutzungsbestimmung nicht nachweisbar ist (Damenrad; Damenschmuck, → Rn. 29).

28 Entscheidend ist die **Zweckbestimmung** für den ausschließlich persönlichen Gebrauch, nicht der tatsächliche Gebrauch. Tatsächlicher Gebrauch und Besitz sind nur Indizien für die konkrete Gebrauchsbestimmung; sie geht dem Besitz vor. Zeitweiliger Nichtgebrauch oder Mitgebrauch des Ehepartners sind unschädlich. Widerstreitet die geschlechtstypische Gebrauchsbestimmung dem Besitz (der Mann verwahrt Schmuckstücke in seinem Safe), geht die typische Bestimmung bis zum Beweis des Gegenteils vor (der Gerichtsvollzieher darf für die Gläubiger der Frau pfänden, → Rn. 35).[66]

29 Bei **Damenschmuck** streitet die generelle Vermutung für das Eigentum der Frau (so bereits Abs. 2 aF); dass er zu ihrem alleinigen Gebrauch bestimmt sei, braucht sie nicht noch konkret nachzuweisen.[67] Dem Mann obliegt der Beweis, dass von ihm angeschaffter Schmuck ihr nicht übereignet, sondern nur geliehen[68] oder als Kapitalanlage erworben sei,[69] oder dass er ihn während

---

[62] Erben, Nachlassgläubigern und sonstigen Nachlassbeteiligten; auch bei unentgeltlicher Einzelnachfolge (der Ehemann schenkt von seiner ersten Frau getragenen Schmuck seiner zweiten Frau, vgl. § 816 Abs. 1 S. 2). OLG München OLGE 42, 141; BGHZ 2, 82 (86 f.) = NJW 1951, 839; Staudinger/*Voppel,* 2018, Rn. 67; *Gernhuber/Coester-Waltjen* FamR § 22 Rn. 19.

[63] RG WarnR 1923/1924 Nr. 128; BGHZ 2, 85 = NJW 1951, 839. Nachher gilt wieder § 1006.

[64] Staudinger/*Voppel,* 2018, Rn. 71, unstr.; Abs. 1 S. 2 gilt nach der gesetzlichen Systematik nur für Abs. 1 (→ Rn. 12 f.). Besitzt der vom Schuldner getrennt lebende Ehegatte eine ausschließlich zum persönlichen Gebrauch des Schuldners bestimmte Sache, erleichtert Abs. 2 dem Gläubiger den Zugriff: *Hj. Müller,* Zwangsvollstreckung gegenüber Ehegatten, 1970, 11 Fn. 28.

[65] Staudinger/*Voppel,* 2018, Rn. 60; FamK/*Rolland/Brudermüller* Rn. 16; BRHP/*Beutler* Rn. 13; *Hj. Müller,* Zwangsvollstreckung gegenüber Ehegatten, 1970, 11.

[66] Stein/Jonas/*Münzberg* ZPO § 739 Rn. 21.

[67] Anders BGHZ 2, 82 (84); BGH FamRZ 1971, 24 (25); OLG Nürnberg FamRZ 2000, 1220 f. mit zust. Anm. *Bergschneider;* Palandt/*Brudermüller* Rn. 9.

[68] KG OLGZ 44, 67.

[69] Staudinger/*Voppel,* 2018, Rn. 62.

der Ehe geerbt habe.[70] Nach Auffassung des BGH besteht demgegenüber keine die Beweislast umkehrende Vermutung,[71] aber in der Normalehe immerhin ein Erfahrungssatz für eine Benutzungsbestimmung zugunsten der Frau.[72] Bei wertvollem, unstreitig als Kapitalanlage angeschafftem Schmuck muss die Frau umgekehrt eine Bestimmung zu ihrem Gebrauch nachweisen, selbst wenn sie den Schmuck nach Belieben tragen darf.[73] **Bargeld** fällt unter Abs. 1, nicht Abs. 2 (auch nicht bei persönlichen Ersparnissen oder alleinigem Verfügungsrecht).[74] Abs. 1 unterfällt auch **Hausrat,** insbesondere **Küchengeräte,** selbst wenn überwiegend von der Frau zur Haushaltsführung benutzt.[75] Zum **Geschäftsbetrieb** eines Ehegatten gehörende Sachen fallen bei klarer räumlicher Trennung vom Ehebereich unter Abs. 2, sonst unter Abs. 1 S. 1.[76] Das gilt auch für Damenschmuck eines verheirateten Juweliers.

**3. Widerlegung der Vermutung.** Widerlegbar ist die Vermutung des Abs. 2 durch den Nachweis, dass derjenige Ehegatte, zu dessen persönlichem Gebrauch eine Sache ausschließlich bestimmt ist, an ihr kein Eigentum erworben habe (Beweis des Gegenteils, → Rn. 23). Die Beweislast für die von der Vermutung abweichende Eigentumslage trifft den anderen Ehegatten oder dessen Gläubiger (Hauptbeweis). Der Nachweis, dass der andere Gatte Eigentum erworben habe, genügt nur dann, wenn dieser Erwerb ausnahmsweise **später** erfolgte als die Benutzungsbestimmung für den Vermutungsbegünstigten. Bei der idR umgekehrten Zeitfolge muss zusätzlich bewiesen werden, dass die Zweckbestimmung nicht zu einem Eigentumswechsel geführt habe. Aus der Widmung zum ausschließlich persönlichen Gebrauch eines Gatten folgt vermutungsweise dessen Eigentumserwerb und damit ein Eigentumsverlust des Partners an ihn. Die allgemeine Vermutung der Fortdauer eines einmal erworbenen Rechts gilt hier nicht.[77] 30

## V. Vollstreckungsrechtliche Besonderheiten

**1. § 739 ZPO.** Anknüpfend an die für das Eigentum des Vollstreckungsschuldners sprechenden (widerleglichen) Vermutungen des § 1362 Abs. 1 und Abs. 2 gilt nach § 739 ZPO für die Durchführung der Zwangsvollstreckung auch **nur der Schuldner** als Besitzer und Gewahrsamsinhaber. Der Alleinbesitz des Schuldners wird unwiderleglich vermutet, der oft vorhandene Mitbesitz des nichtschuldenden Ehepartners wird hinwegfingiert.[78] Diese „Parallelfiktion" entlastet den Gläubiger vom sonst notwendigen Nachweis vollstreckungsrechtlichen Alleingewahrsams des Schuldners (§§ 808, 809, 883 ZPO).[79] Dessen Ehepartner kann der Vollstreckung nicht wegen seines Mitgewahrsams widersprechen; ein Duldungstitel gegen ihn ist entbehrlich. § 739 ZPO, der seinem Wortlaut nach nur als notwendige Ergänzung und Vervollständigung des in § 1362 angeordneten Gläubigerschutzes, 31

---

70 RGZ 99, 152; insoweit auch BGH FamRZ 1971, 24.

71 BGH FamRZ 1971, 24 (25).

72 BGHZ 2, 82 = NJW 1951, 839 f.

73 Vgl. (nicht deutlich) BGH NJW 1959, 142 = FamRZ 1959, 13. Diente er nur möglicherweise als Kapitalanlage, gewinnt die Frau; anders *Hj. Müller,* Zwangsvollstreckung gegenüber Ehegatten, 1970, 14.

74 Staudinger/*Voppel,* 2018, Rn. 63.

75 Zu den Eigentumsverhältnissen am Hausrat → Rn. 23; → § 1357 Rn. 42 f. In der partnerschaftlichen Ehe sollte nicht entscheidend sein, welcher Ehegatte die „Küchengewalt" ausübt. Auch in einer Hausfrauenehe kann der Mann ein passionierter Hobbykoch sein.

76 So zu Recht vermittelnd LG Aurich DGVZ 1966, 171; LG Mosbach MDR 1972, 518; Stein/Jonas/*Münzberg* ZPO § 739 Rn. 18; *Noack* DGVZ 1963, 97 f.; MDR 1966, 809; *Hj. Müller,* Zwangsvollstreckung gegenüber Ehegatten, 1970, 11 ff.; *Blomeyer,* Zivilprozessrecht: Vollstreckungsverfahren, 1975, § 45 I 2a; *Laumen* in Baumgärtel/Laumen/Prütting Beweislast-HdB Rn. 13. – Ohne die Unterscheidung im Text wenden Abs. 2 schlechthin an LG Coburg/OLG Bamberg FamRZ 1962, 387 (391); LG Essen DGVZ 1963, 103; *Gernhuber/Coester-Waltjen* FamR § 22 Rn. 19; Staudinger/*Voppel,* 2018, Rn. 64. Für die Erheblichkeit räumlich klar abgegrenzter Bereiche spricht jedoch der in Abs. 1 S. 2 (→ Rn. 12 f.) zum Ausdruck kommende Normzweck.

77 EinhM, RGZ 99, 153; Staudinger/*Voppel,* 2018, Rn. 73 f.; *Laumen* in Baumgärtel/Laumen/Prütting Beweislast-HdB Rn. 26; Palandt/*Brudermüller* Rn. 9; *Hj. Müller,* Zwangsvollstreckung gegenüber Ehegatten, 1970, 9 f. mwN. Zur Beweiswürdigung RGRK-BGB/*Wenz* Rn. 25. Anders zu Abs. 1: BGH NJW 1992, 1162 = FamRZ 1992, 409; 1993, 668 (669); 1976, 81; KG OLGE 12, 129; Staudinger/*Voppel,* 2018, Rn. 46; Palandt/*Brudermüller* Nr. 7; *Laumen* in Baumgärtel/Laumen/Prütting Beweislast-HdB Rn. 15; Stein/Jonas/*Münzberg* ZPO § 739 Rn. 29.

78 Ob § 739 ZPO eine unwiderlegliche Vermutung oder eine Fiktion enthält, ist str., für das Ergebnis jedoch belanglos. Für Fiktion *Reinicke* DB 1965, 961; *Hj. Müller,* Zwangsvollstreckung gegenüber Ehegatten, 1970, 25 ff.; anders Stein/Jonas/*Münzberg* ZPO § 739 Rn. 23.

79 Dies gilt für den aufgrund der ehelichen Lebensgemeinschaft aus §§ 1353, 1360 titulierten Besitz. Für rechtsgeschäftlich eingeräumten Besitz unter Ehegatten s. Stein/Jonas/*Münzberg* ZPO § 739 Rn. 30.

als dessen bloß akzessorische Nebenfunktion erscheint, enthält in Wahrheit die praktisch vorrangige Hauptfunktion, weil er dem Gläubiger das Recht auf den ersten Zugriff einräumt.

32 **2. Drittwiderspruchsklage; Erinnerung.** Zwecks Widerlegung der gegen ihn sprechenden Eigentumsvermutungen aus Abs. 1 und Abs. 2 hat der Ehepartner des Schuldners unstreitig die Drittwiderspruchsklage aus **§ 771 ZPO** (→ Rn. 5). Die Erinnerung aus **§ 766 ZPO** steht ihm entgegen einer beachtlichen Mindermeinung[80] daneben nicht zu[81] (außer sein entgegenstehendes Eigentum an der gepfändeten Sache sei evident).[82] Dass der Eigentumsnachweis zugleich die Voraussetzungen des § 739 ZPO beseitige, ist Scheinlogik; § 739 ZPO ist nicht in dem Sinne akzessorisch, dass mit der Vermutungsfolge zugleich der Vermutungstatbestand des § 1362 entfiele. Eine Widerlegung der Eigentumsvermutung hebt die an den Vermutungstatbestand gekoppelte Gewahrsamsfiktion nicht auf. Eine Entkräftung der widerlegbaren Eigentumsvermutung kann der unwiderlegbaren Gewahrsamsvermutung nicht die Grundlage entziehen. § 739 ZPO stützt sich mit anderen Worten nicht auf das vermutete Eigentum, sondern nur auf die **Voraussetzungen,** an die § 1362 die Eigentumsvermutung knüpft. Zu prüfen hat der Gerichtsvollzieher nur die Fakten des Vermutungstatbestandes (→ Rn. 11–16), nicht die Richtigkeit der Vermutungsfolge. Die Pfändung bleibt verfahrensmäßig untadelig, selbst wenn sich die Verwertung aufgrund der widerlegten Vermutung materiellrechtlich als „unzulässig“ erweist (ebenso → § 1363 Rn. 20). Zur Prüfung der schwierigen Eigentumsfrage ist weder der Gerichtsvollzieher noch das Vollstreckungsgericht (im formlosen nichtöffentlichen Erinnerungsverfahren), sondern nur das Prozessgericht das funktionell zuständige Organ. Die Erinnerung ist nicht gegeben bei Streit, ob entgegenstehendes Eigentum evident ist.

33 Trotz Widerlegung der Eigentumsvermutung bleibt die Interventionsklage erfolglos, wenn der widersprechende Ehegatte als **Gesamtschuldner** mithaftet (insoweit ist die Sonderregelung der §§ 1362, 739 ZPO entbehrlich, → Rn. 2; bei fehlendem Titel unter Umständen dolo-petit-Einwand). Weist der nichtschuldende Ehegatte **Miteigentum** nach (häufig bei Haushaltsgegenständen), und lässt er sich seinen Anteil nicht abkaufen, so ist die Sachpfändung aufzuheben und der Gläubiger wegen des anderen Bruchteils auf die Rechtspfändung (§ 857 ZPO) zu verweisen.[83] Da die Sachpfändung unpraktischerweise keine rangwahrende Kraft hat, empfiehlt sich die **Doppelpfändung** (wie beim Anwartschaftsrecht), zumindest ergänzende Bruchteilspfändung, sobald der Ehepartner der Sachpfändung wegen seines Miteigentums widerspricht.

34 **3. Vollstreckung entgegen der Vermutung.** Wird nach § 1362 Abs. 2 zu Ungunsten des Gläubigers vermutet, dass die Sache dem nichtschuldenden Gatten gehört, scheint § 739 ZPO dem Wortlaut nach nicht zu gelten. Wie sollte ein Gläubiger des Mannes dann ein Schmuckstück pfänden können, von dem *entgegen* § 1362 Abs. 2 anzunehmen ist, dass es dem Mann gehört? Alsdann muss entsprechend § 1362 Abs. 1 S. 1, § 739 ZPO eine Pfändung zulässig sein.[84] § 739 ZPO will Vollstreckungsgläubiger begünstigen, nicht benachteiligen. Die Vorschrift lässt sich (entgegen der hL) nicht umkehren, dass *zu Lasten* des Gläubigers Alleingewahrsam des nichtschuldenden Gatten vermutet werde, wenn nach § 1362 Abs. 2 dessen Eigentum zu Ungunsten des Gläubigers zu vermuten ist. (Ein nach § 846 ZPO zu pfändender Herausgabeanspruch besteht nicht, wenn der Mann sein Schmuckstück allein besitzt). Eine dem Gläubiger nach § 1362 Abs. 2 entgegenstehende Gebrauchsbestimmung wird der Gerichtsvollzieher zwar tunlichst beachten. Doch muss er pfänden, wenn nicht ganz unbegründeter Anlass besteht, dass die Vermutung des Abs. 2 widerlegt werden kann. Eine Verletzung dieser Faustregel ist kein Verfahrensverstoß, der von dem nichtschuldenden Gatten mit der Erinnerung gerügt werden könnte (sie hat der Gläubiger, § 766 Abs. 2 ZPO). Der Gläubiger muss auch hier den ersten Zugriff erhalten (→ Rn. 31 aE). Ihn allein trifft das Risiko

---

80 Vor allem *F. Baur* FamRZ 1958, 252 (253); *Gernhuber/Coester-Waltjen* FamR § 22 Rn. 23.

81 OLG Bamberg FamRZ 1962, 391; OLG Karlsruhe FamRZ 1970, 174; LG Essen NJW 1962, 2307; → § 1363 Rn. 20 *(Koch)* gegen die → 3. Aufl. 1993, Rn. 19 *(Gernhuber)*; Staudinger/*Voppel*, 2018, Rn. 53; Palandt/*Brudermüller* Rn. 10; Soergel/*Lange* Rn. 15; *Dölle* FamR I § 4 II d; Stein/Jonas/*Münzberg* ZPO § 739 Rn. 27 ff.; eingehend *Hj. Müller,* Zwangsvollstreckung gegenüber Ehegatten, 1970, 27 ff., mwN 28, 32.

82 *Hj. Müller,* Zwangsvollstreckung gegenüber Ehegatten, 1970, 37; Staudinger/*Voppel,* 2018, Rn. 52; *Soegel/Lange* Rn. 15; *Laumen* in Baumgärtel/Laumen/Prütting Beweislast-HdB Rn. 30.

83 Staudinger/*Voppel,* 2018, Rn. 56; anders ohne Begr. *Bruns/Peters,* Zwangsvollstreckungsrecht, 3. Aufl. 1987, § 10 I 3c g (§ 49): Die Sachpfändung reduziere sich automatisch auf eine Anteilspfändung. Dieser gewiss praktikableren Lösung steht die unterschiedliche funktionelle Zuständigkeit nach §§ 808 und 857 ZPO entgegen. Zur schwierigen Problematik der Bruchteilspfändung *Blomeyer,* Zivilprozessrecht: Vollstreckungsverfahren, 1975, § 65 I; *Furtner* NJW 1969, 871 ff.

84 Ebenso iErg zu Recht Stein/Jonas/*Münzberg* ZPO § 739 Rn. 21 gegen die ganz hL, *Baur* FamRZ 1958, 252 (254); BLAH/*Hartmann* ZPO § 739 Rn. 10; *Hj. Müller,* Zwangsvollstreckung gegenüber Ehegatten, 1970, 35; *Blomeyer,* Zivilprozessrecht: Vollstreckungsverfahren, 1975, § 45 I 2b.

(einschließlich der Kostenfolge), wenn er eine ihm entgegenstehende Vermutung im Interventionsprozess nicht entkräften kann. Dem nichtschuldenden Ehegatten droht aus der Zulassung der Pfändung hier kein Rechtsnachteil. Ihm steht zur Geltendmachung des § 1362 Abs. 2 (ebenso wie zu dessen Widerlegung, → Rn. 32) nur die Drittwiderspruchsklage, nicht die Erinnerung zu (anders die hM).

**4. Sonstige Vollstreckungshindernisse.** Unberührt bleibt auch die dem nichtschuldenden Gatten zustehende Berufung auf die **Unpfändbarkeit** nach §§ 811 ff. ZPO (ausgenommen § 811 Nr. 5 ZPO).[85] Die **Hausratsvinkulierung** im gesetzlichen Güterstand (§ 1369) kann der Vollstreckungsschuldner (oder sein Ehegatte gemäß § 1368) nicht bei gewöhnlicher Vollstreckung wegen Geldforderungen einwenden, sondern nur gegenüber einem obligatorischen Titel auf Übereignung oder einem Herausgabetitel aufgrund bereits vollzogener Übereignung (da insoweit quasi-rechtsgeschäftlicher Vollstreckungserwerb, vgl. §§ 894, 897 f. ZPO; → Rn. 8; → § 1369 Rn. 22 f.).[86] Zur **Bereicherungshaftung** bei versäumter Drittwiderspruchsklage → Rn. 5 mwN. Bei einer **Schadensersatzklage** aus § 823 sind für das Verschulden des Gläubigers dem Schutzzweck des § 1362 entsprechend **strenge Beweisanforderungen** zu stellen (mindestens Evidenz, → Rn. 32; → Rn. 24).[87] 35

## Titel 6. Eheliches Güterrecht

## Untertitel 1. Gesetzliches Güterrecht

## Vorbemerkung (Vor § 1363)

**Schrifttum:** *Buchholz,* Das Bürgerliche Gesetzbuch und die Frauen: Zur Kritik des Ehegüterrechts, in Gerhard, Frauen in der Geschichte des Rechts, 1997, 670; *Lipp,* Die Eigentums- und Vermögensgemeinschaft des FGB und der Einigungsvertrag – eine vergebene Chance für eine Reform des Güterstandes?, FamRZ 1996, 1117; *Maué,* Zur Frage des gesetzlichen Güterstandes, FamRZ 1955, 281; *Pintens,* Ehegüterstände in Europa, in Lipp/Schumann/Veit, Die Zugewinngemeinschaft – ein europäisches Modell?, 2009, 23; *Röthel,* Plädoyer für eine echte Zugewinngemeinschaft, FPR 2009, 273; *Schreiber,* Selbstbestimmung im Familienrecht insbesondere im Ehegüterrecht, FamRZ 1954, 125; *Schreiber,* Freie Auswahl des ehelichen Güterstandes, FamRZ 1955, 64; *Spiritus,* Obligatorische oder fakultative Wahl des ehelichen Güterstandes?, FamRZ 1955, 203; *Weber,* Ehefrau und Mutter in der Rechtsentwicklung, 1907.

**Übersicht**



## I. Eheliches Güterrecht

**1. Begriff.** Der Begriff eheliches Güterrecht kennzeichnet die im sechsten Titel des vierten Buches des BGB enthaltenen Normen, deren Aufgabe es ist, die **Zuordnung des** bei Eheschließung 1

[85] *Hj. Müller,* Zwangsvollstreckung gegenüber Ehegatten, 1970, 39 ff.

[86] *Lorenz* JZ 1959, 109; Stein/Jonas/*Münzberg* ZPO § 739 Rn. 31; *Hj. Müller,* Zwangsvollstreckung gegenüber Ehegatten, 1970, 62 f.; *K. Schmidt* NJW 1974, 323 gegen LG Krefeld NJW 1973, 2304.

[87] Vgl. RG JW 1911, 368.

vorhandenen und während der Ehe erworbenen **Vermögens** des Mannes und der Frau zu regeln. Nicht unter den Begriff Eheliches Güterrecht fallen die Regelungen, die die wirtschaftlichen Folgen der Ehe deren allgemeinen Wirkungen zuordnen (§§ 1356 f., §§ 1361a–1362). Auch das Unterhaltsrecht gehört nicht zum Güterrecht. Das BGB regelt dieses speziell – während der Ehe als deren allgemeine Wirkung (§§ 1360 ff.), nach der Scheidung als deren Folge (§§ 1569 ff.). Nicht zum Güterrecht zählen zudem die Regelungen zum Ausgleich der während der Ehe erworbenen Anwartschaften auf Versorgung im Alter oder bei Berufsunfähigkeit (§ 1587, VersAusglG) und auch die Verteilung des Vermögens der Eheleute bei deren Tod ordnet das BGB nicht dem Güterrecht, sondern dem Erbrecht zu (§§ 1931 ff.). Das eheliche Güterrecht regelt demnach nicht alle aus der Ehe resultierenden vermögensrechtlichen Beziehungen der Ehegatten untereinander und gegenüber Dritten, sondern nur das im BGB bestimmte **Segment** hieraus.[1]

2 Der Regelungsbereich des sechsten Titels des Familienrechts des BGB ist identisch mit den **güterrechtlichen Verhältnissen,** auf die § 1408 anlässlich der Postulierung der **Vertragsfreiheit** im Güterrecht Bezug nimmt. Die Einschränkung der Vertragsfreiheit durch die seit Beginn des 21. Jahrhunderts vorgenommene gerichtliche Überprüfung aller Eheverträge und Scheidungsfolgenvereinbarungen im Wege einer Inhaltskontrolle (§ 138) und Ausübungskontrolle (§ 242) hält sich in Bezug auf güterrechtliche Absprachen in Grenzen. Nach dem den Kontrollen zugrunde liegenden Ranking der sog. Kernbereichslehre haben Ehegatten in güterrechtlichen Angelegenheiten den größten Gestaltungsspielraum (→ § 1408 Rn. 25 ff.).

3 **2. Güterrechtssysteme. a) Strukturen.** Die Güterrechtssysteme des positiven Rechts variieren entsprechend der gesellschaftlichen und wirtschaftlichen Funktion, die dem Vermögen der Ehegatten nach den rechtspolitischen Vorstellungen der Zeit zugewiesen wird.[2] Der rechtlichen Grundstruktur nach sind die Systeme der Gütertrennung von den Systemen der Gütergemeinschaft zu unterscheiden. **Systeme der Gütertrennung** kennen kein gemeinschaftliches Vermögen der Ehegatten – ohne diesen allerdings die Möglichkeit zu nehmen, wie unverbundene Dritte solches zu begründen. Für die **Systeme der Gütergemeinschaft** ist gemeinschaftliches Vermögen der Ehegatten hingegen das konstitutive Element.

4 **b) Gütergemeinschaftssysteme.** Der Gedanke der Gütergemeinschaft kann in unterschiedlichem Ausmaß verwirklicht werden. Die totale Gütergemeinschaft stellt das Extrem an Gemeinschaftlichkeit dar auf einer Skala, die schrittweise absteigend bei der Bildung eines nur noch unbedeutenden gemeinschaftlichen Vermögens endet. Dabei führt jede Minderung des Umfangs des gemeinschaftlichen Vermögens notwendig zur Bildung individuellen Vermögens bei den Ehegatten, also zu mindestens drei Vermögensmassen. Werden einzelne Teile des individuellen Vermögens mit besonderen Rechtsfolgen auf das gemeinschaftliche Gut bezogen, so vermehren sich die Vermögensmassen weiter; die Regelung des Güterstandes wird zunehmend komplizierter.

5 **c) Gütertrennungssysteme.** Auch der Gedanke der Gütertrennung ist variabel. Er kann zwar nicht in graduell unterschiedlichem Ausmaß umgesetzt werden, was die Zuständigkeit der Ehegatten für ihr Vermögen anbelangt. Wohl aber gestattet er rechtliche Ausgestaltungen, die die Ehegatten in anderer Form binden. Als Mittel rechtlicher Bindung finden sich vorzugsweise Verfügungsbeschränkungen, Verwaltungsrechte am Vermögen des Partners, Handlungs- und Verhaltenspflichten, die am Interesse des anderen orientiert sind, und auch Ausgleichsregelungen für das während der Ehe erworbene Vermögen. Die Annäherung solcher Güterstände der **Gütertrennung mit Zusätzen** an die Systeme der Gütergemeinschaft wird in ihrer begrifflichen Kennzeichnung als Gemeinschaft deutlich – Verwaltungsgemeinschaft, Zugewinngemeinschaft uÄ. Irreführend ist dies insofern, als der Begriff der Gemeinschaft hier abweichend von seiner sonstigen vermögensrechtlichen Bedeutung gebraucht wird (→ § 1363 Rn. 6 f.).

## II. Gesetzliches Güterrecht

6 **1. Begriff.** Gesetzliches Güterrecht ist der Inbegriff der Normen, die Güterstände regeln, die kraft Gesetzes zwischen Ehegatten gelten. In einer Rechtsordnung, die, wie das BGB, die privatautonome Regelung der güterrechtlichen Verhältnisse gestattet, steht das gesetzliche Güterrecht (Untertitel 1: §§ 1363 ff.) dem vertraglichen Güterrecht (Untertitel 2: §§ 1408 ff.) gegenüber. Das **vertragliche Güterrecht** ist der Inbegriff all der Normen, die die Voraussetzungen und Grenzen der Privatautonomie im ehelichen Güterrecht regeln sowie – als Muster – Wahlgüterstände zur Verfügung stellen.

---

1 Staudinger/*Thiele,* 2017, Einl. §§ 1363 ff. Rn. 1 f.; *Gernhuber/Coester-Waltjen* FamR § 31 Rn. 1.
2 *Gernhuber/Coester-Waltjen* FamR § 31 Rn. 8; *Schwab,* Wertewandel und Familienrecht, 1993, 33 f.

**2. Ordentliche und außerordentliche Güterstände.** Innerhalb des gesetzlichen Güterrechts sind die ordentlichen gesetzlichen Güterstände von den außerordentlichen zu unterscheiden. Unterscheidungskriterium ist der **Geltungsanspruch.** Der ordentliche Güterstand gilt als gesetzlicher **Regelgüterstand,** wenn die Ehegatten von der ihnen eingeräumten Vertragsfreiheit keinen Gebrauch machen. Der außerordentliche Güterstand gilt dagegen nur, wenn die Geltung des ordentlichen Güterstandes – aufgrund privatautonomer Vereinbarung oder aufgrund gesetzlicher Anordnung – ausgeschlossen ist und eine spezielle vertragliche Güterstandsregelung seitens der Ehegatten fehlt. Er gilt mithin nur **subsidiär.** 7

**3. Sinn und Funktion gesetzlicher Güterstände.** Der ordentliche gesetzliche Güterstand (Regelgüterstand) garantiert allen untätigen Ehegatten eine Vermögensordnung, die den Anspruch auf **Sachrichtigkeit in typischer Sicht** erhebt. Die Ausgestaltung des als Regel vorgesehenen Güterstandes folgt mithin dem Eheleitbild, das der Legislative als Orientierung diente, und den sozioökonomischen Daten, die der Legislative in der Mehrzahl der Fälle gegeben zu sein schienen. Der außerordentliche gesetzliche Güterstand hat in diesem Zusammenhang die Funktion einer **Reserveordnung.** Sachrichtigkeit kann der – nur subsidiär geltende – Güterstand lediglich im Sinne einer in dieser Konstellation für die Ehegatten am ehesten hinnehmbaren Alternative beanspruchen. 8

Problematisch ist die einheitliche gesetzliche Regelung von Güterständen insofern, als die ökonomischen Verhältnisse und persönlichen Lebensstile der Ehegatten in der gesellschaftlichen Wirklichkeit erheblich differieren. Hausfrauenehen, Doppelverdienerehen, Zuverdienerehen, Ehen mit Mitarbeit eines Ehegatten im Beruf oder Geschäft des anderen, Ehen mit wechselnden Phasen unterscheiden sich in den güterstandserheblichen Daten so entscheidend voneinander, dass eine **einheitliche Regelung** des Güterrechts für alle Ehetypen notwendig **Disparitäten** in Kauf nehmen muss.[3] 9

So ist etwa die Zugewinngemeinschaft auf den Typ der Hausfrauen- oder Zuverdienerehe zugeschnitten, in der ein Ehegatte – in der Regel ist dies nach wie vor die Frau – die berufliche Karriere wegen Haushaltsführung und Kinderbetreuung zurückstellt. In solchen arbeitsteiligen Ehen, in denen ein Ehegatte im Interesse der Familie nicht oder nur in geringem Umfang beruflich tätig ist und dem anderen die volle Teilhabe am Berufsleben ermöglicht, stellt der Zugewinnausgleich dessen Beteiligung an den von dem anderen erzielten Einkommen sicher. Andere Ehetypen allerdings werden durch den Zugewinnausgleich vielfach verfehlt.[4] Das ist jedenfalls für die kinderlose Doppelverdienerehe festzustellen, in der beide Ehepartner ihren beruflichen Weg ohne Einschränkungen im Hinblick auf die eheliche Verbindung verfolgen. In dieser Konstellation bedeutet Zugewinnausgleich praktisch nur Ausgleich unterschiedlicher beruflicher Einkommen. 10

Solche Disparitäten zwischen den gesetzlichen Güterständen und dem gelebten Ehetyp sind im geltenden Recht dem Ausgleich durch die Ehegatten selbst überlassen. Das im ehelichen Güterrecht geltende Prinzip der **Vertragsfreiheit** (vgl. §§ 1408 ff.) ist insofern notwendiges Korrektiv zwischen dem Anspruch des gesetzlichen Güterstandsrechts auf typische Sachrichtigkeit und den ökonomischen Daten der konkreten Ehe. Der ohne jedes Zutun eintretende gesetzliche Güterstand verhindert – im Verein mit der gerade auf dem Gebiet des ehelichen Güterrechts herrschenden Rechtsunkenntnis – allerdings vielfach die an sich notwendige vertragliche Anpassung der güterrechtlichen Beziehungen an die konkreten ehelichen Verhältnisse. Gleichwohl ist juristische Aufklärung im Sinne der Förderung selbstbestimmter Regelung sowohl einem Eingreifen der Legislative vorzuziehen[5] als auch einem völligen Verzicht auf einen gesetzlichen Güterstand mit dem Ziel, die Ehegatten zu zwingen, einen der Ausgestaltung ihrer Ehe entsprechenden Güterstand individuell zu vereinbaren.[6] 11

### III. Die Güterstände des BGB

**1. Rechtsentwicklung. a) Güterstände bei Inkrafttreten des BGB.** Das BGB hat die in Deutschland vorhandene Vielzahl gesetzlicher Güterstände mit zum Teil räumlich sehr begrenzter Geltung außer Kraft gesetzt und damit auch auf dem Gebiet des ehelichen Güterrechts Rechtseinheit hergestellt.[7] Bedeutung hatte als gesetzlicher Güterstand vor dem Inkrafttreten des BGB vor allem die **Verwaltungsgemeinschaft** (für etwa 21 Millionen Einwohner), in der das Vermögen des Man- 12

---

3 Vgl. *Gernhuber,* Eherecht und Ehetypen, 1981.

4 Von daher die Forderung, auf einen gesetzlichen Güterstand gänzlich zu verzichten, *Muscheler* FamR Rn. 336; dazu auch *Rauscher* FamR Rn. 357.

5 Anders *Lipp* FamRZ 1996, 1117; *Röthel* FPR 2009, 273.

6 Der Vorschlag findet sich in der Diskussion um die Neugestaltung des Güterrechts bei der Umsetzung des Gleichberechtigungsgrundsatzes, befürwortend *Schreiber* FamRZ 1954, 125; *Schreiber* FamRZ 1955, 64; *Maué* FamRZ 1955, 281; dagegen *Spiritus* FamRZ 1955, 203.

7 Dazu HKK/*v. Mayenburg* §§ 1363–1557. Eheliches Güterrecht (III) Rn. 58.

nes und das der Frau getrennt blieben, der Mann aber beide Vermögen gemeinschaftlich verwaltete und nutzte. Daneben stand die **allgemeine Gütergemeinschaft** (gesetzlicher Güterstand für etwa 11 Millionen Einwohner), in der das eingebrachte wie das in der Ehe erworbene Vermögen gemeinschaftliches Vermögen beider Ehegatten wurde. Demgegenüber wurde in der **Errungenschaftsgemeinschaft** (gesetzlicher Güterstand für etwa 10 Millionen Einwohner) nur das in der Ehe erworbene Vermögen gemeinschaftliches Vermögen, das eingebrachte aber verblieb jedem Ehegatten allein. In der **Fahrnisgemeinschaft** (gesetzlicher Güterstand für etwa 9 Millionen Einwohner) wurde zusätzlich gegenständlich differenziert: Die eingebrachten Liegenschaften verblieben den Ehegatten jeweils allein, das eingebrachte bewegliche Vermögen aber wurde – wie das während der Ehe errungene Vermögen – gemeinschaftliches Vermögen. Der dem römischrechtlichen **Dotalsystem** entsprechende Güterstand (gesetzlicher Güterstand für etwa 3 Millionen Einwohner) basierte auf Gütertrennung verbunden mit der Übertragung eines Teils des Frauenvermögens als dos (Mitgift, Heiratsgut) bei der Eheschließung auf den Mann.[8]

13 **b) Die Güterstände des BGB am 1.1.1900.** Als **gesetzlichen Güterstand** hatte das BGB den Güterstand der Verwaltung und Nutznießung des Ehemannes am eingebrachten Gut der Frau eingeführt (§ 1363 aF).[9] Dieser Güterstand der sog. Verwaltungsgemeinschaft war ein System der Gütertrennung, das **dem Mann die Verwaltung und Nutznießung** seines eigenen Vermögens beließ, ihm daneben diese Zuständigkeit aber auch für das von der Frau eingebrachte Vermögen übertrug. Die Ehefrau blieb zwar Eigentümerin des von ihr eingebrachten Gutes, dessen Substanz der Ehemann auch zu erhalten hatte, doch wurde er dessen Besitzer, Verwalter und Nutznießer. Das hieß: Er nahm die zum eingebrachten Gut gehörenden Gegenstände und Sachen in seinen Besitz (§ 1373 aF), verwaltete sie (§§ 1374 ff. aF) und erwarb den aus ihnen fließenden Gewinn für sich selbst (§ 1383 aF). Die Ehefrau hatte in Bezug auf das in ihrem Eigentum stehende Vermögen lediglich ein Auskunftsrecht zum „Stand der Verwaltung" (§ 1374 S. 2 aF). Ausgenommen von der Verwaltung und Nutznießung des Ehemannes war das **Vorbehaltsgut** der Frau (§ 1365 aF). Zu diesem gehörten die ausschließlich zu ihrem persönlichen Gebrauch bestimmten Sachen (§ 1366 aF) sowie das aus beruflicher Erwerbstätigkeit erzielte Einkommen (§ 1367 aF). Außerdem zählte zum Vorbehaltsgut, was die Ehefrau von Todes wegen oder durch Schenkung erhielt – vorausgesetzt, Erblasser bzw. Schenker hatten dies so bestimmt. Im Übrigen konnte das Vermögen der Frau – oder Teile von ihm – auch durch Ehevertrag zum Vorbehaltsgut erklärt und damit dem Zugriff des Mannes entzogen werden (§ 1368 aF).

14 Als **subsidiären gesetzlichen Güterstand** hatte das BGB die **Gütertrennung** geregelt (§§ 1426 ff. aF). Diese trat von Gesetzes wegen ein, wenn dem Mann die Verwaltung und Nutznießung am Vermögen seiner Frau nicht zustand. Das war der Fall, wenn er eine in der Geschäftsfähigkeit beschränkte Frau ohne Einwilligung ihres gesetzlichen Vertreters geheiratet hatte (§§ 1426, 1364 aF) oder wenn ihm die Verwaltungs- und Nutznießungsbefugnisse wegen Gefährdung des Vermögens, wegen Verletzung von Unterhaltspflichten oder wegen Entmündigung oder Anordnung einer Pflegschaft während der Ehe entzogen worden waren (§§ 1426, 1418 aF).[10]

15 Als **Wahlgüterstände** hatte das BGB bei Inkrafttreten drei Systeme der Gütergemeinschaft zur Verfügung gestellt.[11] Die **allgemeine Gütergemeinschaft,** in der das vorhandene wie das in der Ehe erworbene Vermögen Gesamtgut, dh gemeinschaftliches Vermögen wurde (§§ 1437 aF), die **Errungenschaftsgemeinschaft,** in der nur das erworbene Vermögen Gesamtgut wurde (§§ 1519 ff. aF) und die **Fahrnisgemeinschaft,** in der das erworbene, zusätzlich aber auch das eingebrachte bewegliche Vermögen Gesamtgut der Ehegatten wurde (§§ 1549 ff. aF). Vergleichbar den Schuldvertragstypen gab es im BGB mithin für Güterstände gesetzlich geregelte Muster, auf die in Eheverträgen Bezug genommen werden konnte.

16 **c) Inkrafttreten des Grundgesetzes.** Auch nach Inkrafttreten des den Gleichberechtigungsgrundsatz (Art. 3 Abs. 2 GG) enthaltenden Grundgesetzes am 24.5.1949 blieb der Güterstand der Verwaltung und Nutznießung des Ehemannes – insgesamt noch fast vier Jahre lang – der von Gesetzes wegen eintretende Güterstand. Wegen der Vielzahl der dem Gleichberechtigungsgrundsatz widersprechenden Vorschriften hatte der Grundgesetzgeber der Legislativen zu deren Anpassung

---

[8] *Hübner,* Grundzüge des Deutschen Privatrechts, 5. Aufl. 1930, 689; *Brauneder,* ‚Eheliches Güterrecht', in Handwörterbuch zur deutschen Rechtsgeschichte, 2. Aufl., hrsg. v. Cordes/Lück/Werkmüller, Bd. 1, 2008; Sp. 1216.

[9] Ausf. Darstellung dieses Güterstandes bei *Kipp/Wolff,* Lehrbuch des Bürgerlichen Rechts, Bd. 2/2: Das Familienrecht, 3. Bearb. 1920, §§ 45 ff.

[10] Zu den ideengeschichtlichen und sozioökonomischen Grundlagen dieser güterrechtlichen Regelungen *Dörner,* Industrialisierung und Familienrecht, 1974.

[11] Zu diesen im Einzelnen HKK/*v. Mayenburg* §§ 1363–1557. Eheliches Güterrecht (III) Rn. 16.

nämlich eine Frist eingeräumt. Das dem Art. 3 Abs. 2 GG entgegenstehende Recht sollte zunächst weitergelten, allerdings „nicht länger als **bis zum 31. März 1953**" (Art. 117 Abs. 1 GG). Am 1.4.1953 traten mithin alle Rechtsnormen, die dem Gleichberechtigungsgrundsatz zuwiderliefen, außer Kraft (→ Einl. FamR Rn. 275 ff.). Das war das Ende des Güterstandes der Verwaltung und Nutznießung des Ehemannes. Nach allgM konnten die die güterrechtliche Bevormundung der Ehefrau beinhaltenden §§ 1363 ff. aF keine Geltung mehr beanspruchen. Die Pflicht des Mannes zur Tragung der ehelichen Lasten, mit der der BGB-Gesetzgeber die Übertragung der Verwaltungs- und Nutzungsrechte am Frauenvermögen auf ihn begründet hatte, wurde als Legitimation für die Beschränkung der Rechte der Ehefrau an ihrem Vermögen nicht mehr akzeptiert.[12]

Im Hinblick darauf, dass es mit dem Entfall der §§ 1365 ff. aF keinen von Gesetzes wegen eintretenden Güterstand mehr gab, gingen Lehre und Rspr. davon aus, dass die Eheschließung für die güterrechtlichen Beziehungen folgenlos war und die Ehegatten in – gesetzlich nicht geregelter – Gütertrennung lebten.[13] Von der Möglichkeit, bis zur gesetzlichen Regelung einen neuen Güterstand im Wege richterlicher Rechtsfortbildung zu entwerfen, machten die Gerichte jedenfalls keinen Gebrauch. **17**

**d) Zugewinngemeinschaft als gesetzlicher Güterstand.** Die gesetzlose Güterstandsperiode endete erst mit der Einführung der Zugewinngemeinschaft am 1.7.1958 (→ Einl. FamR Rn. 102). Erstmals in der deutschen Geschichte hatte der Gesetzgeber mit ihr einen Güterstand geschaffen, in dem die Ehefrau **gleichberechtigt** neben dem Ehemann stand: Sie verwaltete ihr Vermögen eigenständig und partizipierte in gleichem Maße wie der Mann an dem während der Ehe erzielten wirtschaftlichen Gewinn. **18**

Unter dem Aspekt der wirtschaftlichen und rechtlichen Eigenständigkeit der Ehefrau hatte bereits die **bürgerliche Frauenbewegung** im Gesetzgebungsverfahren für das BGB die **Gütertrennung** als gesetzlichen Güterstand gefordert.[14] Die Partizipation der Ehefrau am ökonomischen Erfolg der Ehe allerdings stand am Ende des 19. Jahrhunderts noch nicht auf ihrer allgemeinen Agenda. Gefordert hatte diese aber die Schweizer Juristin Emilie Kempin (1853–1901). Ausdrücklich hatte Kempin – neben der für die ökonomische Selbständigkeit der verheirateten Frau unabdingbaren Gütertrennung – verlangt, die Ehefrau durch einen Ausgleich bei Beendigung des Güterstandes auch an dem während der Ehe erzielten wirtschaftlichen Gewinn zu beteiligen.[15] Damit war der Gedanke der **Gleichwertigkeit der** häuslichen **Leistungen** der Ehefrau mit den außerhäuslichen Leistungen des Ehemannes erstmals güterrechtlich konkretisiert worden. Erst 1958 aber hatte sich die Vorstellung, dass „Hausmutterleistungen auch rein ökonomisch wertvoll" sind,[16] in Deutschland durchgesetzt. **19**

Bei der Suche nach einem Art. 3 Abs. 2 GG entsprechenden Güterstand hatte in den Diskussionen um die Einführung der Zugewinngemeinschaft als Alternative lediglich die **Errungenschaftsgemeinschaft** eine nennenswerte Rolle gespielt. Durchgesetzt hat sich dieser funktional vergleichbare, nur anders strukturierte, nämlich auf dinglicher Mitberechtigung basierende, Güterstand **in der Bundesrepublik** aber **nicht.** Die gesetzlichen Güterstände sind seit dem Inkrafttreten des BGB sämtlich – ob als Regelgüterstand oder subsidiär geltend – **Systeme der Gütertrennung** gewesen. **20**

Die **Errungenschaftsgemeinschaft** hat allerdings zwischenzeitlich im europäischen Kontext an Konjuktur gewonnen. Und zwar spielt sie in den Diskussionen um die **Europäisierung des Güterrechts** insofern eine wichtige Rolle, als Errungenschaftsmodelle als gesetzlicher Güterstand in vielen Ländern Europas verbreitet sind. Die romanischen wie auch die mittel- und osteuropäischen Länder nämlich stellen die Teilhabe der Ehegatten am Ehegewinn dinglich durch Errungenschaftssysteme sicher. Die germanischen und nordischen Rechtsfamilien hingegen basieren auf Gütertrennung und realisieren die Partizipation am Ehegewinn durch einen Ausgleich bei Beendigung des Güterstandes.[17] Zur Teilung des Ehegewinns kommen beide Systeme – insoweit gibt es im Ergebnis keinen Unterschied der unterschiedlichen Regelungen. Die Gütertrennungsmodelle geben den Ehegatten allerdings die größere wirtschaftliche Autonomie und vermögen zudem die Familieneinkünfte vor Zugriffen dritter Gläubiger zu schützen. **21**

---

[12] BGHZ 10, 266 (279) = NJW 1953, 1342.

[13] Von einer Heranziehung der – die Gütertrennung als subsidiären Güterstand regelnden – §§ 1426 ff. aF sah man ab, BGHZ 11, Anh. 73.

[14] *Weber,* Ehefrau und Mutter in der Rechtsentwicklung, 1907, 477 (486); *Meder,* Grundprobleme und Geschichte der Zugewinngemeinschaft, 2010, 15 ff.; *Buchholz,* Das Bürgerliche Gesetzbuch und die Frauen: Zur Kritik des Ehegüterrechts, in Gerhard, Frauen in der Geschichte des Rechts, 1997, 670 (675).

[15] HKK/*Meder* Einleitung III: Das BGB und die Frauenbewegung Rn. 13.

[16] *Weber,* Ehefrau und Mutter in der Rechtsentwicklung, 1907, 488.

[17] Überblick bei *Pintens,* Ehegüterstände in Europa, in Lipp/Schumann/Veit, Die Zugewinngemeinschaft – ein europäisches Modell?, 2009, 23.

22 Der deutsche Gesetzgeber hat im Jahre 1958 bei der Wahl eines – der Gleichberechtigung von Mann und Frau (Art. 3 Abs. 2 GG) Rechnung tragenden – Güterstandes das Modell der Errungenschaftsgemeinschaft jedenfalls verworfen und sich für die ungebundene Handlungsfreiheit der Ehegatten entschieden. Kein gemeinschaftliches Vermögen entstehen zu lassen und der Eigenständigkeit und Selbständigkeit der Ehegatten bei der Verwaltung ihrer Vermögen Priorität einzuräumen, war im Hinblick auf die Sicherstellung der **Emanzipation der Ehefrau** ein Gebot der Stunde. Damit war auch die Entscheidung für einen Güterstand der freien Marktwirtschaft gefallen: Jeder Ehegatte bleibt freies Wirtschaftssubjekt, es gibt von Ehe wegen kein – die Zirkulationsfähigkeit der Güter einschränkendes – gemeinsames Eigentum.

23 Zu den **speziellen Problemen der Durchsetzung** der Zugewinngemeinschaft als gesetzlicher Güterstand – Geltung auch für die bei Einführung schon bestehenden Ehen, Geltung auch für die nach dem zweiten Weltkrieg aufgrund Flucht und Vertreibung in das Bundesgebiet gekommenen Eheleute, Geltung in den neuen Bundesländern nach der Wiedervereinigung Deutschlands am 3.10.1990 → 7. Aufl. 2017, Einl. zu §§ 1363–1563 Rn. 22–25.

24 **2. Heutige Güterstände. a) Zugewinngemeinschaft.** Seit 1958 ist der von Gesetzes wegen eintretende **ordentliche Güterstand** (Regelgüterstand) des BGB die Zugewinngemeinschaft (§§ 1363–1390). In dieser bleiben die Vermögen der Eheleute während der Ehe getrennt. Verbunden ist diese Gütertrennung mit einem – die gleichmäßige Partizipation der Ehegatten am ökonomischen Erfolg ihrer Beziehung sicherstellenden – finanziellen Ausgleich des in der Ehe hinzugewonnenen Vermögens bei Beendigung des Güterstandes.

25 **b) Gütertrennung.** Die Gütertrennung ist ein Güterstand, in dem die Ehe keinerlei güterrechtliche Wirkungen zeitigt. Die Vermögen der Eheleute bleiben – ohne jeden Ausgleich am Ende – getrennt. Gesetzlich zu regeln sind in Bezug auf diesen Güterstand also nur die Voraussetzungen, unter denen er eintritt. Da dies in der Regel ehevertragliche Vereinbarungen sind (vgl. § 1414 S. 1 und S. 2), ordnet das BGB die Gütertrennung systematisch dem **vertraglichen** Güterrecht zu (Untertitel 2, Kapitel 2). Diese Einordnung ist allerdings insofern nicht korrekt, als Gütertrennung auch von Gesetzes wegen eintreten kann (vgl. §§ 1388, 1449, 1470) und es sich im Hinblick hierauf um einen **außerordentlichen,** nämlich subsidiär geltenden, gesetzlichen Güterstand handelt (→ Rn. 7).

26 **c) Gütergemeinschaft.** Die Gütergemeinschaft ist im BGB als Wahlgüterstand, also als Güterstand, den die Ehegatten **vertraglich** vereinbaren können, geregelt (§§ 1415–1518). In der Gütergemeinschaft werden das vorhandene wie das in der Ehe erworbene Vermögen des Mannes und der Frau gemeinschaftliches Vermögen beider (Gesamtgut). Bei Beendigung des Güterstandes ist das Vermögen mithin im Wege der dinglichen Auseinandersetzung aufzuteilen (§§ 1471–1482).

27 **d) Wahl-Zugewinngemeinschaft.** Neben der Gütertrennung und der Gütergemeinschaft kennt das BGB als dritten Wahlgüterstand die Wahl-Zugewinngemeinschaft (§ 1519). Diese ist allerdings nicht im BGB geregelt, sondern in dem Abkommen zwischen der Bundesrepublik Deutschland und der Französischen Republik vom 4.2.2010 (WZGA). Für den Fall, dass die Ehegatten den hierin geregelten deutsch-französischen Güterstand **vertraglich** vereinbaren, verweist das BGB auf die Geltung der Vorschriften dieses bilateralen Abkommens.

### IV. Prozessuales

28 **1. Zuständigkeit und Verfahren.** Streitigkeiten über **Ansprüche aus dem ehelichen Güterrecht** sind, auch wenn Dritte am Verfahren beteiligt sind, Güterrechtssachen (§ 261 Abs. 1 FamFG). Diese gehören zu den **Familiensachen** (§ 111 Nr. 9 FamFG), für die das **Familiengericht** ausschließlich zuständig ist (§ 23a Abs. 1 S. 1 Nr. 1 GVG, § 23b Abs. 1 GVG). Zu den Ansprüchen aus dem ehelichen Güterrecht zählen zunächst alle Ansprüche, die sich aus den gesetzlichen Vorschriften über das eheliche Güterrecht (§§ 1363 ff.) ergeben. Ferner zählen hierzu die Ansprüche, die sich aus Vereinbarungen der Ehegatten über ihre güterrechtlichen Verhältnisse ergeben, sei es, dass sie diese abweichend von der gesetzlichen Ausgestaltung geregelt haben, sei es, dass sie ihre gesetzlichen Ansprüche modifiziert oder die güterrechtliche Auseinandersetzung als solche geregelt haben.

29 Ausschließlich zuständig ist das Familiengericht zudem für alle sonstigen **im Zusammenhang** mit Trennung, Scheidung oder Aufhebung der Ehe **stehenden Ansprüche.** Die sie betreffenden Verfahren sind nach § 266 Abs. 1 Nr. 3 FamFG ebenfalls Familiensachen, nämlich **sonstige Familiensachen.** Im Hinblick auf die Intention der Norm, die durch das Scheitern der Beziehung ausgelöste Vermögensauseinandersetzung der Ehegatten **einheitlich von der Familiengerichtsbarkeit** entscheiden zu lassen, stellt nach allgM jeder rechtliche oder wirtschaftliche Bezug eines Anspruchs

zur Liquidation der Ehe den von § 266 Abs. 1 Nr. 3 FamFG geforderten Zusammenhang zu dieser her.[18] Streitigkeiten der Ehegatten wegen schuldrechtlicher Ausgleichsansprüche unterfallen mithin ebenso familiengerichtlicher Zuständigkeit wie etwa Streitigkeiten wegen dinglicher Berechtigungen oder Rückforderungen von Zuwendungen etc (→ § 1363 Rn. 18 ff.).

Güterrechtssachen (§ 261 Abs. 1 FamFG) wie auch sonstige Familiensachen (§ 266 Abs. 1 Nr. 3 **30** FamFG) sind **Familienstreitsachen** (§ 112 Nr. 2 und 3 FamFG). Für sie gelten im Verfahren die allgemeinen **Vorschriften der ZPO** (§ 113 Abs. 1 FamFG). Im **Scheidungsverfahren** gehören die Güterrechtssachen zudem als Folgesachen zum Entscheidungsverbund (§ 137 Abs. 2 S. 1 Nr. 4 FamFG).

**2. Vollstreckung.** Die Zwangsvollstreckung der Familienstreitsachen erfolgt nach den Vor- **31** schriften der ZPO (§ 120 Abs. 1 FamFG). Ausgeschlossen ist gemäß § 120 Abs. 3 FamFG die Vollstreckung der Verpflichtung zur Herstellung des ehelichen Lebens. Im güterrechtlichen Zusammenhang ist dieser Ausschluss für die Vollstreckbarkeit des aus § 1353 hergeleiteten Anspruchs der Ehegatten auf Information über ihr Vermögen relevant. Nach zutreffender Ansicht schließt § 120 Abs. 3 FamFG die Vollstreckbarkeit dieses Informationsanspruchs allerdings nicht aus. Auch wenn er aus § 1353 abgeleitet wird, betrifft er nicht die persönliche, sondern die vermögensrechtliche Ebene zwischen den Ehegatten (→ § 1385 Rn. 25).

## § 1363 Zugewinngemeinschaft

**(1) Die Ehegatten leben im Güterstand der Zugewinngemeinschaft, wenn sie nicht durch Ehevertrag etwas anderes vereinbaren.**

**(2) [1]Das jeweilige Vermögen der Ehegatten wird nicht deren gemeinschaftliches Vermögen; dies gilt auch für Vermögen, das ein Ehegatte nach der Eheschließung erwirbt. [2]Der Zugewinn, den die Ehegatten in der Ehe erzielen, wird jedoch ausgeglichen, wenn die Zugewinngemeinschaft endet.**

**Schrifttum:** *Bosch,* Die Schuldenverteilung zwischen Ehegatten bei Auflösung der Ehe, FamRZ 2002, 366; *Diederichsen,* Teilhabegerechtigkeit in der Ehe, FamRZ 1992, 1; *Diederichsen,* Thesen zur Reform des ehelichen Güterrechts, in Ramm (Hrsg.), Zur Familienpolitik nach der Wiedervereinigung, 1995, 169; *Diederichsen,* Gesetzestreue und Rechtsfortbildung im Rahmen der Vermögensauseinandersetzung bei der Ehescheidung, FS 50 Jahre BGH, 2000, 944; *Eichenhofer,* Die Auswirkungen der Ehe auf Besitz und Eigentum der Eheleute, JZ 1988, 326; *Gerhards,* Der Befreiungsanspruch zwischen Ehegatten „unter Heranziehung des Auftragsrechts, FamRZ 2006, 1793; *Haas,* Ehegatteninnengesellschaft und familienrechtlicher Vertrag sui generis, FamRZ 2002, 205; *Holzhauer,* Schenkungen unter Ehegatten in der europäischen Privatrechtsgeschichte und im heutigen deutschen Recht, FuR 1995, 177 und FuR 1995, 268; *Jaeger,* Zur rechtlichen Deutung ehebezogener (sog. unbenannter) Zuwendungen und zu ihrer Rückabwicklung nach Scheitern der Ehe, DNotZ 1991, 431; *Koch,* Schulden und Scheidung, FamRZ 1994, 537; *Koch,* Entgeltlichkeit in der Ehe?, FamRZ 1995, 321; *Kogel,* Die Lebenserwartung der Eheleute als Kürzungskriterium bei der Rückforderung ehebezogener Zuwendungen – ein juristischer Irrweg, FamRZ 2013, 512; *Lipp,* Die Eigentums- und Vermögensgemeinschaft des FGB und der Einigungsvertrag – eine vergebene Chance für eine Reform des Güterstandes?, FamRZ 1996, 1117; *Müßig,* Ehebezogene Zuwendungen als Schenkungen unter Ehegatten, FPR 2007, 194; *Rauscher,* Dingliche Mitberechtigung in der Zugewinngemeinschaft, AcP 186 (1986), 529; *Röthel,* Ausgleichsordnungen unter Ehegatten: fiktive Innengesellschaft versus reale Gütergemeinschaft, FamRZ 2012, 1916; *Sandweg,* Ehebedingte Zuwendungen und ihre Drittwirkung, NJW 1989, 1965; *Schotten,* Die ehebedingte Zuwendung – ein überflüssiges Rechtsinstitut?, NJW 1990, 2841; *Wever,* Abschlag für Zweckerreichung bei Rückgewähr ehebezogener Zuwendungen, FamRZ 2013, 514; *Wurmnest,* Die Brautgabe im Bürgerlichen Recht, FamRZ 2005, 1878; *Yassari,* Die Brautgabe im Familienvermögensrecht, 2014.

**Übersicht**



[18] Schulte-Bunert/Weinreich/*Breuers* FamFG § 266 Rn. 17.

## I. Normzweck

1 § 1363 bezweckt eine grundsätzliche **Orientierung:** Abs. 1 benennt den gesetzlichen Güterstand und stellt ihn zur Disposition der Ehegatten. Abs. 2 umreißt das, was der Begriff „Gemeinschaft" in der Zusammensetzung mit „Zugewinn" bedeutet – und zwar zunächst negativ: keine gemeinsame Rechtsinhaberschaft, sodann positiv: künftiger Ausgleich. Damit macht bereits die grundlegende Bestimmung zur Zugewinngemeinschaft klar, dass es sich bei dieser um ein System der Gütertrennung (kein gemeinschaftliches Vermögen) mit Zusätzen (Ausgleich am Ende) handelt (→ Vor § 1363 Rn. 5).

## II. Eintritt der Zugewinngemeinschaft (Abs. 1)

2 **1. Von Gesetzes wegen.** Soweit keine anderweitige Vereinbarung vorliegt, tritt die Zugewinngemeinschaft von Gesetzes wegen mit der Eheschließung ein, dh ohne Rücksicht auf den Willen und die Vorstellungen der Ehegatten. Fehlvorstellungen, wie zB die Überzeugung, in Errungenschaftsgemeinschaft oder (weiterhin) in der Eigentums- und Vermögensgemeinschaft des FGB der DDR zu leben, sind irrelevant. Ist umgekehrt der von den Ehegatten gewünschte und vorgestellte Eintritt der Zugewinngemeinschaft von Gesetzes wegen infolge einer Auslandsberührung der Ehe zweifelhaft, empfiehlt sich ein prophylaktischer Ehevertrag.

3 **2. Vertragsfreiheit.** Zugewinngemeinschaft tritt nur ein, wenn die Ehegatten nicht durch Ehevertrag etwas anderes vereinbart haben. Die mit dem ausdrücklichen Hinweis auf die Priorität einer anderweitigen Disposition anerkannte **Subsidiarität des gesetzlichen Güterstandes** ist eine Konsequenz der – trotz Einschränkungen (→ § 1408 Rn. 25) nach wie vor grundsätzlich bestehenden – Vertragsfreiheit im ehelichen Güterrecht. Aufgrund dieser kann die Zugewinngemeinschaft jederzeit, dh auch während der Geltung eines anderen Güterstandes, begründet und auch wieder aufgehoben werden. Die Wirkungen des Ausschlusses oder einer Änderung der von Gesetzes wegen eintretenden güterrechtlichen Lage **Dritten gegenüber** bestimmen sich nach § 1412.

4 **Nicht** möglich sind **güterrechtliche** Vereinbarungen mit **dinglicher Wirkung.** Das Sachenrecht ordnet die Rechtsinhaberschaft zwingend an, rechtsgeschäftliche Korrekturen dieser Zuordnungen sind ausgeschlossen. Auf güterrechtlicher Ebene können Ehegatten den gemeinschaftlichen Vermögenserwerb nur durch Änderung des gesetzlichen Güterstandes erreichen, nämlich durch Abbedingung der Zugewinngemeinschaft und Vereinbarung einer Errungenschaftsgemeinschaft, deren Charakteristikum der gemeinsame dingliche Erwerb während der Ehe ist (zur sachenrechtlichen Möglichkeit gemeinsamen Erwerbs (→ Rn. 9). Ob und inwieweit im Übrigen über **einzelne Regelungen** der Zugewinngemeinschaft ehevertraglich disponiert werden kann, hängt von deren Sinn und Zweck ab (s. Kommentierung der jeweiligen Norm).

5 Die Anordnung des Eintritts der Zugewinngemeinschaft in § 1363 Abs. 1 hat zur Folge, dass bei jeder Ehe die **Geltung** des gesetzlichen Güterstandes **vermutet** wird. Wer sich auf einen anderslautenden Ehevertrag beruft, trägt mithin die objektive wie subjektive Beweislast für dessen Vorliegen.[1] Er hat also im Verfahren die erforderlichen Beweismittel beizubringen und das Nachsehen, wenn der Abschluss des Vertrages nicht zu erweisen ist.

## III. Gütertrennung mit Ausgleich des Zugewinns (Abs. 2)

6 Die Zugewinngemeinschaft verwirklicht die Teilhabe an dem in der Ehe erwirtschafteten Gewinn nicht (schon) während des Bestehens der Ehe auf der dinglichen Ebene, sondern (erst) bei

[1] So schon RGZ 127, 110 (114); BGHZ 10, 266 = NJW 1953, 1342, beide zum (damals gesetzlichen) Güterstand der Nutznießung und Verwaltung des Ehemanns.

Beendigung des Güterstandes auf der schuldrechtlichen Ebene durch einen rechnerischen Zahlungsausgleich. Insofern ist der **Begriff** (Zugewinn-)**Gemeinschaft** sprachlich **inkorrekt.** Das BGB spricht nämlich von einer Gemeinschaft nur bei dinglicher Mitberechtigung, also nur dann, wenn ein Recht oder ein Vermögen mehreren Personen gemeinschaftlich zusteht – nach Bruchteilen (§§ 741 ff.; §§ 1008 ff.) oder zur gesamten Hand (§§ 718 ff.; §§ 1416 ff.; §§ 2032 ff.). Anders als diese Gemeinschaften ordnet die Zugewinngemeinschaft Rechte und Gegenstände den Ehegatten aber gerade nicht gemeinschaftlich zu – das vorhandene wie das in der Ehe erworbene Vermögen der Ehegatten bleiben bis zum Ende des Güterstandes getrennt. Die **Abweichung** der Verwendung des Gemeinschaftsbegriffs **vom üblichen Sprachgebrauch** stellt § 1363 Abs. 2 S. 1 ausdrücklich klar: Jeder Ehegatte bleibt Inhaber und Eigentümer des ihm bei Eintritt in den Güterstand gehörenden Vermögens und erwirbt auf güterrechtlicher Ebene für sich allein. Der Begriff „Gemeinschaft" zur Kennzeichnung des gesetzlichen Güterstandes des BGB weist insofern lediglich darauf hin, dass dieser Güterstand eine Teilhabe am ehelichen Vermögensgewinn vorsieht. Von der begrifflich korrekten Kennzeichnung dieses Güterstandes als „Gütertrennung mit Ausgleich des Zugewinns" hat der Gesetzgeber im Jahre 1958 mit Rücksicht auf den praktischen Sprachgebrauch abgesehen und sich für den kurzen Begriff Zugewinngemeinschaft entschieden.

In der Sache trägt der schuldrechtliche Ausgleich des ehezeitlichen Vermögenszuwachses erst **7** bei Güterstandsende allerdings ebenso wie die dingliche Beteiligung schon während der Ehe dem Umstand Rechnung, dass der in der Ehe erwirtschaftete Gewinn auf den Leistungen beider Ehegatten beruht und diese Leistungen unabhängig von ihrer Gestalt und Art gleichwertig sind. Dabei sind nicht nur Hausarbeit und Erwerbstätigkeit wertmäßig gleichzusetzen, sondern auch alle sonstigen häuslichen wie außerhäuslichen Tätigkeiten. Mit dieser unterschiedslosen Anerkennung des individuellen Einsatzes der Ehegatten setzt das BGB den Gleichheitssatz des Art. 3 GG güterrechtlich um.[2]

Da der Ausgleich des in der Ehe erworbenen Vermögens das Resultat der Bilanzierung und **8** Verrechnung wechselseitig erbrachter Leistungen und Tätigkeiten ist, ist der als Zugewinnausgleich erlangte Vermögenszuwachs **entgeltlicher Erwerb.**[3]

## IV. Gemeinschaftlicher Vermögenserwerb

Die güterrechtliche Regelung der Vermögenszuordnung schließt die Entstehung von gemein- **9** schaftlichem Vermögen der Ehegatten nicht aus. Ehegatten können – wie nicht miteinander verheiratete Personen – nach den **allgemeinen Vorschriften des bürgerlichen Rechts** Vermögen gemeinsam erwerben. Sie können ex lege in eine Bruchteilsgemeinschaft eintreten, etwa als Gläubiger nach § 1287, oder in eine Gesamthand, etwa als Miterben nach § 2032. Es steht ihnen aber auch offen, eine Bruchteilsgemeinschaft oder eine Gesamthand rechtsgeschäftlich zu begründen – und zwar zu zweit wie auch gemeinsam mit Dritten.

Ob Ehegatten im konkreten Fall **rechtsgeschäftlich** gemeinschaftliches Eigentum begründen, **10** ist nach den für Willenserklärungen und Verträge allgemein geltenden Auslegungsregeln zu entscheiden. Zu beachten ist, dass wegen des numerus clausus der Gesamthandsgemeinschaften Ehegatten an gemeinschaftlich erworbenen Gegenständen in aller Regel (nur) Miteigentum zu Bruchteilen begründen können.[4] Dabei kann bei zweifelhaftem Verhalten der gesetzliche Güterstand als solcher zur Interpretation ihres rechtsgeschäftlichen Willens nicht herangezogen werden – die vom Gesetz gewählte Form der Teilhabe am Zugewinn des Partners bei Beendigung des Güterstandes lässt keine Rückschlüsse darauf zu, ob ein konkreter Gegenstand in einer bestimmten Situation zu Allein- oder zu Miteigentum erworben werden soll.

Speziell der **Erwerb von Haushaltsgegenständen** vollzieht sich bei Ehegatten meist in einer **11** Form, die den Erwerber nicht klar ausweist – was dem Veräußerer bei **Barzahlungsgeschäften** in der Regel auch gleichgültig ist. Nachdem die Surrogatsregelung des § 1370 aF nicht mehr gilt, ist auch beim Erwerb von Haushaltsgegenständen der Inhalt der von § 929 geforderten dinglichen **Einigung** allein nach den Regeln der §§ 133, 157 zu ermitteln. Dabei geht die allgM davon aus, dass die Einigungserklärung des handelnden Ehegatten auf den Erwerb zu Miteigentum gerichtet ist – und zwar auch dann, wenn er den Erwerb allein finanziert. Dieser Auslegung liegt die zutreffende Annahme zugrunde, dass Eheleute keine Haushaltsgegenstände benutzen wollen, die einem allein gehören und für den anderen dann jeweils fremde Sachen sind.[5] Was die Einigungserklärung des

2 *Diederichsen* FamRZ 1992, 1 (5); *Schwab,* Wertewandel und Familienrecht, 1993, 18 f.

3 BGH NJW-RR 2015, 243 = FamRZ 2015, 47 im Zusammenhang mit der Beschränkung der Bürgenhaftung des Ehemannes auf unentgeltlich erworbenes Vermögen.

4 Verfehlt deshalb OLG München NJW 1972, 542: grds. Gesamthandseigentum an den während der Ehe erworbenen Haushaltsgegenständen.

5 BGHZ 114, 74 (80) = NJW 1991, 2283; Staudinger/*Thiele,* 2017, Rn. 6.

Veräußerers angeht, so kann man bei Barzahlungsgeschäften davon ausgehen, dass ihm die Person des Erwerbers gleichgültig ist und er die auf Miteigentum gerichtete Einigungserklärung des kontrahierenden Ehegatten nach den Grundsätzen des „Geschäfts für den, den es angeht", annimmt. Da mit der **Übergabe** der Sache an den handelnden Ehegatten der andere Mitbesitz erlangt (→ Rn. 55), hat der Veräußerer die Sache auch gemäß § 929 S. 1 an beide Ehegatten übergeben, sodass die Voraussetzungen für den Eigentumserwerb nach § 929 bei beiden vorliegen und Miteigentum entsteht.

12 Nicht gleichgültig ist die Person des Erwerbers einem Veräußerer bei der Übereignung einer Sache allerdings in Fällen, in denen **nicht bar** gezahlt wird. Hier will ein Veräußerer in aller Regel das Eigentum nur seinem Vertragspartner übertragen, denn nur diesem gegenüber hat er die Erfüllungsansprüche aus dem der Übereignung zugrundeliegenden Rechtsgeschäft. Dass hier dann auch der Wille seines verheirateten Vertragspartners auf Erwerb des Alleineigentums an dem Haushaltsgegenstand gerichtet ist, ist insofern anzunehmen, als ansonsten der Eigentumserwerb mangels sich deckender Einigungserklärungen scheitern würde.

13 Kein Miteigentum entsteht aufgrund der Schlüsselgewaltregelung des § 1357. Die bei Geschäften zur Deckung des laufenden Lebensbedarfs der Familie die Mitberechtigung beider Ehegatten von Gesetzes wegen anordnende Norm entfaltet nach hM **keine dingliche Wirkung** (→ § 1357 Rn. 42).

14 Gemeinsames Vermögen entsteht nach allgemein konsentierter Rspr. auch bei alleiniger Kontoinhaberschaft an **Sparkonten,** die einem gemeinsam bestimmten Verwendungszweck dienen, etwa dem Erwerb einer Wohnung oder der Anschaffung eines Pkw oder auch allgemein der Vorsorge für die Wechselfälle des Lebens. Im Falle solcher gemeinschaftlicher Sparvorstellungen haben die Ehegatten nämlich typischerweise den Willen und die Vorstellung, dass ihnen die Ersparnisse gemeinsam gehören. Nach allgM setzen sie diesen Willen rechtlich durch konkludente Vereinbarung einer **Bruchteilsgemeinschaft** iSd § 741 um. Der Kontoinhaber überlässt also die ihm im Außenverhältnis allein zustehende Forderung im Innenverhältnis anteilig seinem Ehepartner. In der Regel stehen den Ehegatten im Ergebnis gleiche Anteile an dem Sparguthaben zu (§ 742) – und zwar unabhängig davon, aus wessen Einkünften die einzelnen Sparbeträge stammen und wer die Einzahlung vorgenommen hat.[6] Sind Ehegatten aufgrund des gemeinsamen Sparziels Teilhaber des Sparguthabens, kann jeder von ihnen gemäß § 749 jederzeit die Aufhebung der Bruchteilsgemeinschaft und Aufteilung des Geldes nach § 752 verlangen.

## V. Ansprüche außerhalb des Güterrechts

15 **1. Kein güterrechtlicher Ausgleich während des Güterstandes.** Die Zugewinngemeinschaft des BGB verpflichtet die Ehegatten nicht, periodisch oder jeweils nach Überschreiten einer bestimmten Vermögensgrenze Ausgleichszahlungen vorzunehmen. Solange der Güterstand besteht, findet eine ihn betreffende Auseinandersetzung nicht statt. Auch der vorzeitige Zugewinnausgleich, der nach §§ 1385, 1386 während bestehender Ehe möglich ist, setzt die Beendigung der Zugewinngemeinschaft voraus.

16 Weder während des Bestehens der Zugewinngemeinschaft noch nach deren Beendigung ist jedoch die Geltendmachung **allgemeiner zivilrechtlicher Ansprüche** ausgeschlossen.[7] Solche Ansprüche erlangen nur insofern güterrechtliche Bedeutung, als sie beim Ausgleich des Zugewinns als aktive bzw. passive Rechnungsposten in die Berechnung der Endvermögen einzustellen sind. Macht der Ehegatte hingegen die außerhalb des Güterrechts entstandenen Ansprüche isoliert geltend und verzichtet auf die Durchführung des Zugewinnausgleichs, bleiben diese güterrechtlich bedeutungslos.[8] Auch von einer Vereinbarung der Ehegatten über die güterrechtlichen Ansprüche, etwa deren Ausschluss, werden die ansonsten zwischen ihnen bestehenden Ansprüche nicht erfasst.[9]

17 **2. Konstruktion von Schuldverhältnissen.** Da in der Zugewinngemeinschaft als System der Gütertrennung der Geltung der allgemeinen Regeln des bürgerlichen Rechts zwischen den Ehegatten nichts entgegensteht, können sich Ehegatten nicht nur nach den Regeln des Allgemeinen Teils des BGB wechselseitig rechtsgeschäftlich Vollmacht oder Verfügungsbefugnisse erteilen, sondern

---

[6] BGH NJW 2002, 3702 = FamRZ 2002, 1696; OLG Brandenburg FamRZ 2011, 114; OLG Celle FamRZ 2008, 1949; OLG Köln FamRZ 2003, 607 – Bruchteilsgemeinschaft in concreto verneinend; *Wever* Vermögensauseinandersetzung Rn. 696.

[7] Grdl. BGHZ 47, 157 (161) = NJW 1967, 1275; zu den im Hinblick hierauf gebotenen anwaltlichen Überlegungen *Hansen-Tilker* FamRZ 1997, 1188.

[8] OLG Koblenz FamRZ 2018, 23.

[9] OLG Hamburg FamRZ 2002, 395.

auch die Rechtsgeschäfte des Schuldrechts, Sachenrechts, Handelsrechts usw untereinander abschließen.

Ob und inwieweit zwischen Ehegatten **Ausgleichs- und Rückgewähransprüche** wegen erbrachter Leistungen und Zuwendungen bestehen, richtet sich nach den von ihnen getroffenen **rechtsgeschäftlichen Absprachen.** Da solche in aller Regel nicht ausdrücklich erfolgen, sind sie nur schlüssigem Verhalten zu entnehmen. Hier ist die Rspr., um ihr gerecht und adäquat dünkende Ergebnisse zu erzielen, mit der Annahme stillschweigend geschlossener Vereinbarungen äußerst großzügig. So werden etwa im Falle geschäftlicher Mitarbeit eines Ehegatten im Unternehmen des anderen (Innen-)Gesellschaften konstruiert, um zu Ausgleichsansprüchen außerhalb des Güterrechts zu kommen (→ Rn. 20). Kommt ein Gesellschaftsverhältnis zwischen den Ehegatten – etwa wegen ungleichgewichtiger Arbeitsbeiträge oder untergeordneter Tätigkeit des einen – nicht in Betracht, werden spezielle familienrechtliche Kooperationsverträge angenommen, um die Vermögensteilhabe des mitarbeitenden Ehegatten durch Vergütungs- und Ausgleichsansprüche zu sichern (→ Rn. 22). 18

Dogmatisch bedenklich ist die weitreichende Annahme solcher stillschweigend vereinbarter Verträge insofern, als sie den Ehegatten einen **Rechtsbindungswillen unterstellt,** den sie in Zeiten einvernehmlichen Zusammenlebens und -wirkens in der Regel nicht haben. Abgesehen hiervon ist die Konstruktion solcher rechtsgeschäftlicher Absprachen zwischen den Ehegatten auch deshalb fragwürdig, weil damit gütergemeinschaftliche Vorstellungen verwirklicht werden und das der Zugewinngemeinschaft zugrunde liegende Prinzip der **Gütertrennung unterlaufen** wird. Es werden nämlich gezielt Beteiligungen und Vermögenszuordnungen vorgenommen, die der Güterstand der Zugewinngemeinschaft nicht vorsieht. In der Sache konsequent – inhaltlich allerdings aus prinzipiell gegen die Gütergemeinschaft sprechenden Gründen abzulehnen – ist von daher der Vorschlag, die Unterstellung rechtsgeschäftlicher Absprachen sein zu lassen, stattdessen das Gütertrennungsprinzip aufzugeben und eine dingliche Mitberechtigung der Ehegatten am erworbenen Gut vorzusehen, so wie sie für Errungenschaftsgemeinschaften typisch ist und in Deutschland zuletzt in der Eigentums- und Vermögensgemeinschaft des Familiengesetzbuchs der DDR galt.[10] 19

**3. Ehegatteninnengesellschaften.** Ohne sich mit diesen Bedenken auseinanderzusetzen, gleicht die Rspr. unter weitgehender Zustimmung der Literatur Erträgnisse aus gemeinsamer beruflicher Tätigkeit oder geschäftlicher **Mitarbeit im Unternehmen** des anderen nach den Regeln des Gesellschaftsrechts (§§ 730 ff.) aus. Und zwar gehen die Gerichte von der Existenz einer durch schlüssiges Verhalten **stillschweigend begründeten** Gesellschaft bürgerlichen Rechts aus, wenn Ehepartner durch gemeinschaftliche Tätigkeit einen über die bloße Verwirklichung der ehelichen Lebensgemeinschaft hinausgehenden Zweck verfolgen und dabei die Vorstellung haben, dass der gemeinsam erwirtschaftete Gewinn ihnen beiden zustehen soll. Entscheidend für die Qualifizierung ihrer Zusammenarbeit als gesellschaftsrechtliche ist dabei nicht, dass ihre Beiträge gleichartig oder völlig gleichgeordnet sind, sondern dass sie für den erstrebten Erfolg bedeutsam sind. Das wird etwa angenommen, wenn Ehegatten zusammen das einem allein gehörende Handelsgeschäft oder Unternehmen betreiben oder zusammen einen Gewerbebetrieb aufbauen und führen, dessen Inhaber nur einer von ihnen ist.[11] Um eine Innengesellschaft handelt es sich in diesen Fällen, weil die zwischen ihnen bestehende GbR nach außen nicht in Erscheinung tritt und auch kein Gesellschaftsvermögen iSd § 718 entsteht: Das Geschäft oder Unternehmen gehört ja formal dem Inhaber-Ehegatten allein; dieser handelt dementsprechend ausschließlich im eigenen Namen und erwirbt folglich alles Vermögen auch nur für sich allein. 20

Die Rspr. stellt im Falle der Beendigung der Zusammenarbeit die Beteiligung des Ehepartners am gemeinsam erwirtschafteten – aber dem anderen allein zugeflossenen – Gewinn über einen Zahlungsanspruch als Innengesellschafter sicher. Da mit seinem Ausscheiden aus dem Unternehmen des anderen die Innengesellschaft endet und nach §§ 730 ff. auseinanderzusetzen ist, kann er von dem Inhaber-Ehegatten anteilige – in der Regel hälftige (§ 722 Abs. 1) – Zahlung des Auseinandersetzungsguthabens verlangen.[12] Dogmatisch herzuleiten ist dieser **Zahlungsanspruch** aus § 738 Abs. 1 S. 2 analog – die direkte Anwendung des die Auseinandersetzung bei Ausscheiden eines Gesellschafters regelnden § 738 verbietet sich, weil die Gesellschaft hier aufgelöst wird und nicht mehr fortbesteht. Rspr. und Lit. stützen den Ausgleich allerdings nicht auf § 738 Abs. 1 S. 2 oder eine andere konkrete Anspruchsgrundlage, sondern leiten ihn aus „§§ 730 ff." her – deutlich wird auch dadurch, dass dieser letztlich allein auf Billigkeitserwägungen beruht. Um diesen zur Geltung 21

---

10 *Lipp* FamRZ 1996, 1117; *Diederichsen* in Ramm, Zur Familienpolitik nach der Wiedervereinigung, 1995, Nr. 6–8, 169 (170 f.); *Röthel* FamRZ 2012, 1916 (1920).

11 BGHZ 124, 137 = NJW 1999, 2962; BGH NJW 2006, 1268 = FamRZ 2006, 607 mAnm *Hoppenz* und mAnm *Volmer* FamRZ 2006, 844 und mAnm *Kogel* FamRZ 2006, 1177; BGH NZG 2016, 547 = FamRZ 2016, 965 mAnm *Wever*; KG FamRZ 2017, 608 mAnm *Röfer*; *Haas* FamRZ 2002, 205.

12 Hierzu iE *Wever* Vermögensauseinandersetzung Rn. 645 ff.

zu verhelfen, setzt man sich dann auch über die Kritik hinweg, die Annahme eines konkludenten Vertragsschlusses zwischen den Ehegatten habe wenig mit der Realität, um so mehr aber mit einer Fiktion zu tun.[13]

22 **4. Familienrechtliche Kooperationsverträge.** Auf einen konkludent geschlossenen, im Gesetz nicht geregelten familienrechtlichen **Vertrag sui generis** stellen Rspr. und Lit. ab, um Arbeitsleistungen zu vergüten, die vom Umfang her über die gesetzlich nach § 1353 Abs. 1 S. 2, § 1360 geschuldeten ehelichen Beistands- und Unterhaltsleistungen hinausgehen, wegen Fehlens einer dahingehenden vertraglichen Absprache aber weder gesellschaftsrechtlich noch arbeits- oder dienstrechtlich ausgeglichen werden können.[14] So kommt eine stillschweigend vereinbarte **GbR** zwischen den Ehegatten **nicht in Betracht,** wenn ihre Arbeitsbeiträge – wie etwa bei bloßer Mithilfe in der Küche des Sternekochs – nicht gleichgeordnet und gleichberechtigt sind oder wenn mit dem Arbeitseinsatz kein ehеüberschreitender Zweck verfolgt wird – wie etwa bei bloßem Ausbau der dem anderen gehörenden Ehewohnung. Ein konkludent geschlossener **Dienst- oder Arbeitsvertrag** ist nach zutreffender Meinung im Falle der Ehegattenmitarbeit in aller Regel ohnehin nicht anzunehmen. Denn Ehegatten haben typischerweise keinen Rechtsbindungswillen hinsichtlich der das Dienst- und Arbeitsverhältnis charakterisierenden Elemente wie Weisungsgebundenheit, Kündigungsschutz, steuer- und sozialversicherungspflichtige Entgeltzahlung usw.[15]

23 Investiert nun aber ein Ehegatte ohne gesellschafts-, arbeits- oder sonstige vertragliche Absprache über eine gewisse Dauer hinweg Arbeitsleistungen, die bei dem anderen zu einem bleibenden Vermögenszuwachs führen, ist nach allgM davon auszugehen, dass diesem Einsatz ein stillschweigend geschlossener spezieller familienrechtlicher **Kooperationsvertrag** zugrundeliegt.

24 Scheitert die Ehe, kommt ein Zahlungsausgleich wegen **Störung der Geschäftsgrundlage** (§ 313) dieses – gesetzlich nicht geregelten – Kooperationsvertrages in Betracht. Dass nämlich die Ehe und deren Fortbestand Grundlage der unentgeltlichen Mitarbeit ist, setzen Ehegatten in solchen Konstellationen typischerweise als selbstverständlich voraus. Leben die Ehegatten im gesetzlichen Güterstand der Zugewinngemeinschaft, scheitert der Ausgleichsanspruch aus § 313 Abs. 1 allerdings regelmäßig daran, dass dem Ehegatten das Festhalten an dem Vertragsergebnis nicht unzumutbar ist. Denn er profitiert hier bereits im Zugewinnausgleich an dem auf seine Arbeitsleistung zurückgehenden Vermögengewinn des anderen dadurch, dass dessen Endvermögen erhöht ist. Diese – vom Gesetz als angemessen erachtete – güterrechtliche Teilhabe am Vermögensgewinn des anderen ist auch im Rahmen des § 313 Abs. 1 als angemessen und ausreichend zu werten und nicht mittels eines zusätzlichen Anspruchs zu erweitern.

25 Anders sieht es aus, wenn die Ehegatten in **Gütertrennung** leben. Da hier das Gesetz beim Scheitern der Ehe keinen Vermögensausgleich vorsieht, kommt ein solcher nach § 313 Abs. 1 ohne Rücksicht auf die Priorität eines gesetzlichen Vermögensausgleichs in Betracht.

26 **5. Ehebezogene Zuwendungen.** Nicht um Ansprüche zu begründen, sondern um solche auszuschließen – konkret geht es um die schenkungsrechtlichen Rückforderungsmöglichkeiten –, definiert die Rspr. unter weitgehender Zustimmung des Schrifttums Schenkungen unter Ehegatten in bestimmten Konstellationen um, typischerweise etwa in dem Fall, in dem der Ehemann der Ehefrau das hälftige Miteigentum an dem zunächst von ihm allein erworbenen Hausgrundstück überträgt. Obgleich die Grundstückübertragung hier ohne Gegenleistung erfolgt, verstehen die Ehegatten sie, so wird angenommen, nicht als Schenkung. Sie beziehen die Vermögensübertragung in solchem Fall vielmehr auf ihre Ehe und sehen in ihr einen Beitrag zur Verwirklichung und Ausgestaltung ihrer Lebensgemeinschaft. Ein solcher um der Ehe willen erfolgender Vermögenstransfer aber ist deshalb keine Schenkung, weil ihn die Verfolgung des ehebezogenen Zwecks entgeltlich macht – es fehlt, so das Argument, an der auf der subjektiven Ebene für eine Schenkung notwendigen Einigung über die Unentgeltlichkeit (§ 516 Abs. 1). Die Rspr. geht davon aus, dass der Vermögensübertragung hier ein – stillschweigend abgeschlossener – familienrechtlicher **Vertrag sui generis** zugrunde liegt und definiert sie als **unbenannte** oder **ehebezogene** oder **ehebedingte** Zuwendung.[16] Dass diese in einer – vor Entdeckung dieser Rechtsfigur erstellten[17] – notariellen Urkunde

---

13 *Schäfer* Vor § 705 Rn. 76; Staudinger/*Thiele,* 2017, Rn. 19; *Gernhuber/Coester-Waltjen* FamR § 20 Rn. 27; *Röthel* FamRZ 2012, 1916 (1918); *Volmer* FamRZ 2006, 844 (Anm. zu BGH NJW 2006, 1268 = FamRZ 2006, 607).

14 BGHZ 84, 361 (367) = NJW 1982, 2236; BGHZ 127, 48 (51) = NJW 1994, 2545; OLG Bremen FamRZ 1999, 227 – Vertrag in concreto verneinend.

15 BGHZ 84, 361 = NJW 1982, 2236; *Wever* Vermögensauseinandersetzung Rn. 590.

16 BGH NJW-RR 1990, 386 = FamRZ 1990, 600; NJW 1992, 238 = FamRZ 1992, 293; BGHZ 142, 137 (147) = NJW 1999, 2962 = FamRZ 1999, 1580; KG FamRZ 2010, 33; OLG München FamRZ 2009, 1831: ausnahmsweise Schenkung.

17 Ausdrücklich anders für die Zeit nach Anerkennung der Rechtsfigur BGH NJW 2006, 2330 = FamRZ 2006, 1022.

als Schenkung bezeichnet[18] oder in einer steuerlichen Bilanz als Darlehen ausgewiesen ist,[19] ändert daran nichts. In beiden Fällen wird eine falsa demonstratio unterstellt.

27 **Geschäftsgrundlage** solcher um der Ehe willen erfolgter Zuwendungen ist deren **Fortbestand.** Hiervon nämlich gehen die Ehegatten, ohne sich ausdrücklich verständigt zu haben, selbstverständlich aus. Beim Scheitern der Ehe kann mithin der der Zuwendung zugrundeliegende familienrechtliche Vertrag nach **§ 313 Abs. 1** rückabgewickelt werden, wenn es für den Zuwendenden untragbar und unzumutbar ist, an ihm festgehalten zu werden.

28 Das aber ist, wenn die Ehegatten im **gesetzlichen Güterstand** leben, selten der Fall. Da die Zuwendung das Endvermögen des Empfängers erhöht, fließt sie im Zugewinnausgleich wertmäßig zur Hälfte an den Zuwendenden zurück. Von daher ist es für diesen nicht untragbar, an ihrer Vornahme festgehalten zu werden – das Ergebnis des von Gesetzes wegen vorgesehenen Güterausgleichs hinzunehmen, ist Ehegatten grundsätzlich zumutbar.[20] Anders kann dies nur im Ausnahmefall sein. So etwa dann, wenn die Zuwendung **im Endvermögen** des Empfängers **nicht mehr vorhanden** ist, sich **wertmäßig** aber noch in seinem Vermögen befindet, weil er mit ihr eine sein Anfangs(immobilien)vermögen belastende Grundschuld abgelöst hat.[21]

29 Bei **Gütertrennung** ist die Rückforderung der unbenannten Zuwendung wegen Störung der Geschäftsgrundlage nach § 313 hingegen vielfach möglich. Da hier von Gesetzes wegen ein Vermögensausgleich nicht stattfindet, kann § 313 ohne Rücksicht auf die Priorität einer güterrechtlichen Ausgleichsregelung Anwendung finden.[22]

30 Die nach § 313 Abs. 1 vorzunehmende Vertragsanpassung läuft in der Regel auf die Rückgewähr der Zuwendung mittels einer **Ausgleichszahlung** hinaus. Was deren Höhe angeht, so ist zu bedenken, dass der mit der Zuwendung verfolgte Zweck bis zum Scheitern der Ehe erreicht worden und im Hinblick hierauf der Anspruch entsprechend zu kürzen ist. Umstritten ist, wie diese **Kürzung wegen Zweckerreichung** zu bemessen ist. Der Rechtssicherheit dienlich und in der Sache akzeptabel ist es, Zweckerreichung grundsätzlich 20 Jahre nach Vornahme der Zuwendung anzunehmen. Wenn sie so lange dem gemeinsamen ehelichen Leben zugute kam, kann man annehmen, dass der Ehegatte den mit ihr einst intendierten Zweck erreicht hat. Insofern ist die Rückforderung nach 20 Jahren gänzlich ausgeschlossen, bei Scheitern der Ehe nach fünf Jahren aber in Höhe von ¾ ihres Wertes zu gewähren.[23] Die Zweckerreichung im Hinblick darauf, dass die Ehe auf Lebenszeit geschlossen wird, an der Lebenserwartung der Ehegatten auszurichten, überzeugt angesichts der Häufigkeit der Beendigung der Ehen durch Scheidung eher wenig.[24] Unabhängig vom Aspekt der Zweckerreichung ist jedenfalls zu bedenken, dass der im Rahmen der Vertragsanpassung nach § 313 Abs. 1 zu gewährende Rückforderungsanspruch im Einzelfall der **Billigkeit und Zumutbarkeit** entsprechen muss. Seine Höhe hängt mithin auch von den Einkommens- und Vermögensverhältnissen der Ehegatten, deren Alter uA ab – vor allem aber davon, dass die Zuwendung wertmäßig überhaupt noch im Vermögen des Empfängers vorhanden ist.[25]

31 Die **gegenständliche Rückgewähr** der Sache kann der Zuwendende nach § 313 Abs. 1 nur verlangen, wenn er ein schutzwürdiges Interesse an deren Rückgabe hat und es unerträglich erscheint, dass die Sache bei dem anderen Ehegatten verbleibt. Denkbar ist dies etwa, wenn Familienschmuck oder eine für gewerbliche Zwecke des Zuwendenden besonders eingerichtete Wohnung übereignet wurde. Um in solchen Fällen die Rückabwicklung auf die gegenständliche Rückgewähr zu beschränken, ist diese in der Regel nur Zug-um-Zug gegen eine Ausgleichszahlung geschuldet, die dem Wert des Zuwendungsobjektes entspricht.[26]

---

18 OLG München FamRZ 2002, 393.

19 OLG Köln FamRZ 2000, 227.

20 Wegen Hinnehmbarkeit des güterrechtlichen Ergebnisses abgelehnt wurde die Rückabwicklung von BGH FPR 2002, 408 = FamRZ 2003, 230; OLG Bremen FamRZ 2017, 279; OLG Köln FamRZ 2000, 227; OLG München FamRZ 2002, 393; 2003, 312; OLG Düsseldorf FamRZ 2003, 872 mAnm *Bergschneider*; LG Augsburg FamRZ 2004, 1378 mAnm *Wever*; OLG Brandenburg FamRZ 2009, 1195. Durchgeführt wurde die Rückabwicklung von LG Aachen FamRZ 2000, 669; OLG München FamRZ 1999, 1663; OLG Köln FamRZ 2002, 1404 mAnm *Wever*; OLG Oldenburg FamRZ 2008, 993.

21 BGHZ 115, 132 = NJW 1991, 2553 = FamRZ 1991, 1169.

22 BGHZ 84, 361 (368) = NJW 1982, 2236; BGHZ 127, 48 (54) = NJW 1994, 2545; BGHZ 142, 137 (148) = NJW 1999, 2962 = FamRZ 1999, 1580; BGH FPR 2002, 408 = FamRZ 2003, 230; OLG München FamRZ 2004, 1874 mAnm *Wever.*

23 *Schulz/Hauß* Vermögensauseinandersetzung Rn. 1597; *Kogel* FamRZ 2013, 512; OLG Düsseldorf NJW 2014, 2512 = FamRZ 2014, 161; OLG Frankfurt BeckRS 2013, 11363 – beide für Zuwendungen von Schwiegereltern.

24 So aber OLG Bremen NJW 2016, 83 = FamRZ 2016, 504 für Zuwendung von Schwiegereltern; *Wever* Vermögensauseinandersetzung Rn. 1009; *Wever* FamRZ 2013, 514.

25 BGH NJW 2012, 3374 = FamRZ 2012, 1789.

26 BGH NJW-RR 2002, 1297 = FamRZ 2002, 949; NJW 2007, 1477 = FamRZ 2007, 877 mAnm *Schröder.*

32 Sinn und Zweck wie auch die dogmatische Herleitung der Rechtsfigur der unbenannten Zuwendung ist Gegenstand vielfältiger Kritik.[27] Dogmatisch unstimmig etwa ist, dass die Entgeltlichkeit des Rechtsgeschäfts auf das Verhältnis zwischen den Ehegatten beschränkt wird, die Zuwendung in anderen rechtlichen Zusammenhängen aber **als Schenkung** qualifiziert wird. Im **Steuerrecht** etwa hatte der BFH sie ungeachtet der eherechtlichen Definition als freigebige Zuwendung iSd § 7 Abs. 1 Nr. 1 ErbStG der Schenkungssteuer unterworfen.[28] Der Gesetzgeber hat daraufhin die Zuwendung eines Familienheims, also den typischen Fall der ehebezogenen Zuwendung, ausdrücklich von der Schenkungssteuer freigestellt (vgl. § 13 Abs. 1 Nr. 4a ErbStG).[29] Diskrepanzen zur ehegüterrechtlichen Behandlung ergeben sich auch im **Erbrecht** und im **Insolvenzrecht** zu all den Regelungen, die bei unentgeltlicher oder schenkweiser Weggabe von Vermögenswerten Dritten Rechte oder Ansprüche einräumen (etwa §§ 2287, 2288, 2325, 2329, 2375, § 134 InsO; § 4 AnfG).[30] Das Gleiche gilt für die Vorschriften des **Zivilrechts,** die die Vornahme von Schenkungen an besondere Voraussetzungen knüpfen (etwa §§ 1641, 1804, 1915, 2113 Abs. 2, 2205, 816, 822, 988). Auch in diesen Fällen wird gemeinhin die ehebezogene Zuwendung als Schenkung behandelt (→ § 2325 Rn. 23).[31]

33 Ungeachtet aller Kritik hatte die Rspr. den Anwendungsbereich der ehebezogenen Zuwendung noch erweitert und auf **Schwiegerelternzuwendungen** erstreckt.[32] Gestützt worden war dies zunächst auf eine Analogie,[33] was insofern methodisch unhaltbar war, als es dabei lediglich um die Ausdehnung einer in richterlicher Rechtsfortbildung geschaffenen Rechtsfigur ging, nicht aber um die Schließung einer planwidrigen Gesetzeslücke im Wege der Übertragung einer gesetzlichen Regelung auf einen nicht geregelten Sachverhalt. Der Analogieschluss war denn auch bald stillschweigend aufgegeben worden, ohne dass allerdings eine anderweitige Begründung nachgeschoben worden wäre.[34] Im Jahre 2010 hat die Rspr. dann eine Kehrwendung vollzogen und erkennt seither schwiegerelterliche Zuwendungen wieder als **Schenkungen iSd § 516** an.[35] Schwiegereltern nämlich sollen, das war der Grund für die Wendung, beim Scheitern der Ehe ihres Kindes ihre Zuwendung von dem Ex-Schwiegerkind herausverlangen können – und das wird ermöglicht, wenn man sie als Schenkung definiert. Anders als die ehebezogene Zuwendung, die zum Endvermögen des Schwiegerkindes zählte und damit im Zugewinnausgleich dem eigenen Kind wertmäßig zur Hälfte zugutekam, fällt die Schenkung in das Anfangsvermögen des Schwiegerkindes. Sie verbleibt diesem also in voller Höhe – und das ist ein den Schwiegereltern unzumutbares, ihren Rückforderungsanspruch aus § 313 Abs. 1 rechtfertigendes Ergebnis. Zu kürzen ist dieser Anspruch allerdings im Hinblick darauf, dass der mit der Schenkung verfolgte **Zweck** – Ausgestaltung der Ehe des Kindes – während deren Bestehen **erreicht** worden ist.[36] Zur Bemessung des Abzugs → Rn. 30.

34 **6. Brautgaben. a) Gegenstand und Funktion.** Die Vereinbarung einer Brautgabe anlässlich der Eheschließung entspricht islamischer Rechtstradition. Gegenstand und Höhe dieser von dem Mann der Frau zu erbringenden Vermögensleistung ist Sache individueller Vereinbarung der Ehegatten. Auf symbolischer Ebene liegt die – üblicherweise im Rahmen der Hochzeitsfeierlichkeiten erfolgende – Übergabe eines Buches des Koran, eines Spiegels und eines Paares Kerzenhalter. Von wesentlicher wirtschaftlicher Bedeutung ist die Verpflichtung des Mannes zur Zahlung eines – vielfach in Form von Goldmünzen zu erbringenden – Geldbetrages. Funktion dieser Geldleistung, die in der Regel erst beim Scheitern der Ehe thematisiert und gefordert wird, ist die wirtschaftliche

---

27 *Gernhuber/Coester-Waltjen* FamR § 19 Rn. 76; *Diederichsen* FS 50 Jahre BGH, 2000, 944 (966); *Rauscher* AcP 186 (1986), 529 (550); *Rauscher* FamR Rn. 490; BeckOK BGB/*Cziupka* § 1372 Rn. 28; *Schotten* NJW 1990, 2841; *Koch* FamRZ 1995, 321; *Holzhauer* FuR 1995, 177; *Holzhauer* FuR 1995, 268; *Müßig* FPR 2007, 194.

28 BFH NJW 1994, 2044 = FamRZ 1994, 887 zu § 7 ErbStG idF 1974.

29 Zu den Ungereimtheiten dieser 1996 eingeführten Regelung *Sasse* BB 1995, 1613.

30 Bestätigend BGH NJW 2018, 1475 = FamRZ 2018, 775 mAnm *Weber,* zu § 2325.

31 BGHZ 71, 61 = NJW 1978, 1326 zu § 32 Nr. 2 KO; BGHZ 116, 167 = NJW 1992, 564 zu § 2287; *Hayler* MittBayNot 2000, 290; *Sandweg* NJW 1989, 1965 (1970).

32 Zu den Fragwürdigkeiten und Unstimmigkeiten dieses Ansatzes *Koch* FS Schwab, 2005, 513 (517).

33 BGHZ 129, 259 (263) = NJW 1995, 1889 = JR 1996, 326 mAnm *Koch*; BGH DNotZ 1998, 886 = FamRZ 1998, 669; NJW 1999, 353 = FamRZ 1999, 365: etwas vorsichtiger – „vergleichbar".

34 BGH NJW 2003, 510 = FamRZ 2003, 223; NJW-RR 2006, 664 = FamRZ 2006, 394 für Zuwendung der Großeltern; OLG Celle FamRZ 2003, 1657 mAnm *Bergschneider*; OLG Koblenz NJW 2003, 1675; OLG Köln NJW 2009, 1005; OLG Brandenburg FamRZ 2009, 117; OLG Frankfurt FamRZ 2009, 1065.

35 BGH NJW 2010, 2202 mAnm *Schmitz* = FamRZ 2010, 958 mAnm *Wever* = DNotZ 2010, 852 mAnm *Koch.*

36 BGH NJW 2015, 1014 = FamRZ 2015, 393 mAnm *Wever*; NJW 2015, 690 = FamRZ 2015, 490 mAnm *Wever*; NJW 2010, 2202 = FamRZ 2010, 958 (963 f.); OLG Düsseldorf NJW 2014, 2512 = FamRZ 2014, 161; OLG Frankfurt BeckRS 2013, 11363.

Absicherung der Ehefrau für den Fall der Auflösung der Ehe durch Scheidung oder Tod des Mannes.[37] Notwendig ist die Absicherung insofern, als die islamischen Rechtsordnungen auf Gütertrennung basieren[38] und nur in sehr begrenztem Umfang nacheheliche Unterhaltspflichten des Ehemannes anerkennen.[39] Die der Brautgabe früher zugeschriebenen Funktionen – Ausgleich für die Gehorsamspflicht der Frau in der Ehe und Schutz vor der Verstoßungsscheidung durch den die Zahlungseinforderung befürchtenden Mann – sind mit zunehmender Anerkennung der Rechte der Ehefrauen in den Hintergrund getreten.[40]

**b) Begriff.** In der deutschen Rechtssprache wird der arabische Begriff „mahr" wie auch der türkische Begriff „mehir" meist mit „Morgengabe" übersetzt. Das ist sprachlich insofern irreführend, als der Begriff Morgengabe seit dem Mittelalter ein deutschrechtlicher terminus technicus ist, der ehegüterrechtliche Leistungen höchst unterschiedlichen Inhalts und Zwecks bezeichnet – etwa auch wechselseitige Leistungen der Ehegatten oder solche, die die Frau dem Mann erbringt.[41] Auch das der Frau am ersten Tag der Ehe zu übergebende Geschenk des Mannes wurde als Morgengabe bezeichnet.[42] Um Assoziationen an diese verschiedenartigen, unter den deutschsprachigen Begriff „Morgengabe" fallenden Heiratsgaben zu vermeiden, empfiehlt es sich, die spezifisch islamische Heiratsgabe mit dem – (deutsch)rechtlich neutralen – Wort „Brautgabe" zu bezeichnen. 35

**c) Einordung der Brautgabe in das deutsche Zivilrechtssystem.** Nach islamisch-rechtlichem Verständnis ist die – im Rahmen der muslimisch-religiösen Trauungszeremonie oder im Zusammenhang mit der Eheschließung vor dem Heiratsnotariat erfolgende[43] – Verständigung der Ehegatten über die Brautgabe eine vertragliche Absprache.[44] Diese Qualifizierung ist auch nach deutschem Zivilrecht sachgerecht, denn die Verpflichtung des Mannes zur Leistung der Brautgabe beruht auf sich deckenden diesbezüglichen Willenserklärungen des Mannes und der Frau. Einem der im BGB geregelten Vertragstyp lässt sich die Absprache allerdings nicht zuordnen – es ist mithin von einem **Vertrag sui generis** auszugehen. So verbietet etwa der funktionsbezogene spezielle eherechtliche Bezug, die Verpflichtung zur Leistung der Brautgabe als Schenkungsversprechen (§§ 516, 518) einzuordnen oder sie als abstraktes Schuldversprechen (§ 780) zu qualifizieren. Auch eine **Unterhaltsregelung** iSd § 1585c stellt die Vereinbarung über die Leistung der Brautgabe **nicht** dar – unterhaltsrechtlich wesentliche Voraussetzungen wie Bedürftigkeit und Leistungsfähigkeit spielen bei der Einigung über diese keine Rolle.[45] Ebenso wenig regeln die Ehegatten in dem Brautgabe-Vertrag ihre güterrechtlichen Verhältnisse – es geht in diesem ja nur um eine einmalig von dem Mann zu erbringende Vermögensleistung. Die Absprache ist mithin auch **nicht** als **Ehevertrag** iSd § 1408 zu qualifizieren. Mit der **ehebezogenen Zuwendung** hat die Brautgabe schon deshalb **nichts** zu tun, weil eine solche zeitlich während der Ehe – und zwar auch vonseiten der Frau – erbracht wird; zudem zielt die unbenannte Zuwendung auf die Ausgestaltung des ehelichen Lebens in Erwartung von dessen Fortbestand und hat damit eine völlig andere Funktion als die Brautgabe. 36

**d) Unwirksamkeitsgründe.** In Frage gestellt wird die Verbindlichkeit des Brautgabe-Vertrages seitens des Mannes vielfach mit dem Argument, den Vertrag bei der Heirat nur als **Scheingeschäft** iSd § 117 Abs. 1, nämlich um der gesellschaftlichen Konvention Genüge zu tun und den familiären Erwartungen zu entsprechen, geschlossen zu haben. Unabhängig davon, ob solches Vorbringen zum fehlenden Rechtsbindungswillen vom Tatsächlichen her zu überzeugen vermag, ist es rechtlich nicht schlüssig. Denn selbst wenn der Ehemann lediglich den äußeren Schein eines Brautgabe-Vertrages hervorrufen wollte, handelt es sich nicht um ein (nichtiges) Scheingeschäft iSd § 117 Abs. 1. Ein solches liegt nämlich nur vor, wenn das Geschäft im Einverständnis mit dem Vertragspartner simuliert 37

---

37 *Wurmnest* RabelsZ 2007, 527 (538); *Henrich*, FamRZ 2015, 409 (Anm. zu AG Darmstadt FamRZ 2015, 408); BGHZ 183, 287 = NJW 2010, 1528 = FamRZ 2010, 533 (534); OLG Köln FamRZ 2015, 720.

38 *Yassari*, Die Brautgabe im Familienvermögensrecht, 2014, 80, 197.

39 *Yassari*, Die Brautgabe im Familienvermögensrecht, 2014, 77, 211.

40 Niemals zutr. war die Ansicht, die Brautgabe sei eine Art Kaufpreis für die Nutzung des Körpers der Frau durch den Mann, so aber OLG Hamburg FamRZ 2004, 459 unter Hinweis auf ein singuläres, im Widerspruch zum islamischen Schrifttum stehendes ethnologisches Werk; dazu *Wurmnest* FamRZ 2005, 1878.

41 Handwörterbuch zur deutschen Rechtsgeschichte, 2. Aufl. 2016, „Morgengabe", Sp. 1627 *(Brauneder)*.

42 Vgl. für Österreich § 1232 ABGB (bis zur Aufhebung am 31.12.1999).

43 Vgl. Sachverhalte BGH NJW 1987, 2161 = FamRZ 1987, 463: bei Trauung in Deutschland vor dem islamischen Geistlichen; OLG Zweibrücken FamRZ 2007, 1555: bei Eheschließung vor dem iranischen Heiratsnotariat in Sh.-Ray; OLG Köln FamRZ 2016, 720: bei Eheschließung vor dem Heiratsnotariat in Teheran; OLG Hamm FamRZ 2016, 1926: bei Eheschließung vor dem Scharia-Gericht in Beirut.

44 *Yassari*, Die Brautgabe im Familienvermögensrecht, 2014, 381.

45 Dazu *Yassari*, Die Brautgabe im Familienvermögensrecht, 2014, 340.

wird – und das ist hier nicht der Fall. Es gibt keinerlei Anzeichen dafür, dass die Ehefrau damit einverstanden ist, die Absprache über die – für sie wirtschaftlich existentielle – Zahlung nur zum Schein und ohne rechtliche Verbindlichkeit zu treffen.

**38** Aus dem gleichen Grund ist die Willenserklärung des Mannes auch nicht wegen **Mangels der Ernstlichkeit** nichtig (§ 118). Dass der Ehemann die Erklärung nicht ernsthaft gemeint hat, mag ja noch der Fall sein. Dass er aber davon ausgegangen ist, die Frau werde dies erkennen und akzeptieren, ist mehr als fernliegend. Und auch der geheime Vorbehalt des Mannes, das Erklärte nicht zu wollen, würde nur zur Nichtigkeit seiner Erklärung führen, wenn die Frau diesen Vorbehalt gekannt hätte (§ 116).[46]

**39** Die Unverbindlichkeit des Brautgabe-Vertrages lässt sich auch nicht aus **§ 138 Abs. 1** herleiten. Die Leistung einer Brautgabe bei der Heirat ist dem deutschen Rechtsdenken zwar fremd, doch ist ein Verstoß gegen die guten Sitten nicht ersichtlich[47] (→ 7. Aufl. 2018, EGBGB Art. 14 Rn. 58). Die Funktion der Vermögensleistung – Absicherung der Ehefrau für den Fall der Auflösung der Ehe – steht mit den Wertvorstellungen der deutschen Rechtsordnung in vollem Einklang.

**40** Die Sittenwidrigkeit der Brautgabe-Absprache kommt allenfalls in Betracht, wenn im konkreten Einzelfall die versprochene Vermögensleistung den Ehemann wirtschaftlich krass überfordert und die Übernahme dieser Verpflichtung darauf beruht, dass er aufgrund des familiär-gesellschaftlichen Erwartungsdrucks in eine Zwangslage geraten war, die ihm die Möglichkeit frei bestimmten Aushandelns des Vertragsinhalts genommen hatte. Dass es aus Prestigegründen zu solchen die Vermögens- und Einkommensverhältnisse des Mannes übersteigenden Brautgabe-Versprechen kommt, zeigen die Gesetze, mit denen islamische Staaten der Eingehung solcher Verpflichtungen gegensteuern.[48] Allerdings ist auch im Falle einer den Mann überfordernden Leistungszusage von einer gänzlich fremdbestimmten Abgabe der Vertragserklärung und deren sittenwidriger Ausnutzung durch die Frau wohl nur im Ausnahmefall auszugehen.

**41** Auch der **Entfall der Geschäftsgrundlage** (§ 313) des Brautgabe-Vertrages im Falle der Scheidung nach deutschem, die Ehefrau wirtschaftlich absichernden Scheidungsfolgenrecht ist in der Regel nicht anzunehmen. Die Annahme nämlich, die Ehegatten hätten bei Kenntnis der jetzt gegebenen Ansprüche der Frau auf nachehelichen Unterhalt, Zugewinn- und Versorgungsausgleich nicht zusätzlich noch die Leistung einer Brautgabe vereinbart, ist nicht zwingend. Das dokumentieren die Brautgabe-Vereinbarungen, die in Deutschland aufgewachsene und sozialisierte, mit dem deutschen Recht vertraute Ehepaare treffen – ganz offensichtlich der islamischen Tradition verpflichtet. Unabhängig aber hiervon scheitert die Vertragsanpassung jedenfalls daran, dass dem Ehemann das Festhalten an dem Vertrag über die Brautgabe nicht, wie von § 313 Abs. 1 gefordert, unzumutbar ist. Denn das als Brautgabe geleistete Vermögen wird unterhaltsrechtlich wie auch güterrechtlich zu seinen Gunsten – und zuungunsten der Frau – berücksichtigt.

**42** Unterhaltsrechtlich mindert sich durch die Zahlung die Bedürftigkeit der Frau (§ 1577) wie umgekehrt auch die Leistungsfähigkeit des Mannes (§ 1581). Auch güterrechtlich führt die Leistung der Brautgabe nicht zu einer unzumutbaren Kumulation der ehelichen Lasten bei dem Mann. Da der Anspruch auf die Brautgabe erst mit der Eheschließung entsteht, befindet er sich bei Eintritt in den Güterstand noch nicht im Vermögen der Frau und gehört nicht zu ihrem Anfangsvermögen (→ § 1374 Rn. 7). Das Brautgabe-Vermögen fällt also in den Zugewinn der Ehefrau und kommt dem Ehemann im Zugewinnausgleich wertmäßig zur Hälfte zugute. Ist es schon geleistet worden, erhöht es das Endvermögen unmittelbar. Ist es noch nicht geleistet worden, was der Regelfall ist, so erhöht der Anspruch darauf das Endvermögen der Ehefrau und reduziert umgekehrt als Verbindlichkeit das Endvermögen des Mannes (→ § 1375 Rn. 28).

**43** Wegen Unzumutbarkeit kommt die Reduzierung der vertraglichen Leistungspflicht des Mannes nach § 313 Abs. 1 lediglich im Hinblick auf den Versorgungsausgleich in Betracht. Dieser nämlich bietet der Ehefrau – auf Kosten des Ehemannes – die gleiche Absicherung, auf die auch die Brautgabe zielt. Bei der Beurteilung, ob die Hinnahme dieses Ergebnisses dem Ehemann unzumutbar ist, ist allerdings zu bedenken, dass die Absicherung der Frau für den Fall des Alters und der Erwerbsunfähigkeit weder der einzige noch der im Vordergrund stehende Zweck der Brautgabe ist.

**44** **e) Zuständigkeit der deutschen Gerichte.** Die Zuständigkeit der deutschen Familiengerichte über die beim Scheitern der Ehe ausbrechenden Brautgabe-Streitigkeiten ist heute vielfach schon deshalb gegeben, weil die Verfahren **keinen Auslandsbezug** aufweisen. Denn die Ehegatten

---

[46] Zur Würdigung dieser Einwände BGH NJW 1987, 2161 = FamRZ 1987, 463; OLG Köln FamRZ 2016, 720; OLG Saarbrücken FamRZ 2006, 1378; OLG Stuttgart FamRZ 2008, 1756 – wenig überzeugend den Rechtsbindungswillen verneinend.

[47] OLG Köln FamRZ 2016, 720; KG FamRZ 2015, 1607; anders AG Darmstadt FamRZ 2015, 408.

[48] Im Iran etwa das Gesetz zum Schutz der Familie vom 19.2.2013; dazu NK-BGB/*Yassari* Länderbericht Iran Rn. 17.

sind die Kinder – oder auch schon Enkel – der einst nach Deutschland gekommenen ersten Generation von Migranten aus islamischen Ländern, sind in Deutschland geboren, haben die deutsche Staatsangehörigkeit und haben vor einem deutschen Standesbeamten geheiratet. Dass sie im Rahmen der muslimischen Trauungszeremonie oder der familiären Hochzeitsfeierlichkeiten die Leistung einer Brautgabe vereinbart haben, ist der kulturellen Tradition ihrer Herkunftsfamilien geschuldet – ein Bezug zu einer ausländischen Rechtsordnung wird dadurch nicht hergestellt.

Bei **Auslandsbezug** – etwa wegen der Staatsangehörigkeit der Ehegatten oder weil diese die Ehe (noch) in ihrem Heimatland geschlossen hatten –, ergibt sich die internationale Zuständigkeit des deutschen Gerichts in Fällen, in denen der Streit **im Zusammenhang mit der Scheidung** zu entscheiden ist, aus der Brüssel IIa-VO. Nach dieser bestimmt sich die internationale Zuständigkeit für ehevermögensrechtliche Streitigkeiten nach nationalem Recht (Art. 14 Brüssel IIa-VO) – in Deutschland also nach dem FamFG. Dass nach diesem die deutschen (Familien-)Gerichte für den Brautgabe-Streit international zuständig sind, ist allgM. Umstritten ist lediglich, ob sich dies aus einer extensiven Auslegung des Begriffs Folgesache in § 98 Abs. 2 FamFG ergibt[49] oder – sachlich überzeugender – aus der in § 105 FamFG statuierten Doppelfunktionalität der örtlichen Zuständigkeitsbestimmung des § 266 Abs. 1 Nr. 2 FamFG iVm § 267 FamFG.[50] 45

Wird der Brautgabe-Anspruchs **außerhalb des Scheidungsverfahrens** geltend gemacht, ist das Familiengericht (§ 266 Abs. 1 Nr. 2 FamFG) am Ort des gewöhnlichen Aufenthalts des Ehemannes örtlich zuständig (§ 262 Abs. 2 FamFG, §§ 12, 13 ZPO) und damit zugleich auch international zur Streitentscheidung berufen (§ 105 FamFG). 46

**f) Anzuwendendes Sachrecht.** Nach inzwischen herrschend gewordener Meinung ist der Vertrag über die Brautgabe den **allgemeinen Ehewirkungen** zuzuordnen. Er unterliegt deshalb dem von Art. 14 EGBGB berufenen, an die Staatsangehörigkeit der Ehegatten anknüpfenden Sachrecht[51] (→ 7. Aufl. 2018, EGBGB Art. 14 Rn. 54). 47

Das wird sich für die ab 29.1.2019 geschlossenen Ehen allerdings ändern. Die EuGüVO nämlich unterwirft die Brautgabe-Vereinbarungen dieser Ehen dem **Güterstatut** (Art. 3 Abs. 1 lit. a EuGüVO). Dieses knüpft bei Fehlen einer Rechtswahlvereinbarung primär an den ersten gemeinsamen gewöhnlichen Aufenthalt der Ehegatten nach der Eheschließung an (Art. 26 Abs. 1 lit. a EuGüVO.[52] Leben die Ehegatten nach der Heirat also in Deutschland, unterliegt ihr Streit über die Brautgabe, auch wenn sie beide (noch) die ausländische Staatsangehörigkeit haben, deutschem Recht. 48

**7. Bereicherungsrechtliche Ansprüche.** Bereicherungsansprüche kommen für den Ausgleich von Leistungen und Zuwendungen bei Scheitern der Ehe **wegen Wegfalls des rechtlichen Grundes** gemäß § 812 Abs. 1 S. 2 Alt. 1 nicht in Betracht. Die condictio ob causam finitam setzt voraus, dass zum Zeitpunkt der Leistung eine zu deren Erbringung verpflichtende causa bestanden hat. Aufgrund der Ehe ist aber niemand zu – über die gesetzlichen Beistands- und Unterhaltspflichten hinausgehenden – (Sach- oder Dienst-)Leistungen verpflichtet, sodass mit deren Scheitern auch kein Rechtsgrund für solche entfallen sein kann.[53] Theoretisch denkbar ist jedoch die **Kondiktion wegen Zweckverfehlung** gemäß § 812 Abs. 1 S. 2 Alt. 2.[54] Allerdings liegen in aller Regel deren tatsächliche Voraussetzungen nicht vor. Typischerweise verbinden Ehegatten Zuwendungen und Leistungen in der Ehe nämlich nicht mit einer auf deren (Fort-)Bestehen bezogenen Zweckabrede. Sie setzen den Bestand ihrer Ehe vielmehr stillschweigend und selbstverständlich voraus, ohne die Möglichkeit des Scheiterns überhaupt zu bedenken. Von daher bildet das (Weiter-)Bestehen der Ehe in der Regel die Geschäftsgrundlage des der Zuwendung oder Leistung zugrundeliegenden Vertrages (→ Rn. 24, 27), stellt aber keinen Umstand dar, den die Ehegatten in ihren geschäftlichen Willen aufgenommen haben. Das aber, nämlich eine rechtsgeschäftlich verabredete Zwecksetzung, verlangt die condictio ob rem des § 812 Abs. 1 S. 2 Alt. 2: Der Ehegatte muss mit der Annahme der Leistung zu verstehen gegeben haben, dass er die Erwartung des Leistenden hinsichtlich des Bestands der Ehe gesehen, akzeptiert und geteilt hat. Eine solche Zweckabrede aber treffen Ehegatten gerade nicht – Geschäftsgrundlage und Zweckabrede schließen sich vom Tatsächlichen her aus.[55] 49

---

[49] Johannsen/Henrich/*Henrich* FamFG § 98 Rn. 27; *Althammer* NZFam 2016, 1022.

[50] Staudinger/*Spellenberg,* 2016, FamFG § 98 Rn. 312.

[51] BGHZ 183, 287 = NJW 2010, 1528 = FamRZ 2010, 533; OLG Frankfurt FamRZ 2017, 357.

[52] *Henrich* FS Brudermüller, 2014, 311 (316).

[53] BGHZ 84, 361 (363) = NJW 1982, 2236; Staudinger/*Thiele,* 2017, Rn. 20; *Jaeger* DNotZ 1991, 431 (451).

[54] So jetzt auch BGH NJW 2010, 2202 = FamRZ 2010, 958 (962 f.) mAnm *Wever,* für Schwiegerelternzuwendungen unter Aufgabe der früheren Rspr., die bereicherungsrechtliche Ansprüche generell abgelehnt hatte, etwa BGH NJW-RR 1990, 834 = FamRZ 1990, 855.

[55] So auch *Jaeger* DNotZ 1991, 431 (451).

50 **8. Ausgleich bei Gesamtgläubigerschaft/Gesamtschuldnerschaft.** Sind Ehegatten **Gesamtgläubiger** – etwa in Bezug auf ein gemeinsames Spar- oder Girokonto –, sind sie im Verhältnis zueinander zu gleichen Anteilen berechtigt, soweit nicht ein anderes bestimmt ist (§ 430). Während des ehelichen Zusammenlebens halten Ehegatten im Innenverhältnis in der Regel an der hälftigen Beteiligung fest, beim Scheitern der Ehe und nach Trennung ist das Vorliegen einer anderweitigen Bestimmung ihrer Berechtigungen einzelfallbezogen zu prüfen (→ § 1375 Rn. 33).[56]

51 Sind Ehegatten **Gesamtschuldner,** ist der interne Ausgleich nach § 426 Abs. 1 S. 1 vorzunehmen. Die hier für den Regelfall vorgesehene hälftige Schuldentragung ist zwischen Ehegatten jedoch in aller Regel für die Zeit ihres Zusammenlebens unter Berücksichtigung ihrer Einkommensverhältnisse und ihrer Arbeits- und Berufsorganisation konkludent abbedungen. Ab Getrenntleben, spätestens aber ab Zustellung des Scheidungsantrags, heben die Ehegatten ihre den Haftungsmaßstab im Innenverhältnis modifizierende Vereinbarung auf – wenn nicht ausdrücklich, so konkludent. Nach Scheitern der Ehe nämlich gibt es für sie keinen Grund mehr, zugunsten eines von ihnen von der gesetzlich angeordneten anteiligen Schuldentragung abzuweichen (→ § 1375 Rn. 37).[57]

52 **9. Befreiungsanspruch.** Ein Ehegatte, der im Interesse des anderen **Verbindlichkeiten** übernommen hat, hat im Falle des Scheiterns der Ehe nach allgM einen Anspruch auf Befreiung von der Haftung. In der Regel resultiert diese (Allein- oder Mit-)Haftung aus Verbindlichkeiten, die der Ehegatte sicherheitshalber Dritten gegenüber eingegangen ist – etwa durch Bestellung einer Grundschuld an einem ihm gehörenden Grundstück zur Sicherung der Schulden des anderen oder durch Übernahme einer Bürgschaft für diese. Nach allgM liegt der Haftungsübernahme im alleinigen Interesse des anderen regelmäßig ein konkludent begründetes unentgeltliches **Auftragsverhältnis** iSd § 662 zugrunde, das von dem Ehegatten unter den Voraussetzungen des § 671 gekündigt werden kann.[58] Er kann den Auftrag also kündigen, soweit der auftraggebende Ehegatte für das Geschäft anderweit Fürsorge treffen kann (§ 671 Abs. 2 S. 1 Hs. 1). Da sich gerade im Zeitpunkt von Trennung und Scheidung in der Regel anderweitige Sicherheiten nicht problemlos beschaffen lassen, bleibt dem beauftragten Ehegatten nur die Kündigung aus wichtigem Grund (§ 671 Abs. 2 S. 1 Hs. 2). Ein solcher ist mit dem Scheitern der Ehe gegeben, denn es ist dem Ehegatten dann nicht mehr zumutbar, für den anderen die mit der Erledigung des Auftrages verbundenen wirtschaftlichen Risiken weiter zu tragen.

53 Der mit der Kündigung gegebene **Anspruch auf Aufwendungsersatz** (§ 670) umfasst (auch) das Recht, Befreiung von der eingegangenen Verbindlichkeit zu verlangen (§ 257). Bei der Durchsetzung dieses Rechts ist allerdings zu berücksichtigen, dass die Pflicht zur nachehelichen Solidarität (§ 1353 Abs. 1 S. 2) den Ehegatten zu besonderer Rücksichtnahme und Zurückhaltung zwingt.[59] Er kann insofern gehalten sein, im Hinblick auf die wirtschaftliche Bedrängnis des anderen den Befreiungsanspruch temporär nicht geltend zu machen oder dem anderen zu gestatten, die Verbindlichkeit im Rahmen eines seinen finanziellen Verhältnissen entsprechenden Tilgungsplan zurückzuführen. Auch eine Stundung unter dem Aspekt, dass die Befreiung zur Unzeit iSd § 1382 verlangt wird, kommt in Betracht.[60]

## VI. Besitz und Gewahrsam

54 **1. Geltung der allgemeinen Regeln.** Die Regeln über die Zugewinngemeinschaft enthalten keine speziellen besitzrechtlichen Bestimmungen. Für die Besitzverhältnisse unter Ehegatten gelten folglich die §§ 854 ff. Nach diesen ergeben sich aus der Tatsache des **tatsächlichen** ehelichen Zusammenlebens besitzrechtliche Konsequenzen. Diese aber sind unabhängig vom Güterstand; dieser zeitigt keinen Einfluss auf die zwischen den Ehegatten bestehenden Besitzbeziehungen.

55 **2. Mitbesitz.** Zusammenlebende Ehegatten sind idR Mitbesitzer der gemeinschaftlich genutzten beweglichen Sachen und der Ehewohnung, denn sie haben **beide** iSd § 854 die **tatsächliche Sachherrschaft** über diese. Da sich das aus der sachenrechtlichen Definition des § 854 ergibt,

---

[56] BGH NJW 1990, 705 = FamRZ 1990, 370; OLG Bremen FamRZ 2014, 1299.

[57] BGH NJW-RR 2011, 73 = FamRZ 2011, 25 mAnm *Koch* und *Braeuer* FamRZ 2011, 453; NJW 2011, 999 = FamRZ 2011, 622; OLG Frankfurt FamRZ 2007, 1169; OLG Brandenburg FamRZ 2007, 1172; OLG Koblenz NJW-RR 2008, 1173.

[58] BGH NJW-RR 2015, 641 = FamRZ 2015, 818; NJW 1989, 1920 = FamRZ 1989, 835; OLG Karlsruhe FamRZ 1991, 802; OLG Hamm FamRZ 1992, 437; LG Ulm FamRZ 2003, 1190; *Gerhards* FamRZ 2006, 1793 (1799); krit. zur Annahme unentgeltlichen Handelns *Koch* FamRZ 1994, 537; *Bosch* FamRZ 2002, 366.

[59] BGH NJW-RR 2015, 641 Rn. 23 = FamRZ 2015, 818; NJW 1989, 1920 = FamRZ 1989, 835 (837).

[60] *Wever* Vermögensauseinandersetzung Rn. 499; *Gerhards* FamRZ 2006, 1793 (1799).

erübrigt es sich, das „Wesen der Ehe“, die „Lebenserfahrung“ oder auch das „allgemeine Rechtsempfinden“ als Argument zu bemühen.[61]

Stehen Haushaltsgegenstände oder Ehewohnung im **Alleineigentum** eines Ehegatten, so folgt nach allgM aus dem Gebot zur ehelichen Lebensgemeinschaft (§ 1353 Abs. 1 S. 2) die Pflicht des Eigentümers, dem anderen die Mitbenutzung zu gestatten. Wird sie erfüllt, so besteht zwischen den Ehegatten während des Zusammenlebens ein **gesetzlich** begründetes **Besitzmittlungsverhältnis iSd § 868.**[62] In diesem Fall ist der Eigentümer **Eigen(mit)besitzer,** der andere **Fremd(mit)besitzer.** Der fremdbesitzende Ehegatte ist hier Besitzmittler des Eigentümers, und zwar aufgrund des zwischen den Ehegatten nach § 1353 bestehenden gesetzlichen Besitzmittlungsverhältnisses (→ 7. Aufl. 2017, § 866 Rn. 5). Der Eigentümer-Ehegatte ist durch das Besitzmittlungsverhältnis zugleich unmittelbarer wie mittelbarer Mitbesitzer: Neben den unmittelbaren (Mit)Besitz als Ehegatte tritt der mittelbare als Eigentümer. 56

Schwierigkeiten bereitet die dogmatische Konstruktion der **Übereignung** beweglicher Sachen an den Ehegatten, wenn sich diese im Mitbesitz beider Ehegatten befinden. Der BGH und ein Teil des Schrifttums konstruiert diese Übereignungen auf der **Grundlage der §§ 929, 930.** Die danach neben der dinglichen Einigung erforderliche Begründung eines Besitzkonstitutes erfolgt durch Umkehrung der Besitzerrollen in dem aus § 1353 folgenden gesetzlichen Besitzmittlungsverhältnis. Dazu muss der Veräußerer, der als Eigentümer an der Sache Mitbesitz in Form des Eigenbesitzes hat, diese Position dem erwerbenden Ehegatten übertragen. Dieser wird dadurch Eigenbesitzer. Dem veräußernden Ehegatten steht dann als Nichteigentümer, wie seinem Partner zuvor, der Mitbesitz in Form des Fremdbesitzes zu: Als Fremdbesitzer mittelt nun er seinem Eigentümer gewordenen Ehepartner – wie vorher dieser ihm – den Besitz. Die vom Normtext des § 930 geforderte Vereinbarung eines Besitzmittlungsverhältnisses soll darin liegen, dass die Beteiligten davon ausgehen, den Besitz in Zukunft mit umgekehrten Rollen im Rahmen des gesetzlichen Besitzmittlungsverhältnisses des § 1353 auszuüben.[63] Die im Schrifttum vorherrschende Ansicht kritisiert diese Konstruktion und sieht zu Recht in der vorliegenden Konstellation einen der Fälle, in denen zur Eigentumsübertragung allein **die Einigung** genügt (§ 929 S. 2). Von den Ehegatten im Rahmen des bestehenden Besitzverhältnisses die Umkehrung der Besitzerrollen und die Begründung eines neuen Besitzmittlungsverhältnisses zu verlangen, um § 930 Genüge zu tun, ist als gekünstelt zu verwerfen (zum Streitstand → 7. Aufl. 2017, § 930 Rn. 33).[64] 57

**3. Alleinbesitz.** Im Alleinbesitz stehen alle Sachen, die ein Ehegatte allein benutzt, insb. alle Sachen, die ausschließlich seinem persönlichen Gebrauch dienen. Alleinbesitz entsteht auch, wenn sich die Ehegatten voneinander trennen und der Mitbesitz gemäß § 856 beendet wird. Nicht beendet wird der Mitbesitz an der ehelichen Wohnung und den Haushaltsgegenständen allerdings durch eine vorübergehende Abwesenheit. Solange der Ehegatte den Willen zur Rückkehr hat, was auch bei vorübergehendem Aufenthalt in einem Frauenhaus der Fall ist, besteht der Mitbesitz fort.[65] 58

**4. Alleingewahrsam.** Unabhängig vom Güterstand der Ehegatten und damit unabhängig auch von der Zugewinngemeinschaft gilt **§ 739 ZPO,** der die Voraussetzungen für die **Eigentumsvermutung** des § 1362 für die **Zwangsvollstreckung** übernimmt und bei ihrem Vorliegen den Ehegatten, gegen den vollstreckt wird, als alleinigen Gewahrsamsinhaber und Besitzer fingiert. Der Mitbesitz des Ehegatten rechtfertigt damit niemals die Erinnerung gemäß § 766 ZPO wegen Verstoßes gegen die – für die Pfändung Alleingewahrsam des Schuldners voraussetzenden – §§ 808, 809 ZPO. Dem von der Zwangsvollstreckung gegen seinen Partner betroffenen Ehegatten steht die Erinnerung gemäß § 766 ZPO auch dann nicht zu, wenn er in der Lage ist, die Eigentumsvermutung des § 1362 zu widerlegen. Er kann sich dann der Drittwiderspruchsklage (§ 771 ZPO) bedienen, aber auch im Fall seines Obsiegens ändert sich nichts an der Rechtmäßigkeit der Zwangsvollstreckung. Daraus, dass die Vermutung des § 1362 widerlegt wird, entfällt nicht im Nachhinein die Gewahrsamsfiktion des Prozessrechts (→ § 1362 Rn. 31). 59

## § 1364 Vermögensverwaltung

**Jeder Ehegatte verwaltet sein Vermögen selbständig; er ist jedoch in der Verwaltung seines Vermögens nach Maßgabe der folgenden Vorschriften beschränkt.**

---

61 So Staudinger/*Thiele,* 2017, Rn. 8; RGRK-BGB/*Finke* § 1364 Rn. 7 f.

62 BGHZ 12, 380 = NJW 1954, 918; BGHZ 73, 252 (257) = NJW 1979, 976; *Baur/Stürner* SachenR § 7 Rn. 49.

63 BGHZ 73, 253 (257) = NJW 1979, 976.

64 *Baur/Stürner* SachenR § 51 Rn. 25; *Eichenhofer* JZ 1988, 326.

65 LG Freiburg FamRZ 2005, 1252.

**Übersicht**



## I. Normzweck

1 Aus der Trennung der Vermögen der Ehegatten (§ 1363 Abs. 2 S. 1) folgt, dass sie ihre Vermögen jeweils auch **selbständig verwalten.** In der Zugewinngemeinschaft kann also jeder Ehegatte über die zu seinem Vermögen gehörenden Gegenstände frei verfügen und entsprechende Verpflichtungen eingehen. Die Verwaltungsfreiheit besteht sowohl für den Umgang mit dem vorhandenen Vermögen als auch für den Umgang mit den sein Vermögen betreffenden Verbindlichkeiten.

2 Die **Notwendigkeit der Norm** ist zumindest zu bezweifeln; ihre Aussage ergibt sich bereits aus dem Prinzip der Gütertrennung (§ 1363 Abs. 2 S. 1), das die Verwaltungsfreiheit insoweit impliziert, als sie nicht ausdrücklich in Bezug auf spezielle Geschäfte beschränkt ist. Die explizite Wiederholung des bereits implizit Gesagten erklärt sich historisch. Und zwar war der patriarchalisch geprägte Güterstand der Verwaltung und Nutznießung des Ehemannes an dem eingebrachten Vermögen seiner Frau auch unter der Geltung des Gleichberechtigungsgrundsatzes noch gesetzlicher Güterstand geblieben. Erst am 1.4.1953 trat er außer Kraft, ohne dass allerdings zunächst ein anderer gesetzlicher Güterstand an seine Stelle trat (→ Vor § 1363 Rn. 13, 16). Als der Gesetzgeber 1958 dann endlich mit der Zugewinngemeinschaft wieder einen gesetzlichen Güterstand einführte, wollte er klarstellen, dass es mit ehemännlichen Befugnissen am Vermögen der Frau endgültig vorbei war.

## II. Schranken der Verwaltungsfreiheit

3 **1. Güterrechtliche Handlungsbeschränkungen.** Die Verwaltungsfreiheit der in Zugewinngemeinschaft lebenden Ehegatten findet ihre Grenze, wenn es um **Verfügungen** über das Vermögen im Ganzen geht (§ 1365) oder um Verfügungen über Gegenstände des gemeinsamen Haushalts (§ 1369). Auf diese Beschränkungen weist § 1364 ausdrücklich hin: Die Selbständigkeit der Verwaltung ist „nach Maßgabe der folgenden Vorschriften beschränkt".

4 Eine mittelbare Beschränkung der Verwaltungsfreiheit resultiert daraus, dass die **Nichterfüllung wirtschaftlicher Verpflichtungen** in der Ehe den anderen zur Ergreifung vorzeitiger güterrechtlicher Maßnahmen berechtigt (§ 1385 Nr. 3, § 1386). Da zu den wirtschaftlichen Verpflichtungen insbes. die Pflicht gehört, aus dem eigenen Vermögen zum Familienunterhalt beizutragen sowie alles zu unterlassen, was die Ehe wirtschaftlich gefährdet, sind die Ehegatten insofern in der Handlungsfreiheit bezüglich ihres Vermögens eingeschränkt.

5 Indirekt eingeschränkt wird die Verwaltungsfreiheit der Ehegatten auch durch die Normen, die sicherstellen, dass der Zugewinnausgleich im gesetzlichen Sinne durchgeführt werden kann und seine Zielsetzung erreicht. So sanktioniert § 1375 Abs. 2 wirksame, jedoch **missbilligte Maßnahmen der Vermögensverwaltung** durch die Anordnung, dass das Endvermögen des Ehegatten rechnerisch um die missbilligten Vermögensminderungen vermehrt wird. Wenn in diesem Fall die Erfüllung der künftigen Ausgleichsforderung gefährdet ist, hat der Ehepartner zudem das Recht, vorzeitige güterrechtliche Maßnahmen zu ergreifen (§ 1385 Nr. 2, § 1386).

6 **2. Allgemeine Handlungsbeschränkungen.** Unabhängig vom Güterstand folgen für alle Ehegatten aus den „Wirkungen der Ehe im Allgemeinen" (§§ 1353 ff.) Handlungseinschränkungen, die die Ehegatten auch bei der Verwaltung ihres Vermögens betreffen. So beinhaltet etwa die in § 1353 Abs. 1 S. 2 statuierte **Pflicht zur ehelichen Lebensgemeinschaft** die Pflicht zur gegenseitigen Rücksichtnahme in steuerlichen Angelegenheiten oder die Pflicht zur Rücksichtnahme bei der Geltendmachung vermögensrechtlicher Ansprüche gegen den Ehepartner (→ § 1353 Rn. 38 f.). Die Verpflichtung zur ehelichen Lebensgemeinschaft geht aber nicht so weit, dass Ehegatten generell gehalten wären, ihr Vermögen im Interesse der Familie ökonomisch „vernünftig" – etwa mit dem Ziel steter Mehrung – zu verwalten oder in einer allein vom „Wohl der Familie" bestimmten Art und Weise.[1]

[1] Staudinger/*Thiele*, 2017, Rn. 6; BeckOK BGB/*Siede* Rn. 2; Soergel/*Czeguhn* Rn. 8; *Gernhuber/Coester-Waltjen* FamR § 34 Rn. 5.

### III. Eingriffe in die Vermögensverwaltung des anderen Ehegatten

**1. Rechtsgeschäftliche Handlungsmacht.** Unberührt von § 1364 bleibt die Berechtigung jedes Ehegatten, Geschäfte zur angemessenen **Deckung des Lebensbedarfs** der Familie mit Wirkung auch für den anderen Ehegatten zu besorgen und diesen dadurch mit zu berechtigen und mit zu verpflichten (§ 1357). Mittels dieser Befugnis ist der Ehepartner also in der Lage, das Vermögen des anderen zu vermehren wie auch zu vermindern. 7

Eine weitere Möglichkeit, in die Verwaltungsfreiheit des anderen einzugreifen, bietet das Recht, die unter Verstoß gegen die Verfügungsbeschränkung des § 1365 (Gesamtvermögensgeschäfte) und die des § 1369 (Geschäfte über Haushaltsgegenstände) abgeschlossenen Rechtsgeschäfte des anderen rückgängig zu machen – und zwar direkt gegenüber den Dritten (§ 1368). 8

Jedem Ehegatten ist es ferner unbenommen, seine Verwaltungsbefugnisse freiwillig aufzugeben und dem Partner rechtsgeschäftliche **Handlungsmacht** einzuräumen: sei es zur Vornahme eines bestimmten Geschäfts, sei es zur Verwaltung eines bestimmten Teils seines Vermögens, sei es zu dessen Verwaltung schlechthin. Für den letzten Fall bestimmt § 1413 ausdrücklich, dass das Recht, die Überlassung der Verwaltung jederzeit zu widerrufen, nur durch Ehevertrag ausgeschlossen oder eingeschränkt werden kann; auch in diesem Fall aber bleibt der Widerruf aus wichtigem Grund zulässig (§ 1413 aE). 9

**2. Prozessuale Handlungsmacht.** In die prozessuale Handlungsfreiheit des Ehepartners greift ein Ehegatte ein, wenn er die Unwirksamkeit der von dem anderen – ohne seine nach §§ 1365, 1369 erforderliche Zustimmung – vorgenommenen Rechtsgeschäfte Dritten gegenüber in eigenem Namen gerichtlich geltend macht (§ 1368). Neben dieser **gesetzlichen Prozessstandschaft** (→ § 1368 Rn. 3) ist auch eine **gewillkürte** denkbar. Das von der allgM für die Zulässigkeit der gewillkürten Prozessstandschaft geforderte eigene schutzwürdige Interesse des Ermächtigten an der Rechtsverfolgung im eigenen Namen kann aus der ehelichen Lebensgemeinschaft abgeleitet werden. In dieser nämlich werden die wirtschaftlichen und rechtlichen Interessen der Ehegatten zu gemeinsamen – und damit sind die Belange des anderen immer zugleich auch die eigenen Belange.[2] 10

### IV. Vermögensverwaltung durch Dritte

§ 1364 postuliert Verwaltungsfreiheit nur im Rahmen des ehelichen Güterrechts. Unberührt bleiben alle Einschränkungen des Umgangs mit dem eigenen Vermögen, die aus eheneutralen Gründen eintreten. Ist die Geschäftsfähigkeit eines Ehegatten wegen Minderjährigkeit oder aus einem sonstigen Grunde eingeschränkt, so sind im Bereich der Vermögensverwaltung die **Rechte seiner Vertreter,** Eltern, Betreuer etc., im Hinblick auf die Ehe des Vertretenen nicht eingeschränkt. Allerdings sind die Handlungsmöglichkeiten der Vertreter allen Bindungen unterworfen, die für den vertretenen Ehegatten gelten, insbes. also gelten für die Vertreter auch die Verfügungsbeschränkungen der §§ 1365, 1369. 11

### V. Abweichende Vereinbarungen

Durch Ehevertrag können die Ehegatten weitere Beschränkungen der Verwaltungsfreiheit vorsehen, jedoch nur innerhalb der Grenzen, die der Vertragsfreiheit allgemein gezogen sind. So gilt auch im ehelichen Güterrecht § 137; rechtsgeschäftliche Vereinbarungen, die die **Verfügungsfreiheit** über veräußerliche Rechte **einschränken,** sind also auch hier **unzulässig.** Deshalb ist es Ehegatten auch verwehrt, durch rechtsgeschäftliche Abreden die gesetzlichen Handlungsbeschränkungen der §§ 1365 ff. gegenständlich zu erweitern (→ § 1365 Rn. 107; → § 1408 Rn. 14).[3] 12

## § 1365 Verfügung über Vermögen im Ganzen

**(1) [1]Ein Ehegatte kann sich nur mit Einwilligung des anderen Ehegatten verpflichten, über sein Vermögen im Ganzen zu verfügen. [2]Hat er sich ohne Zustimmung des anderen Ehegatten verpflichtet, so kann er die Verpflichtung nur erfüllen, wenn der andere Ehegatte einwilligt.**

**(2) Entspricht das Rechtsgeschäft den Grundsätzen einer ordnungsmäßigen Verwaltung, so kann das Familiengericht auf Antrag des Ehegatten die Zustimmung des anderen Ehe-**

---

2 BGH BeckRS 1961, 31184442 = FamRZ 1961, 435; Staudinger/*Thiele,* 2017, Rn. 12; Soergel/*Czeguhn* Rn. 4; BeckOK BGB/*Siede* Rn. 7.

3 Erman/*Heinemann* § 1408 Rn. 6; Soergel/*Gaul/Althammer* § 1408 Rn. 62; *Gernhuber/Coester-Waltjen* FamR § 32 Rn. 24; *Rauscher* FamR Rn. 38.

**gatten ersetzen, wenn dieser sie ohne ausreichenden Grund verweigert oder durch Krankheit oder Abwesenheit an der Abgabe einer Erklärung verhindert und mit dem Aufschub Gefahr verbunden ist.**

**Schrifttum (zu §§ 1365–1369):** *Böhringer,* Der Zeitpunkt der Kenntnis bei Grundstücks-Rechtsgeschäften nach § 1365 BGB, BWNotZ 1987, 56; *Braun,* Zur Auslegung der §§ 1365, 1369 BGB, FS Musielak, 2004, 119; *Brudermüller,* Gesellschaftsvertragliche Klauseln im Spannungsfeld von Familien- und Erbrecht, FS Binz, 2014, 105; *Brudermüller,* Das Familienheim in der Teilungsversteigerung, FamRZ 1996, 1516; *Eichenhofer,* Die Auswirkungen der Ehe auf Besitz und Eigentum der Eheleute, JZ 1988, 326; *Finger,* Sind Einkommen und Arbeitskraft bei der Bewertung der Vermögensverhältnisse im Rahmen des § 1365 BGB zu berücksichtigen?, JZ 1975, 461; *Gottwald,* Zustimmung des Ehegatten zum Antrag auf Anordnung der Teilungsversteigerung?, FamRZ 2006, 1075; *Jacobs,* Analoge Anwendung des § 1369 BGB auf die Ehewohnung?, FamRZ 2014, 1750; *Jacobs,* Weitere Aspeke zu analogen Anwendung des § 1369 BGB auf die Ehewohnung, FamRZ 2015, 466; *Mülke,* Zur Verwaltungsbeschränkung des § 1365 Abs. 1 BGB, AcP 161 (1962), 129; *Olzen,* Rechtsprobleme des § 1365 BGB, Jura 1988, 13; *Sachs,* Bedarf die Veräußerung einer Vertragsarztpraxis der Zustimmung des Ehepartners?, FamRZ 2015, 1444; *Sandrock,* Gesellschaftsrechtliche Vereinbarungen und die Verwaltungsbeschränkung des § 1365 Abs. 1 BGB, FS Duden, 1977, 513; *M. Schwab,* Bürgschaften eines Ehegatten als zustimmungspflichtige Rechtsgeschäfte im gesetzlichen Güterstand, FS Schwab, 2005, 565; *Sudhof,* Die Grundstückstransaktion als Gesamtvermögensverfügung: Zur dogmatischen Einordnung des § 1365 in Teilungsversteigerungsverfahren, FamRZ 1994, 1152; *Tiedtke,* Die Zustimmungsbedürftigkeit der Auflassungsvormerkung im Güterstand der Zugewinngemeinschaft, FamRZ 1976, 320; *Tiedtke,* Verfügungen eines Ehegatten über das Vermögen im ganzen, FamRZ 1988, 1007; *Weber,* Erwerbsschutz vs. Ehegattenschutz – keine analoge Anwendung des § 1369 BGB auf die Ehewohnung, FamRZ 2015, 464; *Wenckstern,* Güterstandsklauseln in Gesellschaftsverträgen, NJW 2014, 1335; *Zimmer/Pieper,* Die Anwendung des § 1365 in der Teilungsversteigerung, NJW 2007, 3104.

**Übersicht**

## I. Allgemeines

**1. Normzweck.** § 1365 schränkt die rechtsgeschäftliche Handlungsfreiheit der Ehegatten in Bezug auf ihr eigenes Vermögen ein und statuiert insofern eine Ausnahme vom Grundsatz der Freiheit bei der Verwaltung des eigenen Vermögens. Die Vorschrift hat zwei Schutzzwecke. Der Hauptzweck ist die **Erhaltung der wirtschaftlichen Grundlage** der Ehe- und Familiengemeinschaft – die Existenzgrundlage der Ehe und Familie soll nicht durch einseitige Vermögenstransaktionen eines Ehegatten beeinträchtigt werden können. 1

Der sekundäre Zweck des § 1365 wird beim Scheitern der Ehe relevant. Im Hinblick auf diesen Fall ist Funktion der Norm, die Durchsetzung der **Zugewinnausgleichsforderung** zu sichern.[1] Die Bedeutung dieses Zwecks, nämlich Schutz vor Gefährdung der Realisierung der künftigen Ausgleichsforderung, bleibt nach allgM jedoch hinter der Bedeutung des primären Zwecks weit zurück.[2] 2

**2. Formalisierung der Normzwecke.** Die Fassung des Tatbestandes des § 1365 setzt diese Normzwecke nicht in allen denkbaren Konstellationen um. Der Wortlaut geht vielmehr zuweilen über die Grenzen der Normzwecke hinaus, zuweilen endet er aber auch vor ihnen. So ist § 1365 Abs. 1 auch anwendbar, wenn keine konkrete Gefährdung der familiären Existenzgrundlage festzustellen ist, andererseits unterfallen nicht alle Geschäfte, die zur Existenzgefährdung der Familie führen, dem Verdikt der Norm. Die abstrakte Fassung der Norm verbietet es gleichwohl, sich bei der Anwendung an ihren Schutzzwecken zu orientieren und sich mit Blick auf diese über die Tatbestandsvoraussetzungen hinwegzusetzen. So ist etwa nach dem Tatbestand des § 1365 der mit dem Gesamtvermögensgeschäft von dem Ehegatten verfolgte Zweck irrelevant. Dass der Ehegatte mit seiner Verfügung nur den drohenden wirtschaftlichen Zusammenbruch für die Familie abwenden, deren Existenzgrundlage also gerade erhalten wollte, ändert deshalb nichts an der Zustimmungsbedürftigkeit der geschäftlichen Aktion (zu zustimmungspflichtigen Sanierungsmaßnahmen → Rn. 86).[3] 3

**3. Zeitliche Geltung.** § 1365 gilt, solange der gesetzliche Güterstand zwischen den Ehegatten besteht. Ist dieser mit Rechtskraft der Scheidung beendet, gilt die Handlungsbeschränkung nicht mehr – und zwar auch dann nicht, wenn der Zugewinnausgleich noch nicht durchgeführt wurde. Eine Ausnahme hatte die Rspr. gemacht, wenn der Zugewinnausgleichsanspruch nach rechtskräftiger 4

1 BGHZ 101, 225 (228) = NJW 1987, 2673; BGHZ 132, 218 (221) = NJW 1996, 1740; Staudinger/*Thiele*, 2017, Rn. 2; Palandt/*Brudermüller* Rn. 1.

2 AA *Braun* FS Musielak, 2004, 133: § 1365 beschränkt sich auf den Schutz der Ausgleichsforderung, wirtschaftlichen Grundlagenschutz bietet § 1369.

3 BGHZ 143, 356 (359) = NJW 2000, 1947 = FamRZ 2000, 744.

Scheidung noch als abgetrennte **Folgesache anhängig** war.[4] Hier wurde der Ehegatte, weil er die Ausgleichsforderung noch während des Bestehens des Güterstandes anhängig gemacht hatte, für schutzwürdig erachtet und § 1365 analog auf das erst nach rechtskräftiger Scheidung vorgenommene (Gesamtvermögens-)Geschäft angewandt. Notwendig war dieser Schutz insofern gewesen, als der ausgleichspflichtige Ehegatte die Durchsetzung der gegen ihn gerichteten Forderung verhindern konnte, indem er sein Vermögen bis zur deren Entstehung mit Rechtskraft der Scheidung so minimierte, dass ihn die Kappungsgrenze des § 1378 Abs. 2 vor Inanspruchnahme schützte. Seit 1.9.2009 aber ist die Rechtshängigkeit des Scheidungsverfahrens nicht mehr nur Stichtag für die Berechnung des Zugewinns (so § 1384 aF), sondern auch für die Höhe der Ausgleichsforderung. Da diese in der am Stichtag festgestellten Höhe durchgesetzt werden kann, erübrigt sich der Schutz des Ehegatten im Hinblick auf den sekundären Normzweck des § 1365. Ausgeschlossen ist die Anwendung des § 1365 auch, wenn die Zugewinngemeinschaft vorzeitig nach § 1385 aufgehoben wurde. Mit dem Ende des gesetzlichen Güterstandes enden die mit ihm verbundenen güterrechtlichen Verfügungsbeschränkungen (→ § 1385 Rn. 9). Ein vor Beendigung des Güterstandes vorgenommenes Rechtsgeschäft bleibt hingegen zustimmungsbedürftig und konvalesziert – etwa mit rechtskräftiger Scheidung – nicht (→ § 1366 Rn. 30 ff.).

## II. Rechtsdogmatik

5 **1. Verpflichtungs- und Verfügungsgeschäft.** Zustimmungsbedürftig ist zunächst das **Verpflichtungsgeschäft,** also der schuldrechtliche Vertrag (Abs. 1 **S. 1**). Erklärt der Ehegatte zu diesem sein Einverständnis, ist bei verständiger Würdigung dieser Erklärung davon auszugehen, dass er auch mit dessen Erfüllung einverstanden ist. Dass die auf der schuldrechtlichen Ebene erklärte Zustimmung die zum dinglichen Verfügungsgeschäft impliziert, ergibt sich zudem aus einem Umkehrschluss aus Abs. 1 S. 2: Hat sich der Ehegatte mit Zustimmung des anderen verpflichtet, kann er die Verpflichtung ohne dessen Einwilligung erfüllen. Das gilt nach allgM auch, wenn sich in der Zeit zwischen Verpflichtungs- und Verfügungsgeschäft tatbestandlich relevante Umstände ändern, etwa der Kenntnisstand des Erwerbers (→ Rn. 33) oder die Wertrelation zwischen Geschäftsgegenstand und verbleibendem Vermögen. Hier ist zu bedenken, dass es nicht Aufgabe des § 1365 sein kann, dem Vertragspartner des Ehegatten rückwirkend eine bereits entstandene Forderung zu entziehen.

6 Ist der Ehegatte die schuldrechtliche Verpflichtung ohne Zustimmung des Ehepartners eingegangen, so muss dieser auf der dinglichen Ebene dem **Verfügungsgeschäft** zustimmen (Abs. 1 **S. 2**). Diese Zustimmung impliziert bei verständiger Auslegung die Zustimmung zum Verpflichtungsgeschäft, sodass auch dieses wirksam wird. Dass die Erklärung nur so zu verstehen ist, ergibt sich (auch) daraus, dass der Ehegatte andernfalls das aus der gebilligten Verfügung Erlangte sofort wieder kondizieren könnte. Es gibt nun aber keinen Grund, bei dem übergangenen Ehegatten ein solch widersprüchliches Verhalten zu akzeptieren und seinen Bereicherungsansprüchen nur im Einzelfall mit § 814 und § 242 entgegenzutreten.[5]

7 Ohne Zustimmung des anderen erfüllen kann ein Ehegatte Verpflichtungen, die er zu einem Zeitpunkt eingegangen ist, zu welchem er § 1365 noch nicht unterlag.[6] Er ist also berechtigt, Rechtsgeschäfte, welche er vor Eheschließung oder vor vertraglicher Vereinbarung der Geltung des – zunächst ausgeschlossenen – gesetzlichen Güterstandes geschlossen hat, zu erfüllen. § 1365 darf nicht dazu führen, Dritten rückwirkend bereits entstandene Rechte und Forderungen zu entziehen.

8 **2. Isolierte Verfügungen.** Isolierte Verfügungen, die ohne Verpflichtungsgeschäft getätigt werden, erwähnt § 1365 nicht. Zur Umsetzung der Normzwecke sind sie jedoch in extensiver Interpretation der Norm ebenso an die Zustimmung des Ehegatten zu binden wie Verfügungen, denen ein nicht gebilligtes Verpflichtungsgeschäft zugrunde liegt.[7] Der praktische Wert der Aussage geht allerdings gegen Null; isolierte Verfügungen kommen im Anwendungsbereich des § 1365 so gut wie nicht vor. Die in Betracht kommende Kündigung eines Gesellschaftsverhältnisses ist wegen ihres personenrechtlichen Charakters ohnehin zustimmungsfrei (→ Rn. 78); die Dereliktion eines Grundstücks durch einen Ehegatten nach § 928 bleibt ein theoretisches Beispiel.

---

4 OLG Hamm FamRZ 2006, 1557; 1984, 53 mAnm *Bosch;* OLG Köln FamRZ 2001, 176; OLG Celle NJW-RR 2003, 1661 = FamRZ 2004, 625 mAnm *Janke;* OLG Köln NJW-RR 2005, 4.

5 So aber Staudinger/*Thiele,* 2017, Rn. 7a, 97.

6 LG Karlsruhe NJW-RR 1986, 169.

7 OLG Frankfurt Rpfleger 1960, 289; *Tiedtke* FamRZ 1976, 320; *Tiedtke* FamRZ 1988, 1007; Staudinger/*Thiele,* 2017, Rn. 8; Bamberger/Roth/*Siede* Rn. 4; aA OLG Hamm NJW 1960, 1352; *Mülke* AcP 161 (1962), 129; *Dölle* FamR I 756.

**3. Absolutes Veräußerungsverbot.** Die hM sieht in § 1365 ein absolutes Veräußerungsverbot.[8] Sie folgert dies aus dem Normzweck. Nur bei absoluter Unwirksamkeit der Vermögenstransaktionen können die Gefährdung der wirtschaftlichen Existenzgrundlage der Familie wie auch die der Durchsetzung einer etwaigen künftigen Ausgleichsforderung ausgeschlossen werden. Anders als in den Fällen der relativen Veräußerungsverbote, die gemäß § 135 Abs. 2 bei gutem Glauben des Erwerbers leerlaufen, kann § 1365 vom Geschäftspartner des Ehegatten gutgläubig nicht überwunden werden. **Irreführend** ist die Bezeichnung als absolutes Veräußerungsverbot allerdings insofern, als § 1365 den gutgläubigen weiteren Erwerb nicht hindert. Anders als im Fall der abhanden gekommenen Sache, in dem § 935 den gutgläubigen Erwerb für alle Zukunft endgültig ausschließt, lässt § 1365 diesen zu. Dritte können vom Geschäftspartner des Ehegatten rechtswirksam erwerben, wenn sie an dessen Eigentum (§ 932) oder Verfügungsbefugnis (§ 366 HGB) glauben. 9

Aus **dogmatischer** Sicht spricht gegen die Einordnung des § 1365 als absolutes Veräußerungsverbot, dass die Norm nicht das rechtliche Dürfen beschränkt, sondern lediglich bestimmte Rechtsgeschäfte, deren Vornahme als solche zulässig bleibt, zustimmungsbedürftig macht. Von daher ist § 1365 kategorial dem Kreis der zustimmungsbedürftigen Rechtsgeschäfte mit eigener Regelung, hier sind das die §§ 1366 ff., zuzuordnen.[9] Zu abweichenden Ergebnissen bei der Anwendung der Vorschrift führt diese dogmatische Präzisierung jedoch nicht. 10

### III. Gesamtvermögensgeschäft: objektiver Tatbestand

**1. Vermögen.** Unter Vermögen ist das **Aktivvermögen** zu verstehen, also das Vermögen, das einem Ehegatten rechtlich zugeordnet ist, unabhängig von seinem wirtschaftlichen Wert. Im Rahmen des § 1365 gilt der sog. **juristische Vermögensbegriff,** der als Vermögen nicht die Wertdifferenz zwischen Aktiva und Passiva bezeichnet, sondern sich allein auf die vorhandenen Werte bezieht. Persönliche Verbindlichkeiten des verfügenden Ehegatten wie auch dingliche Belastungen der ihm gehörenden Gegenstände sind also von dem Vermögen, über das er verfügt, nicht in Abzug zu bringen, wenn zu beurteilen ist, ob sich die rechtsgeschäftliche Transaktion an § 1365 messen lassen muss.[10] Schützenswerte wirtschaftliche Grundlagen sind nämlich auch dann vorhanden, wenn eine wirtschaftliche Bilanzierung kein aktives Vermögen ergibt. Auch der verschuldete oder gar überschuldete Ehepartner muss bei der Vornahme von Geschäften nach § 1365 gebunden bleiben, denn wie sich seine Verbindlichkeiten entwickeln, ob sie jemals realisiert werden, ob dann wirklich der gesamte Aktivbestand seines Vermögens aufgezehrt wird – das alles ist ungewiss und gebietet, den Ehepartner auch vorsorglich in größere geschäftliche Aktionen des anderen einzubeziehen. 11

**2. Verfügung.** Was unter der Überschrift „Verfügung über Vermögen im Ganzen" zu verstehen ist, ist zweifelhaft. Verfügungen nämlich sind wegen des **sachenrechtlichen Spezialitätsgrundsatzes** nur über einzelne Gegenstände, nicht aber über das Vermögen als solches zulässig. Davon ausgehend, dass § 1365 den Grundsatz der Einheit der Rechtsordnung wahrt und sich nicht in Widerspruch zu den Regeln des Sachenrechts setzen will, ist anzunehmen, dass die familienrechtliche Norm von Verfügungen über einzelne Gegenstände ausgeht, die **wirtschaftlich** das gesamte Vermögen betreffen. 12

**3. Vermögen im Ganzen.** Die Frage, wann ein Geschäft das Vermögen „als Ganzes" betrifft, wurde von zwei unterschiedlichen Ansätzen aus beantwortet. Der eine legte die das Rechtsgeschäft konstituierenden Willenserklärungen der Parteien zugrunde und nahm ein Gesamtvermögensgeschäft nur an, wenn nach dem erklärten Willen der Parteien das gesamte Vermögen als solches Vertragsgegenstand war. Nach dieser Theorie, der **Gesamttheorie,** reichte es also nicht aus, wenn durch das Geschäft einzelne Gegenstände transferiert wurden, die wirtschaftlich das gesamte Vermögen ausmachten, das Vermögen musste vielmehr von den Parteien in seiner Gesamtheit gemeint und juristisch erfasst sein. Der zweite Ansatz ging von der Bedeutung des Geschäftsobjekts innerhalb des Vermögens aus und nahm ein Gesamtvermögensgeschäft auch dann an, wenn sich die Vereinbarung nur auf einzelne Gegenstände bezog, diese aber praktisch das gesamte Vermögen des darüber verfügenden Ehegatten darstellten, sog. **Einzeltheorie.** Während der allein auf den erklärten Willen abstellende Ansatz in hohem Maße Rechtssicherheit gewährleistete, brachte der andere Rechtsunsicherheit, denn die Frage, ob der Vertragsgegenstand das Vermögen im Ganzen betraf, war erst durch vergleichende Heranziehung des ansonsten noch vorhandenen Vermögens zu beurteilen.[11] 13

---

8 StRspr seit BGHZ 40, 218 = NJW 1964, 347; Palandt/*Brudermüller* Rn. 1.

9 *Enneccerus/Nipperdey* BGB AT Bd. I/2 § 144 Fn. 5 (S. 887); Staudinger/*Thiele,* 2017, Rn. 99; *Gernhuber/Coester-Waltjen* FamR § 35 Rn. 6; *Rauscher* FamR Rn. 382.

10 BGHZ 77, 293 (295) = NJW 1980, 2350; BGHZ 132, 218 (224) = NJW 1987, 2673; Staudinger/*Thiele,* 2017, Rn. 14; Bamberger/Roth/*Siede* Rn. 9.

11 Nicht mehr vertreten wird, dass Geschäfte über einen Bruchteil des Vermögens, wie sie zB § 311b Abs. 3 anführt, unter § 1365 fallen, vgl. *Dölle* FamR I 754; LG Siegen FamRZ 1959, 64.

14 Der BGH wählte – unter weitgehender Zustimmung der Literatur – **§ 419,** der bis zum 1.1.1999 die Haftung bei Vermögensübernahmen regelte, **als Interpretationsvorbild** und entschied damit zugunsten der Einzeltheorie, die im Zusammenhang mit § 419 damals einhellig vertreten wurde.[12] Unabhängig vom Ergebnis – dessen Richtigkeit ist heute allgemein anerkannt – begegnet diese Entscheidungsfindung methodischen Bedenken. Die Übernahme der zu § 419 vertretenen Interpretation in den ehegüterrechtlichen Zusammenhang blieb nämlich insofern begründungsbedürftig, als Gleichheit von Normtexten nicht auch Gleichheit der Begriffsinhalte bedeutet. Zu Recht war daher darauf hingewiesen worden, dass die Zwecke in § 1365 und § 419 weder identisch noch vergleichbar waren und der vom BGH seinerzeit als „unbedenklich" apostrophierte Rückgriff auf die zu § 419 entwickelten Grundsätze nichts weiter als eine scheinrationale Einkleidung einer zuvor getroffenen, in ihrer Begründung jedoch nicht offen ausgewiesenen Entscheidung war.[13]

15 Die gleichen methodischen **Bedenken** bestehen gegen die Interpretation des Vermögensbegriffs in § 1365 unter **Rückgriff auf § 311b Abs. 3** oder **§ 1822 Nr. 1,** in denen für das Beurkundungserfordernis bzw. die Genehmigungsbedürftigkeit das gesamte Vermögen ebenfalls eine Rolle spielt. Zu § 311b Abs. 3 wird allgemein die Gesamttheorie vertreten und notarielle Beurkundung nur für erforderlich gehalten, wenn das gegenwärtige Vermögen ohne Konkretisierung insgesamt übertragen werden soll (→ § 311b Rn. 118). Ebenso interpretiert die hM § 1822 Nr. 1 und nimmt ein der familiengerichtlichen Genehmigung unterliegendes Geschäft nur an, wenn das gesamte Mündelvermögen als solches explizit Vertragsgegenstand ist (→ 7. Aufl. 2017, § 1822 Rn. 3). Aber auch hier gilt, dass wegen der Unterschiedlichkeit der Normzwecke die Interpretation dieser Bestimmungen für die Entscheidung im Ehegüterrecht nichts hergibt.

16 **4. Einzeltheorie.** Inhaltlich sprechen die folgenden Überlegungen **gegen die Übernahme der Gesamttheorie** im Rahmen des § 1365. Würde man ein zustimmungsbedürftiges Gesamtvermögensgeschäft nur annehmen, wenn der Ehegatte und sein Vertragspartner bewusst über das gesamte Vermögen als solches verfügten, so wäre die praktische Bedeutung des § 1365 auf einige wenige Fallkonstellationen beschränkt – etwa auf eine Hofübergabe im Wege vorweggenommener Erbfolge oder einen Unternehmensverkauf auf Rentenzahlungsbasis. Damit würde der mit § 1365 angestrebte Schutz der wirtschaftlichen Grundlagen von Ehe und Familie und die daneben angestrebte Sicherung des Zugewinnausgleichs in Durchschnittsfällen praktisch leerlaufen. Durch entsprechende Interpretation seiner Tatbestandsmerkmale muss also sichergestellt werden, dass § 1365 auch und gerade bei Transaktionen, die üblicherweise in Ehen und Familien vorkommen, zur Anwendung kommt.

17 Die den Ehegatten in der Zugewinngemeinschaft – mit der Gütertrennung (§ 1363 Abs. 2 S. 1) und der Verwaltungsfreiheit (§ 1364) – grundsätzlich zukommende wirtschaftliche Unabhängigkeit und Selbständigkeit wird dadurch nicht im Übermaße beschränkt.[14] Die Relativierung ihrer Handlungsfreiheit stellt lediglich die aus der ehelichen Bindung resultierende wirtschaftliche Verantwortlichkeit füreinander sicher. Mit der allgM[15] ist § 1365 also auf der Basis der **Einzeltheorie** zu interpretieren. Danach ist die Handlungsfreiheit eines Ehegatten durch die Zustimmungsbedürftigkeit nicht nur eingeschränkt, wenn sich das Geschäft nach den vertraglichen Erklärungen explizit auf sein ganzes Vermögen bezieht, sondern auch dann, wenn er über **einzelne** ihm gehörende **Gegenstände** verfügt, die jedoch wirtschaftlich **„im Wesentlichen"** oder **„nahezu"** sein **gesamtes Vermögen** ausmachen. Im Interesse von Ehe und Familie ist damit bei Ehegattengeschäften eine gewisse Rechtsunsicherheit hinzunehmen und deren Wirksamkeit von außerhalb des Vertrages liegenden Umständen abhängig zu machen.

18 Vom Normzweck des § 1365 eine **Einschränkung** erfährt die Anwendung der Einzeltheorie insofern, als Voraussetzung der Zustimmungsbedürftigkeit ist, dass überhaupt **wirtschaftlich bedeutsame Güter** Geschäftsgegenstand sind.[16] Rechtsgeschäfte, die wirtschaftlich unbedeutende Vermögensgegenstände zum Objekt haben, sind auch dann keine Gesamtvermögensgeschäfte, wenn der Gegenstand im konkreten Fall im Wesentlichen mit dem Vermögen des Veräußerers identisch ist. Da geringwertige Güter weder die wirtschaftlichen Grundlagen der Familie noch die Durchsetzung der Zugewinnausgleichsforderung zu sichern vermögen, ist in Bezug auf sie die Einschränkung der Handlungsfreiheit des Ehegatten nicht gerechtfertigt.

---

12 BGHZ 35, 135 (143) = NJW 1961, 1301.

13 → 3. Aufl. 1993, Rn. 10 *(Gernhuber)*; RGRK-BGB/*Finke* Rn. 2.

14 So *Benthin* FamRZ 1982, 338 als Argument für die Gesamttheorie.

15 BGHZ 35, 135 = NJW 1961, 1301; BGHZ 43, 174 = NJW 1965, 909; BGHZ 64, 246 = NJW 1975, 1270; BGHZ 77, 293 (295) = NJW 1980, 2350. Zur Lit. s. alle Stellungnahmen zur subjektiven und objektiven Theorie, die sämtlich nur auf der Grundlage der Einzeltheorie plausibel sind (→ Rn. 32 ff.).

16 Staudinger/*Thiele,* 2017, Rn. 18; Bamberger/Roth/*Siede* Rn. 10; vgl. auch BGHZ 62, 100 = NJW 1974, 554 zu § 419 aF.

**5. Bestimmung des gesamten Vermögens.** Die auf die wirtschaftliche Bedeutung des Verfügungsgegenstandes abstellende Einzeltheorie bedarf zur konkreten Anwendung ergänzender Regeln. Geklärt werden muss, unter welchen **Voraussetzungen** ein **Gegenstand** „nahezu" oder „im Wesentlichen" das **gesamte** Vermögen des disponierenden Ehegatten ausmacht. Im Interesse der Rechtssicherheit müssen hier Regeln entwickelt werden, die die Zustimmungsbedürftigkeit für den Einzelfall vorhersehbar und berechenbar machen. Ohne solche Regeln und Typisierungen kommt es zu nicht gerechtfertigten Durchbrechungen des Grundsatzes der Verwaltungsfreiheit der Ehegatten (§ 1364), weil prophylaktische Zustimmungen provoziert werden, die vom Gesetz nicht gefordert sind. 19

**6. Wertrelation.** Ob ein Geschäft nach den Maßstäben der Einzeltheorie Gesamtvermögensgeschäft ist oder nicht, ist aufgrund eines **Wertvergleichs** zu entscheiden. Zu fragen ist nach dem Verhältnis, in dem der objektive Wert des Geschäftsgegenstandes zum objektiven Wert des nicht betroffenen Vermögens steht (→ Rn. 28). Belanglos sind der individuelle Wert und die besondere Bedeutung, die das Geschäftsobjekt für das Leben der Familie oder für einen oder auch beide Ehegatten hat.[17] Da es für die rechnerische Bewertung solcher subjektiver Komponenten keine Kriterien gibt, bliebe ihre Berücksichtigung nicht nachvollziehbar und führte zu untragbaren Unsicherheiten bei der Beurteilung eines Geschäfts als zustimmungsbedürftig. 20

**a) Dingliche Belastungen.** Auf dem veräußerten Gegenstand ruhende Belastungen vermindern seinen Wert und sind zugunsten des verfügenden Ehegatten bei der Ermittlung der Wertrelation zu berücksichtigen.[18] Ebenso vermindern Belastungen den Wert des verbleibenden Vermögens.[19] Besteht die Belastung, etwa ein Nießbrauch an einem Grundstück oder ein dingliches Wohnrecht, zugunsten des verfügenden Ehegatten, so erhöht das dingliche Recht in Höhe seines wirtschaftlichen Werts den Wert des ihm verbleibenden Vermögens. Wird dem veräußernden Ehegatten das dingliche Recht erst **bei der Veräußerung eingeräumt,** so ist strittig, ob es bei der Ermittlung des Werts des veräußerten Gegenstandes in Abzug zu bringen ist. Dagegen spricht, dass das weggegebene Verkaufsobjekt in diesem Fall in unbelastetem Zustand wirtschaftliche Grundlage der Familie war und der Ehegatte mit seinem Geschäft die familiäre Existenzgrundlage mithin um den Wert geschmälert hat, den das Objekt ohne dingliche Belastung hatte.[20] Dem verbleibenden Vermögen des verfügenden Ehegatten aber kann das dingliche Recht nicht zugerechnet werden, weil es erst im Rahmen der Veräußerung eingeräumt wurde und mithin als Gegenleistung zu qualifizieren ist (→ Rn. 27). Die Gegenansicht setzt sich über die juristische Selbständigkeit der beiden Geschäfte hinweg und stellt eine **wirtschaftliche Gesamtbetrachtung** an. Im Fall der Grundstücksveräußerung mit gleichzeitiger Einräumung eines dinglichen Wohnrechts hat der verfügende Ehegatte nach dieser Ansicht sein Grundstück wirtschaftlich dann nicht vollständig aus der Hand gegeben, wenn Eigentumsübertragung und Wohnrechtsbestellung in einem einheitlichen Vertrag erfolgten und nach dem Willen der Parteien miteinander „stehen und fallen" sollten.[21] Diese wirtschaftliche Betrachtungsweise macht viele Geschäfte zustimmungsfrei, da das dem Ehegatten bei der Veräußerung eingeräumte dingliche Recht zu dem ihm verbleibenden Restvermögen gezählt wird und dieses erhöht. Hält man hingegen daran fest, dass § 1365 die Zustimmungspflicht formal an die Vornahme des Rechtsgeschäfts, hier also die Weggabe des unbelasteten Grundstücks, knüpft und nicht auf das wirtschaftliche Ergebnis der geschäftlichen Transaktion abstellt, bleiben solche Aktionen zustimmungspflichtig. 21

**Grundpfandrechte** sind nur anzurechnen, soweit sie **valutiert sind** oder valutiert **werden können,** denn nur in dieser Höhe mindern sie den Wert des Grundstücks. Bei der Hypothek ergibt sich das aus der strengen Akzessorietät: Ohne zu sichernde Forderung entsteht keine Hypothek (§§ 1163, 1177). Bei der nicht-akzessorischen (Sicherungs-)Grundschuld ergibt sich dies aus dem Sicherungsvertrag, der Forderung und Grundschuld durch Festlegung des Sicherungszwecks auf schuldrechtlicher Ebene miteinander verknüpft. Besteht die zu sichernde Forderung nicht – etwa weil sie nie entstanden oder bereits erfüllt ist –, hat der Grundstückseigentümer einen Anspruch auf Rückgewähr der Grundschuld, da diese mangels Sicherungszweck funktionslos geworden ist. Dieser 22

17 BGHZ 77, 293 (298) = NJW 1980, 2350.

18 OLG Celle FamRZ 2010, 562; Bamberger/Roth/*Siede* Rn. 13.

19 BGHZ 77, 293 (296) = NJW 1980, 2350; BGHZ 132, 218 (224) = NJW 1987, 2673; OLG München FamRZ 2005, 272; OLG Köln FamRZ 1988, 174; LG Bochum FamRZ 1991, 942; *Gernhuber/Coester-Waltjen* FamR § 35 Rn. 34; *Rauscher* FamR Rn. 385; Staudinger/*Thiele,* 2017, Rn. 28; Bamberger/Roth/*Siede* Rn. 13.

20 OLG Hamm FamRZ 1997, 675; OLG Celle FamRZ 1987, 942.

21 BGHZ 196, 95 = NJW 2013, 1156 = FamRZ 2013, 607; OLG Koblenz FamRZ 2008, 1078; Staudinger/*Thiele,* 2017, Rn. 28.

aus dem Sicherungsvertrag folgende Rückgewähranspruch macht die Belastung des Grundstücks wirtschaftlich insofern gegenstandslos, als der Gläubiger die Grundschuld nicht mehr realisieren kann. Denn auch schon vor deren Rückgabe ist er am Zugriff auf das Grundstück gehindert, da der Eigentümer den fehlenden Sicherungsfall einredeweise geltend machen kann.

23 Solange die **Valutierung** des Grundpfandrechts allerdings noch **möglich** oder sogar wahrscheinlich ist – wie in dem Fall, in dem die Grundschuld erst künftig anfallende dingliche Zinsen sichert –, ist das Grundstück auch in Höhe der noch nicht entstandenen Zinsforderungen und des noch nicht valutierten Teils der Grundschuld belastet und im Wert gemindert.[22]

24 Die **Berücksichtigung von** dinglichen **Belastungen** sowohl bei der Ermittlung des Wertes des Geschäftsgegenstandes wie des Wertes des verbleibenden Vermögens steht **nicht in Widerspruch** dazu, dass Vermögen iSd § 1365 nur das **aktive Vermögen** ist (→ Rn. 11). Der Begriff Aktivvermögen hat allein die Funktion, den Personenkreis, der seine geschäftlichen Aktivitäten an § 1365 messen lassen muss, weil er überhaupt über Vermögen verfügt, zu ermitteln. Dies ist sinnvoll nur möglich unter Heranziehung des juristischen Vermögensbegriffs, nach dem persönliche wie dingliche Verbindlichkeiten außer Acht bleiben. Anders liegt das Problem jedoch, wenn es bei der Subsumtion des Falles unter die Voraussetzungen des § 1365 darum geht, zu entscheiden, ob in der konkreten Situation die Wertrelation von Geschäftsobjekt und verbleibendem Vermögen zur Zustimmungsbedürftigkeit des Geschäfts führt. Diese Frage ist nur durch eine auf den Fall bezogene, sämtliche Wirtschaftsposten einbeziehende Rechnung zu beantworten.

25 **b) Pfändbarkeit und Veräußerbarkeit des Vermögens.** In die Berechnung des **verbleibenden** Vermögens sind sämtliche Gegenstände einzubeziehen unabhängig davon, ob sie **pfändbar** oder **unpfändbar** sind.[23] Primäre Funktion des § 1365 ist die Erhaltung der wirtschaftlichen Grundlage der Familie. Da zu dieser auch das unpfändbare Vermögen gehört, gibt es keinen Grund, dieses nicht zu berücksichtigen, wenn es um die Feststellung des dem Ehegatten verbliebenen Vermögens geht. Die Möglichkeit des zwangsvollstreckungsrechtlichen Zugriffs ist im Hinblick auf den primären Zweck des § 1365 irrelevant. Die Gegenmeinung, die Pfändbarkeit der in die Wertrelation einzustellenden Gegenstände fordert,[24] stellt in nicht zu rechtfertigender Weise einseitig auf den nur sekundären Normzweck des § 1365, die Sicherung der Zugewinnausgleichsforderung, ab. Aus den gleichen Gründen ist die **Veräußerbarkeit** eines Gegenstandes für seine Berücksichtigung im Rahmen des § 1365 **irrelevant.** Auch ein unveräußerliches Wohnrecht bspw. sichert die wirtschaftliche Existenz der Familie und ist deshalb in die Berechnung des dem verfügenden Ehegatten verbliebenen Vermögens einzustellen.[25]

26 **c) Gegenwärtiges Vermögen.** Beim Wertvergleich nicht zu berücksichtigen sind noch nicht entstandene oder noch nicht fällige Ansprüche und Rechte. § 1365 soll verhindern, dass der Familie die vorhandene wirtschaftliche Grundlage entzogen wird, seine Anwendung hat sich mithin am gegenwärtigen Vermögen zu orientieren, nicht aber an der Erwartung künftigen Erwerbs. **Laufendes Einkommen,** das aufgrund von Lohn-, Gehalts- oder Provisionsansprüchen bezogen wird, ist nach allgM mithin nicht in die Berechnung einzubeziehen, und zwar auch dann nicht, wenn sich der Ehegatte in einer gesicherten Rechtsstellung von Dauer, etwa als Beamter auf Lebenszeit, befindet.[26] Auch laufende Einkünfte aus **Renten- und Versorgungsberechtigungen** sind beim Wertvergleich außer Ansatz zu lassen.[27] Auch wenn man bei solchen Einkünften rechtsdogmatisch von einem ihnen zugrunde liegenden Stammrecht ausgeht, entstehen die einzelnen Ansprüche doch nur periodisch und stehen nur in dieser Höhe aktuell zur Verfügung. Deshalb setzt auch jede Kapitalisierung solcher Rechte bei den einzelnen Ansprüchen an und rechnet die erst künftig entstehenden nach statistischen Daten über die Lebenserwartung uÄ hoch. Bezieht ein Ehegatte sein laufendes **Einkommen aus einem gewerblichen Betrieb,** so zählen diese Einkünfte ebenfalls nicht zu seinem gegenwärtigen Vermögen. Zu diesem zählt nur der Betrieb als solcher. Soweit dessen Wert nach dem Ertragswert bestimmt wird (→ § 1376 Rn. 44 ff.), gehört zwar dieser zum gegenwärtigen Vermögen, nicht aber die aus dem Ertrag folgenden Einkünfte. **Anwartschaftsrechte** sind Rechtspositionen, die zum gegenwärtigen Vermögen iSd § 1365 zählen. Von daher ist die Verfügung über

---

22 BGH NJW 2011, 3783 = FamRZ 2012, 116 mAnm *Koch* (gegen OLG Hamm BeckRS 2011, 13449).

23 KG NJW 1976, 717; Staudinger/*Thiele,* 2017, Rn. 29; Palandt/*Brudermüller* Rn. 7; Bamberger/Roth/*Siede* Rn. 12.

24 OLG Frankfurt NJW 1960, 2190; *Sachs* FamRZ 2015, 1444.

25 BGH NJW 2013, 1156 = FamRZ 2013, 608; OLG Koblenz FamRZ 2008, 1078; Staudinger/*Thiele,* 2017, Rn. 28; anders OLG Celle FamRZ 1987, 942; OLG Hamm FamRZ 1997, 675 bzgl. Nießbrauch.

26 BGHZ 132, 218 (221) = NJW 1996, 1740; BGHZ 101, 225 = NJW 1987, 2673.

27 BGH NJW 1990, 112; OLG Celle FamRZ 1987, 942; Staudinger/*Thiele,* 2017, Rn. 30; Bamberger/Roth/*Siede* Rn. 12; aA OLG Frankfurt FamRZ 1984, 698; *Dörr* NJW 1989, 810.

das einem Ehegatten aufgrund eines Kaufvertrages unter Eigentumsvorbehalt zustehende Anwartschaftsrecht an einem GmbH-Anteil zustimmungsbedürftig (→ Rn. 77).[28]

**d) Gegenleistungen.** In den Wertvergleich sind nach hM Gegenleistungen, die für das Geschäftsobjekt erbracht werden, insbes. auch der Kaufpreis, **nicht einzustellen.**[29] § 1365 stellt nicht auf den wirtschaftlichen, sondern auf den **gegenständlichen Erhalt** des Vermögens ab und schützt die Ehegatten vor jeglichen einseitig beschlossenen Umschichtungen des Gesamtvermögens. Das ergibt sich sowohl aus dem Wortlaut wie aus den Schutzzwecken der Norm. Im Übrigen kann die Gegenleistung der Verfügung auch schon deshalb nicht den Charakter eines Gesamtvermögensgeschäfts nehmen, weil sie sich zum Zeitpunkt der Verfügung noch gar nicht im Vermögen des Ehegatten befindet. Außer in Vorleistungsfällen erlangt der Ehegatte die Gegenleistung ja erst, wenn sein Vertragspartner erfüllt. Ob ein Ehegatte entgeltlich oder unentgeltlich, wirtschaftlich günstig oder ungünstig verfügt, ist für die Zustimmungsbedürftigkeit des Geschäfts mithin ohne Belang. Da nur das Entgelt für das Verfügungsobjekt nicht zu berücksichtigen ist, verbleiben Entgelte für **Leistungen anderer Art,** auch wenn sie im wirtschaftlichen Zusammenhang mit der Verfügung stehen, im Wertvergleich. So sind etwa die Pachtzinsen zu berücksichtigen, die dem Ehegatten zustehen, wenn zu beurteilen ist, ob er mit der Bestellung eines Nießbrauchs für den Pächter zur Sicherung von dessen Pachtrecht über sein gesamtes Vermögen verfügt hat.[30] 27

**e) Prozentsätze für das Restvermögen.** Die Rspr. nimmt den Wertvergleich zwischen veräußertem und verbliebenem Vermögen nach einer zahlenmäßig festen Relation vor und knüpft ihn an Prozentsätze. Bei **kleineren Vermögen** werden Geschäfte, die mehr als 85 % des gesamten Vermögens ausmachen, für zustimmungspflichtig erklärt, bei **größeren Vermögen** die Geschäfte hingegen erst für zustimmungspflichtig gehalten, wenn sie mehr als 90 % des gesamten Vermögens betreffen. Damit sind bei kleineren Vermögen Rechtsgeschäfte zustimmungsfrei, wenn dem verfügenden Ehegatten wenigstens 15 % seines Gesamtvermögens verbleiben, bei größeren Vermögen reicht es aus, dass er ein Restvermögen von mindestens 10 % zurückbehält.[31] Die Einwände gegen die Differenzierung zwischen kleineren und größeren Vermögen bei der Bestimmung des Restvermögens hat die Rspr. nicht aufgegriffen. **Kritisiert** wird die **Differenzierung** nach der Vermögensgröße im Hinblick darauf, dass es keinen nachvollziehbar zu begründenden Maßstab dafür gibt, wann ein Vermögen als kleiner oder größer einzustufen ist. Die inzwischen verbreitete Annahme, dass ein größeres Vermögen ab einer Höhe von 250.000 EUR vorliegt, wird denn auch sachlich nicht begründet, beseitigt aber die völlige Ungewissheit in diesem Punkt.[32] Einsichtig und sinnvoll ist die Differenzierung der Prozentgrenzen nach der Vermögensgröße vor allem aber deshalb nicht, weil mit der Größe des Vermögens die Lebensbedürfnisse der Familie wachsen und auch die Höhe einer eventuellen Zugewinnausgleichsforderung steigt. Die Annahme, dass bei größeren Vermögen prozentual weniger ausreicht, um die wirtschaftliche Basis der Familie zu erhalten und den Zugewinnausgleich zu finanzieren, ist also insofern verfehlt, als sie nicht berücksichtigt, dass sich mit der Höhe des Vermögens die schützenswerten wirtschaftlichen Grundlagen der Familie ausdehnen und auch zum Zugewinnausgleich ein größeres Vermögen benötigt wird.[33] 28

Unabhängig von den wirtschaftlichen Verhältnissen ist deshalb **einheitlich** für alle Familien von der **10 %-Grenze** auszugehen. Für diese – dem Ehegatten und der Familie weniger Schutz bietende Grenze – sprechen der Gesetzeswortlaut, der vom „gesamten" Vermögen spricht, und der Grundsatz der Gütertrennung, der die wirtschaftliche Handlungsfreiheit der Ehegatten nur in Ausnahmefällen beschränkbar macht. Soweit das von einem Ehegatten getätigte Geschäft also nicht mehr als 90 % seines gesamten Vermögens betrifft, der Familie also noch 10 % verbleiben, sollte er in seinen Eigentümerbefugnissen nicht beschränkt sein. Der völlige Verzicht auf feste Prozentsätze 29

---

[28] BGHZ 132, 218 (222) = NJW 1996, 1740 mAnm *Jost* JR 1997, 68.

[29] BGHZ 35, 135 (145) = NJW 1961, 1301; BGHZ 43, 174 (176) = NJW 1965, 909; OLG Hamm FamRZ 1997, 675; *Mülke* AcP 161 (1962), 129 (141 ff.); Staudinger/*Thiele,* 2017, Rn. 35; Palandt/*Brudermüller* Rn. 6; Bamberger/Roth/*Siede* Rn. 14.

[30] Anders OLG Schleswig JurBüro 1985, 1695.

[31] BGHZ 77, 293 = NJW 1980, 2350; BGH NJW 1991, 1739; OLG Frankfurt FamRZ 1984, 698; OLG Hamm FamRZ 2004, 1648; OLG Köln NJW-RR 2005, 4; OLG München FamRZ 2005, 272; OLG Koblenz FamRZ 2008, 1078; OLG Celle FamRZ 2010, 562; OLG Jena FamRZ 2010, 1733. Zur anfänglichen Suche nach akzeptablen Prozentsätzen LG Berlin FamRZ 1959, 64: Restvermögen von 25 % erforderlich; OLG Hamm RdL 1966, 103 mAnm *Barnstedt*: Zustimmungspflicht auch bei Restvermögen von über 15 %; BayObLG MDR 1981, 317: bei 27 % Restvermögen weitere Ermittlungen notwendig.

[32] BGH NJW 1991, 1739 (500.000 DM); OLG München FamRZ 2005, 272 (250.000 EUR); OLG Jena FamRZ 2010, 1733: offensichtlich mit Blick auf diese Grenze ohne Begr. bejaht bei 300.000 EUR.

[33] IdS auch *Gernhuber/Coester-Waltjen* FamR § 35 Rn. 33.

zugunsten einer Einzelfallbetrachtung[34] ist abzulehnen. Die dadurch entstehende Rechtsunsicherheit führt dazu, dass Zustimmungen wegen der Unberechenbarkeit der richterlichen Entscheidung rein vorsorglich in weit über das gesetzlich vorgesehene Maß hinaus gefordert werden.

30 **7. Mehrere Rechtsgeschäfte.** Mehrere Rechtsgeschäfte, die in ihrer Gesamtheit den Tatbestand des Gesamtvermögensgeschäfts erfüllen, je für sich betrachtet jedoch unbedenklich sind, **bleiben zustimmungsfrei** auch dann, wenn sie in einem nahen zeitlichen Zusammenhang stehen. Bei der Beurteilung der weiteren Geschäfte ist das Entgelt der vorangehenden als Bestandteil des verbleibenden Vermögens zu berücksichtigen.

31 Alle Geschäfte sind dagegen gebunden, wenn sie nicht nur in zeitlichem, sondern zugleich auch in **sachlichem** Zusammenhang stehen und wirtschaftlich einen einheitlichen Lebensvorgang bilden.[35] Werden die Geschäfte mit verschiedenen Geschäftspartnern abgeschlossen, sind sie alle zustimmungsbedürftig, sofern sie eine den Beteiligten bewusste Zweckeinheit bilden und auf einem Gesamtplan beruhen. In diesem Falle ist die äußere Trennung mehr zufälliger Natur, die vor der finalen Einheit der sukzessiven Geschäfte zurücktreten muss. Notwendig ist allerdings, dass bei jedem einzelnen Geschäftspartner das – mit dem Bewusstsein von der Zweckeinheit nicht notwendig verbundene – subjektive Tatbestandselement des § 1365 gegeben ist,[36] sofern man ein solches für notwendig hält (→ Rn. 32 ff.). Fehlt es bei einzelnen, während es bei anderen vorhanden ist, so sind die Geschäfte mit jenen zustimmungsfrei, mit diesen aber nicht.

## IV. Gesamtvermögensgeschäft: subjektiver Tatbestand

32 **1. Problemaufriss.** Die Bestimmung des Gesamtvermögensgeschäfts auf der Grundlage der Einzeltheorie führt zu einer erheblichen **Gefährdung der Sicherheit des Rechts- und Geschäftsverkehrs.** Keine der gesetzlichen Gutglaubensvorschriften schützt den mit einem Ehegatten kontrahierenden Dritten davor, dass dessen Vertragspartner sich auf die Zustimmungsbedürftigkeit des Geschäfts beruft und nachweist, dass der erworbene (einzelne) Gegenstand wirtschaftlich sein gesamtes Vermögen ausmachte. Mit der Unwirksamkeit des Erwerbs droht dem Dritten nicht nur die Rückabwicklung des Geschäfts, auch eventuell getätigte Weiterveräußerungen erweisen sich als unsicher, denn im Verhältnis des Dritten zu späteren Erwerbern gelten die allgemeinen Vorschriften über den Erwerb vom Nichtberechtigten (→ Rn. 9).

33 **2. Subjektive Theorie. a) Kenntnis.** Rspr. und Lit. ergänzen deshalb § 1365 um eine – ungeschriebene – **subjektive Tatbestandsvoraussetzung.** Danach ist zur Anwendung der Norm zusätzlich erforderlich, dass der Erwerber positiv **weiß,** dass es sich bei dem Geschäftsobjekt um das gesamte Vermögen seines Gegenübers handelt oder dass er zumindest die **Umstände kennt,** aus denen sich das ergibt.[37] Mit diesem subjektiven Erfordernis wird der Anwendungsbereich des § 1365 eingeschränkt, der Handlungsfreiheit der Ehegatten und dem Verkehrsschutz Priorität vor den ehe- und familienrechtlichen Interessen eingeräumt. Gegenüber dieser **strengen** subjektiven **Theorie** nicht durchgesetzt hat sich die den Anwendungsbereich des § 1365 weniger einschränkende sog. **gemäßigte** subjektive **Theorie.** Nach dieser trifft den Dritten nur die Pflicht, sich im Rahmen des Möglichen und Zumutbaren über die Vermögensverhältnisse seines Vertragspartners zu informieren. Ist er dieser Pflicht fahrlässig nicht nachgekommen, soll – sozusagen als Sanktion – § 1365 anwendbar und das Gesamtvermögensgeschäft zustimmungsbedürftig sein, obgleich er weder positiv wusste noch Kenntnis von den Umständen hatte, aus denen sich ergab, dass sein Geschäftspartner über sein nahezu gesamtes Vermögen kontrahierte.[38]

34 Das Risiko, mit einem Geschäftspartner zu kontrahieren, den er **irrtümlich für unverheiratet** hält, wie auch das Risiko, dem **Schein einer Zustimmung** zu vertrauen, die in Wahrheit nicht erteilt wurde, wird dem Dritten nicht abgenommen. Die Erweiterung des § 1365 um die subjektive Tatbestandsvoraussetzung dient allein der Abschwächung der Gefahren, die die hM mit der Ausdehnung des Anwendungsbereichs der Norm – durch die Interpretation des Gesamtvermögensgeschäfts auf der Basis der Einzeltheorie – für die Verkehrssicherheit überhaupt erst geschaffen hat.

---

[34] RGRK-BGB/*Finke* Rn. 3; bedingt auch *Rauscher* FamR Rn. 385; Staudinger/*Thiele,* 2017, Rn. 27, die 10 % nur als Regelgrenze vorschlagen.

[35] OLG Brandenburg FamRZ 1996, 1015; OLG Köln NotBZ 2012, 461 = BeckRS 2012, 14533; Staudinger/*Thiele,* 2017, Rn. 33; Bamberger/Roth/*Siede* Rn. 16.

[36] OLG Hamm NJW 1960, 1466.

[37] BGHZ 64, 246 (247) = NJW 1975, 1270; BGHZ 132, 218 (220) = NJW 1996, 1740; OLG Koblenz FamRZ 2009, 1192; OLG Jena FamRZ 2010, 1733; Bamberger/Roth/*Siede* Rn. 17; Staudinger/*Thiele,* 2017, Rn. 20 ff.; *Gernhuber/Coester-Waltjen* FamR § 35 Rn. 37; *Rauscher* FamR Rn. 386.

[38] *Mülke* AcP 161 (1962), 129 (149 ff.); *Dölle* FamR I 753 f.

Auf den **Wissensstand des veräußernden Ehegatten** kommt es nach allgM nicht an. Weder muss er Kenntnis von der wirtschaftlichen Bedeutung des Geschäftsobjekts haben[39] noch um den Kenntnisstand seines Geschäftspartners wissen – obwohl die Zustimmungsbedürftigkeit des Geschäfts von diesen Umständen abhängt. 35

**b) Zeitpunkt.** Entscheidender Zeitpunkt für den Kenntnisstand des mit dem Ehegatten kontrahierenden Dritten ist die Vornahme des Rechtsgeschäfts, nicht dessen Erfüllung. In der Abfolge von Verpflichtungs- und Verfügungsgeschäft kommt es also auf den Abschluss des **Verpflichtungsgeschäfts** an.[40] Hat der Dritte zu diesem Zeitpunkt nicht gewusst, dass sein Vertragspartner über sein (nahezu) gesamtes Vermögen verfügt, ist sein Vertrauen auf die Durchführung des Geschäfts im Interesse der Sicherheit des Rechtsverkehrs zu schützen. Das Erfüllungsgeschäft bleibt mithin zustimmungsfrei, auch wenn der Geschäftspartner zwischenzeitlich Kenntnis vom Vorliegen eines Gesamtvermögensgeschäfts erlangt hat. Gegenmeinungen haben sich zu Recht nicht durchgesetzt. Der mit der subjektiven Theorie bezweckte Schutz des Rechtsverkehrs wird nicht erreicht, wenn man auf den Kenntnisstand des – bei Abgabe der ihn rechtsgeschäftlich bindenden Willenserklärung nichts ahnenden – Geschäftspartners bei Vollendung des Erwerbsakts[41] oder bei Grundstücksgeschäften auf die Antragseingänge beim Grundbuchamt auf Eintragung einer Auflassungsvormerkung oder Umschreibung des Eigentums[42] abstellt. 36

**c) Beweislast.** Da die hM die Kenntnis des Geschäftspartners als Tatbestandsvoraussetzung in den § 1365 einstellt, trifft die **Beweislast** für ihr Vorliegen denjenigen Ehegatten, der sich auf die Unwirksamkeit des Rechtsgeschäfts beruft.[43] Das kann der handelnde Ehegatte sein, der – im Einvernehmen mit dem übergangenen – von der dem Dritten gegenüber eingegangenen Verbindlichkeit loskommen will, meist aber ist es der übergangene Ehegatte, der sein Revokationsrecht aus § 1368 ausübt. Da es sich bei der Kenntnis um eine innere Tatsache handelt, ist sie durch Schlussfolgerungen zu beweisen. Sind Ehegatte und Dritter miteinander verwandt, können die Umstände – etwa enger Kontakt des erwerbenden Sohnes zu seinem Vater – bei einfach gelagerten, überschaubaren Vermögensverhältnissen die Kenntnis von den wirtschaftlichen Verhältnissen nahelegen.[44] Einen Erfahrungssatz aber, wonach Kinder über die Vermögenssituation ihrer – die finanziellen Angelegenheiten selbstständig regelnden – Eltern näher informiert sind, gibt es nicht.[45] 37

**3. Objektive Theorie.** Nicht durchzusetzen vermocht hat sich die objektive Theorie, die § 1365 ohne Rücksicht auf die Kenntnis des Erwerbers von der wirtschaftlichen Bedeutung des Geschäftsgegenstandes angewendet wissen wollte[46] und damit dem Familienschutz Vorrang vor den Interessen des Rechtsverkehrs eingeräumt hat. 38

**4. Vermittelnde/gemäßigte Theorie.** Nicht durchgesetzt hat sich auch die Meinung, die nicht allgemein auf den Verkehrsschutz, sondern auf die geringere Schutzwürdigkeit des Dritten im Falle unentgeltlichen Erwerbs abstellt und die **subjektive Theorie** nur in den Fällen des **entgeltlichen Erwerbs** heranzieht.[47] Den Interessen des Erwerbers – durch Anwendung der subjektiven Theorie – nur Vorrang einzuräumen, wenn er eine Gegenleistung erbracht hat, sie aber – durch Anwendung der objektiven Theorie –, denen der Familie unterzuordnen, wenn das nicht der Fall ist, überzeugt nicht. Diese Lösung nämlich stellt die Interessen des Dritten zu sehr in den Vordergrund und berücksichtigt nicht, dass die damit verbundene Erweiterung des Anwendungsbereichs des § 1365 zu Lasten des allgemeinen Wirtschaftsverkehrs geht. Auch im Falle des unentgeltlichen Erwerbs von einem Ehegatten hängt die Verkehrsfähigkeit des Geschäftsgegenstandes schließlich allein von der Redlichkeit späterer Erwerber ab. 39

---

[39] Staudinger/*Thiele,* 2017, Rn. 20; Erman/*Budzikiewicz* Rn. 11b; Bamberger/Roth/*Siede* Rn. 17; offengelassen in BGHZ 43, 174 (178) = NJW 1965, 909.

[40] BGHZ 106, 253 (257) = NJW 1989, 1609; BGH NJW-RR 1990, 1154 = FamRZ 1990, 970; BayObLG FamRZ 1988, 503; Staudinger/*Thiele,* 2017, Rn. 24, 93; Palandt/*Brudermüller* Rn. 10; Bamberger/Roth/*Siede* Rn. 18; Rauscher FamR § 17 Rn. 386.

[41] LG Osnabrück FamRZ 1973, 652; OLG Saarbrücken FamRZ 1984, 587 mAnm *Bosch;* Soergel/*Czeguhn* Rn. 7.

[42] OLG Frankfurt FamRZ 1986, 275; LG Oldenburg NJW 1980, 790; *Tiedtke* FamRZ 1976, 320; *Böhringer* BWNotZ 1987, 56.

[43] BGHZ 43, 174 (177) = NJW 1965, 909; BGH NJW-RR 1990, 1154 = FamRZ 1990, 970; Staudinger/*Thiele,* 2017, Rn. 25.

[44] OLG Celle FamRZ 1987, 942.

[45] OLG Koblenz FamRZ 2008, 1078.

[46] LG Berlin FamRZ 1959, 64; *Finger* JZ 1975, 461; AK-BGB/*Fieseler* Rn. 5.

[47] *Wolf* JZ 1997, 1087; *Rauscher* FamR Rn. 386: „erwägenswert"; *Battes* EheR, 2018, § 20, 365: „ernsthaft zu erwägen".

### V. Zustimmungsfreie Geschäfte

40 **1. Verfügungen von Todes wegen.** Unter § 1365 fallen nur Rechtsgeschäfte unter Lebenden, nicht Verfügungen von Todes wegen. Der das Erbrecht beherrschende Grundsatz der Testierfreiheit wird durch die ehegüterrechtliche Regelung des § 1365 nicht angetastet.[48] Ehegatten steht es also frei, durch einseitige letztwillige Verfügungen ebenso wie durch Erbverträge Anordnungen über ihr gesamtes Vermögen zu treffen.

41 **2. Schenkungen auf den Todesfall.** Nach Rspr. und überwM der Lit. liegt Verträgen zugunsten Dritter auf den Todesfall im Valutaverhältnis eine Schenkung iSd §§ 516 ff. und damit ein Rechtsgeschäft unter Lebenden zugrunde (→ 7. Aufl. 2017, § 2301 Rn. 31 ff.). Damit unterliegen diese Verträge, sofern sie das (nahezu) gesamte Vermögen erfassen, der eherechtlichen Zustimmungspflicht des § 1365. Die schenkweise Begünstigung eines Dritten in einem (Bau-)Sparvertrag oder Lebensversicherungsvertrag ist somit zustimmungspflichtig, auch wenn sie erst nach dem Tod des verheirateten Versprechensempfängers realisiert werden soll. Nach der Gegenansicht ist die der Vermögensverschiebung zwischen Versprechensempfänger und Drittem zugrundeliegende causa erbrechtlicher Art, sodass im Valutaverhältnis § 2301 anzuwenden ist. Finden nach Abs. 1 die Vorschriften über Verfügungen von Todes wegen Anwendung, ist das Rechtsgeschäft auf der ehegüterrechtlichen Ebene zustimmungsfrei. Im Ergebnis wird im Fall des Vertrages zugunsten Dritter auf den Todesfall also die Freiheit von den Formen des Erbrechts erkauft mit der familienrechtlichen Bindung an die Zustimmung des Ehegatten und vice versa.[49]

42 **3. Realakte.** § 1365 fordert die Einwilligung des Ehegatten nur für Verpflichtungsgeschäfte, die durch eine Verfügung erfüllt werden. Zustimmungsfrei sind deshalb Verpflichtungen, die die Vornahme eines tatsächlichen Aktes zum Gegenstand haben, auch wenn durch diesen das (nahezu) ganze Vermögen des Verpflichteten betroffen ist. Die Realakte selbst – der Abbruch des Hauses etwa, die Verarbeitung oder die Verbindung – können schon deshalb nicht der Zustimmungspflicht des § 1365 unterliegen, weil sie als tatsächliche Akte überhaupt nicht unwirksam sein können.[50]

43 **4. Gebrauchsüberlassungsverträge.** Geschäfte, die lediglich dazu verpflichten, den Gebrauch einer Sache zu überlassen, die nach Ablauf des Schuldverhältnisses zurück zu gewähren ist, sind ebenfalls nicht an die Zustimmung des Ehegatten gebunden. Miete und Pacht, die hier typischerweise in Rede stehenden Vertragsverhältnisse, zielen nicht auf eine Änderung der dinglichen Rechtslage an der Sache und fordern zu ihrer Erfüllung **keine Verfügungen.** Eine analoge Anwendung des § 1365 ist im Hinblick auf den Ausnahmecharakter der Vorschrift, die zu Lasten des allgemeinen Rechtsverkehrs die Handlungsbefugnisse des verheirateten Eigentümers einschränkt, nicht zu befürworten.[51]

44 **5. Zahlungsverbindlichkeiten.** § 1365 fordert die Einwilligung des Ehegatten nur für Rechtsgeschäfte, die zu Verfügungen verpflichten, dh zu Handlungen, die die unmittelbare Änderung der dinglichen Rechtslage zur Folge haben. **Zustimmungsfrei** sind nach – allerdings umstrittener – allgM deshalb alle **Geschäfte,** die lediglich **Zahlungsverpflichtungen** begründen, auch wenn durch sie der zwangsvollstreckungsrechtliche Zugriff Dritter auf das gesamte Vermögen des Ehegatten ermöglicht wird.[52] Gleichgültig ist dabei, aus welchem Geschäft die Zahlungsverpflichtung resultiert: ob aus einem Kauf- oder Darlehensvertrag, einem Schuldanerkenntnis bzw. Schuldversprechen,[53] ob aus einer Bürgschaft[54] oder einem Garantievertrag,[55] ob aus einem Schuldbeitritt oder einer Erfüllungsübernahme. Die Gegenmeinung weist darauf hin, dass zur Erfüllung einer Zahlungsverbindlichkeit schließlich auch eine Verfügung erforderlich ist und sich der Ehegatte mit deren Eingehung mithin verpflichtet, über sein Geldvermögen zu verfügen. Sie plädiert von daher unter Hinweis auf den Schutzzweck der Norm für deren Anwendung auch hier.[56]

---

48 BGHZ 40, 218 = NJW 1964, 347; BGH NJW 1969, 1343 = FamRZ 1969, 323; Staudinger/*Thiele,* 2017, Rn. 11; Erman/*Budzikiewicz* Rn. 26; Bamberger/Roth/*Siede* Rn. 19.28.

49 *Gernhuber/Coester-Waltjen* FamR § 35 Rn. 9; *Olzen* Jura 1988, 13.

50 Staudinger/*Thiele,* 2017, Rn. 9; Bamberger/Roth/*Siede* Rn. 19.22.

51 Staudinger/*Thiele,* 2017, Rn. 57.

52 BGH MittBayNot 2008, 387 = FamRZ 2008, 1435; ZIP 1983, 276 = FamRZ 1983, 455; OLG Rostock NJW 1995, 3127; Staudinger/*Thiele,* 2017, Rn. 6; Bamberger/Roth/*Siede* Rn. 3; Erman/*Budzikiewicz* Rn. 3.

53 LG Mannheim FamRZ 1961, 316.

54 BGH ZIP 1983, 276 = FamRZ 1983, 455 mAnm *Bosch*; OLG München OLGZ 1982, 73; RGRK-BGB/*Finke* Rn. 7.

55 OLG Frankfurt MDR 1968, 923; Palandt/*Brudermüller* Rn. 5.

56 *Rauscher* FamR Rn. 387; *Schwab* FamR Rn. 258; *Battes* EheR, 2018, § 20, 362 f.; *Dethloff* FamR § 5 Rn. 67; *Mülke* AcP 161 (1962), 129 (144 ff.); *Braun* FS Musielak, 2004, 119 (137); *M. Schwab* FS Schwab, 2005, 565

Einigkeit besteht darüber, dass die Eingehung einer Zahlungsverbindlichkeit bei entsprechender Wertrelation von Schuldbetrag und Bestand des gegenwärtigen Vermögens dann zustimmungspflichtig ist, wenn der Ehegatte und der Dritte ihre Vereinbarung in der Absicht trafen, § 1365 **zu umgehen.**[57] Das kann zB der Fall sein, wenn ein Ehegatte ein abstraktes Schuldanerkenntnis abgibt und sich darin über einen Betrag in Höhe seines ganzen Vermögens der sofortigen Zwangsvollstreckung unterwirft, statt sich direkt zur Übertragung seines gesamten Vermögens zu verpflichten. 45

**6. Bewilligung einer Vormerkung.** Die Bewilligung einer Vormerkung ist zustimmungsfrei.[58] Das ergibt sich daraus, dass die Vormerkung als akzessorisches Sicherungsmittel vom Bestehen des schuldrechtlichen Anspruchs abhängig ist, dieser aber nur entsteht, wenn das Verpflichtungsgeschäft wirksam ist. Ist das aber der Fall, kann der Veräußerer zustimmungsfrei erfüllen – und auch seine Verfügungsmacht zur Sicherung der Erfüllung zustimmungsfrei binden. 46

**7. Rechtsstreitigkeiten.** Außerhalb des Anwendungsbereiches des § 1365 liegen verfahrensrechtliche Handlungen. Volle Verwaltungsfreiheit haben die Ehegatten demzufolge in Bezug auf die Führung eines Rechtsstreits und zwar einschließlich der Dispositionen über den Streitgegenstand. Nur der **Prozessvergleich** ist, wenn er nahezu das ganze Vermögen des prozessierenden Ehegatten erfasst, § 1365 zu unterwerfen.[59] Das gilt auch dann, wenn man ihn als reine Prozesshandlung qualifiziert und nicht mit der hM von seiner Doppelnatur, sowohl Prozesshandlung als auch materielles Rechtsgeschäft, ausgeht.[60] Die Qualifizierung als rein prozessualer Vertrag ändert nämlich nichts daran, dass Rechtsfolge des Vergleichs die Änderung der materiell-rechtlichen Lage des Streitgegenstandes ist. Auf eine wie eine materiell-rechtliche Verfügung wirkende Prozesshandlung aber kann § 1365 im Wege der Auslegung direkt angewendet werden, einer Analogie bedarf es nicht.[61] 47

**Klageverzicht** (§ 306 ZPO) und **Anerkenntnis** (§ 307 ZPO) sind § 1365 **nicht zu unterwerfen.**[62] Sie sind nach hM Prozesshandlungen, die lediglich die Rechtsverfolgung betreffen, aber keine materiell-rechtlichen Wirkungen zeitigen. Da die ihnen folgenden Sachentscheidungen keine Rechtskraft gegen den anderen Ehegatten entfalten, diesem mithin gegen die in Rede stehende Verfügung nach wie vor die Revokation des § 1368 zur Verfügung steht, bedarf er auch keines weiteren Schutzes. 48

**8. Zwangsvollstreckung.** Keiner Zustimmung bedürfen **Zwangsvollstreckungsmaßnahmen Dritter,** mit denen das gesamte Vermögen eines Ehegatten erfasst wird. Normadressat des § 1365 sind die Ehegatten, nicht deren Gläubiger.[63] § 1365 beschränkt deshalb den Gläubiger auch nicht in der Auswahl der Vollstreckungsmaßnahme. So ist dieser nicht gehindert, den Anspruch des Ehegatten auf Aufhebung der Miteigentumsgemeinschaft zu pfänden, um die Teilungsversteigerung zu betreiben, statt auf den Miteigentumsanteil zuzugreifen.[64] Ebenso kann der Dritte dem nach § 1368 revozierenden Ehegatten gegenüber mit einer ihm gegen den handelnden Ehegatten zustehenden Forderung **aufrechnen** (→ § 1368 Rn. 19).[65] Da die Aufrechnung der kostengünstigste und schnellste Weg ist, Erfüllung einer Forderung zu erlangen und insofern die Zwangsvollstreckung ersetzt, ist der übergangene Ehegatte vor ihr ebenso wenig geschützt wie vor der Zwangsvollstreckungsmaßnahme selbst. Zustimmungsbedürftig sind allerdings Entscheidungen, die einen Ehegatten zur **Abgabe einer Willenserklärung** verurteilen, die § 1365 unterliegen würde, wenn sie freiwillig abgegeben würde. Das rechtskräftige Urteil ersetzt zwar die Willenserklärung (§ 894 ZPO), dagegen nicht die Voraussetzungen, unter denen sie rechtsgeschäftliche Wirksamkeit entfaltet. 49

Als rein prozessuale Erklärung ist die **Unterwerfung unter die sofortige Zwangsvollstreckung** (§ 794 Abs. 1 Nr. 5 ZPO, § 800 ZPO) niemals an die Einwilligung des Ehegatten gebunden.[66] 50

---

für Bürgschaften; *Wellenhofer* FamR § 14 Rn. 7 für Bürgschaften; AG Delmenhorst FamRZ 1959, 243 für Kaufverträge; Staudinger/*Thiele,* 2017, Rn. 6 für Kaufverträge.

57 LG Wuppertal NJW 1960, 1468; Staudinger/*Thiele,* 2017, Rn. 6.

58 BayObLG FamRZ 1976, 222; Staudinger/*Thiele,* 2017, Rn. 53; Palandt/*Brudermüller* Rn. 5; Bamberger/Roth/*Siede* Rn. 19.3.

59 Staudinger/*Thiele,* 2017, Rn. 10; RGRK-BGB/*Finke* Rn. 7; Bamberger/Roth/*Siede* Rn. 19.21; Soergel/*Czeguhn* Rn. 11.

60 Zum Streitstand MüKoZPO/*Wolfsteiner* ZPO § 794 Rn. 11 ff.

61 So aber *Gernhuber/Coester-Waltjen* FamR § 35 Rn. 11.

62 Staudinger/*Thiele,* 2017, Rn. 10; Soergel/*Czeguhn* Rn. 11; Bamberger/Roth/*Siede* Rn. 19.21.

63 OLG Hamburg NJW 1970, 952; OLG Düsseldorf NJW 1991, 851.

64 OLG Karlsruhe FamRZ 2004, 629; OLG Köln NJW-RR 1989, 325; LG Bielefeld Rpfleger 1989, 518; wohl auch BGH NJW 2006, 849 = FamRZ 2006, 410.

65 BGHZ 143, 356 = NJW 2000, 1947 = FamRZ 2000, 744.

66 BGH NJW 2008, 3363 = FamRZ 2008, 1613; Staudinger/*Thiele,* 2017, Rn. 55; Soergel/*Czeguhn* Rn. 15; Erman/*Budzikiewicz* Rn. 3; Bamberger/Roth/*Siede* Rn. 19, 35.

Wehren kann sich der übergangene Ehepartner nur gegen die Begründung der Verpflichtung, zu deren erleichterter Durchsetzung die Unterwerfungsklausel dient.

## VI. Handeln Dritter für die Ehegatten

51 **1. Stellvertreter, Verfügungsberechtigte.** Die Beschränkung der Rechtsmacht gilt auch für Dritte, die an Stelle der Ehegatten handeln und ihre Rechtsmacht von diesen ableiten. Demzufolge bedürfen Stellvertreter (§ 164) und Verfügungsberechtigte (§ 185) der Zustimmung, wenn sie ein Gesamtvermögensgeschäft vornehmen. Die Erteilung der Vollmacht durch den Ehegatten nach § 167 ist dagegen ebenso zustimmungsfrei wie die Erteilung der Verfügungsberechtigung nach § 185 Abs. 1.[67] Da § 1365 den Ehegatten nicht hindert, das zustimmungspflichtige Geschäft vorzunehmen, kann er damit auch einen Dritten beauftragen. Erst das von diesem ausgeführte Geschäft bedarf, wie wenn der Ehegatte es selbst vorgenommen hätte, der Zustimmung.

52 Genehmigen Ehegatten gemäß § 177 Abs. 1 bzw. § 185 Abs. 2 Rechtsgeschäfte, die **Vertreter ohne Vertretungsmacht** oder **Nichtverfügungsberechtigte** getätigt haben, so bedarf die Genehmigung der Zustimmung des Ehepartners. In beiden Fällen nämlich betrifft die Genehmigung die materiell-rechtliche Wirksamkeit des abgeschlossenen Rechtsgeschäfts und nicht mehr die Erteilung von Rechtsmacht.[68]

53 **2. Eigenständig handelnde Dritte.** Frei von den Bindungen des § 1365 sind nach allgM alle **von Amts wegen** handelnden Treuhänder, also Insolvenzverwalter,[69] Nachlassverwalter und Zwangsverwalter. Abgesehen davon, dass sie ihre Rechtsmacht nicht von dem Ehegatten ableiten, der Normadressat des § 1365 ist, haben sie bei der Verwaltung von dessen Vermögen auch die Interessen Dritter wahrzunehmen.

54 Frei von den familienrechtlichen Bindungen des § 1365 ist nach hM auch der **Testamentsvollstrecker.**[70] Dieser ist zwar rechtsgeschäftlich von dem Normadressaten des § 1365 eingesetzt, handelt nach dessen Tod aber nicht als Stellvertreter, sondern als Amtsperson.

## VII. Anwendung im Grundstücksrecht

55 **1. Bedeutung.** Die Einzeltheorie hat dem § 1365 im Grundstücksrecht einen Anwendungsbereich erschlossen, dessen praktische Bedeutung von keinem anderen Anwendungsbereich erreicht wird. Grundstücke sind innerhalb eines Vermögens in der Regel Güter von besonders hohem Wert. Von daher sind in erster Linie sie die Geschäftsobjekte, die das (nahezu) ganze Vermögen eines Ehegatten bilden. Im Hinblick auf die deshalb bei Grundstücksgeschäften bestehenden Mitwirkungsrechte hat ein in Zugewinngemeinschaft lebender Ehegatte grundsätzlich auch ein **berechtigtes Interesse** iSd § 12 Abs. 1 S. 1 GBO an **Einsichtnahme in die Grundbücher,** in denen der andere als Eigentümer eingetragen ist.[71]

56 **2. Verkauf und Auflassung.** Handelt es sich bei der Grundstückstransaktion des Ehegatten um ein Gesamtvermögensgeschäft, sind Verkauf und Auflassung gebunden, unabhängig davon, ob Geschäftsgegenstand ein ganzes Grundstück ist oder auch nur der Miteigentumsanteil an einem solchen. Ist allerdings eine **Teilfläche** des veräußerten Grundstücks zurückzugeben und der darauf gerichtete **Rückübertragungsanspruch** durch eine Vormerkung gesichert, hat der Ehegatte die Teilfläche insofern praktisch nicht aus der Hand gegeben, als mit der dinglichen Sicherung die Rückübertragung feststeht – der zurückzugebende Grundstücksteil kann mithin als in seinem Vermögen verblieben gewertet werden.[72]

57 **3. Vorkaufsrechte.** Frei ist jeder Ehegatte in der Begründung von Vorkaufsrechten.[73] Ein **obligatorisches** Vorkaufsrecht (§§ 463 ff.) verpflichtet den es einräumenden Ehegatten zunächst zu nichts. Die Bestellung eines **dinglichen** Vorkaufsrechts (§§ 1094 ff.) ist zwar eine Verfügung über das Grundstück, jedoch keine, die vom Schutzzweck des § 1365 tangiert wird, denn sie mindert den Inhalt des Eigentums nicht. Schutzbedürftig wird der andere Ehegatte erst, wenn der Kaufvertrag abgeschlossen wird, der den Vorkaufsfall und die Rechte des Dritten auslöst.

---

67 Staudinger/*Thiele,* 2017, Rn. 12.
68 Staudinger/*Thiele,* 2017, Rn. 12.
69 Aktuell bestätigt OLG Naumburg BeckRS 2017, 150176 = FamRZ 2018, 1741 Ls.
70 Staudinger/*Thiele,* 2017, Rn. 13; Erman/*Budzikiewicz* Rn. 5; Bamberger/Roth/*Siede* Rn. 6.
71 OLG Rostock NJW-RR 2012, 400.
72 OLG München FamRZ 2005, 272.
73 Staudinger/*Thiele,* 2017, Rn. 50; Palandt/*Brudermüller* Rn. 5; Bamberger/Roth/*Siede* Rn. 19.32; *Mülke* AcP 161 (1962), 129 (146) Fn. 40.

**4. Grundbuchbewilligungen.** Die Eintragungsbewilligung des § 19 GBO dient lediglich der Abwicklung eines materiell-rechtlich bereits begründeten Anspruchs und unterfällt als verfahrensrechtliche Maßnahme des Grundbuchrechts nicht dem Schutzbereich des § 1365. Der übergangene Ehegatte kann sich nur gegen das Verfügungsgeschäft, dessen Vollzug sie dient, wehren. Das gleiche gilt auch für die Bewilligung der Löschung eines Grundpfandrechts; auch hier kann § 1365 nur auf die materiell-rechtliche Aufgabeerklärung (§ 875) angewendet werden.[74] 58

**5. Teilungsversteigerung.** Nach Rspr. und überw. Lit. ist der **Antrag** auf Anordnung der Zwangsversteigerung zum Zwecke der Aufhebung einer Miteigentümergemeinschaft (§ 180 iVm § 15 ZVG) zustimmungsbedürftig, wenn der Grundstücksanteil das (nahezu) gesamte Vermögen des Ehegatten darstellt. Da der Versteigerungsantrag in diesem Fall auf die Veräußerung eines Grundstücks(-anteils) zielt, über den der Ehegatte allein nicht verfügen darf, gebietet, so die Begründung, der Schutzweck des § 1365 dessen **analoge Heranziehung.**[75] Die direkte Anwendung[76] verbietet sich insofern, als der Antrag nach § 180 ZVG verfahrensrechtlicher Natur ist und weder eine materiell-rechtliche Verfügung über das Miteigentum noch eine Verpflichtung hierzu enthält. Nach der Person der anderen Miteigentümer differenzieren Lit. und Rspr. nicht. Sie unterwerfen den Antrag auf Teilungsversteigerung der Zustimmung des Ehepartners unabhängig davon, ob die Miteigentümergemeinschaft nur aus den beiden Ehegatten besteht oder ob Dritte beteiligt sind. Bereits den Antrag zustimmungspflichtig zu machen und **nicht erst den Zuschlag** in der Versteigerung, durch den der Eigentumsübergang erfolgt, gebietet nach allgM die Verfahrensökonomie. Bei Zustimmungspflichtigkeit erst des Zuschlages käme es vielfach zu unnötigen Versteigerungsverfahren.[77] 59

**Gegen** diese Ausdehnung des Anwendungsbereichs des § 1365 im Wege der **Analogie** spricht, dass es nicht dessen Sinn ist, Ehegatten auch die Freiheit zur Beendigung von Gemeinschaftsverhältnissen zu nehmen.[78] Das gilt zunächst für die **Miteigentumsgemeinschaft mit einem Dritten.** Abgesehen davon, dass hier der Dritte ohnehin jederzeit den Antrag auf Aufhebung der Gemeinschaft stellen kann (§ 749), geht es zu weit, ihre Beendigung durch den verheirateten Beteiligten vom Willen eines außenstehenden Dritten abhängig zu machen. In dieser Konstellation geht es nicht mehr nur um die Beschränkung der Handlungs- und Verwaltungsbefugnisse eines Ehegatten in Bezug auf sein Eigentum, sondern um die Einschränkung der allgemeinen Entscheidungsfreiheit über die Zugehörigkeit zu einer personal geprägten Gemeinschaft. Ein derart weitgehender Eingriff in die Sphäre bürgerlicher Selbstbestimmung ist durch die Interessen der Familie nicht gerechtfertigt. Aus dem gleichen Grund verbietet sich auch die entsprechende Anwendung des § 1365 auf den Teilungsversteigerungsantrag im Fall der **Miteigentumsgemeinschaft der Ehegatten.** Deren Bestand kann der andere Ehegatte nur mit Hilfe des § 1353 Abs. 1 S. 2 sichern, der die Handlungsfreiheit und Rechtsausübung eines Ehegatten unter den Vorbehalt der Rücksichtnahme auf die eheliche Beziehung stellt. Ob das Betreiben der Teilungsversteigerung gegenüber dem anderen Ehegatten rücksichtslos ist, ist unter **Abwägung** der beiderseitigen **Interessen** zu ermitteln. Der sich der Veräußerung widersetzende Ehegatte muss jedenfalls triftige Gründe haben, um die Durchsetzung des Aufhebungsanspruchs des anderen aus §§ 749, 753 Abs. 1 als rücksichtslose und deshalb gemäß § 242 unzulässige Rechtsausübung torpedieren zu können.[79] Im Übrigen spricht gegen die Anwendung des § 1365 auf den Versteigerungsantrag grundsätzlich auch, dass § 180 Abs. 3 ZVG die Einstellung des Zwangsversteigerungsverfahrens aus familienrechtlichen Gründen ausdrücklich regelt, dabei aber allein den Schutz gemeinschaftlicher Kinder erwähnt. Auch § 181 Abs. 2 S. 2 ZVG regelt die Genehmigungsbedürftigkeit der Teilungsversteigerung unter familienrechtlichem Aspekt, ohne den ehegüterrechtlichen Schutz einzubeziehen.[80] 60

Das Fehlen der nach hM erforderlichen Zustimmung ist grundsätzlich mit der **Drittwiderspruchsklage** des § 771 ZPO geltend zu machen. Die **Erinnerung** des § 766 ZPO ist daneben gegeben, wenn das **Vollstreckungsgericht** die Versteigerung anordnet, obwohl es **begründete,** auf konkreten Anhaltspunkten beruhende **Zweifel** an der Zustimmungsfreiheit des Versteige- 61

---

74 Staudinger/*Thiele,* 2017, Rn. 54.

75 BGH NJW 2007, 3124 = FamRZ 2007, 1634; BayObLG FamRZ 1996, 1013; OLG Frankfurt FamRZ 1999, 524; AG Karlsruhe FamRZ 2008, 1641; Staudinger/*Thiele,* 2017, Rn. 46; Erman/*Budzikiewicz* Rn. 17; Bamberger/Roth/*Siede* Rn. 19.27; Palandt/*Brudermüller* Rn. 4.

76 So OLG Köln NJW-RR 2005, 4.

77 Anders – erst Zuschlag zustimmungsbedürftig – OLG Frankfurt FamRZ 1997, 1490; *Sudhof* FamRZ 1994, 1152; *Zimmer/Pieper* NJW 2007, 3104.

78 So auch KG NJW 1971, 711; *Gernhuber/Coester-Waltjen* FamR § 35 Rn. 46; *Gottwald* FamRZ 2006, 1075.

79 Unhaltbar OLG Hamburg FamRZ 2017, 1829: Teilungsversteigerung während des Getrenntlebens grundsätzlich unzulässig; dagegen zu Recht *Kogel* (Anm.); OLG Thüringen FamRZ 2019, 515 = NZFam 2018, 1153 mAnm *Erbarth.*

80 Zu den familienrechtlichen Grenzen des Versteigerungsverfahrens *Brudermüller* FamRZ 1996, 1516.

rungsantrags hat[81] oder sogar positive **Kenntnis** von der Notwendigkeit der Zustimmung zu diesem. Letzteres ist insbes. der Fall, wenn zwischen den Ehegatten nicht streitig ist, dass der zu versteigernde Grundstücksanteil das gesamte Vermögen des die Versteigerung betreibenden Ehegatten darstellt.[82]

62 Endet die Ehe vor dem Abschluss des Verfahrens durch Scheidung, so **konvalesziert der Antrag.** Hier an der Zustimmungsbedürftigkeit festzuhalten, gibt keinen Sinn. Abgesehen davon, dass der Ehegatte den Versteigerungsantrag nach rechtskräftiger Scheidung sofort und völlig ungehindert erneut stellen könnte, bleibt zur Sicherung der Durchsetzung des Zugewinnausgleichsanspruchs – der nach Scheidung einzig verbleibende Normzweck – im laufenden Versteigerungsverfahren hinreichend Zeit, da die Verfügung über den Miteigentumsanteil erst mit dem Zuschlag erfolgt.[83]

63 **6. Eigentümergrundschuld.** Im Bereich der Grundpfandrechte ist jedenfalls die **Bestellung** einer Eigentümergrundschuld (§ 1196) ohne Einwilligung des Ehegatten wirksam – und zwar unabhängig von ihrem Betrag und dessen Verhältnis zum Wert des Grundstücks.[84] Eigentümergrundschulden belasten zwar das Eigentum, entziehen jedoch dem verfügenden Ehegatten keine Rechtsmacht, denn die Schmälerung seiner Eigentumsbefugnisse wird durch die Rechte aus der Grundschuld kompensiert. Durch die Bestellung einer Eigentümergrundschuld werden also die Schutzzwecke des § 1365 nicht tangiert. Erst **spätere Verfügungen** über die Eigentümergrundschuld durch Abtretung oder Belastung bedürfen bei entsprechender Höhe der Einwilligung des Ehegatten.

64 **7. Belastungen anlässlich des Erwerbs.** Ohne Einwilligung des anderen kann der Ehegatte beim Erwerb eines Grundstücks dem Veräußerer zur Sicherung des Restkaufpreises eine Hypothek oder eine Grundschuld bestellen. Dasselbe gilt in Bezug auf jeden anderen den Kaufpreis finanzierenden Kreditgeber.[85] Derartige belastende Verfügungen bleiben nach allgM **zustimmungsfrei,** weil die Verfolgung des Zwecks, vorhandene wirtschaftliche Werte zu erhalten, **nicht** dazu führen darf, den **Rechtserwerb zu erschweren.** Dies gilt auch dann, wenn das Grundstück erst nach dem Erwerb belastet wird. Um den Vermögenserwerb nicht zu behindern, ist die Konstellation hier so zu sehen, als habe der Ehegatte ein belastetes Grundstück erworben. Angesichts der Beliebigkeit, mit der die zeitliche Reihenfolge von Erwerb und Belastung des Grundstücks gesteuert werden kann, ist ein von der Reihenfolge bestimmter Unterschied in der Rechtslage zudem auch wertlos, denn der Veräußerer kann im Einvernehmen mit dem erwerbenden Ehegatten das Grundstück schließlich schon vor der Veräußerung belasten, um der Zustimmungspflicht zu entgehen (→ Rn. 69).

65 **8. Grundpfandrechte.** Nach allgM bedarf die Belastung eines Grundstücks, das das (nahezu) ganze Vermögen des Ehegatten ausmacht, mit Grundpfandrechten (abgesehen vom Fall des Erwerbs → Rn. 64) der Einwilligung des Ehegatten, wenn die Belastung den Grundstückswert ausschöpft **(Erschöpfungstheorie).**[86] Nicht mehr vertreten wird die Ansicht, dass eine Belastung ohne Rücksicht auf ihre Höhe und ihr Verhältnis zum Wert des Grundstücks der Zustimmung bedarf.[87] Dieser Ansicht musste zwar rechtsdogmatische Folgerichtigkeit zugestanden werden – jede Belastung stellt schließlich eine Verfügung über das Grundstück im Ganzen dar –, doch verlor sie ihre Überzeugungskraft im Hinblick auf die Veräußerungsbefugnis des Eigentümers: Wer einen Teil seines Grundstücks frei veräußern kann, muss auch in der Lage sein, dieses in entsprechenden Wertgrenzen mit Grundpfandrechten zu belasten. Die heute hM reduziert daher § 1365 teleologisch und wendet die Norm nur auf Verfügungen an, die das Grundvermögen nicht nur juristisch, sondern auch wirtschaftlich im Ganzen betreffen.

---

81 OLG Hamm FamRZ 1979, 128; LG Bielefeld FamRZ 2006, 1047; AG Karlsruhe FamRZ 2008, 1641; abw. OLG Stuttgart FamRZ 2007, 1830: Erinnerung grds. zulässig, weil einfacherer und kostengünstigerer Weg.

82 BGH NJW 2007, 3124 = FamRZ 2007, 1634; OLG Bremen FamRZ 1984, 272; LG Bielefeld Rpfleger 1986, 271 mAnm *Böttcher.*

83 OLG Celle FamRZ 1983, 591.

84 OLG Frankfurt Rpfleger 1960, 289; OLG Hamm ZIP 1982, 1128 (1129); Staudinger/*Thiele,* 2017, Rn. 49; RGRK-BGB/*Finke* Rn. 18; Soergel/*Czeguhn* Rn. 13.

85 BGHZ 132, 218 (227) = NJW 1996, 1740; Staudinger/*Thiele,* 2017, Rn. 56; Bamberger/Roth/*Siede* Rn. 19.15; *Gernhuber/Coester-Waltjen* FamR § 35 Rn. 42.

86 BGH NJW 1990, 112; OLG Hamm NJW 1959, 104; OLG Düsseldorf DNotZ 1959, 259; BayObLG FamRZ 1967, 337 (338); Staudinger/*Thiele,* 2017, Rn. 47; Erman/*Budzikiewicz* Rn. 18; Bamberger/Roth/*Siede* Rn. 19.12; *Gernhuber/Coester-Waltjen* FamR § 35 Rn. 42; *Rauscher* FamR Rn. 388.

87 LG Detmold NJW 1958, 1729 mAnm *Hoche* NJW 1958, 2069; LG Bielefeld FamRZ 1958, 376 mAnm *Bosch;* LG Siegen FamRZ 1959, 64.

Gefordert wird mithin die Einwilligung des Ehegatten nur bei der Bestellung von Grundpfandrechten, die **den Wert des Grundstücks** im Wesentlichen **erschöpfen.** Auf eine numerisch exakte Erschöpfungsgrenze hat man sich bislang nicht einigen können. Die in Anlehnung an § 30a Abs. 3 ZVG, § 74a ZVG zunächst genannte Grenze von 70 % des Grundstückswerts[88] wurde allgemein als zu niedrig angesehen und auch andere Prozentsätze waren bislang nicht konsensfähig.[89] Maßgeblich sollten die ökonomischen Daten des Einzelfalls sein, insbes. das Verhältnis zwischen Höhe und Umfang der Belastung und Grundstückswert.[90] Dies führt zu einer Doppelung der Wirkungen der Einzeltheorie. So ist die Bestellung einer Grundschuld etwa § 1365 zu unterwerfen, wenn ihr Betrag den Grundstückswert zu 90 % ausschöpft, sofern das Grundstück seinerseits 90 % des gesamten Vermögens beträgt. Bereits bestehende **Vorbelastungen** des Grundstücks sind bei der Ermittlung, ob die neue Belastung das gesamte Vermögen betrifft, vom Grundstückswert abzusetzen. Konsequenz der wirtschaftlichen Betrachtungsweise ist, dass Belastungen, die nach voller Erschöpfung des Grundstückswertes geschaffen werden, ohne Einwilligung des Ehegatten zulässig sind.[91] 66

Dem **Verkehrsschutz** wird auch bei Belastungsgeschäften durch Anwendung der **subjektiven Theorie** Rechnung getragen. Der Erwerber eines Rechts an einem bereits belasteten Grundstück etwa muss nicht nur wissen, dass das Grundstück selbst das (nahezu) gesamte Vermögen des Bestellenden darstellt, er muss zusätzlich auch Kenntnis von den Vorbelastungen haben und **außerdem wissen,** dass das Vermögen des anderen mit dem ihm jetzt eingeräumten Recht **im Wesentlichen erschöpft** ist.[92] 67

Die Meinung, § 1365 sei auf die Bestellung von Grundpfandrechten grundsätzlich nicht anzuwenden, weil Grundpfandrechte Sicherungsrechte ohne Verlust von Vermögenssubstanz sind,[93] hat sich zu Recht nicht durchgesetzt. Das Argument gehört in den Bereich der Begriffsjurisprudenz, denn es lässt die wirtschaftlichen Wirkungen der dinglichen Belastung außer Betracht. Das Bedenken, dass die einzelfallbezogene wirtschaftliche Betrachtungsweise der hM zu untragbarer Rechtsunsicherheit führt, hat sich nicht realisiert. 68

**9. Dienstbarkeiten.** Dienstbarkeiten sind jedenfalls dann ohne Einwilligung des Ehegatten vom Eigentümer zu bestellen, wenn sie beim Erwerb des Grundstücks „vorbehalten" bleiben. Die Einräumung etwa eines Nießbrauchs oder eines Wohnrechts ist in diesem Fall ebenso wie die Bestellung einer Restkaufgeldhypothek als bloße Erwerbsmodalität zu betrachten (→ Rn. 64).[94] In den übrigen Fällen gilt nach hM auch hier die **Erschöpfungstheorie,** nach der die Zustimmung des Ehegatten nur erforderlich ist, wenn der wirtschaftliche Wert der Dienstbarkeit den Wert des Grundstücks im Wesentlichen ausschöpft (→ Rn. 66).[95] Dazu kommt es aber in der Regel nicht, denn eine Grunddienstbarkeit, ein Wohnrecht oder ein Nießbrauch zehren wirtschaftlich die Grundstückswerte nicht auf. Dazu kommt es nur dann, wenn das Grundstück bereits durch Vorbelastungen wertmäßig ausgehöhlt ist – so etwa bei Einräumung eines Wohnrechts an einem mit Grundpfandrechten hoch belasteten Hausgrundstück.[96] 69

**10. Aufklärungspflicht des Notars.** Notare, die Grundstücksgeschäfte beurkunden, sind gehalten, die Parteien über Existenz und Wirkung des § 1365 aufzuklären, sofern die Anwendung der Norm nicht von vornherein ausscheidet – etwa weil die Parteien Gütertrennung vereinbart haben oder das Geschäft angesichts der zuverlässig bekannten Vermögensverhältnisse offenkundig nicht darunter fällt. Notare sind dagegen grundsätzlich nicht verpflichtet, Nachforschungen anzustellen und Sachaufklärung zu betreiben, um die Frage zu beantworten, ob § 1365 im konkreten Fall anzuwenden ist oder nicht. Etwas anderes gilt nur, wenn ein konkreter Anhaltspunkt dafür vorliegt, dass der Gegenstand des zu beurkundenden Geschäfts das (nahezu) gesamte Vermögen des verheirateten Geschäftspartners ausmacht.[97] 70

---

88 Vgl. *Dölle* FamR I 752.

89 OLG Stuttgart Justiz 1984, 108: zustimmungsfrei bei Belastung bis zu 78 %; Bamberger/Roth/*Siede* Rn. 19.12: Belastung zustimmungsfrei entsprechend den Prozentsätzen der Einzeltheorie, also bis zu 85 % bzw. 90 %.

90 Staudinger/*Thiele,* 2017, Rn. 48; RGRK-BGB/*Finke* Rn. 17; *Rauscher* FamR Rn. 388.

91 BayObLG NJW 1967, 1614; LG Stade Rpfleger 1963, 51 mAnm *Haegele*; Erman/*Budzikiewicz* Rn. 18.

92 BGHZ 123, 93 (95) = NJW 1993, 2441 = FamRZ 1993, 1302.

93 Dazu → 3. Aufl. 1993, Rn. 61 *(Gernhuber).*

94 LG Münster DNotZ 1959, 546; RGRK-BGB/*Finke* Rn. 19; Soergel/*Czeguhn* Rn. 13.

95 BGHZ 123, 93 = NJW 1993, 2441 = FamRZ 1993, 1302; BGH NJW 1990, 112 = FamRZ 1989, 1051; OLG Schleswig JurBüro 1985, 1695; Staudinger/*Thiele,* 2017, Rn. 51; Erman/*Budzikiewicz* Rn. 21; Bamberger/Roth/*Siede* Rn. 19.4.

96 So im Fall BGHZ 123, 93 = NJW 1993, 2441 = FamRZ 1993, 1302.

97 BGHZ 64, 246 (248 f.) = NJW 1975, 1270 mAnm *Steffen* LM Nr. 6; Staudinger/*Thiele,* 2017, Rn. 109; Erman/*Budzikiewicz* Rn. 15.

71 **11. Prüfungspflicht des Grundbuchamtes.** Dem Regel-Ausnahme-Verhältnis von § 1364 und § 1365 entsprechend hat das Grundbuchamt grundsätzlich davon auszugehen, dass der verfügende Ehegatte in seiner Verwaltungsfreiheit nicht beschränkt ist und die Eintragung kein zustimmungsbedürftiges Gesamtvermögensgeschäft betrifft. Hat es jedoch **Kenntnis** von der Notwendigkeit der Zustimmung oder auch nur **begründete Zweifel** an der Zustimmungsfreiheit, hat es gemäß § 18 Abs. 1 GBO den Antrag auf Eintragung entweder zurückzuweisen oder dem Ehegatten eine Frist zur Behebung des Eintragungshindernisses zu bestimmen. Ob sich die Zweifel an der Zustimmungsfreiheit des Geschäfts direkt aus den Eintragungsunterlagen ergeben oder aus sonstigen Umständen, ist irrelevant. Das Legalitätsprinzip verpflichtet das Grundbuchamt jedenfalls, zur Vermeidung unrichtiger Grundbucheintragungen bei Vorliegen **konkreter Anhaltspunkte** für die Zustimmungsbedürftigkeit der Verfügung **Nachforschungen** anzustellen.[98] Solche Anhaltspunkte liegen dem Grundbuchamt nicht vor, wenn das Vorliegen eines Gesamtvermögensgeschäfts iSd § 1365 mit lediglich pauschalen und unbelegten Angaben zum Wert des Grundstücks und der Höhe des dem Ehegatten verbleibenden Restvermögens behauptet wird.[99] Auch zur subjektiven Tatbestandsvoraussetzung des § 1365 müssen **hinreichend konkrete Anhaltspunkte** vorgebracht werden, um begründete Zweifel an der Verfügungsbefugnis des Ehegatten zu wecken. Bloße Vermutungen und Unterstellungen bezüglich der **Kenntnis des Dritten** reichen hier nicht aus.[100] Allein die enge Verwandtschaft des Dritten mit dem veräußernden Ehegatten etwa ist kein Umstand, aufgrund dessen das Grundbuchamt annehmen müsste, dass der Dritte bei Abschluss des – jetzt mit der Eintragung zu erfüllenden – Verpflichtungsgeschäfts wusste, dass sein Vertragspartner über sein gesamtes Vermögen verfügte. Ohne konkrete Hinweise auf das Wissen des Dritten zum damaligen Zeitpunkt muss das Grundbuchamt von der Wirksamkeit des Verpflichtungsgeschäfts ausgehen und die Eintragung, mit der dieses lediglich erfüllt wird, vornehmen (→ Rn. 36).[101]

72 In den Fällen, in denen ein Gesamtvermögensgeschäft iSd § 1365 vorliegt und die Zustimmung des Ehegatten erforderlich ist, ist diese dem Grundbuchamt gemäß § 29 GBO in **öffentlicher Urkunde nachzuweisen.**

## VIII. Anwendung im Recht der Personengesellschaften

73 **1. Abschluss eines Gesellschaftsvertrages.** Zustimmungsbedürftig ist der Abschluss eines Gesellschaftsvertrages durch einen Ehegatten, wenn er die Verpflichtung enthält, das (nahezu) ganze Vermögen auf die GbR, die OHG oder KG zu übertragen.[102] Dass die Übertragung lediglich einen **Wechsel** von der Alleinzuständigkeit des einbringenden Ehegatten **zur gesamthänderischen** Zuständigkeit am Gesellschaftsvermögen herbeiführt, ist **nicht von Belang.** Die Mitberechtigung am Gesellschaftsvermögen stellt eine Gegenleistung dar und ist als solche nicht zu berücksichtigen – sie ändert nämlich nichts daran, dass der Gesellschafter-Ehegatte sein Alleineigentum aufgegeben und seine Vermögenssubstanz umschichtend geschmälert hat (→ Rn. 27).

74 Eine in der Minderheit gebliebene Ansicht sah das anders und wollte Gesellschaftsverträge nur dann an die Zustimmung des Ehepartners binden, wenn sie zu ökonomischen Verlusten führten oder führen konnten. Als Beispiele genannt wurden unangemessen hohe, der Beteiligung nicht entsprechende Einlagen und unangemessen geringe Abfindungsvereinbarungen.[103] Diese **rein wirtschaftliche Betrachtungsweise** aber ist mit den Intentionen des § 1365, der unabhängig von den ökonomischen Folgen vor einseitigen Vermögensumschichtungen schützen will, nicht zu vereinbaren und hat sich deshalb zu Recht nicht durchgesetzt.

75 Üblicherweise werden in Gesellschaftsverträgen in sog. **Güterstandsklauseln** zum Schutz vor Eingriffen außenstehender Ehegatten in die Gesellschaft verheiratete Gesellschafter – sanktionsbewehrt – verpflichtet, die Verfügungsbeschränkungen der §§ 1365, 1369 ehevertraglich auszuschließen.[104] Von daher unterliegen die Gesellschaft betreffende rechtsgeschäftliche Akte eines Ehegatten

---

[98] BGHZ 35, 135 = NJW 1961, 1301; OLG Frankfurt FamRZ 1998, 31; BayObLG FamRZ 1988, 503; OLG Zweibrücken FamRZ 1989, 869; OLG Celle NJW-RR 2000, 384; OLG München FamRZ 2007, 1884: sämtlich: keine hinreichenden Anhaltspunkte; OLG Hamm FamRZ 2004, 1648: Antrag auf Eintragung einer Arresthypothek in das in Rede stehende Grundstück liefert konkreten Anhaltspunkt; Staudinger/*Thiele,* 2017, Rn. 108; Erman/*Budzikiewicz* Rn. 14; Bamberger/Roth/*Siede* Rn. 39.

[99] BGH BeckRS 2013, 06773 = FamRZ 2013, 948 mAnm *Koch*; OLG Frankfurt BeckRS 2012, 08134.

[100] BayObLG FamRZ 2001, 42 Ls.; OLG Jena NJ 2001, 432 Ls.; LG München FamRZ 2000, 1153 Ls.

[101] LG Bochum FamRZ 1991, 942; BayObLG NJW 1967, 1614.

[102] Staudinger/*Thiele,* 2017, Rn. 59 ff.; Soergel/*Czeguhn* Rn. 14; Erman/*Budzikiewicz* Rn. 23; Bamberger/Roth/*Siede* Rn. 19.10.

[103] Vgl. *Reinicke* BB 1960, 1002; *Tiedau* MDR 1961, 721.

[104] Zu solchen Klauseln *Wenckstern* NJW 2014, 1335; *Brudermüller* FS Binz, 2014, 105.

vielfach von vornherein nicht der Zustimmungspflicht. Nur wenn das nicht der Fall ist, kommt die Anwendung des § 1365 in den folgend abgehandelten Konstellationen in Betracht.

**2. Änderungen des Gesellschaftsvertrages.** Mit einer Änderung des Gesellschaftsvertrages, 76 die sich unmittelbar auf Inhalt und Umfang der gesamthänderischen Beteiligung auswirkt, verfügt der Gesellschafter-Ehegatte über sein Vermögen. An die Zustimmung des Ehepartners aber ist er nur gebunden, wenn die Änderung **ökonomisch relevante Segmente** seiner Gesellschaftsbeteiligung betrifft und – entweder sofort, wie bei einer Änderung der Beteiligungsverhältnisse, oder später, wie im Fall von Abfindungsklauseln – zur Preisgabe seines **(nahezu) ganzen Vermögens** führt.[105] Von daher ist in aller Regel der Beitritt weiterer Gesellschafter zustimmungsfrei[106] oder auch die Verlängerung eines auf bestimmte Zeit vereinbarten Gesellschaftsverhältnisses. Der Schutzzweck des § 1365 fordert jedenfalls nicht, jede verschlechternde Änderung der Beteiligungs- und Abfindungsregelung dem Zustimmungserfordernis des Ehegatten des Gesellschafters zu unterwerfen oder sogar jede Änderung ohne Rücksicht auf die wirtschaftlichen Auswirkungen.

**3. Veräußerung des Gesellschaftsanteils.** Die Übertragung des Gesellschaftsanteils erfolgt 77 im Wege der **Abtretung** und stellt eine **Verfügung** dar. Die Veräußerung der Mitgliedschaft ist mithin § 1365 zu unterwerfen, wenn der Anteil das (nahezu) ganze Vermögen des verheirateten Gesellschafters ausmacht.[107] Das gilt auch in dem Fall, in dem der Ehegatte nur ein Anwartschaftsrecht an dem Gesellschaftsanteil hat.[108] Die personenrechtliche Struktur der Gesamthand steht dieser eherechtlich begründeten Einschränkung der Handlungsfreiheit nicht entgegen. Die Notwendigkeit der Einwilligung bindet das Gesellschaftsverhältnis schließlich lediglich stärker an das gesetzliche Leitbild, nach dem Gesamthandsanteile grundsätzlich unveräußerlich sind.

**4. Beendigung der Mitgliedschaft, Beendigung der Gesellschaft.** Die Beendigung der 78 Mitgliedschaft durch Vertrag oder Kündigung unter Fortbestand der Gesellschaft im Übrigen wird, wenn die Gesellschaftsbeteiligung das (nahezu) ganze Vermögen des Ehegatten bildet, von der hM ebenso § 1365 unterworfen wie die Beendigung der Gesellschaft selbst durch Vertrag, Kündigung oder Auflösungsklage.[109] Dem ist jedoch nicht zuzustimmen: Der Struktur einer Personengesellschaft widerspricht es, einen Gesellschafter bei seiner Entscheidung über den Fortbestand der Gesellschaft oder seiner Mitgliedschaft an das Einverständnis seines Ehegatten zu binden.[110] Insbes. das Recht des Gesellschafters zur Kündigung aus wichtigem Grund (§ 723) und zur Erhebung der Auflösungsklage aus wichtigem Grund (§ 133 HGB) dürfen nicht durch Einwirkungen außenstehender Dritter behindert werden. Dass das FamG die verweigerte Zustimmung zur Beendigungsmaßnahme ersetzen kann (§ 1365 Abs. 2), beseitigt die unzulässige Schmälerung der gesellschaftsrechtlichen Entscheidungsfreiheit des Ehegatten nicht. Zu rechtfertigen ist diese auch nicht unter Hinweis auf die Zustimmungsbedürftigkeit der Veräußerung der Mitgliedschaft. Die Freiheit zur Veräußerung nämlich gesteht das Gesamthandsprinzip ohnehin nicht zu, die Freiheit zur Beendigung hingegen erkennt es für bestimmte Fälle sogar als unabdingbar an.

Anzuwenden ist § 1365 allerdings, wenn ein Gesellschafter bei seinem Ausscheiden oder bei 79 der Auseinandersetzung der Gesellschaft über seinen **Abfindungsanspruch** verfügt oder auch über seinen **Anspruch auf** Auskehrung des auf seinen Anteil entfallenden **Überschusses** (§ 734, § 155 Abs. 1 HGB). Hier wie dort steht das Gesamthandsprinzip einer Anwendung der Norm nicht mehr entgegen.

### IX. Anwendung im Erbrecht

**1. Ausschlagung einer Erbschaft oder eines Vermächtnisses.** § 1365 ist **nicht anzuwenden** auf die Ausschlagung einer Erbschaft oder eines Vermächtnisses.[111] Die Ausschlagung ist zwar 80 eine Verfügung über gegenwärtiges Vermögen und deshalb § 1365 nicht von vornherein entzogen. Auch gehören Nachlass und ebenso die Forderung aus dem Vermächtnis bereits vor der Annahme endgültig zum Vermögen des Erwerbers, denn die Annahme ist kein Tatbestandselement des Erwerbs

105 Im Ergebnis ebenso Staudinger/*Thiele,* 2017, Rn. 62; Soergel/*Czeguhn* Rn. 14; Bamberger/Roth/*Siede* Rn. 19.10.

106 Staudinger/*Thiele,* 2017, Rn. 65; Erman/*Budzikiewicz* Rn. 25; Bamberger/Roth/*Siede* Rn. 19.10.

107 Staudinger/*Thiele,* 2017, Rn. 66; Erman/*Budzikiewicz* Rn. 24; Bamberger/Roth/*Siede* Rn. 19.10.

108 BGHZ 132, 218 = NJW 1996, 1740 = FamRZ 1996, 792 bzgl. Anwartschaftsrecht an einem GmbH-Anteil.

109 OLG Hamburg FamRZ 1970, 407; Staudinger/*Thiele,* 2017, Rn. 67; Bamberger/Roth/*Siede* Rn. 19.10; *Rauscher* FamR Rn. 389.

110 *Gernhuber/Coester-Waltjen* FamR § 35 Rn. 50; Erman/*Budzikiewicz* Rn. 24; *Sandrock* FS Duden, 1977, 513 (534 ff.).

111 Staudinger/*Thiele,* 2017, Rn. 42; Bamberger/Roth/*Siede* Rn. 19.2.

(§ 1922 Abs. 1, § 2176). Die Zustimmungsfreiheit ergibt sich jedoch daraus, dass im Widerstreit zwischen den Schutzzwecken des § 1365 und der Anerkennung der **Entscheidungsautonomie** des Erben und des Vermächtnisnehmers der Entscheidungsfreiheit des Ehegatten der **Vorrang** eingeräumt werden muss. Das allein entspricht der Wertentscheidung des Gesetzgebers, der die Ehegatteninteressen in dieser Konstellation sogar in der Gütergemeinschaft zurücktreten lässt (§ 1432, § 1455 Nr. 1).

81 **2. Veräußerung einer Erbschaft oder Vermächtnisforderung.** Nach allgM ist § 1365 auf den Verkauf und die Übertragung eines Nachlasses oder eines Miterbenanteils (§§ 2371 ff., 2033 Abs. 1)[112] ebenso anwendbar wie auf die Verpflichtung zur Abtretung einer Vermächtnisforderung. Das gilt auch, wenn die Gesamtheit der Miterben den Nachlass veräußert (§ 2040).[113] Der Anteil des Ehegatten an der Gesamthand wird in diesem Fall zwar insofern nicht berührt, als der Erlös kraft dinglicher Surrogation an die Stelle der veräußerten Nachlassgegenstände tritt (§ 2041). Doch stellt dieser Erlös in der Sache eine Gegenleistung dar – und diese findet im Rahmen des § 1365 grundsätzlich keine Beachtung (→ Rn. 27).

82 **3. Erbauseinandersetzung.** Frei ist der Ehegatte als Erbe bei der Mitwirkung an der Erfüllung eines Vermächtnisses oder einer Teilungsanordnung, aber auch an einer Erbauseinandersetzung, die auf Verlangen eines Miterben hin erfolgt (§§ 2042 ff.). Es handelt sich in diesen Fällen lediglich um die – § 1365 entzogene – Erfüllung bereits wirksam begründeter und bestehender Verbindlichkeiten (→ Rn. 36).

83 Der Abschluss eines Erbauseinandersetzungsvertrages hingegen ist nach hM **zustimmungsbedürftig,** wenn die Beteiligung am Nachlass das (nahezu) gesamte Vermögen des Ehegatten ausmacht.[114] Dieser Standpunkt begegnet Bedenken. Denn eine güterrechtliche Bindung, die im Extremfall zu einer Bestandsgarantie für die Erbengemeinschaft werden kann, widerspricht deren Struktur als einer zur Auflösung tendierenden Gesamthand, deren Auseinandersetzung selbst der Erblasser nur vorbehaltlich des Vorliegens eines wichtigen Grundes ausschließen kann (§ 2044 Abs. 1, § 749 Abs. 2). Die dem Erben-Ehegatten offenstehende Möglichkeit, zustimmungsfrei an der Auseinandersetzung der Erbengemeinschaft nach §§ 2042 ff. mitzuwirken, liefert ein weiteres Argument: Es ist verfehlt, in einem Fall, in dem der gesamte Nachlass wirtschaftlich zweckmäßig durch vertragliche Vereinbarung auseinandergesetzt und übertragen werden soll, die Miterben zu einer Auseinandersetzung nach §§ 2042 ff., die ökonomisch selten sinnvoll ist, zu zwingen.

84 Billigt man die hM, so ist kein Raum für Ausnahmen, insbes. nicht für **Realteilungsverträge,** die – über die § 2042 Abs. 2, § 752 hinaus – jedem Miterben bestimmte Gegenstände aus dem Nachlass zuweisen.[115] Auch in diesen Fällen verpflichten sich die Miterben, den Gesamthandsverband aufzulösen. Dass jeder Miterbe für den Verlust seiner Mitgliedschaft in der Gesamthand Alleineigentum an einzelnen Gegenständen erwirbt, ist hier ebenso irrelevant wie es im umgekehrten Fall des Verlustes von Alleineigentum gegen Erwerb einer gesamthänderischen Berechtigung ist (→ Rn. 73).

## X. Anwendung in sonstigen Fällen

85 **1. Übereignung beweglicher Sachen.** Übereignungen einzelner beweglicher Sachen stellen in der Regel keine Gesamtvermögensgeschäfte dar, sodass § 1365 auf sie keine Anwendung findet. Ein Gesamtvermögensgeschäft kommt allerdings in Betracht, wenn **Sachgesamtheiten** wie eine Wohnungseinrichtung oder ein Warenlager übereignet werden. An die Zustimmung des Ehegatten gebunden ist jedenfalls auch die **Sicherungsübereignung.** Der durch die Sicherungsabrede gesetzte Zweck der Übereignung verhindert nicht den Verlust des Eigentums, mag dieser in der Regel auch nur ein Verlust auf Zeit sein. Ein anderes gilt allerdings, wenn die Sicherungsübereignung in direktem Zusammenhang mit dem Erwerb des Gegenstandes steht. Wird der gekaufte Gegenstand zur Sicherheit an das den Kaufpreis finanzierende Kreditinstitut übertragen, so gilt die Sicherungsübereignung als Teil des Erwerbsgeschäfts und ist nicht zustimmungspflichtig (→ Rn. 64; → § 1369 Rn. 31).[116]

86 **2. Verpfändung von Sachen und Rechten.** Auch die Verpfändung von Sachen und Rechten wird im Rahmen des § 1365 praktisch nur wesentlich, wenn sie en bloc erfolgt, weil bei der

112 BGHZ 35, 135 (144) = NJW 1961, 1301; Staudinger/*Thiele,* 2017, Rn. 43; Soergel/*Czeguhn* Rn. 16; Erman/*Budzikiewicz* Rn. 26; Bamberger/Roth/*Siede* Rn. 19.8.

113 Staudinger/*Thiele,* 2017, Rn. 45.

114 BGHZ 35, 135 (144 f.) = NJW 1961, 1301; OLG Celle NJW 1960, 437; Staudinger/*Thiele,* 2017, Rn. 44; Bamberger/Roth/*Siede* Rn. 19.6.

115 So aber OLG München FamRZ 1971, 93; Soergel/*Czeguhn* Rn. 16; Bamberger/Roth/*Siede* Rn. 19.6; wie hier Palandt/*Brudermüller* Rn. 4.

116 Staudinger/*Thiele,* 2017, Rn. 41.

Verpfändung einzelner Sachen oder einzelner Rechte in der Regel ein Gesamtvermögensgeschäft nicht in Betracht kommt. Verpfändet ein Ehegatte aber etwa sämtliche **Wertpapiere** und hat außer diesen praktisch kein Vermögen, so ist die Bestellung des Pfandrechts nur mit Zustimmung seines Ehepartners wirksam. Das gilt auch dann, wenn die Verpfändung den wirtschaftlichen Zusammenbruch der Familie abwenden sollte, der Ehegatte mit der Verfügung die Existenzgrundlage der Familie also gerade sichern wollte – der mit dem Geschäft verfolgte Zweck spielt im Rahmen des § 1365 grundsätzlich keine Rolle (→ Rn. 3).[117]

**3. Rechte aus Versicherungsverträgen.** Rechte aus Versicherungsverträgen gleich welcher Art können im Einzelfall das (nahezu) gesamte Vermögen eines Ehegatten bilden. Eine Verfügung über sie durch Abtretung ist dann § 1365 unterworfen. Die Änderung der Bezugsberechtigung aus einer Kapitallebensversicherung (§ 159 VVG) bedarf jedoch niemals der Einwilligung des Ehegatten.[118] Der Versicherungsnehmer verfügt in diesem Fall nicht über sein Recht: Dieses bleibt ihm schließlich unverändert erhalten – einschließlich der Möglichkeit einer erneuten Änderung der Bezugsberechtigung. 87

**4. Zugriff eines Trägers der Sozialhilfe.** Eine **unzulässige Rechtsausübung (§ 242)** liegt vor, wenn ein Ehegatte unter Berufung auf das ehegüterrechtliche Zustimmungserfordernis den Zugriff der öffentlichen Hand auf das Vermögen seines Ehegatten verhindert. Die Weigerung des Ehegatten, der Belastung des Wohnungseigentums des anderen mit einem Grundpfandrecht zuzustimmen, ist mithin unbeachtlich, wenn die Belastung der Sicherung eines Darlehens dient, das der Ehepartner zur Deckung von Heim- und Pflegekosten benötigt, die ihm vom Träger der Sozialhilfe vorfinanziert werden.[119] Der Ehepartner ist hier aufgrund der ehelichen Lebensgemeinschaft (§ 1353 Abs. 1 S. 2) verpflichtet, dem anderen die eigenständige Existenzsicherung nicht zu verwehren. Abgesehen davon ist Ehegatten in solchen Konstellationen die Berufung auf das ehegüterrechtliche Zustimmungserfordernis auch zu versagen, um eine durch nichts gerechtfertigte unterhalts- und sozialhilferechtliche Besserstellung der im gesetzlichen Güterstand lebenden Ehegatten gegenüber nicht verheirateten Paaren oder in anderen Güterständen lebenden auszuschließen – all diese nämlich können den Regress der öffentlichen Hand nicht verhindern. 88

Das Gleiche gilt in Fällen, in denen Sozialhilfeträger Heim- und Pflegekosten für die Eltern eines Ehegatten übernommen haben. Kann der seinen Eltern zum Unterhalt verpflichtete Ehegatte diese nur erstatten, wenn er Grundstücks- oder Wohnungseigentum veräußert oder belastet, das sein (nahezu) gesamtes Vermögen darstellt, kann die hierfür erforderliche Verfügung – und damit der Regress des Sozialhilfeträgers nach § 94 Abs. 1 SGB XII – nicht vom Ehepartner gemäß § 1365 verhindert werden.[120] Da die Erfüllung von Unterhaltsverpflichtungen gegenüber Angehörigen zu den Belangen des Partners gehört, auf die der zustimmungsberechtigte Ehegatte gemäß § 1353 Abs. 1 S. 2 Rücksicht zu nehmen hat, darf er die dazu notwendigen Geschäfte nicht verhindern. Im Übrigen gilt auch hier, dass jede andere Entscheidung zu einer nicht gerechtfertigten unterhalts- und sozialhilferechtlichen Besserstellung der im gesetzlichen Güterstand lebenden Ehegatten gegenüber anderen Paaren und alleinstehenden Personen führen würde – diese nämlich können den Regress der öffentlichen Hand nicht mittels § 1365 verhindern. Zur (entbehrlichen) Ersetzung der fehlenden Einwilligung durch das FamG in diesen Fällen → Rn. 98. 89

## XI. Einwilligung des Ehegatten

**1. Widerruflichkeit, Form, konkludente Abgabe.** Auf die von § 1365 geforderte Einwilligung des Ehegatten sind die §§ 182 ff. anzuwenden. Die Einwilligung ist eine Wirksamkeitsvoraussetzung, die zum Tatbestand des zustimmungsbedürftigen Rechtsgeschäfts hinzutritt. Gemäß § 183 ist Einwilligung die vorherige Zustimmung, die bis zur Perfektion des Rechtsgeschäfts grundsätzlich **frei widerruflich** ist. In analoger Anwendung der für das Fortwirken der Vollmacht geltenden §§ 170–173 (→ § 183 Rn. 14) genießen jedoch redlich an den Fortbestand der Einwilligung glaubende Geschäftspartner Vertrauensschutz. Der seine Einwilligung widerrufende Ehegatte muss also dafür sorgen, dass der Dritte hiervon Kenntnis erlangt. 90

Die Einwilligung ist eine einseitige empfangsbedürftige Willenserklärung, die alternativ an den Ehegatten oder an dessen Geschäftspartner zu richten ist (§ 182 Abs. 1). Sie kann **ausdrücklich,** aber auch **konkludent** erfolgen. Einer **Form** bedarf die Einwilligung auch dann **nicht,** wenn das zu gestattende Geschäft formbedürftig ist. Dass die Verwendbarkeit der formlos erteilten Einwilligung 91

---

117 BGHZ 143, 356 = NJW 2000, 1947 = FamRZ 2000, 744 gegen OLG Karlsruhe FamRZ 1999, 298 Ls.

118 BGH FamRZ 1967, 382 = BWNotZ 1967, 208 Ls. zu § 166 VVG aF.

119 AG St. Ingbert FamRZ 2015, 1902 Ls.

120 Anders LG Heidelberg NJW 1998, 3502.

auf Schwierigkeiten stößt, weil der Ehepartner ihr Vorliegen in bestimmter Form nachweisen muss – etwa Schriftform gemäß §§ 182 Abs. 3, 111 S. 2 und 3 oder urkundlicher Nachweis gemäß § 29 GBO –, ändert nichts an ihrer materiell-rechtlichen Wirkung. Ggf. muss der Ehegatte Wiederholung der Abgabe in verwertbarer Form verlangen; als Anspruchsgrundlage kommt § 1353 Abs. 1 S. 2 in Betracht (→ § 1353 Rn. 37).

92 Eine **konkludente Einwilligung** liegt in jedem Verhalten, aus dem der Wille zu erschließen ist, dem Ehegatten den wirksamen Abschluss des zustimmungsbedürftigen Rechtsgeschäfts zu gestatten. Dieser Wille fehlt, wenn der Ehegatte sich zwar positiv äußert, aber nicht weiß, dass er zu einer rechtlich bedeutsamen Entscheidung berufen ist. Die wirksame Einwilligung setzt also voraus, dass der erklärende Ehegatte sich der Entscheidungssituation und der Tatsache, in dieser rechtserheblich zu handeln, bewusst ist.[121] **Inhalt und Umfang** der Einwilligung sind nach den allgemeinen Regeln über die Auslegung von Willenserklärungen zu ermitteln. Dabei kann zB auch angenommen werden, dass die Einwilligung in jede Veräußerung eines Grundstücks auch die unentgeltliche Veräußerung deckt.[122]

93 **2. Verweigerung.** Eine zunächst verweigerte Einwilligung kann jederzeit durch spätere Einwilligung wieder rückgängig gemacht werden. Es gibt vor der Perfektion des zustimmungsbedürftigen Rechtsgeschäfts keine Bindung an eine negative Äußerung – allerdings auch keine an die positive, denn die Einwilligung bleibt frei widerruflich (→ Rn. 90).

94 **Schadensersatzansprüche** löst die Verweigerung der Einwilligung auch dann **nicht** aus, wenn diese später durch das FamG ersetzt wird. Dem Ehegatten steht es frei, das Geschäft nach eigenem Gutdünken zu bewerten und zu beurteilen. Dass das FamG eine andere Wertung vornimmt, ändert an seiner Entscheidungsfreiheit nichts (→ § 1366 Rn. 22).[123]

95 **3. Bedingte Einwilligung.** Bedingte Einwilligungen sind insofern **nicht als Verweigerung** der Zustimmung zu werten, als sie schließlich die Billigung des entsprechend der Bedingung geänderten Rechtsgeschäfts enthalten. Ändern also die Parteien den Inhalt des Geschäfts der Bedingung entsprechend oder führen sie den sonst gewünschten Umstand herbei, wird es voll wirksam.

96 Unabhängig davon muss es jedoch dem Ehegatten unbenommen sein, das **FamG** bei nur bedingt erteilter Zustimmung ebenso **anzurufen** wie bei verweigerter Zustimmung.[124] Sinn des § 1365 Abs. 2 ist es, die rechtsgeschäftliche Abhängigkeit des Ehegatten von dem anderen der Kontrolle des FamG zu unterwerfen. Diese Kontrolle aber ist bei einer nur bedingt abgegebenen Einwilligung ebenso notwendig wie bei einer verweigerten. § 1365 Abs. 2 ist also **in extensiver Interpretation** anzuwenden.

### XII. Ersetzung der Einwilligung durch das FamG

97 **1. Grundsätze einer ordnungsmäßigen Verwaltung.** Unabhängig davon, aus welchen Gründen die Einwilligung fehlt, kommt eine Ersetzung durch familiengerichtlichen Beschluss nur in Betracht, wenn das von dem Ehegatten geplante Rechtsgeschäft den Grundsätzen einer ordnungsmäßigen Verwaltung entspricht. Zur Präzisierung des Tatbestandselements stellt die Rspr. die Frage, „ob ein sorgfältiger Wirtschafter mit rechter ehelicher Gesinnung das Rechtsgeschäft abschließen würde".[125] Hinter dieser altmodisch wirkenden Formulierung steht die richtige Überzeugung, dass nur die **wirtschaftliche Zweckmäßigkeit** des Geschäfts zu beurteilen ist. Zu berücksichtigen ist dabei die gesamte familiäre Situation unter vernünftigen wirtschaftlichen Erwägungen.[126] Ohne Belang ist, ob das zustimmungsbedürftige Geschäft erforderlich ist und auch, ob es durch ein anderes substituiert werden könnte – freihändiger Verkauf etwa statt Teilungsversteigerung –, solange das statt seiner vorgeschlagene Geschäft nicht ein besseres ökonomisches Ergebnis verspricht.[127] Bereits in diesem Zusammenhang sind die Schutzzwecke des § 1365 mit zu bedenken. Sie sind zwar in erster Linie Maßstab für die Frage nach dem „ausreichenden Grund" der Verweigerung, doch dürfen sie bei der Beurteilung der Ordnungsgemäßheit des Geschäfts schon deshalb nicht außer Acht gelassen werden, weil die Nichtabgabe der Einwilligung auch auf bloßer Verhinderung beruhen kann und in dieser Konstellation das Tatbestandsmerkmal „ausreichender Grund" keine Rolle spielt (→ Rn. 104).

---

[121] BGHZ 2, 150 = NJW 1951, 796; OLG Koblenz FamRZ 2015, 1901; Staudinger/*Thiele,* 2017, Rn. 70; RGRK-BGB/*Finke* Rn. 32.

[122] LG Frankenthal Rpfleger 1981, 483.

[123] OLG Hamm MDR 2011, 1477.

[124] Staudinger/*Thiele,* 2017, Rn. 79; RGRK-BGB/*Finke* Rn. 39; Erman/*Budzikiewicz* Rn. 34.

[125] BayObLG FamRZ 1985, 1040; OLG Hamm FamRZ 1967, 572.

[126] OLG Köln FamRZ 2007, 1343.

[127] Vgl. BayObLG FamRZ 1985, 1040.

In den Fällen der Inanspruchnahme des Vermögens durch einen Träger der Sozialhilfe erübrigt sich die Ersetzung der fehlenden Einwilligung durch das FamG, wenn man dem Ehegatten die Berufung auf § 1365 von vornherein wegen unzulässiger Rechtsausübung versagt (→ Rn. 89). Möglich aber wäre die Ersetzung hier. Es entspricht den Grundsätzen einer ordnungsgemäßen Verwaltung, mit vorhandenem Vermögen den eigenen Lebensunterhalt zu sichern bzw. den Unterhalt von Angehörigen, denen gegenüber man zu dessen Erbringung verpflichtet ist. Dies dem Ehepartner durch Zustimmung zu ermöglichen, gebietet die Pflicht zur ehelichen Lebensgemeinschaft (§ 1353 Abs. 1 S. 2) – die Verweigerung der Mitwirkung an der wirtschaftlichen Existenzssicherung unterhaltsbedürftiger Verwandter erfolgt mithin auch ohne ausreichenden Grund → Rn. 99. 98

**2. Ausreichende Gründe für die Verweigerung.** Mit ausreichendem Grund wird die Zustimmung nur verweigert, wenn das zustimmungsbedürftige Rechtsgeschäft mit den **Schutzzwecken** des § 1365 **nicht zu vereinbaren** ist. Eine Verweigerung, die nicht die Erhaltung der wirtschaftlichen Grundlagen der Familie oder die Sicherung der (möglichen) künftigen Zugewinnausgleichsforderung im Blick hat, ist unbeachtlich. So kann die Verweigerung etwa nicht eingesetzt werden, um einen eigenen Anspruch gegen den Ehegatten durchzusetzen: § 1365 hat nicht die Funktion eines Zurückbehaltungsrechts.[128] 99

Dass die Schutzzwecke des § 1365 oder doch einer von ihnen dem Abschluss und Vollzug des zustimmungsbedürftigen Geschäfts entgegenstehen, ist bezogen auf den **konkreten Fall** festzustellen.[129] Berechtigt wird die Einwilligung nur verweigert, wenn unter Berücksichtigung sämtlicher Einzelfallumstände – einschließlich subjektiver wie etwa der Unzuverlässigkeit des Ehegatten im Umgang mit dem Erlös[130] – die Gefährdung der wirtschaftlichen Grundlagen der Familie oder der künftigen Ausgleichsforderung **nicht unwahrscheinlich** erscheint. Ein Ehegatte darf nur beschränkt werden, wenn es seine Situation und diejenige seines Ehegatten und seiner Familie konkret gebieten. 100

Auch **unentgeltliche Geschäfte** können in einem langfristigen Planungsrahmen ordnungsmäßiger Wirtschaftsführung entsprechen und den Schutzzwecken des § 1365 nicht zuwiderlaufen. Das ist etwa denkbar bei einer Hofübergabe unter Vereinbarung einer Leibrente, die den Ehegatten ein auskömmliches Dasein sichert. In der Regel ist jedoch das **Entgelt** und seine Verwendung für die Beurteilung, ob der mit dem Geschäft nicht einverstandene Ehegatte seine Einwilligung zu Recht verweigert, **von wesentlicher Bedeutung.** 101

Entspricht die spätere Verwendung des Erlöses nicht früheren Versicherungen, so kann der andere Ehegatte hiergegen nur angehen, wenn in der anderweitigen Verwendung eine illoyale Vermögensminderung liegt (§ 1375 Abs. 2). Es geht jedenfalls nicht an, die Einwilligung im Hinblick auf die Gefahr eigenmächtiger Entschlüsse nur eingeschränkt zu ersetzen und unter die Bedingung oder unter die Auflage einer bestimmten Verwendung des Erlöses zu stellen. Solche Einschränkungen widersprechen dem – der Zugewinngemeinschaft wesentlichen – Prinzip der Handlungs- und Verwaltungsfreiheit der Ehegatten in Bezug auf ihr Vermögen. Durch **richterliche Vorgaben** darf diese **Handlungsfreiheit nicht eingeschränkt** werden (→ § 1366 Rn. 27).[131] Zur Reichweite der Ersetzungsentscheidung bei Abweichen vom geplanten Vertragsinhalt (→ § 1366 Rn. 26). 102

Unzulässig ist eine Kontrolle der Gesamtvermögensgeschäfte unter sämtlichen Aspekten, die für die unterschiedlichen Entscheidungen der Ehegatten erheblich sind. Die diesen zugrundeliegenden persönlichen und ideellen Erwägungen sind im Rahmen des § 1365 Abs. 2 grundsätzlich nicht zu berücksichtigen. Das FamG ist nicht dazu berufen, irgendwelchen Interessen der Ehegatten Beachtung zu sichern, sondern ausschließlich jenen, die § 1365 anerkennt.[132] Da § 1365 nicht allgemein rücksichtsvollen Umgang sichern soll, müssen auch die Motive des geschäftlich handelnden Ehegatten unerheblich sein. 103

**3. Verhinderung an der Abgabe einer Erklärung.** Zu Rechtsgeschäften, die einer ordnungsmäßigen Verwaltung entsprechen, kann das FamG die Einwilligung auch dann ersetzen, wenn als Erklärungshindernisse **Krankheit** oder **Abwesenheit** vorliegen und mit dem **Aufschub** des Geschäfts **Gefahr verbunden** ist. Alle Tatbestandselemente sind objektiv zu interpretieren. Abwe- 104

128 Vgl. OLG Hamm JMBl. NRW 1962, 47 = FamRZ 1962, 162 Ls.; FamRZ 1967, 572.

129 BayObLG NJW 1975, 833; FamRZ 1985, 1040; 1996, 1013; OLG Saarbrücken FamRZ 1987, 1248; RGRK-BGB/*Finke* Rn. 40; Bamberger/Roth/*Siede* Rn. 31.

130 LG Koblenz FamRZ 1998, 163 für den Fall des chronischen Alkoholismus, m. abl. Anm. *Kogel* FamRZ 1998, 914.

131 Anders OLG Stuttgart NJW 1983, 634; *Kogel* FamRZ 1998, 914 (Anm. zu LG Koblenz FamRZ 1998, 163).

132 Erman/*Budzikiewicz* Rn. 34a; Bamberger/Roth/*Siede* Rn. 33; aA OLG Hamm FamRZ 1967, 572; BayObLG NJW 1975, 833; OLG Stuttgart NJW 1983, 634; Staudinger/*Thiele,* 2017, Rn. 83; RGRK-BGB/*Finke* Rn. 38.

senheit und Krankheit sind auch relevant, wenn sie nur die rechtzeitige Abgabe der Einwilligungserklärung ausschließen. Ein dauerhafter Zustand ist nicht erforderlich.

105 **4. Unwirksame Rechtsgeschäfte.** Da unwirksame Rechtsgeschäfte der Zustimmung nicht fähig sind, ist auch für die gerichtliche Ersetzung kein Raum. Bestehen lediglich Zweifel an der Wirksamkeit des Geschäfts, so kann die Zustimmung durchaus erteilt und auch gerichtlich ersetzt werden. Hier ist schließlich völlig offen, ob die Vertragsparteien die Zweifel überhaupt aufgreifen oder das Geschäft als wirksam behandeln.

### XIII. Abweichende Vereinbarungen

106 Nach allgM ist § 1365 **dispositiv** und kann von den Ehegatten abbedungen werden. Auch der generelle Verzicht auf die in § 1365 statuierten Mitwirkungsrechte ist zulässig. Für den Einzelfall auf die Mitwirkungsbefugnisse nach § 1365 zu verzichten, ist nicht möglich. Der rechtsgeschäftliche Gehalt eines solchen Verzichts ist mit der Zustimmung zum Geschäft identisch.[133] Unbenommen ist es den Ehegatten aber, die Geltung des § 1365 **zeitlich einzuschränken** oder auch **sachlich begrenzt** abzubedingen.[134] Da die Ehegatten mit solchen Vereinbarungen ihre güterrechtlichen Verhältnisse regeln, bedürfen diese der **Form** des Ehevertrages (§§ 1408, 1410).

107 Angesichts vielfältiger ökonomisch plausibler Gründe ist der einseitige Ausschluss nur eines Ehegatten von der Mitwirkung **nicht** von vornherein als **sittenwidrig** anzusehen (§ 138).[135] Nicht möglich ist es den Ehegatten, die in § 1365 enthaltenen Handlungsbeschränkungen zu erweitern – gemäß § 137 sind rechtsgeschäftlich vereinbarte Verfügungsbeschränkungen unzulässig (→ § 1364 Rn. 12).

## § 1366 Genehmigung von Verträgen

**(1) Ein Vertrag, den ein Ehegatte ohne die erforderliche Einwilligung des anderen Ehegatten schließt, ist wirksam, wenn dieser ihn genehmigt.**

**(2) [1]Bis zur Genehmigung kann der Dritte den Vertrag widerrufen. [2]Hat er gewusst, dass der vertragschließende Ehegatte verheiratet ist, so kann er nur widerrufen, wenn der Ehegatte wahrheitswidrig behauptet hat, der andere Ehegatte habe eingewilligt; er kann auch in diesem Falle nicht widerrufen, wenn ihm beim Abschluss des Vertrages bekannt war, dass der andere Ehegatte nicht eingewilligt hatte.**

**(3) [1]Fordert der Dritte den Ehegatten auf, die erforderliche Genehmigung des anderen Ehegatten zu beschaffen, so kann dieser sich nur dem Dritten gegenüber über die Genehmigung erklären; hat er sich bereits vor der Aufforderung seinem Ehegatten gegenüber erklärt, so wird die Erklärung unwirksam. [2]Die Genehmigung kann nur innerhalb von zwei Wochen seit dem Empfang der Aufforderung erklärt werden; wird sie nicht erklärt, so gilt sie als verweigert. [3]Ersetzt das Familiengericht die Genehmigung, so ist sein Beschluss nur wirksam, wenn der Ehegatte ihn dem Dritten innerhalb der zweiwöchigen Frist mitteilt; andernfalls gilt die Genehmigung als verweigert.**

**(4) Wird die Genehmigung verweigert, so ist der Vertrag unwirksam.**

**Schrifttum:** S. § 1365.

**Übersicht**



[133] Ähnlich Staudinger/*Thiele,* 2017, Rn. 110.
[134] Staudinger/*Thiele,* 2017, Rn. 110; Bamberger/Roth/*Siede* Rn. 40; *Gernhuber/Coester-Waltjen* FamR § 32 Rn. 4; *Rauscher* FamR Rn. 363.
[135] Staudinger/*Thiele,* 2017, § 1363 Rn. 21; RGRK-BGB/*Finke* Rn. 54.

## I. Normzweck

**1. Regelung der Rechtsfolgen.** Einem Vertrag, der gemäß § 1365 Abs. 1 der Einwilligung des Ehegatten bedurfte, jedoch ohne diese abgeschlossen wurde, fehlt eine Wirksamkeitsvoraussetzung. Das gilt sowohl für den verpflichtenden wie den verfügenden Vertrag. § 1366 bestimmt nun, welche Folgen das Fehlen der Voraussetzung hat und legt fest, welche Wege zur Wirksamkeit oder Unwirksamkeit des Vertrages führen. 1

**2. Schwebende Unwirksamkeit.** Verträge, die der erforderlichen Einwilligung des Ehegatten ermangeln, sind zunächst schwebend unwirksam. Sie werden wirksam, wenn die fehlende Wirksamkeitsvoraussetzung nachgeholt wird durch Genehmigung (→ Rn. 9 ff.) oder durch einen diese substituierenden Beschluss des FamG (→ Rn. 23 ff.). Sie werden ferner wirksam, wenn sie nach Beendigung des Güterstandes konvaleszieren (→ Rn. 30 ff.). Nichtigkeit tritt dagegen ein, wenn der Vertrag nicht mehr wirksam werden kann, sei es, weil die Schwebelage durch einen Akt der Vertragsparteien – Widerruf oder Aufhebungsvertrag – beendet wird (→ Rn. 4 f.), sei es, weil die spätere Vervollständigung mittels Genehmigung oder familiengerichtlichen Beschlusses nicht mehr erfolgen kann (→ Rn. 20 f.). 2

## II. Schwebezustand (Abs. 2)

**1. Leistungserbringung.** Während der Schwebelage sind die Vertragsparteien zur Leistung nicht verpflichtet. Ist in der irrigen Annahme der Wirksamkeit des Geschäfts geleistet worden, so kann die Leistung, weil sine causa erbracht, kondiziert werden. Das gilt auch dann, wenn sich der Leistende der Schwebelage bewusst war, die Leistung aber in der Erwartung erbrachte, die Genehmigung werde erteilt und der Vertrag komme zustande. Da sich der Leistende in diesem Fall nicht widersprüchlich verhält, schließt § 814 die Kondiktion von der Teleologie her nicht aus (→ 7. Aufl. 2017, § 814 Rn. 4). 3

**2. Aufhebungsvertrag.** Die Vertragsparteien können den schwebend unwirksamen Vertrag jederzeit einvernehmlich aufheben. Die Schwebelage endet dann – ggf. auch gegen den Willen des zur Genehmigung des Vertrages berufenen Ehegatten. Dieser hat kein Recht auf den Fortbestand der ihm eingeräumten Gestaltungsmacht. 4

**3. Widerruf.** Die Schwebelage endet ferner, wenn der Dritte den Vertrag widerruft. Der dies beinhaltende Abs. 2 entspricht den § 109, § 178, § 1427 Abs. 2, § 1830. Der Widerruf des Dritten erfolgt durch einseitige empfangsbedürftige Willenserklärung, die **an den (Ehegatten-)Vertragspartner** zu richten ist – der seinerseits zum Widerruf nicht berechtigt ist. Mit dem Widerruf wird der schwebend unwirksame Vertrag endgültig unwirksam. 5

**4. Widerrufsberechtigung.** Zum Widerruf berechtigt sind **Dritte,** die auf die Wirksamkeit des Vertrages vertrauen, weil ihnen beim Vertragsschluss nicht positiv bekannt war, dass ihr Vertragspartner verheiratet ist (Abs. 2 S. 2). Kennenmüssen schadet nicht, Nach- und Anfragen sind nicht 6 geboten. Das Recht zum Widerruf besteht darüber hinaus auch, wenn der verheiratete Vertragspartner der Wahrheit zuwider – und sei es auch aufgrund eines entschuldbaren Irrtums – behauptet, mit Einwilligung seines Ehegatten zu handeln, es sei denn, dem Dritten ist bekannt, dass dies nicht stimmt (Abs. 2 S. 2 Hs. 2). Andere Sachverhalte, insbes. die Versicherung, in Gütertrennung zu leben, vermitteln kein Recht zum Widerruf.

7 **5. Widerrufsfähige Geschäfte.** Widerrufsfähig sind **alle** schwebend unwirksamen **Verträge,** Verpflichtungsgeschäfte ebenso wie Verfügungsgeschäfte. Die theoretische Möglichkeit, von den beiden vorgenommenen Geschäften nur das eine oder das andere zu widerrufen, ist praktisch bedeutungslos; gewollt wird stets der Widerruf beider Geschäfte sein. Der Fortbestand des schwebend unwirksamen Verfügungsgeschäfts nach widerrufenem Verpflichtungsgeschäft ist ohne Sinn, weil das Geleistete dann kondiziert werden kann. Der Widerruf und die Rückgängigmachung nur des Verfügungsgeschäfts ist sinnlos, weil das fortbestehende Verpflichtungsgeschäft schwebend unwirksam ist und deshalb nicht zur Leistung verpflichtet.

8 **6. Erlöschen des Widerrufsrechts.** Das Recht zum Widerruf erlischt mit jeder **Beendigung der Schwebelage.** Der nur die Genehmigung des Ehepartners aufführende Normtext des Abs. 2 ist insofern zu eng, als der Schwebezustand auch auf andere Weise beendet werden kann, etwa durch familiengerichtlichen Beschluss oder durch vertragliche Vereinbarung. Das Recht zum Widerruf endet ferner durch einseitigen Verzicht des Dritten; dieser ist als empfangsbedürftige Willenserklärung an den Vertragspartner zu richten. Kein Verzicht ist in der Regel in der Aufforderung an den Vertragspartner enthalten, die Genehmigung seines Ehegatten zu beschaffen (Abs. 3). Der Zweck der Aufforderung, in absehbarer Zeit Klarheit zu erhalten, impliziert nicht den Willen, bis zum Ablauf der Frist gebunden zu bleiben.[1] Der Widerruf kann in dieser Konstellation allerdings nach § 242 unzulässig sein, denn Aufforderung zur Beschaffung der Genehmigung und Widerruf des Geschäfts sind auf sich widersprechende Rechtsfolgen gerichtet.

### III. Genehmigung (Abs. 1)

9 **1. Willenserklärung.** Mit der Genehmigung ist die dem Rechtsgeschäft bis dahin fehlende Wirksamkeitsvoraussetzung gegeben; der Vertrag wird **rückwirkend** wirksam. Die Genehmigung ist eine einseitige empfangsbedürftige Willenserklärung, die alternativ dem Ehegatten oder dem Dritten gegenüber erklärt werden kann (§ 182 Abs. 1). Als Blankoerklärung ist sie nur wirksam, wenn der Ehegatte bewusst auf die Kenntnisnahme des konkreten Vertragsinhalts verzichtet.[2] Ein Widerruf der – **rechtsgestaltend wirkenden** – Erklärung ist nach allgM ausgeschlossen; dies ergibt sich bereits aus einem Umkehrschluss aus § 183 S. 1.

10 **2. Form.** Einer Form bedarf die Genehmigung **nicht** (§ 182 Abs. 2). Sie kann **auch konkludent,** also durch schlüssiges Verhalten erfolgen. Eine Auslegung des Verhaltens als Genehmigung kommt aber nur in Betracht, wenn dem Ehegatten bewusst war oder wenn er zumindest mit der Möglichkeit rechnete, dass er es mit einem seiner Entscheidungsgewalt unterliegenden schwebend unwirksamen Vertrag zu tun hatte.[3] Zur entsprechenden Voraussetzung bei der Einwilligung → § 1365 Rn. 91.

11 Schlüssig kann auch Schweigen sein, doch kann diesem nicht generell die Bedeutung einer Genehmigung beigelegt werden: Wer schweigt, verhält sich grundsätzlich neutral, ein Tätigkeitsgebot existiert nicht. Schweigen ist allerdings dann regelmäßig als Genehmigung zu werten, wenn der Vertrag zwischen den Ehegatten zur Sprache kam und nicht alsbald beanstandet wurde.

12 **3. Genehmigung von Grundstücksgeschäften.** Formlos wirksam ist auch die Genehmigung eines Grundstücksgeschäfts. Dass diese grundbuchrechtlich nur verwertbar ist, wenn sie in öffentlicher oder öffentlich beglaubigter Urkunde nachgewiesen ist (§ 29 GBO), schadet nicht. Auch die formlos erteilte Genehmigung entfaltet materiell-rechtliche Wirkung und beendet den Schwebezustand. Dass die Erklärung in einer zur praktischen Verwendung nicht geeigneten Form abgegeben wurde, rechtfertigt es nicht, sie als Verweigerung zu verstehen mit der Folge, dass der Weg zur familiengerichtlichen Ersetzung gemäß § 1365 Abs. 2 eröffnet ist.[4] Der Ehegatte kann sich hier nur an seinen Partner wenden und von ihm die Wiederholung der Erklärung in formell verwertbarer Form verlangen. Als Anspruchsgrundlage steht § 1353 Abs. 1 S. 2 zur Verfügung → § 1353 Rn. 37.

---

1 Staudinger/*Thiele,* 2017, Rn. 30; Erman/*Budzikiewicz* Rn. 5; Bamberger/Roth/*Siede* Rn. 7; *Gernhuber/Coester-Waltjen* FamR § 35 Rn. 69.

2 Staudinger/*Thiele,* 2017, Rn. 8.

3 StRspr seit BGHZ 2, 150 (153) = NJW 1951, 796 zu § 184.

4 KG NJW 1962, 1062; Staudinger/*Thiele,* 2017, § 1365 Rn. 79; Erman/*Budzikiewicz* § 1365 Rn. 16.

Keinen entsprechenden Anspruch gegen den genehmigenden Ehegatten hat der Dritte – die bloße Genehmigung begründet keine Sonderverbindung mit ihm.[5]

13 **4. Fristen.** Die Genehmigung muss von Gesetzes wegen nicht innerhalb einer bestimmten Frist erfolgen; Schwebezustände von Dauer sind möglich. Unbenommen bleibt es aber den Vertragsparteien, in ihrem Rechtsgeschäft eine Frist vorzusehen, mit deren Ablauf der – vom Ehegatten des Geschäftspartners zuvor nicht konsentierte – Vertrag unwirksam wird. Zudem kann der Dritte durch Aufforderung des Vertragspartners die Erklärungsfrist begrenzen (→ Rn. 14 ff.).

## IV. Aufforderung zur Beschaffung der Genehmigung (Abs. 3)

14 **1. Voraussetzungen und Funktion.** Das Recht, den Vertragspartner aufzufordern, die Genehmigung seines Ehegatten zu beschaffen, steht dem Dritten unabhängig davon zu, ob er den Schwebezustand bewusst in Kauf genommen hat oder unfreiwillig in ihn geraten ist. Zweck der Regelung ist, dem Dritten die Möglichkeit zu geben, Gewissheit über den Bestand des Rechtsgeschäfts zu erlangen.[6] Dieser Zweck wird allerdings insofern nur bedingt erreicht, als der Dritte nicht auch das Recht hat, den Vertragspartner aufzufordern, eine schon vor Vertragsschluss erteilte Einwilligung nachzuweisen. Ist eine solche erteilt worden, der Dritte sich aber darüber im Unklaren, kann er, obgleich der Vertrag hier von vornherein wirksam ist, nur die Genehmigung, nicht aber die Einwilligung anfordern.

15 **2. Rechtsfolgen.** Die Aufforderung ist geschäftsähnliche Handlung.[7] Ihre Wirkungen treten kraft Gesetzes auch dann ein, wenn sie nicht intendiert waren. Gemäß § 1366 Abs. 3 S. 1 Hs. 1 endigt mit der Aufforderung die Adressatenalternative für die Genehmigung (→ Rn. 9). Geeigneter Empfänger ist fortan nur noch der Dritte. Diese Regelung entspricht den § 108 Abs. 2, § 177 Abs. 2 und auch § 1427 Abs. 1, der auf § 1366 Bezug nimmt.

16 Wurden Genehmigung oder Verweigerung bereits vor der Aufforderung des Dritten dem Ehegatten gegenüber **erklärt** – und damit der Schwebezustand beendet –, so werden diese Erklärungen gemäß § 1366 Abs. 3 S. 1 Hs. 2 durch die Aufforderung des Dritten unwirksam und der **Schwebezustand wieder eröffnet.**[8] Die erneute Ungewissheit über den Bestand des Rechtsgeschäfts widerspricht dem Zweck der Aufforderungsregelung nicht, denn dieser ist nicht auf die Beendigung der Schwebelage an sich gerichtet, sondern auf die Beendigung der subjektiven Ungewissheit des Dritten. Dieser soll sich innerhalb kurzer Frist Gewissheit über die Wirksamkeit oder Unwirksamkeit des Geschäfts verschaffen können, um nicht auf Rückfragen und irgendwelche – letztlich nicht verlässlichen – Auskünfte angewiesen sein.

17 Die neue Phase der Ungewissheit eröffnet dem zur Genehmigung berufenen Ehegatten **erneut** die **Entscheidungsalternative** – und zwar ohne jede Rücksicht auf die frühere Erklärung. Er kann jetzt genehmigen, obwohl er zunächst die Genehmigung verweigerte; er kann aber auch jetzt die Zustimmung verweigern, die er zuvor schon erklärt hatte. Insofern verbindet sich mit der Aufforderung für den Dritten die Gefahr, vertragliche Positionen zu verlieren.

18 **3. Fristen.** Die Genehmigung kann nach der Aufforderung nur innerhalb einer **Ausschlussfrist** von zwei Wochen erklärt werden. Wird sie nicht fristgerecht erteilt, so gilt sie als verweigert (Abs. 3 S. 2). Der schwebend unwirksame Vertrag wird unwirksam, auch wenn der zur Genehmigung berufene Ehegatte über die Aufforderung des Dritten nicht informiert oder sich der Folgen seines Schweigens nicht bewusst war.

19 Die Ausschlussfrist kann verlängert, aber auch verkürzt werden. Zur **Verlängerung** ist der Dritte auch einseitig berechtigt. Ein Vertrag ist nicht erforderlich, da die Ausschlussfrist allein seinen Interessen an der Klärung der ungewissen Rechtslage dient.[9] Eine **Verkürzung** der Genehmigungsfrist kann dagegen nur von den Vertragsparteien vereinbart werden. Das Einverständnis des anderen Ehegatten ist hierzu nicht erforderlich. Dieser kann ein anerkennenswertes Interesse gegen die Verkürzung der Frist nicht haben, weil das Genehmigungserfordernis ja gerade seinem Schutz vor

---

[5] OLG Schleswig NJW-RR 1987, 135; vgl. ferner KG NJW 1962, 1062 für Anspruch des Dritten aus Vorvertrag.

[6] Staudinger/*Thiele,* 2017, Rn. 26; RGRK-BGB/*Finke* Rn. 11; Erman/*Budzikiewicz* Rn. 5.

[7] Staudinger/*Thiele,* 2017, Rn. 27; Bamberger/Roth/*Siede* Rn. 7; aA Palandt/*Brudermüller* Rn. 9: Willenserklärung.

[8] BGHZ 125, 355 (361) = NJW 1994, 1785 = FamRZ 1994, 819.

[9] Staudinger/*Thiele,* 2017, Rn. 32; Bamberger/Roth/*Siede* Rn. 7; Erman/*Budzikiewicz* Rn. 6; einen Vertrag fordern RGRK-BGB/*Finke* Rn. 15; Palandt/*Brudermüller* Rn. 8.

der vertraglich geplanten Vermögensänderung dient und der frühzeitige Ausschluss der Genehmigungsfähigkeit dieses Plans ihm zugutekommt.[10]

### V. Verweigerung der Genehmigung (Abs. 4)

20 **1. Voraussetzungen.** Wie die Genehmigung ist auch ihre Verweigerung einseitige empfangsbedürftige Willenserklärung, die gemäß § 182 Abs. 1 alternativ entweder an den Dritten oder an den eigenen Ehegatten gerichtet werden kann. Die Verweigerung setzt voraus, dass der Erklärende Kenntnis von der Art des Geschäfts und vom wesentlichen Inhalt des Vertrags hat, soweit diese Kenntnis für den Entschluss zur Ablehnung des Geschäfts von Bedeutung sein kann.[11] In pauschalen, generellen Äußerungen liegt ebenso wenig die Verweigerung eines konkreten Geschäfts wie in Äußerungen, die auf Fehlinformationen über dieses beruhen.

21 **2. Rechtsfolgen.** Nach allgM kann die Verweigerung der Genehmigung nach §§ 182 ff. **nicht** durch einseitigen Widerruf **rückgängig** gemacht werden.[12] Die Verweigerung ist eine rechtsgestaltend wirkende Willenserklärung, mit der das bis dahin schwebend unwirksame Rechtsgeschäft – Verpflichtungs- und/oder Verfügungsgeschäft – unwirksam wird. Dass nach Anrufung des FamG oder nach Aufforderung seitens des Dritten der Vertrag schließlich doch noch wirksam werden kann, steht dem nicht entgegen. Die gesetzliche Regelung ist hier so zu verstehen, dass in diesen beiden Konstellationen der – bereits beendet gewesene – Schwebezustand ausnahmsweise wieder hergestellt wird.[13]

22 Durch die Verweigerung der Genehmigung werden keine **Schadensersatzansprüche** gegen den Ehegatten begründet. Dies auch dann nicht, wenn das FamG die verweigerte Genehmigung später ersetzt. Abgesehen davon, dass es dem Ehegatten freisteht, das Geschäft anders als das FamG einzuschätzen, verpflichtet die Zugewinngemeinschaft die Ehegatten nicht, an der ordnungsmäßigen Verwaltung des Vermögens des anderen mitzuwirken (→ § 1365 Rn. 94).

### VI. Ersetzung der Genehmigung (Abs. 3 S. 2)

23 **1. Allgemeines.** Die Voraussetzungen für die Ersetzung der fehlenden Zustimmung des Ehegatten sind für Einwilligung und Genehmigung **einheitlich** in § 1365 Abs. 2 geregelt (→ § 1365 Rn. 98 ff.). § 1366 Abs. 3 S. 3 enthält bezüglich der Genehmigung lediglich noch eine spezielle Bestimmung über das Wirksamwerden des diese ersetzenden richterlichen Beschlusses.

24 **2. Verfahren.** Für das Verfahren vor dem FamG gelten die Vorschriften des FamFG (§ 111 Nr. 9 FamFG, § 261 Abs. 2 FamFG). **Antragsberechtigt** ist allein der vertragsschließende Ehegatte, nicht aber auch sein Geschäftspartner. In der Regel gebietet allerdings die Amtsermittlungspflicht (§ 26 FamFG), diesen im Verfahren anzuhören. Ein Recht auf Gehör steht dem Geschäftspartner allerdings nicht zu. Auch der die Zustimmung verweigernde Ehegatte ist regelmäßig schon im Rahmen der Amtsermittlung zur Aufklärung des Sachverhalts zu hören. Er hat allerdings aus Art. 103 Abs. 1 GG auch einen Anspruch auf rechtliches Gehör, denn anders als der Dritte, für den die Entscheidung nur mittelbare Auswirkungen hat, wird er durch sie unmittelbar in seinen Rechten als Ehegatte betroffen.

25 **3. Antrag.** Den Antrag auf Ersetzung der Genehmigung zu stellen, steht grundsätzlich im Belieben des vertragsschließenden Ehegatten. Dem Dritten gegenüber kann er zur Antragstellung nur verpflichtet sein, wenn er dies mit ihm in einer – damit nicht auch sie schwebend unwirksam ist: selbständigen – rechtsgeschäftlichen Abrede vereinbart hat. Eine Frist für die Antragstellung besteht nicht; der Antrag und der die Genehmigung ersetzende Beschluss können auch noch lange Zeit nach Abschluss des Geschäfts erfolgen.

26 **4. Gerichtliche Entscheidung.** Im Falle der Ersetzung der verweigerten Genehmigung wird ein dem FamG vorliegender, in Einzelheiten ausgehandelter Vertrag wirksam. Im Falle der Ersetzung der Einwilligung entscheidet das Gericht hingegen über einen geplanten Vertrag. Erforderlich, aber auch ausreichend ist hier, dass der für die Ersetzungsentscheidung wesentliche Inhalt mitgeteilt wird.[14] Weichen die Vertragsparteien später von dem der gerichtlichen Ersetzung der Einwilligung zugrunde liegenden **Vertragsinhalt** ab, so wird der Vertrag durch den die Einwilligung ersetzenden

---

[10] Staudinger/*Thiele,* 2017, Rn. 32; Erman/*Budzikiewicz* Rn. 6; für einen dreiseitigen Vertrag Soergel/*Lange,* 12. Aufl. 1989, Rn. 16.

[11] BGH NJW 1982, 1099; Staudinger/*Thiele,* 2017, Rn. 13.

[12] StRspr seit BGHZ 13, 179 (187) = NJW 1954, 1155.

[13] BGHZ 125, 355 = NJW 1994, 1785.

[14] OLG Köln FamRZ 1997, 677 = BeckRS 1996, 7441; OLG Köln OLGZ 1984, 296 = LSK 1985, 110022.

Beschluss nur insoweit wirksam, als er darin inhaltlich gebilligt wurde. Die anderen Teile sind zunächst schwebend unwirksam und bedürfen der Genehmigung. Werden sie infolge verweigerter Genehmigung und fehlenden Ersetzungsbeschlusses endgültig unwirksam, so ist über die Wirksamkeit des vom FamG gebilligten Vertragsteils nach § 139 zu entscheiden.

Der die Genehmigung **ersetzende Beschluss** tritt als Wirksamkeitsvoraussetzung zu dem von den Parteien ausgehandelten Vertragstatbestand hinzu. Das FamG vervollständigt insofern das Rechtsgeschäft anstelle des zustimmungsberechtigten Ehegatten. Den Vertragsinhalt umgestalten kann das Gericht nicht. Zulässig sind nach hM **Auflagen** oder **Bedingungen** nur, solange der Vertrag seine inhaltliche Identität behält.[15] Die Möglichkeit mittelbarer Einflussnahme auf die Vertragsgestaltung endet jedenfalls, wenn durch sie die den Ehegatten in der Zugewinngemeinschaft zustehenden Handlungs- und Entscheidungsbefugnisse unterlaufen werden. So dürfen etwa keine Auflagen oder Bedingungen angeordnet werden, die in der Sache den vorzeitigen Zugewinnausgleich bewirken, denn dieser ist in den §§ 1385, 1386 der Initiative der Ehegatten zugewiesen.[16] Zur Unzulässigkeit gerichtlicher Bedingungen und Auflagen bei Ersetzung der Einwilligung → § 1365 Rn. 102. 27

**5. Gerichtliche Entscheidung nach Aufforderung.** Hat der Dritte seinen Geschäftspartner aufgefordert, die Genehmigung des anderen Ehegatten zu beschaffen, so ist der die Genehmigung ersetzende **Beschluss** des FamG **nur wirksam,** wenn der Ehegatte diesen dem Dritten innerhalb der zweiwöchigen **Beschaffungsfrist mitteilt.**[17] Dass die Frist bereits mit der Aufforderung zu laufen beginnt, ergibt sich aus dem eindeutigen Wortlaut des § 1366 Abs. 3 S. 3 und dem Zweck der Regelung, dem Dritten kurzfristig Klarheit zu verschaffen. In der Praxis eingehalten werden kann die Frist nur, wenn das FamG die sofortige Wirksamkeit seiner – innerhalb der Zweiwochenfrist ergangenen – Entscheidung anordnet (§ 40 Abs. 3 S. 2 FamFG) und diese damit nicht erst nach Ablauf der einmonatigen Beschwerdefrist (§ 63 Abs. 1 FamFG) rechtskräftig wird. Dass durch die Mitteilungspflicht des § 1366 die Wirksamkeit der richterlichen Entscheidung an eine privatrechtliche Handlung geknüpft wird, fügt sich in das Gesamtkonzept der Aufforderung ein – erst mit der Mitteilung erlangt der Dritte die gewünschte Klarheit. Die Regelung bleibt aber insofern fragwürdig, als der Ehegatte willkürlich über den an sich wirksam gewordenen Vertrag positiv oder negativ disponieren kann. 28

**6. Keine Entscheidung.** Trifft das FamG in der Sache keine Entscheidung, weil es das in Rede stehende Rechtsgeschäft nicht für zustimmungsbedürftig hält, erteilt es ein sog. **Negativattest.** Da dieses keine Wirkungen im materiellen Recht entfaltet, bleibt das Geschäft schwebend unwirksam. Zur Beschwerde gegen das Negativattest sind gemäß § 59 Abs. 1 FamFG beide Ehegatten berechtigt – § 59 Abs. 2 FamFG steht nicht entgegen, weil der Antrag nicht zurückgewiesen wurde.[18] 29

## VII. Konvaleszenz

**1. Wegfall der Schutzzwecke.** Nach allgemeinen Grundsätzen konvaleszieren schwebend unwirksame Verträge, wenn der Schutzzweck der den Schwebezustand anordnenden Norm entfällt. Die nach § 1365 zustimmungsbedürftigen Geschäfte werden also ex nunc wirksam, wenn während des Schwebezustandes die Schutzzwecke der Verfügungsbeschränkung entfallen. Im Hinblick auf den primären Schutzzweck des § 1365 – Sicherung der familiären Lebens- und Vermögensgrundlage – könnten schwebend unwirksame Verträge mithin mit Rechtskraft der Scheidung generell konvaleszieren. Allerdings hindert hier der zweite Schutzzweck des § 1365 – Sicherung der Durchsetzung der Zugewinnausgleichsforderung – die Konvaleszenz, solange der Zugewinnausgleich noch nicht endgültig und abschließend durchgeführt und abgewickelt ist. Bis dies erfolgt ist, bleibt das Geschäft nach allgM auch **nach rechtskräftiger Scheidung** zustimmungsbedürftig – und wird unwirksam, wenn die Zustimmung nicht noch erteilt wird.[19] Dabei ist für die Zustimmungsbedürftigkeit ohne Belang, ob das Gesamtvermögensgeschäft die Ausgleichsforderung des anderen Ehegatten im konkreten Einzelfall tatsächlich gefährdet. Die Konvaleszenz des schwebend unwirksamen 30

15 OLG Köln OLGZ 1984, 296; OLG Saarbrücken FamRZ 1987, 1248; Erman/*Budzikiewicz* § 1365 Rn. 36; Palandt/*Brudermüller* § 1365 Rn. 24; dagegen Staudinger/*Thiele,* 2017, § 1365 Rn. 89.

16 BayObLG NJW 1975, 833; Palandt/*Brudermüller* § 1365 Rn. 24 zur Auflage einer – früher nach § 1389 möglichen – Sicherheitsleistung.

17 BGHZ 125, 355 (361 f.) = NJW 1994, 1785; Staudinger/*Thiele,* 2017, Rn. 33.

18 LG Frankfurt a. M. FamRZ 1992, 1079; Staudinger/*Thiele,* 2017, § 1365 Rn. 94; Palandt/*Brudermüller* § 1365 Rn. 24.

19 BGH NJW 1984, 6099 = FamRZ 1984, 1101; OLG Celle FamRZ 2001, 1613; OLG Saarbrücken FamRZ 1987, 1248; Staudinger/*Thiele,* 2017, § 1365 Rn. 105; Palandt/*Brudermüller* § 1365 Rn. 12; Erman/*Budzikiewicz* Rn. 8b.

Geschäfts ist bereits dann ausgeschlossen, wenn nach abstrakter und genereller Betrachtungsweise eine Gefährdung einer eventuell bestehenden Zugewinnausgleichsforderung nicht auszuschließen ist. Konvaleszenz tritt demzufolge nur dann ein, wenn feststeht, dass Zugewinnausgleichsansprüche nicht mehr bestehen, sei es etwa, dass solche verjährt sind[20] oder nicht in Betracht kommen, weil die Ehegatten unter Verzicht auf bestehende Forderungen Gütertrennung vereinbart haben.

31 **2. Tod eines Ehegatten.** Konvaleszenz tritt nach allgM ein, wenn der Güterstand durch Tod des **zustimmungsberechtigten** Ehegatten endet und der Zugewinn in **erbrechtlicher Form** – durch Erhöhung der Erbquote des verfügenden Ehegatten – ausgeglichen wird (§ 1371 Abs. 1). Hier hat das Gesamtvermögensgeschäft keine Auswirkungen auf den Zugewinnausgleich – dieser erfolgt durch Erhöhung der erbrechtlichen Beteiligung am Nachlass des verstorbenen Ehegatten um ein Viertel unabhängig davon, ob ein Zugewinn erzielt wurde oder nicht.[21]

32 Nach zutreffender Meinung konvalesziert das Gesamtvermögensgeschäft aber auch, wenn der Zugewinnausgleich **güterrechtlich** zwischen den Erben des zustimmungsberechtigten Ehegatten und dem überlebenden Ehegatten vorgenommen wird und den Zugewinnausgleich beeinflusst.[22] Es geht nämlich nicht an, die Handlungs- und Verwaltungsfreiheit der Ehegatten zu Gunsten der Erben einzuschränken – die ehegüterrechtlichen Verfügungsbeschränkungen intendieren keinen Erbenschutz. Das Recht, über die Wirksamkeit eines vom Ehepartner abgeschlossenen Geschäfts zu bestimmen, steht den Ehegatten nur **höchstpersönlich** zu. Das Gesamtvermögensgeschäft bedarf mithin nicht der Zustimmung der Erben und wird mit dem Tod des zustimmungsberechtigten Ehepartners ex nunc wirksam.

33 Unabhängig von der Form, in welcher der Zugewinn ausgeglichen wird, tritt Konvaleszenz nicht ein, wenn der **vertragsschließende Ehegatte stirbt.**[23] Weder bei der erbrechtlichen noch bei der güterrechtlichen Lösung ist auszuschließen, dass die Wirksamkeit des Gesamtvermögensgeschäfts die vermögensrechtliche Position des überlebenden Ehegatten schmälert. Das von dem verstorbenen Ehegatten vorgenommene Geschäft bleibt schwebend unwirksam und zustimmungsbedürftig auch dann, wenn der überlebende Ehegatte zur Alleinerbschaft berufen ist. Wegen des besonderen Schutzzwecks der Verfügungsbeschränkungen ist § 185 Abs. 2 S. 1 Alt. 3 weder direkt noch analog anzuwenden.[24]

34 Tritt der **Tod** eines Ehegatten **während des Verfahrens** vor dem FamG ein, so erledigt sich die Hauptsache, falls der Vertrag konvalesziert. Im Übrigen treten die Erben in das Verfahren ein. Sukzedieren sie in die Rolle des Antragstellers, so können sie den Antrag jederzeit zurücknehmen. Das gilt auch für den überlebenden Ehegatten als Alleinerbe. Hatte sich der verstorbene Ehegatte allerdings vertraglich dem Geschäftspartner gegenüber verpflichtet, den Antrag beim FamG zu stellen, können die Erben bei Rücknahme des Antrags von dem Dritten aus der Verpflichtung in Anspruch genommen werden.[25]

## VIII. Umdeutungen des Geschäfts

35 Schwebend unwirksame Rechtsgeschäfte, die unwirksam werden, sind der Umdeutung – in ein wirksames Rechtsgeschäft – nach § 140 grundsätzlich ebenso fähig wie Rechtsgeschäfte, die von vornherein nichtig sind. Insoweit bestehen auch gegen die Umdeutung von Rechtsgeschäften, die wegen Fehlens der von § 1365 geforderten Zustimmung unwirksam sind, keine grundsätzlichen Bedenken.[26] Doch dürfen nur Umdeutungen vorgenommen werden, deren Wirkungen den Schutzzwecken des § 1365 nicht zuwiderlaufen.

36 Zurückhaltung ist insbes. bei der Umdeutung des ohne Zustimmung des Ehegatten vorgenommenen Rechtsgeschäfts in einen – nicht zustimmungsbedürftigen – **Erbvertrag** geboten. Großzügige Umdeutungen würden hier nämlich praktisch immer dazu führen, das zustimmungsbedürftige Rechtsgeschäft als ersatzweise gewollte erbrechtliche Regelung anzuerkennen und damit im Fall des Todes des Ehegatten die verweigerte oder noch ausstehende Genehmigung zu übergehen. Eine

[20] OLG Celle FamRZ 2001, 1613.

[21] BGH NJW 1982, 1099; Staudinger/*Thiele,* 2017, § 1365 Rn. 107.

[22] BGH NJW 1982, 1099; Palandt/*Brudermüller* § 1365 Rn. 14; Erman/*Budzikiewicz* Rn. 8; RGRK-BGB/*Finke* Rn. 22; *Rauscher* FamR Rn. 384; aA → 3. Aufl. 1993, Rn. 34 *(Gernhuber)*; Staudinger/*Thiele.* 2017, § 1365 Rn. 107; *Gernhuber/Coester-Waltjen* FamR § 35 Rn. 77.

[23] BGHZ 77, 293 = NJW 1980, 2350; Staudinger/*Thiele,* 2017, § 1365 Rn. 106; RGRK-BGB/*Finke* Rn. 20; Erman/*Budzikiewicz* Rn. 8a.

[24] OLG Karlsruhe FamRZ 1978, 505; Staudinger/*Thiele,* 2017, § 1365 Rn. 106; *Gernhuber/Coester-Waltjen* FamR § 35 Rn. 76; *Rauscher* FamR Rn. 384; aA OLG Celle NJW-RR 1994, 646; Soergel/*Czeguhn* Rn. 11; RGRK-BGB/*Finke* Rn. 21. BGHZ 77, 293 (300) = NJW 1980, 2350 lässt die Frage offen.

[25] Vgl. Erman/*Budzikiewicz* Rn. 8a.

[26] BGHZ 40, 218 (222) = NJW 1964, 347.

Umdeutung in eine erbvertragliche Vereinbarung kommt mithin **nur ausnahmsweise** dann in Betracht, wenn sich aus den besonderen Umständen des Einzelfalls konkrete Anhaltspunkte für einen entsprechenden Parteiwillen ergeben.[27] Gegen die Annahme eines – primär in Betracht kommenden – entgeltlichen Erbvertrags spricht jedenfalls schon, dass sich die Rechtsposition des Dritten verschlechtert, denn der veräußernde Ehegatte behält hier bis zu seinem Tod die Verfügungsbefugnis unter Lebenden (§ 2286) und hat weitgehende Rücktritts- und Anfechtungsmöglichkeiten (§§ 2293 ff.; § 2281 iVm §§ 2078 f.). Von daher ist in der Regel ein auf einen Erbvertrag gerichteter Wille des Dritten nicht anzunehmen.

### IX. Ersatzansprüche des Dritten

**1. Vertragliche Ansprüche.** Eine Vereinbarung, in der der vertragschließende Ehegatte dem Dritten gegenüber die Haftung für die Zustimmung seines Ehepartners übernimmt, ist unwirksam. Eine solche Absprache, die dem Dritten über Schadensersatzansprüche die ökonomischen Vorteile des Vertrages auch dann sichert, wenn er von dessen Ehepartner nicht genehmigt wird, verstößt gegen die Schutzzwecke des § 1365.[28] Die Verfügungsbeschränkungen können ihre Aufgabe nicht erfüllen, wenn eine freie Entscheidung des zustimmungsberechtigten Ehegatten für oder gegen den Vertrag nicht möglich ist, weil die Verweigerung der Zustimmung vertraglich programmierte Ersatzansprüche gegen den anderen auslöst. 37

**2. Ansprüche aus Delikt und culpa in contrahendo.** Möglich bleiben nach allgM dagegen Schadensersatzansprüche des Dritten aus Delikt, wenn er getäuscht wurde (§ 823 Abs. 2, § 826). Darüber hinaus kann der vertragschließende Ehepartner dem Dritten gegenüber wegen Verschuldens beim Vertragsschluss nach § 280 iVm § 311 Abs. 2, § 241 Abs. 2 (culpa in contrahendo) schadensersatzpflichtig werden. Durch Ersatzansprüche dieser Art wird zwar auch die Entscheidungsfreiheit des anderen Ehegatten beeinträchtigt, doch sind sie mit dem Zweck des § 1365 insofern zu vereinbaren, als sie die Verletzung von vorvertraglichen Rücksichtnahmepflichten sanktionieren und diese Pflichten (noch) nicht der Zustimmung des Ehegatten unterliegen.[29] 38

## § 1367 Einseitige Rechtsgeschäfte

**Ein einseitiges Rechtsgeschäft, das ohne die erforderliche Einwilligung vorgenommen wird, ist unwirksam.**

**Schrifttum:** S. § 1365.

### I. Normzweck

**1. Schutz der Empfänger einseitiger Willenserklärungen.** § 1367 dient dem Schutz der Empfänger einseitiger Willenserklärungen, die gemäß § 1365 der Zustimmung des Ehegatten bedürfen. Das Gesetz bewahrt sie vor schwebend unwirksamen einseitigen Rechtsgeschäften, die sie als nur passiv Beteiligte – anders als ein Vertragspartner – durch eigenes Verhalten nicht vermeiden konnten. Parallelvorschriften finden sich in den §§ 111, 180, 1831 (jeweils S. 1). 1

**2. Restriktive Interpretation.** Der Normzweck gebietet eine restriktive Interpretation: Die Regeln des § 1366 über den Vertrag müssen entsprechend gelten, wenn der Geschäftspartner mit der Vornahme des einseitigen Rechtsgeschäfts ohne Einwilligung des Ehegatten einverstanden war, obgleich er dessen Zustimmungsbedürftigkeit kannte.[1] § 180 S. 2, der dies für den Fall des falsus procurator anordnet, enthält insofern einen verallgemeinerungsfähigen Gedanken. 2

### II. Rechtsfolge

**1. Unwirksamkeit.** Unwirksamkeit bedeutet Ungültigkeit von Anfang an ohne Möglichkeit einer Heilung – etwa durch spätere Genehmigung oder durch einen ersetzenden Akt des FamG – und ohne Möglichkeit des Konvaleszierens. Die erstrebte Wirkung ist nur durch fehlerfreie Wiederholung des Geschäfts zu erzielen. 3

---

27 BGHZ 125, 355 (364) = NJW 1994, 1785 = FamRZ 1994, 819 mAnm *Jost* JR 1995, 197.

28 Staudinger/*Thiele*, 2017, § 1365 Rn. 101; Soergel/*Czeguhn* Rn. 13; *Gernhuber/Coester-Waltjen* FamR § 35 Rn. 78; aA *Dölle* FamR I 755.

29 Staudinger/*Thiele*, 2017, § 1365 Rn. 98; Soergel/*Czeguhn* Rn. 14; *Dölle* FamR I 755.

1 Staudinger/*Thiele*, 2017, Rn. 5; Erman/*Budzikiewicz* Rn. 1.

4 **2. Vernichtbarkeit.** Auch für die empfangsbedürftigen einseitigen Rechtsgeschäfte des § 1365 gilt § 182 Abs. 3 iVm § 111 S. 2 und 3. Der Dritte kann mithin Rechtsgeschäfte, die mit Einwilligung des Ehegatten erfolgen, unverzüglich zurückweisen, wenn ihm die Einwilligung nicht in **schriftlicher Form** vorgelegt wird. Etwas anderes gilt nur, wenn der Ehegatte ihn zuvor von seiner Einwilligung in Kenntnis gesetzt hatte. Diese Vernichtbarkeit eines an sich wirksamen Rechtsgeschäfts dient dem Schutz des Dritten vor Ungewissheit über den Bestand des Rechtsgeschäfts.

### III. Praktische Bedeutung

5 **1. Fälle.** Die praktische Bedeutung des § 1367 ist gering. Als einseitige Gesamtvermögensgeschäfte kommen etwa Stiftungsgeschäfte (§§ 80 ff.) in Betracht oder auch Auslobungen (§§ 657 ff.), vor allem aber Zustimmungen zu Gesamtvermögensgeschäften, die ein Dritter an der Stelle des Ehegatten vornimmt. So kann die Genehmigung des vertretenen Ehegatten nach § 177 zustimmungsbedürftig sein, wenn der Dritte in dessen Namen ohne Vertretungsmacht ein Gesamtvermögensgeschäft vornahm. Auch die Vollmachtserteilung nach § 167 ist zustimmungsbedürftig, wenn das von dem Vertreter für den Ehegatten zu erledigende Geschäft dessen (nahezu) gesamtes Vermögen betrifft. Das gleiche gilt für die Zustimmung zu einer entsprechenden Verfügung, die ein Dritter gemäß § 185 für den Ehegatten vornimmt. Auch die Kündigung eines Gesellschaftsverhältnisses ist hier zu nennen für jene Ansicht, die sie § 1365 unterwirft (→ 1365 Rn. 78). Stets wirksam ist dagegen die Ausschlagung einer Erbschaft (→ § 1365 Rn. 80).

6 **2. Anfechtungs- und Rücktrittsrechte.** Nicht von § 1367 erfasst wird die Ausübung von Anfechtungs- und Rücktrittsrechten.[2] Abgesehen davon, dass die Anfechtung eines Rechtsgeschäfts und auch der Rücktritt von einem solchen keine Verfügungen oder auf sie gerichtete Verpflichtungen über den Geschäftsgegenstand enthalten, ist es nicht Sinn der güterrechtlichen Verfügungsbeschränkungen, die Ehegatten bei der Geltendmachung von Willensmängeln und Leistungsstörungen aneinander zu binden.

## § 1368 Geltendmachung der Unwirksamkeit

**Verfügt ein Ehegatte ohne die erforderliche Zustimmung des anderen Ehegatten über sein Vermögen, so ist auch der andere Ehegatte berechtigt, die sich aus der Unwirksamkeit der Verfügung ergebenden Rechte gegen den Dritten gerichtlich geltend zu machen.**

**Schrifttum:** S. § 1365.

**Übersicht**



[2] PWW/*Weinreich* Rn. 1; aA Palandt/*Brudermüller* Rn. 1; Erman/*Budzikiewicz* Rn. 2.

## I. Normzweck

Die Verpflichtungs- und Verfügungsbeschränkungen der § 1365 und § 1369 sichern die Unwirksamkeit aller Geschäfte, die vom Ehepartner nicht gebilligt wurden. Sie regeln dagegen nicht die **Rückabwicklung** der **Verfügungen,** die aufgrund der unwirksamen Geschäfte getätigt wurden. Der verfügende Ehegatte mag zwar in bestimmten Fällen selbst an der Rückgängigmachung interessiert sein und diese im Einvernehmen mit seinem Ehepartner betreiben. Meist aber wehrt sich der übergangene Ehegatte gegen die Eigenmächtigkeit des anderen – und in diesem Fall ist von dem verfügenden Ehegatten kein Vorgehen gegen den Dritten zu erwarten. § 1368 **berechtigt** deshalb auch den **anderen Ehegatten** zur Rückabwicklung der Verfügung – auch ohne und gegen den Willen des handelnden Ehegatten. 1

Dieses Recht hat er ggf. auch noch nach rechtskräftiger Scheidung der Ehe.[1] Der primäre Zweck des Verbots eigenmächtiger Verfügung über das gesamte Vermögen – Erhaltung der wirtschaftlichen Grundlage der Familie – ist dann zwar gegenstandslos geworden, doch kann die Revokation im Hinblick auf den weiteren Schutzzweck des § 1365 – Sicherung der Zugewinnausgleichsforderung – geboten sein. Solange nämlich die Durchsetzung der Ausgleichsforderung noch im Raume steht, bleibt das während des Güterstandes vorgenommene Gesamtvermögensgeschäft schwebend unwirksam und bedarf auch noch nach Beendigung des Güterstandes der Zustimmung des Ehegatten → § 1366 Rn. 30. Auch das Revokationsrecht besteht in diesem Falle weiter, denn der Ehegatte muss bei eintretender Unwirksamkeit selbständig handeln und der Gefährdung seiner Ausgleichsforderung begegnen können. 2

## II. Dogmatik

**1. Verfahrensstandschaft.** Die sich aus der Unwirksamkeit der Verfügung ergebenden Rechte gegen den Dritten sind und bleiben Rechte des **verfügenden** Ehegatten. Der andere Ehegatte darf sie lediglich im eigenen Namen prozessual ausüben. Er handelt nach allgM mithin in gesetzlicher Verfahrensstandschaft.[2] 3

Aus der Formulierung „auch" der andere Ehegatte ergibt sich, dass die Verfahrensstandschaft keine Auswirkungen auf die Rechtsposition des verfügenden Ehegatten hat. Dieser ist Eigentümer der Sache, Inhaber des Rechts und Gläubiger der Forderung geblieben und kann alle aus der Unwirksamkeit des Geschäfts folgenden Rechte auch selbst geltend machen. Gegenüber seinem Ehepartner ist er gemäß § 1353 Abs. 1 S. 2 dazu sogar verpflichtet, von dem Dritten kann ihm die Berufung auf die Unwirksamkeit des Geschäfts deshalb auch nicht als venire contra factum proprium entgegengehalten werden (→ Rn. 17). 4

**2. Ansprüche.** Die Verfahrensstandschaft erwächst nach dem eindeutigen Wortlaut des § 1368 **aus der Unwirksamkeit** des **Verfügungsgeschäfts** und nicht aus der des Verpflichtungsgeschäfts. Vor der Verfügung ist der übergangene Ehegatte zum Vorgehen nicht berechtigt. Er kann also nicht im Hinblick auf das unwirksame Verpflichtungsgeschäft Unterlassungsklage erheben oder einen hierauf gerichteten einstweiligen Rechtsschutz beanspruchen.[3] 5

Ist die Verfügung aber vorgenommen, stehen ihm **sämtliche** Ansprüche zur Rückgängigmachung der unwirksamen geschäftlichen Transaktion zur Verfügung. Er kann – auf dinglicher Ebene – die sich aus der Unwirksamkeit des Verfügungsgeschäfts ergebenden Ansprüche geltend machen ebenso wie – auf schuldrechtlicher Ebene – die sich aus der Unwirksamkeit des Verpflichtungsgeschäfts ergebenden. Auf welche Ansprüche der übergangene Ehegatte im Einzelnen zurückgreift, hängt von den Auswirkungen ab, die die Verfügung zeitigt und die er beseitigt wissen will. So kann er etwa die Sache nach § 985 vindizieren oder Grundbuchberichtigung nach § 894 verlangen, er kann aber auch (zusätzlich) die Ansprüche auf Schadensersatz und Nutzungsherausgabe aus §§ 987 ff. erheben oder auch nur die bereicherungsrechtlichen Ansprüche aus § 812 und § 816 Abs. 1 geltend machen. 6

Bestand das Gesamtvermögensgeschäft in der **Beteiligung an einer Gesellschaft,** so kann sich der übergangene Ehegatte auf die Unwirksamkeit der Einlageverpflichtung und der sie erfüllenden Verfügung berufen und gemäß §§ 985, 1368 die geleisteten Gegenstände herausverlangen. Des Weiteren gelten dann die Grundsätze über die fehlerhafte Gesellschaft. Deren Heranziehung verbietet sich hier nicht, denn dem Schutzzweck des § 1365 ist mit der Rückforderungsmöglichkeit der Einlageleistung Genüge getan (→ 7. Aufl. 2017, § 705 Rn. 341). Im Fall der Fehlerhaftigkeit kann 7

[1] BGH NJW 1984, 6099 = FamRZ 1984, 1101; OLG Celle FamRZ 2001, 1613; Staudinger/*Thiele,* 2017, Rn. 48.

[2] Staudinger/*Thiele,* 2017, Rn. 18 f.; Erman/*Budzikiewicz* Rn. 2; PWW/*Weinreich* Rn. 3.

[3] BGH NJW-RR 1990, 1154 = FamRZ 1990, 970.

der übergangene Ehegatte jedenfalls das seinem Ehegatten – hier wie jedem Gesellschafter zustehende – außerordentliche Kündigungsrecht nach § 1368 geltend machen.

8 **3. Vorgehen aus fremdem Recht.** Vorgehen kann der übergangene Ehegatte gegen den Dritten nur aus fremdem, nicht aber auch aus eigenem Recht. Die §§ 1365 ff. enthalten ein in sich geschlossenes Schutzsystem, das materielle **eigene** Rechte des übergangenen Ehegatten **nicht** vorsieht. Diese – das Prinzip der Gütertrennung wahrende – Regelung darf nicht durch Anerkennung der §§ 1365, 1369 als Schutzgesetze iSd § 823 Abs. 2 unterlaufen werden.[4] Zur Klärung der Verhältnisse kann der übergangene Ehegatte dem Dritten gegenüber jedoch die Unwirksamkeit des Verpflichtungsgeschäfts feststellen lassen (§ 256 ZPO, § 113 Abs. 2 FamFG). Das Rechtsverhältnis, das Gegenstand eines Feststellungsantrags ist, muss nämlich nicht zwischen den Prozessparteien bestehen. Allerdings muss der Ehegatte ein – aus besonderen Gründen gegebenes – rechtliches Interesse an der Feststellung gerade dem Dritten gegenüber haben.[5]

## III. Inhalt und Umfang des Revokationsrechts

9 **1. Adressat der Rechte.** Die sich aus der Unwirksamkeit der Verfügung ergebenden Rechte kann der übergangene Ehegatte nur **gegenüber** dem **Dritten,** der vom verfügenden Ehegatten erwerben wollte, geltend machen. Vorgehen kann er auch gegen einen Gesamtrechtsnachfolger, der dessen Rechtsposition komplett übernommen hat, nicht allerdings gegen einen Singularsukzessor. Sofern nämlich jemand gutgläubig kraft Rechtsscheins vom Dritten erworben hat, ist der Erwerb wirksam – insofern wirkt § 1365 nicht absolut (→ § 1365 Rn. 9). Der übergangene Ehegatte kann in diesem Fall nur mit dem Bereicherungsanspruch aus § 816 Abs. 1 gegen den – nichtberechtigt, aber wirksam verfügenden – Dritten vorgehen.[6] Ist die Weiterveräußerung hingegen unwirksam, etwa wegen Bösgläubigkeit des weiteren Erwerbers (§ 935), kann gegen diesen nur der verfügende Ehegatte selbst vorgehen. Der Ehepartner kann das lediglich nach § 1353 Abs. 1 S. 2 von ihm verlangen, nicht aber selbst aktiv werden (→ Rn. 4).

10 **2. Außergerichtliche Maßnahmen.** Dem Normtext zufolge ist der andere Ehegatte lediglich zur gerichtlichen Rechtsverfolgung berufen. Sinn und Zweck der Norm gebieten jedoch, in **extensiver Interpretation** – erst recht – auch außergerichtliche Maßnahmen wie Leistungsaufforderungen oder Mahnungen, die den Dritten in Verzug setzen, für zulässig zu halten.[7]

11 Das Revokationsrecht vermittelt **nicht** die Befugnis zur **Aufrechnung** gegenüber dem Dritten. Mit eigenen Forderungen nämlich kann der andere Ehegatte mangels Gegenseitigkeit nicht aufrechnen, mit Forderungen des verfügenden Ehegatten nicht, weil ihm insoweit die Verfügungsmacht fehlt. Zur Aufrechnungsbefugnis des Dritten → Rn. 19.

12 **3. Gerichtliche Maßnahmen.** Der Ehegatte kann zur Durchsetzung der Ansprüche **einstweiligen Rechtsschutz** in Anspruch nehmen und einen Arrest (§§ 916 ff. ZPO, § 119 Abs. 2 FamFG), eine einstweilige Anordnung (§§ 49 ff., 119 Abs. 1 FamFG) oder auch gemäß § 899 die Eintragung eines Widerspruchs gegen die Richtigkeit des Grundbuchs beantragen. Der Widerspruch ist in diesem Fall zugunsten beider Ehegatten einzutragen – also zugunsten des verfügenden Ehegatten, weil dessen Recht betroffen ist; aber auch zugunsten des übergangenen Ehegatten. Ein Widerspruch nur zugunsten des verfügenden Ehegatten allein nämlich würde diesem die Möglichkeit geben, dessen Löschung herbeizuführen.[8]

13 Nimmt der Dritte aufgrund des unwirksamen Gesamtvermögensgeschäfts Gegenstände in Anspruch, die nicht zurückgewährt werden können, etwa nicht verbriefte Ansprüche oder Forderungen, so kann (auch) der übergangene Ehegatte feststellen lassen, dass der andere noch berechtigter Inhaber ist.[9] Auch Vollstreckungszugriffe auf das Vermögen des Dritten kann er abwehren. Er kann zum Beispiel bei Insolvenz des Dritten **aussondern** (§§ 47 f. InsO) und im Fall der Einzelzwangsvollstreckung gegen den Dritten die **Drittwiderspruchsklage** (§ 771 ZPO, § 120 Abs. 1 FamFG) erheben (→ Rn. 26).

14 **4. Herausgabeverlangen.** Strittig ist, wie der gerichtlich als Verfahrensstandschafter vorgehende Ehegatte den **Antrag auf Herausgabe** formulieren muss – ob er Leistung an sich allein verlangen kann oder Leistung an den verfügenden Ehegatten fordern muss oder Leistung an diesen

[4] Wie hier Staudinger/*Thiele,* 2017, Rn. 8; Erman/*Budzikiewicz* Rn. 4a; aA OLG Celle NJW 1970, 1882; AG Baden-Baden FamRZ 2009, 1344; RGRK-BGB/*Finke* § 1365 Rn. 49.

[5] BGH NJW-RR 1990, 1154 = FamRZ 1990, 970; *Rauscher* FamR Rn. 390.

[6] Staudinger/*Thiele,* 2017, Rn. 22; Soergel/*Czeguhn* Rn. 8.

[7] Staudinger/*Thiele,* 2017, Rn. 24; Soergel/*Czeguhn* Rn. 9; RGRK-BGB/*Finke* Rn. 8.

[8] BayObLG FamRZ 1988, 503.

[9] Staudinger/*Thiele,* 2017, Rn. 25; RGRK-BGB/*Finke* Rn. 10; *Dölle* FamR I 763.

und sich zusammen. Da der revozierende Ehegatte die Rechte des verfügenden geltend macht, kann er Herausgabe nur in der Form verlangen, in welcher der verfügende Ehegatte sie verlangen kann, was heißt, dass er sie **nach Maßgabe der vorherigen Besitzverhältnisse** fordern muss. Mithin ist Herausgabe an den verfügenden Ehegatten zu fordern, wenn dieser Alleinbesitzer gewesen war, Herausgabe an sich und den verfügenden dann, wenn die Ehegatten Mitbesitzer gewesen waren. Kann oder will der verfügende Ehegatte die Sache nicht übernehmen, darf der revozierende Ehegatte analog § 986 Abs. 1 S. 2 Hs. 2, § 869 S. 2 Hs. 2 Herausgabe der Sache an sich selbst fordern.[10]

Im Hinblick auf diese subsidiäre Befugnis zur Übernahme der Sache muss er von vornherein die primäre wie auch die subsidiäre Form der Herausgabe verlangen. Dass sich erst beim Vollzug der – entsprechend tenorierten – Entscheidung herausstellt, welche Alternative Bedeutung erlangt, steht nicht entgegen. Dem freiwillig leistenden Dritten oder dem wegnehmenden Gerichtsvollzieher ist dies insofern zumutbar, als die Feststellung, ob der verfügende Ehegatte zur Übernahme bereit ist oder nicht, keine nennenswerten Mühen und Kosten verursacht.[11] 15

Andere Ansichten räumen dem revozierenden Ehegatten – dem Gedanken der Verfahrensstandschaft zuwider – Rechte ein, die der verfügende Ehegatte nicht hat und überdehnen damit die Schutzzwecke der §§ 1365 ff. Zurückzuweisen ist insbes. die Ansicht, § 1368 gestatte in jedem Fall die Revokation zu eigenem unmittelbaren Alleinbesitz.[12] Aber auch die Ansicht, die Revokation grundsätzlich zu Mitbesitz beider Ehegatten anzuerkennen, gewichtet die Bedeutung der §§ 1365, 1369 gegenüber den allgemeinen Grundsätzen der Verfahrensstandschaft zu stark. 16

## IV. Einwendungen und Einreden des Dritten

**1. Ausschluss von § 242.** Nach allgM ausgeschlossen ist der Dritte mit der Einwendung der unzulässigen Rechtsausübung wegen eines venire contra factum proprium des verfügenden Ehegatten. Es geht bei der Revokation allein um die Durchsetzung der Verfügungsbeschränkungen der §§ 1365, 1369 – das persönliche individuelle Verhalten des verfügenden Ehegatten steht hier nicht in Rede. Nur wenn der zustimmungsberechtigte Ehegatte an einem treuwidrigen Verhalten des verfügenden Ehegatten gegenüber dem Dritten beteiligt war, können die Rechte beider Ehegatten mit § 242 begrenzt werden.[13] 17

**2. Ausschluss von § 817 S. 2.** Ausgeschlossen ist der Dritte ferner mit der Einwendung des § 817 S. 2. Auch bei verwerflicher Leistung des verfügenden Ehegatten ist dem übergangenen Ehepartner der Rechtsschutz nicht zu versagen, die Schutzzwecke der §§ 1365, 1369 gehen insoweit vor.[14] 18

**3. Aufrechnung.** Die Aufrechnungsmöglichkeiten des Dritten werden durch das Revokationsrecht des zustimmungsberechtigten Ehegatten nicht beschränkt. Der Dritte kann mit einer Forderung, die ihm gegenüber dem verfügenden Ehegatten zusteht, aufrechnen – und zwar auch **gegenüber dem revozierenden Ehegatten,** denn dieser macht ja nur den fremden Anspruch geltend. Die Schutzwirkungen der §§ 1365, 1369 werden dadurch nicht ausgehebelt, denn die Verfügungsbeschränkungen stehen der Zwangsvollstreckung in das Vermögen eines Ehegatten nicht entgegen, auch wenn diese dessen gesamtes Vermögen ergreift (→ § 1365 Rn. 49). Sie können folglich auch nicht entgegenstehen, wenn der Gläubiger des Ehegatten statt zu vollstrecken mit einer ihm zustehenden Forderung aufrechnet.[15] Abgesehen davon, dass die Erledigung im Wege der Aufrechnung kostengünstiger ist als die Vollstreckung, würde ein Aufrechnungsverbot den revozierenden Ehegatten und die Familie ohnehin nicht schützen, denn die Forderung des Dritten bliebe ja bestehen. Auch deshalb gibt es keinen Grund, dessen Interessen hintanzustellen und ihm trotz Aufrechnungslage das Insolvenzrisiko bei der Durchsetzung seiner Forderung aufzubürden. 19

**4. Zurückbehaltungsrechte. Ausgeschlossen** ist der Dritte nach allgM mit der Einrede aus **§ 273.** Er hat also gegenüber den aus § 1368 geltend gemachten Ansprüchen kein Zurückbehaltungsrecht wegen eigener Ansprüche aus dem rückabzuwickelnden Vertrag.[16] Der in §§ 1365, 1369 20

---

10 Erman/*Budzikiewicz* Rn. 13; Bamberger/Roth/*Siede* Rn. 4; *Rauscher* FamR Rn. 390.

11 Erman/*Budzikiewicz* Rn. 13; Bamberger/Roth/*Siede* Rn. 4; *Gernhuber/Coester-Waltjen* FamR § 35 Rn. 95.

12 Erman/*Gamillscheg,* 12. Aufl. 2008, Rn. 13; Staudinger/*Thiele,* 2017, Rn. 32 mit Beschränkung auf Haushaltsgegenstände.

13 Staudinger/*Thiele,* 2017, Rn. 50; Erman/*Budzikiewicz* Rn. 5; PWW/*Weinreich* Rn. 6.

14 Staudinger/*Thiele,* 2017, Rn. 50; Bamberger/Roth/*Siede* Rn. 5.

15 BGHZ 143, 356 = NJW 2000, 1947 = FamRZ 2000, 744; Staudinger/*Thiele,* 2017, Rn. 52; Palandt/*Brudermüller* Rn. 2.

16 OLG Köln MDR 1968, 586; Staudinger/*Thiele,* 2017, Rn. 51; Palandt/*Brudermüller* Rn. 2; Erman/*Budzikiewicz* Rn. 8; Bamberger/Roth/*Siede* Rn. 5; anders *Dölle* FamR I 764.

intendierte Ehe- und Familienschutz gebietet, dem missbilligten Geschäft konsequent die Geltung zu versagen und aus ihm keinerlei, auch nicht nur zeitweilige, Rechtspositionen zuzubilligen.

21 Ausgeschlossen ist der Dritte auch mit dem Zurückbehaltungsrecht aus **§ 1000** wegen Verwendungsersatzansprüchen, die ihm als unrechtmäßigem Besitzer zustehen.[17] Dass diese Ansprüche in anderen Zusammenhängen privilegiert sind, etwa in § 51 Nr. 2 InsO, rechtfertigt nicht, sie auch im vorliegenden Zusammenhang durch ausnahmsweise Anerkennung des Zurückbehaltungsrechts zu privilegieren.

## V. Gerichtliches Verfahren

22 **1. Sachliche Zuständigkeit.** Nach hM ist die Revokation eine **Familienstreitsache** (§ 111 Nr. 9 FamFG, § 112 Nr. 2 FamFG, § 261 Abs. 1 FamFG), für die das **Familiengericht** zuständig ist (§ 23a Abs. 1 S. 1 Nr. 1 GVG, § 23b Abs. 1 GVG).[18] Auch wenn mit der Revokation keine Ansprüche geltend gemacht werden, die das eheliche Güterrecht gewährt, sondern lediglich Ansprüche, die das Güterrecht durch Vernichtung eines Rechtsgeschäfts vermittelt, ist die Zuordnung der sich hier ergebenden Konflikte zum Familiengericht in der Sache sinnvoll. Es geht schließlich um die Durchsetzung von Handlungsbeschränkungen, deren Sinn und Funktion ehegüterrechtlich begründet sind. Das Familiengericht ist deshalb **auch zuständig,** wenn der **verfügende Ehegatte selbst** die sich aus der Unwirksamkeit des Geschäfts ergebenden Ansprüche gerichtlich verfolgt. Dass auch der Streit um die Ersetzung der Zustimmung eine vom FamFG zu entscheidende Güterrechtssache ist – allerdings nicht wie die Revokation eine Familienstreitsache (vgl. § 112 FamFG) – stellt § 261 Abs. 2 FamFG ausdrücklich klar.

23 **2. Stellung der Ehegatten im Verfahren.** Die Rechtshängigkeit der Sache im Verhältnis zu einem Ehegatten begründet **nicht** die **Rechtshängigkeit** auch gegenüber dem anderen. Auch entfaltet ein für oder gegen einen der Ehegatten ergangener Beschluss nach allgM **keine Rechtskraft** gegenüber dem anderen.[19] Zwar besteht Identität des Streitgegenstandes, doch fehlt es für die Erstreckung der verfahrensrechtlichen Wirkungen an der Identität der Parteien. Abgesehen hiervon fordern die Zwecke des materiellen Rechts die Beschränkung der Rechtshängigkeits- bzw. Rechtskraftwirkung. Andernfalls nämlich wäre der verfügende Ehegatte in der Lage, durch nachlässige Prozessführung einen Rechtsverlust zu bewirken, den er rechtsgeschäftlich ohne Zustimmung des Partners nicht herbeiführen kann.

24 Die Rechtskraft ist auch dann nicht – ausnahmsweise – auf den anderen Ehegatten zu erstrecken, wenn ein **obsiegender Beschluss gegen den Dritten** erstritten wurde. Da der Beschluss nur dem prozessführenden Ehegatten die Zwangsvollstreckung ermöglicht, könnte der andere – bei Untätigkeit des Ehepartners – den in der Entscheidung erfolgten Familienschutz nicht realisieren. Zudem wäre er auch gehindert, selbst gegen den Dritten vorzugehen und sich einen eigenen Vollstreckungstitel zu beschaffen. Nach hM verbietet die Rechtskraft nämlich jegliche erneute Verhandlung des Streitgegenstandes. Da dies dem Ziel des § 1368, beiden Ehegatten gerichtliches Vorgehen zu ermöglichen, zuwiderliefe, darf die Rechtskraft generell nicht gegen den außerhalb des Verfahrens stehenden Ehegatten wirken.[20]

25 Da Ehegatten bei der Verfolgung ihrer Rechte sowohl materiell-rechtlich wie auch verfahrensrechtlich eigenständig und unabhängig vom anderen agieren, bilden sie auch **keine notwendige Streitgenossenschaft** (§ 62 ZPO, § 113 Abs. 1 FamFG), wenn sie gemeinschaftlich gerichtlich gegen den Dritten vorgehen oder von diesem in Anspruch genommen werden.[21]

26 **3. Stellung des übergangenen Ehegatten in der Zwangsvollstreckung.** In der Zwangsvollstreckung des Dritten gegen den verfügenden Ehegatten muss der übergangene Ehegatte die Unwirksamkeit des Rechtsgeschäfts im Wege der **Drittwiderspruchsklage** (§ 771 ZPO, § 120 Abs. 1 FamFG) geltend machen[22] – was möglich ist, weil der von dem Dritten gegen seinen Ehepartner erstrittene Beschluss ja nicht gegen ihn wirkt.[23]

---

17 Staudinger/*Thiele,* 2017, Rn. 51.

18 HM schon unter der Geltung des FGG, BGH BeckRS 1981, 31074809 = FamRZ 1981, 1045 mAnm *Spall* und *Bosch;* OLG Köln FamRZ 2001, 176; OLG München FamRZ 2000, 365; OLG Hamburg FamRZ 2000, 1290; OLG Bamberg FamRZ 2000, 1167 Ls.

19 Staudinger/*Thiele,* 2017, Rn. 35; Erman/*Budzikiewicz* Rn. 16; RGRK-BGB/*Finke* Rn. 19.

20 Staudinger/*Thiele,* 2017, Rn. 39; Erman/*Budzikiewicz* Rn. 16; Bamberger/Roth/*Siede* Rn. Rn. 7.

21 Staudinger/*Thiele,* 2017, Rn. 42; RGRK-BGB/*Finke* Rn. 17; aA *Dölle* FamR I 763.

22 OLG Köln FamRZ 2001, 176; OLG München FamRZ 2000, 365; OLG Hamburg FamRZ 2000, 1290; OLG Bamberg FamRZ 2000, 1167 Ls.; Staudinger/*Thiele,* 2017, Rn. 40; Erman/*Budzikiewicz* Rn. 19.

23 Zum heute erledigten Streit über die Erforderlichkeit eines gesonderten Duldungstitels Staudinger/*Thiele,* 2017, Rn. 44.

**4. Streitverkündung.** Dritte, die von dem übergangenen Ehegatten in Anspruch genommen werden, können ihrem Geschäftspartner, **dem verfügenden** Ehegatten, den Streit verkünden (§ 72 ZPO, § 113 Abs. 1 FamFG). Denn wenn sie unterliegen, ist das mit diesem abgeschlossene Rechtsgeschäft für unwirksam erklärt worden, was eventuelle Schadensersatzansprüche gegen den verfügenden Ehegatten auslöst. Im Verfahren des Dritten gegen den verfügenden Ehegatten aber ist die Streitverkündung ausgeschlossen, denn Ansprüche des übergangenen Ehegatten hat der Dritte er ja nur zu befürchten, wenn er im Verfahren gewinnt, weil die Wirksamkeit des Rechtsgeschäfts festgestellt wird. Der Fall des günstigen Ausgangs des Verfahrens aber wird von § 72 ZPO nicht erfasst – Streitverkündung ist nur für den Fall des ungünstigen Verfahrensausgangs vorgesehen.[24] 27

### VI. Ehegatte als Träger des Revokationsrechts

**1. Tod.** Die Revokationsbefugnis ist unlösbar mit der güterrechtlichen Partnerschaft verknüpft; sie ist **unübertragbar, unpfändbar** und **unvererblich.**[25] Unwirksame Verfügungen bleiben unwirksam, wenn der die Revokation betreibende Ehegatte stirbt; schwebend unwirksame konvaleszieren nur, wenn sich mit dem Tod die Schutzzwecke der §§ 1365, 1369 erledigt haben (→ § 1366 Rn. 31 ff.). 28

**2. Insolvenz.** Bei Insolvenz **des revozierenden** Ehegatten gehört das Revokationsrecht nicht zur Insolvenzmasse. Da es diese nicht mehren kann, ist der Ehegatte in der Ausübung des Rechts nicht beschränkt. Bei Insolvenz **des verfügenden** Ehegatten steht das Recht zur Rückabwicklung dem Insolvenzverwalter zu, wenn der Anspruch auf Rückgewähr in die Insolvenzmasse fällt und der Gegenstand der Revokation in diese zu leisten ist (§ 80 InsO).[26] 29

### VII. Abweichende Vereinbarungen

Haben die Ehegatten die Verfügungsbeschränkungen der §§ 1365, 1369 **abbedungen** (→ § 1365 Rn. 106; → § 1369 Rn. 42), so entfällt damit konsequenterweise auch die Revokationsbefugnis. Abdingbar ist diese aber auch allein bei Fortbestand der Verfügungsbeschränkungen im Übrigen.[27] Der Schutz der Familie fordert nicht, die Vertragsfreiheit der Ehegatten hier zu beschränken. Denn auch wenn der übergangene Ehegatte nicht revozieren kann, ist er nicht schutzlos. Er hat immer noch die Möglichkeit, den verfügenden Ehegatten zur Ausübung seiner Rechte gegen den Dritten anzuhalten. 30

## § 1369 Verfügungen über Haushaltsgegenstände

**(1) Ein Ehegatte kann über ihm gehörende Gegenstände des ehelichen Haushalts nur verfügen und sich zu einer solchen Verfügung auch nur verpflichten, wenn der andere Ehegatte einwilligt.**

**(2) Das Familiengericht kann auf Antrag des Ehegatten die Zustimmung des anderen Ehegatten ersetzen, wenn dieser sie ohne ausreichenden Grund verweigert oder durch Krankheit oder Abwesenheit verhindert ist, eine Erklärung abzugeben.**

**(3) Die Vorschriften der §§ 1366 bis 1368 gelten entsprechend.**

**Schrifttum:** S. § 1365.

**Übersicht**



[24] Staudinger/*Thiele,* 2017, Rn. 43; Erman/*Budzikiewicz* Rn. 17; MüKoZPO/*Schultes* ZPO § 72 Rn. 6.
[25] Staudinger/*Thiele,* 2017, Rn. 48; Soergel/*Czeguhn* Rn. 4; Erman/*Budzikiewicz* Rn. 3.
[26] Staudinger/*Thiele,* 2017, Rn. 47.
[27] Staudinger/*Thiele,* 2017, Rn. 54; Soergel/*Czeguhn* Rn. 17; Erman/*Budzikiewicz* Rn. 21; Bamberger/Roth/*Siede* Rn. 9.

## I. Normzweck

1 **1. Sicherung des Haushalts und der Ausgleichsforderung.** Zweck des § 1369, der wie § 1365 die in § 1364 zugestandene Handlungsfreiheit der Ehegatten beschränkt, ist primär die Sicherung der wirtschaftlichen Grundlagen des ehelichen Haushalts gegen einseitige Maßnahmen eines Ehegatten. Gänzlich untergeordnet ist der Zweck, Schmälerungen der Zugewinnausgleichsforderung vorzubeugen.[1] Obgleich solche bei Vorhandensein wertvollerer Gegenstände auch im Fall von Hausrat denkbar sind, ist dieser Zweck eher marginal.

2 **2. Anwendungsbereich.** § 1369 gilt **nur** im gesetzlichen Güterstand der **Zugewinngemeinschaft.** Diese Beschränkung, die sich zwingend aus der systematischen Stellung der Norm ergibt, wird vielfach als problematisch empfunden, da die Sicherung der Grundlagen des familiären Haushalts in allen Güterständen gleichermaßen schutzwürdig scheint.[2] Aber auch wenn man die rechtspolitische Frage, ob es nicht richtiger gewesen wäre, dem Gedanken der Haushaltssicherung Allgemeingültigkeit für alle Ehen zu sichern und die Hausratsschutznorm in die §§ 1353 ff. einzustellen, bejaht – es gab und gibt auch heute **keinen zwingenden** Grund, die Handlungsbeschränkungen der Ehegatten in Bezug auf Haushaltsgegenstände güterstandsunabhängig auszugestalten. Die damit erfolgende Relativierung des Schutzes der ehelichen Haushaltsbasis kann hingenommen werden.

3 Keine Besonderheiten für die Zustimmungsbedürftigkeit von Geschäften über Haushaltsgegenstände ergeben sich aus dem Recht zur Haushaltsführung (§ 1356 Abs. 1 S. 2) und dem Recht zum Abschluss von Geschäften zur Deckung des familiären Lebensbedarfs (§ 1357). Der Handlungsspielraum, den das Gesetz Ehegatten grundsätzlich nach §§ 1356, 1357 gewährt, wird in der Zugewinngemeinschaft durch die güterstandsspezifische Regelung des § 1369 beschränkt.[3]

4 **Nach Scheidung** der Ehe ist § 1369 nicht mehr anwendbar. Der gesetzliche Güterstand ist dann beendet, für den Umgang mit den Haushaltsgegenständen gilt im Falle der Scheidung güterstandsunabhängig für alle Ehen § 1568b.

## II. Rechtsdogmatik

5 **1. Absolutes Veräußerungsverbot.** In ihrer rechtlichen Struktur entspricht die Bindung des § 1369 derjenigen des § 1365. Es handelt sich nach allgM wie bei § 1365 um ein absolutes Veräußerungsverbot iSd § 134, dessen Rechtsfolgen – abweichend von § 134 – in den §§ 1366 ff. speziell geregelt sind. Dogmatisch präziser ist die Charakteristik der Norm allerdings zu erfassen, wenn man sie nicht den absoluten Veräußerungsverboten, sondern einer selbständigen Kategorie von zustimmungsbedürftigen Rechtsgeschäften zuordnet (→ § 1365 Rn. 9).

---

1 Erman/*Budzikiewicz* Rn. 1; Palandt/*Brudermüller* Rn. 1; *Gernhuber/Coester-Waltjen* FamR § 35 Rn. 4.

2 *Braun* FS Musielak, 2004, 138; *Pawlowski,* Die „bürgerliche" Ehe als Organisation, 1983, 33 ff. für Anwendung des § 1369 auf alle Ehen als Ergebnis einer „korrigierenden Auslegung"; tendenziell so auch *Smid* FamRZ 1991, 512.

3 BayObLG FamRZ 1980, 571; Staudinger/*Thiele,* 2017, Rn. 42.

**2. Verpflichtungs- und Verfügungsgeschäft.** Anders als der Text des § 1365 fordert derjenige des § 1369 neben der Zustimmung zum Verfügungsgeschäft stets auch die Zustimmung zum Verpflichtungsgeschäft. Eine Differenz ist jedoch weder gewollt noch möglich. Eine auf ein Geschäft beschränkte Zustimmung wäre in jedem Fall ein sinnloser und in sich widersprüchlicher Akt. Die Billigung nur der Verpflichtung ermöglicht ja die zustimmungsfreie Verfügung – und damit doch den auf dieser Ebene nicht gebilligten Erfolg. Umgekehrt führt die Billigung nur der Verfügung zu nichts, weil der Gegenstand der Verfügung sofort wieder als rechtsgrundlos geleistet kondiziert werden könnte. Die Zustimmung zum Verpflichtungsgeschäft enthält demzufolge stets auch die Zustimmung zum Verfügungsgeschäft und umgekehrt. Sofern sich ein Ehegatte – wie bei einem vorehelichen Geschäft – ohne Zustimmung verpflichten konnte, bedarf auch die Verfügung keiner Zustimmung.[4] 6

### III. Gegenstände des ehelichen Haushalts

**1. Begriff.** „Gegenstände des ehelichen Haushalts" sind alle beweglichen Sachen, die dem **gemeinschaftlichen Leben** der Ehegatten im familiären Bereich einschließlich der Freizeitgestaltung **zu dienen** bestimmt sind. Der Begriff entspricht dem der „Haushaltsgegenstände" in §§ 1361a, 1568b und dem der „zum ehelichen Haushalt gehörenden Gegenstände" des § 1932. Die typischen Haushaltsgegenstände wie Möbel, Lampen, Küchengeräte etc spielen im Zusammenhang mit dem Verfügungsverbot des § 1369 schon wegen ihres geringen Wertes kaum eine Rolle. Auch Haustiere werden in der Regel nicht eigenmächtig veräußert – der Streit um sie entsteht hier vielmehr, weil jeder der Ehegatten sie bei Trennung behalten möchte.[5] 7

Von den Gegenständen des Haushalts sondern sich jedenfalls die der Vermögensanlage dienenden Kunst- oder Luxusgegenstände sowie die Sachen, die dem persönlichen oder beruflichen Bereich der Ehegatten zuzuordnen sind (→ § 1361a Rn. 7). 8

**2. Verschiedener Einsatz.** Gegenstände, die verschiedenen Zwecken dienen, werden jenem Bereich zugerechnet, für den sie überwiegend gehalten werden. **Personenkraftwagen** fallen nicht unter § 1369, wenn sie im Wesentlichen individuell von einem Ehegatten zu beruflichen Zwecken genutzt werden, auch wenn sie daneben zuweilen für familiäre Gemeinsamkeiten eingesetzt werden. Ein Pkw ist dagegen dann ein Haushaltsgegenstand, wenn das gemeinschaftliche Moment, die Nutzung zu Einkaufs-, Transport-, Besuchs- und Ferienfahrten, überwiegt.[6] Vertreten wird hierzu, dass vom Schwerpunkt der familiären Nutzung immer dann auszugehen ist, wenn der Familie nur ein Pkw zur Verfügung steht. Da dieser dann zwangsläufig für sämtliche Fahrten im familiären Bereich eingesetzt wird, bleibt er Familienauto, auch wenn er zusätzlich von einem Ehegatten zu Fahrten zum Arbeitsplatz genutzt wird.[7] Als Vermutung ist diese Annahme durchaus akzeptabel, als unwiderlegbare Aussage geht sie jedoch zu weit. 9

**3. Belanglose Qualitäten.** Gleichgültig ist der Wert der Gegenstände. Auch kostbare Kunstgegenstände und Wertobjekte wie eine Segelyacht gehören zum Hausrat, wenn sie nach dem Lebenszuschnitt der Ehegatten dem familiären Zusammenleben dienen.[8] Gleichgültig ist, ob ihre Anschaffung und Unterhaltung die finanziellen Verhältnisse der Ehegatten übersteigen. Nach Sinn und Funktion der Norm ist allein relevant, dass der Gegenstand für das familiäre Zusammenleben angeschafft und genutzt worden ist.[9] Belanglos ist ferner die Frage nach der Bedeutung des Gegenstandes für das eheliche Leben wie auch die Frage, ob er zum Gebrauch oder zum Verbrauch bestimmt ist. Auch Brennstoffe und Nahrungsmittelvorräte sind Gegenstände des ehelichen Haushalts.[10] 10

**4. Immobilien und Rechte.** Nach hM beschränkt sich das Verfügungsverbot des § 1369 auf bewegliche Sachen. Zwar wird der Begriff „Gegenstand" im BGB grundsätzlich im weiteren, Immobilien und Rechte einschließenden, Sinn gebraucht (vgl. § 90), doch wird die Restriktion auf 11

---

4 Staudinger/*Thiele,* 2017, Rn. 4; Soergel/*Czeguhn* Rn. 4.

5 Vgl. OLG Stuttgart FamRZ 2014, 1300 = BeckRS 2014, 11670; OLG Naumburg FamRZ 2001, 481; OLG Zweibrücken FamRZ 1998, 1432 alle zu § 1361a.

6 OLG Koblenz NJW 2016, 2892 = FamRZ 2016, 1770 mAnm *Fritzsche*; OLG Stuttgart NJW 2016, 1665 = FamRZ 2016, 1087; OLG Zweibrücken FamRZ 2005, 902; OLG Frankfurt FamRZ 2004, 1105; OLG Köln FamRZ 2002, 322; Staudinger/*Thiele,* 2017, Rn. 10; enger BGH NJW 1991, 1547 = FamRZ 1991, 43 (49); BeckRS 2011, 3441 = FamRZ 1992, 538: Pkw generell nur ausnahmsweise Haushaltsgegenstand.

7 OLG Düsseldorf NJW 2007, 1001 = FamRZ 2007, 1325; KG FamRZ 2003, 1927 mAnm *Wever*; OLG Frankfurt BeckRS 2015, 10754.

8 BGH NJW 1984, 1758 = FamRZ 1984, 575; LG Ravensburg FamRZ 1995, 1584.

9 Staudinger/*Thiele,* 2017, Rn. 17.

10 Staudinger/*Thiele,* 2017, Rn. 13; Soergel/*Czeguhn* Rn. 18; Palandt/*Brudermüller* Rn. 4; *Quambusch* FamRZ 1989, 691; aA Erman/*Budzikiewicz* Rn. 3.

Fahrnis von der Notwendigkeit geboten, § 1369 in Einklang mit den §§ 1361a, 1568b, die sich nur auf bewegliche Sachen beziehen, zu interpretieren. Das führt dazu, dass weder dem Zusammenleben dienendes Grundstücks- oder Wohnungseigentum noch auf den ehelichen Haushalt bezogene Forderungen und Rechte unter den Anwendungsbereich der Norm fallen.

12 Demzufolge unterliegen **Ansprüche** auf Schadensersatz oder auf eine Versicherungsleistung wegen Zerstörung, Beschädigung oder Entziehung eines Haushaltsgegenstandes nicht der Bindung des § 1369. Hier fehlt es an einem dem Haushalt zugehörigen Substrat.[11] Das Gleiche gilt für Ansprüche aus Verträgen, die auf die Anschaffung von Haushaltsgegenständen gerichtet sind.[12] Auch Rechte aus Dienstleistungsverträgen zählen nicht zu den Haushaltsgegenständen iSd § 1369 – Arbeitsverträge mit Hausangestellten können deshalb ohne Mitwirkung des Ehegatten gekündigt werden. Ebenfalls nicht erfasst sind Rechte aus Gebrauchsüberlassungsverträgen über Haushaltsgegenstände. Es ist nicht gerechtfertigt, die Handlungsfähigkeit der Ehegatten auch in Bezug auf Gegenstände zu beschränken, die dem Haushalt nicht dauerhaft angehören.[13]

13 § 1369 in Anlehnung an die Regelung der Wahl-Zugewinngemeinschaft (Art. 5 Abs. 1 WZGA) analog auf die **Ehewohnung** anzuwenden, verbietet sich im Hinblick auf die Sicherheit des Rechts- und Wirtschaftsverkehrs. Dritte nämlich sind im Bereich des § 1369 den Rechtsfolgen der §§ 1366 f. schutzlos ausgeliefert, denn es gibt keinen Grund, den Tatbestand der Norm – wie den des § 1365 – um das subjektive Erfordernis der Kenntnis des Dritten zu ergänzen (→ § 1365 Rn. 32 ff.). Der fehlende Schutz des mit einem Ehegatten kontrahierenden Dritten ist bei Haushaltsgeschäften hinnehmbar, nicht aber bei Immobiliengeschäften.[14]

### IV. Eigentumsverhältnisse

14 **1. Anwartschaftsrechte.** Anwartschaftsrechte, die einem Ehegatten aufgrund Erwerbs unter Eigentumsvorbehalt an einem Haushaltsgegenstand zustehen, unterliegen ebenfalls den Handlungsbeschränkungen des § 1369. Da § 1369 mit der Formulierung „ihm gehörend" ausdrücklich nur die im Alleineigentum eines Ehegatten stehenden Gegenstände nennt, ist die Norm hier allerdings **analog** anzuwenden.

15 **2. Gemeinschaftliches Eigentum.** Der Zweck der Norm, Sicherung des ehelichen Hausrats vor einseitigen Maßnahmen eines Ehegatten, fordert, das Tatbestandsmerkmal „ihm gehörend" extensiv zu interpretieren und „ihm mit gehörend" ausreichen zu lassen. Damit ist auch das gemeinschaftliche **Miteigentum gebunden,** mag nun nur der eigene Anteil, mag auch die Sache als solche Geschäftsgegenstand sein.[15] Die Gegenmeinung lehnt dies ab, kommt jedoch zu keinem anderen Ergebnis, weil sie das Geschäft über die ganze Sache in zwei Teile, nämlich in die zwei ideellen (Miteigentums-)Bruchteile zerlegt.

16 Wenn der das eigene Miteigentum betreffende Teil des Rechtsgeschäfts unwirksam ist, ist gemäß § 139 auch der Teil, der das Miteigentum des Ehepartners betrifft, nichtig.[16] Eine derartige Teilung des Rechtsgeschäfts ist jedoch abzulehnen. Sie ist zum einen dem Geschäftspartner nicht erkennbar und läuft damit allgemeinen Rechtsscheinprinzipien zuwider, zum anderen widerspricht sie der im Falle gemeinschaftlichen Eigentums grundsätzlich bestehenden Verfügungsbefugnis (§ 747). Bindet man die Ehegatten jeweils auch hinsichtlich des Eigentums des anderen (→ Rn. 17), erledigt sich die Problematik – das Geschäft ist, was den eigenen Anteil angeht, gemäß § 1369 direkt, was den fremden Anteil angeht, gemäß § 1369 analog zustimmungsbedürftig.

17 **3. Eigentum des anderen Ehegatten.** Ob § 1369 analog anzuwenden ist, wenn ein Ehegatte über Alleineigentum des anderen Ehegatten verfügt, ist **umstritten.** Die Befürworter der Analogie berufen sich auf den Normzweck des § 1369, der gebietet, die Ehegatten vor jedweder einseitigen Beeinträchtigung der gegenständlichen Grundlagen des ehelichen Haushalts zu schützen.[17] Dies

---

[11] Staudinger/*Thiele,* 2017, Rn. 18; Soergel/*Czeguhn* Rn. 9; Erman/*Budzikiewicz* Rn. 5; *Rauscher* FamR Rn. 392; anders *Dölle* I S. 768 Fn. 16 für den Fall, dass der zu zahlende Betrag für die Ersatzbeschaffung verwendet werden soll.

[12] OLG Saarbrücken FamRZ 1964, 633; Palandt/*Brudermüller* Rn. 4; Bamberger/Roth/*Siede* Rn. 7; *Rauscher* FamR Rn. 392; aA Staudinger/*Thiele,* 2017, Rn. 17; Erman/*Budzikiewicz* Rn. 5.

[13] Erman/*Budzikiewicz* Rn. 5; Bamberger/Roth/*Siede* Rn. 5b; Soergel/*Czeguhn* Rn. 9; aA → 7. Aufl. 2017, Rn. 10; Staudinger/*Thiele,* 2017, Rn. 20.

[14] Palandt/*Brudermüller* Rn. 4; Bamberger/Roth/*Siede* Rn. 5; *Weber* FamRZ 2015, 464; aA *Jacobs* FamRZ 2014, 1750; *Jacobs* FamRZ 2015, 466; *Braun* FS Musielak, 2004, 119 (133).

[15] Erman/*Budzikiewicz* Rn. 8; Bamberger/Roth/*Siede* Rn. 8; Soergel/*Czeguhn* Rn. 11.

[16] BayObLG FamRZ 1965, 331; RGRK-BGB/*Finke* Rn. 15.

[17] OLG Köln MDR 1968, 586; OLG Schleswig SchlHA 1974, 111; LG Berlin FamRZ 1982, 803; Palandt/*Brudermüller* Rn. 1; *Dölle* FamR I 771; → 3. Aufl. 1993, Rn. 13 *(Gernhuber); Gernhuber/Coester-Waltjen* FamR § 35 Rn. 53; *Rauscher* FamR Rn. 393; *Baur/Stürner* SachenR § 51 Rn. 29.

überzeugt jedoch nicht.[18] Aus der systematischen Stellung des § 1369 geht eindeutig hervor, dass die Vorschrift einen (weiteren) Ausnahmefall von dem in § 1364 statuierten Grundsatz der Handlungsfreiheit der Ehegatten über ihr eigenes Vermögen regelt. Als Ausnahmevorschrift ist die Norm einer **Analogie** jedoch grundsätzlich **nicht zugänglich.** Außerdem ist die Analogie nicht zu vereinbaren mit den dem Verkehrsinteresse dienenden Vorschriften über den gutgläubigen Erwerb. Es geht nicht an, die Handlungsbeschränkung des § 1369 auch auf den Umgang mit fremdem Hausrat zu erstrecken und damit dem an das Eigentum des verfügenden Ehegatten glaubenden Dritten den Gutglaubenserwerb zu verwehren. Die §§ 932 ff. regeln den Widerstreit von Verkehrsinteressen und Eigentumsschutz abschließend. Das mit ihnen erzielte Ergebnis darf deshalb nicht durch Hinzufügung weiterer Erfordernisse, wie der Zustimmung eines im gesetzlichen Güterstand lebenden Ehegatten, rückgängig gemacht werden (→ Rn. 33).

Die praktischen Auswirkungen des Meinungsstreits sind gering. Denn auch ohne analoge Anwendung des § 1369 kommt es kaum zum Eigentumserwerb des Dritten, da an den Gegenständen des § 1369 in aller Regel Mitbesitz beider Ehegatten besteht. Deshalb kommt die Sache dem Eigentümer-Ehegatten durch die Verfügung des anderen praktisch immer abhanden, sodass regelmäßig bereits § 935 Abs. 1 S. 1 den Eigentumsverlust ausschließt. 18

**4. Eigentum Dritter.** § 1369 ist nach ganz hM nicht anzuwenden auf Gegenstände, die im Eigentum Dritter stehen. Zwar können auch solche Gegenstände aufgrund Leihe, Miete, Leasing uÄ zum ehelichen Haushalt gehören, doch ist der für den gesetzlichen Güterstand vorgesehene Schutz auf das Vermögen der diesem Güterstand angehörenden Ehegatten zu beschränken – andernfalls ergäbe sich auch ein gegenüber den §§ 932 ff. verstärkter Eigentumsschutz. 19

## V. Handeln Dritter

**1. Stellvertreter, Ermächtigte.** Dritte, die an Stelle der Ehegatten handeln und von ihnen ihre Rechtsmacht ableiten, sind wie die Ehegatten selbst in der Handlungsmöglichkeit beschränkt. Demzufolge bedürfen Stellvertreter iSd § 164 und Ermächtigte iSd § 185 der Zustimmung, wenn sie ein Hausratsgeschäft iSd § 1369 tätigen. Die Erteilung der Vollmacht ist dagegen ebenso zustimmungsfrei wie die Erteilung der Ermächtigung. Da § 1369 den Ehegatten nicht hindert, das zustimmungspflichtige Geschäft vorzunehmen, kann er damit auch einen Dritten beauftragen. Erst das von diesem vorgenommene Geschäft bedarf, wie wenn der Ehegatte es selbst getätigt hätte, der Zustimmung. 20

Hat ein Vertreter ohne Vertretungsmacht nach § 177 gehandelt oder ein Nichtberechtigter im eigenen Namen nach § 185 verfügt, so ist die **Genehmigung** der von ihnen getätigten, § 1369 unterworfenen Rechtsgeschäfte zustimmungsbedürftig. Ohne die Zustimmung des Ehegatten kann von einem Vertreter oder Ermächtigten auch dort nicht erworben werden, wo an sich – wie in den §§ 170 ff. – ein Schutz des redlichen Verkehrs vorgesehen ist. Der Rechtsschein ersetzt zwar die fehlende Vollmacht oder Ermächtigung, nicht aber die Zustimmung des Ehegatten. Eine Ausnahme gilt, wenn ein Ehegatte den Haushaltsgegenstand einem Kaufmann, etwa einem Kommissionär, zur Veräußerung im Betriebe seines Handelsgewerbes überlässt. § 366 HGB schützt in diesem Fall den Erwerber der Sache im Gesamtbereich möglicher Mängel der Verfügungsmacht.[19] 21

**2. Eigenständig handelnde Dritte.** Frei von den Bindungen des § 1369 sind nach allgM die **von Amts wegen** handelnden Treuhänder, also Nachlassverwalter, Insolvenzverwalter und Zwangsverwalter. Abgesehen davon, dass sie ihre Rechtsmacht nicht von dem Ehegatten ableiten, haben sie bei der Verwaltung von dessen Vermögen auch die Interessen Dritter wahrzunehmen (→ § 1365 Rn. 53). 22

Der **Testamentsvollstrecker** ist nach allgM von den Bindungen des § 1369 **frei,** auch wenn die Testamentsvollstreckung die Interessen des überlebenden Ehegatten tangiert, etwa im Hinblick auf den Voraus (§ 1932). Er ist zwar rechtsgeschäftlich von dem verstorbenen Ehegatten, der Normadressat des § 1369 ist, eingesetzt, handelt aber nicht als dessen Stellvertreter, sondern als Amtsperson (→ § 1365 Rn. 54). 23

**3. Nichtberechtigte Dritte.** Von nichtberechtigten Dritten, die als vermeintliche Eigentümer Haushaltsgegenstände veräußern, kann ohne Besonderheit Eigentum kraft Rechtsscheins (§§ 932 ff.) erworben werden. Da sie die Eigentümerstellung für sich selbst in Anspruch nehmen, fehlt jede Verbindung zum Güterstand des wahren Eigentümers. Praktisch bedeutsam ist dies vor allem, wenn der Vertragspartner eines Ehegatten, dessen Eigentumserwerb an § 1369 scheiterte, die Sache weiter- 24

---

[18] Wie hier Staudinger/*Thiele,* 2017, Rn. 29; Erman/*Budzikiewicz* Rn. 29 f.; Soergel/*Czeguhn* Rn. 12; RGRK-BGB/*Finke* Rn. 11 ff.; *Benthin* FamRZ 1982, 338; *Eichenhofer* JZ 1988, 326.

[19] Staudinger/*Thiele,* 2017, Rn. 65; Soergel/*Czeguhn* Rn. 14; MüKoHGB/*Welter* HGB § 366 Rn. 40.

veräußert – doch bleibt § 935 zu beachten, wenn die Sache dem anderen Ehegatten abhandenkam (→ Rn. 18).

25 **4. Zwangsvollstreckung.** Keine Anwendung findet § 1369 nach hM, wenn Dritte wegen einer Geldforderung in Haushaltsgegenstände vollstrecken.[20] § 1369 soll Ehegatten keinesfalls die Möglichkeit bieten, Vermögensgegenstände über die einvernehmliche Widmung für den Haushalt dem Vollstreckungszugriff zu entziehen – den Antrag auf Ersetzung der Zustimmung nach § 1369 Abs. 2 kann der Gläubiger ja nicht stellen. Dieses Ergebnis korrespondiert der Unbeachtlichkeit von (Mit-)Besitz und (Mit-)Gewahrsam der Ehegatten an Haushaltsgegenständen in der Zwangsvollstreckung (§ 739 ZPO iVm § 1362).

26 § 1369 gilt dagegen, wenn ein Ehegatte **zur Übereignung** eines Gegenstandes des ehelichen Haushalts **verurteilt** wird. § 894 ZPO fingiert zwar die Willenserklärung des Schuldners in der dinglichen Einigung des § 929, jedoch nicht andere Wirksamkeitsvoraussetzungen der Übereignung wie die Zustimmung des anderen Ehegatten.

## VI. Dauer der Bindung

27 **1. Gemeinschaftlicher Haushalt.** § 1369 gilt jedenfalls, solange die Ehegatten einen gemeinschaftlichen Haushalt führen. Er ist ferner anzuwenden, wenn ein gemeinschaftlicher Haushalt zwar noch nicht besteht, jedoch geplant ist und die angeschafften Gegenstände für den künftigen Haushalt in einer gemeinsamen ehelichen Wohnung bestimmt sind. Es reicht also aus, dass die Widmung zu Haushaltsgegenständen erfolgt ist.[21]

28 **2. Getrenntleben.** Die allgM unterwirft auch getrennt lebende Ehegatten dem § 1369.[22] Dies ist insofern abzulehnen, als der primäre Normzweck entfällt, wenn es keinen gemeinschaftlichen Haushalt mehr gibt – eine eventuell wieder entstehende zukünftige Hausgemeinschaft schützt § 1369 nicht. Die Überlegung, dass die Bindung der Ehegatten gerade in der Situation der Trennung erforderlich ist im Hinblick auf die Bewahrung eines gegenständlichen Bereichs, in den die Rückkehr möglich ist, überzeugt nicht. Als Eheerhaltungsmaßnahme ist die Anwendung des § 1369 schon vom Tatsächlichen her insofern nicht geeignet, als die Notwendigkeit, den Ehegatten in der Trennungsphase um Zustimmungen zu bitten, neues Konfliktpotential bietet. Abgesehen hiervon zeigt die Regelung zur Verteilung der Haushaltsgegenstände in § 1361a, dass das Gesetz nach Trennung der Ehegatten den gemeinschaftlichen Haushalt nicht zu erhalten trachtet. Auch ist es mit der für das Getrenntleben vorgesehenen Hausratsverteilung schwerlich zu vereinbaren, dass ein Ehegatte mit Hilfe des Revokationsrechts des § 1368 dem anderen Haushaltsgegenstände wieder aufdrängen kann, die dieser nicht mehr haben will.

29 **3. Trennungsbedingter Erwerb.** Da die allgM aber zugesteht, dass Ehegatten Haushaltsgegenstände, die anlässlich bzw. nach der Trennung erworben wurden, frei veräußern können, kommt es auch nach ihr bei längerer Trennung zu einer kontinuierlichen Vermehrung der „freien" Haushaltsgegenstände.

## VII. Zustimmungsbedürftige Geschäfte

30 **1. Auf Verfügungen zielende Geschäfte.** Zustimmungsbedürftig sind alle Rechtsgeschäfte, die auf eine Änderung der dinglichen Rechtslage gerichtet sind und entsprechende Verfügungen intendieren oder beinhalten (einschließlich etwaiger Vorverträge). Nicht zustimmungsbedürftig sind mithin Verträge, die wie Miete oder Leihe den Ehegatten lediglich verpflichten, einem Dritten einen Gegenstand des ehelichen Haushalts zum **Gebrauch zu überlassen.** Eine Ausnahme ist hier allerdings für langfristige Geschäfte über Haushaltsgegenstände von begrenzter Lebensdauer zu machen. Nicht zustimmungsbedürftig sind **Prozesshandlungen** wie Klageverzicht (§ 306 ZPO) oder Anerkenntnis (§ 307 ZPO). Diese wirken nicht materiell-rechtlich, sondern betreffen lediglich die Rechtsverfolgung. Der auch materielle Wirkungen zeitigende Prozessvergleich bedarf hingegen der Zustimmung (→ § 1365 Rn. 47 f.).

31 **2. Sicherungsgeschäfte.** Da der mit dem Rechtsgeschäft verfolgte Zweck im Rahmen des § 1369 grundsätzlich belanglos ist, sind auch Geschäfte, die (nur) der Sicherung einer Forderung dienen, zustimmungsbedürftig. Eine Ausnahme ist lediglich anzuerkennen für Sicherungsübereignungen, die in unmittelbarem Zusammenhang mit dem Erwerb eines Haushaltsgegenstandes erfol-

[20] Staudinger/*Thiele,* 2017, Rn. 38; RGRK-BGB/*Finke* Rn. 16.
[21] Vgl. Staudinger/*Thiele,* 2017, Rn. 25.
[22] OLG Koblenz FamRZ 1991, 1302; Palandt/*Brudermüller* Rn. 2; Staudinger/*Thiele,* 2017, Rn. 26; Erman/*Budzikiewicz* Rn. 7.

gen. So ist die Übereignung des gekauften Gegenstandes an das Kreditinstitut zur Sicherung des von diesem finanzierten Kaufpreises als bloße Erwerbsmodalität nicht zustimmungspflichtig (→ § 1365 Rn. 85).[23]

**3. Gesetzliche Pfandrechte.** Nicht zustimmungsbedürftig sind Verpflichtungsgeschäfte, deren Folge die Entstehung eines gesetzlichen Pfandrechts ist (vgl. §§ 562, 647, 704).[24] Das kraft Gesetzes entstehende Pfandrecht ist nicht Gegenstand des vom Ehegatten vorgenommenen Rechtsgeschäfts – und Pfändungspfandrechte sind vom Gläubiger ohnehin durch zustimmungsfreien Vollstreckungsakt zu erreichen (→ Rn. 25). 32

## VIII. Guter Glaube Dritter

Nach § 1369 ist die **Kenntnis** des Erwerbers von der Zugehörigkeit des Geschäftsgegenstandes zum ehelichen Haushalt **irrelevant.** Der Tatbestand ist – anders als der des § 1365 – auch nicht um ein entsprechendes subjektives Tatbestandsmerkmal zu ergänzen (→ § 1365 Rn. 32 ff.).[25] Haushaltsgegenstände sind nämlich als solche jedem erkennbar. Ob sie dem ehelichen Haushalt des Geschäftspartners gewidmet sind, ist leicht zu erfragen, die Gefährdung des Dritten beim Erwerb ist im Falle des § 1369 daher weit geringer als beim Erwerb aufgrund eines Gesamtvermögensgeschäfts. 33

Der Erwerber findet Schutz, soweit er dem Güterrechtsregister vertrauen und von der Nichtgeltung des § 1369 ausgehen durfte **(§ 1412).** Er findet dagegen **keinen Schutz,** wenn er den Geschäftspartner für unverheiratet hielt oder zwar von dessen Ehe wusste, jedoch Anlass hatte anzunehmen, dass jener mit Einwilligung seines Ehegatten handelt. Da es sich bei § 1369 um einen Erwerb vom Eigentümer handelt, spielen die Gutglaubensvorschriften der §§ 932 ff. keine Rolle (→ Rn. 17). Veräußert allerdings ein Ehegatte einen ihm gehörenden Haushaltsgegenstand als Kaufmann **im Rahmen seines Handelsgewerbes,** ist § 366 Abs. 1 HGB analog anzuwenden und im Verkehrsinteresse dem Schutzzweck des § 366 HGB den Vorrang vor § 1369 einzuräumen.[26] Bei Veräußerung eines seinem Ehegatten gehörenden Haushaltsgegenstands ist in dieser Konstellation gutgläubiger Erwerb nach § 366 Abs. 1 HGB direkt möglich. 34

## IX. Rechtsfolgen

Die Einschränkungen der Handlungsfreiheit der Ehegatten in § 1365 und § 1369 unterscheiden sich nur vom Geschäftsgegenstand her, in ihrer rechtlichen Struktur aber sind die Bindungen gleich. Von daher **verweist** § 1369 Abs. 3 bezüglich der Rechtsfolgen **auf** die in **§§ 1366–1368** für Gesamtvermögensgeschäfte getroffenen Regelungen. Die Frage der Einwilligung und der Genehmigung, ferner die Frage des Schwebezustandes nach einem Vertragsschluss ohne die erforderliche Zustimmung und die nach seiner Beendigung, schließlich die Frage nach der Rechtslage bei vollzogenem, jedoch unwirksamen Erwerb werden also gleich beantwortet. Auch die gesetzlich nicht geregelten gegenstandsneutralen Anschlussfragen wie die der Haftung des veräußernden Ehegatten dem Dritten gegenüber (→ § 1366 Rn. 37 f.), sind gleich zu beantworten. 35

## X. Ersetzung der Zustimmung (Abs. 2)

**1. Tatbestände.** Die beiden Tatbestände, die das FamG gemäß Abs. 2 auf Antrag des veräußernden Ehegatten – nie des Geschäftspartners – berechtigen, die Zustimmung des anderen Ehegatten zu ersetzen, sind im Vergleich mit § 1365 Abs. 2 jeweils um ein Tatbestandselement entlastet (zum Verfahren → § 1366 Rn. 24 ff.). 36

So rechtfertigt die **Verweigerung** der Zustimmung **ohne ausreichenden Grund** für sich allein ihre gerichtliche Ersetzung. Ob das Geschäft einer ordnungsmäßigen Verwaltung entspricht, ist nicht gesondert zu prüfen. 37

Die Erklärungshindernisse **Krankheit** und **Abwesenheit** des anderen Ehegatten rechtfertigen die Ersetzung seiner Zustimmung auch dann, wenn mit dem Aufschub des Rechtsgeschäfts keine Gefahr verbunden ist. In der früheren Ersetzungsmöglichkeit der Willenserklärung spiegelt sich die geringere Bedeutung, die Hausratsgeschäfte für den übergangenen Ehegatten im Vergleich zu Gesamtvermögensgeschäften haben, aber auch die Seltenheit der Sachverhalte, in denen mit dem Aufschub eines Hausratsgeschäfts überhaupt Gefahren verbunden sein können. 38

---

[23] LG Bielefeld MDR 1963, 760; Staudinger/*Thiele,* 2017, Rn. 5; RGRK-BGB/*Finke* Rn. 22.

[24] Bamberger/Roth/*Cziupka* Rn. 7.

[25] Staudinger/*Thiele,* 2017, Rn. 63; Soergel/*Czeguhn* Rn. 19; Palandt/*Brudermüller* Rn. 10.

[26] RGRK-BGB/*Finke* Rn. 32; gegen die Analogie Staudinger/*Thiele,* 2017, Rn. 66; MüKoHGB/*Welter* HGB § 366 Rn. 40.

39 **2. Ausreichende Gründe für die Verweigerung.** Mit ausreichendem Grund verweigert ein Ehegatte seine Zustimmung, wenn das Rechtsgeschäft einem der Schutzzwecke des § 1369 zuwiderläuft. Entscheidender Zeitpunkt für die Beurteilung ist die letzte tatrichterliche Entscheidung und nicht etwa der des Vertragsschlusses.[27]

40 Ob der Ehegatte die Zustimmung mit ausreichendem Grund verweigert, ist auf der Basis einer umfassenden Interessenabwägung festzustellen. Rspr. hierzu ist kaum vorhanden.[28] Nach der im Schrifttum allgemein vertretenen Ansicht kann der widerstrebende Ehegatte sämtliche ideellen, ökonomischen, eigenen und familiären Interessen geltend machen und sich auch auf die fehlende Äquivalenz von Leistung und Gegenleistung oder die Gefahr einer sachwidrigen Verwendung des Erlöses berufen.[29] Die Berücksichtigung auch ideeller Interessen ist indessen mit dem Normzweck des § 1369 nicht zu vereinbaren. Anzuerkennen ist dagegen eine prognostische Kontrolle der Verwendung des Erlöses. In der Regel ist die Zustimmung zu ersetzen, wenn der veräußerte Haushaltsgegenstand entbehrlich ist oder wenn eine sachgemäße Veränderung, etwa eine Modernisierung, erfolgen soll oder auch, wenn eine Notlage nur durch die Veräußerung des Gegenstandes beseitigt bzw. gemildert werden kann.

### XI. Abweichende Vereinbarungen

41 **1. Keine Erweiterung.** § 1369 kann durch Ehevertrag nicht erweitert werden. Eine Bindung von Gegenständen, die nicht dem Haushalt, sondern der Berufsausübung, dem persönlichen Gebrauch oder auch der Kapitalanlage dienen, ist mit dem numerus clausus der Verfügungsbeschränkungen, der generell die Vertragsfreiheit im ehelichen Güterrecht begrenzt, nicht zu vereinbaren.

42 **2. Zulässige Einschränkungen.** § 1369 kann dagegen durch Ehevertrag gänzlich **abbedungen** oder gegenständlich **beschränkt** werden, zB auf einen von mehreren Haushalten, auf Teile des Haushalts, auf einzelne Haushaltsgegenstände. Auch gegen eine zeitliche Begrenzung ist nichts einzuwenden. Eine solche kann im Hinblick darauf, dass die hM auch getrennt lebende Ehegatten für gebunden hält, für die Zeit des gemeinschaftlichen Lebens erfolgen.

## **§ 1370** (aufgehoben)

1 § 1370, der die Eigentumsverhältnisse der Ehegatten bei der Anschaffung von Haushaltsgegenständen nach dem Surrogatsgedanken regelte, gilt seit Inkrafttreten des Gesetzes zur Änderung des Zugewinnausgleichs- und Vormundschaftsrechts vom 6.7.2009 (BGBl. 2009 I 1696) am 1.9.2009 nicht mehr. Damit richtet sich der Eigentumserwerb der Ehegatten an Haushaltsgegenständen wie der an sonstigen Gegenständen nach den allgemeinen sachenrechtlichen Regeln (→ § 1363 Rn. 11).

2 Nach Art. 229 § 20 Abs. 1 EGBGB **gilt** die Norm allerdings für die Behandlung von Haushaltsgegenständen aus Anlass der Scheidung **weiter,** wenn diese **vor dem 1.9.2009 angeschafft** worden sind. § 1370 ist zudem – über den auf den Scheidungszusammenhang beschränkten Gesetzeswortlaut hinaus – weiterhin noch anzuwenden, wenn die Eigentumslage an diesen Gegenständen in der Ehe- und Trennungszeit relevant wird. Das ist geboten, um widersprüchliche sachenrechtliche Zuordnungen zu vermeiden. Die Eigentumsverhältnisse an vor dem 1.9.2009 angeschafften Gegenständen sind in der Trennungsphase wie in der Scheidungsphase einheitlich (noch) nach der Surrogatsregel zu bestimmen (→ 7. Aufl. 2018, EGBGB Art. 229 § 20 Rn. 2 f.).

## § 1371 Zugewinnausgleich im Todesfall

**(1) Wird der Güterstand durch den Tod eines Ehegatten beendet, so wird der Ausgleich des Zugewinns dadurch verwirklicht, dass sich der gesetzliche Erbteil des überlebenden Ehegatten um ein Viertel der Erbschaft erhöht; hierbei ist unerheblich, ob die Ehegatten im einzelnen Falle einen Zugewinn erzielt haben.**

**(2) Wird der überlebende Ehegatte nicht Erbe und steht ihm auch kein Vermächtnis zu, so kann er Ausgleich des Zugewinns nach den Vorschriften der §§ 1373 bis 1383, 1390 verlangen; der Pflichtteil des überlebenden Ehegatten oder eines anderen Pflichtteilsberechtigten bestimmt sich in diesem Falle nach dem nicht erhöhten gesetzlichen Erbteil des Ehegatten.**

---

[27] BayObLG FamRZ 1980, 1001.

[28] Vgl. aber BayObLG FamRZ 1960, 156; 1980, 571; 1980, 1001.

[29] Staudinger/*Thiele,* 2017, Rn. 45; Palandt/*Brudermüller* Rn. 9; Soergel/*Czeguhn* Rn. 21.

**(3) Schlägt der überlebende Ehegatte die Erbschaft aus, so kann er neben dem Ausgleich des Zugewinns den Pflichtteil auch dann verlangen, wenn dieser ihm nach den erbrechtlichen Bestimmungen nicht zustünde; dies gilt nicht, wenn er durch Vertrag mit seinem Ehegatten auf sein gesetzliches Erbrecht oder sein Pflichtteilsrecht verzichtet hat.**

**(4) Sind erbberechtigte Abkömmlinge des verstorbenen Ehegatten, welche nicht aus der durch den Tod dieses Ehegatten aufgelösten Ehe stammen, vorhanden, so ist der überlebende Ehegatte verpflichtet, diesen Abkömmlingen, wenn und soweit sie dessen bedürfen, die Mittel zu einer angemessenen Ausbildung aus dem nach Absatz 1 zusätzlich gewährten Viertel zu gewähren.**

**Schrifttum:** *Bärmann,* Das neue Ehegüterrecht, AcP 157 (1958/1959), 145; *Diederichsen,* Teilhabegerechtigkeit in der Ehe, FamRZ 1992, 1; *Dörner,* Erbrechtliche Qualifikation des § 1371 Abs. 1 BGB durch den EuGH: Konsequenzen und neue Fragen, ZEV 2018, 305; *Ebeling,* Rechnerische Ermittlung der erbschaftssteuerfreien Zugewinnausgleichsforderung, ZEV 2006, 19; *Leipold,* Wandlungen in den Grundlagen des Erbrechts?, AcP 180 (1980), 160; *Leipold,* Ist der Wegfall des Zugewinnausgleichs bei Vorverlusten des Ehegatten mit dem geringeren Zugewinn verfassungsgemäß?, NJW 2011, 1179; *Lorenz,* Ehegattenerbrecht bei gemischt-nationalen Ehen – Der Einfluss des Ehegüterrechts auf die Erbquote, NJW 2015, 2157; *Lüdtke-Handjery/v. Jeinsen,* Höfeordnung, 11. Aufl. 2015; *K. Meyer,* Der Ausbildungsanspruch der Stiefabkömmlinge nach § 1371 Abs. 4, 1966; *Schlünder/Geißler,* Ehe und Familie im Erbschaft- und Schenkungssteuerrecht, Teil II, FamRZ 2005, 149; *Weber,* Ein Klassiker neu aufgelegt: Die Qualifikation des § 1371 unter dem Regime der Europäischen Erbrechtsverordnung, NJW 2018, 1356; *Wöhrmann/Graß,* Landwirtschaftserbrecht, 11. Aufl. 2019.

**Übersicht**

## I. Pauschalierende erbrechtliche Lösung (Abs. 1): Ehegatte als gesetzlicher Erbe

1 **1. Normzweck. a) Problem und Lösung.** Mit dem Tod eines Ehegatten endet der gesetzliche Güterstand unmittelbar und direkt; wie in jedem anderen System der Gütertrennung erübrigt sich eine Liquidationsphase. An die Stelle des jetzt an sich gebotenen rechnerischen Zugewinnausgleichs zwischen dem überlebenden Ehegatten und den Erben des verstorbenen, zu denen er in der Regel selbst gehört, tritt gemäß § 1371 Abs. 1 eine **Ausgleichspauschale in erbrechtlicher Form.** Der überlebende Ehegatte erhält zusätzlich zu seinem gesetzlichen Erbteil ein Viertel der Erbschaft.

2 Zweck dieser Pauschalregelung ist die Vermeidung der Komplikationen des rechnerischen Zugewinnausgleichs. Der überlebende Ehegatte soll sich nach dem Tode seines Partners nicht mit den (Mit-)Erben – meist sind das die gemeinschaftlichen Kinder (§§ 1924, 1931) – wegen des ihm zustehenden Zugewinns auseinandersetzen müssen. Vor eigener Inanspruchnahme ist er ohnehin geschützt, denn die **Erben** sind **nicht zugewinnausgleichsberechtigt** (→ Rn. 34). Anders als in vielen ausländischen Rechtsordnungen geht der dem verstorbenen Ehegatten zustehende Anteil am ehelichen Vermögensgewinn nicht auf sie über.[1]

3 Vom Normzweck her hat § 1371 Abs. 1 nach heute allgM also eine **güterrechtliche Funktion.** Dass der Normzweck mit Mitteln des Erbrechts verwirklicht wird, macht die Regelung nicht zu einer erbrechtlichen. Sie verfolgt schließlich nicht den Zweck, das Ehegattenerbrecht als solches zu verstärken. Die erbrechtliche Stellung des Ehegatten wird schließlich nur für den Güterstand der Zugewinngemeinschaft verbessert – und zwar allein aus güterrechtlichen Erwägungen heraus.[2] Dass die dem überlebenden Ehegatten nach § 1371 Abs. 1 zukommende Erbquote dem Ausgleich des Zugewinns dient, stellt auch der EuGH nicht in Frage.[3] Lediglich die erbrechtliche Form, in der sich der güterrechtliche Ausgleich vollzieht, gebietet seiner Ansicht nach, den dem Ehegatten als Zugewinnausgleich zufallenden Anteil am Nachlass in das Europäische Nachlasszeugnis (Art. 62 ff. EuErbVO)aufzunehmen. Der Zweck dieses Zeugnisses, den Nachweis erbrechtlicher Positionen in grenzüberschreitenden Sachverhalten zu vereinfachen (Erwägungsgrund 67 EuErbVO), nämlich würde verfehlt, wenn erbrechtliche Positionen im Hinblick auf ihren sachlichen Entstehungszusammenhang nicht dokumentiert würden. Die in der Entscheidung betonte Differenzierung zwischen (güterrechtlicher) Funktion und (erbrechtlicher) Form erlaubt mithin, § 1371 funktional weiterhin als güterrechtliche Norm zu qualifizieren. Nach zutreffender, aber umstrittener Meinung[4] steht mithin ihrer Anwendbarkeit auch im Falle der Geltung ausländischen Erbstatuts nichts entgegen (→ Rn. 9).

4 **b) Systematische und dogmatische Unstimmigkeiten.** In Kauf genommen hat der Gesetzgeber mit der erbrechtlichen Pauschalregelung allerdings nicht nur Systembrüche im Recht der Zugewinngemeinschaft, sondern auch erbrechtliche Fragwürdigkeiten und Inkonsequenzen bei der Ausschaltung der konkreten Zugewinnberechnung.[5]

1 Hierzu *Battes* Eherecht, 2018, § 24 Nr. 2.

2 BGHZ 37, 58 (63) = NJW 1962, 1719; BGHZ 42, 182 (188) = NJW 1964, 2404; Soergel/*Grziwotz* Rn. 5; Staudinger/*Thiele,* 2017, Vor § 1371 Rn. 12. Der erbrechtliche Aspekt wurde hingegen verbreitet bei Einführung der Zugewinngemeinschaft betont; Nachweise → 3. Aufl. 1993, Rn. 1 Fn. 1 *(Gernhuber).*

3 EuGH NJW 2018, 1377 mAnm *Weber* NJW 2018, 1356 = FamRZ 2018, 632 mAnm *Fornasier.* Zur Vorabentscheidung vorgelegt hatte die Frage das KG FamRZ 2017, 64.

4 Zur kontroversen Interpretation der Entscheidung *Kohler/Pintens* FamRZ 2018, 1369; *Weber* NJW 2018, 1356; *Dörner* ZEV 2018, 305 (309).

5 Zur Kritik vgl. etwa *Diederichsen* FamRZ 1992, 1; *Leipold* AcP 180 (1980), 160 (176): „Regelung konnte kaum unlogischer gestaltet werden"; *Leipold* NJW 2011, 1179; BeckOGK/*Siede* Rn. 3.

Mit dem dem **Zugewinnausgleich** zugrunde liegenden Prinzip der hälftigen Teilung des in der Ehe erwirtschafteten Gewinns **nicht vereinbar** ist, dass ein Zugewinn ausgeglichen wird unabhängig davon, ob überhaupt – und wenn, von welchem Ehegatten – ein solcher erzielt wurde. Das Gesetz erklärt insofern ausdrücklich alle Fragen des Zugewinns für unerheblich (Abs. 1 Hs. 2). Die pauschale und generelle Verstärkung des gesetzlichen Erbrechts des überlebenden Ehegatten ermöglicht mithin einen Zugewinnausgleich ohne jeden Zugewinn. Abgesehen von dieser Merkwürdigkeit ist die erbrechtliche Partizipation mit dem Ausgleichsgedanken der Zugewinngemeinschaft unvereinbar, weil sie unabhängig von den – hypothetischen – Rollen der Ehegatten beim rechnerischen Zugewinnausgleich eintritt. Auch das Erbrecht des Ehegatten, der im Fall der Scheidung ausgleichspflichtig wäre, erhöht sich – dieser wandelt also durch bloßes Überleben seine Ausgleichspflicht in ein Recht auf Ausgleich und Beteiligung am Vermögen des anderen um.[6] 5

Ein weiterer Systemwiderspruch liegt darin, dass der überlebende Ehegatte auch bei Gütertrennung in der – nicht eben selten vorkommenden – Konstellation, dass neben ihm (nur) ein oder zwei Kinder zur Erbschaft berufen sind, die Hälfte des Nachlasses erhält (§ 1931 Abs. 4) – und damit genauso viel, wie der in Zugewinngemeinschaft lebende Ehegatte, dessen Erbquote doch um die güterrechtliche Ausgleichspauschale erhöht ist (§ 1931 Abs. 1, § 1371 Abs. 1). 6

Die **erbrechtlichen** Konsequenzen der güterstandsbezogenen Verstärkung des Ehegattenerbrechts sind insofern **fragwürdig,** als sie das Erbrecht nur solcher Abkömmlinge mindern, deren Eltern in Zugewinngemeinschaft lebten. 7

Zu diesen güter- und erbrechtlichen Unstimmigkeiten hinzukommt, dass der überlebende Ehegatte trotz pauschalierter Abgeltung des Zugewinns zu dessen **konkreter Berechnung** gezwungen ist – und zwar im Hinblick auf die Wahl des für ihn günstigeren Ausgleichsweges – güterrechtlich oder erbrechtlich (→ Rn. 33 ff.). Im Übrigen erfordert auch das Steuerrecht die konkrete Berechnung des Zugewinns, die der erbrechtliche Pauschalausgleich gerade vermeiden will. Nicht das zusätzliche Viertel als solches nämlich ist erbschaftsteuerfrei, sondern nur der Betrag der hypothetischen Ausgleichsforderung (§ 5 Abs. 1 S. 1 ErbStG). Anders als das Güterrecht führt das Steuerrecht im Interesse des Fiskus die Idee der Zugewinngemeinschaft also auch im Falle der Beendigung der Ehe durch Tod konsequent durch.[7] Im fiskalischen Interesse bestimmt sich dann auch die Höhe der steuerfrei bleibenden fiktiven Ausgleichsforderung nicht nach dem – güterrechtlich ausschlaggebenden – Verkehrswert der Nachlassgegenstände, sondern nach deren, teils unter dem Verkehrswert liegenden, steuerrechtlichen Wert (§ 5 Abs. 1 S. 5 ErbStG).[8] Bei der steuerlichen Berechnung der fiktiven Ausgleichsforderung unberücksichtigt bleiben zudem güterrechtliche Vereinbarungen, in denen Ehegatten die Ausgleichsforderung für den Todesfall abweichend von §§ 1373 ff. steuergünstiger gestaltet haben (§ 5 Abs. 1 S. 2 ErbStG. 8

**c) Anwendbarkeit bei Auslandsberührung.** In Fällen mit Auslandsberührung ist umstritten, ob sich im Falle des Todes eines Ehegatten die Erbquote des überlebenden Ehegatten auch dann nach § 1371 Abs. 1 erhöht, wenn die güterrechtlichen Folgen der durch Tod beendeten Ehe gemäß Art. 15 EGBGB bzw. Art. 22 oder Art. 26 EuGüVO deutschem Recht unterliegen, die erbrechtlichen Folgen hingegen nach dem Verweis in Art. 25 EGBGB ausländischem Recht. Im Hinblick auf die güterrechtliche Funktion der Regelung (→ Rn. 3) hat sich die Ansicht durchgesetzt, dass der die pauschale Erhöhung des Ehegattenerbrechts vorsehende § 1371 Abs. 1 auch dann anwendbar ist, wenn sich die **Ehegattenerbfolge nach ausländischem Recht** richtet – vorausgesetzt, das ausländische Erbrecht sieht für den Todesfall keinen güterrechtlichen Ausgleich vor (→ 7. Aufl. 2018, EGBGB Art. 15 Rn. 61). 9

Ein Eingriff in die ausländische Erbregelung liegt darin nicht, denn die dort festgelegte Erbquote bleibt als solche unangetastet, § 1371 Abs. 1 erhöht sie lediglich um ein Viertel.[9] Zu beachten ist allerdings, dass der überlebende Ehegatte durch die Erhöhung seiner Erbquote nach deutschem Güterrecht von dem Nachlass insgesamt nicht mehr erhalten darf, als ihm nach der für ihn günstigeren Rechtsordnung zustehen würde. Steht dem Ehegatten etwa nach österreichischem Erbrecht ein Drittel des Nachlasses zu (§ 757a AGBGB), führt die güterrechtliche Erhöhung des § 1371 Abs. 1 10

[6] Zu Recht auf allgemeine Ablehnung gestoßen ist der Versuch, für diesen Fall eine Ausgleichsforderung der Miterben aus einer im Augenblick des Todes zum Vollrecht erstarkenden Anwartschaft zu begründen, so aber *Bärmann* AcP 157 (1958/1959), 145 (171 ff.).

[7] Soergel/*Grziwotz* Rn. 12; *Rauscher* FamR Rn. 401; *Schlünder/Geißler* FamRZ 2005, 149; *Meincke* FamRZ 1983, 13.

[8] BFH NJW 1994, 150 = FamRZ 1993, 1433; *Ebeling* ZEV 2006, 19.

[9] BGHZ 205, 289 = NJW 2015, 2185 = FamRZ 2015, 1180 mAnm *Mankowski*; Bspr.aufsatz *Lorenz* NJW 2015, 2157; OLG Frankfurt (21. ZS) FamRZ 2015, 144; OLG Schleswig NJW 2014, 88 = FamRZ 2014, 504; OLG München FamRZ 2013, 36; *Lorenz* NJW 2015, 2157; aA OLG Stuttgart FamRZ 2005, 1711; OLG Frankfurt (20. ZS) FamRZ 2010, 767; OLG Köln FamRZ 2012, 819.

zu einer Nachlassbeteiligung von sieben Zwölftel. Hier ist die Erbquote des überlebenden Ehegatten auf die – ihm nach deutschem Recht zustehende – Hälfte des Nachlasses zu kürzen.[10]

11 **2. Tatbestandsvoraussetzungen. a) Zugewinngemeinschaft.** Der überlebende Ehegatte erhält die Ausgleichspauschale in erbrechtlicher Form nur, wenn zum **Zeitpunkt des Todes** des verstorbenen Ehegatten die Zugewinngemeinschaft, wenn auch (nur) in modifizierter Form, bestand.[11] Die Rechtshängigkeit eines auf vorzeitige Beendigung der Zugewinngemeinschaft gerichteten Verfahrens (§§ 1385, 1386) beendet den Güterstand nicht, sodass der Tod des Ehegatten während des Verfahrens zwar zur Erledigung der Hauptsache führt, nicht aber die Anwendbarkeit des § 1371 Abs. 1 in Frage stellt.

12 **b) Gesetzlicher Erbe.** Die Ausgleichspauschale führt zu einer Erhöhung des gesetzlichen Erbteils, was impliziert, dass der überlebende Ehegatte von Gesetzes wegen zur Erbschaft berufen ist. Das ist er dann nicht mehr, wenn sein Erbrecht im Hinblick auf ein anhängiges **Ehescheidungs- oder -aufhebungsverfahren** ausgeschlossen ist, weil zum Todeszeitpunkt die Voraussetzungen für die Ehescheidung vorlagen und der Erblasser diese beantragt bzw. ihr zugestimmt hatte oder weil er den begründeten Antrag auf Aufhebung der Ehe gestellt hatte (§ 1933). Als Todeszeitpunkt gilt – wie sonst im Zivilrecht – der Eintritt des Hirntodes. Ist dieser eingetreten, kann der überlebende Ehegatte sein Erbrecht nicht mehr durch Rücknahme des Scheidungsantrags, durch die die Zustimmung des Erblassers ihre Wirkung verlieren würde, retten, auch wenn es erst später zum Herz- und Kreislaufstillstand kommt.[12] Der überlebende Ehegatte erhält die Ausgleichspauschale in erbrechtlicher Form auch dann **nicht,** wenn er **durch letztwillige Verfügung** zum Erben berufen oder in einer solchen mit einem Vermächtnis bedacht worden ist (Abs. 2 Hs. 1). Das Gesetz geht davon aus, dass mit der letztwillig verfügten Zuwendung die Vermögensteilhabe zwischen den Ehegatten abschließend geregelt sein sollte (→ Rn. 23). Deshalb erhält der überlebende Ehegatte die Pauschale auch dann nicht, wenn er vom Erblasser ohne anderweitige letztwillige Zuwendung von der gesetzlichen Erbfolge ausgeschlossen wurde. Zum Entfall des pauschalierten erbrechtlichen Ausgleichs führt auch die **Ausschlagung** der Erbschaft oder des dem Ehegatten ausgesetzten Vermächtnisses (→ Rn. 38 ff.).

13 **c) Überleben eines Ehegatten.** Bei **gleichzeitigem** Tod beider Ehegatten findet ein Zugewinnausgleich **nicht** statt. Für den Ausgleich des Zugewinns in erbrechtlicher Form nach § 1371 Abs. 1 ist kein Raum, da keiner der Ehegatten Erbe geworden ist. Und für den Ausgleich in güterrechtlicher Form ist kein Raum, da dessen Regelung nur für den Ausgleich unter Lebenden gilt (→ § 1372 Rn. 8).

14 **3. Rechtsfolge. a) Zusatzviertel.** Als Ausgleichspauschale in erbrechtlicher Form wird dem überlebenden Ehegatten **ein Viertel** der Erbschaft gewährt. Er erbt mithin **neben Verwandten** der ersten Ordnung, also neben den Abkömmlingen des verstorbenen Ehepartners, die Hälfte des Nachlasses und neben Verwandten der zweiten Ordnung, also neben dessen Eltern sowie auch neben dessen Großeltern, drei Viertel des Nachlasses (§ 1931 Abs. 1 S. 1). Sind neben Großeltern Abkömmlinge vorverstorbener Großelternteile zur Erbschaft berufen, so erhöht sich der Anteil des Ehegatten um die auf das Restviertel entfallenden Anteile der Abkömmlinge (§ 1931 Abs. 1 S. 2). Diese Abkömmlingsanteile sind rechnerisch dem Ehegattenanteil allerdings erst nach dessen Erhöhung um das Viertel aus dem Zugewinnausgleich zuzuschlagen (→ 7. Aufl. 2017, § 1931 Rn. 33).[13] Andernfalls würde der im gesetzlichen Güterstand lebende Ehegatte im Fall des § 1931 Abs. 1 S. 2 automatisch zum Alleinerben – zu den insgesamt drei Vierteln aus dem § 1931 Abs. 1 S. 1 und 2 käme das Viertel aus § 1371 Abs. 1 hinzu – und die gesetzlich berufenen Großeltern blieben von der Erbfolge völlig ausgeschlossen. Dieser Ausschluss ist jedoch durch die den Zugewinnausgleich bezweckende Regelung nicht gedeckt. Sind weder Verwandte der ersten oder zweiten Ordnung noch Großeltern vorhanden, so ist der überlebende Ehegatte bereits kraft Erbrechts zur Alleinerbschaft berufen (§ 1931 Abs. 2).

15 **b) Einheitlicher Erbteil.** Das zusätzliche Viertel ist nach ganz hM kein selbständiger Erbteil, sondern bildet mit dem gesetzlichen Erbteil aus § 1931 eine Einheit. Deshalb ist gemäß § 1950 eine gesonderte Ausschlagung dieses Teils der Erbschaft nicht möglich (→ 7. Aufl. 2017, § 1931

---

[10] OLG Schleswig NJW 2014, 88 = FamRZ 2014, 504.
[11] Soergel/*Grziwotz* Rn. 6.
[12] OLG Frankfurt NJW 1997, 3099.
[13] Palandt/*Weidlich* § 1931 Rn. 7; Erman/*Lieder* § 1931 Rn. 25; Soergel/*Stein* § 1971 Rn. 19.

Rn. 34).[14] Gemäß § 2033 Abs. 1 kann der Ehegatte über das zusätzliche Viertel jedoch als Bruchteil seines Anteils an dem Nachlass gesondert verfügen.

**c) Keine Anwendung der §§ 1373 ff.** Auf die Zugewinnausgleichspauschale sind die §§ 1373 ff. nicht – und auch nicht entsprechend – anzuwenden. Weder sind Vorausempfänge (§ 1380) anzurechnen, noch kann die Ausgleichspauschale wegen grober Unbilligkeit verringert oder ausgeschlossen werden (§ 1381).[15] 16

**d) Minderung der Erb- und Pflichtteile anderer.** Die Ausgleichspauschale mindert den Anteil der neben dem Ehegatten kraft Gesetzes zur Erbschaft berufenen (Mit-)Erben unmittelbar und endgültig. Gemindert werden nach hM dadurch auch die Pflichtteilsansprüche der Abkömmlinge und Eltern des verstorbenen Ehegatten. Denn diese bestimmen sich nach dem gesetzlichen Erbteil und der ist abhängig vom Erbteil der konkurrierenden Miterben, mithin auch von dem – von § 1371 mitbestimmten – Erbteil des überlebenden Ehegatten.[16] Die Abhängigkeit der Pflichtteilsansprüche von der Haltung der Ehegatten zum Ausgleich des Zugewinns im Todesfall entspricht der Pflichtteilsregelung des BGB, das zwar feste, situationsunabhängige Pflichtteilsquoten vorsieht, ihre Höhe aber von der Zahl der Miterben abhängig macht. Zur Beschränkung der Pflichtteilsrechte durch letztwillige Verfügung zugunsten des überlebenden Ehegatten → Rn. 27. 17

**e) Anerbenrecht.** Der pauschalierte erbrechtliche Ausgleich nach Abs. 1 findet auch statt, wenn zum Nachlass ein Hof gehört, der nach der **Höfeordnung** vererbt wird. Will der Ehegatte, egal ob er Hoferbe oder nur Miterbe des hoffreien Vermögens ist, die güterrechtliche Lösung herbeiführen, muss er alle ihm kraft Gesetzes zufallenden Positionen ausschlagen. Bei Ausschlagung des Hofes gemäß § 11 HöfeO muss er also auch den Abfindungsanspruch aus § 12 HöfeO, der ihm als Surrogat seines Miterbenanteils gegen den Hoferben zusteht,[17] ausschlagen. 18

**f) Erbschein.** Der für einen Erbschein grundsätzlich notwendige Nachweis der erforderlichen Angaben zur Erbenstellung in öffentlicher Urkunde (§ 352 Abs. 3 S. 1 FamFG) ist, wenn die Zugewinngemeinschaft nicht aufgrund eines rechtsgeschäftlichen Aktes, sondern, wie in aller Regel, von Gesetzes wegen eingetreten ist, nicht möglich. Gemäß § 352 Abs. 3 S. 3 FamFG genügt deshalb die eidesstattliche Versicherung des den Erbschein beantragenden Ehegatten, dass ihm nichts bekannt ist, was der Richtigkeit seiner Behauptung, in Zugewinngemeinschaft gelebt zu haben, entgegensteht. 19

**4. Abweichende Vereinbarungen.** Die Ehegatten können durch Ehevertrag die in § 1371 Abs. 1 vorgesehene **Ausgleichspauschale** auf einen geringeren Bruchteil der Erbschaft **herabsetzen** und auch gänzlich **ausschließen.**[18] Eine weitere Verstärkung des Ehegattenerbrechts können sie hingegen nicht vereinbaren. In die vom Gesetz garantierten Erbteile Dritter kann nur durch letztwillige Verfügung, nicht aber durch güterrechtliche Vereinbarung eingegriffen werden. Ein unwirksamer Ehevertrag kann jedoch nach Konversion (§ 140) als Testament oder Erbvertrag Wirkungen zeitigen. 20

Haben die Ehegatten den **Ausgleich** des Zugewinns generell **ausgeschlossen,** so ist damit in der Regel der Ausgleich unter Lebenden wie auch der von Todes wegen gemeint. Aus steuerlichen Gründen – das als Zugewinnausgleich erlangte Vermögen unterliegt nicht der Erbschaftssteuer (§ 5 ErbStG) – wie auch aus persönlichen Gründen – keine Partizipation am ehelichen Vermögensgewinn bei Streit – schließen Ehegatten den Zugewinnausgleich vielfach aber nur für den Fall der Beendigung des Güterstandes zu Lebzeiten aus und behalten ihn für den Fall der Güterstandsbeendigung durch Tod ausdrücklich bei. Eine solche **Modifizierung** des Ausgleichs impliziert grundsätzlich keinen Eingriff in die in § 1371 Abs. 1 vorgesehene erbrechtliche Lösung. 21

Haben die Ehegatten lediglich den **pauschalen Zugewinnausgleich** in erbrechtlicher Form nach § 1371 Abs. 1 **abbedungen,** so ist in der Regel – neben der gesetzlichen Erbfolge mit nicht erhöhtem Erbteil – gewollt, dass die Erben den dem überlebenden Ehegatten zustehenden Zugewinn rechnerisch ausgleichen. Das allerdings muss sich aus der vertraglichen Vereinbarung ergeben. Kraft Gesetzes nämlich greifen die §§ 1372 ff. hier nicht ein, denn der Güterstand ist nicht, wie es § 1372 verlangt, „auf andere Weise als durch den Tod eines Ehegatten" beendet worden. 22

---

14 Staudinger/*Thiele,* 2017, Rn. 9; Soergel/*Grziwotz* Rn. 19; Bamberger/Roth/*Siede* Rn. 8; *Rauscher* FamR Rn. 399.

15 Soergel/*Grziwotz* Rn. 20; Bamberger/Roth/*Siede* Rn. 7.

16 BGHZ 37, 58 = NJW 1962, 1719; Staudinger/*Thiele,* 2017, Rn. 75. Zur Kritik an dieser Variabilität der Pflichtteilsansprüche bei Inkrafttreten des GleichberG → 3. Aufl. 1993, Rn. 14 Fn. 8 *(Gernhuber).*

17 Lüdtke-Handjery/v. Jeinsen/*Haarstrich,* 11. Aufl. 2015, HöfeO § 12 Rn. 7; *Wöhrmann/Graß,* 11. Aufl. 2018, HöfeO § 12 Rn. 5.

18 Bamberger/Roth/*Siede* Rn. 13; Soergel/*Grziwotz* Rn. 7; Erman/*Budzikiewicz* Rn. Rn. 17a; anders Staudinger/*Thiele,* 2017, Rn. 133: nur Ausschluss, aber keine Minderung möglich.

## II. Individuelle erbrechtliche Lösung: Ehegatte als Erbe oder Vermächtnisnehmer kraft letztwilliger Verfügung

23 **1. Kein Zugewinnausgleich.** Das Gesetz hat den Fall der Güterstandsbeendigung durch den Tod eines Ehegatten und der **Regelung** des Nachlasses durch eine **Verfügung von Todes wegen,** die den überlebenden Partner zur Erbschaft beruft oder ein Vermächtnis für ihn vorsieht, nicht ausdrücklich bedacht. Dass in diesem Fall neben Erbschaft oder Vermächtnis rechnerischer **kein Zugewinnausgleich** gefordert werden kann, ergibt sich zum einen aus § 1372, der die Geltung der §§ 1373 ff. an die Güterstandsbeendigung „auf andere Weise als durch den Tod eines Ehegatten" knüpft. Zum anderen folgt dies aus § 1371 Abs. 2 Hs. 1, der das Vorgehen nach §§ 1373 ff. davon abhängig macht, dass der überlebende Ehegatte nicht Erbe oder Vermächtnisnehmer geworden ist. Zugrunde liegt dieser Regelung die Vorstellung, dass mit der letztwilligen Zuwendung die Vermögensteilhabe zwischen den Ehegatten abschließend geregelt ist und folglich auch etwaige Zugewinnausgleichsansprüche abgegolten sind. Deshalb erhält der überlebende Ehegatte als gewillkürter Erbe oder als Vermächtnisnehmer auch nicht das pauschalierte erbrechtliche Viertel des § 1371 Abs. 1.

24 **2. Wert der Teilhabe am Nachlass belanglos.** Für die Geltung der – jedweden Zugewinnausgleich ausschließenden – individuellen erbrechtlichen Lösung ist der ökonomische Wert der Teilhabe am Nachlass unerheblich. Er kann denjenigen der güterrechtlichen Lösung erreichen – Erbeinsetzung in Höhe des rechnerischen Zugewinnausgleichs und des kleinen Pflichtteils –, übertreffen oder hinter ihm zurückbleiben. Auch erbrechtliche Minimalzuwendungen schließen die güterrechtliche Lösung aus. Dem überlebenden Ehegatten bleibt stets die Möglichkeit, nach §§ 2305 ff. die pflichtteilsrechtliche Mindestbeteiligung durchzusetzen sowie die Möglichkeit, Erbschaft und Vermächtnis auszuschlagen und damit die güterrechtliche Lösung des Abs. 2 zu wählen.

25 Alle Vorschläge, die Schärfe des Schnitts zwischen der individuellen erbrechtlichen Lösung und der güterrechtlichen Lösung zu mildern und wenigstens den nur geringfügig bedachten Ehegatten[19] oder doch denjenigen, dem nur ein Vermächtnis mit Erinnerungswert ausgesetzt wurde,[20] wie einen Enterbten zu behandeln – mit güterrechtlicher Lösung gemäß Abs. 2 – finden im Gesetz keinen Anhalt[21] und belasten die Rechtsanwendung mit Abgrenzungsschwierigkeiten.

26 **3. Erbenstellung des Ehegatten.** Für die Geltung der – keinen Zugewinnausgleich zulassenden – individuellen erbrechtlichen Lösung ist belanglos, in welcher Form der überlebende Ehegatte als Erbe berufen ist. Vor- und Nacherbschaft stehen der Vollerbschaft gleich;[22] Ersatzerbschaft genügt, wenn der Ersatzerbfall tatsächlich eintritt.[23] Die individuelle erbrechtliche Lösung gilt nach hM dagegen nicht, wenn der Ehegatte nur zum Testamentsvollstrecker berufen ist und ebenso wenig, wenn ihn nur eine Auflage des Erblassers (§§ 2192 ff.) begünstigt – er ist in diesen Fällen weder Erbe noch Vermächtnisnehmer geworden.[24]

27 **4. Pflichtteilsrechte der übrigen Erben.** Ist der Ehegatte als Alleinerbe eingesetzt worden, so sind die Pflichtteile der Abkömmlinge und Eltern nach ihren durch Abs. 1 **geminderten Erbteilen** zu berechnen – zwei von der Erbfolge ausgeschlossenen Kindern steht zum Beispiel je ein Achtel des Nachlasswertes zu. Nach hM wirkt sich nämlich die in § 1371 Abs. 1 vorgesehene Verstärkung der Ehegattenerbquote **auch** bei der Erbfolge aufgrund einer **Verfügung von Todes wegen** auf die Pflichtteile der Miterben aus – § 1371 Abs. 1 setzt nicht den Eintritt der gesetzlichen Erbfolge voraus.[25] Dies ergibt sich zum einen aus den allgemeinen Grundsätzen des Erbrechts, nach denen für die Berechnung des Pflichtteils der gesetzliche Erbteil maßgebend ist, unabhängig davon, ob es im konkreten Fall zur gesetzlichen oder zur gewillkürten Erbfolge kommt. Zum anderen gebietet die güterrechtliche Ausgleichsfunktion des § 1371 Abs. 1, die Verbesserung der erbrechtlichen Position des Ehegatten auch im Fall der Erbeinsetzung aufgrund letztwilliger Verfügung zu berücksichtigen und dementsprechend die Pflichtteilsrechte der übrigen Verwandten zu kürzen. Einen Grund, bei Alleinerbschaft des Ehegatten hiervon abzuweichen, gibt es nicht.

28 Letztwillige Verfügungen, in denen der Erblasser seine gesetzlichen Erben oder seine Verwandten **ohne nähere Bestimmung** bedacht hat (§§ 2066, 2067), nehmen auf die gesetzliche Erbfolge-

[19] Vgl. dazu die Erwägungen in BGHZ 42, 182 (191) = NJW 1964, 2404 mAnm *Schwab* JuS 1965, 432.

[20] Vgl. Soergel/*Grziwotz* Rn. 14.

[21] Staudinger/*Thiele,* 2017, Rn. 24; *Rauscher* FamR Rn. 400; AG Tecklenburg FamRZ 1997, 1013.

[22] BGHZ 44, 152 = NJW 1965, 2295 für Vorerbschaft; Staudinger/*Thiele,* 2017, Rn. 24 für Nacherbschaft.

[23] Staudinger/*Thiele,* 2017, Rn. 24; Soergel/*Grziwotz* Rn. 21; *Gernhuber/Coester-Waltjen* FamR § 37 Rn. 10.

[24] Staudinger/*Thiele,* 2017, Rn. 56; Erman/*Budzikiewicz* Rn. 8; Soergel/*Grziwotz* Rn. 13.

[25] Grdl. BGHZ 37, 58 = NJW 1962, 1719; OLG Hamburg FamRZ 1961, 318; Staudinger/*Thiele,* 2017, Rn. 75; Soergel/*Grziwotz* Rn. 16; *Gernhuber/Coester-Waltjen* FamR § 37 Rn. 11.

ordnung im Zeitpunkt des Erbfalls Bezug. Der überlebende Ehegatte erhält deshalb das zusätzliche Viertel auch dann, wenn die Verfügung in einem Zeitpunkt errichtet wurde, in dem die Ehegatten noch nicht verheiratet waren oder noch nicht in Zugewinngemeinschaft lebten.[26]

**5. Pflichtteil des Ehegatten.** Ist der dem Ehegatten hinterlassene Erbteil geringer als die Hälfte des ihm zustehenden gesetzlichen Erbteils, kann er von den Miterben als (Zusatz-)Pflichtteil den Wert des an der Hälfte fehlenden Teils verlangen (§ 2305). Zu berechnen ist nach allgM der zu ergänzende Pflichtteil des Ehegatten auf der Basis des nach Abs. 1 **verstärkten Ehegattenerbrechts.** Maßgeblich für den Pflichtteilsrestanspruch des Ehegatten ist also der ihm hiernach zustehende große Pflichtteil. In seiner Höhe wird der Ehegatte also am Nachlass beteiligt. 29

**6. Ehegatte als Vermächtnisnehmer.** Die – jedweden Zugewinnausgleich ausschließende – individuelle erbrechtliche Lösung gilt nur, wenn dem Ehegatten ein Vermächtnis durch Verfügung von Todes wegen **zugewandt** wurde; sie gilt nicht, wenn er das Vermächtnis von Gesetzes wegen erwarb. Deshalb ist weder das Vorausvermächtnis aus § 1932 in diesem Zusammenhang von Bedeutung noch der Anspruch des Ehegatten auf den Dreißigsten aus § 1969.[27] 30

Ein **Vermächtnis** kann dem Ehegatten auch ausgesetzt sein, wenn der Erblasser ihn auf den Pflichtteil verweist. Nach der Auslegungsregel des § 2304 liegt in der Zuwendung des Pflichtteils im Zweifel jedenfalls keine Erbeinsetzung. Eine Vermächtnisanordnung aber ist anzunehmen, wenn der Ehegatte den überlebenden Partner auf den **großen** Pflichtteil verwiesen hat. Dadurch hat er nämlich deutlich gemacht, dass er den Überlebenden zwar enterben, ihm aber gleichwohl letztwillig etwas zukommen lassen will – von Gesetzes wegen steht ihm hier ja nur der kleine Pflichtteil zu. Hat der verstorbene Ehegatte den überlebenden hingegen nur auf diesen verwiesen, so hat er deutlich gemacht, dass der Ehepartner am Nachlass nicht beteiligt werden und nur das erhalten soll, was ihm von Gesetzes wegen zwingend zukommt (→ 7. Aufl. 2017, § 2304 Rn. 14). Der überlebende Ehegatte ist in diesem Fall also als letztwillig nicht bedacht anzusehen und gemäß § 1371 Abs. 2 auf den güterrechtlichen Ausgleich angewiesen.[28] 31

**Unzureichende Vermächtnisse** – Maßstab: großer Pflichtteil – kann der überlebende Ehegatte durch eine Kombination von Vermächtnis und Pflichtteilsrestanspruch bis zur Höhe des großen Pflichtteils aufstocken (vgl. § 2307 Abs. 1 S. 2). Die jedem pflichtteilsberechtigten Vermächtnisnehmer offen stehende Möglichkeit, das Vermächtnis auszuschlagen und dafür den Pflichtteil zu verlangen (§ 2307 Abs. 1 S. 1), besteht auch für den überlebenden Ehegatten, ist aber für ihn von besonderer Bedeutung, weil mit der Ausschlagung des Vermächtnisses der Übergang zur güterrechtlichen Lösung verbunden ist. 32

## III. Güterrechtliche Lösung (Abs. 2 und Abs. 3)

**1. Allgemeines. a) Rechnerischer Zugewinnausgleich und kleiner Pflichtteil.** Güterrechtliche Lösung bedeutet, dass der überlebende Ehegatte von den Erben des verstorbenen Ehepartners den Ausgleich des Zugewinns nach den Regeln der §§ 1373 ff. verlangen kann. Güterrechtliche Lösung bedeutet ferner, dass der überlebende Ehegatte einen Anspruch auf den kleinen Pflichtteil hat, sofern er diesen Anspruch nicht aus erbrechtlichen Gründen verlor (→ Rn. 54). Von der systematischen Einordnung her gebührt dem überlebenden Ehegatten der rechnerische Zugewinnausgleich als güterrechtliche Abschichtung, der kleine Pflichtteil als erbrechtlich garantierte Mindestbeteiligung am Nachlass. 33

**b) Kein Zugewinnausgleich zugunsten der Erben.** Die **Erben** des verstorbenen Ehegatten können Zugewinnausgleich **nicht** verlangen. Das ergibt sich bereits aus dem Wortlaut des § 1371 Abs. 2, der den auf den rechnerischen Ausgleich gerichteten Anspruch nur für den überlebenden Ehegatten vorsieht. Abgesehen davon kann den Erben eine Zugewinnausgleichsforderung nicht zustehen, weil diese erst mit dem – den Güterstand beendenden – Tod des Ehegatten entsteht. Im Zeitpunkt des Erbfalls gibt es also (noch) keine Forderung, die in den Nachlass fallen und auf die Erben übergehen könnte.[29] Zum entsprechenden Ergebnis bei gleichzeitigem Tod der Ehegatten → § 1372 Rn. 8. 34

---

[26] KG FamRZ 1961, 447; OLG Köln FamRZ 1970, 605; Staudinger/*Thiele,* 2017, Rn. 6; Soergel/*Grziwotz* Rn. 17.

[27] Soergel/*Grziwotz* Rn. 21.

[28] Staudinger/*Thiele,* 2017, Rn. 27; Soergel/*Grziwotz* Rn. 13.

[29] BGHZ 72, 85 (92) = NJW 1978, 1855; BGH NJW 1995, 1832 = FamRZ 1995, 597; Staudinger/*Thiele,* 2017, Vor § 1371 Rn. 14; dagegen *Leipold* NJW 2011, 1179 (1181): Untergang der Aussicht des verstorbenen Ehegatten auf Zugewinnausgleich verstößt gegen Art. 14 GG.

35 **c) Bedeutung für andere Pflichtteilsberechtigte.** Für die anderen Pflichtteilsberechtigten bedeutet die güterrechtliche Lösung Berechnung ihrer Ansprüche nach den gewöhnlichen, von § 1371 Abs. 1 nicht verkürzten Erbteilen, sodass etwa zwei Kinder neben dem Ehegatten einen Pflichtteilsanspruch in Höhe von je drei Sechzehntel des Nachlasses haben. Ihr Pflichtteil erhöht sich auf je ein Viertel, wenn der Ehegatte auf sein Erbrecht verzichtet hat (§ 2310 S. 2). Hat er hingegen lediglich auf den Pflichtteil verzichtet – bei Ausschluss von der Erbfolge aufgrund letztwilliger Verfügung – gilt hingegen wieder die Regel.[30] Abgesehen von den Folgen für die Erb- und Pflichtteilsquote hat die güterrechtliche Lösung für die berechtigten Verwandten insofern Auswirkungen, als der verteilungsfähige Nachlass, dessen Wert für die Berechnung des Pflichtteils entscheidend ist, um die dem überlebenden Ehegatten zustehende Ausgleichsforderung geschmälert wird.

36 **d) Verhältnis zur erbrechtlichen Lösung.** Güterrechtliche Lösung und erbrechtliche Lösung schließen einander aus; eine Kombination von Elementen der beiden Lösungen ist nicht möglich. Der überlebende Ehegatte kann nicht neben der Ausgleichsforderung eine verstärkte erbrechtliche Position in Anspruch nehmen.

37 **e) Kein Wahlrecht zwischen großem und kleinem Pflichtteil.** Die güterrechtliche Lösung gewährt dem überlebenden Ehegatten kein Wahlrecht zwischen dem rechnerischen Zugewinnausgleich mit dem kleinen Pflichtteil einerseits und dem großen Pflichtteil andererseits. In dieser einst stark umstrittenen Frage besteht zwischenzeitlich Übereinstimmung.[31] Anlass zu Zweifeln hatte die rückbezügliche Formulierung des § 1371 Abs. 2 „in diesem Fall" gegeben. Hieß das, dass der – weder als Erbe eingesetzte noch mit einem Vermächtnis bedachte – überlebende Ehegatte nur dann auf den kleinen Pflichtteil verwiesen war, wenn er den güterrechtlichen Ausgleich nach §§ 1373 ff. tatsächlich verlangte? Oder trat die Beschränkung auf den kleinen Pflichtteil zwingend ein, wenn er weder Erbe noch Vermächtnisnehmer war, **unabhängig** davon, ob er den **Zugewinnausgleich geltend machte** oder nicht? Im heute herrschenden Sinn entschieden wurde die Frage unter der Annahme, dass § 1371 Abs. 1 güterrechtliche Funktion hat, die darin vorgesehene Erhöhung des Ehegattenerbrechts mithin zur Disposition der Parteien steht. So wie es der überlebende Ehegatte in der Hand hat, durch Ausschlagung der Erbschaft oder des Vermächtnisses den güterrechtlichen Ausgleich zu wählen, muss es dem Erblasser unbenommen sein, den güterrechtlichen Ausgleich festzulegen und seinen Ehepartner durch letztwillige Verfügung von der in Abs. 1 vorgesehenen erhöhten Beteiligung am Nachlass auszuschließen. Diese Entscheidung kann der überlebende Ehegatte nicht unterlaufen, indem er den Ausgleich des Zugewinns nicht verlangt (sog. Einheitstheorie). Beiden Ehegatten muss es gleichermaßen frei stehen, die erbrechtliche Lösung, die den Anspruch auf den großen Pflichtteil beinhaltet, auszuschließen.

38 **2. Tatbestandsvoraussetzungen. a) Ehegatte weder Erbe noch Vermächtnisnehmer.** Die güterrechtliche Lösung gilt, wenn der überlebende Ehegatte weder Erbe ist noch mit einem Vermächtnis bedacht wurde. Belanglos sind die Gründe, die zum Ausschluss des gesetzlichen Erbrechts des Ehegatten führten, und die Gründe, die eine Begünstigung kraft letztwilliger Verfügung verhinderten. Der willentliche Akt des Erblassers – die Übergehung – steht dem willentlichen Akt des überlebenden Ehegatten – der Ausschlagung – gleich. Keine Rolle spielt auch, ob der Ausschluss von der Erbfolge Folge eines Scheidungs- oder Eheaufhebungsantrags ist (vgl. § 1933, § 2077 Abs. 1, § 2268 Abs. 2), auf einem Erb- oder Pflichtteilsverzicht beruht (§ 2346 Abs. 1 und 2) oder Folge der Erb- bzw. Vermächtnisunwürdigkeit ist (§§ 2339 ff.). In allen Fällen gilt die erbrechtliche Lösung nicht mehr, dem überlebenden Ehegatten steht (nur) die güterrechtliche Lösung offen.

39 **b) Erbrecht des Ehegatten kraft Verwandtschaft.** Die güterrechtliche Lösung knüpft ausschließlich an die erbrechtliche Position als Ehegatte an. Sie wird mithin nicht ausgeschlossen durch ein dem überlebenden Ehegatten verbliebenes Erbrecht kraft verwandtschaftlicher Beziehungen mit dem verstorbenen Ehegatten. Ist der überlebende Ehegatte kraft Gesetzes als Ehegatte und **als Verwandter** zur Erbschaft berufen, so kann er die Erbschaft als Ehegatte ausschlagen und damit die güterrechtliche Lösung herbeiführen, jedoch die Erbschaft als Verwandter antreten (§ 1951 Abs. 1).[32]

40 **c) Ausschlagung der Erbschaft.** Die Möglichkeit des überlebenden Ehegatten, durch Ausschlagung der Erbschaft (§§ 1942 ff.) den rechnerischen Zugewinnausgleich zu erzwingen, korrespondiert mit dem Recht des verstorbenen Ehegatten, diesen mittels einer letztwilligen Verfügung herbeizuführen, nämlich durch Ausschluss des Ehegatten von der Teilhabe am Nachlass. Den erbenden Ehegatten stellt die Wahlmöglichkeit vor eine Entscheidung, die er im Hinblick auf die Kürze

---

[30] Vgl. dazu BGH NJW 1982, 2497 = FamRZ 1982, 571.
[31] StRspr seit BGHZ 42, 182 = NJW 1964, 2404; grdl. ferner BGH NJW 1982, 2497 = FamRZ 1982, 571.
[32] Staudinger/*Thiele,* 2017, Rn. 57; RGRK-BGB/*Finke* Rn. 15.

der Ausschlagungsfrist von nur sechs Wochen (§ 1944 Abs. 1) mangels ausreichenden Einblicks in die ökonomischen Konsequenzen der einen und der anderen Entscheidung oft nicht vollumfänglich beurteilen kann.

Geboten ist es jedenfalls, ihm den Auskunftsanspruch aus § 1379 gegen die Erben nicht erst zu geben, wenn die Entscheidung für die güterrechtliche Lösung durch Ausschlagung der Erbschaft gefallen ist. Er benötigt diese Informationen ja gerade, um zu entscheiden, ob der güterrechtliche Ausgleich für ihn sinnvoll ist (→ § 1379 Rn. 17).[33] Schwierig wird die Entscheidung des Ehegatten auch dadurch, dass der Vergleich des Ergebnisses der Optionen steuerrechtliche Berechnungen zum Wert des Nachlasses und der Höhe der Zugewinnausgleichsforderung voraussetzt (→ Rn. 8). Außerdem hat der überlebende Ehegatte beim Vergleich zwischen güterrechtlicher und erbrechtlicher Position zu bedenken, dass er mit der Ausschlagung der Erbschaft das ihr akzessorische gesetzliche Vorausvermächtnis gemäß § 1932 aufgibt. Gänzlich unbeherrschbar wird der Vergleich, wenn der verstorbene Ehegatte in einer letztwilligen Verfügung situationsabhängige Anordnungen, etwa für den Fall der Wiederverheiratung des überlebenden Partners, getroffen und damit nicht abschätzbare Risiken geschaffen hat. 41

**d) Ausschlagung eines Vermächtnisses.** Auch der Ehegatte, dem ein Vermächtnis ausgesetzt wurde, begegnet diesen Schwierigkeiten. Wenn auch ohne Zwang zu schneller Entscheidung, weil eine Ausschlagungsfrist fehlt, muss er doch jeden Akt vermeiden, der als Annahme des Vermächtnisses zu deuten ist (vgl. § 2180). Zwar ist ein Vermächtnis in der Regel als Rechnungsgröße unmittelbar zugänglich, doch setzt die wirtschaftliche Einschätzung der Alternative – rechnerischer Zugewinnausgleich mit kleinem Pflichtteil – die Feststellung und Bewertung des Nachlasses voraus. Gleich ist bei den Alternativen Vermächtnis oder Zugewinnausgleich die rechtliche Form, in welcher der Ehegatte am Nachlass teilhat. Er ist immer nur Inhaber einer Forderung. Anders als die Vermächtnisforderung aber können Ausgleichsforderung und kleiner Pflichtteilsanspruch gestundet (§§ 1382, 2331a) und die Ausgleichsforderung zudem inhaltlich umgestaltet werden (§ 1383).[34] 42

**e) Anfechtung der Ausschlagung wegen Irrtums?** Hat der überlebende Ehegatte Erbschaft oder Vermächtnis aufgrund irriger Vorstellungen über die rechtlichen Folgen seiner Erklärung angenommen oder ausgeschlagen – Ausschlagung etwa mit dem Ziel, den großen Pflichtteil zu erreichen, oder Annahme ohne den Willen, die Ausgleichsforderung preiszugeben –, so kann er seine Entscheidung nicht mehr korrigieren. Annahme- und Ausschlagungserklärung sind zwar grundsätzlich wegen Irrtums anfechtbar (vgl. §§ 1954 ff., § 119), jedoch liegt hier kein Inhaltsirrtum iSd § 119 Abs. 1 Alt. 1 vor, sondern ein unbeachtlicher Irrtum über die von Gesetzes wegen eintretenden Rechtsfolgen.[35] Auch ein Irrtum über die ökonomischen Auswirkungen seiner Wahl berechtigt den überlebenden Ehegatten nicht zur Anfechtung. Das Wertverhältnis der beiden ihm für den Zugewinnausgleich im Todesfall zur Verfügung gestellten Lösungen ist keine verkehrswesentliche Eigenschaft des Nachlasses.[36] Ein nach § 119 Abs. 2 zur Anfechtung berechtigender Eigenschaftsirrtum liegt auch nicht vor, wenn der Ehegatte unrichtige Vorstellungen über einzelne Rechnungsfaktoren hat, etwa ausschlägt, ohne zu bedenken, dass ein Vorausempfang seine Ausgleichsforderung mindert. Der Wert der Zugewinnausgleichsforderung ist nicht Gegenstand der Annahme- oder Ausschlagungserklärung, sondern lediglich ein Element innerhalb der der Erklärung zugrunde liegenden Willensbildung. 43

**f) Vererblichkeit des Ausschlagungsrechts.** Mit dem Tod des Ehegatten während der Ausschlagungsfrist geht sein Recht zur Ausschlagung auf den Erben über (§ 1952 Abs. 1). Die Entscheidungssituation ändert sich für diesen nicht, weil die mit der güterrechtlichen Lösung verbundenen Ansprüche aus Zugewinnausgleich und kleinem Pflichtteil gleicherweise vererblich sind (§ 1378 Abs. 3 S. 1 und § 2317 Abs. 2). Sind mehrere zur Erbschaft berufen, so kann jeder Miterbe den seinem Erbteil entsprechenden Teil der Erbschaft ausschlagen (§ 1952 Abs. 3). Der Übergang zur güterrechtlichen Lösung tritt nach allgM jedoch nur ein, wenn alle Miterben die Erbschaft ausgeschlagen haben, denn nur in diesem Fall wird der überlebende Ehegatte nicht Erbe (→ 7. Aufl. 2017, § 1952 Rn. 19).[37] Jedem Miterben für seinen Erbteil die Wahl zwischen erbrechtlicher und güterrechtlicher Lösung zuzugestehen, ist weder mit dem Text des § 1371 Abs. 2 zu vereinbaren, noch vom Zweck des § 1952 Abs. 3 gedeckt. Das Einzelausschlagungsrecht soll jedem Miterben die Lösung von der Erbschaft ermöglichen, ihm aber nicht zugleich auch alle Rechte sichern, die der 44

---

33 Soergel/*Grziwotz* Rn. 33; Soergel/*Kappler/Kappler* § 1379 Rn. 15; aA Staudinger/*Thiele,* 2017, Rn. 35.

34 Verjährungsrechtliche Unterschiede gibt es nach Aufhebung der dreißigjährigen (Sonder-)Verjährungsfrist für erbrechtliche Ansprüche (§ 197 Abs. 1 Nr. 2 aF) nicht mehr. Auch der Vermächtnisanspruch verjährt seit 1.1.2010 – wie Ausgleichsforderung und Pflichtteilsanspruch schon immer – in drei Jahren (§ 195).

35 Staudinger/*Thiele,* 2017, Rn. 37; Soergel/*Grziwotz* Rn. 34.

36 Staudinger/*Thiele,* 2017, Rn. 38.

37 Bamberger/Roth/*Siede* Rn. 30; Palandt/*Weidlich* § 1952 Rn. 4.

das Ausschlagungsrecht vererbende Ehegatte im Fall der Ausschlagung gehabt hätte. Einzelausschlagungen ändern nach hM auch die Erbfolge hinter dem zunächst verstorbenen Ehegatten nicht. Das, was ein Erbeserbe ausschlägt, kommt den übrigen Erbeserben zugute und nicht den anderen Erben des verstorbenen Ehegatten.

45 **3. Ausgleichsforderung. a) Berechnungszeitpunkt.** Auf die Ausgleichsforderung sind die §§ 1373–1383 und § 1390 anzuwenden (Abs. 2 Hs. 1). Die §§ 1384–1389 sind nicht genannt, weil sie dem Gesetzgeber für den Fall der Güterstandsbeendigung durch den Tod eines Ehegatten gegenstandslos zu sein schienen. Für die Stichtagsvorverlegungen der §§ 1384, 1387 ist nach inzwischen herrschend gewordener Meinung[38] jedoch anzunehmen, dass der Gesetzgeber einer Fehlvorstellung unterlag und absichtslos eine Regelungslücke schuf, die durch entsprechende Anwendung der Normen zu schließen ist. Zweck jener, den Berechnungszeitpunkt für den Zugewinn vorverlegenden Normen ist der Schutz der Ausgleichsforderung, die in der Phase eines Rechtsstreits, der die Beendigung des Güterstandes zum Gegenstand oder doch zur Folge hat, gefährdet ist. Diese Gefährdung entfällt nicht rückwirkend dadurch, dass ein Ehegatte während des Prozesses stirbt. Allerdings ist die Zugewinnberechnung nach § 1384 bzw. § 1387 nur dann vorzuverlegen, wenn der Scheidungsantrag oder der Antrag auf vorzeitige Aufhebung der Zugewinngemeinschaft (mit oder ohne Zugewinnausgleich) zum Erfolg geführt hätten; andernfalls wäre es schließlich unter Lebenden nicht zur Beendigung der Zugewinngemeinschaft gekommen (→ § 1384 Rn. 16; → § 1387 Rn. 5).

46 **b) Durchsetzbarkeit der Forderung.** Umstände, die das Recht des überlebenden Ehegatten auf den Pflichtteil ausschließen – laufendes Eheaufhebungs- oder Scheidungsverfahren, Erb- und Pflichtteilsunwürdigkeit, Entziehung des Pflichtteils –, sind für Existenz, Höhe und Durchsetzbarkeit der Ausgleichsforderung zunächst belanglos. Sie können jedoch Bedeutung über § 1381 gewinnen, was vornehmlich im Fall der in § 2333 Nr. 3 geregelten böswilligen Verletzung einer Unterhaltspflicht in Betracht kommt.

47 **c) Höhe der Forderung.** Die Höhe der Ausgleichsforderung entspricht grundsätzlich dem Betrag, der sich bei einem lebzeitigen Ausgleich ergeben hätte. Minderungen sind möglich durch den Verlust von Positionen, die mit dem Tode enden, wie etwa ein Nießbrauch (§ 1061 S. 1).

48 **d) Nachlassverbindlichkeit.** Die Ausgleichsforderung ist eine gegen die Erben gerichtete Nachlassverbindlichkeit in Form einer **Erblasserschuld** (§ 1967 Abs. 2), die aus der güterrechtlichen Beziehung des Erblassers herrührt und mit dessen Tod auf die Erben übergegangen ist. Die Forderung ist mithin vom verteilbaren Nachlass abzuziehen, wenn es gilt, Pflichtteilsansprüche, nachlassabhängige Vermächtnisse und Erbschaftsteuerschulden zu berechnen (→ § 1378 Rn. 11).

49 **e) Nachlassinsolvenz.** Im Nachlassinsolvenzverfahren ist die Ausgleichsforderung zwar nicht privilegiert, aber auch nicht, wie etwa die Pflichtteils- oder Vermächtnisverbindlichkeit gemäß § 327 InsO, im Rang gemindert. Nachrangig wie diese Verbindlichkeiten ist die Ausgleichsforderung des überlebenden Ehegatten auch nicht, wenn im Fall der Dürftigkeit des Nachlasses Nachlassverwaltung und Nachlassinsolvenzverfahren mangels Masse nicht tunlich bzw. aufgehoben oder eingestellt sind (§§ 1990, 1991 Abs. 4).

50 **f) Ergänzungsansprüche gegen Dritte.** Im Fall der Minderung der Ausgleichsforderung durch unentgeltliche Zuwendungen an Dritte kommen Rückforderungsansprüche des Ehegatten aus § 1390 gegen den unentgeltlich Bereicherten in Betracht. In der Konkurrenz dieser Ansprüche mit entsprechenden Rückgabeansprüchen der Pflichtteilsberechtigten aus § 2329 gehen die Ansprüche aus § 1390 vor. Die Pflichtteilsberechtigten sind mithin auf die nach Berichtigung der Ausgleichsforderung bei dem Dritten verbleibende Bereicherung beschränkt.[39]

51 **g) Vorausleistungen.** Zuwendungen, die der Erblasser dem überlebenden Ehegatten zu seinen Lebzeiten machte, können sowohl als Vorausempfang iSd § 1380 auf die Ausgleichsforderung anzurechnen sein, als auch als Vorausleistung iSd § 2315 auf den Pflichtteil. Bestimmend ist der Wille des Erblassers. Im Zweifel ist dieser nach der Regel des § 366 Abs. 2 zu ermitteln und anzunehmen, dass der Anspruch auf den Pflichtteil als rangschlechteres Recht (§ 327 Abs. 1 Nr. 1 InsO, § 1991 Abs. 4) vor der Ausgleichsforderung gekürzt werden soll.[40]

52 **4. Kleiner Pflichtteil.** Das Erbrecht gewährt den Pflichtteil grundsätzlich nur Personen, die enterbt wurden, nicht aber solchen, die sich selbst der Erbschaft begaben (§ 2303, Ausnahme in § 2306 Abs. 1). Dies korrigiert § 1371 Abs. 3 und sieht den Pflichtteil für den Ehegatten ausdrücklich

[38] BGH NJW 1987, 1764 = FamRZ 1987, 353 mN zum früheren Streitstand; Soergel/*Grziwotz* Rn. 23.
[39] Bamberger/Roth/*Siede* Rn. 28; *Gernhuber/Coester-Waltjen* FamR § 37 Rn. 32.
[40] Staudinger/*Thiele*, 2017, § 1380 Rn. 30; *Gernhuber/Coester-Waltjen* FamR § 37 Rn. 33–35.

für den Fall vor, dass dieser die Erbschaft **ausgeschlagen** hat und ihm nach den erbrechtlichen Bestimmungen ein **Pflichtteil nicht zustünde.** Grund dieser Regelung ist, dass die Frage der Annahme oder Ausschlagung der Erbschaft für den überlebenden Ehegatten primär eine güterrechtliche Entscheidung ist, nämlich die Entscheidung gegen oder für den rechnerischen Zugewinnausgleich. Güterrechtliche Motive aber rechtfertigen keine erbrechtlichen Konsequenzen. Von daher ist die Geltung des § 1371 Abs. 3 in § 2303 Abs. 2 ausdrücklich vorbehalten.

Die Erweiterung des Tatbestandes für die Geltendmachung des Pflichtteilsanspruchs gilt nur, wenn der überlebende Ehegatte für die güterrechtliche Lösung optiert hat. Das ergibt sich zwar nicht aus dem Wortlaut des § 1371 Abs. 3, der nur die Ausschlagung der Erbschaft erwähnt. Doch gebietet der Normzweck eine entsprechende extensive Interpretation, die **Abs. 3** teleologisch **mit Abs. 2 verbindet.** Der überlebende Ehegatte kann demzufolge den kleinen Pflichtteil nicht fordern, wenn er zwar die Erbschaft ausschlägt, jedoch ein ihm zusätzlich (letztwillig) gewährtes Vermächtnis annimmt und auf diese Weise doch erbrechtlich am Nachlass beteiligt ist.[41] 53

Bestandteil der güterrechtlichen Lösung ist der kleine Pflichtteil aber nur dann, wenn der überlebende **Ehegatte** noch zu den **Pflichtteilsberechtigten** zählt. Er kann den ihm im Rahmen der güterrechtlichen Lösung zustehenden Pflichtteil mithin nur fordern, wenn er sein gesetzliches Erbrecht oder sein Pflichtteilsrecht **nicht** aus erbrechtlichen Gründen **verloren** hat. § 1371 Abs. 3 nennt insoweit lediglich den Erbverzicht und den Pflichtteilsverzicht (§ 2346), ist aber in extensiver teleologischer Interpretation um die Tatbestände des § 1933 (Ausschluss des Ehegattenerbrechts bei Ehescheidungs- oder -aufhebungsverfahren), § 2333 Abs. 2 (Entziehung des Pflichtteils), § 2339 (Erbunwürdigkeit) sowie des § 2345 Abs. 2 (Vermächtnis- und Pflichtteilsunwürdigkeit) zu ergänzen. Es war nie Zweck der Norm, dem überlebenden Ehegatten eine erbrechtliche Position zu erhalten, die das Erbrecht aus speziellen Gründen entzieht.[42] 54

### IV. Ausbildungsanspruch der Stiefabkömmlinge (Abs. 4)

**1. Bedeutung des Anspruchs. a) Ausgleichsfunktion.** Die Verstärkung des Ehegattenerbrechts in Abs. 1 geht auf Kosten des Erbrechts der Abkömmlinge. Dass deren gesetzliche Erbteile durch das dem überlebenden Ehegatten zusätzlich gewährte Viertel gemindert werden, nimmt das Gesetz für die gemeinschaftlichen Abkömmlinge der Ehegatten in Kauf, weil diesen in der Regel beim Tode des zunächst begünstigten Ehegatten dessen Gesamtnachlass – einschließlich der ererbten Werte – zufällt. Für die einseitigen Abkömmlinge des Erblassers sieht das Gesetz dagegen mit dem Ausbildungsanspruch einen Ausgleich vor. 55

**b) Begünstigte.** Begünstigt sind die einseitigen, im konkreten Fall zur Erbschaft berufenen Abkömmlinge des Erblassers, also Kinder und weitere Deszendenten. Nicht begünstigt sind Abkömmlinge, die – aus welchen Gründen auch immer (Enterbung, Ausschlagung, Erbverzicht, Ausschluss durch vorgehende Abkömmlinge) – nicht erben. Da die Verstärkung des Ehegattenerbrechts für sie keine Auswirkungen hat, erübrigt sich ein Ausgleich. 56

Begünstigt sind einseitige Abkömmlinge nur dann, wenn sie **gesetzliche Erben** geworden sind, nicht aber, wenn sie (nur) aufgrund einer Verfügung von Todes wegen bedacht sind. Der Text des Abs. 4 nennt zwar alle erbberechtigten Abkömmlinge, doch ist nach allgM die Beschränkung aus dem Normzweck – Ausgleich der aus Abs. 1 resultierenden Nachteile – zu folgern.[43] 57

**c) Verpflichtete.** Verpflichtet sind nur Ehegatten, die aufgrund der **gesetzlichen** Anordnung des Abs. 1 ein Zusatzviertel erben. Dieser gesetzlichen Erbfolge gleich steht nach allgM die **gewillkürte** Erbfolge unter Bezugnahme auf die gesetzliche ohne nähere Bestimmung zum Personenkreis oder der Höhe der Erbteile (§ 2066).[44] Nicht verpflichtet sind Ehegatten, die in letztwilliger Verfügung zur Erbschaft berufen oder mit einem Vermächtnis bedacht wurden – und zwar auch dann nicht, wenn sie aufgrund der letztwilligen Verfügung gleich viel oder mehr aus dem Nachlass erlangten, als ihnen bei gesetzlicher Erbfolge zugefallen wäre. Es ist insoweit Sache des Erblassers, in seiner letztwilligen Verfügung Vorsorge für seine einseitigen Deszendenten zu treffen. 58

Die Bindung der Verpflichtung an die gesetzliche Erbfolge gibt dem überlebenden Ehegatten die Möglichkeit, sich durch **Ausschlagung der Erbschaft** dem Ausbildungsanspruch zu entziehen. Diese Option – verbunden mit dem Übergang zur güterrechtlichen Lösung – ist für ihn vor allem von Bedeutung, wenn schwer berechenbare Ansprüche junger Stiefabkömmlinge im Raume stehen. 59

---

41 Staudinger/*Thiele,* 2017, Rn. 88; Soergel/*Grziwotz* Rn. 30; Erman/*Budzikiewicz* Rn. 11.

42 Staudinger/*Thiele,* 2017, Rn. 86; Soergel/*Grziwotz* Rn. 30; Erman/*Budzikiewicz* Rn. 11a; Bamberger/Roth/*Siede* Rn. 31.

43 Staudinger/*Thiele,* 2017, Rn. 100; Soergel/*Grziwotz* Rn. 45; Bamberger/Roth/*Siede* Rn. 39; Erman/*Budzikiewicz* Rn. 19.

44 Staudinger/*Thiele,* 2017, Rn. 95; Soergel/*Grziwotz* Rn. 43; Bamberger/Roth/*Siede* Rn. 38.

60 **2. Rechtsnatur und Grenzen des Anspruchs. a) Mischcharakter.** Der Anspruch liegt im Spannungsfeld zwischen **gesetzlichem Güterrecht** (er richtet sich nur gegen Ehegatten, bei denen der Zugewinn in einer bestimmten Form ausgeglichen wurde), **Erbrecht** (er korrigiert die erbrechtliche Vermögenszuweisung) und **Unterhaltsrecht** (er begünstigt nur in speziellem Sinne bedürftige Stiefabkömmlinge). Er ist damit ein Anspruch mit Mischcharakter.

61 Von einem Prävalieren der erbrechtlichen Momente kann innerhalb des mixtum compositum nicht gesprochen werden.[45] Dazu ist die mit dem Anspruch verfolgte Korrektur der erbrechtlichen Vermögenszuweisung an den Ehegatten nach Form und Inhalt zu sehr vom Unterhaltsrecht geprägt. Umgekehrt ist der Anspruch, obgleich er in der Sache auf eine Unterhaltsleistung gerichtet ist, doch derart im Erbrecht verwurzelt und den Strukturen und Normen des Unterhaltsrechts wiederum in so vielen Belangen entzogen, dass auch dem Unterhaltsrecht keine dominierende Stellung zugestanden werden kann.

62 **b) Nachlassverbindlichkeit.** Der Anspruch des Stiefabkömmlings begründet nach allgM für den erbenden Ehegatten eine – auf ihn beschränkte – Nachlassverbindlichkeit in Form der sog. Erbfallschuld (§ 1967 Abs. 2). Da der Ehegatte persönlicher Schuldner ist, kann er vor der Teilung des Nachlasses die Einrede aus § 2059 ausüben.

63 **c) Begrenzung des Anspruchs.** Zu erfüllen ist der Anspruch „aus dem nach Abs. 1 zusätzlich gewährten Viertel". Eine gegenständliche Haftungsbeschränkung ist nach hM mit diesem Hinweis nicht gemeint, denn das Zusatzviertel ist kein gegenständlich abgeschichtetes Sondervermögen. Der überlebende Ehegatte schuldet mithin der Höhe nach numerisch begrenzt auf den **Wert** der Vermögensvorteile, die ihm durch das **zusätzliche Vierteil** zufielen.[46]

64 Eine weitere – an sich folgerichtige – Begrenzung auf den Verlustanteil des berechtigten Stiefabkömmlings ist nicht vorgesehen; auf den Umfang, in dem das Erbrecht des Stiefabkömmlings durch die Verstärkung des Ehegattenerbrechts gemindert worden ist, kommt es bei der Haftung des Ehegatten also nicht an.

65 Zu **ermitteln** ist der die Höhe des Ausgleichsanspruchs begrenzende Wert des zusätzlichen Viertels nach den Grundsätzen, die für die Bewertung des Nachlasses zur Ermittlung der Höhe von Pflichtteilsansprüchen gelten. Die **§§ 2311 ff.** sind insofern **analog** anzuwenden. Erbfallschulden (einschließlich der Vermächtnisse und der Pflichtteilsansprüche) sind ebenso abzusetzen wie Erblasserschulden.[47]

66 **Bewertungsstichtag** ist nach hM der **Zeitpunkt des Erbfalls,** mag auch der Anspruch der Stiefabkömmlinge erst später zur Entstehung gelangen.[48] Übernommen wird damit der in § 2311 Abs. 1 bestimmte Zeitpunkt, obgleich der dort geregelte Pflichtteilsanspruch stets mit dem Erbfall entsteht und das beim Ausbildungsanspruch gegebene Änderungsrisiko in der Zeit zwischen Erbfall und Entstehen des Anspruchs nicht besteht. Für den Zeitpunkt des Erbfalls spricht jedoch die Notwendigkeit, dem überlebenden Ehegatten Orientierungsdaten für die Entscheidung zwischen erb- und güterrechtlicher Lösung an die Hand zu geben. Das Risiko der Wertminderung der Nachlassgegenstände trägt so jedenfalls der überlebende Ehegatte, dasjenige der Wertsteigerung dagegen der Stiefabkömmling. Wie alle Gläubiger eines Geldanspruchs mit hinausgeschobener Fälligkeit trägt er auch das Risiko der inflationsbedingten Wertminderung seines für den Zeitpunkt des Erbfalls berechneten Ausbildungsanspruchs.

67 Unabhängig von der rechnerischen Begrenzung des Ausbildungsanspruchs kann der Ehegatte seine **Haftung** nach den Regeln des Erbrechts auf den ihm zugefallenen Erbteil **beschränken** (§§ 1975 ff.).[49]

68 **3. Bedürftigkeit und Leistungsfähigkeit. a) Interpretationsgrundsätze.** Die Mittel zu einer angemessenen Ausbildung können Stiefabkömmlinge nur fordern, wenn sie derer bedürfen. Die Begrenzung des Anspruchs auf den Fall der Bedürftigkeit bedeutet trotz der Gleichheit der Terminologie nicht die Übernahme der diesbezüglichen unterhaltsrechtlichen Regeln. Als Anspruch mit Mischcharakter ist der Ausbildungsanspruch dem Unterhaltsanspruch nicht gleichzusetzen – womit die analoge Anwendung einzelner Normen nicht ausgeschlossen ist. Zu bedenken ist dabei jedoch stets die erbrechtliche Ausgleichsfunktion des Anspruchs, der mittelbar den Stiefabkömmlingen das wieder zuweisen soll, was ihnen § 1371 Abs. 1 genommen hat.

---

[45] Staudinger/*Thiele,* 2017, Rn. 121; Erman/*Budzikiewicz* Rn. 21; anders Soergel/*Grziwotz* Rn. 39: erbrechtlicher Charakter überwiegt.

[46] Staudinger/*Thiele,* 2017, Rn. 124; Soergel/*Grziwotz* Rn. 53; Erman/*Budzikiewicz* Rn. 22; *Rauscher* FamR Rn. 411.

[47] Staudinger/*Thiele,* 2017, Rn. 126; Soergel/*Grziwotz* Rn. 53; Erman/*Budzikiewicz* Rn. 22.

[48] Staudinger/*Thiele,* 2017, Rn. 125; Soergel/*Grziwotz* Rn. 53; Palandt/*Brudermüller* Rn. 10.

[49] Staudinger/*Thiele,* 2017, Rn. 127 f.; Soergel/*Grziwotz* Rn. 40; Erman/*Budzikiewicz* Rn. 22.

**b) Bedürftigkeit.** Einkünfte aus eigenem Vermögen einschließlich solcher aus dem Erbteil schließen Bedürftigkeit aus. Übereinstimmung besteht zudem darüber, dass grundsätzlich auch der **Vermögensstamm** einzusetzen ist, zu den Voraussetzungen im Einzelnen differieren jedoch die Meinungen. Gegen eine Billigkeitsentscheidung nach § 1577 Abs. 3 Alt. 2 spricht, dass zwischen Stiefelternteil und Stiefkind kein der Ehegattenbeziehung vergleichbares Verhältnis besteht.[50] Das Fehlen vergleichbarer verwandtschaftlicher Beziehungen spricht auch gegen eine Heranziehung des § 1602 Abs. 2, der das Vermögen minderjähriger unverheirateter Kinder schont.[51] Richtig ist, dem Stiefabkömmling den Vermögensstamm zu belassen, soweit seine Verwertung unwirtschaftlich wäre (vgl. § 1577 Abs. 3 Alt. 1) oder soweit er vorsorgend für den Unterhalt bis zur Erlangung einer selbständigen Lebensstellung nach Ausbildungsabschluss bereitgehalten werden muss. Auch die Möglichkeit einer **Erwerbstätigkeit** schließt den Anspruch aus, sofern diese zumutbar ist und vor allem das Ausbildungsziel nicht gefährdet.[52] 69

**Unterhaltsansprüche,** die Stiefabkömmlinge aus Verwandtschaft oder Ehe gegen Dritte haben, schließen die Bedürftigkeit nicht aus – der Ausbildungsanspruch entlastet vielmehr umgekehrt die Dritten.[53] Diese Rangfolge ist umstritten[54] und dem Gesetz nicht unmittelbar zu entnehmen. Sie entspricht jedoch dem erbrechtlichen – und damit mittelbar dem Vermögen des Abkömmlings zugewiesenen – Charakter des Ausbildungsanspruchs. Von daher ist es auch nicht angebracht, Unterhaltsansprüche vorgehen zu lassen, die keine Bedürftigkeit voraussetzen (§ 1360) oder dem Berechtigten den Vermögensstamm belassen (§ 1577 Abs. 3, § 1602 Abs. 2).[55] 70

**c) Leistungsfähigkeit.** Zu leisten hat der Stiefelternteil auch bei Gefährdung des eigenen Unterhalts. § 1603 ist nicht analog anzuwenden.[56] Dass die Vermögensverhältnisse des Stiefelternteils irrelevant sind, folgt daraus, dass ihm das zusätzlich gewährte Viertel von vornherein nur unter Vorbehalt des Ausbildungsanspruchs zugeordnet ist. Auch Unterhaltsansprüche Dritter gegen den Stiefelternteil mindern den Ausbildungsanspruch nicht, § 1609 findet keine Anwendung.[57] Dritte können beim Stiefelternteil nur das in Anspruch nehmen, was diesem abschließend und endgültig zugewiesen ist – und das ist das Zusatzviertel nicht. 71

**Mehrere Stiefabkömmlinge** haben gleichen Rang. Reicht das Zusatzviertel zur Erfüllung aller gegenwärtigen und zukünftigen Ausbildungsansprüche nicht aus, so sind die vorhandenen Mittel proportional zu den bestehenden Ausbildungsbedürfnissen zu verteilen, und zwar mit Rückstellung der auf künftige Ansprüche entfallenden Beträge.[58] Die Schwächen dieser von der hM vertretenen Lösung sind evident. Die Verteilung bereitet Schwierigkeiten, da die Ausbildungsansprüche in der Regel zeitlich versetzt entstehen und die Höhe der zunächst noch ungewissen Ansprüche zu schätzen ist. Gelangen sie später überhaupt nicht oder in geringerem Umfang zur Entstehung, kann dem überlebenden Ehegatten ein Vorteil verbleiben. Zudem kann ein Verteilungsschlüssel, der mehreren etwas, jedoch keinem alles gibt, die Ausbildung aller Stiefabkömmlinge gefährden, weil keiner über ausreichende Mittel verfügt. 72

Diese Schwierigkeiten sind indessen hinzunehmen, denn sie sind auch mit anderen Ansätzen nicht zu lösen oder doch nur um den Preis andersartiger Disparitäten. So spricht gegen die Verteilung der Mittel nach dem Verhältnis der Erbquote, die den Stiefkindern nach § 1924 an dem zusätzlichen Viertel zugefallen wäre,[59] dass sich § 1371 Abs. 4 gerade nicht am Erbverlust der einzelnen Stiefabkömmlinge orientiert (→ Rn. 64). Außerdem löst auch diese Verteilung das Problem unsicherer zukünftiger Ausbildungsansprüche nicht. 73

**4. Anspruchsinhalt. a) Geld.** Unter dem Begriff „Mittel" zur Ausbildung ist Geld zu verstehen. Dem überlebenden Ehegatten fehlt mangels Verwandtschaft jegliches Recht zur Fremdbestimmung des Stiefabkömmlings – er hätte es denn als Vormund und damit in einer im Rahmen des 74

---

50 Anders *Dölle* FamR I 783 Fn. 28; RGRK-BGB/*Finke* Rn. 57.

51 Erman/*Budzikiewicz* Rn. 25; Staudinger/*Thiele,* 2017, Rn. 102; Soergel/*Grziwotz* Rn. 47; *Rauscher* FamR Rn. 411; aA Palandt/*Brudermüller* Rn. 9.

52 Staudinger/*Thiele,* 2017, Rn. 103; Bamberger/Roth/*Siede* Rn. 40; Erman/*Budzikiewicz* Rn. 25.

53 Palandt/*Brudermüller* Rn. 9; Bamberger/Roth/*Siede* Rn. 41; Erman/*Budzikiewicz* Rn. 25; *Rauscher* FamR Rn. 411; *Gernhuber/Coester-Waltjen* FamR § 37 Rn. 43.

54 Den Vorrang des Unterhaltsanspruchs bejahen Staudinger/*Thiele,* 2017, Rn. 104; RGRK-BGB/*Finke* Rn. 56.

55 Soergel/*Grziwotz* Rn. 49.

56 Staudinger/*Thiele,* 2017, Rn. 114; Bamberger/Roth/*Siede* Rn. 465; Erman/*Budzikiewicz* Rn. 26; aA *Dölle* FamR I 784.

57 Soergel/*Grziwotz* Rn. 58; Staudinger/*Thiele,* 2017, Rn. 113; aA *Dölle* FamR I 784 Fn. 34.

58 Staudinger/*Thiele,* 2017, Rn. 115; Bamberger/Roth/*Siede* Rn. 45; Erman/*Budzikiewicz* Rn. 27.

59 Dafür Soergel/*Grziwotz* Rn. 54; *K. Meyer,* Der Ausbildungsanspruch der Stiefabkömmlinge nach § 1371 Abs. 4, 1966, 109 ff.

§ 1371 Abs. 4 bedeutungslosen Position. Er hat deshalb kein Recht, die Ausbildung naturaliter zu gewähren, etwa durch Bereitstellung eines vorfinanzierten Ausbildungsgangs. Auch die analoge Heranziehung des § 1612 Abs. 2 S. 1 verbietet sich, insbes. kann die Aufnahme des unverheirateten Stiefkindes in den eigenen Haushalt nicht verfügt werden – und zwar auch dann nicht, wenn dieses bis zum Tode des Erblassers mit den Ehegatten in Hausgemeinschaft gelebt hatte.[60]

75 Der Unterhalt ist in Analogie zu § 1612 Abs. 1 S. 1 und Abs. 3 **monatlich im Voraus** zu zahlen. Nur periodisch entstehende Kosten sind entsprechend periodisch voraus zu leisten, die Leistungszeit wird insoweit vom Ausbildungsgang bestimmt. Ein Anspruch des Stiefabkömmlings auf eine Zahlung der gesamten Ausbildungskosten im Voraus im Sinne einer Kapitalabfindung nach § 1585 Abs. 2 besteht nicht.[61]

76 **b) Ausbildungskosten.** Alle für den Anspruch relevanten Fragen der Ausbildung (Angemessenheit, Dauer, Zweitausbildung usw.) sind grundsätzlich ebenso zu beantworten wie im Kindesunterhaltsrecht (→ § 1610 Rn. 207 ff.). Ziel des Anspruchs ist, Stiefabkömmlinge vor jenen Nachteilen zu bewahren, die das verstärkte Ehegattenerbrecht für ihre Ausbildung nach sich zieht; Ziel des Anspruchs ist dagegen nicht, ihnen eine Ausbildung zu gewähren oder zuzumuten, die sich qualitativ von derjenigen unterscheidet, die sie vom Erblasser hätten fordern können, falls er am Leben geblieben wäre. Zu bedenken ist allerdings, dass sich die Daten durch den Tod des Erblassers entscheidend geändert haben können – der Erbteil des Stiefabkömmlings und die maximale Höhe des Ausbildungsanspruchs können weit hinter der Leistungsfähigkeit des Erblassers zurückbleiben.

77 **c) Allgemeine Lebenshaltungskosten.** Dem Text des § 1371 Abs. 4 nicht eindeutig zu entnehmen und umstritten ist, ob neben den eigentlichen Ausbildungskosten auch die allgemeinen Lebenshaltungskosten geschuldet werden. Die Frage ist zu bejahen.[62] Zwar ist die Antwort nicht durch § 1610 Abs. 2 präjudiziert, denn dort sind die Ausbildungskosten dem Lebensbedarf integriert, während sich bei § 1371 Abs. 4 die umgekehrte Frage stellt, nämlich ob die Lebenshaltungskosten den Ausbildungskosten zu integrieren sind. Da jedoch der Stiefabkömmling die ihm durch Abs. 1 entzogenen Mittel auch für die Lebenshaltung hätte einsetzen müssen, gibt es keinen Grund, Verwandte des Stiefabkömmlings mit Unterhaltsansprüchen zu belasten, denen sie ohne Verstärkung des Ehegattenerbrechts nicht ausgesetzt gewesen wären.

78 **5. Durchsetzung des Anspruchs. a) Auskunft.** Die Höhe des Anspruchs ist vom Stiefabkömmling aus Daten zu ermitteln, die ihm ohne weiteres zu Gebote stehen. So kann er den eigenen Bedarf unmittelbar analysieren und über die Höhe des zur Verfügung stehenden Vermögens kann er als Miterbe Auskunft verlangen (vgl. §§ 2027, 2028, 2057). Ein spezieller Anspruch auf Auskunft gegen den Stiefelternteil in Analogie zu § 1605 ist daher nicht erforderlich und nicht anzuerkennen.[63]

79 **b) Rückstände.** Auf Ersatz der Kosten einer Ausbildung, die vor dem Erbfall absolviert wurde, besteht kein Anspruch. Nach dem Erbfall entstandene rückständige Ausbildungsansprüche können unter den Voraussetzungen des analog anzuwendenden § 1613 geltend gemacht werden – in Betracht kommen insbes. Verzug des Stiefelternteils oder Rechtshängigkeit des Anspruchs.[64] Das gleiche gilt, wenn der Stiefabkömmling nachträglich nicht Erfüllung, sondern Schadensersatz wegen Nichterfüllung verlangt.

80 **c) Verjährung.** Der Ausbildungsanspruch ist kein familienrechtlicher Herstellungsanspruch iSd § 194 Abs. 2 und unterliegt damit der Verjährung.[65] Die periodisch fällig werdenden Einzelansprüche verjähren jeweils in drei Jahren (§ 195). Die dreijährige Verjährungsfrist gilt auch für den Ausbildungsanspruch als solchen. Dessen Verjährung als Gesamtrecht oder Stammrecht beginnt mit dem Lauf der Verjährung des ersten Teilanspruchs → § 194 Rn. 3.

---

[60] Staudinger/*Thiele,* 2017, Rn. 107; Bamberger/Roth/*Siede* Rn. 42; aA *Dölle* FamR I 783; RGRK-BGB/*Finke* Rn. 67; Soergel/*Grziwotz* Rn. 52 für den Fall, dass der Stiefabkömmling im Haushalt des Stiefelternteils aufgewachsen und erzogen worden ist.

[61] Staudinger/*Thiele,* 2017, Rn. 108; Erman/*Budzikiewicz* Rn. 23; Soergel/*Grziwotz* Rn. 52; aA *K. Meyer,* Der Ausbildungsanspruch der Stiefabkömmlinge nach § 1371 Abs. 4, 1966, 89: Abfindungsanspruch bei Vorliegen eines wichtigen Grundes.

[62] Palandt/*Brudermüller* Rn. 9; Soergel/*Grziwotz* Rn. 51; Erman/*Budzikiewicz* Rn. 23; Bamberger/Roth/*Siede* Rn. 44; *Gernhuber/Coester-Waltjen* FamR § 37 Rn. 45; einschr. Staudinger/*Thiele,* 2017, Rn. 111: Lebenshaltungskosten nur, wenn nicht durch Unterhaltsleistungen Dritter gedeckt; einschr. auch *Dölle,* Familienrecht I, 1964, 783: Lebenshaltungskosten nur, soweit sich die Lebenshaltung durch die Ausbildung verteuert.

[63] Staudinger/*Thiele,* 2017, Rn. 116; Soergel/*Grziwotz* Rn. 56.

[64] Staudinger/*Thiele,* 2017, Rn. 117; Soergel/*Grziwotz* Rn. 55.

[65] Staudinger/*Thiele,* 2017, Rn. 119.

**d) Tod des Berechtigten oder des Verpflichteten.** Mit dem Tod des Berechtigten endet der Anspruch vorbehaltlich der von § 1615 Abs. 1, der insoweit analog anzuwenden ist, bezeichneten Restbestände. Der Tod des Verpflichteten beendet dagegen den Anspruch nicht; er ist fortan von den Erben zu erfüllen, und zwar als Nachlassverbindlichkeit mit der Möglichkeit der Haftungsbeschränkung auf den Nachlass.[66] 81

**e) Unpfändbarkeit.** Der Anspruch ist, weil **Ausbildungszwecken** dienend, gemäß § 850a Nr. 6 ZPO absolut unpfändbar.[67] Der Anspruch ist also weder durch Aufrechnung zu tilgen (§ 394) noch ist er abtretbar (§ 400) noch ist er verpfändbar (§ 1274 Abs. 2). Nach aA ist der Anspruch, weil dem **Unterhalt dienend,** gemäß § 850b Abs. 1 Nr. 2 ZPO bedingt pfändbar[68] – und entsprechend eingeschränkt aufrechenbar, abtretbar und verpfändbar. 82

**f) Konkurrenz mit anderen Ansprüchen.** In der Konkurrenz mit anderen Gläubigern des Stiefelternteils ist der Stiefabkömmling weder privilegiert noch zurückgesetzt. Er genießt in der Zwangsvollstreckung weder das Pfändungsprivileg des § 850d ZPO noch wird er in der Insolvenz gemäß § 40 InsO zurückgesetzt. 83

**6. Abdingbarkeit. a) Letztwillige Verfügung.** Der Erblasser kann den Ausbildungsanspruch durch letztwillige Verfügung schmälern oder auch gänzlich ausschließen. Da er die Macht hat, den Abkömmling zu enterben und ihm damit die erbrechtliche Position zu entziehen, aus der der Ausbildungsanspruch folgt (→ Rn. 57 f.), hat er auch die Macht, (nur) den Ausbildungsanspruch auszuschließen.[69] 84

**b) Eheverträge.** In einem Ehevertrag kann § 1371 Abs. 4 nicht abbedungen werden. Eheverträge dienen allein der Regelung güterrechtlicher Verhältnisse (§ 1408) – und zu denen gehört der Ausbildungsanspruch nicht, auch wenn er eine bestimmte güterrechtliche Lage voraussetzt und diese als solche zur Disposition der Ehegatten steht.[70] 85

**c) Verzicht und Modifizierung. Vor dem Erbfall** kann der Ausbildungsanspruch **nicht ausgeschlossen** werden. Der Anspruch aus § 1371 Abs. 4 kann nämlich weder Gegenstand eines Erbverzichts sein (vgl. §§ 2346, 2352) noch Gegenstand eines Verzichtsvertrages mit dem Stiefelternteil (vgl. § 311b Abs. 4).[71] Auf den **entstandenen** Anspruch kann dagegen verzichtet werden. § 1614 Abs. 1 steht nicht entgegen. Da der Stiefabkömmling das Erbe ausschlagen und damit die erbrechtliche Position, die Voraussetzung für den Ausbildungsanspruch ist, preisgeben kann, steht ihm auch das Recht zu, lediglich den Ausbildungsanspruch aufzugeben.[72] Ein Verzicht auf den Anspruch bedarf in Analogie zu den § 1822 Nr. 2, § 1643 Abs. 2 bei minderjährigen Stiefabkömmlingen jedoch der Genehmigung des FamG.[73] 86

Im Übrigen können der überlebende Ehegatte als Schuldner und sein Stiefabkömmling als Gläubiger **ungehindert** über den Anspruch **disponieren,** Sie können diesen vertraglich präzisieren und modifizieren – und zwar auch schon vor seiner Entstehung; anders als beim Verzicht stehen gesetzliche Bestimmungen hier nicht entgegen. 87

## § 1372 Zugewinnausgleich in anderen Fällen

**Wird der Güterstand auf andere Weise als durch den Tod eines Ehegatten beendet, so wird der Zugewinn nach den Vorschriften der §§ 1373 bis 1390 ausgeglichen.**

**Schrifttum (zu §§ 1372–1375):** *Bärmann,* Das neue Ehegüterrecht, AcP 157 (1958/1959), 145; *Battes,* Echte Wertsteigerungen im Zugewinnausgleich – Ein Beitrag zur Reform des gesetzlichen Güterrechts, FamRZ 2007, 313; *Braeuer,* Kann der Zugewinn negativ sein?, FamRZ 2010, 1614; *Braeuer,* Erneut: Der gleitende Vermögenserwerb im Zugewinnausgleich, FamRZ 2015, 1081; *Dostmann,* Bürgerlich-rechtlicher Einkommensteuerausgleich zwischen Ehegatten, FamRZ 1991, 760; *Gerhardt/Schulz,* Verbot der Doppelverwertung von Abfindungen beim

[66] Staudinger/*Thiele,* 2017, Rn. 117.

[67] Staudinger/*Thiele,* 2017, Rn. 120; Bamberger/Roth/*Siede* Rn. 51; *Gernhuber/Coester-Waltjen* FamR § 37 Rn. 52.

[68] RGRK-BGB/*Finke* Rn. 70; Erman/*Budzikiewicz* Rn. 24.

[69] AllgM, vgl. Staudinger/*Thiele,* 2017, Rn. 130; Palandt/*Brudermüller* Rn. 11.

[70] Staudinger/*Thiele,* 2017, Rn. 129; Bamberger/Roth/*Siede* Rn. 53; Soergel/*Grziwotz* Rn. 41.

[71] Staudinger/*Thiele,* 2017, Rn. 131; Soergel/*Grziwotz* Rn. 41. Für den Erbverzicht anders RGRK-BGB/*Finke* Rn. 68.

[72] Staudinger/*Thiele,* 2017, Rn. 118; Soergel/*Grziwotz* Rn. 52; *K. Meyer,* Der Ausbildungsanspruch der Stiefabkömmlinge nach § 1371 Abs. 4, 1966, 102 ff.; aA *Dölle* FamR I 783.

[73] Staudinger/*Thiele,* 2017, Rn. 118; Soergel/*Grziwotz* Rn. 52.

Unterhalt und Zugewinn, FamRZ 2005, 145; *Gernhuber,* Geld und Güter beim Zugewinnausgleich, FamRZ 1984, 1053; *Gernhuber,* Probleme der Zugewinngemeinschaft, NJW 1991, 2238; *Grziwotz,* Doppelverwertungsverbot im Scheidungsfolgenrecht, MittBayNot 2005, 284; *Gutdeutsch,* Kein gleitender Vermögenserwerb, FamRZ 2015, 1083; *Hermes,* Nochmals: Die Doppelberücksichtigung von Abfindungen und Schulden im Unterhalt und Zugewinnausgleich, FamRZ 2007, 184; *Herr,* Das Schmerzengsgeld im Zugewinnausgleich, NJW 2008, 262; *Holtfester/Neuhaus-Piper,* Vermögensgesetz und Zugewinnausgleich, FamRZ 2002, 1526; *Holzhauer,* Schenkungen unter Ehegatten in der europäischen Privatrechtsgeschichte und im heutigen deutschen Recht, FuR 1995, 177 und FuR 1995, 268; *Hoppenz,* Zur Konkurrenz von Unterhalt und Zugewinnausgleich, FamRZ 2006, 1242; *Jeep,* Ehegattenzuwendungen im Zugewinnausgleich – oder: Auf der Suche nach der verschollenen Systematik der §§ 1374 Abs. 2, 1380 BGB, DNotZ 2011, 590; *Kaiser,* Abfindungen wegen Beendigung des Arbeitsverhältnisses. Zugewinnausgleichspflichtiges Vermögen oder unterhaltsprägendes Einkommen?, FS Schwab, 2005, 495; *Koch,* Entgeltlichkeit in der Ehe?, FamRZ 1995, 320; *Koch,* Die Teilungsmasse des Zugewinns – der Topos von der starren, schematischen Regelung des Gesetzes, in Schwab/Hahne, Familienrecht im Brennpunkt, 2004, 139; *Koch,* Brautgaben im deutschen Eherecht, FF 2018, 351; *Kogel,* Strategien beim Zugewinnausgleich, 5. Aufl. 2016; *Kogel,* Negativer Zugewinn – Einführung der „Sippenhaft" im gesetzlichen Güterstand?, FamRZ 2010, 2036; *Kornexl,* Zur Anwendbarkeit des § 1374 II BGB bei Schenkungen unter Ehegatten, NJW 1994, 622; *Leipold,* Ist der Wegfall des Zugewinnausgleichs bei Vorversterben des Ehegatten mit dem geringeren Zugewinn verfassungsgemäß?, NJW 2011, 1179; *Liebelt,* Die „Aufteilung" der Einkommensteuererstattung zwischen getrenntlebenden und geschiedenen Ehegatten, FamRZ 1993, 626; *M. Lipp,* Die Eigentums- und Vermögensgemeinschaft des FGB und der Einigungsvertrag – eine vergebene Chance für eine Reform des Güterstandsrechts?, FamRZ 1996, 1117; *V. Lipp,* Ehegattenzuwendungen und Zugewinnausgleich, JuS 1993, 89; *Maier,* Vom Unterhalt bei Vermögensauseinandersetzung, FamRZ 2006, 897; *Mann,* Geldentwertung und Recht, NJW 1974, 1297; *Maurer,* Zur Qualifikation arbeitsrechtlicher Abfindungen – Unterhaltsrecht oder Güterrecht?, FamRZ 2005, 757; *v. Maydell,* Geldschuld und Geldwert, 1974; *Muscheler,* Wertänderungen des privilegierten Erwerbs in der Zugewinngemeinschaft, FamRZ 1998, 265; *Netzer,* Die Berücksichtigung von Zuwendungen zwischen Ehegatten im Zugewinnausgleich – §§ 1372 ff. BGB, FamRZ 1988, 676; *v. Olshausen,* Geldwertänderung und Zugewinnausgleich, FamRZ 1983, 765; *Rauscher,* Dingliche Mitberechtigung in der Zugewinngemeinschaft, AcP 186 (1986), 529; *Reichert-Facilides,* Geldentwertung und Recht, JZ 1974, 483; *Schmitz,* Doppelberücksichtigung bei Unterhalt und Zugewinn, FamRZ 2005, 1520; *Schröder,* Der Zugewinnausgleich auf dem Prüfstand, FamRZ 1997, 1; *Schulin,* Doppelberücksichtigung von Vermögenswerten beim Unterhalt und Zugewinn, FamRZ 2005, 1521; *Schulz,* Zur Doppelberücksichtigung von Vermögenspositionen beim Unterhalt und Zugewinn, FamRZ 2006, 1237; *Schulz/Maier/Gutdeutsch,* Stichtagsbezogene Berechnung der Einkommenssteuer beim Zugewinnausgleich, FamRZ 2015, 2097; *Schwagerl,* Zum Charakter der Grundrente nach dem Bundesversorgungsgesetz, NJW 1982, 1798; *Teslau/May(Andersen,* Zeitwertkonten und Ehescheidung, FamRZ 2014, 1831; *Tiedtke,* Die Berücksichtigung latenter Steuerverbindlichkeiten bei der Berechnung des Zugewinns, FamRZ 1990, 1188; *Voit,* Das Ende einer Zugewinnausgleichsoase, FamRZ 1992, 1385; *Werner,* Stiftungszuwendungen und Zugewinnausgleich, FS Schwab, 2005, 581; *Yassari,* Die Brautgabe im Familienvermögensrecht, 2014.

**Übersicht**



## I. Normzweck

1 Die Zugewinngemeinschaft kennt zwei Ausgleichsmodi: Den rechnerischen und den erbrechtlichen. § 1372 eröffnet den **Zugang zum rechnerischen Ausgleich.**

2 § 1371 konturiert den Anwendungsbereich der erbrechtlichen Lösung mit scharfen Tatbestandsgrenzen. § 1372 enthält für alle übrigen Fälle einen **generellen Verweis** auf den rechnerischen Zugewinnausgleich. Dabei normieren die §§ 1373 ff. für alle Fälle der Güterstandsbeendigung unter Lebenden ein grundsätzlich gleiches Rechenmuster.

## II. Beendigung des Güterstandes

3 **1. Beendigung durch richterlichen Akt.** Durch richterlichen Akt beendet wird der Güterstand im Fall der Scheidung oder Aufhebung der Ehe und im Fall der vorzeitigen Aufhebung der Zugewinngemeinschaft, sei es mit oder ohne vorzeitigen Zugewinnausgleich. Die §§ 1384, 1387, 1318 Abs. 3 sehen hier für die Zugewinnberechnung einen speziellen, der Beendigung des Güterstands vorgelagerten Zeitpunkt vor. Dabei erfolgt die Vorverlegung unabhängig davon, ob die Güterstandsbeendigung bei gleichzeitiger Auflösung der Ehe erfolgt oder ob nur der Güterstand endet, die Ehe jedoch fortbesteht.

Bei **bestehender Ehe** endet der Güterstand durch richterlichen Akt nach erfolgreichem Antrag auf vorzeitige Aufhebung der Zugewinngemeinschaft (§§ 1385, 1386); mit der Rechtskraft des Beschlusses tritt Gütertrennung ein (§ 1388). 4

Bei **Beendigung der Ehe** endet der Güterstand durch richterlichen Akt mit Rechtskraft des Ehescheidungs- oder Eheaufhebungsbeschlusses. Der Umstand, dass mit der Aufhebung eine fehlerhaft begründete Ehe, mit der Scheidung hingegen eine fehlerfrei zustande gekommene, jedoch gescheiterte Ehe aufgelöst wird, zeitigt die folgenden Konsequenzen. 5

Wird die Ehe wegen Abschlussmängel aufgehoben, so findet ein güterrechtlicher Ausgleich nur statt, wenn dieser nicht grob unbillig wäre – und zwar unbillig im Hinblick auf die Umstände bei der Eheschließung bzw. im Fall der Doppelehe im Hinblick auf die Belange der dritten Person (§ 1318 Abs. 3). Diese Billigkeitsregelung trägt dem Umstand Rechnung, dass der uneingeschränkte güterrechtliche Ausgleich in den Fällen des fehlerhaften Eheschlusses einen unredlichen Ehegatten begünstigen kann.[1] 6

**2. Beendigung durch Ehevertrag.** Beendet werden kann der Güterstand auch durch **Ehevertrag.** Gemäß § 1414 S. 1 und 2 tritt Gütertrennung ein, wenn die Ehegatten den gesetzlichen Güterstand oder eine bestehende Gütergemeinschaft aufheben. Wird in diesem Zusammenhang nicht auch der Zugewinn vertraglich geregelt, so ist durch Auslegung nach §§ 133, 157 zu ermitteln, ob ein Verzicht gewollt ist. 7

**3. Beendigung durch gleichzeitigen Tod.** Die Regelung des § 1371 zum Zugewinnausgleich im Todesfall bezieht sich nur auf den Fall des Vorversterbens eines Ehegatten. Gesetzlich nicht geregelt ist der Zugewinnausgleich im Fall des **gleichzeitigen Todes** beider Ehegatten. Nach hM findet in diesem Fall ein **Zugewinnausgleich** zwischen den (personenverschiedenen) Erben von Ehemann und Ehefrau **nicht statt.**[2] Zwar lässt der Normtext des § 1372 den Ausgleich zu, weil der Güterstand auf andere Weise als durch den Tod „eines" Ehegatten endete, doch zeigt die gesamte Zugewinnausgleichsregelung, dass § 1372 den Zugewinn unter lebenden Ehegatten meint. Stets setzt der Gesetzeswortlaut voraus, dass die Ehegatten im Zeitpunkt des Ausgleichs Inhaber von Vermögen oder Schuldner von Verbindlichkeiten sind (vgl. § 1375, § 1377 Abs. 3, § 1379, § 1380 Abs. 2 S. 1). 8

Dies allein ist auch mit erbrechtlichen Grundsätzen zu vereinbaren. Der Zugewinnausgleichsanspruch ist schuldrechtlicher Natur und kann als solcher nur in der Person des Ehegatten entstehen. Zu dieser Entstehung aber kommt es nicht, wenn der Güterstand durch Tod endet. Da die Forderung erst mit dessen Eintritt entsteht, befindet sie sich (noch) nicht im Vermögen des Ehegatten, das gemäß § 1922 als Nachlass auf den Erben übergeht (→ § 1371 Rn. 34). Eine vererbbare dingliche Teilhabe am Vermögen des Ehepartners aber gibt es in der Zugewinngemeinschaft nicht. Diese bedeutet Gütertrennung mit der Möglichkeit des finanziellen Ausgleichs. Das aus dieser Möglichkeit eventuell später entspringende Recht ist keine gemäß § 1922 Abs. 1 vererbbare Vermögensposition. 9

Kaum praktische Bedeutung hat die Beendigung des Güterstandes durch **Wiederverheiratung** im Fall der **fehlerhaften Todeserklärung** des bisherigen Ehegatten (§ 1319). Da der Güterstand der früheren Ehe hier gemäß § 1319 Abs. 2 durch die Wiederheirat – und deshalb „auf andere Weise" als durch Tod – beendet worden ist, hat der rechnerische Zugewinnausgleich stattzufinden. 10

## III. Abweichende Vereinbarungen

**1. Vor Beendigung des Güterstandes.** Vertragliche Änderungen des rechnerischen Zugewinnausgleichs – durch Herausnahme bestimmter Vermögensmassen, Bewertungsvereinbarungen, Erhöhung der Teilhabequote uÄ – sind vor Beendigung des Güterstandes nur durch Ehevertrag möglich (§ 1408). Die Vertragsfreiheit ist hier durch die Rspr. allerdings eingeschränkt worden. Auf Vorgabe des BVerfG hin[3] sind Eheverträge – zum Schutze des in der Vertragssituation unterlegenen Ehegatten vor Übervorteilung – generell einer richterlichen Inhalts- und Ausübungskontrolle unterworfen. Die zivilrechtliche Rspr. hat zu dieser Kontrolle die sog. Kernbereichstheorie entwickelt, nach der die Gestaltungsfreiheit speziell in Zugewinnausgleichsfragen doch recht groß ist (→ Einl. FamR Rn. 63 f.; → § 1408 Rn. 50 ff.).[4] 11

---

1 Zur Relevanz dieser Bedenken unter der Geltung des früheren Rechts → 3. Aufl. 1993, Rn. 6 f. *(Gernhuber).*

2 BGHZ 72, 85 = NJW 1978, 1855 m. zust. Anm. *Werner* DNotZ 1978, 736; Staudinger/*Thiele,* 2017, § 1371 Rn. 58; Soergel/*Grziwotz* Rn. 5; Erman/*Budzikiewicz* Rn. 5; *Schwab* in Schwab ScheidungsR-HdB VII Rn. 2; aA *Gernhuber/Coester-Waltjen* FamR § 37 Rn. 26; *Leipold* NJW 2011, 1179 (1182).

3 BVerfGE 103, 89 = NJW 2001, 957 = FamRZ 2001, 343 mAnm *Schwab;* BVerfG NJW 2001, 2248 = FamRZ 2001, 985.

4 BGHZ 158, 81 = NJW 2004, 930 = FamRZ 2004, 601 mAnm *Borth.*

12 **2. Nach Beendigung des Güterstandes.** Vertragliche Regelungen nach Beendigung des Güterstandes sind niemals – in welcher Form auch immer sie formuliert werden – Eingriffe in den Normenkomplex der §§ 1373 ff. Sie regeln allein eine bereits entstandene Ausgleichsforderung, sind also je nach Inhalt Schuldänderungsverträge iSd § 311 Abs. 1 oder Erlassverträge iSd § 397. Die für Eheverträge vorgesehene Form ist weder im einen noch im anderen Fall erforderlich. Zu den speziellen Grenzen ausgleichsrechtlicher Vereinbarungen während eines laufenden Eheauflösungsverfahrens → § 1378 Rn. 27 ff.[5]

## § 1373 Zugewinn

**Zugewinn ist der Betrag, um den das Endvermögen eines Ehegatten das Anfangsvermögen übersteigt.**

**Schrifttum:** S. § 1372.

**Übersicht**



### I. Normzweck

1 Die Norm definiert den Begriff Zugewinn durch Festlegung der beiden Vergleichsgrößen für dessen Berechnung. Die beiden Begriffselemente der **Legaldefinition** „Anfangsvermögen" und „Endvermögen" werden in den §§ 1374–1376 näher bestimmt; aus der Ausgestaltung dieser Rechengrößen ergibt sich der **als Zugewinn verteilbare** Betrag.

2 Bei dessen Feststellung spielen Art und Grund von Vermögenszuwächsen ebenso wenig eine Rolle wie Art und Grund von Vermögensverlusten. Die anteilige Teilhabe in der Zugewinngemeinschaft beruht auf dem Gleichwertigkeitsgedanken und **nicht** auf dem **Verursachungsprinzip.** Hat ein Ehegatte etwa den Wert eines ihm gehörenden Unternehmens infolge tatkräftiger Mitarbeit seines Ehepartners steigern können, auf der anderen Seite aber durch einen Kurssturz der Aktien Vermögensverluste in gleicher oder größerer Höhe erlitten, so ist ein Zugewinn nicht erzielt. Mangels zu verteilender Masse partizipiert der Ehepartner also an der durch seinen Arbeitseinsatz erzielten Vermögenssteigerung des Unternehmens des anderen nicht. Umgekehrt zählt die nicht durch Verluste in anderen Vermögensbereichen neutralisierte Steigerung des Unternehmenswertes auch dann zum verteilbaren Zugewinn, wenn der Ehepartner zu dieser nichts beigetragen hat. Die Zugewinngemeinschaft ist kein Güterstand, der den effektiven Beitrag eines jeden Ehegatten am ehelichen Vermögensgewinn widerspiegelt.

### II. Zugewinn als Rechengröße

3 Der Zugewinn ist **keine besondere Vermögensmasse,** die vom übrigen Vermögen der Ehegatten zu unterscheiden wäre, sondern eine **reine Rechengröße.** Mit der Ausgestaltung des Zugewinns als bloßer Rechengröße steht ein einfacher, klarer Abrechnungsmechanismus zur Verfügung, der nicht erreicht wird, wenn die Vermögensteilhabe in der Ehe über Sondervermögen verwirklicht wird. Für Sondervermögen nämlich gilt das Prinzip der dinglichen Surrogation – und dieses führt insofern zu Schwierigkeiten bei der Teilung des Vermögens, als sämtliche Gegenstände, Verbindlichkeiten und Lasten den Ehegatten im Einzelnen zugewiesen werden müssen.

4 Als Rechengröße, die sich aus dem Vergleich zweier anderer Rechnungsgrößen ergibt, ist der Zugewinn an den Wertmaßstab der beiden Vergleichsgrößen gebunden. Anfangsvermögen, Endvermögen und Zugewinn werden sämtlich **nur in Geld** ausgedrückt.

[5] BGHZ 46, 343 (353) = NJW 1966, 2109.

Der Rechenposten Zugewinn ist als **positiver Wert** gedacht. Einen negativen Zugewinn gibt es nicht. Das folgt schon begrifflich aus den Worten „übersteigt“ und Zu„gewinn“. Ein Zugewinn kann fehlen, weil ein Ehegatte während der Ehe nichts erwirtschaftete –, er ist dann mit Null in der Ausgleichsberechnung anzusetzen. Der Zugewinn kann aber niemals als negativer Wert berücksichtigt werden, wenn das Endvermögen eines Ehegatten geringer ist als sein Anfangsvermögen. Daran hat sich auch durch die am 1.9.2009 in Kraft getretene Reform des Zugewinnausgleichsrechts nichts geändert. Die Anerkennung negativen Anfangs- und Endvermögens hat nur die Funktion, den in der Schuldenrückführung liegenden wirtschaftlichen Gewinn eines Ehegatten berücksichtigen zu können. Nach wie vor aber ist die Zugewinngemeinschaft **keine Verlustgemeinschaft,** die Ansprüche auf Ausgleich der in der Ehe erlittenen Vermögenseinbußen gibt.[1] Solche Ansprüche würden zu einer dem Prinzip der Gütertrennung zuwider laufenden mittelbaren Haftung der Ehegatten für die Verbindlichkeiten des verschuldeten Partners führen. Dessen Gläubigern nämlich würden mit der Verlustausgleichszahlung Mittel zur Befriedigung ihrer Forderungen zur Verfügung stehen. 5

### III. Scheinbare (unechte, nominelle) Zugewinne

**1. Kaufkraftschwund.** Scheinbare Zugewinne ergeben sich bei einer Änderung des **Tauschwertes des Geldes,** dh bei einer Änderung seiner Kaufkraft. Werden Anfangsvermögen und Endvermögen jeweils nach dem Geldwert zu den für sie maßgeblichen Stichtagen – Eintritt des Güterstandes (§ 1374 Abs. 1) bzw. Beendigung des Güterstandes (§ 1375 Abs. 1) – berechnet, so führt die Gleichsetzung Euro = Euro zu Gewinnen, die keine realen Wertzuwächse sind, sondern nur auf der Verwendung des nominal gleichen, real aber unterschiedlichen Wertmessers Euro beruhen. Die auf der gesunkenen Kaufkraft des Euro beruhenden nominellen Wertsteigerungen stellen nur scheinbar einen Zugewinn dar, real ist ein solcher durch den inflationsbedingten Kaufkraftschwund der Währung nicht erzielt worden. Dass scheinbare, nominelle oder unechte Zugewinne **nicht auszugleichen** sind, steht heute außer Streit. 6

**2. Umrechnung.** Die Diskussion um die richtige Methode ist zwischenzeitlich als erledigt zu betrachten. Die zunächst vorgeschlagene Heranziehung des § 1381[2] überzeugte schon deshalb nicht, weil eine für den Einzelfall bestimmte Norm nicht zur Lösung genereller Probleme geeignet ist. Ausgeschieden werden können die scheinbaren Zugewinne aus dem Ausgleich, indem bei der Berechnung des Anfangsvermögens durch **Hochrechnung des Eurowertes** der real, und nicht nur nominell gleiche Wertmesser verwandt wird wie bei der Berechnung des Endvermögens. Das der Währungsordnung zugrundeliegende Prinzip des sog. Nominalismus, nach welchem für Geldschulden der Nennwert der gesetzlichen Währungseinheit ausschlaggebend ist, wird damit nicht verletzt – das nominalistische Prinzip betrifft allein das Geld als Zahlungsmittel, nicht aber das Geld als Wertmesser bei der Bewertung von Vermögen. Die heute hM eliminiert den scheinbaren Zugewinn also durch eine Umrechnung des Anfangsvermögens auf den Geldwert im Zeitpunkt der Beendigung des Güterstandes.[3] Konkret gerechnet wird nach der Formel: Wert des Anfangsvermögens bei Beginn des Güterstandes *mal* Verbraucherpreisindex bei Beendigung des Güterstandes *geteilt durch* Verbraucherpreisindex bei Beginn des Güterstandes.[4] 7

Der vom Statistischen Bundesamt festgestellte **Verbraucherpreisindex** dokumentiert die durchschnittliche Preisveränderung aller Waren und Dienstleistungen, die von privaten Haushalten zum Konsum gekauft werden. Bis zum Jahr 2002 wurde dieser Index als „Lebenshaltungskostenindex“ veröffentlicht, inhaltliche Änderungen erfolgten mit der begrifflichen Umbenennung nicht. Die im Hinblick auf die unterschiedliche Preisentwicklung in den neuen und alten Bundesländern zunächst vorgenommene Differenzierung der Preisindizes[5] wurde zum 1.1.2003 aufgegeben.[6] Seither gibt es einen einheitlich für ganz Deutschland geltenden Verbraucherpreisindex.[7] 8

---

1 BT-Drs. 16/10798, 11; BGH NJW-RR 2011, 73 Rn. 34 = FamRZ 2011, 25 mAnm *Koch*; Soergel/*Grziwotz* Rn. 2; BeckOGK/*Siede* Rn. 17; *Schwab* in Schwab ScheidungsR-HdB VII Rn. 16; *Schulz/Hauß* Trennung und Scheidung Rn. 18; *Kogel* FamRZ 2010, 2036; aA *Braeuer* FamRZ 2010, 1614.

2 OLG München NJW 1968, 798; KG MDR 1971, 580; *Bärmann* AcP 157 (1958/1959), 145 (177); *Dölle* FamR I 811, 825.

3 Grdl. BGHZ 61, 385 (392) = NJW 1974, 137; *v. Maydell,* Geldschuld und Geldwert, 1974, 309.

4 So auch BFH NJW 2008, 109 = FamRZ 2007, 1882 für die Berechnung des fiktiven Zugewinnausgleichsanspruchs nach § 5 Abs. 1 ErbStG.

5 Vgl. OLG Jena FamRZ 1998, 1028.

6 Zu den Umstellungsproblemen *Kogel* FamRZ 2003, 1901; *Gutdeutsch* FamRZ 2003, 1902.

7 Die Daten werden jeweils veröffentlicht im Statistischen Jahrbuch für die BRD, abrufbar unter www.destatis.de; Neuberechnung für Basisjahr 2010 auch in Dokumentation FamRZ 2013, 925.

9 Strittig ist, ob es im Interesse einer einfacheren Handhabung bei der Umrechnung genügt, den **Jahresindex** anzusetzen[8] oder ob auf die **Monatswerte** abzustellen ist.[9] Da letztere ebenso zugänglich sind wie die Jahreszahlen, ist größere Genauigkeit mit den monatlichen Zahlen problemlos herstellbar wie folgendes Rechenbeispiel zeigt: Hatte das Anfangsvermögen eines Ehegatten am 4.9.2003 (Tag der Eheschließung) einen Wert von 15.000 EUR und ist der Scheidungsantrag am 3.6.2012 rechtshängig geworden, so ist das Anfangsvermögen nach dem Verbraucherpreisindex Basisjahr 2010 in die Ausgleichsrechnung einzustellen mit 15.000 EUR × 103,7 (Index Juni 2012): 89,5 (Index September 2003) = 17.530,73 EUR. Das Anfangsvermögen von Ehegatten, die in der DDR im gesetzlichen Güterstand des FGB gelebt haben und am 1.1.1990 in die Zugewinngemeinschaft eingetreten sind, ist mit dem Indexwert vom Oktober 1990 hochzurechnen.[10]

10 Die Unzulänglichkeiten, die einem auf die **Lebenshaltung privater Haushalte** bezogenen Preisindex als Umrechnungsfaktor für Vermögen anhaften, sind allerdings evident. Anlagegüter wie Kunstgegenstände, Schmuck, Grundstücke, werden nicht speziell berücksichtigt, obgleich sich deren Preise unabhängig von den allgemeinen Lebenshaltungskosten entwickeln. Zudem sind Preisentwicklung und Kaufkraftschwund keine identischen Größen, die monetären Ursachen der Preisentwicklung aber nur schwer zu unterscheiden von anderen, in veränderten Marktverhältnissen liegenden Ursachen für Preiserhöhungen.[11] Diese Unzulänglichkeiten sind jedoch hinzunehmen, da kein Index existiert, der geeigneter wäre. Doch sind bestimmte Güter mit spezielleren Indexzahlen durchaus angemessener zu bewerten. Immobilien etwa mit dem Wertmaßstab des Baukostenindexes zu bewerten, ist sachadäquat.[12] Auch Auslandsvermögen kann mit den auf Deutschland bezogenen Verbraucherpreisindizes nicht sachgerecht erfasst werden. Zur Bewertung ausländischer Kapitalbeteiligungen oder im Ausland belegener Immobilien sind mithin die ausländischen Indizes heranzuziehen.[13]

11 **3. Geldvermögen.** Auf das Geldwertniveau des Endvermögens sind nach Rspr. und hL auch die zum Anfangsvermögen gehörenden Gelder und Geldforderungen hochzurechnen. Auch diese sind hier als Vermögensgüter Bewertungsgegenstand, ihr inflationsbedingter Wertverlust ist mithin in gleicher Weise wie bei allen anderen Gegenständen zu berücksichtigen.[14]

12 **4. Geldverbindlichkeiten.** Auch das Anfangsvermögen mindernde Geldverbindlichkeiten sind anhand des Verbraucherpreisindexes hochzurechnen. Eine bei Beginn des Güterstandes bestehende, während der Ehe betragsmäßig gleich gebliebene Schuld führt inflationsbedingt zu einem wirtschaftlichen Gewinn des Schuldners, der zugunsten des Ehepartners zu berücksichtigen ist.[15] Rechnerisch kann der Geldentwertungsgewinn des mit der Verbindlichkeit belasteten Ehegatten auf zwei Arten ermittelt werden. Man kann die Verbindlichkeit mit ihrem Nominalwert vom Wert des Anfangsvermögens abziehen, bevor man mit der inflationsbereinigenden Umrechnung beginnt – umgewertet wird dann nur die Differenz zwischen Anfangsaktiva und Anfangspassiva. Man kann aber auch die Anfangspassiva wie die Anfangsaktiva umwerten und sie in diesem aufgewerteten Zustand miteinander verrechnen. Ist das Anfangsvermögen insgesamt negativ, so ist nach allgM der **gesamte Negativsaldo** zu indexieren, um die durch den inflationsbedingten Kaufkraftschwund eingetretene Minderung der Belastung erfassen und die Schulden aktualisieren zu können.[16]

13 **5. Erwerb während des Güterstandes.** Erwerb und Verlust während des Güterstandes bedürfen grundsätzlich **keiner Umrechnung.** Anzuerkennen sind nur zwei Ausnahmen. Umzurechnen ist zum einen der zum Anfangsvermögen zu zählende privilegierte Erwerb des § 1374 Abs. 2; bei

---

[8] BGH NJW 1974, 137; Palandt/*Brudermüller* § 1376 Rn. 29; Bamberger/Roth/*Cziupka* § 1376 Rn. 62; Erman/*Budzikiewicz* § 1376 Rn. 30b; *Schulz/Hauß* Trennung und Scheidung Rn. 56 – beides zulässig.

[9] *Schwab* in Schwab ScheidungsR-HdB VII Rn. 169; *Gutdeutsch* FamRZ 2003, 1061.

[10] OLG Jena FamRZ 1998, 1028.

[11] Zur Kritik *Lange* JZ 1974, 295 (Anm. zu BGH JZ 1974, 293 = NJW 1974, 137); *Mann* NJW 1974, 1297; *Reichert-Facilides* JZ 1974, 483; *Medicus* DB 1974, 759.

[12] *Kogel* FamRZ 2003, 278; *Schulz/Hauß* Trennung und Scheidung Rn. 57.

[13] AG Säckingen FamRZ 1997, 611; *Dörr/Hansen* NJW 1997, 2918; *Schulz/Hauß* Trennung und Scheidung Rn. 57.

[14] BGHZ 109, 89 (95) = NJW 1990, 445 = FamRZ 1990, 256; BGH NJW 1984, 434; NJW-RR 1986, 1325; OLG Hamm FamRZ 1984, 275; OLG Frankfurt FamRZ 1984, 895; Staudinger/*Thiele,* 2017, Rn. 18; *Schwab* in Schwab ScheidungsR-HdB VII Rn. 171; aA → 3. Aufl. 1993, Rn. 8 *(Gernhuber)*; *Gernhuber* NJW 1991, 2238.

[15] BGH NJW 1984, 434 = FamRZ 1984, 31; BGHZ 109, 89 (95) = NJW 1990, 445 = FamRZ 1990, 256 für die Gütergemeinschaft; Staudinger/*Thiele,* 2017, Rn. 19; *Schulz/Hauß* Trennung und Scheidung Rn. 58; zu einem ganz speziellen Ausnahmefall OLG Düsseldorf NJW 2014, 2512.

[16] *Schulz/Hauß* Trennung und Scheidung Rn. 56.

diesem tritt der Erwerbstag an die Stelle des Beginns des Güterstandes (→ § 1374 Rn. 21).[17] Umzurechnen sind ferner die illoyalen Vermögensminderungen, die gemäß § 1375 Abs. 2 dem Endvermögen hinzuzurechnen sind; sie sind mit ihrem Wert am Tag der Vermögensminderung zu berücksichtigen (→ § 1375 Rn. 56 f.).

Der **Verzicht** auf eine Umrechnung von Zwischenerwerb im Übrigen lässt den inflationsbedingten Wertzuwachs, den die mit in der Ehe erwirtschafteten Mitteln erworbenen Gegenstände seit der Anschaffung erfahren haben, unberücksichtigt. Das ist insofern richtig, als deren nomineller Wertzuwachs durch die Berechnung des Zugewinns in entsprechend entwertetem Geld ausgeglichen wird.[18] Im Übrigen ist der Verzicht auf die Umrechnung von Zwischenerwerb auch im Hinblick darauf konsequent und stimmig, dass nach der legislativen Konzeption des Zugewinnausgleichs die Vermögensentwicklung in der Ehe gerade nicht verfolgt werden soll. 14

## IV. Reale Wertsteigerungen

Wertsteigerungen einzelner Güter (Ackerland wird Bauland, Immobilienwert steigt infolge geänderter politischer Verhältnisse wie nach der Wiedervereinigung Deutschlands, Aktien erreichen einen höheren Börsenkurs) oder Güterklassen (Grundstückspreise steigen rascher als die Preise der Konsumgüter) beruhen auf der Veränderung des Marktwertes der Güter bzw. Güterklassen und mehren das Endvermögen und damit den Zugewinn real. Sie sind nach ganz hM deshalb **im Zugewinnausgleich zu belassen.**[19] Das Fehlen eines Zusammenhangs dieser Gewinne mit einer Leistung des Ehegatten – und damit mit der Idee der Zugewinngemeinschaft – ist irrelevant. § 1374 Abs. 2 bestimmt abschließend, welcher Erwerb als eheneutral auch zugewinnneutral sein soll; die realen Wertsteigerungen sind – neben vielen anderen ebenso eheneutralen Erwerbsvorgängen – nicht genannt (→ § 1374 Rn. 21). 15

Eine Korrektur darf auch **nicht über § 1381** erfolgen. Es ist nicht Aufgabe dieser Billigkeitsnorm, im jeweiligen Einzelfall die Wirkungen genereller, bewusst getroffener Entscheidungen der Legislative zu beseitigen, mögen diese auch gemessen am Maßstab eines ideal-gerechten Zugewinnausgleichs nicht zu überzeugen.[20] 16

## V. Zugewinn und Versorgungsausgleich

Anwartschaften und Aussichten, über die der Versorgungsausgleich stattfindet, sind dem Recht der Zugewinngemeinschaft entzogen und mithin nicht als Zugewinn zu berücksichtigen. Für sie gelten gemäß § 2 Abs. 4 VersAusglG ausschließlich die Regeln über den Versorgungsausgleich. Das gilt auch dann, wenn im konkreten Einzelfall ein Versorgungsausgleich nicht stattfindet, weil er etwa gemäß § 6 Abs. 1 Nr. 2 VersAusglG ausgeschlossen worden ist. Der Versorgungsausgleich, der mit der Ausgleichsregelung des gesetzlichen Güterstandes den Grundgedanken teilt, verdrängt diese als speziellere Regelung – mit einem allerdings weiteren, weil **güterstandsunabhängigen** Geltungsanspruch (→ § 1374 Rn. 9; → § 1375 Rn. 4). 17

## VI. Zugewinn und Unterhalt

Das Verhältnis von Zugewinnausgleich und Unterhaltsberechnung ist **gesetzlich nicht** geregelt. Nach hM ist jedoch auch hier – wie im Verhältnis von Zugewinnausgleich und Versorgungsausgleich – die zweifache Teilhabe an denselben Vermögenspositionen ausgeschlossen. Der diesen Ausschluss für den Versorgungsausgleich bestimmende § 2 Abs. 4 VersAusglG enthält zwar keinen allgemeinen Grundsatz,[21] doch verbieten Billigkeit und Gerechtigkeit auch im Fall des Zugewinns und Unterhalts Vermögenswerte zweimal zugunsten bzw. zu Lasten eines der beiden Ehegatten zu berücksichtigen. Es gilt mithin auch hier das **Verbot der Doppelverwertung.** Ist also ein Vermögensgegenstand im Endvermögen in Ansatz gebracht, so darf er unterhaltsrechtlich nicht mehr berücksichtigt werden. Das Gleiche gilt umgekehrt. Ist etwa eine arbeitsrechtliche Abfindung unterhaltsrechtlich bei der Bestimmung der Leistungsfähigkeit des Ehegatten herangezogen worden, so darf die Abfindung nicht auch güterrechtlich in dessen Endvermögen berücksichtigt werden (→ § 1375 Rn. 5). 18

[17] BGHZ 101, 65 (68) = NJW 1987, 2814.

[18] Staudinger/*Thiele,* 2017, Rn. 18; *v. Olshausen* FamRZ 1983, 765.

[19] BGHZ 61, 385 (388) = NJW 1974, 137; OLG Hamm FamRZ 1973, 654; OLG Köln DNotZ 1980, 753; *Bärmann* AcP 157 (1958/1959), 145 (177); Erman/*Budzikiewicz* § 1376 Rn. 2; Staudinger/*Thiele,* 2017, Rn. 8.

[20] BGHZ 46, 343 (353) = NJW 1966, 2109.

[21] So *Gerhardt/Schulz* FamRZ 2005, 1523 zu § 1587 Abs. 3 aF. Eine solche Absicht des Gesetzgebers lässt sich jedoch nicht nachweisen.

## § 1374 Anfangsvermögen

**(1) Anfangsvermögen ist das Vermögen, das einem Ehegatten nach Abzug der Verbindlichkeiten beim Eintritt des Güterstands gehört.**

**(2) Vermögen, das ein Ehegatte nach Eintritt des Güterstands von Todes wegen oder mit Rücksicht auf ein künftiges Erbrecht, durch Schenkung oder als Ausstattung erwirbt, wird nach Abzug der Verbindlichkeiten dem Anfangsvermögen hinzugerechnet, soweit es nicht den Umständen nach zu den Einkünften zu rechnen ist.**

**(3) Verbindlichkeiten sind über die Höhe des Vermögens hinaus abzuziehen.**

**Schrifttum:** S. § 1372.

**Übersicht**



### I. Begriff

1 § 1374 **definiert** das Anfangsvermögen als eine der beiden in § 1373 genannten Vergleichsgrößen für die Berechnung des Zugewinns. Die definitorische Festlegung in Abs. 1 auf das Vermögen, das einem Ehegatten bei Eintritt in den Güterstand gehört, wird allerdings durch die Hereinnahme bestimmten späteren, erst in der Ehe erfolgenden Erwerbs in Abs. 2 relativiert.

2 Wie der Zugewinn so ist auch das Anfangsvermögen keine gegenständlich abgesonderte Vermögensmasse, also kein Sondervermögen, sondern lediglich eine **Rechengröße.** Anfangsvermögen ist die Summe des Wertes aller einem Ehegatten bei Eintritt in den Güterstand gehörenden und später privilegiert erworbenen Gegenstände abzüglich der Summe des Wertes aller Verbindlichkeiten und Belastungen.

3 Die **Ermittlung des Wertes** der zum Anfangsvermögen gehörenden Gegenstände und Vermögenspositionen erfolgt nach den gleichen Grundsätzen und Maßstäben, die für die Wertermittlung des Endvermögens gelten. Bei der Ermittlung des wirtschaftlichen Wertes einer Vermögensposition – sei sie aktiv oder passiv – spielt die Zugehörigkeit zu einer juristisch bestimmten Vermögensmasse keine Rolle.

4 Zur **Eliminierung** nicht real, sondern **nur nominell** und scheinbar erzielter Vermögenszuwächse ist das Anfangsvermögen bei der Berechnung der den Zugewinn darstellenden Differenz zum Endvermögen zu indexieren, dh auf den für das Endvermögen maßgeblichen Geldwert hochzurechnen (→ § 1373 Rn. 6 ff.).

### II. Stichtag

5 Stichtag für die Feststellung der zum Anfangsvermögen zu zählenden Aktiva und Passiva ist der Eintritt des Güterstandes, also der Zeitpunkt der **Eheschließung,** falls die Ehegatten nicht ehevertraglich etwas anderes vereinbart haben. War dies der Fall und lebten sie zunächst in einem

anderen Güterstand, vereinbarten dann aber Zugewinngemeinschaft, tritt diese mit Vertragsschluss bzw. zu dem vertraglich vereinbarten Zeitpunkt ein. Stichtag für die Bestimmung des Anfangsvermögens ist dann der Tag des Vertragsschlusses bzw. der vertraglich vereinbarte Termin.[1]

Für **Ehegatten in den neuen Bundesländern,** die im Zeitpunkt der Wiedervereinigung 6
Deutschlands im gesetzlichen Güterstand der Eigentums- und Vermögensgemeinschaft des Familiengesetzbuches der DDR gelebt hatten, ist Stichtag der 3.10.1990. Ab diesem Tag galt für die im gesetzlichen Güterstand der DDR lebenden Ehegatten der gesetzliche Güterstand des BGB, also die Zugewinngemeinschaft, sofern sie nichts anderes vereinbart hatten oder einer von ihnen für die Beibehaltung der Eigentums- und Vermögensgemeinschaft optiert hatte (→ 4. Aufl. 2006, EGBGB Art. 234 §§ 4 Rn. 1 ff.).[2]

### III. Aktiva

**1. Geldwerte Positionen.** Anfangsvermögen ist der rechnerische Überschuss aller einem Ehe- 7
gatten gehörenden Aktiva. Als Aktivwerte zu berücksichtigen sind grundsätzlich alle rechtlich geschützten Positionen von wirtschaftlichem Wert. Nach der allgemein akzeptierten Formel der Rspr. müssen, um inbegriffen zu sein, Sachen dem Ehegatten am Stichtag gehören und Rechte zu diesem Zeitpunkt entstanden sein.[3] Deshalb zählt das nach muslimischer Rechtstradition anlässlich der Eheschließung der Frau gegenüber abgegebene **Brautgabeversprechen** nicht zu ihrem Anfangsvermögen – der Anspruch hieraus entsteht erst mit Eheschließung und fällt mithin erst mit Eintritt in den Güterstand in ihr Vermögen (→ § 1375 Rn. 28). Auch bei Eintritt des Güterstandes noch **ungesicherte Ansprüche** zählen nicht zum Anfangsvermögen. So stellt der Anspruch einer Ehefrau auf Erwerb eines dinglichen Wohnrechts beim Tod des Ehemannes keine vermögenswerte Position dar, denn er setzt den Fortbestand der Ehe bis zum Tod voraus.[4]

In der DDR **enteignetes Vermögen** ist vor seiner Restitution nach den Vorschriften des 8
Vermögensgesetzes keine Position von wirtschaftlichem Wert gewesen. Dass es jemals zur Wiedervereinigung und zum Vermögensgesetz mit den Restitutionsansprüchen kommen würde, war in der Zeit der Teilung Deutschlands mehr als ungewiss.[5] Das Wiedervereinigungsgebot, das in der Präambel des Grundgesetzes bis zu seiner Aufhebung durch den Einigungsvertrag im Jahre 1990 (Art. 4 Nr. 1 Einigungsvertrag) enthalten war, rechtfertigt es jedenfalls nicht, in der DDR enteignetes Privateigentum als stets vorhandene, lediglich ruhende Vermögensposition anzusehen.[6] Zur Qualifizierung restituierten Vermögens als privilegierten Erwerb → Rn. 20, 23. Ein dem Grunde nach entstandener, bei Eintritt in den Güterstand am 3.10.1990 lediglich **noch nicht fälliger** Abfindungsanspruch wegen Ausscheidens aus einer LPG gehört hingegen zum Anfangsvermögen; Verfügbarkeit über entstandene Vermögenspositionen ist zu ihrer güterrechtlichen Berücksichtigung nicht erforderlich.[7] Auch die bis zum 3.10.1990 in der DDR entstandenen vermögensrechtlichen **Ausgleichsansprüche** der Ehegatten **nach dem FGB** (§§ 39, 40) sind dem Anfangsvermögen hinzuzurechnen (→ 4. Aufl. 2006, EGBGB Art. 234 Rn. 22).[8] Tritt an die Stelle eines zum Stichtag bestehenden vertraglichen Anspruchs wegen Auflösung des Vertrags der **Kondiktionsanspruch** ob causam finitam (§ 812 Abs. 1 S. 2 Alt. 1), so tradiert dieser Anspruch den Vermögenswert des vertraglichen Anspruchs und ist zum Anfangsvermögen zu zählen.[9] **Rein tatsächliche Positionen** mit wirtschaftlichem Wert wie die unentgeltliche Gebrauchsüberlassung ohne Besitzrecht stellen keinen in das Anfangsvermögen einzustellenden Vermögenswert dar.[10]

**2. Versorgungsausgleich als Grenze.** Beim Zugewinnausgleich nicht zu bedenken sind die 9
Anwartschaften auf Versorgungen und Ansprüche auf Versorgungsleistungen, die nach Maßgabe des VersAusglG dem Versorgungsausgleich unterliegen. Diese Anrechte hat das Gesetz mit der ausdrücklichen Anordnung in § 2 Abs. 4 VersAusglG dem ehelichen Güterrecht entzogen (→ § 1373 Rn. 17; → § 1375 Rn. 4). Die mithin bei der Feststellung des Anfangsvermögens **nicht** zu berücksichtigenden

---

1 Unhaltbar aus Billigkeitserwägungen vom Stichtag abw. OLG Karlsruhe FamRZ 2018, 1737; überzeugend die Kritik *Kogel* FamRZ 2018, 1722.

2 Krit. zur Übernahmeregelung mit grdl. Überlegungen zu den Güterständen *M. Lipp* FamRZ 1996, 1117.

3 BGHZ 82, 149 = NJW 1982, 279; BGHZ 89, 137 = NJW 1984, 484; BGHZ 157, 379 (384) = FPR 2004, 384 = FamRZ 2004, 781 mAnm *Schröder* = BeckRS 2004, 03438; BGH NJW 2007, 1477 = FamRZ 2007, 877.

4 OLG München FamRZ 1998, 234.

5 BGHZ 157, 379 (384) = FPR 2004, 384 = FamRZ 2004, 781 mAnm *Schröder*.

6 So aber AG Landshut FamRZ 2000, 1090.

7 OLG Rostock FamRZ 2006, 418.

8 OLG Brandenburg FamRZ 2011, 114; OLG Dresden FamRZ 2008, 517.

9 BGH NJW 2002, 436 = FamRZ 2002, 88 gegen OLG München NJW-RR 2000, 449.

10 OLG München FamRZ 1998, 825 mAnm *Schröder* für Wohnraum.

Anrechte aus den verschiedenen Systemen der sozialen Sicherung ergeben sich aus den in der Sache übereinstimmenden **Aufzählungen** in **§ 1587** und **§ 2 VersAusglG.** Zu beachten ist, dass seit 1.9.2009 sämtliche Anrechte iSd Betriebsaltersversorgungsgesetzes (BetrAVG) und des Altersvorsorgeverträge-Zertifizierungsgesetzes (AltZertG) dem Versorgungsausgleich unterfallen und zwar unabhängig davon, ob sie auf eine Rente oder auf Zahlung eines Kapitalbetrages gerichtet sind (§ 2 Abs. 2 Nr. 3 VersAusglG). Damit sind die bei Eintritt in den Güterstand bestehenden Anrechte aus **Kapitallebensversicherungen** der **betrieblichen** Altersversorgung nicht mehr dem Anfangsvermögen hinzuzuzählen (→ § 1375 Rn. 21). **Private Kapitallebensversicherungen** unterliegen allerdings nach wie vor dem Zugewinnausgleich, zum Stichtag vorhandene Anrechte aus ihnen sind mithin in das Anfangsvermögen einzustellen. Die unterschiedliche Behandlung von betrieblichen und privaten Versicherungen beim Vermögensausgleich der Ehegatten ist in der Sache insofern gerechtfertigt, als privat abgeschlossene Kapitallebensversicherungen nicht generell – und auch nicht überwiegend – Vorsorgecharakter haben, sondern ebenso als Kapitalbeschaffungsmaßnahme für den Fall von Anschaffungen oÄ ergriffen werden (→ VersAusglG § 2 Rn. 33). Dem Zugewinnausgleich zugewiesen und folglich im Anfangsvermögen zu berücksichtigen sind private Lebensversicherungen auch dann, wenn der Versicherte die Wahl zwischen einer einmaligen Kapitalleistung und einer laufenden Rente hat.[11] Versicherungen mit **Rentenwahlrecht** einfach dem Versorgungsausgleich zuzuweisen, hieße die Wahl vollziehen.

10 In zeitlicher Hinsicht ist bei der Zuordnung von Vermögenspositionen zum Versorgungsausgleich zu beachten, dass sich dieser auf die **in der Ehezeit erworbenen** Anrechte beschränkt und zuvor erworbene nicht auszugleichen sind (§ 1 Abs. 1 VersAusglG). Um diese Beschränkung nicht zu unterlaufen, hat die Rspr. seinerzeit den der Ehefrau nach § 1304 RVO aF anlässlich der erneuten Eheschließung ausgezahlten Rentenerstattungsbeitrag zu ihrem Anfangsvermögen gezählt, obgleich der Erstattungsanspruch erst mit der Eheschließung erworben wurde und sich folglich bei Eintritt in den Güterstand noch nicht in ihrem Vermögen befand. Der Hinweis darauf, dass andernfalls im Zugewinn ein (Versorgungs-)Anrecht geteilt worden wäre, das vor der Ehe erworben wurde und nach dem Recht des Versorgungsausgleichs gerade nicht zu teilen ist, überzeugt.[12]

11 **3. Haushaltsgegenstände.** Haushaltsgegenstände unterfallen dem **Zugewinnausgleich.** Mit der Aufhebung der HausratsV zum 1.9.2009 hat sich die Frage nach dem Zusammenspiel der Vorschriften dieser Verordnung mit denen des Zugewinnausgleichs erledigt. § 1568b sieht für Gegenstände, die im **Alleineigentum** eines Ehegatten stehen, eine Zuweisung an den anderen nicht mehr vor. Damit steht fest, dass sie güterrechtlich auszugleichen – und folglich auch in das Anfangsvermögen einzustellen – sind. Im **gemeinschaftlichen Eigentum** stehende Haushaltsgegenstände werden nach § 1568b über wechselseitige Überlassungs- und Zahlungsansprüche verteilt. Diese Ansprüche können ohne weiteres als Aktiv- bzw. Passivposten in die Zugewinnberechnung eingestellt werden. Die unter der Geltung der HausratsV gegebene Gefahr, dass durch die Erfassung von Hausrat im Zugewinnausgleich auf billigem Ermessen beruhende richterliche Zuteilungsakte durchkreuzt werden, besteht nicht mehr (→ § 1375 Rn. 13). Soweit die HausratsV allerdings auch nach ihrer Aufhebung noch anzuwenden ist, weil die Ehe am 1.9.2009 bereits rechtskräftig geschieden war (→ Rn. 15; → 7. Aufl. 2018, EGBGB Art. 229 § 20 Rn. 1), bleibt es dabei, dass der nach ihr zu verteilende Hausrat nicht dem Zugewinnausgleich unterliegt und folglich auch nicht zum Anfangsvermögen der Ehegatten zählt.[13]

12 **4. Weitere Vermögensgegenstände.** Welche einzelnen Rechtspositionen im Übrigen zum Vermögen der Ehegatten zu zählen sind, ob und inwieweit hierzu auch Anwartschaftspositionen, Abfindungsansprüche, Ansprüche aus Dauerschuldverhältnissen uÄ gehören, wird **im Zusammenhang mit dem Endvermögen** dargestellt (→ § 1375 Rn. 13 ff.). Bei gleicher theoretischer Bedeutung der Fragen für das Anfangs- und das Endvermögen ist die praktische Relevanz beim Endvermögen weit größer.

## IV. Passiva

13 **1. Fälligkeit der Verbindlichkeiten.** Verbindlichkeiten, einschließlich derjenigen, die gegenüber dem Ehegatten bestehen, mindern das Anfangsvermögen auch dann, wenn sie **noch nicht fällig** sind. Zu ihrer Bewertung → § 1376 Rn. 21. Nicht zu berücksichtigen sind allerdings künftig fällig werdende Zinsverbindlichkeiten. Sie sind als Gegenleistung für die Nutzung des Kapitals mit dieser synallagmatisch verknüpft und entstehen erst mit der Nutzung. Eine Ausnahme ist zu machen, wenn,

[11] BGHZ 88, 386 (393) = NJW 1984, 299 = FamRZ 1984, 156; BGH NJW-RR 2005, 1379 = FamRZ 2005, 1463; Staudinger/*Thiele,* 2017, Rn. 9; *Schwab* in Schwab ScheidungsR-HdB VII Rn. 26.

[12] BGH NJW 1995, 523 f.; OLG Karlsruhe FamRZ 1993, 1447 (Vorinstanz); iErg ebenso AG Stuttgart FamRZ 1990, 1358.

[13] OLG Celle FamRZ 2000, 226; anders OLG Karlsruhe FamRZ 2009, 1326: uneingeschränkter Vorrang der HausratsV.

wie bei Teilzahlungskrediten üblich, Zinsen und Kosten von vornherein in die Hauptverbindlichkeit eingerechnet und im Tilgungsplan berücksichtigt werden (für Verbraucherdarlehensverträge gesetzlich geregelt in § 492 Abs. 2, Art. 247 § 6 EGBGB).[14] Verbindlichkeiten aus einer (nur) **als Sicherheit** gegebenen, aber noch nicht erfüllten Vereinbarung mindern das Anfangsvermögen nicht, da sich diese bis zum – völlig ungewissen – Eintritt des Sicherungsfalls nicht vermögensmindernd auswirken.[15]

**2. Negatives Anfangsvermögen.** Nach § 1374 Abs. 1 Hs. 2 aF wurden Verbindlichkeiten eines bei Beginn des Güterstandes verschuldeten Ehegatten nur bis zur Höhe seines vorhandenen Vermögens abgezogen. Das Anfangsvermögen betrug damit immer mindestens Null. Der wirtschaftliche Gewinn, den ein bei Beginn des Güterstandes verschuldeter Ehegatte durch Tilgung der Verbindlichkeiten während der Ehe machte, konnte mithin güterrechtlich nicht ausgeglichen werden: Da die Schulden das Anfangsvermögen nicht minimierten, konnte auch ihre Tilgung nicht als Zugewinn verbucht werden. Diese als **Schuldenprivileg** apostrophierte Begünstigung hatte zunehmend Kritik im Hinblick darauf erfahren, dass es dem Teilungsgedanken des Zugewinnausgleichs widerspricht, Ehegatten von dem Vermögenserwerb auszuschließen, den der Partner zur Schuldentilgung verwendet. Die gemeinsam in der Ehe erzielte wirtschaftliche Leistung unter dem Aspekt ihrer Verwendung zur Schuldentilgung oder zur Schaffung von Aktivvermögen unterschiedlich zu behandeln, gibt, das war allgM geworden, keinen Sinn.[16] Soweit die Regelung überhaupt noch verteidigt worden war, war das mit plakativen, argumentativ nicht überzeugenden Hinweisen erfolgt. Weshalb das „Wesen der Ehe"[17] oder „die eheliche Schicksalsgemeinschaft"[18] es rechtfertigen sollten, den Ehegatten von der Wertschöpfung auszuschließen, die in der Abtragung von Schulden liegt, war zu Recht als nicht einleuchtend zurückgewiesen worden. Auch der pragmatische Hinweis darauf, dass jemand, der einen überschuldeten Menschen heiratet, mit nennenswertem Zugewinn nicht rechnen kann und deshalb nicht schutzwürdig ist,[19] war zur Überspielung des Gerechtigkeitsdefizits nicht geeignet. 14

Der Gesetzgeber hat diese Kritik aufgegriffen und § 1374 Abs. 1 Hs. 2 zum 1.9.2009 durch das Gesetz zur Änderung des Zugewinnausgleichs- und Vormundschaftsrechts vom 6.7.2009 (BGBl. 2009 I 1696) gestrichen. Die Vorschrift galt nach der ausdrücklichen Bestimmung des Art. 229 § 20 Abs. 2 EGBGB allerdings weiter in Zugewinnausgleichsverfahren, die **vor dem 1.9.2009 anhängig** geworden waren – das Vertrauen des verschuldeten Ehegatten auf den Weiterbestand der ihm günstigen alten Regelung wurde geschützt. Außerdem ist § 1374 Abs. 1 Hs. 2 (noch) anzuwenden, wenn die Ehe am 1.9.2009 bereits rechtskräftig geschieden und der Zugewinnausgleichsanspruch mithin nach altem Recht dem Grunde wie der Höhe nach entstanden ist – und zwar auch dann, wenn das Verfahren über den Zugewinnausgleich erst später eingeleitet wurde. Das Rückwirkungsverbot von Gesetzen[20] schützt hier den verschuldeten Ehegatten vor einer nachträglichen, ihm nachteiligen Veränderung der Rechtsposition, die er nach dem bei deren Entstehen geltenden Recht wirksam erlangt hat (→ 7. Aufl. 2018, EGBGB Art. 239 § 20 Rn. 1). 15

Bei Verschuldung eines Ehegatten ist sein Anfangsvermögen also mit einem Negativsaldo in die Bilanz einzustellen. Dass dies zum Ausgleich auch des Gewinns führt, der in der Schuldentilgung während der Ehe liegt, zeigt folgendes Rechenbeispiel: 16

**Beispiel:**

| | *Ehefrau* | | *Ehemann* |
|---|---|---|---|
| Anfangsvermögen: | 0 | | – 50.000 |
| Endvermögen: | 60.000 | | 100.000 |
| Zugewinn: | 60.000 | | 150.000 |
| Differenz: | | 90.000 | |
| Ihr Ausgleichsanspruch: | 45.000 | | |

14 Staudinger/*Thiele,* 2017, Rn. 15; Bamberger/Roth/*Cziupka* Rn. 10.

15 OLG Hamm FamRZ 1996, 34.

16 *Schwab* in Schwab ScheidungsR-HdB VII Rn. 139; *Schröder* FamRZ 1997, 1; *Bärmann* AcP 157 (1958/1959), 145 (168 f.); *Gernhuber* JZ 1996, 47 (Anm. zu BGHZ 129, 311 = NJW 1995, 2165 = FamRZ 1995, 990); *Gernhuber/Coester-Waltjen* FamR § 36 Rn. 28; *Rauscher* FamR Rn. 419.

17 RGRK-BGB/*Finke* Rn. 11 f.

18 Erman/*Heckelmann,* 12. Aufl. 2008, Rn. 5.

19 BGHZ 129, 311 (320) = NJW 1995, 2165 = FamRZ 1995, 990 den Vorschlag zurückweisend, die Anordnung des § 1374 Abs. 1 Hs. 2 wenigstens dann zu korrigieren, wenn der verschuldete Ehegatte den durch die Abtragung seiner Schulden erzielten Gewinn mit privilegiert nach § 1374 Abs. 2 erworbenem Vermögen ausgleichen könnte.

20 BVerfGE 127, 1 (16) = NJW 2010, 3629; BVerfGE 127, 31 (47, 49) = NJW 2010, 3638; BVerfGE 127, 61 (75) = NJW 2010, 3634 sämtlich zu rückwirkenden Gesetzesänderungen im Steuerrecht.

Die Ehefrau partizipiert mithin an der von ihr (mit)erwirtschafteten Schuldentilgung des Mannes zur Hälfte – nach der alten Regelung des § 1374 Abs. 1 Hs. 2 stünde ihr hier nur ein Ausgleichsanspruch in Höhe von 20.000 zu, da sein Zugewinn bei einem Anfangsvermögen von Null nur 100.000 betrüge.

17 Dass das Anfangsvermögen negativ ist, wird auch dann berücksichtigt, wenn es erst während der Ehe erworben wurde. Auch der nach § 1374 Abs. 2 **privilegierte** Erwerb ist als **Minusbetrag** einzustellen, wenn mit ihm Belastungen und Verbindlichkeiten verbunden sind, die die Aktiva übersteigen – wie etwa im Fall der Annahme eines überschuldeten Nachlasses (→ Rn. 34 ff.).

**Beispiel:**

| | *Ehefrau* | | *Ehemann* |
|---|---|---|---|
| Anfangsvermögen: | 0 | | – 50.000 (verschuldeter Nachlass) |
| Endvermögen: | 60.000 | | 40.000 |
| Zugewinn: | 60.000 | | 90.000 |
| Differenz: | | 30.000 | |
| Ihr Ausgleichsanspruch: | 15.000 | | |

### V. Privilegierter Erwerb

18 **1. Zweck.** Privilegiert, dh nicht ausgleichspflichtig, ist jeder Erwerb nach Eintritt des Güterstandes, der dem Anfangsvermögen zugeschlagen wird und der deshalb den Zugewinn nicht mehrt. § 1374 Abs. 2 privilegiert – nach hM zwingend ohne Rücksicht auf eine anderslautende Anordnung des Zuwenders[21] – einige Erwerbsarten, die offensichtlich in keinem Zusammenhang mit der ehelichen Lebens- und Wirtschaftsgemeinschaft stehen.

19 Bezweckt wird damit die konsequente Umsetzung der Idee der Zugewinngemeinschaft, den in **gemeinschaftlicher** Lebensleistung **erarbeiteten Gewinn** zu teilen. Mit dieser Idee nämlich ist die gesetzliche Regelung der Teilung des ehelichen Vermögenszuwachses im Zugewinnausgleich insofern nicht in Einklang zu bringen, als die Teilung schematisch erfolgt und es nicht darauf ankommt, wie der ökonomische Erfolg der Ehe im Einzelnen zustande gekommen ist. Der Ausgleich erfasst grundsätzlich das gesamte während der Ehe erworbene Vermögen und nicht nur das, zu dessen Erwerb beide direkt oder indirekt beigetragen haben. § 1374 Abs. 2 versucht hier zu **korrigieren** und nimmt bestimmten, nicht auf gemeinschaftliche Anstrengung zurückzuführenden Erwerb von der Teilung aus. Doch beschränkt die Norm die Herausnahme aus dem Ausgleich auf Schenkung, Ausstattung und den Erwerb von Todes wegen. Andere Posten, die genauso evident nicht auf gemeinsame Anstrengung zurückgeführt werden können wie Schmerzensgeld oder Rentenabfindungen bleiben nach dem Wortlaut des Gesetzes in der Teilungsmasse.

20 **2. Erweiterung im Wege der Analogie.** Ob eine **Erweiterung** des Anwendungsbereichs der Norm auf sonstige Erwerbsvorgänge, an denen der andere Ehegatte ebenfalls nicht mitgewirkt hat, **im Wege der Analogie** zulässig ist, ist umstritten. Nach Rspr. und überwM scheitert die analoge Ausdehnung am Willen des Gesetzgebers, der die in § 1374 Abs. 2 scharf konturierten Tatbestände mit Anspruch auf Exklusivität normiert habe.[22] Dass der Gesetzgeber die Regelung des privilegierten Erwerbs bewusst starr und schematisch gefasst habe, lässt sich jedoch nicht erweisen. In den Gesetzgebungsmaterialien jedenfalls finden sich keinerlei Anhaltspunkte für eine solche bewusste und gezielte Entscheidung.[23] Das gesetzgeberische Konzept steht mithin einer analogen Erweiterung der in Abs. 2 genannten Erwerbe nicht entgegen. Damit kann die Norm – in Umsetzung des der Zugewinngemeinschaft zugrundeliegenden Teilungsgedankens – auf alle Erwerbe angewendet werden, die ihren Ursprung allein in den individuellen Lebensumständen des erwerbenden Ehegatten haben und in keiner Weise mit der gemeinsamen Lebensleistung der Ehegatten in Zusammenhang zu bringen sind.[24] In Bezug auf solchen Erwerb, etwa Schmerzensgeld oder Rentenabfindungen, kann von einer die Analogie rechtfertigenden Regelungslücke des Gesetzes ausgegangen werden. Die Rspr. hingegen hält unverdrossen am Analogieverbot fest. Der Gesetzgeber hat, so die Argumentation in neuerer Zeit, den in Abs. 2 aufgeführten Erwerb nämlich nicht deshalb privilegiert, weil der Ehepartner zu ihm nichts beigetragen hat, sondern

[21] Staudinger/*Thiele,* 2017, Rn. 46; anders *Muscheler* FamRZ 1998, 265 mit Hinweis auf die Entstehungsgeschichte der Norm.

[22] Grdl. BGHZ 68, 43 = NJW 1977, 377 = FamRZ 1977, 124; Staudinger/*Thiele,* 2017, Rn. 40; BeckOGK/*Siede* Rn. 111.

[23] *Koch* in Schwab/Hahne, Familienrecht im Brennpunkt, 2004, 139.

[24] *Schwab* in Schwab ScheidungsR-HdB VII Rn. 161; Johannsen/Henrich/*Jaeger* Rn. 36; Palandt/*Brudermüller* Rn. 19; Bamberger/Roth/*Cziupka* Rn. 34; *Schulz/Hauß* Trennung und Scheidung Rn. 48; *Schröder* FamRZ 1997, 1; *Brudermülller* NJW 2010, 401.

(nur) deshalb, weil er auf der individuellen persönlichen Beziehung des Ehegatten zum Zuwendenden beruht – und an dieser persönlichen Beziehung fehlt es im Falle von Schmerzensgeldleistungen uÄ.[25] Nicht zum Anfangsvermögen zählen und im Zugewinnausgleich verbleiben nach der Rspr. mithin Ansprüche auf **Schmerzensgeld,**[26] **Lottogewinne,**[27] Leistungen nach dem **BVG**[28] und nach dem **BEG,**[29] die **Rentenabfindung** einer wiederheiratenden Witwe (→ § 1375 Rn. 18)[30] wie auch die Schadensersatzabfindung für einen Körperschaden.[31] Zu Recht allerdings zählt die Rspr. in der DDR enteignetes, nach der Wiedervereinigung Deutschlands **restituiertes Grundeigentum nicht** zum Anfangsvermögen des Ehegatten.[32] Hier verbietet sich die Analogie, weil dieser Vermögenserwerb überhaupt nichts mit den individuellen Lebensumständen des Ehegatten zu tun hat, sondern allein aufgrund der Änderung der politischen Verhältnisse eingetreten ist (→ Rn. 8, 23).

**3. Stichtag für die Wertbestimmung.** Privilegiert ist der Erwerb mit seinem Wert bei **Eintritt in das Vermögen** des Ehegatten. Das ist der Zeitpunkt, in dem dessen Vermögen durch Erlangung einer gesicherten Rechtsposition gemehrt ist – was mit Entstehung des Anspruchs auf schuldrechtlicher Ebene der Fall ist (→ § 1376 Rn. 6). **Gewinne,** die auf dem privilegiert Erworbenen basieren, fallen mithin in den Zugewinn ebenso wie **reale Wertsteigerungen** des privilegiert erworbenen Gegenstandes[33] (→ § 1373 Rn. 15). Zu eliminieren sind auch beim privilegiert erworbenen Anfangsvermögen lediglich die nominellen, auf dem Kaufkraftschwund des Geldes beruhenden Wertsteigerungen; zur hierfür erforderlichen Indexierung des Vermögens → § 1373 Rn. 6. 21

**4. Erwerb von Todes wegen.** Privilegiert ist alles, was einem Ehegatten nach Eintritt des Güterstandes als Erwerb von Todes wegen zufällt und sei es auch nur in Form der Befreiung von einer Verbindlichkeit durch Konfusion.[34] Privilegiert ist nicht nur der Erwerb aus **Erbschaft** – Allein- oder Miterbschaft, Vor- oder Nacherbschaft –, sondern auch der Erwerb aus **Vermächtnis** oder **Pflichtteil.** Ebenfalls hierher zählte der Erwerb aufgrund des – nichtehelichen Kindern gemäß § 1934a zustehenden – Erbersatzanspruchs (zu diesem 1998 aufgehobenen Anspruch → Einl. FamR Rn. 171). Privilegiert sind ferner alle Entgelte und **Abfindungen** für den Verlust bereits angefallener erbrechtlicher Positionen, wie etwa das Entgelt für die Ausschlagung einer Erbschaft oder die Abfindungszahlung an die erbberechtigten Abkömmlinge in den Fällen der §§ 1501, 1503, §§ 13, 16 GrdstVG oder im Hoferbfall die Abfindungszahlung an die weichenden Miterben nach § 12 HöfeO. Privilegiert sind nach allgM schließlich auch Ansprüche aus **Vergleichen,** mit denen der Streit über erbrechtliche Positionen beigelegt wird.[35] 22

Strittig ist, ob in der DDR enteignetes Vermögen, das nach der Wiedervereinigung Deutschlands aufgrund der Vorschriften des Vermögensgesetzes mit Rücksicht auf ein Erbrecht restituiert wurde, als erbrechtlicher Vermögenszuwachs privilegiert ist. Gegen die Qualifizierung als Erwerb von Todes wegen spricht, dass der Erblasser zum Todeszeitpunkt enteignet war und es folglich keine zum Nachlass gehörende Vermögensposition gab, die dem Erben mit dem Tod des Erblassers hätte zufallen können. Dass das Vermögensgesetz (§ 2 Abs. 1 S. 1 VermG) auch den **Rechtsnachfolgern in der DDR verstorbener Erblasser** Restitutionsansprüche zugesteht, macht den Erwerb nicht zu einem „von Todes wegen“. Denn er beruht nicht auf einem Erbgang, sondern auf der Regelung des VermG, das die Rechtsnachfolge als Erwerbsgrund anerkennt.[36] Anders würde zudem das merk- 23

---

[25] BGH NJW 2017, 794 = FamRZ 2017, 191; NJW 2015, 2334 = FamRZ 2015, 1628 mAnm *Münch*; BGHZ 170, 324 = BeckRS 2007, 9711 = FamRZ 2007, 978 mAnm *Schröder*.

[26] BGHZ 80, 384 = NJW 1981, 1836; krit. *Herr* NJW 2008, 262.

[27] BGHZ 68, 43 = NJW 1977, 377; BGH NJW 2013, 3645 = FamRZ 2014, 24 mAnm *Dauner-Lieb* und *Herr* NZFam 2014, 1.

[28] BGH NJW 1981, 1038; abl. *Schwagerl* NJW 1982, 1798.

[29] OLG Saarbrücken FamRZ 1985, 710 mAnm *Gießler* FamRZ 1985, 1258.

[30] BGHZ 82, 149 = NJW 1982, 279.

[31] BGHZ 82, 145 = NJW 1982, 279.

[32] BGHZ 157, 379 (385) = FPR 2004, 384 = FamRZ 2004, 781 mAnm *Schröder* = BeckRS 2004, 03438; OLG Düsseldorf FamRZ 1999, 225 mAnm *Schröder* und *Kogel* FamRZ 1999, 917; *Kogel* 2000, 1089 (Anm. zu AG Stuttgart FamRZ 1999, 1065); anders mit widersprüchlicher Begr. AG Landshut FamRZ 2000, 1090.

[33] Krit. mit einem de lege ferenda-Vorschlag *Battes* FamRZ 2007, 313.

[34] OLG Düsseldorf FamRZ 1988, 287.

[35] Anders *Muscheler* FamRZ 1998, 265.

[36] BGH NJW-RR 2007, 1371 = FamRZ 2007, 1307 m. abl. Anm. *Schröder*; *Kogel* FamRZ 2000, 1089 (Anm. zu AG Stuttgart FamRZ 1999, 1065); anders OLG Düsseldorf FamRZ 2005, 1835; AG Stuttgart FamRZ 1999, 1065 m. zust. Anm. *Bergschneider*; *Holtfester/Neuhaus-Piper* FamRZ 2002, 1526; *Lipp* FamRZ 1998, 597.

würdige Ergebnis erzielt, dass der von der Enteignung selbst betroffene Ehegatte das während der Ehe im Wege der Restitution wiedererlangte Grundvermögen als Zugewinn ausgleichen müsste (→ Rn. 8, 20), während die Rückgabe privilegiert wäre, wenn er das enteignete Vermögen (nur) als Rechtsnachfolger des enteigneten Erblassers erhalten hat.

24 Auch Erwerb **unter Lebenden auf den Todesfall** aufgrund eines Vertrages zugunsten Dritter nach §§ 330, 331 qualifiziert die Rspr. – angeblich nur im Wege der Auslegung und nicht der Analogie – als erbrechtlichen Erwerbsvorgang. Sie behandelt die Lebensversicherungssumme, die der Ehegatte als Bezugsberechtigter beim Tode des Dritten erhält, als Erwerb von Todes wegen bzw. als Erwerb mit Rücksicht auf ein künftiges Erbrecht.[37] Dass diese Summe niemals zum Nachlass gehört hat, wird als unschädlich angesehen. Denn nur aus rechtstechnischen, im Versicherungsvertragsrecht liegenden Gründen sei dem Ehegatten die Summe nicht im Wege des üblichen Erbgangs zugeflossen.

25 **Nacherbschaften** sind mitsamt ihrem realen Wertzuwachs bis zum Nacherbfall dem Anfangsvermögen hinzuzurechnen. Das gilt auch dann, wenn während der Ehe nur der Erbfall, noch nicht aber auch der Nacherbfall, eingetreten ist.[38] Entscheidend für die Zurechnung des in diesem Fall (nur) bestehenden Anwartschaftsrechts des Ehegatten zu seinem Anfangsvermögen ist die Überlegung, dass ein Nacherbe, dem die Erbschaft erst nach Beendigung des Güterstandes anfällt, nicht schlechter dastehen darf als ein Nacherbe, der den Nachlass noch vor Beendigung des Güterstandes erwirbt. In diesem Fall nämlich erwirbt der Nacherbe zweistufig und § 1374 Abs. 2 wird doppelt angewandt – beim Erwerb des Anwartschaftsrechts und beim Erwerb des Nachlasses. Das Zwischenwachstum der Erbschaft ist also dem Zugewinn entzogen. Um dieses Ergebnis auch im Fall des bei Beendigung des Güterstandes noch nicht realisierten Nacherbrechts zu erzielen, ist das Anwartschaftsrecht des Nacherben zu seinem Anfangsvermögen zu zählen – nur dann nämlich kann sein Wertzuwachs den Zugewinn nicht erhöhen.[39] Zur Ermittlung des Wertes einer Nacherbschaft → § 1376 Rn. 26.

26 **5. Erwerb mit Rücksicht auf ein künftiges Erbrecht.** Der Erwerb mit Rücksicht auf ein künftiges Erbrecht entspricht inhaltlich dem Erwerb von Todes wegen, versetzt diesen lediglich in die Lebzeit des Erblassers.[40] Dem Anfangsvermögen ist mithin alles hinzuzurechnen, was in **vorweggenommener Erbfolge** anfällt – Grundstücks-, Hof- oder Unternehmensübertragungen, aber auch Geldzahlungen. Mangels ausdrücklicher Bestimmung des Zuwendenden ist in diesen Fällen allerdings vielfach streitig, ob der Ehegatte die Leistung wirklich im Wege der vorweggenommenen Erbfolge für sich allein erworben hat oder ob sie nicht beide Ehegatten im Wege der Schenkung erworben haben (→ Rn. 27).[41] Auch das, was ein Ehegatte unter Lebenden **als Ersatz** für eine ihm zustehende erbrechtliche Position **erwirbt,** zählt zum künftigen Erwerb von Todes wegen, so das Entgelt für einen vor dem Erbschaftsanfall erklärten Erb- oder Pflichtteilsverzicht. **Gegenleistungen** schließen einen privilegierten Erwerb von Todes wegen nur dann aus, wenn die Parteien bewusst einen Austauschvertrag abschließen und Leistung und Gegenleistung in ein Äquivalenzverhältnis setzen wollten.[42] Ist das nicht der Fall, sind Gegenleistungen für die Qualifikation des Erwerbs als erbrechtlich unschädlich – die Regelfälle sind hier vornehmlich die Übernahme größerer Sachwerte unter nahen Verwandten, wie Hofübergaben, Übertragungen von gewerblichen Unternehmen oder Grundstücken.[43] Bei „gemischten Zuwendungen" ist der erbbedingt motivierte Teil des Erwerbs privilegiert.[44] Zuwendungen, die **Ehegatten einander** mit Rücksicht auf ein künftiges Erbrecht **machen,** zählen Rspr. und überwM in konsequenter Fortführung ihrer Haltung zur Ehegattenschenkung (→ Rn. 30) nicht zum privilegierten Erwerb.[45] Wie bei der Schenkung beruht der Erwerb auch im Falle der erbrechtlich motivierten Zuwendung, so die Begründung, nicht auf einer persönlichen Beziehung des Empfängers zu einem Dritten, mit dem der andere Ehegatte nichts zu tun hat, sondern kommt gerade von ihm und stammt aus seinem Vermögen.

---

37 BGHZ 130, 377 = NJW 1995, 3113 = FamRZ 1995, 1562 die Zuordnung zu diesen beiden Erwerbsvarianten bewusst offenlassend.

38 BGHZ 87, 367 (374) = NJW 1983, 2244 = FamRZ 1983, 882; BGH NJW 1990, 1793 = FamRZ 1990, 603; OLG Hamm FamRZ 1984, 481; Johannsen/Henrich/*Jaeger* Rn. 23; *Gernhuber/Coester-Waltjen* FamR § 36 Rn. 29; *Rauscher* FamR Rn. 418; aA Staudinger/*Thiele,* 2017, Rn. 28: Nacherbrecht ist wegen seines unsicheren Anfalls weder im Anfangs- noch im Endvermögen zu berücksichtigen; *Muscheler* FamRZ 1998, 265 (270): Wertsteigerung des Nachlasses ist als Zugewinn zu berücksichtigen.

39 *Gernhuber* FamRZ 1984, 1053 (1058 f.); *Gernhuber/Coester-Waltjen* FamR § 36 Rn. 26.

40 BGHZ 130, 377 (382) = NJW 1995, 3113 = FamRZ 1995, 1562; Staudinger/*Thiele,* 2017, Rn. 33.

41 OLG Brandenburg MittBayNot 2014, 535.

42 Zum Fall einer nur scheinbaren Äquivalenz BGHZ 70, 291 = NJW 1978, 1809.

43 BGH BeckRS 2007, 9711 = FamRZ 2007, 978; NJW-RR 1990, 1283 = FamRZ 1990, 1083.

44 OLG Bamberg FamRZ 1990, 408.

45 BGH NJW 2011, 72 = FamRZ 2010, 2057 mAnm *Braeuer.*

**6. Erwerb durch Schenkung oder Ausstattung.** Privilegiert ist schließlich der Erwerb aus Schenkung (§§ 516 ff.) oder Ausstattung (§ 1624). Sowohl Schenkungen wie Ausstattungen setzen die **unentgeltliche Verschiebung** von Gegenständen aus dem Vermögen des einen in das Vermögen des anderen voraus. Von daher zählen Arbeits- und Dienstleistungen ebenso wenig wie Gebrauchsüberlassungen zu den privilegierten Zuwendungen. Gegenstand der Schenkung oder Ausstattung kann unter Umständen aber der Verzicht oder der Erlass auf die eigentlich zu zahlende Vergütung sein.[46] 27

Bei **gemischten,** also teils entgeltlichen **Zuwendungen** ist allein der unentgeltliche Teil des Rechtsgeschäfts privilegiert.[47] So stellen etwa wertsteigernde Investitionen, die ein Ehegatte im Hinblick auf eine ins Auge gefasste Schenkung in ein Grundstück tätigt, keinen privilegierten Erwerb dar. Der Dritte schenkt hier nämlich das Grundstück in dem Zustand, in dem es sich bei der tatsächlichen Überlassung befand. Den darüberhinausgehenden Wert erwirbt der Ehegatte insofern entgeltlich, als der Dritte mit der später erfolgenden Schenkung lediglich die bei der Überlassung des Grundstücks zum Gebrauch getroffene Zweckabrede erfüllt (§ 812 Abs. 1 S. 2 Alt. 2).[48] In vollem Umfang entgeltlich erworben werden Gratifikationen und sonstige freiwillige **Leistungen des Arbeitgebers.** Diese werden nicht causa donandi erbracht, sondern stellen nach hM Entlohnungen dar.[49] 28

**Schenkungen an beide Ehegatten** sind nach dem Verhältnis der Anteile, also in der Regel hälftig, den beiden Anfangsvermögen hinzuzurechnen. Ob es sich um eine Schenkung an beide oder nur an einen Ehegatten handelt, ist bei Zuwendungen von Eltern oder Verwandten mangels ausdrücklicher Absprache vielfach nur den Umständen zu entnehmen. Ausschlaggebend ist der nach außen zutage getretene Wille des Zuwendenden. Eine tatsächliche Vermutung oder einen Erfahrungssatz, dass bei Leistungen an Ehegatten Empfänger nur derjenige ist, der dem Leistenden nahesteht oder mit ihm verwandt ist, gibt es nicht.[50] Bei Zahlungen auf das gemeinsame Konto der Ehegatten spricht zwar ein erster Anschein für eine Schenkung an beide, denn beide werden ja als Gesamtgläubiger berechtigt, doch ist dieser Anschein vielfach zu widerlegen.[51] Haben Eltern mehrere Abkömmlinge, so ist im Hinblick auf die Anordnung in § 2050 Abs. 1 davon auszugehen, dass sie im Zweifel keine die Geschwister benachteiligende Schenkung an Kind und Schwiegerkind vornehmen, sondern nur ihr eigenes Kind ausstatten wollten.[52] 29

**Schenkungen unter Ehegatten** unterfallen nach der Rspr. und überwM der Literatur nicht dem Anwendungsbereich des § 1374 Abs. 2. Da sie nicht auf der persönlichen Beziehung des Ehegatten zu einem Dritten beruhen, sollen sie im Zugewinn ausgleichspflichtig sein. Sie werden deshalb dem **Anfangsvermögen** des beschenkten Ehepartners **nicht** zugerechnet.[53] Da sie damit in dessen Endvermögen fallen, bekommt der schenkende Ehegatte wertmäßig die Hälfte seiner Zuwendung über den Zugewinnausgleich zurück. Dieses Ergebnis überzeugt nicht.[54] Warum ein geschäftsfähiger Ehegatte, der seinem Partner etwas geschenkt hat, in die Lage versetzt werden muss, über den Zugewinnausgleich die Folgen seines rechtsgeschäftlichen Handelns wirtschaftlich teilweise wieder rückgängig zu machen, ist nicht einsichtig. Wie bei der Konstruktion der unbenannten Zuwendung zeigt sich hier die – weder dogmatisch noch rechtspolitisch zu rechtfertigende – Tendenz, Schenkungsgeschäften unter Ehegatten Wirkung und Bestandskraft zu nehmen (→ Vor § 1363 Rn. 26).[55] 30

**7. Belastungen des privilegierten Erwerbs.** Ist der privilegierte (Grundstücks-)Erwerb mit einem **Nießbrauch,** einem **dinglichen Wohnungsrecht,** einer persönlichen **Dienstbarkeit** oÄ belastet, so zählt die Wertsteigerung, die durch das allmähliche Absinken des Wertes der Belastung – 31

---

46 BGHZ 101, 229 (232) = NJW 1987, 2816.

47 BGH NJW 1992, 2568 = FamRZ 1992, 1160; OLG Brandenburg NJW 2008, 2592 = FamRZ 2009, 231.

48 BGH NJW 2005, 3710 = FamRZ 2005, 1974 (1976) mAnm *Schröder*; so schon Anm. *Schröder* FamRZ 2003, 312.

49 OLG München FamRZ 1995, 1069.

50 OLG Celle FamRZ 2003, 233; OLG Brandenburg MittBayNot 2014, 535; *Büte,* Zugewinnausgleich bei Ehescheidung, 5. Aufl. 2017, Rn. 540.

51 OLG Brandenburg MittBayNot 2014, 535: Anschein widerlegt.

52 AG Stuttgart FamRZ 1999, 655.

53 BGHZ 101, 65 (69) = NJW 1987, 2814; BGHZ 115, 132 (137) = NJW 1991, 2553 = FamRZ 1991, 1169; Johannsen/Henrich/*Jaeger* Rn. 31; *Langenfeld* NJW 1986, 2541; *Rauscher* AcP 186 (1986), 529 (566); *Graba* NJW 1987, 1721; *Netzer* FamRZ 1988, 676; *Hohloch* JR 1988, 107 (Anm. zu BGHZ 101, 229 = NJW 1987, 2816).

54 Wie hier OLG München FamRZ 1987, 67; Staudinger/*Thiele,* 2017, § 1380 Rn. 35; *Schwab* in Schwab ScheidungsR-HdB VII Rn. 147; Bamberger/Roth/*Cziupka* Rn. 31; RGRK-BGB/*Finke* Rn. 11; *Kornexl* NJW 1994, 622; *V. Lipp* JuS 1993, 89; *Jeep* DNotZ 2011, 590.

55 *Koch* FamRZ 1995, 320; *Holzhauer* FuR 1995, 177; *Holzhauer* FuR 1995, 268.

infolge der sinkenden Lebenserwartung des Berechtigten – eintritt, nach allgM zum Anfangsvermögen, denn der Ehegatte hat das Grundstück mit der sicheren Aussicht auf den Wegfall der Belastung erworben. Dass die Belastung erst allmählich wegfällt und sich der Erwerb des unbelasteten Grundstücks nicht auf einmal, sondern **gleitend** in der Ehezeit **vollzieht,** ändert nichts daran, dass dem Ehegatten dieser Wertzuwachs zusammen mit dem Grundstück gemäß § 1374 Abs. 2 zugewandt worden ist.

32 Umstritten ist, wie dieser aus der geringer werdenden Belastung des Grundstücks resultierende **gleitende Vermögenserwerb** rechnerisch so erfasst werden kann, dass er aus dem Zugewinn fällt. Hier hatte die Rspr. bis 2006 im Einklang mit der überwM das Grundstück jeweils mit seinem vollen Verkehrswert in das Anfangs- wie auch Endvermögen eingestellt und die Belastung im Hinblick auf ihren sicheren Entfall rechnerisch gänzlich unberücksichtigt gelassen.[56] Damit aber wurde, so die Kritik, das Ziel, den mit der sinkenden Belastung zusammenhängenden Wertzuwachs aus dem Zugewinn zu nehmen, nicht erreicht.[57] Die rechnerische Außerachtlassung der Belastung zu den Stichtagen führe nämlich dazu, so wurde behauptet, dass auch derjenige Wertzuwachs in das Endvermögen fällt, der auf der Steigerung der Verkehrsfähigkeit des Grundstücks infolge der sinkenden Lebenserwartung des dinglich Berechtigten beruht. Um diese spezielle Wertsteigerung aus dem Zugewinnausgleich nehmen zu können, müsse, so die Überlegung, die Grundstücksbelastung jeweils getrennt für den Anfangsvermögensstichtag wie für den Endvermögensstichtag berechnet werden. Die Differenz der beiden Werte war dann als – gleitend eingetretener – zum privilegierten Erwerb zählender Gewinn aus dem Endvermögen des begünstigten Ehegatten herauszunehmen und seinem Anfangsvermögen hinzuzurechnen (Beispiel zur Berechnung → 6. Aufl. 2013, Rn. 24). Nachdem der BGH 2006 diesen – in keiner Kosten-Nutzen-Relation stehenden und die Einschaltung von Sachverständigen erfordernden – Rechenmodus übernommen hatte,[58] ist er zwischenzeitlich zum früheren Rechenmodus zurückgekehrt.[59] Die mathematisch genaue Berechnung nämlich hat gezeigt,[60] dass bei konsequenter Indexierung der Wertsteigerung zu den relevanten Stichtagen eine auf einzelne Zeitabschnitte aufgeteilte Bewertung des gleitenden Erwerbsvorgangs nicht erforderlich ist, um den aus dem Wegfall der Belastung resultierenden Wertzuwachs aus dem Zugewinn zu nehmen. Die einfache Nichtberücksichtigung des Nießbrauchs, Wohnrechts etc. sowohl im Anfangsvermögen wie auch im Endvermögen führt zum gleichen Ergebnis.

33 Ist wie im Falle einer **Leibrente** die mit dem Erwerb einhergehende Belastung – anders als im Falle der Einräumung eines Nießbrauchs oder Wohnrechts – nicht aus dem übertragenen Gegenstand selbst zu erbringen, sondern aus eigenen Mitteln, mindert der (kapitalisierte) Wert der einzusetzenden Mittel und Leistungen das privilegiert erworbene Vermögen.[61] Soweit eigenes Vermögen und eigene Leistungen eingesetzt werden müssen, ist der privilegierte Erwerb nämlich schlichtweg weniger wert – und zwar unabhängig davon, ob die Leistungspflicht dinglich gesichert oder nur schuldrechtlich vereinbart ist. Bei einem **Leibgedinge** ist dementsprechend zu differenzieren: Elemente, die keine finanziellen Leistungen erfordern, wie ein Dauerwohnrecht, sind vom Substanzwert nicht abzuziehen; Verpflichtungen zur Erbringung von Renten oder Naturalleistungen müssen dagegen berücksichtigt werden. Auch was zur Tilgung von Verbindlichkeiten aus dem Leibgedinge verausgabt werden muss, verringert dessen Wert.

34 **8. Verbindlichkeiten des privilegierten Erwerbs.** Privilegierter Erwerb ist als Nettoerwerb dem Anfangsvermögen zuzuschlagen, also **nach Abzug** der **Verbindlichkeiten.**[62] Übersteigen die Verbindlichkeiten die erworbenen Aktiva, so mindert das Defizit das bereits vorhandene Anfangsvermögen. Ist dieses negativ, so vergrößert sich der Minus-Saldo. Das ergibt sich aus der Regelung des § 1374 Abs. 3, der von der systematischen Stellung her auch für den in Abs. 2 geregelten privilegier-

[56] BGHZ 111, 8 = NJW 1990, 1793; BGH NJW 1990, 3018.

[57] OLG Bamberg FamRZ 1995, 607; Staudinger/*Thiele,* 2017, Rn. 29; Johannsen/Henrich/*Jaeger* Rn. 27.

[58] BGHZ 170, 324 (335) = BeckRS 2007, 9711 = FamRZ 2007, 978 m. krit. Anm. *Schröder;* krit. auch *Münch* DNotZ 2007, 795; *Kogel,* Strategien beim Zugewinnausgleich, 5. Aufl. 2016, Rn. 1013; *Büte,* Zugewinnausgleich bei Ehescheidung, 5. Aufl. 2017, Rn. 221; *Schulz* FamRZ 2015, 460; *Braeuer* FamRZ 2015, 1081.

[59] BGH NJW 2015, 2334 = FamRZ 2015, 1268 mAnm *Münch* = LMK 2015, 371623 mAnm *Koch* = FF 2015, 410 mAnm *Kogel.*

[60] *Gutdeutsch* FamRZ 2015, 1083.

[61] BGH NJW 2005, 3710 = FamRZ 2005, 1974 mAnm *Schröder,* für Schenkung; OLG Karlsruhe FamRZ 1990, 56; anders noch BGH NJW-RR 1990, 1283 = FamRZ 1990, 1083; NJW 1990, 3018 = FamRZ 1990, 1217 auch persönliche Leistungen sind nicht wertmindernd zu berücksichtigen; ebenso OLG Schleswig FamRZ 1991, 943.

[62] Einschließlich der befristeten, vgl. BGH BeckRS 1979, 31116512 = FamRZ 1979, 787.

ten Erwerb gilt (→ Rn. 7). Die zur alten Rechtslage vertretene Ansicht, **negativen** privilegierten Erwerb bei der Berechnung des Anfangsvermögens unberücksichtigt zu lassen, da ein Erwerb hier ja gerade nicht stattfindet, hat sich mithin erledigt.[63] Seit der Einführung des § 1374 Abs. 3 ist klar, dass mit der Annahme einer überschuldeten Erbschaft – das ist der vor allem in Betracht zu ziehende Fall defizitären privilegierten Erwerbs – das Endvermögen nicht gemindert werden kann, weil die den Nachlass übersteigenden Verbindlichkeiten nur dieses mindern, das Anfangsvermögen aber unangetastet lassen.

Wertmindernd abzusetzen sind vom privilegierten Erwerb alle Verbindlichkeiten, die kraft 35 Gesetzes **mit dem Erwerb verknüpft** sind, wie Nachlassverbindlichkeiten, und alle Verbindlichkeiten, die rechtsgeschäftlich zum Zwecke des Erwerbs eingegangen wurden, etwa in einem Vergleich zur Erledigung des Streits über die erbrechtliche Position. Nicht abzusetzen sind dagegen Verbindlichkeiten, die aus der Verwaltung des privilegierten Erwerbs herrühren oder in dessen Erwartung begründet wurden, wie etwa eine Kreditaufnahme im Hinblick auf die erwartete Erbschaft. In beiden Fällen handelt es sich nicht um Verbindlichkeiten, die dem Erwerbsvorgang zugerechnet werden können, sondern um solche, die im Vorgriff auf den Erwerb oder als dessen Folge entstanden.

Bei **Schenkungen der Schwiegereltern** ist zu bedenken, dass diese im Falle des Scheiterns 36 der Ehe in der Regel wegen Wegfalls der Geschäftsgrundlage (§ 313) ggf. auch wegen Zweckverfehlung (§ 812 Abs. 1 S. 1 Alt. 2) von dem Schwiegerkind zurückgefordert werden können. Dieser **Rückgewähranspruch** haftet der Schenkung von vornherein an und reduziert mithin – wie jede Belastung – deren Wert (→ § 1375 Rn. 33).[64] Bei der Bemessung des Wertes dieses Anspruchs ist allerdings zu berücksichtigen, dass sich die mit der Schenkung verbundenen Vorstellungen der Schwiegereltern während des Bestehens der Ehe verwirklicht haben und der Zweck ihrer Schenkung insoweit erreicht wurde. Die Höhe des im Hinblick hierauf am Wert der Rückforderung vorzunehmenden Abschlags ist einzelfallbezogen zu begründen – schematische Annahmen, etwa vollständige Zweckerreichung nach 20 Jahren Ehe, überzeugen nicht.[65]

**9. Einkünfte.** An sich privilegierter Erwerb ist dem Anfangsvermögen nicht hinzuzurechnen, 37 wenn er den Umständen nach zu den Einkünften zu rechnen ist (Abs. 2 aE). Bezweckt wird mit dieser Einschränkung die Sonderung des **zum Verbrauch bestimmten Erwerbs** von dem zur Vermögensbildung jedenfalls gedachten.[66] Zu den Einkünften gehört mithin jeder Erwerb, der der Deckung des laufenden Lebensbedarfs zu dienen bestimmt ist.

Ob dies der Fall ist, ist den wirtschaftlichen Verhältnissen des Empfängers, dem Anlass der 38 Zuwendung und den Absichten des Zuwendenden zu entnehmen. Beiträge zur Haushaltsführung,[67] zu Urlauben, Kuraufenthalten oder Fortbildung zählen jedenfalls zu den Einkünften. Auch ein zur Fahrt zur Arbeitsstätte benötigter **Pkw** kann dem laufenden Bedarf des Ehegatten dienen und deshalb nicht als Schenkung privilegiert sein.[68] Nicht zu den Einkünften des Ehegatten zählt der geschenkte Pkw allerdings, wenn er entsprechend der von dem Schenker gemachten Auflage (§ 525) nahezu ausschließlich zum Transport des behinderten Sohnes genutzt wird – hier dient die Schenkung dem Lebensbedarf des Sohnes und nicht dem Bedarf des Ehegatten.[69]

Irrelevant ist die Art der Zuwendung: Einmalige Zahlungen wie die Finanzierung des Polter- 39 abends[70] können ebenso Einkünfte darstellen wie mehrmalige – unregelmäßig oder auch periodisch – erbrachte.

**Grund** für die Herausnahme der Einkünfte von der Privilegierung ist, dass diese ausgegeben 40 werden und typischerweise im Endvermögen des begünstigten Ehegatten nicht mehr vorhanden sind. Die Privilegierung auch der Einkünfte würde mithin – zu Lasten des anderen Ehegatten – zu einer ständigen Vergrößerung des Anfangsvermögens führen, ohne dass sich im Endvermögen (noch) ein entsprechender Vermögenszufluss befände und auch dieses erhöht wäre. Lediglich als Ersparnis von Aufwendungen, also indirekt – und zudem nur eventuell – können die zum Verbrauch bestimmten Einkünfte des Ehegatten in seinem Endvermögen noch vorhanden sein.

---

63 Vgl. BGH NJW 1995, 2165 = FamRZ 1995, 990; Staudinger/*Thiele,* 2017, Rn. 44.

64 BGH NJW 2010, 2202 = FamRZ 2010, 958; NJW 2010, 2884 = FamRZ 2010, 1626; *Wever* Vermögensauseinandersetzung Rn. 1272.

65 BGH NJW 2015, 690 = FamRZ 2015, 490 mAnm *Wever.*

66 BGHZ 101, 229 (234) = NJW 1987, 2816; OLG Zweibrücken FamRZ 1984, 276; OLG München FamRZ 1998, 825 mAnm *Schröder;* Johannsen/Henrich/*Jaeger* Rn. 39.

67 OLG Koblenz FamRZ 2006, 1839 mAnm *Schröder.*

68 OLG Karlsruhe FamRZ 2002, 236 mAnm *Romeyko.*

69 BGH NJW 2017, 734 = FamRZ 2017, 191; ebenso die Vorinstanz OLG Celle FamRZ 2016, 369 = BeckRS 2015, 13098.

70 OLG Brandenburg MittBayNot 2014, 535.

### VI. Darlegungs- und Beweislast

41 **1. Positives Anfangsvermögen.** Jeder Ehegatte ist für sein **positives Anfangsvermögen** darlegungs- und beweispflichtig. Das folgt aus der in § 1377 Abs. 3 statuierten Nullvermutung für den – in der Regel gegebenen – Fall fehlender Inventarisierung dieses Vermögens. Der Ehegatte, der behauptet, **bei Eintritt in den Güterstand** Vermögen gehabt zu haben, muss zum Nachweis dieser ihm günstigen Tatsache die Nullvermutung widerlegen, indem er sein damaliges Vermögen und dessen Wert nachweist. Den Umstand, dass der vorhanden gewesene und positiv nachgewiesene Aktivbestand nicht durch Verbindlichkeiten reduziert war, muss er allerdings nicht ins Blaue hinein, sondern nur dann erbringen, wenn der Ehepartner das Bestehen von Verbindlichkeiten behauptet. Nur dann sind die Passiva streitig und ihr Nichtbestehen darlegungs- und beweisbedürftig.[71]

42 **2. Negatives Anfangsvermögen.** Da negatives Anfangsvermögen für den überschuldeten Ehegatten ungünstig ist, beruft sich auf solches niemals er selbst, sondern immer nur sein Partner – dieser nämlich will den im Schuldenabbau liegenden wirtschaftlichen Gewinn des anderen als dessen Zugewinn bilanzieren. Der Negativsaldo eines Ehegatten ist also eine dem anderen günstige Tatsache, für die folglich auch **der andere** darlegungs- und beweispflichtig ist. Der Nachweis, dass der Ehepartner bei Beginn des Güterstandes überschuldet war, ist nach einer gewissen Dauer der Ehe in aller Regel praktisch allerdings nicht mehr möglich. Von daher ist es angebracht, zur Widerlegung der Vermutung, dass das Anfangsvermögen des anderen (nur) null und nicht negativ war (§ 1377 Abs. 3), substantiierten Vortrag zu den Verbindlichkeiten ausreichen zu lassen und dem anderen nach den Grundsätzen der **sekundären Beweislast** die Widerlegung dieses Vortrags aufzubürden (→ § 1377 Rn. 24). **Abzulehnen** ist der Vorschlag, dem beweispflichtigen Ehegatten mit einer **Splittung der Beweislast** zu Hilfe zu kommen, wenn das im Saldo als negativ behauptete Anfangsvermögen auch Aktiva enthält.[72] Ihm hier nur den Nachweis der – ihm günstigen – Passiva aufzuerlegen, dem anderen aber den Nachweis der diese reduzierenden Aktivposten, widerspricht dem allgemeinen Beweisgrundsatz, dass derjenige, der einen Saldo zu beweisen hat, für die ihn ausmachenden einzelnen Vermögenspositionen beweispflichtig ist. Es gibt keinen Grund, von diesem Grundsatz abzuweichen und damit die Darlegungs- und Beweislast bei negativem Anfangsvermögen anders zu verteilen als bei positivem Anfangsvermögen. Dieses nämlich muss der Ehegatte, der es behauptet, beweisen – und ist dabei auch für die Abwesenheit von den Aktivbestand reduzierenden Verbindlichkeiten beweispflichtig.[73]

43 **3. Privilegierter Erwerb.** Der Ehegatte, der behauptet, Vermögen während des Güterstandes privilegiert erworben zu haben, ist für den **Erwerbstatbestand** darlegungs- und beweispflichtig.[74] Für die Substantiierung des Vortrags zum Erwerbstatbestand nach § 1374 Abs. 2 reicht es aus, wenn er Tatsachen vorträgt, die, ihre Richtigkeit unterstellt, das Vorliegen des behaupteten Erwerbsgrunds, etwa die Ausstattung oder die Schenkung, belegen. Der Wahrheitsgehalt der vorgebrachten Tatsachen ist erst in der Beweisaufnahme zu klären.[75]

44 Ist im Falle einer behaupteten **Schenkung** strittig, ob diese an den Ehegatten **allein** oder **an beide** Ehegatten erfolgte, ist der Inhalt des Schenkungsgeschäfts nach den allgemeinen Auslegungsregeln der §§ 133, 157 zu ermitteln. Die Darlegungs- und Beweislast für die Schenkung nur an ihn allein trägt dabei der Ehegatte, der dies für sich in Anspruch nimmt. Umstände, die hierfür sprechen, können etwa der Anlass der Schenkung sein, das ihr zugrundeliegende Motiv, die Vorstellungen des Schenkers über die Verwendung uÄ.

45 Behauptet ein Ehegatte eine **gemischte Schenkung,** so kann er sich auf die beweiserleichternde Vermutung, dass ein deutliches Missverhältnis zwischen Leistung und Gegenleistung für das Vorliegen einer (gemischten) Schenkung – und gegen ein rein entgeltliches Geschäft – spricht, nicht berufen. Diese – in richterlicher Rechtsfortbildung praeter legem entwickelte – Beweiserleichterung ist nämlich allein zum Schutz außerhalb des Schenkungsgeschäfts stehender Dritter entwickelt worden. Pflichtteilsberechtigte etwa oder Sozialhilfeträger könnten die ihnen zustehenden Rückholansprüche (§ 2325 bzw. § 528) in aller Regel nicht durchsetzen, weil sie als Außenstehende die subjektive Tatbestandsvoraussetzung der Schenkung, das Einigsein über die Unentgeltlichkeit (§ 516 Abs. 1), nicht nachweisen können. Sie benötigen und verdienen mithin hier beweisrechtlichen Schutz. Die Parteien des Schenkungsvertrages aber verdienen diesen Schutz nicht, denn sie haben

71 *Schwab* in Schwab ScheidungsR-HdB VII Rn. 330; *Braeuer* Zugewinnausgleich Rn. 407.
72 *Hoppenz* FamRZ 2008, 1889; *Schulz/Hauß* Trennung und Scheidung Rn. 72.
73 Johannsen/Henrich/*Jaeger* Rn. 18; *Braeuer* Zugewinnausgleich Rn. 412; *Kogel* FF 2014, 475; *Koch* FF 2016, 96.
74 BGH NJW-RR 2005, 1460 = FamRZ 2005, 1660 mAnm *Koch* FF 2005, 320.
75 Zu weitgehend OLG Celle FamRZ 2011, 1671 (genaue Angaben fordernd) m. krit. Anm. *Büte* FamRZ 2012, 371; krit. zu dieser Entscheidung auch *Schmid* FamRZ 2012, 17; *Koch* FF 2016, 36.

es in der Hand, die Unentgeltlichkeit als vertraglich gewollt deutlich zu machen. Beruft sich also der Ehegatte darauf, den (kauf-)preisüberschießenden Wert des Gegenstandes schenkweise erworben zu haben, muss er den Schenkungsteil des Vertrages nach allgemeinen Beweisregeln nachweisen.[76]

### VII. Abweichende Vereinbarungen

§ 1374 ist nachgiebiges Recht; die Regelung steht mithin **zur Disposition** der Ehegatten. Diese können ihre Anfangsvermögen **gegenständlich** oder **numerisch** fixieren, sie können weiteren privilegierten Erwerb vereinbaren oder auch umgekehrt § 1374 Abs. 2 – numerisch, gegenständlich, nach Erwerbsgründen oder -anlässen – einschränken oder ganz abbedingen. Unbenommen ist es den Parteien auch, in einem Ehevertrag als **Berechnungszeitpunkt** für das Anfangsvermögen einen Termin vor der Eheschließung zu wählen; eine derartige Erweiterung der Geltung der Regeln des ehelichen Güterrechts wird von der allgemeinen Vertragsfreiheit umfasst.[77] 46

## § 1375 Endvermögen

**(1) [1]Endvermögen ist das Vermögen, das einem Ehegatten nach Abzug der Verbindlichkeiten bei der Beendigung des Güterstands gehört. [2]Verbindlichkeiten sind über die Höhe des Vermögens hinaus abzuziehen.**

**(2) [1]Dem Endvermögen eines Ehegatten wird der Betrag hinzugerechnet, um den dieses Vermögen dadurch vermindert ist, dass ein Ehegatte nach Eintritt des Güterstands**
**1. unentgeltliche Zuwendungen gemacht hat, durch die er nicht einer sittlichen Pflicht oder einer auf den Anstand zu nehmenden Rücksicht entsprochen hat,**
**2. Vermögen verschwendet hat oder**
**3. Handlungen in der Absicht vorgenommen hat, den anderen Ehegatten zu benachteiligen.**

**[2]Ist das Endvermögen eines Ehegatten geringer als das Vermögen, das er in der Auskunft zum Trennungszeitpunkt angegeben hat, so hat dieser Ehegatte darzulegen und zu beweisen, dass die Vermögensminderung nicht auf Handlungen im Sinne des Satzes 1 Nummer 1 bis 3 zurückzuführen ist.**

**(3) Der Betrag der Vermögensminderung wird dem Endvermögen nicht hinzugerechnet, wenn sie mindestens zehn Jahre vor Beendigung des Güterstands eingetreten ist oder wenn der andere Ehegatte mit der unentgeltlichen Zuwendung oder der Verschwendung einverstanden gewesen ist.**

**Schrifttum:** S. § 1372.

**Übersicht**



[76] BGH NJW 2014, 294 = FamRZ 2014, 98 mAnm *Koch*; *Koch* FF 2016, 96.
[77] Staudinger/*Thiele*, 2017, Rn. 49; Bamberger/Roth/*Cziupka* Rn. 42; Johannsen/Henrich/*Jaeger* Rn. 3; aA *Gernhuber/Coester-Waltjen* FamR § 36 Rn. 32 Fn. 45.

## I. Normzweck

1 **1. Umfang des Endvermögens.** Abs. 1 **definiert** das Endvermögen als zweite der beiden in § 1373 genannten Vergleichsgrößen für die Berechnung des Zugewinns. Abs. 2 S. 1 **mehrt** das Endvermögen – und damit den Zugewinn – um Beträge, die in illoyaler Manier während des Güterstandes verausgabt wurden. Die Regelung ist abschließend in doppelter Hinsicht. Zum ersten sind loyale Vermögensminderungen nie dem Endvermögen hinzuzurechnen.[1] Zum zweiten sind die als illoyal aufgezählten Vermögensminderungen einer Erweiterung im Wege der Analogie nicht fähig. Verbindlichkeiten etwa aus unerlaubter Handlung, Spiel und Wette mindern das Endvermögen ohne Besonderheit.

2 **2. Rechengröße.** Wie das Anfangsvermögen, so ist auch das Endvermögen keine gegenständlich fassbare Vermögensmasse, also kein Sondervermögen, sondern lediglich eine Rechengröße. Ihre Höhe, dh das Endvermögen, wird wie das Anfangsvermögen durch Bewertung der einzelnen Aktiva und Passiva ermittelt.

3 **3. Illoyale Vermögensminderungen.** Illoyale Vermögensminderungen werden dem Endvermögen hinzugerechnet. Obgleich jeder Ehegatte grundsätzlich frei über sein Vermögen verfügen kann und nicht verpflichtet ist, dieses so zu verwalten, dass ein möglichst hoher Zugewinn entsteht, darf er sein Vermögen doch nicht unredlich und unsachgemäß zu Lasten des anderen schmälern. Tut er dies, wird er beim Zugewinnausgleich so behandelt, als habe er das weggegebene Vermögen noch. Abs. 2 S. 1 hat **keine Außenwirkung.** Soweit nicht allgemeine Normen, insbes. § 138, zur Nichtigkeit des Erwerbsaktes führen, sind die Vermögensminderungsgeschäfte wirksam. Auf nichtige vermögensmindernde Akte ist Abs. 2 nicht anzuwenden. Sie mindern wegen der Rückgewähransprüche das Endvermögen nicht und müssen mithin auch nicht durch Zuschläge zu diesem ausgeglichen werden.

4 **4. Endvermögen und Versorgungsausgleich.** Anwartschaften auf Versorgungen und Ansprüche auf Versorgungsleistungen, die dem Versorgungsausgleich unterliegen, fallen nicht in den Zugewinn (→ § 1373 Rn. 17). Diese Vermögenspositionen werden gemäß § 2 Abs. 4 VersAusglG ausschließlich nach Maßgabe des VersAusglG ausgeglichen und finden mithin im Endvermögen der Ehegatten keine Berücksichtigung. Zur Nichtberücksichtigung im Anfangsvermögen (→ § 1374 Rn. 9).

5 **5. Endvermögen und Unterhalt.** Anders als das Verhältnis von Zugewinnausgleich und Versorgungsausgleich, für das § 2 Abs. 4 VersAusglG eine zweifache Teilhabe an denselben Vermögenspositionen ausschließt, ist das Verhältnis des Zugewinnausgleichs zur Unterhaltsberechnung gesetzlich nicht ausdrücklich geregelt. Nach hM ist bei aktiven Vermögensposten jedoch auch hier von einem **Verbot der Doppelverwertung** auszugehen und die zweifache Teilhabe eines Ehegatten am Vermögen des anderen auszuschließen (→ § 1373 Rn. 18). Ist also ein Vermögensgegenstand zugewinnsteigernd im Endvermögen des Ehegatten in Ansatz gebracht worden, darf er nicht auch noch unterhaltsrechtlich berücksichtigt werden – und umgekehrt. Wurde etwa die unterhaltsrechtliche Leistungsfähigkeit des Ehemannes unter Einbeziehung einer arbeitsrechtlichen Abfindung berechnet, so ist die Abfindung in seinem Endvermögen nicht mehr zu berücksichtigen.[2] Bei der Ermittlung

[1] OLG Karlsruhe FamRZ 1986, 167 für Bankverbindlichkeiten, die aus der Erfüllung von Unterhaltsansprüchen resultierten.

[2] BGH NJW 2003, 1396 = FamRZ 2003, 432; NJW 2004, 2675 = FamRZ 2004, 1352 mAnm *Bergschneider* FamRZ 2004, 1353; OLG München FamRZ 2005, 714.

des Wertes einer freiberuflichen Praxis ist die Doppelverwertung der Praxiserträge durch Abzug eines individuell ermittelten – und nicht pauschal nach Tarif- und Branchenverhältnissen kalkulierten – Unternehmerlohns auszuschalten. Abgesehen davon, dass nur so die unübertragbaren Teile des Goodwill der Praxis erfasst werden können (→ § 1376 Rn. 35), stellt die individualisierte Lohnermittlung sicher, dass der Ehepartner im Falle seiner Unterhaltsberechtigung nicht doppelt am Wert der Arbeitsleistung des Praxisinhabers partizipiert. Wenn dessen Arbeitsleistung nämlich bei der güterrechtlichen Bestimmung des Praxiswertes nicht berücksichtigt wird, kann der Unterhalt nach den Praxiserträgen – die den Wert der Arbeitsleitsung beinhalten –, berechnet werden, ohne dass es zur zweifachen Teilhabe an diesen kommt.

In der Kontroverse um die Möglichkeit zweifacher Partizipation am Vermögen des Ehegatten 6
wird allerdings vielfach übersehen, dass es zu einer Konkurrenz güterrechtlicher und unterhaltsrechtlicher Teilhabe nur dann kommt, wenn derselbe Vermögensgegenstand mehreren Ausgleichsformen ausgesetzt ist – und dies ist so häufig gar nicht der Fall. **Bei sachgemäßer Zuordnung** der Vermögensposition zum Güterrecht bzw. Unterhaltsrecht tritt eine **Konkurrenzlage** in der Regel nämlich gar **nicht ein.**[3] Denn im Güterrecht wird allein die Vermögenssubstanz verteilt, im Unterhaltsrecht hingegen geht es um die Verteilung von laufenden Einkünften. Mithin sind zum Vermögensstamm zählende wirtschaftliche Werte nur güterrechtlich relevant, Erträge hingegen sind nur unterhaltsrechtlich relevant – und zwar auch dann, wenn der Wert des Vermögensstamms (ua) nach den künftig zu erwartenden Erträgen berechnet wird. Diese können güterrechtlich auch deshalb nicht ausgeglichen werden, weil das Stichtagsprinzip den Zugewinnausgleich auf vorhandenes Vermögen beschränkt.[4] Die Frage doppelter Teilhabe kann sich mithin nur stellen, wenn der Vermögensstamm aufgrund der Anweisungen in § 1577 Abs. 3 und § 1581 S. 2 ausnahmsweise für den Unterhalt einzusetzen ist sowie dann, wenn die Ehegatten eine Vermögensposition einvernehmlich anders als von der Sache her geboten zugeordnet haben – wenn sie etwa eine Abfindung, die unterhaltsrechtlich zu berücksichtigen wäre (→ Rn. 18), im Zugewinn ausgeglichen haben. Zu beachten ist in letzterer Konstellation jedoch, dass die güter- oder unterhaltsrechtliche Zuordnung der Vermögensposition zwar zur Disposition der Ehegatten steht, nicht aber einseitig vorgenommen werden kann. Der unterhaltspflichtige Ehegatte etwa kann nicht allein festlegen, bestimmtes Vermögen güterrechtlich statt unterhaltsrechtlich zur Anrechnung zu bringen.[5]

Abzulehnen ist die Rspr., die laufendes, am Stichtag **als Kontoguthaben vorhandenes Einkommen** im Endvermögen berücksichtigt, obgleich dieses zur Erfüllung des kurz später fällig werdenden Ehegattenunterhalts benötigt wird.[6] Die doppelte Teilhabe des unterhaltsberechtigten Ehegatten wird als dem strengen Stichtagsprinzip geschuldet in Kauf genommen und auch nicht nach § 1381 verhindert: Grob unbillig soll die zweifache Partizipation über den Unterhalt und den Zugewinn nicht sein, weil sie sich vom Umfang her, es handelt sich in der Regel (nur) um das Monatseinkommen, in Grenzen hält. Diese Argumentation überzeugt nicht und ist auch um der Rechtsklarheit willen nicht geboten. Das dem laufenden Verbrauch dienende Einkommen ist eindeutig der Ehe als Konsumgemeinschaft und damit dem Unterhaltsrecht zuordenbar. Güterrechtlich hingegen spielt die Ehe nur als Vermögensgemeinschaft, in der es um den bleibend erwirtschafteten Gewinn geht, eine Rolle. 7

**Umstritten** ist, ob das Verbot der Doppelberücksichtigung auf die zweifache Teilhabe an 8
vorhandenem Vermögen zu beschränken ist oder ob es **auch für Verbindlichkeiten** gilt. Nach überwM ist letzteres der Fall. Sind Verbindlichkeiten bei der Zugewinnberechnung im Endvermögen berücksichtigt, so können nach überwM die auf sie erbrachten **Tilgungsleistungen** nicht noch einmal in die Unterhaltsberechnung einfließen und dort die Leistungsfähigkeit verringern. Nur die monatlich zu erbringenden **Zinsanteile** sollen unterhaltsrechtlich einkommensmindernd zu berücksichtigen sein, weil die Zinsverpflichtungen jeweils erst mit der monatlichen Kapitalüberlassung entstehen und als künftige Verbindlichkeiten im güterrechtlichen Ausgleich keine Rolle spielen (→ Rn. 42).[7] Gestützt wird das Verbot der zweifachen Berücksichtigung von Verbindlichkeiten auf allgemeine Gerechtigkeits- und Billigkeitserwägungen.

---

3 Dazu BGHZ 175, 207 = NJW 2008, 1221 = FamRZ 2008, 761 mAnm *Hoppenz*; *Maier* FamRZ 2006, 897; *Hoppenz* FamRZ 2006, 1242.

4 BGHZ 175, 207 = NJW 2008, 1221 = FamRZ 2008, 761 mAnm *Hoppenz*; anders die Vorinstanz OLG Oldenburg FamRZ 2006, 1031 m. krit. Anm. *Hoppenz*.

5 *Gerhardt/Schulz* FamRZ 2005, 145.

6 BGHZ 156, 105 = NJW 2003, 3339 = FamRZ 2003, 1544 mAnm *Schröder*; OLG Koblenz NJW 2007, 2646. Zutreffend anders OLG Karlsruhe FamRZ 2001, 1301 Ls. für Sozialhilfe.

7 OLG München FamRZ 2005, 459; 2005, 713; OLG Karlsruhe FamRZ 2005, 909; OLG Saarbrücken FamRZ 2006, 1038 mAnm *Kogel; Schulz* FamRZ 2006, 1237; *Hoppenz* FamRZ 2006, 1242; *Wever* FamRZ 2006, 365; *Grziwotz* MittBayNot 2005, 284.

9 Die Gegenmeinung weist zu Recht darauf hin, dass das **aus dem Gesetz** heraus **nicht zu begründen** ist. Dieses ordnet vielmehr das Gegenteil an: Sowohl § 1375 Abs. 1 als auch § 1581 S. 1 bestimmen, dass Verbindlichkeiten bei der Ermittlung des Endvermögens bzw. der Leistungsfähigkeit zu berücksichtigen sind. Zutreffend ist deshalb, laufende Schuldtilgungen unterhaltsrechtlich auch dann einkommensmindernd zu berücksichtigen, wenn die Verbindlichkeit als solche bereits in das Endvermögen eingestellt worden ist.[8] Dies überzeugt in Fällen, in denen die Tilgung bereits während des Zusammenlebens erfolgt war, schon deshalb, weil die Tilgungsbeträge dann den ehelichen Lebensstandard minimiert hatten und sich der Unterhaltsbedarf nach diesen bestimmt (§§ 1361, 1578). Dass die Herabsetzung des Unterhaltsanspruchs wegen der Tilgungsleistungen dem rückzahlenden Ehegatten eine Vermögensbildung ermöglicht, an der der andere nicht mehr partizipiert, folgt aus den Grundsätzen des Ehegüterrechts wie denen des Unterhaltsrechts: Das Ehegüterrecht kennt keine Vermögensteilhabe nach dem Stichtag, das Unterhaltsrecht kennt hingegen nur eine an den Einkommensverhältnissen orientierte Bedarfsdeckung. Für die Richtigkeit der Anrechnung spricht auch, dass im Fall der Gütertrennung Tilgungsleistungen immer unterhaltsmindernd berücksichtigt werden – eine güterrechtliche Anrechnung kommt hier ja nicht in Betracht. Es ist nun aber kein Grund ersichtlich, den in Zugewinngemeinschaft lebenden Ehegatten, der ja ohnehin güterrechtlich besser gestellt ist, auch noch unterhaltsrechtlich zu begünstigen.[9]

10 Im Übrigen stellt sich das Problem der Doppelberücksichtigung von Verbindlichkeiten auch bei den Passiva nur in wenigen Zweifelsfällen, da es bei **sachgerechter Zuordnung** der Verbindlichkeit zum Einkommen oder Vermögen **zur Konkurrenz** gar **nicht kommt.** So sind etwa Unterhaltsrückstände dem Güterrecht zuzuordnen und vermögensmindernd beim Zugewinnausgleich zu berücksichtigen. Die aufgelaufene Unterhaltsschuld stellt nämlich eine Verbindlichkeit dar, die, anders als der pünktlich gezahlte Unterhalt, aus dem Vermögen des Verpflichteten und nicht aus dessen laufenden Einkünften zu erfüllen ist.[10]

## II. Stichtag

11 Stichtag für Bestand und Bewertung der zum Endvermögen gehörenden Aktiva und Passiva ist dem Normtext zufolge die **Beendigung des Güterstandes.** Das Gesetz **korrigiert** sich jedoch selbst **in den §§ 1384, 1387** für die Fälle der Beendigung des Güterstandes durch richterlichen Akt, sei es, dass auch die Ehe durch diesen beendet wird, sei es, dass sie weiter besteht. Hier wie dort tritt an die Stelle der Rechtskraft der Entscheidung, die den Güterstand beendet, der Zeitpunkt der **Rechtshängigkeit des Antrags.**[11] Der Grundsatz des § 1375 gilt demnach nur für die Güterstandsbeendigung aus anderen Gründen – Tod eines Ehegatten, Ehevertrag oder Wiederheirat nach Todeserklärung (§ 1319 Abs. 2).

## III. Aktiva

12 **1. Geldwerte Positionen.** Endvermögen ist der rechnerische Überschuss der Aktiva am Bewertungsstichtag. Zu berücksichtigen sind grundsätzlich alle rechtlich geschützten Positionen von wirtschaftlichem Wert.[12] Dazu gehören nach hM auch **nicht übertragbare**[13] und **nicht vererbliche** Rechte.[14] Die früher vertretene Meinung, dass ein Ehegatte – wie beim Zugewinnausgleich von Todes wegen – nur an Vermögenspositionen teilhaben kann, die im Erbfall nicht mit dem Inhaber untergehen,[15] überzeugt nicht. Die für das Erbrecht zwingenden Grenzen sind auf den

[8] BGHZ 156, 105 = NJW 2003, 3339 = FamRZ 2003, 1544 obiter dictum; OLG Koblenz NJW 2007, 2646; AG Essen NJW-RR 2011, 1640; zum umgekehrten Fall BGHZ 175, 207 = NJW 2008, 1221 = FamRZ 2008, 761 mAnm *Hoppenz*.

[9] *Schmitz* FamRZ 2005, 1520; *Hermes* FamRZ 2007, 184; *Wohlgemuth* FamRZ 2007, 187; ähnlich *Schulin* FamRZ 2005, 1521.

[10] OLG Hamm FamRZ 1992, 679; OLG Celle FamRZ 1991, 944.

[11] Zu einem Fall doppelter Rechtshängigkeit AG Mölln FamRZ 2001, 291 mAnm *Bartsch*.

[12] BGHZ 82, 149 = NJW 1982, 279; BGHZ 89, 137 = NJW 1984, 484; BGHZ 157, 379 (384) = FamRZ 2004, 781 mAnm *Schröder* = BeckRS 2004, 03438; BGH NJW 2007, 1477 = FamRZ 2007, 877 mAnm *Schröder*.

[13] BGH NJW 1992, 1103 = FamRZ 1992, 411; OLG Celle FamRZ 1997, 1204.

[14] BGH NJW 1987, 321; 2004, 1321 = FamRZ 2004, 527 mAnm *Koch*; KG FamRZ 1988, 171; OLG Celle FamRZ 1997, 1204; OLG München FamRZ 1998, 234; *Gernhuber* FamRZ 1984, 1053; *Schwab* in Schwab ScheidungsR-HdB VII Rn. 49.

[15] BGHZ 68, 163 = NJW 1977, 949; BGHZ 80, 384 (387) = NJW 1981, 1836; BGHZ 82, 145 (147) = NJW 1982, 279 – jeweils ohne eigene Begr. allein unter Bezugnahme auf *Rittner* FamRZ 1961, 506; dem BGH hatten sich angeschlossen OLG Köln FamRZ 1983, 71; 1983, 813; OLG Stuttgart FamRZ 1986, 466.

rechnerischen Zugewinnausgleich sinnvoll nicht zu übertragen. Was sollte es etwa rechtfertigen, Nutzungsrechte wie einen Nießbrauch oder Positionen wie eine Vorerbschaft, die für den Berechtigten zu Lebzeiten einen erheblichen wirtschaftlichen Wert darstellten, beim Zugewinnausgleich als nicht existent zu betrachten? Richtig ist allein, dass nicht vererbliche Rechte regelmäßig weniger wertvoll sind als vererbliche (→ § 1376 Rn. 23).

**2. Haushaltsgegenstände.** Seit der Aufhebung der HausratsV zum 1.9.2009 unterliegen Haushaltsgegenstände dem **Zugewinnausgleich** und sind folglich dem Endvermögen der Ehegatten zuzurechnen. Für Sachen, die im **Alleineigentum** eines Ehegatten stehen, gibt es eine spezielle Teilungsregelung überhaupt nicht mehr. Sie sind also immer im Endvermögen des Eigentümers anzusetzen. Die Verteilung von im **gemeinsamen Eigentum** stehenden Gegenständen erfolgt nach § 1568b über wechselseitige Überlassungs- und Zahlungsansprüche. Diese Ansprüche sind – wie sonstige Ansprüche auch – im Endvermögen der Ehegatten zu berücksichtigen. Die Gefahr, dass durch den güterrechtlichen Ausgleich richterliche Billigkeitsentscheidungen durchkreuzt werden, besteht nach der Regelung des § 1568b nicht mehr. In allen Fällen, in denen die Ehe am 1.9.2009 bereits rechtskräftig geschieden war, ist die **HausratsV** allerdings **noch anzuwenden** (→ 7. Aufl. 2018, EGBGB Art. 229 § 20 Rn. 1).[16] Hier verdrängt sie nach wie vor als Sonderregelung die güterrechtlichen Vorschriften und es bleibt dabei, dass nach ihr verteilter oder zu verteilender Hausrat nicht dem Zugewinnausgleich unterliegt[17] (→ § 1374 Rn. 11, 15). 13

**3. Privilegiert erworbene Gegenstände.** Zum Endvermögen gehören auch **alle Vermögenswerte,** die dem **Anfangsvermögen** gemäß § 1374 Abs. 2 als privilegierter Erwerb **hinzugerechnet** werden. Sie nicht zu berücksichtigen, hieße das Privileg verdoppeln: Von zwischenzeitlichen Wertveränderungen der privilegiert erworbenen Gegenstände soll der Ehepartner nicht ausgeschlossen sein. Sie sind im Anfangsvermögen mit ihrem Wert bei Erwerb anzusetzen (→ § 1374 Rn. 21), im Endvermögen mit dem Wert, den sie an dem Stichtag zu dessen Berechnung haben. Damit profitiert der Ehepartner an den während der Ehe eingetretenen realen Wertsteigerungen des von dem anderen privilegiert erworbenen – und als solches nicht zu teilenden – Vermögens. 14

**4. Ansprüche und Forderungen.** Ansprüche und Forderungen eines Ehegatten sind in seinem Endvermögen grundsätzlich auch dann zu berücksichtigen, wenn sie **noch nicht fällig** sind. Von daher zählen Ansprüche auf Steuererstattung dann zum Endvermögen, wenn der Veranlagungszeitraum zum Stichtag abgelaufen war. Dann nämlich ist die Forderung entstanden (vgl. § 25 Abs. 1 EStG, § 36 Abs. 1 und 4 EStG) und stellt eine rechtlich geschützte Position von wirtschaftlichem Wert dar. Auf die Abgabe der Steuererklärung und den Erlass des Steuerbescheides kommt es nicht an.[18] Dasselbe gilt für **bedingte, unsichere** und **ungewisse** Forderungen, sofern nicht die spätere Entwicklung – Eintritt einer auflösenden Bedingung, endgültige negative Klarheit – zum Ausscheiden der Position aus dem Vermögen führte (zu den Bewertungsfragen → § 1376 Rn. 23). Ansprüche des Ehegatten aus einem **Leasingvertrag** stellen in der Regel keinen Vermögenswert dar, denn der Ehegatte hat als Leasingnehmer für die laufende Nutzung zu zahlen, also Gegenleistungen zu erbringen. Zu seinem Endvermögen zählt allerdings die von ihm als Anzahlung erbrachte sog. Leasingsonderzahlung, soweit sie am Stichtag noch nicht durch Nutzung des geleasten Objekts aufgebraucht ist. Da mit dieser Zahlung ein Teil der späteren Nutzung vergütet wird, hat der Ehegatte insofern eine geldwerte Position inne, als er für die künftige Gebrauchsüberlassung nicht das volle Entgelt zu erbringen hat.[19] Ansprüche, die vom Ehegatten noch zu aktualisieren sind (sog. **verhaltene** Ansprüche, zB aus §§ 285, 2217), dürfen als Aktivposten nur berücksichtigt werden, wenn die Aktualisierung erfolgt. Der dem Ehegatten latent zustehende Anspruch steht von Gesetzes wegen zu seiner Disposition; güterrechtliche Nachteile dürfen die ihm zugestandene Dispositionsfreiheit nicht einschränken.[20] 15

Für Ansprüche und Forderungen **gegen den Ehepartner** gilt nichts Besonderes; sie sind unabhängig von ihrem Entstehungsgrund als Aktivposten einzustellen. Sind Ehegatten **Gesamtgläubiger** – der häufigste Fall ist der als Inhaber eines Gemeinschaftskontos –, so ist in ihrem Endvermögen der Zahlungsanspruch in voller Höhe als Aktivposten einzustellen, zugleich aber auch als Passiv- 16

16 Anders BGH NJW 2011, 2289 = FamRZ 2011, 1039 mAnm *Kogel* FamRZ 2011, 1135; *Büte* FPR 2010, 87; wie hier *Gutdeutsch/Hauß* FamRB 2009, 325; *Braeuer* NJW 2010, 351.

17 BGHZ 89, 137 (142) = NJW 1984, 484; BGHZ 113, 325 (333) = NJW 1991, 1741; OLG Bamberg FamRZ 1990, 408; OLG Düsseldorf FamRZ 1992, 60; OLG Celle FamRZ 2000, 226.

18 OLG Köln FamRZ 1999, 656; OLG Dresden FamRZ 2011, 113.

19 OLG Bamberg NJW 1996, 399 = FamRZ 1996, 549; OLG Karlsruhe FamRZ 2004, 1028; Staudinger/*Thiele*, 2017, § 1374 Rn. 7; Johannsen/Henrich/*Jaeger* Rn. 5.

20 AA Staudinger/*Thiele*, 2017, § 1374 Rn. 4.

posten die Verbindlichkeit, die im Hinblick auf die interne Ausgleichspflicht nach § 430 besteht (→ Rn. 33).[21]

17 **5. Dauerschuldverhältnisse.** Rechtsverhältnisse, die wiederkehrende Einzelansprüche vermitteln, sind **als solche nicht** zu berücksichtigen.[22] Die Kapitalisierung des (Dauer-)Rechtsverhältnisses würde künftiges Einkommen vorwegnehmen und damit den Zugewinnausgleich in die Zeit nach dem Stichtag verlängern. Zu berücksichtigen sind nur die bereits entstandenen Einzelansprüche – künftige Unterhaltsansprüche[23] oder Rentenansprüche[24] sind mithin nicht zu bedenken. Kann allerdings Unterhalt für die Vergangenheit gefordert werden, ist der Anspruch auf die Rückstände zu berücksichtigen.[25] Soweit Vorauszahlungen auf erst künftig fällig werdende Ansprüche mit Unterhaltscharakter geleistet werden, sind sie im Endvermögen nach allgM nur soweit zu berücksichtigen, als sie den Zeitraum bis zum Stichtag betreffen.[26] Von daher ist eine unmittelbar vor dem Stichtag überwiesene, aber für den laufenden Lebensunterhalt nach dem Stichtag gedachte Sozialhilfe nicht im Endvermögen zu berücksichtigen (→ Rn. 7).[27] Bereits entstandene Ansprüche aus synallagmatischen Verträgen, etwa aus Arbeits- oder Dienstvertrag, Miet- oder Pachtvertrag, stellen keine in das Endvermögen einzustellenden Vermögenspositionen dar, denn die eigenen Ansprüche als Aktiva werden durch die eigenen Verpflichtungen als Passiva ausgeglichen.

18 **6. Abfindungen.** Arbeitsrechtliche Abfindungen, die als Ausgleich für den künftigen Lohnausfall geleistet werden und **Lohnersatzfunktion** haben, stellen nach Rspr. und überwM unterhaltsrechtliches Einkommen dar und zählen damit nicht zum Endvermögen. Im Endvermögen zu berücksichtigen sein sollen Abfindungen mit Lohnersatzfunktion nur insoweit, als sie nicht für den Unterhalt benötigt werden (→ Rn. 5). Soweit die Abfindung jedoch **Entschädigungsfunktion** hat, also vergangenheitsbezogen als Kompensation für den Verlust des Arbeitsplatzes gezahlt wird, rechnet die Rspr. sie zum Endvermögen.[28] Generell spricht jedoch gegen die Zuordnung von arbeitsrechtlichen Abfindungen zum Güterrecht, dass ein Arbeitsplatz lediglich die Möglichkeit vermittelt, künftig Geld zu verdienen, als solcher aber (noch) kein Vermögen darstellt. Von daher wird der Arbeitsplatz güterrechtlich als Aktivposten nicht bilanziert. Folglich muss auch der Verlust des Arbeitsplatzes güterrechtlich irrelevant bleiben, denn dem Ehegatten wird mit ihm keine Vermögensposition, sondern nur eine Geldverdienensmöglichkeit entzogen. Die als Ersatz für den Verlust dieser Möglichkeit gezahlte Abfindung unterliegt mithin grundsätzlich nicht dem Vermögensausgleich im Güterrecht – und zwar unabhängig davon, ob die Ersatzleistung Versorgungs- oder Entschädigungscharakter hat.[29]

19 **Rentenabfindungen,** die anstelle künftig wiederkehrender Ansprüche gewährt werden – etwa Abfindungen wiederheiratender Witwen und Witwer (§ 107 SGB VI, früher § 1302 RVO bzw. § 81 AVG) oder Abfindungen erwerbsunfähig Geschädigter (§ 843 Abs. 3) – sind nach überwM nicht dem Anfangsvermögen zuzurechnen (zur Kritik → § 1374 Rn. 20) und fallen folglich ins Endvermögen. Dort sind sie rechnerisch dann in voller Höhe zu berücksichtigen. Sie wegen des surrogierenden Charakters der Zahlung nur mit jenen Teilen zu berücksichtigen, die auf die Zeit der Zugewinngemeinschaft entfallen,[30] verbieten die schematisch gefassten Berechnungsregeln des Zugewinnausgleichs; Härten sind allein nach Maßgabe des § 1381 auszugleichen.[31] **Rückerstattete Rentenbeiträge** (§ 210 SGB VI, früher § 1303 RVO bzw. § 92 AVG; § 117 ALG, früher § 27a GAL; §§ 7, 8 VAHRG iVm § 48 VersAusglG) sind dem Endvermögen hingegen nicht zuzurechnen. Da mit ihnen Anwartschaften oder Aussichten ausgeglichen werden, die dem Versorgungsausgleich unterliegen, unterfallen sie nicht dem güterrechtlichen Ausgleich (→ § 1374 Rn. 9).[32]

---

[21] AG Itzehoe FamRZ 1991, 441 für Mietkaution; AG Limburg FamRZ 1996, 1476 für Darlehensanspruch; *Wever* Vermögensauseinandersetzung Rn. 848.

[22] BGHZ 82, 145 (147) = NJW 1982, 279; BGHZ 82, 149 (150) = NJW 1982, 279; Staudinger/*Thiele*, 2017, § 1374 Rn. 5; Soergel/*Kappler/Kappler* § 1374 Rn. 13; Johannsen/Henrich/*Jaeger* § 1374 Rn. 10.

[23] BGH NJW 1980, 229; 1981, 1038.

[24] BGH NJW 1981, 1038 zu Ansprüchen nach dem BVG.

[25] OLG Frankfurt FamRZ 1990, 998; OLG Celle FamRZ 1991, 944.

[26] Johannsen/Henrich/*Jaeger* Rn. 7; Johannsen/Henrich/*Jaeger* § 1374 Rn. 10.

[27] OLG Karlsruhe FamRZ 2001, 1301 Ls.

[28] BGH NJW 1982, 326; 1998, 749; 2001, 439 = FamRZ 2001, 278; OLG Hamm FamRZ 1999, 1068; OLG Karlsruhe BeckRS 2013, 19511 = FamRZ 2014, 942.

[29] *Kaiser* FS Schwab, 2005, 495; *Schwab* in Schwab ScheidungsR-HdB VII Rn. 60; *Maurer* FamRZ 2005, 757: „jedenfalls" für Vorruhestandsgelder.

[30] *Gernhuber* FS H. Lange, 1992, 853; *Gernhuber* NJW 1991, 2238; *Gernhuber/Coester-Waltjen* FamR § 36 Rn. 55.

[31] BGHZ 82, 145 = NJW 1982, 279 für eine Zahlung gemäß § 843 Abs. 3; BGHZ 82, 149 = NJW 1982, 279 für eine Abfindung gemäß § 1302 RVO aF.

[32] BGH NJW 1995, 523.

**7. Anwartschaftsrechte.** Anwartschaftsrechte zählen zu den Aktiva, sofern sie nicht aufgrund einer speziellen Wertung dem Zugewinnausgleich entzogen sind (zum Anwartschaftsrecht des Nacherben → § 1374 Rn. 25) oder zum Regelungsbereich des Versorgungsausgleichs gehören (→ § 1373 Rn. 17; → § 1374 Rn. 9). Bloße **Erwerbsaussichten** sind **außer Ansatz** zu lassen – eventuell später anfallender Erwerb stellt am Stichtag noch keine geldwerte Position dar. Deshalb spielt die Erwerbschance eines **erbvertraglich** Bedachten im Endvermögen keine Rolle.[33] Auch Versicherungsleistungen, die zum Stichtag noch unter dem **Vorbehalt der Rückzahlung** stehen, begründen keine gesicherte Rechtsposition.[34] Nicht zu berücksichtigen sind auch die Aussichten des **Zeitsoldaten** auf die – nach dem Ausscheiden aus dem Dienstverhältnis zur Unterhaltssicherung gezahlten – Übergangsgebührnisse gemäß § 11 SVG[35] und die Aussichten auf Ausgleichszahlungen wegen früheren Ruhegehaltsbezuges gemäß § 38 SVG.[36] Anders als die Aussichten auf diese Zahlungen mit Unterhalts- bzw. Abfindungsfunktion unterliegt die Aussicht des Zeitsoldaten auf die gemäß § 12 SVG am Ende der Dienstzeit ausgezahlte Übergangsbeihilfe dem Zugewinnausgleich. Diese als Startkapital gezahlte Beihilfe nämlich ist eine **Gehaltszulage** und hinsichtlich der während der Ehezeit erworbenen Anteile auszugleichen.[37] Eine rechtlich geschützte Anwartschaft entsteht hingegen bei Vereinbarungen zwischen Unternehmer und Betriebsrat anlässlich geplanter Betriebsänderungen – und zwar bereits mit dem den Sozialplan vorbereitenden **Interessenausgleich nach § 111 BetrVG.**[38] 20

**8. (Lebens-)Versicherungsanrechte.** Anrechte aus **privat** abgeschlossenen **Kapitallebensversicherungen** unterliegen dem Zugewinnausgleich. Entzogen sind dem Zugewinnausgleich seit 1.9.2009 allerdings die **betrieblichen Versorgungsanrechte.** Die nach dem Gesetz über die betriebliche Altersversorgung (BetrAVG) und dem Altersvorsorgeverträge-Zertifizierungsgesetz (AltZertG) erworbenen Versicherungsanrechte. unterliegen, auch wenn sie auf eine Kapitalleistung gerichtet sind, dem **Versorgungsausgleich** (§ 2 Abs. 2 Nr. 3 VersAusglG). Damit stellt sich die für die Berücksichtigung einer betrieblichen Versorgungsaussicht im Zugewinnausgleich früher wichtige Frage nach ihrer Verfallbarkeit (dann bloße, im Endvermögen nicht zu berücksichtigende Erwerbsaussicht) bzw. Unverfallbarkeit (dann zu berücksichtigendes Anwartschaftsrecht)[39] nicht mehr. Die frühere Rspr. zu dieser Frage behält ihre Bedeutung jedoch noch in allen Verfahren, in denen nach den Übergangsvorschriften der §§ 48 ff. VersAusglG das bis zum 1.9.2009 geltende Recht anzuwenden ist.[40] Dass das VersAusglG nur die betrieblichen, nicht aber auch die privaten Kapitallebensversicherungen dem Versorgungsausgleich unterwirft, trägt dem Umstand Rechnung, dass solche privaten Versicherungen typischerweise keinen Vorsorgecharakter haben, sondern der Kapitalbeschaffung für besondere Konsumlagen dienen. Hinzukommt, dass bei privaten Lebensversicherungsverträgen die Erreichung des Vorsorgezwecks nicht sichergestellt ist, weil in der Regel durch (vorzeitige) Kündigung auf das angesparte Kapital zugegriffen und das Anrecht zu Fall gebracht werden kann. 21

Dem Zugewinn zuzuordnen und in das Endvermögen einzustellen sind private Kapitallebensversicherungen auch dann, wenn sie ein **Rentenwahlrecht** enthalten. Solange der Versicherungsnehmer dieses nämlich nicht ausgeübt hat, richtet sich das Anrecht auf eine Kapitalleistung, welche im Zugewinn auszugleichen ist.[41] Ausschlaggebender Zeitpunkt für die Zuordnung zum Zugewinn ist der Stichtag für dessen Berechnung. Ist das Rentenwahlrecht zu diesem Zeitpunkt nicht ausgeübt, fällt die Versicherungsanwartschaft in das Endvermögen – und verbleibt als Rechenposten in diesem, auch wenn der Ehegatte später noch für die Rentenleistung optiert. Geändert hat sich dann nämlich lediglich die Ausgleichsform des Anwartschaftsrechts, nichts aber daran, dass es wertmäßig zum Stichtag im Endvermögen vorhanden war.[42] 22

---

[33] OLG Koblenz FamRZ 1985, 286.

[34] AG Burgwedel FamRZ 1998, 1232 für Fluguntauglichkeitsversicherung.

[35] BGH NJW 1980, 229; OLG Oldenburg FamRZ 1976, 346; OLG München NJW 1979, 881 Ls.; Staudinger/*Thiele,* 2017, § 1374 Rn. 11; Bamberger/Roth/*Cziupka* Rn. 16; aA OLG Bremen NJW 1971, 1661; OLG Nürnberg NJW 1977, 1475.

[36] BGH NJW 1982, 1982; OLG München FamRZ 1982, 486.

[37] OLG Bremen NJW 1971, 1661; OLG Oldenburg FamRZ 1976, 346; OLG Hamm FamRZ 1978, 121; OLG Düsseldorf FamRZ 1980, 51; OLG München FamRZ 1982, 608; *Schwab* in Schwab ScheidungsR-HdB VII Rn. 44; Staudinger/*Thiele,* 2017, § 1374 Rn. 11; Soergel/*Czeguhn* Rn. 9; anders BGH NJW 1983, 2141; Johannsen/Henrich/*Jaeger* Rn. 5.

[38] BGH NJW 2001, 439 = FamRZ 2001, 278; OLG Hamm FamRZ 1999, 1068.

[39] BGHZ 117, 70 = NJW 1992, 1103; BGH NJW-RR 1993, 1285 = FamRZ 1993, 1303; NJW 2003, 1396 = FamRZ 2003, 153 mAnm *Bergschneider,* zu sog. Alterskapital; OLG Köln FamRZ 2001, 158; *Voit* FamRZ 1992, 1385.

[40] BGH BeckRS 2016, 21259 = FamRZ 2017, 365 Ls.

[41] BGH NJW-RR 2005, 1379 = FamRZ 2005, 1463; BeckRS 2016, 21259 = FamRZ 2017, 365 Ls. für das alte Recht; heute ergibt sich dies aus § 2 Abs. 2 Nr. 3 VersAusglG.

[42] BGH NJW 2003, 1320 = FamRZ 2003, 664.

23 Ebenfalls dem Zugewinnausgleich unterliegen private Rentenlebensversicherungen mit **Kapitalwahlrecht,** wenn das Wahlrecht vor der gerichtlichen Entscheidung über den Versorgungsausgleich ausgeübt worden ist. In diesem Fall nämlich kann das Anwartschaftsrecht im Versorgungsausgleich nicht berücksichtigt werden, denn es ist im Entscheidungszeitpunkt nicht mehr auf eine Rentenzahlung gerichtet. Dabei bleibt es, auch wenn sich der Ehegatte erst nach dem für die Berechnung des Versorgungsausgleichs maßgeblichen Stichtag (§ 3 Abs. 1 VersAusglG) für die Kapitalleistung entscheidet. Die **späte Umwandlung** des Rentenanrechts ändert nichts daran, dass es im Zeitpunkt der gerichtlichen Entscheidung nur noch ein Anrecht auf Zahlung gibt – und ein solches unterfällt nicht dem Versorgungsausgleich.[43] Das Anrecht ist mithin im Zugewinn auszugleichen und mit seinem zum Stichtag vorhandenen Wert in das Endvermögen des berechtigten Ehegatten einzustellen – dass sich seine Ausgleichsform geändert hat, hindert diese Berücksichtigung als Kapitalwert nicht (→ Rn. 22).

24 Ist die **Berücksichtigung** des Anrechts **im Zugewinn nicht möglich,** weil über diesen bereits rechtskräftig entschieden wurde, die Ausgleichsforderung verjährt ist oder Gütertrennung besteht, bleibt der Ehepartner von jeglicher Partizipation an dem Anrecht ausgeschlossen. Bis zum 1.9.2009 folgte das daraus, dass die Regelungen des BGB zum Versorgungsausgleich für Kapitalleistungen überhaupt keine Ausgleichsmechanismen zur Verfügung stellten.[44] Das hat sich insofern geändert, als § 22 VersAusglG auch den Ausgleich von Kapitalzahlungen im Versorgungsausgleich vorsieht. Allerdings bezieht sich § 22 VersAusglG nur auf Kapitalleistungen, die ausnahmsweise dem Versorgungsausgleich unterliegen, also auf Kapitalanrechte aus betrieblichen Altersversorgungen und aus zertifizierten Altersvorsorgeverträgen. Eine Erstreckung des § 22 VersAusglG auf ausnahmsweise im Zugewinn nicht ausgleichbare Kapitalleistungen aus privaten Lebensversicherungen ist nicht möglich.[45] Denn nach wie vor gilt, dass dem Versorgungsausgleich grundsätzlich nur Anwartschaften und Ansprüche unterfallen, die auf eine Rente gerichtet sind.

25 Die Möglichkeit, das Versicherungsanrecht auf Rentenzahlung durch späte Umwandlung in ein solches auf Kapitalzahlung jeglichem Ausgleich zu entziehen, kann dem berechtigten Ehegatten jedoch durch **analoge Anwendung des § 162 Abs. 2** genommen werden. Wie im Fall der treuwidrig herbeigeführten und deshalb unwirksamen Bedingung, kann der späten Ausübung des Kapitalwahlrechts die Wirksamkeit versagt werden, wenn sie dazu führt, dass das – zuvor dem Versorgungsausgleich unterliegende – Versicherungsanrecht überhaupt nicht mehr ausgeglichen werden kann. Wegen der Gleichheit der Interessenlage und dem unbeabsichtigten Fehlen einer gesetzlichen Regelung für die Wahlrechtsausübung in dieser Konstellation ist die Analogie hier zulässig.

26 **9. Zeitwertpapiere.** Zeitwertpapiere zur flexiblen Gestaltung der Lebensarbeitszeit vermitteln dem Ehegatten eine rechtlich geschützte Anwartschaft auf die späteren Einkünfte. Gleichwohl unterfallen die Papiere **nicht dem Zugewinnausgleich.** Es handelt sich bei den Zeitwerten nämlich um gestundetes Arbeitsentgelt, das in der Freistellungsphase wiederkehrend ausgezahlt wird und dann auch steuer- und sozialversicherungspflichtig ist. Dass die Zeitwerte bis zu ihrer Auszahlung als kapitalisiertes Vermögen vorhanden sind, ändert nichts daran, dass sie von ihrer Funktion her Gehalt sind. Sie stellen mithin kein güterrechtlich relevantes Vermögen dar, sondern sind allein unterhaltsrechtlich, ggf. auch im Versorgungsausgleich, relevant.[46]

27 **10. Treuhandpositionen.** Außer Ansatz zu lassen sind die von einem Ehegatten innegehaltenen Treuhandpositionen nach fiduziarischer Übertragung von Rechten. Sie werden stets neutralisiert durch den Rückübertragungsanspruch des Treugebers nach Beendigung des Treuhandverhältnisses. Die Beweislast dafür, dass das Recht nur treuhänderisch gehalten wird, trägt der Ehegatte, der sich als Vermögensinhaber auf die Zugehörigkeit zum Treuhandvermögen beruft.[47]

28 **11. Brautgaben.** Im Endvermögen der Ehefrau **zu berücksichtigen** ist das, was ihr als Brautgabe (→ § 1363 Rn. 34), zusteht.[48] Ist ihr dieses Vermögen bereits zugeflossen und noch vorhanden, erhöht es ihren Zugewinn. Hat hingegen der Ehemann das Brautgabe-Vermögen – was dem Regelfall entspricht – noch nicht geleistet, ist der Anspruch dann der Ehefrau auf dieses als Aktivposten

[43] BGH NJW-RR 2011, 1633 = FamRZ 2011, 1932; KG FamRZ 2012, 375 Ls.; *Borth* FamRZ 2011, 1919.

[44] BGH NJW 2003, 1320 = FamRZ 2003, 664 mAnm *Deisenhofer* FamRZ 2003, 745; vgl. OLG Köln FamRZ 2001, 158.

[45] So aber → 7. Aufl. 2017, VersAusglG § 22 Rn. 2 *(Ackermann-Sprenger)*; Johannsen/Henrich/*Jaeger/Holzwarth* VersAusglG § 22 Rn. 9, jeweils unter Hinweis auf den keine Einschränkung enthaltenden Wortlaut der Norm.

[46] OLG Celle FamRZ 2014, 1699; OLG Oldenburg FamRZ 2004, 1211; AG Braunschweig FamRZ 2007, 214; *Teslau/May/Andersen* FamRZ 2014, 1831.

[47] OLG Karlsruhe FamRZ 1979, 432.

[48] *Yassari,* Die Brautgabe im Familienvermögensrecht, 2014, 387; *Koch* FF 2018, 351.

in ihr Endvermögen einzustellen. Im Endvermögen des Ehemannes ist der Anspruch dann entsprechend als Passivposten mindernd zu berücksichtigen. Im Ergebnis kommt mithin dem Ehemann im Zugewinnausgleich das von ihm als Brautgabe geleistete – oder zu leistende – Vermögen wertmäßig zur Hälfte zugute.

In das Anfangsvermögen fällt das Brautgabe-Vermögen jedenfalls nicht. Die Ehefrau erwirbt dieses bzw. den Anspruch darauf erst mit der Eheschließung und damit zeitgleich mit Eintritt in den Güterstand. Zuvor, dh bei Eintritt in diesen, befindet sich die Brautgabe noch nicht in ihrem Vermögen (→ § 1374 Rn. 7). 29

## IV. Passiva

**1. Defizitäres Endvermögen.** Nach der bis zum 1.9.2009 geltenden Fassung des § 1375 Abs. 1 waren Verbindlichkeiten bei der Bestimmung des Endvermögens nur bis zur Höhe des Aktivvermögens bedeutsam. Weitere Passiva waren grundsätzlich belanglos,[49] weil bei einem auf Null gestellten Endvermögen sicher war, dass kein Zugewinn erwirtschaftet worden war. Mit der Berücksichtigung negativen Anfangsvermögens hat sich dies geändert. Um den wirtschaftlichen Gewinn des anfangs verschuldeten Ehegatten auch dann berücksichtigen zu können, wenn dieser bis zur Beendigung des Güterstandes zwar Schulden getilgt, aber kein Aktivvermögen erworben hat, muss auch das Endvermögen **negativ** sein können. Die während der Ehe erfolgte Schuldentilgung kann hier nämlich nur dann als Zugewinn erfasst werden, wenn die Verringerung der Verbindlichkeiten durch Vergleich ihrer Höhe im Anfangsvermögen mit ihrer Höhe im Endvermögen ablesbar ist. Beträgt das Endvermögen aber immer mindestens Null, ist dieser Vergleich nicht möglich und mithin Tilgungsgewinn, der lediglich in der Reduzierung des Negativsaldos des Anfangsvermögens liegt, nicht erfassbar. 30

**Beispiel:**

| | *Ehefrau* | | *Ehemann* |
|---|---|---|---|
| Anfangsvermögen: | 0 | | – 100.000 |
| Endvermögen: | 60.000 | | – 50.000 |
| Zugewinn: | 60.000 | | 50.000 |
| Differenz: | | 10.000 | |
| Sein Ausgleichsanspruch: | 5.000 | | |

Zu einer Beteiligung an dem in der Schuldenminimierung liegenden Gewinn kommt es bei negativem Endvermögens allerdings **nur dann,** wenn der – nach wie vor noch – **verschuldete** Ehegatte **ausgleichsberechtigt** ist. Dann nämlich verringert sich die Differenz seines Zugewinns, der in der Minimierung der Schuldenlast besteht, zu dem Zugewinn seines Ehepartners, der aus Aktivvermögen besteht. 31

In dem Fall aber, in dem der Ehegatte, der in Bezug auf den Schuldentilgungsgewinn des anderen ausgleichsberechtigt ist, **selbst keinen Zugewinn** erzielt hat, bekommt er, solange das Endvermögen des anderen negativ ist, nichts. Nach wie vor nämlich begrenzt § 1378 die Ausgleichsforderung grundsätzlich auf das bei Ende des Güterstandes – oder zu den nach §§ 1384, 1387 maßgeblichen Stichtagen – vorhandene Vermögen. 32

**Beispiel:**

| | *Ehefrau* | | *Ehemann* |
|---|---|---|---|
| Anfangsvermögen: | 0 | | – 100.000 |
| Endvermögen: | 0 | | – 50.000 |
| Zugewinn: | 0 | | 50.000 |
| Differenz: | | 50.000 | |
| Ihr Ausgleichsanspruch: | 0 | | |

Da hier der Zugewinn des Ehemannes nur in der Minimierung seiner Schuldenlast liegt und er sonstiges Vermögen nicht erworben hat, verhilft die Negativ-Bilanzierung seines Endvermögens der Ehefrau nicht zu ihrem Anteil am Schuldentilgungsgewinn.

**2. Verbindlichkeiten.** Das Endvermögen wird gemindert durch alle Verbindlichkeiten, die bei Beendigung des Güterstandes bestehen.[50] Dabei sind Verbindlichkeiten **gegenüber dem Ehegatten** nicht anders zu behandeln als Verbindlichkeiten, die gegenüber Dritten bestehen. Sind die Ehegatten **Gesamtgläubiger,** etwa in Bezug auf ein gemeinsames Spar- oder Girokonto, so ist der interne Ausgleichsanspruch des anderen aus § 430 als Passivposten im Endvermögen zu berücksichtigen 33

[49] Als passives Vermögen auszuweisen war das Endvermögen gemäß § 1375 Abs. 1 S. 2 aF nur, wenn Dritte gemäß § 1390 in Anspruch genommen werden konnten, → 5. Aufl. 2010, § 1390 Rn. 12.

[50] Bedenklich OLG Frankfurt FamRZ 1990, 998 für ein nur sittlich bindendes Aussteuerversprechen.

(→ Rn. 16).[51] Auch der im Falle einer Schenkung an das Schwiegerkind beim Scheitern der Ehe aus § 313 bzw. § 812 Abs. 1 S. 1 Alt. 2 gegebene **Rückforderungsanspruch der Schwiegereltern** ist als Verbindlichkeit in dessen Endvermögen zu berücksichtigen (→ § 1374 Rn. 36).[52] Irrelevant ist der Rechtsgrund der Verbindlichkeit, auch selbst verschuldete Zahlungsverpflichtungen wie solche, die aus einer Straftat herrühren, sind abzugsfähig.[53]

34 Dass die Verbindlichkeit **befristet** oder **noch nicht fällig** ist, ist ebenfalls **irrelevant.**[54] Jahressteuern, die wie die Einkommensteuer nach § 36 Abs. 1 EStG mit Ablauf des Kalenderjahres entstehen, mindern nach hM mithin das Endvermögen dann, wenn am Stichtag das Kalenderjahr abgelaufen war.[55] Dass die Steuerschuld nach § 36 Abs. 4 EStG erst mit Bekanntgabe des Steuerbescheides fällig wird, schadet nicht.[56]

35 Verbindlichkeiten, die **zeitgleich** mit der Beendigung entstehen, sind **nicht zu berücksichtigen.** Von Relevanz ist dies bei Beendigung des Güterstandes durch Tod eines Ehegatten und güterrechtlichem Ausgleich mit den Erben. Sämtliche **Erbfallschulden** (Erbschaftssteuerschuld, Erbersatzansprüche, Vermächtnisse, Pflichtteilsansprüche usw) belasten dann allein die Erben (→ § 1371 Rn. 48). Für die Berechnung der Erbfallschulden, deren Höhe vom Umfang des Nachlasses abhängig ist, ist die Zugewinnausgleichsforderung vom Nachlass abzusetzen. Die Nachlassverteilung ist insofern dem Zugewinnausgleich nachgeordnet, als die Ausgleichsforderung eine Erblasserschuld und folglich eine Nachlassverbindlichkeit ist.[57]

36 Im Endvermögen des Ehegatten **nicht** als Verbindlichkeit zu berücksichtigen ist nach allgM der **Verlustanteil** an einer **Abschreibungsgesellschaft.**[58] Das negative Kapitalkonto des Ehegatten ist insofern nicht als Verbindlichkeit gegenüber der Gesellschaft zu qualifizieren, als es sich in der Sache um eine „Verlusthaftung mit künftigen Gewinnen" handelt.

37 **3. Gesamtschulden der Ehegatten.** Haften Ehegatten einem Dritten gesamtschuldnerisch, so ist die Gesamtschuld im Endvermögen zunächst jeweils in voller Höhe als Passivposten einzustellen. Zu berücksichtigen ist dann jedoch die **im Innenverhältnis** nach § 426 Abs. 1 S. 1 bestehende Ausgleichspflicht. Da nach hM die güterrechtlichen Vorschriften über den Zugewinnausgleich den schuldrechtlich geregelten internen **Gesamtschuldnerausgleich** nicht verdrängen (→ § 1363 Rn. 16, 50), ist der der Haftungsquote entsprechende Ausgleichsanspruch aus § 426 Abs. 2 S. 1 bei beiden Ehepartnern jeweils als Aktivposten einzustellen. Regelmäßige Folge dieser Rechenschritte ist, dass gesamtschuldnerisch haftende Ehegatten die gemeinsame Verbindlichkeit in ihrem Endvermögen jeweils nur in der Quote zum Abzug bringen können, die im Innenverhältnis auf sie entfällt.[59] Ist allerdings absehbar, dass der interne Ausgleichsanspruch des die Tilgung der Gesamtschuld nach außen übernehmenden Ehegatten **dauerhaft uneinbringlich** und damit ökonomisch wertlos ist, ist er nach allgM in dessen Endvermögen nicht zu berücksichtigen (→ § 1376 Rn. 20).[60] Da sich diese „Abschreibung" des Ausgleichsanspruchs in der Zugewinnbilanz zu Lasten des insolventen Ehegatten auswirkt, ist als Konsequenz der gegen ihn gerichtete Ausgleichsanspruch aus § 426 Abs. 2 um den Minderungsbetrag zu kürzen – insoweit hat der insolvente Ehegatte dann ja „geleistet".

38 Bei der Ermittlung der internen Haftungsquote ist zu beachten, dass Ehegatten den in § 426 Abs. 1 S. 1 für den Regelfall vorgesehenen anteiligen Haftungsmaßstab für die Zeit ihres Zusammenlebens **konkludent abbedingen.** Denn während der Ehe wollen Ehepartner die Leistungen, die sie im Rahmen der abgesprochenen Lastentragung und Aufgabenteilung wechselseitig erbringen, nicht miteinander verrechnen. Die in Rspr. und Lit. anzutreffende Behauptung, dass dieses Ergebnis keiner konkludenten Vereinbarung bedarf, sondern bereits aus „Inhalt und Zweck des (zwischen

---

51 *Wever* Vermögensauseinandersetzung Rn. 848.

52 BGH NJW 2010, 2202 = FamRZ 2010, 958; NJW 2010, 2884 = FamRZ 2010, 1626 mAnm *Wever*; OLG Düsseldorf NJW 2014, 2512; *Wever* Vermögensauseinandersetzung Rn. 1291.

53 OLG Karlsruhe FamRZ 2004, 461 für Kosten im Zusammenhang mit Verurteilung wegen Vergewaltigung.

54 BGH NJW 1991, 1547 = FamRZ 1991, 43 für Rückerstattungsforderung der Kassenärztlichen Vereinigung.

55 BGH NJW 1991, 1547 = FamRZ 1991, 43 (48); NJW 2006, 2623 = FamRZ 2006, 1178; OLG Dresden FamRZ 2011, 113. Für stichtagsbezogene Berechnung der Steuer *Schulz/Maier/Gutdeutsch* FamRZ 2015, 2097.

56 OLG Düsseldorf FamRZ 2004, 1106; 2008, 516 zur Steuervorauszahlungspflicht nach § 37 EStG.

57 Heute wohl allgM, vgl. etwa Staudinger/*Thiele,* 2017, Rn. 4; Erman/*Budzikiewicz* Rn. 6; Bamberger/Roth/*Cziupka* Rn. 49; *Gernhuber/Coester-Waltjen* FamR § 37 Rn. 31.

58 BGH NJW-RR 1986, 226 = FamRZ 1986, 37; Johannsen/Henrich/*Jaeger* § 1375 Rn. 22; *Schulz/Hauß* Trennung und Scheidung Rn. 424.

59 BGH NJW-RR 2015, 897 = FamRZ 2015, 1272 mAnm *Koch* = NJW-RR 2015, 897; FamRZ 2011, 25 mAnm *Koch* und *Braeuer* FamRZ 2011, 453; OLG Koblenz FamRZ 2015, 142; OLG Karlsruhe FamRZ 2018, 1737; 2005, 909; OLG Frankfurt MittBayNot 2014, 163.

60 OLG Koblenz FamRZ 2015, 142; OLG Frankfurt MittBayNot 2014, 163; OLG Hamm FamRZ 1997, 363.

den Ehegatten bestehenden) Rechtsverhältnisses" oder aus der „Natur der Sache" herzuleiten ist,[61] überzeugt allerdings nicht. Eine **Bestimmung,** wie sie § 426 Abs. 1 S. 1 aE für die Abweichung vom hälftigen Verteilungsmaßstab fordert, kann sich nur aus Gesetz oder Vertrag ergeben. Die Natur der Sache oder das Rechtsverhältnis als solches können nichts bestimmen, aus ihnen lässt sich nur auf einen – ihnen Rechnung tragenden – Willen der Ehegatten schließen. Von daher zeitigt die Idee, die anderweitige Bestimmung auf die Natur der Sache oder den Sinn des Rechtsverhältnisses zurückzuführen, im Ergebnis denn auch keine Auswirkungen. Die Vorgaben, die Natur und Rechtsverhältnis angeblich machen, lassen ausnahmslos den Schluss auf eine entsprechende stillschweigende Absprache der Ehegatten über den internen Ausgleich zu.[62] Bei **Trennung,** spätestens aber bei **Zustellung des Scheidungsantrags** heben die Ehegatten jedenfalls in der Regel die freistellende Tilgungsabrede auf – wenn nicht ausdrücklich, so doch stillschweigend. Nach Aufhebung der Lebensgemeinschaft gibt es für den im Außenverhältnis leistenden Ehegatten keinen Grund mehr, dem anderen die Schuldbefreiung zukommen zu lassen und für diesen gibt es auch keinen Grund mehr, dies zu erwarten. Die Ehegatten rechnen nun einander erbrachte Leistungen ab und wollen auch die Gesamtschuld im Innenverhältnis jeweils nur hälftig tragen.[63]

Zu bedenken ist allerdings, dass es auch Konstellationen gibt, in denen die Ehegatten **trotz Scheiterns** ihrer Beziehung an der **Haftungsfreistellung** im Innenverhältnis festhalten und sich entsprechend verständigen. Das ist etwa der Fall, wenn ein Ehegatte nach der Trennung die eheliche Wohnung beibehält und die – nach dem Mietvertrag gesamtschuldnerisch geschuldete – Miete allein bezahlt. Verbleibt er nach Ablauf einer ihm als Überlegungs- und Bedenkzeit zuzubilligenden Frist in der Wohnung, gibt er zu erkennen, dass er den Mietvertrag allein fortführen will, wovon dann auch der ausgezogene Partner ausgeht. Konkludent schließen die Eheleute hier die gesetzlich vorgesehene interne Ausgleichungspflicht für die **Mietschuld** (wieder) aus.[64] Eine anderweitige Bestimmung der Haftungsübernahme im Innenverhältnis ergibt sich nach Trennung vielfach auch aus einer **Unterhaltsvereinbarung.** Wenn in einer solchen etwa die Rückführung des gesamtschuldnerisch aufgenommenen Darlehens durch den unterhaltspflichtigen Ehemann einkommensmindernd zu seinen Gunsten berücksichtigt wird, bedingen die Eheleute im Hinblick auf die damit verbundene Reduzierung des Unterhaltsanspruchs der Ehefrau in aller Regel stillschweigend deren interne Ausgleichungspflicht ab.[65] 39

Die bei Zusammenveranlagung anfallenden **Steuerschulden** sind im Innenverhältnis so zu verteilen, dass jeder Ehegatte für die Steuer aufkommt, die auf seine Einkünfte entfällt. Erzielt also ein Ehegatte kein steuerpflichtiges Einkommen, ist er im Innenverhältnis nicht zu belasten.[66] Konkret sind die Steuerschulden nach allgM zwischen den Ehepartnern nicht nach dem Verhältnis ihrer Einkünfte aufzuteilen, sondern nach dem Verhältnis der Steuerlast im Falle getrennter Veranlagung. Nur so nämlich können die in die Steuerfestsetzung einfließenden subjektiven Umstände, Progressionswirkungen, Werbungskosten, Sonderausgaben etc. berücksichtigt werden.[67] 40

Auch bei **alleiniger Außenhaftung** eines Ehegatten für eine Darlehensverbindlichkeit kann – wie bei gesamtschuldnerischer Haftung – im Innenverhältnis eine hälftige Übernahme in Betracht kommen.[68] Eine dahingehende, **konkludent** getroffene Absprache ist in der Regel anzunehmen, wenn das Darlehen zu rein familiären Zwecken aufgenommen wurde. Diente die Darlehensaufnahme der Finanzierung des im Miteigentum stehenden Hausgrundstücks, ergibt sich die anteilige Haftung schon aus den Bestimmungen über die Bruchteilsgemeinschaft (§§ 748, 755). In beiden Fällen jedenfalls ist die Verbindlichkeit jeweils zur Hälfte in den Endvermögen der beiden Ehegatten zu berücksichtigen. 41

**4. Zukünftige Verbindlichkeiten.** Zukünftige Verbindlichkeiten bleiben grundsätzlich außer Ansatz. Das gilt auch, wenn ihr Eintritt mit Sicherheit feststeht. Deshalb mindern Zinszahlungen, 42

61 BGH NJW-RR 2015, 897 = FamRZ 2015, 1272 mAnm *Koch*; NJW-RR 2011, 73 = FamRZ 2011, 25 mAnm *Koch* und *Braeuer* FamRZ 2011, 453; OLG Schleswig FamRZ 1990, 165; OLG Koblenz FamRZ 2010, 1901; OLG Saarbrücken FamRZ 2010, 1902; Soergel/*Wolf* § 426 Rn. 26.

62 So auch Johannsen/Henrich/*Jaeger* Vor § 1372 Rn. 14.

63 BGH NJW-RR 2011, 73 = FamRZ 2011, 25 mAnm *Koch* und *Braeuer* FamRZ 2011, 453; KG FamRZ 2009, 1327.

64 OLG Düsseldorf FamRZ 2011, 376: nach sechs Monaten; OLG München FamRZ 1996, 291: nach spätestens einem Jahr.

65 BGH NJW-RR 2011, 73 = FamRZ 2011, 25 mAnm *Koch* und *Braeuer* FamRZ 2011, 453; NJW 2008, 849 = FamRZ 2008, 602; OLG Köln FamRZ 1995, 1149.

66 Vgl. BGHZ 73, 29 (37) = NJW 1979, 546; OLG Hamburg FamRZ 1983, 168; *Liebelt* FamRZ 1993, 626.

67 *Dostmann* FamRZ 1991, 760; *Liebelt* FamRZ 1993, 626; *Gernhuber* JZ 1996, 765; die Frage der Berechnungsmethode offenlassend BGHZ 73, 29 (37 f.) = NJW 1979, 546.

68 BGH NJW-RR 2015, 1473 = FamRZ 2015, 993 mAnm *Wever*; NJW-RR 1991, 578 = FamRZ 1991, 1162; OLG Koblenz NJW-RR 2008, 1173.

die monatlich mit der Tilgung eines Darlehenskapitals zu erbringen sind, das Endvermögen nicht. Auch wenn die Zinsverbindlichkeiten von der Höhe her zum Stichtag schon feststehen, entstehen sie doch erst in der Zukunft mit der jeweiligen Kapitalüberlassung (→ Rn. 8).

### V. Illoyale Vermögensminderungen durch unentgeltliche Zuwendungen (Abs. 2 S. 1 Nr. 1)

43 **1. Zuwendungen an den Ehegatten.** Dem Endvermögen ist der Gesamtbetrag der unentgeltlichen Zuwendungen hinzuzurechnen, die in den letzten zehn Jahren vor Beendigung des Güterstandes erfolgten, ohne durch eine sittliche Pflicht oder durch eine auf den Anstand zu nehmende Rücksicht legitimiert gewesen zu sein. **Nicht** zu berücksichtigen sind Zuwendungen **an den Ehegatten** selbst, mögen sie nun zu den anrechnungspflichtigen Vorempfängen gemäß § 1380 Abs. 1 gehören – dann jedoch Hinzurechnung gemäß § 1380 Abs. 2 S. 1 – oder nicht. Dies ergibt sich aus dem Normzweck und dem Wortlaut des § 1375 Abs. 3 Fall 2.[69]

44 **2. Zeitpunkt der Zuwendung.** Zuwendung ist bereits die **Begründung** einer **Pflicht** zur Leistung. Wurde die Vermögensminderung vor Eintritt des Güterstandes mit bindender Wirkung eingeleitet – etwa durch einen Vorvertrag, ein Verpflichtungsgeschäft oder ein aufschiebend bedingtes Geschäft –, unterfällt sie Abs. 2 S. 1 nicht. War ein Schenkungsversprechen jedoch zunächst unwirksam, ist nach Eintritt des Güterstandes dann aber vollzogen und gemäß § 518 Abs. 2 geheilt worden, handelt es sich der Sache nach um eine Realschenkung während des Güterstandes, die dem Endvermögen hinzuzurechnen ist.[70]

45 **3. Unentgeltlichkeit.** Ob und inwieweit eine Zuwendung unentgeltlich erfolgte, ist nach allgemeinen schuldrechtlichen Kriterien zu bestimmen. Wie in § 516 liegt Unentgeltlichkeit nur vor, wenn diese in objektiver wie subjektiver Hinsicht gegeben ist. Die Zuwendung muss also ohne Gegenleistung erfolgt sein und das Fehlen der äquivalenten Leistung den Ansichten und Absichten der Parteien entsprochen haben. Stärker auf die objektive Unentgeltlichkeit abzustellen als in § 516 und das subjektive Element der Unentgeltlichkeit nur im Hintergrund zu bedenken, verbietet sich. Die den Ehegatten gemäß § 1364 grundsätzlich zustehende Freiheit der Vermögensverwaltung darf nicht durch extensive Auslegung des § 1375 Abs. 2 ausgehöhlt werden.[71] Abgesehen davon ist die Feststellung objektiver Äquivalenz ohnehin kaum möglich: Noch keiner Zeit in der Geschichte ist es gelungen, das iustum pretium zu bestimmen und einen allgemein anerkannten Maßstab für die Bewertung von Leistungen zu entwickeln. Ein von dem Ehegatten und dem Dritten als entgeltlich gewollter Vertrag ist deshalb niemals – ganz oder partiell – als unentgeltlich zu behandeln, nur weil der Ehegatte eine geringe Gegenleistung erhielt.[72] Anders ist das nur, wenn eine sog. gemischte Schenkung gewollt war.

46 Belanglos ist die **Art der Entgeltlichkeit.** Leistung und Gegenleistung können synallagmatisch gestaltet sein (do, ut des), aber auch nur konditional (Leistung unter der Bedingung einer Gegenleistung) oder kausal (Leistung in der vom Empfänger erkannten und gebilligten Erwartung einer nicht geschuldeten Gegenleistung, was die condictio ob rem auslöst, wenn die Gegenleistung nicht erfolgt). Belanglos ist auch die **Art des Geschäfts:** Familienrechtliche und erbrechtliche Geschäfte stehen gewöhnlichen Verkehrsgeschäften gleich. Auch Stiftungsgeschäfte stellen unentgeltliche Zuwendungen dar, sei es, dass es sich um die Errichtung einer Stiftung handelt, um eine Zustiftung oder um eine Spende an eine Stiftung.[73] Bei **Verträgen zugunsten Dritter** ist das Valutaverhältnis entscheidend. Liegt dem Abschluss einer Lebensversicherung zugunsten eines Dritten eine Schenkung zugrunde, sind die gezahlten Prämien dem Endvermögen hinzuzurechnen.

47 Im Bereich des **Familienrechts** sind unentgeltliche Zuwendungen vor allem Ausstattungen, die ohne Verpflichtung gewährt werden oder über das sittlich geschuldete Maß (→ Rn. 50) hinausgehen. Besteht eine Verpflichtung, so ist zu fragen, ob ihre Eingehung unentgeltlich erfolgte. Im **Bereich des Erbrechts** gehören zu den unentgeltlichen Zuwendungen alle Rechtsgeschäfte, deren Zweck es ist, die Erbfolge vorwegzunehmen.[74] Das gilt idR auch dann, wenn in diesem Zusammenhang ein Erbverzicht erklärt wird, denn dieser erfolgt zwar im Hinblick auf die vorzeitige Überlassung des Vermögens, ist aber nicht unmittelbar die Gegenleistung hierfür. Die Erfüllung einer Nachlassverbindlichkeit bleibt hingegen auch bei überschuldetem Nachlass ein entgeltliches Geschäft.[75] Es ist

69 Palandt/*Brudermüller* Rn. 25; Erman/*Budzikiewicz* Rn. 8; Johannsen/Henrich/*Jaeger* Rn. 25.
70 RGRK-BGB/*Finke* Rn. 8.
71 Staudinger/*Thiele,* 2017, Rn. 22; Johannsen/Henrich/*Jaeger* Rn. 25.
72 Anders RGRK-BGB/*Finke* Rn. 11.
73 Dazu ausf. *Werner* FS Schwab, 2005, 582.
74 Staudinger/*Thiele,* 2017, Rn. 22; Erman/*Budzikiewicz* Rn. 8.
75 Soergel/*Czeguhn* Rn. 23.

nicht Aufgabe des § 1375 Abs. 2 S. 1, den Erben zur Beschränkung seiner Haftung zu zwingen, wenn er sie nicht herbeiführen will – bei Benachteiligungsabsicht ist jedoch Abs. 2 S. 1 Nr. 3 anzuwenden.

Auch die Erfüllung einer **verjährten Schuld** ist nicht als unentgeltliche Zuwendung zu werten. 48
Ob und inwieweit der Schuldner die Einrede der Verjährung ausüben will, ist allein von ihm zu entscheiden – und zwar ohne Nachteile im Güterrecht besorgen zu müssen.[76] Das Gleiche gilt für die Erfüllung einer **unvollkommenen Verbindlichkeit** wie einer Spiel- oder Wettschuld[77] und auch für die Zahlung aufgrund einer Erpressung.[78]

Die Vereinbarung einer **Abfindungsklausel** in einem Gesellschaftsvertrag, durch die gesell- 49
schaftsrechtliche Ansprüche bei Ausscheiden ausgeschlossen oder begrenzt werden, kann eine unentgeltliche Zuwendung an die anderen Gesellschafter sein. Obwohl das Begriffspaar entgeltlich/unentgeltlich für die Regelung von Mitgliedschaftsrechten keine überzeugende Alternative ist, unterfällt der Ausschluss von (Abfindungs-)Ansprüchen bei Ausscheiden aus der Gesellschaft nach allgM § 1375 Abs. 2 S. 1 Nr. 1, wenn nicht alle, sondern nur einzelne Gesellschafter ohne speziellen rechtfertigenden Grund Verzicht leisten.[79] Für den Zugewinnausgleich relevant wird die Frage allerdings nur, wenn der Gesellschaftsanteil im Endvermögen mit dem Klauselwert angesetzt wird – und nicht mit seinem vollen Wert (→ § 1376 Rn. 52 f.).

**4. Zuwendungen aus Pflicht und Anstand.** Eine unentgeltliche Zuwendung ist dem End- 50
vermögen nicht hinzuzurechnen, wenn der Ehegatte mit ihr einer sittlichen Pflicht oder einer auf den Anstand zu nehmenden Rücksicht entsprochen hat. Die Begriffe Pflicht und Anstand entsprechen den Parallelbegriffen in anderen Normen (vgl. § 534, 1425 Abs. 2, § 1641 S. 2 zu Pflicht- und Anstandsschenkungen, § 814 zu Leistungen aus Pflicht und Anstand). Die von der älteren Judikatur[80] vorgenommene Beschränkung von Pflicht und Anstand auf Zuwendungen, mit denen einer besonderen, in den Geboten der Moral wurzelnden Verpflichtung entsprochen wurde – etwa Unterstützung nicht unterhaltsberechtigter bedürftiger naher Angehöriger –, ist als zu eng abzulehnen. Auch Zuwendungen rein karitativen Charakters oder solche, die nur sozialen Verpflichtungen entsprechen, wurzeln in den Geboten der Sittlichkeit und entsprechen mithin einer **sittlichen Pflicht** iSd Gesetzes.[81] Auch mit Ausstattungen, soweit sie nicht im Übermaß erfolgen, erfüllen Eltern ihren Kindern gegenüber eine sittliche Pflicht.[82] Keine solche Pflicht besteht für sie dagegen, den Generationengang von Familienvermögen durch lebzeitige Übertragung zu erhalten.[83]

Dem **Anstand** entsprechen Zuwendungen, die nach den Anschauungen jener Gesellschafts- 51
schicht, zu der die Ehegatten gehören, erwartet werden – und zwar in einer derart verbindlichen Art und Weise, dass es zu Ansehensminderung und Missachtung führt, wenn sie nicht erfolgen. Weihnachts-, Geburtstags- und Hochzeitsgeschenke sind Beispiele von genereller Bedeutung; Umfang und Höhe variieren nach den örtlich wie schichtspezifisch verschiedenen Standards.

## VI. Illoyale Vermögensminderungen anderer Art (Abs. 2 S. 1 Nr. 2 und 3)

**1. Verschwendungen.** Dem Endvermögen sind ferner alle Beträge hinzuzurechnen, die durch 52
Verschwendung verloren gingen (Abs. 2 S. 1 Nr. 2). Hierzu zählen alle Beträge, die der Ehegatte unnütz oder ziellos in einem Maße verausgabte, das in keinem Verhältnis zu seinen Vermögens- und Einkommensverhältnissen stand. Das ist der Fall, wenn die Ausgaben gemessen an dem – anhand konkreter Daten zu ermittelnden – üblichen Konsum- und Ausgabeverhalten maßlos und unsinnig gewesen waren.[84] Die Motive für das Handeln sind irrelevant. Ein Hang zu verschwenderischen Ausgaben ist nicht erforderlich.[85] Problematisch ist, affektives Handeln aus Wut und Enttäuschung als Verschwendung zu charakterisieren und etwa das so motivierte Verbrennen von Bargeld als unnütze Geldausgabe zu qualifizieren (→ Rn. 54).[86] Ebenfalls problematisch ist es, die steuerliche

---

[76] Palandt/*Brudermüller* Rn. 25.
[77] RGRK-BGB/*Finke* Rn. 11; Staudinger/*Thiele,* 2017, Rn. 23.
[78] AG Köln FamRZ 1999, 95; Palandt/*Brudermüller* Rn. 25.
[79] Palandt/*Brudermüller* Rn. 25; Soergel/*Kappler/Kappler* § 1376 Rn. 23; Johannsen/Henrich/*Jaeger* Rn. 25.
[80] Vgl. RGZ 70, 15 (19).
[81] Staudinger/*Thiele,* 2017, Rn. 26; Soergel/*Kappler/Kappler* Rn. 24; Johannsen/Henrich/*Jaeger* Rn. 26.
[82] OLG Frankfurt FamRZ 1991, 998; Staudinger/*Thiele,* 2017, Rn. 26; zweifelnd *Gernhuber/Coester-Waltjen* FamR § 56 Rn. 7; *Rauscher* FamR Rn. 948.
[83] So aber OLG München FamRZ 1985, 814.
[84] Vgl. BGH NJW-RR 2015, 897 = FamRZ 2015, 172 mAnm *Koch.*
[85] OLG Düsseldorf FamRZ 1981, 806; OLG Schleswig FamRZ 1986, 1208; Staudinger/*Thiele,* 2017, Rn. 29; Soergel/*Kappler/Kappler* Rn. 26; Bamberger/Roth/*Cziupka* Rn. 75.
[86] So OLG Rostock FamRZ 2000, 228.

Mehrbelastung durch Wahl getrennter Veranlagung zur Einkommensteuer als Verschwendung zu qualifizieren.[87]

53 **2. Handlungen mit Benachteiligungsabsicht.** Illoyal und deshalb dem Endvermögen hinzuzurechnen sind schließlich alle Vermögensminderungen durch Handlungen mit Benachteiligungsabsicht (Abs. 2 S. 1 Nr. 3). Die rechtliche Qualität der Handlung ist gleichgültig: Rechtsgeschäftliche Akte und Realakte wie absichtliche Vernichtung von Vermögen stehen gleich. Gleichgültig ist auch, ob sich die Vermögensminderung aus einer Minderung der Aktiva oder einer Mehrung der Passiva ergibt.[88] Grundsätzlich notwendig ist die Wirksamkeit des vermögensmindernden Rechtsgeschäfts; allerdings kann als Folge des in § 817 S. 2 angeordneten Kondiktionsausschlusses eine Vermögensminderung auch trotz Nichtigkeit des Übertragungsaktes eintreten.

54 Mit Benachteiligungsabsicht handelt ein Ehegatte nur, wenn sein diesbezüglicher Wille das **leitende** – wenn auch nicht notwendig einzige – **Motiv seines Handelns** gewesen ist.[89] Übergeordnete oder gleichrangige Motive anderer Art schließen die Anwendung des § 1375 Abs. 2 S. 1 Nr. 3 aus. So sind umfängliche Sachzerstörungen im Zusammenhang mit einem Suizidversuch ebenso wenig als in Benachteiligungsabsicht geschehen zu qualifizieren[90] wie das Verbrennen von Geldscheinen aus Wut und Enttäuschung[91] (→ Rn. 52). Auch bei Spielverlusten kann die Benachteiligungsabsicht nicht unterstellt werden. Spielbankbesuche bieten schließlich Amüsement und Gewinnchancen.[92] Anders als in § 133 InsO und in § 3 Abs. 1 AnfG ist es gleichgültig, ob die Benachteiligungsabsicht dem Vertragspartner bekannt war. Sein Erwerb wird ja grundsätzlich nicht in Frage gestellt; lediglich in den Fällen des § 1390 ist er zur Herausgabe des Erlangten verpflichtet.

55 Der Begriff der Benachteiligungsabsicht ist im Eherecht jedenfalls **eng** zu interpretieren. Die Rspr. zu § 2287 – den Vertragserben beeinträchtigende Schenkung schon dann, wenn kein lebzeitiges Eigeninteresse des Erblassers an der Schenkung erkennbar ist[93] – kann nicht in das Ehegüterrecht übertragen werden.[94] Sie ist einerseits mit ihrem Bezug auf Schenkungen viel zu eng und führt andererseits zu Bindungen, die mit § 1364 nicht zu vereinbaren sind – jede willkürliche Vernichtung einer eigenen Sache würde den Tatbestand erfüllen.

## VII. Hinzurechnung

56 **1. Bewertung.** Illoyale Vermögensminderungen sind dem Endvermögen mit dem **Wert** hinzuzurechnen, den sie im **Zeitpunkt ihres Eintritts** hatten. Die Hinzurechnung bezweckt nicht die Herstellung der Situation, die rechnerisch ohne die illoyale Vermögensminderung vorläge – verschwendetes Geld etwa ist nicht mit einem Zinszuschlag hinzuzurechnen. Notwendig ist allerdings die Hochrechnung des Wertes des illoyal weggegebenen Vermögens auf dessen Wert an dem Stichtag für die Berechnung des Zugewinns (→ § 1373 Rn. 13).

57 **2. Passives Endvermögen.** Ist das Endvermögen negativ, so ist zunächst der Betrag der Passiva auszugleichen und nur ein evtl. **Überschuss** als positives Endvermögen auszuweisen. Hat also ein Ehegatte 90.000 illoyal weggegeben, ist beim Stichtag aber mit 80.000 überschuldet, so ist sein Endvermögen auf 10.000 festzusetzen.[95] Die zur Rechtslage vor dem 1.9.2009 vertretene Ansicht, negatives Endvermögen auch bei der Hinzurechnung illoyal verausgabten Vermögens unberücksichtigt zu lassen und mit der Hinzurechnung bei Null zu beginnen, hat sich mit der Anordnung des § 1375 Abs. 1 S. 2 erledigt. Die Verbindlichkeiten des illoyal handelnden Ehegatten bei der Hinzurechnung seiner Vermögensschmälerungen zu berücksichtigen, war allerdings auch schon nach alter Rechtslage vom Normzweck her geboten. Durch illoyales Verhalten eines Ehegatten soll der andere beim Zugewinnausgleich nicht benachteiligt sein; er soll aus ihm aber auch keine Vorteile ziehen können.

58 **3. Gebilligte Vermögensminderungen.** Vermögensminderungen, die der andere Ehegatte billigt, werden dem Endvermögen nicht hinzugerechnet. Die Billigung kann ausdrücklich, aber auch

87 Dafür aber BGH NJW 1977, 378; abl. *Tiedtke* FamRZ 1977, 686.

88 Vgl. BGH MDR 1986, 741 = FamRZ 1986, 565 zu einem Aufhebungsvertrag mit der Folge von Rückgewährpflichten; NJW-RR 1986, 1325 zur Kontoüberziehung.

89 OLG Düsseldorf FamRZ 2008, 1858; KG FamRZ 1988, 171; Johannsen/Henrich/*Jaeger* Rn. 28; Staudinger/*Thiele,* 2017, Rn. 31; *Schwab* in Schwab ScheidungsR-HdB VII Rn. 186.

90 Dazu OLG Frankfurt FamRZ 1984, 1097.

91 Anders OLG Rostock FamRZ 2000, 228.

92 OLG München FuR 2003, 226 mit Einschränkungen.

93 BGHZ 59, 343 (349 f.) = NJW 1973, 240; BGH NJW 1976, 749.

94 Staudinger/*Thiele,* 2017, Rn. 31; Bamberger/Roth/*Cziupka* Rn. 77; Ausdrücklich für Übertragung in das Güterrecht RGRK-BGB/*Finke* Rn. 15.

95 *Schwab* in Schwab ScheidungsR-HdB VII Rn. 187; *Gernhuber/Coester-Waltjen* FamR § 36 Rn. 36.

konkludent erfolgen. Nicht ausreichend ist allerdings fehlender Widerspruch oder resignierendes Schweigen; in solch reiner Duldung liegt kein zustimmender Wille. Das Gesetz erwähnt das Einverständnis des Ehegatten in Abs. 3 für unentgeltliche Zuwendungen (Abs. 2 S. 1 Nr. 1) und Verschwendungen (Abs. 2 S. 1 Nr. 2); für die Fälle des Abs. 2 S. 1 Nr. 3 erübrigte sich der Hinweis, das Einverständnis schließt den Tatbestand der Benachteiligungsabsicht aus.

**4. Zeitablauf.** Vermögensminderungen sind dem Endvermögen nicht mehr hinzuzurechnen, wenn sie mindestens **zehn Jahre** vor Beendigung des Güterstandes eintraten. Da in der Folge von Verpflichtungsgeschäft und Verfügungsgeschäft bereits die wirksame Begründung der Verpflichtung der vermögensmindernde Akt ist, ist der Fristenlauf auf das schuldrechtliche Verpflichtungsgeschäft zu beziehen.[96] Anders als in § 2325 Abs. 3 für Pflichtteilsergänzungsansprüche vorgesehen, findet eine Abschmelzung des hinzuzurechnenden Vermögens innerhalb der Zehnjahresfrist nicht statt. 59

## VIII. Abweichende Vereinbarungen

**1. Festsetzung des Endvermögens.** Eine von Abs. 1 abweichende Fixierung des Endvermögens ist durch Ehevertrag möglich. Bei einseitig belastender Ausgestaltung kann der Abrede allerdings die Wirksamkeit bzw. Durchsetzbarkeit wegen Verstoßes gegen § 138 oder § 242 versagt sein (→ § 1372 Rn. 11). Inhaltlich kann sich die Vereinbarung auf unterschiedliche Aspekte beziehen. So können die Parteien vereinbaren, dass bestimmte Gegenstände außer Ansatz bleiben sollen oder dass das Endvermögen auf einen Höchstbetrag limitiert sein soll. Auch in zeitlicher Hinsicht ist eine Abweichung von der gesetzlichen Vorgabe möglich, insbes. können die Ehepartner den gesetzlichen Stichtag für die Bestimmung des Endvermögens ändern. 60

**2. Illoyale Vermögensminderungen.** Inwieweit die Regelungen über die illoyalen Vermögensminderungen in Abs. 2 S. 1 abdingbar sind, ist strittig. Da das Gesetz selbst den Schutz zur Disposition stellt und ihn vom Einverständnis des Ehegatten abhängig macht, besteht kein Anlass, Ehegatten grundsätzlich daran zu hindern, in einem Ehevertrag antizipiert auf den gesetzlichen Schutz zu verzichten.[97] Korrekturen sind im Einzelfall über § 138 vorzunehmen; in Betracht kommt die Korrektur vor allem, wenn der in Nr. 3 gewährte Schutz gegen Handeln mit Benachteiligungsabsicht abbedungen worden ist. 61

## IX. Darlegungs- und Beweislast

Die Darlegungs- und Beweislast für das Vorhandensein von Endvermögen obliegt grundsätzlich **dem Ehegatten,** der sich auf solches **Vermögen bei dem anderen beruft.** Irrelevant für die Beweislast ist, ob er Ausgleichsgläubiger oder Ausgleichsschuldner ist. Als Ausgleichsgläubiger behauptet er das Vorhandensein von Endvermögen des anderen, um dessen Zugewinn – und damit seinen Ausgleichsanspruch – zu erhöhen. Als Ausgleichsschuldner behauptet er Endvermögen des anderen, um die Differenz zu seinem Endvermögen zu minimieren – und damit die gegen ihn gerichtete Ausgleichsforderung – zu schmälern. 62

Dabei trifft den Ehepartner auch die Darlegungs- und Beweislast für das **Nichtvorhandensein** von abzugsfähigen, das Endvermögen des anderen minimierenden **Verbindlichkeiten.** Dieser Beweislast kommt er allein durch behauptenden Vortrag nur nach, wenn der andere keine für das Bestehen der Verbindlichkeit sprechenden Tatsachen und Umstände darlegt. Trägt der Ehepartner aber zu bestehenden Verbindlichkeiten schlüssig und konkret vor, muss er diese Angaben widerlegen – was selten gelingt.[98] 63

Liegen Angaben zum Trennungsvermögen vor, greift zugunsten des darlegungs- und beweispflichtigen Ehegatten die **Beweislastregel** des **§ 1375 Abs. 2 S. 2:** Ist das Endvermögen eines Ehegatten geringer als das in der Auskunft **zum Trennungszeitpunkt angegebene,** so wird vermutet, dass die zwischenzeitlich eingetretene Minimierung illoyal erfolgt ist. Diese Vermutung kann der Ehegatte widerlegen, indem er darlegt und beweist, dass der eingetretene Vermögensverlust nicht auf illoyalem Handeln seinerseits beruht. 64

Bis zur Ergänzung des § 1375 Abs. 2 aF um die Vermutungsregel des Satzes 2 am 1.9.2009 hatte die Rspr. diese Widerlegungspflicht des – nicht beweisbelasteten – Ehegatten aus dessen prozessualer Pflicht zu substantiiertem Bestreiten hergleitet. In deren Rahmen nämlich traf ihn prozessual die 65

[96] Staudinger/*Thiele,* 2017, Rn. 40; Bamberger/Roth/*Cziupka* Rn. 78; *Schwab* in Schwab ScheidungsR-HdB VII Rn. 188; Erman/*Budzikiewicz* Rn. 11.

[97] Staudinger/*Thiele,* 2017, Rn. 43; Soergel/*Kappler/Kappler* Rn. 5; RGRK-BGB/*Finke* Rn. 20; anders → 3. Aufl. 1993, Rn. 35 *(Gernhuber)*; Bamberger/Roth/*Cziupka* Rn. 85; Erman/*Budzikiewicz* Rn. 14; *Gernhuber/Coester-Waltjen* FamR § 36 Rn. 36 – alle: zwingendes Recht.

[98] OLG Köln NJW-RR 1999, 229; *Koch* FF 2016, 96 (104).

**Obliegenheit,** sich über den Verbleib von Vermögen zu erklären, das in zeitlicher Nähe zum Stichtag nachweislich vorhanden war, andernfalls dieses – als noch vorhanden oder illoyal ausgegeben – zum Endvermögen gezählt wurde.[99] In der Sache hat der Gesetzgeber diese Herleitung in der Zugewinnausgleichsrechtsreform mit der Ergänzung des § 1375 Abs. 2 aF um die Beweislastregel des Satzes 2 kodifiziert.

66 Ist das Trennungsvermögen **nicht durch Auskunft geklärt** worden, weil es zwischen den Ehegatten unstreitig war, steht einer **analogen** Heranziehung der Vermutungsregel des § 1375 Abs. 2 S. 2 nichts im Wege. Im Falle schlüssigen Vortrags zu illoyal verschwundenem Vermögen **erübrigt sich** die **Analogie** allerdings, weil die prozessuale Obliegenheit, schlüssig vorgetragene Tatsachen substantiiert zu bestreiten, zur gleichen Beweislastverteilung führt.[100] An der Entbehrlichkeit der Analogie zeigt sich übrigens, dass der Gesetzgeber mit der Vermutungsregel in § 1375 Abs. 2 S. 2 lediglich den allgemein anerkannten, zur Beweislastumkehr führenden Obliegenheitsgedanken weitergeführt und kodifiziert hat.

67 **Illoyale Vermögensminderungen** sind anspruchsbegründende Tatsachen, die der Ehegatte, der sie behauptet, substantiiert darlegen und nach den allgemeinen Regeln beweisen muss. Hohe Anforderungen an die – vor allem im Fall des Abs. 2 Nr. 3 relevanten – inneren Beweggründe seines Partners sind allerdings nicht zu stellen, da dessen Motive und rechtsgeschäftliche Intentionen nur schwer bis gar nicht zugänglich sind.[101] Notwendig, aber auch ausreichend ist von daher, dass der Ehegatte **Anhaltspunkte** und **Indizien** vorträgt, die ein illoyales Verhalten vermuten lassen. Es ist dann Sache des anderen, dem entgegenzutreten und die sachgerechte Verwendung des nicht mehr vorhandenen Vermögens schlüssig und substantiiert darzulegen.[102] Kein diese Obliegenheit auslösender Tatsachenvortrag ist die simple Behauptung, das in Rede stehende Geld könne im Rahmen einer ordnungsgemäßen Lebensführung nicht ausgegeben worden sein.[103] Eine solche pauschale Behauptung ist eine Schlussfolgerung, aber kein Tatsachenvortrag. Ein solcher erfordert die Behauptung konkreten Ausgabeverhaltens wie Buchung teurer Reisen oder aufwendige Besuche von Restaurants.

## § 1376 Wertermittlung des Anfangs- und Endvermögens

**(1) Der Berechnung des Anfangsvermögens wird der Wert zugrunde gelegt, den das beim Eintritt des Güterstands vorhandene Vermögen in diesem Zeitpunkt, das dem Anfangsvermögen hinzuzurechnende Vermögen im Zeitpunkt des Erwerbs hatte.**

**(2) Der Berechnung des Endvermögens wird der Wert zugrunde gelegt, den das bei Beendigung des Güterstands vorhandene Vermögen in diesem Zeitpunkt, eine dem Endvermögen hinzuzurechnende Vermögensminderung in dem Zeitpunkt hatte, in dem sie eingetreten ist.**

**(3) Die vorstehenden Vorschriften gelten entsprechend für die Bewertung von Verbindlichkeiten.**

**(4) Ein land- oder forstwirtschaftlicher Betrieb, der bei der Berechnung des Anfangsvermögens und des Endvermögens zu berücksichtigen ist, ist mit dem Ertragswert anzusetzen, wenn der Eigentümer nach § 1378 Abs. 1 in Anspruch genommen wird und eine Weiterführung oder Wiederaufnahme des Betriebs durch den Eigentümer oder einen Abkömmling erwartet werden kann; die Vorschrift des § 2049 Abs. 2 ist anzuwenden.**

**Schrifttum (zu §§ 1376–1377):** *Ballhorn/König,* Unternehmensbewertungen nach dem IDW S 13: Eine konsequente Umsetzung der BGH-Vorgaben, FamRZ 2018, 161; *Ballhorn,* Die modifizierte Ertragswertmethode im Zugewinnausgleich – „Narrenfreiheit“ für die Sachverständigen?, NJW 2018, 1911; *Borth,* Die Bewertung von Unternehmen im Familien- und Erbrecht nach IDW S 13 – eine gezielte Umdeutung der Bewertungsgrundsätze des BGH?, FamRZ 2017, 1739; *Borth,* Latente Ertragssteuern beim Zugewinnausgleich, FamRZ 2014, 1687; *Borth,* Die Bewertung von Unternehmen und von Praxen freiberuflich Tätiger, FamRB 2002, 339; *Braunhofer,* Unternehmens- und Anteilsbewertung zur Bemessung von familien- und erbrechtlichen Ausgleichsansprüchen, 1995; *Faßbender,* Anmerkungen zu dem Entwurf eines Gesetzes zur Bewertung eines land- oder forstwirtschaftli-

[99] OLG Frankfurt FamRZ 2006, 416; OLG Düsseldorf FamRZ 2008, 1858.
[100] BGH NJW-RR 2015, 132 = FamRZ 2015, 232 mAnm *Braeuer.*
[101] OLG Brandenburg FamRZ 2019, 1051 = BeckRS 2018, 33623; OLG Düsseldorf FamRZ 1988, 1858; OLG Köln FamRZ 1988, 174.
[102] BGH NJW-RR 1986, 1325; OLG Düsseldorf FamRZ 2008, 1858 zu § 1375 aF.
[103] So aber BGH NJW-RR 2015, 132 = FamRZ 2015, 232 m. krit. Anm. *Braeuer*; ähnlich auch BGH NJW-RR 2015, 897 = FamRZ 2015, 1272 m. krit. Anm. *Koch.*

chen Betriebes beim Zugewinnausgleich nach § 1376 Abs. 4 BGB, AgrarR 1990, 243; *Fassnacht,* Die latente Spekulationssteuer bei der Bewertung von Immobilien im Zugewinnausgleich, FamRZ 2014, 1681; *Fischer/Stock,* Bewertung landwirtschaftlicher Grundstücke beim Zugewinnausgleich, AgrarR 1985, 220; *Frauenknecht,* Bewertung und Indexierung von negativem Anfangsvermögen, NJW-Spezial 2013, 230; *Frielingsdorf,* Überblick zur BGH-gemäßen Festlegung des individuellen Arztlohnes bei der Bewertung von Arzt-/Zahnarztpraxen im Ehescheidungsverfahren, FamRZ 2011, 1911; *Gernhuber,* Probleme der Zugewinngemeinschaft, NJW 1991, 2238; *Hoppenz,* Reformbedarf und Reformbestrebungen im Zugewinnausgleich, FamRZ 2008, 1889; *Hoppenz,* Wertänderungen im Zugewinnausgleich, FamRZ 2010, 16; *Hoppenz,* Die latente Einkommenssteuer im Zugewinnausgleich: ein Rettungsversuch, FamRZ 2012, 1618; *Kleiber,* Verkehrswertermittlung von Grundstücken, 8. Aufl. 2017; *Kogel,* Meilenstein und Wendepunkt in der güterrechtlichen Bewertungspraxis, NJW 2011, 3337; *Kogel,* Negatives Anfangsvermögen und Privatinsolvenz – ein Stolperstein bei der Vermögensbewertung, FamRZ 2013, 1352; *Kogel,* Privatinsolvenz und Zugewinn, FamRZ 2015, 715; *Köhne,* Die Privilegierung und Charakterisierung leistungsfähiger landwirtschaftlicher Betriebe, AUR 2013, 205; *Krebs,* Die Ermittlung des Zugewinns während der Ehezeit bei landwirtschaftlichen Betrieben, AUR 2013, 376; *Kuckenburg,* Immobilienwertermittlungsverordnung 2010, FuR 2010, 593 und FuR 2010, 665; *Lüdtke-Handjery/v. Jeinsen,* Höfeordnung, 11. Aufl. 2015; *M. Lipp,* Restitutionsanspruch und Zugewinnausgleich, FamRZ 1998, 597; *Michalsky/Zeidler,* Die Bewertung von Personengesellschaften im Zugewinnausgleich, FamRZ 1997, 397; *Münch,* Verbot der Doppelverwertung und Unternehmensbewertung im Zugewinnausgleich, FamRZ 2006, 1164; *Piltz,* Latente Steuern im Zugewinnausgleich, NJW 2012, 1111; *Raube/Eitelberg,* Die Bewertung von Kapitallebensversicherungen im Zugewinnausgleich FamRZ 1997, 1322; *Schlünder,* Nochmals: Die latente Ertragssteuer beim Zugewinnausgleich, FamRZ 2015, 372; *Schröder,* Bewertungen im Zugewinnausgleich, 5. Aufl. 2011; *Schulz,* Latente Ertragssteuern beim Zugewinnausgleich – ein Albtraum, FamRZ 2014, 1684; *Schwab,* Zugewinnausgleich und Wirtschaftskrise, FamRZ 2009, 1445; *Simon/Kleiber/Joeris/Simon,* Schätzung und Ermittlung von Grundstückswerten, 8. Aufl. 2005; *Voit,* Die Bewertung der Kapitallebensversicherung im Zugewinnausgleich, 1992; *Voit,* Das Ende einer Zugewinnausgleichsoase, FamRZ 1992, 1385; *Wenckstern,* Güterstandsklauseln in Gesellschaftsverträgen, NJW 2014, 1335; *Wollny/Hallerbach* ua, Unternehmens- und Praxisübertragungen, 11. Aufl. 2018; *Wöhrmann/Graß,* Das Landwirtschaftserbrecht, 11. Aufl. 2018.

**Übersicht**

## I. Normzweck

1 Aufgabe des § 1376 ist es, die Bilanzstichtage für die beiden Rechnungsgrößen zur Ermittlung des Zugewinns zu fixieren – also für das in § 1374 definierte Anfangsvermögen und das in § 1375 definierte Endvermögen. Aufgabe des § 1376 ist es ferner, Maßstäbe der Bewertung zu entwickeln. In beiden Richtungen ist die Norm nur von begrenztem Wert.

2 Die **Bilanzstichtage** sind grundsätzlich bereits den §§ 1374, 1375 zu entnehmen. Die Stichtage zur Feststellung von Anfangs- und Endvermögen und die zur Berechnung des Wertes dieser Vermögen nämlich sind identisch. Neu ist in § 1376 lediglich die Regelung des Stichtags für die Bewertung aller Beträge, die dem Anfangsvermögen als privilegierter Erwerb und dem Endvermögen als illoyale Vermögensminderung hinzuzurechnen sind. Einen **Bewertungsmaßstab** entwickelt § 1376 ausschließlich in Abs. 4. Im Übrigen ist die Norm mit ihrem Hinweis auf den „Wert" der Vermögen nichtssagend: Die Aufgabe, Maßstäbe zu finden, an denen der Wert festgestellt werden kann, hat der Gesetzgeber Theorie und Praxis überlassen.

## II. Gegenstände der Bewertung

3 Zu berechnen ist das Anfangsvermögen und das Endvermögen, jeweils einschließlich der hinzuzurechnenden Beträge. Zu bewerten sind die einzelnen **Gegenstände,** die in ihrer Summierung das jeweilige Aktivvermögen bilden, und die einzelnen **Verbindlichkeiten,** die in ihrer Summierung die von den Aktiva abzusetzenden Passiva sind – und zwar jeweils in dem Zustand, in dem sie sich am Stichtag befanden. **Sachgesamtheiten** und Gegenstandsinbegriffe, verstanden als Mehrheit von Sachen bzw. von Sachen und Rechten, die ein einheitlicher Bestimmungszweck verbindet – etwa ein Unternehmen, eine Sammlung oder eine Bibliothek –, sind als komplexe Größen und wirtschaftliche Einheiten zu bewerten. Zu den Aktiva gehören auch Rechte an eigener Sache. Ihre Bewertung bleibt jedoch ohne wirtschaftliche Konsequenz, weil sich der Wert des Rechtes und die Minderung des Eigentumsrechtes als Folge der Belastung ausgleichen.[1]

4 Belanglos sind die Vermögensbewegungen, die zu den Differenzen zwischen Anfangs- und Endvermögen führten. Eröffnungsbilanz (Anfangsvermögen) und Schlussbilanz (Endvermögen) sind voneinander unabhängige Größen, zwischen denen keine Verbindung mittels einer laufenden Buchführung herzustellen ist. Soweit zwischenzeitliche Erwerbe und zwischenzeitliche Verluste innerhalb der Konzeption der Zugewinngemeinschaft – als eines auf numerischen Bilanzvergleichen basierenden Güterstandes – überhaupt rechtlich relevant sind, haben sie Eingang in die dem Anfangs- und dem Endvermögen hinzuzurechnenden Beträge gefunden.

## III. Bewertungsstichtage

5 **1. Anfangsvermögen.** Entscheidender Zeitpunkt für die Eröffnungsbilanz (Anfangsvermögen) ist der **Eintritt des Güterstandes,** in der Regel also der Tag der Eheschließung (→ § 1374 Rn. 5). Das gilt sowohl für die Wertfeststellung der Aktiva wie die der Passiva. Dass **Ansprüche** mit ihrem Wert am Stichtag einzustellen sind, hat zur Folge, dass spätere Änderungen – etwa eine bis zur Erfüllung eingetretene Werterhöhung des zu leistenden Gegenstands – irrelevant sind. Das gilt auch für **Verbindlichkeiten.** Auch diese sind mit dem Stichtagswert anzusetzen, ohne dass spätere Änderungen – Erlass, Erfüllung, Verjährung oÄ – die Bewertung beeinflussen.[2]

6 Berechnungsstichtag für späteren **privilegierten,** dem Anfangsvermögen hinzuzurechnenden **Erwerb** ist der Zeitpunkt, in welchem das **Vermögen** aufgrund des in § 1374 Abs. 2 beschriebenen Erwerbstatbestandes **gemehrt** ist. Da dies mit dem Erwerb einer gesicherten Rechtsposition der Fall ist, ist in der Folge von schuldrechtlichem Verpflichtungsgeschäft und dinglichem Erfüllungsgeschäft auf das Verpflichtungsgeschäft abzustellen. Die Erfüllung nämlich realisiert lediglich den bereits mit dem Anspruch im Vermögen des Ehegatten vorhandenen wirtschaftlichen Wert. Im Falle einer Schenkung etwa wird das Vermögen des Ehegatten bereits mit Abschluss des **Schenkungsversprechens** (§ 518) vermehrt, denn hier wird ihm das Recht zugewandt, den versprochenen Gegenstand zu fordern. Mit dessen späterer Leistung wird die mit dem Versprechen erfolgte Schenkung lediglich noch vollzogen.[3] Von daher ist ein dem Ehegatten geschenktes (Haus-)Grundstück seinem Anfangsvermögen mit dem Wert zum Zeitpunkt der Abgabe des Schenkungsversprechens zuzurechnen. Wertsteigerungen, die das Grundstück danach erfährt, unterfallen dem Zugewinn und sind ausgleichspflichtig. Das gilt auch für Wertsteigerungen, die auf Geld- und Arbeitsinvestitionen des

---

1 BGH BeckRS 2009, 16556 = FamRZ 1988, 593 zu einem Nießbrauchsrecht.

2 Staudinger/*Thiele,* 2017, Rn. 4; Erman/*Budzikiewicz* Rn. 6.

3 BGH NJW 1992, 2568 = FamRZ 1992, 1160; Staudinger/*Thiele,* 2017, Rn. 5; Soergel/*Kappler/Kappler* Rn. 6; Palandt/*Weidenkaff* § 518 Rn. 3; anders OLG Bamberg FamRZ 1990, 408.

Ehepartners beruhen. Mit der Fixierung des Bewertungsstichtags auf die Abgabe des Schenkungsversprechens erübrigt es sich, solche vor Vollendung des dinglichen Erwerbs getätigten Investitionen unter Billigkeitserwägungen ausgleichspflichtig zu machen.[4] Zu wertsteigernden Investitionen des Ehepartners nach bloßer Gebrauchsüberlassung des Grundstücks → § 1374 Rn. 28. Beim Erwerb von Todes wegen tritt die Vermögensmehrung **mit dem Tod des Erblassers** ein. Zu diesem Zeitpunkt fallen die erbrechtlichen Positionen und Ansprüche an und mehren das Vermögen des Ehegatten. Sie sind in diesem mithin mit dem Wert anzusetzen, den sie zum Zeitpunkt des Erbfalls hatten. Danach eintretende Wertveränderungen haben keinen Einfluss mehr auf die Höhe des dem Anfangsvermögen zuzurechnenden Erwerbs. Hat sich etwa der Wert der Nachlassgegenstände bis zur Erbauseinandersetzung oder bis zur Erfüllung des Vermächtnisanspruchs erhöht oder auch vermindert, so beeinflusst dies nur noch den Zugewinn.[5]

Wertsteigerungen des – bei Eintritt in den Güterstand vorhandenen wie des später privilegiert erworbenen – Anfangsvermögens fallen also generell in den Zugewinn. Auszunehmen sind allerdings die allein auf dem Kaufkraftschwund des Geldes beruhenden (nur) **nominellen Wertsteigerungen.** Da inflationsbedingte Wertzuwächse das Vermögen nur scheinbar, aber nicht real erhöhen, sind sie bei der Berechnung des Zugewinns zu eliminieren – und zwar durch Hochrechnung des zu den Stichtagen ermittelten Wertes des Anfangsvermögens auf den für die Ausgleichsberechnung maßgeblichen Zeitpunkt (→ § 1374 Rn. 4, → § 1373 Rn. 6 ff.). 7

**2. Endvermögen.** Entscheidender Zeitpunkt für die Schlussbilanz (Endvermögen) ist dem theoretischen Grundsatz des § 1376 Abs. 2 zufolge die **Beendigung des Güterstandes,** in der Praxis jedoch meist der frühere **Zeitpunkt des § 1384** (Beendigung der Ehe durch Scheidung) oder des § 1387 (vorzeitige Aufhebung der Zugewinngemeinschaft, sei es mit oder ohne Zugewinnausgleich). Aktiva wie Passiva sind mit ihrem Wert, den sie an diesen Stichtagen haben, zu berücksichtigen, mag auch kurz darauf eine Änderung eingetreten sein – etwa die als Aktivposten bzw. Passivposten in den Endvermögen der Ehegatten berücksichtigte Forderung der Ehefrau auf rückständigen Unterhalt verjährt sein.[6] 8

Bewertungsstichtag für spätere, dem Endvermögen hinzuzurechnende illoyale Vermögensminderungen ist der Zeitpunkt, in dem sie **eingetreten sind** (→ § 1375 Rn. 56). Bei illoyalen Schenkungen (§ 1375 Abs. 2 S. 1 Nr. 1) ist zwischen Schenkungsversprechen (§ 518) und Handschenkungen, denen keine Verpflichtung, sondern lediglich die Einigung über die Erwerbscausa zugrunde liegt (§ 516), zu differenzieren. Zu bewerten ist im ersten Fall der Wert des Schenkungsversprechens, im zweiten der Wert des geschenkten Gegenstandes. Im Falle verschwenderisch oder in Benachteiligungsabsicht weggegebenen Vermögens (§ 1375 Abs. 2 S. 1 Nr. 2 und 3) ist in der Folge von schuldrechtlichem Verpflichtungsgeschäft und dinglichem Erfüllungsgeschäft auf das schuldrechtliche Geschäft abzustellen – bereits die Entstehung einer Verbindlichkeit mindert das Vermögen um ihren Wert. Belanglos ist die hypothetische Entwicklung des Vermögens, falls die illoyale Vermögensminderung unterblieben wäre. Verschenkte Gegenstände etwa sind nicht außer Acht zu lassen, wenn sie nachweislich auch ohne Schenkung nicht mehr im Endvermögen vorhanden wären. Die spätere Vermögensentwicklung ist in den Fällen des § 1375 Abs. 2 S. 1 nur insofern von Belang, als es erforderlich ist, den Kaufkraftschwund des ausgegebenen Vermögens durch Hochrechnung dessen Wertes mit dem Verbraucherpreisindex zu berücksichtigen. 9

## IV. Bewertungsgrundsätze

**1. Verkehrswert.** Aktiva und Passiva sind grundsätzlich mit ihrem **vollen wirklichen Wert** anzusetzen. In einem Wirtschaftssystem, das seine Maßstäbe für den Wert von Gegenständen generell am Markt findet, ist der Wert eines Gegenstandes in der Regel identisch mit dem **Verkehrswert** – dieser verstanden als Erlös einer Veräußerung unter Ausnutzung aller Marktchancen. Dass man gleichwohl den Verkehrs- oder Verkaufswert nicht als allein entscheidend bezeichnet, sondern auf den „vollen wirklichen Wert" abstellt, hat seinen Grund zum einen darin, dass im Falle außergewöhnlicher Preisverhältnisse am Stichtag Korrekturen am Verkehrswert nicht ausgeschlossen sein sollen. Zum anderen muss die Wertbestimmung auch in den seltenen Fällen möglich sein, in denen es keinen Markt für einen Gegenstand gibt (→ 7. Aufl. 2017, § 2311 Rn. 25 f.) 10

Mit dem **Liquidationswert,** dh mit dem Verkaufswert, der sich bei unmittelbarer Veräußerung sogleich realisieren lässt und der regelmäßig **unter dem Verkehrswert,** also dem üblichen Verkaufswert liegt, sind nur die Gegenstände anzusetzen, deren Veräußerung unmittelbar ansteht, sei es, dass 11

4 So aber OLG München FamRZ 2003, 312 mAnm *Schröder*; AG Groß-Gerau FamRZ 1999, 657; → 7. Aufl. 2017, § 1374 Rn. 17.

5 Johannsen/Henrich/*Jaeger* Rn. 2; *Büte,* Zugewinnausgleich bei Ehescheidung, 5. Aufl. 2017, Rn. 13.

6 OLG Hamm FamRZ 1992, 679.

sie ohnehin zu dieser bestimmt sind, sei es, dass sie veräußert werden müssen, weil anders die für die Erfüllung der Ausgleichsforderung erforderlichen Mittel nicht aufgebracht werden können. Das Gleiche – Berücksichtigung nur mit dem sog. **Zerschlagungswert** – gilt, wenn am Stichtag absehbar ist, dass ein zum Endvermögen gehörendes Unternehmen nicht fortgeführt werden wird, sei es wegen scheidungsbedingt eingetretener wirtschaftlicher Engpässe, sei es aus sonstigen Gründen.[7]

Bei zugewinnausgleichsbedingter Veräußerungsnotwendigkeit ist allerdings in jedem Fall vorab zu prüfen, ob die unwirtschaftliche Liquidierung nicht durch Stundung der Forderung gemäß § 1382 vermieden werden kann.[8]

12 **2. Latente Ertragsteuern.** Die Anknüpfung an den am Markt erzielbaren Preis bei der Wertermittlung hat nach Rspr. und überwM der Lit. zur Folge, dass bei steuerbehafteten Gegenständen die **bei Veräußerung** zum Stichtag anfallenden Ertragsteuern – ungeachtet einer Veräußerungsabsicht – wertmindernd zu berücksichtigen sind. Rspr. und Lit. haben die zunächst nur bei der Ermittlung des Wertes freiberuflicher Praxen und Unternehmen vorgenommene Berücksichtigung der latenten Steuerlast[9] aus Gründen der Gleichbehandlung auf die Wertermittlung sämtlicher steuerpflichtiger Gegenstände wie Grundstücke, Wertpapiere, Lebensversicherungen ausgedehnt.[10] Auch wenn eine Veräußerung nicht in Rede steht und das Entstehen der mit ihr verbundenen Steuerverbindlichkeit völlig ungewiss ist, soll diese den Verkehrswert des Gegenstandes mindern. Plausibel ist dies insofern nicht, als die Berücksichtigung von ungewissen Forderungen im Zugewinnausgleich grundsätzlich von der Wahrscheinlichkeit ihres Entstehens abhängig ist. Sind nun weder die Veräußerung als solche noch ihre Modalitäten und die mit ihnen – wie etwa bei der Auflösung stiller Reserven – sonst noch verbundenen steuerlichen Auswirkungen absehbar, bleibt die Steuerforderung eine gegriffene Größe. Zudem müssten bei konsequenter Umsetzung der Idee, den Wert von Gegenständen in Bezug auf die gedachte konkrete Veräußerung zu ermitteln, nicht nur die dann anfallenden Steuern, sondern sämtliche Transaktionskosten wie Maklergebühren, Beurkundungskosten etc in Abzug gebracht werden.[11] Und umgekehrt müssten werterhöhend, darauf weisen die Richtlinien der Wirtschaftsprüfer zur Unternehmensbewertung im Familienrecht hin, auch die Auswirkungen der steuerlichen Abschreibungsmöglichkeit des Kaufpreises auf die Bereitschaft der Erwerber zur Zahlung höherer Kaufsummen bedacht werden.[12]

## V. Einzelne Gegenstände

13 **1. Auswahl der Bewertungsmethode.** Eine Bewertungsmethode schreibt das Gesetz nicht vor. Es ist nach allgM Sache des – sachverständig beratenen – Tatrichters, im Einzelfall die **sachverhaltsspezifisch geeignete** Bewertungsart auszusuchen. Methhodisch hat der Tatrichter hier eine **Schätzung** gemäß **§ 287 Abs. 2 ZPO** vorzunehmen. In der Entscheidung sind insoweit die tatsächlichen Grundlagen der Schätzung und deren Auswertung für die Wertbestimmung in objektiv nachprüfbarer Weise anzugeben.[13] Wie hier im Einzelnen verfahren wird und welche Methoden in Betracht kommen und herangezogen werden, wird im Folgenden gegenstandsspezifisch dargestellt.

14 **2. Haushaltsgegenstände.** Da der Verkehrswert von Haushaltsgegenständen durch Gebrauch, und sei er auch noch so kurzfristig, drastisch sinkt, ist es problematisch, den **Veräußerungswert**

---

[7] BGH NZFam 2019, 170 mAnm *Kuckenburg* = FamRZ 2019, 429 mAnm *Siede*.

[8] BGHZ 130, 298 (301) = NJW 1995, 2781; Staudinger/*Thiele*, 2017, Rn. 11; Soergel/*Kappler/Kappler* Rn. 13; BeckOK BGB/*Cziupka* Rn. 7; Johannsen/Henrich/*Jaeger* Rn. 7.

[9] BGH NJW 2018, 61 mAnm *Münch* = FamRZ 2018, 93 mAnm *Borth* FamRZ 2018, 173 betr. Unternehmensbeteiligung; NJW 2011, 2572 = FamRZ 2011, 1367 mAnm *Borth* betr. Steuerberaterpraxis; NJW 2011, 999 = FamRZ 2011, 622 (625) mAnm *Koch* betr. Zahnarztpraxis; BGHZ 175, 207 = NJW 2008, 1221 = FamRZ 2008, 761 mAnm *Hoppenz* betr. Tierarztpraxis; BGH NJW-RR 2005, 153 = FamRZ 2005, 99 betr. Maschinenbauunternehmen; KG BeckRS 2016, 128007 betr. Unternehmensbeteiligung; OLG Hamm FamRZ 2016, 1931 betr. Rechtsanwaltskanzlei.

[10] BGHZ 188, 249 = NJW 2011, 2572 = FamRZ 2011, 1367 (obiter dictum BGHZ 188, 249 Rn. 50); zust. *Borth* Anm. u. FamRZ 2014, 1687; *Schulz* FamRZ 2014, 1684; *Schlünder* FamRZ 2015, 372; *Kogel* NJW 2011, 3337; *Piltz* NJW 2012, 1111 für Berücksichtigung der latenten Steuerlast bei allen Einkommen.

[11] Krit. auch *Ballhorn/König* FamRZ 2018, 161; *Fassnacht* FamRZ 2014, 1681; *Hoppenz* FamRZ 2012, 1618; 2006, 449; *Gernhuber* NJW 1991, 2238; *Tiedtke* FamRZ 1990, 1188 (Anm. zu OLG Düsseldorf FamRZ 1989, 1181).

[12] IDW Standard 13 (IDW S 13), IDW Life 7/2016, 574 Tz. 38; krit. hierzu *Schlimpert/Siewert* FamRZ 2019, 586.

[13] BGHZ 130, 298 (303) = NJW 1995, 2781; BGH NJW 2011, 2572 = FamRZ 2011, 1367 mAnm *Borth*; NJW 2014, 294 = FamRZ 2014, 98 (102); Staudinger/*Thiele*, 2017, Rn. 10; Soergel/*Kappler/Kappler* Rn. 11; Palandt/*Brudermüller* Rn. 2.

auf dem secondhand-Markt als ihren wirklichen Wert anzusehen.[14] Da Hausrat in der Regel nicht zum Verkauf bestimmt ist, drückt sich sein Wert nämlich nicht in der Liquidation, sondern in der weiterbestehenden Nutzungsmöglichkeit aus. Richtig ist deshalb, auf die ehemaligen **Anschaffungskosten** abzustellen, von denen ein die Wertminderung durch Abnutzung berücksichtigender Betrag abzuziehen ist.[15] Dabei können durchschnittlichen Gebrauchsgewohnheiten entsprechende Beträge angesetzt werden, solange nicht eine besonders schonende oder auch besonders strapazierende Benutzung im Einzelfall nachgewiesen ist. Im Anfangsvermögen ist der Haushaltsgegenstand zum Zweck der Neutralisierung scheinbaren Zugewinns erst nach Umrechnung auf das Geldwertniveau des Endvermögens einzustellen und im Endvermögen dann im ersten Schritt, also vor Abzug der Wertminderung durch Gebrauch, mit dem nämlichen Betrag zu bewerten. Mit den an den Kosten für den Erwerb einer in gleicher Art gebrauchten Sache orientierten **Wiederbeschaffungskosten**[16] sind marktbedingte Preisänderungen nicht zu erfassen – der einstige Anschaffungspreis des Haushaltsgegenstandes kann von dem zum Stichtag geltenden abweichen. Da § 1568b – anders als früher die HausratsV – der Berücksichtigung von Haushaltsgegenständen im Zugewinnausgleich nicht entgegensteht (→ § 1374 Rn. 11; → § 1375 Rn. 13), hat die Frage ihrer Bewertung größere praktische Bedeutung erlangt.

**3. Anwartschaftsrechte.** Der für Anwartschaftsrechte **an beweglichen Sachen** maßgebende Wert ist im Regelfall, dh dann, wenn die noch ausstehenden Restzahlungen zu erwarten sind, nach dem Abzahlungsstand abzüglich der Wertminderung für den Gebrauch zu bestimmen. Beim Kauf unter Eigentumsvorbehalt ist die noch ausstehende Kaufpreisverbindlichkeit unter den Passiva dann nicht mehr zu berücksichtigen – den späteren Zahlungen entspricht in ökonomischer Sicht der wachsende Wert des Anwartschaftsrechts. 15

**4. Grundstücke.** Grundsätzlich kann für die Bewertung von Grundstücken auf die **ImmoWertV**[17] zurückgegriffen werden. Die Verordnung gilt zwar unmittelbar nur für die Wertermittlung nach den §§ 192 ff. BauGB, kann aber auch in anderen Zusammenhängen zu Rate gezogen werden. In Betracht kommen nach ihr für die Bewertung von Grundstücken drei unterschiedliche Verfahren: das Vergleichswertverfahren mit den Kaufpreisen vergleichbarer Grundstücke als Maßstab (§ 15 ImmoWertV), das Ertragswertverfahren mit seiner Orientierung an den marktüblich erzielbaren Erträgen (§§ 17 ff. ImmoWertV) und das Sachwertverfahren, das auf den Sachwert (Gebäude, bauliche Anlagen ua) und Bodenwert des Grundstücks abstellt (§§ 21 ff. ImmoWertV).[18] **Unbebaute** Grundstücke und der **Bodenwert** bebauter Grundstücke sind in aller Regel nach dem Vergleichswertverfahren zu bewerten, in dessen Rahmen die Bodenrichtwerte des § 196 BauGB Verwendung finden können. Für **Gebäude** – und damit auch für Wohnungseigentum und Teileigentum – bietet sich dagegen, wenn es sich um ein Renditeobjekt handelt, das Ertragswertverfahren als erster Ansatz an.[19] Bei Eigennutzung kommt dem Sachwertverfahren das größere Gewicht zu; bei gemischter Nutzung ist den Nutzungsanteilen entsprechend zu kombinieren. Doch sind die jeweils beiden anderen Verfahren unterstützend heranzuziehen (vgl. § 8 ImmoWertV)[20] und zwar von Fall zu Fall ohne Schematik, insbes. ohne exakte Errechnung von Mittelwerten.[21] Auch überschlägige Rechnungen der Grundstücksmakler sind wegen deren besonderer Marktnähe nicht bedeutungslos, sollten jedoch nur mit Reserve verwertet werden. Bei **Eigenheimen** sind die Ergebnisse des Sachwertverfahrens nur zurückhaltend mit Rücksicht auf Vergleichswerte und Ertragswert zu korrigieren[22] – Käufer von (Ein)Familienhäusern pflegen sich nicht am Ertragswert zu orientieren. Im Hinblick auf Vergleichswerte ist zu bedenken, dass der Gebrauchswert von Familienhäusern vielfach erhöht ist, weil sie mit einem Aufwand, den der Markt nicht honoriert, verbessert und verschönert worden sind. Auch wenn dieser Aufwand keinen Marktpreis hat, ist er im Zugewinnausgleich 16

14 So *Schwab* in Schwab ScheidungsR-HdB VII Rn. 83.

15 Staudinger/*Thiele,* 2017, Rn. 40; Palandt/*Brudermüller* Rn. 24; BeckOK BGB/*Cziupka* Rn. 48; BeckOGK/*Siede* Rn. 405.

16 So → 5. Aufl. 2010, Rn. 11; Soergel/*Kappler/Kappler* Rn. 30; Johannsen/Henrich/*Jaeger* Rn. 8.

17 Verordnung über die Grundsätze für die Ermittlung der Verkehrswerte von Grundstücken (Immobilienwertermittlungsverordnung) vom 19.5.2010, BGBl. 2010 I 639.

18 Details bei *Kuckenburg* FuR 2010, 593; *Kuckenburg* FuR 2010, 665; *Kleiber,* Verkehrswertermittlung von Grundstücken, 8. Aufl. 2017; *Simon/Kleiber/Joeris/Simon,* Schätzung und Ermittlung von Grundstückswerten, 8. Aufl. 2005.

19 Weitergehend OLG Düsseldorf FamRZ 1989, 280; OLG Frankfurt FamRZ 1980, 576; Johannsen/Henrich/*Jaeger* Rn. 16: Ertragswert hier in der Regel hier allein ausschlaggebend; auch bei Renditeobjekten für den Substanzwert als Ausgangspunkt Staudinger/*Thiele,* 2017, Rn. 38.

20 BGH NJW 2011, 601 Rn. 49 = FamRZ 2011, 183 (187).

21 Das Mittelwertverfahren wurde jedoch gebilligt von BGH NJW-RR 1986, 226 = FamRZ 1986, 37 (39).

22 BGH NJW-RR 1992, 899 = FamRZ 1992, 918.

zu berücksichtigen, wenn mangels Verkaufsabsicht der Gebrauchswert entscheidender ist als der Veräußerungswert. Soweit die Grundstücke einem **Gegenstandsinbegriff angehören,** insbesondere einem Unternehmen eingegliedert sind, sind sie in dessen Rahmen als Einzelelement des Gesamtzusammenhangs zu bewerten.

17 Den **Wert** des Grundstücks **mindernden Faktoren** ist mit – vom Tatrichter zu bemessenden – Abzügen Rechnung zu tragen. So verringert ein Wiederkaufsrecht iSd § 456 die wirtschaftliche Verwertbarkeit des Grundstücks als Handelsobjekt durch die Kaufpreisbindung des § 456 Abs. 2 und ist entsprechend mit einem Wertabschlag zu berücksichtigen.[23] Auch dingliche Nutzungsrechte wie ein Nießbrauch oder ein Wohnrecht mindern den Verkehrswert und sind in Abzug zu bringen. Zur Wertberechnung eines so belasteten privilegierten Erwerbs → § 1374 Rn. 31 f. Als wertmindernden Faktor ziehen Rspr. und überwM der Lit. generell, also auch wenn eine Veräußerung nicht beabsichtigt ist, die in diesem Falle gemäß § 23 EStG anfallende (Spekulations-)Steuer ab.[24] Zur Kritik am Abzug latenter Steuerlasten → Rn. 12.

18 **Vorübergehende Preisrückgänge** sind dann nicht zu berücksichtigen, wenn sie durch ungewöhnliche Umstände bedingt sind und mit Gewissheit nur eine absehbare Zeit andauern.[25] In diesem Fall nämlich entspricht der Veräußerungswert des Grundstücks nicht seinem wirklichen Wert, sondern nur seinem Liquidationswert. Dieser bei unwirtschaftlicher Verwertung zu erzielende Preis ist nach allgM jedoch nur dann ausschlaggebend, wenn die Veräußerung des Gegenstandes unmittelbar ansteht (→ Rn. 11). Ist mithin der Verkauf der Immobilie am Stichtag nicht beabsichtigt, kann sie mit dem Verkaufswert, der ihrem wahren, vom temporären Preistief auf dem Immobilienmarkt nicht beeinträchtigten Wert entspricht, in die Bilanz eingestellt werden. Zurückhaltung ist bei der Außerachtlassung von Preistiefs allerdings insofern geboten, als sie nicht dazu führen darf, normale Preisbewegungen auszugleichen oder Umstände in die Bewertung einzubeziehen, die sich erst bei einer ex-post-Betrachtung des Marktgeschehens erschließen.[26]

19 **5. Wertpapiere.** Für börsengängige Wertpapiere ist der **mittlere Tageskurs** des Stichtages an der dem Wohnsitz des Ehegatten nächstgelegenen Börse der entscheidende Wert.[27] Dass mit dem Tageskurswert ein völlig zufälliger Wert ausschlaggebend ist, ist hinzunehmen – einen „wahren, wirklichen" Wert gibt es bei Aktien nicht. Der Rückgriff auf den Wert des Unternehmens selbst ist angesichts der dann bestehenden Notwendigkeit, um einzelner Aktien willen ganze Konzerne zu bewerten, utopisch. Auch der Vorschlag, bei der Bewertung von Aktien in besonders krassen Fällen der Kursschwankung – Beispiel der Börsencrash nach der Zerstörung des WTC am 11.9.2008 – nicht auf den Tag, sondern auf einen Zeitraum abzustellen,[28] überzeugt nicht. Abgesehen davon, dass dies einen Verstoß gegen das Stichtagsprinzip bedeutete, lässt sich ein objektiver Verkehrswert für von unberechenbaren Kursentwicklungen abhängige Wertpapiere auch nicht unter Rückgriff auf einen bestimmten Zeitraum bestimmen.[29] Zum Abzug der latenten Ertragssteuer → Rn. 12.

20 **6. Geldforderungen, Geldverbindlichkeiten.** Geldforderungen sind grundsätzlich mit ihrem **Nominalbetrag** in die Zugewinnbilanz einzustellen. Auch von Forderungen, die aus steuerlich relevanter Tätigkeit erwachsen, ist nicht etwa ein steuerpflichtiger Anteil, der sich in genauer Höhe ja erst aus künftigen Umständen ergibt, abzuziehen.[30] **Uneinbringliche** Geldforderungen sind, da wirtschaftlich wertlos, nicht zu berücksichtigen. Deshalb sind auch gesamtschuldnerisch begründete Verbindlichkeiten nur abzüglich der realisierbaren **Ausgleichsansprüche** gegen die anderen **Gesamtschuldner** zu berücksichtigen. Das gilt auch für Gesamtschulden zwischen den Ehegatten. Ist absehbar, dass die Ausgleichsforderung des die Schuld im Außenverhältnis tilgenden Ehegatten dauerhaft uneinbringlich ist, ist sie nicht zu berücksichtigen (→ § 1375 Rn. 37).[31] Die gegen den zahlungsunfähigen Ehegatten gerichtete Ausgleichsforderung aus § 426 Abs. 2 ist allerdings

---

[23] BGH NJW 1993, 2804 zu § 497 aF; OLG München FamRZ 1992, 819 (Vorinstanz); OLG Brandenburg FamRZ 2004, 1029 mAnm *Schröder.*

[24] BGHZ 188, 249 = NJW 2011, 2572 = FamRZ 2011, 1367 (obiter dictum BGHZ 188, 249 Rn. 50) mAnm *Borth; Fassnacht* FamRZ 2014, 1681; *Schlünder* FamRZ 2015, 372; *Schulz* FamRZ 2014, 1684.

[25] BGH NJW-RR 1986, 226 = FamRZ 1986, 37; NJW-RR 1992, 899 = FamRZ 1992, 918; NJW 2011, 601 Rn. 46 = FamRZ 2011, 183 (187); OLG Celle FamRZ 1992, 1300; Staudinger/*Thiele,* 2017, Rn. 39.

[26] Deshalb ganz abl. *Schwab* in Schwab ScheidungsR-HdB VII Rn. 79.

[27] BGH NJW 2012, 2657 mAnm *Hoppenz* = FamRZ 2012, 1479.

[28] *Bergschneider* in Schröder/Bergschneider FamilienvermögensR Rn. 4.355; *Hoppenz* FamRZ 2010, 16.

[29] *Schulz/Hauß* Trennung und Scheidung Rn. 208; *Schwab* FamRZ 2009, 1445.

[30] BGH NJW 1991, 1547 = FamRZ 1991, 43.

[31] OLG Koblenz FamRZ 2015, 142; OLG Frankfurt MittBayNot 2014, 163; OLG Hamm FamRZ 1997, 363.

dann ökonomisch nicht wertlos, wenn der Ehegatte mit ihr gegen den – dem überschuldeten Partner absehbar zustehenden – Anspruch auf Zugewinnausgleich aufrechnen kann.[32]

Am Stichtag noch **nicht fällige** Forderungen und Verbindlichkeiten sind mit ihrem Nominalbetrag zuzüglich der aufgelaufenen Zinsen in die Vermögensbilanz einzustellen. Unverzinsliche Forderungen und Verbindlichkeiten sind in diesem Fall abzuzinsen. Damit wird dem Umstand Rechnung getragen, dass die noch nicht fällige Forderung wirtschaftlich weniger wert ist als eine sofort durchsetzbare und eine noch nicht fällige Verbindlichkeit weniger belastet als eine unmittelbar zu erfüllende.[33] In der Regel ist die Abzinsung in Höhe des gesetzlichen Zinssatzes von 4 % (§ 246) gerechtfertigt. Durchzuführen ist sie unter Rückgriff auf die Barwertfaktoren der ImmoWertV (Anlage 2 zu § 20 ImmoWertV) – mit diesen ist der in Rede stehende Betrag zu multiplizieren. **21**

Verbindlichkeiten **bei negativem Anfangsvermögen** mit anschließender Erledigung durch **Privatinsolvenz** (§§ 286 ff. InsO) sind nicht anders zu berücksichtigen als real getilgte Schulden. Auch sie sind mit ihrem Nominalwert in das Anfangsvermögen einzustellen.[34] Vermögenszuwächse durch Restschuldbefreiung und Schuldentilgung sind im Zugewinnausgleich gleich zu behandeln,[35] denn auch die durch hoheitlichen Akt erlangte Schuldbefreiung beruht auf gemeinsamer Anstrengung der Ehegatten und ist von beiden erwirtschaftet worden. Der Konsumverzicht infolge der Abtretung der Einkommensbezüge (§ 287 Abs. 2 InsO), die Transparenzpflichten (§§ 290 Abs. 1 Nr. 5 und 6 InsO) und die Verhaltensgebote (§ 295 InsO) treffen auch den Ehepartner und müssen von ihm mitgetragen werden. Von daher muss auch ihm der nach erfolgreicher Verbraucherinsolvenz erreichte Vermögenszuwachs des verschuldeten Ehegatten im Zugewinnausgleich in voller Höhe zugutekommen. Die Verbindlichkeiten unter dem Aspekt, dass ihre Tilgung nicht auf echten vermögensbildenden Maßnahmen der Ehegatten beruht, mit einem niedrigeren Wert einzustellen,[36] verbietet sich nicht nur vom klaren Gesetzeswortlaut des § 1376 Abs. 3 her, sondern würde zudem auch zu nicht handhabbaren Abgrenzungsschwierigkeiten führen. **22**

**7. Befristete, bedingte, ungewisse oder unsichere Rechte und Verbindlichkeiten.** **Befristete** Rechte und Verbindlichkeiten sind mit einem **geschätzten Wert** in die Ausgleichsrechnung einzustellen.[37] Ebenfalls **zu schätzen** sind nach Ansicht des BGH und Teilen des Schrifttums **bedingte** und zweifelhafte, dh rechtlich **ungewisse** oder wirtschaftlich **unsichere** Rechte und Verbindlichkeiten.[38] Die Vertreter dieser Meinung entscheiden sich damit für eine schnelle endgültige Abrechnung des Zugewinns und nehmen den Preis unsicherer Bewertung in Kauf. Die Gegenmeinung tritt für eine **analoge** Anwendung des **§ 2313** ein und zahlt damit den Preis einer verzögerten endgültigen Abrechnung, um die Rechte mit ihrem wirklichen Wert in Ansatz bringen zu können.[39] Abgesehen davon, dass die dadurch notwendig werdenden späteren Korrekturen des Zugewinnausgleichs den Zielen des Verbundverfahrens zuwiderlaufen, ist die Analogie aus methodischen Gründen abzulehnen. Zum einen ist § 2313 eine erbrechtliche Sonderregelung und als solche grundsätzlich nicht analogiefähig, zum anderen kann der Behauptung einer Regelungslücke in § 1376 die Behauptung beredten Schweigens entgegengesetzt werden. **23**

Bei der im Zugewinnausgleich mithin notwendigen Schätzung noch nicht feststehender Rechte sind die der Schätzung zugrunde gelegten **tatsächlichen Annahmen** in **objektiv nachprüfbarer** Weise darzulegen. Werden bei der Schätzung des Wertes eines ungewissen Rechts etwa Abzinsungen vorgenommen, so ist der Abzinsfaktor **nachvollziehbar** gegenstandspezifisch zu ermitteln; bei einer Kautionsforderung ist der Schätzwert im Hinblick auf die plausibel dargelegte Wahrscheinlichkeit ihrer Realisierung festzustellen.[40] Auf Kapitalleistungen gerichtete betriebliche Altersversorgungen **24**

---

[32] BGH NJW-RR 2011, 73 = FamRZ 2011, 25 mAnm *Koch* und *Braeuer* FamRZ 2011, 453.

[33] BGH NJW 2011, 601 Rn. 22, 29 = FamRZ 2011, 183; FPR 2003, 23 = FamRZ 2003, 153; NJW 1992, 1103 = FamRZ 1992, 411 (413); NJW 1990, 3018 = FamRZ 1990, 1217 (1218 f.); OLG Brandenburg FamRZ 2004, 1029 mAnm *Schröder*; OLG Hamm FamRZ 1995, 611; Palandt/*Brudermüller* Rn. 68; *Schulz/Hauß* Trennung und Scheidung Rn. 352; einschr. Johannsen/Henrich/*Jaeger* Rn. 10: sofern nicht unangemessen; anders, dh grds. gegen Abzinsung, → 7. Aufl. 2017, Rn. 17; *Schwab* in Schwab ScheidungsR-HdB VII Rn. 73; Staudinger/*Thiele*, 2017, Rn. 41; Soergel/*Kappler/Kappler* Rn. 41.

[34] OLG Naumburg FamRZ 2015, 748; OLG Stuttgart NJW 2014, 1885.

[35] So ausdrücklich BR-Drs. 635/08, 33.

[36] *Kogel* FamRZ 2013, 1352 (1354); *Kogel* FamRZ 2015, 715; *Frauenknecht* NJW-Spezial 2013, 230.

[37] BGH BeckRS 1979, 31116512 = FamRZ 1979, 787 für Altenteilsverbindlichkeiten.

[38] BGHZ 87, 367 = NJW 1983, 2244 mAnm *Schubert* JR 1984, 23; BGH NJW 1992, 2154; OLG Köln FamRZ 1999, 656 zum Steuerrückerstattungsanspruch; Palandt/*Brudermüller* Rn. 20; *Schwab* in Schwab ScheidungsR-HdB VII Rn. 93; Staudinger/*Herzog*, 2015, § 2313 Rn. 5; Johannsen/Henrich/*Jaeger* Rn. 11; BeckOK BGB/*Cziupka* Rn. 45.

[39] OLG Oldenburg FamRZ 1976, 346; OLG München FamRZ 1982, 608; Staudinger/*Thiele*, 2017, Rn. 42; RGRK-BGB/*Finke* Rn. 11.

[40] OLG Karlsruhe FamRZ 2003, 682.

unterliegen seit dem 1.9.2009 dem Versorgungsausgleich (§ 2 Abs. 2 Nr. 3; näher → VersAusglG § 2 Rn. 30). Die Heranziehung versicherungsmathematischer Gutachten und Sterbetafeln zur Schätzung des Wertes eines solchen Anrechts[41] ist mithin nur noch in Verfahren von Bedeutung, in denen nach §§ 48 ff. VersAusglG weiterhin das alte Recht anzuwenden ist.

25 **8. Kunstgegenstände, Schmuck, Sammlungen, Bibliotheken.** Für Kunstgegenstände, Schmuck, Sammlungen, Bibliotheken uÄ ist der **Verkaufswert** am jeweiligen Bewertungsstichtag in die Ausgleichsrechnung einzusetzen,[42] und zwar der Erlös unter Privatpersonen, wenn und soweit ein privater Markt, dem auch der Handel der auf Kommissionsbasis tätigen Auktionshäuser zuzurechnen ist, vorhanden ist. Im Übrigen ist der Verkaufswert für einen Anbieter, der sich des Fachhandels bedienen muss, ausschlaggebend.[43] Falls ein privater Markt vorhanden ist, auf dem ein entsprechender Gegenstand beschafft werden kann, ist der Wiederbeschaffungswert mit dem Verkaufswert identisch. Generell vom – in der Regel höheren, weil Liebhaberinteressen beinhaltenden – Wiederbeschaffungswert auszugehen, verbietet sich dann, wenn eine Wiederbeschaffung mangels vergleichbarer Objekte nicht in Betracht kommt. Es ist hier nicht angemessen, dem Eigentümer einen Wert zuzurechnen, den er nicht realisieren kann.

26 **9. Vor- und Nacherbschaften.** In ökonomischer Sicht wenden Vorerbschaften dem **Vorerben** lediglich die Nutzung des Nachlasses in der Zeit bis zum Eintritt des Nacherbfalls zu. Sie sind deshalb mit ihrem Nutzungswert – und nicht mit dem Substanzwert des Nachlasses – anzusetzen.[44] Der Wert des Anwartschaftsrechts des **Nacherben** kann mangels eines Marktes für derlei Rechte nur geschätzt werden. Zu orientieren hat sich die Schätzung am Substanzwert des Nachlasses und an der Wahrscheinlichkeit des Eintritts des Nacherbfalls und bejahendenfalls seines Zeitpunktes. Da das Anwartschaftsrecht beim Anfangs- und beim Endvermögen mit demselben Betrag einzustellen ist (→ § 1374 Rn. 25), bedarf es einer Bewertung nur dann, wenn das Anfangsvermögen des Nacherben defizitär ist. Dann nämlich verringert der Wert des Anwartschaftsrechts den Negativsaldo der Verbindlichkeiten.

27 **10. Dingliche Nutzungsrechte.** Dingliche Nutzungsrechte von Dauer, die wie ein Nießbrauch oder ein Wohnrecht nicht mit laufenden Gegenleistungen erkauft werden, sind zu kapitalisieren auf der Basis der wahrscheinlichen Nutzungsdauer.[45] Dabei ist der Bewertung des künftigen Rechts nicht der aktuell geltende, sondern der Zinssatz des Bewertungsgesetzes (BewG), der auf langfristiger Beobachtung der volkswirtschaftlichen Größen beruht, zu Grunde zu legen.[46] Gehört das Recht zum Anfangs- wie zum Endvermögen, so wird die Wertminderung, die während der Dauer des Güterstandes durch Gebrauch oder sonstige Nutzung eintritt, im Endvermögen erfasst.

28 **11. Kapitallebensversicherungen.** Kapitallebensversicherungen der **eigenen Person** auf den Todes- und Erlebensfall, die im Zugewinn auszugleichen sind (→ § 1375 Rn. 21), sind nach heute hM nicht mit ihrem **Rückkaufswert** anzusetzen. Der Rückkaufswert, bei dessen Berechnung in der Regel gemäß § 169 Abs. 5 VVG der sog. Stornoabzug vorgenommen wird, ist ein wirtschaftlich ungünstiger Liquidationswert, der dem Wert des Anrechts nicht entspricht, wenn das Versicherungsverhältnis nicht aufgelöst wird. Er kann mithin **nur dann entscheidend** sein, wenn die Aufhebung des Versicherungsverhältnisses als Folge des Zugewinnausgleichs abzusehen ist und diese auch durch Stundung der Ausgleichsforderung (§ 1382) nicht vermieden werden kann.[47] Ist hingegen die Fortführung des Versicherungsvertrages zu erwarten, so ist der wirkliche **Zeitwert,** der sog. **Fortführungswert** des Anrechts auf die Versicherungsleistung einzusetzen. Diesen zu ermitteln und eine hierfür geeignete Bewertungsart auszusuchen, ist Sache des Tatrichters – methodisch nimmt dieser hier eine Schätzung iSd § 287 Abs. 2 ZPO vor. Vorgeschlagen wurde, auf den Kapitalwert der bereits

[41] BGH FPR 2003, 23 = FamRZ 2003, 153 mAnm *Bergschneider;* NJW 2011, 601 mAnm *Hauß* = FamRZ 2011, 183 mAnm *Schröder* zu einer besonders schwierigen Bewertung: Abhängigkeit des Anrechts von den in den letzten drei Jahren vor Erreichen der Altersgrenze erzielten Provisionen des Ehemannes, der noch viele Berufsjahre vor sich hatte.

[42] Ebenso *Schwab* in Schwab ScheidungsR-HdB VII Rn. 83; Johannsen/Henrich/*Jaeger* Rn. 9.

[43] Soergel/*Kappler/Kappler* Rn. 32.

[44] AG Landshut FamRZ 1998, 1233; *Schwab* in Schwab ScheidungsR-HdB VII Rn. 48.

[45] OLG Celle FamRZ 1993, 1204 betr. Wohnrecht; OLG Koblenz FamRZ 1988, 64 betr. Wohnrecht; KG FamRZ 1988, 171 betr. Nießbrauch; Staudinger/*Thiele,* 2017, Rn. 44; zur Bewertung eines Nießbrauchs am eigenen Grundstück BGH BeckRS 2009, 16556 = FamRZ 1988, 593.

[46] BGH NJW 2004, 1321 = FamRZ 2004, 527 mAnm *Koch.*

[47] BGHZ 130, 298 = NJW 1995, 2781; OLG Hamm BeckRS 2011, 14618; Staudinger/*Thiele,* 2017, Rn. 45; Johannsen/Henrich/*Jaeger* Rn. 13; *Schwab* in Schwab ScheidungsR-HdB VII Rn. 85; *Voit,* Die Bewertung der Kapitallebensversicherung im Zugewinnausgleich, 1992, 81.

gezahlten Prämien abzustellen;[48] teils wurden diesem Wert die bislang angefallenen Gewinnanteile hinzugerechnet,[49] teils dann wieder der Anteil, der auf bereits gewährten Versicherungsschutz entfiel, abgezogen.[50] Durchgesetzt hat sich inzwischen zu Recht der – auf versicherungsrechtlichem Expertenwissen beruhende – Lösungsvorschlag der Deutschen Aktuarvereinigung.[51] Nach diesem bestimmt sich der Wert einer Kapitallebensversicherung aus dem Rückkaufswert der gutgeschriebenen Versicherungsleistungen ohne Stornoabschläge, dh aus dem Deckungskapital inklusive der Gewinnanteile, zuzüglich des zum Bewertungsstichtag erreichten Anwartschaftsbarwertes auf Schlussgewinnanteile.[52]

Ist die Kapitallebensversicherung **zugunsten des Ehepartners** abgeschlossen worden, so ist dessen **Bezugsrecht** nach den Regeln, die für ungewisse und unsichere Rechte gelten, zu bewerten. Solange die Bezugsberechtigung widerruflich ist, ist sie in seinem Vermögen überhaupt nicht zu berücksichtigen – hier hat der Ehegatte schließlich nicht mehr als eine rechtliche Hoffnung erworben.[53] Ist ihm die Bezugsberechtigung hingegen unwiderruflich eingeräumt, ist sie mit ihrem Schätzwert in seinem Vermögen zu berücksichtigen. Im Regelfall der Lebensversicherung auf den Todes- und den Erlebensfall mit Bezugsberechtigung des Ehegatten nur für den Todesfall des Versicherungsnehmers ist das Bezugsrecht mit Null anzusetzen, wenn die Wahrscheinlichkeit eines vorzeitigen Todes des Versicherungsnehmers sehr gering ist.[54] Im Fall einer sog. **gemischten Kapitallebensversicherung** ist das Bezugsrecht gespalten: Im Erlebensfall steht es dem vertragsschließenden Ehegatten selbst zu, im Falle seines vorzeitigen Todes dem Ehepartner. Beide Ehegatten haben hier also eine Anwartschaft auf die Versicherungsleistung, die beim Zugewinnausgleich je für sich zu berechnen und in ihren Endvermögen anzusetzen ist.[55] 29

Bis zum 31.12.2004 waren bei der Veräußerung einer Lebensversicherung erzielte Gewinne nicht zu versteuern (§ 20 Abs. 1 Nr. 5 EStG aF). Von daher sind bei vor dem 1.1.2005 abgeschlossenen Versicherungsverträgen bei der Ermittlung des Wertes des Versicherungsanrechts ohnehin keine **latenten Ertragssteuern** (→ Rn. 12) zu berücksichtigen. Wird der Abzug dieser Steuer mit der überwM für danach geschlossene Verträge befürwortet, so ist die in § 20 Abs. 1 S. 2 Nr. 6 EStG statuierte Steuererleichterung nach zwölfjähriger Laufzeit des Vertrages zu berücksichtigen. 30

Vom Arbeitgeber zum Zwecke der **betrieblichen** Altersversorgung als Direktversicherung des Arbeitnehmers abgeschlossene Kapitallebensversicherungen unterfallen seit 1.9.2009 dem **Versorgungsausgleich** (→ § 1375 Rn. 21). Soweit die aus ihnen resultierenden unverfallbaren Kapitalanrechte im Zugewinn zu berücksichtigen sind, weil nach den Übergangsvorschriften der §§ 48 ff. VersAusglG weiterhin das alte Recht anzuwenden ist, ist ihr Wert nach den für ungewisse Rechte geltenden Regeln zu schätzen. Das Kapitalanrecht ist hier insofern noch **ungewiss,** dh rechtlich zweifelhaft, als es vor dem Versicherungsfall für den Arbeitnehmer nicht verfügbar ist, ob dieser aber den Versicherungsfall erlebt, ist offen.[56] 31

## VI. Freiberufliche Praxen

**1. Bewertungsfaktoren.** Der volle wirkliche Wert einer freiberuflich betriebenen Praxis setzt sich zusammen aus ihrem Substanzwert, dem Sachwert, und ihrem Goodwill, dem immateriellen Geschäftswert. Der **Substanzwert** bestimmt sich nach den Kosten, die für die (Wieder-)Beschaffung aller zur Praxis gehörenden Gegenstände wie Einrichtung, EDV, technische Geräte, Arbeitsmittel, Geldguthaben, Forderungen etc aufzubringen sind. Der Substanzwert ist mithin der Wiederbeschaffungswert. Im Hinblick darauf, dass dieser die Kosten umfasst, die notwendig sind, um die Praxis zu rekonstruieren bzw. zu reproduzieren, spricht man auch vom Reproduktions- oder Rekonstruktionswert.[57] Der **Goodwill** verkörpert demgegenüber den ideellen Wert der Praxis. Dieser Wert resultiert zum einen aus ihrem Standort und ihrer Lage, dem Mandanten-, Patienten- bzw. Kunden- 32

---

48 RGRK-BGB/*Finke* § 1374 Rn. 7.

49 OLG Düsseldorf FamRZ 1993, 192.

50 → 3. Aufl. 1993, Rn. 20 *(Gernhuber).*

51 Wiedergegeben von *Raube/Eitelberg* FamRZ 1997, 1322 (1326).

52 OLG Hamm BeckRS 2011, 14618; Staudinger/*Thiele,* 2017, Rn. 45; Palandt/*Brudermüller* Rn. 51; Johannsen/Henrich/*Jaeger* Rn. 13; *Schwab* in Schwab ScheidungsR-HdB VII Rn. 85; *Schulz/Hauß* Trennung und Scheidung Rn. 287.

53 *Raube/Eitelberg* FamRZ 1997, 1322 (1323).

54 BGHZ 118, 242 (248) = NJW 1992, 2154 (2156); dazu Anm. *Voit* FamRZ 1993, 508.

55 BGHZ 118, 242 = NJW 1992, 2154; dazu Anm. *Voit* FamRZ 1993, 508; *Schulz/Hauß* Trennung und Scheidung Rn. 283.

56 BGHZ 117, 70 = NJW 1992, 1103; BGHZ 156, 105 = NJW 2003, 3339 = FamRZ 2003, 154.

57 *Schröder,* Bewertungen im Zugewinnausgleich, 5. Aufl. 2011, Rn. 93; *Schulz/Hauß* Trennung und Scheidung Rn. 160; *Büte,* Zugewinnausgleich bei Ehescheidung, 5. Aufl. 2017, Rn. 65.

stamm, der Konkurrenzsituation und ähnlichen Faktoren. Da diese Faktoren übertragbar sind, wird der auf ihnen beruhende Goodwill als Veräußerungswert fassbar. Er ist der Betrag, den ein Erwerber bereit ist, über den Substanzwert hinaus zu zahlen, weil er auf die Werbewirksamkeit der den Goodwill ausmachenden Faktoren auch nach der Übertragung der Praxis auf ihn vertraut. Daneben gründet sich der Goodwill einer freiberuflichen Praxis allerdings auch auf Faktoren wie den geschäftlichen Ruf und das wirtschaftliche und soziale Ansehen des Praxisinhabers. Soweit der Geschäftswert der Praxis auf diesen mit der Person des Inhabers verknüpften Faktoren beruht, ist er nicht übertragbar und hat keinen Marktwert. Bei der Zugewinnberechnung ist dieser Teil des Goodwill der Praxis folglich nicht – werterhöhend – zu berücksichtigen.[58] Zu seiner Eliminierung durch Abzug des individuellen Unternehmerlohns → Rn. 35.

**33** Dass ein als Goodwill transferierbarer immaterieller Wert völlig fehlt, weil der geschäftliche Erfolg ausschließlich vom individuellen Können und den speziellen Fähigkeiten des (Praxis-)Inhabers abhängt, ist nur in seltenem Ausnahmefall denkbar.[59]

**34** **2. Bewertungsmethoden.** Da § 1376 keine Bewertungsmethode vorschreibt (→ Rn. 13) ist die Auswahl eines geeigneten Verfahrens auch bei der Ermittlung des Verkehrswertes einer freiberuflichen Praxis grundsätzlich Sache des – sachverständig beratenen – Tatrichters.[60] Sachgerecht und rechtlich vertretbar ist es jedenfalls, auf die von den zuständigen Standesorganisationen entwickelten Hinweise und Richtlinien[61] zurückzugreifen. Nach diesen ist für die Berechnung des **ideellen Wertes** einer freiberuflichen Praxis das **modifizierte Umsatzverfahren** geeignet. Nach diesem Verfahren ist Ausgangspunkt der Bestimmung des Goodwill einer Praxis der durchschnittliche Umsatz der letzten Jahre. Bei Anwaltskanzleien etwa empfehlen die Richtlinien der BRAK, den Umsatz der letzten drei Jahre zugrunde zu legen – und zwar unter doppelter Gewichtung des letzten, für den aktuellen Stand der Kanzlei besonders aussagekräftigen Jahres.[62] Für Arztpraxen gehen die Richtlinien der Bundesärztekammer – ohne spezielle Gewichtung – vom Umsatz der letzten drei Jahre aus. Allein aus dem Umsatz lässt sich der Verkehrswert einer freiberuflichen der Praxis allerdings nicht bestimmen. Zu berücksichtigen ist nämlich, dass der Umsatz in ganz erheblichem Maße vom individuellen Einsatz und der persönlichen Arbeitsleistung des Praxisinhabers abhängt – und damit von einem Faktor, der den Verkehrswert der Praxis nicht bestimmt, weil er nicht übertragbar ist. Im Hinblick hierauf muss das mit dem (reinen) Umsatzverfahren ermittelte Ergebnis berichtigt werden. Die insoweit modifizierte Umsatzmethode eliminiert die nicht übertragbaren personenbezogenen Spezifika des Praxiswertes durch Multiplikation des ermittelten Durchschnittsumsatzes mit einem Berechnungsfaktor, der unter wertender Betrachtung der konkreten Gegebenheiten zwischen 0,3 und 1,3 liegt. Da hiermit der individuellen Arbeitsleistung des Praxisinhabers Rechnung getragen wird, bedarf es eines gesonderten Abzugs eines „Unternehmerlohns" nicht.[63] Der **Substanzwert** der Praxis wird bei der Wertermittlung nach dem modifizierten Umsatzverfahren dann noch gesondert angesetzt.[64]

**35** Verbreiteter als die Umsatzmethode ist heute die – von der betriebswirtschaftlichen Lehre für die Bewertung von Unternehmen entwickelte – **modifizierte Ertragswertmethode.**[65] Diese geht davon aus, dass sich der Wert einer Praxis nach dem richtet, was ein Käufer im Falle der Veräußerung für sie zahlt – und das hängt entscheidend von deren Ertragskraft ab. Ein Käufer nämlich orientiert sich maßgeblich an dem wirtschaftlichen Gewinn, den er zukünftig aus der Praxis ziehen kann, also an den Ertragsaussichten. Zu ermitteln sind diese durch Rückschau auf die Erträge der letzten drei bis fünf Jahre,

---

[58] BGH NJW 2011, 2572 Rn. 29 = FamRZ 2011, 1367 mAnm *Borth*; NJW 2011, 999 Rn. 25 = FamRZ 2011, 622 mAnm *Koch* und *Borth* FamRZ 2011, 705; BGHZ 175, 207 = NJW 2008, 1221 = FamRZ 2008, 761 mAnm *Hoppenz*; OLG Düsseldorf FamRZ 2004, 1106 mAnm *Schröder.*

[59] OLG München FamRZ 1984, 1096 einen Architekten einem Künstler gleichstellend; OLG Celle AnwBl. 1977, 216 bei kurz bestehender Anwaltspraxis mit personengebundener Klientel.

[60] BGH NJW 2011, 999 = FamRZ 2011, 622 mAnm *Koch* bzgl. Zahnarztpraxis; NJW 2011, 2572 = FamRZ 2011, 1367 mAnm *Borth,* bzgl. Steuerberaterpraxis; NJW 1999, 784 bzgl. Steuerberaterpraxis; NJW 1991, 1547 = FamRZ 1991, 43 bzgl. Arztpraxis.

[61] Aktualisierte Richtlinien zur Bewertung von Anwaltskanzleien, Stand: 11.8.2017, BRAK-Mitteilungen 2018, 6; Hinweise zur Bewertung von Arztpraxen, Stand: 9.9.2008, Deutsches Ärzteblatt 2008, Heft 51/52, A 4; Hinweise der Bundessteuerberaterkammer für die Ermittlung des Wertes einer Steuerberaterpraxis, Stand: 6.3.2017, www.steuerberater-verband.de/Aktuelles/Hinweise (zuletzt abgerufen am 10.12.2018).

[62] So auch OLG Hamm FamRZ 2016, 1931; OLG Frankfurt FamRZ 1987, 485: doppelte Gewichtung des letzten von zwei Jahren.

[63] OLG Hamm FamRZ 2016, 1931.

[64] OLG Hamm FamRZ 2016, 1931: 15.000 EUR.

[65] Richtlinien der Wirtschaftsprüfer zur Unternehmensbewertung im Familienrecht, IDW Standard 13, IDW Life 7/2016, 574; *Borth* FamRZ 2017, 1739; *Ballhorn/König* FamRZ 2018, 161; BGH NZG 2018, 396 = FamRZ 2018, 174: generell vorzugswürdig. Fundamentale Kritik an der Handhabung der Methode durch die Rspr. äußert allerdings *Ballhorn* NJW 2018, 1911.

die kapitalisiert den geschätzten sog. Zukunftserfolgswert ergeben. Im Hinblick darauf, dass die Ertragskraft einer freiberuflichen Praxis wesentlich vom individuellen Einsatz und der persönlichen Arbeitsleistung des Inhabers abhängt und insoweit nicht übertragbar ist, muss der nach dem (reinen) Ertragswertverfahren ermittelte Praxiswert um den personenbezogenen Teil dieses Wertes bereinigt werden. Das geschieht nach der modifizierten Ertragswertmethode durch Abzug eines fiktiven Gehaltes, das den persönlichen Fähigkeiten und Leistungen des Praxisinhabers Rechnung trägt.[66] Diesen sog. Unternehmerlohn individuell zu ermitteln, wird für notwendig erachtet, weil mit dem Abzug eines nur pauschaliert nach Tarif- oder Branchenverhältnissen kalkulierten Lohns die unübertragbaren Teile des Goodwills der konkret in Rede stehenden Praxis nicht hinreichend erfasst werden. Zudem kann nur mit einer individualisierten Lohnermittlung, so die weitere Überlegung, der Gefahr der doppelten Teilhabe des anderen Ehegatten – nämlich im Zugewinnausgleich und bei der Unterhaltsberechnung – an den Praxiserträgen begegnet werden (→ § 1375 Rn. 5). Den überzeugenden Einwand, dass es für die Feststellung eines personenbezogenen individuellen Unternehmerlohnes an nachvollziehbaren Kriterien fehlt, weil Effizienz und Ertragsrelevanz der persönlichen Leistungsbereitschaft, des zeitlichen Arbeitsaufwandes oder der Spezialkenntnisse eines Praxisinhabers – das sind die für relevant gehaltenen Faktoren – nicht verlässlich zu ermitteln sind,[67] hat die Rspr. bislang nicht aufgegriffen. Nicht gesondert zu ermitteln sind nach der (modifizierten) Ertragswertmethode der Substanzwert und der Wert des Goodwill der Praxis. Beide Werte sind im Ertragswert enthalten – die Ausstattung der Praxis wird bei der Prognose künftiger Ertragserzielung ebenso berücksichtigt wie der Goodwill.

Abzusetzen von dem – mit welcher Methode auch immer ermittelten – Praxiswert sind die **latenten Ertragssteuern** – und zwar auch dann, wenn feststeht, dass sich diese Steuerlast nicht realisiert, weil ein Verkauf der Praxis nicht beabsichtigt ist. Rspr. und überwM der Lit. halten den Abzug der Steuern für geboten, weil sich der Wert einer Praxis nach ihrer Verwertbarkeit auf dem Markt bestimmt und diese zwingend mit der Steuerschuld verbunden ist[68] (→ Rn. 12). 36

Auf **Beteiligungen** an freiberuflichen Praxen sind die für Beteiligungen an Personengesellschaften geltenden Regeln (→ Rn. 49 ff.) entsprechend anzuwenden. 37

## VII. Inhabergeführte Unternehmen, Gewerbe- und Handwerksbetriebe

**1. Bewertungsfaktoren.** Der für die Zugewinnberechnung relevante **volle wirkliche** Wert inhabergeführter Unternehmen und Betriebe setzt sich zusammen aus dem Substanzwert und dem Goodwill. Der **Substanzwert** besteht aus den Kosten, die für die Wiederbeschaffung, Reproduktion oder Rekonstruktion sämtlicher zum Unternehmen gehörenden Gegenstände aufzuwenden sind. Er wird deshalb auch als ist der Wiederbeschaffungs-, Reproduktions- oder Rekonstruktionswert bezeichnet → Rn. 32. Der **Goodwill** ist der ideelle Wert des Unternehmens oder Betriebes. Dieser Wert beruht auf Faktoren wie Lage und Standort, Bekanntheit der Firma, Marktgängigkeit der hergestellten oder vertriebenen Produkte, Vertriebsnetz uÄ. Da diese Faktoren auf einen Erwerber des Unternehmens übertragbar sind, ist der auf ihnen beruhende ideelle Geschäftswert als Veräußerungswert fassbar – nämlich als die Summe, die ein Erwerber bereit ist, zusätzlich zum Substanzwert zu zahlen, weil er davon ausgeht, dass diese Faktoren weiterhin gewinnbringend wirken. Nicht der Fall aber ist das, soweit der Goodwill des Unternehmens an das geschäftliche Ansehen, die persönlichen Beziehungen, speziellen Fähigkeiten uÄ des Inhabers selbst geknüpft ist. Solche personenbezogenen Faktoren sind nicht übertragbar und erhöhen mithin den Verkehrswert des Unternehmens oder Betriebes nicht. Soweit der „guter Ruf" aus ihnen resultiert, ist dessen Wert bei der Zugewinnberechnung nicht zu berücksichtigen.[69] Zur Eliminierung dieses Teils des Goodwill durch Abzug eines individuellen Unternehmerlohns → Rn. 40. 38

Die Fälle, in denen ein Unternehmen oder ein Handwerksbetrieb so auf die Person des Inhabers zugeschnitten ist, dass er mit dem Inhaber sozusagen steht und fällt und jeglicher **übertragbarer Goodwill fehlt,** sind selten.[70] Eine Ausnahme bilden **Versicherungsagenturen.** Diese sind – wie alle Handelsvertretungen – so auf die Person des Vertreters bezogen, dass sie einen als Veräußerungs- 39

66 BGHZ 188, 249 = NJW 2011, 2572 = FamRZ 2011, 1367 mAnm *Borth*; BGHZ 188, 282 = NJW 2011, 999 = FamRZ 2011, 622 mAnm *Koch* und *Borth* FamRZ 2011, 705; BGH NJW 2018, 61 = FamRZ 2018, 93.

67 *Ballhorn* NJW 2018, 1191 (1195); *Frielingsdorf* FamRZ 2011, 1911; *Dorsel* DNotZ 2011, 863 (Anm. zu BGHZ 188, 282 = NJW 2011, 999 = FamRZ 2011, 622).

68 BGHZ 175, 207 = NJW 2008, 1221 = FamRZ 2008, 761 mAnm *Hoppenz*; BGH NJW 2011, 999 = FamRZ 2011, 622 mAnm *Koch* und *Borth* 705; NJW 2011, 2572 = FamRZ 2011, 1367 mAnm *Borth*; OLG Hamm FamRZ 2016, 1931; OLG Düsseldorf FamRZ 2008, 516 mAnm *Schröder*; Staudinger/*Thiele*, 2017, § 1374 Rn. 16; *Schlünder* FamRZ 2015, 372; *Borth* FamRZ 2014, 1687.

69 *Schröder*, Bewertungen im Zugewinnausgleich, 5. Aufl. 2011, Rn. 93 f.; Staudinger/*Thiele*, 2017, Rn. 29a; Soergel/*Kappler*/*Kappler* Rn. 50.

70 BGHZ 70, 224 = NJW 1978, 884: zweifelnd bei Bäckereibetrieb mit einem Gesellen und einem Lehrling.

gewinn realisierbaren immateriellen Wert nicht haben.[71] Zum einen sind Versicherungsvertreter vertraglich zur persönlichen Dienstleistung verpflichtet, zum anderen sind Kundenstamm und Versicherungsbestand der Agentur rechtlich und wirtschaftlich dem Versicherer zugeordnet und deshalb auch nur mit dessen Einverständnis und Mitwirkung veräußerbar. Versicherungsagenturen sind von daher im Zugewinnausgleich in der Regel **nur** mit ihrem **Substanzwert** anzusetzen. Auch der in § 89b HGB geregelte Ausgleichsanspruch des Handelsvertreters für den Verlust des von ihm aufgebauten Kundenstammes stellt nach allgM keinen in die Zugewinnbilanz einzustellenden Vermögenswert dar. Im Hinblick auf die Ausschlussgründe des § 89b Abs. 3 HGB ist die Entstehung dieses Anspruchs völlig ungewiss – von mehr als einer Chance auf Zahlung kann realistisch nicht gesprochen werden.

40 **2. Bewertungsmethoden.** Die Auswahl einer geeigneten Methode für die Ermittlung des Verkehrswertes ist auch im Falle eines inhabergeführten Betriebes oder Unternehmens Sache des – sachverständig beratenen – Tatrichters. Zur Ermittlung des Wertes in der gerichtlichen Praxis durchgesetzt hat sich hier die **modifizierte Ertragswertmethode.** Zu deren Grundannahmen → Rn. 35, 47. Nach dieser bestimmt sich der Wert eines Unternehmens oder Betriebes nach der künftigen Ertragskraft, die durch Rückschau auf die Erträge der letzten drei bis fünf Jahre zu ermitteln ist.

41 Zu bereinigen sind die Erträge bei kleineren und mittleren Unternehmen und Personengesellschaften, in denen die Inhaber selbst tätig sind, um **Unternehmerlöhne.** Anders als bei (Groß-)Unternehmen, in denen die Gehälter der angestellten Mitarbeiter von vornherein ertragsmindernd berücksichtigt werden, pflegen Inhaber und Gesellschafter eines Unternehmens das Entgelt für ihre Tätigkeit nämlich erst den Erträgen zu entnehmen. Der Wert der von ihnen erbrachten Arbeitsleistung ist mithin in Form ersparter Gehaltszahlung im Ertrag noch enthalten – der in dieser Ersparung liegende Mehrwert des Ertrages geht aber nicht auf den Erwerber über. Von daher ist der Ertrag durch Abzug eines Unternehmerlohns für die von dem Inhaber oder den Gesellschaftern selbst erbrachten Tätigkeiten zu minimieren. Bei außergewöhnlicher ertragserhöhender Effizienz des Arbeitseinsatzes des Unternehmer-Ehegatten ist der zunächst kalkulatorisch festgesetzte Lohn um einen dem **individuellen** Einsatz Rechnung tragenden Teil aufzustocken (→ Rn. 35). Welcher **Art** die inhaberseits übernommene **Tätigkeit** war, ist **irrelevant.** Nicht nur geschäftsleitende, sondern auch operative Tätigkeiten ersparen, wenn sie selbst erledigt werden, Personalkosten, die den Ertrag des Unternehmens erhöhen, ohne auf den Erwerber überzugehen.[72]

42 Zur Wertbestimmung eines (Handwerks-)Betriebes **nicht durchgesetzt** hat sich die **Mittelwertmethode,** nach der sich dessen voller wirklicher Wert aus dem – durch Halbierung der Summe gewonnenen – Mittelwert des Substanz- und Ertragswertes ergibt.[73]

43 Zu dem von Rspr. und überwM befürworteten Abzug **latenter Ertragssteuern** bei der Ermittlung des Unternehmens- oder Betriebswertes → Rn. 36, 12.

## VIII. Unternehmen

44 **1. Bewertungsfaktoren.** Der volle wirkliche Wert eines großen, nicht inhabergeführten Unternehmens als einer am Wirtschaftsleben teilnehmenden rechtlichen und organisatorischen Einheit entspricht regelmäßig dem **Verkehrswert** (→ Rn. 10). Wertbestimmende Faktoren sind die Substanz des Unternehmens und der immaterielle Geschäftswert, der sog. Goodwill.

45 Der **Substanzwert** ist der Sachwert aller zum Unternehmen gehörender Vermögensgegenstände. Er ist die Summe der Kosten, die einzusetzen wäre, um das Unternehmen in seiner Gesamtheit, einschließlich der Patente, Lizenzen, Urheber- und Verlagsrechte, der behördlichen Konzessionen uÄ, zu rekonstruieren oder zu reproduzieren, man spricht von daher auch vom Wiederbeschaffungs-, Reproduktions- oder Rekonstruktionswert.[74] Bei seiner Ermittlung sind die **Bestandteile in** ihrer **Gesamtheit** zu betrachten. Einzelne betriebsnotwendige Gegenstände wie eine Werkshalle können mithin nicht gesondert mit ihrem Verkehrswert berücksichtigt werden. Nur das nicht betriebsnotwendige Vermögen ist zu seinem Einzelveräußerungspreis bzw. seinem Liquidationswert (→ Rn. 11) dem Gesamtwert des Unternehmens hinzuzusetzen.[75]

[71] BGH NJW 2014, 625 mAnm *Hoppenz* = FamRZ 2014, 368 mAnm *Kogel*; OLG Stuttgart FamRZ 1995, 1586; OLG Hamm BeckRS 2011, 14618.

[72] BGH NJW 2018, 61 mAnm *Münch* = FamRZ 2018, 93 mAnm *Borth* FamRZ 2018, 175.

[73] BGH NJW-RR 1986, 226 = FamRZ 1986, 37 (39); OLG Bamberg FamRZ 1995, 607 (610).

[74] *Schröder,* Bewertungen im Zugewinnausgleich, 5. Aufl. 2011, Rn. 93; *Schulz/Hauß* Trennung und Scheidung Rn. 160; *Münch* FamRZ 2006, 1164.

[75] BGH NJW-RR 2005, 153 = FamRZ 2005, 99 mAnm *Schröder*; *Borth* FamRB 2002, 339.

Der **Goodwill** eines Unternehmens ist dessen immaterieller oder ideeller Wert. Er schlägt sich in dem Betrag nieder, den ein Erwerber über den Substanzwert hinaus zu zahlen bereit ist, weil er die den Goodwill begründenden Faktoren übernimmt und davon ausgeht, dass diese auch nach Übergang des Unternehmens auf ihn gewinnbringend weiter wirken. Da bei größeren und großen, durch angestellte Mitarbeiter geführten Gewerbe- und Industrieunternehmen der Goodwill nichts mit den Leistungen und Beziehungen des Inhabers zu tun hat, ist er **vollumfänglich übertragbar.** 46

**2. Methoden der Bewertung.** Eine bestimmte Methode schreibt § 1376 auch für die Bewertung von Unternehmen nicht vor. Es ist nach allgM auch hier Sache des – sachverständig beratenen – Tatrichters, eine von den in der Betriebswirtschaftslehre vertretenen Methoden sachverhaltsspezifisch auszuwählen.[76] Zur Ermittlung des Verkehrswertes eines Unternehmens durchgesetzt hat sich die **Ertragswertmethode.** Diese bestimmt den vollen wirklichen Wert eines Unternehmens nach seiner Ertragsfähigkeit. Dem liegt die Annahme zugrunde, dass sich der Wert eines Unternehmens nach dem richtet, was jemand für seinen Erwerb bezahlt. Ein Erwerber aber orientiert sich maßgeblich an den Ertragsaussichten, denn er vergleicht die Rendite aus dem Unternehmen mit der Rendite, die er aus einer anderen Geldanlage erzielen könnte. Ermittelt wird die Ertragskraft des Unternehmens durch Kapitalisierung der – auf der Basis der Erträge der letzten drei bis fünf Jahre – geschätzten Zukunftserträge zum jeweiligen Stichtag (Zukunftserfolgswert).[77] Dabei sind besondere Geschäftsrisiken, wie etwa die unmittelbare Abhängigkeit des Betriebsergebnisses von der Marktstrategie eines anderen Unternehmens, wertmindernd anzusetzen.[78] Da das Unternehmen nach der Ertragswertmethode als Einheit unter Berücksichtigung der gesamten zu ihm gehörenden Faktoren bewertet wird, ist der **Goodwill** nicht gesondert zu erfassen – er ist **im Ertragswert enthalten.** Das Gleiche gilt für den **Substanzwert.** Art, Umfang und Zustand der gegenständlichen Einrichtung und Ausstattung des Unternehmens sind für die Prognose künftiger Ertragserzielung relevant und werden bei deren Erstellung berücksichtigt – eine zusätzliche Erfassung ihres Wertes ist nicht sachgerecht. Dies wurde von der betriebswirtschaftlichen Lehre schon lange so gesehen,[79] der BGH hat sich dieser Sicht jetzt angeschlossen.[80] 47

Nach Rspr. und überwM der Lit. sind bei der Ermittlung des Wertes von Unternehmen – wie bei allen steuerbehafteten Gegenständen – die im Falle einer Veräußerung anfallenden **Ertragssteuern** auch dann wertmindernd zu berücksichtigen, wenn die Veräußerung nicht beabsichtigt und mit der Realisierung der Steuerlast nicht zu rechnen ist.[81] Die Begründung hierzu vermag nicht zu überzeugen (→ Rn. 12). Die latente Steuerschuld mindert hier den Unternehmenswert nur dann, wenn eine der Konstellationen vorliegt, in denen (nur) der Liquidationswert zugrunde zu legen ist (→ Rn. 11). 48

## IX. Beteiligungen an Personengesellschaften

**1. Bewertungskriterien.** Aufgrund der in der Praxis üblichen **Güterstandsklauseln** in Gesellschaftsverträgen wird die Gesellschaftsbeteiligung eines Ehegatten vielfach von vornherein im Zugewinnausgleich nicht relevant. Zur Vermeidung von Liquiditätsschwierigkeiten wegen aufgrund der Gesellschaftsbeteiligung stark erhöhter Zugewinnausgleichsforderungen in Scheidungsverfahren nämlich verpflichten Güterstandsklauseln Ehegatten – sanktionsbewehrt – dazu, den Gesellschaftsanteil aus dem ausgleichspflichtigen Zugewinn zu nehmen, was ehevertraglich in der Regel durch Modifizierung des Zugewinnausgleichs oder auch Vereinbarung von Gütertrennung geschieht.[82] 49

---

76 BGH NZFam 2019, 170 mAnm *Kuckenburg* = FamRZ 2019, 429 mAnm *Siede*; NJW 2018, 61 Rn. 15 mAnm *Münch* = FamRZ 2018, 93 mAnm *Borth* FamRZ 2018, 175; NJW 2014, 294 Rn. 34 = FamRZ 2014, 98 mAnm *Koch*; BGHZ 188, 249 Rn. 24 = NJW 2011, 2572 = FamRZ 2011, 1367 mAnm *Koch*.

77 BGH NJW 2018, 61 mAnm *Münch* = FamRZ 2018, 93 mAnm *Borth* FamRZ 2018, 175; *Münch* FamRZ 2006, 1164. Zu dem in der Betriebswirtschaftslehre zur Ermittlung des Zukunftserfolgswertes eines Unternehmens alternativ herangezogenen Discounted-Cash-Flow-Verfahren (DCF-Verfahren) *Münch*, Ehebezogene Rechtsgeschäfte, 4. Aufl. 2015, Rn. 203; *Wollny/Hallerbach* ua, Unternehmens- und Praxisübertragungen, 9. Aufl. 2018, Rn. 2021.

78 OLG Frankfurt FamRZ 2009, 2006 für halbjährlich kündbaren Exklusiv-Liefervertrag.

79 Grundsätze zur Durchführung von Unternehmensbewertungen des Instituts der Wirtschaftsprüfer, Stand: 2.4.2008, IDW S 1 Rn. 6, WpG 2007, 633; *Braunhofer*, Unternehmens- und Anteilsbewertung zur Bemessung von familien- und erbrechtlichen Ausgleichsansprüchen, 1995, 31.

80 BGH NJW 2018, 61 mAnm *Münch* = FamRZ 2018, 93 mAnm *Borth* FamRZ 2018, 175.

81 BGHZ 188, 249 = NJW 2011, 2572 = FamRZ 2011, 1367 (obiter dictum BGHZ 188, 249 Rn. 50); zust. *Borth* Anm. und *Borth* FamRZ 2014, 1687; OLG Dresden FamRZ 2008, 1857 für GmbH & Co. KG; Staudinger/*Thiele* 2017 § 1374 Rn. 16; *Schulz* FamRZ 2014, 1684; *Schlünder* FamRZ 2015, 372; *Kogel* NJW 2011, 3337.

82 Zu solchen Klauseln *Wenckstern* NJW 2014, 1335; *Brudermüller* FS Binz, 2014, 105.

50 Ist das nicht der Fall und fällt die Beteiligung an der GbR, der OHG oder KG in den Zugewinn, ist sie, wenn sie **übertragbar** ist, mit ihrem Markt- bzw. Verkehrswert in die Zugewinnausgleichsbilanz einzustellen.[83] Im Falle der **Nichtübertragbarkeit** der Anteile ist die Beteiligung mit dem quotalen Unternehmenswert zu berücksichtigen. Den Wert nicht übertragbarer Anteile auf das Auseinandersetzungsgutgaben (§ 738) zu beschränken,[84] ist insofern nicht sachgerecht, als dem Ehegatten neben diesem Guthaben der Nutzwert seines Gesellschaftsanteils in Form der Teilhabe am Ertrag zukommt.[85]

51 **2. Abfindungsklauseln.** Schwierigkeiten bereitet die Ermittlung des Anteilswertes im Falle des Bestehens gesellschaftsvertraglich vereinbarter Abfindungsklauseln, die den Abfindungsanspruch der Höhe nach beschränken (etwa durch Ausklammerung stiller Reserven oder des Goodwill) oder ganz ausschließen (etwa für den Fall des Todes des Gesellschafters) oder auch die Fälligkeit des Anspruchs zeitlich hinausschieben. Zu den Zielen und Inhalten solcher Abfindungsklauseln → 7. Aufl. 2017, § 738 Rn. 39 f., 60 ff. Hat sich die Klausel am Stichtag bereits **aktualisiert,** weil das Ausscheiden des Ehegatten aus der Gesellschaft wegen Kündigung feststeht[86] oder weil feststeht, dass der Ehegatte den Gesellschaftsanteil im Zusammenhang mit dem Zugewinnausgleich wird veräußern müssen, ist dessen Wert nur nach dem Betrag des **Abfindungsanspruchs** zu bemessen.[87] Einen über den Abfindungsbetrag hinausgehenden – aus der weiteren Nutzungs- und Gewinnmöglichkeit des Gesellschaftsanteils resultierenden – Wert hat die Beteiligung des Ehegatten ja nicht mehr.

52 In den Fällen, in denen bei Güterstandsbeendigung noch offen ist, ob überhaupt und wann in der Zukunft die Abfindungsklausel Wirkungen zeitigt, ist die Frage nach ihrer **Bewertung streitig** geblieben. **Vorläufige Lösungen** – voller Wert der Beteiligung mit der Möglichkeit späterer Korrektur unter Bezugnahme auf § 2313 oder § 242[88] – widersprechen dem Stichtagsprinzip und haben sich nicht durchgesetzt. Abgesehen davon ist die Heranziehung des § 2313 hier insofern verfehlt, als dieser bedingte, unsichere und ungewisse Rechte betrifft, nicht aber unsichere Auswirkungen eines wertbildenden Faktors eines unbedingt bestehenden und gewissen Rechts. Die **endgültigen Lösungen** setzen den vollen Wert der Beteiligung an und gehen dann unterschiedlich vor. Zum Teil messen sie der Abfindungsklausel überhaupt keine Bedeutung zu, weil das Risiko des Ehegatten, beim Ausscheiden aus der Gesellschaft weniger zu erhalten, durch die Chance kompensiert wird, dass sich der Wert seiner Gesellschaftsbeteiligung infolge des Ausscheidens anderer Gesellschafter – nur zum Klauselwert – erhöht.[89] Gerade umgekehrt setzt die Gegenansicht den Gesellschaftsanteil grundsätzlich nur mit dem Klauselwert, also dem vereinbarten Abfindungsbetrag, an und korrigiert diesen ggfs. im Einzelfall mit (prozentualen) Zuschlägen.[90]

53 Beide Lösungen überzeugen nicht. Sachgerecht ist vielmehr allein die Bewertung des Anteils nach einer **Schätzung,** die vom Vollwert der Unternehmensbeteiligung ausgeht und das **Risiko** der geringeren Abfindung beim Ausscheiden **wertmindernd** berücksichtigt.[91] Dieses Vorgehen fügt sich am besten in die allgemeinen Bewertungsgrundsätze ein: Der Anteil wird mit seinem vollen wirklichen Wert am Bewertungsstichtag erfasst. Die Möglichkeit späterer Realisierung nur zum Klauselwert gehört zu seinen gegenwärtigen Eigenschaften und stellt ein Risiko dar, das wie bei allen risikobehafteten Vermögensanlagen durch Schätzung zu berücksichtigen ist. Da der so ermittelte Wert zwischen Voll- und Klauselwert liegt, spricht man vom **Zwischenwert.** Wie bei jeder Schätzung ist es auch hier notwendig, die im Einzelfall zugrunde gelegten Kriterien nachvollziehbar darzulegen (§ 287 Abs. 2 ZPO) – Abschlag etwa wegen naheliegender Veräußerung des Anteils oder

---

[83] BGH NJW 1999, 784 = FamRZ 1999, 361; NJW 2011, 601 mAnm *Hauß* = FamRZ 2011, 183 mAnm *Schröder* FamRZ 2011, 360; Staudinger/*Thiele,* 2017, Rn. 30; *Michalski/Zeidler* FamRZ 1997, 397.

[84] So OLG Jena FamRZ 2005, 1186; *Schwab* in Schwab ScheidungsR-HdB VII Rn. 113; *Piltz/Wissmann* NJW 1985, 2673; *Michalski/Zeidler* FamRZ 1997, 397.

[85] BGH NJW 2003, 1396 = FamRZ 2003, 432; Staudinger/*Thiele,* 2017, Rn. 30; Johannsen/Henrich/*Jaeger* Rn. 22; Soergel/*Kappler/Kappler* Rn. 66.

[86] BGH NJW 1999, 784; *Schulz/Hauß* Trennung und Scheidung Rn. 343.

[87] Staudinger/*Thiele,* 2017, Rn. 33; Johannsen/Henrich/*Jaeger* Rn. 22.

[88] RGRK-BGB/*Finke* Rn. 11.

[89] BeckOK BGB/*Cziupka* Rn. 31; *Piltz/Wissmann* NJW 1985, 2673; einschr. OLG Hamm FamRZ 1998, 235: bedenkenswert.

[90] OLG Düsseldorf FamRZ 2016, 977 = BeckRS 2016, 05449; *Michalski/Zeidler* FamRZ 1997, 397; *Huber,* Vermögensanteil, Kapitalanteil und Gesellschaftsanteil an Personengesellschaften des Handelsrechts, 1970, 347.

[91] BGHZ 75, 195 (201) = NJW 1980, 229; BGH NJW 1987, 321; 1999, 784; 2003, 1396 = FamRZ 2003, 432 mAnm *Schröder;* OLG Düsseldorf FamRZ 1981, 48; OLG Schleswig FamRZ 1986, 1208 mAnm *Fröhlich;* Soergel/*Kappler/Kappler* Rn. 67.

wegen absehbarem Ausscheiden aus der Gesellschaft.[92] Nicht ausreichend sind Schätzungen, die ohne Begründung prozentuale oder auch fixe Abschläge vom Vollwert festsetzen – sie muten willkürlich an.[93]

**3. Abschreibungsgesellschaften.** Besondere Schwierigkeiten bereitet die Bewertung von Anteilen an Abschreibungsgesellschaften (Bauherrenmodelle, Flugzeugleasingbeteiligungen uÄ). In der Regel als Kommanditgesellschaften gegründet, zielen diese darauf, Verluste zu erwirtschaften, die den einzelnen Gesellschaftern zum Zwecke der Reduzierung ihrer individuellen Steuerlast zugewiesen werden. Durchgesetzt hat sich der Vorschlag, als Aktivwert der Beteiligung den im Falle ihrer Beendigung zu erwartenden **Veräußerungserlös** zu berücksichtigen. Diesem hinzuzurechnen sind die bis zur Veräußerung noch zu erwartenden Steuervorteile, abzuziehen noch bestehende Einzahlungspflichten sowie die bei Veräußerung anfallenden Steuern.[94] Zur (Nicht-)Berücksichtigung des negativen Kapitalkontos als Verbindlichkeit → § 1375 Rn. 36. 54

## X. Land- und forstwirtschaftliche Betriebe

**1. Ratio der Regelung.** Land- und forstwirtschaftliche Betriebe – der Begriff entspricht dem vom BGB synonym verwendeten Begriff des Landguts (§ 98 Nr. 2, § 2312 ua) – sind Besitzungen, die eine zum selbständigen Betrieb der Landwirtschaft einschließlich der Viehzucht oder der Forstwirtschaft geeignete und bestimmte Wirtschaftseinheit darstellen und mit den nötigen Wohn- und Wirtschaftsgebäuden versehen sind (→ 7. Aufl. 2017, § 2312 Rn. 12).[95] Sie sind mit ihrem Ertragswert und nicht mit ihrem Verkehrswert anzusetzen, wenn sie sowohl bei der Berechnung des Anfangsvermögens – und sei es auch nur gemäß § 1374 Abs. 2 – als auch des Endvermögens zu berücksichtigen sind. Identität des hier und dort zu berücksichtigenden Betriebes ist nicht erforderlich; ein neuer Betrieb kann einen alten surrogieren.[96] 55

§ 1376 Abs. 4 dient dem **öffentlichen Interesse** an der Erhaltung leistungsfähiger land- und forstwirtschaftlicher Betriebe.[97] Diesem Zweck entsprechend ist die Norm teleologisch zu reduzieren und der Verkehrswert anzusetzen, wenn dieser geringer ist als der Ertragswert.[98] Die mit der Privilegierung der ausgleichspflichtigen Inhaber land- und forstwirtschaftlicher Betriebe notwendig verbundenen Nachteile für den anderen Ehegatten, der von den Wertsteigerungen des Betriebes während des Güterstandes ausgeschlossen ist, sofern diese sich nicht sofort in einer entsprechenden Steigerung des Ertragswertes niederschlagen, werden um des Normzwecks willen bewusst in Kauf genommen. 56

Den aus dieser Bevorzugung resultierenden verfassungsrechtlichen Bedenken[99] hat der Gesetzgeber 1994 durch Einschränkungen des Anwendungsbereichs der Norm Rechnung getragen.[100] Die Berücksichtigung (nur) des Ertragswertes des Betriebes für die Berechnung des Zugewinns ist davon abhängig, dass der auf Zugewinnausgleich in Anspruch genommene **Inhaber** selbst oder ein **Abkömmling** von ihm den Betrieb **weiterführt.** Praktische Auswirkungen hatte diese Gesetzesänderung insofern nicht, als die Rspr. den Anwendungsbereich des § 1376 Abs. 4 schon zuvor im Wege der teleologischen Reduktion eingeschränkt und die Norm nicht angewandt hatte, wenn die Begünstigung nicht dem selbst wirtschaftenden Eigentümer oder einem Abkömmling zugutekam – sei es, weil der Betrieb bereits verpachtet war, sei es, weil der gegenwärtig noch selbst wirtschaftende Eigentümer in naher Zukunft nicht mehr bereit oder in der Lage gewesen war, den Betrieb zu leiten.[101] Eine teilweise Verpachtung landwirtschaftlicher Flächen schadet jedenfalls auch nach der 57

---

[92] OLG Hamm FamRZ 1998, 235; Staudinger/*Thiele,* 2017, Rn. 35.

[93] So aber OLG Hamm FamRZ 1983, 918: Abschlag von 20 %; OLG Schleswig FamRZ 1986, 1208 mAnm *Fröhlich* Abschlag von 15.000 DM.

[94] BGH NJW 2011, 601 Rn. 40 = FamRZ 2011, 183 (186); *Schröder,* Bewertungen im Zugewinnausgleich, 5. Aufl. 2011, Rn. 162; *Schulz/Hauß* Trennung und Scheidung Rn. 425.

[95] Staudinger/*Thiele,* 2017, Rn. 18; Soergel/*Kappler/Kappler* Rn. 78; BeckOK BGB/*Cziupka* Rn. 34; *Faßbender* AgrarR 1990, 243.

[96] Staudinger/*Thiele,* 2017, Rn. 26; Johannsen/Henrich/*Jaeger* Rn. 29.

[97] BVerfGE 67, 348 (367) = NJW 1985, 1329; BGHZ 113, 325 = NJW 1991, 1741; OLG Schleswig FamRB 2004, 37; *Fischer/Stock* AgrarR 1985, 220.

[98] BGH NJW-RR 2016, 1217 = FamRZ 2016, 1044 mAnm *Koch*; Staudinger/*Thiele,* 2017, Rn. 17; Soergel/*Kappler/Kappler* Rn. 83.

[99] Vgl. BVerfGE 67, 348 = NJW 1985, 1329; zu dieser Entscheidung *Peinemann* FS Büttner, 1986, 109; *Fischer/Stock* AgrarR 1985, 220; BVerfG NJW 1989, 3211 = FamRZ 1989, 939.

[100] Gesetz zur Bewertung eines land- und forstwirtschaftlichen Betriebes beim Zugewinnausgleich vom 14.9.1994 (BGBl. 1994 I 2324).

[101] BGH NJW-RR 1990, 68 = FamRZ 1989, 1276. Dass Übergabe auch an einen entfernteren Verwandten genügen sollte (so OLG Celle AgrarR 1987, 46), rügte BVerfG NJW 1989, 3211 = FamRZ 1989, 939.

Gesetzesänderung nicht.[102] Die weitere Einschränkung, dass der Betriebsinhaber nur privilegiert ist, wenn er **ausgleichspflichtig,** nicht aber, wenn er ausgleichsberechtigt ist, ist der Funktion der Norm geschuldet – beim Ausgleichsberechtigten besteht keine Gefahr, dass der Betrieb im Zusammenhang mit der Durchführung des Zugewinnausgleichs aufgelöst werden muss.

58 Mit diesen Einschränkungen ist die Privilegierung land- und forstwirtschaftlicher Betriebe im Zugewinnausgleich sachgerecht. Wegen der besonderen sozioökonomischen Bedeutung dieser Betriebe – Erzeugung von Nahrungsmitteln, Bereitstellung von Rohstoffen für Industrie, Landschaftserhaltung ua – begegnet die Privilegierung auch im Hinblick auf die darin liegende Bevorzugung gegenüber sonstigen mittelständischen Gewerbebetrieben keinen Bedenken.[103]

59 **2. Ertragswert.** Der Ertragswert bestimmt sich nach dem bei ordnungsmäßiger Bewirtschaftung nachhaltig erzielbaren Reinertrag (§ 1376 Abs. 4 Hs. 2 iVm § 2049 Abs. 2), der nach den jeweils geltenden landesrechtlichen Regelungen ermittelt wird (Art. 137 EGBGB). Üblich ist im Landesrecht die Fixierung auf ein bestimmtes Vielfaches des jährlichen Reinertrages.[104] In Hessen, Rheinland-Pfalz und im Saarland etwa ist mit 25 zu multiplizieren, in Bayern, Baden-Württemberg und Thüringen etwa mit 18 (Zusammenstellung der landesgesetzlichen Vorschriften bei → 7. Aufl. 2018, EGBGB Art. 137 Rn. 4). Auf dem Betrieb lastende **Verbindlichkeiten** mindern den Ertragswert in Höhe der Aufwendungen für die Zinszahlungen. Der Nominalbetrag hingegen reduziert nur den Substanzwert des Betriebes, nicht aber dessen Ertragskraft.[105] Bei der Ermittlung des Ertragswerts nicht erforderlich ist, den – im Hinblick auf die eigene Arbeitsleistung des Inhabers abzuziehenden – **Unternehmerlohn** personenbezogen zu bestimmen. Bei land- und forstwirtschaftlichen Betrieben geht es ja gerade nicht um den Veräußerungswert – von daher ist es auch nicht erforderlich, (ertrags-)werterhöhende individuelle Faktoren im Hinblick auf ihre Nicht-Übertragbarkeit auszuscheiden.[106]

60 **3. Übriges Vermögen.** Vom privilegierten land- und forstwirtschaftlichen Betrieb ist das übrige Vermögen, insbes. das persönlichen Zwecken dienende Gut, zu unterscheiden, das mit dem vollen wirklichen Wert zu berücksichtigen ist. Die Grenze zwischen diesen Vermögensmassen ist funktional zu ziehen. Zum privilegierten Betrieb gehört nur, was eine entsprechende Zweckwidmung erfahren hat, auch wenn es nicht Zubehör iSd § 98 Nr. 2 ist oder sogar für den Betrieb entbehrlich erscheint.[107] Auch Aktien an einem landwirtschaftliche Produkte verwertenden Unternehmen gehören zum Betriebsvermögen, wenn sie den Absatz der auf dem Hof erzeugten Produkte garantieren.[108] Gegenstände mit mehrfacher Funktion wie ein Pkw, der dem Betrieb, aber auch der Familie dient, sind jenem Bereich zuzurechnen, für den sie überwiegend gehalten werden.

61 **4. Verrechnung von Defiziten?** Mindert sich in der Zeit des Güterstandes der Ertragswert des land- oder forstwirtschaftlichen Betriebes, so ist das Defizit nicht von dem beim sonstigen Vermögen ermittelten Zugewinn abzuziehen. Sinn des Bewertungsprivilegs des Hofinhabers ist es nicht, dem begünstigten Ehegatten auch noch bei der Feststellung seines persönlichen Vermögens Vorteile im Zugewinnausgleich zu verschaffen.[109]

62 **5. Änderungen des Betriebs.** Für Betriebe, die nicht zu **beiden Berechnungszeitpunkten** zum Vermögen zählen, sei es dass sie erst während des Güterstandes – ohne Privileg des § 1374 Abs. 2 – erworben wurden, sei es, dass sie während des Güterstandes ohne Ersatzerwerb veräußert wurden, bleibt der volle wirkliche Wert entscheidend. **Änderungen** im Bestand des Betriebsvermögens sind, auch wenn sie sich auf den Ertragswert auswirken, nicht gesondert zu bewerten, wenn es sich um Erwerb und Veräußerung in ordnungsmäßiger Betriebsführung oder um Surrogationserwerb und Rationalisierungserwerb handelt.[110] **Erweiterungserwerb** hingegen unterliegt nicht der Ertragswertbemessung, sondern ist mit seinem vollen wirklichen Wert in die Zugewinnbilanz einzustellen. Sinn der privilegierten Bewertung ist, dem Ehegatten den Betrieb in seinem gegebenen

---

102 OLG Schleswig FamRB 2004, 37 = OLGR 2003, 409.

103 *Köhne* AUR 2013, 205; anders → 7. Aufl. 2017, Rn. 44 und weitere Vorauflagen.

104 Zu dessen Ermittlung s. den „Leitfaden für die Ermittlung des Ertragswertes landwirtschaftlicher Betriebe" der Deutschen Gesellschaft für Agrarrecht, AgrarR 1994, 5; *Krebs* AUR 2013, 376 (377); *Schmitte,* Landwirtschaftliches Familien- und Erbrecht, 3. Aufl. 2018, 14.

105 BGH NJW-RR 2016, 1217 = FamRZ 2016, 1044 mAnm *Koch*; Palandt/*Brudermüller* Rn. 78; BeckOK BGB/*Cziupka* Rn. 41.

106 BGH NJW-RR 2016, 1217 = FamRZ 2016, 1044 mAnm *Koch*; BeckOK/BGB/*Cziupka* Rn. 40.

107 Staudinger/*Thiele,* 2017, Rn. 20; BeckOK BGB/*Cziupka* Rn. 38.

108 BGHZ 113, 325 (331 f.) = NJW 1991, 1741 für Absatz von Zuckerrüben an Zuckerfabrik.

109 AG Gütersloh AgrarR 1990, 211; OLG Schleswig BeckRS 2003, 30316062 = OLGR 2004, 30: Ausnahme, wenn Verkehrswert des Betriebes ein Defizit ausweist.

110 BGH NJW-RR 2016, 1217 = FamRZ 2016, 1044 mAnm *Koch.*

Zuschnitt zu erhalten, bei Vergrößerung ist für die Bevorzugung kein Raum mehr. Hinzu erworbene Gebäude und Grundstücke sind mithin ebenso wie hinzu erworbene bewegliche Sachen mit ihrem Verkehrswert im Endvermögen zu berücksichtigen.[111] War der erweiternde Erwerb allerdings notwendig, um die Lebensfähigkeit des Betriebes zu erhalten, ist er nach der Teleologie der Norm weiterhin privilegiert zu bewerten.[112] Während des Güterstandes veräußerte Gegenstände sind als Bestandteil des Anfangsvermögens zu berücksichtigen. Fließen die **Veräußerungserlöse** nicht in den Betrieb zurück, so fallen sie mit ihrem vollen Wert in das sonstige Vermögen des Ehegatten und erhöhen dessen Zugewinn.

**6. Verbundene gewerbliche Betriebe.** Ist mit dem land- und forstwirtschaftlichen Betrieb ein gewerblicher Betrieb verbunden, etwa eine Gastwirtschaft, eine Reitschule oder eine Pension für Feriengäste, so ist das Bewertungsprivileg auf den gesamten **gemischten Betrieb** zu erstrecken, wenn die gewerbliche Betätigung ein Annex der land- oder forstwirtschaftlichen ist, ihr zugeordnet bleibt und von ihr abhängig ist – in dieser Art unselbständig wird in der Regel ein Reiterhof betrieben. Ist eine solche Verbundenheit nicht gegeben – wie meist bei einer Gastwirtschaft oder einer Brennerei –, sind die Betriebseinheiten voneinander zu sondern und der gewerbliche Betrieb ohne Rücksicht auf seine Größe und Bedeutung mit dem vollen wirklichen Wert einzusetzen.[113] Nicht entscheidend sind steuerrechtliche Abgrenzungen. 63

**7. Anerben.** Ein besonderes, von den Grenzen des § 1376 Abs. 4 gelöstes Bewertungsprivileg gilt gemäß § 12 Abs. 2 HöfeO in deren Geltungsgebiet zugunsten des **Hoferben** – also in Hamburg, Niedersachsen, Nordrhein-Westfalen und Schleswig-Holstein. Bei **Güterstandsbeendigung durch Tod** eines Ehegatten und Zugewinnausgleich nach den Regeln der güterrechtlichen Lösung (§ 1371 Abs. 2 und 3) wird der Hof nur mit dem Hofwert, mithin dem Eineinhalbfachen des zuletzt festgesetzten Einheitswertes, bewertet.[114] Wird der Hof allerdings innerhalb von 20 Jahren nach dem Erbfall veräußert oder einer anderen Nutzung zugeführt, so erwächst dem überlebenden Ehegatten ein Ergänzungsanspruch gemäß § 13 HöfeO. Dies alles gilt nicht bei **Güterstandsbeendigung unter Lebenden.** 64

### XI. Abweichende Vereinbarungen

§ 1376 setzt nach allgM **dispositives** Recht.[115] Mit der Regelung des Bewertungsstichtags und der Bewertung selbst – einschließlich derjenigen land- und forstwirtschaftlicher Betriebe – sind keine Interessen der Allgemeinheit oder auch der Ehegatten verbunden, die generell unverzichtbar wären. Empfehlenswert sind vertragliche Fixierungen insbes. für Vermögensbestandteile mit besonderen Bewertungsschwierigkeiten – Unternehmen, Gesellschaftsanteile usw.[116] Regelungen während des Güterstandes haben durch **Ehevertrag** zu erfolgen. Regelungen nach Beendigung des Güterstandes sind dagegen **formlos** möglich. 65

## § 1377 Verzeichnis des Anfangsvermögens

**(1) Haben die Ehegatten den Bestand und den Wert des einem Ehegatten gehörenden Anfangsvermögens und der diesem Vermögen hinzuzurechnenden Gegenstände gemeinsam in einem Verzeichnis festgestellt, so wird im Verhältnis der Ehegatten zueinander vermutet, dass das Verzeichnis richtig ist.**

**(2) [1]Jeder Ehegatte kann verlangen, dass der andere Ehegatte bei der Aufnahme des Verzeichnisses mitwirkt. [2]Auf die Aufnahme des Verzeichnisses sind die für den Nießbrauch geltenden Vorschriften des § 1035 anzuwenden. [3]Jeder Ehegatte kann den Wert der Vermögensgegenstände und der Verbindlichkeiten auf seine Kosten durch Sachverständige feststellen lassen.**

---

111 *Schwab* in Schwab ScheidungsR-HdB VII Rn. 105; Staudinger/*Thiele,* 2017, Rn. 24; BeckOK BGB/*Cziupka* Rn. 38; Palandt/*Brudermüller* Rn. 78.

112 BGHZ 113, 325 (328) = NJW 1991, 1741 mAnm *Schipprowski* FuR 1991, 225 bzgl. einer landwirtschaftlichen Nutzfläche; Palandt/*Brudermüller* Rn. 78.

113 OLG Schleswig FamRB 2004, 37; Staudinger/*Thiele,* 2017, Rn. 21; Soergel/*Kappler/Kappler* Rn. 80; unbestimmter RGRK-BGB/*Finke* Rn. 34: „Übergewicht" bzw. „Umstände des Einzelfalles"; enger BeckOK BGB/*Cziupka* Rn. 39: Orientierung an HöfeO.

114 Lüdtke-Handjery/v. Jeinsen/*Haarstrich,* 11. Aufl. 2015, HöfeO § 12 Rn. 58; *Wöhrmann/Graß,* 11. Aufl. 2018, HöfeO § 12 Rn. 54.

115 Staudinger/*Thiele,* 2017, Rn. 49; BeckOK BGB/*Cziupka* Rn. 69; Palandt/*Brudermüller* Rn. 1.

116 *Münch,* Ehebezogene Rechtsgeschäfte, 4. Aufl. 2015, Rn. 1264.

**(3) Soweit kein Verzeichnis aufgenommen ist, wird vermutet, dass das Endvermögen eines Ehegatten seinen Zugewinn darstellt.**

**Schrifttum:** S. § 1376.

**Übersicht**



## I. Normzweck

1 **1. Vermutungen.** Bestand und Wert der Anfangsvermögen rekonstruierend zu fixieren, ist eine Aufgabe, die mit wachsendem zeitlichen Abstand und wachsender Veränderung des Vermögensbestandes auch mit wachsenden Schwierigkeiten verbunden ist. § 1377 sucht ihnen mit zwei Vermutungen zu begegnen: einer positiven Richtigkeitsvermutung nach Inventarisierung (Abs. 1) und einer negativen Vermutung (kein Anfangsvermögen), falls die Inventarisierung unterblieb (Abs. 3).

2 Die Richtigkeitsvermutung ist aus einsichtigen Gründen totes Recht geblieben. § 1377 ist in der Bevölkerung so gut wie unbekannt. Abgesehen davon sind die psychologischen Hemmungen gegenüber einer vorbeugenden Inventarisierung des Anfangsvermögens bei intakter Beziehung evident. Von praktischer Bedeutung ist von daher allein die negative Vermutung des Abs. 3.

3 **2. Keine Pflicht zur Inventarisierung.** Kein Ehegatte ist verpflichtet, sein Anfangsvermögen zu inventarisieren, und zwar auch dann nicht, wenn der Partner es verlangt – dessen Interessen werden mit der Null-Vermutung gewahrt. Da die Null-Vermutung dem die Inventarisierung seines Anfangsvermögens verweigernden Ehegatten rechtlich ungünstig ist, ist deren Vornahme als **Obliegenheit** zu qualifizieren.

## II. Verzeichnis

4 **1. Gemeinschaftliche Errichtung.** Die Richtigkeitsvermutung genießen lediglich Inventare, die von den Ehegatten gemeinschaftlich errichtet wurden. Einseitig aufgestellte Inventare können allerdings wertvolle Beweismittel sein, wenn es gilt, die Null-Vermutung des Abs. 3 zu widerlegen.

5 **2. Einseitige Errichtung.** Die Richtigkeitsvermutung setzt nicht die Inventarisierung beider Anfangsvermögen voraus. Jeder Ehegatte hat um die Fixierung seines Vermögens besorgt zu sein; im Streit zwischen einem tätig gewordenen und einem untätig gebliebenen Ehegatten gilt für den ersteren die Richtigkeitsvermutung, für den letzteren dagegen die negative Vermutung.

6 **3. Umfang.** Zu erfassen sind **Bestand** und **Wert** des beim Eintritt in den Güterstand vorhandenen Vermögens einschließlich des danach privilegiert erworbenen (§ 1374 Abs. 2). Dabei sind jeweils auch die Verbindlichkeiten zu berücksichtigen; als bestimmende Faktoren sind diese im Zusammenhang mit der Wertfestsetzung durch Sachverständige auch ausdrücklich erwähnt (Abs. 2 S. 3). Beschränken sich die Parteien auf eine Bestandsaufnahme ohne Wertfeststellung, so gilt die Richtig-

keitsvermutung mit der entsprechenden Einschränkung; ein Anlass, in diesem Fall dem Inventar nur die Bedeutung eines Beweismittels zur Widerlegung der Null-Vermutung zu belassen, besteht nicht.[1]

**4. Spezifizierung.** Maßstab für den erforderlichen Grad der Spezifizierung ist der Zweck des Verzeichnisses, alle zum Anfangsvermögen gehörenden vermögensrechtlichen Positionen so festzuhalten, dass beim späteren Zugewinnausgleich, ggf. also noch nach Jahrzehnten, Zweifel an der Zugehörigkeit ausgeschlossen sind. **Sach- und Rechtsgesamtheiten,** die ein einheitlicher Bestimmungszweck verbindet, können als Inbegriffe aufgeführt werden, wenn und soweit der Verzicht auf detaillierte Aufschlüsselung im Rechts- und Wirtschaftsverkehr üblich ist wie etwa bei Unternehmen, Bibliotheken, Sammlungen, Zimmereinrichtungen, Nachlässen usw. Einzelgegenstände sind anhand aller Faktoren zu **individualisieren,** die im Wirtschaftsverkehr üblicherweise mitgeteilt werden und die für ihre Bewertung erheblich sind. Dass es später zu gegenständlichen Veränderungen des aufgezeichneten Vermögens kommen wird, ist belanglos. Es geht bei der Erstellung des Verzeichnisses nicht darum, das Vermögen gegenständlich zu fixieren, sondern um die Möglichkeit, die seinerzeit vorhandenen Positionen erfassen zu können. 7

**5. Formalia.** Bezüglich der Formalia des Verzeichnisses verzichtet das Güterrecht auf eigene Regeln und verweist auf die Vorschriften des § 1035 aus dem Recht des Nießbrauchs. Das Verzeichnis ist danach mit der **Angabe des Tages** der Aufnahme zu versehen und von beiden Teilen zu unterzeichnen. Nach hM ist die **Unterzeichnung** ein Essential des Verzeichnisses und damit der Richtigkeitsvermutung, dagegen nicht die Angabe des Datums.[2] Das Datum nämlich ist in der Sache letztlich irrelevant, da das Verzeichnis ohnehin praktisch immer erst im Nachhinein erstellt wird für den Tag, an dem der Güterstand begann bzw. der privilegierte Erwerb gemacht wurde. 8

**6. Unterzeichnung.** Die Unterzeichnung des Inventars ist nicht nur eine Wissenserklärung, die ex lege Rechtsfolgen zeitigt, sondern **Willenserklärung.**[3] Die Ehegatten regeln nämlich mit dem Verzeichnis ein Element im Entstehungstatbestand der Ausgleichsforderung und damit mittelbar diese selbst – auch wenn die Möglichkeit späterer Widerlegung der Vermutung besteht. Auf die Unterzeichnung finden daher die §§ 104 ff. Anwendung. 9

**7. Förmliche Verstärkungen.** Jeder Ehegatte kann verlangen, dass die Unterzeichnung **öffentlich beglaubigt** wird (§ 1035 S. 2 Hs. 2). Jeder Ehegatte kann auch verlangen, dass das Verzeichnis durch die zuständige Behörde, durch einen zuständigen Beamten oder Notar aufgenommen wird (§ 1035 S. 3). In den beiden ersten Fällen ergibt sich die Zuständigkeit aus Landesrecht (vgl. § 486 Abs. 2 FamFG), im Fall des Notars aus § 20 Abs. 1 S. 2 BNotO. Die **Kosten** hat derjenige Ehegatte zu tragen und vorzuschießen, welcher die Aufnahme oder die Beglaubigung verlangt (§ 1035 S. 4 analog). 10

**8. Sachverständige.** Über § 1035 hinausgehend kann bei der Inventarisierung des Anfangsvermögens schließlich jeder Ehegatte verlangen, dass der Wert der Vermögensgegenstände und der Verbindlichkeiten **auf seine Kosten** durch Sachverständige festgestellt wird (Abs. 2 S. 3). Dieses Recht hat jeder Ehegatte auch in Bezug auf das Vermögen des anderen.[4] Dieser kann unerwünschte Sachverständige nur um den Preis des Verzichts auf die Inventarisierung abwehren. Zweckmäßig ist eine Einigung der Ehegatten auf einen Sachverständigen; andernfalls ist dieser gemäß § 404 ZPO, § 113 Abs. 1 S. 2 FamFG durch das Amtsgericht zu ernennen. 11

### III. Mitwirkung

**1. Inhalt des Anspruchs.** Weil die Richtigkeitsvermutung nur bei gemeinsam errichteten Inventaren eingreift, haben die Ehegatten das Recht, von dem anderen Mitwirkung bei der Inventarisierung des eigenen Vermögens zu fordern (Abs. 2 S. 1). Dieser Anspruch, der beiden Ehegatten die Möglichkeit gibt, sich die Vermutung zu sichern, ist ein sog. **verhaltener Anspruch.** Er entsteht erst, wenn der Ehegatte ihn durch Geltendmachung aktualisiert. Begründet ist der Anspruch, wenn der Ehegatte den anderen über sein Vermögen so informiert hat, dass dieser zur Überprüfung der Vollständigkeit und Richtigkeit der Angaben in der Lage ist. Inhaltlich richtet sich der Anspruch auf die **Abgabe einer Erklärung** zu den in dem Verzeichnis gemachten Angaben. Einen Anspruch auf Anerkennung der vorgelegten Zusammenstellung gibt § 1377 nicht. Ein Ehegatte genügt seiner Mitwirkungspflicht auch dann, wenn er sich mit – nicht völlig unbegründeten – Einwänden gegen 12

---

1 Staudinger/*Thiele,* 2017, Rn. 20.

2 Staudinger/*Thiele,* 2017, Rn. 14; Johannsen/Henrich/*Jaeger* Rn. 5; Erman/*Budzikiewicz* Rn. 3a.

3 Erman/*Budzikiewicz* Rn. 4; Johannsen/Henrich/*Jaeger* Rn. 2; anders Soergel/*Kappler/Kappler* Rn. 17; Staudinger/*Thiele,* 2017, Rn. 15 – beide: Wissenserklärung mit analoger Anwendung der §§ 104 ff.

4 Soergel/*Kappler/Kappler* Rn. 12.

die Auflistung des anderen äußert.[5] Für substantiiert bestrittene Vermögenspositionen gilt dann weder die Vermutung des Abs. 1 noch die des Abs. 3. Eine darüber hinausgehende Mitwirkungspflicht, etwa Beibringung von Unterlagen oder Informationen, trifft den Ehegatten nur ausnahmsweise, nämlich dann, wenn seinem Partner ohne diese Hilfe die Erstellung des Verzeichnisses nicht möglich ist.

13 Erklärungen **unter Vorbehalt** und Erklärungen, die nur **bestimmte Teile** eines als Vollinventar präsentierten Verzeichnisses als richtig anerkennen, erfüllen den Anspruch auf Mitwirkung durch Abgabe der Willenserklärung nicht. Umgekehrt können Erklärungen, die sich lediglich auf Teile des Vermögens beziehen, nicht gefordert werden. Werden jedoch Teilerklärungen abgegeben, so genießt das Inventar die Richtigkeitsvermutung in Bezug auf die anerkannten Teile – insoweit ist es gemeinsam erstellt worden.[6] Da bei einem Teilinventar die Vollständigkeit der Bestandsaufnahme nicht zu vermuten ist, aus ihm vielmehr typischerweise die Existenz weiteren Anfangsvermögens zu erschließen ist, ist die negative Vermutung des Abs. 3 widerlegt.

14 Die Pflicht zur Mitwirkung bezieht sich allein auf die Inventarisierung des Anfangsvermögens. Sie besteht während des Güterstandes mithin nur in Bezug auf privilegierten Erwerb des Ehepartners, **nicht** aber in Bezug auf **sonstigen Erwerb oder** den **Vermögensbestand** an sich.

15 **2. Zeitliche Grenzen.** Zeitliche Grenzen für die Geltendmachung des Anspruchs zieht das Gesetz nicht. Eine Inventarisierung des Anfangsvermögens ist auch noch möglich, wenn die Ehe bereits längere Zeit besteht. Aus der sich auf das Endvermögen beziehenden Vermutung des Abs. 3 ist jedoch zu schließen, dass Mitwirkung nicht mehr gefordert werden kann, wenn das Endvermögen feststeht – mit Beendigung des Güterstandes bzw. mit Eintritt des für seine Berechnung maßgeblichen Stichtags.[7] Ab diesen Zeitpunkten nämlich entfaltet die Null-Vermutung ihre Wirkungen und es ist Aufgabe des untätig gebliebenen Ehegatten, sie zu widerlegen. Die **Erben** des verstorbenen Ehegatten stehen im Fall des güterrechtlichen Ausgleichs gemäß § 1371 Abs. 2 im Übrigen immer vor dieser Aufgabe, denn sie können, da der Güterstand durch den Tod des Erblassers beendet ist, Mitwirkung an der Erstellung des Verzeichnisses niemals fordern.

16 **3. Wiederholte Mitwirkung.** Wiederholte Mitwirkung kann gefordert werden bei späterem Anfall privilegierten Erwerbs, nicht aber mit der Behauptung einer zunächst unrichtigen oder unvollständigen Inventarisierung.[8] Unvollständigkeit und Unrichtigkeit des Verzeichnisses sind durch Widerlegung der Richtigkeitsvermutung geltend zu machen, nicht aber durch erneute Aufstellung eines Verzeichnisses unter Mitwirkung des anderen.

17 **4. Gerichtliche Durchsetzung.** Der Anspruch auf Mitwirkung ist **einklagbar** und **vollstreckbar.** Da der Anspruch in der Regel nur auf Unterzeichnung des bereits erstellten Inventars und damit auf Abgabe einer Willenserklärung gerichtet ist (→ Rn. 9), hat die Zwangsvollstreckung gemäß § 894 ZPO, § 120 Abs. 1 FamFG zu erfolgen. Für eine Zwangsvollstreckung nach § 888 ZPO, § 120 Abs. 1 FamFG ist nur dann Raum, wenn ausnahmsweise eine sonstige Mitwirkung an der Erstellung des Verzeichnisses gefordert und notwendig ist.[9]

### IV. Richtigkeitsvermutung (Abs. 1)

18 **1. Persönlicher Geltungsbereich.** Normgerechte Vollinventare genießen die uneingeschränkte Vermutung der Vollständigkeit und Richtigkeit in Bezug auf **Bestand** und **Wert** der erfassten Aktiva und Passiva des – bei Beginn des Güterstandes vorhandenen wie später privilegiert erworbenen – Anfangsvermögens. Normgerechte Teilinventare, die als solche erkennbar sind, vermitteln eine entsprechend eingeschränkte Richtigkeitsvermutung. Hier wie dort gilt die Vermutung lediglich im Verhältnis der Ehegatten zueinander und damit auch für ihre Erben. Im Verhältnis zu Dritten, etwa bei der Widerlegung der Eigentumsvermutungen aus § 1362, haben sie lediglich die Bedeutung eines gewöhnlichen Beweismittels, das der richterlichen Beweiswürdigung uneingeschränkt unterworfen ist.

19 **2. Beweis.** Im Verfahren wird die Vermutung durch Vorlage des Verzeichnisses, also durch **Urkundenbeweis,** dargetan und bewiesen. Befindet sich das Verzeichnis in der Hand des anderen Ehegatten, so kann der Beweis gemäß § 421 ZPO, § 113 Abs. 1 S. 2 FamFG durch den Antrag

[5] Staudinger/*Thiele,* 2017, Rn. 6; Bamberger/Roth/*Cziupka* Rn. 4; Erman/*Budzikiewicz* Rn. 5.
[6] Soergel/*Kappler/Kappler* Rn. 16; RGRK-BGB/*Finke* Rn. 11.
[7] Staudinger/*Thiele,* 2017, Rn. 9; Johannsen/Henrich/*Jaeger* Rn. 6; Erman/*Budzikiewicz* Rn. 5. Die Grenze wurde nicht anerkannt von *Dölle* FamR I 806; RGRK-BGB/*Finke* Rn. 8.
[8] Staudinger/*Thiele,* 2017, Rn. 8.
[9] Johannsen/Henrich/*Jaeger* Rn. 6; Bamberger/Roth/*Cziupka* Rn. 6; einschr. Staudinger/*Thiele,* 2017, Rn. 4 für Vollstreckung nach § 894 ZPO ist regelmäßig kein Raum.

erbracht werden, diesem die Vorlegung des Verzeichnisses aufzugeben. Die Verpflichtung zur Vorlegung (§ 422 ZPO, § 113 Abs. 1 S. 2 FamFG) folgt aus § 810.

**3. Wirkung der Richtigkeitsvermutung.** Wirkung der Richtigkeitsvermutung des Verzeichnisses ist eine **Umkehr der Darlegungs- und Beweislast** in Bezug auf das in ihm angegebene bzw. nicht angegebene Anfangsvermögen. Außerdem bindet die Vermutung das richterliche Ermessen bei der Beweiswürdigung. Die von den Parteien festgestellten Positionen können vom Richter nicht kraft eigener Sachkunde in Frage gestellt werden. Eine Einschränkung erfährt die Vermutung in Bezug auf **offenbare Unrichtigkeiten** – das aber ergibt sich auch schon daraus, dass sich offenbare Unrichtigkeiten selbst widerlegen. 20

**4. Widerlegung der Vermutung.** Die Vermutung der Richtigkeit des Verzeichnisses kann mit allen Beweismitteln widerlegt werden (§ 292 ZPO, § 113 Abs. 1 S. 2 FamFG) – und zwar punktuell, dh mit Fortbestand der Vermutung im Übrigen, und auch generell durch vollkommene Entwertung des Inventars mittels Nachweises zahlreicher Unrichtigkeiten. Die Widerlegung ist nach allgM ausgeschlossen, wenn sich die Parteien in beiderseitigem Bewusstsein bestehender Zweifel über die Posten in dem Verzeichnis geeinigt haben, um die bestehende Ungewissheit zu beseitigen.[10] Dann nämlich liegt ein Vergleich iSd § 779 vor, der nach allgM auch nicht der Form des § 1410 bedarf. Es handelt sich nämlich nur um die Einigung in einer güterrechtlichen Vorfrage, nicht aber um die Regelung des güterrechtlichen Verhältnisses selbst. 21

## V. Null-Vermutung (Abs. 3)

Haben Ehegatten kein Verzeichnis über ihr Anfangsvermögen errichtet, was der absolute Regelfall ist, wird Identität von Endvermögen und Zugewinn vermutet, also das **Fehlen jeglichen Anfangsvermögens.** Auf der Basis dieser Vermutung schrumpft die Berechnung des Zugewinnausgleichs zu einem bloßen Vergleich der beiden Endvermögen zusammen. 22

Wie die Vermutung, dass ein erstelltes Verzeichnis richtig ist, kann auch die Vermutung, dass bei Fehlen eines solchen Anfangsvermögen nicht vorhanden war, mit allen Beweismitteln **widerlegt** werden (§ 292 ZPO, § 113 Abs. 1 S. 2 FamFG). Die Negativvermutung verliert ihre Wirkung jedoch immer nur partiell, denn sie bleibt insoweit bestehen, als weiterhin vermutet wird, dass anderes als das nachgewiesene Vermögen nicht vorhanden war – die Null-Vermutung des Abs. 3 büßt also niemals alle Kraft ein. Zur Widerlegung der Vermutung muss der Ehegatte sowohl Bestand und Wert des angegebenen Vermögens nachweisen,[11] als auch das Fehlen von Verbindlichkeiten.[12] Überwunden wird die Null-Vermutung des Abs. 3 in Fällen, in denen den Ehegatten im Wege der **sekundären Beweislast** die Pflicht trifft, über das Anfangsvermögen des anderen Auskunft zu erteilen. Das ist etwa der Fall, wenn die Erben hinsichtlich des Anfangsvermögens des verstorbenen Ehegatten vor unüberwindlichen Beweisschwierigkeiten stehen, die der überlebende Ehegatte aufgrund seines Wissens über die wirtschaftlichen Verhältnisse des anderen unschwer beheben kann. Fehlen dem überlebenden Ehegatten allerdings nähere Kenntnisse, so trifft ihn die sekundäre Beweislast nicht, es verbleibt bei der Vermutung des Abs. 3.[13] 23

Problematisch sind die Fälle **negativen Anfangsvermögens.** Hier nämlich wirkt die Vermutung, dass das Anfangsvermögen – zumindest – Null ist, gegen den Ehegatten, der den durch Schuldenabbau erzielten wirtschaftlichen Gewinn des anderen als dessen Zugewinn berücksichtigt wissen will. Da dieser Ehegatte für das negative Anfangsvermögen des anderen darlegungs- und beweispflichtig ist, muss er die Null-Vermutung durch positiven Nachweis von dessen Überschuldung widerlegen – was bei länger zurückliegender Eheschließung großen Schwierigkeiten begegnet.[14] Zustimmung verdient der Vorschlag, in diesem Fall zur Widerlegung der Null-Vermutung **substantiierten Vortrag** des Ehegatten zum negativen Anfangsvermögen genügen zu lassen und dem anderen im Wege der **sekundären Beweislast** die Widerlegung aufzubürden, dass Verbindlichkeiten nicht bestanden (→ § 1374 Rn. 42, dort auch zum abzulehnenden Beweissplitting).[15] 24

## VI. Abweichende Vereinbarungen

**1. Zwingendes Recht.** Die beiden gesetzlichen **Vermutungen** sind der Disposition der Ehegatten entzogen. Die mit ihnen verfolgte Streitvermeidung dient auch dem Allgemeininteresse und 25

---

[10] Staudinger/*Thiele*, 2017, Rn. 17; Erman/*Budzikiewicz* Rn. 6; *Gernhuber/Coester-Waltjen* FamR § 36 Rn. 44; AG Säckingen FamRZ 1997, 611.

[11] BGHZ 113, 325 (334 f.) = NJW 1991, 1741.

[12] OLG Karlsruhe FamRZ 1986, 1105; Staudinger/*Thiele*, 2017, Rn. 24.

[13] BGH NJW-RR 2002, 865 = FamRZ 2002, 606.

[14] *Schulz/Hauß* Trennung und Scheidung Rn. 72; Erman/*Budzikiewicz* Rn. 7a; Palandt/*Brudermüller* § 1374 Rn. 20; *Hoppenz* FamRZ 2008, 1889.

[15] Bamberger/Roth/*Cziupka* Rn. 10; wohl auch Johannsen/Henrich/*Jaeger* Rn. 18.

erweist sie als zwingendes Recht.[16] Die Ehegatten können auch nicht ändernd in den Tatbestand der beiden Vermutungen eingreifen, insbes. nicht vereinbaren, dass auch einseitig errichteten Inventaren die Richtigkeitsvermutung zugute kommen soll; gesetzlicher Tatbestand und Rechtsfolge sind untrennbar miteinander verknüpft.

26 **2. Verbleibende Möglichkeiten.** Unbenommen bleibt es dagegen den Ehegatten, eine Regelung zu treffen, die jede Vermutung erübrigt, zB durch Fixierung der beiderseitigen Anfangsvermögen auf bestimmte Beträge.[17] Unbenommen bleibt es ihnen ferner, wechselseitig den Anspruch auf Mitwirkung bei der Inventarisierung des Anfangsvermögens auszuschließen und damit für die negative Vermutung zu votieren.[18]

## § 1378 Ausgleichsforderung

**(1) Übersteigt der Zugewinn des einen Ehegatten den Zugewinn des anderen, so steht die Hälfte des Überschusses dem anderen Ehegatten als Ausgleichsforderung zu.**

**(2) [1]Die Höhe der Ausgleichsforderung wird durch den Wert des Vermögens begrenzt, das nach Abzug der Verbindlichkeiten bei Beendigung des Güterstands vorhanden ist. [2]Die sich nach Satz 1 ergebende Begrenzung der Ausgleichsforderung erhöht sich in den Fällen des § 1375 Absatz 2 Satz 1 um den dem Endvermögen hinzuzurechnenden Betrag.**

**(3) [1]Die Ausgleichsforderung entsteht mit der Beendigung des Güterstands und ist von diesem Zeitpunkt an vererblich und übertragbar. [2]Eine Vereinbarung, die die Ehegatten während eines Verfahrens, das auf die Auflösung der Ehe gerichtet ist, für den Fall der Auflösung der Ehe über den Ausgleich des Zugewinns treffen, bedarf der notariellen Beurkundung; § 127a findet auch auf eine Vereinbarung Anwendung, die in einem Verfahren in Ehesachen vor dem Prozessgericht protokolliert wird. [3]Im Übrigen kann sich kein Ehegatte vor der Beendigung des Güterstands verpflichten, über die Ausgleichsforderung zu verfügen.**

**Schrifttum:** *Bärmann,* Das neue Ehegüterrecht, AcP 157 (1958/1959), 145; *Brix,* Eheverträge und Scheidungsfolgenvereinbarungen. Zur Abgrenzung von § 1378 III und § 1408 I BGB, FamRZ 1993, 12; *Frey,* Die Sicherung des künftigen Zugewinnausgleichs, 1990; *Hartmann,* Diskussion: Aufrechnung im Verbund gegenüber einer Zugewinnausgleichsforderung, FamRZ 2007, 1711; *Kogel,* Diskussion: Aufrechnung im Verbund gegenüber einer Zugewinnausgleichsforderung, FamRZ 2007, 1710; *Kogel,* Zugewinn im Verbund, Teilbeschluss und Teilantrag – das juristische Bermudadreieck des gesetzlichen Güterstandes, FF 2018, 146; *Schlünder/Geißler,* Güterrechtlicher Neustart um Mitternacht oder der schenkungssteuerliche Reiz der „Güterstandsschaukel", NJW 2007, 482; *Schröder,* Eigentumsübertragungen beim Zugewinnausgleich und § 23 EStG, FamRZ 2002, 1010; *Tiedtke,* Vereinbarungen über den Ausglich des Zugewinns vor Beginn des Scheidungsverfahrens, JZ 1982, 538; *Tiedtke/Wälzholz,* Private Veräußerungsgeschäfte (Spekulationsgeschäfte) nach § 23 EStG im Rahmen von Trennungs- und Scheidungsvereinbarungen, DStZ 2002, 9.

**Übersicht**



[16] Staudinger/*Thiele,* 2017, Rn. 25; RGRK-BGB/*Finke* Rn. 19. Erman/*Budzikiewicz* Rn. 8; anders Soergel/*Kappler/Kappler* Rn. 6: § 1377 ist seinem gesamten Inhalt nach abdingbar.
[17] Staudinger/*Thiele,* 2017, Rn. 25; Erman/*Budzikiewicz* § 1374 Rn. 22; RGRK-BGB/*Finke* Rn. 19.
[18] Staudinger/*Thiele,* 2017, Rn. 25; Erman/*Budzikiewicz* Rn. 8.

## I. Normzweck

§ 1378 enthält die **Anspruchsgrundlage** für die Ausgleichsforderung. Abs. 1 fixiert deren grundsätzliche Höhe; Abs. 2 korrigiert diese für den Fall nicht vorhandenen Vermögens; Abs. 3 bestimmt den Zeitpunkt ihres Entstehens und befindet über ihre Zirkulationsfähigkeit. 1

Die Höhe der Ausgleichsforderung wird von § 1378 lediglich in genereller Sicht festgelegt. Im Einzelfall kann der Betrag geringer sein, sei es, weil Vorausempfänge anzurechnen sind (§ 1380), sei es, weil nach entsprechender Einrede des Ausgleichspflichtigen grobe Unbilligkeiten korrigiert werden müssen (§ 1381). 2

## II. Gegenstand und Höhe der Forderung (Abs. 2)

**1. Grundsatz.** Schuldner ist der Ehegatte mit dem höheren Zugewinn, Gläubiger der Ehegatte mit dem geringeren. Schuldgegenstand ist **Geld.** Leistung anderer Gegenstände kann auf Antrag des Gläubigers vom FamG unter den Voraussetzungen des § 1383 angeordnet werden – dem Schuldner hingegen steht diese Antragsbefugnis nicht zu. 3

Zu leisten ist die Hälfte des Überschusses, der sich aus dem Vergleich der beiden Zugewinnberechnungen ergibt. § 1378 Abs. 1 postuliert damit die **gleichmäßige Beteiligung** beider Ehegatten an dem während der Dauer des Güterstandes erwirtschafteten Gewinn. Seit mit der Anerkennung negativen Anfangs- und Endvermögens Schuldentilgungsgewinne berücksichtigt werden und der Nachweis illoyaler – dem Endvermögen hinzuzurechnender – Vermögensminderungen erleichtert ist, wird dieses Postulat konsequenter umgesetzt als es vor Inkrafttreten der Reform des Zugewinnausgleichsrechts am 1.9.2009 der Fall war. 4

**2. Verluste.** Eine Ausgleichsforderung besteht nicht, wenn keiner der beiden Ehegatten einen Zugewinn erzielt hat. Während des Güterstandes erlittene Vermögensverluste werden nicht ausgeglichen. Das Gesetz sieht keine Beteiligung eines Ehegatten an den wirtschaftlichen Einbußen des anderen vor. Einen – vom Ehegatten mitzutragenden – negativen Zugewinn gibt es nicht, die Zugewinngemeinschaft ist keine Verlustgemeinschaft (→ § 1373 Rn. 5). 5

**3. Begrenzung der Forderung.** Übersteigt die an sich geschuldete Ausgleichssumme den Wert des Vermögens des Schuldners bei Beendigung des Güterstandes, so wird die Ausgleichsforderung auf den Betrag des **vorhandenen Vermögens** gekürzt, ggf. auch ganz preisgegeben. Infolge der Möglichkeit, mit einem negativen Vermögen in die Ehe zu starten und mit einem negativen Vermögen zu enden, erlangt die Kürzungsanordnung in all den Fällen Bedeutung, in denen der Zugewinn – allein oder unter anderem – aus der Tilgung vorhandener Verbindlichkeiten besteht. Die sog. **Kappungsgrenze** garantiert dem ausgleichspflichtigen Ehegatten in diesem Fall den schuldenfreien Start in die Zukunft. Er muss uU zwar sein gesamtes nach der Schuldentilgung erworbenes Vermögen weggeben, wird aber davor bewahrt, die Zugewinnausgleichsforderung aus künftigem Einkommen und Erwerb abdecken und mit güterrechtlichen Verbindlichkeiten belastet in die nacheheliche Zukunft starten zu müssen. 6

7 Im Übrigen sichert die Begrenzung des Abs. 2 S. 1 auch die Zugriffsmöglichkeiten dritter Gläubiger des ausgleichspflichtigen Ehegatten. Diese konkurrieren mit ihren Forderungen nicht mit der Forderung des ausgleichsberechtigten Ehegatten. Dessen Zugewinnausgleichsforderung entsteht vielmehr erst, wenn nach Abzug der Dritten gegenüber bestehenden Verbindlichkeiten noch Vermögen vorhanden ist.

8 Die **Begrenzung** gilt allerdings **nicht** mehr, wenn der ausgleichspflichtige Ehegatte sein Vermögen iSd § 1375 Abs. 2 **illoyal vermindert** hat. In diesem Fall muss er, um die Zugewinnausgleichsforderung zu begleichen, nicht nur sein gesamtes Aktivvermögen hergeben, sondern sich auch verschulden. Seine unlauteren Vermögenstransaktionen verdienen keinen Schutz – er wird behandelt, als habe er das weggegebene Vermögen noch.

9 Mit dieser **Sanktion** ist in der Zugewinnausgleichsrechtsreform im Fall unredlichen Verhaltens des ausgleichspflichtigen Ehegatten der Schutz von dessen Gläubigern vor dem schnellen Zugriff des – aufgrund der Nähe über die wirtschaftliche Situation gut informierten – ausgleichsberechtigten Partners aufgegeben worden. Begründet hat der Gesetzgeber die Preisgabe dieses Zwecks der Begrenzung der Ausgleichsforderung auf den vorhandenen Vermögensbestand – nach hM der zentrale Zweck der Begrenzung des § 1378 Abs. 2 aF[1] – lediglich mit einem kurzen Hinweis auf die angebliche Überdehnung des Gläubigerschutzes.[2] Im Falle illoyaler Vermögensminderung steht der vom unredlichen Handeln des anderen betroffene Ehegatte mit seiner Ausgleichsforderung also neben den anderen Gläubigern auf einer Stufe. Er tritt hier also nicht erst dann neben diese, wenn das vorhandene Vermögen des Ausgleichspflichtigen zur Deckung von deren Forderungen ausreicht.

10 **4. Kappungsgrenze bei Scheidung.** Im Falle der Scheidung der Ehe ist gemäß § 1384 für die **Höhe** der Ausgleichsforderung nicht die Beendigung des Güterstandes, sondern der **Zeitpunkt der Rechtshängigkeit** des Scheidungsantrags ausschlaggebend. Die Ausgleichsforderung wird in diesem Fall mithin nicht durch das bei Rechtskraft der Scheidung vorhandene Vermögen begrenzt, sondern durch das bei Zustellung des Scheidungsantrags vorhandene. Minderungen des Vermögens zwischen diesen Zeitpunkten beeinflussen die Höhe der Ausgleichsforderung nicht mehr. Gesetzgeberische Intention der Vorverlegung des für deren Festschreibung relevanten Zeitpunkts war, Vermögensmanipulationen in der Zeit des Scheidungsverfahrens zu verhindern. Im Gesetzgebungsverfahren nicht problematisiert wurde dabei, dass sich das Vermögen des ausgleichspflichtigen Ehegatten während des Scheidungsverfahrens auch zufällig und unverschuldet, nämlich aufgrund allgemeiner wirtschaftlicher Gegebenheiten wie gefallener Wertpapierkurse oder gesunkener Grundstückspreise verringern kann.[3] Dass sich der Ausgleichspflichtige auch in diesem Fall verschulden muss, möglicherweise in die Insolvenz gerät, um die Zugewinnausgleichsforderung des anderen zu bedienen, unterläuft das mit deren Begrenzung in Abs. 2 S. 1 verfolgte Gesetzesziel. Der Vorschlag, das Leerlaufen der Kappungsgrenze bei unverschuldeter Vermögensminderung in der Zeit des Scheidungsverfahrens durch eine teleologische Reduktion des § 1384 aufzufangen, hat sich nicht durchgesetzt (→ § 1384 Rn. 4).

11 **5. Berechnung des Vermögens.** Bei der Berechnung des vorhandenen Vermögens des ausgleichspflichtigen Ehegatten sind alle ihm zustehenden Rechte und Forderungen als **Aktiva** zu berücksichtigen. Auch seine Ansprüche auf rückständigen Unterhalt gegen den ausgleichsberechtigten Ehegatten gehören hierzu.[4] Als **Passiva** sind alle bestehenden Verbindlichkeiten abzuziehen. Wird im Fall des Todes eines Ehegatten der Zugewinn mit den Erben in güterrechtlicher Form ausgeglichen, so sind bei der Berechnung des beim Erblasser vorhandenen Vermögens **Erbfallschulden** iSd § 1967 Abs. 2 außer Ansatz zu lassen. Die den Erben als solchen betreffenden Verbindlichkeiten kürzen weder das Endvermögen (→ § 1375 Rn. 35) noch die Ausgleichsforderung (→ § 1371 Rn. 48).[5] Nicht zu berücksichtigen sind bei der Berechnung des für den Zugewinnausgleich einzusetzenden Vermögens auch die Bewertungsprivilegien des § 1376 Abs. 4 und des § 12 Abs. 2 HöfeO; nach Wortlaut und Sinn gelten diese nur für die Errechnung des Zugewinns.[6] Die Begrenzung der Ausgleichsforderung muss hingegen von ihrer Funktion her auf der Basis des Verkehrswertes der Vermögensgegenstände erfolgen.

## III. Entstehen der Forderung (Abs. 3)

12 **1. Zeitpunkt.** Die Ausgleichsforderung entsteht **mit der Beendigung** des Güterstandes, aus welchem Grund auch immer die Beendigung eintreten mag – Ehevertrag, Rechtskraft eines die

[1] → 5. Aufl. 2010, Rn. 7; RGRK-BGB/*Finke* Rn. 9; *Gernhuber/Coester-Waltjen* FamR § 36 Rn. 83; *Muscheler* FamR Rn. 375.
[2] BT-Drs. 16/10798, 15 zu Nr. 2b.
[3] Zu solchen Konstellationen *Schwab* FamRZ 2009, 1445.
[4] OLG Hamm FamRZ 2007, 1243 mAnm *Bergschneider.*
[5] Staudinger/*Thiele,* 2017, Rn. 9.
[6] Staudinger/*Thiele,* 2017, Rn. 9; *v. Olshausen* FamRZ 1977, 361.

Ehe oder den Güterstand beendenden Beschlusses, Tod eines Ehegatten. In letztgenanntem Fall entsteht eine Ausgleichsforderung allerdings nicht, wenn der Zugewinn gemäß § 1371 Abs. 1 in erbrechtlicher Form ausgeglichen wird.

Der Anspruch entsteht **auch dann** erst mit der Beendigung des Güterstandes, wenn für seine **Berechnung** ein **früherer Zeitpunkt** vorgesehen ist (→ Rn. 10). Die Ausgleichsforderung entsteht mithin nicht, wenn sie im Scheidungsverfahren rechtshängig war, der ausgleichsberechtigte Ehegatte aber vor der Scheidung verstirbt (→ § 1371 Rn. 34).[7] Die Beendigung des Güterstandes bleibt als Zeitpunkt auch relevant, wenn der überlebende Ehegatte nach dem Tod des anderen die güterrechtliche Lösung durch Ausschlagung der Erbschaft oder eines ihm zugewandten Vermächtnisses wählt (§ 1371 Abs. 2). Zwar ist in diesem Fall die – zeitlich erst nach Beendigung des Güterstandes mögliche – Ausschlagung Tatbestandsvoraussetzung für das Entstehen der Ausgleichsforderung, doch wirkt die Ausschlagung auf den Zeitpunkt des Erbfalls zurück und lässt die Forderung zu diesem Zeitpunkt entstehen (vgl. § 1953 Abs. 1, § 2180 Abs. 3). 13

**2. Fälligkeit.** Die Ausgleichsforderung entsteht unmittelbar **kraft Gesetzes** und wird auch unmittelbar im Zeitpunkt ihrer **Entstehung fällig.** Es handelt sich bei ihr nicht um einen verhaltenen Anspruch, der erst durch Geltendmachung aktualisiert werden müsste.[8] 14

Im Falle der Beendigung des Güterstandes durch Scheidung tritt Fälligkeit also mit Rechtskraft des Scheidungsbeschlusses ein. **Prozesszinsen** fallen gemäß § 291 S. 1 Hs. 2 also nicht schon mit Eintritt der Rechtshängigkeit des Scheidungs(folge)verfahrens an, sondern erst **mit** dessen **rechtskräftigem** Abschluss – ggf. erst in der Rechtsmittelinstanz.[9] 15

Wird die Ausgleichsforderung also im Scheidungsverbund als Folgesache geltend gemacht, verzögert sich der Eintritt der Fälligkeit in dem Maße, in dem sich das Verfahren hinzieht und nicht zum Abschluss kommt. Im Hinblick auf die dadurch hinausgezögerte – und insbes. mit streitig gestellten Auskunftspflichten hinauszögerbare – Verzinsungspflicht kann es sich für den ausgleichsberechtigten Ehegatten wirtschaftlich durchaus rechnen, die Ausgleichsforderung im Interesse zügiger Herbeiführung der Rechtskraft der Scheidung außerhalb des Verbundes geltend zu machen.[10] 16

**3. Anwartschaft des späteren Gläubigers?** Ein **Anwartschaftsrecht** auf die Ausgleichsforderung gibt es **nicht.**[11] Das Entstehen dieser Forderung ist, solange der Güterstand besteht, nämlich völlig ungewiss. Damit der güterrechtliche Ausgleich überhaupt stattfindet, muss zunächst der Güterstand „auf andere Weise als durch den Tod eines Ehegatten beendet" werden bzw. darf der Ausgleich – wenn die Ehe durch Tod beendet wird – nicht erbrechtlich nach § 1371 Abs. 1 durchgeführt werden. Kommt es zum güterrechtlichen Ausgleich, entsteht die Forderung nur, wenn der eigene Zugewinn geringer ist als der des Ehepartners. Im Hinblick auf diese Unsicherheitsfaktoren für das Entstehen einer Ausgleichsforderung kann rechtlich nur von einer **Erwerbschance auf den Zugewinn** gesprochen werden. Diese als „Anwartschaft" auf die Ausgleichsforderung zu bezeichnen,[12] ist zum einen wertlos, weil es sich nur um eine tatsächliche Position handelt, mit der keine Rechtsfolgen verbunden sind; zum anderen ist die Benutzung des Begriffs irreführend, weil er Assoziationen zum Anwartschaftsrecht weckt und damit Missverständnisse provoziert.[13] 17

### IV. Durchsetzbarkeit und Verkehrsfähigkeit der Forderung

**1. Zurückbehaltungsrechte.** Der **ausgleichsverpflichtete** Ehegatte kann die Erfüllung des Anspruchs durch Ausübung eines Zurückbehaltungsrechts verzögern. Erfolgt der Zugewinnausgleich nach Auflösung der Ehe, besteht Konnexität iSd § 273 jedenfalls mit allen vermögensrechtlichen Ansprüchen, die unmittelbar oder mittelbar aus der Beendigung der ehelichen Lebensgemeinschaft herrühren.[14] Umgekehrt gibt die Ausgleichsforderung dem **ausgleichsberechtigten** Ehegatten ein Zurückbehaltungsrecht gegenüber konnexen vermögensrechtlichen Ansprüchen des Ausgleichsverpflichteten. 18

**Kein** Zurückbehaltungsrecht gibt die güterrechtliche Ausgleichsforderung gegenüber Ansprüchen, die im Zusammenhang mit der **Aufhebung einer** zwischen den Ehegatten bestehenden **Bruchteilsgemeinschaft** stehen. Das in § 749 Abs. 1 statuierte Recht der Teilhaber, jederzeit die 19

7 BGH NJW 1995, 1832.
8 BGH NJW 1990, 445; Staudinger/*Thiele,* 2017, Rn. 12.
9 OLG Zweibrücken NJW RR 2004, 651 = FamRZ 2004, 1032; Staudinger/*Thiele,* 2017, Rn. 23.
10 *Kogel* FF 2018, 146; *Kogel* FF 2018, 324.
11 Unrichtig insofern LG Koblenz FamRZ 1998, 163.
12 So OLG Hamm FamRZ 2006, 1557; RGRK-BGB/*Finke* § 1378 Rn. 14; *Bärmann* AcP 157 (1958/1959), 145 (171 ff.); *Künzl* FamRZ 1988, 452.
13 Krit. wie hier Soergel/*Kappler/Kappler* Rn. 23; Staudinger/*Thiele,* 2017, Rn. 14.
14 BGHZ 92, 194 (196) = NJW 1985, 189 mAnm *Seutemann* FamRZ 1985, 153; BGH NJW-RR 1990, 133.

Aufhebung der Gemeinschaft zu verlangen – bei Ehegatten geht es in der Regel um die Aufhebung der Miteigentumsgemeinschaft am Familienhausgrundstück –, kann nämlich grundsätzlich nicht durch gemeinschaftsfremde Rechte torpediert werden.[15] Deshalb kann die Ausgleichsforderung aus § 1378 dem Anspruch des ausgleichsverpflichteten Ehegatten auf Einwilligung in die Auszahlung seines Anteils am hinterlegten (Grundstücks-)Versteigerungserlös nicht einredeweise nach § 273 Abs. 1 entgegengesetzt werden. Das Gleiche gilt, wenn der Versteigerungserlös noch nicht entrichtet wurde und sich die Bruchteilsgemeinschaft an der Forderung auf dessen Zahlung fortgesetzt hat. Da auch der Anspruch des ausgleichsverpflichteten Ehegatten auf Zustimmung zur Abtretung dieser Forderung in Höhe seines Anteils aus seinem Recht folgt, jederzeit die Aufhebung der Bruchteilsgemeinschaft zu betreiben, kann auch diesem Anspruch die Zugewinnausgleichsforderung nicht nach § 273 Abs. 1 entgegengesetzt werden.

20 **2. Aufrechnung. a) Allgemeines.** Die Aufrechnung ist sowohl dem ausgleichsberechtigten als auch dem ausgleichspflichtigen Ehegatten möglich. Der ausgleichsberechtigte Ehegatte kann zB mit seiner Forderung aus § 1378 gegen den Anspruch des anderen auf Herausgabe des aus dem Verkauf des gemeinschaftlichen Hauses erzielten Erlöses aufrechnen. Umgekehrt kann der ausgleichspflichtige Ehegatte mit seinem Erlösanspruch gegen die Ausgleichsforderung des anderen aus § 1378 aufrechnen. Besondere Umstände, die der Aufrechnung mit der oder gegen die Zugewinnausgleichsforderung entgegenstehen könnten, sind nach allgM nicht gegeben.[16]

21 **b) Aufrechnung mit der Ausgleichsforderung.** Der ausgleichsberechtigte Ehegatte kann mit seiner Forderung aus § 1378 aufrechnen, sobald diese mit Rechtskraft der Scheidung entstanden und fällig geworden ist. Dass die Forderung noch nicht tituliert ist, schadet nicht – er muss nicht das Ende eines langwierigen Zugewinnausgleichsverfahrens abwarten.[17]

22 **Nicht zulässig** ist die Aufrechnung mit der Zugewinnausgleichsforderung gegen Ansprüche, die im Zusammenhang mit der **Aufhebung einer** zwischen den Ehegatten bestehenden **Bruchteilsgemeinschaft** stehen. In der Regel wird diese Frage bei Aufhebung der Miteigentumsgemeinschaft an gemeinsamen Hausgrundstücken relevant. Der Zugewinnausgleichsanspruch und der Anspruch des ausgleichsverpflichteten Ehegatten auf Einwilligung in die Auszahlung des ihm zustehenden Anteils am hinterlegten Versteigerungserlös sind zwar gleichartig, denn auch der Einwilligungsanspruch ist in der Sache auf eine Geldzahlung gerichtet und nur aus (versteigerungs-)verfahrensrechtlichen Gründen der Form nach anders geltend zu machen. Doch ist die Aufrechnung unzulässig, weil sich die Bruchteilsgemeinschaft im Wege der dinglichen Surrogation am Erlös fortsetzt (§ 1287) und diese, solange der Erlös nicht geteilt ist, fortbesteht. Der Anspruch auf dessen Auszahlung dient folglich der Aufhebung der Gemeinschaft – und das in § 749 Abs. 1 statuierte Recht der Teilhaber, diese jederzeit zu verlangen, kann **nicht mit gemeinschaftsfremden Rechten** behindert werden (→ Rn. 19).[18] Aus dem gleichen Grund ist die Aufrechnung mit der Zugewinnausgleichsforderung unzulässig, wenn der Erlös noch nicht entrichtet wurde und die Bruchteilsgemeinschaft an der Forderung auf dessen Entrichtung fortbesteht. Verlangt der ausgleichsverpflichtete Ehegatten Zustimmung zur Abtretung der Forderung in Höhe des auf ihn entfallenden Anteils, betreibt er die Auseinandersetzung der Gemeinschaft und kann darin nicht durch Aufrechnung mit der (gemeinschaftsfremden) Zugewinnausgleichsforderung gehindert werden.

23 **c) Aufrechnung gegen die Ausgleichsforderung.** Der ausgleichsverpflichtete Ehegatte kann mit einer ihm zustehenden fälligen Forderung – herrührend etwa aus Lastentragung für gemeinsamen Immobilienbesitz – auch schon **vor Beendigung des Güterstandes** aufrechnen.[19] Der Aufrechnung steht nicht entgegen, dass sich bis zu diesem Zeitpunkt noch keine Forderungen iSd § 387

[15] BGH NJW 2017, 2544 = FamRZ 2017, 693 mAnm *Wever* = BeckRS 2017, 104514; NZFam 2014, 168 = FamRZ 2014, 285 mAnm *Wever* = FF 2014, 251 mAnm *Engels* = NZFam 2014, 168 mAnm *Zwißler*; NJW 2000, 948 = FamRZ 2000, 355; OLG Stuttgart FamRZ 2016, 1160 mAnm *Münch* = BeckRS 2016, 05672; anders OLG Karlsruhe FamRZ 2002, 1032.

[16] BGH NJW 2000, 948 = FamRZ 2000, 355; NJW 2002, 1130 = FamRZ 2002, 318 (320); OLG Karlsruhe FamRZ 2002, 1032.

[17] BGH NJW 2000, 948 = FamRZ 2000, 355; NJW 2002, 1130 = FamRZ 2002, 318; *Schwab* in Schwab ScheidungsR-HdB VII Rn. 272.

[18] BGH NJW 2017, 2544 = FamRZ 2017, 693 mAnm *Wever* = BeckRS 2017, 104514; NZFam 2014, 168 = FamRZ 2014, 285 mAnm *Wever* = FF 2014, 251 mAnm *Engels* = NZFam 2014, 168 mAnm *Zwißler*; NJW 2000, 948 = FamRZ 2000, 355; OLG Stuttgart FamRZ 2016, 1160 mAnm *Münch* = BeckRS 2016, 05672; anders OLG Karlsruhe FamRZ 2002, 1032.

[19] Wie hier *Kogel* FamRZ 2007, 1710; aA Staudinger/*Thiele*, 2017, Rn. 21; Bamberger/Roth/*Cziupka* Rn. 14; Soergel/*Kappler/Kappler* Rn. 35; *Hartmann* FamRZ 2007, 869; *Hartmann* FamRZ 2007, 1711 (Replik auf *Kogel*).

gegenüberstehen. Dass die Zugewinnausgleichsforderung erst mit Beendigung des Güterstandes entsteht, hat nämlich nur den Sinn, das Interesse Dritter an der Beendigung der Ehe auszuschließen (→ Rn. 26). Im Verhältnis der Ehegatten zueinander ist die Ausgleichsforderung hingegen schon bereits während des auf Auflösung der Ehe gerichteten Verfahrens disponibel – § 1378 Abs. 3 S. 2 gibt hier lediglich bestimmte Formen vor. Auch § 394 Abs. 1 S. 1 steht der Aufrechnung des ausgleichsverpflichteten Ehegatten nicht entgegen, wenn die Zugewinnausgleichsforderung nach § 852 Abs. 2 ZPO, § 120 Abs. 1 FamFG (noch) **unpfändbar** ist, weil sie weder anerkannt noch rechtshängig gemacht worden ist. Auch der Zweck des Pfändungsverbotes des § 852 Abs. 2 ZPO besteht nämlich allein darin, Dritte von dem Zugriff auf die Ausgleichsforderung auszuschließen, solange der Ehegatte sich noch nicht entschieden hat, sie geltend zu machen. Dieser Regelungszweck nun spielt bei der Aufrechnung zwischen Ehegatten keine Rolle. Bei dieser geht es nur um die Frage, ob es einen Grund gibt, den (Zugewinnausgleichs-)Schuldner zur effektiven Erfüllung zu zwingen. Da ein solcher nicht ersichtlich ist, ist § 394 Abs. 1 S. 1 hier nicht anzuwenden – die Norm ist in restriktiver Interpretation auf die Pfändungsverbote zu beschränken, deren Zweck den Zwang zur effektiven Erfüllung fordert (→ § 394 Rn. 1).[20]

**3. Verkehrsfähigkeit.** Mit ihrer Entstehung bei Beendigung des Güterstandes ist die Ausgleichsforderung übertragbar, also **veräußerlich** und **verpfändbar.** Außerdem ist sie vererblich und geht gemäß § 1922 auf die Erben über. Dass diese selbst niemals ausgleichsberechtigt sein können (→ § 1371 Rn. 34), steht dem Erwerb der in der Person des Ehegatten entstandenen, in den Nachlass gefallenen Forderung nicht entgegen. Erben kann die Forderung auch der ausgleichsverpflichtete Ehegatte selbst – und zwar kraft gesetzlichen Erbrechts, wenn der Güterstand durch Ehevertrag oder durch vorzeitige gerichtliche Aufhebung beendet worden war. Erbt der Ehegatte allein, so erlischt die Forderung durch Konfusion. 24

Dem **zwangsvollstreckungsrechtlichen Zugriff** der Gläubiger unterliegt die Ausgleichsforderung erst, wenn sie durch Vertrag anerkannt oder rechtshängig geworden ist (§ 852 Abs. 2 ZPO, § 120 Abs. 1 FamFG). Erst von diesem Zeitpunkt an gehört sie auch zur **Insolvenzmasse** des ausgleichsberechtigten Ehegatte (vgl. § 36 Abs. 1 S. 1 InsO). Die vollstreckungs- und insolvenzrechtlichen Einschränkungen wollen dem Ehegatten persönlich die Entscheidung vorbehalten, ob und wann er die aus seiner Ehe resultierende Forderung auf Zugewinnausgleich geltend machen will. Diese Entscheidung hat er mit gerichtlicher Geltendmachung und Anerkenntnis getroffen, aber auch mit Abtretung und rechtsgeschäftlicher Verpfändung. Nach hM ist die Zugewinnausgleichsforderung deshalb in extensiver teleologischer Interpretation des § 852 Abs. 2 ZPO auch in diesen Fällen pfändbar – und gehört dann auch zur Insolvenzmasse. § 400 steht mithin der Übertragbarkeit der Forderung in keinem Zeitpunkt entgegen.[21] 25

**4. Rechtsgeschäfte mit Dritten und untereinander.** Vor Beendigung des Güterstandes ist die Forderung dem Rechtsverkehr grundsätzlich entzogen. Rechtsgeschäfte **mit Dritten** untersagt § 1378 Abs. 3 S. 3 generell – ausdrücklich zwar nur Verpflichtungsgeschäfte, dass Verfügungsgeschäfte verboten sind, ergibt sich aus einem Erst-recht-Schluss.[22] Zweck des Verbotes ist, Rechtshandlungen der Ehegatten zu unterbinden, die das Interesse Dritter an der Beendigung der Ehe und des Güterstandes begründen könnten. Nach allgM handelt es sich hier nicht um ein relatives, nur den Schutz bestimmter Personen bezweckendes Verbot iSd § 135 Abs. 1, sondern um ein **absolutes Veräußerungsverbot.** Rechtsgeschäfte, die gegen § 1378 Abs. 3 S. 3 verstoßen, sind deshalb völlig unwirksam.[23] 26

Rechtsgeschäfte der **Ehegatten untereinander** über die Ausgleichsforderung sind gemäß § 1378 Abs. 3 S. 2 unter bestimmten Voraussetzungen zulässig. Sie sind formbedürftig – notarielle Beurkundung oder gerichtliche Protokollierung – und können nur während eines auf Auflösung der Ehe gerichteten Verfahrens für den Fall der Auflösung der Ehe getroffen werden, sog. **Scheidungsvereinbarungen.** Die Einschränkung der Vertragsfreiheit der in diesem Stadium der Ehe sachlich durchaus sinnvollen Absprachen durch das Formerfordernis soll den ausgleichsberechtigten Ehegatten in der kritischen Phase des Scheidungsverfahrens vor unbedachten Verfügungen über seine Zugewinnausgleichsforderung schützen. Der Formzwang gewährleistet insoweit Warnung und Sicherung durch neutrale Beratung. 27

---

20 Die unterschiedslose Berücksichtigung aller Pfändungsverbote in § 394 ist auch in anderen Zusammenhängen als fehlerhaft erkannt worden, vgl. dazu BGHZ 35, 317 (326) = NJW 1961, 1966; Palandt/*Grüneberg* § 394 Rn. 1.

21 Staudinger/*Thiele,* 2017, Rn. 22; Bamberger/Roth/*Cziupka* Rn. 10; *Weber* FamRZ 2019, 420.

22 Im Ergebnis unstr.; BGH MittBayNot 2008, 387 = FamRZ 2008, 1435; Staudinger/*Thiele,* 2017, Rn. 15 f.

23 Bamberger/Roth/*Cziupka* Rn. 19.

28 Ob eine vermögensrechtliche Abrede zwischen den Eheleuten die Ausgleichsforderung betrifft und den Bedingungen des § 1378 Abs. 3 S. 2 unterliegt, muss für den Einzelfall entschieden werden. Zu bejahen ist das, wenn sich die Regelung auf Bestand, Höhe, Fälligkeit und Durchsetzbarkeit der Forderung auswirkt.[24] Vereinbarungen über die Verteilung von Haushaltsgegenständen etwa sind als Verfügungen über die Zugewinnausgleichsforderung zu qualifizieren, wenn die Gegenstände als Zugewinn zu verteilen sind – was nach der Aufhebung der HausratsV grundsätzlich der Fall ist (→ § 1374 Rn. 11; → § 1375 Rn. 13).[25] Eine im Zusammenhang mit dem Verkauf eines gemeinschaftlichen Gegenstandes getroffene Zahlungsvereinbarung ist hingegen (noch) keine Abrede über die Ausgleichsforderung, sondern stellt nur einen Rechenposten in der Zugewinnbilanz dar.[26] Eine **teleologische Reduktion** des § 1378 Abs. 3 S. 3 ist geboten, wenn der ausgleichsberechtigte Ehegatte mit einem Dritten eine **Schuldübernahme** vereinbart, infolge welcher dieser die Zugewinnausgleichsschuld übernimmt und als Schuldner an die Stelle des ausgleichsverpflichteten Ehepartners tritt.[27] In dieser Situation nämlich wird der Dritte niemals ein Interesse an der Auflösung der Ehe entwickeln. Sinn und Zweck des § 1378 Abs. 3 S. 3 verbieten Rechtsgeschäfte mit einem Dritten mithin nur, wenn dieser dadurch Gläubiger der Ausgleichsforderung wird.

29 Umstritten ist, ob die zeitlichen und förmlichen Einschränkungen des § 1378 Abs. 3 S. 2 **auch** für **Eheverträge** iSd § 1408 gelten, wenn diese für den Fall der Scheidung Regelungen über die Zugewinnausgleichsforderung enthalten.[28] Praktisch nicht von Bedeutung ist die Entscheidung, was die Formvorgabe – notarielle Beurkundung – des § 1378 Abs. 3 S. 2 angeht. Da das **Formerfordernis** bei Eheverträgen noch schärfer ist – § 1410 fordert die gleichzeitige Anwesenheit beider Eheleute beim Notar – genügt der formwirksam geschlossene Ehevertrag in jedem Fall den Formerfordernissen des § 1378 Abs. 3 S. 2. Von praktischer Relevanz aber ist die Frage, ob die **Zeitvorgabe** des § 1378 Abs. 3 S. 2 auch für Eheverträge gilt. Dies für Fälle zu bejahen, in denen die ehevertragliche Scheidungsvereinbarung über den Zugewinnausgleich einer Vereinbarung über die Ausgleichsforderung „nahe kommt",[29] führt zu nicht handhabbaren Abgrenzungsschwierigkeiten. Die wohl überwM der Lit. hält ehevertragliche Vereinbarungen über die Zugewinnausgleichsforderung schon vor Anhängigkeit eines Eheauflösungsverfahrens grundsätzlich für zulässig.[30] Dem ist zuzustimmen, denn der Gesetzgeber hat mit der Einführung des § 1378 Abs. 3 S. 2 keine inhaltlichen Einschränkungen der Ehevertragsfreiheit bezweckt. Der Gefahr, dass sich Ehegatten außerhalb von Scheidungsverfahren im Vertrauen auf den Bestand der Ehe unbedacht zu einem Verzicht auf die Ausgleichsforderung bereitfinden, kann mit der richterlichen Inhalts- und Ausübungskontrolle von Eheverträgen begegnet werden (→ Einl. FamR Rn. 63 f.; → § 1372 Rn. 11).

## V. Insolvenz des Ausgleichspflichtigen

30 **1. Insolvenz.** Im Fall der Insolvenz des zum Ausgleich des Zugewinns verpflichteten Ehegatten ist die Ausgleichsforderung **nicht privilegiert.** Gegenstände, die dem ausgleichsberechtigten Ehegatten als Leistung an Erfüllungs Statt übertragen wurden, darf dieser aussondern (§§ 47 f. InsO), sofern der Insolvenzverwalter die Vereinbarung nicht gemäß § 133 Abs. 2 InsO anfechten kann. Dabei ist zu beachten, dass auch Handlungen des ausgleichsverpflichteten Ehegatten nach Beendigung der Ehe von diesem Anfechtungsrecht erfasst werden (§ 138 Abs. 1 Nr. 1 InsO).

31 **2. Nachlassinsolvenz.** Auch in der Nachlassinsolvenz ist die Ausgleichsforderung nicht privilegiert, umgekehrt aber auch nicht mit den in § 327 InsO genannten Verbindlichkeiten (Pflichtteils- und Vermächtnisforderungen, Auflagen) im Rang gemindert. Diesen Verbindlichkeiten geht sie also vor (→ § 1371 Rn. 49).[31]

32 **3. Restschuldbefreiung.** Im Falle der Insolvenz des ausgleichsverpflichteten Ehegatten wird die gegen ihn gerichtete Ausgleichsforderung von den Wirkungen der Restschuldbefreiung erfasst

---

[24] BGH NJW 2005, 3710 = FamRZ 2005, 1974 für Einigung auf Ertragswertverfahren; NJW 2013, 2753 = FamRZ 2013, 1543 mAnm *Bergschneider* für Herausnahme eines Gegenstandes aus dem Zugewinn.

[25] OLG Düsseldorf FamRZ 2005, 273 bei Geltung der HausratsV.

[26] OLG Köln FamRZ 2004, 1584.

[27] Anders BGH NJW-RR 2004, 1369 = FamRZ 2004, 1353 m. krit. Anm. *Koch.*

[28] Zu den unscharfen Grenzen zwischen Scheidungsfolgenvereinbarungen und Eheverträgen Bamberger/Roth/*Cziupka* Rn. 24.

[29] BGHZ 86, 143 (150) = NJW 1983, 753 = FamRZ 1983, 157; BGH NJW 1997, 2239 = FamRZ 1997, 800 die Frage offenlassend.

[30] Staudinger/*Thiele,* 2017, Rn. 19; Erman/*Budzikiewicz* Rn. 17; *Gernhuber/Coester-Waltjen* FamR § 36 Rn. 90; *Tiedtke* JZ 1982, 538; *Tiedtke* JZ 1983, 457 (Anm. zu BGH NJW 1983, 753); *Brix* FamRZ 1993, 12.

[31] Staudinger/*Thiele,* 2017, § 1371 Rn. 67; Soergel/*Kappler/Kappler* Rn. 38; Erman/*Budzikiewicz* Rn. 14; RGRK-BGB/*Finke* Rn. 18.

(§ 286 InsO, § 301 Abs. 1 InsO). Sie ist auch während der Laufzeit der Abtretungserklärung (§ 294 InsO) nicht privilegiert. Dem Zugewinnausgleichsgläubiger stehen wie allen Gläubigern nur die Rechte aus § 296 Abs. 1, 297 Abs. 1 InsO, § 300 Abs. 2 InsO (Versagungsanträge) bzw. aus § 303 Abs. 1 InsO (Widerrufsantrag) zu.

## VI. Verjährung

**1. Fristen.** Die Ausgleichsforderung verjährt – nach Aufhebung der Sonderregelung in § 1378 Abs. 4 zum 1.1.2010 durch das Gesetz zur Änderung des Erb- und Verjährungsrechts vom 24.9.2009 (BGBl. 2009 I 3142) – nach den allgemeinen Verjährungsvorschriften der §§ 195 ff. Die regelmäßige Verjährungsfrist beträgt mithin **drei Jahre** (§ 195); die Höchstdauer beträgt **zehn Jahre** (§ 199 Abs. 4). Ein **Anerkenntnis** führt gemäß § 212 Abs. 1 Nr. 1 nur dann zum Neubeginn der Verjährung, wenn es erfolgte, als die Verjährungsfrist noch nicht abgelaufen war. Denn nur eine noch laufende Frist kann „erneut" zu laufen beginnen.[32] 33

Diese Fristen gelten auch für den auf Teilhabe an der ehezeitlichen Vermögensentwicklung des anderen gerichteten und deshalb dem Zugewinnausgleichsanspruch vergleichbaren **Ausgleichsanspruch des § 40 FGB** (vgl. Art. 231 § 6 Abs. 1 S. 1 EGBGB).[33] Der **Auseinandersetzungsanspruch aus § 39 Abs. 1 S. 1 FGB** hingegen ist unverjährbar. Als auf die Teilung gemeinschaftlichen Eigentums der Eheleute gerichteter Anspruch hat er keinen güterrechtlichen, sondern gemeinschaftsrechtlichen Charakter. Er ist mithin den Ansprüchen des BGB auf Teilung von Gesamthandsvermögen vergleichbar und unterliegt wie diese nicht der Verjährung (vgl. § 758, § 731 S. 1, § 2042 Abs. 2).[34] 34

**2. Fristbeginn.** Beginn der Verjährungsfrist ist der Schluss des Jahres, in dem der Anspruch entstanden ist und der Gläubiger-Ehegatte von der Person des Schuldners und den anspruchsbegründenden Umständen Kenntnis erlangt hat oder ohne grobe Fahrlässigkeit hätte erlangen müssen (§ 199 Abs. 1). 35

Die objektive Voraussetzung für den Verjährungsbeginn liegt also jeweils am 1. Januar des **auf die rechtskräftige Scheidung folgenden Jahres** vor – mit Rechtskraft der Scheidung ist die Forderung ja entstanden. 36

Die subjektiv beim Gläubiger vorausgesetzte **Kenntnis** von der **Person des Schuldners** ist beim Zugewinnausgleich immer gegeben – der geschiedene Ehegatte ist bekannt. 37

**Kenntnis** von den **anspruchsbegründenden Umständen** hat der ausgleichsberechtigte Ehegatte, wenn er um die zur Beendigung des Güterstandes führenden Tatsachen weiß und er sie in ihrer rechtlichen Bedeutung erfasst. Im Falle der Scheidung ist hiervon auszugehen. Denn dass die rechtskräftige Scheidung nicht nur die Ehe, sondern auch die güterrechtliche Gemeinsamkeit beendet, ist ein so simpler rechtlicher Zusammenhang, dass er sich auch dem Laien aufdrängt.[35] Anders kann die Sache bei einem Rechtsmittelverzicht liegen. Hier ist es durchaus denkbar, dass der Ehegatte die rechtliche Bedeutung des in der mündlichen Verhandlung erklärten Verzichts auf Rechtsmittel insofern nicht verstanden hat, als ihm nicht bewusst und klar war, dass damit nicht nur das Scheidungsverfahren endgültig erledigt wurde, sondern auch der Güterstand endete.[36] Allerdings beruht die mangelnde Kenntnis hier in der Regel auf **grober Fahrlässigkeit.** Denn der in der mündlichen Verhandlung anwesende Ehegatte lässt die im Rechtsverkehr erforderliche Sorgfalt in besonders hohem Maße außer Acht, wenn er nicht nachfragt, welche Bedeutung die Erklärungen der Anwälte zum Rechtsmittelverzicht haben. Ihm bleibt die Güterstandsbeendigung mithin unbekannt, weil er nicht das tut, was jeder vernünftige Laie in dieser Situation getan hätte (vgl. § 276 Abs. 2). 38

Auf die Kenntnis des Ehegatten selbst kommt es hier allerdings ohnehin nur dann an, wenn der Rechtsanwalt nur mit der Durchführung des Scheidungsverfahrens und anderer Folgesachen beauftragt war. Hat der Ehegatte ihn aber zugleich auch mit der Durchsetzung des Zugewinnausgleichsanspruchs mandatiert, ist nach allgM davon auszugehen, dass er ihm auch die Kenntnisnahme der für den Anspruch rechtserheblichen Tatsachen übertragen hat. Dann aber handelt der **Anwalt als Wissensvertreter,** für den § 166 analog gilt. Dem Ehegatten wird hier dessen Wissen über die 39

---

[32] So schon RGZ 78, 130; BGH NJW 2014, 2267 = FamRZ 2014, 1355 – Versäumnisbeschluss, bestätigt BGH NJW-RR 2015, 772; anders die Vorinstanz OLG Schleswig FamRZ 2013, 1973.

[33] BGH FPR 2002, 557 = FamRZ 2002, 1097; OLG Jena FamRZ 2006, 1119; 2007, 50; OLG Rostock FamRZ 2006, 418; OLG Dresden FamRZ 2001, 761 zu § 1378 Abs. 4 aF.

[34] BGHZ 178, 34 = NJW-RR 2008, 1674 = FamRZ 2008, 2015; anders die Vorinstanz OLG Jena FamRZ 2007, 50 mAnm *Seidel* FamRZ 2007, 906: Anspruch verjährbar.

[35] BGHZ 100, 203 (205) = NJW 1987, 1766; BGH NJW-RR 2008, 521 = FamRZ 2008, 675; OLG Naumburg FamRZ 2001, 831; OLG Celle FamRZ 2002, 1030 alle zu § 1378 Abs. 4.

[36] BGH NJW 1997, 2049 = FamRZ 1997, 804.

zum Verjährungsbeginn führende güterrechtliche Bedeutung des Rechtsmittelverzichts zugerechnet (→ § 199 Rn. 38).[37]

40 Dies alles gilt auch für den Verjährungsbeginn des vermögensrechtlichen **Ausgleichsanspruchs aus § 40 FGB.** Da auch dieser erst mit Rechtskraft der Scheidung entsteht und vor der Entstehung eines Anspruchs seine Verjährung nicht beginnen kann, kann die Kenntnis von der Beendigung des DDR-Güterstandes keinen Anknüpfungspunkt für deren Fristbeginn darstellen.[38]

41 **Nicht erforderlich** ist die Kenntnis von der Existenz einer Ausgleichsforderung überhaupt; nicht erforderlich ist auch die Erfüllungsfähigkeit. Das Risiko einer verspäteten Berechnung des Zugewinns trägt mithin allein der Gläubiger-Ehegatte. Bei **gesetzlicher Vertretung** kommt es auf die Kenntnis des Vertreters an (§ 166), bei Betreuung also auf die Kenntnis des Betreuers (§ 1902).

42 **3. Einrede der Verjährung.** Die Erhebung der Verjährungseinrede ist **rechtsmissbräuchlich** und nach § 242 nicht zu beachten, wenn der ausgleichsberechtigte Ehegatte aufgrund des Verhaltens des ausgleichsverpflichteten – für diesen erkennbar – darauf vertraute und vertrauen durfte, dass dieser sich nicht auf die Verjährung berufen würde.[39]

43 Um diesen Rückgriff auf § 242 entbehrlich zu machen, empfiehlt sich bei sich hinziehenden längeren Verhandlungen über den Zugewinnausgleich ein **zeitlich befristeter Verzicht** auf die Erhebung der Einrede der Verjährung. Dieser Verzicht auf das Leistungsverweigerungsrecht des § 241 Abs. 1 ist ein den ausgleichspflichtigen Ehegatten einseitig bindendes Rechtsgeschäft (→ § 202 Rn. 15), das ihn hindert, sich bis zum Ablauf der vereinbarten Frist auf die Verjährung zu berufen. Nach Ablauf der Stillhaltefrist aber steht ihm dies frei. Weitere Rechtswirkungen des Verzichts nämlich müssen die Ehegatten gesondert vereinbaren, etwa dass sich die Verjährungsfrist um den Verzichtszeitraum verlängert oder nach dessen Ablauf neu zu laufen beginnt. Der Verzicht als solcher enthält solche Weiterungen typischerweise nicht.[40]

44 **4. Verjährung bei Zugewinnausgleich von Todes wegen.** Endete die Ehe durch Tod eines Ehegatten, beginnt nach § 199 Abs. 1 die **dreijährige** Verjährungsfrist mit dem Schluss des Jahres zu laufen, in dem der Ehegatte verstorben ist und der Überlebende Kenntnis von seiner Ausgleichsberechtigung erlangt hat bzw. ohne grobe Fahrlässigkeit hätte erlangen können. Solange der überlebende Ehegatte berechtigte Zweifel an der Wirksamkeit der ihn von der Erbfolge ausschließenden letztwilligen Verfügung seines Partners hat, läuft die Frist also nicht. Werden aber solche Zweifel ausgeräumt, zB mittels Sachverständigengutachtens, so läuft die Frist vom Zeitpunkt der Gewissheit über die Gültigkeit der letztwilligen Verfügung an.[41] Folgerichtig kommt es auch nicht auf die zunächst richtige Beurteilung der Rechtslage an, wenn der überlebende Ehegatte Kenntnis von einem Schriftstück erhält, das er für eine spätere letztwillige Verfügung halten darf, durch die die ihn beeinträchtigende frühere aufgehoben wird.[42]

45 Dass der **Beginn** der Verjährung **nicht hinausgeschoben** wird, wenn es erst durch Ausschlagung der Erbschaft oder des Vermächtnisses zum güterrechtlichen Zugewinnausgleich kommt, ergibt sich aus den allgemeinen Voraussetzungen für den Verjährungsbeginn. Auch wenn der überlebende Ehegatte in diesem Fall die Ausgleichsforderung erst nach seiner Erklärung geltend machen kann, hat er doch schon vorher die in § 199 Abs. 1 Nr. 2 geforderte Kenntnis.

46 **5. Hemmung der Verjährung. a) Fortbestand der Ehe.** Auch wenn die Zugewinngemeinschaft nach erfolgreichem Antrag eines Ehegatten auf vorzeitige Aufhebung durch gerichtliche Entscheidung beendet wurde, ist wegen des Fortbestandes der Ehe der Lauf der Verjährungsfrist der Ausgleichsforderung gemäß **§ 207 Abs. 1 S. 1** gehemmt. Dass hier eine gerichtliche Auseinandersetzung zwischen den Ehegatten stattgefunden hat – die § 207 gerade vermeiden will – spielt für dessen Anwendbarkeit keine Rolle. Der Wortlaut stellt nur auf die fortbestehende Ehe ab.[43] Von daher tritt die Hemmungswirkung auch für die Ausgleichsforderung aus erster Ehe ein, wenn die Parteien erneut heiraten; § 207 Abs. 1 S. 1 fordert nicht, dass die Partner (noch) in derselben Ehe miteinander verheiratet sind.[44]

---

[37] BGH NJW 1997, 2049 = FamRZ 1997, 804; OLG Hamm FamRZ 2000, 230; OLG Naumburg FamRZ 2001, 831; OLG Celle FamRZ 2002, 1030.

[38] BGH FPR 2002, 557 = FamRZ 2002, 1097.

[39] BGH NJW 1999, 1101 = FamRZ 1999, 571; OLG Hamm FamRZ 2000, 230; OLG Karlsruhe FamRZ 2001, 832; OLG Koblenz FamRZ 2001, 161 Ls.; AG Viechtach FamRZ 1991, 192.

[40] BGH NJW 2014, 2267 = FamRZ 2014, 1355 betr. Versäumnisbeschluss, bestätigt BGH NJW-RR 2015, 772; anders die Vorinstanz OLG Schleswig FamRZ 2013, 1973.

[41] BGH NJW 1993, 2439 = FamRZ 1993, 1181; NJW 1984, 2935.

[42] BGHZ 95, 76 = NJW 1985, 2945 zu § 2332.

[43] BGH NJW 2018, 2871 = FamRZ 2018, 1415 mAnm *Bergschneider.*

[44] OLG Nürnberg MDR 1980, 668; OLG Hamm FamRZ 1981, 1065; AG Biedenkopf FamRZ 2003, 1392, alle zu § 204 aF.

**b) Mahnbescheid.** Zur Hemmung der Verjährung durch Mahnbescheid **nach § 204 Abs. 1 Nr. 3** genügt es, dass der Anspruch als Zugewinnausgleich gekennzeichnet ist, weiterer Individualisierung und Begründung bedarf es im Mahnverfahren nicht.[45] Da der schweizerische Zahlungsbefehl (Art. 69, 70 Schweiz. Bundesgesetz über Schuldbeitreibung und Konkurs) als Rechtsverfolgungsakt dem deutschen Mahnbescheid gleichsteht, ist auch er geeignet, gemäß § 204 Abs. 1 Nr. 3 die Verjährung zu hemmen.[46] 47

**c) Stillhalteabkommen.** Die der Vorbereitung einer gütlichen Einigung dienende Vereinbarung, ein Gutachten über den Wert von Grundbesitz einzuholen, stellt nur dann ein sog. Stillhalteabkommen mit verjährungshemmender Wirkung **nach § 205** dar, wenn sich die Eheleute auf die Verbindlichkeit des Gutachtens verständigt hatten. Nur dann nämlich gibt diese Absprache dem ausgleichsverpflichteten Ehegatten das Recht, bis zur Erstellung des Gutachtens die Leistung zu verweigern.[47] 48

**d) Stufenantrag.** Nach gefestigter Rspr. hemmt der Stufenantrag **auf Auskunft** gemäß § 204 Abs. 1 Nr. 1 die Verjährung des **geltend gemachten Leistungsanspruchs,** auch wenn dieser noch nicht beziffert ist.[48] Die Verjährungshemmung tritt auch dann ein, wenn der Stufenantrag von einem falschen Stichtag ausgeht, denn auch dann wird der Rechtsverfolgungswille des Gläubigers für den Schuldner erkennbar.[49] Allerdings muss das Verfahren nach Erledigung der ersten Stufe weiter betrieben werden. Erfolgt nach Auskunftserlangung lediglich die **Ankündigung,** den Zahlungsantrag demnächst zu beziffern, so endet die verjährungshemmende Wirkung des Stufenantrags gemäß § 204 Abs. 2 S. 2 nach sechs Monaten.[50] Das gleiche gilt, wenn das Verfahren nach Erwirkung eines **Teilanerkenntnisurteils** über den Auskunftsanspruch nicht weiterbetrieben wird.[51] 49

**e) Teilantrag.** Ein Teilantrag hemmt die Verjährung gemäß **§ 204 Abs. 1 Nr. 1** nur in Bezug auf den geltend gemachten Teilanspruch, denn nur in diesem Umfang ist der Anspruch richterlicher Entscheidung unterstellt. Der Restanspruch wird durch die Entscheidung und deren Rechtskraftwirkungen nicht ergriffen.[52] 50

**f) Auskunftsantrag.** Ein Auskunftsantrag gestützt auf **§ 1379** hemmt die Verjährung auch dann nicht, wenn sie die Ankündigung enthält, den Leistungsantrag nach Erteilung der Auskunft stellen zu wollen.[53] Die Erklärung, zur **Auskunft bereit zu sein,** enthält ebenso wenig wie die **Auskunftserteilung** selbst ein Anerkenntnis des Ausgleichsanspruchs, das die Verjährung gemäß § 212 Abs. 1 Nr. 1 neu beginnen lässt.[54] Da Ehegatten generell und unabhängig von einem evtl. bestehenden Ausgleichsanspruch einander zur Auskunft verpflichtet sind, kann das Verhalten bei der Auskunftserteilung kein Indiz für die Haltung zum Bestehen eines Anspruchs sein. Deshalb gibt ein Ehegatte, anders als ein Erbe nach § 2314, allein mit seiner Auskunft niemals klar und eindeutig zu erkennen, dass er vom Bestehen einer Schuld ausgeht. 51

**g) Herausgabeantrag.** Der Antrag auf **Übertragung bestimmter Gegenstände** zum Ausgleich des Zugewinns hemmt die Verjährung der Geldforderung aus § 1378 nicht, denn Herausgabe eines Gegenstandes und Zahlung sind verschiedene Streitgegenstände, für die es im materiellen Recht keine einheitliche Anspruchsgrundlage gibt.[55] Anders liegt der Fall, wenn der Antragsteller **Zahlung begehrt,** ohne den Zugewinnausgleich als Anspruchsgrund aufzuführen. Da der Klageantrag alle materiell-rechtlichen Anspruchsgrundlagen einschließt, die ihn zu begründen vermögen, bezieht sich die Hemmungswirkung auch auf die Zugewinnausgleichsforderung.[56] 52

---

45 BGH NJW 1996, 2152 zu § 209 Abs. 2 Nr. 1 aF.

46 BGH NJW-RR 2002, 937 = FamRZ 2003, 221 gegen die Vorinstanz OLG München FamRZ 2001, 104, beide zu § 209 Abs. 2 Nr. 1 aF.

47 BGH NJW 1999, 1101 = FamRZ 1999, 571; OLG Hamm FamRZ 2000, 230; OLG Zweibrücken NJW-RR 1995, 260, alle zu § 202 Abs. 1 aF.

48 BGH NJW 1999, 1101 = FamRZ 1999, 571 zu § 209 aF; OLG Naumburg FamRZ 2006, 267 Ls.; OLG Celle FamRZ 2007, 1101 mAnm *Kogel.*

49 BGH NJW 2012, 2180 = FamRZ 2012, 1296; zu § 209 aF KG FamRZ 2001, 105; OLG Zweibrücken NJW-RR 2001, 865; anders OLG Hamm FamRZ 1996, 864 mAnm *Ludwig* FamRZ 1997, 421.

50 OLG Jena FamRZ 2005, 1994; OLG Celle FamRZ 2007, 1101 mAnm *Kogel.*

51 BGH NJW 2012, 2180 = FamRZ 2012, 1296; OLG Zweibrücken FamRZ 2015, 1196.

52 BGH NJW-RR 2008, 521 = FamRZ 2008, 675.

53 OLG Celle NJW-RR 1995, 1411; KG FamRZ 2001, 105, beide zu § 209 Abs. 1 aF.

54 BGH NJW 1999, 1101 = FamRZ 1999, 571; OLG Hamm FamRZ 2000, 230; OLG Karlsruhe FamRZ 2001, 832; OLG Celle FamRZ 2002, 1030, alle zu § 208 aF; Soergel/*Kappler/Kappler* Rn. 51.

55 Anders BGH NJW-RR 1994, 514 = FamRZ 1994, 751 zu § 209 Abs. 1 aF; zweifelnd BGH NJW-RR 2008, 521 = FamRZ 2008, 675.

56 BGH NJW-RR 1996, 1409 zu § 209 Abs. 1 aF; verlangt war Zahlungsausgleich aus Miteigentum und Ehegatteninnengesellschaft.

53 **h) Erbrechtliche Zahlungsklagen.** Eine Klage auf Zahlung des großen **Pflichtteils** hemmt die Verjährung des Anspruchs auf Zugewinnausgleich nicht.[57] Grund und Rechtsnatur der Ansprüche sind in diesem Fall im Wesen zu verschieden. Wegen grundsätzlicher Wesensunterschiede entfaltet auch die auf Anpassung eines **Erbauseinandersetzungsvertrages** wegen Wegfalls der Geschäftsgrundlage gestützte Klage keine verjährungshemmende Wirkung für den Zugewinnausgleichsanspruch, selbst wenn dieser zur wertmäßigen Begründung angeführt wird.[58]

54 **i) Verfahrenskostenhilfeantrag.** Auch nachdem die verjährungshemmende Wirkung des Prozess- bzw. Verfahrenskostenhilfeantrags in **§ 204 Abs. 1 Nr. 14** gesetzlich geregelt ist, ist daran festzuhalten, dass diese nur im Falle eines ordnungsgemäßen und vollständigen Antrags eintritt[59] – und wieder entfällt, wenn nicht alles getan wird, um dessen Durchsetzung, etwa durch fristgerechte Einlegung von Rechtsmitteln, zu erreichen.[60] Der für ein **neues Zugewinnausgleichsverfahren** gestellte Antrag auf Verfahrenskostenhilfe unterbricht den Ablauf der Verjährungsfrist **nicht,** wenn bereits für ein früheres Ausgleichsverfahren Verfahrenskostenhilfe beantragt und gewährt worden war, dieses Verfahren nach seiner Abtrennung aber nicht weiterbetrieben wurde – nur der im ersten Verfahren gestellte Antrag nämlich ist ein erstmaliger Antrag iSd § 204 Abs. 1 Nr. 14. Mit Hilfe nacheinander in verschiedenen Verfahren gestellter Anträge auf Verfahrenskostenhilfe kann eine Verlängerung der Verjährungsfrist also nicht herbeigeführt werden.[61]

## VII. Prozessuales

55 **1. Familienstreitsache.** Der gerichtliche Streit um eine Ausgleichsforderung ist auch dann eine Familienstreitsache (§ 111 Nr. 9 FamFG, § 112 Nr. 2 FamFG), wenn die Ehegatten rechtsgeschäftlich in die gesetzliche Ausgleichsregelung eingegriffen haben.[62] Haben die Parteien den güterrechtlichen Ausgleich innerhalb einer allgemeinen Auseinandersetzung geordnet und in untrennbarer Gemengelage mit Ansprüchen anderer Art geregelt, liegt eine sonstige Familiensache iSd § 266 FamFG vor.[63]

56 **2. Einstweiliger Rechtsschutz.** Ob einstweiliger Rechtsschutz in Form des **Arrestes** gemäß §§ 916 ff. ZPO, § 119 Abs. 2 FamFG für die Ausgleichsforderung **schon vor** deren **Entstehung** mit Beendigung des Güterstandes in Anspruch genommen werden kann, war bis zur Aufhebung des § 1389 am 1.9.2009 umstritten. Durchgesetzt hatte sich die Ansicht, dass der künftige Ausgleichsanspruch im Wege des Arrestes sicherbar war, sobald er klagbar war, also ab Rechtshängigkeit des Antrags auf Scheidung oder auf vorzeitigen Zugewinnausgleich.[64] Mit der Aufhebung des – die Sicherungsfrage angeblich speziell und abschließend regelnden[65] – § 1389 steht fest, dass auch die künftige Ausgleichsforderung durch Arrest gesichert werden kann – eine lex specialis, die das in Frage stellen könnte, gibt es nicht mehr.[66] An die **Glaubhaftmachung des Arrestanspruchs** sind, da Ehegatten in der Regel keine genauen Einblicke in die Vermögensverhältnisse des anderen haben, keine hohen Anforderungen zu stellen. Es reicht aus, wenn eine überwiegende Wahrscheinlichkeit für das Vorliegen einer Ausgleichsforderung spricht.[67] **Arrestgrund** ist in der Praxis vor allem die beabsichtigte Veräußerung von Grundbesitz, der zur Befriedigung der Zugewinnausgleichsforderung benötigt wird.[68] Aber auch bewusst falsche Auskünfte über das vorhandene Vermögen oder andere Anzeichen für illoyale Vermögensminderungen können den dinglichen Arrest begründen.

[57] BGH NJW 1983, 388 = FamRZ 1983, 27; OLG Frankfurt FamRZ 1986, 807 zu § 209 Abs. 1 aF.
[58] BGH NJW 1993, 2439 zu § 209 Abs. 1 aF.
[59] OLG Hamm FamRZ 2000, 230 zur alten Rechtslage; OLG Stuttgart FamRZ 2005, 526.
[60] OLG Celle FamRZ 2002, 1030; vgl. auch OLG Karlsruhe FamRZ 2000, 1290, jeweils zur alten Rechtslage.
[61] OLG Celle FamRZ 2007, 1101 mAnm *Kogel.*
[62] BGH NJW 1980, 193; OLG Schleswig SchlHA 1979, 192 unter Geltung des FGG.
[63] BGH NJW 1980, 2529; 1981, 346; OLG Köln FamRZ 2004, 1584 unter Geltung des FGG.
[64] OLG Düsseldorf FamRZ 1994, 114; OLG Celle FamRZ 1996, 1429; OLG Hamm FamRZ 1997, 181; OLG Hamburg FamRZ 2003, 238; OLG Karlsruhe FamRZ 2007, 408 mAnm *Kleinle*; OLG München FamRZ 2007, 1101; OLG Naumburg FamRZ 2008, 2202; *Frey,* Die Sicherung des künftigen Zugewinnausgleichs, 1990, 36 ff.
[65] KG FamRZ 1986, 1107; OLG Hamburg FamRZ 1988, 964; OLG Stuttgart NJW-RR 1996, 961 = FamRZ 1995, 1427; OLG Koblenz FamRZ 1999, 97; OLG Karlsruhe FamRZ 2007, 410 (18. FamS); Staudinger/*Thiele,* 2017, Rn. 1.
[66] OLG Celle FamRZ 2015, 160; OLG Bremen FamRZ 2016, 129; OLG Brandenburg NJW-RR 2015, 1283.
[67] OLG Brandenburg FamRZ 2009, 446.
[68] OLG Naumburg FamRZ 2008, 2202; OLG Brandenburg FamRZ 2009, 446; OLG Celle FamRZ 2015, 160.

57 **3. Teilentscheidungen.** Da die Ausgleichsforderung auf Geld gerichtet ist, wird mit ihr stets ein teilbarer Anspruch erhoben. Teilentscheidungen gemäß § 301 ZPO, § 113 Abs. 1 FamFG sind deshalb nach allgM grundsätzlich zulässig. Dass der Zugewinnausgleich rechnerisch aus einer Gesamtsaldierung sämtlicher Vermögenspositionen der Ehegatten resultiert, steht der Geltendmachung eines aufgrund feststehender Vermögenspositionen zweifellosen und entscheidungsreifen Teilanspruchs nicht entgegen.[69] Begehrt werden Teilentscheidungen vornehmlich gegen ausgleichspflichtige Ehegatten, die hinhaltenden Widerstand leisten. Gerade in diesem Fall sind Teilentscheidungen allerdings vielfach nicht zulässig, weil der Anspruch dem Grunde nach streitig ist, eine Teilentscheidung aber nur erlassen werden darf, wenn sie von der Entscheidung über den Rest des Anspruchs unabhängig ist.[70] Deshalb sind auch bei wechselseitigen Anträgen auf Ausgleich des Zugewinns Teilentscheidungen nur über den Antrag oder nur über den Widerantrag unzulässig. Die Entscheidungen können nicht unabhängig voneinander getroffen werden, da der Zugewinnausgleich auf einer Gesamtsaldierung der Vermögen der Ehegatten beruht.[71]

58 Wegen der Gefahr einander widersprechender Entscheidungen sind Teilentscheidungen unzulässig, wenn der Ausgleichsanspruch aus § 40 FGB im Wege der objektiven Antragshäufung nach § 260 ZPO, § 113 Abs. 1 FamFG neben dem Anspruch aus § 1378 geltend gemacht wird. Denn der Anspruch aus § 40 FGB ist in die Zugewinnberechnung einzustellen, über die Ausgleichsforderung kann mithin nicht unabhängig von der Entscheidung über diesen Anspruch entschieden werden.[72]

59 **4. Nachforderungsanträge.** Ist über die Ausgleichsforderung rechtskräftig entschieden worden, so ist umstritten, ob Nachforderungen durch Teilanträge nur dann erfolgreich geltend gemacht werden können, wenn der erste Antrag ausdrücklich als Teilantrag bezeichnet wurde. Nach richtiger Ansicht bedarf es eines solchen Vorbehalts nicht, da nicht ohne weiteres generell vermutet werden kann, dass mit dem ersten Ausgleichsantrag auch der gesamte Zugewinn geltend gemacht wird – sog. **verdeckte Teilanträge** sind zulässig.[73] Der Antragsteller braucht nicht zu erklären, er behalte sich für den Fall späterer zugewinnrelevanter Entdeckungen – weiteres Vermögen des Ausgleichsschuldners, Bewertungsfehler – weitergehende Ansprüche vor, denn die Rechtskraft des Beschlusses ergreift gemäß § 322 Abs. 1 ZPO, § 113 Abs. 1 FamFG ohnehin nur den im Prozess geltend gemachten Anspruch. Dies gilt allerdings nicht, wenn der verdeckte Teilantrag abgewiesen wurde. Hier steht die Bestandskraft des abweisenden Erstbeschlusses einem weiteren Nachforderungsantrag entgegen.

60 **5. Anerkenntnis.** Ein prozessuales **Anerkenntnis** der Zugewinnausgleichsforderung nach § 307 ZPO, § 113 Abs. 1 S. 2 FamFG entzieht nicht nur die Forderung aus § 1378 Abs. 1 als solche der erneuten sachlichen Nachprüfung, sondern **auch** die ihrer **Berechnung zugrundeliegenden Vermögenspositionen.** Mit der Anerkenntniserklärung akzeptiert der Ehegatte nämlich den gegen ihn gerichteten Zugewinnausgleichsanspruch als Ergebnis der Bilanzierung sämtlicher am Stichtag vorhandener Vermögenspositionen.[74] Ob damals wirklich alle zu berücksichtigenden Vermögenswerte in die Berechnung eingeflossen sind, ist damit der gerichtlichen Sachprüfung entzogen. Ein Wiedereinstieg in die Prüfung der Berechnungsgrundlagen des anerkannten Anspruchs würde dem Zweck des Anerkenntnisses, diesen Anspruch für die Zukunft jedem weiteren Streit zu entziehen, zuwiderlaufen.

## VIII. Vereinbarungen

61 **1. Zwingendes Recht.** Nach allgM ist die Begrenzung der Ausgleichsforderung in § 1378 Abs. 2 ebenso wie das Verbot antizipierter Verpflichtungs- und Verfügungsgeschäfte in § 1378 Abs. 3 zwingendes Recht.

62 **2. Dispositives Recht.** Disponibel ist dagegen die Ausgleichsforderung selbst. Die Ehegatten können ihre Höhe wie auch die Modalitäten ihrer Erfüllung **inhaltlich wie zeitlich** modifizieren. Es ist ihnen unbenommen, dem Ausgleichsberechtigten mehr als die Hälfte des Zugewinns zuzuweisen, aber auch seine Quote zu mindern; sie können Höchstbeträge vereinbaren oder Sachleistungen vorsehen.[75] Auch ein vollständiger **Erlass** der Zugewinnausgleichsschuld gemäß § 397 ist möglich.

69 BGH NJW 1994, 3165 = FamRZ 1994, 1095; NJW 1996, 2152 = FamRZ 1996, 853; OLG Düsseldorf FamRZ 1998, 916.

70 Vgl. dazu BGHZ 107, 236 (242) = NJW 1989, 2821; OLG Stuttgart FamRZ 1984, 273.

71 OLG Brandenburg FamRZ 2005, 1920.

72 BGH NJW 1999, 2520 = FamRZ 1999, 1197; NJW 2003, 34 = FamRZ 2002, 1097.

73 BGH NJW 1994, 3165; 1996, 2152.

74 OLG Hamm NJW 2015, 357.

75 BGHZ 86, 143 (151) = NJW 1983, 753; BGH NJW 1997, 2239 = FamRZ 1997, 800; *Bärmann* AcP 157 (1958/1959), 145 (204); Staudinger/*Thiele,* 2017, Rn. 36; Erman/*Budzikiewicz* Rn. 22; Soergel/*Kappler*/*Kappler* Rn. 6; Bamberger/Roth/*Cziupka* Rn. 46.

Allerdings kann ein solcher nicht ohne weiteres angenommen werden, wenn die Parteien ein zweites Mal miteinander die Ehe eingehen, ohne dass die Ausgleichsforderung aus erster Ehe getilgt ist.[76] Ebenso ist die **Stundung** des Anspruchs durch vertragliche Vereinbarung über seine Fälligkeit möglich. Wird eine solche Abrede vor der Entstehung des Anspruchs getroffen, so bestimmt sie den Schuldinhalt von vornherein, ansonsten gilt § 205. Zur Stundung der Forderung durch richterlichen Akt s. § 1382 (→ § 1382 Rn. 1 ff.).

63 **3. Steuerrechtliche Aspekte.** Der kraft Gesetzes bei Beendigung des Güterstandes erfolgende Erwerb der Ausgleichsforderung ist gemäß § 5 Abs. 2 ErbStG, § 7 ErbStG **nicht (schenkungs-)steuerpflichtig.** Das ist sachgerecht, denn der Zugewinnerwerb ist **entgeltlicher** Erwerb (→ § 1363 Rn. 8). Leistungen, die ein Ehegatte aufgrund einer ehevertraglichen Vereinbarung bei Weitergeltung des gesetzlichen Güterstandes zum Ausgleich des Zugewinns erbringt, sind hingegen als freigebige, schenkungssteuerpflichtige Zuwendungen iSd § 7 Abs. 1 Nr. 1 ErbStG zu qualifizieren. Die Leistung erfolgt hier insofern unentgeltlich, als ohne Beendigung des Güterstandes die Ausgleichsforderung aus § 1378 nicht entsteht und der Ehegatte von daher weder zum Abschluss des Vertrages noch zur Leistung verpflichtet ist.[77] Etwas anderes gilt, wenn die Ehegatten den Güterstand beenden und seinen sofortigen Wiedereintritt für den nächsten Tag vereinbaren, sog. **Güterstandsschaukel.** Dass die Zugewinngemeinschaft dann praktisch in der gleichen Sekunde wieder neu beginnt (0.00 Uhr), in der die Ausgleichsforderung entsteht (24.00 Uhr), ändert daran nichts – § 5 Abs. 2 ErbStG fordert nicht die endgültige und langfristige Beendigung des Güterstandes. Dass dieser nur für eine juristische Sekunde beendet wurde, reicht aus, wenn nur die Ernsthaftigkeit der Beendigung durch konkrete Berechnung der Ausgleichsforderung nachgewiesen ist.[78]

64 Wird aufgrund einer Scheidungs- oder Trennungsvereinbarung Grundbesitz an Erfüllungs Statt geleistet, ist die sog. **Spekulationsfrist** des § 23 EStG zu beachten, der den aus privaten Veräußerungsgeschäften resultierenden Gewinn innerhalb von zehn Jahren steuerpflichtig macht. Hat mithin der Grundbesitz zwischen dem Zeitpunkt seines Erwerbs und der im Rahmen des Zugewinnausgleichs erfolgenden Übertragung eine Wertsteigerung erfahren, so ist diese als Veräußerungsgewinn zu versteuern.[79] Erfolgt die Übertragung des Grundstücks hingegen gemäß § 1383 durch Einschaltung des Familiengerichts, so fällt die Spekulationssteuer des § 23 EStG nicht an, denn die Übertragung aufgrund richterlichen Beschlusses ist kein privates Veräußerungsgeschäft iSd § 23 EStG (→ § 1383 Rn. 3 ff.).[80]

## § 1379 Auskunftspflicht

**(1) [1]Ist der Güterstand beendet oder hat ein Ehegatte die Scheidung, die Aufhebung der Ehe, den vorzeitigen Ausgleich des Zugewinns bei vorzeitiger Aufhebung der Zugewinngemeinschaft oder die vorzeitige Aufhebung der Zugewinngemeinschaft beantragt, kann jeder Ehegatte von dem anderen Ehegatten**
**1. Auskunft über das Vermögen zum Zeitpunkt der Trennung verlangen;**
**2. Auskunft über das Vermögen verlangen, soweit es für die Berechnung des Anfangs- und Endvermögens maßgeblich ist.**
**[2]Auf Anforderung sind Belege vorzulegen. [3]Jeder Ehegatte kann verlangen, dass er bei der Aufnahme des ihm nach § 260 vorzulegenden Verzeichnisses zugezogen und dass der Wert der Vermögensgegenstände und der Verbindlichkeiten ermittelt wird. [4]Er kann auch verlangen, dass das Verzeichnis auf seine Kosten durch die zuständige Behörde oder durch einen zuständigen Beamten oder Notar aufgenommen wird.**

**(2) [1]Leben die Ehegatten getrennt, kann jeder Ehegatte von dem anderen Ehegatten Auskunft über das Vermögen zum Zeitpunkt der Trennung verlangen. [2]Absatz 1 Satz 2 bis 4 gilt entsprechend.**

**Schrifttum:** *Bergschneider,* Der Auskunftsanspruch gemäß § 1379 BGB unter besonderer Berücksichtigung seiner Auswirkungen auf den vorzeitigen Zugewinnausgleich nach der Zugewinnausgleichsreform, FamRZ 2009, 1713;

[76] OLG Nürnberg MDR 1980, 668; OLG Hamm FamRZ 1981, 1065.
[77] BFH DStR 2006, 178 = FamRZ 2006, 1670; NJW 2008, 111.
[78] BFH NJW 2005, 3663; zust. *Schlünder/Geißler* NJW 2007, 482.
[79] OFD Frankfurt StEK (Steuererlasse in Karteiform) EStG § 23 Nr. 44 = DStR 2001, 1753 = FR 2001, 322; OFD München DB 2001, 1533 f. = DStR 2001, 1298 f.; *Feuersänger* FamRZ 2003, 645; *Karasek* FamRZ 2002, 590: Empfehlung einer Stundungsvereinbarung bis zum Ablauf der Spekulationsfrist; *Schröder* FamRZ 2002, 1010; aA *Tiedtke/Wärholz* DtStZ 2002, 9 (13): Leistung an Erfüllungs Statt ist keine entgeltliche Veräußerung.
[80] Wie hier *Schröder* FamRZ 2002, 1010; *Tiedtke/Wälzholz* DStZ 2002, 9; aA *Feuersänger* FamRZ 2003, 645.

*Braeuer,* Probleme der neu gestalteten Auskunftsansprüche im Zugewinnausgleichsrecht, FamRZ 2010, 773; *Cremer,* Mehr Sorgfalt – Zur Beschwer bei güterrechtlichen Hilfsansprüchen, FF 2017, 304; *Jaeger,* Der Umfang der Auskunfts- und Belegpflicht nach § 1379 BGB, FPR 2012, 91; *Kogel,* Die Darlegungs- und Beweislast im gesetzlichen Güterstand, FF 2014, 475.

**Übersicht**



## I. Normzweck

1 **1. Gegenstand des Anspruchs.** Jeder Ehegatte muss in der Lage sein, selbständig die für die Existenz und Höhe einer Ausgleichsforderung entscheidenden Rechenoperationen vorzunehmen. Von den vier zur Berechnung notwendigen Daten – Anfangs- und Endvermögen der beiden Ehegatten – stehen ihm zwei als Daten aus eigener Sphäre zur Verfügung. Anfangs- und Endvermögen des Partners kann er sich mit Hilfe des Anspruchs aus § 1379 erschließen. Seit der Zugewinnausgleichsrechtsreform durch das Gesetz zur Änderung des Zugewinnausgleichs- und Vormundschaftsrechts vom 6.7.2009 (BGBl. 2009 I 2286), in Kraft getreten am 1.9.2009, erstreckt sich dieser Anspruch nicht mehr nur auf das **Endvermögen,** sondern umfasst auch das Anfangsvermögen und das Trennungsvermögen. Die Erweiterung der Auskunftspflicht auf das **Anfangsvermögen** war geboten, weil dieses negativ sein kann und Ehegatten, um den bei Tilgung der Verbindlichkeiten während der Ehe entstehenden Zugewinn berechnen zu können, die Höhe des bei Eintritt des Güterstandes gegebenen Negativsaldos in Erfahrung bringen müssen. Mit dem **Trennungsvermögen** umfasst der Auskunftsanspruch eine Vermögensmasse, die zwar für die Ermittlung des Zugewinns relevant ist, nicht aber wie das Anfangsvermögen und das Endvermögen bei dessen Feststellung ein unmittelbarer Rechenposten ist.

2 Verlangen kann der Ehegatte bezüglich der Vermögensmassen Vorlage von **Belegen** (Abs. 1 S. 2), Vorlage eines **Bestandsverzeichnisses** (Abs. 1 S. 3 iVm § 260) sowie **Wertermittlung** (Abs. 1 S. 3 Alt. 2). Diese Ansprüche können kumulativ, aber auch allein geltend gemacht werden.[1]

3 Die Auskunftspflicht hat den Zweck, jedem Ehegatten die Berechnung des Zugewinns und der Ausgleichsforderung zu ermöglichen – und zwar unabhängig davon, ob er ausgleichsberechtigt oder ausgleichsverpflichtet sein wird. Nach dem eindeutigen Wortlaut der Norm sind die Ehegatten **unabhängig** von ihrer voraussichtlichen Position als **Gläubiger oder Schuldner** im Zugewinnausgleich wechselseitig berechtigt, Auskunft zu verlangen. Auch der wahrscheinlich oder gar sicher ausgleichsverpflichtete Ehegatte kann sich also die der Abwehr der Forderung dienlichen Informationen verschaffen.[2]

1 OLG Koblenz FamRZ 2018, 1573 zum Erfordernis entsprechender Beschwerdeangriffe bei Ablehnung.
2 Missverständlich BGH NJW 2012, 3722 = FamRZ 2013, 103; klarstellend BGH NJW 2018, 950 = FamRZ 2018, 581 mAnm *Koch;* OLG Stuttgart FamRZ 2017, 787.

4 Zu unterscheiden ist der in § 1379 statuierte güterrechtliche Auskunftsanspruch von dem aus § 1353 resultierenden **Informations- und Unterrichtungsanspruch.** Die während der Ehe nach **§ 1353** bestehende Pflicht zur Unterrichtung des Partners über das eigene Vermögen ist keine güterstandsspezifische Pflicht mit Bezug auf die Berechnung des Zugewinns und von daher nicht geeignet, die hierfür notwendigen Daten zu liefern. Die nach § 1353 geschuldete Auskunft ist nämlich nur auf einen „Überblick mit groben Rastern" gerichtet und deshalb fern jener Akkuratesse, die für die Ermittlungen im Zugewinnausgleich notwendig ist (→ § 1385 Rn. 24 f.)

5 **2. Grenzen. a) Teleologische Reduktion.** Trotz des uneingeschränkten Normtextes ist der Anspruch aus § 1379 nach seinem Sinn und Zweck nicht gegeben, wenn der die Auskunft begehrende Ehegatte aus ihr Rechtsfolgen nicht oder nicht mehr ableiten kann. Diese unstrittige Aussage wird vielfach aus § 242 – unzulässige Rechtsausübung – hergeleitet, doch rechtfertigt bereits die **teleologische Reduktion** der Norm das Ergebnis. Der Auskunftsanspruch ist nämlich ein reiner **Hilfsanspruch** zur Ermittlung der für den Zugewinnausgleich relevanten Daten. Er geht mithin ins Leere, wenn die Auskunft für den Zugewinnausgleich unerheblich ist. Das ist der Fall, wenn evident ist, dass keiner der Ehegatten einen Zugewinn erzielt hat.[3] Auch über Vermögenspositionen, die im Zugewinnausgleich nicht zu berücksichtigen sind, ist Auskunft nicht geschuldet. Von daher unterliegen – nur unterhaltsrechtlich relevante (→ § 1375 Rn. 26) – Zeitwertpapiere nicht der Auskunftspflicht.[4] Das Gleiche gilt für den Goodwill einer Versicherungsagentur oder einer Handelsvertretung. Da diese Unternehmen wegen ihrer Inhaberbezogenheit keinen veräußerbaren ideellen Wert haben (→ § 1376 Rn. 39), sind Informationen nur über Faktoren geschuldet, die zur Ermittlung des Substanzwertes erforderlich sind.[5] Ebenso kann Auskunft nicht begehrt werden, wenn die Ausgleichsforderung verjährt ist und der ausgleichsverpflichtete Ehegatte die Einrede der Verjährung erhoben hat.[6] Das gilt allerdings nicht, wenn der ausgleichsberechtigte Ehegatte mit seiner verjährten Forderung noch aufrechnen kann (§ 215). Hier muss er deren Höhe ermitteln können, um zu wissen, inwieweit er die Gegenforderung zum Erlöschen bringen kann.[7] Keine Auskunftspflicht besteht auch dann, wenn es in Bezug auf den Zugewinnausgleich nichts (mehr) zu berechnen gibt, weil die Ehegatten die Ausgleichsforderung abschließend vertraglich präzisiert oder ausgeschlossen haben.[8] Das setzt allerdings voraus, dass diese Vereinbarung wirksam ist. Ist dies zweifelhaft, muss der Ehevertrag bereits im Auskunftsverfahren auf seine Wirksamkeit (§ 138) bzw. Durchsetzbarkeit (§ 242) hin überprüft werden (→ Rn. 50).

6 **b) Unzulässige Rechtsausübung.** Dass die Geltendmachung des an sich gegebenen Auskunftsanspruchs als **unzulässige Rechtsausübung (§ 242)** zurückzuweisen ist, wird für den – bislang Theorie gebliebenen – Fall in Betracht gezogen, dass das Interesse des Ehegatten an der Vermögensauskunft überwiegendem Geheimhaltungsinteresse des Ehepartners begegnet.[9] Im Hinblick darauf, dass die Versagung der Auskunft die Berechnung des Zugewinns vereitelt, kann das Interesse des auf Auskunft in Anspruch genommenen Ehegatten nur in seltenen Ausnahmefällen als überwiegend anzuerkennen sein. Als Beispiel genannt wird der Fall, dass Angaben über ein Unternehmen der Rüstungsindustrie gemacht oder Rüstungsgeschäfte offengelegt werden müssten.

7 Mit **Interessen Dritter** kann die Geheimhaltungspflicht in der Regel nicht begründet werden, bei Belegvorlage können die sie betreffenden Passagen abgedeckt werden (→ Rn. 36). Auch vertraglich übernommene **Schweigepflichten** können die Auskunftspflicht nicht einschränken. § 1379 setzt zwingendes Recht (→ Rn. 59), das durch Vereinbarungen mit Dritten nicht verkürzt werden darf.

8 **c) Leistungsverweigerungsrecht.** Auskunft zu gewähren ist auch von einem Ehegatten, der ein **Leistungsverweigerungsrecht aus § 1381** zu haben glaubt.[10] Ob und ggf. in welcher Höhe die Einrede begründet ist, ist schließlich auch von Daten abhängig, die erst mit der Auskunft zugänglich werden (→ § 1381 Rn. 34). Nur wenn die sich aus der Auskunft ergebenden Umstände für das Vorliegen des Leistungsverweigerungsrechts insofern unerheblich sind, weil bereits **evident**

---

[3] OLG Koblenz FamRZ 2005, 902; OLG Brandenburg FamRZ 1998, 174; OLG Hamm FamRZ 1998, 1300.

[4] OLG Celle FamRZ 2014, 1699.

[5] OLG Koblenz FamRZ 2017, 277; OLG Stuttgart FamRZ 1995, 1586.

[6] BGH NJW-RR 1996, 1409; OLG Braunschweig FamRZ 2017, 788.

[7] AG Bonn FamRZ 2001, 764 mAnm *Gerhards;* Soergel/*Kappler/Kappler* Rn. 13.

[8] OLG Düsseldorf FamRZ 1989, 181; OLG Naumburg FamRZ 2014, 944.

[9] OLG Köln FamRZ 2010, 29 mAnm *Bergschneider; Schwab* in Schwab ScheidungsR-HdB VII Rn. 346a.

[10] BGHZ 75, 195 (203) = NJW 1980, 229; OLG Brandenburg FamRZ 2009, 1067.

ist, dass ein solches besteht, liegt einer der Ausnahmefälle vor, in denen die Auskunft verweigert werden kann.[11]

## II. Zeitliche Aspekte

9 **1. Entstehen des Anspruchs.** Für das **Entstehen** des Anspruchs auf Auskunft über das Trennungsvermögen, das Anfangs- und das Endvermögen sieht § 1379 Abs. 1 S. 1 verschiedene Stichtage vor. Zunächst wird Auskunft geschuldet bei **Beendigung des Güterstandes** sowie bei **Rechtshängigkeit des Antrags** auf Scheidung oder Aufhebung der Ehe. Außerdem kann Auskunft verlangt werden bei Rechtshängigkeit eines Antrags auf eine vorzeitige güterrechtliche Regelung – und zwar unabhängig davon, ob sich der Antrag auf die Aufhebung der Zugewinngemeinschaft beschränkt (§ 1386) oder ob er zugleich auch den vorzeitigen Ausgleich des Zugewinns umfasst (§ 1385). Ehegatten können sich also zunächst Klarheit über den Zugewinn des anderen verschaffen und in Erfahrung bringen, ob es Sinn macht, es nicht bei der beantragten Aufhebung der Zugewinngemeinschaft zu belassen, sondern auch noch den Zugewinn zu verlangen.[12]

10 **Zusätzlich** und unabhängig von der Beendigung des Güterstandes und prozessualen Anträgen entsteht gemäß § 1379 Abs. 2 der Anspruch auf Auskunft über das **Trennungsvermögen** auch, wenn die Ehegatten **getrennt leben.** Das Gesetz stellt für die Auskunft über das Trennungsvermögen also zwei Anspruchsgrundlagen zur Verfügung: § 1379 Abs. 1 S. 1 Nr. 1 und § 1379 Abs. 2. Dabei bietet der Anspruch aus § 1379 Abs. 2 zusammen mit der in § 1375 Abs. 2 S. 2 angeordneten Darlegungs- und Beweislast für ein geringeres Endvermögen Schutz vor dessen illoyaler Minderung in der Zeit des Getrenntlebens.

11 **2. Stichtage.** Vom Tatsächlichen her ohne Schwierigkeiten feststellen lässt sich in aller Regel der Stichtag, zu dem die Auskunft über das **Anfangsvermögen** zu erteilen ist. Der für die Berechnung – und folglich auch für die Auskunft über dieses – maßgebliche Eintritt des Güterstandes (§ 1374) ist einfach zu eruieren.

12 Auch die für die Berechnung des **Endvermögens** und für die Erteilung der Auskunft über dieses ausschlaggebenden Stichtage lassen sich idR einfach feststellen. Die Beendigung des Güterstandes (§ 1375 Abs. 1) bzw. die Rechtshängigkeit der Verfahrensanträge (§§ 1384, 1387) liefern eindeutige Daten. Das ist auch so, wenn der **Scheidungsantrag verfrüht** – also ohne Geltendmachung eines Härtefalls (§ 1565 Abs. 2) vor Ablauf des Trennungsjahres – gestellt wurde. Ein verfrüht gestellter Antrag nämlich verschiebt den Stichtag des § 1384 für die Berechnung des Endvermögens – und damit auch den Stichtag für die über dieses zu erteilende Auskunft – grundsätzlich nicht → § 1384 Rn. 8. Zur Bestimmung der für die Auskunftserteilung relevanten Rechtshängigkeit im Falle mehrerer Verfahren → § 1384 Rn. 9 ff.

13 Über Vermögenserwerb **nach** dem Stichtag für die Berechnung des Endvermögens ist jedenfalls ebenso wenig Auskunft zu erteilen wie über spätere Verluste – und zwar auch dann nicht, wenn der Ehegatte seine Ausgleichsverpflichtung gemäß § 1378 Abs. 2 kürzen will.[13]

14 Vielfach Probleme bereitet die Ermittlung des für die Auskunft über das **Trennungsvermögen** maßgeblichen Datums. Der **Zeitpunkt der Trennung** nämlich lässt sich in Fällen, in denen die Trennung schon lange zurückliegt oder in denen sich diese in langsamen Schritten vollzogen hat, nur schwer feststellen. Das **taggenaue** Trennungsdatum gehört nun aber zu den **anspruchsbegründenden** Tatsachen und ist von dem die Auskunft begehrenden Ehegatten darzulegen und zu beweisen.[14] Im Bestreitensfall trifft den Anspruchsgegner zwar insofern die sekundäre Beweislast, als er zu dem aus seiner Sicht richtigen Trennungsdatum konkrete Darlegungen machen muss,[15] doch schließt das nicht aus, dass sich ein Trennungsdatum letztlich nicht feststellen lässt. Umstritten ist, ob dann als Zeitpunkt der Tag anzunehmen ist, an dem die Ehegatten nach ihrer beider Vortrag frühestens getrennt lebten[16] oder ob der Anspruch entfällt; *Bergschneider* FamRZ 2019, 819.[17] Für ersteres spricht, dass

---

11 BGH NJW 1980, 1462 = FamRZ 1980, 768; OLG Hamm FamRZ 1987, 701; OLG Hamburg FamRZ 2012, 550.

12 Bis zur Zugewinnausgleichsrechtsreform entstand der Auskunftsanspruch erst mit Rechtskraft der den Güterstand vorzeitig beendenden Entscheidung und konnte auch erst zu diesem Zeitpunkt geltend gemacht werden (§§ 1379, 1388 idF bis 1.9.2009).

13 Staudinger/*Thiele,* 2017, Rn. 11.

14 KG FamRZ 2019, 524 mAnm *Kogel*; AG Heidelberg FamRZ 2017, 278; *Bergschneider* FamRZ 2009, 1713 (1715); *Büte* NJW 2009, 2776 (2779); *Braeuer* FamRZ 2010, 773 (778).

15 OLG Braunschweig FamRZ 2017, 789; Johannsen/Henrich/*Jaeger* § 1379 Rn. 5.

16 *Jaeger* FPR 2012, 91 (94); Johannsen/Henrich/*Jaeger* § 1379 Rn. 5; KG BeckRS 2016, 124959 = FF 2017, 327 – offengelassen, da kein Getrenntleben.

17 OLG Braunschweig FamRZ 2017, 789; *Braeuer* FamRZ 2010, 773 (778); *Kogel* FF 2014, 475 (480); *Bergschneider* FamRZ 2019, 819.

die Auskunft zum frühestmöglichen unstreitigen Trennungszeitpunkt dem sie begehrenden Ehegatten wenigstens für einen gewissen Zeitraum den vom Gesetz mit der Aufdeckungsmöglichkeit bezweckten Schutz vor Vermögensminderungen gewährt. Der Gefahr, dass der Stichtag durch nachträgliches Bestreiten des Trennungstermins wieder in Frage gestellt wird, kann dadurch begegnet werden, dass die Ehegatten an dem einmal unstreitig gestellten Datum festgehalten werden. Dass der Trennungszeitpunkt als Tatbestandsvoraussetzung des Anspruchs aus § 1379 Abs. 1 S. 1 Nr. 1 und § 1379 Abs. 2 zu ermitteln und – ggf. nach Beweisaufnahme – festzustellen ist, heißt jedenfalls **nicht,** dass er **in Rechtskraft** erwachsen muss und einer entsprechenden Feststellung zugänglich ist (→ Rn. 53).

15 Die **einvernehmliche Festlegung** des Trennungszeitpunkts unterliegt **nicht** dem **Formerfordernis** des § 1378 Abs. 3 S. 2.[18] Dass der Zeitpunkt nach § 1375 Abs. 2 S. 2 Auswirkungen auf die Höhe des Endvermögens haben kann, macht die Einigung über ihn nicht zu einer mittelbaren Verfügung über die Zugewinnausgleichsforderung.

16 **3. Fälligkeit.** Mit seiner Entstehung ist der Auskunftsanspruch gemäß § 271 fällig. Der Zeitraum, der dem Schuldner zur Erfüllung zuzubilligen ist, ohne dass Verzug eintritt (§ 286 Abs. 4), hängt von der Größe und Zusammensetzung seines Vermögens ab.[19] **Nicht erfüllbar** ist der Anspruch jedenfalls, wenn der die Auskunft verlangende Ehegatte sein Recht auf Zuziehung bei der Bestandsaufnahme ausübt (→ Rn. 40), jedoch die notwendige Initiative zur Bestimmung eines Termins nicht ergreift, also weder selbst einen Vorschlag macht noch dem anderen die Terminierung überlässt.

17 **4. Auskunft bei Tod eines Ehegatten.** Endet der Güterstand durch den Tod eines Ehegatten, so ist der Auskunftsanspruch – für den Ehegatten wie für die Erben – gegeben, wenn feststeht, dass der Zugewinnausgleich rechnerisch durchzuführen ist. Das ist der Fall, wenn der überlebende Ehegatte weder Erbe noch Vermächtnisnehmer geworden ist (§ 1371 Abs. 2), aber auch, wenn er die Erbschaft oder das Vermächtnis ausgeschlagen hat. Im letzten Fall ist dem überlebenden Ehegatten der Auskunftsanspruch schon vor der Ausschlagung zuzugestehen, damit er sich Auskunft über Bestand und Höhe des von dem anderen erzielten Zugewinns verschaffen kann, um zu entscheiden, ob der güterrechtliche Ausgleich für ihn sinnvoll ist. Mit den erbrechtlichen Auskunftsansprüchen kann er seine Position im Zugewinnausgleich nicht beurteilen.[20] Dass der Erbe nicht zugewinnausgleichsberechtigt sein kann (→ § 1371 Rn. 34), steht seinem Auskunftsanspruch nicht entgegen – er kann schließlich in Erfahrung bringen wollen, in welcher Höhe er mit einer Inanspruchnahme auf Zugewinnausgleich durch den überlebenden Ehegatten rechnen muss.[21]

18 **5. Weitergeltung des § 1379 aF.** Der Gesetzgeber der Zugewinnausgleichsrechtsreform hat das neue Recht am 1.9.2009 mit sofortiger Wirkung in Kraft gesetzt. § 1379 gilt mithin in der erweiterten Fassung auch in Verfahren, die an diesem Tag bereits anhängig waren. Das gilt allerdings nicht, wenn die Ehe am 1.9.2009 bereits **rechtskräftig geschieden** war. In diesem Fall nämlich ist gemäß § 1378 Abs. 3 S. 1 der Zugewinnausgleichsanspruch bereits vor diesem Tag entstanden – bzw. nicht entstanden. Die erst danach eingeführten Auskunftspflichten auf ihn anzuwenden, hieße, diese in verfassungsrechtlich unzulässiger Weise rückwirkend zur Aufklärung des mit Rechtskraft der Scheidung abgeschlossenen Sachverhalts heranzuziehen (→ 7. Aufl. 2018, EGBGB Art. 229 § 20 Rn. 1). Auch wenn der Streit über die Zugewinnausgleichsforderung nach dem 1.9.2009 fortgeführt oder auch erst begonnen wird, kann mithin weder Auskunft über das Trennungsvermögen[22] noch über das Anfangsvermögen verlangt werden.[23] Der Auskunftsanspruch kann hier auch nicht aus § 242 hergeleitet werden. Für den Rückgriff auf den allgemeinen Auskunftsanspruch ist insofern kein Raum, als das alte Recht für das Problem ungeklärten Anfangsvermögens eine stimmige Lösung enthielt – Inventarisierungsmöglichkeit (§ 1377 Abs. 1 und 2), Null-Vermutung (§ 1377 Abs. 3) – und Auskunft über das Trennungsvermögen nicht vorsah.

19 **6. Keine Geltung des § 1379 für FGB-Ansprüche.** Auskunft über die einem Ehegatten am 3.10.1990 nach dem Familiengesetzbuch der DDR geltenden Ausgleichsansprüche ist mit dem in der DDR geltenden Auskunftsanspruch zu verlangen. Das FGB enthielt zwar keine ausdrückliche Regelung dieses Anspruchs, doch erkannte die hM einen solchen an, wenn der nach §§ 39, 40

[18] BGH NJW 2012, 3722 = FamRZ 2013, 103 – inzident in Sachverhaltsschilderung; Staudinger/*Thiele,* 2017, Rn. 7; *Jaeger* FPR 2012, 91.
[19] Staudinger/*Thiele,* 2017, Rn. 7; Soergel/*Kappler/Kappler* Rn. 9.
[20] Soergel/*Kappler/Kappler* Rn. 15; anders Staudinger/*Thiele,* 2017, Rn. 4, 8; *Rauscher* FamR Rn. 426.
[21] OLG Stuttgart FamRZ 2017, 787 = BeckRS 2016, 120744; Staudinger/*Thiele,* 2017, Rn. 5.
[22] BGH NJW 2017, 2686 = FamRZ 2017, 1039 mAnm *Braeuer;* OLG Jena FamRZ 2017, 21 = BeckRS 2016, 109970; anders OLG Hamm FamRZ 2011, 566.
[23] BGH NJW 2018, 59 = FamRZ 2018, 21.

FGB ausgleichsberechtigte Ehegatte aus Unkenntnis seine Forderungen nicht beziffern konnte. Ab 3.10.1990 gilt für die in den gesetzlichen Güterstand der Zugewinngemeinschaft übergeleiteten Ehen (Art. 234 § 4 EGBGB) dann der Auskunftsanspruch aus § 1379.[24]

### III. Gegenstand der Auskunft

**1. Bestand des Vermögens.** Auskunft schulden die Ehegatten zunächst über den Bestand des zu den Auskunftsstichtagen **positiv vorhandenen Vermögens.** Dabei braucht grundsätzlich die Entwicklung des Vermögens in der Zeit des Güterstandes nicht dargestellt zu werden. Zu einer gewissen Rechenschaftspflicht führt allerdings die Darlegungs- und Beweislastregel des § 1375 Abs. 2. Ist nach § 1379 Abs. 2 über das bei Trennung vorhandene Vermögen Auskunft erteilt worden und hat sich der damals angegebene Bestand bis zur Rechtshängigkeit des Scheidungsantrags bzw. bis zu den anderen für die Zugewinnberechnung ausschlaggebenden Stichtagen verringert, so muss der Ehegatte nachweisen, dass die seit dem Trennungszeitpunkt eingetretene Vermögensminderung nicht auf illoyalen Handlungen beruht. Er muss hier also Auskunft über die Vermögensentwicklung während des Güterstandes geben und Güterbewegungen oder auch den Verbleib von Gegenständen plausibel erklären. 20

**2. Berechnungstatsachen.** Die das Anfangs- und Endvermögen betreffende Informationspflicht beschränkt sich nicht auf den vorhandenen Vermögensbestand, sondern erstreckt sich auf alle **Umstände,** die **für die Berechnung** der Vermögensmassen **maßgeblich** sind (§ 1379 Abs. 1 S. 1 Nr. 2). 21

Was das **Anfangsvermögen** angeht, so ist die Erstreckung der Informationspflicht über den Bestand des vorhandenen Vermögens hianus insofern erforderlich, als Ehegatten die Höhe der Verbindlichkeiten des anderen in Erfahrung bringen müssen, um den bei Tilgung während der Ehe erzielten Zugewinn bestimmen zu können. Abgesehen von diesem Fall der anfänglichen Verschuldung hat der Auskunftsanspruch bezüglich des Anfangsvermögens insofern keine Bedeutung, als dieses bei Fehlen eines Verzeichnisses mit Null vermutet wird (§ 1377 Abs. 3). Günstiger aber als mit der Null-Vermutung kann der Ehegatte nur stehen, wenn der andere zu Beginn des Güterstandes verschuldet war.[25] 22

Zu den für die Berechnung des Anfangsvermögens maßgeblichen **Umständen** gehören auch die Tatsachen, die für die Beurteilung des Vorliegens **privilegierten Erwerbs** nach § 1374 Abs. 2 ausschlaggebend sind. Insofern sind der Erwerbsgrund und der Erwerbszeitpunkt anzugeben – letzterer wegen der Herausrechnung nur nominellen Zugewinns mittels Indexierung (→ § 1373 Rn. 6). 23

Was das **Endvermögen** angeht, so hat die Erstreckung der Informationspflicht auf die Berechnungstatsachen zur Folge, dass auch über die in **§ 1375 Abs. 2 S. 1** genannten Vorgänge Auskunft zu erteilen ist. Da die auf dem hier als illoyal definierten Verhalten beruhenden Vermögensminderungen dem Endvermögen hinzuzurechnen sind, sind sie für dessen Berechnung relevant und werden von der Auskunftspflicht des § 1379 Abs. 1 Nr. 2 erfasst.[26] Erledigt hat sich damit – jedenfalls für den Regelfall[27] – der bis zur Zugewinnausgleichsrechtsreform 2009 bei Verdacht unlauterer Handlungen des anderen notwendige Rückgriff auf den allgemeinen Auskunftsanspruch aus § 242. Nur mit diesem konnte ein Ehegatte früher illoyale Vermögensverschiebungen erhellen – vorausgesetzt, so forderte die hM, er brachte konkrete Anhaltspunkte für seinen diesbezüglichen Verdacht vor.[28] § 1379 knüpft den Auskunftsanspruch zwar nicht an solche Voraussetzungen, doch kann dieser nach wie vor **nicht ohne Darlegungen zu Verdachtsmomenten** geltend gemacht werden.[29] **Substantiiert** vorgebracht ist das Auskunftsbegehren bezüglich illoyaler Vermögensminderungen nämlich erst, wenn konkrete Anhaltspunkte für solche vorgetragen werden – denn nur Informationen über verdachtserregende Umstände sind für die Berechnung des Endvermögens relevant und begründen den Anspruch. Im Übrigen wäre, wenn der Ehegatte ohne konkreten Bezug nur allgemein Auskunft über verschwenderische oder benachteiligende Ausgaben verlangte, diese mit der simplen Erklärung erteilt, solche nicht getätigt zu haben. Mit einer solchen Erklärung aber ist dem Auskunftsberechtigten nicht gedient. 24

---

[24] OLG Naumburg NJ 2001, 318.

[25] BGH NJW 2018, 59 = FamRZ 2018, 21 im Zusammenhang mit der Geltung des § 1379 für Altfälle.

[26] BGH NJW 2012, 3635 mAnm *Groß* = FamRZ 2012, 1785 mAnm *Braeuer* = LMK 2013, 342085 mAnm *Koch* = FF 2013, 30 mAnm *Reinken;* anders *Jaeger* FPR 2012, 91.

[27] Zu Ausnahmekonstellationen *Kogel* FF 2014, 475 (480).

[28] BGH NJW 2000, 2347 = FamRZ 2000, 948; OLG Naumburg NJ 2001, 318; OLG Köln FamRZ 2005, 274; 2007, 1327.

[29] BGH NJW 2012, 3635 mAnm *Groß* = FamRZ 2012, 1785 mAnm *Braeuer;* OLG Zweibrücken BeckRS 2016, 15064; OLG Brandenburg FamRZ 2011, 568; BeckRS 2011, 29318; *Braeuer* FamRZ 2010, 773.

### IV. Bestandsverzeichnis

25 **1. Form und Art der Angaben.** Der Auskunftsanspruch richtet sich auf die Vorlage eines **geordneten** und **übersichtlichen** Bestandsverzeichnisses iSd § 260. Eine Folge von Einzelangaben, die über mehrere Schriftsätze verteilt sind, erfüllt den Anspruch nicht.[30] Allerdings ist nicht erforderlich, bei jeder Ergänzung der einmal erteilten Auskunft ein komplett neues Gesamtverzeichnis zu erstellen. Nach allgM genügen **Teilverzeichnisse,** wenn sie die gebotene Übersichtlichkeit wahren, die Teilauskünfte also nicht zusammenhanglos nebeneinander stehen.[31]

26 **Umstritten** ist, ob das Verzeichnis einer **Unterschrift** bedarf. Überwiegend wird die persönliche Unterzeichnung für entbehrlich gehalten,[32] teils aber auch generell gefordert,[33] teils nur dann, wenn anders nicht sicherzustellen ist, dass die Erklärung vom Auskunftspflichtigen selbst herrührt.[34] Da weder § 1379 noch § 260 die Einhaltung der gesetzlichen, die Namensunterschrift umfassenden Schriftform (§ 126) fordern, ist die Notwendigkeit der eigenhändigen Unterschrift de lege lata nicht zu begründen. Über das Wort „vorlegen" fordert § 260 zwar inzident **Schriftlichkeit** des Verzeichnisses, denn vorgelegt werden kann ein solches nur, wenn es schriftlich verkörpert ist. Mit der gesetzlichen Schriftform des § 126 hat diese Schriftlichkeit aber nichts zu tun.

27 Dass das zu erstellende Bestandsverzeichnis eine persönliche Wissenserklärung ist, schließt nicht aus, dass es **von einem Dritten** verfasst werden kann – vorausgesetzt, der Dritte fungiert als Bote, der die vom Auskunftsschuldner herrührende Erklärung lediglich weitergibt, nicht aber als Stellvertreter eine eigene Wissenserklärung abgibt. In einem anwaltlichen Schreiben wird die Botenfunktion hinreichend klargestellt, wenn dieses mit den Worten eingeleitet wird: „Meine Partei erteilt Vermögensauskunft wie folgt …".

28 Aktiva und Passiva müssen in dem Verzeichnis **hinreichend spezifiziert** ausgewiesen sein. Das ist der Fall, wenn die einzelnen vermögensrechtlichen Positionen nach Art und wertbildenden Faktoren so beschrieben sind, dass die Ermittlung ihres Geldwertes möglich ist.[35] Wertangaben sind bei der Erstellung des Bestandsverzeichnisses nicht geschuldet; diese müssen vom auskunftsberechtigten Ehegatten zusätzlich gemäß § 1379 Abs. 1 S. 3 Alt. 2 verlangt werden (→ Rn. 45).[36]

29 **Sachgesamtheiten** – verstanden als Mehrheit von Sachen und Rechten, die ein einheitlicher Bestimmungszweck verbindet – sind im Bestandsverzeichnis als Inbegriff mit den ihren Verkehrswert bestimmenden Faktoren aufzuführen.[37] Welche Umstände und Fakten im Einzelnen über das Unternehmen, die freiberufliche Praxis, die Sammlung oder Bibliothek mitzuteilen sind, ergibt sich aus den in § 1376 niedergelegten Grundsätzen für die Wertermittlung der in Rede stehenden Sachgesamtheit.

30 **Einzelgegenstände** sind anhand aller Faktoren zu individualisieren, die für ihren Geldwert erheblich sind. Ein Pkw ist etwa anhand des Fabrikats, des Modells, des Baujahrs, der gefahrenen Kilometer und etwaiger Unfälle zu individualisieren. Bei technischen Geräten und Maschinen sind ebenfalls Fabrikat, Herstellungsjahr sowie Nutzungsdauer und -intensität anzugeben. Bei einem Grundstück sind Lage, Größe, Art der Bebauung und Nutzung anzuführen, während die Angabe des Einheitswerts wertlos ist.[38] Sachen, die der Auskunftspflichtige lediglich im **Besitz** hat, braucht er nur aufzunehmen, wenn die Angabe der Sache und ihres Besitzes erforderlich ist, um ein im Zugewinn zu berücksichtigendes Recht – wie etwa einen Nießbrauch – auszuweisen.

31 **2. Unrichtigkeit der Angaben.** Das Bestandsverzeichnis ist vom Auskunftspflichtigen so vollständig zu erstellen, wie es ihm möglich ist. Bei versehentlicher Unvollständigkeit oder Unrichtigkeit des Verzeichnisses, etwa aufgrund eines Irrtums über den Umfang der zu erteilenden Auskunft, kann

---

[30] OLG Brandenburg FamRZ 2019, 1049 = BeckRS 2018, 35285; FamRZ 2007, 285; OLG Hamm FamRZ 2001, 763; OLG Jena NJ 1999, 546.

[31] BGH NJW-RR 2015, 897 = FamRZ 2015, 127 mAnm *Winter,* zu §§ 260, 1605; OLG Zweibrücken FamRZ 2001, 763; OLG Brandenburg FamRZ 2004, 820; OLG Braunschweig FamRZ 2017, 789 = BeckRS 2016, 115215.

[32] BGH NJW 2008, 917 mAnm *Born* = FamRZ 2008, 600; KG FamRZ 2011, 565; OLG Nürnberg FuR 2000, 294; OLG Naumburg FamRZ 2007, 1814; Staudinger/*Thiele,* 2017, Rn. 17.

[33] OLG München FamRZ 1995, 737; OLG Hamm FamRZ 2001, 763; AG Hamburg Altona FamRZ 1998, 1514; *Schulz/Hauß* Trennung und Scheidung Rn. 775.

[34] OLG Zweibrücken FamRZ 2001, 763; OLG Karlsruhe FamRZ 2004, 106; OLG Braunschweig FamRZ 2017, 789 = BeckRS 2016, 115215; *Schwab* in Schwab ScheidungsR-HdB VII Rn. 335.

[35] OLG Naumburg FamRZ 2001, 1303.

[36] BGHZ 84, 31 (32) = NJW 1982, 1643; BGH BeckRS 1988, 31072661 = FamRZ 1989, 157; OLG Köln FamRZ 2002, 1406; Staudinger/*Thiele,* 2017, Rn. 18; Johannsen/Henrich/*Jaeger* Rn. 6; *Schwab* in Schwab ScheidungsR-HdB VII Rn. 337.

[37] BGHZ 89, 137 (141) = NJW 1984, 484.

[38] OLG Düsseldorf FamRZ 1986, 168.

**Ergänzung und Berichtigung** verlangt werden.[39] Gedächtnisschwäche, Mangel an Aufzeichnungen und Informationsquellen anderer Art allerdings begrenzen die Reichweite des Auskunftsanspruchs und begründen keinen Anspruch wegen unvollständig erbrachter Leistung. Die Gefahr einer Verkümmerung des Anspruchs durch verspätete Ausübung trägt insofern der auskunftsberechtigte Ehegatte. Hat der Auskunftspflichtige sich freilich schuldhaft in eine Situation gebracht, in der er nur noch beschränkt Auskunft gewähren kann, haftet er diesem uU auf Schadensersatz aus § 280 Abs. 1.

Im Übrigen sind Mängel eines **formell korrekt erstellten** Verzeichnisses nur im Verfahren über die Ausgleichsforderung selbst zu klären.[40] Mit formell korrekten, inhaltlich aber unrichtigen Angaben ist dem Ausgleichsberechtigten in der Sache zwar nicht gedient, doch ist sein **Anspruch** aus § 1379 **erfüllt.** Auch der Anspruch auf eidesstattliche Versicherung nach § 260 Abs. 2 hilft nicht weiter. Mit diesem kann der auskunftsberechtigte Ehegatte lediglich Druck zur Erstellung eines vollständigen und wahrheitsgemäßen Verzeichnisses ausüben, nicht aber dessen Richtigstellung verlangen (→ Rn. 38 f.). 32

Haben die Ehegatten das Verzeichnis einverständlich im Bewusstsein bestehender Zweifel oder gar der Unrichtigkeit oder Unvollständigkeit unterzeichnet, so liegt ein **abstraktes Schuldanerkenntnis** iSd § 782 vor. Einwendungen gegen die beiderseits als zweifelhaft, unvollständig oder gar unrichtig erkannten, gleichwohl aber einverständlich eingesetzten Positionen sind dann ausgeschlossen. 33

**3. Belege.** Bis zur Reform des Zugewinnausgleichsrechts am 1.9.2009 konnte der auskunftsberechtigte Ehegatte nach allgM Belege und Unterlagen anderer Art nur dann fordern, wenn sich die ihm geschuldete Information nur mit ihrer Hilfe erschloss, nicht aber allein zu Kontrollzwecken. Das hat sich nun geändert. Gemäß § 1379 Abs. 1 S. 2 hat der auskunftspflichtige Ehegatte auf – an keine Voraussetzung geknüpftes – Anfordern hin Belege vorzulegen. Ob diese lediglich der **Kontrolle und Überprüfung** seiner Vermögensangaben dienen, spielt ebenso wenig eine Rolle wie der Umstand, dass die Belege uU Vermögensbewegungen innerhalb des Güterstandes nachvollziehbar machen.[41] Die Zugewinnauskunft orientiert sich also nicht mehr – wie früher – am erbrechtlichen Auskunftsanspruch des § 2314, sondern an der unterhaltsrechtlichen, die umfassende Vorlage von Belegen vorsehenden Auskunftspflicht des § 1605. Die Überprüfbarkeit der Angaben anhand von Belegen soll die Rechtsverfolgung erleichtern bzw. den Rechtsstreit ganz vermeiden, weil die Belege überzeugen. Sind Unterlagen und Belege zum Vermögen nicht (mehr) vorhanden, was insbes. bezüglich des Anfangsvermögens in der Regel der Fall sein wird, entfällt die Vorlagepflicht nach § 275 Abs. 1 wegen Unmöglichkeit. Eine Pflicht zur **Beschaffung** von Nachweisen besteht nur insoweit, als Unterlagen und Bescheinigungen **mit vertretbarem Aufwand** beigebracht werden können.[42] *Nicht zu belegen* ist – mit Bankauskünften oÄ –, dass weiteres als das angegebene Vermögen *nicht vorhanden* ist. Hier hilft dem Auskunftsberechtigten nur die eidesstattliche Versicherung.[43] 34

Grundsätzlich ist dem Auskunftsberechtigten die Wahl zu belassen, welche Belege und Unterlagen er sehen will. Er muss diese allerdings **genau bezeichnen.** Die allgemein gehaltene Forderung etwa, „entsprechende Bestätigungen" vorzulegen, ist eine unzureichende Aufforderung dem auskunftspflichtigen Ehegatten gegenüber und wegen Unbestimmtheit auch nicht vollstreckbar.[44] **Kapitalvermögen** jedenfalls kann er sich anhand von Kontoauszügen nachweisen lassen, den Wert einer **Lebensversicherung** anhand der Auskunft des Versicherers zu Rückkaufswert und Überschussanteilen,[45] **Steuerschulden** kann er sich durch Vorlage des Steuerbescheids nachweisen lassen, eine **Darlehensverbindlichkeit** durch eine Bestätigung der Bank.[46] Betrifft die Auskunft ein **Unternehmen oder eine Unternehmensbeteiligung,** so sind Bilanzen und Gewinn- und Verlustrechnungen vorzulegen, in der Regel die der letzten drei bis fünf Jahre.[47] Ähnliche Zeiträume sind grundsätzlich auch für die Gewinn- und Verlustrechnungen der **freien Berufe** anzusetzen,[48] während für 35

---

[39] BGHZ 89, 137 (139 f.) = NJW 1984, 484; OLG Köln FamRZ 1985, 933; 1997, 1336; Staudinger/*Thiele,* 2017, Rn. 21.

[40] OLG Köln FamRZ 1997, 1336.

[41] AG Ludwigslust FamRZ 2012, 31.

[42] Vgl. BGH FamRZ 2019, 1078 = NJW 2019, 1752; *Braeuer* FamRZ 2010, 773 (776); *Büte,* Zugewinnausgleich bei Ehescheidung, 5. Aufl. 2017, Rn. 280; anders → 7. Aufl. 2017, Rn. 25 unter Hinweis auf BT-Drs. 16/10798, 18 (Vorlagepflicht beschränkt sich auf vorhandene Unterlagen); BeckOGK/*Siede* Rn. 43.

[43] OLG Köln NJW-Spezial 2019, 197 = FamRZ 2019, 1046.

[44] BGH NJW-RR 2016, 1287 = FamRZ 2016, 1448; *Schulz/Hauß* Trennung und Scheidung Rn. 778.

[45] OLG Köln FamRZ 2002, 1406; AG Tempelhof-Kreuzberg NJW-RR 2002, 794 – beide zu § 1379 aF.

[46] OLG Brandenburg NZFam 2014, 86 = BeckRS 2013, 22393.

[47] BGHZ 75, 195 = NJW 1980, 229; OLG Zweibrücken FamRZ 2001, 763; OLG Naumburg FamRZ 2001, 1303; OLG Brandenburg NZFam 2014, 86 = BeckRS 2013, 22393.

[48] OLG Koblenz FamRZ 2017, 277 betr. Handelsvertretung; OLG Hamm FamRZ 1983, 812 betr. Anwaltskanzlei: Auskunft nur über die beiden letzten Jahre.

**landwirtschaftliche Betriebe,** die gemäß § 1376 Abs. 4 zu bewerten sind, die Vorlage der betriebswirtschaftlichen Jahresabschlüsse für die beiden letzten Wirtschaftsjahre genügt.[49]

36 Wenn und soweit die Unterlagen Einblick auch in die **Vermögensverhältnisse eines Dritten** gewähren – wie etwa stets, wenn Mitgliedschaften in einer Personengesellschaft Gegenstand der Auskunft sind –, dürfen jene Teile abgedeckt werden, die ausschließlich die Verhältnisse des Dritten betreffen, aber auch alle zusammenfassenden, nicht individuell aufgeschlüsselten Angaben, denn auch diese eröffnen keinen Einblick in die Vermögensverhältnisse des Auskunftsschuldners.[50] Zum Schutz der Daten Dritter geeignet ist auch der sog. **Wirtschaftsprüfervorbehalt.** Hier bleibt die Einsicht in die Unterlagen einem – vom Auskunftspflichtigen auf eigene Kosten eingeschalteten – vereidigten Wirtschaftsprüfer vorbehalten.[51] Im Falle von gemeinschaftlichem Eigentum an einem Grundstück kann der **Schutz der Miteigentümer** durch Unkenntlichmachung der sich auf sie beziehenden Angaben in den Grundbuchauszügen erreicht werden. Die Identität der Miteigentümer ist für die Berechnung des Zugewinns in aller Regel schließlich ohne Belang.[52]

37 **4. Eidesstattliche Versicherung.** Nach § 260 Abs. 2 kann der auskunftsberechtigte Ehegatte, wenn Grund zur Annahme **unsorgfältiger Erstellung** des Bestandsverzeichnisses besteht, vom Auskunftspflichtigen die eidesstattliche Versicherung fordern, sein Vermögen nach bestem Wissen so vollständig angegeben zu haben, wie er dazu imstande war. Dass die Pflicht wegen geringer Bedeutung der Angelegenheit, also etwa wegen Geringfügigkeit der Beträge oder Unerheblichkeit der Unvollständigkeit, gemäß § 260 Abs. 3, § 259 Abs. 3 nicht besteht, ist in der Zugewinnauseinandersetzung praktisch ausgeschlossen.

38 Zu beachten ist, dass sich die eidesstattliche Versicherung nur auf die Angaben des gemäß § 260 Abs. 1 erstellten Verzeichnisses bezieht. Da in diesem Wertangaben nicht erforderlich sind, sind solche auch nicht eidesstattlich zu versichern – auf die nach § 1379 Abs. 1 S. 3 getroffenen Wertfeststellungen bezieht sich die in § 260 Abs. 2 statuierte Pflicht zur eidesstattlichen Bekräftigung nicht. Auch **Ergänzung** oder **Berichtigung** des Verzeichnisses kann der Auskunftsberechtigte über die eidesstattliche Versicherung **nicht** verlangen. Der Anspruch auf deren Abgabe hat (nur) das Ziel, den auskunftspflichtigen Ehegatten zur Erstellung eines vollständigen und wahrheitsgemäßen Verzeichnisses anzuhalten.

39 § 260 Abs. 2 gilt nur, wenn der Ausgleichsberechtigte Tatsachen darlegt, die den Schluss auf unsorgfältiges, also **zumindest fahrlässiges** Verhalten bei der Errichtung des Bestandsverzeichnisses rechtfertigen. Der bloße Nachweis der Unvollständigkeit oder Unrichtigkeit des Verzeichnisses genügt nicht, ist aber Indiz eines Sorgfaltsmangels. Auch wechselnde und widersprüchliche Angaben indizieren einen solchen.[53] Ebenso kann die Weigerung, Belege vorzulegen, den Verdacht mangelnder Sorgfalt begründen. Da der auskunftsberechtigte Ehegatte einen voraussetzungslosen Anspruch auf deren Vorlage hat und sie folglich auch lediglich zu Kontrollzwecken anfordern kann, kann ihre Zurückhaltung durchaus als Indiz für die unsorgfältige Erstellung des Verzeichnisses gewertet werden. Dies war unter der Geltung des § 1379 aF insofern umstritten, als Belegvorlage allein zu Kontrollzwecken nicht geschuldet war. Wurden die Belege zu diesem Zweck angefordert, war ihre Zurückhaltung also legitim und gab von daher keinen Anlass zur Annahme unsorgfältigen Verhaltens.

40 **5. Zuziehung.** Jeder Ehegatte kann gemäß Abs. 1 S. 3 Alt. 1 verlangen, **bei der Aufnahme** des Bestandsverzeichnisses **zugezogen** zu werden. Da dies kein höchstpersönliches Recht ist, ist die Ausübung durch sachverständige Vertraute möglich und oft auch empfehlenswert. Das Recht dient der Kontrolle. Es richtet sich darauf, anwesend zu sein und die von dem anderen aufgeführten Vermögensgegenstände, soweit das praktisch möglich ist, in Augenschein zu nehmen. Die Möglichkeit, auf die Aufstellung inhaltlich Einfluss zu nehmen, besteht nicht; das Recht auf Zuziehung beinhaltet kein Mitwirkungsrecht.[54]

41 Durch schnelle Erstellung des Bestandsverzeichnisses kann der auskunftspflichtige Ehegatte den Anspruch des anderen auf Hinzuziehung nicht unterlaufen. Der Anspruch kann auch noch nachträglich geltend gemacht werden – er richtet sich dann darauf, das Verzeichnis gemeinsam durchzugehen und zu kontrollieren.[55]

42 **6. Wertermittlung.** Der auskunftspflichtige Ehegatte hat bei der Erstellung des Bestandsverzeichnisses nur die wertbildenden Faktoren der aufgeführten Gegenstände anzugeben, nicht aber

49 OLG Düsseldorf FamRZ 1986, 168.
50 BGH NJW 1983, 1554 = FamRZ 1983, 680 zu § 1605.
51 Johannsen/Henrich/*Jaeger* Rn. 9; Staudinger/*Thiele,* 2017, Rn. 19.
52 BGH NJW-RR 2009, 433 = FamRZ 2009, 494.
53 BGH BeckRS 1976, 31116855 = FamRZ 1978, 677; OLG Düsseldorf FamRZ 1979, 808.
54 Staudinger/*Thiele,* 2017, Rn. 23; *Büte,* Zugewinnausgleich bei Ehescheidung, 5. Aufl. 2017, Rn. 288.
55 OLG Hamm FamRZ 2011, 1732; KG FamRZ 1998, 1514; Johannsen/Henrich/*Jaeger* Rn. 10.

deren Verkehrswert zu ermitteln. Hierum muss sich der auskunftsberechtigte Ehegatte selbst bemühen, wenn das Verzeichnis erstellt ist und vorliegt. Dann kann er gemäß § 1379 Abs. 1 S. 3 Alt. 2 verlangen, dass der Wert der darin angegebenen Aktiva und Passiva festgestellt wird. Der Auskunftspflichtige ist zu den Wertangaben allerdings nur soweit verpflichtet, als er sie aus **eigener Kraft und eigenem Wissen** machen kann.[56] Er muss hierzu Informationen einholen und sich Unterlagen beschaffen, erforderlichenfalls auch Hilfskräfte – etwa einen Rechtsanwalt, einen Steuerberater oder Wirtschaftsprüfer – einschalten, eines Sachverständigen braucht er sich aber nicht zu bedienen (→ Rn. 45). Die **Kosten** der Wertermittlung hat nach allgM der **auskunftspflichtige** Ehegatte zu tragen.[57] Dazu gehören Auslagen für Hilfskräfte nur, wenn deren Einschaltung erforderlich war, um die geschuldeten Informationen beizubringen[58] (→ Rn. 56).

Der Anspruch auf Ermittlung des Wertes der in dem Bestandsverzeichnis angegebenen Vermögensgegenstände und Verbindlichkeiten **ergänzt** den Auskunftsanspruch aus Abs. 1 S. 1 und besteht neben ihm.[59] 43

**7. Amtliches Bestandsverzeichnis.** Zudem kann der auskunftsberechtigte Ehegatte gemäß § 1379 Abs. 1 S. 4 verlangen, dass das Bestandsverzeichnis auf seine Kosten durch die nach Landesrecht zu bestimmende **Behörde** oder einen zuständigen **Beamten** oder einen **Notar** erstellt wird. Behörden, Beamte und Notare werden hier allerdings nur auf Antrag des auskunftspflichtigen Ehegatten hin tätig, denn dieser ist Inhaber des Vermögens, das Gegenstand ihrer Tätigkeit sein soll. Der Ausgleichsberechtigte hat demzufolge gegen seinen Ehepartner lediglich einen Anspruch auf den entsprechenden Antrag. Die **Kosten** der amtlichen Bestandsaufnahme fallen gemäß § 1379 Abs. 1 S. 4 dem **auskunftsberechtigten** Ehegatten zur Last. 44

**8. Wertermittlung durch Sachverständige.** Obgleich Wertermittlung durch Sachverständige – anders als in § 1377 Abs. 2 S. 3 – in § 1379 nicht vorgesehen ist, erkennen Rspr. und Lit. einen Anspruch des auskunftsberechtigten Ehegatten auf eine solche an, wenn wegen der Kompliziertheit der Umstände eine Wertfeststellung ohne sachverständige Hilfe nicht möglich ist. Gegeben ist der Wertermittlungsanspruch von daher in aller Regel, wenn Auskunft über ein Unternehmen oder eine Gesellschaftsbeteiligung zu erteilen ist. Der Anspruch beschränkt sich allerdings auf **Duldung der Tätigkeit** des Sachverständigen durch den Auskunftspflichtigen.[60] Dieser hat dessen Tätigkeit nur hinzunehmen und die notwendigen Daten zur Verfügung zu stellen. Die Wertermittlung zu veranlassen und den Auftrag an den Sachverständigen zu erteilen, ist Sache des Auskunftsberechtigten.[61] 45

Der **auskunftsberechtigte** Ehegatte hat auch die durch die Einschaltung des Sachverständigen entstehenden **Kosten** zu tragen.[62] Dafür spricht zunächst § 1377 Abs. 2 S. 3, in dem es zwar um die Bewertung des eigenen Vermögens geht, aus dem sich jedoch der Satz extrapolieren lässt, dass derjenige die Kosten zu tragen hat, in dessen Interesse die Wertermittlung erfolgt. Außerdem lässt sich dies aus § 1379 Abs. 1 S. 4 herleiten: Wenn die Kosten amtlicher Bestandsaufnahme dem Auskunftsberechtigten aufgebürdet werden, so kann nichts anderes für die Kosten von Sachverständigen gelten. 46

## V. Durchsetzung der Auskunftsrechte

**1. Zurückbehaltungsrecht.** Auskunft schulden sich die Ehegatten wechselseitig. Doch hat das Gesetz von einer Verknüpfung der Ansprüche zur Leistung Zug um Zug abgesehen. Umstritten, aber zu verneinen ist, ob diese Verknüpfung über § 273 hergestellt werden kann.[63] Ehegatten müssen 47

56 BGH BeckRS 2009, 6143 = FamRZ 2009, 595; OLG Karlsruhe FamRZ 1999, 175; Johannsen/Henrich/*Jaeger* Rn. 12; *Schwab* in Schwab ScheidungsR-HdB VII Rn. 340; *Schulz/Hauß* Trennung und Scheidung Rn. 783.

57 BGHZ 64, 63 = NJW 1975, 1021; BGH BeckRS 2009, 6143 = FamRZ 2009, 595; Staudinger/*Thiele*, 2017, Rn. 26.

58 BGH NZG 2018, 396 = FamRZ 2018, 174; OLG Köln BeckRS 2017, 135103.

59 BGH NJW 1982, 1643 = FamRZ 1982, 682; *Schwab* in Schwab ScheidungsR-HdB VII Rn. 340.

60 BGHZ 64, 63 (66) = NJW 1975, 1021; BGHZ 84, 31 (33) = NJW 1982, 1643; OLG Karlsruhe FamRZ 2009, 1909 = NJW 2010, 451; Staudinger/*Thiele*, 2017, Rn. 24; Soergel/*Kappler/Kappler* Rn. 30; Johannsen/Henrich/*Jaeger* Rn. 13.

61 OLG Zweibrücken FamRZ 1996, 749; OLG Brandenburg FamRZ 2007, 410.

62 BGHZ 84, 31 = NJW 1982, 1643; OLG Karlsruhe FamRZ 2009, 1909; Staudinger/*Thiele*, 2017, Rn. 26; Johannsen/Henrich/*Jaeger* Rn. 13.

63 Wie hier verneinend OLG Düsseldorf FamRZ 2007, 830; OLG Jena NJW-RR 1997, 578 = FamRZ 1997, 1335; OLG Frankfurt NJW 1985, 3083 = FamRZ 1985, 483; Soergel/*Kappler/Kappler* Rn. 10; Erman/*Budzikiewicz* Rn. 17; *Schwab* in Schwab ScheidungsR-HdB VII Rn. 346; Johannsen/Henrich/*Jaeger* Rn. 15; aA OLG Stuttgart FamRZ 1982, 282.

generell daran gehindert sein, die eigene Auskunft zurückzubehalten, bis die ihnen geschuldete erbracht wird. Dieser **Ausschluss des Zurückbehaltungsrechts** ist zum einen notwendig, um der in Scheidungskonflikten stets drohenden Gefahr einer Verzögerung der Vermögensauseinandersetzung zu begegnen. Zum anderen ist ein hinreichendes Sicherungsbedürfnis des Auskunftsverpflichteten nicht anzuerkennen, da der gegen ihn gerichtete Auskunftsanspruch lediglich ein die güterrechtliche Auseinandersetzung vorbereitender Hilfsanspruch ist. Nicht begründen lässt sich die Versagung des Zurückbehaltungsrechts hier mit den zwischen Ehegatten bestehenden aus § 1353 Abs. 1 S. 2 folgenden (nach)ehelichen Rücksichtnahmepflichten[64] – in vermögensrechtlichen Auseinandersetzungen der Ehegatten begegnen rechtlich zulässige Verteidigungsmaßnahmen keinen Bedenken (→ § 273 Rn. 4).

48 **2. Verjährung.** Für den Auskunftsanspruch aus § 1379 gilt die regelmäßige Verjährungsfrist von drei Jahren (§ 195). Diese Frist ist **zu verlängern,** wenn die **Zugewinnausgleichsforderung noch nicht verjährt** ist und Auskunft zu deren Abwehr benötigt wird. Zum Auseinanderfallen der Verjährung von Auskunfts- und Leistungsanspruch kommt es dann, wenn Rechtshängigkeit und Rechtskraft der Scheidung in verschiedene Jahre fallen und die Verjährungsfristen der Ansprüche zeitlich unterschiedlich zu laufen beginnen. Die Frist des – mit Rechtshängigkeit der Scheidung entstehenden – Auskunftsanspruchs nämlich beginnt mit Ablauf des Rechtshängigkeit-Jahres zu laufen (§ 199 Abs. 1 iVm § 1379 Abs. 1 S. 1), die Frist der – mit Rechtskraft der Scheidung entstehenden – Ausgleichsforderung hingegen erst mit Ablauf des Rechtskraft-Jahres (§ 199 Abs. 1 iVm § 1378 Abs. 3 S. 1). Sinn und Zweck des Auskunftsanspruchs gebieten hier, seine Verjährung der des Zahlungsanspruchs anzugleichen. Solange nämlich dieser noch geltend gemacht werden kann, muss auch die seiner Abwehr dienende Auskunft verlangt werden können.[65] Denn so wie Auskunft nur verlangt werden kann, wenn die geforderten Informationen für die güterrechtliche Auseinandersetzung (noch) erforderlich sind, muss sie umgekehrt verlangt werden können, solange dies der Fall ist.

49 Die Zielsetzungen des Verjährungsrechts stehen der Fristverlängerung nicht entgegen. Rechtsfrieden und Rechtssicherheit treten, solange die Ehegatten um die Zugewinnausgleichsforderung streiten, ohnehin nicht ein. Und der Aspekt des Schuldnerschutzes gebietet hier geradezu, die Frist zu verlängern – ohne den Auskunftsanspruch aus § 1379 wären die Rechtsverteidigungsmöglichkeiten eines auf Zugewinnausgleich in Anspruch genommenen Schuldners massiv beschränkt

50 **3. Gerichtliche Geltendmachung.** Die **Auskunftsanträge** bezüglich des Anfangs-, End- und Trennungsvermögen können **jeweils selbständig** geltend gemacht werden – und zwar nebeneinander wie auch nacheinander.[66] Das Rechtsschutzbedürfnis steht auch dann nicht in Frage, wenn Auskunft über das Trennungsvermögen allein zur Erreichung der Beweislastumkehr verlangt wird.[67] Verlangt ein Ehegatte Auskunft über eine ehevertraglich ausgeschlossene Vermögensposition, so ist die **Wirksamkeit des Ehevertrages** bereits auf der Auskunftsstufe – und nicht erst auf der Leistungsstufe – zu überprüfen. Hält der Vertrag nämlich der Inhalts- und Ausübungskontrolle nach § 138 bzw. § 242 stand, ist schon der Auskunftsanspruch abzuweisen (→ Rn. 5).[68]

51 Wird der Auskunftsanspruch in einem **selbständigen Verfahren** geltend gemacht, so gehört der isolierte Antrag nicht zum Scheidungsverbund, denn er bereitet die Regelung von Scheidungsfolgen lediglich vor und wird nicht iSd § 137 Abs. 2 S. 1 FamFG für den Fall der Scheidung erhoben.[69] Eine Ausnahme kann allerdings gelten, wenn im Verbund Zugewinnausgleich begehrt und die Auskunft im Wege des Widerantrags verlangt wird.[70]

52 IdR wird der Auskunftsantrag **im Verbund** als Stufenantrag geltend gemacht. Da der Antrag auf Auskunft die Verjährung der Ausgleichsforderung nach § 1378 nicht unterbricht, ist es angezeigt, ihn mit dem – noch unbezifferten – Zahlungsantrag auf Zugewinnausgleich zu verbinden (→ § 1378 Rn. 49 f.). Wird in diesem Falle die Zugewinnausgleichsforderung gemäß § 137 Abs. 1 FamFG und § 137 Abs. 2 Nr. 4 FamFG **als Folgesache** des Scheidungsantrags geltend gemacht, so ist der gesamte Stufenantrag als Folgesache zu behandeln. Über den Auskunftsanspruch ist in diesem Fall vorab durch **Teilbeschluss,** über Scheidung und Ausgleichsforderung im Endbeschluss zu befinden.[71]

---

64 So OLG Stuttgart FamRZ 1984, 273.

65 BGH NJW 2018, 950 = FamRZ 2018, 581 mAnm *Koch*; OLG Stuttgart FamRZ 2017, 1042.

66 OLG Saarbrücken BeckRS 2014, 04996.

67 BGH NJW 2012, 3722 = FamRZ 2013, 103.

68 OLG Naumburg FamRZ 2014, 944; OLG Düsseldorf FamRZ 1989, 181.

69 BGH NJW 1997, 2176 = FamRZ 1997, 811 zu §§ 1580, 1605; OLG Hamm FamRZ 1993, 984; KG FamRZ 2000, 1292; OLG Brandenburg FamRZ 2007, 410; 2007, 911; aA OLG Frankfurt FamRZ 1987, 299.

70 OLG Zweibrücken FamRZ 1996, 749; OLG Brandenburg FamRZ 2007, 410.

71 BGH NJW 1997, 2176 = FamRZ 1997, 811 zu §§ 1580, 1605; OLG Saarbrücken FamRZ 1982, 948; OLG Stuttgart FamRZ 1987, 1034.

Die eidesstattliche Versicherung nach § 260 Abs. 2 kann im Interesse der Übersichtlichkeit des Stufenverfahrens erst verlangt werden, wenn die Auskunft komplett erteilt ist.[72]

Nicht möglich ist es, im Auskunftsverfahren über das Trennungsvermögen den Trennungszeitpunkt nach § 256 ZPO, § 113 Abs. 1 FamFG feststellen zu lassen. Der **(Zwischen-)Feststellungsantrag** bezüglich des **Trennungszeitpunkts** ist **unzulässig,** da beide Voraussetzungen des § 256 Abs. 1 ZPO nicht vorliegen.[73] Zum einen ist das Trennungsdatum kein Rechtsverhältnis iSd § 256 Abs. 1 ZPO – ein solches stellt zwar das Getrenntleben dar, nicht aber der Tag, an dem dieses beginnt. Zum anderen ist ein rechtliches Interesse an der alsbaldigen rechtskräftigen Feststellung des Zeitpunkts der Trennung nicht ersichtlich. Dieser Zeitpunkt gehört zwar zu den Tatbestandsvoraussetzungen des Auskunftsanspruchs aus § 1379 Abs. 1 S. 1 Nr. 1 bzw. § 1379 Abs. 2 – die Auskunft wird „zum Zeitpunkt der Trennung" geschuldet –, doch bedeutet das nur, dass dieses Datum zu ermitteln und ggf. nach Beweisaufnahme festzustellen ist. Das Datum rechtskräftig festzustellen und damit das Vorliegen einer einzelnen Tatbestandsvoraussetzung in Rechtskraft erwachsen zu lassen, ist aber nicht erforderlich. Die Feststellung des Trennungstermins ist für das Zahlungsverfahren auch nicht im Hinblick auf die Beweislastregel des § 1375 Abs. 2 S. 2 vorgreiflich. Nach dieser für den Fall des Vermögensschwundes in der Trennungszeit statuierten Regel kommt es beim Vergleich von Trennungsvermögen und Endvermögen nur auf die Angaben zum Trennungsvermögen an, nicht aber darauf, ob diese zum richtigen Termin gemacht wurden.[74] 53

**4. Gegenstandswert und Beschwerdewert. a) Auskunftsanspruch.** Der Gegenstandswert des Auskunftsbegehrens wird typischerweise erst im Zusammenhang mit der Zulässigkeit der Beschwerde gegen die ablehnende Entscheidung des Familiengerichts problematisiert. Ob der mit seinem Anspruch auf Auskunft gescheiterte Ehegatte in Höhe von 600 Euro beschwert ist (§ 61 Abs. 1 FamFG), bestimmt sich nach allgM nach dem **wirtschaftlichen Wert seines Interesses an der Auskunft.**[75] Dieses Interesse ist gemäß § 3 ZPO, § 113 Abs. 1 FamFG zu schätzen. Dabei bietet der Zahlungsanspruch, dessen Geltendmachung bzw. dessen Abwehr – Durchsetzungsinteresse und Abwehrinteresse sind gleichwertig – die Auskunft vorbereiten und erleichtern soll, eine sachliche Orientierung. Die Rspr. setzt das Auskunftsinteresse in der Regel mit einem Bruchteil, nämlich 1/10 bis 1/4, des (geschätzten) Wertes des Leistungsanspruchs an. Der konkrete Prozentsatz bestimmt sich dann nach dem Kenntnisstand des Ehegatten. Je weniger dieser weiß, umso höher ist der wirtschaftliche Wert der Auskunft für ihn und sein Interesse an dieser – und vice versa. 54

**b) Auskunftspflicht.** Auch der Gegenstandswert der Auskunftsverpflichtung spielt in der Regel erst als Beschwerdewert eine Rolle. Nach allgM bestimmt sich die Beschwer des zur Auskunft verurteilten Ehegatten nach seinem **Interesse, die Auskunft nicht erteilen** zu müssen. Der wirtschaftliche Wert dieses Interesses bemisst sich, auch das ist hM, nach dem für die ordnungsgemäße Erteilung der Auskunft erforderlichen Zeit- und Kostenaufwand. Diesen Aufwand nämlich erspart der Auskunftspflichtige, wenn sein Rechtsmittel Erfolg hat und er die Auskunft nicht erteilen muss.[76] Zur Bewertung des Zeitaufwandes greift die Rspr. auf die Stundensätze für die Zeitversäumnis von Zeugen im Zivilprozess zurück (§ 29 JVEG) – es sei denn, es wird eine berufstypische Leistung erbracht oder ein spezieller Verdienstausfall nachgewiesen.[77] 55

**Werterhöhend** zu berücksichtigen ist ein besonderes Interesse des Auskunftspflichtigen an der Geheimhaltung seiner Vermögenssituation. Im Falle eines solchen **Geheimhaltungsinteresses** nämlich ist er durch die Informationspflicht besonders belastet und beschwert.[78] Das Gleiche gilt, wenn sich der Auskunftspflichtige gegen eine bevorstehende **unzulässige Zwangsvollstreckung** wehren muss.[79] Anders als im Falle der zulässigen Vollstreckung ensteht ihm hier besonderer Auwand, weil die Auskunftspflicht in nicht zielführender Form durchgesetzt werden soll und er dies geltend machen muss. Erhöht ist die Beschwer auch, wenn sich der Auskunftspflichtige zugleich gegen den 56

72 OLG Köln FamRZ 2001, 423; Staudinger/*Thiele,* 2017, Rn. 22.

73 OLG Koblenz FamRZ 2018, 42; Staudinger/*Thiele,* 2017, Rn. 7; *Brudermüller* NJW 2010, 401 (404); offenlassend BGH NJW-RR 2019, 513 = FamRZ 2019, 818 mAnm *Bergschneider.* Anders OLG Celle FamRZ 2014, 326 m. abl. Anm. *Braeuer* FamRZ 2014, 1458; OLG Saarbrücken BeckRS 2014, 04996; OLG Brandenburg BeckRS 2013, 22393; OLG Jena BeckRS 2017, 129341.

74 *Braeuer* FamRZ 2014, 1458 (Anm. zu OLG Celle FamRZ 2014, 326).

75 BGH NJW-RR 2018, 901 = FamRZ 2018, 1169 mAnm *Müther;* NJW 2016, 714 = FamRZ 2016, 454; NJW-RR 2012, 130 = FamRZ 2011, 1929 mAnm *Bergschneider;* OLG Stuttgart FamRZ 2017, 1042 = BeckRS 2017, 104724; OLG Brandenburg BeckRS 2017, 108415; *Cremer* FF 2017, 304.

76 BGHZ 155, 127 = NJW-RR 2003, 1156 = FamRZ 2003, 1267; BGH NJW-RR 2016, 1287 = FamRZ 2016, 1448; NZFam 2017, 469 = FamRZ 2017, 982; OLG Frankfurt BeckRS 2016, 126282.

77 BGH BeckRS 2018, 17029 = FamRZ 2018, 1529; NZFam 2017, 469 = FamRZ 2017, 982.

78 BGH NJW-RR 2016, 1287 = FamRZ 2016, 1448.

79 BGH NJW-RR 2016, 9 = FamRZ 2016, 116.

titulierten, aus seiner Sicht unrichtigen, Trennungszeitpunkt wehrt.[80] **Kosten** für die Hinzuziehung **Dritter** erhöhen nach allgM die Beschwer des auskunftspflichtigen Ehegatten nur, wenn er ohne deren Einschaltung zur sachgerechten Auskunftserteilung nicht in der Lage ist.[81]

57 Auch im Falle der Verurteilung zur **Abgabe einer eidesstattlichen Versicherung** zur Vollständigkeit des vorgelegten Bestandsverzeichnisses (§ 260 Abs. 2) bemisst sich der Beschwerdewert nach dem Aufwand, den die Erfüllung der Pflicht zur eidesstattlichen Bekräftigung fordert.[82] Diesen Aufwand nämlich, dh die Zeit und die Kosten für die vor Abgabe der Versicherung erforderliche Überprüfung der Angaben auf ihre Richtigkeit und Vollständigkeit hin, fallen bei Erfolg des Rechtsmittels nicht an.[83]

58 **5. Vollstreckung.** Der Auskunftsanspruch ist gemäß § 888 ZPO, § 120 Abs. 1 FamFG **vollstreckbar.** Vollstreckbar sind auch die Erweiterungen des Anspruchs, dh die Ansprüche auf Hinzuziehung bei der Erstellung des Bestandsverzeichnisses, auf Wertermittlung und auf Erstellung eines amtlichen Verzeichnisses.[84] Soll die Wertermittlung – wie in der Regel – durch einen Sachverständigen vorgenommen werden, so ist der Anspruch gemäß § 887 ZPO, § 120 Abs. 1 FamFG zu vollstrecken.[85] Die Vollstreckung des Anspruchs auf eidessstattliche Versicherung gemäß § 260 Abs. 2 FamFG erfolgt nach § 889 ZPO, § 120 Abs. 1 FamFG.

### VI. Abweichende Vereinbarungen

59 § 1379 ist **zwingendes Recht.** Die Pflicht zur Auskunftserteilung kann daher während des Bestehens des Güterstandes ehevertraglich nicht ausgeschlossen werden. Der Auskunftsanspruch ist ein für die Berechnung der Ausgleichsforderung unentbehrliches Hilfsmittel – auf ihn zu verzichten hieße, den Ausgleich des Zugewinns unmöglich machen.[86]

60 Unbenommen bleibt es dagegen jedem Ehegatten, **nach Beendigung des Güterstandes** dem Partner die Auskunftsschuld aus § 1379 zu erlassen. Die Möglichkeit, auf die Ausgleichsforderung überhaupt zu verzichten, impliziert notwendig auch die Möglichkeit, einen Hilfsanspruch aufzugeben.

## § 1380 Anrechnung von Vorausempfängen

**(1) [1]Auf die Ausgleichsforderung eines Ehegatten wird angerechnet, was ihm von dem anderen Ehegatten durch Rechtsgeschäft unter Lebenden mit der Bestimmung zugewendet ist, dass es auf die Ausgleichsforderung angerechnet werden soll. [2]Im Zweifel ist anzunehmen, dass Zuwendungen angerechnet werden sollen, wenn ihr Wert den Wert von Gelegenheitsgeschenken übersteigt, die nach den Lebensverhältnissen der Ehegatten üblich sind.**

**(2) [1]Der Wert der Zuwendung wird bei der Berechnung der Ausgleichsforderung dem Zugewinn des Ehegatten hinzugerechnet, der die Zuwendung gemacht hat. [2]Der Wert bestimmt sich nach dem Zeitpunkt der Zuwendung.**

**Schrifttum:** *Kleinle,* Die Ehegattenzuwendung und ihre Rückabwicklung bei Scheitern der Ehe, FamRZ 1997, 1383; *Netzer,* Die Berücksichtigung von Zuwendungen zwischen Ehegatten im Zugewinnausglich – §§ 1372 ff. BGB, FamRZ 1988, 676; *Tiedtke,* Güterrechtlicher Ausgleich bei Zuwendungen von Ehegatten untereinander und Wegfall der Geschäftsgrundlage bei Scheidung der Ehe, JZ 1992, 334; *v. Olshausen,* Die Anrechnung von Zuwendungen unter Ehegatten auf Zugewinnausgleich und Pflichtteil, FamRZ 1978, 755.

**Übersicht**



[80] BGH NJW-RR 2019, 513 = FamRZ 2019, 818 mAnm *Bergschneider.*
[81] BGH NZG 2018, 396 = FamRZ 2018, 174; OLG Köln BeckRS 2017, 135103.
[82] BGH BeckRS 2016, 20542 = FamRZ 2017, 225; NJW 2000, 3073 = FamRZ 2001, 1213.
[83] BGH NJW 2000, 3073 = FamRZ 2001, 1213.
[84] OLG Braunschweig FamRZ 2017, 788.
[85] OLG Bamberg FamRZ 1999, 312.
[86] Johannsen/Henrich/*Jaeger* § 1372 Rn. 4; Palandt/*Brudermüller* Rn. 1.

## I. Regelungsgegenstand

**1. Vorweggenommener Zugewinnausgleich.** Austauschgeschäfte unter Ehegatten sind für den Zugewinnausgleich belanglos; Leistung und Gegenleistung neutralisieren sich gegenseitig. Unentgeltliche Zuwendungen wirken sich dagegen aus. Unabhängig davon, ob man sie mit der überwM dem Endvermögen des Empfängers und damit seinem Zugewinn zuschlägt oder sie als privilegierten Erwerb dem Anfangsvermögen zuschlägt und aus dem Zugewinn des Empfängers nimmt (→ § 1374 Rn. 30) – sie mindern in jedem Fall das Endvermögen des Leistenden. Hat nun der Empfänger durch die Zuwendung bereits das erhalten, was ihm über den Zugewinnausgleich zustehen würde und soll er nicht mehr erhalten, so muss die Zuwendung als Vorausempfang berücksichtigt werden. Wie dies zu geschehen hat und wie solch anrechnungspflichtiger Vorausempfang in die Zugewinnausgleichsberechnung einzustellen ist, ist in § 1380 bestimmt. Die Anwendung der Norm setzt damit voraus, dass Ausgleichsberechtigter und Ausgleichsverpflichteter zunächst ohne Rücksicht auf die Vorausempfänge allein aus dem Vergleich der beiderseitigen Zugewinne ermittelt werden.[1] 1

**2. Überhöhte Vorwegleistung.** § 1380 setzt Vorausempfänge von der zuvor errechneten Ausgleichsforderung ab, trifft also eine Regelung nur für den Fall, dass der Empfänger der Zuwendung einen Anspruch auf Zugewinnausgleich hat und dieser mindestens so hoch ist wie der Wert der schon erhaltenen Zuwendung. Hat ein Ehegatte im Vorgriff mehr erhalten, als sein Ausgleichsanspruch ohne die Zuwendung ausmachen würde, greift § 1380 nicht ein. **Strittig** ist, ob der zuwendende Ehegatte in diesem Fall der sog. überhöhten Vorwegleistung den **überschüssigen Teil** seiner Zuwendung nach den allgemeinen Regeln des Zugewinnausgleichs zurückverlangen kann und der Empfänger ausgleichspflichtig ist, weil er – durch die Zuwendung – den höheren Zugewinn erzielt hat. Eine Mindermeinung hat dies verneint, weil § 1380 den Vorausempfang abschließend regele und damit jeden weiteren güterrechtlichen Ausgleich ausschließe.[2] Rspr. und die inzwischen hL messen – mit Recht – dem § 1380 diese abschließende Bedeutung nicht bei und lassen bei überhöhter Vorwegleistung eine zweite Zugewinnberechnung folgen, die zu dem Ergebnis führen kann, dass der Zuwendungsempfänger seinerseits zur Ausgleichszahlung nach § 1378 Abs. 1 verpflichtet ist.[3] 2

## II. Rechtsdogmatik

**1. Anrechnungsbestimmung.** Zu berücksichtigen sind Zuwendungen, deren Anrechnung – in voller Höhe oder partiell – bestimmt wurde (Abs. 1 S. 1). Die Bestimmung ist eine einseitige empfangsbedürftige Erklärung, die vor oder zumindest zeitgleich mit dem Akt der Zuwendung vorgenommen werden muss.[4] Einer Form bedarf sie nicht. Sie kann auch stillschweigend im Zusammenhang mit einer Vermögensauseinandersetzung getroffen worden sein.[5] 3

**2. Spätere Vereinbarung.** Zuwendungen, die zunächst ohne Anrechnungsbestimmung erfolgten, können im Nachhinein nur noch einvernehmlich mit dieser versehen werden. Eine solche Absprache bedarf der **Form:** Entweder der des Ehevertrages (§ 1410) oder der in § 1378 Abs. 3 S. 2 4

1 Heute ganz hM; zum früheren Streit hierüber *Netzer* FamRZ 1988, 676.

2 *v. Olshausen* FamRZ 1978, 755; *Langenfeld* NJW 1986, 2541; *Netzer* FamRZ 1988, 676.

3 BGHZ 82, 227 (230) = NJW 1982, 1093; BGHZ 115, 132 (137) = NJW 1991, 2553; OLG Oldenburg FamRZ 1991, 814; Bamberger/Roth/*Cziupka* Rn. 4; Erman/*Budzikiewicz* Rn. 12; Johannsen/Henrich/*Jaeger* Rn. 16; *Rauscher* AcP 186 (1986), 529 (570); *Kleinle* FamRZ 1997, 1383; *Tiedtke* JZ 1992, 334.

4 Staudinger/*Thiele,* 2017, Rn. 12; Erman/*Budzikiewicz* Rn. 4; *Schwab* in Schwab ScheidungsR-HdB VII Rn. 203.

5 BGH NJW-RR 2001, 793 = FamRZ 2001, 413 mAnm *Müller* FamRZ 2001, 757.

vorgeschriebenen Beurkundung, denn mit ihr wird eine güterrechtliche Position geändert bzw. eine Absprache über die Ausgleichsforderung getroffen.[6] Umgekehrt können die Parteien durch entsprechend formgerechte spätere Vereinbarung auch einen zunächst der Anrechnung unterliegenden Vorausempfang von der Anrechnung freistellen.

5 **3. Vorauszahlungen.** Von anrechnungspflichtigen Vorausempfängen zu unterscheiden sind Zuwendungen, die im Hinblick auf eine angenommene künftige Ausgleichsforderung hin erfolgen. Solche Vorauszahlungen werden von dem – die Berechnung der Ausgleichsforderung ja erst regelnden – § 1380 nicht erfasst. Die zum Zwecke der Minderung der künftigen Ausgleichsforderung erfolgten Leistungen können aber, wenn der Güterstand entgegen der Erwartung der Ehegatten ohne Zugewinnausgleichsforderung endet, gemäß § 812 Abs. 1 S. 2 Alt. 2 wegen Zweckverfehlung mit der condictio ob rem kondiziert werden.

6 **4. Abs. 1 S. 2 als ergänzender Rechtssatz.** § 1380 Abs. 1 S. 2 sieht eine Anrechnung bestimmter Zuwendungen „im Zweifel" vor. Damit scheint der Normtext ein Auslegungsergebnis vorzugeben und als Auslegungsregel zu qualifizieren sein.[7] Richtig ist jedoch, einen ergänzenden Rechtssatz anzunehmen, der das Ergebnis unabhängig vom rechtsgeschäftlichen Willen der Parteien anordnet.[8] Auslegungsregeln klären den Inhalt zweifelhafter Willenserklärungen; die Rechtsfolge tritt ein, weil die Parteien sie gewollt und nur nicht eindeutig erklärt haben. Ergänzende Rechtssätze sind dagegen Normen, die eine Rechtsfolge gesetzlich anordnen, wenn die Erklärungen der Parteien keinen Anhalt für sie bieten. Dies ist in der Regel bei Ehegattenzuwendungen der Fall – die Ehegatten vereinbaren typischerweise rechtlich überhaupt nichts, ihre Absprachen sind folglich zu ergänzen und nicht auszulegen. Da Details des Rechts der Zugewinngemeinschaft selbst Juristen oft verschlossen sind, stellt ein „Auslegen" hier in aller Regel bloßes Fingieren dar.

## III. Anrechnungspflichtige Vorausempfänge

7 **1. Zuwendungen.** Zuwendungen, die die Ausgleichsforderung des Empfängers verkürzen, können nur unentgeltliche Leistungen sein, auf die er keinen Anspruch hatte. Zuwendungen iSd § 1380 sind daher **freiwillige Leistungen ohne Gegenleistung.**[9] Erfolgen kann die Leistung durch jedes Rechtsgeschäft, durch das ein Ehegatte dem anderen einen Vermögensvorteil verschafft. Mehrung der Aktiva, etwa durch Übereignung eines Grundstücks, und Minderung der Passiva, etwa durch Erfüllungsübernahme oder Erlass, stehen einander gleich. Belanglos ist auch, ob der Vorteil im Zweierverhältnis der Ehegatten verschafft wird oder aber in einem Dreierverhältnis – auch in einer Leistung an einen Dritten aufgrund eines Vertrages zu dessen Gunsten kann eine Leistung an den Ehegatten liegen.

8 **Keinen** Vorausempfang iSd § 1380 stellt die **Brautgabe** dar.[10] Der Ehemann erbringt diese nämlich nicht auf freiwilliger Ebene, sondern erfüllt mit ihrer Leistung den diesbezüglich mit der Frau bei Eheschließung getroffenen Vertrag (→ § 1363 Rn. 34) – aus diesem ist er zur Leistung verpflichtet, die Ehefrau entsprechend berechtigt. Abgesehen von der fehlenden Freiwilligkeit und Unentgeltlichkeit der Zuwendung widerspricht die Qualifizierung der Brautgabe als güterrechtlich relevanter Vorausempfang ihren weiteren Funktionen. Das als Brautgabe geleistete Vermögen nämlich dient insgesamt der wirtschaftlichen Absicherung der Ehefrau im Falle der Auflösung der Ehe. Es bezweckt insofern zwar auch einen güterrechtlichen Ausgleich des in der Ehe erzielten Gewinns, hat daneben aber auch unterhalts- und versorgungsrechtliche Funktion.

9 **2. Unentgeltlichkeit.** Unentgeltlichkeit liegt nicht nur im Falle der Schenkung vor, sondern bei jeder Zuwendung **ohne materielles** Äquivalent. Obgleich **unbenannte Zuwendungen** in subjektiver Hinsicht entgeltlich erfolgen und Unentgeltlichkeit nur objektiv vorliegt (→ § 1363 Rn. 26), gebietet nach allgM der Normzweck des § 1380, sie als Vorausempfang zu berücksichtigen. Denn gerade weil der zuwendende Ehegatte mit ihnen die familiären Leistungen des anderen anerkennt und ausgleicht, will er, dass sie auf dessen spätere Ausgleichsforderung, die ja das gleiche Ziel

---

[6] Erman/*Budzikiewicz* Rn. 4; Palandt/*Brudermüller* Rn. 7; Johannsen/Henrich/*Jaeger* Rn. 7; *Schwab* in Schwab ScheidungsR-HdB VII Rn. 208; anders Staudinger/*Thiele,* 2017, Rn. 16: formfrei zulässig.

[7] So *Dölle* FamR I 823; *Schwab* in Schwab ScheidungsR-HdB VII Rn. 204; Staudinger/*Thiele,* 2017, Rn. 18.

[8] Johannsen/Henrich/*Jaeger* Rn. 1; *Schulz/Hauß* Trennung und Scheidung Rn. 825. Zur Abgrenzung von Auslegung und dispositivem Gesetzesrecht *Wolf/Neuner* BGB AT, 11. Aufl. 2016, § 35 Rn. 55.

[9] BGH NJW-RR 2001, 793 = FamRZ 2001, 413 mAnm *Müller*; NJW 1983, 1113 = FamRZ 1983, 351; BeckOGK/*Siede* Rn. 7.

[10] So aber *Yassari,* Die Brautgabe im Familienvermögensrecht, 2014, 390; *Wurmnest,* FamRZ 2005, 1878 (1881).

verfolgt, angerechnet wird.[11] Entgeltliche Leistungen sind hingegen niemals anzurechnen, auch wenn das Äquivalent gering und dem Wert der Zuwendung nicht angemessen ist. In diesem Fall nämlich haben sich die Ehegatten über einen entgeltlichen Austausch geeinigt und die Leistungen aus welchen Gründen auch immer als gleichwertig definiert – eine nochmalige Anrechnung der Zuwendung scheidet damit aus.[12] Bei **gemischten Schenkungen,** die in einen entgeltlichen und unentgeltlichen Teil aufzuspalten sind, ist der geschenkte Teil anrechnungsfähig.

**3. Freiwilligkeit.** Anzurechnen sind nur unentgeltliche Zuwendungen, die freiwillig erbracht werden. Reguläre Unterhaltsleistungen sind von daher nie anrechnungspflichtig. Überschüssige Unterhaltsleistungen, die gemäß § 1360b als Zuvielleistung nicht zurückgefordert werden können, sind hingegen § 1380 zu unterwerfen.[13] 10

**4. Zeitraum.** Zu berücksichtigen sind nach hM grundsätzlich nur Zuwendungen, die während der **Dauer des Güterstandes** erfolgten. Im Fall der Scheidung und bei Ergreifen vorzeitiger güterrechtlicher Maßnahmen ist allerdings die Vorverlegung der Stichtage in §§ 1384, 1387 für die Berechnung des Zugewinns und der Ausgleichsforderung zu beachten. § 1380 unterfallen nur Zuwendungen, die bis zu den dort genannten Zeitpunkten erfolgten. Jedenfalls nicht zu berücksichtigen sind Zuwendungen aus der Zeit vor der Ehe oder vor Eintritt der Zugewinngemeinschaft, es sei denn, dies ist ehevertraglich bestimmt.[14] 11

Zuwendungen **nach Beendigung des Güterstandes** sind § 1380 weder direkt noch analog zu unterwerfen.[15] In der Regel sind sie Leistungen an Erfüllungs Statt auf die Ausgleichsforderung; die Beweislast hierfür trägt der Ausgleichsschuldner. 12

**5. Gelegenheitsgeschenke.** Der für § 1380 Abs. 1 S. 2 zentrale Begriff des Gelegenheitsgeschenks deckt sich nicht mit den Pflicht- und Anstandsschenkungen, die das BGB in anderen Zusammenhängen trotz grundsätzlicher Missbilligung der Schenkung anerkennt (vgl. § 534, § 1375 Abs. 2 S. 1 Nr. 1, § 1641, § 1804). Der Begriff nähert sich vielmehr den in § 134 Abs. 2 InsO und § 4 Abs. 2 AnfG genannten gebräuchlichen Gelegenheitsgeschenken. Gemeint sind nicht nur die allgemein üblichen Geschenke zu bestimmten Fest- und Feiertagen, sondern auch Schenkungen wegen eines besonderen Anlasses, etwa eines Examens oder einer Genesung. 13

Zu bedenken ist, dass der Begriff des Gelegenheitsgeschenks lediglich den Maßstab für den **Wert** zur Unterscheidung anrechnungspflichtiger Zuwendungen von anrechnungsfreien bestimmt. Die Zuwendung als solche muss ihrer Art nach kein Gelegenheitsgeschenk darstellen. Eine Zuwendung an den anderen Ehegatten ist demnach dann nicht anzurechnen, wenn sie – gemessen an den Lebensverhältnissen der Ehegatten – den Wert eines Gelegenheitsgeschenkes nicht übersteigt, selbst jedoch kein Gelegenheitsgeschenk ist.[16] 14

**6. Praktische Bedeutung.** Praktische Bedeutung erlangt § 1380 vornehmlich in Fällen der Zuwendung von **Grundstücken** oder Miteigentumsanteilen an Grundstücken, ferner bei der Zuwendung von **Wertpapieren, Unternehmensbeteiligungen** und insbes. auch von **Lebensversicherungen.** In letztem Fall ist zu unterscheiden: Versichert ein Ehegatte auf seine Rechnung das Leben des anderen, so wendet er diesem die Prämien zu; benennt dagegen ein Ehegatte den anderen als Bezugsberechtigten nach Versicherung des eigenen Lebens (§ 159 VVG), so sind nicht die gezahlten Prämien Gegenstand der Zuwendung, sondern zunächst nur das (meist widerrufliche) Anrecht aus dem Vertrag zugunsten Dritter auf den Todesfall und beim Todesfall dann die Versicherungssumme. 15

### IV. Beendigung des Güterstandes durch Tod eines Ehegatten

Vorausempfänge sind lediglich beim rechnerischen Zugewinnausgleich auf die Ausgleichsforderung anzurechnen, auf diese allerdings auch in den Fällen des § 1371 Abs. 2, in denen sich die 16

---

11 BGH NJW 1982, 1093 = FamRZ 1982, 246; NJW-RR 2001, 793 = FamRZ 2001, 413; OLG Stuttgart FamRZ 1994, 1326; OLG Karlsruhe FamRZ 2004, 1033; BeckOGK/*Siede* Rn. 15; *Schwab* in Schwab ScheidungsR-HdB VII Rn. 207.

12 Ebenso Johannsen/Henrich/*Jaeger* Rn. 4; Erman/*Budzikiewicz* Rn. 2.

13 BGH NJW 1983, 1113.

14 Staudinger/*Thiele,* 2017, Rn. 11; Palandt/*Brudermüller* Rn. 5; Johannsen/Henrich/*Jaeger* Rn. 6; *Schwab* in Schwab ScheidungsR-HdB VII Rn. 208; Erman/*Budzikiewicz* Rn. 3.

15 Staudinger/*Thiele,* 2017, Rn. 11; Bamberger/Roth/*Cziupka* Rn. 3; Soergel/*Kappler/Kappler* Rn. 14; Erman/*Budzikiewicz* Rn. 3.

16 OLG Köln FamRZ 1998, 1515; Staudinger/*Thiele,* 2017, Rn. 21; Bamberger/Roth/*Cziupka* Rn. 5; aA Johannsen/Henrich/*Jaeger* Rn. 9.

Ausgleichsforderung des Zuwendungsempfängers gegen die Erben des Ehegatten richtet, der den Vorausempfang gewährte.

17 Steht dem Zuwendungsempfänger neben dem rechnerischen Zugewinnausgleich der **Pflichtteil** zu, so ist zu ermitteln, ob der verstorbene Ehegatte den Vorausempfang gemäß § 1380 auf die Ausgleichsforderung angerechnet haben wollte oder aber gemäß § 2315 auf den Pflichtteil. Unbenommen bleibt es ihm auch, geteilte Anrechnung vorzusehen oder Anrechnung auf die Forderung, die der überlebende Ehegatte als erste durchsetzt (→ § 1371 Rn. 51).

## V. Anrechnungsmodus (Abs. 2)

18 **1. Berechnung.** Ziel der Anrechnung ist es, den Empfänger der Leistung so zu stellen, wie er stehen würde, wenn er die Zuwendung erst nach Beendigung des Güterstandes – als Leistung an Erfüllungs Statt auf die Ausgleichsforderung – erhalten hätte. Der Wert der Zuwendung wird deshalb zunächst dem Zugewinn des Ehegatten hinzugerechnet, der geleistet hat – womit er sich hypothetisch noch in dessen Endvermögen befindet (Abs. 2 S. 1). Anschließend ist der Vorausempfang mit dem auf den Zuwendungszeitpunkt bezogenen Wert (Abs. 2 S. 2) aus dem Endvermögen des Empfängers herauszurechnen – die Zuwendung kann sich schließlich nicht sowohl im Endvermögen des Zuwendenden wie in dem des Empfängers befinden. § 1380 Abs. 2 S. 1 gibt insofern den Abzug der Zuwendung vom Endvermögen des Empfängers als logische Folge der Hinzurechnung beim Zuwendenden indirekt vor. Die Beachtung dieser indirekten Vorgabe ist notwendig, denn nur die Kürzung der Ausgleichsforderung (Abs. 1) verbunden mit dem Abzug der Zuwendung vom Endvermögen (Abs. 2 S. 2) würde den ausgleichsberechtigten Ehegatten doppelt belasten. Seine Ausgleichsforderung wäre zum einen wegen des geringeren Endvermögens des Ausgleichsschuldners gemindert und würde dann noch einmal durch den Abzug des Vorausempfangs gekürzt. Keine Rolle spielt im Zusammenhang mit § 1380 der Streit um die Anwendbarkeit des § 1374 Abs. 2 auf Ehegattenschenkungen (→ § 1374 Rn. 30). Da die Anrechnungsbestimmung des § 1380 Abs. 2 S. 1 die Berücksichtigung des Vorausempfangs im Endvermögen des Zuwendenden anordnet, ist, auch wenn dieser eine Schenkung darstellt, für die Anwendung des § 1374 Abs. 2 kein Raum.

**Beispiel:**
Zu rechnen ist nach § 1380 Abs. 2 wie folgt – angenommen sei ein Vorausempfang der Ehefrau von 20.000, der in ihrem Endvermögen noch vorhanden ist:

| | Ehemann | | Ehefrau |
|---|---|---|---|
| Anfangsvermögen | 50.000 | | 20.000 |
| Endvermögen (real) | 150.000 | | 60.000 |
| Endvermögen (rechnerisch) | 170.000 | | 40.000 |
| | | | |
| Zugewinn | 120.000 | | 20.000 |
| Differenz | | 100.000 | |
| Ihre Ausgleichsforderung | 50.000 | | |
| abzüglich Vorausempfang | 30.000 | | |

Die Ehefrau hat insgesamt also 50.000 erlangt: 20.000 sind ihr als Vorausempfang zugeflossen, 30.000 erlangt sie im Zugewinnausgleich.

Die Berechnung nach § 1380 Abs. 2 führt hier zum gleichen Ergebnis wie die Berechnung nach §§ 1373 ff. Nach dieser beträgt sein Zugewinn 100.000, der ihre 40.000. Damit hat sie einen Ausgleichsanspruch in Höhe von 30.000 – und im Endergebnis mit dem Vorausempfang ebenfalls 50.000.

Zu unterschiedlichen Ergebnissen führt der komplizierte Rechenmodus nach § 1380 Abs. 2 aber, wenn der Vorausempfang nicht mehr oder nicht mehr in voller Höhe im Endvermögen des Empfängers vorhanden ist.

Hat die Ehefrau in unserem Fall den Vorausempfang ausgegeben, so errechnet sich nach § 1380 Abs. 2 nach wie vor ein Zugewinn von 20.000. Von der ihr dann (bei einem Zugewinn des Mannes: von 120.000) zustehenden Ausgleichsforderung von 50.000 werden die 20.000 Vorausempfang – ungeachtet der Tatsache, dass er nicht mehr vorhanden ist – abgezogen. Damit kann sie als Zugewinnausgleich nur noch 30.000 verlangen und trägt so im Ergebnis den Verlust ihres Vorausempfangs selbst. Berechnete man ihren Ausgleichsanspruch nur nach §§ 1373 ff., wäre bei ihr ein Zugewinn von 20.000 anzusetzen, bei ihm ein solcher von 100.000. Sie könnte von der Differenz also 40.000 verlangen und damit die Hälfte des Verlustes ihres Vorausempfangs an den Mann weitergeben.

19 **2. Bewertungsstichtag.** Bewertungsstichtag für die Zuwendung ist nach der ausdrücklichen Anordnung in Abs. 2 S. 2 deren Zeitpunkt. Spätere reale Wertveränderungen bleiben außer Betracht.

Steigende und fallende Aktienkurse oder Grundstückspreise mehren bzw. mindern mithin das Endvermögen des Empfängers der Zuwendung ebenso wie Nutzungen, die der Gegenstand der Zuwendung abwirft, oder Belastungen, die seinen Wert herabsetzen. Der Zuwendungsempfänger trägt damit das Risiko der Entwertung oder des Verlustes der Zuwendung allein – und genau das ist der Sinn der in § 1380 Abs. 2 bestimmten Berechnungsart, auch wenn durch sie der Gedanke, anrechnungspflichtige Vorausempfänge rechnerisch so zu behandeln, wie wenn sie erst nach Beendigung des Güterstandes gemacht worden wären, relativiert wird.

**3. Indexierung.** Wie generell im Rahmen der Zugewinnberechnung sind auch bei der Berechnung des Wertes des Vorausempfangs nach inzwischen herrschend gewordener Meinung **inflationsbedingte** Wertsteigerungen zu berücksichtigen. Die durch die Kaufkraftminderung des Geldes eingetretene Wertsteigerung des Vorausempfangs ist mittels des Verbraucherpreisindexes (→ § 1373 Rn. 8) hochzurechnen und der Vorausempfang mit diesem Wert in die Berechnung nach Abs. 2 einzustellen.[17] Die Aufwertung der – beim Zuwendenden wie beim Empfänger einzustellenden – Zuwendung neutralisiert und erübrigt sich nämlich nur dann, wenn sie im Endvermögen des Empfängers noch in voller Höhe vorhanden ist. Ist das nicht der Fall, muss zur Vermeidung einer nicht zu rechtfertigenden Benachteiligung des zuwendenden Ehegatten die inflationsbedingte Wertsteigerung der Zuwendung berücksichtigt werden. 20

Wenn in unserem **Beispiel** der Vorausempfang von 20.000 indexiert 28.980,57 beträgt – nämlich 20.000 *mal* 112,5 (Index 2007) *geteilt durch* 78,5 (Index 1989) –, ist diese Summe von der Ausgleichsforderung der Ehefrau abzuziehen und zugleich der Zugewinn des Ehemannes mit 128.980,57 anzusetzen. Hat die Ehefrau nun den Vorausempfang ausgegeben, so beträgt die Differenz der Zugewinne 108.980,57, ihre Ausgleichsforderung damit 54.490,28. Von dieser ist der indexierte Vorausempfang in Höhe von 28.980,57 abzuziehen. Im Ergebnis bekommt sie also nur 25.509,71 – statt 30.000, die ihr ohne Berücksichtigung der inflationsbedingten Wertsteigerung ihres Vorausempfangs zuständen.

### VI. Abweichende Vereinbarungen

§ 1380 ist **dispositiv.**[18] Die Ehegatten können sich vertraglich darauf verständigen, unentgeltliche Zuwendungen im Zugewinnausgleich grundsätzlich nicht als Vorausempfang anzurechnen. Die Ansicht, die der Norm zwingenden Charakter zuspricht,[19] verkennt, dass der vertragliche Verzicht auf die Anrechnung von Vorausempfängen in der Sache eine Vereinbarung über die Höhe der Ausgleichsforderung ist und die Ehegatten über diese grundsätzlich disponieren können – durch Modifizierung des zum Anfangs- bzw. Endvermögen zu zählenden Vermögens, aber auch durch Vereinbarung von Gütertrennung. Es ist kein Grund ersichtlich, sie im Rahmen des § 1380 an einer solchen Absprache zu hindern. Da die Absprache nur einen Rechenposten der Zugewinnberechnung betrifft, bedarf sie auch **nicht der Form** des Ehevertrages. 21

## § 1381 Leistungsverweigerung wegen grober Unbilligkeit

**(1) Der Schuldner kann die Erfüllung der Ausgleichsforderung verweigern, soweit der Ausgleich des Zugewinns nach den Umständen des Falles grob unbillig wäre.**

**(2) Grobe Unbilligkeit kann insbesondere dann vorliegen, wenn der Ehegatte, der den geringeren Zugewinn erzielt hat, längere Zeit hindurch die wirtschaftlichen Verpflichtungen, die sich aus dem ehelichen Verhältnis ergeben, schuldhaft nicht erfüllt hat.**

**Schrifttum (zu §§ 1381–1383):** *van Eymeren,* Die grobe Unbilligkeit von Scheidungsfolgen, 2014; *Feuersänger,* Grundstücksübertragung beim Zugewinnausgleich, FamRZ 2003, 645; *v. Godin,* Grobe Unbilligkeit des Zugewinnausgleichs, MDR 1966, 722; *Kogel,* Anwendbarkeit des § 1381 BGB auch auf den ausgleichsberechtigten Ehegatten, MDR 1997, 1000; *Rommel,* Billigkeit und Zugewinnausgleich, 1991; *Schröder,* Eigentumsübertragungen beim Zugewinnausgleich und § 23 EStG, FamRZ 2002, 1010; *Tiedtke/Wälzholz,* Private Veräußerungsgeschäfte (Spekulationsgeschäfte) nach § 23 EStG im Rahmen von Trennungs- und Scheidungsvereinbarungen, DStZ 2002, 9.

---

17 OLG Frankfurt FamRZ 2006, 1543; *Schulz/Hauß* Trennung und Scheidung Rn. 831; Erman/*Budzikiewicz* Rn. 11; Palandt/*Brudermüller* Rn. 19; *Schwab* in Schwab ScheidungsR-HdB VII Rn. 1; *Bergschneider* in Schröder/Bergschneider FamilienvermögensR Rn. 4.297; *Münch,* Ehebezogene Rechtsgeschäfte, 4. Aufl. 2015, Rn. 1375; Staudinger/*Thiele,* 2017, Rn. 26.

18 Soergel/*Kappler/Kappler* Rn. 5; Bamberger/Roth/*Cziupka* Rn. 19.

19 Staudinger/*Thiele,* 2017, Rn. 31.

**Übersicht**



## I. Normzweck

1 **1. Billigkeitskorrektiv.** Zweck der Norm ist es, dem Ausgleichsschuldner die Möglichkeit zu eröffnen, im Einzelfall gegen den rechnerisch ermittelten Ausgleichsanspruch bestimmte Billigkeitserwägungen zur Geltung zu bringen. Zugunsten des Ausgleichsgläubigers sind dagegen Billigkeitserwägungen mit dem Ziele der Begründung oder der Erhöhung der Ausgleichsforderung unzulässig.[1]

2 Zweck der Norm ist es nicht, Unbilligkeiten zu beseitigen oder zu mildern, die in der gesetzlich vorgegebenen Methode der Ausgleichsberechnung und der Ausgestaltung der einzelnen Rechnungsfaktoren wurzeln. § 1381 gewährt der Billigkeit nur Raum, wenn die Durchführung des nach den gesetzlichen Vorschriften ermittelten Zugewinnausgleichs **im besonders gelagerten Einzelfall** den Sinn und den Gerechtigkeitsgehalt der mit dem Ausgleich bezweckten Vermögensteilhabe der Ehegatten grob verfehlt und damit dem Gerechtigkeitsempfinden in unerträglicher Weise widerspricht.[2] Systemimmanente Unstimmigkeiten sind mit § 1381 nicht zu korrigieren. So sind etwa die Wirkungen der Vorverlegung des Berechnungszeitpunkts für die Höhe der Ausgleichsforderung bei zufälligen Vermögensverlusten (→ § 1384 Rn. 4) ebenso hinzunehmen wie sonstige im gesetzlichen Grundmuster angelegte Unbilligkeiten hinsichtlich des zu verteilenden Vermögens (→ Rn. 21 ff.).

3 § 1381 ist damit auf die Korrektur von Unbilligkeiten beschränkt, die sich aus Differenzen zwischen dem vom Gesetz bei der Anordnung des schematischen Ausgleichs zugrunde gelegten – notwendig abstrakten – Situations- und Verhaltensmuster und den besonderen Umständen des Einzelfalls ergeben. Nicht dazu bestimmt ist § 1381 auch zur Korrektur von Unbilligkeiten, die aus Erfüllungsschwierigkeiten herrühren; insoweit findet der Schuldner Schutz in der Stundungsmöglichkeit nach § 1382 (→ Rn. 29).

---

[1] AA *Kogel* MDR 1997, 1000 für § 1381 analog. Sehr informativ ist der Überblick zur Normgeschichte in *van Eymeren,* Die grobe Unbilligkeit von Scheidungsfolgen, 2014, 79 ff.

[2] BGH NJW 2018, 2871 = FamRZ 2018, 1415 mAnm *Bergschneider*; NJW 2013, 3645 = FamRZ 2014, 24 mAnm *Dauner-Lieb*; NJW-RR 1992, 900 = FamRZ 1992, 787; OLG Düsseldorf FamRZ 2015, 1497 = NJW 2015, 1535; Staudinger/*Thiele,* 2017, Rn. 2; Bamberger/Roth/*Cziupka* Rn. 4.

**2. Verhältnis zu § 242.** § 1381 schließt mit seinen strengeren Voraussetzungen **in seinem Anwendungsbereich** § 242 aus.[3] § 242 bleibt damit anwendbar, wenn die Voraussetzungen des § 1381 nicht vorliegen und der Ausgleichsanspruch insoweit einredefrei gegeben ist. Wie allen Ansprüchen kann seiner Durchsetzung dann § 242 entgegenstehen, etwa bei Geltendmachung der Verwirkung. 4

Zurückhaltung ist geboten bei der Übernahme der zu § 242 entwickelten Billigkeitsmaximen in das Recht der Zugewinngemeinschaft. § 1381 ist keine spezielle Ausformung des § 242. Die beiden Normen unterscheiden sich nicht nur in der dogmatischen Ausgestaltung als Einwendung (§ 242) bzw. Einrede (so § 1381), sondern auch in den unterschiedlichen Billigkeitsschwellen und schließlich auch in Bezug auf den speziellen Zweck, dem § 1381 im Regelungskomplex des Zugewinnausgleichs dient.[4] 5

## II. Rechtsdogmatik

**1. Dauernde Einrede.** Mittel der Korrektur der Ausgleichsforderung um der Billigkeit willen ist ein dauerndes Leistungsverweigerungsrecht des ausgleichspflichtigen Ehegatten. Die Geltendmachung der peremptorischen Einrede entzieht der gegen ihn gerichteten Ausgleichsforderung die prozessuale Durchsetzbarkeit für immer. Hat der Ausgleichspflichtige bereits geleistet, so kann, soweit nicht § 814 entgegensteht, ein Bereicherungsanspruch aus § 813 gegeben sein. Erhoben werden kann die Einrede im Verfahren über den Zugewinnausgleich, aber auch außerhalb desselben. 6

**2. Verzicht.** Die Einrede entsteht zeitgleich mit dem Ausgleichsanspruch. Da es dem Ausgleichsschuldner frei steht, die Einrede nicht zu erheben, kann er auf sie auch – durch einseitige formlose Erklärung – verzichten. Ein antizipierter Verzicht ist jedoch nur in den Grenzen des § 1378 Abs. 3 möglich.[5] 7

**3. Kein höchstpersönliches Recht.** Die Einrede ist kein höchstpersönliches Recht. Sie kann auch von dem Erben des Ausgleichsverpflichteten erhoben werden, wenn der Zugewinnausgleich zwischen ihm und dem überlebenden Ehegatten vorzunehmen ist, weil der Ausgleichsschuldner nach Entstehen der Ausgleichsforderung, jedoch vor deren Erfüllung verstorben ist oder weil die Ehe durch Tod endete und der Zugewinnausgleich in güterrechtlicher Form erfolgt. Nimmt der ausgleichsberechtigte Ehegatte einen Miterben als (Zugewinnausgleichs-)Gesamtschuldner in Anspruch (§ 2058), so wirkt die Ausübung der Einrede nicht für die anderen Miterben (§ 425). 8

Kannte der verstorbene Ehegatte die Umstände, die ein Leistungsverweigerungsrecht begründeten, hatte er jedoch zu erkennen gegeben, dass dem anderen aus ihnen Nachteile nicht erwachsen sollten, so entfällt damit nicht die grobe Unbilligkeit, denn diese steht nicht zur Disposition der Ehegatten.[6] Das Verhalten des verstorbenen Ehegatten legt allerdings den Schluss auf einen Verzicht auf die Einrede nahe. 9

**4. § 242 als Grenze.** Der Erhebung der Einrede aus § 1381 sind, wie der Geltendmachung aller subjektiven Rechte, durch § 242 Grenzen gesetzt. So stellt etwa die Leistungsverweigerung eines Ehegatten wegen Eheverfehlungen des anderen, die ihm bekannt waren, als er vertragliche Verhandlungen über die Verteilung des Zugewinns zusicherte und auch schon Abschlagszahlungen leistete, ein venire contra factum proprium dar, das ihm die Berufung auf die Einrede verwehrt.[7] 10

## III. Grobe Unbilligkeit

Das Gesetz definiert den Begriff der groben Unbilligkeit nicht. Nach allgM kann sie nur in Ausnahmefällen vorliegen, nämlich dann, wenn der rechnerisch bewusst schematisch und pauschalierend ausgestaltete Zugewinnausgleich zu einem Ausgleichsanspruch führt, der im Einzelfall **dem Gerechtigkeitsempfinden in unerträglicher Weise widerspricht.**[8] Diese Definition setzt die Schwelle zur normalen Unbilligkeit hoch und damit einen qualitativen Maßstab: Offenbare, evidente Unbilligkeit reicht nicht aus. 11

---

3 BGH NJW 2012, 2657; NJW-RR 1990, 68 = FamRZ 1989, 1276; Bamberger/Roth/*Cziupka* Rn. 2; Erman/*Budzikiewicz* Rn. 1.

4 Einschr. Staudinger/*Thiele,* 2017, Rn. 7: teils übereinstimmende Gerechtigkeitsvorstellungen.

5 Staudinger/*Thiele,* 2017, Rn. 39; Johannsen/Henrich/*Jaeger* Rn. 19.

6 Staudinger/*Thiele,* 2017, Rn. 40; NK-BGB/*Fischinger* Rn. 31.

7 BGH NJW 1977, 378 = FamRZ 1977, 38.

8 StRspr seit BGHZ 46, 343 (347) = NJW 1966, 2109; BGH NJW-RR 2002, 865 = FamRZ 2002, 606; NJW 2013, 3645 = FamRZ 2014, 24 mAnm *Dauner-Lieb;* OLG Koblenz FamRZ 2002, 1190; OLG Celle FamRZ 1992, 1300; OLG Bamberg FamRZ 1989, 408; OLG Düsseldorf NJW 2015, 1535 = FamRZ 2015, 1497; Staudinger/*Thiele,* 2017, Rn. 5; Bamberger/Roth/*Cziupka* Rn. 8; Erman/*Budzikiewicz* Rn. 2.

12 Unbestimmt bleibt die **Grenze,** an der die **einfache** Unbilligkeit endet und die **grobe** Unbilligkeit beginnt. Das Gesetz nennt in Abs. 2 beispielhaft Kriterien, anhand derer dies beurteilt werden kann, auch können typologisch relevante Aspekte und Umstände zusammengestellt werden, doch bleibt die letzte Entscheidung immer Sache des Einzelfalls.

### IV. Ökonomisches Fehlverhalten iSd Abs. 2

13 **1. Nichterfüllung wirtschaftlicher Verpflichtungen.** Paradigmatisch nennt Abs. 2 als Tatbestand, der grobe Unbilligkeit **indiziert,** jedoch nicht unbedingt bedeutet, die über einen längeren Zeitraum andauernde schuldhafte Nichterfüllung wirtschaftlicher Verpflichtungen, die sich aus dem ehelichen Verhältnis ergeben. In Betracht kommt vornehmlich die Nichterfüllung der Unterhaltspflicht (§§ 1360 ff.) einschließlich der Pflicht, den Haushalt in dem von den Ehegatten selbst geregelten Ausmaß zu besorgen (§ 1356 Abs. 1); ferner die Nichterfüllung der Verpflichtung des barunterhaltspflichtigen Ehegatten zur Befreiung des anderen von dessen Unterhaltslast gegenüber den gemeinschaftlichen Kindern.[9] Auch die aus § 1353 abzuleitende Pflicht, den Ehegatten in den Grenzen des Zumutbaren bei der Verwaltung seines Vermögens zu unterstützen, ist ökonomisch orientiert und kann im Rahmen des Abs. 2 relevant werden.[10] Gleicht der Ehegatte den dem anderen entstandenen Schaden aus, so entfällt die Anwendung des § 1381 nicht von vornherein, denn das Fehlverhalten bleibt insofern ausgleichsrelevant, als der geleistete Schadensersatz den Zugewinn des Ehegatten mindert.

14 **2. Verschulden.** Einzustehen für Fehlverhalten iSd Abs. 2 haben die Ehegatten in den Grenzen des § 1359. Sie haften also für diligentia quam in suis und haben Vorsatz und grobe Fahrlässigkeit zu vertreten (§ 277).[11] Einen besonderen ehebezogenen Schuldbegriff, nach dem unentschuldbar etwa im Sinne von unverzeihlich zu definieren wäre, gibt es nicht.[12]

15 **3. Längere Dauer.** Dass nur Pflichtwidrigkeiten von längerer Dauer grobe Unbilligkeit indizieren, ist berechtigt. Die kurzfristige Pflichtwidrigkeit stört das ökonomische Gleichgewicht der Pflichterfüllung jedenfalls nicht nachhaltig. Folgerichtig ist der Zeitraum weniger absolut als **relativ,** nämlich bezogen auf die Dauer des Güterstandes, zu bestimmen. Gleichgültig ist insoweit das Ausmaß der etwa eingetretenen Einbußen. Dieses ist allerdings wesentlich für die Frage, inwieweit der Ausgleichsanspruch zu kürzen ist.

### V. Anderes ökonomisches Fehlverhalten

16 **1. Vermögensverwaltung.** Das eheliche Güterrecht postuliert weder eine Pflicht noch eine Obliegenheit der Ehegatten, ihr Vermögen vernünftig oder auch in einer am Wohl der Familie orientierten Art und Weise zu verwalten (→ § 1364 Rn. 6). Gleichwohl ist es nicht grundsätzlich ausgeschlossen, § 1381 unter dem Aspekt des Verbots widersprüchlichen Verhaltens anzuwenden, wenn ein Ehegatte aufgrund leichtfertig eingegangener Spekulations- oder Risikogeschäfte selbst Vermögenseinbußen erlitten und deshalb keinen oder nur einen geringen Zugewinn erzielt hat, aber an dem des anderen partizipieren will – vorausgesetzt, das Gesetz hat seinem Verhalten nicht bereits andernorts Rechnung getragen wie etwa im Fall der Verschwendung (§ 1375 Abs. 2 Nr. 2).[13] Ausgeschlossen ist die Anwendung des § 1381 allerdings, wenn und soweit der ausgleichsverpflichtete Ehegatte die Vermögensmaßnahmen des anderen billigte (vgl. § 1375 Abs. 3). Belanglos ist dagegen duldendes Gewährenlassen: Ehegatten sind insoweit zum Widerspruch weder berechtigt noch verpflichtet.[14] Ökonomisches Fehlverhalten kann auch darin liegen, dass ein Ehegatte den anderen bei der Verwaltung seines Vermögens behindert oder ihm durch Preisgabe von Geschäftsgeheimnissen wirtschaftliche Schäden zufügt.

17 **2. Überobligationsmäßiges Verhalten.** Grob unbillig soll der Ausgleichsanspruch auch sein, wenn der Schuldner seinen Zugewinn einem überobligationsmäßigen Verhalten verdankt, dem kein Parallelverhalten des Ehegatten entspricht – der besonders Sparsame und Fleißige kann seinem stets auf großem Fuße lebenden Partner widersprüchliches Verhalten vorwerfen, wenn dieser nun an den

---

9 OLG Düsseldorf FamRZ 1987, 821.

10 Vgl. dazu BFH NJW 1958, 648.

11 BGH NJW-RR 1992, 900 = FamRZ 1992, 787; Staudinger/*Thiele,* 2017, Rn. 12; NK-BGB/*Fischinger* Rn. 6.

12 So einst *v. Godin* MDR 1966, 722.

13 Staudinger/*Thiele,* 2017, Rn. 13; Bamberger/Roth/*Cziupka* Rn. 12; anders Palandt/*Brudermüller* Rn. 16; *Schwab* in Schwab ScheidungsR-HdB VII Rn. 242; Erman/*Budzikiewicz* Rn. 6.

14 Staudinger/*Thiele,* 2017, Rn. 15.

Früchten seiner Tugend partizipieren will.[15] Zu bedenken ist allerdings, dass der sparsame Ehegatte die Situation in der Ehe mitgetragen, zumindest geduldet und die ihm jetzt ungerechtfertigt dünkende Ausgleichssituation mitzuverantworten hat.

18 **3. Keine Ausgleichsfunktion.** Nicht zulässig ist es, im Falle von **Ehestörungen,** die zu einem **wirtschaftlichen Schaden** geführt haben, mit Hilfe des § 1381 im Güterrecht einen wirtschaftlichen Ausgleich zu suchen und damit die Entscheidung der Rspr. gegen den Schadensausgleich auf deliktsrechtlicher Ebene zu unterlaufen (→ 7. Aufl. 2017, § 823 Rn. 299 ff.).[16] Auch **unterhaltsrechtliches Fehlverhalten** ist als solches entgegen einer in Rspr. und Schrifttum verbreitet anzutreffenden Meinung kein Umstand, der Einfluss auf den güterrechtlichen Vermögensausgleich haben kann. Dies gilt insbes. für die Entgegennahme nachehelichen Unterhalts (→ Rn. 26 mit ausführlicher Begründung).

19 **4. Verschulden.** Aus Abs. 2 ergibt sich nicht, dass wirtschaftliches Fehlverhalten grundsätzlich nur zu berücksichtigen ist, wenn es vorwerfbar ist. Wirtschaftliche Umstände können nämlich auch im Rahmen des Abs. 1 eine Rolle spielen und dort zusammen mit anderen Umständen die grobe Unbilligkeit begründen.[17]

20 **5. Fehlverhalten nach Beendigung des Güterstandes.** Güterrechtlich belanglos und damit beschränkt auf die Sanktionen der allgemeinen Vermögensordnung ist ein nach Beendigung der Ehe liegendes Fehlverhalten des ausgleichsberechtigten Ehegatten, das den Ausgleichsverpflichteten wirtschaftlich schädigt.[18] Mit der Rechtskraft der Scheidung endet jede güterrechtliche Bindung. Abgesehen davon erweist die notwendige Begrenzung der Relevanz solchen Verhaltens auf den oft zufallsbestimmten Zeitraum bis zur Erfüllung der Ausgleichsforderung die Berücksichtigung nachehelichen Verhaltens als willkürlich.

## VI. Nicht zu berücksichtigende Umstände

21 **1. Herkunft des Vermögens. Grundsätzlich gleichgültig** ist, welchen Umständen der Ausgleichsschuldner seinen Zugewinn zu verdanken hat. Irrelevant ist insbesondere, ob der ausgleichsberechtigte Ehegatte zur Erzielung des Gewinns beigetragen hat oder nicht. Der nicht auszugleichende Vermögenserwerb ist in § 1374 Abs. 2 abschließend definiert, eine generelle Erweiterung mit Hilfe des § 1381 würde zu einer Korrektur des Grundmusters der Zugewinngemeinschaft führen (→ Rn. 2 f.).

22 Gleichwohl kann es im besonders gelagerten **Einzelfall** grob unbillig sein, Vermögen, das einem Ehegatten ohne jeden Bezug zur ehelichen Lebensgemeinschaft zugeflossen ist, als Zugewinn auszugleichen. So können über § 1381 vor allem unfallbedingte Zahlungen für materielle oder immaterielle Schäden dem Zugewinnausgleich entzogen werden.[19] Erwerb aufgrund glücklicher Umstände in besonders gelagerten Fällen – Lottogewinn in der Trennungszeit[20] oder zufällige hohe Einkommenserzielung in kurzer Ehe – kann allerdings nicht mit Hilfe des § 1381 neutralisiert werden.[21] Auch geht es nicht an, bei günstiger Ersteigerung des gemeinsamen Grundstücks durch den ausgleichsberechtigten Ehegatten dem Ausgleichspflichtigen ein Leistungsverweigerungsrecht nur deshalb zu geben, weil der Vorteil des Versteigerungserwerbs dem ersteigernden, zum Ausgleich berechtigten Ehegatten allein zugeflossen ist.[22]

23 **2. Getrenntleben.** § 1381 kann generell **nicht** herangezogen werden, um den Ausgleich von Zugewinn zu verhindern, der während der Zeit des Getrenntlebens erzielt wurde. Das gilt auch für die Wertsteigerung, die eine Immobilie aufgrund eines Bebauungsplans in der Zeit zwischen Tren-

---

15 LG Wiesbaden FamRZ 1973, 657; Staudinger/*Thiele,* 2017, Rn. 34; *Schulz/Hauß* Trennung und Scheidung Rn. 874; NK-BGB/*Fischinger* Rn. 13; aA Palandt/*Brudermüller* Rn. 18.

16 AA Staudinger/*Thiele,* 2017, Rn. 18.

17 BGH NJW-RR 2002, 865 = FamRZ 2002, 606; Staudinger/*Thiele,* 2017, Rn. 14; Palandt/*Brudermüller* Rn. 5.

18 OLG Bremen FamRZ 1998, 245; Staudinger/*Thiele,* 2017, Rn. 19; Bamberger/Roth/*Cziupka* Rn. 8; NK-BGB/*Fischinger* Rn. 9; aA OLG Köln FamRZ 2009, 1070; OLG Düsseldorf FamRZ 1987, 821; RGRK-BGB/*Finke* Rn. 17.

19 OLG Stuttgart FamRZ 2002, 99; AG Hersbruck FamRZ 2002, 1476 mAnm *Bergschneider*; *Schwab* in Schwab ScheidungsR-HdB VII Rn. 252. Vgl. auch OLG Celle FamRZ 1992, 1301 für Grundstückserwerb kurz vor Güterstandsende.

20 BGH NJW 2013, 3645 = FamRZ 2014, 24 mAnm *Dauner-Lieb.*

21 BGH NJW 2013, 3645 = FamRZ 2014, 24 mAnm *Dauner-Lieb*; Staudinger/*Thiele,* 2017, Rn. 32; NK-BGB/*Fischinger* Rn. 22.

22 So aber OLG Düsseldorf NJW 1995, 3193; OLG Köln FamRZ 2009, 1070.

nung und Rechtshängigkeit des Scheidungsantrags erfahren hat.[23] Ebenso zu entscheiden ist für Vermögenserwerb, der nach **langjährigem** Getrenntleben eintritt. Die § 1385 Nr. 1, § 1386 eröffnen nach dreijähriger Trennung die Möglichkeit vorzeitiger güterrechtlicher Regelung. Es gibt nun keinen Grund, Ehegatten bei längerer Trennung das Risiko des ökonomisch rechtzeitig möglichen Zugewinnausgleichs mit Billigkeitserwägungen abzunehmen.[24] Insofern muss der Unbilligkeitsmaßstab des § 1381 auch strenger sein als der des § 27 VersAusglG, denn anders als beim Zugewinn gibt es beim Versorgungsausgleich die Möglichkeit, die Partizipation des anderen schon während der Ehe auszuschließen, nicht.[25] Nur wenn zu dem langen Getrenntleben noch weitere Umstände hinzutreten, kann die Anwendung des § 1381 geboten sein. Angenommen wird dies, wenn der ausgleichspflichtige Ehegatte den Vermögensgewinn in außergewöhnlich langer Trennungszeit ohne jeglichen inneren Bezug zur Ehe durch alleinige Anstrengung erwirtschaftet hat.[26]

24 **3. Disparitäten in der Vermögensentwicklung.** Disparitäten in der Vermögensentwicklung während der Ehe sind nicht geeignet, ein Leistungsverweigerungsrecht wegen grober Unbilligkeit zu begründen. Voll ausgleichsberechtigt ist demzufolge auch ein Ehegatte, der keinen Zugewinn erwirtschaftete, wohl aber einen wirtschaftlichen Abschwung überwand und sein Vermögen wieder auf den Anfangsbestand bringen konnte, während sein jetzt ausgleichsverpflichteter Partner sein bescheidenes Anfangsvermögen kontinuierlich mehrte.[27] Da Vermögensbewegungen zwischen den für die Ermittlung des Anfangs- und Endvermögens relevanten Stichtagen zugewinnneutral sind, kann die Tilgung während des Güterstandes eingegangener Verbindlichkeiten nicht mit Hilfe des § 1381 korrigiert werden.

### VII. Verhältnisse nach Beendigung der Ehe

25 **1. Nicht zu berücksichtigende Daten.** In zeitlicher Hinsicht sind zur Beurteilung des Vorliegens grober Unbilligkeit nur Gegebenheiten zu bedenken, die **bis zur Beendigung des Güterstandes** vorliegen – im Falle der Scheidung sind das die Umstände, die sich bis zur Rechtskraft des Scheidungsbeschlusses ergeben haben.[28] Die Ansicht, die alle Tatsachen berücksichtigt wissen will, die bis zum Zeitpunkt der letzten mündlichen **Verhandlung über die Zugewinnausgleichsforderung** eintreten,[29] setzt sich über das Faktum hinweg, dass die güterrechtliche Verbindung der Ehegatten erst mit Rechtskraft der Scheidung endet.

26 Schon aus diesem Grunde verbietet es sich, die **Entgegennahme nachehelichen nicht geschuldeten Unterhalts** über § 1381 zu sanktionieren.[30] Abgesehen aber von dem zeitlichen Moment führt jegliche Anwendung des § 1381 mit Rücksicht auf den späteren Unterhalt zu einer sachfremden Verlagerung unterhaltsrechtlicher Funktionen in den gesetzlichen Güterstand. Sinn des Zugewinnausgleichs ist die Aufteilung vorhandenen, während der Ehe erwirtschafteten Vermögens – mit der aus laufendem Einkommen zu finanzierenden Existenzsicherung hat das nichts zu tun. Die Unterhalts- und Versorgungslage der Ehegatten nach Beendigung des Güterstandes muss deshalb im Rahmen des § 1381 unbeachtlich bleiben. Zudem ist eine prekäre Versorgungslage im Unterhaltsrecht besser zu lösen. Droht dem ausgleichsverpflichteten Ehegatten etwa nach der Scheidung Abhängigkeit vom ausgleichsberechtigten Partner, so kann sein Unterhaltsanspruch gemäß § 1585 Abs. 2 kapitalisiert und gegen den Ausgleichsanspruch aufgerechnet werden. Droht ihm hingegen unterhaltsrechtliche Abhängigkeit von einem Dritten, so kommen Schmälerungen der gegen ihn gerichteten Ausgleichsforderung gar nicht ihm selbst, sondern sachwidrig dem Dritten zugute, letztlich dem Träger der Sozialhilfe.[31] Auch die **nacheheliche Versorgung gemeinschaftlicher**

---

[23] OLG Düsseldorf FamRZ 2015, 1497.

[24] BGH NJW 2013, 3642 = FamRZ 2013, 1954 mAnm *Finke,* für 17-jähriges Getrenntleben; NJW 2013, 3645 = FamRZ 2014, 24 mAnm *Dauner-Lieb,* für 9-jähriges Getrenntleben.

[25] OLG München BeckRS 2012, 21880 = FamRZ 2013, 879 für 17½-jähriges Getrenntleben.

[26] BGH NJW-RR 2002, 865 = FamRZ 2002, 606 für 24-jähriges Getrenntleben; Erman/*Budzikiewicz* Rn. 5; Johannsen/Henrich/*Jaeger* Rn. 15; *Schwab* in Schwab ScheidungsR-HdB VII Rn. 250.

[27] OLG Düsseldorf NJW 2015, 1535 = FamRZ 2015, 1497; Staudinger/*Thiele,* 2017, Rn. 35; Bamberger/Roth/*Cziupka* Rn. 23; aA RGRK-BGB/*Finke* Rn. 14.

[28] Palandt/*Brudermüller* Rn. 6; Bamberger/Roth/*Cziupka* Rn. 4.

[29] OLG Düsseldorf NJW 2015, 1535 = FamRZ 2015, 1497; *Schwab* in Schwab ScheidungsR-HdB VII Rn. 235; *Schwab* FamRZ 2009, 11; weitergehend – noch für grundsätzliche Berücksichtigung nachehelicher Umstände – BGH NJW 1973, 749; Staudinger/*Thiele,* 2017, Rn. 29; Johannsen/Henrich/*Jaeger* Rn. 10.

[30] Offengelassen von BGH NJW 2018, 2871 = FamRZ 2018, 1415 mAnm *Bergschneider*; wie hier PWW/*Weinreich,* 12. Aufl. 2017, Rn. 15; anders OLG Köln FamRZ 1998, 1370; OLG Brandenburg FamRZ 2004, 106; *Schulz/Hauß* Trennung und Scheidung Rn. 881.

[31] So im Fall OLG Frankfurt FamRZ 1983, 921.

**Kinder** bildet keine Ausnahme, auch sie wird vom Unterhaltsrecht und nicht vom Güterrecht geordnet.[32]

Wegen grober Unbilligkeit verweigert werden kann der Ausgleich des Zugewinns allerdings, wenn er dazu führt, dass der Ehegatte an einer Vermögensposition **doppelt partizipiert** – etwa an einer Abfindung, die bereits unterhaltsrechtlich die Leistungsfähigkeit des ausgleichspflichtigen Ehegatten erhöht[33] oder an einer Lebensversicherung, die zum Endvermögen des verstorbenen Ehegatten zählte, inzwischen aber an ihn ausgezahlt wurde.[34] Zur Problematik der doppelten Teilhabe → § 1375 Rn. 5. 27

**2. Größe der Vermögen.** Belanglos ist die Höhe des bei Beendigung der Ehe jeweils vorhandenen Vermögens der Ehegatten. Einen Überschuss an Zugewinn hat der ärmere Ehegatte seinem – wegen höheren Anfangsvermögens oder hohen privilegierten Erwerbs – reicheren Partner ebenso auszugleichen wie dieser jenem.[35] Die Berücksichtigung der beiderseitigen Vermögenshöhe ist sachfremd in einem Güterstand, der allein am erwirtschafteten Ertrag orientiert ist. Soweit ein Erwerb erst nach Beendigung des Güterstandes anfällt, obwohl der für ihn erforderliche Arbeitsaufwand bereits partiell oder total während des Güterstandes geleistet wurde – der Schriftsteller publiziert ein während der Ehe geschriebenes Buch erst nach deren Ende –, so ist die Lösung allein bei der Bestimmung des Endvermögens zu suchen. Ist bereits eine bewertbare Vermögensposition vorhanden, im Beispiel das verwertbare Urheberrecht, so ist die Arbeitsleistung im Zugewinnausgleich zu bedenken. Ist dagegen eine bewertbare Vermögensposition noch nicht vorhanden, so ist nicht mit § 1381 zu korrigieren. Es ist nicht Aufgabe der Norm, in die Berechnungsmodalitäten durch Erweiterung der erfassbaren Positionen und Verschiebung des Stichtages einzugreifen.[36] 28

**3. Existenzgefährdung.** Unzulässig ist es, die Einrede aus § 1381 generell zu gewähren, wenn andernfalls die beruflichen oder geschäftlichen Grundlagen des Ausgleichsschuldners in Gefahr geraten. Der Schonung von Unternehmen dient § 1382 in ausreichendem Maße; jedes weitere Nachgeben führt zu einer sachlich nicht gerechtfertigten und vom Gesetz nicht gewollten Privilegierung bestimmter Vermögensanlagen. Nur wenn ausnahmsweise eine Stundung den schutzwürdigen Interessen des Schuldners nicht in ausreichendem Maße Rechnung tragen kann, ist § 1381 auch bei im Zeitpunkt der Beendigung des Güterstandes absehbaren Erfüllungsschwierigkeiten heranzuziehen.[37] 29

## VIII. Pflichtwidrigkeiten nicht wirtschaftlicher Art

**1. Ehewidriges Verhalten im persönlichen Lebensbereich.** Schuldhafte Eheverfehlungen im persönlichen Lebensbereich der Ehegatten stören die Grundlagen der schematischen Berechnung des Zugewinnausgleichs nicht und sind deshalb nicht geeignet, die Einrede aus § 1381 zu begründen.[38] Führen sie zu einer Störung im ökonomisch relevanten Verhaltensgleichgewicht der Ehegatten, so ist die Störung als Folge eines ökonomischen Fehlverhaltens bedeutsam. Dies ist insbes. der Fall bei Empfang von Unterhalt ohne Bedürftigkeit.[39] Aber auch, wenn einem Ehemann Unterhaltsaufwendungen für ein scheineheliches Kind sowie Scheidungs- und Ehelichkeitsanfechtungskosten erwachsen, ist die außereheliche Sexualbeziehung der Frau als Eheverfehlung im Rahmen des § 1381 relevant.[40] 30

Die überwM gesteht allerdings in unterschiedlichem Ausmaß auch persönlichen Eheverfehlungen als solchen Relevanz zu.[41] Die Beteuerung, diese damit nicht indirekt zu sanktionieren, ändert nichts daran, dass dieses faktisch geschieht. Unter der Geltung des Zerrüttungsprinzips aber darf Fehlverhalten auf der persönlichen Ebene prinzipiell keine Rolle spielen und deshalb auch nicht über Inzidentfeststellungen in vermögensrechtlichen Verfahren berücksichtigt werden. 31

---

32 Anders aber LG Wiesbaden FamRZ 1973, 657.

33 OLG Frankfurt FamRZ 2000, 611; OLG Stuttgart FamRZ 2002, 99.

34 OLG Hamburg FamRZ 2015, 749.

35 OLG Düsseldorf FamRZ 2015, 1497; Staudinger/*Thiele,* 2017, Rn. 32.

36 So aber OLG Hamburg FamRZ 2015, 749; wie hier Staudinger/*Thiele,* 2017, Rn. 32; NK-BGB/*Fischinger* Rn. 26.

37 BGH NJW 1970, 1600; OLG Düsseldorf FamRZ 2015, 1497; *Schwab* in Schwab ScheidungsR-HdB VII Rn. 254; Erman/*Budzikiewicz* Rn. 10 f.; Johannsen/Henrich/*Jaeger* Rn. 11.

38 OLG Düsseldorf FamRZ 2015, 1497; *Gernhuber/Coester-Waltjen* FamR § 36 Rn. 101; *Rauscher* FamR Rn. 430; Johannsen/Henrich/*Jaeger* Rn. 15; *Wiegmann* FamRZ 1990, 627 (Anm. zu OLG Hamm FamRZ 1989, 1188); *Rommel,* Billigkeit und Zugewinnausgleich, 1991, 153 ff.

39 OLG Köln FamRZ 1998, 1370; OLG Brandenburg FamRZ 2004, 106.

40 OLG Köln FamRZ 1991, 1192.

41 Staudinger/*Thiele,* 2017, Rn. 20; Erman/*Budzikiewicz* Rn. 7; BeckOGK/*Siede* Rn. 61; *Schwab* in Schwab ScheidungsR-HdB VII Rn. 247; *Dörr* NJW 1989, 1953 (1960); *van Eymeren,* Die grobe Unbilligkeit von Scheidungsfolgen, 2014, 119 ff.

32 Auch die Oberlandesgerichte folgen nach wie vor früheren Entscheidungen des BGH, die bei pflichtwidrigem Verhalten von längerer Dauer zur Anwendung des § 1381 bereit waren – mit vollständigem Ausschluss des Zugewinnausgleichs allerdings nur nach mehrjährigem Fehlverhalten.[42] Deutlich erkennbar in den Entscheidungen ist die emotionalisierende Wirkung langjährigen Ehebruchs.

33 **2. Erwerb des Anspruchs zur Unzeit.** Erstrebt der ausgleichsberechtigte Ehegatte durch pflichtwidriges Verhalten die Beendigung des Güterstandes zu einem bestimmten Zeitpunkt und erreicht er damit Vermögensvorteile, die er bei pflichtgemäßem Verhalten nicht gehabt hätte, so erwirbt er den Ausgleichsanspruch zur Unzeit. Denkbar sind Fälle der provozierten Scheidungsbereitschaft des Ausgleichspflichtigen zu einem für den Ausgleichsberechtigten günstigen Zeitpunkt und Fälle der arglistig vorgetäuschten Versöhnungsbereitschaft zur Abwehr eines drohenden Scheidungsantrags zu einem ungünstigen Zeitpunkt. Erwerb zur Unzeit ist dagegen nicht schon gegeben, wenn ein Ehegatte sich zur Beendigung seiner Ehe entschließt, um in den Genuss eines Ausgleichsanspruchs zu gelangen, oder wenn er seinen Scheidungsantrag bewusst verzögert, um den Anspruch wachsen zu lassen.

## IX. Rechtsfolgen

34 **1. Auskunftsanspruch.** Auch Ehegatten, denen ein Leistungsverweigerungsrecht zusteht oder die ein solches zu haben meinen, sind gemäß § 1379 **zur Auskunft verpflichtet.**[43] Einreden, die dem Ausgleichsanspruch entgegenstehen, können nicht den vorgelagerten Anspruch hemmen oder ausschließen, denn dessen Erfüllung vermittelt überhaupt erst die Kenntnis der Umstände, die für die Berechnung des Zugewinnausgleichs einschließlich der Voraussetzungen des § 1381 bedeutsam sind. Anders ist nur zu entscheiden, wenn mit unbestreitbarer Evidenz feststeht, dass Ausgleich nicht verlangt werden kann[44] (→ § 1379 Rn. 8).

35 **2. Umfang des Leistungsverweigerungsrechts.** Bei **ökonomischem Fehlverhalten** eröffnet sich für die Frage, in welchem Ausmaß die Ausgleichsforderung einredebehaftet ist, mit der **wirtschaftlich messbaren Beeinträchtigung** die Möglichkeit einer rational überprüfbaren Entscheidung. Auch wenn sich der Fehlbetrag rechnerisch nur ungefähr feststellen lässt, ist mit ihm für die Kürzung des Umfangs der Ausgleichsforderung doch eine erste Größe gegeben, an der sich die weiteren Überlegungen orientieren können. So kürzt die Rspr. im Fall unberechtigten Empfangs von Unterhalt den Zugewinnausgleichsanspruch in Höhe des überzahlten Betrags.[45] Liegt das Fehlverhalten in der Aufbürdung der wirtschaftlichen Folgen einer außerehelichen Sexualbeziehung der Ehefrau, so bieten die Unterhaltsaufwendungen des Ehemannes für das scheineheliche Kind sowie die Scheidungs- und Ehelichkeitsanfechtungskosten Anhaltspunkte für das Maß der nach § 1381 gebotenen Kürzung der Ausgleichsforderung der Ehefrau.[46] In Fällen der erfolgreichen Scheidungsspekulation ist der Zugewinnausgleichsanspruch gemäß § 1381 um den Betrag der erfolgreichen Spekulation zu kürzen.[47] Die Überzeugung, dass gerade in diesen Fällen der Anspruch ganz entfallen könne,[48] belastet § 1381 mit einer sachfremden Straffunktion.

36 Bei **persönlichem Fehlverhalten** fehlen objektivierbare Daten für den Umfang des Leistungsverweigerungsrechts. Den völligen Wegfall des Anspruchs befürwortet die Rspr. jedenfalls nur in krass gelagerten Ausnahmefällen[49] Die Höhe der Kürzung kann nur aufgrund einer **wertenden**

[42] Für den BGH vgl. BGHZ 46, 343 (352) = NJW 1966, 2109; BGH NJW 1970, 1600. Für die Oberlandesgerichte vgl. OLG Bamberg NJW-RR 1997, 1435: jahrzehntelange Misshandlung der Ehefrau rechtfertigt Verweigerung in Höhe von 42 %; OLG Celle FamRZ 1979, 431: vollständiger Ausschluss nach langjährigem Ehebruch mit vier Ehebruchskindern; OLG Karlsruhe FamRZ 1987, 823: vollständige Versagung nach Tötung des Ehegatten; OLG Hamm FamRZ 1989, 1188: ehebrecherische Beziehungen zu vier Männern nach 30 Jahren Ehe rechtfertigt Kürzung um ein Drittel; OLG Düsseldorf FamRZ 2009, 1068: körperliche Misshandlungen, ehebrecherisches Verhalten ua wurden durch Vermögensbildung zugunsten der Ehefrau aufgewogen; OLG Hamburg FamRZ 2012, 550: Versagung nach Vergewaltigung mehrerer Frauen; OLG Zweibrücken FamRZ 2019, 518: Kürzung wegen Vergewaltigung der Stieftochter.

[43] OLG Brandenburg FamRZ 2009, 1067.

[44] OLG Hamburg FamRZ 2012, 550.

[45] OLG Köln FamRZ 1998, 1370; OLG Brandenburg FamRZ 2004, 106.

[46] OLG Köln FamRZ 1991, 1192.

[47] Staudinger/*Thiele*, 2017, Rn. 28.

[48] BGH NJW 1970, 1600; RGRK-BGB/*Finke* Rn. 10.

[49] BGHZ 46, 343 (354) = NJW 1966, 2109; OLG Karlsruhe FamRZ 1987, 823 bei vorsätzlicher, besonders verwerflicher Tötung der Ehefrau.

**Interessenabwägung** vorgenommen werden. Dabei kann etwa auf die Dauer der Ehe und der Verfehlungen abgestellt werden oder auch auf deren Schwere und Folgen für den Ehepartner.[50]

### X. Abweichende Vereinbarungen

§ 1381 ist nach allgM der Disposition der Ehegatten entzogen. Dieses Ergebnis auf § 138 zu stützen,[51] überzeugt nicht. Damit wird nämlich die Abdingbarkeit „an sich" zugestanden und lediglich mit einer stark einzelfallbezogenen Norm wieder verneint. **37**

Richtig ist es, § 1381 von vornherein als **zwingendes Recht** anzuerkennen.[52] Eine Rechtsordnung kann die Entäußerung des Schutzes vor groben Unbilligkeiten auch nur „an sich" nicht tolerieren. Die Situation ist der von § 1390 bedachten insoweit vergleichbar (→ § 1390 Rn. 27). **38**

## § 1382 Stundung

**(1) [1]Das Familiengericht stundet auf Antrag eine Ausgleichsforderung, soweit sie vom Schuldner nicht bestritten wird, wenn die sofortige Zahlung auch unter Berücksichtigung der Interessen des Gläubigers zur Unzeit erfolgen würde. [2]Die sofortige Zahlung würde auch dann zur Unzeit erfolgen, wenn sie die Wohnverhältnisse oder sonstigen Lebensverhältnisse gemeinschaftlicher Kinder nachhaltig verschlechtern würde.**

**(2) Eine gestundete Forderung hat der Schuldner zu verzinsen.**

**(3) Das Familiengericht kann auf Antrag anordnen, dass der Schuldner für eine gestundete Forderung Sicherheit zu leisten hat.**

**(4) Über Höhe und Fälligkeit der Zinsen und über Art und Umfang der Sicherheitsleistung entscheidet das Familiengericht nach billigem Ermessen.**

**(5) Soweit über die Ausgleichsforderung ein Rechtsstreit anhängig wird, kann der Schuldner einen Antrag auf Stundung nur in diesem Verfahren stellen.**

**(6) Das Familiengericht kann eine rechtskräftige Entscheidung auf Antrag aufheben oder ändern, wenn sich die Verhältnisse nach der Entscheidung wesentlich geändert haben.**

**Schrifttum:** S. § 1381.

**Übersicht**



[50] Staudinger/*Thiele,* 2017, Rn. 23; Bamberger/Roth/*Cziupka* Rn. 24; NK-BGB/*Fischinger* Rn. 30.
[51] *Dölle* FamR I 826; RGRK-BGB/*Finke* Rn. 21.
[52] Staudinger/*Thiele,* 2017, Rn. 40; Soergel/*Kappler/Kappler* Rn. 6; Johannsen/Henrich/*Jaeger* § 1372 Rn. 4.

## I. Normzweck

1 **1. Billigkeitskorrektiv.** § 1382 ergänzt § 1381 in dessen Bemühen, zugunsten des Schuldners die Ausgleichsforderung Billigkeitskorrektiven zu unterwerfen. Anders als § 1381 setzt jedoch § 1382 nicht bei Störungen des vom Gesetz vorgesehenen schematischen Ausgleichs an, sondern bei Erfüllungsschwierigkeiten. Folgerichtig ist das Korrektiv auch nicht auf den Umfang der Forderung bezogen, sondern auf den Zeitpunkt der Erfüllung. Gleich ist das Verhältnis zu § 242; eine Berufung auf ihn ist im Anwendungsbereich des § 1382 ausgeschlossen.

2 **2. Erfüllungsschwierigkeiten.** Erfüllungsschwierigkeiten werden provoziert von der sofortigen Fälligkeit der Ausgleichsforderung (→ § 1378 Rn. 14), die für Leistungsvorbereitungen keine Zeit lässt sowie von der Höhe der Forderung, die im Extremfall nicht nur dem Wert des ganzen gegenwärtigen Aktivvermögens des Schuldners entsprechen, sondern dieses auch übersteigen kann – letzteres bei Hinzurechnungen nach § 1378 Abs. 2 S. 2 und bei Vermögensminderungen zwischen den Stichtagen der §§ 1384, 1387 und der Beendigung des Güterstandes.

## II. Rechtsdogmatik

3 **1. Richterliche Vertragshilfe.** § 1382 enthält eine besondere Art der richterlichen Vertragshilfe; das Vertragshilfegesetz (VHG) vom 26.3.1952 (BGBl. 1952 I 198) diente als Vorbild. Die Hilfe erfolgt in einem gestreckten Tatbestand, der mit dem Antrag des Schuldners eingeleitet und mit dem richterlichen Akt vollzogen wird.

4 **2. Einwendung.** Die gestaltende Wirkung der Entscheidung tritt mit deren Rechtskraft ein, einer Vollstreckung bedarf es nicht. Der richterliche Akt wirkt unmittelbar fälligkeitsbestimmend, vermittelt also dem Schuldner eine Einwendung und nicht nur eine Einrede. Parallele im rechtsgeschäftlichen Bereich ist mithin nicht das einredebegründende pactum de non petendo, sondern die zu einer Einwendung führende Bestimmung der Leistungszeit durch einen Schuldänderungsvertrag.

## III. Unzeit

5 **1. Interessen des Ausgleichsschuldners.** Die Ausgleichsforderung kann nur gestundet werden, wenn die sofortige Zahlung für den Ausgleichsschuldner zur Unzeit erfolgen würde. § 1382 greift mit dem Begriff Unzeit einen im Schuldrecht geläufigen unbestimmten Rechtsbegriff auf (§ 627 Abs. 2 S. 2; § 723 Abs. 2). Maßstab der Konkretisierung ist nach Abs. 1 S. 1 zunächst die **Perspektive des Schuldners.** Zur Unzeit erfolgt die sofortige Zahlung dann, wenn sie diesen zu Dispositionen zwingt, die ihn **ökonomisch** oder **persönlich** über jenes Maß hinaus belasten, das mit jeder Auseinandersetzung am Ende des Güterstandes verbunden ist. Auch dann gebieten Sinn und Zweck des § 1382, unzeitige Zahlung nur anzunehmen, wenn die besonderen Belastungen durch eine spätere Fälligkeit der Ausgleichsforderung beseitigt oder doch gemildert werden können.[1] Irrelevant sind die Umstände, die zur Beendigung des Güterstandes führten, insbesondere spielen Pflichtwidrigkeiten des Schuldners, die das Scheitern der Ehe bewirkten, bei der Prüfung der Stundungsmöglichkeit keine Rolle.[2]

6 Keine Bedenken bestehen, **§ 2331a,** der im Erbrecht die Möglichkeit einer Stundung des Pflichtteilsanspruchs eröffnet, als **Interpretationshilfe** heranzuziehen, bedacht werden müssen lediglich die unterschiedlichen Situationen.[3]

7 **2. Übermäßige ökonomische Belastung.** Eine übermäßige ökonomische Belastung des Schuldners ist nicht schon gegeben, wenn er die Forderung nicht aus laufenden Einkünften bedienen

---

[1] OLG Hamm FamRZ 1981, 1065; *Bergschneider* in Schröder/Bergschneider FamilienvermögensR Rn. 4.348.

[2] Erman/*Budzikiewicz* Rn. 4; *Bergschneider* in Schröder/Bergschneider FamilienvermögensR Rn. 4.359; anders Staudinger/*Thiele,* 2017, Rn. 12; Bamberger/Roth/*Cziupka* Rn. 4; Johannsen/Henrich/*Jaeger* Rn. 6.

[3] Vgl. Staudinger/*Thiele,* 2017, Rn. 14.

kann;[4] die Notwendigkeit einer Verwertung oder Belastung von Teilen der Vermögenssubstanz ist vornehmlich bei längerer Dauer des Güterstandes eher die Regel als die Ausnahme. Eine übermäßige ökonomische Belastung ist dagegen anzunehmen, wenn der Schuldner zu überstürzten und deshalb unwirtschaftlichen Veräußerungen gezwungen wäre – Mobilisierung von Wertpapieren in einer Baisse, deren Ende abzusehen ist, oder von Grundeigentum ohne ausreichende Erkundung des Marktes. Eine übermäßige ökonomische Belastung ist ferner gegeben, wenn die sofortige Zahlung eine schwere Erschütterung der wirtschaftlichen Lebens- und Existenzgrundlage zur Folge hätte – so etwa, wenn der Ausgleichsschuldner einen Geschäftsbetrieb oder eine Gesellschaftsbeteiligung aufgeben müsste, aus deren Erträgen der Unterhalt bestritten wurde.[5]

**3. Übermäßige persönliche Belastung.** Eine übermäßige Belastung des Schuldners kann auch aus persönlichen Gründen gegeben sein. Die im Jahr 1986 erfolgte Änderung des Normtextes hatte zum erklärten Ziel, im Rahmen des § 1382 auch anderen als wirtschaftlichen Gründen Raum zu gewähren.[6] So kann etwa eine Krankheit die Stundung rechtfertigen, wenn der Schuldner durch die sofortige Zahlung gezwungen wäre, die seinen krankheitsbedingten Bedürfnissen entsprechend ausgestattete Wohnung aufzugeben. 8

**4. Selbst gesetzte Risiken.** Zur Neutralisierung selbst gesetzter Risiken ist dem Ausgleichsschuldner kein Schutz zu gewähren. So ist einem Ehegatten, der sich beim Eintritt in eine Personengesellschaft auf eine dem wahren Wert der Beteiligung nicht entsprechende Abfindungsregelung eingelassen hat, die Stundung zu versagen, wenn sie mit den Verlusten aus der Beendigung der Beteiligung begründet wird.[7] 9

**5. Interessen der Erben des Schuldners.** Im Fall des § 1371 Abs. 2 oder bei Tod des Ausgleichsschuldners vor Erfüllung der Zugewinnausgleichsforderung kann auch der Erbe Stundung begehren. Im Fall der Miterbengemeinschaft ist § 1382 für die Gesamthand als solche zu prüfen, wenn der Anspruch gegen die Gesamthand gestundet werden soll; die einzelnen Miterben sind dagegen entscheidend, wenn und soweit sie als Gesamtschuldner in Anspruch genommen werden. Die praktische Bedeutung der Stundungsmöglichkeit ist in beiden Fällen gering. Ökonomische Gründe kommen nur in Ausnahmefällen in Betracht, weil der Erbe seine Haftung auf den Nachlass beschränken kann, persönliche Gründe greifen kaum, weil der ausgleichsberechtigte Ehegatte dem Erben ungleich geringere Rücksicht schuldet als seinem zum Ausgleich verpflichteten Ehepartner. 10

**Minderjährige Erben** sind im Rahmen des § 1382 nicht besonders schutzwürdig, sie haben ihren Verbindlichkeiten grundsätzlich nicht anders nachzukommen als volljährige.[8] Schutz finden sie bei Erreichen der Volljährigkeit in den Haftungsbeschränkungen des § 1629a. Etwas anderes kann auch nicht gelten, wenn der Minderjährige durch den Erbfall Unterhaltsansprüche verloren hat und der ererbte Zugewinn sein einziges Vermögen darstellt.[9] § 1382 rechtfertigt nicht ein Zurücktreten der Interessen des ausgleichsberechtigten Ehegatten vor denen der unterhaltspflichtigen Verwandten des Erben oder dem Träger der Sozialhilfe. 11

**6. Interessen gemeinschaftlicher Kinder.** Erlauben die Interessen des Ausgleichsschuldners selbst den richterlichen Eingriff in die Fälligkeit der Ausgleichsforderung nicht, so kann gemäß Abs. 1 S. 2 immer noch eine Stundung im Interesse der gemeinschaftlichen Kinder der Parteien geboten sein, weil deren Wohn- oder sonstige Lebensverhältnisse sich **nachhaltig** verschlechtern würden. Nachhaltig wirken Verschlechterungen, die nach allgemeiner Lebenserfahrung unter Berücksichtigung aller Umstände des Einzelfalls von Dauer sein werden. Welcher Lebensbereich der Kinder von der Verschlechterung betroffen ist, ist irrelevant. Neben den beispielhaft genannten Wohnverhältnissen können etwa die schulischen Verhältnisse Bedeutung gewinnen – so wenn das Kind bei sofortiger Erfüllung der Ausgleichsforderung aus dem dann nicht mehr finanzierbaren Internat genommen werden müsste. Anders als in § 180 ZVG, nach dem die Einstellung der Zwangsversteigerung erst bei Gefährdung des Kindeswohls möglich ist, reicht im Rahmen des § 1382 die **drohende Verschlechterung** der Lebensverhältnisse der Kinder aus. 12

**7. Interessen Dritter.** Ausgeschlossen ist eine Stundung im Interesse Dritter. Das Ziel etwa, ein Unternehmen im Interesse der Mitarbeiter (Sicherung von Arbeitsplätzen) fortführen zu können,[10] wird vom Normzweck des § 1382 nicht gedeckt. 13

---

4 Staudinger/*Thiele,* 2017, Rn. 13; Soergel/*Kappler/Kappler* Rn. 11; Erman/*Budzikiewicz* Rn. 4; *Gernhuber/Coester-Waltjen* FamR § 36 Rn. 104; *Rauscher* FamR Rn. 431.

5 Staudinger/*Thiele,* 2017, Rn. 14.

6 BR-Drs. 501/84, 17.

7 Vgl. *Zimmermann* BB 1969, 965; Staudinger/*Thiele,* 2017, Rn. 16.

8 Anders *Dölle* FamR I 827; RGRK-BGB/*Finke* Rn. 4.

9 So aber Soergel/*Kappler/Kappler* Rn. 17.

10 *Dölle* FamR I 827.

14 **8. Interessen des Ausgleichsgläubigers.** Das Interesse des Ausgleichsschuldners an der Stundung kann neutralisiert werden durch das Interesse des ausgleichsberechtigten Ehegatten an sofortiger Zahlung (Abs. 1 S. 1 aE). Im Widerstreit der Interessen besteht kein Vorrang für die eine oder die andere Seite. Bei der Interessensabwägung sind sämtliche Umstände des Einzelfalls zu berücksichtigen und die Gründe für die Gewichtung in objektiv nachvollziehbarer Weise darzulegen.

15 Wie beim Ausgleichsschuldner sind auch beim Ausgleichsgläubiger neben den ökonomischen Interessen die persönlichen zu berücksichtigen. Irrelevant sind auch beim Ausgleichsgläubiger persönliche Pflichtwidrigkeiten, die zum Scheitern der Ehe führten (→ Rn. 5).[11]

16 Irrelevant ist das generelle Interesse des Ausgleichsgläubigers an einer Vermögensanlage; diesem Interesse kann durch die in Abs. 2 vorgesehene Verzinsung Rechnung getragen werden. Relevant ist dagegen ein nach Beendigung der Ehe entstandener Geldbedarf zum Aufbau einer eigenen wirtschaftlichen Existenz.

17 Den Interessen der **Erben des ausgleichsberechtigten Ehegatten** ist Priorität einzuräumen, wenn dieser ihnen unterhaltspflichtig gewesen war und sie nach dessen Tod die Zahlung zur Deckung des Lebensunterhalts sofort benötigen; ein Bedarf zum Aufbau einer eigenen Existenz ist dagegen nicht anzuerkennen.

18 **9. Vorrang gemeinschaftlicher Kinder.** Anders als die Interessen des Ausgleichsschuldners werden die Interessen der gemeinschaftlichen Kinder nicht relativiert. Abs. 1 S. 2 stellt mit der nachhaltigen Verschlechterung der Lebensverhältnisse zugleich eine Zahlung zur Unzeit fest. Dieser Vorrang ist in den Gesetzesmaterialien offen ausgewiesen[12] und insofern begründet, als der ausgleichsberechtigte Ehegatte gemeinschaftlichen Kindern gegenüber immer besonders verpflichtet ist.

## IV. Ausgleichsforderung

19 **1. Stundungsfähigkeit.** Stundungsfähig ist nur die **bereits existente Ausgleichsforderung,** doch kann die Stundung zeitgleich mit dem Entstehen der Forderung eintreten, wenn über den Stundungsantrag als Folgesache einer Scheidungssache zu befinden ist (→ Rn. 32). Nicht stundungsfähig ist die Ausgleichsforderung, wenn sie bestritten, jedoch nicht im Streit befangen ist. Dies ergibt sich aus der bewussten Lücke zwischen Abs. 1 und Abs. 5. Streiten sich die Parteien lediglich um die Höhe der Forderung, so kann für den unstreitigen Teil nach Abs. 1 Stundung beantragt werden, auch wenn der streitige Teil noch nicht rechtshängig ist.

20 **2. Verzinsung.** Gestundete Forderungen sind zu verzinsen (Abs. 2). Eines besonderen Verzinsungsantrags bedarf es nicht.[13] Den Zinssatz bestimmt das FamG ebenso **nach billigem Ermessen** wie die Fälligkeit der Zinsschulden (Abs. 4).

21 Bei der Festsetzung der Höhe ist zu bedenken, dass die gestundete Ausgleichsforderung als Geldforderung zwar nominal, jedoch nicht real wertbeständig ist, die Verzinsung also auch die Funktion einer Wertsicherung zu übernehmen hat. Billig wird deshalb in der Regel eine Verzinsung sein, die den **Sätzen des Kapitalmarkts** für Anlagen folgt, deren Laufzeit dem Zeitraum der Stundung entspricht. Im Einzelfall kann der Zinssatz **höher** sein, so vor allem, wenn der Ausgleichsgläubiger das Geld unternehmerisch nutzbringend eingesetzt hätte oder wenn ihn die Stundung zur Aufnahme eines teureren Kredits gezwungen hat. Auch wenn der Zahlungsaufschub dem Ausgleichsschuldner eine bei sofortiger Zahlung nicht erzielbare Gewinnmaximierung ermöglicht hat, ist eine höhere Verzinsung angebracht, da er ansonsten einen über den Zweck der Stundung hinausgehenden Vorteil erlangen würde.[14] An den gesetzlichen Zinssatz des § 246 (4 %) ist das Gericht nicht gebunden; er kann, wenn etwa die bankübliche Zinsen geringer sind oder wenn die Stundung im Interesse gemeinschaftlicher Kinder erfolgt, unterschritten werden.[15]

22 **3. Sicherheitsleistung.** Auf Antrag des Ausgleichsgläubigers kann das FamG Sicherheitsleistung für die gestundete Forderung anordnen (Abs. 3). In diesem Fall ist die Sicherheitsleistung Wirksamkeitsvoraussetzung der Stundung, auch wenn das Gericht dies nicht ausdrücklich bestimmt hat;[16] solange der Schuldner Sicherheit nicht gewährt hat, greift die Stundungsanordnung nicht. Art und Umfang der Sicherheitsleistung werden vom FamG nach billigem Ermessen bestimmt (Abs. 4).

---

[11] Anders Staudinger/*Thiele,* 2017, Rn. 20.
[12] Vgl. BR-Drs. 501/84, 18.
[13] *Bergschneider* in Schröder/Bergschneider FamilienvermögensR Rn. 4.371.
[14] Staudinger/*Thiele,* 2017, Rn. 26; Johannsen/Henrich/*Jaeger* Rn. 8.
[15] Bamberger/Roth/*Cziupka* Rn. 17; Erman/*Budzikiewicz* Rn. 13; *Schwab* in Schwab ScheidungsR-HdB VII Rn. 283; anders *Bergschneider* in Schröder/Bergschneider FamilienvermögensR Rn. 4373.
[16] Anders Staudinger/*Thiele,* 2017, Rn. 27: nur bei gerichtlicher Bestimmung.

An die Regelung der §§ 232 ff. ist das Gericht nach hM nicht gebunden.[17] Zulässig ist insbesondere auch die Anordnung einer Sicherungsübereignung, Sicherungszession oder Bürgschaft.

Bei der Entscheidung über die Anordnung einer Sicherheitsleistung hat das FamG das Risiko des ausgleichsberechtigten Ehegatten anhand der Seriosität des Ausgleichsverpflichteten und einer Verhaltensprognose, für die sein bisheriges Verhalten indiziell wirkt, einzuschätzen. Das FamG kann dem Ausgleichsschuldner auch **mehrere Arten** der Sicherheitsleistung **zur Wahl zu stellen.** Doch müssen alle alternativ angebotenen Arten dem Gläubiger das gleiche Maß an Sicherheit bieten.[18] 23

Ist der Schuldner **nicht in der Lage, Sicherheit zu leisten,** so ist die Anordnung zwar nicht ausdrücklich ausgeschlossen, jedoch zwecklos. Das FamG hat dann zu prüfen, ob eine Stundung ohne Sicherheitsleistung zu rechtfertigen ist, und bei Verneinung der Frage den Stundungsantrag abzulehnen. 24

## V. Verfahren

**1. Übersicht.** Das FamG kann: 25

1. mit der Stundung einer unbestrittenen Ausgleichsforderung als selbständiger Familiensache befasst werden (→ Rn. 26);
2. bei bestrittener Ausgleichsforderung über diese und über die Stundung zu befinden haben (→ Rn. 27);
3. über eine unbestrittene oder bestrittene Ausgleichsforderung als Folgesache einer Scheidungssache zu entscheiden haben (→ Rn. 28).

**2. Unbestrittene Ausgleichsforderung.** Für unbestrittene Ausgleichsforderungen, deren Stundung als selbständige Familiensache beantragt wird, ist der Rechtspfleger zuständig (§ 25 Nr. 3 lit. b RPflG). Gegen seine Entscheidung ist die Beschwerde gegeben (§ 11 Abs. 1 RPflG, § 58 FamFG). 26

**3. Bestrittene Ausgleichsforderung.** Bestrittene Ausgleichsforderungen, die Gegenstand einer selbständigen Familiensache sind, können nur in dem Verfahren gestundet werden, in welchem über sie selbst entschieden wird (§ 1382 Abs. 5). Die Entscheidung über die Forderung und über den Stundungsantrag hat in einem einheitlichen Beschluss zu erfolgen (§ 265 FamFG). Gegen den Beschluss ist die Beschwerde gegeben – und zwar auch, wenn nur die Stundungsentscheidung des Beschlusses angefochten wird (§§ 265, 58 FamFG). Wird die Beschwerde dann doch noch auf die Entscheidung über die Forderung erweitert, so sind der Streit um Forderung und Stundungsantrag wieder zu verbinden; die Entscheidung erfolgt in einem einheitlichen Beschluss (§ 265 FamFG). 27

**4. Stundung als Folgesache.** Über Anträge auf Stundung bestrittener oder unbestrittener Ausgleichsforderungen, die als Folgesache einer Scheidungssache anhängig sind, entscheidet das FamG, sofern dem Scheidungsantrag stattgegeben wird, durch einheitlichen Beschluss (§ 142 Abs. 1 FamFG). Die Abtrennung des Streits um die Ausgleichsforderung nach § 140 FamFG kann nur zusammen mit dem Stundungsantrag erfolgen. 28

Werden Folgesachen wegen **Abweisung des Scheidungsantrags** gegenstandslos (§ 142 Abs. 2 S. 1 FamFG), kann der Streit um die Ausgleichsforderung und deren Stundung durch Umstellung des Antrags auf vorzeitigen Zugewinnausgleich nach § 1385 **als selbständige Familiensache** fortgeführt werden (§ 142 Abs. 2 S. 2 FamFG). 29

## VI. Stundungsantrag

**1. Zeitliche Schranken.** Der Antrag auf Stundung **unbestrittener** Forderungen kann jederzeit und unbefristet gestellt werden; längeres Zuwarten nach Fälligkeit kann die Stundung für den Ausgleichsgläubiger jedoch unzumutbar machen. Stundung **bestrittener** Forderungen kann vom Schuldner dagegen nur während des Rechtsstreits über die Forderung begehrt werden (Abs. 5).[19] Befindet sich nur ein Teil der Forderung im Streit, so gilt die Beschränkung auch nur für diesen Teil. Die Beschränkung dient der Prozessökonomie und dem Schutz des Ausgleichsgläubigers vor unangemessener Verzögerung der Leistung. Im Hinblick auf diese Zwecke ist Abs. 5 restriktiv auszulegen und Stundung auch **nach rechtskräftigem Beschluss** über die Ausgleichsforderung nur zu 30

---

17 Staudinger/*Thiele,* 2017, Rn. 28; Johannsen/Henrich/*Jaeger* Rn. 10; Erman/*Budzikiewicz* Rn. 14; Bamberger/Roth/*Cziupka* Rn. 18.

18 Staudinger/*Thiele,* 2017, Rn. 28; Bamberger/Roth/*Cziupka* Rn. 18.

19 OLG Stuttgart BeckRS 2013, 09923 = FF 2013, 332 zur Kostentragung bei verspäteter Antragstellung.

gewähren, wenn der Stundungsantrag im Verfahren über diese nicht gestellt wurde, weil die die Stundung rechtfertigenden Umstände erst nach dessen Abschluss entstanden[20] (→ Rn. 42).

31 **2. Rücknahme des Stundungsantrags.** Die Rücknahme des Stundungsantrags ist auch ohne Zustimmung des Ausgleichsgläubigers zulässig. Mit ihr ist das Stundungsverfahren beendet. Notwendig wird die Rücknahme des Antrags, wenn der Ausgleichsschuldner die zunächst unbestrittene Ausgleichsforderung später, etwa mit Hinweis auf § 1381, in Frage stellt.

32 **3. Unbestimmte Stundungsanträge.** Unbestimmte Stundungsanträge sind zwar nicht zweckmäßig – der Schuldner sollte mit seinen eigenen Vorstellungen zu den Stundungsmodalitäten dem FamG wenigstens einen Rahmen geben –, jedoch zulässig. Unerlässlich ist es jedoch, bei unbestrittener Forderung die Schuld, für die Stundung begehrt wird, zu beziffern.[21] Bei bestrittener Forderung genügt die Bezugnahme auf den Antrag des Ausgleichsgläubigers, dem der Schuldner mit seinem Stundungsbegehren als Eventualantrag begegnet.

33 **4. Einstweilige Anordnungen.** Der Stundungsantrag hat keine Wirkungen im materiellen Recht. Die fällige Forderung bleibt fällig; der Verzug des Schuldners wird nicht beendet. Gestaltende Wirkung hat – erst und nur – die gerichtliche Entscheidung. Diese kann unter den Voraussetzungen der §§ 49 ff. FamFG auch im Wege der einstweiligen Anordnung herbeigeführt werden. Da die vorläufige Stundungsmaßnahme die Verpflichtung des Schuldners zur Leistung voraussetzt, einstweilige Anordnungen aber die Endentscheidung inhaltlich nicht vorwegnehmen dürfen, ist bei bestrittener Ausgleichsforderung für sie weit weniger Raum als bei unbestrittener. In der Sache als vorläufige Maßnahme in Betracht kommt vor allem die vorläufige Stundung gegen angemessene Verzinsung, bei unbestrittener Forderung auch die einstweilige Einstellung der Zwangsvollstreckung oder die Verpflichtung des Schuldners zur Leistung (nur) von Tilgungsraten.[22]

34 **5. Beschluss.** Das Gericht entscheidet durch Beschluss (§ 116 Abs. 1 FamFG), in dem die gestundete Summe, der Zinssatz und der Zeitraum der Stundung zu fixieren sind. Vielfach werden Ratenzahlungen mit Verfallklauseln für den Fall der Säumnis des Ausgleichsschuldners angeordnet. Unzulässig sind Verfallklauseln allerdings, wenn die Stundung im Interesse gemeinschaftlicher Kinder erfolgt; deren Schutz darf nicht von pünktlichen Zahlungen des Schuldners abhängig sein. Im Übrigen sind solche Klauseln jedenfalls problematisch im Hinblick auf § 1382 Abs. 6, denn sie wirken in der Regel endgültig.[23]

35 Bei bestrittener Forderung erhält der Ausgleichsgläubiger mit der Stundungsentscheidung notwendig einen **Vollstreckungstitel.** Bei unbestrittener Forderung kann das Gericht gemäß § 264 Abs. 2 FamFG auf Antrag hin einen solchen schaffen – und zwar auch dann, wenn der Stundungsantrag wegen Unbegründetheit abgewiesen wird.[24] Die **Zwangsvollstreckung** des Stundungsbeschlusses erfolgt nach den Vorschriften der ZPO (§ 95 Abs. 1 Nr. 1, Nr. 5 FamFG).

## VII. Änderung rechtskräftiger Stundungsentscheidungen (Abs. 6)

36 **1. Gegenstand und Funktion.** Rechtskräftige Entscheidungen können bei wesentlicher Änderung der Verhältnisse auf Antrag des Schuldners oder Gläubigers hin aufgehoben oder geändert werden (Abs. 6). **Vergleiche** sind nach allgM in analoger Anwendung der Norm rechtskräftigen Entscheidungen gleichzustellen.[25]

37 Änderungsfähig sind allein die Stundung und ihre Modalitäten – Frist, Höhe der Ratenzahlungen, Zinssatz, Fälligkeit der Zinszahlungen, Sicherheitsleistung etc. Der Änderung entzogen sind dagegen die Verurteilung des Ausgleichsschuldners zur Leistung nach Grund und Höhe wie auch die gemäß § 264 Abs. 2 FamFG festgestellte Zahlungsverpflichtung. § 1382 Abs. 6 will den Beteiligten nicht die Möglichkeit geben, die Forderung noch einmal grundsätzlich in Frage zu stellen; bezweckt ist allein Elastizität in der Handhabung eines Korrektivs bei Erfüllungsschwierigkeiten. Ändern sich die Verhältnisse mehrfach, so können auch Entscheidungen und Vergleiche **mehrfach geändert** werden.

---

20 Staudinger/*Thiele,* 2017, Rn. 45; Erman/*Budzikiewicz* Rn. 9; NK-BGB/*Fischinger* Rn. 45; für eine Stundung nur unter den Voraussetzungen des Abs. 6 OLG Naumburg FamRZ 2003, 375; Bamberger/Roth/*Cziupka* Rn. 3; *Schwab* in Schwab ScheidungsR-HdB VII Rn. 285.

21 Soergel/*Kappler/Kappler* Rn. 32.

22 Staudinger/*Thiele,* 2017, Rn. 32; RGRK-BGB/*Finke* Rn. 17.

23 Generell abl. deshalb OLG Zweibrücken FRES 8 (1981), 5 (11).

24 NK-BGB/*Fischinger* Rn. 28.

25 Staudinger/*Thiele,* 2017, Rn. 42; Bamberger/Roth/*Cziupka* Rn. 19; Erman/*Budzikiewicz* Rn. 15; NK-BGB/*Fischinger* Rn. 42.

**2. Wesentliche Änderung.** Notwendig ist eine wesentliche Änderung von Umständen, die für die Beurteilungskriterien der Stundung und ihrer Modalitäten von Belang sind. Gleichgültig ist die Art der Verhältnisse, die sich änderten. Wirtschaftliche und persönliche Umstände des Ausgleichsschuldners wie solche des Ausgleichsgläubigers stehen gleichrangig neben der gesamtwirtschaftlichen Entwicklung. 38

**Veränderungen im Familienstand** wie erneute Eheschließung oder Geburt von Kindern können eine Änderungsentscheidung zugunsten des Ausgleichsgläubigers, nicht aber auch zugunsten des Ausgleichsschuldners rechtfertigen. Die anders entscheidende hM[26] würdigt nicht hinreichend, dass es beim Zugewinnausgleich um die Verteilung des in der Vergangenheit gemeinsam erwirtschafteten Vermögens geht und der ausgleichsberechtigte Ehegatte deshalb nicht mit den Risiken einer zweiten Ehe des Ausgleichsverpflichteten belastet werden darf. Dessen neue Angehörige sind für ihn Dritte, deren Interessen im Stundungsverfahren grundsätzlich nicht zu berücksichtigen sind (→ Rn. 13). 39

Außer im Falle der Änderung der persönlichen familiären Verhältnisse wird der Ausgleichsgläubiger in aller Regel im Falle des **Todes des Ausgleichsschuldners** eine Änderungsentscheidung erreichen können (→ Rn. 10). Der Ausgleichsschuldner kann in der Regel zu seinen Gunsten eine Änderung der Entscheidung erreichen, wenn die ihm zugebilligte Stundung infolge **negativer** beruflicher oder gesamtwirtschaftlicher **Entwicklungen** seine Belastung nicht mehr in ausreichendem Maße mildert. 40

**3. Grenzen.** Eine Änderung ist ausgeschlossen, wenn bereits früher **bekannte** oder doch **voraussehbare Umstände** von den Parteien oder von dem Gericht falsch beurteilt oder ignoriert wurden. Eine Änderung ist ferner ausgeschlossen, wenn es einem Beteiligten zunächst nicht gelang, ihm bekannte Umstände zur Überzeugung des Gerichts zu bringen, jetzt aber ein stringenter Beweis möglich wäre. In beiden Fällen handelt es sich um allgemeine Prozessrisiken, die auszuräumen nicht Aufgabe des § 1382 Abs. 6 ist. 41

Kein Fall des Abs. 6 liegt vor, wenn die für die Stundung entscheidungserheblichen Umstände erst **nach Abschuss des Rechtsstreits** um die Ausgleichsforderung eine Wendung nehmen, die eine Stundung rechtfertigen (→ Rn. 30). In dieser Konstellation nämlich geht es nicht um die Änderung einer rechtskräftigen Stundungsentscheidung, der Stundungsantrag wird vielmehr erstmalig gestellt. In der Regel werden dann zwar auch die Voraussetzungen des Abs. 6 vorliegen, notwendig ist das indessen nicht.[27] 42

**4. Erneute Stundung.** Von der Änderung einer rechtskräftigen Entscheidung oder eines Vergleichs ist die erneute Stundung nach Ablauf der Stundungsfrist zu unterscheiden. Eine wiederholte Stundung wird vom Gesetz nicht ausgeschlossen. Der Normzweck des § 1382 fordert ihre Anerkennung, freilich nur in den Grenzen des Abs. 6, denn der mehr zufällige Wechsel von einer Änderungsentscheidung zu einer erneuten Erstentscheidung darf dem Schuldner keine Vorteile bringen. Im Verfahren sind demzufolge Umstände nicht zu berücksichtigen, die bei einer Änderungsentscheidung keine Berücksichtigung hätten finden dürfen.[28] 43

### VIII. Verhältnis zu anderen Rechtsbehelfen

**1. Allgemeiner Vollstreckungsschutz.** Der allgemeine Vollstreckungsschutz gegen die titulierte Ausgleichsforderung (§§ 765a, 813a ZPO, § 30a ZVG) wird durch die Stundungsmöglichkeit nach § 1382 nicht berührt. Zur materiellrechtlichen Gestaltung der Forderung durch Stundung ist allerdings ausschließlich das FamG befugt. Das Vollstreckungsgericht darf weder Stundung gewähren noch Umstände berücksichtigen, die das FamG im Rahmen der Entscheidung nach § 1382 bereits herangezogen hat.[29] 44

**2. Güterrechtliche Normen.** Der Stundungsantrag nach § 1382 und der Antrag des Gläubigers auf **Übertragung von Vermögensgegenständen nach § 1383** können nebeneinander gestellt werden, doch sind die Regelungsbereiche der beiden Normen nicht vollständig voneinander geschieden und deshalb Einwirkungen eines Verfahrens auf das andere möglich (→ § 1383 Rn. 30). § 1383 45

---

26 Staudinger/*Thiele,* 2017, Rn. 44; Bamberger/Roth/*Cziupka* Rn. 20; Johannsen/Henrich/*Jaeger* Rn. 14; Palandt/*Brudermüller* Rn. 7.

27 Staudinger/*Thiele,* 2017, Rn. 45; NK-BGB/*Fischinger* Rn. 45; *Gernhuber/Coester-Waltjen* FamR § 36 Rn. 108; *Rauscher* FamR Rn. 431; für eine Stundung nur unter den Voraussetzungen des Abs. 6 OLG Naumburg FamRZ 2003, 375; Johannsen/Henrich/*Jaeger* Rn. 13; Erman/*Budzikiewicz* Rn. 9.

28 NK-BGB/*Fischinger* Rn. 44; ohne Einschränkung auf wesentliche Änderung Staudinger/*Thiele,* 2017, Rn. 46.

29 Staudinger/*Thiele,* 2017, Rn. 48; *Gernhuber/Coester-Waltjen* FamR § 36 Rn. 107 Fn. 157.

dient zwar nicht primär der Behebung von Erfüllungsschwierigkeiten; aus den Sachverhalten, die einen Antrag gemäß § 1383 rechtfertigen, ist aber die Fallgruppe der erschwerten Realisierung einer Geldforderung nicht von vornherein auszuschließen.

### IX. Abweichende Vereinbarungen

46 **1. Zwingendes Recht.** § 1382 ist nach allgM zwingendes Recht,[30] kann also durch Ehevertrag nicht abbedungen werden. Die Rechtsordnung eines Sozialstaates kann die Entäußerung des Schutzes vor schweren Erschütterungen der eigenen wirtschaftlichen Existenz nicht billigen.

47 **2. Verbleibende Möglichkeiten.** Unbenommen bleibt es den Parteien, die Ausgleichsforderung bereits vorsorglich durch **Ehevertrag** (§§ 1408 ff.) im Hinblick auf Erfüllungsschwierigkeiten auszugestalten und vorsorglich Ratenzahlung, Verzinsung während der Stundung, Sicherheitsleistung uÄ zu vereinbaren. Während eines auf Eheauflösung gerichteten Verfahrens können sie das unter Beachtung der in **§ 1378 Abs. 3 S. 2** vorgeschriebenen **Form** tun, nach Entstehen der Ausgleichsforderung **formlos.** In allen Fällen ist es dem Schuldner nicht verwehrt, weiteren Schutz gemäß § 1382 zu beantragen.[31]

## § 1383 Übertragung von Vermögensgegenständen

**(1) Das Familiengericht kann auf Antrag des Gläubigers anordnen, dass der Schuldner bestimmte Gegenstände seines Vermögens dem Gläubiger unter Anrechnung auf die Ausgleichsforderung zu übertragen hat, wenn dies erforderlich ist, um eine grobe Unbilligkeit für den Gläubiger zu vermeiden, und wenn dies dem Schuldner zugemutet werden kann; in der Entscheidung ist der Betrag festzusetzen, der auf die Ausgleichsforderung angerechnet wird.**

**(2) Der Gläubiger muss die Gegenstände, deren Übertragung er begehrt, in dem Antrag bezeichnen.**

**(3) § 1382 Abs. 5 gilt entsprechend.**

**Schrifttum:** S. § 1381.

**Übersicht**



[30] Vgl. Staudinger/*Thiele*, 2017, Rn. 49.
[31] Bamberger/Roth/*Cziupka* Rn. 17; NK-BGB/*Fischinger* Rn. 47.

## I. Normzweck

Forderungen aus Zugewinnausgleich sind Geldforderungen; die Gütertrennung während des Güterstandes wird folgerichtig auch in der Phase der Abwicklung durchgeführt. Die Parteien sind zwar in der Lage, Gegenstände des Ausgleichsschuldners auf den Ausgleichsgläubiger als Leistung an Erfüllungs Statt zu übertragen; weder Schuldner noch Gläubiger haben jedoch einen Anspruch auf Abschluss eines entsprechenden Schuldänderungsvertrags. 1

Die grundsätzliche Entscheidung für eine Geldforderung kann im Einzelfall eine Härte für den Schuldner bedeuten; sie kann aber auch den Gläubiger hart treffen. Härten für den Schuldner nimmt das Gesetz in Kauf – sie sind auch nicht mit § 242 zu mildern; Härten für den Gläubiger sucht § 1383 einzudämmen als **Billigkeitskorrektiv,** das den Gedanken des Zugewinnausgleichs in Geld zugunsten eines **Ausgleichs mit Vermögensgegenständen** preisgibt. 2

## II. Rechtsdogmatik

**1. Ersetzungsbefugnis des Gläubigers.** Mittel der Korrektur ist eine Ersetzungsbefugnis des Gläubigers, also eine facultas alternativa creditoris,[1] die durch Antrag beim FamG auszuüben und durch richterlichen Akt zu vollziehen ist. Die Schuldänderung vollzieht sich mithin in einem zweigliedrigen Tatbestand, der neben einer formalisierten Willenserklärung einen staatlichen Hoheitsakt enthält. 3

**2. Übertragung der Gegenstände.** Der Beschluss des FamG ändert konstitutiv den Inhalt der Ausgleichsforderung, überträgt dagegen nicht schon selbst die Gegenstände auf den Gläubiger. Die Übertragung ist vielmehr von den Parteien in den gegenstandsspezifischen Formen des rechtsgeschäftlichen Verkehrs vorzunehmen (§§ 398 ff.; §§ 929 ff.; §§ 873, 925). Weil es sich stets um Verkehrsgeschäfte handelt, kann der Ausgleichsgläubiger kraft Rechtsscheins auch Gegenstände erwerben, die dem Ausgleichsschuldner nicht gehören. 4

Das FamG kann allerdings die rechtsgeschäftliche Übertragung einleiten, indem es auf – zweckmäßigerweise immer zu stellenden – Antrag des Gläubigers hin neben der Änderung des Schuldverhältnisses den Schuldner zugleich zur Leistung verurteilt. Wird der Schuldner **zur Abgabe der** für die Übertragung der Gegenstände **erforderlichen Willenserklärungen verurteilt,** so gelten diese mit der Rechtskraft des Beschlusses als abgegeben (§ 95 Abs. 1 Nr. 5 FamFG, § 894 ZPO).[2] Sind weitere Akte des Schuldners erforderlich, wie etwa die Übergabe nach § 929, so sind sie ggf. in den für sie vorgesehenen Formen der Zwangsvollstreckung zu erzwingen – die Übergabe also gemäß § 883 ZPO, § 95 Abs. 1 Nr. 2 FamFG. Wirksamkeitsvoraussetzungen, wie etwa Genehmigungen des öffentlichen Rechts, werden nicht entbehrlich. Da die Übertragung auf einer richterlichen Anordnung beruht und ihr keine privatautonom von den Ehepartnern getroffene Absprache zugrunde liegt, handelt es sich **nicht** um ein privates **Veräußerungsgeschäft iSd § 23 EStG,** die sog. Spekulationssteuer fällt also nicht an (→ § 1378 Rn. 64).[3] 5

## III. Gegenstände der Übertragung

**1. Geeignete Gegenstände.** Der Begriff Gegenstand bezeichnet alle geldwerten Objekte, über die rechtsgeschäftlich verfügt werden kann. Rechte, die einer Übertragung nicht fähig sind, wie etwa die Beteiligung an einer Personengesellschaft, können vom Gläubiger nicht in Anspruch genommen werden. Kann das unübertragbare Recht einem anderen wenigstens zur Ausübung überlassen werden, etwa der Nießbrauch (§ 1059 S. 2), so kann der Gläubiger Überlassung fordern. Auch wenn der Begriff Übertragung nicht entgegensteht, weil er die Überlassung umfasst, so empfiehlt sich der Zugriff hier gleichwohl nicht, denn der Schuldner kann ja sein Recht jederzeit aufgeben (für den Nießbrauch vgl. § 875). 6

**Verfügungsbeschränkungen** schließen die Übertragbarkeit nach § 1383 nicht aus. Zur Übertragung geeignet sind deshalb auch Rechte, über die der Schuldner nur mit Zustimmung anderer verfügen kann (vgl. § 5 ErbbauRG; §§ 12, 35 WEG; § 1369). Allerdings kann der Beschluss des FamG die Zustimmung nicht ersetzen; sie ist nach den für sie geltenden Vorschriften einzuholen und ggf. auch zu erzwingen. 7

---

1 Vgl. Staudinger/*Thiele,* 2017, Rn. 22; Johannsen/Henrich/*Jaeger* Rn. 8; *Gernhuber/Coester-Waltjen* FamR § 36 Rn. 110.

2 Staudinger/*Thiele,* 2017, Rn. 24; Johannsen/Henrich/*Jaeger* Rn. 9; *Gernhuber/Coester-Waltjen* FamR § 36 Rn. 111.

3 NK-BGB/*Fischinger* Rn. 22; *Schröder* FamRZ 2002, 1010; *Tiedtke/Wälzholz* DStZ 2002, 9 (13); aA *Feuersänger* FamRZ 2003, 645; *Sagmeister* DStR 2011, 1589.

8 Übertragen werden können auch **Sach- und Rechtsgesamtheiten,** die ein einheitlicher Bestimmungszweck verbindet. Allerdings liegen für die Übertragung von Unternehmen, Praxen oder landwirtschaftlichen Betrieben die Voraussetzungen für eine Übertragung nur selten vor; außerdem stoßen die Tenorierung des Beschlusses und die Durchführung der Zwangsvollstreckung auf große Schwierigkeiten, weil die Sukzession der zu der Gesamtheit gehörenden einzelnen Sachen und Rechte viele unterschiedliche Verfügungen erfordert.

9 **2. Nicht geeignete Gegenstände.** § 1383 will dem Gläubiger die Möglichkeit einräumen, Geld durch andere Gegenstände zu substituieren. Der Normzweck schließt damit eine Übertragung von Rechten aus, kraft derer unmittelbar (Spareinlagen, Wertpapiere) oder mittelbar (Hypotheken, Grundschulden) Geld gefordert werden kann. Eine solche Übertragung läuft dem Zweck des § 1383 zuwider, denn sie bringt dem Ausgleichsgläubiger nur einen Schuldnerwechsel – statt der Ausgleichsforderung gegen seinen Ehegatten hat er eine Forderung gegen einen Dritten.[4] Unbenommen bleibt dem Gläubiger selbstverständlich die Möglichkeit, Werte dieser Art bei der Durchsetzung seiner auf Geld gerichteten Ausgleichsforderung im Wege der Zwangsvollstreckung für sich in Anspruch zu nehmen.

## IV. Möglichkeiten und Grenzen der Zuweisung

10 **1. Übertragung von Anteilen.** Anzuordnen ist im Regelfall die Übertragung eines Gegenstandes in seiner Gesamtheit. Dem Ausgleichsgläubiger einen Gegenstand nur zu einem bestimmten Bruchteil zu übertragen, ist sinnvoll, wenn durch die Anteilsübertragung eine zwischen den Ehegatten bestehende Bruchteilsgemeinschaft, in Betracht kommt insbesondere Miteigentum, beendet wird. Die Begründung einer Bruchteilsgemeinschaft (§§ 741 ff.) ist wegen des Risikos von Verwaltungs- und Nutzungsstreitigkeiten zwischen den geschiedenen Eheleuten hingegen nur in ungewöhnlicher Situation eine erwägenswerte Lösung.[5]

11 **2. Unzulässige Anordnungen.** Unzulässig ist, die Bestellung beschränkter dinglicher Rechte an Sachen oder Rechten des Ausgleichsschuldners anzuordnen.[6] Mit einer solchen Anordnung werden nämlich Rechte begründet, nicht aber übertragen. Abgesehen hiervon unterlaufen dingliche Rechte, die ein Dauerrechtsverhältnis begründen, wie etwa der Nießbrauch an einem Grundstück, das Ziel, die Ehegatten vermögensrechtlich zu trennen.

12 Ausgeschlossen ist auch die Anordnung, dem Ausgleichsberechtigten eine **Beteiligung an einem Unternehmen** einzuräumen, das der Schuldner allein betreibt.[7] Auch hier liegt keine Rechtsübertragung, sondern eine Rechtsbegründung vor. Zudem ist es widersinnig, einen Güterstand der Gütertrennung in eine Gesamthand der Ehegatten münden zu lassen. Bei Personengesellschaften mit weiteren Gesellschaftern kann gegen deren Willen ohnehin keine Aufnahme erfolgen.

## V. Maßstäbe der Interessenabwägung

13 **1. Grobe Unbilligkeit für den Gläubiger.** Der Ausgleichsgläubiger kann nur dann statt Geld Gegenstände des Schuldners in Anspruch nehmen, wenn dies erforderlich ist, um eine grobe Unbilligkeit für ihn zu vermeiden. Eine solche liegt vor, wenn die Vorenthaltung des geforderten Gegenstandes und die Verweisung auf die Geldforderung für ihn zu einer **dem Gerechtigkeitsempfinden in unerträglicher Weise** widersprechenden Situation führen würde (zu dieser Definition → § 1381 Rn. 11).

14 Das **Interesse** des Gläubigers **an der Sache** kann zu berücksichtigen sein, wenn ihm aufgrund der gesamtwirtschaftlichen Umstände die Werterhaltung seiner Zugewinnbeteiligung in Geld nicht möglich ist, weil zu einer hohen Inflation eine Verknappung von Sachwerten tritt, die es unmöglich macht, den Geldwert durch Anlage in Gegenstände zu sichern. Praktisch geworden ist diese Konstellation, an die man bei Einführung des § 1383 gedacht hatte, bis heute nicht.

15 Praktisch geworden sind jedoch Fälle, in denen die Vorenthaltung bestimmter, dem Ausgleichsschuldner gehörender Gegenstände wegen der **engen Sachbeziehung** des Gläubigers zu ihnen dem Gerechtigkeitsempfinden unerträglich widerspricht, so wenn der Gegenstand vom Ausgleichsgläubiger finanziert oder von ihm allein benutzt worden war oder wenn er aus seiner Familie stammt und mit der Familientradition verbunden ist. Ein spezifisch **wirtschaftliches Interesse** ist **nicht** notwendig; beachtlich kann auch ein Affektionsinteresse von erheblichem Gewicht sein.[8]

---

4 Erman/*Budzikiewicz* Rn. 6; NK-BGB/*Fischinger* Rn. 8; Ausnahmen lassen zu Staudinger/*Thiele,* 2017, Rn. 11; Johannsen/Henrich/*Jaeger* Rn. 3.
5 Ebenso *Dölle* FamR I 831; Staudinger/*Thiele,* 2017, Rn. 13.
6 Staudinger/*Thiele,* 2017, Rn. 12; Erman/*Budzikiewicz* Rn. 5; Soergel/*Kappler*/*Kappler* Rn. 15.
7 Staudinger/*Thiele,* 2017, Rn. 12. Erman/*Budzikiewicz* Rn. 5.
8 OLG Hamm FamRZ 1978, 687 = OLGZ 1978, 399 für Ferienhaus.

16 Grob unbillig kann das Beharren auf einem Geldausgleich für den Ausgleichsgläubiger ferner sein, wenn die Realisierung der Ausgleichsforderung auf erhebliche Schwierigkeiten stößt, weil der Schuldner **nicht zahlungsfähig** oder **zahlungswillig** ist. Zwar ist die Beschleunigung der Abwicklung des Zugewinnausgleichs für sich genommen nicht Zweck der Norm, doch ist § 1383 dann einzusetzen, wenn der Gläubiger nur bei raschem Ausgleich in der Lage ist, sich eine wirtschaftliche Existenz aufzubauen oder seinen Unterhalt zu bestreiten.[9]

17 **2. Zumutbarkeit für den Schuldner.** Trotz grober Unbilligkeit für den Gläubiger hat es beim Zugewinnausgleich in Geld sein Bewenden, wenn dem Schuldner die Übertragung der geforderten Gegenstände nicht zugemutet werden kann. Unzumutbar ist dem Schuldner vornehmlich die Hergabe von Gegenständen, die er selbst nicht entbehren kann oder die in einen ihm verbleibenden Inbegriff von Gegenständen eingegliedert sind. Unzumutbar sind dem Schuldner ferner Übertragungen, die zu weiterer Kooperation mit dem Gläubiger zwingen. In der Regel ist deshalb eine Bruchteilsgemeinschaft der Ehegatten nicht anzuordnen (→ Rn. 10).

## VI. Verfahren

18 **1. Fallkonstellationen.** Wie die Frage der Stundung der Ausgleichsforderung kann auch die der Übertragung von Vermögensgegenständen in unterschiedlichen Fallkonstellationen relevant werden – unbestrittene und bestrittene Ausgleichsforderung, selbständige Familiensache und Folgesache einer Scheidungssache (→ § 1382 Rn. 25 ff.).

19 Ist ein Rechtsstreit über die Ausgleichsforderung anhängig, so kann der Gläubiger gemäß § 1383 Abs. 3 iVm § 1382 Abs. 5 seinen Antrag nur in diesem Rechtsstreit stellen; die Entscheidung ergeht in einem einheitlichen Beschluss. Nichts anderes gilt, wenn die Ausgleichsforderung zunächst unstreitig war, jedoch während des Verfahrens gemäß § 1383 in Streit geriet und rechtshängig wurde. Der mit dem Antrag befasste Rechtspfleger hat in diesem Fall die Sache an den über die Ausgleichsforderung entscheidenden Familienrichter abzugeben.

20 Stellt der ausgleichsberechtigte Ehegatte trotz bestrittener Forderung isoliert den Antrag aus § 1383, so ist eine ihm günstige Entscheidung nur möglich, wenn die Forderung wenigstens in Höhe des anzurechnenden Betrags außer Streit steht oder durch Vergleich außer Streit gestellt wird. Im Übrigen ist der Antrag unbegründet. Die Ersetzungsbefugnis setzt voraus, dass eine Schuld besteht; die Existenz einer Schuld aber kann im Verfahren gemäß § 1383 nicht inzidenter festgestellt werden.[10]

21 **2. Antrag des Ausgleichsgläubigers.** Solange der Schuldner Geld zu leisten verpflichtet ist, kann der Gläubiger wiederholt Anträge stellen. Gemäß § 1383 Abs. 2 muss er die **Gegenstände,** deren Übertragung er begehrt, lediglich **bezeichnen,** Wertangaben sind nicht erforderlich. Da die Ersetzungsbefugnis dem Gläubiger zusteht – das FamG vollzieht sie nur –, bleibt die Auswahl der Gegenstände ihm überlassen. Der Ausgleichsgläubiger trägt damit auch das Risiko, zur Übertragung nicht geeignete Sachen zu fordern. Unbenommen bleibt es ihm, Übertragung nur für den Fall zu begehren, dass ihr Wert eine bestimmte Summe nicht überschreitet; auch hier trägt er das Risiko, mit seinem Antrag abgewiesen zu werden. Rücknahme des Antrags ist ohne Bindung an den Schuldner jederzeit gestattet.

22 **3. Keine Wirkungen im materiellen Recht.** Mit dem Antrag verbinden sich keinerlei Wirkungen im materiellen Recht. Die Änderung des Schuldinhalts ist zwar eingeleitet, jedoch noch nicht vollzogen. Die Schuld bleibt deshalb als Geldschuld fällig; Schuldnerverzug wird nicht geheilt.

23 **4. Einstweilige Anordnungen.** Als einstweilige Anordnungen (§§ 49 ff. FamFG) kommen auf Antrag des Ausgleichsgläubigers insbesondere an den Schuldner gerichtete Verfügungsverbote in Betracht; um der Gefahr eines nach § 135 Abs. 2, § 136 möglichen gutgläubigen Erwerbs Dritter zu begegnen, auch Hinterlegung der Sache. Auf Antrag des Ausgleichsschuldners kommt die einstweilige Einstellung der wegen des Zahlungstitels betriebenen Zwangsvollstreckung in Betracht, denn der Antrag aus § 1383 ist mit der Zwangsvollstreckung in voller Höhe der Ausgleichsforderung nicht zu vereinbaren. Unzulässig, weil die endgültige Entscheidung vorwegnehmend, sind Anordnungen, die den Schuldner anhalten, den geforderten Gegenstand dem Gläubiger faktisch zu Besitz oder gar rechtlich zu Eigentum zu überlassen.[11] Unzulässig ist auch die Eintragung eines Rechtshängigkeitsvermerks in das Grundbuch, wenn Übertragung eines Hausgrundstücks beantragt ist: Das Grund-

---

[9] *Gernhuber/Coester-Waltjen* FamR § 36 Rn. 112; RGRK-BGB/*Finke* Rn. 4; Johannsen/Henrich/*Jaeger* Rn. 5; einschr. Staudinger/*Thiele,* 2017, Rn. 6: nur wenn aus besonderen und schwerwiegenden Gründen unabweisbar.

[10] Soergel/*Kappler/Kappler* Rn. 27; Staudinger/*Thiele,* 2017, Rn. 18.

[11] Diff. nach Besitz (zulässig) und Eigentum (unzulässig) Staudinger/*Thiele,* 2017, Rn. 21; Soergel/*Kappler/Kappler* Rn. 28; NK-BGB/*Fischinger* Rn. 17.

stück selbst ist nicht streitbefangen, solange nur der schuldrechtliche Anspruch auf Übertragung geltend gemacht wird.[12]

24 **5. Beschluss.** Das FamG entscheidet durch Beschluss (§ 116 Abs. 1 FamFG). Anders als in § 1382 Abs. 6 sind ändernde Entscheidungen nicht vorgesehen. Sofern die Ausgleichsforderung nicht Streitgegenstand war, also § 1383 Abs. 3 iVm § 1382 Abs. 5 nicht vorliegt, kann die Entscheidung auch nicht die Verpflichtung des Schuldners zur Zahlung der Ausgleichsforderung im Übrigen, also mit den auf Geld gerichteten Restteilen, aussprechen; § 264 Abs. 2 FamFG, der diese Möglichkeit für das Stundungsverfahren des § 1382 eröffnet, gilt für das Verfahren gemäß § 1383 nicht.[13]

## VII. Anrechnung auf die Ausgleichsforderung

25 Die Schuldinhaltsänderung verringert den in Geld zu gewährenden Zugewinnausgleich um den Wert der zu übertragenden Gegenstände. Im Falle eines Vergleichs müssen die Parteien den Wert präzisieren, im Übrigen ist dies Aufgabe des FamG (§ 1383 Abs. 1 letzter Hs.). Anzusetzen ist der Verkehrswert des Gegenstandes (→ § 1376 Rn. 10 ff.) **im Zeitpunkt der Entscheidung,** nicht der Wert im Zeitpunkt der Beendigung des Güterstandes oder auch der Wert zu den Berechnungszeitpunkten der §§ 1384, 1387.[14]

26 Implizit folgt aus der Notwendigkeit der Anrechnung, dass der Gläubiger Gegenstände, deren Wert höher ist als der Betrag der Ausgleichsforderung, niemals in Anspruch nehmen kann. Dem Gesetz ist der Gedanke einer Sachübertragung mit Ausgleich durch eine Zahlung des Gläubigers fremd.[15]

## VIII. Leistungsstörungen

27 **1. Einseitig verpflichtendes Schuldverhältnis.** Nach der Schuldinhaltsänderung ist der Anspruch auf Geld in Höhe des Anrechnungswerts erledigt. Geschuldet wird allein die Übertragung des Gegenstandes. Entstanden ist ein einseitig verpflichtendes Schuldverhältnis. Leistungsstörungen sind demzufolge allein gemäß den §§ 275 ff. zu beurteilen; unanwendbar sind die §§ 320 ff.

28 **2. Unmöglichkeit der Leistung. Nachträgliche** Unmöglichkeit der Leistung verpflichtet den Schuldner, Schadensersatz zu leisten, wenn er sie zu vertreten hat (§ 280 Abs. 1). Im Übrigen wird der Schuldner frei (§ 275); der Gläubiger ist darauf beschränkt, ein etwa vorhandenes stellvertretendes commodum für sich in Anspruch zu nehmen (§ 285). Bei **ursprünglicher** Unmöglichkeit haftet der Schuldner nicht. Gegen seine Haftung aus § 311a Abs. 2 spricht, dass er die Übertragung nicht aufgrund einer rechtsgeschäftlich vereinbarten Leistungspflicht, sondern aufgrund richterlicher Anordnung schuldet. Die Rückkehr zum Geldanspruch ist dem Ausgleichsgläubiger, nachdem er von seiner Ersetzungsbefugnis Gebrauch gemacht hat, grundsätzlich verschlossen.[16]

29 **3. Sach- und Rechtsmängel.** Für Sach- und Rechtsmängel haftet der Ausgleichsschuldner dem Gläubiger nach hM in Analogie zu § 365 wie ein Verkäufer.[17] Hiergegen spricht, dass die verschuldensunabhängige Haftung des Kaufrechts den Schuldner, der die Übereignung nicht kraft rechtsgeschäftlich eingegangener Vereinbarung, sondern aufgrund richterlicher Anordnung schuldet, in nicht gerechtfertigtem Maß belastet. Anzuwenden ist deshalb § 292.[18]

## IX. Verhältnis zu anderen Regelungen

30 **1. § 1382.** Bei Gleichzeitigkeit von Schuldnerantrag auf Stundung aus § 1382 und Gläubigerantrag aus § 1383 auf Übertragung von Gegenständen ist es wegen der möglichen Rückwirkungen des einen Verfahrens auf das andere zweckmäßig, die beiden Verfahren miteinander zu verbinden. Zum Verhältnis zu § 1382 → § 1382 Rn. 45.

31 **2. Verteilung von Haushaltsgegenständen. Bei Getrenntleben** der Eheleute kann im Falle vorzeitigen Zugewinnausgleichs der Ersetzungsantrag aus § 1383 auf einen Zuweisungsantrag aus

---

[12] OLG Schleswig FamRZ 1996, 175.

[13] OLG Schleswig FamRZ 1996, 175.

[14] Staudinger/*Thiele,* 2017, Rn. 25; Johannsen/Henrich/*Jaeger* Rn. 10; Bamberger/Roth/*Cziupka r* Rn. 5.

[15] Staudinger/*Thiele,* 2017, Rn. 26; Johannsen/Henrich/*Jaeger* Rn. 10; einschr. *Dölle* FamR I 831 Fn. 69: „in aller Regel" unzumutbar.

[16] Staudinger/*Thiele,* 2017, Rn. 29; Soergel/*Kappler/Kappler* Rn. 21; anders *Dölle* FamR I 832; RGRK-BGB/*Finke* Rn. 15.

[17] Palandt/*Brudermüller* Rn. 1; Johannsen/Henrich/*Jaeger* Rn. 11; *Gernhuber/Coester-Waltjen* FamR § 36 Rn. 113.

[18] Ebenso Staudinger/*Thiele,* 2017, Rn. 30; Bamberger/Roth/*Cziupka* Rn. 19.

§ 1361a treffen. Die Anträge können hier nebeneinander verfolgt werden, denn sie haben unterschiedliche Inhalte. Im Fall des § 1383 geht es um die Zuweisung des Eigentums an dem Haushaltsgegenstand, im Fall des § 1361a nur um die Übertragung des Besitzes (§ 1361a Abs. 4). Setzt sich der Ehegatte mit seinem Antrag aus § 1361a durch, so ist der weitergehende Antrag aus § 1383 nicht erledigt. Setzt er sich dagegen mit seinem Antrag aus § 1383 durch, so ist hinsichtlich des übertragenen Haushaltsgegenstandes im Verfahren gemäß § 1361a nur noch eine Entscheidung zugunsten des Ausgleichsschuldners denkbar.

**Nach Scheidung** besteht zwischen der richterlichen Anordnung nach § 1383 und der Verteilung der Haushaltsgegenstände nach § 1568b freie Konkurrenz.[19] Erreicht der Ehegatte sein Ziel in einem der beiden Verfahren, so ist das Ergebnis beim anderen zu berücksichtigen. Hat er gemäß § 1383 die Übertragung des Gegenstandes erreicht, erübrigt sich sein Anspruch aus § 1568b. Hat er hingegen das (Allein-)Eigentum an dem Gegenstand nach dieser Norm erlangt, erübrigt sich die Zuteilung nach § 1383. 32

Hat der Ausgleichsgläubiger die Übertragung eines Haushaltsgegenstandes zu Alleineigentum nach § 1383 erreicht, so bietet § 1568b dem anderen keine Möglichkeit, dieses Verfahren zu korrigieren. Der Erwerb über § 1383 erfolgt schließlich erst nach der Scheidung und nach der Scheidung erworbene Gegenstände fallen nicht in die nach § 1568b verteilbare Masse. 33

### X. Abweichende Vereinbarungen

**1. Zwingendes Recht.** § 1383 setzt zwingendes Recht; niemand kann auf den Schutz verzichten, den das Gesetz gegen grobe Unbilligkeit gewährt.[20] Auch über eine Einschränkung auf bestimmte Gegenstände, die der Gläubiger auf keinen Fall oder umgekehrt ausschließlich soll fordern dürfen, sind vertragliche Abreden nicht anzuerkennen: Ob und inwieweit dem Schuldner in der konkreten Konstellation der Vorzug vor dem Gläubiger gebührt, sollen allein die von § 1383 bestimmten Maßstäbe der Interessenabwägung bestimmen. 34

**2. Verbleibende Möglichkeiten.** Unbenommen bleibt es nach hM den Parteien, in einem Ehevertrag (§§ 1408, 1410) einen Zugewinnausgleich vorzusehen, der von vornherein auf die Übertragung bestimmter Gegenstände gerichtet ist oder dem Gläubiger die Bestimmung ohne Bindung an die Interessenabwägung des § 1383 überlässt. Grenzen werden insoweit lediglich von § 138 gezogen.[21] 35

## § 1384 Berechnungszeitpunkt des Zugewinns und Höhe der Ausgleichsforderung bei Scheidung

**Wird die Ehe geschieden, so tritt für die Berechnung des Zugewinns und für die Höhe der Ausgleichsforderung an die Stelle der Beendigung des Güterstandes der Zeitpunkt der Rechtshängigkeit des Scheidungsantrags.**

**Schrifttum:** *Born,* Reform der familienrechtlichen Ausgleichsansprüche – Kosmetik oder Korrektur?, NJW 2008, 2289; *Kogel,* Reform des Zugewinnausgleichsrechts – quo vadis?, FF 2008, 185; *Schröder,* Berechnungszeitpunkt für den Zugewinn bei Scheidung. Probleme des § 1384, FamRZ 2003, 277.

**Übersicht**



[19] Staudinger/*Thiele,* 2017, Rn. 33; PWW/*Weinreich* Rn. 5; aA Palandt/*Brudermüller* Rn. 2; Erman/*Budzikiewicz* Rn. 3; NK-BGB/*Fischinger* Rn. 5; Johannsen/Henrich/*Jaeger* Rn. 2: § 1568b als spezielle Regelung vorrangig.

[20] Staudinger/*Thiele,* 2017, Rn. 34; Erman/*Budzikiewicz* Rn. 17; Soergel/*Kappler/Kappler* Rn. 5; Bamberger/Roth/*Cziupka* Rn. 20.

[21] Staudinger/*Thiele,* 2017, Rn. 34; Soergel/*Kappler/Kappler* Rn. 4; Bamberger/Roth/*Cziupka* Rn. 21.

## I. Normzweck

1 Endvermögen ist gemäß § 1375 Abs. 1 das bei Beendigung des Güterstandes – aktiv oder passiv – vorhandene Vermögen. Im Fall der Scheidung wäre danach für die Berechnung des Zugewinns wie der Ausgleichsforderung der Vermögensbestand zum Zeitpunkt der Rechtskraft des Scheidungsbeschlusses ausschlaggebend. Hiervon weicht § 1384 ab und bestimmt als Berechnungsstichtag für den **Zugewinn** – und das ist seit der Reform des Zugewinnausgleichsrechts zum 1.9.2009 durch das Gesetz zur Änderung des Zugewinnausgleichs- und Vormundschaftsrechts vom 6.7.2009 (BGBl. 2009 I 1696) – wie auch für die Höhe der **Ausgleichsforderung** den Zeitpunkt der Rechtshängigkeit, also der Zustellung des Scheidungsantrags (§ 124 FamFG, § 253 ZPO). Die Forderung als solche entsteht gemäß § 1378 Abs. 3 S. 1 zwar nach wie vor erst mit der Beendigung des Güterstandes, doch richtet sich ihre Höhe nach dem bei Beginn des Scheidungsverfahrens vorhandenen Vermögen. Mit der Vorverlegung auch des Stichtags für die Ausgleichsforderung soll manipulativen planmäßigen Vermögensminderungen während des Scheidungsverfahrens gegengesteuert werden. Vermögensänderungen nach Zustellung des Scheidungsantrags sind nicht nur für die Feststellung des Zugewinns irrelevant, sondern haben auch auf die Höhe der Ausgleichsforderung keinen Einfluss mehr. Das gilt für Vermögensminderungen wie auch für Vermögensmehrungen. Dass ein Ehegatte unmittelbar nach dem Stichtag einen Gegenstand zu einem beträchtlich höheren als dem zuvor fiktiv angesetzten Verkehrswert veräußert, vermag an der Zugewinnberechnung nichts mehr zu ändern.[1]

2 Problematisch ist und war die Vorverlegung des Stichtages für die Berechnung des Zugewinns schon immer. Die am 1.9.2009 hinzugekommene Vorverlegung des Stichtags für die Höhe des Ausgleichsanspruchs verschärft die Problematik. Zum einen nämlich wird der **Normzweck** zum Nachteil des ausgleichsberechtigten Ehepartners **verfehlt,** wenn das Vermögen des ausgleichspflichtigen Ehegatten während des Verfahrens wuchs. Der Versuch, die Benachteiligung des ausgleichsberechtigten Partners in diesem Fall mit dem Hinweis auf die regelmäßig eingetretene Beendigung gemeinschaftlicher Tätigkeit zu rechtfertigen,[2] überzeugt schon deshalb nicht, weil das Ende von Gemeinsamkeiten auch sonst den Zugewinnausgleich nicht hindert. Zum anderen wird der Normzweck – Ausschluss von Vermögensmanipulationen – zu Lasten des ausgleichspflichtigen Ehegatten verfehlt, wenn sich sein Vermögen während des Rechtsstreits infolge von Umständen verringert, auf die er keinen Einfluss hat – Börsenkursentwicklung, Preisverfall aufgrund wirtschaftlicher Rezession. Eine Korrektur seiner Ausgleichspflicht über das Leistungsverweigerungsrecht des § 1381 verbietet sich nach allgM hier vom Sinn und Zweck der Norm her.[3] Mit der Einrede des § 1381 können nur im Einzelfall auftretende grobe Unbilligkeiten verhindert, nicht aber Unstimmigkeiten korrigiert werden, die aus den bewusst stichtagsbezogenen gesetzlichen Berechnungsmethoden folgen (→ § 1381 Rn. 2). Nach allgM sind diese Verwerfungen bei der Durchsetzung des Normzwecks des § 1384 im Interesse einer schematischen, Klarheit und Rechtssicherheit gewährenden Berechnung des Zugewinns aber hinzunehmen.

## II. Verhältnis zur Kappungsregelung des § 1378 Abs. 2 S. 1

3 Bis zur Reform des Zugewinnausgleichsrechts zum 1.9.2009 war der ausgleichsverpflichtete Ehepartner gegen das Risiko von Vermögensverlusten zwischen Rechtshängigkeit und Beendigung des Scheidungsverfahrens geschützt – die Höhe der Ausgleichsforderung war auf den Wert des bei Rechtskraft des Scheidungsurteils vorhandenen Vermögens beschränkt (§§ 1384, 1378 Abs. 2 aF). Er musste mithin bei Vermögensverlusten während des Scheidungsverfahrens äußerstenfalls sein gesamtes Vermögen zur Erfüllung der Zugewinnausgleichsforderung einsetzen – verschulden aber musste er sich nicht. Vor allem auch, um die sonstigen Gläubiger des ausgleichspflichtigen Ehepartners zu schützen, sollten aufgrund ihrer Nähe gut informierte Ehepartner mit ihren Ausgleichsforderungen nur dann neben dritte Gläubiger treten, wenn das vorhandene Vermögen zur Deckung von deren Forderungen ausreichte (→ § 1378 Rn. 9). Konsequent verlegte § 1384 aF auch nur den Berechnungszeitpunkt für den Zugewinn vor, nicht aber auch den für die Höhe der Ausgleichsforderung. Zu einer Durchkreuzung der Begrenzungsregelung des § 1378 Abs. 2 aF kam es folglich nicht.

4 Das aber genau geschieht, seit § 1384 die Rechtshängigkeit des Scheidungsverfahrens auch als Stichtag für die Höhe der Ausgleichsforderung vorsieht. Im Bemühen, die Möglichkeit von Vermögensmanipulationen zu Lasten des Ehepartners auszuschließen,[4] ist dem Gesetzgeber offensichtlich aus dem Blick geraten, dass Vermögensminderungen auch in der Zeit des Scheidungsverfah-

---

[1] OLG Dresden FamRZ 2008, 1857.

[2] BGHZ 46, 215 (218 ff.) = NJW 1967, 439; Soergel/*Kappler/Kappler* Rn. 3.

[3] Anders *Schwab* FamRZ 2009, 1445; *Bergschneider* in Schröder/Bergschneider FamilienvermögensR Rn. 4.3556; in einem obiter dictum auch BGH NJW 2012, 2657 = FamRZ 2012, 1479 mAnm *Hoppenz*.

[4] BT-Drs. 16/10798, 11, 18; BT-Drs. 16/13027, 7.

rens nicht immer auf illoyalem Verhalten beruhen, sondern auch aufgrund nicht beeinflussbarer wirtschaftlicher Umstände ohne eigenes Zutun eintreten können (→ Rn. 2). Nach dem Wortlaut des § 1384 berühren auch solche Verluste die Höhe der Ausgleichsforderung nicht. Das hat zur Folge, dass der Ausgleichsanspruch unabhängig von dem bei Beendigung des Güterstandes vorhandenen Vermögen in der zum Zeitpunkt der Rechtshängigkeit des Scheidungsverfahrens errechneten Höhe zu begleichen ist. Das wiederum impliziert, dass sich der ausgleichspflichtige Ehegatte uU verschulden, auch Insolvenz beantragen muss, um die Zugewinnausgleichsforderung zu erfüllen – und zwar unabhängig davon, ob er irgendwie für die zwischenzeitlich eingetretenen Vermögensverluste verantwortlich zu machen ist oder nicht.

Die **Kappungsregelung** des § 1378 Abs. 2 S. 1, mit der vermieden werden soll, dass sich ein Ehegatte verschulden muss, um den Zugewinnausgleichsanspruch zu erfüllen, wird durch die Festlegung der Höhe der Zugewinnausgleichsforderung in § 1384 also **ausgehebelt.** Aufzulösen wäre der Widerspruch zwischen der Begrenzung des § 1384 und der Kappungsgrenze des § 1378 Abs. 2 S. 1 durch eine **teleologische Reduktion des § 1384.** Die Rechtshängigkeit des Scheidungsantrags tritt für die Festlegung der Höhe der Ausgleichsforderung nur dann an die Stelle des Zeitpunkts der Beendigung des Güterstandes (§ 1378 Abs. 2 S. 1), wenn die bis dahin eingetretenen Vermögensverluste auf wirtschaftlichen Handlungen oder finanziellen Transaktionen beruhen, für die der ausgleichspflichtige Ehepartner verantwortlich ist.[5] Dieser Vorschlag hat sich jedoch nicht durchgesetzt. Nicht zu überzeugen vermag allerdings die vom BGH zur Ablehnung vorgebrachte Begründung.[6] Weder ist der Wortlaut der Norm ein Gegenargument – bei einer teleologischen Reduktion geht es ja gerade um dessen Überwindung – noch überzeugt der Hinweis auf den Willen des Gesetzgebers. Dieser spricht vielmehr gerade für die teleologische Reduktion – ausweislich der Gesetzgebungsmaterialien ging es der Legislative hier ausschließlich um die Verhinderung manipulativer Vermögensminderungen während des Scheidungsverfahrens (→ Rn. 4). Bedenkenswert ist allerdings der gegen die Analogie vorgebrachte Hinweis auf die Vorteile einer schematischen, formalisierten Zugewinnberechnung, die Abgrenzungsschwierigkeiten vermeidet und Rechtssicherheit gewährt.[7] 5

## III. Anwendungsbereich

**Gegenständlich** legt § 1384 den Zeitpunkt für die Berechnung des Zugewinns fest. Der Zeitpunkt gilt also für die Berechnung des Anfangs- und Endvermögens und beendet mithin auch den Zeitraum der Hinzurechnungen von privilegiertem Erwerb zum Anfangsvermögen und von illoyalen Vermögensminderungen zum Endvermögen (§ 1374 Abs. 2, § 1375 Abs. 2). Außerdem beendet er den Zeitraum für Anrechnungen von Vorausempfängen auf die Ausgleichsforderung (§ 1380) und bestimmt zudem Gegenstand und Zeitpunkt der nach § 1379 Abs. 1 S. 1 Nr. 2 geschuldeten Auskunft.[8] 6

Die mit der Zugewinnausgleichsrechtsreform eingeführte Vorverlegung auch des Zeitpunkts für die Höhe der Ausgleichsforderung gilt nicht, wenn die Ehe am 1.9.2009 bereits rechtskräftig geschieden war. In diesem Fall nämlich ist die Ausgleichsforderung nach der Stichtagsregelung des § 1384 aF entstanden bzw. nicht entstanden – letzteres etwa in dem Fall, in dem sich das bei Rechtshängigkeit des Scheidungsverfahrens vorhandene Vermögen des ausgleichspflichtigen Ehegatten infolge der Finanzkrise während des Verfahrens in Nichts aufgelöst hatte und die Forderung an der Kappungsgrenze des § 1378 Abs. 2 aF gescheitert war. Die Ausgleichsforderung hier nachträglich durch Heranziehung des – auch die Ausgleichsforderung mit Rechtshängigkeit festschreibenden – § 1384 in seiner erst seit 1.9.2009 geltenden Fassung entstehen zu lassen, verstößt gegen das Rückwirkungsverbot von Gesetzen (→ 7. Aufl. 2018, EGBGB Art. 229 § 20 Rn. 1).[9] 7

## IV. Eintritt der Rechtshängigkeit

§ 1384 stellt für die Zugewinnberechnung im Falle Scheidung auf die Rechtshängigkeit des Scheidungsantrags ab. Stichtag ist also der Tag von dessen **Zustellung** (§ 124 FamFG, § 253 ZPO). Dabei bleibt es auch, wenn der Scheidungsantrag **verfrüht,** dh ohne dass die zeitlichen Tatbestandsvoraussetzungen für die Scheidung vorlagen, **gestellt** wurde. Auch wenn der Antrag also – ohne Vortrag zum 8

[5] IdS auch *Born* NJW 2008, 2289; *Kogel* FF 2008, 185 – Einrede befürwortend.
[6] BGH NJW 2012, 2657 = FamRZ 2012, 1479 mAnm *Hoppenz.*
[7] NK-BGB/*Fischinger* Rn. 13.
[8] BGHZ 44, 163 (166) = NJW 1965, 2055; BGHZ 99, 304 (305) = NJW 1987, 1764; OLG Hamm FamRZ 1987, 701 (702); 1992, 1180, alle zu § 1379 aF.
[9] BGH NJW 2015, 56 = FamRZ 2015, 121 mAnm *Kogel*; NZA 2014, 734 = FamRZ 2014, 1610 mAnm *Koch*; KG FamRZ 2012, 1642.

Vorliegen eines Härtefalls iSd § 1565 Abs. 2 – vor Ablauf des Trennungsjahres eingereicht wurde, gibt seine Zustellung den Berechnungszeitpunkt vor. Ein Abweichen von der gesetzlichen Zeitvorgabe für die Zugewinnberechnung würde der gesetzgeberischen Konzeption der Regelung des Zugewinnausgleichs zuwiderlaufen. Nach dieser sind die für die Berechnung des Zugewinns relevanten Termine und Vermögensmassen – im Interesse von Rechtssicherheit und Praktikabilität – bewusst ohne Einzelfallbezug schematisch und generalisierend festgelegt. Ein Abweichen von der gesetzlichen Regelung kommt nach allgM mithin nur ganz ausnahmsweise unter dem Aspekt von Treu und Glauben (§ 242) in Betracht – nur dann nämlich, wenn die gesetzliche Vorgaben in einer atypischen Konstellation zu einem grob unbilligen, dem Gerechtigkeitsempfinden in unerträglicher Weise widersprechenden Ergebnis führen würden. Nach der Rspr. ist dies im Falle verfrüht gestellter Scheidungsanträge nur anzunehmen, wenn der Antrag nachweisbar in manipulativer Absicht allein mit dem Ziel, einen absehbar anstehenden Vermögenszuwachs aus dem Zugewinn zu nehmen, zu früh eingereicht wurde.[10]

9 Im Unterschied zur Scheidung steht im Fall der **Aufhebung der Ehe** die Geltung des Berechnungszeitpunkts generell unter dem Vorbehalt, dass dessen Heranziehung im Hinblick auf die Umstände bei der Eheschließung nicht zu einem grob unbilligen Ergebnis führt (§ 1318 Abs. 3).

10 Keinen Einfluss auf den Stichtag hat die Dauer des Verfahrens, und zwar auch dann, wenn die Ehegatten nicht getrennt lebten. Anwendbar bleibt § 1384 auch bei längerem **Ruhen des Verfahrens.**[11] Anders wird vielfach entschieden, wenn zwischenzeitlich eine Versöhnung und eine Einigung über die Nichtfortsetzung des Scheidungsverfahrens erfolgte. Die überwM wertet hier die **Wiederaufnahme** des Verfahrens (§ 250 ZPO, § 113 Abs. 1 FamFG) als neuen Scheidungsantrag und lässt den alten Stichtag der Rechtshängigkeit des früheren Verfahrens fallen.[12] Zur Vermeidung ausufernder Billigkeitsentscheidungen ist jedoch an der formalisierten Regelung des § 1384 festzuhalten.[13]

11 Umgekehrt ist ein früherer, durch **Rücknahme** erledigter Scheidungsantrag auch dann belanglos, wenn die Ehegatten die eheliche Lebensgemeinschaft vor Stellung des zweiten Antrags nicht wieder aufgenommen hatten. Das Gesetz lässt Rechtsstreitigkeiten, die nicht zur Scheidung geführt haben, bewusst außer Acht, relevant ist also nur die Rechtshängigkeit des Verfahrens, das schließlich zur Scheidung führte.[14]

12 Das gilt auch bei Anhängigkeit **zweier Scheidungsverfahren,** zu denen es immer wieder einmal kommt, weil das erste Verfahren nach langem Ruhen vergessen wurde. Auch hier ist auf die Rechtshängigkeit des Antrags abzustellen, der schließlich zur Scheidung führte.[15]

13 Haben **beide Ehegatten** Scheidung beantragt, so ist stets – also auch dann, wenn der frühere Antrag keinen Erfolg haben konnte – der Zeitpunkt des **früheren Antrags** entscheidend.[16] Die den Normzweck beherrschende Gefahr einer absichtlichen Benachteiligung des Ehegatten während des Verfahrens entstand bereits zu jenem Zeitpunkt.

## V. Konkurrierende Anträge

14 Sind der Antrag auf vorzeitige güterrechtliche Regelung (§§ 1385, 1386 mit dem Berechnungsstichtag des § 1387) und der Antrag auf Scheidung nebeneinander anhängig, so ist der Zeitpunkt der **ersten Rechtshängigkeit** entscheidend, auch wenn nur das spätere Begehren erfolgreich gewesen ist – wenn sich also etwa mit der Scheidung der Ehe der früher rechtshängige Antrag auf vorzeitige Beendigung der Zugewinngemeinschaft (mit oder ohne Leistungsantrag) erledigt hat. Das gilt auch, wenn das später anhängig gemachte Begehren früher entschieden wurde – wenn also etwa über den später anhängig gemachten vorzeitigen Zugewinnausgleich entschieden wird, noch während das früher anhängig gemachte Scheidungsverfahren läuft. In der ersten Konstellation ist die ratio legis auch dann erfüllt, wenn das früher anhängige Begehren nicht zum Erfolg geführt hätte.[17]

---

[10] BGH BeckRS 2017, 138740 = FamRZ 2018, 331 mAnm *Koch*; ebenso die Vorinstanz OLG Düsseldorf BeckRS 2016, 123794 = FamRZ 2017, 1044.

[11] BGH BeckRS 2010, 12052 = FamRZ 1983, 350; OLG Frankfurt FamRZ 1982, 1013; KG NJW-RR 1996, 1090; OLG Hamm FamRZ 1992, 1180: das Verfahren wurde neun Jahre nicht betrieben; *Schröder* FamRZ 2003, 277.

[12] OLG Karlsruhe FamRZ 1980, 1119; OLG Bremen FamRZ 1998, 1516: den neu gestellten Scheidungsantrag allerdings als Antrag auf Wiederaufnahme des ruhenden Verfahrens interpretierend; Staudinger/*Thiele*, 2017, Rn. 7; Johannsen/Henrich/*Jaeger* Rn. 5.

[13] Bamberger/Roth/*Cziupka* Rn. 7; Erman/*Budzikiewicz* Rn. 3; NK-BGB/*Fischinger* Rn. 13.

[14] BGH NJW 1979, 2099; OLG Koblenz FamRZ 1981, 260; Johannsen/Henrich/*Jaeger* Rn. 4; *Schröder* FamRZ 2003, 277.

[15] OLG Braunschweig FamRZ 2017, 789 = BeckRS 2016, 115215.

[16] Erman/*Budzikiewicz* Rn. 4; Palandt/*Brudermüller* Rn. 8.

[17] OLG Hamm FamRZ 1982, 609; *Gernhuber/Coester-Waltjen* FamR § 36 Rn. 34; *Rauscher* FamR Rn. 421; Johannsen/Henrich/*Jaeger* Rn. 6; Bamberger/Roth/*Cziupka* Rn. 9; aA Staudinger/*Thiele*, 2017, Rn. 8; RGRK-BGB/*Finke* Rn. 9.

Wird nach Rücknahme des Scheidungsantrags das Zugewinnausgleichsverfahren gemäß § 141 S. 2 FamFG mit dem Ziel des vorzeitigen Ausgleichs fortgeführt, bleibt die Rechtshängigkeit des ursprünglichen Scheidungsantrags auch dann relevant, wenn erneut Scheidungsantrag gestellt wird.[18] **15**

## VI. Tod eines Ehegatten

Stirbt ein Ehegatte während des rechtshängigen Scheidungsverfahrens und wird die Ehe damit durch Tod und nicht durch die avisierte Scheidung aufgelöst, so ist § 1384 nicht unmittelbar anzuwenden. Nach allgM ist jedoch die **analoge Anwendung** der Norm geboten, wenn zwischen dem überlebenden Ehegatten und den Erben des verstorbenen der rechnerische Zugewinnausgleich stattfindet.[19] Zwar nimmt § 1371 Abs. 2 in der Verweisung § 1384 gerade aus und legt damit ein argumentum e contrario nahe, doch wurde vom Gesetzgeber nicht bedacht, dass der Zweck des § 1384 seine Anwendung auch hier gebietet, denn die Gefahr der manipulativen Verminderung des Endvermögens während des Scheidungsverfahrens ist ja nicht nachträglich dadurch entfallen, dass es wegen des Todes nicht zur Scheidung kam. Die Einschränkung, dass das nur gelten könne, wenn das – hypothetisch zu Ende gedachte – Verfahren auch wirklich zur Scheidung der Ehe geführt hätte, weil bei erfolglosem Scheidungsantrag ein Bezug zu § 1384 nicht herzustellen sei,[20] ist kaum von praktischer Relevanz. Denn dass ein Scheidungsantrag abgewiesen wird, ist denkbar nur bei Anwendung der Härteklausel des § 1568, was wegen derer restriktiver Handhabung kaum vorkommt. Im Falle verfrüht gestellter Scheidungsanträge kommt es jedenfalls praktisch nie zur Abweisung, da die Trennungsfristen in der Rechtsmittelinstanz immer abgelaufen sind. **16**

## VII. Gerichtlicher Vergleich

Wird die Zugewinngemeinschaft während des Scheidungsverfahrens einverständlich aufgehoben, etwa im Rahmen eines gerichtlichen Vergleichs, so endet sie nicht durch Scheidung. Gleichwohl ist es richtig, auch hier **§ 1384 analog** anzuwenden, sofern die Vereinbarung keinen anderen Zeitpunkt vorsieht. Entscheidend für den Normzweck ist weniger die Art der Erledigung des Rechtsstreits als der schließliche Erfolg – die Beendigung des Güterstandes durch einen zum Scheidungsverfahren gehörenden Akt.[21] **17**

## VIII. Abweichende Vereinbarungen

§ 1384 setzt nach hM **dispositives** Recht.[22] Er gehört nicht zu den Normen, die konstitutiv für den Güterstand sind, aber auch nicht zu den Normen, deren Schutzzweck jede Disposition in eigener Sache ausschließt. Die Gefahr spekulativ bestimmter Prozessführung im Scheidungsstreit ist kein ausreichender Grund, die Ehegatten in ihrer Vertragsfreiheit zu beschränken. Gelingt es einem Ehegatten allerdings, die Stichtagsregelung des § 1384 durch **doloses Verhalten** zu unterlaufen, etwa die Zustellung der Antragsschrift durch vorgetäuschte Versöhnungsbereitschaft zu verzögern, kann ein Schadensersatzanspruch aus § 826 begründet sein. **18**

Die Ehegatten können also – während des Güterstandes in Form des Ehevertrags – § 1384 abbedingen und zur Berechnung des Zugewinns den gesetzlich in § 1375 Abs. 1 bestimmten Zeitpunkt der Güterstandsbeendigung wählen. Sie können aber auch jeden anderen Zeitpunkt wählen oder einem Ehegatten ein Wahlrecht einräumen (vgl. dazu § 1479 aus dem Recht der Gütergemeinschaft). Unberührt bleiben die **allgemeinen Schranken der Vertragsfreiheit,** vor allem die Grenzen, die § 138 zieht. Sittenwidrig und nichtig kann eine abweichende Stichtagsvereinbarung insbesondere sein, wenn sie einen Ehegatten in grob einseitiger Manier gegenüber dem anderen begünstigt. **19**

# § 1385 Vorzeitiger Zugewinnausgleich des ausgleichsberechtigten Ehegatten bei vorzeitiger Aufhebung der Zugewinngemeinschaft

**Der ausgleichsberechtigte Ehegatte kann vorzeitigen Ausgleich des Zugewinns bei vorzeitiger Aufhebung der Zugewinngemeinschaft verlangen, wenn**

---

18 OLG Köln FamRZ 2008, 2043; 2003, 539 mAnm *Höser.*

19 BGHZ 99, 304 = NJW 1987, 1764; BGH NJW 2004, 1321 = FamRZ 2004, 527 mAnm *Koch*; Staudinger/*Thiele,* 2017, Rn. 7; Soergel/*Kappler/Kappler* Rn. 7; Erman/*Budzikiewicz* Rn. 2; *Schwab* in Schwab ScheidungsR-HdB VII Rn. 274; Johannsen/Henrich/*Jaeger* Rn. 2; aA OLG Celle FamRZ 1984, 55; OLG Köln FamRZ 1985, 933; *Dölle* FamR I 834.

20 Staudinger/*Thiele,* 2017, Rn. 7; Bamberger/Roth/*Ciupka* Rn. 8.

21 Zust. Staudinger/*Thiele,* 2017, Rn. 9.

22 Staudinger/*Thiele,* 2017, Rn. 14; Bamberger/Roth/*Ciupka* Rn. 15; Erman/*Budzikiewicz* Rn. 7; Johannsen/Henrich/*Jaeger* Rn. 7.

**1. die Ehegatten seit mindestens drei Jahren getrennt leben,**
**2. Handlungen der in § 1365 oder § 1375 Absatz 2 bezeichneten Art zu befürchten sind und dadurch eine erhebliche Gefährdung der Erfüllung der Ausgleichsforderung zu besorgen ist,**
**3. der andere Ehegatte längere Zeit hindurch die wirtschaftlichen Verpflichtungen, die sich aus dem ehelichen Verhältnis ergeben, schuldhaft nicht erfüllt hat und anzunehmen ist, dass er sie auch in Zukunft nicht erfüllen wird, oder**
**4. der andere Ehegatte sich ohne ausreichenden Grund beharrlich weigert oder sich ohne ausreichenden Grund bis zur Stellung des Antrags auf Auskunft beharrlich geweigert hat, ihn über den Bestand seines Vermögens zu unterrichten.**

**Schrifttum (zu §§ 1385–1388):** *Bergschneider,* Der Auskunftsanspruch gemäß § 1379 unter besonderer Berücksichtigung seiner Auswirkungen auf den vorzeitigen Zugewinnausgleich nach der Zugewinnausgleichsreform, FamRZ 2009, 1713; *Gomille,* Sicherung des Ausgleichsanspruchs bei vorzeitiger Aufhebung der Zugewinngemeinschaft, NJW 2012, 1545; *Hoppenz,* Reformbedarf und Reformbestrebungen im Zugewinnausgleich, FamRZ 2008, 1889; *Kogel,* Diskussion: Vorzeitige Aufhebung der Zugewinngemeinschaft und Schutzzweck des § 1365 Abs. 1 BGB, FamRZ 2012, 85; *Schöfer-Liebl,* Vorzeitige Aufhebung der Zugewinngemeinschaft und Schutzzweck des § 1365 Abs. 1 BGB, FamRZ 2011, 1628 und FamRZ 2012, 87.

**Übersicht**



## I. Hintergrund

1 Güterstände sind **Dauerrechtsverhältnisse,** die zwar jederzeit durch Vertrag aufgehoben oder modifiziert werden können, im Übrigen aber – sofern ein Ehevertrag nichts anderes bestimmt – für die gesamte Dauer der Ehe gelten. Um eine übermäßige vermögensrechtliche Bindung zu vermeiden, ist es notwendig, Ehegatten in bestimmten Konstellationen das Recht einzuräumen, sich einseitig aus dem Güterstand der Zugewinngemeinschaft, der ihnen nicht mehr interessengerecht zu sein scheint, zu lösen. Während schuldrechtliche Dauerschuldverhältnisse durch einseitigen außerordentlichen Akt gelöst werden können, wenn ein wichtiger Grund eintritt (vgl. §§ 543, 626, 723), hat der gesetzliche Güterstand größere Stabilität. Hier treten an die Stelle der Generalklausel des Schuldrechts einzelne Tatbestände, die auf Störungen der persönlichen und wirtschaftlichen Grundlagen der Zugewinngemeinschaft abstellen (§ 1385 Nr. 1 und 3) sowie auf die Gefährdung der zukünftigen

Ausgleichsforderung (§ 1385 Nr. 2) wie auch auf die bewusste Verhinderung der Ermittlung der Ausgleichsforderung (§ 1385 Nr. 4). Verfolgt werden können mit der vorzeitigen güterrechtlichen Trennung und Auseinandersetzung **zwei unterschiedliche Zwecke** – die Sicherung der eigenen Ausgleichsforderung und der Ausschluss des Ehegatten von der Teilhabe am eigenen künftigen Mehrgewinn.

Zur Durchsetzung dieser Zwecke sind in der Reform des Zugewinnausgleichsrechts durch das Gesetz zur Änderung des Zugewinnausgleichs- und Vormundschaftsrechts vom 6.7.2009 (BGBl. 2009 I 1696) mWv 1.9.2009 die güterrechtlichen Aktionsmöglichkeiten erweitert und die Voraussetzungen für die vorzeitige Beendigung der Zugewinngemeinschaft bzw. für den vorzeitigen Zugewinnausgleich umgestaltet worden. Nach §§ 1385, 1386 aF musste ein Ehepartner, der vorzeitigen Ausgleich des Zugewinns verlangte, zunächst die Rechtskraft des die Zugewinngemeinschaft beendenden Gestaltungsurteils abwarten, bevor er Auskunft und Leistung verlangen konnte – die Ansprüche hierauf entstanden nämlich erst mit Beendigung des Güterstandes (§§ 1379, 1378 aF). Zwar konnten Gestaltungsklage, Auskunfts- und Leistungsklage im Wege der Stufenklage miteinander verbunden werden, doch konnte über sie nur nacheinander entschieden werden – über den Auskunftsanspruch und den Leistungsanspruch also immer erst, wenn das den Güterstand beendende (Teil-)Urteil rechtskräftig war. Abgesehen davon, dass diese zeitliche Verzögerung dem ausgleichspflichtigen Ehegatten die Möglichkeit zu Vermögenstransaktionen zu Lasten des Ausgleichsberechtigten bot, war es nach §§ 1385, 1386 aF auch nicht möglich, die Zugewinngemeinschaft ohne Geltendmachung der Ausgleichsforderung zu beenden. Der nicht ausgleichsberechtigte Ehegatte konnte sich mithin aus der Zugewinngemeinschaft nur unter Inkaufnahme der Feststellung der eigenen Ausgleichspflicht lösen. 2

## II. Regelungsstruktur

**1. Vorzeitiger Zugewinnausgleich bei Aufhebung der Zugewinngemeinschaft (§ 1385).** 3
Nach § 1385 kann ein Ehegatte während bestehender Ehe Ausgleich des Zugewinns verlangen, ohne dass die Zugewinngemeinschaft – wie nach §§ 1385, 1386 aF – in einem vorausgegangenen Verfahren aufgehoben worden sein muss. Es reicht aus, dass die Aufhebung in dem auf Zahlung gerichteten Verfahren erfolgt. Dass über diese nicht inzident in dem dem Zahlungsantrag stattgebenden Beschluss entschieden wird – was angesichts des Wortlauts des § 1385 „bei" Aufhebung in Betracht gezogen wurde –, wird inzwischen nicht mehr in Frage gestellt. Nach hM hat der ausgleichsberechtigte Ehegatte einen **kombinierten Gestaltungs- und Leistungsantrag** zu stellen, also gleichzeitig Aufhebung der Zugewinngemeinschaft und Zahlung zu verlangen.[1] Das auf Leistung und Gestaltung gerichtete Verfahren nach § 1385 hat mithin zwei Streitgegenstände. Geltend machen kann den Anspruch auf Zahlung des Zugewinnausgleichs während bestehender Ehe nur der – tatsächliche oder vermeintliche – Zugewinnausgleichsgläubiger. Dieser hat seine **Ausgleichsberechtigung,** die Tatbestandsvoraussetzung für den Anspruch aus § 1385 ist, **schlüssig darzulegen.** Gelingt es ihm nicht, das Bestehen seiner Ausgleichsforderung als wahrscheinlich nachzuweisen, etwa wegen schwieriger Vermögensermittlungen, kann er nur die nach § 1386 beiden Ehegatten offenstehende Aufhebung der Zugewinngemeinschaft verlangen.

**2. Vorzeitige Aufhebung der Zugewinngemeinschaft (§ 1386).** Auch ohne Zahlung des Zugewinns zu verlangen, kann jeder Ehegatte gemäß § 1386 unter den in § 1385 Nr. 1–4 bestimmten Voraussetzungen mit **reinem Gestaltungsantrag** die vorzeitige Aufhebung der Zugewinngemeinschaft verlangen. Damit kann sich auch der – tatsächlich oder mutmaßlich – ausgleichsverpflichtete Ehepartner noch während des Bestehens der Ehe aus der Zugewinngemeinschaft lösen. 4

**3. Auskunftsanspruch.** Sowohl beim Vorgehen nach § 1385 wie auch nach § 1386 steht mit Rechtshängigkeit des Antrags den Ehegatten der **Auskunftsanspruch aus § 1379** zu, der die Möglichkeit gibt, die wirtschaftlichen Verhältnisse des anderen zu eruieren (§ 1379 Abs. 1 S. 1). Schon mit Beginn des Verfahrens kann der Ehegatte also die zur Beurteilung seiner Zugewinnausgleichsberechtigung erforderlichen Informationen erlangen und entscheiden, ob und welche weiteren ausgleichsrechtlichen Maßnahmen sich für ihn lohnen. Leben die Ehegatten bereits getrennt, kann er sich gemäß § 1379 Abs. 1 S. 1 Nr. 1 sowie § 1379 Abs. 2 auch über das Trennungsvermögen des anderen informieren. 5

**4. Beendigung der Zugewinngemeinschaft.** Die Beendigung der Zugewinngemeinschaft erfolgt in einem zweigliedrigen Tatbestand, der durch eine formalisierte Willenserklärung – gerichtlicher Antrag nach § 1385 oder § 1386 – eingeleitet und durch einen konstitutiven gerichtlichen 6

[1] *Schulz/Hauß* Trennung und Scheidung Rn. 914, 921; Erman/*Budzikiewicz* Rn. 1; NK-BGB/*Fischinger* Rn. 3.

**Gestaltungsbeschluss** vollendet wird. Die rechtliche Struktur entspricht mithin der der Ehescheidung, aber auch der der Auflösung einer Personengesellschaft des Handelsrechts (vgl. § 133 HGB). Gemäß § 1388 tritt mit Rechtskraft der Entscheidung über die Aufhebung der Zugewinngemeinschaft **Gütertrennung** ein – sei es, dass die Entscheidung isoliert nach § 1386 ergeht oder nach § 1385 auch die Zugewinnausgleichszahlung umfasst. Endete die Zugewinngemeinschaft bereits vor dem richterlichen Gestaltungsakt aus einem anderen Grund – durch Ehescheidung oder Tod eines Ehegatten oder auch durch Ehevertrag – ist das anhängige Verfahren in der Hauptsache für erledigt zu erklären.

7 **5. Vier Tatbestände.** Von den insgesamt vier Tatbeständen, die das Recht zur Beendigung der Zugewinngemeinschaft begründen, ist nur einer (§ 1385 Nr. 1) scharf konturiert; die anderen (§ 1385 Nr. 2–4) verwenden **unbestimmte Rechtsbegriffe** mit entsprechender Minderung der Kalkulierbarkeit. Die Voraussetzungen für das vorzeitige güterrechtliche Vorgehen nach § 1386 sind durch den Verweis auf die Tatbestände des § 1385 Nr. 1–4 für den ausgleichsberechtigten Ehegatten und den nicht ausgleichsberechtigten, ggf. ausgleichsverpflichteten, gleich geregelt. Auch letzterer hat also die Möglichkeit, bei unlauterem zugewinnrechtlich bedeutsamem Verhalten des anderen güterrechtliche Maßnahmen zu ergreifen und die vorzeitige Beendigung der Zugewinngemeinschaft zu betreiben.

8 **6. Ausschluss von Analogien.** Die Beschränkung auf vier ausformulierte Tatbestände ist vom Gesetzgeber gewollt. Regelungslücken bestehen nicht; Analogien sind nach allgM ausgeschlossen. Insbes. kann kein Ehegatte den Güterstand vorzeitig beenden, weil der Partner in Vermögensverfall gerät oder Verluste erleidet, die zu einer Schmälerung seiner voraussichtlichen Ausgleichsforderung führen. Auch begründet allein die Befürchtung, dass der Ehegatte sein Vermögen ins Ausland transferiert, das Recht auf vorzeitigen Zugewinnausgleich nicht.[2]

## III. Voraussetzungen vorzeitigen Vorgehens

9 **1. Getrenntleben (Nr. 1). a) Tatbestandselemente.** Leben die Ehegatten seit mindestens drei Jahren getrennt, so kann jeder von ihnen die vorzeitige Aufhebung der Zugewinngemeinschaft erreichen (§ 1386 iVm § 1385 Nr. 1). Der von seiner Ausgleichsberechtigung überzeugte Ehegatte hat in diesem Fall nach § 1385 Nr. 1 zusätzlich die Möglichkeit, direkt Zahlung des Zugewinns zu verlangen. Die in § 1385 Nr. 1 aufgestellte Voraussetzung enthält **nur zwei** Elemente: **Trennung** der Ehegatten und **Zeitablauf.** Weitere Voraussetzungen stellt das Gesetz für die vorzeitige Aufhebung der Zugewinngemeinschaft nicht auf. Die Ursachen der Trennung oder der Grad der Ehezerrüttung etwa sind belanglos. Ebenso belanglos ist der mit der Aufhebung der Zugewinngemeinschaft verbundene Wegfall des Schutzes vor Gesamtvermögensgeschäften nach § 1365.[3]

10 **b) Dreijähriges Getrenntleben.** Der Begriff Getrenntleben ist in § 1567 gesetzlich definiert. Neben dem objektiven Tatbestand der getrennten Haushalts- und Lebensführung ist in subjektiver Hinsicht die willentliche, erkennbare Abkehr zumindest eines Ehegatten von der ehelichen Lebensgemeinschaft erforderlich (→ § 1567 Rn. 13 ff.).

11 § 1385 verleiht mithin das Güterstandsbeendigungsrecht nach typisiertem Wegfall abstrakt vorausgesetzter Grundlagen der Zugewinngemeinschaft. Mit der Trennung der Ehegatten entfällt zwar nicht notwendig – denkbar ist weitere Mitarbeit im Beruf oder Geschäft des anderen –, aber doch in der Regel jede Mitwirkung an der Vermögensmehrung des Partners. Die Frist von drei Jahren soll sicherstellen, dass der Antrag nicht Ehen gefährdet, die noch nicht endgültig gescheitert sind (vgl. § 1566 Abs. 2).

12 **c) Kein Billigkeitskorrektiv.** Der Tatbestand ist nicht durch Billigkeitskorrektive zu mildern. Ehegatten, die selbst die Trennung herbeiführten, handeln nicht § 1353 oder § 242 zuwider, wenn sie nach §§ 1385, 1386 vorgehen. Die bewusste Typisierung des Tatbestandes, die dem abstrahierenden Grundmuster der Zugewinngemeinschaft entspricht, schließt einzelfallbezogene Korrekturen aus.[4]

13 **2. Gefährdung der Ausgleichsforderung (Nr. 2). a) Tatbestandselemente.** Nach § 1385 Nr. 2 haben Ehegatten die Möglichkeit vorzeitigen güterrechtlichen Vorgehens, wenn zu besorgen ist, dass die Erfüllung der Ausgleichsforderung gefährdet ist – und zwar dadurch, dass einseitige Gesamtvermögensgeschäfte nach § 1365 oder illoyale Vermögensminderungen nach § 1375 Abs. 2

---

[2] OLG Karlsruhe FamRZ 1999, 663.

[3] BGH FamRZ 2019, 1045 = BeckRS 2019, 7411; OLG Dresden FamRZ 2017, 1563; OLG München NJW 2012, 1373; NK-BGB/*Fischinger* Rn. 8; *Kogel* FamRZ 2012, 85; *Gomille* NJW 2012, 1545; aA *Schöfer-Liebl* FamRZ 2011, 1628; *Schöfer-Liebl* FamRZ 2012, 87.

[4] Staudinger/*Thiele,* 2017, Rn. 11; Soergel/*Kappler/Kappler* Rn. 12.

zu befürchten sind. Das Antragsrecht dient hier der Sicherung der Durchsetzung der Ausgleichsforderung. Das Kausalitätserfordernis – für die Gefährdung müssen **bestimmte Rechtsgeschäfte** kausal sein – hat begrenzende Funktion: Aus der Fülle möglichen besorgnisbegründenden Fehlverhaltens werden zwei schon andernorts als güterstandserheblich erfasste Verhaltensweisen ausgewählt. Zu den als Reaktion auf sie bereits vorgesehenen Rechtsfolgen – Unwirksamkeit des Rechtsgeschäfts und Revokationsrecht in den Fällen des § 1365, Vermehrung des Endvermögens in den Fällen des § 1375 Abs. 2 – kommen das Gestaltungsrecht des § 1386 bzw. das Leistungs- und Gestaltungsrecht des § 1385 hinzu, weil die güterstandsimmanenten Korrekturen der §§ 1365 ff., §§ 1375 ff. dem gefährdeten Ehegatten keine ausreichende Gewähr seiner Rechte bieten.

**b) Nicht gebilligte Gesamtvermögensgeschäfte (Nr. 2 Alt. 1).** Anders als nach § 1386 Abs. 2 Nr. 1 aF können die vorzeitigen güterrechtlichen Maßnahmen nicht erst ergriffen werden, wenn das gemäß § 1365 zustimmungspflichtige Gesamtvermögensgeschäft durchgeführt ist, sondern bereits, wenn dessen Vornahme durch den anderen **zu befürchten** ist. Ob eine solche Befürchtung gerechtfertigt ist oder nur ins Blaue hinein behauptet wird, kann nur anhand der im Einzelfall vorgebrachten Anhaltspunkte festgestellt werden. Ein Verkaufsinserat etwa betreffend die das gesamte Vermögen des Ehepartners ausmachende Eigentumswohnung oder die Auflösung von Festgeldkonten oder Sparbüchern sind Umstände, die die Befürchtung zu begründen vermögen. Hat der Ehegatte seine Zustimmung bereits verweigert, so hindert die Tatsache, dass diese durch richterlichen Akt noch ersetzt werden kann, das Vorgehen nach § 1385 Nr. 2 nicht.[5] Ist das eigenmächtig vorgenommene Geschäft bereits durchgeführt, die verweigerte Zustimmung des Ehegatten aber durch richterlichen Akt ersetzt worden (§ 1365 Abs. 2), bestehen die Rechte aus § 1385 Nr. 2 und § 1386 hingegen nicht mehr. 14

Ob das vorgenommene Gesamtvermögensgeschäft zu wirtschaftlichen Nachteilen geführt hat oder führen würde, ist für die Zustimmungspflicht irrelevant. Im Rahmen des § 1385 Nr. 2 behalten die ökonomischen Auswirkungen des Geschäftes jedoch Relevanz für die zweite Tatbestandsvoraussetzung, die Besorgnis einer erheblichen Gefährdung der künftigen Ausgleichsforderung. 15

**c) Illoyale Vermögensminderungen (Nr. 2 Alt. 2).** Auch für das Vorgehen im Hinblick auf illoyale Vermögensminderungen iSd § 1375 Abs. 2 ist es – anders als nach § 1386 Abs. 2 Nr. 2 aF – nicht erforderlich, dass es bereits zu solchen gekommen ist –, schon wenn solche **zu befürchten** sind, hat der davon betroffene Ehegatte das Recht, die vorzeitigen güterrechtlichen Maßnahmen zu ergreifen. Die einzelfallbezogen festzustellende Befürchtung ist gegeben etwa bei Buchung teurer Ferienreisen oder auch bei wirtschaftlich nicht gebotener Umschichtung von Vermögen in Anlageformen, die ein leichteres unbemerktes Verschwindenlassen ermöglichen. Das Verschweigen eines Sparguthabens in der irrigen Annahme, privilegierter Erwerb nach § 1374 Abs. 2 unterliege nicht der Auskunftspflicht des § 1379, lässt hingegen keine illoyalen Maßnahmen befürchten.[6] 16

Ist es bereits zur illoyalen Vermögensminderung iSd § 1375 Abs. 2 gekommen, so ist das Recht des benachteiligten Ehegatten auf vorzeitige Beendigung der Zugewinngemeinschaft mit oder ohne Anspruch auf Zugewinnausgleich ausgeschlossen, wenn die Vermögensaktion nach § 1375 Abs. 3 unbeachtlich ist. Obgleich § 1385 Nr. 2 nur auf die Handlungen der in „§ 1375 Abs. 2 bezeichneten Art" verweist und die dort in Abs. 3 gesetzten Schranken – Irrelevanz der illoyalen Vermögensminderung bei Einverständnis des Ehegatten oder zehnjährigem Zurückliegen – nicht explizit erwähnt, gebietet die **teleologische Interpretation des Verweises,** auch die Normgrenzen zu übernehmen und das Recht auf vorzeitige güterrechtliche Maßnahmen in den Fällen des § 1375 Abs. 3 auszuschließen.[7] Nicht notwendig ist es, zur Rechtfertigung dieses – unstreitigen – Ergebnisses andere Rechtsgedanken zu bemühen – etwa den des venire contra factum proprium für die gebilligten illoyalen Vermögensminderungen. 17

**d) Bestehen einer Ausgleichsforderung.** Eine erhebliche Gefährdung der künftigen Ausgleichsforderung ist an sich nur von einem Ehegatten zu besorgen, der eine Ausgleichsforderung zu erwarten hat. Dennoch ist es richtig, dass § 1386 durch den ausnahmslosen Verweis auf die Tatbestände des § 1385 klarstellt, dass das Recht zur vorzeitigen Aufhebung der Zugewinngemeinschaft **auch dem Ehegatten** zusteht, der möglicherweise, wahrscheinlich oder gar sicher beim Zugewinnausgleich **Schuldner sein wird.** In diesem Sinn hatte die überwM bereits § 1386 Abs. 2 Nr. 2 aF (extensiv) interpretiert und den Normzweck mehr an dem Gebot einer loyalen Berechnung der Ausgleichsforderung orientiert als an dieser selbst.[8] Vermögensminderungen des ausgleichsberechtig- 18

[5] Bamberger/Roth/*Cziupka* Rn. 6; Erman/*Budzikiewicz* Rn. 2.

[6] OLG Frankfurt BeckRS 2014, 20653.

[7] Staudinger/*Thiele,* 2017, Rn. 17; Soergel/*Kappler/Kappler* Rn. 7; Erman/*Budzikiewicz* Rn. 4.

[8] Staudinger/*Thiele,* 2017, § 1386 Rn. 16; *Gernhuber/Coester-Waltjen* FamR § 36 Rn. 13; *Rauscher* FamR Rn. 435; anders und nur den hypothetischen Ausgleichsschuldner schützend RGRK-BGB/*Finke* Rn. 4, 6; *Dölle* FamR I 840.

ten Ehegatten sind ja nicht schuldneutral; sie schmälern dessen Zugewinn und erhöhen damit seine Ausgleichsforderung. Als entscheidender Zeitpunkt für die zu besorgende Gefährdung kann jedenfalls das Ende der letzten mündlichen Verhandlung in der Tatsacheninstanz anerkannt werden.[9]

19 **e) Erheblichkeit der Gefährdung.** Von einer erheblichen Gefährdung der Erfüllung der Ausgleichsforderung kann nicht schon dann gesprochen werden, wenn der Ehepartner einen der inkriminierten Akte vornahm. Beim nicht gebilligten Gesamtvermögensgeschäft ist vielmehr nach den **wirtschaftlichen Auswirkungen** zu fragen. Führt das – zu befürchtende oder vorgenommene – Geschäft zu wirtschaftlichen Vorteilen, zu finanziell sinnvoller Verwendung der Gegenleistung oder steht zu erwarten, dass es mittels Revokation einfach rückabzuwickeln sein wird, mindert das Geschäft das **Vermögen des ausgleichsverpflichteten** Ehegatten nicht und gefährdet mithin auch die Erfüllung der Ausgleichsforderung nicht. Das gleiche gilt, wenn der ausgleichsverpflichtete Ehepartner trotz illoyaler Vermögenstransaktionen noch in der Lage ist, den durch Hinzurechnung nach § 1375 Abs. 2 ermittelten Ausgleichsanspruch zu befriedigen – auch dann ist dessen Erfüllung nicht gefährdet.[10] Auch Ansprüche gegen Dritte nach § 1390 sind bei der Beurteilung der Erfüllungsgefährdung zu bedenken. Anders zu beurteilen ist hingegen die Frage der Gefährdung der Ausgleichsforderung in dem Fall, in dem der **ausgleichsberechtigte** Ehegatte Gesamtvermögensgeschäfte vornimmt oder sein Vermögen illoyal mindert. Hiergegen kann sich der ausgleichsverpflichtete Ehepartner in der Regel durch vorzeitige Aufhebung der Zugewinngemeinschaft wehren. Denn in diesem Fall geht es nicht um die Erfüllung der Ausgleichsforderung, sondern um deren korrekte Berechnung – und die ist durch die genannten Geschäfte praktisch immer erheblich gefährdet.

20 **3. Nichterfüllung wirtschaftlicher Verpflichtungen (Nr. 3). a) Tatbestandselemente.** Der Tatbestand enthält drei Voraussetzungen: die objektive, länger dauernde Nichterfüllung wirtschaftlicher Verpflichtungen, die sich aus dem ehelichen Verhältnis ergeben; Verschulden; die Erwartung auch zukünftigen schuldhaft pflichtwidrigen Verhaltens.

21 Das Gestaltungsrecht erwächst damit aus einer **nachhaltigen schuldhaften Störung** des Gleichgewichts der beiderseitigen Pflichterfüllung im ökonomischen Bereich. Es weist mithin zwar einen Bezug zum Grundgedanken der Zugewinngemeinschaft auf, doch lässt sich mit diesem weder die Beschränkung auf schuldhafte Pflichtwidrigkeiten vereinbaren, noch die Irrelevanz der Frage, ob und in welchem Ausmaß sich die Pflichtwidrigkeiten negativ auf die wirtschaftliche Lage der Ehegatten ausgewirkt haben. Das Recht zur vorzeitigen Beendigung der Zugewinngemeinschaft wegen Nichterfüllung wirtschaftlicher Pflichten dient primär dem wirtschaftlich stärkeren Ehegatten, der seinen Partner gemäß § 1386 iVm § 1385 Nr. 3 von der weiteren Teilhabe an seinem Zugewinn ausschließen kann. Mit dem – bei gleichen Tatbestandsvoraussetzungen (§ 1381 Abs. 2) hier immer auch gegebenen – Leistungsverweigerungsrecht kann er dann zugleich die Erfüllung der schon entstandenen Ausgleichsforderung abwehren. Die Interessen des wirtschaftlich schwächeren Ehegatten sind im Falle wirtschaftlicher Pflichtverletzungen des anderen hingegen meist mit der Fortsetzung der Zugewinngemeinschaft besser gewahrt – anders etwa nur, wenn mit den Mitteln aus dem Zugewinnausgleich eine gesicherte wirtschaftliche Existenz aufgebaut werden kann.

22 **b) Vergangenes Verhalten.** Zu den Tatbestandselementen der länger dauernden Nichterfüllung ökonomischer Pflichten und des Verschuldens → § 1381 Rn. 13 ff. Der Begriff Nichterfüllung erfasst nach hM alle Formen der pflichtwidrigen Erledigung, so auch die nur unregelmäßige, nur partielle oder nur intermittierende Erfüllung.[11] Keine Pflichtwidrigkeit liegt in der Weigerung, während der Dauer der gerichtlichen Klärung Ehegattenunterhalt zu zahlen; ob solcher geschuldet wird, steht ja erst am Ende des Verfahrens fest.[12] Jedenfalls **ausgeschlossen** ist eine analoge Anwendung auf die Nichterfüllung von Verpflichtungen **nicht wirtschaftlicher** Art.[13]

23 **c) Prognose.** Ob eine Änderung des Verhaltens in der Zukunft erwartet werden kann, ist in jedem Einzelfall anhand aller Umstände zu entscheiden. Für die Prognose ist ein Grad der Wahrscheinlichkeit notwendig, der mit der konkreten Möglichkeit einer Fortsetzung des pflichtwidrigen Tuns noch nicht erreicht ist.[14] Notwendig ist die auf Fakten gegründete Annahme, nach der die Fortsetzung des pflichtwidrigen Verhaltens wahrscheinlicher ist als eine Verhaltensänderung. Absichtserklärungen und Versicherungen des beklagten Ehegatten sind nur zu berücksichtigen, wenn die Ernstlichkeit außer Frage steht.

---

[9] OLG Frankfurt FamRZ 1984, 895; Staudinger/*Thiele,* 2017, § 1386 Rn. 25.
[10] OLG München FamRZ 2014, 1296 zu hinreichendem Immobilienvermögen des Ehemannes.
[11] Staudinger/*Thiele,* 2017, Rn. 27; Soergel/*Kappler/Kappler* Rn. 23; Erman/*Budzikiewicz* Rn. 8.
[12] OLG Hamm FamRZ 2000, 228.
[13] Erman/*Budzikiewicz* Rn. 8; NK-BGB/*Fischinger* Rn. 17.
[14] OLG Brandenburg FamRZ 2008, 1441: Misstrauen reicht nicht aus.

**4. Verweigerte Information (Nr. 4). a) Unterrichtungs- und Informationspflicht.** Umstritten ist, ob die vorzeitige güterrechtliche Reaktion wegen beharrlicher Weigerung, den Ehegatten über das eigene Vermögen zu unterrichten, an die **Nichterfüllung der allgemeinen Unterrichtungspflicht** der Ehegatten aus § 1353 Abs. 1 S. 2 anknüpft **oder auch** an die **güterstandspezifische Auskunftspflicht** des § 1379. Da sich die beiden Informationspflichten von Zielsetzung und Umfang her grundsätzlich unterscheiden, ist die Frage von großer praktischer Relevanz. Während die Auskunftspflicht aus § 1379 auf die Ermittlung des Zugewinns des anderen gerichtet ist und deshalb auch nur für Ehegatten gilt, die im gesetzlichen Güterstand leben, dient die aus der Pflicht zur ehelichen Lebensgemeinschaft resultierende Pflicht zur wechselseitigen Unterrichtung über das Vermögen der Verwirklichung und Aufrechterhaltung der ehelichen Lebensgemeinschaft und besteht unabhängig vom Güterstand. 24

Entsprechend seiner Funktion richtet sich der Unterrichtungsanspruch aus § 1353 nach allgM nur auf einen **Überblick mit groben Rastern,** der dem Ehegatten ein ungefähres Bild vermittelt vom gegenwärtigen Bestand des Vermögens, von den wesentlichen Veränderungen seit der letzten Information und von den Planungen für die nähere Zukunft. Detaillierte Ausführungen werden ebenso wenig geschuldet wie ein Verzeichnis (§ 260 gilt nicht) und die Vorlage von Belegen oder Geschäftsbüchern.[15] Ob und wann neue Informationen gefordert werden können, ist nach den Umständen des Einzelfalles zu entscheiden: In einer Ehe mit gleichförmigem ökonomischem Verhalten ist der Ehegatte seltener zu unterrichten als in einer Ehe mit erheblichen Schwankungen des Einkommens und des Vermögens. Geschuldet wird die Information lediglich auf Verlangen. Von der Rechtsnatur her ist der Auskunftsanspruch aus § 1353 ein sog. **verhaltener Anspruch,** unaufgefordert braucht kein Ehegatte den anderen zu unterrichten.[16] Die Grenzen des Anspruchs ergeben sich aus § 1353 Abs. 2. Unterrichtung über das Vermögen kann insbesondere nicht mehr verlangt werden, wenn die Ehe gescheitert ist, was mit endgültiger Trennung anzunehmen ist.[17] Da der Anspruch, auch wenn er aus § 1353 resultiert, nicht die persönliche, sondern die vermögensrechtliche Ebene zwischen den Ehegatten betrifft, schließt § 120 Abs. 3 FamFG seine Vollstreckbarkeit nicht aus.[18] 25

Nach § 1386 Abs. 3 aF konnte sich der vorzeitige Zugewinnausgleich wegen verweigerter Vermögensauskunft allein auf die **Verletzung der Informationspflicht aus § 1353** beziehen – der güterrechtliche Auskunftsanspruch aus § 1379 aF entstand ja erst mit Rechtskraft der den Güterstand vorzeitig beendenden Entscheidung. Mit der Neufassung des § 1379 stellt sich die Frage, ob § 1385 Nr. 4 auch an die hier geregelten Auskunftspflichten anknüpft und damit die Möglichkeit gibt, bei Auskunftsverweigerung über das Trennungsvermögen vorzeitige güterrechtliche Maßnahmen zu ergreifen.[19] **Gegen diese Ausdehnung** spricht der Gesetzeswortlaut, der nach wie vor die Weigerung „zu unterrichten“ voraussetzt und es nicht ersichtlich ist, dass der Gesetzgeber trotz Beibehaltung des Begriffs „Unterrichtung“ die Rechtslage ändern wollte.[20] In den Gesetzgebungsberatungen jedenfalls findet sich keinerlei Hinweis darauf, dass die im Rahmen des § 1385 Nr. 4 relevanten Informationspflichten ausgeweitet werden sollten. Der Gesetzgeber hat bei der Neuregelung der vorzeitigen güterrechtlichen Reaktionen vielmehr die Sachverhalte, die nach altem Recht hierzu berechtigten, übernommen und fortgeschrieben. Neu ist lediglich, dass die güterrechtliche Reaktion wegen unzulässiger Gesamtvermögensgeschäfte oder illoyaler Vermögensminderungen schon möglich ist, wenn deren Vornahme zu befürchten ist – der hiervon betroffene Ehegatte muss also nicht mehr abwarten und zusehen, wie der andere solche Aktionen tätigt, bevor er etwas unternehmen kann. Zur Ausweitung der Möglichkeit, wegen Informationsverweigerung vorzugehen, findet sich bei der Neuregelung des § 1385 aber kein Wort. Von daher ist es auch hinzunehmen, dass den Ehegatten nach endgültigem Scheitern der Ehe die Option des Vorgehens nach § 1385 Nr. 4 nicht 26

[15] OLG Celle FamRZ 2000, 1369; OLG Hamm FamRZ 2000, 228; OLG Karlsruhe FPR 2002, 312; OLG Brandenburg FamRZ 2008, 1441; vgl. auch BGH NJW 2000, 3199 = FamRZ 2001, 23.

[16] Strenger Staudinger/*Thiele,* 2017, Rn. 37: Informationspflicht für „einschneidende Änderungen“, doch ohne Folgen für die güterrechtliche Reaktionsmöglichkeit, da die hierfür geforderte „Auskunftsverweigerung“ eine Aufforderung voraussetzt.

[17] OLG Köln FamRZ 2009, 605.

[18] *Gernhuber/Coester-Waltjen* FamR § 36 Rn. 16–18; *Bergschneider* FamRZ 2000, 728; gegen Vollstreckbarkeit Staudinger/*Thiele,* 2017, Rn. 32; *Schwab* in Schwab ScheidungsR-HdB VII Rn. 321; Entscheidung offenlassend BGH BeckRS 1976, 31116855 = FamRZ 1978, 677.

[19] So *Braeuer* Zugewinnausgleich Rn. 273; Erman/*Budzikiewicz* Rn. 11; NK-BGB/*Fischinger* Rn. 25; BeckOGK/*Siede* Rn. 40: *Bergschneider* FamRZ 2009, 1713; *Jaeger* FPR 2012, 91.

[20] BGH NJW 2015, 154 = FamRZ 2015, 32 mAnm *Koch*; OLG Frankfurt FamRZ 2010, 563 = BeckRS 2010, 00002; Staudinger/*Thiele,* 2017, Rn. 34; Palandt/*Brudermüller* § 1386 Rn. 8; *Schwab* in Schwab ScheidungsR-HdB VII Rn. 358; *Büte,* Zugewinnausgleich bei Ehescheidung, 5. Aufl. 2017, Rn. 351; *Götz* FamRZ 2009, 1909.

mehr offen steht, weil der Unterrichtungsanspruch aus § 1353 Abs. 1 S. 2 dann nicht mehr gegeben ist.

27 Obgleich Hintergrund der güterstandsrechtlichen Sanktion auf die Informationsverweigerung der Verdacht ist, dass die Berechnung des Zugewinns vereitelt oder zumindest beeinträchtigt werden soll, ist ein entsprechendes subjektives Tatbestandselement in § 1385 Nr. 4 nicht vorgesehen. Der Normzweck ist also generalisiert, eine restriktive einzelfallbezogene Interpretation der Norm damit ausgeschlossen.

28 **b) Beharrlichkeit der Weigerung.** Eine beharrliche Weigerung ist in der Regel erst nach wiederholtem fruchtlosem Verlangen gegeben. Dass eine Änderung des Verhaltens nicht mehr zu erwarten ist, ist nicht erforderlich;[21] ausreichend ist im Regelfall eine **dreimalige** Aufforderung.[22] Bei besonderer Intensität der Weigerung kann die Beharrlichkeit jedoch, vergleichbar mit der endgültigen Erfüllungsverweigerung des Schuldrechts, schon bei einmaliger Ablehnung der Information vorliegen. Die Bereitschaft zu partieller Unterrichtung schließt den – dann auf die notwendige Ergänzung zu beziehenden – Tatbestand der beharrlichen Weigerung nicht aus. Erteilt der gerichtlich auf Auskunft in Anspruch genommene Ehegatte während des Verfahrens Auskunft, so werden die Anträge auf vorzeitige güterrechtliche Regelung nach §§ 1385, 1386 nicht gegenstandslos. Die vorzeitige güterrechtliche Reaktion stellt ja gerade eine Sanktion für die verweigerte Auskunft dar und ist nicht auf die Auskunftserteilung, sondern auf die Beendigung des Güterstandes gerichtet. Diese von der hM schon immer zu § 1386 Abs. 3 aF vertretene Ansicht[23] findet sich seit 1.9.2009 ausdrücklich im Text des § 1385 Abs. 1 Nr. 4 wieder.

29 **c) Begründetheit der Weigerung.** Die Information wird mit ausreichendem Grund verweigert, wenn sie **nicht geschuldet** ist – zur Erbringung nicht geschuldeter Leistungen ist man nicht verpflichtet. Verlangt also ein Ehegatte während des ehelichen Zusammenlebens güterrechtliche Auskunft, ohne dass – wie von § 1379 Abs. 1 vorausgesetzt – ein Verfahren nach §§ 1385, 1386 anhängig ist, liegt in der Nicht-Beantwortung keine grundlose Weigerung. Eine **Umdeutung** des zu weitgehenden Auskunftsverlangens in ein Unterrichtungsverlangen nach § 1353 kommt wegen der grundlegenden Unterschiede der Begehren auf Auskunft und Unterrichtung **nicht in Betracht.** Der eherechtliche und der güterrechtliche Informationsanspruch haben unterschiedliche Funktionen und zielen auf verschiedene Gegenstände (→ Rn. 24 f.) – von daher umfasst die Aufforderung, nach § 1379 Vermögensauskunft zu erteilen, nicht als minus die weniger weitgehende Aufforderung zur Unterrichtung über dieses nach § 1353 Abs. 1 S. 2.[24] Schon vom Tatsächlichen her stellt sich die Frage der Umdeutung nicht, wenn klar ist, dass sich der die Auskunft fordernde Ehegatte mit den nach § 1353 geschuldeten ungefähren Angaben nicht begnügt hätte.[25]

30 Nicht grundlos verweigert wird die Unterrichtung auch dann, wenn die Gefahr einer unsachgemäßen Verwendung der mitgeteilten Daten besteht. Doch darf die Weigerung nicht weiter reichen, als es der Schutz des Auskunftspflichtigen fordert. Ein Ehegatte, der aufgrund früheren Verhaltens Anlass zur Annahme gibt, die vertraulichen Mitteilungen publik zu machen, hat immer noch Anspruch auf Daten, die Dritten unbedenklich zugänglich gemacht werden können. Um der Gefahr einer ausufernden Berufung auf Weigerungsgründe zu begegnen, sind Umstände, die auf die Person des Auskunft begehrenden Ehegatten bezogen und schwer zu beweisen, ebenso schwer aber auch zu widerlegen sind, genau zu bedenken. Die Behauptung der Bereitschaft des anderen zu geschäftsschädigendem Verhalten oder die Befürchtung übermäßiger Ausgaben nach Bekanntgabe des vorhandenen Vermögens vermag die Informationsverweigerung nicht zu stützen.

## IV. Verfahren

31 **1. Streitwert.** Beim **reinen Gestaltungsantrag** (§ 1386) bestimmt sich der Streitwert nach dem Interesse des Ausgleichsberechtigten an der vorzeitigen Beendigung der Zugewinngemeinschaft und der Festschreibung des bis dahin aufgelaufenen Zugewinns. Bei Antrag des ausgleichspflichtigen Ehegatten bestimmt sich der Streitwert nach dessen Interesse am Ausschluss des anderen vom eigenen künftigen Erwerb. Zu berücksichtigen ist dabei, dass der Ausgleichsberechtigte die künftige Teilhabe am Zugewinn des Partners einbüßt und der Ausgleichspflichtige die erbrechtlichen Vorteile des § 1371 Abs. 1. Eine exakte Berechnung ist angesichts der Unmöglichkeit einer zuverlässigen Prognose der künftigen Entwicklung so gut wie immer ausgeschlossen – ein anderes mag gelten, wenn die

---

21 Staudinger/*Thiele,* 2017, Rn. 37.
22 OLG Frankfurt BeckRS 2014, 20653; FamRZ 2010, 563; Bamberger/Roth/*Cziupka* Rn. 14; *Schulz/Hauß* Trennung und Scheidung Rn. 917; *Bergschneider* FamRZ 2009, 1713 (1716).
23 AG Villingen-Schwenningen FamRZ 2004, 1788; *Gernhuber/Coester-Waltjen* FamR § 36 Rn. 16–18.
24 BGH NJW 2015, 154 = FamRZ 2015, 32 mAnm *Koch*; OLG Frankfurt BeckRS 2014, 20653.
25 OLG Frankfurt FamRZ 2010, 563.

Ehe kurz vor der Beendigung durch Scheidung steht. Der Wert muss also nach § 3 ZPO, § 113 Abs. 1 FamFG nach freiem Ermessen festgesetzt werden. Regelstreitwerte, etwa ein Viertel der Ausgleichsforderung,[26] sind nicht mehr als willkürliche Daten und deshalb mit § 3 ZPO nicht zu vereinbaren – man könnte mit ebenso viel und ebenso wenig Überzeugungskraft auch ein Achtel, ein Drittel oder die Hälfte wählen.[27] Im Falle des **kombinierten Gestaltungs-/Leistungsantrags** kann der Betrag der Ausgleichsforderung herangezogen und der Streitwert nach dem Interesse des Ausgleichsberechtigten an der Vorverlegung der Fälligkeit seiner Forderung bemessen werden.[28]

**2. Verwirkung.** Fristen für die Stellung des Antrags auf vorzeitige Aufhebung der Zugewinngemeinschaft – mit oder ohne Antrag auf Ausgleich des Zugewinns – bestehen nicht. Längeres Zögern nach Bekanntwerden der Umstände, die das Recht zur vorzeitigen güterrechtlichen Regelung geben, kann jedoch zur Verwirkung des Antragsrechts (§ 242) führen. Allerdings bleibt zu bedenken, dass niemand gehalten sein kann, den Fortbestand seiner Ehe durch Ausübung güterrechtlicher Gestaltungsmacht zu gefährden. 32

**3. Rechtsschutzinteresse.** Dem Antragsteller fehlt das Rechtsschutzinteresse, wenn der andere Ehegatte bereit ist, Gütertrennung zu vereinbaren mit Abrechnung der Zugewinngemeinschaft zu dem Zeitpunkt, der auch bei Beendigung des Güterstandes durch richterlichen Gestaltungsbeschluss entscheidend sein würde – oder zu einem dem Antragsteller günstigeren Zeitpunkt.[29] Erklärt der Antragsgegner seine Bereitschaft erst im Verfahren, so ist dieses durch Vergleich zu beenden, in dem Gütertrennung vereinbart wird. 33

**4. Widerantrag.** Dem Antrag eines Ehegatten aus § 1385 Nr. 2–4 kann der andere grundsätzlich mit einem gleichgerichteten Widerantrag begegnen (§ 33 ZPO, § 113 Abs. 1, 5 Nr. 2 FamFG). Da die Ehegatten jeweils ein eigenes Recht aus § 1385 Nr. 2–4 haben und sich zwingend auf verschiedene Sachverhalte stützen, haben Antrag und Widerantrag nicht denselben Streitgegenstand. Das aber ist der Fall, wenn der Widerantragsteller wie der Antragsteller aus § 1385 Nr. 1 – und damit aus demselben Sachverhalt – vorgeht. Der Widerantrag ist hier wegen Fehlens des Rechtsschutzinteresses unzulässig. 34

**5. Stufenantrag.** Nach § 1379 Abs. 1 kann jeder Ehegatte ab Rechtshängigkeit des Antrags aus § 1385 bzw. § 1386 von dem anderen Vermögensauskunft verlangen. Die Anträge können in einem Stufenantrag miteinander verbunden werden.[30] Über den Auskunftsanspruch kann vorab entschieden werden. Über Auskunft und Aufhebung der Zugewinngemeinschaft kann aber auch gleichzeitig entschieden werden, ggf. auch gleichzeitig schon über die Leistung. In den **Scheidungsverbund** kann das Verfahren auf vorzeitigen Zugewinnausgleich **niemals** einbezogen werden, denn die Entscheidung wird nicht, wie es § 137 Abs. 2 S. 1 Nr. 4 FamFG verlangt, für den Fall der Scheidung getroffen.[31] 35

Erledigt sich der Antrag auf vorzeitige Aufhebung der Zugewinngemeinschaft durch zwischenzeitliche Ehescheidung, Tod eines Ehegatten oder auch Ehevertrag, so können die anderen Begehren gegenstandslos werden, weil etwa die Ausgleichsforderung im Ehevertrag geregelt oder der Zugewinn erbrechtlich ausgeglichen wird. Ist das nicht der Fall, sind die Anträge auf Auskunft und Leistung umzustellen und auf die eingetretene Beendigung des Güterstandes zu beziehen. Wird der Scheidungsantrag zurückgenommen, so kann die Folgesache Zugewinn mit Umstellung des Antrags auf vorzeitigen Ausgleich gemäß § 141 FamFG fortgeführt werden.[32] 36

**6. Vergleich, Anerkenntnis.** Da der Güterstand zur Disposition der Ehegatten steht, können auch die auf eine vorgezogene güterrechtliche Regelung gerichteten Verfahren durch Vergleich beendet werden. Heben die Ehegatten in dem Vergleich die Zugewinngemeinschaft auf, wird der gesetzliche Güterstand **ehevertraglich** beendet. Die Gütertrennung tritt hier also gemäß § 1414 ein; die nach § 1410 erforderliche Form ist nach § 127a gewahrt. Für die Berechnung des Zugewinns ist in diesem Fall nach allgM § 1387 **analog** heranzuziehen. Stichtag ist mangels abweichender Vereinbarung also auch hier die Rechtshängigkeit des Verfahrensantrags. Möglich sind nach hM 37

---

26 BGH NJW 1973, 369 = FamRZ 1973, 133; OLG Schleswig SchlHA 1979, 180, beide für den Zugewinnausgleichsberechtigten.

27 Staudinger/*Thiele,* 2017, Rn. 48.

28 OLG Stuttgart FamRZ 2009, 1621 zur Berechnung dieses Interesses nach dem Satz für Prozess- und Verzugszinsen.

29 Staudinger/*Thiele,* 2017, Rn. 49.

30 OLG Celle FamRZ 1983, 171; Staudinger/*Thiele,* 2017, Rn. 50.

31 OLG Celle BeckRS 2012, 17456; KG FamRZ 2001, 166 mAnm *Gottwald,* zu § 623 ZPO.

32 So schon hM zu § 626 Abs. 2 ZPO, vgl. KG FamRZ 2004, 1044; OLG Köln FamRZ 2008, 2043; 2003, 539 mAnm *Höser.*

auch Vergleiche mit anderen Inhalten, insbes. kann bei Fortbestand der Zugewinngemeinschaft als Zwischenausgleich eine Zahlung an den Antragsteller vereinbart werden, die später als Vorausempfang (§ 1380) angerechnet werden soll.

38 Führt ein Anerkenntnis (§ 307 ZPO) zum Abschluss des Verfahrens, wird die Zugewinngemeinschaft **durch richterlichen Gestaltungsakt** beendet.[33]

39 **7. Vorläufige Maßnahmen.** Unstrittig war schon immer, dass die Gestaltungswirkung der gerichtlichen Entscheidung – Gütertrennung statt Zugewinngemeinschaft – nicht durch eine einstweilige Verfügung (§§ 935 ff. ZPO) vorweggenommen werden kann; der einschränkende Verweis in § 119 Abs. 2 FamFG schließt nun die Anwendung der §§ 935 ff. ZPO ohnehin aus. **Zulässig** aber ist die Sicherung der vorzeitig geltend gemachten Ausgleichsforderung durch **Arrest** (§ 119 Abs. 2 FamFG, §§ 916 ff. ZPO).[34]

## V. Vereinbarungen

40 **1. Abdingbarkeit.** Auf die Möglichkeit vorzeitigen güterrechtlichen Vorgehens nach §§ 1385, 1386 kann **isoliert** – bei Weiterbestehen des Rechts auf Ausgleich des Zugewinns – **nicht verzichtet** werden. Solange der Ehegatte das Recht hat, den Zugewinnausgleich zu verlangen, muss er die güterrechtliche Auseinandersetzung auch während bestehender Ehe herbeiführen können. Diese zwingende Verknüpfung der Rechte güterrechtlichen Vorgehens gebietet der Schutz der Ehe – die andernfalls allein bestehende Möglichkeit, den Güterstand zu beenden, wäre ja die Scheidung.[35] Hinzukommt, dass die Rechte aus §§ 1385, 1386 dazu bestimmt sind, ein Übermaß an güterrechtlicher Bindung zu vermeiden und ein Mindestmaß an Autonomie zu gewährleisten – solche Rechte aber können nicht durch privatautonomen Akt preisgegeben werden.[36]

41 Der **generelle** Ausschluss des Zugewinnausgleichs **umfasst** hingegen auch den Verzicht auf den **vorzeitigen Ausgleich.** Insoweit sind die §§ 1385, 1386 also abdingbar. Das gilt auch dann, wenn die Ehegatten den Zugewinnausgleich nur für den Fall der Beendigung ihrer Ehe zu Lebzeiten ausgeschlossen haben, diesen im Falle der Beendigung der Ehe durch Tod eines von ihnen aber beibehalten wollen. Da diese **Modifizierung der gesetzlichen Zugewinnausgleichsregelung** darauf zielt, die güterrechtliche Auseinandersetzung auf den Fall der Auflösung der Ehe durch Tod zu beschränken und zu Lebzeiten auszuschließen, umfasst der Verzicht bei verständiger Auslegung auch das Recht, während bestehender Ehe güterrechtliche Maßnahmen nach §§ 1385, 1386 zu ergreifen. Auch wenn die Ehegatten dies nicht ausdrücklich festgehalten und klargestellt haben, ist dies dem Sinn und Zweck ihrer Vereinbarung zu entnehmen.[37]

42 **2. Erweiterungen.** Unbenommen bleibt es den Ehegatten, weitere Tatbestände zu vereinbaren, die ein Recht zur vorzeitigen Beendigung der Zugewinngemeinschaft vermitteln; auch der einvernehmlichen Verkürzung der Dreijahresfrist des § 1385 Nr. 1 steht nichts entgegen. Der Vertragsfreiheit Grenzen setzt allein § 138; sittenwidrig können insbes. Abreden sein, die nur einen Ehegatten begünstigen, und Abreden, die einem Ehegatten die Möglichkeit einräumen, durch eigenes pflichtwidriges Tun ein Antragsrecht zu erwerben.

43 Beendet werden kann der Güterstand aber auch in diesen Fällen nur durch richterlichen Akt. Dieser ist unabdingbar, denn er dient der Rechtsklarheit, die nicht zur Disposition der Parteien steht.[38]

## § 1386 Vorzeitige Aufhebung der Zugewinngemeinschaft

**Jeder Ehegatte kann unter entsprechender Anwendung des § 1385 die vorzeitige Aufhebung der Zugewinngemeinschaft verlangen.**

1 Auch ohne Zahlung des Zugewinns zu verlangen, kann jeder Ehegatte gemäß § 1386 unter den in § 1385 Nr. 1–4 bestimmten Voraussetzungen mit **reinem Gestaltungsantrag** die vorzeitige Aufhebung der Zugewinngemeinschaft verlangen. Damit kann sich auch der – tatsächlich oder

[33] NK-BGB/*Fischinger* Rn. 35.
[34] OLG Celle BeckRS 2014, 08196; Erman/*Budzikiewicz* Rn. 19; NK-BGB/*Fischinger* Rn. 34.
[35] *Dölle* FamR I 838 f., 842; Staudinger/*Thiele,* 2017, Rn. 57; RGRK-BGB/*Finke* Rn. 18; Erman/*Budzikiewicz* Rn. 22; Johannsen/Henrich/*Jaeger* § 1372 Rn. 4.
[36] Soergel/*Kappler/Kappler* Rn. 10.
[37] *Braeuer* Zugewinnausgleich Rn. 760; Johannsen/Henrich/*Jaeger* § 1372 Rn. 4; *Münch,* Ehebezogene Rechtsgeschäfte, 4. Aufl. 2015, Rn. 351.
[38] Staudinger/*Thiele,* 2017, Rn. 58; Soergel/*Kappler/Kappler* Rn. 10.

mutmaßlich – ausgleichsverpflichtete Ehepartner noch während des Bestehens der Ehe aus der Zugewinngemeinschaft lösen.

Zur Regelungsstruktur → § 1385 Rn. 9 ff., zu den Voraussetzungen → § 1385 Rn. 9 ff., zum Verfahren → § 1385 Rn. 31 ff. und zur Abdingbarkeit → § 1385 Rn. 40 ff. 2

## § 1387 Berechnungszeitpunkt des Zugewinns und Höhe der Ausgleichsforderung bei vorzeitigem Ausgleich oder vorzeitiger Aufhebung

**In den Fällen der §§ 1385 und 1386 tritt für die Berechnung des Zugewinns und für die Höhe der Ausgleichsforderung an die Stelle der Beendigung des Güterstands der Zeitpunkt, in dem die entsprechenden Anträge gestellt sind.**

### I. Normzweck

§ 1387 dient der **Abwehr** planmäßiger manipulativer Akte, die während des zur Gütertrennung führenden Verfahrens eine **Minderung des eigenen Endvermögens** – und damit des Zugewinns – zum Ziel haben. Die zeitliche Verlagerung des Stichtags für die Berechnung des Zugewinns von der Beendigung der Zugewinngemeinschaft durch Aufhebung auf den Zeitpunkt der Stellung der hierauf gerichteten Anträge soll benachteiligenden Dispositionen während des Verfahrens die güterrechtliche Relevanz entziehen. Es ist davon auszugehen, dass § 1387 am Eintritt der **Rechtshängigkeit** des Verfahrens gemäß § 261 Abs. 1 ZPO als Berechnungszeitpunkt festhält und die Formulierung „Anträge gestellt" deren **Zustellung** nach § 253 Abs. 1 ZPO meint. Zum einen enthält die Gesetzesbegründung keine Anhaltspunkte dafür, dass mit der begrifflichen Anpassung des § 1387 an die Terminologie des FamFG der Stichtag als solcher verlegt werden sollte – also vorverlegt auf die Einreichung der Anträge (§ 25 FamFG) oder nachverlegt auf die mündliche Verhandlung (§ 137 ZPO).[1] Zum anderen ist § 1387 im Einklang mit § 1384 zu interpretieren und daran festzuhalten, dass bei Güterstandsbeendigung durch richterlichen Akt für die Berechnung des Zugewinns grundsätzlich der Zeitpunkt der **Rechtshängigkeit** des Verfahrens entscheidend ist. Hier zwischen Güterstandsbeendigung bei gleichzeitiger Beendigung der Ehe (§ 1384) und Güterstandsbeendigung bei Fortbestand der Ehe (§ 1387)[2] zu differenzieren, gibt keinen Sinn. Angesichts der praktischen Dominanz der Güterstandsbeendigung durch richterlichen Beschluss erweist sich an den beiden Normen jedenfalls die in § 1375 Abs. 1 S. 1 enthaltene Regel des Gesetzes letztlich als Ausnahme. 1

Das Problem der **Verfehlung des Normzwecks** – Schutz vor Vermögensmanipulation während der gerichtlichen Auseinandersetzung – besteht im Fall des § 1387 ebenso wie im Fall des § 1384, wenn sich das Endvermögen des Ehepartners während des Verfahrens nicht verringerte, sondern erhöhte (→ § 1384 Rn. 2). Auch die Fragen nach der Kompatibilität der Vorverlegung des Stichtags für die Höhe der Ausgleichsforderung mit dem in § 1378 Abs. 2 S. 1 verfolgten Ziel, den güterrechtlichen Ausgleich grundsätzlich nicht zur Verschuldung führen zu lassen, stellt sich zu § 1387 wie zu § 1384. Der Vorschlag, § 1387 entsprechend seinem Normzweck restriktiv auszulegen und die Höhenfestschreibung der Forderung im Falle nicht zurechenbaren Vermögensverlustes während des Verfahrens nicht zu übernehmen, hat sich – wie bei § 1384 – nicht durchgesetzt. 2

### II. Mehrheit von Anträgen

**1. Antrag auf vorzeitige Aufhebung der Zugewinngemeinschaft und Eheauflösungsantrag.** Konkurrieren die Anträge aus § 1385 bzw. § 1386 mit dem Antrag auf Scheidung oder Aufhebung der Ehe miteinander, so ist stets der Zeitpunkt des früheren Begehrens entscheidend, mag auch das spätere Begehren allein oder zeitlich früher erfolgreich gewesen sein (→ § 1384 Rn. 14). 3

**2. Antrag und Widerantrag.** Richten sich Antrag und Widerantrag – aus verschiedenen Gründen – auf die vorzeitige Beendigung der Zugewinngemeinschaft (→ § 1385 Rn. 34), ist der Zugewinn stets, also ohne Rücksicht auf den Erfolg der Anträge, zum Zeitpunkt der Rechtshängigkeit des früheren Antrags zu berechnen.[3] 4

### III. Tod einer Partei; Vergleich

**1. Tod eines Ehegatten.** Stirbt ein Ehegatte während des Verfahrens, so ist dieses in der Hauptsache erledigt; der Güterstand endet nicht durch richterlichen Akt. Führen jedoch der überle- 5

[1] Art. 16 Nr. 4 Gesetz zur Bereinigung des Rechts der Lebenspartner vom 20.11.2015 (BGBl. 2015 I 2010).

[2] Ungenau ist das „oder" in der Überschrift der Vorschrift: Auch der vorzeitige Ausgleich setzt nach § 1385 die vorzeitige Beendigung des Güterstandes voraus.

[3] Erman/*Budzikiewicz* Rn. 2; anders Staudinger/*Thiele,* 2017, Rn. 5: Zeitpunkt der Widerklage, wenn nur diese Erfolg hat und zunächst nur Abweisung beantragt wurde.

bende Ehegatte und die Erben des verstorbenen den rechnerische Zugewinnausgleich durch (§ 1371 Abs. 2), so ist **§ 1387 analog** anzuwenden (→ § 1384 Rn. 16) – vorausgesetzt, das hypothetisch zu Ende gedachte Verfahren hätte zur Gütertrennung zwischen den Ehegatten, geführt.[4] Die Erfolgsaussicht des nicht zu Ende geführten Verfahrens ist hier entscheidend, weil – anders als bei konkurrierenden Anträgen – der Güterstand nicht durch gerichtlichen Akt beendet wurde.

6 **2. Vergleich.** Ein das Verfahren beendender Vergleich, mit dem die Ehegatten Gütertrennung vereinbaren, erfüllt den Tatbestand des § 1387 an sich nicht; der Wechsel des Güterstandes ist dann Folge eines Ehevertrags. Doch ist in diesem Falle – vorbehaltlich einer anderen Regelung im Vergleich – **§ 1387 analog** anzuwenden: Der Normzweck des § 1387 knüpft an das Verfahren der Ehegatten an, nicht aber an die Art des dieses erledigenden Aktes (→ § 1384 Rn. 17).[5] Hatte der Ehegatte rechtsirrtümlich unter Verkennung der Voraussetzungen des § 1378 Abs. 3 S. 1 und ohne die Voraussetzungen des § 1385 zu beachten, einfach Zahlung des Zugewinns verlangt, so muss das Gleiche gelten.[6]

## IV. Abweichende Vereinbarungen

7 **1. Dispositives Recht.** § 1387 ist nach hM ebenso wie § 1384 dispositiv (→ § 1384 Rn. 18).[7] Die Parteien können ihn abbedingen und damit zum gesetzlich für die Berechnung des Zugewinns vorgesehenen Zeitpunkt der Güterstandsbeendigung zurückkehren; sie können auch einen anderen Zeitpunkt wählen oder einem Ehegatten ein Wahlrecht zwischen verschiedenen Zeitpunkten einräumen. Solange der Güterstand währt, ist die Form des Ehevertrags (§ 1410) zu wahren.

8 **2. Allgemeine Schranken der Vertragsfreiheit.** Erhalten bleiben die allgemeinen Schranken der Vertragsfreiheit. Nichtig gemäß § 138 kann die ehevertragliche Vereinbarung insbesondere sein, wenn sie in grob einseitiger Weise einen Ehegatten gegenüber dem anderen begünstigt.

# § 1388 Eintritt der Gütertrennung

**Mit der Rechtskraft der Entscheidung, die die Zugewinngemeinschaft vorzeitig aufhebt, tritt Gütertrennung ein.**

## I. Normzweck

1 § 1388 verbindet mit der vorzeitigen Aufhebung der Zugewinngemeinschaft den Eintritt der Gütertrennung. Damit wird auch der wegen pflichtwidriger Unregelmäßigkeiten des anderen aus § 1385 Nr. 2–4 vorgehende Ehegatte vom weiteren Zugewinn des Antragsgegners ausgeschlossen – infolge des § 1387 **mit Rückwirkung** auf den Zeitpunkt der Rechtshängigkeit des Antrags.

2 Dies hatte der Gesetzgeber bei Schaffung des § 1388 aF im Interesse der Vermeidung weiterer Streitigkeiten bei weiterbestehender Zugewinngemeinschaft bewusst in Kauf genommen. Die Norm war deshalb bereits im damaligen Gesetzgebungsverfahren umstritten und wurde später allenfalls bei Vorgehen aus § 1385 aF (dreijähriges Getrenntleben) für sachgerecht gehalten.[1] Ohne auf diese Kritik einzugehen, hat der Gesetzgeber in der am 1.9.2009 in Kraft getretenen Reform des Zugewinnausgleichsrechts durch das Gesetz zur Änderung des Zugewinnausgleichs- und Vormundschaftsrechts vom 6.7.2009 (BGBl. 2009 I 1696) § 1388 lediglich im Hinblick auf die Neugestaltung der Ansprüche in §§ 1385, 1386 umformuliert. In der Sache ist allerdings die mit § 1388 gefundene Lösung der Situation von Ehegatten, die sich gerichtlich um die Vermögensteilhabe auseinandergesetzt haben, durchaus adäquat. Nicht angebracht sind insbesondere verfassungsrechtliche Bedenken.[2]

## II. Tatbestand

3 **1. Rechtskraft des Beschlusses.** Der Beschluss, der auf die vorzeitige Aufhebung der Zugewinngemeinschaft erkennt, ist eine konstitutive Gestaltungsentscheidung mit güterstandsändernder Wirkung. Die Gütertrennung tritt erst mit Rechtskraft des Beschlusses ein – und zwar auch dann, wenn die Kostenentscheidung für vorläufig vollstreckbar erklärt worden ist.

---

[4] Johannsen/Henrich/*Jaeger* Rn. 2; Staudinger/*Thiele,* 2017, Rn. 6: ohne Analogie.

[5] Johannsen/Henrich/*Jaeger* Rn. 2; Palandt/*Brudermüller* Rn. 1.

[6] Anders zu §§ 1385, 1386 aF OLG Zweibrücken OLGZ 1974, 214 (216): Tag des Prozessvergleichs; dem zust. RGRK-BGB/*Finke* Rn. 3; Staudinger/*Thiele,* 2017, Rn. 7.

[7] Staudinger/*Thiele,* 2017, Rn. 11; Soergel/*Kappler/Kappler* Rn. 4; RGRK-BGB/*Finke* Rn. 4.

[1] → 3. Aufl. 1993, Rn. 2 *(Gernhuber)*; Staudinger/*Thiele,* 2017, Rn. 3.

[2] Solche zurückweisend auch KG FamRZ 1995, 39.

**2. Keine Geltung bei Vergleichen.** § 1388 gilt nicht, wenn der Güterstand durch gerichtlichen Vergleich beendet wird. Die Parteien können in diesem die Gütertrennung jedoch ehevertraglich vereinbaren – unter Wahrung der Form des § 1410 nach § 127a, nicht allerdings durch sukzessive Beurkundung nach § 128. Vergleichsweise vereinbaren können die Parteien aber auch eine Ausgleichszahlung, etwa als Vorausempfang iSd § 1380, und Fortsetzung der Zugewinngemeinschaft. 4

### III. Rechtsfolge

**1. Gütertrennung.** Mit der für die Zukunft geltenden Gütertrennung enden sämtliche Wirkungen der Zugewinngemeinschaft, insbes. auch die erbrechtlichen Wirkungen des § 1371. Der erwirtschaftete Zugewinn ist ohne Besonderheiten nach den Regeln der §§ 1373 ff. abzurechnen. 5

**2. Wirkung im Verhältnis zu Dritten.** Die Gütertrennung gilt ohne jede Ausnahme auch im Verhältnis zu Dritten. Da sie nicht aus einer vertraglichen Absprache folgt, ergibt sich das nicht unmittelbar aus § 1412. Auch dessen analoge Anwendung ordnet § 1388 – anders als § 1449 Abs. 2 und § 1470 Abs. 2 für den Fall der Aufhebung einer Gütergemeinschaft – nicht an. Allerdings gebietet die Verkehrsschutzfunktion des § 1412 auch nur, diesen anzuwenden, wenn der Rechtsverkehr durch die Änderung des Güterstandes erschwert wird, nicht aber, wenn er – wie beim Wechsel von der Zugewinngemeinschaft zur Gütertrennung – durch den Fortfall von Verfügungsbeschränkungen (§§ 1365, 1369) erleichtert wird. Ein Dritter kann sich also nicht auf § 1412 berufen, um die Unwirksamkeit eines nach § 1365 Abs. 4 unwirksamen Rechtsgeschäfts geltend zu machen, das nach der eingetretenen, aber nicht eingetragenen Gütertrennung wirksam ist. Es ist nicht Aufgabe des Güterrechtsregisters, das Vertrauen auf die Unwirksamkeit rechtlicher Akte zu schützen.[3] Unabhängig von der (Nicht)Geltung des § 1412 ist festzuhalten, dass die Gütertrennung eintragungsfähig ist; dass sie aufgrund richterlichen Beschlusses eingetreten ist, ändert daran nichts (→ Vor § 1558 Rn. 8). 6

### IV. Abweichende Vereinbarungen

Nach überwM gehört § 1388 zu den Normen des gesetzlichen Güterstandes, die **nicht abbedungen** werden können. Ehegatten können die Gütertrennung zwar nach Rechtskraft des Beschlusses durch Ehevertrag wieder beseitigen und einen anderen Güterstand, auch erneut Zugewinngemeinschaft, vereinbaren, doch können sie nicht bereits vor dem Ende des Verfahrens die Wirkungen der gerichtlichen Entscheidung abbedingen.[4] Im Hinblick auf die Möglichkeit, die Entscheidung unmittelbar nach Eintritt der Rechtskraft wieder abzuändern, wird es für zulässig gehalten, dass Ehegatten schon während des Verfahrens güterrechtliche Regelungen für den Fall dessen rechtskräftiger Beendigung treffen – und damit die Entscheidung in der Sache aushebeln.[5] 7

## § 1389 (aufgehoben)

## § 1390 Ansprüche des Ausgleichsberechtigten gegen Dritte

**(1) ¹Der ausgleichsberechtigte Ehegatte kann von einem Dritten Ersatz des Wertes einer unentgeltlichen Zuwendung des ausgleichspflichtigen Ehegatten an den Dritten verlangen, wenn**

1. **der ausgleichspflichtige Ehegatte die unentgeltliche Zuwendung an den Dritten in der Absicht gemacht hat, den ausgleichsberechtigten Ehegatten zu benachteiligen und**
2. **die Höhe der Ausgleichsforderung den Wert des nach Abzug der Verbindlichkeiten bei Beendigung des Güterstands vorhandenen Vermögens des ausgleichspflichtigen Ehegatten übersteigt.**

**²Der Ersatz des Wertes des Erlangten erfolgt nach den Vorschriften über die Herausgabe einer ungerechtfertigten Bereicherung. ³Der Dritte kann die Zahlung durch Herausgabe des Erlangten abwenden. ⁴Der ausgleichspflichtige Ehegatte und der Dritte haften als Gesamtschuldner.**

**(2) Das Gleiche gilt für andere Rechtshandlungen, wenn die Absicht, den Ehegatten zu benachteiligen, dem Dritten bekannt war.**

---

3 *Dölle* FamR I 843, 864; Soergel/*Kappler/Kappler* Rn. 8; Staudinger/*Thiele,* 2017, § 1412 Rn. 14; Erman/*Budzikiewicz* Rn. 4; RGRK-BGB/*Finke* Rn. 6; Johannsen/Henrich/*Jaeger* Rn. 3.

4 *Dölle* FamR I 843 f.; Erman/*Budzikiewicz* Rn. 5; Bamberger/Roth/*Cziupka* Rn. 3.

5 Staudinger/*Thiele,* 2017, Rn. 12; Johannsen/Henrich/*Jaeger* Rn. 4, NK-BGB/*Fischinger* Rn. 5.

**(3) [1]Die Verjährungsfrist des Anspruchs beginnt mit der Beendigung des Güterstands. [2]Endet der Güterstand durch den Tod eines Ehegatten, so wird die Verjährung nicht dadurch gehemmt, dass der Anspruch erst geltend gemacht werden kann, wenn der Ehegatte die Erbschaft oder ein Vermächtnis ausgeschlagen hat.**

**Übersicht**



## I. Normzweck

1 Nach § 1378 Abs. 2 S. 2 kann bei illoyaler Vermögensminderung die Ausgleichsforderung den Wert des bei Beendigung des Güterstandes vorhandenen Vermögens des ausgleichspflichtigen Ehegatten übersteigen. Die Realisierung der Forderung ist im Fall passiven Endvermögens jedoch ungewiss und unsicher. Zweck des § 1390 Abs. 1 ist es, das Risiko des Ausfalls der Ausgleichsforderung auf Dritte zu verlagern, sofern und soweit diese von einem dolos handelnden Ehepartner unentgeltlich erwarben. In § 1390 Abs. 1 dokumentiert sich also, wie in § 2329, der ihm partiell als Vorbild diente, und wie in den § 816 Abs. 1 S. 2, § 822, § 988 die **Schwäche des unentgeltlichen Erwerbs.** Bei entgeltlichem Erwerb kann der Dritte gemäß § 1390 Abs. 2 nur bei kollusivem Zusammenwirken mit dem illoyal handelnden Ehegatten in Anspruch genommen werden.

2 § 1390 begrenzt die Zugriffsmöglichkeit auf Dritte auf zwei Tatbestände und umfasst damit nicht alle Konstellationen, in denen das illoyal beiseite geschaffte Vermögen nach § 1378 Abs. 2 S. 2 über die Höhe des vorhandenen Vermögens hinaus hinzugerechnet wird. Allerdings fordert § 1390 nicht, dass gerade die konkrete Zuwendung an den Dritten kausal für die Differenz zwischen Ausgleichsforderung und vorhandenem Vermögen ist. Der ausgleichsberechtigte Ehegatte kann auch dann gegen den Dritten vorgehen, wenn andere, erst später illoyal vorgenommene Vermögensreduzierungen zum negativen Vermögen des Schuldners geführt haben.

3 Ausfälle anderer Art auszugleichen ist nicht Zweck des § 1390. Er gilt insbesondere nicht, wenn die Ausgleichsforderung bei Entstehen das vorhandene Aktivvermögen des Ausgleichsverpflichteten nicht überstieg, später aber nicht beigetrieben werden kann, weil dieser sein Vermögen nach Beendigung des Güterstandes in Benachteiligungsabsicht gemindert hat. Dem Ausgleichsberechtigten stehen dann allein die Rechtsbehelfe des AnfG zur Verfügung.

## II. Rechtsdogmatik

4 **1. Obligatorischer Anspruch.** Mittel der Risikoverlagerung ist ein obligatorischer Anspruch des Zugewinnausgleichsgläubigers gegen den Dritten, gerichtet nicht auf Herausgabe des Erlangten, sondern auf Ersatz von dessen Wert. Der Ehegatte hat mithin einen **Zahlungsanspruch** gegen den Dritten.

5 **2. Güterstandsspezifischer Ausgleichsanspruch.** Der Dritte haftet dem Zugewinnausgleichsgläubiger nach **Bereicherungsrecht.** Der diesbezügliche Verweis bezieht sich auf den Umfang der Haftung, also auf die §§ 818 ff. und ist damit lediglich ein **Rechtsfolgenverweis.** In der Sache ist der Anspruch gegen den Dritten ein güterrechtlicher Anspruch, der mittelbar abhängig ist von allen Akten und Umständen, die den Ausgleichsanspruch mehren oder mindern einschließlich der Einrede aus § 1381, die von dem veräußernden Ehegatten – aber nie von dem empfangenden Dritten – ausgeübt werden kann. Die ergänzende Funktion des Anspruchs rechtfertigt es, ihn in

den Fragen der Verkehrsfähigkeit wie die Ausgleichsforderung selbst zu behandeln, also auf ihn § 1378 Abs. 3 S. 1 und 3 analog anzuwenden.[1]

**3. Ersetzungsbefugnis des Schuldners.** Die Befugnis des Dritten zur Abwendung der Zahlung durch Herausgabe des Erlangten (Abs. 1 S. 3) ist eine facultas alternativa debitoris, eine Ersetzungsbefugnis, nicht etwa eine Wahlschuld iSd § 262: Der Anspruch des ausgleichsberechtigten Ehegatten ist auf die Geldleistung fixiert, jedoch durch Gestaltungsakt des Schuldners änderbar. 6

## III. Tatbestände

**1. Unentgeltliche Zuwendung (Abs. 1).** Ausgleichspflichtig sind Dritte nach unentgeltlicher Zuwendung, die der ausgleichsverpflichtete Ehegatte mit Benachteiligungsabsicht vornahm. Unerheblich ist es, ob dem Dritten die Benachteiligungsabsicht bekannt war oder nicht. 7

Der Begriff der unentgeltlichen Zuwendung umfasst wie in § 1375 Abs. 2 Nr. 1 (→ § 1375 Rn. 45 ff.) alle Zuwendungen, für die nach den Ansichten und Absichten der Parteien **kein Äquivalent** gewährt wird oder zumindest kein ausreichendes; im letzten Fall gilt § 1390 nur für den überschießenden Teil, so insbes. bei der gemischten Schenkung.[2] Auf Störungen nur der objektiven Äquivalenz kann es schon deshalb nicht ankommen, weil Äquivalenzvorstellung und Benachteiligungsabsicht einander ausschließen. Abgesehen davon ist die Feststellung objektiver Äquivalenz nicht möglich, weil es noch keiner Zeit gelungen ist, das iustum pretium zu bestimmen und einen allgemein anerkannten Maßstab für die Bewertung von Leistungen und Gegenständen zu entwickeln. 8

Unentgeltliche Zuwendungen begründen den Ausgleichsanspruch gegen den Dritten nicht, wenn sie einer **sittlichen Pflicht** entsprechen oder einer auf den **Anstand zu nehmenden Rücksicht.** Diese in § 1375 Abs. 2 Nr. 1 ausdrücklich festgelegte Grenze für die Zuwendungen muss auch im Rahmen des § 1390 gelten. Zu diesem Ergebnis kommt man auch ohne Analogie, denn aus den §§ 2330, 534, 814 lässt sich ein entsprechender allgemeiner Rechtsgedanke entwickeln.[3] 9

**2. Benachteiligungsabsicht.** Mit Benachteiligungsabsicht handelt der ausgleichsverpflichtete Ehegatte bereits, wenn die Absicht, die Rechte des ausgleichsberechtigten Partners zu schmälern, das **bestimmende,** wenn auch nicht das einzige **Motiv** ist. § 1390 ist nicht anzuwenden, wenn andere Motive genauso bedeutsam waren. Zur Benachteiligungsabsicht → § 1375 Rn. 53 ff. 10

**3. Andere Rechtshandlungen (Abs. 2).** Ausgleichspflichtig sind Dritte ferner, wenn sie durch Rechtshandlungen des Ausgleichsschuldners begünstigt wurden, die dieser in der ihnen – spätestens bei Vollendung der Rechtshandlung – bekannten Absicht vornahm, den Ausgleichsgläubiger zu benachteiligen. Die Bedeutung des Tatbestandes ist schon deshalb gering, weil entgeltliche Geschäfte – und nur für diese gilt Abs. 2 – in der Regel nicht vermögensmindernd wirken. In Betracht kommen praktisch nur Kreditgeschäfte, mit denen der ausgleichsverpflichtete Ehegatte bewusst das Risiko der Nichterfüllung übernimmt, oder auch Sicherungsgeschäfte, mit denen er dem Dritten gegenüber die Schuld eines absehbar zahlungsunfähigen Schuldners sichert. Abzulehnen ist die Anwendung des § 1390 auf Veräußerungsgeschäfte, deren Zweck es ist, dem ausgleichsverpflichteten Ehegatten Geldmittel zu verschaffen, die er leichter als Sachwerte zur Seite schaffen und vermögensmindernd verschwenden kann; vorbereitende Geschäfte bewirken selbst keine Minderung des Vermögens.[4] 11

## IV. Haftung

**1. Berechnung des Anspruchs.** Auszugleichen ist der Betrag, um den die Ausgleichsforderung das bei Beendigung des Güterstandes vorhandene Aktivvermögen des ausgleichspflichtigen Ehegatten übersteigt. Die Zuwendung ist wertmäßig also voll herauszugeben, wenn der Negativsaldo ihre Höhe erreicht. Soweit das nicht der Fall ist, ist der unentgeltliche Erwerb nur in der Höhe in Frage gestellt, in der er die Mittellosigkeit des ausgleichspflichtigen Ehegatten herbeigeführt und die Realisierung des Ausgleichsanspruchs gefährdet oder aussichtslos macht. Der Gesetzestext enthält diese Einschränkung zwar nicht ausdrücklich, doch ergibt sie sich aus Sinn und Zweck der auf den Dritten eröffneten Rückgriffsmöglichkeit. Mit dieser soll das Risiko der Nichterfüllbarkeit der Ausgleichsforderung bei negativem Vermögen des Schuldners auf den Dritten, der von der illoyalen Vermögensweggabe profitiert hat, verlagert werden. Soweit sich dieses Risiko wegen anderweitigem Vermögen nicht realisiert, ist der Dritte vor Inanspruchnahme geschützt. 12

---

1 Staudinger/*Thiele,* 2017, Rn. 14; RGRK-BGB/*Finke* Rn. 15; Soergel/*Kappler*/*Kappler* Rn. 18.
2 OLG Brandenburg FamRZ 2019, 1051.
3 Vgl. Staudinger/*Thiele,* 2017, Rn. 6.
4 Soergel/*Kappler*/*Kappler* Rn. 17; aA Erman/*Budzikiewicz* Rn. 5; Staudinger/*Thiele,* 2017, Rn. 11; Johannsen/Henrich/*Jaeger* Rn. 3.

13 **2. Haftung gemäß §§ 818 ff.** Der Rechtsfolgenverweis (→ Rn. 5) auf die Vorschriften über die Herausgabe einer ungerechtfertigten Bereicherung heißt Haftung gemäß §§ 818 ff., also Haftung auch auf die gezogenen **Nutzungen** und die erlangten **Surrogate** (§ 818 Abs. 1). Gegenstandslos ist die in § 818 Abs. 2 statuierte Pflicht, Wertersatz zu leisten, falls die Herausgabe des Erlangten nicht möglich ist. In dieser Konstellation ist die Ersetzungsbefugnis des Dritten aus tatsächlichen Gründen von vornherein entfallen.

14 Aus § 1390 **Abs. 2** verpflichtete Dritte unterliegen stets der **verschärften Haftung** des unredlichen Bereicherungsschuldners (§ 819 Abs. 1, § 818 Abs. 4, § 292, §§ 987 ff.). Zwar können sie beim Erwerb keine positive Kenntnis von der Existenz des Anspruchs aus § 1390 haben, weil dieser ja erst mit Beendigung des Güterstandes entsteht, doch muss in Analogie zu § 142 Abs. 2 die – mit der Kenntnis von der Benachteiligungsabsicht stets gegebene – Kenntnis von der Möglichkeit späteren Entstehens des Anspruchs genügen.[5]

15 Dritte, die unentgeltlich **iSd Abs. 1 erwarben,** unterliegen der verschärften Haftung nur, wenn sie im Einzelfall positive Kenntnis von der Benachteiligungsabsicht des Zugewinnausgleichsschuldners hatten oder später erlangten, im Übrigen aber erst, wenn der gegen sie gerichtete Anspruch rechtshängig geworden ist. In allen anderen Fällen können sie sich gemäß § 818 Abs. 3 auf den **Wegfall der Bereicherung** berufen. Beruht die Entreicherung auf einer unentgeltlichen Weitergabe des Erlangten an einen Dritten, so ist dieser als Empfänger der Zuwendung gemäß § 822 zur Herausgabe an den ausgleichsberechtigten Ehegatten verpflichtet.

16 **3. Irrelevante Umstände.** Belanglos ist, ob der von dem Ausgleichsgläubiger in Anspruch genommene Dritte Regress bei seinem Geschäftspartner, dem Ausgleichsschuldner nehmen kann oder nicht. In den Fällen des Abs. 2 ist dies ohnehin ausgeschlossen, weil das Rechtsgrundverhältnis wegen kollusiven Handelns zum Nachteil eines Dritten sittenwidrig und damit gemäß § 138 nichtig ist.

17 Belanglos ist ferner die Möglichkeit des Zugewinnausgleichsgläubigers, auch andere aus § 1390 in Anspruch nehmen zu können. § 1390 kennt, anders als § 2329 Abs. 3, keine Schuldnerordnung bei einer **Mehrheit von Verpflichteten** und belässt damit dem Gläubiger die Wahl des Zugriffs. Mehrere nach § 1390 Herausgabeverpflichtete haften auf das gleiche Interesse des Gläubigers. Sie sind Gesamtschuldner und im Innenverhältnis entsprechend dem Wert des gegen sie gerichteten Anspruchs an der Gesamtforderung zum Ausgleich verpflichtet.[6]

18 **4. Ersetzungsbefugnis.** Mit der Ersetzungsbefugnis sollen unbillige Härten, die durch die Zahlungspflicht für den Dritten entstehen können, vermieden werden – statt zu zahlen, kann er den Gegenstand herausgeben. Wird der Dritte gerichtlich auf Zahlung in Anspruch genommen, so ist ihm die Ersetzungsbefugnis **auf Antrag** im Beschluss **vorzubehalten.** Der Vorbehalt bewahrt dem Dritten die Möglichkeit, seine Befugnis mittels einer Vollstreckungsgegenklage (§ 767 ZPO) geltend zu machen.

19 **5. Auskunft.** Da der Dritte nicht – wie nach § 1390 aF – zur Herausgabe eines Inbegriffs von Gegenständen verpflichtet ist, lässt sich seine Auskunftspflicht dem Zugewinnausgleichsgläubiger gegenüber nicht mehr aus § 260 Abs. 1 S. 1 Alt. 1 herleiten. Nur wenn sich der Dritte für die Herausgabe der Gegenstände an Stelle der Geldzahlung entscheidet, ist er zu dieser verpflichtet – und folglich dann auch zur Auskunft gemäß § 260 Abs. 1 S. 1 Alt. 1. In den Fällen aber, in denen es bei der primär vorgesehenen Zahlungspflicht des § 1390 bleibt, ist der ausgleichsberechtigte Ehegatte auf den allgemeinen Auskunftsanspruch **aus § 242** angewiesen, um den Wert seiner Zahlungsforderung gegen den Dritte ermitteln zu können. Mit der einfachen Aufnahme eines Verweises auf § 260 Abs. 1 S. 1 Alt. 2 in § 1390 könnte de lege ferenda dem ausgleichsberechtigten Ehegatten ein effektiver Auskunftsanspruch gegen den Dritten gegeben werden. **Indirekt** kann er allerdings über den gegen seinen **Ehepartner gerichteten Auskunftsanspruch** aus § 1379 Kenntnis von Tatbeständen erlangen, die den Anspruch aus § 1390 auslösen.

20 **6. Gesamtschuldnerische Haftung.** Gemäß § 1390 Abs. 1 S. 4 haften ausgleichspflichtiger Ehepartner und Dritter dem Ausgleichsberechtigten gegenüber als Gesamtschuldner. Dass die gegen sie gerichteten Ansprüche einen unterschiedlichen Inhalt haben, begegnet keinen dogmatischen Bedenken. Gesamtschuldnerschaft setzt nach allgM nur ein übereinstimmendes Leistungsinteresse des Gläubigers, nicht aber übereinstimmende Anspruchsinhalte voraus (→ § 421 Rn. 5). Mit der Anordnung von Gesamtschuldnerschaft – und nicht etwa Teilschuldnerschaft oder Subsidiarität der Haftungen – ist die mit der Neufassung des § 1390 regelungsbedürftig gewordene Frage des Verhältnisses zwischen der Haftung des ausgleichspflichtigen Ehegatten und der des Dritten konsequent im

---

[5] Staudinger/*Thiele,* 2017, Rn. 23; Johannsen/Henrich/*Jaeger* Rn. 6; Bamberger/Roth/*Cziupka* Rn. 7.

[6] Staudinger/*Thiele,* 2017, Rn. 27; Soergel/*Kappler/Kappler* Rn. 26.

Sinne der Intention der Zugewinnausgleichsrechtsreform entschieden worden. Der Zugewinnausgleichsgläubiger hat zwei Schuldner, auf die er nach seinem Belieben zugreifen kann. Unter der Geltung des § 1390 aF hatte das Haftungsverhältnis zwischen Ehegatten und Drittem insofern keine Rolle gespielt, als es zur gleichzeitigen Haftung nicht kommen konnte: Der Anspruch des ausgleichsberechtigten Ehegatten gegen den Dritten war nur gegeben, wenn ihm mangels Aktivvermögens des Ausgleichsverpflichteten bei Beendigung des Güterstandes eine Ausgleichsforderung nicht zustand (vgl. § 1378 Abs. 2 aF).

### V. Konkurrenzen

Der Anspruch aus § 1390 verdrängt keine andere Anspruchsnorm und wird seinerseits nicht 21 von einer solchen ausgeschlossen. Der ausgleichsberechtigte Ehegatte kann von dem Dritten im Fall des § 1390 Abs. 2 etwa auch **Schadensersatz nach § 826** verlangen.

Auch der **Pflichtteilsergänzungsanspruch** kann nach allgM gemäß §§ 2325 ff. geltend 22 gemacht werden, wenn die Ehe durch Tod eines Ehegatten endete und der Überlebende die güterrechtliche Lösung des § 1371 Abs. 2 wählt.[7] Es handelt sich hier um zwei selbständige materiellrechtliche Ansprüche, die verschiedene Ziele und Funktionen haben.

Ansprüche aus dem **AnfG** können **nicht** neben Ansprüchen aus § 1390 stehen. Vor der Beendi- 23 gung des Güterstandes nämlich kann das AnfG keine Anwendung finden, weil der ausgleichsberechtigte Ehegatte noch nicht Gläubiger ist. Nach Güterstandsende aber stehen Ausgleichsforderung und Anspruch aus § 1390 fest und können nicht mehr verändert werden.

### VI. Verjährung

Der Anspruch verjährt gemäß § 195 in drei Jahren. Abweichend von der Regelung des § 199 24 Abs. 1 Nr. 2 beginnt die Verjährungsfrist gemäß § 1390 Abs. 3 S. 1 **kenntnisunabhängig** mit der Beendigung des Güterstandes zu laufen. Mit der Kenntnisunabhängigkeit des Verjährungsbeginns wird dem Interesse des Dritten und des Wirtschaftsverkehrs an klaren Rechtsverhältnissen nach feststehendem Zeitraum Rechnung getragen.

Die Verjährung beginnt mit der Beendigung des Güterstandes auch dann, wenn die Ehe durch 25 Tod endet und der Zugewinnausgleich gemäß § 1371 Abs. 2 güterrechtlich abgewickelt wird. Dass für diesen Fall keine Ausnahme gilt, betont § 1390 Abs. 3 ausdrücklich. Die Interessen des Dritten wiegen schwerer als diejenigen des ausgleichsberechtigten Ehegatten, der schließlich selbst über den Zeitpunkt des Zugriffs beim Dritten entscheiden kann.

### VII. Sicherung des Anspruchs

Der in § 1390 Abs. 4 aF geregelte Anspruch des Zugewinnausgleichsgläubigers gegen den Drit- 26 ten auf Sicherheitsleistung ist zum 1.9.2009 ersatzlos entfallen. Nach der Umwandlung des Herausgabeanspruchs in einen Zahlungsanspruch ist es nicht mehr notwendig, dem ausgleichsberechtigten Ehegatten besondere Sicherungsmöglichkeiten gegen den Dritten in die Hand zu geben. Zum Schutz seines Geldanspruchs ist der einstweilige Rechtsschutz nach den allgemeinen Vorschriften ausreichend.[8]

### VIII. Abweichende Vereinbarungen

Nach allgM kann § 1390 durch Ehevertrag **nicht abbedungen** werden. Der Abdingbarkeit 27 steht zwar nicht entgegen, dass dadurch Rechtsbeziehungen zu Dritten geregelt werden,[9] denn der Ausschluss oder die Einschränkung des § 1390 hindert lediglich das Entstehen von Ansprüchen gegen Dritte; ein unzulässiger Vertrag zu Lasten Dritter aber würde nur bei Erweiterung der Norm geschlossen. Entscheidend für die Unzulässigkeit des im Voraus erklärten Verzichts auf die Rechte aus § 1390 ist aber, dass sich niemand antizipiert rechtsgeschäftlich des Schutzes entäußern kann, den ihm die Rechtsordnung nach sittenwidrigen Akten gewährt. Ist der Anspruch aber einmal entstanden, kann auf ihn verzichtet werden.[10]

Mittelbar wirken alle Eheverträge zwischen Ehegatten, die den Zugewinnausgleichsanspruch 28 mindern, auch zugunsten Dritter, die an sich unter § 1390 fallende Zuwendungen empfingen.

## §§ 1391–1407 *(weggefallen)*

[7] Staudinger/*Thiele,* 2017, Rn. 35; Erman/*Budzikiewicz* Rn. 15; Bamberger/Roth/*Cziupka* Rn. 1.
[8] Vgl. BT-Drs. 16/10798, 32 zu Nr. 11.
[9] IdS aber RGRK-BGB/*Finke* Rn. 25.
[10] Staudinger/*Thiele,* 2017, Rn. 37 unter Hinweis auf § 276 Abs. 3; Bamberger/Roth/*Cziupka* Rn. 12.

## Untertitel 2. Vertragliches Güterrecht

### Vorbemerkung (Vor § 1408)

**Schrifttum:** Zum älteren Schrifttum → 7. Aufl. 2017; *Bayer/Koch,* Schranken der Vertragsfreiheit, 2007; *Bergschneider,* Güterrecht und richterliche Inhaltskontrolle, FamRZ 2010, 1857; *Bergschneider/Wolf,* Richterliche Inhaltskontrolle von Eheverträgen, NZFam-Sonderheft Mai 2018; *Brambring,* Güterstandsklauseln in Gesellschaftsverträgen, DNotZ 2008, 724; *Brudermüller,* „Des Pudels Kern", Probleme der Kernbereichslehre bei Eheverträgen zum Güterrecht, FS Hahne, 2012, 121; *Büttner,* Grenzen ehevertraglicher Gestaltungsmöglichkeiten, FamRZ 1998, 1; *Cypionka,* Vereinbarungen über den Zugewinnausgleich in Eheverträgen und Scheidungsfolgenverträgen, MittRhNotK 1986, 157; *Dauner-Lieb,* Reichweite und Grenzen der Privatautonomie im Ehevertragsrecht, AcP 201 (2001), 295; *Dauner-Lieb,* Gütertrennung zwischen Privatautonomie und Inhaltskontrolle, AcP 210 (2010), 580; *Grziwotz,* Vertragsobjekt Ehe und Partnerschaft, DNotZ 1998, Sonderheft Deutscher Notartag, 228; *Hahne,* Grenzen ehevertraglicher Gestaltungsfreiheit, DNotZ 2004, 84; *Hofer/Schwab/Henrich,* From status to contract? – Die Bedeutung des Vertrags im europäischen Familienrecht, 2005; *Hoppenz,* Zur Gleichwertigkeit von Versorgungs- und Zugewinnausgleich bei der Inhaltskontrolle von Eheverträgen, zugleich eine Besprechung vom BGH Beschl. v. 8.10.2014 – XII ZB 318/11, FamRZ 2015, 630; *Kanzleiter,* Inhalts- und Ausübungskontrolle von Eheverträgen bei Beteiligung ausländischer Ehegatten, in Battis, Privatrecht gestern, heute und morgen, 2008, 17; *Norbert Mayer,* Herausnahme von einzelnen Gegenständen bzw. Wirtschaftseinheiten aus dem Zugewinnausgleich – eine optimale Gestaltungsvariante im privaten und unternehmerischen Bereich?, DStR 1993, 991; *Meder,* Gütertrennung als Argument bei der richterlichen Inhaltskontrolle von Verträgen über den Ausschluss der Zugewinngemeinschaft, FPR 2012, 113; *Münch,* Vereinbarungen zum reformierten Versorgungsausgleich, 2. Aufl. 2015; *Münch,* Die Unternehmerehe, 2. Aufl. 2019; *Münch,* Vertragsfreiheit und Inhaltskontrolle von Eheverträgen, KritV 2005, 208; *Münch,* Funktionsäquivalenz als Einbahnstraße – Ausübungskontrolle beim Verzicht auf Versorgungsausgleich, NJW 2015, 288; *Rakete-Dombek,* Das Ehevertragsurteil des BGH – Oder: Nach dem Urteil ist vor dem Urteil, NJW 2004, 1273; *Reetz,* NotarFormulare Versorgungsausgleich, 2013; *Reetz,* BGH: Inhaltskontrolle (§ 138 Abs. 1 BGB) und Gesamtbetrachtung – Gesamtnichtigkeit – Unternehmerehe, DNotZ 2017, 809; *Sanders,* Statischer Vertrag und dynamische Vertragsbeziehung – Wirksamkeits- und Ausübungskontrolle von Gesellschafts- und Eheverträgen, 2008 *D. Schwab,* Trennungs- und Scheidungsvereinbarungen vor dem Hintergrund der Unterhaltsrechtsreform, in Limmer, Scheidung, Trennung – Scheidungs- und Trennungsvereinbarungen, 2008, 68; *D. Schwab,* Die verbotene Kinderehe, FamRZ 2017, 1369; *Schwenzer,* Vertragsfreiheit im Ehevermögens- und Scheidungsfolgenrecht, AcP 196 (1996), 88; *Sethe,* Die Inhaltskontrolle von Eheverträgen – Eine Zwischenbilanz, in Höland/Sethe, Eheverträge und Scheidungsfolgenvereinbarungen, 2007, 23; *Volmer,* Bemerkungen zur Wirksamkeitskontrolle von Eheverträgen, ZNotP 2005, 242; *Wagenitz,* Wirksamkeits- und Ausübungskontrolle von Eheverträgen – Ein Überblick über die Rechtsprechung des Bundesgerichtshofs, in Höland/Sethe, Eheverträge und Scheidungsfolgenvereinbarungen, 2007, 1; *Wellenhofer,* Ehevertragsrechtsprechung und Unterhaltsreform; Gewandelte Rahmenbedingungen für Unterhaltsvereinbarungen, in Bayer/Koch, Aktuelle Fragen des Familienrechts, 2009, 65; *Wiemer,* Inhaltskontrolle von Eheverträgen und Scheidungsvereinbarungen – Eine kritische Auseinandersetzung mit der Kernbereichslehre des BGH, 2007. S. auch das Schrifttum vor § 1363, § 1414 und § 1415.

**Übersicht**



## I. Vereinbarungen unter den Ehegatten

1 **1. Mögliche Vereinbarungen.** Unter Ehegatten sind Vereinbarungen der verschiedensten Art möglich, die teilweise nur unter Ehegatten mit Rücksicht auf die Ehe getroffen werden können.

Daneben sind unter Ehegatten aber auch alle Vereinbarungen wie unter beliebigen Fremden möglich. Für solche auch unter Fremden mögliche Vereinbarungen gelten grundsätzlich die allgemeinen Regeln des jeweiligen Rechtsinstituts. Solche Vereinbarungen können aber dadurch eine Modifikation erfahren, dass sie unter Ehegatten getroffen sind. Mit Rücksicht auf die zwischen den Vertragspartnern bestehende Ehe können solche Vereinbarungen auch eine besondere Bedeutung erlangen.

**2. Vereinbarungen nur unter Ehegatten. a) Güterrechtliche Verhältnisse.** Im Mittelpunkt der speziell auf die Ehe bezogenen Vereinbarungen sieht das Gesetz die Regelung der „güterrechtlichen Verhältnisse", dh der besonderen vermögensrechtlichen Beziehungen der Ehegatten, wie sie gerade mit Rücksicht auf die Ehe während deren Dauer bestehen, mit Ausnahme derjenigen, die zu den allgemeinen Ehewirkungen gehören (zum Begriff → § 1408 Rn. 6 ff.). Die Vereinbarungen über die „güterrechtlichen Verhältnisse" sind Gegenstand des „Ehevertrages" nach § 1408 (→ § 1408 Rn. 1 ff.). Hierzu kann auch die Rechtswahl gehören, die das eheliche Güterrecht bestimmt.[1] 2

**b) Versorgungsausgleich.** § 1408 Abs. 2 iVm §§ 6, 8 VersAusglG ermöglicht den Ehegatten, durch Ehevertrag Vereinbarungen über den Versorgungsausgleich abstrakt für eine zukünftige eventuelle Scheidung zu treffen (→ § 1408 Rn. 21 ff.). 3

**c) Überlassung der Vermögensverwaltung.** § 1413 lässt den Ausschluss oder die Erschwerung des Widerrufs nur durch Ehevertrag zu, wenn ein Ehegatte sein Vermögen der Verwaltung des anderen Ehegatten überlässt (was in gleicher Weise grundsätzlich auch unter Fremden möglich ist und wofür – von § 1413 abgesehen – die allgemeinen Regeln gelten). Näher → § 1413 Rn. 1 ff. 4

**d) Allgemeine Ehewirkungen.** Während früher die allgemeinen Ehewirkungen durch die vom patriarchalischen Ehebild geprägten gesetzlichen Bestimmungen im Wesentlichen festgelegt waren, ist durch das Gleichberechtigungsgesetz die Stellung der beiden Ehegatten austauschbar geworden. Das 1. EheRG hat die Vorschriften über die allgemeinen Ehewirkungen zusätzlich eingeschränkt. Durch diese Entwicklung sind die allgemeinen Ehewirkungen unter den Ehegatten der (formlosen) Vereinbarung in weiterem Umfang zugänglich geworden.[2] Welche Auswirkungen die Einführung der „Ehe für alle" durch das Gesetz zur Einführung des Rechts auf Eheschließung für Personen gleichen Geschlechts vom 20.7.2017 (BGBl. 2017 I 2787) im Jahr 2017 auf die allgemeinen Ehewirkungen hat, wird sich erst im Laufe der Zeit ergeben.[3] 5

Zu den allgemeinen Ehewirkungen gehört die **Pflicht** der Ehegatten, die **Familie zu unterhalten** (§§ 1360 f.). Über das Ausmaß, in dem die Ehegatten zum Familienunterhalt beizutragen haben, sind ebenfalls (formlose) Vereinbarungen möglich (→ § 1360 Rn. 21; → § 1360a Rn. 12 ff.) ein Unterhaltsverzicht ist für Familien- und Getrenntlebendenunterhalt allerdings nicht zulässig.[4] Auch über den Unterhalt nach der Scheidung können abstrakt, ohne Bezug zu einer konkret bevorstehenden Scheidung bereits Vereinbarungen getroffen werden. Insbesondere kann von den Ehegatten auf den Unterhaltsanspruch nach einer eventuellen Scheidung verzichtet werden. Vor Rechtskraft bedarf dies nach § 1585c S. 2 der notariellen Beurkundung (→ § 1585c Rn. 15, 29, 38 ff.).[5] 6

**e) Scheidungsvereinbarungen. Im Hinblick auf** eine konkret **bevorstehende Scheidung** sind Vereinbarungen der Ehegatten über die verschiedensten Fragen möglich: im gesetzlichen Güterstand können Vereinbarungen über den Zugewinnausgleich (beurkundungspflichtig nach § 1378 Abs. 3 S. 2), bei jedem Güterstand Vereinbarungen über die Auseinandersetzung gemeinschaftlichen Vermögens (grundsätzlich formlos; → § 1474 Rn. 1 ff.),[6] über den gegenseitigen Unterhalt nach der Scheidung (bis zur Rechtskraft der Scheidung beurkundungspflichtig nach § 1585c; → § 1585c Rn. 1 ff.) und über den Versorgungsausgleich (beurkundungspflichtig nach § 7 VersAusglG; → VersAusglG § 7 Rn. 1 ff.) getroffen werden. Die Vereinbarungen im Hinblick auf eine Scheidung (unter lit. e) unterscheiden sich von den allgemeinen Vereinbarungen über die sachlich gleichen Punkte (lit. a, b, d) dadurch, dass diese konkret für eine bevorstehende Scheidung, jene abstrakt für eine eventuell mögliche Scheidung getroffen werden.[7] 7

---

1 Staudinger/*Thiele*, 2018, § 1408 Rn. 5.

2 S. dazu insbes. *Diederichsen* NJW 1977, 217 (222 f.).

3 Hierzu *Hecker* NJOZ 2018, 641; *Meyer* FamRZ 2017, 1281; *Schwab* FamRZ 2017, 1284.

4 Eingehend dazu BGH NJW 2014, 1101 = FamRZ 2014, 629; NJW 2015, 3715 = DNotZ 2016, 59.

5 *Diederichsen* NJW 1977, 217 (223); str.

6 Wenn nicht wegen des betroffenen Gegenstandes eine bestimmte Form eingehalten werden muss, s. insbes. § 311b Abs. 1.

7 Da die Vereinbarung über den Zugewinnausgleich in Bezug auf eine konkret bevorstehende Scheidung, aber vor Einleitung des Verfahrens, nicht mehr Regelung der güterrechtlichen Verhältnisse iSv § 1408 ist, aber noch nicht unter § 1378 Abs. 3 S. 2 fällt, besteht theoretisch zwischen beiden Vorschriften eine Lücke. Dies ist vom Gesetz jedoch sicherlich nicht beabsichtigt. S. die Begr. der vom BR vorgeschlagenen Vorschrift

8 **3. Unter Fremden mögliche Vereinbarungen.** Den Ehegatten stehen aber auch alle Vereinbarungen offen, die unter Fremden getroffen werden können.[8] Die im Folgenden aufgeführten sind für das eheliche Verhältnis von besonderer Bedeutung:

9 **a) Gesellschaftsvertragliche Regelungen.** Gesellschaftsvertragliche Regelungen bieten sich an, wenn die Ehegatten gemeinschaftlich Zwecke anstreben, die über den allgemeinen Zweck der ehelichen Lebensgemeinschaft hinausgehen,[9] sofern für diese Zwecke bestimmte Mittel bereitgestellt und vom allgemeinen Vermögen der Ehegatten gesondert werden oder sofern das Verhältnis der Ehegatten hinsichtlich dieser Zweckgemeinschaft abweichend vom allgemeinen ehelichen Verhältnis geregelt werden soll.

10 **b) Dienstverhältnis.** Ein Dienstverhältnis wird unter Ehegatten häufig der (sozial-) versicherungs- oder steuerrechtlichen Wirkungen wegen begründet.

11 **c) Vereinbarungen über Rückabwicklung von Zuwendungen.** Durch Vereinbarungen über die Rückabwicklung von Zuwendungen oder Leistungen, zB einen Darlehensvertrag, kann der Ausgleich ungerechtfertigter Vermögensverschiebungen unter bestimmten Voraussetzungen sichergestellt werden.

12 **d) Übertragung von Vermögenswerten.** Durch die Übertragung von Vermögenswerten oder die Einräumung von anderen Rechtsstellungen – zB eines Nießbrauchs – können unerwünschte Disparitäten im Vermögen der Ehegatten ausgeglichen, gleichzeitig kann aber auch die Sicherung des begünstigten Ehegatten bei Eintritt bestimmter Umstände, insbesondere des Todes des anderen Ehegatten, erreicht werden.

13 Da die unter **a) bis c)** aufgeführten Vereinbarungen regelmäßig formlos getroffen werden können, ist die **Annahme stillschweigender Abmachungen** eine mögliche Zuflucht, um die sonst ausbleibende Beteiligung des einen Ehegatten an der von ihm mitgeschaffenen Vermögensmehrung des anderen oder den sonst ausbleibenden Ausgleich für vom einen Ehegatten erbrachte Zuwendungen oder Leistungen zu erreichen (insbesondere im Rahmen einer Ehegatteninnengesellschaft; → § 1356 Rn. 26).

14 **e) Verfügungen von Todes wegen.** Schließlich sind der Ehe eigentümlich Verfügungen von Todes wegen (häufig in Form eines Erbvertrages oder eines gemeinschaftlichen Testamentes), die dem überlebenden Ehegatten eine angemessene Rechtsstellung einräumen sollen.

15 **4. Wirkung bei Teilnichtigkeit.** Sind verschiedene der vorstehend aufgeführten Vereinbarungen in einen Vertrag aufgenommen und ist eine der getroffenen Bestimmungen unwirksam, richtet sich die Wirksamkeit der übrigen nach **§ 139.**

### II. Wertung; Nutzung der rechtlichen Möglichkeiten in der Praxis

16 **1. Große Anzahl an Möglichkeiten.** Die Möglichkeiten, die den Ehegatten zu einer angemessenen Gestaltung ihrer rechtlichen Verhältnisse zur Verfügung stehen, sind mannigfaltig. Sie sind regelmäßig geeignet, Lösungen zu finden, die den beiderseitigen Interessen bei Eintritt aller Eventualitäten angemessen Rechnung tragen.

17 **2. Geringe praktische Umsetzung.** Von den gegebenen Möglichkeiten wird in der Praxis aber wenig Gebrauch gemacht.[10] Der gesetzliche Güterstand gilt auch in vielen Ehen, in denen sein „Halbteilungsgrundsatz" bei einem Scheitern der Ehe für den einen Ehegatten kaum tragbare, den anderen Ehegatten ungerechtfertigt begünstigende Folgen hätte. Zuwendungen und Leistungen werden unter Ehegatten häufig ohne Absprache erbracht, mit dem Ergebnis, dass bei Auseinandersetzungen oder einem Scheitern der Ehe demjenigen oft nur unzulänglich geholfen werden kann, der im Vertrauen auf die Ehe diese Opfer gebracht hat. Auch die Frage der Vermögensstruktur innerhalb der Ehe wird erst jüngst mit dem Stichwort der „asset protection"[11] unter Haftungsgesichtspunkten

in BMJErl. S. 121 f. Der BGH hat deshalb § 1378 Abs. 3 S. 2 auch auf Vereinbarungen vor Anhängigkeit eines Scheidungsverfahrens angewandt, BGH DNotZ 1983, 491.

[8] S. insbes. *Zöllner* FamRZ 1965, 115 (121); *Münch* Ehebezogene Rechtsgeschäfte Rn. 1611 ff.

[9] BGHZ 142, 137 (144) = DNotZ 2000, 514 (516); im konkreten Fall zu Recht abgelehnt von OLG Karlsruhe DNotZ 2010, 140 mAnm *Bruch* = FamRZ 2009, 1670.

[10] *Michaelis,* Die Güterstände in der Praxis, 1968; Soergel/*Gaul/Althammer* Vor § 1408 Rn. 30 ff.; eine Reportage des „Spiegel" 1990 Nr. 14 S. 162 geht davon aus, dass ca. 10 % der Eheschließenden einen Ehevertrag abschließen. Eine Zahl, die auch 2007 noch als relevant gilt: http://www.faz.net/aktuell/wirtschaft/ehevertrag-das-geschenk-der-juristen-1435955.html (zuletzt abgerufen am 14.11.2018).

[11] Hierzu *Münch* FamiliensteuerR Rn. 19 ff.

betrachtet. Sie sollte durchaus auch unter eherechtlichen und erbrechtlichen bzw. erbschaftsteuerrechtlichen Gesichtspunkten hinterfragt werden. Stattdessen führt man oft gedankenlos den schon so bezeichneten „Güterstand der Miteigentümergemeinschaft".[12]

Die **Gründe** hierfür sind verschieden. Neben die allgemeinen Gründe, insbesondere ein generell nur wenig entwickeltes Rechtsbewusstsein, treten besondere, die klare Vereinbarungen unter Ehegatten noch seltener machen als unter Fremden: Gegenüber der tatsächlichen Lebensgemeinschaft wird rechtlichen Fragen sicherlich zu Recht nur eine untergeordnete Bedeutung zugemessen. Dies hat aber weithin die Konsequenz, dass die Ehe als „rechtsfreier Raum" angesehen wird, ein Irrtum, der sich wegen der langfristigen Auswirkungen vorgenommener (oder unterlassener) Rechtshandlungen spätestens bei einem Scheitern der Ehe als folgenschwer erweisen kann. Dazu tritt das ungeprüfte Sich-Beruhigen, das Gesetz werde im Konfliktfall alle möglichen Streitfragen angemessen lösen, obwohl dies schon wegen der ganz unterschiedlichen Lebensumstände der Ehegatten ausgeschlossen ist. Unterstützt werden beide Gründe dadurch, dass Vereinbarungen der Ehegatten häufig ihre wichtigsten Rechtsfolgen bei einem Scheitern der Ehe äußern, dass diese Möglichkeit aber verdrängt wird. Alle Gründe für eine Abneigung der Ehegatten gegen rechtliche Vereinbarungen führen zu der Konsequenz, dass der Ehegatte, der solche Vereinbarungen zur Diskussion stellt, als Ehestörer erscheint, der Unbilliges verlangt und das Scheitern der Ehe ins Kalkül zieht, eine Konsequenz, die bewusst oder unbewusst ausgenutzt werden kann und viele Ehegatten von den notwendigen Vorschlägen abhält.[13] 18

Dies führt zu dem Appell verstärkter vertraglicher Regelung, sei es durch Eheverträge, die mit ihren vielen Möglichkeiten quasi „minimalinvasiv" zielführende Anordnungen enthalten können, aber auch durch andere Vertragstypen wie etwa Darlehensverträge.[14] Der Rat geht aber nicht nur zum Abschluss solcher Verträge, sondern auch zur regelmäßigen Überprüfung, denn die Praxis zeigt, wie einstmals passende Verträge einige Jahrzehnte später durchaus unglückliche Ergebnisse zeitigen. 19

## III. Die Geschichte des Vertragsgüterrechts

**1. Einengung der Güterstandstypen durch das BGB.** Die Geschichte des Vertragsgüterrechts ist gekennzeichnet durch eine immer weiter gehende Einengung der Güterstandstypen, die vom Gesetz zur Verfügung gestellt werden. Vor Inkrafttreten des BGB waren in Deutschland in den unterschiedlichen Gebieten zahllose gesetzliche und Wahlgüterstände verbreitet,[15] die freilich teilweise nur regional gewählt werden konnten. Das **BGB** führte diese große Zahl auf ein System von **fünf Güterstandstypen** zurück: die Verwaltung und Nutznießung des Ehemannes (gleichzeitig regelmäßiger gesetzlicher Güterstand), die Gütertrennung (gleichzeitig hilfsweiser gesetzlicher Güterstand), die allgemeine Gütergemeinschaft, die Fahrnisgemeinschaft und die Errungenschaftsgemeinschaft (beides Gütergemeinschaftsvarianten). Wegen der grundsätzlichen Unwandelbarkeit des bei Inkrafttreten des BGB bestehenden Güterstandes (vgl. Art. 200 EGBGB; Überleitung durch Landesrecht ermöglichte Art. 218 EGBGB), verschwanden die früheren Güterstände nur allmählich. 20

**2. Weitere Einengung durch das GleichberG.** Eine weitere Einengung brachte das GleichberG mit der **Abschaffung** der Güterstände der **Nutzverwaltung** (als der Gleichberechtigung grundsätzlich widersprechend) sowie der **Fahrnis-** und der **Errungenschaftsgemeinschaft** (als selten gewählter Güterstände), demgegenüber mit der **Begründung** des neuen gesetzlichen Güterstandes der **„Zugewinngemeinschaft".** Rechtlich erschöpfte sich die Auswirkung des GleichberG hinsichtlich der Wahlmöglichkeit zwar auf einen Austausch des Güterstands der Nutzverwaltung (dessen Rechtswirkungen nicht mehr vereinbart werden können) durch den der Zugewinngemeinschaft, weil die den Güterständen der Fahrnis- und der Errungenschaftsgemeinschaft eigentümlichen Wirkungen durch eine entsprechende Ausgestaltung der Gütergemeinschaft weiterhin erzielt werden können (→ § 1408 Rn. 19). Durch den Wegfall dieser Güterstände als besondere Wahlgüterstandstypen ist aber der Anreiz, sie zu wählen, praktisch entfallen. 21

**3. Zusätzlicher deutsch-französischer Wahlgüterstand.** Ehen zwischen Ehegatten unterschiedliche Staatsangehörigkeit sind häufig mit ständig zunehmender Tendenz. Art. 15 Abs. 1 EGBGB iVm Art. 14 Abs. 2, 3 EGBGB, vor allem aber Art. 15 Abs. 2 EGBGB, ab 29.1.2019 22

---

12 *Grziwotz* FamRZ 2002, 1669.

13 Vgl. zur Diskussion über „relational contracts" *Sanders,* Statischer Vertrag und dynamische Vertragsbeziehung, 2008, 116 f.

14 Zum Darlehensvertrag unter Ehegatten eingehend *Everts* MittBayNot 2012, 258 ff.; *Everts* MittBayNot 2012, 337 ff.

15 Die unterschiedlichen Angaben bei *Planck,* Entwurf eines Familienrechts für das Deutsche Reich, 1880 IV 1, 285 (weit über 100) und *Müller-Freienfels* RabelsZ 27 (1962/63), 371 (ungefähr 50) beruhen auf unterschiedlicher Differenzierung.

Art. 22 EuGüVO,[16] gibt den Ehegatten die Möglichkeit, eine Rechtswahl zu den güterrechtlichen Wirkungen ihrer Ehe zu treffen. Darüber hinaus wurden und werden Überlegungen angestellt, ob den Ehegatten Lösungen angeboten werden können, die die Grenzen nationaler Rechtsordnungen überschreiten. Durch das Abkommen vom 4.2.2010 über den Güterstand der Wahlzugewinngemeinschaft haben Frankreich und Deutschland einen zusätzlichen, in beiden Rechtsordnungen identischen Wahlgüterstand geschaffen. Das Abkommen wurde inzwischen umgesetzt und durch § 1519 in das BGB integriert (→ § 1519 Rn. 1 ff.). Angesichts vieler noch bestehender Rechtsunsicherheiten[17] ist jedoch damit zu rechnen, dass Rechtsberater eher selten diesen Güterstand empfehlen.

## Kapitel 1. Allgemeine Vorschriften

### § 1408 Ehevertrag, Vertragsfreiheit

**(1) Die Ehegatten können ihre güterrechtlichen Verhältnisse durch Vertrag (Ehevertrag) regeln, insbesondere auch nach der Eingehung der Ehe den Güterstand aufheben oder ändern.**

**(2) Schließen die Ehegatten in einem Ehevertrag Vereinbarungen über den Versorgungsausgleich, so sind insoweit die §§ 6 und 8 des Versorgungsausgleichsgesetzes anzuwenden.**

**Schrifttum: Zu Abs. 1:** S. Vor § 1408.

**Zu Abs. 2:** S. §§ 6, 8 VersAusglG.

**Übersicht**



## I. Normzweck des Abs. 1

1 Abs. 1 eröffnet die Möglichkeit, die güterrechtlichen Verhältnisse durch Vereinbarung zu regeln. Er begründet den Grundsatz der Vertragsfreiheit im Ehegüterrecht (im Rahmen der vom Gesetz zur Verfügung gestellten Institutionen).

## II. Der Ehevertrag

2 Der Ehevertrag ist ein **besonderes Rechtsinstitut zur Regelung der güterrechtlichen Verhältnisse** zwischen Ehegatten. Darüber hinaus sind Vereinbarungen über den Versorgungsaus-

[16] Hierzu *Weber* DNotZ 2016, 659.
[17] Darstellung bei *Münch* Ehebezogene Rechtsgeschäfte Rn. 467 ff.

gleich – mit oder ohne Zusammenhang mit einer konkreten Ehescheidung – nach Abs. 2 und Ausschluss oder Einschränkung der Möglichkeit jederzeitigen Widerrufs bei Überlassung der Vermögensverwaltung an den Ehegatten nach § 1413 dem Ehevertrag zugewiesen.

Der **Abschluss** des Ehevertrages richtet sich nach §§ 1410 f. Er kann jederzeit während der Ehe, aber auch schon vor der Eheschließung unter Verlobten abgeschlossen werden (dies ergibt sich aus dem Wortlaut „auch nach" in Abs. 1 Hs. 2), wobei seine Wirkungen dann mit der Eheschließung eintreten.[1] 3

Im Übrigen gelten für den Ehevertrag **keine Besonderheiten.** Die allgemeinen Vorschriften über Rechtsgeschäfte im Allgemeinen und Verträge im Besonderen sind anwendbar. Die Beifügung von Bedingungen und Zeitbestimmungen ist regelmäßig zulässig, da der Ehevertrag grundsätzlich nicht bedingungs- oder befristungsfeindlich ist.[2] Der Abschluss eines (ebenfalls formpflichtigen, → § 1410 Rn. 6) Vorvertrages ist möglich.[3] Der Ehevertrag unterliegt wie jedes Rechtsgeschäft der Gläubigeranfechtung, wie der BGH jüngst festgestellt hat.[4] Allerdings wird dabei der statusbegründende Wechsel des Güterstandes nicht berührt, so dass sich die Anfechtung regelmäßig auf die vermögensrechtlichen Folgen, etwa der Erfüllung eines Zugewinnausgleichsanspruchs, beschränkt. Eine Ausnahme dürfte dort vorliegen, wo schon die Wahl des Güterstandes unmittelbar Vermögen entzieht, wie bei Eingehung der Gütergemeinschaft.[5] Ansonsten berechtigt etwa der Wegfall künftigen Zugewinns nicht zur Anfechtung, denn Gläubiger haben keinen Anspruch auf Beibehaltung des Güterstandes.[6] 4

Die **Beweislast** für das Bestehen eines Ehevertrages trägt derjenige, der sich auf ihn beruft. 5

## III. Vereinbarungen über die „güterrechtlichen Verhältnisse"; Schranken der Vertragsfreiheit im Ehegüterrecht

**1. Güterrechtliche Verhältnisse.** Die „güterrechtlichen Verhältnisse" der Ehegatten sind ihre **auf die Ehe bezogenen Vermögensbeziehungen** im Rahmen der Rechtsinstitutionen, die das Gesetz in §§ 1363 ff. dem Güterrecht zuordnet,[7] also insbesondere der Zugewinnausgleich.[8] Eines Ehevertrags bedürfen deshalb Vereinbarungen über die Modifikation des Zugewinnausgleichs abweichend von der gesetzlichen Regelung (zB die Herausnahme bestimmter Gegenstände vom Zugewinnausgleich, etwa des Betriebsvermögens des Unternehmensehegatten[9]); das ist auch der Fall, wenn einem Ehegatten ein Ersatzanspruch hinsichtlich seiner Aufwendungen auf einen Gegenstand des anderen Ehegatten eingeräumt wird (schuldrechtliche Vereinbarung), und er auf sonstige Rechte hinsichtlich dieses Gegenstands verzichtet (Modifikation des Zuggewinnausgleichs).[10] 6

Die **Rechtsfolgen** für die beiderseitigen Vermögen, die **bei Beendigung der Ehe** eintreten, sind ebenfalls auf die Ehe bezogen und gehören deshalb grundsätzlich zu den „güterrechtlichen Verhältnissen".[11] Dies gilt jedoch dann nicht mehr, wenn die Beendigung der Ehe bereits eingetreten ist oder konkret bevorsteht. In diesem Falle sind Vereinbarungen der Ehegatten nicht mehr auf die Ehe, sondern auf die Auseinandersetzung ihrer Vermögensbeziehungen bezogen, und unterscheiden sich nicht mehr von denen unter Fremden. Deshalb bedarf es eines Ehevertrages, wenn abstrakt für eine eventuelle Beendigung der Ehe unter den Ehegatten Vereinbarungen über den Zugewinnausgleich oder die Auseinandersetzung des Gesamtguts der Gütergemeinschaft getroffen werden.[12] Werden solche Abmachungen im Hinblick auf eine konkret bevorstehende Beendigung der Ehe getroffen, handelt es sich um gewöhnliche Auseinandersetzungsvereinbarungen, die grundsätzlich 7

---

1 BayObLGZ 1957, 49 (51).
2 Vgl. OLG Celle FamRZ 1961, 446.
3 RGZ 68, 322.
4 BGH NZI 2010, 738.
5 Ausf. hierzu *Herrler* in Münch FamR § 19 Rn. 48 f.
6 BGH NJW 1971, 48.
7 Zum Begriff der „güterrechtlichen Verhältnisse" s. BGHZ 54, 38 = FamRZ 1970, 391 (392) mAnm *Johannsen* LM § 1378 Nr. 3; BayObLGZ 1966, 332 (334); *Schwab* DNotZ-Sonderheft 1977, 75 Jahre Deutsche Notar-Zeitschrift, 51*, 55* f.; unterschiedliche Auffassungen bestehen im Wesentlichen nur in der Formulierung, kaum in der Sache.
8 BGH NJW 1997, 2239; OLG Karlsruhe DNotZ 2010 mAnm *Bruch* = FamRZ 2009, 1670.
9 BGH NJW 1997, 2239 = DNotZ 1999, 514.
10 OLG Karlsruhe DNotZ 2010, 140 mAnm *Bruch.*
11 AA wohl BGHZ 54, 38 = FamRZ 1970, 391 mAnm *Johannsen* LM § 1378 Nr. 3.
12 Ebenso die wohl hM trotz ihrer zT abw. Abgrenzung des Begriffs der „güterrechtlichen Verhältnisse"; s. Soergel/*Gaul/Althammer* Rn. 2 mzN; in der Abgrenzung insofern anders, als auf den Zeitpunkt des Vertragsschlusses abgestellt wird (vor Beendigung des Güterstands: Ehevertrag, erst danach: Auseinandersetzungsvereinbarung) *Körner,* Die Grenzen der Vertragsfreiheit im neuen Güterrecht, 1961, 47; *Lange* JZ 1970, 653; *Dölle* FamR § 43 Fn. 77; *Gernhuber/Coester-Waltjen* FamR § 32 I 4.

formlos möglich sind. Zu den formbedürftigen Vereinbarungen im Hinblick auf den Zugewinnausgleich nach § 1378 Abs. 3 S. 2 können aber auch schon Bewertungsvereinbarungen im Hinblick auf den Ausgleich oder Vorabverteilung von Gegenständen gehören.[13] Auch ein konstitutives oder deklaratorisches Schuldanerkenntnis im Hinblick auf den Ausgleichsanspruch wurde schon wegen Formverstoßes für nichtig erachtet.[14] Zum Versorgungsausgleich s. §§ 6, 7 VersAusglG.

8 **2. Abgrenzung von anderen Vereinbarungen.** Die Abgrenzung güterrechtlicher von anderen – schuld-, insbesondere gesellschaftsrechtlichen (→ Vor § 1408 Rn. 2 ff.) – Vereinbarungen der Ehegatten ist kaum je problematisch (→ § 1408 Rn. 6, 7 mzN).[15] Ausschlaggebend ist der sich objektiv aus dem Rechtsgeschäft ergebende Geschäftszweck. Im Zweifel soll eine güterrechtliche Regelung anzunehmen sein, wenn sich die Vereinbarung auf das Gesamtvermögen der Ehegatten bezieht.[16] Die Umdeutung eines – zB wegen Formverstoßes – unwirksamen Ehevertrages in eine schuldrechtliche (gesellschaftsrechtliche) Vereinbarung ist unter den allgemeinen Voraussetzungen möglich.[17] Im Zusammenhang mit einer bevorstehenden Ehescheidung stehen den Ehegatten die Rechtsinstitute der Scheidungsvereinbarung (auch nach § 1378 Abs. 3 S. 2) und des Ehevertrages ohne zeitliche Schranken wahlweise zur Verfügung.[18] Terminologische Abgrenzungsversuche sind für die Rechtswirklichkeit in der Regel wenig hilfreich.[19]

9 **3. Schranken der Vertragsfreiheit.** Die Schranken der Vertragsfreiheit im Ehegüterrecht sind Gegenstand einer breiten Erörterung in der Literatur.

10 **a) Allgemeine Schranken.** Einigkeit besteht zunächst darüber, dass die **allgemeinen Schranken der Privatautonomie** (vor allem § 138)[20] auch für güterrechtliche Vereinbarungen gelten. Da sich güterrechtliche Vereinbarungen schon ihrem Begriff nach regelmäßig auf das gesamte derzeitige und zukünftige Vermögen der Ehegatten beziehen, ist § 311b Abs. 2 auf solche güterrechtlichen Vereinbarungen nicht anwendbar,[21] wohl aber gilt dessen Verbot für schuldrechtliche Vereinbarungen, die den Ehevertrag ergänzen.[22] Wie allgemein wird die Vertragsfreiheit auch im Ehegüterrecht nicht durch den Gleichheitsgrundsatz (Art. 3 Abs. 2 GG) eingeschränkt, weil der Gleichheitssatz nicht die freiwillige Unterwerfung unter ungleiche Regelungen durch privatautonome Vereinbarungen verbietet.[23]

11 **b) Verweisungsverbot des § 1409.** Daneben enthält das Verweisungsverbot des § 1409 eine besondere Schranke, allerdings nicht für die inhaltliche, sondern nur für die formale Gestaltung der güterrechtlichen Vereinbarungen (→ § 1409 Rn. 1 ff.).[24]

12 **c) Zwingende Vorschriften.** Insbesondere das Recht der Gütergemeinschaft, aber auch das des gesetzlichen Güterstandes enthält zwingende, der Dispositionsfreiheit der Ehegatten entzogene Vorschriften, deren Umfang im Einzelnen strittig ist. S. dazu die Erläuterungen zu den einzelnen Vorschriften.

13 **d) Grundsatz der Typenbeschränkung; keine weitere Einschränkung der Vertragsfreiheit.** Außerordentlich umstr. ist, inwieweit über diese Schranken hinaus **besondere, grundsätzli-**

---

[13] *Schulz/Hauß* Trennung und Scheidung Rn. 418 ff.; *Kogel* FamRB 2005, 301 ff.
[14] OLG Hamm FamFR 2013, 511 zu einem schriftlichen Schuldanerkenntnis über 1,5 Mio. Euro.
[15] Ausf. zur Abgrenzung Soergel/*Gaul/Althammer* Vor § 1408 Rn. 35, 37, 40, 42; Soergel/*Gaul/Althammer* Rn. 9, 12.
[16] OLG Stuttgart NJW 1958, 1972.
[17] OLG Hamburg DJ 1938, 1036.
[18] Vgl. BGHZ 86, 143 = FamRZ 1983, 157 = DNotZ 1983, 491 mAnm *Brambring.* Der BGH wendet § 1378 Abs. 3 S. 3 auch auf Eheverträge an (dies ist sehr umstr., aA → § 1378 Rn. 24 mN *(Koch)*), lässt dafür aber Vereinbarungen in der Form des § 1378 Abs. 3 S. 2 auch vor Anhängigkeit des Scheidungsverfahrens zu.
[19] So etwa Staudinger/*Thiele,* 2018, Rn. 7 ff.
[20] Modifiziert durch die „durch das sittliche Wesen der Ehe gezogenen Schranken"; s. Mot. IV 142, 305; s. auch *Mikat* FS Felgentraeger, 1969, 323 (332) gegen eine besondere weite Ausdehnung des § 138 BGB, die *Zöllner* FamRZ 1965, 113 (119 f.) und *Ramm* JZ 1968, 90 (93) fordern; aus der Rspr. s. BGH FamRZ 1997, 800 (802 f.).
[21] Soergel/*Gaul/Althammer* § 1408 Rn. 63; Staudinger/*Thiele,* 2018, Vor § 1408 Rn. 31; s. auch die Nachweise bei *Gernhuber/Coester-Waltjen* FamR § 32 III 9 m. Fn. 2; nur in der Formulierung, nicht in der *Sache* aA *Dölle* FamR § 43 C III 2a.
[22] Schuldrechtlich kann daher eine Verpflichtung zum Zugewinnausgleich nicht begründet werden, soweit sich die Vereinbarung nicht auf konkrete Vermögensgegenstände beschränkt; dies kann eine solche Vereinbarung zB für das beiderseitige Vorbehaltsgut bei Gütergemeinschaft ausschließen.
[23] AllgM, s. BGH LM § 1437 Nr. 1 = FamRZ 1957, 247.
[24] Staudinger/*Thiele,* 2018, § 1409 Rn. 2.

**che Einschränkungen der Vertragsfreiheit im Güterrecht** bestehen, inwieweit Vereinbarungen unwirksam sind, die dem „Wesen eines Güterstandes" widersprechen,[25] einen Güterstand „denaturieren",[26] die „Bindung an einen Güterstandstyp" verlassen,[27] „nicht mit auf den Ordnungszweck des Ehevertrages gerichteter Geschäftsabsicht" geschlossen werden[28] oder gegen das „Verbot der Perplexität" güterrechtlicher Regelungen verstoßen.[29] Der theoretische Aufwand, mit dem diese Streitfrage erörtert wird, steht im umgekehrten Verhältnis zu ihrer geringen praktischen Bedeutung.[30] Richtigerweise kann auf diese Schranken der Ehevertragsfreiheit vollständig verzichtet werden.[31] Als einzige allgemeine Einschränkung der Vertragsfreiheit im Güterrecht bleibt dann diejenige, dass hier – wie stets – nur die vom Gesetz zur Verfügung gestellten Rechtsinstitutionen angewendet, nicht neue Institutionen geschaffen werden können.[32] Denn anders als im schuldrechtlichen besteht im „dinglichen" Rechtsbereich[33] der **Grundsatz der Typenbeschränkung.** Dies gilt auch für die „dinglichen" Institutionen des Ehegüterrechts.[34] Deshalb können gesetzliche Verfügungsbeschränkungen – zB der §§ 1365 ff. oder §§ 1423 ff. – zwar (grundsätzlich) mit dinglicher Wirkung eingeschränkt, aber nicht ausgedehnt werden,[35] was etwa gegen eine analoge Anwendung des § 1369 auf die Ehewohnung spricht,[36] umgekehrt können aus diesem Grunde Haftungsregelungen – zB der §§ 1438 ff. – (grundsätzlich) zugunsten, aber nicht zulasten Dritter geändert werden.[37] Da sich die Güterstandstypen als Rechtsinstitute auf das Gesamtvermögen der Ehegatten erstrecken, kann nicht hinsichtlich eines Teiles des Vermögens der eine, hinsichtlich eines anderen Teils der andere Güterstand vereinbart werden[38] (zB nicht grundsätzlich Gütergemeinschaft, hinsichtlich des Vorbehaltsguts Zugewinngemeinschaft mit den Verfügungsbeschränkungen der §§ 1365 ff. und Zugewinnausgleich).[39] Im Rahmen der vom Gesetz zur Verfügung gestellten Institutionen sind dagegen **alle** denkbaren **Vereinbarungen möglich** und zulässig.

**4. Einzelne Vereinbarungen. a) Gesetzlicher Güterstand.** Im gesetzlichen Güterstand **14**
können die **Verfügungsbeschränkungen** der §§ 1365 ff. eingeschränkt oder ausgeschlossen[40] (auch für nur einen Ehegatten),[41] nicht aber erweitert werden.[42] Der **Zugewinnausgleich** – auch der des § 1371 Abs. 1, hier jedoch mit Ausnahme einer Erhöhung[43] – ist jeder möglichen Modifikation[44]

---

25 *Körner,* Die Grenzen der Vertragsfreiheit im neuen Güterrecht, 1961, 47, 188 ff.; Enneccerus/*Kipp/Wolff* FamR § 41 IV 1; Bamberger/Roth/Hau/Poseck/*Siede* Rn. 12; Planck/*Unzner* § 1432 Anm. 9c; RGRK-BGB/*Scheffler,* 11. Aufl. 1964, Anm. 19 ff. (aA RGRK-BGB/*Finke* Rn. 14); Staudinger/*Felgentraeger,* 11. Aufl. 1970, Rn. 70; aA Staudinger/*Thiele,* 2018, Vor § 1408 Rn. 33 f.

26 *Gernhuber/Coester-Waltjen* FamR § 32 III 5, 6.

27 *Beitzke* FamR § 13 IV 4; *Lehmann/Henrich* FamR § 12 IV 3; dagegen *Mikat* FS Felgentraeger, 1969, 323 (330 f.).

28 *Gernhuber/Coester-Waltjen* FamR § 32 I 6.

29 *Knur* DNotZ 1957, 463; *Mikat* FS Felgentraeger, 1969, 323 (327).

30 *Dölle* FamR § 43 III 2 Fn. 97 stellt mit Recht fest, dass die praktischen Ergebnisse der unterschiedlichen Auffassungen kaum auseinandergehen.

31 *Rauscher* FamR Rn. 364 s. dazu auch Bamberger/Roth/Hau/Poseck/*Siede* Rn. 12; *Dölle* FamR § 43 III 2, abw. b dd und ee.

32 *Zöllner* FamRZ 1965, 113 (121); *Lange* FamRZ 1964, 546; anders *Bärmann* AcP 157 (1958/1959), 201. Dass die Ehegatten nicht mit „dinglicher" Wirkung in die Rechtsstellung Dritter nachteilig eingreifen können, soweit das Gesetz dies nicht vorsieht, folgt aus dieser Einschränkung; zu diesem Punkt anders *Schwab,* Sonderheft 1977, 75 Jahre Deutsche Notar-Zeitschrift, 51*, 53* f.

33 Zur Teminologie s. *Dölle* FamR § 43 C III 2b Fn. 108 mN.

34 ÜberwM; *Körner,* Die Grenzen der Vertragsfreiheit im neuen Güterrecht, 1961; *Clamer* NJW 1960, 564; *Schwab,* Sonderheft 1977, 75 Jahre Deutsche Notar-Zeitschrift, 51*, 54*; *Zöllner* FamRZ 1965, 116 f.; *Beitzke* FamR § 13 IV 4; *Dölle* FamR § 43 C III 2b; *Gernhuber/Coester-Waltjen* FamR § 32 III 2.

35 Das Verbot des § 137 S. 1 enthält nur die ausdrückliche Niederlegung eines Grundsatzes, der sich aus der Rechtssystematik des bürgerlichen Rechts sowieso ergeben würde.

36 Dafür *Jacobs* FamRZ 2014, 1750; dagegen *Weber* FamRZ 2015, 464.

37 Vgl. Mot. IV 305.

38 Gegen „Mischgüterstände" die wohl überwM, s. *Dölle* FamR § 43 C III 2b, cc; *Gernhuber/Coester-Waltjen* FamR § 32 III 3; aA *Bärmann* AcP 157 (1958/59), 201; *Bollenbeck* Recht 1904, 32; RGRK-BGB/*Finke* Rn. 14; Staudinger/*Thiele,* 2018, Vor § 1408 Rn. 37; *Rauscher* FamR Rn. 362.

39 AA RGRK-BGB/*Finke* Rn. 14; Staudinger/*Thiele,* 2018, Vor § 1408 Rn. 33.

40 AllgM, aA nur *Mülke* AcP 161 (1962), 129 (160); *Krüger/Breetzke/Nowak* § 1409 Rn. 3: Beseitigung soll zur Gütertrennung führen.

41 HM, *Mikat* FS Felgentraeger, 1969, 333; Soergel/*Gaul/Althammer* Rn. 69.

42 AllgM, s. *Massfeller* DB 1957, 738; *Dölle* FamR § 43 C III 2b aa, ee; *Gernhuber/Coester-Waltjen* FamR § 32 III 5; Soergel/*Gaul* Rn. 12.

43 Inzwischen wohl allgM, s. die Nachweise bei Soergel/*Gaul/Althammer* Rn. 67 Fn. 428; s. aber auch zu Fn. 45; nach der hM – s. die Nachweise bei *Rittner* DNotZ 1957, 499; Soergel/*Gaul/Althammer* Rn. 67 Fn 430; Erman/*Gamillscheg* § 1371 Rn. 14 – ist § 1371 Abs. 4 erbrechtlicher Natur, also einer Modifikation

zugänglich. Der Zugewinnausgleich kann allgemein oder nur für bestimmte Fälle (zB Scheidung der Ehe oder Tod eines Ehegatten) modifiziert,[45] pauschaliert, erhöht[46] oder nur für bestimmte Fälle oder auch unter Beibehaltung des gesetzlichen Güterstandes im Übrigen, dh unter Beibehaltung der Verfügungsbeschränkungen, insgesamt ausgeschlossen werden;[47] der Ausschluss des Zugewinnausgleichs bei Beendigung der Ehe unter Lebenden entspricht den Interessen der Ehegatten oft besser als die Vereinbarung von Gütertrennung und wird deshalb bei der Unternehmer/innen-Ehe weithin empfohlen.[48] Allerdings muss der Unterschied beachtet werden, dass bei dieser Modifikation die häufig im Verein mit einem Pflichtteilsverzicht auftritt, der Zugewinnausgleich im Todesfall nach § 1371 Abs. 2 nicht ausgeschlossen ist. Soll also in Unternehmerfällen der rechnerische Zugewinn auch im Todesfall nicht in voller Höhe bestehen, so muss auch dieser eingeschränkt werden.

**15** Wenn trotz ihren eventuellen Nachteilen der Gütertrennung der Verzug gegeben wird, geschieht das wegen ihrer Klarheit und Einfachheit. Der einseitige Ausschluss oder die einseitige Einschränkung des Zugewinnausgleichs ist – soweit nicht sittenwidrig – ebenfalls zulässig.[49] Abweichungen von den gesetzlichen Bestimmungen über das Anfangs- und das Endvermögen sind möglich; einzelne Vermögensgegenstände (oder bestimmte Teile des Vermögens, etwa ein Unternehmen oder Beteiligungen) können vom Zugewinnausgleich ausgenommen werden.[50] Eine Erhöhung des Zugewinnausgleichs über den Ausgleichsanspruch, wie er auf Grund des tatsächlichen Zugewinns entsteht, führt im Todesfall aber nicht zu einer Verringerung von Pflichtteilsansprüchen.

**16** Eine Erhöhung der pauschalen Ausgleichsquote des § 1371 Abs. 1 ist hingegen nicht zulässig (→ § 1371 Rn. 20).[51] Dagegen spricht neben dem pauschalen Charakter des erbrechtlichen Ersatzes[52] einer güterrechtlichen Berechnung und der Verbindung zu einem Gesamterbteil vor allem, dass nicht durch güterrechtliche Vereinbarung in die gesetzlichen Erbteile Dritte nachteilig eingegriffen werden kann. Dies sollte unabhängig davon gelten, ob man § 1371 Abs. 1 nun güterrechtlich qualifiziert wie der BGH[53] oder erbrechtlich wie der EuGH.[54] Möglicherweise wird eine Umdeutung des unzulässigen Ehevertrages in eine letztwillige Verfügung möglich sein.[55]

**17** Umstr. ist, ob ein zwischenzeitlicher Zugewinnausgleich unter Beibehalten des gesetzlichen Güterstandes durch ad hoc-Ehevertrag oder durch schon vorweg geschlossenen Ehevertrag vereinbart werden kann.[56] Da ein solcher „Zwischenausgleich" den Prinzipien des Zugewinnausgleichs nicht widerspricht, ist das anzunehmen. Hier stört man sich zum Teil nur an unterschiedlichen Begrifflich-

---

durch Ehevertrag nicht zugänglich, aA → 7. Aufl. 2017, Rn. 14 *(Kanzleiter)* und *Dölle* FamR I § 57 IV 2; zur Erhöhung der pauschalierten Quote des § 1371 Abs. 1 → Rn. 16.

44 S. zB *Bärmann* AcP 157 (1958/1959), 204; *Heckelmann* FamRZ 1968, 59 (68 f.); grdl. BGHZ 86, 143 (151) = FamRZ 1983, 157 = DNotZ 1983, 491 (496) mAnm *Brambring.*

45 BGH NJW 1997, 2239.

46 HM, s. *Knur* DNotZ 1957, 473; *Dölle* FamR § 61 V; *Gernhuber/Coester-Waltjen* FamR § 32 III 9; Soergel/*Gaul* Rn. 70; aA *Massfeller* DB 1957, 738.

47 *Knur* DNotZ 1957, 451 (463, 471); *Rittner* DNotZ 1957, 483 (487); *Zöllner* FamRZ 1965, 117; *Beitzke* § 14, 1; Palandt/*Brudermüller* § 1414 Rn. 1; RGRK-BGB/*Finke* Rn. 14; aA *Körner,* Die Grenzen der Vertragsfreiheit im neuen Güterrecht, 1961, 246 ff.; *Bärmann* AcP 157 (1958/1959), 203; *Kohler* BB 1959, 933; *Dölle* FamR § 43 C III Fn. 140.

48 *Brambring* ZAP 1989, 199 (202 f., 205 f.); *Zimmermann* in Kersten/Bühling, Formularbuch und Praxis der Freiwilligen Gerichtsbarkeit, § 83 Rn. 7, 8, § 84 Rn. 17, § 85 Rn. 4, 7, 12, 13.

49 OLG Stuttgart DNotZ 1983, 693 mAnm *Kanzleiter;* aA *Bärmann* AcP 157 (1958/59), 203; *Gernhuber/Coester-Waltjen* FamR § 32 III 5.

50 BGH FamRZ 1997, 800; OLG Stuttgart DNotZ 1983, 693 mAnm *Kanzleiter;* OLG Karlsruhe DNotZ 2010, 140 mAnm *Bruch* = FamRZ 2009, 1670; s. auch BayObLG FamRZ 1971, 258 (260 f.); skeptisch gegenüber der Zweckmäßigkeit solcher Vereinbarungen über die Hinausnahme von Vermögensgegenständen (etwa eines Unternehmens) aus dem Zugewinnausgleich mit Rücksicht auf die (insgesamt wohl überschätzten) Manipulationsgefahren *Norbert Mayer* DStR 1993, 991.

51 So die ganz hM, BeckOGK/*Kuhn* § 1371 Rn. 73; *Zöllner* FamRZ 1965, 119 Fn. 61; *Cypionka* MittRhNotk 1986, 157 (165); AK-BGB/*Fieseler* §§ 1408–1413 Rn. 4; Soergel/*Gaul* Rn. 67; *Gernhuber/Coester-Waltjen* FamR § 37 Rn. 21; aA → 7. Aufl. 2017, Rn. 14 *(Kanzleiter)*, der eine ehevertragliche Erhöhung des pauschalierten Zugewinnausgleichs nach § 1371 Abs. 1 für zulässig hielt; Staudinger/*Thiele,* 2017, § 1371 Rn. 133 will weder eine Verringerung noch eine Erhöhung der Quote des § 1371 Abs. 1 zulassen, weil ein solcher ehevertraglicher Eingriff in die Erbquoten anderer nicht zulässig sei.

52 Hierzu *Dörner* ZEV 2018, 305 (307).

53 BGH NJW 2015, 2185.

54 EuGH NJW 2018, 1377; hierzu *Weber* NJW 2018, 1356.

55 BeckOGK/*Kuhn* § 1371 Rn. 73, 73.1; *Gernhuber/Coester-Waltjen* FamR § 37 Rn. 21.

56 Dafür *Bärenz,* Der zwischenzeitliche Zugewinnausgleich, 2010; Staudinger/*Thiele,* 2017, § 1385 Rn. 20; dagegen *Schröder* FamRZ 2010, 1964; → §§ 1385 Rn. 42 (*Koch*) zur Erweiterung des vorzeitigen Zugewinnausgleichs.

keiten. Kautelarjuristisch wird dieser zwischenzeitliche Ausgleich durch die Übertragung von Vermögenswerten und einer Definition des beiderseitigen Anfangsvermögens mit den jeweils nach Übertragung vorhandenen Vermögenswerten verwirklicht, so dass der Zugewinn quasi neu beginnt. Nachdem aber der BFH den „fliegenden Zugewinnausgleich" nicht anerkennt,[57] ist eine „Güterstandsschaukel" mit Übergang zur Gütertrennung und Rückkehr zum gesetzlichen Güterstand vorzuziehen.

**b) Gütertrennung.** Der Güterstand der Gütertrennung lässt keine güterrechtlichen Vereinbarungen zu. Nach Vereinbarung von Gütertrennung kann bei Rückkehr zum gesetzlichen Güterstand vereinbart werden, dass bei einem eventuellen Zugewinnausgleich für das Anfangsvermögen ein zurückliegender Zeitpunkt – etwa der der Eheschließung – maßgebend ist.[58] 18

**c) Gütergemeinschaft.** Im Güterstand der Gütergemeinschaft sind die Regelungen für das Innenverhältnis der Ehegatten grundsätzlich modifizierbar. Die Vorschriften für das Außenverhältnis können nicht zulasten Dritter abgeändert werden. Die Haftung der einzelnen Vermögensmassen kann deshalb zB zugunsten Dritter erweitert, aber nicht eingeschränkt,[59] die Verfügungsbeschränkungen der §§ 1423 ff. können zwar eingeschränkt, aber nicht mit absoluter Wirkung Dritter gegenüber erweitert werden[60] (dagegen ist eine Erweiterung der Bindung mit Wirkung unter den Ehegatten möglich). Die Vorschriften über die Zuordnung zum Gesamt-, Sonder- und Vorbehaltsgut sind zwingend. Hinsichtlich dessen, was die Ehegatten nach § 1418 Abs. 2 Nr. 1 zu Vorbehaltsgut erklären, sind sie aber vollständig frei. Zur „Verwandlung" in Sondergut durch Ausschluss der Abtretbarkeit → § 1417 Rn. 3; aber → § 1417 Rn. 5. Erklären sie sämtliches gegenwärtiges und zukünftiges Vermögen zu Vorbehaltsgut, so entsteht keine Gütergemeinschaft.[61] Aber nicht etwa deshalb, weil dies „dem Wesen der Gütergemeinschaft" widerspräche,[62] sondern deshalb, weil kein Substrat vorhanden ist, auf das sich die Vorschriften über das Rechtsinstitut der Gütergemeinschaft beziehen könnten. Gütergemeinschaft entsteht deshalb auch dann, wenn das wesentliche Vermögen (aber nicht alles) zu Vorbehaltsgut erklärt ist.[63] Es ist deshalb – innerhalb der allgemeinen Schranken – auch zulässig, das jetzige Vermögen und den zukünftigen Erwerb eines Ehegatten zu Vorbehaltsgut zu erklären (während der des anderen Gesamtgut wird).[64] Durch Erklärung des gesamten bei der Eheschließung beiderseits vorhandenen Vermögens zu Vorbehaltsgut lassen sich die wesentlichen Rechtswirkungen der früheren **„Errungenschaftsgemeinschaft"**, durch Erklärung des unbeweglichen Vermögens zu Vorbehaltsgut die wesentlichen Rechtswirkungen der früheren **„Fahrnisgemeinschaft"** erreichen.[65] 19

**5. Teilunwirksamkeit.** Bei Unwirksamkeit einer Bestimmung richtet sich die Wirksamkeit des Vertrages im Übrigen nach **§ 139.** 20

## IV. Vereinbarungen über den Versorgungsausgleich

**1. Normzweck des Abs. 2, Grundsatz.** Nach der Novellierung 2009 ist § 1408 Abs. 2 nur noch Verweisungsnorm, die von der Zulässigkeit von Vereinbarungen über den Versorgungsausgleich als selbstverständlich ausgeht. Die bisherige Fassung des § 1408 Abs. 2 ließ dem Wortlaut nach nur den Ausschluss des Versorgungsausgleichs zu, was im Rahmen einer sofort entstandenen Auslegungskontroverse zunächst von einem erheblichen Teil des Schrifttums auch so vertreten wurde. Letztlich hatte sich in Literatur und Rechtsprechung die Auffassung durchgesetzt, dass alle mit den Prinzipien 21

57 BFH ZEV 2006, 41 mAnm *Münch.*

58 Nach § 5 Abs. 1 S. 4 ErbStG idF des StMBG vom 21.12.1993 ist eine vereinbarte Rückwirkung für die Erbschaftsteuer wirkungslos im Rahmen der Steuerfreiheit der fiktiven Zugewinnausgleichsforderung. Die Rückwirkung kann aber sehr wohl beachtlich sein, wenn später der Zugewinn real berechnet wird bei erneutem ehevertraglichen Übergang zur Gütertrennung oder bei der güterrechtlichen Lösung im Todesfall, BFH, NV 2006, 948; FG Düsseldorf EFG 2006, 1147; näher hierzu *Münch* Ehebezogene Rechtsgeschäfte Rn. 554 f.

59 AllgM, Mot. IV 305; *Körner,* Die Grenzen der Vertragsfreiheit im neuen Güterrecht, 1961, S. 287; *Dölle* FamR § 43 C III 2b, bb; AK-BGB/*Fieseler* §§ 1408–1413 Rn. 5.

60 AllgM zu den Verfügungsbeschränkungen im gesetzlichen Güterstand (→ Rn. 13).

61 Vgl. KG HRR 1942 Nr. 43; Soergel/*Gaul/Althammer* § 1408 Rn. 68; Staudinger/*Thiele,* 2018, Vor § 1408 Rn. 36.

62 So zB Staudinger/*Felgentraeger,* 10. Aufl. 1970, Rn. 70.

63 AA *Müller-Freienfels* FS Maridakis II, 1963, 357 (379).

64 Wie hier *Mikat* FS Felgentraeger, 1969, 327; Staudinger/*Thiele,* 2018, Vor § 1408 Rn. 36; aA KG DR 1941, 2196; HRR 1942 Nr. 53; *Dölle* FamR § 43 C III 2b, ee; Soergel/*Gaul* Rn. 68 FS.

65 *Bärmann* AcP 157 (1958/1959), 203; *Dölle* FamR § 43 C III 2c, bb; Soergel/*Gaul/Althammer* Rn. 65; Staudinger/*Thiele,* 2018, Rn. 12.

des Versorgungsausgleichs in Einklang stehenden Modifikationen zulässig seien. Nach § 1408 Abs. 2 nF iVm § 6 VersAusglG können nun grundsätzlich beliebige Vereinbarungen über den Versorgungsausgleich getroffen werden (im Einzelnen → VersAusglG § 6 Rn. 1 ff.).[66] Eine Einschränkung ergibt sich aus § 8 Abs. 2 VersAusglG; näher → VersAusglG § 8 Rn. 20 ff.

22 **2. Form.** Die Form richtet sich jetzt nach § 7 VersAusglG: Bei Vereinbarung im Rahmen eines Ehevertrages (also im Zusammenhang mit güterrechtlichen Vereinbarungen nach § 1408 Abs. 1) gilt § 1410 (§ 7 Abs. 3 VersAusglG). Andere (etwa isolierte) Vereinbarungen über den Versorgungsausgleich, unabhängig davon, ob im Hinblick auf eine konkrete Ehescheidung getroffen, bedürfen nach § 7 Abs. 1 VersAusglG der notariellen Beurkundung[67] (ohne das Erfordernis gleichzeitiger Anwesenheit beider Teile nach § 1410). § 127a gilt entsprechend (§ 7 Abs. 2 VersAusglG). Vereinbarungen nach Rechtskraft der Entscheidung über den Wertausgleich bei der Scheidung – also anders als Unterhaltsvereinbarungen nach § 1585c S. 2 nicht schon ab Rechtskraft der Scheidung – bedürfen keiner besonderen Form (§ 7 Abs. 1 VersAusglG).[68]

23 **3. Schranken.** Auch für Vereinbarungen über den Versorgungsausgleich gelten die allgemeinen gesetzlichen Schranken, insbesondere **§ 138.** § 8 Abs. 1 VersAusglG ordnet ausdrücklich an, dass die Vereinbarung einer Inhalts- und Ausübungskontrolle nach → Rn. 25 ff. standhalten muss (was einer solchen Anordnung nicht bedurft hätte). Auch die Rechtsgrundsätze über den **Wegfall der Geschäftsgrundlage** und der Grundsatz, dass die Berufung auf den Verzicht auf Grund einer späteren Entwicklung mit Treu und Glauben unvereinbar und damit unzulässig sein kann, sind anwendbar. Auch eine Anfechtung nach **§ 123** ist unter den allgemeinen Voraussetzungen möglich, für die wie stets der Anfechtende die Beweislast trägt.[69] Das unverbindliche Inaussichtstellen einer „Revision" des Ehevertrages bei gutem Verlauf der Ehe erfüllt aber weder die Voraussetzungen des § 123 noch die der culpa in contrahendo.[70]

24 Eine besondere Wirksamkeitsvoraussetzung enthält § 8 Abs. 2 VersAusglG: Anrechte können nur übertragen und begründet werden, wenn die maßgeblichen Regelungen dies nicht ausschließen und die betroffenen Versorgungsträger zustimmen: Hintergrund ist der allgemeine Rechtsgrundsatz, dass Verträge zu Lasten Dritter unzulässig sind. Die bisher in § 1587o Abs. 1 S. 2 aF getroffene Bestimmung, dass Anwartschaftsrechte in einer gesetzlichen Rentenversicherung durch Vereinbarung nicht begründet oder übertragen werden können, wurde verallgemeinert und durch die Zulassung von Vereinbarungen mit Zustimmung des Versorgungsträgers abgemildert.[71]

## V. Inhaltskontrolle von Vereinbarungen unter Ehegatten

25 **1. Allgemeines; Umschwung durch das BVerfG.** Für Eheverträge und andere Vereinbarungen unter Ehegatten gelten dieselben allgemeinen Vorschriften wie für alle anderen Rechtsgeschäfte – §§ 116 ff., vor allem § 119 und § 123 – und sie stoßen an dieselben **rechtlichen Grenzen – § 138, § 242, § 313.** Die zivilrechtliche Rechtsprechung hatte unter Betonung des Grundprinzips der Vertragsfreiheit der Gestaltungsfreiheit nur unter den strengen allgemeinen Voraussetzungen der §§ 138, 242 Grenzen gesetzt. § 138 zog sie vor allem heran, wenn sich eine Vereinbarung zu Lasten Dritter auswirkte: Zu Lasten der Kinder, deren Betreuung durch einen Unterhaltsverzicht des betreuenden Ehegatten beeinträchtigt wurde, weil er gezwungen war, einer Erwerbstätigkeit nachzugehen; zu Lasten der Allgemeinheit, weil durch den Unterhaltsverzicht der verzichtende Ehegatte auf Sozialhilfe angewiesen war. Demgegenüber nahmen Stimmen in der Literatur zu, die diese Rechtsprechung als unbefriedigend ansahen: Am entschiedensten äußerte sich *Schwenzer*[72] mit ihrer Feststellung, die Frau sei dem Mann auf Grund sozialer Umstände allgemein strukturell unterlegen,[73] und deshalb bedürften Vereinbarungen unter Ehegatten zu ihrem Schutz der Inhaltskontrolle.

26 Den **Umschwung zu einer weitergehenden Inhalts- und Ausübungskontrolle** brachten **zwei Entscheidungen des BVerfG** zu tatsächlich eklatanten Fällen, die Entscheidung des ersten

[66] Hierzu *Münch* Vereinbarungen zum reformierten Versorgungsausgleich Rn. 112 ff.; *Reetz* NotarFormulare Versorgungsausgleich 219 f.

[67] Wie hier *Mikat* FS Felgentraeger, 1969, 327; BeckOGK/*Reetz* VersAusglG § 7 Rn. 46 f.

[68] Begr. RegE, BT-Drs. 16/10144, 52.

[69] In BGH NJW 1998, 1857 erörtert und zu Recht abgelehnt wird die eventuelle Täuschung über die bereits bestehende Scheidungsabsicht und über eine für den Ehegatten günstigere Alternativlösung.

[70] Vgl. BGH NJW 1997, 126 = FamRZ 1996, 1536.

[71] Begr. RegE, BT-Drs. 16/10144, 53.

[72] *Schwenzer* AcP 196 (1996), 88.

[73] Mit dieser weitgehenden Auffassung steht sie allein; aA zB *Büttner* FamRZ 1998, 1; *Dethloff* JZ 1997, 414; *Wiemer,* Inhaltskontrolle von Eheverträgen, 2007, 46 ff.

Senats vom 6.2.2001[74] und die darauf folgende Kammerentscheidung vom 29.3.2001:[75] Im ersten Fall hatte der künftige Ehemann seine schwangere Partnerin, als sie auf Eheschließung drang, darauf hingewiesen, sie habe bei Beginn der Beziehung seine Einstellung akzeptiert, keine Kinder haben und nicht heiraten zu wollen. Daraufhin wurde auf Vorschlag der Frau eine von ihrem Anwalt formulierte privatschriftliche Vereinbarung getroffen, in der die künftigen Ehegatten gegenseitig auf nachehelichen Unterhalt verzichteten und die Ehefrau sich verpflichtete, den Vater nach einer eventuellen Scheidung von Unterhaltspflichten des gemeinsamen Kindes freizustellen, soweit sie über einen Betrag von monatlich 150 DM (zu dieser Zahlung verpflichtete sich der Vater) hinausgingen. Die Zivilgerichte hatten diese Vereinbarung als wirksam angesehen. Das BVerfG stellte fest, die rechtskräftige Entscheidung des OLG verstoße gegen Art. 2 Abs. 1 GG iVm Art. 6 Abs. 4 GG und Art. 6 Abs. 2 GG; auf Grund welcher zivilrechtlicher Rechtsgrundlage (§ 138 oder § 242?) die Kontrolle vorzunehmen war, überließ das BVerfG den Zivilgerichten.

Im zweiten Fall, dem Beschluss vom 29.3.2001,[76] hatte die von ihrem Partner schwangere Frau aus einer früheren Verbindung ein schwer behindertes und besonders betreuungsbedürftiges fünfjähriges Kind. Der Partner machte die Eheschließung vom Abschluss eines Ehevertrages mit „Radikalausschluss“ (Vereinbarung von Gütertrennung, Ausschluss des Versorgungsausgleichs und Verzicht auf nachehelichen Unterhalt) abhängig. Der Ehemann hatte ein Monatseinkommen von 7.000 DM. Die Berufung auf diesen Unterhaltsverzicht hielt das OLG gegenüber der kindesbetreuenden Mutter in Höhe des notwendigen Unterhalts von 300 DM monatlich nach § 242 für unzulässig. Das BVerfG hob diese Entscheidung als Verstoß gegen Art. 2 Abs. 1 GG iVm Art. 6 Abs. 6 GG auf. Das für die Zivilgerichte wichtige Argument, die Männer hätten die Eheschließung auch ablehnen und deshalb von beliebigen Bedingungen im Rahmen der vertraglichen Dispositionsfreiheit abhängig machen können, lehnte das BVerfG ab: **„Die Eheschließungsfreiheit rechtfertigt keine einseitige ehevertragliche Lastenverteilung“.**[77] 27

Darüber hinaus hat das BVerfG in einer dritten Entscheidung zur Anrechnungsmethode im Unterhaltsrecht betont, dass aufgrund der **Gleichstellung von Erwerbs- und Familienarbeit** die Leistungen unabhängig von ihrer ökonomischen Bewertung als gleichwertig anzusehen seien. Dies bedinge einen Anspruch auf gleiche Teilhabe am Erwirtschafteten, der auch nach Trennung und Scheidung Wirkung entfalte und zwar für die Bereiche Unterhalt, Versorgung und Aufteilung des gemeinsamen Vermögens.[78] Allerdings heißt es wenig später im selben Beschluss: „Haushaltsführung und Kinderbetreuung haben für das gemeinsame Leben der Ehepartner keinen geringeren Wert als Einkünfte, die dem Haushalt zur Verfügung stehen“. Unter Berufung auf diese Entscheidung wird eine Ausstrahlung auch auf das Güterrecht vertreten, die zu einer verstärkten Inhaltskontrolle auch im Bereich des Güterrechts führen müsse.[79] Der Stellenwert dieses Teilhabeprinzips ist bis heute nicht vollständig geklärt, vieles spricht jedoch dafür, dass Ausgangspunkt der Interpretation die unterhaltsrechtliche Gleichwertigkeit ist, zumal das BVerfG[80] auch Modifikationen des Grundsatzes gleicher Teilhabe nicht ausgeschlossen hat.[81] Der BGH jedenfalls sieht sich mit seiner sogleich zu schildernden Rechtsprechung auf dem Boden der Rechtsprechung des BVerfG zur Teilhabegerechtigkeit. Der formal ausgestaltete Zugewinn sei überschießend und bedürfe daher geradezu des ehevertraglichen Korrektivs.[82] 28

Im ersten, am 6.2.2001 entschiedenen Fall hatte die Sittenwidrigkeit schon mit Rücksicht auf das gemeinsame Kind nahegelegen, denn der Verzicht auf Betreuungsunterhalt und die weitgehende Freistellung des Vaters von seiner Unterhaltspflicht gegenüber dem Kind mussten sich geradezu zwangsläufig zu Lasten des Kindes auswirken. Es war in beiden Fällen kaum notwendig, die angemessene Entscheidung dem BVerfG zu überlassen.[83] 29

In beiden Fällen legte das BVerfG den Schwerpunkt seiner Argumentation auf die Unterlegenheit der schwangeren Frau bei Abschluss des Vertrages, was zusammen mit der „besonders einseitigen Aufbürdung von vertraglichen Lasten“ zur richterlichen Inhaltskontrolle führen müsse. Nachdem 30

---

74 BVerfGE 103, 89 = FamRZ 2001, 343 m. zust. Anm. *Schwab* = DNotZ 2001, 222 m. Aufsatz *Langenfeld* DNotZ 2001, 272 = NJW 2001, 957.
75 BVerfG FamRZ 2001, 985 = DNotZ 2001, 708.
76 BVerfG FamRZ 2001, 985 = DNotZ 2001, 708.
77 BVerfGE 103, 89 = DNotZ 2001, 222 (228); BVerfG DNotZ 2001, 708 (710).
78 BVerfG NJW 2002, 1185 = FamRZ 2002, 527 (529) unter I 1b, c.
79 *Dauner-Lieb* FF 2002, 151; *Dauner-Lieb* FF 2011, 382; *Brudermüller* NJW 2010, 401 (407); *Meder* FPR 2012, 113.
80 BVerfG NJW 2011, 836 Rn. 46.
81 Hierzu *Münch* FamRB 2018, 247.
82 BGH DNotZ 2013, 376.
83 S. nur *Schwab* FamRZ 2001, 349 f. zum Beschluss vom 6.2.2001.

das BVerfG entsprechend seiner Funktion nur den Verstoß gegen Grundrechte in den konkret entschiedenen Fällen feststellte, sind die zivilrechtliche Literatur und Rechtsprechung herausgefordert, einerseits auf der Basis der Überlegungen des BVerfG, andererseits auf der Basis der zivilrechtlichen Grundlagen – §§ 138, 242, 313 – die richterliche Wirksamkeits- und Ausübungskontrolle bei Vereinbarungen unter Ehegatten dogmatisch und systematisch zu überdenken.

31 Dass **neue allgemein überzeugende Maßstäbe,** die weitgehende Rechtssicherheit schaffen würden, bisher **noch nicht gefunden** sind, ist nicht überraschend, nachdem diese Maßstäbe nicht Ergebnis einer gründlichen zivilrechtlichen Diskussion sind, sondern auf der unerwartet provozierten Reaktion auf das BVerfG beruhen. Einerseits wird deshalb der Rechtsprechung (insbesondere des BGH, beginnend mit seiner Grundsatzentscheidung vom 11.2.2004)[84] nicht zu Unrecht vorgeworfen, es fehle an methodischer und dogmatischer Klarheit und deshalb bestehe ein theoretisches Begründungsdefizit,[85] andererseits hat der BGH aber mit seiner Grundsatzentscheidung und den darauf aufbauenden mittlerweile fast dreißig Entscheidungen[86] einen Erfolg versprechenden Weg eingeschlagen. Für die tatsächlich unumgängliche **Einzelfallabwägung im Rahmen der Ausübungskontrolle** nach § 242 haben neben dem BGH die immer noch erheblich differierende obergerichtliche Rechtsprechung und die inzwischen zu Bibliotheken angeschwollene Literatur so viele sachgerechte Gesichtspunkte für die Wertung zusammengetragen, dass es möglich ist, Einzelfällen annehmbar gerecht zu werden.

32 Weitgehende Übereinstimmung besteht – zu Recht – über zwei Ausgangspunkte:

1. Der Grundsatz der Vertragsfreiheit verlangt, dass eine Einschränkung durch **Inhaltskontrolle – sei es Wirksamkeits- oder Ausübungskontrolle – im Einzelfall** der **Begründung bedarf:** Die – auch grundlegende – Abweichung vom dispositiven Recht allein genügt als Begründung für eine Kontrolle nicht,[87] denn es handelt sich um eine Missbrauchskontrolle[88] und nicht um eine Halbteilungs- oder gar Leitbildabweichungskontrolle.[89] Dies hat auch der BGH nun betont.[90] Mit den Worten di Fabios: „Die nachträgliche Inhaltskontrolle kann zu einem negativen Anreizsystem werden, wenn man sich auf sie mehr verlässt als auf die Warnsignale der Form und die Vorstellung von selbstverantworteter Bindung."[91] Der Weg darf nicht zurückführen „from contract to status".[92]
2. Nach den gesetzlichen Normen des BGB findet die Kontrolle in **zwei Stufen** statt: Maßstab der Wirksamkeitskontrolle auf Grund der Verhältnisse zum Zeitpunkt des Vertragsabschlusses ist **§ 138.** Grundlage einer Ausübungskontrolle nach den Verhältnissen, wie sie zu dem Zeitpunkt bestehen, zu dem die Rechte auf Grund der vertraglichen Vereinbarung geltend gemacht werden, ist **§ 242,** eventuell § 313.

33 Weiterer Ausganspunkt – und zwar sowohl für die **Voraussetzungen** als auch für die **Folgen** der Kontrolle sind die **Maßstäbe des Gesetzes zum Zeitpunkt der Entscheidung:** Die Rechtsfolge muss unter Berücksichtigung des dann geltenden (Unterhalts-)Rechts getroffen werden, also etwa des nach § 1570 jetzt auf drei Jahre begrenzten Basisunterhalts.[93]

34 Obwohl somit die Folgen der Rechtsprechung zur Inhaltskontrolle von Eheverträgen durchaus noch nicht in all ihren Auswirkungen ausgeleuchtet sind, wird diese Rechtsprechung zum Teil schon wieder als überholt angesehen angesichts einer „veränderten juristischen Großwetterlage"[94] oder weil „der Kern schmilzt",[95] nachdem der Gesetzgeber mit der Unterhaltsreform 2008 erheblich in den Kernbereich des Scheidungsfolgenrechts eingegriffen hat.

---

84 BGHZ 158, 81 = FamRZ 2004, 601 mAnm *Borth* = NJW 2004, 930 mAnm *Rakete-Dombek* NJW 2004, 1273 mAnm *Finger* LMK 2004, 108 = DNotZ 2004, 550 mit Aufsatz *Rauscher* DNotZ 2004, 524 = JZ 2004, 1021 mAnm *Dauner-Lieb*; s. außerdem *Bredthauer* NJW 2004, 3072; *Dauner-Lieb* FF 2004, 65; *Hahne* DNotZ 2004, 84; *J. Mayer* FPR 2004, 363.

85 *Koch* in Bayer/Koch, Aktuelle Fragen des Familienrechts, 2007, 79 (83 ff.); *Rauscher* FamR Rn. 366e.

86 Eingehend hierzu *Bergschneider,* Eheverträge und *Bergschneider/Wolf* NZFam-Sonderheft Mai 2018.

87 Vgl. *Koch* in Bayer/Koch, Aktuelle Fragen des Familienrechts, 2007, 85 in krit. Auseinandersetzung mit der Grundsatzentscheidung des BGH vom 11.2.2004; der BGH stellt selbst fest, dass es einen unverzichtbaren Mindestgehalt an Scheidungsfolgen nicht gibt; selbstverständlich ist ein „Globalverzicht" nicht notwendig sittenwidrig, OLG Celle FamRZ 2009, 1682; OLG Hamm RNotZ 2011, 494.

88 *Münch* DNotZ 2005, 819 (821); dem folgend Staudinger/*Thiele,* 2018, Vor § 1408 Rn. 23.

89 Zum fehlenden Leitbildcharakter im GG und BGB *Münch* KritV 2005, 208 ff.

90 BGH NJW 2009, 842; 2014, 1101.

91 *Di Fabio* DNotZ 2006, 342 (347).

92 *Hofer* in Hofer/Schwab/Henrich, From status to contract? – Die Bedeutung des Vertrags im europäischen Familienrecht, 2005, 1, 16.

93 BGH NJW 2011, 2969 = FamRZ 2011, 1377 mAnm *Bergschneider.*

94 *Bergschneider* FS Hahne, 2012, 113 f.

95 *Schwab* FF 2009, 481, (486).

**2. Wirksamkeitskontrolle nach § 138.** Ebenfalls Übereinstimmung sollte dazu bestehen, dass für die **Wirksamkeitskontrolle nach § 138 keine neuen Maßstäbe** gefunden werden müssen, sondern die überkommenen genügen: Sittenwidrig ist eine getroffene Vereinbarung nur dann, wenn sie – nach der klassischen Formel – dem „Anstandsgefühl aller billig und gerecht Denkenden widerspricht."[96] Erforderlich für eine Sittenwidrigkeit ist auch die „verwerfliche Gesinnung", welche nicht schon allein aus einem unausgewogenen Vertragsinhalt gefolgert werden kann.[97] Der BGH spricht selbst von einer „Zwangslage".[98] Eine niederschwellige spezifisch ehevertragliche Sittenwidrigkeitsprüfung gibt es hingegen nicht.[99] 35

Maßgeblicher **Zeitpunkt** für die Prüfung der Sittenwidrigkeit ist das **Zustandekommen des Ehevertrages.** Diese zeitpunktbezogene Prüfung wird in der gerichtlichen Praxis und der hL streng gehandhabt, stößt aber durchaus auch auf Kritik, weil sie weder erfasst, wenn eine später gebotene Vertragsanpassung unterbleibt,[100] noch Umständen Rechnung trägt, die später durch tatsächliche Gestaltungen – etwa Zuwendung unter Ehegatten – oder rechtliche Änderungen die vertraglichen Regelungen als angemessen erscheinen lassen.[101] Stattdessen beruht manches Sittenwidrigkeitsurteil bei einer schlechten Entwicklung in der Ehe durchaus auch auf einem Seitenblick auf die Situation zum Zeitpunkt der Ehescheidung? 36

Dann aber ist es richtig einzuräumen, dass die Feststellung der Sittenwidrigkeit allein auf Grund der Situation „ex ante" und der Illusion einer sicheren negativen Prognose sowie angesichts der grundgesetzlich garantierten Vertragsfreiheit und der harschen Rechtsfolge der Gesamtnichtigkeit ohne Anpassungsmöglichkeiten auf **Extremfälle** entsprechend der „klassischen" Anwendung des § 138 **mit vollem objektivem und subjektivem Tatbestand,** beschränkt bleiben muss,[102] also nur für die „ganz miesen Fälle"[103] in Betracht kommt. Der BGH prüft das Vorliegen der objektiven Kriterien und der subjektiven Imparität **kumulativ** und fordert für letztere das Vorliegen von Umständen außerhalb der Urkunde. Er benennt als solche insbesondere das Ausnutzen einer Zwangslage (Überrumpelung, Drohung), soziale oder wirtschaftliche Abhängigkeit (Angewiesensein auf die Eheschließung ohne eigenen ökonomischen Rückhalt) oder intellektuelle Unterlegenheit (Lebenserfahrung, Bildungsniveau).[104] 37

Der Fall der „jungen Brasilianerin" erfüllt vielleicht gerade noch diese Kriterien,[105] der der Schwangeren, die der Kindesbetreuung wegen eine hoch bezahlten Tätigkeit aufgab,[106] erfüllt sie kaum (der tief gegriffene Unterhaltshöchstbetrag und die fehlende Wertsicherungsklausel waren sachgerechter durch § 242 zu korrigieren). Gleiches gilt für den Fall, in dem der Ehefrau nach fünfjähriger Ehedauer ein (noch) angemessener Unterhaltsanspruch zustand und nach Auffassung des BGH der Ausschluss des Versorgungsausgleiches zur Sittenwidrigkeit führte[107] und für den Fall der schwangeren Studienreferendarin ohne feste Lehramtsstelle, deren kompensationsloser Verzicht auf Versorgungsausgleich vom BGH als sittenwidrig angesehen wurde:[108] Die notwendige Korrektur, weil sie erst zehn Jahre später Beamtin (zunächst auf Probe) werden konnte, hätte besser auf § 242 gestützt werden sollen, vielleicht war man beim Vertragsschluss optimistischer (dann hätte sich auch die Frage nach der Gesamtnichtigkeit erledigt, die allerdings nicht mehr Gegenstand des Verfahrens war). Der Fall der „russischen Klavierlehrerin"[109] erfüllt die Kriterien der Sittenwidrigkeit nicht.[110] Noch offen ist die Diskussion im Hinblick auf die 38

---

[96] *Rauscher* DNotZ 2004, 524 (530); *Koch* in Bayer/Koch, Aktuelle Fragen des Familienrechts, 2007, 84 f.; vgl. auch *Dauner-Lieb* AcP 201 (2001), 295 (325 f.); *Goebel* FamRZ 2003, 1513 (1519); *Hahne* DNotZ 2004, 84 (94); s. zu Fällen von Vereinbarungen unter Ehegatten über die Verpflichtung zur Übertragung von Grundbesitz einerseits BGH NJW 2014, 277, andererseits BGH NJW 2015, 641 = FamRZ 2015, 490.

[97] BGH NJW 2013, 380; hierzu *Münch* FamRB 2013, 160.

[98] BGH NJW 2005, 2386 = FamRZ 2005, 1444 (1449).

[99] So aber *Goebel* FamRZ 2003, 1513 (1518).

[100] *Sanders,* Statischer Vertrag und dynamische Vertragsbeziehung, Ausübungskontrolle von Gesellschafts- und Eheverträgen, 2008, 307 ff., die sich für eine entwicklungsorientierte Vertragskontrolle ausspricht.

[101] *Grziwotz* FamRB 2009, 19 (21).

[102] BGH NJW 2013, 380 = FamRZ 2013, 195.

[103] *Sanders* FF 2013, 239 ff.

[104] BGH NJW 2013, 380 = FamRZ 2013, 195.

[105] Ebenso wohl die Fälle OLG Köln FamRZ 2010, 29 mAnm *Bergschneider* und OLG Hamm FamRZ 2012, 710.

[106] BGH DNotZ 2006, 920 = FamRZ 2006, 1359 mAnm *Bergschneider* FamRZ 2006, 1437.

[107] BGH NJW 2008, 3426 = DNotZ 2009, 62 = FamRZ 2008, 2011 mAnm *Bergschneider.*

[108] BGH NJW 2009, 2124 = FamRZ 2009, 1041 m. zust. Anm. *Bergschneider* = DNotZ 2009, 62; im Falle des OLG Koblenz FamRZ 2009, 1680 wurde die Sittenwidrigkeit zu Recht abgelehnt.

[109] BGHZ 170, 77 = NJW 2007, 907 = FamRZ 2007, 450 mAnm *Bergschneider* = DNotZ 2007, 302 mAnm *Grziwotz*; BGH FamRZ 2007, 1157 mAnm *Bergschneider.*

[110] Eingehend *Kanzleiter* in Battis, Privatrecht gestern, heute und morgen, 2008, 17, 22 ff.; aA *Wellenhofer* in Bayer/Koch, Aktuelle Fragen des Familienrechts, 2009, 65, 74.

vom BGH angenommene Sittenwidrigkeit eines **Unternehmerehevertrages.**[111] Der Wertung, dass damit auch die berechtigte Interessenverfolgung zum Unternehmensschutz nicht mehr geeignet sei, sich über eine Imparitätslage hinwegzusetzen,[112] wird in dieser Allgemeinheit hier nicht zugestimmt. Vielmehr wird die Entscheidung so zu lesen sein, dass auch der BGH der Familienarbeit ein stärkeres Gewicht beimisst. Auch dieser Fall wäre über eine Ausübungskontrolle lösbar gewesen.

**39** Bei der Prüfung geht die Rechtsprechung so vor, dass zunächst die Vereinbarung im Hinblick auf jede einzelne Scheidungsfolge geprüft wird. Sodann fragt der BGH, ob der Ehevertrag in seiner Gesamtwirkung sittenwidrig ist.

**40** Auch in den Bereich des § 138 gehören Extremfälle von **Vereinbarungen** zu Lasten Dritter, **zu Lasten der Sozialhilfe**[113] oder **zu Lasten** des Kindes oder **der Kinder.**[114] Wegen Belastung des Sozialhilfeträgers sittenwidrig kann auch eine Vereinbarung zugunsten des anderen Ehegatten sein, wenn dadurch der Verpflichtete hilfebedürftig wird;[115] eine **unterhaltsverstärkende Vereinbarung** kann unter diesem Gesichtspunkt sittenwidrig sein oder der Ausübungskontrolle unterliegen, wenn der versprechende Ehegatte sein eigenes Auskommen nicht mehr hat. Dass sie auch den Anspruch eines späteren Ehegatten beeinträchtigen kann, ist nur ein Reflex, der nicht die Sittenwidrigkeit begründen kann, dem aber vertraglich durch eine „Notklausel" begegnet werden kann.[116] Besteht die Sozialhilfebedürftigkeit unabhängig von der Eheschließung, ist ein Verzichtsvertrag der Ehegatten weder wegen Belastung der Sozialhilfe noch wegen Benachteiligung des Ehegatten zu beanstanden.[117]

**41** Die Feststellung der Sittenwidrigkeit erfordert eine **Gesamtwürdigung** aller Umstände,[118] des Inhalts der getroffenen Vereinbarung (einschließlich vereinbarter **Gegenleistungen**),[119] ihrer Auswirkungen unter Berücksichtigung der Absichten der Ehegatten für ihre Ehe (etwa: keine Sittenwidrigkeit des Unterhaltsverzichts bei Absicht kinderloser Doppelverdiener-Ehe)[120] und der Lebensumstände der Vertragspartner, der Gründe für den Vertragsschluss sowie auch der Umstände des Zustandekommens des Ehevertrages.[121] Maßgebender Zeitpunkt ist der des Vertragsschlusses. In der Gesamtwürdigung kann auch die Kombination noch hinnehmbarer Einzelvereinbarungen mit einer angesichts der Situation nicht mehr akzeptablen Gesamtwirkung zur Feststellung der Sittenwidrigkeit führen.[122] Führt die Gesamtwürdigung zum Ergebnis der Sittenwidrigkeit, ist Folge grundsätzlich **Gesamtnichtigkeit** des Vertrages,[123] sittenwidrige Vereinbarungen aus anderen Bereichen (Verzicht auf nachehelichen Unterhalt und Versorgungsausgleich) können dann auch den an sich nicht zu beanstandenden Ausschluss des Zugewinnausgleichs (→ Rn. 65) zu Fall bringen.[124]

---

111 BGH NJW 2017, 1883.

112 So *Reetz* DNotZ 2017, 809 (821).

113 BGHZ 86, 82 (88) = FamRZ 1983, 137; BGH FamRZ 1985, 788; 1991, 306 (307); NJW 1992, 3164 = FamRZ 1992, 1403; s. etwa *Gernhuber/Coester-Waltjen* FamR § 26 II Rn. 19; Bamberger/Roth/Hau/Poseck/*Siede* Rn. 70 jeweils mwN.

114 „Ausrichtung am Kindesinteresse", BGHZ 158, 81 (97) = FamRZ 2004, 601 = NJW 2004, 930; s. § 1570 Abs. 1 S. 3.

115 BGH NJW 2009, 842 = FamRZ 2009, 198 m. zust. Anm. *Bergschneider* = DNotZ 2009, 294.

116 BGH NJW 2004, 3326 (3327); *Herrler* FPR 2009, 506 (510); *Münch* MittBayNot 2012, 10 (15).

117 BGH NJW 2007, 904 = FamRZ 2007, 197 mAnm *Bergschneider* = DNotZ 2007, 128 mAnm *Grziwotz*.

118 BGH NJW 2013, 380 = FamRZ 2013, 195 m. zust. Anm. *Bergschneider.*

119 BGH NJW 2005, 1370 = FamRZ 2005, 691 mAnm *Bergschneider* = DNotZ 2005, 703; OLG Karlsruhe FamRZ 2010, 34; s. auch BGH NJW 2009, 2124 = FamRZ 2009, 1041 mAnm *Bergschneider,* wo die „fehlende Kompensation" besonders hervorgehoben wird; FamRZ 2014, 629, wo gerade die Kompensationen die Sittenwidrigkeit ausschlossen.

120 BGH NJW 2005, 2391 = FamRZ 2005, 1449 mAnm *Bergschneider* = DNotZ 2005, 857 mit Aufsatz *Münch* DNotZ 2005, 857.

121 Wenn BGH NJW 2017, 1883 nunmehr auch die Anwesenheit eines Kleinkindes bei Beurkundung moniert und allein die abstrakte Gefahr, das Kind könnte schreien, als Grund für eine subjektive Imparität aufführt, so geht dies zu weit. Wer in der heutigen Zeit die Mitnahme von Kindern zur Beurkundung ablehnt, wird von den Eltern nicht verstanden. Die Sorge um das nicht anwesende Kind könnte noch viel größer sein! Werden in Zukunft auch andere Ablenkungsgründe inkriminiert? Muss etwa das Handy außerhalb des Beurkundungszimmers deponiert werden? Es sollte vielmehr gelten, dass jeder erwachsene und geschäftsfähige Teilnehmer am Rechtsverkehr sich in Eigenverantwortung so zu organisieren hat, dass er seine Rechte wahrnehmen kann.

122 BGH NJW 2008, 3426 = FamRZ 2008, 2011; im konkreten Fall gab die Schwangerschaft der (künftigen) Ehefrau im neunten Monat für den BGH – mit – den Ausschlag für die Gesamtnichtigkeit; s. auch OLG Hamm FamRZ 2010, 29 mAnm *Bergschneider.*

123 BGH NJW 2006, 2331 = FamRZ 2006, 1097 mAnm *Bergschneider;* NJW 2008, 3426 = DNotZ 2009, 62 = FamRZ 2008, 2011.

124 BGH NJW 2008, 3426 = DNotZ 2009, 62 = FamRZ 2008, 2011; OLG Köln FamRZ 2010, 29 mAnm *Bergschneider.*

Eine **salvatorische Klausel** ist bedeutungslos, wenn sich die Sittenwidrigkeit entweder aus der Gesamtwürdigung der getroffenen Vereinbarungen oder aus den Umständen ergibt, unter denen der Vertrag zustande gekommen ist.[125] Ausnahmsweise[126] kann eine Teilvereinbarung wirksam bleiben, wenn sie interessegerecht erscheint, das Urteil der Sittenwidrigkeit nur die anderen Vereinbarungen trifft und auch nicht auf den Umständen des Vertragsschlusses beruht.[127] In einem solchen Fall kann eine salvatorische Klausel den Willen zum Festhalten am Vertrag dokumentieren.[128] 42

**3. Ausübungskontrolle nach § 242 oder § 313.** Hat ein Vertrag die Wirksamkeitskontrolle überstanden, so wird quasi auf einer zweiten Stufe im Rahmen einer vom BGH so bezeichneten Ausübungskontrolle überprüft, ob es dem begünstigten Ehegatten nunmehr, dh im späteren Zeitpunkt der Scheidung, verwehrt ist, sich auf die ehevertraglichen Regelung zu berufen, weil die wirksame vertragliche Regelung nunmehr eine evident einseitige Lastenverteilung darstellt, die hinzunehmen für den belasteten Ehegatten auch bei angemessener Berücksichtigung der Belange des anderen Ehegatten und seines Vertrauens in die Geltung der Vereinbarung sowie bei verständiger Würdigung des Wesens der Ehe unzumutbar ist[129] bzw. – so der BGH in seiner neueren Rechtsprechung – dieses Ergebnis mit dem Gebot ehelicher Solidarität schlechthin unvereinbar ist.[130] 43

Außerdem ist ein wichtiges **Grundargument** für die Ausübungskontrolle nach § 242 das bei dem auf dem Vertrauen der Ehegatten beruhenden, auf lange Zeit angelegten Rechtsverhältnis „Ehe" **besonders schwerwiegende Prognoserisiko.** Die Zukunft ist aber immer in alle Richtungen offen und die Prognose kann auch in der Weise fehlgehen, dass sich die Verhältnisse des Ehegatten, der bei Abschluss der Vereinbarung schlechte Zukunftsaussichten hatte, wesentlich günstiger entwickeln. Was die sogleich zu schildernde „Kernbereichslehre" nicht leisten kann und auch nicht leisten will, ist es, eine **Begründung** für die Zulässigkeit der **Ausübungskontrolle** von Eheverträgen und anderen Vereinbarungen unter Ehegatten trotz grundsätzlicher Vertragsfreiheit zu geben. Entscheidendes Argument dafür ist die **besondere Gefährdung** der eigenen Interessen bei Eingehen einer **langfristigen Rechtsbeziehung mit extremem Prognoserisiko**[131] auf Grund persönlichen Vertrauens, das rechtliche und wirtschaftliche Gesichtspunkte in den Hintergrund treten lässt und zu dem (oft leider unbegründeten) Optimismus verleitet, ein Scheitern der Beziehung sei ausgeschlossen.[132] Wenn dann später erkannt wird, dass getroffene Vereinbarungen nicht passen, sondern geändert werden sollten – etwa beim Übergang von der kinderlosen Doppelverdiener-, zur Einverdienerehe mit Kindern – fällt es schwer, Änderungen ins Gespräch zu bringen, weil schon ein solcher Vorschlag als die Harmonie in der Ehe störend angesehen wird.[133] Sieht man in diesem Eingehen einer auf Vertrauen basierenden langfristigen Beziehung mit erheblichem Prognoserisiko den Grund für die Ausübungskontrolle, gelten diese Grundsätze vor allem für Eheverträge und andere Vereinbarungen ohne Zusammenhang mit der Ehescheidung, hingegen für Scheidungsvereinbarungen nur eingeschränkt, da diese eine Bilanzierung des bisherigen Ehelebens enthalten. Allerdings kommen auch Scheidungsvereinbarungen nicht ohne Zukunftsprognose aus, so zB dass es beiden Ehegatten möglich ist, einer Arbeit nachzugehen, deren Nichteintritt jedenfalls dann noch beachtlich sein sollte, wenn der Grund dafür gemeinsam zu verantworten ist, zB bei einer schweren Erkrankung eines gemeinsamen Kindes.[134] 44

---

[125] BGH NJW 2006, 2331 = FamRZ 2006, 1097 mAnm *Bergschneider,* Fall der Gesamtwürdigung sowohl des Vertragsinhalts als auch der Situation beim Vertragsschluss; BGH NJW 2008, 3426 = FamRZ 2008, 2011 mAnm *Bergschneider* = DNotZ 2009, 62.

[126] Aber nur ausnahmsweise: die Regel ist – auch übereinstimmend mit § 139 – Gesamtnichtigkeit, BGH NJW 2005, 2386 = FamRZ 2005, 1444 mAnm *Bergschneider* = DNotZ 2005, 853 mit Aufsatz *Münch* DNotZ 2005, 819; BGH NJW 2006, 2331 = FamRZ 2006, 1097 mAnm *Bergschneider* = DNotZ 2006, 863.

[127] BGH NJW 2013, 457 = FamRZ 2013, 269 mAnm *Bergschneider* DNotZ 2013, 376; in Betracht gezogen auch schon im Urt. BGHZ 158, 81 = FamRZ 2004, 601 mAnm *Borth* = NJW 2004, 930 mAnm *Rakete-Dombek* NJW 2004, 1273 und mAnm *Finger* LMK 2004, 108 = DNotZ 2004, 550 mit Aufsatz *Rauscher* DNotZ 2004, 524 = JZ 2004, 1021 mAnm *Dauner-Lieb.*

[128] BGH NJW 2013, 457 = FamRZ 2013, 269 mAnm *Bergschneider* DNotZ 2013, 376.

[129] BGH NJW 2004, 930 unter III.3.b.

[130] BGH NJW 2015, 52 Rn. 23.

[131] *Sanders,* Statischer Vertrag und dynamische Vertragsbeziehung, Ausübungskontrolle von Gesellschafts- und Eheverträgen, 2008, an verschiedenen Stellen: „Entwicklungsoffenes, dynamisches Vertragsverhältnis", etwa § 14 III; *Dauner-Lieb* AcP 210 (2010), 580 (596 ff.).

[132] *Dauner-Lieb* AcP 201 (2001), 295 (321 ff.); vgl. auch *Wiemer,* Inhaltskontrolle von Eheverträgen, 2007, 196 ff. unter der Überschrift „Überforderung der Selbstverantwortung".

[133] Genauer *Sanders,* Statischer Vertrag und dynamische Vertragsbeziehung, Ausübungskontrolle von Gesellschafts- und Eheverträgen, 2008, § 14 II 4.

[134] → 7. Aufl. 2017, Rn. 32 *(Kanzleiter)* spricht sich gegen eine Anwendung auf Scheidungsvereinbarungen aus.

45 Der BGH stützt diesen Teil der Kontrolle des wirksamen Ehevertrages teilweise auf eine **Störung der Geschäftsgrundlage nach § 313,** teilweise aber auch auf **§ 242,** ohne sich dogmatisch festzulegen. Zum Teil erscheint daher **„Ausübungskontrolle" als Oberbegriff,** hinter dem sich verschiedene Fallgruppen verbergen. Das literarische Echo ist unterschiedlich. Zum Teil wird eine Anwendung des wenig geklärten Rückgriffs auf § 242 abgelehnt,[135] zum Teil wird § 313 nicht für anwendbar gehalten, da der Verzicht die Ansprüche gerade auch für den Fall einer Änderung der Lebensumstände ausschließen sollte (→ § 1585c Rn. 120).[136]

46 Man wird so unterscheiden können. Fälle des § 313 liegen vor, wenn sich diejenigen Umstände, welche als **Geschäftsgrundlage** des Vertrages anzusehen sind, nach **Vertragsschluss schwerwiegend geändert** haben. Der BGH stellt in diesem Zusammenhang aber klar, dass erhebliche Einkommensunterschiede oder das Abkoppeln von einer späteren Einkommensentwicklung zulässig sind und nicht schon die Ausübungskontrolle auslösen.[137] Anders jedoch in Fällen einer vertraglichen **Risikoübernahme.** Hier ist kein Platz für die Anwendung des § 313. Wenn also die Vertragsteile ein Risiko sehenden Auges eingehen und es – ggf. nach einer entsprechenden Belehrung – auf sich nehmen, dann greift die Rechtsprechung auf das Rechtsinstitut der **Ausübungskontrolle** zurück, auch wenn dies nur sehr schwer unter die allgemeine Rechtsmissbrauchskontrolle zu integrieren ist. Nach *Wagenitz* **sprengt der BGH bewusst den „überkommenen Rahmen"** dieses Instituts,[138] so dass auch bewusst übernommene Risikozuweisungen später bei Vorliegen evident einseitiger Belastungen korrigiert werden können.[139]

47 Diese Thematik bedarf noch einer abschließenden Erörterung. Heißt Vertragsfreiheit nicht auch, dass man als unvernünftig erkannte Entscheidungen dennoch umsetzen darf? Wenn die Vertragsfreiheit das notwendige Korrektiv zur Anordnung gesetzlicher Scheidungsfolgen im Lichte des Art. 6 Abs. 1 GG ist[140] und ebenfalls im Rahmen der Ehegestaltungsfreiheit unter grundrechtlichem Schutz steht,[141] dann kann in sie eben nicht schon bei einer allgemein festgestellten „Befangenheit"[142] im Wege einer Billigkeitskontrolle eingegriffen werden, sondern es ist die vom BVerfG geforderte Imparität festzustellen. Sind die Ehegatten in ihrer Entscheidung frei und ohne Zwang, sind sie notariell belehrt und vor Übereilung geschützt, dann sollten sie auch das **Recht** haben, **unvernünftige Entscheidungen zu treffen.**[143] Die Gegenansicht beschränkt die Vertragsfreiheit der Ehegatten auf eine „**nachprüfbar sachgerechte ökonomische Bewertung** ihrer Beiträge zum gemeinsamen Wirtschaften"[144] und gibt damit einen **gerechten Vertragsinhalt** vor. Gerade im Bereich der Ausübungskontrolle ist dieses Vorgehen problematisch, hat doch der Vertrag die Hürde der Sittenwidrigkeitsprüfung im Zeitpunkt des Zustandekommens bereits bestanden. Will man dann noch vorhersehbare und vorhergesehene Risiken, über die im Ehevertrag belehrt wurde, hin zu einem gerechteren Vertrag anpassen, dann **nimmt man** der **Ehevertragsfreiheit** den ihr **grundgesetzlich garantierten Raum.**[145]

48 Die Ausübungskontrolle hat – anders als die Wirksamkeitskontrolle – auch eine **zeitliche Komponente,** so dass die Berufung auf die Scheidungsfolgen auch nur für eine bestimmte Zeit, etwa bis zu einem bestimmten Lebensalter eines Kindes oder einem gelungenen beruflichen Wiedereinstieg, untersagt sein kann.

49 Die Ausübungskontrolle zeichnet sich ferner durch eine sehr **flexible Rechtsfolge** aus, denn sie wirft nicht auf gesetzliches Recht zurück oder entzieht dem Vertrag jeden Boden, sondern der **Richter** kann die Rechtsfolge im Wege der **Vertragsanpassung** bestimmen, dabei kann es auch etwa zu einem richterlich angeordneten modifizierten Zugewinn kommen.[146] **Maßstab** der richterlichen Anpassung ist stets **auch der abgeschlossene Ehevertrag,** der den zentralen Regelungswillen der Beteiligten dokumentiert.[147] Dabei hat der Richter diejenige Rechtsfolge anzuordnen, welche die **berechtigten Belange beider Parteien in der eingetretenen Situation in ausgewo-**

[135] Etwa *Dauner-Lieb* JZ 2004, 1027 (1028); *Kuchinke* FuR 2006, 125 f.
[136] *Koch* NotBZ 2004, 147 (148).
[137] BGH NJW 2005, 2386 = FamRZ 2005, 1444; NJW 2007, 1848.
[138] *Wagenitz* in Höland/Sethe, Höland/Sethe, Eheverträge und Scheidungsfolgenvereinbarungen, 2007, 10.
[139] BGH NJW 2005, 2391 = FamRZ 2005, 1449.
[140] *Stresow,* Die richterliche Inhaltskontrolle von Eheverträgen, 2006, 143.
[141] BVerfGE 87, 234 (258) = NJW 1993, 643; Münch/Kunig/*Coester-Waltjen* GG Art. 6 Rn. 20, 27; *Friauf* NJW 1986, 2595 (2598); *Rauscher* FamRZ 1997, 1121 (1123); *C. Münch* KritV 2005, 208 ff.
[142] So *Sethe* in Höland/Sethe, Höland/Sethe, Eheverträge und Scheidungsfolgenvereinbarungen, 2007, 34 über die damalige Rspr. des BGH.
[143] *Isensee* in Bayer/Koch, Schranken der Vertragsfreiheit, 2007, 9, 28.
[144] *Wagenitz* in Höland/Sethe, Höland/Sethe, Eheverträge und Scheidungsfolgenvereinbarungen, 2007, 1, 18.
[145] Vgl. *Koch* FamRZ 2007, 509.
[146] BGH NJW 2015, 52; hierzu *Münch* NJW 2015, 288 f.
[147] OLG Düsseldorf FamRZ 2008, 519 unter Berufung auf *Münch* FamRZ 2005, 570.

**gener Weise berücksichtigt.**[148] Dabei dürfen die gesetzlichen Rechtsfolgen ohne Vertrag nicht überschritten werden. Ferner darf die Rechtsfolge der Anpassung **nicht weiter** gehen **als** bis zum **Ausgleich der ehebedingten Nachteile,** der durch die Anpassung Begünstigte darf nicht besser stehen, als er ohne die Ehe und die ehebedingte Rollenverteilung stünde.[149] Bei der angemessenen Vertragsanpassung ist das Gebot der ehelichen Solidarität und seine Nachwirkung zu berücksichtigen.

**4. Die Rechtsprechung der BGH zur Inhaltskontrolle. a) Grundsatzentscheidung des BGH vom 11.2.2004; „Kernbereichslehre".** In seiner Grundsatzentscheidung vom 11.2.2004[150] hat der BGH geprüft, ob die Vereinbarung zu einer **besonders einseitigen Aufbürdung von vertraglichen Lasten** führt; der BGH hat also nicht die Art des Zustandekommens des Vertrages, sondern dessen Inhalt bewertet. Als Hilfe für die möglichst rechtssichere Bewertung des Maßes der einseitigen Aufbürdung vertraglicher Lasten hat der BGH im Anschluss an *Dauner-Lieb*[151] eine Rangfolge zwischen den einzelnen Scheidungsfolgen aufgestellt, in deren Zentrum die sog. **„Kernbereichslehre"** steht (auch „Ranking"):[152] 50

Die grundsätzliche Disponibilität der Scheidungsfolgen dürfe nicht dazu führen, dass der Schutzzweck der gesetzlichen Regelungen durch vertragliche Vereinbarungen beliebig unterlaufen werden könnte. Das wäre der Fall, wenn dadurch eine **evident einseitige** und durch die individuelle Gestaltung der ehelichen Lebensverhältnisse nicht gerechtfertigte **Lastenverteilung** entsteht, die hinzunehmen für den belasteten Ehegatten – bei angemessener Berücksichtigung der Belange des anderen Ehegatten und seines Vertrauens in die Geltung der getroffenen Abrede – bei verständiger Würdigung des Wesens der Ehe unzumutbar erscheine. Die Belastungen des einen Ehegatten würden dabei umso schwerer wiegen und die Belange des anderen Ehegatten umso genauerer Prüfung bedürfen, je unmittelbarer die vertragliche Abbedingung gesetzlicher Regelungen in den Kernbereich des Scheidungsfolgenrechts eingreift. An oberster Rangstelle in diesem **Kernbereich** steht der **Betreuungsunterhalt** nach § 1570,[153] an zweiter Stelle nach ihrer Bedeutung der **Krankheitsunterhalt** (§ 1572) und der **Unterhalt wegen Alters** (§ 1571). Auf gleicher Stufe wie der Altersunterhalt rangiert der **Versorgungsausgleich.** Die Unterhaltspflicht wegen Erwerbslosigkeit (§ 1573) erscheine demgegenüber nachrangig. Ihr folgten der Krankenvorsorge- und Altersvorsorgeunterhalt (§ 1578 Abs. 2 Alt. 1, Abs. 3). Später hat der BGH präzisiert, dass der Vorsorgeunterhalt den Rang des Elementarunterhalts teile.[154] Am ehesten verzichtbar seien Ansprüche auf Aufstockungs- und Ausbildungsunterhalt (§ 1573 Abs. 2, § 1575). Zu Recht ordnet der BGH den **Zugewinnausgleich auf der untersten Stufe** dieser Rangordnung ein, er erweise sich ehevertraglicher Disposition am weitesten zugänglich. Denn das Eheverständnis erfordert keine bestimmte Zuordnung des Vermögenserwerbs in der Ehe.[155] Die „Kernbereichslehre" des BGH ist sowohl auf Zustimmung[156] als auch auf Widerspruch gestoßen.[157] Der These, sie sei inzwischen überholt,[158] hat der BGH aber selbst eine Absage erteilt, indem er sich stets neu mit der Kernbereichslehre beschäftigt.[159] 51

Zur subjektiven Seite enthielt das Grundlagenurteil wenig Aussagen, es nimmt lediglich auf die subjektiven Voraussetzungen des § 138 Bezug. Offensichtlich gab der Sachverhalt keinen weiteren Anlass. Prompt erfolgte die Aufforderung an den BGH, hier deutlicher zu werden.[160] Das tat er später,[161] allerdings unter Vermeidung der Betonung einer strukturellen Unterlegenheit der Frau. 52

---

148 BGH NJW 2004, 930 unter III.3.b aE; NJW 2015, 52 Rn. 25.

149 BGH NJW 2015, 52 Rn. 26.

150 BGHZ 158, 81 = DNotZ 2004, 550 = FamRZ 2004, 601.

151 *Dauner-Lieb* AcP 201 (2001), 295 (319 ff.).

152 *Bergschneider/Wolf* NZFam-Sonderheft 5/2018, 3 f.

153 S. zur grundsätzlichen Unantastbarkeit des § 1570 Abs. 1 S. 1, 3 *Münch* FamRZ 2009, 171 (173); *Schwab* in Limmer, Scheidung, Trennung – Scheidungs- und Trennungsvereinbarungen, 2008, 68, 81; *Wellenhofer* in Bayer/Koch, Aktuelle Fragen des Familienrechts, 2009, 65 (70); zu § 1570 Abs. 2 *Bergschneider* DNotZ 2008, 95 (100); *Schwab* in Limmer, Scheidung, Trennung – Scheidungs- und Trennungsvereinbarungen, 2008, 82; *Münch* FamRZ 2009, 171 (173); *Wellenhofer* in Bayer/Koch, Aktuelle Fragen des Familienrechts, 2009, 71; *Diehn* DNotZ 2009, 857 (858 ff.).

154 BGH NJW 2005, 2391.

155 *Schwab* DNotZ 2001, Sonderheft 100 Jahre DNotZ, 9*, 16*.

156 *Rauscher* DNotZ 2004, 524; *Rauscher* FamR Rn. 366e ff., wenn auch nicht unkrit.

157 *Koch* in Bayer/Koch, Aktuelle Fragen des Familienrechts, 2007, 79 (83 ff.); *Wiemer,* Inhaltskontrolle von Eheverträgen, 2007, Ergebnisse zB 125 f., 150 f., 162 f.

158 *Milzer* NZFam 2014, 773 f.

159 Zuletzt etwa BGH NJW 2017, 1883 Rn. 31.

160 *Hohmann-Dennhardt* FF 2004, 233 (235).

161 Etwa BGH NJW 2013, 380 = FamRZ 2013, 195.

53 Mit diesem Urteil setzt der BGH die Vorgaben des BVerfG zur Inhaltskontrolle behutsam um. Es ist nicht das Ende des Ehevertrages erreicht – so aber die Vorinstanz,[162] welche einer strikten Halbteilung das Wort redete – es gibt aber auch kein zurück zur vollen Vertragsfreiheit. Klar wird: Es ist dies erst der Beginn einer längeren Diskussion. Der BGH billigt auch nicht das eine nun haltbare Ehevertragsmodell. Die Folgerechtsprechung zeigt dann weitere wichtige Gesichtspunkte auf und entwickelt Stück für Stück ein System der Inhaltskontrolle.

54 **b) Folgerechtsprechung: Gesichtspunkt ehebedingter Nachteile.** Neben der „Kernbereichslehre", die die Bedeutung der einzelnen, ausgeschlossenen oder eingeschränkten Scheidungsfolgen bewertet, stellt der BGH[163] schon mit seinen nächsten Judikaten den Gesichtspunkt in den Vordergrund. Er prüft in diesem Zusammenhang, ob der wirtschaftlich schwächere Ehegatte **durch die Ehe** – einfachster Fall: wegen der Betreuung der Kinder – wirtschaftliche **Nachteile** erlitten hat, die **durch** die **Scheidungsfolgen ausgeglichen** würden, oder ob seine wirtschaftliche Lage unabhängig von der Ehe eingetreten ist (nunmehr auch positivrechtlich geregelt: § 1578b Abs. 1 S. 2, 3; § 1579 Nr. 1, vgl. auch § 1578b Abs. 2)[164] – einfachster Fall: er ist wegen einer Krankheit nicht in der Lage, für seinen Unterhalt zu sorgen. Ein an sich nicht ehebedingter Tatbestand (etwa eine Erkrankung) kann zu einem ehebedingten Nachteil führen, wenn der betroffene Ehegatte wegen der Ehe keine Vorsorge für die eingetretene Situation getroffen hat.[165] Dieser Gesichtspunkt wird sowohl bei der Wirksamkeitskontrolle als auch bei der Ausübungskontrolle geprüft. Dem BGH ist ferner wichtig, dass ein Ehegatte seine **nacheheliche Verantwortung nicht schlechthin abbedungen** hat.[166] Hierbei wird der Blick auch auf die Leistungsfähigkeit gerichtet werden. In diesem Zusammenhang erlangen vor allem auch **Kompensationsleistungen** Bedeutung, die nicht vollwertig sein müssen. Der BGH verwirft aber Gestaltungen, wenn sie nicht annähernd geeignet sind, die ehebedingten Nachteile auszugleichen. Insbesondere in einer Diskrepanzehe wird man erwarten müssen, dass etwa durch Familienarbeit entstehende Nachteile kompensiert werden.

55 Dass die Rechtsprechung des BFH[167] solche im vorsorgenden Ehevertrag oft langwierig ausgehandelte Kompensationen, die zur Wirksamkeit eines Verzichtes erforderlich sind, als Schenkung einstuft, legt einen Widerspruch der Rechtsordnungen offen, den es zu beseitigen gilt.[168]

56 Andererseits ist nach Auffassung des BGH der Ausgleich ehebedingter Nachteile regelmäßig auch die Obergrenze für die Anpassungen im Rahmen der Ausübungskontrolle.[169]

57 Für die Vertragsgestaltung bedeutet dies, dass ein Ehevertrag, der die ehebedingten Nachteile sicher ausgleicht, jedenfalls nicht sittenwidrig ist.[170] Eine Ausnahme mag bei so niedrigem vorehelichen Einkommen eines Elternteiles bestehen, dass die Unterhaltszahlung auf diesem Niveau für die Kinder evidente Nachteile nach sich zieht.

58 **c) Subjektive Imparität.** Mit der weiteren Ausdifferenzierung der Rechtsprechung zur Inhaltskontrolle erlangten die **subjektiven Gesichtspunkte immer stärker werdende Bedeutung.** Dies führt zu der Wertung, dass Eheverträge kaum sittenwidrig sein werden, wenn die subjektive Seite zu respektieren ist.[171] Die Rechtsprechung untersucht im Rahmen der subjektiven Seite zunächst **Zweck und Beweggründe** für den Vertrag auf Seiten des Begünstigten und des Verzichtenden. Der BGH[172] untersucht also die Beweggründe, die den begünstigten Ehegatten zu

---

162 OLG München FamRZ 2003, 35.

163 BGH NJW 2005, 137 = FamRZ 2005, 26 mAnm *Bergschneider*; NJW 2005, 139 = FamRZ 2005, 185 mAnm *Bergschneider*.

164 BGH NJW 2005, 139 = FamRZ 2005, 185 mAnm *Bergschneider* = DNotZ 2005, 226; NJW 2005, 1370 = FamRZ 2005, 691 mAnm *Bergschneider* = DNotZ 2005, 703; NJW 2008, 1080 = FamRZ 2008, 582; s. auch BGH NJW 2006, 2401 = FamRZ 2006, 1006 mAnm *Born* = DNotZ 2006, 770; s. dazu *Volmer* ZNotP 2005, 242 (250); *Schwenzer* AcP 196 (1996), 88 (113); *Münch* FamRZ 2005, 691; s. auch *Dauner-Lieb* AcP 201 (2001) 295 (328 f.); *Dauner-Lieb/Sanders* FPR 2005, 122.

165 BGHZ 179, 43 Rn. 34 = NJW 2009, 989 = FamRZ 2009, 406 (408); BGH NJW 2010, 2056 Rn. 42 = FamRZ 2010, 869 (873); OLG Karlsruhe FamRZ 2010, 1252.

166 BGH NJW 2005, 1370 = FamRZ 2005, 691 = DNotZ 2005, 703.

167 BFH DStRE 2007, 1516; DStR 2008, 348.

168 Hierzu *Münch* DStR 2008, 26 f.; *Münch* FPR 2012, 302 f.

169 BGH NJW 2007, 2848 = FamRZ 2007, 974; NJW 2013, 1359 = FamRZ 2013, 770; NJW 2015, 52 Rn. 26, 27 = FamRZ 2014, 1978 = DNotZ 2015, 131 m. krit. Anm. *Kanzleiter* und krit. Beitrag *Hoppenz* FamRZ 2015, 630; s. auch BGH NJW 2005, 2391 = FamRZ 2005, 1449 mAnm *Bergschneider* = DNotZ 2005, 857 mit Aufsatz *Münch* DNotZ 2005, 819.

170 So schon *Münch* ZNotP 2004, 122 (130).

171 *Bergschneider/Wolf* NZFam-Sonderheft 5/2018, 7.

172 BGH NJW 2013, 380.

seinem Verlangen nach der ehevertraglichen Gestaltung veranlasst und den benachteiligten Ehegatten bewogen haben, diesem Verlangen zu entsprechen.

Sodann prüft der BGH unter den subjektiven Gesichtspunkten die sog. **Imparität,** dh er geht 59
der Frage nach, ob es eine **einseitige Dominanz** eines Vertragsbeteiligten gab und damit eine Störung der Vertragsparität („Verhandlung auf Augenhöhe").[173] Diese Prüfung hat der BGH im Rahmen seiner Rechtsprechung zur Inhaltskontrolle inzwischen verstärkt und in einer maßgeblichen Entscheidung zusammengefasst.[174] Der BGH betont dabei nochmals, dass es keinen unverzichtbaren Mindestinhalt an Scheidungsfolgen gibt, so dass allein aus einem objektiven Missverhältnis nicht auf die verwerfliche Gesinnung geschlossen werden könne, die für eine Unwirksamkeit nach § 138 vorliegen müsse. Es gibt keine diesbezügliche Vermutung. Vielmehr müssen außerhalb der Urkunde verstärkende Umstände hinzutreten, die auf eine subjektive Imparität hindeuten. Diese werden sodann vom BGH aufgezählt: Ausnutzung einer Zwangslage, soziale oder wirtschaftliche Abhängigkeit sowie intellektuelle Unterlegenheit.

Ein dritter Gesichtspunkt bei der Prüfung der subjektiven Seite ist das **Zustandekommen der** 60
**Urkunde** selbst. Hier stellt sich die Frage, ob beide Ehegatten in den Beurkundungsablauf eingebunden waren, ob sie ausreichend Vorlauf hatten, ob eine rechtliche Beratung hat erfolgen können. So geht der BGH[175] in einer weiteren Entscheidung davon aus, dass eine Scheidungsvereinbarung, über die monatelang mit Einschaltung von Anwälten verhandelt wird, die gegenläufigen Interessen zu einem angemessenen Ausgleich bringt, auch wenn eine Seite besonders großzügig oder nachgiebig ist. Das hat Konsequenzen auch für den notariellen **Vertragsvorlauf.**[176] Das OLG Hamm[177] hat in diesem Zusammenhang ausgesprochen, dass ein Ehegatte, der sich trotz des Hinweises des Notars auf die Notwendigkeit einer eigenen anwaltliche Vertretung aus Sparsamkeitsgründen nicht beraten lässt, sich später nicht auf eine unzureichende Beurteilungsgrundlage berufen kann.

**d) Gesichtspunkte „widersprüchlichen Verhaltens" im weiteren Sinne.** Von Gewicht 61
sind auch Gesichtspunkte, die sich unter dem Stichwort des „widersprüchlichen Verhaltens" (im weiteren Sinn) zusammenfassen lassen, unabhängig davon, ob man in ihnen ein „venire contra factum proprium" im Sinne des rechtstechnischen Begriffs sieht oder sie – entsprechend der einschränkenden Definition von *Singer*[178] – als eigene Gruppe unmittelbar bei der Abwägung nach § 242 berücksichtigt: Hierher gehört schon der Sachverhalt, dass bei der **Einverdienerehe der verdienende Ehegatte** über Jahre die **Betreuung durch den anderen** akzeptiert hat, bei der Heirat mit einem **Ausländer** der Gesichtspunkt, dass der deutsche Ehegatte die **Mitverantwortung für die Übersiedlung** des Ausländers nach Deutschland und damit deren Konsequenzen übernommen hat.[179]

**e) Rechtsprechungskritik.** Die Rechtsprechung des BGH zur Inhaltskontrolle von Eheverträ- 62
gen wurde zumeist begrüßt, die Vertragspraxis muss sich zumindest mit dieser Einschränkung der Vertragsfreiheit abfinden. Die **grundsätzliche Kritik** an dieser Rechtsprechung wurde bereits dargelegt (→ Rn. 31). Sie geht so weit, dass man durch die abnehmende Erwartungssicherheit in den Bestand von Eheverträgen die unangenehme Folgewirkung eines Verzichts auf die Eheschließung durch den wirtschaftlich stärkeren Partner prophezeit.[180] Das dürfte jedenfalls bei einer Abschaffung des Splittingtarifs noch eher Wirklichkeit werden.

Nach mehr als einem Jahrzehnt und fast dreißig BGH-Entscheidungen wird aber Kritik wegen 63
einer **„veränderten juristischen Großwetterlage"** geäußert.[181] Hier wird eine geänderte eheliche Rollenverteilung ebenso ins Feld geführt wie die gesellschaftliche Akzeptanz der Ehe ohne Trauschein und in ihnen geborener Kinder. Ferner haben die Reformen des Unterhaltsrechts und des Versorgungsausgleichsrechtes ein Teil der Scheidungsfolgen, die im Grundlagenurteil des BGH zum Kernbereich zählten, einschneidend gekürzt, **„der Kern schmilzt".**[182] Wenn insoweit die **Ausübungskontrolle** und die mit ihr möglichen Anpassungen **im Lichte der Unterhaltsreform 2008**

[173] *Bergschneider/Wolf* NZFam-Sonderheft 5/2018, 7.
[174] BGH NJW 2013, 380 Rn. 24 f.
[175] BGH NJW 2014, 1101 Rn. 40.
[176] Hierzu eingehend *Münch* Ehebezogene Rechtsgeschäfte Rn. 913 ff.
[177] OLG Hamm NJW 2006, 3012 = OLGR 2006, 731.
[178] *Singer,* Widersprüchliches Verhalten, 1983, 29 ff.
[179] *Kanzleiter* in Battis, Privatrecht gestern, heute und morgen, 2008, 17 ff., 25 ff.; *Kanzleiter* sieht nicht den von der Ausweisung bedrohten Ausländer in einer generellen „Unterlegenheitslage" (so aber OLG München FamRZ 2007, 1244 [1245]; BGH NJW 2006, 2331 = FamRZ 2006, 1097; 2007, 450) unabhängig von der konkreten Situation, so auch → 7. Aufl. 2017, Rn. 38 *(Kanzleiter).*
[180] Maunz/Dürig/*Di Fabio* GG Art. 2 Rn. 112.
[181] *Bergschneider* FS Hahne, 2012, 113 (114).
[182] *Schwab* FF 2009, 481 (486).

zu sehen sind,[183] mithin die Anpassung nicht über die neuen Unterhaltsansprüche hinausgehen darf, so wird nur schwer zu begründen sein, warum ein Ehevertrag, der eine solche Rechtsfolge vor Jahren angeordnet hat, aus Sicht des damaligen weitergehenden Rechts für den Zeitpunkt seines Abschlusses auf Unwirksamkeit zu überprüfen ist. Das neue Recht muss also auch auf die Sittenwidrigkeitsprüfung ausstrahlen. Es kann kaum sittenwidrig sein, was der Gesetzgeber einige Zeit später selbst vorsieht.

64 Besondere Kritik hat – nach hier vertretener Auffassung zu Unrecht – die Einstufung des Güterrechts auf der letzten Stufe des Kernbereichs gefunden. Es wird argumentiert, der BGH habe in soweit die Vorgaben des BVerfG[184] von der Gleichheit von Familien- und Erwerbsarbeit nicht ausreichend umgesetzt.[185] Gegen die **Kernbereichsferne des Güterrechts** wurden verschiedene Vorschläge zur Begrenzung von Verzichtsmöglichkeiten im Bereich des Güterrechts entwickelt:
- kein Verzicht auf den Ausgleich ehebedingter Nachteile möglich[186] und verstärkte Inhaltskontrolle wegen „begrenzter Rationalität";[187]
- kein Verzicht auf Zugewinn in arbeitsteilig gelebten Ehen;[188]
- Modifizierung nur unbedenklich, soweit der Ehetyp von der Einverdiener-Ehe abweicht.[189]

65 **f) Neuere BGH-Rechtsprechung zur Inhaltskontrolle. aa) Kernbereichsferne des Güterrechts.** Der **Zugewinnausgleich** steht in der Rangordnung des BGH (und nicht nur dort: schon die Existenz des Güterstands der Gütertrennung zeigt, dass die Ehe nicht notwendigerweise eine Vermögensgemeinschaft ist)[190] zu Recht an unterster Stelle. Der BGH[191] hat dies mit einer Entscheidung aus dem Jahre 2012 ausdrücklich gegen die Kritik an der **Kernbereichsferne des Güterrechtes verteidigt.** Der Güterstand der Zugewinngemeinschaft sei überschießend und greife weit über die gleiche Teilhabe hinaus. Die Möglichkeit zu ehevertraglicher Korrektur sei geradezu notwendiges Korrektiv dieser Pauschalierung. Der BGH sieht selbst im Rahmen einer Ausübungskontrolle nur einen engen Spielraum für eine Anpassung im Bereich des Zugewinnausgleichs.[192]

66 Inzwischen hat auch das BVerfG anerkannt, dass vertragliche Modifikationen des Grundsatzes der gleichen Teilhabe nicht ausgeschlossen sind.[193] Wenn man das Urteil des BVerfG zur gleichen Teilhabe[194] detailliert liest, so stößt man vor der zumeist zitierten Stelle auf folgenden Satz:
*„Haushaltsführung und Kinderbetreuung haben für das gemeinsame Leben der Ehepartner keinen geringeren Wert als Einkünfte, die dem Haushalt zur Verfügung stehen."*

67 Damit wird deutlich, was das BVerfG als gleichwertig nebeneinander stellt: die Familienarbeit und den Einkünfteteil, der für den Haushalt zur Verfügung steht. Es steht also nicht das gesamte Erwerbseinkommen der Familienarbeit gegenüber. Aus der Entscheidung kann man also allenfalls die Gleichwertigkeit begründen für ein Einkommen bis zu der Höhe, wie sie zum Umschlagen von der quotalen zur konkreten Unterhaltsberechnung führt. Darauf aufbauend mag man auch Vermögen oder Altersversorgung, welche daraus gebildet werden, in die gleichwertige Teilhabe einbeziehen. Aus der Entscheidung des BVerfG kann man aber keine gleiche Teilhabe am Gesamtvermögen herauslesen.

68 **bb) Funktionsäquivalenz oder der „eingesperrte" Versorgungsausgleich.** Problematisch sind Fälle, in denen **Gütertrennung** vereinbart wird und ein Ehegatte seine **Altersversorgung komplett im Vermögensbereich** geregelt hat, so dass der **andere Ehegatte** auch über den Versorgungsausgleich keine Möglichkeit hat, eine etwa durch Familienarbeit eingetretene **Versorgungslücke** zu schließen. Wenn etwa bei der Unternehmerehe kein Ausschluss des Versorgungsausgleichs vereinbart war, kann es sogar sein, dass der Nichtunternehmer-Ehegatte sogar noch Nachteile im Versorgungsausgleich hat. Diese Fälle des schon früher so bezeichneten „eingesperrten" Versorgungsausgleichs[195] hatte das OLG Celle so entschieden, dass der Zugewinnausgleich in vollem Umfang

---

[183] BGH NJW 2011, 2969 = FamRZ 2011, 1377.
[184] BVerfG NJW 2002, 1185.
[185] *Dauner-Lieb* FF 2004, 65, (67); *Rakete-Dombek* NJW 2004, 1273 (1277); *Brudermüller* NJW 2010, 401; *Bergschneider* FamRZ 2010, 1857 (1858 f.).
[186] *Meder* FPR 2012, 113 f.
[187] *Dauner-Lieb* AcP 210 (2010), 581 ff.
[188] *Dethloff* FamR § 5 Rn. 29.
[189] *Dauner-Lieb* Brühler Schriften zum FamR, 21. DFGT, 2016, 25, 37 ff.
[190] Vgl. die Überlegungen von *Schwab* DNotZ 2001, Sonderheft 100 Jahre DNotZ, 9*, 15*ff.
[191] BGH NJW 2013, 457 = DNotZ 2013, 376.
[192] BGH NJW 2013, 457 Rn. 35 = DNotZ 2013, 376.
[193] BVerfG NJW 2011, 836 Rn. 46.
[194] BVerfG NJW 2002, 1185.
[195] *Münch* FamRB 2008, 350 f.

durchzuführen sei;[196] das war eine weit überschießende Konsequenz, weil damit die Versorgungsunterdeckung nicht mehr die Grenze des Ausgleichs bildete. Der BGH hatte sich nun zweimal mit solchen Fällen zu befassen und behandelte sie unter dem Stichwort der „Funktionsäquivalenz". Das bedeutet, dass ein Bestandteil des Vermögens, der dem Güterrecht unterliegt, zugleich eine versorgungsrechtliche Funktion aufweist. Der erste Fall[197] war atypisch, da der Unternehmer zugleich Beamter war und daher ein Ausgleich durch den Versorgungsausgleich erfolgte. Im zweiten Fall jedoch war die Frage entscheidungserheblich und der BGH[198] entschied, dass in Fällen der Funktionsäquivalenz bei einer Versorgungslücke aufgrund Planänderung trotz Gütertrennung ein „Hinübergreifen" in den Bereich des güterrechtlichen Ausgleichs zugelassen, aber nur durch einen richterlich modifizierten anpassenden Ausgleich bis zur Höhe des Versorgungsnachteils.[199] Im umgekehrten Fall bei einem Versorgungsdefizit aus Mangel an Zugewinnausgleich wird ein „Hinübergreifen" in den Versorgungsausgleich nicht möglich sein.[200]

**cc) Der gesamtnichtige Unternehmerehevertrag.** In der neuesten Entscheidung zum Unternehmerehevertrag[201] hat der BGH[202] diesen in der Gesamtschau für nichtig gehalten. Zwei Jahre nach der Hochzeit und einen Monat nach der Geburt eines gemeinsamen Kindes wurde anlässlich der Übertragung von Unternehmensanteilen auf den Ehemann ein Ehevertrag geschlossen, in welchem der Zugewinn und der Versorgungsausgleich vollständig ausgeschlossen und der Unterhalt auf den Fall der Kindesbetreuung und eine Höhe von 1.500,- Euro begrenzt wurde. Die Ehefrau wurde später schwer krank und bezieht nur eine Erwerbsminderungsrente von knapp 800 Euro. In die Beurkundung und ihre Vorbereitung war sie nicht eingebunden gewesen. Sie ließ die Beurkundung geschehen, bei welcher das einen Monat alte Kind anwesend war. 69

Der BGH hielt die Verzichte jeweils einzeln für wirksam, den Vertrag aber in seiner Gesamtschau für sittenwidrig. Er beanstandete auf der subjektiven Seite die Ausnutzung der sozialen und wirtschaftlichen Abhängigkeit der Ehefrau und ihre mangelnde Einbindung in den Vertrag sowie die Anwesenheit des Kindes. Die Mutter sei durch die abstrakte Gefahr, das Kind könne unruhig werden, schon von der Beurkundung abgelenkt gewesen. Zudem habe sie auf bereits erworbene Rechte nachträglich verzichtet. 70

Dabei betonte der BGH erneut die **Kernbereichsferne des Zugewinnausgleichs** gerade wegen der vom Gesetz ausdrücklich zur Verfügung gestellten verschiedenen Güterstände. Dies gelte auch für **Unternehmerehen** mit absehbarer Versorgungslücke. Der BGH erkannte ausdrücklich ein überwiegendes legitimes Interesse des erwerbstätigen Ehegatten an, „das Vermögen seines selbstständigen Erwerbsbetriebes durch die Vereinbarung der Gütertrennung einem möglicherweise existenzbedrohenden Zugriff seines Ehegatten im Scheidungsfall zu entziehen und damit nicht nur für sich, sondern auch für die Familie die **Lebensgrundlage zu erhalten".**[203] Gerade in seiner Schlusserwägung hebt der BGH die Übernahme der Familienarbeit durch die Ehefrau hervor.[204] 71

Die Entscheidung wird so gelesen, dass damit auch die berechtigte Interessenverfolgung zum Unternehmensschutz nicht mehr geeignet sei, sich über eine Imparitätslage hinwegzusetzen.[205] Dem wird in dieser Allgemeinheit hier nicht zugestimmt. Andere Auffassungen wollen das Ende des „Macho-Ehevertrages" feststellen.[206] Hier wird die Entscheidung so verstanden, dass der BGH mit dieser Entscheidung die **grundsätzliche Zulässigkeit der Gütertrennung bejaht,** jedoch die **Familienarbeit gewichtet** sehen möchte. Bei der Vertragsgestaltung sollte einer Gesamtnichtigkeit vorgebeugt werden, indem unter Wahrung des wichtigsten Zieles – Schutz des Unternehmens – auf dem Gebiet anderer Scheidungsfolgen entweder nur zurückhaltend von Verzichten Gebrauch gemacht wird oder **Kompensationen** geleistet werden, welche der Familienarbeit des anderen Ehegatten Rechnung tragen und so ehebedingte Nachteile möglichst vermeiden. 72

Insgesamt erscheinen jedoch die klare Aussage der Zulässigkeit der Gütertrennung und dann die harsche Folge der Gesamtnichtigkeit auch in diesem Falle **in sich widersprüchlich.** Wäre es erst später und nicht erwartbar zur der Versorgungslücke gekommen, so hätte sich der Fall ohne 73

---

[196] OLG Celle NJW-RR 2008, 881.
[197] BGH NJW 2013, 457 = DNotZ 2013, 376.
[198] BGH NJW 2015, 52; hierzu *Münch* NJW 2015, 288.
[199] So auch der Vorschlag bei *Münch* FamRB 2008, 350 f.
[200] Wie hier *Milzer* NZFam 2016, 433 (435); aA *Hoffmann* in Götz/Schnitzler, 40 Jahre Familienrechtsreform, 2017, 231 (242); → 7. Aufl. 2017, § 1408 Rn. 43 Fn. 153 *(Kanzleiter).*
[201] Zu diesem eingehend *Münch,* Die Unternehmerehe, 2. Aufl. 2019.
[202] BGH NJW 2017, 1883.
[203] BGH NJW 2017, 1883 Rn. 36.
[204] BGH NJW 2017, 1883 Rn. 41.
[205] So *Reetz* DNotZ 2017, 809 (821).
[206] *Grziwotz* FamRB 2017, 205.

Zweifel durch eine Anpassung im Bereich des Unterhaltsrechts im Wege der Ausübungskontrolle lösen lassen. Hier erscheint es ratsam, die **Prüfungsmethode nochmals zu überdenken.** Es kann doch Verträge geben, die auch bei Betrachtung des Zeitpunktes des Vertragsschlusses die Schwelle der Sittenwidrigkeit nicht erreichen, die sich aber im Hinblick auf einzelne Klauseln als bedenklich erweisen, so dass man sich auf diese nicht berufen kann. Wenn schon über die Störung der Geschäftsgrundlage mit dem Erfordernis der Veränderung hinaus eine allgemeine Ausübungskontrolle durchgeführt wird, die dogmatisch wenig strukturiert ist, so könnte diese **Ausübungskontrolle** auch **als** eine Art **Auffangkontrolle** für anfängliche Mängel dienen, die nicht zur Sittenwidrigkeit führen.[207] Es ließe sich dann eine flexible richterliche Anpassung etwa im Unterhaltsbereich unter Aufrechterhaltung der Gütertrennung durchführen. Die starre Trennung der Zeitpunkte der Prüfung wäre damit aufgehoben, denn es ist ja eigentlich nur der Zeitpunkt für die Sittenwidrigkeitsprüfung gesetzlich mit dem Vertragsschluss vorgegeben.

### VI. Darlegungs- und Beweislast

74 Für die Darlegungs- und die Beweislast gelten die allgemeinen Grundsätze: Wer sich auf die getroffene Vereinbarung beruft, trägt die Beweislast für ihr Zustandekommen, einschließlich einer eventuell erforderlichen Zustimmung des gesetzlichen Vertreters.[208] Die Beweislast für die **Voraussetzungen der Sittenwidrigkeit** der getroffenen Vereinbarung (und auch für die Voraussetzungen **der Ausübungskontrolle**)[209] trägt derjenige, der sich darauf beruft.[210] Die richterliche Kontrolle setzt voraus, dass die Beteiligten Umstände vortragen, die dazu Veranlassung geben; von sich aus braucht das Gericht über § 6 Abs. 2 VersAusglG hinaus[211] auch bei scheidungsnahen Vereinbarungen grundsätzlich keine Ermittlungen anzustellen.[212] Wenn der BGH das subjektive Element der Sittenwidrigkeit im Ausnutzen einer Störung der Vertragsparität sieht, führt das objektive Missverhältnis der Leistungen bei einer Vereinbarung unter Ehegatten schon allgemein nicht zur Vermutung einer gestörten Vertragsparität, erst recht nicht beim Versprechen einer Leistung, für die es keine gesetzliche Grundlage gibt.[213] Wenn der Vertrag im konkreten Fall nicht wegen Übertragung der Unterhaltslasten für den Verpflichteten auf den Sozialhilfeträger sittenwidrig gewesen wäre, hätte alles gegen dessen Sittenwidrigkeit und für eine Ausübungskontrolle gesprochen. Besondere Bedeutung hat auch bei der Ausübungskontrolle die Frage, ob dem Ehegatten, der die Kontrolle begehrt, durch die Ehe Nachteile entstanden sind. Hinsichtlich der Tatsache, dass **ehebedingte Nachteile** nicht entstanden sind, trifft ihn nach den Regeln zum Beweis negativer Tatsachen eine sog. sekundäre Darlegungslast. Er muss die Behauptung des anderen, es seien keine ehebedingten Nachteile entstanden, substantiiert bestreiten und seinerseits darlegen, welche ehebedingten Nachteile entstanden sein sollen. Erst wenn sein Vorbringen diesen Anforderungen entspricht, müssen die vorgetragenen Nachteile von dem Ehegatten widerlegt werden, der der Ausübungskontrolle entgegentritt.[214]

## § 1409 Beschränkung der Vertragsfreiheit

**Der Güterstand kann nicht durch Verweisung auf nicht mehr geltendes oder ausländisches Recht bestimmt werden.**

### I. Normzweck

1 § 1409 dient der **Rechtsklarheit:** Die Bezugnahme im Ehevertrag auf nicht mehr gültige oder ausländische (und damit nicht ohne weiteres zugängliche oder gar bekannte) Rechtsquellen brächte Unsicherheiten und Unklarheiten für die Ehegatten selbst und für ihre Geschäftspartner darüber mit sich, welche Rechtsfolgen sich aus der Bezugnahme im Einzelfall ergeben. Die inhaltliche

---

207 So schon *Münch* ZNotP 2004, 122 (128).

208 BGH NJW 1989, 1728 (1729): hat der volljährig gewordene Ehegatte dem Ehevertrag genehmigt, trägt dagegen er die Beweislast, dass sein gesetzlicher Vertreter die Genehmigung verweigert habe.

209 Vgl. BGH NJW 2008, 1080.

210 BGHZ 53, 379; 95, 85; BGH NJW 1995, 1429; FamRZ 2009, 198 (201) mit zust. Anm. *Bergschneider.*

211 S. *Borth* FamRZ 2015, 411.

212 BGH FamRZ 2014, 629 Rn. 21; OLG Rostock FamRZ 2015, 411.

213 BGHZ 178, 322 = NJW 2009, 842 = FamRZ 2009, 198 mAnm *Bergschneider.*

214 BGHZ 185, 1 = NJW 2010, 1813 = FamRZ 2010, 875 zu § 1578b; in seiner Anm. legt *Finke* dar, zu § 1578b müsse schon der Unterhaltspflichtige in aller Regel zum Fehlen ehebedingter Nachteile substantiiert vortragen; von demjenigen, der sich auf die Wirksamkeit der getroffenen Vereinbarung beruft, ist das nicht zu verlangen.

Gestaltungsfreiheit wird durch § 1409 dagegen nicht eingeschränkt;[1] durch Aufnahme aller Einzelregelungen in den Ehevertrag kann ein früher geltendes oder ausländisches Güterrecht weiterhin vereinbart werden (sog. Kodifikationsvertrag),[2] soweit dies nach den allgemeinen Rechtsgrundsätzen möglich ist (→ § 1408 Rn. 9 ff.). Mittelbar wirkt § 1409 aber auch der inhaltlichen Rechtszersplitterung entgegen, weil er die einfache Wahl eines Güterstandes durch bloße Bezugnahme nur hinsichtlich Gütergemeinschaft, der Gütertrennung und der Wahl-Zugewinngemeinschaft aufgrund des deutsch-französischen Abkommens nach § 1519 ermöglicht.

## II. Umfang des Verweisungsverbots

Das Verweisungsverbot gilt für alle ausländischen güterrechtlichen Bestimmungen und für alle Regelungen, die in der derzeit geltenden Fassung des BGB nicht mehr enthalten sind, damit einerseits für die früheren Wahlgüterstände der Errungenschafts- und der Fahrnisgemeinschaft,[3] die nach Art. 8 Abs. I Nr. 7 GleichberG noch weiter gelten, wenn die Ehegatten bei Inkrafttreten des GleichberG in diesen Güterständen gelebt haben, andererseits für den früheren gesetzlichen Güterstand der Eigentums- und Vermögensgemeinschaft nach §§ 13 ff. FGB-DDR, für den die Ehegatten bis zum 2.10.1992 optieren konnten.[4] Haben die Ehegatten einen solchen Güterstand aufgehoben, können sie ihn deshalb nicht wiederherstellen.[5] Das Verweisungsverbot galt und gilt allgemein nicht für bereits erlassene, aber noch nicht in Kraft getretene güterrechtliche Normen,[6] und andererseits auch nicht für Normen, die der Gesetzgeber bereits aufgehoben hat, vor Inkrafttreten des Aufhebungsgesetzes.[7] 2

## III. Wirkungen eines Verstoßes gegen das Bezugnahmeverbot

Verstößt eine güterrechtliche Vereinbarung gegen das Bezugnahmeverbot, ist sie nichtig (§ 134). Die Wirksamkeit anderer in dem Vertrag enthaltener Vereinbarungen richtet sich nach § 139. 3

## IV. Aufhebung von § 1409 Abs. 2 aF durch das IPRG

Hat einer der Ehegatten seinen Wohnsitz im Ausland, ließ es § 1409 Abs. 2 aF zu, auf ein dort geltendes Güterrecht zu verweisen (→ 3. Aufl. 1993, § 1409 Rn. 4, 5). Nachdem nach Art. 15 Abs. 2 Nr. 2 EGBGB als Güterrechtsstatut das Recht eines Staates gewählt werden konnte, in dem einer der Ehegatten seinen gewöhnlichen Aufenthalt hatte, schien dem Gesetzgeber § 1409 Abs. 2 aF entbehrlich:[8] Die Ehegatten können die gleichen Rechtsfolgen jetzt durch die **Wahl der ausländischen Rechtsordnung** erreichen; es gilt dann das entsprechende ausländische Güterrecht, dh ohne weiteres dessen gesetzlicher Güterstand, durch Vereinbarung bereits unter Anwendung der Vorschriften dieses ausländischen Rechts eventuell ein Wahlgüterstand nach diesem Recht. Im Unterschied dazu setzte die Anwendbarkeit des § 1409 Abs. 2 aF und die Verweisung auf ein ausländisches Güterrecht die Geltung deutschen Rechts voraus; trotz der Verweisung galt weiterhin deutsches Recht, das ausländische Güterrecht als Wahlgüterstand nach deutschem Recht.[9] Eheverträge, die auf Grund § 1409 Abs. 2 aF abgeschlossen wurden, gelten mit der Folge weiter, dass diese Rechtslage weiterhin besteht. Mit dem 29.1.2019 gilt dann die EuGüVO, die in erster Linie an den gewöhnlichen Aufenthalt anknüpft und in Art. 22 EuGüVO Rechtswahlmöglichkeiten vorsieht, allerdings ohne die Möglichkeit zur Wahl der lex rei sitae für unbewegliches Vermögen, so dass ein gespaltener Güterstand verhindert wird (detailliert → 7. Aufl. 2018, EuGüVO Rn. 69 ff.).[10] Sie gilt nach Art. 69 Abs. 3 EuGüVO für Ehen, die nach diesem Zeitpunkt geschlossen wurden oder für Vereinbarungen zur Rechtswahl nach diesem Zeitpunkt. 4

---

1 AllgM, s. *Knur* DNotZ 1957, 461; umgekehrt kann § 1409 Abs. 1 aber auch keine Ermächtigung entnommen werden, früher geltendes Güterrecht durch Einzelaufnahme in den Ehevertrag zu vereinbaren; aA *Mikat* FS Felgentraeger, 1969, 323 (324 f.).

2 BeckOGK/*Reetz* Rn. 20.

3 Inzwischen allgM, s. Palandt/*Brudermüller* Rn. 1; Soergel/*Gaul/Althammer* Rn. 3; Staudinger/*Thiele,* 2018, Rn. 5; aA *Krüger/Breetzke/Nowak* Vor § 1408 Rn. 4.

4 Soergel/*Gaul/Althammer* Rn. 4.

5 BayObLGZ 13, 613; allgM.

6 AllgM; aA nur *Haegele* FamRZ 1957, 286 (287); s. Staudinger/*Thiele,* 2018, Rn. 6 mN, wichtig war dies für die Bestimmungen des GleichberG vor dessen Inkrafttreten.

7 Deshalb konnten bis zum Inkrafttreten des GleichberG auch nach dessen Erlass die alten Güterstände noch durch Verweisung gewählt werden; sehr str., s. Staudinger/*Felgentraeger,* 11. Aufl. 1970, Rn. 6 mzN zu den unterschiedlichen Auffassungen.

8 Vgl. BT-Drs. 10/504, 86.

9 → 1. Aufl. 1978, Rn. 5.

10 Zur EuGüVO gibt *Weber* DNotZ 2016, 659 ff. einen ersten Überblick.

## § 1410 Form

**Der Ehevertrag muss bei gleichzeitiger Anwesenheit beider Teile zur Niederschrift eines Notars geschlossen werden.**

**Übersicht**



### I. Normzweck

1 Die Beurkundungspflicht soll insbesondere sicherstellen, dass die Ehegatten bei Abschluss eines Ehevertrages über dessen Konsequenzen belehrt und sachkundig beraten werden **(„Schutzfunktion“):** Der Ehevertrag greift regelmäßig tief in die vermögensrechtlichen Beziehungen der Ehegatten – und mittelbar auch in deren persönliche Verhältnisse – ein und hat grundsätzlich langfristige Auswirkungen bis zur Auflösung der Ehe (und insbesondere bei Auflösung der Ehe) sowie noch darüber hinaus. Deshalb ist der Schutz der Ehegatten vor Konsequenzen der beabsichtigten Regelung, die sie nicht erkennen, und der Schutz jedes Ehegatten vor Übervorteilung durch den anderen zwingend geboten.

2 Das Beurkundungserfordernis hat außerdem – wie in anderen Fällen – die Zwecke, die Vertragsschließenden vor Übereilung zu schützen **(„Funktion des Schutzes vor Übereilung“),** auf die besondere Bedeutung des Rechtsgeschäfts hinzuweisen **(„Warnfunktion“),** unzweideutigen Beweis der getroffenen Vereinbarungen zu sichern **(„Beweisfunktion“),** sowie durch Einschaltung des rechtskundigen Notars die Gültigkeit des abgeschlossenen Rechtsgeschäfts zu gewährleisten **(„Gültigkeitsgewähr“).** Diese Funktionen treten aber bei § 1410 in ihrer Bedeutung hinter die Schutzfunktion zurück.

### II. Anwendungsbereich

3 § 1410 gilt für Eheverträge (→ § 1408 Rn. 2, 6 ff.). Im Übrigen ergibt sich der Anwendungsbereich der Vorschrift aus dem Normzweck: Die gleiche Schutzbedürftigkeit wie beim Ehevertrag besteht beim (deshalb ebenfalls beurkundungsbedürftigen) Vorvertrag[1] und bei jedem anderen Rechtsgeschäft, das bereits eine Bindung zum Abschluss eines Ehevertrages mit sich bringt, etwa die Verpflichtung zum Abschluss einem Dritten gegenüber oder die unwiderrufliche oder die sonst mit Bindungswirkung gegebene Abschlussvollmacht.[2]

4 Umstritten ist, ob sich daraus eine **Beurkundungsbedürftigkeit von Gesellschaftsverträgen** ergibt, die eine sog. **Güterstandsklausel** enthalten, nach der sich der Gesellschafter verpflichtet, die Gesellschaftsbeteiligung ehevertraglich aus dem Zugewinn auszunehmen oder – häufig in älteren Gesellschaftsverträgen – Gütertrennung zu vereinbaren. Während die einen eine unmittelbare Bindung Dritten gegenüber annehmen und sich für die Formbedürftigkeit aussprechen[3] – wichtig insbesondere bei sonst nicht beurkundeten KG-Verträgen –, sind andere der Ansicht, ein Übereilungsschutz sei bei der bloßen Aufforderung zum Abschluss eines vorteilhaften Ehevertrages nicht notwendig bzw. die Mitgesellschafter könnten auf der Grundlage der Klausel den Abschluss des Ehevertrages nicht erzwingen, sondern nur eine Sanktion im Sinne eines Ausschlusses verhängen.[4] Letzterer Ansicht ist zuzustimmen. Da die Rechtslage aber nicht gesichert ist, bleibt der Rat bestehen, aus Sicherheitsgründen eine Beurkundung vorzunehmen. Zudem kann bei der Formulierung darauf geachtet werden, dass nicht die Pflicht zum Abschluss eines Ehevertrages ausdrücklich statuiert wird, sondern nur die Ausschlussmöglichkeit bei Nichtabschluss.[5]

---

1 BGH FamRZ 1966, 492; RGZ 48, 183 (186); 68, 322.

2 S. *Gernhuber/Coester-Waltjen* FamR § 32 Rn. 15; Soergel/*Gaul/Althammer* Rn. 2; die formlose, unwiderruflich gegebene Vollmacht ist nicht nur widerruflich, sondern wegen des Schutzzwecks des § 1410 insgesamt nichtig, weil sie sonst eine faktische Bindung des Vollmachtgebers erzeugen würde, der von der Widerruflichkeit nicht weiß.

3 *Wachter* GmbH-StB 2006, 234 (238); *Brambring* DNotZ 2008, 724 (734).

4 *Scherer* BB 2010, 323 (326); *Munzig* in Münch FamR § 12 Rn. 88; *Wenckstern* NJW 2014, 1335 (1340); Staudinger/*Thiele,* 2018, Rn. 4; *Hölscher* NJW 2016, 3057 (3058 f.).

5 AA BeckOGK/*Reetz* Rn. 38.4: ein Unterschied in der Intensität der Bindung sei nicht erkennbar.

Auch wenn der Schutzzweck des § 1410 sich in erster Linie auf den Ehevertrag selbst bezieht, sind die zu § 311b Abs. 1 entwickelten Grundsätze zu beachten, wonach der Vertrag insgesamt **beurkundungsbedürftig** ist, wenn er einen Ehevertrag und **weitere im Zusammenhang stehende Regelungen** enthält. Dafür spricht schon der Zusammenhang der verschiedenen Regelungsgebiete, wie er etwa im Doppelverwertungsverbot zum Ausdruck kommt.[6] Dies dürfte auch die Ansicht des BGH sein.[7] Eine nachträgliche Änderung des Vertrages bedarf nur der Beurkundung, wenn die Änderung selbst ehevertraglichen Inhalt hat (oder aus anderen Gründen, etwa nach § 1585c der Beurkundung bedarf).[8] Die Aufhebung des Ehevertrages ist selbst wieder Ehevertrag, sodass auch der bloße Aufhebungsvertrag der Beurkundung bedarf; das gilt auch für einen Vertrag, mit dem Modifikationen des Versorgungsausgleichs aufgehoben werden, die gesetzliche Regel wiederhergestellt wird, weil § 1408 Abs. 2 seinem Sinn nach Vereinbarungen über den Versorgungsausgleich dem Ehevertrag zuweist.[9] Gemäß § 7 S. 2 LPartG gilt § 1410 auch für Lebenspartnerschaftsverträge zwischen eingetragenen Lebenspartnern (→ LPartG § 7 Rn. 1 ff.). 5

Wegen § 167 Abs. 2, § 182 Abs. 2 ist de lege lata sowohl die (widerrufliche) Vollmacht zum Abschluss eines Ehevertrages als auch die nachträgliche Genehmigung von einem vollmachtlosen Stellvertreter abgegebener Erklärungen formfrei; auch von § 181 kann Befreiung erteilt werden, sodass ein Ehegatte – im Rahmen der allgemeinen rechtlichen Schranken, etwa des § 138 – auch gleichzeitig für den anderen Ehegatten den Ehevertrag abschließen kann.[10] Angesichts der Rechtsprechung zur Inhaltskontrolle von Eheverträgen sollte davon kein Gebrauch gemacht werden, denn hier fehlt es völlig an der Einbindung des anderen Ehegatten in das Vertragsgeschehen. Schon die Formfreiheit von Vollmacht und Genehmigung, noch mehr die Möglichkeit, von den Beschränkungen des § 181 zu befreien,[11] sind mit dem Schutzzweck des § 1410 aber unvereinbar. Der Gesetzgeber sollte deshalb de lege ferenda die Beurkundungsform auch für Vollmacht und Genehmigung vorschreiben[12] oder – noch sachgerechter – den persönlichen Abschluss des Ehevertrages entsprechend § 1311 bei der Eheschließung und § 2274 beim Erbvertrag verlangen.[13] 6

Zu den **internationalrechtlichen Fragen** der Anwendung des § 1410 s. Art. 11, 15 EGBGB (näher → 7. Aufl. 2018, EGBGB Art. 11 Rn. 1 ff.; → 7. Aufl. 2018, EGBGB Art. 15 Rn. 1 ff.). 7

## III. Gleichzeitige Anwesenheit vor dem Notar

Die vorgeschriebene gleichzeitige Anwesenheit vor dem Notar schließt den sukzessiven Abschluss des Ehevertrages durch Angebot und Annahme (§ 128) aus. 8

## IV. Beurkundung, Formverstoß

Für die Beurkundung gelten die Vorschriften des BeurkG. Die notarielle Beurkundung wird wie stets durch den protokollierten gerichtlichen Vergleich ersetzt (§ 127a). Der BGH will nunmehr die Vorschrift des **§ 127a analog** auf den sog. **Beschlussvergleich** nach § 36 Abs. 3 FamFG, § 278 Abs. 6 ZPO anwenden.[14] Dies gilt jedoch nicht für einen Anwaltsvergleich nach § 796a ZPO (→ § 127a Rn. 5).[15] Auch wenn der BGH hierzu ausführlich Stellung nimmt, wird der Schutzzweck der notariellen Beurkundung oder auch der gerichtlichen Verhandlung durch den bloßen Beschlussvergleich nicht ersetzt. Die Entscheidung erging zu einem Scheidungsfolgenvergleich nach § 1378. 9

---

6 So die überwM, *Kiethe* MDR 1994, 64; Palandt/*Brudermüller* Rn. 3; Bamberger/Roth/Hau/Poseck/*Siede* Rn. 5 mwN in Fn. 21; Staudinger/*Thiele,* 2018, Rn. 6; BeckOGK/*Reetz* Rn. 22; aA *Kanzleiter* DNotZ 1994, 275 (279 f.); NJW 1997, 217; → 7. Aufl. 2017, Rn. 3 *(Kanzleiter).*

7 BGH NJW-RR 2002, 1513 = FamRZ 2002, 1179 (1180).

8 AA OLG Bremen FamRZ 2011, 304, zu Unrecht unter Berufung auf BGH NJW-RR 1988, 185, da diese Entscheidung eine Grundstücksveräußerung betrifft; konsequent ist dann die Anwendung von § 139.

9 *Gruntkowski* MittRhNotK 1993, 1 (18); aA OLG Karlsruhe FamRZ 1995, 361.

10 HM, s. RGZ 79, 282; BayObLG JFG 3, 185; BGHZ 138, 239 = DNotZ 1999, 46; *Gerber* DNotZ 1998, Sonderheft Deutscher Notartag, 288*, 294*; *Kanzleiter* NJW 1999, 1612; NK-BGB/*Völker* Rn. 4; aA *Einsele* NJW 1998, 1206; DNotZ 1999, 43 mN. Bei Vollmachtserteilung unter Befreiung von § 181 BGB wird oft aber bereits eine Bindung des Vollmachtgebers gewollt sein (→ Rn. 3).

11 Bedenken hiergegen äußert schon de lege lata *Beitzke* § 13 II 1.

12 Zu den – auf Grund des klaren Wortlauts des § 167 Abs. 2 nach Auffassung des Verfassers unzulässigen – Erwägungen, für die Vollmacht bereits de lege lata die Ehevertragsform zu verlangen, s. *Reinartz* NJW 1977, 81 (83 f.); *Einsele* NJW 1999, 1206.

13 *Gerber* DNotZ 1998, Sonderheft Deutscher Notartag, 288*, 294*; *Kanzleiter* NJW 1999, 1612 (1613); während der Gesetzgebungsarbeiten zum GleichberG wurde dies bereits erörtert, damals aber schließlich nicht verwirklicht.

14 BGH NJW 2017, 1946 Rn. 27 ff. = FamRZ 2017, 603.

15 Bamberger/Roth/Hau/Poseck/*Wendtland* § 127a Rn. 4; Palandt/*Ellenberger* § 127a Rn. 2.

Maßgebliche Stimmen sind zu Recht der Auffassung, dass durch den Beschlussvergleich nach der Argumentation des BGH nur die notarielle Urkundsform ersetzt wird, **nicht aber die nach § 1410 erforderliche gleichzeitige Anwesenheit** der Ehegatten, so dass die Ehevertragsform nicht eingehalten ist.[16] Andernfalls würden die herausgehobenen Anforderungen des § 1410 ihren Sinn verlieren. Im Falle der Auflassung nach § 925, die ebenfalls gleichzeitige Anwesenheit voraussetzt, hat das OLG Hamm in diesem Sinne entschieden.[17]

10 Wird die vorgeschriebene Form nicht eingehalten, führt dies zur **Nichtigkeit** des Vertrages (§ 125). In seltenen Ausnahmefällen kann die Berufung auf die Formrichtigkeit (wie in anderen Fällen) gegen Treu und Glauben verstoßen (§ 242).[18]

### V. Ehe- und Erbvertrag

11 Sehr häufig wird die Beurkundung eines Ehevertrages mit der eines Erbvertrages unter den Ehegatten verbunden, weil diese eine umfassende Regelung ihrer güterrechtlichen Verhältnisse zu beider Lebzeiten und der Rechtslage bei ihrem Tode treffen wollen. Ob der gleichzeitig abgeschlossene Ehe- und Erbvertrag *ein* Rechtsgeschäft ist, entscheidet der Wille der Vertragschließenden. Die Nichtigkeit des Ehe- hat deshalb die Nichtigkeit des Erbvertrages (und umgekehrt) nach § 139 nur zur Folge, wenn diese Frage zu bejahen ist (beweispflichtig derjenige, der die Anwendung des § 139 fordert, da die beiden Geschäfte grundsätzlich einen unterschiedlichen Gegenstand haben und deshalb von einander unabhängig sind), und die Voraussetzungen des § 139 aE nicht vorliegen (beweispflichtig derjenige, der die Wirksamkeit behauptet).[19] Der Rücktritt von erbvertraglichen Verfügungen nach §§ 2294 f. lässt den Ehevertrag dagegen grundsätzlich unberührt, weil der Rücktritt nur die betroffene Verfügung vernichtet.[20]

## § 1411 Eheverträge Betreuter

**(1) [1]Ein Betreuter kann einen Ehevertrag nur mit Zustimmung seines Betreuers schließen, soweit für diese Angelegenheit ein Einwilligungsvorbehalt angeordnet ist. [2]Die Zustimmung des Betreuers bedarf der Genehmigung des Betreuungsgerichts, wenn der Ausgleich des Zugewinns ausgeschlossen oder eingeschränkt oder wenn Gütergemeinschaft vereinbart oder aufgehoben wird. [3]Für einen geschäftsfähigen Betreuten kann der Betreuer keinen Ehevertrag schließen.**

**(2) [1]Für einen geschäftsunfähigen Ehegatten schließt der Betreuer den Ehevertrag; Gütergemeinschaft kann er nicht vereinbaren oder aufheben. [2]Der Betreuer kann den Ehevertrag nur mit Genehmigung des Betreuungsgerichts schließen.**

### I. Normzweck

1 Wegen des langfristigen und tiefgreifenden Einflusses des Ehevertrages auf die vermögensrechtlichen (und auch die persönlichen) Verhältnisse der Ehegatten wäre es nicht sachgerecht, den geschäftsunfähigen, beschränkt geschäftsfähigen oder betreuten Ehegatten durch die Anwendung der §§ 104 ff., 1629, 1793, 1902 f. der uneingeschränkten Fremdbestimmung durch seinen gesetzlichen Vertreter und den damit verbundenen Gefahren bis hin zur Kollusion zwischen dem gesetzlichen Vertreter und dem anderen Ehegatten auszusetzen.[1] Dieser Satz kann so bestehen bleiben, auch wenn der Gesetzgeber mit dem **Gesetz zur Bekämpfung von Kinderehen** vom 22.7.2017 (BGBl. 2017 I 2429) § 1411 so geändert hat, dass von **Minderjährigen bzw. beschränkt Geschäftsfähigen nicht mehr die Rede** ist. Man hat mit diesem Gesetz – einem Projekt, das „keine lange Vorgeschichte hat"[2] – die Eheschließung von Minderjährigen verboten (§ 1303 S. 1). Man war offensichtlich der Meinung, dann den Minderjährigen bzw. beschränkt Geschäftsfähigen auch aus der Bestimmung des § 1411 streichen zu können, wenn diese Eheschließungen nicht mehr vorkommen.

---

16 Staudinger/*Thiele,* 2018, Rn. 13; BeckOGK/*Reetz* Rn. 77.
17 OLG Hamm NZFam 2018, 569.
18 S. OLG Celle FamRZ 2007, 1566: Das OLG Celle nahm das in einem Fall an, in dem ein Vergleich vollständig abgewickelt wurde und sich ein Ehegatte nach über zehn Jahren auf den Formmangel berief.
19 Gegen die Anwendung des § 139 weitgehend Soergel/*Gaul/Althammer* § 1408 Rn. 5; dafür Erman/*Heinemann* Rn. 3; Palandt/*Weidlich* § 2276 Rn. 10; Soergel/*Wolf* § 2276 Rn. 15; Staudinger/*Thiele,* 2018, § 1408 Rn. 39; vgl. auch BGHZ 29, 129 = NJW 1959, 625.
20 BGHZ 29, 129 = NJW 1959, 625.
1 S. Soergel/*Gaul/Althammer* Rn. 2 Fn. 4.
2 *Schwab* FamRZ 2017, 1369.

Es ist bezeichnend, wenn in ersten Stellungnahmen zur Neufassung des § 1411 die Auswirkungen in fragender Form diskutiert werden.[3] Dass dem Minderjährigen nun eine Eheschließung verboten ist, dürfte ja nicht zugleich heißen, dass ihm auch der Abschluss eines vorehelichen Ehevertrages verboten ist, der dann mit Verehelichung in Kraft tritt. Solches müsste wohl ausdrücklich mit Rechtsfolge angeordnet sein. 2

Wenn ein Minderjähriger aber einen Ehevertrag schließen darf, dann wird ihm nun der **Schutz des § 1411 aF genommen.** Es müsste dann das **allgemeine Minderjährigenrecht** gelten. Dann könnte der Minderjährige den Ehevertrag mit Zustimmung des gesetzlichen Vertreters schließen, aber auch der gesetzliche Vertreter den Vertrag für ihn schließen. Die Notwendigkeit einer gerichtlichen Genehmigung entfiele dann, da diese weder in § 1643 noch in den §§ 1821, 1822 vorgesehen ist.[4] 3

Nunmehr schreibt § 1411 (nur noch) vor, dass der Betreute, soweit er nicht geschäftsunfähig ist, einen Ehevertrag (nur) selbst abschließen kann, dass der Betreuer bei Zustimmung zu einem Ehevertrag oder dessen Abschluss in bestimmten Fällen der Genehmigung des Familien- bzw. Betreuungsgerichts bedürfen und dass Eheverträge mit bestimmtem Inhalt von einem geschäftsunfähigen Ehegatten nicht abgeschlossen werden können. 4

### II. Betreuung des geschäftsfähigen Ehegatten (Abs. 1)

Der geschäftsfähige Betreute schließt den Ehevertrag selbst; er bedarf der Zustimmung des Betreuers, wenn der Abschluss des Ehevertrags in den Bereich eines Einwilligungsvorbehalts fällt, und zwar über § 1903 Abs. 3 S. 1 hinaus auch bei lediglich rechtlichem Vorteil.[5] 5

Der Betreuer bedarf zu besonders einschneidenden ehevertraglichen Regelungen der **Genehmigung durch das Betreuungsgericht.** Dies ist der Fall bei der Vereinbarung oder Aufhebung von Gütergemeinschaft (nicht also bei Modifikationen einer bestehenden Gütergemeinschaft,[6] wie einer Änderung der Verwaltungsregelung oder der Erklärung bestimmter Gegenstände zu Vorbehaltsgut)[7] und bei Ausschluss oder Einschränkung des Zugewinnausgleichs, also bei jedem Übergang vom gesetzlichen zu einem anderen Güterstand und bei Ausschluss oder Modifikation des Zugewinnausgleichs unter Beibehaltung des gesetzlichen Güterstands im Übrigen. Für Ausschluss und Modifikation des Versorgungsausgleichs gilt – nach dem klaren Wortlaut – de lege lata nicht das Gleiche.[8] Zur Genehmigung s. §§ 1828–1830, § 1908i Abs. 1. 6

### III. Geschäftsunfähigkeit eines Ehegatten (Abs. 2)

Für einen geschäftsunfähigen Ehegatten kann der Betreuer einen Ehevertrag schließen. Gütergemeinschaft kann er weder vereinbaren noch aufheben, wohl aber bei einer Modifikation der bestehenden Gütergemeinschaft mitwirken (→ Rn. 6 mwN). 7

Der Betreuer bedarf in jedem Falle der Genehmigung durch Familien- oder Betreuungsgericht. Zur Genehmigung s. §§ 1828–1830, § 1908i Abs. 1. 8

## § 1412 Wirkung gegenüber Dritten

**(1) Haben die Ehegatten den gesetzlichen Güterstand ausgeschlossen oder geändert, so können sie hieraus einem Dritten gegenüber Einwendungen gegen ein Rechtsgeschäft, das zwischen einem von ihnen und dem Dritten vorgenommen worden ist, nur herleiten, wenn der Ehevertrag im Güterrechtsregister des zuständigen Amtsgerichts eingetragen oder dem Dritten bekannt war, als das Rechtsgeschäft vorgenommen wurde; Einwendungen gegen ein rechtskräftiges Urteil, das zwischen einem der Ehegatten und dem Dritten**

[3] *Schwab* FamRZ 2017, 1369 (1372).

[4] *Schwab* FamRZ 2017, 1369 (1372); Palandt/*Brudermüller* Rn. 1.

[5] Staudinger/*Thiele*, 2018, Rn. 5.

[6] AllgM; das Gericht kann die Genehmigung zur Vereinbarung der Gütergemeinschaft mit der Auflage erteilen, dass bestimmte Regelungen des Gütergemeinschaftsvertrages nicht (zum Nachteil des Minderjährigen oder Betreuten) geändert werden; Verstoß gegen diese Auflage könnte zur Entlassung nach §§ 1886, 1908b führen (vgl. auch § 1837 Abs. 2).

[7] Anders, wenn damit die Gütergemeinschaft praktisch aufgehoben wird, wenn also alle (wesentlichen) Vermögensgegenstände zu Vorbehaltsgut erklärt werden, Palandt/*Brudermüller* Rn. 4; Planck/*Unzer* § 1437 Anm. 9.

[8] Wegen der besonderen Tragweite von Vereinbarungen über den Versorgungsausgleich sollte der Gesetzgeber diese den Vereinbarungen über den Zugewinnausgleich gleichstellen, *Graf*, Dispositionsbefugnisse über den Versorgungsausgleich, 1985, 44; schon de lege lata für die Anwendung des § 1411 *Rauscher* FamR Rn. 360; aA Bamberger/Roth/Hau/Poseck/*Siede* Rn. 18; seit der Neufassung von § 1414 nicht mehr Soergel/*Gaul*/*Althammer* Rn. 4; Staudinger/*Thiele*, 2018, Rn. 13; *Bergerfurth* FamRZ 1977, 440 (441).

**ergangen ist, sind nur zulässig, wenn der Ehevertrag eingetragen oder dem Dritten bekannt war, als der Rechtsstreit anhängig wurde.**

**(2) Das Gleiche gilt, wenn die Ehegatten eine im Güterrechtsregister eingetragene Regelung der güterrechtlichen Verhältnisse durch Ehevertrag aufheben oder ändern.**

## I. Normzweck

1 Die Einrichtung des Güterrechtsregisters und der in § 1412 angeordnete Schutz dessen, der auf das Schweigen des Registers vertraut („negative Publizität"), sollen gutgläubige Dritte schützen und damit dem **Schutz des Rechtsverkehrs** dienen. Zu den Funktionen des Güterrechtsregisters → Vor § 1558 Rn. 1 ff. Weil das Register von Geschäftspartnern der Ehegatten kaum eingesehen wird (→ Vor § 1558 Rn. 3), führt eine Eintragung auf Grund § 1412 aber praktisch dazu, dass der **gute Glaube des Dritten** an den gesetzlichen Regeltatbestand oder die ihm bekannt gewordenen (früheren) güterrechtlichen Verhältnisse der Ehegatten einseitig **zu seinen Lasten zerstört** wird. Tatsächlich schützt die Eintragung im Register also regelmäßig die Ehegatten, da sie ihre eingetragenen güterrechtlichen Verhältnisse einem Dritten uneingeschränkt entgegenhalten können. Den dritten Geschäftspartner schützt das Register nur, wenn er es – ausnahmsweise – eingesehen hat. Andererseits werden Eintragungen von den Ehegatten im Güterrechtsregister nur sehr selten vorgenommen. Wurde die Eintragung einer Änderung der güterrechtlichen Verhältnisse – wie regelmäßig – unterlassen, so schützt § 1412 den dritten Geschäftspartner, der sich auf den gesetzlichen Regeltatbestand verlassen hat. Die Wirksamkeit der ehevertraglichen Regelung selbst ist von der Eintragung nicht abhängig.

## II. Anwendungsbereich

2 **1. Änderung der güterrechtlichen Verhältnisse.** § 1412 gilt entweder unmittelbar oder entsprechend bei **allen** Änderungen der güterrechtlichen Verhältnisse, die **für den rechtsgeschäftlichen Verkehr mit Dritten** unmittelbar **von Bedeutung** sind (allgM). Abs. 1 S. 1 spricht dies ausdrücklich für den Ausschluss oder die Modifikation des gesetzlichen Güterstands aus, Abs. 2 für die Änderung einer durch vorausgegangene Änderung eingetretenen Abweichung vom gesetzlichen Güterstand, wenn diese im Güterrechtsregister eingetragen war. Darüber hinaus ist § 1412 aber in allen anderen Fällen einer Änderung der güterrechtlichen Verhältnisse ebenfalls anwendbar[1] ohne Rücksicht darauf, worauf – Ehevertrag, einseitige Erklärung eines Ehegatten oder eines Dritten (§ 1418 Abs. 2 Nr. 2), Urteil – dies beruht. Daneben ordnen einzelne Vorschriften die Anwendung des § 1412 an, zB, wenn die Verpflichtungsbefugnis nach § 1357 einem Ehegatten entzogen wurde (§ 1357 Abs. 2 S. 2; vgl. als weitere Vorschriften über die entsprechende Anwendung des § 1412 die § 1418 Abs. 4, § 1431 Abs. 3, § 1449 Abs. 2, § 1456 Abs. 3 und § 1470 Abs. 2). Leben Ehegatten in einem ausländischen gesetzlichen Güterstand, so ist der deutsche gesetzliche Güterstand der sog. „Zugewinngemeinschaft" nicht der „gesetzliche Güterstand" iSv § 1412;[2] bei „Inlandsbezug" werden Dritte aber durch Art. 16 EGBGB geschützt (ab 29.1.2019 vgl. auch Art. 28 Abs. 2 EuGüVO). Auf den deutsch-französischen Güterstand ist § 1412 ausweislich der Regelung des § 1519 S. 3 nicht anwendbar.

3 § 1412 gilt nur für materiellrechtlich tatsächlich eingetretene Änderungen der güterrechtlichen Verhältnisse. Einwendungen der Ehegatten, die sich aus der Unwirksamkeit einer vom dritten Geschäftspartner für wirksam gehaltenen Änderung ergeben (der Ehevertrag ist zB nichtig), können von ihnen ohne Einschränkung erhoben werden, ohne Rücksicht darauf, ob die (unwirksame) Änderung im Güterrechtsregister eingetragen war oder nicht. Dh, dass das Güterrechtsregister **nur negativen,** nicht positiven **guten Glauben** genießt.

4 **2. Rechtsgeschäft oder Urteil.** § 1412 gilt nur für den Bereich des rechtsgeschäftlichen Verkehrs. Er schließt nur Einwendungen der Ehegatten gegen die Unwirksamkeit von Rechtsgeschäften und auf dem rechtsgeschäftlichen Verkehr beruhender Urteile aus. Auf allen übrigen Gebieten ist § 1412 nicht anwendbar. Soweit nicht Sondervorschriften bestehen, ist allein die tatsächliche Rechtslage ohne Rücksicht auf deren Kenntnis oder Unkenntnis durch einen Beteiligten maßgebend. Dies gilt für alle Ansprüche auf Grund Gesetzes, zB auf Grund unerlaubter Handlung oder gesetzlicher Unterhaltspflicht. Die Zwangsvollstreckung richtet sich sowohl hinsichtlich der formellen Voraussetzungen als auch hinsichtlich der Vollstreckungsobjekte nur nach den dafür geltenden Vorschriften, ohne Rücksicht auf § 1412.[3] Dies gilt auch dann, wenn ein Dritter in Unkenntnis der tatsächlich

[1] BGH NJW 1976, 1258.
[2] BayObLG FamRZ 1979, 583 (584 f.).
[3] OLG Colmar OLGE 11, 282; OLG Saarbrücken JBlSaar 1965, 8; vgl. auch OLG Hamburg OLGE 30, 42.

bestehenden Gütergemeinschaft mit gemeinschaftlicher Gesamtgutsverwaltung ein Urteil nur gegen einen Ehegatten erstritten hat (vgl. § 740 Abs. 2 ZPO).[4]

**3. Betroffener Personenkreis.** Ausgeschlossen sind nur Einwendungen der Ehegatten gegen die Wirksamkeit eines Rechtsgeschäfts oder eines auf Rechtsgeschäft beruhenden Urteils demjenigen gegenüber, der Partner des Rechtsgeschäfts gewesen ist. Allen weiteren Dritten gegenüber können sich die Ehegatten ohne Rücksicht auf § 1412 auf die tatsächliche Rechtslage berufen.[5] Im Verhältnis der Ehegatten untereinander zeitigt § 1412 keine Wirkung.[6] 5

### III. Voraussetzungen der Zulässigkeit von Einwendungen

**1. Eintragung oder Kenntnis.** Im Anwendungsbereich des § 1412 können die Ehegatten ihrem Geschäftspartner Einwendungen aus einer Änderung ihrer güterrechtlichen Verhältnisse nur entgegenhalten, wenn sie im Güterrechtsregister eingetragen oder dem Geschäftspartner bekannt war. Maßgeblicher Zeitpunkt ist der der **Vornahme des Rechtsgeschäfts,** auch wenn es wegen einer ausstehenden Genehmigung noch schwebend unwirksam ist[7] oder seine Wirksamkeit noch von einer Bedingung abhängt,[8] bei Urteilen ist maßgebender Zeitpunkt der, zu dem der Rechtsstreit anhängig wird.[9] Die Beweislast für Eintragung oder Kenntnis trägt der Ehegatte, der die Einwendungen erheben möchte.[10] 6

**2. Eintragung im Güterrechtsregister. a) Eintragung.** Ausschlaggebend ist allein die Eintragung im Güterrechtsregister, auf deren Bekanntmachung kommt es nicht an. Sind mehrere Register zuständig, so ist die Eintragung nur wirksam erfolgt, wenn sie in allen zuständigen Registern geschehen ist (→ § 1558 Rn. 3). Zur Eintragungsfähigkeit → Vor § 1558 Rn. 6 ff. 7

**b) Kenntnis des Dritten.** „Kenntnis" setzt voraus, dass dem Dritten die (wesentlichen) Tatsachen bekannt sind, aus denen sich der Schluss auf die Änderung der güterrechtlichen Verhältnisse ergibt. Fahrlässige – auch grobfahrlässige – Unkenntnis steht dem einerseits nicht gleich. Andererseits ist Kenntnis der Rechtslage nicht erforderlich.[11] 8

### IV. Wirkungen des Einwendungsausschlusses

Die – teilweise umstrittenen – Wirkungen des Einwendungsausschlusses ergeben sich unmittelbar aus dem Wortlaut der Vorschrift: Ist das Rechtsgeschäft nach den tatsächlichen güterrechtlichen Verhältnissen wirksam, so hat es sowohl für den Ehegatten, als auch für den Dritten dabei sein Bewenden (der Dritte kann nicht etwa Einwendungen erheben, die sich bei der von ihm angenommenen Güterrechtslage ergeben würden).[12] Ist das Rechtsgeschäft nach den tatsächlichen güterrechtlichen Verhältnissen unwirksam, sind aber die Ehegatten mit dieser Einwendung ausgeschlossen, so hat der dritte Geschäftspartner die Wahl, ob er sich auf die tatsächliche Rechtslage berufen, die Unwirksamkeit des Rechtsgeschäfts also geltend machen oder an dem Rechtsgeschäft festhalten will.[13] Sind die Ehegatten mit Einwendungen ausgeschlossen, die sie auf Grund ihrer tatsächlichen güterrechtlichen Verhältnisse erheben könnten, stehen ihnen auf Grund der Güterrechtslage, von der der Dritte nach § 1412 auf Grund seines guten Glaubens ausgehen darf, aber dieselben oder andere Einwendungen zu, so können sie diese Einwendungen erheben[14] (falls der Dritte sich gegenüber den tatsächlichen güterrechtlichen Verhältnissen auf § 1412 beruft). 9

4 Palandt/*Brudermüller* Rn. 10; Staudinger/*Thiele,* 2018, Rn. 24; Erman/*Heinemann* Rn. 5; diff. Soergel/*Gaul/Althammer* Rn. 8.

5 RG Recht 1918 Nr. 377.

6 Staudinger/*Thiele,* 2018, Rn. 19.

7 RGZ 142, 59.

8 Staudinger/*Thiele,* 2018, Rn. 41 mwN; Staudinger/*Felgentraeger,* 11. Aufl. 1970, Rn. 30 vertreten zu Recht die Auffassung, anders sei bei Bedingungen zu entscheiden, deren Eintritt vom Willen des Dritten selbst abhängt.

9 Ausschlaggebend sind die Vorschriften der ZPO.

10 AllgM in Anschluss an Mot. IV 317.

11 Vgl. RGZ 133, 351.

12 *Dölle* FamR § 46 III; Soergel/*Gaul/Althammer* Rn. 7; Staudinger/*Thiele,* 2018, Rn. 13; Bamberger/Roth/Hau/Poseck/*Siede* Rn. 14 jeweils mwN.

13 AA *Dölle* FamR I § 46 III 2; *Gernhuber/Coester-Waltjen* FamR § 33 Rn. 22; wie hier Soergel/*Gaul/Althammer* Rn. 7 mwN; Staudinger/*Thiele,* 2018, Rn. 12; Bamberger/Roth/*Mayer* Rn. 14.

14 Erman/*Gamillscheg* Rn. 4; Soergel/*Gaul/Althammer* Rn. 7; vgl. auch RGZ 142, 59 (61).

### V. Verhältnis zu anderen Vorschriften und Grundsätzen über den Schutz des guten Glaubens

10 Alle anderen Vorschriften über den Schutz gutgläubiger Dritter sind neben § 1412 ohne Einschränkung anwendbar.[15] Ausschlaggebend ist jeweils, worauf sich der gute Glaube des Dritten bezieht. Vertraut er zB auf das Alleineigentum des Ehegatten, der ihm einen der gemeinschaftlichen Verwaltung unterliegenden Gesamtgutsgegenstand übereignet, so gelten die §§ 892 ff., §§ 932 ff.[16] Auch der allgemeine Grundsatz über die Haftung dessen, der einen Rechtsschein zurechenbar hervorruft oder nicht beseitigt, gilt neben § 1412 zugunsten Dritter.[17] Hieraus kann sich zB der Schutz des positiven guten Glaubens an die Richtigkeit einer Eintragung im Güterrechtsregister ergeben, wenn den Ehegatten die Unrichtigkeit der eingetragenen Tatsache (zB die Nichtigkeit des Ehevertrages) von Anfang an bekannt war oder später bekannt wurde und sie trotzdem den Eintragungsantrag gestellt bzw. unterlassen haben, die Löschung der Eintragung herbeizuführen.[18]

## § 1413 Widerruf der Überlassung der Vermögensverwaltung

**Überlässt ein Ehegatte sein Vermögen der Verwaltung des anderen Ehegatten, so kann das Recht, die Überlassung jederzeit zu widerrufen, nur durch Ehevertrag ausgeschlossen oder eingeschränkt werden; ein Widerruf aus wichtigem Grunde bleibt gleichwohl zulässig.**

**Übersicht**



### I. Normzweck

1 § 1413 ist eine aus dem Rahmen des Güterrechts fallende Sondernorm. Ihre Existenz erklärt sich historisch daraus, dass früher die Verwaltung des Vermögens der Ehefrau durch den Ehemann (bei Gütertrennung) als güterrechtliche Frage angesehen wurde (vgl. § 1430 aF).[1] Mit dem Wegfall dieser überkommenen Vorstellungen und der auf ihnen basierenden Vorschriften auf Grund des Gleichberechtigungsgrundsatzes steht die Überlassung der Vermögensverwaltung unter Ehegatten der unter Fremden grundsätzlich gleich. Wenn der Gesetzgeber eine Vorschrift zum Schutze desjenigen für erforderlich hielt, der sein Vermögen der Verwaltung eines anderen anvertraut, hätte es deshalb nahe gelegen, diese Schutzvorschrift allgemein im Schuldrecht zu treffen. Dass sie demgegenüber als Sondernorm nur für die Überlassung der Vermögensverwaltung unter Ehegatten in das

[15] ÜberwM, Mot. IV 318 f.; *Kanzleiter* DNotZ 1971, 453 (465) mwN; Palandt/*Brudermüller* Rn. 10; RGRK-BGB/*Finke* Rn. 24; aA (einschr.) *Gernhuber/Coester-Waltjen* FamR § 38 Rn. 83; Staudinger/*Thiele,* 2018, Rn. 48.

[16] AA *Gernhuber/Coester-Waltjen* FamR § 38 Rn. 83; Staudinger/*Thiele,* 2018, Rn. 48; entgegen weit verbreiteter Auffassung (→ § 1416 Rn. 32) begründet in diesen Fällen ein entgegenstehender Güterrechtsregistereintrag regelmäßig keine grobfahrlässige Kenntnis der wirklichen Lage; ebenso Staudinger/*Thiele,* 2007, Rn. 47; Bamberger/Roth/Hau/Poseck/*Siede* Rn. 16.

[17] AllgM; *Gernhuber/Coester-Waltjen* FamR § 33 Rn. 23–25 mwN; Soergel/*Gaul/Althammer* Rn. 18; Staudinger/*Thiele,* 2018, Rn. 51 mwN; gegen die Heranziehung des § 171 in diesem Zusammenhang zu Recht Soergel/*Gaul/Althammer* Rn. 18; Staudinger/*Thiele,* 2018, Rn. 51.

[18] Vgl. *Gernhuber/Coester-Waltjen* FamR § 33 Rn. 23–25; Soergel/*Gaul/Althammer* Rn. 18; Staudinger/*Thiele,* 2018, Rn. 51.

[1] Zur Überleitung, wenn die Ehefrau die Verwaltung ihres Vermögens am 1.7.1958 dem Ehemann überlassen hatte, s. Art. 8 Abs. 1 Nr. 2 GleichberG.

eheliche Güterrecht aufgenommen wurde, ist aber trotzdem berechtigt: Denn die **Überlassung der Vermögensverwaltung** ist unter Ehegatten mit Rücksicht auf die Ehe besonders **häufig** und für den Überlassenden besonders **problematisch,** weil die Überlassung regelmäßig nicht allein auf einer am Interesse an der optimalen Vermögensverwaltung ausgerichteten objektiven Entscheidung, sondern meist in erheblichem Maße auch auf dem ehelichen Vertrauensverhältnis beruht. Die Gefährdung des Ehegatten, der sich der Möglichkeit begeben hat, die Überlassung der Verwaltung jederzeit zu widerrufen, ist deshalb grundsätzlich größer als unter Fremden. Daher lässt § 1413 den Ausschluss oder die Erschwerung des jederzeitigen Widerrufs nur durch Ehevertrag zu, schreibt damit also die notarielle Beurkundung nach § 1410 vor, und stellt klar, dass die Widerrufsmöglichkeit bei Vorliegen eines wichtigen Grundes in jedem Fall erhalten bleibt.

Entsprechend dem Normzweck hat die Beurkundungspflicht in § 1413 in erster Linie die 2 **„Warn"-** und die **„Schutzfunktion":** Sie soll den Ehegatten auf die besondere Bedeutung des vorzunehmenden Rechtsgeschäfts deutlich hinweisen und seine Belehrung und Beratung durch den Notar vor der endgültigen Entscheidung sicherstellen. Zu den Funktionen der Beurkundung im Übrigen → § 1410 Rn. 1, 2.

## II. Die Überlassung der Vermögensverwaltung unter Ehegatten

**1. Vertrag.** Die Überlassung der Vermögensverwaltung ist keine bloß tatsächliche Handlung, 3 sondern erfolgt durch **Vertrag unter den Ehegatten.** Der Vertrag ist kein Ehevertrag, bedarf insbesondere – anders als die Erschwerung des Widerrufs – nicht der Ehevertragsform.[2] Deshalb gelten bei Abschluss für nicht voll Geschäftsfähige die allgemeinen Regeln. Die Vereinbarung kann bei Beginn der Ehe oder jederzeit später, ausdrücklich oder stillschweigend, etwa dadurch getroffen werden, dass der eine Ehegatte die Verwaltung seines Vermögens durch den anderen Ehegatten (nicht nur in einzelner Hinsicht und über einen nicht nur geringfügigen Zeitraum) freiwillig[3] duldet.[4] Mit Rücksicht auf die entstehenden Verpflichtungen dürfen an die Feststellung eines Verwaltungsvertrages keine (zu) geringen Anforderungen gestellt werden.[5] Die Erteilung einer Generalvollmacht reicht nicht aus, weil sie nur eine Vertretungsbefugnis gegenüber Dritten schafft.[6] Es reicht auch nicht aus, dass ein Ehegatte mit Billigung des anderen alle finanziellen Angelegenheiten der Eheleute erledigt.[7] Das Vorliegen eines Vertrages über die Überlassung der Vermögensverwaltung muss derjenige beweisen, der es behauptet. Eine Vermutung dafür besteht nicht, auch nicht, wenn ein Ehegatte das Vermögen des anderen in Händen hat und die Ehegatten in gutem Einvernehmen leben.[8]

**2. Vermögen eines Ehegatten.** Das „Vermögen" eines Ehegatten ist nur dann der Verwaltung 4 des anderen überlassen, wenn es in nicht nur unwesentlichen Teilen betroffen ist. Dies ist auch bei einem einzelnen Gegenstand der Fall, wenn dieser einen wesentlichen Teil des Vermögens ausmacht.[9] Der Vermögensbegriff ist daher weniger eng als bei § 1365.[10]

**3. Unabhängigkeit vom Güterstand.** Die Überlassung der Vermögensverwaltung ist **bei** 5 **jedem Güterstand** möglich, bei Gütergemeinschaft aber nur hinsichtlich Vorbehalts- und Sondergut, weil das Gesamtgut gemeinschaftliches Vermögen beider Ehegatten ist und hinsichtlich seiner Verwaltung die güterrechtlichen Vereinbarungen gelten (vgl. § 1421).[11]

---

2 NK-BGB/*Völker* Rn. 1; Bamberger/Roth/Hau/Poseck/*Siede* Rn. 2.

3 RG JG 1938, 3112.

4 Wenn die Ehefrau zB bei Beendigung des gesetzlichen Güterstandes der „Verwaltung und Nutznießung des Mannes" am 31.3.1953 ihr Vermögen in der Verwaltung des Ehemannes belassen hat; eine Zuwendung des Vermögens oder der Einkünfte bedeutet die Überlassung der Verwaltung für sich allein selbstverständlich nicht, vgl. OLG Karlsruhe FamRZ 1983, 1250 (1251).

5 BGH NJW 1986, 1870 = DNotZ 1986, 500; NJW 2000, 3199; *Herr* in Münch FamR § 6 Rn. 445, 448 mit einer Checkliste von Umständen, die für oder gegen den Abschluss eines Vertrages sprechen.

6 BGH NJW 1986, 1870 = DNotZ 1986, 500.

7 BGH NJW 1986, 1870 = DNotZ 1986, 500; NJW-RR 1987, 1347 = FamRZ 1988, 42.

8 AllgM, s. RG Recht 1917, 64; Palandt/*Brudermüller* Rn. 3; Soergel/*Gaul/Althammer* Rn. 2; Staudinger/*Thiele,* 2018, Rn. 6; vgl. auch RG JW 1938, 3112.

9 Der Maßstab ist weniger streng als in § 1365, da dort ausdrücklich das Vermögen „im Ganzen" erfasst sein muss; der Schutzzweck des § 1413 fordert im Gegenteil eine in diesem Punkt großzügige Anwendung; s. auch die Übergangsvorschrift Art. 8 Abs. 1 Nr. 2 GleichberG, wo ausdrücklich auch die „teilweise" Überlassung erfasst ist.

10 HK-FamR/*Bergschneider* Rn. 4.

11 AllgM, anders nur *Krüger/Breetzke/Nowak* Rn. 1; zur Übertragung der Verwaltungsbefugnisse hinsichtlich des Gesamtguts, die von der Übertragung der Vermögensverwaltung nach § 1413 völlig verschieden ist, → § 1422 Rn. 5 ff.; → § 1450 Rn. 9 f.

6 **4. Zugrundeliegendes Rechtsverhältnis.** Welches **Rechtsverhältnis zwischen den Ehegatten** der Verwaltungsüberlassung zugrunde liegt, ist **gleichgültig.** Regelmäßig handelt es sich um ein Auftragsverhältnis (§§ 662 ff.),[12] wenn keine abweichenden Vereinbarungen getroffen sind. Dies ist aber möglich. So kann zB entgeltliche Geschäftsbesorgung (§§ 611 ff., 675; Werkvertrag – §§ 631 ff., 675 – wird dagegen nicht in Frage kommen) vereinbart sein. Auch ein Gesellschaftsvertrag unter den Ehegatten kann nach seiner Ausgestaltung die Vermögensverwaltung zum Gegenstand haben.[13] Es besteht dann kein Anlass, die Grundsätze zur Überlassung der Vermögensverwaltung, insbesondere § 1413 nicht anzuwenden.[14] Dies kann nicht nur bei Personal- sondern sogar bei Kapitalgesellschaften und ausnahmsweise sogar dann der Fall sein, wenn Dritte an der Gesellschaft beteiligt sind.[15] Das Gleiche gilt schließlich – wiederum ausnahmsweise – bei einem Darlehen unter Ehegatten.

## III. Rechtsverhältnis unter den Ehegatten

7 **1. Vereinbarung.** Die Ehegatten können ihr Rechtsverhältnis untereinander durch formlose (Ausnahme: Einschränkung der Widerrufsmöglichkeit), ausdrückliche oder stillschweigende Vereinbarung beliebig gestalten. Hilfsweise gilt Auftragsrecht. Danach ist der verwaltende Ehegatte grundsätzlich den Weisungen des anderen unterworfen (§ 665) und zur Auskunft verpflichtet (§ 666). Dies kann – formlos – abbedungen werden, wobei aber die Auskunfts- und Rechenschaftspflicht bei Vorliegen eines wichtigen Grundes, insbesondere für den Fall, dass an der Ordnungsmäßigkeit der Geschäftsführung berechtigte Zweifel entstehen, nicht ausgeschlossen werden kann.[16]

8 **2. Verfügung über Vermögensstamm, Verwendung der Erträgnisse.** Inwieweit der verwaltende Ehegatte über die Vermögenserträgnisse und den Vermögensstamm verfügen kann, richtet sich ebenfalls nach den getroffenen Vereinbarungen, hilfsweise nach Auftragsrecht und den Grundsätzen ordnungsgemäßer Verwaltung fremden Vermögens. Danach kann der verwaltende Ehegatte die Erträgnisse zur Deckung der entstehenden Verwaltungskosten, zur Erfüllung der mit dem verwalteten Vermögen verbundenen Verpflichtungen[17] und für den Familienunterhalt verwenden, soweit der andere Ehegatte verpflichtet ist, zu ihm beizutragen (vgl. §§ 1360 f.).[18] Darüber hinaus hat er ihm die Erträgnisse herauszugeben, soweit sie nicht ihrerseits von der Verwaltungsvereinbarung (oder einer zusätzlichen Vereinbarung) erfasst werden (§ 667).[19] Den Stamm des Vermögens darf der verwaltende Ehegatte mangels besonderer Vereinbarung[20] nicht, auch nicht zur Erfüllung von Unterhaltspflichten, angreifen, weil dies über den Rahmen der Vermögensverwaltung hinausgeht.[21]

9 **3. Haftung des Verwalters. Umstr.** ist, ob sich die **Sorgfaltspflicht des verwaltenden Ehegatten** nach § 276 richtet oder ob sie nach § 1359 eingeschränkt ist.[22] Richtig ist zu differenzieren: ist das Rechtsverhältnis zwischen den Ehegatten so ausgestaltet, wie es auch mit einem fremden Vermögensverwalter gestaltet würde, ist insbesondere ein Entgelt für die Vermögensverwaltung vereinbart oder ein Gesellschaftsvertrag geschlossen, so richtet sich auch die Haftung nach dem allgemeinen Maßstab des § 276. Das wird insbesondere für Firmenvermögen zu gelten haben, wenn der verwaltende Ehegatte hier eine Organstellung einnimmt.[23] Ist Grundlage für die Überlassung der Vermögensverwaltung dagegen das spezifische eheliche Vertrauensverhältnis (dies ist die Regel), so

---

12 Vgl. BGHZ 31, 205 = NJW 1960, 428; RGZ 87, 108; 91, 365.

13 Übertragung der Geschäftsführungsbefugnis auf einen Ehegatten und Verpflichtung des anderen zur Einbringung seines (wesentlichen) Vermögens; vgl. *Gernhuber* FamR § 32 IV 6.

14 *Gernhuber/Coester-Waltjen* FamR § 32 Rn. 41; Bamberger/Roth/Hau/Poseck/*Siede* Rn. 3; anders Staudinger/*Thiele,* 2018, Rn. 8; aA *Dölle* FamR I § 43 C V 2b.

15 Es besteht kein Anlass, die Rechtsgrundsätze über die Umgehung heranzuziehen: tatsächlich würde es sich in diesen Fällen – bei Vorliegen auch der subjektiven Voraussetzungen – um Umgehungsversuche handeln, deren Erfolg durch die Subsumtion unter den Begriff der Überlassung des Vermögens unter Ehegatten und damit unter § 1413 verhindert wird.

16 Vgl. – in der Tendenz übereinstimmend, in der Begr. zT abw. – RG WarnR 1915 Nr. 277; JW 1938, 1892.

17 Vgl. iE Staudinger/*Thiele,* 2018, Rn. 11 ff.; Staudinger/*Felgentraeger,* 11. Aufl. 1970, Rn. 15 ff.

18 OLG Karlsruhe FamRZ 1983, 1250 = BeckRS 2010, 09478; aA *Gernhuber/Coester-Waltjen* FamR § 32 Rn. 36; Bamberger/Roth/Hau/Poseck/*Siede* Rn. 5; Staudinger/*Thiele,* 2018, Rn. 11.

19 Vgl. BGHZ 31, 197 (204 f.) = NJW 1960, 428; OLG Karlsruhe FamRZ 1983, 1250 (1251 f.).

20 Auch hier kann diese durch Duldung zustande kommen; vgl. RG WarnR 1920, Nr. 14.

21 Vgl. Soergel/*Gaul/Althammer* Rn. 4.

22 Für Haftung stets nach § 276 *Dölle* FamR § 43 C V 2a; *Gernhuber/Coester-Waltjen* FamR § 32 Rn. 37; für generelle Anwendung des § 1359 die hM, RGZ 87, 100 (108); Erman/*Heinemann* Rn. 3; Palandt/*Brudermüller* Rn. 5; RGRK-BGB/*Finke* Rn. 10; Soergel/*Gaul/Althammer* Rn. 3; Staudinger/*Thiele,* 2018, Rn. 13; Bamberger/Roth/Hau/Poseck/*Siede* Rn. 5; vgl. auch Mot. IV 325 (obwohl überholt).

23 HK-FamR/*Bergschneider* Rn. 3.

richtet sich die Haftung nach § 1359. Zwar ergeben sich die Verpflichtungen des verwaltenden Ehegatten nicht „aus dem ehelichen Verhältnis",[24] sondern aus der davon verschiedenen Übernahme der Vermögensverwaltung. Existenz und systematische Stellung des § 1413 zeigen aber gerade, dass das Gesetz von einer besonderen Überlassung der Vermögensverwaltung unter Ehegatten ausgeht, die ihren Rechtsgrund letztlich in der Ehe selbst hat und auf die die allgemeinen Rechtsgrundsätze für das eheliche Verhältnis anzuwenden sind.

**4. Besitzverhältnisse.** Auch bei Überlassung der Vermögensverwaltung richtet sich der Besitz an den einzelnen zu dem Vermögen gehörenden Sachen nach den allgemeinen für die Ehe geltenden Grundsätzen.[25] Soweit die Voraussetzungen vorliegen, kann der Eigentümer gegenüber dem verwaltenden Ehegatten verbotene Eigenmacht begehen.[26] 10

## IV. Rechtsverhältnis zu Dritten

Aus der Überlassung der Vermögensverwaltung selbst ergeben sich keine Rechtsfolgen im Verhältnis zu Dritten. Regelmäßig ist mit ihr aber die Erteilung von Vollmachten (häufig: Anscheins- und Duldungsvollmachten) und Ermächtigungen verbunden. Für diese gelten die allgemeinen Rechtsgrundsätze. Da nicht güterrechtlicher Natur, können Erteilung und Erlöschen (vgl. § 168) von Vollmachten und Ermächtigungen – wie das Überlassen der Vermögensverwaltung selbst – nicht in das Güterrechtsregister eingetragen werden. 11

Bedient sich der Vermögensinhaber des verwaltenden Ehegatten zur Erfüllung von Verpflichtungen, ist dieser Erfüllungshilfe gemäß § 278, begeht er ihm Rahmen der übertragenen Vermögensverwaltung eine unerlaubte Handlung, ist er Verrichtungsgehilfe nach § 831.[27] 12

## V. Enden der Verwaltungsüberlassung, insbesondere Widerruf

**1. Enden der Verwaltungsüberlassung.** Die Überlassung der Vermögensverwaltung endet durch (wirksamen) Widerruf des Vermögensinhabers und Kündigung des verwaltenden Ehegatten (§ 671), wegen des besonderen Charakters der Verwaltungsüberlassung unter Ehegatten mit der Auflösung der Ehe, gleichgültig aus welchem Grund (also auch beim Tode des Vermögensinhabers: die Auslegungsregel des § 672 S. 1 ist nach allgM nicht anwendbar; § 672 S. 2 gilt dagegen) und mit der Insolvenz des Vermögensinhabers (§ 115 Abs. 1 InsO). 13

**2. Widerruf, Kündigung, Einschränkung des Widerrufsrechts.** Sowohl der Widerruf der Verwaltungsüberlassung durch den Vermögensinhaber als auch die Kündigung durch den verwaltenden Ehegatten sind nach § 671 jederzeit zulässig. Die Kündigung darf nach § 671 Abs. 2 nicht zur Unzeit erfolgen. Besteht unter den Ehegatten kein Auftrags- sondern ein anderes Rechtsverhältnis, so ergibt sich das Recht zum jederzeitigen Widerruf durch den Vermögensinhaber unmittelbar aus § 1413. Für die Kündigungsmöglichkeit des verwaltenden Ehegatten gelten dagegen die Regeln des vereinbarten Rechtsverhältnisses uneingeschränkt. Das Recht des jederzeitigen Widerrufs kann nach § 1413 nur durch Ehevertrag ausgeschlossen oder eingeschränkt werden. Die Einschränkung des Kündigungsrechts des verwaltenden Ehegatten ist dagegen formlos und in beliebiger Weise möglich; zur Zulässigkeit der Kündigung aus wichtigem Grunde → Rn. 15. Der Ausschluss oder die Einschränkung der Widerrufsmöglichkeit greifen nicht in die güterrechtlichen Verhältnisse der Ehegatten ein (vgl. § 1408),[28] wegen der besonderen Bedeutung und der Gefahr dieser Rechtsgeschäfte ist trotzdem Abschluss durch Ehevertrag vorgeschrieben. Alle Vorschriften über den **Ehevertrag** sind anzuwenden, insbesondere die Formvorschrift des § 1410, aber auch § 1411. Eines Ehevertrages bedürfen nach dem eindeutigen Wortlaut des § 1413 (der mit dessen Schutzzweck im Einklang steht) nur der Ausschluss oder die Einschränkung des Widerrufsrechts, nicht die Vereinbarungen der Ehegatten im Übrigen, insbesondere nicht die gesamte Vereinbarung über die Überlassung der Vermögensverwaltung, wenn das Widerrufsrecht gleichzeitig eingeschränkt oder ausgeschlossen wird (deren Beurkundung wird dann freilich regelmäßig zweckmäßig sein). Trotzdem ist in einem solchen Falle die (beurkundungspflichtige) Einschränkung der Widerrufsmöglichkeit regelmäßig Bestandteil des einheitlichen Rechtsgeschäfts der Verwaltungsüberlassung, sodass bei Unwirksamkeit der Wider- 14

---

24 Hierauf weisen diejenigen hin, die generell § 276 anwenden; s. die Nachweise in Fn. 21.

25 Vgl. *Gernhuber/Coester-Waltjen* FamR § 32 Rn. 38 zu Recht gegen die Tendenz, dem verwaltenden Ehegatten regelmäßig unmittelbaren Alleinbesitz zuzuweisen.

26 OLG Dresden JW 1921, 686 (hins. der Ausführungen zur Besitzlage allerdings überholt); vgl. OLG Celle FamRZ 1971, 28 (29).

27 RGZ 91, 363.

28 *Gernhuber/Coester-Waltjen* FamR § 32 Rn. 40; Soergel/*Gaul/Althammer* Rn. 5; wegen der ausdrücklichen Regelung ist die Frage ohne Bedeutung.

rufseinschränkung § 139 gilt (mit dem Ergebnis, dass die Verwaltungsüberlassung meist trotzdem wirksam sein wird).

15 **3. Widerruf aus wichtigem Grund.** Auch bei Ausschluss oder Einschränkung der Widerrufsmöglichkeit ist der Widerruf bei Vorliegen eines wichtigen Grundes jedenfalls zulässig. Das Gleiche gilt für die Kündigungsmöglichkeit des verwaltenden Ehegatten nach § 671 Abs. 3, bei Zugrundeliegen eines anderen Rechtsverhältnisses auf Grund der entsprechenden Vorschriften oder auf Grund des allgemeinen Grundsatzes über die Möglichkeit zur Beendigung eines Dauerschuldverhältnisses bei Vorliegen eines wichtigen Grundes. Die Kündigungsmöglichkeit aus wichtigem Grund ist auch ehevertraglich nicht disponibel, entsprechende Vereinbarungen sind unwirksam.[29]

16 Ein wichtiger Grund liegt vor, wenn dem Vermögensinhaber die weitere Dauer der Verwaltung durch den anderen Ehegatten nicht mehr zugemutet werden kann. Der Grund kann in der Person des verwaltenden Ehegatten liegen (Verschulden ist dann nicht erforderlich), aber auch in der Person des Vermögensinhabers oder in objektiven Umständen. Als wichtige Gründe kommen zB in Betracht nicht nur unerhebliche Verstöße des verwaltenden Ehegatten gegen die Grundsätze ordnungsmäßiger Verwaltung wie etwa mangelnde Auskunft, Getrenntleben,[30] Antrag auf Ehescheidung, gleichgültig welches Ehegatten, oder unerwartete Wiedererlangung der Möglichkeit zur eigenen Verwaltung durch den Vermögensinhaber.

## Kapitel 2. Gütertrennung

### Vorbemerkung (Vor § 1414)

**Schrifttum:** Zum älteren Schrifttum → 7. Aufl. 2017; *Braeuer,* Gütertrennung und Ausübungskontrolle, FamRZ 2014, 77; *Dauner-Lieb/Stuhlfelner,* Gütertrennung in der Unternehmerehe, FF 2011, 382; *Götz/Schnitzler,* 40 Jahre Familienrechtsreform, 2017; *Herr,* Nebengüterrecht, Ausgleichsansprüche bei Gütertrennung und gestörtem Zugewinnausgleich, 2013; *Herr,* Wahlgüterstände auf dem Prüfstand – die Gütertrennung, FuR 2015, 577; *Kornexl,* Faire Teilhabe am Zugewinn (besonders in Diskrepanzehen), FamRZ 2011, 692; *Langenfeld/Milzer,* Handbuch der Eheverträge und Scheidungsvereinbarungen, 8. Aufl. 2018; *Ramm,* Gleichberechtigung und Hausfrauenehe, JZ 1968, 41 und JZ 1968, 90. S. auch vor § 1408.

**Übersicht**



### I. Wesen der Gütertrennung

1 Der Güterstand der Gütertrennung wird durch das **Fehlen jeglicher güterrechtlicher Beziehungen** zwischen den Ehegatten gekennzeichnet: deren beiderseitige Vermögen stehen ihnen getrennt und unabhängig zu. Hinsichtlich ihrer Vermögen unterscheiden sich die Rechtsbeziehungen zwischen den Ehegatten grundsätzlich nicht von denen zwischen Fremden.[1] Die Verfügungsbeschränkungen der §§ 1365 ff. gelten nicht. Auch beim Güterstand der Gütertrennung gelten freilich die allgemeinen Vorschriften über die Ehewirkungen, aus denen sich mittelbare Rechtsfolgen für die beiderseitigen Vermögen ergeben. Denn auch bei der Gütertrennung sind diese Vermögen und ihre Erträgnisse Grundlage der wirtschaftlichen Verpflichtungen der Ehegatten, die sich aus der Ehe ergeben, insbesondere der Pflicht, zum Familienunterhalt beizutragen (§§ 1360 f.; vgl. aber auch zB §§ 1356 Abs. 2, 1357, 1361a).

2 Aus dem Fehlen jeglicher güterrechtlicher Beziehung ergibt sich, dass eine inhaltliche **Regelung der Gütertrennung** nur in der bloßen Feststellung dieses Fehlens bestehen könnte. Auch auf

[29] BeckOGK/*Reetz* Rn. 39.
[30] BeckOGK/*Reetz* Rn. 39.
[1] So BayObLGZ 1960, 370 = FamRZ 1961, 220 (221).

eine solche Definition hat das Gesetz als entbehrlich verzichtet. Es enthält nur Vorschriften darüber, in welchen Fällen der Güterstand der Gütertrennung eintritt (vgl. demgegenüber §§ 1427 f. aF).

### II. Wertung der Gütertrennung

**1. Stellungnahme zur Kritik.** Der Güterstand der Gütertrennung ist stets, insbesondere während der Diskussion um den neuen gesetzlichen Güterstand in den Jahren zwischen dem Erlass des GG und der Verabschiedung des GleichberG, als **nicht** dem **Wesen der Ehe entsprechend**[2] kritisiert worden. Für die Gütertrennung als Wahlgüterstand geht diese Kritik fehl. Für das gesetzliche Leitbild der Ehe – sofern ein solches überhaupt noch anzunehmen ist[3] – sind de lege lata allein die allgemeinen Ehewirkungen der §§ 1353 ff. ausschlaggebend. Aber auch de lege ferenda wäre es verfehlt, darüber hinaus eine vollständige Vermögensgemeinschaft (Gütergemeinschaft) oder wenigstens eine lockere Verknüpfung der beiderseitigen Vermögen mit Teilhabe am Zugewinn des jeweils anderen Ehegatten (Zugewinngemeinschaft) zwingend vorzuschreiben. Denn damit würde die **Möglichkeit zur Verwirklichung einer im Vermögensbereich individualistischen Eheauffassung** genommen, obwohl diese häufig eine gleiche, je nach den Lebensumständen der Ehegatten sogar eine besser geeignete Basis für die eheliche Lebensgemeinschaft sein kann.[4] Außerdem fällt mit dem Güterstand der Gütertrennung bei einem Scheitern der Ehe das **Streitpotenzial** weg, das der Zugewinnausgleich (gerade bei größeren Vermögen regelmäßig) mit sich bringt. Zweifel scheinen jedoch angebracht, ob der in bestimmten Fällen zwingend angeordnete Übergang zur Gütertrennung als hilfsweisem gesetzlichem Güterstand die Interessen beider Ehegatten angemessen berücksichtigt (vgl. vor allem → § 1388 Rn. 2). 3

**2. Kernbereichsferne des Güterstandes; Vereinbarung von Einschränkungen und Kompensationen.** Nach der Konzeption des BGB gehört eine Beteiligung am Vermögenszuwachs des anderen Ehegatten nicht zwingend zu den Folgen der Ehe. Der BGH hat mehrfach ausgesprochen, dass im Rahmen der sog. Inhaltskontrolle von Eheverträgen (→ § 1408 Rn. 25 ff.) die güterrechtlichen Regelungen kernbereichsfern sind und damit in weitem Umfang disponibel. Daher wird die isolierte Vereinbarung der Gütertrennung vom BGH nicht als sittenwidrig angesehen und nur unter ganz engen Voraussetzungen als rechtsmissbräuchlich im Sinne der Ausübungskontrolle gewertet.[5] 4

Im Ehevertrag von Ehegatten mit unterschiedlichen Aussichten des Vermögenserwerbs (sog „Diskrepanzehe“) kann zugunsten des „ärmeren“ Ehegatten eine Kompensationsleistung vereinbart[6] oder statt der Gütertrennung der Ausschluss des Zugewinnausgleichs im Rahmen der Vereinbarung einer sog. modifizierten Zugewinngemeinschaft eingeschränkt werden (etwa gegenständlich auf die Beteiligung des Unternehmerehegatten). 5

**3. Unterschiede zwischen den Güterständen.** Wichtigster Unterschied zwischen der Gütertrennung auf der einen und sowohl dem gesetzlichen Güterstand als auch der Gütergemeinschaft auf der anderen Seite ist, dass die Ehegatten **am Vermögenszuwachs,** den der jeweils andere Ehegatte während der Ehe erzielt, **nicht beteiligt** sind, bei Beendigung der Ehe kein Ausgleich stattfindet. (Von geringerer Bedeutung ist der weitere Unterschied zum gesetzlichen Güterstand, dass die Verfügungsbeschränkungen der §§ 1365 ff. bei der Gütertrennung nicht bestehen.) Dieser Unterschied kann die Vereinbarung der Gütertrennung je nach den Lebensumständen der Ehegatten einerseits als ungerechtfertigte Benachteiligung eines Ehegatten und damit ungeeignet erscheinen lassen, andererseits aber gerade unter durchaus angemessener Berücksichtigung der Interessen beider Ehegatten den Ausschlag für die Gütertrennung geben.[7] 6

Gegenüber dem gesetzlichen Güterstand und der Gütergemeinschaft hat die Gütertrennung durch die vollständige Trennung der beiderseitigen Vermögenssphären den Vorteil der **größeren rechtlichen Klarheit und Einfachheit,** die Auseinandersetzungen, vor allem bei einem Scheitern der Ehe, vermeiden kann, wie sie bei der Festlegung des Zugewinnausgleichs oder der Auseinandersetzung des Gesamtguts erfahrungsgemäß häufig entstehen. 7

---

2 Vgl. zB *Bosch* FamRZ 1954, 154; *Knur* Deutscher Notartag 1952, 46; *Krauss* FamRZ 1954, 90; Andeutung von Kritik bei Erman/*Gamillscheg* Vor § 1414 Rn. 1; umgekehrt vertritt *Ramm* JZ 1968, 41 f. die Auffassung, die Gütertrennung entspreche der „Doppelverdienerehe“ am besten, die heute Leitbild der Ehe sein müsse.

3 Abl. mit näherer Begr. *Münch* KritV 2005, 208 ff. Angesichts der Ehe für alle wird man noch verstärkt ein Eheleitbild von GG oder BGB in Frage stellen müssen.

4 Vgl. *Beitzke* FamRZ 1954, 175; *Gernhuber/Coester-Waltjen* FamR § 31 Rn. 4.

5 BGH NJW 2013, 457 Rn. 35; völlig gegen eine Ausübungskontrolle bei Gütertrennung *Braeuer* FamRZ 2014, 77 f.

6 S. etwa *Kornexl* FamRZ 2011, 692.

7 Eine zusammenfassende Beurteilung gibt *Herr* FuR 2015, 577 f.

8 Aufgrund dieses Vorteils oder auf Grund ihrer persönlichen individualistischen Einstellung können Ehegatten zur Vereinbarung der Gütertrennung neigen, wenn sie **beide vermögend oder berufstätig** sind und deshalb (annähernd) gleiche Aussichten auf Ansammlung von Zugewinn in der Ehe besitzen. Bei der Wahl des Güterstandes ist aber auch die erbrechtliche Situation mit zu berücksichtigen. Ab dem zweiten Kind führt der Güterstand der Gütertrennung regelmäßig zu höheren Kinderpflichtteilen.[8] Wenn sich hier ein Problem verbirgt, dann ist ggf. zur Zugewinngemeinschaft zu raten. Wenn das Vermögen dynastisch auf Kinder übergehen soll, dann mag die Gütertrennung der richtige Güterstand sein. Wenn aber auch der Ehegatte Erbe oder Vermächtnisnehmer werden soll, dass ist auch erbschaftsteuerlich zu denken. Hier bietet der Güterstand der Zugewinngemeinschaft den großen Vorteil, dass der Zugewinn steuerfrei ist nach § 5 ErbStG (→ Rn. 13 ff.).

9 Aber auch wenn diese Aussichten unterschiedlich sind, kann den Ehegatten trotz angemessener Berücksichtigung der beiderseitigen Interessen eine (volle) **Beteiligung des einen am Zugewinn des anderen unbefriedigend** erscheinen. Liegt der erwartete Zugewinn eines Ehegatten im Wertzuwachs eines Unternehmens oder einer Unternehmensbeteiligung, so kann darüber hinaus die Vereinbarung der Gütertrennung im Interesse des Unternehmens zweckmäßig sein, weil der Wertzuwachs in dem Unternehmen gebunden ist und bei einem Scheitern der Ehe nicht ohne Nachteile für dessen Weiterführung (zur Hälfte) in liquide Mittel zur Abgeltung des Zugewinnausgleichsanspruchs verwandelt werden kann.[9] Daraus erklärt sich die häufige Klausel in Gesellschaftsverträgen, dass verheiratete Gesellschafter verpflichtet sind, Gütertrennung zu vereinbaren, oder dass verheiratete Gesellschafter aus der Gesellschaft ausscheiden, wenn sie nicht Gütertrennung vereinbaren. Allerdings sollte besser nicht auf die Gütertrennung abgestellt werden, sondern alternativ auch auf die Herausnahme des Unternehmens aus dem Zugewinn, damit der Gesellschafter auch bei einer modifizierten Zugewinngemeinschaft den Anforderungen dieser Klausel genügt (zur Beurkundungsbedürftigkeit → § 1410 Rn. 9 f.).

10 Ist Gütertrennung vereinbart, so kann eine **angemessene Berücksichtigung der Interessen des Ehegatten mit** dem **geringeren Vermögenszuwachs** dadurch erreicht werden, dass während der Ehe Vermögenswerte auf diesen Ehegatten übertragen werden. Die Vereinbarung der Gütertrennung enthält dann praktisch eine Vorleistung dieses Ehegatten im Vertrauen auf eine entsprechende spätere Verhaltensweise des vermögenderen Ehegatten. Die zunehmende Verrechtlichung aller Lebensbereiche und die ausgedehnte Inhaltskontrolle durch die Gerichte lassen es geboten erscheinen, solche Zuwendung in Form einer Kompensationsleistung bei Vereinbarung der Gütertrennung rechtlich bindend zu vereinbaren, wobei allerdings die Steuerpflicht solcher Zuwendung[10] in den Blick genommen werden muss.[11] Freilich kann die Frage der angemessenen Aufteilung des Zugewinns während der Ehe selbst wieder zu Auseinandersetzungen führen, weil jeweils einzelne Entscheidungen getroffen werden müssen, die im gesetzlichen Güterstand und bei Gütergemeinschaft auf Grund ihrer Automatik (die beim gesetzlichen Güterstand erst nach Beendigung der Ehe wirkt) entbehrlich sind.

11 In den **vielen Ehen,** in denen die wesentlichen, während der Ehe erworbenen **Vermögensgegenstände im Miteigentum zur Hälfte** beider Ehegatten stehen,[12] besteht zwischen dem gesetzlichen Güterstand und der Gütertrennung kein wirtschaftlicher Unterschied. Die Bereitschaft, den anderen Ehegatten an den während der Ehe erworbenen Gegenständen zur Hälfte zu beteiligen, wird allerdings im gesetzlichen Güterstand größer sein, weil jeder Ehegatte weiß, dass bei einem Scheitern der Ehe sowieso die Hälfte des Wertes als Zugewinnausgleich dem anderen Ehegatten zustünde.

12 **4. Sachgerechtigkeit des gesetzlichen Güterstandes für die meisten Ehen.** Im Ergebnis ist der **gesetzliche Güterstand für** die **Mehrzahl** der Ehen auf Grund der zwingenden und „automatischen" gegenseitigen Beteiligung am Zugewinn **sachgerechter,**[13] wobei diese Wertung nicht gleichzusetzen ist mit „nicht disponibel". Die Gütertrennung ist – sowohl nach der theoretischen Rechtfertigung als auch in der Praxis – der Güterstand der gehobenen Mittelschicht und der Oberschicht mit überdurchschnittlichem Vermögen oder Einkommen, individualistischer Einstellung, aber auch der Bereitschaft zu zusätzlichen Maßnahmen zum Ausgleich der beiderseitigen Interessen. Sie bedarf des Bewusstseins der Ehegatten, dass diese eine eventuelle gegenseitige Beteiligung am Zugewinn während der Ehe durch Einzelentscheidungen und einen eventuellen Ausgleich

---

8 *Everts* in Münch FamR § 2 Rn. 100.

9 So hält etwa BGH NJW 2017, 1883 Rn. 36 die Gütertrennung ausdrücklich für zulässig, um einen selbständigen Gewerbebetrieb vor einem möglicherweise existenzbedrohenden Zugriff des Ehegatten im Scheidungsfall zu schützen.

10 BFH ZEV 2007, 500 mAnm *Münch*; hierzu *Münch* DStR 2008, 26 ff.

11 AA → 7. Aufl. 2017, Rn. 9 *(Kanzleiter)*; diese Vorleistung ist unter Ehegatten regelmäßig zu verantworten.

12 In der Praxis kann geradezu vom Güterstand der „Bruchteilsgemeinschaft" gesprochen werden; vgl. *Goller* BWNotZ 1959, 107; *Hennemann* BWNotZ 1960, 5; *Hipp* BWNotZ 1959, 197; *Reithmann* FS Knur, 1972, 183 (189); *Grziwotz* FamRZ 2002, 1669.

13 Zust. BeckOGK/*S. Kappler* § 1414 Rn. 53.

beiderseitiger Zuwendungen und Leistungen durch zusätzliche Vereinbarungen (→ Rn. 18) regeln müssen. Die Gütertrennung setzt deshalb grundsätzlich größere Geschäftsgewandtheit der Ehegatten voraus, erlaubt dann aber auch einen besser abgestimmten Interessenausgleich als der in vielen Fällen grobe „Halbteilungsgrundsatz" der Zugewinngemeinschaft (mit einer Beteiligung des anderen Ehegatten erst bei Beendigung der Ehe)[14] und der Gütergemeinschaft. Freilich kann der „Halbteilungsgrundsatz" auch bei einem Festhalten am gesetzlichen Güterstand oder der Gütergemeinschaft modifiziert werden und der Güterstand der „modifizierten" Zugewinngemeinschaft unter Ausschluss des Zugewinnausgleichs nur bei Beendigung der Ehe durch Ehescheidung (und eventuell unter Aufhebung der Verfügungsbeschränkungen) setzt sich zu Recht immer mehr durch, weil die unerwünschten Folgen der Gütertrennung bei Beendigung der Ehe durch den Tod eines Ehegatten (Erhöhung der Pflichtteilsansprüche der Kinder, kein erbschaftsteuerfreier Zugewinnausgleichsanspruch) vermieden werden.

**5. Gütertrennung versus steuerfreier Zugewinn.** Ganz entscheidend bei der Güterstandswahl sind heute die erbschaft- und schenkungsteuerlichen Vorteile der Zugewinngemeinschaft. So **stellt § 5 ErbStG den Zugewinn als gesetzlich begründeten Anspruch von der Erbschaft- und Schenkungsteuer frei,** und zwar in **Abs. 1** zunächst den **sog. „fiktiven" Zugewinn.** Greift zivilrechtlich § 1371 Abs. 1 und mit der gesetzlichen Erhöhung des Erbteils um ein Viertel, so wird steuerlich der fiktive gerechnete Zugewinn freigestellt. Bei dieser „fiktiven" Berechnung ordnet § 5 Abs. 1 ErbStG aber zahlreiche Abweichungen von der zivilrechtlichen Berechnung an. So werden **abweichende Eheverträge nach § 5 Abs. 1 S. 2 ErbStG nicht berücksichtigt.** Das gilt sogar dann, wenn solche Eheverträge den Zugewinn verringern, wie etwa bei der Herausnahme von Betriebsvermögen.[15] Dies kann einen ganz erheblichen steuerlichen Vorteil darstellen. Die Vermutung des § 1377 Abs. 3 – Anfangsvermögen gleich Null – gilt nicht, so dass dem Finanzamt auch das Anfangsvermögen und damit der tatsächlich erzielte Zugewinn nachgewiesen werden muss. 13

Wenn der überlebende Ehegatte weder Erbe noch Vermächtnisnehmer ist, dann greift die sog. **güterrechtliche Lösung nach § 1371 Abs. 2** ein, dh der Zugewinn wird im Einzelnen berechnet. Gleiches gilt bei Scheidung oder beim **vertraglichen Übergang von der Zugewinngemeinschaft in einen anderen Güterstand.** Hier stellt § 5 Abs. 2 ErbStG die konkrete Zugewinnausgleichsforderung steuerfrei. Die Einschränkungen des Abs. 1 gelten hier nicht, so dass insbesondere abweichende ehevertragliche Regelungen hier Berücksichtigung finden. Damit kann auch eine rückwirkend vereinbarte Zugewinngemeinschaft bei dieser Sachverhaltsvariante Anerkennung finden.[16] Ehevertragliche Einschränkungen führen hier zu einem verminderten Zugewinn und damit auch zu einem verminderten Steuervorteil. 14

Vom BFH[17] anerkannt ist inzwischen auch die sog. **„Güterstandsschaukel",** bei der zunächst die Zugewinngemeinschaft aufgehoben und der bis dahin erzielte Zugewinn steuerfrei ausgeglichen und dann erneut ehevertraglich zur Zugewinngemeinschaft gewechselt wird, um diesen Vorgang später zu wiederholen.[18] 15

### III. Der Inhalt der Gütertrennung im Einzelnen

**1. Freiheit in Verwaltung und Verfügung.** Bei Gütertrennung ist jeder Ehegatte in der Verwaltung seines Vermögens und in der Verfügung über einzelne Vermögensgegenstände vollständig frei. Verbindlichkeiten belasten – insoweit in Übereinstimmung mit dem gesetzlichen Güterstand[19] – nur den Ehegatten, in dessen Person sie entstanden sind. Zwischen den Ehegatten sind **vermögens-** 16

[14] Vgl. insbes. *Gernhuber/Coester-Waltjen* FamR § 34 Rn. 1.

[15] So nahezu einhellig das Meinungsspektrum *Götz* INF 2001, 417 ff.; *Götz* INF 2001, 460 (461); Troll/Gebel/Jülicher/Gottschalk/*Gottschalk*, Stand 2018, ErbStG § 5 Rn. 236 m. ausf. Darstellung; Meincke/*Hannes/Holtz*, 17. Aufl. 2018, ErbStG § 5 Rn. 28; *Jülicher* ZEV 2006, 338 (341); *Schlünder* in Münch FamR § 18 Rn. 6 ff.

[16] Vgl. etwa E R 5.2. Erbschaftsteuer-Richtlinien 2011; detailliert *Münch* Ehebezogene Rechtsgeschäfte Rn. 538 ff.

[17] BFH ZEV 2005, 490 mAnm *Münch*.

[18] Hierzu *Münch* Ehebezogene Rechtsgeschäfte Rn. 614 ff. insbes. auch zu der Frage, ob zwei Urkunden und Zeitabstand erforderlich sind.

[19] Aus Gründen der „Haftungsbeschränkung" Gütertrennung zu vereinbaren ist daher sinnlos (auch § 1362 gilt beim gesetzlichen Güterstand wie bei Gütertrennung ohne Unterschied); dieser Wunsch wird an die Notare immer wieder herangetragen, weil die Rechtslage beim gesetzlichen Güterstand der „Zugewinngemeinschaft" immer noch teilweise unbekannt ist; dies liegt zum einen an einem Weiterwirken der auf Grund des früheren gesetzlichen Güterstandes der „Nutzverwaltung" begründeten Vorstellungen, zum anderen aber auch an der in dieser Hinsicht irreführenden Bezeichnung „Zugewinngemeinschaft" und an der Praxis der Kreditinstitute bei Zugewinngemeinschaft eine Mithaftung zu verlangen, bei Gütertrennung hingegen nicht.

**rechtliche Beziehungen** jeder Art (zB die Begründung von Bruchteilsgemeinschaften oder Gesellschaften) wie unter Fremden möglich.

17 Umstritten ist, ob die **Ehe** selbst – oder die gemeinsame **Elternschaft** – als **schuldrechtliche Sonderverbindung** anzusehen ist, so dass Verletzungshandlungen etwa Schadensersatzansprüche nach § 280 begründen könnten. Wird dies einerseits vehement abgelehnt,[20] so wird andererseits die intensive Prüfung eines solchen Anspruchs durch den BGH[21] dahin verstanden, dass der BGH eine solche Verbindung jedenfalls zwischen Eltern sieht, die neben die familienrechtlichen Verhältnisse tritt.[22] Es ist jedenfalls festzustellen, dass neben die familienrechtlichen zunehmend schuldrechtliche Ansprüche treten. Dies lässt gerade bei der Gütertrennung den Blick auf das Nebengüterrecht werfen.

18 Da gerade bei der Gütertrennung das Ausgleichssystem des Zugewinns völlig fehlt, wenden sowohl Rechtsprechung als auch Literatur ihren Blick auf die Bildung eines **„Güterrechts jenseits des Güterrechts mit den Mitteln des allgemeinen Vermögensrechts“,**[23] das vor allem die ex-post-Korrektur von Vermögenstransfers ermöglichen kann. Es hat sich für diesen Bereich der Begriff des Nebengüterrechts entwickelt.[24] Unter dem **Nebengüterrecht** lassen sich folgende Themen zusammenfassen:

- Störung der Geschäftsgrundlage insbesondere im Zusammenhang mit **der Rückforderung von Zuwendungen**
- **Ehegatteninnengesellschaft**
- sonstige familienrechtliche **Kooperationsvereinbarungen.**

19 Schuldrechtliche oder dingliche Rechtsbeziehungen neben den familienrechtlichen gibt es vor allem aus **Miteigentum, Gesamtschuldnerausgleich** oder besonderen von den Ehegatten nicht zuletzt aus steuerlichen Gründen häufig eingegangenen besonderen Rechtsverhältnissen, etwa aus Darlehen.

20 **Bereicherungsrechtliche Ansprüche** hatte der BGH für die Ehe **verworfen.**[25] Nachdem aber bereicherungsrechtliche Ansprüche nun bei der Schwiegerelternzuwendung[26] und bei der nichtehelichen Lebensgemeinschaft[27] eine Rolle spielen, wird ihre Übernahme auch für die Ehe diskutiert,[28] da sie auch für den Ausgleich von Arbeitsleistungen eine Basis bieten könnten.

21 Zusätzlich wird erörtert, ob nicht eine **güterrechtliche Inhaltskontrolle die Funktion des Nebengüterrechts übernehmen** könne, denn dieses sei materiell nichts anderes als die Inhaltskontrolle von güterrechtlichen Verträgen[29] bzw. das Nebengüterrecht sei teilweise eine Frühform der richterlichen Vertragskontrolle.[30] Der Deutsche Familiengerichtstag unterstützt Bestrebungen, die nebengüterrechtlichen Ansprüche in einen einheitlichen gesetzlichen Geschäftsgrundlagenanspruch zu verwandeln.[31]

22 Was den **Anspruch auf Rückgewähr ehebezogener Zuwendungen** anbelangt, so unterscheidet die Rechtsprechung zwischen den Güterständen. Besteht **Zugewinngemeinschaft,** so hat die Ausgleichsregelung des Zugewinns generell Vorrang. Hier soll ein Ausgleichsanspruch oder gar ein Anspruch auf dingliche Rückgewähr[32] nur bestehen, wenn die güterrechtlichen Ausgleichsregelungen allein nach umfassender Abwägung aller Gesamtumstände des Einzelfalles zu **schlechthin unangemessenen und untragbaren Ergebnissen** führen.[33] Bei **Gütertrennung** hingegen liegt die Schwelle für einen solchen Anspruch wesentlich niedriger. Hier genügt es schon, dass die Beibehaltung der Vermögensverhältnisse **nach Treu und Glauben nicht zumutbar** ist.[34]

---

20 *Erbarth* NJW 2013, 3478 f.

21 BGH NJW 2013, 2108.

22 *Löhnig/Preisner* NJW 2013, 2080.

23 *Schwab* DNotZ-Sonderheft 2001, 9 (13).

24 Vgl. das gleichnamige Buch von *Herr,* Nebengüterrecht, Ausgleichsansprüche bei Gütertrennung und gestörtem Zugewinnausgleich, 2013; ferner *Herr* in Münch FamR § 6 Rn. 1 ff.; grdl. *Wever* Vermögensauseinandersetzungen Rn. 7; kritisch *Falkner* DNotZ 2013, 586 (587).

25 BGH NJW 1982, 2236 = FamRZ 1982, 910 (911); NJW-RR 1989, 66 = FamRZ 1989, 147.

26 BGH NJW 2010, 2202 = FamRZ 2010, 958.

27 BGH NJW-RR 2009, 1142 = FamRZ 2009, 849 (850).

28 *Wever* FamRZ 2010, 1047 (1048).

29 *Herr* NJW 2012, 3486 (3489 f.): „Doppelstern“; *Hoppenz* FPR 2012, 84 (87); *Brudermüller* FS Hahne, 2012, 121 (122); *Wever* FS Hahne, 2012, 175 (191); aA *Falkner* DNotZ 2013, 586 f.; *Rauscher* NZFam 2014, 298 f.

30 *Brudermüller* in Götz/Schnitzler, 40 Jahre Familienrechtsreform, 2017, 205, 207.

31 Brühler Schriften zum Familienrecht, 19. DFGT, 2011, 134.

32 Zu den Einzelheiten *Münch* Ehebezogene Rechtsgeschäfte Rn. 1615 ff.

33 BGH NJW-RR 1989, 66 = FamRZ 1989, 147; NJW 1991, 2553 = FamRZ 1991, 1169; NJW 1997, 2747 = FamRZ 1997, 933.

34 BGH NJW 1982, 2236 = FamRZ 1982, 910; NJW 2012, 3374.

23 War die Klarheit und Einfachheit der Gütertrennung soeben noch als großer Vorteil dargestellt worden (→ Rn. 7), so führt diese **Rechtsprechung** zu einer **ganz erheblichen Unsicherheit,** zumal sie nicht nur auf den zugewendeten Gegenstand abstellt, sondern eine Gesamtabwägung unter Einbeziehung zahlreicher Umstände wie Alter der Ehegatten, Dauer der Ehe, Verdienste der Ehegatten etc.[35] Die **Kritik,** dass dadurch eine **quasi-güterrechtliche Lösung** verwirklicht wird, ist **berechtigt.**[36] Erzeugt wird ein Ausgleichssystem, das die Ehegatten mit der Wahl der Gütertrennung gerade ablehnen. Sie betonen den Wunsch, gerade keine Vermögensgemeinschaft einzugehen. Wenn nun ausgerechnet in diesen Fällen ein neuer Ausgleichsmechanismus geschaffen wird, so konterkariert dies den gesetzlich vorgesehenen Güterstand. Aus diesem Grunde ist kautelarjuristisch daran zu denken, auch solche Ansprüche auszuschließen, wenn Gütertrennung vereinbart wird und die Vertragsparteien auf eine Regelungsdisziplin bei der Zuwendung zu verweisen, wo etwaige Rückübertragungsansprüche unter genau festgelegten Voraussetzungen vereinbart werden können. Auch diese Möglichkeit des vertraglichen Ausschlusses wird freilich bestritten,[37] dies vor allem für Fälle, in denen eine gemeinsame Wertschöpfung nur einem Ehegatten zugute kommt. Hier soll nun durchaus keiner Einseitigkeit das Wort geredet werden, sondern vielmehr der Gestaltung eines fairen Ehevertrages, der sich nicht auf richterliche Rechtsinstitute mit zahlreichen Abwägungsunsicherheiten verlässt, sondern ehebedingte Nachteile kompensiert und dadurch die Eheverträge der jeweiligen Ehekonstellation entsprechen lässt. Zusätzlich gilt: Da die Ehegatten güterrechtliche Beziehungen untereinander ausschließen und ihre Vermögensbeziehungen bewusst dem unter Fremden geltenden allgemeinen Recht unterstellen, sind ergänzende Vereinbarungen, wie sie unter Fremden getroffen werden, häufig zweckmäßig oder sogar notwendig.

24 Das zweite Einfallstor für die Rechtsprechung zur Korrektur von Vermögensverteilung ist die Annahme einer **Ehegatteninnengesellschaft,**[38] die der BGH in mehreren Entscheidungen seit 1999 wieder fest etabliert hat.[39] Die praktikable Regelung einer Halbteilung des Vermögens einer Ehegatteninnengesellschaft ohne Nachzeichnung der verschiedenen Vermögensflüsse hat der BGH aber nun mit einem neuen Judikat[40] gekippt, so dass auch mit diesem Rechtsinstitut keine einfachere Handhabung erfolgen kann. Die Ehegatteninnengesellschaft wird den Ehegatten **meist nachträglich unterstellt.** Sie führt dann auch zum Einfallstor für Gläubiger und ist jedenfalls **kein geeignetes Instrument zur Haftungsabschirmung.** Sieht man für welche Fälle die Rechtsprechung die Ehegatteninnengesellschaft bejaht hat,[41] so besteht für den Unternehmer Anlass, eine Mitarbeit stets arbeitsvertraglich abschließend zu regeln und eine Ehegatteninnengesellschaft auszuschließen.

25 **2. Besitzrecht nach allgemeinen Grundsätzen.** Der Besitz an den beiderseitigen Sachen richtet sich auch bei Gütertrennung nach den allgemeinen unter Ehegatten geltenden Grundsätzen (→ § 1353 Rn. 35).

## IV. Überleitung

26 Bei Inkrafttreten des GleichberG am 1.7.1958 lebten nicht nur die Ehegatten in Gütertrennung, die diesen Güterstand ausdrücklich vereinbart hatten, sondern auch diejenigen, die bei Außerkrafttreten des alten Rechts am 31.3.1953 im früheren gesetzlichen Güterstand der Verwaltung und Nutznießung des Mannes gelebt hatten (str.), die zwischen dem 1.4.1953 und dem 30.6.1958 die Ehe geschlossen und keinen anderen Güterstand vereinbart hatten, und schließlich diejenigen, bei denen auf Grund besonderer Umstände der hilfsweise gesetzliche Güterstand der Gütertrennung eingetreten war. Das GleichberG leitete nur die Fälle der ersten Alternative, bei denen die **Gütertrennung auf Grund Vereinbarung** galt, in die Gütertrennung neuen Rechts über. Die Fälle der **kraft Gesetzes bestehenden Gütertrennung** (Var. 2–4) wurden (mit Ausnahme der als hilfsweiser gesetzlicher Güterstand anstelle eines früheren Wahlgüterstandes eingetretenen Gütertrennung) in den neuen gesetzlichen Güterstand der „Zugewinngemeinschaft" übergeleitet. Jeder Ehegatte hatte aber das Recht (ausgenommen, wenn die Ehe nach Verkündung des GleichberG geschlossen wurde), durch einseitige Erklärung bis zum 30.6.1958 Gütertrennung statt des gesetzlichen Güterstandes zu wählen. Im Einzelnen s. die Übergangsvorschriften Art. 8 Abs. 1 Nr. 3, 4 und 5 GleichberG.

---

35 Vgl. etwa die Liste bei *Herr* NJW 2012, 3486 (3488 f.).

36 Staudinger/*Thiele,* 2018, § 1414 Rn. 20; Johannsen/Henrich/*Jaeger* § 1414 Rn. 21; *Koch* FamRZ 2013, 832; *Münch* Ehebezogene Rechtsgeschäft, Rn. 396 f.

37 *Dauner-Lieb* FuR 2009, 361 (370); *Kogel* FamRZ 2006, 1177.

38 Näher zur Ehegatteninnengesellschaft *Münch* Ehebezogene Rechtsgeschäfte Rn. 1671 ff.

39 BGH NJW 1999, 2962; DStR 2003, 1805; NJW 2006, 1268.

40 BGH NZG 2016, 547.

41 ZB KG FamRZ 2013, 787: In der Praxis der Zahnärztin arbeitet Ehemann in den Bereichen Empfang, Abrechnung und weiterer helfender Tätigkeiten mit.

## § 1414 Eintritt der Gütertrennung

**[1]Schließen die Ehegatten den gesetzlichen Güterstand aus oder heben sie ihn auf, so tritt Gütertrennung ein, falls sich nicht aus dem Ehevertrag etwas anderes ergibt. [2]Das Gleiche gilt, wenn der Ausgleich des Zugewinns ausgeschlossen oder die Gütergemeinschaft aufgehoben wird.**

### I. Normzweck

1 § 1414 gibt eine **Auslegungsregel,** nach der im Zweifel Gütertrennung eintritt, wenn die Ehegatten bestimmte ehevertragliche Vereinbarungen getroffen haben, ohne eine ausdrückliche Bestimmung darüber zu treffen, welcher Güterstand für ihre Ehe in Zukunft gelten soll. Die frühere Fassung bis zum VersAusglG hatte auch den Ausschluss des Versorgungsausgleichs in die Auslegungsregel einbezogen; diese Variante wurde vom Gesetzgeber – zu Recht[1] – gestrichen. Die Vorschrift ist nur von geringer Bedeutung, weil die für den Ehevertrag vorgeschriebene Beurkundung (§ 1410) dazu führt, dass eine ausdrückliche Bestimmung über den künftigen Güterstand regelmäßig getroffen wird.

### II. Eintritt der Gütertrennung im Allgemeinen

2 Im Regelfall tritt die Gütertrennung dadurch ein, dass die Ehegatten dies durch Ehevertrag ausdrücklich vereinbaren. Der Zahl nach von untergeordneter Bedeutung sind demgegenüber die Fälle, in denen Gütertrennung unter bestimmten Voraussetzungen als hilfsweiser gesetzlicher Güterstand eintritt:
- nach § 1388 durch rechtskräftige gerichtliche Entscheidung über den vorzeitigen Zugewinnausgleich;
- durch rechtskräftige gerichtliche Entscheidung über die Aufhebung der Gütergemeinschaft (§§ 1449, 1470);
- durch rechtskräftige gerichtliche Entscheidung zum vorzeitigen Zugewinnausgleich nach Art. 18 Abs. 2 WZGA.

3 Soweit Ehegatten nach Art. 8 Abs. 1 Nr. 7 GleichberG im Güterstand der Errungenschafts- oder Fahrnisgemeinschaft leben, gelten die entsprechenden Regelungen – §§ 1436, 1542–1545, 1549, 1470 aF – weiter.

### III. Eintritt der Gütertrennung nach § 1414

4 **1. Rechtscharakter der Vorschrift.** § 1414 enthält in jeder seiner Alternativen eine bloße **widerlegliche Auslegungsregel.**[2] Hierauf deutet zunächst der Wortlaut des S. 1 (aE), auf den die anderen Alternativen nach S. 2 am Anfang verweisen. Dies entspricht aber auch dem Zweck der Vorschrift, da die Ehegatten in allen Fällen etwas anderes vereinbaren, es insbesondere auch bei Ausschluss des Zugewinnausgleichs beim gesetzlichen Güterstand (im Übrigen) belassen können (→ § 1408 Rn. 14 mwN), und nichts dagegen spricht, einen solchen entgegenstehenden Willen zu respektieren, auch wenn er nicht ausdrücklich geäußert, sondern durch Auslegung ermittelt wurde. Allerdings kann man sich auf eine solche Auslegung kaum rechtssicher verlassen, so dass insbesondere bei komplettem Ausschluss des Zugewinns und bloßer Beibehaltung der Verfügungsbeschränkungen der §§ 1365 ff. als Ausfluss des gesetzlichen Güterstandes[3] besser zusätzlich ehevertraglich das Bestehenbleiben des gesetzlichen Güterstandes ausgesprochen wird. Das sollte zulässig sein, ist aber nicht unbestritten.[4]

5 **2. Aufhebung des gesetzlichen Güterstandes.** Schließen die Ehegatten den gesetzlichen Güterstand aus oder heben sie ihn auf, ohne zu bestimmen, welcher Güterstand an seine Stelle treten soll (was kaum denkbar ist), so ist es sachgerecht, dass im Zweifel Gütertrennung eintritt.

---

[1] *Kanzleiter* FS Rebmann, 1989, 561; Soergel/*Gaul/Althammer* Rn. 9; Staudinger/*Thiele,* 2018, Rn. 10; Palandt/*Brudermüller* Rn. 1: die Automatik war rechtspolitisch verfehlt; Bamberger/Roth/Hau/Poseck/*Siede* Rn. 6; aA *Rauscher* FamR Rn. 443: gesetzliche Auslegungsregel sei ein durchaus plausibler a fortiori-Schluss; ebenso PWW/*Weinreich* Rn. 3 Nr. 7.

[2] HM; *Knur* DNotZ 1957, 463 (487); *Lange* FamRZ 1964, 547; *Zimmermann* BB 1969, 965 (971); *Zöllner* FamRZ 1965, 113 (119); *Beitzke* FamR § 15, 1; *Gernhuber/Coester-Waltjen* FamR § 40 Rn. 2; Erman/*Heinemann* Rn. 7; Soergel/*Gaul/Althammer* Rn. 5; offengelassen von Staudinger/*Thiele,* 2018, Rn. 1 mit dem Hinweis, der Wortlaut spreche eher für einen ergänzenden Rechtssatz; aA *Dölle* FamR I § 65 I; Johannsen/Henrich/*Jaeger* Rn. 1.

[3] Für Beibehaltung der Zugewinngemeinschaft auch in diesem Fall *Grund* MittBayNot 2008, 19 (21).

[4] Vgl. Staudinger/*Thiele,* 2017, § 1363 Rn. 38 mN.

**3. Ausschluss des Zugewinnausgleichs.** Der Ausgleich des Zugewinns ist der wesentliche Kern des gesetzlichen Güterstandes. Wird er ausgeschlossen, so kann das Gesetz zu recht davon ausgehen, dass damit im Zweifel der gesetzliche Güterstand insgesamt abgelehnt wird, auch die Verfügungsbeschränkungen aufgehoben sein sollen. Die Auslegungsregel gilt dementsprechend nur, wenn der Zugewinnausgleich vollständig und für beide Ehegatten[5] ausgeschlossen ist, nicht, wenn er nur eingeschränkt oder für bestimmte Fälle ausgeschlossen (für andere damit aufrechterhalten) wird. 6

**4. Aufhebung der Gütergemeinschaft.** Ob die Ehegatten mit der Aufhebung der Gütergemeinschaft im Zweifel zur Gütertrennung übergehen wollen, scheint ebenfalls fraglich. Näher hätte es wohl gelegen, im Zweifel stattdessen Übergang zum gesetzlichen Güterstand anzunehmen. Die Argumente, die für den Übergang zur Gütertrennung bei Aufhebung der Gütergemeinschaft durch Urteil sprechen (→ § 1449 Rn. 2), treffen jedenfalls bei einvernehmlicher Aufhebung der Gütergemeinschaft nicht zu. Auch insoweit sollte aber die Beurkundungspflicht Zweifelsfälle vermeiden. 7

**5. Güterrechtsregister.** Die Gütertrennung kann in das Güterrechtsregister nach §§ 1558 f. eingetragen werden (→ Vor § 1558 Rn. 8), die Eintragung ist aber nicht konstitutiv. 8

### IV. Beendigung der Gütertrennung

Wie jeder Güterstand endet auch die Gütertrennung mit der Beendigung der Ehe, gleichgültig aus welchem Grunde, oder der ehevertraglichen Vereinbarung eines anderen Güterstandes für die Zukunft. Heben die Ehegatten nur die Gütertrennung auf, ohne einen neuen Güterstand zu bestimmen, so tritt der gesetzliche Güterstand ein.[6] Entsprechend dem Charakter der Gütertrennung gibt es keine Vorschriften, die den Übergang zu einem anderen Güterstand auf Grund eines unter bestimmten Voraussetzungen ergehenden Urteils vorsehen (vgl. § 1388, § 1449 Abs. 1, § 1470 Abs. 1). 9

## Kapitel 3. Gütergemeinschaft

## Vorbemerkung (Vor § 1415)

**Schrifttum:** *Beck,* Der Betrieb eines Handelsgewerbes in Gütergemeinschaft, DNotZ 1962, 348; *Behmer,* Ist die Gütergemeinschaft als Wahlgüterstand obsolet?, FamRZ 1988, 339; *Behmer,* Bruchteils- oder Gütergemeinschaft? Überlegungen zur Wahl des Gemeinschaftsverhältnisses bei Ehegatten, MittBayNot 1994, 377; *Bölling,* Zur Bewertung eines landwirtschaftlichen Betriebes im Rahmen der Auseinandersetzung des Gesamtguts gemäß den §§ 1477, 1478, BGB, FamRZ 1980, 754; *Bölling,* Auswirkungen des Geldwertverfalls auf die Auseinandersetzung des Gesamtguts, FamRZ 1982, 234; *Bonefeld,* Die Gütergemeinschaft, ZErb 2002, 253 und ZErb 2002, 286; *Buchner,* Gütergemeinschaft und erwerbswirtschaftliche Betätigung der Ehegatten, FS Beitzke, 1979, 153; *Dumoulin,* Zukunft der Gütergemeinschaft, FS Strätz, 2009, 147; *Everts,* Haftungsvermeidung durch Gütergemeinschaft, ZFE 2004, 273; *Fabricius,* Relativität der Rechtsfähigkeit, 1963; *Kappler,* Die Beendigung der Gütergemeinschaft, 2006; *Kappler,* Die Aufhebungsklage bei Beendigung der Gütergemeinschaft, FamRZ 2007, 696; *Kappler,* Die Auseinandersetzung des Gesamtguts der Gütergemeinschaft, FamRZ 2010, 1294; *Kappler/Kappler,* Möglichkeiten der Pflichtteilsreduzierung zugunsten des Ehegatten, ZEV 2017, 601; *Langenfeld,* Ehevertragsgestaltung nach Ehetypen, FamRZ 1987, 9; *Lutter,* Zum Umfang des Sonderguts, AcP 161 (1962), 163; *Mai,* Die Gütergemeinschaft als vertraglicher Wahlgüterstand und ihre Handhabung in der notariellen Praxis, BWNotZ 2003, 55; *Möller,* Die Gütergemeinschaft im Wandel der Gesellschaft, 2010; *Ruby,* Die Gütergemeinschaft beim Tod eines Ehegatten, ZEV 2017, 72; *Schulz/Hauß,* Familienrecht, 3. Aufl., 2018; *Stumpp,* Ehevertragliche Vereinbarungen für die Auseinandersetzung des Gesamtguts, Rpfleger 1979, 441; *Tiedtke,* Gesamthand- und Gesamtschuldklage im Güterstand der Gütergemeinschaft, FamRZ 1975, 538; *Tiedtke,* Universalsukzession und Gütergemeinschaft, FamRZ 1976, 510; *Wittig,* Die Gütergemeinschaft und ihre Auseinandersetzung, 2000. S. auch das Schrifttum vor § 1408.

**Übersicht**



[5] AA *Bärmann* AcP 157 (1958/1959), 203.
[6] RGRK-BGB/*Finke* Rn. 19; BeckOGK/*S. Kappler* Rn. 9.

## I. Grundzüge

1 Kennzeichen des Güterstandes der Gütergemeinschaft ist die Bildung eines **gesamthänderisch gebundenen gemeinschaftlichen Vermögens** der Ehegatten, des Gesamtguts, im Unterschied in gleicher Weise zur Gütertrennung und zum gesetzlichen Güterstand, die beide nur getrenntes Vermögen jedes einzelnen Ehegatten kennen. Daneben ist auch im Güterstand der Gütergemeinschaft getrenntes Vermögen beider Ehegatten entweder auf Grund der Unübertragbarkeit von Gegenständen, die einem Ehegatten zwingend persönlich zustehen, notwendigerweise kraft Gesetzes (Sondergut) oder auf Grund ehevertraglicher Vereinbarung der Ehegatten bzw. Bestimmung durch den zuwendenden Dritten (Vorbehaltsgut) möglich.

2 Während eine gesetzliche Regelung der Gütertrennung vollständig entbehrlich ist – die Vermögen stehen den beiden Ehegatten getrennt und unabhängig zu – und während der Gesetzgeber bei der Regelung des gesetzlichen Güterstandes mit verhältnismäßig wenigen Vorschriften (zum größten Teil über den Zugewinnausgleich) auskommt, bringen die unterschiedlichen Vermögensmassen, insbesondere das gesamthänderisch gebundene Gesamtgut, bei der Gütergemeinschaft eine **große Zahl rechtlicher Probleme** mit sich, die die ausführliche, sehr ins einzelne gehende und teilweise außerordentlich komplizierte Regelung der Gütergemeinschaft erklären.

3 Geregelt werden müssen beispielsweise die Verwaltung des Gesamtguts, die Pflichten des Gesamtgutsverwalters gegenüber dem anderen Ehegatten, das Verhältnis der unterschiedlichen Vermögensmassen untereinander und die Verwendung ihrer Erträgnisse, die Haftung der Vermögensmassen für die Schulden beider Ehegatten, die Tatbestände, die zur Beendigung der Gütergemeinschaft führen, und die Auseinandersetzung nach ihrer Beendigung.

4 Schließlich gibt das Gesetz den Ehegatten die Möglichkeit zu vereinbaren, dass die **Gütergemeinschaft nach dem Tode** des Zuerstverstorbenen vom überlebenden Ehegatten mit den gemeinschaftlichen Abkömmlingen **fortgesetzt** wird, und macht damit zusätzliche Regelungen für die Verhältnisse der „fortgesetzten Gütergemeinschaft" nötig.

## II. Rechtsgeschichtliche Entwicklung

5 **Vor 1900** war die Gütergemeinschaft – in unterschiedlichen Formen – in weiten Bereichen Deutschlands gesetzlicher Güterstand.[1] Sie war vor Inkrafttreten des BGB der **am meisten verbreitete Güterstand.**

6 Trotzdem entschied sich der Gesetzgeber des BGB für den gesetzlichen Güterstand der ehemännlichen Verwaltung und Nutznießung und sah die – „allgemeine" – Gütergemeinschaft nur als einen der verschiedenen **Wahlgüterstände** vor. Neben der „allgemeinen" Gütergemeinschaft stellte er besondere Gütergemeinschaftsformen (die Errungenschafts- und die Fahrnisgemeinschaft) als weitere Wahlgüterstände zur Verfügung.

7 Die **gesetzliche Regelung** des Güterstandes der (allgemeinen) Gütergemeinschaft **bevorzugte** – insbesondere in der Zuweisung der Verwaltung des Gesamtguts – den **Ehemann.** Da die Gütergemeinschaft nur Wahlgüterstand war, ihr Eintritt also in jedem Falle einer entsprechenden Vereinbarung der Ehegatten bedurfte, war und blieb die im Einzelfall mit diesem Inhalt vereinbarte Gütergemeinschaft trotz Art. 3 Abs. 2 GG wirksam. Die **Regelung** der Gütergemeinschaft im Allgemeinen stand jedoch **in Widerspruch zu Art. 3 Abs. 2 GG.** Dies beseitigt die Neuregelung der Gütergemeinschaft im GleichberG, die zwar weitgehend an das früher geltende Recht anknüpft, aber die unterschiedliche Rechtsstellung der Ehegatten beseitigt.

## III. Übergangsregelung

8 Art. 8 Abs. 1 Nr. 6 GleichberG leitete die vor dem Inkrafttreten des Gleichberechtigungsgesetzes am 1.7.1958 vereinbarten Gütergemeinschaften auf das neue Recht über. Ohne Rücksicht darauf, zu welchem Zeitpunkt von den Ehegatten Gütergemeinschaft vereinbart wurde, **gelten nur noch** die **Vorschriften des neuen Rechts.**[2] Dem Zeitpunkt der Vereinbarung der Gütergemeinschaft wird jedoch dadurch Rechnung getragen, dass die Vorschriften über die Gütergemeinschaft in der grundsätzlichen Ausprägung Anwendung finden, die zum Zeitpunkt der Vereinbarung gegolten hat.

9 Deshalb gilt für Gütergemeinschaften, die vor dem 1.4.1953 vereinbart wurden, weiterhin die Verwaltung des Gesamtguts durch den Ehemann. Wurde die Gütergemeinschaft nach dem 1.4.1953 (Außerkrafttreten des alten Rechts gemäß Art. 117 Abs. 1 GG) vereinbart, so gilt für die Verwaltungsbefugnis die Vereinbarung der Ehegatten. Wurde keine ausdrückliche Vereinba-

---

1 Vgl. Enneccerus/*Kipp*/*Wolff* FamR § 40 II, III.

2 BayObLG FamRZ 1990, 411 = NJW-RR 1990, 5.

rung im Ehevertrag getroffen, so ist durch Auslegung der Wille der Ehegatten zu ermitteln.[3] Die allgemeinen Grundsätze über die Auslegung formbedürftiger Geschäfte gelten mit der Modifikation, dass sowohl der Wille der Ehegatten, auf das alte Recht Bezug zu nehmen (Verwaltungsbefugnis des Ehemannes), als auch ihre Ansicht, die alte Regelung sei wegen ihres Widerspruchs zu Art. 3 Abs. 2 GG überholt und durch die gemeinschaftliche Verwaltung des Gesamtguts ersetzt, im Ehevertrag selbst keinen Niederschlag gefunden haben müssen. Hilfsweise gilt gemeinschaftliche Verwaltung.

Die Fortsetzung der Gütergemeinschaft gilt bei Abschluss des Ehevertrages vor dem 1.7.1958 als vereinbart, soweit sie nicht ausgeschlossen wurde (dies war freilich weitgehend geschehen; → Vor § 1483 Rn. 2). 10

### IV. Aufbau und Grundgedanken der geltenden Regelung

Der **erste Teilabschnitt** „Allgemeine Vorschriften" (§§ 1415–1421) enthält die **grundsätzlichen Regelungen** über die unterschiedlichen Vermögensmassen, das Gesamtgut (§ 1416) und dessen gesamthänderische Bindung (§ 1419), das Sondergut der Ehegatten, das die rechtsgeschäftlich nicht übertragbaren Gegenstände umfasst (§ 1417), und das durch Vereinbarung der Ehegatten oder Bestimmung Dritter gebildete Vorbehaltsgut (§ 1418). 11

Die zentralen **zweiten und dritten Teilabschnitte** enthalten die **Vorschriften für** die **gemeinschaftliche Verwaltung** des Gesamtguts durch beide Ehegatten **und** die **Einzelverwaltung** durch die Ehefrau oder den Ehemann. Eigentlich würde man die Vorschriften über die gemeinschaftliche Verwaltung an erster Stelle erwarten. Dass das Gesetz demgegenüber zunächst die Vorschriften über die Einzelverwaltung enthält (§§ 1422–1449), an die sich die Vorschriften über die gemeinschaftliche Verwaltung anschließen (§§ 1450–1470), beruht auf der weitgehenden Anknüpfung an das früher geltende Recht, an das wieder der Gesetzentwurf des GleichBerG anknüpfte.[4] 12

Im **vierten Teilabschnitt** ist die **Auseinandersetzung des Gesamtguts** (§§ 1471–1482), im **fünften** die **Fortsetzung der Gütergemeinschaft** mit den gemeinschaftlichen Abkömmlingen nach dem Tode des einen Ehegatten durch den überlebenden Gatten geregelt. 13

### V. Wertung

Die Gütergemeinschaft ist der dem Wesen der Ehe am weitesten angenäherte Güterstand. Funktioniert die Ehe, funktioniert auch die Gütergemeinschaft.[5] Wie jede andere güterrechtliche Regelung hat die Gütergemeinschaft **Vor- und Nachteile,** die im Einzelfall unterschiedlich schwer wiegen:[6] 14

**1. Nachteile.** Nachteile des Güterstandes der Gütergemeinschaft sind[7] 15

– die **weitgehende Haftung** (des Gesamtguts) für die Schulden beider Ehegatten, für die Schulden bei Beginn der Gütergemeinschaft ohne Einschränkung, ebenso für die während der Gütergemeinschaft entstehenden gesetzlichen Verbindlichkeiten, für die Verbindlichkeiten auf Grund des von einem Ehegatten allein vorgenommenen Rechtsgeschäfts aber nur, soweit das Rechtsgeschäft nach den Rechtsregeln für die Verwaltung für das Gesamtgut wirksam ist,[8] darüber hinaus aber die persönliche Haftung beider Ehegatten für die Gesamtgutsverbindlichkeiten;[9] zu den gesetzlichen Verbindlichkeiten gehören insbesondere auch die **Unterhaltsverpflichtungen.** Hier wird mahnend darauf hingewiesen, dass die Gütergemeinschaft zu einer Schwiegerkinderhaftung für Pflegeheimkosten führe, die angesichts einer sich ständig ausweitenden Rechtsprechung zur Haftung gegenüber Eltern sogar dazu führen solle, bestehende Gütergemeinschaften aufzuheben.[10]

---

3 BayObLG FamRZ 1990, 411 = NJW-RR 1990, 5.

4 S. *Dumoulin* FS Strätz, 2009, 147 (150).

5 S. *Klüber* in Bergschneider FamilienvermögensR Rn. 4.565.

6 Neuere Überblicksdarstellungen finden sich bei *Möller,* Die Gütergemeinschaft im Wandel der Gesellschaft, 2010; *Wittig,* Die Gütergemeinschaft und ihre Auseinandersetzung, 2000; *Bonefeld* ZErb 2002, 253 f.; 286 f.

7 Vgl. dazu auch *Beitzke* FamRZ 1954, 156; *Müller-Freienfels* GS Ascarelli, 1968, 1396; *Dölle* FamR I 868; *Gernhuber/Coester-Waltjen* FamR § 38 Rn. 1–3; *Langenfeld/Milzer,* Handbuch der Eheverträge und Scheidungsvereinbarungen, 8. Aufl. 2018, Rn. 445 f.; *Langenfeld* FamRZ 1987, 13; *Münch,* Ehebezogene Rechtsgeschäfte, Rn. 407.

8 Relativierend deshalb zu Recht *Behmer* FamRZ 1988, 339 (344 ff.) und nochmals MittBayNot 1994, 377 mit dem richtigen Hinweis, dass die Verbindlichkeiten, für die das Gesamtgut haftet, regelmäßig bekannt oder voraussehbar und – soweit es sich um gesetzliche Verbindlichkeiten auf Grund unerlaubter Handlung oder Gefährdungshaftung handelt – versicherbar sind.

9 Dagegen de lege ferenda *Dumoulin* FS Strätz, 2009, 147 (154 ff.).

10 *Everts* in Münch FamR § 2 Rn. 127 f.

- die **komplizierte Rechtslage,** aus der sich einzelne schwierige Rechtsfragen ergeben können, der Zwang zur Einigung bei der gemeinschaftlichen Verwaltung (und umgekehrt das Entscheidungsrecht eines Ehegatten bei der Einzelverwaltung) sowie
- die **Notwendigkeit der Auseinandersetzung** im Falle der Beendigung der Gütergemeinschaft, die gerade bei der Auflösung der Ehe zu zusätzlichen Schwierigkeiten führen und zusätzliche Gründe für Streitigkeiten mit sich bringen kann.
- In Sonderfällen können sich **steuerliche und versicherungsrechtliche Nachteile** ergeben, wenn ein Ehegatte bei Gütergemeinschaft jedenfalls ohne besondere Vorkehrungen, nicht Angestellter im Erwerbsgeschäft des anderen Ehegatten sein kann.[11]

16 **2. Vorteile.**[12] **a) Idee „gemeinschaftlichen Vermögens". Motiv für** die **Vereinbarung der Gütergemeinschaft** ist es meist, dass die Ehegatten die Rechtslage der in ihrer Ehe tatsächlich bestehenden Situation anpassen wollen: Das beiderseitige Vermögen wird als gemeinschaftlich angesehen, die Einkünfte beider Ehegatten fallen in einen „gemeinschaftlichen Topf", aus dem die gemeinschaftlichen Ausgaben in gemeinschaftlicher Verantwortung bestritten werden. Da die **Übereinstimmung zwischen tatsächlicher und rechtlicher Situation** auch in der Ehe zur Harmonie beitragen, jedenfalls Schwierigkeiten vermeiden kann, die die fehlende Übereinstimmung mit sich bringt, ist dies der grundlegende Vorteil der Gütergemeinschaft.[13] Durch die Vereinbarung von Vorbehaltsgut kann daneben jedem Ehegatten eigenes Vermögen zugewiesen werden.[14]

17 **b) Gesamthänderische Bindung.** Damit im Zusammenhang steht die gesamthänderische Bindung des gemeinschaftlichen Vermögens, die Verfügungen eines Ehegatten über seinen Anteil an diesem Gemeinschaftsvermögen unmöglich macht, die bei gemeinschaftlicher Verwaltung auch einseitige Verfügungen über einzelne zum Gesamtgut gehörende Vermögensgegenstände ausschließt und bei einseitiger Verwaltung wenigstens noch die wichtigsten Verfügungen von der Zustimmung des anderen Ehegatten abhängig macht. Dies wird häufig als Vorteil gegenüber der Situation der „Miteigentümergemeinschaft"[15] angesehen, bei der jeder Ehegatte (theoretisch) über seinen Miteigentumsanteil an gemeinschaftlichen Gegenständen (von § 1365 abgesehen) unabhängig vom anderen Ehegatten verfügen und jederzeit – falls nicht ausdrücklich ausgeschlossen – die Aufhebung der Gemeinschaft (§§ 749, 753) herbeiführen kann. Demgegenüber ist bei der Gütergemeinschaft das Recht, die Auseinandersetzung zu verlangen, weitgehend ausgeschlossen.

18 **c) Mittel zur Vermögensübertragung.** Die Vereinbarung der Gütergemeinschaft kann daneben (und auch ausschließlich) andere Gründe haben. Es kann **bewusst** die **Vermögensverschiebung angestrebt** werden, die mit der Vereinbarung der Gütergemeinschaft verbunden ist (zB können Ehegatten in späteren Jahren Gütergemeinschaft vereinbaren, um die zufällige Verschiedenheit der Pflichtteilsansprüche von Kindern auszuschließen, je nachdem, welcher Ehegatte zuerst verstirbt). Neuerdings wird auch untersucht, inwieweit sich gerade die Gütergemeinschaft zur Pflichtteilsreduzierung[16] oder zur Haftungsvermeidung eignet.[17]

19 **3. Eignung nur für wenige Fälle.** Die **Nachteile der Haftung** und der **Kompliziertheit der Auseinandersetzung** angesichts steigender Scheidungsraten sind so **überwiegend,** dass die Gütergemeinschaft heute regelmäßig nicht mehr als Wahlgüterstand gewählt wird.[18] Ihre **Bedeutung nimmt daher stetig ab,** diejenigen, die sich für diesen Güterstand stark machen, werden weniger.[19] Die Gütergemeinschaft findet sich so nur noch – auch regional verschieden – in einigen landwirtschaftlich geprägten Ehen.[20]

20 Die Idee hinter der Gütergemeinschaft verdient es aber, dass sich der **Gesetzgeber** dieses Güterstandes annimmt und ihn zu einem **modernen Güterstand entwickelt,** der eine dingliche Mitbeteiligung der Ehegatten ohne die Kompliziertheiten und Haftungsfragen erlaubt.[21]

---

11 Vgl. *Behmer* FamRZ 1988, 339 (346 f.).
12 Vgl. *Münch* Ehebezogene Rechtsgeschäfte Rn. 408.
13 Krit. Staudinger/*Thiele,* 2018, Vor §§ 1415 ff. Rn. 9: Argument basiere auf der überkommenen institutionellen Ehelehre.
14 S. *Dumoulin* FS Strätz, 2009, 147 (152 f.).
15 Vgl. dazu *Reithmann* FS Knur, 1972, 183 ff.
16 *Kappler/Kappler* ZEV 2017, 601.
17 *Everts* ZFE 2004, 273.
18 *Langenfeld* FamRZ 1987, 13; *Mai* BWNotZ 2003, 55 (56): unzeitgemäß; *Rauscher* FamR Rn. 444 ff. Staudinger/*Thiele,* 2018, Vor §§ 1415 ff. Rn. 10.
19 Vgl. etwa *Behmer* MittBayNot 1994, 377 f.
20 S. *J. Ziche/U. Ziche* AgrarR 1990, 155 zur Verbreitung der Güterstände bei in der Landwirtschaft Tätigen in Bayern.
21 HK-FamR/*Everts* § 1415 Rn. 6.

## Unterkapitel 1. Allgemeine Vorschriften

### § 1415 Vereinbarung durch Ehevertrag

**Vereinbaren die Ehegatten durch Ehevertrag Gütergemeinschaft, so gelten die nachstehenden Vorschriften.**

1 Die Vorschrift ist **rechtlich ohne besondere Bedeutung.** Sie verweist auf die bei Gütergemeinschaft geltenden Vorschriften. Zur Vereinbarung der Gütergemeinschaft durch Ehevertrag gelten die allgemeinen Bestimmungen (→ § 1408 Rn. 1 ff.; → § 1410 Rn. 1 ff.). Die Vereinbarung oder Aufhebung der Gütergemeinschaft durch einen Betreuer für einen geschäftsunfähigen Ehegatten ist ausgeschlossen (§ 1411 Abs. 2).

2 Es ist ohne weiteres möglich, die Gütergemeinschaft nur zu vereinbaren, um damit den Vermögensübergang auf das Gesamtgut zu erreichen, und sie dann sofort wieder aufzuheben. Weil die beurkundungsbedürftige Willenserklärung erst mit Vollendung der Beurkundung – Unterschrift der Beteiligten und des Notars – wirksam abgegeben ist, wird die Auffassung vertreten, dass Vereinbarung und Aufhebung der Gütergemeinschaft nicht in einer Urkunde erfolgen könnten, weil dann auch nicht für „eine logische Sekunde" Gütergemeinschaft bestanden hätte.[1] Der BFH hat zur Güterstandsschaukel dieses Vorgehen anerkannt, ohne auf diese Besonderheit einzugehen.[2] Man könnte die Aufhebung zeitlich erst später eintreten lassen, auch bei Vereinbarung in einer Urkunde. Allerdings lautet die Empfehlung, zwei Urkunden zu erstellen, das ist auch im Hinblick auf pflichtteils- und anfechtungsrechtliche Implikationen sicherer.[3]

3 Der zweite Halbsatz darf nicht dahingehend missverstanden werden, alle folgenden Vorschriften seien zwingend. Soweit sich das nicht aus ihrem Charakter im Einzelnen ergibt (vgl. die Erläuterungen zu den einzelnen Vorschriften), sind abweichende Vereinbarungen im Rahmen der allgemeinen Grenzen der Vertragsfreiheit im Ehegüterrecht (→ § 1408 Rn. 9 ff.) möglich.

4 Da die Begründung von Gütergemeinschaft nicht bedingungs- oder befristungsfeindlich ist, kann Gütergemeinschaft sowohl aufschiebend als auch auflösend bedingt oder befristet vereinbart werden.[4] Die Gefährdung Dritter ist in diesen Fällen nicht größer als bei Aufhebung der Gütergemeinschaft durch Ehevertrag (§ 1412 schützt sie nur, wenn die Gütergemeinschaft im Güterrechtsregister eingetragen ist). Die mögliche Rechtsunsicherheit, wenn Zweifel über den Eintritt der Bedingung oder Befristung bestehen, hat der Gesetzgeber nicht für schwerwiegend genug gehalten, um die Bedingungs- und Befristungsfeindlichkeit anzuordnen.

### § 1416 Gesamtgut

**(1) [1]Das jeweilige Vermögen der Ehegatten wird durch die Gütergemeinschaft gemeinschaftliches Vermögen beider Ehegatten (Gesamtgut). [2]Zu dem Gesamtgut gehört auch das Vermögen, das einer der Ehegatten während der Gütergemeinschaft erwirbt.**

**(2) Die einzelnen Gegenstände werden gemeinschaftlich; sie brauchen nicht durch Rechtsgeschäft übertragen zu werden.**

**(3) [1]Wird ein Recht gemeinschaftlich, das im Grundbuch eingetragen ist oder in das Grundbuch eingetragen werden kann, so kann jeder Ehegatte von dem anderen verlangen, dass er zur Berichtigung des Grundbuchs mitwirke. [2]Entsprechendes gilt, wenn ein Recht gemeinschaftlich wird, das im Schiffsregister oder im Schiffsbauregister eingetragen ist.**

**Übersicht**



1 OLG Stuttgart NJW-RR 1990, 837.
2 BFH ZEV 2005, 490 mAnm *C. Münch.*
3 *Münch* Ehebezogene Rechtsgeschäfte Rn. 618 f.
4 *Gernhuber/Coester-Waltjen* FamR § 38 Rn. 130.

## I. Normzweck

1 Das **Wesen der Gütergemeinschaft** besteht darin, dass das Vermögen beider Ehegatten[1] grundsätzlich – von den Ausnahmen der § 1417 und § 1418 abgesehen –, kraft Gesetzes – ohne einzelne Übertragungsakte (Abs. 2) – gemeinschaftliches Vermögen der Ehegatten wird, dh in das Gesamtgut fällt. Dies gilt sowohl für das beiderseitige Vermögen bei Begründung der Gütergemeinschaft (Abs. 1 S. 1), als auch den späteren Erwerb (Abs. 1 S. 2). Wird ein registerfähiges Recht gemeinschaftlich, so ist das entsprechende Register, insbesondere das Grundbuch, unrichtig geworden und muss berichtigt werden (Abs. 3).

## II. Das Gesamtgut im Allgemeinen

2 Das Gesamtgut ist das essentielle **Wesensmerkmal** der Gütergemeinschaft. Wird in einem Ehevertrag zwar der Güterstand der Gütergemeinschaft vereinbart, die Entstehung von Gesamtgut aber dadurch ausgeschlossen, dass alles gegenwärtige und zukünftige Vermögen der Ehegatten zu Vorbehaltsgut erklärt wird, so ist keine Gütergemeinschaft entstanden.[2]

3 Träger des Gesamtguts sind die **beiden Ehegatten** in der nach den Rechtsvorschriften der Gütergemeinschaft besonders ausgestalteten Rechtsgemeinschaft, nicht ein von den beiden Ehegatten verschiedenes besonderes Rechtssubjekt der Gütergemeinschaft.[3] Daran hat auch die Zuerkennung (partieller) Rechtsfähigkeit für die Außen-GbR durch den BGH[4] nichts geändert.[5] Verpflichtungen treffen deshalb nicht das Gesamtgut als solches, Rechte stehen nicht dem Gesamtgut als Rechtspersönlichkeit, sondern den Ehegatten in ihrer gesamthänderischen Verbundenheit zu.[6] Die **besonders weitgehende Gesamthandsbindung** kennzeichnet die Rechtsgemeinschaft, in der den Ehegatten das Gesamtgut zusteht; die Ehegatten können – entsprechend dem allgemeinen Rechtsprinzip der Gesamthand – über ihre Anteile an einzelnen Gesamtgutsgegenständen nicht verfügen. Darüber hinaus ist – anders als zB bei der Erbengemeinschaft – auch die Verfügung des einzelnen Ehegatten über seinen Anteil am Gesamtgut ausgeschlossen und schließlich kann die Aufhebung der Gesamthandsgemeinschaft nur in Sonderfällen verlangt werden (vgl. § 1419).

4 Zum Gesamtgut gehören alle Vermögensgegenstände der Ehegatten, die nicht entweder Sondergut (§ 1417) oder Vorbehaltsgut (§ 1418) eines Ehegatten sind. Nach dem Aufbau des Gesetzes ist also die Zugehörigkeit eines Gegenstandes zum Gesamtgut die Regel, die Zugehörigkeit zum Sonder- oder Vorbehaltsgut die Ausnahme. Dem entspricht die Rechtswirklichkeit. Aus beiden ergibt sich eine Vermutung dafür, dass ein Gegenstand zum Gesamtgut gehört.[7] Die Zugehörigkeit zu einer anderen Vermögensmasse muss also derjenige beweisen, der sie behauptet.[8] Diese Vermutung geht § 1362 vor, der deshalb nur für die Gegenstände gilt, deren Nichtzugehörigkeit zum Gesamtgut feststeht.

## III. Umfang des Gesamtguts

5 Im Einzelnen umfasst das Gesamtgut alle Vermögensgegenstände, die nicht durch ausdrückliche Vereinbarung oder Erklärung eines Dritten oder als Surrogat Vorbehaltsgut geworden sind (§ 1418 Abs. 2; Abgrenzung regelmäßig einfach) oder auf Grund ihrer Unübertragbarkeit zum Sondergut gehören (§ 1417 Abs. 2; Abgrenzung oft problematisch und rechtlich umstritten).

6 Zum Gesamtgut gehören – jeweils, soweit sie übertragbar (§ 1417 Abs. 2; → § 1417 Rn. 2 ff.) und nicht nach § 1418 Abs. 2 Vorbehaltsgut sind – **schuldrechtliche Ansprüche** wie Schadenser-

1 Im Text wurde trotz der Ehe für alle eine Änderung übersehen, vgl. *Schwab* FamRZ 2017, 1284 f.
2 AllgM im Anschluss an KG HRR 1942 Nr. 53.
3 AA *Fabricius,* Relativität der Rechtsfähigkeit, 1963, 152 ff., der der Gütergemeinschaft eigene Rechtspersönlichkeit beimisst; ähnlich *Schmidt* FamRZ 1976, 633 ff.; wie hier die überwM; vgl. *Gernhuber/Coester-Waltjen* FamR § 38 Rn. 9, 10; Soergel/*Gaul/Althammer* Rn. 3; Staudinger/*Thiele,* 2018, Rn. 3, 5.
4 BGH NJW 2001, 1056.
5 *Apfelbaum* MittBayNot 2006, 185 (186); Soergel/*Gaul/Althammer* Rn. 3.
6 Vgl. Mot. IV 335.
7 Vgl. RGZ 90, 288.
8 Mot. IV 335; KG OLGE 38, 250; KGJ 38, 212.

satzansprüche eines Ehegatten auf Grund unerlaubter Handlung,[9] ab vertraglicher Anerkennung oder ab Rechtshängigkeit auch ein Schmerzensgeldanspruch (vgl. § 847 Abs. 1).[10]

In das Gesamtgut fallen auch **dingliche Rechte,** insbesondere das Eigentum, aber auch schon das Anwartschaftsrecht zB des Käufers einer unter Eigentumsvorbehalt stehenden Sache,[11] beschränkte persönliche Dienstbarkeiten nur dann, wenn sie – was möglich ist – für beide Ehegatten bestellt worden sind.[12] In das Gesamtgut fällt auch noch ein Grundstück eines Ehegatten, das dieser bei Begründung der Gütergemeinschaft bereits an einen Dritten veräußert und aufgelassen hatte. Zum Vollzug der Eigentumsumschreibung bedarf es der Zustimmung des anderen Ehegatten trotzdem nicht, weil ihn auf Grund der Universalsukzession die Auflassung bindet.[13] 7

Gesamtgut werden die **Gegenstände, die zu** einem **Erwerbsgeschäft gehören,** das von den Ehegatten auch gemeinsam unter gemeinschaftlicher Firma als „eingetragener Kaufmann" (vgl. §§ 1, 2, 19 Abs. 1 Nr. 1 HGB) geführt werden kann.[14] In diesem Fall sind die beiden Ehegatten zivil- wie steuerrechtlich Mitunternehmer.[15] Deshalb kann kein Arbeitsverhältnis mit einem Ehegatten begründet werden.[16] Trotz Zugehörigkeit der dem Erwerbsgeschäft dienenden Gegenstände zum Gesamtgut ist handelsrechtlich dessen Inhaber nur der Ehegatte, der es betreibt (das kann jeder der Ehegatten, bei Einzelverwaltung der Gesamtgutsverwalter, aber auch der andere Ehegatte sein,[17] vgl. §§ 1431, 1456).[18] 8

Umstr. ist, ob der **Anteil** eines Ehegatten **an** einer **Personengesellschaft** (Kommanditanteil oder Anteil an einer BGB-Gesellschaft) auch dann Sondergut ist, wenn der Gesellschaftsanteil durch den Gesellschaftsvertrag für übertragbar erklärt ist. Die Rechtsprechung geht zunehmend davon aus, dass die Gütergemeinschaft als solche nicht Kommanditistin einer KG sein könne, weil sie schon von ihrer Konzeption her nicht als geschlossene Einheit nach außen auftrete. Sie sei daher strukturell ungeeignet, zumal es im Gesellschaftsrecht auf das personenrechtliche Element ankomme.[19] Gesellschaftsbeteiligungen könnten im Gesamtgut nicht unvereint fortbestehen, sondern würden miteinander verschmelzen.[20] Auch eine Übertragbarkeitsvereinbarung könne daran nichts ändern, weil sie nicht die Übertragbarkeit in das Gesamtgut meine.[21] Nach dieser Ansicht ist ein von einem in Gütergemeinschaft verheirateten Ehegatten erworbener Kommanditanteil ohne weiteres Sondergut, ohne dass es einer ehevertraglichen Vereinbarung bedürfte.[22] Diese Erwägungen sind nicht von der Hand zu weisen, wenn man sieht, wie schwierig schon die Rechtsfähigkeit der GbR umzusetzen ist. Dass der Gesetzgeber in § 162 Abs. 1 S. 2 HGB nur eine Regelung für die GbR getroffen hat, 9

---

[9] Dies bedeutet nicht, dass dem Anspruch mitwirkendes Verschulden des anderen Ehegatten entgegengehalten werden könnte, RG SeuffA 71 Nr. 31.

[10] OLG Stuttgart VersR 1958, 891.

[11] RG JW 1925, 353 Nr. 6.

[12] Für Wohnungsrecht BayObLGZ 1967, 480.

[13] *Tiedtke* FamRZ 1976, 510 ff.; Soergel/*Gaul/Althammer* Rn. 6: unabhängig davon, ob § 878 gilt; aA BayObLG MittBayNot 1975, 228; das BayObLG hält auch § 878 nicht für entspr. anwendbar, BayObLG MittBayNot 1975, 228; NJW 1961, 783.

[14] Vgl. zum Betrieb eines Erwerbsgeschäfts durch die Ehegatten in Gütergemeinschaft BayObLG FamRZ 1992, 61; *Beck* DNotZ 1962, 348; *Buchner* FS Beitzke, 1979, 152; *Buchwald* BB 1962, 1405 (1407); betreiben die Ehegatten das Handelsgeschäft gemeinsam, sind die Voranstellung „Eheleute" und der Zusatz „in Gütergemeinschaft" – nach altem wie nach neuem Firmenrecht – zulässig, aber nicht notwendig; vgl. BayObLG FamRZ 1992, 61 (das Gericht brauchte darüber, ob die Voranstellung „Eheleute" nach altem Firmenrecht erforderlich ist, nicht zu entscheiden, weil sie im konkreten Fall geschehen war); *Beck* DNotZ 1962, 348; *Krafka/Kühn* RegisterR F. Rn. 241.

[15] BFH DStRE 2006, 4.

[16] BFH BStBl. III 1959 S. 263.

[17] BGH NJW 1994, 652 f.; aA wohl BayObLGZ 1978, 5, wonach bei Einzelverwaltung nur der Gesamtgutsverwalter Inhaber sein kann.

[18] Es besteht die Gefahr, dass steuerlich auch dann beide Ehegatten als Mitunternehmer angesehen werden, sodass das Erwerbsgeschäft zu Vorbehaltsgut eines Ehegatten erklärt werden muss (und zwar gänzlich, darauf ist bei Betriebsaufspaltungen zu achten), damit das Arbeitsverhältnis mit dem anderen Ehegatten steuerlich anerkannt wird; vgl. BFH DB 1981, 295; aA *Buchner* FS Beitzke, 1979, 125; zur Mitunternehmerschaft der Gütergemeinschaft BFH DStRE 2006, 4; H 15.9. (1) EStH; nicht anwendbar bei ganz im Vordergrund stehender Mitarbeit eines Ehegatten, zB eines Freiberuflers, BFH DStR 1998, 843 (845).

[19] BayObLG FGPrax 2003, 132; Staudinger/*Thiele,* 2018, Rn. 14; Soergel/*Gaul/Althammer* Rn. 6; *Schotten/Schmellenkamp* DNotZ 2007, 729 f., die einen Vorrang des Gesellschaftsrechts postulieren; *Rauscher* FamR Rn. 448; *Wiedemann,* Die Übertragung und Vererbung von Mitgliedschaftsrechten bei Handelsgesellschaften, 1965, 205 ff.

[20] Staudinger/*Thiele,* 2018, § 1408 Rn. 24.

[21] Staudinger/*Thiele,* 2018, § 1408 Rn. 24.

[22] OLG Nürnberg FamRZ 2017, 2011 m. abl. Anm. *Kanzleiter.*

zeigt, dass er nicht davon ausging, dass ein Kommanditanteil auch zu einer anderen Gesamthand gehören könne.[23] Die Gegenansicht befürwortet die Zugehörigkeit von Anteilen an Personengesellschaften zum Gesamtgut, zum Teil für den Fall der Übertragbarkeit.[24] Der (künftige) Anspruch des Gesellschafters auf das Auseinandersetzungsguthaben fällt in das Gesamtgut.[25]

**10** Noch strittiger ist die Frage, in welcher Weise in Gütergemeinschaft lebende Ehegatten als alleinige Gesellschafter eine **Personengesellschaft errichten** können. Der **BGH**[26] hat hierzu mit ausführlicher Begründung und Verweis auf den Meinungsstand ausgesprochen, dass in Gütergemeinschaft verheiratete Ehegatten unter sich eine oHG rechtswirksam nur durch eine **Vereinbarung von Vorbehaltsgut** errichten können, die der **notariellen Beurkundung** bedürfe. Eine einfachschriftliche Gesellschaftsgründung will der BGH nicht anerkennen, die Anteile könnten nicht in das Gesamtvermögen fallen, ein Nebeneinander von Gesellschaftsgesamthand und Gütergemeinschaftsgesamthand sei rechtlich nicht möglich. Auch Sondergut könnten die Anteile nach Ansicht des BGH nicht sein, denn der Rechtsgedanke des § 719 treffe auf die reine Ehegattengesellschaft gar nicht zu und Sondergut könne nicht rechtsgeschäftlich vereinbart werden.

**11** Für die **Praxis** bedeutet dies, dass rechtssicher nur nach der noch immer bestehenden Ansicht des BGH verfahren werden kann und eine etwaige **Gesellschaftsgründung mittels ehevertraglicher Vereinbarung** von Vorbehaltsgut durchgeführt werden sollte. Auf diese Weise wäre nach fast allen Auffassungen[27] eine wirksame Gründung erfolgt, weil auch dann, wenn die Anteile zum Sondergut würden, diese ehevertraglich in Vorbehaltsgut umgewandelt werden könnten (→ § 1417 Rn. 5).

**12** In der Literatur hat der BGH allerdings keine Gefolgschaft gefunden. Nach den Worten von *K. Schmidt* spricht außer formalen Gesichtspunkten nichts für diesen bedenklichen Standpunkt, § 1410 passe vom Normzweck her nicht.[28]

**13** Es wird ferner die Frage aufgeworfen, warum die Gründung der Gesellschaft und der nachträgliche Erwerb von Anteilen unterschiedlich behandelt werden sollten. Daher wird zu Recht[29] vordringend die Ansicht vertreten, dass auch bei Neugründung die Anteile von vorneherein als Sondergut anzusehen seien (→ 7. Aufl. 2017, § 705 Rn. 82).[30]

**14** Die Errichtung einer Personengesellschaft mit Dritten ist dagegen ohne weiteres möglich, ohne dass die für die Gründung erforderlichen Gegenstände des Gesamtguts (oder der Gesellschaftsanteil) zum Vorbehaltsgut erklärt werden müssten.[31] Nach vordringender Auffassung liegt auch insoweit Sondergut vor, selbst wenn die Anteile übertragbar gestellt seien.[32] Frei übertragbar sind sie ohnehin kaum.[33] Allerdings wird auch in diesen Fällen die vorsorgliche Vereinbarung von Vorbehaltsgut angeraten, etwa für den Fall, dass später alle Dritten aus der Gesellschaft ausscheiden.[34]

**15** Für die Gründung einer **Kapitalgesellschaft** gelten die allgemeinen Grundsätze. Die Errichtung einer GmbH nur durch die beiden Ehegatten ist deshalb (und zwar nicht nur in der Form der Einmann-Gründung) möglich. Mit der Gründung entsteht die selbständige juristische Person. Die Beteiligungen beider Ehegatten fallen in das Gesamtgut. Umstritten ist, ob bei einer Vinkulierungsklausel Sondergut entsteht.[35]

**16** Zum Gesamtgut gehören auch **Rechte auf Grund familienrechtlicher Beziehungen,** etwa die Zugewinnausgleichsforderung auf Grund der früheren Ehe eines der Ehegatten (vgl. § 1378 Abs. 3 S. 1). Der Anteil an einer beendeten, noch nicht auseinandergesetzten Gütergemeinschaft oder fortgesetzten Gütergemeinschaft ist dagegen Sondergut (→ § 1417 Rn. 1 ff. mwN auch zur Gegenmeinung).

---

[23] So HK-FamR/*Everts* § 1421 Rn. 22 f.

[24] *Kanzleiter* DNotZ 2003, 422; 2007, 884 mN; BGHZ 65, 79 = DNotZ 1976, 113; *Daimer* DNotV 1924, 85 (89); 1925, 52; *Gildemeister* ZHR 1904, 110 ff. (141 f.); *Fabricius,* Relativität der Rechtsfähigkeit, 1963, 157 f.; *Enneccerus/Kipp/Wolff* FamR § 60 IV; *Dölle* FamR I § 67 III 8; *Gernhuber/Coester-Waltjen* FamR § 38 Rn. 17.

[25] Staudinger/*Felgentraeger,* 11. Aufl. 1970, Rn. 12 mwN.

[26] BGH NJW 1975, 1774.

[27] Zweifelnd an der Möglichkeit einer zweiten Gesamthand Palandt/*Brudermüller* § 1516 Rn. 1.

[28] MüKoHGB/*K. Schmidt* HGB § 105 Rn. 143.

[29] Zur aA (Gesamtgut) → 7. Aufl. 2017, Rn. 10 mwN *(Kanzleiter).*

[30] Staudinger/*Thiele,* 2018, Rn. 15; Soergel/*Gaul/Althammer* Rn. 6; *Schotten/Schmellenkamp* DNotZ 2007, 727 (738); MüKoHGB/*K. Schmidt* HGB § 105 Rn. 105; Erman/*Heinemann* § 1417 Rn. 4.

[31] BayObLGZ 1980, 414 = DB 1981, 519; Palandt/*Brudermüller* § 1416 Rn. 1.

[32] Staudinger/*Thiele,* 2018, § 1408 Rn. 24.

[33] Zweifelhaft BayObLGZ 1980, 414: bei Übertragbarkeit Gesamtgut.

[34] HK-FamR/*Everts* § 1421 Rn. 32.

[35] Dafür etwa Staudinger/*Thiele,* 2018, Rn. 16; dagegen HK-FamR/*Everts* § 1421 Rn. 34.

Die **Erbschaft oder** der **Erbteil** – auch wenn der Erbe nur Vorerbe ist[36] –, die einem Ehegatten zufallen, werden – falls nicht § 1418 Abs. 3 Nr. 2 eingreift – Gesamtgut, ohne dass dadurch der andere Ehegatte die Stellung eines Miterben erlangen würde[37] (vgl. § 1432 Abs. 2, § 1455 Nr. 1). Gleiches gilt für den Pflichtteilsanspruch (vgl. § 2317 Abs. 2). War die Nacherbenanwartschaft Gesamtgut, so gilt das für die Nacherbschaft aber nur dann, wenn zum Zeitpunkt des Nacherbfalls die Gütergemeinschaft noch besteht.[38] **17**

Das **Urheberrecht** selbst ist, da nicht übertragbar (§ 29 S. 2 UrhG), Sondergut, die Nutzungsrechte fallen dagegen in das Gesamtgut (vgl. §§ 31 ff. UrhG). **18**

Zum Gesamtgut gehört ein **Hof** der Ehegatten, dies gilt auch im Geltungsbereich der HöfeO.[39] **19**

In das Gesamtgut fallen die **Nutzungen** des Gesamtguts und des Sonderguts (§ 1417 Abs. 3 S. 2), nicht aber die des Vorbehaltsguts (§ 1418 Abs. 3 S. 2). Eine abweichende ehevertragliche Vereinbarung ist möglich, so kann zB vereinbart werden, dass ein Erwerbsgeschäft, das zu Vorbehaltsgut eines Ehegatten erklärt ist, für Rechnung des Gesamtguts geführt wird. **20**

## IV. Rechtsbeziehungen zwischen dem Gesamtgut und den anderen Vermögensmassen

Da das Gesamtgut eine vom übrigen Vermögen der Ehegatten abgesonderte, gesamthänderisch gebundene Vermögensmasse ist, können zwischen den Ehegatten als Träger des Gesamtguts und als Träger ihrer eigenen Vermögen vermögensrechtliche Beziehungen jeder Art bestehen. So kann zB eine Verpflichtung zur Herausgabe eines Gesamtgutsgegenstandes an einen Ehegatten zu dessen Vorbehaltsgut begründet werden. Oder es kann zB ein Gegenstand des Gesamtguts zugunsten eines Ehegatten belastet werden, wenn die Belastung auf Grund ihrer Natur Sondergut des Ehegatten wird (zB eine beschränkte persönliche Dienstbarkeit oder ein Nießbrauch)[40] oder wenn die Belastung zum Vorbehaltsgut des Ehegatten erklärt wird.[41] Die Belastung eines Gesamtgutsgegenstandes zugunsten beider Ehegatten als Gesamtberechtigten ist möglich, aber nur unter der Voraussetzung, dass die Berechtigungen zu Vorbehaltsgut erklärt werden.[42] Eine Belastung zugunsten der Ehegatten als Gesamthandsberechtigten in Gütergemeinschaft kann unter den allgemeinen Voraussetzungen für die Begründung von Eigentümerrechten bestellt werden.[43] **21**

## V. Entstehung von Gesamtgut

**1. Vermögen bei Begründung der Gütergemeinschaft.** Sämtliches Vermögen der beiden Ehegatten – Sonder- und Vorbehaltsgut ausgenommen – bei Begründung der Gütergemeinschaft wird kraft Gesetzes Gesamtgut, ohne dass es besonderer Übertragungsakte bedürfte (Abs. 2). Wird der Ehevertrag vor der Eheschließung abgeschlossen, tritt diese Rechtswirkung mit der Eheschließung, bei Abschluss unter einer aufschiebenden Bedingung oder Befristung mit Eintritt der Bedingung bzw. des Anfangstermins ein. Der Rechtsübergang erfolgt im Wege der Universalsukzession.[44] **22**

**2. Umwandlung von Vorbehaltsgut in Gesamtgut.** Zur Umwandlung von Vorbehaltsgut in Gesamtgut und umgekehrt, also zu einem Wechsel von einer Vermögensmasse in die andere, bedarf es nach vorherrschender Ansicht einer ehevertraglichen Regelung und einer Einzelübertragung in der jeweiligen Form, bei Grundstücken also einer Auflassung.[45] Diese Auffassung hält § 1416 Abs. 2 auf diesen Fall nicht für anwendbar. Die Gegenauffassung lässt die ehevertragliche Abrede genügen[46] oder fordert einen Übertragungsakt nur bei der Umwandlung von Gesamtgut in Vorbehaltsgut.[47] **23**

---

36 BayObLG OLGE 41, 55; Palandt/*Brudermüller* § 1417 Rn. 3; RGRK-BGB/*Finke* Rn. 8; aA Staudinger/*Thiele,* 2018, § 1417 Rn. 10 mwN.

37 BayObLGZ 2, 223; OLG Posen OLGE 21, 360; Staudinger/*Thiele,* 2018, § 1417 Rn. 7.

38 LG Frankenthal FamRZ 1983, 1130.

39 Vgl. BGHZ 22, 19 (21) = NJW 1956, 1757.

40 Vgl. OLG Colmar OLGE 15, 410.

41 Vgl. KG OLGE 8, 119; KGJ 26, A 130; KG RJA 14, 81.

42 BayObLG DNotZ 1963, 49.

43 AllgM; zB hinsichtlich einer Eigentümergrundschuld *Beitzke* FamR § 16 II 4; Erman/*Heinemann* Rn. 2; Soergel/*Gaul/Althammer* Rn. 8.

44 *Tiedtke* FamRZ 1976, 510 mzN gegen die frühere Ansicht des BayObLG MittBayNot 1975, 510; unter Berufung auf *Kanzleiter* jetzt aber auch für Universalsukzession BayOblG MittBayNot 1989, 222; Soergel/*Gaul/Althammer* Rn. 2.

45 BayObLG MittBayNot 1993, 84 mwN zur älteren Rspr.; Palandt/*Brudermüller* Rn. 3; Erman/*Heinemann* Rn. 4; Soergel/*Gaul Althammer* Rn. 7.

46 → 7. Aufl. 2017, Rn. 18 *(Kanzleiter)*; Staudinger/*Thiele,* 2018, Rn. 33 für Umwandlung Vorbehaltsgut in Gesamtgut.

47 Staudinger/*Thiele,* 2018, Rn. 34.

24 Während Gegenstände des Vorbehaltsguts (die nicht Sondergutseigenschaft haben) nach dem freien Willen der Ehegatten in das Gesamtgut übergeführt werden können, tritt kraft Gesetzes eine Umwandlung von Gegenständen des Sonderguts in Gesamtgut dann, aber auch nur dann ein, wenn deren Übertragbarkeit wieder hergestellt wird.

25 **3. Späterer Erwerb.** Erwerben die Ehegatten später Vermögensgegenstände, so gehen sie nach Abs. 2 kraft Gesetzes zwingend auf das **Gesamtgut** über. Auf einen entsprechenden Willen des oder der erwerbenden Ehegatten und auf die Kenntnis des anderen Ehegatten vom Erwerb kommt es nicht an;[48] selbst ein entgegenstehender Wille des Ehegatten kann den Rechtsübergang nicht hindern.[49]

26 Umstr. ist, in welcher Weise der Rechtsübergang stattfindet, wenn nur ein Ehegatte den Gegenstand erwirbt: Nach der sog. **„Durchgangstheorie“** geht der Gegenstand für eine logische Sekunde zunächst auf den erwerbenden Ehegatten und von diesem dann auf das Gesamtgut über.[50] Nach der **„Unmittelbarkeitstheorie“** erwirbt das Gesamtgut dagegen von dem Dritten unmittelbar.[51] Der BGH konnte den Meinungsstreit bisher offenlassen.[52]

27 Richtigerweise ist von den allgemeinen Vorschriften über die dingliche Übertragung von Gegenständen[53] und von den Grundsätzen auszugehen, dass es bei der Gütergemeinschaft die fünf geschilderten Vermögensmassen gibt, aber keine darüber hinaus. Zwar verliert ein Ehegatte durch Vereinbarung der Gütergemeinschaft seine Eigenschaft als Rechtssubjekt nicht, es gibt deshalb aber keine weitere ihm allein zuzuordnende Vermögensmasse, in die hinein er auch nur für eine juristische Sekunde Vermögen erwerben könnte.

28 Handeln beim Erwerb eines Gegenstandes beide Ehegatten und tritt der Erwerb für das Gesamtgut nach außen hervor (oder ist das Erwerbsverhältnis dem Geschäftspartner – wie regelmäßig – erkennbar gleichgültig), so kommt das für den Rechtsübergang erforderliche Rechtsgeschäft unmittelbar für das Gesamtgut zustande. Es tritt die Rechtswirkung dann auch unmittelbar für das Gesamtgut ein, dh der Gegenstand geht unmittelbar auf das Gesamtgut über.

29 Handelt beim Erwerb nur ein Ehegatte und will er das Erwerbsgeschäft nur für sich selbst abschließen, so erwirbt er dennoch quasi unweigerlich für das Gesamtgut der Gütergemeinschaft.[54] Gleiches gilt, wenn die Ehegatten – weil sie sich über ihren Güterstand irren – „zum Miteigentum je zur Hälfte“ erwerben.

30 Das gilt erst recht, wenn nur ein Ehegatte, gleichgültig ob der Gesamtgutsverwalter oder der andere Ehegatte, beim Erwerb handelt, aber unmittelbar für das Gesamtgut erwerben möchte. Diesen Fällen wird die „Unmittelbarkeitstheorie“ am besten gerecht, wobei als rechtliche Begründung dem Wesen der Gütergemeinschaft, insbesondere § 1416 Abs. 2, eine Ermächtigung jedes Ehegatten entnommen werden kann, unmittelbar für das Gesamtgut zu erwerben. Das Gesamtgut erwirbt dann unmittelbar.

31 Das Gesamtgut erwirbt also in allen Fällen unmittelbar, und zwar gleichgültig, wie der erwerbende Ehegatte nach außen auftritt und was für den Geschäftsgegner erkennbar war, weil es gar keine weitere Vermögensmasse gibt, in die hinein ein Alleinerwerb auch nur vorübergehend erfolgen könnte.[55]

32 **Gutgläubiger Erwerb** setzt beim Erwerb beider Ehegatten auch Gutgläubigkeit beider, beim Erwerb durch nur einen Ehegatten aber auch nur Gutgläubigkeit des erwerbenden Gatten voraus.[56] § 166 ist entsprechend anwendbar.[57]

## VI. Eintragung im Grundbuch und in ähnlichen Registern

33 Gehört ein Grundstück (oder ein Recht an einem Grundstück) zum Gesamtgut, so sind als Berechtigte nicht nur die Ehegatten im Grundbuch einzutragen, sondern nach § 47 GBO auch das

---

48 Vgl. RGZ 84, 71 (73 f.); 90, 288; BayObLG RJA 4, 109.

49 Vgl. BayObLG DNotZ 1968, 493.

50 Vertreter der „Durchgangstheorie“ sind Enneccerus/*Kipp/Wolff* FamR § 60 II 2; *Gernhuber/Coester-Waltjen* FamR § 38 Rn. 26, 27; *Rauscher* FamR Rn. 447; *Tiedtke* FamRZ 1979, 370; Planck/*Unzner* § 1438 Anm. 3; Staudinger/*Thiele,* 2018, Rn. 24 mzN.

51 Die „Unmittelbarkeitstheorie“ vertreten *Haegele* Rpfleger 1965, 371; *Beitzke* FamR § 16 II 1; Erman/*Gamillscheg* Rn. 5 (anders jetzt Erman/*Heinemann* Rn. 4: Durchgangserwerb); Soergel/*Gaul* Rn. 4 mwN.

52 BGH NJW 1982, 1097.

53 Vgl. *Gernhuber/Coester-Waltjen* FamR § 38 Rn. 23.

54 So insbesondere treffend *Hofmann* FamRZ 1972, 123.

55 Soergel/*Gaul/Althammer* Rn. 4.

56 RG Gruchot 47, 667; Erman/*Heinemann* Rn. 4.

57 Soergel/*Gaul/Althammer* Rn. 5.

**Rechtsverhältnis,** in dem ihnen das Recht zusteht (also zB „in Gütergemeinschaft" oder – präziser – „zum Gesamtgut ihrer Gütergemeinschaft").[58]

Ist als Rechtsinhaber (noch) **ein Ehegatte** im Grundbuch **eingetragen,** so ist das Grundbuch unrichtig. Nach Abs. 3 ist jeder Ehegatte verpflichtet, auf Verlangen des anderen bei der **Grundbuchberichtigung** mitzuwirken. Abs. 3 gilt bei Begründung der Gütergemeinschaft ebenso wie bei Umwandlung eines Vorbehaltsgutsgrundstücks in Gesamtgut und beim späteren Erwerb eines Grundstücks durch einen Ehegatten, das (unrichtigerweise) im Grundbuch als dessen Alleineigentum eingetragen wurde. Von Abs. 3 braucht der Ehegatte, der im Grundbuch miteingetragen werden möchte, keinen Gebrauch zu machen, wenn er die Unrichtigkeit des Grundbuchs in der Form des § 29 GBO nachweisen kann (durch Ehevertragsabschrift oder Güterrechtsregistereintragung; vgl. § 22 GBO). Der Berichtigungsanspruch kann vorläufig durch Widerspruch gesichert werden (vgl. § 899).[59] 34

Die in → Rn. 23 ff. dargestellten Rechtsregeln für den Erwerb eines Gegenstandes bei Bestehen der Gütergemeinschaft gelten in gleicher Weise für den **Erwerb eines Grundstücks** oder eines Rechts an einem Grundstück. Erwirbt ein Ehegatte allein, kann er danach die Auflassung unmittelbar für das Gesamtgut entgegennehmen und die Miteintragung des anderen Ehegatten als Eigentümer in Gütergemeinschaft im Grundbuch beantragen. Dessen Zustimmung bedarf es nicht.[60] Hinsichtlich des Erwerbs stehen auch hier beide Ehegatten gleich, unabhängig davon, wer das Gesamtgut verwaltet.[61] Nimmt die Auflassung ein Ehegatte allein entgegen und wird er allein eingetragen, so erwirbt das Gesamtgut. Wird das Grundstück an die Ehegatten als Miteigentümer je zur Hälfte aufgelassen, gilt das Gleiche; jeder kann beantragen,[62] dass sie als Eigentümer in Gütergemeinschaft im Grundbuch eingetragen werden, einer erneuten Auflassung bedarf es nicht.[63] Ist dem Grundbuchamt bekannt, dass der Ehegatte in Gütergemeinschaft lebt, so darf es einen Antrag, ihn als Alleineigentümer (oder die Ehegatten als Miteigentümer) einzutragen, nicht vollziehen.[64] Denn das Grundbuch wäre nur für eine logische Sekunde richtig und würde dann unrichtig. Die Ehegatten können aber selbstverständlich dann zum Miteigentum je zur Hälfte erwerben, wenn die beiden Hälften (ehevertraglich) zu Vorbehaltsgut erklärt werden; das kann auch nachträglich – nach der Auflassung und der Eintragung als Miteigentümer im Grundbuch – geschehen.[65] Sind als Eigentümer die Ehegatten in Gütergemeinschaft eingetragen, obwohl sie nicht in diesem Güterstand leben, ist Grundbuchberichtigung dahingehend, dass sie Miteigentümer je zur Hälfte sind aufgrund Nachweis oder Berichtigungsbewilligung möglich.[66] Eine Berichtigung auf einen Erwerb zum Alleineigentum hin, wird allerdings meistens daran scheitern, dass es hierfür unabhängig von jeglichem Theorienstreit an einem Nachweis fehlt, wenn die Auflassung auf beide Ehegatten in Gütergemeinschaft erfolgt ist. Läge ein solcher aber vor, dann müsste auch hier die Auflassung nicht wiederholt, sondern nur umgedeutet werden, denn der Fall kann dann rechtlich nicht anders behandelt werden als die Umdeutung in Miteigentum. Scheitert eine Umdeutung, müsste die Auflassung mittels Verfügungsermächtigung auf der Erwerberseite wiederholt werden.[67] 35

Soll über ein Recht **zugunsten Dritter verfügt** werden, das noch auf den Namen eines Ehegatten im Grundbuch eingetragen ist, aber zum Gesamtgut gehört, so ist die Voreintragung der Ehegatten in Gütergemeinschaft in entsprechender Anwendung des § 40 GBO nicht erforderlich.[68] 36

Gleiches gilt stets für alle im Grundbuch oder im **Schiffsregister** bzw. **Schiffsbauregister** einzutragenden Rechte. 37

---

58 Vgl. RGZ 105, 33; KG OLGE 41, 40.

59 RGZ 108, 281.

60 Früher str., inzwischen allgM, vgl. BayObLG MDR 1954, 306.

61 KG KGJ 30, A 207; BayObLGZ 14, 243.

62 BayObLGZ 1975, 209 = DNotZ 1976, 174; zum Nachweis, dass es sich um Gesamtgut handelt (etwa durch Vorlage einer Abschrift des Ehevertrages), gelten die allgemeinen grundbuchrechtlichen Regeln; an Stelle des Nachweises genügt eine Bewilligung beider Ehegatten nach Abs. 3 S. 1.

63 BGHZ 82, 346 = NJW 1982, 1097 mzN zu der früher außerordentlich umstr. Frage = LM Nr. 1 mAnm *Vogt; Rehle* DNotZ 1979, 196; *Tiedtke* FamRZ 1979, 370; aA BayObLGZ 1978, 335 = DNotZ 1979, 216; OLG Düsseldorf DNotZ 1979, 219; s. OLG Schleswig FamRZ 2010, 377 zur gleichen Frage bei allgemeiner Gütergemeinschaft nach niederländischem Recht.

64 AllgM im Anschluss an RGZ 155, 347 unter Aufgabe der früheren Auffassung in RGZ 84, 71.

65 Das Grundbuch war nur vorübergehend unrichtig und wird durch den Ehevertrag richtig, BayObLG DNotZ 1982, 162 = FamRZ 1982, 285 = BWNotZ 1982, 44 mAnm *Röll* = Rpfleger 1982, 18 mit abl. Anm. *Meyer-Stolte.*

66 S. OLG München FamRZ 2010, 1736 = MittbayNot 2010, 207.

67 Eingehend hierzu *Reiß* MittBayNot 2010, 208 f.

68 KG JFG 1, 293.

### VII. Zwangsvollstreckung in das Gesamtgut

38 Zur Zwangsvollstreckung in das Gesamtgut → § 1437 Rn. 12 ff.; → § 1459 Rn. 11 f.

## § 1417 Sondergut

**(1) Vom Gesamtgut ist das Sondergut ausgeschlossen.**

**(2) Sondergut sind die Gegenstände, die nicht durch Rechtsgeschäft übertragen werden können.**

**(3) [1]Jeder Ehegatte verwaltet sein Sondergut selbständig. [2]Er verwaltet es für Rechnung des Gesamtguts.**

### I. Normzweck

1 Gegenstände, die unübertragbar sind, können nicht in das Gesamtgut fallen, weil der Übergang auf das Gesamtgut ein – auf Grund der Unübertragbarkeit gerade ausgeschlossener – Rechtsübergang wäre. Diese Gegenstände bilden das Sondergut der Ehegatten.

### II. Umfang des Sonderguts

2 Das Sondergut umfasst nach hM[1] trotz des Wortlauts des Abs. 2 wegen des Zwecks der Vorschrift die **Gegenstände nicht,** die **nur deshalb unübertragbar** sind, **weil** sie **zu** einem **Sachinbegriff** gehören, der selbst Gesamtgut ist. Deshalb fallen auch die Anteile des Miterben an den einzelnen Nachlassgegenständen mit dem Erbteil in das Gesamtgut, obwohl der Miterbe über sie nach § 2033 Abs. 2 nicht verfügen kann.[2] Auch die Vorerbschaft fällt in das Gesamtgut, nicht in das Sondergut. Das allerdings ist umstritten[3] (→ § 1416 Rn. 17).

3 Außerordentlich umstr. ist, ob ein Gegenstand auch dann in das Sondergut (oder in das Gesamtgut) fällt, wenn dessen **Übertragbarkeit durch Rechtsgeschäft ausgeschlossen** wurde (vgl. insbesondere § 399). Dies ist anzunehmen, weil die rechtsgeschäftliche Vinkulierung den Zweck hat, den Dritten davor zu schützen, dass er sich einen anderen Geschäftspartner, insbesondere einen anderen Gläubiger, gegen seinen Willen aufdrängen lassen muss, und damit auch die rechtsgeschäftliche Vinkulierung die ratio legis des § 1417 erfüllt.[4]

4 Zur Abgrenzung des Sonderguts vom Gesamtgut → § 1416 Rn. 6 ff. Zum Sondergut gehören zB **nicht abtretbare Forderungen** (§§ 399, 400). Der nicht pfändbare Gehaltsanspruch ist demnach Sondergut, die Gehaltszahlung fällt dagegen in das Gesamtgut. Sondergut sind Schmerzensgeldansprüche, soweit nicht anerkannt oder rechtshängig (§ 847 Abs. 1 S. 2),[5] **Beteiligungen an Personalgesellschaften** (§ 719 Abs. 1; → § 1416 Rn. 9), **nicht übertragbare dingliche Rechte** wie der Nießbrauch und eine beschränkte persönliche Dienstbarkeit (§§ 1059, 1092),[6] soweit nicht für beide Ehegatten bestellt,[7] sowie der **Anteil an** einer **fortgesetzten Gütergemeinschaft,** auch nach deren Beendigung bis zur Auseinandersetzung (§ 1487 Abs. 1, § 1497 Abs. 2, § 1419).[8]

### III. Umwandlung von Sondergut in Gesamt- oder Vorbehaltsgut

5 Gegenstände des Sonderguts können durch Ehevertrag nicht in Gesamtgut umgewandelt werden. Der **Kreis der Sondergutsgegenstände** ist **gesetzlich zwingend** festgelegt. Ein Gegenstand

---

1 S. BayObLG OLGE 41, 55; Soergel/*Gaul/Althammer* Rn. 3; Palandt/*Brudermüller* Rn. 3.

2 Vgl. BayObLG OLGE 41, 55; aA *Rauscher* FamR Rn. 448.

3 AA Staudinger/*Thiele,* 2018, Rn. 10; *Rauscher* FamR Rn. 448.

4 Wie hier *Bötticher* ZHR 114, 91 (93 ff.); Enneccerus/*Kipp/Wolff* FamR § 60 IV; *Dölle* FamR I § 67 III; *Gernhuber/Coester-Waltjen* FamR § 38 Rn. 32; Planck/*Unzner* § 1939 Anm. 3c; RGRK-BGB/*Finke* Rn. 5; Staudinger/*Thiele,* 2018, Rn. 9; Bamberger/Roth/Hau/Poseck/*Siede* Rn. 2; aA *Lutter* AcP 161 (1962), 163 (165 f.); Palandt/*Brudermüller* Rn. 3; Soergel/*Gaul/Althammer* Rn. 3, die das Sondergut als Notgütermasse zur Vermeidung rechtlicher Widersprüche sehen.

5 Vgl. RGZ 96, 97; OLG Stuttgart VersR 1958, 891.

6 BGHZ 46, 253 = NJW 1967, 627 = DNotZ 1967, 183 mAnm *Fassbender.*

7 BayObLG JW 1932, 3005; DNotZ 1968, 493.

8 Enneccerus/*Kipp/Wolff* FamR § 60 IV; *Gernhuber/Coester-Waltjen* FamR § 38 Rn. 32; RGRK-*Finke* Rn. 7; Staudinger/*Thiele,* 2018, Rn. 6; aA RGZ 125, 347 mzN aus der älteren Lit. und Rspr.; BayObLG JFG 2, 289; *Bötticher* ZHR 114, 92; *Dölle* FamR I § 67 III; Erman/*Heinemann* Rn. 4; RGRK-BGB/*Scheffler,* 11. Aufl. 1964, Anm. 16; Soergel/*Gaul/Althammer* Rn. 5; das BayObLG und RGRK-BGB/*Scheffler* nehmen weitergehend an, dass der Anteil schon vor der Beendigung der fortgesetzten Gütergemeinschaft in das Gesamtgut fällt.

fällt deshalb dann aus dem Sondergut in das Gesamtgut, wenn er übertragbar wird (wenn zB ein Schmerzensgeldanspruch vertraglich anerkannt oder rechtshängig wird). Umgekehrt können auch keine Gegenstände des Gesamtguts oder des Vorbehaltsguts in Sondergut umgewandelt werden. Durch nachträglichen Ausschluss der Übertragbarkeit wird ein zum Gesamtgut gehörender Gegenstand nicht Sondergut, bleibt vielmehr Gesamtgut. Dagegen ist es **möglich** – durch Ehevertrag – Gegenstände des **Sonderguts in Vorbehaltsgut** desselben Ehegatten **umzuwandeln.**[9]

### IV. Verwaltung des Sonderguts

Das Sondergut wird **vom jeweiligen Eigentümer selbständig verwaltet,** dem anderen Ehegatten stehen keine Mitwirkungsrechte zu. Überlassung der Verwaltung (§ 1413) ist aber möglich. 6

Die Verwaltung erfolgt **für Rechnung des Gesamtguts.** Die Nutzungen fallen daher in das Gesamtgut, soweit sie nicht selbst ebenfalls unübertragbar sind. Das Gleiche gilt für Surrogate des Sonderguts. Deshalb kann Umwandlung von Sondergut in Vorbehaltsgut sinnvoll sein. Es ist aber auch möglich, die Gegenstände im Sondergut zu belassen und ehevertraglich zu vereinbaren, dass sie der Ehegatte für eigene Rechnung verwaltet. Eine solche Vereinbarung ist nicht dahingehend auszulegen, dass die Gegenstände Vorbehaltsgut werden. 7

### V. Zwangsvollstreckung in das Sondergut

Die Zwangsvollstreckung in das Sondergut setzt – soweit sie überhaupt zulässig ist (s. §§ 851, 857 Abs. 1, 3 ZPO) – einen **Titel gegen den Ehegatten** voraus, der Eigentümer des Sonderguts ist. Für die Pfändung der Nutzungen (zB beim Nießbrauch, s. § 857 Abs. 3 ZPO iVm § 1059 S. 2), die in das Gesamtgut fallen, gelten demgegenüber die Regeln über die Pfändung von Gesamtgutsgegenständen. 8

## § 1418 Vorbehaltsgut

**(1) Vom Gesamtgut ist das Vorbehaltsgut ausgeschlossen.**

**(2) Vorbehaltsgut sind die Gegenstände,**

**1. die durch Ehevertrag zum Vorbehaltsgut eines Ehegatten erklärt sind,**

**2. die ein Ehegatte von Todes wegen erwirbt oder die ihm von einem Dritten unentgeltlich zugewendet werden, wenn der Erblasser durch letztwillige Verfügung, der Dritte bei der Zuwendung bestimmt hat, dass der Erwerb Vorbehaltsgut sein soll,**

**3. die ein Ehegatte auf Grund eines zu seinem Vorbehaltsgut gehörenden Rechts oder als Ersatz für die Zerstörung, Beschädigung oder Entziehung eines zum Vorbehaltsgut gehörenden Gegenstands oder durch ein Rechtsgeschäft erwirbt, das sich auf das Vorbehaltsgut bezieht.**

**(3) [1]Jeder Ehegatte verwaltet das Vorbehaltsgut selbständig. [2]Er verwaltet es für eigene Rechnung.**

**(4) Gehören Vermögensgegenstände zum Vorbehaltsgut, so ist dies Dritten gegenüber nur nach Maßgabe des § 1412 wirksam.**

**Übersicht**



### I. Normzweck

Der grundsätzliche Übergang des gemeinschaftlichen Vermögens in das Gesamtgut soll **nicht ausschließen,** dass die **Ehegatten Teile ihres Vermögens** von diesem Übergang **ausnehmen.** 1

[9] Vgl. BayObLGZ 1953, 102; Staudinger/*Thiele,* 2018, Rn. 12.

**Dasselbe Recht** steht **Dritten** zu, die einem Ehegatten eine Zuwendung unter Lebenden oder von Todes wegen machen. In beiden Fällen entsteht „Vorbehaltsgut“, das sich in seiner Rechtszuordnung nicht von der allgemeinen Zuordnung im gesetzlichen Güterstand und unter Fremden unterscheidet.

### II. Die Entstehung von Vorbehaltsgut

2 **1. Arten der Entstehung.** Vorbehaltsgut eines Ehegatten kann auf **dreierlei** verschiedene **Weise** entstehen, nämlich
a) durch ehevertragliche Vereinbarung,
b) durch **Bestimmung des zuwendenden Dritten** bei Schenkung oder Erwerb aus Nachlass,
c) als **Surrogat** eines Gegenstands des Vorbehaltsguts.

3 Diese Aufzählung ist **erschöpfend,** in anderer Weise kann Vorbehaltsgut nicht geschaffen werden.[1] Deshalb fallen zB die persönlichen Gegenstände eines Ehegatten nicht etwa in das Vorbehaltsgut, sondern sind – falls übertragbar – Gesamtgut.

4 **2. Ehevertragliche Vereinbarung.** Die ehevertragliche Vereinbarung von Vorbehaltsgut ist bei Begründung der Gütergemeinschaft oder später jederzeit möglich. Wird während des Bestehens der Gütergemeinschaft ein Gegenstand zum Vorbehaltsgut eines Ehegatten erklärt, so ist ferner seine Übertragung erforderlich.[2]

5 Die Vereinbarung von Vorbehaltsgut kann sich auf einzelne Gegenstände oder auf Sach- bzw. Rechtsgesamtheiten beziehen. Bedingungen und Befristungen sind zulässig. Da auch künftiger Erwerb zu Vorbehaltsgut erklärt werden kann, und eine im Einzelfall konkretisierbare Bestimmung des zum Vorbehaltsgut gehörenden Gegenstandskreises ausreicht, können auch alle Schenkungen, die die Ehegatten von Dritten erhalten oder sich gegenseitig machen, zu Vorbehaltsgut des Beschenkten erklärt werden.[3] Die **Beweislast** für die Vorbehaltsgutseigenschaft trifft denjenigen, der sie behauptet. Bei unklarer Bezeichnung im Ehevertrag geht dies daher zu dessen Lasten.[4]

6 Durch die Erklärung des gesamten bei der Begründung der Gütergemeinschaft vorhandenen Vermögens zu Vorbehaltsgut werden praktisch die Rechtsfolgen der früheren **„Errungenschaftsgemeinschaft“** erreicht, durch die Vereinbarung, dass das unbewegliche Vermögen Vorbehaltsgut sein und werden soll, die Rechtsfolgen der früheren **„Fahrnisgemeinschaft“.**

7 **3. Bestimmung eines Dritten.** Vorbehaltsgut kann auch durch die Bestimmung eines Dritten entstehen. Bei unentgeltlicher Zuwendung unter Lebenden kann diese Bestimmung formlos (auch stillschweigend)[5] bei der Zuwendung oder schon vorher, wenn bei der Zuwendung ausdrücklich oder stillschweigend auf die Bestimmung Bezug genommen wird, aber nicht erst nachher[6] getroffen werden. Haben die Verlobten bereits für den Fall ihrer Eheschließung den Güterstand der Gütergemeinschaft vereinbart, so kann die Bestimmung bei einer Zuwendung bereits getroffen werden, die nach Abschluss dieses Ehevertrages, aber vor Eheschließung gemacht wird.[7] Eine spätere ehevertragliche Regelung geht dagegen einer Bestimmung vor, die bei einer früheren Zuwendung gemacht wurde, weil das Umwandlungsrecht der Ehegatten von Dritten nicht ausgeschlossen werden kann. Die Ehegatten können auch durch Ehevertrag die Möglichkeit der Entstehung von Vorbehaltsgut von vornherein ausschließen.[8] War es Bedingung der Zuwendung, dass das Zugewandte Vorbehaltsgut wird, so fällt die Zuwendung in einem solchen Falle mit dem Übergang des Gegenstandes in das Gesamtgut weg.

8 **Unentgeltlichkeit der Zuwendung** setzt voraus, dass von dem Ehegatten keine oder keine gleichwertige[9] Gegenleistung aus seinem Vorbehaltsgut (bei einer vollen Gegenleistung aus dem Vorbehaltsgut wird regelmäßig Abs. 2 Nr. 3 zutreffen) und von den Ehegatten keine (gleichwertige) Gegenleistung aus dem Gesamtgut erbracht wird. Eine von dritter Seite – auch von dem anderen

---

1 Vgl. RGZ 87, 100 (103).

2 AA → 7. Aufl. 2017, Rn. 3 *(Kanzleiter),* → § 1416 Rn. 22 ff. mwN.

3 ÜberwM, s. *Gernhuber/Coester-Waltjen* FamR § 38 Rn. 40 Fn. 2; Palandt/*Brudermüller* Rn. 3; Planck/*Unzner* § 1440 Anm. 5; Soergel/*Gaul/Althammer* Rn. 4; Staudinger/*Thiele,* 2018, Rn. 11; aA KG OLGE 12, 310, das eine Vereinbarung in jedem Einzelfall verlangt.

4 RGZ 65, 368.

5 OLG Hamburg Recht 1918 Nr. 1007; vgl. RGZ 69, 59.

6 RG Recht 1915 Nr. 2515; auch dann nicht, wenn der andere Ehegatte zustimmt; es ist eine ehevertragliche Vereinbarung notwendig.

7 Vgl. RGZ 106, 381 gegen RGZ 65, 367.

8 Vgl. OLG Stuttgart JW 1932, 1402.

9 Vgl. Staudinger/*Thiele,* 2018, Rn. 25.

Ehegatten aus dessen Vorbehaltsgut erbrachte – Gegenleistung schadet nicht.[10] Ob es sich um eine Schenkung im Rechtssinne handelt, ist unerheblich, da allein auf die Unentgeltlichkeit abgestellt ist. Deshalb kann auch eine Ausstattung (vgl. § 1624) mit der Bestimmung zu Vorbehaltsgut gewährt werden.[11] Auch die gemischte Schenkung fällt in das Vorbehaltsgut. Je nachdem, aus welcher Vermögensmasse eine (teilweise) Gegenleistung erbracht wird, können sich Ausgleichsansprüche unter den einzelnen Vermögensmassen ergeben.[12]

Bei **Zuwendungen von Todes** wegen bedarf die Bestimmung der Form einer Verfügung von Todes wegen. Eine solche Bestimmung kann für alles getroffen werden, was ein Ehegatte aus dem Nachlass erlangt: Die Stellung als Erbe oder Miterbe (auch auf Grund gesetzlicher Erbfolge), Vor- oder Nacherbe, ein Vermächtnis, ein Pflichtteilsanspruch oder dasjenige, was der Ehegatte auf Grund einer Auflage erlangt. Sämtliche Rechte, die mit dem aus dem Nachlass Erlangten verbunden sind, fallen in das Vorbehaltsgut, zB der Anspruch des Miterben auf Auseinandersetzung, das Vorkaufsrecht des Miterben (nach dessen Ausübung fällt der erworbene Erbteil aber in das Gesamtgut, falls sich das Kaufgeschäft nicht auf das Vorbehaltsgut bezieht). 9

Bei der Bestimmung zu Vorbehaltsgut muss nicht die Formulierung „Vorbehaltsgut" gewählt werden, es genügt, dass der Wille des Zuwendenden zum Ausdruck kommt, der zugewendete Gegenstand solle in das Alleineigentum eines Ehegatten fallen.[13] 10

**4. Surrogate.** Nach Abs. 2 Nr. 3 fallen auch Surrogate des Vorbehaltsguts wieder in das Vorbehaltsgut. Der Erwerb auf Grund eines zum Vorbehaltsgut gehörenden Rechts kann Erwerb kraft Gesetzes oder Erwerb durch Rechtsgeschäft sein (zB einerseits die Früchte eines Gegenstandes, der zum Vorbehaltsgut gehört, andererseits zB die Mieteinnahmen). Gegenstände, die der Ehegatte als Ersatz für Zerstörung, Beschädigung oder Entzug von Vorbehaltsgutsgegenständen erwirbt, sind zB Ansprüche wegen unerlaubter Handlungen oder ungerechtfertigter Bereicherung (wenn die Bereicherung aus dem Vorbehaltsgut erfolgt), Forderungen gegen Versicherungen und öffentlich-rechtliche Entschädigungsansprüche. 11

Für den Erwerb durch Rechtsgeschäft, das sich auf das Vorbehaltsgut bezieht, ist der wirtschaftliche Bezug des Rechtsgeschäfts zum Vorbehaltsgut ausschlaggebend.[14] Es muss ein objektiver und subjektiver Bezug vorliegen. Die subjektive Absicht des Ehegatten, das Rechtsgeschäft für das Vorbehaltsgut abzuschließen, genügt nicht. Dazu muss ein objektiver Zusammenhang mit dem Vorbehaltsgut hinzukommen, der aus den Umständen des Einzelfalles – wenn auch nicht notwendig im Außenverhältnis zu dem dritten Geschäftspartner – erkennbar ist.[15] Ausdrückliche Erklärung des Ehegatten, für das Vorbehaltsgut abzuschließen, ist dafür weder notwendig noch ausreichend.[16] Rechtsgeschäfte, die sich objektiv auf das Vorbehaltsgut beziehen, sind zB der Verkauf von Gegenständen des Vorbehaltsguts, die Abtretung von Forderungen, die zum Vorbehaltsgut gehören,[17] oder der Erwerb mit Mitteln des Vorbehaltsguts. 12

## III. Verwaltung des Vorbehaltsguts

Die Verwaltung des Vorbehaltsguts obliegt jedem Ehegatten selbst. Wie beim Sondergut ist ebenfalls die Überlassung der Verwaltung an den anderen Ehegatten möglich. 13

Die Verwaltung des Vorbehaltsguts erfolgt, falls nichts anderes vereinbart ist, – anders als beim Sondergut – für eigene Rechnung des betreffenden Ehegatten. Zur Verwendung der Erträgnisse und des Stammes für den Familienunterhalt s. § 1420. 14

## IV. Besitz an Sachen des Vorbehaltsguts

Der Besitz zum Vorbehaltsgut gehörender beweglicher Gegenstände ist von der Eigentumszuordnung unabhängig. Sie können nach den allgemeinen Grundsätzen im unmittelbaren Mitbesitz beider Ehegatten[18] oder im unmittelbaren Alleinbesitz des anderen Ehegatten stehen.[19] 15

[10] Vgl. RGZ 171, 83.
[11] RGZ 80, 217.
[12] HK-FamR/*Everts* Rn. 17; anders RGRK-BGB/*Finke* Rn. 11; Soergel/*Gaul*/*Althammer* Rn. 9; Staudinger/*Thiele*, 2018, Rn. 25.
[13] Vgl. auch RGZ 69, 59 (63); OLG Kiel OLGE 40, 68.
[14] RGZ 87, 100; vgl. BGH NJW 1968, 1824.
[15] RGZ 92, 139; RG WarnR 1923/1924 Nr. 15.
[16] Vgl. RGZ 92, 139.
[17] Vgl. RGZ 72, 167; 92, 139; RG LZ 1922, 649.
[18] S. *Gernhuber*/*Coester-Waltjen* FamR § 38 Rn. 42 mN in Fn. 63; Erman/*Heinemann* Rn. 5; Bamberger/Roth/Hau/Poseck/*Siede* Rn. 9.
[19] Vgl. RG JW 1922, 93.

### V. Die Eintragung des Vorbehaltsguts im Güterrechtsregister

16 Dritten kann die Eigenschaft eines Gegenstandes als Vorbehaltsgut nur entgegengehalten werden, wenn dies im **Güterrechtsregister** eingetragen oder dem Dritten bekannt war, ohne Rücksicht darauf, worauf die Eigenschaft als Vorbehaltsgut beruht. Schließt der Gesamtgutsverwalter ein Rechtsgeschäft über einen Gegenstand, der zum Vorbehaltsgut des anderen Ehegatten gehört, so muss dieser daher das Rechtsgeschäft gegen sich gelten lassen, wenn die Eigenschaft als Vorbehaltsgut nicht im Güterrechtsregister eingetragen und dem Geschäftspartner auch nicht bekannt war. Die Eintragung der Eigenschaft als Vorbehaltsgut im **Grundbuch** ist dagegen unnötig und unzulässig.[20]

### VI. Zwangsvollstreckung in das Vorbehaltsgut

17 Zur Zwangsvollstreckung in Gegenstände des Vorbehaltsguts ist ein **Titel gegen den Ehegatten,** der ihr Eigentümer ist, notwendig und ausreichend. Zugunsten der Gläubiger gilt § 1362. Die Erklärung eines Gegenstandes zu Vorbehaltsgut kann von den Gläubigern unter den allgemeinen Voraussetzungen nach §§ 3 f. AnfG angefochten werden.[21]

## § 1419 Gesamthandsgemeinschaft

**(1) Ein Ehegatte kann nicht über seinen Anteil am Gesamtgut und an den einzelnen Gegenständen verfügen, die zum Gesamtgut gehören; er ist nicht berechtigt, Teilung zu verlangen.**

**(2) Gegen eine Forderung, die zum Gesamtgut gehört, kann der Schuldner nur mit einer Forderung aufrechnen, deren Berichtigung er aus dem Gesamtgut verlangen kann.**

### I. Normzweck

1 Die Gütergemeinschaft ist eine **Gemeinschaft zur gesamten Hand mit besonders strenger Bindung:** Für die Gesamthand ist Kennzeichen, dass über die Anteile an einzelnen, zum gesamthänderischen Vermögen gehörenden Gegenständen von keinem Gesamthänder verfügt werden kann. Darüber hinaus ist bei der Gütergemeinschaft, anders als bei der Erbengemeinschaft (§ 2034), auch keine Verfügung des Gesamthänders über seinen Anteil am gesamthänderischen Vermögen möglich; anders als bei den Personalgesellschaften (allgM zu § 719) ist eine solche Verfügung bei Gütergemeinschaft auch mit Zustimmung des anderen Ehegatten ausgeschlossen. (Dagegen können die Ehegatten über das Gesamtgut im Ganzen verfügen; bei der Einzelverwaltung s. § 1423). Schließlich gehört zu der engen Bindung, dass keiner der beiden Ehegatten berechtigt ist, Teilung zu verlangen.

### II. Gesamthänderische Bindung

2 Im Einzelnen kann von einem der Ehegatten **keine Verfügung** getroffen werden
a) über seinen Anteil an einzelnen Gesamtgutsgegenständen;
b) über seinen Anteil am Gesamtgut;
c) über seinen Anspruch auf Auseinandersetzung.[1]

3 Diese Verfügungsbeschränkungen gelten, solange das Gesamtgut besteht, also auch noch nach Beendigung der Gütergemeinschaft vor der Auseinandersetzung. Gleiches gilt für den Anteil an der nicht auseinandergesetzten Vermögensgemeinschaft nach FGB DDR.[2] Wegen § 306[3] ist auch ein Verpflichtungsgeschäft über die aufgeführten Gegenstände nichtig.

4 Dagegen kann jeder Ehegatte über seinen bereits entstandenen **Anspruch auf** das **Auseinandersetzungsguthaben** nach Beendigung der Gütergemeinschaft verfügen (allgM). Darüber hinaus sind Verpflichtungen und Verfügungen über den künftigen Anspruch auf das Auseinandersetzungsguthaben möglich und auch aufschiebend bedingte Verpflichtungen und Verfügungen über einzelne Gegenstände, die der Ehegatte bei der Auseinandersetzung erwerben wird. § 1378 Abs. 3 findet keine entsprechende Anwendung.[4] Im gleichen Umfang sind die aufgeführten Rechte auch pfändbar. Inwieweit eine unwirksame Verfügung nach → Rn. 2 in eine wirksame nach → Rn. 4 umgedeutet

20 KG RJA 4, 261.
21 RGZ 57, 86.
1 KG JW 1931, 1371.
2 BGH NJW 2002, 3320 = FamRZ 2002, 1468.
3 BGH FamRZ 1966, 443 (444) = BeckRS 1966, 31173988 nach § 134.
4 Soergel/*Gaul/Althammer* Rn. 5; aA *Gernhuber/Coester-Waltjen* FamR § 38 Rn. 7.

werden kann, entscheiden die Umstände des Einzelfalles (in Frage kommt insbesondere die Umdeutung der Verfügung über den Anteil am Gesamtgut in eine Verfügung über den künftigen Anspruch auf das Auseinandersetzungsguthaben).[5]

Wer über **einzelne Gegenstände** des Gesamtguts verfügen kann, ergibt sich aus der Verwaltungsregelung. Die Übertragung eines zum Gesamtgut gehörenden Gegenstands auf einen Ehegatten geschieht dadurch, dass dieser ehevertraglich zum Vorbehaltsgut erklärt und übertragen wird. Soll zugunsten eines der Ehegatten ein zum Gesamtgut gehörender Gegenstand belastet werden, so muss das ihm einzuräumende Recht (ehevertraglich) zum Vorbehaltsgut erklärt und die Belastung vorgenommen werden (→ § 1416 Rn. 21). 5

Nach § 860 Abs. 1 ZPO ist der **Anteil** eines Ehegatten an der Gütergemeinschaft auch **nicht pfändbar,** auch nicht der zukünftige Anteil am Gesamtgut[6] (nach § 36 InsO fällt er deshalb auch nicht in die Insolvenzmasse), wohl aber nach § 860 Abs. 2 ZPO der Anteil an der Gütergemeinschaft nach deren Beendigung. 6

### III. Aufrechnungsmöglichkeit

Nach Abs. 2 kann gegen Forderungen, die zum Gesamtgut gehören, nur mit Forderungen aufgerechnet werden, deren Begleichung aus dem Gesamtgut verlangt werden kann. Damit zieht das Gesetz die ausdrückliche Konsequenz aus der Sonderung des Gesamtguts von dem übrigen Vermögen der Ehegatten und der gesamthänderischen Rechtsgemeinschaft, in der das Gesamtgut den Ehegatten zusteht. Auch ohne diese ausdrückliche Regelung wäre die nach Abs. 2 unzulässige Aufrechnung nicht möglich. Alle Gesamtgutsforderungen stehen den Ehegatten gesamthänderisch, nicht als Gesamtgläubigern (§ 428) zu. Umgekehrt können die Ehegatten mit Gesamtgutsforderungen nicht gegen Forderungen aufrechnen, die dem Schuldner gegen einen von ihnen zustehen, weil hier dem Erfordernis der Gegenseitigkeit nicht Genüge getan ist.[7] 7

## § 1420 Verwendung zum Unterhalt

**Die Einkünfte, die in das Gesamtgut fallen, sind vor den Einkünften, die in das Vorbehaltsgut fallen, der Stamm des Gesamtguts ist vor dem Stamm des Vorbehaltsguts oder des Sonderguts für den Unterhalt der Familie zu verwenden.**

**Schrifttum:** *Kleinle,* Trennungsunterhalt und Gütergemeinschaft mit gemeinschaftlicher Gesamtgutsverwaltung, FamRZ 1997, 1194.

### I. Normzweck

§ 1420 regelt, in welcher **Reihenfolge Einkünfte und Vermögen** der Ehegatten **für** den **Familienunterhalt** zu verwenden sind. Die Vorschrift kann ehevertraglich abbedungen werden (dies kann gerechtfertigt sein, wenn das Erwerbsgeschäft oder andere größere Vermögensteile eines Ehegatten zum Vorbehaltsgut erklärt sind). Mit Zustimmung beider Ehegatten kann außerdem jederzeit abweichend von § 1420 verfahren werden. Jeder Ehegatte hat aber Anspruch auf Einhaltung der Vorschrift (von dem Fall abgesehen, dass er auf Grund ehelicher Treupflicht zur Zustimmung zu einer Abweichung verpflichtet ist). 1

Neben § 1420 **gelten** die **allgemeinen Vorschriften** der §§ 1360 ff., soweit § 1420 nicht als Sondervorschrift vorgeht. Dies gilt zB für § 1360b, der Ersatzansprüche im Zweifel ausschließt, wenn ein Ehegatte mit Erträgnissen seines Vorbehaltsguts oder Gegenständen, die zum Stamm seines Vorbehalts- oder Sonderguts gehören, zum gemeinschaftlichen Unterhalt beiträgt. Es gilt auch für § 1361 in der Zeit des Getrenntlebens.[1] 2

### II. Einzelregelung

Im Einzelnen bestimmt die Vorschrift, dass in erster Linie die Einkünfte, die in das Gesamtgut fallen, für den Unterhalt zu verwenden sind. Wenn ehevertraglich nichts anderes vereinbart ist, sind dies in erster Linie die Arbeitseinkommen beider Ehegatten (auch während der Zeit des Getrenntlebens)[2] und die Erträgnisse des Gesamtguts und des Sonderguts (vgl. § 1417 Abs. 3 3

---

5 BGH FamRZ 1966, 443 = BeckRS 1966, 31173988 zur fortgesetzten Gütergemeinschaft.

6 OLG München NJW-RR 2013, 527 = FamRZ 2013, 1404.

7 NK-BGB/*Völker* Rn. 5; Bamberger/Roth/Hau/Poseck/*Siede* Rn. 6; Staudinger/*Thiele,* 2018, Rn. 24; aA → 7. Aufl. 2017, Rn. 6 *(Kanzleiter).*

1 BGHZ 111, 248 (253) = NJW 1990, 2252 = FamRZ 1990, 851; OLG Zweibrücken FamRZ 1998, 239.

2 BGHZ 111, 248 (253) = NJW 1990, 2252 = FamRZ 1990, 851; im konkreten Fall Renten und Mieten.

S. 2). In zweiter Linie sind die Erträgnisse des Vorbehaltsguts beider Ehegatten (untereinander im Verhältnis der Grundsätze zu § 1360), in dritter Linie ist der Stamm des Gesamtguts, zuletzt der Stamm des Vorbehaltsguts und des Sonderguts (untereinander wieder im Verhältnis der Grundsätze zu § 1360) heranzuziehen. Dem Wortlaut des § 1420 kann nicht entnommen werden, dass die Erträgnisse des Vorbehaltsguts vor dem Vermögensstamm des Gesamtguts zum Unterhalt heranzuziehen sind. Dies ergibt sich jedoch aus dem allgemeinen Grundsatz zu § 1360, dass Erträgnisse regelmäßig vor dem Vermögensstamm zum Unterhalt heranzuziehen sind (→ § 1360 Rn. 10 f.).

### III. Geltendmachung von Trennungsunterhalt

4 Nach § 1420 besteht ein Zahlungsanspruch gegen den anderen Ehegatten auf Trennungsunterhalt nur, wenn und soweit die Erträge des Gesamtguts den angemessenen Unterhaltsbedarf des Ehegatten nicht decken.[3] Soll die Deckung des Unterhalts aus dem Gesamtgut erreicht werden, hat dies durch die güterrechtlichen Rechtsbehelfe zu erfolgen,[4] kann es nicht durch Zahlungsantrag geschehen.[5] Die güterrechtlichen Rechtsbehelfe – Ersetzung der Zustimmung nach §§ 1430, 1452, Antrag auf Mitwirkung bei der ordnungsmäßigen Verwaltung nach §§ 1435, 1451 – entsprechen den Interessen des unterhaltsberechtigten Ehegatten und führen nicht zu einer unnötigen Komplizierung.[6] Nicht nur der Unterhalt der Familie ist aus dem Gesamtgut zu bedienen, auch Unterhaltsansprüche, die von Nichtfamilienangehörigen gegen nur einen der Ehegatten geltend gemacht werden können, wie aus § 1604.[7]

## § 1421 Verwaltung des Gesamtguts

**[1]Die Ehegatten sollen in dem Ehevertrag, durch den sie die Gütergemeinschaft vereinbaren, bestimmen, welcher der Ehegatten das Gesamtgut verwaltet oder ob es von ihnen gemeinschaftlich verwaltet wird. [2]Enthält der Ehevertrag keine Bestimmung hierüber, so verwalten die Ehegatten das Gesamtgut gemeinschaftlich.**

### I. Normzweck

1 § 1421 S. 1 ist eine **nicht ganz glücklich gefasste Vorschrift.** Die Formulierung erklärt sich daraus, dass in den Gesetzentwürfen zunächst eine zwingende Vorschrift enthalten war, nach der die Ehegatten eine Verwaltungsregelung hätten treffen müssen (s. § 1442a idF der Entwürfe I und II zum GleichberG). Als der Gesetzgeber das Unzweckmäßige einer solchen Regelung erkannte (hätte das Fehlen der Verwaltungsregelung zur Nichtigkeit des Gütergemeinschaftsvertrages führen sollen?), wurde die Regelung nicht grundlegend geändert, sondern die Muss- in eine Soll-Vorschrift umgewandelt.

### II. Mögliche Verwaltungsregelungen

2 Hinter dem „Soll"-Befehl an die Ehegatten verbirgt sich die **Regelung, welche Vereinbarung über** die **Verwaltung** des Gesamtguts **möglich** ist. Es kann entweder gemeinschaftliche Verwaltung oder Verwaltung durch die Ehefrau oder den Ehemann vorgesehen werden. Die Verwaltungsregelung ist nicht bedingungsfeindlich, sie kann bedingt oder befristet getroffen werden. Deshalb ist auch eine Vereinbarung möglich, nach der die Verwaltung in einem bestimmten Zeitraum dem einen, in einem anderen Zeitraum dem anderen Ehegatten zusteht. Soweit die allgM diese Gestaltung meint, wenn sie die Vereinbarung abwechselnder Verwaltung ablehnt,[1] kann ihr nicht gefolgt werden. Besondere Schwierigkeiten für das Verhältnis der Ehegatten untereinander oder für den Rechtsverkehr bringt eine solche Vereinbarung nicht mit sich, zumal der Rechtsverkehr nach den allgemeinen Grundsätzen geschützt ist. Ausgeschlossen ist dagegen eine Regelung, dass beide Ehegatten unabhängig voneinander das Gesamtgut verwalten, weil S. 1 die möglichen Verwaltungsregelungen abschlie-

[3] BGHZ 111, 248 (254) = NJW 1990, 2252 = FamRZ 1990, 851.
[4] BGHZ 111, 248 (257) = NJW 1990, 2252 = FamRZ 1990, 851.
[5] FachAnwK-FamR/*Weinreich* Rn. 3 ff.; aA *Kleinle* FamRZ 1997, 1194 (1195 f.).
[6] AA *Kleinle* FamRZ 1997, 1194 (1196); s. OLG Oldenburg FamRZ 2010, 213.
[7] Vgl. *Klüber* in Bergschneider FamilienvermögensR Rn. 4.695.
[1] Palandt/*Brudermüller* Rn. 1; RGRK-BGB/*Finke* Rn. 5; Soergel/*Gaul/Althammer* Rn. 4; wie hier Staudinger/*Thiele,* 2018, Rn. 11.

ßend aufzählt.[2] Im Wesentlichen die gleichen Rechtswirkungen können die Ehegatten durch die Erteilung gegenseitiger Vollmachten erreichen (→ Rn. 3).

### III. Ergänzende Vollmacht

Unabhängig von der Verwaltungsregelung gilt **§ 1357.** Zusätzlich zur Verwaltungsregelung können sich die Ehegatten (ausdrücklich oder stillschweigend) **Vollmacht** erteilen. Dies kann vor allem bei der Vereinbarung gemeinschaftlicher Verwaltung zweckmäßig sein, um den mit ihr verbundenen Schwierigkeiten (die freilich meist weit überschätzt werden; → § 1450 Rn. 3)[3] zu begegnen. Zur Einräumung einer Alleinverwaltung mittels unwiderruflicher Generalvollmacht soll freilich ehevertragliche Form erforderlich sein.[4] 3

### IV. Eintragung im Güterrechtsregister

Die Verwaltungsregelung – dh die Person des Verwalters – braucht im Güterrechtsregister nur eingetragen zu werden, wenn die Ehegatten das Gesamtgut nicht gemeinschaftlich verwalten. Die Tatsache gemeinschaftlicher Verwaltung kann, muss aber nicht eingetragen werden.[5] Ist im Güterrechtsregister Gütergemeinschaft ohne Verwaltungsregelung eingetragen, so kann ein Dritter von gemeinschaftlicher Verwaltung ausgehen.[6] 4

### V. Änderung der Verwaltungsregelung

Die getroffene Vereinbarung über die Verwaltung kann **nur durch Ehevertrag** wieder geändert werden; einseitig kann keiner der Ehegatten eine Änderung der getroffenen Regelung verlangen, wenn zB der andere alleinverwaltungsberechtigte Ehegatte die Vermögensinteressen der Familie beeinträchtigt. Er kann nur unter den Voraussetzungen des § 1447 (der Verwalter nach § 1448, bei gemeinschaftlicher Verwaltung vgl. § 1469) auf Aufhebung der Gütergemeinschaft antragen. Wegen der ausdrücklichen Regelungen der § 1447, § 1448 und § 1449 könnte sich die Verpflichtung eines Ehegatten auf Grund der allgemeinen ehelichen Treupflicht, einer Änderung des Ehevertrages zustimmen, nur auf Grund von Sachverhaltsgruppen ergeben, die dort nicht berücksichtigt sind. Das Gesetz geht jedoch davon aus, dass diese Vorschriften eine abschließende Regelung enthalten (→ § 1447 Rn. 3). 5

## Unterkapitel 2. Verwaltung des Gesamtguts durch einen Ehegatten

## § 1422 Inhalt des Verwaltungsrechts

**[1]Der Ehegatte, der das Gesamtgut verwaltet, ist insbesondere berechtigt, die zum Gesamtgut gehörenden Sachen in Besitz zu nehmen und über das Gesamtgut zu verfügen; er führt Rechtsstreitigkeiten, die sich auf das Gesamtgut beziehen, im eigenen Namen. [2]Der andere Ehegatte wird durch die Verwaltungshandlungen nicht persönlich verpflichtet.**

**Übersicht**



[2] HM, BayObLG NJW 1968, 896; Erman/*Heinemann* Rn. 1; Soergel/*Gaul/Althammer* Rn. 3; Staudinger/*Thiele,* 2018 Rn. 10; aA *Mikat* FS Felgentraeger, 1969, 323 (327 f.); *Körner,* Die Grenzen der Vertragsfreiheit im neuen Ehegüterrecht, 1961, 281 f.; vgl. BT-Drs. 1/3802, 64; BT-Drs. 2/224, 52; BT-Drs. 2/3409, 25.

[3] S. zB BT-Drs. 2/224, 50.

[4] BayObLG FamRZ 1990, 411, (412).

[5] Staudinger/*Thiele,* 2018, Rn. 13.

[6] BayObLG FamRZ 1958, 219.

## I. Normzweck

1 § 1422 ist – entsprechend § 1450 für die gemeinschaftliche Verwaltung – die grundlegende Vorschrift, wenn die Verwaltung des Gesamtguts durch die Ehefrau oder den Ehemann vereinbart ist. S. 1 weist dem **Gesamtgutsverwalter** das **umfassende Verwaltungsrecht** zu. S. 2 stellt klar, dass der andere Ehegatte durch Verwaltungshandlungen nicht persönlich verpflichtet wird.

## II. Verwaltung durch den Gesamtgutsverwalter; Befugnisse des nicht verwaltenden Ehegatten

2 **1. Umfassende Verwaltungsbefugnis.** S. 1 – dies kommt im Wortlaut („insbesondere") deutlich zum Ausdruck – gibt nur einige besondere wichtige Beispiele für Befugnisse des Gesamtgutsverwalters. Seine **Verwaltungsbefugnis** ist grundsätzlich – soweit nicht durch §§ 1423–1425, 1431, 1432 eingeschränkt – **umfassend;** der andere Ehegatte ist – wiederum von den aufgeführten Ausnahmen abgesehen – von der Verwaltung vollständig ausgeschlossen. Der Verwalter ist allein zuständig, rechtserhebliche Erklärungen und Handlungen mit Wirkung für das Gesamtgut abzugeben bzw. vorzunehmen.

3 **2. Rechtsstellung des Verwalters.** Der Verwalter **führt** die Verwaltung des Gesamtguts **in eigenem Namen aus eigenem Recht.** Die Rechtswirkungen der Verwaltungshandlungen für das Gesamtgut ergeben sich aus der Stellung des Verwalters kraft Gesetzes. Er ist nicht Vertreter des anderen Ehegatten.[1] Durch die Verwaltungshandlungen wird der andere Ehegatte deshalb persönlich nicht verpflichtet (S. 2), wenn er dem Verwalter nicht Vollmacht zu seiner persönlichen Verpflichtung erteilt hatte. Eine solche Vollmacht wird regelmäßig nur angenommen werden können, wenn sie ausdrücklich erteilt ist.[2] Denn es ist in der Gütergemeinschaft die Regel, dass Verwaltungshandlungen nur für das Gesamtgut wirken (und daneben den Verwalter persönlich verpflichten, § 1437 Abs. 2 S. 1). Stimmt der andere Ehegatte (nach §§ 1423–1425 oder auch unabhängig davon) einer Verwaltungshandlung zu, so kann darin regelmäßig nur die Zustimmung zur Wirksamkeit des Geschäfts für das Gesamtgut, dagegen keine Vollmacht oder Einwilligung zu seiner persönlichen Verpflichtung gesehen werden.[3]

4 **3. § 1357.** Unabhängig vom Güterstand sind beide Ehegatten nach § 1357 berechtigt, Geschäfte des ehelichen Haushalts mit Wirkung füreinander zu erledigen. Dies führt nicht rechtlich (die Rechtsgeschäfte des anderen Ehegatten wirken gerade deshalb für das Gesamtgut, weil sie nach § 1357 für den verwaltenden Ehegatten wirksam sind), aber praktisch für diesen Bereich zu einer alternativen Verwaltung des Gesamtguts durch beide Ehegatten. Im Rahmen des § 1357 vorgenommene Rechtsgeschäfte verpflichten den jeweils anderen Ehegatten persönlich. Deshalb haften für solche Rechtsgeschäfte neben dem Gesamtgut auch das Vorbehaltsgut und das Sondergut beider Ehegatten.

5 **4. Vollmacht, Ermächtigung an den anderen Ehegatten.** Der andere Ehegatte kann über § 1357 hinaus vom Verwalter in beliebiger Weise bevollmächtigt werden, über bestimmte Gegenstände des Gesamtguts zu verfügen, Rechtsgeschäfte für das Gesamtgut abzuschließen und ihn persönlich zu verpflichten (mit der Folge, dass Gesamtgut, Sondergut und Vorbehaltsgut des verwaltenden Ehegatten für die Verpflichtung haften). Die Vollmacht kann aber auch mit der Einschränkung erteilt werden, dass nur das Gesamtgut verpflichtet werden kann. Der andere Ehegatte kann dann nur Rechtsgeschäfte abschließen, bei denen die persönliche Haftung des Gesamtgutsverwalters nach § 1437 Abs. 2 S. 1 durch Vereinbarung mit dem Geschäftspartner ausgeschlossen wird.

---

1 AllgM; RG SeuffA 73 Nr. 31; KG JW 1935, 2515.
2 Vgl. RG Recht 1916 Nr. 1725.
3 AllgM; Soergel/*Gaul/Althammer* Rn. 4; Staudinger/*Thiele,* 2018, Rn. 24.

Im gleichen Umfang wie die Erteilung von Vollmacht ist auch die Erteilung der Ermächtigung an den anderen Ehegatten möglich, **im eigenen Namen** (als Nichtberechtigter) Rechtsgeschäfte für das Gesamtgut vorzunehmen.[4] Unabhängig von der Frage ihrer grundsätzlichen Zulässigkeit ergibt sich, dass hier auch eine „Verpflichtungsermächtigung" möglich ist: Der nicht verwaltende Ehegatte, der mit Ermächtigung des Gesamtgutsverwalters handelt, verpflichtet auf Grund §§ 1437, 1438, 1437 Abs. 2 S. 1 sowohl das Gesamtgut als auch den Gesamtgutsverwalter persönlich. 6

Soweit die Vollmacht oder die Ermächtigung im **Ehevertrag** erteilt sind, können sie auch nur durch Ehevertrag wieder aufgehoben werden. Sonst gelten die allgemeinen Grundsätze. 7

**5. Verwaltungspflicht.** Dem Verwaltungsrecht des verwaltenden Ehegatten entspricht auch eine Verwaltungspflicht dem anderen Gatten gegenüber (vgl. § 1435; → § 1435 Rn. 1 ff.). 8

**6. Einzelne Verwaltungsbefugnisse.** Aus dem umfassenden Rahmen der Verwaltungsbefugnis führt § 1422 S. 1 als Beispiele das Recht auf Inbesitznahme, die Verfügungsmacht und die Prozessführungsbefugnis auf. Nicht erwähnt ist die Befugnis des Verwalters, das Gesamtgut zu verpflichten, die als selbstverständlich vorausgesetzt wird und sich aus § 1437 ergibt. Nicht erwähnt ist auch die Vornahme einseitiger Rechtsgeschäfte für das Gesamtgut, soweit es sich nicht um Verfügungen über Gesamtgutsgegenstände handelt, und die Passivzuständigkeit zur Entgegennahme von Willenserklärungen. Beides fällt ebenfalls in die allgemeine Verwaltungszuständigkeit. Zu beachten ist, dass ein einseitiges Rechtsgeschäft zwar dem Gesamtgutsverwalter gegenüber vorzunehmen ist, wenn es gegenüber dem Gesamtgut wirksam sein soll.[5] Betrifft das Rechtsgeschäft eine Verbindlichkeit des anderen Ehegatten, für die das Gesamtgut nach §§ 1437 ff. haftet, so muss das einseitige Rechtsgeschäft – zB die Kündigung eines Darlehens – zusätzlich gegenüber dem anderen Ehegatten vorgenommen werden, wenn es auch für diesen persönlich, dh für dessen Vorbehalts- und Sondergut wirksam sein soll.[6] 9

### III. Besitz an den Sachen des Gesamtguts

**1. Regelung des Rechts zum Besitz.** S. 1 regelt nur das Recht zum Besitz. Für den Besitz selbst sind stets die tatsächlichen Verhältnisse maßgebend (→ Rn. 15). 10

**2. Umfang des Besitzrechts.** Zu weit geht die Einräumung des umfassenden Rechts zur alleinigen Inbesitznahme von Gesamtgutsgegenständen. Sie beruht auf der Übernahme des § 1443 aF. Bei der Neufassung des § 1422 durch das GleichberG hätte geprüft werden sollen, inwieweit ein (ausschließliches) Besitzrecht des verwaltenden Ehegatten im Verhältnis zum anderen Ehegatten tatsächlich erforderlich ist. Stattdessen hat das Gesetz das umfassende Besitzrecht des Verwalters entsprechend dem früheren Besitzrecht des Mannes beibehalten. 11

Allgemein wird dieses **Besitzrecht** dementsprechend **einschränkend ausgelegt.** Eine solche Einschränkung wird sich insbesondere aus dem allgemeinen Blickwinkel des § 1353 ergeben. An sich läge es nahe, das Recht zur Inbesitznahme nach S. 1 als Spezialregelung für die Gütergemeinschaft anzusehen, das allen allgemeinen Grundsätzen über das Besitzrecht unter Ehegatten vorgeht und nur durch speziellere Regelungen im Bereich des Rechts der Gütergemeinschaft ausgeschlossen wird. Demgegenüber wird weithin auch den **allgemeinen Grundsätzen** über das Recht zum Besitz unter den Ehegatten – in unterschiedlichem Umfang und mit unterschiedlichen Begründungen – Vorrang vor S. 1 eingeräumt.[7] Dies ist gerechtfertigt und widerspricht auch nicht dem objektiven Wortlaut des Gesetzes. Denn zum einen enthält S. 1 seinerseits wieder eine ganz allgemeine und ohne Zweifel einschränkungsbedürftige Regel, der gegenüber die allgemeinen Besitzgrundsätze als Sonderregelungen angesehen werden können, soweit sie sich auf bestimmte Sachgruppen beziehen, und zum anderen hat S. 1 (wie das Recht der Gütergemeinschaft meist) „echtes" Vermögen der Ehegatten, nicht die besonderen Sachgruppen im Auge, für die besondere Besitzgrundsätze gelten (zB persönliche Gegenstände der Ehegatten, Haushaltsgegenstände, gemeinsame eheliche Wohnung). 12

Eingeschränkt ist das alleinige Besitzrecht des verwaltenden Ehegatten in verschiedener Weise. 13

a) Betreibt der nichtverwaltende Ehegatte mit Zustimmung des Verwalters, ein **selbständiges Erwerbsgeschäft** (§ 1431), so hat er das Recht zum Besitz an allen Sachen, die zu diesem Erwerbsgeschäft gehören.

---

4 Vgl. RGZ 60, 147.

5 Zur Kündigung einer zu den Aktiva des Gesamtguts gehörenden Hypothek s. OLG Königsberg OLGE 18, 172.

6 Palandt/*Brudermüller* Rn. 1; Planck/*Unzner* § 1443 Anm. 14b.

7 Vgl. *Mikat* FS Felgentraeger, 1969, 323 (328); *Dölle* FamR I § 70 I; *Gernhuber/Coester-Waltjen* FamR § 38 Rn. 48; Erman/*Heinemann* Rn. 3; Soergel/*Gaul/Althammer* Rn. 7 ff.

b) Aus dem Wesen der ehelichen Lebensgemeinschaft folgt das Recht auf unmittelbaren Mitbesitz an der **gemeinsamen ehelichen Wohnung** und an den **Haushaltsgegenständen** (→ § 1353 Rn. 26).[8]
c) Ehegatte hat auf Grund seines Persönlichkeitsrechts ein Recht zum alleinigen Besitz an den seinem ausschließlichen **persönlichen Gebrauch dienenden Sachen** (→ § 1353 Rn. 20).
d) Auch **§ 1361a,** der die Ansprüche der Ehegatten zur Verteilung der Haushaltsgegenstände bei Getrenntleben regelt, geht dem Besitzrecht nach S. 1 vor.[9]

14 **3. Anspruch auf Inbesitznahme.** Soweit sein Besitzrecht danach reicht, hat der Verwalter einen Anspruch auf Inbesitznahme der zum Gesamtgut gehörenden Sachen sowohl gegenüber dem anderen Ehegatten, als auch gegenüber Dritten.[10] Den Besitz erlangt er nach den allgemeinen Grundsätzen, dh den unmittelbaren Besitz regelmäßig durch Inbesitznahme, im Erbfall ausnahmsweise kraft Gesetzes (§ 857). Erhält der Verwalter den unmittelbaren Besitz, so werden die Ehegatten in **Gütergemeinschaft als solche mittelbare Besitzer.**[11] Das Gleiche gilt, wenn der nichtverwaltende Ehegatte eine Sache, die zum Gesamtgut gehört, im unmittelbaren Besitz hat. Mittelbarer Besitzer ist nur die Gesamthandsgemeinschaft der Ehegatten als solche, nicht der jeweilige andere Ehegatte.[12]

15 **4. Tatsächliche Besitzlage.** Im Verhältnis der Ehegatten untereinander entspricht dem Recht zum Besitz regelmäßig auch die tatsächliche Besitzsituation. Hat der Verwalter die Sachen des Gesamtguts in Besitz genommen, an denen dem anderen Ehegatten kein Recht zum Mitbesitz zusteht, so ist er regelmäßig unmittelbarer Alleinbesitzer.[13] Der andere Ehegatte ist unmittelbarer Mitbesitzer nur, wenn ihm der Mitbesitz eingeräumt wird.[14] Bei längerer Überlassung unter Ausschluss der Einwirkungsmöglichkeit des Verwalters wird der andere Ehegatte unmittelbarer Alleinbesitzer.[15]

## IV. Die Verfügungsmacht über Gegenstände des Gesamtguts

16 Die Verfügungsmacht des Verwalters und seine Befugnis, das Gesamtgut zu verpflichten, ist umfassend.[16] Eingeschränkt wird sie nur durch das Erfordernis der Zustimmung des anderen Ehegatten zu besonders wichtigen Geschäften (§§ 1423–1425) und durch allgemeine Verfügungsbeschränkungen (aus dem Recht der Gütergemeinschaft zB § 1419 Abs. 1: die Verfügung über einzelne Anteile am Gesamtgut ist ausgeschlossen).

17 Eine Einschränkung seiner Verfügungsmacht mit Wirkung Dritten gegenüber ist ausgeschlossen. Dagegen kann sich der Verwalter im Verhältnis zum anderen Ehegatten verpflichten, bestimmte Verfügungen nicht ohne dessen vorherige Zustimmung zu treffen (→ Rn. 29). Verstößt der verwaltende Ehegatte gegen eine solche Verpflichtung, so ist das entsprechende Rechtsgeschäft mit dem Dritten unabhängig von dessen gutem Glauben trotzdem wirksam, wenn der verwaltende Ehegatte und der Dritte nicht arglistig zusammenwirken.

## V. Rechtsgeschäfte des nichtverwaltenden Ehegatten

18 Rechtsgeschäfte des nichtverwaltenden Ehegatten sind – abgesehen von den in → Rn. 4 ff. dargelegten Fällen von Vollmacht und Ermächtigung – **nur unter** den **Voraussetzungen der §§ 1428 ff. für** das **Gesamtgut wirksam.** Verfügt er außerhalb dieses Bereichs über einen Gegenstand des Gesamtguts, so ist es die Verfügung eines Nichtberechtigten.[17] Es gelten die §§ 182–185 (bei Handeln in fremdem Namen §§ 177 ff.). Da die Annahme der Erfüllung eine Verfügung über die Forderung darstellt (str., → 7. Aufl. 2016, § 362 Rn. 1 ff.), wird eine Gesamtgutsforderung durch Erfüllung gegenüber dem nichtverwaltenden Ehegatten nicht getilgt. Die Erfüllungsleistung fällt aber nach § 1416 Abs. 1 S. 2, Abs. 2 in das Gesamtgut, das ungerechtfertigt bereichert ist (§ 1434).[18]

---

[8] AllgM, BGHZ 12, 380 (398 f.) = NJW 1954, 918; OLG Celle FamRZ 1971, 28.
[9] Soergel/*Gaul/Althammer* Rn. 8; Staudinger/*Thiele,* 2018, Rn. 16.
[10] RGZ 85, 416 (420).
[11] AllgM; RGZ 105, 19 (21); *Dölle* FamR I § 70 I mwN; Soergel/*Gaul/Althammer* Rn. 6.
[12] S. Soergel/*Gaul/Althammer* Rn. 6, 7; Staudinger/*Thiele,* 2018, Rn. 18.
[13] Vgl. *Dölle* FamR I § 70 I; Erman/*Heinemann* Rn. 3; Soergel/*Gaul/Althammer* Rn. 6; Staudinger/*Thiele,* 2018, Rn. 17.
[14] Vgl. Soergel/*Gaul/Althammer* Rn. 6, 7.
[15] Vgl. KG NJW 1949, 383.
[16] Zu einzelnen Verfügungen vgl. BGHZ 1, 294 (304) = NJW 1951, 645; RGZ 106, 112; 124, 127.
[17] Vgl. BGHZ 47, 266 (268) = NJW 1967, 1272; BGH NJW 1957, 1635.
[18] BGH NJW 1957, 1635; BayObLG Rpfleger 1968, 220 (221).

Durch die Vereinbarung der Gütergemeinschaft und die Verwaltungsregelung ist der nichtverwaltende Ehegatte in keiner Weise daran gehindert, Verpflichtungsgeschäfte abzuschließen, und zwar auch über Gegenstände des Gesamtguts. Hierdurch wird aber das Gesamtgut nicht verpflichtet, sondern nur sein Sonder- und Vorbehaltsgut. 19

Beim Erwerb eines Gegenstandes zum Gesamtgut kann der nichtverwaltende Ehegatte diesen Gegenstand auch belasten, weil dies wirtschaftlich dem Erwerb eines belasteten Gegenstandes entspricht.[19] 20

## VI. Schutz gutgläubiger Dritter

**1. Guter Glaube an Alleineigentum.** Gutgläubige Dritte werden nach den **allgemeinen Vorschriften** geschützt:[20] Der gute Glaube an das Alleineigentum eines Ehegatten ist unter den Voraussetzungen der §§ 932 ff., § 892 geschützt.[21] Verfügt der nichtverwaltende Ehegatte über eine bewegliche Sache, so wird gutgläubiger Erwerb häufig an § 935 scheitern, wenn der Verwalter den unmittelbaren (Mit-)Besitz hieran ohne seinen Willen verloren hat.[22] An der Eintragung der Gütergemeinschaft im Güterrechtsregister scheitert dagegen weder der Erwerb eines Grundstücks noch der einer beweglichen Sache, wenn der Erwerber auf das Alleineigentum des Veräußerers vertraut. §§ 892 und §§ 932 ff. schließen die Anwendung des § 1412 in diesen Fällen aus.[23] Die Eintragung der Gütergemeinschaft im Güterrechtsregister führt auch nicht dazu, dass dem Erwerber einer beweglichen Sache regelmäßig grobe Fahrlässigkeit vorgeworfen werden kann.[24] Angesichts des geringen Anteils der Eheverträge, die im Güterrechtsregister eingetragen sind, kann von dem Geschäftspartner nicht verlangt werden, dass er vor Vertragsschluss das Güterrechtsregister einsieht. Soll der Geschäftsgegner nicht besser gestellt werden, als wenn er mit einem Ehegatten kontrahieren würde, der im gesetzlichen Güterstand lebt, so muss zusätzlich noch Gutgläubigkeit iSv § 1365 gefordert werden.[25] 21

**2. Guter Glaube an Handelnden als Gesamtgutsverwalter.** Guter Glaube daran, dass der handelnde Ehegatte Gesamtgutsverwalter ist, wird unter den Voraussetzungen des § 1412 geschützt. 22

**3. Guter Glaube, dass Zustimmung nicht erforderlich.** Guter Glaube daran, dass das vom Verwalter vorgenommene Geschäft nicht der Zustimmung des anderen Ehegatten bedarf, die tatsächlich aber nach §§ 1423 ff. erforderlich ist, wird nicht geschützt, ohne Rücksicht darauf, ob der gute Glaube auf einem rechtlichen – Unkenntnis der Vorschriften über die Zustimmungsbedürftigkeit – oder tatsächlichen – Unkenntnis, dass es sich um das Gesamtgut im ganzen handelt – Irrtum beruht. Zweifelhaft ist, ob dies auch für den zuletzt erwähnten Fall der Unkenntnis gilt, dass es sich um das ganze Gesamtgut handelt, wenn ein Einzelgegenstand, über den verfügt wird, das Gesamtgut im Wesentlichen erschöpft. Zu § 1365 ist nach der herrschenden subjektiven Auffassung ein Einzelgegenstand dem ganzen Vermögen nur gleichzusetzen, wenn dem Geschäftspartner dieser Umstand bekannt war (→ § 1365 Rn. 32 ff.). Für § 1423 gilt dies nicht; die bloß objektive Erfüllung des § 1423 reicht für dessen Anwendung aus. Ein gutgläubiger Dritter wird nicht geschützt. Denn der Dritte weiß, dass die Ehegatten in Gütergemeinschaft leben und dass ihnen deshalb ihr Vermögen gemeinschaftlich zusteht. Kontrahiert er mit dem Verwalter allein, so vertraut er auf dessen fehlende Verfügungsbefugnis. Zu Recht weisen Soergel/*Gaul/Althammer* Rn. 14 auf den Unterschied zu § 1365 hin: Während § 1365 die aus dem Alleineigentum fließende Verfügungsmacht beschränkt, „wird in § 1423 eine ehevertraglich eingeräumte Verwaltungs- und Verfügungszuständigkeit in besonderen Fällen von Gesetzes wegen eingeschränkt und damit die allgemeine Regel wiederhergestellt, dass über gemeinschaftliche Gegenstände auch nur gemeinschaftlich verfügt werden darf". Daraus muss aber die Konsequenz gezogen werden, dass ein Gutglaubensschutz hier nicht stattfindet.[26] 23

---

[19] HM; KGJ 30, A 207; OLG Saarbrücken FamRZ 1955, 138, Soergel/*Gaul/Althammer* Rn. 13; auf die Frage des Durchgangserwerbs kommt es daher nicht an.

[20] HM; grdl. aA *Gernhuber/Coester-Waltjen* FamR § 38 Rn. 83; aA Staudinger/*Thiele,* 2018, § 1412 Rn. 48 f.: „überkommene und bis heute hM"; Palandt/*Brudermüller* § 1422 Rn. 4.

[21] HM; vgl. Soergel/*Gaul/Althammer* Rn. 14 mzN; aA *Mikat* FS Felgentraeger, 1969, 349 f.; *Gernhuber/Coester-Waltjen* FamR § 38 Rn. 83.

[22] OLG Braunschweig OLGE 26, 176.

[23] HM, vgl. die Nachweise bei Soergel/*Gaul/Althammer* Rn. 14.

[24] AA die hM; *Dölle* FamR I § 71 V Fn. 3; Erman/*Heinemann* Rn. 5; Palandt/*Brudermüller* Rn. 5; Soergel/*Gaul/Althammer* Rn. 14; jedenfalls für geringwertige Gegenstände wie hier RGRK-BGB/*Finke* Rn. 26; Bamberger/Roth/Hau/Poseck/*Siede* Rn. 10; Bamberger/Roth/Hau/Poseck/*Siede* § 1412 Rn. 16; NK-BGB/*Völker* Rn. 18.

[25] Dies vermeidet das von *Gernhuber* FamR § 38 VII 11 zu Recht beanstandete paradoxe Ergebnis; das von *Gernhuber/Coester-Waltjen* FamR § 38 Rn. 83 mit Fn. 121 wohl nicht mehr als paradox angesehen wird.

[26] AA die hM, die auch im Rahmen des § 1423 die subjektive Theorie vertritt; so Erman/*Heinemann* § 1423 Rn. 1 (Verweisung auf § 1365); Soergel/*Gaul/Althammer* § 1423 Rn. 4 mit Verweisung auf die Grundsätze des § 1365.

24 **4. Folgen gutgläubigen Erwerbs.** Die Folgen gutgläubigen Erwerbs des Dritten sind unterschiedlich je nachdem, ob das zugrunde liegende Verpflichtungsgeschäft vom Verwalter ohne die nach §§ 1423 ff. erforderliche Zustimmung vorgenommen und damit unwirksam ist oder ob das mit dem nichtverwaltenden Ehegatten abgeschlossene Verpflichtungsgeschäft für diesen wirksam ist: Im ersten Falle ist das gutgläubig Erworbene nach den Grundsätzen der ungerechtfertigten Bereicherung vom Dritten herausgegeben (→ § 1428 Rn. 2), im zweiten Fall hat der Dritte nicht rechtsgrundlos erworben. Dem Ehegatten stehen die Ansprüche nach § 816 gegen den verfügenden Ehegatten bzw. den Dritten zu.

## VII. Rechtsstreitigkeiten für das Gesamtgut

25 Die Rechtsstreitigkeiten für das Gesamtgut führt der verwaltende Ehegatte im eigenen Namen auf Grund der ihm kraft Gesetzes verliehenen aktiven und passiven **Prozessstandschaft.** Dies gilt auch für (Aktiv- und Passiv-)Prozesse über Gegenstände, über die der Verwalter nach §§ 1423–1425 nur mit Zustimmung des anderen Ehegatten verfügen könnte.[27] Enthält eine Prozesshandlung allerdings zugleich eine materiell-rechtliche Verfügung über den Gegenstand, so ist hierzu die Zustimmung des anderen Ehegatten erforderlich. Dies ist unstreitig der Fall beim Vergleich, umstritten dagegen bei Anerkenntnis und Verzicht. Die Auffassung, die hierzu wegen der Auswirkung als Verfügung die Zustimmung des anderen Ehegatten verlangt, obwohl es sich um prozessuale Erklärungen handelt,[28] verdient den Vorzug.[29] Das Urteil wirkt hinsichtlich des Gesamtguts auch für und gegen den anderen Ehegatten (Rechtskrafterstreckung).[30]

26 Der **Klageantrag** kann bei der Leistungsklage auf Leistung an den Verwalter allein gerichtet sein,[31] es muss aber zum Ausdruck gebracht werden, dass es sich um einen Gesamtgutsgegenstand handelt.[32] Auch bei Passivprozessen ist der Verwalter allein zu verklagen. Daneben kann auch der andere Ehegatte verklagt werden, wenn er persönlicher Schuldner der Forderung ist.

27 Der **andere Ehegatte** ist zur Prozessführung mit Wirkung für das Gesamtgut nur im Rahmen der §§ 1428 ff. oder dann berechtigt, wenn ihn der verwaltende Ehegatte zur Prozessführung ermächtigt hatte.[33] Soweit der andere Ehegatte den Rechtsstreit nicht auf Grund eines dieser Sachverhalte führt, ist er Dritter und kann als Zeuge vernommen werden.[34]

## VIII. Zwangsvollstreckung in das Gesamtgut

28 Zur Zwangsvollstreckung in das Gesamtgut ist ein Titel gegen den Gesamtgutsverwalter erforderlich und ausreichend (§ 740 Abs. 1 ZPO). Zu Einzelheiten → § 1437 Rn. 12 ff.

## IX. Abweichende Vereinbarungen

29 Die Regelungen des § 1422 können im Rahmen der allgemeinen Schranken (Grenzen der Ehevertragsfreiheit, § 138 usw) durch Ehevertrag modifiziert werden. Die Verfügungsbefugnis des Gesamtgutsverwalters kann wegen § 137 über die §§ 1423–1425 hinaus mit Wirkung Dritten gegenüber allerdings nicht beschränkt werden.[35] Dagegen kann sich der Verwalter im Verhältnis zum anderen Ehegatten verpflichten, bestimmte Rechtsgeschäfte nicht ohne dessen vorherige Zustimmung vorzunehmen. Eine solche Verpflichtung kann Gegenstand eines Ehevertrages sein und kann dann auch nur durch Ehevertrag wieder aufgehoben werden. Eine ehevertragliche Vereinbarung ist erforderlich, wenn die Verpflichtung nach ihrem Gegenstand in die güterrechtlichen Verhältnisse der Ehegatten eingreift (→ § 1408 Rn. 6 ff.). Dies ist dann nicht der Fall, wenn sie sich nur auf ein einzelnes Rechtsgeschäft oder auf eine eingegrenzte Gruppe von Rechtsgeschäften bezieht. In einem solchen Fall kann die Verpflichtung auch Gegenstand einer schuldrechtlichen Vereinbarung sein, die dann nicht der Form des Ehevertrages bedarf. Eine Einschränkung der Verfügungsbeschränkungen der §§ 1423–1425 ist im Rahmen der allgemeinen rechtlichen Schranken möglich (vgl. dazu die Erläuterungen zu den einzelnen Vorschriften).

---

[27] AllgM; vgl. *Dölle* FamR I § 70 V 2; Staudinger/*Thiele,* 2018, Rn. 27.
[28] BGH LM ZPO § 306 Nr. 1.
[29] Staudinger/*Thiele,* 2018, Rn. 27; aA Soergel/*Gaul/Althammer* Rn. 10.
[30] AllgM; s. Mot. IV 360.
[31] RGZ 67, 265.
[32] AllgM; Soergel/*Gaul* Rn. 10; aA Staudinger/*Thiele,* 2018, Rn. 29 für die Leistungsklage.
[33] Gewillkürte Prozessstandschaft, *Gernhuber/Coester-Waltjen* FamR § 38 Rn. 84; das Ergebnis entspricht der hM, die Begründung ist unterschiedlich vgl. RGZ 148, 243 (247); Erman/*Heinemann* Rn. 4; Soergel/*Gaul* Rn. 12; vgl. auch RGZ 60, 146; RG JW 1910, 818.
[34] AllgM; RGZ 67, 265; Soergel/*Gaul/Althammer* Rn. 10.
[35] *Zöllner* FamRZ 1965, 116 f.; Staudinger/*Felgentraeger,* 10./11. Aufl. 1970, § 1408 Rn. 58, 89.

## § 1423 Verfügung über das Gesamtgut im Ganzen

**[1]Der Ehegatte, der das Gesamtgut verwaltet, kann sich nur mit Einwilligung des anderen Ehegatten verpflichten, über das Gesamtgut im Ganzen zu verfügen. [2]Hat er sich ohne Zustimmung des anderen Ehegatten verpflichtet, so kann er die Verpflichtung nur erfüllen, wenn der andere Ehegatte einwilligt.**

### I. Normzweck

Die wichtigsten Rechtsgeschäfte bedürfen auch bei Alleinverwaltung des Gesamtguts durch einen Ehegatten der Zustimmung des anderen. Das vermögensrechtlich bedeutsamste Geschäft ist das über die Vermögensmasse des Gesamtguts im Ganzen. Schon die besondere Bedeutung dieses Geschäfts trägt das Zustimmungserfordernis. Die Mot. IV 51 weisen zusätzlich noch auf den besonderen Charakter dieses Geschäfts hin: Wenn der Gesamtgutsverwalter Rechtsgeschäfte über das Gesamtgut im ganzen allein vornehmen könnte, wäre er in der Lage, der Gütergemeinschaft die Grundlage zu entziehen. 1

### II. Zustimmungsbedürftige Rechtsgeschäfte

Zu der Frage, wann ein Rechtsgeschäft über das **Gesamtgut im ganzen** vorliegt, insbesondere, 2
in welchen Fällen ein Rechtsgeschäft über einen einzelnen Gegenstand oder über einzelne Gegenstände ein Rechtsgeschäft über das Gesamtgut im ganzen enthält, gelten die zu § 1365 entwickelten Rechtsgrundsätze entsprechend (→ § 1365 Rn. 11 ff.). Ein Unterschied zu § 1365 ist allerdings, dass es für § 1423 allein auf die objektiven Umstände, nicht auf deren Kenntnis durch den Geschäftspartner ankommt (→ § 1422 Rn. 23 mwN zu abweichenden Ansichten). Diese Frage hat wegen § 1424 hier geringere Bedeutung als bei § 1365. Wie bei § 1365 muss es sich um ein Rechtsgeschäft handeln, das rechtlich das Gesamtgut ganz oder nahezu ausschöpft. Die Vorschrift ist dagegen nicht anwendbar, wenn ein Rechtsgeschäft nur dazu führt, dass das Gesamtgut wirtschaftlich im Wesentlichen ausgeschöpft wird[1] (zB die Aufnahme eines hohen Darlehens; anders – dh rechtliche Ausschöpfung –, wenn die wesentlichen Gesamtgutsgegenstände für dieses Darlehen verpfändet werden).

Der Einwilligung bedarf das Verpflichtungsgeschäft über das Gesamtgut im Ganzen. Die Erfül- 3
lung eines solchen Verpflichtungsgeschäftes geschieht nach den allgemeinen Grundsätzen durch die einzelnen Verfügungsgeschäfte je nach dem betroffenen Rechtsgegenstand. Hat sich der verwaltende Ehegatte ohne Zustimmung des anderen verpflichtet, so bedürfen diese einzelnen Verfügungsgeschäfte dessen Zustimmung. Hat der andere Ehegatte dagegen bereits der Verpflichtung zugestimmt, ist seine Zustimmung zu den Verfügungsgeschäften nicht mehr erforderlich.[2]

### III. Die Einwilligung des anderen Ehegatten und die Rechtsfolgen fehlender Einwilligung

Für die Einwilligung gelten die allgemeinen Vorschriften der §§ 182–185. Eine besondere Form 4
ist – auch zu selbst formbedürftigen Rechtsgeschäften – nicht vorgeschrieben (die Formvorschriften in Verfahrensgesetzen – zB § 29 GBO – gelten selbstverständlich auch hier). Die Einwilligung kann deshalb ausdrücklich oder stillschweigend erteilt werden.[3] Sie ist auch dann wirksam, wenn der zustimmende Ehegatte gar nicht weiß, dass seine Zustimmung zu dem Geschäft erforderlich ist.[4] Notwendig ist aber – positiv – die Einwilligung des Ehegatten; dass er – negativ – die Einwilligung nicht verweigert, genügt nicht.[5]

Zu den Rechtsfolgen fehlender Einwilligung s. §§ 1427, 1428, 1434, 1435 S. 3, 1447 Nr. 1 und 5
die Erläuterungen hierzu.

### IV. Abweichende Vereinbarungen

Außerordentlich **umstritten** ist, **ob § 1423 abbedungen werden kann** (eine Rechtsfrage, 6
der allerdings wenig praktische Bedeutung zukommt, weil kaum ein Ehegatte geneigt sein wird, dem Verwalter im Ehevertrag Befreiung von § 1423 zu erteilen). Mit der überwM[6] ist dies zu

---

1 RGZ 54, 283.

2 OLG Celle NJW 1962, 743.

3 RGZ 158, 40 (41); OLG Düsseldorf JW 1925, 1139.

4 RGZ 108, 281.

5 BGH NJW 1989, 1225.

6 *Mikat* FS Felgentraeger, 1969, 323 (333); *Dölle* FamR I § 70 VI 1 Fn. 27; Staudinger/*Thiele,* 2018, Rn. 13; Palandt/*Brudermüller* Rn. 1; im Anschluss an die früher zu § 1444 aF vertretene hM vertreten Soergel/*Gaul/Althammer* Rn. 2 die Auffassung, § 1423 sei eine zwingende Schutzvorschrift; ebenso *Zöllner* FamRZ 1965, 113 (118).

bejahen. Es muss dem Ehegatten selbst überlassen bleiben, darüber zu entscheiden, ob er über die Vereinbarung von Gütergemeinschaft mit Alleinverwaltungsbefugnis des anderen Ehegatten hinaus dessen Rechtsmacht durch Befreiung von dieser Vorschrift noch erweitern und damit einen Schritt tun möchte, dessen spätere Folgen sich kaum übersehen lassen. Die Abdingung des § 1423 ist auch nicht regelmäßig sittenwidrig.[7] Sie ist etwa nicht nur in den Fällen ausnahmsweise sittengemäß und damit zulässig, in denen der nichtverwaltende Ehegatte Vorbehaltsgut in größerem Umfang besitzt, sondern im Gegenteil müssen zusätzliche Umstände zur Abdingung hinzutreten, damit diese als sittenwidrig erscheint. Die Befreiung vom Zustimmungserfordernis kann im Güterrechtsregister eingetragen werden.[8]

## § 1424 Verfügung über Grundstücke, Schiffe oder Schiffsbauwerke

**[1]Der Ehegatte, der das Gesamtgut verwaltet, kann nur mit Einwilligung des anderen Ehegatten über ein zum Gesamtgut gehörendes Grundstück verfügen; er kann sich zu einer solchen Verfügung auch nur mit Einwilligung seines Ehegatten verpflichten. [2]Dasselbe gilt, wenn ein eingetragenes Schiff oder Schiffsbauwerk zum Gesamtgut gehört.**

### I. Normzweck

1 Als ebenfalls regelmäßig besonders bedeutsam bedürfen Rechtsgeschäfte über Grundbesitz (gleichgestellt sind Rechtsgeschäfte über Schiffe und Schiffsbauwerke) der Zustimmung des anderen Ehegatten. Anders als die § 1423 und § 1425 hat § 1424 erhebliche Bedeutung. Dies vor allem deshalb, weil der Güterstand der Gütergemeinschaft bei Ehegatten, die ein landwirtschaftliches Anwesen besitzen, besonders verbreitet ist.

### II. Zustimmungsbedürftige Rechtsgeschäfte

2 **1. Verpflichtungs- und Verfügungsgeschäfte.** Der Zustimmung des anderen Ehegatten bedürfen sowohl Verpflichtungs- als auch Verfügungsgeschäfte. Anders als bei § 1423 bedarf also auch die spätere Verfügung noch der Zustimmung des anderen Ehegatten, wenn dieser dem entsprechenden Verpflichtungsgeschäft vorher bereits zugestimmt hatte. Die Ehegatten müssen auch dann bei der Verfügung zusammenwirken, wenn das Verpflichtungsgeschäft bereits vor Begründung der Gütergemeinschaft abgeschlossen wurde (da das Gesamtgut nach § 1437 Abs. 2 für die vorher eingegangenen Verpflichtungen haftet, sind die Ehegatten verpflichtet, die Verfügung vorzunehmen). Vor Eintritt der Gütergemeinschaft bereits getroffene, aber noch nicht vollzogene Verfügungen wirken dagegen weiter, weil das beiderseitige Vermögen bei Begründung der Gütergemeinschaft durch Universalsukzession auf das Gesamtgut übergeht (→ § 1416 Rn. 7).

3 **2. Verfügungen über Grundstücke und Schiffe. a) Grundsatz.** Zustimmungsbedürftig sind Verfügungen über Grundstücke, Schiffe und Schiffsbauwerke. Das Gleiche wie für Grundstücke gilt wie stets für **grundstücksgleiche Rechte** (Erbbaurechte; § 11 ErbbauRG).[1] Dagegen bedürfen Verfügungen über Rechte an Grundstücken nicht der Zustimmung. Der Begriff der „Verfügung" ist hier im allgemein üblichen Sinne zu verstehen. Verfügungen sind daher insbesondere die Veräußerung und die Belastung.

4 **b) Übertragung.** Im Einzelnen ist jede Übertragung zustimmungsbedürftig, also auch die Übertragung eines realen oder ideellen Grundstücksteiles. Dies gilt auch, wenn Miterben über ein Nachlassgrundstück zugunsten eines Dritten oder eines anderen Miterben verfügen.[2] Dies gilt auch, wenn andere Erben oder ein Dritter nur einen Miteigentumsanteil am Grundstück erhalten. Nach weithin vertretener Auffassung bedarf dagegen die Verfügung über einen Erbteil der Zustimmung nicht, auch wenn zum Nachlass ein Grundstück gehört, weil die Verfügung über den Erbteil keine Verfügung über das Grundstück enthält.[3] Die allgemein geforderte[4] teleologische, am wirtschaftlichen Ergebnis ausgerichtete Auslegung des § 1424 führt aber auch hier zur Zustimmungsbedürftig-

---

7 Ebenso *Mikat* FS Felgentraeger, 1969, 323 (333); Staudinger/*Thiele,* 2018, Rn. 13; Erman/*Heinemann* Rn. 5: kann sittenwidrig sein.

8 Allg. zur Eintragungsfähigkeit im Güterrechtsregister BGH NJW 1976, 1258; Staudinger/*Thiele,* 2018, Rn. 13.

1 BGH NJW 1968, 496.

2 HM, BayObLG 20, 319; KG JW 1938, 3115; Soergel/*Gaul/Althammer* Rn. 5; Staudinger/*Thiele,* 2018, Rn. 8.

3 BayObLG 4, 22; Soergel/*Gaul* Rn. 6.

4 Vgl. Soergel/*Gaul/Althammer* Rn. 6; Staudinger/*Thiele,* 2018, Rn. 8.

keit,[5] weil auch hier wirtschaftlich ein Teil eines Grundstücks vom Gesamtgut weggegeben wird. Das Gleiche gilt für die Verfügung über den Anteil an einer Personalgesellschaft, der ein Grundstück gehört. Zustimmungsbedürftig ist auch der Antrag auf Teilungsversteigerung eines Grundstücks.[6] Dagegen ist die Ausdehnung der Zustimmungsbedürftigkeit auf die Verfügung über einen Anspruch des Gesamtguts auf Übereignung eines Grundstücks nicht gerechtfertigt, weil in diesem Fall das Grundstück noch nicht zum Gesamtgut gehört hat;[7] steht dem Gesamtgut schon ein Anwartschaftsrecht zu, bedarf die Verfügung über dieses Recht aber der Zustimmung. Nach dem Sinn der Vorschrift ist die Zustimmung zur Realteilung eines Grundstücks dann nicht erforderlich, wenn die realen Teile im Gesamtgut verbleiben. Der Erwerb eines Grundstücks ist keine Verfügung des Erwerbers über das Grundstück. Nicht zustimmungsbedürftig ist auch der Erwerb eines Grundstücks in der Erbauseinandersetzung durch einen Miterben, soweit dieser das ganze bisher erbengemeinschaftliche Grundstück bzw. den ganzen der Erbengemeinschaft bisher zustehenden Grundstücksanteil erwirbt. Zum Erwerb → § 1416 Rn. 35.

**c) Belastung.** In gleicher Weise bedürfen alle Belastungen eines Grundstücks der Zustimmung. 5
Dies gilt auch für die Ausdehnung von Belastungen, zB die Erhöhung des Zinssatzes einer Hypothek[8] oder die Bestandteilszuschreibung eines Gesamtgutsgrundstücks, wenn sie zur Belastungsausdehnung nach § 1131 führt. Auch die Belastung mit einer Eigentümergrundschuld ist zustimmungsbedürftig;[9] deren Abtretung ist dagegen nur Verfügung über ein Recht an einem Grundstück, also nicht zustimmungsbedürftig.[10] Dies entspricht auch der teleologischen Auslegung des § 1424: Eine Eigentümergrundschuld wird regelmäßig in der Absicht ihrer Abtretung bestellt. Die teilweise „Abspaltung" eines Teils des Grundstückseigentums liegt daher schon in der Bestellung der Eigentümergrundschuld. Die Interessen des anderen Ehegatten, aber auch des Dritten, an den die Eigentümergrundschuld später abgetreten wird, werden so am besten geschützt, weil bei der Eintragung der Eigentümergrundschuld das Vorliegen der Zustimmung des anderen Ehegatten vom Grundbuchamt zu prüfen ist. Auch die Bestellung einer Vormerkung bedarf der Zustimmung,[11] was freilich nicht von großer Bedeutung ist, weil jedenfalls das Verpflichtungsgeschäft, das der Vormerkung zugrunde liegt, zustimmungsbedürftig ist.

Bei der gebotenen am Zweck der Vorschrift ausgerichteten Auslegung ist zur **Belastung** eines 6
Grundstücks **im Zusammenhang mit** dessen **Erwerb** keine Zustimmung erforderlich, weil sie dem Erwerb eines schon belasteten Grundstücks gleichsteht, im wirtschaftlichen Ergebnis nicht eine Verkürzung eines bereits erfolgten Erwerbs, sondern einen schon verkürzten Erwerb bedeutet.[12]

Schließlich sind nicht zustimmungspflichtig die Rechtsgeschäfte, in denen der Eigentümer die 7
erforderlichen Zustimmungen zu Belastungsänderungen abgibt, wenn dadurch die **Belastung nicht erweitert** wird (zB die Zustimmung zur Löschung eines Grundpfandrechts oder zu Rangänderungen). Zustimmungsfrei ist auch die nachträgliche dingliche Unterwerfung eines Grundstücks unter die sofortige Zwangsvollstreckung wegen eines Grundpfandrechts,[13] weil sie nicht zu einer Erweiterung der Belastung führt, sondern nur eine Vollstreckungserleichterung bedeutet.

**3. Umfang des Zustimmungserfordernisses.** Die Verpflichtungsgeschäfte bedürfen in glei- 8
chem Umfang wie die Verfügungen der Zustimmung. Auch **Umgehungsgeschäfte,** die § 1424 vermeiden sollen, sind zustimmungsbedürftig, so zB die Übernahme einer Vertragsstrafe.[14] Die Übernahme der Haftung des Gesamtgutsverwalters dafür, dass der andere Ehegatte einwilligt, ist nichtig; sie ist wirksam, wenn die Haftung auf Vorbehalts- und Sondergut des verwaltenden Ehegatten beschränkt wird.[15]

## III. Die Einwilligung des anderen Ehegatten und die Folgen fehlender Einwilligung

Zur Einwilligung → § 1423 Rn. 4. Für ihre **Form** gilt (nicht materiell- sondern formell- 9
rechtlich) regelmäßig § 29 GBO. Zu den Rechtsfolgen fehlender Einwilligung → § 1423 Rn. 5 mwN.

---

[5] Ebenso Palandt/*Brudermüller* Rn. 2; Staudinger/*Thiele,* 2018, Rn. 8.

[6] Vgl. OLG Koblenz NJW 1967, 1139 (1140).

[7] Übereinstimmend BGH LM Nr. 1 = FamRZ 1971, 520 (auch wenn der Anspruch durch Vormerkung gesichert ist); RGZ 111, 185; BayObLG FamRZ 1954, 257; Soergel/*Gaul/Althammer* Rn. 6.

[8] BayObLG RJA 13, 294; aA OLG Hamburg OLGE 16, 264.

[9] KGJ 43, 256; Staudinger/*Thiele,* 2018, Rn. 9.

[10] Staudinger/*Thiele,* 2018, Rn. 10.

[11] KGJ 29, 151; Erman/*Heinemann* Rn. 2; Palandt/*Brudermüller* Rn. 2; Soergel/*Gaul/Althammer* Rn. 5; Staudinger/*Thiele,* 2018, Rn. 9; NK-BGB/*Völker* Rn. 12; aA BayObLG NJW 1957, 1521.

[12] Heute hM, BGH NJW 1957, 1187; Palandt/*Brudermüller* Rn. 3; Soergel/*Gaul/Althammer* Rn. 6; Staudinger/*Thiele,* 2018, Rn. 12 mwN.

[13] HM, BayObLG SeuffA 69, 367; Erman/*Heinemann* Rn. 2; Soergel/*Gaul/Althammer* Rn. 6.

[14] Vgl. OLG Posen SeuffA 62, 408; Staudinger/*Thiele,* 2018, Rn. 17.

[15] Staudinger/*Thiele,* 2018, Rn. 17.

### IV. Abweichende Vereinbarungen

10 § 1424 kann durch Ehevertrag **abbedungen** oder eingeschränkt werden.[16]

## § 1425 Schenkungen

**(1) [1]Der Ehegatte, der das Gesamtgut verwaltet, kann nur mit Einwilligung des anderen Ehegatten Gegenstände aus dem Gesamtgut verschenken; hat er ohne Zustimmung des anderen Ehegatten versprochen, Gegenstände aus dem Gesamtgut zu verschenken, so kann er dieses Versprechen nur erfüllen, wenn der andere Ehegatte einwilligt. [2]Das Gleiche gilt von einem Schenkungsversprechen, das sich nicht auf das Gesamtgut bezieht.**

**(2) Ausgenommen sind Schenkungen, durch die einer sittlichen Pflicht oder einer auf den Anstand zu nehmenden Rücksicht entsprochen wird.**

### I. Normzweck

1 Eine Minderung des Gesamtguts durch Schenkungen, die über übliche Anstandsschenkungen hinausgehen, soll dem Verwalter nicht allein überlassen bleiben. Bei solchen Schenkungen handelt es sich um unübliche Rechtsgeschäfte, die nicht in den Rahmen der regelmäßigen Verwaltung des Gesamtguts fallen.[1] Deshalb ist hierzu die Zustimmung des anderen Ehegatten erforderlich.

### II. Zustimmungsbedürftige Schenkungen

2 Die Einwilligung ist erforderlich für **Handschenkungen** aus dem Gesamtgut und für die **Erfüllung von Schenkungsversprechen aus** dem **Gesamtgut,** die der Verwalter ohne Zustimmung eingegangen ist (hier ist also wie bei § 1423 und anders als bei § 1424 eine erneute Zustimmung zum Erfüllungsgeschäft nach Zustimmung zum Verpflichtungsgeschäft nicht erforderlich), sowie zu **Schenkungsversprechen,** ohne Rücksicht darauf, welche Vermögensmasse betroffen ist. Dass nicht nur Schenkungsversprechen, die sich auf das Gesamtgut beziehen, sondern auch solche Schenkungsversprechen der Zustimmung bedürfen, die das Vorbehaltsgut des Verwalters betreffen, beruht auf der Haftung des Gesamtguts auch für solche Schenkungsversprechen nach § 1437 Abs. 1. Dieser Gesichtspunkt trifft nicht zu, wenn bei dem Schenkungsversprechen die Haftung des Gesamtguts ausdrücklich ausgeschlossen wird. Deshalb ist hier die Zustimmung des anderen Ehegatten nicht erforderlich.[2] Nach hM[3] wird ein ohne Zustimmung des anderen Ehegatten gegebenes Schenkungsversprechen wirksam, wenn es der Verwalter aus Mitteln seines Vorbehaltsguts erfüllt (Rechtsgedanke, dass schwebend unwirksame, zustimmungsbedürftige Rechtsgeschäfte voll wirksam werden, wenn die Zustimmungsbedürftigkeit später wegfällt).

3 Der Begriff der Schenkung umfasst – entsprechend dem Zweck der Vorschrift – trotz der gewählten Formulierung, die auch eine engere Auslegung zuließe, **alle unentgeltlichen Zuwendungen,** also zB auch (wenn unentgeltlich) die Übernahme einer Bürgschaft,[4] die Löschung einer Grundschuld[5] oder die Stellung von Sicherheiten, zB die Sicherungsabtretung einer Hypothek.[6]

4 **Ausgenommen** sind nach Abs. 2 **Pflicht- und Anstandsschenkungen,** dh die üblichen Geschenke aus Anlass von Familienfesten und Jubiläen, Aufwendungen anlässlich gesellschaftlicher Einladungen, Gastgeschenke, Trinkgelder, Spenden zu gemeinnützigen Zwecken im üblichen Umfang und Zuwendungen an Verwandte, denen gegenüber zwar keine Unterhaltspflicht besteht, deren Unterstützung aber nach den Umständen einer sittlichen Pflicht oder einer auf den Anstand zu nehmenden Rücksicht entspricht.

5 Die **Ausstattung** eines Kindes ist nach § 1624 Abs. 1 nur insoweit Schenkung, als sie das den Umständen entsprechende Maß übersteigt, in diesem Rahmen also von vornherein nicht von § 1425 betroffen.[7] Geht die Ausstattung darüber hinaus, ist sie zustimmungsbedürftig, da dann auch die Grenze des § 1425 Abs. 2 überschritten ist. Zu weiteren Einzelheiten und zur Tragung im Innenverhältnis → § 1444 Rn. 3 ff.

---

16 HM; RGZ 159, 363; *Gernhuber* FamR § 32 III 6 mN in Fn. 4; Staudinger/*Thiele,* 2018, Rn. 20 mwN; Erman/*Heinemann* Rn. 5; aA Soergel/*Gaul*/*Althammer* Rn. 2 mN.

1 Mot. IV 356 f.

2 AllgM; RGRK-BGB/*Finke* Rn. 2; Soergel/*Gaul*/*Alhammer* Rn. 3; Staudinger/*Thiele,* 2018, Rn. 5.

3 S. Palandt/*Brudermüller* Rn. 3; Staudinger/*Thiele,* 2018, Rn. 5.

4 RGZ 54, 284.

5 KG OLGE 33, 341.

6 BayObLG HRR 1935 Nr. 1314.

7 So richtig Erman/*Heinemann* Rn. 2; Staudinger/*Thiele,* 2018, Rn. 10; anders Soergel/*Gaul*/*Althammer* Rn. 4, die Abs. 2 anwenden.

### III. Die Einwilligung des anderen Ehegatten und die Rechtsfolgen fehlender Einwilligung

Zur Einwilligung → § 1423 Rn. 4. Ein Vormund – falls ein Minderjähriger nach § 1303 aF die Ehe geschlossen hat – oder ein Pfleger können einer Schenkung nicht zustimmen (§§ 1804, 1915 Abs. 1) Ein Betreuer vermag nach § 1908i Abs. 2 S. 1 seine Zustimmung zu Gelegenheitsgeschenken erteilen. Zu den Rechtsfolgen fehlender Einwilligung → § 1423 Rn. 5 mwN. 6

### IV. Abweichende Vereinbarungen

Auch § 1425 kann – in den Grenzen des § 138 – durch Ehevertrag **abbedungen** werden.[8] Anderer Ansicht ist die überwM, die die Auffassung vertritt, § 1425 sei eine zwingende Schutzvorschrift.[9] 7

## § 1426 Ersetzung der Zustimmung des anderen Ehegatten

**Ist ein Rechtsgeschäft, das nach den §§ 1423, 1424 nur mit Einwilligung des anderen Ehegatten vorgenommen werden kann, zur ordnungsmäßigen Verwaltung des Gesamtguts erforderlich, so kann das Familiengericht auf Antrag die Zustimmung des anderen Ehegatten ersetzen, wenn dieser sie ohne ausreichenden Grund verweigert oder durch Krankheit oder Abwesenheit an der Abgabe einer Erklärung verhindert und mit dem Aufschub Gefahr verbunden ist.**

**Übersicht**



### I. Normzweck, Grundsätzliches

Entsprechend § 1365 Abs. 2 kann die **Zustimmung des anderen Ehegatten** zu einem nach den § 1423 und § 1424 zustimmungsbedürftigen Geschäft **durch** das **Familiengericht ersetzt** werden. Die Ersetzung der Zustimmung zu einer Schenkung nach § 1425 ist ausgeschlossen. Eine Schenkung aus dem Gesamtgut, die über Pflicht- und Anstandsschenkungen hinausgeht, soll nur zulässig sein, wenn dies beide Ehegatten befürworten. Die Zustimmung zu einer solchen Schenkung könnte nach § 1426 sowieso nicht ersetzt werden, weil sie niemals „zur ordnungsmäßigen Verwaltung des Gesamtguts erforderlich" wäre. 1

In den Fällen des § 1426 wäre der andere Ehegatte auf Grund der ehelichen Treupflicht zur Erteilung seiner Zustimmung verpflichtet. **§ 1426 erspart** es dem Verwalter, **auf** die **Zustimmung** des anderen Ehegatten **anzutragen** (da das vermögensrechtliche Element überwiegt, wäre Antrag auf Zustimmung mit Vollstreckungsmöglichkeit, nicht nur Antrag auf Herstellung des ehelichen Lebens möglich) (→ § 1353 Rn. 13, 50), und gibt ihm die einfachere Möglichkeit, die Zustimmung des anderen Ehegatten durch das Familiengericht ersetzen zu lassen. Die Vorschrift schafft deshalb im Grunde keinen neuen materiellrechtlichen Tatbestand, sondern einen neuen Rechtsbehelf. 2

### II. Die Voraussetzungen für die Ersetzung der Zustimmung

Die Voraussetzungen für die Ersetzung sind in § 1426 **strenger als in § 1365 Abs. 2:** Während es nach § 1365 Abs. 2 ausreicht, dass das Geschäft den Grundsätzen einer ordnungsmäßigen Verwaltung entspricht, muss es nach § 1426 zur ordnungsmäßigen Verwaltung erforderlich sein. Das Gesamtgut ist gemeinschaftliches Vermögen der Ehegatten und deshalb stärker an die Entscheidung des anderen Ehegatten gebunden. Unter Beachtung dieses Unterschieds können die Erläuterungen zu § 1365 Abs. 2 (→ § 1365 Rn. 92 ff.) zur Auslegung des § 1426 herangezogen werden. 3

Die Zustimmung kann zu Rechtsgeschäften jeder Art ersetzt werden, die unter die §§ 1423 und 1424 fallen. Voraussetzung der Ersetzung ist, dass ein Geschäft zur ordnungsmäßigen Verwaltung 4

8 Wie hier Staudinger/*Thiele,* 2018, Rn. 16; Bamberger/Roth/Hau/Poseck/*Siede* Rn. 6; Palandt/*Brudermüller* Rn. 1; RGRK-BGB/*Finke* Rn. 13*Gernhuber/Coester-Waltjen* FamR § 32 Rn. 24; *Dölle* FamR I § 70 VI 3d.

9 KGJ 52, 109; *Zöllner* FamRZ 1965, 113 (118); Soergel/*Gaul/Althammer* Rn. 2 mwN.

des Gesamtguts erforderlich, dh notwendig ist.[1] Was zur **ordnungsmäßigen Verwaltung erforderlich** ist, richtet sich nach den Umständen des Einzelfalles unter Berücksichtigung der wirtschaftlichen Interessen der Familie[2] und der persönlichen Interessen der Familienangehörigen.[3] Es ist ein **objektiver Maßstab** anzulegen, auf die subjektive Auffassung des Verwalters und des anderen Ehegatten kommt es nicht an.[4] Ist unter verschiedenen möglichen Rechtsgeschäften wahlweise eines erforderlich (zB bei einem Grundstück entweder dessen Verkauf oder seine Belastung mit einem Erbbaurecht oder seine Belastung mit Grundpfandrechten, um die Bebauung zu ermöglichen), so kann die Zustimmung durch das Familiengericht für eines der Rechtsgeschäfte nach Wahl des Verwalters ersetzt werden.[5] Ist die Zweckmäßigkeit der möglichen Rechtsgeschäfte so unterschiedlich, dass nur eines der Rechtsgeschäfte als erforderlich erscheint, so kann nur die Zustimmung zu diesem Rechtsgeschäft ersetzt werden.

5 Auch die Frage, ob der andere Ehegatte seine **Zustimmung ohne ausreichenden Grund verweigert,** ist nach objektiven Gesichtspunkten zu entscheiden. Bei der objektiven Beurteilung, ob ein ausreichender Grund zur Verweigerung vorliegt, kann dabei aber die subjektive Wertung des Ehegatten, der seine Zustimmung verweigert, nicht außer Acht gelassen werden. Sowohl wirtschaftliche als auch ideelle Gründe können die Verweigerung rechtfertigen.[6] Ein ausreichender Grund zur Weigerung kann zB darin liegen, dass das Rechtsgeschäft für (die Ehegatten oder) den nicht zustimmenden Ehegatten nachteilig wäre[7] (bei einem Rechtsstreit sind deshalb seine Erfolgsaussichten zu prüfen)[8] oder dass es ihn in seinen moralischen Bindungen beeinträchtigen[9] oder den Familienfrieden gefährden könnte.[10]

6 Ist der andere Ehegatte durch **Krankheit oder Abwesenheit** an der Abgabe einer Erklärung verhindert, so setzt die Ersetzung der Zustimmung voraus, dass mit dem Aufschub Gefahr verbunden ist, dh, dass mit einem Zuwarten bis zu dem Zeitpunkt, zu dem der andere Ehegatte eine Erklärung voraussichtlich wieder abgeben kann, die Gefahr von Nachteilen verbunden ist, die es rechtfertigen, der Entscheidung des anderen Ehegatten vorzugreifen. Ein solcher Nachteil kann zB der drohende Ablauf einer Frist sein.[11]

### III. Die Ersetzung der Zustimmung und das Verfahren

7 Ersetzt werden kann nur die **Zustimmung zu** einem **konkreten Rechtsgeschäft,** dessen Einzelheiten bereits festliegen.[12] Abschluss des Rechtsgeschäfts in der notwendigen Form ist dagegen noch nicht erforderlich,[13] die Zustimmung kann auch schon auf Grund eines Entwurfes ersetzt werden. Die Ersetzung der Zustimmung ist nur zu dem Rechtsgeschäft als ganzem möglich.[14] Liegen die vorstehenden Voraussetzungen vor, so kann auch die Zustimmung zu einer Gruppe von Rechtsgeschäften im Voraus ersetzt werden.

8 **Antrag** auf Ersetzung der Zustimmung kann **nur vom verwaltenden Ehegatten,** nicht vom dritten Geschäftspartner gestellt werden.[15] Der verwaltende Ehegatte kann sich dem Dritten gegenüber aber zur Stellung des Antrages verpflichten. Unterlässt er dann trotzdem die Stellung des Antrages, kann Klage auf Antragstellung mit Vollstreckung nach § 894 ZPO[16] erhoben werden. Für einen Schadensersatzanspruch haftet nach § 1437 Abs. 1 das Gesamtgut, ein Schaden setzt aber voraus, dass der Antrag auf Ersetzung Erfolg gehabt hätte und mit der Verzögerung Nachteile für den Dritten verbunden waren.

9 Der verwaltende Ehegatte kann auch dem anderen Ehegatten zur Herbeiführung der Ersetzung seiner Zustimmung auf Grund seiner Pflicht zur ordnungsgemäßen Verwaltung des Gesamt-

---

1 Vgl. BayObLGZ 30, 309.
2 KG OLGE 34, 250.
3 BayObLG FamRZ 1983, 1127; 2005, 109.
4 BayObLG FamRZ 2005, 109.
5 AA *Kappler,* Die Beendigung der Gütergemeinschaft, 2006, 34 unter Berufung auf Staudinger/*Thiele,* 2018, § 1452 Rn. 13.
6 OLG Celle FamRZ 1975, 621 zu § 1425; BayObLG FamRZ 1990, 411 (412) zu § 1452.
7 BayObLG Recht 1920 Nr. 2422.
8 BayObLG NJW-RR 1990, 5 = FamRZ 1990, 411 (412).
9 BayObLGZ 1963, 183 zu § 1365 Abs. 2; BayObLG FamRZ 1990, 411 (412 f.) zu § 1452.
10 BayObLG FamRZ 1990, 411 (412 f.); OLG Celle FamRZ 1975, 621 (622) zu § 1452; OLG Hamm FamRZ 1967, 573 zu § 1365 Abs. 2; zu Einzelheiten → § 1365 Rn. 1 ff.
11 OLG Marienwerder LZ 1920, 398.
12 Vgl. BayObLG OLGE 43, 356.
13 BayObLG HRR 1935 Nr. 1315.
14 Vgl. KG JW 1934, 908.
15 KG JFG 9, 40.
16 AA Staudinger/*Thiele,* 2018, Rn. 29: Vollstreckung nach § 888 ZPO.

guts nach § 1435 verpflichtet sein, insbesondere wenn der andere Ehegatte krank oder abwesend ist.[17]

10 Die Ersetzung der Zustimmung ist von der Erteilung anderer zu dem Rechtsgeschäft etwa erforderlicher Genehmigungen (zB wiederum des FamG, wenn der Geschäftspartner minderjährig ist) unabhängig. Die Zustimmung kann deshalb ersetzt werden, auch wenn solche andere Genehmigungen noch ausstehen.[18]

11 Das **Verfahren** der Ersetzung ist nichtstreitige Güterrechtssache nach § 261 Abs. 2 FamFG. Es gilt dasselbe wie zu § 1365 Abs. 2 (→ § 1366 Rn. 22 ff.).

### IV. Rechtsfolgen der Ersetzung

12 Die Ersetzung der Zustimmung hat die **gleichen Rechtsfolgen wie** die **Zustimmung** selbst. Durch die Ersetzung wird der andere Ehegatte nicht persönlich verpflichtet. Ist die Ersetzung unanfechtbar, bindet sie das Prozessgericht.[19] Wird die Ersetzung der Zustimmung im Wiederaufnahmeverfahren wieder aufgehoben, so kann diese Entscheidung nur insoweit zurückwirken, als dadurch die materielle Rechtslage nicht beeinträchtigt wird.[20]

### V. Abweichende Vereinbarungen

13 Auch § 1426 ist – in den Grenzen des § 138 – durch Ehevertrag **abdingbar.** Anderer Ansicht ist die hM, die einen solchen Ausschluss als unzulässig ansieht.[21] Dem verwaltenden Ehegatten bliebe noch die Möglichkeit, im streitigen Verfahren den anderen Ehegatten auf Erteilung der Zustimmung (auf Grund der allgemeinen ehelichen Treupflicht, → Rn. 2) in Anspruch zu nehmen. Dass ein Ausschluss des § 1426 im Regelfall unzweckmäßig wäre, ist eine andere Frage.

## § 1427 Rechtsfolgen fehlender Einwilligung

**(1) Nimmt der Ehegatte, der das Gesamtgut verwaltet, ein Rechtsgeschäft ohne die erforderliche Einwilligung des anderen Ehegatten vor, so gelten die Vorschriften des § 1366 Abs. 1, 3, 4 und des § 1367 entsprechend.**

**(2) [1]Einen Vertrag kann der Dritte bis zur Genehmigung widerrufen. [2]Hat er gewusst, dass der Ehegatte in Gütergemeinschaft lebt, so kann er nur widerrufen, wenn dieser wahrheitswidrig behauptet hat, der andere Ehegatte habe eingewilligt; er kann auch in diesem Falle nicht widerrufen, wenn ihm beim Abschluss des Vertrags bekannt war, dass der andere Ehegatte nicht eingewilligt hatte.**

### I. Normzweck

1 Hinsichtlich der Rechtsfolgen für den Fall, dass ein Rechtsgeschäft ohne die erforderliche Einwilligung des anderen Ehegatten vorgenommen wurde, **verweist** § 1427 **im Wesentlichen auf § 1366 und § 1367.** Grundsätzlich sind einseitige Rechtsgeschäfte, die der Verwalter ohne Einwilligung des anderen Ehegatten vorgenommen hat, unwirksam (§ 1367), während für Verträge ein Schwebezustand entsprechend § 1366 Abs. 1, 3 und 4, § 1427 Abs. 2 eintritt. Im Unterschied zu § 1367 (→ § 1367 Rn. 5 f.) hat § 1427 auch für einseitige Rechtsgeschäfte praktische Bedeutung.

### II. Ersetzung des § 1366 Abs. 2 durch § 1427 Abs. 2

2 Das **Widerrufsrecht des Dritten** besteht auch, **wenn** ihm zwar bekannt war, dass sein Vertragspartner verheiratet ist, wenn **er** aber **nicht wusste, dass** er in **Gütergemeinschaft** lebt, oder wenn er zwar auch das wusste, der abschließende Ehegatte aber wahrheitswidrig (ohne dass der Dritte die Unrichtigkeit dieser Versicherung kannte) behauptet hat, der andere Ehegatte habe zugestimmt. Im Übrigen gelten auch für Abs. 2 die zu § 1366 Abs. 2 gültigen Rechtsgrundsätze entsprechend (näher → § 1366 Rn. 1 ff.).

[17] Vgl. Staudinger/*Thiele,* 2018, Rn. 28.
[18] BayObLG NJW 1955, 1719.
[19] OLG Kassel OLGE 15, 404.
[20] *Habscheid* NJW 1966, 1787 (1790).
[21] vgl. Erman/*Heinemann* Rn. 3; Soergel/*Gaul* Rn. 2; wie hier Staudinger/*Thiele,* 2018, Rn. 30 (auch gegen die von RGRK-BGB/*Finke* vertretene Auffassung, eine solche Vereinbarung sei regelmäßig sittenwidrig).

### III. Nachträgliche Wirksamkeit eines Rechtsgeschäfts nach den allgemeinen Grundsätzen

3 Erteilt der andere Ehegatte nachträglich seine Genehmigung, so wird ein vom Gesamtgutsverwalter geschlossener Vertrag ex tunc wirksam (§ 184 Abs. 1). Gemäß § 185 Abs. 2 wird eine vom Gesamtgutsverwalter getroffene Verfügung auch dann wirksam, wenn er den betroffenen Gegenstand nachträglich erwirbt, dh wenn er ihm zu seinem Vorbehaltsgut oder bei der Auseinandersetzung des Gesamtguts nach Beendigung der Gütergemeinschaft oder durch die alleinige Beerbung des anderen Ehegatten zum Alleineigentum zufällt. Dann wird nicht nur die entsprechende Verfügung, sondern auch das Verpflichtungsgeschäft unter entsprechender Anwendung des § 185 Abs. 2 wirksam.[1] Das Ende des Schwebezustandes kann durch Aufforderung zur Genehmigung nach § 1427 Abs. 1, § 1366 Abs. 3 herbeigeführt werden.

### IV. Rechtsfolgen der endgültig ausgebliebenen Genehmigung

4 Ist die Genehmigung des anderen Ehegatten ausgeblieben (dh endgültig verweigert oder die Frist zu ihrer Erteilung abgelaufen), so ist das entsprechende Rechtsgeschäft, meist der betreffende Vertrag, endgültig unwirksam (vgl. § 1366 Abs. 4). Weder für das Gesamtgut noch für den verwaltenden Ehegatten persönlich ist eine Verpflichtung zustande gekommen. Wurde dennoch aus dem Gesamtgut eine Leistung erbracht, so kann sie der Verwalter, aber auch der andere Ehegatte gemäß § 1428 zurückfordern. Nach § 1434 haftet das Gesamtgut dem Vertragspartner nach den Grundsätzen über die ungerechtfertigte Bereicherung. Außerdem haftet ihm der Verwalter und gemäß § 1437 Abs. 1 auch das Gesamtgut für Ansprüche aus unerlaubter Handlung, aber auch aus culpa in contrahendo, die dem Gesamtgutsverwalter zur Last fallen. Das letztere steht zu dem Schutzzweck der §§ 1423–1425 nicht in Widerspruch, weil nicht das Erfüllungsinteresse, sondern das negative Interesse des Vertragspartners zu ersetzen ist. Ob der Tatbestand der culpa in contrahendo vorliegt, ist unabhängig von Abs. 2 zu prüfen.

5 In allen Fällen steht dem **Vertragspartner** ein **Zurückbehaltungsrecht nach § 273** gegen die Ansprüche des Gesamtguts wegen seiner etwaigen Ansprüche gegen das Gesamtgut aus ungerechtfertigter Bereicherung, unerlaubter Handlung oder culpa in contrahendo zu, soweit sie auf demselben rechtlichen Verhältnis im Sinne der allgemeinen Grundsätze zu § 273 beruhen. Der von der überwiegenden Gegenmeinung[2] gegen die Zubilligung des Zurückbehaltungsrechts vorgetragene Gesichtspunkt, das Interesse des Vertragsgegners müsse wegen der stärkeren Schutzwirkung der §§ 1423–1425 hinter das Sicherungsinteresse der Familie zurücktreten, vermag nicht zu überzeugen. Dem Interesse der Ehegatten ist durch die Unwirksamkeit des Vertrages für das Gesamtgut ausreichend Rechnung getragen. Es ist nicht gerechtfertigt, dem Vertragspartner darüber hinaus eine Erfüllung der Ansprüche des Gesamtguts ohne Rücksicht auf die gleichzeitige Erfüllung seiner Gegenansprüche regelmäßig zuzumuten, zumal die Unwirksamkeit des Rechtsgeschäfts, die die Interessen des Vertragspartner gefährden kann, ihre Ursache in dem über seine Rechtsmacht hinausgehenden Gesamtgutsverwalter und damit in der Sphäre der Ehegatten hat. Die Möglichkeit der Aufrechnung wird dem Geschäftspartner dagegen allgemein zugestanden.[3]

### V. Zwingende Vorschrift

6 § 1427 ist zwingende Vorschrift, da er die Rechtsfolgen im Verhältnis zu Dritten regelt.

## § 1428 Verfügungen ohne Zustimmung

**Verfügt der Ehegatte, der das Gesamtgut verwaltet, ohne die erforderliche Zustimmung des anderen Ehegatten über ein zum Gesamtgut gehörendes Recht, so kann dieser das Recht gegen Dritte gerichtlich geltend machen; der Ehegatte, der das Gesamtgut verwaltet, braucht hierzu nicht mitzuwirken.**

### I. Normzweck

1 Die Vorschrift gibt dem **nichtverwaltenden Ehegatten ein selbständiges Recht, Ansprüche des Gesamtguts** auf Grund von Verfügungen des Verwalters, die nach §§ 1423–1425 seiner

[1] S. Soergel/*Gaul/Althammer* Rn. 7 mN.

[2] Erman/*Heinemann* § 1428 Rn. 2; Palandt/*Brudermüller* § 1428 Rn. 1, § 1434 Rn. 1; RGRK-BGB/*Finke* § 1428 Rn. 8; Soergel/*Gaul/Althammer* § 1428 Rn. 4; Staudinger/*Thiele,* 2018, Rn. 10 diff. für § 1424 und § 1425 Zurückbehaltungsrecht, nicht für § 1423; in Sonderfällen diff. *Mikat* FS Felgentraeger, 1969, 344; so auch NK-BGB/*Völker* Rn. 6; wie hier *Dölle* FamR I § 70 VI 4b.

[3] OLG Stettin JW 1930, 1013; Staudinger/*Thiele,* 2018, Rn. 11.

Zustimmung bedurften, **geltend zu machen.** Die Klagebefugnis des Verwalters nach § 1422 bleibt davon unberührt. Daneben soll aber auch der andere Ehegatte die Rechte aus zustimmungspflichtigen Geschäften wahrnehmen können, weil der Verwalter, der das Geschäft ja ohne Zustimmung vorgenommen hat, möglicherweise hierzu nicht bereit ist. § 1428 findet seine Parallele im Recht des gesetzlichen Güterstands in § 1368. Auf die Erläuterungen hierzu kann deshalb verwiesen werden.

## II. Das Revokationsrecht des anderen Ehegatten

Jedes Recht, das dem Gesamtgut auf Grund einer ohne Zustimmung vorgenommenen Verfügung des Gesamtgutsverwalters zusteht, gleichgültig welchen Inhalts, ist **Gegenstand des Revokationsrechts** nach § 1428. Die Klagebefugnis des anderen Ehegatten besteht deshalb unabhängig davon, ob die Verfügung des Gesamtgutsverwalters bei gutgläubigem Erwerb durch den Geschäftspartner wirksam oder unwirksam ist (→ § 1422 Rn. 21 ff.). Nur der gute Glaube an das Alleineigentum, nicht der gute Glaube daran, dass die Zustimmung nicht erforderlich oder erteilt sei, wird geschützt. Ist die Verfügung wirksam, so steht dem Ehegatten freilich kein dinglicher Herausgabeanspruch gegen den Dritten zu. Gegenstand des Klagerechts ist dann der Bereicherungsanspruch wegen Unwirksamkeit des Verpflichtungsgeschäftes oder bei unentgeltlicher Verfügung (§ 812 bzw. § 816 Abs. 1 S. 2). 2

**Bei Geltendmachung des Revokationsrechts handelt der andere Ehegatte aus eigenem Recht,** das ihm eingeräumt ist, um das Gesamtgut vor Vermögensverlusten zu schützen, die unter Verletzung seines Mitwirkungsrechts zustande gekommen sind.[1] Der nicht verwaltende Ehegatte erhebt die Klage in eigenem Namen. Anders als bei der Wahrnehmung des Notverwaltungsrechts kann die Klage auch nicht wahlweise im Namen des Verwalters erhoben werden. Ist Gegenstand der Klage eine bewegliche Sache, so kann der nichtverwaltende Ehegatte auf Herausgabe an sich selbst klagen.[2] Bei Grundstücken ist dagegen auf Grundbuchberichtigung bzw. Rückauflassung zugunsten des Gesamtguts zu klagen. Allgemein muss der nichtverwaltende Ehegatte zum Ausdruck bringen, dass er ein Recht für das Gesamtgut geltend macht. 3

Der **klagende Ehegatte führt** den **Rechtsstreit selbständig.** Er ist zu allen Prozesshandlungen mit Ausnahme solcher befugt, die eine materiellrechtliche Verfügung über den Gegenstand enthalten, da solche Verfügungen nur dem Verwalter (mit Zustimmung des anderen Ehegatten nach §§ 1423–1425) zustehen. Für die Kosten des Rechtsstreits haftet das Gesamtgut gemäß § 1438 Abs. 2 unabhängig davon, ob man auf Grund Rechtskrafterstreckung annimmt, dass das Urteil gegen das Gesamtgut wirksam ist (→ Rn. 6). 4

## III. Zurückbehaltungsrecht des Dritten

Entgegen der überwM (→ § 1427 Rn. 5 mwN) hat der Dritte gegenüber dem geltend gemachten Revokationsanspruch ein Zurückbehaltungsrecht wegen der Ansprüche, die ihm im Zusammenhang mit der zur Herausgabe verpflichtenden Verfügung aus ungerechtfertigter Bereicherung (§ 1434), unerlaubter Handlung oder culpa in contrahendo gegen das Gesamtgut zustehen (→ § 1427 Rn. 5). 5

## IV. Rechtskraft des ergehenden Urteils

Umstritten ist, inwieweit sich die Rechtskraft des Urteils, das im Rechtsstreit des nichtverwaltenden Ehegatten auf Grund § 1428 oder im Rechtsstreit des verwaltenden Ehegatten mit dem Dritten ergangen ist, **auf** den **jeweils anderen Ehegatten erstreckt.** Die gleiche Problematik besteht bei § 1368. Deshalb kann auf die Erläuterungen hierzu verwiesen werden (zum Teil abweichend → § 1368 Rn. 23 ff. (*Koch*)). Die inzwischen überwM lehnt eine gegenseitige Rechtskrafterstreckung abweisender Urteile ab, weil jedem Ehegatten ein unabhängiges Klagerecht eingeräumt ist und insbesondere der verwaltende Ehegatte sonst die Revokation durch die nachlässige Führung eines Rechtsstreits gegen den Dritten unmöglich machen könnte.[3] Ein obsiegendes Urteil eines 6

---

1 Vgl. *Mikat* FS Felgentraeger, 1969, 323 (344).

2 HM, Palandt/*Brudermüller* Rn. 1; Soergel/*Gaul/Althammer* Rn. 3; RGRK-BGB/*Finke* Rn. 3: um dem verwaltenden Ehegatten, dessen Besitzrecht unberührt bleibt, die Vereitelung des Klageerfolgs durch Ablehnung der Annahme unmöglich zu machen; → § 1368 Rn. 14 f. mwN, wo *Koch* daraus eine andere Konsequenz zieht. Mit Rücksicht auf die folgenden Ausführungen Rn. 6 bestehen Zweifel, ob dieses Argument die hM trägt; für diese spricht jedoch die Praktikabilität; nach Staudinger/*Thiele,* 2018, Rn. 6 kann bei früherem Alleinbesitz des Verwalters nur subsidiär für den Fall, dass der Verwalter die Sache nicht übernimmt, auf Herangabe an den nichtverwaltenden Ehegatten geklagt werden.

3 So Palandt/*Brudermüller* Rn. 1; Soergel/*Gaul/Althammer* Rn. 6 mN; Staudinger/*Thiele,* 2017, § 1368 Rn. 36 ff. mzN; Staudinger/*Thiele,* 2018, § 1428 Rn. 9.

Ehegatten entfaltet insoweit Rechtskraftwirkung, als keine abweichende Entscheidung im Rechtsstreit des anderen Ehegatten ergehen kann. Der andere Ehegatte soll aber nochmals in seinem Namen Klage erheben können, weil sonst der zuerst klagende Ehegatte durch die Unterlassung der Zwangsvollstreckung die Durchführung der Revokation verhindern könnte.[4] Es bleibt zu fragen, ob den Ehegatten damit nicht ein hypertropher Rechtsschutz zu Lasten des Dritten zugebilligt wird. Derartig abseitige und im Grunde ehewidrige Fallgestaltungen wie die nachlässige Prozessführung oder die Unterlassung der Zwangsvollstreckung könnte man auch der rechtlichen Klärung der Ehegatten untereinander überlassen. Dem anderen Ehegatten kann zugemutet werden, dem Rechtsstreit als Nebenintervenient[5] beizutreten, wenn er zur Prozessführung seines Ehegatten kein Vertrauen hat. Dies ist sachgerechter, als den Dritten zur regelmäßigen Streitverkündung zu zwingen (§ 72 ZPO), wenn er sich nicht einem weiteren Rechtsstreit aussetzen will. Unter Berücksichtigung dieser Gesichtspunkte verdient folgende Auffassung den Vorzug: Die Rechtskraft einer vom nichtverwaltenden Ehegatten gemäß § 1428 erstrittenen Entscheidung erstreckt sich in gleicher Weise auf den Gesamtgutsverwalter wie in anderen Fällen, in denen der nichtverwaltende Ehegatte zur Prozessführung berechtigt ist (vgl. §§ 1429, 1433). Bei einer obsiegenden Entscheidung zugunsten des Gesamtgutsverwalters besteht kein Rechtsschutzbedürfnis mehr für eine nochmalige Klage des anderen Ehegatten.

### V. Abweichende Vereinbarung

7 Von geringer praktischer Bedeutung ist die Frage der Abdingbarkeit des § 1428. Entgegen der überwM[6] bestehen keine grundsätzlichen Bedenken dagegen, dass sich der nichtverwaltende Ehegatte ehevertraglich dieses Rechts begibt.

## § 1429 Notverwaltungsrecht

**[1]Ist der Ehegatte, der das Gesamtgut verwaltet, durch Krankheit oder durch Abwesenheit verhindert, ein Rechtsgeschäft vorzunehmen, das sich auf das Gesamtgut bezieht, so kann der andere Ehegatte das Rechtsgeschäft vornehmen, wenn mit dem Aufschub Gefahr verbunden ist; er kann hierbei im eigenen Namen oder im Namen des verwaltenden Ehegatten handeln. [2]Das Gleiche gilt für die Führung eines Rechtsstreits, der sich auf das Gesamtgut bezieht.**

### I. Normzweck

1 Das Notverwaltungsrecht gibt dem nichtverwaltenden Ehegatten die Befugnis zu Verwaltungshandlungen, wenn der Gesamtgutverwalter verhindert ist. Das Verwaltungsrecht des anderen Ehegatten ist in einer solchen Situation zum Schutz des Gesamtguts und damit im Interesse der Ehegatten dem Zustand der Handlungsunfähigkeit vorzuziehen, der sonst entstünde.

### II. Voraussetzungen des Notverwaltungsrechts

2 **1. Verhinderung des Verwalters.** Voraussetzung des Notverwaltungsrechts ist die Verhinderung des Gesamtgutverwalters. Dieser muss gehindert sein (regelmäßig wegen Krankheit oder Abwesenheit), bestimmte Verwaltungshandlungen vorzunehmen. Vorübergehende Verhinderung genügt.[1] Dagegen ist der andere Ehegatte nicht zu Verwaltungshandlungen befugt, wenn der Gesamtgutsverwalter die Verwaltung nicht ausüben will.[2] Steht der Verwalter unter Vormundschaft – wenn ein Minderjähriger nach § 1303 aF geheiratet hat – oder fällt die Verwaltung des Gesamtguts in den Aufgabenkreis eines Betreuers, so verwaltet das Gesamtgut nach § 1436 der Vormund oder Betreuer. Sind der Vormund oder Betreuer (und – bei der Betreuung – gleichzeitig auch der Betreute selbst, falls er geschäftsfähig ist) vorübergehend verhindert, so gilt § 1429 entsprechend.[3] § 1429 ist auch anwendbar, wenn der verwaltende Ehegatte (vorübergehend oder dauernd) nicht geschäftsfähig ist, aber nicht unter Vormundschaft oder Betreuung steht.

3 **2. Gefahr im Verzug.** Weitere Voraussetzung des Notverwaltungsrechts ist, dass mit einem Aufschub der Verwaltungshandlung Gefahr verbunden ist, dh bei einem Zuwarten bis zu dem

---

[4] Vgl. Soergel/*Gaul/Althammer* Rn. 6; Staudinger/*Thiele,* 2017, § 1368 Rn. 39, jeweils mwN.

[5] Nach § 66 oder § 69 ZPO, je nach der Auffassung zur Rechtskrafterstreckung.

[6] Vgl. Palandt/*Brudermüller* Rn. 1; RGRK-BGB/*Finke* Rn. 9; Soergel/*Gaul/Althammer* Rn. 2; wie hier Staudinger/*Thiele,* 2018, Rn. 12.

[1] RGZ 103, 126 (127); dies ergibt sich deutlich aus dem Wortlaut der Vorschrift.

[2] RGZ 103, 126.

[3] RGRK-BGB/*Finke* Rn. 6; Soergel/*Gaul/Althammer* Rn. 4; Staudinger/*Thiele,* 2018, Rn. 2.

Zeitpunkt, zu dem sie der Verwalter voraussichtlich wieder vornehmen kann, die Gefahr von Nachteilen (nicht notwendig wirtschaftlicher Art) für das Gesamtgut, die Ehegatten oder einen von ihnen verbunden ist. Auch diese Voraussetzung ist nach objektiven Maßstäben zu beurteilen, aber ex ante zum Zeitpunkt der Vornahme der Verwaltungshandlung (späterer Wegfall der Voraussetzungen schadet nicht).[4] Nach dem Zweck der Vorschrift darf kein zu strenger Maßstab angelegt werden,[5] und zwar auch deshalb, weil eine nachträgliche Ablehnung des Notverwaltungsrechts für den handelnden Ehegatten und seinen Geschäftspartner (kein Gutglaubensschutz!) regelmäßig rechtliche Nachteile mit sich brächte, während es dem Gesamtgutsverwalter zugemutet werden kann, Notverwaltungshandlungen des anderen Ehegatten für das Gesamtgut gelten zu lassen, wenn die Annahme einer Notverwaltungssituation vertretbar war.

### III. Inhalt und Ausübung des Notverwaltungsrechts

**1. Inhalt des Rechts.** Das Notverwaltungsrecht gibt dem anderen Ehegatten die Ermächtigung, mit Wirkung für das Gesamtgut Verwaltungshandlungen vorzunehmen. Das Notverwaltungsrecht bezieht sich auf **Rechtsgeschäfte aller Art** (auch auf solche, zu denen der Verwalter nach §§ 1423–1425 der Zustimmung bedürfte).[6] Trotz der auf Rechtsgeschäfte eingeschränkten Formulierung bezieht es sich auch auf tatsächliche Verwaltungshandlungen. Eine Verpflichtung des nichtverwaltenden Ehegatten, auf Grund seines Notverwaltungsrechts tätig zu werden, besteht Dritten gegenüber niemals, dem verwaltenden Ehegatten gegenüber auf Grund der allgemeinen ehelichen Treupflicht unter deren Voraussetzungen.[7] Der nichtverwaltende Ehegatte übt das Notverwaltungsrecht in eigener Verantwortung aus und ist nicht an den mutmaßlichen oder den früher geäußerten Willen des Gesamtgutsverwalters gebunden. 4

**2. Ausübung des Rechts. a) Im Namen des Gesamtgutsverwalters.** Bei Ausübung des Notverwaltungsrechts kann der Ehegatte **in eigenem Namen oder im Namen des Gesamtgutsverwalters** handeln. Tut er das letztere, handelt er auf Grund ihm kraft Gesetzes eingeräumter Vollmacht. Die Rechtsfolgen sind in jeder Hinsicht die gleichen wie bei eigenem Handeln des Gesamtgutsverwalters. Verpflichtet werden das Gesamtgut und der Gesamtgutsverwalter persönlich (§ 1438 Abs. 1, § 1437). 5

**b) Im eigenen Namen.** Handelt der Ehegatte im eigenen Namen, so haften das Gesamtgut und der Gesamtgutsverwalter persönlich (wie unter a), daneben aber auch der Notverwalter selbst, wenn dem Geschäftspartner nicht auf Grund ausdrücklicher Erklärung oder nach den Umständen erkennbar war, dass er kein eigenes, sondern ein Geschäft für das Gesamtgut erledigen wollte (entsprechend § 164 Abs. 2). 6

**3. Prozessführungsbefugnis.** Das Notverwaltungsrecht umfasst auch die Prozessführungsbefugnis. Der andere Ehegatte kann im Rahmen seines Notverwaltungsrechts einen vom Verwalter bisher geführten Aktiv- oder Passivrechtsstreit weiterführen. Er kann auch Klage erheben und einen neu anhängigen Passivrechtsstreit für das Gesamtgut aufnehmen. Wegen § 740 Abs. 1 ZPO muss aber auch während der Zeit seiner Verhinderung der verwaltende Ehegatte verklagt werden, obwohl auf Grund der Stellung des Notverwalters ein Rechtsstreit, der sich auf das Gesamtgut bezieht, auch gegen ihn persönlich anhängig gemacht werden kann (da dem Dritten gegenüber keine Verpflichtung zur Notverwaltung besteht, allerdings nur mit seiner Zustimmung) und dann auch gegen das Gesamtgut – wegen § 740 Abs. 1 ZPO aber eben ohne Vollstreckungsmöglichkeit – wirkt. **Endet** die **Verhinderung des Gesamtgutsverwalters,** so kann er einen Rechtsstreit aufnehmen, wenn der Notverwalter ihn in seinem Namen geführt hat. Hat ihn der Notverwalter im eigenen Namen geführt, bedarf es zur **Übernahme** der Zustimmung des Prozessgegners (vgl. § 265 Abs. 2 ZPO). Nimmt der verwaltende Ehegatte den Rechtsstreit nicht auf, wird er (unter entsprechender Anwendung des § 1433) vom Notverwalter fortgesetzt (der Gesamtgutsverwalter kann als **Nebenintervenient** beitreten (§§ 66, 69 ZPO; → § 1433 Rn. 3).[8] Da der Notverwalter seine Verwaltungsbefugnis auf Grund einer gesetzlichen Ermächtigung anstelle des Verwalters ausübt – wenn auch wahlweise im eigenen oder in dessen Namen, also in offener oder verdeckter Prozessstandschaft –, erstreckt sich die Rechtskraft für oder gegen 7

[4] RG Recht 1925 Nr. 941.

[5] So mit Recht Erman/*Heinemann* Rn. 1.

[6] Staudinger/*Thiele,* 2018, Rn. 8; bei einer Schenkung, die über Pflicht- und Anstandsschenkungen hinausgeht (§ 1425), werden die Voraussetzungen des § 1429 allerdings nicht vorliegen.

[7] Gegen eine Verpflichtung zur Wahrnehmung des Notverwaltungsrechts Staudinger/*Thiele,* 2018, Rn. 13.

[8] Vgl. zur Prozessführung des Notverwalters insgesamt Erman/*Heinemann* Rn. 3; RGRK-BGB/*Finke* Rn. 8 ff.; Soergel/*Gaul*/*Althammer* Rn. 8; Staudinger/*Thiele,* 2018, Rn. 9 ff.

den Notverwalter ergangener Entscheidungen auf den Gesamtgutsverwalter.[9] Zum **Klageantrag** → § 1428 Rn. 3.

### IV. Abweichende Vereinbarungen

8 Entgegen der überwM[10] bestehen **keine grundsätzlichen Bedenken gegen** die **Abdingbarkeit** des § 1429. Es kann den Ehegatten nicht verwehrt werden, das Gesamtgut lieber ohne Verwalter als vom anderen Ehegatten verwaltet zu wissen oder für den Fall der Verhinderung des Verwalters von § 1429 abweichende Vorsorgemaßnahmen zu treffen.[11] Da der andere Ehegatte Dritten gegenüber nicht zur Notverwaltung verpflichtet ist, werden durch deren Abdingung die Rechte Dritter nicht beeinträchtigt. Der Entzug der Vertretungsbefugnis, die mit dem Notverwaltungsrecht verbunden ist, ist Dritten gegenüber nur bei Eintragung der Abdingung im Güterrechtsregister wirksam (§ 1412).

## § 1430 Ersetzung der Zustimmung des Verwalters

**Verweigert der Ehegatte, der das Gesamtgut verwaltet, ohne ausreichenden Grund die Zustimmung zu einem Rechtsgeschäft, das der andere Ehegatte zur ordnungsmäßigen Besorgung seiner persönlichen Angelegenheiten vornehmen muss, aber ohne diese Zustimmung nicht mit Wirkung für das Gesamtgut vornehmen kann, so kann das Familiengericht die Zustimmung auf Antrag ersetzen.**

### I. Normzweck

1 Um dem nichtverwaltenden Ehegatten die Möglichkeit zu geben, auch gegen den Willen des Gesamtgutverwalters das Gesamtgut in Anspruch zu nehmen, soweit dies zur Besorgung seiner persönlichen Belange notwendig ist, kann nach § 1430 auf seinen Antrag die Zustimmung des Verwalters durch das FamG ersetzt werden. Wie in den Fällen des § 1426 der nichtverwaltende Ehegatte, wäre in den Fällen des § 1430 der Gesamtgutsverwalter auf Grund der allgemeinen ehelichen Treupflicht zur Erteilung seiner Zustimmung verpflichtet. Wie § 1426 schafft auch § 1430 deshalb im Grunde keinen neuen materiellen Tatbestand, sondern gibt statt des sonst notwendigen Antrags im Streitverfahren[1] den einfacheren Rechtsbehelf, die Zustimmung durch das FamG ersetzen zu lassen.

### II. Voraussetzungen der Ersetzung

2 **1. Persönliche Angelegenheiten.** Persönliche Angelegenheiten eines Ehegatten sind solche, die nicht bloß auf das Vermögen, sondern auf seine Person bezogen sind, seine personenrechtliche Stellung oder seine persönliche Lebensführung beeinflussen. Dass die persönliche Seite die wirtschaftliche überwiegt,[2] kann dagegen nicht verlangt werden. Ein personaler Einschlag von nicht ganz untergeordnetem Gewicht reicht aus.[3] Eine engere Auslegung mag zu § 1360a Abs. 4 (→ § 1360 Rn. 1 ff.) ihre Berechtigung darin finden, dass dort der verpflichtete Ehegatte dem anderen **eigene Mittel** zur Verfügung stellen muss, während nach § 1430 das **gemeinschaftliche Vermögen** des Gesamtguts herangezogen wird. Darauf muss aber jeder Ehegatte Anspruch haben, wenn eine Maßnahme getroffen werden muss, die seine persönliche Rechtsstellung oder seine persönlichen Lebensverhältnisse (nicht nur am Rande) berührt. Für diesen gesamten Bereich steht ihm der Rechtsbehelf des § 1430 zu. Die Vorschrift muss im Zusammenhang mit § 1435 gesehen werden: Im wirtschaftlichen Bereich ist der Gesamtgutsverwalter zur ordnungsgemäßen Verwaltung und bei schuldhaftem Unterlassen von Maßnahmen zum Schadensersatz verpflichtet. Immer wenn beim Unterbleiben einer Maßnahme die für den anderen Ehegatten eintretenden Nachteile durch wirtschaftlichen Schadensersatz nicht voll ausgeglichen werden können, weil die persönliche Stellung des anderen Ehegatten berührt ist, greift zu seinen Gunsten § 1430 ein. Deshalb kann trotz der gegenüber § 1452 engeren Fassung die Zustimmung zur Auszahlung von Trennungsunterhalt nach § 1430 ersetzt werden; auch der auf § 1435 gestützte Antrag auf Vornahme der hierzu erforderlichen Maßnahmen ist möglich.[4]

---

9 RGRK-BGB/*Finke* Rn. 10; Staudinger/*Thiele,* 2018, Rn. 10; Soergel/*Gaul/Althammer* Rn. 8.
10 Erman/*Heinemann* Rn. 1; Soergel/*Gaul/Althammer* Rn. 2.
11 Wie hier Staudinger/*Thiele,* 2018, Rn. 14.
1 Hier wäre allerdings in manchen Fällen zweifelhaft, ob nicht nur der Antrag auf Herstellung des ehelichen Lebens ohne Vollstreckungsmöglichkeit erhoben werden könnte.
2 So RGRK-BGB/*Finke* Rn. 4 f.; Soergel/*Gaul/Althammer* Rn. 3 im Anschluss an BayObLG NJW 1965, 348 (349).
3 AA *Kappler,* Die Beendigung der Gütergemeinschaft, 2006, 53.
4 BGHZ 111, 248 (256) = NJW 1990, 2252 = FamRZ 1990, 851 steht nicht entgegen.

**2. Zur ordnungsgemäßen Besorgung erforderlich.** Voraussetzung für die Ersetzung der Zustimmung ist weiter, dass das Rechtsgeschäft zur ordnungsgemäßen Besorgung der persönlichen Angelegenheiten des Ehegatten erforderlich ist. Bloße Zweckmäßigkeit genügt also nicht.[5] Ob das Rechtsgeschäft notwendig ist, ist nach objektiven Maßstäben und auf Grund des Sachverhalts zum Zeitpunkt der Entscheidung des FamG zu entscheiden. Kann der Ehegatte seine persönliche Angelegenheit dagegen mit Mitteln seines Vorbehaltsguts in gleicher Weise erledigen, ist ein Rechtsgeschäft für das Gesamtgut nicht erforderlich. Zur Problematik, wenn unter verschiedenen möglichen Rechtsgeschäften alternativ eines notwendig ist, → § 1426 Rn. 4. 3

**3. Für Gesamtgut nicht wirksam.** Die Ersetzung der Zustimmung setzt voraus, dass das Rechtsgeschäft ohne diese Zustimmung für das Gesamtgut nicht wirksam ist. Regelmäßig wird es darum gehen, die Mittel zur Besorgung einer persönlichen Angelegenheit dem Gesamtgut zu entnehmen. Zur Aufbringung der Kosten eines Rechtsstreits gilt hilfsweise § 1360a Abs. 4: Reicht auch das Gesamtgut nicht aus, ist hilfsweise der andere Ehegatte verpflichtet, aus seinem Vorbehaltsgut die Kosten vorzuschießen. Dieser Anspruch muss aber nach den allgemeinen Regeln des streitigen Zivilverfahrens geltend gemacht werden. 4

**4. Verweigerung der Zustimmung ohne ausreichenden Grund.** Ob der verwaltende Ehegatte seine Zustimmung ohne ausreichenden Grund verweigert, ist nach den Umständen des Einzelfalles zu entscheiden. Wenn das Rechtsgeschäft für die Besorgung einer persönlichen Angelegenheit des anderen Ehegatten erforderlich ist, kann ein ausreichender Grund nur in persönlichen – nicht in bloß wirtschaftlichen – Nachteilen für den verwaltenden Ehegatten liegen, die bei Vornahme des Rechtsgeschäfts zu befürchten wären und nach objektiver Wertung schwerer wiegen. Ist der verwaltende Ehegatte durch Krankheit oder Abwesenheit an seiner Zustimmung gehindert, so geht § 1429 § 1430 vor. 5

**5. Konkretes Rechtsgeschäft.** Ersetzt werden kann nur die Zustimmung zu einem konkreten Rechtsgeschäft, dessen Einzelheiten bereits festliegen. Abschluss in der notwendigen Form ist dagegen noch nicht erforderlich; die Zustimmung kann auch schon auf Grund eines Entwurfes des Rechtsgeschäftes ersetzt werden. Die Ersetzung der Zustimmung ist nur zu dem Rechtsgeschäft als ganzem möglich (→ § 1426 Rn. 7 mwN). 6

**6. Rechtsstreit.** Die Ersetzung der Zustimmung zu einem Rechtsstreit ist nicht vorgesehen. Dies beruht auf dem Standpunkt des Gesetzgebers, dass der nichtverwaltende Ehegatte Rechtsstreite über persönliche Angelegenheiten stets ohne Zustimmung des anderen Ehegatten führen kann.[6] Die Beauftragung eines Anwalts ist dagegen ein Rechtsgeschäft. Hierzu bedarf es der Zustimmung des Gesamtgutsverwalters, notfalls deren Ersetzung, wenn die Beauftragung des Anwalts mit Wirkung für das Gesamtgut erfolgen soll. 7

### III. Verfahren und Wirkungen der Ersetzung

Zunächst → § 1426 Rn. 8 ff. mit Weiterverweisungen. Antrag auf Ersetzung der Zustimmung kann nur der nichtverwaltende Ehegatte, nicht der dritte Geschäftspartner stellen. Die Ersetzung der Zustimmung hat die gleichen Rechtsfolgen wie die Zustimmung durch den Gesamtgutsverwalter selbst, sie führt zur Wirksamkeit des Rechtsgeschäfts für das Gesamtgut und damit zur persönlichen Haftung des Gesamtgutsverwalters (§ 1438 Abs. 1, § 1437). Ob auch der handelnde andere Ehegatte dem Dritten persönlich haftet, hängt davon ab, ob er – er handelt im eigenen Namen – dem Dritten gegenüber zum Ausdruck gebracht hat, dass er nur für das Gesamtgut handeln und sich selbst nicht verpflichten wolle. 8

### IV. Abweichende Vereinbarungen

Obwohl dies auch hier nicht unzweifelhaft ist – dem nichtverwaltenden Ehegatten bliebe der Antrag gegen den Verwalter auf Zustimmung zu dem Rechtsgeschäft auf Grund seiner ehelichen Treupflicht –, ist der hM darin zu folgen, dass § 1430 nach dem Willen des Gesetzes zum **zwingenden Bereich von Schutzvorschriften** zugunsten des nichtverwaltenden Ehegatten gehört, also nicht abbedungen werden kann.[7] 9

## § 1431 Selbständiges Erwerbsgeschäft

**(1) [1]Hat der Ehegatte, der das Gesamtgut verwaltet, darin eingewilligt, dass der andere Ehegatte selbständig ein Erwerbsgeschäft betreibt, so ist seine Zustimmung zu solchen**

---

[5] KG Recht 1923 Nr. 1016.
[6] Staudinger/*Thiele*, 2018, Rn. 3; BayObLGZ 1964, 362 (368) = FamRZ 1964, 49 (51).
[7] So Palandt/*Brudermüller* Rn. 1; Soergel/*Gaul*/*Althammer* Rn. 2; Staudinger/*Thiele*, 2018, Rn. 16.

**Rechtsgeschäften und Rechtsstreitigkeiten nicht erforderlich, die der Geschäftsbetrieb mit sich bringt. [2]Einseitige Rechtsgeschäfte, die sich auf das Erwerbsgeschäft beziehen, sind dem Ehegatten gegenüber vorzunehmen, der das Erwerbsgeschäft betreibt.**

**(2) Weiß der Ehegatte, der das Gesamtgut verwaltet, dass der andere Ehegatte ein Erwerbsgeschäft betreibt, und hat er hiergegen keinen Einspruch eingelegt, so steht dies einer Einwilligung gleich.**

**(3) Dritten gegenüber ist ein Einspruch und der Widerruf der Einwilligung nur nach Maßgabe des § 1412 wirksam.**

**Übersicht**



## I. Normzweck

1 Betreibt der nichtverwaltende Ehegatte ein selbständiges Erwerbsgeschäft, so wären einzelne Rechtsgeschäfte dem Gesamtgut gegenüber nur wirksam, wenn ihnen der Gesamtgutsverwalter jeweils zustimmt. Dies würde – abgesehen von der Möglichkeit, Vollmacht zu erteilen – den selbständigen Betrieb eines Erwerbsgeschäfts durch den nichtverwaltenden Ehegatten jedenfalls für den Fall praktisch unmöglich machen, dass die Betriebsgegenstände zum Gesamtgut gehören. Nach § 1431 ist deshalb die **Zustimmung des Gesamtgutsverwalters zu** jedem **einzelnen Rechtsgeschäft,** das zum Betrieb des Erwerbsgeschäfts gehört, **nicht** mehr **erforderlich, wenn** der **Verwalter** dem **Betrieb des Erwerbsgeschäfts** durch den anderen Ehegatten allgemein **zugestimmt** oder ihm nicht widersprochen hat. Allerdings gilt das nur für Rechtsgeschäfte, die der laufende Betrieb mit sich bringt, nicht für Rechtsgeschäfte, die dessen Grundlage betreffen. Im Zweifel (Regel-Ausnahmeverhältnis) ist die Zustimmung erforderlich.[1]

2 Jeder Ehegatte ist ohne Zustimmung des anderen auch im Güterstand der Gütergemeinschaft berechtigt, selbständig ein Erwerbsgeschäft zu betreiben. Die Grenzen dieses Rechts bestimmen sich auch hier nach § 1356 Abs. 2. Im Güterstand der Gütergemeinschaft hat die Erteilung seiner Zustimmung durch den Gesamtgutsverwalter zum Betrieb des Erwerbsgeschäfts durch den anderen Ehegatten die zusätzliche Rechtsfolge, dass sie zur Wirksamkeit von Betriebsgeschäften für das Gesamtgut und zur Haftung des Gesamtguts (und damit auch des Gesamtgutsverwalters persönlich) führt (§ 1438 Abs. 1, § 1437). Dies gilt auch dann, wenn das Erwerbsgeschäft zum Vorbehalts- oder Sondergut des anderen Ehegatten gehört (§ 1440 S. 2). Aus Gründen der Schuldenhaftung kann es deshalb sinnvoll sein, dass der Verwalter seine Zustimmung iSd § 1431 verweigert (und dies im Güterrechtsregister vermerken lässt), auch wenn er mit dem Betrieb des Erwerbsgeschäfts grundsätzlich einverstanden ist, gerade wenn das Erwerbsgeschäft zum Vorbehaltsgut des anderen Ehegatten gehört. Die Haftungsfolge muss auch bei Entscheidung der Frage berücksichtigt werden, inwieweit der andere Ehegatte einen Rechtsanspruch auf die Einwilligung des Verwalters hat und inwieweit der Verwalter seine Einwilligung widerrufen kann. Näher → Rn. 7, 8.

## II. Selbständiger Betrieb eines Erwerbsgeschäfts

3 Das **Betreiben** eines Erwerbsgeschäfts ist jede auf Dauer angelegte und auf Erwerb gerichtete wirtschaftliche Betätigung, auch wenn sie (bei Zustimmung) keine dem Geschäftszweck dienenden sachlichen Mittel voraussetzt[2] (kein Erwerbsgeschäft ist also zB die schriftstellerische Tätigkeit). Die Art der Tätigkeit ist gleichgültig, sie kann auch auf künstlerischem oder wissenschaftlichem Gebiet liegen[3] und braucht kein „Gewerbe“ zu sein. Nach dem Zweck des § 1431 fällt unter die Vorschrift auch eine freiberufliche Tätigkeit, zB als Arzt[4] oder Rechtsanwalt, und auch eine ohne die erforderli-

[1] S. BayVGH FamRZ 2015, 924 zur Zustimmung im Wertermittlungsverfahren nach § 33 FlurbG, Art. 9 BayAGFlurBG.

[2] Staudinger/*Thiele,* 2018, Rn. 3; aA → 7. Aufl. 2017, Rn. 3 *(Kanzleiter).*

[3] Soergel/*Gaul/Althammer* Rn. 3.

[4] BGHZ 83, 76 = NJW 1982, 1810 = LM § 1456 Nr. 1 mAnm *Lang;* RGZ 144, 1; OLG Karlsruhe OLGZ 1976, 333; Palandt/*Brudermüller* Rn. 2; RGRK-BGB/*Finke* Rn. 2; Soergel/*Gaul/Althammer* Rn. 3; aA die früher überwM.

che öffentlich-rechtliche Genehmigung aufgenommene, ja sogar eine sittenwidrige oder verbotene Tätigkeit.[5]

4 Das **selbständige Betreiben** des Erwerbsgeschäfts setzt die eigenverantwortliche Unternehmerstellung des Ehegatten voraus. Nur dann können die Voraussetzungen des § 1431 vorliegen, dessen Sinn es ist, einer Gruppe in dem Erwerbsgeschäft begründeter Rechtsgeschäfte Wirksamkeit für das Gesamtgut zu verleihen. Auch die Stellung des persönlich haftenden Gesellschafters in einer Personalgesellschaft entspricht dem,[6] nicht aber die Stellung als Kommanditist, stiller Gesellschafter oder GmbH-Gesellschafter.[7]

5 Allgemein zur Führung eines Erwerbsgeschäfts und zur Gründung einer Gesellschaft durch die Ehegatten gemeinschaftlich → § 1416 Rn. 8, 10.

### III. Die Einwilligung des Gesamtgutsverwalters und ihr Widerruf

6 Die Einwilligung kann vor, bei oder nach Beginn des Betriebes erteilt werden[8] und wirkt im letzteren Fall, wenn sie auch für die bisherige Betriebsführung erteilt ist, zurück.[9] Sie kann ausdrücklich oder stillschweigend erteilt werden. Schweigen trotz Kenntnis vom Betrieb des Erwerbsgeschäfts steht der Einwilligung nach Abs. 2 gleich.[10] Die Beifügung einer Befristung ist möglich und Dritten gegenüber unter der allgemeinen Voraussetzung der Eintragung im Güterrechtsregister wirksam, soweit der Fristablauf die Einwilligung insgesamt zu Fall bringt bzw. ihr zur Wirksamkeit verhilft.[11] Da die Einwilligung die Grundlage für zahlreiche dann zustimmungsfreie Rechtsgeschäfte mit Dritten legt, verlangt die Sicherheit des Rechtsverkehrs ihre Bedingungsfeindlichkeit.[12] Auch durch Beifügung einer Nebenbestimmung kann nicht mit Wirkung Dritten gegenüber die Einwilligung auf bestimmte Geschäfte eingeschränkt oder bestimmte Geschäfte von der Einwilligung ausgeschlossen werden.[13]

7 Eine **Ersetzung der Einwilligung** durch das FamG ist nicht möglich, weil diese Einwilligung über den Bereich des § 1430 hinausgeht. Dem anderen Ehegatten kann jedoch ein antragbarer Anspruch auf Einwilligung des Gesamtgutsverwalters – bzw. auf Zurückziehung seines Einspruchs – auf Grund der ehelichen Treupflicht zustehen, wenn die Aufnahme des Betriebs eines Erwerbsgeschäfts im Rahmen des § 1356 Abs. 2 liegt, ohne die Zustimmung des Verwalters das Erwerbsgeschäft praktisch nicht betrieben werden kann und den Haftungsfolgen für das Gesamtgut und den Gesamtgutsverwalter demgegenüber untergeordnete Bedeutung zukommt. Gehören die Betriebsmittel des Erwerbsgeschäfts zum Vorbehaltsgut, so kann es regelmäßig trotz Einspruchs des Verwalters betrieben werden. Mit Rücksicht auf die Haftungsfolgen wird hier grundsätzlich kein Anspruch auf Zurückziehung des Einspruchs bestehen. Anders wenn die Betriebsmittel zum Gesamtgut gehören. Dann ist die Führung des Erwerbsgeschäfts ohne Einwilligung des Gesamtgutsverwalters meist praktisch ausgeschlossen.

8 Für den **Widerruf** gelten die gleichen Grundsätze. Er darf mit Rücksicht auf die eheliche Treupflicht nicht ohne sachlichen Grund ausgesprochen werden, wenn dem anderen Ehegatten dadurch die Führung des Erwerbsgeschäfts unmöglich würde. Der Hinweis auf die Haftungsfolgen rechtfertigt den Widerruf nur, wenn sich die Umstände seit Erteilung der Einwilligung verändert haben.[14]

---

5 Allerdings nur, soweit die Zustimmung nicht selbst sittenwidrig (oder aus anderem Grund nichtig) ist; auch an der eventuellen Nichtigkeit einzelner Rechtsgeschäfte ändert die wirksame Zustimmung selbstverständlich nichts; vgl. Staudinger/*Thiele,* 2018, Rn. 4.

6 AllgM; so BGHZ 8, 147 (149) = NJW 1953, 581; RGZ 87, 102; nach RGZ 127, 114 für OHG-Gesellschafter selbst bei Ausschluss der Vertretungsmacht, weil ihn trotzdem die Haftung trifft.

7 S. RGRK-BGB/*Finke* Rn. 3; Soergel/*Gaul/Althammer* Rn. 3; Staudinger/*Thiele,* 2018, Rn. 7.

8 Erman/*Heinemann* Rn. 3.

9 Planck/*Unzner* § 1405 Anm. 11; RGRK-BGB/*Finke* Rn. 6; für streng einseitige Rechtsgeschäfte gilt das aber nicht; auch Zustimmung nur für die Zukunft (evtl. unter Genehmigung einzelner Geschäfte aus der Vergangenheit) ist möglich; Staudinger/*Thiele,* 2018, Rn. 12.

10 Vgl. auch RGZ 84, 48.

11 Für Befristung wie hier Planck/*Unzner* § 1405 Anm. 14; Staudinger/*Thiele,* 2018, Rn. 15; aA Soergel/*Gaul/Althammer* Rn. 4: unwirksam; Mot. IV 242 treffen diesen Fall nicht, sondern nur den, dass die Beifügung einer Nebenbestimmung eine Einschränkung der Einwilligung auf bestimmte Geschäfte bzw. den Ausschluss bestimmter Geschäfte von der Einwilligung bewirken soll.

12 Erman/*Heinemann* Rn. 3; Soergel/*Gaul/Althammer* Rn. 4; Staudinger/*Thiele,* 2018, Rn. 14; aA (Bedingung möglich) → 7. Aufl. 2017, Rn. 6 *(Kanzleiter).*

13 Mot. IV 242.

14 AA Palandt/*Brudermüller* Rn. 4; Erman/*Heinemann* Rn. 4, die Einspruch und Widerruf jederzeit für zulässig halten, missbräuchliche Handlungsweise des Verwalters nur als möglichen Scheidungsgrund (nach altem Recht) oder mögliche Grundlage für einen Aufhebungsantrag nach § 1447 Nr. 1 ansehen; RGZ 84, 47; Soergel/*Gaul/Althammer* Rn. 9; Bamberger/Roth/Hau/Poseck/*Siede* Rn. 6; wohl auch Staudinger/*Thiele,* 2018, Rn. 20 vertreten dagegen wie hier die Auffassung, der Widerruf dürfe nur aus sachlichen Gründen erklärt werden.

### IV. Wirkungen der Einwilligung und des Widerrufs

9 Die Einwilligung des Verwalters bewirkt, dass alle Rechtsgeschäfte und Rechtsstreitigkeiten, die im Rahmen des Geschäftsbetriebes liegen, nicht mehr der Zustimmung des Verwalters im Einzelnen bedürfen und für das Gesamtgut (mit der Wirkung der Haftung des Gesamtguts und des Verwalters persönlich, § 1438 Abs. 1, § 1437) **wirksam** sind. Die Zustimmung im Einzelnen ist nicht nur zu den gewöhnlichen Rechtsgeschäften, die der Geschäftsbetrieb üblicherweise mit sich bringt, sondern auch zu außergewöhnlichen Geschäften nicht mehr erforderlich, soweit sie noch im Rahmen des Geschäftsbetriebs unternommen werden, bis hin zur Verfügung über Grundbesitz oder zur Übernahme eines anderen Unternehmens.[15] Im Rahmen des Geschäftsbetriebes liegt dagegen nicht mehr dessen Veräußerung im Ganzen,[16] bei der Beteiligung an einer Gesellschaft deren Abtretung.[17] Ob ein Rechtsgeschäft in den geschäftlichen oder privaten Bereich fällt, ist nach der Verkehrsauffassung zu entscheiden; bei der Kreditaufnahme ist entscheidend, ob sie mit der Aufnahme oder Fortführung des Erwerbsgeschäfts zusammenhängt, worüber der Kreditvertrag, nicht die spätere Verwendung des Darlehens entscheidet.[18] Die Erträge des Erwerbsgeschäfts fallen in das Gesamtgut; wenn das Erwerbsgeschäft zum Vorbehaltsgut des Ehegatten gehört, in dessen Vorbehaltsgut.

10 **Einseitige Rechtsgeschäfte,** die sich auf das Erwerbsgeschäft beziehen, sind dem Ehegatten gegenüber vorzunehmen, der das Erwerbsgeschäft betreibt (Abs. 1 S. 2). Dem Gesamtsgutsverwalter gegenüber vorgenommen sind sie also unwirksam.

11 Auch zu **Rechtsstreitigkeiten,** die der Geschäftsbetrieb mit sich bringt, ist die Zustimmung des Verwalters im Einzelnen nicht erforderlich. Die **Rechtskraft** einer Entscheidung erstreckt sich auch auf den Verwalter hinsichtlich des Gesamtguts und auf den Verwalter persönlich.[19] Aufgrund eines Titels gegen den Ehegatten, der das Erwerbsgeschäft betreibt, kann in das Gesamtgut vollstreckt werden, wenn nicht zum Zeitpunkt der Rechtshängigkeit Einspruch oder Widerruf des Verwalters im Güterrechtsregister eingetragen waren (§ 741 ZPO). Der Gesamtgutsverwalter kann mit der Widerspruchsklage nach §§ 774, 771 ZPO geltend machen, dass das gegen den anderen Ehegatten ergangene Urteil nicht gegen das Gesamtgut wirke (zB weil Einspruch oder Widerruf zwar nicht im Güterrechtsregister eingetragen, aber dem Dritten bekannt waren, oder weil der Anspruch gegen den anderen Ehegatten nicht in dessen Erwerbsgeschäft begründet wurde).

12 Der **Widerruf** wirkt nur für die Zukunft. Dritten Geschäftspartnern des Ehegatten, der das Erwerbsgeschäft betreibt, können Einspruch und Widerruf nur bei Eintragung im **Güterrechtsregister** entgegengehalten werden (Abs. 3; vgl. auch § 741 Hs. 2 ZPO). Wird die Einwilligung während der Dauer eines Rechtsstreits vom Verwalter wirksam widerrufen (oder wird von ihm wirksam Einspruch erhoben), so kann der nichtverwaltende Ehegatte den Rechtsstreit entsprechend § 1433 mit Wirkung für das Gesamtgut fortsetzen.

### V. Abweichende Vereinbarungen

13 Die Haftung des Gesamtguts kann nicht – zu Lasten Dritter – gegenüber § 1431 eingeschränkt werden. Im Übrigen aber ist die Vorschrift durch Ehevertrag abdingbar. Insbesondere kann der Gesamtgutsverwalter ehevertraglich auf sein Einspruchs- und Widerrufsrecht verzichten.[20]

## § 1432 Annahme einer Erbschaft; Ablehnung von Vertragsantrag oder Schenkung

**(1) [1]Ist dem Ehegatten, der das Gesamtgut nicht verwaltet, eine Erbschaft oder ein Vermächtnis angefallen, so ist nur er berechtigt, die Erbschaft oder das Vermächtnis anzunehmen oder auszuschlagen; die Zustimmung des anderen Ehegatten ist nicht erforderlich. [2]Das Gleiche gilt von dem Verzicht auf den Pflichtteil oder auf den Ausgleich eines Zugewinns sowie von der Ablehnung eines Vertragsantrags oder einer Schenkung.**

---

[15] Vgl. BayObLG OLGE 43, 356.

[16] Vgl. KGJ 32, A 194.

[17] HM, vgl. RGZ 127, 115; Erman/*Heinemann* Rn. 5; Soergel/*Gaul/Althammer* Rn. 5; Staudinger/*Thiele,* 2018, Rn. 23, letztere mit der Einschränkung, dass dies nur gelte, wenn das Geschäft zum Gesamtgut gehört.

[18] BGHZ 83, 76 = NJW 1982, 1810 = LM § 1456 Nr. 1 mAnm *Lang*; vgl. auch *Klüber* in Bergschneider FamilienvermögensR Rn. 4.692.

[19] Hinsichtlich des Gesamtguts ebenso Soergel/*Gaul/Althammer* Rn. 6, 7 mwN; zur Zwangsvollstreckung in das Vorbehaltsgut des Verwalters ist zwar ein Titel gegen diesen erforderlich, es kann aber keine andere Sachentscheidung ergehen; eine Umschreibung des Titels ist dagegen in der ZPO nicht vorgesehen.

[20] Im Ergebnis übereinstimmend RGRK-BGB/*Finke* Rn. 17; Staudinger/*Thiele,* 2018, Rn. 34; Soergel/*Gaul/Althammer* Rn. 2.

**(2) Der Ehegatte, der das Gesamtgut nicht verwaltet, kann ein Inventar über eine ihm angefallene Erbschaft ohne Zustimmung des anderen Ehegatten errichten.**

## I. Normzweck

Der nichtverwaltende Ehegatte kann nach § 1432 – als Ausnahme von § 1422 – eine Reihe von Rechtsgeschäften vornehmen, auch wenn sie sich auf das Gesamtgut beziehen. Die in Abs. 1 aufgeführten Rechtsgeschäfte sind zwar vermögensrechtlicher Art, aber so persönlich, dass sie nur der nichtverwaltende Ehegatte selbst vornehmen kann. Um die damit verbundenen Haftungsvorteile zu erreichen, kann nach Abs. 2 (neben dem Verwalter) auch der andere Ehegatte ein Inventar über eine ihm angefallene Erbschaft errichten. 1

## II. Die einzelnen Rechtsgeschäfte

Eine **ihm angefallene Erbschaft oder** ein ihm angefallenes **Vermächtnis kann nur** der **nichtverwaltende Ehegatte annehmen** ohne Rücksicht darauf, ob sie – wie regelmäßig – ins Gesamtgut oder – nach § 1418 Abs. 2 Nr. 2 – in sein Vorbehaltsgut fallen. Nimmt der nichtverwaltende Ehegatte eine ins Gesamtgut gefallene Erbschaft an, so haften das Gesamtgut und der Verwalter persönlich für die Nachlassverbindlichkeiten (§ 1437 Abs. 1 und 2). Der Verwalter kann aber selbständig die Maßnahmen zur Beschränkung der Erbenhaftung treffen. Nach § 1957 Abs. 1 gelten die Anfechtung der Annahme als Ausschlagung, die Anfechtung der Ausschlagung als Annahme der Erbschaft. Auch die Anfechtung von Annahme oder Ausschlagung fällt deshalb in den Kreis der Rechtsgeschäfte des § 1432. Dies gilt ebenfalls für die Anfechtung nach § 2308. 2

Auch **auf** einen **Pflichtteil kann nur** der **Ehegatte verzichten, dem er zusteht.** Gemeint ist der **bereits angefallene Pflichtteil.** Der von einem Ehegatten als Verzichtendem abgeschlossene Erb- und Pflichtteilsverzicht gemäß § 2346 brauchte dagegen in § 1432 nicht aufgeführt zu werden: Durch einen solchen Pflichtteilsverzicht wird das Gesamtgut nicht berührt, weil eine noch nicht angefallene Erbschaft nicht zum Gesamtgut gehören kann. Dagegen musste der Verzicht auf den schon angefallenen Pflichtteil aufgenommen werden, weil der Pflichtteil (von § 1418 Abs. 2 abgesehen) in das Gesamtgut gefallen ist. Entsprechendes gilt für den **Verzicht auf** den **Ausgleich des Zugewinns** aus einer früheren Ehe. 3

Das **Vertragsangebot oder** die **Schenkung eines Dritten** können regelmäßig beide Ehegatten annehmen. Nur der nichtverwaltende Ehegatte kann annehmen, wenn sich das Vertragsangebot auf sein Vorbehaltsgut bezieht (§ 1418 Abs. 2 Nr. 3) oder der Dritte bei der Schenkung bestimmt, dass diese in das Vorbehaltsgut fallen soll (§ 1418 Abs. 2 Nr. 2). Hat der nichtverwaltende Ehegatte ein Vertragsangebot oder eine Schenkung angenommen, fällt das dadurch Erlangte in das Gesamtgut (§ 1416). Für eine etwaige Gegenleistung haftet nur der nichtverwaltende Ehegatte persönlich, das Gesamtgut für seine Bereicherung nach § 1434. § 1432 bestimmt abweichend von der Rechtslage für die Annahme von Vertragsangebot und Schenkung, dass deren **Ablehnung** nur dem nichtverwaltenden Ehegatten zusteht, wenn Vertragsangebot oder Schenkung an ihn gerichtet sind. Hat der Gesamtgutsverwalter bereits angenommen, kann der nichtverwaltende Ehegatte nicht mehr ablehnen und umgekehrt. Es entscheidet der frühere Zugang der entsprechenden Erklärung beim Vertragspartner. 4

## III. Inventarerrichtung

Beide Ehegatten können nach Abs. 2 für eine Erbschaft, die dem nichtverwaltenden Ehegatten angefallen ist, selbständig ein Inventar errichten. Das von einem Ehegatten errichtete Inventar wirkt auch für den anderen (vgl. § 2008 Abs. 1 S. 3). Eine Inventarfrist muss dagegen auch dem Gesamtgutsverwalter gegenüber gesetzt werden (§ 2008 Abs. 1 S. 1). 5

## IV. Abweichende Vereinbarungen

Die in **Abs. 1** aufgeführten Rechtsgeschäfte sind wegen ihres persönlichen Charakters dem nichtverwaltenden Ehegatten **zwingend** vorbehalten.[1] Abs. 1 kann daher durch Ehevertrag nicht abbedungen werden. Da bei allen aufgeführten Rechtsgeschäften Vertretung zulässig ist, kann dem Gesamtgutsverwalter aber nach den allgemeinen Grundsätzen Vollmacht erteilt werden. Eine Abdingung von **Abs. 2** kommt praktisch nicht in Frage, weil diese Vorschrift für beide Ehegatten nur vorteilhaft ist. 6

---

1 Staudinger/*Thiele,* 2018, Rn. 14; aA RGRK-BGB/*Finke* Rn. 6.

## § 1433 Fortsetzung eines Rechtsstreits

**Der Ehegatte, der das Gesamtgut nicht verwaltet, kann ohne Zustimmung des anderen Ehegatten einen Rechtsstreit fortsetzen, der beim Eintritt der Gütergemeinschaft anhängig war.**

### I. Weiterführung eines Rechtsstreits

1 Nach § 1433 **kann** – als Ausnahme von § 1422 – der **nichtverwaltende Ehegatte einen Rechtsstreit weiterführen, der in seiner Person bei Begründung der Gütergemeinschaft anhängig war,** auch wenn sich der Rechtsstreit auf das Gesamtgut bezieht. Dies ist bei einem Passivrechtsstreit stets der Fall, weil alle bei Begründung der Gütergemeinschaft bestehenden Verbindlichkeiten, gleichgültig auf welchem Rechtsgrund sie beruhen, Gesamtgutsverbindlichkeiten sind (vgl. §§ 1438–1440). Ein Aktivrechtsstreit bezieht sich dann nicht auf das Gesamtgut, wenn sein Gegenstand bei Eintritt der Gütergemeinschaft Vorbehalts- oder Sondergut wird. Solche Rechtsstreite kann der nichtverwaltende Ehegatte schon nach § 1417 Abs. 3, § 1418 Abs. 3 fortsetzen.

2 Auch den Rechtsstreit, der sich auf das Gesamtgut bezieht, führt der Ehegatte in eigenem Namen weiter. Der **Klageantrag** eines Aktivprozesses kann, muss aber nicht auf das Gesamtgut umgestellt werden,[1] weil das aus dem Rechtsstreit Erlangte nach § 1416 sowieso dem Gesamtgut zugute kommt.

3 Der verwaltende Ehegatte kann dem Rechtsstreit als streitgenössischer **Nebenintervenient** nach § 69 ZPO beitreten, da die Rechtskraft der ergehenden Entscheidung ihm und dem Gesamtgut gegenüber wirkt.[2] Übernehmen kann der Gesamtgutsverwalter den Rechtsstreit nur mit Zustimmung des Prozessgegners[3] und wegen § 1433 auch nur mit Zustimmung des nichtverwaltenden Ehegatten.

4 Die **Befugnis** zur Weiterführung des Rechtsstreits **umfasst alle Prozesshandlungen,** aber nicht das Recht, über einen zum Gesamtgut gehörenden Gegenstand materiellrechtlich zu verfügen. Soweit eine Prozesshandlung eine materiellrechtliche Verfügung enthält (zB der Prozessvergleich; → § 1422 Rn. 25), bedarf sie deshalb der besonderen Zustimmung des Verwalters.

### II. Rechtskraft der Entscheidung

5 Die Rechtskraft der ergehenden Entscheidung erstreckt sich auf das Gesamtgut und den Gesamtgutsverwalter persönlich. Aus einem gegen den nichtverwaltenden Ehegatten ergangenen Urteil kann zwar nur gegen ihn vollstreckt werden. Umschreibung des Vollstreckungstitels zur Vollstreckung in das Gesamtgut ist aber möglich (§ 742 ZPO). In gleicher Weise kann nach § 742 ZPO ein für den nichtverwaltenden Ehegatten ergangenes obsiegendes Urteil im Aktivprozess auf den Gesamtgutsverwalter umgeschrieben werden (soweit es sich auf das Gesamtgut bezieht), wenn dieser die Zwangsvollstreckung in eigenem Namen betreiben möchte. Betreibt der nichtverwaltende Ehegatte die Zwangsvollstreckung, so fällt das Erlangte jedenfalls nach § 1416 in das Gesamtgut.

### III. Entsprechende Anwendung der Vorschrift

6 Zur entsprechenden Anwendung des § 1433 bei **Aufnahme eines Rechtsstreits** durch den nichtverwaltenden Ehegatten **auf Grund** des **Notverwaltungsrechts** nach § 1429 → § 1429 Rn. 6; zur entsprechenden Anwendung auf die **Fortsetzung** eines **im Rahmen eines selbständigen Erwerbsgeschäfts** des nichtverwaltenden Ehegatten nach § 1431 **anhängigen Rechtsstreits** bei Widerruf der Einwilligung des Gesamtgutsverwalters → § 1431 Rn. 12.

### IV. Abweichende Vereinbarungen

7 Da der Prozessgegner der Übernahme des Rechtsstreits durch den Gesamtgutsverwalter nicht zuzustimmen braucht, ist die Prozessführungsbefugnis des nichtverwaltenden Ehegatten nach § 1433

[1] So Soergel/*Gaul/Alhammer* Rn. 2; Staudinger/*Thiele,* 2018, Rn. 5 mN zu beiden Auffassungen; aA *Dölle* FamR I § 71 II 6; Erman/*Heinemann* Rn. 1; Palandt/*Brudermüller* Rn. 1, die die Änderung des Klageantrags für zwingend notwendig halten.

[2] HM; Erman/*Heinemann* Rn. 1; NK-BGB/*Völker* Rn. 6; Bamberger/Roth/Hau/Poseck/*Siede* Rn. 1; Soergel/*Gaul/Althammer* Rn. 3; Staudinger/*Thiele,* 2018, Rn. 6; aA – nur Nebenintervention nach § 66, wegen § 265 Abs. 2 S. 3 ZPO keine streitgenössische Nebenintervention – Palandt/*Brudermüller* Rn. 1; § 265 Abs. 2 S. 3 ZPO ist aber nicht entsprechend anwendbar, weil der Gesamtgutsverwalter nicht Rechtsnachfolger ist und nach den Darlegungen Rn. 5 eine Rechtskrafterstreckung stattfindet.

[3] Entsprechend § 265 Abs. 2 S. 2 ZPO; S. 2 ist im Gegensatz zu S. 3 entsprechend anwendbar, weil sein Rechtsgedanke, die gegnerische Partei vor der Aufdrängung eines anderen Prozessgegners gegen ihren Willen zu schützen, auch hier zutrifft.

**nicht abdingbar.**[4] Die Ehegatten können im Ehevertrag nur Vereinbarungen darüber treffen, ob der verwaltende Ehegatte den Rechtsstreit übernehmen soll, wenn der Prozessgegner zustimmt, oder ob er vom nichtverwaltenden Ehegatten in jedem Fall selbst zu Ende geführt wird.

## § 1434 Ungerechtfertigte Bereicherung des Gesamtguts

**Wird durch ein Rechtsgeschäft, das ein Ehegatte ohne die erforderliche Zustimmung des anderen Ehegatten vornimmt, das Gesamtgut bereichert, so ist die Bereicherung nach den Vorschriften über die ungerechtfertigte Bereicherung aus dem Gesamtgut herauszugeben.**

### I. Normzweck

Die Vorschrift regelt die Rückabwicklung von Vermögensverschiebungen auf Grund von Rechtsgeschäften, die mangels Zustimmung eines der beiden Ehegatten für das Gesamtgut nicht wirksam sind. Alles, was das Gesamtgut auf Grund eines solchen Rechtsgeschäfts erlangt hat, ist nach den Grundsätzen der ungerechtfertigten Bereicherung herauszugeben. 1

### II. Voraussetzung der Bereicherungshaftung

Voraussetzung für die Bereicherungshaftung des § 1434 ist, dass in das Gesamtgut die Leistung eines Dritten auf Grund eines Rechtsgeschäfts gelangt ist, das dem Gesamtgut gegenüber mangels Zustimmung des anderen Ehegatten nicht wirksam ist, das also entweder vom Gesamtgutsverwalter ohne die erforderliche Zustimmung nach §§ 1423–1425 oder vom anderen Ehegatten außerhalb seiner Befugnis, das Gesamtgut zu verpflichten, abgeschlossen wurde. (Nimmt zB der nichtverwaltende Ehegatte die Erfüllung für eine zum Gesamtgut gehörende Forderung entgegen, so fällt die Leistung in das Gesamtgut, die Forderung erlischt aber nicht, → § 1422 Rn. 18). Ist das Gesamtgut in anderer Weise als durch die Leistung eines Dritten auf Grund mangels Zustimmung unwirksamen Rechtsgeschäfts bereichert, gelten die allgemeinen Vorschriften.[1] 2

### III. Bereicherungshaftung

Für den Bereicherungsanspruch haften nur das Gesamtgut und der Gesamtgutsverwalter persönlich (§ 1437), nicht der andere Ehegatte, auch wenn dieser das unwirksame Rechtsgeschäft abgeschlossen hat (zu dessen vertraglicher Haftung und der Konkurrenz der Ansprüche, → Rn. 4). Der Bereicherungsanspruch kann nur gegen den Verwalter geltend gemacht werden.[2] Für das Maß dessen, was herauszugeben ist, gelten die §§ 818, 819. Die verschärfte Haftung nach § 819 Abs. 1 beginnt erst, wenn der Verwalter von dem mangelhaften Erwerb Kenntnis hat, nicht, wenn der andere Ehegatte den Mangel des Erwerbs kennt. Nach ganz hM zu § 819 setzt Kenntnis des Mangels nicht nur Kenntnis der den Mangel begründenden Tatsachen, sondern auch Kenntnis der sich aus diesen ergebenden Rechtsfolgen (oder jedenfalls ein bewusstes Sichverschließen gegen diese Rechtsfolgen),[3] hier also die Kenntnis voraus, dass das Rechtsgeschäft mangels Zustimmung eines der beiden Ehegatten für das Gesamtgut unwirksam ist. 3

### IV. Andere Ansprüche gegen die Ehegatten

Schließt der verwaltende Ehegatte ein Rechtsgeschäft für das Gesamtgut ohne die erforderliche Zustimmung nach den §§ 1423–1425 ab, so haftet er auch nicht persönlich auf Erfüllung. Ansprüche gegen ihn (Mithaftung des Gesamtguts, § 1437) können aber auf Grund unerlaubter Handlung oder culpa in contrahendo bestehen. Schließt der nichtverwaltende Ehegatte ein Rechtsgeschäft ab, das für das Gesamtgut unwirksam ist, so haftet er dem Geschäftspartner persönlich auf Erfüllung. Der Bereicherungsanspruch gegen das Gesamtgut wird nicht durch solche Ansprüche gegen den Gesamtgutsverwalter auf Grund culpa in contrahendo oder unerlaubter Handlung bzw. gegen den anderen Ehegatten auf Grund Vertrages (auf Erfüllung oder Schadensersatz) ausgeschlossen.[4] Umgekehrt schließt auch die Bereicherungshaftung die anderen Ansprüche nicht aus. Soweit sie sich decken, besteht Anspruchskonkurrenz. Wenn der nichtverwaltende Ehegatte die für das Gesamtgut unwirk- 4

[4] AA RGRK-BGB/*Finke* Rn. 6; weiter Staudinger/*Thiele,* 2018, Rn. 9.

[1] Staudinger/*Thiele,* 2018, Rn. 3.

[2] RGZ 90, 288; vgl. auch BGH NJW 1957, 1635.

[3] Vgl. BGHZ 26, 256 = NJW 1958, 668; BGHZ 32, 76 (92) = NJW 1960, 1105.

[4] AllgM; Erman/*Heinemann* Rn. 2; speziell zur Konkurrenz mit Vertragsansprüchen gegen den nichtverwaltenden Ehegatten Palandt/*Brudermüller* Rn. 1; RGRK-BGB/*Finke* Rn. 6; Soergel/*Gaul*/*Althammer* Rn. 4; Staudinger/*Thiele,* 2018, Rn. 10; vgl. auch OLG Colmar OLGE 8, 336.

same Verpflichtung gegenüber dem Dritten aus seinem Vorbehaltsgut erfüllt, ist das Gesamtgut durch die Gegenleistung des Dritten nicht mehr ungerechtfertigt bereichert. Zum Ausgleich zwischen den Vermögensmassen der Ehegatten untereinander s. § 1445.

### V. Zurückbehaltungsrecht des Dritten

5 Entgegen der hM steht dem Dritten wegen seines Bereicherungsanspruchs (oder wegen anderer Ansprüche aus demselben Rechtsverhältnis gegen das Gesamtgut) ein Zurückbehaltungsrecht gegen die ihm gegenüber geltend gemachten Ansprüche des Gesamtguts zu (→ § 1427 Rn. 5).

### VI. Abweichende Vereinbarungen

6 Da er die Rechte Dritter regelt, ist § 1434 durch Ehevertrag nicht abdingbar.

## § 1435 Pflichten des Verwalters

**[1]Der Ehegatte hat das Gesamtgut ordnungsmäßig zu verwalten. [2]Er hat den anderen Ehegatten über die Verwaltung zu unterrichten und ihm auf Verlangen über den Stand der Verwaltung Auskunft zu erteilen. [3]Mindert sich das Gesamtgut, so muss er zu dem Gesamtgut Ersatz leisten, wenn er den Verlust verschuldet oder durch ein Rechtsgeschäft herbeigeführt hat, das er ohne die erforderliche Zustimmung des anderen Ehegatten vorgenommen hat.**

**Übersicht**



### I. Normzweck

1 § 1435 regelt die **Pflichten des Gesamtgutsverwalters** gegenüber dem anderen Ehegatten. Er ist zur ordnungsmäßigen Verwaltung verpflichtet (S. 1), muss für verschuldete Minderung des Gesamtguts Ersatz leisten (S. 3) und den anderen Ehegatten über die Verwaltung unterrichten sowie ihm Auskunft über den Stand der Verwaltung erteilen (S. 2).

### II. Die Pflichten bei der Verwaltung des Gesamtguts im Allgemeinen

2 Die Pflichten des Verwalters wurden durch § 1435 idF des GleichberG gegenüber der früheren Rechtslage grundlegend erweitert. Während der Ehemann der Ehefrau gegenüber früher für die Verwaltung des Gesamtguts nur in Ausnahmefällen haftbar war, ist der Verwalter dem anderen Ehegatten nun für die ordnungsgemäße Verwaltung grundsätzlich verantwortlich. Die Pflicht des Verwalters zur ordnungsmäßigen Verwaltung kann auch durch Antrag geltend gemacht werden, regelmäßig ohne Vollstreckungsmöglichkeit nach § 120 Abs. 3 FamFG, ausnahmsweise mit Vollstreckungsmöglichkeit (und ohne Anwendung des § 1446), etwa zur Auszahlung von Trennungsunterhalt.

3 Wichtigste Einschränkung der Pflichten nach § 1435 ist es, dass der Verwalter nach der allgemeinen Haftungsregel unter Ehegatten nur für **eigenübliche Sorgfalt** einzustehen hat (§ 1359). Von der Haftung wegen grober Fahrlässigkeit ist er dadurch keinesfalls befreit (vgl. § 277, der – obwohl schuldrechtliche Vorschrift – auch für das vermögensrechtliche Verhältnis der Ehegatten im Rahmen des § 1359 gilt).

4 § 1435 gilt insgesamt nicht nur für den Ehegatten, der nach dem Ehevertrag zum Verwalter des Gesamtguts bestimmt ist, sondern für denjenigen, der die konkrete Verwaltungsmaßnahme vorgenommen hat. Das kann auch der andere Ehegatte sein, wenn er im Rahmen seiner Befugnisse

nach den §§ 1428 ff., für das Gesamtgut tätig geworden ist, aber auch, wenn er eine Verwaltungsmaßnahme getroffen hat, ohne dazu befugt zu sein.[1] Für die entgegengesetzte Auffassung, dass § 1435 nur für den Gesamtgutsverwalter gilt, spricht seine historische Entwicklung aus § 1456 aF und wohl auch der Wortlaut, dh die Wahl der Begriffe „verwaltet“ und „Verwaltung“, die daraufhin deuten, dass der Gesamtgutsverwalter nach §§ 1421, 1422 gemeint ist. Beide Gesichtspunkte stehen der sinnvollen ausdehnenden Auslegung aber nicht im Wege.

### III. Die Pflicht zur ordnungsmäßigen Gesamtgutsverwaltung

Die Pflicht zur ordnungsmäßigen Verwaltung bedeutet, dass der Verwalter das Gesamtgut treuhänderisch im Interesse beider Ehegatten verwalten und sich für die Erhaltung und Mehrung des Gesamtguts einsetzen muss.[2] Er hat die gesetzlichen Schranken seiner Befugnisse und die Mitwirkungsrechte des anderen Ehegatten zu beachten und schon den Versuch zu unterlassen, diese Schranken und Mitwirkungsrechte zu umgehen.[3] 5

### IV. Die Auskunfts- und Unterrichtungspflicht

**1. Unterrichtungspflicht.** Um dem anderen Ehegatten Einblick in die gemeinschaftlichen Vermögensverhältnisse und die Möglichkeit zur Überwachung der Verwaltung zu geben, hat ihn der Gesamtgutsverwalter **über** die **Verwaltung laufend zu unterrichten.** Der nichtverwaltende Ehegatte kann diesen Anspruch nach hM nur mit dem Antrag auf Herstellung des ehelichen Lebens ohne Vollstreckungsmöglichkeit (§ 120 Abs. 3 FamFG) verfolgen.[4] 6

**2. Auskunftspflicht.** Neben der Verpflichtung zur laufenden Unterrichtung trifft den Verwalter die Pflicht, auf Verlangen **Auskunft über den Stand der Vermögensverwaltung zu erteilen.** Verfehlt ist es, für den Inhalt dieser Pflicht in jedem Falle §§ 259 ff., insbesondere § 260 heranzuziehen.[5] Denn der Verwalter hat dem anderen Ehegatten nicht über den Stand des Vermögens, sondern über den Stand der Verwaltung des Vermögens (also nicht über einen Zustand, sondern über einen Prozess) Auskunft zu geben.[6] Welchen konkreten Inhalt die Pflicht hat, hängt danach vollständig von den Umständen des einzelnen Falles ab. Sie kann je nachdem auf Auskunftserteilung über eine Einzelmaßnahme, über das Ergebnis einer Maßnahme, über den Verlauf einer Gruppe von Geschäftstätigkeiten, im Einzelfall allerdings auch auf Auskunftserteilung über den Stand des Gesamtvermögens gehen. Nur in letzterem Falle ist Raum für die Anwendung der §§ 259 ff. 7

Aus §§ 259 ff. ist der allgemeine Gedanke des Gesetzes zu entnehmen, dass der Nachweis für die Richtigkeit einer Auskunft durch eidesstattlicher Versicherung zu führen ist. Die Verpflichtung zur Abgabe einer eidesstattlichen Versicherung besteht allerdings in Angelegenheiten von geringer Bedeutung nicht (vgl. § 259 Abs. 3), darüber hinaus auch immer dann nicht, wenn auf einfachere Weise – zB durch Einsicht in Bücher – Klarstellung erreicht werden kann.[7] 8

Wird der Auskunftsanspruch entsprechend → Rn. 7 f. differenziert, so ist es nicht erforderlich, den verwaltenden Ehegatten dadurch vor einer missbräuchlichen Ausübung des Auskunftsrechts durch den anderen Ehegatten zu schützen, dass der Auskunftsanspruch durch das Verlangen eines – sorgfältig zu prüfenden – Rechtsschutzbedürfnisses[8] eingeschränkt wird.[9] Nach der hier vertretenen Auffassung ist der Auskunftsanspruch auf diejenigen Auskünfte und Nachweise gerichtet, die in der jeweiligen Situation bei objektiver Betrachtung geboten sind. Dieser Anspruch ist nach den allgemeinen Grundsätzen klagbar und vollstreck- 9

---

[1] Vgl. Staudinger/*Thiele,* 2018, Rn. 17, wo aber § 1435 bei Verwaltungshandlungen nach den §§ 1428 ff. nur entsprechend und bei unbefugten Verwaltungshandlungen nicht angewendet wird; wie hier Soergel/*Gaul/Althammer* Rn. 14.

[2] Vgl. RGZ 124, 325. Zur Versicherungspflicht vgl. RGZ 76, 133 (136) zum früheren eingebrachten Gut der Ehefrau.

[3] Vgl. BGHZ 48, 369 = NJW 1968, 496.

[4] BT-Drs. 2/3409, 27; OLG Stuttgart FamRZ 1979, 809; *Dölle* FamR I § 68 IV S. 899 Fn. 12; Erman/*Heinemann* Rn. 2; Palandt/*Brudermüller* Rn. 3; Soergel/*Gaul/Althammer* Rn. 5 mit eingehender Begr.; Staudinger/*Thiele,* 2018, Rn. 4; aA → 7. Aufl. 2017, Rn. 7 *(Kanzleiter).*

[5] So aber die hM: Erman/*Heinemann* Rn. 3; Palandt/*Brudermüller* Rn. 3; Soergel/*Gaul/Althammer* Rn. 6; Staudinger/*Thiele,* 2018, Rn. 6.

[6] Übereinstimmend im Wesentlichen Staudinger/*Thiele,* 2018, Rn. 6.

[7] Vgl. BGHZ 55, 201 (206) = NJW 1971, 656.

[8] Erman/*Heinemann* Rn. 3; aA Staudinger/*Thiele,* 2018, Rn. 5.

[9] So ausdrücklich Erman/*Heinemann* Rn. 3; ähnlich Soergel/*Gaul/Althammer* Rn. 7; gegen diese Einschränkungen Staudinger/*Thiele,* 2018, Rn. 5.

bar.[10] Die Vollstreckung erfolgt, wenn der Nachweis durch eidesstattliche Versicherung geboten ist, nach § 889 ZPO, sonst je nach dem Inhalt des zu führenden Nachweises.

### V. Die Pflicht zur Ersatzleistung

10 **1. Verletzung der Pflicht zur ordnungsmäßigen Verwaltung.** Hat der Verwalter einen Verlust des Gesamtguts durch Verletzung seiner Pflicht zur ordnungsmäßigen Verwaltung verschuldet, so muss er zum Gesamtgut Schadensersatz leisten. Ob eine Pflichtverletzung vorliegt, ist nach objektiven Maßstäben auf Grund der Verhältnisse zum Zeitpunkt der Vornahme der Maßnahme (oder des Unterlassens einer gebotenen Maßnahme) und unter Berücksichtigung der Lebensumstände der Ehegatten zu beurteilen. Dabei ist zu berücksichtigen, dass die Übernahme von Risiken unvermeidlich ist und es dem Verwalter darüber hinaus gestattet ist, bei der Verwaltung des Gesamtguts auch vermeidbare Risiken einzugehen, wenn diese den Lebensumständen der Ehegatten entsprechen (Wertpapierspekulationen können zB je nach den Lebensumständen der Ehegatten zur ordnungsmäßigen Gesamtgutsverwaltung gehören oder über sie hinausgehen). Solange der Verwalter diese Grenzen einhält, hat er sich pflichtgemäß verhalten, auch wenn ein Geschäft missglückt. Es braucht dann nicht geprüft zu werden, ob ihn ein Verschulden (nach den Maßstäben der §§ 1359, 277, → Rn. 3) trifft.

11 **2. Rechtsgeschäfte ohne erforderliche Zustimmung.** Der Verwalter haftet ohne Verschulden[11] für Nachteile, die dem Gesamtgut aus zustimmungsbedürftigen, aber ohne Zustimmung des anderen Ehegatten vorgenommenen Rechtsgeschäften entstanden sind. Da solche Rechtsgeschäfte für das Gesamtgut unwirksam sind, kann sich aus ihnen ein Nachteil für das Gesamtgut nur ergeben, wenn der Rückabwicklungsanspruch im Ergebnis nicht durchsetzbar ist (→ Rn. 12) oder nicht zu gleichwertigem Ersatz führt.[12]

12 **3. Gegenüberstehende Vorteile.** Ist der Verwalter ersatzpflichtig geworden, so fällt die Ersatzpflicht nicht dadurch wieder weg, dass es ihm gelungen ist, den Verlust per Saldo durch günstige Geschäfte auszugleichen.[13] Erlangt das Gesamtgut auf Grund der schädigenden Verwaltungsmaßnahme einen Ersatzanspruch gegen einen Dritten, so schließt das die Ersatzpflicht des Verwalters nicht aus, solange der Ersatzanspruch gegen den Dritten nicht realisiert ist. Leistet der Dritte Ersatz, so entfällt die Ersatzpflicht des Verwalters insoweit, als durch den Ersatz des Dritten der Nachteil für das Gesamtgut ausgeglichen wird.[14]

13 **4. Inhalt der Ersatzpflicht.** Die Ersatzpflicht ist nach ihrer Rechtsnatur eine Verbindlichkeit des Verwalters gegenüber dem anderen Ehegatten. Ihre Erfüllung kann der andere Ehegatte erst nach Beendigung der Gütergemeinschaft verlangen (§ 1446 Abs. 1 bei Anspruch gegen den Gesamtgutsverwalter, Abs. 2 bei Anspruch gegen den grundsätzlich nicht verwaltenden Ehegatten, → Rn. 4). Unter den allgemeinen Voraussetzungen kann der andere Ehegatte schon vorher Sicherstellung durch Arrest oder einstweilige Verfügung erreichen.

### VI. Abweichende Vereinbarungen

14 Die Pflichten des § 1435 können durch Ehevertrag beliebig verschärft werden.[15] Inwieweit eine ehevertragliche Einschränkung der Pflichten zulässig ist, ist umstr. Grundsätzlich ist die Einschränkung zulässig. Die Pflicht zur ordnungsmäßigen Verwaltung kann aber nicht eingeschränkt werden, weil sie aus der Überlassung der Verwaltung des gemeinschaftlichen Gesamtguts zwingend folgt. § 276 Abs. 2 ist ein allgemeiner Rechtsgedanke zu entnehmen, sodass die Ersatzpflicht für Vorsatz nicht ausgeschlossen werden kann.[16] Die Unterrichtungs- und die Auskunftspflicht können dagegen – von Fällen des § 138 abgesehen – auch vollständig ausgeschlossen werden. Die Mindestsiche-

---

[10] Anders als bei der Unterrichtungspflicht besteht inzwischen Einigkeit darüber, dass der Anspruch im Wege der Leistungsklage durchsetzbar ist; s. OLG Stuttgart FamRZ 1979, 809; RGRK-BGB/*Finke* Rn. 4; Soergel/*Gaul/Althammer* Rn. 8; Staudinger/*Thiele,* 2018, Rn. 7 mwN.

[11] Soergel/*Gaul/Althammer* Rn. 12; Staudinger/*Thiele,* 2018, Rn. 11; offengelassen von BGHZ 48, 369 (372) = NJW 1968, 496.

[12] AA Staudinger/*Thiele,* 2018, Rn. 10, der aber zum selben Ergebnis gelangt, da nach dem letzten Satz der Verwalter bei Erlangung von Ersatz frei wird.

[13] HM, Erman/*Heinemann* Rn. 4; Staudinger/*Thiele,* 2018, Rn. 9; Palandt/*Brudermüller* Rn. 4.

[14] So mit Recht Erman/*Heinemann* Rn. 4; Bamberger/Roth/Hau/Poseck/*Siede* Rn. 5 allerdings schon bei Bestehen eines realisierbaren Ersatzanspruchs; anders RGRK-BGB/*Finke* Rn. 7.

[15] Staudinger/*Thiele,* 2018, Rn. 19.

[16] Ebenso Staudinger/*Thiele,* 2018, Rn. 20; iErg auch Erman/*Heinemann* Rn. 16; Soergel/*Gaul/Althammer* Rn. 2.

rung der Interessen des nichtverwaltenden Ehegatten enthält § 1447 Nr. 1, ein Auskunftsanspruch steht ihm jedenfalls bei Verdacht des Missbrauchs auf Grund allgemeiner, unabdingbarer Rechtsgrundsätze auch zu, wenn die speziellen Pflichten nach § 1435 ausgeschlossen sind.[17]

## § 1436 Verwalter unter Betreuung

**[1]Fällt die Verwaltung des Gesamtguts in den Aufgabenkreis des Betreuers eines Ehegatten, so hat der Betreuer diesen in den Rechten und Pflichten zu vertreten, die sich aus der Verwaltung des Gesamtguts ergeben. [2]Dies gilt auch dann, wenn der andere Ehegatte zum Betreuer bestellt ist.**

### I. Normzweck

Steht der Gesamtgutsverwalter unter Vormundschaft oder fällt die Verwaltungstätigkeit in den Aufgabenkreis eines Betreuers, so vertritt ihn der Vormund bzw. der Betreuer auch bei der Verwaltung des Gesamtguts. Die Verwaltungsbefugnis geht also nicht auf den anderen Ehegatten über (zur Möglichkeit, dies zu vereinbaren, → Rn. 6). 1

### II. Folgen der Vormundschaft oder Betreuung für einen Ehegatten

Die Vormundschaft über einen der Ehegatten ist auf die Gütergemeinschaft ohne Einfluss. Steht der Gesamtgutsverwalter unter Vormundschaft oder fällt die Verwaltungstätigkeit in den Aufgabenkreis eines Betreuers, so verwaltet der Vormund oder Betreuer in Vertretung des Verwalters; nach dem Grundgedanken der Betreuung bleibt der geschäftsfähige betreute Gesamtgutsverwalter – parallel – handlungsfähig. Die Bestellung eines Betreuers, ohne dass die Gesamtgutsverwaltung in seinen Aufgabenkreis fällt, hat keine rechtlichen Auswirkungen. Dem anderen Ehegatten steht unter den Voraussetzungen des § 1447 Nr. 1 oder Nr. 4 der Antrag auf Aufhebung der Gütergemeinschaft zu. 2

### III. Die Verwaltungstätigkeit des Vormunds oder Betreuers

Für die Tätigkeit des Vormunds und des Betreuers gelten die allgemeinen Vorschriften.[1] Sie haften dem Gesamtgutsverwalter für jeden Schaden, den sie verschuldet haben (§§ 1833, 1908i Abs. 1; ohne Milderung des Haftungsmaßstabes nach § 1359). Nicht der Vormund (oder der Betreuer), sondern der Gesamtgutsverwalter, der durch den Vormund (oder Betreuer) vertreten wird,[2] haftet dem anderen Ehegatten nach § 1435. 3

### IV. Der andere Ehegatte als Vormund oder Betreuer

Auch der andere Ehegatte kann zum Vormund oder Betreuer (§ 1897 Abs. 5) bestellt werden (nachdem die Vormundschaft nach §§ 1773 nur noch über Minderjährige möglich ist, hat die Bestellung des Ehegatten zum Vormund nur noch Bedeutung, wenn eine Eheschließung durch Minderjährige nach § 1303 aF erfolgt ist). Dann verwaltet er nach S. 2 das Gesamtgut in Vertretung des Gesamtgutsverwalters. Durch Verwaltungshandlungen werden das Gesamtgut (§ 1437) und der Gesamtgutsverwalter persönlich (§ 1437 Abs. 2) verpflichtet. Daneben wird auch der den Gesamtgutsverwalter vertretende Ehegatte persönlich verpflichtet, wenn dem dritten Geschäftspartner nicht erkennbar war, dass er nur für das Gesamtgut handeln wollte. 4

Daneben behält der zum Vormund oder Betreuer des Gesamtgutsverwalters bestellte Ehegatte auch alle Rechte des nichtverwaltenden Ehegatten, zB die Mitwirkungsrechte nach §§ 1423 ff., die Befugnis, selbständig ein Erwerbsgeschäft zu betreiben usw. In diesem In-Sich-Rechtsverhältnis zwischen dem Ehegatten als Vertreter des Gesamtgutsverwalters und als nichtverwaltender Ehegatte gilt § 181 nicht.[3] Er kann sich also in Vertretung des Verwalters die Zustimmung zum selbständigen Betrieb eines Erwerbsgeschäfts als nichtverwaltender Ehegatte und umgekehrt in dieser Eigenschaft die Zustimmung zu Verwaltungsgeschäften nach §§ 1423 ff. erteilen. Die Zustimmung liegt im letzteren Falle regelmäßig in der Vornahme des Geschäfts.[4] Für die Verwaltung haftet auch der andere 5

---

17 AA Soergel/*Gaul/Althammer* Rn. 2: Ausschluss der Auskunftspflicht regelmäßig nichtig; Erman/*Heinemann* Rn. 6; wie hier Staudinger/*Thiele,* 2018, Rn. 20.

1 Vgl. KG HRR 1933 Nr. 203.

2 AA – Haftung des Vormunds – RGRK-BGB/*Finke* Rn. 5; Staudinger/*Thiele,* 2018, Rn. 4; Bamberger/Roth/Hau/Poseck/*Siede* Rn. 1; NK-BGB/*Völker* Rn. 3; wie hier Soergel/*Gaul/Althammer* Rn. 4.

3 AllgM; *Gernhuber/Coester-Waltjen* FamR § 38 Rn. 54; Erman/*Heinemann* Rn. 1; Soergel/*Gaul/Althammer* Rn. 5; Staudinger/*Thiele,* 2018, Rn. 5 mwN.

4 Staudinger/*Thiele,* 2018, Rn. 5; aA Erman/*Heinemann* Rn. 1 im Anschluss an KGJ 22, 143.

Ehegatte als Vormund oder Betreuer dem Gesamtgutsverwalter nach §§ 1833, 1908i Abs. 1 ohne die Haftungsmilderung nach § 1359, weil er als Vormund oder Betreuer, nicht als Ehegatte tätig wird.[5]

### V. Abweichende Vereinbarungen

6 § 1436 kann ehevertraglich in der Weise modifiziert werden, dass für den Fall des Eintritts der Betreuung über den Gesamtgutsverwalter (unter Einbeziehung der Gesamtgutsverwaltung in den Aufgabenkreis des Betreuers) die Verwaltung auf den anderen Ehegatten übergeht (zur bedingten oder befristeten Verwalterbestellung allgemein → § 1421 Rn. 2). Diese ehevertragliche Vereinbarung kann auch nach Eintritt der Betreuung getroffen werden (s. § 1411). In anderer Weise kann § 1436 nicht abgeändert werden. Die Vertretung des Gesamtgutverwalters durch Vormund oder Betreuer ist sonst zwingend.

## Vorbemerkung (Vor § 1437)

1 Die §§ 1437–1444 regeln die **Haftung der verschiedenen Vermögensmassen** bei der Gütergemeinschaft mit Einzelverwaltung. §§ 1437–1440 enthalten die Regelung der Haftung im **Außenverhältnis** gegenüber den Gläubigern, § 1437 stellt den Grundsatz auf, dass für alle Verbindlichkeiten der Ehegatten das Gesamtgut (Abs. 1) und außerdem der Gesamtgutsverwalter persönlich (Abs. 2) haften. Die §§ 1438–1440 machen davon Ausnahmen für Verbindlichkeiten des nichtverwaltenden Ehegatten, die während der Gütergemeinschaft entstanden sind. Die Haftung für die Gesamtgutsverbindlichkeiten – dh die Verbindlichkeiten, für die das Gesamtgut haftet – im **Innenverhältnis** der Ehegatten untereinander richtet sich nach §§ 1441–1444. Grundsätzlich fallen diese Verbindlichkeiten dem Gesamtgut zur Last; sie sind also von den Ehegatten im wirtschaftlichen Ergebnis je zur Hälfte zu tragen (vgl. § 1476 Abs. 1). Als Ausnahme davon hat nach den §§ 1441–1444 ein Ehegatte bestimmte Verbindlichkeiten im Innenverhältnis allein zu tragen. Die Komplexität dieser Regelung liegt darin begründet, dass die Gütergemeinschaft bzw. das Gesamtgut nach außen nicht als einheitliches Rechtssubjekt auftreten.

## § 1437 Gesamtgutsverbindlichkeiten; persönliche Haftung

**(1) Aus dem Gesamtgut können die Gläubiger des Ehegatten, der das Gesamtgut verwaltet, und, soweit sich aus den §§ 1438 bis 1440 nichts anderes ergibt, auch die Gläubiger des anderen Ehegatten Befriedigung verlangen (Gesamtgutsverbindlichkeiten).**

**(2) [1]Der Ehegatte, der das Gesamtgut verwaltet, haftet für die Verbindlichkeiten des anderen Ehegatten, die Gesamtgutsverbindlichkeiten sind, auch persönlich als Gesamtschuldner. [2]Die Haftung erlischt mit der Beendigung der Gütergemeinschaft, wenn die Verbindlichkeiten im Verhältnis der Ehegatten zueinander dem anderen Ehegatten zur Last fallen.**

**Übersicht**



### I. Normzweck

1 Grundsätzlich haften – von den Ausnahmen der §§ 1438–1440 abgesehen – das Gesamtgut (Abs. 1) und der verwaltende Ehegatte persönlich (Abs. 2) für alle Verbindlichkeiten der Ehegatten. Die Gesamtgutshaftung (und die ihr folgende persönliche Haftung des Verwalters) ist nach den §§ 1438–1440 für die meisten während der Gütergemeinschaft in der Person des nichtverwaltenden Ehegatten entstehenden Verbindlichkeiten ausgeschlossen, für die nur der nichtverwaltende Ehegatte persönlich, dh dessen Sondervermögen haftet. Die zusätzliche persönliche Haftung des Verwalters für alle Gesamtgutsverbindlichkeiten ist das Korrelat zu seiner umfassenden Verwaltungsbefugnis. Dadurch soll Vermögensverschiebungen aus dem Gesamtgut in sein Vorbehaltsgut und der bevorzug-

[5] HM; s. Erman/*Heinemann* Rn. 1; Soergel/*Gaul*/*Althammer* Rn. 5; Staudinger/*Thiele,* 2018, Rn. 6.

ten Begleichung eigener Schulden aus dem Gesamtgut zum Nachteil von Gesamtgutsgläubigern vorgebeugt werden.[1]

## II. Die Haftung für die Verbindlichkeiten der Ehegatten

**Schuldner** von Verbindlichkeiten können stets nur die **Ehegatten persönlich,** Schuldner kann niemals das Gesamtgut selbst sein, da dieses – wie die anderen Vermögensmassen – keine eigene Rechtspersönlichkeit besitzt. Die verschiedenen **Vermögensmassen** sind nach den allgemeinen Grundsätzen und den Haftungsregeln der §§ 1437–1440 **Haftungsobjekte** für die Verbindlichkeiten der Ehegatten. Soweit das Gesamtgut für eine Verbindlichkeit haftet, bezeichnet sie das Gesetz als **„Gesamtgutsverbindlichkeit".**[2] 2

Ist die **Verbindlichkeit in der Person des Verwalters** entstanden, so haften in jedem Fall dessen Sondervermögen und das Gesamtgut. Falls der Verwalter aber ein Rechtsgeschäft ohne die nach §§ 1423–1425 erforderliche Zustimmung des anderen Ehegatten abgeschlossen hat, ist das Rechtsgeschäft unwirksam (→ § 1427 Rn. 4), eine Verbindlichkeit also nicht entstanden. 3

Ist die **Verbindlichkeit in der Person des anderen Ehegatten** entstanden, aber im Rahmen von dessen Befugnis, für das Gesamtgut zu handeln (auf Grund §§ 1429 ff. oder auf Grund einer Ermächtigung des Verwalters oder seiner Zustimmung), haften wiederum in jedem Falle das Gesamtgut und der verwaltende Ehegatte. Der handelnde andere Ehegatte haftet dem Dritten gegenüber dann zusätzlich mit seinem Sondervermögen, wenn der Wille, nicht für sein eigenes Vermögen, sondern nur für das Gesamtgut zu handeln, dem Dritten nicht erkennbar war. 4

Für andere in der Person des nichtverwaltenden Ehegatten entstandene Verbindlichkeiten (hierher gehören auch solche, bei denen der Gesamtgutsverwalter auf Grund Vollmacht – nur – für den anderen Ehegatten gehandelt hat),[3] haften dessen Sondervermögen. Das Gesamtgut und der Verwalter haften nach § 1437 zusätzlich, soweit die Haftung nicht nach §§ 1438–1440 ausgeschlossen ist. Gesamtgut und Verwalter haften für alle Verbindlichkeiten des anderen Ehegatten bei Eintritt der Gütergemeinschaft, während die Haftung für die meisten in der Person des anderen Ehegatten während der Gütergemeinschaft begründeten Verbindlichkeiten nach den §§ 1438–1440 ausgeschlossen ist. Soweit nicht ausgeschlossen, haften Gesamtgut und verwaltender Ehegatte für die Verbindlichkeiten des anderen Ehegatten, ohne Rücksicht darauf, welcher Art sie sind und auf welchem Entstehungsgrund sie beruhen, zB auch für dessen gesetzliche Unterhaltspflichten[4] und für Ansprüche auf Herausgabe bestimmter Sachen.[5] 5

**Für Verbindlichkeiten,** die **in der Person beider Ehegatten** begründet werden, gelten die allgemeinen Regeln, bei rechtsgeschäftlicher Begründung nach § 427 also gesamtschuldnerische Haftung, dh Haftung beider Ehegatten mit ihren Sondervermögen und Haftung des Gesamtguts nach § 1437 Abs. 1 mit der Folge der persönlichen Haftung des Verwalters für diese Gesamthandsschuld nach § 1437 Abs. 2. In der Person beider Ehegatten sind auch rechtsgeschäftliche Verbindlichkeiten entstanden, bei deren Begründung der eine Ehegatte auf Grund Vollmacht oder § 1357 gleichzeitig den anderen Ehegatten verpflichtet hat. 6

Aufgrund der Vertragsfreiheit kann **mit** den jeweiligen **Gläubigern** eine **beliebige Haftungsregelung vereinbart**[6] werden. Die Haftung der Vermögensmassen kann ausgedehnt oder eingeschränkt, die Haftung des Gesamtguts, aber auch die persönliche Haftung eines Ehegatten, insbesondere die persönliche Haftung des Gesamtgutsverwalters nach Abs. 2 ausgeschlossen werden. 7

Wird das **Gesamtgut vor Berichtigung einer Gesamtgutsverbindlichkeit geteilt,** so haften beide Ehegatten – beschränkt auf das aus dem Gesamtgut Erlangte – für diese Verbindlichkeit persönlich, auch soweit sie bisher nicht gehaftet haben **(§ 1480).** 8

## III. Beweislast

Die Beweislast dafür, dass keine Gesamtgutsverbindlichkeit vorliegt, trägt derjenige, der dies behauptet, weil die Haftung des Gesamtguts nach § 1437 Abs. 1 die Regel ist (allgM). Zu Ausnahmen von diesem Grundsatz → § 1438 Rn. 5; → § 1440 Rn. 6. 9

---

1 Mot. IV 367 f.; vgl. auch *Zöllner* FamRZ 1965, 113 (118); *Dumoulin* FS Strätz, 2009, 147 (156 f.) befürwortet auch eine Streichung von § 1437 Abs. 2; → § 1459 Rn. 1.

2 Zur Haftung des Gesamtguts vgl. Bamberger/Roth/Hau/Poseck/*Siede* § 1437, Rn. 2.

3 OLG München OLGE 14, 228.

4 § 850d ZPO greift aber für den Verwalter nicht ein, da zu diesem kein Verwandtschaftsverhältnis besteht; vgl. OLG Hamburg OLGE 6, 421; vgl. auch § 1604.

5 RG JW 1904, 176.

6 Vgl. *Rauscher* FamR § 19 Rn. 462; Staudinger/*Thiele,* 2018, Rn. 18; aA *Gernhuber/Coester-Waltjen* FamR § 38 Rn. 94.

### IV. Erlöschen der persönlichen Haftung des Gesamtgutsverwalters

10 Die persönliche Haftung des Gesamtgutsverwalters nach Abs. 2 S. 1 (nicht dagegen die Haftung des Gesamtguts) für Gesamtgutsverbindlichkeiten, die im Innenverhältnis nach §§ 1441–1444 der andere Ehegatte zu tragen hat, erlischt mit der Beendigung der Gütergemeinschaft (Abs. 2 S. 2), ohne dass Dritte durch § 1412 geschützt wären. Unerheblich ist, worauf die Beendigung beruht (Tod eines Ehegatten, Aufhebungsurteil oder Vereinbarung der Ehegatten). Die Haftung endet auch dann, wenn die Ehegatten die Gütergemeinschaft gerade deshalb aufgehoben haben, um die Haftung des Verwalters mit seinem Sondervermögen für eine Verbindlichkeit des anderen Ehegatten zu beenden.[7] Die Haftung endet auch, wenn bereits ein vollstreckbarer Titel gegen den Verwalter vorliegt. Dies wäre nach § 767 ZPO geltend zu machen.[8]

11 Die persönliche Haftung des Gesamtgutsverwalters **endet nur für** solche **Verbindlichkeiten, für die** der **Verwalter nur auf Grund Abs. 2 S. 1 gehaftet hat,** nicht aber für solche Verbindlichkeiten, für die er bereits ursprünglich haftet, weil sie in seiner Person entstanden sind (→ Rn. 3, 6).

### V. Zwangsvollstreckung in das Gesamtgut

12 Zur Zwangsvollstreckung in das Gesamtgut ist ein **Titel gegen** den **Gesamtgutsverwalter** erforderlich und ausreichend (§ 740 Abs. 1 ZPO). Ein Titel gegen den Gesamtgutsverwalter ist auch dann ausreichend, wenn der Verwalter materiell-rechtlich nicht ohne Zustimmung des anderen Ehegatten über den betroffenen Gegenstand verfügen könnte.[9] Aus einem **Titel gegen** den **anderen Ehegatten** kann nur im Falle des § 741 ZPO (selbständiges Erwerbsgeschäft) in das Gesamtgut vollstreckt werden. Sonst muss stets ein Titel gegen den Verwalter (unter Umständen neben dem Titel gegen den anderen Ehegatten) erwirkt werden.[10] Dies gilt auch, wenn der andere Ehegatte im Rahmen seines Notverwaltungsrechts nach § 1429 im eigenen Namen verklagt wurde (→ § 1429 Rn. 7) oder wenn die Kostenhaftung des Gesamtguts nach § 1438 Abs. 2 auf Grund eines Rechtsstreits des anderen Ehegatten realisiert werden soll. Eine Erstreckung der materiellen Rechtskraft, die zur Folge hat, dass im Rechtsstreit des Verwalters keine andere Sachentscheidung ergehen kann (→ § 1429 Rn. 7), können und sollen die Vollstreckungsorgane nicht prüfen. Eine **Umschreibung des Titels** ist nur im Sonderfall des **§ 742 ZPO** (vgl. auch § 744 ZPO) vorgesehen. Nach Beendigung der Gütergemeinschaft gilt bis zur Auseinandersetzung § 743 ZPO.

13 Da aus dem Gesamtgut (und vom Verwalter nach Abs. 2) Erfüllung der Gesamtgutsverbindlichkeiten verlangt werden kann, ist gegen den Gesamtgutsverwalter auf Leistung, nicht nur auf Duldung der Zwangsvollstreckung zu klagen. Ist gegen ihn (neben dem Leistungstitel gegen den anderen Ehegatten) trotzdem ein Titel auf Duldung der Zwangsvollstreckung ergangen, so kann aus ihm in das Gesamtgut nicht vollstreckt werden.[11]

14 Der mittelbare Besitz der Ehegatten in Gütergemeinschaft und auch der Gewahrsam oder Mitgewahrsam des anderen Ehegatten stehen der Zwangsvollstreckung nicht entgegen. Dies ergibt sich unmittelbar aus § 740 Abs. 1 ZPO (wobei bei der Drittwiderspruchsklage des anderen Ehegatten nach § 771 ZPO dieser beweisen muss, dass der gepfändete Gegenstand zu seinem Vorbehalts- oder Sondergut gehört). Der Heranziehung der § 1362 BGB, § 739 ZPO bedarf es nicht.[12]

### VI. Insolvenz der Ehegatten

15 Weder die Insolvenz des Gesamtgutsverwalters noch der des anderen Ehegatten beeinflussen das Weiterbestehen der Gütergemeinschaft (unter Umständen ist ein Aufhebungsantrag nach § 1447 Nr. 3, § 1448 möglich).

16 In der **Insolvenz des Gesamtgutsverwalters** gehört das Gesamtgut zur Insolvenzmasse (§ 37 Abs. 1 S. 1 InsO), eine Auseinandersetzung findet nicht statt (§ 37 Abs. 1 S. 2 InsO). Der Insolvenzverwalter unterliegt nicht den Beschränkungen der §§ 1423–1425.[13]

---

7 OLG Hamburg OLGE 30, 49.

8 Staudinger/*Thiele,* 2018, Rn. 14.

9 RGZ 69, 181; Bamberger/Roth/Hau/Poseck/*Siede* Rn. 8; Staudinger/*Thiele,* 2018, Vor § 1437 Rn. 13.

10 HM; Erman/*Heinemann* Rn. 4; Soergel/*Gaul/Althammer* Rn. 8; Staudinger/*Thiele,* 2018, Vor § 1437 Rn. 13; wird der Rechtsstreit im Rahmen des § 1429 gegen den Verwalter geführt, so lautet auch der Titel gegen ihn und deshalb kann aus ihm in das Gesamtgut vollstreckt werden.

11 OLG München NJW-RR 2013, 527; Soergel/*Gaul/Althammer* Rn. 8 mzN; Staudinger/*Thiele,* 2018, Vor § 1437 Rn. 13; aA RGJW 1909, 321.

12 IErg ebenso die allgM, die jedoch § 739 ZPO heranzieht; vgl. Staudinger/*Thiele,* 2018, § 1416 Rn. 12.

13 Erman/*Heinemann* Rn. 5; Staudinger/*Thiele,* 2018, Vor § 1437 Rn. 22.

**Insolvenz des nichtverwaltenden Ehegatten** lässt das Gesamtgut unberührt (§ 37 Abs. 1 S. 3 InsO). Der Anteil des nichtverwaltenden Ehegatten, der auch nicht der Pfändung unterworfen ist (§ 860 Abs. 1 ZPO), fällt nicht in die Insolvenzmasse (§ 37 Abs. 1 S. 3 InsO und § 36 Abs. 1 InsO iVm § 860 Abs. 1 ZPO). Der Gesamtgutsverwalter kann zum Gesamtgut gehörende Gegenstände aussondern (§§ 47 ff. InsO). Demgegenüber sind Gläubiger des in Insolvenz gefallenen nichtverwaltenden Ehegatten durch § 89 Abs. 1 InsO nicht gehindert, ihre Ansprüche gegen den Verwalter persönlich und gegen das Gesamtgut zu verfolgen, soweit diese nach § 1437 haften.[14] 17

### VII. Abweichende Vereinbarung

§ 1437 kann als für das Außenverhältnis geltende Gläubigerschutzbestimmung durch Ehevertrag **nicht abbedungen** werden. Zur Zulässigkeit abweichender Haftungsvereinbarungen mit den Gläubigern → Rn. 7. 18

## § 1438 Haftung des Gesamtguts

**(1) Das Gesamtgut haftet für eine Verbindlichkeit aus einem Rechtsgeschäft, das während der Gütergemeinschaft vorgenommen wird, nur dann, wenn der Ehegatte, der das Gesamtgut verwaltet, das Rechtsgeschäft vornimmt oder wenn er ihm zustimmt oder wenn das Rechtsgeschäft ohne seine Zustimmung für das Gesamtgut wirksam ist.**

**(2) Für die Kosten eines Rechtsstreits haftet das Gesamtgut auch dann, wenn das Urteil dem Gesamtgut gegenüber nicht wirksam ist.**

### I. Normzweck

§ 1438 enthält die **wichtigste Einschränkung des Grundsatzes nach § 1437,** dass das Gesamtgut und der Verwalter persönlich für alle Verbindlichkeiten der Ehegatten haften: Für die **Verbindlichkeiten aus Rechtsgeschäften des nichtverwaltenden Ehegatten,** die nach Eintritt der Gütergemeinschaft vorgenommen wurden, haftet das Gesamtgut (und damit der Verwalter persönlich nach § 1437 Abs. 2) nur, wenn der Verwalter dem Rechtsgeschäft zugestimmt hat oder wenn dieses ohne seine Zustimmung für das Gesamtgut wirksam ist (Notverwaltungsrecht § 1429; Ersetzung der Zustimmung § 1430; selbständiges Erwerbsgeschäft § 1431; Ermächtigung des anderen Ehegatten auf Grund Ehevertrag oder durch den Verwalter; § 1357; bei Bevollmächtigung tritt Gesamtguts- und Verwalterhaftung deshalb ein, weil die Verbindlichkeit in der Person des Verwalters entsteht). Die Zustimmung des Verwalters bedarf nicht der für das Rechtsgeschäft selbst vorgeschriebenen Form (§ 182 Abs. 2). Nach Abs. 2 haftet dagegen für die Kosten eines Rechtsstreits eines der beiden Ehegatten das Gesamtgut (und damit auch der Verwalter persönlich) in jedem Falle. 1

### II. Ausnahme von der Haftung des Gesamtguts nach Abs. 1

Die Ausnahme des Abs. 1 gilt nur für **Rechtsgeschäfte,** die **während der Gütergemeinschaft** abgeschlossen wurden. Für die Verbindlichkeiten aus Rechtsgeschäften, die der nichtverwaltende Ehegatte vor Eintritt der Gütergemeinschaft abgeschlossen hat, haftet das Gesamtgut ohne Einschränkungen. Auf welche Vermögensmasse (Gesamtgut, Vorbehaltsgut, Sondergut) sich das Rechtsgeschäft bezieht, ist für die Anwendung des Abs. 1 unerheblich.[1] Entscheidend ist die Wirksamkeit des Geschäfts für das Gesamtgut. Der Haftungsausschluss nach Abs. 1 gilt seinem Sinne nach auch für Ansprüche auf Grund eines Zuschlags in der Zwangsversteigerung. Er gilt nicht für Ansprüche aus culpa in contrahendo. Hier haftet das Gesamtgut in jedem Fall, aber nicht auf das positive, sondern auf das negative Interesse (→ § 1427 Rn. 4). 2

Auch soweit das Gesamtgut für die Verbindlichkeiten aus einem Rechtsgeschäft nach Abs. 1 nicht haftet, bleibt die **Bereicherungshaftung** nach § 1434 **unberührt.** 3

Die Haftung des Gesamtguts kann durch **Vereinbarung mit** dem **Gläubiger** ausgeschlossen werden (→ § 1437 Rn. 7). Der Gesamtgutsverwalter kann seine Zustimmung zu einem Rechtsgeschäft unter der Bedingung erteilen, dass die Haftung des Gesamtguts oder wenigstens seine persönliche Haftung ausgeschlossen werden.[2] 4

---

14 S. *F. Baur* FamRZ 1958, 252 (258) zum insoweit identischen Rechtszustand nach § 14 KO.

1 RG Recht 1925 Nr. 103.

2 Soergel/*Gaul/Althammer* Rn. 4; anders Staudinger/*Thiele,* 2018, Rn. 9, die zu Recht darauf hinweisen, eine solche bedingte Zustimmung habe zunächst keine Drittwirkung; diese Wirkung erlangt sie aber, wenn sich der Geschäftspartner einverstanden erklärt.

### III. Beweislast

5 Die Beweislast für die Voraussetzungen des Abs. 1 trifft den Gläubiger, der das Gesamtgut wegen der Verbindlichkeit aus einem Rechtsgeschäft in Anspruch nehmen möchte.

### IV. Haftung für die Kosten eines Rechtsstreits (Abs. 2)

6 Das Gesamtgut haftet nach Abs. 2 für die Kosten jedes (Passiv- oder Aktiv-)Rechtsstreits eines Ehegatten, ohne Rücksicht darauf, ob er schon bei Eintritt der Gütergemeinschaft anhängig war, ohne Rücksicht darauf, welchen Gegenstand er hat, ohne Rücksicht darauf, (wenn überhaupt vermögensrechtlicher Art) welche Vermögensmasse er betrifft, und ohne Rücksicht darauf, ob ein Dritter oder der andere Ehegatte Prozessgegner war.[3] Zur Tragung der Kosten im Innenverhältnis bei einem Rechtsstreit unter den Ehegatten s. § 1443 Abs. 1. Der Begriff des „Rechtsstreits" ist weit auszulegen. Er umfasst zB auch Strafverfahren, Verfahren der freiwilligen Gerichtsbarkeit und Verwaltungsrechtsstreitigkeiten einschließlich der Rechtsmittelverfahren vor den Verwaltungsbehörden.[4] Kosten iSv Abs. 2 sind aber nur die dem Gegner zu erstattenden Kosten und die Gerichtskosten, nicht die Unkosten, die die Führung des Rechtsstreits dem Ehegatten selbst verursacht, zB die Kosten seines Anwalts.[5] Zur – vom Güterstand unabhängigen – Prozesskostenvorschusspflicht der Ehegatten s. § 1360a.

### V. Abweichende Vereinbarungen

7 Abs. 2 ist als Haftungsvorschrift für das Außenverhältnis zwingend. Dagegen ist es nicht ausgeschlossen, die Haftung des Gesamtguts Dritten gegenüber durch Ehevertrag zu erweitern, Abs. 1 also einzuschränken. Auf eine solche Vereinbarung sind die Grundsätze über Verträge zugunsten Dritter nicht anwendbar. Als güterrechtliche Vereinbarung wirkt eine solche Abmachung vielmehr ipso iure unmittelbar zugunsten Dritter.

## § 1439 Keine Haftung bei Erwerb einer Erbschaft

**Das Gesamtgut haftet nicht für Verbindlichkeiten, die durch den Erwerb einer Erbschaft entstehen, wenn der Ehegatte, der Erbe ist, das Gesamtgut nicht verwaltet und die Erbschaft während der Gütergemeinschaft als Vorbehaltsgut oder als Sondergut erwirbt; das Gleiche gilt beim Erwerb eines Vermächtnisses.**

### I. Normzweck

1 § 1439 schließt als **weitere Ausnahme von § 1437 Abs. 1** die Haftung des Gesamtguts für Verbindlichkeiten auf Grund einer Erbschaft oder eines Vermächtnisses aus, die dem nichtverwaltenden Ehegatten während der Gütergemeinschaft als Vorbehalts- oder Sondergut angefallen sind. Das Gesamtgut soll nicht für die Lasten eines Vermögensinbegriffs haften, der ihm nicht zugute kommt.[1]

### II. Anfall in das Vorbehaltsgut

2 Eine Erbschaft oder ein Vermächtnis werden in das Vorbehaltsgut erworben, wenn der Erblasser dies durch letztwillige Verfügung angeordnet hat (§ 1418 Abs. 2 Nr. 2) oder wenn es die Ehegatten vor Anfall der Erbschaft oder des Vermächtnisses ehevertraglich bestimmt hatten (§ 1418 Abs. 2 Nr. 1). Nicht erwähnt ist der Pflichtteilsanspruch, weil es sich bei ihm stets um einen Netto-Geldanspruch handelt, mit dem (abgesehen von der Erbschaftsteuer) keine Verbindlichkeiten verbunden sein können.

3 Der Haftungsausschluss tritt nicht ein, wenn Erbschaft oder Vermächtnis – wie regelmäßig – in das Gesamtgut fallen, wozu die Zustimmung des Gesamtgutsverwalters nicht erforderlich ist (vgl. § 1432; → § 1432 Rn. 1 ff.).[2] Auch sofortige Bestimmung des Nachlasses durch Ehevertrag zu Vorbehaltsgut kann den Haftungsausschluss nicht mehr herbeiführen. Verbindlichkeiten, die mit einer vom nichtverwaltenden Ehegatten vor Eintritt der Gütergemeinschaft erworbenen Erbschaft oder einem von ihm vorher erworbenen Vermächtnis zusammenhängen, sind auch dann Gesamtgutsverbindlichkeiten entsprechend den allgemeinen Regeln, wenn der Nachlass bzw. die Gegenstände des Vermächtnisses bei Begründung der Gütergemeinschaft zu Vorbehaltsgut erklärt oder kraft Geset-

---

[3] OLG München OLGE 21, 231.
[4] Soergel/*Gaul/Althammer* Rn. 5; Staudinger/*Thiele,* 2018, Rn. 12.
[5] HM, s. Staudinger/*Thiele,* 2018, Rn. 11 mzN; aA KG OLGE 21, 223.
[1] Vgl. Mot. IV 373.
[2] OLG Celle Recht 1900 Nr. 507.

zes zu Sondergut werden. Umgekehrt werden bei späterer ehevertraglicher Überführung des Nachlasses (oder Vermächtnisses) in das Gesamtgut die mit ihm verbundenen Verbindlichkeiten nicht Gesamtgutsverbindlichkeiten. Ein Gläubiger kann die ehevertragliche Überführung unter den Voraussetzungen der §§ 3 f. AnfG anfechten.

### III. Anfall in das Sondergut

In das Sondergut fallen nur die Einzelnen zur Erbschaft oder zum Vermächtnis gehörenden Gegenstände, die nicht übertragbar sind (§ 1417 Abs. 2; → § 1417 Rn. 2). Fallen die gesamten zu der Erbschaft oder dem Vermächtnis gehörenden Gegenstände danach in das Sondergut, ergeben sich keine Besonderheiten. Wenn aber einzelne Erbschafts- oder Vermächtnisgegenstände Sondergut werden, andere in das Gesamtgut fallen, sind die Rechtsfolgen zweifelhaft. Aus Gründen der Rechtsklarheit ist es abzulehnen, die Haftung für Verbindlichkeiten quotenmäßig oder nach ihrer Quelle aufzuteilen. Dieser Gesichtspunkt und der Wortlaut des § 1439 führen zu dem Ergebnis, dass die Haftung nur dann ausgeschlossen ist, wenn die in das Sondergut fallenden Erbschaftsgegenstände den Nachlass im Wesentlichen ausmachen.[3] 4

### IV. Verbindlichkeiten, für die die Haftung des Gesamtguts ausgeschlossen ist

Ausgeschlossen ist die Haftung für Verbindlichkeiten, die durch den Erwerb der Erbschaft bzw. des Vermächtnisses entstehen. Das sind zunächst die Nachlassverbindlichkeiten nach §§ 1967 ff., die Erblasserschulden und die Erbfallschulden, darunter die Verbindlichkeiten aus Pflichtteil, Vermächtnis oder Auflage, die Beerdigungskosten und der Dreißigste und auch die Erbschaftsteuerpflicht. Bei Erwerb eines Vermächtnisses gehören hierher die mit dem vermachten Gegenstand verbundenen Verbindlichkeiten, die Ansprüche auf Grund Untervermächtnis oder Auflage und ebenfalls die Erbschaftsteuerpflicht. 5

### V. Keine entsprechende Anwendung auf Schenkungen unter Lebenden

§ 1439 ist nicht, auch nicht entsprechend, auf Schenkungen unter Lebenden anwendbar. Hier gilt § 1438 Abs. 1, sodass das Gesamtgut für Verbindlichkeiten, die mit einer Schenkung an den nichtverwaltenden Ehegatten zusammenhängen, nur haftet, wenn das Rechtsgeschäft für das Gesamtgut wirksam ist, unabhängig davon, ob die Schenkung in das Gesamtgut fällt oder nicht. 6

### VI. Beweislast

Hinsichtlich der Beweislast gilt nichts besonderes, dh sie trifft für die Voraussetzungen des § 1439, die zum Ausschluss der Gesamtgutshaftung führen, denjenigen, der geltend macht, dass es sich nicht um eine Gesamtgutsverbindlichkeit handelt. 7

### VII. Abweichende Vereinbarungen

Zur Abdingbarkeit → § 1438 Rn. 7. Auch bei § 1439 kann die Haftung des Gesamtguts durch Ehevertrag nur erweitert werden. 8

## § 1440 Haftung für Vorbehalts- oder Sondergut

**[1]Das Gesamtgut haftet nicht für eine Verbindlichkeit, die während der Gütergemeinschaft infolge eines zum Vorbehaltsgut oder Sondergut gehörenden Rechts oder des Besitzes einer dazu gehörenden Sache in der Person des Ehegatten entsteht, der das Gesamtgut nicht verwaltet. [2]Das Gesamtgut haftet jedoch, wenn das Recht oder die Sache zu einem Erwerbsgeschäft gehört, das der Ehegatte mit Einwilligung des anderen Ehegatten selbständig betreibt, oder wenn die Verbindlichkeit zu den Lasten des Sonderguts gehört, die aus den Einkünften beglichen zu werden pflegen.**

### I. Normzweck

§ 1440 enthält die letzte Ausnahme von der generellen Haftung des Gesamtguts für Verbindlichkeiten auch des nichtverwaltungsberechtigten Ehegatten: Für Verbindlichkeiten, die mit Gegenständen seines Vorbehalts- oder Sonderguts im Zusammenhang stehen und während der Gütergemeinschaft entstanden sind, haftet das Gesamtgut (und damit der Gesamtgutsverwalter persönlich) nur ausnahmsweise. Das Gesamtgut haftet nur dann, wenn die Gegenstände zu einem Erwerbsgeschäft 1

[3] AA Staudinger/*Thiele*, 2018, Rn. 6: nicht anwendbar, wenn nur einzelne Gegenstände im Sondergut.

gehören, das der nichtverwaltende Ehegatte mit Zustimmung des Gesamtgutsverwalters betreibt, oder wenn die Verbindlichkeit zu den Lasten des Sonderguts gehört, die üblicherweise aus dessen Einkünften beglichen werden.

## II. Betroffene Verbindlichkeiten

2 Die Vorschrift betrifft Verbindlichkeiten **jeder Art,** die mit einem Gegenstand im Zusammenhang stehen, der zum Vorbehalts- oder zum Sondergut gehört, unabhängig von ihrer Entstehung kraft Vereinbarung oder Gesetzes und unabhängig von ihrer Rechtsnatur. § 1440 gilt zB für Steuern, die mit einem bestimmten Gegenstand verbunden sind (also nicht für Personalsteuern, auch soweit die Steuer durch Erträgnisse des Vorbehaltsguts ausgelöst wird), für Ansprüche aus ungerechtfertigter Bereicherung des Vorbehalts- oder Sondergutes, dingliche Ansprüche auf Grund von Belastungen der zum Vorbehalts- oder Sondergut gehörenden Gegenstände, Ansprüche auf Überbau- oder Notwegrente (§§ 912 ff., § 917), Verbindlichkeiten auf Zahlung von Prämien für Sachversicherungen der Vorbehalts- oder Sondergutsgegenstände. Nach inzwischen allgM gilt § 1440 auch für Verbindlichkeiten auf Grund von Schadenszufügung durch einen zum Vorbehalts- oder Sondergut gehörenden Gegenstand, zB für die Tierhalterhaftung (§ 833; weitere Beispiele: § 836, §§ 29 ff. BJagdG).[1] Für Verbindlichkeiten im Rahmen der gesetzlichen Unterhaltspflicht haftet hingegen das Gesamtgut, auch wenn Gegenstände im Vorbehalts- oder Sondergut bzw. die daraus erzielten Einnahmen für die Begründung oder die Höhe der Unterhaltspflicht von Bedeutung sind (→ § 1441 Rn. 7).[2]

3 Das Gesamtgut haftet für diese Verbindlichkeiten dann, wenn der betreffende Gegenstand zu einem **Erwerbsgeschäft** gehört, das der nichtverwaltende Ehegatte mit Zustimmung des Verwalters betreibt (S. 2; vgl. § 1431).

4 Das Gesamtgut haftet außerdem dann, wenn die Verbindlichkeit zu den Lasten des Sonderguts gehört, die **aus** den **Einkünften beglichen** zu werden pflegen (S. 2 aE). Nach § 1417 Abs. 3 S. 2 wird das Sondergut für Rechnung des Gesamtguts verwaltet. Diese Regelung erhält hinsichtlich der Haftung für Verbindlichkeiten durch § 1440 S. 1 aE quasi Drittwirkung, da der Dritte sich demnach wegen der Verbindlichkeiten an das Gesamtgut halten kann, die üblicherweise aus den Einkünften beglichen werden. Ob eine Verbindlichkeit diese Voraussetzung erfüllt, ist nach der Verkehrsauffassung unter Berücksichtigung der Vermögens- und Eigentumsverhältnisse der Ehegatten zu entscheiden.[3]

## III. Verhältnis zu §§ 1438 und 1439

5 Nicht geregelt ist das Verhältnis des § 1440 zu § 1438 und § 1439, insbesondere zu § 1438, wenn die Verbindlichkeit sowohl auf einem bestimmten Gegenstand beruht, der zum Vorbehaltsgut oder Sondergut gehört, als auch durch Rechtsgeschäft begründet wurde. Die Regel der Gesamtgutshaftung gilt dann, wenn auch nur einer der Ausnahmetatbestände durch eine Unterausnahme außer Kraft gesetzt ist. Hat der Gesamtgutsverwalter dem Rechtsgeschäft zB zugestimmt, haftet das Gesamtgut auch dann, wenn das Rechtsgeschäft sich auf Vorbehalts- oder Sondergutsgegenstände bezieht. Freilich ist die Zustimmung des Verwalters zu solchen Rechtsgeschäften entbehrlich, vgl. § 1417 Abs. 3 S. 1, § 1418 Abs. 3 S. 1.

## IV. Beweislast

6 Die Beweislast dafür, dass es sich um eine Verbindlichkeit handelt, für die die Haftung des Gesamtguts nach S. 1 ausgeschlossen ist, trägt derjenige, der den Ausschluss behauptet. Das Vorliegen einer der Unterausnahmen in S. 2 muss dagegen derjenige beweisen, der das Gesamtgut in Anspruch nehmen will.

## V. Abweichende Vereinbarungen

7 Zur Unzulässigkeit, die Haftung des Gesamtguts über § 1440 hinaus durch Ehevertrag einzuschränken, und zur Möglichkeit, die Haftung des Gesamtguts ehevertraglich zu erweitern, → § 1438 Rn. 7.

---

1 Erman/*Heinemann* Rn. 1; Palandt/*Brudermüller* Rn. 1; RGRK-BGB/*Finke* Rn. 2; Soergel/*Gaul/Althammer* Rn. 2; Staudinger/*Thiele,* 2018, Rn. 5; Bamberger/Roth/Hau/Poseck/*Siede* Rn. 1.

2 Staudinger/*Thiele,* 2018, Rn. 5 mit Verweis auf § 1604 S. 2.

3 Staudinger/*Thiele,* 2018, Rn. 10.

## § 1441 Haftung im Innenverhältnis

**Im Verhältnis der Ehegatten zueinander fallen folgende Gesamtgutsverbindlichkeiten dem Ehegatten zur Last, in dessen Person sie entstehen:**
1. **die Verbindlichkeiten aus einer unerlaubten Handlung, die er nach Eintritt der Gütergemeinschaft begeht, oder aus einem Strafverfahren, das wegen einer solchen Handlung gegen ihn gerichtet wird;**
2. **die Verbindlichkeiten aus einem sich auf sein Vorbehaltsgut oder sein Sondergut beziehenden Rechtsverhältnis, auch wenn sie vor Eintritt der Gütergemeinschaft oder vor der Zeit entstanden sind, zu der das Gut Vorbehaltsgut oder Sondergut geworden ist;**
3. **die Kosten eines Rechtsstreits über eine der in den Nummern 1 und 2 bezeichneten Verbindlichkeiten.**

**Übersicht**



### I. Normzweck

1 Für die Tragung der Verbindlichkeiten im Innenverhältnis unter den Ehegatten gilt der Grundsatz, dass **Gesamtgutsverbindlichkeiten regelmäßig** auch **Gesamtgutslasten, dh von Gesamtgut und damit** wirtschaftlich **von beiden** Ehegatten entsprechend ihrer Beteiligung letztlich je **zur Hälfte** (vgl. § 1476) **zu tragen** sind. Von diesem Grundsatz machen die **§§ 1441** (Unterausnahme in § 1442), §§ **1443** und **1444** verschiedene **Ausnahmen.** Zur Fälligkeit daraus erwachsender Ausgleichsansprüche s. § 1446. Nach § 1441 fallen den Ehegatten im Innenverhältnis die Verbindlichkeiten, die sie durch ihr regelwidriges Verhalten verursacht haben (Nr. 1), die sich auf ihr Vorbehalts- oder Sondergut beziehen (Nr. 2) sowie die Kosten von Rechtsstreitigkeiten über diese beiden Angelegenheiten (Nr. 3) zur Last.

### II. Verbindlichkeiten auf Grund unerlaubter Handlung oder Strafverfahren

2 Schadensersatzansprüche, aber auch andere Ansprüche, die sich aus **unerlaubten Handlungen** ergeben können, die ein Ehegatte während der Dauer der Gütergemeinschaft begangen hat, hat er im Innenverhältnis allein zu tragen.

3 Das Gleiche gilt für Verbindlichkeiten auf Grund eines **Strafverfahrens** wegen einer solchen Handlung. Der Begriff des „Strafverfahrens" ist nicht im rechtstechnischen Sinne zu verstehen. Hierunter fallen auch Verfahren wegen Ordnungswidrigkeiten (eine Verfahrensart, die es bei Schaffung der Vorschrift noch nicht gab). Zu diesen Verbindlichkeiten gehören Strafen oder Geldbußen, die Verfahrenskosten, aber auch Verteidigerkosten, auch die eines Wahlverteidigers.[1] Die Frage der Tragung eventueller Haftkosten (sicherlich von geringer Bedeutung) ist umstritten.[2] Der gesetzlichen Wertung wird es am besten gerecht, wenn Nr. 1 zwar angewendet, dadurch ersparte Unterhaltskosten aber abgezogen und diese nach §§ 1360, 1420 behandelt werden.[3]

4 Unter Nr. 1 fallen nur die Verbindlichkeiten aus Strafverfahren auf Grund **begangener** unerlaubter Handlungen. Regelmäßig sind diese Verbindlichkeiten also Gesamtgutslasten, wenn der Ehegatte freigesprochen oder sonst strafrechtlich nicht zur Verantwortung gezogen wird. In Sonderfällen kann aber trotz zivilrechtlicher unerlaubter Handlung, die an sich auch strafbar ist, die strafrechtliche Ahndung unterbleiben. In solchen Fällen hat die durch das Strafverfahren entstandenen Kosten der betreffende Ehegatte zu tragen.

5 Nr. 1 gilt nur, wenn die unerlaubte Handlung **während der Gütergemeinschaft** begangen wurde. Ist sie vor Eintritt der Gütergemeinschaft begangen worden, sind die sich aus ihr ergebenden Verbindlichkeiten – unabhängig vom Zeitpunkt ihrer Geltendmachung oder auch zB der strafrechtlichen Verurteilung – Gesamtgutslasten, wenn nichts anderes ehevertraglich vereinbart wird.

---

1 HM, Erman/*Heinemann* Rn. 2; Soergel/*Gaul/Althammer* Rn. 5; Staudinger/*Thiele,* 2018, Rn. 9.

2 *Dölle* FamR I § 73 II 1; Erman/*Heinemann* Rn. 2; Soergel/*Gaul/Althammer* Rn. 5; Staudinger/*Thiele,* 2018, Rn. 9 wenden § 1441 Nr. 1 an; Palandt/*Brudermüller* Rn. 2; Staudinger/*Felgentraeger,* 10./11. Aufl. 1970, Rn. 7 wenden §§ 1360, 1420 an.

3 Vgl. Staudinger/*Thiele,* 2018, Rn. 9; NK-BGB/*Völker* Rn. 5.

### III. Verbindlichkeiten auf Grund Vorbehalts- oder Sondergut

6 Jeder Ehegatte hat im Innenverhältnis nach Nr. 2 (beachte die Unterausnahme in § 1442!) die (Gesamtguts-)Verbindlichkeiten selbst zu tragen, die sich auf sein Vorbehalts- oder Sondergut beziehen. Erfasst werden umfassend alle Verbindlichkeiten, die das Vorbehalts- oder Sondergut eines Ehegatten betreffen, freilich nur, soweit das Gesamtgut überhaupt für sie haftet, was bei Verbindlichkeiten des Gesamtgutsverwalters – wenn nicht durch Vereinbarung mit dem Gläubiger ausgeschlossen – regelmäßig, bei Verbindlichkeiten des anderen Ehegatten nur der Fall ist, wenn keine der Ausnahmen der §§ 1438–1440 zutrifft.

7 Im Einzelnen kommen in erster Linie Verbindlichkeiten auf Grund Rechtsgeschäfts, aber zB auch die Verbindlichkeiten des § 1440 bei Vorbehalts- oder Sondergut des Verwalters oder Verpflichtungen auf Grund der gesetzlichen Unterhaltspflicht in Betracht, soweit die Unterhaltspflicht durch das Vorhandensein von Vorbehalts- bzw. Sondergut begründet oder erweitert wird.

8 Im Unterschied zu Nr. 1 fallen die Verbindlichkeiten nach Nr. 2 auch dann dem betreffenden Ehegatten allein zur Last, wenn sie vor Eintritt der Gütergemeinschaft entstanden sind oder wenn der betreffende Gegenstand erst nach Entstehen der Verbindlichkeit Vorbehalts- oder Sondergut geworden ist (vgl. auch § 1440, der in diesem Punkt ebenfalls abweicht).

### IV. Kosten von Rechtsstreitigkeiten

9 Die Kosten von Rechtsstreitigkeiten über eine der Verbindlichkeiten nach Nr. 1 und 2 fallen nach Nr. 3 ebenfalls dem betreffenden Ehegatten zur Last. Entsprechend dem Grundgedanken, dem Ehegatten alle Kosten aufzubürden, die mit derartigen Verbindlichkeiten zusammenhängen, ist unerheblich, ob es sich um einen Passiv- oder Aktivrechtsstreit handelt. Aus diesem Grunde gehören hierher auch die Kosten der eigenen Rechtsverfolgung des Ehegatten, insbesondere Anwalts- und Gerichtsvollzieherkosten (wegen des unterschiedlichen Zwecks der Vorschrift anders als bei § 1438 Abs. 2).[4]

10 Nr. 3 ist seinem Zweck nach weit auszulegen. Er umfasst nicht nur die Kosten eines Rechtsstreits „über eine … Verbindlichkeit", die in Nr. 1 und 2 aufgeführt ist, im strengen Wortsinne, sondern die Kosten aller Rechtsstreitigkeiten über die in Nr. 1 und 2 aufgeführten Gegenstände, insbesondere aller Rechtsstreitigkeiten, die sich auf das Vorbehalts- oder Sondergut eines Ehegatten beziehen. Auch der Begriff der „Rechtsstreitigkeit" ist weit auszulegen und umfasst nicht nur Rechtsstreitigkeiten vor den ordentlichen Gerichten (einschließlich etwaiger Strafverfahren, insoweit überschneiden sich Nr. 3 und Nr. 1), sondern auch vor allen anderen Gerichten und Verfahren bei Verwaltungsbehörden.

### V. Abweichende Vereinbarungen

11 Die Tragung der Verbindlichkeiten im Innenverhältnis der Ehegatten untereinander kann – in den allgemeinen Grenzen, zB des § 138 – ehevertraglich beliebig abweichend von §§ 1441 ff. geregelt werden. Eine solche Vereinbarung ist auch wirksam, wenn sie getroffen wird, um die Beendigung der Haftung des Gesamtgutsverwalters nach § 1437 Abs. 2 S. 2 herbeizuführen (→ § 1437 Rn. 10). Neben der generellen Modifizierung durch Ehevertrag kann auch im Einzelfall eine abweichende Vereinbarung über die Tragung bestimmter Verbindlichkeiten getroffen werden, die nicht der Form des Ehevertrages bedarf.

## § 1442 Verbindlichkeiten des Sonderguts und eines Erwerbsgeschäfts

**[1]Die Vorschrift des § 1441 Nr. 2, 3 gilt nicht, wenn die Verbindlichkeiten zu den Lasten des Sonderguts gehören, die aus den Einkünften beglichen zu werden pflegen. [2]Die Vorschrift gilt auch dann nicht, wenn die Verbindlichkeiten durch den Betrieb eines für Rechnung des Gesamtguts geführten Erwerbsgeschäfts oder infolge eines zu einem solchen Erwerbsgeschäft gehörenden Rechts oder des Besitzes einer dazu gehörenden Sache entstehen.**

### I. Normzweck

1 Während nach § 1441 Nr. 2 und Nr. 3 im Innenverhältnis jeder Ehegatte die Verbindlichkeiten seines Vorbehalts- und Sondergutes selbst trägt, macht § 1442 hiervon eine Ausnahme, stellt also für die von ihm betroffenen Verbindlichkeiten den Grundsatz wieder her, dass Gesamtgutsverbindlich-

[4] AllgM; s. Erman/*Heinemann* Rn. 4; Soergel/*Gaul/Althammer* Rn. 7; Bamberger/Roth/Hau/Poseck/*Siede* Rn. 5.

keiten auch Gesamtgutslasten, dh letztlich gemeinschaftlich zu tragen sind. Dies gilt nach § 1442 für die Verbindlichkeiten des Sonderguts, die aus den Einkünften beglichen zu werden pflegen, und für die Verbindlichkeiten eines Erwerbsgeschäfts, das für Rechnung des Gesamtguts geführt wird.

### II. Aus den Einkünften zu begleichende Sondergutsverbindlichkeiten

Dass die üblicherweise aus den Einkünften beglichenen Verbindlichkeiten des Sonderguts Gesamtgutslasten sind, folgt aus der Verwaltung des Sonderguts für Rechnung des Gesamtguts (§ 1417 Abs. 3 S. 2; → § 1440 Rn. 4; → § 1441 Rn. 6 ff.). Die Unterausnahme des § 1442 gilt ihrem Sinne nach daher nicht, wenn ehevertraglich vereinbart ist, dass der Ehegatte das Sondergut für eigene Rechnung verwaltet. 2

### III. Verbindlichkeiten eines Erwerbsgeschäfts, das für Rechnung des Gesamtguts geführt wird

Für Rechnung des Gesamtguts wird nach § 1417 Abs. 3 S. 2 – mangels abweichender Vereinbarung – ein Erwerbsgeschäft geführt, das zum Sondergut gehört (zB eine nicht übertragbare Gesellschaftsbeteiligung). Gehört ein Erwerbsgeschäft zum Vorbehaltsgut, so verwaltet es der Ehegatte auf eigene Rechnung (§ 1418 Abs. 2 S. 2). Eine abweichende ehevertragliche Vereinbarung dahingehend, dass auch ein zum Vorbehaltsgut gehörendes Erwerbsgeschäft für Rechnung des Gesamtguts geführt wird, ist aber möglich (→ § 1418 Rn. 14). In diesen Fällen sind die durch den Betrieb des Erwerbsgeschäfts entstehenden Verbindlichkeiten Gesamtgutslasten. 3

### IV. Abweichende Vereinbarungen

Zur Abdingbarkeit → § 1441 Rn. 11. 4

## § 1443 Prozesskosten

**(1) Im Verhältnis der Ehegatten zueinander fallen die Kosten eines Rechtsstreits, den die Ehegatten miteinander führen, dem Ehegatten zur Last, der sie nach allgemeinen Vorschriften zu tragen hat.**

**(2) [1]Führt der Ehegatte, der das Gesamtgut nicht verwaltet, einen Rechtsstreit mit einem Dritten, so fallen die Kosten des Rechtsstreits im Verhältnis der Ehegatten zueinander diesem Ehegatten zur Last. [2]Die Kosten fallen jedoch dem Gesamtgut zur Last, wenn das Urteil dem Gesamtgut gegenüber wirksam ist oder wenn der Rechtsstreit eine persönliche Angelegenheit oder eine Gesamtgutsverbindlichkeit des Ehegatten betrifft und die Aufwendung der Kosten den Umständen nach geboten ist; § 1441 Nr. 3 und § 1442 bleiben unberührt.**

### I. Normzweck

§ 1443 enthält eine weitere Ausnahme von dem Grundsatz, dass Gesamtgutsverbindlichkeiten auch Gesamtgutslasten sind, dh vom Gesamtgut und damit letztlich von den Ehegatten gemeinsam getragen werden. Nach § 1438 Abs. 2 haftet das Gesamtgut im Außenverhältnis für die Kosten jedes Rechtsstreits, den ein Ehegatte führt. § 1443 regelt (soweit es sich nicht um einen Rechtsstreit handelt, der das Vorbehalts- oder das Sondergut eines Ehegatten oder eine von ihm begangene unerlaubte Handlung betrifft, sodass §§ 1441, 1442 eingreifen), welcher der Ehegatten die Kosten im Innenverhältnis zu tragen hat. Nach Abs. 1 treffen die Kosten eines Rechtsstreits der Ehegatten untereinander den Gatten, der sie nach den allgemeinen Vorschriften zu tragen hat. Nach Abs. 2 trägt das Gesamtgut die Kosten eines Rechtsstreits des Gesamtgutsverwalters (von §§ 1441, 1442 abgesehen) mit Dritten stets, die Kosten eines Rechtsstreits des anderen Ehegatten mit Dritten nur unter bestimmten Voraussetzungen. 1

### II. Kosten eines Rechtsstreits der Ehegatten untereinander

Nach Abs. 1 fallen die Kosten eines Rechtsstreits, den die Ehegatten untereinander führen, im Innenverhältnis dem Ehegatten zur Last, der sie nach den allgemeinen Vorschriften zu tragen hat. Die wichtigsten Vorschriften über die Kostentragung sind die §§ 91 ff. ZPO. Daneben gibt es in der ZPO und in anderen Gesetzen verstreut zahlreiche Sondervorschriften. Über die Kostentragungspflicht entscheidet der Ausspruch des Gerichts (vgl. § 308 Abs. 2 ZPO) oder die Vereinbarung der Beteiligten (im Prozessvergleich; vgl. hilfsweise § 98 ZPO; aber eine Vereinbarung ist auch bei 2 streitiger Entscheidung möglich, sie geht vor). Abs. 1 gilt auch für Streitverfahren im Rahmen der freiwilligen Gerichtsbarkeit.

### III. Kosten der Rechtsstreitigkeiten mit Dritten

3 Grundsätzlich fallen die Kosten eines Rechtsstreits, den der Gesamtgutsverwalter mit einem Dritten führt, vom Falle des § 1441 abgesehen, dem Gesamtgut zur Last. Nach § 1443 Abs. 2 hat das Gesamtgut die Kosten eines Rechtsstreits, den der andere Ehegatte mit einem Dritten führt, nur dann zu tragen, wenn die folgenden Voraussetzungen vorliegen:

4 a) Das Urteil muss entweder dem Gesamtgut gegenüber wirksam sein (§§ 1428, 1429, 1431, 1433, Zustimmung oder Ermächtigung des Verwalters); die Kosten des Rechtsstreits sind dann ohne weitere Voraussetzung Gesamtgutslasten;

5 b) oder der Rechtsstreit muss eine persönliche Angelegenheit oder eine Gesamtgutsverbindlichkeit des Ehegatten betroffen haben. Die Kosten sind jedoch dann nur unter der weiteren Voraussetzung eine Gesamtgutslast, dass ihre Aufwendung den Umständen nach geboten war. Der nichtverwaltende Ehegatte soll hinsichtlich der Rechtsstreitigkeiten, die seine persönlichen Angelegenheiten (zum Begriff → § 1430 Rn. 2) betreffen, nicht schlechter als der Gesamtgutsverwalter gestellt sein und deshalb solche Rechtsstreitigkeiten ebenfalls auf Risiko des Gesamtguts führen dürfen. Betrifft der Rechtsstreit eine Gesamtgutsverbindlichkeit, so handelt der nichtverwaltende Ehegatte bei Führung des Rechtsstreits sowieso im Interesse des Gesamtguts. Zu beachten ist, dass von dieser Variante nur noch die Fälle betroffen werden, in denen das Urteil nicht gegen das Gesamtgut wirksam ist und auch § 1441 nicht eingreift. Die Aufwendung der Kosten ist geboten, wenn die Führung des Rechtsstreits hinreichende Erfolgsaussicht hat und nicht mutwillig erscheint (die Gesichtspunkte zu § 114 ZPO können herangezogen werden) und keine unnötigen Kosten verursacht wurden.

### IV. Kosten der eigenen Rechtsverfolgung

6 Anders als nach § 1438 Abs. 2, aber übereinstimmend mit § 1441 gehören zu den Kosten des Rechtsstreits iSv § 1443 Abs. 1 und 2 stets auch die Kosten der eigenen Rechtsverfolgung des betreffenden Ehegatten, also vor allem die Anwalts- und Gerichtsvollzieherkosten.

### V. Abweichende Vereinbarungen

7 Zur Abdingbarkeit → § 1441 Rn. 11.

## § 1444 Kosten der Ausstattung eines Kindes

**(1) Verspricht oder gewährt der Ehegatte, der das Gesamtgut verwaltet, einem gemeinschaftlichen Kind aus dem Gesamtgut eine Ausstattung, so fällt ihm im Verhältnis der Ehegatten zueinander die Ausstattung zur Last, soweit sie das Maß übersteigt, das dem Gesamtgut entspricht.**

**(2) Verspricht oder gewährt der Ehegatte, der das Gesamtgut verwaltet, einem nicht gemeinschaftlichen Kind eine Ausstattung aus dem Gesamtgut, so fällt sie im Verhältnis der Ehegatten zueinander dem Vater oder der Mutter zur Last; für den Ehegatten, der das Gesamtgut nicht verwaltet, gilt dies jedoch nur insoweit, als er zustimmt oder die Ausstattung nicht das Maß übersteigt, das dem Gesamtgut entspricht.**

### I. Normzweck, Allgemeines

1 Wiederum unter teilweiser Abweichung von dem Grundsatz, dass Gesamtgutsverbindlichkeiten auch Gesamtgutslasten sind, regelt § 1444, welchem der Ehegatten im Innenverhältnis die Ausstattung eines gemeinschaftlichen oder einseitigen Kindes aus dem Gesamtgut zur Last fällt. Nach Abs. 1 ist die einem gemeinschaftlichen Kind vom Gesamtgutsverwalter aus dem Gesamtgut gewährte Ausstattung grundsätzlich Gesamtgutslast, nicht jedoch hinsichtlich des Teiles, der das dem Gesamtgut entsprechende Maß übersteigt. Hinsichtlich dieses Teils hat sie der Gesamtgutsverwalter zu tragen. Die Ausstattung eines einseitigen Kindes geht grundsätzlich zu Lasten der Mutter oder des Vaters, hinsichtlich des nichtverwaltenden Ehegatten mit der Ausnahme des Abs. 2 Hs. 2.

2 Im Zusammenhang mit § 1624, § 1425 und § 1435 S. 3 ergibt sich ein detailliertes Regelungssystem mit komplizierten Rechtsfolgen im Einzelnen. Unerfreulichen rechtlichen Konsequenzen kann der Gesamtgutsverwalter dadurch begegnen, dass er Ausstattungen stets nur mit Zustimmung des

anderen Ehegatten gewährt und eine ausdrückliche Vereinbarung über die Kostentragung anregt, wenn zweifelhaft ist, ob die Ausstattung über die Verhältnisse des Gesamtguts hinausgeht.

### II. Die Ausstattung eines gemeinschaftlichen Kindes

Übersteigt die Ausstattung eines gemeinschaftlichen Kindes das den Umständen, insbesondere den Vermögensverhältnissen des gewährenden Elternteils, also hier des Gesamtguts und des Vorbehalts- sowie des Sonderguts des Gesamtgutsverwalters, entsprechende Maß, ist der darüber hinausgehende Teil Schenkung und bedarf deshalb nach § 1425 Abs. 1 der Zustimmung des anderen Ehegatten. Fehlt diese Zustimmung, treten die allgemeinen Rechtsfolgen ein (→ § 1427 Rn. 4; → § 1428 Rn. 2; § 1435 S. 3). 3

Übersteigt die Ausstattung das dem Gesamtgut und Sondervermögen des verwaltenden Ehegatten entsprechende Maß nicht, wohl aber das Maß, das dem Gesamtgut allein entspricht, so ist die Ausstattung ohne Zustimmung des anderen Ehegatten wirksam; nach Abs. 1 hat aber der Gesamtgutsverwalter den Teil allein zu tragen, der über das dem Gesamtgut entsprechende Maß hinausgeht (zu Recht behandelt das Gesetz den Teil der Ausstattung, der nur wegen des Vorbehalts- und Sonderguts des Verwalters angemessen ist, im Innenverhältnis praktisch als Ausstattung aus dem Vorbehalts- oder Sondergut). 4

Stimmt der andere Ehegatte einer insgesamt (→ Rn. 3) oder unter Berücksichtigung nur des Gesamtguts (→ Rn. 4) übermäßigen Ausstattung zu, so liegt darin regelmäßig die Zustimmung dazu, dass die gesamte Ausstattung vom Gesamtgut übernommen, zur Gesamtgutslast wird, die Ausgleichspflicht des Verwalters für das Übermaß also entfällt.[1] Der andere Ehegatte kann aber ohne weiteres zwar der in der insgesamt übermäßigen Ausstattung liegenden Schenkung (→ Rn. 3) zustimmen, sodass sie nach § 1425 Abs. 1 für das Gesamtgut wirksam wird, sich aber trotzdem den Ausgleichsanspruch nach Abs. 1 vorbehalten. Dies muss er aber bei der Zustimmung zum Ausdruck bringen.[2] 5

### III. Die Ausstattung eines einseitigen Kindes

Die Ausstattung eines einseitigen Kindes fällt nach Abs. 2 Hs. 1 grundsätzlich der Mutter oder dem Vater des Kindes zur Last. Dies gilt immer, wenn der Gesamtgutsverwalter die Mutter oder der Vater des Kindes ist (von einer abweichenden Vereinbarung abgesehen). 6

Ist Mutter oder Vater des ausgestatteten Kindes der **nichtverwaltende Ehegatte,** so gilt dieser Grundsatz nur, soweit er zustimmt oder die Ausstattung das Maß des Gesamtguts nicht übersteigt. Sonst fällt der übermäßige Teil im Innenverhältnis dem Gesamtgutsverwalter zur Last. Diese Rechtsfolge ergibt sich in diesem Falle auch aus § 1435 S. 3: Für die Frage, ob die Ausstattung eines einseitigen Kindes des nichtverwaltenden Ehegatten durch den Gesamtgutsverwalter angemessen ist, kommt es nur auf das Gesamtgut an. (Das Sondervermögen des Verwalters kommt nicht in Betracht, weil nicht sein Kind ausgestattet wird, das Sondervermögen des anderen Ehegatten nicht, weil dieser nicht die Ausstattung vornimmt).[3] Ist das danach Angemessene überschritten, handelt es sich um eine Schenkung, die nach § 1425 Abs. 1 der Zustimmung des anderen Ehegatten bedarf, sodass ohne diese Zustimmung die allgemeinen Rechtsfolgen eintreten, insbesondere § 1435 S. 3 gilt.[4] 7

### IV. Gewährung einer Ausstattung durch den nichtverwaltenden Ehegatten aus dem Gesamtgut

Gewährt der nichtverwaltende Ehegatte eine Ausstattung aus dem Gesamtgut, die für das Gesamtgut wirksam ist (im Rahmen des § 1429 oder auf Grund Ermächtigung bzw. mit Zustimmung des Verwalters), so gilt § 1444 entsprechend. 8

### V. Ausstattungen aus dem Vorbehalts- oder Sondergut

Nicht geregelt sind – und nicht geregelt werden mussten – die Rechtsfolgen, die entstehen, wenn die Ehegatten Ausstattungen aus ihrem Vorbehalts- oder Sondergut gewähren. Dies kann jeder 9

---

1 Bamberger/Roth/Hau/Poseck/*Siede* Rn. 2; Soergel/*Gaul/Althammer* Rn. 3; Staudinger/*Thiele,* 2018, Rn. 7; vgl. auch *Dölle* FamR I § 73 II 6; Palandt/*Brudermüller* Rn. 2; abw. *Gernhuber/Coester-Waltjen* FamR § 38 Rn. 102.

2 AA Erman/*Heinemann* Rn. 2, die die umgekehrte Auffassung vertreten; nicht eindeutig *Gernhuber/Coester-Waltjen* FamR § 38 Rn. 102 Fn. 137; unabhängig von der jeweiligen Auffassung über die Auslegung der Zustimmungserklärung gelten die allgemeinen Regeln über Willensmängel.

3 AA Staudinger/*Thiele,* 2018, Rn. 15.

4 Ebenfalls für die Anwendung des § 1435 S. 3, aber mit anderer Begründung, Soergel/*Gaul/Althammer* Rn. 5; Staudinger/*Thiele,* 2018, Rn. 15.

Ehegatte tun, da er sein Vorbehalts- bzw. Sondergut selbständig verwaltet. Es gelten die allgemeinen Rechtsgrundsätze.

### VI. Abweichende Vereinbarungen

10 Zur Abdingbarkeit → § 1441 Rn. 11.

## § 1445 Ausgleichung zwischen Vorbehalts-, Sonder- und Gesamtgut

**(1) Verwendet der Ehegatte, der das Gesamtgut verwaltet, Gesamtgut in sein Vorbehaltsgut oder in sein Sondergut, so hat er den Wert des Verwendeten zum Gesamtgut zu ersetzen.**

**(2) Verwendet er Vorbehaltsgut oder Sondergut in das Gesamtgut, so kann er Ersatz aus dem Gesamtgut verlangen.**

### I. Normzweck

1 Die Trennung der Vermögensmassen des Gesamtguts, des Vorbehaltsguts und des Sonderguts des Gesamtgutsverwalters und ihre Verwaltung durch seine Person führen dazu, dass bewusst und unbewusst **Vermögensverschiebungen** zwischen den einzelnen Vermögensmassen stattfinden. Nach § 1445 ist der **Wert** solcher Verschiebungen **auszugleichen,** ohne dass weitere Anspruchsvoraussetzungen vorliegen müssen (wie dies für die Ansprüche nach §§ 812 ff.; § 1435 S. 3 der Fall wäre). Soweit Abs. 1 vorschreibt, dass der Gesamtgutsverwalter eine Minderung des Gesamtguts zugunsten seines Vorbehalts- und Sonderguts ersetzen muss, schützt diese Vorschrift zugleich den nichtverwaltenden Ehegatten.

### II. Ersatzpflicht des Verwalters zum Gesamtgut

2 Nach Abs. 1 hat der Verwalter Ersatz zu leisten, wenn er Gesamtgut in sein Vorbehalts- oder Sondergut verwendet. Zu ersetzen ist der Wert zum Zeitpunkt der Verwendung ohne Rücksicht auf eine eingetretene oder fortbestehende Bereicherung des Vorbehalts- oder Sonderguts. Da der Ersatz aber erst nach Beendigung der Gütergemeinschaft geleistet werden muss (§ 1446 Abs. 1), kann für den nichtverwaltenden Ehegatten ein unter Umständen erheblicher (Zins-)Verlust eintreten. Dies kann ihm – in Sonderfällen – das Recht zum Aufhebungsantrag nach § 1447 Nr. 1 geben.

### III. Ersatzanspruch des Gesamtgutsverwalters aus dem Gesamtgut

3 Umgekehrt kann der Gesamtgutsverwalter Ersatz verlangen, wenn er Vorbehalts- oder Sondergut in das Gesamtgut verwendet hat (Abs. 2). Dieser Anspruch ergäbe sich im Regelfall schon aus den Grundsätzen der Geschäftsführung ohne Auftrag, wurde der Klarstellung wegen aber in Abs. 2 ausdrücklich niedergelegt.[1] Da die Vorschrift Ausfluss des Rechtsgedankens der Geschäftsführung ohne Auftrag ist, ist auch § 685 Abs. 1 entsprechend anwendbar: Der Ersatzanspruch entfällt, wenn der Gesamtgutsverwalter bei der Verwendung des Vorbehaltsguts (oder Sonderguts) nicht die Absicht hatte, Ersatz zu verlangen. Auch § 1360b ist anwendbar.[2]

### IV. Ansprüche des nichtverwaltenden Ehegatten

4 Nicht geregelt sind etwaige Ansprüche des nichtverwaltenden Ehegatten oder gegen den nichtverwaltenden Ehegatten wegen der Verwendung von Vorbehaltsgut (bzw. Sondergut) in das Gesamtgut oder in das Vorbehaltsgut (bzw. Sondergut) des Gesamtgutsverwalters und umgekehrt. Für diese Fälle gelten die allgemeinen Vorschriften (insbesondere §§ 677 ff., §§ 812 ff.).[3] Dagegen gilt § 1445 für den nichtverwaltenden Ehegatten entsprechend, soweit dieser als Notverwalter tätig wird.[4] Wenn er nach § 1357 mit Wirkung für das Gesamtgut tätig wurde, gilt § 1445 nicht.[5]

### V. Abweichende Vereinbarungen

5 Durch Ehevertrag können die Ersatzpflichten des Gesamtguts und des Verwalters allgemein abweichend von § 1445 geregelt werden. Konkrete Vereinbarungen über Ersatzpflichten im Einzelfall können ohne Einhaltung der Ehevertragsform getroffen werden. Die Ersatzpflichten des und gegen

---

1 Mot. IV 381.
2 Vgl. BGHZ 50, 266 (269) = NJW 1968, 1780 (1781).
3 Vgl. Mot. IV 382; RGRK-BGB/*Finke* Rn. 5; anwendbar ist auch § 1360b.
4 Staudinger/*Thiele,* 2018, Rn. 13.
5 AA RGRK-BGB/*Finke* Rn. 5; Staudinger/*Thiele,* 2018, Rn. 14.

den nichtverwaltenden Ehegatten hat das Gesetz bewusst vom ehelichen Güterrecht ausgenommen und dem allgemeinen Schuldrecht überlassen. Vereinbarungen hierüber sind daher nicht güterrechtlicher, sondern schuldrechtlicher Art und können deshalb formlos getroffen werden.[6]

## § 1446 Fälligkeit des Ausgleichsanspruchs

**(1) Was der Ehegatte, der das Gesamtgut verwaltet, zum Gesamtgut schuldet, braucht er erst nach der Beendigung der Gütergemeinschaft zu leisten; was er aus dem Gesamtgut zu fordern hat, kann er erst nach der Beendigung der Gütergemeinschaft fordern.**

**(2) Was der Ehegatte, der das Gesamtgut nicht verwaltet, zum Gesamtgut oder was er zum Vorbehaltsgut oder Sondergut des anderen Ehegatten schuldet, braucht er erst nach der Beendigung der Gütergemeinschaft zu leisten; er hat die Schuld jedoch schon vorher zu berichtigen, soweit sein Vorbehaltsgut und sein Sondergut hierzu ausreichen.**

### I. Normzweck

1 Solange die Gütergemeinschaft besteht, ist es regelmäßig nicht zweckmäßig oder gar erforderlich, die Vermögensbeziehungen zwischen dem Gesamtgut und dem Sondervermögen des Gesamtgutsverwalters bereits abzuwickeln.[1] Deshalb ist im Verhältnis zwischen Gesamtgut und Gesamtgutsverwalter die Fälligkeit gegenseitiger Ansprüche bis zur Beendigung der Gütergemeinschaft hinausgeschoben (Abs. 1). Trifft den nichtverwaltenden Ehegatten eine Ausgleichsverpflichtung gegenüber dem Gesamtgut oder dem Vorbehalts- bzw. Sondergut des Gesamtgutsverwalters, so ist er zur Erfüllung dieser Verbindlichkeit vor Beendigung der Gütergemeinschaft nicht in der Lage, wenn sein Vorbehalts- und Sondergut für die Begleichung nicht ausreicht. Deshalb ist auch in diesem Falle die Fälligkeit der Verpflichtung bis zur Beendigung der Gütergemeinschaft hinausgeschoben (Abs. 2).

### II. Ausgleichsansprüche des Gesamtgutsverwalters und gegen den Gesamtgutsverwalter

2 Nach Abs. 1 wird die Fälligkeit von Ausgleichsansprüchen des Verwalters zum Gesamtgut und von Forderungen, die ihm gegen das Gesamtgut zustehen, bis zur Beendigung der Gütergemeinschaft aufgeschoben. Die Vorschrift gilt für Ansprüche aller Art, nicht nur für solche aus dem Ehegüterrecht, sondern für alle obligatorischen Ansprüche[2] (gemildert wird dies durch die Abdingbarkeit im Einzelfall, → Rn. 7), nicht aber für dingliche Herausgabeansprüche.[3]

### III. Ausgleichsverpflichtungen des nichtverwaltenden Ehegatten

3 Das Gleiche gilt für die Verpflichtungen des nichtverwaltenden Ehegatten gegenüber dem Gesamtgut und gegenüber dem Vorbehalts- (bzw. Sonder-)gut des Verwalters, aber nur insoweit, als sein Vorbehaltsgut und sein Sondergut zur vorherigen, dh sofortigen Berichtigung nicht ausreichen.[4]

4 Dass das Vorbehaltsgut und das Sondergut zur Berichtigung der Schuld (die, soweit teilbar, vom Verwalter auch teilweise geltend gemacht werden kann) ausreichend sind, hat der Gesamtgutsverwalter schon im Rechtsstreit, nicht erst in der Zwangsvollstreckung zu beweisen.[5]

### IV. Nicht betroffene Ausgleichsverpflichtungen

5 Nicht von § 1446 betroffen werden Ansprüche zum Vorbehaltsgut oder Sondergut des nichtverwaltenden Ehegatten gegen das Gesamtgut und gegen Vorbehalts- und Sondergut des Gesamtgutsverwalters. Diese Ansprüche werden nach den allgemeinen Vorschriften (vgl. § 271) fällig.

### V. Vorsorgliche Rechtsbehelfe vor Beendigung der Gütergemeinschaft

6 Durch § 1446 werden der Feststellungsantrag (§ 256 ZPO iVm § 113 Abs. 1 FamFG) und der Antrag auf künftige Leistung (§ 259 ZPO iVm § 113 Abs. 1 FamFG) oder der Antrag auf Arrest

---

6 Soergel/*Gaul/Althammer* Rn. 2.

1 Vgl. Mot. IV 391.

2 OLG Hamburg OLGE 7, 404.

3 OLG Hamburg OLGE 21, 232; Soergel/*Gaul/Althammer* Rn. 5; Staudinger/*Thiele,* 2018, Rn. 14.

4 Die Mittel des Sonderguts müssen jedoch fast stets außer Betracht bleiben, weil sie nur herangezogen werden können, soweit ihre Übertragbarkeit hergestellt werden kann.

5 Jetzt allgM; OLG Hamburg OLGE 14, 228; *Gernhuber/Coester-Waltjen* FamR § 38 Rn. 107–109; Erman/*Heinemann* Rn. 3; Palandt/*Brudermüller* Rn. 2; Soergel/*Gaul/Althammer* Rn. 4; Staudinger/*Thiele,* 2018, Rn. 7.

oder einstweilige Verfügung (§§ 119, 49 ff. FamFG) unter deren jeweiligen besonderen Voraussetzungen nicht ausgeschlossen.[6]

### VI. Abweichende Vereinbarungen

7 § 1446 ist abdingbar, sowohl generell durch Ehevertrag als auch im Einzelfall durch formlose Vereinbarung.[7] Der Schutz der Gläubiger beider Ehegatten richtet sich nach den allgemeinen Vorschriften. Es mag im Einzelfall dazu kommen, dass ein Hinausschieben der Fälligkeit der Forderung gegen das Gesamtgut eine Gläubigerbeeinträchtigung darstellt und zur Anfechtbarkeit führt.[8]

## § 1447 Aufhebungsantrag des nicht verwaltenden Ehegatten

**Der Ehegatte, der das Gesamtgut nicht verwaltet, kann die Aufhebung der Gütergemeinschaft beantragen,**

1. **wenn seine Rechte für die Zukunft dadurch erheblich gefährdet werden können, dass der andere Ehegatte zur Verwaltung des Gesamtguts unfähig ist oder sein Recht, das Gesamtgut zu verwalten, missbraucht,**
2. **wenn der andere Ehegatte seine Verpflichtung, zum Familienunterhalt beizutragen, verletzt hat und für die Zukunft eine erhebliche Gefährdung des Unterhalts zu besorgen ist,**
3. **wenn das Gesamtgut durch Verbindlichkeiten, die in der Person des anderen Ehegatten entstanden sind, in solchem Maße überschuldet ist, dass ein späterer Erwerb des Ehegatten, der das Gesamtgut nicht verwaltet, erheblich gefährdet wird,**
4. **wenn die Verwaltung des Gesamtguts in den Aufgabenkreis des Betreuers des anderen Ehegatten fällt.**

**Übersicht**



### I. Normzweck

1 Keiner der Ehegatten hat grundsätzlich die Möglichkeit, die Gütergemeinschaft einseitig, etwa durch „Kündigung", zu beenden. Der nichtverwaltende Ehegatte kann dem anderen auch die Verwaltungsbefugnis nicht einseitig entziehen. § 1447 gibt ihm deshalb die Möglichkeit, die Aufhebung der Gütergemeinschaft zu beantragen, wenn seine Rechte durch das Weiterbestehen der Gütergemeinschaft bei Verwaltung des Gesamtguts durch den anderen Ehegatten gefährdet würden.

### II. Beendigung der Gütergemeinschaft

2 Die Gütergemeinschaft endet durch ehevertragliche Aufhebung, die jederzeit möglich ist, Auflösung der Ehe (durch Scheidung oder Aufhebung, die in dieser Hinsicht nach § 1313 S. 2 in ihren

[6] AllgM im Anschluss an *Becher* Recht 1914, 123; Erman/*Heinemann* Rn. 1; Soergel/*Gaul/Althammer* Rn. 6; Staudinger/*Thiele,* 2018, Rn. 3.

[7] RGRK-BGB/*Finke* Rn. 7; Staudinger/*Thiele,* 2018, Rn. 16.

[8] RGRK-BGB/*Finke* Rn. 7; Soergel/*Gaul/Althammer* Rn. 7; Staudinger/*Thiele,* 2018, Rn. 16; aA → 7. Aufl. 2017, Rn. 7 *(Kanzleiter).*

Folgen der Ehescheidung gleichsteht), Tod eines Ehegatten (falls nicht fortgesetzte Gütergemeinschaft eintritt), Eintritt einer auflösenden Bedingung und Befristung und rechtskräftige Aufhebungsentscheidung (§ 1449 Abs. 1). Getrenntleben der Ehegatten oder die Insolvenz eines der Ehegatten bleiben auf die Gütergemeinschaft ohne Einfluss.

### III. Ausschluss anderer Rechtsbehelfe zur Aufhebung der Gütergemeinschaft

3 Der Aufhebungsantrag ist das Rechtsmittel, das einem Ehegatten zur Beendigung der Gütergemeinschaft zusteht. Da die Gründe, die zum Aufhebungsantrag berechtigen, in § 1447 (bzw. für den Verwalter in § 1448) im Einzelnen aufgeführt sind, ist diese Regelung abschließend (zur Möglichkeit, den Katalog der Gründe zu erweitern, → Rn. 22). Allgemeine Rechtsgrundsätze sind also darüber hinaus nicht anwendbar. Die Aufhebung der Gütergemeinschaft kann deshalb nicht etwa wegen Wegfalls der Geschäftsgrundlage, positiver Vertragsverletzung oder allgemein „wegen Vorliegen eines wichtigen Grundes" begehrt, auf Grund der ehelichen Treupflicht kann vom verwaltenden Ehegatten nicht verlangt werden,[1] dass er einem Ehevertrag zustimmt, nach dem zur gemeinschaftlichen Verwaltung übergegangen wird. Ist mit dem Ehevertrag ein Erbvertrag verbunden, so lässt der Rücktritt vom Erbvertrag den Ehevertrag unberührt.[2]

4 Die allgemeinen Vorschriften über die **ursprüngliche Unwirksamkeit** eines Rechtsgeschäfts (zB über Willensmängel) sind dagegen auch auf die Vereinbarung der Gütergemeinschaft uneingeschränkt anwendbar.

### IV. Die Gründe zum Aufhebungsantrag des nichtverwaltenden Ehegatten

5 **1. Unfähigkeit des Gesamtgutsverwalters oder Missbrauch der Verwaltungsbefugnis (Nr. 1).** Nach Nr. 1 kann die Aufhebung der Gütergemeinschaft begehrt werden, wenn die Rechte des anderen Ehegatten dadurch erheblich gefährdet werden können, dass der Gesamtgutsverwalter zur Verwaltung unfähig ist oder die Verwaltungsbefugnis missbraucht.

6 Der Gesamtgutsverwalter ist **zur Verwaltung unfähig,** wenn er – ohne Rücksicht auf sein Verschulden – wegen Krankheit, Geistes- oder Altersschwäche (ohne dass die Voraussetzungen der Nr. 4 vorliegen), Abwesenheit, aber auch eindeutiger geschäftlicher Untüchtigkeit (für die freilich, wie allgemein im Rahmen des § 1447, der Ehegatte die Beweislast trägt, der die Aufhebung begehrt) die Verwaltungsbefugnisse tatsächlich nicht ordnungsgemäß (§ 1435) ausüben kann. Die Unfähigkeit muss nicht unbedingt eine dauernde sein, es genügt, wenn sie voraussichtlich solange andauern wird, dass dem anderen Ehegatten die Hinnahme dieses Zustandes unter Führung der Gesamtgutsverwaltung auf Grund des Notverwaltungsrechts (§ 1429) nicht zugemutet werden kann.

7 Ein **Missbrauch der Verwaltungsbefugnis** liegt vor, wenn der Gesamtgutsverwalter die ausdrücklichen gesetzlichen Schranken der Verwalterstellung oder die allgemeinen Grundsätze über die ordnungsgemäße Verwaltung (teilweise) fremden Vermögens nicht nur geringfügig überschreitet.[3] Die Absicht, den anderen Ehegatten zu benachteiligen, ist nicht mehr erforderlich (so § 1468 Nr. 2 aF), der Begriff des „Missbrauchs" schließt jedoch ein subjektives Element ein: der Verwalter muss wissen, dass er seine Rechte überschreitet, oder sich wenigstens über die sich aufdrängende Erkenntnis, dass dies der Fall ist, bewusst hinwegsetzen.[4]

8 Die zusätzliche Voraussetzung des Aufhebungsantrags, dass eine **erhebliche Gefährdung der Rechte des nichtverwaltenden Ehegatten für die Zukunft** möglich sein muss, ist nicht glücklich formuliert. Der Begriff des Rechts des nichtverwaltenden Ehegatten ist im weitesten Sinne auszulegen und dessen rechtlichen Interessen gleichzusetzen. Meist wird es sich um die vermögensrechtlichen Ansprüche des nichtverwaltenden Ehegatten bei Beendigung der Gütergemeinschaft handeln. Da der nichtverwaltende Ehegatte am Gesamtgut zur Hälfte beteiligt ist (§ 1476 Abs. 1), führt eine Schmälerung des Gesamtguts zu einer Minderung seines Anspruchs bei der Auseinandersetzung. Damit erweist sich jede Schmälerung des Gesamtguts bei der Auseinandersetzung als Beeinträchtigung der Rechte des nichtverwaltenden Ehegatten. Immer wenn diese Möglichkeit besteht, sind daher seine Rechte für die Zukunft gefährdet.

9 Die Vorschrift fordert nur, dass die Rechte des nichtverwaltenden Ehegatten erheblich gefährdet werden können, deshalb genügt die **abstrakte Möglichkeit** einer zukünftigen Gefährdung; eine

---

1 Vgl. BGHZ 29, 129 (134 f.) = NJW 1959, 625.
2 Vgl. BGHZ 29, 129 (134 f.) = NJW 1959, 625.
3 Vgl. BGHZ 48, 369 = NJW 1968, 496 = LM § 1495 Nr. 1 mAnm *Johannsen;* im konkreten Fall: Erklärung der Zwangsvollstreckungsunterwerfung, um dem Gläubiger die Eintragung einer Zwangshypothek ohne Zustimmung nach § 1424 zu ermöglichen.
4 Zust. NK-BGB/*Völker* Rn. 5.

schon konkrete Gefährdung ist nicht erforderlich.[5] Dass die Gefährdung „erheblich" sein muss, schließt den Aufhebungsantrag aus, wenn es sich um eine Angelegenheit von geringerem Gewicht handelt.

10 Insgesamt bedarf es für die Entscheidung, ob die Voraussetzungen des § 1447 Nr. 1 erfüllt sind, der **Berücksichtigung aller Umstände des Einzelfalles.**[6] Die Tatbestandselemente „Rechtsgefährdung" auf der einen, „Unfähigkeit" oder „Missbrauch" auf der anderen Seite, müssen im Zusammenhang gesehen werden. Ist der Verwalter für eine Zeit, die über die Grenze nach → Rn. 6 hinausgeht, zur Gesamtgutsverwaltung unfähig, so werden regelmäßig auch die Rechte des anderen Ehegatten gefährdet, weil laufende Verwaltungshandlungen zur Erhaltung des Gesamtguts erforderlich sind und die Notverwaltung des nichtverwaltenden Ehegatten außer Betracht bleibt, wenn sie einen zumutbaren Zeitraum überschreiten müsste. Das Gewicht des Rechtsmissbrauchs beeinflusst das Maß der Rechtsgefährdung.[7] Aus missbräuchlicher Ausübung der Verwaltungsbefugnisse muss auf eine Rechtsgefährdung geschlossen werden, wenn eine Wiederholung nicht ausgeschlossen erscheint.[8]

11 **2. Verletzung der Pflicht des Gesamtgutsverwalters, zum Familienunterhalt beizutragen (Nr. 2).** Zweiter Grund für den Aufhebungsantrag ist die Verletzung der Pflicht des Gesamtgutsverwalters, zum Familienunterhalt beizutragen, wenn für die Zukunft eine erhebliche Gefährdung des Unterhalts zu besorgen ist. In welchem Umfang er zum Unterhalt beizutragen hat, ergibt sich aus den allgemeinen Vorschriften. Auf ein Verschulden des Gesamtgutsverwalters kommt es nicht an.[9] Bei unverschuldeter Unterhaltspflichtverletzung, die regelmäßig nur vorliegen kann, wenn der Verwalter die Unterhaltspflicht oder ihr Ausmaß nicht kennt, wird in der Regel seine Unterrichtung ausreichen, um eine Gefährdung für die Zukunft auszuschließen.[10]

12 Abgestellt wird nicht nur auf den **Unterhalt** des anderen Ehegatten, sondern auf den **der Familie,** dh auch den Unterhalt der Kinder. Zum Familienunterhalt gehört dagegen nicht die Unterhaltung von Personen, denen nur einer der beiden Ehegatten unterhaltspflichtig ist, zB einseitiger Kinder des anderen Ehegatten. Da für deren Unterhaltsanspruch gegen ihre Mutter bzw. ihren Vater das Gesamtgut haftet, kann bei fortgesetzter Nichterfüllung dieser Ansprüche durch den Verwalter ein Missbrauch seiner Stellung iSv Nr. 1 vorliegen.[11]

13 Eine **erhebliche Gefährdung des Unterhalts** ist zu besorgen, wenn nicht ausgeschlossen werden kann, dass der Verwalter seine Unterhaltspflicht auch in Zukunft in nicht nur geringfügigem Maße vernachlässigt.

14 **3. Überschuldung des Gesamtguts (Nr. 3).** Die Überschuldung des Gesamtguts, die nach Nr. 3 Voraussetzung des dritten Aufhebungstatbestandes ist, muss bereits eingetreten sein.[12] Die Verbindlichkeiten müssen in der Person des Gesamtgutsverwalters entstanden sein, Eintritt seiner Mithaftung nach § 1437 Abs. 2 genügt also nicht.[13] Beruht die Überschuldung zum Teil auf solchen Verbindlichkeiten, zum Teil auf Verbindlichkeiten des nichtverwaltenden Ehegatten, so reicht dies aus, wenn nicht die Verbindlichkeiten, die in der Person des Verwalters entstanden sind, nach ihrem Umfang gegenüber den anderen Verbindlichkeiten ohne Bedeutung sind. Überschuldung des Vorbehaltsguts des Verwalters genügt nicht, für sämtliche Verbindlichkeiten des Gesamtgutsverwalters – auch solche, die sich auf das Vorbehaltsgut beziehen – haftet aber das Gesamtgut mit, sodass auch diese Verbindlichkeiten bei Prüfung der Überschuldung heranzuziehen sind.[14] Andererseits sind bei Prüfung der Überschuldung des Gesamtguts die Verbindlichkeiten nicht zu berücksichtigen, die im Innenverhältnis dem Gesamtgutsverwalter zur Last fallen (weil sie sich zB auf sein Vorbehaltsgut beziehen, vgl. § 1441 Nr. 2), wenn keine Zweifel daran bestehen, dass er sie aus seinem Sondervermögen begleichen wird, weil sie nach den Grundsätzen ordnungsmäßiger Wirtschaftsführung

---

5 RGZ 126, 103 (105); BGHZ 1, 313 (316) = NJW 1951, 478.

6 S. Soergel/*Gaul/Althammer* Rn. 4; Beispiele: BGHZ 1, 313 = NJW 1951, 478; RG Recht 1924 Nr. 352.

7 Entscheidend ist nach BGHZ 48, 369 (372) = NJW 1968, 496 = LM § 1495 Nr. 1 mAnm *Johannsen* nicht das Maß, sondern die Art der Beeinträchtigung.

8 Vgl. BGHZ 48, 369 = NJW 1968, 496 = LM § 1495 Nr. 1 mAnm *Johannsen,* wonach es nicht darauf ankommt, ob gerade der festgestellte Missbrauch zu einer Gefährdung führen kann, sondern ob nach dem gesamten bisherigen Verhalten des Gesamtgutsverwalters angenommen werden kann, er könne durch irgendwelche zukünftigen Maßnahmen die Rechte des nicht verwaltenden Ehegatten gefährden; vgl. auch Erman/*Heinemann* Rn. 2 aE.

9 AllgM, RG JW 1924, 678; WarnR 1914 Nr. 255; Staudinger/*Thiele,* 2018, Rn. 18 mzN.

10 RG WarnR 1911 Nr. 245.

11 Erman/*Heinemann* Rn. 3; Soergel/*Gaul/Althammer* Rn. 6.

12 OLG Hamburg OLGE 12, 313; droht sie erst, kann Nr. 1 in Frage kommen.

13 Soergel/*Gaul/Althammer* Rn. 10.

14 Vgl. *Dölle* FamR I § 74 I 3c.

aus dem Sondervermögen zu begleichen sind und dessen Umfang dazu ausreicht.[15] Auch hier ist ein Verschulden des Gesamtgutsverwalters nicht erforderlich, die objektive Überschuldung des Gesamtguts ist maßgebend.[16]

Wenn das Gesamtgut überschuldet ist, wird damit ein **späterer Erwerb des anderen Ehegatten** – der ja grundsätzlich nach § 1416 in das Gesamtgut fällt – **gefährdet.** Nicht notwendig ist, dass der andere Ehegatte einen solchen späteren Erwerb konkret zu erwarten hat.[17] Es genügt die abstrakte Gefährdung seines späteren Erwerbs, sodass diese zusätzliche Voraussetzung bei Überschuldung des Gesamtguts regelmäßig vorliegen wird.[18] 15

**4. Betreuung des Gesamtgutverwalters (Nr. 4).** Ist für den verwaltenden Ehegatten Betreuung angeordnet und fällt die Verwaltung in den Aufgabenkreis des Betreuers, so vertritt der Betreuer nach § 1436 den Gesamtgutsverwalter bei der Verwaltungstätigkeit. Der nicht zur Verwaltung berechtigte Ehegatte kann dies hinnehmen. Es soll ihm aber gegen seinen Willen nicht zugemutet werden. Deshalb steht ihm nach Nr. 4 das Recht zu, auf Aufhebung der Gütergemeinschaft anzutragen. Der Antrag kann jederzeit gestellt werden, auch wenn der andere Ehegatte die Verwaltung durch den Betreuer zunächst geduldet hat. Die Anordnung der Betreuung allein, ohne dass die Gesamtgutsverwaltung in den Aufgabenkreis des Betreuers fällt, genügt nicht (in diesem Fall kann aber Nr. 1 eingreifen).[19] Wird die Betreuung vor rechtskräftiger Aufhebung der Gütergemeinschaft wieder aufgehoben oder die Gesamtgutsverwaltung vom Aufgabenkreis des Betreuers ausgenommen, so gelten die allgemeinen Rechtsregeln für den Wegfall einer Tatbestandsvoraussetzung während des Rechtsstreits. Die Wiederaufhebung der Betreuung nach rechtskräftiger Aufhebung der Gütergemeinschaft hat dagegen keinen Einfluss, sie stellt nicht etwa die Gütergemeinschaft wieder her. 16

## V. Verfahrensfragen

**1. Aufhebungsantrag.** Der Aufhebungsantrag ist gegen den verwaltenden anderen Ehegatten zu richten. Für ihren Erfolg kommt es auf die Lage zum Zeitpunkt der letzten mündlichen Verhandlung an, auch zB für die Frage, ob die Rechte des anderen Ehegatten gefährdet sind. Endet die Gütergemeinschaft während der Dauer des Verfahrens aus anderen Gründen (→ Rn. 2), so erledigt sich damit die Hauptsache. Bietet der verwaltende Ehegatte vor Antragstellung an, die Gütergemeinschaft durch Ehevertrag aufzuheben, so ändert dies an der Antragsbefugnis des anderen Ehegatten nichts, auch wenn an der Ernstlichkeit des Anerbietens keine Zweifel bestehen.[20] Der Gesamtgutsverwalter kann freilich in einem solchen Falle mit der Kostenfolge des § 93 ZPO sofort anerkennen. 17

Der Auseinandersetzungsantrag bewirkt die Zustimmung zu einem Teilungsplan. Sie überlässt dem Richter keine Gestaltungsmöglichkeit (wie bei den Haushaltsgegenständen); sie ist darauf beschränkt, dem in dem Antrag aufzunehmendem Teilungsplan entweder stattzugeben oder den Antrag abzuweisen.[21] 18

**2. Familienstreitsache.** Das Verfahren ist Familienstreitsache nach § 112 Nr. 2 FamFG (§ 261 Abs. 1 FamFG). Es gelten deshalb nach § 113 FamFG weitgehend die allgemeinen Vorschriften der ZPO: Verzicht und Anerkenntnis sind möglich, ebenso ein Versäumnisurteil. Verbindung mit anderen Klagen, zB auf Auskunftserteilung nach § 1435 ist möglich.[22] Stellt der eine Ehegatte Antrag auf Aufhebung der Gütergemeinschaft, so kann vom anderen Ehegatten seinerseits der Antrag erhoben werden.[23] 19

---

15 Hinsichtlich der Differenzierung abw. von Palandt/*Brudermüller* Rn. 5; Soergel/*Gaul*/*Althammer* Rn. 10, die ohne Einschränkung die Auffassung vertreten, es sei unerheblich, welchem Ehegatten die Verbindlichkeiten im Innenverhältnis zur Last fallen. Anders auch Staudinger/*Thiele,* 2018, Rn. 21, 22, 24, die die wiedergegebenen Gesichtspunkte nicht bei der Frage der Überschuldung, sondern bei der Prüfung der Frage berücksichtigen, ob der spätere Erwerb des anderen Ehegatten gefährdet wird.

16 OLG Hamburg OLGE 8, 337.

17 OLG Hamburg OLGE 8, 337.

18 Vgl. auch OLG Hamburg OLGE 8, 337, das aus der Überschuldung ohne weiteres auf die Gefährdung schließt; aA Staudinger/*Thiele,* 2018, Rn. 24.

19 BT-Drs. 11/4528, 106.

20 AA – in diesem Falle fehle der Klage das Rechtsschutzinteresse – Erman/*Heinemann* Rn. 6; Staudinger/*Thiele,* 2018, Rn. 7; Bamberger/Roth/Hau/Poseck/*Siede* Rn. 3; vgl. auch (einschränkender) Soergel/*Gaul*/*Althammer* Rn. 16; RG Gruchot 53, 697.

21 BGH NJW-RR 1986, 1066 = FamRZ 1986, 776 (777); NJW-RR 1988, 1156 = FamRZ 1988, 813 (814); *Klüber* in Bergschneider FamilienvermögensR Rn. 4.807.

22 OLG Hamburg OLGE 30, 133; Staudinger/*Thiele,* 2018, Rn. 3.

23 BGHZ 29, 129 (136) = NJW 1959, 625.

20 **3. Vergleich, einstweilige Anordnungen.** Die Aufhebung der Gütergemeinschaft durch Prozessvergleich ist ohne weiteres möglich, weil dieser die Form des § 1410 erfüllt (§ 127a). Allerdings müssen dazu beide Parteien gleichzeitig anwesend sein.[24] Die Aufhebung selbst kann nicht durch einstweilige Verfügung ausgesprochen werden, weil dies die endgültige Entscheidung vorwegnehmen würde.[25] Durch einstweilige Verfügung können im Übrigen aber Maßnahmen zum vorläufigen Schutz des antragenden Ehegatten bzw. zur Sicherung des Rechtsfriedens getroffen werden (§§ 49 ff. FamFG). Es sind auch Anordnungen möglich, auf die der andere Ehegatte keinen materiellrechtlichen Anspruch hat. Möglich ist zB die Anordnung, dass sich der Verwalter Verwaltungsmaßnahmen ohne Zustimmung des anderen Ehegatten vollständig oder jedenfalls bestimmter Verwaltungsmaßnahmen zu enthalten hat. Auch Sequestration von Gesamtgutsgegenständen ist möglich (vgl. § 49 Abs. 2 FamFG).

### VI. Abweichende Vereinbarungen

21 **1. Zwingendes Schutzrecht.** Das Recht zum Aufhebungsantrag ist ein zwingendes Schutzrecht des nichtverwaltenden Ehegatten, das deshalb durch Ehevertrag nicht eingeschränkt werden kann.[26] Aus dem gleichen Grunde kann auf das Recht zum Aufhebungsantrag auch nicht im Einzelfall verzichtet werden, wenn der zum Antrag berechtigende Umstand weiter besteht.[27]

22 **2. Erweiterung der Gründe.** Der Katalog der Gründe, die zum Aufhebungsantrag berechtigen, kann aber erweitert werden.[28]

23 **3. Bedingung, Befristung.** Durch Ehevertrag kann auch vereinbart werden, dass die Gütergemeinschaft unter bestimmten Voraussetzungen oder zu einem bestimmten Zeitpunkt endet, ohne dass es des Aufhebungsantrags bedarf. Die Vereinbarung der Gütergemeinschaft ist nicht bedingungs- oder befristungsfeindlich, → § 1415 Rn. 4.

## § 1448 Aufhebungsantrag des Verwalters

**Der Ehegatte, der das Gesamtgut verwaltet, kann auf Aufhebung der Gütergemeinschaft beantragen, wenn das Gesamtgut infolge von Verbindlichkeiten des anderen Ehegatten, die diesem im Verhältnis der Ehegatten zueinander zur Last fallen, in solchem Maße überschuldet ist, dass ein späterer Erwerb erheblich gefährdet wird.**

### I. Normzweck

1 § 1448 gibt dem Gesamtgutsverwalter das gleiche Recht zum Aufhebungsantrag, wie es dem anderen Ehegatten nach § 1447 Nr. 3 zusteht. Wird ein späterer Erwerb erheblich gefährdet, weil das **Gesamtgut durch Verbindlichkeiten des anderen Ehegatten überschuldet** ist, die diesem im Innenverhältnis zur Last fallen, so kann der Gesamtgutsverwalter die Aufhebung beantragen. Die erfolgreiche Durchführung des Antrags führt nicht nur zur Aufhebung der Gütergemeinschaft, sondern auch zur Beendigung der persönlichen Haftung des Verwalters für Gesamtgutsverbindlichkeiten, die dem anderen Ehegatten zur Last fallen, nach § 1437 Abs. 2 S. 2.

### II. Überschuldung des Gesamtguts durch Verbindlichkeiten des nichtverwaltenden Ehegatten

2 Die Überschuldung des Gesamtguts muss auf Verbindlichkeiten beruhen, die dem anderen Ehegatten im Innenverhältnis zur Last fallen. Das sind die Verbindlichkeiten des anderen Ehegatten, für die das Gesamtgut nach §§ 1437–1440 zwar haftet, die er aber nach **§§ 1441–1444** im Innenverhältnis allein zu tragen hat (vgl. die Erläuterungen zu diesen Vorschriften).

### III. Entsprechende Anwendung der Rechtsgrundsätze zu § 1447

3 Im Übrigen gelten die Erläuterungen zu § 1447 Nr. 3 entsprechend (→ § 1447 Rn. 14, 15). Zu den Verfahrensfragen → § 1447 Rn. 17 ff.; zur Zulässigkeit abweichender Vereinbarungen → § 1447 Rn. 21 ff.

---

24 Vgl. etwa OLG Hamm NJW-RR 2018, 915 zur Auflassung beim Beschlussvergleich.

25 AllgM, vgl. OLG Kassel JW 1930, 1012; Soergel/*Gaul/Althammer* Rn. 18; Staudinger/*Thiele,* 2018, Rn. 9.

26 AllgM; Erman/*Heinemann* Rn. 7; Palandt/*Brudermüller* Rn. 2; Soergel/*Gaul/Althammer* Rn. 2; Staudinger/*Thiele,* 2018, Rn. 29; vgl. BGHZ 29, 129 (134) = NJW 1959, 625.

27 Staudinger/*Thiele,* 2018, Rn. 30.

28 AA die überwM, Erman/*Heinemann* Rn. 7; RGRK-BGB/*Finke* Rn. 20; Soergel/*Gaul/Althammer* Rn. 2; *Wittich,* Die Gütergemeinschaft und ihre Auseinandersetzung, 2000, 27; wie hier Staudinger/*Thiele,* 2018, Rn. 29.

## § 1449 Wirkung der richterlichen Aufhebungsentscheidung

**(1) Mit der Rechtskraft der richterlichen Entscheidung ist die Gütergemeinschaft aufgehoben; für die Zukunft gilt Gütertrennung.**

**(2) Dritten gegenüber ist die Aufhebung der Gütergemeinschaft nur nach Maßgabe des § 1412 wirksam.**

### I. Normzweck

1 § 1449 enthält die **Rechtsfolgen der rechtskräftigen Aufhebungsentscheidung:** Die Gütergemeinschaft ist aufgehoben, es tritt Gütertrennung ein (Abs. 1). Dritten gegenüber ist dies nur nach § 1412 wirksam (Abs. 2).

### II. Übergang zur Gütertrennung

2 § 1449 schreibt den Übergang zur Gütertrennung, nicht zum gesetzlichen Güterstand vor. Wenn der Tatbestand für einen Aufhebungsantrag vorliegt und der Antrag erfolgreich durchgeführt wurde, bestehen zwischen den Ehegatten regelmäßig erhebliche Spannungen, die bei Eintritt des gesetzlichen Güterstandes zu weiteren Unzuträglichkeiten führen können und den Güterstand der Gütertrennung deshalb als sachgerecht erscheinen lassen.[1] Den Ehegatten ist es unbenommen, durch Ehevertrag **Übergang zum gesetzlichen Güterstand** zu vereinbaren. Dies kann auch schon in dem Ehevertrag geschehen, in dem Gütergemeinschaft vereinbart wurde. (Es handelt sich praktisch um die durch die Aufhebung der Gütergemeinschaft bedingte Vereinbarung des gesetzlichen Güterstandes.) § 1449 Abs. 1 ist also abdingbar.

### III. Weitere Folgen der rechtskräftigen Aufhebungsentscheidung

3 Zur Auseinandersetzung des Gesamtguts s. §§ 1471 ff. Der Ehegatte, der die Aufhebungsentscheidung erwirkt hat, kann verlangen, dass im Innenverhältnis der Ehegatten die Auseinandersetzung unter Zugrundelegung der Verhältnisse durchgeführt wird, die zum Zeitpunkt der Antragstellung bestanden haben (s. § 1479).

4 Wie bei der Beendigung der Gütergemeinschaft aus anderen Gründen endet die persönliche Haftung des Gesamtgutsverwalters für Verbindlichkeiten des nichtverwaltenden Ehegatten, die dieser im Innenverhältnis zu tragen hat, gemäß § 1437 Abs. 2 S. 2. Diese Beendigung der persönlichen Haftung tritt unmittelbar kraft Gesetzes ein. § 1449 Abs. 2, dh der Schutz Dritter gemäß § 1412, gilt für die Beendigung der persönlichen Haftung des Gesamtgutsverwalters nicht.[2]

### IV. Eintritt der Wirkungen mit Rechtskraft der Entscheidung

5 Die Wirkungen der Aufhebungsentscheidung treten erst mit der Rechtskraft ein (Abs. 1). Sie kann also nicht für vorläufig vollstreckbar erklärt werden. Dies entspricht ihrem Wesen als Gestaltungsentscheidung.[3]

### V. Schutz gutgläubiger Dritter bei Eintragung der Gütergemeinschaft im Güterrechtsregister

6 Abs. 2 erklärt die **Grundsätze des § 1412,** die unmittelbar nur auf güterrechtliche Änderungen durch Ehevertrag anzuwenden sind, auf die güterrechtliche Änderung durch die Aufhebungsentscheidung für **entsprechend anwendbar.** Dritten kann die Aufhebung danach nur entgegengehalten werden, wenn sie im Güterrechtsregister eingetragen oder dem Dritten bekannt war. Der Schutz des § 1412 gilt bei Änderungen anderer güterrechtlicher Verhältnisse als des gesetzlichen Güterstandes nur, wenn diese güterrechtlichen Verhältnisse – hier also die Gütergemeinschaft – ihrerseits im Güterrechtsregister eingetragen waren (§ 1412 Abs. 2). Ein Dritter ist also ohne Eintragung der Gütergemeinschaft im Güterrechtsregister nicht geschützt, wenn er nach Rechtskraft der Aufhebungsentscheidung mit einem Ehegatten ein Rechtsgeschäft über einen noch nicht auseinandergesetzten Gesamtgutsgegenstand abschließt, weil er zwar weiß, dass die Ehegatten Gütergemeinschaft vereinbart und diesen Ehegatten zum Gesamtgutsverwalter bestimmt haben, aber von der Aufhebung keine Kenntnis hat. Die Eintragung im Güterrechtsregister erfolgt gemäß § 1561 Abs. 2 Nr. 1 auf Antrag eines der Ehegatten unter Vorlage des mit Rechtskraftzeugnis versehenen Urteils.

---

1 Vgl. BT-Drs. 2/3409, 28 f.

2 AllgM im Anschluss an *Kuttner,* Die privatrechtlichen Nebenwirkungen von Zivilurteilen, 1908, 92 ff.; s. RGRK-BGB/*Finke* Rn. 4; Soergel/*Gaul/Althammer* Rn. 2; Staudinger/*Thiele,* 2018, Rn. 7.

3 S. *Schlosser,* Gestaltungsklagen und Gestaltungsurteile, 1966, 242.

## Unterkapitel 3. Gemeinschaftliche Verwaltung des Gesamtguts durch die Ehegatten

### § 1450 Gemeinschaftliche Verwaltung durch die Ehegatten

**(1) [1]Wird das Gesamtgut von den Ehegatten gemeinschaftlich verwaltet, so sind die Ehegatten insbesondere nur gemeinschaftlich berechtigt, über das Gesamtgut zu verfügen und Rechtsstreitigkeiten zu führen, die sich auf das Gesamtgut beziehen. [2]Der Besitz an den zum Gesamtgut gehörenden Sachen gebührt den Ehegatten gemeinschaftlich.**

**(2) Ist eine Willenserklärung den Ehegatten gegenüber abzugeben, so genügt die Abgabe gegenüber einem Ehegatten.**

**Übersicht**



### I. Normzweck, Grundsätzliches zur gemeinschaftlichen Verwaltung des Gesamtguts

1 § 1450 ist das Gegenstück zu § 1422. Bei der Einzelverwaltung hat grundsätzlich der Gesamtgutsverwalter alle Rechtshandlungen für das Gesamtgut vorzunehmen und Rechtsstreitigkeiten zu führen. Ihm steht grundsätzlich das Recht zum Besitz an den Sachen des Gesamtguts zu. Entsprechend sind nach § 1450 Abs. 1 grundsätzlich nur beide Ehegatten gemeinsam befugt, mit Wirkung für das Gesamtgut Rechtshandlungen vorzunehmen und Rechtsstreitigkeiten zu führen. Das Besitzrecht steht ihnen grundsätzlich gemeinsam zu. Zur Erleichterung des Rechtsverkehrs ist nach Abs. 2 die Abgabe einer Willenserklärung gegenüber einem der beiden Ehegatten ausreichend.

2 Gemeinschaftliche Verwaltung des Gesamtguts tritt ein, wenn die Ehegatten sie ausdrücklich vereinbart oder im Ehevertrag – entgegen der Sollvorschrift des § 1421 S. 1 – keine Bestimmung über die Verwaltung getroffen haben (§ 1421 S. 2). Nach § 1472 verwalten die Ehegatten das Gesamtgut nach Beendigung der Gütergemeinschaft gemeinschaftlich, auch wenn vorher Einzelverwaltung galt.

3 Die **Wahl der gemeinschaftlichen Verwaltung** war je nach dem Gebiet und je nach den Lebensumständen der Ehegatten unterschiedlich häufig; inzwischen dürfte sie bei der – seltenen – Vereinbarung von Gütergemeinschaft **fast** der **Regel** entsprechen. **Schon** *Michaelis*[1] stellte in 86,9 % der von ihm herangezogenen Gütergemeinschaftsverträge die Vereinbarung gemeinschaftlicher Verwaltung des Gesamtgutes fest. Die häufige Wahl der gemeinschaftlichen Gesamtgutsverwaltung und ihre zunehmende Tendenz beruhen auf dem Bewusstsein der Gleichberechtigung der Ehegatten. Die **geäußerte Befürchtung,**[2] die **gemeinschaftliche Verwaltung** führe zu Schwierigkeiten im Rechtsverkehr, sei schwerfällig und deshalb **unpraktikabel,** hat sich zudem als **unzutreffend** erwiesen: Bei den einfacheren Geschäften des täglichen Lebens können die Ehegatten – soweit nicht ohnehin § 1357 eingreift – mit Vollmachten helfen, bei wichtigen Rechtsgeschäften ist es durchaus gerechtfertigt – und weithin üblich –, dass beide Ehegatten gemeinsam handeln.

4 Wie § 1422 S. 1 gibt auch **§ 1450 Abs. 1** (dies kommt im Wortlaut – „insbesondere" – deutlich zum Ausdruck) nur einige besonders wichtige **Beispiele für die gemeinschaftliche Zuständigkeit** der Ehegatten. Wie die Einzelverwaltungsbefugnis ist die gemeinschaftliche Zuständigkeit grundsätzlich umfassend. Grundsätzlich können die beiden Ehegatten rechtserhebliche Erklärungen und Handlungen nur gemeinsam vornehmen, wenn diese für das Gesamtgut wirksam sein sollen.

5 Nicht erwähnt ist insbesondere, dass die Ehegatten das Gesamtgut grundsätzlich **nur gemeinschaftlich verpflichten** können. Dies wird als selbstverständlich vorausgesetzt und ergibt sich zudem

---

1 *Michaelis,* Die Güterstände in der Praxis, 1968, 123.

2 BT-Drs. 2/3409, 9; *Krüger/Breetzke/Nowak* Vor § 1450; Soergel/*Siebert/Vogel,* 9. Aufl., § 1450 Anm. 3.

aus § 1460 Abs. 1. Nicht erwähnt ist auch die Vornahme **einseitiger Rechtsgeschäfte** für das Gesamtgut, soweit es sich nicht um Verfügungen handelt. Auch diese fällt in die gemeinschaftliche Verwaltungszuständigkeit. Zur Entgegennahme von Willenserklärungen → Rn. 19 f.

Dem Recht zur Mitwirkung an der gemeinschaftlichen Verwaltung entspricht die **Mitwirkungspflicht** (§ 1451). 6

## II. Möglichkeit der Ehegatten, einzeln mit Wirkung für das Gesamtgut zu handeln

Die Ehegatten können unter den folgenden Voraussetzungen jeweils für sich allein rechtswirksam für das Gesamtgut handeln: 7

a) In den Fällen des **§ 1455** (→ § 1455 Rn. 1 ff.);
b) nach **§ 1357** (durch solche Geschäfte werden im Zweifel beide Ehegatten berechtigt und verpflichtet, vgl. § 1357 Abs. 1 S. 2);
c) wenn der andere Ehegatte eine **Vollmacht oder Ermächtigung** erteilt hatte, das Rechtsgeschäft gleichzeitig in seinem Namen oder allein im eigenen Namen des handelnden Ehegatten vorzunehmen;
d) beim **Erwerb,** weil das von jedem Ehegatten Erworbene nach § 1416 Abs. 1 S. 2 in das Gesamtgut fällt;
e) bei der Entgegennahme von **Willenserklärungen** gemäß Abs. 2;
f) bei der Geltendmachung von **Besitzschutzrechten** (→ Rn. 21).
g) vgl. auch den Übergang zur Einzelverwaltung nach **§ 1458,** wenn ein Ehegatte unter elterlicher Sorge oder Vormundschaft steht.

Zu **b):** Auch bei der gemeinschaftlichen Verwaltung führt **§ 1357** praktisch in seinem Anwendungsbereich zu einer alternativen Verwaltung des Gesamtguts (→ § 1422 Rn. 4). Da sich die beiden Ehegatten nach § 1357 im Zweifel gegenseitig persönlich verpflichten, haften für solche Verbindlichkeiten zusätzlich auch die Sondervermögen beider Ehegatten. 8

Zu **c):** Die Möglichkeit der **Bevollmächtigung und Ermächtigung** erlangt bei gemeinschaftlicher Verwaltung besondere praktische Bedeutung. Es gelten die allgemeinen Rechtsgrundsätze über die Vollmacht und Ermächtigung. Beide können ausdrücklich, aber auch stillschweigend erteilt werden, also zB auch dadurch, dass der eine Ehegatte dem anderen die Verwaltung in bestimmten Bereichen überlässt,[3] so zB, wenn jeder Ehegatte sein Bankkonto selbstständig verwaltet.[4] Auch die Grundsätze über die Duldungs- und die Anscheinsvollmacht sind anwendbar. Auch hier (→ § 1422 Rn. 6) führt das Recht der Gütergemeinschaft dazu, dass eine Ermächtigung mit Wirkung einer „Verpflichtungsermächtigung" möglich ist: Der handelnde Ehegatte, der mit Ermächtigung des anderen Ehegatten handelt, verpflichtet auf Grund §§ 1459, 1460 sowohl das Gesamtgut als auch den anderen Ehegatten persönlich. 9

Umstr. ist, inwieweit bei derartigen Vollmachten und Ermächtigungen die **Form des Ehevertrages** gewahrt werden muss. Grundsätzlich ist dies nach allgemeinen Rechtsgrundsätzen nicht der Fall, wohl aber, wenn die Vollmachten und Ermächtigungen in bindender Weise in die güterrechtlichen Verhältnisse (→ § 1408 Rn. 5 ff.) eingreifen. Eine Vollmacht kann nur dann zu einer quasiehevertraglichen Bindung führen und deshalb der Ehevertragsform bedürfen, wenn ihre Widerruflichkeit eingeschränkt ist.[5] Auch dann ist die Ehevertragsform aber nur notwendig, wenn die Vollmacht in die güterrechtlichen Verhältnisse eingreift, wenn sie also nicht nur für *ein* Rechtsgeschäft gilt, sondern die Zuordnung der Verwaltungszuständigkeit grundlegend oder wenigstens für einen gewichtigen Geschäftsbereich (und nicht nur auf kurze Zeit befristet) regelt.[6] Soweit Vollmacht oder Ermächtigung durch Ehevertrag erteilt sind, können sie auch nur durch Ehevertrag aufgehoben werden. 10

Zu **d):** Bei **Erwerbsgeschäften** kann jeder Ehegatte allein für das Gesamtgut handeln, weil das, was jeder erwirbt, nach § 1416 Abs. 1 S. 2 automatisch in das Gesamtgut fällt (wenn es nicht nach § 1417 Abs. 2 Sondergut oder nach § 1418 Abs. 1 Nr. 3 Vorbehaltsgut wird). Zur Annahme der Leistung als Erfüllung einer Gesamtgutsforderung durch einen Ehegatten → § 1422 Rn. 18, zur Möglichkeit eines Ehegatten, den Gegenstand beim Erwerb zu belasten, → § 1422 Rn. 20 und zur Haftung des Gesamtguts für das Erlangte nach Bereicherungsgrundsätzen s. § 1457 (→ § 1457 Rn. 1 ff.). 11

---

3 AllgM; vgl. *Dölle* FamR § 75 I 1 Fn. 3/4; Soergel/*Gaul/Althammer* Rn. 5; vgl. auch BGH FamRZ 1958, 459.

4 OLG Stuttgart FamRZ 2009, 974 = BeckRS 2008, 17112.

5 Palandt/*Brudermüller* Rn. 2; Soergel/*Gaul/Althammer* Rn. 5; Staudinger/*Thiele,* 2018, Rn. 12; vgl. RG JW 1938, 3112 (3113).

6 Soergel/*Gaul/Althammer* Rn. 5; Staudinger/*Thiele,* 2018, Rn. 12.

### III. Rechtsfolgen der fehlenden Zustimmung eines Ehegatten

12 Wie bei der Einzelverwaltung (→ § 1422 Rn. 19) ist jeder Ehegatte auch bei der gemeinschaftlichen Verwaltung in keiner Weise beschränkt, **Verpflichtungsgeschäfte** auch über Gegenstände des Gesamtguts abzuschließen. Sie sind für das Gesamtgut ohne Zustimmung des anderen Ehegatten jedoch nur unter den in → Rn. 7 aufgeführten Voraussetzungen wirksam. Nur unter diesen Voraussetzungen haftet das Gesamtgut (§ 1460 Abs. 1). Der handelnde Ehegatte haftet grundsätzlich für solche Verpflichtungsgeschäfte mit seinem Vorbehalts- und Sondergut persönlich, unabhängig davon, ob er im eigenen oder gleichzeitig im Namen des anderen Ehegatten handelt[7] (wie er auch dann mit seinem Vorbehalts- und Sondergut haftet, wenn der andere Ehegatte dem Rechtsgeschäft zustimmt).

13 Anders als bei den zustimmungsbedürftigen Rechtsgeschäften bei der Einzelverwaltung (§§ 1423–1425) ist bei der gemeinschaftlichen Verwaltung die Zustimmung des anderen Ehegatten nicht Voraussetzung für die Rechtswirksamkeit eines Rechtsgeschäfts,[8] sondern nur Voraussetzung seiner Wirksamkeit für das Gesamtgut,[9] und damit auch der persönlichen Haftung des Zustimmenden nach § 1459 Abs. 2 S. 1 (erforderlich ist die Zustimmung des Ehegatten; dass dieser seine Zustimmung nur nicht verweigert, genügt nicht,[10] falls darin nicht eine stillschweigende Zustimmung liegt). Die **Haftung des handelnden Ehegatten** ist nur dann auf § 179 beschränkt, wenn er seine persönliche Haftung mit Vorbehalts- und Sondergut gegenüber dem Geschäftspartner ausdrücklich ausschließt und erklärt, nur für das Gesamtgut auf Grund behaupteter (tatsächlich nicht bestehender) Vollmacht des anderen Ehegatten zu handeln.[11] Für culpa in contrahendo des allein handelnden Ehegatten und für sein deliktisches Verhalten haftet dagegen stets das Gesamtgut (§ 1459 Abs. 1; → § 1438 Rn. 2).

14 Bei **Verfügungen ohne Zustimmung** des anderen Ehegatten gilt § 1453 (näher → § 1453 Rn. 1 ff.). Die Ausübung des Stimmrechts in der Gesellschafterversammlung einer Kapitalgesellschaft ist unwirksam.[12]

15 **Gutgläubige Dritte** werden nach den allgemeinen Vorschriften geschützt (→ § 1422 Rn. 21 ff.). Darüber hinaus ist anzumerken, dass auch bei gemeinschaftlicher Verwaltung der auf Rechts- oder Tatsachenunkenntnis beruhende gute Glaube des Geschäftspartners daran, dass ein Rechtsgeschäft ohne Zustimmung des anderen Ehegatten für das Gesamtgut wirksam sei, nicht geschützt wird. Steht eine bewegliche Sache im unmittelbaren Mitbesitz beider Ehegatten (→ Rn. 21), so steht § 935 Abs. 1 gutgläubigem Erwerb regelmäßig entgegen. Hat der Dritte gutgläubig erworben, so haben die Ehegatten ihm gegenüber – anders als bei einem Rechtsgeschäft, das der Gesamtgutsverwalter ohne die erforderliche Zustimmung des anderen Ehegatten vorgenommen hat (→ § 1428 Rn. 2) – regelmäßig keinen Anspruch zum Gesamtgut aus ungerechtfertigter Bereicherung. Der Dritte hat regelmäßig nicht rechtsgrundlos erworben. Rechtsgrund seines Erwerbs ist das Rechtsgeschäft mit dem allein handelnden Ehegatten, das für diesen in der Regel wirksam ist (→ Rn. 12). Dafür stehen dem Gesamtgut hier (gegen den handelnden Ehegatten oder den Dritten) die Ansprüche nach § 816 zu.[13]

### IV. Willensmängel, Kenntnis bestimmter Umstände

16 Nehmen die **Ehegatten gemeinsam** ein Rechtsgeschäft vor, so kann es angefochten werden, wenn auch nur bei einem Ehegatten ein **Willensmangel** vorlag.[14] Die Anfechtung kann jeder Ehegatte selbständig erklären, bei dem ein Willensmangel bestanden hat.[15] Durch die Anfechtung eines Ehegatten wird das gesamte Rechtsgeschäft vernichtet (§ 142), es bleibt nicht etwa für den Ehegatten, bei dem kein Willensmangel vorgelegen oder der nicht angefochten hat, mit der Haftung seines Vorbehalts- und Sonderguts wirksam.

17 Wo das Gesetz auf das **„Kennen“** oder „Kennenmüssen“ bestimmter Tatsachen abstellt, reicht das Kennen oder Kennenmüssen eines Ehegatten aus.

---

[7] Bamberger/Roth/Hau/Poseck/*Siede* Rn. 7; NK-BGB/*Völker* Rn. 9; RGRK-BGB/*Finke* Rn. 6; Soergel/*Gaul/Althammer* Rn. 6; aA Staudinger/*Thiele,* 2018, Rn. 20 mwN.

[8] AA Staudinger/*Thiele,* 2018, Rn. 20, der nach den Grundsätzen des § 139 entscheiden will.

[9] Soergel/*Gaul/Althammer* Rn. 6.

[10] BGH NJW 1989, 1225.

[11] AA – grds. gegen Anwendung des § 179 – RGRK-BGB/*Finke* Rn. 5; Soergel/*Gaul/Althammer* Rn. 6; aA – für Haftung des Sondervermögens stets nur im Rahmen des § 179 – *Hennecke,* Das Sondervermögen der Gesamthand, 1976, 109; wie hier Bamberger/Roth/Hau/Poseck/*Siede* Rn. 7.

[12] OLG Saarbrücken FamRZ 2002, 1034.

[13] Vgl. RG SeuffA 90 Nr. 144.

[14] AllgM, RGRK-BGB/*Finke* Rn. 6; Soergel/*Gaul/Althammer* Rn. 13; Staudinger/*Thiele,* 2018, Rn. 15.

[15] Ebenfalls allgM; vgl. RGRK-BGB/*Finke* Rn. 6; Soergel/*Gaul/Althammer* Rn. 13; Staudinger/*Thiele,* 2018, Rn. 15.

**Handelt ein Ehegatte** auf Grund § 1357 oder auf Grund Ermächtigung in eigenem Namen oder auf Grund Bevollmächtigung in fremdem Namen (oder in eigenem und fremdem Namen), so ist wegen Willensmängeln, Kennen und Kennenmüssen **§ 166** anwendbar.[16] Das Gleiche gilt, wenn er ohne Vollmacht in eigenem und fremdem Namen handelt und der andere Ehegatte später genehmigt.[17] 18

### V. Entgegennahme von Willenserklärungen (Abs. 2)

Zur Erleichterung des Rechtsverkehrs bestimmt Abs. 2, dass die Abgabe einer Willenserklärung gegenüber einem Ehegatten ausreicht, um für das Gesamtgut wirksam zu sein. (Einseitige Willenserklärungen, die sich auf das Vorbehalts- oder Sondergut eines Ehegatten beziehen, müssen gegenüber diesem abgegeben werden). Abs. 2 gilt für empfangsbedürftige Willenserklärungen jeder Art, nicht nur für streng einseitige Willenserklärungen,[18] daher zB für Kündigung, Anfechtung, Vertragsannahme, aber auch für ein Vertragsangebot, das den Ehegatten gemacht wird (unabhängig davon, dass sie es nur gemeinsam annehmen können), und nicht nur für privatrechtliche Willenserklärungen, sondern auch für Verwaltungsakte.[19] Aufgrund seiner Verpflichtung zur Mitwirkung bei der Verwaltung muss der Ehegatte, dem die Erklärung zugegangen ist, den anderen unterrichten. 19

Abs. 2 gilt nach allgM[20] **nicht für Zustellungen** im gerichtlichen Verfahren, weil die Ehegatten zwar unter Umständen notwendige Streitgenossen (→ Rn. 23, 25), aber nicht eine Partei sind. 20

### VI. Besitz an den Sachen des Gesamtguts

Nach § 1450 sind die Ehegatten grundsätzlich zum Mitbesitz an den Gegenständen des Gesamtguts berechtigt. Auch dieser Regel gehen jedoch wieder die allgemeinen Grundsätze über das Besitzrecht auf Grund des ehelichen Verhältnisses vor, wenn einem der Ehegatten danach Alleinbesitz zusteht (→ § 1422 Rn. 12 ff.). Die Besitzschutzrechte können beide Ehegatten bei Gegenständen, die in ihrem Mitbesitz stehen, entsprechend der allgemeinen Regel bei Mitbesitzern selbständig geltend machen. Die Rechtsregel über den Besitzschutz ist lex specialis zur grundsätzlichen gemeinschaftlichen Zuständigkeit der Ehegatten; deshalb steht auch die ansonsten abschließende Regelung des § 1455 dem nicht entgegen.[21] 21

### VII. Rechtsstreitigkeiten für das Gesamtgut

**1. Aktivprozesse.** Aktivprozesse über Gegenstände, die zum Gesamtgut gehören, können die Ehegatten grundsätzlich nur gemeinsam führen. Ein Ehegatte allein ist zur Führung des Rechtsstreits im Rahmen der § 1452 Abs. 1, § 1454 S. 2, § 1455 Nr. 6–9 und § 1456 sowie dann berechtigt, wenn ihn der andere Ehegatte dazu ermächtigt hat (gewillkürte Prozessstandschaft, → § 1422 Rn. 27; bei Bevollmächtigung klagen beide Ehegatten). § 432 Abs. 1 S. 2 ist nicht anwendbar, ihm geht § 1450 vor.[22] Aus § 2039 lässt sich kein allgemeiner Rechtsgedanke für alle Gesamthandsgemeinschaften entnehmen, er ist also bei der bestehenden Gütergemeinschaft nicht entsprechend anwendbar.[23] Notfalls kann die Zustimmung des Ehegatten, der nicht mitwirkt, nach § 1452 ersetzt werden (anders bei beendeter Gütergemeinschaft, → § 1472 Rn. 8). 22

Die Klage muss auf Leistung an beide Ehegatten gerichtet werden. Die Ehegatten sind **notwendige Streitgenossen** iSd § 62 ZPO.[24] 23

**2. Passivprozesse.** In Passivrechtsstreiten wegen Gesamtgutsverbindlichkeiten kann der Kläger wählen, ob er nur einen Ehegatten allein (auf Grund seiner Haftung nach § 1459 Abs. 2 oder auf 24

---

16 § 166 Abs. 1 gilt jedenfalls (zumindest entsprechend), § 166 Abs. 2 ist nur ausnahmsweise bei einer seinen Voraussetzungen entsprechenden Sachlage analog anzuwenden; vgl. Staudinger/*Thiele,* 2018, Rn. 16, 18; BGHZ 51, 141 (146).

17 Der andere Ehegatte kann uU seine Genehmigung anfechten; Staudinger/*Thiele,* 2018, Rn. 16.

18 ÜberwM; vgl. Soergel/*Gaul/Alhammer* Rn. 14; Staudinger/*Thiele,* 2018, Rn. 38; aA Erman/*Heinemann* Rn. 5.

19 BayVGH NJW-RR 1988, 454; aA Erman/*Heinemann* Rn. 5.

20 Erman/*Heinemann* Rn. 5; Soergel/*Gaul/Althammer* Rn. 14; Staudinger/*Thiele,* 2018, Rn. 41; auch § 171 Abs. 3 ZPO ist nicht anwendbar.

21 AA für die Besitzschutzansprüche RGRK-BGB/*Finke* Rn. 13; wie hier Erman/*Heinemann* Rn. 3; Soergel/*Gaul/Althammer* Rn. 11; Staudinger/*Thiele,* 2018, Rn. 27.

22 Vgl. Soergel/*Gaul/Althammer* Rn. 15 mwN.

23 AA *Rosenberg/Schwab* ZivilProzR § 46 II 2; wie hier die hM, Soergel/*Gaul/Althammer* Rn. 15; Staudinger/*Thiele,* 2018, Rn. 29 mwN.

24 AllgM, *F. Baur* FamRZ 1962, 510; *Dölle* FamR I § 76 II Fn. 22; Palandt/*Brudermüller* Rn. 7; RGRK-BGB/*Finke* Rn. 15; Soergel/*Gaul/Althammer* Rn. 15; Staudinger/*Thiele,* 2018, Rn. 28.

Grund seiner ursprünglichen Haftung, wenn die Verbindlichkeit in seiner Person entstanden ist) oder ob er beide Ehegatten verklagen will.[25] Er wird regelmäßig das letztere tun, weil – abgesehen vom Fall des § 741 ZPO – nur aus einem Urteil gegen beide Ehegatten in das Gesamtgut vollstreckt werden kann (§ 740 Abs. 2 ZPO; zur Zwangsvollstreckung in das Gesamtgut im Einzelnen → § 1459 Rn. 11 f.), und weil ein Titel gegen einen Ehegatten (grundsätzlich, abgesehen von den gesetzlichen Ausnahmen) nicht gegen den anderen Ehegatten wirkt (→ Rn. 25; → § 1454 Rn. 7).

**25** Bei Erhebung der **Gesamtschuldklage** sind die Ehegatten keine notwendigen Streitgenossen,[26] wohl aber bei bloßer Erhebung der **Gesamthandsklage** gegen die Ehegatten. Die Haftung des Gesamtguts, die bei dieser Klage Streitgegenstand ist, könnte zwar verfahrensrechtlich beiden Ehegatten gegenüber unterschiedlich festgestellt werden (wenn sie in verschiedenen Prozessen verklagt würden), weil keine Rechtskrafterstreckung vorgesehen ist.[27] Die Klage kann aber gerade deshalb nur einheitlich gegen beide Ehegatten erhoben werden,[28] weil materiellrechtlich die Rechtslage nur einheitlich sein kann, nur eine obsiegende Entscheidung gegen beide Ehegatten für den Kläger sinnvoll ist und die Zulassung von Gesamthandsklagen gegen nur einen Ehegatten deshalb die Zulassung eines unnötigen Prozesses bedeuten würde.[29]

**26** Die vorstehend dargelegten Grundsätze gelten unabhängig davon, welchen Inhalt die Klage gegen die Ehegatten hat, so zB also auch für Klagen auf Herausgabe von Sachen, die zum Gesamtgut gehören,[30] weil auch für den Herausgabeanspruch die Ehegatten persönlich haften (§ 1459 Abs. 2 S. 1), auch wenn die Herausgabe einer bestimmten Sache tatsächlich nur aus dem Gesamtgut möglich ist. Sie gelten nicht nur für Zivil- sondern auch für Verwaltungsrechtsstreitigkeiten, sodass ein Ehegatte einen belastenden Verwaltungsakt, der gegen ihn ergangen ist (als Passivprozess) auch selbständig anfechten kann, während zur Vollstreckung in das Gesamtgut ein Titel gegen beide Ehegatten erforderlich ist.[31]

## VIII. Abweichende Vereinbarungen

**27** Eine Modifizierung der generellen gemeinschaftlichen Zuständigkeit, gesetzlich eingeschränkt nur durch die Ausnahmen der §§ 1452, 1454, 1455 und § 1456, durch Ehevertrag ist zulässig. Zur Auslegung getroffener Vereinbarungen gelten die allgemeinen Grundsätze über die Auslegung formbedürftiger Willenserklärungen.[32] Ein Ehegatte kann also zB zur Vornahme bestimmter Rechtsgeschäfte ermächtigt werden (→ Rn. 9 f.). Zur Abdingbarkeit der §§ 1452, 1454, 1455 und § 1456 näher → § 1452 Rn. 11, → § 1454 Rn. 8, → § 1455 Rn. 13, → § 1456 Rn. 1 ff.

## § 1451 Mitwirkungspflicht beider Ehegatten

**Jeder Ehegatte ist dem anderen gegenüber verpflichtet, zu Maßregeln mitzuwirken, die zur ordnungsmäßigen Verwaltung des Gesamtguts erforderlich sind.**

**Übersicht**



[25] BGH FamRZ 1975, 405.

[26] *Tiedtke* FamRZ 1975, 540 ff.; BLAH/*Hartmann* ZPO § 62 Rn. 10; Staudinger/*Thiele*, 2018, Rn. 34 mwN; Bamberger/Roth/Hau/Poseck/*Siede* Rn. 9 mwN in Fn. 32; aA RGRK-BGB/*Finke* Rn. 16.

[27] Vgl. nur OLG Frankfurt FamRZ 1983, 172.

[28] AA BGH FamRZ 1975, 405 (406) = BeckRS 2012, 05722.

[29] Deshalb notwendige Streitgenossenschaft nach § 62 Abs. 1 Alt. 2 ZPO „aus sonstigem Grunde eine notwendige“ *Tiedtke* FamRZ 1975, 538 (540); dass notwendige Streitgenossenschaft besteht, entspricht allgemeiner, aber unterschiedlich begründeter Auffassung; vgl. BGH FamRZ 1975, 405 (406); *Gernhuber/Coester-Waltjen* FamR § 38 Rn. 116 f.; Bamberger/Roth/Hau/Poseck/*Siede* Rn. 9.

[30] AA *Tiedtke* FamRZ 1975, 538 (541) Fn. 22 mwN.

[31] BayVGH NJW-RR 1988, 454.

[32] S. OLG Saarbrücken FamRZ 2002, 1034.

## I. Normzweck

Da Verwaltungshandlungen für das Gesamtgut bei gemeinschaftlicher Verwaltung grundsätzlich nur gemeinschaftlich vorgenommen werden können, **verpflichtet** § 1451 **beide Ehegatten** gegenseitig, **an der ordnungsmäßigen Verwaltung mitzuwirken.** Die Mitwirkungspflicht des § 1451 entspricht der Pflicht zur ordnungsmäßigen Verwaltung bei der Einzelverwaltung nach § 1435. 1

## II. Umfang und Inhalt der Mitwirkungspflicht

**1. Umfang der Mitwirkungspflicht.** Die Mitwirkungspflicht umfasst den gesamten Bereich der Gesamtgutsverwaltung, also nicht nur die Mitwirkung bei Rechtsgeschäften, sondern auch bei tatsächlichen Verwaltungshandlungen (bei einem landwirtschaftlichen Anwesen also zB die Bestellung der Felder und die Versorgung des Viehs)[1] und bei der Führung von Rechtsstreiten. Der Kreis der Mitwirkungspflicht wird begrenzt durch das, was zur 2

a) **ordnungsmäßigen Verwaltung des Gesamtguts**

b) **erforderlich** – also notwendig –, nicht nur zweckmäßig ist.

Zur „ordnungsmäßigen Verwaltung des Gesamtguts“ → § 1435 Rn. 5; → § 1426 Rn. 3 f.; zum Begriff dessen, was zur ordnungsmäßigen Verwaltung „erforderlich“ ist, → § 1426 Rn. 4. Da sich § 1451 umfassend auf den gesamten Bereich der Verwaltung erstreckt, ist hier besonders wichtig, dass die Mitwirkungspflicht auch dann besteht, wenn unter verschiedenen möglichen Maßnahmen eine erforderlich ist (→ § 1430 Rn. 3; → § 1426 Rn. 4).[2] 3

**2. Inhalt der Mitwirkungspflicht.** Jeder Ehegatte ist nach § 1451 grundsätzlich zur **persönlichen Mitwirkung** an Verwaltungsmaßnahmen verpflichtet. Nach den Umständen des Einzelfalles ist zu entscheiden, ob er seine Pflicht durch Erteilung von Vollmachten oder Ermächtigungen an den anderen Ehegatten erfüllen kann. Keine Mitwirkungspflicht besteht, wenn die Mitwirkung nicht erforderlich ist, weil ein Ehegatte nach den §§ 1450 Abs. 2, 1454, 1455, 1456 allein handeln kann. Ein Ehegatte darf sich seiner Mitwirkung aber nicht dadurch entziehen, dass er die Voraussetzungen des § 1454 in treuwidriger Weise herbeiführt. 4

**3. Verhinderung eines Ehegatten.** Ist einer der Ehegatten an der Mitwirkung bei Verwaltungsmaßnahmen verhindert, so kann sich aus § 1451 eine Verpflichtung des anderen Ehegatten ergeben, von seinen Befugnissen nach §§ 1454, 1455 Nr. 10 Gebrauch zu machen, wenn derartige Maßnahmen zur ordnungsmäßigen Verwaltung des Gesamtguts notwendig sind. Die Mitwirkungspflicht wird in solchen Fällen zu einer Pflicht, allein zu handeln.[3] 5

**4. Mitwirkungspflicht auf anderer Rechtsgrundlage.** Über die Grenzen des § 1451 hinaus können sich Mitwirkungspflichten der Ehegatten aus der allgemeinen Pflicht zur ehelichen Lebensgemeinschaft ergeben (→ § 1353 Rn. 12). 6

**5. Berechtigter auf Grund der Verpflichtung.** Die Mitwirkungspflicht des § 1451 besteht nur gegenüber dem anderen Ehegatten. Dritte können aus ihr keine Rechte herleiten (→ § 1452 Rn. 13).[4] 7

**6. Unzumutbarkeit der Mitwirkung.** Die Erfüllung der Verpflichtung kann, soweit es sich um tatsächliche Verrichtungen handelt, etwa die Mitwirkung bei der Bewirtschaftung eines Hofes, in gleicher Weise unzumutbar werden wie die Pflicht zur Haushaltsführung; so regelmäßig beim Getrenntleben der Ehegatten.[5] 8

## III. Gegenseitige Unterrichtungs- und Auskunftspflicht

Anders als in § 1435 hat der Gesetzgeber bei der gemeinschaftlichen Verwaltung die ausdrückliche Normierung einer Pflicht zur gegenseitigen Unterrichtung und zur Auskunftserteilung in Einzelfällen für entbehrlich gehalten, weil hier die Ehegatten sowieso regelmäßig gemeinschaftlich handeln und dadurch bereits unterrichtet sind. Soweit ein Ehegatte auf Grund gesetzlicher Vorschrift (vgl. §§ 1450 Abs. 2, 1454, 1455, 1456) oder Ermächtigung bzw. Vollmacht des anderen Ehegatten allein für das Gesamtgut handelt, ergibt sich die Pflicht zur Unterrichtung des anderen Ehegatten 9

---

1 Vgl. BGH FamRZ 1986, 40 (42) = BeckRS 1985, 31072459; RGRK-BGB/*Finke* Rn. 2.

2 Vgl. Staudinger/*Thiele,* 2018, Rn. 5.

3 Vgl. *Dölle* FamR I § 75 III 2k; *Gernhuber/Coester-Waltjen* FamR § 38 Rn. 111; Staudinger/*Thiele,* 2018, Rn. 7.

4 AllgM, Palandt/*Brudermüller* Rn. 1; Soergel/*Gaul/Althammer* Rn. 2; vgl. BGH NJW 1958, 2061.

5 Vgl. BGH FamRZ 1986, 40 (42 f.) = BeckRS 1985, 31072459.

und zur Erteilung der notwendigen Auskünfte aus § 1353 Abs. 1. Der Umfang dieser Unterrichtungs- und Auskunftspflicht auf Grund der allgemeinen ehelichen Treupflicht richtet sich nach den gleichen Grundsätzen wie bei § 1435; soweit eine der Einzelverwaltung vergleichbare Situation besteht, kann die Unterrichtungs- und Auskunftspflicht auch auf eine entsprechende Anwendung des § 1435 gestützt werden (→ § 1435 Rn. 6 ff.).[6]

### IV. Verletzung der Mitwirkungspflicht

10 Falls ein Ehegatte seiner Pflicht zur Mitwirkung bei Rechtsgeschäften oder der Führung von Rechtsstreitigkeiten nicht nachkommt, braucht der andere Ehegatte nicht auf Mitwirkung anzutragen, sondern kann Antrag auf **Ersetzung der Zustimmung** nach § 1452 stellen; dies gilt auch für die Zustimmung zur Auszahlung von Teilen des Lohns durch den Arbeitgeber des Unterhaltspflichtigen als Trennungsunterhalt an den anderen Ehegatten,[7] nicht jedoch für eine vom Unterhaltspflichtigen von seinem Konto vorzunehmende Überweisung, da nach Auffassung des BGH hier keine weitere Zustimmung neben der Bewirkung der Leistung erforderlich ist.[8] In anderen Fällen fehlender Mitwirkung (zu tatsächlichen Verwaltungshandlungen oder falls § 1452 abbedungen ist) kann bei Überwiegen des vermögensrechtlichen Elements mit Vollstreckungsmöglichkeit auf Mitwirkung geklagt,[9] bei Überwiegen des personalen Elements **Antrag** auf Herstellung des ehelichen Lebens ohne Vollstreckungsmöglichkeit (§ 120 Abs. 3 FamFG) erhoben werden. Bei beharrlicher Verweigerung der Mitwirkung steht dem anderen Ehegatten das Recht zum Antrag auf Aufhebung der Gütergemeinschaft nach § 1469 Nr. 2 zu.

11 Da die Mitwirkungspflicht bei der gemeinschaftlichen Verwaltung der Verwaltungspflicht nach § 1435 bei der Einzelverwaltung entspricht, ist es gerechtfertigt, § 1435 S. 3 entsprechend anzuwenden, wenn das Gesamtgut wegen der fehlenden Mitwirkung eines Ehegatten einen Schaden erleidet. Dieser Ehegatte ist dann bei Verletzung der Mitwirkungspflicht, die er – unter Heranziehung des Sorgfaltsmaßstabes des § 1359 – verschuldet hat, verpflichtet, **zum Gesamtgut Ersatz zu leisten** (→ § 1435 Rn. 10 ff.).[10]

12 Die Mitwirkungspflicht kann durch Ehevertrag **nicht eingeschränkt** werden, weil sie aus der gemeinschaftlichen Verwaltung des Gesamtguts zwingend folgt. Für die Modifizierung und Abdingung der Unterrichtungs-, Auskunfts- und Schadensersatzpflichten gilt das Gleiche wie bei den Pflichten des Gesamtgutverwalters nach § 1435 (→ § 1435 Rn. 14).

## § 1452 Ersetzung der Zustimmung

**(1) Ist zur ordnungsmäßigen Verwaltung des Gesamtguts die Vornahme eines Rechtsgeschäfts oder die Führung eines Rechtsstreits erforderlich, so kann das Familiengericht auf Antrag eines Ehegatten die Zustimmung des anderen Ehegatten ersetzen, wenn dieser sie ohne ausreichenden Grund verweigert.**

**(2) Die Vorschrift des Absatzes 1 gilt auch, wenn zur ordnungsmäßigen Besorgung der persönlichen Angelegenheiten eines Ehegatten ein Rechtsgeschäft erforderlich ist, das der Ehegatte mit Wirkung für das Gesamtgut nicht ohne Zustimmung des anderen Ehegatten vornehmen kann.**

**Übersicht**



[6] Vgl. zur Unterrichtungs- und Auskunftspflicht bei gemeinschaftlicher Verwaltung Soergel/*Gaul/Althammer* Rn. 4; ausf. Staudinger/*Thiele,* 2018, Rn. 8 ff., zT abw.

[7] BayObLG FamRZ 1997, 423.

[8] BGHZ 111, 248 (255) = NJW 1990, 2252 (2255).

[9] Vgl. BGHZ 111, 248 (255) = NJW 1990, 2252 (2255) zum Anspruch auf Mitwirkung bei den Maßnahmen, die zur Deckung des Trennungsunterhalts eines Ehegatten erforderlich sind.

[10] BGH FamRZ 1986, 40 (42) = BeckRS 1985, 31072459; Erman/*Heinemann* Rn. 3; RGRK-BGB/*Finke* Rn. 6; Soergel/*Gaul/Althammer* Rn. 5; Staudinger/*Thiele,* 2018, Rn. 14.

## I. Normzweck

Während bei der Einzelverwaltung die Zustimmung des nichtverwaltenden Ehegatten nur ausnahmsweise (in den Fällen der §§ 1423–1425) zur Rechtswirksamkeit eines Geschäfts für das Gesamtgut erforderlich ist und die Ersetzung der Zustimmung deshalb auch nur für diese Sonderfälle in § 1426 vorgesehen werden musste, ist bei der gemeinschaftlichen Verwaltung die Zustimmung des anderen Ehegatten regelmäßig zur Wirksamkeit eines Geschäfts für das Gesamtgut erforderlich und dementsprechend die Ersetzungsmöglichkeit in Abs. 1 ebenfalls **umfassend** vorgesehen. Nach § 1430 kann die Zustimmung des Gesamtgutsverwalters zu einem Rechtsgeschäft ersetzt werden, das der andere Ehegatte zur **Besorgung** seiner **persönlichen Angelegenheiten** vornehmen muss, aber nicht mit Wirkung für das Gesamtgut vornehmen kann. Nach **Abs. 2** besteht die entsprechende **Ersetzungsmöglichkeit** für Rechtsgeschäfte beider Ehegatten. 1

Auch in den Fällen der § 1452 Abs. 1 und 2 wäre der andere Ehegatte zur Erteilung seiner Zustimmung auf Grund der allgemeinen ehelichen Treupflicht verpflichtet. § 1452 Abs. 1 und 2 schaffen deshalb wie § 1426 und § 1430 keinen neuen materiellrechtlichen Tatbestand, sondern neue Rechtsbehelfe (→ § 1426 Rn. 1). 2

## II. Die Voraussetzungen der Ersetzung nach Abs. 1

Die **Voraussetzungen** der Ersetzung nach Abs. 1 **stimmen mit denen nach § 1426 überein,** sind also ebenfalls strenger als in § 1365 Abs. 2: Während nach § 1365 Abs. 2 die Zustimmung schon ersetzt werden kann, wenn das Rechtsgeschäft den Grundsätzen einer ordnungsmäßigen Verwaltung entspricht, ist nach § 1426 und § 1452 Abs. 1 die Ersetzung nur möglich, wenn ein Rechtsgeschäft zur ordnungsmäßigen Verwaltung erforderlich ist. Unter Beachtung dieses Unterschieds können zur Auslegung des § 1452 Abs. 1 die zu § 1365 Abs. 2 entwickelten Grundsätze entsprechend herangezogen werden. 3

Was **zur ordnungsmäßigen Verwaltung des Gesamtguts erforderlich** ist, richtet sich nach den Umständen des Einzelfalles (→ § 1426 Rn. 3 f.). Nach § 1426 kann die Zustimmung zu Schenkungen, die über Pflicht- und Anstandsschenkungen hinausgehen, nicht ersetzt werden (weil § 1425 in § 1426 nicht aufgeführt ist). Dasselbe gilt auch im Rahmen des § 1452, weil über Pflicht- und Anstandsschenkungen hinausgehende unentgeltliche Zuwendungen niemals zur ordnungsmäßigen Verwaltung des Gesamtguts erforderlich sein können.[1] 4

Die Ersetzung der **Zustimmung** des anderen Ehegatten setzt außerdem voraus, dass dieser sie **ohne ausreichenden Grund verweigert** (→ § 1426 Rn. 5). 5

Nach § 1426 kann die Zustimmung nicht nur ersetzt werden, wenn ein Ehegatte sie ohne ausreichenden Grund verweigert, sondern auch, wenn er die Zustimmung wegen Abwesenheit oder Krankheit nicht abgeben kann, sofern mit dem Aufschub Gefahr verbunden ist. Diese Alternative ist in § 1452 Abs. 1 nicht erforderlich, weil in einem solchen Fall jeder Ehegatte nach § 1454 allein handeln kann. 6

Die Zustimmung kann **zu Rechtsgeschäften jeder Art** ersetzt werden. Auch hier muss es sich um ein konkretes Rechtsgeschäft handeln, dessen Einzelheiten bereits festliegen (→ § 1426 Rn. 7). 7

Die Zustimmung **zu tatsächlichen Verwaltungshandlungen** kann nicht ersetzt werden.[2] Solche kann aber jeder Ehegatte unter den Voraussetzungen des **§ 1455 Nr. 10** allein vornehmen. 8

Nach § 1452 ist (anders als nach § 1426) auch die **Ersetzung der Zustimmung zu** einem **Rechtsstreit** möglich. In § 1426 musste deren Ersetzung nicht vorgesehen werden, weil der Gesamtgutsverwalter auch auf den Bereichen, in denen er zu materiellrechtlichen Geschäften der Zustimmung des anderen Ehegatten nach §§ 1423–1425 bedarf, Rechtsstreitigkeiten allein führen kann (→ § 1422 Rn. 25). Die Zustimmung zu einem Rechtsstreit kann nur ersetzt werden, wenn er hinreichende Erfolgsaussichten hat (ein aussichtsloser Prozess kann zur ordnungsmäßigen Verwaltung nicht erforderlich sein). Dies ist daher vom Familiengericht zu prüfen.[3] Ist die Zustimmung zur Führung eines Rechtsstreits ersetzt, so wirkt dies für alle Prozesshandlungen, nicht aber, soweit sie eine materiellrechtliche Verfügung über den Prozessgegenstand enthalten (zB für einen Vergleich). Falls nicht ausdrücklich in die Ersetzung einbezogen, ist in diesen Fällen deshalb eine nochmalige Ersetzung der Zustimmung zu den materiellen Rechtsgeschäften notwendig. 9

## III. Die Voraussetzungen der Ersetzung nach Abs. 2

Nach Abs. 2 kann unter den im Übrigen gleichen Voraussetzungen die Zustimmung des jeweils anderen Ehegatten zu einem **Rechtsgeschäft** ersetzt werden, das zur ordnungsmäßigen Besorgung 10

---

1 ÜberwM; s. Soergel/*Gaul/Althammer* Rn. 3; Staudinger/*Thiele,* 2018, Rn. 5.

2 RGRK-BGB/*Finke* Rn. 4; Staudinger/*Thiele,* 2018, Rn. 3.

3 OLG Celle FamRZ 1975, 62; Staudinger/*Thiele,* 2018, Rn. 9.

der persönlichen Angelegenheiten eines Ehegatten erforderlich, aber ohne Zustimmung des anderen Ehegatten nicht für das Gesamtgut wirksam ist. Zur Frage, wann ein Rechtsgeschäft zur Besorgung der persönlichen Angelegenheiten eines Ehegatten erforderlich ist, → § 1430 Rn. 3; zur Frage, wann die Zustimmung des anderen Ehegatten ohne ausreichenden Grund verweigert wird, → § 1430 Rn. 5.

11 Nach Abs. 2 ist die Ersetzung der Zustimmung zu einem **Rechtsstreit** anders als nach Abs. 1 nicht vorgesehen. Dies beruht auf dem Standpunkt des Gesetzgebers, dass einen solchen Rechtsstreit über persönliche Angelegenheiten jeder Ehegatte stets ohne Zustimmung des anderen Ehegatten führen kann (→ § 1430 Rn. 7).

### IV. Wirkungen der Ersetzung

12 Die Ersetzung der Zustimmung hat die **gleichen Rechtswirkungen wie** die **Zustimmung** selbst. Ein Rechtsgeschäft hat die gleichen Wirkungen, wie wenn es von beiden Ehegatten gemeinschaftlich abgeschlossen wäre, ein Rechtsstreit die gleichen Wirkungen, wie wenn er von beiden Ehegatten gemeinsam geführt worden wäre. Für ein Rechtsgeschäft haften das Gesamtgut und beide Ehegatten persönlich (§§ 1459, 1460). Die Ersetzung der Zustimmung zu einem Rechtsstreit begründet eine gesetzliche Prozessstandschaft. Der andere Ehegatte kann den Rechtsstreit im eigenen Namen oder im eigenen Namen und zugleich im Namen des anderen Ehegatten führen. Zum Klageantrag → § 1450 Rn. 23; im Übrigen → § 1426 Rn. 12.

### V. Verfahrensfragen

13 **Antrag auf Ersetzung** der Zustimmung kann nur der handelnde Ehegatte, weder der andere Ehegatte noch der dritte Geschäftspartner stellen. Zu den Einzelheiten, insbesondere zur Verpflichtung des handelnden Ehegatten gegenüber dem Dritten, → § 1426 Rn. 8. Zur **Unabhängigkeit der Ersetzung,** auch wenn andere Genehmigungen zu dem Rechtsgeschäft noch ausstehen, → § 1426 Rn. 10. Zum **Verfahren** gilt dasselbe wie zu § 1426 (→ § 1426 Rn. 8 ff.) und zu § 1365 Abs. 2 (→ § 1366 Rn. 24 ff.).

### VI. Abweichende Vereinbarungen

14 Zur Abdingbarkeit → § 1426 Rn. 13; → § 1430 Rn. 9. Während Abs. 1 danach abbedungen werden kann, (zu den Folgen der Abdingung → § 1426 Rn. 13), ist davon auszugehen, dass Abs. 2 zum Bereich zwingender Schutzvorschriften gehört.

## § 1453 Verfügung ohne Einwilligung

**(1) Verfügt ein Ehegatte ohne die erforderliche Einwilligung des anderen Ehegatten über das Gesamtgut, so gelten die Vorschriften des § 1366 Abs. 1, 3, 4 und des § 1367 entsprechend.**

**(2) [1]Einen Vertrag kann der Dritte bis zur Genehmigung widerrufen. [2]Hat er gewusst, dass der Ehegatte in Gütergemeinschaft lebt, so kann er nur widerrufen, wenn dieser wahrheitswidrig behauptet hat, der andere Ehegatte habe eingewilligt; er kann auch in diesem Falle nicht widerrufen, wenn ihm beim Abschluss des Vertrags bekannt war, dass der andere Ehegatte nicht eingewilligt hatte.**

### I. Normzweck, Parallele zu § 1427

1 § 1453 **entspricht § 1427 bei** der **Einzelverwaltung.** Hinsichtlich der Rechtsfolgen für den Fall, dass ein Rechtsgeschäft ohne Zustimmung des anderen Ehegatten vorgenommen wird, **verweist** § 1453 ebenfalls im Wesentlichen **auf §§ 1366 und 1367.** Von § 1427 unterscheidet sich § 1453 dadurch, dass sich **§ 1453 nur** auf **Verfügungsgeschäfte,** § 1427 zusätzlich auch auf Verpflichtungsgeschäfte bezieht, die der Gesamtgutsverwalter ohne Zustimmung des anderen Ehegatten vornimmt. Dies beruht auf der unterschiedlichen Rechtskonstruktion bei der Einzelverwaltung und der gemeinschaftlichen Verwaltung: Während bei der Einzelverwaltung das Gesamtgut für alle Verbindlichkeiten des Gesamtgutsverwalters haftet (§ 1437) und Verpflichtungsgeschäfte ohne die in besonderen Fällen erforderliche Zustimmung des anderen Ehegatten nach § 1427 unwirksam sind, sind bei der gemeinschaftlichen Verwaltung Verpflichtungsgeschäfte jedes Ehegatten ohne Zustimmung des anderen voll wirksam, verpflichten aber nur den handelnden Ehegatten persönlich, nach § 1460 Abs. 1 aber nicht das Gesamtgut.

## II. Verfügungen

2 Unter „Verfügung über das Gesamtgut" ist jede Verfügung über einen zum Gesamtgut gehörenden Gegenstand zu verstehen.

3 Im Übrigen stimmt § 1453 mit § 1427 vollständig überein (deshalb → § 1427 Rn. 1 ff. mit den Weiterverweisungen auf die Erläuterungen zu den § 1366 und § 1367). Zur Abweichung des § 1453 Abs. 2 (wie § 1427 Abs. 2) von § 1366 Abs. 2 → § 1427 Rn. 2 (der Widerruf des Dritten kann wegen § 1450 Abs. 2 – anders als bei § 1366 Abs. 2 – beiden Ehegatten gegenüber erklärt werden); zum nachträglichen Wirksamwerden → § 1427 Rn. 3; zum Zurückbehaltungsrecht des dritten Geschäftspartners → § 1427 Rn. 5; zur Abdingbarkeit → § 1427 Rn. 6. Das § 1428 entsprechende **Revokationsrecht** enthält § 1455 Nr. 8.

# § 1454 Notverwaltungsrecht

**[1]Ist ein Ehegatte durch Krankheit oder Abwesenheit verhindert, bei einem Rechtsgeschäft mitzuwirken, das sich auf das Gesamtgut bezieht, so kann der andere Ehegatte das Rechtsgeschäft vornehmen, wenn mit dem Aufschub Gefahr verbunden ist; er kann hierbei im eigenen Namen oder im Namen beider Ehegatten handeln. [2]Das Gleiche gilt für die Führung eines Rechtsstreits, der sich auf das Gesamtgut bezieht.**

## I. Normzweck

1 § 1454 entspricht § 1429 bei der Einzelverwaltung. Während § 1429 nur für den nichtverwaltenden Ehegatten gilt, gibt § 1454 das **Notverwaltungsrecht** beiden Ehegatten bei Verhinderung des jeweils anderen Ehegatten in gleicher Weise.

## II. Voraussetzungen des Notverwaltungsrechts

2 Voraussetzungen des Notverwaltungsrechts sind, dass der andere Ehegatte verhindert ist (→ § 1429 Rn. 2) und dass mit dem Aufschub des Rechtsgeschäfts Gefahr verbunden ist (→ § 1429 Rn. 3). Wenn der andere Ehegatte nicht an der Mitwirkung verhindert ist, sondern seine Mitwirkung verweigert, gilt § 1452.

## III. Umfang des Notverwaltungsrechts

3 Das **Notverwaltungsrecht** ist **umfassend.** Es bezieht sich auf Rechtsgeschäfte aller Art, auch auf solche, zu denen der Gesamtgutsverwalter bei der Einzelverwaltung nach §§ 1423–1425 der Zustimmung des anderen Ehegatten bedürfte (→ § 1429 Rn. 4).[1] Trotz der eingeschränkten Formulierung gilt § 1454 auch für tatsächliche Maßnahmen. Neben dem Notverwaltungsrecht nach § 1454 hat gerade hinsichtlich der Vornahme tatsächlicher Verwaltungsmaßnahmen die Befugnis jedes Ehegatten nach § 1455 Nr. 10 besondere Bedeutung, bei Gefahr im Verzuge zur Erhaltung des Gesamtguts notwendige Maßnahmen zu treffen. § 1455 Nr. 10 setzt – anders als § 1454 – nicht voraus, dass der andere Ehegatte verhindert ist. Andererseits ist das Notverwaltungsrecht nach § 1454 umfassend, während § 1455 Nr. 10 nur zu Maßnahmen ermächtigt, die zur Erhaltung des Gesamtguts notwendig sind (→ § 1455 Rn. 9 ff. zu § 1455 Nr. 10).

## IV. Pflicht zur Notverwaltung

4 Die nur dem anderen Ehegatten, nicht Dritten gegenüber bestehende Pflicht des Ehegatten, bei Verhinderung des anderen Gatten die notwendigen Verwaltungshandlungen vorzunehmen, ergibt sich bei der gemeinschaftlichen Verwaltung nicht nur aus der allgemeinen ehelichen Treupflicht (→ § 1429 Rn. 4), sondern aus der Mitwirkungspflicht nach § 1451 (→ § 1451 Rn. 5). Die **Pflicht** zur Vornahme von Verwaltungshandlungen **geht** hier **weiter als** beim Notverwaltungs**recht nach § 1429,** weil bei der Einzelverwaltung der andere Ehegatte durch die Übertragung der Verwaltungszuständigkeit auf den Gesamtgutsverwalter zum Ausdruck gebracht hat, dass er sich an der Verwaltung des Gesamtguts grundsätzlich nicht beteiligen möchte, während bei der gemeinschaftlichen Verwaltung beide Ehegatten schon regelmäßig an der Gesamtgutsverwaltung beteiligt sind.[2] Erleidet das Gesamtgut einen Schaden, weil ein Ehegatte eine Notverwaltungsmaßnahme pflichtwidrig unterlässt, so haftet er entsprechend § 1435 S. 3 unter Zugrundelegung des Sorgfaltsmaßstabes des § 1359 auf Schadensersatz.

---

1 Vgl. Staudinger/*Thiele,* 2018, Rn. 8.

2 Vgl. *Gernhuber/Coester-Waltjen* FamR § 38 Rn. 111.

### V. Ausübung des Notverwaltungsrechts

5 Bei Ausübung des Notverwaltungsrechts kann der Ehegatte entweder nur im eigenen Namen oder auch gleichzeitig im Namen des anderen Ehegatten handeln. In beiden Fällen ist ein von ihm vorgenommenes Rechtsgeschäft für das Gesamtgut wirksam und verpflichtet – von einer anderen Vereinbarung mit dem Geschäftspartner abgesehen – das Gesamtgut (§§ 1459 Abs. 1, 1460) und auch den anderen Ehegatten persönlich (§ 1459 Abs. 2).[3]

### VI. Prozessführungsbefugnis des Notverwalters

6 Das **Notverwaltungsrecht umfasst** auch die **Prozessführungsbefugnis.** Der Ehegatte kann einen bisher von beiden Ehegatten geführten Aktiv- oder Passivrechtsstreit fortsetzen. Er kann auch Klage erheben und einen neu anhängigen Passivrechtsstreit für das Gesamtgut aufnehmen. Wegen § 740 Abs. 2 ZPO müssen auch während der Zeit der Verhinderung eines Ehegatten praktisch beide Ehegatten verklagt werden, obwohl ein Passivrechtsstreit für das Gesamtgut wirksam auch nur gegen den Notverwalter anhängig gemacht werden kann. Endet die Verhinderung des anderen Ehegatten, so kann er den Rechtsstreit mit aufnehmen, wenn er zugleich auch in seinem Namen geführt wurde. Wenn er vom anderen Ehegatten nur in eigenem Namen geführt wurde, bedarf die Aufnahme der Zustimmung des Prozessgegners (vgl. § 265 Abs. 2 ZPO) und des Notverwalters. Nimmt der andere Ehegatte den Rechtsstreit nicht mit auf, wird er vom Notverwalter entsprechend § 1455 Nr. 7 weitergeführt; der andere Ehegatte kann als Nebenintervenient beitreten, §§ 66, 69 ZPO; → § 1433 Rn. 3.

7 Da der andere Ehegatte auf Grund der gesetzlichen Ermächtigung des § 1454 in offener oder – bei Handeln in eigenem Namen – verdeckter Prozessstandschaft für den verhinderten Ehegatten handelt, **erstreckt** sich die **Rechtskraft** einer Entscheidung, die für oder gegen einen Ehegatten im Rahmen des § 1454 ergangen ist, auf diesen.[4] Zum Klageantrag → § 1428 Rn. 3.

### VII. Abweichende Vereinbarungen

8 Zur Abdingung, die zulässig ist,[5] → § 1429 Rn. 8.

## § 1455 Verwaltungshandlungen ohne Mitwirkung des anderen Ehegatten

**Jeder Ehegatte kann ohne Mitwirkung des anderen Ehegatten**

1. **eine ihm angefallene Erbschaft oder ein ihm angefallenes Vermächtnis annehmen oder ausschlagen,**
2. **auf seinen Pflichtteil oder auf den Ausgleich eines Zugewinns verzichten,**
3. **ein Inventar über eine ihm oder dem anderen Ehegatten angefallene Erbschaft errichten, es sei denn, dass die dem anderen Ehegatten angefallene Erbschaft zu dessen Vorbehaltsgut oder Sondergut gehört,**
4. **einen ihm gemachten Vertragsantrag oder eine ihm gemachte Schenkung ablehnen,**
5. **ein sich auf das Gesamtgut beziehendes Rechtsgeschäft gegenüber dem anderen Ehegatten vornehmen,**
6. **ein zum Gesamtgut gehörendes Recht gegen den anderen Ehegatten gerichtlich geltend machen,**
7. **einen Rechtsstreit fortsetzen, der beim Eintritt der Gütergemeinschaft anhängig war,**
8. **ein zum Gesamtgut gehörendes Recht gegen einen Dritten gerichtlich geltend machen, wenn der andere Ehegatte ohne die erforderliche Zustimmung über das Recht verfügt hat,**
9. **ein Widerspruchsrecht gegenüber einer Zwangsvollstreckung in das Gesamtgut gerichtlich geltend machen,**
10. **die zur Erhaltung des Gesamtguts notwendigen Maßnahmen treffen, wenn mit dem Aufschub Gefahr verbunden ist.**

---

[3] *Dölle* FamR I § 75 III 1; *Gernhuber/Coester-Waltjen* FamR § 38 Rn. 111; Erman/*Heinemann* Rn. 1; Soergel/*Gaul/Althammer* Rn. 4; Staudinger/*Thiele,* 2018, Rn. 15; Bamberger/Roth/Hau/Poseck/*Siede* Rn. 4.

[4] Ebenso Staudinger/*Thiele,* 2018, Rn. 17; Soergel/*Gaul/Althammer* Rn. 4 gegen 12. Aufl. 1988.

[5] Staudinger/*Thiele,* 2018, Rn. 22; enger RGRK-BGB/*Finke* Rn. 8; aA – zwingendes Recht – Soergel/*Gaul/Althammer* Rn. 2.

**Übersicht**



## I. Normzweck

§ 1455 enthält einen **Katalog von Maßnahmen, die jeder Ehegatte selbständig treffen kann** (weitere Ausnahmen von dem Grundsatz, dass nur gemeinschaftliches Handeln für das Gesamtgut wirksam ist, enthalten die §§ 1454 und 1456). Im Rahmen des § 1455 getroffene Maßnahmen sind auch bei einem eventuellen Widerspruch des anderen Ehegatten für das Gesamtgut wirksam. Für Verbindlichkeiten haftet das Gesamtgut (§ 1459 Abs. 1, § 1460) und deshalb auch der andere Ehegatte (§ 1459 Abs. 2). 1

Nach §§ 1432 und 1433 kann der nichtverwaltende Ehegatte bei der Einzelverwaltung bestimmte Rechtshandlungen ohne Zustimmung des Gesamtgutsverwalters vornehmen. Dasselbe muss erst recht für jeden der beiden Ehegatten bei gemeinschaftlicher Verwaltung gelten. Es entsprechen § 1455 Nr. 1, 2 und 4 dem § 1432 Abs. 1, § 1455 Nr. 3 dem § 1432 Abs. 2, § 1455 Nr. 7 dem § 1433, § 1455 Nr. 8 dem § 1428. Daneben weist § 1455 jedem Ehegatten die Zuständigkeit zur Vornahme von Rechtshandlungen gegenüber dem anderen Ehegatten (Nr. 5 und 6) sowie zu Maßnahmen im Interesse der Erhaltung des Gesamtguts zu (Nr. 9 und 10). 2

## II. Die einzelnen Tatbestände der Vorschrift

**1. § 1455 Nr. 1, 2 und 4.** § 1455 Nr. 1, 2 und 4 **stimmen mit § 1432 Abs. 1** in Voraussetzungen und Wirkungen **überein.** Die Haftung des Gesamtguts und der Eheleute richtet sich nach §§ 1459 ff. Zu § 1432 Abs. 1 → § 1432 Rn. 1 ff. 3

**2. § 1455 Nr. 3.** § 1455 Nr. 3 **entspricht § 1432 Abs. 2,** gilt hier jedoch für beide Ehegatten gegenseitig: Jeder Ehegatte kann selbständig ein Inventar auch für eine dem anderen Ehegatten angefallene Erbschaft errichten, sofern die Erbschaft zum Gesamtgut gehört. (Gehört sie zum Vorbehalts- oder Sondergut, so haftet das Gesamtgut nach § 1461 nicht für die Nachlassverbindlichkeiten). Nach § 2008 Abs. 1 S. 3 wirkt die Inventarerrichtung auch zugunsten des anderen Ehegatten. Eine Inventarfrist kann wirksam nur gegenüber beiden Ehegatten gesetzt werden (§ 2008 Abs. 1 S. 1). 4

**3. § 1455 Nr. 5 und 6.** Nach § 1455 Nr. 5 und 6 kann jeder Ehegatte für das Gesamtgut **gegenüber dem anderen Ehegatten** selbständig Rechtsgeschäfte vornehmen und Rechtsstreitigkeiten führen. Klagt der Ehegatte gegen den anderen, so muss er zum Ausdruck bringen, dass er ein Recht für das Gesamtgut geltend macht. Ein Leistungsantrag hat auf Leistung an das Gesamtgut zu lauten.[1] 5

**4. § 1455 Nr. 7 entspricht § 1433.** Näher → § 1433 Rn. 1 ff. 6

**5. § 1455 Nr. 8 entspricht § 1428.** Während bei Einzelverwaltung sowohl der Gesamtgutsverwalter (auf Grund seiner Verwaltungsbefugnis) als auch der andere Ehegatte auf Grund § 1428 das **Revokationsrecht** ausüben können, kann bei gemeinschaftlicher Gesamtgutsverwaltung nur der übergangene Ehegatte auf Grund § 1455 Nr. 8 selbständig tätig werden. Ein eventueller Gegenanspruch des dritten Geschäftspartners ergibt sich hier aus § 1457. Prozesshandlungen, die eine materielle Verfügung über den Gesamtgutsgegenstand enthalten, insbesondere ein Prozessvergleich, müssen nach der Regel des § 1450 gemeinschaftlich vorgenommen werden. Im Übrigen → § 1428 Rn. 1 ff. 7

**6. § 1455 Nr. 9.** Nach § 1455 Nr. 9 kann jeder Ehegatte **„Widerspruchsrechte" gegen Zwangsvollstreckungen** in das Gesamtgut selbständig gerichtlich geltend machen. Die Vorschrift bezieht sich auf Rechtsbehelfe gegen Zwangsvollstreckungsmaßnahmen jeder Art (§§ 732 ff., 765a, 8

[1] Bamberger/Roth/Hau/Poseck/*Siede* Rn. 3; Soergel/*Gaul/Althammer* Rn. 6; Staudinger/*Thiele,* 2018, Rn. 26.

766 ff., 771 ff. ZPO (vgl. § 774 ZPO), §§§ 785 f. ZPO), also auch gegen die Eintragung einer Zwangshypothek am gütergemeinschaftlichen Grundstück.[2]

9 **7. § 1455 Nr. 10.** Gemäß § 1455 Nr. 10 kann jeder Ehegatte **Maßnahmen** vornehmen, die **zur Erhaltung des Gesamtguts** notwendig sind und mit deren Aufschub Gefahr verbunden ist. Ob eine Maßnahme zur Erhaltung (nicht zur Vermehrung)[3] des Gesamtguts erforderlich und mit ihrem Aufschub Gefahr verbunden ist, ist nach objektiven Maßstäben unter Berücksichtigung der Umstände zum Zeitpunkt der Vornahme der Maßnahme zu beurteilen.[4] Es darf nach dem Zweck der Vorschrift kein zu strenger Maßstab angelegt werden (→ § 1429 Rn. 3). Dies ändert nichts daran, dass derjenige nach den allgemeinen Regeln die Beweislast trägt, der unter Abweichung von dem Grundsatz gemeinschaftlicher Verwaltung die Alleinzuständigkeit eines Ehegatten behauptet.

10 In erster Linie ermächtigt Nr. 10 zu tatsächlichen Erhaltungsmaßnahmen. Aber auch die Vornahme eines Rechtsgeschäfts (einschließlich einer Prozesshandlung) oder die Einleitung eines Rechtsstreits kann eine Maßnahme zur Erhaltung des Gesamtguts sein.[5]

11 Zur **Pflicht** jedes Ehegatten, notwendige Erhaltungsmaßnahmen vorzunehmen, und zur eventuellen Schadensersatzpflicht gilt das Gleiche wie zu § 1454 (→ § 1454 Rn. 4).

12 Nach Beendigung der Gütergemeinschaft fällt die Beschränkung weg, dass jeder Ehegatte nur Erhaltungsmaßnahmen treffen kann, mit deren Aufschub Gefahr verbunden ist (§ 1472 Abs. 3 Hs. 2).

### III. Abweichende Vereinbarungen

13 Zur Abdingung des § 1455 Nr. 1–4 gilt das Gleiche wie zu § 1432 (→ § 1432 Rn. 6), hinsichtlich § 1455 Nr. 7 das Gleiche wie zu § 1433 (→ § 1433 Rn. 7), hinsichtlich § 1455 Nr. 8 das Gleiche wie zu § 1428 (→ § 1428 Rn. 7). Bei den übrigen Befugnissen der Ehegatten (Nr. 5, 6, 9 und 10) bestehen keine grundsätzlichen Bedenken gegen ihre Abdingbarkeit.[6]

## § 1456 Selbständiges Erwerbsgeschäft

**(1) [1]Hat ein Ehegatte darin eingewilligt, dass der andere Ehegatte selbständig ein Erwerbsgeschäft betreibt, so ist seine Zustimmung zu solchen Rechtsgeschäften und Rechtsstreitigkeiten nicht erforderlich, die der Geschäftsbetrieb mit sich bringt. [2]Einseitige Rechtsgeschäfte, die sich auf das Erwerbsgeschäft beziehen, sind dem Ehegatten gegenüber vorzunehmen, der das Erwerbsgeschäft betreibt.**

**(2) Weiß ein Ehegatte, dass der andere ein Erwerbsgeschäft betreibt, und hat er hiergegen keinen Einspruch eingelegt, so steht dies einer Einwilligung gleich.**

**(3) Dritten gegenüber ist ein Einspruch und der Widerruf der Einwilligung nur nach Maßgabe des § 1412 wirksam.**

1 Die Vorschrift entspricht dem **§ 1431** bei der Einzelverwaltung. Betreibt einer der Ehegatten ein **Erwerbsgeschäft,** so wären die einzelnen Rechtsgeschäfte nur dann für das Gesamtgut wirksam, wenn ihnen der andere Ehegatte jeweils zustimmt. Dies würde die Führung des Erwerbsgeschäfts – abgesehen von der Möglichkeit, Vollmacht zu erteilen – jedenfalls für den Fall praktisch unmöglich machen, dass die Betriebsgegenstände zum Gesamtgut gehören. Deshalb wirken Rechtsgeschäfte, die der Geschäftsbetrieb mit sich bringt, nach § 1456 für das Gesamtgut, wenn der andere Ehegatte dem Betrieb des Erwerbsgeschäfts zugestimmt oder nicht widersprochen hat. § 1455 gilt wie § 1431 unabhängig davon, ob das Erwerbsgeschäft zum Gesamtgut oder zum Vorbehalts- oder Sondergut des Ehegatten gehört. Das gilt aber nur für Rechtsgeschäfte, die der Betrieb des Erwerbsgeschäfts mit sich bringt, nicht für solche, die seine Grundlage betreffen (→ § 1431 Rn. 1).

2 Die **Erläuterungen zu § 1431 gelten mit folgenden Abweichungen** auch für § 1456 entsprechend: Die Haftungsfolgen ergeben sich bei der gemeinschaftlichen Verwaltung aus den §§ 1459, 1460 und 1462. Die Tragung der Verbindlichkeiten im Innenverhältnis regeln die §§ 1463 f. Wie

---

[2] OLG München FamRZ 2011, 1058 = BeckRS 2011, 3763.

[3] Vgl. BGH JZ 1954, 708; OLG München FamRZ 2011, 1058 = BeckRS 2011, 3763.

[4] Vgl. BGHZ 6, 76 = NJW 1954, 1088.

[5] OLG Saarbrücken FamRZ 2002, 1034 für Klage zur Beseitigung von Gesellschafterbeschlüssen in einer Kapitalgesellschaft, die der andere Ehegatte ohne Zustimmung gefasst hat; OLG München FamRZ 2011, 1058 (1059) = BeckRS 2011, 3763 für Antrag auf Eintragung eines Amtswiderspruchs im Grundbuch.

[6] AA Soergel/*Gaul/Althammer* Rn. 2; diff. Staudinger/Thiele, 2018, Rn. 45; und Bamberger/Roth/Hau/Poseck/*Siede* Rn. 7: Nr. 5 und 6 seien dispositiv, die anderen Regelungen grds. nicht; BeckOGK/*Mensch* Rn. 22, allerdings wie hier für Abdingbarkeit der Nr. 10.

bei der Einzelverwaltung ist auch bei der gemeinschaftlichen Verwaltung die Ersetzung der Zustimmung des anderen Ehegatten nicht möglich, auch § 1452 lässt dies nicht zu. Der Aufhebungsantrag könnte seine Grundlage in § 1469 Nr. 2 finden.

Die Ehegatten können ein **Erwerbsgeschäft** selbstverständlich auch gemeinschaftlich führen (→ § 1416 Rn. 8).[1] Zur Gründung und Führung einer Personalgesellschaft durch die Ehegatten → § 1416 Rn. 10. 3

## § 1457 Ungerechtfertigte Bereicherung des Gesamtguts

**Wird durch ein Rechtsgeschäft, das ein Ehegatte ohne die erforderliche Zustimmung des anderen Ehegatten vornimmt, das Gesamtgut bereichert, so ist die Bereicherung nach den Vorschriften über die ungerechtfertigte Bereicherung aus dem Gesamtgut herauszugeben.**

### I. Normzweck, Übereinstimmung mit § 1434

§ 1457 stimmt mit § 1434, der entsprechenden Vorschrift bei Einzelverwaltung des Gesamtguts, wörtlich überein. Er regelt die **Rückabwicklung von Vermögensverschiebungen** auf Grund von Rechtsgeschäften, die wegen der fehlenden Zustimmung eines der Ehegatten für das Gesamtgut nicht wirksam sind. Alles, was das Gesamtgut auf Grund eines solchen Rechtsgeschäfts erlangt hat (vgl. § 1416 Abs. 1 S. 2), ist nach den Grundsätzen der ungerechtfertigten Bereicherung herauszugeben. 1

### II. Einzelheiten

Ein von einem Ehegatten ohne Zustimmung des anderen vorgenommenes Rechtsgeschäft ist nur in den Fällen der §§ 1452, 1454–1456 für das Gesamtgut wirksam. In allen anderen Fällen ist das Rechtsgeschäft zwar wirksam, verpflichtet aber nur Vorbehaltsgut und Sondergut des **handelnden Ehegatten** (abgesehen von der in → § 1450 Rn. 12 dargelegten Ausnahme). Der **Bereicherungsanspruch nach § 1457 und** der **Erfüllungsanspruch gegen** den **handelnden Ehegatten bestehen nebeneinander.** Erfüllt der handelnde Ehegatte, so ist das Gesamtgut nicht mehr ungerechtfertigt bereichert. Neben dem Bereicherungsanspruch können dem dritten Geschäftspartner auch Ansprüche aus unerlaubter Handlung oder culpa in contrahendo zustehen, für die das Gesamtgut ebenfalls haftet (§ 1459 Abs. 1). Für den Bereicherungsanspruch **haften** neben dem Gesamtgut (§ 1459 Abs. 1) auch **beide Ehegatten** persönlich (§ 1459 Abs. 2). Im Übrigen → § 1434 Rn. 1 ff. 2

## § 1458 (aufgehoben)

§ 1458 wurde aufgehoben mWv 22.7.2017 durch das Gesetz zur Bekämpfung von Kinderehen vom 17.7.2017 (BGBl. 2017 I 2429). 1

## § 1459 Gesamtgutsverbindlichkeiten; persönliche Haftung

**(1) Die Gläubiger des Mannes und die Gläubiger der Frau können, soweit sich aus den §§ 1460 bis 1462 nichts anderes ergibt, aus dem Gesamtgut Befriedigung verlangen (Gesamtgutsverbindlichkeiten).**

**(2) [1]Für die Gesamtgutsverbindlichkeiten haften die Ehegatten auch persönlich als Gesamtschuldner. [2]Fallen die Verbindlichkeiten im Verhältnis der Ehegatten zueinander einem der Ehegatten zur Last, so erlischt die Verbindlichkeit des anderen Ehegatten mit der Beendigung der Gütergemeinschaft.**

**Übersicht**



[1] S. dazu *Beck* DNotZ 1962, 348 ff.; BayObLG FamRZ 1992, 61.

## I. Normzweck

1 **Grundsätzlich haften** – von den Ausnahmen der §§ 1460–1462 abgesehen – das **Gesamtgut (Abs. 1) und beide Ehegatten** persönlich **(Abs. 2) für alle Verbindlichkeiten** der Ehegatten. Uneingeschränkt würden diese Grundsätze bedeuten, dass jeder Ehegatte das Gesamtgut und den anderen Ehegatten in beliebiger Weise verpflichten könnte, was praktisch im Außenverhältnis einer alternativen Verwaltungszuständigkeit der Ehegatten entspräche (zu deren Unzulässigkeit → § 1421 Rn. 2). Die **Grundsätze des § 1459** werden aber vor allem durch **§ 1460** erheblich **eingeschränkt:** Danach haftet das Gesamtgut für rechtsgeschäftliche Verbindlichkeiten, die während der Dauer der Gütergemeinschaft entstanden sind, nur, wenn beide Ehegatten das Rechtsgeschäft vorgenommen haben (oder das von einem Ehegatten vorgenommene Rechtsgeschäft auf Grund Zustimmung des anderen oder auf Grund der §§ 1454–1456 für das Gesamtgut wirksam ist). Die uneingeschränkte Haftung des Gesamtguts und beider Ehegatten für Verbindlichkeiten, die nur in der Person eines der Ehegatten entstanden sind, gilt daher nur für alle gesetzlichen Verbindlichkeiten, für rechtsgeschäftliche Verbindlichkeiten nur, wenn sie bei Begründung der Gütergemeinschaft schon bestanden haben. Auch für diesen Bereich der Verbindlichkeiten ist aber die persönliche Mithaftung des anderen Ehegatten auf dem Umweg über die Haftung des Gesamtguts nicht gerechtfertigt.[1] Missbräuchlichen Maßnahmen zu Lasten der Gläubiger könnte in anderer Weise entgegengetreten werden.

## II. Die Haftung für die Verbindlichkeiten der Ehegatten

2 Schuldner von Verbindlichkeiten können stets nur die Ehegatten persönlich, es kann niemals das Gesamtgut selbst sein, weil dieses – wie die anderen Vermögensmassen – keine eigene Rechtspersönlichkeit besitzt. Die **verschiedenen Vermögensmassen** sind nach den allgemeinen Grundsätzen und den Haftungsregeln der §§ 1459–1462 **Haftungsobjekte** für die Verbindlichkeiten der Ehegatten. Soweit das Gesamtgut für eine Verbindlichkeit haftet, bezeichnet sie das Gesetz als „Gesamtgutsverbindlichkeit".

3 Für die Verbindlichkeiten, die während der Gütergemeinschaft entstehen, gilt Folgendes:

4 Für Verbindlichkeiten, die **in der Person beider Ehegatten begründet** werden, gelten zunächst die allgemeinen Regeln, bei rechtsgeschäftlicher Begründung nach § 427 also gesamtschuldnerische Haftung, dh Haftung beider Ehegatten mit ihren Sondervermögen und Haftung des Gesamtguts nach § 1459 Abs. 1 mit der Folge der persönlichen Haftung beider Ehegatten für diese Gesamthandsschuld nach Abs. 2. In der Person beider Ehegatten sind auch rechtsgeschäftliche Verbindlichkeiten entstanden, bei deren Begründung der eine Ehegatte den anderen auf Grund Vollmacht oder auf Grund § 1357 verpflichtet hat.

5 Ist die Verbindlichkeit **nur in der Person eines Ehegatten entstanden,** aber im Rahmen von dessen Befugnis, für das Gesamtgut zu handeln (auf Grund §§ 1454 ff., der Zustimmung oder einer entsprechenden Ermächtigung des anderen Ehegatten), so haften das eigene Sondervermögen des Ehegatten, außerdem nach § 1459 Abs. 1, § 1460 das Gesamtgut und für diese Gesamthandsschuld wieder beide Ehegatten persönlich (§ 1459 Abs. 2).

6 Für andere in der Person eines Ehegatten entstandene Verbindlichkeiten haftet dessen Sondervermögen. Das Gesamtgut und dementsprechend nach Abs. 2 wiederum beide Ehegatten für die Gesamthandsschuld haften nur, soweit die Haftung nicht nach §§ 1460–1462 ausgeschlossen ist. Soweit nicht ausgeschlossen, haften Gesamtgut und beide Ehegatten für die Verbindlichkeiten eines Ehegatten, ohne Rücksicht darauf, welcher Art sie sind (zB auch für dingliche Herausgabeansprüche) und ohne Rücksicht darauf, auf welchem Entstehungsgrund sie beruhen (zB auch für die gesetzlichen Unterhaltsansprüche).

7 Aufgrund der Vertragsfreiheit kann mit dem jeweiligen **Gläubiger** eine beliebige **Haftungsregelung vereinbart** werden. Die Haftung der Vermögensmassen kann ausgedehnt oder eingeschränkt, die Haftung des Gesamtguts, aber auch die persönliche Haftung eines Ehegatten können ausgeschlossen werden.

8 Wird das **Gesamtgut vor Berichtigung einer Gesamtgutsverbindlichkeit geteilt,** so haften beide Ehegatten – beschränkt auf das aus dem Gesamtgut Erlangte – für diese Verbindlichkeit persönlich als Gesamtschuldner, auch soweit sie bisher nicht gehaftet haben **(§ 1480).**

## III. Beweislast

9 Die Beweislast dafür, dass keine Gesamtgutsverbindlichkeit vorliegt, trägt derjenige, der dies behauptet, weil die **Haftung des Gesamtguts** nach Abs. 1 **die Regel** ist (allgM). Zu Ausnahmen von diesem Grundsatz → § 1460 Rn. 5; → § 1462 Rn. 2; → § 1440 Rn. 6.

---

[1] *Dumoulin* FS Strätz, 2009, 147 (154 ff.), der deshalb für die Streichung des § 1459 Abs. 2 eintritt.

### IV. Erlöschen der persönlichen Haftung eines Ehegatten

Die persönliche Haftung eines Ehegatten (nicht dagegen die Haftung des Gesamtguts) erlischt mit der Beendigung der Gütergemeinschaft für Verbindlichkeiten, die im Innenverhältnis nach den §§ 1463–1466 oder nach Vereinbarung der Ehegatten der andere Ehegatte zu tragen hat, ohne dass Dritte durch § 1412 geschützt werden. Unerheblich ist, worauf die Beendigung beruht (Tod eines Ehegatten, Aufhebungsurteil oder Vereinbarung der Ehegatten). Die Haftung endet auch dann, wenn die Ehegatten die Gütergemeinschaft gerade deshalb aufgehoben haben, um die Haftung eines Ehegatten zu beenden. Abs. 2 S. 2 gilt nur für die Verbindlichkeiten, für die der Ehegatte lediglich auf Grund Abs. 2 S. 1, nicht aber für solche, für die er bereits ursprünglich haftet, weil sie in seiner Person entstanden sind (→ Rn. 3, 5; im Übrigen → § 1437 Rn. 10, 11). 10

### V. Zwangsvollstreckung in das Gesamtgut

Zur Zwangsvollstreckung in das Gesamtgut ist grundsätzlich ein **Titel gegen beide Ehegatten** erforderlich (§ 740 Abs. 2 ZPO), ein Leistungstitel gegen einen und ein Duldungstitel gegen den anderen Ehegatten reicht hierzu angesichts des Wortlauts des § 740 Abs. 2 ZPO und dem Unterschied zu § 743 ZPO nicht aus.[2] 11

Aus einem Titel gegen einen der beiden **Ehegatten** kann nur im Falle des § 741 ZPO (selbständiges Erwerbsgeschäft) in das Gesamtgut vollstreckt werden. Sonst muss stets ein zusätzlicher Titel gegen den anderen Ehegatten erwirkt werden.[3] Dies gilt auch, wenn einer der Ehegatten im Rahmen seines Notverwaltungsrechts verklagt wurde (§ 1454) oder wenn die Kostenhaftung nach § 1460 Abs. 2 gegen das Gesamtgut auf Grund eines Rechtsstreits realisiert werden soll, den nur einer der beiden Ehegatten geführt hat. Eine Erstreckung der materiellen Rechtskraft, die zur Folge hat, dass im Rechtsstreit gegen den anderen Ehegatten keine andere Sachentscheidung ergehen kann (→ § 1454 Rn. 7), können und sollen die Vollstreckungsorgane nicht prüfen. Eine **Umschreibung des Titels** ist nur im Sonderfall des **§ 742 ZPO** (vgl. auch § 744 ZPO) vorgesehen. Nach **Beendigung der Gütergemeinschaft** gilt bis zur Auseinandersetzung **§ 743 ZPO.** 12

### VI. Insolvenz der Ehegatten

Die Insolvenz eines oder beider Ehegatten berührt bei gemeinschaftlicher Gesamtgutsverwaltung das Gesamtgut nicht (§ 37 Abs. 2 InsO). Über das Gesamtgut ist ein selbständiges Insolvenzverfahren zulässig (§ 11 Abs. 2 Nr. 2 InsO; geregelt in §§ 333, 334). 13

### VII. Abweichende Vereinbarungen

§ 1459 kann als für das Außenverhältnis geltende Gläubigerschutzbestimmung durch Ehevertrag **nicht abbedungen** werden.[4] Zur Zulässigkeit abweichender Haftungsvereinbarungen mit den Gläubigern → Rn. 7. 14

## § 1460 Haftung des Gesamtguts

**(1) Das Gesamtgut haftet für eine Verbindlichkeit aus einem Rechtsgeschäft, das ein Ehegatte während der Gütergemeinschaft vornimmt, nur dann, wenn der andere Ehegatte dem Rechtsgeschäft zustimmt oder wenn das Rechtsgeschäft ohne seine Zustimmung für das Gesamtgut wirksam ist.**

**(2) Für die Kosten eines Rechtsstreits haftet das Gesamtgut auch dann, wenn das Urteil dem Gesamtgut gegenüber nicht wirksam ist.**

### I. Normzweck

§ 1460 – die Vorschrift entspricht § 1438 bei der Einzelverwaltung – enthält die **wichtigste Einschränkung des Grundsatzes** des § 1459, dass das Gesamtgut und beide Ehegatten persönlich 1

[2] LG Deggendorf FamRZ 1964, 49 (50) mwN; *Wassermann* FamRZ 1991, 507 (509); Soergel/*Gaul/Althammer* § 1450 Rn. 16 mwN; BLAH/*Hartmann* ZPO § 740 Rn. 5; Staudinger/*Thiele*, 2018, § 1450 Rn. 37; aA *Tiedtke* FamRZ 1975, 538 (539); Stein/Jonas/*Münzberg* ZPO § 740 Rn. 6; → 7. Aufl. 2017, Rn. 10 *(Kanzleiter)*.

[3] Vgl. OLG Frankfurt FamRZ 1983, 172; abgesehen von den gesetzlichen Ausnahmen erstreckt sich die Rechtskraft eines Titels gegen einen Ehegatten nicht auf den anderen; zu weit geht die Anforderung des OLG Zweibrücken FamRZ 2009, 1910, die Vollstreckung setze voraus, dass beide Ehegatten aus dem selben Schuldgrund in Anspruch genommen werden (keine Vollstreckungsmöglichkeit bei Titel gegen einen aufgrund persönlicher Haftung, gegen den anderen aufgrund Bürgschaft).

[4] Vgl. Bamberger/Roth/Hau/Poseck/*Siede* Rn. 10; NK-BGB/*Völker* Rn. 3.

für alle Verbindlichkeiten der Ehegatten haften: Für die Verbindlichkeiten aus Rechtsgeschäften, die nach Eintritt der Gütergemeinschaft von nur einem Ehegatten vorgenommen werden, haftet das Gesamtgut (und damit beide Ehegatten persönlich nach § 1459 Abs. 2) nur, wenn der andere Ehegatte dem Rechtsgeschäft zugestimmt hat oder wenn es ohne seine Zustimmung für das Gesamtgut wirksam ist (Notverwaltungsrecht § 1454; ohne Mitwirkung wirksame Verwaltungshandlungen § 1455; selbständiges Erwerbsgeschäft § 1456; Ermächtigung des anderen Ehegatten auf Grund Ehevertrags oder besonderer Erklärung; bei Bevollmächtigung tritt Gesamtguts- und persönliche Haftung beider Ehegatten ein, weil es sich um ein rechtlich von beiden Ehegatten abgeschlossenes Rechtsgeschäft handelt; ähnlich bei Handeln im Rahmen des § 1357). Die Zustimmung des anderen Ehegatten bedarf nicht der für das Rechtsgeschäft selbst vorgeschriebenen Form (§ 182 Abs. 2). Nach Abs. 2 haftet das Gesamtgut für die Kosten eines Rechtsstreits, den ein Ehegatte führt, in jedem Falle.

### II. Die Ausnahme von der Haftung des Gesamtguts nach Abs. 1

2 Die Ausnahme des Abs. 1 gilt nur für **Rechtsgeschäfte,** die **während der Gütergemeinschaft** abgeschlossen wurden. Für die Verbindlichkeiten aus Rechtsgeschäften, die ein Ehegatte vor Eintritt der Gütergemeinschaft abgeschlossen hat, haftet das Gesamtgut ohne Einschränkungen. Auf welche Vermögensmasse (Gesamtgut, Vorbehaltsgut, Sondergut) sich ein Rechtsgeschäft bezieht, ist für die Anwendung des Abs. 1 unerheblich.[1] Entscheidend ist die Wirksamkeit des Geschäfts für das Gesamtgut. Der Haftungsausschluss nach Abs. 1 gilt seinem Sinne nach auch für Ansprüche auf Grund eines Zuschlags in der Zwangsversteigerung. Er gilt nicht für Ansprüche aus culpa in contrahendo. Hier haftet das Gesamtgut nicht auf das positive, sondern auf das negative Interesse.

3 Auch soweit das Gesamtgut für die Verbindlichkeiten aus einem Rechtsgeschäft nicht haftet, bleibt die **Bereicherungshaftung** nach § 1457 **unberührt.**

4 Die Haftung des Gesamtguts kann durch **Vereinbarung mit** dem **Gläubiger** ausgeschlossen werden (→ § 1459 Rn. 7). Der andere Ehegatte kann seine Zustimmung zu einem Rechtsgeschäft unter der Bedingung erteilen, dass die Haftung des Gesamtguts oder wenigstens seine persönliche Haftung ausgeschlossen wird.[2]

### III. Beweislast

5 Die Beweislast für die Voraussetzungen des Abs. 1 trifft den Gläubiger, der das Gesamtgut wegen der Verbindlichkeit aus einem Rechtsgeschäft in Anspruch nehmen möchte.

### IV. Haftung für die Kosten eines Rechtsstreits nach Abs. 2

6 Zur Haftung des Gesamtguts für die Kosten eines Rechtsstreits der Ehegatten nach Abs. 2 gelten die Erläuterungen zu § 1438 Abs. 2 entsprechend (→ § 1438 Rn. 6). Die Haftung der Ehegatten im Innenverhältnis richtet sich nach § 1463 Nr. 3, § 1465.

### V. Abweichende Vereinbarungen

7 Zur Möglichkeit abweichender Vereinbarungen gilt das zu § 1438 Ausgeführte entsprechend (Abs. 2 ist zwingend, Abs. 1 kann eingeschränkt, die Haftung also erweitert werden; → § 1438 Rn. 7).

## § 1461 Keine Haftung bei Erwerb einer Erbschaft

**Das Gesamtgut haftet nicht für Verbindlichkeiten eines Ehegatten, die durch den Erwerb einer Erbschaft oder eines Vermächtnisses entstehen, wenn der Ehegatte die Erbschaft oder das Vermächtnis während der Gütergemeinschaft als Vorbehaltsgut oder als Sondergut erwirbt.**

### I. Normzweck

1 § 1461 schließt – entsprechend § 1439 bei der Einzelverwaltung – als weitere Ausnahme von § 1459 Abs. 1 die Haftung des Gesamtguts für Verbindlichkeiten auf Grund einer Erbschaft oder eines Vermächtnisses aus, die einem der Ehegatten während der Dauer der Gütergemeinschaft als Vorbehalts- oder Sondergut angefallen sind.

---

[1] Vgl. RG Recht 1925 Nr. 103.
[2] Vgl. Staudinger/*Thiele,* 2018, Rn. 6.

### II. Weitgehende Übereinstimmung mit § 1439

§ 1461 entspricht inhaltlich vollständig § 1439 mit der einen Ausnahme, dass § 1439 nur für eine Erbschaft bzw. ein Vermächtnis gilt, die dem nichtverwaltenden Ehegatten angefallen sind, während § 1461 auf beide Ehegatten in gleicher Weise Anwendung findet. Unter Beachtung dieses Unterschieds gilt das zu § 1439 Ausgeführte zu § 1461 in gleicher Weise (→ § 1439 Rn. 1 ff.). 2

## § 1462 Haftung für Vorbehalts- oder Sondergut

**[1]Das Gesamtgut haftet nicht für eine Verbindlichkeit eines Ehegatten, die während der Gütergemeinschaft infolge eines zum Vorbehaltsgut oder zum Sondergut gehörenden Rechts oder des Besitzes einer dazu gehörenden Sache entsteht. [2]Das Gesamtgut haftet jedoch, wenn das Recht oder die Sache zu einem Erwerbsgeschäft gehört, das ein Ehegatte mit Einwilligung des anderen Ehegatten selbständig betreibt, oder wenn die Verbindlichkeit zu den Lasten des Sonderguts gehört, die aus den Einkünften beglichen zu werden pflegen.**

### I. Normzweck

§ 1462 enthält die letzte Ausnahme von der generellen Haftung des Gesamtguts für die Verbindlichkeiten beider Ehegatten. Für **Verbindlichkeiten, die mit** einem Gegenstand des **Vorbehalts- oder Sonderguts** eines Ehegatten im Zusammenhang stehen und während der Gütergemeinschaft entstanden sind, haftet das Gesamtgut – und damit auch der andere Ehegatte gemäß § 1459 Abs. 2 persönlich – nur ausnahmsweise. Das Gesamtgut haftet nur, wenn der Gegenstand zu einem Erwerbsgeschäft gehört, das der Ehegatte mit Zustimmung des anderen Ehegatten betreibt (vgl. § 1456), oder wenn die Verbindlichkeit zu den Lasten des Sonderguts gehört, die üblicherweise aus dessen Einkünften beglichen werden. 1

### II. Weitgehende Übereinstimmung mit § 1440

§ 1462 stimmt – wiederum mit der Abweichung, dass er für beide, nicht nur für den nichtverwaltenden Ehegatten gilt – inhaltlich vollständig mit § 1440 überein. Unter Berücksichtigung dieses Unterschiedes gilt das zu § 1440 Ausgeführte zu § 1461 in gleicher Weise (→ § 1440 Rn. 1 ff.). 2

## § 1463 Haftung im Innenverhältnis

**Im Verhältnis der Ehegatten zueinander fallen folgende Gesamtgutsverbindlichkeiten dem Ehegatten zur Last, in dessen Person sie entstehen:**

1. **die Verbindlichkeiten aus einer unerlaubten Handlung, die er nach Eintritt der Gütergemeinschaft begeht, oder aus einem Strafverfahren, das wegen einer solchen Handlung gegen ihn gerichtet wird,**
2. **die Verbindlichkeiten aus einem sich auf sein Vorbehaltsgut oder sein Sondergut beziehenden Rechtsverhältnis, auch wenn sie vor Eintritt der Gütergemeinschaft oder vor der Zeit entstanden sind, zu der das Gut Vorbehaltsgut oder Sondergut geworden ist,**
3. **die Kosten eines Rechtsstreits über eine der in den Nummern 1 und 2 bezeichneten Verbindlichkeiten.**

### I. Normzweck

**Grundsätzlich** sind **Gesamtgutsverbindlichkeiten** auch **Gesamtgutslasten,** dh vom Gesamtgut und damit letztlich von beiden Ehegatten entsprechend ihrer Beteiligung je zur Hälfte zu tragen (vgl. § 1476). Von diesem Grundsatz machen die § 1463 (Unterausnahme in § 1464), § 1465 und § 1466 (entsprechend § 1441, § 1443 und § 1444 bei der Einzelverwaltung) verschiedene **Ausnahmen.** Nach § 1463 fallen den Ehegatten im Innenverhältnis die Verbindlichkeiten, die sie durch ihr regelwidriges Verhalten verursacht haben (Nr. 1), die sich auf ihr Vorbehalts- oder Sondergut beziehen (Nr. 2) sowie die Kosten von Rechtsstreitigkeiten über diese beiden Angelegenheiten (Nr. 3) zur Last. 1

### II. Weitgehende Übereinstimmung mit § 1441

§ 1463 **stimmt** wörtlich und auch inhaltlich vollständig **mit § 1441 überein.** Vgl. deshalb die Erläuterungen zu dieser Vorschrift. Bei gemeinschaftlicher Verwaltung des Gesamtguts ergeben sich folgende **Besonderheiten:** Die Regelung der Nr. 2, dass jeder Ehegatte die Verbindlichkeiten seines 2

Vorbehalts- und seines Sonderguts im Innenverhältnis zu tragen hat, ist nur von Bedeutung, soweit diese Verbindlichkeiten überhaupt Gesamtgutsverbindlichkeiten sind, soweit also die Ausnahmen der §§ 1460–1462 nicht zutreffen. Anders als bei der Einzelverwaltung, bei der das Gesamtgut für Vorbehalts- und Sondergutsverbindlichkeiten des Gesamtgutsverwalters meist haftet (§ 1438 Abs. 1), besteht bei gemeinschaftlicher Verwaltung meist keine Gesamtgutshaftung für die Vorbehalts- und Sondergutsverbindlichkeiten beider Ehegatten. Die Beendigung der persönlichen Haftung des einen Ehegatten für Gesamtgutsverbindlichkeiten, die im Innenverhältnis der andere zu tragen hat, ergibt sich bei der gemeinschaftlichen Verwaltung (gleichmäßig für beide Ehegatten) aus § 1459 Abs. 2 S. 2.

## § 1464 Verbindlichkeiten des Sonderguts und eines Erwerbsgeschäfts

**[1]Die Vorschrift des § 1463 Nr. 2, 3 gilt nicht, wenn die Verbindlichkeiten zu den Lasten des Sonderguts gehören, die aus den Einkünften beglichen zu werden pflegen. [2]Die Vorschrift gilt auch dann nicht, wenn die Verbindlichkeiten durch den Betrieb eines für Rechnung des Gesamtguts geführten Erwerbsgeschäfts oder infolge eines zu einem solchen Erwerbsgeschäft gehörenden Rechts oder des Besitzes einer dazu gehörenden Sache entstehen.**

### I. Normzweck

1 Während nach § 1463 Nr. 2 und 3 im Innenverhältnis jeder Ehegatte die Verbindlichkeiten seines Vorbehalts- und Sonderguts selbst trägt, macht § 1464 hiervon eine Ausnahme, stellt also für die von ihm betroffenen Verbindlichkeiten den Grundsatz wieder her, dass Gesamtgutsverbindlichkeiten auch Gesamtgutslasten, dh gemeinschaftlich zu tragen sind. Dies gilt nach § 1464 für die Verbindlichkeiten des Sonderguts, die aus den Einkünften beglichen zu werden pflegen, und für die Verbindlichkeiten eines Erwerbsgeschäfts, das für Rechnung des Gesamtguts geführt wird.

### II. Übereinstimmung mit § 1442

2 § 1464 stimmt wörtlich und auch inhaltlich vollständig mit § 1442 überein (→ § 1442 Rn. 1 ff.).

## § 1465 Prozesskosten

**(1) Im Verhältnis der Ehegatten zueinander fallen die Kosten eines Rechtsstreits, den die Ehegatten miteinander führen, dem Ehegatten zur Last, der sie nach allgemeinen Vorschriften zu tragen hat.**

**(2) [1]Führt ein Ehegatte einen Rechtsstreit mit einem Dritten, so fallen die Kosten des Rechtsstreits im Verhältnis der Ehegatten zueinander dem Ehegatten zur Last, der den Rechtsstreit führt. [2]Die Kosten fallen jedoch dem Gesamtgut zur Last, wenn das Urteil dem Gesamtgut gegenüber wirksam ist oder wenn der Rechtsstreit eine persönliche Angelegenheit oder eine Gesamtgutsverbindlichkeit des Ehegatten betrifft und die Aufwendung der Kosten den Umständen nach geboten ist; § 1463 Nr. 3 und § 1464 bleiben unberührt.**

### I. Normzweck

1 § 1465 enthält eine weitere **Ausnahme von** dem **Grundsatz, dass Gesamtgutsverbindlichkeiten auch Gesamtgutslasten,** dh von den Ehegatten gemeinsam zu tragen sind. Nach § 1460 Abs. 2 haftet das Gesamtgut für die Kosten jedes Rechtsstreits, den ein Ehegatte führt. § 1465 regelt (soweit es sich nicht um einen Rechtsstreit handelt, der das Vorbehalts- oder das Sondergut eines Ehegatten oder eine von ihm begangene unerlaubte Handlung betrifft, sodass § 1463 Nr. 3 eingreift), welcher der Ehegatten die Kosten im Innenverhältnis zu tragen hat. Nach Abs. 1 treffen **die Kosten eines Rechtsstreits** der Ehegatten untereinander den Ehegatten, der sie nach den allgemeinen Vorschriften zu tragen hat. Nach Abs. 2 trägt das Gesamtgut die Kosten eines Rechtsstreits, den nicht beide Ehegatten führen, sondern den ein Ehegatte mit einem Dritten führt, nur unter bestimmten Voraussetzungen.

### II. Weitgehende Übereinstimmung mit § 1443

2 **Abs. 1** stimmt nach Wortlaut und Inhalt mit § 1443 Abs. 1 vollständig überein. Vgl. deshalb die Erläuterungen zu dieser Vorschrift. **Abs. 2** entspricht der Regelung, die § 1443 Abs. 2 für die Kosten von Rechtsstreitigkeiten des nichtverwaltenden Ehegatten trifft (→ § 1443 Rn. 3 ff.).

## § 1466 Kosten der Ausstattung eines nicht gemeinschaftlichen Kindes

**Im Verhältnis der Ehegatten zueinander fallen die Kosten der Ausstattung eines nicht gemeinschaftlichen Kindes dem Vater oder der Mutter des Kindes zur Last.**

### I. Normzweck

§ 1466 entspricht § 1444 bei der Einzelverwaltung. Die Regelung ist jedoch weitaus einfacher: Die Kosten der Ausstattung eines nicht gemeinschaftlichen Kindes hat im Innenverhältnis dessen Mutter bzw. Vater zu tragen. 1

### II. Haftung für eine Ausstattung im Innenverhältnis

Bei gemeinschaftlicher Verwaltung des Gesamtguts können die Ehegatten eine Ausstattung aus dem Gesamtgut nur gemeinschaftlich gewähren. Das Notverwaltungsrecht eines Ehegatten nach § 1454 umfasst die Gewährung einer Ausstattung praktisch nicht, weil mit deren Aufschub bis zum Ende der Verhinderung des anderen Ehegatten wohl niemals Gefahr verbunden ist.[1] Haben die beiden Ehegatten einem gemeinsamen Kind eine Ausstattung gemeinschaftlich gewährt, so besteht keine Rechtfertigung, für deren Tragung im Innenverhältnis irgendeine Sonderregelung zu treffen (auch dann nicht, wenn es sich um eine übermäßige Ausstattung handelt, vgl. § 1444 Abs. 1), weil sie ja beide Ehegatten gemeinsam zu verantworten haben. Bei der **Ausstattung eines gemeinschaftlichen Kindes** aus dem Gesamtgut bleibt es also stets bei der Regel, dass es sich dabei um eine Gesamtgutslast handelt, die gemeinsam zu tragen ist. 2

Nur für die aus dem Gesamtgut gewährte **Ausstattung eines einseitigen Kindes** bestimmt § 1466, dass diese von dessen Mutter bzw. Vater zu tragen ist. Da beide Ehegatten die Ausstattung gemeinsam zu verantworten haben, gilt das wiederum unabhängig davon, ob die Ausstattung das Maß nicht übersteigt, das dem Gesamtgut entspricht, oder darüber hinausgeht (vgl. § 1444 Abs. 2). 3

Wem eine Ausstattung im Innenverhältnis der Ehegatten zur Last fällt, kann von ihnen **beliebig abweichend vereinbart** werden. Dies kann generell im Voraus durch Ehevertrag, aber auch im Einzelfall bei einer konkreten Ausstattung (ohne Beachtung der Ehevertragsform) geschehen. 4

Ergänzend → § 1444 Rn. 1 ff. 5

## § 1467 Ausgleichung zwischen Vorbehalts-, Sonder- und Gesamtgut

**(1) Verwendet ein Ehegatte Gesamtgut in sein Vorbehaltsgut oder in sein Sondergut, so hat er den Wert des Verwendeten zum Gesamtgut zu ersetzen.**

**(2) Verwendet ein Ehegatte Vorbehaltsgut oder Sondergut in das Gesamtgut, so kann er Ersatz aus dem Gesamtgut verlangen.**

### I. Normzweck

§ 1467 entspricht § 1445 bei der Einzelverwaltung. Auch bei der gemeinschaftlichen Gesamtgutsverwaltung ist es möglich, dass **Vermögensverschiebungen** zwischen den getrennten Vermögensmassen, dem gemeinschaftlichen Gesamtgut und dem Vorbehalts- und Sondergut der Ehegatten, stattfinden, wenn die Fälle hier vielleicht auch nicht so häufig wie bei der Einzelverwaltung sein mögen, bei der der Gesamtgutsverwalter in seiner Person das Gesamtgut und sein eigenes Sondervermögen allein verwaltet. Den **Ausgleich** derartiger Vermögensverschiebungen regelt bei der gemeinschaftlichen Verwaltung § 1467: Bei Verwendung von Gegenständen seines Vorbehalts- oder Sonderguts durch einen Ehegatten in das Gesamtgut oder umgekehrt ist Ersatz zu leisten. 1

### II. Übereinstimmung mit § 1445 und Abweichungen von dieser Vorschrift

Anders als § 1445, der nur für den Gesamtgutsverwalter gilt, begründet § 1467 **Verwendungsersatzansprüche für und gegen beide Ehegatten.** Unter Berücksichtigung dieser Abweichung kann auf die Erläuterungen zu § 1445 verwiesen werden (→ § 1445 Rn. 1 ff.). 2

Wie bei den Ausgleichsansprüchen nach § 1445 durch § 1446 ist auch bei den Ansprüchen nach § 1467 die **Fälligkeit** gemäß § 1468 bis zur Beendigung der Gütergemeinschaft aufgeschoben. 3

Nicht geregelt sind in § 1467 die Ansprüche in den Fällen, in denen ein Ehegatte Vorbehalts- oder Sondergut in das Vorbehalts- oder Sondergut des anderen Ehegatten oder in denen ein Ehegatten Gesamtgut in das Vorbehalts- oder Sondergut des anderen Ehegatten verwendet. Es gelten dann 4

[1] Zur Ersetzung der Zustimmung des anderen Ehegatten durch das Familiengericht nach § 1452, wenn die Ausstattung einer sittlichen Pflicht entspricht, Staudinger/*Thiele*, 2018, Rn. 8.

die allgemeinen Vorschriften (§§ 677 ff., §§ 812 ff.). Zu abweichenden Vereinbarungen für diese Fälle → § 1445 Rn. 5 aE.

### § 1468 Fälligkeit des Ausgleichsanspruchs

**Was ein Ehegatte zum Gesamtgut oder was er zum Vorbehaltsgut oder Sondergut des anderen Ehegatten schuldet, braucht er erst nach Beendigung der Gütergemeinschaft zu leisten; soweit jedoch das Vorbehaltsgut und das Sondergut des Schuldners ausreichen, hat er die Schuld schon vorher zu berichtigen.**

#### I. Normzweck

1 § 1468 entspricht § 1446 bei der Einzelverwaltung. Auch bei der gemeinschaftlichen Gesamtgutsverwaltung wird die Berichtigung von Verbindlichkeiten zwischen den verschiedenen Vermögensmassen teilweise bis zur Beendigung der Gütergemeinschaft aufgeschoben.

#### II. Übereinstimmung mit § 1446 und Abweichungen von dieser Vorschrift

2 Während das Hinausschieben der Fälligkeit solcher Ausgleichsansprüche in § 1446 unterschiedlich für Verbindlichkeiten und Ansprüche des Gesamtgutsverwalters gegenüber dem Gesamtgut (Abs. 1) und für Verbindlichkeiten des nichtverwaltenden Ehegatten gegenüber Gesamtgut oder Sondervermögen des Gesamtgutsverwalters (Abs. 2) geregelt ist, gilt **§ 1468 in gleicher Weise für beide Ehegatten.** Die Vorschrift **entspricht** der Regelung, die **§ 1446 Abs. 2 für** die **Verbindlichkeiten des nichtverwaltenden Ehegatten** trifft. Deshalb können die Erläuterungen zu § 1446 im Allgemeinen und insbesondere zu § 1446 Abs. 2 entsprechend herangezogen werden (→ § 1445 Rn. 1 ff.).

### § 1469 Aufhebungsantrag

**Jeder Ehegatte kann die Aufhebung der Gütergemeinschaft beantragen,**
1. **wenn seine Rechte für die Zukunft dadurch erheblich gefährdet werden können, dass der andere Ehegatte ohne seine Mitwirkung Verwaltungshandlungen vornimmt, die nur gemeinschaftlich vorgenommen werden dürfen,**
2. **wenn der andere Ehegatte sich ohne ausreichenden Grund beharrlich weigert, zur ordnungsmäßigen Verwaltung des Gesamtguts mitzuwirken,**
3. **wenn der andere Ehegatte seine Verpflichtung, zum Familienunterhalt beizutragen, verletzt hat und für die Zukunft eine erhebliche Gefährdung des Unterhalts zu besorgen ist,**
4. **wenn das Gesamtgut durch Verbindlichkeiten, die in der Person des anderen Ehegatten entstanden sind und diesem im Verhältnis der Ehegatten zueinander zur Last fallen, in solchem Maße überschuldet ist, dass sein späterer Erwerb erheblich gefährdet wird,**
5. **wenn die Wahrnehmung eines Rechts des anderen Ehegatten, das sich aus der Gütergemeinschaft ergibt, vom Aufgabenkreis eines Betreuers erfasst wird.**

**Übersicht**



#### I. Normzweck

1 Keiner der Ehegatten hat grundsätzlich die Möglichkeit, die Gütergemeinschaft einseitig (etwa durch „Kündigung") zu beenden. § 1469 gibt jedem der Ehegatten das **Recht, auf Aufhebung der Gütergemeinschaft zu beantragen, wenn** auf Grund bestimmter Sachverhalte seine **Rechte** durch das Weiterbestehen der Gütergemeinschaft **gefährdet** würden. § 1469 entspricht den §§ 1447, 1448 bei der Einzelverwaltung. Das Recht des nicht verwaltungsberechtigten Ehegatten zum Aufhebungsantrag geht dort – entsprechend seiner größeren Gefährdung – weiter (§ 1447) als das des Gesamtgutsverwalters (§ 1448). Bei der gemeinschaftlichen Gesamtgutsverwaltung ist das Recht zum

Aufhebungsantrag in § 1469 für beide Ehegatten gleich ausgestaltet und entspricht etwa dem des nichtverwaltenden Ehegatten gemäß § 1447.

Während bei der Einzelverwaltung die Rechte des nicht verwaltenden Ehegatten dadurch gefährdet werden können, dass der Gesamtgutsverwalter zur Verwaltung unfähig ist oder die Verwaltung missbraucht – also entweder seine Befugnisse nicht ausüben kann oder über sie hinausgeht – (§ 1447 Nr. 1), ist bei der gemeinschaftlichen Verwaltung entsprechend eine **Gefährdung** möglich, wenn der andere Ehegatte Verwaltungshandlungen ohne Zustimmung vornimmt – also über seine Befugnisse hinausgeht – (Nr. 1) oder an der ordnungsmäßigen Verwaltung nicht mitwirkt – also seine Befugnisse nicht wahrnimmt – (Nr. 2). Nr. 3 stimmt nach Wortlaut und Inhalt mit § 1447 Nr. 2, Nr. 4 inhaltlich mit § 1447 Nr. 3 und § 1448, Nr. 5 inhaltlich mit § 1447 Nr. 4 überein. Auf die Erläuterungen zu §§ 1447, 1448 kann daher ergänzend verwiesen werden. 2

## II. Beendigung der Gütergemeinschaft

Zur Beendigung der Gütergemeinschaft im Allgemeinen → § 1447 Rn. 2. Auch bei gemeinschaftlicher Verwaltung des Gesamtguts bleibt die Insolvenz eines der Ehegatten, aber auch die Insolvenz über das Gesamtgut ohne Einfluss auf das Bestehen der Gütergemeinschaft (vgl. §§ 11 Abs. 2 Nr. 2 InsO, §§ 333 f. InsO). Die Insolvenz über das Vermögen eines der Ehegatten berührt das Gesamtgut nicht (§ 37 Abs. 2 InsO). 3

## III. Die Gründe für den Aufhebungsantrag

Die Aufzählung der Gründe, die zum Aufhebungsantrag berechtigen, ist auch in § 1469 abschließend (→ § 1447 Rn. 3), aber durch Vereinbarung erweiterungsfähig (→ Rn. 11; → § 1447 Rn. 21 ff.). 4

Gegenüber § 1447 Nr. 1, der das Recht zum Aufhebungsantrag allgemein bei Missbrauch der Verwaltungsbefugnis durch den Gesamtgutsverwalter gibt, ist **Nr. 1** konkreter gefasst: Der Aufhebungsantrag setzt hier voraus, dass der andere Ehegatte über seine Befugnisse durch **eigenmächtige Verwaltungshandlungen** ohne die erforderlichen Zustimmungen seines Ehegatten hinausgeht. Ein subjektives Element ist in dieser Voraussetzung nicht enthalten (zum Missbrauch nach § 1447 Nr. 1 → § 1447 Rn. 7). Ist sich der andere Ehegatte seiner Eigenmächtigkeit aber nicht bewusst – nahm er etwa an, sein Ehegatte sei mit einer bestimmten Verwaltungshandlung einverstanden –, so wird es regelmäßig an der möglichen Rechtsgefährdung fehlen, weil die Aufklärung des anderen Ehegatten ihn in Zukunft von Verwaltungshandlungen ohne die erforderliche Zustimmung abhalten wird und deshalb keine Wiederholungsgefahr besteht (→ § 1447 Rn. 10). Diese weitere Voraussetzung des Aufhebungsantrags, dass eine erhebliche Rechtsgefährdung möglich ist, stimmt mit der entsprechenden Voraussetzung in § 1447 Nr. 1 inhaltlich überein. Vgl. daher → § 1447 Rn. 8 ff. 5

Nach **Nr. 2** berechtigt auch die **beharrliche Verweigerung der Mitarbeit** an der Gesamtgutsverwaltung zum Aufhebungsantrag. Da Verwaltungshandlungen grundsätzlich nur gemeinschaftlich vorgenommen werden können, bedeutet es eine erhebliche Gefahr für Erhaltung und Mehrung des Gesamtguts, wenn ein Ehegatte seine Mitarbeit an der Verwaltung verweigert. Nach § 1452 kann zwar seine Zustimmung zu Verwaltungshandlungen ersetzt werden, wenn diese erforderlich sind. Zum einen ist aber die Ersetzung nur jeweils zu konkreten Rechtsgeschäften möglich, sodass es für den anderen Ehegatten beschwerlich und damit auf die Dauer unzumutbar ist, regelmäßig diesen Weg zu beschreiten. Zum anderen kann durch das Ersetzungsverfahren eine zeitliche Verzögerung eintreten, die schon eine Gefahr für den Bestand des Gesamtguts bedeuten kann. Die Verweigerung der Mitarbeit kann ausdrücklich oder stillschweigend, insbesondere auch dadurch erfolgen, dass sich der Ehegatte auf eine Aufforderung zur Mitarbeit hin passiv verhält. **„Beharrlich"** ist die Verweigerung, wenn der Ehegatte über einen längeren Zeitraum wiederholt und bei Geschäften von einem gewissen Gewicht seine Mitwirkung ablehnt.[1] Zur Beantwortung der Frage, welches **Ausmaß** die **Verweigerung** erreichen muss, kann der Grundgedanke der §§ 1447, 1448, 1469 herangezogen werden: Der Aufhebungsantrag soll nur ausnahmsweise dann zulässig sein, wenn dem Ehegatten die Fortsetzung der Gütergemeinschaft nicht mehr zugemutet werden kann. Zur Frage, wann ein Ehegatte die Mitarbeit ohne ausreichenden Grund verweigert, → § 1426 Rn. 5. 6

Möglichkeit einer **Rechtsgefährdung** ist nach Nr. 2 (anders als in § 1447 Nr. 2 und § 1469 Nr. 1) nicht ausdrücklich Voraussetzung des Aufhebungsantrags. Die Vorschrift geht davon aus, dass eine Rechtsgefährdung regelmäßig möglich ist, wenn die ordnungsmäßige Gesamtgutsverwaltung durch die Verweigerung der Mitwirkung eines Ehegatten über einen längeren Zeitraum unmöglich gemacht wird. 7

[1] Vgl. RGRK-BGB/*Finke* Rn. 7; Staudinger/*Thiele*, 2018, Rn. 11.

8 Das Recht zum Aufhebungsantrag bei **Verletzung der Unterhaltspflicht** durch den anderen Ehegatten nach **Nr. 3** entspricht § 1447 Nr. 2 mit der Abweichung, dass es nach § 1469 Nr. 3 beiden Ehegatten in gleicher Weise zusteht (→ § 1447 Rn. 11 ff.). Der Begriff des „Familienunterhalts" ist der gleiche wie in § 1447. Auch bei § 1469 Nr. 3 wird die Unterhaltspflicht gegenüber einseitigen Verwandten nicht umfasst.[2] Wenn jedoch das Gesamtgut für diese Ansprüche haftet und ihre Erfüllung zur ordnungsmäßigen Gesamtgutsverwaltung gehört, liegt möglicherweise der Tatbestand von Nr. 2 vor, wenn den Mitverwalter die Pflicht trifft, für den angemessenen Unterhalt des Stiefkindes zu sorgen.[3]

9 **Nr. 4** entspricht, wiederum mit der Abweichung, dass er für beide Ehegatten in gleicher Weise gilt, § 1447 Nr. 3, § 1448 (→ § 1447 Rn. 14 f.; → § 1448 Rn. 1 ff.).

10 **Nr. 5** entspricht § 1447 Nr. 4, ebenfalls mit der Abweichung, dass das Recht zum Aufhebungsantrag nach § 1469 Nr. 5 beiden Ehegatten in gleicher Weise zusteht. Die Bestellung eines Betreuers allein, ohne dass zu dessen Aufgabenkreis die Wahrnehmung von Rechten aus der Gütergemeinschaft gehört, hat keine Auswirkungen auf die Rechte und Pflichten der Ehegatten. Fällt die Wahrnehmung von Rechten aus der Gütergemeinschaft in den Aufgabenkreis des Betreuers, so vertritt er den Ehegatten nach § 1902 und bedürfen Willenserklärungen des Ehegatten – bei Anordnung eines Einwilligungsvorbehalts – seiner Einwilligung nach § 1903. Dies kann der andere Ehegatte hinnehmen. Er kann aber auch die Aufhebung der Gütergemeinschaft beantragen. Der Antrag kann jederzeit gestellt werden, auch wenn der Ehegatte die Mitwirkungsrechte des Betreuers zunächst hingenommen hatte (→ § 1447 Rn. 16).

### IV. Weitere Verweisung auf Erläuterungen zu § 1447

11 Zum Aufhebungsantrag, der gegen den anderen Ehegatten zu richten ist, → § 1447 Rn. 17 ff.; zur Möglichkeit **abweichender Vereinbarungen** → § 1447 Rn. 21 ff.

## § 1470 Wirkung der richterlichen Aufhebungsentscheidung

**(1) Mit der Rechtskraft der richterlichen Entscheidung ist die Gütergemeinschaft aufgehoben; für die Zukunft gilt Gütertrennung.**

**(2) Dritten gegenüber ist die Aufhebung der Gütergemeinschaft nur nach Maßgabe des § 1412 wirksam.**

### I. Normzweck

1 § 1470 enthält die Rechtsfolgen der rechtskräftigen Aufhebungsentscheidung. Die Gütergemeinschaft ist aufgehoben, es tritt **Gütertrennung ein** (Abs. 1). **Dritten gegenüber** ist dies nur nach **§ 1412** wirksam (Abs. 2).

### II. Übereinstimmung mit § 1449

2 Die Vorschrift stimmt wörtlich und inhaltlich mit § 1449 überein. Deshalb kann auf die Erläuterungen zu § 1449 verwiesen werden. Abweichend gilt folgendes: Die Beendigung der persönlichen Haftung für Gesamtgutsverbindlichkeiten richtet sich nach § 1459 Abs. 2 S. 2 (§ 1470 Abs. 2, dh § 1412 gilt für die Beendigung dieser Haftung nicht; → § 1449 Rn. 4).

## Unterkapitel 4. Auseinandersetzung des Gesamtguts

### Vorbemerkung (Vor § 1471)

1 **Nach Beendigung der Gütergemeinschaft** setzen sich die Ehegatten über das Gesamtgut auseinander. Diese **Auseinandersetzung** regeln die §§ 1471 ff. Die §§ 1471–1473 treffen Bestimmungen über das **Gesamtgut bis zur Auseinandersetzung,** die §§ 1474–1481 regeln die Durchführung der Auseinandersetzung, § 1482 stellt klar, dass beim Tod eines Ehegatten sein Anteil am Gesamtgut in den Nachlass fällt (falls nicht fortgesetzte Gütergemeinschaft eintritt) und sich die Beerbung des Ehegatten nach den allgemeinen Vorschriften richtet. Hilfsweise gelten für die beendete Gütergemeinschaft die Vorschriften für die Gemeinschaft (§§ 741 ff.).

2 Die Regelungen der **§§ 1568a, 1568b** gelten auch, soweit diese Gegenstände zum Gesamtgut der beendeten Gütergemeinschaft gehören. Bei Scheidung oder Aufhebung (§ 1318 Abs. 4) der Ehe

---

[2] Soergel/*Gaul/Althammer* Rn. 5; Staudinger/*Thiele,* 2018, Rn. 15 mit § 1447 Rn. 18.

[3] Soergel/*Gaul/Althammer* Rn. 5.

gehen die in §§ 1568a f., §§ 200 ff. FamFG vorgesehenen richterlichen Regelungsmöglichkeiten den §§ 1471 ff. vor. Ist ein solches Verfahren anhängig, so ist der Anspruch auf Auseinandersetzung hinsichtlich der von diesem Verfahren erfassten Gegenstände hinfällig. Nach § 1568b zugewiesene Gegenstände sind bei der Gesamtgutsauseinandersetzung wertmäßig auszugleichen.[1]

## § 1471 Beginn der Auseinandersetzung

**(1) Nach der Beendigung der Gütergemeinschaft setzen sich die Ehegatten über das Gesamtgut auseinander.**

**(2) Bis zur Auseinandersetzung gilt für das Gesamtgut die Vorschrift des § 1419.**

**Übersicht**



### I. Normzweck

1 Die Beendigung der Gütergemeinschaft als solcher führt nicht gleichzeitig zur Beendigung der Gesamthandsgemeinschaft über das Gesamtgut. Dazu bedarf es noch der Auseinandersetzung (Abs. 1). Bis zur vollständigen Auseinandersetzung besteht die Gesamthandsgemeinschaft weiter (Abs. 2). Dagegen endet die bisherige Eigenschaft von Vorbehalts- und Sondergut unmittelbar mit Beendigung der Gütergemeinschaft. Beides bleibt alleiniges Vermögen des jeweiligen Ehegatten, für das keine Besonderheiten mehr gelten.

### II. Beendigung der Gütergemeinschaft

2 Der Güterstand der Gütergemeinschaft endet in folgenden Fällen:

a) Bei **Auflösung der Ehe,** gleichgültig aus welchem Grunde (Scheidung, Aufhebung, Wiederverheiratung nach Todeserklärung – vgl. § 1319 Abs. 2 –, Tod eines Ehegatten). Beim Tod eines Ehegatten endet die Gütergemeinschaft aber nur, falls sie nicht mit den gemeinschaftlichen Abkömmlingen fortgesetzt wird (§§ 1483 ff.).
b) Bei **Aufhebung der Gütergemeinschaft durch Ehevertrag.**
c) Bei Aufhebung der Gütergemeinschaft durch **rechtskräftiges Urteil** (gemäß §§ 1449, 1470).
d) Bei **Eintritt einer auflösenden Bedingung oder Befristung** (→ § 1415 Rn. 4).

3 Lebt der für tot erklärte Ehegatte, so wird die Gütergemeinschaft fortgesetzt, wenn er wieder auftaucht (außer bei Wiederverheiratung des anderen Ehegatten, vgl. § 1319 Abs. 2).

### III. Grundsätzliches zur Auseinandersetzung des Gesamtguts

4 Die Auseinandersetzung des Gesamtguts erfolgt in erster Linie (vgl. § 1474) auf Grund **Vereinbarung** der Ehegatten, die formlos möglich ist, soweit nicht allgemeine Vorschriften – insbesondere § 313 – eine bestimmte Form vorschreiben. Ein Ausscheiden aus der Gesamtgutsgemeinschaft durch einseitigen Verzicht ist nicht möglich.[1*]

5 Auf Antrag eines der Ehegatten findet ein **förmliches Verfahren zur Vermittlung der Auseinandersetzung** über das Gesamtgut statt (§ 373, §§ 363 ff. FamFG; einen Vorbehalt für landesrechtliche Zuständigkeitsvorschriften enthält § 487 FamFG). Nach § 23a Abs. 3 GVG iVm § 342 Abs. 2 Nr. 1 FamFG sind die Notare ausschließlich sachlich zuständig. Abweichende landesrechtliche Regelungen gibt es inzwischen nicht mehr. In diesem Verfahren kann aber nur eine Einigung der Ehegatten (bzw. ihrer Erben) angestrebt werden.

[1] *Kappler* FamRZ 2010, 1294; Bamberger/Roth/Hau/Poseck/*Siede* § 1471 Rn. 2; Staudinger/*Thiele*, 2018, Rn. 17.
[1*] RGZ 79, 345 (352).

6 Trotz seiner rein feststellenden Formulierung gibt Abs. 1 jedem Ehegatten einen **Anspruch auf Auseinandersetzung,** der im Wege des **Auseinandersetzungsantrag**s durchgesetzt werden kann, wenn sich die Ehegatten nicht einigen (ähnlich wie § 1471 Abs. 1 formuliert § 730 Abs. 1).[1] Dann erfolgt die Auseinandersetzung **nach §§ 1475–1481** (→ § 1474 Rn. 8 f.).

### IV. Weiterbestehen der Gesamtgutsgemeinschaft bis zur Auseinandersetzung

7 Bis zur vollständigen Durchführung der Auseinandersetzung, dh bis zur Teilung des Überschusses (§ 1477 Abs. 1) und Durchführung der Übernahme einzelner Gegenstände (§ 1477 Abs. 2) besteht die Gesamthandsgemeinschaft weiter. Sie wandelt sich unter Beibehaltung ihrer Identität und Änderung ihres Zweckes in eine **Liquidationsgemeinschaft.**[2]

8 **§ 1419 gilt weiter** (Abs. 2; zur Anwendung des § 1419 Abs. 1 und 2 → § 1419 Rn. 1 ff.). Danach kann ein Ehegatte auch nach Beendigung der Gütergemeinschaft weder über seinen Anteil am Gesamtgut noch an einzelnen Gesamtgutsgegenständen verfügen; Gleiches gilt bei der Vermögensgemeinschaft nach FGB DDR.[3] Eine entsprechende Verpflichtung wäre nach § 306 weiterhin nichtig, ist jedoch regelmäßig in eine Verpflichtung zur Verfügung über das bei der Auseinandersetzung Erlangte umzudeuten.[4] Über das Gesamtgut im Ganzen können beide Ehegatten Rechtsgeschäfte treffen (vgl. § 1423). Jeder Ehegatte kann Verpflichtungen über das eingehen, was er bei der Auseinandersetzung erlangt, und zwar sowohl hinsichtlich einzelner Gegenstände als auch hinsichtlich des Erlangten. Auch entsprechende Verfügungen sind möglich.

9 Die gesamthänderisch gebundenen Anteile der Ehegatten an den Gesamtgutsgegenständen sind weiterhin **unpfändbar** (§ 860 Abs. 1 S. 1 ZPO). Der Anteil eines jeden Ehegatten am Gesamtgut insgesamt ist dagegen nach Beendigung der Gütergemeinschaft **pfändbar** (§ 860 Abs. 2 ZPO) und fällt dementsprechend auch in die **Insolvenzmasse,** wenn über das Vermögen eines der Ehegatten das Insolvenzverfahren eröffnet wird. Die Auseinandersetzung der Ehegatten erfolgt außerhalb des Insolvenzverfahrens (§ 84 InsO). § 37 Abs. 2 InsO ist nicht mehr – auch nicht entsprechend – anwendbar.[5]

### V. Weitere Rechtsfolgen der Beendigung der Gütergemeinschaft

10 Zu den weiteren Rechtsfolgen der Beendigung der Gütergemeinschaft s. **§§ 1472 ff.** und die Erläuterungen hierzu. Der geänderte Zweck der Liquidationsgemeinschaft, die nicht mehr auf Dauer, sondern auf Beendigung durch Auseinandersetzung angelegt ist, führt zu einer **Lockerung der gesamthänderischen Bindung** (darauf beruht zB die Pfändbarkeit des Gesamtgutsanteils, → Rn. 9) und im Einzelnen zu verschiedenen **Modifizierungen** der allgemein für das Gesamtgut geltenden Rechtsregeln. Auch bei bisheriger Einzelverwaltung erfolgt die **Verwaltung** nun gemeinschaftlich (§ 1472 Abs. 1). Mit Ausnahme der Surrogation nach § 1473 wird der **Erwerb** nicht mehr Gesamtgut. Die **Verbindlichkeiten** werden nicht mehr Gesamtgutsverbindlichkeiten,[6] sondern es gelten die allgemeinen Rechtsvorschriften (vgl. vor allem §§ 420 ff.).

### VI. Eintragung der Beendigung im Güterrechtsregister

11 Die Tatsache, dass die Gütergemeinschaft beendet ist, (und die Tatsache, dass entgegen bisheriger Einzelverwaltung das Gesamtgut jetzt gemeinschaftlich verwaltet wird), kann in das **Güterrechtsregister** und aufgrund der Bedeutung des Wechsels hin zur gemeinschaftlichen Verwaltung auch in das **Grundbuch** eines zum Gesamtgut gehörenden Grundstücks **eingetragen werden.**[7] Ist das Grundstück noch auf den Namen eines Ehegatten eingetragen, so ist auch nach Beendigung der Gütergemeinschaft Grundbuchberichtigung durch Eintragung der Ehegatten als Eigentümer und Zugehörigkeit des Grundstücks zum Gesamtgut noch möglich.

---

1 Vgl. Mot. IV 410.

2 Vgl. RGZ 136, 21; OLG Stuttgart NJW 1967, 1809.

3 BGH NJW 2002, 3320 = FamRZ 2002, 1468.

4 S. BGH FamRZ 1966, 443 = BeckRS 1966, 31173988; NJW 2002, 3320 = FamRZ 2002, 1468.

5 Soergel/*Gaul/Althammer* § 1472 Rn. 9; Staudinger/*Thiele,* 2018, § 1472 Rn. 27; zum Insolvenzverfahren über das gemeinsam verwaltete Gesamtgut einer beendeten Gütergemeinschaft *Holzer* NZI 2016, 713 ff.

6 Vgl. RGZ 136, 21.

7 BayObLGZ 21, 10 (17); OLG Colmar OLGE 9, 331; KGJ 50, 152; Erman/*Heinemann* Rn. 1; Soergel/*Gaul/Althammer* Rn. 8; Staudinger/*Thiele,* 2018, Rn. 7; Bamberger/Roth/Hau/Poseck/*Siede* Rn. 4 aE; BeckOGK/*Kappler* Rn. 19; aA → 7. Aufl. 2017, Rn. 10 *(Kanzleiter),* da sich die sachenrechtliche Zuordnung nicht ändere.

### VII. Beendete Gütergemeinschaft und Erbengemeinschaft

Wenn die Gütergemeinschaft durch den Tod eines der Ehegatten beendet wird und dessen Anteil auf **mehrere Miterben** übergeht (§ 1482), bestehen zwei sich überlagernde Gesamthandsgemeinschaften, für die jeweils die entsprechenden gesetzlichen Regelungen unabhängig voneinander gelten.[8] Deshalb kann zB jeder Miterbe über seinen Erbteil gemäß § 2033 verfügen. Diese Verfügung betrifft dann mittelbar kraft Gesetzes auch den zum Nachlass gehörenden Gesamtgutsanteil.[9] Zum Nachlass gehört der Anteil am Gesamtgut im Ganzen.[10] In gleicher Weise wie den Ehegatten Anteile an den einzelnen Gesamtgutsgegenständen zugestanden haben – über die nach § 1419 selbstverständlich nicht verfügt werden kann –, sind auch diese in den Nachlass gefallen. Die Gesamtgutsgegenstände selbst sind dagegen bis zur Auseinandersetzung nicht Nachlassbestandteil.[11] 12

Da über den Anteil am Gesamtgut nicht verfügt werden kann (§ 1471 Abs. 2, § 1419), also zB auch dessen Aufteilung in ideelle Mitberechtigungsteile ausgeschlossen ist, setzt die **Auseinandersetzung** der Erbengemeinschaft über den Gesamtgutsanteil die Auseinandersetzung des Gesamtguts voraus.[12] Das mit dem Gesamtgutsanteil verbundene, mit Beendigung der Gütergemeinschaft wie für den überlebenden Ehegatten für die Erbengemeinschaft entstandene Recht auf Auseinandersetzung des Gesamtguts kann jeder Miterbe gemäß § 2039 selbständig geltend machen.[13] Soweit § 2039 nicht eingreift, können die Miterben die mit dem Gesamtgutsanteil verbundenen Rechte in der Auseinandersetzung aber nach §§ 2038, 2040 nur gemeinschaftlich ausüben.[14] 13

### VIII. Ausschluss des Rechts, die Auseinandersetzung zu verlangen

Die Vereinbarung, dass die Auseinandersetzung für eine bestimmte Zeit oder auch dauernd ausgeschlossen sein soll, ist zulässig.[15] Diese Vereinbarung kann allgemein durch Ehevertrag, konkret bei Beendigung der Gütergemeinschaft formlos getroffen werden. Entsprechend § 749 Abs. 2, 3 kann das Recht, die Auseinandersetzung auch dann jedenfalls bei Vorliegen eines wichtigen Grundes zu verlangen, nicht ausgeschlossen werden.[16] 14

## § 1472 Gemeinschaftliche Verwaltung des Gesamtguts

**(1) Bis zur Auseinandersetzung verwalten die Ehegatten das Gesamtgut gemeinschaftlich.**

**(2) [1]Jeder Ehegatte darf das Gesamtgut in derselben Weise wie vor der Beendigung der Gütergemeinschaft verwalten, bis er von der Beendigung Kenntnis erlangt oder sie kennen muss. [2]Ein Dritter kann sich hierauf nicht berufen, wenn er bei der Vornahme eines Rechtsgeschäfts weiß oder wissen muss, dass die Gütergemeinschaft beendet ist.**

**(3) Jeder Ehegatte ist dem anderen gegenüber verpflichtet, zu Maßregeln mitzuwirken, die zur ordnungsmäßigen Verwaltung des Gesamtguts erforderlich sind; die zur Erhaltung notwendigen Maßregeln kann jeder Ehegatte allein treffen.**

**(4) [1]Endet die Gütergemeinschaft durch den Tod eines Ehegatten, so hat der überlebende Ehegatte die Geschäfte, die zur ordnungsmäßigen Verwaltung erforderlich sind und nicht ohne Gefahr aufgeschoben werden können, so lange zu führen, bis der Erbe anderweit Fürsorge treffen kann. [2]Diese Verpflichtung besteht nicht, wenn der verstorbene Ehegatte das Gesamtgut allein verwaltet hat.**

---

8 OLG Colmar OLGE 32, 408 (409); OLG Hamm DNotZ 1966, 744 (746).

9 Vgl. BayObLG MDR 1960, 1014; OLG Colmar OLGE 32, 408.

10 RGZ 136, 21.

11 HM; vgl. BGHZ 26, 378 (382) = NJW 1958, 708; BGH NJW 1964, 768 = FamRZ 1964, 194; Soergel/*Gaul* Rn. 5 mwN.

12 OLG Stuttgart BeckRS 1996, 31138768 = FamRZ 1996, 1474 unter II.2.

13 AllgM; vgl. RGZ 108, 434; OLG Posen OLGE 36, 198, wenn auch mit unrichtiger Berufung auf § 2042, der nur für die Erbengemeinschaft selbst gilt; OLG Hamm Rpfleger 1958, 269; OLG Schleswig MDR 1959, 46; *Gernhuber/Coester-Waltjen* FamR § 38 Rn. 128.

14 Vgl. *Gernhuber/Coester-Waltjen* FamR § 38 Rn. 128.

15 Gegen die Möglichkeit, die Auseinandersetzung durch Vereinbarung auszuschließen, Bamberger/Roth/Hau/Poseck/Siede Rn. 3 mwN in Fn. 11; *Gernhuber/Coester-Waltjen* FamR § 38 Rn. 141; Staudinger/*Thiele*, 2018, Rn. 3 mwN, der diese Vereinbarung möglicherweise als Abrede zur Umwandlung in eine Personengesellschaft lesen will; wie hier RGZ 89, 292; Erman/*Heinemann* Rn. 2; RGRK-BGB/*Finke* Rn. 9; Soergel/*Gaul/Althammer* Rn. 6; Palandt/*Brudermüller* Rn. 1.

16 Erman/*Heinemann* Rn. 2; Palandt/*Brudermüller* Rn. 1; Soergel/*Gaul/Althammer* Rn. 6.

**Übersicht**



## I. Normzweck

1 Nach Beendigung der Gütergemeinschaft wird das **Gesamtgut** bis zur vollständigen Auseinandersetzung[1] **gemeinschaftlich verwaltet** (Abs. 1), auch wenn die Verwaltung bisher einem Ehegatten allein zustand. Dementsprechend sind die Ehegatten gegenseitig zur Mitwirkung an der ordnungsmäßigen Verwaltung des Gesamtguts verpflichtet. Zu dessen **Erhaltung notwendige Maßnahmen** kann jeder allein treffen (Abs. 3). Ausnahmen von Abs. 1 enthalten Abs. 2 und 4: Bis zur Kenntnis von der Beendigung der Gütergemeinschaft kann jeder Ehegatte seine bisherigen Verwaltungsbefugnisse wahrnehmen (Abs. 2). Endet die Gütergemeinschaft durch den Tod eines der Ehegatten, so hat der Überlebende – falls er bisher Alleinverwalter war oder das Gesamtgut gemeinschaftlich verwaltet wurde – die notwendigen Verwaltungsmaßnahmen zu treffen, wenn mit deren Aufschub Gefahr verbunden wäre (Abs. 4).

## II. Gemeinschaftliche Verwaltung des Gesamtguts und Ausnahmen von diesem Grundsatz

2 **1. Grundsatz.** § 1472 enthält zwar eine **abschließende Regelung** der gemeinschaftlichen Verwaltung nach Beendigung der Gütergemeinschaft, sodass die §§ 1450 ff. auch nicht ergänzend herangezogen werden können. Soweit sich aus § 1472 und dem geänderten Zweck der Gütergemeinschaft als nunmehriger Liquidationsgemeinschaft nichts anderes ergibt, gelten aber die zur gemeinschaftlichen Verwaltung bei Bestehen der Gütergemeinschaft entwickelten Rechtsgrundsätze entsprechend. Da § 1450 Abs. 1 nur Beispiele dessen enthält, welche rechtlichen Konsequenzen die gemeinschaftliche Gesamtgutsverwaltung hat, können insbesondere diese Vorschrift und die zu ihr entwickelten Rechtsgrundsätze zur Ergänzung des § 1472 herangezogen werden.

3 **2. Verfügungen, Empfangszuständigkeit.** Die Ehegatten sind (mit den unten dargelegten Ausnahmen) nur gemeinschaftlich zu Verfügungen mit Wirkung für das Gesamtgut berechtigt.[2] Verfügt ein Ehegatte allein über einen Gesamtgutsgegenstand oder handelt er bei einer Verpflichtung allein, gilt das Gleiche wie bei gemeinschaftlicher Verwaltung des Gesamtguts vor Beendigung der Gütergemeinschaft (→ § 1450 Rn. 11 ff.; → § 1453 Rn. 3 mwN). Empfangsbedürftige Willenserklärungen sind beiden Ehegatten gegenüber abzugeben. § 1450 Abs. 2 ist nicht entsprechend anwendbar.

4 **3. Keine Gesamtgutsverbindlichkeiten.** Nach Beendigung der Gütergemeinschaft können auch von beiden Ehegatten gemeinsam keine Gesamtgutsverbindlichkeiten mehr begründet werden.[3] Für solche neuen Verbindlichkeiten haften die Ehegatten auch bei gemeinschaftlichem Handeln nur

[1] Vgl. OLG Stuttgart NJW 1950, 70 mAnm *Boehmer.*
[2] Vgl. RGZ 108, 281 (285); 139, 122; RG SeuffA 90 Nr. 144; OLG München DNotZ 1936, 807.
[3] HM, BGH FamRZ 1986, 40 (41) = BeckRS 1985, 31072459; NJW-RR 1988, 1154 = FamRZ 1988, 926; vgl. *Gernhuber/Coester-Waltjen* FamR § 38 Rn. 145; Erman/*Heinemann* § 1475 Rn. 1; RGRK-BGB/*Finke* Rn. 2; RGRK-BGB/*Finke* § 1475 Rn. 2; Soergel/*Gaul/Althammer* § 1475 Rn. 2; Staudinger/*Thiele,* 2018, Rn. 25.

nach den allgemeinen Grundsätzen, dh, je nachdem, in wessen Person die Verbindlichkeit entstanden ist, der betreffende Ehegatte persönlich, unter Umständen beide als Gesamtschuldner (mit der Möglichkeit der Pfändung in Vorbehaltsgut, – soweit möglich – in Sondergut und in den Anteil am Gesamtgut, § 860 Abs. 2 ZPO). Sind beide Ehegatten auf Grund ihrer persönlichen Haftung zur Leistung verurteilt, kann aber in das Gesamtgut vollstreckt werden.[4]

**4. Verwaltungshandlungen eines Ehegatten.** Die Vorschriften über die selbständige Handlungsfähigkeit der Ehegatten mit Wirkung für das Gesamtgut bei dessen gemeinschaftlicher Verwaltung vor Beendigung der Gütergemeinschaft (§§ 1454–1456) gelten nicht. § 1472 Abs. 3 Hs. 2, Abs. 2 und 4 regelt die Voraussetzungen, unter denen ein Ehegatte allein für das Gesamtgut handeln kann, gegenüber §§ 1454 ff. abschließend. 5

Nach **Abs. 2 S. 1** kann jeder Ehegatte das Gesamtgut in gleicher Weise wie vor Beendigung der Gütergemeinschaft weiter verwalten, wenn ihm die **Beendigung nicht bekannt** war und seine Unkenntnis auch nicht auf Fahrlässigkeit beruhte. Entscheidend ist die fehlende Kenntnis von der Beendigung der Gütergemeinschaft. Wenn der Ehegatte die Beendigung kannte (oder nur auf Grund Fahrlässigkeit nicht kannte) und ihm die damit verbundenen Rechtsfolgen unbekannt waren, ist Abs. 2 S. 1 nicht anwendbar.[5] Jede Art von Fahrlässigkeit, also auch schon leichte Fahrlässigkeit, schließt die Anwendung der Vorschrift aus. Abs. 2 S. 1 ist bei bisheriger Einzelverwaltung von besonderer Bedeutung. Für die Verwaltungsbefugnis des bisherigen Gesamtgutsverwalters gelten die Einschränkungen der §§ 1423–1425 dann in gleicher Weise, was insbesondere wichtig ist, wenn auch der dritte Geschäftspartner iSv § 1472 Abs. 2 S. 2 gutgläubig war, aber die Einschränkungen der §§ 1423 ff. nicht beachtet wurden (→ Rn. 14). Aber auch bei bisheriger gemeinschaftlicher Verwaltung ist Abs. 2 S. 1 anwendbar, soweit durch die Beendigung der Gütergemeinschaft Befugnisse, allein mit Wirkung für das Gesamtgut zu handeln, weggefallen sind (vgl. § 1450 Abs. 2, §§ 1454 ff.; wichtig insbesondere für § 1456). 6

Die zur **Erhaltung des Gesamtguts notwendigen Maßregeln** kann nach Abs. 3 Hs. 2 jeder Ehegatte allein treffen.[6] Diese Vorschrift entspricht § 1455 Nr. 10 mit dem Unterschied, dass Gefahr im Verzuge nicht erforderlich ist. Unter Beachtung dieses Unterschieds kann deshalb auf die Erläuterungen zu § 1455 Nr. 10 (→ § 1455 Rn. 9 ff.) verwiesen werden. 7

**5. Entsprechende Anwendung des § 2039.** Nach hM[7] ist § 2039 bei der beendeten Gütergemeinschaft (anders vor ihrer Beendigung bei gemeinschaftlicher Verwaltung, → § 1450 Rn. 22) **entsprechend anwendbar,** weil die Interessenlage der bei der Erbengemeinschaft entspricht. Nach dem Ende der Gütergemeinschaft ist die Gesamtgutsgemeinschaft ebenfalls nicht mehr auf Dauer, sondern auf Beendigung angelegt. Die vermögensrechtliche Bindung der Ehegatten hinsichtlich des Gesamtguts ist nach dem Ende der Gütergemeinschaft regelmäßig nicht enger als bei Miterben und die Möglichkeit, die Zustimmung eines Ehegatten zu einer Verwaltungshandlung durch das FamG zu ersetzen, ist mit dem Ende der Gütergemeinschaft ebenfalls weggefallen (→ Rn. 9). 8

## III. Pflicht zur Mitwirkung bei Verwaltungsmaßnahmen und Pflicht zur Notverwaltung

**1. Mitwirkungspflicht.** Nach Abs. 3 Hs. 1 sind die Ehegatten einander verpflichtet, bei der ordnungsmäßigen Verwaltung des Gesamtguts mitzuwirken. Die Vorschrift entspricht nach Wortlaut und Inhalt vollständig § 1451.[8] Auf die Erläuterungen dazu kann deshalb verwiesen werden. Nach der Ehescheidung treten jetzt allerdings wirtschaftliche Gesichtspunkte in den Vordergrund.[9] Naheliegend ist zB die Verpflichtung, dem Abschluss eines Mietvertrages über eine Immobilie zuzustimmen.[10] Anders als bei der gemeinschaftlichen Verwaltung vor Beendigung der Gütergemeinschaft (vgl. § 1452) ist eine **Ersetzung fehlender Mitwirkung** durch das FamG **nicht vorgesehen.** Bei Verletzung der Mitwirkungspflicht muss deshalb Klage auf Mitwirkung erhoben werden.[11] Überwiegt – wie regelmäßig – das vermögensrechtliche Element, ist eine obsiegende Entscheidung 9

[4] Staudinger/*Thiele,* 2018, Rn. 25; aA RGRK-BGB/*Finke* § 1475 Rn. 2.

[5] OLG Augsburg OLGE 40, 76; zur Frage, worauf sich der gute Glaube beziehen muss, s. auch RGZ 136, 19 (23).

[6] Vgl. *Kappler,* Die Beendigung der Gütergemeinschaft, 2006, 151, OLG Saarbrücken FamRZ 2002, 104.

[7] RG Warn. 1930 Nr. 150; *Beitzke* FamR § 16 VII 2; *Dölle* FamR I § 79 II 3c; *Gernhuber/Coester-Waltjen* FamR § 38 Rn. 148; Erman/*Heinemann* Rn. 1; Palandt/*Brudermüller* Rn. 1; RGRK-BGB/*Finke* Rn. 14; Soergel/*Gaul/Althammer* Rn. 7; Staudinger/*Thiele,* 2018, Rn. 7 mwN; vgl. auch BGH LM § 164 Nr. 13 = FamRZ 1958, 459.

[8] S. BayObLG FamRZ 2004, 879.

[9] S. iE BayObLG FamRZ 2005, 109.

[10] S. OLG Frankfurt FamRZ 2006, 1678.

[11] HM, s. BayObLG FamRZ 2004, 879 (880) mN; s. auch OLG Frankfurt FamRZ 2006, 1678.

nach den allgemeinen Vorschriften vollstreckbar. Überwiegt – was nur selten der Fall sein wird – das persönliche Element, ist nur der Antrag auf Herstellung des ehelichen Lebens ohne Vollstreckungsmöglichkeit gegeben.

10 Auch bei der Verwaltung des Gesamtguts nach Beendigung der Gütergemeinschaft kann sich die Pflicht zur Mitwirkung nach Abs. 3 Hs. 1 in eine **Pflicht** verwandeln, im Interesse des Gesamtguts die zu dessen Erhaltung notwendigen **Maßregeln allein zu treffen** (Abs. 3 Hs. 2; → § 1451 Rn. 5; § 1454 Rn. 4).

11 **2. Überlebender Ehegatte.** Endet die Gütergemeinschaft durch Tod (oder Todeserklärung, § 9 Abs. 1 VerschG) eines Ehegatten, so hat der überlebende Ehegatte (falls er bisher Gesamtgutsverwalter war oder das Gesamtgut gemeinschaftlich verwaltet wurde) allgemein die **Pflicht zur Notverwaltung** (Abs. 4). Er hat alle Geschäfte (der Begriff ist weiter als der des Rechtsgeschäfts und entspricht dem Begriff der „Maßregel" nach § 1451; → § 1451 Rn. 2) vorzunehmen, die zur ordnungsmäßigen Verwaltung erforderlich sind und nicht ohne Gefahr aufgeschoben werden können. Zum Begriff dessen, was zur ordnungsmäßigen Gesamtgutsverwaltung erforderlich ist, → § 1451 Rn. 2 mwN. Zum Begriff der Gefahr im Verzug → § 1429 Rn. 3. Die Notverwaltungspflicht endet, sobald der Erbe des verstorbenen Ehegatten anderweitig Fürsorge treffen kann, also die Möglichkeit dazu hat, ohne Rücksicht darauf, ob er tatsächlich anderweitige Fürsorgemaßnahmen trifft. Über diesen Zeitpunkt hinaus gilt Abs. 3 Hs. 2 mit eventueller Pflicht zur Notverwaltung entsprechend → Rn. 10.

12 **3. Schadensersatzpflicht.** Sowohl bei alleiniger Vornahme schädlicher Verwaltungshandlungen als auch bei pflichtwidrigem Unterlassen gebotener allein vorzunehmender Verwaltungsmaßnahmen kann ein Ehegatte entsprechend § 1435 S. 3 unter Zugrundelegung des Sorgfaltsmaßstabes des § 1359 zum Schadensersatz verpflichtet sein (→ § 1451 Rn. 11; → § 1454 Rn. 4).

## IV. Schutz gutgläubiger Dritter

13 Gutgläubige Dritte werden zunächst nach den **allgemeinen Vorschriften** geschützt (→ § 1450 Rn. 15; → § 1422 Rn. 21 ff.). Darüber hinaus gilt bei Beendigung der Gütergemeinschaft durch Ehevertrag oder rechtskräftiges Aufhebungsurteil (§§ 1449, 1470) **§ 1412,** wenn zwar die Gütergemeinschaft, aber nicht deren Beendigung im Güterrechtsregister eingetragen sind.

14 Eine **eigene Schutzvorschrift** für gutgläubige Dritte enthält **Abs. 2 S. 2:** Hat weder der Ehegatte noch sein dritter Geschäftspartner Kenntnis von der Beendigung der Gütergemeinschaft und beruht ihre Unkenntnis auch nicht auf Fahrlässigkeit (beide müssen gutgläubig sein!), so wirkt die früher bestehende Verwaltungsbefugnis trotz Beendigung der Gütergemeinschaft weiter,[12] ein im Rahmen der früheren Verwaltungsbefugnis vorgenommenes Rechtsgeschäft ist also für das Gesamtgut in gleicher Weise wie vor Beendigung der Gütergemeinschaft wirksam. Abs. 2 S. 2 ist von der Eintragung der Gütergemeinschaft oder deren Beendigung im Güterrechtsregister unabhängig. Die Eintragung der Beendigung im Güterrechtsregister wird aber die Gutgläubigkeit jedenfalls des anderen Ehegatten regelmäßig ausschließen.

## V. Recht zum Besitz

15 Jeder Ehegatte hat das **Recht auf Mitbesitz** an den Sachen des Gesamtguts,[13] eingeschränkt durch die in → § 1422 Rn. 12 f. dargelegten Grundsätze, die durch den Liquidationszweck der Auseinandersetzungsgemeinschaft modifiziert werden (vgl. dazu auch § 1477 Abs. 2), eingeschränkt auch durch den Grundsatz ordnungsmäßiger Verwaltung, der (insbesondere nach Ausübung eines Übernahmerechts nach § 1477 Abs. 2) auf Grund der Umstände (fehlende Bereitschaft eines Ehegatten zur Mitwirkung; Streitigkeiten unter den Ehegatten) zur Übertragung des Alleinbesitzes auf einen Ehegatten führen kann.[14]

## VI. Auskunftspflicht des bisherigen Verwalters

16 Bestand bis zur Beendigung der Gütergemeinschaft Einzelverwaltung, so ist der bisherige Gesamtgutsverwalter dem anderen Ehegatten zur Auskunft über den Bestand des Gesamtguts,[15] zur Vorlage eines Verzeichnisses über dessen Bestand (§ 260 Abs. 1) und unter den Voraussetzungen des § 260 Abs. 2 (beachte § 260 Abs. 3 iVm § 259 Abs. 3) zur Abgabe der eidesstattlichen Versicherung

---

[12] Vgl. RGZ 136, 19 (23).

[13] OLG Hamm SeuffA 72, 13; FamRZ 1979, 810; OLG Stuttgart NJW 1950, 70 mAnm *Boehmer.*

[14] OLG Hamm FamRZ 1979, 810; OLG München Vorentscheidung zu BGH NJW 1985, 3066; *Boehmer* NJW 1950, 70.

[15] OLG Hamburg Recht 1915 Nr. 1563; OLG Nürnberg OLGE 24, 13.

verpflichtet.[16] Der andere Ehegatte hat Anspruch auf Einsicht in die Unterlagen, die das Gesamtgut betreffen.[17]

## VII. Rechtsstreitigkeiten für das Gesamtgut und Zwangsvollstreckung in das Gesamtgut; Insolvenz

**1. Rechtsstreitigkeiten.** Die Rechtslage hinsichtlich der aktiven und passiven Prozessführung ist grundsätzlich die gleiche wie bei gemeinschaftlicher Verwaltung des Gesamtguts vor Beendigung der Gütergemeinschaft (→ § 1450 Rn. 22 ff.). Im Rahmen seiner alleinigen Verwaltungsbefugnis (→ Rn. 5 ff.) ist ein Ehegatte auch zur Prozessführung befugt. Bei Passivrechtsstreiten ist die Beendigung der persönlichen Haftung eines Ehegatten (§ 1437 Abs. 2 S. 2, § 1459 Abs. 2 S. 2) zu beachten, die die Leistungsklage gegen ihn unmöglich macht. Ist bei Beendigung der Gütergemeinschaft eine Leistungsklage gegen einen Ehegatten anhängig, dessen persönliche Haftung endet, so muss durch Klageänderung (vgl. § 264 Nr. 2 ZPO) zur Duldungsklage übergegangen werden. 17

**2. Zwangsvollstreckung.** § 743 ZPO geht deshalb davon aus, dass die Zwangsvollstreckung in das Gesamtgut nach Beendigung der Gütergemeinschaft auf Grund eines Leistungstitels gegen einen und eines Duldungstitels gegen den anderen Ehegatten stattfindet. (Zur Rechtslage vor Beendigung der Gütergemeinschaft vgl. § 740 ZPO, → § 1459 Rn. 11 f.). Liegt bei Beendigung der Gütergemeinschaft mit bisheriger Einzelverwaltung ein rechtskräftiger Titel gegen den bisherigen Gesamtgutsverwalter vor, auf Grund dessen die Zwangsvollstreckung in das Gesamtgut nach § 740 Abs. 1 ZPO bis zur Beendigung der Gütergemeinschaft möglich gewesen wäre, so kann nach § 744 ZPO entsprechend §§ 727, 730–732 ZPO eine (nur in Ansehung des Gesamtguts) vollstreckbare Ausfertigung gegen den anderen Ehegatten erteilt werden, die zur Zwangsvollstreckung in das Gesamtgut nach § 743 ZPO nun erforderlich ist. 18

**3. Insolvenz.** Hinsichtlich der Insolvenz gelten nach Beendigung der Gütergemeinschaft keine Besonderheiten mehr, insbesondere ist § 37 Abs. 2 InsO nicht mehr anwendbar (→ § 1471 Rn. 9). 19

## VIII. Abweichende Vereinbarungen

Die **Übertragung der Befugnis zur Verwaltung** des Gesamtguts **auf einen Ehegatten** ist auch nach Beendigung der Gütergemeinschaft möglich. Eine solche Vereinbarung kann schon vor der Beendigung für deren Fall, bei der Beendigung durch Ehevertrag in diesem Vertrag und auch nachträglich jederzeit getroffen werden. Auch die Regelung der Verwaltungsbefugnis nach Beendigung der Gütergemeinschaft betrifft die „güterrechtlichen Verhältnisse" der Ehegatten, sie gilt für den Zeitraum bis zur Auseinandersetzung, während dessen hinsichtlich des Gesamtguts noch güterrechtliche Beziehungen der Ehegatten bestehen, und unterscheidet sich damit von der Auseinandersetzung selbst, die bloß schuldrechtlichen Charakter hat und über die deshalb nach den allgemeinen Grundsätzen formlose Vereinbarungen möglich sind (vgl. § 1474). Die Verwaltungsregelung kann deshalb nur durch Ehevertrag getroffen werden:[18] Die Erteilung von **Vollmachten** ist dagegen formlos möglich, soweit die erteilte Vollmacht nicht unwiderruflich ist und nicht so weit geht, dass sie in die güterrechtlichen Verhältnisse eingreift (→ § 1450 Rn. 9 f.); auf diese Weise sind daher insbesondere Vollmachten für einzelne Rechtsgeschäfte erteilbar. 20

Die **Mitwirkungspflicht** nach Abs. 3 Hs. 1 kann entsprechend § 1451 durch Ehevertrag nicht eingeschränkt werden (wenn nicht entsprechend die gemeinschaftliche Verwaltung eingeschränkt ist), weil sie aus der gemeinschaftlichen Verwaltung des Gesamtguts zwingend folgt. Gegen die Abdingbarkeit des **Abs. 3 Hs. 2** bestehen wie bei § 1455 Nr. 10 keine grundsätzlichen Bedenken (str.; → § 1450 Rn. 13 mwN).[19] 21

Da die Schutzvorschrift des **Abs. 2** zugunsten Dritter schon dann nicht eingreift, wenn der handelnde Ehegatte bösgläubig ist, sie letztlich also nur den gutgläubigen Ehegatten schützt, ist die Vorschrift abdingbar. Das Gleiche gilt für **Abs. 4,** soweit dessen Kernbereich nicht aus der unabdingbaren Mitwirkungspflicht folgt. 22

Abweichende Vereinbarungen, die wiederum grundsätzlich vor, bei oder nach Beendigung der Gütergemeinschaft getroffen werden können, bedürfen (auch) in den Fällen unter → Rn. 21 und → Rn. 22 eines **Ehevertrages.** 23

---

16 Vgl. RG Warn. 1919 Nr. 117; OLG Hamburg OLGE 6, 162 (164); 9152 f.

17 OLG Hamburg OLGE 2, 484.

18 Soergel/*Gaul/Althammer* Rn. 2. Staudinger/*Thiele,* 2018, Rn. 18; aA RGRK-BGB/*Finke* Rn. 26.

19 BeckOGK BGB/*Mensch* Rn. 22.

## § 1473 Unmittelbare Ersetzung

**(1) Was auf Grund eines zum Gesamtgut gehörenden Rechts oder als Ersatz für die Zerstörung, Beschädigung oder Entziehung eines zum Gesamtgut gehörenden Gegenstands oder durch ein Rechtsgeschäft erworben wird, das sich auf das Gesamtgut bezieht, wird Gesamtgut.**

**(2) Gehört eine Forderung, die durch Rechtsgeschäft erworben ist, zum Gesamtgut, so braucht der Schuldner dies erst dann gegen sich gelten zu lassen, wenn er erfährt, dass die Forderung zum Gesamtgut gehört; die Vorschriften der §§ 406 bis 408 sind entsprechend anzuwenden.**

### I. Normzweck

1 Nach Beendigung der Gütergemeinschaft fällt der **Erwerb** der Ehegatten **nicht mehr** in das **Gesamtgut:** Nach § 1416 Abs. 1 S. 1 gehört nur das zum Gesamtgut, was die Ehegatten *während* der Gütergemeinschaft erwerben. Mit Beendigung der Gütergemeinschaft endet auch die bisherige Verwaltung des Sonderguts für Rechnung des Gesamtguts (§ 1417 Abs. 3 S. 2), da das Sondergut normales alleiniges Vermögen des jeweiligen Ehegatten geworden ist (→ § 1471 Rn. 1). Ausnahmsweise fallen nach § 1473 Abs. 1 **Surrogate** des Gesamtguts auch nach Beendigung der Gütergemeinschaft wieder in das Gesamtgut. Dieser Surrogationserwerb zum Gesamtgut wird dem Schuldner einer Forderung regelmäßig unbekannt bleiben. Die Ehegatten sollen daraus keine unberechtigten Rechtsvorteile ziehen können. Deshalb wird der **gutgläubige Schuldner** nach **Abs. 2** geschützt.

### II. Surrogationserwerb zum Gesamtgut (Abs. 1)

2 Die Definition dessen, was als Surrogat in das Gesamtgut fällt, stimmt zu § 1473 Abs. 1 mit anderen Fällen gesetzlicher Surrogation (vgl. zB § 2041), vor allem aber mit den Surrogaten nach § 1418 Abs. 2 Nr. 3 überein. Da der Wortlaut und Zweck beider Vorschriften übereinstimmen (abgesehen von den anderen Vermögensmassen, in die das Surrogat fällt) kann auf die Erläuterungen zu dieser Vorschrift verwiesen werden (→ § 1418 Rn. 11 f.).

### III. Schutz gutgläubiger Schuldner

3 **Während** des Bestehens der **Gütergemeinschaft** werden die Schuldner der Ehegatten wie alle dritten Geschäftspartner durch **§ 1412** geschützt. Der **Schutz** dieser Vorschrift **versagt** aber bei Erwerb des Gesamtguts durch Surrogation, **wenn** die **Gütergemeinschaft beendet** ist. Im Gegenteil würde gerade die Eintragung ihrer Beendigung im Güterrechtsregister den Schuldner gefährden können, weil er auf Grund dieser Eintragung nach der gesetzlichen Regel davon ausgehen muss, dass eine neu von den Ehegatten erworbene Forderung *nicht* mehr Gesamtgut wird.

4 Deshalb **schützt Abs. 2** einen **gutgläubigen Schuldner** unabhängig vom Güterrechtsregister: Ist eine Forderung nach Abs. 1 durch Surrogation auf Grund eines Rechtsgeschäfts (Neubegründung oder Übergang) Gesamtgut geworden, so braucht dies der Schuldner erst gegen sich gelten zu lassen, wenn er positiv weiß, dass die Forderung Gesamtgut wurde. Ob der Schuldner weiß oder nicht weiß, dass die Ehegatten in Gütergemeinschaft leben und dass die Gütergemeinschaft beendet ist, ist unerheblich. Nur positive Kenntnis schließt den Schutz des Abs. 2 aus, fahrlässige Unkenntnis genügt nicht.[1] Allerdings genügt die Kenntnis der tatsächlichen Umstände, die zum Erwerb der Forderung durch das Gesamtgut führen; die Kenntnis der sich aus Abs. 1 ergebenden Rechtsfolge ist nicht erforderlich.[2]

5 Solange der Schuldner **keine Kenntnis** von der Gesamtgutseigenschaft der Forderung hat, kann er davon ausgehen, dass die allgemeinen Vorschriften gelten, dass also bei Mitwirkung beider Ehegatten bei dem betroffenen Rechtsgeschäft die §§ 420 ff. anzuwenden sind, dass bei Handeln nur eines Ehegatten die Forderung diesem allein zusteht. Die §§ 406–408 finden Anwendung, insbesondere kann der Schuldner gegenüber einem Ehegatten erfüllen (§ 407 Abs. 1), wenn dieser allein beim Rechtsgeschäft über Begründung oder Erwerb der Forderung gehandelt hat oder wenn nach den allgemeinen Vorschriften davon auszugehen ist, dass die Ehegatten Gesamtgläubiger geworden sind.

---

1 Vgl. RGZ 135, 251.
2 RGZ 102, 387.

## § 1474 Durchführung der Auseinandersetzung

**Die Ehegatten setzen sich, soweit sie nichts anderes vereinbaren, nach den §§ 1475 bis 1481 auseinander.**

**Schrifttum:** *Kappler,* Die Beendigung der Gütergemeinschaft, 2006; *Kappler,* Die Auseinandersetzung des Gesamtguts der Gütergemeinschaft, FamRZ 2010, 1294; *Wittich,* Die Gütergemeinschaft und ihre Auseinandersetzung, 2000.

### I. Normzweck

Aus § 1474 ergibt sich, dass eine Vereinbarung der Ehegatten über die Auseinandersetzung der gesetzlichen Regelung vorgeht. Im Übrigen verweist § 1474 nur auf die folgenden Auseinandersetzungsvorschriften, falls keine Vereinbarung zwischen den Ehegatten über die Auseinandersetzung zustande kommt. 1

### II. Vereinbarung der Ehegatten über die Auseinandersetzung

Über die Auseinandersetzung bestimmt **in erster Linie** die **Vereinbarung** der Ehegatten. Von den §§ 1475 ff. ist nur § 1480 als Gläubigerschutzbestimmung zwingend, kann von den Ehegatten in ihrer Vereinbarung also nicht beeinträchtigt werden. 2

Der **Vertrag** der Ehegatten **über** die **Auseinandersetzung** des Gesamtguts hat rein **schuldrechtlichen Charakter.** Deshalb bedarf die Auseinandersetzungsvereinbarung als solche keines Ehevertrages und kann formlos getroffen werden.[1] Einer Form bedarf der Auseinandersetzungsvertrag nur (vgl. § 139), wenn in ihm Rechtsgeschäfte enthalten sind, die ihrerseits aus anderen Gründen einer Formvorschrift unterliegen, zB § 313, wenn die Auseinandersetzung Grundstücke umfasst, oder § 1410, wenn im Auseinandersetzungsvertrag für die Zukunft neue güterrechtliche Vereinbarungen getroffen werden.[2] 3

Ohne Zusammenhang mit einer bevorstehenden oder bereits eingetretenen Beendigung der Gütergemeinschaft können die **§§ 1475 ff.** (mit Ausnahme des § 1480) auch **schon vorher** für den Fall einer etwaigen Beendigung der Gütergemeinschaft **modifiziert** werden. Eine solche Vereinbarung bedarf eines Ehevertrages (unter Einhaltung der Form des § 1410). Umstr. ist dies hinsichtlich § 1478 (→ § 1478 Rn. 14 f.). 4

Der Auseinandersetzungsvertrag führt die Auseinandersetzung noch nicht selbst herbei; hierzu bedarf es noch seiner Erfüllung durch die Einzelnen **dinglichen Übertragungsakte;**[3] bei Grundstücken ist also deren Auflassung erforderlich und zwar – wie stets bei der Auseinandersetzung von Gesamthandsgemeinschaften – auch dann, wenn sie in Bruchteilseigentum der Beteiligten übergeführt werden.[4] Wie stets kann vom Vorliegen eines schuldrechtlichen Vertrages nicht auf dessen Erfüllung geschlossen werden. Deshalb kann ein Auseinandersetzungsvertrag nur die Vermutung begründen, dass sich die Ehegatten über die Auseinandersetzung vollständig geeinigt, nicht auch, dass sie sie durchgeführt haben.[5] 5

### III. Erwerb aller Erbteile nach dem Tode des verstorbenen Ehegatten durch den Überlebenden

Wird die Gütergemeinschaft durch den Tod eines Ehegatten beendet, so ist die Übertragung der Miterbenanteile nach den allgemeinen Vorschriften (vgl. § 2033) möglich. Vereinigt der überlebende Ehegatte alle Erbteile in seiner Hand, so ist damit auch die Auseinandersetzung des Gesamtguts beendet, er ist in gleicher Weise Alleineigentümer der Gesamtgutsgegenstände geworden, wie wenn er seinen verstorbenen Ehegatten allein beerbt hätte. Übertragungsakte hinsichtlich der einzelnen Gesamtgutsgegenstände sind in diesem Fall nicht erforderlich, die Umschreibung im Grundbuch ist bloße Berichtigung.[6] 6

---

1 AllgM seit RGZ 89, 294.
2 Vgl. RG Warn. 1922 Nr. 55.
3 RG Warn. 1922 Nr. 55.
4 RGZ 57, 432.
5 Bamberger/Roth/Hau/Poseck/*Siede* Rn. 2; Soergel/*Gaul/Althammer* Rn. 4; Staudinger/*Thiele,* 2018, Rn. 3 mwN; vgl. aber BGHZ 2, 82 (86); dagegen zu Recht *Gernhuber/Coester-Waltjen* FamR § 38 Rn. 125; Soergel/*Gaul/Althammer* Rn. 4.
6 Vgl. RGZ 88, 116; Soergel/*Gaul/Althammer* Rn. 2; missverständlich Palandt/*Brudermüller* Rn. 1 und Erman/*Heinemann* Rn. 1, die von einer „Übernahme des Gesamtguts" sprechen.

### IV. An anderer Stelle behandelte Einzelprobleme

7 Ein **Ausscheiden** aus der Gesamtgutsgemeinschaft **durch** einseitigen **Verzicht** ist nicht möglich (→ § 1471 Rn. 4).[7] Zur **Vermittlung der Auseinandersetzung** nach §§ 373, 363 ff. FamFG → § 1471 Rn. 5. Zum **Vorrang des Verfahrens nach** §§ 1568a, 1568b BGB, §§ 200 ff. FamFG → Vor § 1471 Rn. 2.

### V. Antrag auf Auseinandersetzung mangels Einigung

8 Kommt keine Vereinbarung über die Auseinandersetzung zwischen den Ehegatten zustande, gelten die §§ 1475 ff. Jeder Ehegatte kann seinen Anspruch auf Auseinandersetzung, der sich aus § 1471 Abs. 1 ergibt, im Wege des **Auseinandersetzungsantrags** durchsetzen (→ § 1471 Rn. 6).[8] Der Antrag ist auf Zustimmung zum Abschluss eines Auseinandersetzungsvertrages nach einem vom Antragsteller vorzulegenden Auseinandersetzungsplan zu richten. Der Antragsteller muss bestimmte Anträge, eventuell Hilfsanträge stellen.[9] Das Gesamtgut muss teilungsreif,[10] Verbindlichkeiten müssen iS von § 1475 geregelt sein.[11] Der Antrag kann auf Klärung einzelner Streitpunkte beschränkt und auch nur gegen einzelne Beteiligte – bei Übergang eines Anteils auf Miterben – gerichtet werden, wenn die übrigen der vom Antragsteller vorgeschlagenen Auseinandersetzung bereits zugestimmt haben.

9 Mit **Rechtskraft der Entscheidung** kommt der Auseinandersetzungsvertrag gemäß § 894 ZPO zustande, der nun aber wie ein durch Vereinbarung zustande gekommener Auseinandersetzungsvertrag erfüllt werden muss. Deshalb kann mit dem Antrag auf Zustimmung zum Auseinandersetzungsvertrag der Antrag auf Zustimmung zu den dinglichen Übertragungsakten verbunden werden.

## § 1475 Berichtigung der Gesamtgutsverbindlichkeiten

**(1) [1]Die Ehegatten haben zunächst die Gesamtgutsverbindlichkeiten zu berichtigen. [2]Ist eine Verbindlichkeit noch nicht fällig oder ist sie streitig, so müssen die Ehegatten zurückbehalten, was zur Berichtigung dieser Verbindlichkeit erforderlich ist.**

**(2) Fällt eine Gesamtgutsverbindlichkeit im Verhältnis der Ehegatten zueinander einem der Ehegatten allein zur Last, so kann dieser nicht verlangen, dass die Verbindlichkeit aus dem Gesamtgut berichtigt wird.**

**(3) Das Gesamtgut ist in Geld umzusetzen, soweit dies erforderlich ist, um die Gesamtgutsverbindlichkeiten zu berichtigen.**

### I. Normzweck

1 Erster Akt der Auseinandersetzung ist nach Abs. 1 die Berichtigung der Gesamtgutsverbindlichkeiten.[1] Soweit noch nicht fällig oder strittig, ist das zur eventuellen späteren Berichtigung einer Verbindlichkeit Notwendige zurückzuhalten (Abs. 1 S. 2). Grundsätzlich können beide Ehegatten die Begleichung der Gesamtgutsverbindlichkeiten aus dem Gesamtgut verlangen. Ein Ehegatte kann das aber nicht bei einer Verbindlichkeit, die er im Innenverhältnis allein zu tragen hat (Abs. 2). Soweit dies zur Begleichung der Verbindlichkeiten notwendig ist, ist das Gesamtgut in Geld umzusetzen (Abs. 3).

### II. Berichtigung von Gesamtgutsverbindlichkeiten

2 **Gesamtgutsverbindlichkeiten** sind alle Verbindlichkeiten, für die das Gesamtgut haftet (→ § 1437 Rn. 2), also im Wesentlichen die Verbindlichkeiten nach § 1437 bzw. § 1459, falls nicht eine der Ausnahmen nach §§ 1438 ff. bzw. §§ 1460 ff. vorliegt.[2] Gläubiger kann auch einer der

---

[7] RGZ 79, 345 (352).

[8] Vgl. Mot. IV 410; zur Teilauseinandersetzungsklage *Kappler* FamRZ 2007, 696, auch iÜ zur Klage auf Auseinandersetzung.

[9] Das Gericht hat keine Gestaltungsfreiheit, es darf nur auf Zustimmung zu dem, was beantragt ist, (oder weniger) erkennen, BGH -RR 1988, 1156 = FamRZ 1988, 813.

[10] Bei Grundstücken setzt dies (mangels anderer Einigung) grds. Zwangsversteigerung voraus, BGH -RR 1988, 1156 = FamRZ 1988, 813.

[11] BGH -RR 1988, 1156 = FamRZ 1988, 813.

[1] *Kappler* FamRZ 2010, 1294 (1295); OLG Oldenburg FamRZ 2011, 1059.

[2] *Kappler,* Die Beendigung der Gütergemeinschaft, 2006, 19: nicht alle Verbindlichkeiten der Ehegatten sind auch Gesamtgutverbindlichkeiten.

Ehegatten sein,[3] zB nach § 1445 Abs. 2 bzw. § 1467 Abs. 2, aber auch auf Grund der allgemeinen Anspruchsgrundlagen. Solange das Gesamtgut zur Berichtigung der Verbindlichkeiten ausreicht, besteht kein Zahlungsanspruch gegen den anderen Ehegatten auf (anteilige) Erstattung (die Sondervorschriften für die Gütergemeinschaft und die beendete Gütergemeinschaft gehen § 426 vor).[4]

**Die Berichtigung** einer Verbindlichkeit kann **auf jede Weise** vorgenommen werden, in erster Linie also durch Erfüllung, aber auch durch die Erfüllungssurrogate (vgl. §§ 362 ff.). Da es der Sinn des § 1475 ist, die Ehegatten vor einer persönlichen Inanspruchnahme durch Gläubiger nach der Durchführung der Auseinandersetzung zu schützen, kann iSv Abs. 1 eine Gesamtgutsverbindlichkeit auch dadurch berichtigt werden, dass sie ein Ehegatte (der sein Übernahmerecht nach § 1477 Abs. 2 ausgeübt hat) übernimmt und der Gläubiger den anderen Ehegatten aus der Haftung entlässt.[5] Nach § 1472 Abs. 3 sind die Ehegatten zur Mitwirkung bei der Berichtigung der Verbindlichkeiten verpflichtet (→ § 1472 Rn. 9). 3

**Reicht** das **Gesamtgut** zur Berichtigung aller Verbindlichkeiten **nicht aus,** so liegt es (solange keine Zwangsvollstreckungsmaßnahmen erfolgt sind) im **Ermessen der Ehegatten,** welche Verbindlichkeiten sie berichtigen, ohne dass sie sich dadurch der Haftung nach § 1480 aussetzen. (Es gelten die allgemeinen Vorschriften, insbesondere des Anfechtungsgesetzes). Im Innenverhältnis kann jeder Ehegatte die Begleichung besonders drückender Verbindlichkeiten, also zB solcher, für die bereits ein Titel besteht, vorweg verlangen.[6] 4

### III. Streitige oder betagte Verbindlichkeiten

Solange eine Verbindlichkeit nicht fällig oder streitig ist, ist das zu ihrer Berichtigung Erforderliche zurückzuhalten (Abs. 1 S. 2). Was zurückgehalten wird, bleibt Gesamtgut. Es gelten dafür die § 1471 Abs. 2, § 1472 f. Die Haftung für die Verbindlichkeit bleibt unverändert.[7] Die Verpflichtung, nach § 1475 Abs. 1 S. 2 zu verfahren, besteht nur für die Ehegatten gegenseitig, nicht gegenüber dem Gläubiger. Dieser wird durch § 1480 geschützt. 5

### IV. Verbindlichkeit, die einem Ehegatten allein zur Last fällt

Abs. 2 macht eine Ausnahme von dem Grundsatz, dass jeder Ehegatte die Berichtigung von Gesamtgutsverbindlichkeiten aus dem Gesamtgut verlangen kann. Die Ausnahme gilt für Verbindlichkeiten, die einem Ehegatten im Innenverhältnis allein zur Last fallen (auf Grund §§ 1441 ff. bzw. §§ 1463 ff. oder auf Grund Vereinbarung). Da die Berichtigung einer Verbindlichkeit aus dem Gesamtgut das Zusammenwirken beider Ehegatten voraussetzt (§ 1472 Abs. 1), entscheidet der Ehegatte, dem eine Verbindlichkeit im Innenverhältnis *nicht* zur Last fällt, ob sie aus dem Gesamtgut berichtigt wird. Er kann die Berichtigung aus dem Gesamtgut verlangen (um den Eintritt bzw. das Wiederaufleben (vgl. § 1437 Abs. 2 S. 2, § 1459 Abs. 2 S. 2) seiner persönlichen Haftung nach § 1480 auszuschließen) oder dies ablehnen (um sich die Geltendmachung der Rechte nach § 1476 Abs. 2 zu ersparen oder die Versilberung des Gesamtguts entbehrlich zu machen). In diesem Falle muss der andere Ehegatte die Verbindlichkeit aus seinem eigenen Vermögen (dem früheren Vorbehalts- oder Sondergut und dem nach Beendigung der Gütergemeinschaft Erworbenen) begleichen. 6

### V. Umsetzung in Geld

Nach Abs. 3 ist das **Gesamtgut, soweit** zur Berichtigung der Verbindlichkeiten **erforderlich, in Geld** umzusetzen. Da auch § 1475 Abs. 3 nur im Verhältnis der Ehegatten untereinander gilt, entscheiden diese frei über die Art der Verwertung. Einigen sie sich nicht, kann jeder verlangen, dass nach §§ 753 ff. vorgegangen wird.[8] 7

Das **Recht** eines Ehegatten, nach § 1475 Abs. 3, § 753 die **Versteigerung** einer Sache zu verlangen, geht dem **Übernahmerecht** des anderen Ehegatten nach § 1477 Abs. 2 vor, weil sich das Übernahmerecht nur auf den Überschuss nach Berichtigung der Verbindlichkeiten bezieht.[9] In welcher **Reihenfolge** die Gegenstände des Gesamtguts zu verwerten sind, ist – falls sich die Ehegat- 8

---

3 RG Recht 1909 Nr. 1889.

4 Vgl. OLG Zweibrücken FamRZ 1992, 821.

5 BGH NJW 1985, 3066; OLG Frankfurt FamRZ 1984, 170; OLG Karlsruhe FamRZ 1982, 286; *Kappler* FamRZ 2010, 1294 (1295).

6 Vgl. RGRK-BGB/*Finke* Rn. 9; Staudinger/*Thiele,* 2018, Rn. 13.

7 OLG Stuttgart SeuffBl. 71, 267.

8 So auch *Wittich,* Die Gütergemeinschaft und ihre Auseinandersetzung, 2000, 46.

9 RGZ 73, 41 unter Hinweis auf die Erwägung der Mot. IV S. 415, die Versteigerung könne einen höheren Erlös als den mehr oder weniger relativen Schätzwert ergeben, den der übernehmende Ehegatte nach § 1477 Abs. 2 zu erstatten hat.

ten nicht einigen – unter Berücksichtigung der Umstände des Einzelfalles zu entscheiden. Gegenstände, an denen einer der Ehegatten sein Übernahmerecht nach § 1477 Abs. 2 ausüben möchte, sind grundsätzlich zuletzt heranzuziehen.[10] Da das Gesamtgut nur in Geld umzusetzen ist, soweit dies zur Berichtigung der Gesamtgutsverbindlichkeiten erforderlich ist, kann dem Übernahmerecht eines Ehegatten vom anderen das Versteigerungsverlangen nicht (bzw. nicht mehr) entgegengesetzt werden, wenn der verbleibende Teil des Gesamtguts zur Berichtigung der noch offenen Verbindlichkeiten ausreicht.[11] Das Gleiche gilt, wenn für den anderen Ehegatten deshalb keine Gefahr der Inanspruchnahme mehr besteht, weil sie der übernehmende Ehegatte als Alleinschuldner übernommen und der Gläubiger den anderen Ehegatten aus der Haftung entlassen hat.[12]

## § 1476 Teilung des Überschusses

**(1) Der Überschuss, der nach der Berichtigung der Gesamtgutsverbindlichkeiten verbleibt, gebührt den Ehegatten zu gleichen Teilen.**

**(2) [1]Was einer der Ehegatten zum Gesamtgut zu ersetzen hat, muss er sich auf seinen Teil anrechnen lassen. [2]Soweit er den Ersatz nicht auf diese Weise leistet, bleibt er dem anderen Ehegatten verpflichtet.**

### I. Normzweck

1 Was nach Berichtigung der Gesamtgutsverbindlichkeiten als Aktivmasse verbleibt, teilen die Ehegatten unter sich je zur Hälfte auf (Abs. 1). Dabei wird – soweit möglich – angerechnet, was die Ehegatten zum Gesamtgut zu ersetzen haben.

### II. Die Teilung des Überschusses

2 Zur Teilung steht der Überschuss zur Verfügung, der verbleibt, nachdem die Verbindlichkeiten berichtigt sind und das für betagte oder streitige Verbindlichkeiten Notwendige zurückgehalten ist. (Mit der – teilweisen – Teilung braucht aber nicht solange gewartet zu werden, bis alle Verbindlichkeiten beglichen sind, wenn der ungeteilte Rest noch zur Begleichung der Verbindlichkeiten ausreicht). Zum Aktivvermögen gehören Forderungen des Gesamtguts gegen einen der Ehegatten in gleicher Weise wie Forderungen gegen Dritte. Solche Forderungen sind deshalb hinzuzurechnen.

3 Der Überschuss wird – abgesehen von der Ausnahme des § 1478, der Teilung nach Scheidung – hälftig geteilt. Die Teilung je zur Hälfte entspricht dem Grundsatz der Gütergemeinschaft, dass das Vermögen der Ehegatten gemeinschaftlich wird und an diesem gemeinschaftlichen Vermögen beide Ehegatten gleich beteiligt sind. Das Verlangen eines Ehegatten auf hälftige Teilung ist deshalb – von Extremfällen abgesehen – auch dann nicht sittenwidrig, wenn die Ehe (oder die Gütergemeinschaft) nur kurze Zeit gedauert hat, wenn das Vermögen im Wesentlichen vom anderen Ehegatten eingebracht wurde oder im Wesentlichen auf dessen Tätigkeit beruht,[1] zumal die Neufassung des § 1478 eine erhebliche Milderung des Grundsatzes hälftiger Teilung brachte.

### III. Anrechnung dessen, was ein Ehegatte zum Gesamtgut zu ersetzen hat

4 Nach Abs. 2 ist der Ersatzanspruch, der dem Gesamtgut gegen einen Ehegatten zusteht (vgl. zB § 1435 S. 3, § 1445 Abs. 1, § 1467 Abs. 1, § 1477 Abs. 2),[2] in erster Linie auf dessen Teil anzurechnen. Ein Recht darauf, dass die Erledigung durch Verrechnung geschieht, hat auch der verpflichtete Ehegatte. Betroffen werden nur auf Geld gerichtete Ersatzansprüche (vgl. Fn. 2), andere Ansprüche, vor allem auf Herausgabe von Sachen, sind dagegen in natura zu erfüllen.

5 Soweit die Verrechnung nicht möglich ist, weil die Ersatzverpflichtung zum Gesamtgut über das hinausgeht, was dem Ehegatten aus dem Gesamtgut gebührt, bleibt die Verpflichtung gegenüber dem anderen Ehegatten bestehen (anders als zB nach § 2056). Abs. 2 S. 2 enthält eine bloße Klarstellung, die nochmals deutlich macht, dass die Ersatzverpflichtung zum Gesamtgut – von ausdrücklich geregelten Besonderheiten wie zB §§ 1446, 1468 Abs. 2 S. 1 abgesehen – eine normale Verpflichtung ist, für die die allgemeinen Grundsätze gelten.

---

10 Vgl. *Gernhuber/Coester-Waltjen* FamR § 38 Rn. 154; *Kappler* FamRZ 2010, 1294 (1296).

11 BGH NJW 1985, 3066; OLG Frankfurt FamRZ 1984, 170 (171); vgl. RGZ 85, 1 (10).

12 BGH NJW 1985, 3066; OLG Frankfurt FamRZ 1984, 170; OLG Karlsruhe FamRZ 1982, 286; zu den Anforderungen, die an solche Erklärungen zu stellen sind, s. BGH FamRZ 1988, 813; *Kappler* FamRZ 2010, 1294 (1295).

1 Vgl. RG Warn. 1925 Nr. 58; BayObLG Recht 1906 Nr. 1655.

2 Zum eventuellen Anspruch auf Nutzungsentschädigung, wenn ein Ehegatte das zum Gesamtgut gehörende Haus allein genutzt hat, vgl. OLG Düsseldorf FamRZ 1984, 1098.

## § 1477 Durchführung der Teilung

**(1) Der Überschuss wird nach den Vorschriften über die Gemeinschaft geteilt.**

**(2) [1]Jeder Ehegatte kann gegen Ersatz des Wertes die Sachen übernehmen, die ausschließlich zu seinem persönlichen Gebrauch bestimmt sind, insbesondere Kleider, Schmucksachen und Arbeitsgeräte. [2]Das Gleiche gilt für die Gegenstände, die ein Ehegatte in die Gütergemeinschaft eingebracht oder während der Gütergemeinschaft durch Erbfolge, durch Vermächtnis oder mit Rücksicht auf ein künftiges Erbrecht, durch Schenkung oder als Ausstattung erworben hat.**

**Übersicht**



### I. Normzweck

1 Die Vorschrift regelt, in welcher Weise die Teilung durchzuführen ist: Grundsätzlich sind die Vorschriften über die Gemeinschaft (§§ 752 ff.) anwendbar. Jeder Ehegatte hat aber das Recht, seine persönlichen Gegenstände und das, was er eingebracht oder durch Erbfolge, Schenkung oder Ausstattung erworben hat, gegen Wertersatz zu übernehmen.

### II. Die Teilung des Überschusses

2 Die Teilung des Überschusses erfolgt nach den Vorschriften für die Gemeinschaft, dh den §§ 752–757 mit Ausnahme des § 755 Abs. 1, dem § 1475 als Spezialvorschrift vorgeht.[1] In erster Linie erfolgt die Teilung also in Natur (§ 752). Da die Miterben nach dem Tode eines Ehegatten als Gesamthand am Gesamtgut beteiligt sind, genügt es, wenn Realteilung in zwei Teile möglich ist. Die Erbengemeinschaft erhält einen Teil, über den sie sich dann ihrerseits auseinandersetzen kann. In zweiter Linie erfolgt die **Teilung durch Verkauf** (§ 753),[2] bei Forderungen durch Einziehung, falls diese möglich ist (§ 754).[3] Forderungen eines Ehegatten gegen den anderen, die auf dem gütergemeinschaftlichen Verhältnis beruhen – sie können auch nach Beendigung der Gütergemeinschaft entstanden sein – sind bei der Teilung nach § 756 zu berichtigen (vgl. auch § 1476 Abs. 2). Zur Gewährleistung bei Zuteilung von Gegenständen an einen Ehegatten s. § 757.

### III. Das Recht zur Übernahme einzelner Gegenstände

3 **1. Gegenstände des Übernahmerechts.** Das Übernahmerecht nach Abs. 2 besteht zum einen bei den Sachen, die ausschließlich **zum persönlichen Gebrauch** eines Ehegatten **bestimmt** sind. Dieser Begriff stimmt mit dem in § 1362 Abs. 2 überein (→ § 1362 Rn. 25 ff.).

4 Zum zweiten ist ein Ehegatte zur Übernahme der von ihm in die Gütergemeinschaft eingebrachten oder während der Gütergemeinschaft in bestimmter Weise erworbenen Gegenstände berechtigt. Trotz der Formulierung „in die Gütergemeinschaft" **eingebracht,** sind darunter alle die Gegenstände zu verstehen, die ein Ehegatte bei Begründung der Gütergemeinschaft oder auch während deren späteren Dauer aus seinem Sonder- oder Vorbehaltsgut in das Gesamtgut einbringt.[4] Die wohl überwM[5] gibt den Ehegatten dagegen ein Übernahmerecht nur an den Gegenständen, die bei Begründung der Gütergemeinschaft eingebracht werden. Die gleiche Interessenlage besteht aber hinsichtlich solcher Gegenstände, die später aus dem Vorbehalts- oder Sondergut eines Ehegatten

1 AllgM; Erman/*Heinemann* Rn. 1; Palandt/*Brudermüller* Rn. 1; RGRK-BGB/*Finke* Rn. 2; Soergel/*Gaul*/*Althammer* Rn. 2; Staudinger/*Thiele,* 2018, Rn. 2.

2 Ganz ausnahmsweise kann dem Verlangen der Zwangsversteigerung der Einwand unzulässiger Rechtsausübung entgegenstehen; BGHZ 58, 146 = NJW 1972, 818 = FamRZ 1972, 446; vgl. auch BGH -RR 1988, 1156 = FamRZ 1988, 813 (816), wo der BGH dies ablehnt.

3 Vgl. RGZ 65, 7.

4 *Klein* FuR 1995, 165 (168); *Kappler* FamRZ 2010, 1294 (1296).

5 Erman/*Heinemann* Rn. 2; RGRK-BGB/*Finke* Rn. 10; Soergel/*Gaul*/*Althammer* Rn. 9; Staudinger/*Thiele,* 2018, Rn. 10; Bamberger/Roth/Hau/Poseck/*Siede* Rn. 4.

in das Gesamtgut überführt, also eingebracht werden. Zwar könnten die Ehegatten ein Übernahmerecht jeweils durch Vereinbarung bei der Einbringung begründen. Sie werden dies jedoch regelmäßig unterlassen, weil bei der Einbringung die Möglichkeit einer späteren Beendigung der Gütergemeinschaft nicht bedacht wird.

5 Den eingebrachten Gegenständen stehen diejenigen gleich, die während der Gütergemeinschaft durch **Erwerb von Todes wegen,** mit Rücksicht auf ein künftiges Erbrecht, durch **Schenkung** oder als Ausstattung an einen Ehegatten und aufgrund dessen in das Gesamtgut fallen.[6] (Völlige) Unentgeltlichkeit ist nicht erforderlich; so stehen etwa Ausgleichszahlungen an Geschwister[7] einem Erwerb „mit Rücksicht auf ein künftiges Erbrecht", die teilweise Entgeltlichkeit – auch bei einer Gegenleistung aus dem Gesamtgut –[8] einem Erwerb „durch Schenkung" nicht im Wege. Das Gleiche gilt bei der Erbfolge: Ist der Ehegatte Miterbe geworden und hat er den Gegenstand dann in der Erbauseinandersetzung erhalten, ist der ganze Gegenstand durch Erbfolge erworben.[9]

6 Das **Übernahmerecht** besteht **nur** dann, wenn seine Voraussetzungen für den Gegenstand im Ganzen, nicht nur teilweise zutreffen.[10] Dies ist jedoch der Fall, wenn der Gegenstand teilweise unentgeltlich erworben, teilweise eingebracht ist. Kein Übernahmerecht besteht an den **Surrogaten** eines Gegenstandes, der selbst dem Übernahmerecht unterlegen hätte,[11] wohl aber an dem in der Flurbereinigung zugeteilten Ersatzgrundstück.[12] Das Übernahmerecht bezieht sich aber auf den Gegenstand im jeweiligen Zustand, bei einem Unternehmen also einschließlich der inzwischen getätigten Investitionen.[13] „Identität" besteht auch zwischen dem Gegenstand und dem Anspruch auf seinen Erwerb, wenn der Erwerbsanspruch eingebracht oder sonst nach S. 2 erworben wurde.[14]

7 **2. Vererblichkeit.** Das Recht auf Übernahme ist vererblich,[15] steht also auch den Erben eines Ehegatten zu, ohne Rücksicht darauf, ob die Ehe durch seinen Tod beendet wurde oder ob er während der Auseinandersetzung verstorben ist.

8 **3. Gestaltungsrecht, Ausübung.** Das Übernahmerecht ist ein Gestaltungsrecht. Es wird durch einseitige empfangsbedürftige Willenserklärung gegenüber dem anderen Ehegatten (bzw. dessen Erbe) ausgeübt, die auch dann keiner Form bedarf, wenn der rechtsgeschäftliche Erwerb des Gegenstandes formbedürftig wäre (zB nach § 313).[16] Einmal wirksam geworden (vgl. § 130 Abs. 1), ist die Erklärung einseitig nicht mehr widerruflich. Die Erklärung ist aber nicht bedingungsfeindlich, sie kann also zB davon abhängig gemacht werden, dass als Wertersatz ein bestimmter Betrag vom anderen Ehegatten akzeptiert wird. Die Erklärung des Übernahmerechts **verpflichtet** die Ehegatten **zur Übertragung** des Gegenstandes aus dem Gesamtgut, den ausübenden Ehegatten zum Wertersatz. Die dingliche Rechtsänderung führt die Übernahmeerklärung nicht unmittelbar herbei,[17] die entsprechenden Übertragungsakte sind zusätzlich erforderlich (bei einem Grundstück zB Auflassung,[18] § 925a gilt nicht). Bis zur Übertragung steht grundsätzlich beiden Ehegatten das Recht auf Mitbesitz und Mitverwaltung hinsichtlich des betroffenen Gegenstandes zu;[19] aus den Umständen (Misswirtschaft eines Ehegatten oder fehlende Bereitschaft, an der Bewirtschaftung mitzuwirken; Streitigkeiten zwischen den Ehegatten) kann sich aber ergeben, dass als Maßnahme „ordnungsmäßiger Verwaltung" iS von § 1472 Abs. 3 der Alleinbesitz schon vorweg auf den übernehmenden Ehegatten zu übertragen ist.[20]

---

[6] S. zu allem *Kappler* FamRZ 2010, 1294 (1297).
[7] BGH NJW-RR 1986, 1132.
[8] OLG Köln FamRZ 1991, 572.
[9] BGH DNotZ 1999, 140 (141 f.) = FamRZ 1998, 817 (818) gegen Vorentscheidung OLG Hamm FamRZ 1997, 119.
[10] BGH NJW-RR 1986, 1132 = FamRZ 1986, 883; NJW-RR 1988, 1156 = FamRZ 1988, 813 (816); RG HRR 1925 Nr. 780; DNotZ 1999, 140 (141) = FamRZ 1998, 817; BGHZ 171, 24 Rn. 20 = NJW 2007, 1879 = FamRZ 2007, 625.
[11] OLG Hamburg OLGE 7, 405; Staudinger/*Thiele,* 2018, Rn. 12.
[12] BGH DNotZ 1999, 140 = FamRZ 1998, 817 (818); OLG Bamberg FamRZ 1983, 72.
[13] *Kappler* FamRZ 2010, 1294 (1297).
[14] OLG Düsseldorf FamRZ 1993, 194; OLG Stuttgart FamRZ 1996, 1474; vgl. auch BGH FamRZ 1985, 903.
[15] RGZ 85, 1; OLG Hamburg OLGE 24, 78.
[16] OLG München FamRZ 1988, 1275.
[17] BayObLG JFG 3, 312; OLG Hamm FamRZ 1979, 810; OLG Stuttgart NJW 1950, 70 mAnm *Boehmer.*
[18] RG DR 1944, 292.
[19] OLG Hamm FamRZ 1979, 810; OLG Stuttgart NJW 1950, 70.
[20] OLG Hamm FamRZ 1979, 810; OLG München Vorentscheidung zu BGH NJW 1985, 3066; *Boehmer* NJW 1950, 70.

Die Ausübung des Übernahmerechts ist möglich, **solange** sich der betreffende **Gegenstand** noch **im Gesamtgut** befindet. Es wird – von den allgemeinen Einschränkungen, insbesondere der Arglist abgesehen – auch nicht durch einen vorherigen Auseinandersetzungsantrag des Ehegatten mit abweichendem Inhalt ausgeschlossen.[21] Betreibt der andere Ehegatte die Teilungsversteigerung (§§ 180 ff. ZVG), kann das Übernahmerecht im Wege der Drittwiderspruchsklage nach § 771 ZPO geltend gemacht werden.[22] Die Klage ist begründet, wenn der verbleibende Teil des Gesamtguts ausreicht, um die offenen Verbindlichkeiten zu beseitigen,[23] oder wenn der Ehegatte, der die Versteigerung betreibt, deshalb nicht mehr Gefahr läuft, in Anspruch genommen zu werden, weil der Ehegatte, der sein Übernahmerecht geltend macht, die Verbindlichkeit als Alleinschuldner übernommen und der Gläubiger ihn aus der Haftung entlassen hat (→ § 1475 Rn. 3, 8). Unter diesen Voraussetzungen kann das Übernahmerecht auch schon vor der Berichtigung der Gesamtgutsverbindlichkeiten und vor der Teilung des übrigen Gesamtguts ausgeübt werden.[24] Ist diese Voraussetzung gegeben, aber noch nicht absehbar, ob der Wert des restlichen Gesamtguts den Wert der übernommenen Sache erreicht, kann der andere Ehegatte im Rahmen eines Zurückbehaltungsrechts Sicherheitsleistung bis zur Höhe des hälftigen Werts der übernommenen Sache verlangen,[25] Zahlung erst nach der vorrangigen Verrechnung nach § 1476 Abs. 2 bei der Teilung. 9

**4. Ausgleichungsanspruch nach § 1478.** Das Recht nach § 1477 Abs. 2 und der Anspruch auf Ausgleichung nach § 1478 stehen **nebeneinander** (→ § 1478 Rn. 8 mwN).[26] 10

**5. Verpflichtung zum Wertersatz.** Wird das Übernahmerecht ausgeübt, so schuldet der übernehmende Ehegatte Wertersatz zum Gesamtgut. Maßgebend ist der Wert zum **Zeitpunkt der Übernahmeerklärung,** nicht der zum späteren Zeitpunkt der dinglichen Übertragungsakte:[27] Der Wortlaut der Vorschrift spricht nicht gegen diese Auffassung, die dem Gedanken der Gegenseitigkeit von Übernahme und Wertersatz am besten entspricht, eine Beeinflussung des Wertes durch das Hinauszögern der dinglichen Übertragung ausschließt und die gewagte Prognose, am Wert werde sich bis zur dinglichen Übertragung voraussichtlich nichts ändern,[28] oder die sonst notwendige gesonderte spätere Auseinandersetzung über die Höhe des Wertes entbehrlich macht. Grundsätzlich entscheidet der **Verkehrswert;** § 1376 Abs. 4 ist nicht entsprechend anwendbar; zu den Einzelheiten und zur Bewertung eines landwirtschaftlichen Betriebes → § 1478 Rn. 9. 11

Der Wertersatz muss nicht bar eingezahlt werden: die Leistung erfolgt vielmehr durch Anrechnung auf den Anteil des Ehegatten an dem Überschuss, der sich nach Hinzurechnung des Wertersatzes ergibt; dies gilt auch, wenn das Übernahmerecht schon vor der Teilung des übrigen Gesamtguts ausgeübt wird.[29] 12

## § 1478 Auseinandersetzung nach Scheidung

**(1) Ist die Ehe geschieden, bevor die Auseinandersetzung beendet ist, so ist auf Verlangen eines Ehegatten jedem von ihnen der Wert dessen zurückzuerstatten, was er in die Gütergemeinschaft eingebracht hat; reicht hierzu der Wert des Gesamtguts nicht aus, so ist der Fehlbetrag von den Ehegatten nach dem Verhältnis des Wertes des von ihnen Eingebrachten zu tragen.**

**(2) Als eingebracht sind anzusehen**

**1. die Gegenstände, die einem Ehegatten beim Eintritt der Gütergemeinschaft gehört haben,**

---

21 OLG Augsburg SeuffA 77, 3.

22 BGH NJW 1985, 3066; FamRZ 1987, 43 = DNotZ 1987, 304; vgl. BayObLGZ 1971, 293; OLG Bamberg FamRZ 1983, 72; OLG Frankfurt FamRZ 1985, 403.

23 OLG Düsseldorf FamRZ 1993, 194; vgl. BGH NJW-RR 1986, 1132 = FamRZ 1986, 883; 1998, 817 (818).

24 BGH NJW-RR 1986, 1132 = FamRZ 1986, 883; 1988, 926 = LM § 1476 Nr. 1; OLG Köln FamRZ 1991, 571 (572); OLG München FamRZ 1996, 290 (291).

25 BGHZ 171, 24 Rn. 22 = NJW 2007, 1879 = FamRZ 2007, 625; BGH NJW 2008, 2983 Rn. 11, 12 = FamRZ 2008, 1323.

26 BGH NJW 1952, 1330; BGHZ 171, 24 (31) = NJW 2007, 1879 = FamRZ 2007, 625; allgM.

27 AA – Wert zum Zeitpunkt der dinglichen Übertragungsakte maßgebend – BGH LM § 628 ZPO Nr. 7 = FamRZ 1984, 254 (256); FamRZ 1986, 40; NJW-RR 1986, 1066; BGHZ 171, 24 (30) = NJW 2007, 1879 = FamRZ 2007, 625; Bamberger/Roth/Hau/Poseck/*Siede* Rn. 8 mwN; wie hier OLG München Vorentscheidung zu BGH NJW-RR 1986, 1066; Vorentscheidung zu BGH FamRZ 1986, 40.

28 Vgl. BGH FamRZ 1986, 40 (42) = BeckRS 1985, 31072459; OLG Karlsruhe FamRZ 1982, 286 (288).

29 BGH NJW-RR 1988, 1154 = FamRZ 1988, 926.

**2. die Gegenstände, die ein Ehegatte von Todes wegen oder mit Rücksicht auf ein künftiges Erbrecht, durch Schenkung oder als Ausstattung erworben hat, es sei denn, dass der Erwerb den Umständen nach zu den Einkünften zu rechnen war,**
**3. die Rechte, die mit dem Tode eines Ehegatten erlöschen oder deren Erwerb durch den Tod eines Ehegatten bedingt ist.**

**(3) Der Wert des Eingebrachten bestimmt sich nach der Zeit der Einbringung.**

**Übersicht**



## I. Normzweck

1 Eine wichtige Abweichung von dem Grundsatz, dass der Überschuss unter den Ehegatten hälftig geteilt wird, enthält § 1478: Wird die Ehe geschieden, so kann jeder Ehegatte verlangen, dass beiden Ehegatten der Wert dessen erstattet wird, was sie in die Gütergemeinschaft eingebracht haben. Damit wird vermieden, dass sich die Ehescheidung wegen der hälftigen Teilung des gemeinschaftlichen Vermögens für den einen Ehegatten als „Geschäft", für den anderen als wirtschaftlicher Nachteil erweist.

## II. Änderung durch das 1. EheRG

2 Die Vorschrift wurde durch das 1. EheRG neu gefasst. Früher stand das Recht, beiderseitige Rückerstattung des Wertes eingebrachter Gegenstände zu verlangen, nur dem Ehegatten zu, dessen Ehepartner die Scheidung allein oder überwiegend verschuldet hatte oder der schuldlos auf Verlangen des Ehepartners geschieden worden war. Nach der **Neufassung** haben dieses **Recht beide** geschiedenen **Ehegatten ohne Unterschied.**

## III. Die Voraussetzungen des Rechts, Werterstattung zu verlangen

3 Nach hM[1] war § 1478 aF nur anwendbar, wenn die Gütergemeinschaft durch die Scheidung beendet wurde, nicht, wenn sie schon vorher endete (durch Aufhebungsurteil oder Ehevertrag), vor der Auseinandersetzung aber die Ehe geschieden wurde. Durch die Neufassung wurde diese Streitfrage geklärt: **§ 1478** ist stets **anwendbar, wenn** die **Ehe vor Beendigung der Auseinandersetzung geschieden** wird, unabhängig davon, wann und aus welchem Grunde die Gütergemeinschaft beendet wurde. Die Auseinandersetzung ist iSv Abs. 1 auch dann als beendet anzusehen, wenn einzelne im Verhältnis zum auseinandergesetzten Teil unbedeutende Gegenstände noch Gesamtgut geblieben sind.[2]

4 Nicht entschieden wurde durch die Neufassung die Frage, wie sich der **Tod eines** der **Ehegatten während** des **Scheidungsverfahrens** auswirkt. Nach hM zu § 1478 aF[3] sollte § 1478 dann allgemein nicht anwendbar sein. Nachdem nach der Neufassung das Recht nach § 1478 beiden Ehegatten im Falle der Scheidung ohne weitere Voraussetzungen zusteht, sollte es dem überlebenden Ehegatten und den Erben des Verstorbenen auch dann zugebilligt werden, wenn das Scheidungsverfahren sich durch den Tod eines Ehegatten in der Hauptsache erledigt hat, sofern die Ehe auf den Antrag hin geschieden worden wäre (was nach dem neuen Scheidungsrecht regelmäßig einfacher als früher festzustellen ist, sodass keine ins Gewicht fallende Rechtsunsicherheit befürchtet werden muss). Sonst würde der Tod eines Ehegatten während des Scheidungsverfahrens zu ungerechtfertigten

---

1 RG SeuffA 74 Nr. 89; *Dölle* FamR I § 80 III 1; Staudinger/*Felgentraeger,* 10./11. Aufl. 1970, Rn. 5; aA (oder jedenfalls diff.) *v. Tuhr* DJZ 1904, 381; Enneccerus/*Kipp/Wolff* FamR § 66 VI 1 Fn. 22; RGRK-BGB/*Scheffler,* 10./11. Aufl. 1964, Anm. 13.

2 Vgl. RGZ 89, 366.

3 Staudinger/*Felgentraeger,* 10./11. Aufl. 1970, Rn. 7, 9.

wirtschaftlichen Vor- und Nachteilen für seine Erben oder den überlebenden Ehegatten führen. § 1478 ist daher in diesen Fällen entsprechend anzuwenden.[4] Der Gesetzgeber sollte darüber hinaus prüfen, ob § 1478 nicht ausgedehnt und unabhängig von der Ursache für die Beendigung der Gütergemeinschaft allgemein angewendet werden sollte.

Durch Vereinbarung, die abstrakt für die Zukunft getroffen eines Ehevertrages bedarf, im Zusammenhang mit der konkreten Auseinandersetzung des Gesamtguts formlos möglich ist, können die Ehegatten bestimmen, dass ihnen das Recht nach § 1478 ohne Rücksicht auf dessen **Voraussetzungen** zustehen soll.[5] 5

### IV. Der Inhalt des Rechts, die Rückerstattung eingebrachter Werte zu verlangen

**1. Wahlrecht.** Jeder der beiden Ehegatten hat unter den Voraussetzungen des Abs. 1 unabhängig vom anderen das Wahlrecht, ob er die Rückerstattung eingebrachter Werte verlangen will oder nicht. Die Rückerstattung findet statt, wenn sie einer der beiden Ehegatten verlangt. 6

**2. Eingebrachte Gegenstände.** Abs. 2 enthält eine in verschiedenen Punkten wenig glückliche Definition dessen, was als eingebracht anzusehen ist: Eingebracht sind zunächst nach Abs. 2 Nr. 1 die Gegenstände, die einem Ehegatten beim Eintritt der Gütergemeinschaft gehört haben, gleichgültig, ob sie sofort bei Begründung der Gütergemeinschaft in das Gesamtgut eingebracht oder zunächst zu Vorbehaltsgut erklärt und später in Gesamtgut umgewandelt wurden. (Ging der Gütergemeinschaft der gesetzliche Güterstand voraus, so ist auch der Zugewinnausgleichsanspruch eingebracht und mindert außerdem als Schuld den Wert dessen, was der andere Ehegatte eingebracht hat,[6] mit dem **wirtschaftlichen Ergebnis,** dass auf Grund § 1476 Abs. 1, § 1478 Abs. 1 der **Vermögenszuwachs beider Ehegatten von der Eheschließung bis zur Auseinandersetzung ausgeglichen** wird; ging Gütertrennung voraus, gelten zugunsten des Ehegatten, der Zuwendungen in das Vermögen des anderen gemacht hat – das dann Gesamtgut wurde – die allgemeinen Rechtsgrundsätze über den Wegfall der Geschäftsgrundlage nach §§ 313, 242, die im Einzelfall zu einer Anpassung führen können.[7] Die gleiche Interessenlage besteht aber auch hinsichtlich dessen, was ein Ehegatte bei Begründung der Gütergemeinschaft noch nicht besaß, sondern während der Gütergemeinschaft zu seinem Vorbehaltsgut erworben und später in das Gesamtgut eingebracht hat. Die Vorschrift ist auf diese Fälle entsprechend anwendbar (→ § 1477 Rn. 4). Zum Begriff der Gegenstände, die ein Ehegatte während der Gütergemeinschaft **von Todes wegen,** mit Rücksicht auf ein **künftiges Erbrecht,** durch **Schenkung** oder als **Ausstattung** zum Gesamtgut erworben hat (Abs. 2 Nr. 2), → § 1477 Rn. 5 f. Kein Wertersatz findet statt, soweit der unentgeltliche Erwerb nach den Umständen zu den Einkünften zu rechnen war (→ § 1374 Rn. 33 f.). Nach Abs. 2 Nr. 3 kann Wertersatz außerdem für die **Rechte** verlangt werden, **die mit** dem **Tod eines Ehegatten erlöschen** oder deren Erwerb durch den Tod eines Ehegatten bedingt ist. Es sollen damit solche Gegenstände von der Wertteilung ausgenommen werden, die in einer engen persönlichen Beziehung zu einem der Ehegatten stehen, wie zB eine Leibrente. Abs. 2 Nr. 3 ist – entgegen der hM – nicht anwendbar bei einer Lebensversicherung,[8] weil bei ihr regelmäßig der wirtschaftliche Aspekt den personalen überwiegt. 7

**3. Anspruch auf Wertersatz.** Unter den Voraussetzungen des Abs. 1 kann jeder Ehegatte Wertersatz des Eingebrachten (dh abzüglich eingebrachter Schulden)[9] zugunsten beider Ehegatten, nicht Rückgewähr in Natur verlangen.[10] Das Übernahmerecht nach § 1477 Abs. 2 besteht jedoch neben dem Wahlrecht nach § 1478.[11] Nach § 1477 Abs. 2 ist aber der Wert zum Zeitpunkt der Übernahme, nach § 1478 Abs. 3 der Wert zum Zeitpunkt der Einbringung maßgebend. Eine Werterhöhung (entsprechendes gilt für eine Wertminderung) in der Zwischenzeit wirkt also zugunsten beider Ehegatten. Bloß nominale **Wertsteigerungen,** die auf dem Kaufkraftverlust der Währung beruhen, sind in gleicher 8

---

4 Staudinger/*Thiele,* 2018, Rn. 5; Bamberg/Roth/*Mayer* Rn. 2; Soergel/*Gaul/Althammer* Rn. 6; NK-BGB/*Völker* Rn. 4; aA Erman/*Heinemann* Rn. 2.

5 Vgl. RG SeuffA 74 Nr. 89; OLG München OLGE 38, 249.

6 BGH NJW 1990, 445 = FamRZ 1990, 256; OLG Karlsruhe FamRZ 1982, 286.

7 BGH NJW-RR 1987, 69 = FamRZ 1987, 43 = DNotZ 1987, 304.

8 Bamberger/Roth/*Mayer,* 3. Aufl., 2012 Rn. 4; aA nun Bamberger/oth/Hau/Poseck/*Siede,* 4. Aufl., 2019, Rn. 4; *Kappler* FamRZ 2010, 1294 (1298); Erman/*Heinemann* Rn. 4; Palandt/*Brudermüller* Rn. 4; Staudinger/*Thiele,* 2018, Rn. 17; soweit der Anspruch auf die Lebensversicherungssumme einem bezugsberechtigten Dritten nicht mehr entzogen werden kann, gehört die Anwartschaft gar nicht zum Gesamtgut.

9 OLG Stettin HRR 1936, 1505.

10 RG SeuffA 77, 2.

11 BGH NJW 1952, 1330; BGHZ 84, 333 = NJW 1982, 2373; BGH NJW-RR 1986, 1132; OLG Augsburg SeuffA 77, 3; *Behmer* MittBayNot 1994, 377 (380); *Bölling* FamRZ 1980, 755; *Kappler* FamRZ 2010, 1294 (1298).

Weise wie bei der Ermittlung des Zugewinns zu berücksichtigen (→ § 1373 Rn. 7 ff.).[12] Dh, dass der nominale Wert des Eingebrachten nach Abs. 3 zum Zeitpunkt der Einbringung festzustellen, ausgehend von diesem Wert unter Berücksichtigung des Kaufkraftverlustes der entsprechende nominale Wert zum Zeitpunkt der Auseinandersetzung zu ermitteln und dieser Wert dem Ausgleich nach § 1478 zugrunde zu legen ist.[13] Das gilt (selbstverständlich) auch bei eingebrachten Geldforderungen oder Geldschulden.[14]

9 Maßgebend ist regelmäßig der **Verkehrswert.** Bei **land- oder forstwirtschaftlichen Betrieben** ist § 1376 Abs. 4 über die Maßgeblichkeit des Ertragswerts nicht entsprechend anzuwenden,[15] weil – anders als bei der Zugewinngemeinschaft – beide Ehegatten grundsätzlich gleichberechtigt am Gesamthandsvermögen beteiligt sind, das bei der Auseinandersetzung grundsätzlich zur Hälfte geteilt wird, und auch bei der fortgesetzten Gütergemeinschaft das Recht zur Übernahme eines Landguts durch den überlebenden Ehegatten zum Ertragswert nach § 1515 Abs. 3 eine entsprechende Verfügung von Todes wegen des erstverstorbenen Ehegatten voraussetzt.[16] Gehört ein **Unternehmen** zum Gesamtgut, ist der Betriebsfortsetzungswert maßgebend, wenn das Unternehmen fortgeführt wird.[17] Liegt dieser – ausnahmsweise – unter dem Liquidationswert, weil das Unternehmen keine oder nur geringe Erträge abwirft und in Zukunft voraussichtlich abwerfen wird, ist bei Weiterführung des Betriebs trotzdem nicht vom Liquidationswert auszugehen, sondern dieser ist auf Grund des Ertragswerts nach unten zu korrigieren.[18] Etwas anderes gilt nur, wenn ein unrentables, liquidationsreifes Unternehmen aus wirtschaftlich nicht vertretbaren Gründen weitergeführt wird.[19] Muss (oder soll) liquidiert werden und ist deshalb der Liquidationswert maßgebend, sind die durch die Liquidation ausgelösten Kosten und Steuern zu berücksichtigen.[20] Zur Bewertung im Übrigen → § 1376 Rn. 10 f.

10 **4. Unzureichendes Gesamtgut.** Ergibt sich, dass der Wert des Gesamtguts nach Berichtigung der Verbindlichkeiten geringer ist als die Summe dessen, was den Ehegatten als Wertersatz zusteht, so ist die Differenz nach dem Verhältnis des ihnen zustehenden Wertersatzes zu tragen (Abs. 1 aE; anders § 1478 aF: Danach war der Fehlbetrag je zur Hälfte zu tragen; die Neuregelung ist für den Ehegatten günstiger, der weniger eingebracht hat).[21] Dass ein Ehegatte das Gesamtgut allein erhält, ist danach nur noch möglich, wenn der Wert des von ihm Eingebrachten den Wert des Gesamtguts übersteigt und der andere Ehegatte nichts eingebracht hat.

## V. Das Wahlrecht, Werterstattung zu verlangen

11 Das Wahlrecht ist ein **Gestaltungsrecht** wie das Übernahmerecht nach § 1477 Abs. 2. Es wird ebenfalls durch einseitige, empfangsbedürftige Willenserklärungen gegenüber dem anderen Ehegatten (bzw. dessen Erben) ausgeübt. Die Erklärung kann unter einer Bedingung abgegeben werden. Die Ausübung des Wahlrechts ist möglich, solange die Auseinandersetzung noch nicht beendet ist. Sie wird – von den allgemeinen Einschränkungen, insbesondere der Arglist abgesehen – auch nicht durch einen vorherigen Auseinandersetzungsantrag des Ehegatten mit abweichendem Inhalt ausgeschlossen.[22]

---

[12] Grdl. zum Zugewinnausgleich BGHZ 61, 385 = NJW 1974, 137; zu § 1478 BGHZ 84, 333 = NJW 1982, 2373; BGH NJW 1990, 445 = FamRZ 1990, 256; ebenso *Stumpp* Rpfleger 1979, 441; *Behmer* MittBayNot 1994, 377 (380); *Kappler* FamRZ 2010, 1294 (1299); *Gernhuber/Coester-Waltjen* FamR § 38 X 9; Soergel/*Gaul/Althammer* Rn. 7; aA *Bölling* FamRZ 1982, 234.

[13] Vgl. Staudinger/*Thiele,* 2018, Rn. 9 mwN. Dass § 1478 Abs. 3 trotz Kenntnis des Gesetzgebers von diesem Problem unverändert übernommen wurde, steht dem nicht entgegen. Darin kann keine Entscheidung des Gesetzgebers für ein Außerachtlassen des unechten Wertzuwachses gesehen werden, weil ihm die zu §§ 1373, 1376 trotz entsprechender Formulierung gesuchten Lösungen bekannt waren.

[14] BGH NJW 1990, 445 = FamRZ 1990, 256.

[15] ÜberwM, BGH NJW-RR 1986, 1066 = FamRZ 1986, 776; *Bölling* FamRZ 1980, 755; AK-BGB/*Fieseler* §§ 1471–1482 Rn. 2; Soergel/*Gaul* § 1477 Rn. 10; Staudinger/*Thiele,* 2018, Rn. 9; aA *Stumpp* Rpfleger 1979, 442.

[16] Vgl. BGH NJW-RR 1986, 1066; *Bölling* FamRZ 1980, 755 m. ausf. Begr.

[17] Dazu *Klüber* in Bergschneider FamilienvermögensR Rn. 4.715.

[18] BGH NJW 1973, 509; 1983, 2373; NJW-RR 1986, 1066; vgl. *Klüber* in Bergschneider FamilienvermögensR Rn. 4.708 ff.

[19] BGH NJW 1973, 509.

[20] Vgl. BGH NJW 1972, 1269; 1982, 2497; NJW-RR 1986, 1066.

[21] Beispiel: Wert des Gesamtguts 20.000 DM, Einbringung der Ehefrau 18.000 DM, des Ehemannes 6.000 DM; Fehlbetrag 4.000 Euro; zu tragen im Verhältnis 18.000 Euro: 6.000 Euro = 3.000 Euro und 1.000 Euro; danach erhalten die Ehefrau 15.000 Euro, der Ehemann 5.000 Euro; vgl. *Behmer* MittBayNot 1989, 7.

[22] OLG Hamburg OLGE 6, 280.

Einmal entstanden, ist das Wahlrecht **vererblich,** aber **nicht übertragbar** (auch insoweit gilt § 1419 Abs. 1). 12

Geltend gemacht werden kann der Anspruch auf Wertersatz im (Scheidungs-) **Verbundverfahren,** also nicht erst (wie es der Wortlaut des Gesetzes nahelegt) in einem gesonderten Verfahren nach rechtskräftiger Scheidung.[23] 13

### VI. Abweichende Vereinbarungen

Seit der Neufassung durch das 1. EheRG ist § 1478 nicht mehr Schutzvorschrift zugunsten des schuldlos Geschiedenen; das Recht, Wertersatz zu verlangen, steht jetzt beiden Ehegatten in gleicher Weise zu. Die zu § 1478 aF vertretene Auffassung, eine (abstrakte) Abdingung der Vorschrift durch Ehevertrag sei regelmäßig nichtig, weil sittenwidrig,[24] gilt deshalb nicht mehr. Abweichende Vereinbarungen (einschließlich der Abdingung der Vorschrift) sind vielmehr – im Rahmen der allgemeinen gesetzlichen Schranken – **zulässig.**[25] Den Ehegatten, die die Vorschrift durch Ehevertrag abdingen, sind die Rechtsfolgen bekannt: Jede Einbringung in das Gesamtgut – gleichgültig ob vom Ehegatten selbst vorgenommen oder von Dritten zB durch Erbschaft erlangt – würde im Falle der Scheidung auch dem anderen Ehegatten zugute kommen. Gegen eine solche Vereinbarung bestehen grundsätzlich keine rechtlichen Bedenken. Die **Abdingung des § 1478 ist nur ausnahmsweise,** unter den allgemeinen, strengen Voraussetzungen **sittenwidrig.**[26] 14

**Für** eine **konkrete Auseinandersetzung** kann § 1478 ohne Zweifel (formlos) **modifiziert** oder abbedungen werden.[27] Da das Wahlrecht Gestaltungsrecht ist, ist auch ein **einseitiger Verzicht** möglich und wirksam.[28] 15

## § 1479 Auseinandersetzung nach richterlicher Aufhebungsentscheidung

**Wird die Gütergemeinschaft auf Grund der §§ 1447, 1448 oder des § 1469 durch richterliche Entscheidung aufgehoben, so kann der Ehegatte, der die richterliche Entscheidung erwirkt hat, verlangen, dass die Auseinandersetzung so erfolgt, wie wenn der Anspruch auf Auseinandersetzung in dem Zeitpunkt rechtshängig geworden wäre, in dem der Antrag auf Aufhebung der Gütergemeinschaft gestellt ist.**

### I. Normzweck

Hat ein Ehegatte den Aufhebungsantrag gestellt und ergeht später die richterliche Entscheidung, so braucht er sich im Verhältnis der Ehegatten untereinander an nachteiligen Veränderungen des Gesamtguts, die nach Antragstellung eingetreten sind, nicht mehr zu beteiligen, aber auch Mehrungen seines eigenen Vermögens nicht mehr mit dem anderen Ehegatten zu teilen: Er kann verlangen, dass die Auseinandersetzung so durchgeführt wird, wie wenn sein Auseinandersetzungsanspruch bei Stellen des Aufhebungsantrags rechtshängig geworden wäre. Damit soll der antragstellende Ehegatte vor Maßnahmen des anderen Ehegatten, die das Gesamtgut vermindern, und vor einer möglichen Manipulation der Prozessdauer des Aufhebungsrechtsstreits geschützt werden, die sonst das Ziel haben könnte, die Auseinandersetzungsmasse zu beeinflussen.[1] 1

### II. Das Wahlrecht des Antrag stellenden Ehegatten

Nach § 1449 Abs. 1, § 1470 Abs. 1 wird die Gütergemeinschaft erst mit der **Rechtskraft der Aufhebungsentscheidung** beendet. Dieser Zeitpunkt ist daher grundsätzlich auch für die Auseinandersetzung maßgebend. Der Ehegatte, auf dessen Antrag die Aufhebungsentscheidung erging, hat aber das **Recht,** stattdessen Auseinandersetzung unter Zugrundelegung der Verhältnisse zum Zeitpunkt der **Antragstellung** zu verlangen. (Erging die Aufhebungsentscheidung auf Widerantrag, ist der Zeitpunkt der Erhebung dieses Antrags maßgebend).[2] 2

---

23 BGHZ 84, 333 = NJW 1982, 2373 mAnm *Lang*; vgl. OLG Karlsruhe FamRZ 1982, 286; aA RGRK-BGB/*Finke* Rn. 4.

24 Soergel/*Gaul,* 10. Aufl. 1, Rn. 8; Staudinger/*Felgentraeger,* 10./11. Aufl. 1970, Rn. 29.

25 Soergel/*Gaul/Althammer* Rn. 13; Staudinger/*Thiele,* 2018, Rn. 23; zu solchen Vereinbarungen *Bölling* FamRZ 1980, 754; *Stumpp* Rpfleger 1979, 441.

26 AA RGRK-BGB/*Finke* Rn. 16.

27 AllgM; RGRK-BGB/*Finke* Rn. 16; Soergel/*Gaul/Althammer* Rn. 13.

28 Vgl. Staudinger/*Thiele,* 2018, Rn. 23.

1 Vgl. Mot. IV 302, 415; *Heckelmann* FamRZ 1968, 59 (60, 65).

2 Vgl. aber *Heckelmann* FamRZ 1968, 59 (65).

3 Das Wahlrecht besteht auch dann, wenn die Gütergemeinschaft vor Rechtskraft der Aufhebungsentscheidung, aber **nach Antragstellung** durch **Scheidung oder Tod** endet, sofern der Antrag erfolgreich gewesen wäre.[3]

4 Wird das Verlangen gestellt, so beeinflusst dies nur die **Rechtsverhältnisse der Ehegatten untereinander,** nicht gegenüber Dritten.[4] Auch im Verhältnis der Ehegatten untereinander hat die aus der Ausübung des Wahlrechts folgende Zurückverlegung des Auseinandersetzungszeitpunkts **keine dingliche Wirkung.**[5] In der Zwischenzeit vorgenommene Rechtshandlungen wirken für das Gesamtgut (mit Wirkung gegenüber Dritten und im Verhältnis der Ehegatten) bis zur Rechtskraft der Aufhebungsentscheidung nach den allgemeinen Rechtsgrundsätzen der nicht beendeten Gütergemeinschaft. Die Ehegatten untereinander sind sich jedoch **verpflichtet,** die **Auseinandersetzung unter Zugrundelegung des früheren Zeitpunkts durchzuführen.** Im Innenverhältnis ist also nur das als Gesamtgut zu behandeln, was zu diesem Zeitpunkt Gesamtgut war oder nach § 1473 auch nach Beendigung der Gütergemeinschaft Gesamtgut geworden wäre, die anderen Gegenstände sind dem Erwerber unmittelbar zuzurechnen.[6] Das Gleiche gilt für Gesamtgutsverbindlichkeiten. Zur Auseinandersetzung bedarf es auch hinsichtlich der Gesamtgutsgegenstände, die seit Antragstellung erworben worden sind, der Übertragungsakte nach den allgemeinen Grundsätzen.[7]

### III. Rechtsnatur und Ausübung des Wahlrechts

5 Für das Wahlrecht selbst, seine Ausübung usw. gilt das Gleiche wie für das Wahlrecht nach § 1478, → § 1478 Rn. 11 f.

### IV. Abweichende Vereinbarungen

6 Wie das Recht zum Aufhebungsantrag zwingendes Schutzrecht zugunsten der Ehegatten ist (→ § 1447 Rn. 21), kann auch die Wahlmöglichkeit des § 1479 als Folge des Rechts zum Aufhebungsantrag im Voraus durch Ehevertrag nicht eingeschränkt werden.[8] Vereinbarungen über den Zeitpunkt, der für die Auseinandersetzung maßgebend sein soll, und auch ein einseitiger Verzicht auf das Wahlrecht sind aber (formlos) zu einem **konkreten Aufhebungsrechtsstreit** möglich, auch wenn die Aufhebungsentscheidung noch nicht ergangen oder jedenfalls noch nicht rechtskräftig ist.[9]

## § 1480 Haftung nach der Teilung gegenüber Dritten

**[1]Wird das Gesamtgut geteilt, bevor eine Gesamtgutsverbindlichkeit berichtigt ist, so haftet dem Gläubiger auch der Ehegatte persönlich als Gesamtschuldner, für den zur Zeit der Teilung eine solche Haftung nicht besteht. [2]Seine Haftung beschränkt sich auf die ihm zugeteilten Gegenstände; die für die Haftung des Erben geltenden Vorschriften der §§ 1990, 1991 sind entsprechend anzuwenden.**

**Übersicht**



[3] *Heckelmann* FamRZ 1968, 59 (67, 68); Erman/*Heinemann* Rn. 1; RGRK-BGB/*Finke* Rn. 2; Soergel/*Gaul/Althammer* Rn. 5; Staudinger/*Thiele,* 2018, Rn. 3; *Wittich,* Die Gütergemeinschaft und ihre Auseinandersetzung, 2000, 28.

[4] AllgM; Erman/*Heinemann* Rn. 1; Palandt/*Brudermüller* Rn. 1; Soergel/*Gaul/Althammer* Rn. 3; Staudinger/*Thiele,* 2018, Rn. 6.

[5] AA Erman/*Heinemann* Rn. 1; Soergel/*Gaul/Althammer* Rn. 3; wie hier Staudinger/*Thiele,* 2018, Rn. 6 mwN.

[6] Vgl. OLG Königsberg HRR 1938 Nr. 1113.

[7] *Gernhuber/Coester-Waltjen* FamR § 38 Rn. 146; Staudinger/*Thiele,* 2018, Rn. 6; Bamberger/Roth/Hau/Poseck/*Siede* Rn. 2; aA wegen der Fiktion der Rückwirkung im Verhältnis der Ehegatten untereinander Erman/*Heinemann* Rn. 1; RGRK-BGB/*Finke* Rn. 4; Soergel/*Gaul/Althammer* Rn. 3; vgl. auch OLG Königsberg HRR 1938 Nr. 1113.

[8] HM; aA *Heckelmann* FamRZ 1968, 59 (69); Staudinger/*Thiele,* 2018, Rn. 7.

[9] AA Soergel/*Gaul/Althammer* Rn. 6, die Vereinbarung oder Verzicht erst nach Entstehung des Wahlrechts zulassen.

## I. Normzweck

1 Wird das Gesamtgut vor Berichtigung einer Gesamtgutsverbindlichkeit geteilt, so würde der Gläubiger benachteiligt, soweit ein Ehegatte, der ihm nicht persönlich haftet, Gegenstände aus dem Gesamtgut erhält. Denn auf diese Gegenstände könnte er nicht mehr zugreifen. Deshalb haftet nach § 1480 bei Gesamtgutsteilung vor Schuldenberichtigung auch der Ehegatte für eine Verbindlichkeit als Gesamtschuldner, den zuvor keine persönliche Haftung traf. Diese Haftung beschränkt sich auf das, was er aus dem Gesamtgut erlangt hat.

## II. Voraussetzungen für den Eintritt der persönlichen Haftung

2 Voraussetzung für das Eintreten der persönlichen Haftung nach § 1480 ist die **Teilung des Gesamtguts vor Berichtigung der Verbindlichkeit.** Aus welchem Grund die Verbindlichkeit nicht berichtigt wurde, ist unerheblich.[1]

3 Die **Teilung** erfolgt durch die Überführung von Gegenständen aus dem Gesamtgut in das Eigentum eines oder auch das Miteigentum beider Ehegatten.[2] Dass beide Ehegatten etwas erlangen, ist nicht erforderlich. Auch wenn die Gesamtgutsgegenstände nur auf einen Ehegatten übertragen werden, wird damit das Gesamtgut geteilt.[3] Der andere Ehegatte haftet dann freilich nicht, weil er nichts aus dem Gesamtgut erlangt hat; s. im folgenden Rn. 5.

4 Ob „das **Gesamtgut**" als solches iSv § 1480 **geteilt** ist, ist Tatfrage und nicht nur unter Berücksichtigung des verbliebenen Restes im Verhältnis zum gesamten früheren Gesamtgut,[4] sondern vor allem auch unter Berücksichtigung des Umfangs der betreffenden Verbindlichkeit zu beurteilen. Das Gesamtgut ist dann geteilt, wenn die Gefahr besteht, dass der Gläubiger aus dem verbliebenen Rest keine vollständige Befriedigung erlangen wird, und durch Teilungsmaßnahmen Gegenstände seinem Zugriff entzogen worden sind, die weder im Verhältnis zum Gesamtbestand des Gesamtguts noch zum Umfang seines Anspruchs von ganz untergeordneter Bedeutung sind.[5] Deshalb ist das Gesamtgut im Verhältnis zu einem Gläubiger nicht geteilt, solange das zur Berichtigung seines Anspruchs Erforderliche zurückgehalten ist (vgl. § 1475 Abs. 1 S. 2). Die Übernahme einzelner Gegenstände nach § 1477 Abs. 2 soll noch keine Teilung des Gesamtgutes darstellen, da sie gegen Wertersatz erfolgt.[6]

5 Voraussetzung des Eintretens der persönlichen Haftung eines Ehegatten nach § 1480 ist zuletzt, dass er **etwas aus** dem **Gesamtgut erlangt.** Hat er überhaupt nichts erhalten, so haftet er auch nicht. Seine Verurteilung unter Vorbehalt der beschränkten Haftung mit dem, was er aus dem Gesamtgut erlangt hat, kommt nicht in Frage.[7] Hat er dagegen etwas aus dem Gesamtgut erlangt, so kann er seine persönliche Haftung durch dessen Aufgabe, aber auch (soweit rechtlich überhaupt möglich) durch dessen Rückgabe an das Gesamtgut nicht mehr beseitigen.[8]

6 Liegen die vorstehenden Voraussetzungen vor, so kann der betreffende Ehegatte gegen eine persönliche Inanspruchnahme **nicht einwenden,** dass er einen Betrag zur Berichtigung von Gesamtgutsverbindlichkeiten aus seinem eigenen Vermögen zur Verfügung gestellt habe, der über den Wert des aus dem Gesamtgut Erlangten hinausgehe. Weder vorheriger noch nachträglicher **Wertersatz** zum Gesamtgut können die Haftung beseitigen.

## III. Eintritt der persönlichen Haftung

7 Ein Ehegatte haftet für eine Gesamtgutsverbindlichkeit nach Beendigung der Gütergemeinschaft dann nicht persönlich, wenn von vorneherein eine solche Haftung nicht bestanden hat (etwa für den nichtverwaltenden Ehegatten bei Gesamtgutsverbindlichkeiten, die nicht in seiner Person begründet wurden – vgl. § 1437 Abs. 2 S. 1 –, aber auch, wenn die persönliche Haftung durch Vereinbarung mit dem Gläubiger ausgeschlossen wurde) oder wenn seine persönliche Haftung mit Beendigung der Gütergemeinschaft nach § 1437 Abs. 2 S. 2 bzw. § 1459 Abs. 2 S. 2 endete. Bei Teilung des Gesamtguts vor Berichtigung der Gesamtgutsverbindlichkeit wird dann die persönliche Haftung des Ehegatten neu begründet bzw. lebt wieder auf.

---

1 RG Recht 1928 Nr. 1883, 2108.
2 RGZ 75, 295 (296); 89, 366; RG JW 1917, 102.
3 RGZ 75, 295 (296).
4 Vgl. RGZ 89, 366; RG JW 1917, 102.
5 Vgl. RGZ 89, 366.
6 Staudinger/*Thiele*, 2018, Rn. 7 mwN.
7 RGZ 75, 295 (297); 89, 366.
8 Vgl. RGZ 89, 366 (367).

### IV. Umfang der Haftung

8 Die persönliche Haftung, die nach § 1480 entstanden ist, (nicht also die persönliche Haftung aus anderem Grunde) **beschränkt** sich **gegenständlich** auf das, was der Ehegatte aus dem Gesamtgut erhalten hat (§ 1480 S. 2). Die §§ 1990, 1991 sind entsprechend anwendbar, dh der Ehegatte kann die Befriedigung des Gläubigers insoweit verweigern, als das aus dem Gesamtgut Erlangte hierzu nicht ausreicht; er muss dann das Erlangte aber herausgeben.[9]

9 Die **Beschränkung** seiner Haftung muss sich der Ehegatte **im Urteil vorbehalten lassen,** um sie in der Zwangsvollstreckung geltend machen zu können (vgl. §§ 786, 780 Abs. 1 ZPO). Zur Zwangsvollstreckung in sein persönliches Vermögen, und dazu gehören auch die Gesamtgutsgegenstände, soweit sie auf ihn übergegangen sind, ist nach den allgemeinen Regeln ein Leistungstitel gegen den betreffenden Ehegatten persönlich erforderlich (§ 750 Abs. 1 ZPO).[10]

### V. Möglichkeit der Gläubigeranfechtung

10 Die Möglichkeit der Gläubigeranfechtung nach §§ 3 ff. AnfG gegenüber Rechtshandlungen bei der Gesamtgutsauseinandersetzung besteht über die Möglichkeit der persönlichen Inanspruchnahme eines Ehegatten nach § 1480 hinaus.[11] Wegen § 2 AnfG geht die persönliche Inanspruchnahme nach § 1480 vor, solange sie Erfolg verspricht.

### VI. Ausgleich der Ehegatten im Innenverhältnis

11 Hinsichtlich des Ausgleichs der Ehegatten im Innenverhältnis tritt **§ 1481** an die Stelle der allgemeinen Regelung des § 426, soweit die Ehegatten – wie regelmäßig – gesamtschuldnerisch haften.

### VII. Abweichende Vereinbarungen

12 Als Vorschrift zum Schutz der Gläubiger ist § 1480 zwingend,[12] kann durch Ehevertrag also nicht eingeschränkt werden. Seine Abdingung kann dagegen jederzeit mit dem Gläubiger einer Verbindlichkeit vereinbart werden. Wurde durch Vereinbarung mit dem Gläubiger während der Gütergemeinschaft die persönliche Haftung eines Ehegatten ausgeschlossen, so liegt hierin im Zweifel nicht auch der Ausschluss der persönlichen Haftung nach § 1480.

## § 1481 Haftung der Ehegatten untereinander

**(1) Wird das Gesamtgut geteilt, bevor eine Gesamtgutsverbindlichkeit berichtigt ist, die im Verhältnis der Ehegatten zueinander dem Gesamtgut zur Last fällt, so hat der Ehegatte, der das Gesamtgut während der Gütergemeinschaft allein verwaltet hat, dem anderen Ehegatten dafür einzustehen, dass dieser weder über die Hälfte der Verbindlichkeit noch über das aus dem Gesamtgut Erlangte hinaus in Anspruch genommen wird.**

**(2) Haben die Ehegatten das Gesamtgut während der Gütergemeinschaft gemeinschaftlich verwaltet, so hat jeder Ehegatte dem anderen dafür einzustehen, dass dieser von dem Gläubiger nicht über die Hälfte der Verbindlichkeit hinaus in Anspruch genommen wird.**

**(3) Fällt die Verbindlichkeit im Verhältnis der Ehegatten zueinander einem der Ehegatten zur Last, so hat dieser dem anderen dafür einzustehen, dass der andere Ehegatte von dem Gläubiger nicht in Anspruch genommen wird.**

### I. Normzweck

1 Die Vorschrift **regelt** – unter teilweiser Abweichung von § 426 – **in welchem Verhältnis** die **Ehegatten untereinander Gesamtgutsverbindlichkeiten letztlich zu tragen** haben, für die ein Ehegatte in Anspruch genommen wird: Fallen diese Verbindlichkeiten im Innenverhältnis nicht dem Gesamtgut, sondern einem der Ehegatten zur Last, hat er sie im Innenverhältnis allein zu übernehmen (Abs. 3). Ist die Gesamtgutsverbindlichkeit auch Gesamtgutslast, so haben sie grundsätzlich beide Ehegatten letztlich je zur Hälfte zu begleichen (Abs. 1, 2). Bei der bisherigen Einzelverwaltung des Gesamtguts gilt jedoch eine Einschränkung: Der bisherige Gesamtgutsverwalter ist für die Verwaltung

---

[9] RGZ 137, 53 (55); zur Unanwendbarkeit der Vorschriften über die Inventarerrichtung vgl. RGZ 79, 345 (355).
[10] Vgl. RGZ 68, 426.
[11] Vgl. RG Gruchot 48, 958; 50, 382.
[12] Erman/*Heinemann* Rn. 1 Soergel/*Gaul/Alhammer* Rn. 6 mwN.

und damit für den Bestand des Gesamtguts verantwortlich. Deshalb hat er dem anderen Ehegatten zusätzlich dafür einzustehen, dass dieser nicht über das hinaus in Anspruch genommen wird, was er aus dem Gesamtgut erlangt hat (Abs. 1).

### II. Der Inhalt der gegenseitigen Freistellungsansprüche der Ehegatten

Jeder Ehegatte hat dem anderen jeweils dafür einzustehen, dass dieser wegen einer Verbindlich- 2
keit nicht über ein bestimmtes Maß hinaus in Anspruch genommen wird. Dies bedeutet, dass der in Anspruch genommene Ehegatte vom anderen Begleichung der Verbindlichkeit im vorgeschriebenen Umfang und, falls er die Verbindlichkeit bereits beglichen hat, Ersatz in diesem Umfang verlangen kann. Ein Übergang der Forderung des Gläubigers auf den Ehegatten, der ihn befriedigt, ist anders als in § 426 Abs. 2 nicht vorgesehen. Den anderen Ehegatten trifft vor Fälligkeit der betreffenden Verbindlichkeit keine Verpflichtung, etwa zur Sicherheitsleistung. Vorläufige Sicherungsmaßnahmen (Arrest, einstweilige Verfügung) sind jedoch nach den allgemeinen Grundsätzen möglich.[1]

### III. Die einzelnen Tatbestände des Freistellungsanspruchs

Seinem Wortlaut – und seiner Stellung im Gesetz – nach regelt § 1481 nur den Ausgleich im 3
Innenverhältnis bei **Inanspruchnahme** eines Ehegatten **nach Teilung** des Gesamtguts ohne vorherige Berichtigung von Gesamtgutsverbindlichkeiten. Die Interessenlage ist aber dieselbe und die Vorschrift ist deshalb in gleicher Weise anzuwenden, wenn ein Ehegatte **vor Teilung** des Gesamtguts auf Grund seiner persönlichen Haftung **in Anspruch genommen** wird und sein Ersatzanspruch gegen das Gesamtgut wegen dessen Unzulänglichkeit nicht erfüllt wird oder wenn die Teilung des Gesamtguts wegen dessen Erschöpfung ganz unterbleibt und die Gläubiger nun die Ehegatten auf Grund ihrer persönlichen Haftung in Anspruch nehmen[2] (zur Befriedigung der Gläubiger bei Unzulänglichkeit des Gesamtguts → § 1475 Rn. 4).

Wird der **nichtverwaltende Ehegatte** wegen einer Gesamtgutslast **in Anspruch genommen** 4
(Abs. 1), so hat ihn der Gesamtgutsverwalter nicht nur von der Hälfte der Verbindlichkeit freizustellen, sondern zusätzlich dafür einzustehen, dass er nicht über das hinaus in Anspruch genommen wird, was er aus dem Gesamtgut erlangt hat. (Da jeder Ehegatte nach § 1480 auch im Außenverhältnis gegenüber dem Gläubiger nur beschränkt mit dem aus dem Gesamtgut Erlangten haftet, ist diese Bestimmung für die Fälle bedeutsam, in denen der Ehegatte nicht auf Grund § 1480, sondern auf Grund seiner unabhängig davon bestehenden persönlichen Haftung in Anspruch genommen wird). Unerheblich ist, ob das, was der andere Ehegatte aus dem Gesamtgut erlangt hat, noch vorhanden ist. Im wirtschaftlichen Ergebnis bedeutet dies, dass der Gesamtgutsverwalter, da für den Bestand des Gesamtguts verantwortlich, im Innenverhältnis Gesamtgutslasten allein tragen muss, soweit zu ihrer Berichtigung das Gesamtgut nicht ausreicht.

Obwohl nicht ausdrücklich niedergelegt, ist Abs. 1 umgekehrt zu entnehmen, dass der frühere 5
**Gesamtgutsverwalter,** der für eine Gesamtgutslast persönlich **in Anspruch genommen** wird, vom anderen Ehegatten Freistellung zur Hälfte, aber nur bis zur Grenze dessen verlangen kann, was der andere Ehegatte aus dem Gesamtgut erhalten hat.[3]

Bei früher **gemeinschaftlicher Gesamtgutsverwaltung** können die Ehegatten voneinander 6
jeweils Freistellung zur Hälfte verlangen (Abs. 2).

Für **Verbindlichkeiten, die ein Ehegatte** nach den §§ 1444 bzw. §§ 1463–1466 oder nach 7
Vereinbarung der Ehegatten im Innenverhältnis **allein zu tragen hat,** endet die persönliche Haftung des anderen Ehegatten – soweit sie überhaupt bestanden hat – grundsätzlich mit Beendigung der Gütergemeinschaft nach § 1437 Abs. 2 S. 2 bzw. § 1459 Abs. 2 S. 2 Wird der andere Ehegatte dennoch wegen einer solchen Verbindlichkeit persönlich in Anspruch genommen, weil er auf Grund Vereinbarung mit dem Gläubiger oder auf Grund § 1480 persönlich haftet, so hat er nach Abs. 3 Anspruch auf volle Freistellung gegenüber seinem Ehegatten.

## § 1482 Eheauflösung durch Tod

**[1]Wird die Ehe durch den Tod eines Ehegatten aufgelöst, so gehört der Anteil des verstorbenen Ehegatten am Gesamtgut zum Nachlass. [2]Der verstorbene Ehegatte wird nach den allgemeinen Vorschriften beerbt.**

---

1 Str.; aA Staudinger/*Thiele,* 2018, Rn. 7.
2 Aber nur dann, vgl. OLG Zweibrücken FamRZ 1992, 821; Staudinger/*Thiele,* 2018, Rn. 2.
3 Vgl. Staudinger/*Thiele,* 2018, Rn. 9.

## I. Normzweck

1 Die Vorschrift enthält im Grunde eine bloße Klarstellung. Auch ohne die ausdrückliche Regelung des § 1482 würde gelten: Wird die Gütergemeinschaft durch den Tod eines Ehegatten beendet, so fällt dessen Anteil am Gesamtgut in den Nachlass. Für seine Beerbung gilt hinsichtlich des Gesamtgutsanteils nichts besonderes, es gelten vielmehr die allgemeinen erbrechtlichen Regeln.

## II. Beendigung oder Fortsetzung der Gütergemeinschaft bei Versterben eines Ehegatten

2 Während bis zum Inkrafttreten des GleichberG am 1.7.1958 die Gütergemeinschaft beim Versterben eines Ehegatten mit den gemeinschaftlichen Abkömmlingen fortgesetzt wurde, wenn die Fortsetzung der Gütergemeinschaft nicht ausdrücklich ausgeschlossen war (was freilich regelmäßig geschah), tritt beim Tode eines Ehegatten die **fortgesetzte Gütergemeinschaft** jetzt **nur** noch ein, **wenn** die **Ehegatten dies ausdrücklich vereinbart** haben. Im Einzelnen und zur Übergangsregelung → Vor § 1483 Rn. 2.

## III. Erbfolge in den Anteil an der beendeten Gütergemeinschaft

3 Sonst gilt die Regel des § 1482: Die Gütergemeinschaft wird durch den Tod eines Ehegatten beendet. Sein **Gesamtgutsanteil fällt in** den **Nachlass** und wird nach den allgemeinen Regelungen vererbt wie sein Vorbehalts- und Sondergut. Der überlebende Ehegatte und der Erbe des Verstorbenen – bei mehreren Erben die Miterbengemeinschaft – bilden die Auseinandersetzungsgemeinschaft. Sie setzen sich nach den §§ 1471 ff. über das Gesamtgut auseinander[1] (zu den Besonderheiten der sich überlagernden Gesamthandsgemeinschaften bei Übergang des Anteils des Verstorbenen auf mehrere Miterben → § 1471 Rn. 12 f.).

## IV. Alleinige Beerbung des verstorbenen durch den überlebenden Ehegatten

4 Wird der verstorbene durch den überlebenden Ehegatten allein beerbt, wie es nach den notariellen Eheverträgen mit Wahl der Gütergemeinschaft regelmäßig vorgesehen ist, so gehen alle Gesamtgutsgegenstände auf den überlebenden Ehegatten kraft Gesetzes allein über, ohne dass es einzelner Übertragungshandlungen bedürfte, weil der überlebende Ehegatte alle Anteile an der Gesamthandsgemeinschaft in seiner Hand vereinigt, die damit in sich zusammenfällt.[2] Ist dem überlebenden Ehegatten der Anteil am Gesamtgut als Vermächtnis oder Vorausvermächtnis zugewandt, so sind die einzelnen Übertragungshandlungen dagegen erforderlich, weil die Erfüllung des Vermächtnisses durch Übertragung des Gesamtgutsanteils von dem Erben auf den überlebenden Ehegatten wegen § 1471 Abs. 2, § 1419 Abs. 2, nicht möglich ist. Ein solches Vermächtnis ist deshalb dahin auszulegen, dass dem überlebenden Ehegatten sämtliche Gegenstände des Gesamtguts zu übertragen sind.

## V. Vor- und Nacherbfolge nach dem Tode des verstorbenen Ehegatten

5 Ist der überlebende Ehegatte (befreiter) Vorerbe des erstverstorbenen geworden, fällt die Gesamthandsgemeinschaft nicht von selbst, sondern nur durch ihre Auseinandersetzung weg.[3] Außerordentlich umstr. ist, in welcher Weise sich die dem Vorerben nach §§ 2113 ff. auferlegten Beschränkungen und die Rechte des Nacherben nach §§ 2116 ff. auswirken, wenn der überlebende Ehegatte nur Vorerbe des verstorbenen geworden ist, andere Personen zu Nacherben berufen sind. Denn Nachlassgegenstand ist bis zur Gesamtgutsauseinandersetzung der Anteil des verstorbenen Ehegatten am Gesamtgut, es sind dies nicht die einzelnen Gesamtgutsgegenstände, auf die sich die §§ 2113 ff. beziehen könnten.

6 *Kanzleiter*[4] vertrat die Ansicht, der Schutz des Nacherben verlange die entsprechende Anwendung der §§ 2113 ff. und dies sei jedenfalls gegenüber der kleinsten und engsten, nur aus zwei Personen bestehenden Gesamthandsgemeinschaft, der Gütergemeinschaft, gerechtfertigt. Der Schutz der Nacherben sei in diesem Falle vorrangig. In der Folge dieser Ansicht könnte etwa ein Nacherbenvermerk im Grundbuch eingetragen werden. Das Problem, dass damit auch der eigene Gesamthands-

---

1 Eine Checkliste der Auseinandersetzung gibt *Ruby* ZEV 2017, 72 (76).

2 Vgl. BGHZ 26, 378 (381) = NJW 1958, 708.

3 *K. Schmidt* FamRZ 1976, 683 (685 f.); Palandt/*Brudermüller* Rn. 1; Soergel/*Gaul/Althammer* Rn. 3; vgl. auch BGH NJW 1964, 768 = FamRZ 1964, 194; aA OLG Hamm OLGZ 1976, 180 (185). Soweit man von einer Konsolidation ausgeht, vgl. etwa Staudinger/*Avenarius,* 2013, § 2113 Rn. 10 für Gesellschaftsanteile; *Ruby* ZEV 2017, 72 (74), wird der Gesamthands- bzw. Gesamtgutsanteil dennoch als fortbestehend fingiert im Hinblick auf die Beschwerung durch die Nacherbschaft; hierzu schon BGH DNotZ 1978, 487 = BeckRS 2015, 01508 für Konfusion und Pflichtteil.

4 → 7. Aufl. 2017, Rn. 5 *(Kanzleiter).*

anteil des überlebenden Ehegatten blockiert würde, möchte *Kanzleiter* dadurch lösen, dass ihm das Recht zugebilligt wird, dass er durch Teilauseinandersetzung als Insichgeschäft den betreffenden Gegenstand in Miteigentümerhälften aufteilt, von denen nur eine mit der Nacherbfolge belastet ist, und durch die Zubilligung des Rechtes ohne eine solche vorhergehende Auseinandersetzung über eine Hälfte frei zu verfügen.[5]

Dem folgt jedoch die ganz überwiegende Ansicht nicht (→ 7. Aufl. 2017, § 2113 Rn. 4).[6] Sie stellt den Schutz des Nacherben zurück hinter die Beschwernis des überlebenden Ehegatten, der ansonsten hinsichtlich des der Vorerbschaft unterliegenden Anteils wie auch hinsichtlich seines Eigenanteils einer Verfügungssperre unterworfen wäre, und bleibt dabei, dass **hinsichtlich des Gesamtgutanteils als Nachlassbestandteil §§ 2113 ff. nicht eingreifen.** Es wird also weder ein Nacherbenvermerk eingetragen noch besteht eine Verfügungsbeschränkung noch kommt es zu einer Surrogation. Der BGH hat die Lösung, dem Ehegatten einen Auseinandersetzungsanspruch zuzusprechen, um ihn vor einem Verfügungsverbot hinsichtlich des eigenen Anteils zu bewahren, ausdrücklich verworfen.[7] 7

## Unterkapitel 5. Fortgesetzte Gütergemeinschaft

### Vorbemerkung (Vor § 1483)

**Übersicht**



### I. Grundsätzliches zur fortgesetzten Gütergemeinschaft

1 Die Ehegatten können durch Ehevertrag vereinbaren, dass nach dem Tode des Erstversterbenden von ihnen das Gesamtgut nicht auseinandergesetzt, sondern die Gesamthandsgemeinschaft hinsichtlich des Gesamtguts von dem überlebenden Ehegatten mit den gemeinschaftlichen Abkömmlingen fortgesetzt wird. Der überlebende Ehegatte erlangt die Stellung des Gesamtgutsverwalters, die gemeinschaftlichen Abkömmlinge erhalten (mit Abweichungen) die Stellung des nichtverwaltenden Ehegatten. Das Vorbehalts- und das Sondergut des vorverstorbenen Ehegatten werden dagegen nach den allgemeinen Grundsätzen vererbt. Die Vermögen der Abkömmlinge werden vom Eintritt der fortgesetzten Gütergemeinschaft nicht berührt.

### II. Der Eintritt der fortgesetzten Gütergemeinschaft und Übergangsregelung

2 Während bis zum Inkrafttreten des GleichberG am 1.7.1958 nach § 1483 aF die Gütergemeinschaft nach dem Tode des erstverstorbenen Ehegatten fortgesetzt wurde, wenn die Ehegatten nichts anderes vereinbart oder durch Verfügung von Todes wegen bestimmt hatten (§§ 1508, 1509 aF), tritt **fortgesetzte Gütergemeinschaft** nach § 1483 Abs. 1 S. 1 nF **nur noch** ein, **wenn** die **Ehegatten dies ausdrücklich vereinbaren.** Die entsprechende Übergangsregelung enthält Art. 8 Abs. 1 Nr. 6 Abs. 1 GleichberG: Wurde der **Ehevertrag vor** dem **1.7.1958** abgeschlossen, so gilt die Fortsetzung der Gütergemeinschaft als vereinbart, falls sie im Ehevertrag nicht ausgeschlossen ist. In diesem Sinn

---

5 *Kanzleiter* ZEV 1996, 66 mN.

6 BGH NJW 1976, 893; 1978, 698 = FamRZ 1978, 184 unter Aufgabe der zwischenzeitlich vertretenen (vgl. BGH NJW 1970, 943) und unter Zurückgreifen auf die früher vertretene (vgl. BGHZ 26, 378 (381) = NJW 1958, 708; BGH NJW 1964, 768) Auffassung; BGH ZEV 2007, 323 f. mAnm *Schaub;* BayObLG Rpfleger 1981, 282; OLG München ZEV 2016, 393; *Jakobs* FamRZ 1975, 283; Soergel/*Gaul/Althammer* Rn. 3 unter Hinweis auf den immerhin bestehenden Schutz durch § 2138 Abs. 2; Staudinger/*Thiele,* 2018, Rn. 9; wie hier BGH NJW 1970, 943; OLG Hamm OLGZ 1976, 180; OLG Breslau OLGE 24, 85; *Batsch* NJW 1970, 1314 f.; *Haegele* Rpfleger 1971, 125; *Köster* DNotZ 1953, 246; *Meikel* Recht 1905, 364; *Staudenmaier* NJW 1965, 380; *Zelter* JW 1904, 250; *Kipp/Coing* ErbR § 49 II (S. 220) Fn. 3a; Erman/*Heinemann* Rn. 1; Staudinger/*Avenarius,* 2013, § 2113 Rn. 10 f.; iErg weitgehend auch *K. Schmidt* FamRZ 1976, 683 (689) m. teilweise abw. Begr.

7 BGH ZEV 2007, 323 Rn. 14; vgl. zur Situation der Erbengemeinschaft bei einer Vorerbschaft schon auf „erster Stufe" BGH ZEV 2018, 657 mit Anwendung des § 2113.

muss Art. 8 Abs. 1 S. 6 Abs. 2 GleichberG ausgelegt werden, obwohl er nur von den Fällen spricht, in denen die Ehegatten am 1.7.1958 im Güterstand der (allgemeinen) Gütergemeinschaft leben. Dasselbe muss aber gelten, wenn der Ehevertrag vor diesem Termin abgeschlossen wurde, die Gütergemeinschaft aber erst danach beginnt, sei es, dass die Eheschließung erst nach dem 1.7.1958 stattfand oder eine aufschiebende Bedingung oder Befristung vereinbart war.

### III. Der Grundgedanke der fortgesetzten Gütergemeinschaft, Vor- und Nachteile

3 Grundgedanke der fortgesetzten Gütergemeinschaft – deren Regelung ausnahmslos zwingend ist, vgl. § 1518 und die Erläuterungen hierzu – ist es, dem überlebenden Ehegatten die Auseinandersetzung mit den Abkömmlingen zu ersparen und das **gemeinschaftliche Vermögen bis zum Tode des Überlebenden** zum gemeinsamen Nutzen der Familie **zusammenzuhalten.**

4 Abgesehen von den etwaigen Unterhaltsansprüchen und den – geringen – Mitwirkungsrechten der Abkömmlinge bestimmt über die Verwendung des Gesamtguts und seiner Erträgnisse allein der überlebende Ehegatte als Gesamtgutsverwalter. Dies bedeutet, dass der **Erwerb der Abkömmlinge** aus dem Gesamtgut grundsätzlich auf den Tod des überlebenden Ehegatten **aufgeschoben** ist.

5 Entsprechend der tatsächlichen Lage ist die rechtliche Regelung und die Rechtslage in den verschiedensten Situationen außerordentlich **kompliziert.** Mag dies bei dem engen Verhältnis der Ehegatten selbst diesen oft hinnehmbar erscheinen und damit der Vereinbarung der Gütergemeinschaft nicht entgegenstehen, so fällt dieser Nachteil bei der fortgesetzten Gütergemeinschaft und dem regelmäßig weniger engen persönlichen Verhältnis zu den Abkömmlingen mehr ins Gewicht.

6 Die trotz ihrer formellen Beteiligung **für** die **Abkömmlinge wenig befriedigende Stellung** bis zum Tode des überlebenden Ehegatten und die **außerordentlich komplizierte Rechtslage,** die auch den überlebenden Ehegatten in seiner Dispositionsfreiheit einengt, lassen die fortgesetzte Gütergemeinschaft den Ehegatten **regelmäßig wenig attraktiv** erscheinen. Die gegen die Vereinbarung fortgesetzter Gütergemeinschaft sprechenden Gesichtspunkte haben sich in den vergangenen Jahrzehnten noch verstärkt, insbesondere durch die allgemeine Lockerung der Familienbindung, das weitgehende Zurücktreten eines „Familienvermögens" als wirtschaftlicher Grundlage der Familie und durch die Zunahme der durchschnittlichen Lebenserwartung mit der Folge, dass die fortgesetzte Gütergemeinschaft durchschnittlich in höherem Lebensalter der Beteiligten eintritt und mit im Regelfalle längst erwachsenen Abkömmlingen zum ebenfalls durchschnittlich später eintretenden Tod des überlebenden Ehegatten geführt werden muss.

7 Da die Ehegatten selbst beim Abschluss ihres Ehevertrages diese Spätfolgen stets nur schwer beurteilen können, folgen sie regelmäßig dem Rat des Notars. Die Notare ihrerseits raten seit langem von der Vereinbarung der fortgesetzten Gütergemeinschaft – von Ausnahmen abgesehen – **allgemein ab.** Werden schon Gütergemeinschaften heute nur noch selten vereinbart, so sind fortgesetzte Gütergemeinschaften kaum noch zu sehen. Allerdings gab es verschiedentlich Vorschläge der Vereinbarung fortgesetzter Gütergemeinschaft zur Pflichtteilsreduzierung, wo man sich zunutze machen möchte, dass nach § 2325 Abs. 3 S. 3 die Zehnjahresfrist mit dem Tod des erstversterbenden Ehegatten zu laufen beginnt, nach § 1505 aber für die Pflichtteilsergänzung erst der Tod des letztversterbenden Ehegatten maßgeblich ist, so dass pflichtteilswirksam verschenkt werden könne.[1]

### IV. Wertung

8 In den meisten Fällen dürften die **Nachteile** der fortgesetzten Gütergemeinschaft deren Vorteile tatsächlich **überwiegen.**[2] Sollen die Abkömmlinge das gemeinschaftliche Vermögen der Ehegatten erst nach dem Tode des Überlebenden erhalten, so ist die Rechtslage einfacher und auch für den Überlebenden in verschiedener Hinsicht befriedigender, wenn er zum Alleinerben oder – wenn eine Bindung zugunsten der Abkömmlinge erstrebt ist – zum Vorerben des erstversterbenden Ehegatten eingesetzt wird. In der Praxis hat sich geradezu ein **Rechtsgeschäftstypus der Kombination zwischen Ehe- und Erbvertrag** entwickelt, in dem die Rechtsverhältnisse nach dem Tod des erstversterbenden Ehegatten erbvertraglich geregelt werden und der überlebende häufig zum Alleinerben eingesetzt wird. Das Risiko, dass sich der Überlebende dann Pflichtteilsansprüchen der Abkömmlinge gegenüber sieht, lässt sich theoretisch nicht ausschließen. Falls diese Abfindungen an die Abkömmlinge schon beim Tode des Erstversterbenden nicht sogar als erwünscht angesehen und

---

1 *Milzer* ZEV 2015, 260 f.; *Ruby* ZEV 2017, 496 f.; neuere Rspr. gibt es hierzu – soweit ersichtlich – noch nicht. Angesichts der Komplexität der Regelung wird der Ratschlag auch nur in Ausnahmefällen angewendet werden.

2 Generell krit. *Behmer* FamRZ 1988, 339 (342).

deshalb angeordnet werden (was bei größeren Vermögen meist der Fall ist), kann dieses Risiko praktisch aber dadurch weitgehend ausgeschlossen werden, dass für einen Abkömmling, der beim Tode des erstversterbenden Ehegatten den Pflichtteil geltend macht, Nachteile, insbesondere beim Tode des überlebenden Ehegatten, angeordnet werden.

Auch in den – nicht allzu häufigen – **Fällen eines „Familienvermögens"** als wirtschaftlicher Grundlage der Familie bieten sich **andere Gestaltungen** regelmäßig eher an: Handelt es sich um gewerbliches Vermögen, so lassen sich die Interessenlagen des überlebenden Ehegatten und der nachfolgenden Generation durch **gesellschaftsrechtliche Lösungen** besser auflösen. Im landwirtschaftlichen Bereich ist die fortgesetzte Gütergemeinschaft meist deshalb unbefriedigend, weil angesichts des derzeitigen durchschnittlichen Lebensalters die **Wirtschaftsführung** regelmäßig nicht vom überlebenden Ehegatten, sondern – oft zu Lebzeiten beider, jedenfalls eines der Ehegatten – **von** einem der **Abkömmlinge übernommen** wird. Zur Frage, ob die Zustimmung eines anderen Abkömmlings ersetzt werden kann, wenn der überlebende Ehegatte bei fortgesetzter Gütergemeinschaft das Anwesen einem Abkömmling übergeben will, → § 1487 Rn. 8. Außerdem ist hier die fortgesetzte Gütergemeinschaft wegen der Zustimmungsbedürftigkeit aller Verfügungen über Grundbesitz (§ 1487 Abs. 1, § 1424) besonders schwerfällig. 9

Wegen ihrer sehr starken Zurückdrängung besteht derzeit die Gefahr, dass die Möglichkeit, fortgesetzte Gütergemeinschaft zu vereinbaren, von den Ehegatten (dh im Grunde den Notaren) **ganz aus dem Auge verloren** und auch dann nicht erwogen wird, wenn dieses Rechtsinstitut zu angemessenen Lösungen führen könnte. So kann die Vereinbarung einer Fortsetzung der Gütergemeinschaft (nachdem diese zunächst ausgeschlossen war) bei höherem Lebensalter der Ehegatten, unter Umständen verbunden mit der gleichzeitigen Bestimmung von Vorbehaltsgut, für das Verfügungen von Todes wegen getroffen werden, sinnvoll sein. Nicht übersehen werden darf, dass die Vereinbarung der **fortgesetzten Gütergemeinschaft** dem **überlebenden Ehegatten eine starke Stellung** verschafft, die seiner Allein- (oder Vor-)erbeinsetzung vorzuziehen sein kann, weil eine **Beeinträchtigung durch Pflichtteilsansprüche nicht möglich** ist (Pflichtteilsergänzungsansprüche können nach dem Tod des überlebenden Ehegatten wegen § 1505 geltend gemacht werden, wenn auch der überlebende Ehegatte innerhalb von zehn Jahren nach der Schenkung verstorben ist) und die **erbschaftsteuerlichen Nachteile** der Kumulierung des Vermögens beider Ehegatten beim Überlebenden **vermieden** werden. 10

## V. Steuerfolgen

Zur Erbschaftsteuer s. § 4 Abs. 1 ErbStG; beim Tod des erstversterbenden Ehegatten wird sein Anteil am Gesamtgut so behandelt, als wäre er voll den Abkömmlingen zugefallen. Die Einkünfte, die in das Gesamtgut fallen, werden nach § 28 EStG regelmäßig voll dem überlebenden Ehegatten zugerechnet; das ist verfassungskonform.[3] 11

## § 1483 Eintritt der fortgesetzten Gütergemeinschaft

**(1) [1]Die Ehegatten können durch Ehevertrag vereinbaren, dass die Gütergemeinschaft nach dem Tod eines Ehegatten zwischen dem überlebenden Ehegatten und den gemeinschaftlichen Abkömmlingen fortgesetzt wird. [2]Treffen die Ehegatten eine solche Vereinbarung, so wird die Gütergemeinschaft mit den gemeinschaftlichen Abkömmlingen fortgesetzt, die bei gesetzlicher Erbfolge als Erben berufen sind. [3]Der Anteil des verstorbenen Ehegatten am Gesamtgut gehört nicht zum Nachlass; im Übrigen wird der Ehegatte nach den allgemeinen Vorschriften beerbt.**

**(2) Sind neben den gemeinschaftlichen Abkömmlingen andere Abkömmlinge vorhanden, so bestimmen sich ihr Erbrecht und ihre Erbteile so, wie wenn fortgesetzte Gütergemeinschaft nicht eingetreten wäre.**

**Übersicht**



[3] BFH DB 1973, 1730 = BeckRS 1973, 22002158.

## I. Normzweck

1 Haben die Ehegatten die Fortsetzung der Gütergemeinschaft vereinbart, so findet nach dem Tode eines Ehegatten keine Auseinandersetzung über das Gesamtgut statt. Die Gesamthandsgemeinschaft wird vielmehr mit den gemeinschaftlichen Abkömmlingen fortgesetzt (Abs. 1). Die Rechtsstellung einseitiger Abkömmlinge des verstorbenen Ehegatten wird dadurch nicht berührt (Abs. 2).

## II. Voraussetzungen des Eintritts fortgesetzter Gütergemeinschaft

2 Anders als vor Inkrafttreten des GleichberG tritt fortgesetzte Gütergemeinschaft nur noch ein, wenn die Ehegatten dies ausdrücklich durch Ehevertrag vereinbart haben (Abs. 1 S. 1). Diese **Vereinbarung** kann sofort bei Begründung der Gütergemeinschaft oder später getroffen und jederzeit aufgehoben werden (§ 1518 S. 2; § 1411 Abs. 1 S. 2 und Abs. 2 S. 1 gelten hierfür nicht). Es ist auch möglich zu vereinbaren, dass die Gütergemeinschaft nur dann fortgesetzt werden soll, wenn der Ehemann oder die Ehefrau zuerst verstirbt.

3 Wenn vereinbart, tritt fortgesetzte Gütergemeinschaft beim **Tode des zuerst versterbenden Ehegatten** ein. Todeserklärung steht gleich (vgl. § 9 Abs. 1 VerschG; eine ausdrückliche Regelung entsprechend § 1494 Abs. 2 fehlt). Lebt der für tot erklärte Ehegatte, so wird die Gütergemeinschaft zwischen ihm und dem anderen Ehegatten weitergeführt, wenn er wieder auftaucht (→ § 1471 Rn. 2).

4 Der Eintritt fortgesetzter Gütergemeinschaft setzt weiter voraus, dass **einer der** beiden **Ehegatten den anderen überlebt.** Versterben sie gleichzeitig, tritt Erbfolge nach den allgemeinen Bestimmungen ein. Umstritten ist, ob **Erbunwürdigkeit** des Überlebenden auch die ihm bei Fortsetzung der Gütergemeinschaft zufallende Rechtsstellung wegfallen lässt (eine § 1506 für die Erbunwürdigkeit eines Abkömmlings entsprechende Regelung fehlt). Mit der hM ist dies anzunehmen, weil ein zur Erbunwürdigkeit führendes Verhalten auch der auf Grund Ehevertrags bei Fortsetzung der Gütergemeinschaft auf ihn nach dem Tode des anderen Ehegatten übergehenden Rechtsposition die Berechtigung entzieht (→ § 1506 Rn. 3 mwN).[1]

5 Bisher war weiter umstritten, ob fortgesetzte Gütergemeinschaft auch eintrat, wenn der verstorbene Ehegatte berechtigt war, Antrag auf Scheidung oder Aufhebung der Ehe zu stellen, und diesen gestellt hatte (vgl. § 1933).[2] Nachdem die Neufassung des § 1509 den Antrag auf Aufhebung der Ehe ausdrücklich als Grund anerkannt hat, die Fortsetzung der Gütergemeinschaft durch Testament auszuschließen, muss davon ausgegangen werden, dass nach dem Willen des Gesetzes der **Antrag auf Aufhebung der Ehe oder Scheidung durch** den **verstorbenen Ehegatten** allein ohne entsprechendes Testament **keinen Einfluss** auf die Fortsetzung der Gütergemeinschaft hat (→ § 1509 Rn. 3).

6 Schließlich kann fortgesetzte Gütergemeinschaft nur eintreten, wenn beim Tode des erstversterbenden Ehegatten **gemeinschaftliche Abkömmlinge vorhanden** (oder erzeugt, § 1923 Abs. 2) sind, die bei Eintritt gesetzlicher Erbfolge zu Erben berufen wären (bei angenommenen Kindern s. § 1754, § 1767 Abs. 2, § 1770 Abs. 1, 2, § 1772; nichteheliche Abkömmlinge eines Ehegatten kommen schon deshalb nicht in Betracht, weil sie nicht gemeinschaftlich sind).[3] Abkömmlinge, die nach den erbrechtlichen Vorschriften nicht gesetzliche Erben würden (zB wegen Erbverzichts; dasselbe galt nichtehelichen Abkömmlingen, denen statt des gesetzlichen Erbteils nach § 1934 aF ein Erbersatzanspruch zustünde, → Rn. 8; die Folgen der Erbunwürdigkeit regelt § 1506) oder die nach §§ 1511, 1517 von der fortgesetzten Gütergemeinschaft ausgeschlossen sind, bleiben außer Betracht. Die Ehegatten können daher durch gemeinschaftliches Testament (oder auch durch einseitiges Testament mit Zustimmung des anderen Ehegatten, § 1516 Abs. 1, vgl. auch § 1516 Abs. 3) die ehevertraglich vereinbarte Fortsetzung der Gütergemeinschaft dadurch ausschließen, dass sie allen Abkömmlingen die Beteiligung an der fortgesetzten Gütergemeinschaft entziehen. Im Zweifel ist aber anzunehmen, dass sich die Verfügung von Todes wegen eines Ehegatten für den Fall, dass er zuerst verstirbt, nur auf sein Vorbehalts- und Sondergut, nicht auf den Gesamtgutsanteil beziehen soll.[4]

7 Durch **einseitiges Testament** kann der Eintritt der fortgesetzten Gütergemeinschaft **in den Fällen** des § 1509 **ausgeschlossen** werden.

---

[1] HM; Staudinger/*Thiele*, 2018, Rn. 6; aA RGRK-BGB/*Finke* § 1506 Rn. 2.

[2] Die hM vertrat die Auffassung, die Gütergemeinschaft werde trotz der erhobenen Klage fortgesetzt; aA Staudinger/*Felgentraeger*, 10./11. Aufl. 1970, Rn. 8 mzN zu beiden Auffassungen; wie im Text jetzt auch Staudinger/*Thiele*, 2018, Rn. 7.

[3] Vgl. BGHZ 63, 35 = NJW 1974, 1764.

[4] Vgl. KGJ 51, 168; zu Fällen des Ausschlusses fortgesetzter Gütergemeinschaft, insbesondere durch Erbeinsetzung des überlebenden Ehegatten, s. RGZ 94, 314; RG Recht 1930 Nr. 1720.

Durch Gesetz zur erbrechtlichen **Gleichstellung nichtehelicher Kinder** vom 16.12.1997 (BGBl. 1997 I 2968, BGBl. 1998 I 524; zweites Gesetz vom 12.4.2011, BGBl. 2011 I 615) wurden die Sonderregelungen für das Erbrecht nichtehelicher Kinder beim Tode ihrer Väter aufgehoben. Zur Rechtslage für vor dem 1.4.1998 (vgl. Art. 227 EGBGB) eingetretene Erbfälle 3. Aufl. 1993. 8

### III. Folgen des Eintritts fortgesetzter Gütergemeinschaft

Tritt fortgesetzte Gütergemeinschaft ein, so wird die **Gesamthandsgemeinschaft über** das **Gesamtgut** vom überlebenden Ehegatten mit den gemeinschaftlichen Abkömmlingen **fortgesetzt,** soweit sie nach → Rn. 6 ff. nicht vom Eintritt in die fortgesetzte Gütergemeinschaft ausgeschlossen sind. Die Identität der Gesamthandsgemeinschaft bleibt gewahrt, nur deren Mitglieder haben gewechselt. Der Mitgliederwechsel findet kraft Gesetzes statt, ohne dass Aufnahme- oder gar einzelne Übertragungsakte notwendig wären. 9

Das **Grundbuch** ist **unrichtig** geworden und auf Antrag mit Unrichtigkeitsnachweis zu berichtigen (s. §§ 22, 35 Abs. 2 GBO). Eine **Eintragung** der fortgesetzten Gütergemeinschaft **im Güterrechtsregister** ist **nicht** vorgesehen, da das Güterrechtsregister nur über die güterrechtlichen Verhältnisse während der Ehe Auskunft gibt. Für die notwendige Publizität sorgt das Zeugnis über die Fortsetzung der Gütergemeinschaft gemäß § 1507. 10

**Vorbehalts- und Sondergut des verstorbenen** Ehegatten werden dagegen nach den allgemeinen Vorschriften **vererbt.** Auch für Pflichtteilsansprüche (mit Ausnahme der Ansprüche einseitiger Kinder des Verstorbenen, → Rn. 13 ff.) gelten nur das Vorbehalts- und Sondergut als Nachlass. Für Pflichtteilsergänzungsansprüche sind nur Schenkungen aus dem Vorbehalts- und Sondergut heranzuziehen. Auch die unentgeltliche Umwandlung von Vorbehalts- in Gesamtgut löst keinen Pflichtteilsergänzungsanspruch aus. Was der überlebende Ehegatte aus dem Vorbehaltsgut erbt, wird nach § 1485 regelmäßig Gesamtgut, was er aus dem Sondergut erbt, wird regelmäßig wieder Sondergut (§ 1486 Abs. 2, § 1417 Abs. 2). Was die Abkömmlinge aus Vorbehalts- und Sondergut erhalten, wird ihr freies Vermögen. 11

Auch den **Nachlassgläubigern gegenüber** sind **nur Vorbehalts- und Sondergut** „der **Nachlass".** Auf sie können die Erben ihre Haftung begrenzen, schon bei ihrer Unzulänglichkeit die Dürftigkeitseinrede nach § 1909 erheben. Dies ist gerechtfertigt, weil der Nachlassgläubiger, der nicht gleichzeitig Gesamtgutsgläubiger ist, auch zu Lebzeiten des verstorbenen Ehegatten nur dessen Vorbehalts- und Sondergut hätte in Anspruch nehmen können. Ist der Nachlassgläubiger zugleich Gesamtgutsgläubiger, haftet ihm das Gesamtgut weiterhin (§ 1488). 12

### IV. Einseitige Abkömmlinge des Verstorbenen

Hat der erstverstorbene Ehegatte **einseitige Abkömmlinge,** so soll deren **Rechtsstellung** nach Abs. 2 durch den Eintritt der fortgesetzten Gütergemeinschaft **nicht berührt** werden. Ihre **Pflichtteils- und Pflichtteilsergänzungsansprüche** berechnen sich daher **unter Einbeziehung des Gesamtgutsanteils des verstorbenen Ehegatten** und unter anteilsmäßiger Berücksichtigung von Schenkungen aus dem Gesamtgut. Für Pflichtteil, Pflichtteilsergänzungsanspruch und Vermächtnis haftet ihnen nach den allgemeinen Grundsätzen auch der Gesamtgutsanteil des Verstorbenen. 13

Während für Pflichtteil oder Vermächtnis der einseitigen Abkömmlinge als schuldrechtliche Ansprüche sonst keine Besonderheiten gelten,[5] ist die Rechtslage problematisch, wenn ein **einseitiger Abkömmling Erbe** des verstorbenen Ehegatten wird: Der Grundsatz, dass die Gesamthandsgemeinschaft über das nicht auseinanderzusetzende Gesamtgut zwischen überlebendem Ehegatten und gemeinschaftlichen Abkömmlingen fortgesetzt wird (Abs. 1), der einseitige Abkömmling in diese Gesamthandsgemeinschaft also nicht eintritt, steht in unlösbarem Widerspruch zu der Forderung des Abs. 2, dass die Rechtsstellung des einseitigen Abkömmlings durch die Vereinbarung der fortgesetzten Gütergemeinschaft nicht beeinflusst werden soll. Entfernte Parallelen weist die Erbfolge in einen Gesellschaftsanteil auf, der nach dem Gesellschaftsvertrag nicht auf die Erben oder nicht auf alle Erben des Gesellschafters übergehen kann. Man wird diesen Gegensatz am besten lösen, wenn dem ersten Grundsatz Vorrang gegeben, dem einseitigen Abkömmling also ein bloß **schuldrechtlicher Anspruch auf Teilauseinandersetzung** eingeräumt wird, der zwar das Recht, Naturalteilung nach §§ 2042, 752 zu verlangen, einschließt, ihm aber das Recht vorenthält, Teilungsversteigerung nach § 753 zu verlangen, weil dies mit dem Grundgedanken der fortgesetzten Gütergemeinschaft, der Erhaltung des Gesamtguts in seiner Substanz, unvereinbar wäre. Rechtfertigen lässt sich dies damit, dass die ehevertragliche Vereinbarung der fortgesetzten Gütergemeinschaft Erbvertragsform erfüllt (§ 2276 Abs. 2) und damit der verstorbene Ehegatte mit dem Abschluss des Ehevertrages in einer Form, die einer Verfügung von Todes wegen genügt, den Weiterbestand des Gesamtguts bei 14

[5] Vgl. BayObLGZ 5, 85.

dem überlebenden Ehegatten und (nur) den gemeinschaftlichen Abkömmlingen – entsprechend einer Teilungsanordnung in der Verfügung von Todes wegen, vgl. § 2048 – gewünscht und die damit notwendige rechtliche Zurücksetzung seiner einseitigen Abkömmlinge in Kauf genommen hat.[6] Die Regelung des § 1485 Abs. 1 ist demgegenüber als bloße Klarstellung zu sehen. Zudem wird die Ansicht vertreten, dass die Ansprüche einseitiger Abkömmlinge zunächst aus dem Vorbehalts- und – soweit rechtlich möglich – dem Sondergut des verstorbenen Ehegatten zu befriedigen sind.[7]

15 Während unter den gemeinschaftlichen Abkömmlingen nur Vorempfänge aus Vorbehalts- oder Sondergut auszugleichen sind (vgl. § 1503 für die spätere Auseinandersetzung des Gesamtguts), bemisst sich der Anteil eines einseitigen Abkömmlings unter **Berücksichtigung aller Vorempfänge** sämtlicher Abkömmlinge, gleichgültig aus welcher Vermögensmasse.

16 Umstritten ist, ob das, **was** einem **einseitigen Abkömmling** aus dem Gesamtgut **zusteht,** durch Verfügung von Todes wegen **Dritten zugewendet** werden kann. Entgegen der hM,[8] die den Anteil, welcher dem einseitigen Abkömmling zusteht, sozusagen als frei verfügbare Nachlassmasse ansieht, ist dies abzulehnen: Abs. 2 enthält einzig die Ausnahme vom Grundsatz der vollständigen Erhaltung des Gesamtguts in der fortgesetzten Gütergemeinschaft. Er ist Schutzvorschrift nur zugunsten einseitiger Abkömmlinge, macht deren Anteil aber nicht disponibel. Hat der verstorbene Ehegatte einem einseitigen Abkömmling durch Verfügung von Todes wegen etwas entzogen, so setzt sich der Grundsatz der fortgesetzten Gütergemeinschaft durch, das Entzogene bleibt zwingend im Gesamtgut und fällt in die fortgesetzte Gütergemeinschaft.[9] Eine dem § 1514 entsprechende gesetzliche Anordnung fehlt für diesen Fall gerade. Entspricht dies nicht dem Willen des verstorbenen Ehegatten, gelten die allgemeinen Irrtumsregeln.

## § 1484 Ablehnung der fortgesetzten Gütergemeinschaft

**(1) Der überlebende Ehegatte kann die Fortsetzung der Gütergemeinschaft ablehnen.**

**(2) [1]Auf die Ablehnung finden die für die Ausschlagung einer Erbschaft geltenden Vorschriften der §§ 1943 bis 1947, 1950, 1952, 1954 bis 1957, 1959 entsprechende Anwendung. [2]Bei einer Ablehnung durch den Betreuer des überlebenden Ehegatten ist die Genehmigung des Betreuungsgerichts erforderlich.**

**(3) Lehnt der Ehegatte die Fortsetzung der Gütergemeinschaft ab, so gilt das Gleiche wie im Falle des § 1482.**

### I. Normzweck

1 Die Vereinbarung fortgesetzter Gütergemeinschaft soll dem überlebenden Ehegatten das Gesamtgut unter seiner Verwaltungszuständigkeit erhalten. Deshalb ist der Überlebende nicht gezwungen, die Gütergemeinschaft fortzusetzen, sondern kann dies ablehnen.

### II. Annahme und Ablehnung der fortgesetzten Gütergemeinschaft

2 Auf die Ablehnung finden die **Vorschriften über die Erbschaftsausschlagung Anwendung,** soweit sie passen. Der überlebende Ehegatte kann die Fortsetzung der Gütergemeinschaft nicht mehr ablehnen, wenn er sie angenommen hat (§ 1943). Die Frist zur Ablehnung (§ 1944) beginnt mit Kenntnis vom Eintritt fortgesetzter Gütergemeinschaft, nicht schon vom Tode des anderen Ehegatten; auch ein Rechtsirrtum schließt den Beginn der Frist aus.[1] Die Eröffnung einer Verfügung von Todes wegen ist dagegen für den Eintritt der fortgesetzten Gütergemeinschaft und damit auch für

---

[6] AA *Kappler,* Die Beendigung der Gütergemeinschaft, 2006, 289 f. unter Berufung auf Staudinger/*Thiele,* 2018, Rn. 22; zur Lösung des Problems werden verschiedene unterschiedliche Auffassungen vertreten. Nach KGJ 34, A 229 wird Gesamtgut der fortgesetzten Gütergemeinschaft nur der Teil des ehelichen Gesamtguts, der nicht auf die einseitigen Abkömmlinge als Erben übergeht. Billigt man dem einseitigen Abkömmling einen (wenn auch nur schuldrechtlichen, wie *Gernhuber/Coester-Waltjen* FamR § 39 Rn. 5) Anspruch auf Auseinandersetzung in gleicher Weise zu, so wird übersehen, dass damit der Bestand des Gesamtguts wegen §§ 2042, 753 grdl. gefährdet werden kann; vgl. *W. Müller* FamRZ 1956, 339; *Dölle* FamR I § 81 VI 3a; Enneccerus/*Kipp/Wolff* FamR § 67 IV 3; Erman/*Heinemann* Rn. 4, 5; Planck/*Unzner* Anm. IV 6; Soergel/*Gaul/Althammer* Rn. 5, 6; Staudinger/*Thiele,* 2018, Rn. 22; vgl. auch RGZ 118, 389.

[7] Staudinger/*Thiele,* 2018, Rn. 22; Soergel/*Gaul/Althammer* Rn. 6.

[8] BayObLGZ 1950/51, 383; *Dölle* FamR I § 81 VI 3a; Erman/*Heinemann* Rn. 4; RGRK-BGB/*Finke* Rn. 12; Soergel/*Gaul/Althammer* Rn. 7; Staudinger/*Thiele,* 2018, Rn. 24 mwN.

[9] Enneccerus/*Kipp/Wolff* FamR § 67 Fn. 19; *Gernhuber/Coester-Waltjen* FamR § 39 I Rn. 7; Bamberger/Roth/Hau/Poseck/*Siede* Rn. 13.

[1] BGHZ 31, 206 (209) = NJW 1960, 480; allgM.

den Beginn der Ablehnungsfrist ohne Bedeutung;[2] eine Verfügung von Todes wegen kann höchstens dazu führen, dass die an sich vereinbarte Fortsetzung der Gütergemeinschaft nicht eintritt (→ § 1483 Rn. 6 f.). Obwohl von der Verweisung in Abs. 2 an sich erfasst, ist § 1944 Abs. 2 S. 2 als nicht passend unanwendbar. Eine verspätete Ablehnung kann in eine Aufhebungserklärung nach § 1492 umgedeutet werden.[3] Bei der Umdeutung ist allerdings Vorsicht geboten, weil die Auseinandersetzungsfolgen erheblich differieren (→ § 1498 Rn. 5).

Für die Ablehnung durch einen Betreuer ist die Genehmigung des Betreuungsgerichts erforderlich, ebenso wenn bei einer Ablehnung durch den Betreuten selbst im Bereich eines Einwilligungsvorbehaltes die Einwilligung des Betreuers nach § 1903 erforderlich ist, nicht aber für die eigene Ablehnung durch den geschäftsfähigen Betreuten selbst.[4] Ist über das Vermögen des Überlebenden das **Insolvenzverfahren** eröffnet, so erklärt Annahme oder Ablehnung trotzdem er selbst (§ 83 Abs. 1 InsO), nicht der Insolvenzverwalter. 3

**Annahme und Ablehnung** sind nach den für die Annahme und Ausschlagung der Erbschaft geltenden Grundsätzen und mit den dafür geltenden Rechtsfolgen (vgl. §§ 1954 ff.) **anfechtbar.** 4

Dass das **Ablehnungsrecht vererblich** ist (§ 1952), hat Bedeutung für die Rechtslage zwischen dem Tode des zuerst- und des zuletzt verstorbenen Ehegatten. Lehnt der Erbe des Überlebenden die Fortsetzung der Gütergemeinschaft ab, so treten die gleichen Rechtsfolgen ein, wie wenn der Ehegatte selbst abgelehnt hätte, dh die Gütergemeinschaft endet mit dem Tode des Zuerstverstorbenen. Andernfalls tritt fortgesetzte Gütergemeinschaft ein, die erst mit dem Tod des Überlebenden endet (§ 1494 Abs. 1). 5

Vgl. auch im Übrigen die Vorschriften über die Erbschaftsausschlagung, auf die in Abs. 2 verwiesen ist, und die Erläuterungen hierzu. 6

### III. Folgen der Ablehnung

Lehnt der überlebende Ehegatte die Fortsetzung der Gütergemeinschaft ab, so endet die Gütergemeinschaft (rückwirkend mit dem Tod des Zuerstverstorbenen). Der **Anteil des Verstorbenen fällt in** seinen **Nachlass,** er wird nach den allgemeinen Vorschriften beerbt (§ 1482). Jeder Ehegatte kann durch Verfügung von Todes wegen seine Beerbung für den Fall regeln, dass der andere Ehegatte als überlebender die Fortsetzung der Gütergemeinschaft ablehnt. Der überlebende Ehegatte setzt sich nach §§ 1471 ff. mit den Erben des Verstorbenen über das Gesamtgut auseinander. 7

Für **Verwaltungsmaßnahmen** des Überlebenden gelten **bis zur Ablehnung** § 1959, danach § 1472 Abs. 4, darüber hinaus ergänzend die Grundsätze über die Geschäftsführung ohne Auftrag. 8

## § 1485 Gesamtgut

**(1) Das Gesamtgut der fortgesetzten Gütergemeinschaft besteht aus dem ehelichen Gesamtgut, soweit es nicht nach § 1483 Abs. 2 einem nicht anteilsberechtigten Abkömmling zufällt, und aus dem Vermögen, das der überlebende Ehegatte aus dem Nachlass des verstorbenen Ehegatten oder nach dem Eintritt der fortgesetzten Gütergemeinschaft erwirbt.**

**(2) Das Vermögen, das ein gemeinschaftlicher Abkömmling zur Zeit des Eintritts der fortgesetzten Gütergemeinschaft hat oder später erwirbt, gehört nicht zu dem Gesamtgut.**

**(3) Auf das Gesamtgut findet die für die eheliche Gütergemeinschaft geltende Vorschrift des § 1416 Abs. 2 und 3 entsprechende Anwendung.**

### I. Normzweck

Bei Eintritt der fortgesetzten Gütergemeinschaft bleibt die Gesamthandsgemeinschaft über das Gesamtgut bestehen.[1] Nur ihre Mitglieder haben gewechselt. Gesamtgut wird auch, was der überlebende Ehegatte während der fortgesetzten Gütergemeinschaft erwirbt. Für den Übergang in das Gesamtgut und die Grundbuchberichtigung gelten die allgemeinen Grundsätze des § 1416 Abs. 2 und 3. Das Vermögen der Abkömmlinge bleibt von der fortgesetzten Gütergemeinschaft völlig unberührt. 1

---

2 RG Recht 1924 Nr. 1607; KG KGJ 51, 172.

3 *Dölle* FamR I § 81 III 2b Fn. 28; Soergel/*Gaul/Althammer* Rn. 5; aA Staudinger/*Thiele,* 2018, Rn. 7.

4 So die hM Bamberger/Roth/Hau/Poseck/*Siede* Rn. 4 mwN; Soergel/*Gaul/Althammer* Rn. 6; Staudinger/*Thiele,* 2018, Rn. 6.

1 Vgl. RGZ 129, 120.

## II. Umfang des Gesamtguts

2 Das **Gesamtgut der ehelichen Gütergemeinschaft** wird mit Eintritt der fortgesetzten Gütergemeinschaft deren Gesamtgut. Hierzu gehören auch die Ansprüche gegen den überlebenden Ehegatten auf Leistungen aus dessen Vorbehalts- oder Sondergut zum Gesamtgut (vgl. §§ 1435 S. 3, 1445, 1446, 1467, 1468), deren Fälligkeit weiterhin bis zur Beendigung der fortgesetzten Gütergemeinschaft aufgeschoben ist (§ 1487 Abs. 2). In das Gesamtgut fällt weiter jeglicher **Erwerb des überlebenden Ehegatten, soweit** er **nicht Vorbehalts- oder Sondergut** wird (vgl. § 1486), sowohl aus dem Nachlass des vorverstorbenen Ehegatten (dh aus dessen Vorbehalts- oder Sondergut), als auch aus anderen Erwerbsquellen während der fortgesetzten Gütergemeinschaft, so zB auch eine Lebensversicherung nach dem Tode des zuerst verstorbenen Ehegatten (sofern sie nicht Vorbehaltsgut wird, → § 1486 Rn. 5).

3 Das **Gesamtgut mindert sich** um das, was ein einseitiger Abkömmling entsprechend § 1483 Abs. 2 erhält, eine bloße Klarstellung, weil die an ihn übergehenden Gegenstände durch Rechtsgeschäft aus dem Gesamtgut ausscheiden (→ § 1483 Rn. 14). Entsprechendes gilt für Leistungen nach dem Tod des zuerst verstorbenen Ehegatten an gemeinschaftliche Abkömmlinge, die von der fortgesetzten Gütergemeinschaft ausgeschlossen sind (gemäß § 1511 Abs. 2), oder für Zuwendungen an Dritte (nach § 1514).

4 Inhaber eines zum Gesamtgut gehörenden **Handelsgeschäfts** ist der überlebende Ehegatte, weil nur er es „betreibt" (§ 1 Abs. 1 HGB), auch wenn das Geschäftsvermögen Gesamtgut ist. Nur er ist deshalb in das Handelsregister als Inhaber einzutragen.[2] Er kann es unter der alten oder einer neuen Firma weiterführen. Die Gründung einer **Gesellschaft** zwischen dem überlebenden Ehegatten und den Abkömmlingen ist ohne weiteres möglich. Inwieweit der Anteil des Ehegatten in das Gesamtgut fällt, bestimmt sich nach den allgemeinen Grundsätzen.

5 Auch bei der fortgesetzten Gütergemeinschaft wird die **Zugehörigkeit** eines dem überlebenden Ehegatten gehörenden Gegenstandes **zum Gesamtgut vermutet.**

6 **Abs. 2** stellt klar, dass das **Vermögen der Abkömmlinge** von der fortgesetzten Gütergemeinschaft völlig **unberührt** bleibt und unabhängig vom Zeitpunkt seines Erwerbs nicht in das Gesamtgut fällt. Vermögen der Abkömmlinge kann nicht durch – quasi-ehevertragliche[3] – Vereinbarung zu Gesamtgut erklärt werden, es kann aber durch Rechtsgeschäft des Abkömmlings mit dem überlebenden Ehegatten in das Gesamtgut übergehen.

## III. Erwerb des Gesamtguts und Grundbuchberichtigung

7 Nach Abs. 3 gelten für den Erwerb des Gesamtguts **§ 1416 Abs. 2,** für die Berichtigung des Grundbuchs und der ähnlichen Register **§ 1416 Abs. 3 entsprechend.** Vgl. daher die Erläuterungen zu diesen Vorschriften. Übergang des ehelichen Gesamtguts und **Erwerb des Gesamtguts** der fortgesetzten Gütergemeinschaft treten wie bei der ehelichen Gütergemeinschaft ipso iure ein, ohne dass es besonderer Übertragungsakte bedürfte. Auch sonst gilt nichts anderes als bei der Gütergemeinschaft zu Lebzeiten beider Ehegatten.

8 Die **Grundbuchberichtigung** setzt neben dem Antrag eines Beteiligten nach § 22 GBO entweder die Bewilligung aller anderen Beteiligten oder den Nachweis der Unrichtigkeit in der Form des § 29 GBO voraus. Da der Unrichtigkeitsnachweis regelmäßig zu führen ist (durch Zeugnis gemäß § 1507 oder Ehevertrag und Personenstandsurkunden), braucht auch hier von der Möglichkeit des § 1416 Abs. 3 selten Gebrauch gemacht zu werden.[4] **§ 40 GBO** ist entsprechend anwendbar, auch wenn nur einer der Ehegatten im Grundbuch eingetragen ist, obwohl eine ausdrückliche Regelung fehlt.[5]

## § 1486 Vorbehaltsgut; Sondergut

**(1) Vorbehaltsgut des überlebenden Ehegatten ist, was er bisher als Vorbehaltsgut gehabt hat oder was er nach § 1418 Abs. 2 Nr. 2, 3 als Vorbehaltsgut erwirbt.**

**(2) Sondergut des überlebenden Ehegatten ist, was er bisher als Sondergut gehabt hat oder was er als Sondergut erwirbt.**

---

2 AllgM im Anschluss an KG JFG 6, 193; vgl. *Dölle* FamR I § 82 I 1d Fn. 10; Erman/*Heinemann* Vor § 1483 Rn. 2 aE; Soergel/*Gaul/Althammer* Vor § 1483 Rn. 7; Staudinger/*Thiele,* 2018, Vor § 1483 Rn. 17.

3 Vgl. RGRK-BGB/*Finke* Rn. 7, 8.

4 Vgl. KGJ 48, 210; KG JW 1935, 2515.

5 HM, KG JFG 1, 293; Erman/*Heinemann* Vor § 1483 Rn. 2; Soergel/*Gaul/Althammer* Rn. 7; Staudinger/*Thiele,* 2018, Vor § 1483 Rn. 15; aA die frühere Rspr.; KGJ 37, A 256; 38, A 212; OLG Hamburg OLGE 18, 218; vgl. auch KGJ 52, 134.

## I. Normzweck

1 Für den Umfang des Vorbehalts- und Sonderguts des überlebenden Ehegatten gelten nach § 1486 im Wesentlichen die gleichen Regeln wie bei der ehelichen Gütergemeinschaft. Grundsätzlicher Unterschied ist, dass Vorbehaltsgut durch Vereinbarung nicht neu geschaffen werden kann.

## II. Umfang des Vorbehaltsguts

2 Das **Vorbehaltsgut des überlebenden Ehegatten** zum Zeitpunkt des Todes des anderen Ehegatten bleibt Vorbehaltsgut auch während der fortgesetzten Gütergemeinschaft. In das Vorbehaltsgut fallen **unentgeltliche Zuwendungen** unter Lebenden oder von Todes wegen, die der überlebende Ehegatte während der fortgesetzten Gütergemeinschaft mit der Bestimmung zu Vorbehaltsgut erhält (vgl. § 1418 Abs. 2 Nr. 2), sowie die **Surrogate** des Vorbehaltsguts (vgl. § 1418 Abs. 2 Nr. 3).

3 Durch quasi-ehevertragliche **Vereinbarung** zwischen dem überlebenden Ehegatten und seinen Abkömmlingen kann dagegen Gesamtgut **nicht** in **Vorbehaltsgut** umgewandelt werden (vgl. § 1518). Die **Umwandlung** lässt sich aber durch rechtsgeschäftliche Herausnahme eines Gegenstandes aus dem Gesamtgut und anschließende unentgeltliche Zuwendung des Erwerbers an den überlebenden Ehegatten zu Vorbehaltsgut erreichen. Geschieht dies unter Benachteiligung der Abkömmlinge, stehen diesen die allgemeinen Rechte und daneben unter den entsprechenden Voraussetzungen das Recht zum Aufhebungsantrag (§ 1495 Nr. 1) oder ein Ersatzanspruch gemäß § 1487 Abs. 1, § 1445 Abs. 2 zu.

4 Umstritten ist, ob die **Ehegatten** durch Ehevertrag **zu ihren Lebzeiten** bestimmte **Gegenstände, die** einer der **Ehegatten in Zukunft erwerben wird,** für den Fall des Todes eines von ihnen und des Eintritts der fortgesetzten Gütergemeinschaft dem Gesamtgut entziehen und **zu Vorbehaltsgut erklären** können. Die überwM lehnt dies ab,[1] eine Mindermeinung lässt es jedenfalls dann zu, wenn die Regelung für die Zeit der Gütergemeinschaft allgemein, nicht nur für die Zeit der fortgesetzten Gütergemeinschaft gelten soll.[2] Der überwM ist zuzustimmen: Durch die ausdrücklich und generell unterlassene Verweisung auf § 1418 Abs. 2 Nr. 1 bringt das Gesetz zum Ausdruck, dass es dem Schutz der Abkömmlinge vor nachteiligen ehevertraglichen Abmachungen der Ehegatten den Vorrang einräumt. Eine solche Vereinbarung im Ehevertrag tritt also mit der fortgesetzten Gütergemeinschaft außer Kraft, von ihr an sich erfasster künftiger Erwerb wird Gesamtgut.

5 Dagegen ist es möglich, dass die Ehegatten im Ehevertrag **Gegenstände des Gesamtguts aufschiebend bedingt** durch den Tod des Erstversterbenden zu **Vorbehaltsgut** des Überlebenden erklären. Auch eine Lebensversicherung auf den Fall des Todes des erstversterbenden Ehegatten kann durch den Versicherten zu Vorbehaltsgut des begünstigten Ehegatten bestimmt werden, wenn diesem der Anspruch im Todesfall unmittelbar gegen den Versicherer zuwächst und damit vom Eintritt der fortgesetzten Gütergemeinschaft ebenso wenig berührt wird wie von der Erbfolge.

## III. Umfang des Sonderguts

6 Zum Umfang des Sonderguts gelten **keine Besonderheiten** gegenüber § 1417 Abs. 2 (→ § 1417 Rn. 1 ff.).

## IV. Verwaltung und Nutzungen des Vorbehalts- und des Sonderguts

7 § 1486 verweist nicht ausdrücklich auf die Regelungen über die Verwaltung und die Nutzungen des Vorbehalts- und des Sonderguts. Die Vorschrift sieht sie als begrifflichen Bestandteil der Vorbehalts- bzw. Sondergutseigenschaft an (obwohl dies teilweise nicht zwingend zutrifft, → § 1417 Rn. 7). Vgl. deshalb § 1417 Abs. 3 und § 1418 Abs. 3 (§ 1418 Abs. 4 gilt dagegen nicht mehr) und die Erläuterungen hierzu.

# § 1487 Rechtsstellung des Ehegatten und der Abkömmlinge

**(1) Die Rechte und Verbindlichkeiten des überlebenden Ehegatten sowie der anteilsberechtigten Abkömmlinge in Ansehung des Gesamtguts der fortgesetzten Gütergemeinschaft bestimmen sich nach den für die eheliche Gütergemeinschaft geltenden Vorschrif-**

---

[1] *Krüger/Breetzke/Nowak* Anm. 2; Palandt/*Brudermüller* Rn. 1; RGRK-BGB/*Finke* Rn. 2; Soergel/*Gaul/Althammer* Rn. 4; Staudinger/*Thiele,* 2018, Rn. 9; Bamberger/Roth/*J. Mayer* Rn. 3.

[2] *Gernhuber/Coester-Waltjen* FamR § 39 Rn. 33 mwN in Fn. 38; Erman/*Heinemann* Rn. 1; Planck/*Unzner* § 1486 Anm. 2.

**ten der §§ 1419, 1422 bis 1428, 1434, des § 1435 Satz 1, 3 und der §§ 1436, 1445; der überlebende Ehegatte hat die rechtliche Stellung des Ehegatten, der das Gesamtgut allein verwaltet, die anteilsberechtigten Abkömmlinge haben die rechtliche Stellung des anderen Ehegatten.**

**(2) Was der überlebende Ehegatte zu dem Gesamtgut schuldet oder aus dem Gesamtgut zu fordern hat, ist erst nach der Beendigung der fortgesetzten Gütergemeinschaft zu leisten.**

**Übersicht**



## I. Normzweck

1 **Abs. 1** ist die grundlegende Vorschrift der fortgesetzten Gütergemeinschaft, die die rechtliche Stellung des überlebenden Ehegatten und der Abkömmlinge hinsichtlich des Gesamtguts regelt und dabei auf die eheliche Gütergemeinschaft mit alleiniger Verwaltung des Gesamtguts durch einen Ehegatten verweist: Der überlebende Ehegatte hat die Stellung des Gesamtgutsverwalters, die Abkömmlinge haben die des anderen Ehegatten. Die Regelung geschieht durch Verweisung auf die entsprechenden Vorschriften für die eheliche Gütergemeinschaft. Vgl. daher stets die Erläuterungen zu den Vorschriften, auf die verwiesen wird. Nach **Abs. 2** wird entsprechend § 1446 Abs. 1 die Fälligkeit von Forderungen des Ehegatten gegen das Gesamtgut und umgekehrt bis zur Beendigung der fortgesetzten Gütergemeinschaft aufgeschoben.

## II. Gesamthandsgemeinschaft und Beteiligung am Gesamtgut

2 Abs. 1 erklärt zunächst § 1419 für anwendbar. Das bedeutet, dass für die fortgesetzte Gütergemeinschaft dieselbe besonders strenge **Gesamthandsbindung** besteht.[1] Auch hier kann keiner der Beteiligten über seinen Anteil an der Gesamthandsgemeinschaft verfügen. Dies gilt auch nach Beendigung der fortgesetzten Gütergemeinschaft bis zur Auseinandersetzung (§ 1497 Abs. 2). Eine Pfändung des Anteils ist ausgeschlossen (§ 860 Abs. 1 S. 2 ZPO), ebenso die Pfändung des Anteils am Gesamtgut für den Fall der Beendigung der Gütergemeinschaft (vgl. § 1497 Abs. 2),[2] obwohl der Anteil nach der Beendigung pfändbar ist (§ 860 Abs. 2 ZPO). Abtretbar und pfändbar ist dagegen der Anspruch auf das künftige Auseinandersetzungsguthaben, der freilich beim Abkömmling der Gefahr eines möglichen Wegfalls durch Tod oder Verzicht (§ 1517) vor Beendigung der fortgesetzten Gütergemeinschaft unterliegt.[3]

3 Die **Abkömmlinge** sind an der Gesamthandsgemeinschaft **beteiligt,** ihre Rechtsstellung ist keine bloße Anwartschaft für den Fall der Beendigung der fortgesetzten Gütergemeinschaft.[4] Hat ein Abkömmling mit seinem Ehegatten seinerseits Gütergemeinschaft vereinbart, so ist der Anteil am Gesamtgut (nicht der Anspruch auf das Auseinandersetzungsguthaben) bis zur Auseinandersetzung Sondergut (→ § 1417 Rn. 4).

4 **Verstirbt** ein **Abkömmling,** so gehört der Anteil am Gesamtgut nicht zu seinem Nachlass (§ 1490). Eine Verfügung von Todes wegen über den Gesamtgutsanteil ist deshalb ausgeschlossen. Dagegen kann der **überlebende Ehegatte** in einer Verfügung von Todes wegen Bestimmungen über seinen Anteil am Gesamtgut treffen.[5]

## III. Rechtsstellung des überlebenden Ehegatten und der Abkömmlinge

5 **1. Grundsatz.** Der überlebende Ehegatte hat grundsätzlich die Rechtsstellung des Gesamtgutsverwalters, die Abkömmlinge haben die Stellung des anderen Ehegatten. Besonderheiten bestehen nur in geringem Umfang.

1 Vgl. RGZ 129, 120.
2 Vgl. RG JR Rspr. 1926, 1362.
3 Vgl. BayObLG SeuffA 62 Nr. 183.
4 RGZ 75, 418.
5 BGH NJW 1964, 2298 = FamRZ 1964, 423; BayObLGZ 1960, 254; KG JW 1931, 1369.

**2. Der überlebende Ehegatte als Gesamtgutsverwalter.** Dass die Gesamtgutsverwaltung auf den überlebenden Ehegatten zwingend übergeht, bedeutet nicht, dass er seine Befugnisse nicht durch **Vollmachten** und **Ermächtigung** in dem Umfang delegieren könnte, in dem dies auch der Verwalter bei der ehelichen Gütergemeinschaft tun kann (→ § 1422 Rn. 5 ff.). Als Gesamtgutsverwalter führt der Ehegatte anhängige Rechtsstreitigkeiten weiter. Für ihre Aufnahme gilt § 239 ZPO.[6] 6

Umstr. ist, ob der **überlebende Ehegatte,** der **zugleich gesetzlicher Vertreter eines Abkömmlings** ist, in dessen Namen die Zustimmung zu einem Rechtsgeschäft nach §§ 1423–1425 erteilen kann. Die herrschende formale Auffassung zu § 181 lässt dies zu, wenn die Zustimmung nach § 182 Abs. 1 dem anderen Vertragsteil gegenüber erklärt wird.[7] Die Zustimmung läge dann regelmäßig bereits im Abschluss des Geschäfts mit dem Dritten. Die Gegenmeinung verdient jedoch den Vorzug. Vertritt man eine materielle Auffassung und unterstellt § 181 danach typisierte Fallgruppen, in denen üblicherweise Interessenkollisionen auftreten, so steht die Erteilung der Zustimmung nach § 1487 Abs. 1, §§ 1423 ff. zwischen den Fällen, in denen die Interessen typischerweise parallel laufen, und denen, in denen sie typischerweise entgegengesetzt sind: Einerseits haben sowohl Ehegatte als auch Abkömmlinge als Gesamtgutsberechtigte ein gleiches Interesse an der ordnungsmäßigen Verwaltung des Gesamtguts, das jedoch insoweit auseinandergeht, als der Abkömmling als (wahrscheinlich) zukünftiger Auseinandersetzungsberechtigter regelmäßig an der langfristigen Substanzwahrung stärker interessiert ist. In solchen Fällen ist die Zustimmung durch einen Pfleger zu verlangen. Bei Grundstücksgeschäften ist nach § 1821 Abs. 1 Nr. 1–4, § 1643 Abs. 1 die Zustimmung des FamG erforderlich. 7

**3. Rechtsverhältnis zu den Abkömmlingen.** Zweifelhaft ist, ob die **Übergabe eines landwirtschaftlichen Anwesens** an nur einen Abkömmling zur ordnungsgemäßen Gesamtgutsverwaltung erforderlich sein, danach die fehlende Zustimmung eines Abkömmlings hierzu nach § 1487 Abs. 1, § 1426 ersetzt werden kann.[8] Jedenfalls kann dies nur ganz ausnahmsweise dann gelten,[9] wenn dem überlebenden Ehegatten die Weiterführung des Anwesens auch mit fremder Hilfe nicht möglich ist.[10] Denn mit der Übergabe des Anwesens wird der Zweck der fortgesetzten Gütergemeinschaft, die Erhaltung des Familienvermögens bis zu ihrer Beendigung, im Grunde verfehlt.[11] Das **Revokationsrecht** des § 1428 kann jeder Abkömmling selbständig geltend machen.[12] 8

Verschiedene **Vorschriften zur ehelichen Gütergemeinschaft** sind **von** der **Verweisung** in Abs. 1 ausdrücklich **ausgenommen:** Anstelle des **§ 1420** gelten für die Verwendung des Vermögens und der Einkünfte aller an der fortgesetzten Gütergemeinschaft Beteiligten für den gegenseitigen Unterhalt die allgemeinen Grundsätze (vgl. §§ 1601 ff., § 1649). Den Abkömmlingen steht bei Verhinderung des überlebenden Ehegatten das Notverwaltungsrecht nach **§ 1429** nicht zu (wohl aber unter Umständen das Recht zur Aufhebungsklage nach § 1495 Nr. 1). Den überlebenden Ehegatten trifft auch keine Verpflichtung zur Unterrichtung und Auskunftserteilung über die Gesamtgutsverwaltung **(§ 1435 S. 2),** wohl aber nach den allgemeinen Grundsätzen während der Auseinandersetzung.[13] Aus der Pflicht zur ordnungsmäßigen Verwaltung kann sich eine Verpflichtung zur Unterrichtung über wichtige Maßnahmen gegenüber volljährigen Abkömmlingen ergeben. 9

Für die fortgesetzte Gütergemeinschaft gegenstandslos sind § 1421 (wegen der zwingenden Verwaltungsregelung in § 1487 Abs. 1), §§ 1430–1433 (als persönliche Rechte des anderen Ehegatten) und § 1446 Abs. 2. Die Haftung im Außen- und Innenverhältnis (§§ 1437–1444), die Fälligkeit von Ausgleichsansprüchen des Gesamtgutsverwalters (§ 1446 Abs. 1) und das Recht zum Aufhebungsantrag und die Wirkungen eines Aufhebungsurteils (§§ 1447–1449) sind für die fortgesetzte Gütergemeinschaft durch besondere Bestimmungen geregelt. 10

### IV. Fälligkeit von Ausgleichsforderungen

In sachlicher Übereinstimmung mit § 1446 Abs. 1 (näher → § 1446 Rn. 1 ff.) schiebt Abs. 2 die Fälligkeit von Schulden und Forderungen des überlebenden Ehegatten gegenüber dem Gesamtgut 11

[6] RGZ 148, 243 (245).

[7] BayObLG DNotZ 1952, 163; *Dölle* FamR I § 82 I 2b; Erman/*Heinemann* Rn. 3; Palandt/*Brudermüller* Rn. 4; RGRK-BGB/*Finke* Rn. 19; Soergel/*Gaul/Althammer* Rn. 9; aA KG JFG 2, 283; *Gernhuber/Coester-Waltjen* FamR § 39 Rn. 36: Pflegerbestellung erforderlich; Planck/*Unzner* § 1487 Anm. 11; Staudinger/*Thiele,* 2018, Rn. 14 mwN.

[8] Bejahend BayObLG OLGE 42, 88; OLG München JFG 4, 14.

[9] Vgl. Palandt/*Brudermüller* Rn. 6.

[10] Vgl. BayObLGZ 14, 624; 22, 5.

[11] *Gernhuber/Coester-Waltjen* FamR § 39 Rn. 37.

[12] Vgl. BayObLG SeuffA 63 Nr. 252 zu dem Fall, dass das Revokationsrecht bereits vom verstorbenen Ehegatten erworben wurde und dann nach der Entscheidung nur gemeinsam geltend gemacht werden kann.

[13] RGRK-BGB/*Finke* Rn. 26; Soergel/*Gaul/Althammer* Rn. 12; Staudinger/*Thiele,* 2018, Rn. 19.

bis zur Beendigung der fortgesetzten Gütergemeinschaft hinaus. Für die Fälligkeit von Forderungen und Schulden der Abkömmlinge gelten demgegenüber die allgemeinen Regeln (§ 271).

## § 1488 Gesamtgutsverbindlichkeiten

**Gesamtgutsverbindlichkeiten der fortgesetzten Gütergemeinschaft sind die Verbindlichkeiten des überlebenden Ehegatten sowie solche Verbindlichkeiten des verstorbenen Ehegatten, die Gesamtgutsverbindlichkeiten der ehelichen Gütergemeinschaft waren.**

### I. Normzweck

1 Das Gesamtgut haftet für alle Verbindlichkeiten, die schon bei Eintritt der fortgesetzten Gütergemeinschaft Gesamtgutsverbindlichkeiten waren, und zusätzlich für alle Verbindlichkeiten des überlebenden Ehegatten.

### II. Die Haftung des Gesamtguts im Außenverhältnis

2 Gesamtgutsverbindlichkeiten sind alle **Verbindlichkeiten des überlebenden Ehegatten,** ohne Rücksicht darauf, worauf sie beruhen,[1] wann sie entstanden sind, und, wenn sie vor Eintritt der fortgesetzten Gütergemeinschaft entstanden sind, ohne Rücksicht darauf, ob sie vorher Gesamtgutsverbindlichkeiten waren.

3 Für **Verbindlichkeiten des verstorbenen Ehegatten** haftet das Gesamtgut dagegen nur, wenn sie schon bei Eintritt der fortgesetzten Gütergemeinschaft Gesamtgutsverbindlichkeiten waren (aber unabhängig davon, wem sie im Innenverhältnis zur Last fielen; vgl. §§ 1437 ff., §§ 1459 ff.). Beerbt der überlebende Ehegatte den verstorbenen, so werden wegen der Erbenhaftung nach § 1967 Abs. 1 alle vom Verstorbenen herrührenden Schulden nach § 1488 Alt. 1 Gesamtgutsverbindlichkeiten. Dies kann der Überlebende durch Ausschlagung der Erbschaft (am einfachsten, wenn – wie häufig – der Verstorbene außer seinem Anteil am Gesamtgut kein oder kein nennenswertes Vermögen besitzt) oder durch die Mittel der Beschränkung seiner Erbenhaftung verhindern (Nachlass ist nur das Vorbehalts- und das Sondergut des Verstorbenen).

4 § 1488 erwähnt versehentlich die – seltenen (→ § 1437 Rn. 6) – reinen **Gesamthandsschulden** nicht, für die bei Eintritt der fortgesetzten Gütergemeinschaft nur das Gesamtgut gehaftet hat und weiter haften muss.[2] Für **Verbindlichkeiten der Abkömmlinge** haftet das Gesamtgut niemals.[3]

### III. Zwangsvollstreckung in das Gesamtgut, Insolvenz

5 Die **Zwangsvollstreckung** in das Gesamtgut setzt einen Titel gegen den überlebenden Ehegatten voraus (§ 745 Abs. 1 ZPO). Nach Beendigung der fortgesetzten Gütergemeinschaft ist zusätzlich ein Duldungstitel gegen die beteiligten Abkömmlinge erforderlich (§ 745 Abs. 2 ZPO). Ist der alleinverwaltende Ehegatte verstorben, so kann ein gegen ihn ergangener Vollstreckungstitel gegen den überlebenden Ehegatten umgeschrieben werden (§ 744 ZPO). Die **Insolvenz** des überlebenden Ehegatten erfasst das ganze Gesamtgut (§ 37 Abs. 1 S. 1 InsO; vgl. §§ 332, 315–331 InsO). Die Insolvenz eines Abkömmlings lässt das Gesamtgut dagegen unberührt (§ 37 Abs. 3, Abs. 1 S. 3 InsO).

## § 1489 Persönliche Haftung für die Gesamtgutsverbindlichkeiten

**(1) Für die Gesamtgutsverbindlichkeiten der fortgesetzten Gütergemeinschaft haftet der überlebende Ehegatte persönlich.**

**(2) Soweit die persönliche Haftung den überlebenden Ehegatten nur infolge des Eintritts der fortgesetzten Gütergemeinschaft trifft, finden die für die Haftung des Erben für die Nachlassverbindlichkeiten geltenden Vorschriften entsprechende Anwendung; an die Stelle des Nachlasses tritt das Gesamtgut in dem Bestand, den es zur Zeit des Eintritts der fortgesetzten Gütergemeinschaft hat.**

**(3) Eine persönliche Haftung der anteilsberechtigten Abkömmlinge für die Verbindlichkeiten des verstorbenen oder des überlebenden Ehegatten wird durch die fortgesetzte Gütergemeinschaft nicht begründet.**

---

[1] Vgl. KG JW 1937, 31 (59).
[2] *Gernhuber/Coester-Waltjen* FamR § 39 Rn. 38; Staudinger/*Thiele*, 2018, Rn. 2.
[3] OLG Stettin OLGE 14, 233.

## I. Normzweck

**Für** die **Gesamtgutsverbindlichkeiten haftet** der **überlebende Ehegatte auch persönlich,** dh mit seinem Vorbehalts- und Sondergut (Abs. 1), dagegen wird durch die fortgesetzte Gütergemeinschaft **keine persönliche Haftung der Abkömmlinge** begründet (Abs. 3). Die persönliche Haftung mit seinem Sondervermögen würde den überlebenden Ehegatten dann ungerechtfertigt belasten, wenn er für eine Gesamtgutsverbindlichkeit ohne den Eintritt der fortgesetzten Gütergemeinschaft nicht persönlich haften würde. Deshalb gewährt ihm das Gesetz hinsichtlich solcher Verbindlichkeiten die **Möglichkeit,** seine **Haftung** nach den Grundsätzen der Erbenhaftung auf den Bestand des Gesamtguts bei Eintritt der fortgesetzten Gütergemeinschaft **zu beschränken** (Abs. 2). 1

## II. Persönliche Haftung des überlebenden Ehegatten

Nach Abs. 1 haftet der überlebende Ehegatte für alle Gesamtgutsverbindlichkeiten (vgl. § 1488) auch persönlich. Die persönliche Haftung tritt also ein, wenn der überlebende Ehegatte vorher nicht persönlich gehaftet hat. Haftet er für eine Gesamtgutsverbindlichkeit schon persönlich, so schafft § 1489 Abs. 1 eine zusätzliche Haftungsgrundlage.[1] Die persönliche Haftung endet nur durch Vereinbarung mit dem Gläubiger. Sie endet nicht durch die Beendigung der fortgesetzten Gütergemeinschaft; eine § 1437 Abs. 2 S. 2, § 1459 Abs. 2 S. 2 entsprechende Regelung gibt es nicht. 2

## III. Haftungsbeschränkung

Die entsprechende Anwendung der Vorschriften über die Erbenhaftung nach Abs. 2 lässt die Beschränkung der Haftung dann zu, **wenn** der **Ehegatte nur wegen des Eintritts der fortgesetzten Gütergemeinschaft persönlich haftet.** Die Haftungsbeschränkung ist deshalb möglich, wenn der Ehegatte für eine Gesamtgutsverbindlichkeit vor Beendigung der ehelichen Gütergemeinschaft nicht persönlich gehaftet hat oder wenn seine persönliche Haftung bei Beendigung der ehelichen Gütergemeinschaft durch den Tod des anderen Ehegatten (wenn also die fortgesetzte Gütergemeinschaft nicht eingetreten wäre) nach § 1437 Abs. 2 S. 2, § 1459 Abs. 2 S. 2 weggefallen wäre. 3

Haftet der **überlebende Ehegatte** für eine solche Verbindlichkeit nur auf Grund § 1967 Abs. 1 als **Erbe,** so ist umstr., ob er neben der Beschränkung seiner Erbenhaftung (auf das aus Vorbehalts- und Sondergut des Verstorbenen Erlangte) auch die Haftungsbeschränkung des § 1489 Abs. 2 herbeiführen kann.[2] Diese Möglichkeit muss ihm eingeräumt werden, weil sonst auf dem Umweg über § 1489 Abs. 1 für eine solche Gesamtgutsverbindlichkeit nicht nur das Gesamtgut, sondern auch das Vorbehalts- und Sondergut des überlebenden Ehegatten haften würden und damit die Beschränkung der Erbenhaftung letztlich wirkungslos wäre. Der zweifelhaften Rechtslage wegen muss im Zweifel zur Ausschlagung der Erbschaft geraten werden. Dies kann aber nicht Sinn der Möglichkeit sein, die Beschränkung der Erbenhaftung herbeizuführen. 4

Für die Beschränkung der Haftung gelten die **Grundsätze für** die **Beschränkung der Erbenhaftung entsprechend** (vgl. §§ 1967 ff.; §§ 305 Abs. 2, 786, 780 ff. ZPO). An die Stelle des Nachlasses tritt das Gesamtgut in seinem Bestand bei Eintritt der fortgesetzten Gütergemeinschaft (vgl. § 1978). Die Haftungsbeschränkung dient sowohl dem Interesse des überlebenden Ehegatten, der den betroffenen Gesamtgutsgläubigern den späteren Erwerb zum Gesamtgut sowie sein Vorbehalts- und Sondergut als Haftungsgrundlage entzieht, als auch den betroffenen Gläubigern selbst, die vor der Konkurrenz des Zugriffs von Gläubigern geschützt werden, die bei Eintritt der fortgesetzten Gütergemeinschaft nicht Gesamtgutsgläubiger waren und denen das Gesamtgut nach § 1488 Alt. 1 haftet. 5

## IV. Keine persönliche Haftung der Abkömmlinge

Für eine Gesamtgutsverbindlichkeit haften die Abkömmlinge in keinem Falle deshalb persönlich, weil die Verbindlichkeit Gesamtgutsverbindlichkeit ist (Abs. 3). Dies lässt selbstverständlich ihre persönliche Haftung auf Grund anderer Haftungsgrundlagen unberührt. 6

## § 1490 Tod eines Abkömmlings

**[1]Stirbt ein anteilsberechtigter Abkömmling, so gehört sein Anteil an dem Gesamtgut nicht zu seinem Nachlass. [2]Hinterlässt er Abkömmlinge, die anteilsberechtigt sein würden,**

[1] Vgl. RGZ 148, 243 (249).

[2] Für diese Möglichkeit *Gernhuber/Coester-Waltjen* FamR § 39 Rn. 39 Fn. 47; Bamberger/Roth/Hau/Poseck/*Siede* Rn. 4; Soergel/*Gaul/Althammer* Rn. 2; Staudinger/*Thiele,* 2018, Rn. 10; aA *Dölle* FamR I § 82 II 4c; RGRK-BGB/*Finke* Rn. 4.

**wenn er den verstorbenen Ehegatten nicht überlebt hätte, so treten die Abkömmlinge an seine Stelle. [3]Hinterlässt er solche Abkömmlinge nicht, so wächst sein Anteil den übrigen anteilsberechtigten Abkömmlingen und, wenn solche nicht vorhanden sind, dem überlebenden Ehegatten an.**

### I. Normzweck

1 Verstirbt ein Abkömmling während der fortgesetzten Gütergemeinschaft, so wird sein Anteil nicht vererbt. Er geht vielmehr – entsprechend dem Wesen der fortgesetzten Gütergemeinschaft als Gemeinschaft zwischen dem überlebenden Ehegatten und den gemeinschaftlichen Abkömmlingen – auf seine (anteilsberechtigten) Abkömmlinge, hilfsweise auf die anderen beteiligten Abkömmlinge, weiter hilfsweise zuletzt auf den überlebenden Ehegatten über.

### II. Übergang auf die Abkömmlinge des Verstorbenen

2 Zur Vererbung des Anteils an der beendeten fortgesetzten Gütergemeinschaft → § 1497 Rn. 3. Der Anteil eines Abkömmlings am Gesamtgut der noch nicht beendeten fortgesetzten Gütergemeinschaft fällt **nicht** in seinen **Nachlass** (S. 1).[1] Deshalb ist eine Verfügung von Todes wegen über den Anteil ausgeschlossen.[2] Der Anteil fällt in erster Linie zwingend den **Abkömmlingen des Verstorbenen** zu, die zum Zeitpunkt seines Todes nach § 1483 Abs. 1 S. 2 anteilsberechtigt gewesen wären, wenn er selbst vorverstorben, der erstversterbende Ehegatte erst zu diesem Zeitpunkt verstorben wäre (→ § 1483 Rn. 6).[3] Anteilsberechtigt ist danach auch ein als Kind angenommener Minderjähriger (§ 1754), ein als Kind angenommener Volljähriger dagegen nur, wenn nach § 1772 bestimmt wurde, dass sich die Wirkungen der Annahme nach den Vorschriften über die Annahme eines Minderjährigen richten (sonst gilt § 1770 Abs. 1 S. 1 mit der Folge, dass das angenommene Kind nicht gesetzlicher Erbe des erst verstorbenen Ehegatten geworden wäre). Anstelle eines männlichen Abkömmlings tritt auf Grund der Änderungen durch das Gesetz zur erbrechtlichen Gleichstellung nichtehelicher Kinder vom 16.12.1997 (BGBl. 1997 I 2969) auch dessen **nichteheliches Kind** in die fortgesetzte Gütergemeinschaft ein (→ § 1483 Rn. 8).[4]

### III. Hilfsweise Anwachsung zugunsten der beteiligten Abkömmlinge bzw. des überlebenden Ehegatten

3 Hinterlässt der verstorbene Abkömmling keine Abkömmlinge, auf die sein Anteil nach → Rn. 2 übergeht, so wächst dieser hilfsweise den an der fortgesetzten Gütergemeinschaft bereits beteiligten Abkömmlingen zu. Den Erben des verstorbenen Abkömmlings stehen keine Ersatzansprüche zu. War der verstorbene Abkömmling neben dem überlebenden Ehegatten einziger Beteiligter an der fortgesetzten Gütergemeinschaft, so wächst sein Anteil weiter hilfsweise dem überlebenden Ehegatten zu.

### IV. Wirkungen des Übergangs

4 Der Übergang des Anteils an der fortgesetzten Gütergemeinschaft tritt **kraft Gesetzes** ein. Auch hier bleibt die Identität der Gesamthandsgemeinschaft erhalten, nur ihre Mitglieder wechseln. Geht der Anteil des letzten beteiligten Abkömmlings auf den überlebenden Ehegatten über, so endet damit die fortgesetzte Gütergemeinschaft. Die Gegenstände des Gesamtguts gehen kraft Gesetzes auf den überlebenden Ehegatten über, einzelner Übertragungsakte bedarf es nicht. Die Umschreibung des Grundbuchs auf ihn ist bloße Grundbuchberichtigung.

## § 1491 Verzicht eines Abkömmlings

**(1) [1]Ein anteilsberechtigter Abkömmling kann auf seinen Anteil an dem Gesamtgut verzichten. [2]Der Verzicht erfolgt durch Erklärung gegenüber dem für den Nachlass des verstorbenen Ehegatten zuständigen Gericht; die Erklärung ist in öffentlich beglaubigter Form abzugeben. [3]Das Nachlassgericht soll die Erklärung dem überlebenden Ehegatten und den übrigen anteilsberechtigten Abkömmlingen mitteilen.**

---

1 Vgl. KGJ 44, 108.

2 KG OLGE 26, 316.

3 Nicht zu berücksichtigen ist zusätzlich auch ein Abkömmling, der nach § 1491 auf seinen Anteil am Gesamtgut verzichtet hat; nach Eintritt der fortgesetzten Gütergemeinschaft tritt anstelle des § 1517 der Verzicht des § 1491.

4 Anders nach § 1934a aF; vgl. OLG Stuttgart Rpfleger 1975, 433.

**(2) [1]Der Verzicht kann auch durch Vertrag mit dem überlebenden Ehegatten und den übrigen anteilsberechtigten Abkömmlingen erfolgen. [2]Der Vertrag bedarf der notariellen Beurkundung.**

**(3) [1]Steht der Abkömmling unter elterlicher Sorge oder unter Vormundschaft, so ist zu dem Verzicht die Genehmigung des Familiengerichts erforderlich. [2]Bei einem Verzicht durch den Betreuer des Abkömmlings ist die Genehmigung des Betreuungsgerichts erforderlich.**

**(4) Der Verzicht hat die gleichen Wirkungen, wie wenn der Verzichtende zur Zeit des Verzichts ohne Hinterlassung von Abkömmlingen gestorben wäre.**

## I. Normzweck

Anders als der überlebende Ehegatte (§ 1484 Abs. 1) haben die Abkömmlinge keine Möglichkeit, die Fortsetzung der Gütergemeinschaft abzulehnen. Nach § 1491 können sie aber auf ihren Anteil verzichten. Damit wird die vorzeitige Auseinandersetzung mit den Abkömmlingen ermöglicht. 1

## II. Zeitpunkt und Erklärung des Verzichts

Während § 1517 den Verzicht auf den Anteil an der fortgesetzten Gütergemeinschaft vor deren Eintritt zum Gegenstand hat, betrifft § 1491 den **Verzicht** des Abkömmlings auf seinen Anteil **nach Eintritt der fortgesetzten Gütergemeinschaft.** Der Abkömmling muss bereits an der fortgesetzten Gütergemeinschaft beteiligt sein. Ist die fortgesetzte Gütergemeinschaft eingetreten, der Abkömmling – weil durch einen Elternteil ausgeschlossen – aber noch nicht beteiligt, so ist Verzicht nach § 1517 nicht mehr, nach § 1491 noch nicht möglich. Der Verzicht kann auch noch nach Beendigung der fortgesetzten Gütergemeinschaft **bis zur** vollständigen **Auseinandersetzung** erklärt werden.[1] Auch wenn der künftige Anspruch auf das Auseinandersetzungsguthaben eines Abkömmlings gepfändet ist, hindert ihn dies nicht, auf seinen Anteil zu verzichten.[2] 2

Der Verzicht erfolgt entweder durch **einseitige,** öffentlich beglaubigte **Erklärung** gegenüber dem Nachlassgericht (Abs. 1) **oder** durch notariell beurkundeten **Verzichtsvertrag** (Abs. 2). Mit Rücksicht auf den eindeutigen Wortlaut der Vorschrift, den der Gesetzgeber trotz zahlreicher Änderungen beibehalten hat, ist ihre „teleologische Reduktion" mit dem Ergebnis, der Verzichtsvertrag sei formfrei,[3] ausgeschlossen. Außerdem fehlt die „ratio legis" für das Beurkundungserfordernis nicht. Während sich die Folgen der einseitigen Verzichtserklärung aus dem Gesetz ergeben, können im Verzichtsvertrag zusätzliche Vereinbarungen (etwa über Gegenleistungen) getroffen werden. 3

Steht der **Verzichtende unter elterlicher Sorge oder Vormundschaft,** so bedarf der Verzicht der Genehmigung des Familiengerichts (Abs. 3). Regelmäßig muss der Verzicht wegen §§ 1795, 1629 durch einen Pfleger erklärt werden.[4] Der Verzicht durch einen Betreuer bedarf der Genehmigung durch das Betreuungsgericht, auch die Einwilligung des Betreuers im Bereich eines Einwilligungsvorbehaltes nach § 1903, nicht aber der Verzicht durch den geschäftsfähigen Betreuten selbst. 4

## III. Inhalt, Wirkungen und rechtliche Behandlung des Verzichts

Der Verzicht kann von einer **Gegenleistung** abhängig gemacht werden.[5] Er ist zwar ein abstraktes Verfügungsgeschäft – ähnlich dem Erbverzicht –, aber, da **nicht** grundsätzlich **bedingungsfeindlich,** kann sowohl beim einseitigen wie beim vertraglichen Verzicht die Erbringung der Gegenleistung zur Voraussetzung seiner Wirksamkeit erklärt werden.[6] Dem Wesen des Verzichts entsprechend ist dagegen die Beifügung einer auflösenden Bedingung ausgeschlossen.[7] Ist der Verzicht einmal 5

[1] BayObLG MDR 1952, 41.

[2] Vgl. BayObLG SeuffA 62. 183; Gläubigeranfechtung ist aber möglich; aA Planck/*Unzner* Anm. 4; deren Rechtsfolge soll Verpflichtung zu Geldersatz sein, weil die Rechtsfolgen des Verzichts nicht rückgängig gemacht werden könnten, OLG Stettin JW 1934, 921; RGRK-BGB/*Finke* Rn. 3; Soergel/*Gaul*/*Althammer* Rn. 9; tatsächlich gilt aber nichts besonderes.

[3] So aber *van Venrooy* FamRZ 1988, 561.

[4] Vgl. BGHZ 21, 229 (232) = NJW 1956, 1433.

[5] RGZ 75, 263; BayObLG MDR 1952, 41.

[6] *Dölle* FamR I § 81 VI 2c, bb; Planck/*Unzner* Anm. 15; Staudinger/*Thiele,* 2018, Rn. 6–9; *Becker* RNotZ 2013, 535 (537); Bamberger/Roth/*Mayer* Rn. 3; auch wenn die Regel grundsätzlicher Bedingungsfeindlichkeit von Gestaltungsgeschäften auf den Verzicht angewendet wird, gilt für Bedingungen, deren Erfüllung dem Willen des Rechtsgeschäftspartners unterliegt, eine Ausnahme.

[7] Vgl. RGRK-BGB/*Finke* Rn. 1; Staudinger/*Thiele,* 2018, Rn. 9; Bamberger/Roth/Hau/Poseck/*Siede* Rn. 4; *Becker* RNotZ 2013, 535 (537).

wirksam geworden, so kann er auch durch Vereinbarung **nicht mehr rückgängig gemacht** werden. Der Verzicht kann nicht auf einen **Teil des Anteils** beschränkt werden. Die **Wirkungen des Verzichts** entsprechen denen nach § 1490, wenn ein Abkömmling ohne Hinterlassung von Abkömmlingen verstirbt. Die Anwachsung an die übrigen Abkömmlinge, hilfsweise den überlebenden Ehegatten ist zwingend, die Erklärung des Verzichts zugunsten bestimmter Beteiligter an der fortgesetzten Gütergemeinschaft – oder gar Dritter – ist nicht möglich. Durch Auslegung ist zu ermitteln, ob ein solcher Verzicht trotzdem wirksam oder unwirksam ist (vgl. § 2350 Abs. 1). Gleichzeitig mit dem Verzicht sind Vereinbarungen nach § 1501 Abs. 2 über die Anrechnung einer gewährten Abfindung für den Fall der künftigen Auseinandersetzung möglich (→ § 1501 Rn. 3). Im Übrigen gelten für den Verzicht die **allgemeinen Rechtsvorschriften.**[8] Die Rechtsgrundsätze zum Erbverzicht können entsprechend herangezogen werden.[9]

## § 1492 Aufhebung durch den überlebenden Ehegatten

**(1) [1]Der überlebende Ehegatte kann die fortgesetzte Gütergemeinschaft jederzeit aufheben. [2]Die Aufhebung erfolgt durch Erklärung gegenüber dem für den Nachlass des verstorbenen Ehegatten zuständigen Gericht; die Erklärung ist in öffentlich beglaubigter Form abzugeben. [3]Das Nachlassgericht soll die Erklärung den anteilsberechtigten Abkömmlingen und, wenn der überlebende Ehegatte gesetzlicher Vertreter eines der Abkömmlinge ist, dem Familiengericht, wenn eine Betreuung besteht, dem Betreuungsgericht mitteilen.**

**(2) [1]Die Aufhebung kann auch durch Vertrag zwischen dem überlebenden Ehegatten und den anteilsberechtigten Abkömmlingen erfolgen. [2]Der Vertrag bedarf der notariellen Beurkundung.**

**(3) Bei einer Aufhebung durch den Betreuer des überlebenden Ehegatten ist die Genehmigung des Betreuungsgerichts erforderlich.**

### I. Normzweck

1 Der Eintritt der fortgesetzten Gütergemeinschaft liegt im Interesse des überlebenden Ehegatten. Deshalb kann er nach § 1484 schon den Eintritt der fortgesetzten Gütergemeinschaft ablehnen. § 1492 gibt ihm darüber hinaus jederzeit die Möglichkeit, die fortgesetzte Gütergemeinschaft aufzuheben.

### II. Aufhebung durch den überlebenden Ehegatten

2 Im Wesentlichen gelten die Rechtsregeln für den Verzicht eines Abkömmlings nach § 1491 entsprechend. Wie der Verzicht eines Abkömmlings nach § 1491 kann die Aufhebung entweder durch einseitige, öffentlich beglaubigte **Erklärung** gegenüber dem Nachlassgericht (Abs. 1) oder durch notariell beurkundeten[1] **Vertrag** mit den Abkömmlingen (Abs. 2) erfolgen. Bei Aufhebung durch einen Betreuer des Ehegatten ist die Genehmigung des Betreuungsgerichts erforderlich. Dies gilt auch, wenn im Bereich eines Einwilligungsvorbehaltes die Einwilligung des Betreuers nach § 1903 erforderlich ist,[2] aber nicht für die Aufhebung durch den geschäftsfähigen Betreuten selbst. Die Genehmigung des Familiengerichts ist zu dem Aufhebungsvertrag nicht erforderlich, wenn ein Abkömmling unter gesetzlicher Vertretung steht, da es an einer dem § 1491 Abs. 3 entsprechenden Anordnung fehlt.[3] Wie der Verzicht eines Abkömmlings nach § 1491 ist die Aufhebung abstraktes **Verfügungsgeschäft.** Zur Möglichkeit der Erklärung unter einer Bedingung → § 1491 Rn. 5.

3 Die Aufhebung **beendet** die **fortgesetzte Gütergemeinschaft** und führt zur Auseinandersetzung nach §§ 1497 ff. Hat der Ehegatte die fortgesetzte Gütergemeinschaft wirksam aufgehoben, so kann sie durch Vereinbarung nicht wiederhergestellt werden. Die Aufhebung kann nur generell für die fortgesetzte Gütergemeinschaft als solche erfolgen. Eine „Kündigung" einzelnen Abkömmlingen gegenüber ist ausgeschlossen.

4 Eine Verpflichtung des Ehegatten, die Gütergemeinschaft aufzuheben, besteht nach § 1493 Abs. 2 im Falle der **Wiederverheiratungsabsicht,** wenn der Gemeinschaft ein Abkömmling angehört, der unter elterlicher Sorge oder Vormundschaft steht.

---

[8] Zur Anfechtung vgl. BayObLG NJW 1954, 928.

[9] Ausf. auch zu steuerlichen Folgen mit Formulierungsmuster bei *Becker* RNotZ 2013, 535 ff.

[1] Zur Auffassung von *van Venrooy* FamRZ 1988, 561, der Vertrag unterliege nicht der Beurkundungsform, → § 1491 Rn. 3 mwN.

[2] Vgl. Staudinger/*Thiele,* 2018, § 1484 Rn. 6.

[3] Staudinger/*Thiele,* 2018, Rn. 5, dort auch zu erweiterten Erfordernissen bei Auseinandersetzungen im Aufhebungsvertrag.

Im Übrigen gelten für die Aufhebung ebenfalls die **allgemeinen Rechtsgrundsätze** (→ § 1491 Rn. 5). 5

## § 1493 Wiederverheiratung oder Begründung einer Lebenspartnerschaft des überlebenden Ehegatten

**(1) Die fortgesetzte Gütergemeinschaft endet, wenn der überlebende Ehegatte wieder heiratet oder eine Lebenspartnerschaft begründet.**

**(2) [1]Der überlebende Ehegatte hat, wenn ein anteilsberechtigter Abkömmling minderjährig ist, die Absicht der Wiederverheiratung dem Familiengericht anzuzeigen, ein Verzeichnis des Gesamtguts einzureichen, die Gütergemeinschaft aufzuheben und die Auseinandersetzung herbeizuführen. [2]Das Familiengericht kann gestatten, dass die Aufhebung der Gütergemeinschaft bis zur Eheschließung unterbleibt und dass die Auseinandersetzung erst später erfolgt. [3]Die Sätze 1 und 2 gelten auch, wenn die Sorge für das Vermögen eines anteilsberechtigten Abkömmlings zum Aufgabenkreis eines Betreuers gehört; in diesem Fall tritt an die Stelle des Familiengerichts das Betreuungsgericht.**

**(3) Das Standesamt, bei dem die Eheschließung angemeldet worden ist, teilt dem Familiengericht die Anmeldung mit.**

### I. Normzweck

Mit der Wiederverheiratung des überlebenden Ehegatten endet die fortgesetzte Gütergemeinschaft kraft Gesetzes (Abs. 1). Gehören ihr minderjährige oder hinsichtlich der Verwaltung ihres Vermögens betreute Abkömmlinge an, so treffen den überlebenden Ehegatten vor seiner Wiederheirat besondere **Verpflichtungen zum Schutz** dieser **Abkömmlinge** (Abs. 2). 1

### II. Beendigung der fortgesetzten Gütergemeinschaft durch Wiederheirat

Mit der Wiederverheiratung des überlebenden Ehegatten oder dem Eingehen einer Lebenspartnerschaft endet die fortgesetzte Gütergemeinschaft zwingend (Abs. 1) und endgültig. Dies gilt auch, wenn die neue Ehe aufgehoben wird. 2

### III. Pflichten des Ehegatten bei Heiratsabsicht oder Eingehen einer Lebenspartnerschaft

Ist an der fortgesetzten Gütergemeinschaft ein minderjähriger Abkömmling oder ein Abkömmling beteiligt, bei dem die Sorge für sein Vermögen zum Aufgabenkreis eines Betreuers gehört, so hat der überlebende Ehegatte dem Familiengericht bzw. dem Betreuungsgericht seine Heiratsabsicht anzuzeigen und ein **Verzeichnis über** das **Gesamtgut einzureichen.** Das Vermögensverzeichnis muss den derzeitigen Stand des Gesamtguts vollständig enthalten und auch die Gesamtgutsverbindlichkeiten aufführen, weil nur dies dem Gericht eventuell ein sachgemäßes Tätigwerden zum Schutz des Abkömmlings ermöglicht.[1] Die Vorlage von Belegen oder eines Rechenschaftsberichts über die Gesamtgutsverwaltung ist dagegen nicht erforderlich. Die Möglichkeit, dass das Familiengericht (Betreuungsgericht) bei **Einreichung** eines **ungenügenden Verzeichnisses** dessen Aufnahme durch ein amtliches Organ anordnen kann, ist nicht vorgesehen. Grundsätzlich hat der Ehegatte schon bei Beabsichtigung der Wiederheirat die fortgesetzte Gütergemeinschaft aufzuheben und die Auseinandersetzung herbeizuführen. Das Gericht kann demgegenüber gestatten, dass die Aufhebung bis zur Eheschließung unterbleibt (die fortgesetzte Gütergemeinschaft endet dann nach Abs. 1) und die Auseinandersetzung erst später erfolgt (Abs. 2 S. 2). Die Verpflichtungen nach Abs. 2 bestehen auch – soweit nicht gegenstandslos –, wenn die **fortgesetzte Gütergemeinschaft** bereits **beendet,** das Gesamtgut aber noch nicht auseinandergesetzt ist.[2] Aus Abs. 1 ergibt sich, dass auch für die Anwendung des Abs. 2 das **Eingehen einer Lebenspartnerschaft** der Wiederheirat gleichsteht.[3] 3

### IV. Benachrichtigung durch das Standesamt

Um die Benachrichtigung des zuständigen Gerichts unabhängig von der Anzeigepflicht des zur Wiederheirat entschlossenen Ehegatten sicherzustellen, sieht Abs. 3 eine Anzeigepflicht des Standesamtes vor. 4

---

1 Hinsichtlich der Verbindlichkeiten aA Staudinger/*Thiele,* 2018, Rn. 4 mwN gegen die überwM.
2 BayObLG JFG 1, 56.
3 Bamberger/Roth//Hau/Poseck/*Siede* Rn. 4.

### § 1494 Tod des überlebenden Ehegatten

**(1) Die fortgesetzte Gütergemeinschaft endet mit dem Tode des überlebenden Ehegatten.**

**(2) Wird der überlebende Ehegatte für tot erklärt oder wird seine Todeszeit nach den Vorschriften des Verschollenheitsgesetzes festgestellt, so endet die fortgesetzte Gütergemeinschaft mit dem Zeitpunkt, der als Zeitpunkt des Todes gilt.**

#### I. Normzweck

1 Die fortgesetzte Gütergemeinschaft ist an die Person des überlebenden Ehegatten gebunden. Stirbt er oder wird er für tot erklärt, so endet damit zwangsläufig auch die fortgesetzte Gütergemeinschaft.

#### II. Tod des Ehegatten

2 Während beim Tod eines Abkömmlings die fortgesetzte Gütergemeinschaft nach § 1490 grundsätzlich weitergeführt wird, endet sie beim Tode des überlebenden Ehegatten. Die Auseinandersetzung wird zwischen seinen Erben und den Abkömmlingen durchgeführt (zur Überlagerung der Gesamthandsgemeinschaften, Erbengemeinschaft und fortgesetzte Gütergemeinschaft und deren Folgen → § 1471 Rn. 12 f.).

#### III. Todeserklärung

3 Auch die rechtskräftige Todeserklärung (bzw. die Feststellung des Todeszeitpunktes) des überlebenden Ehegatten führt zur Beendigung der fortgesetzten Gütergemeinschaft. Bei der Beendigung bleibt es, auch wenn der Ehegatte noch lebt, später wieder auftaucht und der Beschluss über die Todeserklärung daraufhin aufgehoben wird. Der klare Wortlaut des Abs. 2 findet seine Begründung darin, dass eine Wiederherstellung des Gesamtguts zwar möglich, aber regelmäßig unpraktikabel wäre und die Ansprüche des Ehegatten, insbesondere nach § 2031 (auf das, was ihm bei der Auseinandersetzung zugestanden hätte), seinen Interessen zwar weniger als die Weiterführung der (niemals als beendet angesehenen) fortgesetzten Gütergemeinschaft, aber doch ausreichend Rechnung tragen.[1]

### § 1495 Aufhebungsantrag eines Abkömmlings

**Ein anteilsberechtigter Abkömmling kann gegen den überlebenden Ehegatten die Aufhebung der fortgesetzten Gütergemeinschaft beantragen,**
1. **wenn seine Rechte für die Zukunft dadurch erheblich gefährdet werden können, dass der überlebende Ehegatte zur Verwaltung des Gesamtguts unfähig ist oder sein Recht, das Gesamtgut zu verwalten, missbraucht,**
2. **wenn der überlebende Ehegatte seine Verpflichtung, dem Abkömmling Unterhalt zu gewähren, verletzt hat und für die Zukunft eine erhebliche Gefährdung des Unterhalts zu besorgen ist,**
3. **wenn die Verwaltung des Gesamtguts in den Aufgabenkreis des Betreuers des überlebenden Ehegatten fällt,**
4. **wenn der überlebende Ehegatte die elterliche Sorge für den Abkömmling verwirkt hat oder, falls sie ihm zugestanden hätte, verwirkt haben würde.**

#### I. Normzweck

1 Wie § 1447 dem nichtverwaltenden Ehegatten als ultima ratio die Möglichkeit einräumt, Antrag auf Aufhebung der ehelichen Gütergemeinschaft zu stellen, gibt § 1495 ein entsprechendes Recht den Abkömmlingen bei der fortgesetzten Gütergemeinschaft. Der Zweck der Rechtsbehelfe stimmt im Wesentlichen überein, sodass die Erläuterungen zu § 1447 ergänzend herangezogen werden können (→ § 1447 Rn. 1 ff.).

#### II. Die einzelnen Antragsgründe

2 § 1495 **Nr. 1** stimmt sachlich mit § 1447 Nr. 1, § 1495 **Nr. 2** mit § 1447 Nr. 2 (mit der Besonderheit, dass nur der Abkömmling klagen kann, dessen Unterhaltsanspruch verletzt wurde) und

[1] Wie hier *Gernhuber/Coester-Waltjen* FamR § 39 Rn. 47; Bamberger/Roth/Hau/Poseck/*Siede* Rn. 3 mwN; NK/Völker Rn. 3; Staudinger/*Thiele*, 2018, Rn. 5; aA *Dölle* FamR I § 83 II 3; Erman/*Heinemann* Rn. 1; Palandt/*Brudermüller* Rn. 1; RGRK-BGB/*Finke* Rn. 2; Soergel/*Gaul*/*Althammer* Rn. 7 mN zu beiden Auffassungen.

§ 1495 **Nr. 3** mit § 1447 Nr. 4 überein. Inhaltlich gilt für die Antragsgründe dasselbe wie bei § 1447.[1] Da der Erwerb der Abkömmlinge nicht in das Gesamtgut fällt, sondern ihnen als eigenes Vermögen zusteht, kann er durch Gesamtgutsverbindlichkeiten nicht gefährdet werden. Eine § 1447 Nr. 3 entsprechende Vorschrift wurde in § 1495 daher nicht aufgenommen. Die Gefährdung des späteren Erwerbs der Abkömmlinge bei Auseinandersetzung des Gesamtguts durch Gesamtgutsverbindlichkeiten (zweiter Anwendungsfall des § 1447 Nr. 3) berechtigt damit nur zum Aufhebungsantrag, wenn das Eingehen von Verbindlichkeiten durch den überlebenden Ehegatten gleichzeitig eine missbräuchliche Ausübung seiner Verwaltungsbefugnis darstellt. **Nr. 4** enthält einen weiteren Grund zum Aufhebungsantrag (der in § 1447 kein Vorbild haben kann), wenn der überlebende Ehegatte die „elterliche Sorge über den klagenden Abkömmling verwirkt" hat oder verwirkt hätte, falls sie ihm zugestanden hätte. Da es eine Verwirkung der elterlichen Sorge nach Aufhebung des § 1676 aF durch Art. 1 Nr. 23 SorgeRG vom 18.7.1979 (BGBl. 1979 I 1061) nicht mehr gibt, ist die Vorschrift gegenstandslos.[2]

### III. Der Aufhebungsantrag

3 Das Verfahren ist Familienstreitsache nach § 112 Nr. 2 FamFG. Für den Aufhebungsantrag gelten die **gleichen Grundsätze wie zu §§ 1447, 1448, 1469.** Antragsberechtigt ist nach § 1495 Nr. 1, 2 und 4 nur der betroffene Abkömmling. Der Antrag ist nach dem ausdrücklichen Wortlaut der Vorschrift nur gegen den überlebenden Ehegatten zu richten, obwohl eine obsiegende Entscheidung die fortgesetzte Gütergemeinschaft insgesamt, also auch für die anderen Abkömmlinge aufhebt. Die anderen Abkömmlinge können dem Verfahren aber als streitgenössische Nebenintervenienten beitreten (§§ 66, 69, 61, 62 ZPO; Rechtskrafterstreckung nach § 1496 S. 2). Beendigung der fortgesetzten Gütergemeinschaft (gleichgültig aus welchem Grunde, also auch bei Aufhebung durch den überlebenden Ehegatten nach § 1492) und Ausscheiden des Antrag stellenden Abkömmlings während des Verfahrens bedeuten die Erledigung der Hauptsache.

## § 1496 Wirkung der richterlichen Aufhebungsentscheidung

**[1]Die Aufhebung der fortgesetzten Gütergemeinschaft tritt in den Fällen des § 1495 mit der Rechtskraft der richterlichen Entscheidung ein. [2]Sie tritt für alle Abkömmlinge ein, auch wenn die richterliche Entscheidung auf den Antrag eines der Abkömmlinge ergangen ist.**

### I. Normzweck

1 Entsprechend § 1449 Abs. 1, § 1470 Abs. 1 für die eheliche Gütergemeinschaft endet die fortgesetzte Gütergemeinschaft mit der Rechtskraft der Aufhebungsentscheidung (S. 1). S. 2 ordnet an, dass sich die Rechtskraft einer Entscheidung, die ein Abkömmling gegen den überlebenden Ehegatten erwirkt hat, auf alle anderen Abkömmlinge erstreckt.

### II. Aufhebung durch rechtskräftige richterliche Entscheidung

2 Für die Aufhebung der fortgesetzten Gütergemeinschaft durch rechtskräftige richterliche Entscheidung gelten die **Rechtsgrundsätze zu § 1449 Abs. 1, § 1470 Abs. 1 entsprechend.** Die Entscheidung kann nicht für vorläufig vollstreckbar erklärt werden. Eine Aufhebung der fortgesetzten Gütergemeinschaft durch einstweilige Verfügung ist ausgeschlossen, weil sie die endgültige Entscheidung vorwegnehmen würde. Andere Sicherungsmaßnahmen – zB Gebote an den überlebenden Ehegatten, sich Verwaltungshandlungen zu enthalten – sind dagegen durch einstweilige Verfügung möglich (→ § 1447 Rn. 20).

---

[1] Speziell zu § 1495 Nr. 1 s. BGHZ 48, 369 = NJW 1968, 496 mAnm *Johannsen;* den Missbrauch des Verwaltungsrechts sah der BGH in der Erklärung der Zwangsvollstreckungsunterwerfung durch den überlebenden Ehegatten, um dem Gläubiger die Eintragung einer Zwangshypothek ohne Zustimmung der Abkömmlinge – nach § 1487 Abs. 1, § 1424 – zu ermöglichen. Gerade zu § 1495 Nr. 1 stellt der BGH fest, das Recht auf Aufhebung erfordere nicht, dass ein Schaden oder eine Gefährdung bereits eingetreten oder ernstlich zu befürchten ist; es genüge vielmehr, dass sich aus dem Verhalten des überlebenden Ehegatten der Schluss rechtfertigt, dass er den Rechten der Abkömmlinge nicht die nötige Beachtung schenken werde.

[2] Palandt/*Brudermüller* Rn. 4; Bamberger/Roth/Hau/Poseck/*Siede* Rn. 4; aA Soergel/*Gaul/Althammer* Rn. 8; Staudinger/*Thiele,* 2018, Rn. 7, die davon ausgehen, die Vorschrift beziehe sich auf die Voraussetzungen des früheren § 1676 aF. Ohne Bedeutung ist die theoretische Weitergeltung für Fälle früherer Verwirkung.

### III. Rechtskrafterstreckung

3 Da die Aufhebung der fortgesetzten Gütergemeinschaft nur einheitlich zwischen allen Beteiligten möglich ist – den Anspruch eines Abkömmlings auf Ausscheiden gegen Abfindung kennt das Gesetz nicht –, ordnet S. 2 notwendigerweise an, dass sich die Rechtskraft der von einem Abkömmling erwirkten Aufhebungsentscheidung auf alle anderen Abkömmlinge erstreckt. Mehrere Abkömmlinge sind deshalb notwendige Streitgenossen, der Abkömmling, der sich als Nebenintervenient am Rechtsstreit beteiligt, ist streitgenössischer Nebenintervenient (§§ 61, 62, 66, 69 ZPO).

## § 1497 Rechtsverhältnis bis zur Auseinandersetzung

**(1) Nach der Beendigung der fortgesetzten Gütergemeinschaft setzen sich der überlebende Ehegatte und die Abkömmlinge über das Gesamtgut auseinander.**

**(2) Bis zur Auseinandersetzung bestimmt sich ihr Rechtsverhältnis am Gesamtgut nach den §§ 1419, 1472, 1473.**

### I. Normzweck

1 Wie bei der ehelichen Gütergemeinschaft findet auch nach der fortgesetzten Gütergemeinschaft die Auseinandersetzung über das Gesamtgut statt (Abs. 1). Die Verweisung in Abs. 2 bedeutet, dass bis zur vollständigen Auseinandersetzung die Rechtsverhältnisse am Gesamtgut mit denen bei der beendeten ehelichen Gütergemeinschaft übereinstimmen.

### II. Anspruch auf Auseinandersetzung, Unterbleiben der Auseinandersetzung

2 Wie § 1471 Abs. 1 bei der beendeten ehelichen Gütergemeinschaft gibt § 1497 Abs. 2 allen Beteiligten einen **Anspruch auf Auseinandersetzung** unter Berücksichtigung der §§ 1498 ff., für den die gleichen Regeln (insbesondere hinsichtlich seiner Durchsetzung) gelten (→ § 1471 Rn. 11 f.). Wie bei der ehelichen Gütergemeinschaft ist dieser Anspruch auf Auseinandersetzung nicht abtretbar,[1] wohl aber der Anspruch auf das Auseinandersetzungsguthaben.[2] Die unwirksame Verfügung über einen Anteil an einer beendeten fortgesetzten Gütergemeinschaft kann in die Abtretung dieses Anspruchs umgedeutet werden.[3] Eine **Auseinandersetzung** findet **nicht** statt, wenn das Gesamtgut kraft Gesetzes einem Beteiligten allein zugewachsen ist, sei es, dass alle Abkömmlinge ausgeschieden sind oder dass der einzige an der fortgesetzten Gütergemeinschaft beteiligte Abkömmling den überlebenden Ehegatten allein beerbt hat.[4] Zur Rechtslage, wenn er nur Vorerbe geworden ist, → § 1482 Rn. 5.

### III. Rechtsverhältnisse am Gesamtgut bis zur Auseinandersetzung

3 Die Rechtsverhältnisse entsprechen auf Grund der Verweisung in Abs. 2 grundsätzlich denen bei der beendeten ehelichen Gütergemeinschaft. Wie § 1471 Abs. 2 verweist § 1497 Abs. 2 zunächst auf § 1419. Bis zur vollständigen Auseinandersetzung besteht danach die **Gesamthandsgemeinschaft** fort. Sowohl über die Anteile am Gesamtgut als auch an einzelnen Gesamtgutsgegenständen kann weiterhin nicht verfügt werden (§ 1419 Abs. 1).[5] Zur Unabtretbarkeit des Anspruchs auf Auseinandersetzung, aber Abtretbarkeit des Anspruchs auf das Auseinandersetzungsguthaben → Rn. 2. Die Anteile am Gesamtgut sind jetzt pfändbar (§ 860 Abs. 2 ZPO) und fallen in die Insolvenzmasse, wenn ein Beteiligter in Insolvenz fällt (→ § 1471 Rn. 9).[6] Die Anteile der Abkömmlinge sind nun vererblich. Der überlebende Ehegatte und die Abkömmlinge **verwalten** das Gesamtgut nun **gemeinschaftlich** (§ 1472 Abs. 1).[7] Drittgerichtete Verwaltungshandlungen kann der Ehegatte auch als gesetzlicher Vertreter eines Abkömmlings vornehmen (nicht aber wegen §§ 181, 1795, 1629 Rechtsgeschäfte im Rahmen der Auseinandersetzung zwischen den Beteiligten der fortgesetzten Gütergemeinschaft; → § 1498 Rn. 3). **§ 1472 Abs. 2 und 3** sind ebenfalls entsprechend anwendbar (→ § 1472 Rn. 5 ff.), § 1472 **Abs. 4** ist dagegen gegenstandslos. Im Gegensatz zur Rechtslage bis zur Beendigung der fortgesetzten Gütergemeinschaft sind die Beteiligten sich gegenseitig zur **Unter-**

1 KG JW 1931, 1371.
2 Vgl. BGH LM Nr. 1 = FamRZ 1966, 443 = BeckRS 1966, 31173988.
3 BGH LM Nr. 1 = FamRZ 1966, 443 = BeckRS 1966, 31173988.
4 KG JFG 1, 358.
5 Vgl. BGH LM Nr. 1 = FamRZ 1966, 443 = BeckRS 1966, 31173988; BayObLG MDR 1952, 41.
6 Zum früheren Nachlasskonkurs nach dem Tod des überlebenden Ehegatten s. BayObLGZ 33, 341.
7 Vgl. RGZ 139, 121.

**richtung** und **Auskunft** verpflichtet,[8] der überlebende Ehegatte insbesondere über den Bestand des Gesamtguts. Grundsätzlich wird nach Beendigung der fortgesetzten Gütergemeinschaft **nicht mehr** zum **Gesamtgut** erworben. Gesamtgut werden aber die Surrogate des Gesamtguts (Abs. 2; vgl. § 1473 und → § 1473 Rn. 1 ff.). Die Tatsache, dass die fortgesetzte Gütergemeinschaft beendet ist, wird auf Antrag in das **Grundbuch eingetragen**[9] (→ § 1471 Rn. 11). Die **Zwangsvollstreckung** in das Gesamtgut setzt nun zusätzlich einen Duldungstitel gegen die beteiligten Abkömmlinge voraus (§ 745 Abs. 2 ZPO, § 743 ZPO, § 744 ZPO; → § 1472 Rn. 18).[10]

## § 1498 Durchführung der Auseinandersetzung

**[1]Auf die Auseinandersetzung sind die Vorschriften der §§ 1475, 1476, des § 1477 Abs. 1, der §§ 1479, 1480 und des § 1481 Abs. 1, 3 anzuwenden; an die Stelle des Ehegatten, der das Gesamtgut allein verwaltet hat, tritt der überlebende Ehegatte, an die Stelle des anderen Ehegatten treten die anteilsberechtigten Abkömmlinge. [2]Die in § 1476 Abs. 2 Satz 2 bezeichnete Verpflichtung besteht nur für den überlebenden Ehegatten.**

### I. Normzweck

Die Auseinandersetzung erfolgt grundsätzlich in gleicher Weise wie bei der beendeten ehelichen Gütergemeinschaft. Dies ergibt sich aus den Verweisungen des § 1498. In erster Linie ist die Vereinbarung der Beteiligten für die Auseinandersetzung maßgebend. Nur, wenn sie sich nicht einigen, hat jeder Anspruch auf Auseinandersetzung nach den gesetzlichen Vorschriften. Die Erläuterungen zur Auseinandersetzung der ehelichen Gütergemeinschaft im Allgemeinen und zu den Vorschriften, auf die Bezug genommen ist, sind entsprechend heranzuziehen. 1

### II. Auseinandersetzung durch Vereinbarung

Nach allgM stehen weder die fehlende Verweisung auf § 1474 noch § 1518 Vereinbarungen des überlebenden Ehegatten mit den beteiligten Abkömmlingen über die Art der Auseinandersetzung im Wege. Denn diese werden zum einen nicht von den Ehegatten getroffen (vgl. § 1518) und betreffen zum anderen nicht mehr die fortgesetzte Gütergemeinschaft selbst, sondern die Auflösung ihres Gesamtguts. Solche Vereinbarungen können – allerdings von § 1501 Abs. 2 abgesehen – nur konkret für eine bestimmte bevorstehende Auseinandersetzung, aber auch schon vor der Beendigung der Gütergemeinschaft getroffen werden. (Dem steht die Sondervorschrift des § 1501 Abs. 2 nicht entgegen). Von der zwingenden Gläubigerschutzvorschrift des § 1480 abgesehen, auf die § 1498 verweist, sind die Beteiligten dabei vollständig frei. 2

Eine bestimmte **Form** ist für den Auseinandersetzungsvertrag nicht vorgeschrieben; die Vereinbarungen können daher auch formlos getroffen werden, soweit nicht wegen des Gegenstands der Auseinandersetzung, insbesondere nach § 311b Abs. 1, die Einhaltung einer bestimmten Form notwendig ist. Für einen Abkömmling, dessen gesetzlicher Vertreter der überlebende Ehegatte ist, muss wegen §§ 181, 1795, 1629 ein **Pfleger** die Vereinbarungen treffen. Das Erfordernis familien- oder betreuungs**gerichtlicher Genehmigung** bei Beteiligung Minderjähriger oder Betreuter ist nicht vorgesehen.[1] Der gerichtlichen Genehmigung bedarf die Auseinandersetzung aber grundsätzlich dann, wenn zum Gesamtgut Grundbesitz gehört (§ 1821 Abs. 1 Nr. 1, § 1643 Abs. 1, § 1908i Abs. 1).[2] 3

### III. Auseinandersetzung nach den gesetzlichen Vorschriften

Jeder an der fortgesetzten Gütergemeinschaft Beteiligte hat einen antragbaren Anspruch auf Auseinandersetzung entsprechend der gesetzlichen Regelung. Sowohl für diesen Auseinandersetzungsanspruch als auch für die Regelung der Auseinandersetzung **gilt** im Wesentlichen das **gleiche wie bei der ehelichen Gütergemeinschaft.** Die für die Auseinandersetzung der fortgesetzten 4

---

8 RG Warn. 1928 Nr. 42.

9 So die überwM, s. Staudinger/*Thiele,* 2018, Rn. 18; Bamberger/Roth/Hau/Poseck/*Siede* Rn. 6 mN; aA → 7. Aufl. 2017, Rn. 3 *(Kanzleiter).*

10 RGZ 148, 250.

1 Für die Erbauseinandersetzung durch den Vormund vgl. § 1822 Nr. 2. Nach hM ist § 1822 Nr. 2 entsprechend anwendbar, wenn die Verteilung der Abfindung im Verhältnis der Abkömmlinge untereinander geregelt wird, weil dies Erbteilungscharakter habe; so Erman/*Heinemann* § 1501 Rn. 2; Palandt/*Brudermüller* § 1501 Rn. 2; RGRK-BGB/*Finke* § 1501 Rn. 4; Soergel/*Gaul*/*Althammer* Rn. 3 und § 1501 Rn. 4; Staudinger/*Thiele,* 2018, Rn. 4.

2 Vgl. KGJ 38, 219.

Gütergemeinschaft nicht passenden Vorschriften sind von der Verweisung des § 1498 ausgenommen. **Modifikationen** ergeben sich aus den **§§ 1499 ff.**

5 Die **Verweisung auf § 1476** führt zusammen mit der Bestimmung des § 1498, dass der überlebende Ehegatte an die Stelle des Gesamtgutsverwalters, die Abkömmlinge an die des anderen Ehegatten treten, zur **hälftigen Teilung** des Gesamtguts zwischen Ehegatte einerseits und Abkömmlingen andererseits. Der überlebende Ehegatte wird also im Ergebnis an der Gesamtgutshälfte des erst verstorbenen Ehegatten nicht beteiligt und trägt im wirtschaftlichen Ergebnis auch mit seiner Hälfte zur Abfindung einseitiger Abkömmlinge des Erstverstorbenen bei (da die Halbteilung auch dann stattfindet, wenn einseitige Abkömmlinge nach § 1483 Abs. 2 abgefunden werden mussten). Diese Benachteiligung gegenüber einer sofortigen Abwicklung beim Tode des erst verstorbenen Ehegatten ist das Äquivalent dafür, dass das Gesamtgut bei der fortgesetzten Gütergemeinschaft ungeteilt dem überlebenden Ehegatten zur Verwaltung erhalten bleibt, umgekehrt die Abkömmlinge ihre Anteile erst bei Auseinandersetzung des Gesamtguts erhalten.[3]

6 **§ 1476 Abs. 2** gilt zwar für den überlebenden Ehegatten, aber nicht für die Abkömmlinge. Das bedeutet, dass die Abkömmlinge sich Verbindlichkeiten des vorverstorbenen Ehegatten entsprechend dem Wortlaut des § 1500 bis zur Erschöpfung ihres Anteils anrechnen lassen, darüber hinaus jedoch keinen Ersatz leisten müssen. Trifft einen Abkömmling dagegen eine eigene Verbindlichkeit gegenüber dem Gesamtgut, so muss er sie nach den allgemeinen Grundsätzen – notfalls auch über seinen Anteil hinaus – erfüllen.

7 Wird die fortgesetzte Gütergemeinschaft durch **Aufhebungsentscheidung** beendet, so ist **§ 1479** entsprechend anwendbar, dh auf Verlangen ist für die Auseinandersetzung der Zeitpunkt der Antragstellung zugrunde zu legen. Obwohl § 1498 den Abkömmlingen die Rechte des nichtverwaltenden Ehegatten ausdrücklich gemeinschaftlich zuweist, kann der Abkömmling, der die Aufhebungsentscheidung erwirkt hat, unabhängig von den anderen Abkömmlingen verlangen, dass die Auseinandersetzung – und zwar nur ihm gegenüber – nach den Verhältnissen zum Zeitpunkt der Antragstellung durchzuführen ist, obwohl damit die Auseinandersetzung im Verhältnis zu verschiedenen Abkömmlingen unterschiedlich durchgeführt werden muss. Sonst könnte der antragende Abkömmling bei Zusammenwirken des überlebenden Ehegatten mit den anderen Abkömmlingen benachteiligt werden. Anderer Ansicht ist die allgM, nach der die Abkömmlinge das Verlangen nur gemeinschaftlich stellen können.[4] Für die hier vertretene Auffassung spricht auch die ausdrückliche Regelung des § 1502 Abs. 2 S. 3.[5]

8 Bei **vorzeitiger Teilung des Gesamtguts** trifft auch die Abkömmlinge nach **§ 1480** die – auf die zugeteilten Gegenstände beschränkte – **persönliche Haftung** für noch nicht beglichene Gesamtgutsverbindlichkeiten.

## § 1499 Verbindlichkeiten zu Lasten des überlebenden Ehegatten

**Bei der Auseinandersetzung fallen dem überlebenden Ehegatten zur Last:**

1. **die ihm bei dem Eintritt der fortgesetzten Gütergemeinschaft obliegenden Gesamtgutsverbindlichkeiten, für die das eheliche Gesamtgut nicht haftete oder die im Verhältnis der Ehegatten zueinander ihm zur Last fielen;**
2. **die nach dem Eintritt der fortgesetzten Gütergemeinschaft entstandenen Gesamtgutsverbindlichkeiten, die, wenn sie während der ehelichen Gütergemeinschaft in seiner Person entstanden wären, im Verhältnis der Ehegatten zueinander ihm zur Last gefallen sein würden;**
3. **eine Ausstattung, die er einem anteilsberechtigten Abkömmling über das dem Gesamtgut entsprechende Maß hinaus oder die er einem nicht anteilsberechtigten Abkömmling versprochen oder gewährt hat.**

### I. Normzweck

1 Wie bei der ehelichen Gütergemeinschaft sind die Gesamtgutsverbindlichkeiten auch bei der fortgesetzten Gütergemeinschaft grundsätzlich Gesamtgutslasten, dh vom Gesamtgut und damit im wirtschaftlichen Ergebnis (§§ 1498, 1476 Abs. 1) vom überlebenden Ehegatten und den Abkömmlingen je zur Hälfte zu tragen. Die in § 1499 aufgeführten Verbindlichkeiten treffen im Innenverhältnis den überlebenden Ehegatten. Im Wesentlichen sind es die Verbindlichkeiten, die ihm bei Beendigung statt Fortsetzung der ehelichen Gütergemeinschaft zur Last gefallen wären (Nr. 1), und diejenigen,

---

3 Vgl. *Gernhuber/Coester-Waltjen* FamR § 39 VI 5.

4 Vgl. Erman/*Heinemann* Rn. 2; Soergel/*Gaul/Althammer* Rn. 7; Staudinger/*Thiele*, 2018, Rn. 10.

5 Gegen diesen Umkehrschluss Soergel/*Gaul/Althammer* Rn. 7.

die – während der fortgesetzten Gütergemeinschaft neu entstanden – ihn in der ehelichen Gütergemeinschaft im Verhältnis zum anderen Ehegatten treffen würden (Nr. 2), schließlich eine Ausstattung an einen nicht anteilsberechtigten Abkömmling oder eine Übermaßausstattung an einen anteilsberechtigten Abkömmling (Nr. 3).

### II. Die vom überlebenden Ehegatten zu tragenden Verbindlichkeiten

**Nr. 1 Alt. 1** betrifft die Verbindlichkeiten, die nur nach § 1488 Alt. 1 Gesamtgutsverbindlichkeiten geworden sind. War der überlebende Ehegatte vorher Gesamtgutsverwalter, so ist diese Alternative gegenstandslos, weil, von anderer Vereinbarung mit dem Gläubiger abgesehen, nach § 1437 Abs. 1 alle Verbindlichkeiten des Verwalters Gesamtgutsverbindlichkeiten sind. War er es nicht, gilt Nr. 1 Alt. 1 für die Verbindlichkeiten, die nach §§ 1438–1440 bzw. §§ 1460–1462 oder nach Vereinbarung mit dem Gläubiger nicht Gesamtgutsverbindlichkeiten waren. **Nr. 1 Alt. 2** verweist auf die §§ 1441–1444 bzw. §§ 1463–1466. **Nr. 2** verweist auf die §§ 1441–1443 und erklärt sie im Ergebnis während der fortgesetzten Gütergemeinschaft für anwendbar (§ 1444 wird durch die Sondervorschrift der Nr. 3 ersetzt). Da der überlebende Ehegatte Gesamtgutsverwalter ist, sind nur die §§ 1441 ff., nicht die §§ 1463 ff. heranzuziehen.[1] Nach **Nr. 3** hat der überlebende Ehegatte auch die Kosten einer **Ausstattung** aus dem Gesamtgut zu tragen, wenn sie entweder einem nichtanteilsberechtigten Abkömmling gewährt oder übermäßig war. Zu den einzelnen Tatbestandsmerkmalen der Vorschrift → § 1444 Rn. 1 ff. 2

Zu den **Rechtsfolgen** der **Anwendbarkeit des § 1499** vgl. § 1487 Abs. 2, § 1498, § 1475 Abs. 2. 3

## § 1500 Verbindlichkeiten zu Lasten der Abkömmlinge

**(1) Die anteilsberechtigten Abkömmlinge müssen sich Verbindlichkeiten des verstorbenen Ehegatten, die diesem im Verhältnis der Ehegatten zueinander zur Last fielen, bei der Auseinandersetzung auf ihren Anteil insoweit anrechnen lassen, als der überlebende Ehegatte nicht von dem Erben des verstorbenen Ehegatten Deckung hat erlangen können.**

**(2) In gleicher Weise haben sich die anteilsberechtigten Abkömmlinge anrechnen zu lassen, was der verstorbene Ehegatte zu dem Gesamtgut zu ersetzen hatte.**

### I. Normzweck

§ 1500 enthält als Gegenstück zu § 1499 die Lasten, die sich im Innenverhältnis bei der Auseinandersetzung die Abkömmlinge zurechnen lassen müssen. Es sind die Lasten, die der verstorbene Ehegatte zu tragen hatte, sofern von dessen Erben keine Deckung zum Gesamtgut erlangt werden konnte. 1

### II. Die Anrechnung zu Lasten der Abkömmlinge

**Abs. 1** verweist auf die §§ 1441–1444 bzw. §§ 1463–1466, Abs. 2 auf § 1445 Abs. 1 bzw. § 1467 Abs. 1 und auf Ersatzpflichten zum Gesamtgut auf anderer Rechtsgrundlage. Weitere Voraussetzung ist in beiden Fällen, dass eine **Deckung von** den **Erben des vorverstorbenen Ehegatten nicht zu erlangen** war. Es kommt also nicht auf die tatsächliche Deckung, sondern auf ihre Möglichkeit an. Die Beweislast trifft den überlebenden Ehegatten. Hat der überlebende Ehegatte den vorverstorbenen beerbt, so gilt das Gleiche: Die Anrechnung zu Lasten der Abkömmlinge entfällt, soweit der Nachlass zur Deckung ausreichte. Darüber hinaus bleiben die Abkömmlinge belastet. Ausschlagung der Erbschaft ist dem überlebenden Ehegatten nicht zuzumuten.[1] § 1500 ordnet **nur** eine **Anrechnung** zu Lasten der Abkömmlinge, **keine Ersatzpflicht** an. Soweit die anzurechnenden Lasten über den Anteil der Abkömmlinge hinausgehen, brauchen diese daher keinen Ersatz zu leisten. (Dem entspricht es, dass § 1498 die Anwendbarkeit des § 1476 Abs. 2 S. 2 auf die Abkömmlinge ausdrücklich ausschließt). Sind die Abkömmlinge dagegen Erben des vorverstorbenen Ehegatten geworden, so haften sie unabhängig von § 1500 für dessen Verbindlichkeiten, auch für diejenigen zum Gesamtgut, nach den allgemeinen Grundsätzen der Erbenhaftung. 2

---

[1] Soergel/*Gaul/Althammer* Rn. 4; Staudinger/*Thiele,* 2018, Rn. 10; anders Erman/*Heinemann* Rn. 2; Palandt/*Brudermüller* Rn. 3.

[1] Demgegenüber wollen Erman/*Heinemann* Rn. 1; Palandt/*Brudermüller* Rn. 2; RGRK-BGB/*Finke* Rn. 5; Soergel/*Gaul/Althammer* Rn. 3 die Anrechnungspflicht generell entfallen lassen, wenn der überlebende Ehegatte den Vorverstorbenen beerbt hat; wie hier Staudinger/*Thiele,* 2018, Rn. 8.

## § 1501 Anrechnung von Abfindungen

**(1) Ist einem anteilsberechtigten Abkömmling für den Verzicht auf seinen Anteil eine Abfindung aus dem Gesamtgut gewährt worden, so wird sie bei der Auseinandersetzung in das Gesamtgut eingerechnet und auf die den Abkömmlingen gebührende Hälfte angerechnet.**

**(2) [1]Der überlebende Ehegatte kann mit den übrigen anteilsberechtigten Abkömmlingen schon vor der Aufhebung der fortgesetzten Gütergemeinschaft eine abweichende Vereinbarung treffen. [2]Die Vereinbarung bedarf der notariellen Beurkundung; sie ist auch denjenigen Abkömmlingen gegenüber wirksam, welche erst später in die fortgesetzte Gütergemeinschaft eintreten.**

### I. Normzweck

1 Verzichtet ein Abkömmling auf seinen Anteil am Gesamtgut, so wächst er nach §§ 1491 Abs. 4, 1490 zwingend den anderen Abkömmlingen zu. Deshalb soll eine aus dem Gesamtgut gewährte Abfindung nach Abs. 1 auch die Abkömmlinge belasten. Abs. 2 lässt abweichende Vereinbarungen zu.

### II. Anrechnung der Abfindung auf die Hälfte der Abkömmlinge

2 § 1501 bezieht sich auf die Abfindung, die ein Abkömmling für den Verzicht nach § 1491[1] auf seinen Anteil aus dem Gesamtgut[2] erhalten hat. Gleichgültig ist, ob der Verzicht durch einseitige Erklärung oder Vertrag erfolgte (s. § 1491 Abs. 1 S. 2 und Abs. 2).[3] Als Gesamtgutsverwalter kann nur der überlebende Ehegatte eine Abfindung aus dem Gesamtgut gewähren. Hat er eine **Abfindung** gewährt, die **über** den **Wert des Anteils** hinausging, so ist der überschießende Teil Schenkung oder Ausstattung. Eine ohne Zustimmung der Abkömmlinge gewährte Schenkung ist nach den allgemeinen Grundsätzen vom Beschenkten zurück zu gewähren (vgl. § 1487 Abs. 1, § 1425 Abs. 1); für die Tragung einer Ausstattung gilt § 1499 Nr. 3, nicht § 1501; in beiden Fällen kommt auch ein Anspruch gegen den Ehegatten nach § 1487 Abs. 1, § 1435 S. 3 in Frage.[4]

### III. Abweichende Vereinbarung

3 Über die Anrechnung einer gewährten Abfindung können zwischen dem überlebenden Ehegatten und den Abkömmlingen abweichende Vereinbarungen getroffen werden. **Allgemein für** eine etwaige zukünftige Auseinandersetzung getroffen bedarf eine solche Vereinbarung nach Abs. 2 S. 2 der quasi-ehevertraglichen **Beurkundungsform.** Sie ist auch später eintretenden Abkömmlingen (§ 1490) gegenüber wirksam. **Konkret** im Rahmen einer bestimmten Auseinandersetzung getroffen ist die Vereinbarung **formlos** möglich. Wird sie jedoch schon vor Beendigung der fortgesetzten Gütergemeinschaft getroffen, so bedarf sie der notariellen Beurkundung.[5] Wie stets bei Verträgen zwischen dem überlebenden Ehegatten und den Abkömmlingen sind §§ 1795, 1629 zu berücksichtigen.

## § 1502 Übernahmerecht des überlebenden Ehegatten

**(1) [1]Der überlebende Ehegatte ist berechtigt, das Gesamtgut oder einzelne dazu gehörende Gegenstände gegen Ersatz des Wertes zu übernehmen. [2]Das Recht geht nicht auf den Erben über.**

**(2) [1]Wird die fortgesetzte Gütergemeinschaft auf Grund des § 1495 durch Urteil aufgehoben, so steht dem überlebenden Ehegatten das im Absatz 1 bestimmte Recht nicht zu. [2]Die anteilsberechtigten Abkömmlinge können in diesem Falle diejenigen Gegenstände gegen Ersatz des Wertes übernehmen, welche der verstorbene Ehegatte nach § 1477 Abs. 2 zu übernehmen berechtigt sein würde. [3]Das Recht kann von ihnen nur gemeinschaftlich ausgeübt werden.**

---

1 Die Vorschrift gilt nicht für den Vorausverzicht nach § 1517.

2 Die Vorschrift gilt nicht für Abfindungen aus anderen Vermögensmassen.

3 Erman/*Heinemann* Rn. 1; Palandt/*Brudermüller* Rn. 1; RGRK-BGB/*Finke* Rn. 2; Soergel/*Gaul/Althammer* Rn. 2; Staudinger/*Thiele,* 2018, Rn. 3; aA Planck/*Unzner* Anm. 2c.

4 Vgl. – zT abw. – Soergel/*Gaul/Althammer* Rn. 3; Staudinger/*Thiele,* 2018, Rn. 4.

5 Erman/*Heinemann* Rn. 2; Palandt/*Brudermüller* Rn. 1; Soergel/*Gaul/Althammer* Rn. 4; Staudinger/*Thiele,* 2018, Rn. 7; aA → 7. Aufl. 2017, Rn. 3 *(Kanzleiter).*

### I. Normzweck

Grundsätzlich ist der überlebende Ehegatte – nicht aber sind seine Erben – berechtigt, in der Auseinandersetzung das ganze Gesamtgut oder beliebige Gesamtgutsgegenstände gegen Wertersatz zu übernehmen **(Abs. 1).** Wurde die Gütergemeinschaft durch Aufhebungsentscheidung gegen den überlebenden Ehegatten beendet, so entfällt sein Übernahmerecht. Stattdessen steht dann den Abkömmlingen – gemeinschaftlich – ein Übernahmerecht an den Gegenständen zu, die der vorverstorbene Ehegatte nach § 1477 Abs. 2 hätte übernehmen können **(Abs. 2).** 1

### II. Generelles Übernahmerecht des überlebenden Ehegatten

Grundsätzlich ist der überlebende Ehegatte bei Beendigung der Gütergemeinschaft berechtigt, nach seiner Wahl **beliebige Gegenstände** aus dem Gesamtgut gegen Wertersatz zu übernehmen. Das Übernahmerecht kann **formlos** ausgeübt werden. Die Ausübung begründet die Übertragungsverpflichtung aus dem Gesamtgut, die durch die entsprechenden Übertragungsakte zu vollziehen ist (→ § 1477 Rn. 9). Das Übernahmerecht ist **unvererblich.** Der Ehegatte kann jedoch Zuwendungen in einer Verfügung von Todes wegen an einen Abkömmling dadurch bedingen, dass er einem anderen Abkömmling die Übernahme bestimmter Gegenstände aus dem Gesamtgut gestattet.[1] **Vererblich** ist der **Übertragungsanspruch,** nachdem das Übernahmerecht vom Ehegatten ausgeübt wurde. 2

### III. Übernahmerecht der Abkömmlinge

Wird die Gütergemeinschaft durch **Aufhebungsentscheidung** auf den Antrag eines Abkömmlings beendet, so entfällt das Übernahmerecht des überlebenden Ehegatten (dem auch nicht das normale Übernahmerecht nach § 1477 Abs. 2 zusteht, da § 1498 diese Vorschrift nicht einbezieht). Stattdessen haben dann die **Abkömmlinge** ein **Übernahmerecht** an den Gegenständen, die der vorverstorbene Ehegatte nach § 1477 Abs. 2 hätte übernehmen können (vgl. § 1477 Abs. 2; → § 1477 Rn. 1 ff.). Das Gleiche gilt, wenn ein Abkömmling den Aufhebungsantrag gestellt hatte, während des Rechtsstreits die fortgesetzte Gütergemeinschaft auf andere Weise endet (durch Aufhebung des Ehegatten oder seinen Tod) und der Antrag sonst Erfolg gehabt hätte (inzwischen allgM). Das Übernahmerecht kann nur gemeinsam ausgeübt werden, entfällt also, wenn ein Abkömmling nicht mitwirkt. (Zweckmäßiger wäre es, wenn das Gesetz ihnen das Übernahmerecht als Gesamtberechtigten einräumen würde). Das Übernahmerecht der Abkömmlinge ist **vererblich.** 3

## § 1503 Teilung unter den Abkömmlingen

**(1) Mehrere anteilsberechtigte Abkömmlinge teilen die ihnen zufallende Hälfte des Gesamtguts nach dem Verhältnis der Anteile, zu denen sie im Falle der gesetzlichen Erbfolge als Erben des verstorbenen Ehegatten berufen sein würden, wenn dieser erst zur Zeit der Beendigung der fortgesetzten Gütergemeinschaft gestorben wäre.**

**(2) Das Vorempfangene kommt nach den für die Ausgleichung unter Abkömmlingen geltenden Vorschriften zur Ausgleichung, soweit nicht eine solche bereits bei der Teilung des Nachlasses des verstorbenen Ehegatten erfolgt ist.**

**(3) Ist einem Abkömmling, der auf seinen Anteil verzichtet hat, eine Abfindung aus dem Gesamtgut gewährt worden, so fällt sie den Abkömmlingen zur Last, denen der Verzicht zustatten kommt.**

### I. Normzweck

Ihren halben Anteil am Gesamtgut (§ 1498 Abs. 1, § 1476 Abs. 1) teilen die Abkömmlinge untereinander im Verhältnis der gesetzlichen Erbfolge (Abs. 1). Beim Tode des erst verstorbenen Ehegatten noch nicht unter ihnen ausgeglichene Vorempfänge sind nun auszugleichen (Abs. 2). In Ergänzung zu § 1501 Abs. 1 bestimmt § 1503 Abs. 3, welchen Abkömmlingen eine Abfindung zugerechnet wird, die einem verzichtenden Abkömmling gewährt wurde (Abs. 3). 1

### II. Die Vorschrift im Einzelnen

Nach Abs. 1 teilen die Abkömmlinge die ihnen zufallende Gesamtgutshälfte im **Verhältnis der gesetzlichen Erbfolge.** Eine andere Teilung konnte der erstversterbende Ehegatte mit Zustimmung 2

[1] Vgl. BGH NJW 1964, 2298, = FamRZ 1964, 423; BayObLG OLGE 43, 360; KG JW 1931, 1369; OLG München JFG 1, 150.

des anderen (§ 1516 Abs. 1) im Rahmen der §§ 1512 ff. durch **Verfügung von Todes** wegen anordnen. Der überlebende Ehegatte kann das Anteilsverhältnis wegen § 1518 nicht abändern. Zur **Ausgleichung von Vorempfängen** vgl. §§ 2050 ff. (→ § 1483 Rn. 14). Die Regelung des **Abs. 3** zu der Frage, welchen Abkömmlingen die Abfindung zuzurechnen ist, die einem verzichtenden Abkömmling gewährt wurde, ergänzt § 1501 Abs. 1. Sie gilt nur für den Verzicht nach Eintritt der fortgesetzten Gütergemeinschaft nach § 1491, nicht für den vorherigen Verzicht nach § 1517.

## § 1504 Haftungsausgleich unter Abkömmlingen

**[1]Soweit die anteilsberechtigten Abkömmlinge nach § 1480 den Gesamtgutsgläubigern haften, sind sie im Verhältnis zueinander nach der Größe ihres Anteils an dem Gesamtgut verpflichtet. [2]Die Verpflichtung beschränkt sich auf die ihnen zugeteilten Gegenstände; die für die Haftung des Erben geltenden Vorschriften der §§ 1990, 1991 finden entsprechende Anwendung.**

### I. Normzweck

1 Die Abkömmlinge haben im Innenverhältnis auch die Gesamtgutsverbindlichkeiten im Verhältnis ihrer Anteile zu tragen. Hat einer der Abkömmlinge an einen Gläubiger mehr geleistet, kann er von den anderen entsprechenden Ausgleich verlangen.

### II. Ausgleich unter den Abkömmlingen

2 Wird das Gesamtgut geteilt, so haften alle Beteiligten für eine noch nicht berichtigte Verbindlichkeit gesamtschuldnerisch, jeder beschränkt auf das, was er aus dem Gesamtgut erhalten hat (§§ 1498, 1480; → § 1480 Rn. 1 ff.). Den Ausgleich im Innenverhältnis zwischen dem überlebenden Ehegatten und den Abkömmlingen regelt **§ 1481 Abs. 1 und 3** (vgl. § 1498), den weiteren Ausgleich **unter** den **Abkömmlingen § 1504.**

3 Die Abkömmlinge sind untereinander im Verhältnis ihrer Anteile verpflichtet. Hat ein Abkömmling an einen Gläubiger mehr geleistet, so kann er von den anderen **Ausgleich** entsprechend deren Anteilen verlangen. Sie haften für diesen Ausgleich nicht gesamtschuldnerisch, sondern nur anteilig. Ihre Haftung ist – wie im Außenverhältnis zu den Gläubigern – auf das aus dem Gesamtgut Erlangte beschränkt. Für die Beschränkung der Haftung gilt dasselbe wie zu § 1480 S. 2 (→ § 1480 Rn. 1 ff.).

## § 1505 Ergänzung des Anteils des Abkömmlings

**Die Vorschriften über das Recht auf Ergänzung des Pflichtteils finden zugunsten eines anteilsberechtigten Abkömmlings entsprechende Anwendung; an die Stelle des Erbfalls tritt die Beendigung der fortgesetzten Gütergemeinschaft; als gesetzlicher Erbteil gilt der dem Abkömmling zur Zeit der Beendigung gebührende Anteil an dem Gesamtgut, als Pflichtteil gilt die Hälfte des Wertes dieses Anteils.**

### I. Normzweck

1 Wie der Pflichtteilsanspruch kann auch der Anspruch der Abkömmlinge bei der Auseinandersetzung durch Schenkungen der Ehegatten ausgehöhlt werden. Deshalb ordnet § 1505 die **entsprechende Anwendung der Vorschriften über** die **Pflichtteilsergänzung** (vgl. insbesondere die §§ 2325 ff.) an. Hinsichtlich des Vorbehalts- und Sonderguts der Ehegatten gelten die Regeln der Pflichtteilsergänzung unmittelbar.

### II. Der Ergänzungsanspruch

2 Die **Voraussetzungen des Ergänzungsanspruchs** entsprechen grundsätzlich denen der Pflichtteilsergänzung. Grundlage des Anspruchs können nur Schenkungen aus dem Gesamtgut zu Lebzeiten beider Ehegatten sein. Solche Zuwendungen gelten nach § 2331 als von beiden Ehegatten zur Hälfte gemacht. (Die „zweite Hälfte" des Ergänzungsanspruchs richtet sich danach gegen den Nachlass des zuletzt verstorbenen Ehegatten, in den auch dessen Anteil an der fortgesetzten Gütergemeinschaft fällt). Schenkungen aus dem Gesamtgut der fortgesetzten Gütergemeinschaft gelten nach § 2331 Abs. 2, § 1487 als vom überlebenden Ehegatten und den Abkömmlingen je zur Hälfte gemacht. Soweit eine solche Schenkung wirksam ist, weil ihr die Abkömmlinge zugestimmt haben, kann sich ein Pflichtteilsergänzungsanspruch nach dem Tode des überlebenden Ehegatten auf Grund

§§ 2325 ff. ergeben (die Zustimmung eines Abkömmlings zu einer Schenkung braucht nicht den Verzicht auf diesen Anspruch zu bedeuten).

Da anstelle des Erbfalles für die Entstehung des Anspruchs nach § 1505 der **Zeitpunkt** der **Beendigung der fortgesetzten Gütergemeinschaft,** regelmäßig also der Tod des überlebenden Ehegatten tritt, stehen die Abkömmlinge insofern schlechter als bei getrennter Erbfolge nach dem Tode beider Ehegatten, als der Anspruch dann ganz ausgeschlossen ist, wenn nur einer der beiden Ehegatten die Schenkung um mehr als zehn Jahre überlebt (§ 2325 Abs. 3).[1] 3

Auch hinsichtlich der **Rechtsfolgen** gelten die Vorschriften über die Pflichtteilsergänzung mit den in § 1505 enthaltenen Besonderheiten entsprechend. Jeder Abkömmling kann den Anspruch unabhängig von den anderen geltend machen. Der Anspruch verjährt nach § 2332, wobei an die Stelle des Erbfalles wieder die Beendigung der fortgesetzten Gütergemeinschaft tritt.[2] Unter den Voraussetzungen des § 2329 richtet sich der Anspruch gegen den Beschenkten. Nach § 2317 Abs. 2 ist der Anspruch vererblich und übertragbar und unter den Voraussetzungen des § 852 Abs. 1 ZPO pfändbar. 4

Ist einem Abkömmling der **Anteil** am Gesamtgut nach § 1513 wirksam **entzogen,** steht ihm auch kein Anteil auf Anteilsergänzung zu. Der Anspruch auf Ergänzung des Anteils kann aber auch selbständig entzogen werden. 5

## § 1506 Anteilsunwürdigkeit

**[1]Ist ein gemeinschaftlicher Abkömmling erbunwürdig, so ist er auch des Anteils an dem Gesamtgut unwürdig. [2]Die Vorschriften über die Erbunwürdigkeit finden entsprechende Anwendung.**

### I. Normzweck

Der Eintritt der fortgesetzten Gütergemeinschaft steht insofern der Erbfolge nahe, als in beiden Fällen das Vermögen eines Verstorbenen, wenn auch rechtlich ganz unterschiedlich, auf Nachfolger übergeht. Der Gesichtspunkt, dass es geboten sein kann, einen Nachfolger auszuschließen, wenn er sich schwerer Verfehlungen schuldig gemacht hat, gilt daher für den Eintritt der fortgesetzten Gütergemeinschaft wie für die Erbfolge. § 1506 erklärt deshalb die Vorschriften der Erbunwürdigkeit für entsprechend anwendbar. 1

### II. Anteilsunwürdigkeit eines Abkömmlings

Wegen der **Gründe** der Erbunwürdigkeit s. § 2339 (vgl. auch § 2343 zur Verzeihung der Verfehlung). Entscheidend ist das **Verhältnis zum erst verstorbenen Ehegatten,** hinsichtlich der Beerbung des überlebenden gelten die §§ 2339 ff. unmittelbar. Der Zweck des § 2339 trifft auch dann zu, wenn die Zustimmung des überlebenden Ehegatten zu einer letztwilligen Verfügung des vorverstorbenen nach § 1516 vom Abkömmling verhindert wird.[1] Da damit mittelbar die Wirksamkeit einer Verfügung des vorverstorbenen Ehegatten verhindert wird, kann nur er, nicht der überlebende, die Verfehlung verzeihen.[2] Ist der Abkömmling für erbunwürdig erklärt, so ist er damit zwangsläufig auch anteilsunwürdig, ohne dass es einer nochmaligen Anfechtung bedürfte. Es kann aber auch (nur) der Anfall des Anteils an der fortgesetzten Gütergemeinschaft durch Klage (§§ 2342, 2340) angefochten werden. Der **Anteil des Erbunwürdigen** fällt dem zu, der berufen wäre, wenn er bei Eintritt der fortgesetzten Gütergemeinschaft bereits verstorben wäre (§ 2344 Abs. 2), dh in erster Linie den Abkömmlingen des Anteilsunwürdigen, hilfsweise den anderen Abkömmlingen der Ehegatten (zugunsten einseitiger Abkömmlinge des Vorverstorbenen gilt § 1483 Abs. 2), zuletzt hilfsweise dem überlebenden Ehegatten. Sie alle sind anfechtungsberechtigt (§ 2341). 2

### III. Anteilsunwürdigkeit des überlebenden Ehegatten

Der Grundgedanke der Erbunwürdigkeit, dass derjenige vom Vermögen eines Verstorbenen nicht profitieren soll, der sich ihm gegenüber bestimmter Verfehlungen schuldig gemacht hat, gilt auch für die Stellung des überlebenden Ehegatten, die dieser durch die Fortsetzung der Gütergemein- 3

1 Vgl. hierzu *Milzer* ZEV 2015, 260 f.
2 Vgl. RG JW 1911, 996.

1 Inzwischen allgM; *Gernhuber/Coester-Waltjen* FamR § 39 Rn. 16; Bamberger/Roth/Hau/Poseck/*Siede* Rn. 2; Erman/*Heinemann* Rn. 2; Palandt/*Brudermüller* Rn. 2; RGRK-BGB/*Finke* Rn. 6; Soergel/*Gaul/Althammer* Rn. 3; Staudinger/*Thiele,* 2018, Rn. 4.
2 Staudinger/*Thiele,* 2018, Rn. 4, 8.

schaft erwerben würde. **§ 1506** ist daher bei seiner Erbunwürdigkeit **entsprechend anwendbar.**[3] Die Gütergemeinschaft wird nicht fortgesetzt, sondern ist durch den Tod des vorverstorbenen Ehegatten beendet. Dieser wird unter Ausschluss des erbunwürdigen überlebenden Ehegatten beerbt.

## § 1507 Zeugnis über Fortsetzung der Gütergemeinschaft

**[1]Das Nachlassgericht hat dem überlebenden Ehegatten auf Antrag ein Zeugnis über die Fortsetzung der Gütergemeinschaft zu erteilen. [2]Die Vorschriften über den Erbschein finden entsprechende Anwendung.**

### I. Normzweck

1 § 1507 schafft die Möglichkeit, über die Fortsetzung der Gütergemeinschaft, die in das Güterrechtsregister nicht eingetragen werden kann (→ § 1483 Rn. 10), ein **Zeugnis entsprechend** dem **Erbschein** zu erteilen. Dieses Zeugnis dient der Erleichterung des Rechtsverkehrs. Es wahrt das Interesse des überlebenden Ehegatten daran, die Fortsetzung einfach nachweisen zu können, und die Interessen der Geschäftspartner an verlässlichen Grundlagen bei der Vornahme von Rechtsgeschäften.

### II. Verfahren der Erteilung und Einziehung des Zeugnisses

2 **1. Antragsberechtigung.** Antragsberechtigt ist der überlebende Ehegatte als Gesamtgutsverwalter und nach §§ 792, 896 ZPO jeder Gläubiger, der einen vollstreckbaren Titel besitzt. Auch nach Beendigung der fortgesetzten Gütergemeinschaft, insbesondere nach dem Tod des überlebenden Ehegatten kann das Zeugnis noch erteilt werden.[1] Den Antrag kann dann sowohl jeder seiner Erben als auch jeder beteiligte Abkömmling stellen.[2]

3 **2. Verfahren.** Das Verfahren entspricht dem bei der Erteilung des Erbscheins. Der Ehevertrag ist vorzulegen (entsprechend §§ 2355, 2356 Abs. 1). Der Tod des vorverstorbenen Ehegatten ist durch öffentliche Urkunde (Sterbeurkunde) nachzuweisen (entsprechend § 2355, § 2354 Abs. 1 Nr. 1, § 2356 Abs. 1). An Eides Statt zu versichern hat der Antragsteller, dass die Fortsetzung der Gütergemeinschaft nicht durch neuen Ehevertrag oder Verfügung von Todes wegen (§§ 1509 ff.) ausgeschlossen wurde und dass über den Eintritt der fortgesetzten Gütergemeinschaft kein Rechtsstreit anhängig ist (entsprechend § 2355, § 2354 Abs. 1 Nr. 5 und § 2356 Abs. 2).[3] Auch für die **Einziehung** nach Kraftloserklärung (vgl. § 2361) und das dabei zu beobachtende Verfahren gelten die Regeln für den Erbschein entsprechend. Zu den **Amtspflichten des Nachlassgerichts** gegenüber einseitigen Abkömmlingen bei Erteilung des Zeugnisses s. BGH NJW 1974, 1764.

### III. Inhalt des Zeugnisses

4 Nach § 1507 S. 1 ist das Zeugnis **„über die Fortsetzung der Gütergemeinschaft"** zu erteilen. **Notwendiger Inhalt** ist daher die Bezeichnung des verstorbenen und des überlebenden Ehegatten, die bisher in Gütergemeinschaft gelebt haben, und die Tatsache, dass Fortsetzung der Gütergemeinschaft eingetreten ist. Mit Rücksicht auf die entsprechende Anwendung der Vorschriften über den Erbschein und darauf, dass es sich (auch deshalb) um ein Zeugnis darüber handelt, wer Rechtsnachfolger des bisherigen Gesamtguts geworden ist,[4] sind anzugeben die der fortgesetzten Gütergemeinschaft angehörenden **Abkömmlinge,**[5] nicht aber deren Anteile[6] und die Tatsache, dass die fortgesetzte Gütergemeinschaft nun beendet ist. Ob einseitige Abkömmlinge aufzunehmen sind, richtet sich nach der Stellung, die man ihnen hinsichtlich des Gesamtguts zumisst. Nach der hier (→ § 1483 Rn. 14) vertretenen Auffassung sind sie nicht in das Fortsetzungszeugnis aufzunehmen.[7]

[3] HM; *Dölle* FamR I § 81 VI 2b, aa; Bamberger/Roth/Hau/Poseck/*Siede* Rn. 2; Erman/*Heinemann* Rn. 1; Palandt/*Brudermüller* Rn. 1; Planck/*Unzner* Anm. 17; Soergel/*Gaul/Althammer* Rn. 4; Staudinger/*Thiele,* 2018, Rn. 11; aA RGRK-BGB/*Finke* Rn. 2.

[1] BayObLGZ 1954, 79 (83); KG NJW 1964, 1905; OLG Hamm JMBl. NRW 1956, 43; OLG München FamRZ 2012, 229 = BWNotZ 2011, 164; s. dort auch zu dessen Inhalt.

[2] KG OLGE 40, 155; JW 1935, 1437.

[3] Vgl. KG OLGE 18, 271.

[4] BayObLGZ 1954, 79 (83).

[5] KGJ 34, A 229; OLG München FamRZ 2012, 229 = BWNotZ 2011, 164; anders → 5. Aufl. 2010, Rn. 4 *(Kanzleiter).*

[6] KG OLGE 43, 361.

[7] Anders konsequent diejenigen, die ihnen aufgrund § 1483 Abs. 2 vorrangig Erbenstellung einräumen im Anschluss an KGJ 34, A 229.

Umstr. ist, ob entgegen § 2361 eine spätere **Berichtigung des Zeugnisses** ohne Einziehung oder Kraftloserklärung **möglich** ist. Die Gerichte halten solche Berichtigungen für zulässig, dass sich der Kreis der beteiligten Abkömmlinge geändert hat[8] oder dass alle Abkömmlinge ausgeschieden sind und das Gesamtgut damit auf den überlebenden Ehegatten übergegangen ist.[9] Auch darüber hinaus ist § 2361 anwendbar, so dass Einziehung und Kraftloserklärung möglich sind, aber auch Berichtigungen und Ergänzungen, wie die genannte Rechtsprechung zeigt.[10] 5

Auch ein **Negativzeugnis,** dass keine fortgesetzte Gütergemeinschaft eingetreten ist, kann erteilt werden.[11] Hierfür dürfte aber kaum je ein Bedürfnis bestehen, nachdem die fortgesetzte Gütergemeinschaft nur noch bei ausdrücklicher Vereinbarung eintritt. 6

**Erbschein** – wirksam für Vorbehalts- und Sondergut – nach dem Tode des vorverstorbenen Ehegatten und **Fortsetzungszeugnis** sind voneinander **unabhängig.**[12] Sie sollen auch verbunden werden können,[13] was freilich regelmäßig nicht zweckmäßig ist. 7

### IV. Wirkungen des Zeugnisses

Auch hinsichtlich der Wirkungen des Zeugnisses gelten die Regeln für den Erbschein entsprechend. Zugunsten des überlebenden Ehegatten und zugunsten Dritter wird der Eintritt fortgesetzter Gütergemeinschaft **vermutet** (§ 2365), der **gute Glaube** hieran wird geschützt (§§ 2366, 2367). Das Zeugnis bezeugt aber nur, dass Fortsetzung der Gütergemeinschaft eingetreten ist, nicht, dass sie noch weiterbesteht.[14] 8

## § 1508 *(weggefallen)*

§ 1508 wurde durch Art. 1 Ziff. 13 GleichberG vom 18.6.1957 (BGBl. 1957 I 609) aufgehoben. 1

## § 1509 Ausschließung der fortgesetzten Gütergemeinschaft durch letztwillige Verfügung

**[1]Jeder Ehegatte kann für den Fall, dass die Ehe durch seinen Tod aufgelöst wird, die Fortsetzung der Gütergemeinschaft durch letztwillige Verfügung ausschließen, wenn er berechtigt ist, dem anderen Ehegatten den Pflichtteil zu entziehen oder die Aufhebung der Gütergemeinschaft zu beantragen. [2]Das Gleiche gilt, wenn der Ehegatte berechtigt ist, die Aufhebung der Ehe zu beantragen, und den Antrag gestellt hat. [3]Auf die Ausschließung finden die Vorschriften über die Entziehung des Pflichtteils entsprechende Anwendung.**

### I. Normzweck

Beide Ehegatten sind an die im Ehevertrag getroffene Vereinbarung gebunden, dass die Gütergemeinschaft nach ihrem Tod fortgesetzt werden soll. Grundsätzlich kann dies keiner der beiden Ehegatten einseitig rückgängig machen (der Überlebende kann freilich nach § 1484 die Fortsetzung ablehnen). Unter den Voraussetzungen des § 1509 kann ausnahmsweise jeder Ehegatte die fortgesetzte Gütergemeinschaft für den Fall ausschließen, dass er der Erstversterbende ist. Während ganz besonders schwere Verfehlungen automatisch zur Anteilsunwürdigkeit des überlebenden Ehegatten führen (→ § 1506 Rn. 3), ist es bei den nicht ganz so schwerwiegenden Gründen des § 1509 jedem Ehegatten überlassen, ob er die Ausschließung anordnen will. 1

### II. Voraussetzungen der Ausschließung

Die Neufassung des § 1509 nennt drei Aufhebungsgründe: Recht zum Pflichtteilsentzug, Recht zum Antrag auf Aufhebung der Gütergemeinschaft und berechtigter Antrag auf Aufhebung der Ehe. Für den **Entzug des Ehegattenpflichtteils** ist die neue Regelung in § 2333 Abs. 2, Abs. 1 maßgebend. Zum **Recht** eines Ehegatten, **Antrag auf Aufhebung der Gütergemeinschaft zu stellen,** s. § 1447 (→ § 1447 Rn. 1 ff.), § 1448 (→ § 1448 Rn. 1 ff.) und § 1469 2

---

[8] Vgl. KG OLGE 7, 58.

[9] Vgl. KG OLGE 26, 318.

[10] Dafür die überwM; vgl. BayObLGZ 1954, 79 (82); BayObLG DNotZ 1968, 35; Erman/*Heinemann* Rn. 4; Palandt/*Brudermüller* Rn. 4; Soergel/*Gaul/Althammer* Rn. 4; Staudinger/*Thiele,* 2018, Rn. 14 f.; *Bergerfurth* NJW 1956, 1506; *Dölle* FamR I § 81 V 1 Fn. 41; Bamberger/Roth/Hau/Poseck/*Siede* Rn. 5.

[11] KG RJA 13, 154.

[12] KG OLGE 6, 319.

[13] KG OLGE 14, 237.

[14] KG OLGE 6, 319; KG NJW 1964, 1906.

(→ § 1448 Rn. 1 ff.). Als dritten Grund, die Fortsetzung der Gütergemeinschaft auszuschließen, hat das 1. EheRG den Antrag auf Aufhebung der Ehe in § 1509 aufgenommen; auf Grund der Änderung durch das Eheschließungsrechtsgesetz vom 4.5.1998 (BGBl. 1998 I 833) ist Voraussetzung jetzt, dass der Ehegatte berechtigt ist, die **Aufhebung der Ehe** zu beantragen, und den Antrag gestellt hat (vgl. §§ 1313 ff.). Der Wortlaut des § 1509 legt deshalb nahe, dass die Vorschrift bei Stellung des Scheidungsantrags nicht entsprechend herangezogen werden kann, die Stellung des Scheidungsantrags also keinen Einfluss auf die Fortsetzung der Gütergemeinschaft hat. Die Entstehungsgeschichte der Gesetzesänderung lässt aber eher einen entgegengesetzten (subjektiven) Willen des Gesetzgebers erkennen: Bei der Diskussion um den Entzug des Ehegattenpflichtteils und die Fassung des damaligen § 2335, die ihren Niederschlag in den verschiedenen Entwürfen gefunden hat, wurde wohl übersehen, dass § 1509 bei der schließlich gewählten eingeschränkten Fassung des damaligen § 2335 auf die Stellung des Scheidungsantrags hätte ausdrücklich ausgedehnt werden müssen.[1] Da die Gesichtspunkte, die für eine Gleichbehandlung des Ehescheidungs- mit dem Aufhebungsantrag im Rahmen des § 1509 sprechen, überwiegen, ist § 1509 trotz seinem Wortlaut **entsprechend** anzuwenden, **wenn** der Ehegatte den **Antrag auf Scheidung der Ehe gestellt** (oder der Scheidung zugestimmt, vgl. § 2077 Abs. 1) hatte[2] und die Voraussetzung der Scheidung vorlagen. Dass § 1509 unverändert blieb, als der Entzug des Ehegattenpflichtteils in § 2333 neu geregelt wurde, hat daran nichts geändert.

### III. Ausschließung durch Verfügung von Todes wegen

3 Liegt einer der Ausschließungsgründe vor, so kann der betreffende Ehegatte die Fortsetzung der Gütergemeinschaft durch Verfügung von Todes wegen ausschließen. Die Ausschließung kann in jeder Form einer Verfügung von Todes wegen, auch in einem Erbvertrag getroffen werden, ist aber auch dann einseitige Verfügung (vgl. § 2278 Abs. 2).[3] Die Formulierung des Gesetzes braucht nicht gewählt zu werden, es genügt, dass erkennbar ist, der Ehegatte wünsche die Fortsetzung der Gütergemeinschaft nicht mehr.[4]

4 Für die Ausschließung gelten die Regeln für den Pflichtteilsentzug entsprechend. Der **Grund** zur Ausschließung muss danach in der Verfügung **angegeben** werden (§ 2336 Abs. 3). Dies kann aber nur gelten, wenn er sich aus den Umständen nicht eindeutig ergibt. Die Angabe des Grundes ist also zB nicht erforderlich, wenn der Ehegatte dem anderen den Pflichtteil bereits in einer Verfügung von Todes wegen unter Angabe der Gründe entzogen hatte[5] und nun in einer neuen Verfügung ohne Begründung die Fortsetzung der Gütergemeinschaft ausschließt oder wenn er den Antrag auf Aufhebung der Ehe gestellt hatte. § 2337 ist auf solche Gründe zum Antrag auf Aufhebung der Gütergemeinschaft anwendbar, die eine Verfehlung des anderen Ehegatten enthalten. Mit der **Verzeihung** wird die Ausschließung der fortgesetzten Gütergemeinschaft unwirksam. Die Ausschließung kann daneben jederzeit durch **Widerrufsverfügung** zurückgenommen werden.

## § 1510 Wirkung der Ausschließung

**Wird die Fortsetzung der Gütergemeinschaft ausgeschlossen, so gilt das Gleiche wie im Falle des § 1482.**

1 Hinsichtlich der Folgen der Ausschließung verweist § 1510 auf § 1482. Die Gütergemeinschaft wird deshalb durch den Tod des Ehegatten beendet, sein Anteil fällt in den Nachlass. Vgl. im Einzelnen → § 1482 Rn. 1 ff.

---

[1] Vgl. 1. RegE, BR-Drs. 266/71, 3; Begr. -Drs. 266/71, 45 f.; 2. RegE, BR-Drs. 260/73, 7; Begr. BR-Drs. 260/73, 103 f.; 2. RegE, BT-Drs. 7/650, 7; Begr. BT-Drs. 7/650, 103 (keine Stellungnahme des Bundesrates); BR-Drs. 1/76 (Gesetzesbeschluss des BT nach Änderung durch den RA); BT-Drs. 7/650 (Gesetzesbeschluss auf Vorschlag des Vermittlungsausschusses), in der Begr. heißt es wörtlich: „Die im Entwurf vorgesehene Änderung des § 1509 BGB kann entfallen, soweit sie nur durch die geplante Änderung des § 2335 BGB veranlasst ist."

[2] *Beitzke* FamR § 17 II; Jauernig/*Schlechtriem* Anm. 1; Soergel/*Gaul/Althammer* Rn. 8; Staudinger/*Thiele*, 2018, Rn. 6; Bamberger/Roth/Hau/Poseck/*Siede* Rn. 4; aA Erman/*Heinemann* Rn. 2; Palandt/*Brudermüller* Rn. 1; RGRK-BGB/*Finke* Rn. 4.

[3] KGJ 51, 170.

[4] RGZ 94, 317.

[5] Andere erblicken in der Pflichtteilsentziehung zugleich auch den Ausschluss der Fortsetzung der Gütergemeinschaft, Staudinger/*Thiele*, 2018, Rn. 10 mwN.

## § 1511 Ausschließung eines Abkömmlings

**(1) Jeder Ehegatte kann für den Fall, dass die Ehe durch seinen Tod aufgelöst wird, einen gemeinschaftlichen Abkömmling von der fortgesetzten Gütergemeinschaft durch letztwillige Verfügung ausschließen.**

**(2) [1]Der ausgeschlossene Abkömmling kann, unbeschadet seines Erbrechts, aus dem Gesamtgut der fortgesetzten Gütergemeinschaft die Zahlung des Betrags verlangen, der ihm von dem Gesamtgut der ehelichen Gütergemeinschaft als Pflichtteil gebühren würde, wenn die fortgesetzte Gütergemeinschaft nicht eingetreten wäre. [2]Die für den Pflichtteilsanspruch geltenden Vorschriften finden entsprechende Anwendung.**

**(3) [1]Der dem ausgeschlossenen Abkömmling gezahlte Betrag wird bei der Auseinandersetzung den anteilsberechtigten Abkömmlingen nach Maßgabe des § 1501 angerechnet. [2]Im Verhältnis der Abkömmlinge zueinander fällt er den Abkömmlingen zur Last, denen die Ausschließung zustatten kommt.**

### I. Normzweck

Abkömmlinge können von der fortgesetzten Gütergemeinschaft ausgeschlossen werden, ohne dass es eines besonderen Grundes dafür bedarf. Ihr Ausschluss erfolgt durch letztwillige Verfügung des letztlich zuerst verstorbenen Ehegatten, der dazu der Zustimmung des anderen bedarf (§ 1516; → § 1516 Rn. 1 ff.). Dem ausgeschlossenen Abkömmling steht dann ein Abfindungsanspruch in Höhe seines Pflichtteils zu (Abs. 2), der entsprechend § 1500 und der in § 1503 getroffenen Regelung bei der Auseinandersetzung den Abkömmlingen zur Last fällt, denen der Ausschluss zugute gekommen ist. 1

### II. Ausschluss von Abkömmlingen

Jeder Ehegatte kann mit Zustimmung des anderen (§ 1516) durch Verfügung von Todes wegen einen Abkömmling von der Teilnahme an der fortgesetzten Gütergemeinschaft ausschließen. Der Ausschluss kann auch in einem Erbvertrag getroffen werden, ist aber auch dann einseitige Verfügung (vgl. § 2278; → § 1509 Rn. 3).[1] Das Gleiche gilt, wenn die Ehegatten in einem gemeinschaftlichen Testament (vgl. § 1516 Abs. 3) den Ausschluss für den Fall des Erstversterbens jedes von ihnen angeordnet haben. Es handelt sich dann um zwei getrennte einseitige Verfügungen jedes der beiden Ehegatten jeweils für den Fall seines Vorversterbens. Der Ausschluss muss nicht ausdrücklich geschehen, sondern kann auch nach den allgemeinen Grundsätzen durch **Auslegung** ermittelt werden.[2] Ausgeschlossen werden können bestimmte Abkömmlinge (auch solche, die noch nicht erzeugt sind), bestimmte Gruppen oder Stämme usw., nach freier Entschließung der Ehegatten. Möglich ist es auch, dass alle Abkömmlinge ausgeschlossen werden.[3] In einem solchen Fall muss aber die Vermutung widerlegt werden, eine Verfügung von Todes wegen beziehe sich nur auf Vorbehalts- und Sondergut des Ehegatten (→ § 1483 Rn. 6).[4] Der Ausschluss kann auch unter einer **Bedingung** ausgesprochen werden.[5] Schließen die Ehegatten nachträglich einen Ehevertrag, in dem sie sich gegenseitig zu Erben einsetzen, ist die nächstliegende Auslegung dass sie damit die Fortsetzung der Gütergemeinschaft insgesamt ausschließlich wollen.[6] 2

### III. Wirkungen des Ausschlusses

**1. Ausschluss des Abkömmlings.** Wirkungen hat der Ausschluss nur dann, wenn die eheliche Gütergemeinschaft durch den Tod des Ehegatten endet, der ihn angeordnet hat. Der wirksam ausgeschlossene **Abkömmling tritt nicht** in die fortgesetzte Gütergemeinschaft **ein.** Er wird als vorverstorben behandelt. Deshalb treten nach § 1483 Abs. 1 S. 2 in erster Linie seine Abkömmlinge an seine Stelle (häufig wird die ausschließende Verfügung aber in dem Sinne auszulegen sein, dass auch diese ausgeschlossen sein sollen), in zweiter Linie vergrößern sich in der Auseinandersetzung die Anteile der anderen Abkömmlinge entsprechend, sind alle oder ist der letzte Abkömmling ausgeschlossen, so tritt fortgesetzte Gütergemeinschaft nicht ein, es gilt § 1482. Nicht geregelt ist die Frage, ob auch noch **nicht erzeugte, nachgeborene Abkömmlinge** eines ausgeschlossenen 3

---

1 KGJ 51, 170.
2 Vgl. KGJ 26, A 57.
3 KG OLGE 40, 78; mit der Folge des § 1482; vgl. RGZ 94, 314; BayObLGZ 13, 613.
4 Vgl. auch RGZ 94, 314; RG Recht 1930 Nr. 1720; KG OLGE 40, 78.
5 Vgl. RG LZ 1915, 1657; OLG München JFG 13, 357.
6 Anders und nur iErg richtig LG Trier FamRZ 2014, 797.

Abkömmlings in die fortgesetzte Gütergemeinschaft eintreten (aus § 1483 Abs. 1 S. 2 und § 1503 Abs. 1 können entgegengesetzte Schlüsse gezogen werden). Anders als die Erbfolge, die einmal endgültig entschieden werden muss, kann die Zusammensetzung der fortgesetzten Gütergemeinschaft während deren Dauer aus den verschiedensten Gründen wechseln. Dies spricht dafür, auch nachgeborene Abkömmlinge in die fortgesetzte Gütergemeinschaft eintreten zu lassen.[7]

4 **2. Quasi-Pflichtteilsanspruch.** Dem ausgeschlossenen Abkömmling steht (neben den normalen Erb- oder – falls auch hier ausgeschlossen – Pflichtteilsansprüchen hinsichtlich Vorbehalts- und Sondergut des verstorbenen Ehegatten) ein schuldrechtlicher, dem Pflichtteil entsprechender Anspruch gegen die fortgesetzte Gütergemeinschaft zu. Für diesen Anspruch gelten die Pflichtteilsregeln (soweit passend) entsprechend. Zugrunde zu legen ist der Pflichtteilsberechnung die Gesamtgutshälfte des vorverstorbenen Ehegatten; der überlebende Ehegatte wird mindernd berücksichtigt.[8] Gemäß § 2310 sind bei der Berechnung der Höhe des Anspruchs Abkömmlinge außer acht zu lassen, die nach § 1517 auf ihren Anteil im Voraus verzichtet haben (der Verzicht entspricht dem Erbverzicht),[9] während erbunwürdige Abkömmlinge, andere nach § 1511 ausgeschlossene Abkömmlinge oder Abkömmlinge, die erst nach Eintritt der fortgesetzten Gütergemeinschaft nach § 1491 verzichtet haben,[10] mitgerechnet werden.[11]

5 **3. Entzug des Anspruchs.** Liegen die Voraussetzungen für die Entziehung des Pflichtteils vor (§ 2333), so kann der Auszahlungsbetrag entsprechend § 2336 entzogen werden. Diese Möglichkeit, die den Abkömmling von vorneherein, nicht erst bei der Auseinandersetzung ausschließt, steht neben der des § 1513.

6 **4. Zurechnung des Auszahlungsbetrags.** Hinsichtlich der Frage, wem bei der Auseinandersetzung die dem Ausgeschlossenen gewährte Zahlung zugerechnet wird, gilt das Gleiche wie bei der Abfindung an einen Verzichtenden: Entsprechend § 1501 Abs. 1 erfolgt Zurechnung zum Gesamtgut und Anrechnung auf die Hälfte der Abkömmlinge. Nach Abs. 3 S. 2 (vgl. § 1503 Abs. 3) fällt die gewährte Zahlung denjenigen zur Last, denen der Ausschluss zugute gekommen ist.

## § 1512 Herabsetzung des Anteils

**Jeder Ehegatte kann für den Fall, dass mit seinem Tode die fortgesetzte Gütergemeinschaft eintritt, den einem anteilsberechtigten Abkömmling nach der Beendigung der fortgesetzten Gütergemeinschaft gebührenden Anteil an dem Gesamtgut durch letztwillige Verfügung bis auf die Hälfte herabsetzen.**

### I. Normzweck

1 Die Ehegatten haben neben der Ausschließung eines Abkömmlings eine zweite Möglichkeit, dessen Ansprüche nach quasi-pflichtteilsrechtlichen Grundsätzen einzuschränken: Jeder Ehegatte kann (mit Zustimmung des anderen, § 1516) durch Verfügung von Todes wegen den Anteil eines Abkömmlings bei der Auseinandersetzung bis auf die Hälfte herabsetzen.

### II. Die Herabsetzung des Anteils bei der Auseinandersetzung

2 Hinsichtlich der **Form** durch letztwillige Verfügung und der Möglichkeit, die Herabsetzung unter einer **Bedingung** anzuordnen, gilt das Gleiche wie zur Ausschließung nach § 1511 (→ § 1511 Rn. 2). **Inhaltlich** kann der Auseinandersetzungsanspruch ausdrücklich halbiert werden. Seine Herabsetzung auf die Hälfte kann aber auch durch die Anordnung von Auflagen geschehen (allgM). Ist der Anspruch stärker als auf die Hälfte gekürzt, so gilt die weitere Kürzung als nicht angeordnet. § 1512 erlaubt nur eine Herabsetzung des Anspruchs bei der Auseinandersetzung, **nicht andere** rechtliche **Modifikationen,** wie etwa die Zuwendung des bloß schuldrechtlichen Anspruchs gegenüber der fortgesetzten Gütergemeinschaft bei der Auseinandersetzung statt der Beteiligung mit

---

7 Ebenso Staudinger/*Thiele,* 2018, Rn. 15.

8 *Planck* Anm. 2, 3c; vgl. auch Mot. IV 442; anders berechnen Soergel/*Gaul/Althammer* Rn. 5; Staudinger/*Thiele,* 2018, Rn. 17: Hälfte des Wertes des Gesamtgutanteils zum Zeitpunkt des Eintritts der fortgesetzten Gütergemeinschaft.

9 HM, s. Soergel/*Gaul/Althammer* Rn. 5; Staudinger/*Thiele,* 2018, Rn. 20; aA RGRK-BGB/*Scheffler,* 11. Aufl. 1964, Anm. 19.

10 AA Staudinger/*Thiele,* 2018, Rn. 20 mwN.

11 Insgesamt wie hier Erman/*Heinemann* Rn. 2; abgesehen vom Verzicht nach § 1491 auch Staudinger/*Thiele,* 2018, Rn. 20.

herabgesetztem Auseinandersetzungsanspruch.[1] Nach den Umständen des Falles wäre eine solche Verfügung als Anordnung nach § 1512 oder § 1511 auszulegen. Die Herabsetzung des Anteils äußert **Wirkungen** erst bei der Auseinandersetzung über das Gesamtgut. Vorher ist der betreffende Abkömmling voll berechtigt beteiligt. Bei der Auseinandersetzung mindert sich sein Anspruch.[2] Ist der entzogene Betrag nicht einem Dritten zugewendet (§ 1514), so erhöhen sich die Anteile der übrigen Abkömmlinge entsprechend (vgl. § 1503 Abs. 1). Ob sich die Herabsetzung nach dem Tod des Abkömmlings vor Beendigung der fortgesetzten Gütergemeinschaft auch auf die nach § 1490 an seine Stelle tretenden **Abkömmlinge** bezieht, ist durch Auslegung zu ermitteln.

### III. Unterschied zur Ausschließung nach § 1511

Die Herabsetzung des Auseinandersetzungsanspruchs ist für die an der fortgesetzten Gütergemeinschaft Beteiligten insofern günstiger, als die **Abfindung** an den Abkömmling **erst bei** der **Auseinandersetzung,** nicht sofort nach dem Tod des erst verstorbenen Ehegatten ausgezahlt werden muss. Andererseits bleibt der Abkömmling bei bloßer Herabsetzung seines Anteils bis zur Beendigung der fortgesetzten Gütergemeinschaft mit den Mitwirkungsrechten der § 1487 Abs. 1, §§ 1423 ff. (und noch nachher bis zur Auseinandersetzung, vgl. § 1497 Abs. 2, § 1472, § 1498) beteiligt und nimmt auch an den wirtschaftlichen Erfolgen oder Misserfolgen der fortgesetzten Gütergemeinschaft teil. Sein **Pflichtanteil** bei der Auseinandersetzung ist **höher** als der Quasi-Pflichtteil nach § 1511 Abs. 2, weil sich bei der Berechnung des letzteren das potentielle gesetzliche Erbrecht des überlebenden Ehegatten mindernd auswirkt.[3] Schließlich kann bei Herabsetzung nach § 1512, nicht aber bei Ausschluss nach § 1511 das **Entzogene** einem **Dritten zugewendet** werden (§ 1514). 3

## § 1513 Entziehung des Anteils

**(1) [1]Jeder Ehegatte kann für den Fall, dass mit seinem Tode die fortgesetzte Gütergemeinschaft eintritt, einem anteilsberechtigten Abkömmling den diesem nach der Beendigung der fortgesetzten Gütergemeinschaft gebührenden Anteil an dem Gesamtgut durch letztwillige Verfügung entziehen, wenn er berechtigt ist, dem Abkömmling den Pflichtteil zu entziehen. [2]Die Vorschrift des § 2336 Abs. 2 und 3 findet entsprechende Anwendung.**

**(2) Der Ehegatte kann, wenn er nach § 2338 berechtigt ist, das Pflichtteilsrecht des Abkömmlings zu beschränken, den Anteil des Abkömmlings am Gesamtgut einer entsprechenden Beschränkung unterwerfen.**

### I. Normzweck

Bei bestimmten Verfehlungen kann der Erblasser einem Abkömmling nach § 2333 den Pflichtteil entziehen und bei Gefährdung des vom Abkömmling Erworbenen durch Verschwendung oder Überschuldung nach § 2338 Beschränkungen anordnen, die verhindern, dass die Substanz des Hinterlassenen vom Abkömmling verschwendet wird oder dessen Gläubigern anheim fällt. Wiederum wegen des der Vererbung ähnlichen Rechtsübergangs bei der fortgesetzten Gütergemeinschaft erklärt § 1523 die **Grundsätze der §§ 2333, 2338** auf den Anteil eines Abkömmlings bei Auseinandersetzung der fortgesetzten Gütergemeinschaft für **entsprechend anwendbar.** 1

### II. Entzug des Anteils und Unterschied zu §§ 1511, 1512

Hinsichtlich der **Form** durch letztwillige Verfügung, der erforderlichen Zustimmung des anderen Ehegatten (§ 1516) sowie der Möglichkeit, den Entzug von einer **Bedingung** abhängig zu machen, gilt das Gleiche wie zur Ausschließung des § 1511 (→ § 1511 Rn. 2), zusätzlich gelten § 2336 Abs. 2 und 3 entsprechend. Wie die Herabsetzung des Anteils nach § 1512 äußert der Anteilsentzug nach § 1513 **Wirkungen** erst bei der Auseinandersetzung des Gesamtguts. Vorher ist der betreffende Abkömmling voll berechtigt beteiligt (→ § 1512 Rn. 2, 3). Deshalb wird es in diesen Fällen, in denen ein Ehegatte berechtigt ist, einem Abkömmling den Pflichtteil zu entziehen, meist nahe liegen, dass der Abkömmling von der fortgesetzten Gütergemeinschaft nach § 1511 von vorneherein ausgeschlossen und ihm sein Quasi-Pflichtteil nach § 1511 Abs. 2 entsprechend §§ 2333 ff. entzogen wird. Zum (bloßen) Entzug des Anteils bei der Auseinandersetzung nach § 1513 werden die Ehegatten dann greifen, wenn sie den entzogenen **Anteil** einem **Dritten zuwenden** wollen, weil das bei der Ausschließung nach § 1511 nicht möglich ist. Wird einem Abkömmling der Pflicht- 2

---

1 RGZ 105, 143.

2 Zur Auswirkung auf die Belastungen des Abkömmlings s. Staudinger/*Thiele,* 2018, Rn. 8.

3 AA Soergel/*Gaul* § 1511 Rn. 5; Staudinger/*Thiele,* 2018, § 1511 Rn. 17.

teil nach § 2333 wirksam entzogen, so werden seine **Abkömmlinge** erb- bzw. pflichtteilsberechtigt (vgl. § 2309). Demgegenüber kommen bei einer Anordnung nach § 1513 – insoweit in nicht konsequentem Widerspruch zum Pflichtteilsrecht – auch die Abkömmlinge des Abkömmlings, dem der Anteil entzogen wurde, nicht zum Zuge.

### III. Beschränkung in guter Absicht

3 Die Mittel, die Verschwendung des Hinterlassenen durch den Abkömmling oder dessen Inanspruchnahme durch seine Gläubiger zu verhindern, sind nach § 2338 die Anordnung von **Nacherbfolge** (bzw. Nachvermächtnis) oder **Testamentsvollstreckung.** Entsprechende Anordnungen können nach Abs. 2 hinsichtlich des Anteils getroffen werden.[1]

## § 1514 Zuwendung des entzogenen Betrags

**Jeder Ehegatte kann den Betrag, den er nach § 1512 oder nach § 1513 Abs. 1 einem Abkömmling entzieht, auch einem Dritten durch letztwillige Verfügung zuwenden.**

### I. Normzweck

1 Die Beteiligung Dritter an der fortgesetzten Gütergemeinschaft ist allgemein ausgeschlossen; sie kann weder durch Ehevertrag noch Verfügung von Todes wegen (mit Zustimmung des anderen Ehegatten) angeordnet werden. Nach §§ 1512, 1513 Abs. 1 werden den Abkömmlingen aber nicht ihre Anteile an der fortgesetzten Gütergemeinschaft, sondern nur am Auseinandersetzungsguthaben herabgesetzt oder entzogen. Bei diesen Ansprüchen bestehen keine grundsätzlichen Bedenken gegen die Zuwendung an Dritte. Deshalb lässt § 1514 dies zu.

### II. Zuwendung an Dritte

2 Hinsichtlich der **Form** durch letztwillige Verfügung und der erforderlichen **Zustimmung** des anderen Ehegatten (§ 1516) gilt das Gleiche wie zu § 1511 (→ § 1511 Rn. 2). Zugewendet werden kann nach § 1514 der **Betrag, der** nach §§ 1512, 1513 Abs. 1 einem **Abkömmling entzogen** wurde. Die Formulierung macht deutlich, dass der Dritte nicht etwa (auch nicht im Auseinandersetzungsstadium) Beteiligter an der fortgesetzten Gütergemeinschaft wird, sondern dass ihm nur ein schuldrechtlicher Geldanspruch zugewendet werden kann. Diese Zuwendung kann durch die Festlegung eines Betrages oder eines Anteils am Auseinandersetzungsguthaben bestimmt werden. Die Zuwendung bestimmter Gegenstände aus dem Gesamtgut kann nur durch Bedingungen und Auflagen in Verfügungen von Todes wegen erreicht werden. Mit der Zuwendung an den Dritten kann unmittelbar der Abkömmling, dessen Anteil herabgesetzt wird, derjenige Abkömmling, dem der Entzug zugute gekommen ist, oder die Gütergemeinschaft als solche beschwert werden. Ist nichts anderes bestimmt, so gilt das letztere.[1] Die Vorschriften über das Vermächtnis sind entsprechend anwendbar.[2]

3 Von der Zuwendung **begünstigter Dritter** kann jeder Außenstehende, aber auch ein der fortgesetzten Gütergemeinschaft angehörender Abkömmling oder der überlebende Ehegatte sein (endet die fortgesetzte Gütergemeinschaft durch dessen Tod, fällt die Zuwendung in den Nachlass).

## § 1515 Übernahmerecht eines Abkömmlings und des Ehegatten

**(1) Jeder Ehegatte kann für den Fall, dass mit seinem Tode die fortgesetzte Gütergemeinschaft eintritt, durch letztwillige Verfügung anordnen, dass ein anteilsberechtigter Abkömmling das Recht haben soll, bei der Teilung das Gesamtgut oder einzelne dazu gehörende Gegenstände gegen Ersatz des Wertes zu übernehmen.**

**(2) [1]Gehört zu dem Gesamtgut ein Landgut, so kann angeordnet werden, dass das Landgut mit dem Ertragswert oder mit einem Preis, der den Ertragswert mindestens erreicht, angesetzt werden soll. [2]Die für die Erbfolge geltende Vorschrift des § 2049 findet Anwendung.**

**(3) Das Recht, das Landgut zu dem in Absatz 2 bezeichneten Werte oder Preis zu übernehmen, kann auch dem überlebenden Ehegatten eingeräumt werden.**

---

[1] Zu den Einzelheiten möglicher Anordnungen s. Staudinger/*Thiele,* 2018, Rn. 11 ff.

[1] S. zT abw. Soergel/*Gaul* Rn. 3; Staudinger/*Thiele,* 2018, Rn. 1, 2.

[2] AllgM im Anschluss an BayObLGZ 1, 380.

## I. Normzweck

Nach der starren gesetzlichen Regelung des Übernahmerechts in § 1502 steht zwar dem überlebenden Ehegatten generell ein allgemeines Übernahmerecht zu, nicht aber den Abkömmlingen. Ein solches Übernahmerecht kann durch Verfügung von Todes wegen des erstversterbenden Ehegatten mit Zustimmung des Überlebenden geschaffen werden (Abs. 1). Nach § 2049 erfolgt die in der Erbfolge einem Abkömmling gestattete Übernahme eines Landguts „im Zweifel" zum Ertragswert. Nach Abs. 2 gilt dies bei Beendigung der fortgesetzten Gütergemeinschaft entsprechend (Abs. 2). Da das generelle Übernahmerecht des überlebenden Ehegatten nach § 1502 Abs. 1 nur gegen vollen Wertersatz besteht, lässt Abs. 3 die Anordnung, dass ein Landgut zum Ertragswert übernommen werden kann, auch zugunsten des überlebenden Ehegatten zu. 1

## II. Das Übernahmerecht eines Abkömmlings

Hinsichtlich der Form der Anordnung durch letztwillige Verfügung, der erforderlichen Zustimmung des anderen Ehegatten (§ 1516) und der Möglichkeit, die Anordnung von einer Bedingung abhängig zu machen, gilt wiederum das Gleiche wie zu § 1511 (→ § 1511 Rn. 2). Zum Übernahmerecht und dessen Ausübung → § 1477 Rn. 8 f. Das Übernahmerecht kann nur gegen vollen **Wertersatz** ausgeübt werden. Etwas anderes können auch die Ehegatten nicht anordnen (§ 1518; vgl. jedoch auch § 1512; → § 1512 Rn. 1 ff.). Das nach § 1515 angeordnete Übernahmerecht eines Abkömmlings, das vom Willen beider Ehegatten getragen ist (§ 1516), geht einem gesetzlichen Übernahmerecht nach § 1502 vor. Wird es nicht ausgeübt, kann von dem gesetzlichen Übernahmerecht wieder Gebrauch gemacht werden. 2

## III. Übernahme eines Landguts

Zum Begriff des Landguts s. § 2049, zur Bestimmung des Ertragswerts ebenfalls § 2049 und Art. 137 EGBGB, jeweils mit den Erläuterungen hierzu. Da Abs. 3 § 1502 Abs. 1 nur insoweit ergänzt, als er im Rahmen des generellen Übernahmerechts des überlebenden Ehegatten die Übernahme eines Landguts bei entsprechender Anordnung zum Ertragswert zulässt, setzt auch bei einer solchen Anordnung die Übernahme des Landguts voraus, dass dem Ehegatten das Übernahmerecht nach § 1502 Abs. 1 zusteht. 3

# § 1516 Zustimmung des anderen Ehegatten

**(1) Zur Wirksamkeit der in den §§ 1511 bis 1515 bezeichneten Verfügungen eines Ehegatten ist die Zustimmung des anderen Ehegatten erforderlich.**

**(2) [1]Die Zustimmung kann nicht durch einen Vertreter erteilt werden. [2]Die Zustimmungserklärung bedarf der notariellen Beurkundung. [3]Die Zustimmung ist unwiderruflich.**

**(3) Die Ehegatten können die in den §§ 1511 bis 1515 bezeichneten Verfügungen auch in einem gemeinschaftlichen Testament treffen.**

## I. Normzweck

Anders als bei der Erbfolge, bei der jeder Ehegatte über seine Rechtsnachfolge frei bestimmen kann (bei der Gütergemeinschaft mit vereinbarter Fortsetzung gilt dies für das Vorbehalts- und das Sondergut), bleibt bei der fortgesetzten Gütergemeinschaft das Gesamtgut bis zu deren Beendigung, also regelmäßig bis zum Tod des überlebenden Ehegatten gebunden. Das Gesetz weist dem überlebenden Ehegatten und den Abkömmlingen während der fortgesetzten Gütergemeinschaft und nach deren Beendigung feste Rechtsstellungen zu. Diese Rechtsstellungen können nach den §§ 1511 ff. modifiziert werden. Eine solche Modifikation, die sich notwendigerweise zum Nachteil eines Beteiligten auswirken muss, soll aber stets des übereinstimmenden Willens beider Ehegatten bedürfen. 1

## II. Die Zustimmung des anderen Ehegatten

Für die Zustimmung des anderen – letztlich überlebenden Ehegatten – gelten als Grundlage für die Sondervorschriften des § 1516 Abs. 2 die allgemeinen Regeln. Insbesondere gelten die §§ 182 ff. Da die Zustimmung empfangsbedürftige Willenserklärung ist (§ 130), muss sie dem erstversterbenden Ehegatten vor dessen Tode zugehen, kann also nicht durch ihm unbekannte Verfügung von Todes wegen des überlebenden Ehegatten erteilt werden.[1] Nach ganz allgM ist die Zustimmung 2

[1] BayObLGZ 28, 318.

des anderen Ehegatten auch zu Verfügungen erforderlich, die für ihn vorteilhaft sind. Die Zustimmung kann nur persönlich erklärt werden. Für den Geschäftsunfähigen kann die Zustimmung nicht erteilt werden. Der Widerruf einer Verfügung nach §§ 1511–1515 durch den testierenden Ehegatten bedarf der Zustimmung des anderen Ehegatten nicht.

### III. Verfügungen im gemeinschaftlichen Testament

3 Nach Abs. 3 können die Verfügungen der §§ 1511–1515 auch in einem gemeinschaftlichen Testament oder in einem Erbvertrag[2] getroffen werden. Die Möglichkeit, die Verfügungen auch in einem eigenhändigen gemeinschaftlichen Testament zu treffen (vgl. §§ 2267, 2247), bedeutet eine Formerleichterung gegenüber Abs. 2.

## § 1517 Verzicht eines Abkömmlings auf seinen Anteil

**(1) [1]Zur Wirksamkeit eines Vertrags, durch den ein gemeinschaftlicher Abkömmling einem der Ehegatten gegenüber für den Fall, dass die Ehe durch dessen Tod aufgelöst wird, auf seinen Anteil am Gesamtgut der fortgesetzten Gütergemeinschaft verzichtet oder durch den ein solcher Verzicht aufgehoben wird, ist die Zustimmung des anderen Ehegatten erforderlich. [2]Für die Zustimmung gilt die Vorschrift des § 1516 Abs. 2 Satz 3, 4.**

**(2) Die für den Erbverzicht geltenden Vorschriften finden entsprechende Anwendung.**

### I. Normzweck

1 Der vertragliche Verzicht eines Abkömmlings auf seine Beteiligung an der fortgesetzten Gütergemeinschaft vor deren Eintritt – also zu Lebzeiten beider Ehegatten – ist möglich. Für diesen Verzicht gelten grundsätzlich die Vorschriften über den Erbverzicht entsprechend. Zusätzlich schreibt § 1517 vor, dass der Verzichtsvertrag zwischen dem Abkömmling und dem einen – letztlich vorverstorbenen Ehegatten – der Zustimmung des anderen – letztlich überlebenden – Ehegatten bedarf.

### II. Der Anteilsverzicht

2 **1. Abschluss des Verzichtsvertrags.** Für den Abschluss des Verzichtsvertrags gelten die Vorschriften für den Erbverzicht entsprechend (vgl. §§ 2347 f.). Ein Verzicht gegenüber beiden Ehegatten in einem Vertrag ist möglich, auch ohne besondere Erklärung liegt in ihm die Zustimmung der Ehegatten zu dem Verzicht gegenüber dem jeweils anderen Gatten.

3 **2. Zustimmung des Ehegatten.** Der Anteilsverzicht gegenüber einem Ehegatten bedarf – anders als der generelle Erbverzicht – der Zustimmung des anderen Ehegatten. Für die Zustimmung gilt § 1516 Abs. 2 S. 3 und 4 – richtig nach der Änderung des § 1516, bei welcher die Folgeänderung für § 1517 nicht gesehen wurde, Abs. 2 S. 2 und 3 – entsprechend, dh die Zustimmung bedarf der notariellen Beurkundung und ist unwiderruflich. § 1516 Abs. 2 S. 1 gilt dagegen nicht. Dh, dass die Zustimmung durch einen Vertreter abgegeben werden kann und beim betreuten Ehegatten durch den Betreuer oder den Ehegatten selbst, wenn er geschäftsfähig ist.

4 **3. Wirkungen des Verzichts.** Auch für die Wirkungen des Verzichts gelten die Vorschriften für den Erbverzicht entsprechend. Der Verzichtende tritt nicht in die fortgesetzte Gütergemeinschaft ein (vgl. § 2346 Abs. 1 S. 2). Der Kreis der beteiligten Abkömmlinge richtet sich nach der gesetzlichen Erbfolge unter Ausschluss des Verzichtenden (§ 1483 Abs. 1 S. 2). Da sich der Verzicht im Zweifel auf die Abkömmlinge erstreckt (§ 2349), treten diese nicht an die Stelle des Verzichtenden, wenn nichts anderes bestimmt ist. Ein Verzicht zugunsten bestimmter Abkömmlinge oder des überlebenden Ehegatten[1] – nicht jedoch zugunsten Dritter – ist daher nach § 2350 Abs. 1 möglich.[2] Der bloße Anteilsverzicht lässt die **Erbenstellung** des Verzichtenden hinsichtlich des Vorbehalts- und des Sonderguts des verstorbenen Ehegatten unberührt. Demgegenüber führt der generelle Verzicht auf das gesetzliche Erbrecht (ohne Zustimmung des anderen Ehegatten!) zum Wegfall des gesetzlichen

---

[2] AllgM; unerheblich ist, ob man Abs. 3 entsprechend anwendet oder ob man im Erbvertrag die Verfügungen der beiden Ehegatten mit der notariell beurkundeten Zustimmung des jeweils anderen Ehegatten nach Abs. 2 sieht.

[1] HM; Staudinger/*Thiele,* 2018, Rn. 4; Soergel/*Gaul/Althammer* Rn. 2; Palandt/*Brudermüller* Rn. 1; RGRK-BGB/*Finke* Rn. 7; aA Bamberger/Roth/Hau/Poseck/*Siede* Rn. 2.

[2] HM; zB Staudinger/*Thiele,* 2018, Rn. 4; aA Bamberger/Roth/Hau/Poseck/*Siede* Rn. 2.

Erbrechts am Vorbehalts- und Sondergut und wegen § 1483 Abs. 1 S. 2 auch zum Wegfall der Beteiligung an der fortgesetzten Gütergemeinschaft. Eine andere Vereinbarung ist möglich.

**4. Abfindungsvereinbarung.** Zum Verhältnis des abstrakten Anteilsverzichts zur zugrunde liegenden Abfindungsvereinbarung und zur Möglichkeit, seine Wirksamkeit von der Zahlung einer Abfindung abhängig zu machen, gilt das Gleiche wie für den Erbverzicht (→ § 1491 Rn. 5). 5

## § 1518 Zwingendes Recht

**[1]Anordnungen, die mit den Vorschriften der §§ 1483 bis 1517 in Widerspruch stehen, können von den Ehegatten weder durch letztwillige Verfügung noch durch Vertrag getroffen werden. [2]Das Recht der Ehegatten, den Vertrag, durch den sie die Fortsetzung der Gütergemeinschaft vereinbart haben, durch Ehevertrag aufzuheben, bleibt unberührt.**

### I. Normzweck

Während die Rechtsverhältnisse während der ehelichen Gütergemeinschaft grundsätzlich zur Disposition der Ehegatten durch ehevertragliche Vereinbarung stehen, sind die Vorschriften über die fortgesetzte Gütergemeinschaft insgesamt zwingend. Dies soll insbesondere dem Schutz der gemeinschaftlichen Abkömmlinge dienen, die nach dem Tod des erst verstorbenen Ehegatten ohne die Möglichkeit, dies auszuschlagen und irgendwelche Abfindungsansprüche zu stellen, in die fortgesetzte Gütergemeinschaft gezwungen werden und auf die das Vermögen des Erstverstorbenen praktisch erst nach Beendigung der fortgesetzten Gütergemeinschaft übergeht. 1

### II. Nach S. 1 unwirksame Vereinbarungen und zulässige Aufhebung der fortgesetzten Gütergemeinschaft

Das gesamte Recht der fortgesetzten Gütergemeinschaft ist der Disposition der Ehegatten durch Ehevertrag entzogen. **Modifikationen** sind nur zulässig, soweit das Gesetz dies ausdrücklich vorsieht (vgl. vor allem §§ 1511 ff.). Zur Möglichkeit, die Abkömmlinge durch bedingte Anordnungen und Auflagen zu Zugeständnissen im Widerspruch zur gesetzlichen Regelung zu zwingen, → § 1502 Rn. 2. Obwohl die Unzulässigkeit abweichender Vereinbarungen in erster Linie zum Schutz der Abkömmlinge angeordnet ist, können auch keine abweichenden Vereinbarungen zugunsten der Abkömmlinge und zu Lasten des überlebenden Ehegatten getroffen werden.[1] 2

**Unzulässig** ist **zB** eine Befreiung des überlebenden Ehegatten als Gesamtgutsverwalter von den Beschränkungen der §§ 1423 ff.,[2] die Einsetzung einer dritten Person, etwa eines Testamentsvollstreckers oder eines Abkömmlings zum Gesamtgutsverwalter[3] oder die Modifikation des einem beteiligten Abkömmling bei der Auseinandersetzung zustehenden Anspruchs in der Weise, dass ihm nur ein schuldrechtlicher Geldanspruch eingeräumt wird (→ § 1512 Rn. 2)[4] oder die Bestellung eines Nießbrauchs zugunsten des überlebenden Ehegatten am Gesamtgutsanteil der Abkömmlinge für den Fall der Beendigung der fortgesetzten Gütergemeinschaft.[5] Die Unzulässigkeit, dh Nichtigkeit einer getroffenen Vereinbarung kann von dem überlebenden Ehegatten und den Abkömmlingen (bzw. ihren Erben) geltend gemacht werden.[6] 3

S. 2 stellt gegenüber S. 1 klar, dass die Ehegatten ihre Vereinbarung über die **Fortsetzung der Gütergemeinschaft** jederzeit **durch Ehevertrag rückgängig machen** können. Sie können die Fortsetzung der Gütergemeinschaft auch dadurch ausschließen, dass sie alle Abkömmlinge durch Verfügung von Todes wegen nach § 1511 von der Beteiligung ausschließen.[7] Die entsprechende Verfügung des letztlich vorverstorbenen Ehegatten bedarf aber der Zustimmung des anderen (§ 1516). Diese Möglichkeit bedeutet praktisch eine Formerleichterung (vgl. §§ 2247 ff., § 1516 Abs. 3, § 2267). Durch einseitige letztwillige Verfügung des vorverstorbenen Ehegatten ohne Zustimmung des überlebenden, etwa durch die Alleinerbeinsetzung des Überlebenden, kann die fortgesetzte Gütergemeinschaft deshalb nicht ausgeschlossen werden.[8] 4

---

1 RG JW 1916, 43.

2 Auch wenn er während der ehelichen Gütergemeinschaft davon – soweit zulässig – befreit war; OLG Köln LZ 1924, 47; inzwischen allgM.

3 RG JW 1916, 43.

4 RGZ 105, 242.

5 Soergel/*Gaul/Althammer* Rn. 3; Staudinger/*Thiele,* 2018, Rn. 9; aA *Staudenmaier* BWNotZ 1965, 210.

6 KG OLGE 6, 162.

7 Vgl. RGZ 94, 314 (317); RG Recht 1930 Nr. 1263.

8 RG Warn. 1908 Nr. 163; KG OLGE 31, 399.

### III. Vereinbarungen des überlebenden Ehegatten, insbesondere mit den Abkömmlingen und Verfügungen von Todes wegen über seinen Anteil

5 § 1518 schließt nur Modifikationen der §§ 1483 ff. durch Ehevertrag der Ehegatten zu ihren Lebzeiten aus. Vereinbarungen zwischen dem überlebenden Ehegatten und Dritten, insbesondere den gemeinschaftlichen Abkömmlingen betrifft er nicht. Zulässig sind deshalb **schuldrechtliche Vereinbarungen** mit den Abkömmlingen, aber auch Dritten (zB vor bestimmten Rechtshandlungen deren Zustimmung einzuholen).[9] Von besonderer Bedeutung ist die Zulässigkeit von (formlosen) Vereinbarungen mit den Abkömmlingen über die Auseinandersetzung (→ § 1498 Rn. 2 f.), die aber jeweils nur schuldrechtlich unter den Beteiligten wirken. Vereinbarungen, die das Rechtsverhältnis zwischen überlebendem Ehegatten und Abkömmlingen mit **„dinglicher" Wirkung** ändern, sind dagegen ebenfalls ausgeschlossen. Dazu bedürfte es eines Quasi-Ehevertrages, den das Gesetz nur im Sonderfall des § 1501 Abs. 2 kennt. Nicht von § 1518 betroffen sind schließlich **Verfügungen von Todes** wegen des **überlebenden Ehegatten** über seinen Anteil am Gesamtgut. Diese sind ohne weiteres zulässig.[10]

## Kapitel 4. Wahl-Zugewinngemeinschaft

### § 1519 Vereinbarung durch Ehevertrag

**[1]Vereinbaren die Ehegatten durch Ehevertrag den Güterstand der Wahl-Zugewinngemeinschaft, so gelten die Vorschriften des Abkommens vom 4. Februar 2010 zwischen der Bundesrepublik Deutschland und der Französischen Republik über den Güterstand der Wahl-Zugewinngemeinschaft. [2]§ 1368 gilt entsprechend. [3]§ 1412 ist nicht anzuwenden.**

**Schrifttum:** *Delerue,* Der neue deutsch-französische Wahlgüterstand – Für und Wider eines bilateralen Abkommens, FamRBint 2010, 70; *Ferrand,* Eheliche Gemeinschaft, Partnerschaft und Vermögen im französischen Recht, in Henrich/Schwab, Eheliche Gemeinschaft, Partnerschaft und Vermögen im europäischen Vergleich, 1999, 73; *Jäger,* Der neue deutsch-französische Güterstand der Wahl-Zugewinngemeinschaft, DNotZ 2010, 804; *Schaal,* Der neue Güterstand der Wahl-Zugewinngemeinschaft, ZNotP 2010, 162.

### I. Regelungsgegenstand

1 § 1519 verweist auf einen materiell-rechtlich außerhalb des BGB geregelten Wahlgüterstand – auf die am 4.2.2010 im Deutsch-Französischen Abkommen (WZGA) vereinbarte Wahl-Zugewinngemeinschaft. Deutschland und Frankreich haben diese jeweils als weiteren gesetzlichen Wahlgüterstand zu den im nationalen Recht bereits vorhandenen Wahlgüterständen eingeführt. In Deutschland ist die Wahl-Zugewinngemeinschaft als dritter optionaler Güterstand neben die Gütertrennung und die Gütergemeinschaft getreten. In Frankreich ist sie als vierter optionaler Güterstand neben die Gütertrennung, die Gütergemeinschaft und die – ebenfalls (nur) als Wahlgüterstand geregelte – Zugewinngemeinschaft getreten. Zur Verfügung steht die Wahl-Zugewinngemeinschaft allen Ehegatten, deren Güterstand entweder deutschem oder französischem Recht unterliegt, eine grenzüberschreitende Konstellation ist nicht erforderlich (Art. 1 WZGA).[1]

2 Deutschland und Frankreich haben am 18.4.2013 die Ratifikationsurkunden zum Abkommen ausgetauscht.[2] Gemäß Art. 20 Abs. 2 WZGA ist dieses damit am 1.5.2013 in Kraft getreten. Seit diesem Tag also gilt § 1519, der die Wahl-Zugewinngemeinschaft durch Verweis auf das Abkommen im BGB verankert. Auch die mit der Einführung des neuen Güterstandes erforderlichen Änderungen des RPflG, FamFG und des ErbStG sind am 1.5.2013 in Kraft getreten.

### II. Entstehungsgeschichte

3 Zurückgeht die Einführung des neuen Güterstandes auf die von Deutschland und Frankreich im Jahre 2003 anlässlich des 40. Jahrestages des Elysée-Abkommens getroffene Absprache, im Namen der deutsch-französischen Freundschaft einen ersten Schritt zu einer Europäisierung des Eherechts zu tun. Europarechtliche Bedeutung hat das Abkommen nämlich insofern, als ihm jeder Mitgliedstaat

---

9 Vgl. – weitergehend – RG JW 1916, 43.

10 BGH NJW 1964, 2298 = FamRZ 1964, 423; s. Bamberger/Roth/Hau/Poseck/*Siede* Rn. 6 mN.

1 Beispielsfälle zum persönlichen Anwendungsbereich bei *Schaal* ZNotP 2010, 162.

2 Zugrunde lag in Deutschland das Gesetz zu dem Abkommen vom 4.2.2010 zwischen der Bundesrepublik Deutschland und der Französischen Republik über den Güterstand der Wahl-Zugewinngemeinschaft vom 15.3.2012, BGBl. 2012 II 178.

der Europäischen Union beitreten und im nationalen Recht den deutsch-französischen Güterstand als optionalen Güterstand implantieren kann (Art. 21 WZGA). Impulsgeber des europaweit gedachten Güterstandes ist mithin der am 22.1.1963 von Adenauer und De Gaulle unterzeichnete „Vertrag zwischen der Bundesrepublik Deutschland und der Französischen Republik über die deutsch-französische Zusammenarbeit", mit dem die Jahrhunderte alte Rivalität zwischen den beiden Staaten beendet werden sollte.[3] Nun haben sich die beiden einst verfeindeten Nationen im Namen ihrer Freundschaft also auf einen gemeinsamen Güterstand geeinigt und ihre Eherechte in einem Punkt angeglichen.

### III. Inhalt

Die Wahl-Zugewinngemeinschaft entspricht strukturell und inhaltlich weitgehend der deutschen Zugewinngemeinschaft. Abweichungen gibt es in einzelnen Punkten. So zählt etwa Schmerzensgeld zum Anfangsvermögen (Art. 8 Abs. 2 WZGA), auch werden Immobilien im Anfangsvermögen mit ihrem Wert bei Ende des Güterstandes angesetzt, sodass reale Wertsteigerungen nicht ausgleichspflichtig sind (Art. 9 Abs. 2 WZGA). Die Kappungsgrenze der Ausgleichsforderung ist – wie früher in § 1378 aF – auf die Hälfte des vorhandenen Vermögens festgesetzt (Art. 14 WZGA). Einen erbrechtlichen Ausgleich des Zugewinns gibt es nicht. Das Erbrecht eines in der Wahl-Zugewinngemeinschaft lebenden deutschen Ehegatten bestimmt sich also ausschließlich nach § 1931; wegen des Zugewinns findet die Auseinandersetzung mit den Erben des verstorbenen Partners statt. Insoweit kann der Güterstand von deutschen Eheleuten als Mittel zur Reduzierung des Pflichtteils einseitiger Abkömmlinge genutzt werden. Da die Zugewinnausgleichsforderung Nachlassverbindlichkeit ist, mindert sie in voller Höhe den Nachlass, aus dem sich die Pflichtteilsquote des einseitigen Abkömmlings des verstorbenen Ehegatten errechnet.[4] 4

Im Übrigen sind die Beschränkungen der Handlungsfreiheit der Ehepartner anders als in § 1365 geregelt. Sie orientieren sich nicht wertmäßig am Umfang des Rechtsgeschäfts, sondern beziehen sich rein gegenständlich auf Familienwohnung und Haushaltsgegenstände (Art. 5 WZGA). Anders als im deutschen Recht ist auch die Schlüsselgewalt geregelt. In der Wahl-Zugewinngemeinschaft werden Ehepartner aus Verträgen, die einer im Rahmen der Haushaltsführung oder zur Lebensbedarfsdeckung der Kinder tätigt, gesamtschuldnerisch verpflichtet, nicht aber auch – wie nach § 1357 – berechtigt (Art. 6 WZGA). 5

Im Einzelnen sind die Regelungen des Abkommens in Band 11 kommentiert (→ 7. Aufl. 2018, WZGA Rn. 1 ff.). 6

### IV. Perspektiven

Weder in Frankreich noch in Deutschland hat der neue Güterstand bislang Bedeutung erlangt. Mit größerer Akzeptanz ist auch in Zukunft nicht zu rechnen. In Frankreich deshalb nicht, weil schon von der als Wahlgüterstand zur Verfügung stehenden Zugewinngemeinschaft kaum Gebrauch gemacht wird.[5] Dass nun ausgerechnet die modifizierte deutsch-französische Form der Zugewinngemeinschaft zum Erfolgsmodell wird, war und ist nicht zu erwarten. In Deutschland ist diese nicht attraktiv, da sie weitgehend der im BGB geregelten Zugewinngemeinschaft entspricht und die enthaltenen Abweichungen sämtlich durch ehevertragliche Vereinbarungen erreicht werden können. Attraktiv für deutsche Ehepaare ist der neue Güterstand allenfalls als Mittel zur Reduzierung des Pflichtteils von einseitigen Abkömmlingen, die die Ehegatten von der Teilhabe am Nachlass ausgeschlossen wissen wollen. 7

## §§ 1520–1557 *(weggefallen)*

§§ 1520–1557 wurden aufgehoben durch Art. 1 Ziff. 15 Gesetz über die Gleichberechtigung von Mann und Frau auf dem Gebiete des bürgerlichen Rechts (Gleichberechtigungsgesetz – GleichberG) vom 18.6.1957 (BGBl. 1957 I 609). 1

---

3 Vertrag und Gemeinsame Erklärung über die deutsch-französische Zusammenarbeit vom 22.1.1963, BGBl. 1963 II 705 f.

4 *Jäger* DNotZ 2010, 804 (mit Rechenbeispiel).

5 *Ferrand,* Eheliche Gemeinschaft, Partnerschaft und Vermögen im französischen Recht, in Henrich/Schwab, Eheliche Gemeinschaft, Partnerschaft und Vermögen im europäischen Vergleich, 1999, 73, 97; *Delerue* FamRBint 2010, 70.

## Untertitel 3. Güterrechtsregister

### Vorbemerkung (Vor § 1558)

**Schrifttum:** *Diehn,* Notarielle Prüfungspflichten im Grundbuch- und Registerverkehr, DNotZ 2017, 487; *Kanzleiter,* Zur Eintragungsfähigkeit in das Güterrechtsregister, DNotZ 1971, 453; *Lange,* Ehevertrag und Güterrechtsregister, FamRZ 1964, 547; *Reithmann,* Schutz des Rechtsverkehrs bei Geschäften mit verheirateten Personen, DNotZ 1961, 3; *Reithmann,* Die Aufgabe öffentlicher Register, DNotZ 1979, 67; *Weber,* Die Europäischen Güterrechtsverordnungen: Eine erste Annäherung, DNotZ 2016, 659.

**Übersicht**



### I. Funktion und Funktionsfähigkeit des Güterrechtsregisters

1 Dem Güterrechtsregister kommt eine **umfassende Publizitätsfunktion** hinsichtlich aller güterrechtlicher Umstände zu,[1] die für Dritte (unmittelbar) von Bedeutung sind. Wie bei jedem Register ergeben sich daraus zwei unterschiedliche Wirkungen für die Praxis: Zum einen die Wirkung, gutgläubige Dritte zu schützen (oder, von den Ehegatten aus gesehen, den guten Glauben Dritter zu zerstören) – Funktion des **„Verkehrsschutzes“** –, zum zweiten die Wirkung, den Nachweis der güterrechtlichen Verhältnisse im Rechtsverkehr zu erleichtern – Funktion der **„Verkehrserleichterung“.**

2 Für die Erfüllung dieser Funktionen sind zwei Grundsätze von ausschlaggebender Bedeutung:
- Die **Eintragungen** im Register sind nur **deklaratorisch,** die Veränderung der güterrechtlichen Verhältnisse tritt stets unabhängig von der Eintragung im Register ein.
- Der gute Glaube an die Richtigkeit einer im Güterrechtsregister eingetragenen Tatsache wird nicht geschützt, nach § 1412 genießt das Register nur **negative Publizität.**

3 Da Veränderungen der güterrechtlichen Verhältnisse auch ohne Eintragung im Güterrechtsregister wirksam sind und da es nur wenige güterrechtliche Änderungen gibt, die die Rechtslage Dritter gegenüber dem gesetzlichen Regeltatbestand grundlegend negativ beeinflussen, bei denen also der Schutz gutgläubiger Dritter in Frage kommen und damit ein Interesse der Ehegatten an der Zerstörung dieses guten Glaubens bestehen kann,[2] wird **vom Güterrechtsregister nur sehr wenig Gebrauch gemacht.** Weil das Register nur außerordentlich selten eingesehen wird, wird es seiner **Funktion, gutgläubige Dritte zu schützen,** in der Praxis **nicht gerecht.** In den wenigen Fällen, in denen eine Veränderung für Dritte nachteilig ist, wirkt eine Eintragung praktisch einseitig zu Lasten des dritten Geschäftspartners, dessen guter Glaube durch den Registereintrag zerstört wird. Demgegenüber wird das Register seiner zweiten Funktion, den Nachweis der güterrechtlichen Verhältnisse zu erleichtern, besser gerecht, obwohl das Register nur negative Publizität genießt. Allerdings wird in der Praxis auch von dieser Funktion des Registers nur äußerst selten Gebrauch gemacht. Die Bedeutung dieser Möglichkeit darf freilich gerade im Interesse des Verkehrsschutzes nicht unterschätzt werden, weil sich der dritte Geschäftspartner auf eine für ihn günstige Abweichung vom gesetzlichen Güterrecht verlassen kann, wenn sie im Register eingetragen ist.[3] Das gilt gerade auch im Hinblick auf die Möglichkeit der **Rechtswahl** nach Art. 15 Abs. 2 EGBGB bzw. Art. 22 EuGüVO (s. Art. 16 Abs. 1 EGBGB bzw. Art. 28 EuGüVO); auch zur Publizierung der Rechtswahl wurde nur in äußerst seltenen Ausnahmefällen vom Güterrechtsregister Gebrauch gemacht. Wenig glücklich ist die Ausnahme zu § 1519 S. 3,[4] welche die Bedeutung des Güterrechtsregisters vollends

1 So auch BGHZ 66, 203 = NJW 1976, 1258 (1259) mzN zu den vertretenen Auffassungen; aA de lege lata weiterhin Anm. *Gottschalg* NJW 1976, 1741.
2 Am wichtigsten ist der – äußerst seltene – Entzug der Verpflichtungsermächtigung nach § 1357 Abs. 2.
3 S. *Kanzleiter* DNotZ 1971, 453 (466 ff.).
4 Hierzu *Amann* DNotZ 2013, 252 ff.

konterkariert und dies gerade bei so schwierigen Anwendungsfällen wie dem Verfügungsverbot über das Familienheim nach Art. 5 WZGA.[5]

Weil das Güterrechtsregister kaum in Anspruch genommen und seiner Funktion des Gutglaubensschutzes schlecht gerecht wird, wird die **Abschaffung** des Registers zur Diskussion gestellt.[6] Folge der Abschaffung wäre einerseits, dass bei güterrechtlichen Veränderungen, die die Rechtsstellung Dritter negativ beeinflussen können, das Risiko der Unkenntnis des dritten Geschäftspartners von der Veränderung allein die Ehegatten tragen würden. Dies wäre grundsätzlich nicht ungerechtfertigt, weil die Gefährdung Dritter sich aus der Rechtssphäre der Ehegatten ergibt. Andererseits entfiele aber auch die Möglichkeit, sich des Güterrechtsregisters als Hilfsmittel zum Nachweis der güterrechtlichen Verhältnisse zu bedienen. 4

Richtig ist, dass dem Güterrechtsregister im Verhältnis zu anderen Registern **zwei Mängel immanent** sind: Zum einen ist das Güterrechtsregister (im Unterschied zum Grundbuch und ähnlichen „Sachregistern", insoweit in Übereinstimmung mit dem Handelsregister und ähnlichen „Personalregistern") in den Abschluss einzelner Rechtsgeschäfte der Ehegatten nicht zwangsläufig einbezogen. Zum zweiten wird die Zahl der Ehen, bei denen gesetzliches Güterrecht ohne Ausnahme gilt, immer die große Mehrheit darstellen, sodass der Anreiz zur Einsicht des Güterrechtsregisters stets geringer als bei anderen Registern bleiben wird (in dieser Hinsicht unterscheidet sich das Güterrechtsregister vom Handelsregister und ähnlichen Registern). Trotzdem kann das Güterrechtsregister vor allem zum Nachweis güterrechtlicher Verhältnisse nützlich sein; die mit dem Register verbundenen Kosten sind gering und machen seine Abschaffung nicht dringlich. 5

## II. Eintragungsfähige Tatsachen

**1. Grundprinzip.** Aus der Funktion des Güterrechtsregisters ergibt sich der Umfang der Tatsachen, die in das Register eingetragen werden können: Eintragungsfähig sind alle Tatsachen, die die **Rechtslage Dritter** im Verhältnis zu den Ehegatten **unmittelbar beeinflussen.** Dies entspricht der Rechtsprechung des BGH,[7] der die früher von ihm vertretene[8] entgegengesetzte Auffassung aufgegeben hat, nur die Tatsachen seien eintragungsfähig, die die Rechtsstellung Dritter negativ beeinflussen können, bei denen also ein Schutz gutgläubiger Dritter nach § 1412 in Frage kommen kann. Diese Auffassung war vor Inkrafttreten des GleichberG die herrschende.[9] Alle güterrechtlichen Veränderungen von größerer Bedeutung konnten aber auf Grund des damaligen gesetzlichen Güterrechts die Rechtsstellung Dritter negativ beeinflussen und damit in das Register eingetragen werden. Dies änderte sich mit dem gesetzlichen Güterstand der „Zugewinngemeinschaft", da der Übergang von diesem Güterstand zur Gütertrennung die Rechtslage Dritter durch den Wegfall der Verfügungsbeschränkungen der §§ 1365 ff. nur positiv beeinflusst. Angesichts dieser neuen Rechtslage kann an der früher vertretenen Auffassung zur Eintragungsfähigkeit in das Register nicht festgehalten werden, weil das die zweite Funktion des Registers, den Rechtsverkehr zu erleichtern, außer Acht ließe.[10] 6

**2. Die eintragungsfähigen Tatsachen im Einzelnen. a) Modifikationen des gesetzlichen Güterstands.** Der Ausschluss oder die Modifikation der Verfügungsbeschränkungen der §§ 1365 ff. können eingetragen werden.[11] Nicht eintragungsfähig ist dagegen der (teilweise oder vollständige) Ausschluss des Zugewinnausgleichs, da er die Rechtslage Dritter nicht unmittelbar, sondern nur mittelbar – über seine Auswirkungen auf die Kreditwürdigkeit eines Ehegatten – beeinflussen kann.[12] Das gilt erst recht, wenn der Zugewinnausgleich nur für bestimmte Fälle 7

---

5 Soergel/*Gaul/Althammer* Vor § 1558 Rn. 6.

6 Vgl. *Braga* FamRZ 1967, 652 (659); *Mikat* FS Felgentraeger, 1969, 350; *Reithmann* DNotZ 1961, 3 (16); *Reithmann* DNotZ 1979, 67 (74); *Reithmann* DNotZ 1984, 459.

7 BGHZ 66, 203 = NJW 1976, 1258 (1259).

8 BGHZ 41, 376 = NJW 1964, 1795.

9 S. Nachweise bei BGHZ 66, 203 = NJW 1976, 1258 (1259); *Kanzleiter* DNotZ 1971, 453 (456 Fn. 23).

10 S. *Kanzleiter* DNotZ 1971, 453 (466 ff.).

11 AA BGHZ 41, 376 = NJW 1964, 1795; diese Entscheidung ist aber überholt durch BGHZ 66, 203 = NJW 1976, 1258; die Eintragungsfähigkeit entspricht nun der hM.

12 Soweit dies aus den Formulierungen BGHZ 66, 203 (207) = NJW 1976, 1258: „Der Senat hält es daher für gerechtfertigt, dem Güterrechtsregister eine umfassende Publikationsfunktion zuzuweisen und die Funktion des Registers nicht in bloßer Schutzwirkung zu sehen, sondern in einer Offenlegung der güterrechtlichen Verhältnisse zwecks Erleichterung des Rechts- und Geschäftsverkehrs" und der dortigen Feststellung, güterrechtliche Änderungen seien eintragungsfähig, „wenn die Offenlegung des Güterstandes aus wirtschaftlichen Gründen, etwa aus Gründen der Kreditgewährung, im Interesse der Ehegatten oder Dritter liegt," zu schließen wäre, ginge das zu weit. Wie der Verf. BGHZ 41, 370 (377) = NJW 1964, 1795; Soergel/*Gaul/Althammer* Vor § 1558 Rn. 8 ff.; Staudinger/*Thiele,* 2018, Vor § 1558 Rn. 7; aA OLG Köln NJW-RR 1995, 390 = Rpfleger 1994, 464; *Lange* FamRZ 1964, 546 (550); AK-BGB/*Fieseler* §§ 1558–1563 Rn. 2; Palandt/*Brudermüller* Vor § 1558 Rn. 3.

der Beendigung der Ehe ausgeschlossen wird wie bei der inzwischen häufigen sog „modifizierten Zugewinngemeinschaft“ für den Fall der Beendigung der Ehe in anderer Weise als durch den Tod eines Ehegatten.[13]

8 **b) Gütertrennung.** Der Übergang zum Güterstand der Gütertrennung kann eingetragen werden, ohne Rücksicht darauf, auf welchem Rechtsgrund er beruht (auf Vereinbarung oder Gerichtsurteil nach §§ 1388, 1449 und § 1470) und unabhängig davon, welcher Güterstand vorausging.[14] Nach dem OLG Braunschweig[15] ist der **zweistufige Ehevertrag,** der die Gütertrennung **auflösend bedingt** durch die Einschränkung der Berufstätigkeit nach Geburt eines gemeinsamen Kindes dagegen nicht eintragungsfähig. Das Gericht lehnt nicht generell die Eintragung einer auflösenden Bedingung ab, sondern befürwortet sie bei nachvollziehbaren Bedingungen wie Ehedauer oder Geburt eines gemeinsamen Kindes, hält aber die konkrete Klausel für so auslegungsbedürftig, dass ihr die Eintragungsfähigkeit fehle.

9 **c) Gütergemeinschaft.** Ebenfalls eintragungsfähig ist der Güterstand der Gütergemeinschaft, die Regelung der Verwaltung des Gesamtguts und die Person des Gesamtgutsverwalters bei Verwaltung des Gesamtguts durch einen Ehegatten (einschließlich der Änderung der Verwaltungsregelung). Beim Güterstand der Gütergemeinschaft können weiter der Umfang des Vorbehaltsguts (§ 1418 Abs. 4) sowie der Einspruch eines Ehegatten gegen den selbständigen Betrieb eines Erwerbsgeschäfts durch den anderen Ehegatten und der Widerruf der Einwilligung hierzu (§ 1431 Abs. 3, § 1456 Abs. 3) und schließlich auch die Zurücknahme des Einspruchs und des Widerrufs eingetragen werden, wenn Einspruch oder Widerruf der Einwilligung ihrerseits eingetragen waren.[16] Nicht eintragungsfähig ist der Eintritt der **fortgesetzten Gütergemeinschaft,** weil das Güterrechtsregister nur über die güterrechtlichen Verhältnisse während der Ehe Auskunft gibt.[17]

10 **d) Eigentums- und Vermögensgemeinschaft.** Eingetragen werden kann auch der Güterstand der Eigentums- und Vermögensgemeinschaft nach §§ 13 ff. FGB DDR, wenn die Ehegatten für den früheren gesetzlichen Güterstand nach dem Recht der ehemaligen DDR optiert haben (Art. 234 §§ 1, 4 EGBGB).[18]

11 **e) § 1357.** Eingetragen werden können die Beschränkung oder der Ausschluss der Befugnis des anderen Ehegatten nach § 1357 und deren Aufhebung (durch den Ehegatten oder das Familiengericht),[19] wenn die Beschränkung oder der Ausschluss eingetragen wurden. Auch das Ruhen der Befugnis nach § 1357 während des Getrenntlebens der Ehegatten (§ 1357 Abs. 3) ist eintragungsfähig, weil es sich auf die Rechtsstellung dritter Geschäftspartner der Ehegatten auswirkt (obwohl gutgläubige Dritte nicht durch § 1412 geschützt sind).[20] Während des Getrenntlebens ist daneben der Entzug der Befugnis nach § 1357 Abs. 2 und dessen Eintragung im Güterrechtsregister möglich.[21]

12 **f) Versorgungsausgleich.** Nicht eintragungsfähig sind Ausschluss oder Modifikation des Versorgungsausgleichs.[22]

13 **g) Ausländische Güterstände.** Eingetragen werden können auch ausländische Güterstände und zwar sowohl gesetzliche wie vertragsmäßige (vgl. Art. 16 EGBGB und Art. 17b Abs. 2 S. 3 EGBGB; vgl. auch Art. 28 EuGüVO[23]). Dasselbe gilt für den Übergang von einem ausländischen Güterstand zu einem Güterstand nach deutschem Recht; wegen der Funktion des Registers, den Rechtsverkehr zu erleichtern, auch für die bloß klarstellende Vereinbarung des deutschen gesetzlichen Güterstands durch Ehevertrag, wenn sonst Zweifel bestehen könnten.[24]

---

[13] AA mit ausf. Begr. unter Hinweis auf den erweiterten Zweck des Güterrechtsregisters und das Interesse Dritter an der Kenntnis solcher Vereinbarungen mit Rücksicht auf die Kreditwürdigkeit der Ehegatten und eventuelle Bereicherungsansprüche nach § 1390, OLG Köln NJW-RR 1995, 390 = Rpfleger 1994, 464.

[14] BGHZ 66, 206 = NJW 1976, 1258 mN; inzwischen hM; aA *Gottschalg* NJW 1976, 1741.

[15] OLG Braunschweig NJOZ 2004, 2139.

[16] Dies alles entspricht allgM.

[17] Ebenfalls allgM im Anschluss an BayObLG Recht 1916 Nr. 1135.

[18] Ausf. *Böhringer* DNotZ 1991, 223 (233 ff.).

[19] KG OLGE 30, 39 zu § 1357 aF.

[20] *Lüke* FS Bosch, 1976, 627 (637); *Lüke* AcP 178 (1978), 1; Soergel/*Gaul/Althammer* Vor § 1558 Rn. 8; aA OLG Hamm MDR 1951, 740; Gernhuber/*Coester-Waltjen* FamR § 33 Rn. 7–9; Staudinger/*Thiele,* 2018, Vor § 1558 Rn. 11.

[21] BayObLG FamRZ 1959, 504 (505) mN; OLG Hamburg MDR 1957, 164; OLG Köln JMBl. NRW 1954, 6; *Büdenbender* FamRZ 1976, 662 (669); Palandt/*Brudermüller* § 1357 Rn. 24.

[22] Soergel/*Gaul/Althammer* Vor § 1558 Rn. 10.

[23] Hierzu *Weber* DNotZ 2016, 660 (686 f.).

[24] BayObLG FamRZ 1979, 583 (585).

**h) Rechtswahl.** Aus dem gleichen Grund ist auch die Rechtswahl nach Art. 15 Abs. 2 EGBGB bzw. Art. 22 EuGüVO eintragungsfähig, auch wenn deutsches Recht gewählt wird und diese Rechtswahl nur Zweifel über die Anwendbarkeit des nach Art. 15 Abs. 1 EGBGB sowieso geltenden deutschen gesetzlichen Güterstands ausschließen soll. Bei der Wahl eines fremden Rechts und bei der rechtsändernden Wahl deutschen Rechts ergibt sich die Eintragungsfähigkeit schon aus den Darlegungen unter → Rn. 13. 14

### III. Verfahren des Registergerichts

Für das Verfahren des Registergerichts gelten die Vorschriften des **FamFG,** insbesondere die §§ 374 ff. FamFG; zur örtlichen Zuständigkeit s. § 377 Abs. 3 FamFG. Zuständig ist ohne Ausnahme der Rechtspfleger (§ 3 Nr. 1 lit. e RPflG). Nach § 378 Abs. 3 FamFG besteht eine Prüfungspflicht des beglaubigenden Notars im Hinblick auf die Eintragungsfähigkeit.[25] Zur Eintragungsgebühr s. KV 13100, 13101 GNotKG (Ehe- oder Lebenspartnerschaftsvertrag 100 Euro, sonstige Eintragungen 50 Euro). Zur Einsicht in das Register, zur Erteilung von Abschriften, Zeugnissen und Negativzeugnissen s. § 1563 (→ § 1563 Rn. 1 ff.). 15

## § 1558 Zuständiges Registergericht

**(1) Die Eintragungen in das Güterrechtsregister sind bei jedem Amtsgericht zu bewirken, in dessen Bezirk auch nur einer der Ehegatten seinen gewöhnlichen Aufenthalt hat.**

**(2) [1]Die Landesregierungen werden ermächtigt, durch Rechtsverordnung einem Amtsgericht für die Bezirke mehrerer Amtsgerichte die Zuständigkeit für die Führung des Registers zu übertragen. [2]Die Landesregierungen können die Ermächtigung durch Rechtsverordnung auf die Landesjustizverwaltungen übertragen.**

### I. Neufassung von Abs. 1, Normzweck

Durch Art. 2 Nr. 2 Gesetz zur Neuregelung des Internationalen Privatrechts vom 25.7.1986 (BGBl. 1986 I 1142) wurde Abs. 1 neu gefasst. Die Vorschrift stellt jetzt nicht mehr auf den Wohnsitz des Ehemannes ab,[1] sondern knüpft – wie § 377 Abs. 3 FamFG – an den gewöhnlichen Aufenthalt beider Ehegatten an. Ergänzt wird § 1558 für Lebenspartner durch § 7 LPartG, § 377 Abs. 3 FamFG. 1

### II. Gewöhnlicher Aufenthalt der Ehegatten

Zum Begriff des gewöhnlichen Aufenthalts → § 7 Rn. 13 ff. Hat keiner der Ehegatten einen gewöhnlichen Aufenthalt im Inland, so ist kein Gericht für die Eintragung zuständig, dh, dass eine Eintragung im Güterrechtsregister ausgeschlossen ist. Haben die Ehegatten **mehrere** (gemeinsame oder nicht gemeinsame) **gewöhnliche Aufenthalte,** so muss im Interesse des Schutzes Dritter die Eintragung in allen zuständigen Registern vorgenommen werden; § 377 Abs. 3 FamFG stimmt damit überein. Dem Dritten kann nicht zugemutet werden, dass er mögliche weitere Aufenthaltsorte der Ehegatten erforscht und mehrere Güterrechtsregister einsieht. 2

Ist die **Eintragung nicht bei allen** zuständigen **Gerichten erfolgt,** so ist sie unwirksam (dies gilt erst recht, wenn die Eintragung bei einem unzuständigen Gericht geschehen ist). Hat freilich der dritte Geschäftspartner das Register eingesehen, bei dem die (richtige) Eintragung erfolgt war, so sind ihm die güterrechtlichen Verhältnisse bekannt (vgl. § 1412 Abs. 1). 3

### III. Kaufmannseigenschaft eines Ehegatten

Die güterrechtlichen Verhältnisse eines Kaufmannes können nicht in das Handelsregister eingetragen werden. Auch bei Kaufleuten ist dafür ausschließlich das Güterrechtsregister da.[2] Maßgebend ist hinsichtlich der Rechtsverhältnisse, die sich auf das **Handelsgewerbe** beziehen, das für dessen Niederlassung **zuständige Güterrechtsregister.** In dieses Register kann deshalb zusätzlich eingetragen werden, wenn die Niederlassung außerhalb des Wohnsitzgerichtsbezirks liegt, und muss eingetragen werden, wenn die Wirkungen auch hinsichtlich des Handelsgewerbes eintreten sollen (Art. 4 EGHGB). Bei mehreren Niederlassungen genügt die Eintragung in das Register des Ortes der Hauptniederlassung (Art. 4 Abs. 1 S. 2 EGHGB). Wird die Niederlassung verlegt, gilt § 1559 entsprechend (Art. 4 Abs. 2 EGHGB). 4

---

25 Hierzu *Diehn* DNotZ 2017, 487 f.

1 Dies verstieß gegen Art. 3 GG, s. BVerfGE 63, 181 = NJW 1983, 1968; BVerfGE 68, 384 = NJW 1985, 1282; → 1. Aufl. 1978, Rn. 1.

2 RGZ 63, 248.

## § 1559 Verlegung des gewöhnlichen Aufenthalts

**[1]Verlegt ein Ehegatte nach der Eintragung seinen gewöhnlichen Aufenthalt in einen anderen Bezirk, so muss die Eintragung im Register dieses Bezirks wiederholt werden. [2]Die frühere Eintragung gilt als von neuem erfolgt, wenn ein Ehegatte den gewöhnlichen Aufenthalt in den früheren Bezirk zurückverlegt.**

### I. Neufassung der Vorschrift, Normzweck

1 Die Vorschrift wurde wie § 1558 – unter Aufgabe der verfassungswidrigen Anknüpfung an den Wohnsitz des Ehemannes – durch das Gesetz zur Neuregelung des Internationalen Privatrechts vom 25.7.1986 (BGBl. 1986 I 1142) neu gefasst (→ § 1558 Rn. 1). Sie stellt nunmehr auf den gewöhnlichen Aufenthalt beider Ehegatten ab.

### II. Verlegung des gewöhnlichen Aufenthalts

2 Mit der Verlegung des gewöhnlichen Aufenthalts aus dem bisherigen Registerbezirk (die Verlegung innerhalb dieses Bezirks ist ohne Bedeutung) wird die Eintragung im bisher zuständigen Güterrechtsregister unwirksam. Soll die Wirksamkeit Dritten gegenüber weiterbestehen, muss die Eintragung im neu zuständigen Register wiederholt werden. Wird der gewöhnliche Aufenthalt ins Ausland verlegt, so ist keine Wiederholung der Eintragung möglich (→ § 1558 Rn. 2). Auch dies geschieht nach § 1560 nur auf Antrag, § 1559 („muss") darf nicht dahingehend missverstanden werden, die Ehegatten seien verpflichtet, einen entsprechenden Antrag zu stellen oder die Eintragung erfolge zwingend von Amts wegen. Wird die Wiederholung der Eintragung beim Register des neuen gewöhnlichen Aufenthalts beantragt, so hat dieses die Zulässigkeit der Eintragung selbständig zu prüfen.[1] Entsprechend den Darlegungen zu § 1558 gilt § 1559 bei mehreren gewöhnlichen Aufenthalten stets, wenn nur einer der Ehegatten einen seiner gewöhnlichen Aufenthalte verlegt (→ § 1558 Rn. 2). Aus S. 2 ergibt sich, dass die Eintragung grundsätzlich trotz Verlegung des Aufenthaltes bestehen bleibt. In diesem Fall können Änderungen oder Löschungen früherer Eintragungen auf Antrag eines Ehegatten (auch) im früher zuständigen Register eingetragen werden, weil sonst bei Zurückverlegung die inzwischen geänderte frühere Eintragung nach S. 2 wieder aufleben würde.[2]

### III. Zurückverlegung des gewöhnlichen Aufenthalts

3 Die Eintragung im früher zuständigen Register wird bei Verlegung des gewöhnlichen Aufenthalts nicht gelöscht. Deshalb wirkt sie erneut, wenn der gewöhnliche Aufenthalt in den Bezirk dieses Gerichts zurückverlegt wird. Die Eintragung im Register des aufgegebenen zwischenzeitlichen gewöhnlichen Aufenthalts wird nach S. 1 wirkungslos. Sie wird ebenfalls nicht gelöscht, sodass sie ihrerseits bei Zurückverlegung des gewöhnlichen Aufenthalts in den Bezirk dieses Gerichts nach S. 2 wieder wirksam wird.

## § 1560 Antrag auf Eintragung

**[1]Eine Eintragung in das Register soll nur auf Antrag und nur insoweit erfolgen, als sie beantragt ist. [2]Der Antrag ist in öffentlich beglaubigter Form zu stellen.**

### I. Normzweck

1 Für das Güterrechtsregister gilt der Antragsgrundsatz. Das bedeutet, dass Eintragungen stets nur auf Antrag der Ehegatten bzw. eines antragsberechtigten Ehegatten (vgl. § 1561) vorgenommen werden (zur Löschung von Amts wegen → Rn. 9). Nach S. 1 Hs. 2 bestimmen die Ehegatten durch ihren Antrag auch über den Umfang der Eintragung. Sie können daher auch veranlassen, dass nur ein Teil ihrer – von der gesetzlichen Regel abweichenden – güterrechtlichen Verhältnisse im Güterrechtsregister eingetragen wird.[1] Da kein Antragszwang besteht, entscheiden die Ehegatten frei darüber, ob und welche Eintragungen im Güterrechtsregister vorgenommen werden. Zur Antragsberechtigung vgl. § 1561 (→ § 1561 Rn. 1 ff.).

### II. Form des Antrags

2 Der Antrag ist nach S. 2 in **öffentlich beglaubigter Form** zu stellen, also schriftlich unter notarieller Beglaubigung der Unterschrift oder des Handzeichens oder notariell beurkundet (§ 129).

---

1 OLG Hamburg OLGE 12, 308.
2 OLG Hamburg MDR 1975, 492; Staudinger/*Thiele*, 2018, § 1559 Rn. 4.
1 Mot. IV 558; KGJ 21, A 91.

Der erforderliche Antrag kann in den Ehevertrag selbst aufgenommen werden. Dann genügt die Vorlage des Ehevertrages beim Register.[2] Wird der Antrag von den Ehegatten gesondert gestellt, braucht der Ehevertrag grundsätzlich nicht vorgelegt zu werden (zum Umfang der Prüfung durch das Registergericht → Rn. 6 ff.).

Stellt der Notar den Antrag für die Ehegatten gemäß § 378 FamFG (zum Inhalt seines Antragsrechts → § 1561 Rn. 7), so bedarf seine Unterschrift nicht der öffentlichen Beglaubigung durch einen anderen Notar. Anders als im Grundbuchverfahren, in dem der Antrag des Notars wie der jedes der Beteiligten formlos gestellt werden kann, muss aber die Form des § 24 Abs. 3 S. 2 BNotO für die Eigenurkunde des Notars (Unterschrift und Beifügung des Amtssiegels) beachtet werden, die die Form der öffentlichen Beglaubigung des § 1560 S. 2 ersetzt. § 24 Abs. 3 S. 2 BNotO ist Ausdruck des allgemeinen Grundsatzes, dass die Unterzeichnung durch den Notar und die Beifügung des Amtssiegels bei bewirkenden Urkunden im Rahmen seiner Zuständigkeit die bei Abgabe durch Dritte vorgeschriebene Unterschriftsbeglaubigung ersetzt und diesen Urkunden den Charakter „öffentlicher Urkunden" verleiht.[3] 3

Der Antrag kann auch durch **andere Bevollmächtigte** gestellt werden. Anders als in § 12 Abs. 2 S. 1 HGB ist für die Vollmacht öffentlich beglaubigte Form nicht ausdrücklich vorgeschrieben. Daraus kann jedoch kein Umkehrschluss gezogen werden: Der Sinn des § 1560 S. 2, sicherzustellen, dass Eintragungen in das Güterrechtsregister ohne jeden Zweifel auf den Willen der Antragsberechtigten zurückgehen, verlangt, dass auch die Vollmacht öffentlich beglaubigt ist.[4] 4

### III. Eintragung und Prüfung der Eintragungsvoraussetzungen

**1. Fassung der Eintragung.** Über die Fassung der Eintragung entscheidet der Registerführer.[5] Die Eintragung hat so umfangreich und präzis zu erfolgen, wie der Verkehrsschutz des Registers dies erfordert. Welche Einzelheiten eingetragen werden müssen, entscheiden danach die Umstände des einzelnen Falles. Die **Bezugnahme auf** die **Registerakten** ist anders als in § 874 nicht ausdrücklich vorgesehen, weil regelmäßig nicht erforderlich. Wo ein Sachinbegriff näher zu bezeichnen ist – zB beim Umfang des Vorbehaltsguts – und in ähnlichen Fällen genügt im Register aber trotzdem eine allgemeine Bezeichnung unter Bezugnahme auf die Registerakten. Dies lassen die landesrechtlichen Ausführungserlasse über die Registerführung regelmäßig ausdrücklich zu. 5

**2. Prüfung der Eintragungsvoraussetzungen.** Wie bei anderen Registerverfahren hat der Registerführer zu prüfen, ob die formellen Eintragungsvoraussetzungen vorliegen und ob eine inhaltlich zulässige, widerspruchsfreie Eintragung begehrt wird. Ob diese Eintragung den tatsächlichen Verhältnissen der Ehegatten, dh regelmäßig, ob sie den materiell wirksamen und nicht wieder aufgehobenen Vereinbarungen der Ehegatten entspricht, ist grundsätzlich nicht zu prüfen.[6] Nur dann, wenn das Registergericht nach den Umständen begründete Zweifel hat, ob die begehrte Eintragung mit den güterrechtlichen Verhältnissen der Ehegatten übereinstimmt, ist dem nachzugehen, etwa die Eintragung von der Vorlage des Ehevertrages abhängig zu machen. 6

Zu den Eintragungsvoraussetzungen gehört nach inzwischen allgM,[7] dass die **Eheschließung erfolgt** ist (während der Eintragungsantrag auch schon vorher, insbesondere im Ehevertrag gestellt werden kann).[8] Auch hinsichtlich dieser Eintragungsvoraussetzung gilt nichts Besonderes: Nachweise über die Eheschließung kann das Registergericht auch hier nur fordern, wenn begründete Zweifel bestehen.[9] 7

---

[2] Vgl. KG RJA 1, 201.

[3] BGH NJW 1981, 125 = DNotZ 1981, 251; Keidel/*Heinemann* FamFG § 378 Rn. 10; vgl. Eylmann/Vaasen/*Hertel* BNotO § 24 Rn. 58; grdl. *Reithmann,* Allgemeines Urkundenrecht, 1972, 27 ff.; *Reithmann,* Vorsorgende Rechtspflege durch Notare und Gerichte, 1989, 88 f.; BGHZ 78, 36 = DNotZ 1982, 251 m. zust. Anm. von *Winkler.*

[4] Ebenso RGRK-BGB/*Finke* Rn. 5; Soergel/*Gaul/Althammer* Rn. 3; Staudinger/*Thiele,* 2018, Rn. 7.

[5] BayObLGZ 3, 562.

[6] AllgM, KGJ 45, A 194; Palandt/*Brudermüller* Vor § 1558 Rn. 5; Soergel/*Gaul* Rn. 4; Staudinger/*Thiele,* 2018, Rn. 10.

[7] KGJ 20, A 68; Erman/*Heinemann* Rn. 1; Palandt/*Brudermüller* Vor § 1558 Rn. 5; Soergel/*Gaul/Althammer* Rn. 4; Staudinger/*Thiele,* 2018, Rn. 9; so zB schon Bek. des BayJM vom 31.1.1900 die Führung des Güterrechtsregisters betreffend (JMBl. 1900, 483) Nr. 3.

[8] KGJ 20, A 68.

[9] AA, dh regelmäßigen Nachweis der Eheschließung verlangen OLG Colmar KGJ 30, A 313; KG OLGE 30, 134; Soergel/*Gaul/Althammer* Rn. 4. Allerdings soll nicht stets eine Personenstandsurkunde erforderlich sein, sondern es soll grds. auch eine Beurkundung des Notars ausreichen, dass ihm die Beteiligten als Ehegatten bekannt sind; vgl. dazu vor allem KG OLGE 30, 134.

8 Ob die **Eintragungsvoraussetzungen** vorliegen, **prüft das Güterrechtsregister selbständig.** Dies gilt auch dann, wenn die Eintragung auf Grund einer Entscheidung des Prozessgerichts begehrt wird.[10] Diese Entscheidung ersetzt nach § 894 ZPO nur die betreffende Erklärung des Ehegatten; ob diese Erklärung die Eintragung rechtfertigt, hat das Register zu entscheiden. An Beschwerdeentscheidungen der übergeordneten Gerichte im Rahmen des Instanzenzugs der freiwilligen Gerichtsbarkeit ist das Registergericht dagegen nach den allgemeinen Grundsätzen gebunden.

### IV. Löschung unzulässiger Eintragungen

9 Eintragungen, die **wegen** des **Mangels einer wesentlichen Voraussetzung unzulässig** waren, sind gemäß § 395 FamFG von Amts wegen zu löschen. Wegen des strikten Antragsprinzips (§§ 1560, 1561) beim Güterrechtsregister ist auch ein formgerechter Antrag – insoweit anders als beim Handelsregister – eine wesentliche Eintragungsvoraussetzung.

## § 1561 Antragserfordernisse

**(1) Zur Eintragung ist der Antrag beider Ehegatten erforderlich; jeder Ehegatte ist dem anderen gegenüber zur Mitwirkung verpflichtet.**

**(2) Der Antrag eines Ehegatten genügt**
1. **zur Eintragung eines Ehevertrags oder einer auf gerichtlicher Entscheidung beruhenden Änderung der güterrechtlichen Verhältnisse der Ehegatten, wenn mit dem Antrag der Ehevertrag oder die mit dem Zeugnis der Rechtskraft versehene Entscheidung vorgelegt wird;**
2. **zur Wiederholung einer Eintragung in das Register eines anderen Bezirks, wenn mit dem Antrag eine nach der Aufhebung des bisherigen Wohnsitzes erteilte, öffentlich beglaubigte Abschrift der früheren Eintragung vorgelegt wird;**
3. **zur Eintragung des Einspruchs gegen den selbständigen Betrieb eines Erwerbsgeschäfts durch den anderen Ehegatten und zur Eintragung des Widerrufs der Einwilligung, wenn die Ehegatten in Gütergemeinschaft leben und der Ehegatte, der den Antrag stellt, das Gesamtgut allein oder mit dem anderen Ehegatten gemeinschaftlich verwaltet;**
4. **zur Eintragung der Beschränkung oder Ausschließung der Berechtigung des anderen Ehegatten, Geschäfte mit Wirkung für den Antragsteller zu besorgen (§ 1357 Abs. 2).**

### I. Normzweck

1 Nach Abs. 1 ist **grundsätzlich** der **Antrag beider Ehegatten erforderlich.** Abs. 2 enthält so **weitgehende Ausnahmen** von diesem Grundsatz, dass **im Ergebnis** die **Ausnahme die Regel** ist: Regelmäßig reicht der Antrag eines Ehegatten aus. Nach Abs. 2 Nr. 1 und Abs. 2 Nr. 2 gilt das, wenn der Ehegatte den zugrundeliegenden Ehevertrag, das zugrundeliegende Urteil oder die bereits erfolgte Eintragung im Register eines anderen Bezirks vorlegen kann, nach Abs. 2 Nr. 3 und Abs. 2 Nr. 4 dann, wenn der Ehegatte eine einseitige Maßnahme getroffen hat, die zu seinem Schutz im Güterrechtsregister eingetragen werden soll.

### II. Grundsatz des Abs. 1

2 Wenn ein Eintragungsantrag beider Ehegatten erforderlich ist, ist jeder dem anderen zur Mitwirkung verpflichtet. Der **Anspruch auf Mitwirkung** kann durch Leistungsantrag nach § 111 Nr. 9 FamFG, § 113 Abs. 5 Nr. 2 FamFG, §§ 261 ff. FamFG mit Vollstreckungsfolge nach § 120 Abs. 1 FamFG, § 894 ZPO geltend gemacht werden.

### III. Ausnahmen des Abs. 2

3 **1. Abs. 2 Nr. 1.** Die wichtigste Ausnahme von Abs. 1 enthält Abs. 2 Nr. 1: Der Antrag eines Ehegatten genügt, wenn er den **Ehevertag** über die güterrechtlichen Vereinbarungen **oder** die mit Rechtskraftzeugnis versehene **Gerichtsentscheidung** vorlegen kann, die der Änderung der güterrechtlichen Verhältnisse zugrunde liegt.

4 **2. Abs. 2 Nr. 2.** Dass § 1561 Abs. 2 weiterhin auf den Wohnsitz abstellt, obwohl §§ 1558, 1559 für die Eintragung jetzt an den gewöhnlichen Aufenthalt (beider Ehegatten) anknüpfen, beruht auf einem Redaktionsversehen.[1] Beim Wechsel des gewöhnlichen Aufenthalts – jedes der beiden Ehegat-

---

10 OLG Darmstadt OLGE 4, 99; KGJ 37, A 207.
1 NK- BGB/*Völker* Rn. 3; Bamberger/Roth/Hau/Poseck/*Siede* Rn. 2.

ten (vgl. § 1558 Abs. 1 nF) – genügt der einseitige Antrag eines Ehegatten, wenn er eine **beglaubigte Abschrift der bisherigen Registereintragung** vorlegt, die nach dem Aufenthaltswechsel erteilt wurde. Der Wechsel des gewöhnlichen Aufenthalts ist durch Meldebescheinigung nachzuweisen.[2]

**3. Abs. 2 Nr. 3.** Der **Einspruch** eines Ehegatten **gegen** den **selbständigen Betrieb eines Erwerbsgeschäfts** durch den anderen Ehegatten und der Widerruf der Einwilligung sind formlos möglich (→ § 1431 Rn. 6, 8). Zur Eintragung in das Güterrechtsregister bedarf es nach Abs. 2 Nr. 3 nur des einseitigen Antrags des Ehegatten, der den Einspruch erhoben bzw. seine Einwilligung widerrufen hat. 5

**4. Abs. 2 Nr. 4.** Abs. 2 Nr. 4 ist entsprechend der Neufassung des **§ 1357** durch das erste Familienrechtsänderungsgesetz vom 11.8.1961 (BGBl. 1961 I 1221) an die Stelle des bisherigen Abs. 3 getreten: Den Antrag auf Eintragung im Güterrechtsregister kann jeder Ehegatte selbständig stellen, der die **Berechtigung** des anderen **eingeschränkt oder entzogen** hat, Geschäfte mit Wirkung für ihn zu besorgen. Abs. 2 Nr. 4 ist nicht entsprechend anwendbar, wenn die Beschränkung oder Ausschließung durch das FamG aufgehoben wurde. Es gilt vielmehr Abs. 2 Nr. 1.[3] 6

### IV. Das Antragsrecht des Notars

Nach § 378 FamFG gilt der Notar als ermächtigt, im Namen eines Beteiligten die Eintragung zu beantragen, wenn er dessen dazu erforderliche Erklärung beurkundet oder beglaubigt hat. Es kann auch nicht verlangt werden, dass der Notar den Eintragungsantrag der Beteiligten beurkundet oder beglaubigt hat, weil die Antragsermächtigung sonst ins Leere ginge,[4] vielmehr genügt, dass der Notar die dem Eintragungsantrag zugrundeliegenden Erklärungen beurkundet oder beglaubigt hat.[5] Gegen die Zurückweisung des Antrags kann der Notar nicht im eigenen Namen Beschwerde erheben,[6] wohl aber im Namen der Ehegatten aufgrund der Ermächtigung nach § 378 FamFG.[7] 7

## § 1562 Öffentliche Bekanntmachung

**(1) Das Amtsgericht hat die Eintragung durch das für seine Bekanntmachungen bestimmte Blatt zu veröffentlichen.**

**(2) Wird eine Änderung des Güterstands eingetragen, so hat sich die Bekanntmachung auf die Bezeichnung des Güterstands und, wenn dieser abweichend von dem Gesetz geregelt ist, auf eine allgemeine Bezeichnung der Abweichung zu beschränken.**

### I. Bekanntmachungspflicht, Unterrichtung der Ehegatten

**Alle Eintragungen** in das Güterrechtsregister, unabhängig davon, auf welcher Grundlage sie beruhen, sind unverzüglich in dem Bekanntmachungsblatt des Registers (einmal) **zu veröffentlichen.** Da bei Zurückverlegung des gewöhnlichen Aufenthalts in einen Bezirk, in dessen Güterrechtsregister ein Eintrag besteht, nach § 1559 S. 2 die Eintragung als von neuem erfolgt gilt, ist sie erneut bekannt zu machen;[1] eines Antrags der Ehegatten bedarf es nicht, das Registergericht hat die Bekanntmachung von Amts wegen vorzunehmen, wenn es von der Zurückverlegung des gewöhnlichen Aufenthalts erfährt. **Beide Ehegatten** sind nach § 383 Abs. 1 FamFG von einer Eintragung **zu benachrichtigen,** falls sie nicht auf die Bekanntgabe verzichtet haben. 1

---

[2] Staudinger/*Thiele,* 2018, Rn. 10; Soergel/*Gaul/Althammer* Rn. 3; Bamberger/Roth/Hau/Poseck/*Siede* Rn. 2 mN.

[3] Soergel/*Gaul/Althammer* Rn. 4; Staudinger/*Thiele,* 2018, Rn. 10; der Begriff der „güterrechtlichen Verhältnisse" ist im Rahmen der §§ 1558 ff. iwS auszulegen und umfasst den gesamten Bereich der eintragungsfähigen Tatsachen.

[4] AA zur früheren Rechtslage nach §§ 161, 129 FGG die allgM; s. OLG Köln OLGZ 1983, 267 = MDR 1983, 490; KG OLGE 6, 286; KGJ 21, A 92; OLG Rostock OLGE 3, 368; OLG Colmar OLGE 5, 196; OLGE 17, 368; aA noch immer Staudinger/*Thiele,* 2018, § 1560 Rn. 7.

[5] Eine ganz andere Frage ist, dass der Notar von seiner Vollmacht nur entsprechend dem Willen der Antragsberechtigten Gebrauch machen darf.

[6] KG Rpfleger 1977, 309.

[7] Bork/Jacobi/Schwab/*Müther* FamFG § 378 Rn. 14; Keidel/*Heinemann* FamFG § 378 Rn. 14.

[1] ÜberwM; Planck/*Unzner* Anm. 3; RGRK-BGB/*Finke* Rn. 1; Soergel/*Gaul/Althammer* Rn. 1; Staudinger/*Thiele,* 2018, Rn. 6; aA – keine erneute Bekanntmachung erforderlich – Erman/*Heinemann* Rn. 1.

### II. Inhalt der Bekanntmachung

2 Abs. 2 lässt zu, dass der **Inhalt der Bekanntmachung** gegenüber der Eintragung (weiter) eingeschränkt wird (zum erforderlichen Umfang der Eintragung → § 1560 Rn. 5). Soweit Abs. 2 nicht eingreift, ist die Eintragung in ihrem vollem Wortlaut bekannt zu machen.

### III. Keine Wirkung des Unterlassens der Bekanntmachung

3 Wird die Bekanntmachung unterlassen, so hat dies keine rechtlichen Auswirkungen. Die Eintragung ist trotzdem rechtswirksam. Für das Wirksamwerden ist der Zeitpunkt der Eintragung, nicht der der Bekanntmachung maßgebend. Das Unterlassen der Bekanntmachung kann aber Grundlage eines Schadensersatzanspruchs nach § 839 sein.

## § 1563 Registereinsicht

**[1]Die Einsicht des Registers ist jedem gestattet. [2]Von den Eintragungen kann eine Abschrift gefordert werden; die Abschrift ist auf Verlangen zu beglaubigen.**

### I. Normzweck, Einsicht

1 Die Einsicht in das Güterrechtsregister steht jedermann frei (S. 1), ohne dass er ein berechtigtes Interesse darlegen müsste (§ 1563 S. 1 ist die registerrechtliche Vorschrift, auf die § 385 FamFG verweist). Das Datenschutzrecht steht nicht entgegen.[1] Soweit bei der Eintragung auf Schriftstücke bei den Registerakten Bezug genommen wird (→ § 1560 Rn. 5), aber nur, soweit die Bezugnahme reicht, sind sie Bestandteil des Registers und damit ebenfalls der Einsicht für jedermann offen.[2] Im Übrigen können die Beteiligten die Gerichtsakten nach § 13 Abs. 1 FamFG einsehen, soweit nicht schwerwiegende Interessen eines Beteiligten oder eines Dritten entgegenstehen (§ 13 Abs. 1 FamFG). Nicht Beteiligten kann Einsicht nur gestattet werden, soweit sie ein berechtigtes Interesse glaubhaft machen und schutzwürdige Interessen (eines Beteiligten oder eines Dritten) nicht entgegenstehen (§ 13 Abs. 2 FamFG).

### II. Abschriften des Registers, Zeugnisse des Registergerichts

2 Nach S. 2 kann ebenfalls jedermann auf Verlangen eine (einfache oder beglaubigte) Abschrift der Eintragungen verlangen. Das Gleiche gilt von Negativbescheinigungen darüber, dass „bezüglich des Gegenstands einer Eintragung weitere Eintragungen … nicht vorhanden sind oder dass eine bestimmte Eintragung … nicht erfolgt ist" (§ 386 FamFG). Dagegen kann die Erteilung positiver Zeugnisse über den Registerinhalt nicht gefordert werden; dem dahingehenden Interesse eines Beteiligten trägt eine Abschrift des Registers Rechnung.

## Titel 7. Scheidung der Ehe

## Untertitel 1. Scheidungsgründe

## Vorbemerkungen (Vor § 1564)

**Schrifttum:** Zur Eherechtsreform und zu den Entwürfen s. 1. Aufl. 1978, Vor § 1564; *Bosch,* Familienrechtsreform, 1952; *Bräm,* Privatisierung des Scheidungsrechts – ein Holzweg, FS Hausheer, 2002, 205; *Bröning/Walper,* Risikofaktoren und Ursachen für Scheidungen, FPR 2007, 260; *Brudermüller,* Geschieden und doch gebunden? Ehegattenunterhalt zwischen Recht und Moral, 2008; *Brudermüller,* Paarbeziehungen und Recht, 2017; *Coester,* Covenant Marriage – Die „rechte Ehe"? Zur vertraglichen Einschränkung der Scheidungsmöglichkeit, FS Henrich, 2000, 73; *Derleder,* Die neue Zähmung der Widerspenstigen – Zur Renaissance des Verschuldensprinzips im Scheidungsfolgenrecht, KritJ 1982, 18; *Dethloff,* Die einverständliche Scheidung, 1994; *Dethloff,* Familienarbeit im Wandel, FS Schwab, 2005, 343; *Diederichsen,* Art. 6 I GG: Der besondere Schutz von Ehe und Familie – eine deutsche Utopie, FPR 2007, 221; *Dietzen,* Acht Thesen zum verfrühten Scheidungsantrag, FamRZ 1988, 1010; *Dutta/Schwab/Henrich/Gottwald/Löhnig,* Scheidungohne Gericht?, 2017; *Frank,* Rechtsvergleichende Betrachtungen zur Entwicklung des Familienrechts, FamRZ 2004, 841; *Gernhuber,* Neues Familienrecht, 1977; *Gernhuber,* Eherecht und Ehetypen, 1981; *Giesen,* Einzelfallgerechtigkeit als Problem – Zur Entwicklung des Scheidungs- und Scheidungsfolgenrechts in Deutschland, FamRZ 1984, 1188; *Gilfrich,* Schiedsverfahren im Scheidungsrecht, 2007; *Goode,* Die Struktur der Familie, 1960; *Graßhof,* Die Härteklausel im Ehescheidungsrecht, FS Zeidler, 1987,

1 *Lüke* NJW 1983, 1407.

2 AllgM; Erman/*Heinemann* Rn. 1; Palandt/*Brudermüller* Rn. 1; Soergel/*Gaul/Althammer* Rn. 1; Staudinger/*Thiele,* 2018, Rn. 1.

837; *Hattenhauer,* Die Privatisierung der Ehe, ZRP 1985, 200; *Henrich,* Eherecht und soziale Wirklichkeit, FS Müller-Freienfels, 1986, 289; *Henrich,* Wertentscheidungen im Wertewandel: Betrachtungen zu Art. 6 Abs. 1 GG, FS Lerche, 1993, 239; *Hesse,* Evangelisches Ehescheidungsrecht in Deutschland, 1960; *Jauernig,* Scheidung einer Nichtehe und deren Folgen, FS Gerhardt, 2004, 433; *Lüke,* Die persönlichen Ehewirkungen und die Scheidungsgründe nach dem neuen Ehe- und Familienrecht, FS Bosch, 1976, 627; *Lüke,* Die Scheidungsschuld in einem Scheidungsrecht ohne Verschulden, GS Constantinesco, 1983, 457; *Müller-Freienfels,* Ehe und Recht, 1962; *Peschel-Gutzeit,* Fortwährende Reformen – Die Entwicklung des Familienrechts seit 1947, NJW 2017, 2731; *Ramm,* Scheidung zur Unzeit, JZ 1981, 82; *D. Schwab,* Grundlagen und Gestalt der staatlichen Ehegesetzgebung in der Neuzeit bis zum Beginn des 19. Jahrhunderts, 1967; *Schwenzer,* Vom Status zur Realbeziehung, 1987; *Wallenstein/Lewis,* Langzeitwirkungen der elterlichen Ehescheidung auf Kinder, FamRZ 2001, 65; *Wolf/Lüke/Hax,* Scheidung und Scheidungsrecht, 1959; *Zeidler,* Zeitgeist und Rechtsprechung – Einige Beobachtungen zu fünf Jahrzehnten Rechtsentwicklung und Rechtsprechung zu Fragen von Sitte und Moral: Vom Geist der Zeit in der Rechtsprechung, FS H.J. Faller, 1984, 145.

**Übersicht**



## I. Ehe und Recht

**1. Scheidbarkeit der Ehe.** Die Scheidung der bürgerlich-rechtlichen Ehe, die nach § 1353 Abs. 1 S. 1 auf Lebenszeit geschlossen wird, ist neben dem Tod eines Ehegatten, der Wiederverheiratung nach der Todeserklärung (§ 1319 Abs. 2) und der Aufhebung der Ehe (§ 1313) eine der Möglichkeiten für die rechtliche Auflösung der Ehe. Die Scheidbarkeit der bürgerlich-rechtlichen Ehe ist ein selbstverständlicher, notwendiger, von Art. 6 Abs. 1 GG gesicherter Teil des bürgerlichen Ehe- 1 rechts.[1] Sie steht seit der Mitte des 20. Jahrhunderts in nahezu allen Rechtsordnungen außer Frage.[2] Ist eine Ehe nach dem anzuwendenden kanonischen Recht nicht scheidbar, so ist dies mit der Eheschließungsfreiheit nach Art. 6 GG nicht vereinbar.[3]

2 Im Scheidungsrecht versucht der Gesetzgeber, eine Materie nach seinen Vorstellungen zu formen, die der rechtlichen Regelung immer schwer zugänglich war. Die Lebensgemeinschaft zweier Menschen ist zunächst ein außerrechtliches, soziales Gebilde, das zur Ehe im Rechtssinne wird, wenn sie von der Rechtsgemeinschaft mit Rechtswirkungen ausgestattet wird (→ § 1353 Rn. 1 ff.).[4] Das Recht kann immer nur über diese Rechtswirkungen bestimmen, über ihre Dauer, ihre Ausgestaltung. Es kann aber kaum etwas ausrichten, wenn es versucht, über die Aufrechterhaltung der Rechtswirkungen der Ehe den erwünschten Bestand der Lebensgemeinschaft der Ehegatten, in welcher geschlechtlichen Konstellation auch immer (zur „Ehe für alle" → Rn. 3), anzuregen oder zu erzwingen. Ehe und Familie sind Lebensverhältnisse, „die die gesamte menschliche Existenz erfassen und deren eigentlicher Kern, die personale Begegnung und Bindung, einer Regelung durch die staatliche Rechtsordnung weitgehend entzogen ist".[5] Die Ehescheidung löst diese eheliche Lebensgemeinschaft auf. Sie entlässt die Ehegatten aus ihren bisherigen ehelichen Pflichten, die allerdings um der Kinder willen und mit Rücksicht auf das in den Bestand der Ehe als Lebensbund gesetzte Vertrauen fortwirken. Zugleich ermöglicht sie die Eingehung einer neuen Ehe. Während das **Scheidungsfolgenrecht** in seiner modernen Ausgestaltung, die es zuletzt durch das **Gesetz zur Änderung des Unterhaltsrechts** (→ Einl. FamR Rn. 194), das **Gesetz zur Strukturreform des Versorgungsausgleichs** (→ Einl. FamR Rn. 200) und das **Gesetz zur Änderung des Zugewinnausgleichs- und Vormundschaftsrechts** (→ Einl. FamR Rn. 201) erfahren hat, versucht, die Interessen der früheren Familie und der neuen Familie gleichermaßen im Blick zu behalten und den Grundsatz der Eigenverantwortlichkeit der Eheleute nach der Scheidung in den Vordergrund rückt, ist das Scheidungsrecht selbst im Spannungsfeld zwischen dem Erhalt der Ehe als verfassungsrechtlich geschütztem Gut und der Eheschließungsfreiheit der Ehegatten befangen, und während die übrigen Rechtsordnungen in Europa es zunehmend dem Willen der Eheleute überlassen, sich aus der Ehe zu lösen (→ Rn. 48), hat das deutsche Scheidungsrecht eine Vielzahl ehebewahrender Komponenten, die allerdings zunehmend kritisch betrachtet werden.[6] Das unter der Abkürzung **FamFG** in Kraft getretene Familienverfahrensgesetz (→ Einl. FamR Rn. 199) ebnete mit dem Wegfall des 6. Buches der ZPO, insbesondere der Vorschrift des § 630 ZPO aF, den Weg zu einer auf dem Einvernehmen der Parteien beruhenden Scheidung, ohne dass die Ehepartner – wie bisher – zugleich die Folgen ihrer Scheidung umfassend regeln müssten. Freilich bleibt mit der Beibehaltung des Trennungsjahres auch in Zukunft der Weg zu einer reinen Konsensualscheidung versperrt.

3 **2. Gesellschaftliche Realität und Scheidungsrecht.** „Die Geschichte der Ehescheidung ist die Geschichte der Auffassung vom Wesen der Ehe."[7] Gerade im vergangenen Jahrhundert war diese einem erheblichen Wandel unterworfen.[8] Während die Ehe zu Beginn des vergangenen Jahrhunderts zugleich das Band der Familie war und mit dem Scheitern der Ehe auch häufig die Familie in ihrer sozialen und wirtschaftlichen Existenz zerbrach, ist die Ehescheidung heute gesellschaftlich weitgehend akzeptiert und werden die wirtschaftlichen Folgen der Ehescheidung durch das Scheidungsfolgenrecht (→ Rn. 5) und die sozialstaatlichen Regelungen auch für den wirtschaftlich schwächeren Partner erträglich gestaltet. Für den kontinuierlichen Anstieg der Scheidungsrate werden vor allem ein gestiegenes Maß an individueller Autonomie gegenüber Kirche und Staat, an Entscheidungsfreiheit des Einzelnen, die größere ökonomische Unabhängigkeit der Frau, die zunehmende Vereinbarkeit von Karriere und Beruf, die Möglichkeiten der Empfängnisverhütung und die

---

1 BVerfGE 31, 58 (82) = NJW 1971, 1509; BVerfGE 53, 224 (245) = NJW 1980, 689 = FamRZ 1980, 319; BGH NJW-RR 2007, 145 = FamRZ 2007, 109 (112); NJW 1978, 2550; *Knütel* FamRZ 1985, 1089; *Lüke* FS Bosch, 1976, 627 (643); *Gernhuber/Coester-Waltjen* FamR § 24 Rn. 11; *Gernhuber/Coester-Waltjen* FamR § 5 Rn. 11; Johannsen/Henrich/*Jaeger/Hamm* § 1564 Rn. 14.

2 Unscheidbare Ehen gibt es nur noch in einigen katholisch geprägten Ländern (Dominikanische Republik, Philippinen, Vatikanstaat) sowie in einigen islamischen Staaten, vgl. BGH NJW-RR 2007, 145 = FamRZ 2007, 109 (112) mAnm *Henrich*; *Rauscher* FamR § 21 Rn. 494.

3 BGH NJW-RR 2007, 145 = FamRZ 2007, 109 (112 f.) mAnm *Henrich* = FamRBint 2007, 3 m. krit. Anm. *Grziwotz*; krit. auch *Diederichsen* FPR 2007, 221 (225).

4 Zum Verhältnis von Ehe im Rechtssinne und Ehe als soziologische Erscheinung grundlegend *Müller-Freienfels*, Ehe und Recht, 1962, 39 ff.; *Schwab* FamRZ 1976, 491 (493).

5 *Mikat*, Möglichkeiten und Grenzen einer Leitbildfunktion des bürgerlichen Ehescheidungsrechts, 1969, 4; *Müller-Freienfels*, Ehe und Recht, 1962, 35.

6 *Dastmaltchi* FPR 2007, 226 (229).

7 *Kühn* ZRP 1975, 163 (164).

8 *Hohmann-Dennhardt* FF 2007, 174; *Schwab* FamRZ 2007, 1.

enttäuschte Hoffnung, in der Ehe Liebe und Erfüllung zu erfahren, benannt.[9] Diese Krise der Familie ist möglicherweise auf unser Streben nach individueller Freiheit zurückzuführen.[10] Ehen, die nach der bürgerlich-rechtlichen Auffassung auf Lebenszeit geschlossen werden (§ 1353 Abs. 1), zerbrechen zunehmend. Nichteheliche Lebensgemeinschaften und Lebenspartnerschaften sind stark verbreitet. Der Gesetzgeber hatte mit dem Lebenspartnerschaftsgesetz (→ Einl. FamR Rn. 187) die gleichgeschlechtliche Lebensgemeinschaft gesetzlich geregelt, wobei die Regeln über die Aufhebung der Lebenspartnerschaft weitgehend dem materiellen Scheidungsrecht entnommen worden sind (allgemein → LPartG Vor § 1 Rn. 1 ff., 9). Es finden sich Bestrebungen, auch die nichteheliche Lebensgemeinschaft zwischen Mann und Frau bestimmten rechtlichen Regelungen zu unterwerfen (näher zur nichtehelichen Lebensgemeinschaft → Anh. § 1302 Rn. 29 f.).[11] 26,6 % der Kinder und Jugendlichen wachsen 2017 in sog. alternativen Familienformen auf, also in nichtehelichen Lebensgemeinschaften oder als Kinder Alleinerziehender, meist Mütter;[12] 2013 waren es 30 %, 2016 waren es wieder 26,8 %.[13] Die Mehrzahl der Eltern entscheidet sich gleichwohl zur Ehe. Die Ehepartner versprechen bei Eingehung ihrer Ehe, sich lebenslang aneinander zu binden; dass damit nur die emotionale Bindung gemeint ist und die rechtlich formalisierte, traditionelle Lebensform der Ehe eher ablehnend betrachtet wird,[14] erklärt nicht, dass angesichts des bekannt hohen Scheidungsrisikos gleichwohl der Schritt in die Ehe getan wird, und zwar auch von Partnern, die zunächst in rechtlich ungesicherten Partnerschaften zusammenlebten. Etwa ein Drittel dieser faktischen Lebensgemeinschaften mündet in der Ehe (zu aktuellen Zahlen → Anh. § 1302 Rn. 10).[15] Es liegt daher näher anzunehmen, dass die Eheschließenden in der Ehe nach wie vor einen rechtlichen und gesellschaftlichen Rahmen für ihre auf Lebenszeit gedachte Beziehung suchen und nicht zuletzt deshalb die Phase der Scheidung nach wie vor subjektiv als Lebenskrise erleben, deren Bewältigung an sie und die Kinder hohe Anforderungen stellt und die mit einschneidenden Konsequenzen für alle Betroffenen verbunden ist.[16] Inzwischen hat der Gesetzgeber durch das **Gesetz zur Einführung des Rechts auf Eheschließung für Personen gleichen Geschlechts** vom 20.7.2017 (BGBl. 2017 I 2787) das Rechtsinstitut der Ehe auch für gleichgeschlechtliche Personen eröffnet.

Der Gesetzgeber hat gerade auf dem Gebiet des Scheidungsrechts seine Gestaltungsmöglichkeiten 4
vielfach mit der Folge überschätzt,[17] dass bei der Ehescheidung seit jeher **Gesetz und Wirklichkeit auseinanderklafften.**[18] Es trifft deshalb nicht uneingeschränkt zu, dass das Familienrecht ein Spiegel der sozialen Wirklichkeit ist,[19] wie die Scheidungswirklichkeit unter der Geltung des Verschuldensscheidungsrechts ausweist. Sicher ist die Rechtsordnung als Ausprägung der elementaren Wertvorstellungen der Rechtsgemeinschaft dem Wandel dieser Wertvorstellungen unterworfen.[20] Ob die Anpassung des Rechts, insbesondere des Ehescheidungsrechts, an die Wirklichkeit oder die bewusstseinsbildende Veränderung der Wirklichkeit durch das Gesetz[21] das Ziel einer gesetzlichen Regelung sein soll,[22] lässt sich nicht allgemein gültig beantworten.[23] Das Recht kann sich jedenfalls nicht damit begnügen, eine sich ständig wandelnde gesellschaftliche Realität nur abzubilden, sondern muss den Schutz der gelebten Ehe

---

9 *Bröning/Walper* FPR 2007, 260 (261).

10 *Frank* FamRZ 2004, 841 (846).

11 *Dethloff* FS Schwab, 2005, 343 (346 ff., 356).

12 Statistisches Bundesamt, Statistisches Jahrbuch 2018, Tabelle 2.6.15.

13 Statistisches Bundesamt, www.destatis.de, Pressemitteilung Nr. 367 vom 20.10.2014; Statistisches Jahrbuch 2017, Tabelle 2.6.15.

14 So *Rauscher* FamR § 1 Rn. 4.

15 *Dethloff* FS Schwab, 2005, 343.

16 *Bröning/Walper* FPR 2007, 260; 7. Familienbericht der Bundesregierung, https://www.bmfsfj.de/bmfsfj/service/publikationen/7--familienbericht/74010, dort unter IV. Interfamiliale Dynamiken (zuletzt abgerufen am 14.1.2019).

17 Vgl. schon *v. Savigny* FamRZ 1969, 1; vgl. auch *Mikat,* Möglichkeiten und Grenzen einer Leitbildfunktion des bürgerlichen Ehescheidungsrechts, 1969, 3 ff. mit vielen wN; *Frank* FamRZ 2004, 841 (846).

18 Statt aller Eherechtskommission beim BMJ, Vorschläge zur Reform des Ehescheidungsrechts und des Unterhaltsrechts nach der Ehescheidung, 1970, 31; Staudinger/*Rauscher,* 2018, Rn. 5; *Zeidler* FS Faller, 1984, 145 (150).

19 So aber *Frank* FamRZ 2004, 841 (846).

20 BGH NJW-RR 2007, 145 = FamRZ 2007, 109 (112) mAnm *Henrich.*

21 Vgl. *Mikat,* Möglichkeiten und Grenzen einer Leitbildfunktion des bürgerlichen Ehescheidungsrechts, 1969, 3 ff.; *Bosch,* Neue Rechtsordnung in Ehe und Familie, 1954, 20; *Wagenitz/Barth* FamRZ 1996, 577 ff.; *Schwab* FamRZ 2007, 1 (3 ff.); *Hohmann-Dennhardt* FF 2007, 174 (175); *Rauscher* FamR § 1 Rn. 9; *Henrich* FS Lerche, 1993, 239; vgl. auch Fünfter Familienbericht der BReg., BT-Drs. 12/7560, 89.

22 *Hohmann-Dennhardt* FF 2007, 174 (175) hält die Suche nach einer Antwort auf diese Frage für müßig; zu den rechtsphilosophischen Grundlagen von Recht und Ehe vgl. eingehend *Brudermüller,* Geschieden und doch gebunden?, 2008, 47 ff.

23 Eher verneinend Staudinger/*Rauscher,* 2018, Rn. 5.

und Familie ernst nehmen.[24] Wenn nichteheliche Lebensgemeinschaften, – bislang – Lebenspartnerschaften und Patchworkfamilien zum gesellschaftlichen Alltag gehören, mit weitgehend gleichen Rechten wie die durch eine Ehe begründete Familie ausgestattet werden oder ausgestattet werden sollten,[25] stellt sich die Frage nach der Rechtfertigung dafür, den **Schutz der Ehe als Institution** hervorzuheben und ihre Scheidung um des Erhalts der Ehe willen zu erschweren. Die Forderung nach **eheerhaltenden Elementen** im geltenden Scheidungsrecht macht nur dann weiterhin Sinn, wenn der Erhalt der Ehe selbst von tragender Bedeutung für die Ehepartner und ihre Kinder bleibt, und zwar im Sinne des auch durch das Recht zu schützenden europäischen Kulturdenkens.[26] Ob das bisherige Scheidungsrecht in seiner praktischen Anwendung und das zukünftige Scheidungsrecht mit dem Wegfall der Regelung des § 630 ZPO aF dieser Forderung Rechnung trägt, kann bezweifelt werden. Langzeituntersuchungen in den USA weisen aus, dass das Mutter- und Vatersein in der Nachscheidungsfamilie komplex und schwierig ist, dass insbesondere die elterlichen Funktionen hier nur sehr schwer auszuüben sind, dass die mütterlichen Funktionen angesichts der notwendigen Doppelbelastung der Frauen in Beruf und Familie gerade bei kleinen Kindern kaum zureichend ausgefüllt werden können und dass die Instabilität der Vater-Kind-Beziehung besorgniserregend ist,[27] wiewohl die familienpolitischen Errungenschaften der Elternzeit und des Elterngelds zu einem stärkeren Engagement des Vaters führen zu können scheinen. Ob dieser Entwicklung durch eine rechtliche Stärkung der Institution der Ehe begegnet werden kann, ist angesichts dieser fortgeschrittenen gesellschaftlichen Entwicklung mehr als fraglich.[28] Jedenfalls bleiben rechtliche Regelungen der Ehe zum Schutz von Menschenwürde und Privatautonomie unverzichtbar, insbesondere dahin, dass der Schwächere während der Ehe wie auch in ihren Folgen nach dem Scheitern finanziell nicht übervorteilt wird.[29]

5 **3. Scheidungs- und Scheidungsfolgenrecht.** Die Diskussion um das richtige Ehescheidungsrecht ist durch die Entscheidung des BVerfG vom 21.10.1980 zur Verfassungswidrigkeit der zeitlichen Befristung der Härteklausel des § 1568, in der die Auffassung von der Ehe als Institution[30] wieder anklingt,[31] neu in Gang gesetzt und bei den Beratungen zum Unterhaltsrechtsänderungsgesetz von 1986 (→ Einl. FamR Rn. 149 ff.) neu belebt worden.[32] Sie hatte – neben der Streichung der Befristungsklausel – keine unmittelbaren Auswirkungen auf das Scheidungsrecht, sondern nur auf das Scheidungsfolgenrecht. Auch im Weiteren stand das Scheidungsfolgenrecht im Mittelpunkt der Reformvorhaben. Insbesondere das Unterhaltsrechtsänderungsgesetz von 2007 (→ Einl. FamR Rn. 194) wollte das Unterhaltsrecht an geänderte gesellschaftliche Verhältnisse und an den seit der Eherechtsreform von 1976/1977 eingetretenen Wertewandel anpassen, indem es mit Rücksicht auf die bessere Ausbildung und die deutlich zunehmende Erwerbstätigkeit vieler Frauen und Mütter,[33] die gestiegenen Scheidungszahlen und die zunehmende Instabilität familiärer Verhältnisse die vorrangige Berücksichtigung der Kindesinteressen normiert und auf die Eigenverantwortung der Ehegatten nach dem Scheitern der Ehe setzt. Die tiefgreifenden Folgen, die die Reform des Unterhaltsrechts für Ehe und Familie haben wird, lassen sich nur erahnen: Erfahrungen mit dem neuen Unterhaltsrecht zeigen, dass der Gesetzgeber eine wirtschaftliche Eigenverantwortung von – tatsächlich wirtschaftlich und sozial nicht abgesicherten – Frauen und Müttern, vor allem jenen mit mehreren Kindern, nach der Scheidung voraussetzt, die in diesem Maße nicht der Lebenswirklichkeit entspricht,[34] bei der aber die Gefahr einer zunehmenden Destabilisierung von Scheidungskindern abzusehen ist. Hier wird der Richter bei der Rechtsanwen-

---

24 *Hohmann-Dennhardt* FF 2007, 174 (176); *Brudermüller,* Geschieden und doch gebunden?, 2008, 135.

25 *Brudermüller,* Paarbeziehungen und Recht, 2017, 238 ff.

26 Staudinger/*Rauscher,* 2018, Rn. 3c.

27 *Wallenstein/Lewis* FamRZ 2001, 65 ff.

28 So auch *Brudermüller,* Geschieden und doch gebunden?, 2008, 135.

29 *Brudermüller,* Paarbeziehungen und Recht, 2017, 101.

30 *Gernhuber/Coester-Waltjen* FamR § 4 Rn. 3 weist zu Recht darauf hin, dass dieser Begriff schillernd ist und selten definiert wird.

31 BVerfGE 55, 134 = NJW 1981, 108 = FamRZ 1981, 15; in dem Votum von zwei Richtern wird sie ausdrücklich vertreten, vgl. auch BVerfG NJW 2002, 2543 = JR 2003, 144 zu gleichgeschlechtlichen Lebenspartnerschaften und die Voten von *Papier* und *Haas* NJW 2002, 2543 (2551); BVerfGE 55, 134 (150) = NJW 1981, 108. Zu den unterschiedlichen Ehelehren vgl. *Gernhuber/Coester-Waltjen* FamR § 4 Rn. 3 ff.

32 Vgl. Begr., BT-Drs. 10/2888, 11, 17; *Schwab* FamRZ 1984, 1171; *Ramm* JZ 1986, 164; *Ramm* JZ 1981, 82; vgl. auch Johannsen/Henrich/*Jaeger/Hamm* § 1564 Rn. 19, 20.

33 *Peschel-Gutzeit* NJW 2017, 2731 (2737).

34 *Radenacker/Kreyenfeld* NZFam 2018, 337 (341); 7. Familienbericht der Bundesregierung, wonach für jede dritte Mutter die Familiengründung einen langfristigen Ausstieg aus dem Beruf bedeutet, während Väter zu 80–90 % einer Erwerbstätigkeit nachgehen, die überwiegende Mehrheit davon einer Vollzeittätigkeit. Scheidung führt danach zu einem größeren ökonomischen Abstieg bei betroffenen Frauen als bei Männern, https://www.bmfsfj.de/bmfsfj/service/publikationen/7--familienbericht/74010, dort unter IV. Interfamiliale Dynamiken (zuletzt abgerufen am 14.1.2019).

dung im Spannungsfeld zwischen neuem Unterhaltsrecht und gelebter Wirklichkeit den notwendigen Kompromiss finden müssen. Ob die meist für die Ehefrauen fühlbareren Folgen der Scheidung nach neuem Recht zu einem Rückgang der Scheidungen oder aber zu einer Zunahme streitiger Scheidungen führen werden, bleibt abzuwarten. Die für das materielle Scheidungsrecht im **FGG-Reformgesetz** (→ Einl. FamR Rn. 199) vorgenommene Änderung, nämlich der Wegfall von § 630 ZPO aF als materiell-rechtliche Voraussetzung der formalisierten einverständlichen Scheidung nach § 1566 Abs. 1, erleichtert die Durchführung unstreitiger Scheidungen, dürfte aber letztlich nur die bisher schon bestehende Praxis bei von beiden Ehepartnern gewollten Scheidungen nachzeichnen (→ Rn. 44).

## II. Die Entwicklung des Scheidungsrechts in Deutschland

**1. Bis 1900.** Das Ehescheidungsrecht in Deutschland[35] zeigt eine Fülle von Gestaltungen, die von der freien Aufhebbarkeit der Ehe bis zum Verbot jeder Scheidung reichen. Die **germanischen Rechte** kannten den Scheidungsvertrag und die einseitige Scheidungserklärung des Mannes. Seit der Einführung des Christentums setzte sich immer mehr das **kanonische Eherecht** mit dem – allerdings erst vom Tridentinischen Konzil formell bestätigten – Grundsatz der Unauflöslichkeit der Ehe und der Zuständigkeit der kirchlichen Gerichte durch.[36] Die **Reformation** hat das Eherecht in Deutschland nach Ländern und Konfessionen gespalten. Die Reformatoren ließen die obrigkeitliche Scheidung wegen Ehebruchs oder einer gleich schweren Verfehlung zu.[37] In den katholischen Ländern blieb die Scheidung weiterhin grundsätzlich unzulässig. Mit der **Aufklärung** erließen Landesherren von der Naturrechtslehre beeinflusste staatliche Regelungen zum Scheidungsrecht und entzogen die Scheidung der kirchlichen Kompetenz. Die Ehe war als zivilrechtlicher Vertrag aus wichtigem Grund einseitig oder durch Übereinkunft beider Vertragspartner lösbar.[38] 6

**2. BGB.** Die Verfasser des BGB lehnten die Übernahme der Scheidungstatbestände aus den Gesetzeswerken der Aufklärung ab, schlossen sich dem **protestantischen Eherecht** an[39] und gingen davon aus, dass „die Ehe ihrem Begriff und Wesen nach unauflöslich, die Scheidung daher stets etwas Anormales ist".[40] Die Scheidung sollte deshalb reichseinheitlich nur noch zum **Schutz des klagenden Ehegatten** vor dem anderen zugelassen werden, wenn dieser die ihm obliegenden ehelichen Pflichten schuldhaft verletzt hatte. Jede Scheidung „aus Willkür", insbesondere auch die Scheidung aufgrund beiderseitigen Einverständnisses der Ehegatten, wurde ausgeschlossen. Abgelehnt wurde die Scheidung wegen unverschuldet eingetretener Umstände, namentlich wegen körperlicher Gebrechen.[41] Als Scheidungsgründe sah das BGB bis 1938 den Ehebruch, die Lebensnachstellung und das „bösliche Verlassen" vor (§§ 1565–1567). Nach der Generalklausel des § 1568 konnte daneben auf Scheidung geklagt werden, „wenn der andere Ehegatte durch schwere Verletzung der durch die Ehe begründeten Pflichten oder durch ehrloses oder unsittliches Verhalten eine so tiefe Zerrüttung des ehelichen Verhältnisses verschuldet hat, dass dem Ehegatten die Fortsetzung der Ehe nicht zugemutet werden kann". Als einzige Ausnahme vom Verschuldensprinzip sah § 1569 die Scheidung wegen Geisteskrankheit vor.[42] 7

**3. Reformversuche in der Weimarer Zeit.** Nach dem Ersten Weltkrieg verstärkte sich die Forderung weiter Kreise, das Scheidungsrecht wieder freier zu gestalten, die auf den Widerstand der Evangelischen und der Katholischen Kirche stieß. Im Jahr 1922 verfertigte Reichsjustizminister *Dr. Radbruch* „Vorläufige unverbindliche Grundlinien eines Gesetzes zur Änderung der Vorschriften des Bürgerlichen Gesetzbuches über die Ehescheidung", in denen er vorschlug, die Scheidung jeder zerrütteten Ehe zuzulassen, wenn dem Kläger „die Fortsetzung der Ehe nicht zugemutet werden kann". Im Reichstag wurde die Einführung des Zerrüttungsprinzips, aber gleichzeitig die Beibehaltung der Scheidung wegen Verschuldens gefordert. Vorschläge des Rechtsausschusses konnten wegen der Auflösung des III. Reichstages im Plenum nicht mehr behandelt werden. In der IV. Wahlperiode scheiterten Gesetzesinitiativen am Widerstand des Zentrums.[43] 8

---

35 Vgl. dazu eingehend BT-Drs. 7/650, 62 ff.; *Mikat* FamRZ 1962, 81 ff.; 1962, 273 ff.; 1962, 497 ff.; 1963, 65 ff.; *Schwab,* Grundlagen und Gestalt der staatlichen Ehegesetzgebung in der Neuzeit bis zum Beginn des 19. Jahrhunderts, 1967; *Hesse,* Evangelisches Ehescheidungsrecht in Deutschland, 1960, 1 ff.; *Giesen* FamRZ 1984, 1188 ff.

36 *Mikat* FamRZ 1962, 81 ff.; 1962, 273 ff.; 1962, 497 ff.; 1963, 65 ff.; *Giesen* FamRZ 1984, 1188 ff.

37 *Hesse,* Evangelisches Ehescheidungsrecht in Deutschland, 1960, 12 ff.

38 *Mikat* FS Bosch, 1976, 671; *Giesen* FamRZ 1984, 1189.

39 Mot. IV 566.

40 Mot. IV 564.

41 Mot. IV 563.

42 *Giesen* FamRZ 1984, 1190.

43 Vgl. BT-Drs. 7/650, 67; *Giesen* FamRZ 1984, 1190.

9 **4. Das Ehegesetz 1938.** Im Ehegesetz vom 6.7.1938 (RGBl. I S. 807) wurden die Verschuldenstatbestände des BGB um- und fortgebildet.[44] Mit § 55 EheG 1938 wurde ein neuer Zerrüttungstatbestand geschaffen.[45] Die nationalsozialistische Bevölkerungspolitik zeigte sich in den neuen Scheidungsgründen der Verweigerung der Fortpflanzung und der Unfruchtbarkeit und wirkte sich in einer scheidungsfreundlichen Auslegung des neuen § 55 EheG 1938 durch die Rspr. aus.[46] Die Rassenideologie hatte sich schon im „Gesetz zum Schutz des Deutschen Blutes und der deutschen Ehre" vom 15.9.1935 (RGBl. 1935 I 1146) durchgesetzt.

10 **5. Das Ehegesetz 1946.** Nach dem Ende des Zweiten Weltkriegs entfernten die Besatzungsmächte die Vorschriften typisch nationalsozialistischen Inhalts aus dem EheG 1938 und verkündeten am 20.2.1946 das Gesetz neu als **Kontrollratsgesetz Nr. 16** (ABl. KR in Deutschland 1946, 77, 294).[47] Die Scheidungsgründe der Verweigerung der Fortpflanzung und der Unfruchtbarkeit eines Ehegatten fielen weg. Auf Anregung der sowjetischen Besatzungsmacht wurde für die Zerrüttungsscheidung nach § 48 Abs. 1 EheG 1946 (§ 55 EheG 1938) die **Kinderschutzklausel** des § 48 Abs. 3 EheG eingefügt. Im Übrigen waren das EheG 1938 und das EheG 1946 gleich.[48]

11 **6. DDR.** Am 24.11.1955 wurde das EheG 1946 in der Deutschen Demokratischen Republik durch die Verordnung über Eheschließung und Eheauflösung (GBl. DDR I S. 849) abgelöst. Mit der Eheverfahrensordnung vom 7.2.1956 (GBl. DDR 1956 I 145) folgten Vorschriften über das Scheidungsverfahren. Das Familiengesetzbuch (GBl. DDR 1966 I 1)[49] enthielt die Ehezerrüttung als einzigen Scheidungstatbestand. Das Familiengesetzbuch der DDR trat mit der Wiedervereinigung am 3.10.1990 außer Kraft.[50]

12 **7. Reformdruck.** In einer immer stärker scheidungsverweigernden Rspr. hat der BGH die Scheidung wegen Zerrüttung nach § 48 EheG gegen den Widerspruch des anderen Ehegatten praktisch ausgeschlossen.[51] Gleichzeitig wurden im Rahmen der allgemeinen **Praxis der Konventionalscheidung** über 90 % aller Scheidungen praktisch ohne Prüfung von Verschulden und Zerrüttung ausgesprochen,[52] wenn Rechtsmittelverzicht erklärt wurde. Diese Spannung zwischen enger höchstrichterlicher Rspr. und großzügiger Praxis hat mehrmals zu Versuchen geführt, § 48 Abs. 2 EheG zu ändern. Mit dem Familienrechtsänderungsgesetz vom 11.8.1961 (BGBl. 1961 I 1221) erhielt dann § 48 Abs. 2 EheG seine letzte Fassung,[53] ohne dass die Praxis der Konventionalscheidung davon beeinflusst wurde.[54]

13 **8. Erstes Gesetz zur Reform des Ehe- und Familienrechts (1. EheRG). a) Entstehen des 1. EheRG.** Die Neufassung des § 48 Abs. 2 EheG durch das Familienrechtsänderungsgesetz beendete die Diskussion der Ehescheidungsfrage nicht. Eine aus 16 Fachleuten verschiedener Berufe und Wissenszweige zusammengesetzte Eherechtskommission, darunter sechs Frauen,[55] legte Thesen für eine Neuregelung der Scheidungsgründe und des Unterhaltsrechts nach der Scheidung vor.[56] Der „Entwurf eines Ersten Gesetzes zur Reform des Ehe- und Familienrechts"[57] und der „Entwurf eines zweiten Gesetzes zur Reform des Ehe- und Familienrechts – Gesetz zur Neuordnung der Zuständigkeiten und des Verfahrens in familienrechtlichen Angelegenheiten – (2. EheRG)"[58] wur-

---

44 Zur Entstehung des EheG 1938 *A. Wolf* FamRZ 1988, 1217 ff.

45 BT-Drs. 7/650, 64; *Giesen* FamRZ 1984, 1190; mit Auswertung der Akten des RJM *A. Wolf* FamRZ 1988, 1217; zum Wortlaut der Vorschrift *Peschel-Gutzeit* NJW 2017, 2731 (2732).

46 *Rüthers,* Die unbegrenzte Auslegung. Zum Wandel der Privatrechtsordnung im Nationalsozialismus, 1973, 400 ff.; *Giesen* FamRZ 1984, 1191; RGZ 160, 15 (18); 160, 144 (146); 159, 111 (114); 159, 305 (311).

47 Vgl. *Bosch,* Neue Rechtsordnung in Ehe und Familie, 1954, 21 ff.

48 *Peschel-Gutzeit* NJW 2017, 2731 (2732).

49 Zum Scheidungsrecht der DDR → 2. Aufl. 1989, Einl. FamR Rn. 184 ff., 190 *(Rebmann).*

50 Der Einigungsvertrag hat die Übergangsregelungen zum Familienrecht in Art. 234 EGBGB eingestellt; s. den Ergänzungsband „Zivilrecht im Einigungsvertrag", → 2. Aufl. 1991, EGBGB Art. 234 Rn. 422 ff. bzw. zuletzt → 4. Aufl. 2006, EGBGB Art. 234 §§ 1 ff. Rn. 1 ff.

51 BGHZ 18, 13 (20) = NJW 1956, 100; BGHZ 38, 116 = NJW 1963, 156; BGH NJW 1961, 870; BeckRS 1961, 31374005 = FamRZ 1961, 428; vgl. die Kritik bei *Lauterbach* NJW 1969, 897 mwN.

52 *Giesen* FamRZ 1984, 1191.

53 Vgl. iE BT-Drs. 7/650, 68.

54 Vgl. *Ramm* FamR I 94.

55 *Peschel-Gutzeit* NJW 2017, 2731 (2733).

56 Eherechtskommission beim BMJ, Vorschläge zur Reform des Ehescheidungsrechts und des Unterhaltsrechts nach der Ehescheidung, 1970 (Bericht I).

57 BT-Drs. 6/2577.

58 BT-Drs. 6/3453.

den im Entwurf eines Ersten Gesetzes zur Reform des Ehe- und Familienrechts (1. EheRG)[59] zusammengefasst.[60] Das 1. EheRG vom 14.6.1976 ist am **1.7.1977 in Kraft** getreten (BGBl. 1977 I 1421).

14 **b) Grundprinzipien der Neuregelung.** Der **Übergang vom Verschuldens- zum Zerrüttungsprinzip** ist das Kernstück der Reform des Scheidungsrechts. Nicht das Verschulden, sondern das objektive Scheitern der Ehe bildet den Scheidungsgrund, wenn auch das Verschulden als Tatbestandselement, insbesondere über § 1565 Abs. 2, nicht völlig beseitigt ist.[61] Auch die Regelungen des **Scheidungsfolgenrechts** gehen vom Grundsatz der **Verschuldensunabhängigkeit** aus, der indessen in negativen Billigkeitsklauseln Ausnahmen erfährt.

15 **c) Gesetzliche Scheidungstatbestände.** Ehegatten werden nach der gesetzlichen Regelung nicht nur deshalb geschieden, weil sie geschieden werden wollen. Das geschriebene Recht bemüht sich, die Scheidung einer Ehe nicht allein aus dem Scheidungswillen der Ehegatten zu rechtfertigen. Vielmehr soll eine Ehe nur dann geschieden werden können, wenn sie gescheitert ist. Als formalen Anknüpfungspunkt für dieses Scheitern hat das Gesetz Trennungsfristen vorgesehen. Grundsätzlich sollen die Ehegatten vor der Scheidung ein Jahr getrennt gelebt haben. Was sich das Gesetz unter „Getrenntleben" vorstellt, ist in § 1567 eingehend beschrieben. Das FamG soll sorgfältig prüfen, ob alle Tatbestandselemente des Getrenntlebens vorliegen. Eine Scheidung vor Ablauf eines Trennungsjahres ist nur aus schwerwiegenden Gründen in der Person des anderen Ehegatten und nur dann möglich, wenn dem Ehegatten die Fortsetzung der Ehe nicht zumutbar ist. Bei der Scheidung über den Grundtatbestand des § 1565 Abs. 1 sollen die Trennungszeiten von einem Jahr und das Scheitern der Ehe sorgfältig geprüft werden. Die Vermutungstatbestände des § 1566 Abs. 1 und 2 sind nicht leicht zu erfüllen. Die einseitige Vermutungsscheidung verlangt eine dreijährige Trennung der Ehegatten, die wieder sorgfältig festgestellt werden soll. Die einverständliche Scheidung ist schon nach einjähriger Trennung, die ebenfalls sorgfältig festgestellt werden soll, erreichbar, setzte aber früher eine nahezu vollständige Regelung der Scheidungsfolgen gemäß § 630 ZPO aF voraus. Nach dem das Verfahren in Familiensachen normierenden **FamFG** (→ Einl. FamR Rn. 199) besteht jetzt keine unmittelbare Verknüpfung mehr zwischen dem Verfahrensrecht und dem materiellen Scheidungsrecht, so dass eine Einigung über bestimmte Verfahrensfolgen nicht mehr Voraussetzung für die unwiderlegbare Vermutung des Scheiterns nach § 1566 Abs. 1 ist.

16 **d) Gesetzliche Stufenfolge der Scheidungsmöglichkeiten.** Die gesetzliche Stufenfolge der Scheidungsmöglichkeiten, die sämtlich dem Scheidungswillen eines oder beider Ehegatten keine allein entscheidende Bedeutung beimessen, ist in der Praxis der Familiengerichte nicht beachtet worden: Die Praxis hat vielmehr den Übergang zum Zerrüttungsscheidungsrecht vollständig akzeptiert. Über den verschuldensnahen Unzumutbarkeitstatbestand des § 1565 Abs. 2 sind in 2006 nur noch 1,64 % der Scheidungen abgewickelt worden, 2015 nur noch 1,08%.[62] In der gerichtlichen Praxis hat sich rasch herausgestellt, dass es viel leichter und für die Ehegatten schonender ist, die Trennungszeit von einem Jahr abzuwarten oder deren Ablauf jedenfalls zu behaupten und die Scheidung aus dem Grundtatbestand des § 1565 Abs. 1 zu beantragen. § 1567 verlangt zwar für die Trennung iSd Scheidungsrechts die Aufhebung der häuslichen Gemeinschaft und den Nachweis einer die Fortsetzung der Ehe ablehnenden Gesinnung mindestens eines Ehegatten. Ob diese Voraussetzungen vorliegen, stellt das Familiengericht nur durch die Anhörung der Ehegatten fest. Die inneren Vorgänge der Trennung, aber auch deren äußere Merkmale ermittelt der Familienrichter nur in den seltenen hoch streitigen Scheidungsfällen; meist wird er sich trotz der sorgfältig vorzunehmenden Prüfung des Scheiterns der Ehe auf die Behauptungen der Ehegatten verlassen. Liegen die äußeren Umstände der Trennung vor, so führt an der Annahme, dass die Ehe gescheitert ist, kein Weg vorbei, wenn nur einer der Ehegatten die Fortsetzung der Ehe ablehnt. Vor diesem Hintergrund ist es ohne weiteres nachvollziehbar, dass sich die Praxis längst der leichteren Scheidung über die Trennungsfrist und die Feststellung des Scheiterns der Ehe durch das Gericht nach § 1565 Abs. 1 zugewandt hat und dass Fälle der verschuldensnahen sofortigen Scheidung nach § 1565 Abs. 2 demgegenüber selten sind. Damit ist das Zerrüttungs- oder Scheiternsprinzip faktisch durch ein „Trennungs-" oder „Fristenprinzip"[63] abgelöst worden. Nimmt man hinzu, dass bei Einverständnis der Eheleute mit der Scheidung ihre übereinstimmenden Angaben zur Trennungszeit durch die Gerichte meist unkritisch und ungeprüft übernommen werden, so hat sich faktisch eine **„verdeckte Konven-**

[59] BT-Drs. 7/650.

[60] Der Gang der parlamentarischen Beratungen ist bei den einzelnen Bestimmungen dargestellt; vgl. auch die Beschreibung der Gesetzgebungsarbeit in BVerfGE 53, 224 (231 ff.) = NJW 1980, 689.

[61] Staudinger/*Rauscher,* 2018, Rn. 27.

[62] Statistisches Bundesamt, Pressemitteilung vom 7.11.2007; Statistisches Jahrbuch 2017, Tabelle 2.6.7.

[63] *Habscheid* FS Bosch, 1976, 365; *Gernhuber/Coester-Waltjen* FamR § 24 Rn. 21.

**tionalscheidung"** entwickelt, die aus der Sicht der Verfassung problematisch ist, weil sie auf dem bloßen Konsens der Eheleute beruht.[64] Nachdem inzwischen eine Einigung über die Scheidungsfolgen auch für die formalisierte einverständliche Scheidung durch den Wegfall von § 630 ZPO aF nicht mehr erforderlich ist (→ Rn. 15), bedarf es nach einjähriger Trennungszeit keinerlei Feststellungen zum Scheitern der Ehe; der beidseitige Scheidungswille genügt, um die Ehe zu scheiden. Die ursprüngliche gesetzliche Stufenfolge der Scheidungsmöglichkeiten ist damit auch in der jetzigen gesetzlichen Regelung, die der Praxis der Familiengerichte Rechnung tragen will und dem übereinstimmenden Scheidungswillen maßgebliche Bedeutung zumisst, nicht mehr beachtet.

17 **e) Formalisierte einverständliche Scheidung.** Während das Scheidungsrecht bis zum Inkrafttreten des FamFG die formalisierte einverständliche Scheidung gemäß § 1566 Abs. 1, § 1565 Abs. 1 dadurch erschwert hat, dass die Ehegatten sich in einer durch § 630 ZPO aF vorgeschriebenen einvernehmlichen Regelung über alle Scheidungsfolgen einigen und hierüber einen vollstreckbaren Schuldtitel beibringen mussten, trägt die FGG-Reform mit dem Wegfall einer dem § 630 ZPO aF vergleichbaren Regelung (→ Rn. 15) dem Umstand Rechnung, dass auch kooperationsbereite Ehegatten mit der Regelung überfordert waren. Zwar weist die Statistik aus, dass im Jahre 2001 72,6 % der Scheidungen über diesen Tatbestand abgewickelt wurden; aus ihr ergibt sich aber nicht, ob die Vorschrift des § 630 ZPO aF angewendet worden ist.[65] Da das Gesetz nicht vorschrieb, welche Konsequenzen sich aus der Nichtbeachtung von § 630 ZPO aF ergaben, wurde in der Praxis die unwiderlegbare Vermutung des Scheiterns der Ehe ohne vollständige Regelung der Scheidungsfolgen damit schon dann angenommen, wenn das Gericht von der plausiblen Behauptung der Ehegatten ausgeht, sie lebten schon ein Jahr getrennt. Die nach § 630 ZPO aF erforderlichen Vereinbarungen wurden entweder in der mündlichen Verhandlung herbeigeführt oder ihr Fehlen gar nicht berücksichtigt[66] oder es wurde ohne weiteres auf eine streitige Scheidung nach § 1565 Abs. 1 umgestellt.[67] Damit hatte die Erschwerung der Folgenklärung schon vor der verfahrensrechtlichen FGG-Reform ihre Bedeutung verloren. Die Ehe war in der Praxis gegen den eindeutigen Wortlaut des Gesetzes dann scheidbar geworden, wenn die Ehegatten es wollten und beantragten.[68] Die formalisierte einverständliche Scheidung wurde also schon längst wie eine Konsensualscheidung gehandhabt, bei der letztlich entscheidend war, dass beide Ehegatten geschieden werden wollten. Dem hat der Gesetzgeber bewusst Rechnung getragen, indem er im FamFG (→ Rn. 15) die bisherige Verknüpfung zwischen dem Verfahrensrecht und dem materiellen Scheidungsrecht aufgehoben hat (→ § 1566 Rn. 1 ff., 25, 33).[69] Eine Einigung über bestimmte Verfahrensfolgen ist heute für die unwiderlegbare Vermutung des Scheiterns nach § 1566 Abs. 1 nicht mehr erforderlich.

18 **f) Scheidung aus dem Grundtatbestand.** Eine **Konsensualscheidung** war auch schon vor Geltung des FamFG unmittelbar aus dem Grundtatbestand des § 1565 Abs. 1 erreichbar. In der gerichtlichen Praxis steht seit langem nicht die sorgfältige Prüfung von Trennung und Scheitern im Vordergrund, sondern der beiderseitige oder auch einseitige Scheidungswille. Bei einem einheitlichen Scheidungsgrund des Scheiterns der Ehe sind die unterschiedlichen Scheidungstatbestände weitgehend angenähert. Auch die Statistik hat längst die unterschiedlichen Scheidungsmöglichkeiten über den Grundtatbestand und über die formalisierte einverständliche Scheidung nicht mehr auseinander halten können.[70] Eine eingehende Prüfung, ob die Ehe gescheitert ist, findet deshalb nur noch dann statt, wenn es darauf ankommt, ob der überlebende Ehegatte bei der Anwendung von § 1933 trotz der Rechtshängigkeit des Scheidungsantrages des Erblassers ein Erbrecht behalten hat, weil der Scheidungsantrag unbegründet gewesen wäre.[71]

19 **g) Konventionalscheidung.** Der Versuch des Gesetzes, die ernsthafte, gerichtliche Untersuchung der Trennung und des Scheiterns der Ehe zur Voraussetzung der Scheidung zu machen, ist damit gescheitert. Er musste scheitern, wie auch das Verschuldensscheidungsrecht gescheitert ist, das in einer Konventionalscheidungsquote von 95 % geendet hat. Kein Gesetz und kein Gericht kann verhindern, dass Eheleute geschieden werden, wenn sie dies selbst nach der ihnen allein zugänglichen Bewertung so wollen. Viele moderne Nachbarrechtsordnungen lassen den übereinstimmenden Ehe-

---

64 *Gernhuber/Coester-Waltjen* FamR § 24 Rn. 21.
65 *Emmerling,* Wirtschaft und Statistik, 2002, 1056 (1059); *Dastmaltchi* FPR 2007, 226 (228).
66 *Rausch* FuR 2006, 337 (338).
67 *Dastmaltchi* FPR 2007, 226 (228).
68 MüKoZPO/*Bernreuther,* 3. Aufl. 2007, ZPO § 616 Rn. 1.
69 BT-Drs. 16/9733, 293.
70 *Dastmaltchi* FPR 2007, 226 (228).
71 BGH NJW 1995, 1082 = FamRZ 1995, 229; instruktiv OLG Koblenz FamRZ 2007, 590; *Czubayko* FPR 2011, 260.

willen für die Scheidung ausreichen (→ Rn. 48).[72] Ob dies mit dem grundrechtlichen Schutz der Ehe und dem Prinzip der Ehe als Institution vereinbar ist, ist zweifelhaft und umstritten (→ § 1566 Rn. 1).[73] In der Praxis hatte das Willenselement für die einvernehmliche Scheidung auch nach dem Grundtatbestand des § 1565 Abs. 1 längst die entscheidende Bedeutung gewonnen.[74]

**9. Weitere Rechtsentwicklungen. a) Scheidung „light".** Angesichts dieser Bewertung verwundert es nicht, dass seit Jahren über Änderungen des Scheidungsrechts und des Scheidungsverfahrensrechts diskutiert wird. Im Rahmen der allgemeinen Spardiskussion wurde gefragt, ob es gerechtfertigt ist, den Sachverstand der spezialisierten Familiengerichte einzusetzen, um im Ergebnis nur den Scheidungswillen der Ehegatten dem Scheidungsurteil zugrunde zu legen. Es ist deshalb gefordert worden, die Scheidung dem **Standesbeamten** zu überlassen.[75] Später ist die Scheidung vor dem **Notar** diskutiert worden.[76] Im Zuge der Einführung des FamFG wurde ein **sog. vereinfachtes Scheidungsverfahren ohne Anwaltszwang** für kinderlose Ehepaare[77] erörtert. Voraussetzung sollte sein, dass die Eheleute in einer notariellen Erklärung dieses Verfahren wählen und sich über die Unterhaltspflicht einigen sowie eine wirksame Vereinbarung über die Rechtsverhältnisse an der Ehewohnung und am Hausrat vorlegen.[78] Dieser Vorschlag ist unter dem Stichwort **„Scheidung light"** lebhaft diskutiert worden;[79] er scheiterte an zu großen Widerständen vor allem in der Anwaltschaft im Bundestag. Die „Scheidung light" ist inzwischen ad acta gelegt. 20

**b) Wegfall des § 630 ZPO aF.** Das FamFG führte zur Streichung des § 630 ZPO aF (→ Rn. 17) und beschränkt sich damit für den Fall, dass beide Ehegatten der Scheidung zustimmen, auf die Einhaltung des Trennungsjahres.[80] Mit dieser Erleichterung der Ehescheidung, die auch als **Scheidung „ultra-light"** bezeichnet worden ist,[81] trägt der Gesetzgeber der Realität des Scheidungsverfahrens Rechnung, das sowohl aus der Sicht der Eheleute als auch aus richterlicher Sicht die vom Gesetzgeber gewollten eheerhaltenden Elemente schon lange weitgehend eingebüßt und sich auch nach der Rechtslage vor dem FamFG bei übereinstimmendem Scheidungswunsch in der Regel auf die Einhaltung der einjährigen Trennungsfrist reduziert hat. Obwohl die Scheidung als Auflösung der auf Lebenszeit geschlossenen Ehe hohe emotionale Bedeutung für die Beteiligten hat, wird um die Scheidung selbst in der Regel nicht mehr gestritten. Sie behält ihre Bedeutung freilich als Grundlage für die Zukunft der Ehegatten und ihrer gemeinsamen Kinder.[82] 21

**c) Scheidung ohne Gericht?** Europäische Entwicklungen des Ehescheidungsrechts geben Anlass, erneut über Regelungen nachzudenken, die den Einsatz staatlicher Gerichte bei der Ehescheidung obsolet werden lassen. Andere Instanzen stehen zur Verfügung (näher → Rn. 48). Die der Privatautonomie entspringende einverständliche Ehescheidung[83] ist europaweit zum häufigsten Scheidungsgrund geworden; gestritten wird über die Scheidungsfolgen.[84] Benötigen kinderlose Ehen überhaupt ein Scheidungsrecht?[85] Ein verantwortungsbewusster Gesetzgeber wird indessen eine Inhaltskontrolle privatautonomer Scheidungsfolgenvereinbarungen, zum Schutz der Schwächeren 22

---

72 *Dethloff,* Die einverständliche Scheidung, 1994, 292; *Gernhuber/Coester/Waltjen* FamR § 24 Rn. 14.

73 *Gernhuber/Coester/Waltjen* FamR § 24 Rn. 14 mwN.

74 *Dastmaltchi* FPR 2007, 226 (228); *Gernhuber/Coester/Waltjen* FamR § 24 Rn. 14, 23.

75 Der Bundesminister der Justiz hatte im August 1998 in einem Pressegespräch vorgeschlagen, die Scheidung durch Erklärung gegenüber dem Standesbeamten zuzulassen. Der Berliner Justizsenator hatte im Dezember 1998 einen Gesetzentwurf über die Scheidung vor dem Standesbeamten erarbeitet. Danach sollten die Scheidungsgründe dem Standesbeamten glaubhaft gemacht werden. Die Vorbereitung der einverständlichen Scheidung mit Regelung der Scheidungsfolgen in Anlehnung an § 630 ZPO sollte vor einem Notar erfolgen und von Rechtsanwälten vorbereitet sein. Wie dies mit BVerfGE 53, 224 (249) = NJW 1980, 689 = FamRZ 1980, 319 vereinbar gemacht werden soll, wonach die Scheidung einen vom Richter verantworteten Ausspruch erfordert, ist in beiden Vorschlägen nicht angesprochen.

76 Diese sog. „große Lösung" steht nicht mehr zur Debatte, vgl. *Dastmaltchi* FPR 2007, 226 (229) Fn. 29.

77 Rund 50 % aller geschiedenen Ehen sind kinderlos (→ Rn. 40).

78 Zu den Reformplänen ausf. *Rausch* FuR 2006, 337; *Dastmaltchi,* § 630 ZPO als eheerhaltendes Element im Scheidungsrecht?, 2006, 42 ff.; *G. Kirchhof* FamRZ 2007, 241 (247).

79 Ausf. *Rauscher* FamR Rn. 495c; *Schnitzler* FF 2004, 1; *Schnitzler* FF 2007, 307; *Born* FamRZ 2006, 829; *Bergerfurth* FF 2005, 178; *Viefhues* FF 2006, 183; *Göhler-Schlicht* FF 2006, 77; *Brudermüller* FF 2006, 121; *Grandel* FF 2006, 304.

80 Dazu *Born* FamRZ 2006, 829 (833).

81 *Münch* FamRB 2008, 251 (254); FamVerfR/*Kretzschmar* FamFG § 133 Rn. 4.

82 *Sarres* FPR 2007, 241; *Bröning/Walper* FPR 2007, 260.

83 Näher *Heiderhoff* NZFam 2018, 533 (541).

84 *Henrich* in Dutta/Schwab/Henrich/Gottwald/Löhnig, Scheidung ohne Gericht?, 2017, 367.

85 *Brudermüller,* Paarbeziehungen und Recht, 2017, 234.

und insbesondere zur Wahrung des Wohls gemeinschaftlicher Kinder,[86] zu bedenken haben. Je mehr auf eine Einbeziehung der Scheidungsfolgen in das Scheidungsverfahren und auf eine Überprüfung etwa getroffener Vereinbarungen verzichtet wird, desto eher stellt sich die Frage, ob es für die bloße Ehescheidung noch eines Richters bedarf.[87]

### III. Scheidungsrecht und GG

23 **1. Zerrüttungsprinzip. a) Verfassungsmäßigkeit.** Ehe und Familie stehen unter dem besonderen Schutz der Verfassung. Nach Art. 6 Abs. 1 GG ist die Ehe grundsätzlich eine auf Lebenszeit geschlossene Gemeinschaft. Das Schutzgebot der Verfassung gewährleistet aber die Institution Ehe nicht abstrakt, sondern in der Ausgestaltung der herrschenden Auffassungen.[88] Zu diesem Bild der „verweltlichten" bürgerlichen Ehe gehört es auch, dass die Ehegatten unter den vom Gesetz normierten Voraussetzungen geschieden werden können und damit ihre Eheschließungsfreiheit wiedererlangen.[89] Bei der Regelung der Voraussetzungen für die Eheauflösung hat der Gesetzgeber einen erheblichen Gestaltungsspielraum, ist aber an die grundsätzliche Unauflöslichkeit der Ehe gebunden und muss im Scheidungsrecht auch **eheerhaltende Elemente** vorsehen. Aus Art. 6 GG folgt keine Pflicht des Gesetzgebers, das Scheidungsrecht im Sinne des Verschuldensprinzips, des Zerrüttungsprinzips oder einer Verbindung dieser beiden Prinzipien auszugestalten; er ist befugt, die Prinzipien des Scheidungsrechts zu bestimmen, **solange das Institut der Lebenszeitehe nicht durch Erleichterung der Scheidung in Frage gestellt wird.** Das Scheidungsrecht ist so auszugestalten, dass die Scheidung von Ehen vermieden wird, die nicht gescheitert sind, dass eine Scheidung zur Unzeit vermieden und dem nicht scheidungsbereiten Ehegatten eine Umstellung auf die veränderte Lage erleichtert wird.[90] Die auf dem Zerrüttungsprinzip fußenden Scheidungsvoraussetzungen der §§ 1564–1568 tragen diesen Grundsätzen Rechnung und sind deshalb **grundsätzlich verfassungsgemäß.**[91]

24 **b) Ehe auf Lebenszeit.** Das GG gewährleistet die grundsätzlich lebenslange Ehe.[92] § 1353 Abs. 1 S. 1 hat ausdrücklich festgelegt, dass die **Ehe auf Lebenszeit** geschlossen wird, möglicherweise um etwas bisher Selbstverständliches zu bestimmen, weil es zweifelhaft geworden ist.[93] Für die Rechtsordnung ist die Ehescheidung die Ausnahme,[94] sie wird nur unter bestimmten Voraussetzungen in einem eingehend geregelten Verfahren ausgesprochen, in dem auch die möglicherweise lebenslang weiterwirkenden Pflichten aus der Ehe festgelegt werden sollen. Gleichwohl ist seit Beginn des 20. Jahrhunderts in allen westlichen Industrieländern das Risiko der Scheidung kontinuierlich gestiegen. Die Ehe war jedoch schon unter der Geltung des EheG nicht unauflösbar, wie es die Rspr. teilweise behauptet hat,[95] und sie ist es nicht unter der Geltung des seit 1977 anwendbaren Rechts.[96] Ob es genügt, dass die Ehescheidung rechtlich die Ausnahme ist, oder ob die Rechtsordnung sichern muss, dass sie auch statistisch die Ausnahme bleibt,[97] ist zweifelhaft. Angesichts der hohen Scheidungszahlen, die allerdings ab 2005 stetig rückläufig sind (2001: 197.500; 2004: 213.691;

---

86 Dagegen *Heiderhoff* NZFam 2018, 533 (541), die für die Einführung einer außergerichtlichen Ehescheidung plädiert.

87 *Henrich* in Dutta/Schwab/Henrich/Gottwald/Löhnig, Scheidung ohne Gericht?, 2017, 368.

88 Zur Veränderung familiärer Wirklichkeiten vgl. *Hohmann-Dennhardt* FF 2007, 174.

89 Zum Grundrecht auf Ehescheidung vgl. BVerfGE 31, 58 (82 f.) = NJW 1971, 1509; BVerfGE 53, 224 (245) = NJW 1980, 689 = FamRZ 1980, 319.

90 BVerfGE 53, 224 (245) = NJW 1980, 689 = FamRZ 1980, 319; BVerfG NJW 2001, 2874; Maunz/Dürig/*Badura* GG Art. 6 Rn. 72; Johannsen/Henrich/*Jaeger* Rn. 15, 17.

91 BVerfGE 53, 224 (245) = NJW 1980, 689 = FamRZ 1980, 319; BGHZ 72, 107 (112) = NJW 1978, 2550 = FamRZ 1978, 881; BGH NJW 1979, 978 (979); *Wilkens* FamRZ 1980, 527; *Lüke* AcP 178 (1978), 1 (23); *Müller* DRiZ 1980, 448; Soergel/*Heintzmann* Rn. 3; Zweifel bei *Papsthart* FamRZ 1989, 557 und in Dokumentation FamRZ 1987, 668.

92 BVerfGE 53, 224 (245) = NJW 1980, 689; BVerfG NJW 2001, 2874.

93 BVerfGE 55, 134 = NJW 1981, 108 = FamRZ 1981, 15; Johannsen/Henrich/*Jaeger/Hamm* Rn. 13, 14.

94 BVerfGE 53, 224 (246) = NJW 1980, 689; Johannsen/Henrich/*Jaeger/Hamm* Rn. 17; krit. angesichts der Scheidungszahlen Bamberger/Roth/*Neumann* § 1564 Rn. 5.

95 BVerfGE 6, 71 = NJW 1957, 417; BGHZ 18, 13 (17) = NJW 1956, 100; BGHZ 30, 140 (142) = NJW 1959, 2207; RGRK-BGB/*Wüstenberg* EheG Vor § 1 Anm. 1; RGRK-BGB/*Wüstenberg* EheG § 41 Anm. 9–11; aA BGHZ 52, 307 = NJW 1969, 2003; *Johannsen* FamRZ 1969, 333; vgl. *Zeidler* FS Faller, 1984, 145 (148).

96 BVerfG NJW 2001, 2874.

97 *Beitzke* FS Gschnitzer, 1969, 87 (91 ff.); noch enger *Bosch,* Familienrechtsreform, 1952, 41; wie im Text *Gernhuber/Coester-Waltjen* FamR § 24 Rn. 11, 35–38; *Dastmaltchi* FPR 2007, 226 (229); Bamberger/Roth/*Neumann* § 1564 Rn. 5; vgl. auch BVerfGE 6, 55 (71 f.) = NJW 1957, 417; BVerfGE 53, 224 (245) = NJW 1980, 689.

2005: 201.693; 2006: 190.928; 2007: 187.072; 2012: 179.147; 2013: 169.833; 2014: 166.199; 2015: 163.335; 2016: 162.397; 2017: 153.500)[98] und damit 2017 den tiefsten Stand seit 25 Jahren erreichen, kann statistisch bei der Scheidung von Ausnahme kaum mehr gesprochen werden. Der Schutz der Ehe ist jedoch nicht an der Statistik zu messen. Auch das Grundgesetz kann nicht bestimmen, dass Ehen nicht zerbrechen dürfen.[99] Aus Art. 6 GG folgt nicht die Pflicht, Ehen um der Institution der Ehe willen gegen den Antrag eines oder beider Ehegatten aufrechtzuerhalten.[100] Es ist vielmehr **staatliche Pflicht,** soweit es in der Macht des Staates steht, die **Existenzbedingungen für Ehe und Familie**[101] **zu verbessern,**[102] um das Scheitern von Ehen einzudämmen, und alles zu unterlassen, was Ehe und Familie beeinträchtigen könnte. Der von der Familienpolitik eingeschlagene Weg zur Erleichterung der Vereinbarkeit von Familie und Beruf weist sicher in die richtige Richtung.[103] Die Förderung der Familie darf aber nicht mit einer Schwächung der Ehe einhergehen, sondern muss diese als Stabilisator für die Familie nutzbar machen.[104]

**2. Dreijahresfrist.** Die unwiderlegbare Vermutung des Scheiterns der Ehe nach dreijährigem Getrenntleben gemäß § 1566 Abs. 2 gefährdet das Bild der auf Lebenszeit angelegten Ehe nicht. Die Frist von drei Jahren ist so lange, dass die Annahme gerechtfertigt ist, dass eine Ehe nach dem Fristablauf regelmäßig gescheitert ist. Weil die **unwiderlegbare Vermutung** Unsicherheiten des Verfahrens beseitigt, wünschenswerte Kontakte zwischen den Eheleuten erlaubt, im Verfahren den Privat- und Intimbereich der Ehegatten schützt, ein faires Verfahren ermöglicht und weil über die Aussetzungsbefugnis des § 136 FamFG ein klärendes Gespräch im Verfahren möglich bleibt, bietet sie entscheidende ehefreundliche Vorteile und ist verfassungsgemäß.[105] Auch nach dem Fristablauf bleibt in Einzelfällen die Härteklausel des § 1568 anwendbar. 25

**3. Härteklausel.** Aus der Pflicht des Staates, die auf Lebenszeit angelegte Ehe und den nicht scheidungsbereiten Partner zu schützen, ergibt sich für den Gesetzgeber die Pflicht, auch bei gescheiterten Ehen eine Scheidung zur Unzeit zu verhindern und dem nicht scheidungsbereiten Ehepartner eine Umstellung auf die veränderte Lage zu erleichtern. Mit § 1568 hat der Gesetzgeber diese Verpflichtung trotz des eingeschränkten Anwendungsbereichs der Härteklausel erfüllt.[106] Die frühere **zeitliche Befristung der Härteklausel** auf fünf Jahre war nicht grundsätzlich verfassungswidrig,[107] weil Härten schon im Laufe der fünfjährigen Trennungszeit an Bedeutung verlieren.[108] Der Gesetzgeber war nur gehalten, in Fällen fortwirkender Härten oder neuer Umstände, die kurz vor dem Fristablauf eintreten, „ein Mindestmaß an Elastizität", zu schaffen, „die es durch eine materielle, zumindest aber durch eine Regelung über die Aussetzung des Verfahrens, ermöglicht, insoweit entstehenden unzumutbaren Härten Rechnung zu tragen".[109] Der Gesetzgeber ist auf die mögliche Differenzierung bei der Anwendung 26

[98] Statistisches Bundesamt, Statistisches Jahrbuch 2014, 54 (Tabelle 2.6.8); Pressemitteilung Nr. 266 vom 23.7.2015, Nr. 251 vom 10.7.2018.

[99] BVerfGE 53, 224 (245) = NJW 1980, 689 = FamRZ 1980, 319.

[100] *Gernhuber/Coester-Waltjen* FamR § 24 Rn. 36; Johannsen/Henrich/*Jaeger/Hamm* § 1564 Rn. 17; *Graßhof* FS Zeidler, 1987, 837 (850); *Dastmaltchi* FPR 2007, 226 (229); Soergel/*Heintzmann* Rn. 3.

[101] *Schwab* FamRZ 2007, 1 (3, 4) weist zutr. darauf hin, dass sich der Familienbegriff bis in die zweite Hälfte des 20. Jahrhunderts ganz selbstverständlich auf die eheliche Familie bezog, während die Ehe heute ganz offenbar nicht mehr im Zentrum der Familie steht und dass das Eherecht durch die Fokussierung auf die Kinder relativiert wird.

[102] Vgl. BVerfGE 6, 55 (72) = NJW 1957, 417; BVerfG NJW 1974, 227; *Gernhuber/Coester-Waltjen* FamR § 24 Rn. 38.

[103] *Bröning/Walper* FPR 2007, 260 (264).

[104] *G. Kirchhof* FamRZ 2007, 241 (248), der darauf hinweist, dass ausweislich der 15. Shell-Jugendstudie – Jugend 2006 72 % der Jugendlichen meinen, zu einem glücklichen Leben gehöre die Gründung einer Familie.

[105] BVerfGE 53, 224 (247 ff.) = NJW 1980, 689; BGH NJW 1979, 978 (979); Johannsen/Henrich/*Jaeger/Hamm* § 1564 Rn. 18.

[106] BVerfGE 53, 224 (250 f.) = NJW 1980, 689 (690) = FamRZ 1980, 319; BVerfGE 55, 134 (142 ff.) = NJW 1981, 108 = FamRZ 1981, 15; BVerfG NJW 2001, 2874 = FamRZ 2001, 986; vgl. zur verfassungsrechtlichen Diskussion ausf. Staudinger/*Rauscher,* 2018, Rn. 6; Johannsen/Henrich/*Jaeger/Hamm* Rn. 19 f.

[107] Vgl. die 4:4-Entscheidung BVerfGE 53, 224 (249) = NJW 1980, 689 (690 f.); BVerfGE 55, 134 (142 f.) = NJW 1981, 108 (109); BGH NJW 1979, 978 (979); *Lüke* NJW 1978, 139; *Lüke* FS Bosch, 1976, 627 (642); *Lüke* AcP 178 (1978), 1 (33); vgl. auch *Gernhuber,* Neues Familienrecht, 1977, 115 Fn. 204; aA *Bosch* FamRZ 1981, 17; *Wilkens* FamRZ 1980, 530 (532); *Habscheid* FS Bosch, 1976, 355 (376); *Giesen* JR 1980, 177 (183).

[108] So ausdrücklich BVerfGE 55, 134 (143) = NJW 1981, 108 (109); die anderen vier Richter haben in BVerfGE 53, 224 = NJW 1980, 689 nur die zeitliche Befristung des immateriellen Teils der Härteklausel als verfassungswidrig beanstandet.

[109] BVerfGE 55, 134 (143); zust. vor allem *Wilkens* FamRZ 1981, 109; *Bosch* FamRZ 1981, 17; scharf krit. *Ramm* JZ 1981, 82; *Lisken* DRiZ 1981, 61 (62) sieht das Toleranzgebot gegenüber Andersdenkenden verletzt;

der Härteklausel nicht eingegangen.[110] Er hat durch das Unterhaltsrechtsänderungsgesetz 1986 (→ Einl. FamR Rn. 149 ff.) die Befristung der Härteklausel in § 1568 Abs. 2 aufgehoben und damit Zweifel an der Verfassungsmäßigkeit der Härteklausel beseitigt.[111]

27 **4. Scheidungsfolgen.** Während die Scheidung der Ehe selbst leicht über den Nachweis des Scheiterns oder den Ablauf der Fristen einverständlich oder auch auf Antrag eines Ehegatten erreicht werden kann, erschweren ihre Folgeregelungen im Unterhaltsrecht (§§ 1569 ff.), im Recht des Versorgungsausgleichs (VersAusglG) und im Zugewinnausgleich die Lösung von einer Ehe doch erheblich. Die mit der Ehe übernommenen Pflichten wirken teilweise lebenslang weiter und erschweren den Neubeginn in einer weiteren Ehe. Diese Folgeregelungen sind für den Bestandschutz der Ehe wirksam und zeigen, dass das Zerrüttungsrecht die Lösung von der Ehe keineswegs leicht gemacht hat. Der Gesetzgeber ist aber nicht gehalten, durch die Berücksichtigung von Verschuldenselementen im Scheidungsfolgenrecht eheerhaltende Elemente vorzusehen;[112] er hat auch im Übrigen bei der Regelung des Scheidungsfolgenrechts einen weiten Gestaltungsspielraum. Dass er diesen durch die geänderte Rangfolge zugunsten der Kinder und die Stärkung der Eigenverantwortung der Ehegatten nach der Scheidung durch das Unterhaltsrechtsänderungsgesetz 2007 (→ Einl. FamR Rn. 194) überschritten hätte, wird man nicht annehmen können.[113] Das BVerfG hat allerdings die durch den BGH entwickelte Berechnung konkurrierender Unterhaltsansprüche von geschiedenen Ehegatten als unzulässige richterliche Rechtsfortbildung abgelehnt, die grundsätzliche Entscheidung des Gesetzgebers zur Eigenverantwortung des Ehegatten nach der Scheidung und zur Rangfolge der Unterhaltsberechtigten aber unbeanstandet gelassen.[114] Wenn sich auch nicht leugnen lässt, dass durch dieses Unterhaltsrecht der Schutz des Ehepartners zugunsten der Kinder und einer neuen Familie vermindert wird,[115] so wird man nicht annehmen können, dass das Scheidungsfolgenrecht insgesamt den staatlichen Schutz der Ehe in verfassungswidriger Weise in Frage stellt. Ob sich eine in jüngerer Zeit zunehmend geforderte Verschlankung des Unterhaltsrechts möglicherweise positiv auf die Bereitschaft auswirken kann, eine dauerhafte Paarbeziehung wieder in der Rechtsform der Ehe zu leben,[116] ist eine interessante Frage.

28 **5. Scheidungsmonopol der Gerichte.** Zum Schutz der Ehe ist es nach derzeitiger verfassungsrechtlicher Rspr. geboten, dass eine Ehe unter gesetzlich festgelegten Voraussetzungen nur durch ein Gericht geschieden werden kann (sog. Scheidungsmonopol der Gerichte).[117] Eine Scheidung vor dem Standesbeamten oder dem Notar kommt danach nicht in Betracht.[118] Nach §§ 116, 142 FamFG entscheiden die Familiengerichte über die Ehescheidung durch **Beschluss** und nicht durch Urteil wie im Zivilprozess.

### IV. Zahlenmäßige Bedeutung der Ehescheidung

29 **1. Ausgestaltung des Scheidungsrechts und Scheidungshäufigkeit.** Es ist umstritten, welchen Einfluss die **Gestaltung des Ehe- und Scheidungsrechts** auf das Scheitern von Ehen und die Scheidungsziffer hat. Während ein Teil der Autoren annimmt, ein solcher Einfluss sei nicht bestätigt[119] oder nicht vorhanden,[120] sind andere der Meinung, das Ehescheidungsrecht fördere die

---

es ist anzunehmen, dass die Geltendmachung der Härteklausel wie im Vorlagefall AG Sulingen NJW 1978, 184 – vgl. *Otto* FamRZ 1979, 512; *Ramm* JZ 1986, 164 (165) – auch in manchen anderen Fällen abgekauft wird; vgl. auch Johannsen/Henrich/*Jaeger/Hamm* § 1564 Rn. 19.

[110] Die Frage war im Gesetzgebungsverfahren sehr umstritten, vgl. RegE, BT-Drs. 10/2888, 17; Änderungsantrag der SPD-Fraktion, BT-Drs. 10/4526; Bericht des RA, BT-Drs. 10/4514, 20; 2. und 3. Lesung im BT, Sten. Bericht, 184. Sitzung, 12.12.1985, 14043 D bis 14065 D; Johannsen/Henrich/*Jaeger/Hamm* § 1564 Rn. 20.

[111] BVerfG NJW 2001, 2874 = FamRZ 2001, 986.

[112] Vgl. jedoch Soergel/*Heintzmann* Rn. 8 ff.; Johannsen/Henrich/*Jaeger/Hamm* § 1564 Rn. 12 hebt die Verschuldenselemente im Scheidungsfolgenrecht besonders hervor.

[113] So aber *G. Kirchhof* FamRZ 2007, 241 (247).

[114] BVerfG NJW 2011, 836.

[115] *G. Kirchhof* FamRZ 2007, 241.

[116] So *Brudermüller*, Geschieden und doch gebunden? Ehegattenunterhalt zwischen Recht und Moral, 2008, 148, 149.

[117] BVerfGE 53, 224 = NJW 1980, 689 = FamRZ 1971, 414 (420); BVerfGE 55, 134 = NJW 1981, 108 = FamRZ 1981, 15; Maunz/Dürig/*Badura* GG Art. 6 Rn. 72; vgl. Johannsen/Henrich/*Jaeger/Hamm* § 1564 Rn. 24.

[118] Diese sog. „große Lösung" stand bei der FGG-Reform schon früh nicht mehr zur Debatte, vgl. *Dastmaltchi* FPR 2007, 226 (229) Fn. 29.

[119] *Wolf/Lüke/Hax*, Scheidung und Scheidungsrecht, 1959, 164 f.; Law Commission for England and Wales, Reform of the Grounds of Divorce – The Field of Choice, 1966, deutsche Übersetzung bei *Wolf/Lüke*,

Zerstörung von Ehen.[121] Das ist nur dann richtig, wenn man den Tatbestand des Scheiterns mit der Scheidung gleichsetzt und außer Acht lässt, dass Ehen auch dann zerbrechen, wenn es keine Scheidungsmöglichkeit gibt.[122] Andererseits haben zB die Entwicklungen während der russischen Revolution gezeigt, dass eine grundlegende Änderung der Auffassung von der Ehe in einer umstürzenden Gesellschaft und eine drastische Entformalisierung der Scheidung zu einem starken Anstieg der Scheidungsziffer führen können.[123] *Wolf/Lüke/Hax*[124] haben dargelegt, dass beim Übergang von den zum Teil recht liberalen Scheidungsrechten der deutschen Einzelstaaten zum Scheidungsrecht des BGB mit seiner Tendenz, auch die Scheidung zerstörter Ehen nicht immer zuzulassen, der durch die Veränderung der sozialen Verhältnisse bedingte Anstieg der Scheidungszahlen nicht gebremst wurde. Für den **Übergang vom EheG zum** Scheidungsrecht nach dem **1. EheRG** am 1.7.1977 ist eine entsprechende Aussage möglich. Lässt man die Anpassungsjahre nach der Eherechtsreform 1977 bis 1980 außer Betracht, hat sich der Anstieg der Scheidungsziffer von 1974 bis 1984 wohl lediglich kontinuierlich fortgesetzt,[125] der leichte Rückgang der Scheidungszahlen seit 1984 und der dramatische Anstieg seit 1993[126] erfolgte bei gleich gebliebenem Scheidungs- und Scheidungsfolgenrecht. Der Übergang im Jahre 1977 von der Verschuldens- zur Zerrüttungsscheidung hat danach den Verlauf der Scheidungskurve nicht beweisbar verändert. Auch in den neuen Ländern war der Übergang zum Scheidungsrecht des BGB nicht für den drastischen Rückgang der Scheidungszahlen wesentlich, wie der spätere Anstieg der Scheidungszahlen in den neuen Bundesländern zeigt. Die Zahl der Scheidungen hängt danach nicht in erster Linie von der rechtlichen Ausgestaltung des Scheidungsrechts, sondern eher von der des Scheidungsfolgenrechts, im Übrigen aber auch stark von außerrechtlichen Faktoren ab.[127]

**2. Vergleichsgrößen.** Die Zahl der Ehen, die von den Gerichten in einem Jahr geschieden 30
werden, vermittelt nur einen groben Überblick. Besseren Einblick geben die Zahlen der geschiedenen Ehen auf 10.000 Einwohner **(allgemeine Scheidungsziffer),** auf 10.000 bestehende Ehen **(spezifische Scheidungsziffer),** auf die Ehen eines bestimmten Eheschließungsjahrganges oder in Beziehung zu weiteren Vergleichsgrößen.[128]

**3. Historische Entwicklung.** Die Zahl der Ehescheidungen war in den ersten Jahren der 31
Geltung des BGB gering, stieg 1920 als Folge des 1. Weltkrieges sprunghaft und dann kontinuierlich bis 1930 an. Ob das EheG 1938 eine kontinuierliche Erhöhung der Scheidungsziffer eingeleitet hat, kann wegen der Kriegsereignisse letztlich nicht beurteilt werden. Die Scheidungszahlen haben sich nach dem 1. Weltkrieg und nach dem 2. Weltkrieg, jeweils bezogen auf den Vorkriegsstand, etwa verdoppelt.

Bis 1956 sanken die Scheidungszahlen im **früheren Bundesgebiet** zunächst, stiegen dann ab 32
1963 aber stetig an, obwohl keine Änderung des Scheidungsrechts erfolgte. In der früheren DDR lagen sie, bezogen auf die Einwohnerzahl, immer deutlich höher als im Altbundesgebiet. Vor Inkrafttreten des 1. EheRG zum 1.7.1977 ist eine Sonderentwicklung zu verzeichnen, die bis 1978 zunächst zu einem Rückgang der Scheidungszahlen führte. Danach stiegen die Scheidungen im früheren Bundesgebiet stetig an.

---

Eheverfehlung, Ehezerrüttung und einverständliche Scheidung in den Vorschlägen zur Reform des Ehescheidungsrechts in England, 1969, 25–113, Nr. 6, 31, Nr. 11, 34; *Müller-Freienfels,* Ehe und Recht, 1962, 34; *Dölle* FamR I 21 ff.

120 *Goode,* Die Struktur der Familie, 1960, 96.

121 *Bosch,* Familienrechtsreform, 1952, 41; vgl. auch *Mikat,* Möglichkeiten und Grenzen einer Leitbildfunktion des bürgerlichen Ehescheidungsrechts, 1969, 4 ff.; *Mikat* FamRZ 1963, 60 f.

122 Zu den Verhältnissen in Italien vor dem Gesetz betr. Regelung der Fälle der Ehelösung *Kühn* ZRP 1975, 163 (168).

123 *Mackenroth,* Bevölkerungslehre, 1953, 382; *Müller-Freienfels* FS Rheinstein, 1969, 843 ff.; *Kühn* ZPR 1975, 163 (167).

124 *Wolf/Lüke/Hax,* Scheidung und Scheidungsrecht, 1959, 118–132, 153–173, 174; *Mikat* FamRZ 1970, 333 (334) Fn. 9.

125 Vgl. Ehescheidungen 1984, WiSta 1986, 186; vgl. auch WiSta 1984, 102 (104).

126 Statistisches Bundesamt, Fachserie 1, Reihe 1.1, 2004, Tabelle 5.14 (S. 185).

127 BT-Drs. 7/650, 240; *Wolf/Lüke/Hax,* Scheidung und Scheidungsrecht, 1959, 164 ff.; *Gernhuber/Coester-Waltjen* FamR § 24 Rn. 35; vgl. auch *Mikat,* Möglichkeiten und Grenzen einer Leitbildfunktion des bürgerlichen Ehescheidungsrechts, 1969, 20 ff. mwN; zum Verhältnis von Eheschließung und Ehescheidung vgl. *Burmeister* FamRZ 1984, 455; zur Entwicklung im Beitrittsgebiet *Hohn* Zeitschrift für Bevölkerungswissenschaft 1980, 335 (369).

128 Zur Aussagekraft der Statistik vgl. *Gernhuber/Coester-Waltjen* FamR § 24 Rn. 26; *Höbbel* FamRZ 2010, 1220 (1221).

33 Die **Wiedervereinigung** brachte zunächst einen drastischen Rückgang der Scheidungszahlen im Beitrittsgebiet (1990 zum Vorjahr um 36,2 %; 1991 zu 1990 nochmals um 71,9 %).[129] Ob dieser durch die Übergangsprobleme zum Scheidungsrecht des BGB bedingt war oder vielmehr auf mit der Wiedervereinigung selbst zusammenhängende Faktoren zurückzuführen ist, mag auf sich beruhen. Jedenfalls zeigen die Zahlen seit 1991, dass im Beitrittsgebiet eine einigungsbedingte Sonderentwicklung stattgefunden hat: Der Anstieg von 1991 (8.130 Scheidungen, Scheidungsziffer 5,6) bis 1997 (26.537 Scheidungen, Scheidungsziffer 18,8) beträgt 227,1 %. Auch danach sind die Scheidungszahlen bis 2004 weiter angestiegen. 2005 lag die Scheidungsziffer bei 21,0 (30.288 Scheidungen).[130]

34 Die **addierten Scheidungszahlen in der Bundesrepublik und in der DDR** hatten im Jahre 1984 mit über 181.000 Scheidungen ihren vorläufigen Höhepunkt erreicht.[131] 1997 waren es 187.802 Scheidungen, wobei die Scheidungen in den neuen Ländern im Verhältnis zu den Zahlen in der DDR nur etwas mehr als die Hälfte betrugen; auch dies hat wohl in erster Linie gesellschaftliche und weniger scheidungsrechtliche Gründe. Im Jahre 1998 sind die Scheidungszahlen in Gesamtdeutschland weiter auf 192.416 gestiegen. 1999 waren die Zahlen zunächst leicht rückläufig (190.590 Scheidungen), sie stiegen dann aber bis 2003 wieder auf 213.975 an. Seit 2004 ist eine Rückgang der Scheidungen zu verzeichnen: 2005 betrug die Zahl der Scheidungen 201.693, 2006 waren es 190.928 Ehescheidungen (5,3 % weniger als im Vorjahr). 2007 wurden mit 187.072 wiederum 1,9 % weniger Scheidungen ausgesprochen.[132] Wie 2006 wurden damit auch 2007 von 1.000 bestehenden Ehen zehn geschieden, 1992 waren es sieben und 2002 bis 2005 elf Ehen gewesen. 2008 stieg die Zahl der Ehescheidungen mit 191.948 Ehen um 3 % gegenüber dem Vorjahr an,[133] 2009 sank sie – bei einer Untererfassung in Bayern von schätzungsweise 1.900 Fällen – um 3,2 % auf 185.817, 2010 wurden 187.027 Ehen und damit elf von 1.000 bestehenden Ehen geschieden.[134] 2013 verminderte sich die Zahl der Ehescheidungen erneut auf 169.833, das waren 5,2 % weniger als 2012.[135] Diese Tendenz setzte sich seit 2014 fort: 2014: 166.199 Ehescheidungen und damit 2,1% weniger als im Vorjahr, 2015: 163.335 Ehescheidungen, 2016: 162.397Ehescheidungen,[136] 2017: 153.500und damit 5,4% weniger als im Vorjahr.[137]

35 **4. Scheidungsrisiko der Ehen.** Das **Scheidungsrisiko der Ehen** eines bestimmten **Eheschließungsjahrganges** ist in den letzten Jahren ständig gestiegen. Von den 1957 geschlossenen Ehen waren in der Altbundesrepublik 1980 etwa 12 % geschieden, von den 1960 geschlossenen Ehen nach 25 Ehejahren insgesamt 14,5 %. Von den 1991 geschlossenen Ehen waren 2007 bereits 20,6 %,[138] von den 1999 geschlossenen Ehen war schon ein Viertel geschieden. Von im Jahr 1992 geschlossenen Ehen waren im Jahr 2017 von 1.000 Ehen 393,2, dh 39,3% geschieden.[139] Für aktuelle Heiratsjahrgänge wird in Deutschland inzwischen von einer Scheidungsrate von 40 % ausgegangen.[140] In den nächsten 25 Jahren wird erwartet, dass 35 % aller in einem Jahr geschlossenen Ehen geschieden werden.[141] Da viele Eheleute aber nach der Scheidung erneut heiraten, kann den Scheidungszahlen nicht entnommen werden, dass die Institution der Ehe in Frage gestellt wird, wohl aber deren Charakter als Lebensbund.[142]

36 **5. Bezugszahlen. a) Ehejahre.** Die Scheidungshäufigkeit schwankt in den Ehejahren. Nach dem EheG wurden die meisten Ehen im 3. und 4. Ehejahr geschieden.[143] Auf Grund der veränderten Struktur des Scheidungsrechts nach dem 1. EheRG hat sich die durchschnittliche Ehedauer bis zur Scheidung wegen der Einhaltung des Trennungsjahres sowie der längeren Verfahrensdauer durch das

---

[129] Statistisches Bundesamt, Pressemitteilung 346/92 vom 22.9.1992, FamRZ 1992, 1279.
[130] Statistisches Bundesamt, www.destatis.de.
[131] Die Angaben zu der Zahl der Ehescheidungen und den Scheidungsziffern beruhen auf den Angaben des Statistischen Bundesamts, www.destatis.de. Vgl. dort den sehr instruktiven Beitrag von *Krack-Roberg,* Wirtschaft und Statistik, März 2011, Ehescheidungen 2009, 239 ff.
[132] Statistisches Bundesamt, Pressemitteilung vom 28.8.2008, FF 2008, 475.
[133] Statistisches Bundesamt, Pressemitteilung vom 8.9.2009, FamRZ 2010, 350.
[134] Statistisches Bundesamt, www.destatis.de, Pressemitteilung Nr. 335 vom 13.9.2011; Fachserie 1, Reihe 1.4., 2010, Tabelle 1.2.
[135] Statistisches Bundesamt, www.destatis.de, Pressemitteilung Nr. 258 vom 22.7.2014.
[136] Statistisches Bundesamt, Pressemitteilung Nr. 237 vom 11.7.2017.
[137] Statistisches Bundesamt, Pressemitteilung Nr. 251 vom 10.7.2018.
[138] *Gernhuber/Coester-Waltjen* FamR § 24 Rn. 29.
[139] Statistisches Bundesamt, Pressemitteilung Nr. 251 vom 10.7.2018.
[140] *Bröning/Walper* FPR 2007, 260 unter Hinweis auf *Sardon,* Population 59 (2), 2004; *Gernhuber/Coester-Waltjen* FamR § 24 Rn. 29: mehr als ein Drittel.
[141] Statistisches Bundesamt, Pressemitteilung Nr. 266 vom 23.7.2015.
[142] *Höbbel* FamRZ 2010, 1220 (1221).
[143] Vgl. die Tabelle in BT-Drs. 7/650, 245.

Verbundverfahren um ein Jahr verlängert.[144] Seit 1995 liegt die Scheidungsspitze eines Eheschließungsjahrganges nach fünf oder sechs Ehejahren.[145] Die durchschnittliche Ehedauer bis zur Scheidung ist von 9,7 Jahren in den Jahren 1975/1976 ist auf 11,5 Jahre im Jahre 1990, auf 13,6 Jahre im Jahre 2005, auf 14,1 Jahre im Jahre 2008, auf 14,3 im Jahre 2009, auf ca. 14,8 in den Jahren 2013 und 2014 und nun in 2016 und 2017 auf 15 Jahre gestiegen.[146] Während die Scheidungshäufigkeit in den ersten vier Ehejahren gesunken ist, hat sich die Scheidungshäufigkeit **älterer Ehedauergruppen** erhöht. 1991 wurden rund 50 % der Ehen nach einer Ehezeit von zehn Jahren und mehr geschieden, 2009 waren es 62 %.[147] Bemerkenswert ist, dass sich insbesondere die Zahl der Ehescheidungen mit einer Ehedauer über 20 Jahren deutlich erhöht hat; diese lag im Jahre 2005 mit 46.731 von 201.693 Scheidungen bei 23,2 %, 2008 mit 44.316 von 191.948 Scheidungen bei 23 %,[148] 2012 mit 46.515 von 179.147 bei 26 %, 2015 mit 43.563 von 163.335 bei 26,67%.[149] 2016 erfolgte jede 6. Scheidung (15,6%) erst nach mehr als 25 Jahren Ehedauer; 2017 waren 17,5% aller geschiedenen Paare bereits im 25. Jahr verheiratet.[150]

**b) Weitere Faktoren.** Für die **Scheidungshäufigkeit** spielt das **Alter** der Ehegatten bei der Eheschließung eine wesentliche Rolle. Das durchschnittliche **Heiratsalter** lediger Männer lag im Jahre 1991 bei 28,5 Jahren und ist kontinuierlich auf 33,6 Jahre im Jahre 2013, 33,8 Jahre im Jahr 2015, 34,0 Jahre im Jahr 2016 und 34,2 Jahre im Jahr 2017 gestiegen, das der Frauen von 26,1 Jahren in 1991 auf 30,3 Jahre in 2013, 31,2 Jahre im Jahr 2015, 31,5 Jahre im Jahr 2016 und 31,7 Jahre im Jahr 2017.[151] Das durchschnittliche **Scheidungsalter,** das 1990 bei den Männern bei 38,5 Jahren und bei den Frauen bei 35,7 Jahren lag, ist ebenfalls kontinuierlich angestiegen und lag 2012 bei 45,5 Jahren bzw. 42,5 Jahren, 2016 bei 46 Jahren und 6 Monaten bzw. 43 Jahren und 6 Monaten, 2017 bei 46,8 Jahren bzw. 43,8 Jahren.[152] Die **Religionszugehörigkeit,** die früher für die Scheidungsstatistik eine signifikante Größe war, spielt heute wohl keine entscheidende Rolle mehr; neuere Untersuchungen fehlen.[153] 37

**6. Ehedauer.** Trotz der hohen, inzwischen wieder rückläufigen Scheidungsrate scheint die Institution der Ehe nicht in Gefahr zu sein. Auch wenn die Bedeutung der alternativen Familienformen wächst, zu denen Alleinerziehende und Lebensgemeinschaften mit Kindern zählen, machten Ehepaare mit Kindern 2006 immer noch 74 % der Familien in Deutschland aus, 2013 allerdings 70 %; ihr Anteil variiert von 53 % in Berlin (2013: 51 %) bis 80 % (2013: 78 %) in Baden-Württemberg.[154] Ehen dauern mit durchschnittlich ca. 14,8 Jahren im Jahre 2014 und je 15 Jahren in den Jahren 2016 und 2017 heute wesentlich länger als früher.[155] Das liegt sicher auch an der gestiegenen Lebenserwartung. Hierin, aber auch in der geschwundenen wirtschaftlichen Bedeutung der Ehe, liegen Ursachen für steigende Scheidungsziffern. Außerdem kommen die wachsende Eigenständigkeit der Frauen und die abnehmende gesellschaftliche Bedeutung der Ehe als Grundlage der Familie hinzu. Viele Menschen fühlen sich in ihrer erhöhten Glückserwartung enttäuscht und sind eher als früher bereit, die Ehe aufzugeben, um sich einem neuen Partner zuzuwenden. Vor diesem Hintergrund sagen Scheidungszahlen nicht nur über das Scheitern von Ehen, sondern vor allem darüber etwas aus, dass Ehen geschieden werden, damit die Ehegatten die Möglichkeit erhalten, wieder zu heiraten.[156] 38

**7. Erneute Eheschließung.** Scheidung ist in der Regel keine generelle Abkehr von der Ehe. Bei 377.055 Eheschließungen im Jahre 2008 waren 93.943 der Männer und 96.722 der Frauen vor der Eheschließung geschieden.[157] Im Jahre 2013 waren bei 373.655 Eheschließungen in 58.852 39

[144] Ehescheidungen 1996, WiSta 1997, 826 (828, 830); vgl. auch *Krack-Roberg* in Statistisches Bundesamt, Wirtschaft und Statistik, März 2011, Ehescheidungen 2009, 255.
[145] *Krack-Roberg* in Statistisches Bundesamt, Wirtschaft und Statistik, März 2011, Ehescheidungen 2009, 254.
[146] Statistisches Bundesamt, Pressemitteilung Nr. 266 vom 23.7.2015, Nr. 251vom 10.7.2018.
[147] *Krack-Roberg* in Statistisches Bundesamt, Wirtschaft und Statistik, März 2011, Ehescheidungen 2009, 255.
[148] Statistisches Bundesamt, Statistisches Jahrbuch 2010, 62 (Tabelle 2.34).
[149] Statistisches Bundesamt, Statistisches Jahrbuch 2014, 55 (Tabelle 2.6.9); Pressemitteilung Nr. 237 vom 11.7.2017.
[150] Statistisches Bundesamt, Pressemitteilung Nr. 237 vom 11.7.2017; Pressemitteilung Nr. 251 vom 10.7.2018.
[151] de.statista.com 2019.
[152] Statistisches Bundesamt, Fachserie 1, Reihe 1.4, 2010, Tabelle 2.13; Statistisches Jahrbuch 2014, 56 (Tabelle 2.6.10); Pressemitteilung Nr. 237 vom 11.7.2017; Pressemitteilung Nr. 251 vom 10.7.2018.
[153] *Gernhuber/Coester-Waltjen* FamR § 24 Rn. 32.
[154] Statistisches Bundesamt, Pressmitteilung Nr. 481 vom 28.11.2007, Nr. 367 vom 20.10.2014.
[155] Statistisches Bundesamt, Pressemitteilung Nr. 266 vom 23.7.2015); Pressemitteilung Nr. 237 vom 11.7.2017; Pressemitteilung Nr. 251 vom 10.7.2018.
[156] Vgl. auch *Höbbel* FamRZ 2010, 1220 (1221).
[157] Statistisches Bundesamt, Statistisches Jahrbuch 2010, 56 (Tabelle 2.25).

Fällen beide Ehegatten vor der Eheschließung verwitwet oder geschieden, 2015 bei 400.115 Eheschließungen 95.911 Männer (= 23,9%) und 95.033 Frauen (= 23,75%).[158]

40 **8. Zahl der betroffenen Kinder.** Bei etwa der Hälfte der Scheidungen sind minderjährige Kinder betroffen.[159] Im Jahre 2006 wurden gut 190.900 Ehen mit insgesamt 148.600 minderjährigen Kindern geschieden. Von den 2007 erfolgten 187.072 Ehescheidungen waren 144.981 minderjährige Kinder betroffen. 2008 ist mit 150.187 Kindern bei 191.848 Scheidungen ein gewisser Anstieg zu verzeichnen. 2009 waren von 185.817 Scheidungen – bei einer Untererfassung in Bayern von etwa 1900 – 145.656 Kinder, 2010 von 187.027 Scheidungen 145.146 Kinder, 2013 von 169.833 Scheidungen 136.064 Kinder, 2014 von 166.199 Scheidungen 134.803 Kinder, 2015 von 163.335 Scheidungen 131.749 Kinder (dh ca. 50% der geschiedenen Ehen war kinderlos), 2016 von 162.397 Scheidungen 131.955 Kinder und 2017 123.563 Kinder betroffen.[160] Dies entspricht – mit leicht abnehmender Tendenz – der Entwicklung in den vergangenen 20 Jahren. 1970 hatte der Anteil noch 63,7 % betragen. Von einer stabilisierenden Wirkung von Kindern auf den Bestand der Ehe, die sich aus der Statistik wegen der hohen Zahl der Scheidung von kinderlosen Ehen – 2010 waren von 187.027 Scheidungen 95.572 Ehen, 2014 von 166.199 Scheidungen 82.157 Ehen,[161] 2017 von 153.501 Scheidungen 76.632 Ehen,[162] also rund die Hälfte, kinderlos – nicht ziehen lässt,[163] kann angesichts dieser Erkenntnisse nicht ausgegangen werden.

## V. Statistische Daten zum Scheidungsverfahren

41 **1. EheG.** Nach dem EheG wurden 1975 95,4 % (1950 nur 52 %) aller Scheidungen überwiegend als Konventionalscheidungen aus der Generalklausel des § 43 EheG ausgesprochen (→ § 1566 Rn. 1). Aus dem Zerrüttungstatbestand des § 48 EheG waren im Jahre 1951 noch 13,7 % der Ehen geschieden worden, im Jahre 1975 jedoch nur noch 3,1 %. Die Trennungsfrist von drei Jahren wurde als zu lang empfunden. Die Konventionalscheidung über die Verschuldensgeneralklausel des § 43 EheG war ohne Wartefrist leicht erreichbar.

42 **2. Scheidung nach Trennungszeiten.** Während das statistische Bundesamt seine Angaben zur Anwendung des Scheidungsrechts früher richtig nach den vier Scheidungstatbeständen aufgegliedert hat,[164] wird jetzt – entsprechend der tatsächlichen Entwicklung des Scheidungsrechts – statistisch vor allem nach der **Dauer der Trennungszeit** unterschieden. Vor einjähriger Trennung wurden im Jahre 2010 von 187.027 Scheidungen 3.093 Scheidungen, im Jahre 2012 von 179.147 Scheidungen 2.314 Scheidungen, im Jahre 2013 von 169.833 Scheidungen 1.904 Scheidungen, im Jahr 2014 von 166.199 Scheidungen 1671 Scheidungen und im Jahr 2015 – leicht ansteigend – von 163.355 Scheidungen 1.770 Scheidungen (= 1,08%) ausgesprochen, nach einjähriger Trennung 151.108 Scheidungen im Jahre 2010, im Jahre 2012 147.910, im Jahre 2013 141.201, 138.800 im Jahre 2014 und im Jahr 2015 135.358 sowie im Jahre 2010 31.589 nach dreijähriger Trennung, im Jahre 2012 27.664, im Jahre 2013 26.072, im Jahre 201425.300 und im Jahre 2015 25.831.[165] 1237 im Jahre 2010, 1.259 im Jahre 2012, 656 im Jahre 2013, 423 Verfahren im Jahre 2014 bzw. 376 Verfahren im Jahre 2015 sind aufgrund anderer Vorschriften, insbesondere nach ausländischem Recht, erledigt worden.[166]

43 Bei der **Mehrzahl** aller Ehescheidungen sind die Parteien **zumindest ein Jahr** getrennt: 151.108 von 187.027 Ehen (81 %) wurden im Jahre 2010 nach einjähriger Trennung geschieden, im Jahre 2014 138.800 von 166.199 (83,5 %), im Jahr 2015 135.358 von 163.504 (82,8%).[167] Scheidungen **vor Ablauf eines Trennungsjahres,** die 1979 im alten Bundesgebiet noch 10,5 %

---

158 Statistisches Bundesamt, www.destatis.de, Statistisches Jahrbuch 2017, Tabelle 2.6.4.

159 *Krack-Roberg* in Statistisches Bundesamt, Wirtschaft und Statistik, März 2011, Ehescheidungen 2009, 247 f. (Tabelle 7); Statistisches Bundesamt, Pressemitteilung Nr. 258 vom 22.7.2014.

160 Statistisches Bundesamt, Pressemitteilung Nr. 266 vom 23.7.2015; Pressemitteilung Nr. 237 vom 11.7.2017; Pressemitteilung Nr. 251 vom 10.7.2018.

161 Statistisches Bundesamt, Pressemitteilung Nr. 266 vom 23.7.2015.

162 Statistisches Bundesamt, Pressemitteilung Nr. 251 vom 10.7.2018.

163 *Gernhuber/Coester-Waltjen* FamR § 24 Rn. 30.

164 Vgl. Statistisches Bundesamt, Statistisches Jahrbuch 1997, 78.

165 Statistisches Bundesamt, Statistisches Jahrbuch 2017, Tabelle 2.6.7.

166 Statistisches Bundesamt, Pressemitteilung Nr. 335 vom 13.9.2011, Fachserie 1, Reihe 1.4., 2010, Tabelle 2.3; Fachserie 1, Reihe 1.4., 2013, Tabelle 2.3; Statistisches Jahrbuch 2014, 54; Pressemitteilung Nr. 266 vom 23.7.2015; Statistisches Jahrbuch 2017, Tabelle 2.6.7.

167 Statistisches Bundesamt, Fachserie 1, Reihe 1.4., 2010. Tabelle 2.3; Pressemitteilung Nr. 266 vom 23.7.2015; Statistisches Jahrbuch 2017, Tabelle 2.6.7.

aller Scheidungen ausmachten,[168] sind **selten** geworden: 2005 waren es 1,99 % (4.013 von 201.693),[169] 2006 noch 1,73 % (3.300 von etwa 190.900),[170] 2007 1,6 % (rund 3.000 von 187.072);[171] 2008 ebenfalls rund 1,6 % (3054 von 191.948) und 2010 1,7 % (3.093 von 187.027)[172] sowie 2012 1,3 % (2314 von 179.147), 2014 1 % (1700 von 166.199) und 2015 1,08% (1770 von 163.504).[173] Diese geringen Zahlen lassen sich wohl damit begründen, dass die Ehepartner immer häufiger eine einvernehmliche Scheidung anstreben und die Regelung der Scheidungsfolgen, insbesondere des Versorgungsausgleichs, wie auch die Inanspruchnahme steuerlicher Vorteile während des Trennungsjahres keine Veranlassung zu einer übereilten Scheidung geben. Die Scheidung vor Ablauf des Trennungsjahres ist deshalb zu Recht seltenen Konstellationen vorbehalten. Bei den Fällen, die die Statistik der **Dreijahresscheidung** nach § 1566 Abs. 2 iVm § 1565 Abs. 1 mit der unwiderlegbaren Vermutung des Scheiterns zuweist, war eine **steigende Tendenz** zu verzeichnen: 2005 wurden 24.320 Ehen von 201.693 nach dreijähriger Trennung geschieden, das sind 12 %. 2006 waren es sogar 25.100 von 190.900 Ehen, was eine leichte Zunahme um 3 % gegenüber dem Vorjahr bedeutet,[174] und 2007 25.600 von 187.072 Ehen, also wieder 2 % mehr als im Vorjahr.[175] 2008 ist die Zahl der Scheidungen nach dreijähriger Trennung mit 25.160 von 191.948 (13 %) leicht zurückgegangen (– 1,5 %);[176] 2010 waren es 31.589 von 187.027 (17 %),[177] 2013 26.100 von 169.833 (15 %), 2014 25.300 von 166.199 (15,2 %) und 2015 – leicht ansteigend – 25.831 von 163.335 (15,8%).[178]

44 **3. Scheidung nach Antragsteller.** Aus der Tatsache, dass nach dem EheG in etwa 75 % der Fälle die Ehe auf Klage der Frau geschieden wurde (1975: 71,3 % – 1950 nur 52 %) und dass bis heute der Scheidungsantrag in den meisten Fällen von der Frau gestellt wird (2007: 55,1 %; 2009: 53,3 %; 2010: 52,9 %; 2013 und 2014: 52,0 %; 2015: 51,2%; 2017: 51,5%; gegenüber Antragstellung des Mannes 2007: 36,3 %; 2009: 38,1 %; 2010: 38,9 %; 2013 und 2014: 40,0 %; 2015: 41%; 2017: 40,9 %; in den restlichen Fällen beidseitiger Antrag),[179] lassen sich Rückschlüsse auf die Scheidungsgründe nicht ziehen. Allein aus der Antragstellung kann – weder damals noch heute – entnommen werden, ob Frauen oder Männer stärker aus einer gescheiterten Ehe fortstreben. Die Klägerrolle wurde unter Geltung des EheG nach der vereinbarten Schuldverteilung festgelegt. Heute unterliegt es eher zufälligen Vereinbarungen zwischen den Eheleuten, wer den Scheidungsantrag stellt. In 93 % (2010: 94 %) der Fälle stimmt der Antragsgegner dem Scheidungsantrag des Ehepartners zu.[180]

45 **4. Abweisung des Scheidungsantrags.** Im Jahre 2009 wurden 185.817 Ehen geschieden und nur 307 Scheidungsanträge abgewiesen (2005: 323 von 201.693).[181] Für 2008 sind von 195.000 Anträgen nur 51 Fälle einer Abweisung des Scheidungsantrags gemäß § 1568 verzeichnet, für 2016 von 164.000 Anträgen 30 Abweisungen.[182] Im Jahre 2010 wurden 314 Anträge abgewiesen, davon 112 vor einjähriger Trennung (§ 1565 Abs. 2), 46 gemäß Härteklausel (§ 1568) und 156 aus anderen Gründen.[183] Im Jahre 2012 wurden 179.147 Ehen geschieden und 300 Scheidungsanträge abgewiesen.[184] Im Jahre 2013 betrug die Zahl der geschiedenen Ehen 169.833 und die der Abweisung von

[168] Ehescheidungen 1996, WiSta 1997, 826 (832). Statistisches Bundesamt, Familiengerichte 1997, Arbeitsunterlage S. 18.
[169] Statistisches Bundesamt, Pressemitteilung vom 8.12.2006.
[170] Statistisches Bundesamt, Pressemitteilung vom 7.11.2007.
[171] Statistisches Bundesamt, Pressemitteilung vom 28.8.2008.
[172] Statistisches Bundesamt, Statistisches Jahrbuch 2010, 61 (Tabelle 2.33); Fachserie 1, Reihe 1.4., 2010, Tabelle 2.3.
[173] Statistisches Bundesamt, Statistisches Jahrbuch 2014, 54 (Tabelle 2.6.8); Pressemitteilung Nr. 266 vom 23.7.2015.
[174] Statistisches Bundesamt, Pressemitteilung vom 7.11.2007.
[175] Statistisches Bundesamt, Pressemitteilung vom 28.8.2008.
[176] Statistisches Bundesamt, Statistisches Jahrbuch 2010, 61 (Tabelle 2.33).
[177] Statistisches Bundesamt, Fachserie 1, Reihe 1.4., 2010, Tabelle 2.3.
[178] Statistisches Bundesamt, Pressemitteilung Nr. 258 vom 22.7.2014; Pressemitteilung Nr. 266 vom 23.7.2015; Statistisches Jahrbuch 2017 Tabelle 2.6.7.
[179] Statistisches Bundesamt, Pressemitteilung vom 28.8.2008; *Krack-Roberg* in Statistisches Bundesamt, Wirtschaft und Statistik, März 2011, Ehescheidungen 2009, 246; Fachserie 1, Reihe 1.4., 2010 Tabelle 2.3; Pressemitteilung Nr. 258 vom 22.7.2014; Pressemitteilung Nr. 266 vom 23.7.2015;Pressemitteilung Nr. 251 v. 10.7.2018.
[180] *Krack-Roberg* in Statistisches Bundesamt, Wirtschaft und Statistik, März 2011, Ehescheidungen 2009, 246.
[181] Statistisches Bundesamt, Statistisches Jahrbuch 2010, 61 (Tabelle 2.33).
[182] Statistisches Bundesamt, Arbeitsunterlage Familiengerichte, Tabelle 2.3; Staudinger/*Rauscher,* 2018, § 1568 Rn. 34.
[183] Statistisches Bundesamt, Fachserie 1, Reihe 1.4., 2010, Tabelle 2.3.
[184] Statistisches Bundesamt, Statistisches Jahrbuch 2014, 54, 2.6.8.

Scheidungsanträgen 272, davon 106 vor einjähriger Trennung (§ 1565 Abs. 2), 27 gemäß Härteklausel (§ 1568) und 139 aus anderen Gründen.[185] Im Jahr 2015 wurden 216 von 163.335 Scheidungsanträgen abgewiesen.[186]

46 **5. Anderweitige Erledigungen.** Von den im Jahre 2008 bei den FamG anhängigen 224.160 Scheidungsverfahren (und 1.035 anderen Eheverfahren) haben sich 29.424 Anträge nicht durch Scheidung oder Abweisung des Scheidungsantrags, sondern auf andere Weise erledigt, davon 7.855, also 3,5 %, durch Rücknahme des Scheidungsantrags; 2007 waren in 220.967 Scheidungsverfahren 8.344 Rücknahmen des Scheidungsantrags, also 3,8 %, und 21.569 sonstige Erledigungen – insbesondere durch Ruhen oder Nichtbetrieb des Verfahrens[187] – zu verzeichnen.[188] 2017 erledigten sich von 147.149 Verfahren 19.618 anderweitig.[189] Damit erledigen sich fast 14 % bzw. 2017 ca. 11 % der Scheidungsverfahren nicht durch Entscheidung über den Scheidungsantrag. Obwohl der Statistik nichts über das weitere Schicksal dieser Ehen zu entnehmen ist, kann man vorsichtig daraus schließen, dass mit der Stellung des Scheidungsantrages das Schicksal einer Ehe noch nicht besiegelt ist. Bei 14 % dieser Ehen wird die Scheidung letztlich nicht durchgesetzt. Vielleicht werden solche Scheidungsanträge früher oder später wiederholt, ein gewisser Teil der betroffenen Ehegatten könnte aber auch zum Ehepartner zurückfinden. Die **auffällig geringe Zahl von Urteilen, die einen Scheidungsantrag abweisen,** könnte hiermit in Zusammenhang stehen; ebenso gut ist es jedoch möglich, dass nur in dieser geringen Anzahl von Fällen eine Ablehnung der Scheidung überhaupt in Betracht kommt.

### VI. Scheidungsrecht in Europa

47 **1. Zulässigkeit der Scheidung.** Bei der grundlegenden Reform des Scheidungsrechts im Jahre 1977 war die Scheidung in einigen europäischen Ländern noch unzulässig, so in Spanien und Irland. Inzwischen steht die Zulässigkeit der Scheidung in allen europäischen Ländern mit Ausnahme des **Vatikanstaats** außer Frage. Die Unterschiede sind aber nach wie vor gravierend.[190]

48 **2. Ausgestaltung des Scheidungsrechts.** In **Italien** konnte die einverständliche Scheidung nur nach einem gerichtlichen Trennungsverfahren („Trennung von Tisch und Bett") nach Ablauf von drei Jahren durchgeführt werden, im Übrigen nur bei schwerem, strafbarem Verschulden des anderen.[191] Im Rahmen der Reform von 2014/2015 wurden die Trennungsfristen deutlich verkürzt, und zwar auf ein Jahr im Falle der streitigen Scheidung und auf sechs Monate im Falle der einvernehmlichen Scheidung. Zugleich wurde eine einverständliche Scheidung ohne Gerichtsverfahren eingeführt.[192] Zum einen können die jeweils von einem Rechtsanwalt vertretenen Ehegatten nach Abschluss einer von ihnen und den Rechtsanwälten unterzeichneten Vereinbarung eine einvernehmliche Auflösung der Ehe ohne Gericht erreichen, wobei die Vereinbarung, sofern Belange gemeinschaftlicher Kinder nicht berührt sind, einer rein formalen Kontrolle der zuständigen Staatsanwaltschaft unterliegt; eine inhaltliche Prüfung der Vereinbarung hat hingegen zu erfolgen, wenn sie Belange der Kinder regelt, worüber im Falle der fehlenden Genehmigung der Vereinbarung durch die Staatsanwaltschaft das zuständige Gericht zu entscheiden hat.[193] Zum anderen ist Ehegatten ohne Kinder eine außergerichtliche Scheidung ohne Rechtsanwälte vor dem Standesbeamten möglich; die vor diesem geschlossene Scheidungsvereinbarung entspricht einer gerichtlichen Scheidungsentscheidung.[194] In **Frankreich** wurde das Scheidungsrecht zum 1.1.2005 reformiert. Mit der Scheidung wegen endgültiger Zerrüttung des Ehebandes wurde in Art. 237, 238 C.c. ein neuer Scheidungstatbestand geschaffen und gleichzeitig durch Änderung des Scheidungsfolgenrechts der Anreiz für die Verschuldensscheidung gemindert.[195] Seit 1.1.2017 besteht die Möglichkeit der außergerichtlichen Scheidung durch eine von den Ehegatten und ihren Rechtsanwälten unterzeichnete Vereinbarung, die bei einem Notar zu registrieren ist.[196] Das Wohl gemeinschaftlicher minderjähriger Kinder müssen diese selbst wahren, indem sie von ihrem Recht Gebrauch machen, von einem Familienrich-

---

185 Statistisches Bundesamt, Fachserie 10, Reihe 1.4., 2013, Tabelle 2.3.
186 Statistisches Bundesamt, Statistisches Jahrbuch 2017 Tabelle 2.6.7.
187 Statistisches Bundesamt, Fachserie 10, Reihe 2.2., 2009 S. 22.
188 Statistisches Bundesamt, Fachserie 10, Reihe 1, 2010 (1).4.2. S. 51.
189 Statistisches Bundesamt, Fachserie 10, Reihe 2.2, 2017.
190 Vgl. ausf. die Länderberichte in NK-BGB S. 2742 ff.
191 *Finger* FuR 2008, 119.
192 Näher *Wiedemann/Henrich* FamRZ 2015, 1253.
193 *Patti* in Dutta/Schwab/Henrich/Gottwald/Löhnig, Scheidung ohne Gericht?, 2017, 108 ff.
194 *Patti* in Dutta/Schwab/Henrich/Gottwald/Löhnig, Scheidung ohne Gericht?, 2017, 114 ff.
195 *Ferrand* FamRZ 2006, 1316.
196 *Ferrand/Francoz-Terminal* FamRZ 2018, 1385 (1388).

ter gehört zu werden, worüber die Kinder aufzuklären sind.[197] In den **Niederlanden** ist für die Scheidung allein die Zerrüttung der Ehe maßgebend, Trennungszeiten sind ohne größere Bedeutung.[198] Ein Elternschaftsplan soll zusammen mit dem Scheidungsantrag eingereicht werden. Ein Gesetzentwurf über eine Scheidung ohne Gericht[199] ist vom Justizminister zurückgenommen worden.[200] In **Belgien** gilt seit 2007 ein neues Scheidungsrecht, wonach die einverständliche Scheidung nach sechs Monaten Trennungszeit auszusprechen ist; bei einseitigem Scheidungsbegehren ist eine Trennungszeit von einem Jahr einzuhalten.[201] Seit 1.9.2018 kann das Scheidungsverfahren grundsätzlich ohne persönliches Erscheinen der Ehegatten und damit schriftlich durchgeführt werden.[202] Eine privatautonome Ehescheidung durch Notar oder Standesbeamten wird erwogen.[203] Mit Gesetz von 2013 zur Bekämpfung von Scheinehen und Scheinpartnerschaften wurden die Strafen, auch wegen aufgezwungener Ehen und Partnerschaften, erheblich erhöht und ihre Nichtigerklärung im Strafverfahren ermöglicht (Art. 391$^{\text{octies}}$ StGB).[204] In der **Schweiz** ist die Einhaltung einer Trennungsfrist bei übereinstimmender Scheidung und umfassender Regelung der Scheidungsfolgen nicht erforderlich, sonst ist eine zweijährige Trennungszeit einzuhalten.[205] **Spanien,** wo es die Scheidung erst seit 1981 gibt, aber die gerichtliche Trennung zunächst beibehalten wurde, hat im Jahre 2005 mit der Einführung der gleichgeschlechtlichen Ehe und durch die Änderung der Gesetzgebung über Scheidung und Trennung einen völligen Strukturwandel vollzogen. Zwar wird der gerichtliche Charakter von Trennung und Scheidung beibehalten, der Richter muss aber die Trennung und Scheidung aussprechen, wenn nur einer der Ehegatten die Scheidung einreicht und seit der Eheschließung mindestens drei Monate vergangen sind.[206] Eine Privatscheidung durch Rechtspfleger oder Notar bei einvernehmlicher Scheidung mit Inhaltskontrolle der Scheidungsvereinbarung ist möglich.[207] **Griechenland** erlaubt die gerichtliche Eheauflösung im Wege eines Verfahrens der freiwilligen Gerichtsbarkeit, in dem es genügt, dass die Ehegatten sich schriftlich einigen, ihre Ehe aufzulösen, wobei die diesbezügliche Privaturkunde von beiden Ehegatten und ihren Anwälten unterschrieben werden muss; auf die Zerrüttung der Ehe kommt es nicht an.[208] Eine radikale Änderung ist erfolgt: Ohne Scheidungsurteil ist eine Ehe aufgelöst, sobald der Standesbeamte eine ihm vorgelegte notarielle Urkunde über die schriftliche Vereinbarungen der scheidungswilligen Ehegatten ins Personenregister eingetragen hat.[209] Auf **Malta,** wo das Scheidungsrecht erst zum 1.10.2011 eingeführt worden ist, dürfen sich nur Ehepaare scheiden lassen, die mindestens vier Jahre getrennt gelebt haben. Außerdem müssen alle Versöhnungsversuche gescheitert sein. In **Norwegen** wird das administrative Scheidungsverfahren vor einem Leiter der staatlichen Verwaltung eines Verwaltungsbezirks (Fylkesmann) nach einem vorangegangenen Trennungsverfahren und einer darauf folgenden Trennungsdauer von mindestens einem Jahr als häufigste Form der Scheidung gewählt; gerichtliche Scheidungen finden ausnahmsweise statt.[210] In **England** und **Wales** findet heute bei Scheidungen eine wirkliche richterliche Kontrolle nicht statt; das Gericht ist letztlich nur wie ein Verwaltungsorgan tätig und prüft nur formelle Voraussetzungen.[211]

**3. Harmonisierung des europäischen Scheidungsrechts.** Derzeit fehlt es an der Gesetzgebungskompetenz für ein einheitliches materielles Familienrecht.[212] Immerhin besteht in verfahrensrechtlicher Hinsicht mit der **Brüssel IIa-VO** eine europäische Regelung über die internationale Zuständigkeit, nicht aber über das anzuwendende materielle Recht. Die **Rom III-VO** sieht Kollisionsnormen für das auf die Scheidung anwendbare Recht vor, die den Regelungen des EGBGB vorgehen (→ 7. Aufl. 2018, Rom III-VO Vor Art. 1 Rn. 1, 5 ff.). Art. 17 Rom III-VO, der Vorschriften über die Informationen der teilnehmenden Mitgliedstaaten enthält, ist bereits am 21.6.2011 in Kraft getreten. 49

197 *Ferrand/Francoz-Terminal* FamRZ 2017, 1456 (1457).
198 *Breemhaar* in Dutta/Schwab/Henrich/Gottwald/Löhnig, Scheidung ohne Gericht?, 2017, 204 f.
199 Vgl. ausf. *Breemhaar* in Dutta/Schwab/Henrich/Gottwald/Löhnig, Scheidung ohne Gericht?, 2017, 200 (216 ff).
200 *Breemhaar* FamRZ 2017, 1395 (1397).
201 *Pintens* in Dutta/Schwab/Henrich/Gottwald/Löhnig, Scheidung ohne Gericht?, 2017, 188.
202 *Pintens* FamRZ 2018, 1383 (1385).
203 *Pintens* in Dutta/Schwab/Henrich/Gottwald/Löhnig, Scheidung ohne Gericht?, 2017, 187.
204 *Pintens* FamRZ 2013, 1443.
205 *Aebi-Müller/Ziegler* in Dutta/Schwab/Henrich/Gottwald/Löhnig, Scheidung ohne Gericht?, 2017, 80.
206 *Ferrer Riba* in Dutta/Schwab/Henrich/Gottwald/Löhnig, Scheidung ohne Gericht?, 2017, 121.
207 *Ferrer Riba* in Dutta/Schwab/Henrich/Gottwald/Löhnig, Scheidung ohne Gericht?, 2017, 131 ff.
208 *Kontogeorgou* NZFam 2018, 385; *Koutsouradis* FamRZ 2012, 1441.
209 *Koutsouradis* FamRZ 2018, 1389 (1390); *Koutsouradis* FamRZ 2017, 1460 (1461).
210 *Sperr* in Dutta/Schwab/Henrich/Gottwald/Löhnig, Scheidung ohne Gericht?, 2017, 272.
211 *Scherpe* in Dutta/Schwab/Henrich/Gottwald/Löhnig, Scheidung ohne Gericht?, 2017, 311.
212 *Martiny* FPR 2008, 187 (191); zuversichtlich *Wagner* StAZ 2007, 101 (102).

Danach unterliegt die Scheidung, soweit nicht eine gültige **Rechtswahl der Ehegatten** nach Art. 5 Rom III-VO getroffen wurde, dem Recht des gemeinsamen oder (unter bestimmten einschränkenden Voraussetzungen) letzten gemeinsamen gewöhnlichen Aufenthalts; ein etwaiges gemeinsames Heimatrecht ist nur noch nachrangig zu berücksichtigen, hilfsweise findet die lex fori Anwendung (Art. 8 Rom III-VO).[213] Zur Anpassung des EGBGB an die Rom III-VO wurden Art. 3, 17 EGBGB und Art. 17b EGBGB neu gefasst. Eine Harmonisierung des materiellen Scheidungsrechts enthält die Rom III-VO hingegen nicht.[214] Die Vereinheitlichung des internationalen Familienstatusrechts durch die EU wird auf absehbare Zeit politisch nicht oder nur im Wege der Verstärkten Zusammenarbeit zu realisieren sein – zu tief sind die familienrechtspolitischen Gräben in der EU.[215]

## § 1564 Scheidung durch richterliche Entscheidung

**[1]Eine Ehe kann nur durch richterliche Entscheidung auf Antrag eines oder beider Ehegatten geschieden werden. [2]Die Ehe ist mit der Rechtskraft der Entscheidung aufgelöst. [3]Die Voraussetzungen, unter denen die Scheidung begehrt werden kann, ergeben sich aus den folgenden Vorschriften.**

**Schrifttum:** S. Vor § 1564.

**Übersicht**



[213] Zu Einzelheiten der Rom III-VO *Helms* FamRZ 2011, 1765; *Pietsch* NJW 2012, 1768.
[214] Vgl. zum Ganzen *Finger* FuR 2011, 61.
[215] *Dutta* FamRZ 2018, 1068.

## I. Normzweck

1 **1. Zwei Elemente der Scheidung (S. 1).** S. 1 enthält die für das gesamte Scheidungsrecht grundsätzlichen Komponenten. Eine Ehe kann durch die Scheidung nur aufgelöst werden, wenn zumindest einer der Ehegatten das auf Lebenszeit ausgerichtete Band der Ehe beenden will oder wenn beide Ehegatten dies wollen. Diese private Entscheidung allein reicht aber nicht aus. Der formale Akt der Scheidung wird nach einem gerichtlichen Verfahren durch eine gerichtliche Entscheidung, früher durch Urteil, nach §§ 38, 116 Abs. 1 FamFG jetzt durch Beschluss, vollzogen. S. 1 weist damit über eine Ordnungsvorschrift hinaus auf die Grundentscheidung des Gesetzes zur Ehescheidung hin.[1] Es gibt also keine Scheidung der Ehegatten ohne gerichtliche Entscheidung und keine gerichtliche Entscheidung, ohne dass zumindest ein Ehegatte die Scheidung beantragt.

2 **a) Scheidungsantrag.** Es ist ein bedeutsamer Ausdruck des materiellen Rechts, dass eine Ehe nur auf **Antrag** eines oder beider Ehegatten geschieden werden kann. Der Staat oder ein Dritter ist nicht berechtigt, die Scheidung einer Ehe durchzusetzen.[2] Es ist eine **private,** vom Gesetz nicht gewertete und vom Richter nicht zu wertende **Entscheidung,** ob ein Ehegatte eine gescheiterte Ehe aus welchen Gründen auch immer fortsetzen will oder ob er die Scheidung beantragt.[3] Die Notwendigkeit eines Scheidungsantrages bedeutet aber nicht, dass die Ehegatten sich selbst scheiden und die staatliche Entscheidung lediglich die äußere Ordnung nachvollzieht.[4] Die Scheidungstatbestände lassen in keinem Fall eine Selbstscheidung zu.[5]

3 **b) Scheidungsausspruch.** S. 1 weist die Ehescheidung den staatlichen Gerichten zu und verlangt für die Auflösung der Ehe eine **gerichtliche Entscheidung.** Während nach bisherigem Verfahrensrecht die Ehe durch Urteil zu scheiden war, ist unter der Geltung des FamFG (§§ 116, 142) auch die Scheidung selbst durch gerichtlichen **Beschluss** auszusprechen. Damit wird einer privaten Scheidung jede rechtliche Wirkung genommen. Die Scheidung kann wegen der durch sie eintretenden Statusänderung auch nicht einem Schiedsgericht übertragen werden.[6] Mit dem Erfordernis der richterlichen Entscheidung wird wegen der weit reichenden Wirkungen der Eheauflösung die notwendige Klarheit über den Personenstand gesichert **(Ordnungsfunktion).**[7] Indem das Gericht zu prüfen hat, ob die materiellen Voraussetzungen für die Ehescheidung vorliegen und ob die verfahrensrechtlichen Voraussetzungen, zB für die Verbundentscheidung, erfüllt sind, dient das **staatliche Scheidungsmonopol** auch dem Schutz der Ehe und dem der beteiligten Ehepartner **(Schutzfunktion).**[8]

4 Als verfahrensrechtliche Vorschrift schließt S. 1 die Privatscheidung im Inland aus, und zwar auch dann, wenn ausländisches Scheidungsrecht anzuwenden ist.[9] Diesen Grundsatz hat Art. 17 Abs. 2 EGBGB bestätigt (→ 7. Aufl. 2018, EGBGB Art. 17 Rn. 11, 14 ff.). Das deutsche materielle Scheidungs- und Scheidungsfolgenrecht ist ganz darauf abgestellt, dass über die Scheidung immer ein Gericht entscheidet. Deshalb ist dieser Grundsatz **Teil des deutschen ordre public** mit der Folge, dass für eine Scheidung nach deutschem Recht im Ausland der Ausspruch durch ein Gericht notwendig ist.[10]

5 **2. Schutz der Ehe.** Das Gesetz stellt sich die Aufgabe, Eheleute vor einer übereilten Scheidung oder der Auflösung einer noch nicht gescheiterten Ehe zu bewahren. Dazu dienen vor allem die Wartefristen der § 1565 Abs. 2, § 1566 Abs. 1, 2, die sorgfältige Prüfung, ob die Ehe gescheitert ist (→ § 1565 Rn. 46 ff.), die Möglichkeit der Aussetzung des Verfahrens (§ 136 FamFG) und der Zwang oder die Befugnis, mit der Scheidung bestimmte Folgeregelungen zu treffen (§ 137 FamFG).[11]

---

1 Johannsen/Henrich/*Jaeger/Hamm* Rn. 5; zur Einordnung der Vorschrift als bloße Ordnungsvorschrift oder als materielle Grundsatz- bzw. Schutznorm ausf. Staudinger/*Rauscher,* 2018, Rn. 1 ff.

2 Johannsen/Henrich/*Jaeger/Hamm* Rn. 4; Staudinger/*Rauscher,* 2018, Rn. 4.

3 Staudinger/*Rauscher,* 2018, Rn. 4.

4 *Gernhuber/Coester-Waltjen* FamR § 25 Rn. 3.

5 BGH NJW 1990, 2194 = FamRZ 1990, 607 (609); NJW 1982, 517 = FamRZ 1982, 44 (47); BT-Drs. 7/650, 104; Johannsen/Henrich/*Jaeger/Hamm* Rn. 5.

6 *Rauscher* FamR § 21 Rn. 495; anders bei vermögensrechtlichen Folgesachen, vgl. *Friederici* FuR 2006, 400; *Friederici* FuR 2006, 448; *Friederici* FuR 2006, 506; *Kloster-Harz* FamRZ 2007, 99; für die Zulässigkeit der Übertragung auf ein Schiedsgericht bei einverständlichen Scheidungen de lege ferenda *Gilfrich,* Schiedsverfahren im Scheidungsrecht, 2007, 1 ff.

7 AllgM; vgl. Johannsen/Henrich/*Jaeger/Hamm* Rn. 5; Staudinger/*Rauscher,* 2018, Rn. 1.

8 Johannsen/Henrich/*Jaeger* Rn. 5; Staudinger/*Rauscher,* 2018, Rn. 1a; *Rauscher* FamR § 21 Rn. 495; eher die Ordnungsfunktion betonend → 4. Aufl. 2000, Rn. 1 f. *(Wolf).*

9 BGHZ 110, 267 (276) = NJW 1990, 2194 (2196) = FamRZ 1990, 607 (610); BGHZ 82, 34 (44) = NJW 1982, 517.

10 BT-Drs. 10/504, 61; BGHZ 176, 365 = NJW-RR 2008, 1169 = FamRZ 2008, 1409.

11 BT-Drs. 16/6308, 229.

**3. Gestaltungswirkung (S. 2).** Das Band der Ehe wird durch eine Trennung der Ehegatten und auch durch den Ablauf der Trennungsfristen der § 1565 Abs. 2, § 1566 Abs. 1, 2 allein noch nicht berührt. Die Auflösung der Ehe soll gegenüber jedermann gleichmäßig wirksam und klar sein; S. 2 misst deshalb dem Scheidungsausspruch Gestaltungswirkung bei und bestimmt, dass die Ehe erst mit der **Rechtskraft** der Scheidung aufgelöst wird. Nach § 38 Abs. 1 FamFG, §§ 116, 142 FamFG wird in allen Familiensachen, auch in der Ehesache selbst, durch Beschluss entschieden, der erst mit Rechtskraft wirksam wird. 6

**4. Zwingendes Recht (S. 3).** S. 3 stellt klar, dass § 1564 kein Grundtatbestand und keine Generalklausel ist, sondern lediglich auf die Tatbestände der §§ 1565 ff. verweist. S. 3 legt außerdem das scheinbar Selbstverständliche fest, nämlich dass die Scheidungstatbestände in ihrer positiven und negativen Auswirkung zwingendes Recht sind. Die Vorschrift gewinnt aktuelle Bedeutung bei der Bewertung von Vereinbarungen, in denen die Scheidung ausgeschlossen oder von weiteren Voraussetzungen, zB einem vom Gericht festzustellenden Verschulden, abhängig gemacht wird. Solche Vereinbarungen sind grundsätzlich unwirksam.[12] 7

## II. Scheidung und andere Gründe für die Auflösung einer Ehe

**1. Beendigungsgründe.** Die auf Lebenszeit geschlossene Ehe (§ 1353 Abs. 1 S. 1) kann beendet werden durch ihre Aufhebung gemäß § 1313, durch die Wiederverheiratung eines Ehegatten, nachdem der andere für tot erklärt war, obwohl er noch lebte (§ 1319), durch Scheidung und durch den Tod eines Ehegatten, der als selbstverständliches Ende der Ehe im Gesetz nicht besonders erwähnt wird. Die Nichtigerklärung einer Ehe (§ 23 EheG) ist mit dem Inkrafttreten des Eheschließungsrechtsgesetzes (→ Einl. FamR Rn. 181) entfallen.[13] 8

**2. Auflösung für die Zukunft.** Durch die Nichtigerklärung wird die Ehe rückwirkend vernichtet, während die Scheidung die Ehe für die Zukunft auflöst. Die Aufhebung der Ehe löst die Ehe ebenfalls für die Zukunft auf;[14] sie unterscheidet sich von der Scheidung jedoch dadurch, dass die Aufhebung nur wegen Mängeln begehrt werden kann, die schon bei der Eheschließung vorhanden waren und die das Gesetz einzeln aufzählt (§ 1314). Grundlage des Scheidungsausspruchs ist demgegenüber der Zustand der Ehe im Zeitpunkt der letzten mündlichen Verhandlung. Da die Eheaufhebung verfahrensrechtlich leichter zu erreichen ist als die Scheidung – es fehlen Trennungsfristen, der Scheidungsverbund[15] und der Anwaltszwang in Folgesachen[16] – wurde befürchtet, es könne zu „Konventionalaufhebungen" kommen.[17] Diese Befürchtungen haben sich nicht bestätigt. 9

## III. Ausschließlichkeit der Scheidungsgründe

**1. Bedeutung des Verweises auf §§ 1565–1568.** S. 3 ist als Hinweis auf die ausschließliche und abschließende Regelung zu werten, dass die Scheidung der Ehe nur und immer dann möglich ist, wenn ihr Scheitern aus den Tatbestandsmerkmalen der §§ 1565–1567 festgestellt ist und die Härteklausel des § 1568 nicht eingreift.[18] Die bisherige enge Verzahnung mit dem Verfahrensrecht, die insbesondere durch die Notwendigkeit, je nach dem anzuwendenden Scheidungstatbestand alle oder bestimmte Scheidungsfolgen gleichzeitig mit der Scheidung zu regeln (§§ 623, 628–630 ZPO aF), eine zusätzliche Scheidungsvoraussetzung schuf, ist weggefallen. Die Regelung bestimmter Scheidungsfolgen ist nicht mehr Voraussetzung für den Eintritt der Vermutungswirkung des § 1566 Abs. 1; auch die Abtrennung von Folgesachen wird erleichtert (§ 140 FamFG). 10

**2. Zerrüttungsprinzip.** Eine Ehe kann nur geschieden werden, wenn sie **gescheitert** ist. Die Beschränkung des Scheidungsgrundes auf das Scheitern der Ehe wird kurz als Zerrüttungsprinzip bezeichnet.[19] Die Scheidungstatbestände sind so beschaffen und so anzuwenden, dass die Scheidung einer Ehe, die diesen Zustand nicht erreicht hat, ausgeschlossen sein soll. Diese Festlegung ist schon deshalb geboten, weil die Scheidung einer noch nicht gescheiterten Ehe ein Verstoß gegen den Schutz der Ehe nach Art. 6 GG wäre. Eine umgekehrte Aussage ist jedoch nur mit Vorbehalten möglich. Die 11

12 BGHZ 97, 304 = NJW 1986, 2046; Staudinger/*Rauscher,* 2018, Rn. 44; Johannsen/Henrich/*Jaeger/Hamm* Rn. 35.

13 Die Aufhebungsfälle sind jedoch so differenziert, dass in den Rechtsfolgen Quasinichtigkeit eintritt, vgl. *A. Wolf* FamRZ 1998, 1477 (1487); *Hepting* FamRZ 1998, 713 (727); *Bosch* NJW 1998, 2004.

14 BT-Drs. 13/4898, 13; BGH NJW 2001, 2394; FamRZ 2001, 991 = BeckRS 2001, 30154054.

15 BGH NJW 1982, 2386 = FamRZ 1982, 586; OLG Stuttgart FamRZ 1981, 579.

16 BGH NJW 1982, 2386 = FamRZ 1982, 586.

17 *Schwab* FS Beitzke, 1979, 357 (369).

18 BGHZ 97, 304 = NJW 1986, 2046; Staudinger/*Rauscher,* 2018, Rn. 97.

19 Bamberger/Roth/*Neumann* Rn. 1.

Begründung zu § 1565 in BT-Drs. 7/650: „S. 1 verwirklicht das Zerrüttungsprinzip. Danach kann eine Ehe geschieden werden, wenn sie gescheitert ist" war schon zu den Vorschriften des Entwurfs zu weitgehend und ist für das beschlossene Gesetz unkorrekt.[20] Nach dem Grundtatbestand des § 1565 Abs. 1 iVm Abs. 2 kann auch eine gescheiterte Ehe **grundsätzlich** nicht sofort, sondern erst nach einer **einjährigen Trennung** geschieden werden. Ohne Trennung oder vor Ablauf der Jahresfrist ist die Scheidung über den erst im Vermittlungsausschuss eingeführten § 1565 Abs. 2[21] nur in einer Verbindung von Zerrüttungs- und Veranlassungsprinzip erreichbar, wobei durch die Kombination mit einer Zumutbarkeitsprüfung die bisher wohl vermiedene Versuchung besteht, Elemente der Verschuldensscheidung wieder aufzugreifen. § 1565 Abs. 2 ist damit ein Fremdkörper im Zerrüttungsprinzip. Solche weiteren Scheidungsvoraussetzungen für die Scheidung einer gescheiterten Ehe, die auch das Verfahrensrecht durch den notwendigen Verbund mit Folgesachen und früher in § 630 ZPO aF enthält, sind jedoch keine Scheidungsgründe, sie begrenzen vielmehr die Möglichkeit, eine gescheiterte Ehe zu scheiden. Von diesen Begrenzungsmöglichkeiten macht die Praxis nur wenig Gebrauch. Die Härteklausel des § 1568 wird nur in seltenen Ausnahmefällen angewendet, die Scheidungserschwerung bei der formalisierten einverständlichen Scheidung durch § 630 ZPO aF ist kaum praktisch geworden. Auch das Verfahrensrecht hat sich eher zu einer gewissen Scheidungsautomatik entwickelt. Der Gesetzgeber hat das Verbundverfahren, das auch der Seriosität der Ehescheidung dienen sollte, durch den Wegfall des Zwangsverbundes mit der Regelung der elterlichen Sorge (§ 623 Abs. 2 ZPO aF) selbst eingeschränkt. Er hält aber auch im FamFG zum Schutz des wirtschaftlich schwächeren Ehegatten und der Ehe grundsätzlich am Verbund von Scheidung und Folgesachen fest(§ 137 FamFG), erleichtert aber die Abtrennung von Folgesachen (§ 140 FamFG).

12 **3. Einziger Scheidungsgrund.** S. 3 verweist auf die §§ 1565, 1566, 1567 und § 1568 als die Voraussetzungen, unter denen eine Ehe geschieden werden kann. **Kernsatz ist § 1565 Abs. 1 S. 1:** „Eine Ehe kann geschieden werden, wenn sie gescheitert ist." Dies ist nicht nur der Grundtatbestand des Scheidungsrechts, vielmehr der einzige Grund, der die Scheidung der Ehe rechtfertigt.[22] Dass die Überschrift zu den Scheidungsbestimmungen von Scheidungsgründen spricht, dürfte eher ein Redaktionsversehen sein, sie wird durch den Wortlaut von § 1565 Abs. 1 S. 1 widerlegt.[23] § 1565 Abs. 1 S. 2 definiert den Begriff „Scheitern" (→ § 1565 Rn. 5–8). § 1565 Abs. 2 schränkt die Geltung der Generalklausel des § 1565 Abs. 1 S. 1 für die Zeit des ersten Jahres der Trennung der Ehegatten durch Tatbestandsmerkmale ein, die stark dem bisherigen Verschuldensprinzip angenähert sind. Obwohl damit zur Zerrüttung weitere Tatbestandselemente hinzutreten, ist Scheidungsgrund auch im ersten Jahr der Trennung der Ehegatten das Scheitern der Ehe.[24] Von den weiteren Tatbestandselementen ist nicht die Scheidung der Ehe, sondern nur die **sofortige Scheidung der Ehe** abhängig. Auch die Vorschriften des § 1566 Abs. 1 und 2 enthalten keine besonderen Scheidungsgründe.[25]

13 **4. Vier Scheidungstatbestände. a) Charakteristische Unterschiede der Tatbestände.** Obwohl das Gesetz als Grund für die Scheidung nur das Scheitern der Ehe kennt, stellt es den Ehegatten einer gescheiterten Ehe vier charakteristisch unterschiedliche Scheidungstatbestände zur Verfügung.[26] Die Ehegatten können abhängig von der Zeit ihres Getrenntlebens, des Maßes ihrer Fähigkeit, Folgen der Scheidung einverständlich zu regeln, und der Bereitschaft, das Innenleben

[20] *Schwab* FamRZ 1976, 491; Johannsen/Henrich/*Jaeger/Hamm* Rn. 11.
[21] BT-Drs. 7/4992; BR-Drs. 216/76.
[22] HM; BGH NJW 1981, 449; 1979, 978; NJW 1986, 2046 = FamRZ 1986, 655 (656); NJW-RR 1987, 387 = FamRZ 1987, 264 (265); OLG Köln FamRZ 1978, 24; *Knütel* FamRZ 1985, 1089 (1091); *Schwab* FamRZ 1976, 491 (494); *Diederichsen* NJW 1977, 273 f.; *Diederichsen* ZZP 91 (1978), 397 (440); *Brüggemann* FamRZ 1978, 91 (94); *Lüke* AcP 178 (1978), 1 (22); *Lüke* NJW 1978, 139; *Linke* FS Beitzke, 1979, 269 (281, 286); *Gernhuber/Coester-Waltjen* FamR § 25 Rn. 4; *Schwab* in Schwab ScheidungsR-HdB II Rn. 6; Johannsen/Henrich/*Jaeger/Hamm* Rn. 40.
[23] Vgl. *Diederichsen* ZZP 91 (1978), 397 (437 ff.); Johannsen/Henrich/*Jaeger/Hamm* Rn. 40; Staudinger/*Rauscher*, 2018, Rn. 6.
[24] BGH NJW 1981, 449.
[25] BGH NJW 1979, 978; aA *Damrau* NJW 1977, 1169 (1172).
[26] Der BGH erkennt unterschiedliche Scheidungstatbestände an, BGH NJW 1986, 2046; die Unterscheidung nach vier Scheidungstatbeständen – vgl. schon → 1. Aufl. 1978, Rn. 19 *(Wolf)* – entspricht der hL; *Lüke* JuS 1997, 397 (398); *Diederichsen* ZZP 91 (1978), 397 (438, 441); *Vogel* FamRZ 1976, 481 (483); *Dieckmann* ZRP 1971, 193, – drei Tatbestände, weil § 1565 Abs. 2 noch nicht eingefügt war; *Linke* FS Beitzke, 1979, 269 (281 ff.); Johannsen/Henrich/*Jaeger/Hamm* Rn. 43; Staudinger/*Rauscher*, 2018, Rn. 7: typisierte Beweisvermutungen für das Scheitern; *Gernhuber/Coester-Waltjen* FamR § 25 Rn. 4 Fn. 8; *Damrau* NJW 1977, 1169 (1172); *Schwab* FamRZ 1976, 491 (499); *Schwab* in Schwab ScheidungsR-HdB II Rn. 10 ff.; *Diederichsen* NJW 1977, 273.

ihrer Ehe im Verfahren zu offenbaren oder durch Rückgriff auf Vermutungen des Scheiterns zu schonen, **wählen,** nach welchem Tatbestand sie geschieden werden wollen:[27]

- **Scheidung vor einjähriger Trennung:** Leben die Ehegatten nicht oder noch nicht ein Jahr gemäß § 1567 getrennt, kann ein Ehegatte die Scheidung nur über § 1565 Abs. 1 iVm Abs. 2 erreichen. Er muss also nachweisen, dass die Ehe gescheitert ist und die Fortsetzung der Ehe für ihn aus Gründen, die in der Person des anderen Ehegatten liegen, eine unzumutbare Härte darstellen würde.
- **Scheidung nach einjähriger Trennung aus dem Grundtatbestand:** Leben die Ehegatten schon ein Jahr getrennt, ist die Scheidung über den Grundtatbestand des Scheiterns gemäß § 1565 Abs. 1 möglich. § 1565 Abs. 2 ist nicht mehr anwendbar.
- **Einverständliche Scheidung nach einjähriger Trennung:** Beantragen beide Ehegatten die Scheidung oder stimmt der andere dem Scheidungsantrag seines Ehepartners zu und leben sie ein Jahr getrennt, wird das Scheitern der Ehe unwiderlegbar vermutet (§ 1565 Abs. 1 iVm § 1566 Abs. 1). Einer Einigung über die Scheidungsfolgen iSd § 630 ZPO aF bedarf es nach dessen Wegfall durch das FGG-RG nicht mehr.
- **Scheidung nach dreijähriger Trennung:** Dauert die Trennung schon drei Jahre, tritt die unwiderlegbare Vermutung des Scheiterns der Ehe nach § 1566 Abs. 2 ein, der Nachweis des Scheiterns der Ehe entfällt damit.

Bei allen vier Tatbeständen kann die Scheidung aus der **Kinderschutzklausel** verweigert werden. Außer bei der einverständlichen Scheidung kann die **Härteklausel** des § 1568 angewendet werden. Weitere Scheidungstatbestände entstehen dadurch nicht.[28]

**b) Praktische Handhabung der Scheidungstatbestände.** Die Abgrenzung der vier Scheidungstatbestände hat im Hinblick auf die Einheitlichkeit des Scheidungsgrundes des Scheiterns der Ehe an Bedeutung verloren. In der gerichtlichen Praxis hat sich gezeigt, dass die saubere Trennung der vier verschiedenen Scheidungstatbestände in der Vergangenheit zunehmend aufgegeben worden ist. Da über das Scheitern der Ehe in aller Regel keine Beweisaufnahme stattfindet, sondern sich die Gerichte auf die Anhörung der Parteien beschränken und ihren zumeist übereinstimmenden Vortrag zum Scheitern der Ehe zugrunde legen, lässt sich die Scheidung leicht über den Grundtatbestand des § 1565 Abs. 1 erreichen. Allein die einjährige Trennung und ein beidseitiger Scheidungsantrag oder die Zustimmung zum Antrag des Ehegatten reichen jetzt aus, um die unwiderlegbare Scheidungsvermutung des § 1566 Abs. 1 abzusichern; ein Scheitern der Ehe muss durch das Gericht nicht mehr festgestellt werden. Es steht zu erwarten, dass zukünftig die meisten Scheidungen nicht mehr über den Grundtatbestand, sondern über die einverständliche Scheidung nach § 1566 Abs. 1 abgewickelt werden. Damit ist letztlich ein Fristenmodell maßgeblich. Eine gewisse Aufmerksamkeit wird noch der Trennungszeit gewidmet. Auch hier können die Parteien aber durch insoweit übereinstimmende Erklärungen den Ablauf des Trennungsjahres wahrheitswidrig vortragen, ohne dass das Gericht Anhaltspunkte für abweichende Feststellungen hat. Bei übereinstimmendem Vortrag der Parteien zum Trennungsjahr läuft in Zukunft die einverständliche Scheidung nach § 1566 Abs. 1 letztlich auf eine Konsensualscheidung hinaus. Die Härtefallscheidung des § 1565 Abs. 2, die Dreijahresfrist des § 1566 Abs. 2 und die Härteklauseln des § 1568 spielen demgegenüber in der Rechtswirklichkeit nur eine marginale Rolle. 14

**5. Vereinbarungen im Hinblick auf die Scheidung. a) Keine Erweiterung der Scheidungsmöglichkeiten.** Die Scheidungsvorschriften sind zwingendes Recht.[29] Eine **Erweiterung** der Scheidungsmöglichkeiten durch Vereinbarung zB dahin, dass die Scheidung immer bei Ehebruch oder anderen Vorfällen oder zu einem bestimmten Zeitpunkt, etwa nach einer bestimmten Ehedauer, unabhängig von der Feststellung des Scheiterns der Ehe zulässig sein soll, ist unwirksam.[30] Den Ehegatten ist es auch verwehrt, bestimmte Elemente der Scheidungstatbestände, zB den Begriff Scheitern oder Getrenntleben, für ihre Ehe mit einem bestimmten Inhalt zu belegen,[31] unabhängig davon, ob sich dies scheidungserschwerend oder – erleichternd auswirken würde. 15

**b) Keine Erschwerung der Scheidung durch zusätzliche Verschuldenselemente.** Ebenso unwirksam sind Abreden, dass die Scheidung einer gescheiterten Ehe von zusätzlichen 16

[27] Johannsen/Henrich/*Jaeger/Hamm* Rn. 44; *Gernhuber/Coester-Waltjen* FamR § 25 Rn. 4, 5.

[28] AA Stein/Jonas/*Schlosser* ZPO § 616 Rn. 4.

[29] BGHZ 97, 304 = NJW 1986, 2046; Johannsen/Henrich/*Jaeger/Hamm* Rn. 35; Staudinger/*Rauscher,* 2018, Rn. 8; zu der Wahl einer „covenant marriage", einer „Bündnisehe" mit höherem Verbindlichkeitsgehalt in einigen US-Staaten vgl. *Coester* FS Henrich, 2000, 73.

[30] BGHZ 97, 304 = NJW 1986, 2046; *Gernhuber/Coester-Waltjen* FamR § 26 Rn. 1; Johannsen/Henrich/*Jaeger/Hamm* Rn. 35; Staudinger/*Rauscher,* 2018, Rn. 40 ff.

[31] *Gernhuber/Coester-Waltjen* FamR § 26 Rn. 1.

Verschuldenselementen wie Ehebruch oder anderen schweren Eheverfehlungen abhängig sein soll. Obwohl darin eine „ehefreundliche" Scheidungserschwerung liegt, ist eine solche Vereinbarung unwirksam. Das Gesetz hat Verschuldenselemente aus guten Gründen eliminiert und Reste davon nur in § 1565 Abs. 2 und § 1568 übernommen. Es ist den Gerichten verwehrt, sie über eine private Vereinbarung wieder in das Scheidungsverfahren aufzunehmen. Eine solche Privatisierung der Ehe ist seit der Aufklärung aufgegeben (→ Vor § 1564 Rn. 6).[32]

17 **c) Kein genereller Ausschluss des Scheidungsrechts.** Nichtig ist der generelle Ausschluss des Rechts auf Scheidung.[33] Es gehört zur bürgerlich-rechtlichen Ehe, dass sie unter den im Gesetz festgelegten Voraussetzungen geschieden werden kann und die Ehegatten ihre Eheschließungsfreiheit wiedererlangen.[34] Deshalb sind die Vorschriften über die Scheidung zwingend und der Disposition der Parteien entzogen. Auch der Ausschluss der Scheidung nur über einen bestimmten Zeitraum ist als Verzicht auf die künftige Scheidung, deren Voraussetzungen erst nach der Vereinbarung entstehen, als Verstoß gegen die Vorschriften der § 1564 S. 3, § 1565, § 1566 und § 1568 nichtig.[35] Unwirksam ist deshalb auch eine Vereinbarung der Ehegatten, eine Scheidung nur nach dreijähriger Trennung über § 1565 Abs. 1 iVm § 1566 Abs. 2 durchzuführen, weil sie einen zeitlich beschränkten Ausschluss der Scheidung enthält.[36] Unwirksam ist ferner jede Vereinbarung, die Scheidung einer gescheiterten Ehe zu beantragen, den Scheidungsantrag nicht zurückzunehmen oder auf ihn zu verzichten, der Scheidung nach § 1566 Abs. 1 zuzustimmen oder die Zustimmung nicht zurückzunehmen, sowie der Verzicht auf noch nicht entstandene Härtegründe nach § 1565 Abs. 2, § 1568.[37] Wenn die vertragliche Vereinbarung des Verschuldensgrundsatzes im Scheidungsfolgenrecht zugelassen würde, könnte eine faktische Scheidungssperre entstehen.[38] Weitergehende Verzichte auf bereits entstandene Gründe der unzumutbaren Härte nach § 1565 Abs. 2 (→ § 1565 Rn. 118) und der schweren Härte nach § 1568 Alt. 2 (→ § 1568 Rn. 79) sind jedoch möglich.[39]

18 **d) Vereinbarung wirtschaftlicher Leistungen.** Vereinbarungen über wirtschaftliche Leistungen für den Fall, dass ein Ehegatte den Scheidungsantrag stellt, können einen wirtschaftlichen Druck erzeugen, einen Scheidungsantrag nicht zu stellen. Solche Folgevereinbarungen sind trotzdem grundsätzlich zulässig und nur bei Überschreiten der Grenze der Sittenwidrigkeit nach §§ 134, 138 zu beanstanden.[40] Vereinbarungen über wirtschaftliche Leistungen können aber auch unwirksam sein, wenn zu Lasten der öffentlichen Hand insbesondere Sozialleistungen erlangt werden sollen[41] oder wenn ein Zahlungsversprechen nicht dem Ausgleich von wirtschaftlichen Folgen der Scheidung dienen soll, sondern ähnlich wie eine Vertragsstrafe die Scheidung erschweren oder wirtschaftlich unmöglich machen soll. Dann wirkt das Zahlungsversprechen als Scheidungssperre und ist unwirksam.[42]

19 **6. Anspruch auf Scheidung. a) Öffentlich-rechtlicher Anspruch.** Das Gesetz formuliert in §§ 1564, 1565: „Eine Ehe kann geschieden werden" und wendet sich damit an den Richter, der

---

[32] *Knütel* FamRZ 1985, 1089; BGHZ 97, 304 = NJW 1986, 2046 für den Verzicht, BGH NJW 1990, 703 = FamRZ 1990, 372; Staudinger/*Rauscher*, 2018, Rn. 41 ff.; *Gernhuber/Coester-Waltjen* FamR § 26 Rn. 1.

[33] HM; BGHZ 97, 304 = NJW 1986, 2046; BGH NJW 1990, 703 = FamRZ 1990, 372; *A. Wolf* FS Rebmann, 1989, 703 (710 ff.); *Hohloch* JuS 1986, 911; *Knütel* FamRZ 1985, 1089; *Reinhart* JZ 1983, 189; *Walter* NJW 1981, 1409; 1982, 7; *Gernhuber/Coester-Waltjen* FamR § 26 Rn. 1; Soergel/*Heintzmann* Rn. 22; Johannsen/Henrich/*Jaeger/Hamm* Rn. 37; Erman/*Blank* Rn. 17; Staudinger/*Rauscher*, 2018, Rn. 41 ff.; § 138 Rn. 59; aA *Hattenhauer* ZRP 1985, 200.

[34] BVerfGE 31, 58 (82) = NJW 1971, 1509; BVerfGE 53, 224 (245) = NJW 1980, 689; BGH NJW 1978, 2550; BGHZ 97, 304 = NJW 1986, 2046; Johannsen/Henrich/*Jaeger/Hamm* Rn. 17.

[35] BGHZ 97, 304 = NJW 1986, 2046; BGH NJW 1990, 703 = FamRZ 1990, 372; *A. Wolf* FS Rebmann, 1989, 703 (710 ff.); *Hohloch* JuS 1986, 911; *Knütel* FamRZ 1985, 1089; *Reinhart* JZ 1983, 189; *Walter* NJW 1981, 1409; 1982, 7; *Gernhuber/Coester-Waltjen* FamR § 26 Rn. 1; Soergel/*Heintzmann* Rn. 22; Johannsen/Henrich/*Jaeger/Hamm* Rn. 37; Erman/*Blank* Rn. 17; aA *Hattenhauer* ZRP 1985, 200.

[36] Soergel/*Heintzmann* Rn. 22; der Vorschlag von *Knütel* FamRZ 1985, 1089 (1094 ff.), eine solche Vereinbarung zuzulassen, insbes. um den Schutz der Intimsphäre im Falle der Scheidung zu sichern, ist mit BGHZ 97, 304 = NJW 1986, 2046 überholt; Erman/*Blank* Rn. 17; eingehend Staudinger/*Rauscher*, 2018, Rn. 45 ff.; Johannsen/Henrich/*Jaeger/Hamm* Rn. 39; *A. Wolf* FS Rebmann, 1989, 703 ff.

[37] Johannsen/Henrich/*Jaeger/Hamm* Rn. 39.

[38] *Herb* FamRZ 1988, 133 mwN.

[39] Erman/*Blank* Rn. 18; aA *Gernhuber/Coester-Waltjen* FamR § 25 Rn. 10 f.

[40] BGH NJW 1990, 703 (704) = FamRZ 1990, 372 (373); NJW 1985, 1833 = FamRZ 1985, 788; OLG Hamm FamRZ 1991, 443 (444); Staudinger/*Rauscher*, 2018, Rn. 46; Erman/*Blank* Rn. 17.

[41] BGH NJW 1983, 1851 = FamRZ 1983, 137 mAnm *Bosch*.

[42] BGH NJW 1990, 703 = FamRZ 1990, 372 (373); OLG Hamm FamRZ 1991, 443 (444); *Dörr* NJW 1991, 77; Staudinger/*Rauscher*, 2018, Rn. 46a.

die Ehe nur unter den Voraussetzungen scheiden darf, die im Gesetz angegeben sind. Das Gesetz gibt dem Ehegatten einen öffentlich-rechtlichen Anspruch auf Scheidung. Wenn die materiell-rechtlichen und die im Verfahrensrecht festgelegten Voraussetzungen für die Scheidung der Ehe vorliegen,[43] dann muss die Ehe auf Antrag geschieden werden.[44]

**b) Subjektives Recht auf Scheidung.** Zum früheren Verschuldensscheidungsrecht wurde überwiegend angenommen, dass es neben dem öffentlich-rechtlichen Anspruch auf Erlass eines Scheidungsurteils ein privates subjektives Recht auf Scheidung als materiell-rechtliches Gestaltungsrecht gab.[45] Auch bei einem Scheidungsrecht, das als einzigen Grund für die Scheidung das Scheitern der Ehe anerkennt, ist ein solches subjektives Recht auf Scheidung anzuerkennen. Zwar hat im Zerrüttungsrecht die Scheidung vor allem eine soziale Funktion.[46] Auch hat der Gesetzgeber dem Umstand, dass ein aus der Vergangenheit kommender, in die Zukunft zu projizierender Zustand zu beurteilen ist,[47] dadurch Rechnung getragen, dass er die Vorschriften, die von einem Recht auf Scheidung sprachen (§ 1353 Abs. 2, § 2335 aF; §§ 49, 50 EheG), aufgehoben oder geändert hat.[48] Der BGH und die überwM bejahen jedoch zu Recht auch für das Zerrüttungsrecht weiterhin ein subjektives Recht auf Scheidung.[49] Dafür spricht, dass das Gesetz vier verschiedene Scheidungstatbestände kennt, über deren Geltendmachung die Parteien disponieren können und dass über § 1565 Abs. 2 und die Härteklausel des § 1568 Verschuldenselemente weiter im Gesetz enthalten sind. Auch ist nicht zu verkennen, dass der Scheidungsantrag nicht nur Verfahrenshandlung ist, sondern ab seiner Rechtshängigkeit eine Vielzahl materiell-rechtlicher Wirkungen hat (§ 1361 Abs. 1 S. 2, § 1579 Nr. 1, § 1379 Abs. 2, § 1384, § 1587 Abs. 2, § 1408 Abs. 2, § 1933 S. 1).[50] Die Annahme eines subjektiven Rechts erleichtert es auch, eine Reihe von legalen Dispositionsmöglichkeiten der Ehegatten und ihre verfahrensrechtliche Gestaltung dogmatisch sauber einzuordnen. Schließlich entspricht die Annahme eines privaten Gestaltungsrechts der Ehegatten dem Verständnis der Ehe als einem verweltlicht-bürgerlich-rechtlichen Rechtsverhältnis[51] am ehesten. 20

**7. Verzicht auf das Scheidungsrecht. a) Verzicht auf einen bereits entstandenen Scheidungsanspruch.** Die **Dispositionsmöglichkeiten über das Scheidungsrecht** ergeben sich aus der Freiheit der Ehegatten, ihren Anspruch auf Scheidung der gescheiterten Ehe überhaupt nicht geltend zu machen oder im Verfahren durch Verzichtsbeschluss nach § 306 ZPO, der für das Eheverfahren gemäß § 113 Abs. 1–4 FamFG nicht ausgeschlossen wird, aufzugeben.[52] Im Verschuldensscheidungsrecht konnte ein Scheidungsverzicht mit einer Versöhnung gleichgesetzt werden und damit zum selbstverständlichen Erlöschen des Scheidungsrechts führen.[53] Auch nach dem Scheitern der Ehe ist ein Verzicht auf den Scheidungsanspruch allgemein[54] anerkannt, soweit dies nicht zur Unscheidbarkeit der Ehe führt, eine Rechtsfolge, deren Herbeiführung den Ehegatten verwehrt ist.[55] Der Verzicht wird daher soweit für möglich gehalten, als das Scheidungsrecht des verzichtenden 21

---

43 *A. Wolf* FS Rebmann, 1989, 703 (705); *Gernhuber/Coester-Waltjen* FamR § 25 Rn. 1; *Rauscher* FamR § 21 Rn. 501.

44 OLG Nürnberg FamRZ 1979, 818; Staudinger/*Rauscher,* 2018, Rn. 36.

45 *Machleid* AcP 151 (1950/1951), 208; *Arens* ZZP 76 (1963), 423; *Lent* ZZP 66 (180), 276; *Habscheid* FamRZ 1954, 7; *Gernhuber* FamR, 2. Aufl. 1971, § 24 IV 1 mwN; Johannsen/Henrich/*Jaeger/Hamm* Rn. 31; aA *Müller-Freienfels,* Ehe und Recht, 1962, 225; *Dölle* FamR § 40 I 1.

46 *Müller-Freienfels,* Ehe und Recht, 1962, 231; Eherechtskommission beim BMJ, Vorschläge zur Reform des Ehescheidungsrechts und des Unterhaltsrechts nach der Ehescheidung, 1970, 37; ebenso Stein/Jonas/*Schlosser* ZPO § 611 aF Rn. 2.

47 *A. Wolf* FS Rebmann, 1989, 703 (713); *Diederichsen* ZZP 91 (1978), 397 (439); gegen *Diederichsen* RGRK-BGB/*Graßhof* Rn. 28.

48 Mit Recht meint RGRK/*Graßhof* Rn. 28, dies sei ein formales Argument.

49 BGHZ 97, 304 = NJW 1986, 2046; *Gernhuber/Coester-Waltjen* FamR § 25 Rn. 1; Johannsen/Henrich/*Jaeger/Hamm* Rn. 31; Bamberger/Roth/*Neumann* Rn. 14; Staudinger/*Rauscher,* 2018, Rn. 38; *Rauscher* FamR § 21 Rn. 501.

50 Bamberger/Roth/*Neumann* Rn. 14, 15; Staudinger/*Rauscher,* 2018, Rn. 38.

51 BVerfG NJW 1980, 690.

52 BGHZ 97, 304 = NJW 1986, 2046; OLG Karlsruhe FamRZ 1980, 1121 (1123); Johannsen/Henrich/*Althammer* FamFG § 113 Rn. 15; Musielak/Borth/*Borth/Grandel* FamFG § 113 Rn. 14.

53 Vgl. Mot. IV 604; *Machleid* AcP 151 (1950/1951), 208.

54 BGHZ 97, 304 = NJW 1986, 2046 = FamRZ 1986, 655; Johannsen/Henrich/*Jaeger/Hamm* Rn. 38; Staudinger/*Rauscher,* 2018, Rn. 47; Bamberger/Roth/*Neumann* Rn. 19; *Rauscher* FamR § 21 Rn. 505; aA *Gernhuber/Coester-Waltjen* FamR § 25 Rn. 10, 11; *Gernhuber/Coester-Waltjen* FamR § 26 Rn. 1.

55 BGH NJW-RR 2007, 145 = FamRZ 2007, 109 (112) mAnm *Henrich* = FamRBint 2007, 3 m. krit. Anm. *Grziwotz*; BGHZ 97, 304 = NJW 1986, 2046 = FamRZ 1986, 655; *Knütel* FamRZ 1985, 1089 (1090); Erman/*Blank* Rn. 18; Johannsen/Henrich/*Jaeger/Hamm* Rn. 37; *Gernhuber/Coester-Waltjen* FamR § 25 Rn. 10, 11; *Scholz/Krause* FuR 2009, 1; aA nur *Hattenhauer* ZRP 1985, 200 (202).

Ehegatten zum Zeitpunkt des Verzichts entstanden war, es also **an vergangene Zeiträume und Tatsachen anknüpft.**[56] Hingegen kann sich ein Verzicht nicht, auch nicht zeitlich begrenzt, auf mögliche Scheidungsrechte in der Zukunft erstrecken, weil dann über den Verzicht auf künftige Scheidungsrechte eine unscheidbare Ehe entstünde, die das Recht nicht anerkennt. Unzulässig dürfte daher eine Vereinbarung sein, die Stellung des Scheidungsantrags im Interesse der Kinder von der Erfüllung bestimmter Wartezeiten oder dem Erreichen eines bestimmten Alters der Kinder abhängig zu machen.[57] In der Erklärung der Rücknahme des Scheidungsantrages allein ist der Verzicht nicht zu sehen.[58]

22 **b) Erlöschen des Scheidungsanspruchs.** Als Folge des wirksamen Verzichts erlischt der materielle Scheidungsanspruch, soweit er im Zeitpunkt des Verzichts entstanden war.[59] Wenn die Eheleute sich nicht versöhnen, besteht eine gescheiterte Ehe fort. Eine solche Ehe kann nicht „erneut" scheitern. Auch eine Vertiefung des weiter bestehenden Zustandes „Scheitern" ist nicht möglich. Der Nachweis, dass die Ehe „nunmehr gescheitert" ist, also aus Tatsachen nach dem Verzicht oder nach der letzten mündlichen Verhandlung,[60] kann deshalb in den Fällen, in denen sich die Ehegatten nicht versöhnt haben, nicht gelingen. Gleichwohl besteht Einigkeit, dass der Verzicht auf den Scheidungsanspruch nicht die Unscheidbarkeit einer solchen Ehe nach sich ziehen kann.[61]

23 **c) Neuer Scheidungsanspruch.** Eine erneute Scheidungsmöglichkeit entsteht deshalb nicht durch ein neues Scheitern der Ehe, sondern dadurch, dass für einen der vier Scheidungstatbestände die neben dem Scheitern der Ehe erforderlichen weiteren Scheidungsvoraussetzungen nach Verzicht oder Rechtskraft erfüllt werden. **Nicht der Scheidungsgrund** entsteht neu oder weitergehend, sondern die **Scheidungstatbestände** werden „neu" verwirklicht. In diesem Sinne lebt das Scheidungsrecht als subjektives Recht auch nach einem Verzicht auf die Scheidung wieder auf, soweit sich neue Tatsachengrundlagen ergeben.

24 Führt das zum Zeitpunkt des Verzichts bereits eingetretene Scheitern der Ehe auch in Zukunft nicht zu einer Wiederherstellung der ehelichen Lebensgemeinschaft, so entsteht das Scheidungsrecht des Verzichtenden neu und kann, allerdings wiederum nur unter den Voraussetzungen der §§ 1565 ff., zur Scheidung der Ehe führen. Die Trennungsfristen müssen vollständig neu ablaufen, die vor dem Verzicht liegende Zeit ist nicht mitzurechnen; dies gilt nicht nur für die einverständliche Scheidung nach § 1565 Abs. 1 iVm § 1566 Abs. 1, sondern auch für die Dreijahresscheidung nach § 1565 Abs. 1 iVm § 1566 Abs. 2, weil mit dem Ablauf der Frist eine neue Vermutung des Scheiterns der Ehe begründet wird.[62] Die abweichende Auffassung, wonach bei der Dreijahresscheidung die vor dem Verzicht bereits abgelaufene Trennungszeit einbezogen werden könne, wenn die Dreijahresfrist erst nach dem Verzicht erreicht werde,[63] übersieht, dass der unbeschränkt erklärte Verzicht zum Erlöschen des Scheidungsanspruchs führt und dementsprechend sämtliche Nachweistatbestände nach dem Verzicht neu erwachsen müssen. Auch in den Fällen des Grundtatbestandes des § 1565 Abs. 1 und der Scheidung wegen Unzumutbarkeit nach § 1565 Abs. 2 muss der Nachweis des Scheiterns mit Tatsachen geführt werden, die nach dem Verzicht entstanden sind.[64] Auf die Motive für den umfassend erklärten Verzicht kommt es nicht an.[65] Da ein kurzfristiges Getrenntleben allein nicht zum Nachweis des Scheiterns der Ehe ausreicht, wird nach einem Verzicht die Scheidung über den Grundtatbestand des § 1565 Abs. 1 nicht leicht durchzusetzen sein und der Verzichtende in manchen Fällen praktisch auf die Dreijahresscheidung nach § 1565 Abs. 1 iVm § 1566 Abs. 2 verwiesen. Über diese Wirkungen der Scheidungsvoraussetzungen besteht mit dem Verzicht auf den schon entstandenen Scheidungsanspruch oft tatsächlich eine befristete Scheidungssperre, die der BGH an sich für unzulässig hält.[66]

---

[56] BGHZ 97, 304 = NJW 1986, 2046; *Knütel* FamRZ 1985, 1089 (1090); *Richter* JR 1987, 17; Erman/*Blank* Rn. 18; Johannsen/Henrich/*Jaeger/Hamm* Rn. 38; Staudinger/*Rauscher*, 2018, Rn. 47; aA *Gernhuber/Coester-Waltjen* FamR § 25 Rn. 10, 11.

[57] So aber *Grziwotz* FamRZ 2008, 2237 (2239 f.).

[58] Staudinger/*Rauscher*, 2018, Rn. 47a; BeckOK BGB/*Neumann* Rn. 19; aA AG Holzminden FamRZ 1997, 1214 m. abl. Anm. *Henrich*.

[59] Staudinger/*Rauscher*, 2018, Rn. 48.

[60] So jedoch RGRK-BGB/*Graßhof* Rn. 59; *Knütel* FamRZ 1985, 1089 (1093) greift zur Versöhnungsfiktion durch Unterbrechung der Trennung.

[61] BGH NJW-RR 2007, 145 = FamRZ 2007, 109 (112).

[62] BGHZ 97, 304 = NJW 1986, 2046; Johannsen/Henrich/*Jaeger/Hamm* Rn. 38; *Rauscher* FamR § 21 Rn. 505; diff. nach der Reichweite des Verzichts BeckOK BGB/*Neumann* Rn. 18.

[63] Staudinger/*Rauscher*, 2018, Rn. 49; Soergel/*Heintzmann* Rn. 22; abl. Johannsen/Henrich/*Jaeger/Hamm* Rn. 38.

[64] BGHZ 97, 304 = NJW 1986, 2046; Staudinger/*Rauscher*, 2018, Rn. 48a; aA RGRK-BGB/*Graßhof* Rn. 41.

[65] Staudinger/*Rauscher*, 2018, Rn. 50; *Wolf* FS Rebmann, 1989, 721 ff.

[66] BGHZ 97, 304 = NJW 1886, 2046.

## IV. Bestehende Ehe

25 **1. Gültige Ehe.** Nur eine bestehende Ehe kann geschieden werden. Die Ehe muss gültig geschlossen sein. Das Gericht hat von Amts wegen zu ermitteln, ob die Ehe besteht.[67] Im Falle der Nichtaufklärbarkeit trägt der Antragsteller die Beweislast.[68] Bei Zweifeln hat das Gericht das Scheidungsverfahren auszusetzen, um den Eheleuten die Gelegenheit zu geben, das Bestehen oder Nichtbestehen einer Ehe nach § 121 Nr. 3 FamFG feststellen zu lassen.[69] Ist die Ehe im Ausland bereits geschieden worden, ist das Anerkennungsverfahren nach **§ 107 FamFG als ausschließlicher Prüfungsweg** einzuschlagen (→ § 1564 Rn. 33); eine Inzidentprüfung im inländischen Scheidungsverfahren erfolgt nicht.[70] Eine **Nichtehe** kann auch dann nicht geschieden werden, wenn die beteiligten Partner jahrzehntelang glaubten, in einer wirksamen Ehe zu leben, und eine Nichtehe dann in manchen Beziehungen wie eine gültige Ehe behandelt wird.[71] Wird eine solche Ehe dennoch geschieden, so kommt dem Ausspruch keine rechtserzeugende Kraft zu;[72] es kann immer noch auf Feststellung des Nichtbestehens der Ehe nach § 121 Nr. 3 FamFG – oder der Wirkungslosigkeit der Scheidung[73] – geklagt werden.[74] Allerdings kommt eine Haftung des Rechtsanwalts für die Folgen einer zu Unrecht ausgesprochenen Scheidung (Versorgungsausgleich, Unterhaltsvergleich) in Betracht.[75]

26 **2. Fehlehe, Zweckehe, Scheinehe.** Eine zu ehefremden Zwecken geschlossene **Fehl- oder Scheinehe** ist eine gültige Ehe, die ohne Einschränkung dem Scheidungsrecht unterliegt (→ § 1565 Rn. 40, 86; → § 1566 Rn. 3; → § 1567 Rn. 38; zur Verfahrenskostenhilfe → § 1564 Rn. 45).[76] Wenn die Rechtsordnung die zu ehefremden Zwecken geschlossene Ehe als wirksam ansieht, stellt ein Eheaufhebungs- oder Scheidungsbegehren die einzige Möglichkeit zur Auflösung einer solchen Ehe dar.[77] Dies gilt für die Asylantenehe ebenso wie für die Namensehe – § 19 EheG ist aufgehoben – , aber auch für die Ehe ohne häusliche Gemeinschaft.[78] Eine nach § 1314 Abs. 2 Nr. 5 aufhebbare pflichtenlose Ehe unterliegt keinen Besonderheiten.[79] Auch wenn für die pflichtenlose Ehe nach § 1310 Abs. 1 S. 2 die Berechtigung und Verpflichtung des Standesbeamten zur Verweigerung der Mitwirkung an einer offenkundig rechtsmissbräuchlichen Eheschließung nun ausdrücklich geregelt ist, lässt sich daraus keine Erleichterung der Scheidungsvoraussetzungen herleiten.[80] Auf diese Ehen sind alle Scheidungstatbestände anzuwenden.[81]

27 **3. Aufhebung und Scheidung.** Eine Nichtigkeit von Ehen ist nicht mehr vorgesehen (§§ 1313, 1314). Unschädlich ist es, wenn die Ehe aufhebbar ist.[82] In manchen Fällen kann es zweckmäßig sein, statt der Scheidung der aufhebbaren Ehe die Aufhebung zu wählen. Eine geschiedene Ehe kann nachträglich nicht mehr aufgehoben werden, auch wenn die Aufhebungsfolgen günstiger wären,[83] wie § 1317 Abs. 3 jetzt ausdrücklich bestimmt.[84] Allerdings ist im Anschluss an die Rspr. des BGH[85] der an sich Aufhebungsberechtigte berechtigt, die Scheidungsfolgen durch Feststellungsantrag auf die Regelung der Aufhebungsfolge nach § 1318 zu beschränken.[86]

---

67 Staudinger/*Rauscher,* 2018, Rn. 9; Johannsen/Henrich/*Jaeger/Hamm* Rn. 21.
68 RGZ 157, 257; Johannsen/Henrich/*Jaeger/Hamm* Rn. 21; Staudinger/*Rauscher,* 2018, Rn. 9.
69 Keidel/*Weber* FamFG § 121 Rn. 5.
70 OLG Nürnberg FamRZ 2017, 360.
71 HM; BGH NJW-RR 2003, 850 = FamRZ 2003, 838 (841); Johannsen/Henrich/*Jaeger/Hamm* Rn. 23; Staudinger/*Rauscher,* 2018, Rn. 10.
72 BeckOK BGB/*Neumann* Rn. 7.
73 *Jauernig* FS Gerhardt, 2004, 433 (440).
74 BGH NJW-RR 2003, 850 = FamRZ 2003, 838 (841).
75 BGH NJW-RR 2003, 850 = FamRZ 2003, 838 (841).
76 BGH NJW 2011, 1814 = FamRZ 2011, 872 (873); Staudinger/*Rauscher,* 2018, Rn. 11; Soergel/*Heintzmann* Rn. 17.
77 BGH NJW 2011, 1814 = FamRZ 2011, 872 (873) zur Bewilligung von Verfahrenskostenhilfe.
78 KG NJW 1980, 360.
79 Johannsen/Henrich/*Jaeger/Hamm* § 1565 Rn. 17; zur pflichtenlosen Ehe vgl. *A. Wolf* FamRZ 1998, 1477.
80 Staudinger/*Rauscher,* 2018, Rn. 12; Bamberger/Roth/*Neumann* Rn. 8.
81 HM; OLG Hamburg FamRZ 1983, 1230; OLG Karlsruhe FamRZ 1988, 91; 1986, 680; Johannsen/Henrich/*Jaeger/Hamm* § 1565 Rn. 17, 18; Staudinger/*Rauscher,* 2018, Rn. 12.
82 Staudinger/*Rauscher,* 2018, Rn. 13; Johannsen/Henrich/*Jaeger/Hamm* Rn. 22.
83 BGHZ 133, 225 = NJW 1996, 2727 = FamRZ 1996, 1209 mAnm *Lüke* JuS 1997, 397 ff.; Johannsen/Henrich/*Jaeger/Hamm* Rn. 22.
84 Die Vorschrift wurde erst im Rechtsausschuss eingefügt, vgl. BT-Drs. 13/9416, 9.
85 BGHZ 133, 227 = NJW 1996, 2727 = FamRZ 1996, 1209.
86 Palandt/*Brudermüller* § 1317 Rn. 10; Johannsen/Henrich/*Henrich* § 1317 Rn. 18; Staudinger/*Rauscher,* 2018, Vor § 1564 Rn. 85.

28 **4. Aufgelöste Ehe.** Die Scheidung einer Ehe, die bereits durch den Tod eines Ehegatten, durch Wiederverheiratung eines Ehegatten, nachdem der andere zu Unrecht für tot erklärt wurde (§ 1319 Abs. 2), durch Aufhebungsurteil (§§ 1313 ff.) oder durch Scheidung aufgelöst ist (→ Rn. 25), ist wie die Scheidung einer Nichtehe ohne rechtliche Bedeutung (→ Rn. 25).[87]

## V. Gerichtliche Entscheidung

29 **1. Scheidung im Inland. a) Staatliches Gericht.** Die Scheidung nach deutschem Recht im Inland kann nach S. 1 nur durch ein staatliches Gericht ausgesprochen werden. S. 1 hat zunächst verfahrensrechtlichen Gehalt, in dem er ein gerichtliches Verfahren vorschreibt und damit Privatscheidungen ausschließt. In ihrem materiellen Gehalt bringt die Vorschrift die Grundentscheidung des deutschen Scheidungs- und Scheidungsfolgenrechts zum Ausdruck, dass über die Scheidung einer Ehe immer ein Gericht zu befinden hat.[88] Das materielle Scheidungsrecht ist damit unlösbar mit der Zuordnung der Scheidung zum Gericht verknüpft, gleichgültig, ob das deutsche Scheidungsrecht auf Inländer oder Ausländer angewendet wird. Die Scheidung kann nicht durch eine **Verwaltungsbehörde,**[89] insbesondere nicht durch den Standesbeamten, ausgesprochen werden; sie wäre ohne Wirkungen. Die Scheidung durch den Standesbeamten, die im Gebiet des französischen Rechtskreises in Deutschland zulässig war, wurde durch § 1564 aF abgeschafft.[90] Die Diskussion darüber, ob die Scheidung durch Erklärung gegenüber dem Standesbeamten vollzogen werden kann,[91] die auf der kritischen Beurteilung beruht, dass die FamG überwiegend weder die Trennungszeiten der § 1565 Abs. 2, § 1566, § 1567 sorgfältig prüfen noch die Frage untersuchen, ob die Ehe gescheitert ist, sondern sich mit den Erklärungen der Ehegatten begnügen, ist inzwischen verstummt. Näher → Vor § 1564 Rn. 20.

30 **b) Keine geistlichen Gerichte.** Das Scheidungsverfahren ist in §§ 121 ff. FamFG den Familiengerichten zugeordnet. Die Scheidung durch **geistliche Gerichte** im Inland ist unwirksam. Die geistliche Gerichtsbarkeit in Ehesachen ist schon lange aufgehoben (→ Einl. FamR Rn. 38). § 15 GVG aF erklärte ausdrücklich, dass die geistliche Gerichtsbarkeit in Ehesachen ohne bürgerliche Wirkung ist. So ist die Scheidung durch einen jüdischen Rabbiner unwirksam, und auch ein Scheidebrief (→ 7. Aufl. 2018, EGBGB Art. 17 Rn. 15), der eine Ehe von Juden in Deutschland betrifft, ist für die bürgerliche Ehe ohne Bedeutung (differenzierend bei Teilvollzug im Ausland → 7. Aufl. 2018, EGBGB Art. 17 Rn. 15 ff.).[92]

31 **c) Ausländisches Recht.** Nach dem von der Geltung der Rom III-VO (→ Vor § 1564 Rn. 49) unberührt gebliebenen[93] Art. 17 Abs. 2 EGBGB kann eine Ehe **im Inland** nur durch ein staatliches Gericht geschieden werden, auch wenn Ausländer betroffen sind und wenn das deutsche Scheidungsrecht nicht angewendet wird.[94] Insbesondere unwirksam ist die Scheidung im Inland durch einen **ausländischen Hoheitsakt,** zB eines ausländischen Gerichts, das im Inland tätig wird. Der Ausspruch der Scheidung durch eine ausländische Verwaltungsbehörde, zB durch einen ausländischen diplomatischen oder konsularischen Vertreter, ist auch dann unwirksam, wenn er auf exterritorialem Boden der ausländischen Vertretung vorgenommen wird. Ein solcher Hoheitsakt verstößt gegen den verfahrensrechtlichen Gehalt von Abs. 2 und gegen das im Inland bestehende Entscheidungsmonopol der deutschen Gerichtsbarkeit (→ 7. Aufl. 2018, EGBGB Art. 17 Rn. 12 f.).[95]

---

[87] Vgl. LG Bonn IPRax 1985, 353 mAnm *Henrich*; Johannsen/Henrich/*Jaeger/Hamm* Rn. 23; Staudinger/*Rauscher,* 2018, Rn. 14.

[88] BGHZ 110, 267 (276) = NJW 1990, 2194 (2196) = FamRZ 1990, 607 (610); Johannsen/Henrich/*Jaeger/Hamm* Rn. 24; Staudinger/*Rauscher,* 2018, Rn. 18; Bamberger/Roth/*Neumann* Rn. 10.

[89] Staudinger/*Rauscher,* 2018, Rn. 18a.

[90] Zur Scheidung durch den Standesbeamten des damaligen französischen Rechts vgl. Mot. IV 581.

[91] Erklärung des BMJ bei einem Hintergrundgespräch im August 1998 (vgl. Positionspapier des BMJ: „Einvernehmliche Ehescheidung vor Standesbeamten" vom August 1998); Gesetzentwurf des Berliner Justizsenators vom Dezember 1998, Berliner Tagesspiegel 30.12.1998; vgl. dazu auch *Rauscher* FamR Rn. 495a.

[92] BGH NJW-RR 1994, 642 = FamRZ 1994, 434; *Perles* FamRZ 1980, 978; Palandt/*Thorn* EGBGB Art. 17 Rn. 6; Staudinger/*Rauscher,* 2018, Rn. 18a; vgl. den Vorschlag von *Hattenhauer* ZRP 1985, 200 (202), die Scheidung kirchlichen Ehegerichten als Schiedsgerichten zuzuweisen.

[93] Palandt/*Thorn* EGBGB Art. 17 Rn. 6.

[94] So schon BGHZ 82, 34 (44) = NJW 1982, 517 (519) zur bis zum 31.8.1986 bestehenden Gesetzeslage; zur Anwendung islamischen Rechts im Scheidungsverfahren vor deutschen Gerichten vgl. *Andrae* NJW 2007, 1730.

[95] BGHZ 82, 34 (44) = NJW 1982, 517 (519) = FamRZ 1982, 44; Johannsen/Henrich/*Jaeger/Hamm* Rn. 28; Palandt/*Thorn* EGBGB Art. 17 Rn. 6.

**d) Keine Privatscheidung.** Unzulässig und ohne Wirkung auf den Bestand der Ehe sind damit alle **Privatscheidungen,** die im Inland versucht werden, gleichgültig, ob die Ehegatten Inländer oder Ausländer oder Staatenlose sind und ob das Scheidungsrecht der Bundesrepublik, eines anderen Staates oder ein religiöses Recht oder andere Regeln angewendet werden.[96] Eine Anerkennung einer solchen „Scheidung" ist ausgeschlossen.[97] Bei der Anwendung deutschen Rechts ist schon aus dem materiellen Gehalt von Abs. 2 eine Vereinbarung der Ehegatten, dass sie sich als geschieden betrachten, wirkungslos.[98] Auch aus der Ausgestaltung der einverständlichen Scheidung in § 1566 Abs. 1, § 1565 Abs. 1 ist zu folgern, dass unser Recht **keinen Vertrag** über die Beendigung der Ehe kennt. Das Einverständnis der Ehegatten bezüglich der Scheidung löst die Ehe nicht auf, ist vielmehr nur ein Indiz für das Scheitern der Ehe.[99] Ob eine Scheidung durch die Ehegatten selbst im Sinne einer allein auf ihrem Konsens beruhenden Scheidung mit dem Grundgesetz vereinbar wäre, ist umstritten; mit dem Schutz der Ehe in Art. 6 GG dürfte eine auf reiner Willensübereinstimmung beider Ehepartner beruhende Eheauflösung kaum vereinbar sein.[100] 32

**2. Scheidung im Ausland.** Ist – regelmäßig nach Art. 5, 8, 9 Rom III-VO[101] – deutsches Scheidungsrecht anzuwenden, so gilt die materiell-rechtliche Vorschrift von § 1564 auch bei Scheidungen im Ausland mit der Folge, dass für die Anerkennungsfähigkeit der Scheidung die Entscheidung eines staatlichen Gerichts verlangt wird.[102] Die Privatscheidung nach deutschem Recht im Ausland ist in der Regel unwirksam (→ 7. Aufl. 2018, Rom III-VO Art. 1 Rn. 12 f.).[103] War bei einer Scheidung im Ausland ausländisches Recht anzuwenden, bestimmt sich die Wirkung in Deutschland nicht nach § 1564. Für sie gilt auch nicht § 109 FamFG, der sich nur auf eine gerichtliche oder behördliche Entscheidung im Ausland beziehen kann.[104] Da es sich um die Anerkennung eines privaten Rechtsgeschäfts handelt, kommt es nicht auf die verfahrensrechtlichen Zulässigkeitsvoraussetzungen, sondern auf das nach der Rom III-VO maßgebliche Scheidungsstatut an (→ 7. Aufl. 2018, Art. 1 Rom III-VO Rn. 10). **Anerkennungsfähig** ist danach eine **Privatscheidung, die das ausländische Recht zulässt,**[105] allerdings kann der ordre public des Art. 12 Rom III-VO eingreifen (→ 7. Aufl. 2018, Art. 1 Rom III-VO Rn. 13), insbesondere wenn ein deutscher Ehegatte beteiligt ist.[106] Über die Anerkennung einer ausländischen Ehescheidung entscheiden nach § 107 FamFG die Landesjustizverwaltungen, jedenfalls wenn eine Behörde mitgewirkt hat.[107] Dieses Anerkennungsverfahrens bedarf es nach § 107 Abs. 1 S. 2 FamFG nicht, wenn beide Ehegatten zur Zeit der Entscheidung dem Staat angehörten, dessen Gericht oder Behörde bei der Ehescheidung zB durch Registrierung mitgewirkt hat (Heimatstaatentscheidung);[108] auch dann kann aber die Anerkennung bei der Landesjustizverwaltung[109] beantragt werden. 33

---

[96] BGHZ 82, 34 (44) = NJW 1982, 517 = FamRZ 1982, 44; BGH NJW-RR 1994, 642 = FamRZ 1994, 434; BayObLG FamRZ 1985, 1258; Soergel/*Heintzmann* Rn. 5; Johannsen/Henrich/*Jaeger/Hamm* Rn. 27–29 mit Beispielen; Staudinger/*Rauscher*, 2018, Rn. 19.

[97] Palandt/*Thorn* EGBGB Art. 17 Rn. 6; OVG Lüneburg StAZ 2006, 111 betr. rechtsgeschäftliche Scheidung nach islamischem Recht; BGH NJW-RR 2008, 1169 = FamRZ 2008, 1409; NJW-RR 1994, 642 = FamRZ 1994, 434; KG FamRZ 1994, 839 (rechtgeschäftliche Scheidung nach jüdischem Recht).

[98] BGHZ 30, 1 (4) = LM ZPO § 606 Nr. 9 mAnm *Johannsen*.

[99] BGHZ 110, 267 (277) = NJW 1990, 2194 (2196) = FamRZ 1990, 607 (610); *A. Wolf* FS Rebmann, 1989, 703 (708) Fn. 24; *Lüke* AcP 178 (1978), 1 (27).

[100] Vgl. *Gernhuber/Coester-Waltjen* FamR § 24 Rn. 14, die zutr. darauf hinweist, dass in der Praxis die „Schnellscheidung" allein aufgrund eines einverständlichen Scheidungsantrags überwiege.

[101] Palandt/*Thorn* EGBGB Art. 17 Rn. 2.

[102] BGH NJW 1990, 2194 = FamRZ 1990, 607; NJW-RR 1994, 642 = FamRZ 1994, 434 f.; Johannsen/Henrich/*Jaeger/Hamm* Rn. 29a; Staudinger/*Rauscher*, 2018, Rn. 20; MüKoFamFG/*Rauscher* FamFG § 107 Rn. 15, 15a.

[103] HM; BGHZ 176, 365 = NJW-RR 2008, 1169 = FamRZ 2008, 1409; BGHZ 82, 34 (44) = NJW 1982, 517 (519) = FamRZ 1982, 44; *Beitzke* IPRax 1981, 202; Johannsen/Henrich/*Jaeger/Hamm* Rn. 29a; Palandt/*Thorn* Rom III-VO Art. 2 Rn. 8.

[104] MüKoFamFG/*Rauscher* FamFG § 107 Rn. 15.

[105] BGHZ 176, 365 = NJW-RR 2008, 1169 = FamRZ 2008, 1409; OLG Hamm FamRZ 1992, 673; Palandt/*Thorn* Rom III-VO Art. 2 Rn. 8; MüKoFamFG/*Rauscher* FamFG § 107 Rn. 15, 26 ff.

[106] Palandt/*Thorn* Rom III-VO Art. 2 Rn. 8.

[107] Zum Meinungsbild Keidel/*Zimmermann* FamFG § 107 Rn. 16; Palandt/*Thorn* Rom III-VO Art. 2 Rn. 8.

[108] BGHZ 82, 34 (44) = NJW 1982, 517 = FamRZ 1982, 44; NJW 1990, 2194 = FamRZ 1990, 607; NJW-RR 1994, 642 = FamRZ 1994, 434 f.; OLG Celle FamRZ 1998, 686 (757); OLG Braunschweig FamRZ 2001, 561; OLG Düsseldorf FamRZ 2003, 381; BayObLG FamRZ 2003, 381; Keidel/*Zimmermann* FamFG § 107 Rn. 19.

[109] *Klinck* FamRZ 2009, 741 (743); Keidel/*Zimmermann* FamFG § 107 Rn. 20; MüKoFamFG/*Rauscher* FamFG § 107 Rn. 34.

34 **3. Scheidung in der DDR.** Zum innerdeutschen Scheidungsrecht → 7. Aufl. 2018, EGBGB Art. 17 Rn. 123. Scheidungsurteile der Gerichte der DDR waren Entscheidungen deutscher Gerichte, die in der Bundesrepublik und Berlin (West) unmittelbar wirkten, ohne dass ein Anerkennungsverfahren vorgeschaltet werden musste.[110] Solche Scheidungsurteile konnten jedoch auf Antrag eines Ehegatten innerhalb einer angemessenen Frist[111] in einem Feststellungsverfahren nach §§ 606 ff. ZPO aF überprüft werden. Ist dabei festgestellt worden, dass ein DDR-Scheidungsurteil unwirksam ist, konnte die Scheidung der Ehe erneut begehrt werden.[112]

## VI. Scheidungsantrag eines oder beider Ehegatten

35 **1. Private Entscheidung.** Als Gegenstück zur Eheschließungsfreiheit überlässt das Gesetz den Ehegatten die erste Entscheidung darüber, ob ihre gescheiterte Ehe geschieden werden soll. Der Scheidungsantrag einer staatlichen Behörde, insbesondere der Staatsanwaltschaft, aber auch jeder anderen Person, etwa der Eltern eines Ehegatten, eines anderen Verwandten oder anderer Personen ist unzulässig.[113] Die frühere Befugnis des Staatsanwalts, für einen verstorbenen Ehegatten ein Scheidungsrecht feststellen zu lassen mit der Wirkung, dass der überlebende Ehegatte die rechtliche Stellung eines geschiedenen Ehegatten erhielt, ist entfallen. Nur die Aufhebung einer Ehe kann von einer Behörde oder, im Falle der Bigamie, von einer dritten Person beantragt werden. Die Privatheit des Scheidungsantrages gehört dem materiellen Recht an und gilt auch dann, wenn eine Ehe im Ausland nach deutschem materiellem Recht zu scheiden ist, nicht jedoch dann, wenn eine Ehe von Ausländern ausländischem Scheidungsrecht unterliegt.

36 **2. Antrag statt Klage.** S. 1 versuchte schon vor der Geltung des FamFG durch die Parteibezeichnung das Scheidungsverfahren vom üblichen Zivilprozess abzusetzen, auch wenn das Verfahren bisher als streitiges Verfahren der ZPO gestaltet war.[114] Seit dem 1. EheRG 1976 wird es nicht durch Klage, sondern durch Antrag eingeleitet. Ob allein durch die Umbenennung der Parteien und ihrer Anträge Streitatmosphäre psychologisch abgebaut worden ist,[115] ist bezweifelt worden. Das neue Verfahrensrecht, das das Scheidungsverfahren in §§ 121 ff. FamFG regelt und großen Wert auf die Vereinheitlichung der Begrifflichkeit legt, verzichtet in allen familienrechtlichen Verfahren, auch den sog. Familienstreitsachen, auf die Begriffe Prozess oder Rechtsstreit und bezeichnet die Ehegatten nicht mehr als Parteien, sondern als Beteiligte (§ 113 Abs. 5 FamFG).

37 **3. Anträge beider Ehegatten.** Wollen beide Ehegatten geschieden sein, können sie nach S. 1 beide die Scheidung beantragen, obwohl ihre Anträge auf das gleiche Ziel, nämlich die Scheidung der gescheiterten Ehe, gerichtet sind. Zwei Scheidungsanträge mit dem gleichen Ziel sind nicht nur bei der einverständlichen Scheidung nach § 1565 Abs. 1, § 1566 Abs. 1 zulässig,[116] sondern in allen Gestaltungsmöglichkeiten.[117] Ist eine Ehe gescheitert, kann jeder **Ehegatte** die Scheidung beantragen, auch der, **der an der Ehe festhalten will.** Jeder Ehegatte soll selbst bestimmen können, ob er die materiellen Wirkungen des Antrages herbeiführen will. Es ist ihm nicht zuzumuten, von den Entscheidungen des Antragsgegners über dessen Antrag, zB Verzicht (§ 306 ZPO), Rücknahme (§ 269 ZPO) oder Umstellung auf einen anderen Tatbestand, abhängig zu sein.[118] Der Scheidungsantrag des einen Ehegatten kann unbegründet sein, weil er Umstände nach § 1565 Abs. 2 nicht beweisen kann, was dem anderen Ehegatten gelingen kann. Ein zweiter Scheidungsantrag kann auch sinnvoll sein, wenn ein Ehegatte über den eigenen Antrag den Nachweis der einjährigen oder

---

110 BGHZ 85, 18 = NJW 1983, 279; BGH NJW 1982, 2556.

111 BGHZ 34, 134 (138) = NJW 1961, 874: etwa ein Jahr; enger BGH NJW 1963, 1981.

112 OLG Hamm FamRZ 1997, 1215.

113 Die Scheidung im öffentlichen Interesse war im deutschen Rechtskreis praktisch nie zulässig, vgl. *Neuhaus* RabelsZ 32 (1968), 24 (27 ff.); Johannsen/Henrich/*Jaeger/Hamm* Rn. 4; Staudinger/*Rauscher,* 2018, Rn. 4.

114 Ob das Eheverfahren ein gewöhnl. Zivilprozess ist, war schon vor dem 1. EheRG umstritten, vgl. *Müller-Freienfels,* Ehe und Recht, 1962, 228 ff., 233, 244.

115 Staudinger/*Rauscher,* 2018, Rn. 23; vgl. auch BGH NJW-RR 1987, 387 = FamRZ 1987, 264 (265).

116 AllgM; Soergel/*Heintzmann* Vor § 1564 Rn. 17; Johannsen/Henrich/*Jaeger/Hamm* Rn. 41; Staudinger/*Rauscher,* 2018, Rn. 25; Bamberger/Roth/*Neumann* Rn. 12; Sorge bereitet die Terminologie: Die Begriffe „Gegenantrag" (vgl. Erman/*Blank* Rn. 8) oder „Widerantrag" passen schlecht, wenn das gleiche Ziel verfolgt wird, vgl. *Brüggemann* FamRZ 1977, 1 (7); *Gernhuber/Coester-Waltjen* FamR § 25 Rn. 6: „dem Scheidungsantrag des Partners einen eigenen zur Seite stellen".

117 BGH NJW 1982, 1940; OLG Frankfurt FamRZ 1982, 809 (811); *Bergerfurth* FamRZ 1982, 563; *Brüggemann* FamRZ 1977, 1 (7); *Gernhuber/Coester-Waltjen* FamR § 25 Rn. 6; Bamberger/Roth/*Neumann* Rn. 12; Erman/*Blank* Rn. 8; Staudinger/*Rauscher,* 2018, Rn. 25.

118 OLG Stuttgart NJW 1978, 546; OLG Celle FamRZ 1978, 606; OLG Hamm FamRZ 1980, 1049; OLG Düsseldorf FamRZ 1978, 914; KG FamRZ 1979, 536; OLG München FamRZ 1980, 699; Staudinger/*Rauscher,* 2018, Rn. 25; Johannsen/Henrich/*Jaeger/Hamm* Rn. 41; Bamberger/Roth/*Neumann* Rn. 12.

dreijährigen Trennung führt, um eine Scheidung wegen Unzumutbarkeit nach § 1565 Abs. 1 iVm Abs. 2 oder über den Grundtatbestand des § 1565 Abs. 1 allein zu vermeiden. Insbesondere im Rechtsmittelverfahren wäre der Ehegatte, der keinen Scheidungsantrag gestellt hat, uU auf die für ihn nachteilige Anschlussbeschwerde angewiesen.[119] Der Scheidungsantrag des Antragsgegners ist folglich nie nur deshalb mutwillig, weil der andere Ehegatte schon einen Scheidungsantrag gestellt hat. Dem Antragsgegner ist vielmehr, wenn die Voraussetzungen im Übrigen vorliegen, Verfahrenskostenhilfe zu gewähren.[120]

**4. Verfahrensantrag. a) Anwaltszwang.** Der Antrag nach § 124 FamFG unterliegt gemäß § 114 Abs. 1 FamFG dem Anwaltszwang. Bei der formalisierten einverständlichen Scheidung nach § 1565 Abs. 1 iVm § 1566 Abs. 1, aber auch bei der vereinbarten Scheidung über den Grundtatbestand des § 1565 Abs. 1 kann uU auf einen zweiten Rechtsanwalt verzichtet werden. Zwar kann der Gegner ohne Anwalt nicht wirksam handeln, insbesondere keine Anträge stellen. Er ist aber von der Mitwirkung am Verfahren nicht ausgeschlossen: Gegen ihn darf kein Versäumnisbeschluss ergehen (§ 130 Abs. 2 FamFG); er ist nach § 128 FamFG persönlich, auch zur elterlichen Sorge und zum Umgangsrecht, anzuhören,[121] kann die Zustimmung zur Scheidung erklären und eine erklärte Zustimmung widerrufen (§ 114 Abs. 4 Nr. 3, § 134 FamFG), die Ehe erhaltende Tatsachen vortragen, entsprechende Beweisanträge stellen, sich nach § 127 Abs. 3 FamFG auf die Härteklausel gemäß § 1568 berufen, Erklärungen, die nicht dem Anwaltszwang unterliegen, in Folgesachen abgeben,[122] die Abtrennung einer Folgesache beantragen (§ 114 Nr. 4 FamFG) und Erklärungen über die Ausübung des Wahlrechts nach § 15 Abs. 1 VersAusglG über die Art der Versorgung beim externen Ausgleich abgeben (§ 114 Abs. 4 Nr. 7 FamFG). Hingegen muss er grundsätzlich in allen Folgesachen anwaltlich vertreten sein (§ 114 Abs. 1 FamFG),[123] namentlich in Unterhalts- und Güterrechtssachen. Das Gericht kann dem Antragsgegner gemäß § 138 FamFG von Amts wegen einen Rechtsanwalt beiordnen, wenn es davon überzeugt ist, dass dies zum Schutz des Antragsgegners unabweisbar ist. Zum Anwaltszwang im Beschwerdeverfahren → Rn. 90. 38

**b) Form und Inhalt des Scheidungsantrags.** Das Verfahren wird durch Einreichung einer Antragsschrift anhängig, für die die Vorschriften der ZPO über die Klageschrift entsprechend gelten (§ 124 S. 2 FamFG). Im Interesse der Verfahrensbeschleunigung, um den Verbund (§ 137 FamFG) zu ermöglichen und um das Gericht frühzeitig über mögliche Streitpunkte der Eheleute zu unterrichten, sind Angaben in der Antragsschrift notwendig: Nach § 133 Abs. 1 FamFG muss die Antragsschrift Angaben zu den gemeinschaftlichen minderjährigen Kindern sowie die Erklärung enthalten, ob die Eheleute Vereinbarungen über Folgesachen getroffen haben[124] und ob Familiensachen anderweit anhängig sind. Eine Einigung über Folgesachen ist auch bei der einverständlichen Scheidung nach § 1566 Abs. 1 nicht erforderlich, erst recht nicht die Vorlage vollstreckbarer Urkunden. Das Gericht muss auch nicht über den Inhalt getroffener Vereinbarungen unterrichtet werden. Der Antragsschrift sollen nach § 133 Abs. 2 FamFG die Geburtsurkunden der minderjährigen Kinder und die Heiratsurkunde beigefügt werden. Genügt die Antragsschrift den zwingenden Anforderungen des § 133 Abs. 1 FamFG nicht, so ist der Scheidungsantrag auf entsprechenden richterlichen Hinweis (§ 113 Abs. 1 S. 2 FamFG, § 139 ZPO) zu ergänzen; erfolgt die notwendige Ergänzung nicht, so ist er als unzulässig abzuweisen.[125] Eine Heilung von Mängeln der Antragsschrift durch rügeloses Einlassen nach § 113 Abs. 1 S. 2 FamFG iVm § 295 ZPO ist nicht möglich, da § 133 FamFG nicht zur Disposition der Eheleute steht (vgl. § 295 Abs. 2 ZPO).[126] 39

**c) Zustellung des Scheidungsantrags.** Mit der Zustellung an den Antragsgegner wird das Scheidungsverfahren **rechtshängig** (§ 113 Abs. 1 S. 2 FamFG, § 124 S. 2 FamFG, § 261 Abs. 1 40

---

119 OLG Frankfurt FamRZ 1980, 710.

120 OLG Hamburg FamRZ 1983, 1133; OLG Düsseldorf FamRZ 1986, 697; OLG Celle FamRZ 1978, 606; OLG Düsseldorf FamRZ 1978, 914; KG FamRZ 1979, 536; Staudinger/*Rauscher*, 2018, Rn. 25; Bamberger/Roth/*Neumann* Rn. 12; Zöller/*Geimer* FamFG § 76 Rn. 32.

121 BGH NJW-RR 2016, 323 = FamRZ 2016, 617: keine zwingende erneute Anhörung der Ehegatten, wenn ein Ehegatte von seiner zuvor erklärten Zustimmung zur Scheidung abrückt.

122 Keidel/*Weber* FamFG § 114 Rn. 14.

123 BGH FGPrax 2017, 127 Rn. 8 = FamRZ 2017, 1151; Keidel/*Weber* FamFG § 114 Rn. 4; *Streicher* in Schwab ScheidungsR-HdB I Rn. 139, 141; Thomas/Putzo/*Hüßtege* FamFG § 114 Rn. 2; Zöller/*Lorenz* FamFG § 114 Rn. 1.

124 *Roßmann* ZFE 2011, 208 mit Formulierungsbeispielen.

125 Johannsen/Henrich/*Markwardt* FamFG § 133 Rn. 2; Keidel/*Weber* FamFG § 133 Rn. 8; *Roßmann* ZFE 2011, 208; FamVerfR/*Kemper* FamFG § 133 Rn. 12.

126 MüKoFamFG/*Lugani* FamFG § 124 Rn. 8.

ZPO.[127] Auch die Zustellung der unvollständigen Antragsschrift bewirkt die Rechtshängigkeit.[128] Ist der Scheidungsantrag hingegen unter Verstoß gegen zwingende Formvorschriften (zB § 172 ZPO) zugestellt worden, so wirkt die mögliche Heilung des Formmangels nicht auf den Zeitpunkt der (fehlerhaften) Zustellung zurück.[129] Die Ersatzzustellung an den nichtehelichen Lebensgefährten ist möglich.[130] Zu bedeutsamen Rechtsfolgen der Rechtshängigkeit des Scheidungsantrags → Rn. 51.

41 **5. Verfahrensfähigkeit.** Während im allgemeinen Zivilprozess eine in der Geschäftsfähigkeit beschränkte Person grundsätzlich prozessunfähig ist (§ 52 ZPO), macht § 125 Abs. 1 FamFG eine Ausnahme für Ehesachen, und zwar ohne Rücksicht auf die Parteirolle. **Beschränkt geschäftsfähig** sind **Minderjährige** (§ 106), die nach § 1303 mit Vollendung des 16. Lebensjahres heiraten können und für alle Ehesachen in Respektierung ihrer persönlichen Entscheidungsfreiheit als verfahrensfähig gelten.[131] Ein nach § 125 Abs. 1 FamFG verfahrensfähiger Ehegatte kann auch als Beteiligter vernommen werden; § 455 ZPO ist nicht anzuwenden.[132] § 125 Abs. 1 FamFG betrifft nur die Ehesache, nicht jedoch Folgesachen.[133] Da in Eheverfahren der Verbund mit einem Unterhaltsverfahren jedoch häufig ist, wird der in der Geschäftsfähigkeit beschränkte Ehegatte kaum mehr ohne seinen gesetzlichen Vertreter (§ 1633) ein Scheidungsverfahren führen können. Dieser wird aber nur in der Folgesache tätig, während die Verfahrensfähigkeit des minderjährigen Ehegatten für die Ehesache selbst erhalten bleibt.

42 Ein Ehegatte kann auch **partiell** für die mit der Ehe und dem Scheidungsverfahren zusammenhängenden Fragen **verfahrensunfähig** sein.[134] Im Falle der **Geschäftsunfähigkeit** ist ein Betreuer nach § 1896 oder ein Verfahrenspfleger nach § 113 Abs. 1 S. 2 FamFG, § 57 ZPO mit dem Wirkungskreis der konkreten Verfahrensvertretung zu bestellen, für einen geschäftsunfähigen Minderjährigen handelt der gesetzliche Vertreter (§ 1633), Vormund (§ 1793) oder Ergänzungspfleger (§§ 1903, 1915, 1793).[135] Gemäß § 113 Abs. 1 S. 2 FamFG, § 53 ZPO geht das Verfahrenshandeln der genannten Vertretungspersonen demjenigen des Ehegatten vor.[136] Der **Vertreter** führt dann das Verfahren für den Ehegatten, der nach § 53 ZPO einer verfahrensunfähigen Person gleichsteht.[137]

43 Der **geschäftsunfähige Ehegatte** ist verfahrensunfähig;[138] für den Streit über die Verfahrensfähigkeit ist der betroffene Beteiligte als verfahrensfähig anzusehen.[139] Der Scheidungsantrag ist durch den gesetzlichen Vertreter zu stellen und bedarf wegen des höchstpersönlichen Charakters der Ehe der Genehmigung des Betreuungsgerichts oder bei Vormund- oder Pflegschaft des Familiengerichts (§ 125 Abs. 2 FamFG). Der Scheidungsantrag eines geschäftsunfähigen Ehegatten kann jedoch durch die Genehmigung des gesetzlichen Vertreters und des Familien- oder Betreuungsgerichts wirksam werden.[140] Für die Zustimmung zum Scheidungsantrag des anderen Ehegatten bei der einverständlichen Scheidung nach §§ 1565, 1566 Abs. 1 ist die Genehmigung des Familien-/Betreuungsgerichts ebenfalls erforderlich. Der Vertreter kann jedoch ohne Genehmigung des Familien-/Betreuungsgerichts ein Eheverfahren fortführen, wenn der Ehegatte verfahrensunfähig geworden ist, nachdem er den Scheidungsantrag gestellt oder dem Scheidungsantrag des anderen Ehegatten zugestimmt hat.[141]

44 **6. Verfahrenskostenhilfe. a) Ablauf des Trennungsjahres.** In Scheidungssachen gelten über § 113 Abs. 1 S. 2 FamFG für die Bewilligung von Verfahrenskostenhilfe die allgemeinen Regeln der

---

[127] Zur Bedeutung der Rechtshängigkeit und zur Zustellung des Scheidungsantrags vgl. *Schael* FPR 2007, 236; *Erdrich* FPR 2007, 243.

[128] AA Holzer/Schwarz/*Facius* FamFG § 133 Rn. 9, die aber Mängel der Antragsschrift mit Mängeln der Zustellung selbst verwechseln.

[129] BGH NJW 1984, 926.

[130] Vgl. Zöller/*Schultzky* ZPO § 178 Rn. 8.

[131] Keidel/*Weber* FamFG § 125 Rn. 4; Zöller/*Lorenz* FamFG § 125 Rn. 1.

[132] Baumbach/*Hartmann* FamFG § 125 Rn. 3.

[133] Johannsen/Henrich/*Markwardt* FamFG § 125 Rn. 2; Keidel/*Weber* FamFG § 125 Rn. 3; Musielak/Borth/*Borth/Grandel* FamFG § 125 Rn. 2; Zöller/*Lorenz* FamFG § 125 Rn. 1.

[134] BGH NJW 1972, 1710 = FamRZ 1972, 497; Zöller/*Lorenz* FamFG § 125 Rn. 4.

[135] Keidel/*Weber* FamFG § 125 Rn. 5.

[136] BGH NJW 1987, 49 = FamRZ 1987, 928.

[137] BGHZ 41, 303 (307) = NJW 1964, 1855; Keidel/*Weber* FamFG § 125 Rn. 5; Musielak/Borth/*Borth/Grandel* FamFG § 125 Rn. 3.

[138] Zur Verfahrensfähigkeit in der Berufungsinstanz, damit die Verfahrensfähigkeit festgestellt wird, vgl. BGH NJW 1986, 3211 Ls.

[139] BGH NZFam 2014, 334 = FamRZ 2014, 553 zu den Verfahrensanforderungen bei Antragsverwerfung als unzulässig und zur Rechtsmitteleinlegung; BeckRS 2012, 3793 = FamRZ 2012, 631 zur Prozessfähigkeit.

[140] OLG München FamRZ 2007, 568; OLG Hamm FamRZ 1990, 166 (167); Zöller/*Lorenz* FamFG § 125 Rn. 6; Musielak/Borth/*Borth/Grandel* FamFG § 125 Rn. 6.

[141] OLG Hamm FamRZ 1990, 166 (167); RGZ 86, 15; Johannsen/Henrich/*Markwardt* FamFG § 125 Rn. 8.

§§ 114–127a ZPO. Für den Antrag auf Bewilligung der Verfahrenskostenhilfe sind die Scheidungsvoraussetzungen schlüssig vorzutragen. Ergibt sich aus dem Vortrag, dass das Trennungsjahr nicht abgelaufen ist, und werden keine Gründe nach § 1565 Abs. 2 schlüssig dargetan,[142] kann Verfahrenskostenhilfe grundsätzlich nicht bewilligt werden.[143] Dem Antrag ist auch bei Vorliegen der übrigen Voraussetzungen nicht stattzugeben, wenn erkennbar die Jahresfrist bis zum nächstmöglichen Verhandlungstermin erreicht wird. Dagegen spricht, dass die Gewährung von Verfahrenskostenhilfe stets einen schlüssigen Antrag voraussetzt und dass auch in anderen Rechtsgebieten nicht darauf abgestellt wird, ob sich die Schlüssigkeit des Antrags möglicherweise später ergeben kann.

**b) Scheinehen, Fehlehen.** Ob bei Scheinehen oder Fehlehen der unterschiedlichsten Art 45
(→ Rn. 26) die Verfahrenskostenhilfe versagt werden kann, weil der Antrag auf Scheidung einer zu ehefremden Zwecken eingegangenen Ehe mutwillig sei oder jedenfalls nicht auf Kosten der Allgemeinheit erlangt werden soll, verneint der BGH:[144] Da das Eheaufhebungs- oder Scheidungsbegehren nach der Rechtsordnung die einzige Möglichkeit darstellt, die zu ehefremden Zwecken geschlossene Ehe zu beenden, kann nur die Eingehung der Scheinehe, nicht aber die Beseitigung der Rechtsfolgen als rechtsmissbräuchlich angesehen werden.[145] Ob Verfahrenskostenhilfe wegen Mutwillens versagt werden kann, wenn die Parteien schon bei der Heirat die Scheidung beabsichtigt und gewusst hätten, dass sie diese nicht würden bezahlen können, ihr **Gesamtplan** also darauf angelegt war, das spätere Eheaufhebungs- oder Scheidungsverfahren unter Inanspruchnahme von Verfahrenskostenhilfe zu führen,[146] hat der BGH bewusst offengelassen.[147] Auch bei einem solchen planvollen Vorgehen der Parteien wird man aber nicht den Scheidungsantrag selbst als mutwillig ansehen können, sondern nur bei den wirtschaftlichen Voraussetzungen für die Bewilligung von Verfahrenskostenhilfe ansetzen können.[148] Im Rahmen der **wirtschaftlichen Bedürftigkeit,** die bei der Scheidung einer Scheinehe besonders streng zu prüfen ist,[149] ist zu unterscheiden: Ist die Scheinehe **gegen Entgelt** geschlossen worden, so ist die Partei verpflichtet, von diesem Rücklagen zu bilden, um die Kosten des absehbaren Eheaufhebungs- oder Scheidungsverfahrens hieraus zu tragen.[150] Ist sie hierzu nicht imstande, können die wirtschaftlichen Voraussetzungen für die Gewährung von Verfahrenskostenhilfe erfüllt sein. Die Partei muss hierzu aber im Einzelnen vortragen, welches Entgelt sie erhalten und wie sie dieses verwendet hat.[151] Auch wenn sie **kein Entgelt** erhalten, sondern die Scheinehe aus anderen Gründen – etwa aus Mitleid – geschlossen hat, ist ihr die Bildung von Rücklagen aus ihrem Einkommen und Vermögen zumutbar, sofern sie dazu imstande ist.[152] Sie hat also – anders als sonst bei der Beantragung von Verfahrenskostenhilfe – die gesamte wirtschaftliche Entwicklung ab dem Zeitpunkt der Heirat im Einzelnen darzulegen und auf Verlangen glaubhaft zu machen.[153] Hingegen kann sie nicht ohne weiteres darauf verwiesen werden, sie könne über die Verwaltungsbehörde versuchen, eine Aufhebung der Ehe nach § 1314 Abs. 2 Nr. 5, § 1316 Abs. 1 Nr. 1 zu erreichen.[154]

**c) Mutwilliger Scheidungsantrag.** Nur ausnahmsweise mutwillig wird ein Scheidungsantrag 46
sein, wenn schon mehrere Anträge auf Scheidung der Ehe zurückgenommen worden sind.[155] Mutwillig dürfte das zweite Scheidungsverfahren auch dann nicht sein, wenn die beteiligten Eheleute unter falschem Namen bereits ein Scheidungsverfahren erfolglos durchgeführt haben.[156] Vielmehr

---

142 OLG Dresden FPR 2002, 464.
143 HM; OLG Rostock NJW 2006, 3648; OLG Dresden FamRZ 2002, 890 = FPR 2002, 464; OLG Köln FamRZ 2004, 1117; Keidel/*Weber* FamFG § 149 Rn. 3; Palandt/*Brudermüller* § 1565 Rn. 13; *Kogel* FPR 2007, 247 (250) weist darauf hin, dass dieses Vorgehen bislang auch allgemeiner Praxis entspreche.
144 BGH NJW 2011, 1814 = FamRZ 2011, 872 (873) in Anlehnung an das Minderheitsvotum in BVerfG BVerfGE 67, 245 = NJW 1985, 425 = FamRZ 1984, 1206 (1207).
145 Vgl. auch BGH NJW 2005, 2781 = FamRZ 2005, 1477; OLG Hamm FamRZ 2011, 660; OLG Frankfurt FamRZ 2006, 1128; OLG Naumburg FamRZ 2001, 629.
146 So OLG Hamm FamRZ 2000, 1092 Ls. 9; OLG Koblenz FamRZ 2004, 548; OLG Naumburg FamRZ 2004, 548 (549); OLG Rostock FamRZ 2007, 1335.
147 BGH NJW 2011, 1814 = FamRZ 2011, 872 (873).
148 So auch Staudinger/*Rauscher,* 2018, § 1564 Rn. 141c.
149 BGH NJW 2011, 1814 = FamRZ 2011, 872 (873).
150 BGH NJW 2005, 2781 = FamRZ 2005, 1477; NJW 2011, 1814 = FamRZ 2011, 872 (873).
151 BGH NJW 2011, 1814 = FamRZ 2011, 872 (873).
152 OLG Rostock FamRZ 2007, 1335; Staudinger/*Rauscher,* 2018, § 1564 Rn. 141d.
153 Staudinger/*Rauscher,* 2018, § 1564 Rn. 141a.
154 OLG Hamm FamRZ 2011, 660.
155 OLG Frankfurt FamRZ 1982, 1224; OLG Köln FamRZ 1988, 92; diff. Zöller/*Geimer* FamFG § 76 Rn. 37.
156 So aber OLG Koblenz FamRZ 2008, 2286; Zöller/*Geimer* FamFG § 76 Rn. 40.

kommt die Aufhebung der Verfahrenskostenhilfe für das frühere Verfahren nach § 124 Nr. 1 ZPO in Betracht.

47 **d) Antragsgegner.** Dem Antragsgegner ist bei Bedürftigkeit in aller Regel Verfahrenskostenhilfe zu bewilligen, auch wenn er dem Scheidungsantrag nicht entgegentritt oder zur Versöhnung bereit ist.[157] Die „Erfolgsaussichten" sind im Scheidungsverfahren anders als im gewöhnlichen Zivilprozess zu beurteilen, nämlich nach dem **erkennbaren Verfahrensziel** des Beteiligten,[158] auf den Erfolg einer Abwehr der Scheidung kommt es nicht an.[159] Dem Antragsgegner ist auch für einen Gegenantrag auf Scheidung Verfahrenskostenhilfe zu gewähren; ein solcher Antrag ist nicht deshalb mutwillig, weil der Antrag des anderen Ehegatten schon zur Scheidung der Ehe führen würde.[160] Dem Antragsgegner ist auch Verfahrenskostenhilfe zu bewilligen, wenn er der einverständlichen Scheidung nach § 1565 Abs. 1, § 1566 Abs. 1 nur zustimmt.[161]

48 Die Verfahrenskostenhilfe **erstreckt sich für beide Ehegatten** nach § 149 FamFG auf den **Versorgungsausgleich,** soweit diese Erstreckung nicht ausdrücklich ausgenommen wird, was allenfalls in Ausnahmefällen gerechtfertigt ist.[162] Für die **übrigen Folgesachen** muss die Verfahrenskostenhilfe gesondert bewilligt werden nach den Grundsätzen der § 113 Abs. 1 FamFG, §§ 114 ff. ZPO.[163]

49 In der Rechtsmittelinstanz dürfen dann keine strengeren Anforderungen gestellt werden, wenn das erkennbare Verfahrensziel des beteiligten Ehegatten Aussicht auf Erfolg hat.[164]

50 **7. Materielle Wirkungen des Scheidungsantrags. a) Getrenntleben.** Das Getrenntleben der Ehegatten nach § 1567 führt zu einer Reihe rechtlicher Folgen (→ § 1567 Rn. 1 f.), der Zustand des **Scheiterns** allein hingegen nicht, weil er nur in einem familiengerichtlichen Verfahren nach § 266 Abs. 1 Hs. 1 Nr. 2 FamFG festgestellt werden kann. Der Ehegatte kann gemäß § 1353 Abs. 2 die Herstellung der ehelichen Gemeinschaft verweigern.[165]

51 **b) Rechtshängigkeit.** Mit der Rechtshängigkeit des Scheidungsantrages tritt eine Reihe bedeutsamer Rechtsfolgen ein:

- Die nach **§ 1579 Nr. 1** für die Kürzung oder Versagung von Unterhalt maßgebliche „kurze" Ehedauer endet.[166] Diese Regelung kann die Versuchung auslösen, den Scheidungsantrag allzu frühzeitig zu stellen.[167] Die verfrühte Stellung des Scheidungsantrags kann allerdings bei der Billigkeitsabwägung berücksichtigt werden.[168] Bei mehreren Scheidungsanträgen kommt es auf die Rechtshängigkeit des Scheidungsantrages an, der zur Scheidung geführt hat.[169] Dies gilt auch dann, wenn die Ehe nicht auf den ersten Scheidungsantrag geschieden wird, vielmehr auf den späteren Antrag des anderen Ehegatten im gleichen Verfahren, nachdem der erste Antrag zurückgenommen worden ist, und auch dann, wenn das Verfahren längere Zeit ausgesetzt war.[170]
- Nach **§ 1361 Abs. 1 S. 2** wird wegen der Begrenzung der in den Versorgungsausgleich einzustellenden Anwartschaften auf diesen Zeitpunkt **Vorsorgeunterhalt** geschuldet.[171]
- Ein **Auskunftsanspruch** über das Vermögen zum Zeitpunkt der Trennung und des für die Berechnung des Anfangs- und Endvermögens maßgeblichen Vermögens entsteht **(§ 1379 Abs. 1).** Der **Zugewinn** wird für den Zeitpunkt der Rechtshängigkeit berechnet, der nach neuem Recht auch für die **Höhe der Ausgleichsforderung** maßgeblich ist **(§ 1384).** Auch die Zustellung eines verfrüht gestellten Scheidungsantrag ändert nichts am Stichtag, allerdings kann der Rechtsge-

---

[157] OLG Hamburg FamRZ 2003, 1017; OLG Bremen FamRZ 2008, 1544.
[158] BGH BeckRS 2014, 03176 = FamRZ 2014, 551; BT-Drs. 16/6308, 212.
[159] OLG Bamberg FamRZ 1995, 370; OLG Bremen FamRZ 1985, 622; OLG Köln NJW 1978, 2203; OLG Düsseldorf FamRZ 1990, 80; 1981, 265; OLG Hamm NJW 1978, 171; 1978, 895; FamRZ 1985, 622; OLG Koblenz FamRZ 1985, 725; KG FamRZ 1979, 536; 1980, 740; 1985, 621; OLG Stuttgart NJW 1985, 207; OLG Frankfurt FamRZ 1980, 716; *Nolting* FamRZ 1986, 697; Zöller/*Geimer* FamFG § 76 Rn. 32 ff.; aA OLG Düsseldorf FamRZ 1986, 697; OLG Zweibrücken FamRZ 1979, 847 vgl. auch *Grunsky* NJW 1980, 2041; *Kollhosser* ZRP 1979, 298.
[160] OLG Köln FamRZ 1982, 1224; OLG Celle FamRZ 1978, 606; Zöller/*Geimer* FamFG § 76 Rn. 34, 35.
[161] BGH BeckRS 2014, 03176 = FamRZ 2014, 551.
[162] BGH BeckRS 2014, 03176 = FamRZ 2014, 551; näher Keidel/*Weber* FamFG § 149 Rn. 6 f.
[163] Thomas/Putzo/*Hüßtege* FamFG § 149 Rn. 2.
[164] BGH BeckRS 2014, 03176 = FamRZ 2014, 551.
[165] MüKoFamFG/*Erbarth* FamFG § 266 Rn. 249.
[166] BGH NJW 2011, 1582; 1981, 754; 1982, 2064.
[167] Staudinger/*Rauscher*, 2018, Rn. 34; *Finger* FuR 2011, 431 (434).
[168] *Finger* FuR 2011, 431 (434).
[169] BGH NJW 1991, 2490; 1982, 280 = FamRZ 1982, 153; OLG Köln FamRZ 1992, 685.
[170] BGH NJW 1986, 1040 = FamRZ 1986, 335 mwN; NJW 1979, 2099.
[171] Staudinger/*Rauscher*, 2018, Rn. 34; Bamberger/Roth/*Neumann* Rn. 15.

danke der §§ 242, 162 zu Modifikationen führen, wenn ohne eine solche Korrektur ein grob unbilliges Ergebnis vorliegen und der gesetzliche Ausgleich dem Gerechtigkeitsempfinden in unerträglicher Weise widersprechen würde.[172]

- Als Ende der Ehezeit für den **Versorgungsausgleich** ist der letzte Tag des Monats vor dem Monat bestimmt, in dem der Scheidungsantrag rechtshängig wird (**§ 3 Abs. 1 VersAusglG;** näher → VersAusglG § 3 Rn. 5). Für Vereinbarungen über den Versorgungsausgleich hat die Rechtshängigkeit des Scheidungsantrags keine Wirkung (§ 1408 Abs. 2 iVm §§ 6, 8 VersAusglG). Sofern sich ein verfrühter Scheidungsantrag als treuwidriges Verhalten im Rahmen des Versorgungsausgleichs darstellt, das zu einer unbilligen Härte führt, ist eine Korrektur über § 27 VersAusglG vorzunehmen, ggf. auch bei dem überwiegend Ausgleichspflichtigen im Wege der Kürzung des an ihn vorzunehmenden Einzelausgleichs eines Anrechts.[173]
- Der begründete und zugestellte Scheidungsantrag des Erblassers oder seine Zustimmung zur Scheidung schließen das **Erbrecht** des anderen Ehegatten aus **(§ 1933 S. 1),**[174] damit entfällt auch das Pflichtteilsrecht, weil der andere Ehegatte nicht mehr gesetzlicher Erbe wäre. Eine letztwillige Verfügung zugunsten des Ehegatten **(§ 2077 Abs. 1 S. 2),** ein gemeinschaftliches Testament **(§ 2268)** und erbvertragsmäßige Zuwendungen werden unwirksam **(§ 2279),** wenn nicht ein anderer Wille des Erblassers anzunehmen ist (§ 2077 Abs. 3). Ein rechtshängiger Scheidungsantrag schließt jedoch nur die Begünstigung des anderen Ehegatten aus, während der antragstellende Ehegatte bis zur Rechtskraft der Scheidung das Erbrecht behält.[175] Dieser einseitige Erbrechtsausschluss hat zunehmend Kritik erfahren.[176]

**8. Rücknahme, Verzicht oder Abweisung des Scheidungsantrags. a) Entfallen der Wirkungen des Scheidungsantrags.** Die Wirkungen des Scheidungsantrages entfallen, wenn er durch wirksame Rücknahme, durch Verzicht oder durch Abweisung des Scheidungsantrages erledigt ist. Die Wirkungen der Rücknahme erstrecken sich auch auf die Folgesachen (§ 141 S. 1 FamFG). Dies gilt bei **Rücknahme des Scheidungsantrags** nicht für Folgesachen, die die Übertragung der elterlichen Sorge oder eines Teils der elterlichen Sorge wegen Gefährdung des Kindeswohls auf einen Elternteil, einen Pfleger oder Vormund betreffen (§§ 1666, 1666a)[177] sowie für sonstige Folgesachen, wenn ein Beteiligter **vor** Wirksamwerden der Rücknahme ausdrücklich erklärt hat, sie fortführen zu wollen (§ 141 S. 2 FamFG). Bei **Abweisung des Scheidungsantrags** werden Folgesachen als selbständige Familiensachen fortgeführt, wenn es sich um Kindschaftssachen iSd § 137 Abs. 3 FamFG handelt oder ein Beteiligter vor der Entscheidung ausdrücklich erklärt hat, die Folgesache fortführen zu wollen (§ 142 Abs. 2 FamFG). Wird die Fortsetzung der Folgesache Zugewinn als selbständige Ehesache vorbehalten, so gilt für den Einsatzzeitpunkt nach § 1384 im Falle einer späteren Scheidung die Rechtshängigkeit des ersten, zurückgenommenen Antrags fort.[178] S. weiter → § 1384 Rn. 8 ff. 52

**b) Rücknahme des Scheidungsantrags. § 269 ZPO** gilt im Scheidungsverfahren ohne Einschränkung (§ 113 Abs. 1 S. 2 FamFG). Die Rücknahme des Scheidungsantrages ist danach gegenüber dem **nicht anwaltlich vertretenen Antragsgegner jederzeit möglich,** auch nachdem er persönlich nach § 128 FamFG gehört wurde[179] und auch, nachdem er dem Scheidungsantrag persönlich zugestimmt hat.[180] Die Auffassung, dass im Fall der Zustimmung zum Scheidungsantrag unter Geltung des FamFG eine andere Betrachtungsweise geboten sei, weil durch die Befreiung der Zustimmungserklärung vom Anwaltszwang in § 114 Abs. 4 Nr. 4 FamFG diese als Verfahrenshandlung dem Verhandeln in der Hauptsache gleichstehe und der Gesetzgeber mit der Neufassung des § 114 Abs. 4 Nr. 3 FamFG von der Möglichkeit notwendiger Einwilligung durch den anwaltlich 53

[172] BGH NJW 2018, 610 = FamRZ 2018, 331 mAnm *Koch*.

[173] BGH NJW-RR 2017, 1347 = FamRZ 2017, 1914 m. krit. Anm. *Norpoth* FamRZ 2017, 1918.

[174] Entgegen dem Wortlaut ist Rechtshängigkeit, also Zustellung, erforderlich, BGH NJW 1990, 2382 = FamRZ 1990, 1109 = JZ 1990, 1134 m. zust. Anm. *Battes-Thonform* JZ 1990, 1135; BayObLGZ 1990, 20; Staudinger/*Rauscher*, 2018, Rn. 35a; Bamberger/Roth/*Neumann* Rn. 15.

[175] Vgl. die Kritik bei Staudinger/*Rauscher*, 2018, Rn. 35 f.

[176] *Abele/Klinger* FamRB 2006, 138 (139) mwN; BVerfG NJW-RR 1995, 769; BGH NJW 1995, 51; BGHZ 111, 329 = NJW 1990, 2382; OLG Koblenz FamRZ 2007, 590 (592) hält die Regelung nach §§ 1933, 1565 für verfassungsgemäß.

[177] Zu dieser Regelung in § 141 S. 2 FamFG hat der BR krit. Stellung genommen, BT-Drs. 16/6308, 374.

[178] OLG Köln FamRZ 2003, 539 m. abl. Anm. *Höser*; KG FamRZ 2005, 805; OLG Bamberg FamRZ 1997, 91.

[179] BGH NJW-RR 2004, 1297 = FamRZ 2004, 1364 (1365); OLG Stuttgart FamRZ 2005, 286; 2004, 957; Keidel/*Weber* FamFG § 141 Rn. 5; MüKoFamFG/*Heiter* FamFG § 141 Rn. 8.

[180] BGH NJW-RR 2004, 1297 = FamRZ 2004, 1364 (1365); OLG Stuttgart FamRZ 2004, 957; MüKo-FamFG/*Heiter* FamFG § 141 Rn. 8; Musielak/Borth/*Borth/Grandel* FamFG § 141 Rn. 2.

nicht vertretenen Antragsgegner ausgegangen sei,[181] erscheint demgegenüber nicht überzeugend. Aus den Gesetzesmaterialien ergibt sich kein Hinweis darauf, dass der Gesetzgeber abweichend von der Rspr. des BGH die Wirksamkeit der Rücknahme des Scheidungsantrags bei vorheriger Zustimmung zur Scheidung von der Einwilligung des anwaltlich nicht vertretenen Antragsgegners abhängig machen wollte. Durch § 134 Abs. 1 S. 1 Alt. 1 FamFG sollte lediglich die Regelung über die Zustimmung zur Scheidung auf die Zustimmung zur Antragsrücknahme nach § 269 ZPO erweitert werden, indem der Antragsgegner noch nach Beginn der mündlichen Verhandlung der Antragsrücknahme zustimmen könne.[182] Daraus lässt sich nicht folgern, dass der Gesetzgeber die Rücknahme des Scheidungsantrags erschweren und von der Einwilligung des nicht anwaltlich vertretenen Antragsgegners abhängig machen wollte.[183] Er hat lediglich klargestellt, dass die Zustimmung zur Rücknahme, wenn sie erforderlich sein sollte, auch ohne Anwalt erklärt werden kann.[184] Gegenüber dem Antragsgegner, der sich **durch einen Rechtsanwalt zur Hauptsache eingelassen** hat, kann die Rücknahme des Scheidungsantrags hingegen nur mit dessen **Einwilligung** (§ 269 Abs. 1 ZPO) erfolgen. Dieser hat zur Hauptsache noch nicht verhandelt, solange er den Standpunkt seiner Partei zum Scheidungsbegehren noch nicht zu erkennen gegeben hat, einen Sachantrag braucht er nicht gestellt zu haben.[185] Die Einwilligung gilt nach § 269 Abs. 2 S. 4 ZPO als erteilt, wenn der Antragsgegner nicht binnen einer Notfrist von zwei Wochen seit der Zustellung des die Rücknahme enthaltenden Schriftsatzes widerspricht, sofern er zuvor auf diese Folge hingewiesen worden ist.[186] Ist die Rücknahme wegen fehlender Einwilligung des Antragsgegners, die dieser nach § 114 Abs. 4 Nr. 3 FamFG auch persönlich erklären kann, unwirksam, bleiben die verfahrensrechtlichen Wirkungen des Scheidungsantrages bestehen. Eine Scheidung der Ehe auf der Grundlage des zurückgenommenen Scheidungsantrags ist aber nicht mehr möglich. Wegen der auch materiell-rechtlichen Natur des Scheidungsantrages und der Dispositionsbefugnis der Parteien kann ein lediglich formal fortbestehender Antrag nicht zur Grundlage einer *Ehescheidung* gemacht werden.[187] Bleibt der Antragsteller nach verfahrensrechtlich nicht wirksamer Rücknahme säumig, so ergeht nach § 130 Abs. 1 FamFG die Versäumnisentscheidung gegen ihn dahin, dass der Antrag als zurückgenommen gilt.[188] § 114 Abs. 4 Nr. 3 FamFG nimmt die Zustimmung zur Scheidung und zur Rücknahme des Scheidungsantrags sowie den Widerruf der Zustimmung zur Scheidung vom Anwaltszwang aus. Die Erklärungen können nach § 134 FamFG zur Niederschrift der Geschäftsstelle oder in der mündlichen Verhandlung zur Niederschrift des Gerichts erklärt werden.

54 **c) Verzicht auf den Scheidungsausspruch.** Der Verzicht (§ 113 Abs. 1 S. 2 FamFG, § 306 ZPO) auf den Scheidungsanspruch ist ohne Einwilligung des Antragsgegners möglich. Da er auch einen materiellen Verzicht auf das bestehende Scheidungsrecht enthält, führt er auch dann zur Abweisung des Scheidungsantrages, wenn ein Antrag auf Erlass eines Verzichtsbeschlusses nicht gestellt wird.[189] Der Verzichtsbeschluss schützt den Antragsgegner anders als die Rücknahme des Antrages vor der Wiederholung des Verfahrens aufgrund alter Tatsachen.[190]

### VII. Verhandlung und Entscheidung über verschiedene Scheidungsanträge

55 **1. Grundsatz. a) Keine Teilentscheidung.** Ob eine Ehe gescheitert ist, kann im Scheidungsverfahren nur einheitlich entschieden werden **(Grundsatz der Einheitlichkeit der Entscheidung in Ehesachen und Eheaufhebungssachen).**[191] Deshalb sind eine Teilentscheidung über Antrag oder Gegenantrag, auch ein Teilversäumnisbeschluss und auch ein den Antrag abweisender Teilbeschluss unzulässig, weil dann über das Scheitern einer Ehe gleichzeitig in verschiedenen Instanzen (unterschiedlich) entschieden werden könnte. Zur Behandlung beiderseitiger Scheidungsanträge nach § 1565 Abs. 2 → § 1565 Rn. 87 aE, 119 aE. Mit der Entscheidung über die Aufhebung einer Ehe ist gleichzeitig über einen Gegenantrag oder über einen Scheidungsantrag zu befinden, wobei

---

181 Staudinger/*Rauscher,* 2018, Rn. 56b.
182 BT-Drs. 16/6308, 229.
183 BeckOK BGB/*Neumann* Rn. 17.
184 AA Staudinger/*Rauscher,* 2018, Rn. 56b.
185 BGH NJW-RR 2004, 1297 = FamRZ 2004, 1364; Zöller/*Lorenz* FamFG § 141 Rn. 2.
186 Zöller/*Lorenz* FamFG § 141 Rn. 2.
187 OLG Frankfurt FamRZ 1982, 809; Staudinger/*Rauscher,* 2018, Rn. 57a; Johannsen/Henrich/*Jaeger/Hamm* Rn. 34; Soergel/*Heintzmann* Vor § 1564 Rn. 25: Antragsabweisung als unzulässig; Bamberger/Roth/*Neumann* Rn. 17; anders → 4. Aufl. 2000, Rn. 51 *(Wolf).*
188 Staudinger/*Rauscher,* 2018, Rn. 57.
189 OLG Karlsruhe FamRZ 1980, 1121 (1123); Staudinger/*Rauscher,* 2018, Rn. 58.
190 Staudinger/*Rauscher,* 2018, Rn. 58.
191 Vgl. Johannsen/Henrich/*Jaeger/Hamm* Rn. 47; Staudinger/*Rauscher,* 2018, Rn. 59; Bamberger/Roth/*Neumann* Rn. 22.

das Aufhebungsbegehren nach § 126 Abs. 3 FamFG Vorrang vor dem Scheidungsbegehren hat. Ein Antrag darf nicht abgetrennt oder ausgesetzt werden, wenn die Gefahr sich widersprechender Entscheidungen besteht.

**b) Auswahl des Streitstoffes durch die Eheleute.** Das Gesetz hat mit den vier Scheidungstatbeständen unterschiedliche Wege des Scheidungsverfahrens eröffnet (→ Rn. 13, 14),[192] über deren Anwendung die Eheleute weitgehend selbst bestimmen können.[193] Die Bindung des Gerichts an den Tatsachenvortrag der Beteiligten folgt aus § 127 Abs. 2 FamFG. Tatsachen, die zur Scheidung der Ehe führen können, werden nur berücksichtigt, wenn sie vorgebracht sind. Die Ehegatten erhalten vom Gesetz die Befugnis, ihre Intimsphäre im Scheidungsverfahren vor dem Einblick des Gerichts durch die Auswahl des Streitstoffes zu schützen; die Feststellung des Scheiterns der Ehe erfordert jedoch zwangsläufig das Eingehen auf die Interna des ehelichen Lebens, so dass das Ziel, das Gericht aus der Intimsphäre herauszuhalten, nicht vollständig erreicht werden kann.[194] Sind bestimmte Tatsachen in das Verfahren eingeführt, insbesondere durch die notwendige Anhörung der Ehegatten (§ 128 Abs. 1 FamFG), steht es dem Gericht trotzdem nicht frei, einen beliebigen der vier Tatbestände seinem Urteil zugrunde zu legen. Es ist an den Vortrag in den Anträgen der Parteien grundsätzlich gebunden.[195] Dies folgte bisher auch aus § 611 ZPO aF, der bestimmt, dass bis zum Abschluss der mündlichen Verhandlung, auf die das Urteil ergeht, andere Gründe geltend gemacht werden können, als sie in dem einleitenden Schriftsatz vorgebracht sind. Der Übergang von einem Scheidungstatbestand zum anderen ist damit, weil es immer um den Scheidungsgrund „Scheitern der Ehe" geht, keine Verfahrensänderung.[196] Von Gesetzes wegen tritt jedoch die **gesetzliche Vermutung** des Scheiterns der Ehe bei einer dreijährigen Trennungszeit ein. Diese Vermutung ist nicht nur im Interesse des einzelnen Ehegatten eingeführt. Tritt eine solche Vermutung ein, ist der Vortrag, der die schon vermutete Tatsache (Scheitern) beweisen soll, gegenstandslos.[197] 56

**2. Behandlung der Scheidungsanträge. a) Keine Trennungszeit.** Trägt der Antragsteller eine Trennungszeit nicht vor, kann er die Scheidung nur aus § 1565 Abs. 1 iVm Abs. 2 **wegen Unzumutbarkeit** begehren. Das Gericht darf **nicht von Amts** wegen prüfen, ob die Trennung schon ein Jahr besteht, weil es dann eine scheidungserleichternde Feststellung treffen würde. Der vertretene Antragsgegner kann aber, auch wenn er selbst keinen Scheidungsantrag stellt, die einjährige Trennung behaupten und beweisen, um der Untersuchung nach § 1565 Abs. 2 zu entgehen.[198] Gelingt dem Antragsgegner dieser Nachweis oder trägt der Antragsteller bei der Darlegung, dass die Ehe gescheitert sei, die Trennung begründet vor, wird § 1565 Abs. 2 unanwendbar. Der Antragsteller hat dann keinen Anspruch mehr darauf, dass das Gericht seinen Vortrag zu § 1565 Abs. 2 prüft.[199] Dies gilt auch, wenn die Jahresfrist während des Verfahrens abläuft.[200] Die Ehe ist dann aus dem Grundtatbestand des § 1565 Abs. 1 zu scheiden, auch wenn der Antragsteller auf der Anwendung von § 1565 Abs. 2 besteht. Sein Antrag ist nicht deshalb abzuweisen, weil § 1565 Abs. 2 unanwendbar ist. 57

**b) Einjährige Trennungszeit.** Behauptet der Antragsteller eine Trennungszeit von einem Jahr und begehrt er die Scheidung aus dem Grundtatbestand, dürfen Tatsachen zur Scheidung ohne Fristablauf nach § 1565 Abs. 2 nicht von Amts wegen in das Verfahren eingeführt werden.[201] Ist die Frist nicht abgelaufen und stellt der Antragsteller auch nach Aufklärung gemäß§ 113 Abs. 1 S. 2 FamFG, § 139 ZPO das Verfahren nicht auf die Scheidung nach § 1565 Abs. 2 iVm Abs. 1 um, wird sein Antrag auch dann abgewiesen, wenn die Scheidung ohne Fristablauf nach Kenntnis des Gerichts gerechtfertigt wäre.[202] Ergeben bewiesene Behauptungen des Antragstellers oder des Antragsgegners, dass die Trennung schon drei Jahre andauert, greift die gesetzliche Vermutung ein, dass die Ehe 58

---

192 *Gernhuber/Coester-Waltjen* FamR § 25 Rn. 4 Fn. 8.

193 NK-BGB/*Bisping* Rn. 10.

194 *Schwab* in Schwab ScheidungsR-HdB II Rn. 15; Johannsen/Henrich/*Jaeger/Hamm* Rn. 16, 44; Staudinger/*Rauscher,* 2018, Rn. 63.

195 Staudinger/*Rauscher,* 2018, Rn. 62 ff.; Bamberger/Roth/*Neumann* Rn. 23.

196 AllgM; *Gernhuber/Coester-Waltjen* FamR § 25 Rn. 4, 5; Johannsen/Henrich/*Jaeger/Hamm* Rn. 45.

197 *Gernhuber/Coester-Waltjen* FamR § 25 Rn. 5; Staudinger/*Rauscher,* 2018, Rn. 62, 67; Johannsen/Henrich/*Jaeger/Hamm* Rn. 44.

198 Staudinger/*Rauscher,* 2018, Rn. 67.

199 AllgM; *Gernhuber/Coester-Waltjen* FamR § 25 Rn. 5; Staudinger/*Rauscher,* 2018, Rn. 67; Johannsen/Henrich/*Jaeger/Hamm* Rn. 44.

200 Staudinger/*Rauscher,* 2018, Rn. 67a.

201 Staudinger/*Rauscher,* 2018, Rn. 63b.

202 Johannsen/Henrich/*Jaeger/Hamm* Rn. 44.

gescheitert ist. Eine weitergehende Untersuchung des Zustandes der Ehe hat zu unterbleiben, selbst wenn der Antragsteller sich nicht auf § 1566 Abs. 2 beruft.[203]

59 **c) Dreijahresscheidung.** Beantragt ein Ehegatte die Dreijahresscheidung nach § 1566 Abs. 2 iVm § 1565 Abs. 1, darf das Gericht selbst dann, wenn es zweifelhaft ist, ob die Frist abgelaufen ist, nicht untersuchen, ob die Ehe gescheitert ist und aus dem Grundtatbestand des § 1565 Abs. 1 geschieden werden könnte. Der Antragsteller wäre beschwert, wenn das Gericht den Zustand der Ehe untersuchen und dazu im Beschluss Stellung nehmen würde. Der Antragsteller, der die Dreijahresfrist abwartet, ist davor geschützt, dass auf der Grundlage von Tatsachen, die der Antragsgegner oder das Gericht von Amts wegen in das Verfahren einführen, die Intimsphäre der Ehegatten im Beschluss ausgebreitet wird.[204]

60 **d) Formalisierte einverständliche Scheidung.** Haben sich die Ehegatten auf die formalisierte einverständliche Scheidung nach § 1565 Abs. 1 iVm § 1566 Abs. 1 geeinigt und hat sie ein Ehegatte beantragt oder haben sie beide beantragt, darf das Gericht die Ehe aus einem der anderen Tatbestände nicht scheiden, selbst wenn die einverständliche Scheidung mangels Zustimmung des anderen Ehegatten nicht gelingt und die Scheidung aus dem Grundtatbestand begründet wäre. Bei der einverständlichen Scheidung sind Untersuchungen und Feststellungen des Gerichts über den Zustand der Ehe unzulässig; die Härteklausel ist nur zum Schutz von Kindern anwendbar. Es ist bei der Umstellung vom Verschuldens- auf das Zerrüttungsprinzip rechtspolitisch als eine wesentliche Verbesserung angesehen worden, dass die Ehegatten die Scheidung ihrer Ehe gemeinsam beantragen können und keine Auseinandersetzungen austragen müssen. Es würde der Absicht der Parteien, ihre Ehe einverständlich zu beenden, widersprechen, wenn ihre Ehe auf Antrag und Gegenantrag geschieden würde. Das Gericht darf deshalb in diesen Fällen von Amts wegen nicht die Scheidung aus dem Dreijahrestatbestand des § 1565 Abs. 1 iVm § 1566 Abs. 2 aussprechen.

61 **3. Folgen eines weiteren Antrags.** Die Scheidungsanträge beider Ehegatten (verfahrensrechtlich → § 1565 Rn. 73) sind getrennt darauf zu untersuchen, ob sie begründet sind. Weiter ist zu prüfen, **welche Wirkungen die Anträge aufeinander ausüben.** Ein Scheidungsantrag ist nicht deshalb begründet, weil die Ehe auf Antrag des anderen Ehegatten zu scheiden ist. Gegenüber dem Antrag auf Scheidung ohne Fristablauf (§ 1565 Abs. 1 iVm Abs. 2) setzt sich ein Antrag durch, der eine Trennungsfrist von einem Jahr – Scheidung aus dem Grundtatbestand des § 1565 Abs. 1 – oder von drei Jahren – Scheiternsvermutung nach dreijähriger Trennung (§ 1565 Abs. 1, § 1566 Abs. 2) – zum Inhalt hat. Wird der Fristablauf nicht bewiesen, ist die Ehe nur aus § 1565 Abs. 1 iVm Abs. 2 zu scheiden; beharrt der andere Ehegatte auf der Scheidung nach Fristablauf, ist sein Antrag abzuweisen.[205] Stehen sich zwei Anträge gegenüber, die mit der Unzumutbarkeit der Fortsetzung der Ehe begründet werden (§ 1565 Abs. 1 iVm Abs. 2), hat jeder sein eigenes Schicksal. Ist nur einer begründet, so ist der andere abzuweisen.[206] Gegenüber dem Scheidungsantrag aus dem Grundtatbestand (§ 1565 Abs. 1) setzt sich zwar der Antrag aus der Dreijahresvermutung (§ 1565 Abs. 1 iVm § 1566 Abs. 2) durch. Die Ehe ist jedoch auf Antrag beider Ehegatten zu scheiden. Stimmt ein Ehegatte, der selbst Scheidungsantrag aus dem Grundtatbestand des § 1565 Abs. 1 allein oder iVm § 1565 Abs. 2 oder § 1566 Abs. 2 gestellt hat, dem Antrag des anderen Ehegatten auf einverständliche Scheidung gemäß § 1566 Abs. 1 zu, liegt darin eine Umstellung seines Antrages. Eine Abweisung kommt nicht in Betracht. Stellen beide Ehegatten Scheidungsantrag und behaupten beide eine mehr als einjährige Trennung, tritt die Vermutung des Scheiterns der Ehe ein, auch wenn sich die Parteien auf Folgesachen nicht geeinigt haben. Einer Übereinstimmung zu den Folgesachen bedarf es nicht.

62 **4. Wechsel der Tatbestände.** So wie durch den Fristablauf ein **automatischer Übergang** von der Scheidung wegen Unzumutbarkeit nach § 1565 Abs. 1 iVm Abs. 2 zum Grundtatbestand des § 1565 Abs. 1 oder auch zur Dreijahresscheidung nach § 1565 Abs. 1 iVm § 1566 Abs. 2 eintreten kann, kann jeder Ehegatte seine **Scheidungsanträge staffeln,**[207] zB Antrag nach § 1565 Abs. 1 iVm Abs. 2, hilfsweise – wenn die Frist abgelaufen ist – Antrag aus dem Grundtatbestand nach § 1565 Abs. 1 stellen. Bis zum Schluss der mündlichen Verhandlung kann jeder Ehegatte sein verfahrensrechtliches Verhalten ändern. So kann der Antragsteller, wenn ihm der Nachweis der Trennungs-

---

203 Johannsen/Henrich/*Jaeger/Hamm* Rn. 44; Staudinger/*Rauscher,* 2018, Rn. 67.

204 Johannsen/Henrich/*Jaeger/Hamm* Rn. 16, 44; Staudinger/*Rauscher,* 2018, Rn. 67.

205 RGRK-BGB/*Graßhof* Rn. 50.

206 OLG Stuttgart NJW 1977, 1542; 1978, 546; OLG Hamm FamRZ 1978, 28; OLG Düsseldorf FamRZ 1978, 26; *Stillner* NJW 1978, 430; *Brüggemann* FamRZ 1978, 91 (96); aA OLG Stuttgart NJW 1979, 167; Soergel/*Heintzmann* Vor § 1564 Rn. 17; Soergel/*Heintzmann* § 1565 Rn. 83; Staudinger/*Rauscher,* 2018, Rn. 69; BeckOK BGB/*Neumann* Rn. 23 aE: „regelmäßig".

207 Johannsen/Henrich/*Jaeger/Hamm* Rn. 46; Soergel/*Heintzmann* Rn. 8; Staudinger/*Rauscher,* 2018, Rn. 66.

zeiten nicht gelingt, die Merkmale des § 1565 Abs. 2 behaupten und die Scheidung mit der Begründung beantragen, die Fortsetzung der Ehe sei für ihn unzumutbar. Ein Ehegatte kann jederzeit vom Grundtatbestand des § 1565 Abs. 1 zum Dreijahrestatbestand des § 1565 Abs. 1 iVm § 1566 Abs. 2 übergehen und behaupten, dass die dreijährige Trennung abgelaufen sei. Im Zusammenwirken mit dem anderen Ehegatten ist auch der **Übergang zur einverständlichen Scheidung** zulässig. Die für die einverständliche Scheidung erforderliche Zustimmung zu Scheidung kann jederzeit nachgeholt werden (§ 134 Abs. 1 FamFG). Der Übergang von der einverständlichen Scheidung zu einem Scheidungsverfahren wegen Unzumutbarkeit, aus dem Grundtatbestand oder dem Dreijahrestatbestand ist ebenfalls möglich.[208] Er kann erforderlich werden, wenn der andere Ehegatte seinen Scheidungsantrag zurücknimmt (§ 141 FamFG) oder die Zustimmung zum Scheidungsantrag widerruft (§ 134 Abs. 2 FamFG) oder wenn der Nachweis der einjährigen Trennung nicht gelingt. Vom Antrag aus dem Dreijahrestatbestand kann der Antragsteller jederzeit zum Verfahren aus dem Grundtatbestand übergehen, insbesondere dann, wenn ihm der Nachweis der dreijährigen Trennung nicht gelingt.

## VIII. Familiengericht

**1. Sachliche Zuständigkeit.** Für das Verfahren auf Scheidung der Ehe ist das Familiengericht zuständig (§ 111 Nr. 1 FamFG, § 23a Abs. 1 S. 1 Nr. 1 GVG, § 23b Abs. 1 GVG), das als Abteilung beim Amtsgericht eingerichtet ist (§ 23b Abs. 1 GVG). Bei ihm können die ehebezogenen Verfahren im Verbund zusammengefasst werden (§ 23b Abs. 2 GVG). Der Scheidungsverbund und die Entscheidung durch das beim Amtsgericht eingerichtete Familiengericht ist ein Kernstück des Scheidungsverfahrens des FamFG, auch wenn der Scheidungsverbund nicht streng eingehalten werden muss (→ Rn. 69, 71). 63

Die Vorschriften für das Verfahren vor den Landgerichten gelten für das Verfahren in Ehe- und Familienstreitsachen entsprechend (§ 113 Abs. 1 S. 2 FamFG). Es herrscht grundsätzlich Anwaltszwang mit einer Reihe von Besonderheiten (§ 114 FamFG). Näher → Rn. 38, 90. 64

Die **Zuweisung** der Familiensachen an das FamG begründet für das FamG **keine sachliche Zuständigkeit.**[209] Die Zuständigkeit liegt vielmehr beim Amtsgericht, das Verhältnis zwischen allgemeiner Zivilabteilung und Familiengericht entspricht einer gesetzlichen Geschäftsverteilung.[210] Mit der Einführung des § 17a Abs. 6 GVG hat der Gesetzgeber die Regelungen, die für den beschrittenen Rechtsweg gelten, auch im Verhältnis zwischen den Spruchkörpern zueinander für anwendbar erklärt, so dass die Zivilabteilung als Streitgericht an das Familiengericht und umgekehrt **verweisen** kann.[211] Der Beschluss ist für das Gericht, an das verwiesen worden ist, bindend (§ 17a Abs. 6, Abs. 2 S. 3 GVG); er ist mit der sofortigen Beschwerde anfechtbar (§ 17a Abs. 6, Abs. 4 S. 3 GVG).[212] 65

**2. Örtliche und internationale Zuständigkeit.** Für die **örtliche Zuständigkeit** stellt § 122 FamFG eine **Anknüpfungsleiter**[213] auf: In erster Linie kommt es auf den gewöhnlichen Aufenthalt des Ehegatten an, bei dem alle gemeinschaftlichen minderjährigen Kinder leben (§ 122 Nr. 1 FamFG). Fehlt es an einem solchen Gerichtsstand, ist das Gericht zuständig, in dessen Bezirk einer der Ehegatten mit einem Teil der gemeinschaftlichen minderjährigen Kinder seinen gewöhnlichen Aufenthalt hat (§ 122 Nr. 2 FamFG), danach das Gericht des letzten gemeinsamen gewöhnlichen Aufenthalts, solange ein Ehegatte dort ist (§ 122 Nr. 3 FamFG). Als weitere Hilfszuständigkeiten sind der gewöhnliche Aufenthalt des Antragsgegners, der gewöhnliche Aufenthalt des Antragstellers (§ 122 Nr. 4, 5 FamFG) und zuletzt das AG Berlin-Schöneberg vorgesehen (§ 122 Nr. 6 FamFG). 66

Die **internationale Zuständigkeit** der deutschen Gerichte für Ehesachen ist grundsätzlich in § 98 FamFG geregelt. Sie ist weitgehend vom Erfordernis der Anerkennung der Entscheidung im Heimatstaat losgelöst und nimmt dafür hinkende Ehen in Kauf. Als vorrangiges EG-Recht (§ 97 FamFG) verdrängt die **Brüssel IIa-VO** (→ Vor § 1564 Rn. 49) in ihrem sachlichen und geografischen Anwendungsbereich (EU-Staaten ohne Dänemark) die Regelung des § 98 FamFG. Da sie nicht nur für Angehörige eines EU-Mitgliedstaats gilt, sondern auch Angehöriger anderer Staaten in den Anwendungsbereich fallen, sobald ein Ehegatte seinen gewöhnlichen Aufenthalt in einem Mitgliedstaat hat oder Angehöriger eines Mitgliedstaats ist, richtet sich die internationale Zuständigkeit **in den meisten Fällen nach der Brüssel IIa-VO.**[214] Im Gegensatz zu § 98 FamFG knüpft Art. 3 Brüssel IIa-VO in erster Linie an den gewöhnlichen Aufenthalt und nur stark eingeschränkt 67

---

208 *Dörr* NJW 1989, 489; Soergel/*Heintzmann* Rn. 10; Soergel/*Heintzmann* § 1566 Rn. 19.
209 BGHZ 71, 264 = NJW 1978, 1531; OLG Düsseldorf FamRZ 1978, 125.
210 Keidel/*Weber* FamFG § 111 Rn. 35, 53; Zöller/*Lückemann* GVG § 23b Rn. 3.
211 Keidel/*Weber* FamFg § 111 Rn. 53; Thomas/Putzo/*Hüßtege* GVG § 17a Rn. 1.
212 Näher Keidel/*Weber* FamFG § 111 Rn. 53.
213 Kemper/Schreiber/*Kemper* FamFG § 122 Rn. 4 ff.
214 *Ganz* FuR 2011, 69 (70).

an die Staatsangehörigkeit an.[215] Zur Regelung des Kollisionsrechts gilt die **Rom III-VO,** die in Art. 5 Rom III-VO den Parteien unter bestimmten Voraussetzungen eine **Rechtswahl** der Ehegatten ermöglicht (näher → Vor § 1564 Rn. 49).[216]

### IX. Verbund mit Folgesachen

68 **1. Konzentration beim Ehegericht.** Während der Rechtshängigkeit einer Ehesache ist für die in § 137 Abs. 2, 3 FamFG genannten Familiensachen das **Gericht der Ehesache ausschließlich zuständig** (§ 152 Abs. 1 FamFG, § 201 Nr. 1 FamFG, § 218 Nr. 1 FamFG, § 232 Abs. 1 Nr. 1 FamFG, § 262 Abs. 1 FamFG). Diese **Zuständigkeitskonzentration** für Familiensachen bei dem **Gericht der Ehesache** in Kindschaftssachen, Ehewohnungs- und Haushaltssachen, Versorgungsausgleichssachen, Unterhaltssachen und Güterrechtssachen ermöglicht erst die Entscheidung der in § 137 Abs. 2, 3 FamFG angeführten Folgesachen im Verbund und begründet eine **ausschließliche Zuständigkeit** des Gerichts der Ehesache **für alle Folgesachen.**[217] Sind **mehrere Ehesachen** (§ 121 FamFG) bei verschiedenen Gerichten anhängig, sind die übrigen Ehesachen an das Gericht der Scheidungssache, bei mehreren Scheidungssachen an das zuerst befasste Gericht **abzugeben** (§ 123 FamFG). Die im ersten Rechtszug anhängigen Familiensachen sind an das Gericht der Ehesache von Amts wegen abzugeben (§§ 153, 202, 233, 263, 268 FamFG). Um die Konzentration beim Ehegericht zu gewährleisten, muss die Antragsschrift nach § 133 FamFG Angaben darüber enthalten, ob gemeinschaftliche minderjährige Kinder vorhanden sind, ob die Ehegatten eine Regelung über die elterliche Sorge, den Umgang und die Unterhaltspflicht gegenüber den gemeinschaftlichen minderjährigen Kindern und die nacheheliche Unterhaltspflicht sowie die Rechtsverhältnisse an der Ehewohnung und den Haushaltsgegenständen getroffen haben und ob Familiensachen nach § 111 FamFG, an denen sie beteiligt sind, anderweitig anhängig sind. Alle ehebezogenen Familiensachen werden damit beim Ehegericht konzentriert, eine andere Zuständigkeit kann nicht vereinbart werden.[218]

69 **2. Scheidungsverbund.** Die Konzentration des Verfahrens beim Ehegericht ist zugleich die Grundlage für den notwendigen oder freiwilligen Verbund der Folgesachen mit der Ehescheidung. Nach § 137 Abs. 2 S. 1 Nr. 1, S. 2 FamFG ist nur der **Versorgungsausgleich mit der Scheidungssache notwendig zu verbinden,** für alle übrigen Folgesachen besteht kein Zwangsverbund, nachdem der notwendige Verbund mit der elterlichen Sorge mit dem Kindschaftsrechtsreformgesetz (→ Einl. FamR Rn. 158) entfallen ist. Über die übrigen Familiensachen ist als Folgesachen gleichzeitig und zusammen mit der Scheidungssache zu verhandeln und im Falle der Scheidung dann zu entscheiden, wenn sie spätestens zwei Wochen vor der „letzten" mündlichen Verhandlung[219] im ersten Rechtszug in der Scheidungsverbundsache, also bei Entscheidungsreife der Ehe- und sämtlicher schon früher anhängigen Verbundsachen, anhängig gemacht sind (§ 137 Abs. 2 S. 1 FamFG), wobei streitig und bisher höchstrichterlich noch nicht geklärt ist, ob zur Herstellung des Scheidungsverbundes auch ein Verfahrenskostenhilfeantrag für einen beabsichtigten Folgeantrag ausreicht.[220] Für die sinnvolle Anwendung der Zweiwochenfrist des § 137 Abs. 2 FamFG ist es erforderlich, die Ladungsfristen großzügig zu bemessen, um den Beteiligten hinreichende Gelegenheit zu geben, eine Folgesache noch rechtzeitig anhängig zu machen.[221] Den beteiligten Ehegatten muss zur Vorbereitung eines Folgeantrags neben der Zweiwochenfrist eine zusätzliche Woche entsprechend der Ladungsfrist zur Verfügung stehen.[222] Diese beiden Fristen sind gemäß § 113 Abs. 1 S. 2 FamFG, § 222 ZPO, § 188 Abs. 2 BGB zu berechnen.[223] Dabei ist die Einhaltung der Frist für jeden Beteiligten gesondert zu beurteilen. Wird gegen diese Vorgaben verstoßen, hat der betroffene Beteiligte

---

215 Zöller/*Geimer* FamFG § 98 Rn. 4.

216 Vgl. hierzu *Ganz* FuR 2011, 369.

217 Staudinger/*Rauscher,* 2018, Rn. 102.

218 BGH NJW 1991, 1616; 2491.

219 BGH NJW 2012, 1734 = FamRZ 2012, 863; OLG Hamm FamRZ 2010, 2091 = NJW-RR 2011, 84 = FF 2011, 78; vgl. *Roßmann* ZFE 2011, 208 (209 f.); krit. Prütting/*Helms* FamFG § 137 Rn. 47.

220 Bejahend OLG Oldenburg FamRZ 2012, 656; OLG Hamm NJW 2012, 240; OLG Koblenz FamRZ 2008, 1965 = NJW 2008, 2929 mAnm *Unger;* OLG Karlsruhe FamRZ 1994, 971; Johannsen/Henrich/*Markwardt* FamFG § 137 Rn. 14a; *Prütting/Helms* FamFG § 137 Rn. 50; *Hoppenz* FPR 2011, 23 (25); wohl auch Staudinger/*Rauscher,* 2018, Rn. 103g; Thomas/Putzo/*Hüßtege* FamFG § 137 Rn. 20d; aA OLG Naumburg FamRZ 2001, 168; Keidel/*Weber* FamFG § 137 Rn. 16; Zöller/*Lorenz* FamFG § 137 Rn. 27; *Keuter* NJW 2009, 276; vgl. auch BVerfG NJW-RR 2002, 793 = FamRZ 2002, 665; BGH NJW-RR 2012, 753 = FamRZ 2012, 783.

221 *Löhnig* FamFR 2009, 737 (738).

222 BGH NJW 2012, 1734 = FamRZ 2012, 863; *Hoppenz* FPR 2011, 23 (24).

223 BGH NJW 2013, 2199 = FamRZ 2013, 1300.

einen Anspruch auf Terminverlegung. Dieser bedarf es nicht, wenn die Folgesache noch in dem Termin anhängig gemacht wird, da diese dann Bestandteil des Scheidungsverbunds wird, über den als Folgesache im Rahmen der Verbundentscheidung in der Sache zu entscheiden ist; Teilentscheidungen sind unzulässig.[224] Wird die Frist nicht eingehalten, so ist die Verbundvoraussetzung nicht gegeben. Der Folgesachenantrag ist aber nicht als unzulässig abzuweisen,[225] sondern nach Abtrennung § 113 Abs. 1 S. 2 FamFG, § 145 ZPO als selbständige Familiensache zu behandeln,[226] wie der nacheheliche Kindesunterhalt,[227] und ggf., soweit die Rechtskraft der Ehescheidung Voraussetzung für die Behandlung der Familiensache ist, nach § 148 ZPO auszusetzen.[228] Wird im Scheidungsverbund über eine Folgesache ein Widerrufsvergleich geschlossen, so kann der Scheidungsbeschluss erst nach Ablauf der Widerrufsfrist verkündet werden; wird er verfrüht verkündet und der Vergleich widerrufen, so ist auf die Beschwerde hin der Scheidungsbeschluss aufzuheben und die Sache vom Beschwerdegericht an das Familiengericht zurückzuverweisen.[229] Die Vorschriften über das Verbundverfahren sind auf alle Scheidungstatbestände, auch auf die Härtefallscheidung nach § 1565 Abs. 1 iVm Abs. 2 anzuwenden.[230]

**3. Zweck des Scheidungsverbundes.** Der Verbund soll vor allem dem schwächeren Ehegatten helfen, seine Ansprüche durchzusetzen. Ferner sollen den Ehegatten die Konsequenzen der Scheidung vor Augen geführt und weiterer Streit zwischen ihnen nach der Scheidung vermieden werden. Außerdem sollen die Interessen von Kindern geschützt werden. Der Verbund dient auch dazu, Gerichte und Anwälte von Doppelarbeit zu entlasten. Ob sich der Verbund bewährt hat,[231] ist zweifelhaft.[232] Nachdem der Gesetzgeber wegen der Gleichstellung ehelicher Kinder mit nichtehelichen Kindern durch das Kindschaftsrechtsreformgesetz vom 16.12.1997 (BGBl. 1997 I 2942, berichtigt BGBl. 1998 I 946) den notwendigen Verbund mit der elterlichen Sorge und dem Umgangsrecht gelockert hat, hat das Verbundprinzip seine prägende Bedeutung verloren. Dem trägt § 137 FamFG weiter dadurch Rechnung, dass die Einbeziehung der Sorge- und Umgangsrechtsfragen durch das Gericht abgelehnt werden kann, wenn es diese für nicht sachgerecht hält, sowie durch die Möglichkeiten der Abtrennung von Folgesachen (§ 140 FamFG). 70

**4. Auflösung des Scheidungsverbundes.** Die Regelung des § 140 FamFG gestaltet die Möglichkeiten der **Abtrennung einer Folgesache** weitgehend einheitlich aus. § 140 Abs. 1 FamFG sieht die obligatorische Abtrennung einer Unterhalts- oder Güterrechtsfolgesache vor, wenn ein Dritter Verfahrensbeteiligter wird. Hier führen der vertrauliche Charakter des Scheidungsverfahrens, aber auch die kostenrechtlichen Konsequenzen des Eintritts eines Dritten zur Auflösung des Verbundes.[233] Nach § 140 Abs. 2 FamFG kann das Gericht Folgesachen unter den in § 140 Abs. 2 S. 2 Nr. 1–5 FamFG näher bezeichneten Voraussetzungen abtrennen. In § 140 Abs. 2 S. 2 Nr. 3 FamFG werden die Abtrennungsvoraussetzungen für **Kindschaftsfolgesachen** wie folgt geregelt: In erster Linie kommt eine Abtrennung in Betracht, wenn das Gericht dies aus Gründen des Kindeswohls für sachgerecht hält. Nach dem Willen des Gesetzgebers soll damit eine Beschleunigung der Kindschaftsfolgesachen im Interesse des Kindeswohls ermöglicht werden.[234] Die Vorschrift ist als Kann-Vorschrift ausgestaltet, weil im Einzelfall auch ein Zuwarten bis zur Entscheidungsreife einer anderen Folgesache dem Kindeswohl eher nützen kann.[235] In zweiter Linie kommt die Abtrennung und Aussetzung der Kindschaftsfolgesache in Betracht. Bei Abtrennung der Kindschaftsfolgesache kann das Gericht nach § 140 Abs. 3 FamFG auch eine Unterhaltsfolgesache abtrennen, wenn dies wegen des Zusammenhangs mit der Kindschaftsfolgesache geboten erscheint. § 140 Abs. 2 S. 2 Nr. 4 FamFG 71

---

224 BGH NJW 2013, 2199 = FamRZ 2013, 1300.

225 So aber Johannsen/Henrich/*Markwardt* FamFG § 137 Rn. 16; Musielak/Borth/*Borth*/*Grandel* FamFG § 137 Rn. 33; *Vogel* FF 2009, 396 (403).

226 OLG Bremen NJW-RR 2011, 294; Keidel/*Weber* FamFG § 137 Rn. 20; MüKoFamFG/*Heiter* FamFG § 137 Rn. 63, 65; Thomas/Putzo/*Hüßtege* FamFG § 137 Rn. 20; Zöller/*Lorenz* FamFG § 137 Rn. 30; *Rüntz*/*Viefhues* FamRZ 2010, 1285 (1287); *Büte* FuR 2010, 653; *Roßmann* ZFE 2011, 208 (209).

227 Johannsen/Henrich/*Markwardt* FamFG § 137 Rn. 16.

228 *Roßmann* ZFE 2011, 208 (209); aA *Büte* ZFE 2011, 253 (255); Johannsen/Henrich/*Markwardt* FamFG § 137 Rn. 16.

229 OLG Köln FamRZ 2010, 317.

230 OLG Karlsruhe FamRZ 1994, 1399; allerdings kann die Aufrechterhaltung des Scheidungsverbundes in diesem Fall häufig eine unzumutbare Härte bedeuten, vgl. AG Bremen Streit 2005, 76.

231 Vgl. *Diederichsen* ZZP 91 (1978), 397 (414); *Diederichsen* NJW 1986, 1462 (1466); *Sedemund-Treiber* FamRZ 1986, 209; *Walter* JZ 1986, 360 (364).

232 Vgl. die Kritik bei Staudinger/*Rauscher*, 2018, Rn. 105.

233 Vgl. BT-Drs. 10/2888, 28.

234 BT-Drs. 16/6308, 231.

235 BT-Drs. 16/6308, 231.

sieht für die Folgesache Versorgungsausgleich eine erleichterte Abtrennungsmöglichkeit vor: Ist seit der Rechtshängigkeit des Scheidungsantrags ein Zeitraum von drei Monaten verstrichen, haben beide Ehegatten die erforderlichen Mitwirkungshandlungen in der Versorgungsausgleichssache vorgenommen und beantragen sie übereinstimmend die Abtrennung, so kann das Gericht dem entsprechen.[236]

72 § 140 Abs. 2 S. 2 Nr. 5 FamFG stellt den **praktisch wichtigsten Fall** der Abtrennung dar. Die Abtrennung ist danach zulässig, wenn sich ohne sie der Scheidungsausspruch so **außergewöhnlich verzögern** würde, dass ein weiterer Aufschub unter Berücksichtigung der Bedeutung der Folgesache eine **unzumutbare Härte** darstellen würde, und ein Ehegatte die Abtrennung beantragt. Eine Scheidung wird durch eine Folgesache nur dann außergewöhnlich verzögert, wenn die normale Dauer eines Verbundverfahrens überschritten wird; auf den Grund einer Verzögerung kommt es nicht an.[237] Der BGH setzte die Grenze bei einer Verfahrensdauer von etwa zwei bis drei Jahren ab der Rechtshängigkeit des Scheidungsantrags an.[238] Es wird in der Praxis auch ein Zeitraum von etwa **eineinhalb** bis **zwei Jahren** erörtert.[239] § 140 Abs. 4 FamFG stellt dabei klar, dass der Zeitraum vor Ablauf des Trennungsjahres – außer bei der Härtefallscheidung des § 1565 Abs. 2 – nicht mitgerechnet wird.[240] Ob der weitere Aufschub der Scheidung eine unzumutbare Härte für einen Ehegatten darstellt, hat der Tatrichter unter Würdigung der **Umstände des Einzelfalles** zu prüfen.[241] Im Grundsatz hält die Rspr. in strikter Weise an der Wahrung des Verbundes fest und gestattet seine Auflösung nur in besonderen Ausnahmefällen.[242]

73 Auch wenn ein Ehegatte grundsätzlich keine Nachteile dadurch erleiden darf, dass er die Abwicklung der Scheidung nicht erleichtert, so muss die Abtrennung in **Missbrauchsfällen** möglich sein. Es kann für einen Ehegatten eine unzumutbare Härte bedeuten, wenn der andere das Verfahren unter Verletzung seiner verfahrensrechtlichen Mitwirkungspflichten in eklatanter Weise verzögert, um weiterhin eine günstige Regelung zum Trennungsunterhalt nutzen zu können.[243] Liegen die Voraussetzungen des § 140 FamFG in der Beschwerdeinstanz vor, kann der Verbund auch dann noch aufgelöst werden.

74 **5. Entscheidung über die Abtrennung.** Auch wenn der Abtrennungsbeschluss nach § 140 Abs. 6 FamFG nicht selbständig anfechtbar ist,[244] kann die Ehesache bei Ausspruch der Ehescheidung vor Entscheidung über die abgetrennte Folgesache mit der Begründung angefochten werden, der Verbund sei zu Unrecht aufgelöst worden.[245] Hat das Rechtsmittel Erfolg, ist der Verbund in der Regel durch Zurückverweisung in die 1. Instanz nach § 117 Abs. 2 FamFG, § 538 Abs. 2 Nr. 7 ZPO wiederherzustellen.[246]

## X. Einstweilige Anordnungen

75 Einstweilige Anordnungsverfahren nach §§ 49 ff. FamFG während des Scheidungsverfahrens nehmen nicht am Scheidungsverbund teil, sondern sind selbständige Verfahren, die beim Gericht der Ehesache geführt werden (§ 113 Abs. 1 S. 1 FamFG, § 51 Abs. 3 S. 1 FamFG). Da die einstweilige Anordnung als vorläufige Regelung nach § 56 Abs. 1 S. 1 FamFG bei Wirksamwerden einer anderweitigen Regelung, das ist bei einer Endentscheidung in Familiensachen mit deren Rechtskraft (§ 56 Abs. 1 S. 2 FamFG), außer Kraft tritt, ersetzt eine solche anderweitige Regelung im Verbundbeschluss allerdings die einstweilige Anordnung mit Rechtskraft des Scheidungsausspruchs (§ 148 FamFG).

---

236 BT-Drs. 16/6308, 374; BT-Drs. 16/9733, 293.

237 BGH NJW 1987, 1772 (1773); OLG Frankfurt FamRZ 1981, 579; OLG Schleswig SchlHA 1981, 67; OLG Zweibrücken FamRZ 1983, 623; *Walter* JZ 1982, 835; Staudinger/*Rauscher*, 2018, Rn. 116c.

238 BGH NJW 1991, 1617; 2492; NJWE-FER 2000, 240 (241); aA OLG Celle FamRZ 1996, 1485: Überschreitung der gewöhnlichen Verfahrensdauer um mehr als das Doppelte.

239 OLG Hamm FamRZ 2007, 651; OLG Stuttgart FamRZ 2005, 121; OLG Zweibrücken FamRZ 2002, 334; MüKoFamFG/*Heiter* FamFG § 140 Rn. 52: etwa zwei Jahre; Johannsen/Henrich/*Markwardt* FamFG § 140 Rn. 10: mehr als zwei Jahre Indiz für eine nicht mehr gewöhnliche Verfahrensdauer; Keidel/*Weber* FamFG § 140 Rn. 10: zwei Jahre; aA Musielak/Borth/*Borth/Grandel* FamFG § 140 Rn. 11: ein Jahr.

240 Keidel/*Weber* FamFG § 140 Rn. 10.

241 BGH NJW 1987, 172; OLG Frankfurt FamRZ 1978, 363 (364); 1980, 177; OLG Hamburg FamRZ 1978, 42; Keidel/*Weber* FamFG § 140 Rn. 11 ff.

242 BGH NJW 1991, 2491; 1987, 1772 (1773); MüKoFamFG/*Heiter* FamFG § 140 Rn. 57.

243 OLG Hamm FamRZ 2013, 2002; 2007, 651; Keidel/*Weber* FamFG § 140 Rn. 12; MüKoFamFG/*Heiter* FamFG § 140 Rn. 60.

244 Keidel/*Weber* FamFG § 140 Rn. 19.

245 BGH NJW 2013, 3722 = FamRZ 2013, 1879; Keidel/*Weber* FamFG § 140 Rn. 20; in der Rechtsbeschwerdeinstanz ist die Überprüfung jedoch eingeschränkt, vgl. BGH NJW-RR 1996, 1025.

246 BGH NJW-RR 1996, 835; OLG Nürnberg FamRZ 2005, 1497; OLG Stuttgart FamRZ 2005, 121.

Hingegen bleibt die einstweilige Anordnung bestehen, wenn der Verbundbeschluss keine anderweitige Regelung enthält.

## XI. Dispositionsbefugnis und Amtsermittlung

**1. Einschränkung der Dispositionsbefugnis.** Da nach materiellem Scheidungsrecht die Scheidung der Ehe nicht wirksam vereinbart werden kann, schließt das Verfahrensrecht in § 113 Abs. 4 FamFG die Wirkungen eines Anerkenntnisses (§ 113 Abs. 4 Nr. 6 FamFG), die Folgen der unterbliebenen oder verweigerten Erklärung über Tatsachen (§ 113 Abs. 4 Nr. 1 FamFG) oder über die Echtheit von Urkunden (§ 113 Abs. 4 Nr. 7 FamFG), die Vorschriften über den Verzicht auf die Beeidigung der anderen Partei, von Zeugen und Sachverständigen (§ 113 Abs. 4 Nr. 8 FamFG) und über die Wirkungen eines gerichtlichen Geständnisses (§ 113 Abs. 4 Nr. 5 FamFG) aus. Ausgeschlossen sind jedoch nur die unmittelbaren verfahrensrechtlichen Wirkungen solchen Verhaltens; es unterliegt jedoch auch im Eheverfahren der freien Beweiswürdigung gemäß § 286 ZPO. Die **Beweislast** richtet sich nach allgemeinen Regeln. Soweit die Ehegatten über den Gegenstand verfügen können, können sie sich wirksam vergleichen, zB über die Verpflichtung zur Rücknahme des Scheidungsantrages und über bestimmte Folgesachen. Zulässig bleibt auch der Verzicht mit der Folge des Verzichtsbeschlusses (§ 306 ZPO). 76

**2. Grundsatz der Amtsermittlung.** Nach § 127 Abs. 1 FamFG hat das Gericht von Amts wegen die zur Feststellung der entscheidungserheblichen Tatsachen erforderlichen Ermittlungen durchzuführen. Es ist nicht an die Beweisangebote der Beteiligten gebunden, sondern kann auch von sich aus die Aufnahme von Beweisen anordnen. Es kann nach Anhörung der Ehegatten auch solche Tatsachen berücksichtigen, die von ihnen nicht vorgebracht worden sind, und hierzu weitergehende Ermittlungen anstellen. Solche Ermittlungen, die freilich nur in Bezug auf den rechtshängigen Verfahrensgegenstand zulässig sind,[247] werden vielfach notwendig sein, damit sich das Gericht einen Eindruck über den Ablauf der Trennung der Ehegatten sowie zur Ablehnung der ehelichen Gemeinschaft durch einen Ehegatten und zum Scheitern der Ehe machen kann. Ferner hat das Gericht von Amts wegen zu untersuchen, ob die Interessen minderjähriger Kinder der Scheidung entgegenstehen (§ 1568). Von der Sorgfalt des Gerichts bei der Feststellung der Voraussetzungen der Scheidung hängt es ab, ob der im Gesetz angelegte Schutz der Ehe Bedeutung behält. Die Beteiligten können durch Beweisanträge die Ermittlungstätigkeit des Gerichts steuern. Auch über ehefreundliche Tatsachen sind Beweisanträge sinnvoll, weil sie auch dann zu bescheiden sind, wenn das Gericht von Amts wegen nicht mehr ermitteln müsste. 77

**3. Grenzen der Amtsermittlung.** § 127 Abs. 2 FamFG schränkt den Untersuchungsgrundsatz allerdings ein: In Verfahren auf Scheidung oder Aufhebung der Ehe dürfen vom Gericht ermittelte oder sonst bekannt gewordene Tatsachen nur berücksichtigt werden, wenn sie geeignet sind, der Aufrechterhaltung der Ehe zu dienen oder wenn der Antragsteller einer Berücksichtigung nicht widerspricht. **Ehefeindliche Tatsachen dürfen daher gegen den Widerspruch des Antragstellers nicht verwertet werden.** Der Antragsteller soll frei sein, aus welchen Gründen er die Scheidung begehrt. Gegen seinen Widerspruch, der nicht ausdrücklich erklärt werden muss, sondern sich auch aus seinem Sachvorbringen ergeben kann,[248] soll die Scheidung nicht auf eine ehefeindliche Tatsache gestützt werden dürfen.[249] Ob eine Tatsache ehefeindlich ist, ist aus der konkreten Situation zu beurteilen. So ist die Feststellung, ob die Ehegatten schon ein Jahr getrennt leben, ehefeindlich, wenn sich der Antragsteller auf die Scheidung vor dem Fristablauf (§ 1565 Abs. 1 iVm Abs. 2) stützt, die Feststellung der Dreijahresfrist des § 1566 Abs. 2, wenn die einverständliche Scheidung (§ 1565 Abs. 1, § 1566 Abs. 1) oder wenn die Scheidung aus dem Grundtatbestand (§ 1565 Abs. 1) beantragt ist. 78

§ 127 Abs. 3 FamFG schränkt die Amtsermittlung weiter für solche Tatsachen ein, die zur Anwendung der **Härteklausel des § 1568 zugunsten des anderen Ehegatten** führen. Solche Tatsachen darf das Gericht nur berücksichtigen, wenn sich der Ehegatte darauf beruft. Eine gescheiterte Ehe soll auch in Härtefällen nur aufrechterhalten werden, wenn der Ehegatte diese Härte behauptet und den Bestand der Ehe daraus gesichert haben will. 79

## XII. Aussetzung des Verfahrens

**1. Grundsatz.** Neben die allgemeinen Vorschriften über die Aussetzung (§§ 148 ff. ZPO) treten die besonderen Vorschriften über die Aussetzung des Scheidungsverfahrens in § 136 FamFG. Die 80

[247] MüKoFamFG/*Lugani* FamFG § 127 Rn. 7, 10.
[248] BGH NJW 1980, 1335; Keidel/*Weber* FamFG § 127 Rn. 5; MüKoFamFG/*Lugani* FamFG § 127 Rn. 18; Zöller/*Lorenz* FamFG § 127 Rn. 5; aA Johannsen/Henrich/*Markwardt* FamFG § 127 Rn. 9.
[249] MüKoFamFG/*Lugani* FamFG § 127 Rn. 19; Zöller/*Lorenz* FamFG § 127 Rn. 4.

Regelungen geben den Ehegatten ein verfahrensrechtliches Instrument in die Hand, mit dem sie sich eine **Überlegungspause** verschaffen können, ehe die Ehe geschieden wird. Die Aussetzung ist andererseits auch ein Mittel des Gerichts, den Ehegatten eine Überlegungspause aufzuerlegen, wenn nach seiner freien Überzeugung Aussicht auf eine **Aussöhnung der Ehegatten** besteht. Mit der Aussetzung soll das Gericht nach § 136 Abs. 4 FamFG den Ehegatten in der Regel nahe legen, eine **Eheberatung** in Anspruch zu nehmen, um mit sachverständiger Hilfe die Ursachen der Ehekrise zu beheben.

**81** Die Aussetzung dient nicht dazu, die Scheidung wegen Härten beim Antragsgegner zu vermeiden, obwohl sie dann, wenn die Ehe nach den Fristentatbeständen geschieden werden soll, ähnlich wirken kann. Das Gericht darf weder von Amts wegen noch auf Antrag des Antragstellers das Verfahren aussetzen, um die Zeit bis zum Ablauf der Trennungsfristen der § 1565 Abs. 2, § 1566 zu überbrücken[250] oder um abzuwarten, bis die Gründe für die Anwendung der Härteklausel des § 1568 entfallen sind und die Ehe geschieden werden kann. Damit wäre der Antragsgegner beschwert, der einen Anspruch auf Abweisung des Scheidungsantrages hat.[251] Die Aussetzung ist allgemein zu verweigern, wenn sie rechtsmissbräuchlich beantragt wird.[252] Liegen die Voraussetzungen vor, hat das Gericht das Verfahren auszusetzen, ein Ermessen folgt aus dem Wort „soll" nicht.[253] Die Fortsetzung des Verfahrens bis zur Entscheidungsreife ist unzulässig,[254] auch wenn mit der Abweisung des Scheidungsantrages zu rechnen ist. Die Anordnung des Ruhens des Verfahrens (§§ 251, 251a ZPO) wird durch die Aussetzungsmöglichkeiten nicht ausgeschlossen.[255] Gegen den Aussetzungsbeschluss ist ebenso wie gegen die Ablehnung der beantragten Aussetzung die sofortige Beschwerde zulässig (§ 113 Abs. 1 S. 2 FamFG, § 252 ZPO).

**82** **2. Voraussetzungen.** Das Gericht darf das Verfahren auf Scheidung gemäß § 136 Abs. 1 FamFG von Amts wegen nur aussetzen, wenn nach freier, auf konkrete Anhaltspunkte gestützter Überzeugung des Gerichts **Aussicht auf Fortsetzung** der Ehe besteht.[256] Diese Erwartung darf nicht auf allgemeine Erwägungen, muss vielmehr auf konkrete Tatsachen gegründet sein.[257] Die Erwartung besteht in aller Regel nicht mehr, wenn die Ehegatten drei Jahre getrennt leben (§ 1566 Abs. 2). Gleichwohl besteht auch hier die Möglichkeit (§ 136 Abs. 3 FamFG) der Aussetzung, um jede Chance der Versöhnung zu nutzen.[258] Praktisch wird nach drei Jahren Getrenntleben aber die Aussetzung gegen den Willen des Antragstellers nicht mehr in Betracht kommen.[259] Auch wenn beide Ehegatten die Scheidung beantragt haben oder der andere der Scheidung gemäß § 1566 Abs. 1 zugestimmt hat, ist die gütliche Beilegung des Ehekonflikts nicht von vornherein ausgeschlossen, die Aussetzung kommt also in Betracht, wenn die Voraussetzungen des § 136 Abs. 1 FamFG für beide Anträge vorliegen. Leben die Ehegatten **länger als ein Jahr getrennt,** darf das Gericht das Verfahren nicht gegen den Widerspruch beider Ehegatten aussetzen (§ 136 Abs. 1 S. 2 FamFG). Diese Vorschrift gilt nicht nur im Verfahren der einverständlichen Scheidung über § 1566 Abs. 2. Das Gesetz zeigt deutlich, dass der übereinstimmende Scheidungswille nicht nur bei der einverständlichen Scheidung von Bedeutung ist. Beantragt der Antragsteller selbst die Aussetzung, so darf nach § 136 Abs. 2 FamFG die Ehe nicht geschieden werden, bevor das Verfahren ausgesetzt war. Die Aussetzung ist jedoch abzulehnen, wenn der Antragsteller damit nicht die Erhaltung der Ehe bezweckt, sondern unter keinen Umständen zur Fortsetzung der Ehe bereit ist;[260] der Antrag ist in diesem Fall als

---

[250] OLG Bamberg FamRZ 1984, 897; OLG Köln FamRZ 1976, 698; KG FamRZ 1978, 34; OLG München NJW 1971, 711; OLG Oldenburg NJW 1969, 101; Johannsen/Henrich/*Markwardt* FamFG § 136 Rn. 5; Musielak/Borth/*Borth/Grandel* FamFG § 136 Rn. 5, 7.

[251] KG FamRZ 1978, 34.

[252] OLG Bamberg FamRZ 1984, 897; 1977, 399; OLG Köln FamRZ 1976, 693; OLG Düsseldorf FamRZ 1974, 311; MüKoFamFG/*Heiter* FamFG § 136 Rn. 10; Zöller/*Lorenz* FamFG § 136 Rn. 4; Johannsen/Henrich/*Markwardt* FamFG § 136 Rn. 5; Musielak/Borth/*Borth/Grandel* FamFG § 136 Rn. 7; Baumbach/*Hartmann* FamFG § 136 Rn. 3; Staudinger/*Rauscher*, 2018, Rn. 128.

[253] Baumbach/*Hartmann* FamFG § 136 Rn. 2; MüKoFamFG/*Heiter* FamFG § 136 Rn. 11; Musielak/Borth/*Borth/Grandel* FamFG § 136 Rn. 5.

[254] BGH NJW 1977, 717; Johannsen/Henrich/*Markwardt* FamFG § 136 Rn. 5.

[255] OLG Karlsruhe NJW 1978, 1388; KG FamRZ 1978, 34; Musielak/Borth/*Borth/Grandel*FamFG § 136 Rn. 7.

[256] OLG Düsseldorf FamRZ 1978, 609; KG FamRZ 1968, 167; OLG Köln FamRZ 1976, 693; OLG Schleswig FamRZ 1977, 802; *Brüggemann* FamRZ 1978, 91 (96); Baumbach/*Hartmann* FamFG § 136 Rn. 2; Staudinger/*Rauscher,* 2018, Rn. 127a.

[257] OLG Düsseldorf FamRZ 1978, 609; Staudinger/*Rauscher,* 2018, Rn. 127a.

[258] Johannsen/Henrich/*Markwardt* FamFG § 136 Rn. 3; BVerfG NJW 1980, 689 = FamRZ 1980, 319.

[259] Staudinger/*Rauscher,* 2018, Rn. 127b; vgl. die Kritik an der Regelung bei *Brüggemann* FamRZ 1977, 11; *Heintzmann* FamRZ 1975, 373; aA *Vogel* FamRZ 1967, 481 (483); *Böhmer* FamRZ 1976, 237 (239).

[260] OLG Bremen FamRZ 1977, 399; OLG Düsseldorf FamRZ 1974, 311; Baumbach/*Hartmann* FamFG § 136 Rn. 3; Zöller/*Lorenz* FamFG § 136 Rn. 4.

rechtsmissbräuchlich zurückzuweisen. Gleiches gilt, wenn der Antragsteller mit dem Aussetzungsantrag nur der Abweisung seines verfrüht gestellten Scheidungsantrags entgehen oder einen materiellrechtlichen Vorteil erreichen will.[261] **Beantragen beide Ehegatten die Scheidung,** so muss auf Antrag eines Antragstellers das Verfahren nur ausgesetzt werden, wenn auch das Verfahren über den Scheidungsantrag des anderen Ehegatten auf übereinstimmenden Antrag oder von Amts wegen ausgesetzt werden kann.[262]

**3. Dauer und Wirkungen der Aussetzung.** Auch in der Eingrenzung der Aussetzungsmöglichkeiten kommt das Misstrauen des Gesetzgebers gegen eine weite Befugnis zur Verfahrensverzögerung durch Aussetzung zum Ausdruck. Nach § 136 Abs. 3 FamFG darf die Aussetzung im gesamten Verfahren aller Instanzen **nur zweimal** ausgesprochen werden. Sie darf insgesamt nur ein Jahr dauern, bei mehr als dreijähriger Trennung nicht länger als insgesamt sechs Monate. Von der Aussetzung wird das **gesamte Verbundverfahren** betroffen,[263] die getrennte Aussetzung des Scheidungsantrages, um in der Zeit der Aussetzung die Folgesachen zu fördern, ist unzulässig.[264] Während der Aussetzung bleiben einstweilige Anordnungen zulässig.[265] Mit der Aussetzung treten die Wirkungen des § 249 ZPO ein; mit dem Ablauf der Frist entfallen die Wirkungen von selbst,[266] das Verfahren kann gemäß § 250 ZPO weiter betrieben werden. 83

### XIII. Versäumnisverfahren

**1. Erste Instanz. a) Säumnis des Antragsgegners.** So wie das Gesetz ein Anerkenntnis mit dem Ziel der Scheidung nicht zulässt, **schließt es eine Versäumnisentscheidung gegen den Antragsgegner aus** (§ 130 Abs. 2 FamFG). Erscheint der Antragsgegner nicht, kann der Antragsteller einseitig mündlich verhandeln, das antragsbegründende Vorbringen gilt als bestritten.[267] Der nicht vertretene Antragsgegner ist regelmäßig persönlich zu hören, von ihm vorgelegte Urkunden können verwertet werden.[268] Ergeht ein Scheidungsbeschluss, ist er als Sachbeschluss mit der Beschwerde anfechtbar, nicht mit dem Einspruch. 84

**b) Säumnis des Antragstellers.** Die **Versäumnisentscheidung gegen den Antragsteller** ist hingegen **zulässig.** Sie ist gemäß § 130 Abs. 1 FamFG dahin zu erlassen, dass der Antrag als zurückgenommen gilt. Abweichend vom bisherigen Recht und von § 330 ZPO ergeht also keine Versäumnisentscheidung mit der Abweisung des Scheidungsantrags als unbegründet. Allerdings kann statt eines Versäumnisbeschlusses über § 113 Abs. 1 S. 2 FamFG nach § 331a ZPO eine Entscheidung nach Aktenlage ergehen.[269] Haben **beide Ehegatten die Scheidung beantragt,** so ist unabhängig davon, auf welchen Scheidungstatbestand die Anträge gestützt werden, ein Versäumnisbeschluss gegen einen Ehegatten nicht möglich, weil gegen einen Ehegatten in seiner Rolle als Antragsgegner gemäß § 130 Abs. 2 FamFG eine Säumnisentscheidung nicht ergehen darf, aber auch deshalb, weil über beide Anträge einheitlich zu entscheiden ist.[270] **Erscheinen beide Ehegatten nicht,** kann eine Scheidung nicht ausgesprochen werden, nicht nur, weil beide sich versöhnt haben könnten,[271] sondern weil § 130 Abs. 2 FamFG eine Entscheidung nach Aktenlage ausschließt.[272] Es ist deshalb Vertagung oder Ruhen des Verfahrens zu empfehlen.[273] 85

**2. Beschwerdeinstanz. a) Säumnis des Beschwerdeführers.** Wurde in erster Instanz die Scheidung der Ehe ausgesprochen, so ist gegen den säumigen **Antragsgegner** und Rechtsmittelfüh- 86

---

261 Johannsen/Henrich/*Markwardt* FamFG § 136 Rn. 5; Staudinger/*Rauscher*, 2018, Rn. 128.
262 Johannsen/Henrich/*Markwardt* FamFG § 136 Rn. 4; Staudinger/*Rauscher*, 2018, Rn. 128a.
263 MüKoFamFG/*Heiter* FamFG § 136 Rn. 27.
264 Staudinger/*Rauscher*, 2018, Rn. 128b; Zöller/*Lorenz* FamFG § 136 Rn. 6.
265 OLG Celle MDR 1968, 243; NdsRpfl. 1975, 71; Zöller/*Lorenz* FamFG § 136 Rn. 6.
266 MüKoFamFG/*Heiter* FamFG § 136 Rn. 29.
267 Staudinger/*Rauscher*, 2018, Rn. 129; Johannsen/Henrich/*Markwardt* FamFG § 130 Rn. 5; Musielak/Borth/*Borth/Grandel* FamFG § 130 Rn. 4.
268 Vgl. Zöller/*Lorenz* FamFG § 130 Rn. 3; Johannsen/Henrich/*Markwardt* FamFG § 130 Rn. 5.
269 Johannsen/Henrich/*Markwardt* FamFG § 130 Rn. 3; Thomas/Putzo/*Hüßtege* FamFG § 130 Rn. 2; *Löhnig* FamRZ 2009, 737 (740); aA Keidel/*Weber* FamFG § 130 Rn. 4; MüKoFamFG/*Lugani* FamFG § 130 Rn. 2.
270 Staudinger/*Rauscher*, 2018, Rn. 129b; Johannsen/Henrich/*Markwardt* FamFG § 130 Rn. 2; Zöller/*Lorenz* FamFG § 130 Rn. 4.
271 Johannsen/Henrich/*Markwardt* FamFG § 130 Rn. 6; Zöller/*Lorenz* FamFG § 130 Rn. 4.
272 Staudinger/*Rauscher*, 2018, Rn. 129; aA Zöller/*Lorenz* FamFG § 130 Rn. 4; Johannsen/Henrich/*Markwardt* FamFG § 130 Rn. 6; Musielak/Borth/*Borth/Grandel* FamFG § 130 Rn. 6, die die Aktenlageentscheidung weiter für möglich halten.
273 Staudinger/*Rauscher* Rn. 129b; iErg ebenso Johannsen/Henrich/*Markwardt* FamFG § 130 Rn. 6; Musielak/Borth/*Borth/Grandel* FamFG § 130 Rn. 6.

rer ein **Versäumnisbeschluss** nach § 117 Abs. 2 FamFG iVm § 539 ZPO, der auf Zurückweisung seiner Beschwerde lautet, möglich, weil er über das Rechtsmittel disponieren, es also jederzeit zurücknehmen kann.[274] Das gilt nicht, wenn der Antragsteller und Beschwerdegegner in der zweiten Instanz seinen Antrag geändert hat, zB von der Scheidung aus dem Grundtatbestand des § 1565 Abs. 1 auf die Dreijahresscheidung nach § 1565 Abs. 1 iVm § 1566 Abs. 2 übergegangen ist; denn dann ist ein Streitstoff zu beurteilen – Trennung von drei Jahren –, der nicht Gegenstand des angefochtenen Beschlusses war. In diesem Fall darf gegen den die Beschwerde betreibenden Antragsgegner insoweit keine Versäumnisentscheidung ergehen.[275] Wurde der Scheidungsantrag abgewiesen und erscheint der **Antragsteller** als Beschwerdeführer in 2. Instanz nicht, ist nach § 130 Abs. 1 FamFG eine Versäumnisentscheidung dahin zu treffen, dass der Antrag als zurückgenommen gilt.[276]

87 **b) Säumnis des Beschwerdegegners.** Ist der Scheidungsantrag abgewiesen worden und erscheint der **Antragsgegner** nicht, darf gegen ihn nach § 130 Abs. 2 FamFG auch in der Rechtsmittelinstanz keine Säumnisentscheidung oder Entscheidung nach Lage der Akten, durch die die Scheidung ausgesprochen wird, ergehen.[277] War der Beschwerdegegner Antragsteller, kommt eine Säumnisentscheidung gegen ihn nicht in Betracht, weil die Vorschriften der ZPO über die Wirkung des gerichtlichen Geständnisses nach § 113 Abs. 3 Nr. 5 FamFG in Ehesachen nicht anzuwenden sind; auf die Beschwerde des Antragsgegners darf also bei Säumnis des Antragstellers der Scheidungsausspruch nicht durch Versäumnisurteil abgeändert werden.

## XIV. Rechtsmittel

88 **1. Rechtsmittelweg.** Gegen sämtliche Entscheidungen in der Scheidungssache und den Verbundsachen ist das **einheitliche Rechtsmittel** der **Beschwerde** (§§ 117, 58 FamFG) und der **Rechtsbeschwerde** (§§ 70 ff. FamFG) eingeführt worden. Eine Nichtzulassungsbeschwerde ist nicht vorgesehen.

89 Zuständig für die Verhandlung und Entscheidung über das Rechtsmittel der **Beschwerde** gegen alle von den Familiengerichten entschiedenen Sachen sind nach § 119 Abs. 1 Nr. 1 lit. a GVG die **Oberlandesgerichte,** über die **Rechtsbeschwerde** entscheidet der **BGH.**

90 Die allgemeinen Vorschriften über das Beschwerdeverfahren (§§ 58 ff. FamFG) werden für die Scheidungssachen und die mit ihr verbundenen Familienstreitsachen (§ 112 FamFG) in **§ 117 FamFG** modifiziert; dort wird das Beschwerdeverfahren durch den Verweis auf die ZPO zum Teil abweichend von §§ 58 ff. FamFG geregelt. Im Beschwerdeverfahren vor dem OLG besteht in allen Folgesachen Anwaltszwang (§ 114 Abs. 1 FamFG; zu Ausnahmen → Rn. 38). Insbesondere müssen sich Ehegatten auch bei der Einlegung einer isolierten Beschwerde in einer Folgesache der freiwilligen Gerichtsbarkeit durch einen Rechtsanwalt vertreten lassen.[278]

91 **2. Beschwer in der Scheidungssache. a) Grundsatz.** Im Grundsatz ist auch in der Scheidungssache ein Rechtsmittel nur zulässig, wenn die angefochtene Entscheidung gerade für den anfechtenden Ehegatten eine Beschwer enthält und wenn er mit dem Rechtsmittel diese Beschwer beseitigen will.[279] Für den Antragsteller kommt es grundsätzlich auf die formelle Beschwer an, er ist beschwert, wenn ihm etwas versagt wird, was er beantragt hat.[280] Haben beide Ehegatten die Scheidung vor Ablauf des Trennungsjahres gemäß § 1565 Abs. 1 iVm Abs. 2 beantragt, wird jedoch die Ehe nur auf Antrag eines Ehegatten geschieden und der Antrag des anderen abgewiesen, so ist der abgewiesene Ehegatte schon deshalb beschwert und hat ein Rechtsschutzinteresse, weil der andere Ehegatte durch Rechtsmittel in der nächsten Instanz auf den Scheidungsantrag verzichten könnte.[281] Das Rechtsschutzinteresse für das Rechtsmittel hat die gleiche Qualität wie das Interesse an einem eigenen Scheidungsantrag, obwohl der andere Ehegatte schon Scheidungsantrag gestellt hat. Wurde die Ehe auf Antrag beider Ehegatten geschieden, besteht kein Rechtsschutzinteresse für ein Rechtsmittel, mit dem ein Ehegatte unter Aufrechterhaltung seines Antrages die Abweisung des

---

274 Johannsen/Henrich/*Markwardt* FamFG § 130 Rn. 7.

275 OLG Saarbrücken NJW 1966, 2133; Staudinger/*Rauscher,* 2018, Rn. 129e.

276 Johannsen/Henrich/*Markwardt* FamFG § 130 Rn. 7; Musielak/Borth/*Borth/Grandel* FamFG § 130 Rn. 8; Keidel/*Weber* FamFG § 130 Rn. 7; Bumiller/Haders/*Schwamb* FamFG § 130 Rn. 4.

277 Johannsen/Henrich/*Markwardt* FamFG § 130 Rn. 8; Keidel/*Weber* FamFG § 130 Rn. 11; MüKoFamFG/*Lugani* FamFG § 130 Rn. 9 (§ 113 Abs. 4 Nr. 5 FamFG).

278 BGH FGPrax 2017, 127 = FamRZ 2017, 1151.

279 BGH NJW 1983, 179; OLG Karlsruhe FamRZ 1980, 682.

280 BGH NJW-RR 2005, 118; NJW 1982, 1940; *Maurer* FamRZ 2009, 465 (471); Prütting/Helms/*Abramenko* FamFG § 59 Rn. 18; Zöller/*Feskorn* FamFG § 59 Rn. 13.

281 AA Johannsen/Henrich/*Jaeger/Hamm* Rn. 51, die annehmen, es genüge die Möglichkeit der (unselbständigen) Anschlussbeschwerde.

anderen Antrages erstrebt. Für den Antragsgegner kommt es nicht auf sein verfahrensrechtliches Verhalten an, sondern darauf, ob er durch die Entscheidung materiell beschwert ist.[282] Der Antragsgegner ist auch beschwert, wenn er der Scheidung nicht widersprochen hat oder wenn er mit der Scheidung einverstanden war. Hat er der Scheidung gemäß § 1566 Abs. 1 zugestimmt, kann er Rechtsmittel mit dem Ziel einlegen, die Zustimmung aus eheerhaltenden Gründen, mit denen das Ziel der Aufrechterhaltung der Ehe **eindeutig und vorbehaltlos** verfolgt wird, zu widerrufen,[283] nicht jedoch, um selbst die Scheidung zu beantragen. Beschwert ist der Antragsgegner auch, wenn der Verbund aufgelöst und die Ehe geschieden wurde.[284]

**b) Anschlussrechtsmittel.** Nach §§ 66, 117, 145 FamFG kann sich jeder Beteiligte dem Rechtsmittel anschließen. Für das Anschlussrechtsmittel in der Ehesache ist eine Beschwer nicht erforderlich.[285] Damit kann jeder Ehegatte den Scheidungsausspruch solange anfechten, bis die letzte Rechtsmittelfrist, insb. nach § 145 FamFG, abgelaufen ist; er kann dann trotzdem in der Rechtsmittelinstanz selbst die Scheidung beantragen. 92

**c) Rechtsmittel zur Aufrechterhaltung der Ehe.** Wegen der **eheerhaltenden Grundtendenz** des Scheidungsverfahrens ist eine Beschwer nicht erforderlich, wenn der Antragsteller, obwohl er auf seinen Antrag die Scheidung erreicht hat, mit dem Rechtsmittel die Aufrechterhaltung der Ehe erstrebt.[286] Dies ist dann der Fall, wenn der Antragsteller auf den Scheidungsantrag verzichten will oder wenn er beabsichtigt, den Antrag oder seine Zustimmung zurückzunehmen.[287] 93

**d) Rechtsmittel zum Zweck der Aufhebung der Ehe.** Der Antragsteller kann mit dem Rechtsmittel auch die Aufhebung der Ehe gemäß §§ 1313 ff. verlangen, wenn er ohne sein Verschulden erst jetzt von einem Aufhebungsgrund erfährt.[288] 94

**3. Scheidungstatbestände und Beschwer.** Obwohl das Gesetz nur den Scheidungsgrund der Zerrüttung enthält und die Scheidungsfolgen bei den vier Scheidungstatbeständen die gleichen sind, räumt das Gesetz den Eheleuten in § 127 FamFG die Dispositionsmöglichkeit über den ehefeindlichen Sachvortrag ein und gibt ihnen mit den gestaffelten Scheidungstatbeständen die rechtlich geschützte Befugnis, in bestimmten Grenzen zu bestimmen, aus welchem der Tatbeständen sie geschieden sein wollen. Nimmt man diese Dispositionsmöglichkeiten des Scheidungsrechts ernst, so ist der Antragsteller auch beschwert, wenn die Ehe auf seinen Antrag aus einem anderen als dem begehrten Tatbestand geschieden wird und der Antragsteller dadurch Nachteile hat.[289] Würde man die Beschwer verneinen,[290] wäre die Verletzung der Intimsphäre eines Ehegatten durch das Gericht, deren Schutz das Gesetz mit den differenzierten Scheidungstatbeständen bezweckt, nicht überprüfbar. Dass sich die Verletzung der Scheidungsdifferenzierung und damit der Intimsphäre nicht mehr rückgängig machen lässt,[291] ist für eine Instanz zwar richtig. Der Antragsteller kann jedoch erreichen, dass seine Intimsphäre jedenfalls in der zweitinstanzlichen Entscheidung nicht mehr ausgebreitet wird. 95

Ein Ehegatte ist auch beschwert, wenn das Gericht nicht den Vermutungstatbestand der Dreijahrestrennung nach § 1566 Abs. 2 zugrunde legt, sondern die Ehe aus dem Grundtatbestand des § 1565 Abs. 1 scheidet.[292] Ebenso ist ein Ehegatte beschwert, wenn das Gericht nicht aus dem Grundtatbestand des § 1565 Abs. 1 nach einjähriger Trennung scheidet, vielmehr iVm Abs. 2, also über den Antrag hinaus Gründe für die Unzumutbarkeit der Fortsetzung der Ehe ausbreitet. Eine Beschwer liegt auch vor, wenn das Gericht dem Scheidungsantrag zwar stattgibt, jedoch obligatorische oder rechtzeitig anhängig gemachte Folgesachen abtrennt (→ Rn. 74).[293] 96

Der **Antragsteller** ist **nicht beschwert,** wenn statt der Scheidung aus dem Grundtatbestand die Vermutung des Scheiterns nach § 1566 Abs. 2 eingreift und somit die **Ehe schonender geschieden** 97

---

282 BGH LM ZPO § 511 Nr. 3; LM ZPO § 545 Nr. 6.

283 BGHZ 89, 325 = NJW 1984, 1302; OLG Zweibrücken FamRZ 2013, 652; Baumbach/*Hartmann* FamFG § 117 Rn. 3; Johannsen/Henrich/*Jaeger/Hamm* Rn. 50.

284 BGH NJW 1979, 1603; Baumbach/*Hartmann* FamFG § 117 Rn. 5.

285 BGHZ 37, 133 = NJW 1962, 1249; BGH NJW 1961, 2309; 1980, 702; Johannsen/Henrich/*Althammer* FamFG § 66 Rn. 3; Staudinger/*Rauscher,* 2018, Rn. 122d.

286 BGH NJW 2013, 2662 = FamRZ 2013, 1366.

287 Staudinger/*Rauscher,* 2018, Rn. 120; BGH NJW 1984, 1302; NJW-RR 1987, 387.

288 Zur Aufhebung gemäß §§ 28 ff. EheG BGH NJW 1963, 1353; BGH NJW 1972, 1710.

289 Staudinger/*Rauscher,* 2018, Rn. 121; aA Johannsen/Henrich/*Jaeger/Hamm* Rn. 48.

290 So Johannsen/Henrich/*Jaeger/Hamm* Rn. 48; vgl. auch BGH LM ZPO § 511 Nr. 35.

291 So Johannsen/Henrich/*Jaeger/Hamm* Rn. 48.

292 Staudinger/*Rauscher,* 2018, Rn. 121.

293 Johannsen/Henrich/*Jaeger/Hamm* Rn. 48; vgl. auch BGH NJW 1979, 1603 = FamRZ 1979, 690; NJW-RR 1996, 833 = FamRZ 1996, 1070.

wird.[294] Eine Beschwer entsteht für den Antragsteller auch dann nicht, wenn er Scheidungsanträge gleichwertig nebeneinander gestellt hatte. Laufen nach dem Schluss der letzten mündlichen Verhandlung Fristen ab und wäre dann zB die Scheidung über die Dreijahresvermutung des § 1566 Abs. 2 begründet, so liegt keine Beschwer vor, weil die Ehe aus dem geltend gemachten begründeten Antrag geschieden wurde.[295] Ist nach allgemeinen Regeln eine Beschwer gegeben und das Rechtsmittel zulässig, ist die nachträgliche Umstellung auf einen anderen Scheidungstatbestand zulässig (§ 113 Abs. 4 Nr. 2 FamFG).[296]

98 Der **Antragsgegner** ist immer materiell beschwert, wenn die Ehe geschieden wird, ohne dass er die Scheidung beantragt oder ihr zugestimmt hatte, und wenn er die Scheidung auch im Zeitpunkt der Einlegung der Beschwerde ablehnt.[297] Er kann mit seinem Rechtsmittel auch die Scheidung aus einem schonenderen Tatbestand anstreben.[298] Er ist nicht beschwert, wenn die Abweisung des Scheidungsantrags auf die von ihm nicht geltend gemachte Härteklausel gestützt wird statt darauf, dass die Ehe nicht gescheitert sei. Gegen die Abweisung des Scheidungsantrages des anderen Ehegatten steht ihm auch dann kein Rechtsmittel zu, wenn er in der zweiten Instanz selbst die Scheidung beantragen will; er darf sich jedoch dem Rechtsmittel des Antragstellers mit diesem Ziel anschließen.[299]

## XV. Rechtsmittelverzicht

99 **1. Zulässigkeit.** Der Rechtsmittelverzicht im Scheidungsverfahren ist nach allgemeinen Regeln zulässig.[300] Im Verbundverfahren enthalten §§ 144, 145 FamFG eine Sonderregelung für ein Anschlussrechtsmittel gegen den Ausspruch der Scheidung: Der Verzicht auf das Anschlussrechtsmittel kann schon vor Einlegung des Hauptrechtsmittels erfolgen, wenn die Ehegatten auf Rechtsmittel gegen den Scheidungsausspruch selbst verzichtet haben.

100 **2. Vor Erlass der Entscheidung.** Der Verzicht auf ein später mögliches Rechtsmittel untersteht nicht dem Verfahrensrecht, sondern dem bürgerlichen Recht. Gegen die Wirksamkeit einer Vereinbarung der Ehegatten, gegen die Scheidung kein Rechtsmittel einzulegen, sondern sich der unter Anwendung der Scheidungsvorschriften zustande gekommenen Entscheidung zu unterwerfen, bestehen keine Bedenken.[301] Als Erklärung des bürgerlichen Rechts unterliegt die Vereinbarung nicht dem Anwaltszwang,[302] sie gibt nach § 67 Abs. 3 FamFG nur eine Einrede[303] gegen ein trotzdem eingelegtes Rechtsmittel; die Entscheidung wird damit nicht mit der Verkündung, sondern erst mit Ablauf der Rechtsmittelfrist rechtskräftig.[304]

101 **3. Nach Erlass der Entscheidung. a) Verfahrenshandlung.** Der Verzicht auf die Beschwerde ist nach der Regelung des § 67 FamFG, die auch in Ehesachen anwendbar ist, nach Bekanntgabe des Beschlusses[305] gegenüber dem Gericht zu erklären. Als Verfahrenshandlung unterliegt er dann dem Anwaltszwang.[306] Der Rechtsmittelverzicht ist als Verfahrenshandlung unwiderruflich und kann nicht nach den Vorschriften über die Anfechtung einer Willenserklärung angefochten werden.[307] Ein trotzdem eingelegtes Rechtsmittel ist nach § 67 FamFG unzulässig. Ein Rechtsmittelverzicht ist nicht deshalb unwirksam, weil eine Scheidung ausgesprochen wird, die dem Gesetz nicht

---

294 Staudinger/*Rauscher,* 2018, Rn. 121.

295 AA Johannsen/Henrich/*Jaeger/Hamm* Rn. 49, die damit einräumen, dass ein anderer Scheidungstatbestand zur Beschwer führen kann.

296 BGH NJW 1964, 298 = FamRZ 1964, 38.

297 Staudinger/*Rauscher,* 2018, Rn. 122.

298 Staudinger/*Rauscher,* 2018, Rn. 122a.

299 RGZ 123, 364 (366); 158, 199 (202).

300 Baumbach/*Hartmann* FamFG § 67 Rn. 2.

301 BGH NJW 2002, 2108; 1986, 198 mwN; OLG Zweibrücken FamRZ 1994, 1045; Baumbach/*Hartmann* FamFG § 67 Rn. 2; Baumbach/*Hartmann* ZPO § 515 Rn. 2; Johannsen/Henrich/*Jaeger/Hamm* Rn. 35.

302 Vgl. BGH NJW 1986, 198; 1984, 805; 1974, 1248; *Maurer* FamRZ 2009, 465 (468).

303 Zöller/*Feskorn* FamFG § 67 Rn. 5; Baumbach/*Hartmann* FamFG § 67 Rn. 2; Baumbach/*Hartmann* ZPO § 515 Rn. 2, 13.

304 BGH NJW 1986, 198.

305 Entgegen der Begr., BT-Drs. 16/6308, 207, wonach ein wirksamer Verzicht gegenüber dem Gericht sowohl vor als auch nach Erlass des Beschlusses möglich sei, kommt nach dem klaren Wortlaut des Gesetzes ein Verzicht erst nach Bekanntgabe des Beschlusses in Betracht, vgl. Zöller/*Feskorn* FamFG § 67 Rn. 4; *Maurer* FamRZ 2009, 465 (468).

306 BGH NJW 1984, 1465; 1981, 2816; OLG Düsseldorf FamRZ 1980, 709; Zöller/*Feskorn* FamFG § 67 Rn. 2; *Maurer* FamRZ 2009, 465 (469).

307 Zöller/*Feskorn* FamFG § 67 Rn. 5.

entspricht.[308] Die Entscheidung wird mit dem wirksamen Rechtsmittelverzicht, nicht erst mit Ablauf der Rechtsmittelfrist oder dann rechtskräftig, wenn das Rechtsmittel als unzulässig verworfen wird.[309] Ist der Rechtsmittelverzicht gegenüber dem Gericht wirksam erklärt, ist er **von Amts wegen zu beachten.** Ist die Scheidungssache in die Rechtsmittelinstanz gelangt, muss jedoch auch auf das Recht aus § 147 FamFG verzichtet werden.

**b) Bürgerlich-rechtliche Vereinbarung.** Auch nach Erlass der Entscheidung können die Ehegatten außergerichtlich gegenseitig bürgerlich-rechtlich ohne Anwaltszwang vereinbaren, ein Rechtsmittel nicht einzulegen.[310] Das trotzdem eingelegte Rechtsmittel ist nicht ohne weiteres unzulässig, der anderen Partei erwächst vielmehr eine **Einrede gegen das Rechtsmittel.**[311] Gegenüber der Einrede des Rechtsmittelverzichts ist auch die Gegeneinrede der Arglist zulässig.[312] Die Rechtskraft der Scheidung tritt erst mit dem Ablauf der Rechtsmittelfrist oder der Rechtskraft der Verwerfung des Rechtsmittels ein.[313] 102

**4. Verzicht auf Anschlussrechtsmittel.** Der Rechtsmittelverzicht der Ehegatten führt nicht zur Rechtskraft des Scheidungsausspruchs, solange Dritte in Folgesachen Rechtsmittel einlegen können und eine Anschließung eines Ehegatten möglich wird.[314] Die Ehegatten können jedoch nach § 144 FamFG auch vor Einlegung des Rechtsmittels auf das Anschlussrechtsmittel **verzichten.** Eines weitergehenden Verzichts auch auf den Antrag nach § 147 S. 2 FamFG bedarf es in erster Instanz nicht.[315] Um einen Scheidungsausspruch in der Beschwerdeinstanz rechtskräftig werden zu lassen, ist der Verzicht auf den Antrag nach § 147 FamFG jedoch erforderlich, wenn das Beschwerdegericht die Rechtsbeschwerde zum BGH in einer Folgesache zulässt.[316] 103

## XVI. Rechtskraft des Scheidungsausspruchs

**1. Eintritt der formellen Rechtskraft.** Nach § 705 ZPO, der auch für Ehescheidungsbeschlüsse gilt, tritt die formelle Rechtskraft ein, wenn der **Rechtsmittelzug erschöpft** ist, wenn die Rechtsmittelberechtigten durch Verfahrenserklärung auf die Einlegung des **Rechtsmittels verzichtet** haben oder wenn die **Rechtsmittelfristen verstrichen** sind. Wegen des im Rechtsmittelverfahren fortgesetzten Verbundes mit Folgesachen wird der Scheidungsausspruch zunächst nicht rechtskräftig, wenn in einer Folgesache Rechtsmittel eingelegt werden. 104

In der Praxis steht nicht die Abwehr der Scheidung, sondern die Anfechtung der mit der **Scheidung im Verbund** stehenden Folgesachen im Vordergrund. Da die Rechtsmittelfrist für jede Teilentscheidung getrennt läuft und für jeden Beteiligten mit der Zustellung an ihn zu laufen beginnt, ist der Eintritt der Rechtskraft der Scheidung in einer Art **Stufenfolge** zu bestimmen, die § 145 FamFG bestimmt: Die nachträgliche Anfechtung der zunächst nicht angefochtenen Scheidung durch Erweiterung des Rechtsmittels oder im Wege der Anschließung an das Rechtsmittel wird durch § 145 Abs. 1 FamFG auf einen Monat nach Zustellung der Rechtsmittelbegründung für die angefochtene Folgesache beschränkt. Um gestaffelte Fristabläufe zu vermeiden, ist nach § 145 Abs. 1 FamFG bei mehreren Zustellungen die letzte maßgeblich.[317] Da die Beteiligten Anschlussrechtsmittel einlegen können, verlängert sich nach § 145 Abs. 2 S. 1 FamFG die Frist, in der die weiteren, noch nicht angefochtenen Teile der Verbundentscheidung, also auch die Ehesache, angefochten werden können, um einen **weiteren Monat,** gerechnet vom Ablauf der vorherigen Frist (§ 224 Abs. 3 ZPO).[318] Wird nun eine andere Folgesache innerhalb der Frist angefochten, so verlängert sich die Frist nach § 145 Abs. 2 S. 2 FamFG um einen weiteren Monat.[319] Die Scheidungssache erlangt erst Rechtskraft, wenn die verlängerte Frist abgelaufen ist, ohne dass ein weiteres Anschlussrechtsmittel eingelegt ist. Zu beachten ist, dass es sich um selbständige, einander nachgeordnete Fristen handelt.[320] Hat ein 105

308 BGH NJW 1968, 794; Baumbach/*Hartmann* FamFG § 67 Rn. 2.
309 BGH NJW 1989, 170; Baumbach/*Hartmann* ZPO § 515 Rn. 12.
310 Zöller/*Heßler* ZPO § 515 Rn. 14.
311 Zöller/*Heßler* ZPO § 515 Rn. 14; Zöller/*Feskorn* FamFG § 67 Rn. 5; Baumbach/*Hartmann* FamFG § 67 Rn. 2; Baumbach/*Hartmann* ZPO § 515 Rn. 2, 13.
312 BGH NJW 1968, 794; Baumbach/*Hartmann* FamFG § 67 Rn. 2.
313 Baumbach/*Hartmann* FamFG § 67 Rn. 2.
314 Vgl. BGH NJW 1980, 702.
315 Musielak/Borth/*Borth*/*Grandel* FamFG § 144 Rn. 3.
316 Musielak/Borth/*Borth*/*Grandel* FamFG § 144 Rn. 3.
317 Johannsen/Henrich/*Markwardt* FamFG § 145 Rn. 1.
318 Staudinger/*Rauscher,* 2018, Rn. 87; Johannsen/Henrich/*Markwardt* FamFG § 145 Rn. 4 ff.; Keidel/*Weber* FamFG § 145 Rn. 14; Thomas/Putzo/*Hüßtege* FamFG § 145 Rn. 19.
319 Johannsen/Henrich/*Markwardt* FamFG § 145 Rn. 5 ff.; Keidel/*Weber* FamFG § 145 Rn. 14.
320 Johannsen/Henrich/*Markwardt* FamFG § 145 Rn. 4.

Ehegatte selbst in einer Folgesache Rechtsmittel eingelegt, darf er es allerdings nach Ablauf der Begründungsfrist nicht mehr auf die Scheidungssache erweitern,[321] es sei denn, er hat sich in seiner Beschwerdebegründung die Anfechtung der Scheidung vorbehalten und hierzu Gründe vorgetragen.[322] Durch einen umfassenden Rechtsmittelverzicht können die Parteien nach § 144 FamFG die Rechtskraft des Scheidungsausspruchs sofort herbeiführen.

106 **2. Auflösung der Ehe. a) Gestaltungswirkung.** Mit der formellen Rechtskraft des Scheidungsausspruchs tritt die **Gestaltungswirkung** ein: Die Ehe wird aufgelöst. Bis zu diesem Zeitpunkt kann der Scheidungsantrag mit Zustimmung des anderen Ehegatten zurückgenommen werden, bei Tod eines Ehegatten gilt das Verfahren gemäß § 131 FamFG als in der Hauptsache erledigt, ein noch nicht rechtskräftiger Scheidungsausspruch wird wirkungslos, Folgesachenregelungen entfallen, auch wenn sie bereits rechtskräftig waren.[323] Die im Verbund entschiedenen **Folgesachen** werden grundsätzlich erst mit der Rechtskraft der Scheidung wirksam (§ 148 FamFG). Damit erlangt der Zeitpunkt der formellen Rechtskraft des Scheidungsausspruchs insbesondere im Versorgungsausgleich und im Unterhaltsrecht entscheidende Bedeutung. Weil die Entscheidung dabei unmittelbar Rechte begründet und beendet, wirkt sie für und gegen alle.[324] Diese Wirkungen entstehen unabhängig davon, ob die Ehegatten von der Rechtskraft Kenntnis haben.[325] Die Ehe bleibt für die Vergangenheit voll wirksam, die Auflösung wirkt erst ab dem Zeitpunkt der Rechtskraft für die Zukunft. Vor Eintritt der Rechtskraft entfaltet der Scheidungsausspruch selbst keine Wirkungen. Nach § 116 Abs. 2 FamFG, § 120 Abs. 2 S. 1 FamFG darf der Beschluss in einer Ehesache nicht für sofort wirksam erklärt werden.[326] Dieses Verbot der sofortigen Wirksamkeit ist nicht auf Folgesachen ausgedehnt. Dabei ist allerdings zwischen Folgesachen in Familiensachen der freiwilligen Gerichtsbarkeit und Familienstreitfolgesachen zu unterscheiden: Entscheidungen in Familienfolgesachen der freiwilligen Gerichtsbarkeit werden gemäß § 40 Abs. 1 FamFG, § 86 Abs. 2 FamFG grundsätzlich[327] mit Bekanntgabe wirksam und vollstreckbar;[328] einer Anordnung der sofortigen Wirksamkeit bedarf es nicht. Endentscheidungen in Familienstreitfolgesachen werden gemäß § 116 Abs. 3 S. 1 FamFG, § 120 Abs. 2 S. 1 FamFG hingegen grundsätzlich erst mit Rechtskraft wirksam und vollstreckbar.[329] Das Gericht kann bzw. soll hier die sofortige Wirksamkeit der Endentscheidung anordnen (§ 116 Abs. 3 S. 2 und 3 FamFG).[330] **Achtung:** Die Entscheidungen in Folgesachen werden aber nie vor der Rechtskraft der Scheidung wirksam (§ 148 FamFG), auch wenn sie selbst unanfechtbar geworden sind.[331] Ein Vollstreckungsgegenantrag gegen den Scheidungsausspruch nach § 767 ZPO läuft ins Leere, weil die Gestaltungswirkung des Beschlusses unmittelbar eintritt und eine Vollstreckung nicht stattfindet.[332]

107 **b) Rechtskraftzeugnis.** Die Rechtskraft eines Scheidungsausspruchs tritt ein, wenn die dafür erforderlichen Bedingungen erfüllt sind. Das Rechtskraftzeugnis gemäß § 706 Abs. 1 ZPO dient dem Nachweis der formellen Rechtskraft; es stellt die Rechtskraft jedoch nicht verbindlich fest, wenn sie tatsächlich nicht eingetreten ist.[333]

108 **c) Erneute Ehe.** Mit der Rechtskraft des Scheidungsausspruchs wird das Ziel, den Streit zu beenden und den Rechtsfrieden wiederherzustellen, erreicht.[334] Jeder Ehegatte kann eine neue Ehe eingehen. Eheverbote als Folge eines Scheidungsausspruchs kennt das geltende Recht nicht. Ein hoher Anteil der Geschiedenen geht eine neue Ehe ein.

109 **3. Wegfall der Rechtskraft.** Wiedereinsetzung in den vorigen Stand nach § 113 Abs. 1 S. 2 FamFG, § 233 ZPO und die Wiederaufnahme des Verfahrens nach § 118 FamFG, §§ 578 ff. ZPO mit dem Ziel, den Scheidungsausspruch rückwirkend zu beseitigen, bleiben grundsätzlich zulässig,

---

321 BGH NJW 1971, 33; OLG Zweibrücken FamRZ 1982, 621.

322 BGH NJW-RR 2005, 1659 = FamRZ 2005, 1538; Keidel/*Weber* FamFG § 145 Rn. 5a.

323 OLG Koblenz FamRZ 1980, 717; LSG NRW FamRZ 1982, 1037 mAnm *Rüffer*; Soergel/*Heintzmann* Vor § 1564 Rn. 28.

324 Johannsen/Henrich/*Jaeger/Hamm* Rn. 60; vgl. auch *Philippi* FamRZ 1982, 693 für die Arbeitsgerichte.

325 RGZ 75, 276 (282); Staudinger/*Rauscher*, 2018, Rn. 81.

326 Keidel/*Weber* FamFG § 116 Rn. 15.

327 Zu Ausnahmen Keidel/*Meyer-Holz* FamFG § 40 Rn. 26 ff.

328 Keidel/*Weber* FamFG § 148 Rn. 4.

329 Keidel/*Weber* FamFG § 148 Rn. 4.

330 Keidel/*Weber* FamFG § 116 Rn. 16 ff.; Zöller/*Lorenz* FamFG § 120 Rn. 2.

331 Thomas/Putzo/*Hüßtege* FamFG § 148 Rn. 1; Keidel/*Weber* FamFG § 148 Rn. 5.

332 Keidel/*Weber* FamFG § 120 Rn. 4.

333 BGHZ 31, 388 = NJW 1960, 671.

334 *Diederichsen* ZZP 91 (1978), 397 (443).

auch wenn inzwischen ein Ehegatte oder beide Ehegatten wieder geheiratet haben.[335] Solche außergewöhnlichen Behelfe können rechtsmissbräuchlich sein,[336] etwa wenn der andere Ehegatte in einer funktionierenden neuen Ehe lebt und der Antragsteller selbst die Wiederherstellung der ehelichen Lebensgemeinschaft ablehnt oder der andere im Vertrauen auf die Wirksamkeit der Scheidung neu geheiratet hat. Praktisch bedeutsam sind die Fälle kaum, weil dann im Rechtsbehelfsverfahren wegen der inzwischen verstrichenen Zeit dem Scheidungsantrag stattzugeben wäre.[337] Der Verbund mit Folgesachen beeinflusst die Wirksamkeit des Scheidungsausspruchs nur, solange er besteht; deshalb berührt die Wiederaufnahme einer Folgesache die rechtskräftige Scheidung der Ehe nicht mehr,[338] während die Wiederaufnahme des Scheidungsausspruchs Folgesachen umfasst.

**4. Erschlichene Scheidung.** Auch eine unrichtige, erschlichene Scheidung löst die Ehe auf.[339] Die unter der Geltung des Verschuldensprinzips viel diskutierte Problematik der Erwirkung eines unrichtigen Scheidungsurteils ist für das heutige Scheidungsrecht unbedeutend. Das Erwirken eines unrichtigen Scheidungsausspruchs kommt nur noch in Betracht, wenn die Ehe in Wahrheit nicht gescheitert ist. Hingegen ist nach der Grundaussage des § 1565 Abs. 1 die vorzeitige Scheidung einer gescheiterten Ehe keine falsche Scheidung iSd § 826. Dass eine nicht gescheiterte Ehe geschieden wird, ist angesichts des arglistigen Verhaltens eines Ehegatten ganz unwahrscheinlich, weil dieser gerade durch sein Verhalten die endgültige Abkehr von der Ehe beweist.[340] Wirken die Ehegatten zusammen, um den Fristablauf vorzutäuschen, scheidet Arglist ohnehin aus. **110**

### XVII. Rechtskraftwirkung der Abweisung des Scheidungsantrags

**1. Allgemeines.** Die Rechtskraftwirkung der Abweisung eines Scheidungsantrages bestimmt sich allein nach § 113 Abs. 1 S. 2 FamFG, § 322 Abs. 1 ZPO.[341] Sie tritt immer nur so weit ein, wie über das durch den Scheidungsantrag erhobene Begehren entschieden ist. Das Gericht darf nicht noch einmal oder gar anders über dieselbe Sache entscheiden. Die **Rechtskraft** reicht nur so weit, wie der **in der Entscheidungsformel enthaltene Gedanke** reicht.[342] Sie erfasst nur die Elemente des Tatbestandes, über die entschieden worden ist. Für die übrigen Elemente tritt keine Präklusion ein.[343] **111**

Die Vorstellung, wegen des einheitlichen Streitgegenstandes „Scheitern“ werde der Antragsteller mit allen Scheidungstatbeständen abgewiesen, auch mit denen, die er nicht geltend gemacht habe, so dass mit der Abweisung des Scheidungsantrags rechtskräftig feststehe, dass er im Zeitpunkt der letzten mündlichen Verhandlung keinen Scheidungsanspruch gehabt habe,[344] ist mit der Streitgegenstandslehre nicht vereinbar und führt zu Ergebnissen, die vom Gesetz nicht gewollt sind. Deshalb lassen auch die Vertreter dieser Ansicht die Mitberücksichtigung von Alttatsachen im neuen Scheidungsverfahren zu, wenn sie zusammen mit neuen Tatsachen die Feststellung des Scheiterns der Ehe nunmehr begründen.[345] Überzeugender scheint es, die Rechtskraft von vorneherein auf die die Entscheidung tragenden Gedanken zu beschränken, also auf das fehlende Tatbestandsmerkmal, auf das die Abweisung gestützt wurde,[346] während der Tatsachenstoff im Übrigen im neuen Scheidungsverfahren nicht präkludiert ist. Nicht zulässig ist es aber, wenn ein neuer Scheidungsantrag allein auf Tatsachen gestützt wird, die vor der letzten mündlichen Verhandlung im früheren Verfahren liegen und die im alten Verfahren hätten verwertet werden können.[347] Da aber insbesondere für die Feststellung, ob eine Ehe gescheitert ist, aber auch für die Wertung der Härtegründe nach § 1568 in der Regel eine Vielzahl von Umständen aus der Biografie der Ehe maßgeblich sind, würde die erforderliche Gesamtbewertung unzulässig verkürzt, wenn diese Umstände sämtlich im neuen Scheidungsverfahren nicht berücksichtigt werden dürften. Deshalb führen nur **neue Tatsachen,** **112**

---

[335] BGH NJW 1976, 1590; BGHZ 8, 284 = NJW 1953, 423; Staudinger/*Rauscher,* 2018, Rn. 92.

[336] BGHZ 30, 140 = NJW 1959, 2207; OLG Frankfurt FamRZ 1978, 922; Johannsen/Henrich/*Jaeger/Hamm* Rn. 58; Staudinger/*Rauscher,* 2018, Rn. 93 ff.; aA RGRK-BGB/*Graßhof* Rn. 135.

[337] Staudinger/*Rauscher,* 2018, Rn. 96.

[338] *Bergerfurth* FamRZ 1982, 563 (565).

[339] BGHZ 40, 133 = NJW 1964, 349; Staudinger/*Rauscher,* 2018, Rn. 82 f.; iErg Johannsen/Henrich/*Jaeger/Hamm* Rn. 59.

[340] Johannsen/Henrich/*Jaeger/Hamm* Rn. 59; Staudinger/*Rauscher,* 2018, Rn. 84 ff.

[341] Johannsen/Henrich/*Jaeger/Hamm* Rn. 52; Staudinger/*Rauscher,* 2018, Rn. 71.

[342] Vgl. BGH NJW 1985, 2022 mwN; krit. Staudinger/*Rauscher,* 2018, Rn. 72 ff.

[343] BGHZ 32, 179 = NJW 1960, 1340; BGH LM ZPO § 328 Nr. 10.

[344] So Johannsen/Henrich/*Jaeger/Hamm* Rn. 53; vgl. auch *Rauscher* § 21 Rn. 511.

[345] Johannsen/Henrich/*Jaeger/Hamm* Rn. 53; Staudinger/*Rauscher,* 2018, Rn. 73, 74; *Rauscher* FamR § 21 Rn. 511; Soergel/*Heintzmann* Vor § 1564 Rn. 49; Bamberger/Roth/*Neumann* Rn. 24.

[346] Soergel/*Heintzmann* Vor § 1564 Rn. 49; *A. Wolf* FS Rebmann, 1989, 703 (717).

[347] *Rauscher* FamR § 21 Rn. 511.

die den zur Abweisung maßgeblichen Umstand betreffen müssen, zur Zulässigkeit eines erneuten Scheidungsantrages, sie sind jedoch **gemeinsam mit den früheren Umständen** in einer Gesamtschau zu werten.[348] Eine neue Tatsache kann auch zusammen mit einer alten Tatsache zu einer neuen Haltung eines Ehegatten und damit zum Scheitern der Ehe geführt haben.[349]

113 **2. Ablauf der Trennungszeit.** Wird ein Antrag nur deshalb abgewiesen, weil eine erforderliche **Trennungszeit noch nicht abgelaufen** ist, kann der Antrag wiederholt werden, sobald – zusammen mit der schon vor der letzten mündlichen Verhandlung abgelaufenen Trennungszeit – die genannte Trennungszeit verstrichen ist.[350] Die Einrechnung der früheren Trennungszeit ist allerdings dann nicht möglich, wenn die abweisende erste Entscheidung auf einem Verzicht auf den Scheidungsanspruch beruhte.[351]

114 Wurde in der abweisenden Entscheidung festgestellt, dass die erforderliche Trennungsfrist vorliegt oder dass die Ehe gescheitert ist, so müssen diese Elemente im neuen Verfahren erneut festgestellt werden, weil sie sich geändert haben können. Dem Antragsgegner darf nicht aufgebürdet werden, diese Feststellungen durch eigene Anträge anzugreifen.

115 **3. Schutzklauseln.** Wird ein Scheidungsantrag abgewiesen, weil die **Kinderschutzklausel** oder die **Härteklausel** des § 1568 angewendet wird, so kann der Scheidungsantrag wiederholt werden, wenn die Härtegründe für ein Kind oder den anderen Ehegatten entfallen sind oder wenn der andere Ehegatte sich nicht mehr auf die Härteklausel beruft.[352] Dies entspricht der stRspr zum Widerspruchsrecht des § 48 Abs. 2 EheG und auch zur Kinderschutzklausel des § 48 Abs. 3 EheG.[353]

### XVIII. Folgen der Scheidung

116 **1. Änderung der Rechtsbeziehungen.** Die Wirkungen der Ehe werden mit der Rechtskraft der Scheidung beendet.[354] Rechte und Pflichten der Ehegatten zueinander hören jedoch nicht notwendig und auch nicht regelmäßig auf.[355] Das Gesetz verwendet mit dem Verbundverfahren außerordentliche Mühe darauf, die Ehegatten auf ihre nachehelichen Pflichten hinzuweisen; zumindest der Versorgungsausgleich ist in der Regel von Amts wegen (§ 137 Abs. 2 S. 2 FamFG) mitzuregeln, weitere Folgesachen können mit der Scheidungssache verbunden werden (§ 137 FamFG). Jede Beziehung der Ehegatten ist besonders darauf zu untersuchen, ob sie erlischt, ob sie sich wandelt oder ob sie befristet oder auf Dauer fortbesteht. Ungerechtfertigt ist es, daneben und darüber hinaus als Nachwirkung der Ehe eine fortwährende Verantwortung der geschiedenen Ehegatten füreinander anzunehmen.[356] **Mit der Scheidung erlöschen** die persönlichen Bindungen der Ehegatten nach den Vorschriften der §§ 1353–1362, insbesondere auch der Anspruch auf Trennungsunterhalt nach § 1361.[357] Die Pflicht zur Lebensgemeinschaft (§ 1353) entfällt, Rechte und Pflichten bei der Haushaltsführung, der Erwerbstätigkeit und der Schlüsselgewalt nach §§ 1356, 1357 entfallen auch dann, wenn die früheren Ehegatten weiter oder erneut zusammenleben. Sie sind dann nicht mehr Ehegatten einer bestehenden Ehe. Die Schlüsselgewalt gilt nach den Vorschriften der §§ 674, 169, 173 auch dann nicht als fortbestehend, wenn der Ehegatte oder ein Dritter das Ende der Ehe nicht kannte und nicht kennen musste.[358] Der Umfang der Sorgfaltspflicht bestimmt sich nicht mehr nach § 1359.[359] Die Hemmung der Verjährung gegenseitiger Ansprüche nach § 207 Abs. 1 S. 1 entfällt. Die Pflicht, bei der Steuerveranlagung mitzuwirken,[360] bezieht sich nur noch auf die Ehezeit.

---

348 BGH FHZivR 14 Nr. 8153 = FamRZ 1968, 139 (141); NJW 1967, 1417; Johannsen/Henrich/*Jaeger/Hamm* Rn. 53; *Rauscher* FamR § 21 Rn. 511; Soergel/*Heintzmann* Vor § 1564 Rn. 49; BeckOK BGB/*Neumann* Rn. 24.

349 BGH NJW 1967, 1417; BGHZ 45, 29 = NJW 1966, 649.

350 Staudinger/*Rauscher*, 2018, Rn. 75a; Johannsen/Henrich/*Jaeger/Hamm* Rn. 54.

351 BGH NJW 1986, 2046 = FamRZ 1986, 655 (656); vgl. dazu *Richter* JR 1986, 17.

352 Johannsen/Henrich/*Jaeger/Hamm* § 1568 Rn. 41; Staudinger/*Rauscher*, 2018, Rn. 78; vgl. auch BT-Drs. 7/650, 116; zur selbständigen Bindungswirkung jeder Teilbegr. vgl. BGHZ 36, 357 = NJW 1962, 913; BGH BeckRS 1963, 31399071 = FamRZ 1963, 438.

353 BGHZ 45, 329 (334 ff.) = NJW 1966, 1509; BGHZ 36, 357 = NJW 1962, 913; BGHZ 32, 186 = NJW 1960, 1340; BGHZ 29, 380 = NJW 1959, 1034; OLG Schleswig NJW 1953, 308.

354 Johannsen/Henrich/*Jaeger/Hamm* Rn. 61.

355 Staudinger/*Rauscher*, 2018, Vor § 1564 Rn. 49 ff.; Johannsen/Henrich/*Jaeger/Hamm* Rn. 62, 63.

356 Johannsen/Henrich/*Jaeger/Hamm* Rn. 62; Staudinger/*Rauscher*, 2018, Vor § 1564 Rn. 50; *Rauscher* FamR § 21 Rn. 499.

357 Johannsen/Henrich/*Jaeger/Hamm* Rn. 61; Bamberger/Roth/*Neumann* Rn. 25; Staudinger/*Rauscher*, 2018, Vor § 1564 Rn. 56.

358 Staudinger/*Rauscher*, 2018, Vor § 1564 Rn. 53.

359 BGHZ 63, 51 (58) = NJW 1974, 2124; Staudinger/*Rauscher*, 2018, Vor § 1564 Rn. 53.

360 BGH NJW 1977, 378; BeckRS 1986, 1821 = FamRZ 1988, 607; Johannsen/Henrich/*Jaeger/Hamm* Rn. 62 Fn. 143.

**2. Personenrechtliche Folgen.** Jeder der jetzt als geschiedener Ehegatte oder früherer Ehegatte zu Bezeichnende kann **wieder heiraten.**[361] Mit dem Tod des früheren Ehegatten ist eine Witwerstellung nicht verbunden. Die früheren Ehegatten bleiben Angehörige gemäß § 11 Abs. 1 Nr. 1 StGB; **Zeugnisverweigerungsrechte** aus persönlichen Gründen bleiben bestehen (§ 383 Abs. 1 Nr. 2, 3 ZPO; § 52 Abs. 1 Nr. 2 StGB). Nicht aufgelöst wird durch die Scheidung der Ehe die Schwägerschaft zu den Verwandten des früheren Ehegatten (§ 1590 Abs. 2). Als Folgewirkung der Ehe behalten die Ehegatten den **Ehenamen;** ein Ehegatte kann jedoch seinen Geburtsnamen oder den Namen wieder annehmen, den er zurzeit der Eheschließung geführt hat, oder dem Ehenamen seinen Geburtsnamen oder den zur Zeit der Bestimmung des Ehenamens geführten Namen – besteht dieser aus mehreren Namen, nur einen dieser Namen – voranstellen oder anfügen (§ 1355 Abs. 5). 117

**3. Elterliche Sorge.** Die elterliche Sorge für minderjährige Kinder steht auch nach der Rechtskraft der Scheidung den geschiedenen Ehegatten gemeinsam zu. Jeder Ehegatte kann jedoch die Regelung der elterlichen Sorge und des Umgangsrechts gemäß § 137 Abs. 3 FamFG zur Folgesache machen. Mit der Ehesache wird gleichzeitig auch darüber verhandelt und im Falle der Scheidung gemäß § 142 Abs. 1 FamFG, §§ 1671, 1684 entschieden. Jeder geschiedene Ehegatte kann nach der Rechtskraft der Scheidung Änderungen von Verbundentscheidungen über die elterliche Sorge und das Umgangsrecht beantragen (§ 1696). 118

**4. Nachehelicher Unterhalt.** Die eheliche Unterhaltspflicht nach den §§ 1360, 1360a, 1361 endet mit der Rechtskraft der Scheidung. Als Folge eines weitgehend verschuldensunabhängigen Scheidungsrechts ist nach der Scheidung grundsätzlich jeder Ehegatte für seinen Unterhalt selbst verantwortlich (§ 1569).[362] Der Umfang und die Dauer der nachehelichen Unterhaltspflicht wird insbesondere durch die Begrenzung des Betreuungsunterhalts nach § 1570 und die erweiterten Möglichkeiten der Begrenzung und Befristung des nachehelichen Unterhalts aus allen anderen Unterhaltstatbeständen (§ 1573 Abs. 5, § 1578 Abs. 1 S. 2, § 1578b, § 1579) stark eingeschränkt (→ Vor § 1564 Rn. 5; vgl. im Einzelnen die Kommentierung zu §§ 1361, §§ 1569 ff.). 119

**5. Versorgungsausgleich.** Die Versorgung wegen Alters, Berufs- oder Erwerbsunfähigkeit wird nach der Scheidung zumindest teilweise durch den Versorgungsausgleich geteilt, wenn der Versorgungsausgleich nicht nach § 1408 Abs. 2, §§ 6–8 VersAusglG ausgeschlossen ist (näher §§ 1 ff. VersAusglG). 120

**6. Güterstand.** Jeder Ehegatte kann schon nach dreijähriger Trennung gemäß §§ 1385, 1388 den vorzeitigen Zugewinnausgleich verlangen. Mit der Scheidung endet der gesetzliche Güterstand der Zugewinngemeinschaft gemäß §§ 1372, 1374, die Verfügungsbeschränkungen der §§ 1365, 1369 entfallen. Der Zugewinn ist jedoch nach § 1384 bereits auf den Zeitpunkt der Rechtshängigkeit des Scheidungsantrages zu berechnen (→ § 1375 Rn. 11), nach § 1384 ist dieser Zeitpunkt auch für die Höhe der Ausgleichsforderung maßgeblich. Eine vereinbarte Gütergemeinschaft endet mit der Scheidung, das Gesamtgut ist nach §§ 1471 ff. auseinanderzusetzen. 121

**7. Ehewohnung und Haushaltsgegenstände.** Die Auseinandersetzung über die Ehewohnung und die Haushaltsgegenstände nach §§ 1568a, 1568b hat in der Praxis als Scheidungsfolgensache an Bedeutung verloren. Die Auseinandersetzung um die Ehewohnung findet vielmehr im Vorfeld der Scheidung, häufig einhergehend mit Eilanträgen zur Wohnungszuweisung, nach § 1361b statt. Haushaltsauseinandersetzung kommen auch während der Trennung (§ 1361a) nur in Einzelfällen vor. 122

**8. Erbrecht.** Mit der Scheidung entfällt das Erb- und Pflichtteilsrecht der Ehegatten sowie der Voraus nach § 1932, eine letztwillige Verfügung zugunsten des anderen Ehegatten wird unwirksam (§ 2077 Abs. 1), ein gemeinschaftliches Testament wird unwirksam (§ 2268), eine vertragsmäßige Zuwendung entfällt (§ 2279), falls nicht jeweils ein anderer Wille des Erblassers anzunehmen ist (§ 2077 Abs. 3). Diese Wirkungen treten jedoch schon mit der Rechtshängigkeit des begründeten Scheidungsantrages oder der Zustimmung zum Scheidungsantrag des anderen Ehegatten zugunsten des Erblassers ein, der die Scheidung beantragt oder ihr zugestimmt hat (→ Rn. 51). 123

**9. Lebensversicherungsverträge.** Ist ein Ehegatte als Bezugsberechtigter einer Lebensversicherung benannt, endet das Recht nicht mit der Scheidung, vielmehr besteht die Berechtigung grundsätzlich auch nach der Scheidung fort, sofern nicht ein entgegenstehender Wille des Bezugsbe- 124

[361] Staudinger/*Rauscher*, 2018, Vor § 1564 Rn. 51.
[362] Palandt/*Brudermüller* Vor § 1569 Rn. 2 ff.

rechtigten erkennbar ist.[363] Eine ohne Namensangabe auf den Ehemann oder die Ehefrau bezogene Versicherung kann nach der Wiederheirat auf den neuen Ehegatten gerichtet sein.[364]

125 **10. Rückforderung von Zuwendungen.** Die allgemeine Regelung des § 530 ist anwendbar. Als schwere Verfehlung gegen den Schenker werden Ehebrüche[365] und andauernde und verheimlichte ehewidrige Beziehungen[366] gewertet.[367] Zuwendungen unter Ehegatten sind allerdings nicht unentgeltlich; vielmehr dienen sie dazu, die eheliche Lebensgemeinschaft zu führen und auszugestalten und verlieren mit dem Scheitern der Ehe nicht ihren Rechtsgrund (sog. **ehebedingte unbenannte Zuwendungen,** → § 1363 Rn. 26).[368] Regelmäßig sind beim Scheitern der Ehe nicht die Grundsätze über den Wegfall der Geschäftsgrundlage nach § 313 Abs. 1 maßgeblich, weil der Zugewinnausgleich eine Sonderregelung bereithält und die Vermögensverschiebung nicht als „schlechthin unangemessen und unzumutbar" erscheinen lässt (näher → § 1363 Rn. 27 ff.).[369]

126 **11. Steuerrecht.** Bereits im auf die Trennung folgenden Steuerjahr verlieren die Ehegatten nach § 26 EStG (vgl. auch § 32a Abs. 6 Nr. 2 EStG) das Privileg des Ehegattensplittings. Jeder Ehegatte wird in die Steuerklasse I oder II, nicht mehr III, IV oder V eingruppiert (vgl. § 38b EStG). Unterhaltszahlungen an den geschiedenen Ehegatten führen jedoch zum Realsplitting nach § 10 Abs. 1 Nr. 1 EStG. Die Unterhaltsbeträge können bis zu jährlich 13.805 EUR zuzüglich aufgewendete Beiträge zur Basiskranken- und Pflegepflichtversicherung für den Unterhaltsberechtigten beim Unterhaltspflichtigen als Sonderausgaben abgesetzt werden. Als Folgewirkung der Ehe bleibt jeder Ehegatte verpflichtet, der gemeinsamen Veranlagung zur Einkommensteuer für die Ehezeit zuzustimmen.[370]

127 **12. Sozialrecht. a) Art der Versorgung.** Im Sozialrecht ist der Ehegatte nahezu regelmäßig in die soziale Sicherung einbezogen. Deshalb ist bei der Scheidung zu prüfen, welchen Status ein Ehegatte behält und welchen er verliert. Verliert er Krankenhilfe oder Rentenrechte, muss er versuchen, für Ersatz zu sorgen. Die dabei entstehenden Einzelprobleme sind von der Art der Versorgung abhängig und insbesondere davon, ob mit dem Versorgungsausgleich ein Teil der sozialen Sicherung übertragen wird.

128 **b) Familienkrankenhilfe.** Die gesetzliche Krankenversicherung gewährt dem Ehegatten des Versicherten Familienkrankenhilfe (§ 10 Abs. 1 SGB V). Mit der Rechtskraft der Ehescheidung entfällt der Anspruch;[371] der geschiedene Ehegatte kann jedoch gemäß § 9 Abs. 1 S. 1 Nr. 2 SGB V **innerhalb von drei Monaten nach Rechtskraft des Scheidungsbeschlusses** seinen Eintritt in die Krankenkasse erklären, in der er bisher über die Familienkrankenhilfe versichert war. Ein unterhaltspflichtiger Ehegatte hat die Kosten dieser Versicherung gemäß § 1578 Abs. 2 zu tragen.

129 **c) Rente.** Für die seit dem 1.7.1977 geschiedenen Ehen ist für den unterhaltsberechtigten Ehegatten nach dem Tod des Rentenempfängers anstelle der **Geschiedenen-Witwenrente** (§ 243 SGB VI) der **Versorgungsausgleich** getreten. Der frühere Ehegatte kann jedoch auch nach dem 1.7.1977 noch eine **Erziehungsrente** erhalten (§§ 47, 243a SGB VI), wenn er wegen der Erziehung eines Kindes unterhaltsbedürftig ist und die allgemeine Wartezeit von fünf Jahren erfüllt. Das Recht des Versorgungsausgleichs ist im Beitrittsgebiet gemäß Art. 234 § 6 EGBGB erst am 1.1.1992 wirksam geworden. Die versorgungsrechtliche Sicherung vor diesem Zeitpunkt Geschiedener richtet sich nach dem wenig ausgebauten Rentenversicherungssystem der DDR.[372]

130 **d) Beamte.** Der Versorgungsausgleich wird bei Bundesbeamten (BVersTG), Soldaten (§ 55e SVG) und Bundestagsabgeordneten (§ 25a AbgG) im Wege der internen Teilung, bei den übrigen

---

363 BGH NJW 1981, 984; *Rauscher* FamR § 21 Rn. 500.
364 BGH NJW 1981, 985.
365 BGH FamRZ 1982, 1066; OLG Köln NJW 1982, 390.
366 BGH BeckRS 1984, 31078405 = FamRZ 1985, 351 mAnm *Seutemann* FamRZ 1985, 352; OLG Frankfurt FamRZ 1986, 576 mwN; OLG Nürnberg OLGZ 82, 230; Johannsen/Henrich/*Jaeger/Hamm* Rn. 63 aE.
367 Vgl. auch OLG Frankfurt FamRZ 1981, 778; OLG Düsseldorf FamRZ 1980, 446; OLG Köln NJW 1982, 390 m. abl. Anm. *Bosch* FamRZ 1981, 779; LG Bonn FamRZ 1980, 359; LG Essen FamRZ 1980, 791; vgl. Staudinger/*Rauscher,* 2018, Vor § 1564 Rn. 64.
368 BGH NJW 1992, 238 = FamRZ 1992, 293; FamRZ 1982, 778; Staudinger/*Rauscher,* 2018, Vor § 1564 Rn. 65.
369 BGHZ 115, 132 (138) = NJW 1991, 2553 = FamRZ 1991, 1169; BGH NJW-RR 2007, 365; Staudinger/*Rauscher,* 2018, Vor § 1564 Rn. 66.
370 BGH NJW 1977, 378; Staudinger/*Rauscher,* 2018, Vor § 1564 Rn. 74.
371 Staudinger/*Rauscher,* 2018, Vor § 1564 Rn. 75.
372 *Klattenhof* DAngVers. 1990, 435.

Beamten durch externe Teilung nach § 16 VersAusglG durchgeführt (→ VersAusglG § 16 Rn. 1 ff.).[373] § 22 BeamtVG gewährt in bestimmten Fällen daneben einen **Unterhaltsbeitrag.**

## § 1565 Scheitern der Ehe

**(1) [1]Eine Ehe kann geschieden werden, wenn sie gescheitert ist. [2]Die Ehe ist gescheitert, wenn die Lebensgemeinschaft der Ehegatten nicht mehr besteht und nicht erwartet werden kann, dass die Ehegatten sie wiederherstellen.**

**(2) Leben die Ehegatten noch nicht ein Jahr getrennt, so kann die Ehe nur geschieden werden, wenn die Fortsetzung der Ehe für den Antragsteller aus Gründen, die in der Person des anderen Ehegatten liegen, eine unzumutbare Härte darstellen würde.**

**Schrifttum:** S. Vor § 1564; *Brüggemann,* Drei neuralgische Punkte des materiellen Scheidungsrechts, FamRZ 1978, 91; *Büte,* Materielle Ehescheidungsvoraussetzungen (§§ 1565 bis 1568 BGB) und Aufhebungsgründe, FPR 2007, 231; *Giesen,* Das neue Scheidungsrecht auf dem Prüfstand der Rechtsprechung, JR 1980, 177; *Holzhauer,* Die Scheidungserschwernis des § 1565 Abs. 2 BGB, JZ 1979, 113; *Lüke,* Grundsätzliche Veränderungen im Familienrecht durch das 1. EheRG, AcP 178 (1978), 1; *Sarres,* Trennung, Scheitern der Ehe und vorzeitige Scheidung gemäß § 1565 Abs. 2 BGB, ZFE 2010, 259.

**Übersicht**



[373] Krit. zu dieser Ungleichbehandlung *Borth* FamRZ 2010, 1210 (1212).

## I. Grundtatbestand (Abs. 1)

1 **1. Normzweck. a) Zerrüttungsprinzip.** „S. 1 verwirklicht das Zerrüttungsprinzip. Danach kann die Ehe geschieden werden, wenn sie gescheitert ist." Diese Sätze in der Begründung der Bundesregierung zum Entwurf des 1. EheRG[1] drücken aus, welche Bedeutung dieser Vorschrift im Gefüge des Scheidungsrechts zukommt. Abs. 1 S. 1 enthält die Abkehr vom Verschuldensprinzip. Diese Abkehr ist aber nicht so vollständig, wie Abs. 1 S. 1 vermuten lässt. Vor Ablauf einer einjährigen Trennung der Ehegatten kann die gescheiterte Ehe nur geschieden werden, wenn ihre Fortsetzung aus Gründen in der Person des anderen Ehegatten eine unzumutbare Härte darstellen würde (Abs. 2). Damit sind **Elemente des Verschuldensprinzips** für einen Teil der Scheidungen erhalten geblieben.[2] Auch die Härteklausel des § 1568 zugunsten eines Ehegatten lässt es in besonderen Fällen zu, Verschuldenselemente zu werten. Es bleiben danach Einzelfälle denkbar, in denen eine gescheiterte Ehe gegen den Willen eines Ehegatten auf Dauer weiter besteht.[3] Die Diskussion über die Gewichtung von Zerrüttung und Verschulden bei der Ehescheidung kann damit auch zu den Scheidungstatbeständen und nicht nur im Unterhaltsrecht immer wieder belebt werden.[4] In der Praxis spielen Verschuldensgesichtspunkte für die Scheidung selbst allerdings nur eine untergeordnete Rolle. Das Zerrüttungsscheidungsrecht ist inzwischen für die Scheidung als solche allgemein akzeptiert.

2 **b) Grundtatbestand und Grundlage des Scheidungsrechts.** Abs. 1 ist der Grundtatbestand des Scheidungsrechts und gleichzeitig die Grundlage für die Scheidung ohne einjährige Trennung iVm Abs. 2, die formalisierte einverständliche Scheidung iVm § 1566 Abs. 1 sowie die Scheidung nach dreijähriger Trennung iVm § 1566 Abs. 2.

3 **c) Kernaussage.** Abs. 1 S. 2 definiert den **Zustand einer Ehe,** der die Scheidung rechtfertigt. Das Gesetz hat dafür den Begriff „Zerrüttung" aufgegeben und den Begriff **„Scheitern"** eingeführt. Abs. 1 S. 2 enthält in einer Weiterentwicklung des § 48 Abs. 1 EheG eine eigenständige Bestimmung des Zustandes der Ehe, der als Scheitern bezeichnet wird. Ist die Ehe gescheitert, das Trennungsjahr abgelaufen und greift die Härteklausel des § 1568 nicht ein, muss das Gericht die Scheidung aussprechen. Das Wort „kann" gibt ihm keinen Ermessensspielraum.[5] Das Gesetz ermöglicht und billigt damit aber nicht die Zerstörung der Ehe durch einen Ehegatten, um ihm auch noch ein Recht auf

[1] BT-Drs. 7/650, 104.
[2] Bamberger/Roth/*Neumann* Rn. 1.
[3] Krit. *Ramm* JZ 1986, 164.
[4] *Gernhuber/Coester-Waltjen* FamR § 24 Rn. 18; *Rummler,* Möglichkeiten und Grenzen der Eliminierung des Verschuldensprinzips im Scheidungsrecht, Diss. Bielefeld 1983/84; *Lüke* GS Constantinesco, 1983, 457 ff.; *Schwind* ÖJZ 1983, 197; *Giesen* FamRZ 1984, 1188 (1191 ff.).
[5] Johannsen/Henrich/*Jaeger/Hamm* Rn. 2; Staudinger/*Rauscher,* 2018, Rn. 4; Erman/*Blank* Rn. 2; Bamberger/Roth/*Neumann* Rn. 3.

Scheidung zu geben. Erfahrungen mit dem Verschuldensscheidungsrecht zeigen weltweit, dass die Notwendigkeit eines Verschuldens als Voraussetzung für eine Scheidung Ehen nicht rettet. Verschulden kann in der Regel nur undifferenziert an grobem Verhalten gemessen werden, die subtilen Scheidungsgründe sind der Ermittlung schwer zugänglich. Schließlich nützt die Aufrechterhaltung des formalen Bandes der Ehe niemandem, wenn ein Ehegatte geschieden sein will.

**d) Trennungsjahr.** Aus dem Grundtatbestand des Abs. 1 allein ist die Scheidung erst möglich, wenn die Ehegatten gemäß § 1567 ein Jahr getrennt gelebt haben. Dies folgt mittelbar aus Abs. 2, der die Scheidung vor dem Fristablauf von weiteren Voraussetzungen abhängig macht.[6] Abs. 1 ist damit ebenfalls ein Trennungstatbestand. Die Beschränkung der Scheidung durch Abs. 2 ohne Differenzierung zwischen einverständlicher und streitiger Scheidung spiegelt in besonderer Weise den Kompromiss der im BT vertretenen Parteien wider; alle denkbaren Auslegungen wurden auf der Grundlage verschiedener Ehebilder vertreten (→ Rn. 79). In den parlamentarischen Beratungen ist die Vorschrift mit dem Ziel aufgenommen worden, die Scheidung über den Grundtatbestand des Abs. 1 zu begrenzen und die Einwände gegen sie aufzufangen. Ziel der Scheidungserschwerung ist es in erster Linie, die Ehegatten vor leichtfertigen und voreiligen Scheidungsanträgen zu schützen.[7] Im Übrigen herrscht über den Normzweck des Trennungsjahres nach wie vor Streit (→ Rn. 79 ff.). In der Praxis haben die Jahresfrist und die in § 1566 vorgesehene unwiderlegbare Vermutung einer endgültigen Zerrüttung der Ehe nach Fristablauf dazu geführt, dass nicht die Feststellung des Scheiterns der Ehe, sondern der Ablauf der Trennungsfristen und die Aufhebung der häuslichen Gemeinschaft als Indizien des Scheitern der Ehe einerseits und im Sinne einer Scheidungssperre andererseits im Vordergrund stehen. Das Scheidungsrecht wird damit nicht allein durch das Zerrüttungsprinzip, sondern auch durch ein **„Trennungs- oder Fristenprinzip"** geprägt.[8] Es besteht keine Notwendigkeit, dass sich die Eheleute als Zeichen der Ernsthaftigkeit ihres Scheidungswillens über bestimmte Scheidungsfolgen einigen. Damit wird allein der übereinstimmende Scheidungswille und der Ablauf des Trennungsjahres Grundlage der unwiderlegbaren Scheiternsvermutung. 4

**2. Scheitern der Ehe. a) Scheitern „statt" Zerrüttung.** An die Stelle des Begriffs „Zerrüttung" der Ehe, der im EheG durch die Worte „tief", „tiefgreifend" und „unheilbar" umschrieben wurde, ist die Bezeichnung „Scheitern" getreten. Das Wort „Scheitern" wird verwendet, um die sprachliche Verbindung zwischen dem beschriebenen Zustand und einer schuldhaften Handlung eines oder beider Ehegatten zu lösen.[9] Der Begriff „Zerrüttung" verknüpft nach dem traditionellen Verständnis des Eherechts schuldhafte Handlungen mit dem dadurch eingetretenen Ergebnis, unabhängig davon, welche Ursachen zur Zerrüttung geführt hatten.[10] Mit dem neuen Begriff „Scheitern" soll der Zustand der Ehe beschrieben werden, der die Scheidung rechtfertigt, wobei gleichgültig ist, welche Ursachen diesen Zustand herbeigeführt haben.[11] Es ist deshalb eine Verkürzung, unheilbare Zerrüttung und Scheitern der Ehe als weitgehend identisch anzusehen,[12] weil beide Begriffe ihren Inhalt aus den verschiedenen Merkmalen beziehen, mit denen sie verbunden waren und sind.[13] 5

---

6 BGH NJW 1981, 127.

7 BGH NJW 1981, 449 (451) = FamRZ 1981, 127 (129); OLG Rostock FamRZ 1993, 808; OLG Stuttgart FamRZ 1977, 807; 1978, 690; NJW 1977, 1542; 1978, 275; OLG Köln FamRZ 1977, 717; NJW 1978, 645; FamRZ 1991, 822; OLG Bremen FamRZ 1977, 809; OLG Düsseldorf FamRZ 1978, 26; 1977, 804; OLG Schleswig SchlHA 1977, 171; FamRZ 1977, 805; SchlHA 1978, 98 (100); NJW 1978, 51; OLG Saarbrücken FamRZ 1978, 114; OLG Oldenburg FamRZ 1978, 188 = NJW 1978, 1266; OLG Frankfurt NJW 1978, 276; 892; FamRZ 1978, 115; OLG München NJW 1978, 49 = FamRZ 1978, 29; OLG Karlsruhe NJW 1978, 53; 1978, 168; OLG Zweibrücken FamRZ 1978, 896; OLG Celle NdsRpfl. 1977, 208; FamRZ 1978, 113; KG FamRZ 1978, 34; Staudinger/*Rauscher*, 2018, Rn. 8; Palandt/*Brudermüller* Rn. 6; Johannsen/Henrich/*Jaeger/Hamm* Rn. 44; aA OLG Koblenz FamRZ 1978, 31 (33); krit. OLG Hamm FamRZ 1979, 37; *Gernhuber/Coester-Waltjen* FamR § 27 Rn. 19, 20.

8 *Habscheid* FS Bosch, 1976, 365; *Gernhuber/Coester-Waltjen* FamR § 24 Rn. 21.

9 Eherechtskommission beim BMJ, Vorschläge zur Reform des Ehescheidungsrechts und des Unterhaltsrechts nach der Ehescheidung, 1970, 34; BT-Drs. 7/650, 105; *Schwab* FamRZ 1976, 491 (495); *Diederichsen* NJW 1977, 273.

10 RGZ 165, 149 (152); *Lange* FamRZ 1971, 481 (488) und *Wolf/Lüke/Hax,* Scheidung und Scheidungsrecht, 1959, 299 heben als besonderen Vorteil hervor, dass der Ausdruck Zerrüttung unabhängig von den Ursachen sei.

11 BT-Drs. 7/650, 104; *A. Wolf* FamRZ 1970, 431; *Neuhaus* RabelsZ 32 (1968), 24 (44); Staudinger/*Rauscher* Rn. 25, 30.

12 AA – für Identität – BGH NJW 1978, 1810 = FamRZ 1978, 671 (672); *Gernhuber/Coester-Waltjen* FamR § 27 Rn. 2; *Vogel* FamRZ 1976, 481 (483); *Schwab* FamRZ 1976, 491 (495); *Schwab* in Schwab ScheidungsR-HdB II Rn. 16, 17; Johannsen/Henrich/*Jaeger/Hamm* Rn. 3.

13 Vgl. auch Staudinger/*Rauscher*, 2018, Rn. 25.

6 Der Ausdruck „Zerrüttung der Ehe" war, obwohl er seit 150 Jahren in den Gesetzen verwendet wurde, schillernd geblieben.[14] Mit dem Übergang zum Begriff „Scheitern" wurde diese Problematik nicht aufgelöst. Die Schwierigkeiten liegen nicht im sprachlichen Ausdruck, sondern darin, den Zustand einer Ehe zu beschreiben, der die Scheidung rechtfertigt.[15] Für die entscheidende Frage des Eherechts, wann der Zustand eingetreten ist, der die Scheidung der auf Lebenszeit angelegten Ehe rechtfertigt, hat der Wechsel der Terminologie allein keine wesentlichen Impulse gebracht.

7 **b) Legaldefinition.** Das „Scheitern der Ehe" wird in Abs. 1 S. 2 dahin beschrieben, dass die Lebensgemeinschaft der Ehegatten nicht mehr besteht und nicht erwartet werden kann, dass die Ehegatten sie wiederherstellen. Die Definition des Gesetzes zerlegt den Begriff des Scheiterns in **zwei Komponenten,** die ihrerseits auslegungsbedürftig sind: Die Feststellung des Nichtbestehens der Lebensgemeinschaft der Ehegatten **(Diagnose)** und die Vorhersage, dass die Wiederaufnahme der Lebensgemeinschaft nicht erwartet werden kann **(Prognose).** Dem Gesetzgeber ging es bei dieser Definition darum, zwei „Anzeichen" als Merkmale des Scheiterns festzulegen, die „in einer Beweisaufnahme fassbar" sind.[16]

8 **c) Scheitern der individuellen Lebensgemeinschaft auf personaler Ebene.** Das Scheitern bezieht sich auf die Lebensgemeinschaft der Ehegatten, wodurch deutlich gemacht werden soll, dass Maßstab des Scheiterns nicht nur eine objektive Vorstellung von der Ehe, sondern der individuelle Zuschnitt der jeweiligen Ehe ist.[17] Das Scheitern betrifft nicht in erster Linie die funktionalen Bereiche der Ehe im Sinne der Versorgung und Erziehung der Kinder und der Versorgung des Haushalts; vielmehr liegt dem Gesetz die Vorstellung von einem Scheitern der Ehe in ihrem personalen Bereich der geistig-emotionalen Beziehung zugrunde.[18]

9 **3. Nichtbestehen der Lebensgemeinschaft der Ehegatten (Diagnose). a) Lebensgemeinschaft der Ehegatten. aa) „Objektiver" Maßstab des EheG.** Für die dem Wesen der Ehe entspr. eheliche Lebensgemeinschaft nach dem EheG wurde darauf abgestellt, ob dem Ehegatten trotz der Eheverfehlungen des anderen, einer Krankheit oder einer dreijährigen Trennung noch die Fähigkeit verblieben war, eine Ehe zu führen, „wie sie der redliche Durchschnittsmensch führt".[19] Es wurde also ein „objektiver" Maßstab angelegt.[20]

10 **bb) Individuelle Lebensgemeinschaft.** Abs. 1 S. 2 spricht nicht mehr von der ehelichen Lebensgemeinschaft, sondern von der Lebensgemeinschaft der Ehegatten. Mit dem Wechsel der Begriffe wird stärker auf die individuellen Lebensverhältnisse der Ehegatten abgestellt und damit der Blick auf die konkret gelebte und gestaltete Ehe gerichtet. Maßstab ist nicht mehr nur eine objektive Durchschnittsehe, sondern die konkrete Lebensgemeinschaft der Eheleute.[21] Nicht entscheidend ist, was typischerweise zu einer Lebensgemeinschaft gehört, sondern von welchen subjektiven Vorstellungen die eheliche Lebensgemeinschaft im Einzelfall geprägt war. Der Richter muss den von den Ehegatten vereinbarten oder gelebten Zuschnitt der Ehe berücksichtigen[22] und dabei mit besonderer Sorgfalt vorgehen.[23]

11 **cc) Personaler Zerrüttungsbegriff.** Mit dem Abstellen auf die individuell gelebte Ehe ist die Grundentscheidung getroffen, dass das Scheitern der Ehe sich nicht auf die Ehe als soziale Einrichtung bezieht (funktionaler Zerrüttungsbegriff), sondern auf die innere Beziehung der Ehegatten zueinander (personaler Zerrüttungsbegriff). Unter Lebensgemeinschaft ist damit „das Ganze des

---

[14] Vgl. *Neuhaus* FamRZ 1968, 57; *Neuhaus* RabelsZ 32 (1968), 24 (42); *Fuchs,* Die Zerrüttung der Ehe, Diss. Köln 1961.

[15] *Neuhaus* FamRZ 1968, 57 (59) meint: „Wer in der Diskussion über die Ehescheidung den Ausdruck ‚Zerrüttung der Ehe' gebraucht, soll sich bewusst sein, damit nichts Präzises zu sagen. Ebenso gut könnte man, in offener Tautologie sagen: Die Ehe muss geschieden werden, wenn sie scheidungsreif ist"; vgl. auch *Müller-Freienfels,* Ehe und Recht, 1962, 265.

[16] BT-Drs. 7/650, 105; Johannsen/Henrich/*Jaeger/Hamm* Rn. 4.

[17] BGH NJW 1995, 1082 = FamRZ 1995, 229 (230); *Schwab* in Schwab ScheidungsR-HdB II Rn. 18; Staudinger/*Rauscher,* 2018, Rn. 28; Bamberger/Roth/*Neumann* Rn. 6.

[18] *Schwab* in Schwab ScheidungsR-HdB II Rn. 22; Staudinger/*Rauscher,* 2018, Rn. 27; *Gernhuber/Coester-Waltjen* FamR § 27 Rn. 3.

[19] *Frantz* NJW 1950, 95; *Marlok* NJW 1956, 102.

[20] BGHZ 3, 70 (71) = NJW 1951, 879; BGHZ 4, 186 (188) = NJW 1952, 461; *Frantz* NJW 1950, 94.

[21] BGH NJW 1995, 1082 = FamRZ 1995, 229 (230); *Schwab* in Schwab ScheidungsR-HdB II Rn. 18; Staudinger/*Rauscher,* 2018, Rn. 32; Bamberger/Roth/*Neumann* Rn. 6.

[22] BGH NJW 1995, 1082 (1083) = FamRZ 1995, 229 (230); *Ambrock* JR 1978, 1 (3); *Brüggemann* FamRZ 1978, 91; *Damrau* NJW 1977, 1620; *Lüke* AcP 178 (1978), 1 (24); *Lüke* FS Bosch, 1976, 627 (632); *Schwab* in Schwab ScheidungsR-HdB II Rn. 33; Palandt/*Brudermüller* Rn. 2; Soergel/*Heintzmann* Rn. 15, 16.

[23] BGH NJW 1981, 449 = FamRZ 1981, 127.

ehelichen Verhältnisses, primär aber die wechselseitige innere Bindung der Ehegatten zu verstehen".[24] Diese wechselseitige eheliche Gesinnung prägt die eheliche Lebensgemeinschaft. Die Funktion der Ehe als soziale Institution wird nur mehr in Randbereichen geschützt durch die Kinderschutzklausel und die Härteklausel des § 1568.[25]

**dd) Objektive Elemente.** Das Gesetz stellt allerdings nicht auf eine Lebensgemeinschaft ab, die nur allein subjektiv durch die Vorstellung der Ehegatten bestimmt ist. Es verbindet vielmehr wie schon bisher objektive und subjektive Elemente, wobei die subjektiven Elemente stärker im Vordergrund stehen.[26] 12

**ee) Eheliche Pflichten.** Die Lebensgemeinschaft der Eheleute stellt sich auch in ihrer Individualität als rechtlich verfasste Form des Zusammenlebens mit einem objektiven **Pflichtencharakter** dar.[27] Sie ist vom Gesetzgeber insbesondere mit der Einfügung des § 1353 Abs. 1 S. 2 Hs. 2 durch das Eheschließungsrechtsgesetz (→ Einl. FamR Rn. 182) als Verantwortungsgemeinschaft charakterisiert worden.[28] Die mit der Funktion der Ehe in Zusammenhang stehenden Rechtspflichten begründen nicht den Maßstab für die individuell gelebte Ehe. Ihre Verletzung kann im Einzelfall aber gleichwohl ein Indiz für das Scheitern der Ehe darstellen.[29] 13

**ff) Wechselseitige innere Bindung der Ehegatten.** Unter Lebensgemeinschaft ist die wechselseitige innere Bindung der Ehegatten zu verstehen,[30] mag diese als „Bereitschaft oder Fähigkeit eines oder beider Ehegatten zur Anteilnahme am Geschick des Partners, zur geistigen Gemeinschaft und zur gemeinschaftlichen Lebensgestaltung (Konsens)",[31] als Bereitschaft und Fähigkeit, mit dem anderen „in der geistigen und seelischen Gemeinsamkeit zu leben, die in dieser individuellen Ehe üblich ist",[32] oder als Fähigkeit der Ehegatten „sich in allen wichtigen Angelegenheiten des ehelichen Lebens um eine Einigung zu bemühen",[33] bezeichnet werden. Solange die Ehegatten zu einem Versöhnungsversuch bereit sind, selbst wenn er noch nicht begonnen hat, kann das Scheitern der Ehe nicht festgestellt werden.[34] Dieser Vorgang der Einigung ist jedoch nicht statisch zu verstehen. Eine Einigung hat nur so lange Bedeutung, solange beide Ehegatten daran festhalten. Kern der ehelichen Lebensgemeinschaft ist damit die Bereitschaft der Ehegatten zu immer neuer Einigung,[35] möglicherweise auch die Bereitschaft, es hinzunehmen, dass der andere Ehegatte zum Nachgeben nicht bereit ist. 14

**gg) Äußere Realisierung der Lebensgemeinschaft.** Das Gesetz verlangt eine Gemeinschaft der Ehegatten, also Gemeinsamkeiten, die über ein geistiges Band hinausgehen. Sie zeigen sich in den meisten Ehen durch eine häusliche Gemeinschaft und eine Geschlechtsgemeinschaft. Die **häusliche Gemeinschaft** umschreibt die äußere Realisierung der ehelichen Lebensgemeinschaft in einer gemeinsamen Wohnstätte, wobei es sich hierbei nicht um ein notwendiges Element der ehelichen Lebensgemeinschaft handelt.[36] Dabei kann vorübergehend jede tatsächliche Gemeinschaft der Ehegatten fehlen, ohne dass damit die eheliche Gemeinschaft aufgehoben ist. Der Maßstab dafür, was die Gemeinschaft der Ehegatten ist, ist an den bisherigen Lebensformen der Ehegatten zu messen.[37] Aus der Tatsache, dass „einzelne Merkmale üblichen ehelichen Zusammenlebens fehlen", darf nicht 15

---

[24] BGH NJW 2002, 671; 1989, 1988; *Schwab* in Schwab ScheidungsR-HdB II Rn. 19.

[25] *Gernhuber/Coester-Waltjen* FamR § 27 Rn. 3; Staudinger/*Rauscher,* 2018, Rn. 27; Bamberger/Roth/*Neumann* Rn. 6.

[26] *Gernhuber/Coester-Waltjen* FamR § 27 Rn. 3, 6; ähnlich Johannsen/Henrich/*Jaeger/Hamm* Rn. 8, 9.

[27] BGH NJW 2002, 671; 1989, 1988.

[28] BGH NJW 2002, 671 mAnm *Hohloch* JuS 2002, 613 und mAnm *Muscheler* JZ 2002, 710 und mAnm *Rauscher* JR 2002, 455.

[29] *Gernhuber/Coester-Waltjen* FamR § 27 Rn. 6.

[30] BGH NJW 2002, 671 = FamRZ 2002, 316; NJW 1989, 1988.

[31] *Gernhuber/Coester-Waltjen* FamR § 27 Rn. 4.

[32] RGRK-BGB/*Graßhof* Rn. 11.

[33] BT-Drs. 7/650, 95; vgl. BGH NJW 1989, 1988 = FamRZ 1989, 479 (481); NJW 1978, 1810 (1811) = FamRZ 1978, 671; NJW 1979, 1042 = FamRZ 1979, 422; OLG Karlsruhe FamRZ 1978, 592; OLG Stuttgart NJW 1978, 52; Staudinger/*Rauscher,* 2018, Rn. 38, 39c, 50; Johannsen/Henrich/*Jaeger/Hamm* Rn. 10; vgl. auch *E. Wolf* NJW 1968, 1497; *Müller-Freienfels,* Ehe und Recht, 1962, 269; *Schwab* FamRZ 1976, 491 (493, 495); *Schwab* in Schwab ScheidungsR-HdB II Rn. 23; *Diederichsen* NJW 1977, 273 (275); *Graßhof* FS Zeidler, 1987, 837 (846).

[34] BGH NJW 1995, 1082 (1083) = FamRZ 1995, 229 (230).

[35] KG FamRZ 1980, 356.

[36] BGH NJW 2002, 671 mAnm *Hohloch* JuS 2002, 613, *Muscheler* JZ 2002, 710, *Rauscher* JR 2002, 455.

[37] BGH NJW 1995, 1082 (1083) = FamRZ 1995, 229 (231); *Lüke* FS Bosch, 1976, 627 (639); *Gernhuber/Coester-Waltjen* FamR § 27 Rn. 5; Palandt/*Brudermüller* Rn. 2.

ohne weiteres geschlossen werden, „dass die Lebensgemeinschaft der Ehegatten nicht mehr besteht; denn es kann vorkommen, dass ein solches Merkmal nicht zur Lebensgemeinschaft dieser Ehegatten gehört".[38] So kann es sein, dass die sexuelle Treue der Ehegatten kein wesentliches Element dieser Ehe war.[39]

16 **hh) Wandel der persönlichen Lebensumstände.** Die Lebensgemeinschaft der Ehegatten wird in verschiedenen Phasen ihres Lebens auch eine andere sein; sie wird von den sich verändernden Lebensumständen der Ehegatten geprägt. Nicht ausgeschlossen ist, das Bild des vorehelichen Zusammenlebens für die Beschreibung ihrer Gemeinschaft zu verwerten. Da das Gesetz keine inhaltliche Ordnung für die Gestaltung des ehelichen Zusammenlebens aufstellt, kann nicht das, was unter Ehegatten als äußere Gestaltung der Lebensgemeinschaft üblich ist, für einzelne Ehegatten zum alleinigen Maß des ehelichen Zusammenlebens bestimmt werden.[40]

17 **b) Nichtbestehen der Lebensgemeinschaft.** Die Lebensgemeinschaft der Ehegatten besteht dann nicht mehr, wenn die Bereitschaft oder die Fähigkeit eines oder beider Ehegatten zu einer Einigung über die Formen des Zusammenlebens erloschen ist und wenn deshalb keine dem bisherigen Zusammenleben oder den Vorstellungen und Bedürfnissen der Parteien entspr. Gemeinsamkeit mehr zustande kommt.[41] Für Ehen, in denen schon vor ihrer Krise nur eine eingeschränkte Lebensgemeinschaft bestand, kann die Bewertung schwierig sein, möglicherweise ändert sich nicht die äußere Form des Lebens, sondern nur die innere Einstellung zueinander. Aber auch eine von Anfang an zerrüttete Ehe oder eine von Anfang an nicht bestehende eheliche Lebensgemeinschaft kann nach § 1565 scheitern.[42] Nicht notwendig ist es, dass in der Lebensform eine äußerlich erkennbare Veränderung eintritt.[43] Die eheliche Lebensgemeinschaft kann in Fällen mit wenig tatsächlicher Gemeinschaft allein durch den Wegfall des Willens zur Gemeinschaft aufgehoben sein. Das **Fehlen üblicher Lebensformen** lässt allein nicht den Schluss zu, es fehle auch die eheliche Lebensgemeinschaft.[44] Solche Ehen außerhalb des Üblichen werden allerdings selten sein, so dass im Zweifel die typischen Lebensformen von Ehen bei der Bewertung hilfreich bleiben werden.[45]

18 **c) Einzelfälle. aa) Freie Form des Zusammenlebens.** Die Ehegatten können in ihrem Zusammenleben Formen wählen, die von der Mehrheit der Menschen missbilligt werden. So können sie die Formen ihres Geschlechtsverkehrs selbst bestimmen, ohne dass darunter, solange sie sich darüber einig sind, ihre eheliche Gemeinschaft leidet. Auch der Verzicht auf geschlechtliche Beziehungen oder die Abrede, sexuelle Beziehungen auch oder nur zu Dritten zu haben, müssen nicht notwendig ein Indiz dafür sein, dass die Lebensgemeinschaft nicht mehr besteht.[46]

19 **bb) Fehlende Wohngemeinschaft.** Die Lebensgemeinschaft der Ehegatten ist auch ohne häusliche Gemeinschaft möglich.[47] Die fehlende häusliche Gemeinschaft allein erfüllt nicht den Begriff des Getrenntlebens (→ § 1567 Rn. 3, 10 ff.).[48] Sie ist auch nicht identisch mit der Aufhebung der ehelichen Lebensgemeinschaft.[49] Künstler, die in verschiedenen Städten arbeiten und sich jährlich nur zu einem Urlaub treffen, können eine eheliche Lebensgemeinschaft haben. Wichtige Indizien dafür werden regelmäßige Telefonkontakte oder regelmäßiger Briefwechsel sein.[50] Ist ein Ehegatte in einer Anstalt auf Dauer verwahrt, muss die Lebensgemeinschaft nicht aufgehoben sein. Sie kann sich in Besuchen und im Briefwechsel ausdrücken. Die auf die Trennungsfristen aufbauenden Scheidungstatbestände sind auf solche Ehen nicht nur analog, sondern direkt anzuwenden (→ § 1567 Rn. 36 f.).[51] Trennung iSd § 1567 beinhaltet nicht nur die Aufhebung der häuslichen Gemeinschaft,

---

38 BT-Drs. 7/650, 105; *Diederichsen* NJW 1977, 273; Johannsen/Henrich/*Jaeger/Hamm* Rn. 16.
39 BGH NJW 1995, 1082 (1083) = FamRZ 1995, 229 (231).
40 BT-Drs. 7/650, 105.
41 Vgl. auch OLG Zweibrücken FamRZ 2006, 1260.
42 BGH NJW 2002, 671.
43 Johannsen/Henrich/*Jaeger/Hamm* Rn. 14; aA Soergel/*Heintzmann* Rn. 23.
44 Vgl. OLG Schleswig SchlHA 1978, 37; Johannsen/Henrich/*Jaeger/Hamm* Rn. 14.
45 *Gernhuber/Coester-Waltjen* FamR § 27 Rn. 6.
46 BGH NJW 1995, 1082 (1083) = FamRZ 1995, 229 (231); Zweifel bei RGRK-BGB/*Graßhof* Rn. 18; vgl. auch BGHZ 26, 198 = NJW 1958, 546; OLG Oldenburg FamRZ 1981, 775 (777).
47 BGH NJW 2002, 671 mAnm *Hohloch* JuS 2002, 613, *Muscheler* JZ 2002, 710, *Rauscher* JR 2002, 455; BGH NJW 1978, 1810 = FamRZ 1978, 671; NJW 1981, 449 = FamRZ 1981, 127; BT-Drs. 7/650, 105; *Lüke* FS Bosch, 1976, 639; *Holzhauer* JZ 1979, 113 (117); Johannsen/Henrich/*Jaeger/Hamm* Rn. 14; Staudinger/*Rauscher,* 2018, Rn. 33, 34; Bamberger/Roth/*Neumann* Rn. 10.
48 BGH NJW 1981, 449 = FamRZ 1981, 127; Soergel/*Heintzmann* Rn. 17.
49 OLG Oldenburg FamRZ 1997, 1213.
50 BGH NJW 1989, 1988 = FamRZ 1989, 479.
51 AA Soergel/*Heintzmann* § 1566 Rn. 6.

sie wird vielmehr wesentlich durch subjektive Elemente bestimmt. Ehegatten ohne Wohngemeinschaft leben iSd Scheidungstatbestände nur dann getrennt, wenn die subjektiven Voraussetzungen erfüllt sind.

**cc) Noch bestehende häusliche Gemeinschaft.** Die eheliche Lebensgemeinschaft kann aufgehoben sein, wenn die häusliche Gemeinschaft noch besteht, die Ehegatten also nicht getrennt leben.[52] Diese Gestaltung ist nur bedeutsam für die Scheidung iVm Abs. 2, weil die Scheidung allein aus dem Grundtatbestand das einjährige Getrenntleben voraussetzt. Die Feststellung des Scheiterns bei fortbestehender Wohngemeinschaft bietet allerdings erhebliche Probleme (→ Rn. 85 ff.). 20

**dd) Fortbestehende Gemeinsamkeiten.** Auch im Übrigen ist es für die Aufhebung der Lebensgemeinschaft nicht notwendig, dass die Ehegatten alle Gemeinsamkeiten und Kontakte abgebrochen haben. Ein Rest davon wird vielfach weiter bestehen, zB die gemeinsame Verantwortung für Kinder, die Verwaltung eines noch nicht geteilten Vermögens, Briefwechsel aus alltäglichen Anlässen, Besuche, Hilfen verschiedener Art, Besorgung der Wäsche oder gelegentliche Abgabe von Mahlzeiten, gelegentlicher Geschlechtsverkehr[53] oder andere Kontakte.[54] Diese Kontakte sind Merkmale der weiter bestehenden ehelichen Gemeinschaft erst dann, wenn die Ehegatten sie in ihrer subjektiven Einstellung als deren Merkmale empfinden. 21

**ee) Verzicht auf übliche Formen der Gemeinsamkeit.** Nach § 1353 Abs. 1 S. 2 sind die Ehegatten zur ehelichen Lebensgemeinschaft verpflichtet, deren Inhalt sie allerdings selbst bestimmen können.[55] So können die Ehegatten in ihrer Lebensgemeinschaft auf Geschlechtsverkehr, auf Kinder oder auf sonst übliche Formen der Gemeinsamkeit verzichten. Eine Bindungswirkung hat ein solches Verhalten allerdings nicht.[56] Löst sich ein Ehegatte von einer solchen Vereinbarung und deren Lebensform, besteht die Lebensgemeinschaft der Ehegatten nicht mehr.[57] 22

**d) Geisteskrankheit.** Solange ein geisteskranker Ehegatte ein Empfinden für den inneren Zustand der Ehe hat und die Bereitschaft aufbringen kann, sich mit dem anderen Ehegatten in einer bestimmten Lebensform zusammenzufinden, bestehen keine Besonderheiten. An die Fähigkeit zur ehelichen Gesinnung sind keine übertriebenen Anforderungen zu stellen, sie kann bei einem geistig erheblich behinderten Menschen nicht an den üblichen Definitionselementen gemessen werden. Bereits die Freude über Kontakt erhaltende Besuche kann für den Fortbestand der ehelichen Lebensgemeinschaft ausreichen.[58] Hat der kranke Ehegatte infolge seiner geistigen Behinderung jedes Verständnis für die Ehe verloren, so folgt daraus noch nicht, dass damit seine Ehe „automatisch" gescheitert ist und diese bei Vorliegen der übrigen Voraussetzungen geschieden werden muss. Wendet sich der andere Ehegatte dem geistig behinderten Ehepartner weiterhin in ehelicher Verbundenheit und Fürsorge zu, so besteht die Lebensgemeinschaft als Verantwortungsgemeinschaft weiter, auch wenn sie infolge der Behinderung nicht mehr in wechselseitiger innerer Bindung gelebt werden kann.[59] Auf die Vorstellung des gesetzlichen Vertreters von einer ehelichen Lebensgemeinschaft kommt es nicht an.[60] Allerdings hindert die Behinderung den Ehegatten nicht, seinerseits die Scheidung zu beantragen. Denn ihm kann die Berufung auf das Scheitern der Ehe nicht allein deshalb versagt werden, weil er infolge seiner Behinderung jedes Verständnis für die Ehe und das Scheitern verloren hätte; auch ein solcher Ehegatte kann nicht wegen seines Geisteszustands an einer gescheiterten Ehe festgehalten werden, wenn die Scheidung nach der im Genehmigungsverfahren gemäß § 125 Abs. 2 S. 2 FamFG gewonnenen Erkenntnis in seinem wohlverstandenen Interesse liegt.[61] Zur Berechtigung zur Stellung des Scheidungsantrags → Rn. 67. 23

52 HM; vgl. BGH NJW 1981, 449 = FamRZ 1981, 127; OLG Stuttgart NJW 1978, 52; OLG Oldenburg NJW 1978, 1266; OLG Karlsruhe NJW 1978, 1534; OLG München NJW 1978, 49 = FamRZ 1978, 29; KG FamRZ 1978, 594; OLG Schleswig NJW 1978, 52; OLG Hamm FamRZ 1979, 37; OLG Frankfurt FamRZ 1978, 595; *Schwab* FamRZ 1979, 14; *Holzhauer* JZ 1979, 113 (117); *Damrau* NJW 1977, 1620; Palandt/*Brudermüller* Rn. 2; Johannsen/Henrich/*Jaeger/Hamm* Rn. 14, 16.

53 OLG Schleswig FamRZ 2001, 1456; OLG Oldenburg FamRZ 1997, 1213; weitergehend Johannsen/Henrich/*Jaeger/Hamm* Rn. 14a.

54 Vgl. OLG Schleswig FamRZ 1977, 802; Johannsen/Henrich/*Jaeger/Hamm* Rn. 14a, 15.

55 *Gernhuber/Coester-Waltjen* FamR § 27 Rn. 6.

56 OLG Oldenburg FamRZ 1981, 775 (777); OLG Düsseldorf FamRZ 1981, 545; *Knütel* FamRZ 1981, 547.

57 *Schwab* FamRZ 1976, 491 (499).

58 BGH NJW 1989, 1988 (1990) = FamRZ 1989, 479 (481).

59 BGH NJW 2002, 671 = FamRZ 2002, 316 (317) mAnm *Hohloch* JuS 2002, 613, *Muscheler* JZ 2002, 710, *Rauscher* JR 2002, 455; iErg ebenso Bamberger/Roth/*Neumann* Rn. 9.

60 OLG Hamm FamRZ 1990, 166 (167).

61 BGH NJW 2002, 671 = FamRZ 2002, 316 (317) mAnm *Hohloch* JuS 2002, 613, *Muscheler* JZ 2002, 710, *Rauscher* JR 2002, 455; BGH NJW 1989, 1988 unter Aufgabe der früheren Rspr. BGHZ 39, 191 (197) = NJW 1963, 1352; BGH NJW 1969, 921 = FamRZ 1969, 271; OLG Hamm FamRZ 2013, 1889; *Gernhuber/*

24 **e) Fehlehe.** Aus der Formulierung in Abs. 1 S. 2 sind Zweifel entstanden, ob dann, wenn von Anfang an keine Lebensgemeinschaft beabsichtigt war und auch nicht begründet wurde, die Feststellung möglich ist, dass die Lebensgemeinschaft „nicht mehr besteht" (→ Rn. 40; → Rn. 86; → § 1567 Rn. 36 f.). Die hM[62] und ihr folgend der BGH[63] nehmen an, dass eine Ehe auch dann geschieden werden kann, wenn die Lebensgemeinschaft unter den Ehegatten von vorneherein nicht besteht. Daraus folgt aber nicht, dass die Scheidung schon deshalb ausgesprochen werden könnte, weil eine Lebensgemeinschaft von vorneherein nicht beabsichtigt war.[64] Vielmehr muss das Nichtbestehen der Lebensgemeinschaft im Scheidungszeitpunkt feststehen, wobei den ehefremden Absichten bei der Eheschließung indizielle Wirkung zukommen kann.[65] Mit dem Eheschließungsrechtsgesetz (→ Einl. FamR Rn. 181) wurde ein neues Eheverbot der folgenlosen Ehe entwickelt (§ 1314 Abs. 2 Nr. 5, § 1310 Abs. 1 S. 2, § 1353 Abs. 1).[66] Alle „Fehlehen", zB zum Erwerb des Namens, der Staatsangehörigkeit, des Asyls und früher der Ausreise aus der DDR, sind voll gültige Ehen, die bei der Scheidung weder bevorzugt noch benachteiligt werden (→ Rn. 40, 86).[67] Eine solche Ehe kann allerdings in anderen Bereichen, zB im Ausländerrecht, geringeren Schutz genießen.[68] Eine vor allem aus Gründen der Versorgung geschlossene **Rentnerehe** unterliegt ebenfalls keinen besonderen Bedingungen.[69] Für das Scheidungsrecht aus dem Grundtatbestand des Abs. 1 müssen die Ehegatten auch bei einer **Fehlehe** ein Jahr getrennt gelebt haben,[70] wobei die Trennungsfrist mit der Eheschließung beginnen kann (→ § 1567 Rn. 38).[71] Zur Verfahrenskostenhilfe in diesen Fällen → § 1564 Rn. 45.[72]

25 **4. Fehlende Erwartung der Wiederherstellung der ehelichen Lebensgemeinschaft (Prognose). a) Maßstab für die Prognose. aa) Gegenstand der Prognose.** Die Berücksichtigung des individuellen Zuschnitts der Ehe bei der Diagnose führt dazu, dass auch die Prognose dem **personalen Element** der Ehe Rechnung zu tragen hat. Eine Ehe ist gescheitert, wenn nicht mehr damit gerechnet werden kann, dass die Ehegatten **ihre** Lebensgemeinschaft wieder herstellen, oder, soweit sie noch nicht bestanden hat, aufnehmen werden. Was als Lebensgemeinschaft zu erwarten wäre, bestimmt sich nicht nach dem, was in einer Ehe üblich ist, oder nach sonst denkbaren Formen des ehelichen Zusammenlebens, sondern danach, ob die Eheleute wieder zu einer für sie möglichen Form der ehelichen Lebensgemeinschaft finden können. Dabei hat sich die Prognose nicht allein an der alten Lebensform der Ehegatten zu orientieren, sondern auch eine andere für die Ehegatten konsensfähige zukünftige Lebensform in den Blick zu nehmen.[73]

26 **bb) Objektivität der Prognoseentscheidung.** Wenn ein objektiver strenger Maßstab der Prognoseentscheidung gefordert wird,[74] so kann dies zu Missverständnissen Anlass geben.[75] Es soll damit nicht in Zweifel gezogen werden, dass Gegenstand der Prognoseentscheidung die individuelle Ehe in ihrem konkreten oder konkret möglichen Zuschnitt ist. Der geforderte objektive Maßstab bezieht sich vielmehr darauf, dass der **Richter** bei seiner Prognoseentscheidung einen **objektiven Betrachterstandpunkt** einzunehmen hat. Die Prognose, ob mit der Wiederherstellung der ehelichen Lebensgemeinschaft noch zu rechnen ist, ist von ihm als einem außen stehenden Beurteiler

---

*Coester-Waltjen* FamR § 27 Rn. 14; *Schwab* in Schwab ScheidungsR-HdB II Rn. 28; krit. Johannsen/Henrich/*Jaeger/Hamm* Rn. 13a; aA Staudinger/*Rauscher*, 2018, Rn. 44g ff.

62 Gernhuber/Coester-Waltjen FamR § 27 Rn. 15–18; *Schwab* in Schwab ScheidungsR-HdB II Rn. 43 (§ 1565 ist sinngemäß anzuwenden); Staudinger/*Rauscher*, 2018, Rn. 47b; Bamberger/Roth/*Neumann* Rn. 11.

63 BGH NJW 2002, 671 (672) = FamRZ 2002, 316 (317) mAnm *Hohloch* JuS 2002, 613, *Muscheler* JZ 2002, 710, *Rauscher* JR 2002, 455.

64 Krit. Johannsen/Henrich/*Jaeger/Hamm* Rn. 17.

65 BGH NJW 2002, 671 (672) = FamRZ 2002, 316 (317) mAnm *Hohloch* JuS 2002, 613 und mAnm *Muscheler* JZ 2002, 710 und mAnm *Rauscher* JR 2002, 455.

66 *A. Wolf* FamRZ 1998, 1477 ff.; *Hepting* FamRZ 1998, 713 ff.; *Gaaz* StAZ 1998, 241 ff.

67 Dazu KG FamRZ 1985, 73 f. m. abl. Anm. *Koßatz* und m. zust. Anm. *Weismann*; OLG Zweibrücken FamRZ 1997, 1212; Soergel/*Heintzmann* § 1564 Rn. 17.

68 Vgl. HmbOVG FamRZ 1991, 1433; *A. Wolf* FamRZ 1998, 1477 (1485).

69 AG Landstuhl FamRZ 1985, 1042.

70 BGH NJW 1981, 449 = FamRZ 1981, 127 (129); OLG Karlsruhe FamRZ 1986, 680; OLG Zweibrücken FamRZ 1997, 1212; aA AG Stuttgart FamRZ 2004, 952 mAnm *Henrich*.

71 OLG München FamRZ 1998, 826.

72 BGH NJW 2005, 2781 = FamRZ 2005, 1477; NJW 2011, 1814 = FamRZ 2011, 872 (873); OLG Brandenburg FamRZ 2006, 132.

73 Staudinger/*Rauscher*, 2018, Rn. 49.

74 BGH NJW 1978, 1810 = FamRZ 1978, 671; BeckRS 1979, 31116732 = FamRZ 1979, 1003; OLG Koblenz FamRZ 1978, 31; 1980, 253; *Dörr* NJW 1989, 489.

75 *Gernhuber/Coester-Waltjen* FamR § 27 Rn. 8; Staudinger/*Rauscher*, 2018, Rn. 48; Johannsen/Henrich/*Jaeger/Hamm* Rn. 20, 32.

zu treffen. Der Richter muss aus dem vorgetragenen und bewiesenen Tatsachenmaterial den Schluss auf das Scheitern der Ehe „objektiv" ziehen können.

**cc) Prognose eines zukünftigen individuellen Verhaltens.** Zu beurteilen hat er allerdings einen psychologischen Tatbestand, der nur Indizien nach außen trägt. Was von den Ehegatten zu erwarten ist, hängt wesentlich von ihrem subjektiven Empfinden ab.[76] Die offenkundige Schwierigkeit, dass ein subjektives Empfinden objektiv festgestellt und hieraus auf ein zukünftiges individuelles Verhalten geschlossen werden muss,[77] darf nicht dazu führen, dass der Richter wertend entscheidet, wie sich die Ehegatten „vernünftigerweise" in Zukunft verhalten sollten, sondern nur, wie sie sich voraussichtlich tatsächlich verhalten werden.[78] 27

**b) Grundlagen der Prognose.** Wenn auch Analyse und Diagnose einen unterschiedlichen Prüfungsgegenstand haben,[79] so bestimmen doch die Grundlagen der Diagnose in aller Regel auch die Prognose die auf der Grundlage aller gegenwärtigen Umstände zu treffen ist.[80] Je stärker die innere Abwendung eines Ehegatten ist, desto geringer werden auch die Chancen einer Fortführung der Ehe sein. Hängt der festgestellte Zustand der Ehe hingegen eher von äußeren Faktoren, wie zB dem Einfluss Dritter ab, kommt eine positive Prognose bei möglichem Wegfall dieser Umstände durchaus in Betracht. Auch das Verhalten der Ehegatten bei der Bewältigung früherer Ehekrisen kommt als Grundlage der Prognoseentscheidung in Betracht.[81] 28

**aa) Völlige Abwendung.** Die Prognose wird negativ sein, wenn sich ein Ehegatte vom anderen völlig abgewendet hat,[82] wenn seine eheliche Gesinnung zerstört ist, wenn es ihm wegen der inneren Entfremdung vom anderen Ehegatten nicht mehr möglich ist, eine eheliche Lebensgemeinschaft mit dem anderen Ehegatten zu führen, sich also insbesondere auf eine Form des gemeinsamen Lebens zu einigen, wenn ein Ehegatte seine innere Bindung an den anderen verloren hat und fest entschlossen ist, nicht wieder in die Lebensgemeinschaft mit dem anderen Ehegatten zurückzukehren.[83] Es kommt nicht darauf an, worin die Ursache der völligen Abwendung liegt und dass es sich um eine nur **einseitige Abkehr** eines Partners handelt.[84] 29

**bb) Mangelnde Liebe und Achtung.** Dass es den Ehegatten noch gelingen kann, eine ihnen entspr. Lebensgemeinschaft zu führen, ohne dem anderen die aus dem Wesen der Ehe geschuldete Liebe und Achtung entgegenzubringen,[85] kann nicht angenommen werden.[86] Zwar kann sich das Zusammenleben der Eheleute auch auf eine gelebte Versorgungsgemeinschaft ohne innere geistig-emotionale Bindung reduzieren, etwa wenn die Ehe als reine Versorgungsgemeinschaft geschlossen worden ist.[87] Ist aber ein Mindestmaß an gegenseitiger Achtung nicht mehr vorhanden, so wird man die Ehe als gescheitert angesehen müssen. Gleiches gilt, wenn ein Ehegatte dem anderen sogar in Liebe zugewandt ist, die Fortsetzung der ehelichen Lebensgemeinschaft aber ablehnt, weil der andere etwa an einer Geisteskrankheit oder einer schweren ansteckenden oder Ekel erregenden Krankheit leidet oder dem Alkohol oder anderem Rauschgift verfallen ist.[88] 30

**cc) Ablehnende, feindliche Haltung.** Eine ablehnende, feindliche Haltung oder gar Hass gegenüber dem anderen Ehegatten ist stets als Grund dafür anzuerkennen, dass mit der Wiederherstellung der Lebensgemeinschaft nicht mehr gerechnet werden kann. 31

---

76 *Gernhuber/Coester-Waltjen* FamR § 27 Rn. 8; Johannsen/Henrich/*Jaeger/Hamm* Rn. 20; Soergel/*Heintzmann* Rn. 9; Staudinger/*Rauscher*, 2018, Rn. 48 f.

77 Johannsen/Henrich/*Jaeger/Hamm* Rn. 19.

78 *Gernhuber/Coester-Waltjen* FamR § 27 Rn. 8; Johannsen/Henrich/*Jaeger/Hamm* Rn. 20.

79 *Gernhuber/Coester-Waltjen* FamR § 27 Rn. 10.

80 Johannsen/Henrich/*Jaeger/Hamm* Rn. 21; *Gernhuber/Coester-Waltjen* FamR § 27 Rn. 10.

81 Johannsen/Henrich/*Jaeger/Hamm* Rn. 21.

82 RGZ 106, 102; OLG Naumburg FamRZ 2006, 43 Ls.; OLG Zweibrücken NJW-RR 2006, 1013; vgl. BGH NJW 1978, 1810; Staudinger/*Rauscher*, 2018, Rn. 55.

83 BGHZ 4, 186 (191) = NJW 1952, 461; BGH NJW 1978, 1810 = FamRZ 1978, 671.

84 BGH NJW 1970, 1042; OLG Naumburg FamRZ 2006, 43 Ls.; OLG Zweibrücken NJW-RR 2006, 1013; *Gernhuber/Coester-Waltjen* FamR § 27 Rn. 12; Staudinger/*Rauscher*, 2018, Rn. 55a; Palandt/*Brudermüller* Rn. 3; Bamberger/Roth/*Neumann* Rn. 7.

85 So → 4. Aufl. 2000, Rn. 34 *(Wolf)*.

86 RGZ 103, 326 (327); 163, 338 (342); *Dölle* FamR I, 1964, § 39 IV 2c; vgl. auch *Schwab* FamRZ 1976, 491 (496).

87 Palandt/*Brudermüller* Rn. 4.

88 OLG Schleswig SchlHA 1978, 81; *Schwab* FamRZ 1976, 491 (496); *Diederichsen* NJW 1977, 273 (275); Palandt/*Brudermüller* Rn. 4.

32 **c) Einseitiges Scheitern.** Die Wiederherstellung der ehelichen Lebensgemeinschaft kann und wird oft schon nicht mehr zu erwarten sein, wenn nur ein Ehegatte sich von der Ehe abgewendet hat.[89] Der Wortlaut von Abs. 1 stellt allein auf die Erwartung ab, nicht darauf, ob der andere Ehegatte an der Ehe festhalten will. Auch für diesen ist die Ehe gescheitert. Er kann selbst die Scheidung beantragen, wenn er die vom anderen aufgegebene Ehe nicht weiter bestehen lassen will.[90] Die Gründe dafür können vielfältig sein.

33 **d) Unerheblichkeit der Gründe.** Aus welchen Gründen ein Ehegatte die eheliche Gemeinschaft nicht mehr aufnehmen will, ist gleichgültig. Der Wegfall der Bereitschaft, die eheliche Gemeinschaft mit dem anderen weiterzuführen, ist eine aus einer möglichen Vielzahl von Gründen gespeiste subjektive Einstellung des Ehegatten als einer individuellen Persönlichkeit. Ob diese Gründe vernünftigerweise oder auch nur nachvollziehbar zur Abwendung von der Ehe führen, unterliegt nicht der Wertung des Gerichts.[91] Es genügt, wenn der Verlust der ehelichen Gesinnung auf **Laune oder Willkür** beruht.[92]

34 Ursache kann sein, dass die Ehegatten nicht zueinander passen. Aber auch beliebige andere Ursachen können bedeutsam gewesen sein. Ob die Gründe erheblich oder ernstlich sind, ist gleichgültig. Die Abkehr vom anderen Ehegatten oder der Verlust der ehelichen Gesinnung kann im Laufe der Zeit eingetreten sein, ohne dass ein Ehegatte Gründe dafür darlegen kann.

35 Unerheblich ist, ob die Abwendung eines Ehegatten auf richtigen oder falschen Vorstellungen beruht. Auch **falsche Vorstellungen** können zum endgültigen Erlöschen der ehelichen Bindungen geführt haben. Ein Ehegatte kann sich vom anderen aus Gründen abwenden, die auf einem Irrtum beruhen, zB aus unbegründeter Eifersucht, aus der unbegründeten Annahme, der andere Ehegatte hasse ein voreheliches Kind.[93] Es ist dann nur zu prüfen, ob die Berichtigung des Irrtums dazu führen würde, dass der Ehegatte die Lebensgemeinschaft wieder aufnimmt.[94] Unerheblich ist es auch, ob sich ein Ehegatte aus besonderer Empfindlichkeit oder Verletzlichkeit wegen eines bestimmten Ereignisses oder Zustandes vom anderen Ehegatten abwendet. Entscheidend ist, ob die Abneigung gegen den anderen Ehegatten einen solchen Grad erreicht hat, dass eine Wiederherstellung der ehelichen Lebensgemeinschaft zwischen den Parteien nicht erwartet werden kann.[95]

36 Die Abkehr von der Ehe kann auf einem **Willensentschluss** beruhen.[96] Es kann ein Gefühlssturm damit verbunden sein, aber es können auch kühle, rationale Überlegungen der Zweckmäßigkeit oder der persönlichen Nützlichkeit sein.

37 Es kommt nicht darauf an, wie sich der Ehegatte, bei dem die eheliche Gesinnung erloschen ist, vernünftigerweise in seiner Lage verhalten sollte oder verhalten müsste. Zu prüfen ist, wie sich der Antragsteller oder der andere Ehegatte **verhalten wird.**[97]

38 **e) Fremde Einflüsse.** Die eheliche Gesinnung kann aus eigenem Entschluss oder unter dem bestimmenden Einfluss Dritter erloschen sein.[98] Wenn der Einfluss Dritter, insbesondere der Eltern eines noch jungen Ehegatten, ausreicht, um ihn auf Dauer davon abzuhalten, die Lebensgemeinschaft mit dem anderen Ehegatten fortzusetzen, ist die Wiederherstellung der ehelichen Lebensgemeinschaft nicht mehr zu erwarten. Beliebige andere Einflüsse sind denkbar, so der Streit mit Kindern, Arbeitslosigkeit, ansteckende Krankheiten, Geisteskrankheit. Für die Prognose ist entscheidend, ob

[89] AllgM; vgl. BGH NJW 1995, 1082 (1084) = FamRZ 1995, 229 (231); NJW 1979, 1042; OLG Zweibrücken FamRZ 2006, 1210 = NJW-RR 2006, 1013; 1982, 293; OLG Naumburg FamRZ 2006, 43; OLG Schleswig FamRZ 1977, 802; OLG Hamm FamRZ 1977, 802; OLG Celle FamRZ 1978, 508; OLG Stuttgart FamRZ 1978, 690; OLG Nürnberg FamRZ 1979, 818; *Gernhuber/Coester-Waltjen* FamR § 27 Rn. 13; Staudinger/*Rauscher,* 2018, Rn. 55; Soergel/*Heintzmann* Rn. 4; Johannsen/Henrich/*Jaeger/Hamm* Rn. 12; Bamberger/Roth/*Neumann* Rn. 7; *Rauscher* FamR § 21 Rn. 518; krit. *Bosch* FamRZ 1982, 294; aA AG Landstuhl FamRZ 1995, 931; 1996, 1481 – krit. dagegen *Dörr-Hansen* NJW 1996, 2698 (2699).

[90] *Gernhuber/Coester-Waltjen* FamR § 27 Rn. 13; Johannsen/Henrich/*Jaeger/Hamm* Rn. 12.

[91] OLG Naumburg FamRZ 2006, 43; OLG Zweibrücken FamRZ 1997, 1212; Staudinger/*Rauscher,* 2018, Rn. 55a.

[92] Ob bei Willkür oder Launenhaftigkeit, einem Verhalten also, das nicht der Norm entspricht, eine vorsichtigere Prognose geboten ist, so BGHZ 1, 87 (93) = NJW 1951, 193; BGH LM EheG § 48 Abs. 2 Nr. 27, 30, 39, 43, erscheint zweifelhaft; vgl. Staudinger/*Rauscher,* 2018, Rn. 55a.

[93] BGH NJW 1978, 1810 = FamRZ 1978, 671.

[94] BGHZ 3, 70 (71) = NJW 1951, 879; RGZ 160, 248; OLG Koblenz FamRZ 1980, 253.

[95] BGH NJW 1978, 1810 = FamRZ 1978, 671; RGZ 165, 149 (152); Soergel/*Heintzmann* Rn. 4.

[96] Wolf/Lüke/*Hax,* Scheidung und Scheidungsrecht, 1959, 299; *Müller-Freienfels,* Ehe und Recht, 1962, 289; vgl. jedoch BGHZ 3, 70 (71) = NJW 1951, 879.

[97] BGHZ 4, 486 (191) = NJW 1952, 186; BGHZ 12, 111 (112) = NJW 1954, 836; OGHZ 1, 29; RGZ 161, 399; 165, 149 (152); 169, 279.

[98] Vgl. OLG Koblenz FamRZ 1980, 253.

die Ehe zerstörenden Gründe beseitigt werden können oder eine Krankheit geheilt und anschließend die Wiederaufnahme der Gemeinschaft erwartet werden kann.[99] Dabei darf aber nicht auf die nie auszuschließende Möglichkeit abgestellt werden, dass sich Lebensumstände verändern können.

Mit zu bewerten ist hingegen, wenn **in naher Zukunft** Umstände eintreten werden, die zur Wiederaufnahme der Gemeinschaft führen dürften, zB wenn eine Wohnung entfernt von den Eltern bezogen werden kann oder wenn die Ehegatten einen Versöhnungsversuch beabsichtigen.[100] Unzulässig ist es jedoch, durch Abweisung des Scheidungsantrags insbesondere bei einer einseitig zerrütteten Ehe (→ Rn. 32) zu testen, ob es der Antragsteller dann noch einmal versuchen würde; die **Abweisung des Antrags darf kein Mittel der Ehetherapie** sein.[101] Eine negative Prognose wird jedoch vielfach abgelehnt, wenn die Abweisung des Scheidungsantrags zur Wiederherstellung zumindest der häuslichen Gemeinschaft führen würde.[102] Dabei ist Vorsicht geboten, weil mit der Abweisung auch Hass erzeugt oder verstärkt werden kann.[103] Es bestehen aber auch grundsätzliche Bedenken, denn es ist nicht Aufgabe des Gerichts, den Antragsteller zur Rückkehr in eine Ehe zu zwingen. Das könnte in diesen Fällen zumindest mittelbar mit der Abweisung des Scheidungsantrags geschehen, da dem Antragsteller keine Chance bliebe, sein Leben in einer anderen legalisierten Gemeinschaft zu führen.[104] 39

**f) Fehlehe.** Auch wenn die Bereitschaft zu einer Lebensgemeinschaft nie vorhanden war, weil die Ehegatten nur aus äußeren Gründen geheiratet haben, zB um ein Kind zu legitimieren, Vermögenstransaktionen zu erleichtern, eine Wohnung zu erhalten, Steuern zu sparen oder aus beliebigen anderen ehefremden Zwecken (→ Rn. 24), ist die Prognose notwendig, ob die Ehegatten doch noch zu einer ehelichen Lebensgemeinschaft finden können oder ob dies auch für die Zukunft ausgeschlossen ist.[105] Mit der Vorschrift des § 1315 Abs. 1 Nr. 5 hat der Gesetzgeber bestätigt, dass die neu geschaffene pflichtenlose Ehe geheilt werden kann. Dies gilt für alle Formen von Fehl- oder Scheinehen (→ § 1564 Rn. 26) entsprechend. Es ist deshalb immer eine auf den Einzelfall bezogene Prognose erforderlich. 40

**5. Einjähriges Getrenntleben als Voraussetzung der Scheidung. a) Getrenntleben.** Die Scheidung aus dem Grundtatbestand allein ist erst nach Ablauf einer einjährigen Trennungszeit möglich (Abs. 2). Die Frist beginnt zu laufen, wenn alle Merkmale des Getrenntlebens iSd § 1567 Abs. 1 S. 1 erfüllt sind und die Frist nicht unterbrochen oder gehemmt wurde. Die einjährige Trennung ist ein selbständiges materiell-rechtliches **Tatbestandsmerkmal.**[106] Ein Zusammenleben über kürzere Zeit, das der Versöhnung der Ehegatten dienen soll, unterbricht oder hemmt auch die Trennungsfrist des Abs. 2 nicht. Dass § 1567 Abs. 2 nur auf § 1566 Bezug nimmt, beruht auf einem Redaktionsversehen des Gesetzgebers: § 1567 Abs. 2 wurde nicht mehr dem erst im Vermittlungsausschuss eingefügten § 1565 Abs. 2 angepasst. 41

Da das Getrenntleben nach § 1567 leichter und sicherer zu ermitteln ist als das Scheitern der Ehe und die Trennung gleichzeitig ein gewichtiges Indiz[107] für das Scheitern der Ehe ist, dient das Trennungsjahr **mehreren Zwecken,** die sich teils überschneiden und teils widersprechen. Es soll die Feststellung erleichtern, ob die Ehe gescheitert ist, leichtfertige und voreilige Scheidungen vermeiden, vor Rechtsmissbrauch schützen,[108] aber auch allgemein die Scheidung erschweren[109] (→ Rn. 79 ff.). 42

Auch für **Fehl-, Zweck- oder Scheinehen** (→ § 1564 Rn. 26), die gemäß § 1314 Abs. 2 Nr. 5 aufhebbar sind, ist dieser Fristablauf materielle Scheidungsvoraussetzung.[110] Hier wirkt das Erfordernis der Einhaltung des Trennungsjahres generalpräventiv und unter dem Gesichtspunkt 43

---

99 OLG Stuttgart FamRZ 1978, 690; OLG Hamm FamRZ 1979, 37; OLG Koblenz FamRZ 1980, 253.

100 OLG Bremen FamRZ 1986, 833 (834).

101 Johannsen/Henrich/*Jaeger/Hamm* Rn. 23; Staudinger/*Rauscher,* 2018, Rn. 66; *Gernhuber/Coester-Waltjen* FamR § 27 Rn. 11.

102 OLG Stuttgart FamRZ 1978, 690; *Schwab* FamRZ 1976, 491 (496); *Schwab* in Schwab ScheidungsR-HdB II Rn. 31; *Gernhuber/Coester-Waltjen* FamR § 27 Rn. 11; zum EheG wurde diese Meinung verbreitet vertreten, vgl. BGHZ 1, 87 (93) = NJW 1951, 193; BGH NJW 1968, 1232; OGH MDR 1948, 271; RGZ 161, 398.

103 *Gernhuber/Coester-Waltjen* FamR § 27 Rn. 11.

104 Ein solcher Fall dürfte bei AG Landstuhl FamRZ 1985, 1042 vorliegen.

105 OLG Zweibrücken FamRZ 1997, 1212; aA *Gernhuber/Coester-Waltjen* FamR § 27 Rn. 15–18 „stets scheidbar", dort auch Fn. 26; Johannsen/Henrich/*Jaeger/Hamm* Rn. 17: „von vornherein gescheitert".

106 Soergel/*Heintzmann* Rn. 37, 48; *Rauscher* FamR § 21 Rn. 521: „Tatbestandsbegrenzung".

107 *Rauscher* FamR § 21 Rn. 519; NK-BGB/*Bisping* Rn. 11; OLG Koblenz FamRZ 2007, 590.

108 Zweifelnd *Rauscher* FamR § 21 Rn. 521.

109 Letzteres als legitimen Zweck des Trennungsjahrs abl. *Rauscher* FamR § 21 Rn. 521.

110 Johannsen/Henrich/*Jaeger/Hamm* Rn. 50; Staudinger/*Rauscher,* 2018, Rn. 96.

des Schutzes des Instituts der Ehe dem Rechtsmissbrauch bei der Eheschließung entgegen.[111] Das Trennungsjahr beginnt erst mit dem Getrenntleben iSv § 1567 und nicht schon automatisch mit der Eheschließung, wenn die Eheleute – wie häufig bei der Eingehung von Scheinehen – auf die Begründung einer häuslichen Gemeinschaft verzichtet haben.[112] Getrenntleben kann dabei erst angenommen, wenn die Eheleute ihren Trennungswillen in irgendeiner Form kundtun,[113] spätestens mit der Stellung des Scheidungsantrags.[114]

44 **b) Zeitpunkt des Fristablaufs.** Die Frist muss im Zeitpunkt der letzten mündlichen Verhandlung in der Tatsacheninstanz abgelaufen sein, der Ablauf kann nur in der Tatsacheninstanz festgestellt werden.

45 **c) Nachweis des Fristablaufs.** Es sind alle Beweismittel zulässig, die nicht durch § 113 Abs. 4 FamFG ausgeschlossen sind. Die Beteiligtenvernehmung wird die Regel sein. Das Gericht darf den Fristablauf nicht von Amts wegen prüfen, da der Nichtablauf eine eheerhaltende Tatsache ist. Es besteht die Gefahr, dass die Beteiligten den Fristablauf wahrheitswidrig behaupten, um eine vorzeitige Scheidung zu erreichen, ohne dass die Voraussetzungen des Abs. 2 vorliegen.[115] Deshalb muss der Richter auf die Anhörung der Beteiligten und die Ermittlung der wirklichen Umstände besondere Sorgfalt verwenden.

46 **6. Methode der Feststellung des Scheiterns der Ehe. a) Grundsatz.** Das Scheitern der Ehe beruht meist auf einem komplexen Vorgang, der sich in einem gerichtlichen Verfahren nicht in allen Einzelheiten und bis zum letzten Grund aufklären lässt. Auf dieser Erkenntnis und der Absicht, nicht die Schuld in der Vergangenheit zu suchen, beruht der Übergang vom Verschuldens- zum Zerrüttungsprinzip.[116] An die Gerichte sind deshalb bei ihrer Prüfung des Scheiterns der Ehe keine übertriebenen Anforderungen zu stellen.[117]

47 **b) Sorgfaltspflicht des Gerichts.** Allerdings gebietet es der Zweck der Vorschrift, die Beteiligten vor einer übereilten Scheidung zu schützen, gerade bei der Scheidung aus der Generalklausel des Abs. 1 den Ablauf der Jahresfrist genau zu prüfen und die Prognose mit besonderer Sorgfalt zu stellen,[118] wobei ähnliche Umstände zu verschiedenen Wertungen führen können.[119] In frühen Entscheidungen nach Einführung des Zerrüttungsprinzips ist noch ein deutliches Bemühen zu erkennen, den Zustand der Ehe zu untersuchen,[120] insbesondere dann, wenn ein Rechtsmittel zu erwarten ist.[121] Zunehmend ist aber festzustellen, dass die Gerichte sich mit den übereinstimmenden Erklärungen der Ehegatten zum Scheitern ihrer Ehe und dem Ablauf des Trennungsjahres begnügen und die Scheidung aussprechen. Solange keine objektiven Anhaltspunkte dafür vorliegen, dass die Beteiligten das Scheitern und den Ablauf der Trennungsfrist lediglich vortäuschen, um eine rasche Trennung zu erreichen, ist es nicht zu beanstanden, wenn die Gerichte sich bei ihrer Entscheidung auf den unstreitigen oder bewiesenen Vortrag der Beteiligten stützen.[122] Es dürfte gesichert sein, dass Eheleute eher die einverständliche Scheidung über § 1566 Abs. 1 als über den Grundtatbestand anstreben, so dass nach einjähriger Trennung die sorgfältige Feststellung des Scheiterns der Ehe nur noch bei streitigem Scheidungsbegehren erforderlich sein dürfte.

---

[111] Johannsen/Henrich/*Jaeger/Hamm* Rn. 50; Staudinger/*Rauscher,* 2018, Rn. 98.
[112] Staudinger/*Rauscher,* 2018, Rn. 100; Johannsen/Henrich/*Jaeger/Hamm* Rn. 50.
[113] Johannsen/Henrich/*Jaeger/Hamm* Rn. 50; Staudinger/*Rauscher,* 2018, Rn. 100a; OLG München FamRZ 1998, 826; aA für kurz vor Einführung des Eheaufhebungstatbestands der Scheinehe geschlossene Ehen AG Stuttgart FamRZ 2004, 952.
[114] Staudinger/*Rauscher,* 2018, Rn. 100b.
[115] Zu den Motiven und Gefahren eines solchen Vorgehens vgl. *Kogel* FPR 2007, 247.
[116] *Müller-Freienfels,* Ehe und Recht, 1962, 288; *Schwab* FamRZ 1976, 491 (497); *Neuhaus* FamRZ 1961, 173; *Dethloff* FamR § 6 Rn. 4.
[117] *Lange* FamRZ 1971, 481 (488); *Mikat* FamRZ 1970, 333 (341); *E. Wolf* JZ 1970, 441 (447); *Wüstenberg* DRiZ 1970, 252; OLG Frankfurt FamRZ 1979, 1013; einen strengen Maßstab verlangt OLG Koblenz FamRZ 1980, 253.
[118] BGH NJW 1981, 449 = FamRZ 1981, 127 (451); NJW 1978, 1810 = FamRZ 1978, 671; OLG Koblenz FamRZ 1978, 31; 1980, 252; OLG Frankfurt FamRZ 1977, 801; *Lüke* AcP 178 (1978), 1 (24); Johannsen/Henrich/*Jaeger/Hamm* Rn. 19, 33.
[119] OLG Oldenburg FamRZ 1978, 188 = NJW 1978, 1266; krit. *Giesen-Gick* JR 1979, 1 (2).
[120] Vgl. OLG Bremen FamRZ 1977, 808; OLG Stuttgart NJW 1977, 1542; OLG Hamm FamRZ 1977, 802; OLG Schleswig FamRZ 1977, 802; OLG Koblenz FamRZ 1978, 31; OLG Zweibrücken FamRZ 1982, 293 m. krit. Anm. *Bosch* FamRZ 1982, 294.
[121] Krit. *Finger* DRiZ 1980, 329; *Lantzke* NJW 1979, 1483 (1485).
[122] Bamberger/Roth/*Neumann* Rn. 12.

48 **c) Schonung der Intimsphäre.** Der Grundgedanke des Zerrüttungsprinzips, nämlich die Privat- und Intimsphäre der Ehegatten möglichst zu schonen, kann mit der Pflicht des Gerichts, alle für das Scheitern vorgetragenen und bewiesenen Tatsachen zu würdigen und ehefreundliche Tatsachen von Amts wegen zu ermitteln (§ 127 Abs. 1 FamFG), kollidieren. Die notwendige **Gesamtwürdigung** kann dazu führen, dass die Intimsphäre der Ehegatten bei der Scheidung aus Abs. 1 (und 2), wenn keine der Vermutungen des § 1566 eingreift, nicht geschont werden kann.[123] Dabei sind die Ermittlungen des Gerichts (§§ 128, 127 FamFG) aber unter dem Gesichtspunkt der Verhältnismäßigkeit auf das notwendige Maß zu beschränken.[124] Fragen nach dem **letzten Geschlechtsverkehr** sind nur dann angebracht, wenn Zweifel am Scheitern der Ehe bestehen und sich aus dem konkreten Verfahrensstoff Anlass für solche Fragen ergibt.[125] Ob die Gerichte trotz der notwendigen und auch weitgehend praktizierten Zurückhaltung die Privat- und Intimsphäre berühren müssen, ist letztlich eine Frage des Einzelfalls.[126]

49 **d) Indizienlehre.** Die insbesondere von *Schwab*[127] entwickelte **Indizienlehre,** die typische Anzeichen für eine Zerrüttung der Ehe sammelt,[128] gibt nur Anhaltspunkte.[129] Die Störanzeichen dürfen nicht isoliert und losgelöst von der individuellen Ehe gewertet werden. Gerade **grobe Störungen,** die gewöhnlich im Umgang mit Mitmenschen nicht hingenommen werden, zB Tätlichkeiten, Beleidigungen, Untreue, werden in der Ehe oft verziehen[130] und zerstören die Ehe nicht, während formell korrektes, aber kaltes und **liebloses Verhalten** eine Ehe gefährden kann.[131] Aus besonders groben Enttäuschungen der üblichen Verhaltenserwartungen[132] kann vorsichtig auf den Zustand der Ehe geschlossen werden. Solche groben Störungen haben deshalb besonderes Gewicht, weil der Richter vom anderen Ehegatten schwerlich verlangen kann, er müsse sie ertragen, und verlässliche Methoden für die Vorhersage fehlen, er werde sie doch noch verzeihen. Der **Scheidungswille** gewinnt iVm solchen Umständen deshalb besondere Bedeutung. Auch ohne grobe, nach außen erkennbare Ehewidrigkeiten kann der Inhalt der Ehe verloren gegangen sein, etwa weil die Eheleute sich unterschiedlich entwickelt haben oder ihre **Charaktere unvereinbar** (geworden) sind. In diesen Fällen können die **einjährige Trennung,** der **Entschluss zur Scheidung** und die **Tatsache der Stellung des Scheidungsantrags** das Scheitern der Ehe indizieren.[133]

50 **e) Trennungszeit als Indiz.** Trennungszeiten können als Indiz für das Scheitern der Ehe zu werten sein.[134] Das Gesetz selbst erkennt eine längere Trennungszeit als das stärkste Indiz für das Scheitern der Ehe an.[135] Bei der Scheidung aus dem Grundtatbestand des Abs. 1 kommt der einjährigen Trennung allein aber keine ausreichende Indizwirkung für das Scheitern der Ehe zu.[136] Die **mehr als einjährige Trennung** kann hingegen ein **wesentliches Indiz** dafür sein, dass mit der Wiederherstellung der ehelichen Lebensgemeinschaft nicht mehr zu rechnen ist.[137] Bei der Schei-

[123] Vgl. BGH NJW 1978, 1810 = FamRZ 1978, 671; NJW 1979, 1042; OLG Koblenz FamRZ 1978, 31; *Giesen-Gick* JR 1979, 1 (2); *Schwab* FamRZ 1976, 491; *Bergerfurth* FamRZ 1977, 529; Johannsen/Henrich/*Jaeger/Hamm* Rn. 30.

[124] Johannsen/Henrich/*Jaeger/Hamm* Rn. 30; *Schwab* in Schwab ScheidungsR-HdB II Rn. 42.

[125] Anders noch die ältere Rspr., vgl. BGH NJW 1979, 1042; OLG Hamm FamRZ 1977, 802; OLG Karlsruhe FamRZ 1978, 590; 1978, 592 (593); 1534; OLG Köln FamRZ 1978, 25; KG FamRZ 1978, 594; OLG Koblenz FamRZ 1978, 31; ihr folgend auch → 4. Aufl. 2000, Rn. 49 *(Wolf)*; wie hier Johannsen/Henrich/*Jaeger/Hamm* Rn. 30; Staudinger/*Rauscher,* 2018, Rn. 75 ff.; Bamberger/Roth/*Neumann* Rn. 13; *Schwab* in Schwab ScheidungsR-HdB II Rn. 40.

[126] Johannsen/Henrich/*Jaeger/Hamm* Rn. 30.

[127] *Schwab* in Schwab ScheidungsR-HdB II Rn. 33–42; krit. *Damrau* NJW 1977, 1620; *Kissel,* Ehe und Ehescheidung, Bd. I, 1977, 84; Johannsen/Henrich/*Jaeger/Hamm* Rn. 31.

[128] Vgl. die Kataloge bei *Schwab* in Schwab ScheidungsR-HdB II Rn. 33–42; Palandt/*Brudermüller* Rn. 4.

[129] So auch *Schwab* in Schwab ScheidungsR-HdB II Rn. 33.

[130] OLG Köln NJW 1978, 645; *Damrau* NJW 1977, 1620.

[131] PWW/*Weinreich* Rn. 9.

[132] *Schwab* in Schwab ScheidungsR-HdB II Rn. 36.

[133] OLG Zweibrücken FamRZ 1989, 981; Johannsen/Henrich/*Jaeger/Hamm* Rn. 35 ff.

[134] BGH NJW 1995, 1082 (1084) = FamRZ 1995, 229 (231); NJW 1979, 1042 = FamRZ 1979, 422; NJW 1978, 1810 (1811) = FamRZ 1978, 671; OLG Koblenz FamRZ 2007, 590; *Schwab* FamRZ 1976, 491 (497); *Damrau* NJW 1977, 1621 f.; *Brüggemann* FamRZ 1978, 91 (98); *Lüke* AcP 178 (1978), 1 (24) Fn. 109; *Schwab* in Schwab ScheidungsR-HdB II Rn. 34; Johannsen/Henrich/*Jaeger/Hamm* Rn. 27; enger *Bosch* FamRZ 1982, 294; Palandt/*Brudermüller* Rn. 4; aA RGRK-BGB/*Graßhof* Rn. 33; vgl. auch OLG Koblenz FamRZ 1980, 253.

[135] Staudinger/*Rauscher,* 2018, Rn. 61a.

[136] Johannsen/Henrich/*Jaeger/Hamm* Rn. 27.

[137] Vgl. BGH NJW 1981, 449 (451) = FamRZ 1981, 127 (129); OLG Köln NJW 1978, 1009; FamRZ 1977, 792; Trennungszeit von zwei Jahren: BGH NJW 1978, 1810 = FamRZ 1978, 671; BGH NJW 1979, 1042;

dung über die Unzumutbarkeitsvorschrift des Abs. 2 sind auch kürzere Trennungszeiten als Indiz für das Scheitern der Ehe zu berücksichtigen.[138] Denn die Trennung, insbesondere wenn sie nicht innerhalb der Ehewohnung vollzogen wird, offenbart eine erhebliche Scheidungsenergie, die auch für Dritte erkennbar wird. Auch hier sind aber stets die Einzelfallumstände zu berücksichtigen, so etwa der Anlass der Trennung und der konkrete Verlauf der Trennungszeit.[139]

51 **f) Scheidungswille als Indiz.** Scheidungswunsch und Scheidungsantrag sind Elemente jedes Scheidungsverfahrens. Ob sie auch gleichzeitig Indiz für das Scheitern der Ehe sein können,[140] ist umstritten.[141] Ein Teil der Lehre lehnt dies grundsätzlich ab, weil mit der Berücksichtigung des Scheidungswillens der Wunsch, geschieden zu werden, zum Tatbestandselement und damit die Konsensualscheidung eingeführt werde.[142] Damit wird der Scheidungsantrag aber nur in seiner materiellen und verfahrensmäßigen Funktion gesehen und verkannt, dass der Scheidungswunsch daneben ein wichtiges Indiz für die **innere Haltung** eines oder beider Ehegatten zur Ehe darstellen kann.[143] In dieser Gestalt ist er als **ein** Umstand zu bewerten, der Rückschlüsse auf die innere Einstellung und Empfindung eines oder beider Ehegatten zulässt und daher bei der Frage nach dem Scheitern der Ehe mit zu berücksichtigen ist. Die gerichtliche Praxis misst daher dem Scheidungsantrag auch bei der Scheidung aus dem Grundtatbestand zu Recht erhebliche Bedeutung zu. Der Scheidungswunsch eines Ehegatten[144] oder die unumstößliche Absicht eines oder beider Ehegatten, sich scheiden zu lassen,[145] oder die begründete Feststellung eines oder beider Ehegatten, dass die Wiederherstellung der ehelichen Lebensgemeinschaft ausgeschlossen ist,[146] können zusammen mit weiteren Umständen als Indiz für das Scheitern der Ehe gewertet werden.[147] Der übereinstimmende Scheidungswille neben der einjährigen Trennungszeit führt dazu, dass das Scheitern der Ehe unwiderlegbar vermutet wird.

52 Wenn es auch nach der Systematik der Scheidungstatbestände nicht gerechtfertigt ist, geringere Anforderungen an Vortrag und Beweis zu stellen, wenn beide Ehegatten das Scheitern der Ehe behaupten,[148] kommt dem **beidseitigen Scheidungswillen** in aller Regel doch **stärkere Indizwirkung**[149] zu als dem nur einseitigen Scheidungswunsch. Das Gericht wird sich in der Regel leichter vom Scheitern der Ehe überzeugen lassen, wenn beide Ehegatten dies übereinstimmend darlegen. Soweit darin eine Verlagerung der einverständlichen Scheidung ohne deren strenge Anforderungen an den Grundtatbestand und eine neue Form der Konsensualscheidung gesehen wird,[150]

---

OLG Köln FamRZ 1978, 25; OLG Schleswig FamRZ 1977, 802; OLG Hamm FamRZ 1977, 802; 16 Monate: OLG Frankfurt FamRZ 1977, 801; 15 Monate: OLG Hamburg FamRZ 1985, 711; 13 Monate: OLG Frankfurt FamRZ 1978, 813; vgl. Johannsen/Henrich/*Jaeger/Hamm* Rn. 27.

[138] Zehn Monate: OLG Stuttgart NJW 1977, 1542; OLG Karlsruhe FamRZ 1978, 590; OLG Celle FamRZ 1979, 234; acht Monate: OLG Saarbrücken FamRZ 1978, 415; sieben Monate: OLG Koblenz FamRZ 1978, 31; OLG Stuttgart NJW 1978, 546 = FamRZ 1978, 338 Ls.; vier Monate: OLG Düsseldorf FamRZ 1977, 804; 1978, 26; AG Lörrach FamRZ 1978, 116; wohl auch BGH NJW 1981, 449 (451) = FamRZ 1981, 127 (129).

[139] *Gernhuber/Coester-Waltjen* FamR § 27 Rn. 5.

[140] Bejahend *Dethloff* FamR § 6 Rn. 17; *Schwab* in Schwab ScheidungsR-HdB II Rn. 35; Staudinger/*Rauscher,* 2018, Rn. 74; Johannsen/Henrich/*Jaeger/Hamm* Rn. 35 für den beiderseitigen Scheidungswillen.

[141] Verneinend Johannsen/Henrich/*Jaeger/Hamm* Rn. 28 für den Fall des einseitigen Scheidungsantrags; *Gernhuber/Coester-Waltjen* FamR § 27 Rn. 7 auch für den beidseitigen Scheidungswunsch; krit. *Bosch* FamRZ 1982, 294; *Diederichsen* NJW 1977, 273 (275); *Voegeli* KritJ 1982, 132 (146): faktische Rücknahme justizieller Kontrolle; bejahend für den beiderseitigen Scheidungswunsch *Schwab* in Schwab ScheidungsR-HdB II Rn. 35.

[142] *Gernhuber/Coester-Waltjen* FamR § 27 Rn. 7.

[143] Staudinger/*Rauscher,* 2018, Rn. 52 f., 74.

[144] BGH NJW 1978, 1810 = FamRZ 1978, 671; OLG Schleswig NJW 1978, 51; OLG Frankfurt FamRZ 1977, 801; zweifelnd AG Landstuhl FamRZ 1995, 931; zweifelnd auch *Schwab* in Schwab ScheidungsR-HdB II Rn. 35.

[145] OLG Stuttgart NJW 1977, 1542; OLG Düsseldorf FamRZ 1978, 27; OLG Karlsruhe FamRZ 1978, 590; 1979, 919; OLG Stuttgart NJW 1978, 546 = FamRZ 1978, 338 Ls.; OLG Schleswig FamRZ 1977, 802; OLG Frankfurt FamRZ 1977, 801; OLG Köln FamRZ 1978, 25; vgl. auch *Rauscher* FamR § 21 Rn. 518 „*endgültige* Abwendung".

[146] OLG Bremen FamRZ 1977, 808; Johannsen/Henrich/*Jaeger/Hamm* Rn. 35.

[147] Sehr weitgehend BayObLG FamRZ 2005, 1126, wonach die entschieden erklärte Scheidungsabsicht und das zwischen den Parteien geführte Trennungsunterhaltsverfahren das Scheitern der Ehe indizieren.

[148] OLG Köln FamRZ 1978, 26; OLG Zweibrücken FamRZ 1983, 1132; KG FamRZ 1994, 514; Soergel/*Heintzmann* Rn. 25; Staudinger/*Rauscher,* 2018, Rn. 51 ff.; ähnlich Johannsen/Henrich/*Jaeger/Hamm* Rn. 37, 38.

[149] *Schwab* in Schwab ScheidungsR-HdB II Rn. 35.

[150] *Gernhuber/Coester-Waltjen* FamR § 27 Rn. 7.

widerspricht dies nicht der Systematik des Scheidungsrechts[151] und ist hinzunehmen, um nicht unangemessenen Druck auf die Eheleute auszuüben, ihre Intimsphäre nicht zu verletzen und die Ernsthaftigkeit ihres Willens nicht unberechtigt in Zweifel zu ziehen.[152]

**g) Weitere Indizien für die Zerrüttung.** Neben Trennung, Scheidungsabsicht und Scheidungsantrag ist eine Vielzahl von Fakten geeignet, in einem oder beiden Ehegatten die Bereitschaft zur ehelichen Gemeinschaft zu zerstören und Indiz für das Scheitern zu sein. Diese Fakten legen dem Richter den Schluss nahe, dass die Ehegatten die eheliche Gemeinschaft nicht mehr wieder herstellen werden. Ein **Katalog zerrüttungsindizierender Umstände** darf jedoch nicht zu einer Automatik führen.[153] Nicht der einzelne Grund an sich, sondern nur seine Wirkung in der Ehe dieser Ehegatten ist das entscheidende Kriterium.[154] Oft gibt erst die **Häufung von Fakten** über eine bestimmte Zeit ein sicheres Bild. Trotzdem mag es hilfreich sein, die Umstände zusammenzustellen, die in der bisherigen Rspr. als zerrüttungsindizierend gewertet worden sind. 53

**aa) Neue Partnerschaft.** Eine ernsthafte und auf Dauer angelegte neue Verbindung des Antragsgegners oder des Antragstellers lässt den Schluss auf das Scheitern der Ehe zu,[155] vor allem dann, wenn aus dieser Verbindung bereits ein Kind hervorgegangen ist. 54

**bb) Einrichtung eines eigenen Lebenskreises.** Das Scheitern der Ehe und die Ernsthaftigkeit des Scheidungswillens sind indiziert, wenn die ehelichen Haushaltsgegenstände aufgeteilt und die bisherige Wohnung aufgegeben wurde und jeder Ehegatte sich einen eigenen Lebenskreis eingerichtet hat.[156] Aber auch schon dann, wenn die Ehegatten nicht mehr miteinander sprechen[157] oder wenn sie in getrennten Räumen schlafen,[158] kann dieses Verhalten Ausdruck einer tiefen Störung der Ehe sein. Umgekehrt wird ein Scheitern der Ehe nur schwer feststellbar sein, wenn die Ehegatten zwar getrennt leben, aber ständig Kontakt pflegen, bei dem es auch zum Geschlechtsverkehr kommt.[159] 55

**cc) Verlauf der Ehe.** Wesentlicher Wertungsfaktor ist der Verlauf der Ehe, weil grobe Störungen und der Wunsch, geschieden zu werden, kaum aus heiterem Himmel kommen. Als Indiz für die tiefe Störung der Ehe ist es zu werten, wenn die Ehekrise schon jahrelang andauert oder bereits zu Scheidungsversuchen geführt hat.[160] Zu prüfen ist in diesen Fällen, ob mit dem vorliegenden Antrag jetzt ein Schlussstrich gezogen werden soll oder ob aus dem bisherigen Verhalten der Ehegatten erkennbar ist, dass sie auch diese Krise überwinden werden.[161] Das Gericht darf einem Ehegatten jedoch nicht eine Lebensform auf hoher Toleranzschwelle zumuten, weil er sie bisher ertragen hat.[162] 56

**dd) Ende der sexuellen Beziehungen.** Unabhängig davon, ob es eine Rechtspflicht zur Geschlechtsgemeinschaft in der Ehe gibt (zu Recht verneinend → § 1353 Rn. 41), ist sie üblicherweise Teil des ehelichen Zusammenlebens. Deshalb ist es ein Indiz für das Scheitern der Ehe, wenn die Ehegatten keine sexuellen Beziehungen mehr haben[163] oder wenn ein Ehegatte sie einseitig ablehnt. Es kommt jedoch gerade dabei auf die vereinbarte oder bisher gelebte Form in der Ehe an,[164] sowie auf das Alter und die Gesundheit der Ehegatten. Unfähigkeit zur Ausübung des Verkehrs kann, muss aber nicht ehezerstörend wirken.[165] 57

---

151 So aber *Voegeli* KJ 1982, 146.
152 Staudinger/*Rauscher,* 2018, Rn. 52a.
153 BT-Drs. 7/650 und das Gesetz haben es abgelehnt, die Generalklausel durch Beispiele zu konkretisieren, vgl. BT-Drs. 7/650, 106; *Diederichsen* NJW 1977, 273 (275); Johannsen/Henrich/*Jaeger/Hamm* Rn. 31.
154 *Schwab* in Schwab ScheidungsR-HdB II Rn. 32, 33.
155 BGH NJW 1979, 1042; OLG Dresden FamRZ 2003, 1193; OLG Stuttgart NJW 1978, 546 = FamRZ 1978, 338 Ls.; OLG Saarbrücken FamRZ 1978, 415; OLG Frankfurt FamRZ 1977, 801; OLG Karlsruhe NJW 1978, 1534; OLG Hamm FamRZ 1978, 28 (29); OLG Dresden FamRZ 2003, 1193; *Schwab* FamRZ 1976, 491 (498); *Diederichsen* ZZP 91 (1978), 397 (432); *Schwab* in Schwab ScheidungsR-HdB II Rn. 37; Palandt/*Brudermüller* Rn. 4; Johannsen/Henrich/*Jaeger/Hamm* Rn. 29; Staudinger/*Rauscher,* 2018, Rn. 69a.
156 AG Lörrach FamRZ 1978, 116; Bamberger/Roth/*Neumann* Rn. 13.
157 OLG Köln FamRZ 1978, 25; NJW 1978, 1009; KG FamRZ 1978, 594.
158 OLG Köln FamRZ 1978, 25.
159 OLG Schleswig FamRZ 2001, 1456 Ls. = SchlHA 2001, 39.
160 OLG Hamm FamRZ 1977, 802; OLG Schleswig FamRZ 1977, 802; OLG Karlsruhe FamRZ 1978, 590; OLG Köln FamRZ 1978, 25; Soergel/*Heintzmann* Rn. 29.
161 OLG München FamRZ 1978, 29 (31) = NJW 1978, 49; OLG Karlsruhe FamRZ 1979, 919.
162 Vgl. jedoch OLG Schleswig SchlHA 1978, 37.
163 BGH NJW 1979, 1042; OLG Hamm FamRZ 1977, 802; OLG Köln FamRZ 1978, 25; OLG Koblenz FamRZ 1978, 31; Soergel/*Heintzmann* Rn. 30; zweifelnd Johannsen/Henrich/*Jaeger/Hamm* Rn. 30.
164 BGH NJW 1995, 1082 (1083) = FamRZ 1995, 229 (231).
165 Vgl. OLG Hamm FamRZ 1979, 37.

58 **ee) Krankheiten.** Geisteskrankheit und körperliche Gebrechen können ehezerstörend sein, aber auch zu besonderer Zuwendung zum kranken Ehegatten führen. Es entspricht der Tradition des materiellen Ehescheidungsrechts in Deutschland, es der Entscheidung des gesunden Ehegatten zu überlassen, ob er trotzdem die Ehe fortsetzen will.[166] Krankheiten sind, wie andere Umstände auch, auf ihre Wirkung in der konkreten Ehe zu untersuchen. Dem Ehegatten, dessen eheliche Gesinnung wegen der Krankheit des anderen zerbrochen ist, wird vom Gesetz nicht die Rechtspflicht auferlegt, trotzdem an der Ehe festzuhalten.[167] Hält er hingegen an der Ehe fest und wendet sich dem geistig behinderten Partner in ehelicher Verbundenheit und Fürsorge zu, so besteht die eheliche Lebensgemeinschaft als objektiv gelebte Pflichtengemeinschaft fort.[168] Zu den Krankheiten, die ehezerstörend wirken können, gehört auch Aids,[169] unabhängig davon, ob der Ehegatte die Krankheit durch Ehebruch oder auf anderem Wege erworben hat. Die Angst davor, selbst angesteckt zu werden, kann jede Bereitschaft zur ehelichen Gemeinschaft zerstören. Auch über die Härteklausel kann eine solche Ehe nur sehr beschränkt weiter bestehen.[170] Eine Krankheit kann aber auch die eheliche Gesinnung des kranken Ehegatten zerstören und zum Scheitern der Ehe führen.

59 **ff) Ehebruch.** Der Scheidungsgrund des Ehebruchs ist abgeschafft; trotzdem ist die Verletzung ehelicher Treue üblicherweise eine grobe Störung der Ehe und Indiz für ihre Krise;[171] der Ehebruch wird in vielen Fällen aber auch verziehen.

60 **gg) Grobes Verhalten.** Verhaltenserwartungen werden üblicherweise durch besonders grobes Verhalten enttäuscht und rechtfertigen dann eine negative Prognose: Hierzu zählen insbesondere grobe Behandlung und Tätlichkeiten,[172] die drastische Wirkung der Trunksucht,[173] die vielfach zu Tätlichkeiten und anderen Demütigungen des Partners führt, auch grobe Beschimpfungen,[174] hasserfüllte Abneigung, die selbst im Scheidungsverfahren gezeigt wird, die schroffe Zurückweisung aller Annäherungs- und Versöhnungsversuche,[175] hartnäckige Vorwürfe, insbesondere der Untreue;[176] aber auch die Vernachlässigung des Haushalts oder der Kinder, die Zerstörung der wirtschaftlichen Grundlagen der Ehe zB durch Glücksspiel, Versagen von Haushaltsgeld und Unterhalt[177] und strafbare Handlungen.

61 **h) Verhalten des Antragstellers.** Zur Begründung dafür, dass die Ehe gescheitert ist, kann der Antragsteller auch sein eigenes ehewidriges Verhalten, insbesondere, dass er inzwischen eine ernsthafte und dauerhafte Verbindung mit einem anderen Partner eingegangen ist, dem Gericht unterbreiten.[178] Dieser Vortrag begründet jedoch nicht die Unzumutbarkeit nach Abs. 2, so dass die einjährige Trennung auch dann einzuhalten ist, wenn die Ehe gescheitert ist. Außerdem kann dieser Vortrag zur Anwendung der Härteklausel führen.

62 **i) Reste von Gemeinsamkeit.** Die eheliche Lebensgemeinschaft kann schon aufgehoben sein, wenn noch nicht alle Gemeinsamkeiten beendet sind. Auch wenn noch Reste von Gemeinsamkeit

---

166 Vgl. die Darstellung in BT-Drs. 7/650, 62.

167 *Schwab* in Schwab ScheidungsR-HdB II Rn. 38; Johannsen/Henrich/*Jaeger/Hamm* Rn. 13; Bamberger/Roth/*Neumann* Rn. 13; vgl. OLG Düsseldorf FamRZ 1980, 146.

168 BGH NJW 2002, 671 = FamRZ 2002, 316 (317) mAnm *Hohloch* JuS 2002, 613 und mAnm *Muscheler* JZ 2002, 710 und mAnm *Rauscher* JR 2002, 455; *Schwab* in Schwab ScheidungsR-HdB II Rn. 38.

169 *Schwab* in Schwab ScheidungsR-HdB II Rn. 38; *Tiedemann* NJW 1988, 729.

170 BGH NJW 1981, 2808.

171 BGH NJW 1979, 1042; OLG Stuttgart NJW 1977, 1542; 1979, 167; OLG Düsseldorf FamRZ 1978, 27; OLG Koblenz FamRZ 1978, 31; OLG München FamRZ 1978, 113; OLG Frankfurt FamRZ 1978, 115; OLG Karlsruhe FamRZ 1978, 592; KG FamRZ 1978, 594; OLG Hamm FamRZ 1977, 802; 1978, 28; OLG Saarbrücken FamRZ 1978, 415; KG FamRZ 1978, 594.

172 OLG Stuttgart NJW 1977, 1542; OLG Düsseldorf FamRZ 1977, 804; OLG Bremen FamRZ 1977, 807; OLG Frankfurt FamRZ 1978, 813; NJW 1978, 276; OLG Düsseldorf FamRZ 1978, 26; OLG München NJW 1978, 49 = FamRZ 1978, 29; KG FamRZ 1978, 594; OLG Celle FamRZ 1979, 234; Soergel/*Heintzmann* Rn. 30.

173 OLG Schleswig FamRZ 1977, 802 (803); OLG Düsseldorf FamRZ 1977, 804; 1978, 26; OLG Stuttgart FamRZ 1977, 807; OLG München NJW 1978, 49 = FamRZ 1978, 29 (31); OLG Frankfurt FamRZ 1978, 338 (340); NJW 1978, 276; KG FamRZ 1978, 594; 897; OLG Schleswig NJW 1978, 51.

174 OLG Karlsruhe FamRZ 1978, 590; KG FamRZ 1978, 594; 897; OLG Frankfurt FamRZ 1978, 276; OLG Köln FamRZ 1978, 25; OLG Karlsruhe FamRZ 1978, 590.

175 BGH NJW 1978, 1810 = FamRZ 1978, 671.

176 BGH BeckRS 1979, 31116732 = FamRZ 1979, 1003; OLG Hamm FamRZ 1977, 802.

177 OLG Stuttgart FamRZ 1978, 178.

178 BGH NJW 1978, 1042; OLG Frankfurt FamRZ 1977, 801; *Schwab* FamRZ 1976, 491 (498); *Großmann* AnwBl 1979, 9 (10); *Diederichsen* ZZP 91 (1978), 397 (432); *Schwab* in Schwab ScheidungsR-HdB II Rn. 37; Soergel/*Heintzmann* Rn. 32.

bestehen, ist die Prognose möglich, dass die eheliche Lebensgemeinschaft nicht mehr wiederhergestellt werden wird.[179] Freundschaftlicher Briefwechsel, Besuche zB im Krankenhaus,[180] aber auch die Tatsache, dass die Ehegatten noch nicht im strengen Sinne des § 1567 getrennt leben,[181] gelegentlicher Geschlechtsverkehr,[182] selbst wenn er sich nach der Scheidung wiederholen könnte, müssen nicht Ausdruck der Bereitschaft sein, die Lebensgemeinschaft fortzusetzen. Eine Automatik in der Annahme, der Geschlechtsverkehr sei immer Verzeihung von Ehewidrigkeiten und Zeichen der Zuwendung, ist unbegründet. Allerdings sind andere Fakten für die negative Prognose notwendig, wenn die Geschlechtsgemeinschaft als wichtiger Teil ehelicher Beziehung noch nicht völlig abgebrochen ist.[183] Auch wenn beabsichtigt ist, eine gewisse Gemeinschaft nach der Scheidung fortzuführen, kann die Ehe gescheitert sein.[184] Die eheliche Lebensgemeinschaft ist jedoch nicht zerstört und die Scheidung ist abzulehnen, wenn die Ehegatten nur nicht verheiratet sein wollen, ihre enge Beziehung aber als nichteheliche Lebensgemeinschaft fortsetzen wollen.

**j) Aussicht auf Versöhnung.** Ist die eheliche Gesinnung eines oder beider Ehegatten im 63
Zeitpunkt der letzten mündlichen Verhandlung zerstört, kann nicht ohne stichhaltigen Grund angenommen werden, die Parteien würden im Laufe der Zeit wieder zueinander finden.[185] Theoretisch können sich Lebensumstände immer ändern und selbst verfeindete Ehegatten erneut zusammenfinden. Die nur noch theoretische Möglichkeit einer Versöhnung, an welche eine Partei glaubt, genügt jedoch nicht, um anzunehmen, die eheliche Lebensgemeinschaft könne wiederhergestellt werden,[186] denn undenkbar ist eine Versöhnung niemals.[187]

**7. Zeitpunkt der Beurteilung. a) Ablauf der Trennungszeit.** Die Jahresfrist muss im Zeit- 64
punkt der letzten mündlichen Verhandlung in der Tatsacheninstanz abgelaufen sein. Dann darf auch kein Versöhnungsversuch mehr im Gange sein, auch wenn er nach § 1567 Abs. 2 die Frist nicht unterbricht. Das Gericht darf das Verfahren nicht aussetzen oder das Verfahren verzögern,[188] damit die Trennungsfrist inzwischen abläuft. Ein **verfrüht gestellter Scheidungsantrag** ist **zulässig.** Die zum Nachteil des anderen Ehegatten eintretenden Wirkungen für den Zugewinnausgleich (§ 1384), den Versorgungsausgleich (§ 3 Abs. 1 VersAusglG) und den nachehelichen Unterhalt sind nach den Grundsätzen von Treu und Glauben (§ 242) bei den jeweiligen Ansprüchen auszugleichen (→ § 1564 Rn. 51). Der verfrühte Scheidungsantrag, der nicht auf Härtegründe nach Abs. 2 gestützt ist, ist aber **unschlüssig.** Deshalb darf das Gericht nicht erst die Entscheidung der Folgesachen vorbereiten, insbesondere die Auskünfte zur Durchführung des Versorgungsausgleichs einholen und dann einen Termin zur mündlichen Verhandlung nach dem Ablauf der erforderlichen Trennungsfrist bestimmen. Eine solche Verfahrensweise stünde zudem in Widerspruch dazu, dass die Trennungszeit der Besinnung der Eheleute dienen soll und die Ehe für die Zeit des Getrenntlebens vor Scheidungsanträgen geschützt wird. Mit der hM ist daher anzunehmen, dass das Familiengericht die Sache an nächst bereiter Stelle zu terminieren hat, um den unschlüssigen Scheidungsantrag abzuweisen.[189] War die Scheidung wegen Unzumutbarkeit beantragt, hat der Antragsteller nach dem Ablauf der Jahresfrist das Verfahren auf Abs. 1 allein auszurichten, weil die Scheidung iVm Abs. 2 nach dem Fristablauf nicht mehr möglich ist. Weist das FamG den Antrag ab, weil die Jahresfrist nicht abgelaufen ist, und verstreicht das Trennungsjahr in der zweiten Instanz, so ist das Verfahren zur Erledigung der Folgesa-

---

179 OLG Karlsruhe FamRZ 1978, 592 (593); *Schwab* FamRZ 1976, 491 (496); 1979, 14; Staudinger/*Rauscher,* 2018, Rn. 81 f.; Johannsen/Henrich/*Jaeger/Hamm* Rn. 15; aA Soergel/*Heintzmann* Rn. 7.

180 OLG Schleswig FamRZ 1977, 802; zum Fortbestehen der ehelichen Lebensgemeinschaft über Besuche beim geisteskranken Ehegatten im Krankenhaus vgl. BGH NJW 1989, 1988 (1990) = FamRZ 1989, 479 (481).

181 BGH NJW 1981, 449 = FamRZ 1981, 127.

182 Staudinger/*Rauscher,* 2018, Rn. 76b; Johannsen/Henrich/*Jaeger/Hamm* Rn. 14a; Soergel/*Heintzmann* Rn. 7; vgl. auch BGHZ 12, 112 = NJW 1954, 836; OLG Zweibrücken FamRZ 1997, 1212 (1213).

183 Johannsen/Henrich/*Jaeger/Hamm* Rn. 14a; *Gernhuber/Coester-Waltjen* FamR § 27 Rn. 9; zweifelnd Staudinger/*Rauscher,* 2018, Rn. 76c.

184 Enger Soergel/*Heintzmann* Rn. 7.

185 *Gernhuber/Coester-Waltjen* FamR § 27 Rn. 11; Johannsen/Henrich/*Jaeger/Hamm* Rn. 21; OLG Frankfurt FamRZ 1977, 801.

186 BGH NJW 1979, 1042; OLG Zweibrücken FamRZ 1982, 293; OLG Frankfurt FamRZ 1977, 801; *Schwab* FamRZ 1977, 491 (496); *Schwab* in Schwab ScheidungsR-HdB II Rn. 31; *Giesen-Gick* JR 1979, 1 (2).

187 Johannsen/Henrich/*Jaeger/Hamm* Rn. 21; OLG Frankfurt FamRZ 1977, 801.

188 OLG Bamberg FamRZ 1984, 897; Johannsen/Henrich/*Jaeger/Hamm* Rn. 47; *Finger* FuR 2011, 431 (433); FA-FamR/*v. Heintschel-Heinegg* 2. Kap. Rn. 73.

189 Johannsen/Henrich/*Jaeger/Hamm* Rn. 47; Erman/*Blank* Rn. 11; Staudinger/*Rauscher,* 2018, Rn. 90; *Schwab* in Schwab ScheidungsR-HdB II Rn. 78 f.; *Finger* FuR 2008, 119 Fn. 1; Bamberger/Roth/*Neumann* Rn. 16; *Rauscher* FamR § 21 Rn. 522; FA-FamR/*v. Heintschel-Heinegg* Kap. 2 Rn. 73.

chen an das FamG zurückzuverweisen. Die Kosten des Beschwerdeverfahrens können nach § 150 Abs. 1 FamFG, § 113 Abs. 1 S. 2 FamFG, § 97 Abs. 2 ZPO analog dem Ehegatten auferlegt werden, der das Verfahren vorzeitig begonnen hat.[190] Dies gilt nicht, wenn der Antragsteller in erster Instanz die Voraussetzungen des Abs. 2 schlüssig darlegt hat und es im Hinblick auf das inzwischen abgelaufene Trennungsjahr offen bleiben muss, ob das Familiengericht die Anwendung des Abs. 2 zu Recht abgelehnt hat.[191] Der Fristablauf in der Rechtsbeschwerdeinstanz ist eine nachträglich eingetretene neue Tatsache, die grundsätzlich nicht mehr berücksichtigt werden kann.[192]

65 **b) Zeitpunkt des Scheiterns.** Alle Fakten, aus denen sich das Scheitern der Ehe ergibt, können nur bis zur letzten mündlichen Verhandlung in der Tatsacheninstanz festgestellt werden. Die Beurteilung ist für diesen Zeitpunkt zu treffen,[193] die Ehe muss noch nicht zum Beginn der Jahresfrist oder dann gescheitert gewesen sein, als der Scheidungsantrag gestellt wurde. Die Prognose ist Aufgabe tatrichterlicher Würdigung.[194]

66 **8. Antragsberechtigung. a) Einseitiges Scheitern.** Eine Ehe ist schon dann gescheitert, wenn nur ein Ehegatte nicht mehr bereit oder in der Lage ist, die eheliche Lebensgemeinschaft wieder aufzunehmen.[195] Sie kann auch auf **Antrag des Ehegatten** geschieden werden, **der selbst an der Ehe festhalten möchte** und die Gemeinschaft selbst jederzeit wiederherstellen würde.[196] Einem solchen Ehegatten wird nicht aufgezwungen, an der zur Illusion gewordenen Ehe festzuhalten; ihm ist aber auch nicht zuzumuten, unwahr die Abkehr von der Ehe zu behaupten, um die Scheidung zu erreichen, die für ihn einen wirtschaftlichen Vorteil oder sonstigen Sinn haben kann.

67 **b) Geisteskrankheit.** Auch der geisteskranke Ehegatte, der kein Empfinden mehr für den Zustand der Ehe hat, kann durch seinen Betreuer, der nach § 125 Abs. 2 FamFG der Genehmigung des Familien- oder Betreuungsgerichts bedarf, die Scheidung aus Abs. 1 erreichen. Ihm kann die Berufung auf das Scheitern der Ehe nicht allein deshalb versagt werden, weil er infolge seiner Behinderung jedes Verständnis für die Ehe und das Scheitern verloren hätte (→ Rn. 23).[197] Liegt die Scheidung auch nach der im Genehmigungsverfahren nach § 125 Abs. 2 FamFG gewonnenen Erkenntnis des Betreuungs- oder Familiengerichts in seinem wohlverstandenen Interesse, so kann er nur wegen seines Geisteszustandes nicht an der Ehe festgehalten werden.[198] Zur Begründung kann er geltend machen, der Antragsgegner lehne die Fortsetzung der ehelichen Lebensgemeinschaft ab. Er kann sich aber auch auf seine eigene Unfähigkeit zur ehelichen Gemeinschaft und zum ehelichen Empfinden berufen[199] und damit das Ende der ehelichen Gemeinschaft dartun. Als Rest ehelicher Gesinnung hat der BGH allerdings schon die Fähigkeit ausreichen lassen, sich über den Besuch des anderen zu freuen.[200] Wendet sich der andere Ehegatte dem geistig behinderten Ehepartner weiterhin in ehelicher Verbundenheit und Fürsorge zu, so kann die Lebensgemeinschaft als Verantwortungsgemeinschaft weiter bestehen, auch wenn sie infolge der Behinderung nicht mehr in wechselseitiger innerer Bindung gelebt werden kann. Die vom Antragsteller nicht abgelehnte

---

[190] BGH NJW 1997, 1007 f. = FamRZ 1997, 347 (348); Staudinger/*Rauscher,* 2018, Rn. 92b; Johannsen/Henrich/*Jaeger/Hamm* Rn. 89; Keidel/*Weber* FamFG § 150 Rn. 12; *Streicher* in Schwab ScheidungsR-HdB I Rn. 805; Soergel/*Heintzmann* Rn. 41; *Rauscher* FamR § 21 Rn. 522.

[191] OLG Hamm OLGR 2000, 29 = FamRZ 2000, 498; Johannsen/Henrich/*Jaeger/Hamm* Rn. 89; Keidel/*Weber* FamFG § 150 Rn. 12; vgl. auch BGH NJW 1997, 1007 = FamRZ 1997, 347; *Finger* FuR 2011, 431 (434).

[192] BGH NJW 1979, 105; 1981, 449 = FamRZ 1981, 127; der BGH hat in beiden Entscheidungen erwogen, ob nicht der Ablauf oder die Fortdauer der Frist durch übereinstimmenden Parteivortrag festgestellt werden kann; Soergel/*Heintzmann* § 1568 Rn. 56 für die Härteklausel.

[193] OLG Zweibrücken FamRZ 1997, 1212.

[194] BGH NJW 1978, 1810 = FamRZ 1978, 671; BeckRS 1979, 31116732 = FamRZ 1979, 1003; Palandt/*Brudermüller* Rn. 3.

[195] AllgM; vgl. BGH NJW 1995, 1082 (1084) = FamRZ 1995, 229 (231); NJW 1979, 1042; OLG Zweibrücken FamRZ 2006, 1210; 1982, 293; *Gernhuber/Coester-Waltjen* FamR § 27 Rn. 13; Staudinger/*Rauscher,* 2018, Rn. 55; Johannsen/Henrich/*Jaeger/Hamm* Rn. 12; PWW/*Weinreich* Rn. 8; krit. *Bosch* FamRZ 1982, 294; aA AG Landstuhl FamRZ 1995, 931; 1996, 1481 – krit. dagegen *Dörr-Hansen* NJW 1996, 2698 (2699).

[196] OLG Köln FamRZ 1992, 319; *Gernhuber/Coester-Waltjen* FamR § 27 Rn. 13; Johannsen/Henrich/*Jaeger/Hamm* Rn. 12; Staudinger/*Rauscher,* 2018, Rn. 43.

[197] BGH NJW 2002, 671 = FamRZ 2002, 316 (317) mAnm *Hohloch* JuS 2002, 613, *Muscheler* JZ 2002, 710, *Rauscher* JR 2002, 455; Johannsen/Henrich/*Jaeger/Hamm* Rn. 13; Staudinger/*Rauscher,* 2018, Rn. 44g ff.

[198] BGH NJW 2002, 671 = FamRZ 2002, 316 (317).

[199] BGH NJW 1989, 1988 = FamRZ 1989, 479 (481); *Gernhuber/Coester-Waltjen* FamR § 27 Rn. 14; Johannsen/Henrich/*Jaeger/Hamm* Rn. 13; Staudinger/*Rauscher,* 2018, Rn. 44b; aA RGRK-BGB/*Graßhof* Rn. 21.

[200] BGH NJW 1989, 1988 (1990) = FamRZ 1989, 479 (481); OLG Hamm FamRZ 1990, 166 (168).

fürsorgliche Verantwortung kann dann ausreichen, den Fortbestand der ehelichen Lebensgemeinschaft anzunehmen und das Scheidungsbegehren als unbegründet zurückzuweisen.[201]

**9. Verhältnis zu anderen Scheidungstatbeständen. a) Unstreitige Scheidung.** Die Scheidung aus dem Grundtatbestand setzt nicht voraus, dass die Ehegatten sich über den Fortbestand der Ehe oder die Art ihrer Auflösung streiten. Auch wenn beide sich scheiden lassen wollen, sind sie nicht gezwungen, von der einverständlichen Scheidung nach Abs. 1 iVm § 1566 Abs. 1 Gebrauch zu machen, vor allem in den Fällen, in denen einer der Ehegatten weder einen Scheidungsantrag stellen noch der Scheidung ausdrücklich zustimmen will. Angesichts der hohen Anzahl unstreitiger Scheidungen ist davon auszugehen, dass die Mehrzahl der Scheidungen über den Scheidungstatbestand des § 1566 Abs. 1 erfolgt. 68

**b) Dreijahresfrist.** Leben die Ehegatten seit drei Jahren gemäß § 1567 getrennt, folgt aus **§ 1566 Abs. 2** unwiderlegbar, dass ihre Ehe gescheitert ist. Das Gericht darf nicht mehr prüfen, ob die Ehe gescheitert ist, auch dann nicht, wenn eine Partei dies verlangt. Zweifel an der Verfassungsmäßigkeit der Fristenscheidung bestehen nicht.[202] 69

**c) Scheidung ohne Fristablauf.** Der Antragsteller kann, wenn der Fristablauf nicht nachzuweisen ist, nachträglich die Scheidung aus Abs. 1 iVm **Abs. 2** wegen Unzumutbarkeit der Fortsetzung der Ehe beantragen. Das Gericht darf jedoch nicht von Amts wegen die Ehe wegen Unzumutbarkeit scheiden, wenn die Scheidung nur aus dem Grundtatbestand beantragt ist. 70

**d) Härteklausel.** Sind die Voraussetzungen des Abs. 1 dargetan, ist von Amts wegen zu prüfen, ob es ausnahmsweise notwendig ist, die gescheiterte Ehe im Interesse minderjähriger Kinder aufrechtzuerhalten. Beruft sich der Antragsgegner auf die Härteklausel des **§ 1568,** muss er ihre Voraussetzungen dartun (§ 127 Abs. 3 FamFG). Die zeitliche Befristung der Härteklausel ist weggefallen (→ § 1568 Rn. 7). 71

**10. Weitere Verfahrensfragen. a) Beweislast.** Der Antragsteller muss dartun und beweisen, dass die Ehegatten seit einem Jahr gemäß § 1567 getrennt leben und die Merkmale des Scheiterns vorliegen. Das Getrenntleben gehört auch im Grundtatbestand des Abs. 1 zum materiellen Recht. Dazu ist ein **Sachvortrag** erforderlich, der dem Gericht die **Analyse** der ehelichen Lebensgemeinschaft sowie die für die Entscheidung notwendige **Prognose** ermöglicht. Dafür reichen Rechtsbehauptungen, die Ehe sei gescheitert oder unheilbar zerrüttet, nicht aus.[203] Bei der Prüfung durch das Gericht kann die Intimsphäre oft nicht geschont werden. Sind alle Voraussetzungen für die Scheidung erfüllt, muss das Gericht die Ehe scheiden, ein Ermessensspielraum besteht nicht. Bleiben Zweifel, ob die Ehe gescheitert ist, so ist der Scheidungsantrag abzuweisen. 72

**b) Antrag und Gegenantrag.** Nach § 1564 S. 1 kann die Ehe auf Antrag beider Ehegatten geschieden werden. Da das Verfahrensrecht einen gemeinsamen Antrag nicht zulässt, kann jeder Ehegatte im gleichen Verfahren den Antrag stellen, die Ehe aus dem Grundtatbestand des Abs. 1 zu scheiden. Das **Rechtsschutzbedürfnis** für den zweiten Antrag ist nicht zu versagen, weil nicht sicher ist, welches verfahrensrechtliche Schicksal der Antrag des Ehegatten haben wird, der die Scheidung der Ehe zuerst beantragt hat (→ § 1564 Rn. 61). Der Grundsatz der einheitlichen Verhandlung und Entscheidung bietet bei gleichgerichteten Anträgen keine Schwierigkeiten. Wenn ein Ehegatte seinen Antrag nicht weiter betreibt, darf allerdings gegen ihn kein Versäumnisbeschluss ergehen. Nimmt der antragstellende Ehegatte seinen Scheidungsantrag vor Zustellung des Gegenantrags zurück, so ist der Gegenantrag mangels Rechtshängigkeit des Scheidungsantrags unzulässig; als eigenständiger Scheidungsantrag kann er nur behandelt werden, wenn er den formellen Erfordernissen der § 133 FamFG, § 253 ZPO genügt (→ § 1564 Rn. 39).[204] Über die Kosten von Antrag und Gegenantrag sowie über die Kosten der Folgeverfahren ist in einer einheitlichen Kostenentscheidung zu befinden. Die Kosten werden in der Regel gegeneinander aufzuheben sein (§ 150 Abs. 1 FamFG). Beantragt ein Ehegatte die Scheidung aus dem Grundtatbestand des Abs. 1 oder wegen Unzumutbarkeit iVm Abs. 2 und der andere Ehegatte die Scheidung aus dem Dreijahrestatbestand, so entstehen Sonderprobleme (→ § 1564 Rn. 61). 73

---

[201] BGH NJW 2002, 671 = FamRZ 2002, 316 (317); krit. *Muscheler* JZ 2002, 711 (715); Johannsen/Henrich/*Jaeger/Hamm* Rn. 13a; abl. Staudinger/*Rauscher,* 2018, Rn. 44i.

[202] BVerfGE 53, 224 = NJW 1980, 689; BGH NJW 1979, 978.

[203] BGH NJW 1995, 1082 (1084) = FamRZ 1995, 229 (231); OLG Saarbrücken MDR 2005, 37; OLG Köln FamRZ 1995, 1503; OLG Zweibrücken FamRZ 1982, 293; *Diederichsen* NJW 1977, 273; *Brüggemann* FamRZ 1978, 91 (96); *Lüke* AcP 178 (1978), 1 (24); Johannsen/Henrich/*Jaeger/Hamm* Rn. 33; Soergel/*Heintzmann* Rn. 34; Staudinger/*Rauscher,* 2018, Rn. 79a, 80.

[204] KG FamRZ 2011, 657.

74 **c) Aussetzung des Verfahrens.** Wird die Scheidung aus Abs. 1 allein begehrt und leben die Ehegatten schon ein Jahr getrennt, darf das Verfahren nicht gegen den Widerspruch beider Ehegatten ausgesetzt werden (näher → § 1564 Rn. 82). Die Aussetzung ist bei Entscheidungsreife des Scheidungsantrags **unzulässig,** etwa um die Zeit bis zum Ablauf der einjährigen Trennung zu überbrücken, weil sie dann nicht der Erhaltung, sondern der Scheidung der Ehe dient.[205] Kein Anlass zur Aussetzung besteht, wenn der Scheidungsantrag in der Frist vor dem Ablauf des Trennungsjahres gestellt wird, die nach der üblichen Verfahrensdauer bis zum Termin der mündlichen Verhandlung vergeht.[206] Sie ist auch ungeeignet, um Härten für einen Ehegatten im Falle sofortiger Scheidung zu vermeiden, zumal mit dem Wegfall der Befristung der Härteklausel des § 1568 das Bedürfnis dafür entfallen ist.[207] Kann das Scheitern der Ehe nicht zweifelsfrei festgestellt werden, darf das Verfahren in der Regel nicht ausgesetzt werden, um die weitere Entwicklung abzuwarten. Auf Antrag beider Ehegatten kann jedoch nach § 251 ZPO das **Ruhen des Verfahrens** angeordnet werden, um den Fristablauf abzuwarten,[208] wobei die Folgesachen wegen des Verbundes ebenfalls ruhen.[209]

## II. Scheidung vor einjähriger Trennung (Abs. 2)

75 **1. Normzweck. a) Zusätzliche Scheidungsvoraussetzung.** Die Scheidung vor einer einjährigen Trennung nach Abs. 2 baut auf dem Grundtatbestand des Abs. 1 auf und bildet mit ihm zusammen eine charakteristische Scheidungsvoraussetzung, die sich von der Scheidung aus dem Grundtatbestand des Abs. 1 allein und den beiden Fristenscheidungen aus Abs. 1 iVm § 1566 Abs. 1 und 2 abhebt und damit einen eigenen Scheidungstatbestand bildet. Vor dem Ablauf der Jahresfrist darf eine gescheiterte Ehe nur geschieden werden, wenn die Voraussetzung der Unzumutbarkeit für den Antragsteller vorliegt.

76 **b) Unzumutbare Härte.** Abs. 2 ist mit der Scheidungsvoraussetzung unzumutbare Härte ein **Fremdkörper** in einem Scheidungsrecht, das auf dem Zerrüttungsprinzip aufbaut.[210] In einem Scheidungsrecht wegen Verschuldens wird die Scheidung nur zugelassen, wenn ein Ehegatte durch schwere Eheverfehlungen die Ehe unheilbar zerrüttet hat. Abs. 2 lässt die Scheidung einer Ehe, die auch ohne Ablauf einer bestimmten Trennungszeit gescheitert sein kann, vor dem Ablauf der einjährigen Trennung nur zu, wenn ihre Fortsetzung für den Antragsteller aus Gründen, die in der Person des anderen Ehegatten liegen, eine unzumutbare Härte darstellen würde. Die Nähe zu einem Verschuldensscheidungsrecht beruht einmal darauf, dass eine gescheiterte Ehe in bestimmten Fällen nicht (vor dem Fristablauf) geschieden werden kann. Sie ist noch deutlicher in der Notwendigkeit, über das Scheitern der Ehe hinaus schwerwiegende Gründe in der Person des anderen Ehegatten zu werten. Es ist jedoch wenig sinnvoll, über diese Inkonsequenz des Gesetzes zu klagen, weil sie unvermeidbare Begleitung des Gesetzgebungsverfahrens war. Da der Grundtatbestand des Abs. 1 durch eine Frist eingeschränkt wird, war als Kompromiss ein **Ventil für grobe Fälle** schwer vermeidbar, weil die Scheidungserschwerung durch Fristeinhaltung für die Fälle, in denen nach dem EheG die sofortige Scheidung möglich war, kaum durchsetzbar gewesen wäre.[211]

77 **c) Keine Verschuldensscheidung.** Trotz der Nähe zur Scheidung wegen Verschuldens kommt es nicht darauf an, ob der andere Ehegatte die in seiner Person liegenden Gründe verschuldet hat. Prinzipiell sind alle durch eine geistige Erkrankung bedingten groben Verhaltensweisen Gründe für die Unzumutbarkeit, also körperliche Angriffe, schwere Kränkungen, sexuelle Zügellosigkeit. Gleiches gilt von suchtbedingten Verhaltensweisen, die den anderen Ehegatten schwer beeinträchtigen. Allerdings führt Sucht oder Geisteskrankheit allein nicht zur Unzumutbarkeit, wenn hierdurch keine gravierenden Verhaltensweisen gegenüber dem anderen Ehegatten ausgelöst werden. Als Schicksalsschläge führen sie nur über die Trennungszeiten zur Scheidung.

78 **d) Geringe praktische Bedeutung.** Der Vorschrift des 1565 Abs. 2 war von vorneherein ein geringer Anwendungsbereich vorhergesagt worden.[212] Sie hat aber in der veröffentlichten Rspr. der

---

205 MüKoFamFG/*Heiter* FamFG § 136 Rn. 9.

206 KG FamRZ 1985, 1066; Soergel/*Heintzmann* Rn. 41.

207 Vgl. die Erwägungen in BVerfGE 55, 134 = NJW 1979, 108.

208 KG FamRZ 1977, 810; 1978, 34; OLG Frankfurt FamRZ 1978, 910; OLG Karlsruhe NJW 1978, 1388; Baumbach/*Hartmann* FamFG § 136 Rn. 1.

209 KG FamRZ 1978, 34; Baumbach/*Hartmann* FamFG § 136 Rn. 7.

210 *Brüggemann* FamRZ 1978, 92; *Holzhauer* JZ 1979, 113; *Lüke* FS Bosch, 1976, 627 (639); *Lüke* FS Constantinesco, 1983, 457 (459, 464); Staudinger/*Rauscher*, 2018, Rn. 19; einschr. Johannsen/Henrich/*Jaeger/Hamm* Rn. 41; krit. *Gernhuber/Coester-Waltjen* FamR § 27 Rn. 21.

211 Staudinger/*Rauscher*, 2018, Rn. 19.

212 *Schwab* FamRZ 1976, 491 (504); *Lüke* FS Bosch, 1976, 627 (639).

OLG zunächst ein bemerkenswertes Gewicht erlangt, weil Scheidungswillige versucht hatten, wie beim EheG die Scheidung ohne oder nach nur kurzer Trennung[213] zu erreichen. Inzwischen hat die Bedeutung der Vorschrift stark abgenommen.[214] Die restriktive Rspr. der OLG und die Tatsache, dass die Praxis der Versuchung widerstanden hat, über die Unzumutbarkeitselemente des Abs. 2 die alte Konventionalscheidung zu § 43 EheG weiterzuführen, hat zur Vorsicht bei Scheidungsanträgen vor Ablauf des Trennungsjahres geführt.[215] Dazu hat auch beigetragen, dass die Fristentatbestände des Abs. 1 und von Abs. 1 iVm § 1566 Abs. 1 und 2 von der Praxis akzeptiert sind (→ § 1566 Rn. 2). Hinzu kommt, dass wegen des notwendigen Verbundes insbesondere mit dem Versorgungsausgleich das Trennungsjahr zum Zeitpunkt der Entscheidung zumeist abgelaufen ist. Während 1979 10,2 % der Scheidungen auch auf Abs. 2 gegründet wurden, waren es 1997 nur noch 1,56 % (2.931 von 187.802), 2005 1,99 % (4.013 von 201.693), 2006 1,73 % (3.311 von 190.928), 2007 nur noch 1,6 % (2.971 von 187.072), 2008 nur noch 1,59 % (3.054 von 191.948) und 2010 lediglich 1,65 % (3.093 von 187.027)[216] sowie 2014 gar nur 1,0 % (1.671 von 166.199), 2015 mit leichtem Anstieg 1,08% (1.770 von 163.335) und 2016 mit leichtem Rückgang 0,95% (1.546 von 162.397);[217] → Vor § 1564 Rn. 42. Die Annahme, dass mit der einvernehmlichen Klärung der Vaterschaft nach § 1599 Abs. 2 für die nach der Anhängigkeit des Scheidungsantrags geborenen Kinder, die die Notwendigkeit der Anfechtung der Vaterschaft zu dem von der Ehefrau erwarteten Kind aus einer neuen Beziehung entfallen lässt, eine weitere Abnahme der Scheidungen vor Ablauf des Trennungsjahres einhergeht,[218] lässt sich danach statistisch nicht belegen. Auch im Übrigen erweist sich weniger die verschuldensnahe Unzumutbarkeit nach Abs. 2 als Einfallstor für Manipulationen, sondern vielmehr der Grundtatbestand des Abs. 1, wenn der Ablauf des Trennungsjahres von den Parteien übereinstimmend vorgetragen und vom Gericht kaum nachgeprüft wird.

**e) Kompromisscharakter der Vorschrift.** Abs. 2 steht wegen seines Kompromisscharakters 79
in verschiedenen Spannungsverhältnissen. Alle Fragen, die sich bei der Anwendung ergeben, wurden kontrovers diskutiert.[219] Da die Vorschrift erst über Anregungen des Bundesrates im Vermittlungsausschuss eingefügt wurde, sind Äußerungen über die Motive spärlich und wegen ihrer politischen Zielrichtung nur beschränkt verwertbar.[220] In der Rechtspraxis ist weitgehend anerkannt, dass die Vorschrift mehrere Zwecke verfolgt.[221]

**f) Schutz vor Rechtsmissbrauch.** Ein Zweck des Abs. 2 ist der Schutz vor Rechtsmiss- 80
brauch.[222] Der Antragsteller soll sich nicht auf eigenes ehewidriges Verhalten, insbesondere auf die Bindung an einen neuen Partner, berufen und damit die sofortige Scheidung erreichen können. Die Vorschrift beschreibt allerdings den Fall des Rechtsmissbrauchs gerade nicht, sondern trifft ihn nur indirekt und verhindert ihn nur für ein Trennungsjahr; das Verhältnis zur Härteklausel des § 1568 lässt sie offen.

**g) Schutz vor leichtfertigen und voreiligen Scheidungsentschlüssen.** Die Vorschrift des 81
Abs. 2 will ferner leichtfertigen und voreiligen Scheidungsentschlüssen[223] dadurch entgegenwirken, dass sie den Antragsteller anhält, bis zur Scheidung ein Jahr getrennt zu leben oder Gründe in der Person des anderen Ehegatten vorzutragen, die für ihn die Fortsetzung der Ehe zu einer unzumutbaren Härte machen.[224] Auch in der Lit. wird überwiegend angenommen, mit den Merkmalen des Abs. 2 werde die

---

213 Vgl. Johannsen/Henrich/*Jaeger/Hamm* Rn. 41; *Sarres* ZFE 2010, 259.

214 Bamberger/Roth/*Neumann* Rn. 19.

215 Johannsen/Henrich/*Jaeger/Hamm* Rn. 86 betonen zu Recht die Bedeutung des Abs. 2 für die Abwehr verfrühter Scheidungsanträge.

216 Statistisches Bundesamt, Statistisches Jahrbuch 2010, 61, Tabelle 2.33.

217 Statistisches Bundesamt, Pressemitteilung Nr. 266 vom 23.7.2015; Statistisches Jahrbuch 2017, Tabelle 2.6.7; Statistisches Jahrbuch 2018, Tabelle 2.6.7.

218 Bamberger/Roth/*Neumann* Rn. 19.

219 *Schwab* FamRZ 1979, 14 (17); *Giesen-Gick* JR 1979, 1 (4).

220 BGH NJW 1981, 449 = FamRZ 1981, 127; OLG Bremen FamRZ 1977, 808 (810); OLG Frankfurt FamRZ 1978, 115; *Brüggemann* FamRZ 1978, 91 (93); *Schwab* FamRZ 1979, 14 (17); *Holzhauer* JZ 1979, 113 betont jedoch den Wert der Materialien; Johannsen/Henrich/*Jaeger/Hamm* Rn. 41.

221 BGH NJW 1981, 449 (451) = FamRZ 1981, 127 (129).

222 BT-Drs. 7/650, 259; BGH NJW 1981, 449 (451) = FamRZ 1981, 127 (129); OLG Koblenz FamRZ 2007, 590; *Gernhuber/Coester-Waltjen* FamR § 27 Rn. 19 sieht hierin den einzigen Zweck der Vorschrift; Palandt/*Brudermüller* Rn. 6; Erman/*Blank* Rn. 10; Soergel/*Heintzmann* Rn. 46; Johannsen/Henrich/*Jaeger/Hamm* Rn. 43; krit. Staudinger/*Rauscher,* 2018, Rn. 13–15.

223 Zutr. weist *Schwab* in Schwab ScheidungsR-HdB II Rn. 51 darauf hin, dass es nicht um voreilige Scheidungen, sondern um voreilige Scheidungsentschlüsse geht.

224 BGH NJW 1981, 449 (451) = FamRZ 1981, 127 (129); OLG Rostock FamRZ 1993, 808; OLG Köln FamRZ 1991, 822.

Seriosität und Ernsthaftigkeit des Scheidungsbegehrens gesichert.[225] Zwar ist es richtig, dass Abs. 2 das Scheitern der Ehe voraussetzt und eine Ehe auch ohne oder nach nur kurzer Trennungszeit gescheitert sein kann. Doch stellt diese Überlegung den Schutzzweck des Gesetzes nicht ernsthaft in Frage. Dieser leitet sich aus dem **Misstrauen** des Gesetzgebers ab, das **Scheitern einer Ehe ohne handfeste äußere Umstände** oder **eine Trennungszeit festzustellen.** Ihm liegt die Auffassung zugrunde, dass ein durch einen voreiligen Scheidungsantrag eingeleitetes Gerichtsverfahren, auf das die Ehegatten selbst häufig keinen Einfluss mehr haben, ein Scheitern der Ehe zugrunde legen könnte, obwohl trotz der Ehekrise eine Versöhnung der Parteien noch möglich wäre.[226] Ob ein solches Misstrauen des Gesetzgebers berechtigt ist, muss bezweifelt werden: In aller Regel entschließen sich die Ehepartner nicht vorschnell, sich aus der ehelichen Bindung zu lösen, sondern erstreben mit der Scheidung auch eine Regelung der Scheidungsfolgen, um eine tragfähige Grundlage für einen Neuanfang zu schaffen.[227] Hierzu werden sie in den meisten Fällen eine längere Trennungszeit benötigen. Abs. 2 betrifft danach von vorneherein nur besondere Ausnahmefälle, in denen das Abwarten des Trennungsjahres für den Antragsteller eine besondere, unzumutbare Härte bedeuten würde.

82 **h) Erleichterung der Feststellung des Scheiterns der Ehe.** Abs. 2 dient auch dazu, die schwierige Prognose, dass die Wiederherstellung der ehelichen Lebensgemeinschaft nicht mehr erwartet werden kann, zu erleichtern, wenn die Ehegatten nicht oder noch nicht ein Jahr getrennt leben.[228] Die Prüfung des Scheiterns der Ehe wird allerdings nicht überflüssig und nicht auf die Umstände beschränkt, die nach Abs. 2 zur Unzumutbarkeit führen,[229] die Prognose nach Abs. 1 wird auch nicht durch die Unzumutbarkeit ersetzt.[230] In der Rspr. werden deshalb regelmäßig zutreffend die Erwägungen zum Scheitern der Ehe nach Abs. 1 von den Erwägungen zur Unzumutbarkeit getrennt.[231] Würde man das Scheitern der Ehe zwingend oder notwendigerweise[232] nur aus den Gründen des Abs. 2 zulassen, unterbliebe also die Prüfung des vom Gesetz als einziger Scheidungsgrund anerkannte Zustand des Scheiterns der Ehe, so gelangten wieder absolute Scheidungsgründe zur Entstehung. Das schließt nicht aus, dass die Umstände in der Person des anderen Ehegatten, die die Fortsetzung der Ehe für den Antragsteller als unzumutbare Härte erscheinen lassen, als starkes Indiz für die Zerrüttung der Ehe an die Stelle des Trennungsjahres treten und damit ebenso wie dieses sowohl die Diagnose als auch die Prognose des Scheiterns der Ehe[233] erleichtern. Sie sind daher für die Frage des Scheiterns der Ehe mit zu verwerten und haben insofern eine Doppelfunktion.[234] Aus gravierenden Vorfällen kann auf das Scheitern der Ehe geschlossen werden, ohne dass weitergehende Überlegungen zum Scheitern der Ehe angestellt werden müssten.[235]

83 **i) Allgemeine Scheidungserschwerung.** Die Vorschrift hat aber auch die Funktion, die Scheidung zu erschweren. Das Gesetz ermöglicht trotz Scheiterns der Ehe die Scheidung grundsätzlich erst nach Ablauf des Trennungsjahres. Hiervon macht Abs. 2 nur für den Fall der unzumutbaren

---

225 *Schwab* in Schwab ScheidungsR-HdB II Rn. 51; Palandt/*Brudermüller* Rn. 6; Johannsen/Henrich/*Jaeger/Hamm* Rn. 44; Erman/*Blank* Rn. 10; Staudinger/*Rauscher*, 2018, Rn. 8 ff.; Soergel/*Heintzmann* Rn. 46; aA *Gernhuber/Coester-Waltjen* FamR § 27 Rn. 20.

226 Johannsen/Henrich/*Jaeger/Hamm* Rn. 44; Staudinger/*Rauscher*, 2018, Rn. 9; *Schwab* in Schwab ScheidungsR-HdB II Rn. 51; aA *Gernhuber/Coester-Waltjen* FamR § 27 Rn. 20; krit. *Finger* FuR 2008, 119 (122).

227 So zutr. *Finger* FuR 2008, 199 (122).

228 BGH NJW 1981, 449 (451) = FamRZ 1981, 127 (129); OLG Hamm FamRZ 1979, 37; OLG Köln NJW 1978, 645; OLG Saarbrücken FamRZ 1978, 114; Staudinger/*Rauscher*, 2018, Rn. 18; Johannsen/Henrich/*Jaeger/Hamm* Rn. 45.

229 So aber *Schwab* FamRZ 1979, 14 (19); *Schwab* in Schwab ScheidungsR-HdB II Rn. 54, *Brüggemann* FamRZ 1978, 91 (94).

230 So OLG Stuttgart NJW 1979, 167; wie im Text die allgM, vgl. Johannsen/Henrich/*Jaeger/Hamm* Rn. 51; Staudinger/*Rauscher*, 2018, Rn. 116 f.; Palandt/*Brudermüller* Rn. 7 *Schwab* in Schwab ScheidungsR-HdB II Rn. 54 nimmt eine qualifizierte, auf einen bestimmten Tatbestandstyp eingeschränkte Zerrüttungsprüfung vor: Härtegrund und Scheidungswille begründen die Feststellung der Ehe als gescheitert.

231 OLG Stuttgart NJW 1977, 1542; FamRZ 1977, 807; OLG Bremen FamRZ 1977, 808; OLG Frankfurt FamRZ 1978, 115; OLG Düsseldorf FamRZ 1977, 804; 1978, 26; OLG Koblenz FamRZ 1978, 31; OLG Karlsruhe NJW 1978, 1534; OLG Oldenburg NJW 1978, 1266; ebenso die hL, vgl. *Brüggemann* FamRZ 1978, 91 (94); *Diederichsen* NJW 1977, 273 (275); *Damrau* NJW 1977, 1622; *Holzhauer* JZ 1979, 113 (117); *Görgens* FamRZ 1978, 647 (650); Palandt/*Brudermüller* Rn. 7.

232 *Brüggemann* FamRZ 1978, 91 (95); *Schwab* FamRZ 1979, 14.

233 Johannsen/Henrich/*Jaeger/Hamm* Rn. 45; Staudinger/*Rauscher*, 2018, Rn. 18; aA *Gernhuber/Coester-Waltjen* FamR § 27 Rn. 20.

234 Staudinger/*Rauscher*, 2018, Rn. 117; Johannsen/Henrich/*Jaeger/Hamm* Rn. 51; so auch *Schwab* in Schwab ScheidungsR-HdB II Rn. 54.

235 OLG Düsseldorf FamRZ 1978, 26; OLG Hamm FamRZ 1978, 28; OLG Saarbrücken FamRZ 1978, 114; 415; OLG Frankfurt FamRZ 1978, 115; 338; KG FamRZ 1978, 897; OLG Oldenburg NJW 1978, 1266; *Schwab* in Schwab ScheidungsR-HdB II Rn. 54.

Härte eine Ausnahme. Diese Scheidungserschwerung richtet sich gegen den „schuldigen" und gegen den „nicht schuldigen" Ehegatten gleichermaßen und vor allem gegen die Scheidung einer gescheiterten Ehe vor dem Fristablauf. Abs. 2 ist danach zwar nicht als Scheidungssperre,[236] aber als allgemeine Scheidungserschwerung aufzufassen.[237] Weil die Mindesttrennungsdauer nur bei einer unzumutbaren Härte unterschritten werden kann, hat die Vorschrift ebenso wie Abs. 1 **eheerhaltenden Charakter** und trägt in dieser Funktion den Vorgaben des BVerfG[238] an das materielle Scheidungsrecht Rechnung.[239] Auch aus der **Entstehungsgeschichte** der Vorschrift ergibt sich, dass die allgemein geteilten Bedenken gegen eine zu große Scheidungserleichterung in Abs. 2 ihren Niederschlag gefunden haben. Nach den Motiven des Bundesrates, die für die Entscheidung im Vermittlungsausschuss maßgeblich waren, sollte der Grundtatbestand des Scheiterns der Ehe beschränkt werden, um das erneute Aufkommen von Konventionalscheidungen zu erschweren.[240]

**2. Fehlende Trennung, Scheinehe und beidseitiger Scheidungswille. a) Keine einjährige Trennung.** Die Scheidung wegen unzumutbarer Härte kommt nur in Betracht, wenn die Ehegatten noch nicht ein Jahr getrennt leben. Ist die Jahresfrist im Zeitpunkt der letzten mündlichen Verhandlung in der Tatsacheninstanz abgelaufen, dürfen die Merkmale des Abs. 2 auch dann nicht mehr geprüft werden, wenn ein Ehegatte auf ihrer Anwendung besteht. Wird der Scheidungsantrag vor dem Fristablauf eingereicht, kann er auf den Grundtatbestand des Abs. 1 allein gestützt werden, wenn die Frist im Zeitpunkt der letzten mündlichen Verhandlung abgelaufen sein wird. Damit wird der unernste Vortrag von Umständen nach Abs. 2 vermieden. 84

**b) Keine Trennung.** Auch wenn nicht sämtliche Trennungsvoraussetzungen des § 1567 erfüllt sind, kann das Scheitern der Ehe festgestellt werden.[241] Die Meinung, das Scheitern der Ehe könne nicht festgestellt werden, solange die Eheleute nicht getrennt leben,[242] ist überholt und bereits nach der Gesetzeshistorie zu widerlegen. Nach dem EheG wurden etwa 95 % aller Scheidungen ohne formalisiertes Trennungserfordernis ausgesprochen und nahezu 30 % der Ehegatten hatten vor der Scheidung überhaupt nicht getrennt gelebt. Mit dem EheRG war eine so drastische Erschwerung der Scheidungen, die zum EheG auf die Verschuldenstatbestände gestützt wurden, nicht beabsichtigt. Sie hätte die Scheidung unter Missachtung des Systems der Scheidungstatbestände aus allgemeinen Erwägungen vor dem Ablauf des Trennungsjahres praktisch ausgeschlossen.[243] Die häusliche Gemeinschaft darf danach noch weiter bestehen. Es muss aber als wesentlicher Inhalt des Scheiterns die Ablehnung der ehelichen Lebensgemeinschaft festgestellt werden. Für eine Scheidung trotz bestehender häuslicher Gemeinschaft ist die Prognose besonders sorgfältig zu stellen, weil sie nicht durch die Trennung unterstützt wird. Die Ernsthaftigkeit des Scheidungswillens kann dann vor allem den Tatsachen entnommen werden, die auch die Unzumutbarkeit begründen.[244] 85

**c) Fehl- oder Scheinehe.** Auf Ehen, bei denen keine eheliche Lebensgemeinschaft begründet wurde, weil sie von vornherein gescheitert waren, und auf Scheinehen, die zu einem ehefremden Zweck geschlossen wurden (→ § 1564 Rn. 26), ist Abs. 2 ohne Einschränkung anzuwenden.[245] Mit der Ein- 86

---

236 Dagegen zu Recht BGH NJW 1981, 449 = FamRZ 1981, 127, weil das Gesetz Ausnahmen vorsieht.

237 Die folgenden Entscheidungen operieren jedoch teilweise mit dem Begriff Scheidungssperre, vgl. OLG Köln FamRZ 1977, 717; OLG Braunschweig NdsRpfl. 1978, 30; OLG Frankfurt FamRZ 1978, 115; OLG Stuttgart NJW 1977, 1542; FamRZ 1977, 807; OLG Schleswig SchlHA 1978, 36; OLG Düsseldorf FamRZ 1977, 804; 1978, 27; OLG Hamm FamRZ 1978, 28; OLG München NJW 1978, 49 = FamRZ 1978, 29; KG FamRZ 1978, 34; 1978, 594; 1980, 1053; aA OLG Stuttgart FamRZ 1978, 690; OLG Koblenz FamRZ 1978, 33; auch in der Lit. wird die Theorie der allgemeinen Scheidungserschwerung vertreten: *Brüggemann* FamRZ 1978, 91 (93): „Sperrcharakter gleichsam rundum"; *Holzhauer* JZ 1979, 113; *Giesen-Gick* JR 1979, 1 (5); *Kissel* DRiZ 1978, 225; aA *Schwab* FamRZ 1979, 14 (18); vgl. auch *Dietzen* FamRZ 1988, 1010; krit. *Finger* FuR 2008, 119 (122).

238 BVerfG NJW 1980, 689 = FamRZ 1980, 319 (323).

239 Johannsen/Henrich/*Jaeger/Hamm* Rn. 46.

240 BT-Drs. 7/650, 260; OLG Hamm FamRZ 1979, 37; OLG Schleswig SchlHA 1978, 50; *Holzhauer* JZ 1979, 113 krit. zu diesem Hinweis auf die Entstehungsgeschichte *Finger* FuR 2008, 119 (122).

241 HM; BGH NJW 1981, 449 = FamRZ 1981, 127 (128); Johannsen/Henrich/*Jaeger/Hamm* Rn. 49.

242 OLG Frankfurt FamRZ 1978, 595; 892; OLG Köln FamRZ 1977, 712 (718); 1978, 34; *Brüggemann* FamRZ 1978, 91 (95).

243 So ausdrücklich OLG Frankfurt FamRZ 1978, 595; OLG Köln FamRZ 1977, 717; 1978, 34; wie im Text BGH NJW 1981, 449 = FamRZ 1981, 127 (128).

244 Vgl. BGH NJW 1981, 449 (450) = FamRZ 1981, 127 (129).

245 HM; vgl. BGH NJW 1981, 449 (451) = FamRZ 1981, 127 (129); OLG Zweibrücken FamRZ 1997, 1212; OLG Karlsruhe FamRZ 1986, 680; KG FamRZ 1985, 73 m. zust. Anm. *Weismann* und m. abl. Anm. *Koßatz*; KG FamRZ 1985, 1042; OLG Köln FamRZ 1983, 592; OLG Hamburg FamRZ 1983, 1230; OLG Celle FamRZ 1983, 593; 1984, 279; Soergel/*Heintzmann* Rn. 42; Johannsen/Henrich/*Jaeger/Hamm* Rn. 50; Staudinger/*Rauscher*, 2018, Rn. 101, 107 f.; Erman/*Blank* Rn. 10; aA KG FamRZ 1980, 356; Palandt/*Brudermüller* Rn. 7.

haltung der Trennungsfrist sollen Ehegatten solcher Ehen nicht etwa bestraft werden.[246] Es geht vielmehr darum, dass eine Ehe nur geschieden werden kann, wenn sie gescheitert ist; Abs. 2 nimmt Fehlehen davon nicht aus. Es besteht keine Veranlassung, Eheleute in Zweckehen besser zu stellen. Mit der Anwendung des Abs. 2 auf Scheinehen wird indirekt auch dem Rechtsmissbrauch durch Eingehung solcher Ehen vorgebeugt.[247] Mit der Aufnahme der folgenlosen, aufhebbaren Ehe in das Eheschließungsrecht (§ 1314 Abs. 2 Nr. 5, § 1310 Abs. 1 S. 2, § 1353 Abs. 1) ist keine Änderung für die Anwendung des Abs. 2 auf missbilligte oder aufhebbare Ehen eingetreten.[248] Die Trennungsfrist kann in seltenen Fällen bereits mit der Eheschließung beginnen,[249] regelmäßig aber erst dann, wenn ein Ehegatte seinen Scheidungswillen kundtut.[250] Da der mit der Scheinehe verfolgte Zweck es in der Regel erfordert, nach außen hin jedenfalls für eine gewisse Zeit eine eheliche Lebensgemeinschaft vorzuspiegeln, wird die Offenlegung des fehlenden Willens zu dieser Gemeinschaft meist mit der Kundgabe des Scheidungswillens zusammenfallen.[251] Unzumutbarkeit wird bei Fehlehen meist nicht festgestellt werden können, ist jedoch begrifflich nicht ausgeschlossen; sie ergibt sich jedenfalls nicht aus dem Umstand, dass die Ehe zu sachfremden Zwecken geschlossen worden ist.[252]

87 **d) Einverständliche Scheidung.** Obwohl Abs. 2 die Scheidung ohne Trennung auf Fälle der Unzumutbarkeit aus Gründen in der Person des anderen Ehegatten beschränkt und damit in aller Regel von Vorwürfen gegen ihn abhängig macht, ist Abs. 2 nicht auf die Fälle der streitigen Scheidung beschränkt. Abs. 2 ist auch anwendbar, wenn der andere Ehegatte der Scheidung nicht entgegentritt und wenn beide Ehegatten die Scheidung beantragen.[253] Das Gesetz gibt dem Einverständnis der Ehegatten nur bei der Scheidung über Abs. 1 iVm § 1566 Abs. 1 eigenständige Bedeutung. Der Scheidungswunsch ist immer nur Indiz für das Scheitern der Ehe.[254] Die Anwendung von Abs. 2 ist jedenfalls nicht deshalb ausgeschlossen, weil dann „offensichtlich" gescheiterte Ehen „sinnlos" bis zum Fristablauf aufrechterhalten werden.[255] Abs. 2 dient gerade dazu, aus der Menge der vor dem Fristablauf gescheiterten Ehen diejenigen auszusondern, die wegen Unzumutbarkeit sofort geschieden werden können. Beantragen beide Ehegatten die Scheidung nach Abs. 2, sind die Voraussetzungen des Abs. 2 für beide Anträge selbständig zu prüfen.[256] Ist nur einer der Anträge begründet, muss der andere als unbegründet abgewiesen werden, weil es sich um selbständige Anträge handelt, die beide beschieden werden müssen.[257] Dabei ist der Grundsatz der Einheitlichkeit der Entscheidung in Ehesachen zu beachten (→ § 1564 Rn. 55; → § 1565 Rn. 119).

---

[246] So jedoch wohl KG NJW 1980, 1053.

[247] Staudinger/*Rauscher,* 2018, Rn. 98; Johannsen/Henrich/*Jaeger/Hamm* Rn. 50.

[248] *A. Wolf* FamRZ 1998, 1477 ff.

[249] Staudinger/*Rauscher,* 2018, Rn. 100; Johannsen/Henrich/*Jaeger/Hamm* Rn. 50; *Schwab* in Schwab ScheidungsR-HdB II Rn. 58.

[250] OLG Hamm FamRZ 1982, 1073; KG NJW 1982, 112; OLG Karlsruhe FamRZ 1986, 680 (681); Palandt/*Brudermüller* Rn. 7; Johannsen/Henrich/*Jaeger/Hamm* Rn. 50; Staudinger/*Rauscher,* 2018, Rn. 100a; *Finger* FuR 2008, 119 (121).

[251] Staudinger/*Rauscher,* 2018, Rn. 100a; aA *Gernhuber/Coester-Waltjen* FamR § 27 Rn. 15–18 Fn. 26.

[252] OLG Karlsruhe FamRZ 1986, 681; Staudinger/*Rauscher* Rn. 107.

[253] HM; KG FamRZ 1978, 34; OLG Köln FamRZ 1977, 717; NJW 1978, 645; OLG Düsseldorf FamRZ 1978, 26; 1979, 37; OLG Stuttgart NJW 1977, 1542; 1978, 52; 546; OLG Koblenz FamRZ 1978, 31; OLG Hamm NJW 1978, 168; OLG Frankfurt FamRZ 1978, 115; OLG Karlsruhe NJW 1978, 53; OLG München NJW 1978, 49 = FamRZ 1978, 29; OLG Bremen FamRZ 1977, 808; OLG Schleswig SchlHA 1978, 50; *Schwab* FamRZ 1976, 491 (504); *Diederichsen* NJW 1977, 273 (275); *Brüggemann* FamRZ 1977, 582; 1978, 91 (96); *Holzhauer* JZ 1979, 113 ff.; *Görgens* FamRZ 1978, 647 (650); Johannsen/Henrich/*Jaeger/Hamm* Rn. 48; Palandt/*Brudermüller* Rn. 7; Staudinger/*Rauscher,* 2018, Rn. 102a; Bamberger/Roth/*Neumann* Rn. 22; *Schwab* in Schwab ScheidungsR-HdB II Rn. 57; *Dethloff* FamR § 6 Rn. 19; aA OLG Karlsruhe FamRZ 1978, 590 für einen langen Zerrüttungsprozess; OLG Koblenz FamRZ 1978, 31 (33); AG Berlin-Charlottenburg FamRZ 1978, 38; *Schröder* FamRZ 1977, 767 (769); *Holzhauer* JZ 1977, 732; *Lüke* AcP 178 (1978), 1 (27); *Gernhuber/Coester-Waltjen* FamR § 27 Rn. 25–28.

[254] Inkonsequent ist es, dem Scheidungswunsch jede Indizwirkung abzusprechen und ihn gleichzeitig bei Abs. 2 förmlich zu beachten, so *Gernhuber/Coester-Waltjen* FamR § 27 Rn. 7, 25–28. vgl. die Berichte von *Finger* DRiZ 1980, 329 (330); *Lantzke* NJW 1979, 1483 (1485).

[255] Vgl. zB OLG Hamm FamRZ 1979, 37; 511.

[256] OLG Düsseldorf FamRZ 1979, 37; 1978, 27; KG FamRZ 1978, 34; OLG Hamm NJW 1978, 168; OLG Stuttgart NJW 1977, 1542; 1978, 546; OLG Frankfurt FamRZ 1978, 115; *Brüggemann* FamRZ 1977, 582; 1978, 91 (96); *Parche* NJW 1979, 139; Johannsen/Henrich/*Jaeger/Hamm* Rn. 48; Palandt/*Brudermüller* Rn. 13; aA OLG Koblenz FamRZ 1978, 31; OLG Karlsruhe FamRZ 1978, 590.

[257] OLG Düsseldorf FamRZ 1979, 37; 1978, 27; KG FamRZ 1978, 34; OLG Hamm NJW 1978, 168; OLG Stuttgart NJW 1977, 1542; 1978, 546; OLG Frankfurt FamRZ 1978, 115; Palandt/*Brudermüller* Rn. 13; aA OLG Stuttgart NJW 1978, 52 m. abl. Anm. *Heinz* und *Stillner* NJW 1978, 430.

88 **3. Gründe in der Person des anderen Ehegatten. a) Scheitern der Ehe und Gründe der Unzumutbarkeit der Fortsetzung.** Ein wesentlicher Vorbehalt gegen das Verschuldensscheidungsrecht war, dass vielfach nicht festgestellt werden konnte, welche Gründe die Ehe zerstört hatten.[258] Abs. 2 stellt einen Kausalzusammenhang zwischen den Gründen der Unzumutbarkeit und den Gründen für das Scheitern nicht her.[259] Oft werden die Gründe, die in der Person des anderen Ehegatten liegen und die Fortsetzung der Ehe unzumutbar machen, aber gleichzeitig die Gründe sein, die zum Scheitern der Ehe geführt haben. Sie werden zumindest Indiz dafür sein, dass die Ehe gescheitert ist. Andererseits können die Gründe der Unzumutbarkeit erst entstanden sein, nachdem die Ehe schon gescheitert war.[260] In einem solchen Fall ist eine „Vertiefung" des Scheiterns nicht möglich.[261] So wird das Scheitern einer Ehe bspw. nicht vertieft, wenn ein Ehegatte versucht, den anderen zu töten, nachdem die Ehe schon gescheitert war.

89 **b) Prüfungsmethoden.** Für die Feststellung, ob die Ehe gescheitert ist, sind alle von den Parteien vorgebrachten Umstände zu bewerten, auch solche, die der Antragsteller selbst gesetzt hat, zB seine Beziehung zu einem anderen Partner;[262] die ehefreundlichen Umstände sind von Amts wegen zu ermitteln. Dabei sind alle Gründe, die für die Unzumutbarkeit vorgetragen werden, mit zu verwerten, weil das Scheitern der Ehe ein Gesamtvorgang ist, der weder nur aus diesen Gründen noch ohne diese Gründe beurteilt werden kann. Allerdings sind diese Gründe gleichzeitig für die Prüfung des Scheiterns der Ehe und die Unzumutbarkeit heranzuziehen. Ob die vorgetragenen Gründe zur Anerkennung der Unzumutbarkeit der Fortsetzung der Ehe führen, darf dabei nicht abstrakt beurteilt werden. Die Gründe müssen vielmehr auf die konkrete gescheiterte Ehe bezogen werden. Selbst schwere Vorfälle oder ungewöhnliche Eigenschaften eines Ehegatten stehen nie für sich allein, sie können immer nur im Gesamtzusammenhang der Ehe gewertet werden. Ob deshalb eine bestimmte **Prüfungsreihenfolge** einzuhalten ist, erscheint fraglich. Überwiegend wird angenommen, dass die Bewertung nach Abs. 2 erst abgeschlossen werden kann, wenn festgestellt ist, dass die Ehe gescheitert ist.[263] Demgegenüber wird vertreten, dass das Scheitern der Ehe nur zu prüfen ist, wenn Umstände in Betracht kommen, die zur Unzumutbarkeit führen.[264] Praktisch dürfte sich die Frage nicht stellen,[265] weil die Überprüfung des Scheiterns der Ehe kaum von der Überprüfung der Härtegründe getrennt werden kann.

90 **c) Zustand der Ehe und Härtegründe.** Von den Ehen, deren Scheitern schon vor dem Ablauf einer einjährigen Trennung festgestellt werden kann, sondert Abs. 2 einen Teil an Ehen aus, die sofort geschieden werden können. Gescheiterte Ehen, bei denen eine unzumutbare Härte nicht vorliegt, können erst nach dem Fristablauf geschieden werden.[266] Vielfach wird es in einem Ehegatten ein dramatisches Gefühl der Härte auslösen, dass seine Ehe gescheitert ist. Dieser Grund wird als Unzumutbarkeit jedoch nicht anerkannt, weil er sehr häufig vorliegt.[267] Das Scheitern der Ehe liegt außerdem nicht im anderen Ehegatten, es ist vielmehr ein gemeinsames Schicksal beider. Würde

---

258 Vgl. BT-Drs. 7/650, 106; vgl. BGHZ 18, 190 = NJW 1955, 1714.

259 OLG Frankfurt FamRZ 1978, 115; OLG München FamRZ 1978, 113; *Diederichsen* NJW 1977, 273 (275); *Schwab* FamRZ 1979, 14 (19); Johannsen/Henrich/*Jaeger/Hamm* Rn. 53; Staudinger/*Rauscher*, 2018, Rn. 112; aA OLG Schleswig NJW 1978, 52 (53); OLG Karlsruhe NJW 1978, 53; OLG Stuttgart NJW 1977, 1542; OLG Köln FamRZ 1977, 717; *Vogel* FamRZ 1976, 481 (483); *Hillermeier* FamRZ 1976, 578; *Thiele* DRiZ 1977, 275; *Holzhauer* JZ 1979, 113 (116); *Giesen-Gick* JR 1979, 1 (5); *Brüggemann* FamRZ 1978, 91 (96); *Böhmer* StAZ 1976, 237.

260 OLG München FamRZ 1978, 113; OLG Frankfurt FamRZ 1978, 115 (116); Staudinger/*Rauscher*, 2018, Rn. 118; aA OLG Stuttgart FamRZ 1977, 646; *Holzhauer* JZ 1979, 113 (116).

261 OLG München FamRZ 1978, 113; vgl. jedoch OLG Frankfurt NJW 1978, 892; Anklänge auch bei BGH NJW 1981, 449 (451) = FamRZ 1981, 127 (129).

262 *Schwab* FamRZ 1976, 491 (504); aA *Vogel* FamRZ 1976, 481 (483); *Böhmer* StAZ 1976, 238.

263 OLG Koblenz FamRZ 1978, 31; OLG Braunschweig NdsRpfl. 1978, 30; OLG Stuttgart FamRZ 1977, 646; OLG Köln FamRZ 1977, 717; OLG Bremen FamRZ 1977, 808; OLG Frankfurt FamRZ 1978, 115; OLG Düsseldorf FamRZ 1977, 804; 1978, 26; OLG Karlsruhe FamRZ 1978, 592; *Diederichsen* NJW 1977, 275; ZZP 91 (1978), 397 (432 f.); *Damrau* NJW 1977, 1622; Palandt/*Brudermüller* Rn. 7; *Gernhuber/Coester-Waltjen* FamR § 27 Rn. 20.

264 OLG Oldenburg FamRZ 1978, 188 = NJW 1978, 1266; Soergel/*Heintzmann* Rn. 48, 53; *Schwab* FamRZ 1976, 491 (504); *Schwab* FamRZ 1979, 14 (19); *Brüggemann* FamRZ 1978, 91 (94); Staudinger/*Rauscher*, 2018, Rn. 116; Johannsen/Henrich/*Jaeger/Hamm* Rn. 51.

265 *Schwab* in Schwab ScheidungsR-HdB II Rn. 53.

266 BGH NJW 1981, 449 (451) = FamRZ 1981, 127.

267 OLG Frankfurt FamRZ 1978, 338; OLG Düsseldorf FamRZ 1978, 27; OLG München NJW 1978, 49 = FamRZ 1978, 29; *Schwab* FamRZ 1979, 14; *Damrau* NJW 1977, 1620; *Görgens* FamRZ 1978, 647; *Giesen-Gick* JR 1979, 1 (4); *Kissel* DRiZ 1978, 225; aA OLG Stuttgart FamRZ 1977, 807; OLG Schleswig NJW 1978, 52; OLG Karlsruhe NJW 1978, 53; *Holzhauer* JZ 1979, 113; *Lüke* FS Bosch, 1976, 627 (639); *Lüke* AcP 178 (1978), 1 (25).

das Scheitern alleine als Grund anerkannt, wäre jede gescheiterte Ehe ohne Fristablauf zu scheiden und Abs. 2 würde damit jede Bedeutung verlieren.[268] Deshalb sind auch die Gründe, die zum Scheitern der Ehe geführt haben, nicht gleichzeitig automatisch Gründe für die Unzumutbarkeit.[269] Dies folgt einmal daraus, dass die in der Regel sowieso nicht feststellbare Kausalität eines Umstandes für das Scheitern der Ehe nicht mehr bedeutsam ist. Die Folgerung ist auch deshalb zwingend, weil sonst jede gescheiterte Ehe, bei der das Gericht den Grund für das Scheitern glaubt ermittelt zu haben, in der Regel nach Abs. 2 zu scheiden wäre. Deshalb sind an die unzumutbare Härte strenge Anforderungen zu stellen.[270] Weil eine Kausalität zwischen dem Scheitern der Ehe und der Unzumutbarkeit nicht vorausgesetzt wird, sind auch Gründe nach Abs. 2 verwertbar, die erst entstanden sind, nachdem die Ehe schon gescheitert war. Vorfälle, Verhaltensweisen und Eigenschaften eines Ehegatten, die zwar möglicherweise zum Scheitern der Ehe geführt haben, aber den Maßstab der Härtegründe nicht erreichen, werden daher als Gründe, auf die sich die unzumutbare Härte beziehen kann, nicht anerkannt.[271]

91 **d) Zuordnung des Grundes zum anderen Ehegatten.** Gründe in der Person des Antragstellers, also sein Verhalten, seine Krankheit, sind ausgesondert, ebenso das Interesse des Antragstellers an der schnellen Scheidung, um bald wieder heiraten zu können[272] oder um im fortgeschrittenen Alter noch ein Kind aus einer anderen Verbindung zu haben.[273] Erwartet die Antragstellerin von einem anderen Mann, mit dem sie zusammenlebt, ein Kind und will ihn vor der Geburt des Kindes noch heiraten, so kann sie hierauf eine Härtefallscheidung nicht stützen, weil es sich sämtlich um Umstände handelt, die in ihrer Person ihre Ursache haben.[274] Ob dann, wenn der Ehemann nicht als Vater des von einem anderen Mann gezeugten Kindes gelten will, ein Grund in seiner Person liegt, der das Abwarten des Trennungsjahres für die Ehefrau wegen dieses Verhaltens unzumutbar erscheinen lässt,[275] erscheint zweifelhaft. Die Zuordnung eines Grundes zum anderen Ehegatten kann schwierig sein, weil in der persönlichen Verflechtung einer Ehe nur wenige Umstände einen Ehegatten allein betreffen. Deshalb genügt es, wenn die Gründe **überwiegend aus der Sphäre des Antragsgegners** stammen.[276] Bleibt offen, wer von den Parteien die fehlende Intimität zu vertreten hat, reicht das für die Annahme einer unzumutbaren Härte eben nicht aus.[277] Gründe können von beiden Ehegatten vorgebracht werden, solange sie nicht aufeinander bezogen sind (→ Rn. 117), wenn also zB ein Ehegatte geltend macht, der andere sei Trinker, während dieser ein öffentliches ehewidriges Verhältnis des anderen vorträgt. Eine persönliche Verantwortung ist nicht erforderlich, es kommt nicht darauf an, ob der Antragsgegner die Gründe schuldhaft herbeigeführt hat.[278] Auch eine Eigenschaft, insbesondere eine Krankheit, kann damit Grund für die Scheidung ohne Wartefrist sein, so das auf eine psychische Erkrankung des Antragsgegners zurückgehende Fehlverhalten, das bei dem Antragsteller bereits zu schweren gesundheitlichen Folgen geführt hat, die ambulant behandelt werden müssen und zur Arbeitsunfähigkeit führen.[279] Es können auch Eigenschaften oder Krankheiten als Grund gewertet werden, die schon im Zeitpunkt der Eheschließung vorlagen; sie müssen nur während der Ehe fortdauern.

92 **e) Strenge Voraussetzungen.** Die Scheidungserschwerung vor Ablauf des Trennungsjahres kann nur dann wirksam werden, wenn nicht jede Banalität ein Grund für die Unzumutbarkeit ist.

---

[268] So jedoch wohl OLG Rostock FamRZ 1993, 808; vgl. auch OLG Düsseldorf FamRZ 1993, 809 (810) = NJW-RR 1994, 450; *Görgens* FamRZ 1978, 647 (649).

[269] So jedoch OLG Hamm FamRZ 1979, 37; 1979, 511 (512): alle Gründe, die so schwer wiegen, „dass die Ehe schon jetzt als endgültig gescheitert anzusehen ist"; *Holzhauer* JZ 1979, 113 (116); *Damrau* NJW 1977, 1620 (1622); wie im Text RGRK-BGB/*Graßhof* Rn. 80.

[270] OLG München NJW 1978, 49; AG Kitzingen FamRZ 2006, 625; Palandt/*Brudermüller* Rn. 9; krit. *Finger* FuR 2008, 119 (122).

[271] OLG Stuttgart NJW 1978, 546; Soergel/*Heintzmann* Rn. 55 ff.

[272] OLG Naumburg NJW 2005, 1812; OLG Schleswig SchlHA 1978, 50; Erman/*Blank* Rn. 13.

[273] OLG Zweibrücken FamRZ 1982, 610; Soergel/*Heintzmann* Rn. 77.

[274] OLG Rostock FamRZ 1993, 808; OLG Naumburg NJW 2005, 1812.

[275] OLG Frankfurt FamRZ 2006, 625; Palandt/*Brudermüller* Rn. 12.

[276] *Gernhuber/Coester-Waltjen* FamR § 27 Rn. 23 Fn. 23; Staudinger/*Rauscher*, 2018, Rn. 125; *Rauscher* FamR § 21 Rn. 524 schlägt vor, die Mitverursachung und Provokation im Tatbestandsmerkmal der Unzumutbarkeit zu berücksichtigen.

[277] OLG Zweibrücken FamRZ 2006, 1201 (1203).

[278] OLG Düsseldorf FamRZ 1977, 804; 1978, 27; OLG Saarbrücken FamRZ 1978, 114; *Schwab* FamRZ 1976, 491 (504); *Gernhuber/Coester-Waltjen* FamR § 27 Rn. 23; Johannsen/Henrich/*Jaeger/Hamm* Rn. 54; Staudinger/*Rauscher*, 2018, Rn. 120; vgl. auch BT-Drs. 7/4694, 7.

[279] KG FF 2018, 164 = FamRZ 2018, 751.

Folgerichtig werden Gründe in der Person des anderen Ehegatten nur unter strengen Voraussetzungen bejaht.[280] Geeignet sind insbesondere **gewichtige Verfehlungen gegen die eheliche Gemeinschaft.**[281] Während die Härteklausel des § 1568 nur außergewöhnliche Umstände anerkennt, fehlt in Abs. 2 diese Begrenzung. Schon damit wird Abs. 2 eine wesentlich breitere Anwendung eingeräumt. Die Gründe müssen nicht Ausnahmefälle sein, die in einer Ehe selten sind, es genügen auch Verhaltensweisen, die öfter vorkommen,[282] **nicht** jedoch **alltägliche Probleme,** wie sie auch in einer nicht gescheiterten Ehe vorhanden sind.[283] Es wäre auch verfehlt, alle Umstände, die in der stark auf die Konventionalscheidung bezogenen Praxis zu § 43 EheG als schwere Eheverfehlung anerkannt wurden, als Gründe zu akzeptieren.[284] Diese schweren Eheverfehlungen haben auf Verschulden und Kausalität abgestellt und die Scheidung erst gerechtfertigt. Die Gründe für die Unzumutbarkeit müssen darüber hinausgehen.[285] Auch Verstöße gegen den reduzierten Pflichtenkatalog der §§ 1353 ff. sind deshalb nicht immer Gründe nach Abs. 2, ebenso wenig alle Umstände, die zum Scheitern der Ehe geführt haben (→ Rn. 88). Damit sind subtilere Widerwärtigkeiten wie Lieblosigkeit, Reibereien, Nachlässigkeiten, ungenügende Versorgung, häufige abendliche Abwesenheiten oder Unverständnis als Gründe nicht geeignet.[286] Erst recht reicht es nicht aus, wenn der Antragsteller die Ehe und den Ehegatten ablehnt.[287] Die Scheidung vor Fristablauf kommt insbesondere in Ehen in Betracht, in denen **äußere Dramatik** eine Rolle spielt.[288] Um einen Maßstab zu gewinnen, kann darauf abgestellt werden, ob ein vernünftiger Dritter bei ruhiger Abwägung aller Umstände mit einem Scheidungsantrag reagieren würde, oder ob dies einem objektiven Beurteiler ohne weiteres begreiflich und plausibel wäre.[289]

**4. Unzumutbare Härte. a) Unbestimmter Rechtbegriff.** Mit dem Begriff der unzumutbaren Härte wird dem Richter ein Ermessensspielraum, der unter dem Gesichtspunkt der Rechtssicherheit fragwürdig sein könnte, nicht eingeräumt. Vielmehr geht es um die Auslegung und Anwendung des unbestimmten Rechtsbegriffs der unzumutbaren Härte, dem die Judikatur inzwischen durch eine umfangreiche Kasuistik Konturen verliehen hat. Durch eine eher restriktive Auslegung des Begriffs der unzumutbaren Härte hat die Rspr. einerseits dem Zweck der Vorschrift, übereilte Scheidungen zu vermeiden, Rechnung getragen und andererseits Kriterien für die schon aus verfassungsrechtlichen Gründen gebotene Loslösung[290] von der Ehe im Einzelfall geschaffen. Die Anwendung der Härteklausel bereitet in der Praxis nicht mehr Schwierigkeiten als in anderen Fällen auch, in denen die Rspr. für Generalnormen Kriterien zu deren Anwendung im Einzelfall entwickelt hat.[291] 93

---

[280] OLG Bremen FamRZ 1996, 489; OLG Rostock FamRZ 1993, 808 = NJW-RR 1994, 450; OLG Düsseldorf FamRZ 1993, 809 (810); OLG München NJW 1978, 49 = FamRZ 1978, 29; OLG Saarbrücken FamRZ 2005, 809; OLG Stuttgart FamRZ 2002, 1342; AG Kitzingen FamRZ 2006, 625; Palandt/*Brudermüller* Rn. 9; Johannsen/Henrich/*Jaeger/Hamm* Rn. 56; PWW/*Weinreich* Rn. 14; krit. *Finger* FuR 2008, 119 (122).

[281] OLG Schleswig SchlHA 1978, 98; NJW 1978, 51; OLG Düsseldorf FamRZ 1978, 26; *Giesen-Gick* JR 1979, 1 (5); *Schwab* FamRZ 1979, 14 (19).

[282] OLG Saarbrücken FamRZ 1978, 114; OLG München FamRZ 1978, 113; Johannsen/Henrich/*Jaeger/Hamm* Rn. 58; Staudinger/*Rauscher,* 2018, Rn. 133; Erman/*Blank* Rn. 13.

[283] OLG Saarbrücken OLGR 2002, 177 = FamRB 2002, 226; OLG Hamm FamRZ 1979, 511; *Finger* FuR 2008, 119 (122).

[284] HM; OLG Düsseldorf FamRZ 1977, 804; OLG Bremen FamRZ 1977, 808; OLG Saarbrücken FamRZ 1978, 114; OLG Frankfurt NJW 1978, 169; 1978, 276; FamRZ 1978, 115; 191; OLG Köln FamRZ 1977, 717; OLG Schleswig SchlHA 1977, 187; 1978, 98 (100); OLG Oldenburg FamRZ 1978, 186; OLG Hamm FamRZ 1979, 511; *Schwab* FamRZ 1979, 14 (20); *Görgens* FamRZ 1978, 647 (649); *Kissel* DRiZ 1978, 225; Johannsen/Henrich/*Jaeger/Hamm* Rn. 71; krit. *Diederichsen* ZZP 91 (1978), 397 (433); aA OLG Karlsruhe NJW 1978, 53; AG Berlin-Charlottenburg FamRZ 1978, 186 (197); OLG Schleswig NJW 1978, 51; OLG Stuttgart NJW 1978, 52; *Damrau* NJW 1977, 1620 (1622); *Holzhauer* JZ 1979, 113 (117).

[285] BGH NJW 1981, 449 (451) = FamRZ 1981, 127.

[286] OLG Saarbrücken OLGR 2002, 177 = FamRB 2002, 226; Staudinger/*Rauscher,* 2018, Rn. 184a.

[287] OLG Düsseldorf FamRZ 2000, 286.

[288] Vgl. die Fälle OLG Stuttgart NJW 1978, 546, sowie OLG München NJW 1978, 49 = FamRZ 1978, 29; OLG Zweibrücken FamRZ 1978, 896; OLG Schleswig NJW 1978, 51; OLG Oldenburg NJW 1978, 1266.

[289] Vgl. OLG Hamm FamRZ 1979, 511; OLG Bamberg FamRZ 1980, 577; OLG Düsseldorf FamRZ 1993, 809 (810); OLG Brandenburg FamRZ 1995, 807 (808); BGH NJW 1981, 449 (451) = FamRZ 1981, 127 (129): „bei objektiver Beurteilung"; *Schwab* FamRZ 1979, 14 (20); Soergel/*Heintzmann* Rn. 57; krit. Johannsen/Henrich/*Jaeger/Hamm* Rn. 66; Staudinger/*Rauscher,* 2018, Rn. 132; *Schwab* in Schwab ScheidungsR-HdB II Rn. 52.

[290] BVerfG NJW 1980, 689 = FamRZ 1980, 319 (323); NK-BGB/*Bisping* Rn. 16.

[291] Vgl. Staudinger/*Rauscher,* 2018, Rn. 135 ff.; Johannsen/Henrich/*Jaeger/Hamm* Rn. 59.

94 **b) Bezug auf das Eheband.** Die inzwischen ganz hM nimmt an, dass sich die unzumutbare Härte auf das Eheband, das **„Weiter-Miteinander-Verheiratetsein“**, bezieht,[292] nicht darauf, wie die Situation der Ehegatten wäre, wenn sie die eheliche Lebensgemeinschaft fortsetzen würden.[293] Der Bezug auf das Eheband schränkt die Fälle der Unzumutbarkeit stark ein, weil es leichter ist, ein Eheband als äußere Hülle zu ertragen, als die eheliche Gemeinschaft – fiktiv – fortsetzen zu müssen.[294] Stets kommt es aber auf die konkrete Situation der Ehegatten bei der Frage an, ob ihnen das Abwarten der Jahresfrist zumutbar ist. Die Bezugnahme auf das Eheband darf nicht dazu führen, dass die Ausnahme in Abs. 2 praktisch nicht anwendbar ist.[295]

95 **c) Bezug auf die Jahresfrist.** Das Gesetz lässt die Scheidung einer gescheiterten Ehe nach Ablauf eines Trennungsjahres nach Abs. 1 zu, weil es unzumutbar ist, gegen den eigenen Willen länger in einer gescheiterten Ehe zu leben.[296] Es ist deshalb nicht überzeugend, die Unzumutbarkeit der Fortsetzung der gescheiterten Ehe auf ein beliebig langes Weiterbestehen zu beziehen,[297] das gerade in der Situation des Abs. 2 nicht in Betracht kommt. Aus der Fragestellung des Abs. 2 – kann die Ehe vor dem Fristablauf geschieden werden? – ergibt sich, dass es für die Frage der Unzumutbarkeit nur auf das **Abwarten des Trennungsjahres** ankommen kann.[298]

96 Leben die Ehegatten noch in **häuslicher Gemeinschaft,** ist ihre **konkrete Lebenssituation** und nicht eine mögliche Trennung Ausgangspunkt für die Frage, ob die Fortsetzung der gescheiterten Ehe noch zumutbar ist.[299] Das Gesetz will gerade dann, wenn die Trennung nicht gelingt, in bestimmten Fällen die Scheidung zulassen. Dies gilt insbesondere für Fälle, in denen dem Ehegatten wegen der sozialen oder persönlichen Abhängigkeit eine § 1567 genügende Trennung nicht gelingt. Allerdings kann der Ehegatte sich auf eine unzumutbare Härte auf Grund einer Lebenssituation, der er leicht entgehen könnte, nicht berufen.[300]

97 Leben die Ehegatten schon **räumlich getrennt,** ist allerdings in der Regel nicht mehr das konkrete Ertragen einer bestimmten Situation zu bewerten, vielmehr kann das Fehlverhalten eines Ehegatten trotz räumlicher Trennung fortwirken und die Bindung an die Ehe unzumutbar machen.[301] Wer die Härte nur auf das abstrakte Eheband bei räumlicher Trennung bezieht, kann den Katalog grober unmittelbarer Verletzungen, die überwiegend als Anwendungsfälle anerkannt sind, nur schwer zuordnen.

98 **d) Subjektive Härte.** Schon das RG hat bei der Unzumutbarkeit nach § 1568 aF die Belange der beteiligten Ehegatten in den Vordergrund gestellt.[302] Dies geschieht in Abs. 2 dadurch, dass die

---

292 BGH NJW 1981, 449 = FamRZ 1981, 127 (129); OLG Brandenburg FamRZ 2004, 25; OLG Saarbrücken OLGR 2002, 177 = FamRB 2002, 226; OLG Köln FamRZ 1996, 108 (109); 1977, 717; Palandt/*Brudermüller* Rn. 9; Soergel/*Heintzmann* Rn. 51; *Gernhuber/Coester-Waltjen* FamR § 27 Rn. 22; Johannsen/Henrich/*Jaeger/Hamm* Rn. 61; Bamberger/Roth/*Neumann* Rn. 15; *Dethloff* FamR § 6 Rn. 19; krit., aber iErg zust. Staudinger/*Rauscher*, 2018, Rn. 139 ff.

293 So aber OLG Oldenburg FamRZ 1977, 805; 1978, 189 = NJW 1978, 1266; OLG Schleswig NJW 1978, 51; 778; KG FamRZ 1978, 897; OLG Stuttgart NJW 1977, 1542; 1978, 275; FamRZ 1978, 690; 1977, 807; OLG Hamm FamRZ 1979, 37; 1979, 511; *Schwab* FamRZ 1976, 491 (504); 1979, 14 (20); *Parche* NJW 1979, 139; *Brüggemann* FamRZ 1978, 91 (96); das OLG Stuttgart FamRZ 1977, 807 bezieht die Unzumutbarkeit auf beide Begriffe.

294 BGH NJW 1981, 449 = FamRZ 1981, 127 (129); OLG Düsseldorf FamRZ 1978, 26; der Unterscheidung wird teilweise die praktische Bedeutung abgesprochen, vgl. *Parche* NJW 1979, 139; *Finger* DRiZ 1980, 329 (335).

295 BGH NJW 1981, 449 = FamRZ 1981, 127 (129); vgl. auch *Finger* FuR 2008, 119 (123).

296 *Gernhuber/Coester-Waltjen* FamR § 27 Rn. 22.

297 OLG Bamberg FamRZ 1980, 577; *Schwab* in Schwab ScheidungsR-HdB II Rn. 61–63.

298 BGH NJW 1981, 449 = FamRZ 1981, 127 (129); OLG Düsseldorf FamRZ 1977, 804; 1978, 27; OLG Bremen FamRZ 1977, 807 (808, 810); OLG Frankfurt FamRZ 1978, 191; NJW 1978, 169; OLG Zweibrücken FamRZ 1978, 896; KG FamRZ 1978, 594; 1980, 1053; OLG Stuttgart NJW 1978, 275; *Diederichsen* NJW 1977, 273; *Kissel* DRiZ 1978, 225; *Damrau* NJW 1978, 647; *Lüke* AcP 178 (1978), 125; *Gernhuber/Coester-Waltjen* FamR § 27 Rn. 22; Palandt/*Brudermüller* Rn. 9; Staudinger/*Rauscher*, 2018, Rn. 145; Soergel/*Heintzmann* Rn. 52; Johannsen/Henrich/*Jaeger/Hamm* Rn. 60, 61; aA OLG Stuttgart FamRZ 1977, 807; 1978, 690; AG Lörrach FamRZ 1978, 116; *Schwab* FamRZ 1979, 14; *Schwab* in Schwab ScheidungsR-HdB II Rn. 63.

299 BGH NJW 1981, 449 (451) = FamRZ 1981, 127 (129); Staudinger/*Rauscher*, 2018, Rn. 148; aA OLG Frankfurt FamRZ 1978, 115; OLG Bremen FamRZ 1977, 808 (810); Johannsen/Henrich/*Jaeger/Hamm* Rn. 61; aA KG NJW 1980, 1053.

300 Staudinger/*Rauscher*, 2018, Rn. 148.

301 BGH NJW 1981, 449 (451) = FamRZ 1981, 127 (129); OLG München NJW 1978, 49 = FamRZ 1978, 29 (31); OLG Bamberg FamRZ 1980, 577; KG FamRZ 1978, 897; OLG Düsseldorf FamRZ 1978, 26; OLG Schleswig NJW 1978, 51; OLG Stuttgart NJW 1978, 275; FamRZ 1978, 207; *Holzhauer* JZ 1979, 113 (117); *Schwab* FamRZ 1979, 14 (20 f.); Johannsen/Henrich/*Jaeger/Hamm* Rn. 67.

302 RGZ 158, 203.

Härte festzustellen ist, die der Antragsteller erleiden würde, wenn die Ehe nicht gleich geschieden würde. Die Härte bezieht sich damit auf das Empfinden des Ehegatten, der die Scheidung begehrt.[303] Es kann nicht generell festgelegt werden, welcher Umstand als Härte empfunden werden darf. Dies ist nach der **subjektiven Erlebnis- und Empfindungsfähigkeit** des jeweiligen Antragstellers zu beurteilen, wobei auf die körperlichen und geistigen Eigenschaften, den Charakter, die Bildung und die soziale Stellung der Ehegatten abzustellen ist. Es sind nicht nur die allgemein anerkannten, sondern auch die vielleicht von der Mehrheit abgelehnten Vorstellungen zu berücksichtigen, nach denen der Antragsteller lebt. Es kommt also nicht darauf an, ob ein durchschnittlicher Ehegatte oder der Richter die Nichtscheidung einer solchen Ehe als Härte empfinden würde, sondern wie sie der jeweilige Ehegatte empfindet.[304] Dieses Empfinden ist als innere Tatsache vom Richter festzustellen. Er muss dabei sorgfältig zwischen verbal behaupteter und wirklich empfundener Härte unterscheiden. Diese Feststellung ist Tatfrage.

Kann ein Ehegatte wegen **Geisteskrankheit** oder aus sonstigen Gründen die Härte nicht empfinden, so ist streitig, ob die Ehe vor Fristablauf geschieden werden kann. Teilweise wird dies mit der Begründung verneint, der empfindungsunfähige Ehegatte könne die Aufrechterhaltung des Ehebandes nicht als subjektive Härte empfinden.[305] Damit würde aber das besondere Schutzbedürfnis des geistig behinderten Ehegatten verkannt und dieser an einer Ehe festgehalten, obwohl jeder geistig Gesunde dies als unzumutbare Härte empfinden würde. Nicht nur in Fällen, in denen hierin eine Verletzung der Menschenwürde – etwa bei schweren Tätlichkeiten oder Trachten nach dem Leben – gesehen werden muss,[306] sondern auch in anderen Fällen, in denen die sofortige Scheidung in seinem wohlverstandenen Interesse liegt,[307] ist das Kriterium der Härte am subjektiven Empfinden eines durchschnittlichen Ehepartners in der Lage des Antragstellers auszurichten. 99

**e) Objektive Unzumutbarkeit.** Welche Härte dem Antragsteller zugemutet werden kann, ist entsprechend dem Zweck der Vorschrift nach einem objektiven Maßstab zu beurteilen.[308] Die Motive zum BGB haben die Begriffe „unzumutbar" und „unerträglich" gleichgesetzt,[309] so dass sich von der Wortwahl her ein strenger Maßstab empfiehlt. Unzumutbar ist die Härte allerdings nicht erst dann, wenn der Antragsteller den anderen Ehegatten für verabscheuungswürdig hält oder wenn er die Ehe mit ihm als Strafe empfindet.[310] Deshalb können auch Krankheiten des anderen Ehegatten, die den Antragsteller mit Mitleid erfüllen, die Unzumutbarkeit begründen. Je nach den Entscheidungen zu den Vorfragen wird ein strenger Maßstab angelegt[311] oder davor gewarnt, übertriebene Anforderungen zu stellen, weil sonst praktisch keine Anwendungsfälle verblieben.[312] Nach Wortlaut und Zweck der Vorschrift[313] ist, wie inzwischen allgemein anerkannt ist, ein eher **strenger Maßstab**[314] angezeigt, der sich bei der Entscheidung der Einzelfälle bilden muss. Nach der Formulierung des BGH müssen sich „– über den Tatbestand des Scheiterns hinaus – in der Person des Antragsgegners liegende Gründe ergeben, die so schwer wiegen, dass dem Antragsteller bei objektiver Beurteilung nicht angesonnen werden kann, an den Antragsgegner als Ehepartner weiterhin gebunden zu sein".[315] Zweifelhaft ist es, die Unzumutbarkeit bereits dann anzunehmen, 100

[303] OLG Hamm NJW 1978, 168; OLG München NJW 1978, 49 = FamRZ 1978, 29; OLG Düsseldorf FamRZ 1978, 26; OLG Saarbrücken FamRZ 1978, 415; OLG Oldenburg FamRZ 1978, 188 (190) = NJW 1978, 1266; Johannsen/Henrich/*Jaeger/Hamm* Rn. 63.

[304] Johannsen/Henrich/*Jaeger/Hamm* Rn. 63.

[305] Soergel/*Heintzmann* Rn. 58.

[306] Staudinger/*Rauscher,* 2018, Rn. 157.

[307] Vgl. hierzu BGH NJW 2002, 671 für den Fall der Scheidung nach Abs. 1.

[308] BGH NJW 1981, 449 (451) = FamRZ 1981, 127 (129); OLG Hamm FamRZ 1979, 511; OLG Bamberg FamRZ 1980, 577; OLG Bremen FamRZ 1996, 489; OLG Brandenburg FamRZ 1995, 807; Johannsen/Henrich/*Jaeger/Hamm* Rn. 65; Staudinger/*Rauscher,* 2018, Rn. 159.

[309] Mot. IV 574; *Neuhaus* RabelsZ 32 (1968), 24 (52); vgl. iErg Soergel/*Heintzmann* Rn. 60.

[310] OLG Stuttgart NJW 1978, 275.

[311] OLG Köln FamRZ 1997, 24; 1977, 717; OLG München NJW 1978, 49 = FamRZ 1978, 29; FamRZ 1978, 113; OLG Frankfurt NJW 1978, 892; FamRZ 1978, 115; KG FamRZ 1978, 897; OLG Bremen FamRZ 1996, 489; OLG Brandenburg FamRZ 1995, 807; OLG Rostock FamRZ 1993, 808 (809) = NJW-RR 1994, 450; Palandt/*Brudermüller* Rn. 9; Johannsen/Henrich/*Jaeger/Hamm* Rn. 65.

[312] BGH NJW 1981, 449 = FamRZ 1981, 127 (129); *Lüke* FS Bosch, 1976, 639; *Lüke* AcP 178 (1978), 1 (26); *Finger* FuR 2008, 119 (123).

[313] Johannsen/Henrich/*Jaeger/Hamm* Rn. 65.

[314] OLG Brandenburg FamRZ 2004, 25; OLG Düsseldorf FamRZ 2000, 286; OLG Rostock FamRZ 1993, 808; Palandt/*Brudermüller* Rn. 9; krit. *Finger* FuR 2008, 119 (122).

[315] BGH NJW 1981, 449 (451) = FamRZ 1981, 127 (129); vgl. auch OLG Köln FamRZ 1997, 24; 1996, 108 (109): „als erniedrigend empfindet"; OLG Hamm FamRZ 1979, 511 (512); OLG Bamberg FamRZ 1980, 577; zu Recht krit. Johannsen/Henrich/*Jaeger/Hamm* Rn. 66.

wenn schlechterdings jede Aussicht auf Fortsetzung der Ehe fehlt,[316] weil damit die Unzumutbarkeit zur gesteigerten Zerrüttung wird.

101 **f) Scheitern der Ehe.** Die unzumutbare Härte muss auf Gründen beruhen, die über das Scheitern der Ehe hinausgehen, der Zustand der Ehe scheidet damit als Grund aus. Selbst wenn man das Scheitern als Härte anerkennen würde, weil der Antragsteller dieses Scheitern als Härte empfindet, ist diese Härte nicht unzumutbar, weil das Gesetz dem Antragsteller grundsätzlich zumutet, die Jahresfrist abzuwarten.[317]

102 **5. Anwendungsfälle. a) Grundsatz.** Jede Wertung, ob ein Umstand als Grund anerkannt wird, der eine Härte unzumutbar macht, bezieht sich auf eine **konkrete Ehe** und kann nicht automatisch auf weitere Fälle übertragen werden. Eine Generalisierung ist schon deshalb nicht möglich, weil in den veröffentlichten Entscheidungen in der Regel mehrere Gründe vorliegen und zusammenwirken. Erst eine Sammlung der schon getroffenen Entscheidungen gibt einer unkonkreten Gesetzesfassung ihren Inhalt.[318] In der Rspr. stehen Handlungen und Unterlassungen, die sich gegen den anderen Ehegatten richten, im Vordergrund, also Umstände, die als **schwere Eheverfehlungen** nach §§ 42, 43 EheG zur Scheidung ohne Wartefrist führten. In Betracht kommen auch **persönliche Eigenschaften,** insbesondere Krankheiten,[319] die schon in den §§ 44–46 EheG zu berücksichtigen waren. Es kann auch ein **Verhalten** zur Unzumutbarkeit führen, das vor allem **nach außen** wirkt und nur mittelbar die Ehe beeinträchtigt. Da Kategorien von Schuld und Verzeihung nur mittelbar über den Begriff der Unzumutbarkeit beachtlich sind, verlieren Gründe nicht ihre Bedeutung, weil der Antragsteller sie eine Zeitlang hingenommen hat,[320] sie können gerade durch ihre Dauer die Härte gesteigert haben. Da die **Verzeihung keine unmittelbare formale Bedeutung** hat, kommt es nur darauf an, ob der Umstand – zB ein Ehebruch – im Zeitpunkt der Entscheidung noch als Härte empfunden wird.

103 **b) Verstöße gegen die eheliche Treue. Treuebruch** ist nicht automatisch, sondern nur bei Hinzutreten weiterer Umstände Grund für die Unzumutbarkeit.[321] Während in der früheren Rspr. teilweise jeder Ehebruch als Grund anerkannt wurde,[322] was nach der Eherechtsreform häufig zu einer schnellen Ehescheidung führte, wenn der Antragsgegner „als Ehebrecher" diesen Umstand bei seiner Anhörung einräumte,[323] wird seit langem zutreffend nur die Verletzung der Treuepflicht von langer Dauer oder zusammen mit zusätzlichen, tief greifenden, entwürdigenden Umständen[324] als ein zur Scheidung nach Abs. 2 ausreichender Grund angesehen. Nicht jede Aufnahme einer außerehelichen Lebensgemeinschaft mit einem Dritten begründet die Unzumutbarkeit für den anderen Ehegatten, das Trennungsjahr abzuwarten. Damit wird nicht der Treuebruch selbst bagatellisiert,[325] sondern der gesetzgeberischen Wertung Rechnung getragen, die eben das Vorliegen einer unzumutbaren Härte verlangt. Deshalb müssen weitere Umstände – wie etwa die Darstellung in der Öffent-

---

316 OLG Köln FamRZ 1996, 108 (109); OLG Stuttgart FamRZ 1977, 807; NJW 1978, 275; Die Justiz 1978, 32; OLG Frankfurt NJW 1978, 892; KG FamRZ 1978, 897; OLG München NJW 1978, 49 = FamRZ 1978, 29; FamRZ 1978, 113.

317 HM; BGH NJW 1981, 449 (451) = FamRZ 1981, 127 (129); OLG München NJW 1978, 49 = FamRZ 1978, 29; OLG Bremen FamRZ 1977, 807; OLG Köln FamRZ 1977, 717; OLG Düsseldorf FamRZ 1977, 804; 1978, 27; OLG Frankfurt FamRZ 1978, 115; NJW 1978, 892; *Schwab* FamRZ 1979, 14 (20); *Holzhauer* JZ 1979, 113 (117); *Diederichsen* NJW 1977, 273 (275); *Giesen-Gick* JR 1979, 1 (4); aA OLG Stuttgart FamRZ 1977, 807; *Lüke* AcP 178 (1978), 1 (25).

318 *Kissel* DRiZ 1978, 225; *Giesen-Gick* JR 1979, 1 (5); *Parche* NJW 1979, 139.

319 Der BR hebt erhebliche geistige oder körperliche Gebrechen hervor, vgl. BT-Drs. 7/4694, 7.

320 OLG Düsseldorf FamRZ 1977, 804; 1978, 27; OLG Saarbrücken FamRZ 1978, 114; OLG München NJW 1978, 49 = FamRZ 1978, 29; KG FamRZ 1978, 594; 897; *Kissel* DRiZ 1978, 225 (226) Fn. 10; *Görgens* FamRZ 1978, 647 (649); Palandt/*Brudermüller* Rn. 9.

321 OLG Stuttgart FamRZ 2002, 1342; OLG Rostock NJW 2006, 3648; OLG München FamRZ 2011, 218.

322 OLG Düsseldorf FamRZ 1978, 27; OLG Stuttgart FamRZ 1977, 646 (647) = NJW 1977, 1542; 1978, 275; 1978, 546 = FamRZ 1978, 338; OLG Hamm NJW 1978, 168; OLG München FamRZ 1978, 113; OLG Karlsruhe NJW 1978, 53; FamRZ 1978, 592; OLG Saarbrücken FamRZ 1978, 415; KG FamRZ 1978, 594; OLG Frankfurt FamRZ 1978, 45; AG Berlin-Charlottenburg FamRZ 1978, 186; AG Lörrach FamRZ 1978, 116.

323 *Sarres* ZFE 2010, 259.

324 OLG München FamRZ 2011, 218; OLG Stuttgart FamRZ 2002, 1342; OLG Düsseldorf FamRZ 2000, 286; OLG Bremen FamRZ 1996, 489; OLG Köln FamRZ 2003, 1565; 1996, 108 (109); OLG Oldenburg FamRZ 1992, 682; Palandt/*Brudermüller* Rn. 11; Johannsen/Henrich/*Jaeger*/*Hamm* Rn. 70; *Weber* NJW 2006, 3039 (3040); enger Staudinger/*Rauscher,* 2018, Rn. 169 ff.

325 So aber Staudinger/*Rauscher,* 2018, Rn. 169.

lichkeit[326] oder ein ehebrecherisches Verhältnis in der früheren Ehewohnung[327] – hinzutreten, die es für den anderen Ehegatten geradezu als entwürdigendes Unrecht erscheinen lassen, wenn man ihn noch länger am Eheband festhalten würde.[328] Ein bereits wenige Tage nach der Eheschließung offenkundig gewordener Treuebruch mit einer engen Freundin der Ehefrau rechtfertigt als solcher die Härtefallscheidung nicht.[329]

Wenn die Beziehung zu einem anderen Partner zu einem **eheähnlichen Zusammenleben** 104 geführt hat, kann dies einen Umstand darstellen, der es rechtfertigt, dem anderen Ehegatten die Scheidung vor Fristablauf zu gewähren.[330] Dies kann auch dann gelten, wenn das Verhältnis – ohne die Voraussetzungen einer eheähnlichen Gemeinschaft zu erfüllen – von einiger **Dauer** ist.[331] Allerdings ist stets eine Gesamtwürdigung der Umstände vorzunehmen. Dass allein die Dauer der Beziehung zu einem anderen Partner oder jedes eheähnliche Zusammenleben bereits eine unzumutbare Härte bedeutet, kann unter Berücksichtigung des Gesetzeszwecks nicht angenommen werden.[332]

Die **Art und Weise** sowie die **Begleitumstände des Treubruchs** können die Annahme eines 105 Härtegrundes rechtfertigen. Als Grund für die Scheidung vor Ablauf des Trennungsjahres hat die Rspr. zum Beispiel den Geschlechtsverkehr mit der vorehelichen Tochter der Frau anerkannt,[333] mit Familienangehörigen oder der Schwägerin,[334] den Ehebruch, der auch für Dritte in einer kleinen Gemeinde offensichtlich ist,[335] wenn der Ehebruchspartner in die eheliche Wohnung aufgenommen wird[336] oder zur Verletzung der Treuepflicht weitere demütigende Umstände hinzukommen,[337] etwa die Aufforderung zum Geschlechtsverkehr zu dritt nach Entdeckung des ehebrecherischen Verhältnisses[338] oder auch einmaliger Geschlechtsverkehr mit einem bis dahin unbekannten Mann, den die Ehefrau ebenso wie die hierdurch begründete Schwangerschaft trotz entsprechenden Aids-Risikos dem Ehemann zunächst verschweigt.[339] Eine schwere Härte kann auch dann anzunehmen sein, wenn der Mann die Frau unmittelbar nach der Geburt eines gemeinsamen Kindes verlässt, um mit einer anderen Frau eheähnlich zusammenzuziehen.[340] Fortgesetzte häufige Ehebrüche stellen regelmäßig einen Härtegrund dar, ohne dass es dabei auf die Umstände des Einzelfalls wesentlich ankommt.[341]

Wird die Ehefrau von einem anderen Mann **schwanger,** kann der Ehemann schon deshalb die 106 vorzeitige Scheidung verlangen, um die gesetzliche Vaterschaft nach § 1592 Nr. 1, § 1599 Abs. 2

326 OLG Düsseldorf FamRZ 1986, 998.

327 OLG Saarbrücken FamRZ 2005, 809 = NJW-RR 2005, 1305; OLG Köln FamRZ 1999, 723; OLG Brandenburg FamRZ 2004, 25; offengelassen von OLG Köln FamRZ 1992, 319.

328 OLG Zweibrücken FamRZ 2006, 1201 (1203); OLG Rostock NJW 2006, 3648 (3649); OLG Stuttgart FamRZ 2002, 1342; OLG Düsseldorf FamRZ 2000, 286; Johannsen/Henrich/*Jaeger/Hamm* Rn. 70; enger Staudinger/*Rauscher,* 2018, Rn. 171.

329 OLG München FamRZ 2011, 218.

330 OLG Rostock FamRZ 1993, 808; OLG Köln FamRZ 1991, 822; OLG München FamRZ 1978, 113; OLG Stuttgart NJW 1977, 1542; 1978, 546; AG Lörrach FamRZ 1978, 116; OLG Hamm NJW 1978, 168; 1979, 662 Ls.; OLG Karlsruhe NJW 1978, 53; OLG Braunschweig NdsRpfl. 1977, 247; OLG Düsseldorf FamRZ 1992, 319 = NJW-RR 1992, 1092; FamRZ 1978, 27; 1986, 998; OLG Frankfurt FamRZ 1978, 115; *Dörr* NJW 1989, 488 (490); Staudinger/*Rauscher,* 2018, Rn. 170 f.: verfestigte anderweitige Beziehung; Soergel/*Heintzmann* Rn. 62; enger OLG Köln FamRZ 1977, 717; OLG Schleswig NJW-RR 1989, 260; Johannsen/Henrich/*Jaeger/Hamm* Rn. 69; aA OLG Bremen FamRZ 1986, 489; OLG Köln FamRZ 1997, 24; 1992, 319; Erman/*Blank* Rn. 13.

331 OLG Braunschweig NdsRpfl. 1978, 30; OLG Bremen FamRZ 1977, 808 (810); OLG Hamm NJW 1978, 168; OLG Düsseldorf FamRZ 1978, 27; OLG Köln FamRZ 1977, 717; OLG Stuttgart NJW 1979, 167.

332 Johannsen/Henrich/*Jäger/Hamm* Rn. 69; Palandt/*Brudermüller* Rn. 11; Staudinger/*Rauscher,* 2018, Rn. 170a ff.

333 OLG Schleswig SchlHA 1977, 189; OLG Frankfurt NJW 1978, 276; FamRZ 1978, 115; Johannsen/Henrich/*Jaeger/Hamm* Rn. 70.

334 OLG Köln FamRZ 2003, 64; OLG Oldenburg FamRZ 1992, 682.

335 OLG Karlsruhe FamRZ 1992, 1305; OLG Köln FamRZ 1991, 822 (823); OLG Frankfurt NJW 1978, 276; FamRZ 1978, 115; OLG Bamberg FamRZ 1985, 1069 (1070); Johannsen/Henrich/*Jaeger/Hamm* Rn. 70; aA OLG Düsseldorf FamRZ 1978, 27; 1981, 667; 1986, 998 mit Hinweis auf abw. Entscheidungen; OLG Hamm NJW 1978, 168; OLG Saarbrücken FamRZ 1978, 415.

336 OLG Saarbrücken FamRZ 2005, 809 = NJW-RR 2005, 1305; OLG Köln FamRZ 1999, 723; OLG Brandenburg FamRZ 2004, 25.

337 OLG Bremen FamRZ 1986, 489; OLG Schleswig SchlHA 1978, 98; OLG Frankfurt FamRZ 1978, 115; OLG Hamm FamRZ 1979, 586 f. = NJW 1979, 586; Johannsen/Henrich/*Jaeger/Hamm* Rn. 70.

338 OLG Köln FamRZ 2006, 108 = NJW-RR 1996, 519.

339 AG München FamRZ 2007, 1886 mAnm *Bergschneider.*

340 OLG Schleswig NJW-RR 1989, 260; *Dörr* NJW 1991, 77.

341 Staudinger/*Rauscher,* 2018, Rn. 169.

auszuschließen.[342] Auf die Möglichkeit der scheidungsabhängigen Vaterschaftsanerkennung nach § 1599 Abs. 2 muss sich der Ehemann im Scheidungsverfahren nicht verweisen lassen.[343] Das Argument, dem Ehebruch der Frau würde damit wieder erhöhte Bedeutung gegeben, überzeugt nicht.[344]

107 Die Aufnahme **gleichgeschlechtlicher Beziehungen** kann keinen besonderen Härtegrund darstellen. Grundsätzlich gelten die gleichen Regeln wie bei anderen Verstößen gegen die eheliche Treue.[345] Insbesondere stellt sich die Hinwendung zu einem gleichgeschlechtlichen Partner gegenüber der Aufnahme von heterosexuellen Beziehungen nicht in einem milderen Licht dar.[346] Es liegt in ihr die grundsätzliche Ablehnung des Ehepartners als Sexualpartner, und mit ihr kann deshalb subjektiv bei dem Antragsteller und im Hinblick auf eine im Einzelfall gegebene gesellschaftliche Außenwirkung eine besonders schwerwiegende Kränkung verbunden sein.[347] Daher kann es auch nicht allein entscheidend darauf ankommen, wie der andere Ehepartner den Wandel seiner Lebensauffassung dem Antragsteller nahe gebracht hat.[348] Ob die Aufnahme gleichgeschlechtlicher Beziehungen und das Zusammenleben mit dem gleichgeschlechtlichen Partner als besonders kränkend und entwürdigend empfunden werden und deshalb eine unzumutbare Härte bedingen, wird nach den konkreten Lebensumständen der Eheleute zu beurteilen sein. Aus der Liberalisierung der Sitten und Moralvorstellungen auch auf dem Gebiet sexueller Beziehungen, dem Inkrafttreten des LPartG im Jahre 2001 und des AGG 2006 sowie der zunehmenden Tendenz zur Gleichstellung jeglicher Arten sexueller Varianz, aber insbesondere auch dem am 1.10.2017 in Kraft getretenen Gesetz zur Einführung des Rechts auf Eheschließung für Personen gleichen Geschlechts vom 20.7.2017 (BGBl. 2017 I 2787),[349] das mit der Änderung des § 1353 Abs. 1 S. 1 die Diskriminierung gleichgeschlechtlicher Lebenspartner beseitigt und normiert, dass die Ehe von zwei Personen verschiedenen oder gleichen Geschlechts auf Lebenszeit geschlossen wird, ist abzuleiten, dass einem Ehepartner grundsätzlich zugemutet werden kann, das Trennungsjahr abzuwarten, wenn der andere sich einem gleich- oder andersgeschlechtlichen Partner zugewandt hat, wobei es stets auf den konkreten Einzelfall ankommt; in der Regel wird deshalb aber auch hier das Hinzutreten **besonderer Umstände** verlangt werden müssen.[350] Eine Aussage, homosexuelle Beziehungen stellten keine so schwerwiegende Kränkung wie heterosexuelle Beziehungen dar,[351] ist nicht gerechtfertigt.[352]

108 Die Rechtspflicht zur ehelichen Treue und die Unwirksamkeit eines Verzichts hierauf hindern nicht, die **bisherige Gestaltung der Geschlechtsgemeinschaft** der Ehegatten bei der Bewertung der Unzumutbarkeit heranzuziehen. Wird in einer Ehe einverständlich der Geschlechtsverkehr mit Dritten toleriert, wird ein weiterer Treuebruch nicht die Unzumutbarkeit begründen. Ist Inhalt der konkreten Ehe eine hohe Sensibilität für die eheliche Treue, kann schon ein einmaliger Verstoß die Fortsetzung der Ehe unzumutbar machen.

109 **c) Umstände der Trennung.** Dass die Ehegatten vor der Scheidung ein Jahr getrennt leben, wird ihnen vom Gesetz gerade grundsätzlich zugemutet; die darin liegende Belastung darf deshalb nicht zur Scheidung vor dem Fristablauf führen.[353] Denn nicht allein die Fortsetzung der gescheiterten Ehe ist unzumutbar. Deshalb ist die **„Verweigerung des ehelichen Verkehrs"** regelmäßig kein Härtegrund, weil mit dem Scheitern der Ehe Geschlechtsbeziehungen üblicherweise enden.[354] Haben sich beide Ehegatten einem anderen Partner zugewandt, so liegt darin keine unzumutbare Härte; die gegenteilige Auffassung[355] käme einer Konsensualscheidung nahe. **Umstände der Trennung** können jedoch zur Unzumutbarkeit führen, so wenn der Mann die mit einem gemeinsamen

[342] OLG Karlsruhe FamRZ 2006, 1417 = NJW-RR 2000, 1389; offengelassen von OLG Brandenburg FamRZ 2004, 25.
[343] Palandt/*Brudermüller* Rn. 11.
[344] OLG Frankfurt FamRZ 2006, 625; OLG Karlsruhe FamRZ 2000, 1417; OLG Düsseldorf FamRZ 1992, 319; OLG Rostock FamRZ 1993, 808; OLG Brandenburg FamRZ 2004, 25; Staudinger/*Rauscher,* 2018, Rn. 175a; aA AG Biedenkopf FamRZ 1999, 722.
[345] OLG Köln FamRZ 1997, 24; OLG Nürnberg NJW 2007, 2052.
[346] BGHZ 176, 150 = FamRZ 2008, 1414 = NJW 2008, 2779 zu § 1579 Nr. 7.
[347] Staudinger/*Rauscher,* 2018, Rn. 177a; Johannsen/Henrich/*Jaeger/Hamm* Rn. 75; aA OLG Köln FamRZ 1 997, 24.
[348] So Bamberger/Roth/*Neumann* Rn. 27.
[349] BT-Drs. 18/12989; BT-Drs. 18/6665; *Schwab* FamRZ 2017, 1284.
[350] Vgl. OLG Nürnberg NJW 2007, 2052 = FamRZ 2007, 1885; ebenso Palandt/*Brudermüller* Rn. 11.
[351] So OLG Celle NJW 1982, 586; von *Bosch* FamRZ 1982, 294 Fn. 1 als „abwegig" bezeichnet.
[352] OLG Köln FamRZ 1997, 24; OLG Hamm FamRZ 1978, 190; Johannsen/Henrich/*Jaeger/Hamm* Rn. 75; Soergel/*Heintzmann* Rn. 66; Staudinger/*Rauscher,* 2018, Rn. 177.
[353] AA OLG Stuttgart FamRZ 1977, 807 Ls. = Justiz 1977, 379.
[354] Soergel/*Heintzmann* Rn. 68.
[355] OLG Düsseldorf NJW-RR 1992, 1092.

Kind schwangere Frau verlässt und nicht mehr auffindbar ist,[356] wenn die Frau den Mann und vier Kinder aus dessen erster Ehe allein lässt[357] oder wenn ein Ehegatte unter schwierigen Umständen aus der Wohnung ausgesperrt wird,[358] nicht jedoch, wenn er bereits nach einigen Wochen eine neue Wohnung gefunden hat,[359] und nicht schon immer dann, wenn kein **Unterhalt** gezahlt wird.[360]

**d) Grobes Verhalten.** Misshandlungen und Körperverletzungen, oft durch Alkoholmissbrauch verursacht, machen die Fortsetzung der Ehe für den anderen häufig unzumutbar,[361] vor allem, wenn sie sich wiederholen,[362] auch die Misshandlung von Kindern oder von nahen Angehörigen,[363] ebenso schwere Beleidigungen[364] und ernsthafte Bedrohungen.[365] Hingegen reicht nicht jede Tätlichkeit in Abwesenheit Dritter als Härtegrund aus,[366] erst recht nicht, wenn es sich um einen einmaligen Vorfall handelt.[367] Mit der Konkretisierung in **§ 1361b** durch das **GewSchG** (→ Einl. FamR Rn. 188) hat der Gesetzgeber auch außerhalb des Anwendungsbereichs der Vorschrift einen Maßstab dafür setzen wollen, ab welchem Grad er gewalttätige Handlungen auch ohne Wiederholungsgefahr für unzumutbar hält, nämlich vorsätzliche Körper- und Gesundheitsverletzungen, Freiheitsberaubungen sowie bestimmte widerrechtliche Drohungen. Der Anspruch auf Aufhebung der häuslichen Gemeinschaft wurde nämlich nur geschaffen, um den bei Fortbestehen der unzumutbaren häuslichen Situation entstehenden faktischen Zwang zum Scheidungsantrag zu vermeiden.[368] Nach dieser Wertung reicht eine auch eine einmalige schwere Körperverletzung, Vergewaltigung oder ein Tötungsversuch, um eine unzumutbare Härte zu begründen, auch wenn eine Wiederholungsgefahr, was vom Antragsgegner nachzuweisen ist, nicht gegeben ist. 110

**e) Alkoholabhängigkeit.** Aus der Trunksucht eines Ehegatten, die vielfach zu demütigender Behandlung des anderen und der Familie führt, kann die Unzumutbarkeit folgen,[369] wobei das gesamte Verhalten mit Tätlichkeiten,[370] körperlicher Verwahrlosung[371] oder dem Vertrinken des Geldes, das dem Unterhalt der Familie dienen soll,[372] mit zu bewerten ist. Bei der Frage, ob das Abwarten des Trennungsjahres eine unzumutbare Härte darstellt, wird auch zu berücksichtigen sein, wie der Antragsteller in der Vergangenheit mit dem Alkoholismus des Ehegatten umgegangen ist und ob besondere Umstände vorliegen, die eine Scheidung vor Ablauf des Trennungsjahrs zwingend erfordern. 111

---

356 OLG Celle FamRZ 1977, 718 Ls. = NdsRpfl. 1977, 208; *Schwab* FamRZ 1979, 14 (20) Fn. 48; *Kissel* DRiZ 1978, 225; Soergel/*Heintzmann* Rn. 71; Staudinger/*Rauscher,* 2018, Rn. 185a.

357 AG Berlin-Charlottenburg FamRZ 1978, 186, zweifelhaft.

358 Staudinger/*Rauscher,* 2018, Rn. 185b; aA OLG Bremen FamRZ 1977, 808 (810); Johannsen/Henrich/*Jaeger/Hamm* Rn. 84.

359 OLG Zweibrücken FamRZ 2005, 379.

360 OLG Stuttgart FamRZ 2001, 1458; KG FamRZ 2000, 288; OLG Köln FamRZ 1992, 319 (320); OLG Saarbrücken FamRZ 1978, 114; Johannsen/Henrich/*Jaeger/Hamm* Rn. 83; für sofortige Scheidung bei Unterhaltsverweigerung OLG Stuttgart FamRZ 1978, 778; vgl. auch OLG München NJW 1978, 49 = FamRZ 1978, 29; OLG Hamm FamRZ 1979, 586 = NJW 1979, 662.

361 BGH NJW 1981, 449 (451) = FamRZ 1981, 127 (129); OLG Schleswig FamRB 2008, 67 *(Neumann);* OLG Bamberg NJOZ 2005, 3600; OLG Stuttgart NJW 1977, 1542; 1978, 52; FamRZ 1977, 807; OLG Düsseldorf FamRZ 1977, 804; 1978, 26; OLG Bremen FamRZ 1977, 807; OLG Frankfurt NJW 1978, 276; FamRZ 1978, 115; OLG München FamRZ 1978, 30; OLG Schleswig SchlHA 1977, 171 (188); OLG Hamm NJW 1978, 168; *Giesen-Gick* JR 1979, 1 (5); Palandt/*Brudermüller* Rn. 10.

362 OLG Stuttgart FamRZ 1988, 1276; OLG Schleswig SchlHA 1978, 36.

363 OLG München FamRZ 1978, 30; OLG Schleswig SchlHA 1977, 188; vgl. aber AG Landstuhl FamRZ 1996, 1287.

364 BGH NJW 1981, 449 (451) = FamRZ 1981, 127 (129); OLG Schleswig FamRZ 1977, 805; OLG Frankfurt NJW 1978, 276; FamRZ 1978, 115; OLG München FamRZ 1978, 30; KG FamRZ 1978, 594; Johannsen/Henrich/*Jaeger/Hamm* Rn. 72.

365 OLG Dresden FamRZ 2013, 627 (ernsthafte Bedrohungen der Antragstellerin und Tätlichkeiten gegenüber deren Vater); OLG Brandenburg FamRZ 2001, 1458; OLG Bremen FamRZ 1977, 807; vgl. auch Johannsen/Henrich/*Jaeger/Hamm* Rn. 73.

366 OLG Nürnberg EzFamR aktuell 1993, Nr. 10, 167.

367 AG Kitzingen FamRZ 2006, 625; OLG Stuttgart FamRZ 2002, 239.

368 RegE vom 21.2.1985, BT-Drs. 10/2888; *Brudermüller* FamRZ 1987, 109 (110); NK-BGB/*Bisping* Rn. 17.

369 OLG Düsseldorf FamRZ 2013, 1764; FamRZ 1977, 804; FamRZ 1978, 26; OLG Bamberg FamRZ 1980, 577; OLG Schleswig NJW 1978, 51; OLG Stuttgart FamRZ 1977, 807; OLG Frankfurt NJW 1978, 276; FamRZ 1978, 115; OLG München NJW 1978, 49 = FamRZ 1978, 29; KG FamRZ 1978, 594; 897; vgl. auch *Giesen-Gick* JR 1979, 1 (5); Johannsen/Henrich/*Jaeger/Hamm* Rn. 81.

370 OLG Düsseldorf FamRZ 1977, 804; 1978, 26; OLG Bamberg FamRZ 1980, 577.

371 OLG München NJW 1978, 49 = FamRZ 1978, 29; OLG Düsseldorf FamRZ 1977, 804.

372 OLG Schleswig NJW 1978, 51.

112 **f) Krankheiten.** Seit den Gesetzen der Aufklärung zählt die Scheidung wegen unheilbarer, ekel- oder abscheuerregender körperlicher Gebrechen sowie wegen Raserei und Wahnsinns zu den klassischen Scheidungsgründen,[373] die zuletzt in den §§ 44–46 EheG enthalten waren. Mit dem Wegfall dieser Vorschriften sollte die Scheidung wegen Krankheiten jedoch nicht erschwert werden,[374] so dass auch unverschuldete Krankheiten eine vorzeitige Scheidung rechtfertigen können. Empfindet der Antragsteller eine Krankheit des anderen Ehegatten als Härte, kann die Fortsetzung der Ehe unzumutbar sein;[375] meist wird aber die Trennungszeit – auch bei Uneinsichtigkeit hinsichtlich des Krankheitsbildes und seiner Behandlungsbedürftigkeit – abzuwarten sein.[376] Unzumutbarkeit liegt nicht vor, wenn eine Nervenkrankheit des Ehegatten bei der Eheschließung bekannt war.[377] Pflegt ein Ehegatte den anderen trotz des Scheiterns der Ehe weiter und kommt es deshalb nicht zur Trennung iSv § 1567,[378] wird eine Härtefallscheidung nach Abs. 2 nicht möglich sein, weil der Antragsteller durch sein Verhalten zeigt, dass er die Krankheit nicht als unbillige Härte empfindet. Auch die Unmöglichkeit, den ehelichen Verkehr auszuüben, wird die Unzumutbarkeit nicht ohne weiteres begründen,[379] jedenfalls nicht bei alten oder kranken Menschen, deren Ehe sonst der sofortigen Scheidung ausgesetzt wäre.

113 **g) Straftaten.** Eine unzumutbare Härte stellt das Begehen **schwerer Straftaten** dar. Unzumutbar ist das Abwarten des Trennungsjahres auch dann, wenn der Antragsgegner gegen seinen Ehegatten **massive Morddrohungen** gegenüber Dritten äußert und seine Intimsphäre zudem dadurch verletzt, dass er dessen zu privaten Zwecken verfasste erotische Geschichten öffentlich bekanntmacht.[380] Befindet sich der Antragsgegner wegen des Verdachts, die Eltern der Ehefrau getötet zu haben, in Untersuchungshaft, so ist die Aufrechterhaltung der Ehe für die Ehefrau unzumutbar.[381] Neigt der Antragsgegner zu Gewalttätigkeiten und hat seine Ehefrau schon mehrfach vorsätzlich im Straßenverkehr gefährdet, so soll dies bereits ausreichen, um eine unzumutbare Härte anzunehmen;[382] auch hier wird es aber auf die Umstände des Einzelfalls ankommen müssen. Das **Verschweigen der wahren Gründe** für eine langjährige **Freiheitsstrafe** kann ausreichen.[383] Hat der Ehegatte bei der Eheschließung verschwiegen, dass er demnächst eine Freiheitsstrafe von acht Monaten zu verbüßen habe, so liegt hierin auch im Hinblick auf die negative Außenwirkung der Inhaftierung eine unzumutbare Härte.[384] Wird das Strafverfahren gegen den Antragsgegner wegen der **Verbreitung kinderpornographischer Schriften** gemäß § 153a StPO eingestellt, kann ohne Hinzutreten weiterer Umstände ein Härtegrund auch dann nicht bejaht werden, wenn die Lokalpresse zuvor über das Verfahren berichtet hatte.[385] Hat die Ehefrau im Zusammenhang mit einem Selbstmordversuch die beiden **gemeinsamen Kinder getötet,** so kann der Ehemann die Scheidung vor Ablauf des Trennungsjahres nicht verlangen, wenn die Tat auf ehelicher Untreue, Unwahrhaftigkeit und demütigendem Verhalten des Ehemannes beruht und sich die Frau in einer Nervenklinik befindet.[386] Verbleibt die Ehefrau trotz Vergewaltigung und sexueller Nötigung durch den Antragsgegner zunächst noch in der Ehewohnung und ist nach zwischenzeitlicher räumlicher Trennung mit Wiederholungen nicht zu rechnen, so soll das Weiter-Miteinander-Verheiratet-Sein jedenfalls solange nicht als unzumutbare Härte gelten, solange eine rechtskräftige Verurteilung wegen der angezeigten Verbrechen nicht erfolgt ist;[387] mit einer solchen Betrachtungsweise dürfte dem grundrechtlichen Schutz der Menschenwürde und körperlichen Unversehrtheit der Ehefrau jedoch nicht ausreichend Rechnung getragen werden.[388]

114 **h) Weitere Einzelfälle.** Zur Unzumutbarkeit führen kann es, wenn ein Ehegatte eine medizinische Behandlung, die seine Beiwohnungsfähigkeit herstellen kann, ohne zwingenden Grund

[373] BT-Drs. 7/650, 63.
[374] Vgl. BT-Drs. 7/650, 109.
[375] KG FF 2018, 164 = FamRZ 2018, 751.
[376] OLG Düsseldorf FamRZ 1993, 809 (810) = NJW-RR 1994, 450; OLG Brandenburg FamRZ 1995, 808 schließt die Scheidung wegen Unzumutbarkeit aus.
[377] OLG Düsseldorf NJW-RR 1994, 450 = FamRZ 1993, 809 (810).
[378] Vgl. den Fall BGH NJW 1979, 1360.
[379] AA OLG Hamm FamRZ 1979, 37; 511 bei Phimose.
[380] OLG Brandenburg FamRZ 2001, 1458.
[381] AG Hannover FamRZ 2004, 630.
[382] OLG Stuttgart FamRZ 1988, 1276.
[383] OLG Nürnberg FamRZ 1990, 630.
[384] AG Ludwigsburg NJW-RR 2007, 4 = FamRZ 2007, 286.
[385] AG Ludwigslust FamRZ 2005, 808.
[386] AG Landstuhl FamRZ 1996, 1287.
[387] OLG Braunschweig FamRZ 2000, 287.
[388] So zutr. *Finger* FuR 2008, 119 (123, 229, 231).

ablehnt,[389] wenn der andere Ehegatte den Beischlaf erzwingt, **Strafanzeige** gegen den Antragsteller erstattet, den Antragsteller zum **Ehebruch** verleiten will, sich **skandalös in der Öffentlichkeit** benimmt, zB ein Bordell eröffnet, oder wenn die Frau als **Prostituierte** tätig wird.[390] In der Regel werden solche Gründe nicht allein und unvermittelt auftreten, sondern Teil der Biografie der Ehe sein, deren Gesamtverlauf zu einem so unerträglichen Zustand geführt hat. Auch wenn dann keine spektakulären Vorfälle nachzuweisen sind, kann der **Endzustand der Ehe** eine unzumutbare Härte begründen,[391] wobei es nicht auf die dem Verschuldensrecht entlehnte Feststellung ankommt, dass der Antragsgegner den Antragsteller zermürbt habe.[392] Eine unzumutbare Härte ergibt sich schließlich nicht schon daraus, dass die Ehe zu **sachfremden Zwecken** geschlossen worden ist.[393]

**6. Verhalten des Antragstellers. a) Beteiligung des Antragstellers. aa) Zustimmung und Teilnahme des Antragstellers.** Über die Gründe des Abs. 2 fließen die Verschuldenstatbestände der §§ 42, 43 EheG in die Scheidung vor dem Fristablauf ein, auch wenn die Härtegründe ein Verschulden des Antragsgegners nicht voraussetzen. Nicht geregelt sind jedoch die Zustimmung des Antragstellers und seine Teilnahme und der Fall, dass er selbst den Anlass für die von ihm vorgetragenen Gründe in der Person des Antragsgegners gesetzt hat. § 42 Abs. 2 EheG hatte dem Kläger die Scheidung versagt, wenn er dem Ehebruch zugestimmt oder ihn durch sein Verhalten erleichtert oder ermöglicht hatte. Nach § 43 S. 2 EheG konnte die Scheidung nicht begehren, wer selbst eine Verfehlung begangen hatte, wenn insbesondere wegen des Zusammenhangs der Verfehlung des anderen Ehegatten mit seinem eigenen Verschulden sein Scheidungsbegehren bei richtiger Würdigung des Wesens der Ehe sittlich nicht gerechtfertigt war. Die Grundgedanken dieser Vorschriften waren von der Rspr. zu den Scheidungstatbeständen des BGB aF entwickelt worden, obwohl sie im Gesetz nicht enthalten waren.[394] Ähnlich ist daher bei Abs. 2 zu verfahren. 115

**bb) Keine Berufung auf selbst herbeigeführte Gründe.** Der Antragsteller darf sich auf Gründe in der Person des anderen Ehegatten nicht berufen, wenn er sie selbst herbeigeführt hat. Wer seinen Ehegatten verstümmelt hat, darf sich auf die Verstümmelung nicht berufen, wer ihn mit einer Krankheit angesteckt hat, darf nicht wegen dieser Krankheit die sofortige Scheidung erreichen. Hat ein Ehegatte den anderen zur Trunksucht oder Rauschgiftsucht verführt, kann er nicht deswegen die Scheidung aus Abs. 2 sofort durchsetzen.[395] Er kann dem anderen ein Verhältnis nicht vorwerfen, zu dem er selbst angestiftet hat,[396] ebenso nicht eine Straftat, bei der er als Anstifter, Mittäter oder sonst beteiligt war. Hat ein Mann die Frau zur Prostitution angehalten, kann er nicht deshalb, weil sie der Prostitution nachgeht, die sofortige Scheidung verlangen. Ebenso sind Handlungen oder Unterlassungen auszuscheiden, die der Antragsteller selbst provoziert hat.[397] Dazu zählen Beschimpfungen oder Drohungen, die erst aus seinem eigenen Verhalten erwachsen sind, Misshandlungen, die Reaktionen auf eigenes herausforderndes Verhalten waren, und auch ein Tötungsversuch, wenn er durch eine schwerwiegende Provokation heraufbeschworen wurde. 116

**b) Beiderseitige Härtegründe.** Beide Ehegatten können die Scheidung vor dem Fristablauf erreichen, wenn jeweils in der Person des anderen Ehegatten Gründe für die unzumutbare Härte vorliegen.[398] Wie schon zu §§ 42, 43 EheG findet eine **Aufrechnung verschiedenartiger Gründe** nicht statt. Auch wenn die Gründe gleichartig sind, zB Ehebruch beider Ehegatten, gilt nichts anderes, weil ein ehewidriges Verhalten kein Freibrief für den anderen ist.[399] Wenn sich ein Ehegatte einem Dritten zuwendet, nachdem der andere eine feste andere Partnerschaft eingegangen ist, verliert 117

389 OLG Bremen FamRZ 1996, 489; OLG Hamm FamRZ 1979, 511; aA Johannsen/Henrich/*Jaeger/Hamm* Rn. 82.
390 OLG Bremen FamRZ 1986, 489.
391 Vgl. OLG Karlsruhe Justiz 1978, 317; OLG Bamberg FamRZ 1980, 577; KG FamRZ 1978, 897; OLG Oldenburg NJW 1978, 1266; OLG München NJW 1978, 49 = FamRZ 1978, 29.
392 So jedoch RGRK-BGB/*Graßhof* Rn. 97.
393 OLG Karlsruhe FamRZ 1986, 680.
394 RGZ 85, 204.
395 Johannsen/Henrich/*Jaeger/Hamm* Rn. 55, der das Ergebnis aus dem Rechtsmissbrauchsgedanken herleitet; Soergel/*Heintzmann* Rn. 78; Staudinger/*Rauscher,* 2018, Rn. 123, der die Frage auf der Ebene der Unzumutbarkeit ansiedelt.
396 RGZ 85, 204.
397 AG Landstuhl FamRZ 1996, 1287.
398 OLG Stuttgart FamRZ 1977, 646.
399 OLG Rostock FamRZ 1993, 808 (809); OLG Karlsruhe FamRZ 1989, 284; OLG Hamm FamRZ 1978, 28 (29); OLG Hamburg FamRZ 1983, 113; OLG Köln FamRZ 1982, 807; Johannsen/Henrich/*Jaeger/Hamm* Rn. 55.

er dadurch die Möglichkeit zur sofortigen Scheidung wegen Unzumutbarkeit nicht.[400] Insbesondere bei **gleichartigen Gründen** – beiderseitiges ehewidriges Verhältnis, beide sind alkoholsüchtig, er ist Zuhälter, sie ist Prostituierte – wird jedoch nur schwerlich eine unzumutbare Härte aus einem Verhalten entstehen, das der Antragsteller auch selbst verwirklicht.[401] Bei beidseitiger, krankheitsbedingter Suizidgefahr und jeweiliger Drohung, das gemeinsame Kind zu töten, kann eine vorzeitige Scheidung in Betracht kommen.[402]

118 **c) Verzeihung und Verzicht.** Obwohl ein genereller Ausschluss des Scheidungsrechts unwirksam ist, können bei Tatbestandselementen, die nicht dauerbezogen wie das Scheitern der Ehe sind, vielmehr einzelne der Bewertung zugängliche Handlungen enthalten, Verhaltensweisen oder Absprachen[403] bedeutsam sein. Hat ein Ehegatte dem anderen Teil Verstöße gegen die eheliche Treue oder andere schwerwiegende Verhaltensweisen verziehen, wird Unzumutbarkeit wegen dieser Umstände kaum je vorliegen. Der Verzicht auf die Geltendmachung von Unzumutbarkeitsgründen ist ebenfalls zulässig, weil damit nur die sofortige Scheidung ohne Trennung ausgeschlossen wird und es sich um Gründe handelt, die der Ehegatte erlebt hat und bewerten kann. Ein zwischenzeitlicher Versöhnungsversuch schließt eine unzumutbare Härte nicht aus.[404]

119 **7. Verfahrensfragen. a) Verhältnis zu anderen Scheidungstatbeständen.** Neben den Voraussetzungen des Abs. 2 muss immer festgestellt werden, dass die Ehe gemäß Abs. 1 gescheitert ist. Abs. 2 ist damit allein kein eigener Scheidungstatbestand,[405] vielmehr nur iVm Abs. 1. Ist die Jahresfrist abgelaufen, wird Abs. 2 unanwendbar. Wird bei einem Antrag aus Abs. 1 oder bei der einverständlichen Scheidung nach Abs. 1 iVm § 1566 Abs. 1 der Ablauf der Jahresfrist nicht nachgewiesen, so ist der Scheidungsantrag abzuweisen, auch wenn die Jahresfrist nach kurzer Zeit ablaufen würde. Der Antragsteller kann jedoch den Antrag auf die Scheidung nach Abs. 1 iVm Abs. 2 umstellen und die Scheidung vor dem Fristablauf beantragen. Werden die Merkmale des Abs. 2 nicht nachgewiesen, können dem Antragsteller, der in zweiter Instanz wegen Ablaufs der Jahresfrist die Scheidung erreicht, die Kosten des Berufungsverfahrens nach § 113 Abs. 1 S. 2 FamFG, § 97 Abs. 2 ZPO auferlegt werden. Anträge beider Ehegatten auf Scheidung der Ehe vor Ablauf einer einjährigen Trennung haben jeweils ihr eigenes Schicksal.[406] Der unbegründete Antrag muss abgewiesen werden (→ § 1565 Rn. 87 aE). Dabei ist der Grundsatz der Einheitlichkeit der Entscheidung in Ehesachen zu beachten (→ § 1564 Rn. 55).

120 **b) Aussetzung des Verfahrens.** Das Gericht darf das Verfahren zweimal aussetzen (§ 136 Abs. 3 FamFG); der Widerspruch eines Ehegatten gegen die Aussetzung hat keine unmittelbare verfahrensrechtliche Bedeutung. Das Verfahren darf nicht ausgesetzt werden, um den Ablauf der Jahresfrist abzuwarten. Die Aussetzung ist nach § 136 Abs. 1 S. 1 FamFG nur zulässig, wenn konkrete Anhaltspunkte die Aussicht begründen, dass die Ehe fortgesetzt werden kann.

121 **c) Beweislast.** Der Antragsteller muss konkrete Umstände für das Scheitern der Ehe, für die Gründe in der Person des anderen Ehegatten und die daraus folgende unzumutbare Härte vortragen und beweisen; Rechtsbehauptungen reichen nicht aus.[407] Das Gericht darf nicht von Amts wegen prüfen, ob die Jahresfrist abgelaufen und Abs. 2 unanwendbar ist,[408] weil dann eine Scheidung unter erleichterten Voraussetzungen möglich wäre und eine solche Prüfung nicht der Aufrechterhaltung der Ehe dienen würde. Hingegen sind Umstände, die dem Antragsteller das Abwarten der Jahresfrist zumutbar machen, von Amts wegen aufzuklären.[409]

122 **d) Verbund.** Obwohl die Scheidung wegen Unzumutbarkeit durch den Wegfall der Trennungsfristen eine eilige Scheidung ist, gelten die Regeln über das Verbundverfahren.[410] Über eine Abtrennung von Folgesachen ist gemäß § 140 FamFG zu entscheiden (näher → § 1564 Rn. 71 ff.).[411]

---

400 OLG Rostock FamRZ 1993, 808 (809) = NJW-RR 1994, 266; OLG Karlsruhe FamRZ 1989, 284 Ls. = Justiz 1988, 482; aA Erman/*Blank* Rn. 13, der meint, der verletzte Ehegatte empfinde in einem solchen Fall das Verhalten des anderen nicht mehr als hart.

401 Vgl. OLG Hamm NJW 1978, 168; OLG Stuttgart NJW 1978, 546 = FamRZ 1978, 338 Ls.; OLG Schleswig SchlHA 1978, 50; Soergel/*Heintzmann* Rn. 80.

402 AG Dortmund BeckRS 2004, 11283.

403 Vgl. AG Kitzingen FamRZ 2006, 625.

404 OLG Karlsruhe FamRZ 2017, 1037.

405 BGH NJW 1981, 449 = FamRZ 1981, 127; Soergel/*Heintzmann* Rn. 48.

406 Johannsen/Henrich/*Jaeger/Hamm* Rn. 88; Soergel/*Heintzmann* Rn. 83; Palandt/*Brudermüller* Rn. 13.

407 Staudinger/*Rauscher,* 2018, Rn. 190; Erman/*Blank* Rn. 15.

408 Johannsen/Henrich/*Jaeger/Hamm* Rn. 87; Staudinger/*Rauscher,* 2018, Rn. 192.

409 Staudinger/*Rauscher,* 2018, Rn. 192.

410 OLG Karlsruhe FamRZ 1994, 1399.

411 Staudinger/*Rauscher,* 2018, Rn. 194.

## § 1566 Vermutung für das Scheitern

**(1) Es wird unwiderlegbar vermutet, dass die Ehe gescheitert ist, wenn die Ehegatten seit einem Jahr getrennt leben und beide Ehegatten die Scheidung beantragen oder der Antragsgegner der Scheidung zustimmt.**

**(2) Es wird unwiderlegbar vermutet, dass die Ehe gescheitert ist, wenn die Ehegatten seit drei Jahren getrennt leben.**

**Schrifttum:** S. Vor § 1564.

**Übersicht**



### I. Die einverständliche Scheidung (Abs. 1)

**1. Normzweck.** An die Stelle der als Missstand empfundenen Konventionalscheidung, nach der auf der Grundlage von § 43 EheG über 90 % aller Scheidungen als **von den Eheleuten inszenierte Verschuldensscheidung**[1] abgewickelt wurden (→ Vor § 1564 Rn. 12), ist die formalisierte einverständliche Scheidung nach § 1565 Abs. 1 iVm § 1566 Abs. 1 als **offene Form der einverständlichen Scheidung** getreten.[2] Diese Scheidung berücksichtigt das übereinstimmende verfahrensrechtliche Verhalten der Ehegatten als Grundlage für die Vermutung, dass die Ehe gescheitert ist, wenn die Ehegatten seit einem Jahr getrennt leben, lehnt aber eine reine Konsensualscheidung ab, die nur den Scheidungswillen zur Grundlage des Scheidungsausspruchs macht, indem eine Trennungsfrist von einem Jahr eingehalten werden muss.[3] Damit reicht im Falle des übereinstimmend erklärten Scheidungswillens der Ablauf des Trennungsjahrs für die Anwendung der Vorschrift aus 1

1 Staudinger/*Rauscher*, 2018, Rn. 1.
2 BT-Drs. 7/4361, 11.
3 BT-Drs. 16/9733, 293.

und die formalisierte einverständliche Scheidung über die Vorschrift des S. 1 wird zum Regelfall der Scheidung. Die in § 133 Abs. 1 Nr. 2 FamFG für den Scheidungsantrag geforderte Erklärung, ob sich die Ehegatten über bestimmte Scheidungsfolgen geeinigt haben, knüpft zwar nach dem Willen des Gesetzgebers an den Rechtsgedanken des § 630 ZPO aF an (→ Vor § 1564 Rn. 21). Hierdurch sollen aber keine zusätzlichen formalen Hürden für die Scheidung geschaffen, sondern die Eheleute nur veranlasst werden, sich vor Einleitung des Scheidungsverfahrens über die bedeutsamen Scheidungsfolgen Klarheit zu verschaffen, und dem Gericht die Möglichkeit gegeben werden, zu einer ausgewogenen Scheidungsfolgenregelung im Kindesinteresse und im Interesse des wirtschaftlich schwächeren Partners beizutragen.[4] Ob diese Regelung der Institutionsgarantie der Ehe nach Art. 6 GG noch entspricht und unter dem Gesichtspunkt des Schutzes des anwaltlich nicht beratenen Ehepartners sachgerecht ist, ist bezweifelt worden.[5] Wegen der Beibehaltung der Mindesttrennungsdauer von einem Jahr[6] ist aber die einverständliche Scheidung auch in ihrer neuen Ausgestaltung, also ohne das Erfordernis der Einigung über die wichtigsten Scheidungsfolgen, als mit dem GG vereinbar anzusehen.[7]

2 **2. Einjähriges Getrenntleben als erste Grundlage der Scheiternsvermutung. a) Einjähriges Getrenntleben.** Voraussetzung für die Vermutung des Scheiterns bei der einverständlichen Scheidung ist, dass die Ehegatten im Zeitpunkt der letzten mündlichen Verhandlung in der Tatsacheninstanz ein Jahr getrennt gelebt haben. Diese Frist beginnt zu laufen, wenn alle Merkmale der **Legaldefinition des § 1567 Abs. 1 S. 1** erfüllt sind und die Frist nicht unterbrochen oder gehemmt wurde. Sie kann frühestens mit der Eheschließung beginnen.[8] Das Gesetz kennt weder eine Mindestdauer der Ehe bis zur Scheidung noch bis zum Beginn des Getrenntlebens. Eine Registrierung des Fristbeginns ist nicht vorgesehen, der Ablauf der Frist kann grundsätzlich nur in der Tatsacheninstanz festgestellt werden.[9]

3 **b) Fehlen einer häuslichen Gemeinschaft oder ehelichen Lebensgemeinschaft.** Die Scheidungsform der einverständlichen Scheidung steht auch zur Verfügung, wenn von Anfang an eine häusliche Gemeinschaft oder eine eheliche Lebensgemeinschaft nicht begründet wurde,[10] also auch in Fällen der **von Anfang an gescheiterten Ehe** und der **Zweck- oder Fehlehe.** Die Definition des Getrenntlebens in § 1567 Abs. 1 ist eine Legaldefinition für das Scheidungsrecht, es ist deshalb unzulässig, sie erst nach einer weiteren Bewertung im jeweiligen Scheidungstatbestand anzuwenden.[11] Schon die Formulierung in Abs. 1: „wenn die Ehegatten seit einem Jahr getrennt leben", enthält keinen Hinweis, dass die Eheleute eine häusliche Gemeinschaft gehabt und aufgelöst haben müssen. Auch aus § 1353 Abs. 1 S. 2 folgt nicht zwingend, dass die Ehe durch eine häusliche Gemeinschaft geprägt ist. Ließe man die Scheidung solcher Ehen ohne häusliche Gemeinschaft oder ohne Begründung einer Lebensgemeinschaft über die Fristentatbestände nicht zu, wären solche Ehen auch aus dem Grundtatbestand des § 1565 Abs. 1 nicht scheidbar, der über § 1565 Abs. 2 ebenfalls ein Fristentatbestand ist. Damit wären aber solche Ehen, bei denen kaum eine unzumutbare Härte nach § 1565 Abs. 2 iVm Abs. 1 vorliegen wird, letztlich nicht scheidbar. Für den Beginn der Trennungsfrist wird man bei Ehen ohne häusliche Gemeinschaft zwar nicht die Bekanntgabe des Scheidungswillens fordern dürfen, zumindest aber ein nach außen erkennbares Zeichen für die Ablehnung der ehelichen Gemeinschaft verlangen müssen.[12]

4 **c) Wahl und Wechsel des Scheidungstatbestandes.** Das einjährige Getrenntleben gibt keinen neuen Scheidungsgrund der Trennung,[13] sondern bildet mit § 1565 Abs. 1 einen Scheidungstatbestand,[14] über den die Scheidung erreicht werden kann. Die Ehegatten können bestimmen, dass

---

4 BT-Drs. 16/9733, 293.

5 Johannsen/Henrich/*Markwardt* FamFG § 134 Rn. 1; Keidel/*Weber* FamFG § 133 Rn. 10; *Streicher* in Schwab ScheidungsR-HdB I Rn. 291.

6 Zur Frage der Reduzierung der Aussagekraft des einjährigen Getrenntlebens durch die Vermutungswirkung des § 1361b Abs. 4 vgl. Staudinger/*Rauscher,* 2018, Rn. 5a; Staudinger/*Rauscher,* 2018, § 1565 Rn. 12b; *Erbarth* FuR 2001, 197 (203).

7 Staudinger/*Rauscher,* 2018, Vor § 1564 Rn. 14b.

8 Staudinger/*Rauscher,* 2018, Rn. 20; Soergel/*Heintzmann* Rn. 7.

9 BGH NJW 1979, 105; 1981, 449; RGZ 160, 280 (285); 165, 149.

10 Johannsen/Henrich/*Jaeger/Hamm* Rn. 4; Staudinger/*Rauscher,* 2018, Rn. 24a; aA *Brüggemann* FamRZ 1978, 91; Soergel/*Heintzmann* Rn. 6.

11 Johannsen/Henrich/*Jaeger/Hamm* Rn. 4.

12 Staudinger/*Rauscher,* 2018, Rn. 24a.

13 Wie hier allgM; vgl. BGH NJW 1980, 398; Staudinger/*Rauscher,* 2018, Rn. 18.

14 NK-BGB/*Bisping* Rn. 1 spricht bei Abs. 1 und 2 von „Hilfstatbeständen".

sie nur einverständlich über Abs. 1 geschieden werden wollen,[15] sie können aber auch von der einverständlichen Scheidung zur Scheidung aus dem Grundtatbestand des § 1565 Abs. 1 oder wegen Unzumutbarkeit nach § 1565 Abs. 2 oder zur Dreijahresscheidung übergehen – und umgekehrt. Ein neuer Scheidungsantrag ist dafür nicht erforderlich.[16]

**d) Beibringungsgrundsatz.** Dass die Ehegatten ein Jahr getrennt leben, haben der Antragsteller oder beide Antragsteller zu behaupten und zu beweisen. Amtsermittlung scheidet aus, weil der Fristablauf die Scheidung erleichtert.[17] Der Beweis des Getrenntlebens kann mit allen Beweismitteln, die im Eheverfahren zulässig sind, geführt werden. Ausgeschlossen sind nach § 113 Abs. 4 FamFG nur die unmittelbaren Wirkungen des Anerkenntnisses, der unterbliebenen oder verweigerten Erklärung über Tatsachen oder über die Echtheit von Urkunden, die Wirkungen des Verzichts auf die Beeidigung des anderen Ehegatten, von Zeugen und von Sachverständigen und die Wirkungen eines gerichtlichen Geständnisses. Die Trennungszeit kann auch durch Parteivernehmung nachgewiesen werden. Der Nachweis der Trennung kann, weil die innere Einstellung der Ehegatten dabei ganz entscheidend ist, vielfach überhaupt nur durch Vernehmung der Parteien nach § 128 FamFG erbracht werden.[18] Der Gefahr, dass die Ehegatten den Ablauf der einjährigen Trennungszeit **einverständlich vorschwindeln,**[19] ist das Gesetz nicht durch weitere verfahrensrechtliche Erschwerungen begegnet. Es ist aber die Pflicht des Richters, und auch der Rechtsanwälte, auf die Einhaltung der Trennungsfristen zu achten und dafür in Zweifelsfällen **seriöse Nachweise** zu verlangen, ohne allerdings intensive Nachforschungen anzustellen.[20] Dies liegt im wohlverstandenen Interesse der Parteien, nützt dem Ansehen der Familienrechtspflege und erhält das ausgewogene Verhältnis der vier Scheidungstatbestände zueinander. Hilfreich für dieses Ziel wäre es allerdings, wenn die Scheidung vor Ablauf der Jahresfrist wegen Unzumutbarkeit nach § 1565 Abs. 2 nicht übermäßig eingeengt würde.[21] 5

**e) Aussetzung.** Das Gericht kann in die einvernehmliche Führung des Verfahrens nur eingreifen, indem es durchsetzt, dass die einjährige Trennungsfrist eingehalten ist. Weitere Anforderungen brauchen nicht erfüllt zu werden. Zwar kann das Gericht das Verfahren aussetzen, wenn nach seiner freien Überzeugung Aussicht auf Fortsetzung der Ehe besteht (§ 136 Abs. 1 S. 1 FamFG), nach Ablauf der einjährigen Trennung jedoch nicht gegen den Widerspruch beider Ehegatten (§ 136 Abs. 1 S. 2 FamFG). 6

**3. Beiderseitiger Scheidungsantrag als zweite Grundlage der Scheiternsvermutung.** 7
**a) Antrag.** Zweite Grundlage der Scheiternsvermutung ist das Einverständnis der Eheleute mit der Scheidung. Entweder müssen beide Ehegatten die Scheidung beantragen, oder ein Ehegatte muss die Scheidung beantragen und der andere dem Antrag zustimmen. Die Ehegatten können die Scheidung nicht gemeinsam beantragen. Jeder muss eine Antragsschrift einreichen.[22] Für den beiderseitigen Scheidungsantrag ist es aber nicht erforderlich, dass sich die Eheleute hinsichtlich ihrer Scheidungsanträge miteinander abstimmen. Es ist ausreichend, wenn sie unabhängig voneinander einen Scheidungsantrag stellen. Beide Anträge unterliegen dann dem Anwaltszwang. Nicht ausreichend ist es aber, wenn ein Antrag auf einverständliche Scheidung mit einem Antrag auf Scheidung wegen Unzumutbarkeit nach § 1565 Abs. 2 zusammentrifft,[23] weil diese Anträge gegeneinander gerichtet sein können. Hingegen kann der Antrag nach Abs. 1 mit einem Antrag aus dem Grundtatbestand des § 1565 Abs. 1[24] oder aus der Dreijahresvermutung des Abs. 2 zusammentreffen.[25] Soweit

---

15 *Schlosser* FamRZ 1978, 319 (323); dieses Ergebnis verträgt sich kaum mit der Meinung, Abs. 1 gebe nur eine zwingende Beweisregel, so jedoch RGRK-BGB/*Graßhof* Rn. 7, 11.

16 OLG Celle FamRZ 1982, 813 (816); OLG Frankfurt FamRZ 1982, 809 (811); OLG Hamburg FamRZ 1979, 702.

17 Johannsen/Henrich/*Jaeger/Hamm* Rn. 3; Staudinger/*Rauscher,* 2018, Rn. 21.

18 Eherechtskommission beim BMJ, Vorschläge zur Reform des Ehescheidungsrechts und des Unterhaltsrechts nach der Ehescheidung, 1970, These 9 Abs. 2, 60; Staudinger/*Rauscher,* 2018, Rn. 21a.

19 *Wüstenberg* DRiZ 1970, 252 (254): „Dass die Eheleute vielleicht bisweilen noch, um eine glatte Scheidung zu erreichen, dem Richter den Ablauf der einjährigen Trennungsfrist vorspiegeln werden, wird in Kauf genommen werden können."; *Nolte* JR 1973, 353 (355); *Diederichsen* NJW 1977, 271 (276).

20 Weitergehend Staudinger/*Rauscher,* 2018, Rn. 21a.

21 Zuzustimmen ist deshalb BGH NJW 1981, 449.

22 Johannsen/Henrich/*Jaeger/Hamm* Rn. 7; Staudinger/*Rauscher,* 2018, Rn. 26.

23 *Brüggemann* FamRZ 1978, 91 (97); Staudinger/*Rauscher,* 2018, Rn. 26; aA *Schwab* in Schwab ScheidungsR-HdB II Rn. 91; für Johannsen/Henrich/*Jaeger/Hamm* Rn. 9 ein Scheinproblem.

24 So auch Staudinger/*Rauscher,* 2018, Rn. 26a.

25 AA Staudinger/*Rauscher,* 2018, Rn. 26.

die Scheidungsanträge die Einigung der Ehegatten über die Scheidung enthalten, sind sie Grundlage der Vermutung und bilden damit eine materielle Voraussetzung für die Scheidung der Ehe.[26]

8 **b) Inhalt der Antragsschriften.** Beide Antragsschriften müssen lediglich den für jeden Scheidungsantrag geltenden Erfordernissen des **§ 133 Abs. 1 FamFG** genügen (→ § 1564 Rn. 39). Der Gesetzgeber hat bewusst davon abgesehen, eine Regelung über bestimmte Scheidungsfolgen zur Voraussetzung für das Eingreifen der unwiderlegbaren Vermutung nach Abs. 1 zu machen.[27] Leben die Ehegatten seit einem Jahr getrennt und stimmen beide der Scheidung zu, greift die Vermutung des Scheiterns der Ehe nach Abs. 1 ohne weiteres ein.

9 Da jeder der Ehegatten bei der Stellung des Scheidungsantrags nach § 114 FamFG anwaltlich vertreten sein muss, sind zwei getrennte Antragsschriften erforderlich.[28] Eine gemeinsame Antragsschrift ist also unzulässig.

10 **c) Keine Erforschung des Scheidungsmotivs. aa) Beschränkung auf verfahrensrechtliche Ordnungsmäßigkeit des Scheidungsantrags.** Grundlage der Vermutung ist der Scheidungsantrag der Ehegatten, nicht der innere Scheidungswille. Das Gericht darf also nur die verfahrensrechtliche Ordnungsmäßigkeit der Antragsschrift prüfen, nicht jedoch untersuchen, welche Motive den Ehegatten veranlasst haben, die Scheidung der Ehe zu beantragen.[29] Wollen die Parteien übereinstimmend die Scheidung und leben sie ein Jahr getrennt, so ist die Ehe zu scheiden,[30] ohne dass Feststellungen zu treffen sind, ob die Ehe tatsächlich gescheitert ist. Hierin besteht der Unterschied zur Scheidung aus dem Grundtatbestand.

11 **bb) Anhörung der Parteien nach § 128 Abs. 1 S. 1 FamFG.** Auch aus § 128 Abs. 1 S. 1 FamFG ergibt sich bei der einverständlichen Scheidung nicht die Aufgabe des Richters, die Parteien zum Scheitern der Ehe und zu den Motiven für ihren Scheidungswillen zu befragen. Selbst wenn sich bei der Befragung ergibt, dass ein Ehegatte, der die Scheidung beantragt, eigentlich nicht geschieden sein will, bleibt sein Scheidungsantrag Grundlage der Scheiternsvermutung. Eine sinnlose Ausforschung der Parteien verlangt weder § 128 FamFG noch § 127 FamFG.[31]

12 **cc) Schweigen zum Scheidungsmotiv.** Die Weigerung eines Ehegatten, auf Fragen des Gerichts nach den Motiven seines Scheidungsantrages **Auskunft zu geben,** bleibt ohne Folgen.[32] Nur das Erscheinen der Ehegatten kann erzwungen werden (§ 128 Abs. 4 FamFG). Die Weigerung ist zwar frei zu würdigen,[33] ein Ermessen des Richters fehlt aber, da der Scheidungsantrag vorliegt und Grundlage der Vermutung bleibt.

13 **4. Die Zustimmung des Antragsgegners als mögliche Grundlage der Scheiternsvermutung. a) Einverständliche Scheidung.** Die Vermutung des Scheiterns der Ehe greift auch ein, wenn nur ein Ehegatte die Scheidung beantragt und der andere der Scheidung zustimmt. Die einverständliche Scheidung steht also auch in den Fällen zur Verfügung, in denen nur ein Ehegatte die Scheidung erstrebt, der andere sich nicht zu einem Scheidungsantrag durchringen kann, sich der Scheidung aber nicht widersetzen will, weil er es für sinnlos hält, den Bestand der Ehe zu verteidigen, oder weil er der Untersuchung des inneren Zustandes der Ehe ausweichen will.[34] Die Motive für die Zustimmung sind verfahrensrechtlich ohne Bedeutung, insbesondere muss der zustimmende Ehegatte nicht annehmen, dass die Ehe gescheitert ist.[35]

14 **b) Ausdrückliche Erklärung.** Die Zustimmung zur Scheidung muss ausdrücklich erklärt werden.[36]

---

26 OLG Zweibrücken FamRZ 1983, 1132; OLG Hamburg FamRZ 1979, 702; OLG Köln FamRZ 1978, 25; *Gernhuber/Coester-Waltjen* FamR § 27 Rn. 30.

27 BT-Drs. 16/6308, 229.

28 Staudinger/*Rauscher,* 2018, Rn. 26.

29 *Gernhuber/Coester-Waltjen* FamR § 27 Rn. 36; vgl. auch *Mikat* Deutscher BT, 209. Sitzung, 11.12.1975, Sten. Bericht, 14115 A: „Eine unwiderlegbare Vermutung macht … jeden richterlichen Versöhnungsversuch unzulässig".

30 BT-Drs. 16/6308, 229.

31 *Gernhuber/Coester-Waltjen* FamR § 27 Rn. 36.

32 OLG Zweibrücken FamRZ 2006, 281.

33 OLG Stuttgart FamRZ 2004, 958; Baumbach/*Hartmann* FamFG § 128 Rn. 5.

34 Eherechtskommission beim BMJ, Vorschläge zur Reform des Ehescheidungsrechts und des Unterhaltsrechts nach der Ehescheidung, 1970, 41; BT-Drs. 7/650, 112; *Gernhuber/Coester-Waltjen* FamR § 27 Rn. 36.

35 *Gernhuber/Coester-Waltjen* FamR § 27 Rn. 36; Staudinger/*Rauscher,* 2018, Rn. 30.

36 Keidel/*Weber* FamFG § 134 Rn. 3; *Prütting/Helms* FamFG § 134 Rn. 4; Zöller/*Lorenz* FamFG § 134 Rn. 1.

**c) Zustimmung als Verfahrenshandlung.** Die Zustimmung zum Scheidungsantrag ist nicht nur materiell-rechtliche Willenserklärung, sondern **auch** eine **Verfahrenshandlung.**[37] Sie löst, wenn sie mit dem Scheidungsantrag des anderen Ehegatten korrespondiert, die unwiderlegbare Vermutung des Scheiterns der Ehe aus und ermöglicht das Verfahren der einverständlichen Scheidung. Als solche ist sie von den Grundsätzen des bürgerlichen Rechts über Willensmängel unabhängig, ebenso davon, ob der Ehegatte, der zustimmt, die Scheidung erstrebt und ob er die Ehe für gescheitert hält. Die Gründe für die Erklärung der Zustimmung hat das Gericht nicht zu untersuchen.[38] Eine Zustimmung zur Scheidung, die den Vorschriften der §§ 134, 138 unterliegt, darf vom Gericht allerdings auch der einverständlichen Scheidung nicht zugrunde gelegt werden; sie ist unwirksam. Andere Willensmängel bei der Erklärung sind während des Verfahrens ohne Bedeutung, weil nach § 134 Abs. 2 S. 1 FamFG die Zustimmung bis zum Schluss der mündlichen Verhandlung, auf die die Entscheidung ergeht, widerrufen werden kann. Mit der Rechtskraft des Scheidungsbeschlusses verlieren Willensmängel nach allgemeinen Grundsätzen ihre Bedeutung.[39] Sie können allenfalls eine Wiederaufnahme nach § 118 FamFG, § 580 ZPO rechtfertigen.[40] Eine materiellrechtliche Anfechtung der Zustimmung scheidet aus. 15

**d) Zustimmung gegenüber dem Gericht.** Als Verfahrenshandlung ist die Zustimmung zum Scheidungsantrag gegenüber dem Gericht, nicht gegenüber dem anderen Ehegatten zu erklären.[41] § 134 Abs. 2 FamFG, § 114 Abs. 4 Nr. 3 FamFG stellen klar, dass die Erklärung zu **Protokoll der Geschäftsstelle** oder in der mündlichen Verhandlung zur **Niederschrift des Gerichts** abgegeben werden kann, und **befreien sie vom Anwaltszwang.** Die Zustimmung wird damit nicht zur höchstpersönlichen Erklärung und kann deshalb auch in einem Anwaltsschriftsatz[42] oder in notarieller Urkunde erklärt werden, die dem Gericht vorgelegt wird.[43] Nur die dem Gericht gegenüber erklärte Zustimmung führt zum Ausschluss des Erbrechts gemäß § 1933.[44] Aus einer Erklärung gegenüber dem anderen Ehegatten erwächst keinerlei Verpflichtung, die Zustimmung auch gegenüber dem Gericht zu erklären. Die Verpflichtung eines Ehegatten, die Zustimmung gegenüber dem Gericht zu erklären oder eine erklärte Zustimmung nicht mehr zu widerrufen, ist als ehefeindlich unwirksam.[45] 16

**e) Kein Anwaltszwang.** Die Erklärung unterliegt nach §§ 134, 114 Abs. 4 Nr. 3 FamFG nicht dem Anwaltszwang. Die Erklärung durch die Partei ist besonders geeignet, das Scheidungsverfahren zu verbilligen.[46] In diesem Falle wird es kaum je „unabweisbar" sein, demjenigen, der der Scheidung zustimmt, einen Rechtsanwalt als Beistand beizuordnen (§ 138 FamFG).[47] 17

**f) Verfahrensfähigkeit der Parteien.** Für die Zustimmung zur Scheidung muss der Erklärende verfahrensfähig sein. Nach § 125 Abs. 1 FamFG ist für das Eheverfahren auch der **in der Geschäftsfähigkeit beschränkte Ehegatte verfahrensfähig** (→ § 1564 Rn. 41) und kann die als Verfahrenshandlung qualifizierte Zustimmung selbst erklären.[48] Zum **geschäftsunfähigen** und damit verfahrensunfähigen Ehegatten näher → § 1564 Rn. 42 ff. 18

**5. Widerruf der Zustimmung und Rücknahme des Scheidungsantrags. a) Widerruf der Zustimmung.** Der Ehegatte kann die Zustimmung bis zum Schluss der mündlichen Verhandlung, auf die das Urteil ergeht, widerrufen (§ 134 Abs. 2 S. 1 FamFG). Damit entfällt die Grundlage für die Vermutung des Scheiterns der Ehe und damit für die einverständliche Scheidung.[49] Der Scheidungsantrag kann dann aus dem Grundtatbestand des § 1565 Abs. 1 oder aus dem Dreijahrestat- 19

[37] HM; BGHZ 128, 125 (127) = NJW 1995, 1082 = FamRZ 1995, 229; Keidel/*Weber* FamFG § 134 Rn. 3; Staudinger/*Rauscher*, 2018, Rn. 31a f.; MüKoFamFG/*Heiter* FamFG § 134 Rn. 8; Johannsen/Henrich/*Jaeger/Hamm* Rn. 13; *Schwab* in Schwab ScheidungsR-HdB II Rn. 88; aA Stein/Jonas/*Schlosser* ZPO § 630 aF Rn. 4; *Gernhuber/Coester-Waltjen* FamR § 27 Rn. 34 Fn. 59, Rn. 36.

[38] *Gernhuber/Coester-Waltjen* FamR § 27 Rn. 36; Staudinger/*Rauscher*, 2018, Rn. 30.

[39] *Gernhuber/Coester-Waltjen* FamR § 27 Rn. 36; Staudinger/*Rauscher*, 2018, Rn. 32b.

[40] Staudinger/*Rauscher*, 2018, Rn. 32b.

[41] Johannsen/Henrich/*Jaeger/Hamm* Rn. 11; Staudinger/*Rauscher*, 2018, Rn. 36; Keidel/*Weber* FamFG § 134 Rn. 3; aA *Gernhuber/Coester-Waltjen* FamR § 27 Rn. 34 Fn. 59, Rn. 36.

[42] BayObLG FamRZ 1983, 97; OLG Zweibrücken NJW 1995, 602; Johannsen/Henrich/*Jaeger/Hamm* Rn. 10; Baumbach/*Hartmann* FamFG § 134 Rn. 4.

[43] Johannsen/Henrich/*Jaeger/Hamm* Rn. 11.

[44] BGHZ 128, 125 = NJW 1995, 1082 (1083) = FamRZ 1995, 229 (230); OLG Frankfurt FamRZ 1990, 210 mwN; Staudinger/*Rauscher*, 2018, Rn. 38b.

[45] *Gernhuber/Coester-Waltjen* FamR § 27 Rn. 34.

[46] Hierauf weist die Gesetzesbegr. besonders hin: BT-Drs. 16/6308, 229.

[47] AG Ettlingen FamRZ 1978, 340.

[48] Baumbach/*Hartmann* FamFG § 134 Rn. 4.

[49] *Damrau* NJW 1977, 1170; *Gernhuber/Coester-Waltjen* FamR § 27 Rn. 34.

bestand des Abs. 2, § 1565 Abs. 1 weiterverfolgt werden. Eines neuen Scheidungsantrages bedarf es nicht. Nur wenn der Antragsteller darauf besteht, dass Abs. 1 anzuwenden ist, ist der Antrag wegen Fehlens der Zustimmung als unbegründet abzuweisen.[50]

20 Der Widerruf der Zustimmung unterliegt verfahrensrechtlich den gleichen Regeln wie die Erklärung der Zustimmung zur Scheidung (§ 134 Abs. 2 FamFG). Der **Widerruf ist** auch **Verfahrenshandlung** und deshalb unbeachtlich, wenn er außerhalb des Scheidungsverfahrens erklärt und nicht in das Verfahren eingeführt wird.[51] Die Zustimmung kann auch im Rechtsmittelrechtzug widerrufen werden. Der Widerruf ist dann gegenüber dem Rechtsmittelgericht zu erklären. Ziel der Rechtsmitteleinlegung kann es auch bei der einverständlichen Scheidung sein, die Zustimmungserklärung zu widerrufen (→ § 1564 Rn. 91).[52] Der Einwand des Rechtsmissbrauchs kann dem Widerruf nicht entgegengesetzt werden.[53] Für die Wirksamkeit des Widerrufs ist es ist nicht erforderlich, dass der Ehegatte die Aufrechterhaltung der Ehe bezweckt. Auch im Übrigen kommt es nicht auf das **Motiv** für den Widerruf an. Ein Ehegatte kann aus Hass gegenüber dem anderen Ehegatten oder auch deshalb, weil er eine Untersuchung des Zustandes der Ehe erreichen will, um den anderen Ehegatten bloßzustellen, oder weil er die Scheidung aus dem Grundtatbestand beantragen will, oder aus sonstigen **beliebigen Gründen** die Zustimmung widerrufen. Deshalb dürfte es auch schwer möglich sein, das Rechtsschutzbedürfnis für ein Rechtsmittel nach antragsgemäßer Scheidung, mit dem die Zustimmung zur Scheidung widerrufen wird, von den Motiven für den Widerruf abhängig zu machen.

21 **b) Rücknahme des Scheidungsantrags. aa) Verfahrensrechtlich wirksame Rücknahme.** Der Antrag auf Scheidung kann nur nach den allgemeinen Regeln wirksam zurückgenommen werden (→ § 1564 Rn. 52 f.). Ist die Rücknahme des Antrags verfahrensrechtlich wirksam, entfällt mit der Rücknahme des einen Scheidungsantrags die Grundlage für die Vermutung nach § 1566 Abs. 1, dass die Ehe gescheitert ist.[54] Eine einverständliche Scheidung ist damit nicht mehr möglich, auch für eine Scheidungsfolgenvereinbarung kann damit die Grundlage entfallen sein. Der Scheidungsantrag des anderen Ehegatten kann dann als „streitiger" Antrag weiterbetrieben werden.

22 **bb) Verfahrensrechtlich unwirksame Rücknahme.** Erklärt ein Ehegatte **nach Beginn der mündlichen Verhandlung** und **ohne Einwilligung des anwaltlich vertretenen anderen Ehegatten** die Rücknahme des Scheidungsantrags, so ist die Erklärung **verfahrensrechtlich wirkungslos.** Der Scheidungsantrag bleibt dann weiter Grundlage des Verfahrens. Dies gilt auch dann, wenn der Antragsgegner zunächst die Zustimmung zur Rücknahme des Scheidungsantrags verweigert hat, später aber die Zustimmung erklärt, weil die Verweigerung der Zustimmung eine unwiderrufliche Verfahrenshandlung ist.[55] Die Vorschrift des § 134 Abs. 2 FamFG über die Zulässigkeit des freien Widerrufs der Zustimmung ist auf die Rücknahme des Scheidungsantrags nicht analog anwendbar, weil die Zustimmung zur Scheidung ohne Anwaltszwang möglich ist und als nicht verfahrensauslösende Erklärung eine Sonderstellung einnimmt.[56] Auch das FamFG sieht eine freie Rücknahme des Scheidungsantrags nicht vor; § 22 Abs. 1 FamFG gilt für Ehesachen nicht (§ 113 Abs. 1 FamFG). Eine analoge Anwendung des § 134 Abs. 2 S. 1 FamFG, der die freie Widerruflichkeit der Zustimmung zur Scheidung vorsieht, auf die Rücknahme des Scheidungsantrags kommt nicht in Betracht, da eine ungewollte Regelungslücke durch den Gesetzgeber nicht angenommen werden kann. Allein auf den Zweck der Regelung und Interessengerechtigkeit lässt sich eine entsprechende Anwendung der Norm nicht stützen.[57] Da die Vermutung des Scheiterns auf dem **übereinstimmenden Scheidungswillen** basiert, **entfällt** aber mit der Rücknahme des Scheidungsantrags der für Abs. 1 **notwendige Konsens.**[58] Weil der verfahrensrechtlich weiter wirksame Scheidungsantrag auch nicht zur Scheidung gemäß § 1565 Abs. 1 oder nach Abs. 2 führen kann – das Gericht würde sonst die

---

[50] OLG Celle FamRZ 1982, 813 (816); OLG Hamburg FamRZ 1979, 702; OLG Frankfurt FamRZ 1982, 809 (811); *Damrau* NJW 1977, 1169 (1171); Johannsen/Henrich/*Jaeger/Hamm* Rn. 14.

[51] Staudinger/*Rauscher,* 2018, Rn. 42.

[52] BGHZ 89, 325 = NJW 1984, 1303 = FamRZ 1984, 350 (351); *Brüggemann* FamRZ 1977, 1 (9). Staudinger/*Rauscher,* 2018, Rn. 41; Johannsen/Henrich/*Markwardt* FamFG § 134 Rn. 4.

[53] *Schwab* FamRZ 1976, 491 (503).

[54] *Gernhuber/Coester-Waltjen* FamR § 27 Rn. 33; Johannsen/Henrich/*Jaeger/Hamm* Rn. 15; aA *Lüke* AcP 178 (1978) 1 (30).

[55] OLG Celle FamRB 2012, 148 *(Kemper).*

[56] Ebenso *Gernhuber/Coester-Waltjen* FamR § 27 Rn. 33 Fn. 57; für eine analoge Anwendung Johannsen/Henrich/*Jaeger/Hamm* Rn. 15; Staudinger/*Rauscher,* 2018, Rn. 45 ff.

[57] So aber Staudinger/*Rauscher* Rn. 46a; *Schwab* in Schwab ScheidungsR-HdB II Rn. 92; MüKoFamFG/*Heiter* FamFG § 134 Rn. 21; Johannsen/Henrich/*Jaeger/Hamm* Rn. 15.

[58] *Gernhuber/Coester-Waltjen* FamR § 27 Rn. 33; Staudinger/*Rauscher,* 2018, Rn. 46; Johannsen/Henrich/*Jaeger/Hamm* Rn. 15; *Schwab* in Schwab ScheidungsR-HdB II Rn. 92.

Ehe gegen den Willen der Eheleute und unter Verletzung von Art. 6 GG scheiden[59] – und weil dem Antragsteller auch nicht zugemutet werden kann, die Scheidung der Ehe durch Verzicht auf den Scheidungsantrag mit der Rechtsfolge des § 306 ZPO zu vermeiden, wird er zu seinem eigenen Scheidungsantrag nicht verhandeln, so dass dieser durch Versäumnisentscheidung abzuweisen ist (→ § 1564 Rn. 53). Verhandelt er trotz – materiell-rechtlich wirksamer – Rücknahme seines Scheidungsantrags, so ist der Scheidungsantrag wegen Fehlens der Scheidungsvoraussetzungen als unbegründet abzuweisen; eine Umdeutung von Amts wegen in ein Scheidungsbegehren nach § 1565 Abs. 1 ist nicht zulässig.[60]

**c) Wirkung auf Folgesachen.** Wird der Scheidungsantrag zurückgenommen, so erstrecken sich die Wirkungen der Rücknahme gemäß § 141 FamFG auch auf die **Folgesachen.** Es entspricht dem Verbundprinzip, dass diese Verfahren, in denen die Beteiligten eine Regelung über die Folgen der Scheidung herbeiführen wollten, mit der Rücknahme des Scheidungsantrags **gegenstandlos** werden.[61] Hiervon macht § 141 S. 2 FamFG für bestimmte Kindschaftssachen, die die Übertragung der elterlichen Sorge wegen Gefährdung des Kindeswohls betreffen, eine Ausnahme. Ferner werden Folgesachen, hinsichtlich derer ein Beteiligter vor Wirksamwerden der Rücknahme erklärt hat, sie fortführen zu wollen, als selbständige Familiensachen fortgeführt. 23

**d) Wirkung auf Folgevereinbarungen.** Aus der Vorschrift des § 134 Abs. 2 S. 1 FamFG kann nicht das Recht zum freien Widerruf von **Vereinbarungen über Scheidungsfolgen** hergeleitet werden. Vereinbarungen sind nicht schon deshalb gegenstandslos, weil sie in der Erwartung einer einverständlichen Scheidung abgeschlossen worden sind. Ob Folgevereinbarungen als nur **für den Fall der einverständlichen Scheidung** geschlossen anzusehen sind und ob sie beim Scheitern der einverständlichen Scheidung **gegenstandslos** werden oder frei **widerruflich** sind, ist eine Frage der Auslegung im Einzelfall.[62] Keine Bindungswirkung haben Abreden über die elterliche Sorge und das Umgangsrecht, weil die Ehegatten darüber nicht für das Gericht bindend disponieren können. 24

**6. Unwiderlegbare Vermutung des Scheiterns der Ehe. a) Unwiderlegbarkeit.** Haben beide Ehegatten wirksam die einverständliche Scheidung beantragt, oder hat ein Ehegatte dem wirksamen Scheidungsantrag des anderen Ehegatten wirksam zugestimmt, wird unwiderlegbar vermutet, dass die Ehe der Parteien gescheitert ist. Unwiderlegbare Rechtsvermutungen, die dem bürgerlichen Recht bisher unbekannt waren,[63] erübrigen den Beweis und schließen den Gegenbeweis aus.[64] Die unwiderlegbare Vermutung des Scheiterns der Ehe als **„zwingende Beweisregel"**[65] führt theoretisch dazu, dass auch die tatsächlich nicht gescheiterte Ehe als gescheitert gilt. Mit der Anknüpfung an das Getrenntleben, die Trennungsdauer und den beidseitigen Entschluss zur einvernehmlichen Scheidung verwendet das Gesetz **Tatsachen,** deren Nachweis die als unwiderlegbare Vermutung bezeichnete Rechtsfigur von einer bloßen Fiktion erheblich absetzt.[66] 25

**b) Keine Zustandsprüfung.** Die unwiderlegbare Vermutung ersetzt die Prüfung, ob die Ehe gescheitert ist. Entsprechend dem Zweck der Regelung, Eheleuten durch die Wahl der einverständlichen Scheidung die Möglichkeit zu geben, ihre Privatsphäre weitestgehend zu schonen,[67] reichen die Feststellung der Aufhebung der häuslichen Gemeinschaft, der Trennungsdauer und des beidseitigen Scheidungswillens, der die Ablehnung der ehelichen Lebensgemeinschaft und damit die subjektiven Elemente des Getrenntlebens indiziert, aus.[68] Weitere Feststellungen zum Scheitern der Ehe sind 26

---

59 *Schwab* in Schwab ScheidungsR-HdB II Rn. 92; Johannsen/Henrich/*Jaeger/Hamm* § 1564 Rn. 34.

60 Johannsen/Henrich/*Jaeger/Hamm* Rn. 17.

61 Keidel/*Weber* FamR § 141 Rn. 7; MüKoFamFG/*Heiter* FamFG § 141 Rn. 1.

62 BGH BeckRS 2005, 13938 = FamRZ 2006, 201; AG Berlin-Charlottenburg FamRZ 1981, 787 (788); Staudinger/*Rauscher,* 2018, Rn. 47a.

63 Vgl. die eingehende Begr. im BT-Drs. 7/650, 110; *Gernhuber/Coester-Waltjen* FamR § 27 Rn. 29 Fn. 53.

64 BGH FamRZ 2000, 285; OLG Brandenburg FamRZ 2000, 1417; *Gernhuber/Coester-Waltjen* FamR § 27 Rn. 29; Johannsen/Henrich/*Jaeger/Hamm* Rn. 2; *Linke* FS Beitzke, 1979, 269 (284); Staudinger/*Rauscher,* 2018, Rn. 2.

65 Johannsen/Henrich/*Jaeger/Hamm* Rn. 2; *Linke* FS Beitzke, 1979, 269 (284); Staudinger/*Rauscher,* 2018, Rn. 2; Bamberger/Roth/*Neumann* Rn. 2.

66 Für eine reine Fiktion jedoch *Habscheid* FS Bosch, 1976, 365 (371); wie im Text *Gernhuber/Coester-Waltjen* FamR § 27 Rn. 29.

67 Johannsen/Henrich/*Jaeger/Hamm* Rn. 5; BT-Drs. 7/650, 113.

68 Zweifelnd → 4. Aufl. 2000, Rn. 34 *(Wolf)*; *Schwab* in Schwab ScheidungsR-HdB II Rn. 144 lehnt es ab, die Untersuchung, ob die Ehegatten getrennt leben, zu einer kleinen Zerrüttungsprüfung auszubauen; ähnlich Johannsen/Henrich/*Jaeger/Hamm* § 1567 Rn. 4; die Aussage von *Gernhuber/Coester-Waltjen* FamR § 27 Rn. 29, das Beweisthema seien „gänzlich unproblematische äußere Fakten" erscheint allerdings zu weitgehend.

bei beiderseitiger Scheidungswilligkeit nach der eindeutigen Gesetzesbegründung nicht erforderlich.[69] Jede Untersuchung des Zustandes der Ehe, die über die Feststellung hinausgeht, dass die Ehegatten getrennt leben, ist unzulässig.[70] Das gesetzlich vermutete Scheitern der Ehe ist einem Gegenbeweis nicht zugänglich. An der Verfassungsmäßigkeit der unwiderlegbaren Vermutung bestehen keine Zweifel.[71]

27 **7. Die Anwendung der Härteklauseln des § 1568. a) Kinderschutzklausel.** Die Ehe soll auch aus dem Tatbestand der einverständlichen Scheidung nicht geschieden werden, wenn und solange die Aufrechterhaltung der Ehe im Interesse der aus der Ehe hervorgegangenen Kinder aus besonderen Gründen ausnahmsweise notwendig ist (§ 1568). Ob es Fälle geben kann, in denen es im Interesse eines Kindes liegt, die Ehe der Eltern nicht zu scheiden, obwohl beide Elternteile geschieden sein wollen, ist immer wieder bezweifelt worden (im Einzelnen → § 1568 Rn. 12).[72] Doch werden es auch angesichts der zunehmenden gesellschaftlichen Akzeptanz der Scheidung[73] weiterhin Einzelfälle bleiben, in denen die Aufrechterhaltung der Ehe trotz übereinstimmenden Scheidungswillens der Eltern im Interesse der Kinder aus besonderen Gründen ausnahmsweise notwendig ist.

28 § 127 Abs. 3 FamFG unterstellt die außergewöhnlichen Umstände, die einem Scheidungsantrag entgegengehalten werden können, dem Verhandlungsgrundsatz. Die **Kinderschutzklausel** ist im materiellen Recht als von **Amts wegen** zu beachtende Vorschrift ausgestaltet. § 127 Abs. 3 FamFG befasst sich nur mit den „außergewöhnlichen Umständen" der Härteklausel, nicht mit der Kinderschutzklausel. Die Kinderschutzklausel ist deshalb immer von Amts wegen zu prüfen.[74] Nachdem die Ehegatten auch bei der einverständlichen Scheidung die Regelung der elterlichen Sorge gemäß § 137 FamFG ausklammern können, erfährt das Gericht nach § 133 Abs. 1 Nr. 1 FamFG nur noch, dass minderjährige Kinder vorhanden sind, jedoch nichts mehr darüber, welche Probleme für die Kinder durch die Scheidung der Eltern entstehen. Ermittlungen dazu wird das Gericht nur anstellen, wenn ihm Auffälligkeiten bekannt werden (→ § 1568 Rn. 15).

29 **b) Ehegattenschutzklausel.** Ein Ehegatte, der den Scheidungsantrag wirksam gestellt oder der Scheidung wirksam zugestimmt hat, lehnt die Scheidung selbst dann nicht ab, wenn er die Ehe gerne aufrechterhalten würde (→ Rn. 13); deshalb ist die Ehegattenschutzklausel zu seinen Gunsten nicht anwendbar (§ 127 Abs. 3 FamFG).[75] Hat ein Ehegatte die **Rücknahme** seines Antrages erklärt, der andere Ehegatte jedoch der Rücknahme nicht zugestimmt, obwohl die Zustimmung notwendig gewesen wäre (→ Rn. 21 f.), so ist die Rücknahme zwar verfahrensrechtlich unwirksam; eine **Ablehnung der Scheidung** iSd § 1568 ist aber anzunehmen, weil er in diesem Fall die Scheidung nicht weiterverfolgen will.[76] Dies gilt auch, wenn ein Ehegatte die Zustimmung zur einverständlichen Scheidung nach § 134 Abs. 2 FamFG widerruft. Die frühere Zustimmung zur Scheidung oder ein früherer Scheidungsantrag können aber bei der Abwägung der beiderseitigen Belange nach § 1568 berücksichtigt werden.[77]

30 **8. Rechtsmittel gegen den Ausspruch der einverständlichen Scheidung.** Auch wenn beide Ehegatten die Scheidung einverständlich beantragt haben oder ein Ehegatte dem Scheidungsantrag des anderen zugestimmt hat, kann jeder von ihnen den Ausspruch der Scheidung anfechten, um die **Ehe doch noch aufrechtzuerhalten.**[78] Der Antragsteller kann in der Rechtsmittelinstanz den Scheidungsantrag mit Zustimmung des Antragsgegners **zurücknehmen** oder auf den Scheidungsantrag **verzichten.**[79] Der Antragsgegner, der der Scheidung nur zugestimmt hat, kann Anschlussrechtsmittel einlegen und in der Rechtsmittelinstanz einen Scheidungsantrag stellen, der

---

69 BT-Drs. 16/6308, 229.

70 Palandt/*Brudermüller* Rn. 1; *Gernhuber/Coester-Waltjen* FamR § 27 Rn. 29; Johannsen/Henrich/*Jaeger/Hamm* Rn. 5; BT-Drs. 7/650, 113.

71 BVerfGE 53, 224 = NJW 1980, 689.

72 *Gernhuber/Coester-Waltjen* FamR § 27 Rn. 47, 49; Johannsen/Henrich/*Jaeger/Hamm* Rn. 21.

73 Vgl. näher Staudinger/*Rauscher,* 2018, Rn. 5.

74 *Schwab* FamRZ 1976, 491 (505); *Gernhuber/Coester-Waltjen* FamR § 27 Rn. 49; Soergel/*Heintzmann* § 1568 Rn. 6; Staudinger/*Rauscher,* 2018, Rn. 57.

75 Johannsen/Henrich/*Jaeger/Hamm* Rn. 20; Staudinger/*Rauscher,* 2018, Rn. 55.

76 Staudinger/*Rauscher,* 2018, Rn. 55a; Johannsen/Henrich/*Jaeger/Hamm* Rn. 20.

77 *Schwab* FamRZ 1976, 491 (503); Johannsen/Henrich/*Jaeger/Hamm* Rn. 20; Staudinger/*Rauscher,* 2018, Rn. 55a.

78 BGHZ 89, 325 = NJW 1984, 1302 = FamRZ 1984, 350; Keidel/*Weber* FamFG § 134 Rn. 9; MüKoFamFG/*Heiter* FamFG § 134 Rn. 19; Johannsen/Henrich/*Markwardt* FamFG § 134 Rn. 4; Zöller/*Lorenz* FamFG § 134 Rn. 1; Musielak/Borth/*Borth/Grandel* FamFG § 134 Rn. 3.

79 BGHZ 4, 314 (320) = NJW 1952, 705; BGHZ 24, 369 = NJW 1957, 1401; BGH NJW 1970, 46; 1978, 891; OLG Köln FamRZ 1980, 388; OLG Karlsruhe FamRZ 1980, 1121.

jedoch nicht mehr auf Abs. 1 gestützt werden kann.[80] Das Ziel der Beschwerde des Antragsgegners kann es sein, in der zweiten Instanz die **Zustimmung** zu **widerrufen,** um die einverständliche Scheidung zu verhindern (→ Rn. 20).[81] Der Antragsteller kann dann zur Scheidung aus dem Grundtatbestand des § 1565 Abs. 1 iVm Abs. 2 oder aus Abs. 2 übergehen. Der Widerruf der Zustimmung ist auch noch in der Rechtsbeschwerdeinstanz möglich,[82] das Verfahren muss dann, wenn der Antragsteller eine streitige Scheidung betreiben will, **zurückverwiesen** werden. Der **Rechtsmittelverzicht** ist bei der einverständlichen Scheidung nach allgemeinen Regeln zulässig (→ § 1564 Rn. 99).

**9. Verhältnis der einverständlichen Scheidung zur Scheidung aus anderen Tatbeständen.** Wenn beide Ehegatten geschieden sein wollen, sind sie nicht darauf beschränkt, die Scheidung aus dem Tatbestand der einverständlichen Scheidung zu vollziehen. Auch die Scheidung wegen Unzumutbarkeit, die Scheidung aus dem Grundtatbestand und die Dreijahresscheidung setzen nicht voraus, dass ein Ehegatte nicht geschieden sein will oder dass sonst ein Interessengegensatz zwischen den Eheleuten besteht. Ehegatten, die sich über die Scheidung ihrer Ehe einig sind, können also zwischen allen Scheidungstatbeständen, auch dem Grundtatbestand des § 1565 Abs. 1, wählen und sich auf denjenigen einigen, dessen Tatbestandsmerkmale sie am ehesten nachweisen können und der ihnen im Verfahrensrecht die **bequemste Art der Auflösung ihrer Ehe** gewährt. Eine Umgehung des Gesetzes liegt darin nicht, solange alle Voraussetzungen für die Scheidung aus dem gewählten Tatbestand vorliegen. 31

**10. Verfahrenskostenhilfe.** Für die Bewilligung von Verfahrenskostenhilfe genügt es, wenn der **Antragsteller** die äußeren Fakten mitteilt, erklärt, dass die Ehegatten ein Jahr getrennt leben und dass der andere Ehegatte der Scheidung zustimmen oder selbst einen Scheidungsantrag stellen wird, sofern der andere Ehegatte im VKH-Verfahren diese Angaben bestätigt,[83] jedenfalls nicht abstreitet. Darlegungen zum Scheitern der Ehe, die nach Abs. 1 nicht erforderlich sind, sollten unterbleiben, um den Willen des Antragsgegners zur Einigung nicht zu stören.[84] Dem **Antragsgegner** kann die Verfahrenskostenhilfe auch dann nicht verweigert werden, wenn er der Scheidung zustimmt (→ § 1564 Rn. 47);[85] sie ist ihm schon nach § 113 Abs. 1 S. 2 FamFG, § 121 Abs. 2 S. 1 ZPO unter dem Gesichtspunkt der Waffengleichheit zu bewilligen, weil der Antragsteller im Scheidungsverfahren anwaltlich vertreten sein muss. 32

## II. Dreijahrestatbestand (Abs. 2)

**1. Normzweck.** Der Dreijahrestatbestand wandelt die tatsächliche Vermutung des unheilbaren Scheiterns der Ehe in eine **unwiderlegbare gesetzliche Vermutung** um. Das Gericht soll nicht mehr gehalten sein, den Zustand der Ehe mit dem dabei unvermeidlichen Eindringen in die private Sphäre der Ehegatten zu untersuchen, obwohl jeder weiß, dass das Ergebnis immer nur ist, dass die Ehe gescheitert ist. Wegen der Voraussetzungen, die an das Getrenntleben in § 1567 gestellt werden, sind nur noch theoretisch Fälle denkbar, in denen nach einer Trennungszeit von drei Jahren die Ehe nicht gescheitert sein könnte. Diese Fälle können auch unter dem Gesichtspunkt des Eheschutzes aus Art. 6 GG unberücksichtigt bleiben, weil die Unwiderlegbarkeit nach Fristablauf der schnellen Scheidung aus § 1565 vorbeugt und vermieden wird, in die Intimsphäre der Ehegatten einzudringen.[86] Der Richter wird damit im Interesse der Schonung der Intimsphäre davon befreit, in den Entscheidungsgründen Feststellungen über den Zustand der Ehe zu treffen, obwohl sich seine Überzeugung, dass die Ehe gescheitert ist, schon aus der langen Trennung der Ehegatten ergibt. 33

**2. Dreijähriges Getrenntleben als Grundlage der unwiderlegbaren Vermutung. a) Dreijahresfrist.** Die Vermutung im Dreijahrestatbestand unterscheidet sich von der einverständlichen Scheidung nach Abs. 1 vor allem durch die Dauer der Frist. Es kann deshalb auf die Bemerkungen zu Abs. 1 verwiesen werden. Die Frist muss im Zeitpunkt der letzten mündlichen Verhandlung abgelaufen sein. Der Ablauf kann mit allen im Eheverfahren zugelassenen Beweismitteln geführt 34

[80] OLG Karlsruhe FamRZ 1980, 1121.

[81] BGHZ 89, 325 = NJW 1984, 1302 = FamRZ 1984, 350 (351); OLG Stuttgart NJW 1979, 662; Baumbach/*Hartmann* FamFG § 134 Rn. 3; Johannsen/Henrich/*Markwardt* FamFG § 134 Rn. 4.

[82] BGH NJW 1984, 1302 (1303); *Brüggemann* FamRZ 1977, 1.

[83] OLG Karlsruhe FamRZ 1984, 1231; OLG Zweibrücken FamRZ 1983, 1132; KG FamRZ 1980, 580; Staudinger/*Rauscher*, 2018, Rn. 63a; enger OLG Zweibrücken FamRZ 1983, 1132; *Wax* FamRZ 1985, 10 (11).

[84] Staudinger/*Rauscher*, 2018, Rn. 63a.

[85] AllgM; Staudinger/*Rauscher*, 2018, Rn. 66, 67; Johannsen/Henrich/*Markwardt* ZPO § 114 Rn. 15; Keidel/*Weber* FamFG § 149 Rn. 4.

[86] BGH NJW 1979, 978; *Deubner* NJW 1978, 2585; *Giesen-Giek* JR 1979, 1 (4).

werden. Insbesondere ist die Parteivernehmung nicht ausgeschlossen. Manipulationen sind beim Nachweis des Fristablaufs schwer zu verhindern. Die Scheidung über den Dreijahrestatbestand ist auch möglich, wenn die Ehegatten nie eine gemeinsame Ehewohnung hatten.

35 Die Richtigkeit der Vermutung des Scheiterns der Ehe wird erheblich weniger als bei der einverständlichen Scheidung durch weitere Merkmale abgesichert. Im Hinblick darauf, dass die Scheidung auch gegen den Willen des Antragsgegners, der noch vom Fortbestand der Ehe überzeugt sein kann, durchsetzbar ist, ist der Feststellung, dass die Ehegatten drei Jahre getrennt leben, als Grundlage für das Scheitern der Ehe besondere Aufmerksamkeit zu widmen.

36 **b) Unwiderlegbare Vermutung.** Leben die Ehegatten im Zeitpunkt der letzten mündlichen Verhandlung über den Scheidungsantrag drei Jahre getrennt, wird **gesetzlich** unwiderlegbar vermutet, dass die Ehe gescheitert ist. Der Fristablauf von drei Jahren ist alleinige Grundlage der Vermutung und tritt an die Stelle des in Abs. 1 vorgesehenen Fristablaufs von einem Jahr, des übereinstimmenden Scheidungsantrags oder der Zustimmung zur Scheidung. An der Verfassungsmäßigkeit der unwiderlegbaren Vermutung bestehen keine Zweifel,[87] zumal es die Möglichkeit gibt, das Verfahren nach § 136 FamFG auszusetzen; dem Richter steht die Befugnis zu, mit den Ehegatten ein klärendes Gespräch zu führen und ihnen rechtliches Gehör zu gewähren. Indem das Gericht den Ehegatten mit der Aussetzung nach § 136 Abs. 4 FamFG in der Regel nahe legen soll, eine Eheberatung in Anspruch zu nehmen, wird der Schutz der Ehe durch Art. 6 GG hinreichend betont (zu den Verfassungsfragen näher → Vor § 1564 Rn. 23 f.).

37 Da die Vermutung unwiderlegbar ist, darf dann, wenn ein Ehegatte behauptet, die Ehegatten lebten drei Jahre getrennt, zunächst nur der Fristablauf geprüft werden. Liegt er vor, ist die Ehe als gescheitert anzusehen. Weder von Amts wegen noch auf Antrag einer Partei darf geprüft werden, ob die Ehe gescheitert ist.[88] Da gemäß § 1567 Abs. 1 bereits für das Getrenntleben der Ehegatten festzustellen ist, dass ein Ehegatte die eheliche Lebensgemeinschaft ablehnt, beschränkt sich die Erleichterung durch die unwiderlegbare Vermutung praktisch allerdings darauf, dass die **Prognose** nach § 1565 Abs. 1 S. 2 (→ § 1565 Rn. 25 ff.) **durch den Fristablauf ersetzt** wird. Haben sich die Ehegatten inzwischen versöhnt, werden sie nicht mehr iSd § 1567 getrennt leben.[89]

38 **3. Die Anwendung der Härteklauseln des § 1568.** Seit der Entscheidung des **BVerfG**[90] zur Verfassungswidrigkeit der zeitlichen Befristung der Härteklausel in § 1568 Abs. 2 (aber → Vor § 1564 Rn. 26; → § 1568 Rn. 2), die zur Aufhebung von § 1568 Abs. 2 geführt hat (→ § 1568 Rn. 7), ist die **Härteklausel zugunsten eines Ehegatten** immer zu prüfen, wenn er sich darauf beruft. Die Ehegattenschutzklausel ist der einzige Tatbestand, der einer Scheidung nach Abs. 2 entgegenstehen kann und der dazu führt, dass auch nach dreijähriger Trennung eine Prüfung des Zustands der Ehe stattfindet.[91] Die **Kinderschutzklausel** des § 1568 ist stets von Amts wegen zu beachten.[92] Wenn Anträge zur elterlichen Sorge nach § 137 Abs. 3 FamFG nicht gestellt werden, werden dem Gericht allerdings kaum Informationen zur Situation der Kinder vorliegen (→ § 1568 Rn. 15).

39 **4. Verhältnis des Dreijahrestatbestandes zu anderen Scheidungstatbeständen. a) § 1565 Abs. 2.** Wird die Scheidung wegen **Unzumutbarkeit** nach § 1565 Abs. 2 begehrt, ist schon mit dem Ablauf eines Trennungsjahres nur noch der Grundtatbestand des § 1565 Abs. 1 anwendbar. Wird der Ablauf der Dreijahresfrist festgestellt, tritt die Vermutung des Abs. 2 ein, auch wenn sich der Antragsteller darauf nicht beruft (→ § 1564 Rn. 59).[93] Da der Fristablauf eine ehefeindliche Tatsache ist, also der Disposition der Parteien nicht unterliegt, ist das **Einvernehmen der Parteien insoweit ohne Bedeutung.**

40 **b) § 1565 Abs. 1.** Beruft sich ein Ehegatte auf den Ablauf der Dreijahresfrist, darf das Gericht nicht untersuchen, ob die Ehe gescheitert ist. Jeder Ehegatte kann durch die Fassung seines Scheidungsantrages darüber bestimmen, ob der Zustand seiner Ehe untersucht werden darf (→ Rn. 26). Beantragt ein Ehegatte die Scheidung aus dem Grundtatbestand, der andere die Dreijahresscheidung, ist zunächst zu untersuchen, wie lange die Ehegatten getrennt leben. Erst wenn die Trennungsdauer von drei Jahren nicht festgestellt werden kann, darf der Zustand der Ehe untersucht werden.[94]

---

87 BVerfGE 53, 224 = NJW 1980, 689.

88 Johannsen/Henrich/*Jaeger/Hamm* Rn. 22; Staudinger/*Rauscher*, 2018, Rn. 75; *Habscheid* FS Bosch, 1976, 373, sieht darin eine Verletzung des Grundsatzes des rechtlichen Gehörs.

89 OLG Bremen FamRZ 1986, 833 (834).

90 BVerfGE 55, 134 = NJW 1981, 108.

91 Staudinger/*Rauscher*, 2018, Rn. 81.

92 Staudinger/*Rauscher*, 2018, Rn. 80.

93 Staudinger/*Rauscher*, 2018, Rn. 78; Bamberger/Roth/*Neumann* Rn. 11.

94 Staudinger/*Rauscher*, 2018, Rn. 78.

**c) § 1566 Abs. 1.** Beantragt ein Ehegatte die einverständliche Scheidung nach Abs. 1 und behauptet und beweist er nur eine einjährige Trennung der Ehegatten, darf das Gericht **nicht von Amts wegen prüfen,** ob die Trennung schon drei Jahre dauert. Ein Ehegatte mag gute Gründe haben, diesen Nachweis nicht führen zu wollen. Eine Parallele besteht zur einverständlichen Scheidung, die die Ehegatten selbst dann nicht suchen müssen, wenn deren Voraussetzungen erfüllbar sind. Ergibt sich aber aus den Tatsachen, die dem Gericht unterbreitet sind, eine dreijährige Trennung der Ehegatten, greift die Vermutung, dass die Ehe gescheitert ist, selbst dann ein, wenn sich ein Ehegatte nicht darauf beruft.[95] Die Vermutung des Scheiterns der Ehe besteht nicht nur im Interesse der Parteien. 41

**5. Aussetzung des Verfahrens. Beantragt** der Antragsteller oder beantragen beide Ehegatten die **Aussetzung des Verfahrens,** so darf das Gericht auf Scheidung nicht erkennen, bevor das Verfahren ausgesetzt war (§ 136 Abs. 2 FamFG). Leben die Ehegatten länger als ein Jahr getrennt, also im Regelfalle des Verfahrens nach Abs. 2, darf das Verfahren **nicht gegen den Widerspruch beider Ehegatten** ausgesetzt werden (§ 136 Abs. 1 S. 2 FamFG). Diese auf die einverständliche Scheidung bezogene Regelung gilt auch für Abs. 2. 42

Nach § 136 Abs. 3 S. 2 FamFG darf das Gericht das Verfahren bei einer dreijährigen Trennung jedoch höchstens für insgesamt **sechs Monate aussetzen.** Da das Gericht das Verfahren nur aussetzen soll, wenn nach seiner freien Überzeugung Aussicht auf Fortsetzung der Ehe besteht (§ 136 Abs. 1 S. 1 FamFG), nach Abs. 2 das Scheitern der Ehe jedoch unwiderlegbar vermutet wird, scheint sich ein logischer Bruch[96] zu ergeben. Der Gesetzgeber hat die Aussetzung des Verfahrens jedoch auch nach mehr als dreijähriger Trennung vorgesehen. Deshalb wird eine Aussetzung des Verfahrens dort in Betracht kommen, wo trotz mehr als dreijähriger Trennung konkrete Aussicht auf die Fortsetzung der Ehe besteht. Dazu muss das Gericht nicht das Scheitern der Ehe in Frage stellen, sondern die Überzeugung gewinnen, dass trotz des unwiderlegbar vermuteten Scheiterns der Ehe eine Versöhnung[97] möglich erscheint. Dies wird freilich nur in **Ausnahmefällen** in Betracht zu ziehen sein, insbesondere dann, wenn beide Ehegatten Anzeichen von **Versöhnungsbereitschaft trotz Eingreifens der Scheiternsvermutung** erkennen lassen.[98] 43

## § 1567 Getrenntleben

**(1) [1]Die Ehegatten leben getrennt, wenn zwischen ihnen keine häusliche Gemeinschaft besteht und ein Ehegatte sie erkennbar nicht herstellen will, weil er die eheliche Lebensgemeinschaft ablehnt. [2]Die häusliche Gemeinschaft besteht auch dann nicht mehr, wenn die Ehegatten innerhalb der ehelichen Wohnung getrennt leben.**

**(2) Ein Zusammenleben über kürzere Zeit, das der Versöhnung der Ehegatten dienen soll, unterbricht oder hemmt die in § 1566 bestimmten Fristen nicht.**

**Schrifttum:** S. Vor § 1564.

**Übersicht**



95 Staudinger/*Rauscher,* 2018, Rn. 78.
96 So → 4. Aufl. 2000, Rn. 86 *(Wolf).*
97 *Gernhuber/Coester-Waltjen* FamR § 27 Rn. 43 meinen, es komme nicht auf die Versöhnungsbereitschaft, sondern auf die Bereitschaft zur Fortsetzung der *gescheiterten* Ehe zumindest für eine gewisse Zeit an.
98 Zöller/*Lorenz* FamFG § 136 Rn. 2; Johannsen/Henrich/*Jaeger/Hamm* Rn. 23.

## I. Normzweck

1 **1. Begriff „Getrenntleben". a) Weitreichende Bedeutung.** Der Begriff des Getrenntlebens hat nicht nur im heutigen Scheidungsrecht eine zentrale Bedeutung. Bei engen Beziehungen von Personen knüpft das Gesetz vielfach Rechtsfolgen daran, ob sie in häuslicher Gemeinschaft oder ob sie getrennt leben. So entstehen Rechtspflichten, wenn bei einem Dienstverhältnis der Dienstpflichtige in die häusliche Gemeinschaft aufgenommen wird (§ 617 Abs. 1, § 618 Abs. 2); unverheiratete Paare werden ebenso wie nicht dauernd getrennt lebende Ehegatten und Lebenspartner zu Bedarfsgemeinschaften, wenn sie in einem gemeinsamen Haushalt so zusammenleben, dass nach verständiger Würdigung der wechselseitige Wille anzunehmen ist, Verantwortung füreinander zu tragen und füreinander einzustehen (§ 7 Abs. 3 Nr. 3 lit. a SGB II, → Rn. 2). Die Ehegatten werden steuerlich getrennt veranlagt, wenn sie getrennt leben (§§ 26, 26b EStG, → Rn. 2). Von **überragender Bedeutung** ist der Begriff des Getrenntlebens jedoch **im gesamten Familienrecht,** wo allerdings weder die Terminologie noch der Inhalt des Begriffs einheitlich war und ist. Während die ältere Terminologie im Anschluss an § 1571 Abs. 2 aF vom Bestehen (§ 1361 Abs. 2 idF bis 30.6.1977, § 2028 Abs. 1) oder von der Aufhebung der häuslichen Gemeinschaft sprach (§ 55 Abs. 1 EheG 1938, § 57 Abs. 1 S. 3 EheG 1938; § 48 Abs. 1 EheG, § 50 Abs. 1 S. 2 EheG) und noch spricht (§ 1567 Abs. 1), wird in neuerer Zeit im Familienrecht im Anschluss an § 1361 aF[1] der Begriff des Getrenntlebens verwendet (§ 1361a Abs. 1 S. 1, § 1362 Abs. 1 S. 2, § 1629 Abs. 3 S. 1, § 1642, § 1379 Abs. 1 Nr. 1). Der Inhalt beider Begriffe hatte sich in Rspr. und Lehre, insbesondere in der Rspr. des BGH, gewandelt, ohne dass die Begriffe an allen Stellen gleich ausgelegt wurden[2] oder ihre Auslegung unbestritten geworden

[1] § 1361 Abs. 1 lautete bereits in der seit 1900 geltenden Fassung „Leben die Ehegatten getrennt, …".

[2] Vgl. OLG Stuttgart NJW 1959, 1045 zu § 50 Abs. 1 S. 3 EheG und OLG Köln FamRZ 1965, 510 zu § 1362; zu Vorschriften außerhalb des Eherechts BGH LM VVG § 67 Nr. 18; BVerwGE 11, 10 (12, 13) zu § 269 Abs. 2 LAG; BVerwG FamRZ 1966, 234 (235) zu § 122 Abs. 1 BBG; BGH NJW 1982, 1753 zur gemeinsamen Eigentumswohnung; BGHZ 74, 38 = NJW 1979, 1289 zum Versorgungsausgleich.

wäre. Der Begriff „Getrenntleben" wird im Familienrecht in § 1357 Abs. 3, § 1361 Abs. 1, § 1361a Abs. 1 S. 1, § 1361b Abs. 1 S. 1, § 1362 Abs. 1 S. 2, § 1379 Abs. 1 Nr. 1 nF, §§ 1385, 1565 Abs. 2, § 1566 Abs. 1, 2, § 1629 Abs. 3 S. 1, § 1671 Abs. 1, § 1672 Abs. 1, verwendet. Der Begriff des Getrenntlebens iSv § 1361 Abs. 1 stimmt allerdings mit demjenigen des § 1567 überein.[3] Dies wird auch für §§ 1361a, 1361b (Haushaltsgegenstände und Ehewohnung bei Getrenntleben), § 1379 Abs. 1 Nr. 1, Abs. 2 (Auskunft über das Vermögen zum Zeitpunkt der Trennung), § 1385 (vorzeitiger Zugewinnausgleich nach dreijähriger Trennung) und für § 1629 Abs. 3 (Verfahrensstandschaft für Kindesunterhalt bei Getrenntleben) zu bejahen sein.[4] Auf den Begriff des Getrenntlebens in familienrechtlichen Vorschriften **außerhalb des Scheidungsrechts** ist die Definition des § 1567 vielfach nicht direkt anwendbar, weil sie mit dem vom BR hinzugefügten Erfordernis der Ablehnung der ehelichen Lebensgemeinschaft ganz auf die Scheidungssituation bezogen ist und außerhalb des Scheidungsrechts häufig lediglich auf das tatsächliche Getrenntleben abstellt wird; dort, wo diese Regelungen einen Bezug zur Scheidungssituation haben, wird aber – auch außerhalb des Familienrechts – eine zumindest entsprechende Anwendung der Legaldefinition geboten sein.[5] So kann es im Kindschaftsrecht für § 1671 (elterliche Sorge bei Getrenntleben) und bei § 1357 Abs. 3 (Wegfall der Schlüsselgewalt bei Getrenntleben) sowie § 1362 Abs. 1 BGB, § 739 ZPO nicht immer genügen, wenn Ehegatten in der ehelichen Wohnung getrennt leben.[6] Auch Abs. 2 passt in familienrechtlichen Vorschriften außerhalb des Scheidungsrechts nicht, etwa bei § 1357 Abs. 3.[7]

**Außerhalb des Familienrechts** gilt teilweise ein unabhängiger Trennungsbegriff:[8] Im **Steuerrecht** (§§ 26, 26b EStG) kann ein nur vorübergehendes Wiederbegründen eines gemeinsamen Haushalts das Getrenntleben unterbrechen und damit den Steuervorteil der Zusammenveranlagung ermöglichen, aber auch Steuervorteile für Alleinerziehende in Wegfall bringen.[9] Im **Sozialrecht** kommt es auf den sozialpolitischen Zweck der Regelung an. So ist ein Getrenntleben innerhalb der Ehewohnung für eine Auflösung der Bedarfsgemeinschaft grundsätzlich als nicht ausreichend anzusehen.[10] Für das dauernde Getrenntleben nach § 7 Abs. 3 Nr. 3 lit. a SGB II, das zur Auflösung der Bedarfsgemeinschaft führt, reicht die bloße räumliche Trennung nicht. Hier wird vielmehr der familienrechtliche Begriff des Getrenntlebens zugrunde gelegt.[11] Auch im **Ausländerrecht** wird häufig auf die familienrechtliche Lage abgestellt.[12] 2

**b) Legaldefinition.** Die Vorschrift drängt die Bezeichnung „Aufhebung der häuslichen Gemeinschaft" zurück und verwendet den Begriff „Getrenntleben" als Beschreibung des Zustandes, an den das Gesetz Rechtsfolgen knüpft. Was unter Getrenntleben zu verstehen ist, wird in § 1567 für das Scheidungsrecht in einer Legaldefinition festgelegt: Ehegatten leben getrennt, wenn zwischen ihnen **keine häusliche Gemeinschaft** mehr besteht und ein Ehegatte sie erkennbar nicht herstellen will, weil er die eheliche Gemeinschaft ablehnt. Der Begriff enthält danach **drei Elemente,** die für das Scheidungsrecht zusammen treffen müssen. Häusliche Trennung allein reicht danach für das Getrenntleben nicht aus.[13] Hinzu treten subjektive Elemente. Der **Wille** zumindest eines Ehegatten muss darauf gerichtet sein, die häusliche Gemeinschaft nicht wiederherzustellen, sein **Motiv** muss die Ablehnung der ehelichen Lebensgemeinschaft sein. Hingegen beinhaltet der Begriff des Getrenntlebens nicht die Zerrüttung der Ehe; das Getrenntleben ist vielmehr die Grundlage der Zerrüttungsvermutungen in § 1566.[14] Eine sog. „kleine Zerrüttungsvermutung" findet daher innerhalb der Prüfung, ob die Eheleute getrennt leben, nicht statt.[15] Die vom Gesetzgeber in die Definition des Getrenntlebens einbezogenen subjektiven Elemente dienen vielmehr dazu, freiwillige von unfreiwilligen Trennungen und solchen, die mit der Krise der Ehe nicht zusammenhängen, abzugrenzen.[16] 3

---

3 BGH NJW 2016, 2122 Rn. 12 = FamRZ 2016, 1142.
4 Staudinger/*Rauscher,* 2018, Rn. 11 f.
5 Staudinger/*Rauscher,* 2018, Rn. 10.
6 Staudinger/*Rauscher,* 2018, Rn. 11a f.; weitergehend Johannsen/Henrich/*Jaeger/Hamm* Rn. 6.
7 *Schwab* in Schwab ScheidungsR-HdB II Rn. 166.
8 Staudinger/*Rauscher,* 2018, Rn. 13.
9 *Jessen/Vollers* FamRZ 2002, 149; *Hausmann* FamRZ 2002, 1612; *Linderer* FPR 2003, 390; Staudinger/*Rauscher,* 2018, Rn. 13c, 13e; NK-BGB/*Bisping* Rn. 15.
10 Staudinger/*Rauscher,* 2018, Rn. 13d f.
11 BSG NJW 2011, 172 = FamRZ 2010, 973.
12 Staudinger/*Rauscher,* 2018, Rn. 13e aE.
13 BT-Drs. 6/2577, 52 f.; BT-Drs. 7/650, 114.
14 BGH NJW 1989, 1988 (1989) = FamRZ 1989, 479 (480).
15 HM: BGH NJW 1989, 1988 (1989) = FamRZ 1989, 479 (480); *Schwab* FamRZ 1976, 500; *Schwab* in Schwab ScheidungsR-HdB II Rn. 144; *Gernhuber/Coester-Waltjen* FamR § 27 Rn. 76; Johannsen/Henrich/*Jaeger/Hamm* Rn. 4; Staudinger/*Rauscher,* 2018, Rn. 18 f.; aA → 4. Aufl. 2000, Rn. 49–51, 56 *(Wolf).*
16 *Schwab* in Schwab ScheidungsR-HdB II Rn. 144.

4 **2. Indizwirkung für das Scheitern der Ehe.** Das Getrenntleben wird bei der Zerrüttungsscheidung zu einem zentralen Begriff.[17] Die Bestimmung ist grundlegend für die Zerrüttungsvermutungen des § 1566. Das Gesetz verlangt eine bestimmte Zeit der Trennung als Zeit der Besinnung und ernsthaften Prüfung,[18] damit die Ehegatten die Scheidung erst nach einem **abgeschlossenen Zerrüttungsprozess,** nicht jedoch schon während einer noch beherrschbaren Krise ihrer Beziehung erreichen können. Deshalb soll die Ehe für die Zeit des Getrenntlebens vor Scheidungsanträgen geschützt werden.[19] Für den Begriff des Getrenntlebens muss deshalb die Vermutungswirkung des § 1566 Auslegungsmaßstab sein, das Getrenntleben muss also so beschaffen sein, dass es – bei entsprechender Dauer – nach der Lebenserfahrung das Scheitern der Ehe verlässlich anzeigt.[20] Deshalb sind alle Merkmale des Getrenntlebens mit Sorgfalt festzustellen; sie unterliegen nicht der Parteidisposition.

5 **3. Trennungsdauer.** Alle **vier Scheidungstatbestände** (→ § 1564 Rn. 13, 56 f.) führen erst zur Scheidung, wenn feststeht, ob und wie lange die Ehegatten getrennt leben. Die Trennungszeit erhält damit eine über das frühere Recht weit hinausgehende Bedeutung. So ist die Scheidung aus dem Grundtatbestand des § 1565 Abs. 1 allein erst möglich, wenn die Ehegatten ein Jahr getrennt leben. Aus § 1565 Abs. 2 ergibt sich, dass bis zum Ablauf dieser Trennungszeit die Scheidung nur gewährt wird, wenn die Fortsetzung der Ehe für den Antragsteller aus Gründen, die in der Person des anderen Ehegatten liegen, eine unzumutbare Härte darstellen würde. Umgekehrt ist diese Scheidung wegen Unzumutbarkeit nur bis zum Ablauf einer einjährigen Trennung der Ehegatten möglich; nach dem Ablauf dieser Trennungsfrist darf die Zumutbarkeit für die Fortsetzung der Ehe nicht mehr geprüft werden (→ § 1565 Rn. 84). Die einverständliche Scheidung aus § 1565 Abs. 1 iVm § 1566 Abs. 1 ist erst möglich, wenn die Ehegatten ein Jahr getrennt gelebt haben. Die unwiderlegbare Vermutung bei der Dreijahresscheidung des § 1565 Abs. 1 iVm § 1566 Abs. 2 greift erst ein, wenn die Ehegatten seit drei Jahren getrennt leben. Auch für die **Aussetzung des Verfahrens** ist die Trennungsfrist von Bedeutung. Leben die Ehegatten ein Jahr getrennt, so darf das Verfahren nicht gegen den Widerspruch beider Ehegatten ausgesetzt werden (§ 136 Abs. 1 S. 2 FamFG); leben sie bereits mehr als drei Jahre getrennt, darf die Aussetzung die Dauer von sechs Monaten nicht überschreiten (§ 136 Abs. 3 S. 2 FamFG).

6 **4. Versöhnungsversuche.** Ein Zusammenleben über kürzere Zeit unterbricht oder hemmt die in § 1566 genannten Fristen nicht. Zweck der Regelung in Abs. 2 ist es, Versöhnungsversuche der Ehegatten während der Trennungszeit zu ermöglichen und hierdurch die Scheidung der Ehe zu verhindern. Versöhnungsversuche sollen von den Ehegatten ohne ängstlichen Blick auf den Fristablauf in den verschiedenen Vorschriften des Scheidungsrechts in Angriff genommen werden können. Die Vorschrift hat daher **eheerhaltende Funktion.**[21]

## II. Entstehung der Vorschrift

7 **1. Legaldefinition (Abs. 1 S. 1).** Überlegungen zur **Zerrüttungsscheidung** waren in Deutschland von Anfang an mit einer Wartefrist verknüpft.[22] Als Anknüpfungspunkt für die Zerrüttungsvermutungen des § 1566 hat der Gesetzgeber nicht den Begriff der Aufhebung der häuslichen Gemeinschaft aus § 48 Abs. 1 EheG übernommen, sondern sich an dem Begriff des Getrenntlebens in § 1361 orientiert.[23] Mit einer umfassenden Legaldefinition sollte – der damaligen Rspr. des BGH[24] folgend – klargestellt werden, dass Trennungen gegen den Willen der Ehegatten und solche, die nur vorübergehend sein sollten, den Begriff des Getrenntlebens nicht erfüllten.[25] Die weitergehende Subjektivierung des Getrenntlebens durch Aufnahme des Motivs der Trennung wurde vorgenom-

---

17 BGH NJW 1989, 1988; OLG Köln FamRZ 1982, 807; iErg Staudinger/*Rauscher,* 2018, Rn. 6; Johannsen/Henrich/*Jaeger/Hamm* Rn. 1; Soergel/*Heintzmann* Rn. 2.

18 Eherechtskommission beim BMJ, Vorschläge zur Reform des Ehescheidungsrechts und des Unterhaltsrechts nach der Ehescheidung, 1970, 42; *Ramm* JZ 1970, 705 (707); *Müller-Freienfels,* Sitzungsbericht M zum 48. DJT, M 33; Staudinger/*Rauscher,* 2018, Rn. 4.

19 NK-BGB/*Bisping* Rn. 1.

20 BGH NJW 1989, 1988 (1989) = FamRZ 1989, 479 (480); OLG Hamm FamRZ 1990, 166 (167); Johannsen/Henrich/*Jaeger/Hamm* Rn. 2, 3; Soergel/*Heintzmann* Rn. 2; vgl. auch BT-Drs. 7/650, 112.

21 Johannsen/Henrich/*Jaeger/Hamm* Rn. 5.

22 → 3. Aufl. 1989, § 1567 Rn. 9, 10 *(Wolf).*

23 Johannsen/Henrich/*Jaeger/Hamm* Rn. 6; BT-Drs. 7/650, 113.

24 BGH NJW 1969, 425 = FamRZ 1969, 80; NJW 1963, 581 = FamRZ 1963, 173.

25 BT-Drs. 7/650, 114, 261; Johannsen/Henrich/*Jaeger/Hamm* Rn. 10.

men, um Elemente der Zerrüttungsscheidung auch in den Begriff des Getrenntlebens einzubeziehen.[26] Näher → 7. Aufl. 2017, Rn. 7.

**2. Trennung in der ehelichen Wohnung (Abs. 1 S. 2).** Schon zu § 48 Abs. 1 EheG war anerkannt, dass die häusliche Gemeinschaft auch in der ehelichen Wohnung aufgehoben sein konnte.[27] Daran anschließend wurde § 1567 Abs. 1 S. 2 mit der Einfügung eines „dann" übernommen.[28] Näher → 7. Aufl. 2017, Rn. 8. 8

**3. Versöhnungsversuche (Abs. 2).** Um die Scheidung nach § 48 EheG zu erreichen, musste die häusliche Gemeinschaft der Ehegatten drei Jahre ununterbrochen aufgehoben gewesen sein.[29] Ein vorübergehendes oder auch nur probeweises[30] Zusammenleben, auch wenn sich ein Ehegatte nur als Gast des anderen fühlte,[31] unterbrach die Frist. Diese Regelung hatte sich als versöhnungsfeindlich erwiesen, weil die Ehegatten einander ausweichen mussten, um sich das Scheidungsrecht nur wegen Zerrüttung der Ehe zu erhalten. Die Vorschrift ist auch auf die Frist des § 1565 Abs. 2 anzuwenden (→ Rn. 55). Näher → 7. Aufl. 2017, Rn. 9. 9

### III. Grundlagen der Auslegung

**1. Drei Elemente des Getrenntlebens.** Zur Beschreibung, wann die Ehegatten getrennt leben, verwendet das Gesetz drei Begriffselemente:[32] (a) Eine häusliche Gemeinschaft zwischen den Ehegatten darf nicht bestehen; (b) zumindest ein Ehegatte will die häusliche Gemeinschaft erkennbar nicht mehr herstellen; (c) zumindest ein Ehegatte will die häusliche Gemeinschaft deshalb nicht mehr herstellen, weil er die eheliche Lebensgemeinschaft ablehnt. Demgegenüber bestand der Begriff der Aufhebung der häuslichen Gemeinschaft nach der Rspr. des BGH nur aus dem Zustand der Trennung und dem Willen eines oder beider Ehegatten, nicht mehr mit dem anderen zusammenzuleben.[33] 10

Alle drei Tatbestandselemente müssen vorliegen, damit festgestellt werden kann, dass die Ehegatten getrennt leben. Es genügt nicht, dass die häusliche Gemeinschaft nicht besteht. Andererseits kann die Willensrichtung der Ehegatten allein einem Zusammenleben der Ehegatten die Qualität der häuslichen Gemeinschaft nicht nehmen.[34] Zu dem Willen, nicht mehr mit dem anderen Ehegatten in häuslicher Gemeinschaft leben zu wollen, muss als Motiv die Ablehnung der ehelichen Lebensgemeinschaft hinzukommen.[35] 11

**2. Nichtbestehen der häuslichen Gemeinschaft.** Die häusliche Gemeinschaft kann je nach den großzügigen oder engen Wohnverhältnissen der Ehegatten unterschiedlich gelebt werden. Die Gestaltung der häuslichen Gemeinschaft ist auch von weiteren Faktoren bestimmt, zB vom Alter der Ehegatten, der Art ihrer Berufstätigkeit, ihrer Einbindung in eine Großfamilie oder in eine Wohngemeinschaft. Ob eine häusliche Gemeinschaft noch besteht, wird deshalb auch immer von dem Bild der häuslichen Gemeinschaft dieser Ehegatten vor der Krise der Ehe zu bewerten sein, also im Blick auf den ehemals gemeinschaftlichen Haushalt,[36] wenn ein solcher bestanden hat. Eine wirtschaftliche Trennung der Eheleute fordert § 1567 nicht.[37] 12

**3. Trennungswille.** Der erkennbare Wille zumindest eines Ehegatten, die eheliche Lebensgemeinschaft nicht wiederherzustellen, ist Voraussetzung für das Getrenntleben. Damit sollen Fälle unfreiwilliger Trennung (Freiheitsstrafe, Heimunterbringung,[38] längerer Krankenhausaufenthalt, berufsbedingtes Nichtbestehen einer häuslichen Gemeinschaft) ausgegrenzt werden.[39] 13

---

26 Staudinger/*Rauscher*, 2018, Rn. 16.
27 Vgl. BGH NJW 1969, 425 = FamRZ 1969, 80.
28 BT-Drs. 6/2577, 141, 152 f.; BT-Drs. 7/650, 114.
29 RGZ 160, 280 (285); 164, 332 (335); OLG Schleswig FamRZ 1957, 420; *Hoffmann/Stephan* EheG § 43 Rn. 25.
30 *Hoffmann/Stephan* EheG § 48 Rn. 24.
31 OLG Nürnberg FamRZ 1961, 526 (530).
32 *Schwab* FamRZ 1976, 491 (500); *Schwab* in Schwab ScheidungsR-HdB II Rn. 136; Johannsen/Henrich/*Jaeger/Hamm* Rn. 8; Staudinger/*Rauscher*, 2018, Rn. 23.
33 Johannsen/Henrich/*Jaeger/Hamm* Rn. 9; *Ramm* FamR I § 37 II 2a (S. 286).
34 BGH LM EheG § 48 Abs. 1 Nr. 14; NJW 1981, 449;.
35 Johannsen/Henrich/*Jaeger/Hamm* Rn. 8; Staudinger/*Rauscher*, 2018, Rn. 15, 26.
36 *Gernhuber/Coester-Waltjen* FamR § 27 Rn. 79.
37 OLG Köln 3.11.2010 – 21 WF 275/10; 7.2.2012 – 21 WF 21/12, nv.
38 OLG Köln FamRZ 2010, 2076.
39 Staudinger/*Rauscher*, 2018, Rn. 25; *Gernhuber/Coester-Waltjen* FamR § 27 Rn. 76; *Schwab* in Schwab ScheidungsR-HdB II Rn. 141; Palandt/*Brudermüller* Rn. 5; BT-Drs. 7/650, 114, 261.

14 **4. Trennungsmotiv.** Mit der Aufnahme des Trennungsmotivs hat der Gesetzgeber nicht nur die Fälle unfreiwilliger räumlicher Trennung aus Gründen der Klarstellung abgrenzen,[40] sondern aus rechtspolitischen Gründen ein Zerrüttungselement in den Begriff des Getrenntlebens aufnehmen wollen (→ Rn. 7).[41] Daraus ist abgeleitet worden, es bedürfe im Rahmen des § 1567 einer „kleinen Zerrüttungsprüfung". Das Gesetz verlange durch die Häufung subjektiver Merkmale – Trennungswille und Trennungsmotiv – bis auf die Prognose (§ 1565 Abs. 1 S. 2) alle Voraussetzungen des Scheiterns.[42] Die Rspr. des BGH[43] und die hL[44] lehnen eine solche, an Wortlaut und Entstehungsgeschichte der Vorschrift orientierte „kleine Zerrüttungsprüfung" zu Recht ab. Dafür sprechen nicht nur Gründe der Praktikabilität,[45] sondern systematische Gründe und der Zweck der Norm.[46] Das Getrenntleben ist nach dem Willen des Gesetzgebers die Grundlage für die Zerrüttungsvermutung des § 1566 und kann daher nicht seinerseits die Zerrüttung voraussetzen.[47] Der offene Konflikt zwischen der Zielsetzung des § 1566 einerseits und der rechtspolitisch begründeten Einfügung des subjektiven Motivelements andererseits kann nicht dazu führen, den Normzweck des § 1566 zu unterlaufen: Die Schonung der Privat- und Intimsphäre der Ehegatten war erklärtes Ziel des Gesetzgebers (→ § 1566 Rn. 26; → § 1566 Rn. 33);[48] es war deshalb gerade nicht dessen bestimmendes Motiv, den subjektiven Gesichtspunkten für das Getrenntleben im Sinne einer kleinen Zerrüttungsprüfung besonderes Gewicht zu verleihen. Die Tatsache, dass in der Rechtswirklichkeit die Prüfung der subjektiven Elemente des Getrenntlebens darauf reduziert ist, freiwillige von unfreiwilligen und jene wiederum von denjenigen zu unterscheiden, die ihre Grundlage nicht in einer Störung des ehelichen Verhältnisses haben,[49] lässt den rechtshistorischen Hintergrund der Einfügung des Trennungsmotivs in seiner Bedeutung zurücktreten. In der Rechtspraxis wird die **Motivationslage** des die Trennung herbeiführenden Ehegatten **nicht im Sinne einer Zerrüttungskomponente,** sondern allenfalls im Sinne eines eheerhaltenden Elements verstanden.

### IV. Nichtbestehen der häuslichen Gemeinschaft

15 **1. Äußerer Zustand der Trennung.** Der erste Definitionsteil „keine häusliche Gemeinschaft besteht" ist allein auf den Zustand der Trennung beschränkt. Das Nichtbestehen der häuslichen Gemeinschaft beschreibt nur den Zustand der Trennung, ohne die Willensrichtung der Ehegatten einzubeziehen. Während nach der Rspr. des BGH die häusliche Gemeinschaft nicht aufgehoben war, wenn die Ehegatten nach der Eheschließung keinen gemeinsamen Hausstand errichten konnten,[50] besteht nach § 1567 eine häusliche Gemeinschaft auch dann nicht, wenn die Ehegatten gegen ihren Willen getrennt sind. Eine Entfremdung der Ehegatten ist nicht notwendig,[51] die zum Getrenntleben erforderliche Willensrichtung wird erst durch die subjektiven Merkmale, den Trennungswillen und das Trennungsmotiv, beschrieben.

16 **2. Getrennte Wohnungen.** Eine häusliche Gemeinschaft besteht dann nicht, wenn die Ehegatten in getrennten Wohnungen leben. Dabei ist auf die äußeren Verhältnisse abzustellen, auf die Willensrichtung kommt es zunächst nicht an. Wenn die **Wohnungen in verschiedenen Häusern oder getrennt in einem Mehrfamilienhaus** liegen, besteht keine häusliche Gemeinschaft, es sei denn, dass die Ehegatten eine der beiden Wohnungen doch gemeinsam benutzen. Auch wenn jeder Ehegatte seine Wohnung hat, kann in einer von ihnen oder auch abwechselnd in der einen oder anderen Wohnung so viel Gemeinschaft beibehalten werden, dass die Ehegatten nicht getrennt leben,[52] so wenn in einer dieser Wohnungen weiter für beide gewirtschaftet, gekocht, Interessen gepflegt oder gemeinsam geschlafen wird.[53] Abzustellen ist nicht darauf, ob die Ehegatten noch

---

40 So aber Johannsen/Henrich/*Jaeger/Hamm* Rn. 10; *Gernhuber/Coester-Waltjen* FamR § 27 Rn. 76; wie hier Staudinger/*Rauscher,* 2018, Rn. 25, 85a.

41 Staudinger/*Rauscher,* 2018, Rn. 16.

42 So → 4. Aufl. 2000, Rn. 16, 49 *(Wolf).*

43 BGH NJW 1989, 1988 = FamRZ 1989, 479 (480).

44 Johannsen/Henrich/*Jaeger/Hamm* Rn. 11; *Gernhuber/Coester-Waltjen* FamR § 27 Rn. 76; Staudinger/*Rauscher,* 2018, Rn. 18, 28; *Schwab* in Schwab ScheidungsR-HdB II Rn. 144.

45 So aber → 4. Aufl. 2000, Rn. 16 *(Wolf).*

46 Staudinger/*Rauscher,* 2018, Rn. 17–19.

47 BGH NJW 1989, 1988 (1989) = FamRZ 1989, 479 (480).

48 Staudinger/*Rauscher,* 2018, Rn. 18 f.; *Schwab* in Schwab ScheidungsR-HdB II Rn. 144; Johannsen/Henrich/*Jaeger/Hamm* Rn. 11; NK-BGB/*Bisping* Rn. 1.

49 *Schwab* in Schwab ScheidungsR-HdB II Rn. 144.

50 BGHZ 38, 266 (269) = NJW 1963, 581; BGH LM EheG § 48 Abs. 1 Nr. 7.

51 BGH NJW 1989, 1988.

52 Vgl. AG Holzminden FamRZ 1997, 1214.

53 Johannsen/Henrich/*Jaeger/Hamm* Rn. 14.

unter einem Dach leben. Auch in einem Einfamilienhaus können getrennte Wohnungen eingerichtet sein. Die Ehegatten müssen jedoch alle Tätigkeiten eingestellt haben, die Ausdruck eines gemeinsamen Haushalts sind. Dass sie noch unter der Anschrift der ehelichen Wohnung gemeldet sind, steht der Aufhebung der häuslichen Gemeinschaft nicht entgegen, auch wenn der Ehegatte, der ausgezogen ist, noch einen Schlüssel zur Wohnung oder persönliche Gegenstände, zB Kleider, Schmuck, Bücher zurückgelassen hat.[54]

**3. Unfreiwilligkeit der Trennung.** Die Ehegatten haben auch dann keine häusliche Gemeinschaft, wenn sie gerne eine gemeinsame Wohnung hätten. Auf die Beweggründe für den äußeren Zustand kommt es zunächst weder für das Bestehen noch für das Nichtbestehen der häuslichen Gemeinschaft an.[55] So besteht keine häusliche Gemeinschaft, wenn ein Ehegatte infolge Kriegsgefangenschaft, Trennung durch politische Verhältnisse, dauerhafter Unterbringung in einer Anstalt oder längere Strafhaft[56] nicht mit seinem Ehepartner zusammenlebt. Für das erste Element des Tatbestandes ist es deshalb unrichtig zu sagen, bei allen unfreiwilligen Trennungen bestehe die häusliche Gemeinschaft weiter. Für das objektive Tatbestandselement des Getrenntlebens kommt es nur auf objektive Umstände, nicht auf die Beweggründe der Trennung an.[57] Glückt einem Ehepartner die Flucht aus einem Staat, der die Ausreise nicht erlaubt, während sie dem anderen misslingt, besteht keine häusliche Gemeinschaft mehr.[58] Unschädlich ist es auch, wenn ein Ehegatte lediglich irrig glaubt, der andere sei tot.[59] 17

**4. Vorübergehende Trennung.** Jedoch führt **nicht jede Entfernung aus der ehelichen Wohnung** dazu, dass keine häusliche Gemeinschaft mehr besteht. Eine erkennbar nur vorübergehende Trennung, etwa eine Urlaubsreise ohne den anderen Ehegatten oder eine kürzere Abwesenheit aus gesundheitlichen, beruflichen oder ähnlichen Gründen, bedeutet nicht die Aufhebung der häuslichen Gemeinschaft.[60] Auch bei längeren Abwesenheiten, die immer wieder durch Gemeinsamkeiten unterbrochen werden, besteht die häusliche Gemeinschaft fort.[61] Das Motiv eines Ehegatten, die häusliche Gemeinschaft nicht herstellen zu wollen, und die Einstellung, die eheliche Lebensgemeinschaft abzulehnen, führen in diesen Fällen nicht dazu, dass die Ehegatten iSv Abs. 1 S. 1 getrennt leben, weil dafür alle drei Elemente festgestellt werden müssen. Jede unsaubere Vermengung mit subjektiven Elementen ist hier überflüssig, weil die subjektiven Elemente im Gesetzestext getrennt genannt sind (→ Rn. 15). 18

**5. Anderer örtlicher Mittelpunkt.** Entscheidend für die Aufhebung der häuslichen Gemeinschaft ist, ob die Ehegatten sich auf ihre Trennung eingerichtet haben und jeder sein **Leben aus einem anderen örtlichen Mittelpunkt** gestaltet.[62] Das wird dann, wenn ein Ehegatte eine kürzere Strafhaft verbüßt, nicht der Fall sein. Auch wenn ein Ehegatte seinen Wehrdienst leistet, wird in der Regel die häusliche Gemeinschaft in der bisherigen Wohnung weiter bestehen, vor allem dann, wenn der Ehegatte immer wieder seine Freizeit in der Wohnung verbringt. Bei lebenslanger Haft besteht eine häusliche Gemeinschaft selbst dann nicht mehr, wenn der Verurteilte sich nicht für schuldig hält und an seine baldige Entlassung glaubt. Dann ist er gezwungen, sein Leben in einem anderen häuslichen Zusammenhang zu leben als sein Ehegatte, sein anderer Wille erhält erst Bedeutung bei der Prüfung der subjektiven Merkmale. Die dauerhafte **stationäre Pflege** eines Ehegatten in einem Pflegeheim führt für sich genommen nicht zur Trennung der Ehegatten.[63] 19

**6. Ehen ohne üblichen Hausstand.** Eine häusliche Gemeinschaft besteht auch dann nicht, wenn mit der Eheschließung kein gemeinsamer Hausstand begründet wird.[64] Dass die Ehegatten eine gemeinsame Wohnung haben wollen, aber dieses Ziel nicht erreichen, begründet keine häusliche Gemeinschaft, ebenso wenig übliche Formen ehelicher Kontakte, wie Geschlechtsverkehr, andere Zärtlichkeiten, Briefwechsel. In solchen Fällen kann eine eheliche Gemeinschaft ohne häusliche 20

---

[54] OLG Hamm FamRZ 1978, 190; Johannsen/Henrich/*Jaeger/Hamm* Rn. 13.
[55] BGH NJW 1979, 105; Staudinger/*Rauscher,* 2018, Rn. 34 ff.; Soergel/*Heintzmann* Rn. 6.
[56] OLG Bamberg FamRZ 1981, 52.
[57] Staudinger/*Rauscher,* 2018, Rn. 40.
[58] Staudinger/*Rauscher,* 2018, Rn. 40a.
[59] OLG Braunschweig DRiZ 1954, 51; KG FamRZ 1969, 31.
[60] Weitergehend OLG Hamm FamRZ 1990, 166 (167) für Pflegeheim; *Diederichsen* NJW 1977, 273 (277); krit. Staudinger/*Rauscher,* 2018, Rn. 41a ff.
[61] Staudinger/*Rauscher,* 2018, Rn. 44.
[62] RGRK-BGB/*Graßhof* Rn. 11.
[63] BGH NJW 2016, 2122 Rn. 13 = FamRZ 2016, 1142.
[64] Johannsen/Henrich/*Jaeger/Hamm* Rn. 29; *Schwab* in Schwab ScheidungsR-HdB II Rn. 149; Staudinger/*Rauscher,* 2018, Rn. 50.

Gemeinschaft bestehen (→ § 1565 Rn. 19),[65] die nicht vorhandene häusliche Gemeinschaft wird zur Trennung, wenn die subjektiven Elemente hinzutreten.[66]

21 Für eine häusliche Gemeinschaft müssen die Ehegatten nicht in einer vollständigen Wohnung leben. Eine häusliche Gemeinschaft kann auch bestehen oder weiter bestehen, wenn die Ehegatten, die an verschiedenen Orten arbeiten, studieren oder sonstige Tätigkeiten ausüben, nur die Wochenenden miteinander verbringen. Es kommt dabei nicht darauf an, dass sie das immer in derselben Wohnung tun. Auch das Zusammentreffen abwechselnd in der Wohnung des einen oder des anderen Ehegatten kann genügen.[67] Es genügt auch, wenn die Ehegatten ein Zimmer teilen oder beide in der Wohnung von Eltern, Verwandten oder Freunden leben. Eine häusliche Gemeinschaft ist auch anzunehmen, wenn die Ehegatten mit anderen verheirateten oder unverheirateten Personen eine Wohnung teilen. Dabei kommt es nicht darauf an, ob in dieser Gemeinschaft geschlechtliche Beziehungen auch zu anderen Personen bestehen. Ob die Ehegatten zusammen oder getrennt leben, wird dann allerdings wesentlich durch ihre Einstellung zueinander bestimmt. Zur Aufhebung einer solchen häuslichen Gemeinschaft wird jedoch nicht der Auszug aus der **Wohngemeinschaft** oder der Anschluss an einen anderen Partner verlangt werden können.[68] In der Zuwendung zu einem anderen Partner allein kann die häusliche Trennung nicht gesehen werden. Erforderlich ist auch in diesem Fall, dass die Ehegatten die mögliche räumliche Trennung in der Gemeinschaftswohnung herbeiführen, wobei die Grundsätze des Abs. 1 S. 2 heranzuziehen sind.

### V. Trennung in der ehelichen Wohnung (Abs. 1 S. 2)

22 **1. Ziel der Vorschrift.** Im Anschluss an die Rspr. zu § 48 Abs. 2 EheG[69] wird in Abs. 1 S. 2 klargestellt, dass die häusliche Gemeinschaft auch dann nicht mehr besteht, „wenn die Ehegatten innerhalb der ehelichen Wohnung getrennt leben". Die Vorschrift ist redaktionell misslungen. Nach S. 1 leben die Ehegatten getrennt, wenn keine häusliche Gemeinschaft besteht und ein Ehegatte sie erkennbar nicht herstellen will, weil er die eheliche Lebensgemeinschaft ablehnt. Für den Sonderfall, dass die Ehegatten noch dieselbe Wohnung bewohnen, wird dann jedoch der objektive Teil des Begriffs unter Verwendung des Gesamtbegriffs des Getrenntlebens definiert. Abs. 1 S. 2 soll klarstellen, dass ein Getrenntleben – unter den weiteren subjektiven Voraussetzungen von S. 1 – auch in der ehelichen Wohnung möglich ist.[70]

23 S. 2 ist von seinem Sinn her auszulegen, auch solchen Ehegatten die Fristenscheidung zu ermöglichen und sie nicht auf die Scheidung wegen Unzumutbarkeit nach § 1565 Abs. 2, 1 zu verweisen, die aus finanziellen oder sonstigen tatsächlichen Gründen nicht in der Lage sind, zwei getrennte Wohnungen zu bewohnen. Allerdings ist die Anwendung des S. 2 nicht auf solche Fälle beschränkt, weil es nicht auf die Beweggründe dafür ankommt, dass die Eheleute weiter die eheliche Wohnung nutzen. Es ist daher ein objektiver Maßstab anzulegen.[71] Auch wenn die Regelung die soziale Lage der Ehegatten berücksichtigen[72] und die Grundlage für eine Annäherung der Eheleute nicht zerstören will, müssen aber die **räumlichen Möglichkeiten zur Abgrenzung** der Lebensbereiche in einer Wohnung vorhanden sein. Hingegen ist die fortbestehende wirtschaftliche Verflechtung der Ehegatten auch in diesem Fall unschädlich. Denn mit der bloßen Übernahme der Wirtschaftskosten erfüllt der leistungsstärkere Ehegatte dem anderen gegenüber zumeist nur seine Verpflichtung zur Zahlung von Trennungsunterhalt.[73]

24 **2. Entwicklung der Rechtsprechung.** Die Rspr. hat zwei unterschiedliche Auslegungslinien verfolgt. Sie verlangte überwiegend in Anknüpfung an die Rspr. zu § 48 Abs. 1 EheG[74] eine vollständige tatsächliche Trennung und stellte strenge Anforderungen an das Getrenntleben,[75] um

65 BGH NJW 1981, 1810; 449; Staudinger/*Rauscher,* 2018, Rn. 50.
66 Johannsen/Henrich/*Jaeger/Hamm* Rn. 29; Staudinger/*Rauscher,* 2018, Rn. 50.
67 RGRK-BGB/*Graßhof* Rn. 11.
68 Soergel/*Heintzmann* Rn. 10; vgl. auch OLG Düsseldorf FamRZ 1981, 677.
69 RGZ 159, 115 (119); RG DR 1939, 1330; BGH LM EheG § 48 Abs. 1 Nr. 14; OLG Celle MDR 1958, 164; OLG Nürnberg FamRZ 1961, 526 (530).
70 BGH NJW 1979, 105 = FamRZ 1978, 884; OLG Köln FamRZ 1978, 34; OLG Frankfurt FamRZ 1978, 595; zur Kritik an der Vorschrift *Kissel,* Ehe und Ehescheidung, 1977, 88; *Gernhuber/Coester-Waltjen* FamR § 27 Rn. 80 Fn. 127; Staudinger/*Rauscher,* 2018, Rn. 53.
71 BGH NJW 1979, 105; 1978, 1810; OLG Köln FamRZ 1982, 807; Staudinger/*Rauscher,* 2018, Rn. 56 f.; aA OLG München FamRZ 1978, 596.
72 Staudinger/*Rauscher,* 2018, Rn. 56.
73 Krit. Staudinger/*Rauscher,* 2018, Rn. 65b.
74 BGH LM EheG § 48 Abs. 1 Nr. 14; RGZ 159, 115 (119); 163, 277 (279); *Schwab* FamRZ 1976, 491 (501).
75 OLG Köln FamRZ 1978, 34; OLG Schleswig SchlHA 1978, 37; OLG Stuttgart FamRZ 1978, 690; OLG Frankfurt FamRZ 1978, 595; NJW 1978, 892; ähnlich *Diederichsen* NJW 1977, 273 (277); *Ambrock* FamRZ 1978, 314 (316); *Kissel* DRiZ 1978, 225; *Brüggemann* FamRZ 1978, 91.

die Möglichkeiten einer reinen Fristenscheidung einzudämmen.[76] Andererseits wurde auch bei Fortbestehen häuslicher Gemeinsamkeiten eine Trennung innerhalb der Ehewohnung angenommen, wenn die Eheleute durch diese Gemeinsamkeiten nicht in ehegemäßer Weise zur Befriedigung ihrer Lebensbedürfnisse zusammenwirkten, vielmehr Leistungen erbrachten, die auch einem **Untermieter** geleistet werden.[77] Diese Subjektivierung bei der Wertung äußerer Merkmale gab den vom Gesetz gewollten objektiven Teil des Getrenntlebens auf.[78] Der BGH[79] hat klargestellt, dass einerseits eine vollkommene tatsächliche Trennung[80] nicht erforderlich ist, wenn die Ehegatten in einer Wohnung leben. Es darf aber **kein gemeinsamer Haushalt** geführt werden und es dürfen **keine wesentlichen persönlichen Beziehungen** zwischen den Ehegatten bestehen.[81] Die Gemeinsamkeiten im Haushalt müssen sich danach auf das Unvermeidliche, zB die Benutzung von Flur und Küche, beschränken,[82] wobei gelegentliche Handreichungen unschädlich sind.[83] Erforderlich ist eine eindeutige räumliche Aufteilung[84] und die Existenz von zwei Haushalts- und Wirtschaftsbereichen;[85] getrenntes Schlafen[86] und Essen allein reichen nicht.[87] Je enger die räumlichen Verhältnisse in der Ehewohnung sind, desto geringere Anforderungen wird man an eine exakte räumliche Aufteilung stellen dürfen.

**3. Einzelfragen. a) Fortbestehende Gemeinsamkeiten und Versorgungsleistungen für** 25
**den anderen.** Eine weitest mögliche tatsächliche Trennung ist erst dann herbeigeführt, wenn die Ehegatten die Tätigkeiten eingestellt haben, die Ausdruck eines gemeinsamen Haushalts sind. Es sind alle noch bestehenden Gemeinsamkeiten und alle Bereiche, in denen die Trennung vollzogen ist, zu bewerten, in der Regel eine Reihe von Umständen, wobei es schwer ist, eine **kleinliche Kasuistik** zu vermeiden.[88] Eine häusliche Gemeinschaft besteht, wenn ein Ehegatte noch den Haushalt als gemeinsamen Haushalt leitet, aus einer gemeinsamen Kasse einkauft, kocht, wenn die Mahlzeiten gemeinsam eingenommen werden, die Ehefrau Wäsche, Bettzeug, Zimmer des Mannes versorgt oder andere häusliche Arbeiten mit dessen Einverständnis vornimmt oder wenn der Mann Arbeiten in Haus und Garten ausführt.[89] Eine häusliche Gemeinschaft wird aber nicht durch **gelegentliche Handreichungen** aufrechterhalten, so nicht, wenn die Frau für den Mann gelegentlich kocht, alle drei Monate die Bettwäsche erneuert, sein Zimmer aufräumt, wenn er abwesend ist, insbesondere wenn diese Hilfen **aufgedrängt** sind.[90] Arbeiten, die automatisch dem anderen Ehegatten nützen, weil sie die Gesamtwohnung betreffen, bleiben ebenfalls außer Betracht.[91] Mit der Rspr. des BGH nicht zu vereinbaren ist es, Dienste für den anderen nicht als Gemeinsamkeiten zu werten, weil sie wie für einen Untermieter mit Geld bewertet werden können.[92] Das Gesetz und der Sinn der Vorschrift lassen es auch nicht zu, Gemeinsamkeiten im Haushalt dann zu rechtfertigen, wenn sie

---

76 OLG Frankfurt FamRZ 1978, 595; OLG Köln FamRZ 1982, 807.

77 OLG München FamRZ 1978, 596; OLG Karlsruhe FamRZ 1980, 52.

78 Abl. auch *Schwab* FamRZ 1979, 14 (16); Johannsen/Henrich/*Jaeger/Hamm* Rn. 25; Staudinger/*Rauscher,* 2018, Rn. 55a; aA *Finger* FamR S. 180; AK-BGB/*Lange-Klein* Rn. 4, 5a.

79 BGH NJW 1978, 1810; 1979, 1360.

80 Die Rspr. zum EheG hatte eine vollständige tatsächliche Trennung verlangt, vgl. BGH LM EheG § 48 Abs. 1 Nr. 14; RGZ 159, 115 (119); 163, 277 (279); *Schwab* FamRZ 1976, 491 (501).

81 BGH NJW 1978, 1810 = FamRZ 1978, 671, wo der BGH ausdrücklich von der Rspr. zu § 48 EheG – BGH NJW 1969, 425 = FamRZ 1969, 80 – abweicht; Johannsen/Henrich/*Jaeger/Hamm* Rn. 23.

82 BGH NJW 1978, 1810; 1979, 1360; OLG Köln FamRZ 1978, 34; *Dörr* NJW 1989, 488; *Büte* FPR 2007, 231 (232).

83 OLG Hamm FamRZ 1978, 511 (513); OLG Köln FamRZ 2002, 1341; NJW 1987, 1561 = FamRZ 198, 388; OLG Stuttgart FamRZ 2002, 239; OLG Jena FamRZ 2002, 99 Ls. OLG Zweibrücken NJW-RR 2000, 1388.

84 BGH NJW 1978, 1810 = FamRZ 1978, 671; OLG Hamm NJW-FER 1998, 169 = FamRZ 1999, 723.

85 *Büte* FPR 2007, 231 (232).

86 OLG Stuttgart FamRZ 2002, 239.

87 BGH NJW 1979, 105; OLG Bremen NJW-RR 2001, 3 = FamRZ 2000, 1417.

88 *Finger* FamR 180; *Gernhuber/Coester-Waltjen* FamR § 27 Rn. 81.

89 OLG Köln FamRZ 1978, 34; 1982, 807; OLG Frankfurt 1978, 595; Johannsen/Henrich/*Jaeger/Hamm* Rn. 24; Soergel/*Heintzmann* Rn. 3; vgl. auch BGH NJW 1978, 1810; vgl. Staudinger/*Rauscher,* 2018, Rn. 65.

90 OLG Jena FamRZ 2002, 99; OLG München FamRZ 1998, 826 (827); OLG Hamm FamRZ 1978, 511 (513); Johannsen/Henrich/*Jaeger/Hamm* Rn. 24; Staudinger/*Rauscher,* 2018, Rn. 69; *Schwab* FamRZ 1976, 491 (502); BGH NJW 1979, 105; OLG Karlsruhe NJW 1978, 1534.

91 OLG München FamRZ 1978, 596; 1998, 826; 2001, 1457; OLG Köln FamRZ 1982, 807; *Gernhuber/Coester-Waltjen* FamR § 27 Rn. 81; Johannsen/Henrich/*Jaeger/Hamm* Rn. 24; Staudinger/*Rauscher,* 2018, Rn. 65.

92 So OLG München FamRZ 1978, 596; OLG Köln NJW 1978, 2556.

aus finanzieller Enge erklärt werden.[93] Erbringen die Ehepartner unverändert Versorgungsleistungen füreinander, so liegt auch dann kein Getrenntleben vor, wenn sie sich im Übrigen ständig streiten und nicht mehr miteinander geschlechtlich verkehren.[94] Wird der gemeinsame Haushalt von Eltern eines Ehegatten oder von einer Hausangestellten betreut und nehmen beide die Haushaltsleistungen in Anspruch, ist hierin kein gemeinsames Haushalten zu sehen, wenn in den übrigen Lebensbereichen eine vollständige Trennung stattfindet.[95]

26 **b) Keine Trennung in Einraumwohnung.** Je enger jedoch die Wohnung ist, umso mehr ist darauf abzustellen, ob vermeidbare Gemeinsamkeiten eingestellt sind und im Übrigen die häusliche Gemeinschaft in dem nach den gegebenen Umständen weitest möglichen Umfang aufgehoben ist.[96] Eine tatsächliche Trennung innerhalb einer **Einraumwohnung** ist zwar rechtlich nicht ausgeschlossen, dürfte jedoch praktisch nicht möglich sein. Das Zusammenleben in einem Raum geht über ein unschädliches Zusammentreffen hinaus, jede Hausarbeit betrifft praktisch immer beide. Zwar kann getrennt gekocht werden oder die Ehegatten können ihre Mahlzeiten außerhalb einnehmen. Bei der Zurückhaltung des BGH, eine Trennung anzunehmen, wenn ein Ehegatte zeitweilig im bisherigen Schlafzimmer schläft, das vom geisteskranken anderen Ehegatten benutzt wird,[97] dürfte eine Trennung in der Einraumwohnung aber nicht genügen. Sie kann auch kaum der Besinnung der Ehegatten und der Beweiserleichterung dienen.[98]

27 **c) Eigene Lebensbereiche.** Zur Trennung müssen in der gemeinsamen Wohnung also gesonderte Räume vorhanden sein, damit eigene Lebensbereiche entstehen. Die Ehegatten müssen in verschiedenen Räumen **wohnen** und **schlafen.**[99] **Unvermeidbar** und damit unschädlich ist es, wenn Flur, Küche, Toilette und das einzige Bad von beiden Ehegatten benutzt werden und diese sich darüber absprechen.[100] Hingegen ist das gleichzeitige Einnehmen einer gemeinsamen Mahlzeit nicht als bloßes räumliches Nebeneinander ohne persönliche Beziehung oder geistige Gemeinsamkeit[101] einzuordnen und durchaus vermeidbar.[102] Allerdings stehen **gelegentliche** Zusammentreffen in der Wohnung oder die gelegentliche Einnahme einer **gemeinsamen Mahlzeit** der Annahme des Getrenntlebens nicht entgegen.[103] Solange Ehegatten bei räumlicher Trennung im Übrigen regelmäßig gemeinsam **fernsehen,** ist die häusliche Gemeinschaft nicht aufgehoben.[104]

28 **d) Betreuung der Kinder.** Welche Bedeutung es hat, wenn Gemeinsamkeiten der Ehegatten in der bisherigen Wohnung der Betreuung der Kinder gelten, ist umstritten. Solange im Interesse der Kinder ein vollständiger Haushalt geführt wird, ist die häusliche Gemeinschaft nicht aufgehoben,[105] weil es auf die Motive nicht ankommt.[106] Sind jedoch die wesentlichen Elemente eines gemeinsamen Haushalts aufgegeben, so sind Gemeinsamkeiten, die nur der Betreuung der Kinder dienen, unerheblich.[107] Diese Auslegung ist geboten, um die Ehegatten davon abzuhalten, ihre

---

93 Staudinger/*Rauscher,* 2018, Rn. 57; Johannsen/Henrich/*Jaeger/Hamm* Rn. 25; *Schwab* FamRZ 1979, 17; aA AK-BGB/*Lange-Klein* Rn. 7.

94 Vgl. OLG Zweibrücken FamRZ 2000, 1418.

95 Staudinger/*Rauscher,* 2018, Rn. 66; anders → 4. Aufl. 2000, Rn. 28 *(Wolf).*

96 BGH NJW 1979, 1360; Staudinger/*Rauscher,* 2018, Rn. 55, 63 f.

97 BGH NJW 1979, 1360 = FamRZ 1979, 469; großzügiger OLG Köln NJW 1978, 2556.

98 Wie hier *Schwab* FamRZ 1979, 14 (17); aA RGRK-BGB/*Graßhof* Rn. 47; Staudinger/*Rauscher,* 2018, Rn. 63 f.; BeckOK BGB/*Neumann* Rn. 3 aE (Einzelfallbeurteilung).

99 BGH NJW 1978, 1810; *Schwab* in Schwab ScheidungsR-HdB II Rn. 155; Staudinger/*Rauscher,* 2018, Rn. 59, 61; Johannsen/Henrich/*Jaeger/Hamm* Rn. 22; Soergel/*Heintzmann* Rn. 11; Erman/*Blank* Rn. 2.

100 Staudinger/*Rauscher,* 2018, Rn. 60; Johannsen/Henrich/*Jaeger/Hamm* Rn. 21; *Schwab* in Schwab ScheidungsR-HdB II Rn. 155.

101 So BGH NJW 1978, 1810.

102 So zutr. Johannsen/Henrich/*Jaeger/Hamm* Rn. 23; Staudinger/*Rauscher,* 2018, Rn. 68.

103 Staudinger/*Rauscher,* 2018, Rn. 68; Johannsen/Henrich/*Jaeger/Hamm* Rn. 23; *Schwab* in Schwab ScheidungsR-HdB II Rn. 155.

104 BGH NJW 1978, 671; OLG Köln FamRZ 1982, 807; Johannsen/Henrich/*Jaeger/Hamm* Rn. 22, 24; Staudinger/*Rauscher,* 2018, Rn. 62; aA OLG Düsseldorf FamRZ 1982, 1014; OLG Karlsruhe FamRZ 1980, 52.

105 OLG Celle NdsRpfl. 1977, 247; OLG Düsseldorf FamRZ 1982, 1014; OLG Köln FamRZ 1986, 388; *Schwab* in Schwab ScheidungsR-HdB II Rn. 157; Johannsen/Henrich/*Jaeger/Hamm* Rn. 26, Staudinger/*Rauscher,* 2018, Rn. 70–77.

106 Staudinger/*Rauscher,* 2018, Rn. 74; Johannsen/Henrich/*Jaeger/Hamm* Rn. 26.

107 OLG Köln FamRZ 1982, 807; 1986, 388; OLG Düsseldorf FamRZ 1982, 1014; OLG Karlsruhe FamRZ 1980, 52; *Diederichsen* NJW 1977, 273 (279); *Gernhuber/Coester-Waltjen* FamR § 27 Rn. 81; Staudinger/*Rauscher,* 2018, Rn. 76; Johannsen/Henrich/*Jaeger/Hamm* Rn. 26; Soergel/*Heintzmann* Rn. 29; aA OLG Köln FamRZ 1978, 34; *Schwab* hält es für ein Geheimnis, wie Ehegatten mit Kindern in einer Wohnung getrennt leben wollen, *Schwab* FamRZ 1978, 14 (17); krit. *Ramm* FamR I S. 287.

Trennung zum Schaden für die Kinder zu verstärken. Deshalb ist es unschädlich, wenn die Ehegatten am Sonntag regelmäßig gemeinsam mit den Kindern essen.[108] Im Interesse der Kinder wird man in eingeschränktem Umfang Gemeinsamkeiten zulassen, andererseits aber eine weitest mögliche Trennung in sonstigen Bereichen der Haushaltsführung verlangen müssen.[109]

29 **e) Betreuung des kranken Ehegatten.** Die Betreuung des kranken Ehegatten, während die häusliche Gemeinschaft in der Ehewohnung aufgehoben sein soll, verlangt ähnliche Abgrenzungen. Hilfe für den anderen Ehegatten „im Einzelfall in dem notwendigen Umfang" steht der Annahme des Getrenntlebens nicht entgegen, die häusliche Gemeinschaft muss aber in dem nach den gegebenen Umständen weitest möglichen Umfang aufgehoben sein.[110] Unschädlich dürfte es dann auch sein, wenn ein Ehegatte gelegentlich in dem vom anderen benutzten Schlafzimmer übernachtet, um ihm im Notfall sofort helfen zu können.[111]

30 **4. Gemeinsamkeiten außerhalb der Wohnung.** Abzustellen ist auf die häusliche Gemeinschaft. Gemeinsamkeiten der Ehegatten außerhalb der Wohnung bleiben außer Betracht. Allein deshalb, weil ein Ehegatte im Gewerbebetrieb oder in der Landwirtschaft des anderen **mitarbeitet** oder im Gewerbebetrieb des anderen wie andere Arbeitnehmer auch verpflegt wird oder noch gemeinsam den in der bisherigen ehelichen Wohnung eingerichteten Büroraum benutzt, besteht keine häusliche Gemeinschaft.[112]

31 **Kontakte der Ehegatten** außerhalb eines gemeinsamen Haushalts begründen und erhalten keine häusliche Gemeinschaft.[113] So nicht ein freundlicher Briefwechsel, geschlechtliche Beziehungen, ohne dass es auf ihre Häufigkeit ankommt,[114] und andere gegenseitige Zuwendungen,[115] solange sie nicht an einem Ort konzentriert werden, der Mittelpunkt des gemeinsamen Zusammenlebens bleibt oder wird.[116] Ein Ehepaar oder -partner kann durch Zuwendung allein keine häusliche Gemeinschaft begründen. Gelegentliche Besuche in der Wohnung des anderen sind ähnlich zu werten.[117] Ob dann allerdings noch die subjektiven Merkmale der Trennung erfüllt sind oder eine andere Form des ehelichen Zusammenlebens vorliegt,[118] ist besonders sorgfältig zu prüfen.

32 Es ist jedoch nicht auf einzelne noch bestehende Gemeinsamkeiten abzustellen. Vielmehr ist eine **Gesamtsicht notwendig,** in der alle noch bestehenden Kontakte, die räumlich konzentriert sind, und die abgebrochenen Kontakte, die vorher bestanden hatten, zu werten sind. Eine häusliche Gemeinschaft der Ehegatten besteht dann nicht mehr, wenn alle wesentlichen Gemeinsamkeiten, die zwischen diesen Ehegatten in einer Wohnung üblich waren oder, wenn die Ehegatten noch nicht in einer gemeinsamen Wohnung gelebt haben, unter Ehegatten üblich sind, abgebrochen sind oder nicht bestehen.

## VI. Der Wille, die häusliche Gemeinschaft nicht herzustellen

33 **1. Trennungswille.** Zum Getrenntleben gehört weiter, dass ein Ehegatte die häusliche Gemeinschaft erkennbar nicht herstellen will, weil er die eheliche Lebensgemeinschaft ablehnt. Der Wille muss nur bei einem Ehegatten vorliegen, dann aber bei dem, der die räumliche Trennung

108 OLG Köln FamRZ 1986, 388; 1982, 807; 1980, 52; OLG Düsseldorf FamRZ 1982, 1014; Soergel/*Heintzmann* Rn. 29; Johannsen/Henrich/*Jaeger/Hamm* Rn. 26; Staudinger/*Rauscher,* 2018, Rn. 76.

109 Staudinger/*Rauscher,* 2018, Rn. 76 f.; zu weitgehend OLG Düsseldorf FamRZ 1982, 1014: gelegentliches gemeinsames Abendessen und regelmäßiges gemeinsames Fernsehen; OLG Köln FamRZ 1982, 807 (808): häufige gemeinsame Mahlzeiten, Wäschewaschen für den Mann; OLG Karlsruhe FamRZ 1980, 52: regelmäßiges gemeinsames Abendessen und Fernsehen; Frau bereitet dem Mann das Frühstück und kümmert sich um den Haushalt; krit. dazu auch *Schwab* in Schwab ScheidungsR-HdB II Rn. 157; Staudinger/*Rauscher,* 2018, Rn. 74 ff.; Johannsen/Henrich/*Jaeger/Hamm* Rn. 26.

110 BGH NJW 1979, 1360; *Schwab* FamRZ 1979, 14 (16); Erman/*Blank* Rn. 2; Staudinger/*Rauscher,* 2018, Rn. 78–80; Johannsen/Henrich/*Jaeger/Hamm* Rn. 27.

111 Die aA des BGH NJW 1979, 1360 wirkt kleinlich, folgt aber aus der Ansicht, dass das gemeinsame Schlafzimmer die Gemeinschaft besonders symbolisiert; wie im Text Staudinger/*Rauscher,* 2018, Rn. 79.

112 RG HRR 1942 Nr. 102; RGZ 167, 301 (315); OLG Köln FamRZ 1982, 807; Staudinger/*Rauscher,* 2018, Rn. 38; *Gernhuber/Coester-Waltjen* FamR § 27 Rn. 81; Johannsen/Henrich/*Jaeger/Hamm* Rn. 16; Soergel/*Heintzmann* Rn. 14.

113 Johannsen/Henrich/*Jaeger/Hamm* Rn. 16; Staudinger/*Rauscher,* 2018, Rn. 81.

114 Staudinger/*Rauscher,* 2018, Rn. 81; Johannsen/Henrich/*Jaeger/Hamm* Rn. 16; RGZ 160, 280 (284).

115 RGZ 160, 246 (249); OGH MDR 1948, 471; es sind jedoch Indizien für eine eheliche Lebensgemeinschaft, die ohne häusliche Lebensgemeinschaft bestehen kann, → § 1565 Rn. 23.

116 Staudinger/*Rauscher,* 2018, Rn. 81; *Schwab* in Schwab ScheidungsR-HdB II Rn. 140.

117 *Schwab* in Schwab ScheidungsR-HdB II Rn. 140; Staudinger/*Rauscher,* 2018, Rn. 82.

118 Johannsen/Henrich/*Jaeger/Hamm* Rn. 16.

aufrechterhält.[119] Solange eine häusliche Gemeinschaft besteht, ist jedoch die Willensrichtung eines Ehegatten unerheblich. Denn die Willensrichtung dient nur dazu, eine **unfreiwillige Trennung** der Ehegatten als Grundlage für den Fristablauf **auszuschließen.**[120] Ehe die Willensrichtung geprüft wird, ist deshalb festzustellen, ob die häusliche Gemeinschaft noch besteht.

34 Ein Ehegatte muss die häusliche Gemeinschaft mit dem anderen Ehegatten ablehnen. Dass er die Trennung als Beendigung dieser Gemeinschaft empfindet und hinnimmt, ist nicht ausreichend.[121] Das Gesetz verlangt eine **Entscheidung,** ohne dass es dabei auf eine ehefeindliche Gesinnung eines Ehegatten ankommt.[122] Es genügt, dass ein Ehegatte es ablehnt, mit dem anderen in einer bestimmten Stadt, einem bestimmten Haus oder einer bestimmten Wohnung zusammenzuleben, zB im Haus oder der Wohnung der Schwiegereltern. Zieht er dort aus, so lehnt er die häusliche Gemeinschaft ab, auch wenn er hofft, der Partner werde ihm alsbald nachfolgen.[123]

35 Der **Trennungswille** ist **nicht in die Zukunft** gerichtet. Er bezieht sich auf den gegenwärtigen Zustand, nicht auf die Vorstellung der Ehegatten über ihre zukünftige Haltung zur häuslichen Gemeinschaft.[124] So bekundet auch der Ehegatte, der aus einem Staat in der Hoffnung flüchtet, auch dem zurückbleibenden Ehegatten werde alsbald die Flucht gelingen, den Willen, die häusliche Gemeinschaft aufzuheben; ihm wird allerdings das Trennungsmotiv fehlen.[125] Es kommt lediglich darauf an, ob die häusliche Gemeinschaft nach der Vorstellung eines oder beider Ehegatten eine nicht nur kurze Zeit nicht bestehen soll. Auch wenn ein Ehegatte die häusliche Gemeinschaft verlässt, „um zunächst einmal endgültige Klarheit über das Verhältnis zum Partner zu gewinnen"[126] oder um den anderen zu bewegen, ihm aus der Wohnung im Haus der Schwiegereltern in eine andere Wohnung zu folgen, will er keine häusliche Gemeinschaft.

36 **2. Ehen ohne häusliche Gemeinschaft.** Auch auf Ehen, in denen von vornherein keine häusliche Gemeinschaft bestand und die Begründung einer häuslichen Gemeinschaft nie beabsichtigt war, sind die Fristenvorschriften der § 1565 Abs. 2, § 1566 anzuwenden.[127] Eine Unterscheidung danach, ob das Fehlen einer engen räumlichen Gemeinschaft zur Lebensform der Ehegatten gehörte oder ob die Ehe nur der äußeren Form halber zu ehefremden Zwecken geschlossen wurde (Namensehe, Legitimationsehe, Staatsangehörigkeitsehe), ist nicht gerechtfertigt.[128]

37 Besteht von Anfang an keine häusliche Gemeinschaft, leben die Ehegatten erst dann getrennt, wenn der **Trennungswille** eines Ehegatten **erkennbar wird.**[129] Haben die Ehegatten bewusst auf die Begründung einer häuslichen Gemeinschaft verzichtet, so kommt es auf den Willen, eine solche nicht herzustellen, naturgemäß nicht an, sondern allein auf die Ablehnung der ehelichen Lebensgemeinschaft. Stehen der Begründung einer häuslichen Gemeinschaft hingegen äußere, unüberwindbar erscheinende Hindernisse entgegen, so muss der Wille darauf gerichtet sein, einen gemeinsamen Haushalt nicht mehr begründen zu wollen, weil die eheliche Lebensgemeinschaft abgelehnt wird. Erst wenn ein Ehegatte den Willen aufgegeben hat, die häusliche Gemeinschaft noch zu begründen,[130] will er die häusliche Gemeinschaft nicht herstellen.

38 **3. Schein- und Zweckehen.** Eheschließung und Getrenntleben können theoretisch zusammenfallen,[131] wenn schon bei der Eheschließung erkennbar feststand, dass eine häusliche Gemein-

---

119 BGH NJW 1978, 1810; Staudinger/*Rauscher,* 2018, Rn. 87; vgl. auch OLG Hamm FamRZ 1993, 456.

120 BGH LM EheG § 48 Abs. 1 Nr. 14; Staudinger/*Rauscher,* 2018, Rn. 85a; Johannsen/Henrich/*Jaeger/Hamm* Rn. 11; *Schwab* in Schwab ScheidungsR-HdB II Rn. 141; *Gernhuber/Coester-Waltjen* FamR § 27 Rn. 76.

121 Vgl. BGH NJW 1989, 1988 = FamRZ 1989, 479 (480); BGHZ 4, 279 (281) = NJW 1952, 593; BGH LM EheG § 48 Abs. 2 Nr. 30; OLG Hamm FamRZ 1990, 167; OLG Stuttgart FamRZ 1956, 239; Staudinger/*Rauscher,* 2018, Rn. 89.

122 BGH NJW 1989, 1988; AG Holzminden FamRZ 1997, 1214; Staudinger/*Rauscher,* 2018, Rn. 86, 91b; Johannsen/Henrich/*Jaeger/Hamm* Rn. 11; *Gernhuber/Coester-Waltjen* FamR § 27 Rn. 76.

123 BGHZ 4, 279 (280) = NJW 1952, 543; *Gernhuber/Coester-Waltjen* FamR § 27 Rn. 76; aA *Diederichsen* NJW 1977, 273 (277).

124 Staudinger/*Rauscher,* 2018, Rn. 88.

125 BGHZ 4, 279 (280) = NJW 1952, 543; OLG Schleswig FamRZ 1957, 420.

126 BGHZ 4, 279 (280) = NJW 1952, 543; BGHZ 38, 266 (269) = NJW 1963, 581.

127 KG NJW 1982, 112; OLG Karlsruhe FamRZ 1986, 680; *Schwab* in Schwab ScheidungsR-HdB II Rn. 149; Johannsen/Henrich/*Jaeger/Hamm* Rn. 29; aA KG FamRZ 1980, 356; *Brüggemann* FamRZ 1978, 91.

128 Johannsen/Henrich/*Jaeger/Hamm* § 1565 Rn. 17, 50.

129 BGH NJW 1989, 1988 = FamRZ 1989, 479 (480); OLG Bamberg FamRZ 1981, 52; OLG Düsseldorf FamRZ 1980, 677; OLG Hamm FamRZ 1982, 1073 mAnm *Bosch*; OLG Karlsruhe FamRZ 1986, 680; KG NJW 1982, 112; *Schwab* in Schwab ScheidungsR-HdB II Rn. 149; Johannsen/Henrich/*Jaeger/Hamm* Rn. 29; Staudinger/*Rauscher,* 2018, Rn. 100a.

130 BGHZ 38, 266 (270) = NJW 1963, 581; Staudinger/*Rauscher,* 2018, Rn. 100a.

131 Ebenso KG FamRZ 1985, 73; 1987, 486; *Schwab* in Schwab ScheidungsR-HdB II Rn. 149; Staudinger/*Rauscher,* 2018, Rn. 113; aA KG FamRZ 1987, 486; OLG Karlsruhe FamRZ 1986, 680 (681).

schaft nie begründet werden, sondern die Ehe ohne häusliche Gemeinschaft nach der Zweckerreichung geschieden werden soll. Da jedoch die Kundgabe des Trennungswillens nach außen erforderlich ist[132] und es zum Wesen der Scheinehe gehört, eine eheliche Lebensgemeinschaft für eine gewisse Zeit vorzuspiegeln, wird das Zusammenfallen von Eheschließung und Getrenntleben wegen der fehlenden Offenbarung des Scheincharakters der Ehe nach außen selten sein.[133] Es erscheint nicht gerechtfertigt, für die Zeit der Eheschließung den Willen zur Gemeinschaft aus dem Wesen der Ehe immer zu unterstellen.[134] Doch muss der Trennungswille oder der Scheincharakter der Ehe nach außen erkennbar werden (→ § 1565 Rn. 86; → § 1566 Rn. 3).[135] Dass die Ehegatten einer Scheinehe sich gegenseitig die Absicht, eine Lebensgemeinschaft nicht begründen zu wollen, erklären,[136] reicht schon im Hinblick auf die Indizwirkung, die dem Getrenntleben für das Scheitern der Ehe zukommt, nicht aus.

**4. Trennung aus ehefremden Gründen.** Besteht eine häusliche Gemeinschaft nicht mehr 39
aus Gründen, die nicht mit der Ehe zusammenhängen, zB wegen Kriegsgefangenschaft,[137] Verschleppung, Evakuierung, Internierung,[138] Aufenthalt in einem Pflegeheim,[139] längerer Freiheitsstrafe,[140] Trennung zur Ausübung eines Berufs,[141] so ist diese Trennung ohne Bedeutung, solange nicht die Absicht eines Ehegatten hinzukommt, nicht mehr mit dem anderen zusammenzuleben.[142] So besteht bei lebenslanger Haft zwar keine häusliche Gemeinschaft mehr,[143] die Ehegatten leben jedoch erst getrennt, wenn die weiteren subjektiven Tatbestandsmerkmale hinzutreten. Ist ein Ehegatte verschollen, muss ebenfalls die Willensrichtung eines Ehegatten hinzutreten. Sie liegt dann vor, wenn er den anderen Ehegatten für tot[144] und die häusliche Gemeinschaft für nicht mehr möglich hält. Zweifel darüber, ob der andere noch lebt, genügen allein nicht. Sie werden erst beseitigt, wenn er beantragt, den anderen für tot zu erklären,[145] oder sonst nach außen zum Ausdruck bringt, dass er seine Lebensverhältnisse ohne den von ihm für tot gehaltenen Ehegatten neu ordnen, insbesondere eine neue Ehe eingehen will.[146]

**5. Erkennbarkeit des Trennungswillens. a) Erkennbarkeit als Grundlage der gesetzlichen Scheiternsvermutung.** Es muss erkennbar sein, dass der Ehegatte die häusliche Gemeinschaft 40
ablehnt. Das Gesetz knüpft an die Rspr. zur Aufhebung der häuslichen Gemeinschaft an, die verlangt hatte, dass unzweifelhaft nach außen erkennbar die Trennung der Ehegatten auf der Absicht beruht, die häusliche Gemeinschaft nicht herzustellen.[147] Es ist also zweierlei festzustellen: Ein Ehegatte muss die Absicht haben, die häusliche Gemeinschaft nicht herzustellen. Diese Absicht muss erkennbar

---

132 Johannsen/Henrich/*Jaeger/Hamm* Rn. 31.

133 Staudinger/*Rauscher,* 2018, Rn. 113; Johannsen/Henrich/*Jaeger/Hamm* § 1565 Rn. 50; aA *Gernhuber/Coester-Waltjen* FamR § 27 Rn. 15–18 Fn. 26.

134 So BGHZ 38, 266 (270) = NJW 1963, 581; OLG Düsseldorf FamRZ 1980, 677; OLG Hamm FamRZ 1982, 1073 mAnm *Bosch;* KG NJW 1982, 112; FamRZ 1985, 73; 1042; *Schwab* FamRZ 1976, 491 (498); aA *Gernhuber/Coester-Waltjen* FamR § 27 Rn. 15–18 Fn. 26.

135 OLG Karlsruhe FamRZ 1986, 680; aA OLG Düsseldorf FamRZ 1981, 677; OLG Hamm FamRZ 1982, 1073; KG FamRZ 1985, 73 (1042); 1987, 486; Soergel/*Heintzmann* Rn. 42; Johannsen/Henrich/*Jaeger* § 1565 Rn. 50; Staudinger/*Rauscher,* 2018, Rn. 110.

136 AA → 4. Aufl. 2000, Rn. 40 *(Wolf);* → 4. Aufl. 2000, § 1565 Rn. 88 *(Wolf).*

137 RGZ 128, 46 (49); 160, 246 (249); OLG Celle FamRZ 1957, 419.

138 BGHZ 4, 279 (280) = NJW 1952, 543.

139 OLG Hamm FamRZ 1990, 166 (167).

140 BGHZ 38, 266 (270) = NJW 1963, 581; OLG Bamberg FamRZ 1981, 52; OLG Köln FamRZ 1955, 50; 1965, 510 zu § 1362 Abs. 2 BGB aF; KG FamRZ 1978, 342; allerdings verkennt das KG, dass in diesem Fall nie eine häusliche Gemeinschaft begründet worden war, weil die Ehe schon in einem Hafturlaub geschlossen wurde.

141 OLG Bamberg FamRZ 1981, 52; OLG Hamm FamRZ 1978, 190; RGZ 164, 332.

142 AllgM; BGH NJW 1989, 1988 = FamRZ 1989, 479 (480); OLG Hamm FamRZ 1978, 190; 1990, 167; BGHZ 38, 266 (270) = NJW 1963, 581 mAnm *Johannsen* LM EheG § 48 Abs. 1 Nr. 9; OLG Hamburg FamRZ 1965, 151; OLG Köln FamRZ 1965, 510; *Schwab* in Schwab ScheidungsR-HdB II Rn. 141; Staudinger/*Rauscher,* 2018, Rn. 114.

143 Zu diesem Fall BGHZ 38, 266 (269) = NJW 1963, 581 mAnm *Johannsen* LM EheG § 48 Abs. 1 Nr. 9.

144 OLG Schleswig SchlHA 1949, 208; aA OLG Braunschweig FamRZ 1956, 51; KG FamRZ 1969, 31; *Dölle* FamR § 39 IV 2a.

145 KG FamRZ 1969, 31.

146 Staudinger/*Rauscher,* 2018, Rn. 92; KG FamRZ 1969, 31; AG Hameln FamRZ 2006, 127.

147 BGHZ 4, 279 (280, 281) = NJW 1952, 543; BGH LM EheG § 48 Abs. 1 Nr. 7; BGHZ 38, 266 (269) = NJW 1963, 581; OLG Celle FamRZ 1964, 302; OLG Hamburg FamRZ 1965, 151; OLG Stuttgart FamRZ 1956, 239; *Lersch* Anm. zu LM EheG § 48 Abs. 1 Nr. 5; *Schwab* FamRZ 1976, 491 (500); *Dölle* FamR § 39 IV 2a; *Gernhuber/Coester-Waltjen* FamR § 27 Rn. 77; Staudinger/*Rauscher,* 2018, Rn. 99.

gewesen sein. Beide Merkmale müssen immer nebeneinander festgestellt werden. Es genügt also nicht die Absicht, ohne dass sie erkannt werden konnte, noch genügt eine Erklärung in dieser Richtung, wenn sie nicht der wirklichen Einstellung des Ehegatten entsprochen hat. Nur beide Merkmale sichern die tatsächliche Grundlage für die gesetzliche Vermutung. Erkennbar muss nur sein, dass ein Ehegatte die häusliche Gemeinschaft ablehnt,[148] weil sich nur dieses Motiv auf äußere Tatsachen bezieht und damit erkannt werden kann. Es wäre mit der Funktion der Frist unvereinbar, Erklärungen der Ehegatten zur ehelichen Lebensgemeinschaft zu verlangen, die sich wesentlich auf innere Vorgänge beziehen müssten.

41 **b) Keine rechtsgeschäftliche Willenserklärung.** Eine rechtsgeschäftliche Willenserklärung ist für die Äußerung des Trennungswillens nicht erforderlich, es genügt schlüssiges tatsächliches Verhalten.[149] Ist ein Ehegatte geistig erkrankt, so hängt es vom Grad dieser Erkrankung ab, ob er den Willen haben kann, die häusliche Gemeinschaft nicht herzustellen. Hierbei ist nicht auf die Kategorien der Geschäftsfähigkeit abzustellen, sondern darauf, ob es dem **natürlichen Willen** des Ehegatten entspricht, nicht mehr mit dem anderen zusammenzuleben.[150] Solange der erkrankte Ehegatte den natürlichen Willen hat, kommt es auf den Willen des gesetzlichen Vertreters nicht an.[151]

42 **c) Keine Empfangsbedürftigkeit.** Es ist nicht erforderlich, dass die Absicht zur häuslichen Trennung von einem Dritten oder vom anderen Ehegatten tatsächlich erkannt worden ist. Da keine Willenserklärung verlangt wird, ist die Kundgabe der Trennungsabsicht auch nicht empfangsbedürftig.[152] Es ist daher auch nicht erheblich, ob der andere Ehegatte in der Lage ist, die Trennungsabsicht zu erkennen.[153] Ebenso wenig kommt es darauf an, ob dem anderen Ehegatten die Umstände bekannt waren, aus denen sich die Ablehnung der häuslichen Gemeinschaft ergab.[154] Ist der Trennungswille vorhanden und wird er Dritten gegenüber klar erkennbar geäußert, kommt es nicht darauf an, ob er dem anderen Ehegatten gegenüber nicht klar geäußert oder verschwiegen wird.[155] Verheimlicht ein Ehegatte die Umstände, werden allerdings Zweifel an seiner Trennungsabsicht berechtigt sein.[156]

43 **d) Willensäußerung.** Eine ernst gemeinte ausdrückliche Erklärung gegenüber dem anderen Ehegatten beseitigt die Zweifel am Trennungswillen.[157] Der Wille, nicht mehr mit dem anderen in häuslicher Gemeinschaft zu leben, kann auch in einem Einverständnis mit dem anderen Ehegatten zum Ausdruck kommen. Hebt ein Ehegatte die häusliche Gemeinschaft ohne äußere Gründe auf, kann auf einen entsprechenden Trennungswillen geschlossen werden. Ein Antrag nach § 620 Nr. 5 ZPO aF, im Wege der einstweiligen Anordnung das Getrenntleben der Ehegatten zu regeln, ist meist Ausdruck dieses Willens, kann aber auch darin begründet sein, vorübergehenden Schutz vor einem trunksüchtigen oder kranken Ehegatten zu suchen. Erkennbar wird die Trennungsabsicht vor allem dann, wenn **ein Ehegatte die Scheidung beantragt,** in der Regel wohl auch schon dann, wenn er sich von einem Rechtsanwalt oder auch von anderen Personen zum Zwecke der Scheidung beraten lässt.[158] Fordert ein Ehegatte den anderen auf, wieder mit ihm zusammenzuleben, und

---

[148] Staudinger/*Rauscher,* 2018, Rn. 88.

[149] Erman/*Blank* Rn. 3; Staudinger/*Rauscher,* 2018, Rn. 91, 101, 103; Johannsen/Henrich/*Jaeger/Hamm* Rn. 30.

[150] BGH NJW 1989, 1988 = FamRZ 1989, 479 (480); OLG Hamm FamRZ 1990, 166 (167); Johannsen/Henrich/*Jaeger/Hamm* Rn. 30; Staudinger/*Rauscher,* 2018, Rn. 91a.

[151] BGH NJW 1989, 1988 (1989) = FamRZ 1989, 479 (480); *Gernhuber/Coester-Waltjen* FamR § 27 Rn. 77; vgl. auch OLG Hamm FamRZ 1990, 166 (167).

[152] *Schwab* FamRZ 1976, 491 (500) Fn. 56; *Schwab* in Schwab ScheidungsR-HdB II Rn. 141; Staudinger/*Rauscher,* 2018, Rn. 91; *Gernhuber/Coester-Waltjen* FamR § 27 Rn. 77; einschr. Palandt/*Brudermüller* Rn. 5, nach dem der andere Ehegatte zumindest Kenntnis von den Fakten erhalten muss; aA Johannsen/Henrich/*Jaeger/Hamm* Rn. 30; zur Empfangsbedürftigkeit vgl. BT-Drs. 7/650, 114 und die hL zu § 48 EheG, vgl. BGH LM EheG § 48 Abs. 1 Nr. 7; OLG Schleswig JR 1950, 756; OLG Köln FamRZ 1955, 50; OLG Stuttgart FamRZ 1956, 239.

[153] *Gernhuber/Coester-Waltjen* FamR § 27 Rn. 77; Staudinger/*Rauscher,* 2018, Rn. 102 f.; aA BGH NJW 2016, 2122 Rn. 14 = FamRZ 2016, 1142; *Habscheid* MDR 1953, 338; OLG Hamm MDR 1968, 413; Johannsen/Henrich/*Jaeger/Hamm* Rn. 30.

[154] *Gernhuber/Coester-Waltjen* FamR § 27 Rn. 77; Staudinger/*Rauscher,* 2018, Rn. 102; aA Johannsen/Henrich/*Jaeger/Hamm* Rn. 30.

[155] Soergel/*Heintzmann* Rn. 21; Staudinger/*Rauscher,* 2018, Rn. 103; aA RGRK-BGB/*Graßhof* Rn. 28.

[156] Johannsen/Henrich/*Jaeger* Rn. 30; LG Stuttgart FamRZ 1955, 174; Staudinger/*Rauscher,* 2018, Rn. 104.

[157] OLG Hamm FamRZ 1978, 190.

[158] KG NJW 1982, 112; Johannsen/Henrich/*Jaeger/Hamm* Rn. 30; zum Scheidungsantrag vgl. OLG Bamberg NJW 1952, 148; OLG Celle FamRZ 1957, 419; OLG Schleswig FamRZ 1957, 420.

kommt dieser der Aufforderung nicht nach, liegt Erkennbarkeit vor; ebenso, wenn ein Ehegatte einer gerichtlich angeordneten Verpflichtung zur Herstellung des ehelichen Lebens nicht Folge leistet. Lebt ein Ehegatte für Jahre im Ausland und hat er dort eine Geliebte, mit der er Kinder hat, ist daraus allein nicht erkennbar, dass er die häusliche Gemeinschaft ablehnt, selbst wenn er dies seiner Geliebten und Arbeitskollegen erzählt, solange er noch Kontakte zum Ehepartner hält.[159] Dies kann jedoch nur angenommen werden, wenn deutlich bleibt, dass die Ehe weiter bestehen soll. Bricht er den Briefverkehr[160] allerdings ab und verbringt er auch seinen Urlaub nicht mehr beim Ehegatten, wird seine Absicht erkennbar. Hingegen soll das Einstellen von Besuchen in der Haftanstalt nicht genügen, um eine hinreichende Trennungserklärung zu bejahen;[161] auch hier dürfte es aber auf die Umstände des Einzelfalls ankommen.

## VII. Ablehnung der ehelichen Lebensgemeinschaft

**1. Trennungsmotiv.** Die Aufhebung der häuslichen Gemeinschaft nach dem EheG war ein vom Beweggrund und Zweck der Trennung unabhängiger äußerer Tatbestand, zu dem als subjektives Element nur die Absicht gehörte, nicht mehr mit dem anderen zusammenzuleben. Es war gleichgültig, aus welchen Motiven ein Ehegatte die häusliche Gemeinschaft aufhob. Insbesondere war es nicht erforderlich, dass ein Ehegatte die eheliche Gemeinschaft ablehnte (→ Rn. 10).[162] Es genügte, wenn ein Ehegatte die häusliche Gemeinschaft aufhob, um die eheliche Gemeinschaft zu retten, zB in der Hoffnung, der andere werde ihm folgen und sich damit dem ungünstigen Einfluss der Eltern entziehen. 44

Abs. 1 S. 1 fügt demgegenüber als weiteres Tatbestandsmerkmal ein: **„weil er die eheliche Lebensgemeinschaft ablehnt".** Mit ehelicher Lebensgemeinschaft ist „die Lebensgemeinschaft der Ehegatten" iSd § 1565 Abs. 1 S. 1 gemeint. Die unterschiedliche Formulierung stellt ein Redaktionsversehen dar. 45

**2. Keine „kleine Zerrüttungsprüfung".** Die **Ablehnung der Lebensgemeinschaft** bedeutet nicht, dass in Anlehnung an den Grundtatbestand des Scheiterns der Ehe in § 1565 Abs. 1 eine „kleine Zerrüttungsprüfung" anzustellen wäre.[163] Vielmehr verlangt das Gesetz neben dem gegenwärtigen Trennungswillen ein **in die Zukunft gerichtetes Trennungsmotiv.**[164] Die Feststellung, dass ein Ehegatte die häusliche Gemeinschaft nicht will, weil er die eheliche Lebensgemeinschaft ablehnt, dient dazu, willentliche, aber nicht gegen die eheliche Lebensgemeinschaft gerichtete Trennungen als Grundlage für die Fristenscheidung auszusondern. Müsste bei der Prüfung des Getrenntlebens bereits eine „kleine Zerrüttungsprüfung" vorgenommen werden, würde die Fristenscheidung erschwert und die Vermutungsscheidung nach § 1566 entwertet. Die hM und der BGH lehnen deshalb eine solche „kleine Zerrüttungsprüfung" zu Recht ab (→ Rn. 14).[165] 46

**3. Ablehnung der Lebensgemeinschaft.** Das Gesetz macht die Einstellung der Ehegatten zu ihrer Ehe, nicht nur zur häuslichen Gemeinschaft, zum Tatbestandsmerkmal. Ein Ehegatte lehnt die eheliche Lebensgemeinschaft ab, wenn ihm die Bereitschaft, sich mit dem anderen über die Formen des Zusammenlebens zu einigen, fehlt und er auch die wesentlichen äußeren Gemeinsamkeiten mit ihm nicht haben will. Deshalb führt die Trennung mit dem Ziel, den anderen Ehegatten zur Wiederaufnahme der häuslichen Gemeinschaft an anderem Ort oder in anderen Formen zu bewegen, zwar zur willentlichen Aufhebung der häuslichen Gemeinschaft, nicht jedoch zum Getrenntleben, weil dafür die Ablehnung der Lebensgemeinschaft hinzukommen muss. 47

**a) Kein Scheidungswille erforderlich.** Das Motiv für die Trennung wird häufig **scheidungsgerichtet** sein. Es sind aber durchaus Fälle denkbar, in denen der Ehegatte eine Scheidung nicht 48

159 OLG Stuttgart FamRZ 1956, 239; *Schwab* FamRZ 1976, 491 (501); *Diederichsen* NJW 1977, 273 (277).

160 Die Einstellung des Briefwechsels allein genügt nicht immer, BGH LM EheG § 48 Abs. 1 Nr. 7; *Schwab* FamRZ 1976, 491 (500).

161 OLG Dresden MDR 2002, 762; Bamberger/Roth/*Neumann* Rn. 5.

162 BGHZ 4, 279 (280) = NJW 1952, 543 mAnm *Lersch* LM EheG § 48 Abs. 1 Nr. 5; BGHZ 38, 266 (268) = NJW 1963, 581 mAnm *Johannsen* zu LM EheG § 48 Abs. 1 Nr. 9; RGZ 160, 246 (249); aA nur die Entscheidung OLG Schleswig FamRZ 1957, 420; umgekehrt vertrat das LG Bonn FamRZ 1974, 188 die Meinung, dass zur Aufhebung der häuslichen Gemeinschaft kein entsprechender Wille gehöre.

163 So aber → 4. Aufl. 2000, Rn. 49, 16 *(Wolf)* unter Berufung auf den Willen des Gesetzgebers.

164 Staudinger/*Rauscher,* 2018, Rn. 26, 28, 88.

165 BGH NJW 1989, 1988 (1989) = FamRZ 1979, 479 (480); OLG Hamm FamRZ 1990, 166; *Schwab* FamRZ 1976, 491 (500); *Schwab* in Schwab ScheidungsR-HdB II Rn. 144; eingehend Johannsen/Henrich/*Jaeger/Hamm* Rn. 4, 9–12; *Gernhuber/Coester-Waltjen* FamR § 27 Rn. 76; Staudinger/*Rauscher,* 2018, Rn. 28; Bamberger/Roth/*Neumann* Rn. 7.

beabsichtigt.[166] Er kann auch dann, wenn er die eheliche Gemeinschaft ablehnt, die Scheidung nicht anstreben, etwa aus religiösen oder gesellschaftlichen Überlegungen, weil er eine schwierige und verlustreiche Vermögensteilung fürchtet, weil die Scheidung zu teuer ist oder weil er im Hinblick auf gemeinsame Kinder nicht geschieden sein will.[167] Auch in solchen Fällen kann trotz fehlenden Scheidungswillens der Trennungswille Ausdruck der Ablehnung der ehelichen Lebensgemeinschaft sein, so wenn der Ehegatte mit einem anderen Partner in einer Dauerverbindung lebt.[168]

49 **b) Keine ehefeindliche Einstellung erforderlich.** Das Gesetz verlangt auch keine feindliche Einstellung gegenüber dem anderen Ehegatten. Warum ein Ehegatte die eheliche Gemeinschaft ablehnt, ist rechtlich nicht erheblich.[169] Das Motiv für die Trennung kann sich aus äußeren Notwendigkeiten ergeben, ohne dass die Achtung oder Liebe zum anderen Ehegatten beeinträchtigt ist. Dies wird insbesondere bei Alkoholsucht oder geistiger Erkrankung vorkommen.

50 **c) Keine Prognose erforderlich.** Eine Prognose, ob der Ehegatte die eheliche Lebensgemeinschaft auch in Zukunft ablehnen wird, ist nicht verlangt. Darin liegt ein wesentlicher Unterschied zwischen dem Getrenntleben und dem Scheitern der Ehe, das erst vorliegt, wenn angesichts des Zustandes der Ehe oder unter Berücksichtigung der abgelaufenen Fristen nicht erwartet werden kann, dass die Ehegatten die eheliche Lebensgemeinschaft wieder herstellen werden.

51 **d) Beweislast.** Die Ablehnung der ehelichen Lebensgemeinschaft ist immer besonders zu behaupten, zu beweisen und in der Entscheidung festzustellen.[170] Der Ehegatte, der den Fristablauf behauptet, muss beweisen, dass er oder der andere Ehegatte die eheliche Lebensgemeinschaft ablehnt.

52 **e) Tatsächliche Vermutung.** Trennen sich die Ehegatten freiwillig, und ist erkennbar, dass ein Ehegatte nicht mehr mit dem anderen zusammenleben will, wird in der Regel der Schluss zulässig sein, dass er auch die Lebensgemeinschaft mit dem anderen Ehegatten ablehnt. Dafür spricht eine tatsächliche Vermutung. Wenn keine häusliche Gemeinschaft besteht und ein Ehegatte sie erkennbar nicht herstellen will, könnte sich die eheliche Lebensgemeinschaft, die ihrerseits wieder stark vom Willen für Gemeinsamkeit bestimmt ist, nur noch in Gemeinsamkeiten außerhalb eines häuslichen Mittelpunktes verwirklichen. Das ist nicht ausgeschlossen, wenn die Ehegatten regelmäßig zusammentreffen, nach außen weiterhin als Ehepaar auftreten und zahlreiche Gemeinsamkeiten haben.[171] Meist ist jedoch mit der Aufgabe der Lebensgemeinschaft auch das Getrenntleben der Ehegatten verbunden.[172] In der Praxis werden die subjektiven Teile des Getrenntlebens den Erklärungen der Ehegatten entnommen. Eine besondere Untersuchung und Feststellung der Ablehnung der Lebensgemeinschaft ist hingegen in den Fällen notwendig, wenn eine häusliche Gemeinschaft von Anfang an nicht begründet wird, und dann, wenn zu prüfen ist, ob die Trennung auf äußeren Gründen beruht.

## VIII. Fristberechnung

53 Für den Beginn und den Lauf einer Frist des Getrenntlebens ist Voraussetzung, dass alle Merkmale des Abs. 1, insbesondere alle subjektiven Merkmale, erfüllt sind und während der gesamten Zeit, für die die Trennung angenommen wird, bestanden haben.[173] Wird die Trennung für einen bestimmten Zeitpunkt festgestellt, kann ohne entgegenstehende Fakten davon ausgegangen werden, dass die Merkmale des Getrenntlebens fortbestehen. Es wäre praktisch unmöglich, für jeden Tag der Trennung die subjektiven Merkmale gesondert festzustellen. Der Fristablauf kann nur in der **Tatsacheninstanz** festgestellt werden (→ § 1565 Rn. 64). Verstreicht eine Trennungsfrist erst in der zweiten Instanz, können die Kosten des Berufungsverfahrens dem Antragsteller auferlegt werden.[174] Haben Ehegatten bei der Eheschließung keine häusliche Gemeinschaft begründet, leben sie erst getrennt, wenn mindestens ein Ehegatte die häusliche Gemeinschaft nicht mehr aufnehmen will, weil er die eheliche Lebensgemeinschaft ablehnt. Mit der Eheschließung wird in der Regel der Wille zur häuslichen Gemeinschaft und zur ehelichen Lebensgemeinschaft verbunden sein,

---

166 AA Staudinger/*Rauscher*, 2018, Rn. 94, der stets ein scheidungsgerichtetes Trennungsmotiv verlangt.
167 Das räumt auch Staudinger/*Rauscher*, 2018, Rn. 95b ein.
168 Vgl. *Ramm* FamR I 289.
169 *Gernhuber/Coester-Waltjen* FamR § 27 Rn. 76.
170 OLG Hamm FamRZ 1990, 166 (168); *Hillermeier* FamRZ 1976, 577.
171 OLG Brandenburg OLGR 2008, 577 = FamRB 2008 mAnm *Neumann*.
172 Vgl. BGH NJW 1981, 449.
173 BGH NJW 1979, 978 = FamRZ 1979, 285 (287); OLG Hamm FamRZ 1990, 167; Staudinger/*Rauscher*, 2018, Rn. 147, 151; Johannsen/Henrich/*Jaeger/Hamm* Rn. 17.
174 OLG Zweibrücken FamRZ 1982, 293; OLG Hamburg FamRZ 1985, 711; OLG Köln FamRZ 1984, 280; § 1565 Rn. 53.

notwendig ist das nicht. Deshalb können die Ehegatten in Ausnahmefällen von Anfang an getrennt leben. Die Frist beginnt dann mit der Eheschließung. Werden die Ehegatten gegen ihren Willen getrennt, beginnt der Fristablauf erst dann, wenn alle subjektiven Merkmale hinzutreten. Besteht die häusliche Gemeinschaft, leben die Ehegatten nicht deshalb getrennt, weil ein Ehegatte sie nicht will und sie gerne aufheben würde. Wenn ein Ehegatte ursprünglich Ausländer war, beginnt die Frist unabhängig von der Einbürgerung zu laufen.[175]

Die Trennungsfrist läuft auch weiter, wenn während einer Trennung nach Abs. 1 Umstände hinzutreten, die es den Ehegatten unmöglich machen, zusammenzuleben, selbst wenn sie es wollten, zB dann, wenn ein getrennt lebender Ehegatte eine längere Strafhaft antritt oder Ehegatten durch unüberwindbare Staatsgrenzen getrennt werden. Die Trennungsfrist wird jedoch unterbrochen, wenn sich die innere Einstellung des Ehegatten, der bisher die häusliche Gemeinschaft nicht herstellen wollte, erkennbar wandelt.[176] 54

### IX. Fristwahrung trotz Zusammenlebens (Abs. 2)

**1. Ziel der Vorschrift.** Abs. 2 soll die Bereitschaft eines Ehegatten zu einem, auch wiederholten, **Versöhnungsversuch** fördern. Der Ehegatte soll nicht die Befürchtung haben müssen, dass seine verfahrensrechtliche Situation sich dadurch verschlechtert, dass er einen Versöhnungsversuch unternimmt. Deshalb ist Abs. 2 auch auf die Jahresfrist des § 1565 Abs. 2 anzuwenden.[177] Es beruht auf einem Redaktionsversehen im Vermittlungsausschuss, dass Abs. 2 nur auf die Fristen des § 1566 und nicht auch auf § 1565 Abs. 2, der erst im Vermittlungsausschuss beschlossen wurde, verweist. 55

Schon zu § 48 EheG wurde es nicht als Wiederherstellung der häuslichen Gemeinschaft angesehen, wenn sich die Ehegatten bei Dritten oder im Urlaub für eine von vornherein begrenzte Zeit wieder trafen, wenn ein eingezogener Soldat seinen Urlaub bei seiner Frau in der ehelichen Wohnung verbrachte,[178] wenn sich die Ehegatten noch besuchten und dabei sexuell verkehrten.[179] Hingegen wurde es als Unterbrechung gewertet, wenn ein Ehegatte einen Urlaub von sechs bis acht Wochen beim anderen Ehegatten verbrachte, insbesondere dann, wenn er die Wohnung des anderen Ehegatten als sein eigentliches Zuhause ansah. Als ehefeindlich hat sich vor allem erwiesen, dass eine Vereinbarung der Eheleute, sie wollten nur **probeweise** wieder zusammenleben, die Unterbrechung der Frist nicht verhindert hat.[180] 56

**2. Aufhebung der Trennung.** Solange alle Merkmale des Getrenntlebens erfüllt sind, ergibt sich aus Abs. 1, dass die Trennungsfrist weiterläuft.[181] In diesem Falle wird auch dann, wenn die Ehegatten die Versöhnung versuchen und persönlichen Kontakt haben, die Frist nicht unterbrochen. Insbesondere unterbricht geschlechtlicher Kontakt allein die Trennung nicht.[182] Die Fristvorschrift des Abs. 2 greift **erst dann ein, wenn die Ehegatten nicht mehr getrennt leben,** weil sie wieder eine räumliche Verbindung aufgenommen haben, die eine häusliche Gemeinschaft ist, oder wenn beide Ehegatten die häusliche Gemeinschaft wieder herstellen wollen oder wenn sie die häusliche Gemeinschaft nicht herstellen wollen, jedoch die eheliche Lebensgemeinschaft wieder bejahen. Ob eine häusliche Gemeinschaft wieder entstanden ist, wird nach allgemeinen Kriterien bestimmt, so dass es auch genügt, wenn nur ein Teil häuslicher Gemeinsamkeit hergestellt wird. 57

**3. Kürzere Zeit. a) Keine kleinliche Handhabung.** Der Fristablauf wird durch die Aufhebung der Trennung weder unterbrochen noch gehemmt, wenn die Ehegatten kürzere Zeit[183] und 58

---

175 OLG Braunschweig FamRZ 1955, 258; OLG Zweibrücken FamRZ 1970, 661.

176 BGH NJW 1989, 1988 = FamRZ 1989, 479 (480); *Gernhuber/Coester-Waltjen* FamR § 27 Rn. 82; einschränkend Johannsen/Henrich/*Jaeger/Hamm* Rn. 17.

177 AllgM; OLG Hamm FamRZ 1978, 190; OLG Celle FamRZ 1979, 234; OLG Köln FamRZ 1979, 236; Staudinger/*Rauscher,* 2018, Rn. 117; Erman/*Blank* Rn. 5; Johannsen/Henrich/*Jaeger/Hamm* Rn. 5; NK-BGB/*Bisping* Rn. 8.

178 RGZ 160, 280 (285).

179 OLG Schleswig FamRZ 1957, 420.

180 RGZ 164, 332 (335); *Gernhuber* FamR, 2. Aufl. 1971, § 27 IV 2; *Hoffmann/Stephan* EheG § 48 Rn. 24.

181 Vgl. jedoch OLG Hamm FamRZ 1978, 190.

182 BGH NJW 1982, 1870 (1872) = FamRZ 1982, 576 (578); OLG Celle FamRZ 1986, 804; OLG Zweibrücken FamRZ 1997, 1212; OLG Bremen FamRZ 1986, 833 (834); RGZ 160, 280 (284); OLG Frankfurt NJW 1974, 1828; AG Amberg FamRZ 2005, 1839; *Schwab* FamRZ 1976, 491 (501); Soergel/*Heintzmann* Rn. 33; *Hoffmann/Stephan* EheG § 48 Rn. 15; aA *Bosch* FamRZ 1957, 481; BGHZ 4, 279 (282) = NJW 1952, 543 sieht den Geschlechtsverkehr zusammen mit anderen Gemeinsamkeiten.

183 Der DiskE lehnte den Begriff des Zusammenlebens über kürzere Zeit ab, weil er zu unbestimmt sei, vgl. DiskE des BMJ zum Gesetz über die Neuregelung des Rechts der Ehescheidung und der Scheidungsfolgen, 1970, 60; Bedenken auch bei *Dieckmann* ZRP 1971, 193 (196) Fn. 11, weil die Grundlagen von Vermutungen manipulierungssicher sein müssten.

zum Zwecke der Versöhnung zusammenleben. Die offene Formulierung „kürzere Zeit" lässt Raum für eine Reihe von Zweifelsfragen. Da das Gesetz mit Abs. 2 ausdrücklich die eheerhaltende Versöhnung bezweckt[184] und dieser Möglichkeit den Vorzug vor klaren Fristen gibt, ist jede **kleinliche Handhabung der Vorschrift zu vermeiden.**[185] Insbesondere kann und muss auf die im Einzelfall erforderliche Klärungszeit abgestellt werden, um auch in problematischen Fällen die Anwendung von Abs. 2 nicht von vornherein auszuschließen.[186] Andererseits darf nicht jeder gescheiterte Versuch als kürzere Zeit gewertet werden, weil er zur Versöhnung nicht ausreichte.[187]

59 **b) Jahresfristen, Dreijahresfrist.** Für die **Jahresfristen** der § 1565 Abs. 2, § 1566 Abs. 1 ist ein Zusammenleben von über sechs Monaten keine kürzere Zeit,[188] auch nicht von mehr als vier Monaten.[189] Eine Zeit von drei Monaten wird in der Jahresfrist hingegen als kürzere Zeit anerkannt.[190] Es spricht viel dafür, den Zeitraum von **drei Monaten** bei der Jahresfrist in der Regel als **Obergrenze** anzusehen;[191] gleichwohl sollte aber die Berücksichtigung individueller Umstände im Einzelfall dazu führen können, auch eine geringfügig längere Zeitspanne zuzulassen.[192] Der Vorschlag, zur Korrektur von Härten keine Unterbrechung der Frist, wohl aber einer Fristhemmung anzunehmen,[193] lässt sich mit dem Wortlaut des Gesetzes, das für beide Fälle ohne Unterscheidung an den Begriff der „kürzeren Zeit" anknüpft, nur schwer in Einklang bringen.

60 Während der **Dreijahresfrist** des § 1566 Abs. 2 ist eine längere Versöhnungszeit anzurechnen, weil die Frist als Grundlage für die Vermutung lange genug bleibt.[194] Bei der Dreijahresfrist kann ein Zusammenleben in der Anfangszeit großzügiger interpretiert werden als ein Zusammenleben kurz vor dem Scheidungsantrag; vor allem für die erste Zeit der Trennung werden mehrere Monate noch als kürzere Zeit gewertet werden können, weil durch sie die Vermutungsgrundlage nicht übermäßig eingeengt wird.[195] Für das letzte Jahr der Dreijahresfrist des § 1566 Abs. 2 sind ähnliche Maßstäbe wie bei der Jahresfrist anzulegen.[196]

61 **c) Zusammenleben mit dem Ziel der Versöhnung.** Das Gesetz privilegiert nur ein Zusammenleben, das der Versöhnung dienen soll (→ Rn. 6).[197] Andere Motive sind denkbar, zB um gesellschaftlichen Erfordernissen zu genügen, um die Lebenshaltung zu verbilligen, zur Pflege eines Kindes, aus Mitleid, aus Not.[198] Ein Zusammenleben aus solchen Motiven unterbricht den Fristablauf nicht, obwohl es ebenfalls geeignet sein kann, die Versöhnung zu fördern; vielfach sind solche Motive mit der Bereitschaft verbunden, Teile der ehelichen Gemeinschaft wieder herzustellen und die Versöhnung ins Auge zu fassen. Ein solches Motivbündel, in dem auch die Tendenz zur Versöhnung

---

184 Palandt/*Brudermüller* Rn. 6.

185 AllgM; Staudinger/*Rauscher,* 2018, Rn. 137a; einschr. RGRK-BGB/*Graßhof* Rn. 64; *Schwab* FamRZ 1976, 494 (501); *Schwab* in Schwab ScheidungsR-HdB II Rn. 162; RGZ 164, 332 sah ein Zusammenleben von sechs bis acht Wochen als Unterbrechung an; *Müller-Freienfels,* Sitzungsbericht M zum 48. DJT, M 41, These 11, hält nur eine Unterbrechung von einem Monat für kurzfristig; OLG München FamRZ 1990, 885: Zusammenleben von 14 Tagen als Unterbrechung, wenn Mann nach Auszug mit der gesamten Habe wieder in das gemeinsame Haus einzieht; insoweit zu Recht zust *Schwab* in Schwab ScheidungsR-HdB II Rn. 162, weil die Versöhnung erreicht gewesen ist.

186 OLG Köln FamRZ 1979, 236; OLG Celle FamRZ 1979, 234; aA *Gernhuber/Coester-Waltjen* FamR § 27 Rn. 84, Fn. 137 f.: Grenze ein Monat pro Trennungsversuch; Staudinger/*Rauscher,* 2018, Rn. 138, 141: Grenze drei Monate.

187 AA OLG Köln FamRZ 1979, 236.

188 OLG Celle FamRZ 1979, 234 (235).

189 OLG Frankfurt FamRZ 1486, 166; OLG Zweibrücken FamRZ 1997, 1213; 1981, 146; OLG Köln FamRZ 1982, 1015; aA OLG Köln FamRZ 1979, 236: ein halbes Jahr als kürzere Zeit.

190 Inzwischen hM, vgl. OLG Saarbrücken FamRZ 2010, 469; OLG Zweibrücken FamRZ 1981, 146; 1997, 1213; OLG Düsseldorf FamRZ 1995, 96; Johannsen/Henrich/*Jaeger/Hamm* Rn. 34; Staudinger/*Rauscher,* 2018, Rn. 141; Palandt/*Brudermüller* Rn. 8; Erman/*Blank* Rn. 5; enger *Gernhuber/Coester-Waltjen* FamR § 27 Rn. 84: ein Monat.

191 Staudinger/*Rauscher,* 2018, Rn. 141; Bamberger/Roth/*Neumann* Rn. 10; Johannsen/Henrich/*Jaeger/Hamm* Rn. 34; dagegen NK-BGB/*Bisping* Rn. 12, der sich für eine individuelle Betrachtungsweise unter Berücksichtigung der Ehedauer ausspricht.

192 So auch Bamberger/Roth/*Neumann* Rn. 10; *Rauscher* FamR § 21 Rn. 536.

193 Staudinger/*Rauscher,* 2018, Rn. 156.

194 Str.; wie hier wohl Palandt/*Brudermüller* Rn. 8; *Damrau* NJW 1977, 1624; Staudinger/*Rauscher,* 2018, Rn. 139 ff.; aA *Gernhuber/Coester-Waltjen* FamR § 27 Rn. 84; Johannsen/Henrich/*Jaeger/Hamm* Rn. 34.

195 Staudinger/*Rauscher,* 2018, Rn. 140; aA *Gernhuber/Coester-Waltjen* FamR § 27 Rn. 84 – 1 Monat; Johannsen/Henrich/*Jaeger/Hamm* Rn. 34 – auch bei der Dreijahresfrist nur drei Monate.

196 Staudinger/*Rauscher,* 2018, Rn. 139c.

197 Staudinger/*Rauscher,* 2018, Rn. 118; Erman/*Blank* Rn. 5a; Johannsen/Henrich/*Jaeger/Hamm* Rn. 33.

198 Palandt/*Brudermüller* Rn. 7.

enthalten ist, genügt auch dann, wenn die Versöhnungsabsicht nicht im Vordergrund steht oder wenn die Ehegatten prüfen wollen, ob die Voraussetzungen für eine Versöhnung vorliegen oder geschaffen werden können. Eine Versöhnung setzt die Bereitschaft beider Ehegatten voraus; dass ein Ehegatte einer Versöhnung skeptischer als der andere gegenübersteht, schadet nicht. Nur eine ernsthafte, auf Dauer angelegte Versöhnungsbereitschaft unterbricht die Frist,[199] „scheinbare" Versöhnungsversuche bleiben unberücksichtigt.[200] Die Vortäuschung der Versöhnungsabsicht durch einen Ehegatten dürfte allerdings eher theoretisch sein.[201] Auch bei tief gestörten Ehen, bei denen der Misserfolg – rückblickend betrachtet – vorhersehbar war, kann die Versöhnung zunächst gelungen sein, selbst wenn sich die Eheleute wieder trennen.[202] Eine Unterscheidung zwischen aussichtsreichen und objektiv sinnlosen Versöhnungsversuchen macht das Gesetz nicht. Es wird nicht unterschieden, ob ein Versöhnungsversuch aus der Sicht eines Dritten aussichtslos war.[203] Im Zweifel ist Versöhnungsbereitschaft anzunehmen.[204]

**4. Mehrere Versöhnungsversuche.** Ob mit dem Wort „Ein" in Abs. 2 ein Zahlwort gemeint ist mit der Folge, dass das Privileg des Abs. 2 in der Frist nur einmal zur Verfügung steht, ist den Motiven nicht zu entnehmen. Der DiskE[205] hatte allerdings vorgeschlagen, Trennungszeiten zusammenzurechnen, so dass daraus, dass der Bundesrat, der Gesetzesentwurf[206] und das Gesetz von einem Zusammenleben sprechen, geschlossen werden könnte, das Privileg werde nur einmal gegeben. Zwingend ist diese Auslegung nicht. Vom Zweck der Vorschrift her sollen alle Versöhnungsversuche unterstützt werden; deshalb können auch mehrere gescheiterte Versuche privilegiert sein,[207] die allerdings zusammen die „kürzere Zeit" nicht überschreiten dürfen.[208] 62

Für den Lauf der Trennungsfrist kann es auch unschädlich sein, wenn die Ehegatten einen Versöhnungsversuch während des Scheidungsverfahrens machen. Im Zeitpunkt der **letzten mündlichen Verhandlung** dürfen sie jedoch nicht zusammenleben, weil sonst die Frist ihren Sinn verliert. Die gesamte Frist muss im Zeitpunkt der letzten mündlichen Verhandlung in der Tatsacheninstanz abgelaufen sein.[209] 63

**5. Folgen des Versöhnungsversuchs. a) Erfolgreiche Versöhnung.** Abs. 2 ist nur von Bedeutung, wenn die Versöhnung nicht gelungen ist. Ist die Versöhnung erreicht, wird die Frist unterbrochen; die bisher abgelaufenen Trennungsfristen werden bedeutungslos. Trennen sich die Ehegatten erneut, so beginnen die Trennungsfristen **vollständig neu zu laufen.**[210] Im Zweifel ist bei Scheitern endgültiger Versöhnung nur ein Versöhnungsversuch anzunehmen, insbesondere wenn die Ehegatten eine bestimmte Zeit probeweisen Zusammenlebens vereinbart hatten und sich dann wieder trennen.[211] 64

**b) Erfolgloser Versöhnungsversuch bei Zusammenleben von kürzerer Dauer.** Abs. 2 ist nur von Bedeutung, wenn die Versöhnung nicht gelungen ist. War das Zusammenleben dann von kürzerer Zeit, fällt die Zeit des Zusammenlebens ganz in die Trennungszeit. Die Frist wird weder unterbrochen noch gehemmt. Die begonnene Frist läuft weiter und der bisherige Fristablauf 65

---

199 *Diederichsen* NJW 1977, 273 (277 f.); Staudinger/*Rauscher,* 2018, Rn. 131–136; *Damrau* NJW 1977, 1624 stellt für die Bewertung auf die Dauer der Versöhnung ab.

200 OLG Köln FamRZ 1979, 236; im Fall OLG München FamRZ 1990, 885 – Zusammenleben von 14 Tagen – dürfte eine Scheinversöhnung vorgelegen haben.

201 Vgl. dazu Staudinger/*Rauscher,* 2018, Rn. 125.

202 Staudinger/*Rauscher,* 2018, Rn. 124; aA OLG Köln FamRZ 1979, 236; *Schwab* in Schwab ScheidungsR-HdB II Rn. 162.

203 OLG Köln FamRZ 1979, 236; Staudinger/*Rauscher,* 2018, Rn. 124.

204 *Gernhuber/Coester-Waltjen* FamR § 27 Rn. 85.

205 DiskE des BMJ zum Gesetz über die Neuregelung des Rechts der Ehescheidung und der Scheidungsfolgen, 1970, § 4.

206 BT-Drs. 7/650.

207 *Gernhuber/Coester-Waltjen* FamR § 27 Rn. 84; Soergel/*Heintzmann* Rn. 36; Johannsen/Henrich/*Jaeger/Hamm* Rn. 34; Staudinger/*Rauscher,* 2018, Rn. 143; krit. *Schwab* FamRZ 1976, 491 (501).

208 Johannsen/Henrich/*Jaeger/Hamm* Rn. 34; Staudinger/*Rauscher,* 2018, Rn. 144; Erman/*Blank* Rn. 5c; Bamberger/Roth/*Neumann* Rn. 10; aA *Gernhuber/Coester-Waltjen* FamR § 27 Rn. 84 Fn. 138; Soergel/*Heintzmann* Rn. 36.

209 Staudinger/*Rauscher,* 2018, Rn. 126.

210 BGH NJW 1982, 1870 (1872) = FamRZ 1982, 576 (578); OLG Celle FamRZ 1979, 234; OLG Köln FamRZ 1979, 236; OLG München FamRZ 1990, 885; OLG Bremen FamRZ 2013, 301; Soergel/*Heintzmann* Rn. 37; *Schwab* in Schwab ScheidungsR-HdB II Rn. 165; *Gernhuber/Coester-Waltjen* FamR § 27 Rn. 85; Staudinger/*Rauscher,* 2018, Rn. 127; Palandt/*Brudermüller* Rn. 7.

211 *Rauscher* FamR § 21 Rn. 536.

wird mitgerechnet (§ 217). Auch die Zeit, in der die Ehegatten wieder zusammengelebt haben, wird in die Frist eingerechnet.[212]

66 **c) Erfolgloser Versöhnungsversuch bei Zusammenleben über längere Dauer.** Haben die Ehegatten, ohne die Versöhnung zu erreichen, hingegen längere Zeit zusammengelebt, wird die Frist unterbrochen. Bisherige Zeiten der Trennung verlieren ihre Bedeutung, die Trennungszeit beginnt von vorn zu laufen.[213]

## § 1568 Härteklausel

**(1) Die Ehe soll nicht geschieden werden, obwohl sie gescheitert ist, wenn und solange die Aufrechterhaltung der Ehe im Interesse der aus der Ehe hervorgegangenen minderjährigen Kinder aus besonderen Gründen ausnahmsweise notwendig ist oder wenn und solange die Scheidung für den Antragsgegner, der sie ablehnt, auf Grund außergewöhnlicher Umstände eine so schwere Härte darstellen würde, dass die Aufrechterhaltung der Ehe auch unter Berücksichtigung der Belange des Antragstellers ausnahmsweise geboten erscheint.**

**(2)** *(weggefallen)*

**Schrifttum:** S. Vor § 1564; *Görgens,* Die Rechtsprechung der Oberlandesgerichte zu den Härteklauseln im neuen Scheidungsrecht (insbesondere zu §§ 1568, 1565 II), FamRZ 1978, 647; *Grziwotz,* „Bis dass der Tod uns scheidet" oder zumindest Kinderschutzklausel im Ehevertrag?, FamRZ 2008, 2237; *Scheld,* Korrektur des Eherechts durch ersatzlose Streichung von § 1568 II BGB und § 1579 II BGB, FamRZ 1982, 6; *Schwab,* Verhinderung der „Scheidung zur Unzeit"? Zur Funktion und Reform des § 1568 BGB, FamRZ 1984, 1171.

**Übersicht**



[212] Krit. *Schwab* FamRZ 1976, 491 (501).
[213] AA Soergel/*Heintzmann* Rn. 40 f.

## I. Allgemeines

**1. Normzweck. a) Schutzvorschrift.** Von dem Grundsatz des § 1565 Abs. 1, dass eine gescheiterte Ehe geschieden werden kann, macht die Härteklausel eine Ausnahme zugunsten minderjähriger Kinder und des Antragsgegners. Die Scheidbarkeit der Ehe wird aus besonderen Gründen, die nicht näher beschrieben werden, im Interesse minderjähriger Kinder eingeschränkt **(Kinderschutzklausel).** Außergewöhnliche Umstände, die ebenfalls nicht definiert sind, können dazu führen, dass die gescheiterte Ehe im Interesse des Antragsgegners aufrechterhalten wird; dabei sind jedoch wieder die Belange des Antragstellers zu berücksichtigen **(Ehegattenschutzklausel). Beide Härteklauseln** ermöglichen nach dem Wechsel vom Verschuldens- zum Zerrüttungsprinzip die Berücksichtigung schutzwürdiger Belange des scheidungsunwilligen Ehegatten und minderjähriger Kinder im individuellen Ausnahmefall. Durch die ersatzlose Streichung des Abs. 2 durch das Unterhaltsrechtsänderungsgesetz (→ Einl. FamR Rn. 150) ist die Vorschrift zeitlich nicht mehr befristet, wenn auch die Kinderschutzklausel durch die Grenze der Volljährigkeit des Kindes eingeschränkt ist. Damit ist es insbesondere bei der Ehegattenschutzklausel Aufgabe der Rspr. geworden, die im Gesetz nicht mehr ausdrücklich enthaltene Wertung vorzunehmen, wie lange im Einzelfall die Scheidung der Ehe eingeschränkt werden kann. Liegen die Voraussetzungen des § 1568 vor, ist die Scheidung der gescheiterten Ehe abzulehnen, ein Ermessensspielraum ist dem Richter mit der Formulierung „soll" nicht eingeräumt.[1] 1

**b) Immanente Befristung.** Der Wegfall der gesetzlichen Befristung auf fünf Jahre (→ Rn. 7, 30, 69) hat die Grundaussage der Vorschrift nicht verändert, dass der Richter nur die Möglichkeit haben soll, vereinzelten, **außergewöhnlichen Einzelfällen** gerecht zu werden. Das Zerbrechen einer Ehe ist unabhängig von ihrer gesetzlichen Regelung eine Härte, die Scheidung einer gescheiterten Ehe ist ein Eingriff in zwei oder mehr Menschenleben. Das Gesetz mutet es jedem Ehegatten und auch den Kindern aus der Ehe zu, dieses Schicksal zu tragen. Mit dem Scheitern der Ehe entfallen jedoch die Pflichten der Ehegatten gegeneinander nur teilweise und gegenüber den Kindern nicht. Die Elternpflichten bleiben voll erhalten, Vermögen und Versorgung werden ausgeglichen, Unterhaltspflichten bestehen vielfach weiter. Als personale Folge der auf Lebenszeit angelegten Ehe ergibt sich „zum Schutz des nicht scheidungsbereiten Partners die Pflicht, eine **Scheidung zur Unzeit zu verhindern** und dem nicht scheidungsbereiten Ehegatten eine Umstellung auf die veränderte Lage zu erleichtern".[2] Aufgabe der Härteklausel ist es damit nicht, um der Institution der Ehe willen den formalen Bestand gescheiterter Ehen zu sichern,[3] vielmehr allein, aus besonderen Gründen und wegen außergewöhnlicher Umstände mit der Scheidung entstehende schwere Härten für den anderen Ehegatten oder Kinder aus der Ehe auszuschließen, wenn und solange sie zu befürchten sind.[4] Da Härten in aller Regel im Laufe der Zeit an Bedeutung verlieren, dient die Härteklausel grundsätzlich **nicht** dazu, gescheiterte **Ehen lebenslang aufrechtzuerhalten.**[5] Dau- 2

[1] *Gernhuber/Coester-Waltjen* FamR § 27 Rn. 46 Fn. 73; Staudinger/*Rauscher,* 2018, Rn. 29; *Schwab* in Schwab ScheidungsR-HdB II Rn. 103; Palandt/*Brudermüller* Rn. 1.

[2] BVerfGE 53, 224 (250) = NJW 1980, 689 = FamRZ 1980, 319 (324); BVerfGE 55, 134 (142) = NJW 1981, 108 = FamRZ 1991, 15 (16); BGH NJW 1979, 978; NJW 1984, 2353 = FamRZ 1984, 559 (560); NJW 1985, 2713 = FamRZ 1985, 912 (913); OLG Düsseldorf FamRZ 1980, 780; OLG Hamm FamRZ 1989, 1189; OLG Karlsruhe FamRZ 1989, 1304; OLG Brandenburg NJW-RR 2012, 71 = FamFR 2011, 524 mAnm *Rauscher*; Soergel/*Heintzmann* Rn. 1; krit. gegen die Beschränkung auf die „Scheidung zur Unzeit" vor allem *Schwab* FamRZ 1984, 1171 mwN; *Schwab* in Schwab ScheidungsR-HdB II Rn. 166; *Bosch* FamRZ 1976, 401; 1977, 574; *Bergerfurth* FamRZ 1992, 1140; Johannsen/Henrich/*Jaeger/Hamm* Rn. 9 f.; Johannsen/Henrich/*Jaeger/Hamm*§ 1564 Rn. 15.

[3] So jedoch *Schwab* in Schwab ScheidungsR-HdB II Rn. 100: „Ehe im funktionalen Sinne"; dagegen Staudinger/*Rauscher,* 2018, Rn. 7.

[4] Ebenso Johannsen/Henrich/*Jaeger/Hamm* Rn. 9; unter ausf. Auseinandersetzung mit der Gegenmeinung Staudinger/*Rauscher,* 2018, Rn. 8 ff.

[5] Die Mehrheit im BT-RA hielt es allerdings im „äußersten Fall" für möglich, dass die Scheidung auf Lebenszeit verweigert wird, vgl. Beschlussempfehlung und Bericht, BT-Drs. 10/4514, 20; für eine im Extremfall

ern Härten für den Antragsgegner lange an, können die Belange des Antragsstellers besonderes Gewicht erhalten.

3 c) **Kinderschutzklausel.** Für Kinder ist die intakte Ehe der Eltern auch heute noch eine wichtige Grundlage für ihre Entwicklung. Durch das Scheitern der Ehe der Eltern und die Trennung der Familie können Kinder schwer getroffen werden. Der Ausspruch der Scheidung selbst bedeutet allerdings meist keine faktische Schlechterstellung mehr.[6] Wenn durch die Scheidung wegen besonderer Gründe ein akuter Nachteil für ein Kind aus der Ehe zu befürchten ist, soll ausnahmsweise die Scheidung der Eltern verschoben werden können. Besondere Gründe können sich aus dem persönlichen Empfinden des Kindes, seiner gesundheitlichen oder sozialen Situation oder aus besonderen wirtschaftlichen Umständen ergeben. Die Kinderschutzklausel ist zwar von Amts wegen in allen Fällen und auch dann zu prüfen, wenn beide Ehegatten geschieden sein wollen. Wegen ihrer engen Fassung und deshalb, weil es einem Kind kaum helfen kann, wenn seinetwegen die Scheidung der gescheiterten Ehe der Eltern verweigert wird, ist sie nur in **ganz besonders gelagerten Einzelfällen** anwendbar.[7]

4 d) **Ehegattenschutzklausel.** Mit der Häufung einschränkender unbestimmter Rechtsbegriffe[8] wird im Gesetzestext der Anwendungsbereich der Härteklausel auf **extreme Ausnahmefälle** beschränkt.[9] Das Gesetz will trotzdem eine einheitliche Anwendung sichern. Deshalb stellt es nicht primär darauf ab, ob die Scheidung für einen Ehegatten eine Härte bedeutet. Aus der Fülle von Härten, die für die Beteiligten durch die Scheidung der gescheiterten Ehe selbst noch entstehen können, sind nur diejenigen zu berücksichtigen, die auf **außergewöhnliche Umstände** zurückgehen. Maßstab für die Härte ist nicht die Institution der Ehe oder sind nicht übergeordnete Gerechtigkeitserwägungen, sondern ist allein der einzelne Ehegatte, dem in einem außergewöhnlichen Fall nicht zugemutet werden soll, die schwere Härte, die für ihn die Scheidung bedeutet, sofort hinzunehmen.

5 e) **Belange des Antragstellers.** Während bei der Kinderschutzklausel die Interessen des Antragstellers außer Betracht bleiben, ist bei der Härteklausel nicht nur der Ehegatte zu sehen, der sich der Scheidung widersetzt, sondern auch der, der geschieden sein will. Die Härteklausel richtet sich grundsätzlich nicht gegen den Ehegatten, der die Scheidung einer gescheiterten Ehe betreibt. Dies schon deshalb, weil er nach den Maßstäben eines Verschuldensrechts der völlig unschuldige und schwer verletzte Ehegatte sein kann.

6 **2. Rechtsentwicklung. a) 1. EheRG von 1976.** Die Härteklausel war in der Gesetzgebungsdebatte[10] rechtspolitisch hoch umstritten. Gegenstand der Diskussion waren insbesondere die Erstreckung der Härteklausel auf wirtschaftliche Umstände, die Ausdehnung zum Schutz minderjähriger Kinder und vor allem die Befristung, die im Vermittlungsausschuss auf fünf Jahre ausgedehnt wurde (Abs. 2 idF des 1. EheRG).[11]

7 **b) Aufhebung der zeitlichen Befristung der Härteklausel.** Die zeitliche Befristung der Härteklausel auf die Dauer eines fünfjährigen Getrenntlebens der Ehegatten, die als Abs. 2 durch das 1. EheRG eingefügt worden war, blieb Jahre umstritten und hielt letztlich der Prüfung durch das BVerfG nicht stand. Nachdem das BVerfG zunächst eine Verfassungswidrigkeit der Bestimmung nicht festgestellt hatte,[12] erklärte es kurze Zeit später Abs. 2 für mit Art. 6 Abs. 1 GG unvereinbar. Diese zweite Entscheidung des BVerfG zur Härteklausel[13] ließ dem Gesetzgeber die Wahl zwischen

---

lebenslang unscheidbare Ehe Johannsen/Henrich/*Jaeger/Hamm* Rn. 9; *Schwab* FamRZ 1984, 1171 (1174) formuliert, dass der „Gnadenfristcharakter der Härteklausel" auch bei Wegfall der Befristung erhalten bleibt; krit. jedoch *Ramm* JZ 1986, 164 (165 f.); *Peschel-Gutzeit* MDR 1986, 455 (457); zur „heilenden Wirkung der Zeit" vgl. auch *Gernhuber/Coester-Waltjen* FamR § 27 Rn. 55.

6 Vgl. schon Eherechtskommission beim BMJ, Vorschläge zur Reform des Ehescheidungsrechts und des Unterhaltsrechts nach der Ehescheidung, 1970, 55.

7 Staudinger/*Rauscher,* 2018, Rn. 19 f., 35 ff.; Johannsen/Henrich/*Jaeger/Hamm* Rn. 4; *Gernhuber/Coester-Waltjen* FamR § 27 Rn. 47 f.

8 *Schwab* in Schwab ScheidungsR-HdB II Rn. 105; vgl. dazu die sprachliche Kritik von *Diederichsen* NJW 1986, 128: „rechtsethisches Kauderwelsch".

9 OLG Nürnberg FamRZ 1986, 35; *Schwab* in Schwab ScheidungsR-HdB II Rn. 105.

10 Vgl. die Darstellung der Reformdiskussion in den Vorauflagen, die Zusammenstellung der Vorschläge in → 1. Aufl. 1978, Rn. 5 Fn. 19 *(Wolf)* sowie die Darstellung bei Johannsen/Henrich/*Jaeger/Hamm* Rn. 1–3; Staudinger/*Rauscher,* 2018, Rn. 4 ff.

11 BR-Drs. 216/76; zur Dokumentation der Gesetzgebungsgeschichte → 3. Aufl. 1989, Rn. 10, 11 *(Wolf).*

12 BVerfGE 53, 224 (249) = NJW 1980, 689 (690) = FamRZ 1980, 319.

13 BVerfGE 55, 134 (142 f.) = NJW 1981, 108 = FamRZ 1981, 15; *Schwab* FamRZ 1984, 1171; *Scheld* FamRZ 1982, 6; *Ramm* JZ 1986, 164.

einer vom BVerfG bevorzugten materiellen Aufweichung der Frist und einer erweiterten Aussetzungsmöglichkeit (→ Vor § 1564 Rn. 26). Im Unterhaltsrechtsänderungsgesetz (→ Einl. FamR Rn. 150) wurde Abs. 2 des § 1568 aufgehoben.[14]

**c) Verfassungsdiskussion.** In den Debatten zur Härteklausel wurde wie in einem Brennglas die gesamte Problematik von Ehe und Ehescheidung, von Verschuldens- und Zerrüttungsprinzip sowie der Lage des Kindes nach einer gescheiterten Ehe der Eltern gebündelt. Nach dem Wegfall der Befristung wird die Verfassungsdiskussion dahin geführt, ob die Härteklausel unter dem Gesichtspunkt von Eheschließungsfreiheit und allgemeiner Handlungsfreiheit einschränkend auszulegen ist. Zu Recht werden dabei neben einer engen Auslegung der Vorschrift das zeitliche Moment der Beschränkung der Scheidung betont und dabei die mit der Zeitdauer an Gewicht zunehmenden Interessen des Antragstellers in den Vordergrund gerückt.[15] 8

**d) Praktische Bedeutung.** Die geringe Anzahl der Abweisung von Scheidungsanträgen auf Grund der Härteklausel zeigt, dass die Praxis dem Ausnahmecharakter der Vorschrift in vollem Umfang Rechnung trägt.[16] Trotz Geltung für alle Scheidungstatbestände ist die Kinderschutzklausel praktisch bedeutungslos geblieben. Nur in einer Entscheidung[17] hat die Kinderschutzklausel zu einer Abweisung des Scheidungsantrags geführt; weniger als 5 % der veröffentlichten Entscheidungen zu § 1568 befassen sich mit der Kinderschutzklausel.[18] In nur wenigen Einzelfällen ist der Scheidungsantrag nach der Ehegattenschutzklausel abgewiesen worden. Die Statistik weist für 2001 von 200.000 Scheidungsanträgen lediglich 16 Fälle, für 2008 von 195.000 Anträgen 51 Fälle,[19] für Januar bis August 2009 nur 10 Fälle[20] und 2010 insgesamt 46 Fälle[21] sowie 2013 und 2017 je 27 Fälle[22] (→ Vor § 1564 Rn. 45) einer Abweisung des Scheidungsantrags gemäß § 1568 aus. 9

**3. Zwei Härteklauseln. a) Verschiedenheiten der Klauseln.** Die Vorschrift enthält in einem Satz zwei Einwendungen gegen die Scheidung einer gescheiterten Ehe, die hinsichtlich der geschützten Personen, der materiellen Voraussetzungen und der verfahrensrechtlichen Behandlung völlig unterschiedlich sind. Diese **gesetzestechnische Schwäche** ist entstanden, weil die Kinderschutzklausel erst im Vermittlungsausschuss eingefügt worden ist.[23] Über beide Klauseln kann die Scheidung versagt werden. Die **Kinderschutzklausel** enthält mit der Beschränkung auf minderjährige Kinder auch weiterhin eine feste zeitliche Grenze, die auch bei behinderten Kindern wirksam wird. Wenn ein behindertes Kind aus der Ehe hervorgegangen ist, kann aber auch nach seiner Volljährigkeit Anlass zur Prüfung bestehen, ob die Härteklausel zugunsten des anderen Ehegatten eingreift (→ Rn. 45).[24] 10

**b) Abschließender Charakter der Billigkeitsklausel.** Die Härteklausel ist lex specialis gegenüber allen anderen Billigkeitserwägungen.[25] Als Teil der Voraussetzungen, unter denen die Scheidung begehrt werden kann, unterliegt die Härteklausel nach § 1564 S. 3 der abschließenden und zwingenden Regelung der Scheidungstatbestände. Die Härteklausel hat nicht nur die Aufgabe, Härtefälle im Einzelfall zu mindern, sondern auch die, dem Richter ein kanalisiertes, kalkulierbares Ventil für Einzelfälle zur Verfügung zu stellen,[26] dessen Mechanik er nicht verlassen darf, auch dann nicht, wenn seine persönliche Überzeugung von Billigkeit ihn dazu drängt, eine Ehe nicht zu scheiden.[27] Die umstrittene Frage, ob allgemeine Billigkeitserwägungen über die Vorschriften der §§ 242, 826 zur Abweisung des Scheidungsantrages führen dürfen, wenn die Fünfjahresfrist abgelau- 11

[14] Zur Aussetzung bis zum Inkrafttreten des Gesetzes vgl. BGH NJW 1985, 134 = FamRZ 1985, 905; OLG Hamm FamRZ 1985, 189.

[15] BVerfG NJW 2001, 2874 = FamRZ 2001, 986; vgl. zur verfassungsrechtlichen Diskussion ausf. Staudinger/*Rauscher,* 2018, Rn. 5 ff., 9 ff., 17 ff.; Staudinger/*Rauscher,* 2018, Vor § 1564 Rn. 18 ff.; Johannsen/Henrich/*Jaeger/Hamm* Rn. 9 f.

[16] So auch Staudinger/*Rauscher,* 2018, Rn. 34.

[17] OLG Hamburg FamRZ 1986, 469 – Suizidgefahr beim Kind.

[18] *Gernhuber/Coester-Waltjen* FamR § 27 Rn. 48; Staudinger/*Rauscher,* 2018, Rn. 35.

[19] Statistisches Bundesamt, Arbeitsunterlage Familiengerichte, Tabelle 2.3; Staudinger/*Rauscher,* 2018, Rn. 34.

[20] Statistisches Bundesamt, Fachserie 10, Reihe 2.2., 2009, Tabelle 2.3.

[21] Statistisches Bundesamt, Fachserie 10, Reihe 1.4., 2010, Tabelle 2.3.

[22] Statistisches Bundesamt, Fachserie 10, Reihe 1.4., 2013, 2018, Tabelle 2.3.

[23] Vgl. die Kritik bei *Gernhuber/Coester-Waltjen* FamR § 27 Rn. 53; Staudinger/*Rauscher,* 2018, Rn. 22; die Trennung in zwei Absätze schlug *Schwab* FamRZ 1984, 1171 (1175) vor.

[24] Soergel/*Heintzmann* Rn. 8, 19, 22.

[25] HM; vgl. *Lüke* AcP 178 (1978), 1 (33); *Beitzke* ZfRV 1972, 1; Erman/*Blank* Rn. 3; Staudinger/*Rauscher,* 2018, Rn. 27 f.; *Graßhof* FS Zeidler, 1987, 837 (842).

[26] Staudinger/*Rauscher,* 2018, Rn. 28.

[27] Staudinger/*Rauscher,* 2018, Rn. 28.

fen war, ist entfallen, nachdem die Frist des Abs. 2 aufgehoben ist; die Anwendung von § 242 würde auch zu einer vom Gesetzgeber bewusst abgelehnten allgemeinen Rechtsmissbrauchsklausel führen.[28]

### II. Kinderschutzklausel

12 **1. Allgemeines. a) Schutzbereich.** Ob es im wohlverstandenen Interesse eines minderjährigen Kindes liegen kann, dass die gescheiterte Ehe seiner Eltern nicht geschieden wird, war in der Reformdiskussion umstritten.[29] Das Gesetz hat sich dafür entschieden, dass die Scheidung der Ehe der Eltern im Interesse der Kinder ausnahmsweise versagt werden kann. Eine globale Feststellung, die Verweigerung der Scheidung nütze den Kindern niemals, ist damit unzulässig. Bei der Anwendung ist jedoch der irreale Vergleich zwischen einer dem Kind nützlichen intakten Ehe der Eltern und dem Zustand nach der Scheidung unangebracht.[30] Auszugehen ist vielmehr von der Realität der gescheiterten Ehe.[31] Der Wert einer gescheiterten Ehe, der praktisch nur noch im Verheiratetsein der Eltern liegen kann, wird nur in extremen Ausnahmefällen überhaupt denkbar sein.[32]

13 **b) Geringes Wirkungsfeld.** Das Gericht hat von Amts wegen zu ermitteln, ob die Kinderschutzklausel ausnahmsweise greift,[33] ohne dass es besonders begründen muss, wenn es eine Ehe ohne die Erwägung der Härteklausel scheidet.[34] Obwohl die Klausel damit bei der Scheidung aller Ehen zu beachten ist, in denen minderjährige Kinder vorhanden sind, also bei etwa der Hälfte aller Scheidungen,[35] sind aus der Härteklausel beider Alternativen im Jahre 2001 nur 16, 2008 immerhin 51 und 2010 insgesamt 46 sowie 2013 und 2017 lediglich je 27 Scheidungsanträge abgewiesen worden (→ Rn. 9).[36] Selbst wenn man alle Fälle auf die Kinderschutzklausel bezieht, ist ihr Wirkungsfeld gering geblieben.[37] Es liegt nur eine obergerichtliche, inzwischen über 30 Jahre zurückliegende veröffentlichte Entscheidung[38] vor, in der die Anwendung der Kinderschutzklausel zur Abweisung der Scheidung geführt hat.

14 **c) Zurückhaltende Anwendung bei einverständlicher Scheidung.** Die Kinderschutzklausel ist auch dann zu prüfen, wenn beide Ehegatten geschieden sein wollen,[39] also auch dann, wenn sie beide die Scheidung beantragen oder wenn die Voraussetzungen der formalisierten einverständlichen Scheidung nach § 1565 Abs. 1 iVm § 1566 Abs. 1 vorliegen.[40] Das Interesse eines Elternteils oder beider Eltern an der Scheidung wird auch nicht förmlich gegenüber dem Interesse eines Kindes an der Aufrechterhaltung der Ehe abgewogen; die „Belange des Antragstellers" im letzten Satzteil beziehen sich nur auf den Gegensatz der Ehegatten.[41] Schon zu § 48 Abs. 3 EheG hat die Rspr. Zurückhaltung geübt, wenn beide Ehegatten geschieden sein wollten.[42] Wenn der Ehegatte, bei dem das Kind leben und der die elterliche Sorge erhalten soll, die Scheidung der Ehe für den besten Ausweg hält, wird es dem Gericht kaum möglich sein festzustellen, dass im Interesse des Kindes die Aufrechterhaltung der Ehe notwendig ist.[43]

---

[28] Staudinger/*Rauscher,* 2018, Rn. 28.

[29] → 1. Aufl. 1978, Rn. 19 Fn. 41 *(Wolf).*

[30] *Gernhuber/Coester-Waltjen* FamR § 27 Rn. 47.

[31] Soergel/*Heintzmann* Rn. 18.

[32] Der Vorteil einer gescheiterten Ehe für Kinder wird überwiegend verneint, vgl. *Beitzke* ZfRV 1972, 1; *Haffter,* Kinder aus geschiedenen Ehen, 1960, 166 ff.; *Gernhuber/Coester-Waltjen* FamR § 27 Rn. 47; Staudinger/*Rauscher,* 2018, Rn. 19, 36 ff.; aA Anm. der Redaktion FamRZ 1986, 470 zu OLG Hamburg FamRZ 1986, 469; vgl. auch *Fthenakis/Niesel/Kunze,* Ehescheidung: Konsequenzen für Eltern und Kinder, 1982; krit. auch *Schwab* in Schwab ScheidungsR-HdB II Rn. 110; *Grziwotz* FamRZ 2008, 2237.

[33] Staudinger/*Rauscher,* 2018, Rn. 23; Johannsen/Henrich/*Jaeger/Hamm* Rn. 18; *Schwab* in Schwab ScheidungsR-HdB II Rn. 107.

[34] Staudinger/*Rauscher,* 2018, Rn. 55; Erman/*Blank* Rn. 4; aA *Schwab* in Schwab ScheidungsR-HdB II Rn. 112.

[35] Pressemitteilung des Statistischen Bundesamts vom 22.7.2014, → Vor § 1564 Fn. 160.

[36] Statistisches Bundesamt, Arbeitsunterlage Familiengerichte, Tabelle 2.3.; Fachserie 1., Reihe 1.4., 2010, Tabelle 2.3; Fachserie 1, Reihe 1.4., 2013, Tabelle 2.3; Fachserie 10, 2018, Tabelle 2.3.

[37] *Schwab* in Schwab ScheidungsR-HdB II Rn. 112; *Gernhuber/Coester-Waltjen* FamR § 27 Rn. 48.

[38] OLG Hamburg FamRZ 1986, 469 betr. Suizidgefahr beim Kind.

[39] *Schwab* FamRZ 1976, 491 (506); Staudinger/*Rauscher,* 2018, Rn. 23, 46; Johannsen/Henrich/*Jaeger/Hamm* Rn. 11, 18.

[40] Johannsen/Henrich/*Jaeger/Hamm* Rn. 11; Johannsen/Henrich/*Jaeger/Hamm* § 1566 Rn. 21; Staudinger/*Rauscher,* 2018, Rn. 46.

[41] Staudinger/*Rauscher,* 2018, Rn. 51 ff.

[42] *Schwab* FamRZ 1976, 492 (506); BGH BeckRS 1961, 31374005 = FamRZ 1961, 428; OLG Köln FamRZ 1960, 238; OLG Bamberg OLGZ 1966, 23.

[43] Vgl. auch OLG Köln MDR 1960, 673.

**d) Amtsmaxime.** Dass nach § 127 Abs. 3 FamFG die außergewöhnlichen Umstände nach § 1568 nur zu beachten sind, wenn sie von dem Ehegatten vorgebracht sind, der die Scheidung ablehnt, betrifft nur die Härteklausel zugunsten eines Ehegatten. Denn nur in der Härteklausel zugunsten des anderen Ehegatten sind außergewöhnliche Umstände erforderlich. Zu den besonderen Gründen der Kinderschutzklausel enthält § 127 Abs. 3 FamFG keine Aussage. Nach dem Sinn der Vorschrift untersteht die Kinderschutzklausel nach § 127 Abs. 1 FamFG jedoch der Amtsmaxime (→ § 1566 Rn. 28),[44] sie ist also von Amts wegen in allen Instanzen auch dann anzuwenden, wenn beide Ehegatten geschieden sein wollen. Vereinbarungen der Ehegatten, besondere Gründe zur Anwendung der Kinderschutzklausel nicht vorzubringen oder zu unterdrücken, sind weder für die Ehegatten noch für das Gericht bindend (→ Rn. 79).[45] Gleiches gilt, wenn die Ehegatten eine Anwendung der Kinderschutzklausel ohne das Vorliegen außergewöhnlicher Umstände vereinbaren oder sie vom Ergebnis einer psychologischen Empfehlung abhängig machen wollen.[46] Allerdings kann das Familiengericht die Situation des Kindes kaum dem Beteiligtenvortrag entnehmen, auch wenn in der Antragsschrift mitzuteilen ist, ob gemeinschaftliche minderjährige Kinder vorhanden sind nebst Mitteilung von Namen und Geburtsdaten sowie des gewöhnlichen Aufenthalts der gemeinsamen minderjährigen Kinder und ob eine Regelung über die elterliche Sorge und den Umgang getroffen worden ist (§ 133 Abs. 1 Nr. 1, 2 FamFG). Durch diese Informationen soll das Gericht immerhin in die Lage versetzt werden, den Eltern gezielte Informationen zu erteilen, um zu einer möglichst ausgewogenen Scheidungsfolgenregelung auch im Kindesinteresse beizutragen.[47] Jedoch werden weiterhin allenfalls in den Fällen, in denen die Eltern über das Sorgerecht streiten, Anhaltspunkte für eine Anwendung der Kinderschutzklausel gegeben sein. In den Fällen, in denen die Ehegatten es bei der gemeinsamen elterlichen Sorge belassen, hat auch in Zukunft die Amtsmaxime für die Kinderschutzklausel keine praktische Bedeutung (→ § 1566 Rn. 28). 15

**e) Gemeinsame Kinder.** Aus der Ehe hervorgegangen sind auch voreheliche, aber durch die Eheschließung der Eltern legitimierte Kinder[48] sowie Kinder aus einer früheren Ehe der Eltern, die geschieden wurde.[49] Ob das Kind vom Ehemann der Mutter abstammt, ist unbeachtlich, solange die Ehelichkeit des Kindes nicht angefochten ist.[50] Die Klausel erfasst ferner gemeinsam adoptierte minderjährige Kinder.[51] Ob sie auch auf Kinder nur eines Ehegatten oder auf Pflegekinder, die in dem gemeinsamen Haushalt gelebt haben, anzuwenden ist, ist umstritten. Während die hM[52] dies mit Rücksicht auf den klaren Wortlaut der Vorschrift verneint, wird nach der Einführung eines Umgangsrechts zum Stiefelternteil und zu Familienpflegeeltern durch § 1685 Abs. 2 (→ Einl. FamR Rn. 191) die Auffassung vertreten, auch diese Kinder könnten die Anwendung der Schutzklausel begründen. Dafür spricht, dass die Härteklausel vor allem die soziale Situation von Kindern, die durch das Scheitern der Ehe betroffen sind, schützt und mit der Vorschrift des § 1685 Abs. 2 eine klar strukturierte Zuordnung von Stief- und Pflegekindern in den Schutzbereich möglich ist, zu denen eine sog. sozial-familiäre Beziehung besteht.[53] Geschützt werden Kinder aller Altersstufen bis zur Vollendung des 18. Lebensjahres. Es ist zu pauschal anzunehmen, der Schutz gelte vor allem Kleinkindern und Kindern während der Pubertät; vielmehr ist auf den konkreten Fall abzustellen. Ist ein minderjähriges Kind bereits verheiratet, ist der Schutzzweck der Klausel entfallen.[54] 16

**2. Enge Ausnahmevorschrift. a) Scheidungshärten.** Mit den einschränkenden Tatbestandsmerkmalen „aus besonderen Gründen", „ausnahmsweise" und „notwendig"[55] hebt das Gesetz hervor, dass die Aufrechterhaltung der gescheiterten Ehe der Eltern in der Regel aus Kindesinteressen nicht zu fordern ist, weil die Abweisung des Antrags nicht zur gedeihlichen Wiederbelebung der 17

---

[44] AllgM; *Schwab* FamRZ 1976, 491 (506); *Schwab* in Schwab ScheidungsR-HdB II Rn. 102, 107; *Bergerfurth* FamRZ 1977, 357; *Gernhuber/Coester-Waltjen* FamR § 27 Rn. 49; Johannsen/Henrich/*Jaeger/Hamm* Rn. 18; Soergel/*Heintzmann* Rn. 6; Staudinger/*Rauscher,* 2018, Rn. 23, 46, 82.

[45] Staudinger/*Rauscher,* 2018, Rn. 46.

[46] So aber *Grziwotz* FamRZ 2008, 2237 (2240).

[47] BT-Drs. 16/9733, 293.

[48] BGH NJW 1957, 100; Staudinger/*Rauscher,* 2018, Rn. 41; Erman/*Blank* Rn. 8; *Schwab* in Schwab ScheidungsR-HdB II Rn. 113.

[49] BGH LM EheG § 48 Abs. 3 Nr. 7; Staudinger/*Rauscher,* 2018, Rn. 41; *Schwab* FamRZ 1976, 491 (507); *Schwab* in Schwab ScheidungsR-HdB II Rn. 113.

[50] Soergel/*Heintzmann* Rn. 7; Staudinger/*Rauscher,* 2018, Rn. 41; aA OLG Saarbrücken NJW 1969, 134.

[51] Bamberger/Roth/*Neumann* Rn. 4.

[52] Erman/*Blank* Rn. 8; *Schwab* in Schwab ScheidungsR-HdB II Rn. 113.

[53] Eingehend hierzu Staudinger/*Rauscher,* 2018, Rn. 43 f.

[54] Erman/*Blank* Rn. 8; Staudinger/*Rauscher,* 2018, Rn. 44a.

[55] Krit. gegen die Häufung *Gernhuber/Coester-Waltjen* FamR § 27 Rn. 46; *Scheld* FamRZ 1982, 6.

Lebensgemeinschaft der Eltern führt.[56] Die Klausel dient damit nicht dazu, die Scheidung zu versagen, weil ein Elternteil seine Pflichten in Ehe und Familie vernachlässigt hat oder weil er sich gegenüber dem Kind pflichtbewusster verhalten sollte. Alle Erwägungen, dass der Antragsteller pflichtgemäß Ehe und Familie mit den Kindern fortsetzen sollte, sind damit unzulässig.[57] Es darf nicht darauf abgestellt werden, dass die Kinder der **Liebe und Fürsorge beider Eltern** bedürfen. Auch die Ablehnung der Scheidung kann ihnen nicht zurückgeben, was mit der Trennung der Eltern und dem Scheitern der Ehe eingetreten ist.[58] Vielmehr kann es nur darum gehen, die auch nach der Scheidung fortdauernde gemeinsame Verantwortung für die Kinder zu stärken und zu fördern. Alle Versuche, die Eltern über die Versagung der Scheidung aus der Kinderschutzklausel zu zwingen, im Interesse von Kindern in einer gedeihlichen Familie zu leben,[59] entsprechen nicht der gesetzlichen Funktion der Kinderschutzklausel. Das Gesetz geht von den Fakten aus, die durch das Scheitern der Ehe geschaffen sind. Es will in Ausnahmefällen nur weitere, vermeidbare Nachteile nicht eintreten lassen, die mit dem Scheidungsausspruch verbunden wären.[60] Eine ehestabilisierende Wirkung kann der Härteklausel nicht beigemessen werden.[61]

18 **b) Ausnahmevorschrift.** Nachteile für ein Kind sind nur zu berücksichtigen, wenn sie auf **besonderen Gründen** beruhen. Die üblichen Erschwernisse, die sich für Kinder aus der Lösung des Ehebandes der Eltern ergeben, mutet das Gesetz den Kindern zu. Für die Anwendung der Klausel ist deshalb die Feststellung zu treffen, dass eine für die Scheidung einer Ehe mit Kindern **außergewöhnliche Fallgestaltung** vorliegt. Das Wort „ausnahmsweise" macht die Scheidung einer gescheiterten Ehe mit Kindern zur Regel. Die Ausnahme der Nichtscheidung bedarf der besonderen Begründung.[62] **„Notwendig"** ist die Abweisung des an sich begründeten Scheidungsantrages nur, wenn durch sie die konkret „zu erwartende Gefährdung" der Kinder durch die Scheidung abgewendet oder gemildert werden kann[63] und andere Umstände die ungewöhnlichen Nachteile für das Kind nicht ausgleichen können. So sollen drohende Depressionen und Suizidgefahr kein Anlass sein, von der Scheidung abzusehen, wenn sie behandlungsfähig sind.[64] Diese Häufung einschränkender Merkmale ist nur scheinbar überflüssig und sinnstörend[65] oder halbherzig[66] oder eine sprachkünstlerische Leistung ohne justitiable zusätzliche Wegweisung.[67] Sie offenbart deutlich das Dilemma des Gesetzgebers, der zu Recht nicht daran glaubt, dass die gescheiterte Ehe der Eltern einem Kinde nützen kann, jedoch nicht alle extremen Ausnahmefälle gleichermaßen entscheiden will.[68]

19 **c) Keine Abwägung gegen Interessen der Eheleute oder Dritter.** Liegen die Voraussetzungen der Kinderschutzklausel vor, ist der Scheidungsantrag abzuweisen, auch wenn besondere Interessen des Antragstellers, eines Partners, mit dem er zusammenlebt, oder von Kindern, die aus der neuen Verbindung hervorgegangen sind, für die Scheidung der gescheiterten Ehe sprechen. Eine Abwägung mit den Interessen eines Elternteils oder von Dritten, die nicht zur Familie gehören, ist im Gesetz nicht vorgesehen.[69]

---

[56] *Gernhuber/Coester-Waltjen* FamR § 27 Rn. 47; Johannsen/Henrich/*Jaeger/Hamm* Rn. 14; Staudinger/*Rauscher*, 2018, Rn. 36a f.

[57] Ausf. Staudinger/*Rauscher*, 2018, Rn. 38 f.

[58] OLG Celle FamRZ 1978, 508; das wurde vielfach verkannt, vgl. BGH NJW 1967, 442; 1967, 1128; LM EheG § 48 Abs. 1 Nr. 8; RGZ 162, 124 (127); *Dölle* FamR § 39 IV 4 S. 549; richtig *Dettmers* NJW 1947/48, 103.

[59] Vgl. etwa *Henrich* FS Müller-Freienfels, 1986, 289 (320); *Schwab* in Schwab ScheidungsR-HdB II Rn. 100 f., 108 f.; wie im Text Erman/*Blank* Rn. 7; Staudinger/*Rauscher*, 2018, Rn. 38 f.

[60] HM; OLG Köln NJW 1982, 2262; OLG Zweibrücken FamRZ 1982, 293; OLG Hamburg FamRZ 1986, 469; *Gernhuber/Coester-Waltjen* FamR § 27 Rn. 48; Soergel/*Heintzmann* Rn. 10; Johannsen/Henrich/*Jaeger/Hamm* Rn. 19; eine breitere Anwendung fordert insbes. *Schwab* FamRZ 1981, 1171; *Schwab* in Schwab ScheidungsR-HdB II Rn. 100 f., 108 f.; vgl. auch *Scheld* FamRZ 1982, 6.

[61] Dafür tritt aber *Schwab* in Schwab ScheidungsR-HdB II Rn. 101 ein.

[62] OLG Celle FamRZ 1978, 508; *Gernhuber/Coester-Waltjen* FamR § 27 Rn. 46 f.; Johannsen/Henrich/*Jaeger/Hamm* Rn. 14 ff.; Staudinger/*Rauscher*, 2018, Rn. 55; krit. *Schwab* in Schwab ScheidungsR-HdB II Rn. 105, 108 f.

[63] Staudinger/*Rauscher*, 2018, Rn. 49.

[64] OLG Köln NJW 1982, 2262; das OLG Hamburg FamRZ 1986, 469 hat die Scheidung versagt, weil die rechtzeitige erfolgreiche Behandlung der therapiebedürftigen Mutter nicht gesichert war; beide Gerichte haben zu Recht einen Sachverständigen beigezogen, → Rn. 23.

[65] *Schwab* FamRZ 1976, 491 (507); 1986, 1171 (1175).

[66] *Gernhuber/Coester-Waltjen* FamR § 27 Rn. 46.

[67] *Scheld* FamRZ 1982, 6.

[68] BVerfGE 55, 134 (142) = NJW 1981, 108; *Gernhuber/Coester-Waltjen* FamR § 27 Rn. 48.

[69] Staudinger/*Rauscher*, 2018, Rn. 51 ff.; iErg ebenso Johannsen/Henrich/*Jaeger/Hamm* Rn. 15; Erman/*Blank* Rn. 10 weist zu Recht darauf hin, dass sich die Frage, ob überhaupt andere Interessen einzubeziehen sind,

**d) Immaterielle Nachteile.** Bei den vom Wortlaut vorgegebenen engen Voraussetzungen führt die Kinderschutzklausel in der gerichtlichen Praxis nur selten zur Versagung der Scheidung (→ Rn. 9).[70] 20

**aa) Empfinden des Kindes.** Auch wenn aufgrund bestimmter Tatsachen, die äußerst sorgfältig zu ermitteln sind, festgestellt wird, dass das **Rechts- und Moralempfinden** eines (schon älteren) Kindes durch die Scheidung der Ehe der Eltern erschüttert würde, darf die Scheidung nicht versagt werden.[71] Wenn ein Kind eine vom Gesetz nicht geteilte Auffassung zur Ehescheidung hat, etwa die Ehe für unlösbar hält, rechtfertigt das nicht, schon deshalb besondere Gründe anzunehmen. Sonst könnten über die Kinderschutzklausel **religiöse Gebote**[72] oder sonstige **weltanschauliche Vorstellungen,** die im Zweifel auf der Erziehung des Kindes beruhen, aber von den Ehegatten nicht mehr geteilt werden,[73] dazu führen, dass die Scheidung von Ehen mit Kindern erst nach deren Volljährigkeit möglich wäre. Das Gesetz mutet es Kindern jedoch grundsätzlich zu, nach der Scheidung der Ehe der Eltern im Bewusstsein zu leben, aus einer geschiedenen Ehe zu stammen, auch wenn damit der Glaube an die lebenslange Ehe für sie in Frage gestellt wird. Ihnen kann mit der Härteklausel auch nicht abgenommen werden, das Leid eines Elternteils über das Scheitern und die Scheidung der Ehe mitzuerleben. Zumeist wird schon das Scheitern der elterlichen Ehe und nicht der Ausspruch der Scheidung das Problem erzeugt haben. Nur in Extremfällen, in denen der Wertekonflikt für das Kind **Krankheitswert** erreicht, kann die Anwendung der Härteklausel ausnahmsweise in Betracht kommen.[74] 21

**bb) Selbstmordgefahr beim Kind.** Mit dem Zerfall der Familie kann für Kinder aus der Ehe ein psychischer Ausnahmezustand, das Bewusstsein der persönlichen Katastrophe, eine Identitätskrise entstehen,[75] die bis zur Gefahr der Selbstvernichtung führen können. Kinder können es vor allem als zusätzlichen schmerzhaften Vorgang empfinden, wenn der Elternteil, bei dem sie leben, von der Scheidung schwer getroffen wird.[76] Die Scheidung kann in solchen Fällen den Zustand des Kindes entscheidend verschlechtern, ebenso wenn ein Kind an einer schweren Krankheit leidet. Ob das Kind in einer solchen Gefahr ist, wird, da krankhafte Zustände beteiligt sein können, oft nur mit Hilfe eines Sachverständigen festgestellt werden können.[77] Wenn aber durch die formelle Ehescheidung Selbstmordgefahr besteht,[78] wäre das Beharren eines Elternteils auf der Scheidung unverständlich und sein Scheidungsantrag abzuweisen. Die Abweisung des Scheidungsantrages ist auch dann geboten, wenn ein solcher Zustand des Kindes behandlungsfähig ist.[79] Problematisch erscheint es, in einem solchen Fall das Scheidungsverfahren für die Dauer der vom Sachverständigen angeratenen Therapie auszusetzen.[80] Der Erfolg und die Dauer einer Therapie werden schwer zu prognostizieren sein. Die Aussetzung von Amts wegen würde auch der Vorschrift des § 136 Abs. 1 FamFG widersprechen, weil das Verfahren nur ausgesetzt werden darf, wenn Aussicht auf Fortsetzung der Ehe besteht. Die Anregung des Gerichts, der Antragsteller möge seinerseits einen Aussetzungsantrag nach § 136 Abs. 2 FamFG stellen, bevor sein Scheidungsantrag abgewiesen werden müsse, um hierdurch die Verhärtung der Fronten und ein weiteres kostspieliges Scheidungsverfahren nach erfolgreicher 22

---

nicht stellt, wenn die Ablehnung des Scheidungsausspruchs „notwendig" ist; Soergel/*Heintzmann* Rn. 18, 23.

70 Es sind nur wenige Entscheidungen zur Kinderschutzklausel veröffentlicht: OLG Hamm FamRZ 1989, 1188; OLG Schleswig FamRZ 1977, 802; OLG Celle FamRZ 1978, 508; OLG Köln FamRZ 1981, 959 = NJW 1982, 2262; OLG Zweibrücken FamRZ 1982, 293; OLG Hamburg FamRZ 1986, 469 mAnm *Henrich*; nur die Entscheidung des OLG Hamburg wies den Antrag ab, weil bei einem Kind akute Selbstmordgefahr bestand, vgl. zu dieser Entscheidung Johannsen/Henrich/*Jaeger/Hamm* Rn. 17; *Schwab* in Schwab ScheidungsR-HdB II Rn. 112; *Gernhuber/Coester-Waltjen* FamR § 27 Rn. 48; Johannsen/Henrich/*Jaeger/Hamm* Rn. 15, 16; Staudinger/*Rauscher,* 2018, Rn. 35 ff., 54 ff.; Erman/*Blank* Rn. 7.

71 In diesen Fällen wurde teilweise aus § 48 Abs. 3 EheG die Scheidung versagt, BGH LM EheG § 48 Abs. 1 Nr. 8; OLG Celle NJW 1953, 1116 m. abl. Anm. *Hoffmann*; OLG Nürnberg FamRZ 1961, 530.

72 Vgl. zB OLG Schleswig FamRZ 1955, 107.

73 Staudinger/*Rauscher,* 2018, Rn. 70.

74 Staudinger/*Rauscher,* 2018, Rn. 70.

75 Johannsen/Henrich/*Jaeger/Hamm* Rn. 17; Staudinger/*Rauscher,* 2018, Rn. 64 ff.

76 BGH LM EheG § 48 Abs. 1 Nr. 8; EheG § 48 Abs. 3 Nr. 3.

77 Staudinger/*Rauscher,* 2018, Rn. 66; Erman/*Blank* Rn. 9; Palandt/*Brudermüller* Rn. 2.

78 OLG Hamburg FamRZ 1986, 469 mAnm *Henrich*; *Graßhof* FS Zeidler, 1987, 837 (854) weist zu Recht auf das Versagen des betreuenden Elternteils hin; Johannsen/Henrich/*Jaeger/Hamm* Rn. 17; Erman/*Blank* Rn. 9; Staudinger/*Rauscher,* 2018, Rn. 65; Soergel/*Heintzmann* Rn. 20; vgl. auch OLG Celle FamRZ 1978, 508.

79 OLG Hamburg FamRZ 1986, 470 mAnm *Henrich*; Erman/*Blank* Rn. 11; aA Bamberger/Roth/*Neumann* Rn. 5.

80 AA Staudinger/*Rauscher,* 2018, Rn. 66 ff.

Behandlung des Kindes zu vermeiden,[81] ist in einem solchen Fall nicht von dem Zweck des § 136 FamFG, die Aussöhnung der Eheleute zu ermöglichen, gedeckt.

23 **cc) Verlust eines Elternteils als Bezugsperson.** Mit der Begründung, eine regelmäßige und gleichmäßige Bindung des Kindes an beide Eltern sei wünschenswert, darf die Scheidung nicht versagt werden,[82] weil das Scheitern der Ehe und nicht die Scheidung die Grundlage dafür zerstört hat. Die Möglichkeit des Fortbestands der elterlichen Sorge über die Scheidung hinaus, von der die Mehrzahl der Eltern Gebrauch machen, hat dazu geführt, dass trotz der Trennung eine gemeinsame Verantwortung für die Kinder empfunden und wahrgenommen wird, so dass sich das Bedürfnis nach der Aufrechterhaltung des formalen Ehebandes zum Schutz der Kinder reduziert hat.[83] Auch in Fällen, in denen die elterliche Sorge einem Elternteil übertragen wird, ist kaum Raum für die Anwendung der Kinderschutzklausel.[84] Hängt ein Kind an beiden Elternteilen, wird es eine Härte sein, dass es sich für ein Leben bei dem einen oder anderen entscheiden muss. Diese Entscheidung ist jedoch schon durch die Trennung erzwungen. Auch Nachteile für die Erziehung eines Kindes sind häufig unvermeidbar. Sie beruhen aber bereits auf der Trennung der Eltern und reichen nach dem Gesetz nicht aus, die Scheidung zu versagen.[85] Keinesfalls darf die Scheidung mit Blick auf die Kinderschutzklausel versagt werden, weil der Antragsteller Umgangskontakte der Kinder zum Antragsgegner verweigert;[86] einem solchen Verhalten ist bei der Regelung des Sorge- und Umgangsrechts zu begegnen.

24 **dd) Wohn- und Betreuungssituation des Kindes.** Hinnehmen muss ein Kind grundsätzlich einen durch die Trennung der Eltern bedingten **Wohnungswechsel** und die veränderte Rolle des Elternteils, bei dem es lebt, insbesondere auch eine **Berufstätigkeit der Mutter.**[87] Dies gilt auch für die Betreuung eines behinderten Kindes.[88]

25 **e) Wirtschaftliche Nachteile. aa) Grundsatz.** In aller Regel verschlechtert es die wirtschaftliche Lage eines Kindes, wenn die Ehe der Eltern scheitert und sein Unterhalt gegenüber einem Elternteil als Geldanspruch realisiert werden muss (vgl. §§ 1360, 1601, 1612). Diesen Nachteil muss das Kind hinnehmen. Das Gesetz geht allerdings davon aus, dass daneben besondere wirtschaftliche Nachteile mit dem Ausspruch der Scheidung entstehen können, die es ausnahmsweise rechtfertigen, die Scheidung der gescheiterten Ehe der Eltern zu versagen. Die Ansicht der Entwürfe, solchen Härten sei nicht durch ein Scheidungsverbot, sondern notfalls durch öffentliche Hilfen zu begegnen,[89] hat der Gesetzgeber nicht übernommen. Ebenso wie bei der Eheschutzklausel ist auch für die gleichzeitig eingeführte Kinderschutzklausel keine Beschränkung auf immaterielle Härten vorgesehen.[90] Die Berücksichtigung wirtschaftlicher Belange der Kinder ist jedoch so stark beschränkt, dass kaum Fälle vorstellbar sind, in denen die Kinderschutzklausel greift.[91] Die verringerte Leistungsfähigkeit eines Elternteils, sollte sie ausnahmsweise nicht Folge der Trennung, sondern erst der Scheidung sein, reicht für die Anwendung der Kinderschutzklausel nicht aus.[92] Auch eine wesentliche Verschlechterung der wirtschaftlichen Verhältnisse oder eine Gefährdung des Unterhalts infolge

---

81 So Staudinger/*Rauscher,* 2018, Rn. 66a.

82 HM; Soergel/*Heintzmann* Rn. 13; *Gernhuber/Coester-Waltjen* FamR § 27 Rn. 50–52; Staudinger/*Rauscher,* 2018, Rn. 56af.; *Graßhof* FS Zeidler, 1987, 837 (847).

83 *Gernhuber/Coester-Waltjen* FamR § 27 Rn. 50–52.

84 OLG Köln FamRZ 1998, 827 (828); OLG Celle FamRZ 1978, 509; OLG Schleswig FamRZ 1977, 802; *Kissel* DRiZ 1978, 225 (227); Staudinger/*Rauscher,* 2018, Rn. 63.

85 Diese eindeutige Sicht des Gesetzes verstößt nicht gegen Art. 6 Abs. 1, 2 GG, *Schwab* in Schwab ScheidungsR-HdB II Rn. 108f. meint, hierdurch würden die Interessen der Kinder zur Bedeutungslosigkeit verkürzt.

86 So aber AG Korbach NJW-RR 2001, 1157; dagegen OLG Frankfurt NJW-RR 2002, 577.

87 Staudinger/*Rauscher,* 2018, Rn. 60.

88 KG NJW-RR 2001, 1658.

89 DiskE des BMJ zum Gesetz über die Neuregelung des Rechts der Ehescheidung und der Scheidungsfolgen, 1970, 68f.; BT-Drs. 6/2577, 62; BT-Drs. 7/650, 119.

90 HM, vgl. *Schwab* FamRZ 1976, 491 (505); *Diederichsen* NJW 1977, 278; *Gernhuber/Coester-Waltjen* FamR § 27 Rn. 50–52; Soergel/*Heintzmann* Rn. 12; Staudinger/*Rauscher,* 2018, Rn. 71ff.; *Schwab* in Schwab ScheidungsR-HdB II Rn. 111; Johannsen/Henrich/*Jaeger/Hamm* Rn. 16.

91 Staudinger/*Rauscher,* 2018, Rn. 72; aA *Schwab* in Schwab ScheidungsR-HdB II Rn. 111, der es ausreichen lässt, wenn durch die Ehescheidung der Unterhalt der Kinder gefährdet würde oder wenn durch eine Wiederverheiratung des Antragstellers seine Leistungsfähigkeit wesentlich vermindert und dadurch der Unterhalt für eine angemessene Lebensführung und Ausbildung der Kinder beeinträchtigt würde. Im Hinblick auf den Vorrang des Kindesunterhalts nach dem Unterhaltsrechtsformgesetz dürften derartige Fälle praktisch nicht vorkommen.

92 Staudinger/*Rauscher,* 2018, Rn. 72f.

der Scheidung oder eine fehlende Leistungsbereitschaft nach Scheidung können nicht zur Bejahung der Klausel führen.[93] In den bisher veröffentlichten Entscheidungen zur Kinderschutzklausel wurden wirtschaftliche Härten nicht erörtert.[94]

**bb) Neue Ehe.** Der weit überwiegende Teil aller Geschiedenen geht eine neue Ehe ein (→ Vor § 1564 Rn. 39). Es liegen deshalb keine besonderen Gründe für die Aufrechterhaltung der Ehe vor, wenn ein Elternteil gegenüber einem neuen Ehegatten unterhaltspflichtig wird.[95] Die Anwendung der Kinderschutzklausel in einem solchen Fall würde einen grundrechtswidrigen Eingriff in die Entschließungsfreiheit des scheidungswilligen Elternteils darstellen.[96] Hinzu kommt, dass der Unterhaltsanspruch des Kindes demjenigen des neuen Ehegatten vorgeht (§ 1609 Nr. 1). Die Scheidung darf deshalb nicht verweigert werden, weil eine erneute Eheschließung zu erwarten ist.[97] Sie darf auch nicht deshalb versagt werden, weil ein Ehegatte in einer neuen Ehe weitere Kinder zeugen oder gebären könnte[98] und sich damit der Unterhaltsanspruch eines Kindes verändern würde. 26

**cc) Fehlende Leistungsbereitschaft.** Die Scheidung kann aus der Kinderschutzklausel auch nicht verweigert werden, wenn aus dem bisherigen Verhalten des verpflichteten Ehegatten zu schließen ist, dass ihm nach der Scheidung trotz Leistungsfähigkeit die Zahlungsbereitschaft fehlen wird.[99] Einen entsprechenden Einwand muss der Unterhaltsschuldner nicht ausräumen. Die Rechte des Kindes sind ausreichend dadurch gewahrt, dass der Antragsgegner im Scheidungsverbund den Kindesunterhalt anhängig machen kann. 27

**dd) Krankheitsbedingter Sonderbedarf.** Auch bei Sonderbedarf eines Kindes auf Grund einer Erkrankung ist die Anwendung der Kinderschutzklausel abzulehnen. In aller Regel besteht für Kosten einer notwendigen Heilbehandlung **Versicherungsschutz.** Sollte dieser nicht greifen, so können **Sozialleistungen** in Anspruch genommen werden. Die Scheidung der Ehe kann vor diesem Hintergrund nicht abgelehnt werden.[100] 28

**ee) Erbrechtlicher Status der Kinder.** Auch im Hinblick auf den erbrechtlichen Status der gemeinsamen Kinder kommt die Anwendung der Härteklausel nicht in Betracht. Die Scheidung einer gescheiterten Ehe darf nicht versagt werden, weil durch sie die Geburt weiterer Kinder aus einer nächsten Ehe ermöglicht wird.[101] Auf Grund des Erbrechtsgleichstellungsgesetzes (→ Einl. FamR Rn. 171) ist ohnehin durch Aufhebung der §§ 1934a–1934e die erbrechtliche Sonderstellung nichtehelicher Kinder beseitigt. 29

**f) Zeitfaktor.** Auch nach dem Wegfall der Fünfjahresfrist des Abs. 2 verhindert die Kinderschutzklausel nur die Scheidung zur Unzeit,[102] also nur „solange" die Aufrechterhaltung der Ehe der Eltern für ein Kind notwendig ist. Es ist deshalb immer zu prüfen, ob die Notwendigkeit im Zeitpunkt der letzten mündlichen Verhandlung noch andauert oder ob sie durch eingetretene Veränderungen gemildert oder entfallen ist. Die Aussetzung des Verfahrens nach § 136 FamFG bis zum Wegfall der besonderen Belastung für ein Kind kommt nicht in Betracht (→ Rn. 22). War ein Scheidungsantrag an der Kinderschutzklausel gescheitert, kann er wiederholt werden, wenn etwa eine psychische Ausnahmesituation durch die Behandlung des Kindes, durch sein Älterwerden oder andere Umstände beseitigt worden ist. 30

### III. Ehegattenschutzklausel

**1. Grundfragen. a) Keine allgemeine Rechtsmissbrauchsklausel.** Die Scheidung einer gescheiterten Ehe wird vom Gesetz zugelassen. Sie gehört zu dem Bild der verweltlichten bürgerli- 31

---

93 Staudinger/*Rauscher,* 2018, Rn. 73 f.; Johannsen/Henrich/*Jaeger/Hamm* Rn. 16; aA für die Gefährdung des Unterhalts*Schwab* in Schwab ScheidungsR-HdB II Rn. 111; Soergel/*Heintzmann* Rn. 15.

94 Johannsen/Henrich/*Jaeger/Hamm* Rn. 16.

95 Staudinger/*Rauscher,* 2018, Rn. 74; Johannsen/Henrich/*Jaeger/Hamm* Rn. 16.

96 Staudinger/*Rauscher,* 2018, Rn. 74.

97 *Diederichsen* NJW 1977, 273 (278); Johannsen/Henrich/*Jaeger/Hamm* Rn. 16; Staudinger/*Rauscher,* 2018, Rn. 74; Erman/*Blank* Rn. 9; aA *Schwab* FamRZ 1976, 491 (507); *Schwab* in Schwab ScheidungsR-HdB II Rn. 111; Soergel/*Heintzmann* Rn. 15.

98 Johannsen/Henrich/*Jaeger/Hamm* Rn. 16; Staudinger/*Rauscher,* 2018, Rn. 75; aus § 48 Abs. 3 EheG wurde deshalb oft die Scheidung verweigert, wenn eine konkrete Zweitehe in Aussicht war, BGH NJW 1967, 442 = FamRZ 1967, 139 (141); OLG München FamRZ 1968, 162 (165).

99 Johannsen/Henrich/*Jaeger/Hamm* Rn. 16; Staudinger/*Rauscher,* 2018, Rn. 76.

100 Staudinger/*Rauscher,* 2018, Rn. 77.

101 Staudinger/*Rauscher,* 2018, Rn. 78; zweifelnd *Schwab* in Schwab ScheidungsR-HdB II Rn. 111.

102 BVerfGE 55, 134 (142) = NJW 1981, 108; zu Unrecht krit. zur „Scheidung-zur-Unzeit-Formel" *Schwab* in Schwab ScheidungsR-HdB II Rn. 99.

chen Ehe, das der Verfassung zugrunde liegt.[103] Der Antrag, eine gescheiterte Ehe zu scheiden, ist deshalb für sich allein nicht rechtsmissbräuchlich,[104] auch dann nicht, wenn sich der Antragsteller auf sein eigenes Verhalten zur Begründung dafür beruft, dass die Ehe gescheitert ist (zur Bewertung von Verhalten des Antragstellers für die Feststellung des Scheiterns → § 1565 Rn. 61).[105] Die Härteklausel ist deshalb ungeeignet, um dem „schuldigen" Ehegatten die Scheidung zu versagen. Sie ist ihrem Wortlaut und Zweck nach keine allgemeine Rechtsmissbrauchsklausel.[106] Das Zerrüttungsprinzip gilt nicht nur bei unstreitigen Scheidungen.[107] Die Befürchtungen, die Scheidungspraxis werde über die Härteklausel zum Verschuldensprinzip zurückkehren, haben sich als unbegründet erwiesen.[108] Die Scheidung aus Gründen, die in der Person des Antragstellers liegen, wird durch § 1565 Abs. 2 nur bis zum Ablauf einer einjährigen Trennung erschwert. Nach Ablauf dieser Frist setzt sich gegenüber diesen Erwägungen der Grundgedanke durch, dass eine gescheiterte Ehe auf Antrag eines Ehegatten geschieden werden darf.

32 b) **Keine Begrenzung des Zerrüttungsprinzips.** Alle allgemeinen rechtspolitischen oder weltanschaulichen Erwägungen gegen die Scheidung gescheiterter Ehen hat der Gesetzgeber nicht aufgegriffen. Es ist die Entscheidung des Gesetzes, dass der Staat gescheiterte Ehen nicht zwangsweise aufrechterhalten will.[109] Auch die Härteklausel ändert nichts an dem Grundsatz. Sie ist nicht dazu bestimmt, die Institution der Ehe vor den Scheidungsmöglichkeiten zu schützen, die durch die Vorschriften der §§ 1565, 1566 eröffnet sind.[110] Die Härteklausel soll den einzelnen Ehegatten, dem die alsbaldige Scheidung eine zusätzliche Härte zufügen würde, **in besonderen Fällen schützen.** Dass und ob es für alle Beteiligten besser gewesen wäre, wenn die Ehe nicht gescheitert wäre, bleibt außer Betracht.[111] Das vom Gesetzgeber verfolgte Ziel, dass Scheidungsanträge nur in sehr wenigen Fällen aus der Härteklausel abgewiesen werden sollen, hat die Rspr. auf der Grundlage der Bewusstseinsveränderung zur Ehescheidung in der Öffentlichkeit akzeptiert. § 1568 führte im Jahre 2013 in nur 27 Fällen zur Abweisung eines Scheidungsantrags (→ Rn. 9). Die Härteklausel zum Schutze der Ehegatten ist verfassungsrechtlich unbedenklich.[112]

33 c) **Scheidungsbedingte Härten.** Die Scheidung einer gescheiterten Ehe kann aus der Ehegattenschutzklausel nur wegen solcher Härten versagt werden, die die Scheidung, also die **Auflösung des Ehebandes,** selbst **verursachen oder mit verursachen** würde. Eine allein durch das Scheitern der Ehe verursachte Härte genügt nicht.[113] Deshalb rechtfertigt eine mit einem Selbstmordversuch verbundene Gemütskrankheit, auch wenn sie durch die Aufnahme ehewidriger Beziehungen des

---

[103] BVerfGE 53, 224 (245) = NJW 1980, 689 = FamRZ 1980, 319; BVerfG NJW 2001, 2874; BGH NJW-RR 2007, 145 = FamRZ 2007, 109 (112).

[104] DiskE des BMJ zum Gesetz über die Neuregelung des Rechts der Ehescheidung und der Scheidungsfolgen, 1970, 62; BT-Drs. 7/650, 117; *Gernhuber/Coester-Waltjen* FamR § 27 Rn. 54.

[105] Staudinger/*Rauscher,* 2018, Rn. 85; es wurde gefordert, die Härteklausel müsse den „Triumph der Niedertracht" verhindern, vgl. *Bosch* FamRZ 1971, 57 (64); *Neuhaus* FamRZ 1970, 448; *Häberle,* Zum Thema Ehescheidung, 1970, 105; gegen eine Rechtsmissbrauchsklausel *Giesen,* Aktuelle Probleme einer Reform des Ehescheidungsrechts, 1971, 18.

[106] *Gernhuber/Coester-Waltjen* FamR § 27 Rn. 54.

[107] *Lange* FamRZ 1971, 481 (489).

[108] Vgl. jedoch *Derleder* KritJ 1982, 18; *Wiegmann* NJW 1982, 1369.

[109] *Graßhof* FS Zeidler, 1987, 837 (844).

[110] Vgl. dazu *E. Wolf* JZ 1964, 749 ff.; *E. Wolf* JZ 1970, 441 ff.; *Mikat,* Möglichkeiten und Grenzen einer Leitbildfunktion des bürgerlichen Ehescheidungsrechts, 1969, 7, 22; *Giesen,* Aktuelle Probleme einer Reform des Ehescheidungsrechts, 1971, 13; Soergel/*Heintzmann* Rn. 27; ausgeprägt in dieser Richtung OLG Düsseldorf FamRZ 1980, 780; OLG Hamm FamRZ 1957, 262; Staudinger/*Rauscher,* 2018, Rn. 85; einschr. *Schwab* FamRZ 1984, 1171 (1174); *Schwab* in Schwab Scheidungs-HdB II Rn. 98, 99, 101 mit der Forderung nach einer ausgedehnten Anwendung im Interesse der Institution Ehe und ihrer sozialen Funktion auch gegen den Wortlaut des Gesetzes.

[111] *Schwab* FamRZ 1976, 491 (505); BGHZ 12, 111 (115) = NJW 1954, 836; die Rspr. hat gegen diesen an sich anerkannten Grundsatz häufig verstoßen, vgl. BGH BeckRS 1963, 31399178 = FamRZ 1964, 28 (32).

[112] BVerfG NJW 2001, 2874.

[113] HM; BGH NJW 1979, 1042; 1981, 2809; vgl. auch 1985, 905 (907); OLG Brandenburg FamRZ 2010, 1803; NJW-RR 2012, 71 = FamFR 2011, 524 mAnm *Rauscher;* OLG Stuttgart FamRZ 1991, 334 m. abl. Anm. *Bosch* FamRZ 1991, 334 und mAnm *Hauffe* FamRZ 1991, 950 und *Bosch* FamRZ 1991, 951; OLG Hamm FamRZ 1990, 60; KG FamRZ 1983, 1135; OLG Düsseldorf FamRZ 1978, 36; OLG Koblenz NJW 1978, 54; OLG Schleswig NJW 1978, 53; OLG Köln NJW 1982, 2262; OLG Nürnberg FamRZ 1979, 818; AG Schorndorf FamRZ 1992, 568 (569); *Schwab* in Schwab Scheidungs-HdB II Rn. 116; *Gernhuber/Coester-Waltjen* FamR § 27 Rn. 63; *Graßhof* FS Zeidler, 1987, 837 (839); Staudinger/*Rauscher,* 2018, Rn. 87; Erman/*Blank* Rn. 17.

anderen Ehegatten verursacht wurde, nicht die Anwendung der Härteklausel.[114] Die Verschlechterung eines bei der Scheidung schon bestehenden Krankheitszustandes ist üblicherweise mit der Scheidung eines kranken Ehegatten verbunden und steht der Scheidung grundsätzlich nicht entgegen,[115] vielmehr nur dann, wenn die Verschlechterung des Krankheitszustandes selbst außergewöhnlich und schwer wäre,[116] wobei eine drohende Depression, die behandlungsfähig ist, keine schwere Härte darstellt.[117]

**d) Keine innere Bindung an die Ehe erforderlich.** Der Vorschlag des Bundesrates,[118] die innere Bindung des Ehegatten, der die Scheidung ablehnt, zur Voraussetzung der Anwendung der Härteklausel zu machen, wurde abgelehnt. Jeder Anklang an das Widerspruchsrecht des § 48 Abs. 2 EheG sollte vermieden werden.[119] Der andere Ehegatte soll nicht veranlasst werden, Liebe, Zuneigung, Bindung und Fortsetzungsbereitschaft zu heucheln, wo es darum geht, besondere Härten auszuschließen. Die subjektive Darstellung eines Ehegatten über seine innere Bindung an die Ehe ist auch weder beweisbar noch widerlegbar. Es entspricht daher heute der hM, dass es einem Ehegatten nicht von vornherein verwehrt ist, sich auf die Härteklausel zu berufen, wenn ihm die innere Bindung an die Ehe oder die Bereitschaft fehlt, die eheliche Lebensgemeinschaft fortzusetzen.[120] Soweit in Ausnahmefällen materielle Härten berücksichtigt werden können, entstehen sie durch den Ausspruch der Scheidung unabhängig davon, ob der Ehegatte eine Bindung an die Ehe hat oder nicht. Auch die übrigen denkbaren schweren Härten entstehen nicht nur, wenn die subjektive Bindung noch nicht zerstört ist. Während beim Begriff des Scheiterns die personale Funktion der Ehe im Vordergrund steht, schützt die Härteklausel gerade die **soziale Funktion der Ehe.**[121] Sie kann auch dann schutzwürdig sein, wenn der Antragsgegner die Bindung an die Ehe verloren hat und die Lebensgemeinschaft nicht mehr aufnehmen würde.[122] Werden immaterielle Härten behauptet, wird jedoch nur in Ausnahmefällen das subjektive Härteempfinden festgestellt werden können, wenn dem Antragsgegner selbst die Bindung an die Ehe fehlt.[123] Bei der Geltendmachung von wirtschaftlichen Härten kommt es auf die innere Bindung ohnehin nicht an. 34

**e) Zeitfaktor.** Die Härteklausel ist nur dann und nur solange anzuwenden, solange ihre Voraussetzungen vorliegen. Auch nachdem ihre Befristung auf fünf Jahre entfallen ist, liegt in dem Wort „solange" der deutliche Hinweis, dass das Gesetz **Härten als Übergangsproblem** ansieht.[124] Wenn eine Härte vorgelegen hat, ist zu prüfen, ob dem anderen Ehegatten die Umstellung auf die neue Situation gelungen und die Härte damit entfallen ist.[125] Unerheblich ist, ob die Ehe zu einem früheren Zeitpunkt scheidbar gewesen wäre. Auch Härten, die erst später entstanden sind, aber zur Zeit der Entscheidung andauern, können zur Anwendung der Härteklausel führen. Dauert die Härte nicht mehr an, ist die gescheiterte Ehe zu scheiden. Ein aus der Härteklausel abgewiesener Scheidungsantrag kann nach dem Wegfall der Härte wiederholt werden.[126] Liegt eine Härte, etwa infolge einer schweren Erkrankung des Antragsgegners, vor, die sich auch durch einen längerfristigen 35

---

114 BGH NJW 1981, 2808; OLG Düsseldorf FamRZ 1980, 146.

115 BGH NJW 1979, 1360; 1981, 2808; OLG Köln FamRZ 1981, 960; OLG Düsseldorf FamRZ 1980, 146.

116 BGH NJW 1981, 2808; Staudinger/*Rauscher,* 2018, Rn. 89.

117 OLG Köln FamRZ 1981, 959.

118 BT-Drs. 7/650, 261; BT-Drs. 7/4694, 9.

119 Dazu *Bürgle* FamRZ 1968, 508 (512); *Schwab* FamRZ 1976, 491 (506).

120 BGH NJW 1984, 2353; 1985, 2531 = FamRZ 1985, 905; vgl. auch BGH NJW 1979, 1048; 1981, 2516; OLG Düsseldorf FamRZ 1980, 780; OLG Karlsruhe FamRZ 1990, 631; *Schwab* in Schwab Scheidungs-HdB II Rn. 123; Staudinger/*Rauscher,* 2018, Rn. 149 ff.; Johannsen/Henrich/*Jaeger/Hamm* Rn. 22; Soergel/*Heintzmann* Rn. 48 (einschr.); Palandt/*Brudermüller* Rn. 3; enger die Forderung des 4. DFGT NJW 1982, 152; OLG Köln NJW 1982, 2262; wohl auch BGH NJW 1985, 2531 = FamRZ 1985, 905; NJW 1984, 2353 = FamRZ 1984, 559; *Ambrock* FamRZ 1978, 314 (315) Fn. 15, hält es für verfassungswidrig, wenn die Härteklausel angewendet wird, obwohl dem Antragsgegner die Bindung an die Ehe fehlt.

121 *Schwab* FamRZ 1984, 1171 (1174); *Schwab* in Schwab Scheidungs-HdB II Rn. 100; Staudinger/*Rauscher,* 2018, Rn. 149a.

122 KG FamRZ 1983, 1133 (1135); *Schwab* FamRZ 1984, 1171 (1174); *Schwab* in Schwab Scheidungs-HdB II Rn. 123.

123 BGH NJW 1981, 2516; 1984, 2353; NJW 1985, 2531 = FamRZ 1985, 905; 4. DFGT NJW 1982, 152; Soergel/*Heintzmann* Rn. 48; Johannsen/Henrich/*Jaeger/Hamm* Rn. 23; diff. *Schwab* in Schwab Scheidungs-HdB II Rn. 123.

124 BVerfGE 53, 224 (250) = NJW 1980, 689; BVerfGE 55, 134 = NJW 1981, 108; BGH NJW 1981, 2516; 2808; 1984, 2353; OLG Hamm FamRZ 1985, 191; Staudinger/*Rauscher,* 2018, Rn. 167 ff.; *Gernhuber/Coester-Waltjen* FamR § 27 Rn. 55; krit. Johannsen/Henrich/*Jaeger/Hamm* Rn. 9 f.

125 OLG Schleswig NJW 1978, 53; BGH NJW 1979, 1042; BVerfGE 55, 134 = NJW 1981, 108; Staudinger/*Rauscher,* 2018, Rn. 168; Erman/*Blank* Rn. 17; *Gernhuber/Coester-Waltjen* FamR § 27 Rn. 55.

126 Staudinger/*Rauscher,* 2018, Rn. 178; Johannsen/Henrich/*Jaeger/Hamm* Rn. 41.

Scheidungsaufschub kaum mehr verändern wird, so kann die Abweisung des Scheidungsantrags im Extremfall dazu führen, dass diese Ehe auf Lebenszeit nicht geschieden werden kann. Ob ein solches Ergebnis mit Art. 2 Abs. 1 GG, Art. 6 Abs. 1 GG und dem Zweck des Gesetzes, Scheidungen zur Unzeit zu vermeiden und dem Antragsgegner eine Gewöhnungsfrist einzuräumen, noch vereinbar wäre, ist streitig.[127] Keinesfalls darf der Antragsteller einer Wertung ausgesetzt werden, die ihm jede Hoffnung auf eine Scheidung nimmt.[128] Das bedeutet aber nicht, dass im Hinblick auf eine künftige Prognose eine Scheidung ausgesprochen werden darf, obwohl die Härteklausel nach der Wertung des Gerichts an sich eingreifen müsste. Allerdings kann auch bei schwersten Härten für den Antragsgegner die Abwägung dazu führen, dass gerade im Hinblick auf die voraussichtliche Unveränderbarkeit der Lage beim Antragsgegner die Belange des Antragsstellers überwiegen.[129]

36 **f) Ausnahmevorschrift.** Die Härteklausel ist durch ihre verfahrensrechtliche Einordnung und ihre restriktive Fassung eine Ausnahmevorschrift. Sie ist nur anzuwenden, wenn der andere Ehegatte die Scheidung ablehnt; gemäß § 127 Abs. 3 FamFG sind außergewöhnliche Härten nur zu berücksichtigen, wenn sie verfahrensrechtlich korrekt in das Verfahren eingeführt und bewiesen sind. Es genügt nicht, wenn der Antragsgegner keine Erklärung abgibt, er muss sich auf die Umstände, die zur Anwendung der Härteklausel führen, ausdrücklich berufen; **diese Härteklausel ist Einrede.**[130] **Ermittlungen von Amts wegen sind unzulässig,**[131] obwohl die Härteklausel zur Aufrechterhaltung der gescheiterten Ehe führen kann und damit eheerhaltenden Charakter hat. Die Scheidung ist im Interesse des Antragsgegners nur zu versagen, wenn sie aufgrund außergewöhnlicher Umstände eine so schwere Härte darstellen würde, dass die Aufrechterhaltung der Ehe auch unter Berücksichtigung der Belange des Antragstellers ausnahmsweise geboten erscheint. Die Scheidung darf immer nur aus individuellen, persönlichen Gründen in der Person des Ehegatten verweigert werden. Es genügt nicht, wenn die Abweisung des Scheidungsbegehrens nützlich, zweckmäßig oder wünschenswert wäre. Die Häufung der Worte ist geradezu eine Demonstration, dass die Härteklausel **sehr restriktiv** zu interpretieren ist;[132] die Rspr. wendet sie nur sehr zurückhaltend an.[133]

37 **2. Außergewöhnliche Umstände. a) Grundsatz.** Die Härteklausel ist nur in Fällen anzuwenden, in denen die Auswirkungen der Scheidung „auf außergewöhnlichen, von den normalen Gegebenheiten abweichenden Umständen beruhen",[134] also auf solchen, die normalerweise bei einer Scheidung nicht vorliegen.[135] Dies ist nach **objektiven Kriterien** zu entscheiden, wobei ein Vergleich mit der Situation anderer gescheiterter Ehen zu ziehen ist.[136] Der Überlegung, auch weniger gravierende

---

[127] Verneinend Staudinger/*Rauscher,* 2018, Rn. 168a, 11 ff.; *Ramm* JZ 1986, 164; bejahend Johannsen/Henrich/*Jaeger/Hamm* Rn. 9, 10; *Schwab* in Schwab Scheidungs-HdB II Rn. 96, 99.

[128] Staudinger/*Rauscher,* 2018, Rn. 18 unter Hinweis auf OLG Hamm NJW-RR 1989, 1159.

[129] OLG Nürnberg FamRZ 1996, 35.

[130] *Gernhuber/Coester-Waltjen* FamR § 27 Rn. 57; Staudinger/*Rauscher,* 2018, Rn. 24; *Gernhuber/Coester-Waltjen* FamR § 25 Rn. 7; aA – keine Einrede ieS – Johannsen/Henrich/*Jaeger/Hamm* Rn. 37; *Schwab* in Schwab Scheidungs-HdB II Rn. 102: „Einwendung".

[131] Staudinger/*Rauscher,* 2018, Rn. 170.

[132] Vgl. *Diederichsen* NJW 1977, 273 (278); 1986, 1286: „rechtsethisches Kauderwelsch"; Johannsen/Henrich/*Jaeger/Hamm* Rn. 19; Staudinger/*Rauscher,* 2018, Rn. 32; *Lüke* FS Bosch, 1976, 643; vgl. die Hinweise zur Entstehungsgeschichte in → 3. Aufl. 1993, § 1568 Rn. 42 Fn. 124 *(Wolf)*; aA *Schwab* FamRZ 1976, 491 (504), der die Ausschöpfung der Härteklausel verlangt.

[133] Anwendung abgelehnt: BGH NJW 1980, 2809; 1979, 1360; 1981, 2516; 1981, 2808; 1984, 2353; OLG Nürnberg FamRZ 1996, 35; OLG Köln NJW 1982, 2262; OLG Zweibrücken FamRZ 1982, 293; OLG Köln FamRZ 1981, 959; OLG Düsseldorf FamRZ 1980, 146; OLG Nürnberg FamRZ 1979, 818; OLG Celle FamRZ 1978, 508; OLG Koblenz NJW 1978, 54; OLG Düsseldorf FamRZ 1978, 36; OLG Schleswig NJW 1978, 53; OLG Hamm FamRZ 1977, 802; 1989, 1188 (1190); Härteklausel angewendet: BGH NJW 1979, 1042 – Likörfabrik; BGH NJW 1985, 2531 – Multiple Sklerose; OLG Hamm FamRZ 1985, 189 – schwer behindertes Kind; KG FamRZ 1983, 1133 – Selbstmordgefahr; OLG Karlsruhe FamRZ 1979, 512 – Krebs.

[134] BGH NJW 1979, 1042; OLG Hamm FamRZ 1989, 1189; AG Schorndorf FamRZ 1992, 568; Soergel/*Heintzmann* Rn. 28; vgl. auch BT-Drs. 7/650, 116.

[135] BGH NJW 1981, 2208; 1979, 1042; 1360; 1984, 560; OLG Schleswig NJW 1978, 53; OLG Hamm FamRZ 1977, 802; OLG Koblenz NJW 1978, 54; OLG Düsseldorf FamRZ 1978, 36; *Gernhuber/Coester-Waltjen* FamR § 27 Rn. 60; Staudinger/*Rauscher,* 2018, Rn. 91, 92; Johannsen/Henrich/*Jaeger/Hamm* Rn. 25; vgl. auch *Giesen-Gick* JR 1979, 1 (6); *Kissel* DRiZ 1978, 225 (227); *Görgens* FamRZ 1978, 647; *Parche* NJW 1979, 139; aA *Schwab* FamRZ 1976, 491 (505); *Schwab* in Schwab Scheidungs-HdB II Rn. 119 f., weil die außergewöhnlichen Umstände nur die Härte akzentuiere; gegen *Schwab* ausdrücklich Staudinger/*Rauscher,* 2018, Rn. 92; die Beschränkung des Anwendungskreises ist verfassungsgemäß, vgl. BVerfGE 53, 224 (251) = NJW 1980, 689.

[136] *Gernhuber/Coester-Waltjen* FamR § 27 Rn. 60.

Umstände zu berücksichtigen, weil der Härteeinwand zeitlich befristet ist,[137] ist mit dem Wegfall der Befristung der Boden entzogen. Die Umstände können, müssen aber nicht ehebedingt sein.[138] Außergewöhnliche Umstände können im Laufe einer längeren Trennung ihre Außergewöhnlichkeit verlieren;[139] dies muss aber nicht immer so sein. Ein außergewöhnlicher Umstand verliert diese Qualifikation regelmäßig nicht durch den Zeitablauf. Die Belange des Antragstellers dürfen hier noch nicht einfließen. Mit der Zeit wird vor allem das durch den außergewöhnlichen Umstand verursachte Härteempfinden abflachen. Außergewöhnlich kann ein einzelner Umstand sein, vielfach wird erst die Verbindung mehrerer Umstände zur Außergewöhnlichkeit führen.[140]

**b) Dauer der Ehe.** Die lange Dauer der Ehe bis zum Scheidungsverfahren ist schon angesichts verlängerter Lebenserwartung nicht ungewöhnlich,[141] die Scheidung auch nach mehr als 20-jähriger Ehe ist häufig und ihre Zahl steigt an. Die Ehedauer kann deshalb nur in Verbindung mit anderen Gegebenheiten, zB wenn ein Ehegatte in einer langen Ehe besondere Leistungen oder besondere Opfer erbracht hat,[142] als außergewöhnlicher Umstand angesehen werden. Das Gesetz kennt keine allgemeine Scheidungssperre, wenn die Ehe lange gedauert hat.[143] Ein voreheliches Zusammenleben oder eine lange Verlobungszeit sind für die Dauer der Ehe unwesentlich. Bei kurzer Ehedauer wird in der Regel keine schwere Härte vorliegen,[144] ausgeschlossen ist dies jedoch nicht. So wird auch eine kurze Ehe nicht geschieden werden müssen, solange der Suizid droht oder der Krebstod des anderen Ehegatten bevorsteht. 38

**c) Besondere Leistungen.** Hat sich ein Ehegatte in ungewöhnlichen Situationen für den anderen oder die Familie besonders **eingesetzt** oder **verdient gemacht,** kann die Anwendung der Härteklausel gerechtfertigt sein.[145] Dies kann zB der Fall sein, wenn er in einer wirtschaftlichen Krise oder einem sonstigen Existenzkampf Beistand geleistet, sein väterliches Erbe geopfert und sofort eine Berufstätigkeit aufgenommen hat.[146] Hingegen reicht es ohne Hinzutreten weiterer Umstände nicht allein aus, wenn er einen Betrieb während der Abwesenheit des anderen aufrechterhalten, dessen Studium finanziert, ihn während einer schweren Krankheit aufopfernd gepflegt oder viele Kinder geboren hat. In solchen Fällen kann die Enttäuschung zwar groß sein. Ob der mit der Scheidung entstehende Inhaltsverlust in solchen Fällen außergewöhnlich gravierend und die Zeit bis zur Umstellung länger ist, hängt von den jeweiligen Einzelfallumständen ab. Da der gegenseitige Beistand in der Ehe ihr selbstverständlicher Inhalt ist, muss es sich schon um darüber deutlich hinausgehende Leistungen handeln.[147] 39

**d) Lebensalter.** Ein hohes Lebensalter ist ebenfalls kein außergewöhnlicher Umstand.[148] Dass es einem alten Menschen schwerer gelingt, sich eine neue Lebensgrundlage zu schaffen,[149] reicht allein für die Annahme eines außergewöhnlichen Umstandes nicht.[150] Zweifelhaft ist es deshalb, 40

---

137 *Schwab* FamRZ 1976, 495 (504).

138 BGH NJW 1985, 2531 = FamRZ 1985, 905 (906); Johannsen/Henrich/*Jaeger/Hamm* Rn. 25; Staudinger/*Rauscher,* 2018, Rn. 101.

139 AG Mainz NJW-RR 1990, 779; Staudinger/*Rauscher,* 2018, Rn. 167–169.

140 Johannsen/Henrich/*Jaeger/Hamm* Rn. 26; Staudinger/*Rauscher,* 2018, Rn. 102.

141 AllgM; OLG Nürnberg FamRZ 1979, 818; OLG Hamm FamRZ 1989, 1188; *Gernhuber/Coester-Waltjen* FamR § 27 Rn. 61; Soergel/*Heintzmann* Rn. 36; Johannsen/Henrich/*Jaeger/Hamm* Rn. 29; Staudinger/*Rauscher,* 2018, Rn. 119, 122.

142 BGH NJW 1979, 1042; OLG Hamm FamRZ 1979, 1188; OLG Düsseldorf FamRZ 1978, 36; OLG Koblenz FamRZ 1977, 790; KG FamRZ 1983, 1133; *Schwab* in Schwab Scheidungs-HdB II Rn. 121; krit. Staudinger/*Rauscher,* 2018, Rn. 121; Erman/*Blank* Rn. 13; Johannsen/Henrich/*Jaeger/Hamm* Rn. 26; vgl. auch BGHZ 40, 251 = NJW 1964, 447 zum EheG.

143 OLG Hamm FamRZ 1989, 1188: keine Anwendung bei Ehedauer von 30 Jahren; das OLG Koblenz FamRZ 1977, 790 hat die Härteklausel nach 19 Jahren Ehe und 10 Jahren Verlobungszeit nicht angewandt; vgl. *Görgens* FamRZ 1978, 647; krit. *Gernhuber/Coester-Waltjen* FamR § 27 Rn. 61; für Anwendung der Härteklausel RGRK-BGB/*Graßhof* Rn. 13.

144 OLG Düsseldorf FamRZ 1978, 36; RGZ 160, 236 (239); Staudinger/*Rauscher,* 2018, Rn. 123.

145 BGH NJW 1979, 1042 = FamRZ 1979, 422 mAnm *Bosch*; OLG Düsseldorf FamRZ 1978, 36; Staudinger/*Rauscher,* 2018, Rn. 117 ff.; *Schwab* FamRZ 1976, 491 (505); *Schwab* in Schwab Scheidungs-HdB II Rn. 108; *Ambrock* FamRZ 1978, 314 (318); *Mikat* FamRZ 1970, 333 (342).

146 BGH NJW 1979, 1042; zust. *Schwab* in Schwab Scheidungs-HdB II Rn. 121; Staudinger/*Rauscher,* 2018, Rn. 117.

147 Krit. Staudinger/*Rauscher,* 2018, Rn. 118.

148 OLG Brandenburg FamRZ 2007, 1888 (1889); OLG Nürnberg FamRZ 1979, 818.

149 BGH NJW 1979, 1042.

150 *Gernhuber/Coester-Waltjen* FamR § 27 Rn. 61; Johannsen/Henrich/*Jaeger/Hamm* Rn. 29; Soergel/*Heintzmann* Rn. 36; *Schwab* in Schwab Scheidungs-HdB II Rn. 121.

eine schwere Härte zu bejahen, weil dem betagten und pflegebedürftigen Ehegatten in den letzten Lebensjahren eine Ehescheidung nicht mehr zugemutet werden kann.[151] Auch zusammen mit dem Alter im Zeitpunkt der Eheschließung und im Zeitpunkt des Scheidungsverfahrens sowie mit altersüblichen Beschwerden und Erkrankungen kann ein hohes Lebensalter nicht als außergewöhnlich angesehen werden.[152] Liegen aber andere besondere Umstände vor, so kann das Alter mit zu berücksichtigen sein. Darin, dass ein Ehegatte bei der Eheschließung besonders jung war, kann man allein einen außergewöhnlichen Umstand nicht sehen.[153]

41 **e) Religiöse Bindung.** Viele Menschen gehören christlichen Kirchen oder anderen religiösen Vereinigungen an, von denen die Ehescheidung abgelehnt wird. Es gehört zu den überkommenen Grundsätzen des Ehescheidungsrechts, dass die weltliche Gestaltung der Ehescheidung davon unabhängig ist. Die religiöse Überzeugung eines Ehegatten von der Unauflöslichkeit der Ehe ist kein außergewöhnlicher Umstand.[154]

42 **f) Krankheit. aa) Schwere Krankheit.** Die Härteklausel steht „der Scheidung von Ehen, in denen ein Ehegatte erkrankt ist und im Falle der Scheidung aufgrund seines Krankheitszustandes Nachteile erleidet, nicht entgegen."[155] Dieser Grundsatz wird nach dem Mechanismus der Härteklausel jedoch durchbrochen, wenn eine Krankheit **von besonderen Umständen begleitet** ist; sie kann dann, insbesondere durch ihre Schwere oder ihre Verbindung zum Verlauf der Ehe, zu einem außergewöhnlichen Umstand werden, so wenn ein Ehegatte in einer dramatischen Phase einer **Krebskrankheit** oder einer **multiplen Sklerose** mit einem Scheidungsverfahren überzogen wird,[156] bei einer chronischen Krankheit jedoch nur, wenn sie durch den Ausspruch der Scheidung verschlimmert würde.[157] Eine schwere Krankheit erst dann als außergewöhnlichen Umstand zu werten, wenn sie Auswirkungen auf die Psyche des Antragsgegners hat,[158] erweist sich als zu eng und führt im Bestreitensfall auch zu für den Antragsgegner unzumutbaren Beweiserhebungen.[159] Vorzeitiger Altersabbau und unterschiedliche Leiden mit Operationen sind für sich keine außergewöhnlichen Umstände.[160] Dass das BVerfG gerade einen solchen Fall (Schilddrüsenerkrankung, Unterleibsoperation, Depressionen, Brustamputation), bei dem das OLG die Voraussetzungen der Härteklausel bejaht hatte, zum Anlass genommen hat, die Befristung der Härteklausel für verfassungswidrig zu erklären, steht nicht entgegen, weil es sich insoweit um eine mit der Verfassungsbeschwerde nicht angegriffene Anwendung einfachen Rechts handelte.[161] Auch **Herzkrankheiten,** selbst wenn sie mit hohem Alter und Angst vor dem Alleinsein verbunden sind, rechtfertigen die Anwendung der Härteklausel nicht.[162] Bei einer **akuten Erkrankung**[163] wird eher die **Aussetzung** des Verfahrens auf Antrag des anderen Ehegatten als die Abweisung des Scheidungsantrags in Betracht kommen. Führt die Krankheit nach medizinischer Vorhersage bald **zum Tode,** kann dies einen außergewöhn-

---

151 So OLG Stuttgart NJW-RR 2002, 1443.

152 Staudinger/*Rauscher,* 2018, Rn. 124 ff.; Johannsen/Henrich/*Jaeger/Hamm* Rn. 29; vgl. BGH NJW 1979, 1042; OLG Brandenburg FamRZ 2007, 1888 (1889).

153 Staudinger/*Rauscher,* 2018, Rn. 125a.

154 AllgM; BGH NJW 1979, 1024; 2808; OLG Stuttgart FamRZ 1991, 334 (335) mAnm *Bosch* sowie *Bonk* und *Hauffe* FamRZ 1991, 950; OLG Schleswig OLGZ 2001, 6; *Gernhuber/Coester-Waltjen* FamR § 27 Rn. 56; Staudinger/*Rauscher,* 2018, Rn. 126 ff.; Erman/*Blank* Rn. 14; aA AG Schorndorf FamRZ 1992, 568 (569); *Bosch* FamRZ 1991, 334 (951); ausf. *Schwab* in Schwab Scheidungs-HdB II Rn. 131, der annimmt, es bedürfe für die Härteklausel wegen der erforderlichen Abwägung von grundrechtlich geschützten Positionen beider Ehegatten „außergewöhnlicher psychischer Lagen".

155 BGH NJW 1981, 2808; 1979, 1360; 1985, 907 = FamRZ 1985, 905 (907); NJW 1984, 2353 = FamRZ 1984, 559; OLG Hamm FamRZ 1990, 60; OLG Nürnberg FamRZ 1979, 818 (819); KG FamRZ 1983, 1133; *Hauffe* FamRZ 1990, 950; AG Mainz NJW-RR 1990, 779; Staudinger/*Rauscher,* 2018, Rn. 103.

156 BGH NJW 1985, 2531 Ls.; OLG Karlsruhe FamRZ 1979, 512 betr. Krebs; OLG Schleswig NJW 1978, 53; OLG Düsseldorf FamRZ 1978, 36; *Görgens* FamRZ 1978, 647; *Ambrock* FamRZ 1978, 314 (317); *Gernhuber/Coester-Waltjen* FamR § 27 Rn. 61; Johannsen/Henrich/*Jaeger/Hamm* Rn. 26; Soergel/*Heintzmann* Rn. 32; Staudinger/*Rauscher,* 2018, Rn. 105 ff.; aA *Ramm* JZ 1986, 164, weil die Befindlichkeit eines Ehegatten unbeachtlich sei.

157 BGH NJW 1981, 2516; 2808; 1985, 2531; OLG Hamm FamRZ 1990, 60.

158 So jedoch Staudinger/*Rauscher,* 2018, Rn. 105b, s. aber auch Staudinger/*Rauscher,* 2018, Rn. 105c.

159 Solche hält Staudinger/*Rauscher,* 2018, Rn. 146 zur Feststellung psychisch bedingter Umstände für erforderlich.

160 KG FamRZ 1983, 1133; Soergel/*Heintzmann* Rn. 32.

161 BVerfGE 55, 134 = NJW 1981, 108, so zutr. Staudinger/*Rauscher,* 2018, Rn. 104.

162 OLG Brandenburg FamRZ 2007, 1888 (1889).

163 DiskE des BMJ zum Gesetz über die Neuregelung des Rechts der Ehescheidung und der Scheidungsfolgen, 1970, 63; BT-Drs. 7/650, 116.

lichen Umstand begründen.[164] Ausnahmsweise kann die Scheidung trotz der Krankheit des Antragsgegners in Betracht kommen, wenn auch der Antragsteller lebensgefährlich erkrankt ist und die Eheschließung mit seinem langjährigen Lebensgefährten anstrebt.[165]

**bb) Psychische Erkrankung, Selbstmorddrohung.** Besondere Bedeutung haben psychische Erkrankungen, weil sie oft zum Scheitern der Ehe beitragen und verbunden mit Alkoholismus und Selbstmorddrohungen eheliche Solidarität erschweren. Die Selbstmorddrohung eines psychisch Kranken ist kein außergewöhnlicher Umstand, solange der Kranke seine seelischen Reaktionen noch steuern kann.[166] Ist das Steuerungsvermögen erheblich beeinträchtigt, darf die Ehe nicht geschieden werden,[167] bis die ausreichende medizinische Betreuung des Kranken gesichert ist.[168] Unerheblich ist dabei, ob der selbstmordgefährdete Ehegatte das Scheitern der Ehe verursacht hat. Kann der Antragsgegner auf Grund einer schweren psychischen Erkrankung durch eine Scheidung in eine existenzbedrohende Situation mit Suizidgefährdung geraten, so kann dies die Anwendung der Härteklausel rechtfertigen;[169] das BVerfG hat jedoch betont, dass auch dann eine umfassende Prüfung der Härteklausel unter Berücksichtigung der Belange des Antragstellers, des Willens des Antragsgegners zur Fortsetzung der Ehe und der konkreten Möglichkeiten der Milderung oder Beseitigung der Härte durch andere Maßnahmen zum Erhalt der äußeren Strukturen anzustellen ist.[170] Kann der Antragsgegner seine Bereitschaft zu einer Therapie noch steuern,[171] so muss er sich behandeln lassen, anderenfalls ist ihm dieses Verhalten als eigenverantwortlich zuzurechnen.[172] 43

**cc) Alkoholabhängigkeit.** Alkoholismus oder andere Abhängigkeiten, die nach § 1565 Abs. 1, 2 zur Scheidung ohne Fristablauf führen (→ § 1565 Rn. 111), können im Rahmen der Härteklausel nicht als außergewöhnliche Umstände anerkannt werden, auch dann nicht, wenn der Süchtige mit der Scheidung der Ehe seinen letzten Halt verliert.[173] Anderes gilt jedoch, wenn eine schwere Suchtkrankheit zum Wegfall der Steuerungsfähigkeit führt und eine gravierende Verschlechterung infolge der Scheidung zu erwarten ist.[174] 44

**dd) Krankheit eines Kindes.** Die Krankheit oder Behinderung eines Kindes, auch eines erwachsenen Kindes, kann einen außergewöhnlichen Umstand begründen.[175] Nicht entscheidend ist dabei, dass ein krankes Kind des besonderen Einsatzes beider Eltern bedarf, denn diese Unterstützung bekommt das Kind auch dann nicht, wenn der Scheidungsantrag abgewiesen wird.[176] Bei dem Elternteil, der das Kind betreut, kann jedoch hierdurch eine solche Belastung entstehen, dass die zusätzliche Belastung mit dem Scheidungsausspruch nicht vertretbar erscheint.[177] Allein die Tatsache, dass der Antragsgegner sich um die gemeinsamen minderjährigen Kinder kümmern muss, schließt aber die Ehescheidung nicht aus.[178] Ein der Scheidung entgegenstehender Belastungszustand kann auch durch den Tod eines Kindes eintreten,[179] wobei es nicht darauf ankommt, ob das Kind minderjährig war. 45

---

164 OLG Karlsruhe FamRZ 1979, 512; Staudinger/*Rauscher,* 2018, Rn. 105c.

165 OLG Hamm NJW-RR 1989, 1159 = MDR 1989, 453.

166 BGH NJW 1981, 2808 = FamRZ 1981, 1161 (1162); FamRZ 1984, 560; OLG Celle FamRZ 1996, 614; NJW-RR 1995, 1409; OLG Hamm FamRZ 1989, 1189; 1990, 60 (61); OLG Köln FamRZ 1981, 959; OLG Düsseldorf FamRZ 1980, 146; KG FamRZ 1983, 1133; Johannsen/Henrich/*Jaeger/Hamm* Rn. 29; Staudinger/*Rauscher,* 2018, Rn. 108 f.

167 BGH NJW 1981, 2808; 1984, 2353; OLG Hamm FamRZ 1990, 60; KG FamRZ 1983, 1133; OLG Hamm NJW-RR 1990, 965; Staudinger/*Rauscher,* 2018, Rn. 109; Johannsen/Henrich/*Jaeger* Rn. 27; Palandt/*Brudermüller* Rn. 5; aA *Ramm* JZ 1986, 164, der Suiziddrohungen als Scheidungsneurosen abtut.

168 OLG Hamm FamRZ 1990, 60; AG Schorndorf FamRZ 1992, 568 (569) – Betreuung durch Seelsorger.

169 BGH NJW 1981, 2808 = FamRZ 1981, 1161; OLG Hamm FamRZ 1990, 60; OLG Schleswig MDR 2006, 874.

170 BVerfG NJW 2001, 2874.

171 OLG Brandenburg FamRZ 2010, 1803.

172 OLG Brandenburg FamRZ 2007, 1888 (1889); OLG Hamm FamRZ 1990, 60 (61) = NJW-RR 1990, 965; OLG Stuttgart NJW-RR 1992, 1093; *Dörr* NJW 1991, 77; *Ramm* JZ 1986, 164; Staudinger/*Rauscher,* 2018, Rn. 111.

173 OLG Düsseldorf FamRZ 1978, 36; OLG Schleswig NJW 1978, 53; OLG Köln NJW 1982, 2262 = FamRZ 1981, 959 (960); *Görgens* FamRZ 1978, 647; Staudinger/*Rauscher,* 2018, Rn. 112a.

174 Staudinger/*Rauscher,* 2018, Rn. 113.

175 OLG Hamm FamRZ 1985, 189; Soergel/*Heintzmann* Rn. 33; aA OLG Celle FamRZ 1978, 509.

176 OLG Celle FamRZ 1978, 508; vgl. jedoch DiskE des BMJ zum Gesetz über die Neuregelung des Rechts der Ehescheidung und der Scheidungsfolgen, 1970, 63.

177 KG NJW-RR 2001, 1658; Staudinger/*Rauscher,* 2018, Rn. 115.

178 OLG Bamberg FamRZ 2006, 810.

179 BGH NJW 1979, 1042; OLG Koblenz NJW 1978, 54; vgl. auch OLG Hamm FamRZ 1985, 189.

46 **g) Schwierige Lebenslagen.** Schwierige Lebenslagen, zB berufliche Krisen oder die Verbüßung einer Freiheitsstrafe, sind keine außergewöhnlichen Umstände.[180] Dass ein Ehegatte durch das Ehescheidungsverfahren und die Furcht vor dem Alleinsein belastet wird und nach der Scheidung den Status eines Geschiedenen einnimmt und befürchtet, den Bekanntenkreis zu verlieren, isoliert und dadurch, insbesondere in einer kleinen Gemeinde, im gesellschaftlichen Ansehen gemindert zu werden, führt nicht zur Annahme außergewöhnlicher Umstände.[181] Die Härte, die in der Erkenntnis des wirklichen Zustandes der Ehe liegen kann, wird regelmäßig schon durch das Scheidungsverfahren eingetreten sein. Außerdem kann die bisherige Trennungszeit schon lange genug gewesen sein, um sich auf die Situation nach der Scheidung einzustellen.[182]

47 **h) Schweres Verschulden.** Obwohl die Motive es nahe legen, ist die „planmäßige, einseitige und bewusste Zerstörung der Ehe durch einen Ehegatten“[183] kein außergewöhnlicher Umstand, der die Anwendung der Härteklausel rechtfertigt, denn dieses Verhalten ist nicht selten oder ungewöhnlich, auch dann nicht, wenn eine außereheliche Beziehung in dem Bewusstsein, dass die Ehe dadurch zerstört wird, aufrechterhalten wurde.[184] Das Ehescheidungsrecht der §§ 1564 ff. basiert auf der Vorstellung, dass in der Regel nicht festgestellt werden kann, ob ein Ehegatte und welcher die Ursachen für das Scheitern der Ehe gesetzt hat. Schuldhaftes Verhalten eines Ehegatten gegen den anderen kann jedoch von Bedeutung sein, wenn ein Ehegatte zB gegen den anderen eine schwere Straftat begangen hat – wobei dahinstehen kann, ob sie Ursache oder Folge der Zerrüttung ist –, insbesondere wenn der Ehegatte nach einem Mordversuch schwer verletzt im Krankenhaus liegt.[185]

48 **i) Ausweisung.** Die Aufenthaltserlaubnis eines ausländischen Ehegatten ist nicht nur an die Ehe, sondern auch an die Existenz einer familiären Lebensgemeinschaft gekoppelt, die in der Regel eine häusliche Gemeinschaft voraussetzt. Die Aufenthaltserlaubnis entfällt damit schon mit der Trennung.[186] Notwendige wirtschaftliche Veränderungen durch die Ausweisung sind kein Härtegrund.[187] Ein Härtegrund ist generell zu verneinen, wenn die Ehe vor allem geschlossen wurde, um die Aufenthaltserlaubnis zu erhalten.[188] Das Eheschließungsrecht sieht in § 1310 Abs. 1, § 1314 Abs. 2 Nr. 5 für diese Fälle ein Eheverbot und die Aufhebung der Ehe auf Antrag einer Behörde vor.[189]

49 **j) Wirtschaftliche Umstände. aa) Ausspruch der Scheidung.** Im Vermittlungsausschuss wurde der von der Bundesregierung vorgeschlagene, vom Bundestag beschlossene und von der Mehrheit im Bundesrat[190] und der CDU/CSU-Opposition im Bundestag bekämpfte Satz: „Wirtschaftliche Härten bleiben außer Betracht“ gestrichen.[191] Es ist nicht zweifelhaft, dass einem Ehegatten als Folge der Scheidung wirtschaftliche Nachteile entstehen können.[192] Dies wird sogar die Regel sein. Im engen Mechanismus der Härteklausel können sie außergewöhnliche Umstände sein

---

180 *Gernhuber/Coester-Waltjen* FamR § 27 Rn. 61; vgl. auch AG Schorndorf FamRZ 1992, 568 (569).

181 OLG Brandenburg FamRZ 2007, 1888 (1889); OLG Düsseldorf FamRZ 1978, 36; 1980, 146; OLG Nürnberg FamRZ 1979, 818; OLG Hamm FamRZ 1977, 802; dazu *Görgens* FamRZ 1978, 647; Soergel/*Heintzmann* Rn. 39; aA *Schwab* in Schwab Scheidungs-HdB II Rn. 130.

182 OLG Schleswig FamRZ 1977, 802 (804).

183 BT-Drs. 7/650, 116; DiskE des BMJ zum Gesetz über die Neuregelung des Rechts der Ehescheidung und der Scheidungsfolgen, 1970, 63; Eherechtskommission beim BMJ, Vorschläge zur Reform des Ehescheidungsrechts und des Unterhaltsrechts nach der Ehescheidung, 1970, 50.

184 BGH NJW 1981, 2808 = FamRZ 1981, 1161; OLG Düsseldorf FamRZ 1980, 146; *Gernhuber/Coester-Waltjen* FamR § 27 Rn. 61; Johannsen/Henrich/*Jaeger/Hamm* Rn. 29; aA *Ambrock* FamRZ 1978, 318; *Diederichsen* NJW 1977, 278; Soergel/*Heintzmann* Rn. 32 – anders Rn. 37; vgl. auch OLG Hamm FamRZ 1989, 1188 (1189).

185 *Gernhuber/Coester-Waltjen* FamR § 27 Rn. 61 Fn. 101 zweifelt, ob der verletzte Ehegatte dann das Empfinden besonderer Härte bei der Scheidung hätte.

186 OLG Nürnberg FamRZ 1996, 35 f.; OLG Köln FamRZ 1998, 827; 1996, 997; OLG Karlsruhe FamRZ 1990, 631 = NJW-RR 1990, 1476 (1477); *A. Wolf* FamRZ 1998, 1477 (1485); Johannsen/Henrich/*Jaeger/Hamm* Rn. 30, 42; *Schwab* in Schwab Scheidungs-HdB II Rn. 132.

187 OLG Köln FamRZ 1998, 827 (829); OLG Karlsruhe FamRZ 1990, 630; ein Härtegrund soll auch nicht vorliegen, wenn der ausländische Ehegatte durch die Ausweisung den Kontakt zu einem geliebten Kleinkind verlieren würde, vgl. OLG Köln FamRZ 1998, 827 (829 f.), zumal die Entscheidung der Ausländerbehörde zur Versagung der Aufenthaltserlaubnis nicht durch die Scheidung der Ehe, sondern schon durch die Trennung der Ehegatten ausgelöst wird; vgl. OLG Köln FamRZ 1995, 997; Staudinger/*Rauscher,* 2018, Rn. 140 ff.; Erman/*Blank* Rn. 14; krit. *Schwab* in Schwab Scheidungs-HdB II Rn. 132.

188 *Schwab* in Schwab Scheidungs-HdB II Rn. 132.

189 Vgl. *A. Wolf* FamRZ 1998, 1477 ff.

190 BT-Drs. 6/2577, 142; BT-Drs. 7/650, 261; DiskE des BMJ zum Gesetz über die Neuregelung des Rechts der Ehescheidung und der Scheidungsfolgen, 1970, 64–67; BT-Drs. 7/4361, 13.

191 Der Wert einer wirtschaftlichen Härteklausel war auch in der Lit. umstritten, vgl. DFGT NJW 1982, 152.

192 *Bosch* FamRZ 1971, 57 (65).

und zu schweren Härten führen.[193] Berücksichtigt werden können wirtschaftliche Veränderungen nur, wenn sie durch den Ausspruch der Scheidung und nicht durch die Trennung eintreten[194] und auf außergewöhnlichen, von den normalen Gegebenheiten abweichenden Umständen beruhen (→ Rn. 32, 37).[195] Ob wirtschaftliche Veränderungen, die durch die Scheidung eintreten, je außergewöhnliche, also nicht in vielen Scheidungen auftretende Umstände sind, ist zweifelhaft.[196] Eine Entscheidung, in der allein wirtschaftliche Folgen der Scheidung zur Anwendung der Härteklausel führten, ist bisher nicht veröffentlicht worden.[197] Einigkeit besteht wohl darin, dass **gewöhnliche Scheidungsfolgen,** die durch das Scheidungsfolgenrecht geregelt werden, keine außergewöhnlichen Umstände sind.[198] Gelangt der Antragsteller durch die Verbindung mit einem anderen Partner in bessere wirtschaftliche Verhältnisse, ist dies für den anderen Ehegatten, der auf die Scheidungsfolgenregelung angewiesen bleibt, kein Härtegrund.[199] Vielfach haben Veränderungen der Lebensverhältnisse, die meist schon durch die erforderliche Trennung eintreten, wirtschaftliche Folgen und gravierende soziale Auswirkungen. So fällt die Miete für die zweite Wohnung an oder das vertraute Umfeld muss verlassen werden, die wirtschaftlich gute Position im Gewerbebetrieb des Ehegatten geht verloren und die sozial herausgehobene Stellung als Ehegatte des Inhabers entfällt. In diesen Fällen kann die Verbindung wirtschaftlicher und immaterieller Folgen nicht als außergewöhnlicher Umstand qualifiziert werden.[200] In der Regel ist eine Ehe mit einer Lebenshaltung verbunden, die ohne die eheliche Gemeinschaft nicht gelebt werden kann. Sie wird durch die Trennung beendet, nicht durch die Scheidung. Würde man in diesen Fällen die Scheidung aus der Härteklausel versagen, könnten Ehen zusammenarbeitender Freiberufler und Ehen, in denen ein Ehegatte an der wirtschaftlichen oder gesellschaftlichen Position des anderen teilnimmt, nicht geschieden werden. Eine andere Sichtweise stünde auch in Widerspruch zu den Regelungen des zum 1.1.2008 in Kraft getretenen Unterhaltsrechtsänderungsgesetzes, die der veränderten Lebenswirklichkeit durch die zunehmende Berufstätigkeit der Frauen Rechnung tragen und auch für sog. Altehen grundsätzlich nicht die Teilhabe an den ehelichen Lebensverhältnissen nach der Scheidung vorsehen, sondern von der Eigenverantwortung auch des wirtschaftlich schwächeren Ehepartners nach der Scheidung ausgehen.

**bb) Auflösung der häuslichen Gemeinschaft.** Die Auflösung der häuslichen Gemeinschaft 50
verschlechtert die wirtschaftliche Lage der Ehegatten unmittelbar, weil zwei Wohnungen und zwei Haushalte zu führen sind; der Unterhaltsanspruch und die Arbeitspflicht regeln sich dann nach § 1361. Diese Veränderungen entstehen durch die Trennung und nicht durch die Scheidung der Ehe.[201] Mit einer langjährigen Wohnung entsteht ein Umfeld, das einem Ehegatten über die Wohnungszuweisung unter Vermeidung von Härten erhalten werden kann. Wenn ein Ehegatte Wohnung und Umfeld verlassen muss, ist dies die Folge des Zerbrechens der Ehe und der Trennung, nicht der Scheidung.[202]

**cc) Kein Unterhaltsanspruch, Sozialleistungen.** Die Umstellung vom Trennungsunterhalt 51
aus § 1361 auf den Unterhaltsanspruch nach der Scheidung nach §§ 1569 ff. ist Folge jeder Scheidung. Diese kann nicht deshalb verweigert werden, weil die Ansprüche aus §§ 1569 ff. geringer wären als

193 BGH NJW 1981, 2516; 1984, 2353 = FamRZ 1984, 559; FamRZ 1985, 912; OLG Düsseldorf FamRZ 1978, 36; 1980, 780; *Görgens* FamRZ 1978, 647; *Schwab* in Schwab Scheidungs-HdB II Rn. 118.

194 OLG Nürnberg FamRZ 1996, 35; OLG Karlsruhe FamRZ 1990, 631.

195 OLG Hamm FamRZ 1989, 1188 (1190).

196 Staudinger/*Rauscher,* 2018, Rn. 99.

197 Die Entscheidung OLG Hamm FamRZ 1989, 1189 betrifft nur am Rande die wirtschaftlichen Nachteile, im Kern geht es um die Position im Betrieb des Ehegatten, vgl. Johannsen/Henrich/*Jaeger/Hamm* Rn. 28; Staudinger/*Rauscher,* 2018, Rn. 99.

198 BGH NJW 1984, 2353 = FamRZ 1984, 559; OLG Köln FamRZ 1998, 827 (829); 1995, 997; OLG Düsseldorf FamRZ 1978, 36; *Ambrock* FamRZ 1978, 318; *Görgens* FamRZ 1978, 647; Staudinger/*Rauscher,* 2018, Rn. 95; Johannsen/Henrich/*Jaeger/Hamm* Rn. 30; gegen die Berücksichtigung materieller Härten 4. DFGT NJW 1982, 152.

199 AA anscheinend OLG Hamm FamRZ 1985, 189 (191); in der Entscheidung standen die Lasten für den behinderten Sohn im Vordergrund.

200 Staudinger/*Rauscher,* 2018, Rn. 99c, 131 f.; Johannsen/Henrich/*Jaeger/Hamm* Rn. 29; auch *Schwab* in Schwab Scheidungs-HdB II Rn. 118 misst den wirtschaftlichen Härten nur im Rahmen einer Gesamtwürdigung Bedeutung zu, und fragt, „welches Ausmaß an sozialer Katastrophe dem Antragsgegner im konkreten Fall angesonnen" werde.

201 DiskE des BMJ zum Gesetz über die Neuregelung des Rechts der Ehescheidung und der Scheidungsfolgen, 1970, 65; BT-Drs. 7/650, 113.

202 BGH NJW 1985, 2713 = FamRZ 1985, 912; NJW 1984, 2353 = FamRZ 1984, 559 (560); aA und für die Anwendung der Härtefallklausel in diesen Fällen *Schwab* in Schwab Scheidungs-HdB II Rn. 130.

die während Bestehens der Ehe.[203] Hat ein Ehegatte keinen Unterhaltsanspruch nach §§ 1569 ff., insbesondere auch nicht aus § 1576, so kann die Scheidung nicht allein aus diesem Grunde versagt werden. Dem bloßen Interesse an der finanziellen Sicherstellung nach der Scheidung ist im Rahmen des Scheidungsfolgenrechts, etwa bei der Inhaltskontrolle des Unterhaltsansprüche ausschließenden oder begrenzenden Ehevertrags, Rechnung zu tragen; für sich allein kann dieses Interesse die Aufrechterhaltung einer von beiden Ehegatten als gescheitert betrachteten Ehe nicht rechtfertigen.[204] Ein im Gesetz geregelter Tatbestand kann nicht als besonderer Umstand im Sinne der Härteklausel angesehen werden. Würde der Antragsgegner wegen mangelnder Leistungsfähigkeit des Verpflichteten auf **Sozialleistungen** verwiesen, liegt auch darin kein außergewöhnlicher Umstand.[205] Die Sozialhilfe ist Teil der sozialen Sicherung. Wäre deswegen die Scheidung zu versagen, würden gescheiterte Ehen sozial Schwacher unscheidbar.

52 **dd) Erwerbstätigkeit nach der Scheidung.** Kein außergewöhnlicher Umstand ist es, wenn ein Ehegatte nach der Scheidung erwerbstätig werden muss, obwohl er es während der Ehe nicht war. Unterhaltsrechtliche Folgen der Scheidung können nicht über die scheidungsrechtliche Härteklausel ausgeglichen werden. Vielmehr ist das Scheidungsfolgenrecht – unter Berücksichtigung des Grundsatzes der Eigenverantwortlichkeit, des Zuschnitts der Ehe und der Belange der Kinder – zu gestalten.[206]

53 **ee) Neue Eheschließung.** Veränderungen in der Leistungsfähigkeit, die durch eine neue Eheschließung eintreten können, bilden keinen außergewöhnlichen Umstand,[207] auch wenn der neue Ehegatte – etwa wegen Kinderbetreuung – dem alten Ehegatten im Hinblick auf dessen nur kurze Ehe im Range vorgeht (§§ 1582, 1609). Dass ein geschiedener unterhaltspflichtiger Ehegatte in einer neuen Ehe weitere Kinder legitimiert, zeugt oder gebiert, die den Unterhaltsanspruch des anderen Ehegatten beeinträchtigen können, ist schon deshalb kein außergewöhnlicher Umstand, weil Kinder, auch wenn sie nichtehelich sind, im Range vorgehen (§ 1609 Nr. 1). Selbst wenn der unterhaltspflichtige Ehegatte in einer neuen Ehe mehr Kinder zeugen würde als in einer nicht legalisierten Verbindung, ergibt sich hieraus kein außergewöhnlicher Umstand, der die Scheidung verhindern könnte.[208]

54 **ff) Veräußerung eines gemeinsamen Hauses.** Die Vermögensauseinandersetzung führt nicht selten dazu, dass ein bisher gemeinsames Haus veräußert werden muss und der Antragsgegner es zu räumen hat. Dieses ist eine übliche und keine außergewöhnliche Folge der Scheidung.[209]

55 **gg) Auseinandersetzung eines gemeinsamen Gewerbebetriebes.** Die Auseinandersetzung eines gemeinsamen Gewerbebetriebes oder das Ausscheiden eines Ehegatten aus dem Gewerbebetrieb des anderen[210] kann zu Härten führen, ist jedoch die übliche Folge des Scheiterns einer solchen Ehe und in der Regel nicht nur der Scheidung. Die Härteklausel ist allenfalls geeignet, den Eintritt dieser Folgen zur Unzeit zu verhindern.[211] Der Ausgleich ist im Arbeitsrecht oder im Auseinandersetzungsrecht der gewählten Gewerbeform zu suchen. Auch der Zugewinnausgleich kann ein Gleichgewicht herstellen. Verbleibende Unausgewogenheiten sind oft Folge des gewählten Güterstandes oder der Tatsache, dass unbenannte Zuwendungen grundsätzlich nicht ausgeglichen werden.[212] Eine Korrektur durch die Anwendung der Härteklausel wäre systemfremd.[213]

56 **hh) Krankenversicherungsschutz, Witwenrente, Versorgungsausgleich.** Veränderung im Krankenversicherungsschutz, insbesondere der Wegfall des Beihilfeanspruchs und der Familienversicherung in der gesetzlichen Krankenversicherung, dürfen nicht durch Aufrechterhaltung der Ehe

[203] OLG Düsseldorf FamRZ 1978, 36; Johannsen/Henrich/*Jaeger/Hamm* Rn. 30; Staudinger/*Rauscher,* 2018, Rn. 134a; *Gernhuber/Coester-Waltjen* FamR § 27 Rn. 60; RGZ 160, 239.

[204] BGH NJW 2008, 1080 = FamRZ 2008, 583.

[205] OLG Bamberg FamRZ 2005, 810; Staudinger/*Rauscher,* 2018, Rn. 134a.

[206] Staudinger/*Rauscher,* 2018, Rn. 135.

[207] OLG Düsseldorf FamRZ 1978, 36; *Görgens* FamRZ 1978, 647; Staudinger/*Rauscher,* 2018, Rn. 134a.

[208] Staudinger/*Rauscher,* 2018, Rn. 134a.

[209] BGH NJW 1984, 2353 = FamRZ 1984, 559; NJW 1985, 2531; OLG Hamm FamRZ 1989, 1188 (1189 f.); Johannsen/Henrich/*Jaeger/Hamm* Rn. 30; Staudinger/*Rauscher,* 2018, Rn. 138; krit. *Schwab* in Schwab Scheidungs-HdB II Rn. 130.

[210] OLG Hamm FamRZ 1989, 1189; vgl. *Schwab* FamRZ 1976, 491 (495); *Schwab* in Schwab Scheidungs-HdB II Rn. 130; Johannsen/Henrich/*Jaeger/Hamm* Rn. 30; Staudinger/*Rauscher,* 2018, Rn. 99, 139a.

[211] Staudinger/*Rauscher,* 2018, Rn. 100; *Gernhuber/Coester-Waltjen* FamR § 27 Rn. 55; *Schwab* in Schwab Scheidungs-HdB II Rn. 130 will in diesen Fällen zu Unrecht die Härteklausel anwenden, um die durch die Ehe begründete Lebensstellung zu schützen.

[212] BGHZ 116, 178 = NJW 1992, 558.

[213] Staudinger/*Rauscher,* 2018, Rn. 95–97, 134a, 138.

vermieden werden.[214] Der Wegfall der Witwenrente und der Geschiedenen-Witwenrente nach der Scheidung[215] ist die übliche Folge einer Scheidung,[216] ebenso Schwierigkeiten beim Ausgleich einer betrieblichen Altersversorgung,[217] weil immer Ehen eines ähnlichen Zuschnitts zu vergleichen sind. Die Härteklausel ist auch nicht dafür vorgesehen, eine günstige Regelung beim Versorgungsausgleich zu erreichen.[218] Dies gilt auch, wenn der Ehegatte wegen der Betreuung eines schwerstbehinderten Kindes an der Ausweitung der Berufstätigkeit gehindert ist.[219] Der Ehegatte kann auch den Ausschluss des Versorgungsausgleichs durch Ehevertrag (§ 1408 Abs. 2) nicht als außergewöhnlichen Umstand geltend machen.

**ii) Verlust des Erb- und Pflichtteilrechts.** Der Verlust des Erb- und Pflichtteilrechts durch die Scheidung, ebenso des erbvertraglich oder testamentarisch festgelegten Anspruchs (§ 2077 Abs. 1, § 2268 Abs. 1, § 2279 Abs. 1, 2), ist die regelmäßige Folge der Scheidung, also kein außergewöhnlicher Umstand.[220] 57

**jj) Zugewinnausgleich.** Verpflichtungen aus dem Zugewinnausgleich sind gesetzlich geregelte Folgen der Scheidung und können die Anwendung der Härteklausel nicht rechtfertigen.[221] 58

**3. Schwere Härten. a) Grundsatz.** Das Zerbrechen einer Ehe und ihre Scheidung werden in der Regel eine Härte sein, weil beide Ehegatten die Ehe als auf Dauer angelegte Gemeinschaft begründet haben. Diese Härte hat jeder Ehegatte zu ertragen. Die Scheidung einer zerstörten Ehe darf nur dann verschoben werden, wenn in dem alsbaldigen **Ausspruch der Scheidung selbst** eine schwere, unzumutbare Härte liegen würde, also eine Härte, die über das übliche Maß hinausgeht.[222] Diese Härte muss durch den Scheidungsausspruch selbst verursacht oder wesentlich mit verursacht werden; eine schon durch das Scheitern der Ehe verursachte Härte genügt nicht.[223] Auch die Härten des Scheidungsverfahrens selbst, die durch die Abweisung des Antrags nicht mehr ungeschehen werden, muss jeder Ehegatte tragen. 59

**b) Schwere Härte nur auf Grund außergewöhnlicher Umstände.** Eine schwere seelische Beeinträchtigung oder das Gefühl tiefer Kränkung kann zu einer schweren, unzumutbaren Härte auch dann führen, wenn mit der Scheidung keine außergewöhnlichen Umstände verbunden sind. Doch reicht dies für die Anwendung der Härteklausel nicht aus. Der Gesetzgeber hat sich gegen eine Generalklausel zur Vermeidung schwerer Härten entschieden, sondern nur solche Härten für schützenswert gehalten, die auf außergewöhnlichen Umständen beruhen.[224] Damit führt ein Großteil schwerer Härten, die in höchster seelischer Beeinträchtigung und im Gefühl der Kränkung liegen, nicht zur Anwendung der Härteklausel,[225] insbesondere dann nicht, wenn solche 60

---

214 BGH NJW 1981, 2516 = FamRZ 1981, 649; Palandt/*Brudermüller* Rn. 6; Soergel/*Heintzmann* Rn. 41; Johannsen/Henrich/*Jaeger/Hamm* Rn. 30; Staudinger/*Rauscher,* 2018, Rn. 136 f.; diff. *Schwab* in Schwab Scheidungs-HdB II Rn. 118.

215 BGH NJW 1985, 2713 = FamRZ 1985, 912; OLG Düsseldorf FamRZ 1980, 780; Johannsen/Henrich/*Jaeger/Hamm* Rn. 30; krit. Soergel/*Heintzmann* Rn. 41; *Schwab* in Schwab Scheidungs-HdB II Rn. 118, weil die „soziale Katastrophe" zu berücksichtigen sei.

216 OLG Düsseldorf FamRZ 1980, 780.

217 BGH NJW 1985, 2713 = FamRZ 1985, 912; Johannsen/Henrich/*Jaeger/Hamm* Rn. 30; Staudinger/*Rauscher,* 2018, Rn. 137; Soergel/*Heintzmann* Rn. 41; vgl. jedoch OLG Hamm FamRZ 1985, 191; OLG Düsseldorf FamRZ 1980, 780.

218 OLG Karlsruhe FamRZ 1989, 1304.

219 KG NJW-RR 2001, 1658; PWW/*Weinreich* Rn. 11.

220 BT-Drs. 7/650, 118; vgl. jedoch *Bosch* FamRZ 1971, 57 (65).

221 Johannsen/Henrich/*Jaeger/Hamm* Rn. 30.

222 BGH NJW 1979, 1042; 1981, 2516; OLG Hamm FamRZ 1985, 189; KG FamRZ 1983, 1133 (1135); OLG Koblenz NJW 1978, 54; AG Schorndorf FamRZ 1992, 568 (569); *Schwab* FamRZ 1976, 491 (505); Johannsen/Henrich/*Jaeger/Hamm* Rn. 25; *Gernhuber/Coester-Waltjen* FamR § 27 Rn. 60; zur außergewöhnlichen Härte in § 47 S. 2 EheG BGH LM EheG § 47 Nr. 4.

223 BGH NJW 1979, 1042; 1981, 2808; OLG Köln NJW 1982, 2262; OLG Schleswig FamRZ 1977, 802; OLG Koblenz FamRZ 1977, 791; OLG Düsseldorf FamRZ 1978, 36; OLG Nürnberg FamRZ 1979, 819; Staudinger/*Rauscher,* 2018, Rn. 87; aA *Schwab* FamRZ 1976, 491 (505).

224 BGH NJW 1981, 2208; NJW 1979, 1042 = FamRZ 1979, 422; Johannsen/Henrich/*Jaeger/Hamm* Rn. 19; *Gernhuber/Coester-Waltjen* FamR § 27 Rn. 60; Staudinger/*Rauscher,* 2018, Rn. 90 ff., 144; aA *Schwab* in Schwab Scheidungs-HdB II Rn. 119; die Ansicht des BR: „Es liegt in der Natur der Härteklausel, dass sie nicht auf den Herkunftsbereich der Härte abstellen kann, sondern von der auf den Betroffenen zukommenden Wirkung ausgehen muss." – BT-Drs. 7/650, 261 – ist nicht Gesetz geworden.

225 Diese Begrenzung der Härteklausel verstößt nicht gegen das GG, vgl. BVerfGE 53, 224 (251) = NJW 1980, 689.

Gefühle durch seelische Erkrankungen bedingt sind (→ Rn. 43).[226] Sind **außergewöhnliche Umstände** festgestellt, werden jedoch auch andere Faktoren berücksichtigt, die nicht eng mit diesen Umständen verbunden sind, die aber zur Annahme einer ungewöhnlichen Härte führen können, zB die Einstellung zur Ehe, die Bindung an sie, die unbegründete Hoffnung auf ihren Fortbestand.[227]

61 **c) Subjektives Empfinden schwerer Härte.** Im Merkmal der schweren Härte zeigt sich das subjektive Element der Härteklausel,[228] während die außergewöhnlichen Umstände, auf die sie zurückzuführen sind, nach objektiven Kriterien zu bestimmen sind. Ob der Ehegatte die Scheidung der Ehe als schwere Härte empfinden würde, ist nach seiner subjektiven **Erlebnis- und Empfindungsfähigkeit** zu beurteilen, nach seiner körperlichen, geistigen und seelischen Veranlagung und Verfassung sowie nach seinen Empfindungen, also nach der Persönlichkeit des Ehegatten und seiner konkreten Situation.[229] In das Gefühl eines Ehegatten, eine schwere Härte zu erleiden, wenn die Ehe geschieden würde, können alle auch nicht von der Allgemeinheit anerkannten Vorstellungen einfließen. Gerade hierin zeigt sich das **subjektive Element der Härteklausel.** Ihre Begrenzung liegt nicht darin, dass das Empfinden der schweren Härte an einen objektiven Maßstab, zB an die Wertung eines durchschnittlich empfindenden Menschen in dieser Situation anknüpft, sondern darin, dass das Empfinden des Ehegatten nur beachtlich wird, wenn es auf außergewöhnlichen Umständen beruht.[230] Deshalb kann eine schwere Härte, die auf außergewöhnlichen Umständen beruht, beachtlich sein, wenn sie für einen Ehegatten aufgrund seiner Einstellung zur Ehe,[231] seines religiösen[232] und sittlichen Empfindens, seines Gerechtigkeitsgefühls entstanden ist. Diese Auslegung führt nicht dazu, dass weltanschauliche Vorstellungen zur Anwendung der Härteklausel führen, weil in diesen Fällen in der Regel keine außergewöhnlichen Umstände vorliegen (→ Rn. 37). Der BGH berücksichtigt folgerichtig auch eine Härte, die an einen Irrtum über das Scheitern der Ehe anknüpft.[233] Das Gesetz kann auch nicht bestimmen, dass ein Ehegatte nicht durch die Scheidung einer Ehe schwer betroffen sein darf, nur weil sie aus ihm zurechenbaren Gründen gescheitert ist,[234] oder weil er die Trennung selbst herbeigeführt hat.[235] Die Härteklausel wird deshalb eher für den labilen, empfindsamen Ehegatten wirksam werden; außergewöhnliche Umstände sind nicht bedeutsam, wenn sie der Ehegatte nicht als schwere Härte empfindet.[236] Das Empfinden der Härte kann im Laufe der Zeit abflachen, es kann aber auch weiter bestehen.[237] Dann wird die Scheidung der gescheiterten Ehe erst möglich, wenn, bedingt durch den Zeitablauf, die Belange des Antragstellers überwiegen. Die Härteklausel soll nicht dazu führen, die Scheidung einer gescheiterten Ehe auf Dauer zu versagen, nur zur Unzeit.[238] Auf das Empfinden des Richters kommt es nicht an, denn er erleidet die Härte nicht. Es geht um die Feststellung einer Tatsache, nämlich der, ob der Ehegatte die Scheidung als schwere Härte empfindet. Die Gefahr, dass das Empfinden schwerer Härte nur vorgespiegelt wird, ist eingeschränkt durch die Notwendigkeit, konkrete, die Härte begründende Tatsachen vorzutragen. Abstrakte Behauptungen, der Antragsgegner empfände die Scheidung als schwere Härte oder werde seelisch schwer getroffen, genügen nicht, sind auch kein Anlass zur

---

226 BGH NJW 1981, 2808.

227 BGH NJW 1979, 1042; Staudinger/*Rauscher*, 2018, Rn. 145.

228 BGH NJW 1979, 1042; Soergel/*Heintzmann* Rn. 42; Staudinger/*Rauscher*, 2018, Rn. 142.

229 BGH NJW 1979, 1042; 1981, 2808 = FamRZ 1981, 1161; AG Schorndorf FamRZ 1992, 568 (569); BT-Drs. 7/650, 116; Eherechtskommission beim BMJ, Vorschläge zur Reform des Ehescheidungsrechts und des Unterhaltsrechts nach der Ehescheidung, 1970, 49; *Schwab* FamRZ 1976, 491 (505); *Schwab* in Schwab Scheidungs-HdB II Rn. 117; Johannsen/Henrich/*Jaeger/Hamm* Rn. 32; Staudinger/*Rauscher*, 2018, Rn. 143; Soergel/*Heintzmann* Rn. 43.

230 So deutlich die Begr. zu § 1568 in BT-Drs. 7/650, 116.

231 BGH NJW 1979, 1042.

232 Dieser Gesichtspunkt wird von der Mehrheit der Eherechtskommission ausdrücklich ausgeschlossen, Eherechtskommission beim BMJ, Vorschläge zur Reform des Ehescheidungsrechts und des Unterhaltsrechts nach der Ehescheidung, 1970, 50; vgl. auch die Meinungen zur formal religiösen Bindung an die Ehe nach § 48 Abs. 2 EheG, zB BGH NJW 1961, 661 = FamRZ 1961, 68.

233 BGH NJW 1979, 1042.

234 So jedoch OLG Köln NJW 1982, 2262; zu verneinen waren jedoch außergewöhnliche Umstände; wie im Text Staudinger/*Rauscher*, 2018, Rn. 145.

235 KG FamRZ 1983, 1133 (1135); Soergel/*Heintzmann* Rn. 48.

236 OLG Celle FamRZ 1998, 509; *Gernhuber/Coester-Waltjen* FamR § 27 Rn. 64; Staudinger/*Rauscher*, 2018, Rn. 143.

237 *Gernhuber/Coester-Waltjen* FamR § 27 Rn. 65.

238 OLG Hamm FamRZ 1985, 191; *Scheld* FamRZ 1982, 6; *Schwab* FamRZ 1984, 1172; Johannsen/Henrich/*Jaeger/Hamm* Rn. 9, 10.

Beteiligtenvernehmung.[239] Eine tatsächliche Vermutung, dass außergewöhnliche Umstände zu einer schweren Härte für den Antragsgegner führen, besteht nicht.[240]

62 Eine schwere Härte scheidet aus, wenn ein Ehegatte wegen **Geisteskrankheit**[241] oder aus sonstigen Gründen eine Härte nicht empfinden kann. Andererseits ist eine wesens- oder krankheitsbedingte Überempfindlichkeit zu beachten.

63 **4. Berücksichtigung der Belange des Antragstellers. a) Abwägung.** Schon bei der Härteklausel des § 47 EheG waren die Belange beider Parteien gegeneinander abzuwägen.[242] Diesen Gedanken verwendet das Gesetz erneut, weil bei einem nicht mehr auf das Verschulden abstellenden Recht nach Möglichkeit auch schwere Härten für den Antragsteller vermieden werden sollen.[243]

64 **b) Wichtige Belange des Antragstellers.** Die Belange des Antragstellers werden im Gesetz nicht näher bestimmt.[244] Sie können auch nur ansatzweise über die Gesichtspunkte ermittelt werden, die bei der Härte für den Antragsgegner zu berücksichtigen sind. In Umkehrung der Härteklausel zugunsten des Antragsgegners sind Belange des Antragstellers zu berücksichtigen, die geeignet sind, die nur durch gravierende Besonderheiten zu rechtfertigende Anwendung der Härteklausel beiseite zu schieben.[245] Die Bestimmung grenzt die berücksichtigungsfähigen Belange des Antragstellers nicht auf außergewöhnliche Umstände ein; auch weniger schwerwiegende Belange können die schwere Härte auf Seiten des Antragsgegners im Einzelfall ausgleichen.[246]

65 So wie die Härteklausel zugunsten des Antragsgegners nur eingreift, wenn ihm der Ausspruch der Scheidung selbst, nicht das Scheitern der Ehe oder die Trennung der Ehegatten, unverhältnismäßig stark schaden würde, sind Belange des Antragstellers nur zu berücksichtigen, wenn die **Scheidung seine Lage verbessern** würde. Günstigere Positionen, die schon durch die Trennung entstehen, bleiben außer Betracht. Allein darauf abzustellen, welche Vorteile eine neue Ehe für den Antragsteller hätte, erscheint jedoch zu eng.[247] Es kann ausnahmsweise das Interesse in Betracht kommen, nicht mehr verheiratet zu sein, zB um einer nichtehelichen Lebensgemeinschaft den Makel zu nehmen, noch anderweitig verheiratet zu sein.[248] Wenn Gründe in der Person des anderen Ehegatten das Verheiratetsein zur Härte machen, also die Erwägungen aus § 1565 Abs. 2 in Betracht kommen, wird schon die Berufung auf die Härteklausel kaum erfolgreich sein (vgl. für das Gefühl der Härte jedoch → Rn. 61),[249] eine Abwägung mit den Belangen des Antragstellers deshalb nicht praktisch werden. Es ist jedoch zu vermeiden, Verschulden gegeneinander abzuwägen, wie es die Vorschrift des § 48 EheG verlangt hatte. Es kommen Fälle in Betracht, in denen wegen übersteigerter Empfindsamkeit des Antragstellers die Gefahr besteht, dass er **Selbstmord** begeht,[250] zumal die Schranke der besonderen Umstände fehlt. Die Belange des Antragstellers bleiben nicht deshalb völlig außer Betracht, weil er die Ehe planmäßig zerstört hat (dieser Gesichtspunkt führt schon nicht zur Anwendung der Härteklausel, → Rn. 5) oder weil gegen ihn die Scheidung ohne Fristablauf gemäß § 1565 Abs. 2 erreichbar gewesen wäre.

66 Der Wunsch, nicht mehr verheiratet zu sein, oder die Absicht, einen anderen Partner zu heiraten, reichen allein nicht aus, weil sie gegenüber den für die Anwendung der Härteklausel

---

239 BGH NJW 1981, 2516; *Bosch* FamRZ 1982, 294.

240 So auch Staudinger/*Rauscher,* 2018, Rn. 146.

241 Staudinger/*Rauscher,* 2018, Rn. 147; Soergel/*Heintzmann* Rn. 47; so schon zu §§ 45, 47 EheG BGHZ 40, 247; 1, 262 (265) = NJW 1951, 438; OLG Hamm FamRZ 1957, 263.

242 RGZ 160, 300 (304); 166, 344 (347); BGHZ 1, 262 (266) = NJW 1951, 438; BGH BeckRS 1963, 31399178 = FamRZ 1964, 28 (32).

243 Eherechtskommission beim BMJ, Vorschläge zur Reform des Ehescheidungsrechts und des Unterhaltsrechts nach der Ehescheidung, 1970, 49; DiskE des BMJ zum Gesetz über die Neuregelung des Rechts der Ehescheidung und der Scheidungsfolgen, 1970, 67 zu § 5 Abs. 2; BT-Drs. 7/650, 117.

244 Vgl. die Kritik bei *Gernhuber/Coester-Waltjen* FamR § 27 Rn. 67.

245 Johannsen/Henrich/*Jaeger/Hamm* Rn. 36; Staudinger/*Rauscher,* 2018, Rn. 152.

246 Staudinger/*Rauscher,* 2018, Rn. 152; Johannsen/Henrich/*Jaeger/Hamm* Rn. 36; *Gernhuber/Coester-Waltjen* FamR § 27 Rn. 68.

247 So jedoch KG FamRZ 1983, 1133 (1135); wie im Text *Gernhuber/Coester-Waltjen* FamR § 27 Rn. 69; Johannsen/Henrich/*Jaeger/Hamm* Rn. 36; Staudinger/*Rauscher,* 2018, Rn. 154a.

248 AA KG FamRZ 1983, 1135; OLG Hamm NJW-RR 1989, 1159; wie im Text Johannsen/Henrich/*Jaeger/Hamm* Rn. 36; Staudinger/*Rauscher,* 2018, Rn. 156.

249 OLG Köln NJW 1982, 2262 = FamRZ 1981, 959; Soergel/*Heintzmann* Rn. 48; für Fälle übersteigerter Sensibilität beim Antragsteller vgl. *Gernhuber/Coester-Waltjen* FamR § 27 Rn. 69.

250 KG FamRZ 1983, 1135; Soergel/*Heintzmann* Rn. 31; Staudinger/*Rauscher,* 2018, Rn. 160; auch die lebensbedrohende Verschlimmerung einer Krankheit kommt in Betracht, vgl. Johannsen/Henrich/*Jaeger/Hamm* Rn. 36; OLG Hamm NJW-RR 1989, 1159.

geforderten ganz besonderen Umständen beim Antragsgegner nicht gewichtig genug sind.[251] Die Belange des Antragstellers müssen über die Interessen hinausgehen, die ein Ehegatte üblicherweise an der Scheidung der gescheiterten Ehe hat. Der DiskE des BMJ zum Gesetz über die Neuregelung des Rechts der Ehescheidung und der Scheidungsfolgen, 1970, stellte als beachtenswerte Belange heraus: Ein aus einer neuen Verbindung zu erwartendes Kind soll schon ehelich geboren werden, ein Kind aus einer solchen Verbindung soll eingeschult, dafür soll die Namensgleichheit hergestellt werden. Ob allerdings das **Interesse, eine neue Verbindung zu legalisieren,** schon dann überwiegt, wenn Kinder aus ihr hervorgegangen sind, ist insbesondere vor dem Hintergrund zweifelhaft, dass mit der rechtlichen Gleichstellung nichtehelicher Kinder durch das Kindschaftsrechtsreformgesetz (→ Einl. FamR Rn. 173) die drängende Notwendigkeit ihrer Legitimation geschwunden ist[252] und auch wegen ihrer unterhaltsrechtlichen Vorrangstellung gegenüber der geschiedenen Ehefrau (§ 1609 Nr. 1) ein vorrangiges Interesse des Antragstellers an einer alsbaldigen Scheidung nicht gegeben ist. Beachtenswert kann es sein, wenn der Antragsteller pflegebedürftig ist und die Pflege durch eine erneute Ehe sichern kann,[253] wenn er aus anderen Gründen dringend in geordnete Verhältnisse kommen muss, um seine Arbeitskraft zu erhalten,[254] wenn er nur durch eine neue Eheschließung eine Wohnung, ein Darlehen für den Bau eines Hauses oder sonstige wichtige Vorteile erlangen kann oder wenn er seine Verhältnisse vor einer Auswanderung ordnen will.

67 Wirtschaftliche Umstände können wichtige Belange des Antragstellers sein, zumal sie beim Antragsgegner ebenfalls berücksichtigt werden können. Auch wenn die wirtschaftlichen Veränderungen durch die Scheidung, die das Scheidungsfolgenrecht regelt, als außergewöhnliche Umstände und damit als Härtegrund für den Antragsgegner ausscheiden (→ Rn. 49–58), erscheint es nicht ausgeschlossen, die wirtschaftlichen Seiten des Verheiratetseins, zB geringere Obliegenheit des anderen Ehegatten zur Erwerbstätigkeit, solange die Ehe besteht, Weiterwachsen der Anwartschaft für die Altersversorgung, die später in den Versorgungsausgleich fiele, bei den Belangen des Antragstellers zu werten, weil diese Nachteile durch das Scheidungsfolgenrecht nicht berücksichtigt werden.[255] Sie werden allerdings nur in extremen Ausnahmefällen eine schwere Härte beim Antragsgegner aufwiegen können.[256]

68 **c) Bedeutung der Abwägung.** Solange die Härteklausel auf fünf Jahre befristet war (zum Wegfall der Befristung → Rn. 2, 7), waren die Nachteile für den Antragsteller, die durch die Verschiebung der Scheidung bis zum Ablauf der Frist entstehen, mit den Härten der Scheidung für den Antragsgegner abzuwägen. Zu prüfen war dabei insbesondere, ob dem Antragsteller zugemutet werden konnte, bis zum Ablauf der Fünfjahresfrist verheiratet zu bleiben. Eine zeitliche Befristung der Härteklausel findet sich jedoch im geltenden Recht weiterhin darin, dass die Ehe nur **solange** nicht geschieden werden darf, solange die Härte anhält und die Aufrechterhaltung der Ehe geboten erscheint.[257]

69 **Nach dem Wegfall der Fünfjahresfrist** erhält die Abwägung eine neue Qualität. In den Fällen, in denen die immanente zeitliche Befristung der Härteklausel nicht wirksam wird (→ Rn. 2),[258] ist nun die Härte für den Antragsgegner im Falle der Scheidung gegenüber der Härte für den Antragsteller abzuwägen, auf Dauer an eine gescheiterte Ehe gebunden zu bleiben. Überwiegend wird gefordert, die Anforderungen für die Anwendung der Härteklausel mit der Länge der Trennungszeit zu verschärfen.[259] Auch wenn die außergewöhnlichen Umstände weiter bestehen,

[251] KG FamRZ 1983, 1133 (1135); *Kissel,* Ehe und Ehescheidung, 1977, 94; *Gernhuber/Coester-Waltjen* FamR § 27 Rn. 69; Staudinger/*Rauscher,* 2018, Rn. 154a; Johannsen/Henrich/*Jaeger/Hamm* Rn. 36.

[252] *Gernhuber/Coester-Waltjen* FamR § 27 Rn. 69 und Fn. 108; Johannsen/Henrich/*Jaeger/Hamm* Rn. 36; weitergehend Staudinger/*Rauscher,* 2018, Rn. 157a.

[253] BGH LM EheG § 48 Abs. 2 Nr. 43, 44; *Gernhuber/Coester-Waltjen* FamR § 27 Rn. 69; Staudinger/*Rauscher,* 2018, Rn. 157; Johannsen/Henrich/*Jaeger/Hamm* Rn. 36.

[254] Vgl. BGHZ 1, 262 (266) = NJW 1951, 438.

[255] Krit. Staudinger/*Rauscher,* 2018, Rn. 163.

[256] Zurückhaltender Staudinger/*Rauscher,* 2018, Rn. 164.

[257] Staudinger/*Rauscher,* 2018, Rn. 167; Johannsen/Henrich/*Jaeger/Hamm* Rn. 35 fordern, das Wort „solange" besonders ernst zu nehmen.

[258] Die Fälle werden selten sein, vgl. jedoch *Ramm* JZ 1986, 164; 1981, 82; zum Gnadenfristcharakter der Härteklausel vgl. *Schwab* FamRZ 1984, 1171 (1174); zwei Richter des BVerfG halten eine Möglichkeit für geboten, eine gescheiterte Ehe bis zum Tode eines Ehegatten unscheidbar zu machen, vgl. BVerfGE 53, 224 (252) = NJW 1980, 689; gegen die Entscheidung des BVerfG *Zeidler* FS Faller, 1984, 145 (160): „Diese Rechtsmeinung des BVerfG ist zu bedauern; ihre Gründe sind nicht überzeugend, sie führt zu einem Systembruch im Scheidungsrecht selbst und wird ‚fortzeugend' neuerliches Unglück hervorbringen".

[259] OLG Schleswig FamRZ 1977, 804; OLG Hamm FamRZ 1985, 191; AG Mainz NJW-RR 1990, 779; *Dörr* NJW 1989, 491; Johannsen/Henrich/*Jaeger/Hamm* Rn. 35; Staudinger/*Rauscher,* 2018, Rn. 167–169; diff. *Schwab* in Schwab Scheidungs-HdB II Rn. 98, 124.

wird regelmäßig das Härteempfinden im Laufe der Zeit nachlassen. Nach einer Trennungsfrist von mehr als fünf Jahren werden die Belange des Antragstellers größeres Gewicht erhalten (→ Rn. 35).[260] Allerdings kann nicht ohne nähere Prüfung unterstellt werden, außergewöhnliche Umstände und das Empfinden schwerer Härte verlören durch Zeitablauf automatisch und immer ihre Bedeutung. Die Belange des Antragstellers werden aber an Bedeutung zunehmen.[261]

**5. Verfahrensfragen zur Ehegattenschutzklausel. a) Vorrang der Prüfung des Scheiterns der Ehe.** Ob die Härteklausel zugunsten eines Ehegatten zur Abweisung des Scheidungsantrages führt, kann immer nur für eine gescheiterte Ehe beurteilt werden. Der Zustand der Ehe ist so eng mit außergewöhnlichen Umständen und schweren Härten verbunden, dass eine isolierte Prüfung, ob der Antrag schon aus der Härteklausel abzuweisen wäre, ausscheidet. Dies hat das Gesetz mit der Formulierung „obwohl sie gescheitert ist" ausdrücklich festgelegt. Das Gericht darf deshalb die Prüfung, ob die Ehe gescheitert ist, nicht unterlassen, weil es den Scheidungsantrag selbst dann aus § 1568 abweisen würde.[262] Dies folgt aus der Aufgabe der Härteklausel im Gefüge der Scheidungstatbestände.[263] Regelmäßig ist eine gescheiterte Ehe zu scheiden. Danach handelt die Praxis. Wer die Härteprüfung für eine Ehe vornimmt, ohne den Zustand dieser Ehe zu kennen, wird gegen die Intention des Gesetzes zur Anwendung der Härteklausel kommen, weil es für den noch möglichen Fall, dass die Ehe nicht gescheitert ist, die Ehe aufrechterhalten will und auch soll. Erst wenn feststeht, dass eine gescheiterte Ehe zu beurteilen ist, wird der Blick frei dafür, welche Konsequenzen die Anwendung der Härteklausel haben würde. Deshalb hat der Gesetzgeber die Reihenfolge der Prüfung ausdrücklich bestimmt. Wird das Scheitern der Ehe nach § 1566 unwiderlegbar vermutet, ist allerdings kein Raum, im Rahmen der Härteklausel eine selbständige Zerrüttungsprüfung vorzunehmen. 70

**b) Einwendung. aa) Grundsatz.** Das Gericht hat nach dem ausdrücklichen Hinweis in § 127 Abs. 2 FamFG von Amts wegen alle Tatsachen zu berücksichtigen, die der Aufrechterhaltung der Ehe dienen, auch wenn sie nicht vorgebracht sind. Ohne ausdrückliche Regelung hätte das Gericht alle Voraussetzungen für die Anwendung der Härteklausel von Amts wegen zu prüfen, also ob außergewöhnliche Umstände vorliegen und ob sich aus ihnen eine so schwere Härte ergibt, dass die Aufrechterhaltung der Ehe geboten ist. Von diesem Grundsatz macht **§ 127 Abs. 3 FamFG** eine Ausnahme. Außergewöhnliche Umstände können danach nur berücksichtigt werden, wenn der Antragsgegner sie vorgebracht hat. Damit wird der Untersuchungsgrundsatz eingeschränkt, hingegen kein materielles Gestaltungsrecht oder Widerspruchsrecht begründet. Es handelt sich auch nicht um eine Einrede im engeren Sinne, sondern um eine materiell-rechtliche Einwendung, für die der Antragsgegner die notwendigen Tatsachen vortragen muss.[264] 71

**bb) Behauptungs- und Beweislast des Antragsgegners für außergewöhnliche Umstände.** Außergewöhnliche Umstände, auf die die Härteklausel gestützt wird, können nur berücksichtigt werden, wenn der Ehegatte sie vorbringt. Das Gericht darf nicht von Amts wegen nach Besonderheiten suchen. Ein Ehegatte kann gute Gründe haben, sie nicht vor dem Gericht auszubreiten. Dies ist eine Entsprechung zur Möglichkeit, auf den Vortrag interner Probleme für das Vorliegen des Scheiterns zur verzichten und auf die unwiderlegbaren Vermutungen auszuweichen. Außergewöhnliche Umstände müssen deshalb vom Antragsgegner **substanziiert behauptet**[265] und **bewiesen**[266] werden; die allgemeine Erklärung, er würde von der Scheidung seelisch schwer getroffen[267] 72

---

260 Auch das BVerfG betont die Aufgabe der Härteklausel, Scheidungen zur Unzeit zu verhindern, vgl. BVerfGE 55, 134 (144) = NJW 1981, 108; vgl. den Gedanken auch bei BGH NJW 1981, 2808 (2809) = FamRZ 1981, 1161; *Schwab* FamRZ 1984, 1172; *Scheld* FamRZ 1982, 6; Soergel/*Heintzmann* Rn. 55; Staudinger/*Rauscher,* 2018, Rn. 169 nimmt an, in aller Regel werde nach einer fünfjährigen Trennungsdauer die Härteklausel verbraucht sein.

261 Staudinger/*Rauscher,* 2018, Rn. 169; *Gernhuber/Coester-Waltjen* FamR § 27 Rn. 66.

262 *Schwab* FamRZ 1976, 491 (504); *Schwab* in Schwab Scheidungs-HdB II Rn. 104; *Diederichsen* NJW 1977, 273 (278); Johannsen/Henrich/*Jaeger/Hamm* Rn. 20; Staudinger/*Rauscher,* 2018, Rn. 26.

263 Staudinger/*Rauscher,* 2018, Rn. 26.

264 Staudinger/*Rauscher,* 2018, Rn. 24; *Schwab* in Schwab Scheidungs-HdB II Rn. 102; Johannsen/Henrich/*Jaeger/Hamm* Rn. 37; aA *Gernhuber/Coester-Waltjen* FamR § 25 Rn. 7; *Gernhuber/Coester-Waltjen* FamR § 27 Rn. 57.

265 OLG Brandenburg FamRZ 2007, 1888 (1889); OLG Zweibrücken FamRZ 1982, 293 (294); Erman/*Blank* Rn. 19; *Rauscher* FamR § 21 Rn. 539.

266 OLG Karlsruhe FamRZ 2007, 1418 (1419); *Schellhammer,* Familienrecht nach Anspruchsgrundlagen, 4. Aufl. 2006, Rn. 255; Erman/*Blank* Rn. 19.

267 BGH NJW 1981, 2516; 1981, 2809 = FamRZ 1981, 1161; OLG Zweibrücken FamRZ 1982, 293 (294) mAnm *Bosch*; Staudinger/*Rauscher,* 2018, Rn. 170.

oder werde die Scheidung als schwere Härte empfinden, reicht dafür nicht aus.[268] Es wird jedoch nicht verlangt, dass sich ein Ehegatte in einer ausdrücklichen Erklärung auf die Vorschrift des § 1568 beruft.[269] Es genügt, wenn er die Scheidung ablehnt und außergewöhnliche Umstände vorbringt. Die Bewertung obliegt dann dem Gericht. Das Gericht wird dazu regelmäßig die Parteien zu hören haben (§ 128 Abs. 1 FamFG). Auch ein Ehegatte, der seinen Scheidungsantrag oder die Zustimmung zur Scheidung wirksam zurückgenommen hat, kann die Härteklausel geltend machen.

73 **cc) Behauptungs- und Beweislast des Antragsgegners für schwere Härte.** § 127 Abs. 3 FamFG nimmt seinem Wortlaut nach nur „außergewöhnliche Umstände" von dem Untersuchungsgrundsatz aus, nicht jedoch die anderen auf Fakten zu gründenden Merkmale. Trotzdem wird zutreffend angenommen, dass alle Tatsachen für die Anwendung der Härteklausel, also insbesondere für die schwere Härte, der Parteimaxime unterliegen.[270] Nach dem Wortlaut des § 127 Abs. 3 FamFG sind zwar nur die außergewöhnlichen Umstände, nicht die anderen Voraussetzungen der Härteklausel, vom Antragsgegner vorzubringen. Der Zweck der Regelung, nicht von Amts wegen, gegen den Willen der Partei, intime oder sonst private Tatsachen zu ermitteln, verlangt aber keineswegs, nur die außergewöhnlichen Umstände der Parteimaxime zu unterstellen und die anderen Fakten, insbesondere die schwere Härte, von Amts wegen zu ermitteln. Der Ehegatte, der außergewöhnliche Umstände für die Aufrechterhaltung der Ehe vorträgt, wird zugleich auch die hierdurch begründete schwere Härte, die die Scheidung für ihn bedeuten würde, vortragen, weil sich beide Aspekte oft gar nicht voneinander unterscheiden lassen. Damit wird auch der Schutz der Ehegatten nicht systemwidrig eingeschränkt. Demjenigen, der sich auf die Härteklausel beruft, ist es zuzumuten, sämtliche Tatsachen, die ihre Anwendung rechtfertigen könnten, vorzutragen.[271] Nähme man hiervon das Merkmal der schweren Härte aus, so würde dies gerade dazu führen, dass das Gericht von Amts wegen intime oder private Umstände zu ermitteln hätte.

74 **dd) Kein Anwaltszwang.** Die Berufung auf die Härteklausel ist keine Verfahrenshandlung,[272] sondern ehefreundlicher Sachvortrag und unterliegt als Einwendung gegen die Scheidung nicht dem Anwaltszwang.[273] Das Gericht hat den anwaltlich nicht vertretenen Antragsgegner auf die Möglichkeit, sich auf die Härteklausel zu berufen, hinzuweisen[274] und ihm bei entsprechendem Sachvortrag uU einen Rechtsanwalt nach § 138 FamFG beizuordnen.

75 **ee) Darlegungs- und Beweislast des Antragstellers für seine Belange.** Belange des Antragstellers sind nur zu berücksichtigen, wenn er sie vorträgt. Das folgt aus der Beschränkung des Amtsermittlungsprinzips auf eheerhaltende Tatsachen (§ 127 Abs. 2 FamFG). Will das Gericht eine schwere Härte für den Antragsgegner berücksichtigen, wird es dem Antragsteller Gelegenheit geben, sich dazu zu äußern.[275]

76 **ff) Härteprüfung in der Rechtsbeschwerdeinstanz.** Auch in der Rechtsbeschwerdeinstanz kann ein Ehegatte das Gericht auffordern, die Voraussetzungen der Härteklausel zu prüfen.[276] Voraussetzung ist, dass die Tatsachen, die als außergewöhnliche Umstände und schwere Härte in Betracht kommen, in der Tatsacheninstanz festgestellt sind. Das Gericht kann nur prüfen, ob die in der Tatsacheninstanz festgestellten Tatsachen die Anwendung der Härteklausel rechtfertigen. Voraussetzung ist also, dass das Rechtsbeschwerdegericht die Grundlagen für die von Amts wegen zu prüfende Härte und die Notwendigkeit, die Ehe aufrechtzuerhalten, dem vorliegenden Streitstoff entnehmen kann.

77 **gg) Abstandnahme von Härteklausel.** Ein Ehegatte kann jederzeit und ohne Anwaltszwang[277] wirksam erklären, dass er schwere Härten nicht mehr geltend mache. Die Erklärung ist auch in der Rechtsbeschwerdeinstanz uneingeschränkt wirksam.[278]

---

[268] BGH NJW 1981, 2516; 1981, 2808 (2809) = FamRZ 1981, 1161; OLG Zweibrücken FamRZ 1982, 293.
[269] Johannsen/Henrich/*Jaeger/Hamm* Rn. 37; *Schwab* FamRZ 1976, 491 (504).
[270] Johannsen/Henrich/*Jaeger/Hamm* Rn. 37; Staudinger/*Rauscher,* 2018, Rn. 24, 170; *Schwab* in Schwab Scheidungs-HdB II Rn. 102.
[271] Staudinger/*Rauscher,* 2018, Rn. 170.
[272] AA → 4. Aufl. 2000, Rn. 79 *(Wolf)*; Johannsen/Henrich/*Jaeger/Hamm* Rn. 38.
[273] *Schwab* FamRZ 1976, 506; *Bergerfurth* FamRZ 1976, 584; Erman/*Blank* Rn. 20; Keidel/*Weber* FamFG § 127 Rn. 6; Staudinger/*Rauscher,* 2018, Rn. 171; Zöller/*Lorenz* FamFG § 127 Rn. 6; Johannsen/Henrich/*Markwardt* FamFG § 127 Rn. 11; Musielak/Borth/*Borth/Grandel* FamFG § 127 Rn. 10; Prütting/*Helms* FamFG § 127 Rn. 5; aA Johannsen/Henrich/*Jaeger/Hamm* Rn. 38.
[274] Johannsen/Henrich/*Markwardt* FamFG § 127 Rn. 11.
[275] Staudinger/*Rauscher,* 2018, Rn. 170.
[276] Staudinger/*Rauscher,* 2018, Rn. 172.
[277] Staudinger/*Rauscher,* 2018, Rn. 175; Johannsen/Henrich/*Jaeger/Hamm* Rn. 39.
[278] Eingehend Staudinger/*Rauscher,* 2018, Rn. 176.

**c) Zweifel hinsichtlich der tatsächlichen Umstände.** Die **Beweislast** für das Vorliegen der tatsächlichen Umstände, die die Anwendung der Härteklausel rechtfertigen sollen, liegt beim Antragsgegner.[279] Bleibt zweifelhaft, ob außergewöhnliche Umstände vorliegen und ob sie für den Antragsgegner eine schwere Härte darstellen, ist die gescheiterte Ehe zu scheiden.[280] Die **Wertung,** ob die Aufrechterhaltung der Ehe ausnahmsweise geboten erscheint, hat das Gericht auf der Grundlage der bewiesenen Tatsachen vorzunehmen. Beweislast kommt für diese Wertung nicht in Betracht. Kann sich das Gericht nicht eindeutig dafür entscheiden, dass die Aufrechterhaltung der Ehe geboten ist, so ist die Ehe zu scheiden.[281] 78

**d) Ausschluss und Verzicht.** Es unterliegt der Disposition eines Ehegatten, ob er die Scheidung einer gescheiterten Ehe beantragt oder ob er sich auf die Härteklausel beruft, um die Scheidung abzuwehren. Ein allgemeiner für die Zukunft wirkender vertraglicher Ausschluss der Scheidung einer gescheiterten Ehe wird trotzdem nicht anerkannt (→ § 1564 Rn. 17)[282] und ist nach allgemeiner Meinung auch für die Geltendmachung der Härteklausel nicht anzuerkennen. Ebenso wie ein Scheidungsverzicht sich nicht auf mögliche Scheidungsrechte in der Zukunft erstrecken kann, ist auch ein Verzicht auf die Härteklausel nicht zulässig, soweit noch nicht bekannte außergewöhnliche Umstände und die daraus entstehenden Härten Gegenstand der Vereinbarung sind.[283] Hingegen ist streitig, ob ein Ehegatte auf die Geltendmachung schon entstandener Härtegründe verzichten kann. Die überwiegende Meinung lehnt auch dies im Hinblick auf den schützenden Charakter der Härteklausel ab.[284] Entgegen der hM ist aber entsprechend den Grundsätzen über den Verzicht auf das bereits erwachsene subjektive Scheidungsrecht[285] auch die Wirksamkeit des Verzichts auf bereits entstandene Härtegründe zu bejahen.[286] Denn der Ehegatte trifft mit einem solchen Verzicht eine überschaubare Verfügung über eine Befugnis, die seiner Entscheidung unterliegt. Für das Vorliegen außergewöhnlicher Umstände hat es das Gesetz dem Ehegatten ausdrücklich freigestellt, ob er sich darauf berufen will. Diese Entscheidung kann der Ehegatte begründet treffen, wenn ihm die Tatsachen, die die Anwendung der Härteklausel begründen, bekannt sind; eines besonderen Schutzes bedarf er bei einer für ihn eindeutig zu bewertenden Sachlage nicht.[287] Ein Verzicht ist auch nicht deshalb unwirksam, weil er vom anderen Ehegatten abgekauft wurde (→ § 1564 Rn. 18),[288] insbesondere nicht bei wirtschaftlichen Härten. Bei immateriellen Härten wird der Schluss zulässig sein, dass die behaupteten Härten nicht schwer gewesen sein können, jedenfalls jetzt nicht mehr vorliegen. 79

Hat ein Ehegatte darauf verzichtet, schon bekannte außergewöhnliche Umstände für die Härteklausel geltend zu machen, darf das Gericht seinen Vortrag darüber **nicht verwerten,** insbesondere keinen Beweis darüber erheben und in seiner Entscheidung die Härteklausel nicht anwenden.[289] 80

**e) Aussetzung des Verfahrens.** Greift die Härteklausel, ist der Scheidungsantrag abzuweisen. Es ist unzulässig, das Verfahren auszusetzen, um aus verfahrensökonomischen Gründen abzuwarten, bis Gründe für die Anwendung der Härteklausel entfallen sind (allgemein zur Aussetzung → § 1564 Rn. 80 ff.).[290] 81

**f) Neuer Scheidungsantrag.** Neue Tatsachen, zu denen auch die nach der letzten Tatsachenverhandlung abgelaufene Zeitspanne gehören kann, können allein oder in Verbindung mit alten Tatsachen, die schon der Anwendung der Härteklausel zugrunde lagen, zu einer Neubewertung 82

---

279 *Schwab* in Schwab ScheidungsR-HdB II Rn. 115.

280 OLG Karlsruhe FamRZ 1990, 631; OLG Köln FamRZ 1995, 997; *Schwab* FamRZ 1976, 491 (504); *Schwab* in Schwab ScheidungsR-HdB II Rn. 115; Johannsen/Henrich/*Jaeger/Hamm* Rn. 42; Soergel/*Heintzmann* Rn. 57; Staudinger/*Rauscher,* 2018, Rn. 173.

281 Johannsen/Henrich/*Jaeger/Hamm* Rn. 42.

282 BGHZ 97, 304 = NJW 1986, 2046.

283 Staudinger/*Rauscher,* 2018, Rn. 174; Johannsen/Henrich/*Jaeger/Hamm* Rn. 40.

284 Johannsen/Henrich/*Jaeger/Hamm* Rn. 40, § 1564 Rn. 35; *Gernhuber/Coester-Waltjen* FamR § 25 Rn. 10–12; wie hier Staudinger/*Rauscher,* 2018, Rn. 174a.

285 BGHZ 97, 304 = NJW 1986, 2046.

286 Abl. auch für den Verzicht auf das entstandene Scheidungsrecht *Gernhuber/Coester-Waltjen* FamR § 25 Rn. 10 f.

287 Staudinger/*Rauscher,* 2018, Rn. 174.

288 Vgl. *Ramm* JZ 1986, 164 zu BVerfGE 55, 134 = NJW 1981, 108; *Otto* FamRZ 1979, 512; *Knütel* FamRZ 1985, 1089; *A. Wolf* FS Rebmann, 1989, 703 ff.

289 BGHZ 97, 304 = NJW 1986, 2046; BGHZ 28, 45 (47) = NJW 1958, 1397; Staudinger/*Rauscher,* 2018, Rn. 174a; Soergel/*Heintzmann* Rn. 1.

290 OLG Hamburg FamRZ 1986, 469 (470); OLG Oldenburg NJW 1969, 101 = FamRZ 1968, 604; OLG München NJW 1971, 711; aA Soergel/*Heintzmann* Rn. 58.

und zur Nichtanwendung der Härteklausel führen. Auf den neuen Antrag kann die Ehe dann geschieden werden (→ § 1564 Rn. 115).[291]

**Untertitel 1a. Behandlung der Ehewohnung und der Haushaltsgegenstände anlässlich der Scheidung**

**§ 1568a Ehewohnung**

**(1) Ein Ehegatte kann verlangen, dass ihm der andere Ehegatte anlässlich der Scheidung die Ehewohnung überlässt, wenn er auf deren Nutzung unter Berücksichtigung des Wohls der im Haushalt lebenden Kinder und der Lebensverhältnisse der Ehegatten in stärkerem Maße angewiesen ist als der andere Ehegatte oder die Überlassung aus anderen Gründen der Billigkeit entspricht.**

**(2) [1]Ist einer der Ehegatten allein oder gemeinsam mit einem Dritten Eigentümer des Grundstücks, auf dem sich die Ehewohnung befindet, oder steht einem Ehegatten allein oder gemeinsam mit einem Dritten ein Nießbrauch, das Erbbaurecht oder ein dingliches Wohnrecht an dem Grundstück zu, so kann der andere Ehegatte die Überlassung nur verlangen, wenn dies notwendig ist, um eine unbillige Härte zu vermeiden. [2]Entsprechendes gilt für das Wohnungseigentum und das Dauerwohnrecht.**

**(3) [1]Der Ehegatte, dem die Wohnung überlassen wird, tritt**
**1. zum Zeitpunkt des Zugangs der Mitteilung der Ehegatten über die Überlassung an den Vermieter oder**
**2. mit Rechtskraft der Endentscheidung im Wohnungszuweisungsverfahren**
**an Stelle des zur Überlassung verpflichteten Ehegatten in ein von diesem eingegangenes Mietverhältnis ein oder setzt ein von beiden eingegangenes Mietverhältnis allein fort. [2]§ 563 Absatz 4 gilt entsprechend.**

**(4) Ein Ehegatte kann die Begründung eines Mietverhältnisses über eine Wohnung, die die Ehegatten auf Grund eines Dienst- oder Arbeitsverhältnisses innehaben, das zwischen einem von ihnen und einem Dritten besteht, nur verlangen, wenn der Dritte einverstanden oder dies notwendig ist, um eine schwere Härte zu vermeiden.**

**(5) [1]Besteht kein Mietverhältnis über die Ehewohnung, so kann sowohl der Ehegatte, der Anspruch auf deren Überlassung hat, als auch die zur Vermietung berechtigte Person die Begründung eines Mietverhältnisses zu ortsüblichen Bedingungen verlangen. [2]Unter den Voraussetzungen des § 575 Absatz 1 oder wenn die Begründung eines unbefristeten Mietverhältnisses unter Würdigung der berechtigten Interessen des Vermieters unbillig ist, kann der Vermieter eine angemessene Befristung des Mietverhältnisses verlangen. [3]Kommt eine Einigung über die Höhe der Miete nicht zustande, kann der Vermieter eine angemessene Miete, im Zweifel die ortsübliche Vergleichsmiete, verlangen.**

**(6) In den Fällen der Absätze 3 und 5 erlischt der Anspruch auf Eintritt in ein Mietverhältnis oder auf seine Begründung ein Jahr nach Rechtskraft der Endentscheidung in der Scheidungssache, wenn er nicht vorher rechtshängig gemacht worden ist.**

**Schrifttum:** *Abramenko,* Risiken des Vermieters bei der Wohnungsüberlassung nach § 1568a Abs. 3 Nr. 1 BGB, MDR 2013, 129; *Blank,* Die Rechtsstellung des Vermieters bei der Umgestaltung des Mietverhältnisses anlässlich der Ehescheidung, FPR 2010, 544; *Blank,* Schnittstellen zwischen Familien- und Mietrecht in § 1568a BGB, NZFam 2014, 492; *Blank,* Anspruchsverjährung beim Vermieter auch ohne Besitzwechsel? Mieterwechsel wegen Todes eines Mieters, Ehescheidung oder Auflösung einer Mietermehrheit, NJW 2014, 1985; *Brudermüller,* Regelungen der Nutzungs- und Rechtsverhältnisse an Ehewohnung und Hausrat, FamRZ 2006, 1157; *Büte,* Ehewohnungssachen nach neuem Recht, FPR 2010, 537; *Drasdo,* Zuweisung von Genossenschaftswohnungen bei familienrechtlichen Auseinandersetzungen, FF 2017, 55; *Eckebrecht,* Zwangsvollstreckung in Verfahren der Freiwilligen Gerichtsbarkeit – Ehewohnung und Hausrat, FPR 2008, 436; *Eckebrecht,* Verbotene Eigenmacht – Der ausgesperrte Ehegatte, NZFam 2014, 507; *Erbarth,* Die Vergütung für die Benutzung der Ehewohnung ab Rechtskraft der Endentscheidung in der Ehewohnungssache nach Einfügung von § 1568a BGB, FuR 2010, 606 (Teil 1), FuR 2010, 670 (Teil 2) und FuR 2011, 13 (Teil 3); *Finger,* Zuweisung der Ehewohnung anlässlich der Ehescheidung nach § 1568a BGB, FamRB 2018, 119; *Giers,* Vollstreckung in Ehewohnungs- und Haushaltssachen nach dem FamFG, FPR 2010, 564; *Götz,* Die Ehewohnung nach der Scheidung, NZM 2010, 383; *Götz,* Ehewohnung oder nicht Ehewohnung? – Das ist jetzt die Frage, NZFam 2017, 433; *Götz/Brudermüller,* Die gemeinsame Wohnung, 2008; *Götz/Brudermüller,* Wohnungszuweisung und Hausratsteilung – Aufhebung der HausratsV und

[291] Staudinger/*Rauscher,* 2018, Rn. 178; Bamberger/Roth/*Neumann* Rn. 20.

Neuregelung im BGB, NJW 2008, 3025; *Götz/Brudermüller,* Wohnungszuweisungs- und Hausratssachen – Das neue Verfahren nach §§ 200 ff. FamFG mit Ausblick auf §§ 1568a, 1568b BGB, FPR 2009, 38; *Götz/Brudermüller,* Die „Rechtsnachfolger" der Hausratsverordnung, FamRZ 2009, 1261; *Götz/Brudermüller,* Schnittstellen zwischen Familien- und Mietrecht in § 1568a BGB, NJW 2010, 5; *Götz/Brudermüller,* Nutzungs- und Rechtsverhältnisse an Ehewohnung und Haushaltsgegenständen, Verfahren nach dem GewSchG, FamRZ 2015, 177; *Hoppenz,* Die Vergütung für die Benutzung der Ehewohnung ab Rechtskraft der Scheidung, NZFam 2014, 503; *Horndasch,* Das Kind und die Ehewohnung, FuR 2017, 127; *Horst,* Mietrechtliche Auswirkungen der Wohnungszuweisung bei Ehescheidung, ZAP Fach 4, 1705 (2017); *Kemper,* Die endgültige Regelung der Rechtsverhältnisse an der Ehewohnung, NZFam 2014, 500; *Lenz,* Die Mietwohnung bei Trennung und Kündigung durch den allein mietenden Ehegatten, NZFam 2014, 823; *W. Maier,* Über Wohnwert und Nutzungen im Unterhalt, FamRZ 2016, 426; *Reinecke,* Die neuen Regelungen zur Ehewohnung und zu Haushaltsgegenständen nach §§ 1568a, 1568b BGB, ZFE 2010, 172; *Scharl/Schmid,* Wohnungszuteilung bei nichtehelichen Lebensgemeinschaften, FamRB 2018, 279; *Schmid,* Räumungsverfügung gegen den Ehegatten des Mieters?, FamRB 2014, 265; *Schmid,* Der Angehörige in der Mietwohnung, WuM 2014, 115; *Schmid,* Ehewohnung und Mietrecht, FuR 2014, 438; *Schneider,* Die Kosten in Ehewohnungs- und Haushaltssachen, NZFam 2014, 521; *Schulz,* Die endgültige Überlassung der Ehewohnung, FPR 2010, 541; *Uecker,* Zuweisung der ehelichen Wohnung und Teilungsversteigerung, FPR 2013, 367; *Weber-Monecke,* Ehewohnungssachen während der Trennung, FPR 2010, 555.

**Übersicht**

## I. Einführung

1 **1. Regelung im BGB.** Ansprüche in Bezug auf die Ehewohnung für die Zeit des **Getrenntlebens** regelt § 1361b. Damit kann eine vorläufige Zuweisung der bisherigen gemeinsamen Wohnung erreicht werden, die im Weiteren auch wieder abgeändert werden kann. Soweit es hingegen um die **Zeit nach der Scheidung** geht, gilt die Vorschrift des § 1568a, welche auf eine **endgültige Regelung** zielt[1] und die Maßstäbe für den diesbezüglichen Konflikt der Ehegatten um die Ehewohnung festlegt. Die §§ 1568a, 1568b wurden zum 1.9.2009 durch das Gesetz zur Änderung des Zugewinnausgleichs und Vormundschaftsrechts eingefügt[2] und ersetzen die früheren materiell-rechtlichen Regelungen der HausratsV, insbesondere die §§ 2–5, 8, 10 HausratsV. Die verfahrensrechtlichen Vorschriften der HausratsV (§§ 1, 7, 11, 13–17, 18a, 20 und 23 HausratsV) wurden durch Art. 62 Gesetz zur Reform des Verfahrens in Familiensachen und in den Angelegenheiten der freiwilligen Gerichtsbarkeit (FGG-Reformgesetz) vom 17.12.2008 (BGBl. 2008 I 2586) aufgehoben und in den §§ 200–209 FamFG als Ehewohnungs- und Haushaltssachen geregelt (→ Rn. 66). Damit konnte die HausratsV[3] im Jahr 2009 nach rund 65 Jahren aufgehoben werden. Die nachfolgend **zitierte Rechtsprechung** bezieht sich allerdings teilweise noch auf die jeweiligen Vorgängernormen in der HausratsV.

2 **2. Rechtsentwicklung. a) Hausratsverordnung.** Die HausratsV war 1944 ergangen,[4] weil infolge des Krieges der Wohnraum verknappt und die Beschaffung von Möbeln und sonstigem Hausrat schwierig geworden und daher jeder Ehegatte bei Auflösung der Ehe bestrebt war, die Wohnung und die Möbel, welche die Eheleute bisher gemeinsam benutzt hatten, zu behalten.[5] Dadurch waren die Mängel des damaligen Rechts, das die Auseinandersetzung geschiedener Eheleute über Wohnung und Hausrat nicht besonders regelte, deutlich spürbar geworden. Die allgemeinen, auf die Eigentums- und Besitzverhältnisse abstellenden Vorschriften hatten auch in ihrer durch die Rspr. bewirkten Fortentwicklung nicht ausgereicht, um die Auseinandersetzung in allen in Betracht kommenden Fällen befriedigend zu regeln. Insbesondere trugen sie dem Umstand, dass es sich um die Nachwirkungen einer oft jahrelangen ehelichen Lebensgemeinschaft handelte, nicht ausreichend Rechnung. Die im Gesetz vorgeschriebene Teilung gemeinsamer Hausratsgegenstände durch Verkauf (§ 753) hatte zu dem unerwünschten Ergebnis geführt, dass möglicherweise keiner der Ehegatten den Gegenstand erhielt. Auch hatte die Möglichkeit gefehlt, das Mietverhältnis über die Ehewohnung gegen den Willen des Vermieters umzugestalten. Schließlich war für Streitigkeiten über Wohnung und Hausrat nur der Prozessweg eröffnet gewesen. Für die Gestaltung von Rechtsverhältnissen erschien jedoch, insbesondere wenn Dritte hinzugezogen werden mussten, ein Verfahren der freiwilligen Gerichtsbarkeit geeigneter.

3 Mit der **HausratsV** war dem Richter dann ein Mittel an die Hand gegeben worden, die für die Ehegatten wichtige Auseinandersetzung von Wohnung und Hausrat im Streitfall schnell, gerecht, zweckmäßig und ohne starre gesetzliche Vorgaben in einem den Bedürfnissen des Einzelfalles angepassten Verfahren vorzunehmen. Kernpunkte der HausratsV waren die dem Richter eingeräumte, nach **billigem Ermessen** unter Einbeziehung familienrechtlicher Gesichtspunkte auszuübende Gestaltungsbefugnis und die Möglichkeit, die Regelung auch Dritten (dem Vermieter) gegenüber durchzusetzen.[6]

4 **b) Neuregelung im Jahr 2009.** Der Gesetzgeber hielt Form und Standort der HausratsV für überholt. Deren Standort außerhalb des BGB war allein mit dem Entstehungszeitpunkt der HausratsV

1 Vgl. nur *Götz* NZFam 2017, 433 (434).

2 S. dazu Begr. RegE, BR-Drs. 635/08 vom 29.8.2008 und BT-Drs. 16/10798 vom 5.11.2008; Beschlussempfehlung und Bericht des Rechtsausschusses vom 13.5.2009, BT-Drs. 16/13027. Nicht Gesetz wurde der erste GE vom 1.11.2007; dazu *Roth* FamRZ 2008, 1188.

3 Zu den Änderungen der HausratsV seit ihrem Erlass s. Auflistung in → 4. Aufl. 2000, HausratsV Vor § 1 Rn. 5.

4 Erlass als sechste Durchführungsverordnung zum EheG 1938 vom 21.10.1944 (RGBl. 1944 I S. 256).

5 Vgl. amtl. Begr. DJ 1944, 278.

6 Zur damit verbundenen Sozialbindung des Eigentums BVerfG NJW 1992, 106 = FamRZ 1991, 1413.

(→ Rn. 2) zu erklären, in der Sache aber nicht mehr zu rechtfertigen.[7] Aber auch der in § 2 HausratsV enthaltene Grundsatz, wonach der Richter die Rechtsverhältnisse nach billigem Ermessen zu gestalten hatte, war laut Gesetzgeber nur mit der Entstehungsgeschichte der HausratsV zu begründen. In das System des BGB, das maßgeblich auf Anspruchsgrundlagen beruhe, aus denen sich Rechte ergeben, die im Streitfall auf dem Gerichtsweg durchzusetzen seien, passte eine solche Regelung nicht.[8]

Als unverändert relevant wurde aber das Kernanliegen begriffen, zur **Konfliktlösung** beizutragen, wenn Ehegatten anlässlich der Scheidung über die Verteilung der Haushaltsgegenstände oder die Zuweisung der Ehewohnung streiten. Die §§ 752 ff. bieten insoweit für die Auseinandersetzung von Wohnung und Haushaltsgegenständen keine angemessene bzw. hinreichende Regelung. Der Hausrat wird schließlich nicht zum Zweck des Privatgebrauchs durch den einen oder anderen Ehegatten angeschafft, sondern zur Begründung des gemeinsamen Hausstandes. Demgemäß wurde der Ansatz, wonach die enge Gemeinschaft, in der die Eheleute gelebt haben, eine Auseinandersetzung von Wohnung und Haushaltsgegenständen in einem eigenen Verfahren erfordert, das sich nicht an den von der Parteiherrschaft bestimmten Grundsätzen der ZPO orientiert sowie schnell, **zweckmäßig und einfach** sein soll, als unverändert richtig angesehen.[9] Der Gesetzgeber entschied sich daher, die Kernstrukturen der HausratsV in das BGB zu übernehmen und in Anspruchsgrundlagen umzugestalten. Dabei wurde die Vorschrift über die Ehewohnung in § 1568a vor der Regelung über die Haushaltsgegenstände in § 1568b eingefügt, weil sie den bedeutsameren Vermögensgegenstand betreffe.[10] Unglücklich ist indes, dass es bei den §§ 1361a, 1361b genau andersherum liegt.[11] 5

**3. Übergangsrecht.** Nach der Übergangsvorschrift des Art. 111 FGG-RG waren auf Verfahren, die bis zum Inkrafttreten des Gesetzes eingeleitet worden waren oder deren Einleitung bis zu diesem Zeitpunkt beantragt worden war, weiter die vor Inkrafttreten des Gesetzes geltenden Vorschriften (Verfahrensrecht der HausratsV) anzuwenden.[12] Materiell-rechtlich wurde keine besondere Übergangsregelung getroffen; somit findet § 1568a seit seinem Inkrafttreten zum 1.9.2009 Anwendung.[13] 6

## II. Allgemeiner Anwendungsbereich der §§ 1568a, 1568b

**1. Ehegatten.** Geregelt werden allein Rechtsverhältnisse unter Ehegatten. Auf die Auseinandersetzung von Wohnung und Haushaltsgegenständen zwischen Nichtehegatten, insbesondere bei Auflösung einer nichtehelichen Lebensgemeinschaft, sind die §§ 1568a, 1568b auch nicht analog anwendbar.[14] Für eingetragene **Lebenspartner** enthält § 17 LPartG eine Verweisung auf die §§ 1568a, 1568b.[15] 7

**2. Regelung anlässlich der Scheidung.** Für die Phase des Getrenntlebens sind die §§ 1361a, 1361b einschlägig, wenn um Haushaltsgegenstände oder Ehewohnung gestritten und insoweit eine (vorläufige) Regelung begehrt wird. Soll **für die Zeit nach Scheidung** eine (endgültige) Regelung getroffen werden, sind Anträge gemäß §§ 1568a, 1568b zu stellen.[16] Auch kann eine nach den §§ 1361a, 1361b getroffene vorläufige Regelung durch eine spätere Regelung gemäß der §§ 1568a, 1568b abgelöst werden; ein laufendes Verfahren wird nach Scheidung auf Grundlage dieser Normen fortgeführt.[17] Die Formulierung „anlässlich der Scheidung" eröffnet die Möglichkeit der Regelung der Rechtsverhältnisse an Ehewohnung und Haushaltsgegenständen als Folgesache im **Verbund,** vgl. § 137 Abs. 2 S. 1 Nr. 3 FamFG (→ Rn. 67). Bei **Aufhebung der Ehe** sind die Vorschriften der §§ 1568a, 1568b auf Streitigkeiten der Ehegatten über Wohnung und Haushaltssachen entsprechend anzuwenden (§ 1318 Abs. 4); dabei sind die Umstände bei der Eheschließung und im Fall des Verstoßes gegen § 1306 die Belange der dritten Person besonders zu berücksichtigen. Bei Auflösung 8

7 Begr. RegE, BR-Drs. 635/08, 22.
8 BT-Drs. 16/10798, 16.
9 Begr. RegE, BR-Drs. 635/08, 22, 43; BT-Drs. 16/10798, 16.
10 Begr. RegE, BR-Drs. 635/08, 43.
11 Krit. auch *Götz/Brudermüller* NJW 2008, 3025.
12 OLG Schleswig FamRZ 2010, 1985; AG Meldorf NJW 2010, 382.
13 So zu § 1568b BGH NJW 2011, 601 = FamRZ 2011, 183; NJW 2011, 2289 = FamRZ 2011, 1039.
14 Vgl. OLG Hamm FamRZ 2005, 2085; Palandt/*Brudermüller* Einf. v. § 1568a Rn. 3; Bork/Jacoby/Schwab/*Schwab* FamFG § 200 Rn. 4; *Scharl/Schmid* FamRB 2018, 279; aA – für § 1361b – LG München NJW-RR 1991, 8374; ferner *Kemper* FPR 2007, 202 (205).
15 Beispielsfall AG München FamRZ 2014, 1459 mAnm *Götz* = NJW-Spezial 2014, 582.
16 Vgl. Johannsen/Henrich/*Götz* Rn. 1; Soergel/*Heintzmann* Vor § 1586a Rn. 6; *Kemper* NZFam 2014, 500; ferner OLG Brandenburg FamRZ 2015, 1498.
17 OLG Schleswig FamRZ 2013, 629.

der Ehe durch **Tod** eines Ehegatten gelten die §§ 1568a, 1568b nicht. Ein laufendes Verfahren erledigt sich im Fall des Todes eines Ehegatten (§ 208 FamFG). Ist der überlebende Ehegatte gesetzlicher Erbe, stehen ihm die Haushaltsgegenstände ggf. als sog. Voraus gemäß § 1932 zu. Ist die Ehewohnung eine Mietwohnung, tritt der überlebende Ehegatte kraft Gesetzes mit dem Tod des Mieters in das Mietverhältnis ein (§ 563).

### III. Anspruch auf Überlassung der Ehewohnung (Abs. 1)

9 **1. Überblick.** Abs. 1 gibt einem Ehegatten **(Antragsteller)** gegen den anderen Ehegatten unter bestimmten Voraussetzungen einen **Anspruch** auf Überlassung der Ehewohnung an ihn zur Alleinnutzung bzw. zur Nutzung gemeinsam mit den Kindern oder anderen Familienangehörigen. Die Norm beinhaltet eine **Anspruchsgrundlage.** Nach den früheren § 1 Abs. 1 HausratsV, § 2 HausratsV hingegen regelte der Richter auf Antrag die Rechtsverhältnisse an der Ehewohnung nach billigem Ermessen. Inzwischen ist allein über den geltend gemachten Anspruch (und ggf. über das Mietverhältnis nach Abs. 3–5) zu entscheiden, eine anderweitige Gestaltung der Rechtsverhältnisse scheidet aus.[18] Das bedeutet auch, dass dem anderen Ehegatten kein Recht mehr zusteht, die Überlassung an den bedürftigen Ehegatten zu beantragen,[19] etwa um auf diese Weise aus dem Mietverhältnis entlassen zu werden. Fehlt ein Antrag desjenigen Ehegatten, der selbst mehr als der andere auf die Ehewohnung angewiesen ist, ist der Antrag des anderen Ehegatten abzuweisen. Möglich sind aber **beiderseitige Anträge** der Ehegatten, welche die Wohnung jeweils für sich begehren. Außerdem besteht ein Anspruch auf Mitwirkung an einer Mitteilung nach Abs. 3 (→ Rn. 37) oder – falls kein Ehegatte in der gemeinsam angemieteten Wohnung bleiben will – ein Anspruch auf Zustimmung zur Kündigung des Mietvertrags.[20] Eine Aufteilung der Ehewohnung (vgl. früher § 6 HausratsV) ist nicht mehr vorgesehen. Der Anspruch aus Abs. 1 ist höchstpersönlich und unvererblich.[21]

10 **2. Ehewohnung. a) Begriff.** Der Begriff Ehewohnung ist **weit auszulegen.** Unter Ehewohnung sind Wohnräume zu verstehen, in denen die Ehegatten während der Ehe (zumindest zeitweise) gemeinsam gewohnt haben oder die nach den gesamten Umständen zumindest dafür bestimmt waren.[22] Die Wohnung braucht nicht abgeschlossen zu sein, auch einzelne Räume oder ein möbliertes Zimmer sind als Wohnung anzusehen. Die Wohnung kann weiterhin eine bewegliche Sache im Rechtssinne sein, etwa ein Behelfsheim (zB zerlegbare Baracke) auf fremdem Grund und Boden, ein Wohnschiff sowie der Wohnwagen eines Schaustellers oder Landfahrers.[23] Bei der Wohnlaube auf Pachtland[24] oder einer **Genossenschaftswohnung**[25] steht der Wohnungseigenschaft nicht entgegen, dass die Parzelle oder die Wohnung satzungsmäßig nur an Mitglieder des Kleingartenvereins oder der Genossenschaft abgegeben werden darf oder – bei einem Kleingarten – dass ein Dauerwohnen auf der Parzelle nicht gestattet ist.[26] Ehewohnung ist auch eine Wohnung, in welche die Ehegatten zur Vermeidung von Obdachlosigkeit polizeilich eingewiesen worden sind.[27] Zur Ehewohnung gehören auch die **Nebenräume** (Boden, Keller, Abstellraum, Schuppen, Stallung, Garage) und der Hausgarten,[28] nicht jedoch ausschließlich gewerblich oder beruflich (zB von einem Arzt oder Rechtsanwalt) genutzte Räume, ferner nicht ein separater Kleingarten. Bei Dienst- oder Werkwohnungen ist Abs. 4 zu berücksichtigen (→ Rn. 46 f.).

11 **b) Mehrere Ehewohnungen.** Die Ehegatten können mehrere Ehewohnungen haben.[29] Wenn laut BGH auch ein Wochenendhaus als Ehewohnung in Betracht kommt,[30] müssen zwangsläufig auch zwei Ehewohnungen denkbar sein. Welche Wohnung vorwiegend benutzt wird, wo der räumli-

---

[18] Vgl. *Götz/Brudermüller* NJW 2008, 3025 (3027).
[19] KG GE 2013, 942; Johannsen/Henrich/*Götz* Rn. 10; zur abw. früheren Rechtslage noch OLG München NJW-Spezial 2008, 517; OLG Celle FamRZ 1998, 1530; OLG Karlsruhe FamRZ 1995, 45.
[20] Dazu näher *Hülsmann* NZM 2004, 124 ff. mwN.
[21] Johannsen/Henrich/*Götz* Vor § 1568a Rn. 3.
[22] BGH NJW-RR 1990, 1026 = FamRZ 1990, 987; OLG München FamRZ 1986, 1019; *Götz* NZFam 2017, 433.
[23] BayObLGZ 1953, 45; 1956, 153.
[24] BGH NJW-RR 1990, 1026 = FamRZ 1990, 987; OLG Schleswig SchlHA 1955, 25; zweifelnd KG FamRZ 1986, 1010.
[25] Vgl. OLG Hamburg FamRZ 2017, 1048; KG NJW 1955, 185; OLG München FamRZ 1991, 1452; dazu näher *Drasdo* FF 2017, 55.
[26] AA KG FamRZ 1986, 1010; OLG Naumburg FamRZ 2005, 1269 m. abl. Anm. *Gottwald.*
[27] Vgl. OLG Stuttgart NJW-RR 1991, 581 = FamRZ 1990, 1354.
[28] Vgl. BayObLGZ 1953, 45; BayObLG FamRZ 1971, 34; OLG Hamburg MDR 1948, 477.
[29] Ausdrücklich OLG Celle FamRZ 2015, 1193 = BeckRS 2015, 11005.
[30] Vgl. BGH NJW-RR 1990, 1026 = FamRZ 1990, 987.

che Lebensmittelpunkt der Ehegatten liegt, braucht nicht festgestellt zu werden. Die **Zweitwohnung** braucht auch nach Größe und Ausstattung der Erstwohnung nicht gleichwertig zu sein. Es genügt, dass sich die Ehegatten in der weiteren Wohnung ebenfalls über längere Zeiträume regelmäßig aufhalten und in dieser Zeit dort den Schwerpunkt ihres familiären Zusammenlebens gestalten.[31] Das kann zB ein **Wochenendhaus,**[32] eine Ferienwohnung,[33] eine den Sommer über bewohnte Kleingartenlaube oder ein fest installiertes Wohnmobil betreffen, sofern die Wohnung nicht vorwiegend anderen Zwecken (Vermietung) dient.[34] Bei einem **Wohnwagen** entscheidet die Verkehrsauffassung. Zu fordern ist neben einer wohnungsmäßigen Größe und Ausstattung, dass der Wagen auf einem festen Platz nicht nur vorübergehend (Urlaub) abgestellt ist und die Familie (auch) in ihm regelmäßig zusammengelebt hat. Andernfalls ist er Haushaltsgegenstand. Keine Ehewohnung ist ein Geschäftsraum mit Schlafgelegenheit oder eine Hütte in einer Kleingartenanlage,[35] die nur Freizeit-, nicht aber Wohnzwecken dient.

**c) Eigentumsverhältnisse.** Für den Begriff der Ehewohnung sind die Eigentumsverhältnisse unerheblich. Bedeutung erlangt dieser Aspekt aber im Hinblick auf die Anspruchsvoraussetzungen bzw. die Abgrenzung von Abs. 1 zu Abs. 2. Abs. 1 betrifft im Wesentlichen nur die Fälle, in denen die Wohnung entweder im Miteigentum der Ehegatten steht[36] oder als Mietwohnung im Alleineigentum eines Dritten. Dabei spielt es im Hinblick auf die gemietete Ehewohnung zunächst keine Rolle, wer von den Ehegatten Mieter ist (s. aber Abs. 3; → Rn. 32 f.). Abs. 2 hingegen betrifft den Fall, dass der Anspruchsgegner im Hinblick auf das Grundstück bzw. die Wohnung entweder allein dinglich berechtigt ist (als Eigentümer, Nießbraucher, Erbbauberechtigter, Inhaber eines Wohnrechts) oder gemeinsam mit einem Dritten dinglich berechtigt ist (→ Rn. 27). 12

**d) Ende der Ehewohnungseigenschaft.** Die Anwendung von § 1568a kommt nur solange in Betracht, wie die konkrete Wohnung **noch Ehewohnung** ist. Die gemeinschaftliche Wohnung verliert noch nicht dadurch ihre Eigenschaft als Ehewohnung, dass ein Ehegatte die häusliche Gemeinschaft aufhebt und **auszieht,**[37] während der andere sie faktisch allein weiterbenutzt. Die Qualifizierung als Ehewohnung hängt laut BGH nicht davon ab, dass noch beide Ehegatten in der Wohnung leben; vielmehr behält sie ihren Charakter als Ehewohnung während der gesamten Trennungszeit, und zwar auch wenn diese viele Jahre umfasst.[38] Andernfalls würde es auch wenig Sinn machen, dass § 1568a noch auf die Ehewohnung Bezug nimmt. Erst recht ist noch von einer Ehewohnung zu sprechen, solange **Streit oder Unklarheit** über die weitere Nutzung der bisherigen Ehewohnung besteht, auch wenn sie im Grunde nur noch von einem Ehegatten genutzt wird.[39] Die früher hM, dass eine Ehewohnung bereits dann keine Ehewohnung mehr ist, wenn sie ein Ehegatte in der Trennungszeit endgültig aufgegeben hat,[40] ist nach der neuen BGH-Rspr. überholt.[41] Damit erledigt sich auch eine Prüfung, ob der Auszug eines Ehegatten bereits als endgültige Nutzungsüberlassung an den anderen Ehegatten gedacht war oder ob die Überlassung lediglich den aktuellen Erfordernissen in der Trennungssituation entsprach.[42] Insbesondere führt die Überlassungsvermutung des § 1361b Abs. 4 nicht dazu, dass die Wohnung ihren Charakter als Ehe- 13

[31] OLG Celle FamRZ 2015, 1193 = BeckRS 2015, 11005.
[32] BGH NJW-RR 1990, 1026 = FamRZ 1990, 987; OLG Celle FamRZ 2015, 1193 = BeckRS 2015, 11005; OLG Naumburg NJW-RR 1995, 515.
[33] KG FamRZ 1974, 198; Soergel/*Heintzmann* Rn. 5; aA OLG München FamRZ 1994, 1331; Bork/Jacoby/Schwab/*Schwab* FamFG § 200 Rn. 2.
[34] Vgl. BGH NJW-RR 1990, 1026 = FamRZ 1990, 987; KG FamRZ 1974, 198; OLG Zweibrücken FamRZ 1980, 569; OLG Frankfurt FamRZ 1982, 398; OLG Brandenburg FamRZ 2008, 1930; Staudinger/*Weinreich,* 2010, Rn. 13; aA OLG Zweibrücken FamRZ 1981, 259 (260); KG FamRZ 1986, 1010; OLG München FamRZ 1994, 1331; OLG Bamberg FamRZ 2001, 1316; *Flatow,* Die Ehewohnung in der Trennungsphase der Ehegatten, 2002, 12 f.
[35] OLG Hamm NJW-RR 2009, 440.
[36] Vgl. BayObLG FamRZ 1974, 22; OLG Celle FamRZ 1992, 465.
[37] Vgl. BGH NJW 2017, 260 = FamRZ 2017, 22 zu § 1361b; OLG Jena NJW-RR 2004, 435; OLG Hamm FamRZ 1989, 739; 2008, 1639; KG FamRZ 2017, 1393; OLG Bamberg FamRZ 1990, 1353; OLG Karlsruhe FamRZ 1999, 1087; *Flatow,* Die Ehewohnung in der Trennungsphase der Ehegatten, 2002, 17.
[38] BGH NJW 2017, 260 = FamRZ 2017, 22 zu § 1361b; OLG Jena BeckRS 2018, 27701.
[39] BGH NJW 2013, 2507; OLG Stuttgart BeckRS 2012, 03818 = FamRZ 2012, 1302; LG Hamburg BeckRS 2013, 11274.
[40] Vgl. BGH NJW 2013, 2507; OLG Hamburg FamRZ 2017, 1048; LG Hamburg BeckRS 2013, 11274; OLG Stuttgart BeckRS 2012, 03818 = FamRZ 2012, 1302; OLG Köln FamRZ 2005, 1993; *Weber-Monecke* FPR 2010, 555.
[41] So auch *Neumann* FamRB 2017, 3.
[42] Zu dieser Unterscheidung noch BGH NJW 2013, 2507.

wohnung verliert.[43] Auch wenn sich die Ehegatten schon **endgültig einvernehmlich** und ausdrücklich über die Wohnungsüberlassung an einen von ihnen **geeinigt** hatten und der andere die Wohnung aufgegeben hatte, ist, solange die Scheidung nicht rechtskräftig ist, begrifflich noch von einer Ehewohnung auszugehen, sodass ein Anspruch aus Abs. 1 nicht schon deshalb ausgeschlossen ist.[44] Bei unveränderten Umständen mag dann aber für einen Antrag nach Abs. 1 kein **Rechtsschutzbedürfnis** mehr bestehen.[45] Auch wäre die betreffende Vereinbarung bei der Billigkeitsabwägung zu berücksichtigen.

14 Die **Rechtskraft der Scheidung** bedeutet nicht automatisch, dass die Wohnung nun ihren Charakter als Ehewohnung verliert. Solange der Streit zwischen den Ehegatten über die Zuweisung spätestens im zeitlichen Zusammenhang mit der Scheidung (vgl. Abs. 1 „anlässlich der Scheidung") begonnen hat und nun im Rechtsmittelverfahren oder außerhalb des Scheidungsverbundes isoliert ausgetragen wird, geht es begrifflich noch um die Ehewohnung.[46] Anders liegt es aber, wenn die spätere Auseinandersetzung der Ehegatten über die Wohnung in keinem sachlichen oder zeitlichen Zusammenhang mehr mit der Scheidung steht; in diesem Fall ginge es nicht mehr um die Ehewohnung, zumal die Jahresfrist gemäß Abs. 6 dann meist auch schon verstrichen sein wird.

15 Entsprechende Grundsätze gelten bei einer **Kündigung** des Mietverhältnisses durch einen der Ehegatten oder den Vermieter, solange zumindest ein Ehegatte die Wohnung weiter nutzt. Bis zur Scheidung bleibt die Wohnung dann gleichwohl im Rechtssinne eine Ehewohnung. Eine **nach** der endgültigen **Trennung** von einem Ehegatten **beschaffte** (gekaufte oder gemietete) **Wohnung** ist jedoch keine Ehewohnung,[47] auch wenn er sie gegen die Ehewohnung in der Absicht eingetauscht hat, diese hierdurch der Auseinandersetzung zu entziehen. Auch eine von den Ehegatten erst nach rechtskräftiger Scheidung ihrer Ehe angemietete Wohnung fällt nicht in den Anwendungsbereich des § 1568a. Das gilt unabhängig davon, ob der (bisherige) Ehegatte nun dort untergebracht wurde.[48] Von einer Ehewohnung kann weiterhin nicht mehr gesprochen werden, wenn die Ehegatten **beide ausgezogen** sind und sich bereits endgültig über den **Verkauf** oder die Vermietung der Immobilie geeinigt haben bzw. das Mietverhältnis bereits gemeinsam gekündigt haben.[49] Wird insoweit intern noch über die Mietzahlungspflicht gestritten, handelt es sich nicht mehr um eine Ehewohnungssache.[50] Ein späterer Nutzungsstreit nach der Scheidung richtet sich nach § 745 Abs. 2 (→ Rn. 24).

16 **3. Anspruchsvoraussetzungen. a) Allgemeines.** Während der Richter nach den früheren §§ 1, 2 HausratsV die Wohnungszuweisung nach Billigkeit an den einen oder anderen Ehegatten vornahm, gibt Abs. 1 nur demjenigen Ehegatten, der stärker auf die Nutzung der Wohnung angewiesen ist, einen **Überlassungsanspruch** gegen den anderen Ehegatten. Nach der Gesetzesbegründung sollen hier aber die Grundsätze, die sich für die Anwendung von § 2 HausratsV herausgebildet hatten, entsprechend fortgelten.[51] Demgemäß sind weiterhin alle konkreten Umstände des Einzelfalls vom Gericht zu prüfen.[52]

17 **b) Angewiesenheit auf die Wohnung.** Der Anspruch nach Abs. 1 setzt in der ersten Alternative voraus, dass der Anspruchsteller in stärkerem Maße als der andere Ehegatte auf die **Nutzung der Wohnung zu Wohnzwecken** angewiesen ist. Insoweit ist beachtlich, ob er aus **beruflichen** bzw. geschäftlichen Gründen (Werkstatt oder Atelier im Haus;[53] Nähe der Arbeitsstelle) die Wohnung benötigt.[54] Weiterhin kann ein Ehegatte einen erhöhten Wohnbedarf haben, weil seine Eltern, ein pflegebedürftiger Angehöriger[55] oder ein erwachsenes Kind bei ihm leben.[56] Ein

[43] Vgl. BGH NJW 2017, 260 = FamRZ 2017, 22.

[44] Klarstellend *Finke* FamRZ 2017, 25 (26); anders noch OLG Frankfurt FamRZ 2004, 875; OLG Köln FamRZ 2005, 1993; OLG Karlsruhe FamRZ 1999, 1087; KG NJW-RR 2007, 798 zu § 1361b; *Götz/Brudermüller,* Die gemeinsame Wohnung, 2008, Rn. 186; aA *Erbarth* FamRZ 2013, 1281 (1282).

[45] Vgl. KG GE 2013, 942; OLG Hamm NZFam 2015, 185 = FamRZ 2015, 667; AG Tempelhof-Kreuzberg NJW 2010, 2445; *Götz/Brudermüller,* Die gemeinsame Wohnung, 2008, Rn. 186; *Götz* NZM 2010, 383 (385).

[46] So auch *Götz* NZFam 2017, 433 (435 f.); *Kemper* NZFam 2014, 500 (501).

[47] OLG Frankfurt FamRZ 2015, 1899 = BeckRS 2015, 18465.

[48] OLG Frankfurt FamRZ 2015, 1899 = BeckRS 2015, 18465; *Götz* NZFam 2017, 433.

[49] *Erbarth* FamRZ 2013, 1281 (1282); aA wohl Bork/Jacoby/Schwab/*Schwab* FamFG § 200 Rn. 3.

[50] Vgl. zum früheren Recht OLG Hamburg FamRZ 1983, 621; OLG Karlsruhe FamRZ 1993, 820.

[51] Begr. RegE, BR-Drs. 635/08, 43.

[52] *Götz/Brudermüller* NJW 2008, 3025 (3027).

[53] *Kemper* NZFam 2014, 500 (501).

[54] OLG Schleswig FamRZ 2010, 1985; BayObLGZ 1956, 153.

[55] *Götz/Brudermüller* NJW 2010, 5 (6).

[56] AA OLG Schleswig SchlHA 1949, 350; BayObLGZ 1956, 370.

Ehegatte kann außerdem aus finanziellen Gründen auf die billige Ehewohnung angewiesen sein, während es dem anderen Ehegatten leichter fallen mag, eine neue angemessene Wohnung zu finden. Insofern ist auf **alle Umstände im Einzelfall** abzustellen, insbesondere auch Alter und Gesundheitszustand der Ehegatten.[57] Im Grunde sind die gleichen Entscheidungskriterien beachtlich wie bei § 1361b Abs. 1, 2.[58] Maßgebend sind stets die Verhältnisse im **Zeitpunkt** der Beschlussfassung.[59] Ungewisse künftige Umstände sind nicht zu berücksichtigen, wohl aber die weitere vorhersehbare Entwicklung, zB die beabsichtigte Wiederheirat eines Ehegatten. An einer Angewiesenheit im Sinne der Norm fehlt es, wenn der betreffende Ehegatte die Wohnung verkaufen oder vermieten will.[60] Ist keiner der Ehegatten mehr als der andere auf die Wohnung angewiesen und sprechen auch keine Billigkeitsgesichtspunkte für eine bestimmte Zuweisung, sind die Anträge beider Ehegatten abzuweisen.[61]

**c) Wohl der Kinder.** Die Vorschriften der §§ 1568a, 1568b dienen dem **Schutz der Familie.**[62] Wesentliche Bedeutung kommt daher bei der Prüfung der Angewiesenheit auf die Ehewohnung dem Wohl der Kinder (auch Stiefkinder[63] und Pflegekinder[64]) zu, die mit den Ehegatten oder einem von ihnen in der Ehewohnung zusammenleben. Bei den Kindern kann es sich auch um volljährige Kinder handeln.[65] Im Antrag ist demgemäß auch anzugeben, ob im Haushalt Kinder der Ehegatten leben (§ 203 Abs. 3 FamFG). Die Ehewohnung wird dann sehr oft demjenigen Ehegatten zuzuweisen sein, der die elterliche Sorge für die gemeinschaftlichen Kinder hat oder bei dem sich die Kinder mit Einwilligung des anderen Elternteils oder aufgrund einer gerichtlichen Entscheidung gewöhnlich aufhalten oder bei dem die volljährigen (in Ausbildung befindlichen[66] oder pflegebedürftigen[67]) Kinder leben oder der für nichtgemeinschaftliche Kinder aus einer anderen Beziehung zu sorgen hat.[68] Auf diese Weise können die Kinder, die bereits mit der Scheidung der Eltern zu kämpfen haben, zumindest in der ihnen vertrauten Umgebung bleiben und weiterhin die dort befindlichen Schulen besuchen.[69] Das entspricht dem durch Art. 6 Abs. 1 GG geforderten Schutz des familiären Gemeinschaftslebens.[70] Je nach Alter der Kinder mag allerdings nur ein befristetes Mietverhältnis der Billigkeit entsprechen (→ Rn. 58).[71] Das Argument der Beibehaltung des **gewohnten Umfeldes** der Kinder greift allerdings nicht mehr, wenn die Kinder bereits mit einem Elternteil ausgezogen sind und sich an eine andere Wohnung gewöhnt haben.[72] 18

**d) Lebensverhältnisse der Ehegatten.** Die Anknüpfung an die „Lebensverhältnisse der Ehegatten" (→ Rn. 17) soll sicherstellen, dass bei der gerichtlichen Entscheidung alle **Umstände des Einzelfalls** Berücksichtigung finden.[73] Relevant sind vor allem die wirtschaftlichen Verhältnisse der Ehegatten und die damit verbundenen Möglichkeiten, angemessenen **Ersatzwohnraum** zu finden. § 2 HausratsV stellte bei der vorzunehmenden Billigkeitsabwägung ferner auch auf die „Erfordernisse des Gemeinschaftslebens" ab, worunter die sozialen Beziehungen der Ehegatten nach außen zu verstehen waren, bei der Ehewohnung insbesondere auch das Verhältnis zum Hauseigentümer und zu den übrigen Hausbewohnern bzw. das Einfügen in die Hausgemeinschaft[74] und zur näheren Umgebung. Relevant ist insoweit, ob einer der Ehegatten das Verhältnis zum Vermieter oder zur 19

57 OLG Saarbrücken FamRZ 2013, 1982 = BeckRS 2013, 09148; OLG Schleswig FamRZ 2010, 1985; *Büte* FPR 2010, 537 (538); *Weber-Monecke* FPR 2010, 555 (557); Staudinger/*Weinreich*, 2010, Rn. 30.
58 *Götz* NZFam 2017, 433 (434).
59 Palandt/*Brudermüller* Einf. v. § 1568a Rn. 7; Johannsen/Henrich/*Götz* Rn. 9.
60 OLG Karlsruhe FamRZ 1999, 1087; OLG Frankfurt FamRZ 2004, 875, jeweils zu § 1361b.
61 OLG Naumburg FamRZ 2014, 50; OLG Saarbrücken FamRZ 2013, 1982 = BeckRS 2013, 09148; *Götz/Brudermüller* FamRZ 2015, 177 (180).
62 Vgl. BVerfG NJW-RR 2007, 721 = FamRZ 2006, 1596 in Bezug auf die HausratsV.
63 KG FamRZ 1991, 467; *Weinreich* FPR 2004, 88; Johannsen/Henrich/*Götz* Rn. 5.
64 *Götz/Brudermüller*, Die gemeinsame Wohnung, 2008, Rn. 202; Staudinger/*Weinreich*, 2010, Rn. 25.
65 OLG Hamburg FamRZ 2017, 1048; *Finger* FamRB 2018, 119 (123).
66 Vgl. OLG Saarbrücken FamRZ 2013, 1982.
67 Vgl. OLG Hamburg FamRZ 2017, 1048 betr. Kind mit Mukoviszidose.
68 KG FamRZ 1989, 74; 1991, 467; OLG Hamburg FamRZ 1991, 1317; OLG Celle FamRZ 1992, 465; OLG Karlsruhe FamRZ 1981, 1087; OLG München FamRZ 1997, 752; *Weinreich* FPR 2004, 88 (89) betr. Stiefkinder.
69 Vgl. AG München BeckRS 2014, 03870; *Horndasch* FuR 2017, 127 (129).
70 Vgl. BVerfG NJW-RR 2007, 721 = FamRZ 2006, 1596.
71 Vgl. AG München BeckRS 2014, 03870; *Götz* FamRZ 2014, 1460 (1461).
72 OLG Schleswig FamRZ 2010, 1985; OLG Saarbrücken FamRZ 2013, 1982 = BeckRS 2013, 09148.
73 Begr. RegE, BR-Drs. 635/08, 43; OLG Saarbrücken FamRZ 2013, 1982 = BeckRS 2013, 09148.
74 BayObLGZ 1955, 202; 1956, 153; 1956, 370; OLG Hamburg NJW 1954, 1892.

Hausgemeinschaft spürbar gestört hat.[75] Das wird weiterhin zu berücksichtigen sein. Irrelevant sind indes Nutzungsbedürfnisse **dritter Personen,** zB neuer Lebensgefährten der Ehegatten.[76]

20 **e) Andere Billigkeitsgründe.** Nach der zweiten Alt. von Abs. 1 besteht der Anspruch zudem, wenn die Überlassung aus anderen Gründen der Billigkeit entspricht. Bedeutung erlangt das vor allem in Fällen, in denen keine Kinder vorhanden sind und sich nicht feststellen lässt, ob ein Ehegatte stärker als der andere auf die Ehewohnung **angewiesen** ist.[77] Hier kommt es darauf an, ob ein Ehegatte aufgrund anderer Umstände ein besonderes und schützenswertes Interesse an der Wohnung hat, weil er beispielsweise in ihr aufgewachsen ist[78] oder weil sie in unmittelbarer Nähe zu seinem **Arbeitsplatz** liegt.[79] Weiter ist zu berücksichtigen, ob ein Ehegatte schon vor der Heirat in der Wohnung gelebt hat, ob er diese selbst ausgestattet, ausgebaut oder renoviert hat.[80] Haben Ehegatten gemeinsam gespart und so die Mittel für eine Wohnung aufgebracht, kommt dem Umstand, dass ein Ehegatte höhere Einkünfte hatte und deshalb zu den Ersparnissen mehr beitragen konnte, aber nur geringe Bedeutung zu.[81] Umstände, die zum Scheitern der Ehe geführt haben, spielen – von Extremfällen abgesehen – grds. keine Rolle; unter Umständen können aber die Wertungen des § 1579 in die Abwägung miteinfließen.[82] Im Übrigen kann das längere Abwarten mit einem Antrag bei der Beurteilung der Gesamtumstände zu berücksichtigen sein. Nicht zuletzt kann eine Rolle spielen, welche Vereinbarungen die Ehegatten schon zuvor angesichts einer Ehekrise im Hinblick auf die künftige Nutzung der Ehewohnung getroffen hatten.[83]

21 **f) Haltung des Vermieters. Die Weigerung des Vermieters,** das Mietverhältnis mit dem anspruchstellenden Ehegatten fortzusetzen, und seine ausdrückliche und ernstliche Ankündigung, das Mietverhältnis zu kündigen (vgl. Abs. 3 S. 2 iVm § 563 Abs. 4; → Rn. 42), wenn die Ehewohnung diesem Ehegatten zugewiesen wird, steht der Bejahung des Überlassungsanspruchs an sich nicht entgegen.[84] Wäre der Wille des Vermieters beachtlich, so würde letztlich er und nicht das Gericht entscheiden. Anders liegt es jedoch, wenn klar abzusehen ist, dass die Wohnung dem begünstigten Ehegatten in einem Räumungsrechtsstreit alsbald wieder genommen würde.[85] Eine Entscheidung, die dem Ehegatten nichts nützt, sollte das Gericht nicht treffen (→ Rn. 43). In diesen Fällen kann man auch sagen, dass eine Angewiesenheit auf die Wohnung fehlt, wenn diese ohnehin demnächst wieder zu räumen ist.[86]

22 **4. Anspruchsziel: Überlassung zur Nutzung.** Anspruchsziel von Abs. 1 (wie auch Abs. 2) ist allein die Überlassung der Wohnung zu Wohn- bzw. Benutzungszwecken an den **Antragsteller** selbst[87] (und die Kinder). In Verbindung damit kann die **Räumung** der Wohnung durch den anderen Ehegatten verlangt bzw. beantragt werden[88] (→ Rn. 69) sowie die Herausgabe der Wohnungsschlüssel. Besteht der Überlassungsanspruch, kann der Ehegatte vom Eigentümerehegatten als zur Vermietung berechtigten Person die Begründung eines Mietverhältnisses gemäß Abs. 5 verlangen (→ Rn. 54 ff.).[89] Weitere Rechtsfolge ist daher lediglich die Begründung oder Fortführung eines Mietverhältnisses.[90] Eine Änderung der Eigentumsverhältnisse (zB Übertragung eines Miteigentumsanteils) kann nicht verlangt werden.[91] Die Möglichkeit der Teilung der Wohnung ist nach geltendem Recht ebenfalls nicht mehr vorgesehen. Mit dem Nutzungsrecht erlangt der berechtigte Ehegatte ein Besitzrecht an der Wohnung iSv § 986.

---

75 *Horst* ZAP Fach 4, 1705 (1709).
76 OLG Saarbrücken FamRZ 2013, 1982 = BeckRS 2013, 09148; *Finger* FamRB 2018, 119 (124); *Kemper* NZFam 2014, 500 (501); *Scharfschwerdt-Otto,* Gestaltungsmöglichkeiten und Bindung des billigen Ermessens im Hausratsverfahren, 1992, 117 f.
77 Für eine Alternativität der Tatbestände OLG Hamburg FamRZ 2017, 1048.
78 Begr. RegE, BR-Drs. 635/08, 44.
79 Johannsen/Henrich/*Götz* Rn. 6; Staudinger/*Weinreich,* 2010, Rn. 33.
80 Johannsen/Henrich/*Götz* Rn. 7.
81 Vgl. BayObLG MDR 1964, 506; KG FamRZ 1988, 182 = NJW-RR 1989, 711.
82 Johannsen/Henrich/*Götz* Rn. 8; Staudinger/*Weinreich,* 2010, Rn. 32; Soergel/*Heintzmann* Rn. 20; BeckOGK/*Erbarth* Rn. 36.
83 OLG Hamburg FamRZ 2017, 1048; Muster zu Vereinbarung bei *Horndasch* FuR 2017, 127 (128).
84 Krit. *Götz/Brudermüller* NJW 2008, 3025 (3027).
85 KG FamRZ 1984, 1242; LG Mannheim NJW 1966, 1716; *Blank* NZFam 2014, 492 (494).
86 Vgl. Johannsen/Henrich/*Götz* Rn. 34.
87 KG GE 2013, 942; Johannsen/Henrich/*Götz* Rn. 10.
88 Vgl. zum früheren Recht OLG Stuttgart FamRZ 2002, 559.
89 Zur Nutzungsentschädigung nach früherem Recht BGH NJW 1996, 2153; OLG Hamburg FamRZ 1991, 1317; OLG Oldenburg FamRZ 1965, 277; OLG Nürnberg OLGZ 1980, 46.
90 Begr. RegE, BR-Drs. 635/08, 44.
91 Vgl. schon KG FamRZ 1986, 72.

**5. Gegenansprüche.** Ist ein Ehegatte infolge seiner Verpflichtung, dem anderen die Wohnung zu überlassen, zum Auszug gezwungen, so werden meist **Umzugskosten** anfallen. Eine Rechtsgrundlage, für solche Aufwendungen ganz oder teilweise Ersatz oder eine sonstige Ausgleichszahlung verlangen zu können, ist indes nicht gegeben.[92] Die Kosten können allenfalls unterhaltsrechtlichen Sonderbedarf (§ 1613 Abs. 2 Nr. 1) darstellen.[93] Eine analoge Anwendung von § 1568b Abs. 3 (Anspruch auf Ausgleichszahlung) muss mangels planwidriger Gesetzeslücke ausscheiden.[94] 23

**6. Verhältnis zum Anspruch aus § 745 Abs. 2.** Sind die Ehegatten Miteigentümer der Wohnung, bilden sie eine Gemeinschaft gemäß § 741. Fehlt eine **Verwaltungs- und Benutzungsvereinbarung,** gibt § 745 Abs. 1 den Teilhabern einen Anspruch auf Zustimmung zu einer solchen Vereinbarung, soweit diese billigem Ermessen entspricht.[95] Daran anknüpfend kann auch ein Anspruch auf Zahlung einer Nutzungsentschädigung gegen denjenigen Teilhaber geltend gemacht werden, der die Sache allein nutzt.[96] Gegenüber einem **Anspruch aus § 745 Abs. 2** stellt die Regelung in **§ 1568a** Abs. 1 und 5 für den die Wohnungsbenutzung selbst begehrenden Ehegatten die **speziellere Regelung** dar.[97] Ebenfalls verdrängt ist insoweit ein Herausgabeanspruch aus § 985[98] (zu sachenrechtlichen Ansprüchen auch die Ausführungen bei → § 1568b Rn. 34, die auf die Ehewohnung übertragen werden können). Der Vorrang dieser Spezialregelungen stellt sicher, dass die Verfahrensgrundsätze der freiwilligen Gerichtsbarkeit zur Anwendung kommen.[99] § 745 Abs. 2 kommt jedoch zur Anwendung, wenn die Voraussetzungen eines Überlassungsanspruchs aus § 1568a nicht vorliegen. Das gilt, wenn keiner der Ehegatten mehr als der andere auf die Wohnung angewiesen ist,[100] wenn eine weitere **gemeinsame Nutzung** eines Anwesens geplant ist[101] oder wenn keiner der Ehegatten die Wohnung für sich begehrt, sondern der Streit die Art und Weise einer **anderweitigen Nutzung** der Wohnung betrifft, zB die Überlassung an erwachsene Kinder oder Dritte. Zum anderen greift § 745 Abs. 2 ein, wenn der zeitliche Anwendungsbereich von § 1568a nicht mehr gegeben ist, es sich also der Sache nach nicht mehr um eine Ehewohnung handelt[102] (→ Rn. 13) oder eine Regelung zu einem **späteren Zeitpunkt** nach der Scheidung[103] und somit nicht mehr anlässlich der Scheidung getroffen werden soll.[104] Bei entsprechendem familienrechtlichen Bezug handelt es sich bei einem Anspruch aus § 745 Abs. 2 um eine sonstige **Familiensache** bzw. Familienstreitsache gemäß § 266 Abs. 1 Nr. 3 FamFG,[105] allerdings nicht um eine Folgesache iSv § 137 Abs. 2 FamFG.[106] 24

Haben sich die Miteigentümer-Ehegatten bereits über die weitere Wohnungsnutzung durch einen von ihnen **einvernehmlich geeinigt,** fehlt zwar für einen Antrag nach Abs. 1 das Rechtsschutzbedürfnis; problematisch kann aber weiterhin der Anspruch auf Begründung eines Mietverhältnisses nach Abs. 5 sein, welcher insoweit wiederum als Sonderregelung gegenüber § 745 Abs. 2 zu begreifen ist. Wird die Geltendmachung dieses Anspruchs jedoch unterlassen und schließen die Ehegatten (zunächst) auch keinen Mietvertrag, so bleibt für den Anspruch auf Nutzungsvergütung später nur § 745 Abs. 2[107] (→ Rn. 62). Ausgleichsansprüche zwischen Ehegatten aus § 426 wegen 25

92 Das galt auch schon nach früherem Recht, vgl. OLG Hamburg FamRZ 1988, 80; OLG Hamm FamRZ 1993, 1462; *Brudermüller* FamRZ 1989, 7 (8, 12 f.); aA OLG Hamm FamRZ 1980, 469.

93 *Roth* FamRZ 2008, 1388 (1389).

94 So auch *Roth* FamRZ 2008, 1388 (1389); *Götz/Brudermüller,* Die gemeinsame Wohnung, 2008, Rn. 300; *Schulz* FPR 2010, 541 (544).

95 ZB *Hoppenz* NZFam 2014, 503 (504).

96 Vgl. allg. BGH NJW 1994, 1721; Palandt/*Sprau* § 745 Rn. 5; AG Detmold BeckRS 2014, 03908; *Hoppenz* NZFam 2014, 503 (504); zur Präzisierung eines Anspruchs zwischen Ehegatten OLG Hamm NJW 2014, 1022.

97 OLG Koblenz NJW-RR 2015, 194; Palandt/*Sprau* § 745 Rn. 5; Erman/*Blank* Rn. 3.

98 Vgl. BGH NJW 2017, 260 = FamRZ 2017, 22 zu § 1361b; *Götz/Brudermüller,* Die gemeinsame Wohnung, 2008, Rn. 265; Bork/Jacoby/Schwab/*Schwab* FamFG § 200 Rn. 22.

99 BGH NJW 2017, 260 = FamRZ 2017, 22 zu § 1361b.

100 OLG Saarbrücken FamRZ 2013, 1982 = BeckRS 2013, 09148.

101 OLG Nürnberg NJW-RR 2013, 838 mAnm *Heinemann* FamRB 2013, 145.

102 So wohl in OLG Brandenburg NJW 2013, 3794.

103 OLG Hamm NJW-RR 2014, 523; AG Detmold BeckRS 2014, 03908; *Kemper* NZFam 2014, 500 (501).

104 OLG Schleswig FamRZ 2010, 1985; OLG Koblenz NJW-RR 2015, 194; OLG Nürnberg NJW-RR 2013, 838.

105 OLG Nürnberg NJW-RR 2013, 838 mAnm *Heinemann* FamRB 2013, 145; OLG Hamm NJW-RR 2014, 523; OLG Frankfurt FamRZ 2013, 1681 = NZFam 2014, 92; *Kemper* NZFam 2014, 500 (501); *Wever* FamRZ 2014, 1669 (1671).

106 OLG Brandenburg NJW 2013, 3794.

107 BGH NJW 2017, 2544 = FamRZ 2017, 693; OLG Frankfurt BeckRS 2013, 18155 = FamRZ 2013, 1681; OLG Stuttgart BeckRS 2012, 03818 = FamRZ 2012, 1302; Staudinger/*Weinreich,* 2010, Rn. 112; anders wohl OLG München FamRZ 2007, 1655.

der gemeinsamen Finanzierung eines Eigenheims oder einer Eigentumswohnung bleiben unberührt.[108]

### IV. Anspruch auf Überlassung der Ehewohnung im Fall von Abs. 2

26 **1. Normzweck.** Bereits § 3 HausratsV räumte dem an der Ehewohnung dinglich berechtigten Ehegatten bei der Wohnungszuteilung den Vorrang vor dem nicht dinglich berechtigten Ehegatten ein. In das Eigentum soll eben nicht mehr als unbedingt notwendig eingegriffen werden. Dieser Gedanke findet sich nun weitgehend unverändert in Abs. 2 wieder, der in diesen Fällen eine unbillige Härte zur Voraussetzung des Überlassungsanspruchs macht. Zugleich hat der Gesetzgeber die früher in § 60 WEG aF geregelte Klarstellung über die Anwendbarkeit der HausratsV auf Wohnungseigentum und Dauerwohnrecht im Zuge der Neuregelung systemgerecht[109] in Abs. 2 S. 2 verankert.

27 **2. (Mit-)Eigentum oder dingliche Berechtigung des Anspruchsgegners.** Abs. 2 S. 1 betrifft die Fälle, dass sich die Ehewohnung im **Alleineigentum** des Anspruchsgegners oder im **Miteigentum** des Anspruchsgegners und eines Dritten befindet. Bei Miteigentum der Ehegatten verbleibt es bei einem Anspruch nach Abs. 1. Ausschlaggebend ist die im Grundbuch ausgewiesene dingliche Rechtslage zum Zeitpunkt der Scheidung. Dem Eigentum oder Miteigentum gleichgestellt sind der Nießbrauch (§ 1030), das Erbbaurecht (§ 1 ErbbauRG) und das dingliche Wohnungsrecht (§ 1093)[110] an dem Grundstück, auf dem sich die Ehewohnung befindet. Entsprechendes gilt gemäß Abs. 2 S. 2 für das Wohnungseigentum (§ 1 WEG) und das Dauerwohnrecht (§ 31 WEG) des anderen Ehegatten. Einer dinglichen Berechtigung iSv Abs. 2 nicht gleichzusetzen ist indes die bloße Mitgliedschaft in einer Wohnungsbaugenossenschaft; insoweit greift Abs. 2 nicht.[111]

28 Fraglich ist, ob Abs. 2 anwendbar ist, wenn der andere Ehegatte noch vor der Scheidung das Alleineigentum im Wege der **Teilungsversteigerung** erlangt hat. Nach einer Ansicht ist dies angesichts der Sonderregelung in **§ 180 Abs. 2, 3 ZVG** zu verneinen.[112] Nach § 180 Abs. 2 ZVG kann auf Antrag eines Miteigentümers die einstweilige Einstellung des Zwangsversteigerungsverfahrens auf die Dauer von max. sechs Monaten angeordnet werden, wenn dies bei Abwägung der widerstreitenden Interessen der Miteigentümer angemessen erscheint. § 180 Abs. 3 ZVG bezieht sich speziell auf Ehegatten als Miteigentümer und erlaubt auf Antrag auch die wiederholte einstweilige Einstellung, sofern dies zur Abwendung einer ernsthaften Gefährdung des körperlichen oder seelischen Wohls eines gemeinschaftlichen Kindes erforderlich ist. Insofern kann der Nutzungsbedarf des anderen Ehegatten an der Ehewohnung ggf. nach § 180 Abs. 2 ZVG und die Kindeswohlbelange nach § 180 Abs. 3 ZVG berücksichtigt werden. Oft wird sich mit Abschluss des Versteigerungsverfahrens der Streit der Ehegatten auch erledigt haben. Andererseits bleibt zu beachten, dass § 1568a Abs. 2 nicht danach differenziert, auf welche Weise der andere Ehegatte Alleineigentümer geworden ist oder ob zuvor Miteigentum der Ehegatten bestand. Zudem bietet § 180 ZVG nur vorläufigen Schutz. Abgesehen davon können Umstände, die eine unbillige Härte begründen, im Einzelfall auch erst nach dem Versteigerungsverfahren eintreten. Daher verdient die Auffassung den Vorzug, die in § 180 ZVG keine abschließende Sonderregelung sieht, den Vorzug.[113] Die Voraussetzungen, unter denen die zwangsweise Auflösung einer Miteigentümergemeinschaft bewirkt werden kann (Eigentumsfrage), sind von der Frage einer (zeitweiligen) Überlassung bzw. Vermietung an den anderen Ehegatten (Nutzungsfrage) zu trennen. Ein Anspruch des anderen Ehegatten nach Abs. 2 bleibt daher auch dann denkbar, wenn der Anspruchsgegner das Alleineigentum in der Teilungsversteigerung erworben hat.

29 **Abs. 2** ist **entsprechend** anzuwenden, wenn der anspruchstellende Ehegatte zwar (Mit-)Eigentümer ist, dem anderen Ehegatten jedoch ein **dingliches Nutzungsrecht** an der Ehewohnung im genannten Sinne zusteht.[114] Insoweit genießt grds. der dinglich (allein) Nutzungsberechtigte den Vorrang. Bei einer beschränkten persönlichen Dienstbarkeit (§ 1090) jedoch wirkt sich das dingliche

---

[108] OLG Hamburg FamRZ 1988, 80; OLG Hamm FamRZ 1993, 1462; dazu *Hoppenz* NZFam 2014, 503 (505).

[109] Begr. RegE, BR-Drs. 635/08, 44.

[110] Vgl. OLG Düsseldorf FamRZ 1980, 171.

[111] Zum früheren Recht KG FamRZ 1984, 1242; *Götz/Brudermüller,* Die gemeinsame Wohnung, 2008, Rn. 210.

[112] OLG Hamm FamRZ 1998, 181; Johannsen/Henrich/*Götz* Rn. 13; *Büte* FPR 2010, 537 (538); Soergel/*Heintzmann* Rn. 14; s. auch *Horndasch* FuR 2017, 127 (130).

[113] So auch FamR-HdB/*Grandke,* 34. EL 2018, Rn. 5; *Motzer* in Schwab ScheidungsR-HdB VIII Rn. 48.

[114] Staudinger/*Weinreich,* 2010, Rn. 42; vgl. zum früheren Recht OLG Oldenburg FamRZ 1998, 571 betr. Erbbaurecht eines Ehegatten am gemeinsamen Grundstück.

Mitbenutzungsrecht des Eigentümer-Ehegatten an der Ehewohnung dahin aus, dass beide Ehegatten als in gleicher Weise dinglich berechtigt erscheinen;[115] in diesem Fall ist Abs. 1 anzuwenden.

**3. Unbillige Härte.** Der Anspruch auf Überlassung der Wohnung setzt in den Fällen des Abs. 2 voraus, dass die Überlassung notwendig ist, um eine unbillige Härte zu vermeiden. Eine unbillige Härte liegt nicht bereits vor, wenn die Aufgabe der bisherigen Ehewohnung für den Nichteigentümer-Ehegatten oder für das gemeinschaftliche Kind (Schulwechsel) mit Unbequemlichkeiten und Belastungen verbunden wäre.[116] Gefordert wird, dass der Auszug für ihn eine **außergewöhnlich schwere Beeinträchtigung** darstellt, die als unbillig hart anzusehen wäre und die nur dadurch vermieden werden kann, dass dieser Ehegatte die Wohnung erhält.[117] An das Vorliegen dieser Voraussetzungen sind **strenge Anforderungen** zu stellen, da in die Eigentumsverhältnisse nicht mehr als notwendig eingegriffen werden soll.[118] Einkommenslosigkeit und Schwerbehinderung begründen nicht zwangsläufig einen Härtefall.[119] Eine unbillige Härte kann zB vorliegen, wenn der Elternteil, dem die elterliche Sorge zusteht oder bei dem sich die Kinder gewöhnlich aufhalten, keine andere den Raumbedarf der Kinder deckende Wohnung, die für sie oder ihn erschwinglich wäre, finden kann;[120] wenn der Anspruchsteller in der Wohnung sein **Gewerbe** oder seine **Praxis** ausgeübt hat und sein Geschäft nicht alsbald an einen anderen Ort verlegen kann oder wenn ein betagter Ehegatte schon seit vielen Jahren allein in der Ehewohnung lebt.[121] Fehlende Unterhaltsleistung durch den Alleineigentümer-Ehegatten ist für sich allein noch kein Grund, dem anderen die Ehewohnung zuzuweisen.[122] Zu berücksichtigen ist auch die Situation des Eigentümer-Ehegatten, zB ob er die Wohnung selbst benötigt oder diese ohnehin nicht persönlich nutzen will oder ob er wegen erheblicher Schulden auf die Veräußerung der Ehewohnung angewiesen ist.[123] Gleiches gilt für die Interessen eines etwaigen dinglich mitberechtigten Dritten. Keine Rolle spielen hingegen in aller Regel die Ursachen der Eheauflösung[124] oder Verfehlungen des Eigentümers.[125] 30

**4. Anspruch auf Nutzungsüberlassung. Anspruchsziel** ist auch bei Abs. 2 die Überlassung der Ehewohnung an den Anspruchsteller zur Alleinnutzung. Andere Rechtsfolgen sind nicht vorgesehen. Insbesondere kann weder die Überlassung der Wohnung zu Eigentum oder Wohnungseigentum noch die Einräumung eines dinglichen Wohnrechts etc verlangt werden. Das gilt auch, wenn die Ehewohnung sich in einem Behelfsheim, einer Wohnlaube oder ähnlichen Unterkünften befindet.[126] Der berechtigte Ehegatte kann aber im Regelfall gemäß Abs. 5 die **Begründung eines Mietverhältnisses** verlangen. Dieses Mietverhältnis wird meist zu befristen sein (→ Rn. 52, 58), auch wenn eine **Befristung** auf eine Übergangszeit nicht zwangsläufig von Verfassungs wegen geboten ist.[127] Die Entscheidung über die Wohnungsüberlassung gewährt noch keinen vollstreckbaren Räumungstitel; hierfür sind zusätzliche Anordnungen des Gerichts (vgl. § 209 Abs. 1 FamFG) erforderlich (→ Rn. 69).[128] § 1568a Abs. 2 ist analog anzuwenden, wenn der Alleineigentümer die Wohnung während der Trennungszeit zunächst freiwillig dem anderen Ehegatten überlassen hatte, nun aber nach der Scheidung mangels Vorliegen eines Härtefalls die Herausgabe der Wohnung an sich verlangt.[129] 31

## V. Eintritt in das Mietverhältnis (Abs. 3)

**1. Anwendungsbereich.** Abs. 3 regelt die mietrechtlichen Konsequenzen in dem Fall, dass es sich bei der Ehewohnung um eine **gemietete Wohnung** handelt. Insoweit geht es um das 32

115 OLG Stuttgart FamRZ 1990, 1260; OLG Naumburg FamRZ 1998, 1529; *Motzer* in Schwab ScheidungsR-HdB VIII Rn. 92; aA OLG Düsseldorf FamRZ 1980, 171 m. abl. Anm. *Rüffer.*
116 OLG München FamRZ 1995, 1205.
117 OLG Naumburg FamRZ 2002, 672.
118 OLG Hamm FamRZ 2004, 888; OLG Naumburg FamRZ 2002, 672; OLG Düsseldorf FamRZ 1980, 171 (172); OLG Köln NJW-RR 1992, 1155 (1156); *Götz/Brudermüller,* Die gemeinsame Wohnung, 2008, Rn. 206.
119 OLG Düsseldorf NZM 2018, 807.
120 OLG Stuttgart OLGZ 1968, 126 (128); BayObLG FamRZ 1974, 17 (18); OLG Köln FamRZ 1996, 492; aA OLG München FamRZ 1995, 1205.
121 Vgl. AG Königstein FamRZ 2002, 973.
122 *Reinecke* ZFE 2010, 172 (174); Johannsen/Henrich/*Götz* Rn. 19; Soergel/*Heintzmann* Rn. 31.
123 OLG Stuttgart OLGZ 1968, 126; BayObLG FamRZ 1977, 467.
124 Palandt/*Brudermüller* Rn. 5; anders für Ausnahmefall KG FamRZ 1988, 182.
125 Johannsen/Henrich/*Götz* Rn. 18.
126 Vgl. OLG Schleswig SchlHA 1955, 25.
127 AA Johannsen/Henrich/*Götz* Rn. 21.
128 Johannsen/Henrich/*Götz* Rn. 23.
129 OLG Düsseldorf NZM 2018, 807.

**Außenverhältnis** zum Vermieter.[130] Sofern die Ehegatten die Wohnung zuvor gemeinsam gemietet hatten, führt der Anspruch aus Abs. 1 auf Wohnungsüberlassung an einen von ihnen dazu, dass dieser Ehegatte nun das von beiden eingegangene Mietverhältnis allein fortsetzt. Davon zu unterscheiden ist die Konstellation, dass der andere Ehegatte Alleinmieter der Wohnung ist. In diesem Fall tritt der anspruchsberechtigte Ehegatte an Stelle des zur Überlassung verpflichteten Ehegatten in das von diesem eingegangene Mietverhältnis ein. Allerdings gilt Abs. 3 auch dann, wenn sich die Ehegatten einvernehmlich über die Überlassung der Wohnung an einen von ihnen geeinigt haben;[131] die Überlassungspflicht kann insoweit auch auf einer Vereinbarung der Ehegatten beruhen. In der Sache ersetzt Abs. 3 die frühere Rechtgestaltung durch das Gericht auf Grundlage der HausratsV nun durch eine an den §§ 563, 563a orientierte gesetzliche Nachfolge.[132] Die Vorschrift findet auch dann Anwendung, wenn es sich bei der Ehewohnung um **genossenschaftsrechtlich** gebundenen Wohnraum handelt.[133] Abs. 3 ist **zwingendes Recht;** die Norm kann in einem Mietvertrag nicht zu Gunsten des Vermieters abbedungen werden.[134]

33 **Verfassungsrechtliche Bedenken** gegen diese Regelung in Abs. 3, insbesondere im Hinblick auf die Eigentumsgarantie des Art. 14 Abs. 1 S. 1 GG, bestehen – wie schon gegen die ähnliche Vorgängerregelung in § 5 HausratsV[135] – nicht. Entscheidend ist dabei laut BGH[136] nicht, dass die Wohnungszuweisung auf Grundlage einer richterlichen Rechtsgestaltung erfolgt. Wesentlich sei vielmehr, dass einem Vermieter mit der Regelung der Wohnungszuweisung nichts Unzumutbares abverlangt werde, da ihm kein außenstehender Dritter als Vertragspartner aufgezwungen werde, sondern der Ehegatte des bisherigen Vertragspartners, der schon zuvor die Wohnung befugt genutzt habe. Abgesehen davon sei der Vermieter durch das Sonderkündigungsrecht gemäß Abs. 3 S. 2 iVm § 563 Abs. 4 geschützt (→ Rn. 42). Sicherungsanordnungen zugunsten des Vermieters sind allerdings nicht mehr möglich. Abs. 3 ist demgemäß als Ausfluss der **Sozialbindung** des Eigentums zu begreifen.

34 **2. Noch bestehendes Mietverhältnis.** Das Mietverhältnis muss grds. im Zeitpunkt der Entscheidung noch bestehen. Steht im Falle einer wirksamen **Kündigung** des Mietverhältnisses durch den Vermieter fest, dass die Ehewohnung nicht beibehalten werden kann, weil das Räumungsverlangen offensichtlich gerechtfertigt ist, so fehlt das Rechtsschutzbedürfnis für einen Antrag auf Überlassung der Ehewohnung.[137] Falls derjenige Ehegatte, der Alleinmieter ist, das Mietverhältnis gegen den Willen des anderen Ehegatten gegenüber dem Vermieter bereits **wirksam gekündigt**[138] hat oder mit diesem einen Aufhebungsvertrag geschlossen hat, kann ein Eintritt in das Mietverhältnis gemäß Abs. 3 S. 1 Nr. 2 nur noch für die Zeit bis zum Ablauf der Kündigungsfrist erfolgen; für die Zeit danach kommt ggf. ein Anspruch auf Neubegründung eines Mietverhältnisses nach Abs. 5 in Betracht (→ Rn. 54 f.). Letzteres macht indes nur Sinn, solange die Wohnung noch nicht anderweitig vermietet worden ist.[139] Ihre Eigenschaft als Ehewohnung verliert die Mietwohnung durch die Kündigung jedenfalls nicht.[140] Im Übrigen wird eine rechtsmissbräuchliche Kündigung des Ehegatten gegenüber dem Vermieter dann ausnahmsweise nichtig sein, wenn dem Vermieter alle relevanten Umstände bekannt sind.[141] Im Ergebnis ist damit weitgehend sichergestellt, dass derjenige Ehegatte, der bisher alleiniger Mieter war, die Zuweisung der Wohnung an den anderen Teil nicht vereiteln kann. Entsprechendes gilt für den Fall der Kündigung seitens des Vermieters, wenn die Wohnung anschließend von einem der Ehegatten – aufgrund neuer Vereinbarungen – weiter genutzt wird. Die Zivilgerichte haben eine Räumungsklage gegebenenfalls bis zur Entscheidung in der Ehewohnungssache auszusetzen.[142] Abs. 3 findet auch auf **ähnliche entgeltliche Vertragsverhältnisse** wie Miete Anwendung.

---

130 Klarstellend *Götz* NZFam 2017, 433 (434).
131 *Erbarth* FuR 2010, 606 (608); Johannsen/Henrich/*Götz* Rn. 28.
132 Begr. RegE, BR-Drs. 635/08, 44.
133 Begr. RegE, BR-Drs. 635/08, 44; *Götz/Brudermüller* NJW 2008, 3025 (3027); Johannsen/Henrich/*Götz* Rn. 33.
134 *Götz/Brudermüller* NJW 2010, 5 (8); *Götz* NZM 2010, 383 (388); *Abramenko* MDR 2013, 129 (132).
135 Vgl. BVerfG NJW 1992, 106; NJW-RR 2007, 721 = FamRZ 2006, 1596; BayObLG NJW 1961, 317; OLG Karlsruhe NJW 1998, 2148; ferner BGH NJW 1952, 972 zur behördlichen Wohnungszuweisung in Nachkriegsjahren.
136 BGH NJW 2013, 2507.
137 OLG Oldenburg FamRZ 1993, 1342.
138 ZB AG München FamRZ 2014, 1459 mAnm *Götz*; dazu auch *Schmid* FamRB 2014, 265 (267).
139 Vgl. AG Hamburg-Altona MDR 1994, 1125.
140 Vgl. BayObLG NJW 1961, 317; NJW 1957, 62; OLG Hamburg FamRZ 1982, 939; KG FamRZ 1984, 1242; NJWE-FER 1997, 121; OLG München FamRZ 1991, 1452; Johannsen/Henrich/*Götz* Rn. 27.
141 Johannsen/Henrich/*Götz* Rn. 27; noch restriktiver *Lenz* NZFam 2014, 823: nur bei Kollusion.
142 Vgl. BVerfG NJW-RR 2007, 721 = FamRZ 2006, 1596.

35 **3. Eintritt in das Mietverhältnis.** Der Eintritt in das Mietverhältnis erfolgt **kraft Gesetzes** und nicht durch richterlichen Hoheitsakt. Das Gesetz nennt alternativ zwei Eintrittszeitpunkte, wobei die Rechtswirkungen – auch wenn die Mitteilung schon vorher erfolgt[143] – nach der ratio legis frühestens **mit Rechtskraft der Scheidung** greifen können.[144] Für das Trennungsstadium verbleibt es bei der Anwendung von § 1361b. Aus dem Mietvertrag kann man eine Nebenpflicht (§ 241 Abs. 2) herleiten, den Vermieter über den Zeitpunkt der Rechtskraft des Scheidungsbeschlusses zu **informieren.**[145]

36 **a) Eintritt kraft Mitteilung an Vermieter (Abs. 3 S. 1 Nr. 1).** Der Eintritt in das Mietverhältnis wird zum einen bewirkt im Zeitpunkt des **Zugangs** (§ 130) der an den Vermieter gerichteten formlosen **Mitteilung der Ehegatten** über die Wohnungsüberlassung (Abs. 3 S. 1 **Nr. 1**). Die Ehegatten können insoweit ohne gerichtliche Klärung privatautonom bestimmen, welcher der Ehegatten mehr auf die Wohnung angewiesen ist bzw. in der Wohnung bleiben soll, und dies dem Vermieter dann mitteilen.[146] Erforderlich ist dabei die Mitteilung durch **beide Ehegatten.** Bei zwei getrennten Mitteilungen der Ehegatten ist auf den Zugang der letzten Erklärung abzustellen.[147] Die Erklärung nur eines Ehegatten ist im Zweifel nicht auch als Erklärung im Namen des anderen Ehegatten zu werten.[148] Die Mitteilung ist eine Willenserklärung,[149] die zwar unwiderruflich[150] aber gemäß den §§ 119 f. anfechtbar[151] ist. Das Gesetz sieht **keine Form** für die Mitteilung vor. Die Ehegatten sollten aber darauf achten, dass sie die Mitteilung und ihren Zugang nachweisen können; deshalb wird eine förmliche Mitteilung empfohlen.[152] Inhaltlich muss eindeutig zum Ausdruck kommen, dass eine Überlassung der Wohnung erfolgt und welcher Ehegatte künftig nutzungsberechtigt ist. Zum Zeitpunkt des Zugangs der Erklärung muss das Mietverhältnis noch bestehen.[153]

37 Weigert sich ein Ehegatte, an der Änderung des Mietvertrags mit dem Vermieter durch dreiseitigen Vertrag oder an der genannten Mitteilung mitzuwirken, kann der andere Ehegatte **Antrag auf Mitwirkung** an einer Mitteilung nach § 1568a Abs. 3 S. 1 Nr. 1 beim FamG (§ 266 Abs. 1 Nr. 3 FamFG; Familienstreitsache) stellen.[154] Ob ein Rechtsschutzbedürfnis dafür schon vor Scheidung besteht, muss einzelfallbezogen geklärt werden.[155] Oft wird aber ein Interesse daran bestehen, das Mietverhältnis zeitgleich mit der Rechtskraft der Scheidung umzugestalten.[156] Der Anspruch auf Mitwirkung gründet in der ehelichen bzw. nachehelichen Solidarität gemäß § 1353 Abs. 1 S. 2 iVm §§ 749, 723.[157]

38 **b) Eintritt kraft Gerichtsentscheidung (Abs. 3 S. 1 Nr. 2).** Alternativ erfolgt der Eintritt in das Mietverhältnis gemäß Abs. 3 S. 1 **Nr. 2** im Zeitpunkt der Rechtskraft der **Endentscheidung in der Ehewohnungssache** iSv § 209 Abs. 2 FamFG. Wird die Endentscheidung im Verbundverfahren im Scheidungsbeschluss getroffen, so werden gemäß § 148 FamFG Entscheidungen in Folgesachen nicht vor Rechtskraft des Scheidungsausspruchs wirksam. Sie können aber bei Abtrennung der Folgesache oder im Fall eines isolierten Rechtsmittels auch erst später rechtskräftig werden.

39 Die **Zustimmung des Vermieters** ist zum Eintritt in das Mietverhältnis nicht erforderlich; auch vorangehender Streit zwischen Vermieter und berechtigtem Ehegatten ist insoweit unbeacht-

143 Vgl. OLG Hamm NZFam 2015, 185 = FamRZ 2015, 667; *Büte* FPR 2010, 537 (539); *Blank* FPR 2010, 544 (545); *Erbarth* FuR 2010, 606 (607).

144 OLG Hamm NZFam 2015, 185 = FamRZ 2015, 667; NJW-RR 2016, 644; *Götz/Brudermüller* FamRZ 2009, 1261 (1262); *Schulz* FPR 2010, 541 (542); *Erbarth* FuR 2010, 606 (607); *Schmid* FuR 2014, 438 (440); *Abramenko* MDR 2013, 129 (131), der aber zu Unrecht von einer schwebend unwirksamen Erklärung ausgeht.

145 *Abramenko* MDR 2013, 129 (131).

146 Vgl. KG GE 2013, 942; *Neumann* FamRB 2009, 191 (192); *Götz/Brudermüller* FamRZ 2009, 1261 (1262); Muster für Mitteilungsschreiben bei *Horndasch* FuR 2017, 127 (128).

147 KG GE 2013, 942; ferner *Simon* FF 2017, 28 (30).

148 *Götz/Brudermüller* NJW 2010, 5 (7); Soergel/*Heintzmann* Rn. 39.

149 *Abramenko* MDR 2013, 129 (130).

150 AA wohl *Abramenko* MDR 2013, 129 (132).

151 *Abramenko* MDR 2013, 129 (130).

152 *Schulz* FPR 2010, 541 (542); *Horst* ZAP Fach 4, 1705 (1707).

153 KG GE 2013, 942.

154 OLG Hamm NZFam 2015, 185 = FamRZ 2015, 667; OLG Frankfurt NZFam 2017, 1067; *Götz/Brudermüller* NJW 2008, 3025 (3029); *Büte* FPR 2010, 537 (539); *Schulz* FPR 2010, 541 (542); *Erbarth* FuR 2010, 606 (610).

155 Im konkreten Fall abl. OLG Hamm NZFam 2015, 185 = FamRZ 2015, 667; bejahend OLG Hamm NJW-RR 2016, 644.

156 OLG Hamm NJW-RR 2016, 644 mAnm *Neumann* FamRB 2016, 254 und mAnm *Simon* FF 2017, 28.

157 OLG Hamm NJW-RR 2016, 644; OLG Frankfurt NZFam 2017, 1067; *Simon* FF 2017, 28 (30); *Schulz* FPR 2010, 541 (542); Johannsen/Henrich/*Götz* Rn. 32.

lich.[158] Die damit verbundene **Beschränkung der Rechte des Vermieters** findet ihre Rechtfertigung darin, dass die Wohnung vertragsgemäß einer Familie als Lebensmittelpunkt gedient hat und der Ehegatte, der Vertragspartner war, auch über die Scheidung hinaus dem anderen Ehegatten und insbesondere seinen Kindern zur Rücksichtnahme verpflichtet ist.[159] Der **Vermieter** ist allerdings im Verfahren zu **beteiligen** (§ 204 Abs. 1 FamFG; → Rn. 68). Auf seine Zustimmung kommt es allein im Fall von Abs. 4 an. Bei Genossenschaftswohnungen erscheint es allerdings höchst tunlich, die Zustimmung einzuholen, um der Gefahr einer Kündigung zu entgehen.[160]

40 **4. Ausgestaltung des Mietverhältnisses; Nachhaftung.** Die Änderung des Mietverhältnisses beschränkt sich auf die **Änderung der Person** des Mieters. Der berechtigte Ehegatte wird nun Alleinmieter. Im Übrigen bleibt das Mietverhältnis, insbesondere die Höhe der Miete, die Vertragslaufzeit, erteilte Gestattungen und Nutzungserlaubnisse[161] sowie die Kündigungsfristen, unberührt.[162] Die Garantiehaftung des § 536a Abs. 1 entsteht nicht erneut. Fristen in Bezug auf Schönheitsreparaturen laufen zu Lasten des neuen Mieters weiter.[163] Eine geleistete **Kaution** bleibt beim Vermieter.[164] Der Ehegatte, dem die Wohnung zugewiesen wurde, ist nicht verpflichtet, dem anderen eine von diesem geleistete **Kaution** zu ersetzen.[165] § 1568b Abs. 3 bietet keine Anspruchsgrundlage für einen Erstattungsanspruch bez. der Kaution.[166] Ein bereicherungsrechtlicher Anspruch scheidet ebenfalls aus, weil allein eine Leistung an den Vermieter erfolgt ist.[167] Außerdem wird auch darauf verwiesen, dass die Leistung der Kaution im Innenverhältnis als Beitrag zum Ehegattenunterhalt (§§ 1360, 1360a, 1360b) erfolgte und daher mit Rechtsgrund.[168] Der Leistende kann die Kaution bei Mietende selbst wieder vom Vermieter zurückfordern.[169] **Betriebskosten** sind im betreffenden Jahr – wie bei einem sonstigen Mieterwechsel – anteilig getrennt abzurechnen.[170] Umfasst der bisherige Mietvertrag auch Räume, die selbst nicht unmittelbar als Ehewohnung dienten, zB eine Einliegerwohnung, gilt das auch für den fortgesetzten Mietvertrag, da nur so eine sinnlose Aufspaltung des Vertrags vermieden werden kann.[171]

41 Mit dem Eintritt des Ehegatten in das Mietverhältnis bzw. dessen alleiniger Fortführung des bisher gemeinsamen Mietverhältnisses enden die Rechte und Pflichten des **weichenden Ehegatten** aus dem Mietverhältnis. Letzterer haftet lediglich für die während seiner Mietzeit entstandenen Verbindlichkeiten aus dem Mietverhältnis.[172] Das **Vermieterpfandrecht** an seinen eingebrachten Sachen besteht nur hinsichtlich zuvor entstandener Ansprüche fort.[173] Für eine Reihe von Ansprüchen bleibt die kurze **Verjährungsfrist des § 548** zu beachten; zwar erlangt der Vermieter die Wohnung zwischenzeitlich nicht zurück, laut § 548 kommt es darauf aber auch nicht an.[174] Dem Vermieter ist insoweit aber aus § 241 Abs. 2 heraus ein Besichtigungsrecht zu gewähren.[175] Der in das Mietverhältnis **eingetretene Ehegatte** wiederum haftet nur dann für **Mietrückstände,** wenn er selbst bereits zuvor neben dem anderen Ehegatten Mietpartei war. Wird er mit Eintritt erstmals Mieter, so schuldet er erst ab diesem Zeitpunkt die Miete.[176] Eine entsprechende Anwendung von § 563b Abs. 1 hat der Gesetzgeber nicht angeordnet. Die frühere Regelung in § 5 Abs. 1 S. 2 HausratsV,[177] wonach der Richter zur Sicherung der Ansprüche des Vermieters den Ehegatten gegenüber Anordnungen treffen konnte,[178] wurde bewusst nicht übernommen. Entsprechende

---

[158] Vgl. KG NJWE-FER 1997, 121.
[159] BVerfG NJW-RR 2007, 721 = FamRZ 2006, 1596; NJW 1992, 106.
[160] Vgl. *Götz/Brudermüller* NJW 2008, 3025 (3027).
[161] *Abramenko* MDR 2013, 129 (132).
[162] Näher *Blank* NZFam 2014, 492 (493).
[163] Ausf. dazu Soergel/*Heintzmann* Rn. 52.
[164] OLG München FamRZ 2013, 552; *Drasdo* FF 2017, 55 (58); *Blank* NZFam 2014, 492 (493); *Blank* NJW 2014, 1985 (1986); Johannsen/Henrich/*Götz* Rn. 37.
[165] AA anscheinend ohne Begr. *Horst* ZAP Fach 4, 1705 (1712).
[166] KG NJW-RR 2018, 590.
[167] Ausf. KG NJW-RR 2018, 590.
[168] OLG München FamRZ 2013, 552.
[169] Soergel/*Heintzmann* Rn. 55.
[170] *Blank* NZFam 2014, 492 (494 f.); näher Soergel/*Heintzmann* Rn. 47.
[171] *Abramenko* MDR 2013, 129 (130).
[172] *Blank* FPR 2010, 544 (546 f.); *Blank* NZFam 2014, 492 (493).
[173] Palandt/*Brudermüller* Rn. 14; *Büte* FPR 2010, 537 (539).
[174] Soergel/*Heintzmann* Rn. 53; offen *Blank* NZFam 2014, 492 (495).
[175] *Blank* NJW 2014, 1985 (1987).
[176] Das galt auch schon früher, vgl. BGH NJW 1962, 487.
[177] → 4. Aufl. 2000, HausratsV § 5 Rn. 9 ff.
[178] OLG München NJW-Spezial 2008, 517: übergangsweise gesamtschuldnerische Haftung der Ehegatten für Miete.

Sicherungsanordnungen zu Gunsten des Vermieters scheiden daher aus.[179] Insbesondere sah der Gesetzgeber aus mietrechtlicher Sicht für eine **Nachhaftung** auch deshalb kein Bedürfnis, weil der Vermieter bei Zahlungsrückständen das Mietverhältnis kündigen sowie auf die Kaution zurückgreifen kann.[180] Allerdings kann individualvertraglich eine zeitweilige Mithaftung des aus dem Vertrag ausgeschiedenen Ehegatten vereinbart werden.[181]

**5. Kündigungsrecht des Vermieters. a) Kündigung gemäß Abs. 3 S. 2 iVm § 563 Abs. 4.** Angesichts der besonderen Bedeutung der Wohnung als Lebensmittelpunkt ist die Interessenlage mit dem Eintrittsrecht des Ehegatten bei Tod des Mieters vergleichbar.[182] Daher hat der Gesetzgeber dem Vermieter auch in Fällen der Wohnungszuweisung das besondere Kündigungsrecht des § 563 Abs. 4 eingeräumt; diese Norm ist gemäß Abs. 3 S. 2 entsprechend anwendbar. Danach kann der Vermieter das Mietverhältnis **innerhalb eines Monats,** nachdem er von dem endgültigen Eintritt in das Mietverhältnis Kenntnis erlangt hat, außerordentlich mit dreimonatiger Frist (§ 573d Abs. 2 S. 1, § 575a Abs. 3 S. 1) **kündigen,** wenn in der Person des Eingetretenen ein wichtiger Grund vorliegt. Auf diese Weise sollen die Belange des Vermieters, der nun mit einem einzigen Mietschuldner bzw. mit einem ggf. weniger zahlungskräftigen Mieter vorlieb nehmen muss, gewahrt werden. Ein **wichtiger Grund** in der Person des neuen Mieters oder den damit unmittelbar zusammenhängenden Umständen wird indes – wie in den Fällen der § 553 Abs. 1 S. 2, § 540 Abs. 1 S. 2 – **nur im Ausnahmefall** zu bejahen sein,[183] etwa wenn der Mieter durch besonders ungebührliches persönliches Verhalten (gegenüber der Hausgemeinschaft) auffällt[184] oder – auch unter Berücksichtigung von Unterhaltsansprüchen und öffentlicher Hilfen – dauerhaft zahlungsunfähig und vermögenslos ist.[185] Eine lediglich geringere Solvenz des neuen Mieters im Vergleich zum Vormieter genügt nicht.[186] Bei **Genossenschaftswohnungen** kann aber auch schon die fehlende Genossenschaftsmitgliedschaft des anderen Ehegatten wegen der damit für die Genossenschaft verbundenen steuerlichen Nachteile als Kündigungsgrund anzuerkennen sein.[187] Der Mieter kann der Kündigung gemäß § 574 widersprechen. Der Streit mit dem Vermieter ist vor den Prozessgerichten auszutragen. 42

Hatten die Ehegatten selbst keine Ehewohnungssache anhängig gemacht, weil sie sich **einverständlich** über die Wohnungsüberlassung geeinigt hatten und dem Vermieter die Eintrittserklärung gemäß Abs. 3 S. 1 Nr. 1 zukommen ließen, werden die das Mietverhältnis betreffenden Fragen regelmäßig erst im Rahmen des Kündigungsprozesses oder des sich anschließenden Räumungsverfahrens gerichtlich behandelt werden.[188] Sofern jedoch ein **gerichtliches Verfahren** gemäß § 1568a erfolgt, ist **§ 204 FamFG** zu beachten, wonach der **Vermieter** der Wohnung in Ehewohnungssachen **zu beteiligen** ist. Demgemäß kann der Vermieter dort bereits auf sein Kündigungsrecht nach Abs. 3 S. 2 iVm § 563 Abs. 4 verweisen und die Voraussetzungen darlegen. Laut Gesetzesbegründung sind die diesbezüglichen Interessen des Vermieters im Rahmen der Entscheidung über den Anspruch des Ehegatten zwar grds. noch nicht zu berücksichtigen;[189] indes wäre es sinnlos, einem Ehegatten die Wohnung zuzuweisen, wenn offensichtlich ist, dass umgehend eine (begründete) Kündigung erfolgen wird.[190] In eindeutigen Fällen sollten die Vermieterbelange daher schon im Rahmen der Entscheidung über die Ehewohnungssache Berücksichtigung finden. 43

**b) Kündigungsrecht gemäß § 543 Abs. 2 S. 1 Nr. 2 Alt. 2.** Ein Kündigungsrecht des Vermieters gemäß § 543 Abs. 2 S. 1 Nr. 2 Alt. 2 scheidet regelmäßig aus; denn überlässt ein Ehegatte, welcher alleinige Mietvertragspartei ist, während der Trennungszeit (zunächst) seinem Ehegatten die Wohnung, liegt keine Überlassung der Mietsache an einen „Dritten" iSv §§ 540, 553 vor. Von diesem Begriff ausgenommen ist nach dem Sinn und Zweck der Vorschrift die Familie des Mieters wegen ihrer engen, unter dem ausdrücklichen Schutz der Verfassung (Art. 6 Abs. 1 GG) stehenden persönlichen Beziehungen.[191] Demgemäß ist hM, dass der Ehegatte kein Dritter iSd Mietrechts 44

---

179 *Götz* NZM 2010, 383 (388).
180 Begr. RegE, BR-Drs. 635/08, 44.
181 *Götz/Brudermüller* NJW 2010, 5 (9); *Götz* NZM 2010, 383 (388).
182 Begr. RegE, BR-Drs. 635/08, 45.
183 Näher dazu *Hinz* ZMR 2002, 640 (643).
184 Vgl. Palandt/*Weidenkaff* § 540 Rn. 12; *Blank* NZFam 2014, 492 (494).
185 Vgl. OLG Köln FamRZ 2007, 1580; Staudinger/*Weinreich,* 2010, Rn. 75; *Horst* ZAP Fach 4, 1705 (1707).
186 *Roth* FamRZ 2008, 1388 (1389); s. auch BGH NJW 2009, 3781: der Verzug des Sozialamtes mit Mietzahlungen wird dem Mieter nicht zugerechnet.
187 Dazu *Drasdo* FF 2017, 55 (58) mwN.
188 Vgl. *Götz/Brudermüller* NJW 2008, 3025 (3028).
189 Krit. *Götz/Brudermüller* NJW 2008, 3025 (3027).
190 *Blank* NZFam 2014, 492 (494).
191 BGHZ 157, 1 (5) = NJW 2004, 56 = FPR 2004, 277.

ist;[192] das gilt jedenfalls solange, wie die Wohnung noch als Ehewohnung (→ Rn. 13) begriffen werden kann.[193] Im Zweifel kann man vermuten, dass die Wohnung noch Ehewohnung ist, solange die Ehegatten keine Mitteilung gemäß Abs. 3 S. 1 Nr. 1 gemacht haben. Ab diesem Zeitpunkt wiederum tritt der andere Ehegatte selbst als Mieter in das Mietverhältnis ein, sodass ohnehin kein Kündigungsrecht mehr nach § 543 Abs. 2 S. 1 Nr. 2 Alt. 2 besteht.

45 **c) Sonstige Kündigungsrechte.** Unberührt bleibt – vorbehaltlich des gesetzlichen Kündigungsschutzes – ein Kündigungsrecht des Vermieters aus anderen Gründen. Soweit es dabei auf persönliche Umstände oder Verhaltensweisen ankommt, ist nach dem Mieterwechsel nur auf die Person des neuen Mieters abzustellen. Für eine Kündigung wegen **Zahlungsverzugs** genügt nach § 543 Abs. 2 S. 1 Nr. 3 lit. a bereits der Verzug mit der Entrichtung der Miete oder eines nicht unerheblichen Teils davon für zwei aufeinander folgende Termine. Eine Kündigung aus diesem Grund ist für den (meist weniger solventen) Ehegatten, der die Wohnung überlassen bekommen hat und anlässlich der Scheidung vielleicht auch um seinen Unterhaltsanspruch kämpfen muss, die größere Gefahr.[194]

### VI. Besonderheiten bei Dienstwohnungen (Abs. 4)

46 **1. Normzweck.** Eine Dienst- oder Werkwohnung soll im Interesse des Arbeitgebers oder Dienstberechtigten, der die Wohnung nur im Hinblick auf das Dienst- oder Arbeitsverhältnis den Ehegatten überlassen hat, grds. demjenigen Ehegatten verbleiben, der das Dienst- oder Arbeitsverhältnis eingegangen ist. Eine Überlassung an den anderen Ehegatten, der selbst nicht dienstverpflichtet ist, soll daher – wie früher gemäß § 4 HausratsV – grds. nur mit Einverständnis des Arbeitgebers oder Dienstberechtigten möglich sein. Allerdings war schon früher hM, dass eine Zuweisung der Ehewohnung auch gegen den Willen des Vermieters erfolgen kann, wenn die Belange des Ehegatten die des Vermieters überwiegen.[195] Das greift Abs. 4 auf. Die Formulierung „Begründung eines Mietverhältnisses" bedeutet dabei nicht, dass nur Fälle erfasst würden, in denen noch gar kein Mietverhältnis bestand.[196] Vielmehr wird damit – in Abweichung von Abs. 3 – klargestellt, dass der nun nutzungsberechtigte Ehegatte vom Vermieter nicht zu unveränderten Bedingungen als Mieter akzeptiert werden muss. Es erfolgt daher kein Eintritt in das alte Mietverhältnis, sondern die Festlegung neuer Konditionen (entsprechend Abs. 5). Abs. 4 ist demgemäß im Verhältnis zu Abs. 3 als lex specialis zu begreifen.

47 Die **Regelung** in Abs. 4 knüpft allerdings (bewusst?) nicht an den Überlassungsanspruch nach Abs. 1 an, indem an diesen weitere Anforderungen gestellt würden, sondern verlangt lediglich für die **Begründung des Mietverhältnisses** mit dem Dienstberechtigten/Arbeitgeber dessen Zustimmung bzw. das Vorliegen einer schweren Härte. Das würde indes bedeuten, dass unter den Voraussetzungen des Abs. 1 auch eine Dienst- oder Werkwohnung dem bedürftigen Ehegatten überlassen werden, die Begründung eines Mietverhältnisses dann aber an den Voraussetzungen von Abs. 4 scheitern könnte. Das macht wenig Sinn. Dem Gesetzgeber ging es schließlich auch gerade darum, jegliche Nutzungsverhältnisse durch entsprechende Mietverträge abzulösen.[197] Daher ist vorzugswürdig, der Auffassung[198] zu folgen, die auch die Überlassung der Dienst- oder Werkwohnung an die Voraussetzungen des Abs. 4 knüpft, sofern diese durch gerichtliche Entscheidung ausgesprochen wird. Schließlich wäre eine gerichtliche Zuweisung wenig effektiv, wenn umgehend mit einer Kündigung durch den Vermieter gemäß Abs. 3 S. 2 iVm § 563 Abs. 4 gerechnet werden müsste.

48 **2. Dienst- und Werkwohnung.** Abs. 4 bezieht sich auf Wohnungen, die den Ehegatten mit Rücksicht auf ein Dienst- oder Arbeitsverhältnis des einen von ihnen oder im Rahmen eines solchen überlassen worden sind. Das betrifft zum einen **Werkmietwohnungen,** deren Vermietung wegen des Dienstverhältnisses erfolgt, sowie **Werkdienstwohnungen,**[199] bei denen die Nutzungsüberlassung einen Teil des Dienstlohns ausmacht. Dazu kann auf die Begriffe der §§ 576, 576b verwiesen

---

192 Vgl. Palandt/*Weidenkaff* § 540 Rn. 5; NK-BGB/*Klein-Blenkers* § 540 Rn. 5; NK-BGB/*Hinz* § 553 Rn. 10; ferner LG Hamburg BeckRS 2013, 11274 für Nutzung durch Kind; ausf. *Schmid* WuM 2014, 115 ff.; *Schmid* FamRB 2014, 265; *Schmid* FuR 2014, 438.

193 BGH NJW 2013, 2507; LG Hamburg BeckRS 2013, 11274 mAnm *Abramenko* FamRB 2014, 15.

194 Vgl. *Götz/Brudermüller* NJW 2008, 3025 (3028).

195 OLG Frankfurt FamRZ 1992, 695; AG Ludwigshafen FamRZ 1995, 558; FamRZ 1995, 1207.

196 So aber Soergel/*Heintzmann* Rn. 68.

197 Vgl. BT-Drs. 16/10798, 33.

198 *Götz/Brudermüller* NJW 2010, 5 (6); *Götz* NZM 2010, 383 (386); Johannsen/Henrich/*Götz* Rn. 41; aA Soergel/*Heintzmann* Rn. 68.

199 Erman/*Blank* Rn. 16d; aA Soergel/*Heintzmann* Rn. 68.

werden.[200] Dass der Hauseigentümer gleichzeitig Arbeitgeber oder Dienstberechtigter ist, genügt allein nicht, wird aber ein wesentliches Indiz sein. Unerheblich ist, ob sich das Recht zur Benutzung der Wohnung nach Mietrecht (Werkmietwohnung) richtet oder (wie bei einer Werkdienstwohnung) ein gemischter Vertrag vorliegt oder ob die Wohnung aufgrund eines öffentlich-rechtlichen Nutzungsverhältnisses überlassen worden ist und ob nur der Arbeitnehmer-Ehegatte oder auch dessen Partner Mieter ist. Eigentümer oder Vermieter der Räume kann der Arbeitgeber oder Dienstberechtigte oder auch ein Dritter sein, der sich einem Unternehmen gegenüber zur Überlassung der Wohnung an Betriebsangehörige verpflichtet hat.[201]

**Maßgebend** für die Beurteilung dieser Voraussetzung ist der **Zeitpunkt** der Entscheidung.[202] 49
Zu diesem Zeitpunkt muss das Dienstverhältnis bestehen. Abs. 4 ist auch anzuwenden, wenn ein Mietvertrag zunächst ohne Rücksicht auf das Arbeits- oder Dienstverhältnis geschlossen worden ist, später jedoch eine Abhängigkeit zwischen beiden vereinbart wird. Ist zur Zeit der Entscheidung das Dienst- oder Arbeitsverhältnis bereits beendet oder eine Frist verstrichen, nach deren Ablauf die Wohnung nicht mehr als mit Rücksicht auf das Arbeitsverhältnis überlassen gelten sollte (zB „nach Ablauf von fünf Jahren wird das Mietverhältnis von dem bestehenden Arbeitsverhältnis unabhängig"), so kommt es auf die Voraussetzungen von Abs. 4 nicht mehr an,[203] weil das Arbeitsverhältnis dann keinen Einfluss mehr auf Verlauf und Gestaltung des Mietverhältnisses hat. Nicht ausreichend ist, dass die Wohnung im Falle einer Neubelegung – weil das Belegungsrecht des Arbeitgebers fortbesteht – wieder Dienst- oder Werkwohnung wird.

**3. Einverständnis des Dienstberechtigten.** Zur Begründung eines Mietverhältnisses zwi- 50
schen dem berechtigten Ehegatten und dem Dienstberechtigten ist – vorbehaltlich eines Härtefalls (→ Rn. 51) – dessen Einverständnis erforderlich. Wenn der Dienstberechtigte/Arbeitgeber den Vermieter mit der Wahrnehmung seiner Interessen betraut hat, genügt dessen Zustimmung.[204] Der Dienstberechtigte oder Arbeitgeber ist gemäß § 204 Abs. 1 FamFG am Verfahren zu beteiligen. Auch wenn das Einverständnis des Dienstberechtigten vorliegt, kommt eine Überlassung der Wohnung an den anderen Ehegatten nur in Betracht, wenn die Voraussetzungen des Abs. 1 vorliegen. Bei einer Werkwohnung mit gesetzlicher Zweckbindung (zB Bergarbeiterwohnung) hingegen ist stets die Zustimmung des Dienstberechtigten erforderlich; auf eine Härte kommt es insoweit nicht an.[205]

**4. Schwere Härte.** Unabhängig vom Einverständnis des Arbeitgebers oder Dienstberechtigten 51
besteht der Anspruch auf Begründung eines Mietverhältnisses auch dann, wenn dies notwendig ist, um in besonderen, **atypischen Fällen** eine schwere Härte zu vermeiden. Die in der Praxis entwickelten besonderen Voraussetzungen für die Zuweisung gegen den Willen des Dienstberechtigten/Arbeitgebers werden in diesem Erfordernis der schweren Härte zusammengefasst. Die Abstufung zur unbilligen Härte in Abs. 2 soll der besonderen Zweckbindung der Wohnungsüberlassung im Verhältnis zwischen Dienstberechtigtem und Dienstverpflichtetem Rechnung tragen.[206] Eine schwere Härte kann zB vorliegen, wenn der Ehegatte, der die Wohnung nicht aufgrund eines Dienst- oder Arbeitsverhältnisses innehat, psychisch **schwer krank** ist und die mit dem Fortzug veranlasste Veränderung seiner Lebensumwelt sich negativ auf seinen Gesundheitszustand auswirken würde.[207] Das Gleiche gilt, wenn die Wohnung für diesen Ehegatten **behindertengerecht** umgebaut worden ist.[208]

Bei der diesbezüglichen Beurteilung ist zu Gunsten des Dienstberechtigten/Arbeitgebers zu 52
beachten, dass der **Charakter der Wohnung** als Dienst- oder Werkwohnung nicht endgültig oder auf unabsehbare Zeit aufgehoben werden soll, sondern die Begründung des Mietverhältnisses regelmäßig nur **befristet** bzw. bis zur Anmietung einer Ersatzwohnung auszusprechen ist. Weiterhin soll durch die Überlassung der Ehewohnung die Fortsetzung des Arbeitsverhältnisses für den betriebsangehörigen Ehegatten nicht unmöglich gemacht oder unzumutbar erschwert werden.[209]

**5. Dienst- und Arbeitsverhältnis mit beiden Ehegatten.** War das Dienst- oder Arbeitsver- 53
hältnis mit beiden Ehegatten eingegangen (Beispiel: Hausmeisterehepaar), so steht grds. demjenigen

---

200 Zur Abgrenzung LG Berlin NJW-Spezial 2013, 259.
201 Vgl. BayObLGZ 1959, 403 (406); 1971, 377 (380); OLG Frankfurt FamRZ 1991, 838; *Finger* FamRB 2018, 119 (126).
202 Vgl. OLG Schleswig SchlHA 1955, 281; Soergel/*Heintzmann* Rn. 75.
203 OLG Hamburg FamRZ 1982, 939; aA OLG Frankfurt FamRZ 1991, 838.
204 Vgl. OLG Schleswig SchlHA 1982, 197.
205 Johannsen/Henrich/*Götz* Rn. 45.
206 Begr. RegE, BR-Drs. 635/08, 45.
207 AG Kerpen FamRZ 1997, 1344.
208 Begr. RegE, BR-Drs. 635/08, 45.
209 Vgl. BayObLGZ 1959, 403; 1971, 377; OLG Hamm Rpfleger 1951, 640; FamRZ 1981, 183.

Ehegatten der Überlassungsanspruch zu, der das Dienst- oder Arbeitsverhältnis fortsetzt.[210] Eine Überlassung an den anderen Ehegatten kommt nur in Härtefällen (→ Rn. 51) in Betracht. Setzen beide Ehegatten das Dienstverhältnis fort, so ist grds. nach Abs. 1 zu entscheiden und nicht in entsprechender Anwendung von Abs. 4 die Überlassung der Wohnung an einen der Ehegatten von dem Einverständnis des Dienstberechtigten oder Arbeitgebers abhängig zu machen.[211]

### VII. Anspruch auf Begründung eines Mietverhältnisses (Abs. 5)

54 **1. Anwendungsbereich.** Nach Abs. 5 können der nun nutzungsberechtigte Ehegatte sowie der Vermieter (→ Rn. 55) die Begründung eines Mietverhältnisses verlangen. Grundlage dieses Anspruchs kann auch eine einverständliche Überlassungsvereinbarung der Ehegatten sein;[212] in diesem Fall kann isoliert auf Abschluss des Mietvertrags geklagt werden. Ansonsten kann der Anspruch auf Überlassung nach Abs. 1 mit dem Anspruch auf Begründung des Mietverhältnisses nach Abs. 5 verbunden werden. Abs. 5 ersetzt und konkretisiert den früheren § 5 Abs. 2 HausratsV, wonach das Gericht zugunsten eines Ehegatten ein Mietverhältnis begründen konnte, wenn kein Mietverhältnis an der Ehewohnung bestand. Abs. 5 betrifft Wohnungen, die im Alleineigentum des anderen Ehegatten stehen,[213] im Miteigentum der Ehegatten oder in gemeinsamer dinglicher Berechtigung des anderen Ehegatten und eines Dritten (vgl. Abs. 2). Weiterhin wird der Fall erfasst, dass die Ehewohnung im Eigentum der Eltern bzw. Schwiegereltern steht und den Ehegatten bislang unentgeltlich überlassen worden war. Und nicht zuletzt ist der Fall relevant, dass ein Ehegatte, der alleiniger Mieter war, das Mietverhältnis an der gemeinsamen Ehewohnung bereits **wirksam gekündigt** hat (s. auch → Rn. 34),[214] sodass ein Eintritt nach Abs. 3 nicht mehr möglich war. Hat der Vermieter angesichts der wirksamen Kündigung die Wohnung aber bereits anderweitig weitervermietet, scheidet ein Anspruch nach Abs. 5 aus.[215]

55 **2. Beiderseitige Ansprüche.** Die Regelung in S. 1 stellt sicher, dass nicht nur der zur Nutzung berechtigte Ehegatte, sondern auch die zur Vermietung berechtigte Person die Begründung eines Mietverhältnisses über die Ehewohnung verlangen kann. Damit soll dem dinglich Berechtigten ein korrespondierender Anspruch auf Begründung eines Mietverhältnisses eingeräumt werden. Er kann – neben dem Ehegatten, dem die Wohnung zu überlassen ist – nunmehr selbst tätig werden und den **Abschluss eines Mietvertrages** verlangen. Diese Lösung soll vermeiden, dass es zu Streitigkeiten über die Rechtsgrundlage eines Nutzungsentgelts kommt, weil einem Ehegatten zwar nach Abs. 2 die Wohnung zu überlassen ist, dieser aber nicht zugleich die Begründung eines Mietverhältnisses verlangt. Das gesetzgeberische Ziel, das System von der richterlichen Anordnung auf Anspruchsgrundlagen umzustellen, wird durch diese Lösung laut Gesetzesbegründung konsequent eingehalten. Eines gesonderten (familienrechtlichen) Anspruchs auf Nutzungsentschädigung, dessen Schaffung vereinzelt gefordert worden ist, bedürfe es nicht, da der dinglich Berechtigte durch den Anspruch auf Begründung eines Mietverhältnisses ausreichend abgesichert sei.[216] Die „zur Vermietung **berechtigte Person**" muss nicht zwangsläufig der Eigentümer der zu vermietenden Immobilie sein, man denke an den Fall der Vermietung durch eine Verwaltungsgesellschaft im eigenen Namen.[217] Nicht anspruchsberechtigt ist der weichende Ehegatte.

56 **3. Mietvertrag.** Für das Mietverhältnis gelten die §§ 535 ff. Die Begründung des Mietverhältnisses kann zu den **ortsüblichen Bedingungen** verlangt werden. Diese sind im Antrag bei Gericht hinreichend konkret anzugeben. Im Fall eines gerichtlichen Verfahrens legt das Gericht im Streitfall den Inhalt des Mietvertrages durch eine **rechtsgestaltende Entscheidung** fest.[218] In dem Fall, dass zuvor bereits ein Mietvertrag zwischen dem Vermieter und dem anderen Ehegatten bestand, welchen letzterer aber gegen den Willen des jetzt nutzungsberechtigten Ehegatten wirksam[219] **gekündigt** hatte (→ Rn. 34), wird es sich anbieten, dass das FamG dem neuen Mietvertrag weitgehend die Konditionen des vorigen Vertrags zugrunde legt.[220] In diesem Fall kann der Beginn des Mietvertrags auch rückwirkend auf den Zeitpunkt der Beendigung des vorigen Mietverhältnisses datiert wer-

210 Palandt/*Brudermüller* Rn. 18; *Büte* FPR 2010, 537 (540); Johannsen/Henrich/*Götz* Rn. 46.
211 Soergel/*Heintzmann* Rn. 70.
212 Johannsen/Henrich/*Götz* Rn. 55.
213 Vgl. zum früheren Recht BayObLG FamRZ 1974, 22.
214 Begr. RegE, BR-Drs. 635/08, 46.
215 Johannsen/Henrich/*Götz* Rn. 49.
216 Beschlussempfehlung, BT-Drs. 16/13027, 11.
217 Begr. RegE, BR-Drs. 635/08, 46.
218 Begr. RegE, BR-Drs. 635/08, 46.
219 Zur Wirksamkeit im Außenverhältnis OLG Frankfurt ZMR 2014, 279 = FamFR 2013, 476.
220 Vgl. *Götz* FamRZ 2014, 1460; Johannsen/Henrich/*Götz* Rn. 51.

den.[221] In anderen Fällen hat das Gericht den Inhalt des Mietvertrags nach Absprache mit den Parteien zu bestimmen.

**a) Miete.** Die richterliche Mietfestsetzung wird – anders als früher gemäß § 2 HausratsV – ausdrücklich an die ortsübliche **Vergleichsmiete** (Marktmiete) als Regelfall geknüpft.[222] Von diesem Maßstab kann aber aufgrund der persönlichen und wirtschaftlichen Verhältnisse der Betroffenen im Einzelfall ggf. abgewichen werden, zB wenn der Nichteigentümer-Ehegatte auch den Raumbedarf minderjähriger, unterhaltsberechtigter Kinder zu befriedigen hat.[223] Mit dem Verweis auf eine **angemessene** Miete soll dabei auch bewirkt werden, dass eine mögliche Wechselwirkung zwischen Miethöhe und **Unterhalt**[224] Berücksichtigung finden kann.[225] Bei hälftigem **Miteigentum** der Ehegatten ist die Miete grds. nach dem halben Mietwert zu bestimmen,[226] sofern nicht nach den Umständen (zB abhängig von der Kostentragung bez. Erhaltungsmaßnahmen) eine andere Regelung angemessen erscheint. Bei preisgebundenem Wohnraum ist die sog. Kostenmiete maßgebend, nicht die wesentlich höhere marktübliche Miete.[227] Eine **Mieterhöhung** durch den Vermieter ist erst nach der Wartezeit des § 558 Abs. 1 möglich, sofern dies vom Gericht nicht anders festgelegt wird.[228] 57

**b) Befristung.** Das geltende Mietrecht verwirklicht den Mieterschutz bei Abschluss des Mietvertrags. § 575 erlaubt die Befristung eines Mietvertrags nur unter bestimmten Voraussetzungen; ein nachträgliches Fortsetzungsverlangen ist auf den Wegfall des Befristungsgrundes beschränkt. Hieran knüpft die Regelung des Abs. 5 an. Unter Beachtung des Umstands, dass das Mietverhältnis nicht aufgrund der freien Entscheidung beider Beteiligten zustande kommt und auch die **Interessen des Vermieters** angemessen zu berücksichtigen sind, hat der Gesetzgeber nun dem **Vermieter** das Recht eingeräumt, eine **Befristung** des Mietverhältnisses zu **verlangen.** Das betrifft auch den Fall, dass der andere Ehegatte selbst der Vermieter ist und ihm eine dauerhafte mietrechtliche Bindung an den anderen Ehegatten nicht zumutbar ist.[229] Im Rahmen seiner Verfahrensleitung wird das Gericht auf einen entsprechenden Antrag hinzuwirken haben.[230] 58

Die Befristung des Mietverhältnisses ist zum einen möglich, wenn die **Voraussetzungen** des **§ 575 Abs. 1** vorliegen. Die zur Vermietung verpflichtete Person, regelmäßig der Eigentümer, soll wie jeder andere Vermieter auch das Recht bekommen, eine Befristung aus den dort genannten engen Gründen verlangen zu können (künftiger Eigenbedarf des Vermieters, Planung wesentlicher baulicher Veränderungen, geplante Beseitigung der Wohnräume, spätere Verwendung als Dienstwohnung für Dienstverpflichtete). Zum anderen ist die Befristung möglich, wenn die Begründung eines unbefristeten Mietverhältnisses unter **Würdigung der berechtigten Interessen des Vermieters** ausnahmsweise **unbillig** ist. Damit soll einerseits eventuellen verfassungsrechtlichen Bedenken gegen die zu weitgehende Ermöglichung eines unbefristeten Mietverhältnisses Rechnung getragen werden. Andererseits sollen aber auch Situationen vermieden werden, in denen eine sofortige Räumung der Wohnung für den berechtigten Ehegatten unzumutbar ist.[231] Aus Sicht des Vermieters/Eigentümers mag etwa das Interesse, die Immobilie bald nach der Scheidung veräußern oder versteigern oder auf sonstige Weise wirtschaftlich sinnvoll verwerten zu können,[232] schutzwürdig sein. 59

Bei der **Dauer der Befristung** sind die Interessen des berechtigten Ehegatten an dem dauerhaften Verbleib in der Wohnung einerseits und die Interessen des Eigentümers an einer anderen Verwendung oder Verwertung der Ehewohnung andererseits angemessen zu gewichten.[233] Auf Seiten des berechtigten Ehegatten ist neben den Kindesbelangen zu berücksichtigen, wie viel Zeit dieser benötigen wird, um angemessenen Ersatzwohnraum zu finden.[234] Zum Teil wird vorgeschlagen, die Befristung auf maximal fünf Jahre auszusprechen;[235] eine solche absolute Grenze lässt sich dem Gesetz 60

221 Johannsen/Henrich/*Götz* Rn. 54; zweifelnd *Schmid* FuR 2014, 438 (440).
222 Vgl. auch *Maier* FamRZ 2016, 426 (429).
223 Vgl. BayObLG FamRZ 1977, 467 (472); Begr. RegE, BR-Drs. 635/08, 46.
224 Dazu *Hoppenz* NZFam 2014, 503 (505 f.).
225 *Roth* FamRZ 2008, 1388 (1389).
226 Vgl. BayObLG FamRZ 1974, 22; OLG Nürnberg OLGZ 1980, 46; *Brudermüller* FamRZ 1989, 7 (11).
227 BGH NJW 1994, 1721 = FamRZ 1994, 822; *Büte* FPR 2010, 537 (540); Soergel/*Heintzmann* Rn. 84.
228 Vgl. AG München FamRZ 2014, 1459 mAnm *Götz*.
229 Begr. RegE, BR-Drs. 635/08, 47.
230 Johannsen/Henrich/*Götz* Rn. 56.
231 Begr. RegE, BR-Drs. 635/08, 48.
232 Vgl. AG München BeckRS 2014, 03870.
233 Begr. RegE, BR-Drs. 635/08, 48; BT-Drs. 16/10798, 36; s. auch OLG München FamRZ 1995, 1205 (1207).
234 OLG Köln FamRZ 1996, 492 (493); *Götz/Brudermüller,* Die gemeinsame Wohnung, 2008, Rn. 256; *Götz/Brudermüller* NJW 2010, 5 (10); *Uecker* FPR 2013, 367 (368).
235 *Uecker* FPR 2013, 367 (368).

jedoch nicht entnehmen. Eine spätere **Verlängerung** des Mietverhältnisses kann durch Abänderungsentscheidung nach § 48 FamFG bewirkt werden. Eine Verlängerung mag im Ausnahmefall analog § 574c in Betracht kommen. Eine entsprechende Geltung von § 549 Abs. 2 auf das befristete Mietverhältnis hat der Gesetzgeber nicht angeordnet.[236] Allerdings schließt das nicht aus, dass im Einzelfall ein Mietverhältnis nur zu vorübergehendem Gebrauch eingegangen wird mit der Folge, dass § 549 Abs. 2 Anwendung findet.[237]

61 **4. Schutz des Ehegatten durch den Mietvertrag.** Der Mietvertrag schützt den berechtigten Ehegatten bei **Verkauf** der Ehewohnung durch die Norm des § 566 (Kauf bricht nicht Miete). Bei Ehewohnungen, die im Miteigentum, insbesondere beider Ehegatten stehen, dient der Mietvertrag – wie schon nach früherem Recht – gerade auch dem Schutz des berechtigten Ehegatten im Fall einer **Teilungsversteigerung** nach § 753. Das Kündigungsrecht des Erstehers aus § 57a ZVG ist dann gemäß § 183 ZVG ausgeschlossen. Außerdem wird nach hM die Begründung eines Mietverhältnisses nach Einleitung der Versteigerung nicht von § 23 ZVG erfasst[238] mit der Folge, dass der Mietvertrag wirksam ist und bleibt und § 566 in jedem Fall Wirkung entfaltet. Im Übrigen können die sich aus dem Mietvertrag ergebenden Rechte im Versteigerungstermin angemeldet werden.[239]

62 **5. Fehlen eines Mietvertrages.** Überlassen die **Miteigentümer-Ehegatten** im Fall von Abs. 1 einverständlich bzw. freiwillig einem von ihnen die Wohnung bzw. überlässt ein Ehegatte in den Fällen des Abs. 2 dem anderen die Wohnung, so kann es vorkommen, dass die Begründung eines Mietverhältnisses unterlassen wird. In diesem Fall kann der dinglich berechtigte Ehegatte gleichwohl vom Zeitpunkt einer Zahlungsaufforderung an[240] eine **Nutzungsentschädigung** verlangen.[241] Der Verzicht auf einen Mietvertrag kann etwa gewollt sein, um eine geplante Veräußerung oder Teilungsversteigerung nicht zu behindern; andernfalls müsste der Erwerber nämlich den Mietvertrag übernehmen (→ Rn. 61). Auch mag gewünscht sein, den weitreichenden Folgen des Mietrechts auszuweichen. Der Anspruch auf Nutzungsentschädigung wurde bereits auf Grundlage der HausratsV bejaht[242] und zum Teil aus § 3 HausratsV hergeleitet,[243] zum Teil aus § 745 Abs. 2.[244] Nach geltendem Recht scheidet eine Analogie zu § 1568a aus, da der Gesetzgeber von der Regelung eines solchen Anspruchs bewusst abgesehen hat (→ Rn. 55).[245] Bei **Miteigentümern** ist daher als Anspruchsgrundlage **§ 745 Abs. 2** einschlägig.[246] Dabei richtet sich der Anspruch aus § 745 Abs. 2 im Grunde zunächst auf Einwilligung in eine entsprechende Benutzungsregelung, aus der sich zugleich der Zahlungsanspruch ergibt.[247] Bei **Alleineigentum** des anderen kann bei fehlender Einigung und somit fehlendem Besitzrecht auf die §§ 987, 990, 100 zurückgegriffen werden.[248] Soweit § 745 Abs. 2 oder die §§ 987, 990 einschlägig sind, handelt es sich um eine sonstige Familiensache gemäß § 111 Nr. 10 FamFG, § 266 Abs. 1 Nr. 3 FamFG (Familienstreitsache).[249] Im Gegensatz dazu ist ein Verfahren, das eine Nutzungsvergütung gemäß § 1361b Abs. 3 S. 2 für die Wohnungsbenutzung während der Trennungszeit betrifft,[250] eine Ehewohnungssache, sodass die Verbindung solcher Verfahren ausscheidet.[251] Für die Ermittlung der Entschädigungshöhe sind die vorgenannten für die Mietbestimmung (→ Rn. 57) geltenden Grundsätze entsprechend heranzuziehen.

236 Vgl. dazu *Götz/Brudermüller* NJW 2008, 3025 (3030).
237 Johannsen/Henrich/*Götz* Rn. 59.
238 *Uecker* FPR 2013, 367 (368) mwN.
239 Dazu näher *Kogel* FamRB 2010, 191.
240 Vgl. *Götz/Brudermüller,* Die gemeinsame Wohnung, 2008, Rn. 272; s. auch BGH NJW 2017, 2544 zu Fall mit fehlender Kommunikation.
241 So auch BGH NJW-RR 2006, 1081 bez. § 1361b im Fall der freiwilligen Wohnungsüberlassung.
242 Vgl. OLG München NJW 2008, 381.
243 OLG Köln FamRZ 2002, 1124; OLG München FamRZ 2007, 1655 m. abl. Anm. *Wever*; *Götz/Brudermüller,* Die gemeinsame Wohnung, 2008, Rn. 288.
244 Vgl. BGH NJW 1982, 1753; 1986, 1339 = FamRZ 1986, 436; NJW 1996, 2153; OLG Bamberg FamRZ 1990, 179; OLG Brandenburg NJW 2008, 1603.
245 BT-Drs. 16/13027, 8.
246 OLG Stuttgart FamRZ 2012, 33; *Maier* FamRZ 2016, 426 (429); *Wever* FamRZ 2008, 1485 (1486); *Götz/Brudermüller* NJW 2008, 3025 (3029); *Götz/Brudermüller* FamRZ 2015, 177 (181); Johannsen/Henrich/*Götz* Rn. 65; *Elden* NJW-Spezial 2010, 516.
247 Näher *Erbarth* FuR 2010, 670 f.; *Hoppenz* NZFam 2014, 503 (504).
248 *Elden* NJW-Spezial 2010, 516; *Maier* FamRZ 2016, 426 (429); *Erbarth* FuR 2011, 13 (14); Johannsen/Henrich/*Götz* Rn. 65.
249 OLG Hamm NJW-RR 2014, 523; *Hoppenz* NZFam 2014, 503 (506); *Götz/Brudermüller* NJW 2008, 3025 (3030); *Götz* NZM 2010, 383 (388); Bork/Jacoby/Schwab/*Schwab* FamFG § 200 Rn. 6.
250 Dazu BGH NJW 2014, 462.
251 S. dazu *Götz/Brudermüller* FamRZ 2015, 177 (181).

### VIII. Erlöschen von Ansprüchen nach Abs. 3 und 5, Abs. 6

**1. Regelungszweck.** Zum Schutz des Vermieters und anderer Drittbeteiligter, die auf die Stellung des Antrags auf Überlassung der Ehewohnung keinen Einfluss haben und auf eine alsbaldige Erledigung der Angelegenheit nicht hinwirken können, lässt Abs. 6 den Anspruch auf Eintritt in ein Mietverhältnis oder auf seine Begründung **ein Jahr nach Rechtskraft** der Entscheidung in der **Scheidungssache** erlöschen, sofern er nicht vorher rechtshängig gemacht worden ist (vgl. früher § 12 HausratsV). Der Vermieter soll innerhalb eines Jahres nach Rechtskraft der Scheidung **Klarheit** darüber haben, welcher der geschiedenen Ehegatten künftig sein Mieter ist. Danach braucht er einen Eingriff in seine Rechtsstellung, dh eine Abänderung des Mietvertrages gegen seinen Willen, nicht mehr zu befürchten.[252] Nach Ablauf der Jahresfrist bleibt aber eine freiwillige Vereinbarung zwischen den Beteiligten über den Eintritt in das Mietverhältnis möglich. 63

**2. Betroffene Ansprüche.** Abs. 6 gilt seinem Schutzzweck nach für die Fälle, in denen sich die Ansprüche des Ehegatten gegen **Dritte** richten.[253] Der Anspruch des Vermieters selbst auf Begründung eines Mietverhältnisses wird von Abs. 6 nicht erfasst.[254] Diskutiert wird, was für den Anspruch zwischen den Ehegatten nach Abs. 1 gilt. Angesichts der Koppelung von Überlassungsanspruch und Anspruch auf Begründung eines Mietverhältnisses wird geltend gemacht, dass der Überlassungsanspruch nach Abs. 1 konsequenterweise ebenfalls nach Jahresfrist erlöschen müsse und Abs. 6 insoweit analog gelte.[255] Folgerichtig erscheint das jedoch nur für Fälle der Begründung eines Mietverhältnisses mit einem Dritten, nicht für die Fälle, dass der Ehegatte der Vermieter ist.[256] Abs. 6 gilt daher auch nicht für sonstige Regelungen zwischen den Ehegatten im Zusammenhang mit der Wohnungsüberlassung. Insoweit ist zwischen den Ehegatten allenfalls eine Verwirkung von Rechten nach allgemeinen Grundsätzen denkbar (→ § 1568b Rn. 25). Abs. 6 betrifft vielmehr nur den Anspruch gegen einen Dritten, sei es auf Eintritt in das Mietverhältnis (Abs. 3 S. 1 Alt. 1), auf alleinige Fortsetzung des Mietverhältnisses[257] (Abs. 3 S. 1 Alt. 2) oder auf Begründung eines Mietverhältnisses (Abs. 5). Für den Anspruch nach Abs. 4 muss Entsprechendes gelten.[258] 64

**3. Rechtsfolgen.** Ist der Anspruch gegen den Dritten auf Eintritt in ein Mietverhältnis oder Begründung eines Mietverhältnisses nach Abs. 5 erloschen, so berührt das einen Anspruch nach Abs. 1 allerdings nicht, so dass die Ehewohnung gleichwohl dem darauf angewiesenen Ehegatten zugewiesen werden kann. Es wird also lediglich die Konsequenz des Abs. 3 S. 1 Nr. 2 verhindert, wonach mit Rechtskraft der Entscheidung automatisch der Eintritt des berechtigten Ehegatten in das Mietverhältnis erfolgt. Folge ist allerdings, dass der weichende Ehegatte dann – ggf. gegen seinen Willen – Partei im Mietverhältnis und somit (Mit-)Schuldner der Miete bleibt. Das ist ihm nur zuzumuten, wenn er intern vom berechtigten Ehegatten von den Zahlungen freigestellt wird.[259] 65

### IX. Hinweise zum Verfahren

**1. Zuständiges Gericht.** Verfahren, die vor dem 1.9.2009 eingeleitet worden waren, richteten sich weiterhin nach dem alten Verfahrensrecht der HausratsV (→ Rn. 6).[260] Für danach anhängig gewordene Verfahren gilt das neue Verfahrensrecht. Danach sind Streitigkeiten nach § 1568a verfahrensrechtlich Familiensachen bzw. **Ehewohnungssachen** gemäß § 111 Nr. 5 FamFG, § 200 Abs. 1 Nr. 2 FamFG.[261] Der Anspruch auf Mitwirkung an der Abgabe einer gemeinsamen Erklärung gegenüber dem Vermieter nach Abs. 3 Nr. 1 wird allerdings als sonstige Familienstreitsache gemäß § 266 Abs. 1 Nr. 3 FamFG eingeordnet.[262] Zuständig ist das FamG (§ 23a Abs. 1 S. 1 Nr. 1 GVG, § 23b Abs. 1 GVG). Bei eingetragenen Lebenspartnern liegt eine Lebenspartnerschaftssache gemäß § 269 Abs. 1 Nr. 5 FamFG vor; insoweit gilt das gleiche Verfahrensrecht wie für Ehegatten (vgl. § 270 Abs. 1 S. 2 FamFG). **Örtlich zuständig** ist während der Anhängigkeit einer Ehesache iSv 66

[252] Vgl. schon BayObLGZ 1957, 33 (37).
[253] BT-Drs. 16/10798, 23; ausf. *Erbarth* FuR 2010, 670 (672).
[254] Johannsen/Henrich/*Götz* Rn. 69; Soergel/*Heintzmann* Rn. 94; offengelassen von *Horst* ZAP Fach 4, 1705 (1710).
[255] OLG Bamberg NJW 2017, 1687; OLG Hamm BeckRS 2018, 27442; *Götz/Brudermüller* FamRZ 2009, 1261 (1265 f.); krit. *Neumann* FamRB 2019, 52; aA *Erbarth* FuR 2010, 670 (675); BeckOGK/*Erbarth* Rn. 46.
[256] So auch *Herlitz* jurisPR-MietR 9/2017 Anm. 4; aA OLG Bamberg NJW 2017, 1687.
[257] Dazu schon OLG Schleswig SchlHA 1955, 203 (204); AG Berlin-Charlottenburg FamRZ 1990, 532 (533).
[258] *Götz/Brudermüller* FamRZ 2009, 1261 (1265); *Erbarth* FuR 2010, 670 (674).
[259] Vgl. OLG München FamRZ 1986, 1019.
[260] OLG Schleswig FamRZ 2010, 1985; AG Meldorf NJW 2010, 382.
[261] Dazu *Neumann* FamRB 2009, 351 ff.
[262] OLG Frankfurt NZFam 2017, 1067.

§ 121 FamFG das Gericht, bei dem die Ehesache im ersten Rechtszug anhängig ist oder war (§ 201 Nr. 1 FamFG), ansonsten das Gericht, in dessen Bezirk sich die gemeinsame Wohnung der Ehegatten befindet (§ 201 Nr. 2 FamFG). Geht es nach Begründung eines Mietverhältnisses nicht mehr um die in § 1568a geregelten Ansprüche, sondern um mietvertragliche Besonderheiten, ist regelmäßig der Mietrichter zuständig (§ 23 Nr. 2 lit. a GVG).[263]

67 **2. Antrag.** Das Verfahren wird durch Antrag[264] des **anspruchstellenden Ehegatten** eingeleitet (§ 203 Abs. 1 FamFG). Auch beiderseitige Anträge sind möglich. Ist ein Ehegatte beschränkt geschäftsfähig oder geschäftsunfähig, so wird er durch seinen gesetzlichen Vertreter bzw. Betreuer vertreten (§ 9 Abs. 2 FamFG). Dritte, wie etwa der Vermieter, sind nicht antragsberechtigt. Auch die Erben eines Ehegatten haben kein Antragsrecht. Ein bereits schwebendes Verfahren erledigt sich durch den **Tod eines Ehegatten** in der Hauptsache (§ 208 FamFG), die Erben können das Verfahren nur noch im Kostenpunkt weiter betreiben.[265] Der **Antrag** soll die **Angabe** enthalten, ob im Haushalt der Ehegatten Kinder leben (§ 203 Abs. 3 FamFG), und begründet werden (§ 23 Abs. 1 S. 1 FamFG). Eine Entscheidung kann auch im Scheidungsfolgenverbund begehrt werden (§ 137 Abs. 1 FamFG). Dazu ist die Ehewohnungssache spätestens zwei Wochen vor der mündlichen Verhandlung im ersten Rechtszug in der Scheidungssache anhängig zu machen (§ 137 Abs. 2 S. 1 Nr. 3 FamFG). Nur wenn die Ehewohnungssache auf diese Weise zu einer **Folgesache** wird, besteht **Anwaltszwang** gemäß § 114 Abs. 1 FamFG, sonst nicht. Besteht kein Anwaltszwang, kann der Antrag auch schriftlich oder zur Niederschrift der Geschäftsstelle des Gerichts abgegeben werden (§ 25 Abs. 1 FamFG). Eine **Antragsfrist** besteht nicht. Im Fall längeren Abwartens kann der Anspruch oder das Antragsrecht jedoch unter Umständen **verwirkt** sein.[266] Bei Rechten bzw. Ansprüchen gegenüber Dritten ist Abs. 6 (→ Rn. 63 f.) zu beachten. Unabhängig von einem Hauptsacheverfahren kann in dringlichen Fällen eine einstweilige Anordnung betreffend die Nutzung der Ehewohnung beantragt werden (§ 49 FamFG).

68 **3. Verfahrensbeteiligte.** Beteiligte sind stets beide Ehegatten (§ 7 Abs. 1, 2 FamFG). Mit ihnen soll das Gericht die Angelegenheit in einem Termin erörtern. Zu diesem Zweck soll das persönliche Erscheinen angeordnet werden (§ 207 FamFG). Auf eine gütliche Einigung der Beteiligten soll hingewirkt werden (§ 36 Abs. 1 S. 2 FamFG). **Weitere Beteiligte** sind der **Vermieter** oder Untervermieter der Wohnung bzw. die zur Vermietung berechtigte Person gemäß Abs. 5 sowie Dritte iSv Abs. 2 (Miteigentümer, Nießbrauchberechtigte, Erbbauberechtigte oder sonstige dinglich Berechtigte) und Abs. 4 (Dienstberechtigter bzw. Arbeitgeber), § 204 Abs. 1 FamFG. Außerdem nennt § 204 Abs. 1 FamFG sonstige Personen, mit denen die Ehegatten oder einer von ihnen hinsichtlich der Ehewohnung **in Rechtsgemeinschaft** stehen. Gemeint sind Dritte, die eigene dingliche (zB als Miteigentümer) oder schuldrechtliche (zB als Mitmieter oder Untermieter)[267] Besitzrechte an der Ehewohnung haben.[268] Dass jemand durch die Regelung unmittelbar betroffen wird, genügt nach dem Wortlaut nicht. § 204 FamFG ist nicht abschließend; eine Beteiligtenstellung kann sich zudem aus § 7 Abs. 2 Nr. 1 FamFG ergeben.[269] Kein Beteiligter ist der Insolvenzverwalter über das Vermögen eines Ehegatten.[270] Minderjährige **Kinder** stehen allein auf Grund des Eltern-Kind-Verhältnisses noch nicht mit einem Elternteil hinsichtlich der Ehewohnung in Rechtsgemeinschaft.[271] Im Übrigen ist das **Jugendamt** in Ehewohnungssachen auf seinen Antrag zu beteiligen, wenn Kinder im Haushalt der Ehegatten leben (§ 204 Abs. 2 FamFG). In diesem Fall ist das Jugendamt auch anzuhören (§ 205 Abs. 1 FamFG). Zur Beteiligtenfähigkeit s. § 8 FamFG.

69 **4. Entscheidung; Rechtsmittel.** Für das Verfahren gilt der Amtsermittlungsgrundsatz (§ 26 FamFG). Es gilt grds. das Freibeweisverfahren (§§ 29 f. FamFG). Das Gericht soll auf eine gütliche Einigung der Beteiligten hinwirken (§ 36 Abs. 1 S. 2 FamFG). Möglich ist auch ein schriftlicher Vergleich (§ 36 Abs. 3 FamFG). Ansonsten wird über den geltend gemachten Anspruch durch **Beschluss** (§§ 38 ff. FamFG) entschieden. In Bezug auf den Überlassungsanspruch aus Abs. 1 oder 2 ist im Tenor auszusprechen, dass die an einem bestimmten Ort gelegene Ehewohnung ab Rechtskraft der Scheidung dem Antragsteller zur alleinigen Nutzung überlassen wird. Mit der Endentschei-

---

263 *Götz/Brudermüller* NJW 2010, 5 (11); *Götz* NZM 2010, 383 (389).
264 Zur Antragsformulierung *Schulz* FPR 2010, 541 (543).
265 Vgl. zum früheren Recht OLG Hamm FamRZ 1965, 220; 1969, 102.
266 Vgl. OLG Bamberg NJW-RR 1991, 1285 = FamRZ 1992, 332: zweijährige Untätigkeit; OLG Naumburg FamRB 2002, 3; FamRZ 2007, 1579; AG Weilburg FamRZ 1998, 963.
267 BayObLGZ 1955, 202; OLG Celle NdsRpfl. 1961, 228.
268 Vgl. BayObLG FamRZ 1977, 467; AG Berlin-Tempelhof-Kreuzberg FPR 2008, 457.
269 *Götz/Brudermüller* FPR 2009, 38 (40).
270 Vgl. OLG Celle MDR 1962, 416.
271 BayObLG FamRZ 1977, 467; Bork/Jacoby/Schwab/*Schwab* FamFG § 204 Rn. 5.

dung sind die **Anordnungen** zu treffen, die zu ihrer Durchführung erforderlich sind (§ 209 FamFG). Demgemäß ist dem Räumungsschuldner ggf. auch aufzugeben, die **Wohnung zu räumen,** vorhandene Wohnungsschlüssel herauszugeben sowie seine darin befindliche Habe wegzuschaffen. Ferner kann (meist im Wege einer einstweiligen Anordnung nach § 49 FamFG) ein Kündigungsverbot anzuordnen sein, wenn die Gefahr besteht, dass der andere Ehegatte die Wohnung noch vor Rechtskraft der Scheidung kündigt.[272] Denkbar sind weiterhin Gewaltschutzanordnungen. Für die Räumung muss ein Zeitpunkt bestimmt werden; der Richter kann eine **Räumungsfrist** bewilligen.[273] Ohne einen entsprechenden Räumungstitel ist eine auf Räumung gerichtete Zwangsvollstreckung unzulässig.[274] Ein Titel über den Überlassungsanspruch allein genügt insoweit nicht.[275] Die Anordnung kann auch gegenüber einem Drittbeteiligten ergehen, zB jemandem, der mit einem Ehegatten in Rechtsgemeinschaft in der Ehewohnung lebt. Für die Vollstreckung von gerichtlichen Beschlüssen gelten die §§ 86 ff. FamFG.[276]

Der **Beschluss** wird mit Rechtskraft wirksam. Gegen den Beschluss kann von den Ehegatten Beschwerde eingelegt werden (§§ 58 ff. FamFG). **Beschwerdeberechtigt** ist zudem das Jugendamt, sofern es beteiligt worden war (§ 205 Abs. 2 S. 2 FamFG). Sonstige Beteiligte haben nur dann ein Beschwerderecht, wenn sie durch den Beschluss in ihren eigenen Rechten beeinträchtigt sind. In Ehewohnungssachen gemäß § 200 Abs. 1 Nr. 2 FamFG beträgt der **Verfahrenswert** 4.000 EUR (§ 48 FamGKG).[277] Da es sich bei der Wohnungszuweisung um eine Entscheidung mit Dauerwirkung handelt, kommt bei nachträglicher wesentlicher Änderung der Sach- oder Rechtslage eine **Abänderung** nach § 48 FamFG in Betracht. 70

### X. Hinweise zum IPR

Die international-privatrechtliche Regelung findet sich in Art. 17a EGBGB. Die Norm wurde eingefügt durch das Gesetz zur Verbesserung des zivilgerichtlichen Schutzes bei Gewalttaten und Nachstellungen sowie zur Erleichterung der Überlassung der Ehewohnung bei Trennung vom 11.12.2001 (BGBl. 2001 I 3513). Art. 17a EGBGB ist seit 2009 mit „Ehewohnung und Haushaltsgegenstände" überschrieben, blieb inhaltlich im Übrigen aber unverändert (näher → 7. Aufl. 2018, EGBGB Art. 17a Rn. 1 ff.). Insoweit gilt nach wie vor, dass die Nutzungsbefugnis für die im Inland belegene Ehewohnung und die **im Inland befindlichen** Haushaltsgegenstände sowie damit zusammenhängende Betretungs-, Näherungs- und Kontaktverbote **den deutschen Sachvorschriften** unterliegen. Art. 17a EGBGB bezieht sich sowohl auf die bei Getrenntleben geltenden § 1361a und § 1361b als auch auf die anlässlich der Scheidung zu regelnde endgültige Zuweisung der Ehewohnung und Überlassung von Haushaltsgegenständen gemäß §§ 1568a, 1568b.[278] Für eingetragene Lebenspartner verweist Art. 17b Abs. 2 S. 1 EGBGB ebenfalls auf die Regelung in Art. 17a EGBGB. Hinsichtlich einer **im Ausland belegenen Ehewohnung** und im Ausland befindlicher Haushaltsgegenstände ist das nach Art. 14 EGBGB (Allgemeine Ehewirkungen) bzw. Art. 17 EGBGB (Scheidung) berufene Recht maßgebend (näher → 7. Aufl. 2018, EGBGB Art. 14 Rn. 1 ff.; → 7. Aufl. 2018, EGBGB Art. 17 Rn. 1 ff.).[279] Sieht das danach maßgebende Sachrecht eine Regelung der Rechtsverhältnisse an der Ehewohnung und/oder an Haushaltsgegenständen abweichend von der dinglichen und ehegüterrechtlichen Rechtslage nicht vor, so haben derartige Regelungen – vorbehaltlich des ordre public – zu unterbleiben; diese Lücke ist hinzunehmen.[280] 71

## § 1568b Haushaltsgegenstände

**(1) Jeder Ehegatte kann verlangen, dass ihm der andere Ehegatte anlässlich der Scheidung die im gemeinsamen Eigentum stehenden Haushaltsgegenstände überlässt und übereignet, wenn er auf deren Nutzung unter Berücksichtigung des Wohls der im Haushalt lebenden**

---

272 *Schulz* FPR 2010, 541 (543).
273 Vgl. OLG Hamburg FamRZ 2017, 1048; OLG Nürnberg FamRZ 2000, 1104.
274 OLG Stuttgart FamRZ 2002, 559.
275 *Giers* FPR 2010, 564; Johannsen/Henrich/*Götz* Rn. 23.
276 Näher zur Vollstreckung in Ehewohnungs- und Haushaltssachen *Giers* FPR 2010, 564; *Schuschke* NZM 2010, 137.
277 Näher dazu *Schneider* NZFam 2014, 521.
278 Palandt/*Thorn* EGBGB Art. 17a Rn. 3; Johannsen/Henrich/*Henrich* EGBGB Art. 17a Rn. 3; *Koritz* FPR 2010, 572 (573); *Motzer* in Schwab ScheidungsR-HdB VIII Rn. 135; aA Staudinger/*Mankowski*, 2011, EGBGB Art. 17a Rn. 16.
279 Vgl. Staudinger/*Mankowski*, 2011, EGBGB Art. 17a Rn. 33 ff., 51; Palandt/*Thorn* EGBGB Art. 17a Rn. 4.
280 Vgl. OLG Hamm FamRZ 1998, 1530; OLG Karlsruhe FamRZ 2000, 1577 (1578) und dazu *Hohloch* JuS 2001, 399 (400).

**Kinder und der Lebensverhältnisse der Ehegatten in stärkerem Maße angewiesen ist als der andere Ehegatte oder dies aus anderen Gründen der Billigkeit entspricht.**

**(2) Haushaltsgegenstände, die während der Ehe für den gemeinsamen Haushalt angeschafft wurden, gelten für die Verteilung als gemeinsames Eigentum der Ehegatten, es sei denn, das Alleineigentum eines Ehegatten steht fest.**

**(3) Der Ehegatte, der sein Eigentum nach Absatz 1 überträgt, kann eine angemessene Ausgleichszahlung verlangen.**

**Schrifttum:** *Bäumel,* Anwendung des neuen Rechts für Haushaltsgegenstände auf Altfälle, FPR 2010, 88; *Erbarth,* Die Überlassung von Haushaltsgegenständen nach Rechtskraft der Ehescheidung, FPR 2010, 548; *Erbarth,* Grundsätze des Verfahrens in Ehewohnungs- und Haushaltssachen, NZFam 2014, 515; *Erbarth,* Die widerlegbare Rechtsvermutung des § 1568b II BGB – das unbekannte Wesen, NZFam 2017, 333; *Härtl,* Was kann und darf man tun, wenn der ausgezogene Ehegatte die ihm gehörenden Gegenstände nicht abholt?, NZFam 2016, 1027; *Jacobs,* Das Ende der Hausratsteilung – Das neue sachenrechtliche Regime des § 1568b BGB, NJW 2012, 3601; *Kleinwegener,* Fahren oder laufen – der Pkw im Familienrecht, FF 2018, 64; *Kuhnt,* Die Regelung des Hausrats nach der Ehescheidung, AcP 150 (1949), 130; *Müller,* Die Verteilung des Pkw, NZFam 2014, 490; *Neumann,* Begriff der Haushaltsgegenstände, NZFam 2014, 481; *Roth,* Die Zuweisung von Hausrat und Ehewohnung nach dem Entwurf eines Gesetzes zur Änderung des Zugewinnausgleichs- und Vormundschaftsrechts, FamRZ 2008, 1388; *Uecker,* Eigentum an Haushaltsgegenständen, die gesetzliche Vermutung und ihre Widerlegung, NZFam 2015, 1; *Weinreich,* Die Voraussetzungen der endgültigen Verteilung der Haushaltsgegenstände nach § 1568b BGB, NZFam 2014, 486; *Wönne,* Abgrenzung von Zugewinnausgleich zu Hausratsverordnung und Versorgungsausgleich unter Berücksichtigung der Strukturreform, FPR 2009, 293. S. ferner bei § 1568a.

**Übersicht**



## I. Einführung

1 **1. Normzweck; Normentwicklung.** Die Norm dient der Konfliktlösung zwischen den Ehegatten, wenn sie sich anlässlich der Scheidung nicht darüber einigen können, wer welche Haushaltsgegenstände erhält. Die allgemeinen Vorschriften über die Auseinandersetzung einer Gemeinschaft (§§ 752 f.) werden insoweit verdrängt. Stellt sich die Verteilungsfrage schon anlässlich der **Trennung** oder wird die Nutzung von Haushaltsgegenständen für die Phase des Getrenntlebens begehrt, ist § 1361a einschlägig. Insoweit spricht man bei § 1361a von der vorläufigen Verteilung der Haushalts-

gegenstände,[1] während es bei § 1568a um die **endgültige Zuweisung** von Haushaltsgegenständen für die Zeit nach der Scheidung geht.[2] Insoweit kann über die Zuteilung auch im Scheidungsverbund entschieden werden. Im Vergleich zu § 1361a hat § 1568b geringere Bedeutung.[3]

Die Vorschrift entspricht im Wesentlichen der bis 2009 geltenden Regelung in § 8 HausratsV. Nach dessen Abs. 1 verteilte der Richter auf Antrag den Hausrat, der beiden Ehegatten gehört, gerecht und zweckmäßig, wobei gemäß § 2 HausratsV nach billigem Ermessen zu entscheiden war. § 8 Abs. 2 HausratsV enthielt die heute in Abs. 2 geregelte **Miteigentumsvermutung,** welche für Gegenstände in Mitbesitz eine Beweiserhebung zu den Eigentumsverhältnissen weitgehend entbehrlich macht. Die Regelung zur Ausgleichszahlung (Abs. 3) fand sich in ähnlicher Form in § 8 Abs. 3 HausratsV. Nicht mehr möglich ist die Beanspruchung von Haushaltsgegenständen, die im Alleineigentum des anderen Ehegatten stehen (früher § 9 HausratsV; → Rn. 10). 2

**2. Sachlicher und zeitlicher Anwendungsbereich.** Zum allgemeinen Anwendungsbereich in persönlicher und zeitlicher Hinsicht kann auf die Ausführungen zu § 1568a (→ Rn. 7 f.) verwiesen werden. Eine analoge Anwendung auf Auseinandersetzungsansprüche im Rahmen der **nichtehelichen Lebensgemeinschaft** scheidet aus.[4] Mangels einer entsprechenden Übergangsregelung gilt § 1568b seit seinem **Inkrafttreten zum 1.9.2009**[5] (zum **Übergangsrecht** → § 1568a Rn. 6). Zum IPR → § 1568a Rn. 71. 3

### II. Der Anspruch auf Überlassung von Haushaltsgegenständen (Abs. 1)

**1. Anspruchsgrundlage.** § 1568b beinhaltet – in gleicher Weise wie § 1568a – eine Anspruchsgrundlage. Soweit eine einvernehmliche Regelung zwischen den Ehegatten über die Aufteilung des **gemeinsamen** Hausrats (ganz oder teilweise) scheitert, kann derjenige Ehegatte, der einen oder mehrere bestimmte oder alle Haushaltsgegenstände für sich begehrt, deren Überlassung und Übereignung unter den Voraussetzungen des Abs. 1 beanspruchen bzw. diesen Anspruch durch Antrag beim FamG als Haushaltssache (→ Rn. 42) geltend machen. Ein Rechtsschutzbedürfnis besteht auch dann, wenn die Ehegatten sich zwar über die Überlassung einig sind, nicht jedoch über die Höhe der Ausgleichszahlung gemäß Abs. 3.[6] Soweit für einen Ehegatten unklar ist, welche Haushaltsgegenstände noch vorhanden sind, besteht ein **Auskunftsanspruch** gegenüber dem anderen Ehegatten aus § 242, sofern dieser die Auskunft unschwer erteilen kann.[7] 4

**2. Haushaltsgegenstand. a) Begriff.** Der Begriff der Haushaltsgegenstände ersetzt den früheren Begriff der „Wohnungseinrichtung und des sonstigen Hausrats" in § 1 Abs. 1 HausratsV. Inhaltlich ist damit keine Änderung verbunden. Der Begriff ist nach wie vor **weit auszulegen.**[8] Er deckt sich mit dem der Gegenstände des ehelichen Haushalts in § 1369 Abs. 1, § 1932 Abs. 1 und der Haushaltsgegenstände iSv § 1361a (→ § 1361a Rn. 4). Beansprucht werden können einzelne Gegenstände oder auch Sachgesamtheiten wie eine Möbelgruppe. Haushaltsgegenstände sind **bewegliche Sachen,** die nach den Vermögens- und Lebensverhältnissen der Ehegatten für die Wohnung, die Hauswirtschaft und das Zusammenleben der Familie bestimmt sind.[9] Typische Beispiele sind: Möbel, Lampen, Teppiche, Bettwäsche, Geschirr, Besteck und sonstige Küchenausstattung, Haushaltsgeräte, Rundfunk- und Fernsehgeräte uä. Die Sachen können auch schon vor der Eheschließung erworben worden sein.[10] Nicht erforderlich ist, dass die Ehegatten sie auch täglich benutzen oder auf sie angewiesen sind.[11] Zu den Haushaltsgegenständen zählt daher auch die Einrichtung eines Wochenendhauses. Maßgebend sind die **Zweckbestimmung zur gemeinsamen Nutzung** und die tatsächliche familiäre Verwendung, nicht Anlass oder Motiv der Anschaffung. Irrelevant ist weiterhin, in wessen **Besitz** sich der Haushaltsgegenstand inzwischen befindet, er muss sich nicht mehr unbedingt in der ehemaligen Ehewohnung befinden.[12] Kein Haushaltsgegenstand liegt vor, wenn die 5

---

1 Vgl. *Schulz* NZFam 2014, 483.
2 Soergel/*Heintzmann* Rn. 5; Erman/*Blank* Rn. 6; *Götz/Brudermüller* FamRZ 2015, 177 (181); *Weinreich* NZFam 2014, 486; ferner OLG Frankfurt NJW 2015, 2346.
3 Das konstatiert auch *Weinreich* NZFam 2014, 486.
4 HM, zB Soergel/*Heintzmann* Rn. 5; *Weinreich* NZFam 2014, 486 (488).
5 BGH NJW 2011, 601 = FamRZ 2011, 183; NJW 2011, 2289 = FamRZ 2011, 1039; OLG Köln FamRZ 2011, 975.
6 Vgl. zum früheren Recht BGH NJW 1986, 3141 = FamRZ 1986, 454; OLG Frankfurt FamRZ 1983, 730; OLG Hamm FamRZ 1984, 1016; OLG Karlsruhe FamRZ 1987, 848.
7 Soergel/*Heintzmann* Rn. 25.
8 Vgl. zB *Neumann* NZFam 2014, 481.
9 Vgl. BGH NJW 1984, 484; 1984, 1758; *Kuhnt* AcP 150 (1949), 132.
10 Soergel/*Heintzmann* Rn. 7.
11 AA OLG Düsseldorf FamRZ 1992, 60.
12 OLG Naumburg NJW-Spezial 2009, 294; Johannsen/Henrich/*Götz* Rn. 3.

gemeinsame bzw. familiäre Nutzung nur von untergeordneter Bedeutung ist; entscheidend ist insoweit der **Schwerpunkt der Nutzung.**[13] Nicht mehr zu den Haushaltsgegenständen iSv § 1568b gehören Sachen, die ein Ehegatte nach der Trennung für seinen neuen Hausstand anschafft. Die Darlegungs- und **Beweislast** für die Zugehörigkeit zu den Haushaltsgegenständen trifft denjenigen, der sich darauf beruft.

6 **b) Auto.** Unter welchen Voraussetzungen ein **Personenkraftwagen** nebst Kraftfahrzeugbrief Haushaltsgegenstand sein kann, ist umstritten. Ausgangspunkt ist insoweit, dass Autos nach allg. Sprachgebrauch keine Haushaltsgegenstände sind. Demgemäß argumentierte auch der BGH in zwei älteren Entscheidungen sehr zurückhaltend und verwies darauf, dass ein Kfz nach der Verkehrsanschauung nur ausnahmsweise ein Haushaltsgegenstand sei, nämlich nur dann, wenn es gemeinschaftlich zum Zwecke der Haushalts- und privaten Lebensführung benutzt werde.[14] Daran anknüpfend stellt die wohl überwiegende Ansicht zutreffend auf den **Schwerpunkt der Nutzung** ab und nimmt nur dann einen Haushaltsgegenstand an, wenn der Pkw nach seiner Zweckbestimmung ganz oder **überwiegend** dem ehelichen und familiären Zusammenleben dient (Einkauf, Ausflüge und Reisen, Betreuung der Kinder, gemeinsame Fahrten zum Arbeitsplatz) und nicht primär persönlichen oder beruflichen Zwecken eines Ehegatten.[15] Nach anderer Ansicht hingegen soll es bereits genügen, wenn das Fahrzeug immerhin auch für familiäre Zwecke genutzt wird.[16] Steht der Familie für alle Fahrten (einschließlich Fahrten zum Arbeitsplatz) nur ein **einziges Fahrzeug** zur Verfügung, läuft letztere Auffassung freilich darauf hinaus, dass ein Pkw von Ehegatten regelmäßig als Haushaltsgegenstand anzusehen ist.[17] Mit der allgemeinen Verkehrsanschauung ist das jedoch kaum in Einklang zu bringen. Auch darf der Umstand, dass ein Nutzungskonflikt besteht, nicht dazu führen, dass die Sache deshalb als Haushaltsgegenstand eingeordnet wird. Die zunächst zu klärende Frage, ob eine Sache überhaupt Haushaltsgegenstand und somit § 1568b anwendbar ist, ist von der Frage, ob ein Ehegatte besonders auf den Gegenstand angewiesen ist, klar zu trennen. Hat jeder der Ehegatten ein Fahrzeug zur Verfügung, das er jeweils allein nutzt, handelt es sich jedenfalls nicht um Haushaltsgegenstände.[18] Dass nur ein Ehegatte im Kfz-Brief eingetragen ist, steht der Einordnung als Haushaltsgegenstand nicht entgegen;[19] dies kann aber ein Indiz für dessen Alleineigentum sein. Sofern Alleineigentum festgestellt werden sollte, besteht ohnehin kein Anspruch aus Abs. 1, so dass der Streit über die Eigenschaft als Haushaltgegenstand dahinstehen kann. Der Pkw ist dann aber im Zugewinnausgleich zu berücksichtigen (→ Rn. 36).

7 **c) Weitere Fallgruppen.** Entsprechende Grundsätze gelten für **Computer,**[20] Mobiltelefone, Musikinstrumente, Spielzeuge, Bücher, Fotoausrüstung, Sportgeräte, Boote (Motoryacht)[21] und andere der **Freizeitgestaltung** dienende Sachen. Bei Wert- und Kunstgegenständen kommt es neben dem Lebenszuschnitt der Ehegatten auf die **Zweckbestimmung** zur gemeinsamen Nutzung an, so dass auch **Kostbarkeiten** (wertvolle Bilder, Orientteppiche, Tafelsilber) Haushaltsgegenstände sein können, wenn sie der Ausschmückung der Wohnung und nicht ausschließlich der Kapitalanlage oder den Zwecken einer Sammlung dienen.[22] Zu den Haushaltsgegenständen gehört auch ein –

[13] Soergel/*Heintzmann* Rn. 11 f.

[14] BGH NJW 1991, 1547 = FamRZ 1991, 43; ferner BGH BeckRS 2010, 07122 = FamRZ 1983, 794: nur unter „besonderen Umständen".

[15] Vgl. OLG Stuttgart NJW 2016, 1665; OLG Koblenz NJW 2016, 2892; OLG Saarbrücken OLGR 2009, 953 = BeckRS 2009, 26834; OLG Köln NJW-RR 2010, 150; BayObLG NJW-RR 1986, 6; OLG Hamm FamRZ 1990, 54; OLG Hamburg FamRZ 1990, 1118; OLG Düsseldorf FamRZ 1992, 60; 1992, 1445; OLG Frankfurt NJWE-FER 1998, 234; OLG Köln FamRZ 2002, 322; OLG Naumburg FamRZ 2004, 889; OLG Koblenz OLGR 2005, 787 = BeckRS 2005, 08229; Bork/Jacoby/Schwab/*Schwab* FamFG § 200 Rn. 38; *Erbarth* FPR 2010, 548 (550); NZFam 2016, 890 (892); *Müller* NZFam 2014, 490; *Härtl* NZFam 2016, 1027 (1028).

[16] OLG Frankfurt NJW 2017, 2290; NZFam 2016, 889; NJW 2015, 2346; KG FamRZ 2003, 1927 mit zust. Anm. *Wever*; OLG Düsseldorf NJW 2007, 1001; *Neumann* NZFam 2014, 481 (482); *Brudermüller* FamRZ 2006, 1157 (1160 f.).

[17] OLG Frankfurt BeckRS 2018, 18712; NJW 2015, 2346; OLG Düsseldorf NJW 2007, 1001; OLG Saarbrücken OLGR 2009, 953 = BeckRS 2009, 26834; *Brudermüller* FamRZ 2006, 1157 (1161); *Wönne* FPR 2009, 293 (294); Erman/*Blank* Rn. 3c; offengelassen in OLG Hamm BeckRS 2015, 00703.

[18] BGH NJW 1991, 1547 = FamRZ 1991, 43; *Kleinwegener* FF 2018, 64 (65).

[19] OLG Saarbrücken OLGR 2009, 953 = BeckRS 2009, 26834; *Schulz/Hauß* Vermögensauseinandersetzung Kap. 5 Rn. 1247.

[20] *Härtl* NZFam 2016, 1027; *Neumann* NZFam 2014, 481.

[21] OLG Dresden FPR 2003, 596 (597); krit. Erman/*Blank* Rn. 3d.

[22] Vgl. BGH NJW 1984, 1758 = JR 1984, 379 m. zust. Anm. *Schubert*; ferner BGH NJW 2011, 2289 = FamRZ 2011, 1039; OLG Köln FamRZ 2011, 975; OLG Bamberg FamRZ 1997, 378; *Jacobs* NJW 2012, 3601 (3603); *Wönne* FPR 2009, 293 (294).

familiären Zwecken dienender – **Wohnwagen** (Wohnmobil),[23] sofern er nicht ausnahmsweise als Ehewohnung anzusehen ist (→ § 1568a Rn. 11). Wie Haushaltsgegenstände zu behandeln sind ferner Haushaltsvorräte (Nahrungsmittel, Weinkeller,[24] Heizmaterialien).[25] Entsprechend anzuwenden ist § 1568b auf **Haustiere**[26] (→ Rn. 19). Tiere sind aber dann nicht einem Haushaltsgegenstand gleichzusetzen, wenn sie der Gewinnerzielung dienen.[27]

**Keine Haushaltsgegenstände** sind **Gebäudebestandteile** (§ 94 Abs. 2), zu denen je nach Umständen und Verkehrsanschauung auch Heizungsanlagen, Einbauküchen,[28] Herde und Öfen, Waschbecken, Badewanne oder Teppichböden gehören können.[29] Die Abgrenzung von Zubehör (§ 97) und Bestandteilen richtet sich insoweit nach der (regionalen) **Verkehrsanschauung,** wobei ein technisch-wirtschaftlicher Maßstab anzulegen ist.[30] Sind **Einbaumöbel** Zubehör und daher als Haushaltsgegenstände anzusehen, wird regelmäßig derjenige Ehegatte sie beanspruchen können, der auch die Ehewohnung weiternutzen darf.[31] Ein **Gartenhaus** auf einer gepachteten Kleingartenanlage ist eine unbewegliche Sache und daher kein Haushaltsgegenstand.[32] Keine Haushaltsgegenstände sind ferner die zum individuellen **persönlichen** (**beruflichen,** schulischen, sportlichen) **Gebrauch** eines Ehegatten oder eines Kindes bestimmten Dinge (Kleidung, Wäsche, Schmuck, Familienandenken, Sammlungen, Fachliteratur, Arbeitsgeräte, Ausrüstung für Sport und Hobby, Schulbücher, Spielzeug),[33] und zwar auch dann, wenn beide Ehegatten beruflich auf den Gegenstand angewiesen sind (zB Klavierlehrer auf den gemeinsamen Flügel).[34] Gegenstände, die allein der **Kapitalanlage** dienen, sind ebenfalls keine Haushaltsgegenstände, mögen sie ihrem Wesen nach auch Haushaltsgegenstände sein.[35] Ausgenommen wird weiterhin ein Haus (Behelfsheim), auch wenn es rechtlich als bewegliche Sache anzusehen ist,[36] sowie ein Sparguthaben, auch wenn es für Haushaltsanschaffungen bestimmt war. Zu den Haushaltsgegenständen zählen ferner die Sachen nicht, die nicht für das gemeinsame Zusammenleben, sondern für eine **getrennte Haushaltsführung** der Ehegatten bestimmt sind. Hiervon ist bei nach der Trennung oder Scheidung angeschafften Gegenständen auszugehen.[37] 8

**d) Noch existierende Gegenstände.** Der Anspruch aus Abs. 1 erstreckt sich grds. nur auf Gegenstände, die im **Zeitpunkt der gerichtlichen Entscheidung** (im Verbundverfahren im Zeitpunkt der letzten mündlichen Verhandlung) noch vorhanden sind.[38] Dazu gehören aber auch Haushaltsgegenstände, die ein Ehegatte beiseite geschafft hat, um sie sich zu sichern.[39] Haushaltsgegenstände, die zuvor verloren gegangen, zerstört, wirksam veräußert oder weggegeben worden sind, werden zwangsläufig nicht mehr erfasst. Im Einzelfall kann aber zu prüfen sein, ob eine Veräußerung überhaupt wirksam erfolgt ist; dies kann in Fällen des § 1369 zu verneinen sein. Befindet sich die Sache im Besitz eines Dritten und besteht ein **Herausgabeanspruch** (zB aus § 985 oder auch iVm §§ 1369, 1368),[40] so kann der unmittelbare Besitz von den Ehegatten wiedererlangt werden und demgemäß auch ein Anspruch auf die Sache nach Abs. 1 in Betracht kommen. Ansonsten kann anstelle des Gegenstands auch die Abtretung eines Ersatzanspruchs (Schadensersatzanspruch, 9

[23] Vgl. OLG Köln FamRZ 1992, 696; OLG Hamm MDR 1999, 615; aA OLG Düsseldorf FamRZ 1992, 60 (61); Erman/*Blank* Rn. 3d.
[24] Dazu auch OLG München BeckRS 2014, 09184.
[25] Staudinger/*Weinreich,* 2010, Rn. 12; *Uecker* NZFam 2015, 1 (3).
[26] Vgl. OLG Schleswig FamRZ 2013, 1984; OLG Hamm MDR 2011, 104; OLG Celle NJW-RR 2009, 1306 – Vögel; OLG Schleswig NJW 1998, 3127; OLG Naumburg FamRZ 2001, 481; OLG Bamberg FamRZ 2004, 559; AG Bad Mergentheim NJW 1997, 3033; *Weinreich* NZFam 2014, 486 (488); *Neumann* NZFam 2014, 481 (483); *Wönne* FPR 2009, 293 (294).
[27] OLG Naumburg FamRZ 2001, 481; Staudinger/*Weinreich,* 2010, Rn. 13.
[28] OLG Hamm FamRZ 1991, 89; FamRZ 1998, 1028; *Wönne* FPR 2009, 293 (294).
[29] Vgl. OLG Naumburg NJW-Spezial 2009, 294.
[30] ZB BGH NJW 2012, 778.
[31] Vgl. OLG Stuttgart FamRZ 1999, 855.
[32] OLG Hamm NJW-RR 2009, 440.
[33] OLG Naumburg NJW-Spezial 2009, 294; OLG Düsseldorf FamRZ 1986, 1134; *Härtl* NZFam 2016, 1027.
[34] Vgl. AG Weilburg FamRZ 2000, 1017.
[35] BGH NJW 1984, 484; *Neumann* NZFam 2014, 481 (482); *Kemper* FPR 2007, 202 (204).
[36] Vgl. OLG Bremen FamRZ 1963, 366; OLG Zweibrücken FamRZ 1980, 569 betr. auf gepachtetem Grundstück fest installiertes Wohnmobil; aA *Struck* ZRP 1983, 215 (219).
[37] Vgl. BGH NJW 1984, 484; OLG Köln FamRZ 2002, 322; OLG Naumburg NJW-Spezial 2009, 294; aA KG FamRZ 1974, 195; *Kuhnt* AcP 150 (1949), 135.
[38] Vgl. jeweils zu § 1361a BGH BeckRS 2010, 07122 = FamRZ 1983, 794; OLG Frankfurt FamRZ 2004, 1105.
[39] Vgl. KG FamRZ 1974, 195; OLG Frankfurt FamRZ 1981, 375.
[40] BGH BeckRS 2010, 07122 = FamRZ 1983, 794.

Anspruch gegen Versicherung) verlangt werden.[41] Behauptet ein Ehegatte ohne Angabe von näheren Einzelheiten, dass ein Gegenstand, den er ursprünglich in seinem Besitz hatte, nicht mehr vorhanden sei, so hat sich das FamG im Rahmen seiner Amtsermittlungspflicht (§ 26 FamFG) um Aufklärung zu bemühen.

10 **3. Gegenstände in gemeinsamem Eigentum.** Haushaltsgegenstände können im Alleineigentum eines Ehegatten, im Eigentum eines Dritten, im gemeinschaftlichen Eigentum der Ehegatten oder im Miteigentum der Ehegatten und weiterer Personen stehen. Nach der Vermutung des Abs. 2 ist bei während der Ehe für den gemeinsamen Haushalt angeschafften Haushaltsgegenständen im Zweifel von Miteigentum der Ehegatten auszugehen (→ Rn. 26 f.). Ggf. ist darüber Beweis zu erheben. Der Anspruch aus § 1568b betrifft **ausschließlich** Gegenstände, die in **gemeinsamem Eigentum der Ehegatten** stehen. Insoweit kann es sich um Miteigentum nach Bruchteilen handeln, wobei es auf die Größe der Bruchteile nicht ankommt, oder um Gesamthandseigentum. Letzteres entsteht vor allem, wenn die Ehegatten im Güterstand der Gütergemeinschaft leben (§ 1416). Der Überlassungsanspruch aus Abs. 1 kann sich auf einen einzelnen Gegenstand, mehrere bestimmte Gegenstände oder auch sämtliche Haushaltsgegenstände beziehen. Gegenstände im **Alleineigentum** können nach geltendem Recht – anders als nach dem früheren § 9 HausratsV – vom anderen Ehegatten **nicht** nach Abs. 1 beansprucht werden.[42] Insoweit müssen die Ehegatten im Fall eines Nutzungskonflikts nun eine einverständliche Regelung finden. Im Übrigen kann der Alleineigentümer vom anderen Ehegatten seine Sachen nach § 985 herausverlangen (→ Rn. 34). Die Erklärung eines Ehegatten, der andere könne den Hausrat behalten, ist sachenrechtlich meist zu unbestimmt, sodass keine wirksame Übereignung (etwa nach §§ 929, 930) erfolgt ist.[43]

11 Vom Gesetzgeber nicht klar geregelt wurde, was für Gegenstände gelten soll, die von den Ehegatten gemeinsam unter **Eigentumsvorbehalt** (§ 449) angeschafft worden sind. Hier wird man indes auf das daran bestehende **Anwartschaftsrecht** abstellen und insoweit Abs. 1 entsprechend anwenden können.[44] Das entspricht dem allgemeinen Grundsatz, dass Normen über das Eigentum auf das Anwartschaftsrecht entsprechend anwendbar sind. Hinzu kommt, dass schon auf Basis der HausratsV anerkannt war, dass auch Gegenstände, die unter Eigentumsvorbehalt erworben worden waren, der Hausratsverteilung unterliegen.[45] Die Rechte des Eigentümers werden insoweit nicht verletzt, da sich an der Schuldnerstellung der Ehegatten dadurch nichts ändert. Dritte gehören aus diesem Grund, anders als bei der Ehewohnung, auch nicht zu den Verfahrensbeteiligten. Ein Ausgleichsanspruch nach Abs. 3 wird sich aber regelmäßig erledigen, wenn derjenige Ehegatte, dem die Sache überlassen wird, die Abzahlungslast ohnehin allein zu tragen hat.[46] Stellt sich bei einem Haushaltsgegenstand nachträglich heraus, dass im Zeitpunkt der Entscheidung noch ein Eigentumsvorbehalt bestand, so kann die Zuweisung des Eigentums in die Zuweisung der Eigentumsanwartschaft umgedeutet werden.[47]

12 Beansprucht werden kann nach Abs. 1 zudem die Überlassung von Gegenständen, die an einen Dritten (Kredit- oder Finanzierungsinstitut) **sicherungsübereignet** wurden.[48] Insofern kann schließlich von potenziellem künftigen „Eigentum“ der Ehegatten gesprochen werden. Der Zustimmung des Eigentümers bedarf es dabei nicht.[49] Fraglich bleibt, ob auch Haushaltsgegenstände nach Abs. 1 beansprucht werden können, die lediglich **geleast, gemietet** oder geliehen sind.[50] Dagegen spricht zwar der Gesetzeswortlaut, der ausdrücklich nur auf das „Eigentum“ abstellt. Andererseits gibt es keinen Grund, im Rahmen von § 1568b ein Leasingfahrzeug anders zu behandeln als ein unter Eigentumsvorbehalt erworbenes Fahrzeug. Daher ist die Norm insoweit analog anzuwenden.[51]

13 **4. Angewiesenheit auf Nutzung des Gegenstands. a) Allgemeines.** Nach früherem Recht (§§ 1, 2 HausratsV) entschied das FamG, soweit es die Rechtsverhältnisse an der Ehewohnung und am Hausrat zu gestalten hatte, nach billigem Ermessen unter Berücksichtigung aller Umstände

---

41 Soergel/*Heintzmann* Rn. 14; *Weinreich* NZFam 2014, 486 (487).

42 Begr. RegE, BR-Drs. 635/08, 48; BGH NJW 2011, 2289 = FamRZ 2011, 1039; NJW 2011, 601 = FamRZ 2011, 183.

43 Dazu OLG Brandenburg NJW-RR 2016, 1097.

44 So auch *Weinreich* NZFam 2014, 486 (487); *Erbarth* FPR 2010, 548 (550); Soergel/*Heintzmann* Rn. 6; offengelassen von *Roth* FamRZ 2008, 1388 (1390); offengelassen von OLG Frankfurt NJW 2017, 2290.

45 → 4. Aufl. 2000, HausratsV § 10 Rn. 3 ff.; BayObLG FamRZ 1968, 319.

46 OLG Frankfurt NJW 2017, 2290.

47 AA OLG Saarbrücken OLGZ 1967, 1 (3).

48 Vgl. BayObLG FamRZ 1968, 319; OLG Schleswig SchlHA 1955, 365; *Weinreich* NZFam 2014, 486 (487).

49 Vgl. OLG Hamm FamRZ 1990, 531.

50 *Weinreich* NZFam 2014, 486 (487); BeckOGK/*Erbarth* Rn. 12; bejahend nach früherem Recht OLG Hamm FamRZ 1990, 531.

51 So auch Johannsen/Henrich/*Götz* Rn. 7; *Weinreich* NZFam 2014, 486 (487); aA Soergel/*Heintzmann* Rn. 6.

des Einzelfalls. Nach der seit 2009 geltenden Fassung findet keine Verteilung des gesamten Hausrats mehr statt. Abs. 1 gewährt einen **Anspruch** auf Überlassung derjenigen Haushaltsgegenstände, auf die man stärker angewiesen ist als der andere Ehegatte oder für deren Überlassung besondere Billigkeitsumstände (→ Rn. 18 f.) sprechen. Der Anspruch kann sich auf einen einzelnen Gegenstand (Pkw, Hund), mehrere Sachen bzw. Sachgesamtheiten (Möbelgruppe) oder auch alle Haushaltsgegenstände[52] beziehen. Dem sachenrechtlichen Bestimmtheitsgrundsatz folgend sind die Gegenstände näher zu bezeichnen.[53]

Der Anspruch nach Abs. 1 Alt. 1 ist zu bejahen, wenn man darlegen kann, dass man auf die Nutzung der bezeichneten Gegenstände **stärker angewiesen** ist als der andere Ehegatte. Das kann auch darin begründet sein, dass man den Gegenstand umfassender zu nutzen versteht als der andere Ehegatte, zB einen PC.[54] Erfasst werden nur Gegenstände, die **tatsächlich** benutzt werden, was etwa bei teuren Bildern oder einer Kunstsammlung zu verneinen sein wird. Auch bei vielen alltäglichen, günstig zu erwerbenden Gebrauchsgegenständen wird die Angewiesenheit auf ihre Nutzung nicht so leicht nachzuweisen sein.[55] Indes kann in solchen Fällen noch auf andere Gründe der Billigkeit (Alt. 2) abgestellt werden (→ Rn. 18). 14

**b) Abwägung.** Die Prüfung des Tatbestandsmerkmals der **Angewiesenheit** erfolgt nach ähnlichen Maßstäben wie bei der Ehewohnung (→ § 1568a Rn. 17 ff.).[56] Bei der Entscheidung sind von Amts wegen (§ 26 FamFG) alle Umstände zu erforschen und abzuwägen, die das Verhältnis der Ehegatten zueinander, ihre gegenwärtigen Lebensbedingungen und ihre Beziehungen zu den betreffenden Haushaltsgegenständen betreffen.[57] Umstände, die zum Scheitern der Ehe beigetragen haben, spielen grds. keine Rolle, im besonderen Einzelfall mag es sich gleichwohl aufdrängen, auch diesen Aspekt zu berücksichtigen.[58] 15

**c) Kindeswohl.** Primäre Bedeutung kommt dem Wohl der Kinder zu, die mit dem Ehegatten, der die Überlassung des Haushaltsgegenstands begehrt, zusammenleben und welche mittel- oder unmittelbar auch an dessen Nutzung teilhaben. In diesem Fall wird dieser Elternteil – besonders bei beengten finanziellen Verhältnissen – dringender auf die Weiterbenutzung der Wohnungseinrichtung, der Küchenausstattung, der Wäsche und anderer für eine Haushaltsführung unentbehrlicher Dinge angewiesen sein als der andere Ehegatte. Die Kinder müssen nach dem Gesetzeswortlaut keine gemeinschaftlichen Kinder sein,[59] es kann sich zB auch um Pflegekinder handeln. Entscheidend ist allein, dass sie im Haushalt des Antragstellers leben. Das Kindeswohl kann insbesondere in Bezug auf ein **Familienfahrzeug** relevant werden, wenn dieses erforderlich ist, um die Kinder zu Kindergarten, Schule, Sport etc zu fahren.[60] Weiterhin kann ein Kind aus Ausbildungsgründen auf die Nutzung eines Musikgerätes angewiesen sein.[61] 16

**d) Lebensverhältnisse der Ehegatten.** Weiterhin zu berücksichtigen sind Alter, Gesundheitszustand, Behinderungen, Hilfsbedürftigkeit und wirtschaftliche Leistungsfähigkeit der Ehegatten,[62] der Güterstand und daraus folgende Ansprüche (insbesondere auf Zugewinnausgleich) und vor allem die **Möglichkeit anderweitiger Ersatzbeschaffung.** Insbesondere ist zu bedenken, inwieweit der eine oder andere Ehegatte unter Berücksichtigung seiner Einkommens- und Vermögensverhältnisse (einschl. etwaiger Forderungen gegen den anderen Ehegatten auf Unterhalt und Zugewinnausgleich) in der Lage ist, sich einen entsprechenden (Ersatz-)Gegenstand selbst zu beschaffen.[63] Hat sich der aus der Ehewohnung ausgezogene Ehegatte zwischenzeitlich eine andere Wohnung vollständig neu eingerichtet, so wird er nicht mehr auf die alte Wohnungseinrichtung angewiesen sein. Eine Angewiesenheit ist zudem zu verneinen, wenn die Veräußerung des Gegenstands geplant ist.[64] Hat der Antragsgegner einen vergleichbaren weiteren Gegen- 17

---

52 Bork/Jacoby/Schwab/*Schwab* FamFG § 200 Rn. 57.
53 *Jacobs* NJW 2012, 3601 (3602).
54 Soergel/*Heintzmann* Rn. 31.
55 Vgl. *Roth* FamRZ 2008, 1388 (1390); *Weinreich* NZFam 2014, 486.
56 Begr. RegE, BR-Drs. 635/08, 49.
57 BGH NJW 1955, 1355.
58 Vgl. KG FamRZ 1988, 182 = NJW-RR 1989, 711; zu weitgehend AG Weilburg FamRZ 1992, 191 zum Prozessbetrug der Ehefrau in einem Anordnungsverfahren auf Trennungsunterhalt; eher großzügig auch Soergel/*Heintzmann* Rn. 31.
59 *Weinreich* NZFam 2014, 486 (488).
60 Vgl. *Erbarth* FPR 2010, 548 (551).
61 LG Berlin JR 1949, 450.
62 BGH NJW 1984, 484; *Weinreich* NZFam 2014, 486 (489).
63 Vgl. OLG Stuttgart FamRZ 1982, 485.
64 AG Borken FamRZ 2008, 696 betr. Pkw.

stand in **Alleineigentum,** ist er auf den streitigen Gegenstand weniger angewiesen als der Anspruchsteller.[65] Bei einem **Pkw** wird es insbesondere darauf ankommen, wer von seinem Wohnsitz aus auch auf öffentliche Verkehrsmittel zurückgreifen kann, um Besorgungen zu machen oder zu seinem Arbeits- oder Ausbildungsplatz zu gelangen.[66]

18 **5. Andere Gründe der Billigkeit.** Unabhängig von der Angewiesenheit auf den Haushaltsgegenstand können – wie bei § 1568a Abs. 1 (→ § 1568a Rn. 20) – auch andere Gründe der Billigkeit für die Überlassung der Sache an den anspruchstellenden Ehegatten sprechen. Das gilt insbesondere, wenn beide Ehegatten in gleichem Maße auf den Haushaltsgegenstand angewiesen sind. In diesen Fällen wird eine zweckmäßige und gerechte Verteilung nur dann ermöglicht, wenn auch an andere Umstände angeknüpft werden kann. So kann ggf. darauf abgestellt werden, wer die Anschaffung des Gegenstands veranlasst oder aus eigenen Ersparnissen **finanziert** hat; die Herkunft der Mittel für den Erwerb des Hausrats ist aber nicht ausschlaggebend.[67] Ferner kann relevant sein, in welcher Art und Weise sich die Ehegatten bereits über die Verteilung anderer Haushaltsgegenstände geeinigt haben.[68]

19 Beachtlich ist weiterhin, wer den Gegenstand während der Ehe primär genutzt und auf eigene Kosten gepflegt und erhalten hat.[69] Bei **Haustieren,** meist **Hunden,** sind die Beziehungen der Ehegatten und ihrer Kinder zu dem Tier und die Auswirkungen der Regelung auf das Tier zu berücksichtigen.[70] Seine Ermessensfreiheit erlaubte dem Richter nach früherer Rechtslage, dem Ehegatten, der den Haushund nicht erhalten hat, das Recht einzuräumen, mit dem Hund zu bestimmten Zeiten zusammen zu sein.[71] Aus den geltenden Normen lässt sich aber kein Anspruch auf ein „Umgangsrecht" mit dem Tier ableiten.[72] Insoweit sollte das Gericht jedoch versuchen, eine gütliche Einigung der Ehegatten herbeizuführen (vgl. § 36 Abs. 1 S. 2 FamFG). Weiterhin kann nur die Zuweisung des Tieres an den Antragsteller selbst, nicht etwa die Unterbringung in einem Tierheim beantragt werden.[73]

20 **6. Anspruchsziel: Überlassung und Übereignung.** Der **Antrag** des Anspruchstellers ist zu richten auf Überlassung und Eigentumsübertragung am betreffenden Haushaltsgegenstand, dh auf Besitzverschaffung sowie Übereignung nach den §§ 929 ff. Der Anspruch auf Überlassung ist höchstpersönlich und unvererblich.[74] Der stattgebende Beschluss führt nicht per se in rechtsgestaltender Weise zu neuen Eigentumsverhältnissen;[75] die dingliche Einigungserklärung des anderen Ehegatten wird jedoch mit Rechtskraft der Endentscheidung in der Haushaltssache fingiert (§ 894 S. 1 ZPO, § 95 Abs. 1 Nr. 5 FamFG). Damit wird zugleich das bisherige Miteigentum aufgelöst. Die **Besitzverschaffung** (gem. den Varianten der §§ 929 f.) muss ggf. noch erfolgen.[76] Die Begründung eines Mietverhältnisses – wie früher nach § 9 Abs. 2 HausratsV – ist nicht mehr vorgesehen. Holt der Ehegatte, dem einzelne Gegenstände zugewiesen wurden, diese beim anderen Ehegatten trotz Fristsetzung nicht ab, so können kostbare Sachen **hinterlegt** werden, § 372.[77] Möglich ist auch eine Zusatzanordnung nach § 209 Abs. 1 FamFG, wonach der berechtigte Ehegatte zur Abholung der Gegenstände verpflichtet wird.[78]

21 Angesichts der Ausgestaltung des § 1568b als Anspruchsgrundlage ist der Richter an den gestellten Antrag weitgehend gebunden. Er kann seine Entscheidung weder auf andere Haushaltsgegenstände erstrecken, noch den beanspruchten Gegenstand dem anderen Ehegatten zuweisen.

22 **7. Anspruch auf Ausgleichszahlung (Abs. 3).** Der Ehegatte, der sein (Mit-)Eigentum nach Abs. 1 überträgt und damit verliert, kann für die Überlassung des Haushaltsgegenstands eine ange-

---

65 BGH NJW 2011, 2289.
66 OLG Köln FamRZ 2010, 470 zu § 1361a.
67 Vgl. OLG Düsseldorf FamRZ 1987, 1055.
68 Vgl. OLG Schleswig SchlHA 1957, 207; OLG Frankfurt FamRZ 1983, 730; OLG Bamberg MDR 2001, 820; *Weinreich* NZFam 2014, 486 (489); Erman/*Blank* Rn. 7.
69 Begr. RegE, BR-Drs. 635/08, 49.
70 OLG Nürnberg NJW-RR 2017, 387; *Scharfschwerdt-Otto,* Gestaltungsmöglichkeiten und Bindung des billigen Ermessens im Hausratsverfahren, 1992, 121 f.; Soergel/*Heintzmann* Rn. 32; *Weinreich* NZFam 2014, 486 (489).
71 AG Bad Mergentheim NJW 1997, 3033; aA OLG Schleswig NJW 1998, 3127; OLG Bamberg FamRZ 2004, 559.
72 OLG Hamm MDR 2011, 104.
73 OLG Celle NJW-RR 2009, 1306.
74 Johannsen/Henrich/*Götz* Vor § 1568a Rn. 3; Soergel/*Heintzmann* Rn. 4.
75 Soergel/*Heintzmann* Rn. 35; aA Johannsen/Henrich/*Götz* Rn. 22.
76 Soergel/*Heintzmann* Rn. 35; aA Johannsen/Henrich/*Götz* Rn. 22.
77 Näher *Härtl* NZFam 2016, 1027 (1028).
78 *Härtl* NZFam 2016, 1027 (1028).

messene Ausgleichszahlung verlangen. S. 1 entspricht insoweit der Regelung des früheren § 8 Abs. 3 S. 2 HausratsV, die sich laut Gesetzesbegründung bewährt hatte.[79] Die Festlegung der Ausgleichszahlung erfolgt durch **richterliche Entscheidung** gemäß § 209 Abs. 1 FamFG. Der Anspruch auf Ausgleichszahlung kann auch dann gerichtlich geltend gemacht werden, wenn sich die Ehegatten zwar über die Eigentumsübertragung, nicht aber über die Höhe der Ausgleichszahlung einig sind (→ Rn. 4).[80] Die Ehegatten können den Anspruch vertraglich modifizieren; dadurch ändert sich seine Rechtsnatur nicht, er bleibt insbesondere Haushaltssache iSv § 200 Abs. 2 Nr. 2 FamFG.[81] Das gilt auch, wenn die Modifikation vor Inkrafttreten der heutigen Regelung in Abs. 3 vorgenommen worden ist, dh zu einem Zeitpunkt, in dem abweichende Vereinbarungen rechtlich anders eingeordnet wurden.[82]

In der Sache ist ein **angemessener Betrag** zu bestimmen. Entscheidende Messlatte dafür ist der aktuelle **Verkehrswert** der zu übertragenden (gebrauchten) Haushaltsgegenstände zum Zeitpunkt der Verteilung,[83] nicht ihr einstiger Neuwert im Zeitpunkt der Anschaffung. Da die Ausgleichszahlung den Ersatz für das verlorene Miteigentum darstellt, ist somit ein Betrag anzusetzen, der dem hälftigen Verkehrswert entspricht. Sonstige Umstände wie die wirtschaftlichen Verhältnisse der Beteiligten, Ansprüche auf Zugewinnausgleich, der Umstand, dass der Haushaltsgegenstand in erster Linie der Versorgung der Kinder dient, der von jedem Ehegatten zur Anschaffung geleistete Beitrag oder die Kosten anderweitiger Ersatzbeschaffung sind nach der geltenden Gesetzesfassung für die Festlegung des Zahlbetrags nicht mehr relevant,[84] können aber noch Bedeutung erlangen, soweit die Verkehrswertbestimmung und der Begriff der Angemessenheit Spielräume lassen. Im Einzelfall können noch **Schulden** bestehen, die mit dem Haushaltsgegenstand zusammenhängen, zB weil der Gegenstand noch nicht voll bezahlt ist oder Versicherungsbeiträge, Instandhaltungs- und Reparaturkosten offen stehen. Hier wird es nahe liegen, dass derjenige Ehegatte, der den Gegenstand für sich beansprucht, anstelle (eines Teils) der Ausgleichszahlung im Innenverhältnis die Verpflichtung zur Bezahlung etc allein übernimmt und den anderen Ehegatten insoweit von den Ansprüchen freistellt. 23

Die Überlassung des Gegenstands muss grds. nur **Zug um Zug** (§ 273) gegen Ausgleichszahlung erfolgen.[85] Insoweit ist – sofern nicht Gründe der Billigkeit für eine andere Lösung sprechen – ein Zurückbehaltungsrecht des anderen Ehegatten zu beachten. Die isolierte Geltendmachung des Zahlungsanspruchs setzt voraus, dass das Eigentum an dem betreffenden Gegenstand bereits übertragen worden ist.[86] Im Einzelfall können in Bezug auf die Ausgleichszahlung aber auch Ratenzahlung oder **Stundung** gewährt werden. Bestehen **beiderseitige Überlassungsansprüche,** können die jeweils bestimmten Ausgleichsbeträge miteinander **verrechnet** werden.[87] Bei einer gleichmäßigen Aufteilung mehrerer Gegenstände kann sich somit auch ergeben, dass eine Ausgleichszahlung entfällt. Gegen den Ausgleichsanspruch aus Abs. 3 kann auch aufgerechnet werden.[88] Eine andere Form der Ausgleichsleistung, etwa in Form der Überlassung eines anderen Gegenstands, ist nicht vorgesehen. 24

**8. Einwendungen.** Ist der geforderte Gegenstand inzwischen wirksam veräußert worden oder untergegangen, greift die Einwendung der Unmöglichkeit (§ 275 Abs. 1). Anderweitige vermögensrechtliche Ansprüche, die aus der ehelichen Lebensgemeinschaft und deren Auseinandersetzung anlässlich der Scheidung erwachsen, berechtigen einen Ehegatten grds. nicht, sich gegenüber dem Herausgabeanspruch einredeweise auf ein **Zurückbehaltungsrecht** zu berufen, da der Schutzzweck der Norm sonst in Frage gestellt werden könnte. Der Anspruch nach Abs. 1 kann nach allgemeinen Grundsätzen (§ 242) verwirkt sein, wenn ein entsprechendes Umstands- und Zeitmoment zusammenkommen. Das kann zu bejahen sein, wenn ein Ehegatte den Anspruch längere Zeit nach Scheidung nicht geltend macht und sich der andere nach dem gesamten Verhalten des Berechtigten darauf einrichten durfte, dass der Berechtigte den Anspruch auch in Zukunft 25

---

79 Begr. RegE, BR-Drs. 635/08, 49.
80 OLG Frankfurt NJW 2017, 2290; *Erbarth* FPR 2010, 548 (552); *Weinreich* NZFam 2014, 486 (489).
81 BGH NZFam 2017, 815 = FamRZ 2017, 1608.
82 BGH NZFam 2017, 815 = FamRZ 2017, 1608.
83 BT-Drs. 16/10798, 24; *Jacobs* NJW 2012, 3601 (3604).
84 Zum früheren Recht: OLG Hamm FamRZ 1967, 105; FamRZ 1981, 293; OLG Karlsruhe FamRZ 1982, 277; OLG Karlsruhe FamRZ 1987, 848.
85 Soergel/*Heintzmann* Rn. 41; *Jacobs* NJW 2012, 3601 (3605).
86 *Erbarth* FPR 2010, 548 (552).
87 Begr. RegE, BR-Drs. 635/08, 50; *Götz/Brudermüller* NJW 2008, 3025 (3031).
88 Teilweise abw. zum früheren Recht OLG Hamm FamRZ 1981, 293; FamRZ 1988, 745; OLG Köln FamRZ 1993, 1462.

nicht geltend machen wird.[89] Eine **Verwirkung** ist zu verneinen, wenn die Ehegatten die Hausratsverteilung einverständlich aus dem Scheidungsverfahren ausgeklammert hatten, ein Ehegatte aber wiederholt in der außergerichtlichen Korrespondenz deutlich gemacht hat, dass er auf bestimmte Gegenstände Wert legt.[90] Im Übrigen verjährt der Anspruch aus Abs. 1 in der regelmäßigen **Verjährungsfrist** des § 195 in drei Jahren.[91] Solange die Ehe noch besteht, ist die Verjährung gehemmt (§ 207 Abs. 1 S. 1).

### III. Miteigentumsvermutung (Abs. 2)

26 **1. Normzweck und Anwendungsbereich.** Nach **Abs. 2** gelten Haushaltsgegenstände, die während der Ehe für den gemeinsamen Haushalt angeschafft wurden, für die Verteilung als gemeinsames Eigentum der Ehegatten, es sei denn, dass das **Alleineigentum** eines Ehegatten **feststeht.** Diese Miteigentumsvermutung trägt dazu bei, schwierige und häufig fruchtlose Beweiserhebungen darüber zu vermeiden, wer nach bürgerlichem Recht Eigentümer der einzelnen Gegenstände ist. Die Vermutung gilt für das Innenverhältnis der Ehegatten, nicht gegenüber Dritten.[92] Die Vermutung entspricht der Realität der meisten Ehen, da die Ehegatten in Bezug auf Haushaltsgegenstände regelmäßig eine Gemeinschaft des Erwerbs und Verbrauchs bilden.[93] Darin liegt auch kein Widerspruch zum Prinzip der Vermögenstrennung gemäß § 1363 Abs. 2 S. 1; denn es geht allein um eine Vermutung für den Bereich des Hausrats. Der Güterstand der Ehegatten spielt für die Geltung der Miteigentumsvermutung keine Rolle.

27 Nach hM lässt sich der **Gedanke** des Abs. 2 über den eigentlichen Anwendungsbereich des § 1568b hinaus **erweitern.** Die Vermutung gilt insbesondere entsprechend für die Verteilung der Haushaltsgegenstände bei **Getrenntleben** nach § 1361a.[94] Auf den Gedanken wird zudem zurückgegriffen werden können, wenn sich die Ehegatten **während intakter Ehe** über die Eigentumsverhältnisse an Haushaltsgegenständen streiten, wenn Streit über die Aufteilung einer Versicherungssumme[95] für den betreffenden Gegenstand besteht oder wenn ein Ehegatte vom anderen Schadensersatz aus § 823 wegen Beschädigung oder Verlust des Gegenstands geltend macht.[96] Eine analoge Anwendung auf Auseinandersetzungsansprüche im Rahmen der **nichtehelichen Lebensgemeinschaft** ist jedoch abzulehnen.[97] Liegen die Voraussetzungen von Abs. 2 nicht vor, gelten die Eigentumsvermutungen des § 1006 iVm § 1008,[98] ansonsten ist Abs. 2 lex specialis zu § 1006.[99]

28 **2. Angeschaffte Haushaltsgegenstände.** Zum Begriff des Haushaltsgegenstands → Rn. 5 ff. **Anschaffen** setzt voraus, dass ein **entgeltlicher Erwerb** stattgefunden hat. Haushaltsgegenstände, die ein Ehegatte geerbt oder von einem Dritten geschenkt bekommen hat oder die ihm sonst unentgeltlich zugewendet worden sind, fallen nicht unter die Vermutung des Abs. 2; das gilt insbesondere für eine Ausstattung gemäß § 1624.[100] Bei der **Schenkung** von Haushaltsgegenständen wird jedoch häufig von einer Schenkung an beide Ehegatten gemeinsam ausgegangen werden können, so dass meist ebenfalls Miteigentum vorliegt. Das gilt insbesondere für Hochzeitsgeschenke. Hier spricht eine tatsächliche Vermutung für gemeinsamen Eigentumserwerb,[101] sofern nicht die Zuwendung ausdrücklich nur an einen Ehegatten erfolgt ist oder sich dies aus den Umständen, insbesondere der Art und dem Wert des Geschenks oder der Person des Schenkers ergibt. Als angeschafft sind auch Haushaltsgegenstände anzusehen, die ein Ehegatte entgeltlich erworben und anschließend dem anderen geschenkt hat[102] oder **selbst angefertigt** hat, ohne dass es auf das Verhältnis des Materialwerts zum Wert der Verarbeitung ankommt.[103]

---

[89] OLG Naumburg FamRZ 2007, 1579.
[90] OLG Düsseldorf FF 2008, 169.
[91] Staudinger/*Weinreich*, 2010, Vor § 1568a Rn. 25; aA *Erbarth* FPR 2010, 548 (552): Unverjährbarkeit gem. § 194 Abs. 2.
[92] BeckOGK/*Erbarth* Rn. 34.
[93] Vgl. BGH NJW 1991, 2283 = JZ 1992, 217 mAnm *Kick* = JR 1992, 285 mAnm *Lüke*; Johannsen/Henrich/*Götz* Rn. 11.
[94] Vgl. OLG Koblenz NJW 2016, 2892; OLG Karlsruhe FamRZ 2007, 59; Palandt/*Brudermüller* § 1361a Rn. 16; *Erbarth* NZFam 2017, 333 (334).
[95] Dazu OLG Hamm BeckRS 2015, 00703.
[96] OLG Stuttgart NJW 2016, 1665 = FamRZ 2016, 1087.
[97] Palandt/*Brudermüller* Rn. 2.
[98] Soergel/*Heintzmann* Rn. 33.
[99] OLG Stuttgart NJW 2016, 1665; diff. *Erbarth* NZFam 2017, 333 (337).
[100] Vgl. OLG Stuttgart NJW 1982, 585; OLG Köln FamRZ 1986, 703; BeckOGK/*Erbarth* Rn. 16; *Erbarth* FPR 2010, 548 (550); *Müller* NZFam 2014, 490 (491).
[101] *Weinreich* NZFam 2014, 486 (488); *Müller* NZFam 2014, 490 (491); offen OLG Köln FamRZ 1986, 703.
[102] Vgl. OLG Celle MDR 1960, 934; Johannsen/Henrich/*Götz* Rn. 13.
[103] Vgl. OLG Düsseldorf NJW 1959, 1046; Soergel/*Heintzmann* Rn. 22.

Der Haushaltsgegenstand muss für den **gemeinsamen Haushalt** angeschafft worden sein. Hierfür spricht, solange die Ehegatten zusammenleben, eine tatsächliche **Vermutung,** ohne dass es auf den wirklichen Zustand der Ehe ankommt. Die Voraussetzung wird zudem zu bejahen sein, wenn der Gegenstand in einer Zeitphase getrennter Haushalte (zB aus beruflichen Gründen) angeschafft worden ist, danach aber dem gemeinsamen Haushalt zur Verfügung gestellt wurde. Dagegen werden nach Aufhebung der häuslichen Gemeinschaft die Ehegatten Haushaltsgegenstände idR nicht mehr für den gemeinsamen Haushalt erwerben. 29

**3. Anschaffung während der Ehe.** Die Anschaffung muss während der Ehe erfolgt sein. Die Vermutung des Abs. 2 greift daher nicht bei Haushaltsgegenständen, die ein Verlobter **vor der Eheschließung** für sich bzw. seinen Haushalt angeschafft hat,[104] und zwar auch dann nicht, wenn die Bezahlung ganz oder überwiegend erst nach der Eheschließung erfolgte.[105] In gleicher Weise genügt nicht, dass ein vor der Eheschließung zur Anschaffung aufgenommenes Darlehen während der Ehe zurückgezahlt wird.[106] Auch für Haushaltsgegenstände, die für eine voreheliche nichteheliche Lebensgemeinschaft angeschafft wurden, gilt die Vermutung des Abs. 2 nicht. Andernfalls würde auch die Vermögenstrennungsregelung in § 1363 Abs. 2 S. 1 missachtet. Zum Teil wird die Miteigentumsvermutung allerdings auf den Fall erstreckt, dass Haushaltsgegenstände **kurz vor der Eheschließung** angeschafft wurden und die Anschaffung nach übereinstimmendem Willen für den künftigen gemeinsamen Haushalt der Ehegatten gedacht war.[107] Nach dem Gesetzeswortlaut gilt die Miteigentumsvermutung dafür jedoch nicht; die entsprechende Willensrichtung muss demgemäß im Einzelnen dargelegt und nachgewiesen werden.[108] Im Einzelfall können Haushaltsgegenstände, die von einem Ehegatten vor der Eheschließung erworben worden sind, nach der Eheschließung gemeinsames Eigentum werden, wenn die Ehegatten sie dem gemeinsamen Haushalt gewidmet haben und die Änderung der Eigentumslage, was häufig der Fall sein wird, dem Willen des einbringenden Ehegatten entspricht.[109] Dies bedarf jedoch besonderer Feststellung;[110] die Eigentumsvermutung des Abs. 2 gilt auch dafür nicht. 30

**4. Widerlegung der Vermutung.** Im Grundsatz kann das Gericht davon ausgehen, dass während der Ehe angeschaffte Haushaltsgegenstände im Miteigentum der Ehegatten stehen und insoweit keine weiteren Ermittlungen erforderlich sind. Die Vermutung des Abs. 2 ist allerdings widerlegt, wenn das **Alleineigentum** eines Ehegatten **feststeht.** Das ist zum einen der Fall, wenn das Alleineigentum zwischen den Ehegatten außer Streit steht. Zum anderen kann, wenn ein Ehegatte das Miteigentum bestreitet, die Beweiserhebung ergeben, dass ein Ehegatte Alleineigentümer ist. Insoweit hat das FamG, wenn das Miteigentum bestritten wird, die Eigentumsverhältnisse von Amts wegen (§ 26 FamFG)[111] zu ermitteln. Art und Umfang der Beweiserhebung sind mit Rücksicht auf den Wert der Haushaltsgegenstände nach pflichtgemäßem Ermessen zu bestimmen. Bei wertvollen Gegenständen ist Beweisantritten im Einzelnen nachzugehen.[112] Die Darlegungs- und **Beweislast** für Alleineigentum liegt bei Haushaltsgegenständen, die während der Ehe angeschafft wurden, bei dem Ehegatten, der sich darauf beruft.[113] 31

Wer Eigentümer der während der Ehe für den gemeinsamen Haushalt angeschafften Sachen wird, richtet sich grds. nach den allgemeinen **Vorschriften der §§ 929 ff.** Ist die Erklärung des Veräußerers – und das wird regelmäßig der Fall sein – so zu verstehen, dass er an den übereignet, den es angeht, kommt es allein auf die Einigungserklärung des jeweiligen Ehegatten und seinen Erwerbswillen an. Indes ist bei der Anschaffung von Haushaltsgegenständen **für den gemeinsamen Haushalt** regelmäßig anzunehmen, dass der Erwerbswille auf gemeinschaftliches Eigentum gerichtet ist.[114] Das betrifft insbesondere den Erwerb, der schuldrechtlich als Schüsselgewaltgeschäft iSv § 1357 einzuordnen ist. Insofern genügt der bloße Nachweis, den Einkauf allein bzw. in eigenem Namen 32

---

104 OLG Köln FamRZ 2011, 975.

105 Vgl. OLG Oldenburg NdsRpfl. 1955, 53; OLG Schleswig SchlHA 1957, 207 (208); aA Staudinger/*Weinreich,* 2010, Rn. 27, 35.

106 Vgl. OLG Zweibrücken FamRZ 1987, 165.

107 Johannsen/Henrich/*Götz* Rn. 14; Staudinger/*Weinreich,* 2010, Rn. 27; andeutungsweise auch OLG Brandenburg NJW-RR 2016, 1097.

108 So auch *Jacobs* NJW 2012, 3601 (3603); wohl auch OLG Köln FamRZ 2011, 975 (976); *Weinreich* NZFam 2014, 486 (488).

109 Vgl. *Schulz/Hauß* Vermögensauseinandersetzung Kap. 5 Rn. 1303.

110 OLG Köln FamRZ 2011, 975.

111 Näher *Weinreich* NZFam 2014, 486 (488); zum früheren Recht OLG Düsseldorf FF 2008, 169.

112 Vgl. BGH NJW 1984, 1758.

113 OLG Köln FamRZ 2011, 975; Johannsen/Henrich/*Götz* Rn. 12; *Weinreich* NZFam 2014, 486 (488); ausf. *Erbarth* NZFam 2017, 333 (335).

114 BGH NJW 1991, 2283; Palandt/*Brudermüller* Rn. 6.

getätigt und mit eigenem Geld bezahlt zu haben, für den Nachweis des Alleineigentums noch nicht.[115] Erwerb zu Alleineigentum wird allerdings anzunehmen sein, wenn der angeschaffte Gegenstand für den alleinigen Bedarf des Ehegatten bestimmt ist. Bei **wertvollen Gegenständen** kann ebenfalls Alleineigentum gewollt sein, insbesondere wenn die Sache dazu geeignet ist, der Vermögensanlage zu dienen. Bei **Kunstgegenständen** kann zudem die Eingliederung in eine Sammlung eines Ehegatten für dessen Eigentum sprechen.[116] Das gilt unabhängig vom Güterstand; Gütertrennung kann bei der Anschaffung wertvoller Gegenstände aber ein erstes Indiz für Alleineigentum des zahlenden Ehegatten sein.[117] Bei **Autos** ist zunächst sorgfältig zu prüfen, ob diese im Einzelfall überhaupt als Haushaltsgegenstand einzuordnen sind (→ Rn. 6). Ist dies zu bejahen, genügt es für den Nachweis des Alleineigentums nicht, auf die **Haltereigenschaft** zu verweisen.[118] Die Eintragung nur eines Ehegatten im Kfz-Brief ist noch kein Beweis für das Alleineigentum dieses Ehegatten; dasselbe gilt für den Umstand, dass der Kaufvertrag allein von einem Ehegatten geschlossen worden war.[119] Die Übernahme der Futter- und Tierarztkosten für einen **Hund** belegt noch nicht das Alleineigentum.[120] Fraglich ist, ob es für die Feststellung von Alleineigentum genügt, dass ein Ehegatte behauptet, der Haushaltsgegenstand sei ihm von dem anderen Ehegatten geschenkt worden. Was sich Ehegatten üblicherweise an kleineren Hausratsgegenständen schenken, wird indes idR gemeinsames Eigentum und nicht Alleineigentum des Beschenkten werden.[121] Anders wird es aber bei wertvollen Gegenständen liegen[122] (→ Rn. 28).

33 Vorrang vor der Vermutung des § 1568b Abs. 2 hat die Regelung des **§ 1370** aF zur **dinglichen Surrogation.**[123] Diese Norm wurde zwar durch das Gesetz zur Änderung des Zugewinnausgleichs und Vormundschaftsrechts zum 1.9.2009 gestrichen; sie behält jedoch für **vor diesem Stichtag angeschaffte Haushaltsgegenstände** weiter Geltung (Art. 229 § 20 Abs. 1 EGBGB).[124] Nach § 1370 wurden Haushaltsgegenstände, die anstelle von nicht mehr vorhandenen oder wertlos gewordenen Gegenständen angeschafft worden waren, kraft Gesetzes automatisch Eigentum desjenigen Ehegatten, dem die nicht mehr vorhandenen oder wertlos gewordenen Gegenstände gehört hatten. Allerdings spricht viel dafür, eine stillschweigende Abbedingung der Rechtswirkungen des § 1370 anzunehmen, wenn der später angeschaffte Ersatzgegenstand von deutlich höherer Qualität ist als der in die Ehe mitgebrachte Gegenstand.

### IV. Verhältnis zu anderen Anspruchsgrundlagen

34 **1. Herausgabeansprüche aus Sachenrecht.** Bei **Alleineigentum** des Anspruchstellers kann dieser seinen Gegenstand vom anderen Ehegatten nach § 985 herausverlangen, sofern diesem weder aus Vertrag noch sonstiger dinglicher Berechtigung ein Besitzrecht (§ 986) zukommt.[125] Insoweit handelt es sich nicht um eine Haushaltssache iSv § 200 Abs. 2 Nr. 2 FamFG. Ein Konkurrenzverhältnis zu § 1568b entsteht dabei nicht, weil sich diese Norm nur auf Haushaltsgegenstände bezieht, die im Miteigentum der Ehegatten stehen. Gegenüber einem **Anspruch aus § 985** auf Herausgabe eines in **Miteigentum** stehenden Gegenstands bzw. auf dessen Zurückschaffung in die Ehewohnung bildet § 1568b jedoch im Rahmen seines Anwendungsbereichs die speziellere Norm.[126] Insoweit muss genügen, dass eine Haushaltssache anhängig gemacht werden könnte, sie muss (noch) nicht geplant oder gar anhängig sein. Denkbar ist auch ein Antrag auf Feststellung, dass ein Ehegatte Alleineigentümer bestimmter Gegenstände ist.[127]

35 Was für das Verhältnis des § 1568b zum **Besitzschutzanspruch aus § 861** gelten soll, ist umstritten. Ausgangspunkt ist dabei, dass die §§ 1361a, 1361b bzw. §§ 1568a, 1568b frühestens ab

[115] Vgl. BGH NJW 1991, 2283; OLG Schleswig FamRZ 2013, 1984 für Hund; OLG Köln FamRZ 2011, 975; OLG München NJW 1972, 542; FamRZ 1997, 752. Für einen regelmäßig auf Alleineigentum gerichteten Erwerbswillen des nach außen hin allein auftretenden Ehegatten *Brötel* Jura 1992, 470 (475).

[116] OLG Köln FamRZ 2011, 975.

[117] Vgl. andeutungsweise OLG Köln FamRZ 2011, 975.

[118] OLG Hamburg FamRZ 1990, 1118; OLG Hamm BeckRS 2015, 00703; Palandt/*Brudermüller* Rn. 6; *Wönne* FPR 2009, 293 (295).

[119] BGH NJW-RR 2004, 924 = FamRZ 2004, 1016 betr. Pkw; Palandt/*Brudermüller* Rn. 6.

[120] OLG Schleswig FamRZ 2013, 1984.

[121] Johannsen/Henrich/*Götz* Rn. 13.

[122] Andeutungsweise für Geschenke BGH NJW 1991, 2283.

[123] OLG Frankfurt NZFam 2016, 889 mAnm *Erbarth*; *Götz/Brudermüller* NJW 2008, 3025 (3031).

[124] Dazu *Bäumel* FPR 2010, 88 (89 f.).

[125] S. zB OLG Frankfurt NZFam 2016, 889 mAnm *Erbarth*; BeckOGK/*Erbarth* Rn. 61.

[126] BGH NJW 2017, 260 zu § 1361b; NJW 1977, 43; 1978, 1529; OLG Frankfurt NJW 2015, 2346 zu § 1361a; BeckOGK/*Erbarth* Rn. 66; *Götz/Brudermüller*, Die gemeinsame Wohnung, 2008, Rn. 265; *Dethloff* FamR § 6 Rn. 133; aA *Schneider* MDR 1999, 637 f.

[127] *Jacobs* NJW 2012, 3601 (3604).

Getrenntleben der Ehegatten greifen. Solange kein Getrenntleben iSv § 1567 Abs. 1 gegeben ist, ist § 861 ohne weiteres anwendbar.[128] Die Konkurrenzfrage stellt sich erst mit Trennung der Ehegatten und betrifft dann primär das Verhältnis der §§ 858 ff. zu §§ 1361a, 1361b, seltener das Verhältnis zu §§ 1568a, 1568b (zumal es dort auch nur noch um Miteigentum geht). Dabei ist es mit Blick auf den eigenständigen vorläufigen Schutzzweck der Ansprüche aus den §§ 861, 862 vorzugswürdig, ein konkurrierendes Nebeneinander der Normgruppen anzunehmen.[129] Andernfalls würde derjenige Ehegatte, der die Besitzverhältnisse vorgreiflich eigenmächtig zu seinen Gunsten umgestaltet, in nicht zu rechtfertigender Weise privilegiert.[130] Nach aA sind die §§ 1361a, 1568b jedoch leges speciales gegenüber § 861.[131] Eine vermittelnde Ansicht wiederum will auch im Fall des Geltendmachens possessorischer Ansprüche die familienrechtlichen Vorschriften in entsprechender Anwendung als Anspruchsgrundlage heranziehen und dabei den Regelungsgehalt des possessorischen Besitzschutzes bei der Billigkeitsbetrachtung berücksichtigen.[132] Der Streit hat sich ein wenig dadurch entschärft, dass seit 2009 auch für ein Verfahren nach § 861 (als sonstige Familiensache und Familienstreitsache, § 112 FamFG) das FamG zuständig ist (§ 266 Abs. 1 FamFG).

**2. Verhältnis zum Zugewinnausgleich.** Der Anspruch aus Abs. 1 ist unabhängig vom Güterstand der Ehegatten. Im gesetzlichen Güterstand kann das Verhältnis von § 1568b zum Zugewinnausgleich relevant werden. Unproblematisch ist die Sachlage bei Gegenständen im **Alleineigentum** der Ehegatten. Da § 1568b hierfür nicht gilt, ist Alleineigentum der Ehegatten ohne weiteres im Rahmen des Zugewinnausgleichs zu erfassen.[133] Alle diesbezüglichen früheren Abgrenzungsfragen[134] haben sich nach neuem Recht erledigt. Dabei unterfallen Haushaltsgegenstände im Alleineigentum eines Ehegatten grds. auch dann dem Zugewinnausgleich, wenn die Hausratsverteilung noch nach altem Recht durchgeführt worden ist;[135] anderes gilt nur, wenn einzelne Gegenstände im Alleineigentum des einen Ehegatten dem anderen zugewiesen worden sind und hierfür eine Entschädigung festgesetzt worden ist oder ein sonstiger Wertausgleich stattgefunden hat.[136] 36

Bei Haushaltsgegenständen im **Miteigentum** hat **§ 1568b grundsätzlich Vorrang,** so dass davon betroffene Gegenstände aus dem Zugewinnausgleich bzw. aus dem Endvermögen herausgenommen werden. Insoweit war schon auf Grundlage der früheren HausratsV anerkannt, dass Hausrat, der beiden Ehegatten gemeinsam gehört und vom Gericht verteilt werden kann, vom Zugewinnausgleich auszunehmen ist.[137] Der Grund dafür lag vor allem in den abweichenden Bewertungsregeln und insoweit in der Vermeidung von Wertungswidersprüchen. Es sollte vermieden werden, dass einem Ehegatten beim Zugewinnausgleich Haushaltsgegenstände oder damit zusammenhängende Verbindlichkeiten mit ihrem vollem Wert zugerechnet werden, obwohl sie der Richter im Hausratsverfahren ohne vollen Wertausgleich dem anderen Ehegatten zuweisen kann; denn damit wäre die Gefahr einer ungerechtfertigten doppelten Benachteiligung verbunden.[138] Bewertungsgesichtspunkte haben nach der Neuregelung allerdings an Bedeutung verloren, da ohnehin der Verkehrswert der Haushaltsgegenstände anzusetzen ist. Der Normzweck, eine Sonderregelung für Haushaltsgegenstände in Miteigentum zu treffen und den diesbezüglichen Wertausgleich abschließend zu regeln, gilt jedoch nach wie vor. Nach der Gesetzesbegründung soll die Vorschrift des § 1568b Abs. 3 „wie die Hausratsverordnung eine Sonderregelung für die Verteilung der Haushaltsgegenstände sein, allerdings nur, **soweit tatsächlich von ihr Gebrauch** gemacht wird".[139] Ansonsten komme „auf 37

128 Klarstellend *Eckebrecht* NZFam 2014, 507 (508).

129 So OLG Koblenz FamRZ 2008, 63; FamRZ 2009, 1934; OLG Bamberg FamRZ 1993, 335 = BeckRS 1992, 03223; BeckOGK/*Erbarth* Rn. 67; Bork/Jacoby/Schwab/*Schwab* FamFG § 200 Rn. 7; aA OLG Karlsruhe FamRZ 2007, 59.

130 Vgl. ausf. *Eckebrecht* NZFam 2014, 507 (510 f.).

131 OLG Köln FamRZ 1997, 1276 = BeckRS 1996, 10885; KG FamRZ 2017, 1393 = BeckRS 2017, 123955; Staudinger/*Weinreich,* 2010, Rn. 60; *Weinreich* NZFam 2014, 486 (490); Erman/*Blank* Rn. 12a; ausf. zum Meinungsstreit *Eckebrecht* NZFam 2014, 507 ff.

132 OLG Frankfurt BeckRS 2019, 6421; OLG Karlsruhe FamRZ 2007, 59; 2001, 760 = NJW-RR 2001, 939; *Schulz* NZFam 2014, 483 (485); *Götz/Brudermüller,* Die gemeinsame Wohnung, 2008, Rn. 261 f.

133 BGH NJW 2011, 601 = FamRZ 2011, 183; NJW 2011, 2289 = FamRZ 2011, 1039; *Münch* MittBayNot 2009, 261 (265).

134 → 4. Aufl. 2000, HausratsV § 1 Rn. 16 ff.

135 BGH NJW 2011, 2289 = FamRZ 2011, 1039.

136 BGH NJW 2011, 2289 = FamRZ 2011, 1039.

137 Vgl. BGH NJW 1984, 484 = JZ 1984, 380 m. zust. Anm. *Lange*; aA *Rauscher* FamR Rn. 717: für ggf. kumulative Anwendung.

138 BGH NJW 1984, 484.

139 BT-Drs. 16/10798, 24; krit. *Götz/Brudermüller* NJW 2008, 3025 (3031), die es iS einer klaren und praktikablen Abgrenzung vorziehen würden, Haushaltsgegenstände im Miteigentum generell aus dem Zugewinnausgleich herauszunehmen und allein § 1568b zu unterstellen; krit. auch *Wönne* FPR 2009, 293 (295).

die eventuelle Verrechnung des vor und während der Ehe erworbenen gemeinsamen Eigentums der Ehegatten das Ehegüterrecht des BGB zur Anwendung."[140] Diese Formulierung ist nicht ganz eindeutig. Indes erscheint vorzugswürdig, von einem grundsätzlichen Vorrang des § 1568b auszugehen und Haushaltsgegenstände in Miteigentum grds. dem Zugewinnausgleich zu entziehen.[141] Eindeutig ist das für den Fall einer beantragten gerichtlichen Entscheidung gemäß § 1568b. Gleiches muss aber für den Fall gelten, dass sich die Ehegatten einverständlich bzw. stillschweigend über die Verteilung der in Miteigentum stehenden Haushaltsgegenstände geeinigt haben, sei es mit Festlegung einer Ausgleichszahlung[142] oder infolge vollständiger Verrechnung ohne Ausgleichszahlung.[143] Letztlich wollen die Ehegatten insofern auch eine **Sonderregelung** treffen und einen weiteren Streit im Rahmen des Güterrechts ausschließen.[144] Demgemäß fallen weder die (verteilten) Gegenstände noch eine festgelegte Ausgleichszahlung nach Abs. 3 unter den Zugewinnausgleich.[145]

38 Ein Vorrang des § 1568b ergibt sich jedoch **nicht** für (wertvolle) Gegenstände, über deren Zuteilung sich die Ehegatten im Rahmen der Scheidung noch nicht einigen wollen oder deren Verkauf geplant ist oder deren Besitz zunächst Dritten (zB Kindern) überlassen werden soll. Solche Gegenstände sind im **Zugewinnausgleich** mit jeweils hälftigem Verkehrswert im **Endvermögen anzusetzen.** In den meisten Fällen wird sich das nicht weiter auf die Ausgleichsforderung auswirken.[146] Wird der **Zugewinnausgleich** demgemäß unter Berücksichtigung der in Miteigentum stehenden Gegenstände **durchgeführt,** so steht dem eine spätere Geltendmachung des Anspruchs aus Abs. 1 allerdings nicht entgegen. Jedoch wird die vorherige Bewertung des Gegenstands im Zugewinnausgleichsverfahren bei der Ermittlung der Ausgleichszahlung nach Abs. 3 zu berücksichtigen sein. Was für **Schulden** gilt, die in Zusammenhang mit dem jeweiligen Gegenstand stehen (zB noch offene Abzahlungsbeträge), muss einzelfallbezogen ermittelt werden.[147] Im Zweifel werden Schulden nur bei ausdrücklicher diesbezüglicher Vereinbarung im Zugewinnausgleich unberücksichtigt bleiben.[148]

39 Problematisch ist zudem das **Verhältnis von § 1568b zu § 1383,** der die Übertragung von Vermögensgegenständen im Rahmen des Zugewinnausgleichs betrifft. Nach hM galt insoweit früher, dass § 8 HausratsV gegenüber § 1383 vorrangig ist, so dass der verteilte Hausrat nicht nach dieser Norm angerechnet werden konnte.[149] Davon wird mangels einschlägiger Gesetzesänderung auch weiterhin auszugehen sein.[150]

40 **3. Ansprüche aus einvernehmlichen Regelungen.** Haben sich die Ehegatten außergerichtlich über die Verteilung der Haushaltsgegenstände geeinigt, kommt ein Ehegatte den in der Einigung übernommenen Pflichten aber nicht nach, zB indem er einen dem anderen Ehegatten gebührenden Gegenstand beiseiteschafft, so sind diesbezügliche Ansprüche als sonstige Familiensachen gemäß § 111 Nr. 10 FamFG, § 266 Abs. 1 Nr. 3 FamFG ebenfalls vor dem FamG geltend zu machen. Sofern jedoch die Einigung selbst bestritten oder nicht als bindend anerkannt wird, so handelt es sich in der Sache ohnehin um einen Anspruch aus Abs. 1.[151]

41 **4. Sonstige vermögensrechtliche Ansprüche.** Von § 1568b unberührt bleiben sonstige vermögensrechtliche Ansprüche der Ehegatten in Bezug auf die Haushaltsgegenstände. Das betrifft auch Streitigkeiten wegen **Schadenersatzansprüchen,** die sich auf Haushaltsgegenstände beziehen. Während solche Ansprüche früher vor den Prozessgerichten durchzusetzen waren,[152] sind sie nach geltendem Verfahrensrecht idR als sonstige Familiensachen iSv § 111 Nr. 10 FamFG, § 266 Abs. 1 Nr. 3 FamFG einzuordnen und somit vor dem FamG zu behandeln. Unberührt von § 1568b bleibt zudem ein Antrag auf Feststellung des Alleineigentums an einem Haushaltsgegenstand. Für einen Antrag auf Feststellung des Miteigentums wird jedoch dann das Feststellungsinteresse fehlen, soweit

140 Begr. RegE, BR-Drs. 635/08, 49; BT-Drs. 16/10798, 24.

141 So auch Johannsen/Henrich/*Götz* Rn. 20; Staudinger/*Weinreich,* 2010, Rn. 57; *Uecker* NZFam 2015, 1.

142 Nur für diesen Fall den Vorrang bejahend BeckOGK/*Erbarth* Rn. 74 f.

143 Vgl. *Wönne* FPR 2009, 293 (295); wohl auch Soergel/*Heintzmann* Rn. 3.

144 Vgl. BGH NJW 1984, 484; OLG Bremen OLGR 2007, 588 = BeckRS 2008, 2235.

145 OLG Naumburg FamRZ 2007, 920; Soergel/*Heintzmann* Rn. 3.

146 Vgl. *Kemper* FPR 2007, 202 (203).

147 OLG Bremen OLGR 2007, 588 = BeckRS 2008, 2235.

148 So auch *Wönne* FPR 2009, 293 (295).

149 *Roth* FamRZ 2008, 1388 (1391).

150 So auch Johannsen/Henrich/*Götz* Rn. 21.

151 Vgl. zum früheren Recht OLG Hamm FamRZ 1980, 901; OLG Frankfurt FamRZ 1991, 1327; OLG Koblenz FamRZ 1984, 1241; OLG Karlsruhe FamRZ 2003, 621. Für eine generelle Zuständigkeit des Prozessgerichts BGH NJW 1979, 2156; OLG Karlsruhe FamRZ 2007, 407.

152 Vgl. BGH NJW-RR 1989, 195 = FamRZ 1988, 155; KG FamRZ 1974, 195; OLG Düsseldorf FamRZ 1986, 1132.

letztlich ein Verfahren nach Abs. 1 angestrebt wird, in dessen Rahmen dies als Vorfrage zu klären ist.[153]

## V. Hinweise zum Verfahren

**1. Zuständiges Gericht.** Streitigkeiten nach § 1568b sind verfahrensrechtlich **Haushaltssachen** gemäß § 111 Nr. 5 FamFG, § 200 Abs. 2 Nr. 2 FamFG.[154] Vertragliche Modifikationen der Ehegatten bezüglich der Ansprüche aus § 1568b ändern nichts an der Einordnung als Haushaltssache.[155] Zuständig ist das FamG (§ 23a Abs. 1 S. 1 Nr. 1 GVG, § 23b Abs. 1 GVG). Bei eingetragenen Lebenspartnern liegt eine Lebenspartnerschaftssache gemäß § 269 Abs. 1 Nr. 6 FamFG vor; insoweit gilt das gleiche Verfahrensrecht wie für Ehegatten (vgl. § 270 Abs. 1 S. 2 FamFG). Örtlich zuständig ist während der Anhängigkeit einer Ehesache iSv § 121 FamFG das Gericht, bei dem die Ehesache im ersten Rechtszug anhängig ist oder war (§ 201 Nr. 1 FamFG), ansonsten das Gericht, in dessen Bezirk sich die gemeinsame Wohnung der Ehegatten befindet (§ 201 Nr. 2 FamFG). Wird eine Ehesache nachträglich bei einem anderen Gericht anhängig, ist die Haushaltssache an dieses Gericht von Amts wegen abzugeben (§ 202 FamFG). 42

**2. Antrag.** Das Verfahren wird durch Antrag des anspruchstellenden **Ehegatten** eingeleitet (§ 203 Abs. 1 FamFG; → § 1568a Rn. 67). Der **Antrag** in Haushaltssachen soll die Angabe der Gegenstände enthalten, deren Überlassung begehrt wird (vgl. § 203 Abs. 2 S. 1 FamFG). Insoweit werden die Mitwirkungspflichten der Ehegatten konkretisiert. Zudem bestimmt § 203 Abs. 2 S. 2 FamFG, dass dem Antrag in Haushaltssachen eine **Aufstellung sämtlicher Hausratsgegenstände** beigefügt werden soll, die auch deren genaue Bezeichnung enthält. Hat der Antragsteller entsprechende Angaben nicht gemacht, kann das Gericht gemäß § 206 Abs. 1 Nr. 1 und 2 FamFG die Angabe der begehrten Hausratsgegenstände sowie die Aufstellung sämtlicher Haushaltsgegenstände anfordern. Kommt ein Ehegatte einer Auflage nach § 206 Abs. 1 FamFG nicht nach, ist das Gericht insoweit zur weiteren Aufklärung des Sachverhalts nicht verpflichtet (§ 206 Abs. 3 FamFG). Im Fall verspäteten Vorbringens ist § 206 Abs. 2 FamFG zu beachten. Eine Auflistung ist allerdings nur erforderlich, wenn eine Verteilung des gesamten Hausrats oder zumindest mehrerer Gegenstände beantragt wird, nicht wenn nur der Anspruch auf einen einzelnen Gegenstand geltend gemacht wird.[156] In letzterem Fall liegt es vielmehr so, dass die konkrete Bezeichnung dieses Gegenstands bereits notwendig ist, um den Antrag schlüssig zu machen. 43

**3. Verfahrensbeteiligte.** Beteiligte sind stets beide Ehegatten (§ 7 Abs. 1, 2 FamFG). Mit ihnen soll das Gericht die Angelegenheit in einem Termin erörtern. Zu diesem Zweck soll das persönliche Erscheinen angeordnet werden (§ 207 FamFG). Auf eine gütliche Einigung der Beteiligten soll hingewirkt werden (§ 36 Abs. 1 S. 2 FamFG). 44

**4. Entscheidung durch Beschluss.** Anders als nach früherem Recht (vgl. §§ 1, 2 HausratsV)[157] ist grds. von einer Bindung an den gestellten Antrag auszugehen (→ Rn. 21); zu entscheiden ist nur über den konkret geltend gemachten Anspruch. Die herauszugebenden Sachen sind im Beschluss so genau zu bezeichnen, dass eine Vollstreckung möglich ist.[158] Mit der Endentscheidung sind diejenigen **Anordnungen** zu treffen, die zu ihrer Durchführung erforderlich sind (§ 209 FamFG). In erster Linie wird es sich dabei um Anordnungen handeln, welche die Vollstreckung der Entscheidung ermöglichen, da von der Bereitschaft, die Entscheidung ohne Zwang zu befolgen, nicht ausgegangen werden kann. Das kann bei Haushaltsgegenständen die Art und Weise der Herausgabe betreffen. Zu denken ist ferner an Anordnungen über die Modalitäten der Ausgleichszahlung. Insbesondere kann eine Zahlung in Raten und eine Zug-um-Zug-Leistung vorgesehen werden (→ Rn. 24). 45

**5. Rechtsmittel.** Gegen den Beschluss kann von den Ehegatten **Beschwerde** eingelegt werden (§§ 58 ff. FamFG). Nach § 61 FamFG ist die Beschwerde in vermögensrechtlichen Angelegenheiten nur zulässig, wenn der Wert des Beschwerdegegenstandes 600 EUR übersteigt; jedoch hat das Gericht die Beschwerde zuzulassen, wenn die Rechtssache grundsätzliche Bedeutung hat oder die Fortbildung des Rechts oder die Sicherung einer einheitlichen Rspr. eine Entscheidung des Beschwerdegerichts erfordert. Die Entscheidung des FamG konnte nach früherem Recht innerhalb 46

---

153 Vgl. schon *Kuhnt* AcP 150 (1949), 148.

154 Zum Verfahren *Erbarth* NZFam 2014, 515.

155 BGH NZFam 2017, 815 = FamRZ 2017, 1608.

156 Vgl. OLG Koblenz NJW 2016, 2892 zu § 1361a.

157 Vgl. BGH NJW 1955, 1355; OLG Frankfurt FamRZ 1977, 400; OLG Zweibrücken FamRZ 1987, 508; FuR 1998, 432; OLG Naumburg FamRZ 2007, 565.

158 Vgl. *Eckebrecht* FPR 2008, 436 (440 f.); *Giers* FPR 2010, 564 (566).

der Bereiche Wohnung und Hausrat nicht teilweise angefochten werden, weil sonst die Einheitlichkeit der Entscheidung verloren gegangen wäre.[159] Für diese Einschränkung gibt es auf Grundlage des neuen Rechts indes keinen Grund mehr.

## Untertitel 2. Unterhalt des geschiedenen Ehegatten

### Vorbemerkung (Vor § 1569)

**Schrifttum (allgemein):** *Bernreuther,* Rechtsgewinnung in den Normen des nachehelichen Ehegattenunterhalts, 2006; *Borth,* Verhindern Billigkeitsregeln im Familienrecht Ungerechtigkeiten?, FPR 2005, 313; *Brudermüller,* Geschieden und doch gebunden? Ehegattenunterhalt zwischen Recht und Moral, 2008; *Büttner,* Auswirkungen des Gesetzes zur Beschleunigung fälliger Zahlungen auf das Familienrecht, FamRZ 2000, 921; *Diederichsen,* Teilhabegerechtigkeit in der Ehe, FamRZ 1992, 1; *Diederichsen,* Geschiedenenunterhalt – Überforderung nachehelicher Solidarität?, NJW 1993, 2265; *Eberl-Borges,* Festlegung der Geschlechterrollen durch Unterhaltspflichten – Die Hausmann-Rechtsprechung im Lichte soziologischer Untersuchungen, FamRZ 2004, 1521; *van Els,* Nacheheliche Solidarität, FamRZ 1992, 625; *van Els,* Unterhaltsrechtliche Obliegenheiten, FPR 2005, 348; *Ensslen,* Das Zusammentreffen von Gütergemeinschaft und Scheidungsverfahren, FamRZ 1998, 1077; *Ewers,* Maßstab und Methode, FamRZ 2003, 423; *Frenz,* Die neuere Rechtsprechung zum Ehegatten- und Kindesunterhalt im Lichte des Verfassungsrechts, NJW 1993, 1103; *Gerhardt/Schulz,* Verbot der Doppelverwertung von Abfindungen beim Unterhalt und Zugewinn, FamRZ 2005, 145; FamRZ 2005, 317; *Graba,* Auf dem Weg zu einem Ehegattenunterhaltsrecht nach Billigkeit, FamRZ 2008, 1217; *Graba,* Prägende Gedanken und offene Fragen des nachehelichen Unterhaltsrechts, FF 2007, 246; *Graba,* Angemessen und billig im Unterhaltsrecht, NZFam 2017, 145; *Grandel,* Warum werden die Herabsetzungsmöglichkeiten aus dem Unterhaltsrechtsänderungsgesetz von 1986 so wenig angewandt? – Brauchen wir eine Gesetzesänderung?, FPR 2005, 320; *Griesche,* Billigkeitsprobleme bei allen gesetzlichen Unterhaltsansprüchen, FPR 2005, 340; *Grossfeld/Schaffrath,* Die Sieben im Familienrecht, FamRZ 1993, 1014; *Kleinle,* Trennungsunterhalt und Gütergemeinschaft mit gemeinschaftlicher Gesamtgutverwaltung, FamRZ 1997, 1194; *Knöpfel,* Gerechtigkeit und nachehelicher Unterhalt – eine ungelöste Frage, AcP 191 (1991), 107; *Koch,* Ehegattenunterhalt nach der Scheidung, ZRP 2017, 162; *Köbl,* Welche Maßnahmen empfehlen sich, um die Vereinbarkeit von Berufstätigkeit und Familie zu verbessern?, JZ 1994, 840; *Köhler,* Unterhaltsrecht am Scheideweg, FamRZ 1990, 922; *Lengtat,* Eigenverantwortung und Unterhaltspflicht zwischen Ehegatten, 1984; *Metz,* Rechtsethische Prinzipien des nachehelichen Unterhaltsrechts, 2004; *Niemeyer,* Entscheidungen des Bundesverfassungsgerichts zum Unterhaltsrecht, FuR 1995, 41; *Oelkers/Kraeft,* Rehabilitation und Teilhabe behinderter Menschen – Auswirkungen auf das Unterhaltsrecht, FamRZ 2002, 790; *Roth,* Der familienrechtliche Ausgleichsanspruch, FamRZ 1994, 793; *Scherpe/Schwarz,* Nachehelicher Unterhalt im internationalen Privatrecht – Überlegungen zur Reformbedürftigkeit des Art. 8 des Haager Unterhaltsübereinkommens von 1973 anhand eines Beispiels aus dem deutsch-schwedischen Rechtsverkehr, FamRZ 2004, 665; *Schulte,* Kann die Düsseldorfer Tabelle durch eine stufenlose Quotenberechnung von Ehegatten- und Kindesunterhalt ersetzt werden?, FamRZ 1991, 639; *Schwab, D.,* Tendenzen im Recht des Geschiedenenunterhalts, Schriftenreihe Juristische Studiengesellschaft Karlsruhe, Band 159, 1983; *Schwab, D.,* Familiäre Solidarität, FamRZ 1997, 521; *Schwab, D.,* Unterhalt 2014, FF 2012, 138; *Spangenberg,* Risiken und Nebenwirkungen, FamRZ 1994, 483; *Wax,* Zur Dogmatik des Unterhaltsanspruchs, FamRZ 1993, 22. S. auch Schrifttum zur Einleitung; zum älteren Schrifttum → 3. Aufl. 1997, Vor § 1569. Schrifttum und Materialien zum 1. EheRG, UÄndG → 7. Aufl. 2017, Vor § 1569.

**Schrifttum zum 1. EheRG:** *Bosch,* Die Neuordnung des Eherechts ab 1. Juli 1977, FamRZ 1977, 569; *Deubner,* Der Weg in die Unterhaltsknechtschaft, ZRP 1972, 153; *Dieckmann,* Die Unterhaltsansprüche geschiedener und getrennt lebender Ehegatten nach dem 1. EheRG, FamRZ 1977, 81, 161; *Diederichsen,* Ehegattenunterhalt im Anschluß an die Ehescheidung nach dem 1. EheRG, NJW 1977, 353; *Engelhardt,* Neues Unterhaltsrecht und frühere Scheidungen, JZ 1976, 576; *Freimuth/Jansen/Kurtenbach/Siekmann/Wolf,* Der Diskussionsentwurf eines Gesetzes über die Neuregelung des Rechts der Ehescheidung und der Scheidungsfolgen, FamRZ 1970, 431, 436; *Gernhuber,* Neues Familienrecht, 1977; *Hillermeier,* Das 1. EheRG aus der Sicht der Bundesratsvorschläge, FamRZ 1976, 577; *Holzhauer,* Die Neuregelung des Unterhaltsrechts Geschiedener, JZ 1977, 73; *Maier-Reimer,* Empfiehlt es sich, Gründe und Folgen der Ehescheidung neu zu regeln, Gutachten A zum 48. DJT 1970; *Mikat,* Scheidungsreform in einer pluralistischen Gesellschaft, 1970; *Schumacher,* Geschiedenenunterhalt nach dem 1. EheRG, MDR 1976, 881; *Schumacher,* Zum Begriff der angemessenen Erwerbstätigkeit im künftigen Unterhaltsrecht geschiedener Ehegatten, DRiZ 1976, 343; *Vogel,* Das 1. EheRG v. 14.6.1976, FamRZ 1976, 481.

**Materialien:** RegE eines Ersten Gesetzes zur Reform des Ehe- und Familienrechts, BT-Drs. 7/650; DJT, Empfiehlt es sich, Gründe und Folgen der Ehescheidung neu zu regeln?, Sitzungsbericht M zum 48. DJT 1970; Eherechtskommission beim BMJ, Vorschläge zur Reform des Ehescheidungsrechts und des Unterhaltsrechts nach der Scheidung, 1970.

---

[159] BGH NJW 1955, 1355; BayObLGZ 1959, 472; BayObLG FamRZ 1970, 33; 1971, 34; OLG Frankfurt FamRZ 1977, 400; OLG Zweibrücken FamRZ 1993, 82.

**Schrifttum zum Gesetz zur Änderung unterhaltsrechtlicher, verfahrensrechtlicher und anderer Vorschriften:** *Benda,* Recht und Realität – Zur Funktion des Familienrechts, Brühler Schriften zum Familienrecht 1986, 9; *Bosch,* Neues Ehegatten-Unterhaltsrecht in der Bundesrepublik Deutschland, FamRZ 1984, 1165; *Dieckmann,* Rückkehr zum Verschuldensprinzip im nachehelichen Unterhaltsrecht?, FamRZ 1984, 369; *Diederichsen,* Die Änderungen des materiellen Rechts nach dem UÄndG, NJW 1986, 1283; *Diederichsen,* Änderungen des Verfahrensrechts nach dem UÄndG, NJW 1986, 1462; *Emmerlich,* „Roll-back" im Eherecht, Aktuelle Informationen der SPD 1984, Nr. 11 S. 2; *Engelhard, H. A.,* Zur Neuregelung des Scheidungsfolgenrechts, Bulletin v. 31.8.1984 Nr. 97, S. 2; *Engelhard, H. A.,* Zur Bemessung des nachehelichen Unterhalts, FamRZ 1985, 433; *Eyrich,* Wende im nachehelichen Unterhaltsrecht?, FamRZ 1984, 941; *Finger,* Geplante Änderungen im Unterhaltsrecht, JR 1985, 1; *Giesing,* Bemessung des Erwerbslosen- und Aufstockungsunterhalts bei zeitlicher Begrenzung nach § 1578 Abs. 1 S. 2, 3 und § 1573 Abs. 5 BGB, FamRZ 1986, 937; *Häberle,* Die Erweiterung der negativen Härteklausel (§ 1579 BGB) durch das Unterhaltsänderungsgesetz, FamRZ 1986, 311; *Hahne,* Zur Auslegung der § 1578 Abs. 1 S. 2 und § 1573 Abs. 5 BGB in der Fassung des RegE für das UÄndG, FamRZ 1985, 113; *Hahne,* Zur Auslegung der § 1578 Abs. 1 S. 2 und 3 und § 1573 Abs. 5 BGB idF des UÄndG, FamRZ 1986, 305; *Hummel-Liljegren,* Weg mit dem Aufstockungsunterhalt?, ZRP 1984, 170; *Jaeger,* Zur geplanten Änderung des Verfahrensrechts in Familiensachen gemäß dem Referentenentwurf der Bundesregierung, FamRZ 1985, 865; *Jaeger,* Die Übergangsregelung des UÄndG, FamRZ 1986, 737; *Liebl-Blittersdorf/Schöfer-Liebl,* 3 Jahre Unterhaltsänderungsgesetz, FamRZ 1989, 1241; *Limbach,* Kritik der geplanten Korrekturen des nachehelichen Unterhaltsrechts, ZRP 1985, 129; *Limbach,* Über den Stil der Rechtspolitik, ZRP 1984, 199; *Müller-Webers,* Zur geplanten Änderung des Unterhaltsrechts, DRiZ 1984, 370; *Oetkers,* Unterhaltsausschluß durch ein „Verhältnis" des Unterhaltsberechtigten mit einem Dritten im Scheidungsfolgenrecht, ZRP 1984, 93; *Pantke,* Stellungnahme zum Referentenentwurf eines Gesetzes zur Änderung unterhaltsrechtlicher und anderer Vorschriften, ZfJ 1984, 548; *Pawlowski,* Zur Anwendung vertraglicher Kriterien auf den ehelichen Unterhaltsanspruch, ZRP 1985, 62; *Peschel-Gutzeit,* Das Unterhaltsänderungsgesetz, MDR 1986, 455; *Ramm,* Versperrt die Hintertür, das neue Ehescheidungsrecht könnte zur Wiedereinführung des alten Verschuldensprinzips führen, Die Zeit v. 23.11.1984, Nr. 48 S. 82; *Ramm,* Zum Unterhaltsänderungsgesetz, JZ 1986, 164; *v. Renesse,* Zum Koalitionsvorhaben „Änderung des Unterhaltsrechts", Evangelische Aktionsgemeinschaft für Familienfragen (EAF) 1984 Nr. 4 S. 25; *Richter,* Die geplanten materiellrechtlichen Änderungen des 1. EheRG, JR 1985, 133; *Richter,* Die materiellrechtlichen Vorschriften des UÄndG, JR 1986, 319; *Roth-Stielow,* Entwurf und Kritik des Bonner Referentenentwurfs eines UÄndG, DAVorm 1984, 839; *Sautter,* Scheidungsfolgenrecht, Bayern Kurier v. 4.8.1984 S. 15; *Scholz,* Benachteiligung des Mannes in Ehe- und Familienrecht, ZRP 1984, 201; *Sedemund-Treiber,* Änderungen des Verfahrensrechts nach dem UÄndG, FamRZ 1986, 209; *Weychardt,* Entwurf und Kritik des Bonner Referentenentwurfs eines UÄndG, DAVorm 1984, 839; *Wiegmann,* Auf Umwegen zum Verschuldensprinzip, ZRP 1985, 64; *Willutzki,* Lebenslange Unterhaltslast, ein unabwendbares Schicksal, ZfJ 1984, 1 = Brühler Schriften zum Familienrecht Bd. 3, S. 15; *Willutzki,* Das Gesetz zur Änderung unterhaltsrechtlicher Vorschriften, ZfJ 1985, 1; *Zeidler,* Ehe und Familie, in Benda/Maihofer/Vogel, Handbuch des Verfassungsrechts, 1983, 555.

**Materialien:** Deutscher Anwaltverein, Stellungnahme des Familienrechtsausschusses, 1984 (nicht veröffentlicht); Deutscher Richterbund, Neuregelung des Scheidungsfolgenrechts, DRiZ 1984, 369; RegE eines Gesetzes zur Änderung unterhaltsrechtlicher, verfahrensrechtlicher und anderer Vorschriften (UÄndG), BT-Drs. 10/2888; Beschlussempfehlung und Bericht des RA-BT zu dem Entwurf eines Gesetzes zur Änderung unterhaltsrechtlicher, verfahrensrechtlicher und anderer Vorschriften (UÄndG), BT-Drs. 10/4514; Bayerisches Staatsministerium der Justiz, Änderung des Scheidungsfolgenrechts, 1985; Justizministerium Baden-Württemberg, „Hat sich das 1. EheRG bewährt?", Bericht über ein Symposium v. 6./7. Mai 1981 in Triberg, 1981.

**Schrifttum zum Gesetz zur Änderung des Unterhaltsrechts:** *Becker/Junggeburth,* Das neue Unterhaltsrecht, 2008; *Berghahn/Wersig,* Wer zahlt den Preis für die Überwindung der Hausfrauenehe?, FPR 2005, 508; *Bergschneider,* Vereinbarungen im Vorfeld der Unterhaltsrechtsreform, FamRZ 2006, 153; *Bergschneider,* Zum Formerfordernis nach der Neuregelung des § 1585c BGB im Unterhaltsrechtsänderungsgesetz, FamRZ 2008, 17; *Born,* Das neue Unterhaltsrecht, NJW 2008, 1; *Borth,* Der Gesetzesentwurf der Bundesregierung zur Reform des Unterhaltsrechts, FamRZ 2006, 813; *Borth,* Unterhaltsrechtsänderungsgesetz (UÄndG), 2007; *Borth,* Der Betreuungsunterhalt geschiedener Ehegatten und die Erwerbsobliegenheit nach neuem Recht, FamRZ 2008, 2; *Borth,* Die Übergangsbestimmungen zur Unterhaltsrechtsreform und die Änderungen der ZPO im UÄndG, FamRZ 2008, 105; *Bosch, R.,* Die wesentlichen Änderungen im neuen Unterhaltsrecht, FF 2007, 293; *Braeuer,* Gleichberechtigte Teilhabe als Grundlage für den nachehelichen Unterhalt. Zugleich ein Beitrag zur Anwendung des künftigen § 1578b BGB, FamRZ 2006, 1489; *Brandtner,* Unterhaltsreform, gleichrangige betreuende Elternteile und der Bedarf, FamRZ 2007, 2033; *Büte,* Die Neuregelung der §§ 1585b, 1585c, 1586a und die Übergangsvorschriften des § 36 EGZPO, FuR 2008, 177; *Büttner,* Die Härteklauseln (§§ 1578b, 1579 BGB) im geplanten Unterhaltsrecht, FamRZ 2007, 773; *van Els,* Unterhaltsrechtliche Obliegenheiten, FPR 2005, 348; *Erdrich,* § 1612 BGB: Die Unterhaltsbestimmung durch die Eltern nach neuem Recht, FPR 2005, 490; *Finke,* Die Wiederkehr des gesetzlich definierten Mindestbedarfs und die Abschaffung der Regelbetrag-VO – ein Fortschritt?, FPR 2005, 477; *Dose,* Ausgewählte Fragen der Unterhaltsrechtsreform – Kindergeldanrechnung, Erwerbsobliegenheit und Beschränkungsmöglichkeiten, FamRZ 2007, 1289; *Gerhardt,* Das Unterhaltsrechtsabänderungsgesetz, FuR 2005, 529; *Gerhardt/Gutdeutsch,* Die Unterhaltsberechnung bei gleichrangigen Ehegatten nach dem geplanten Recht, FamRZ 2007, 778; *Graba,* Beschränkung des nachehelichen Unterhalts wegen Unbilligkeit, FamRZ 2005, 2032; *Graba,* Die Abänderung von Unterhaltstiteln und Unterhaltsvereinbarungen nach dem Inkrafttreten des UÄndG 2007, FF 2008, 63;

*Grandel,* Unterhaltsberechnung bei „gleichrangig" berechtigten Ehegatten außerhalb des Mangelfalls, NJW 2008, 796; *Granold,* Das neue Unterhaltsrecht: Genese und Kernpunkte, FF 2008, 11; *Gutdeutsch,* Unterhaltsreform, gleichrangige betreuende Elternteile und der Bedarf, FamRZ 2007, 2035; *Gutdeutsch,* Nachrangiger Unterhalt des früheren Ehegatten nach neuem Recht, FamRZ 2008, 661; *Gutjahr,* Die Übergangsregelungen zur Unterhaltsrechtsreform, NJW 2008, 1985; *Hartung,* Überblick zum neuen Betreuungsunterhalt, MDR 2008, 249; *Hohloch,* Beschränkung des nachehelichen Unterhalts im Entwurf eines Unterhaltsrechtsänderungsgesetzes, FF 2005, 217; *Hohloch,* Der unterhaltsrechtliche Rang minderjähriger und ihnen gleichstehender Kinder. Ein Beitrag zu § 1609 BGB in der Fassung des Entwurfs eines Unterhaltsänderungsgesetzes unter Berücksichtigung der Regelungen anderer europäischer Rechte, FPR 2005, 486; *Hohloch,* Nachehelicher Unterhalt – was bringt die Reform?, Brühler Schriften zum Familienrecht, Band 15, 2008, 41; *Hohmann-Dennhardt,* Der Wandel des Eheverständnisses durch das Unterhaltsrechtsänderungsgesetz, Brühler Schriften 2009, 22; *Hoppenz/Hülsmann,* Der reformierte Unterhalt, 2008; *Hütter,* Vergleichende Unterhaltsberechnung nach bisherigem Recht und nach dem geplanten Unterhaltsrechtsänderungsgesetz, FamRZ 2006, 1577; *Jüdt,* Der Vertrauensschutz in Überleitungsfällen, FuR 2008, 427; FuR 2008, 468; FuR 2008, 532; *Kemper,* Das neue Unterhaltsrecht, 2008; *Klein,* Das neue Unterhaltsrecht 2008; *Klein/Schlechta,* Will die Unterhaltsrechtsreform den Wert der Frau auf ihre Gebärtüchtigkeit reduzieren?, FPR 2005, 496; *Klinkhammer,* Berechnungen zur Unterhaltsreform 2007, FF 2007, 13; *Klinkhammer,* Die Düsseldorfer Tabelle nach der Unterhaltsrechtsreform (Stand: 1.1.2008), FamRZ 2008, 193; *Langenfeld,* Die notariell zu beurkundende Vereinbarung über den nachehelichen Unterhalt nach § 1585c BGB n.F., FPR 2008, 38; *Lipp/Schumann/Veit,* Reform des Unterhaltsrechts, 5. Göttinger Workshop zum Familienrecht, Göttinger Juristische Schriften, Band 3, 2007; *Maurer,* Der nacheheliche Unterhalt nach dem UÄndG 2007, FamRZ 2008, 2157; *Meier,* Betreuungsunterhalt gemäß §§ 1570 und 1615l BGB nach der Unterhaltsrechtsreform, FamRZ 2008, 101; *Menne,* Die Unterhaltsrechtsreform. Die Änderungen beim Kindesunterhalt, Kind-Prax 2005, 174; *Menne,* Die Unterhaltsreform: Der Unterhalt des geschiedenen Ehegatten, FPR 2005, 323; *Menne,* Eckpunkte der Unterhaltsrechtsreform, ZFE 2006, 244; *Menne,* Der Regierungsentwurf zum Unterhaltsänderungsgesetz – Sachstand und Ausblick auf die geplanten Änderungen beim nachehelichen Unterhalt und beim Verwandtenunterhalt, FF 2006, 175, 220; *Menne,* Der Betreuungsunterhalt nach § 1615l BGB im Regierungsentwurf zum Unterhaltsrechtsänderungsgesetz, FamRZ 2007, 173; *Menne/Grundmann,* Das neue Unterhaltsrecht, 2008; *Morawietz,* Die Aufhebung des Vorrangs des Geschiedenenunterhalts. Eine verfassungsrechtliche Prüfung auf der Grundlage der überkommenen Leitsätze, 2009; *Niebling,* Neues Unterhaltsrecht: Bleibt alles beim Alten? Zur Auslegung von § 1570 BGB, FF 2008, 193; *Peschel-Gutzeit,* Kritische Überlegungen zur geplanten Reform des Unterhaltsrechts, ZRP 2005, 177; *Peschel-Gutzeit,* Das neue Unterhaltsrecht, 2008; *Peschel-Gutzeit,* Betreuungsunterhalt nach § 1570 BGB – Abschied vom Altersphasenmodell, FPR 2008, 24; *Rasch,* Die Abänderung und Anpassung von Unterhaltstiteln an das neue Recht, § 36 EGZPO, FPR 2008, 15; *Reinken,* Die Änderung der Zumutbarkeitsanforderungen an die Aufnahme einer Erwerbstätigkeit im Reformgesetz, FPR 2005, 502; *Reinken,* Die Rangfolgenregelung nach neuem Recht mit Berechnungsbeispielen für den Mangelfall, FPR 2008, 9; *Schilling,* § 1615l BGB-E – ein Fortschritt?, FPR 2005, 513; *Schilling,* § 1615l BGB nach der Reform, FPR 2008, 27; *Schilling,* Der Betreuungsunterhalt nach der Reform, FF 2008, 279; *Schnitzler,* Das Altersphasenmodell und die neuen Leitlinien der Oberlandesgerichte ab 1.1.2008, FF 2008, 270; *Schnitzler,* Die verfestigte Lebensgemeinschaft als selbstständiger Härtegrund im neuen § 1579 Nr. 2 BGB, FPR 2008, 41; *Scholz,* Der Kindesunterhalt nach dem Gesetz zur Änderung des Unterhaltsrechts, FamRZ 2007, 2021; *Schubert/Moebius,* Das Unterhaltsrechtsänderungsgesetz: Kindesunterhalt hat künftig absoluten Vorrang!, NJ 2006, 289; *Schürmann,* Kinder – Eltern – Rang, Die neue Rechtsordnung nach dem Unterhaltsänderungsgesetz, FamRZ 2008, 313; *D. Schwab,* Zur Reform des Unterhaltsrechts, FamRZ 2005, 1417; *D. Schwab,* Koinzidenz – Zur gegenwärtigen Lage der Unterhaltsrechtsreform, FamRZ 2007, 1053; *Soyka,* Die Reform des Unterhaltsrechts setzt den Schutz der Ehe aufs Spiel, Stuttgarter Zeitung v. 4.9.2006, S. 8; *Triebs,* Begrenzung und Befristung des Ehegattenunterhalts nach § 1578b BGB n. F., FPR 2008, 31; *Viefhues,* Entwurf eines Gesetzes zur Änderung des Unterhaltsrechts, ZFE 2005, 220; *Viefhues,* Berechnungsprobleme bei § 1578b I BGB, FPR 2008, 36; *Viefhues/Mleczko,* Das neue Unterhaltsrecht 2008; *Vossenkämper,* Der Kindesunterhalt nach neuem Recht ab 1.1.2008, FamRZ 2008, 201; *Weber-Monecke,* Handlungsbedarf nach der Unterhaltsrechtsreform, FF 2010, 475; *Wellenhofer,* Die Unterhaltsrechtsreform nach dem Urteil des BVerfG zum Betreuungsunterhalt, FamRZ 2007, 1282; *Wever,* Unterhalt bei Betreuung nichtehelicher Kinder – der neu gestaltete § 1615l BGB, FamRZ 2008, 553; *Wiegmann,* Reform des Ehegattenunterhalts – Wo ist der Handlungsbedarf?, FF 2006, 135; *Wilutzki,* Die neue Rangfolge im Unterhaltsrecht – ein Beitrag pro Reform?, FPR 2005, 505.

**Materialien:** RefE des BMJ eines Gesetzes zur Änderung des Unterhaltsrechts (auch – ohne die Begründung – FamRZ 2005, 1041); RegE eines Gesetzes zur Änderung des Unterhaltsrechts, BT-Drs. 16/1830; Beschlussempfehlung und Bericht des Rechtsausschusses des Bundestags zu dem RegE eines Gesetzes zur Änderung des Unterhaltsrechts, BT-Drs. 16/6980; Stellungnahme des Deutschen Anwaltvereins zum Referentenentwurf eines Gesetzes zur Änderung des Unterhaltsrechts, FuR 2005, 504.

**Schrifttum zur Reform des nachehelichen Unterhaltsrechts:** Initiativstellungnahme des Deutschen Anwaltsvereins durch den Ausschuss Familienrecht zur Reform des nachehelichen Ehegattenunterhaltsrechts, Stellungnahme Nr. 04/2017, Januar 2017; *Battes,* Erneute Reform des Geschiedenenunterhalts?, FamRZ 2019, 10; *Haußleiter,* Reform der Unterhaltsrechtsreform, ZRP 2016, 209; *Koch,* Ehegattenunterhalt nach der Scheidung, ZRP 2017, 162; *Obermann,* Reform der Reform – schaffen wir ein modernes Unterhaltsrecht?, NZFam 2017, 189; *Wagner-Kleinkauf,* Reform der Unterhaltsrechtsreform – ein Dauerthema?, FPR 2012, 154.

**Übersicht**



# A. Rechtsentwicklung

Durch folgende Gesetzesvorhaben wurde das nacheheliche Unterhaltsrecht (zur Rechtsentwicklung bis zum 1. EheRG und zu dessen Entstehung → 1. Aufl. 1978, Rn. 1–18) weiterentwickelt:

**Erstes Gesetz zur Reform des Ehe- und Familienrechts (1. EheRG)** v. 14.6.1976 (BGBl. 1976 I 1421): §§ 1569–1586b eingefügt, §§ 58–70, 72 EheG für Ehegatten, deren Ehe nach dem 1.7.1977 geschieden wurde, außer Kraft gesetzt; in Kraft getreten am 1.7.1977. 1

**Gesetz zur Änderung unterhaltsrechtlicher, verfahrensrechtlicher und anderer Vorschriften (UÄndG)** v. 20.2.1986 (BGBl. 1986 I 301): §§ 1573 Abs. 5, 1578 Abs. 1 S. 2, 3, 1579 geändert; in Kraft getreten am 1.4.1986. – Zur Rechtsentwicklung bis zum UÄndG und zu dessen Entstehung → 3. Aufl. 1993, Rn. 2–11. 2

**Vertrag zwischen der Bundesrepublik Deutschland und der Deutschen Demokratischen Republik über die Herstellung der Einheit Deutschlands – Einigungsvertrag** – v. 31.8.1990 (BGBl. 1990 II 889) iVm dem **Gesetz zu dem Vertrag zwischen der Bundesrepublik Deutschland und der Deutschen Demokratischen Republik über die Herstellung der Einheit Deutschlands – Einigungsvertragsgesetz – und der Vereinbarung vom 18.9.1990** v. 23.9.1990 (BGBl. 1990 II 885), in Kraft getreten am 29.9.1990: Inkraftsetzen des nachehelichen Unterhaltsrechts des BGB im Beitrittsgebiet; für vor dem Beitritt geschiedene Ehen bleiben das Unterhaltsrecht des FGB maßgebend und Unterhaltsvereinbarungen unberührt (Art. 234 EGBGB § 5, → 4. Aufl. 2006, EGBGB Art. 234 § 5 Rn. 21 ff.). 3

**Gesetz zur unterhaltsrechtlichen Berechnung von Aufwendungen für Körper- und Gesundheitsschäden** v. 15.1.1991 (BGBl. 1991 I 46): § 1578a mit Wirkung ab 16.1.1991 eingefügt. 4

**Gesetz zur Vereinheitlichung des Unterhaltsrechts minderjähriger Kinder (Kindesunterhaltsgesetz – KindUG)** v. 6.4.1998 (BGBl. 1998 I 666): § 1584 S. 3 eingefügt mit Wirkung ab 1.7.1998. 5

6 **Gesetz zur Neuordnung des Eheschließungsrechts (Eheschließungsrechtsgesetz – EheschlRG)** v. 4.5.1998 (BGBl. 1998 I 833): § 1318 mit Wirkung ab 1.7.1998 eingefügt. Für Ehen, hinsichtlich derer vor diesem Tag bereits Nichtigkeits- oder Aufhebungsklage erhoben war oder die schon für nichtig oder aufgehoben erklärt worden waren, bleibt es beim Unterhaltsrecht des EheG.

7 **Gesetz über die Eingetragene Lebenspartnerschaft (LPartG)** v. 16.2.2001 (BGBl. 2001 I 266), geändert durch das **Gesetz zur Änderung des Ehe- und Lebenspartnerschaftsnamensrechts** v. 6.2.2005 (BGBl. 2005 I 203): Lebenspartnerschaft und nachpartnerschaftlicher Unterhalt werden in Anlehnung an den nachehelichen Unterhalt in § 16 LPartG mit Wirkung ab 1.8.2001 geregelt.

8 **Gesetz zur Überarbeitung des Lebenspartnerschaftsrechts** v. 15.12.2004 (BGBl. 2004 I 3396): Neufassung ua der unterhaltsrechtlichen Vorschriften in §§ 5, 12 und 16 LPartG mit Wirkung ab 1.1.2005.

9 **Gesetz zur Änderung des Unterhaltsrechts** v. 21.12.2007 (BGBl. 2007 I 3189): Stärkung der nachehelichen Solidarität durch Neuregelung der §§ 1569, 1570 (Anpassung an § 1615l), 1574, 1578b (Begrenzung nachehelicher Unterhaltsansprüche), 1582, 1609 (Nachrang des nachehelichen Unterhalts) mit Wirkung ab 1.1.2008.

10 **Gesetz über das Verfahren in Familiensachen und in Angelegenheiten der freiwilligen Gerichtsbarkeit** (Art. 1 des **Gesetzes zur Reform des Verfahrens in Familiensachen und in Angelegenheiten der freiwilligen Gerichtsbarkeit (FGG-Reformgesetz – FGG-RG)** v. 17.12.2008 (BGBl. 2008 I 2586): Neuregelung des Verfahrens in Unterhaltssachen (§§ 231–260 FamFG) einschließlich des Abänderungsverfahrens (§§ 238–241 FamFG) mit Wirkung ab 1.9.2009.

11 **Gesetz zur Durchführung des Haager Übereinkommens vom 23. November 2007 über die internationale Geltendmachung der Unterhaltsansprüche von Kindern und anderen Familienangehörigen sowie zur Änderung von Vorschriften auf dem Gebiet des internationalen Unterhaltsverfahrensrechts und des materiellen Unterhaltsrechts** v. 20.2.2013 (BGBl. 2013 I 273): Änderung von § 1578b Abs. 1 S. 2, 3 durch Art. 3 mit Wirkung ab 1.3.2013.

12 **Gesetz zur Einführung des Rechts auf Eheschließung für Personen gleichen Geschlechts** v. 20.7.2017 (BGBl. 2017 I 2787): Art. 1 Nr. 2 führt die Ehe auch für gleichgeschlechtliche Partner ein und eröffnet diesen somit auch das nacheheliche Unterhaltsrecht.

## B. Systematik des Unterhaltsrechts

13 Das BGB gliedert das Unterhaltsrecht nicht vertikal, sondern **horizontal,** unterscheidet nach den rechtlichen Beziehungen der Parteien des Unterhaltsrechtsverhältnisses und regelt die Unterhaltsansprüche im sachlichen Kontext mit diesen:

- Während **andauernder Ehe**/Lebenspartnerschaft den Familien- und den Getrenntlebensunterhalt in den §§ 1360, 1361, §§ 5, 12 LPartG,
- für die Zeit nach der **Auflösung der Ehe**/Lebenspartnerschaft den nachehelichen Unterhalt in den §§ 1569–1586b, 1308 Abs. 2, § 16 LPartG,
- sowie den **Verwandtenunterhalt** einschließlich des Unterhalts des nichtehelichen Kindes (§§ 1615a, 1601 ff.) und des Elternteils eines nichtehelichen Kindes (§§ 1615a, 1615l–1615o). Zum Verhältnis von **Trennungs-** zum **nachehelichen Unterhalt** → § 1569 Rn. 23, 24.

Die **wesentlichen Grundbegriffe** des Unterhaltsrechts wie „Bedarf", „Bedürftigkeit" und „Leistungsfähigkeit", „Maß", „Höhe" und „Angemessenheit des Unterhalts", „Erwerbspflicht" und „Obliegenheit, sich um eine angemessene Erwerbstätigkeit zu bemühen", bestimmen alle Unterhaltsrechtsverhältnisse.

## C. Verfassungsrecht

14 Unterhaltsverpflichtungen schränken den Verpflichteten in seiner durch Art. 2 Abs. 1 GG geschützten **allgemeinen Handlungsfreiheit** ein. Dies ist im Rahmen der verfassungsgemäßen Ordnung – zu der auch die Regelungen über den nachehelichen Unterhalt gehören, deren Auslegung und Anwendung nicht zu verfassungswidrigen Ergebnissen führen darf[1] – gerechtfertigt.[2]

[1] BVerfG NJW 1996, 915 = FamRZ 1996, 343 (344); BVerfGE 80, 286 = NJW 1989, 2807 = FamRZ 1989, 941 (943).

[2] BVerfG NJW 1996, 915 = FamRZ 1996, 343 (344); BVerfGE 68, 256 = NJW 1985, 1211 = FamRZ 1985, 143; BVerfGE 57, 361= NJW 1981, 1771 = FamRZ 1981, 745.

Dabei schützt Art. 6 Abs. 1 GG neben einer bestehenden Ehe auch die **Folgewirkungen** einer geschiedenen Ehe.[3] Zudem sind nach Art. 6 Abs. 2 S. 2 GG, Art. 2 Abs. 1 GG iVm Art. 1 Abs. 2 GG Regelungen zum nachehelichen Unterhalt zu vermeiden, welche die Entwicklung der **Kinder** der Ehegatten beeinträchtigen; denn sie leiden unter der Trennung und Scheidung ihrer Eltern ohnehin und sollen durch eine Erwerbstätigkeit des sie betreuenden Elternteils nicht noch weiter belastet werden.[4]

Verfassungsrechtliche Berührungspunkte[5] ergeben sich insbesondere zur Wahrung der **Interessen der Kinder,**[6] zur **Berufswahl** und **-ausübung** des Verpflichteten, zur allgemeinen **Handlungsfreiheit** des Verpflichteten bei der Beurteilung seiner Leistungsfähigkeit (→ § 1578 Rn. 696) und beim Schutz seines **Ehegatten** aus einer Nachehe[7] (→ § 1578 Rn. 125–135, → § 1582 Rn. 10–42).[8] Zu ihren Auswirkungen auf den Unterhalt s. die dortigen Erläuterungen. 15

## D. Verhältnis zu anderen Ausgleichssystemen

### I. Versorgungsausgleich. Rente

Sowohl der nacheheliche Unterhalt als auch der Versorgungsausgleich (→ VersAusglG § 20 Rn. 2–5)[9] und in dessen Folge die Rente dienen der **wirtschaftlichen Sicherung** des sozial schwächeren Ehegatten nach der Scheidung: Der nacheheliche Unterhalt der Sicherung des aktuellen Lebensbedarfs, der Versorgungsausgleich der Sicherung für den Fall des Alters und der verminderten Erwerbsfähigkeit. Beide wirken über die versorgungsausgleichsrechtliche Härteklausel (§ 27 VersAusglG;[10] plastischer noch § 1587c Nr. 1, 3 aF, § 1587h Nr. 1, 3 aF, §§ 1587n, 1587o Abs. 2 S. 3 aF) aufeinander ein: Der Unterhalt auf den Versorgungsausgleich[11] und der Versorgungsausgleich auf den Unterhalt durch seine bedarfsdeckende und die Bedürftigkeit beseitigende Wirkung im Rentenfall.[12] Beiden kommt deshalb bei der Beurteilung der Wirksamkeit von Scheidungsfolgenvereinbarungen auch derselbe „Rang" zu (→ § 1585c Rn. 46). 16

Beide Ausgleichssysteme sind **abgeschlossen** und **ausschließlich:** Was versorgungsausgleichsrechtlich ausgeglichen wurde, kann nicht noch einmal unterhaltsrechtlich – oder güterrechtlich (§ 2 Abs. 4 VersAusglG) – ausgeglichen werden („Verbot der Doppelberücksichtigung", → § 1569 Rn. 38–43). – Zur **darlehensweisen** Gewährung des Unterhalts im Zusammenhang mit dem Versorgungsausgleich und zur **Rückabwicklung** von Unterhaltsleistungen → § 1585 Rn. 76–81. 17

---

3 BVerfGE 128, 193 = NJW 2011, 836 = FamRZ 2011, 437 (zur „Dreiteilung" und allgemein zur Systematik des nachehelichen Unterhaltsrechts); BVerfGE 66, 84 = NJW 1984, 1523 = FamRZ 1984, 346 (348 ff.); BVerfGE 53, 257 = NJW 1980, 692 = FamRZ 1980, 326 (333).

4 BVerfGE 55, 171 = NJW 1981, 217 = FamRZ 1981, 217 (219); BVerfGE 57, 361 = NJW 1981, 1771 = FamRZ 1981, 745 (749); NJW 1996, 915 = FamRZ 1996, 343 (344); s. nunmehr BVerfG NJW 2007, 1735 Rn. 44 = FamRZ 2007, 965, dort auch zum Anspruch nichtehelicher Eltern auf Betreuungsunterhalt nach § 1615l; auch BGH NJW 1996, 1815 = FamRZ 1996, 796 (797); NJW-RR 1987, 514 = FamRZ 1987, 252 (254).

5 Zur Verfassungsgemäßheit der Abkehr vom Verschuldensprinzip auch im Recht des nachehelichen Unterhalts durch das 1. EheRG → § 1569 Rn. 2.

6 Dazu BVerfG NJW 2007, 1735 = FamRZ 2007, 965; NJW 1982, 2859 = FamRZ 1982, 991; BVerfGE 57, 361 = NJW 1981, 1771 = FamRZ 1981, 745. Dazu auch *Maurer* NJW 2011, 1586.

7 BVerfGE 128, 193 = NJW 2011, 836 = FamRZ 2011, 437.

8 Zur Trennung von Bedarf und Leistungsfähigkeit BVerfGE 128, 193 = NJW 2011, 836 = FamRZ 2011, 437. – Zu **§ 1579** BVerfGE 57, 361 = NJW 1981, 1771 = FamRZ 1981, 745. – Zu **Nr. 1:** Kinderbetreuung darf nicht dazu führen, dass der Tatbestand der Kurzzeitehe überhaupt nicht mehr erfüllt werden kann: BVerfG NJW 1993, 455 = FamRZ 1992, 1283; BeckRS 2011, 47362 = FamRZ 1992, 782; BVerfGE 80, 286 = NJW 1989, 2807 = FamRZ 1989, 941. – Zu **Nr. 2:** BVerfG NJW 2005, 3347 Ls. = NVwZ 2005, 1178 = FamRZ 2004, 1950. – Zu **Nr. 8** (Nr. 4 1. EheRG, Nr. 7 UÄndG 1986): BVerfGE 57, 361 = NJW 1981, 1771 = FamRZ 1981, 745 (748 f.). – Zur **Unbilligkeit** als zusätzlichem Tatbestandsmerkmal: BVerfG NJW 1993, 455 = FamRZ 1992, 1283; NJW-RR 1993, 1090 = FamRZ 1993, 664 (665); BVerfGE 80, 286 = NJW 1989, 2807 = FamRZ 1989, 941. – Zur **Inhaltskontrolle von Eheverträgen:** BVerfG NJW 2001, 2248 = FamRZ 2001, 985. – Zum verfassungsrechtlichen Verdikt der **Anrechnungsmethode:** BVerfGE 105, 1 = FPR 2002, 180 = FamRZ 2002, 527.

9 Dazu auch BeckOGK/*Fricke,* 1.2.2019, VersAusglG § 20 Rn. 12, 12.1, 14 („unterhaltsähnlicher Charakter"); Johannsen/Henrich/*Holzwarth* VersAusglG § 20 Rn. 12.

10 Dazu BT-Drs. 16/10144, 68 ff.

11 BGH NJW-RR 1987, 325 = FamRZ 1987, 255 (256 f.): Der Versorgungsausgleich kann bei bereits Rente beziehenden Ehegatten zur Unterhaltsberechtigung des Ausgleichspflichtigen führen.

12 BGH NJW 1987, 1555 = FamRZ 1987, 459.

Auf folgende Aspekte **gegenseitiger Beeinflussung** von Unterhalt und Versorgungsausgleich ist besonders hinzuweisen:

18 – Versorgungsausgleich und **Altersvorsorgeunterhalt** dienen dem Erhalt des in der Ehe erwirtschafteten Standards. Der Versorgungsausgleich führt zu einem Ausgleich der während der Ehe erworbenen beiderseitigen Versorgungsanrechte. Der Altersvorsorgeunterhalt führt, wird er für die Trennungszeit bis zu dem der Rechtshängigkeit des Scheidungsantrags vorausgehenden Monatsende geleistet, zur Verringerung des Versorgungsausgleichs, danach zur auch künftigen Absicherung des Berechtigten. Beide zusammen gewährleisten eine befriedigende soziale Absicherung des Berechtigten auf der Grundlage der ehelichen Lebensverhältnisse.

19 – Die Nichtgeltendmachung von **Altersvorsorgeunterhalt** kann ggf. zur fiktiven Zurechnung von Versorgungsanrechten (→ § 1578 Rn. 855) und zur Verneinung eines ehebedingten Nachteils iSv § 1578b (→ § 1578b Rn. 147–150) führen.

20 – Nach **§ 33 VersAusglG**[13] wird die Rente des Ausgleichspflichtigen auf seinen Antrag trotz des Versorgungsausgleichs nicht gekürzt, solange der Berechtigte aus den im Versorgungsausgleich erworbenen Anrechten keine Rente erhält und einen Unterhaltsanspruch gegen den Ausgleichspflichtigen hat oder nur deshalb nicht hat, weil dieser infolge der Kürzung seiner Versorgung leistungsunfähig ist (→ VersAusglG § 33 Rn. 24). Zu den **Einzelheiten** → VersAusglG § 33 Rn. 1 ff., → VersAusglG § 34 Rn. 1 ff.

## II. Haushaltsgegenstände. Ehewohnung

21 Nachehelicher Unterhalt und die Auseinandersetzung von Haushaltsgegenständen und Ehewohnung können sich dadurch gegenseitig beeinflussen, dass der nacheheliche Barunterhalt seiner Anlage nach eine „Rundumversorgung“ gewährt, dh **alle Bedürfnisse** des Berechtigten auf eheangemessenem Niveau abdeckt.

22 Insbesondere beinhaltet der nacheheliche Unterhalt auch einen Anteil für die Versorgung mit **Wohnraum** (→ § 1578 Rn. 247, 248, 585–633): Ein Berechtigter, der nachehelich die Ehewohnung vom Eigentümer-Ehegatten als Naturalunterhalt zur Nutzung erhält, deckt dadurch seinen Wohnraumbedarf, weshalb er keinen Anspruch mehr auf einen Wohnraumanteil im Barunterhalt hat.[14] Hat das FamG die Ehewohnung dem Berechtigten nach § 1568a Abs. 1, 2 zugewiesen, setzt es auf Antrag zugleich die Miete fest (§ 1568a Abs. 5[15]), sodass der Berechtigte auch Anspruch auf den Wohnraumanteil im Barunterhalt hat.

23 **Nachehelich** muss der Berechtigte grundsätzlich mit dem im Barunterhalt enthaltenen Wohnraumanteil auskommen. Wurde ihm die Ehewohnung zugewiesen, für die er eine höhere Miete bezahlen muss, führt dies deshalb nicht notwendig zu einem trennungsbedingten Mehrbedarf, für den der Verpflichtete aufzukommen hätte. Zudem kann der Verpflichtete den Unterhalt zwar grundsätzlich nicht als Naturalunterhalt erbringen (§ 1585 Abs. 1 S. 1). Hat der Berechtigte aber tatsächlich den Wohnraumvorteil, weil er ihn sich einseitig unberechtigt oder vereinbarungsgemäß nimmt, bleibt dies wegen der dadurch bewirkten Bedarfsdeckung nicht unberücksichtigt (→ § 1585 Rn. 17).

24 Auch zu den **Haushaltsgegenständen** stellt sich das Problem des trennungsbedingten Mehraufwands, wenn sich der Berechtigte nach der Trennung neue Haushaltgegenstände auf Kredit angeschafft hat. Insoweit ist von einem Vorrang der Auseinandersetzung der Haushaltsgegenstände auszugehen, sodass nur die trennungsbedingten Aufwendungen für Gegenstände beachtlich sind, die nicht bei einer Auseinandersetzung hätten zumutbar erlangt werden können.

## III. Güterrecht

25 Der Güterstand der geschiedenen Ehegatten beeinflusst den nachehelichen Unterhalt hinsichtlich seiner Voraussetzungen und seiner Höhe nicht.[16] **Zugewinngemeinschaft** und **Gütertrennung** wirken sich auch iÜ nicht auf den Unterhalt aus. Eine Wechselwirkung ergibt sich zur Zugewinngemeinschaft jedoch insoweit, als **Tilgungsleistungen** auf Darlehen nur bis zum Stichtag des Zugewinnausgleichs (Zustellung des Scheidungsantrags, § 1384, → § 1578 Rn. 911) zu berücksichtigen sind, sofern sie nicht als Aufwendungen für die sekundäre Altersvorsorge Beachtung finden müssen (→ § 1578 Rn. 304–308, 324–338).

26 Die **Gütergemeinschaft** bewirkt zum **Trennungsunterhalt** (§ 1361), dass § 1420 anzuwenden ist und der Berechtigte vom Verpflichteten nicht Zahlung, sondern nach § 1451 Mitwirkung bei der

[13] Der auf BVerfGE 53, 257 = NJW 1980, 692 = FamRZ 1980, 326 zurückgeht.

[14] OLG Karlsruhe BeckRS 2010, 383 = FamRZ 1984, 1019 (1021).

[15] § 5 HausratsV aufgehoben durch Art. 2, § 1568a eingefügt durch Art. 1 Nr. 12 des Gesetzes zur Änderung des Zugewinnausgleichs- und Vormundschaftsrechts v. 6.7.2009 (BGBl. 2009 I 1696).

[16] Zur Gütergemeinschaft OLG Zweibrücken NJWE-FER 1997, 170 = FamRZ 1998, 239.

ordnungsgemäßen Verwendung des Gesamtgutes verlangen kann.[17] Dagegen ist der Berechtigte zum **nachehelichen Unterhalt** wegen der Beendigung des Güterstandes von dieser Beschränkung grundsätzlich frei.[18] Da § 1416 Abs. 1 S. 2, wonach (neu erworbenes) Vermögen eines Ehegatten weiter in das Gesamtgut fällt, nicht weiter gilt, fallen **Einkünfte,** die nicht im Zusammenhang mit dem bisherigen Gesamtgut stehen, diesem nicht mehr zu.[19] Beruht der Bedarf der Ehegatten aber auf Einkünften und Nutzungen, die in das Gesamtgut fallen, gehört ihre Bedarfsdeckung zu einer ordnungsgemäßen Verwaltung iSd § 1472 Abs. 3. Der Berechtigte muss dann weiter die Mitwirkung bei der ordnungsgemäßen Verwendung des Gesamtgutes[20] oder aber die Auseinandersetzung betreiben. Schon der Einfachheit willen geht die Zahlungspflicht aus nicht gesamthänderisch gebundenen Einkünften der Mitwirkungspflicht bei der Verwertung der gesamthänderisch gebundenen vor. – Lebt der **wiederverheiratete Verpflichtete** mit seinem neuen Ehegatten in Gütergemeinschaft, ist er so zu behandeln, als gehöre das Gesamtgut ihm (§§ 1583, 1604, → § 1583 Rn. 10). – Bei einer gerichtlichen Auseinandersetzung handelt es sich um keine Unterhaltssache iSd § 111 Nr. 8 FamFG, § 231 Abs. 1 Nr. 2 FamFG,[21] sondern um eine **Güterrechtssache** iSd § 111 Nr. 9 FamFG, § 261 Abs. 2 FamFG.

## E. Sozialrecht

### I. Subsidiarität

Sozialrechtliche Leistungen sind der Unterhaltsverpflichtung nach den §§ 1569 ff. grundsätzlich 27
subsidiär. Dies gilt uneingeschränkt sowohl für **Sozialhilfeleistungen** (§ 94 SGB XII; zur Subsidiarität bei unterhaltsrechtlicher Zurechnung fiktiver Erwerbseinkünfte des Verpflichteten → Rn. 41) als auch für das **Arbeitslosengeld II** (§ 33 SGB II; für die **Arbeitslosenhilfe** galt dies nur eingeschränkt, weil deren Übergang davon abhing, dass dem Verpflichteten die Leistungserbringung vom Arbeitsamt unverzüglich angezeigt wurde, ehemals § 203 Abs. 1 S. 3 SGB III aF). Bei Gewährung von **Ausbildungsförderung** geht nach § 37 Abs. 1 S. 1 BAföG dagegen nur der Unterhaltsanspruch gegen die Eltern, nicht auch der gegen den Ehegatten auf den Leistungsträger über.

### II. Rechtsübergang

**1. Grundsätze.** Als Rechtsfolge der Subsidiarität gehen die Unterhaltsansprüche nach § 94 28
Abs. 1 S. 1 SGB XII, § 33 Abs. 1 S. 4 SGB II[22, 23] in der Höhe ihres Bestehens auf den Sozialleistungsträger über, begrenzt durch die Höhe seiner Leistungen. Erfasst werden in Höhe der bisherigen monatlichen Aufwendungen auch die **künftigen Unterhaltsleistungen** unter der aufschiebenden Bedingung der künftigen Gewährung von Leistungen, wenn die Sozialhilfe voraussichtlich längere Zeit zu gewähren ist (→ Rn. 32, 51–54).[24]

Da der Unterhaltsanspruch in seinem bürgerlich-rechtlichen Umfang übergeht, kann die 29
Begrenzung des Unterhalts – Herabsetzung des Bedarfs und Befristung (§ 1578b, → § 1578b Rn. 6),[25] aber auch Verwirkung (§ 1579) – auch dem Sozialleistungsträger gegenüber geltend gemacht werden. Der Übergang der Unterhaltsansprüche für die **Trennungszeit** umfasst trotz der

[17] BGHZ 111, 248 = NJW 1990, 2251 = FamRZ 1990, 851 (852 f.); OLG Zweibrücken NJWE-FER 1997, 170 = FamRZ 1998, 239; BeckRS 1996, 2096 = FamRZ 1996, 227; OLG München NJW-RR 1996, 903 = FamRZ 1996, 557; BeckRS 1995, 31127602 = FamRZ 1996, 166. Zu BGHZ 111, 248 = NJW 1990, 2251 = FamRZ 1990, 851; s. auch *Kleinle* FamRZ 1997, 1194 ff. – Dem Berechtigten steht auch kein Anspruch auf VKH zu, solange verwertbares Gesamtgut ausreichend vorhanden ist, OLG Zweibrücken BeckRS 1996, 02096 = FamRZ 1996, 227.

[18] OLG Nürnberg BeckRS 1993, 31138077; OLG München BeckRS 2010, 26074 = FamRZ 1988, 1276; *Ensslen* FamRZ 1998, 1077 (1079).

[19] *Klinkhammer* in Wendl/Dose UnterhaltsR § 6 Rn. 415.

[20] AA *Ensslen* FamRZ 1998, 1077 (1079).

[21] OLG Karlsruhe FamRZ 1996, 1414 f.

[22] Die cessio legis erfasst auch vor dem Inkrafttreten der jeweiligen gesetzlichen Regelung fällig gewordene Unterhaltsbeträge, zu § 91 Abs. 1 S. 1 BSHG s. BGH NJW 1995, 3391 = FamRZ 1995, 871 (872); OLG Köln NJW-RR 1995, 455 = FamRZ 1994, 970; OLG Hamburg NJW 1994, 2903 = FamRZ 1994, 126; aA OLG Koblenz FamRZ 1995, 171 (172); OVG Münster BeckRS 1993, 5884 = FamRZ 1994, 598.

[23] Zum Übergang des Anspruchs auf Kindesunterhalt s. BGH NJW-RR 2011, 145 = FamRZ 2011, 197.

[24] Zur Geltendmachung künftigen Unterhalts durch den Sozialleistungsträger bei Gewährung von Unterhaltsvorschuss s. BGH NJWE-FER 1998, 64 = FamRZ 1998, 357 f. (wirksam begründete Prozessführungsbefugnis durch private Ermächtigung).

[25] BGH NJW-RR 2010, 1009 Rn. 12 = FamRZ 2010, 1057.

Nichtidentität (→ § 1569 Rn. 23, 24) auch den später fällig werdenden nachehelichen Unterhalt.[26] Ein nachträglicher **Verzicht** des Berechtigten kann das bedingte Recht des Sozialleistungsträgers nicht mehr beeinträchtigen. Zur **Sittenwidrigkeit** eines Verzichts → § 1585c Rn. 84–116.

30 Im **Unterhaltsrechtstreit** vor dem FamG (§ 94 Abs. 5 S. 3 SGB XII, § 33 Abs. 4 S. 3 SGB II) obliegt dem Sozialleistungsträger die **Darlegungs- und Beweislast** für den Forderungsübergang,[27] den Bedarf und die Bedürftigkeit des Unterstützten, die Leistungsfähigkeit des Verpflichteten und bei mehreren unterstützten Berechtigten auch die Aufteilung des Unterstützungsbetrags auf diese.[28] Hierzu reicht der allgemeine Hinweis auf die Gewährung von Sozialhilfe nicht aus,[29] vielmehr hat er die Höhe seiner Leistungen an den Berechtigten und mithin der auf ihn übergegangenen Unterhaltsansprüche nach dem Zeitpunkt des Übergangs der Unterhaltsforderung (→ Rn. 35–40)[30] nachvollziehbar vorzutragen.[31] Insoweit hat er ggf. auch durch eine **Vergleichsberechnung** darzulegen, inwieweit der Verpflichtete als Hilfsbedürftiger Einkommen und Vermögen einzusetzen hätte.[32]

31 **2. Rechtsübergang. a) Eintritt.** Liegt der Rechtsübergang **nach Rechtshängigkeit** der Unterhaltsansprüche, tritt mit der Wirksamkeit des Forderungsübergangs, die den Erlass des Sozialhilfebescheids voraussetzt,[33] die gesetzliche Verfahrensstandschaft des Berechtigten für bereits fällige Unterhaltsbeträge ein (§ 113 Abs. 1 S. 2 FamFG, § 265 Abs. 2 ZPO).[34] Der Berechtigte bleibt uneingeschränkt verfahrensführungsbefugt, muss jedoch für die Vergangenheit nunmehr Leistung an den Sozialleistungsträger begehren,[35] ansonsten die Klage insoweit als unbegründet abgewiesen wird.

32 Wegen **zukünftiger Unterhaltsbeträge** kann sowohl der Berechtigte als auch der Sozialleistungsträger, gewährt er die Hilfe voraussichtlich auf längere Zeit (§ 94 Abs. 4 S. 2 SGB XII, § 33 Abs. 3 S. 2 SGB II, → Rn. 65), Leistung an sich verlangen, doch steht gleichzeitig geführten Verfahren der Einwand anderweitiger Rechtshängigkeit entgegen.[36] Den Anspruchsübergang[37] und die Anwendung sozialhilferechtlicher Schutzvorschriften[38] kann der Verpflichtete mit einem **Vollstreckungsgegenantrag** (§ 95 Abs. 1 Nr. 1 FamFG, § 767 ZPO) gegen den Berechtigten geltend machen.

33 Der Sozialleistungsträger kann wegen nach Rechtshängigkeit übergegangener Ansprüche in Höhe der gewährten Sozialleistungen die **Umschreibung des Titels** auf sich (§ 95 Abs. 1 Nr. 1 FamFG, § 727 ZPO) verlangen, für ein gleichwohl geführtes gerichtliches Verfahren fehlt das Rechtsschutzbedürfnis.[39] Er kann auch den Berechtigten **zur Zwangsvollstreckung ermächtigen.**[40]

---

26 BGH NJW 1988, 1147 = FamRZ 1988, 375 (376 f.) zur aF; aA OLG Hamm FamRZ 1988, 398 f.

27 Hierzu genügt die monatlich spezifiziert aufgeschlüsselte Aufstellung über die gezahlten Sozialleistungen, OLG Zweibrücken FamRZ 1997, 1092. Zur Darlegungs- und Beweislast des Verpflichteten, der sich „ins Blaue hinein" auf einen Anspruchsübergang auf den Sozielleistungsträger beruft, OLG Brandenburg BeckRS 2018, 31553 Rn. 26 = FamRZ 2019, 291.

28 S. dazu BGH NJW-RR 1995, 1217 = FamRZ 1995, 1131 (1132 f.).

29 OLG Oldenburg BeckRS 2011, 1956 = FamRZ 1991, 1347 f.; dazu auch *Künkel* FamRZ 1994, 540 (548).

30 Dazu auch *Ott* FamRZ 1995, 456 ff.

31 OLG Frankfurt a. M. FamRZ 1997, 501. Dazu muss der Sozialleistungsträger auch eine Vergleichsberechnung zur Höhe des auf ihn übergegangenen Anspruchs anstellen, OLG Saarbrücken FamRZ 1999, 1024 f.; OLG Koblenz NJW-RR 1998, 1698 = FamRZ 1998, 1513. – Nach OLG Köln FamRZ 1995, 613 muss die gewährte Sozialleistung die Höhe des Unterhaltsanspruchs nicht für jeden Monat erreichen, vielmehr soll ausreichen, dass sie diese im Durchschnitt erreicht.

32 OLG Koblenz NJW-RR 1998, 1698 = FamRZ 1998, 1513.

33 BGH NJW 1986, 724 = FamRZ 1985, 793 f.

34 Ganz hM, BGH NJW-RR 1995, 1217 = FamRZ 1995, 1131 (1132 f.); NJW 1986, 3206 (3207); OLG Hamm NJW-RR 1991, 776 = FamRZ 1990, 1369 (1370); OLG Hamburg BeckRS 2009, 28816 = FamRZ 1988, 843 (844); KG BeckRS 2010, 26005 = FamRZ 1988, 300 (301). – Ist der Verwaltungsträger Partei des Rechtsstreits und geht der streitbefangene Anspruch durch Funktionsnachfolge auf einen anderen Verwaltungsträger über, tritt ein Parteiwechsel kraft Gesetzes ein, BSG BeckRS 2009, 16564 = FamRZ 1988, 1267 Ls.

35 OLG Nürnberg NJW-RR 1995, 262 = FamRZ 1995, 236 (237).

36 Vgl. zum Ganzen BGH NJW 1992, 1624 = FamRZ 1992, 797 (799); NJW 1982, 232 = FamRZ 1982, 23 (25); KG BeckRS 2010, 26005 = FamRZ 1988, 300; OLG Hamburg BeckRS 2009, 28816 = FamRZ 1988, 843 f.

37 KG BeckRS 2009, 12343 = FamRZ 1989, 417 (418).

38 OLG Zweibrücken FamRZ 1997, 1092.

39 BGH NJW 1992, 1624 = FamRZ 1992, 797 (799); s. auch OLG Düsseldorf BeckRS 1996, 10534 = FamRZ 1997, 826 (827). Zu den für die Umschreibung erforderlichen Nachweisen s. OLG Köln BeckRS 1993, 5457 = FamRZ 1994, 52 f. mwN.

40 BGHZ 92, 347 = NJW 1985, 809 mit krit. Anm. *Olzen* JR 1985, 288 und abl. Anm. *Brehm* JZ 1985, 342; NJW-RR 1992, 61; OLG Hamm DtZ 1992, 87 = FamRZ 1991, 1078 f.; KG BeckRS 2009, 12343 = FamRZ 1989, 417 (418 f.).

War der Unterhaltsanspruch bereits **vor Rechtshängigkeit** auf den Sozialleistungsträger übergegangen, muss dieser die Ansprüche grundsätzlich selbst gerichtlich verfolgen. Zur **Rückübertragung** oder **Einziehungsermächtigung** → Rn. 45–48. 34

**b) Nichteintritt.** § 94 Abs. 1 S. 2–4, Abs. 2, 3 SGB XII, § 33 Abs. 2 SGB II **privilegieren** den Verpflichteten durch die Regelung, wann ein Unterhaltsanspruch nicht auf den Sozialleistungsträger übergeht, obwohl er besteht und dieser Hilfe gewährt (hat). 35

Nach **§ 94 Abs. 1 S. 2–4 SGB XII** entfällt ein Übergang in folgenden Fällen:

- Der Verpflichtete hat den Unterhaltsanspruch durch laufende Zahlungen in voller Höhe **erfüllt** (§ 94 Abs. 1 S. 2 SGB XII). Diese Regelungen sind überflüssig, weil ein übergangsfähiger Anspruch nicht mehr besteht, wenn er bereits erfüllt ist. 36
- Aus **personalen** Gründen, wenn der Verpflichtete 37
  - selbst sozialhilfeberechtigt ist,
  - mit dem sozialhilfebedürftigen Berechtigten
    - im 2. oder einem entfernteren Grad verwandt ist (§ 94 Abs. 1 S. 3 Hs. 1 Alt. 2 SGB XII), sie also nicht in einem Eltern-Kind-Verhältnis stehen und auch nicht miteinander verheiratet sind.
    - im 1. Grad verwandt ist und die Sozialleistungsberechtigte schwanger ist oder ihr leibliches Kind bis zur Vollendung seines 6. Lebensjahres betreut (§ 94 Abs. 1 S. 3 Hs. 2, S. 4 SGB XII). Zudem, wenn der Berechtigte seinem nicht getrenntlebenden Ehegatten nach §§ 1360, 1360a oder seinen minderjährigen unverheirateten Kindern nach § 1603 Abs. 2 S. 1 **gesteigert unterhaltspflichtig** ist (§ 94 Abs. 1 S. 3 Hs. 1 Alt. 1 SGB XII, s. auch § 19 Abs. 1 S. 2 SGB XII). In die sozialrechtliche Privilegierung nicht einbezogen ist der einem privilegierten volljährigen Kind (§ 1603 Abs. 2 S. 2) unterhaltspflichtige Elternteil.

**§ 33 Abs. 2 SGB II** schließt einen Übergang aus,

- soweit der Verpflichtete den Unterhaltsanspruch durch laufende Zahlungen **erfüllt** hat (S. 2), 38
- wenn der Berechtigte mit dem Verpflichteten 39
  - in einer Bedarfsgemeinschaft lebt (S. 1 Nr. 1),
  - verwandt ist und den Unterhaltsanspruch nicht geltend macht (S. 1 Nr. 2), es sei denn, der Berechtigte ist minderjährig oder zwar volljährig, hat aber das 25. Lebensjahr noch nicht vollendet und die Erstausbildung noch nicht abgeschlossen, und sein Unterhaltsanspruch richtet sich gegen seine Eltern,
  - in einem Kindschaftsverhältnis zum Verpflichteten steht und schwanger ist oder sein leibliches Kind bis zur Vollendung seines 6. Lebensjahres betreut.

Aus **sozialpolitischen** Gründen ausgeschlossen ist der Rechtsübergang nach § 94 Abs. 1 S. 5, 6, Abs. 2 SGB XII zum Schutz des Verpflichteten. Zudem soll dem Verpflichteten jedenfalls so viel verbleiben, wie er im Falle der **Sozialhilfegewährung** bekommen würde (§ 94 Abs. 3 S. 1 Nr. 1 SGB XII), → § 1585b Rn. 105).[41] Deshalb geht der Anspruch nur in der Höhe über, in der er sein Einkommen (§§ 85 ff. SGB XII) und sein Vermögen (§ 90 SGB XII) einzusetzen hätte. – Zur **Darlegungslast** → Rn. 34. 40

Aus sozialstaatsrechtlichen Gründen führen dem Verpflichteten unterhaltsrechtlich lediglich **fiktiv zugerechnete Einkünfte** nicht zu einem Übergang der Unterhaltsforderung, um den Verpflichteten nicht selbst sozialhilfebedürftig zu machen,[42] und weil er eben keine tatsächlichen Einkünfte hat, von denen er seinen Lebensbedarf und den des Berechtigten bestreiten könnte (§ 94 Abs. 3 S. 1 SGB XII; s. auch § 91 Abs. 2 S. 1 BSHG[43]). Wegen der Unwirksamkeit **privatrechtlicher Verträge** zwischen Berechtigtem und Sozialhilfeträger auf Überleitung der Unterhaltsansprüche[44] führt dies wohl zu seinem endgültigen Ausfall. 41

---

[41] OLG Nürnberg NJW-RR 1999, 589 = FamRZ 1999, 1021 (1022); OLG Düsseldorf NJW-RR 1999, 587 = FamRZ 1999, 1020 (1021).

[42] Zu § 91 Abs. 2 S. 1 BSHG s. BGH NJW 1999, 2365 = FamRZ 1999, 843 (845); NJW 1998, 2219 = FamRZ 1998, 818 (819 f.); OLG Düsseldorf NJW-RR 1999, 587 = FamRZ 1999, 1020 (1021); FamRZ 1999, 885 (886); NJW 1998, 1502 = FamRZ 1999, 127 (128); OLG Naumburg BeckRS 1997, 31127929 = FamRZ 1998, 552 f.; OLG Karlsruhe FamRZ 1997, 179 (180); OLG Hamm FamRZ 1997, 90 mwN; OLG Koblenz NJWE-FER 1996, 52 Ls. = FamRZ 1996, 1548 (1549); *Künkel* FamRZ 1991, 14 (23); aA OLG Karlsruhe NJW-RR 1995, 1285 = FamRZ 1995, 615 (616); *Hampel* FamRZ 1996, 513 (517); *Brudermüller* FuR 1995, 17 (20 f.); offengelassen von OLG Köln FamRZ 1998, 175 (176).

[43] Aufgehoben durch Art. 68 Abs. 1 Nr. 1 des Gesetzes zur Einordnung des Sozialhilferechts in das Sozialgesetzbuch mWv 1.1.2005. Ob § 91 Abs. 2 S. 1 BSHG auf § 7 UVG entsprechend anzuwenden war, hat der BGH NJW-RR 2000, 1385 = FamRZ 2000, 1358; NJW 2000, 812 = FamRZ 2000, 221 (222 f.) offengelassen. Für nach § 94 Abs. 1 S. 1 SGB XII, § 33 Abs. 3 SGB II übergegangene Unterhaltsansprüche dürfte sich dieselbe Problematik stellen.

[44] BGH NJW 1994, 1733 = FamRZ 1994, 829 (830 f.); OLG Karlsruhe BeckRS 1992, 4767 = FamRZ 1993, 999 ff.

42 Ein Anspruchsübergang findet auch nicht statt, wenn und soweit die Inanspruchnahme des Verpflichteten eine **unbillige Härte** darstellen würde (§ 94 Abs. 3 S. 1 Nr. 2 SGB XII). Dies bestimmt sich danach, ob aus öffentlich-rechtlicher Sicht durch materielle oder immaterielle Umstände, die beim Verpflichteten oder dem Hilfeempfänger vorliegen können, unter Berücksichtigung des Hilfeziels und der allgemeinen Grundsätze der Sozialhilfe soziale Belange des Verpflichteten berührt werden.[45] Sie ist idR dann anzunehmen, wenn Eltern einem von einer Behinderung bedrohten oder pflegebedürftigen Kind, welches das 18. Lebensjahr vollendet hat und dem Eingliederungs- oder Pflegehilfe gewährt wird, unterhaltspflichtig sind (§ 94 Abs. 2 SGB XII).[46] In welchen Fällen ansonsten eine unbillige Härte vorliegt, richtet sich hinsichtlich der Eingriffsschwelle an diesem **Regelfall** aus; insbesondere soziale Belange des Berechtigten wie des Verpflichteten sind zu berücksichtigen.[47] – Gesetzessystematisch gehen die **unterhaltsrechtlichen Billigkeitsregelungen** in § 1573 Abs. 5 S. 1 Hs. 1, § 1578 Abs. 1 S. 2 Hs. 1, §§ 1579, 1581 dieser sozialhilferechtlichen vor, weil ihre Anwendung dazu führt, dass bereits kein Unterhaltsanspruch besteht, der übergehen könnte.[48] Dagegen schließt eine Nichtanwendung dieser unterhaltsrechtlichen Billigkeitsregelungen die Anwendung der sozialhilferechtlichen ebenso wenig aus wie die Anwendung von § 1576.

43 Aus Gründen des **Vertrauensschutzes** kann der Verpflichtete vom Sozialleistungsträger für die Vergangenheit auf **rückständigen Unterhalt** nur insoweit in Anspruch genommen werden, als dies bürgerlich-rechtlich nach § 1585b Abs. 2 möglich ist. Daran ändern § 94 Abs. 4 SGB XII, § 33 Abs. 3 SGB II nichts, weil sie dem Sozialleistungsträger durch den Einsatzzeitpunkt der schriftlichen Mitteilung der Sozialhilfegewährung **(Rechtswahrungsanzeige)** nur die Möglichkeit einräumen, den Verpflichteten unabhängig vom Berechtigten in Verzug zu setzen. – Zu den **Einzelheiten** → § 1585b Rn. 102–105.

### III. Auskunftsrecht des Sozialleistungsträgers

44 Trotz der besonderen familienrechtlichen Beziehungen zwischen Berechtigtem und Verpflichtetem erwirbt der Sozialleistungsträger mit dem Übergang des Unterhaltsanspruchs auch den diesem akzessorischen privatrechtlichen **Auskunftsanspruch** aus §§ 1580, 1605 (§ 94 Abs. 1 S. 1 SGB XII, § 33 Abs. 1 S. 3 SGB II; s. auch § 7 Abs. 1 S. 2 UVG, § 97a SGB VIII; → § 1580 Rn. 12).[49] Daneben stehen ihm öffentlich-rechtliche Auskunftsrechte zu (vgl. § 117 SGB XII,[50] §§ 56 ff. SGB II; s. auch §§ 60 ff. SGB I, § 47 Abs. 1 BAföG), die aufgrund Verwaltungsakts mit verwaltungsrechtlichen Zwangsmitteln durchzusetzen sind.

### IV. Rückübertragung. Einziehungsermächtigung

45 Der Sozialleistungsträger kann die auf ihn übergegangenen Ansprüche treuhänderisch auf den Unterstützten zur gerichtlichen Geltendmachung **zurückübertragen** und sich den geltend gemachten Anspruch abtreten lassen (§ 94 Abs. 5 S. 1 SGB XII, § 33 Abs. 4 S. 1 SGB II; s. auch § 7 Abs. 4 S. 3 UVG).

46 **Beispiele aus der Rspr.:**

OLG Hamm FamRZ 1998, 174 (175) nimmt eine wirksame Rückübertragung nur an, wenn sie „frei von jeglichen materiellrechtlichen und prozessualen Einschränkungen" ist, insbesondere hinsichtlich einer vergleichsweisen Erledigung. Dies ist abzulehnen.

OLG Bremen BeckRS 2016, 110622 = FamRZ 2017, 805 zur wirksamen Vertretung des Jobcenters durch den „Sachbearbeiter für Unterhaltsheranziehung im Bereich SGBII".

47 Zulässig ist auch eine **Einziehungsermächtigung,**[51] doch wird es meist an einem Bedürfnis für die klageweise Geltendmachung durch den Berechtigten im Wege der gewillkürten Verfahrens-

45 Zum Ganzen BGH BeckRS 2018, 26276 Rn. 26 mwN mBspr *Conradis* NZFam 2018, 1046 = FamRZ 2018, 1903 mAnm *Schürmann,* insbesondere zum „öffentlich-rechtlichen Grundsatz der familiengerechten Hilfe, nach dem unter anderem auf die Belange und Beziehungen in der Familie Rücksicht zu nehmen ist; wenn die laufende Heranziehung in Anbetracht der sozialen und wirtschaftlichen Lage des Unterhaltspflichtigen mit Rücksicht auf die Höhe und Dauer des Bedarfs zu einer nachhaltigen und unzumutbaren Beeinträchtigung des Unterhaltspflichtigen und der übrigen Familienmitglieder führen würde".

46 BGH NJW 2010, 2957 Rn. 31–38 = FamRZ 2010, 1418.

47 S. auch OLG Koblenz BeckRS 1997, 31147822 = FamRZ 1999, 475 (476).

48 Etwa *Schellhorn, W.* in Schellhorn/Schellhorn/Hohm, SGB XII, 19. Aufl. 2015, § 94 Rn. 105; *Kirchhoff* in Hauck/Noftz, SGB XII, Werksstand: 02/15, § 94 Rn. 41, 117, 118.

49 AA zum vor den Rechtsänderungen geltenden Recht BGH NJW 1991, 1235 = FamRZ 1991, 1117 f. (zu § 37 BAföG); NJW 1986, 1688 = FamRZ 1986, 568 (zu § 90 BSGH).

50 Dazu LSG BW BeckRS 2018, 18483 = FamRZ 2018, 33 (34 f.).

51 *Künkel* FamRZ 1996, 1511, (1515). AA für das bis zum 31.7.1996 geltende Recht BGH NJW-RR 1996, 1345 = FamRZ 1996, 1207 (1208); NJW 1996, 3273 = FamRZ 1996, 1203 (1206 f.) (mit Darstellung des

standschaft fehlen.[52] Denn sie ist nur zulässig, wenn der Berechtigte eigene Interessen verfolgt, woran es aber fehlt, wenn Unterhalt in die Sozialhilfeleistungen nicht übersteigender Höhe geltend gemacht wird, weil die finanzielle Absicherung durch die Sozialhilfeleistungen sichergestellt ist. Auch ist es nicht gerechtfertigt, dem Verpflichteten das Kostenrisiko aufzubürden, indem ihm statt dem leistungsfähigen Sozialleistungsträger der (meist) insolvente Berechtigte gegenübergestellt wird.[53] Die gewillkürte Verfahrensstandschaft ist jedoch aus Gründen der **Rechtssicherheit** und **Prozesswirtschaftlichkeit** zuzulassen, wenn

– die verlangten Unterhaltsbeträge die Sozialleistungen übersteigen, um nicht Sozialleistungsträger (in Höhe der Sozialleistungen) und Berechtigten (wegen des übersteigenden Betrages) auf 2 Prozesse mit erhöhter Kostenbelastung und der Gefahr abweichender Entscheidungen zu verweisen.[54]
– Ehegatten- und Kindesunterhalt im Verbund verfolgt werden sollen, weil der Ehegatte schutzwürdig ist, der als Berechtigter oder als betreuender Elternteil die Scheidung von der Klärung der Unterhaltsfragen abhängig machen will.

Dagegen sind **Vollstreckungsermächtigungen** ohne vorherige Rückübertragung der übergegangenen Ansprüche auf den Berechtigten unwirksam. 48

### V. Verfahrensrechtliche Besonderheiten

**1. Rechtsweg.** Über Grund, Höhe, Beginn und Dauer des Unterhaltsanspruchs und seines Rechtsübergangs ist im **Zivilrechtsweg** (§ 94 Abs. 5 S. 3 SGB XII, § 33 Abs. 4 S. 3 SGB II;[55] zur **Zuständigkeit** → Rn. 57–62) zu entscheiden. Insbesondere hat das FamG auch über die sozialhilferechtlichen Beschränkungen des Rechtsübergangs (→ Rn. 35–50) zu befinden. Zudem entscheidet es über die **Auskunftspflicht** des Verpflichteten, nicht aber über das sozialhilferechtliche Auskunftsrecht des Sozialleistungsträgers (→ Rn. 44); doch wird sich aufgrund des bürgerlich-rechtlichen Auskunftsrechts des Sozialleistungsträgers meist ein gesondertes Verwaltungsverfahren zur Durchsetzung dieses Auskunftsrechts erübrigen. 49

**2. Antrag auf künftige Leistung.** Der **Sozialhilfeträger** kann bis zur Höhe seiner bisherigen Aufwendungen auch auf künftige Leistung klagen, wenn die Hilfe voraussichtlich auf längere Zeit gewährt werden muss (§ 94 Abs. 4 S. 2 SGB XII, § 33 Abs. 3 S. 2 SGB II). Die Bedingung der Erbringung künftiger Sozialleistungen in bisheriger Höhe ist in den **Tenor** aufzunehmen,[56] ihr Eintritt ist im Verfahren auf Erteilung der Vollstreckungsklausel zu prüfen (§ 95 Abs. 1 Nr. 1 FamFG, § 727 ZPO).[57] **Abänderungs-** und **Vollstreckungsgegenantrag** sind vom Sozialleistungsträger zu erheben bzw. gegen ihn zu richten.[58] – Trotz der Antragsbefugnis des Sozialleistungsträgers ist die gerichtliche Geltendmachung **künftigen Unterhalts** durch den **Berechtigten** auch **verfahrenskostenhilferechtlich** nicht mutwillig iSd § 113 Abs. 1 S. 1 FamFG, § 114 ZPO.[59] 50

---

damaligen Streitstandes); dazu auch OLG Celle BeckRS 2011, 6353 = FamRZ 1996, 503 f. Ls.; OLG Braunschweig BeckRS 1995, 31128878 = FamRZ 1996, 39 f.; KG FamRZ 1996, 37 (38); OLG Celle FamRZ 1995, 1172 f.; OLG München FamRZ 1995, 1170.

52 Gegen jede Zulässigkeit einer gewillkürten Verfahrensstandschaft spricht sich der 7. DFGT 1987, A 2c aa, cc, FamRZ 1988, 469 aus. Vgl. auch LG Hamburg BeckRS 2010, 26677 = FamRZ 1990, 653 f. (Amtshaftung der Sozialbehörde, die einen Berechtigten zur Einziehung ermächtigt, ohne ihn zugleich darauf hinzuweisen, dass nach der Rspr. der zuständigen Gerichte eine gewillkürte Verfahrensstandschaft unzulässig ist).

53 Ebenso OLG Hamm NJW-RR 1991, 776 = FamRZ 1990, 1369 (1370 f.); OLG Hamburg FamRZ 1990, 417 (418 f.); BeckRS 2009, 28816 = FamRZ 1988, 843 f.; *Wax* in Göppinger/*Wax* UnterhaltR, 5. Aufl. 1987, Rn. 3043; *Seetzen* NJW 1978, 1353; aA OLG Hamm BeckRS 2007, 5270 = FamRZ 1989, 506 (507); KG BeckRS 2010, 26005 = FamRZ 1988, 300 (301 f.); OLG Hamm BeckRS 2010, 23848 = FamRZ 1979, 1058 (1059).

54 OLG Köln NJW-RR 1995, 455 = FamRZ 1994, 970 f. mwN; aA *Vogel* FamRZ 1994, 967 (969): Nichtigkeit wegen Sittenwidrigkeit, wenn Gegner wegen Leistungsunfähigkeit des Unterstützungsempfängers trotz Obsiegens auf seinen Kosten sitzen bleibt.

55 Anders § 91 Abs. 1 S. 1, Abs. 3 BSHG aF: Grund und Umfang der Überleitung einschließlich der Schongrenzen waren im Verwaltungs- und verwaltungsgerichtlichen Verfahren zu klären.

56 BGH NJW 1992, 1624 = FamRZ 1992, 797 (799); auch OLG Celle BeckRS 1996, 30944653 = FamRZ 1997, 1074 (1075); aA für die ab 27.6.1993 geltende Fassung von § 91 BSHG (in Kraft bis 31.12.2004) OLG Koblenz NJWE-FER 1996, 8 = FamRZ 1996, 756.

57 OLG Köln NJW-RR 1993, 324 = FamRZ 1992, 1219 (1220).

58 BGH NJW 1992, 1624 = FamRZ 1992, 797 (800); OLG Zweibrücken NJW 1986, 730 = FamRZ 1986, 190; *Künkel* FamRZ 1994, 540 (549).

59 OLG Düsseldorf FamRZ 1995, 1165 (1166); OLG Köln NJW-RR 1996, 258 = FamRZ 1995, 820 f.; OLG Hamm NJW-RR 1995, 708 = FamRZ 1994, 1533.

51 **3. Antrag des Berechtigten nach Rückübertragung.** Überträgt der Sozialleistungsträger die auf ihn übergegangenen Unterhaltsansprüche auf den Berechtigten zurück, hat er die Kosten zu übernehmen, mit denen der Berechtigte dadurch belastet wird (§ 94 Abs. 5 S. 2 SGB XII, § 33 Abs. 4 S. 2 SGB II). Dies schließt es zwar nicht grundsätzlich aus, dem Berechtigten für das Verfahren **VKH** zu gewähren (→ 5. Aufl. 2010, Vor § 1569 Rn. 26), doch ist zu differenzieren:[60]

52 – Hat der Sozialleistungsträger den auf ihn übergegangenen Anspruch auf den ehemaligen Anspruchsinhaber wieder **zurückübertragen,** ist er ihm verfahrenskostenvorschusspflichtig, sodass die Bedürftigkeit iSv § 113 Abs. 1 S. 1 FamFG, § 114 Abs. 1 S. 1 ZPO entfällt.

53 – Dies gilt grundsätzlich auch dann, wenn der Bedürftige neben den zurückübertragenen (rückständigen) Unterhaltsansprüchen die bei ihm verbliebenen Ansprüche auf **künftigen** Unterhalt gerichtlich geltend macht. Denn die Verfahrensökonomie und das Interesse des Bedürftigen an einer einheitlichen Geltendmachung und Entscheidung der Unterhaltsansprüche begründen kein schützenswertes Interesse an der Bewilligung von VKH auch für die zurückübertragenen Ansprüche.

54 – Lediglich dann kann dem Bedürftigen insgesamt VKH bewilligt werden, wenn die Verweisung auf den Verfahrenskostenvorschuss bloße **Förmelei** wäre, etwa wenn sich die zurückübertragenen Ansprüche neben nicht übergegangenen Ansprüchen kostenrechtlich nicht auswirken – was praktisch meist nicht der Fall sein wird, aber bei zwischen Einreichung des VKH-Antrags und Zustellung des Antrags der Hauptsache fällig gewordenen Ansprüchen vorkommen kann –, oder der Bedürftige durch die Verweisung auf den Anspruch auf Verfahrenskostenvorschuss **Rechtseinbußen** erleiden würde, weil dieser nicht alsbald realisierbar ist, etwa weil er gegen den Sozialleistungsträger eingeklagt werden müsste.

## F. Verfahrensrecht

### I. Unterhaltssachen

55 Bei gerichtlichen Streitigkeiten (auch) über den nachehelichen Unterhalt handelt es sich um **Familiensachen** (§ 111 Nr. 8) und um **Unterhaltsachen** iSd § 112 Nr. 18 FamFG, § 231 Abs. 1 FamFG. Sie sind **Familienstreitsachen** (§ 112 Nr. 1 FamFG, § 231 Abs. 1 Nr. 2 FamFG), für die die Bestimmungen der § 113 (Anwendung von Vorschriften der Zivilprozessordnung), § 114 (Vertretung durch einen Rechtsanwalt; Vollmacht), § 115 (Zurückweisung von Angriffs- und Verteidigungsmitteln), § 116 Abs. 3 (Entscheidung durch Beschluss; Wirksamkeit), § 117 (Rechtsmittel in Ehe- und Familienstreitsachen), § 118 (Wiederaufnahme), § 119 (Einstweilige Anordnung und Arrest) und § 120 (Vollstreckung) sowie die §§ 231–260 FamFG gelten.

56 Zu denen **Unterhaltssachen** gehören etwa Ansprüche auf laufenden Interhalt
- nach den §§ 1570–1576, 1586b (zu Letzterem → § 1586b Rn. 55),
- auf Auskunft (§§ 1580, 1605),
- auf Abfindung in Kapital (§ 1585 Abs. 2),
- auf Sicherheitsleistung (§ 1585a),
- aus einer die gesetzliche Unterhaltspflicht bestimmenden Vereinbarung (§ 1585c); für Streitigkeiten aus vertraglichen Vereinbarungen mit selbstständigem Schuldgrund sind die Zivilgerichte (AG oder die Zivilkammern der LG) sachlich zuständig;
- auf Erstattung der durch das begrenzte Realsplitting entstandenen Nachteile (→ § 1569 Rn. 55).[61]

### II. Zuständigkeit

57 Für Streitigkeiten, die eine durch Ehe und Verwandtschaft begründete gesetzliche Unterhaltspflicht betreffen, sind die Amtsgerichte **sachlich** zuständig (§ 23a Abs. 1 S. 1 Nr. 1 GVG, § 111 Nr. 8 FamFG, § 112 Nr. 1 FamFG, § 231 Abs. 1 Nr. 2 FamFG).

58 Zuständig kraft **gesetzlicher Geschäftsverteilung**[62] sind die FamG – Abteilungen für Familiensachen der AG – (§ 23b Abs. 1 S. 1 GVG).

Für die **örtliche** Zuständigkeit wird nach der Anhängigkeit einer Ehesache unterschieden. Es gilt:

59 – Ist eine Ehesache nicht anhängig, bestimmt sie sich nach § 232 Abs. 3 S. 1 FamFG, §§ 12 ff. ZPO, insbesondere auch § 23a ZPO. – Nach § 232 Abs. 3 S. 1 FamFG tritt der gewöhnliche Aufenthalt

[60] BGH NJW 2008, 1950 Rn. 13–19 = FamRZ 2008, 1159; s. auch OLG Düsseldorf BeckRS 2009, 9990 = FamRZ 2009, 530 Ls.

[61] Etwa BGH NJW-RR 2008, 156 Rn. 15 = FamRZ 2008, 40 (zu Art. 5 Nr. 2 EuGVVO).

[62] HM, vgl. lediglich BGHZ 71, 264 = NJW 1978, 1531 = FamRZ 1978, 582 (583) mwN.

des Verpflichteten an die Stelle seines Wohnsitzes. S. 2 Nr. 1, 2 sieht Wahlgerichtsstände nach Wahl des Antragstellers vor, die für unterschiedliche Unterhaltssachen aufeinander abgestimmte Entscheidungen gewährleisten sollen.

- Ist eine Ehesache anhängig, nicht notwendig rechtshängig, ist das **Gericht der Ehesache** auch für die Streitigkeit über den nachehelichen Unterhalt ausschließlich örtlich zuständig (§ 232 Abs. 1 Nr. 1 FamFG). Zum **Verbund** mit der Scheidungssache (§ 137 FamFG) → Rn. 66, 67. 60
- Wird eine Ehesache während der Anhängigkeit eines Unterhaltsrechtsstreits rechtshängig, ist Letzterer an das Gericht der Ehesache abzugeben oder zu verweisen (§ 233 FamFG, der in S. 2 eine entsprechend § 281 Abs. 2, 3 S. 1 ZPO bindende Abgabe vorsieht). 61
- Im Rechtsmittelrechtszug sind aufgrund einer formellen Anknüpfung die OLG zur Entscheidung über Berufungen und Beschwerden gegen Entscheidungen der FamG unabhängig davon **funktionell** zuständig, ob es sich materiell um eine Familiensache handelt (§§ 72, 119 Abs. 1 Nr. 1a GVG). 62

## III. Verfahrensgegenstand

Auf **eigene** oder **abgetretene Ansprüche** gestützte Anträge führen zu verschiedenen Verfahrensgegenständen, da es sich nicht um verschiedene rechtliche Begründungen desselben prozessualen Anspruchs handelt.[63] 63

Auch das auf einen Anspruch auf **Schadensersatz wegen vorsätzlicher Verletzung der Unterhaltspflicht** (§ 823 Abs. 2 iVm § 170 StGB) gerichtete Verfahren hat einen anderen Verfahrensgegenstand als ein solches, mit dem ein **gesetzlicher Unterhaltsanspruch** geltend gemacht wird, weshalb auch nur diejenigen materiellrechtlichen Ansprüche, über die mit dem Titel entschieden wurde, rechtskräftig festgestellt sind.[64] Dies hindert den Gläubiger jedoch nicht, beide Ansprüche **gleichzeitig nebeneinander** geltend zu machen,[65] zumal es sich bei beiden um **Familienstreitsachen** nach § 111 Nr. 8 und 10 FamFG, § 112 Nr. 1 und 3 FamFG, § 231 Abs. 1 FamFG, § 266 Abs. 1 Nr. 2–4 FamFG, § 269 Abs. 1 Nr. 8 und 9, Abs. 2 FamFG handelt.[66] 64

## IV. Gerichtliche Geltendmachung

Unterhalt wird durch einen **Antrag** geltend gemacht (§ 113 Abs. 5 Nr. 2–4 FamFG), an den dieselben Anforderungen wie an eine Klage zu stellen sind (§ 113 Abs. 1 FamFG, § 253 ZPO). Insbesondere bleibt es beim **Beibringungsgrundsatz.** 65

Der nacheheliche Unterhalt gehört nicht zu den notwendigen **Folgesachen** (§ 137 Abs. 2 S. 1 Nr. 2, S. 2 FamFG). Der Berechtigte kann, ohne mit seinem Antrag oder mit Tatsachen ausgeschlossen zu sein, seinen Anspruch nach Abschluss des Scheidungsverfahrens in einem **selbstständigen** Verfahren betreiben.[67] Er kann ihn aber auch als gewillkürte Folgesache im **Verbund** mit der Scheidungssache verfolgen (§ 137 Abs. 2 S. 1 Nr. 2 FamFG). 66

Macht der Berechtigte seinen Anspruch auf nachehelichen Unterhalt während der Anhängigkeit einer Scheidungssache – nicht auch eines Ehefeststellungs- und Eheaufhebungsantrags (§ 121 Nr. 2, 3 FamFG) – im **Verbund** bis spätestens 2 Wochen vor der mündlichen Verhandlung in der Scheidungssache (§ 137 Abs. 2 S. 1 FamFG) anhängig, ist in der Scheidungssache und in den Folgesachen unter Einschluss der Unterhaltssache **gleichzeitig** zu verhandeln und zu entscheiden (§ 137 Abs. 1 FamFG).[68] Die **Auflösung** des Verbunds kann nach § 140 Abs. 2 S. 2 Nr. 5, Abs. 3 FamFG nur ausnahmsweise und nur dann erfolgen, wenn der Ausspruch der Scheidung zusammen mit der Regelung des nachehelichen Unterhalts wegen seiner außergewöhnlichen Verzögerung zu einer unzumutbaren Härte führen würde. – Zur Geltendmachung des **Auskunftsanspruchs** → § 1580 Rn. 123–127, zum **Stufenantrag** → § 1580 Rn. 128–131. 67

Die **Vollmacht** für die Scheidungssache erstreckt sich auf alle Folgesachen (§ 114 Abs. 5 S. 2 FamFG). Dagegen erstreckt sich die für die Scheidungssache bewilligte **VKH**[69] nicht von Gesetzes 68

[63] BGHZ 209, 168 = NJW 2016, 1818 Rn. 41 mBspr *Krumm* NZFam 2016, 467 = FamRZ 2016, 972; NJW 2008, 2922 = FamRZ 2008, 1921 Ls.; NJW 2005, 2004 (2005 f.); NJW 1996, 117 (119).

[64] BGHZ 209, 168 = NJW 2016, 1818 Rn. 28, 30, 31, 41 mBspr *Krumm* NZFam 2016, 467 = FamRZ 2016, 972.

[65] Zum Ganzen BGHZ 209, 168 = NJW 2016, 1818 Rn. 41 mBspr *Krumm* NZFam 2016, 467 = FamRZ 2016, 972.

[66] BGHZ 209, 168 = NJW 2016, 1818 Rn. 14 mBspr *Krumm* NZFam 2016, 467 = FamRZ 2016, 972.

[67] Ohne dass ihm deshalb wegen Mutwilligkeit (§ 113 Abs. 1 FamFG, § 114 ZPO) VKH versagt werden könnte, BGH NJW 2005, 1497 = FamRZ 2005, 786 (787 f.) mwN.

[68] Dazu BGH NJW 2012, 1734 = FamRZ 2012, 863.

[69] Dazu BGH NJW-RR 2011, 3 Rn. 13–25 = FamRZ 2010, 1324: Leistungen nach dem SGB II sind Einkommen iSd § 115 ZPO, auch wenn sie dem Hilfebedürftigen als Alleinerziehendem für Mehrbedarf nach § 21

wegen auf die Folgesache „Unterhalt" (§ 149 FamFG: Erstreckung auf eine Versorgungsausgleichsfolgesache; anders noch § 624 Abs. 2 ZPO aF). Stets handelt es sich um eine **Feriensache** (§ 227 Abs. 3 ZPO gilt nicht, § 113 Abs. 3 FamFG). Sowohl im ersten als auch im Rechtsmittelrechtszug besteht für selbstständige Unterhaltsrechtsstreitigkeiten **Anwaltszwang** (§ 114 Abs. 1 FamFG; Ausnahme: „Behördenprivileg", § 114 Abs. 3 FamFG, nach Übergang des Unterhaltsanspruchs auf einen Sozialleistungsträger). Es gilt ohne die Einschränkungen des § 127 FamFG der **Verhandlungsgrundsatz** (auch § 113 Abs. 1 FamFG, § 128 Abs. 1 ZPO).

### V. Entscheidung

69 Das FamG entscheidet durch **Beschluss** (§ 116 Abs. 1 FamFG, auch § 113 Abs. 1 S. 1 FamFG, § 38 FamFG), gleich ob im Verbund, nach Abtrennung aus dem Verbund oder in einem selbstständigen Verfahren. Über die **Kosten** wird nach § 243 FamFG, in einer Folgesache nach § 150 FamFG entschieden (zur isolierten Anfechtbarkeit einer Kostenentscheidung → Rn. 73).[70] Der Beschluss ist nicht für vorläufig **vollstreckbar** zu erklären (zur **Vollstreckung** → Rn. 89–92).

### VI. Anfechtbarkeit

70 Gegen einen Beschluss als Endentscheidung ist nach den allgemeinen Bestimmungen innerhalb einer Monatsfrist die **Beschwerde** zulässig (§§ 58 ff. FamFG), über die nach § 72 Abs. 1 S. 1 GVG, § 119 Abs. 1 Nr. 1, Abs. 2 GVG, § 23b Abs. 1 GVG ein Familiensenat beim OLG entscheidet. Sie ist beim Familiengericht einzulegen, ebenso der Antrag auf Bewilligung von **VKH** für eine beabsichtigte Beschwerde (§ 64 Abs. 1 FamFG). Die **Beschwerdebegründung** ist dagegen beim Beschwerdegericht einzureichen (§ 117 Abs. 1 S. 2 FamFG). – Der Beschwerdegegner kann sich der Beschwerde durch Einreichung einer Beschwerdeanschlussschrift beim Beschwerdegericht **anschließen,** auch wenn die Beschwerdefrist abgelaufen ist. Die Anschließung verliert ihre Wirkung, wenn die Beschwerde zurückgenommen oder als unzulässig verworfen wurde (§ 117 Abs. 2 S. 1 FamFG, § 524 Abs. 2 S. 2, 3 ZPO).

71 **Rechtsbeschwerde** zum BGH ist nur nach ausdrücklicher Zulassung zulässig.[71] Sie ist zuzulassen, wenn die in § 70 Abs. 2 FamFG aufgeführten Voraussetzungen vorliegen: Rechtssache von grundsätzlicher Bedeutung und/oder Erforderlichkeit zur Fortbildung des Rechts oder Sicherung einer einheitlichen Rechtsprechung. Die Nichtzulassung ist bindend, sie kann auch nicht mit einer Nichtzulassungsbeschwerde angefochten werden (§ 70 Abs. 1 FamFG).

72 Gegen einen die Beschwerde ohne mündliche Verhandlung als unzulässig **verwerfenden Beschluss** ist jedoch die Rechtsbeschwerde statthaft, wenn die Rechtsfrage grundsätzliche Bedeutung hat oder die Fortbildung des Rechts oder die Sicherung einer einheitlichen Rechtsprechung eine Entscheidung des BGH erfordert (§ 117 Abs. 1 S. 4 FamFG, § 522 Abs. 1 S. 4 ZPO, § 574 Abs. 1 Nr. 1, Abs. 2 ZPO). Die **Anschließung** an die Beschwerde des Gegners ist ohne zeitliche Beschränkung auf die bis zum Ablauf der zur Beschwerdeerwiderung gesetzten Frist zulässig (§ 117 Abs. 2 S. 1 FamFG, § 524 Abs. 2 S. 2, 3 ZPO).[72] – Zur Zulässigkeit einer **Teilentscheidung** → § 1578 Rn. 968–975.

73 Isolierte **Kostenentscheidungen** nach streitloser Erledigung der Hauptsache – durch übereinstimmende Erklärung der Erledigung des Verfahrens in der Hauptsache, Anerkenntnis oder Vergleich ohne Kostenregelung – sind mit der zivilprozessualen befristeten Beschwerde nach §§ 567 ff. ZPO anfechtbar (§ 113 Abs. 1 S. 1 FamFG, §§ 91a, 99 Abs. 2 ZPO; letzterer ist auf Vergleiche ohne Kostenregelung entsprechend anwendbar).[73] Ebenso Entscheidungen im **VKH-Prüfungsverfahren** (§ 113 Abs. 1 S. 2 FamFG, § 127 Abs. 2 S. 2 ZPO).

### VII. Besondere Verfahrensarten

74 **1. Abänderungsantrag.** Der Abänderungsantrag dient der Durchbrechung der Bestandskraft von Beschlüssen/Urteilen (§ 238 Abs. 1 FamFG) sowie der Anpassung anderer, rechtsgeschäftlich

---

Abs. 3 SGB II pauschal gewährt werden. Ein pauschaler Abzug dieses Mehrbedarfs im Rahmen des § 115 Abs. 1 S. 3 Nr. 4 ZPO ist nicht möglich.

[70] Dazu BGH NJW 2011, 3654 Rn. 29–32 = FamRZ 2011, 1933 (Kriterien für die Kostenentscheidung); NJW 2010, 238 Rn. 14–20 = FamRZ 2010, 195 (zur Antragsveranlassung ohne vorherige Aufforderung zur vollständigen Unterhaltsleistung nach Erbringen nur noch von Teilleistungen auf nicht titulierten Unterhalt).

[71] Musielak/Voit/*Ball* ZPO § 522 Rn. 17; s. dazu auch BT-Drs. 14/3750, 90.

[72] BGH NJW 2009, 1271 Rn. 18–29 = FamRZ 2009, 579.

[73] BGH NJW 2011, 3654 Rn. 7–25 = FamRZ 2011, 1933 (Anfechtbarkeit der isolierten Kostenentscheidung).

errichteter Vollstreckungstitel wie Prozessvergleich[74] und notarieller Urkunden (§ 239 FamFG; zur alternativen Zuständigkeit des Jugendamts und des AG zur Beurkundung der Verpflichtung zur Zahlung von Kindesunterhalt und den Unterhalt eines nicht verheirateten Elternteils nach § 1615l s. §§ 59, 60 SGB VIII, § 62 BeurkG). Bei einer Verminderung der titulierten Unterhaltsrente ist er **Gestaltungsantrag,** bei einer Erhöhung zudem **Leistungsantrag.** – Die Zulässigkeit eines Abänderungsantrags führt zur Unzulässigkeit eines isolierten Leistungsantrags. Beschränkt sich die titulierte Unterhaltsverpflichtung aber – wovon im Zweifel auszugehen ist – eindeutig nur auf einen **Teilbetrag** – etwa weil nur ein solcher geltend gemacht worden war –, ist eine Mehrforderung allein mit einem isolierten Leistungsantrag geltend zu machen.[75] – Zum **Abänderungsantrag** → § 1578 Rn. 984–978.

Nach **Abweisung** eines Erstantrags[76] oder der Feststellung in einem **Vergleich,** dass eine 75
Unterhaltspflicht derzeit nicht besteht,[77] ist zur erneuten Geltendmachung eines Unterhaltsanspruchs aufgrund veränderter Verhältnisse ein originärer Leistungsantrag der zulässige Rechtsbehelf, um den Verpflichteten nicht an unzutreffende Feststellungen zu binden.[78] – Nach Abweisung eines **Abänderungsantrags** ist dagegen Antrag auf Abänderung des abweisenden Beschlusses zu erheben, um eine von der letzten Prognose abweichende Entwicklung der maßgeblichen Verhältnisse geltend zu machen.[79]

Für die **Zulässigkeit** des Abänderungsantrags muss der Antragsteller die Grundlagen des abzu- 76
ändernden Titels und die wesentlichen Änderungen dieser maßgeblichen Verhältnisse lediglich darlegen (§ 238 Abs. 1 S. 2 FamFG). Ob diese eine Abänderung auch rechtfertigen, betrifft dagegen die **Begründetheit** des Abänderungsantrags.[80] – Das FamG ist an diese Grundlagen gebunden. Eine Durchbrechung dieser **Bindung** ist nur bei einer wesentlichen Änderung der maßgeblichen Verhältnisse aus Billigkeitsgründen zulässig (→ § 1578 Rn. 984–991).[81] Die **Anpassung** des abzuändernden Titels ist deshalb nicht aufgrund einer freien Festsetzung, sondern nur entsprechend seinen tatsächlichen und rechtlichen Grundlagen zulässig (§ 238 Abs. 4 FamFG).[82]

Ein **Beschluss** kann grundsätzlich erst für die Zeit ab **Erhebung,** mithin ab Rechtshängigkeit 77
des Antrags (§ 113 Abs. 1 S. 2 FamFG, § 261 Abs. 1 ZPO, § 253 Abs. 1 ZPO) abgeändert werden (§ 238 Abs. 3 S. 1 FamFG). Zudem kann der Berechtigte die Abänderung auch ab dem Zeitpunkt begehren, zu dem ihm infolge einer **Inverzugsetzung** nach § 1585b Abs. 2, § 1613 Abs. 1 materiellrechtlich erhöhter Unterhalt für die Vergangenheit zusteht (§ 238 Abs. 3 S. 2 FamFG). Dies gilt für einen Abänderungsantrag des Verpflichteten auf Herabsetzung des titulierten Betrages entsprechend (§ 238 Abs. 3 S. 3 FamFG).[83]

---

[74] Zur Abänderbarkeit eines Vergleichs, in den keine Geschäftsgrundlage aufgenommen wurde, BGH NJW 2010, 440 Rn. 16–34 = FamRZ 2010, 192; zur Abänderbarkeit eines Vergleichs, in dem die Unabänderbarkeit bis zu einem bestimmten Zeitpunkt vereinbart wurde, bei Gesetzesänderung, AG Bad Mergentheim BeckRS 2009, 22009 = FamRZ 2010, 215.

[75] BGH NJW 2009, 1410 Rn. 13 = FamRZ 2009, 314; auch OLG Brandenburg NZFam 2019, 264 mAnm *Graba* = BeckRS 2018, 38751 Rn. 28.

[76] Etwa BGH NJW-RR 1990, 390 = FamRZ 1990, 1795 (1796); BGHZ 82, 246 = NJW 1982, 578 = FamRZ 1982, 259 (260 f.).

[77] BGH NJW 2010, 2582 Rn. 24 = FamRZ 2010, 1311.

[78] Missverständlich BGH NJW 2012, 923 Rn. 22 = FamRZ 2012, 288, wo allerdings wohl nur einen Abänderungsantrag und nicht auch einen Erstantrag abweisende Entscheidungen gemeint sind.

[79] BGH NJW 2012, 923 Rn. 22 = FamRZ 2012, 288; NJW 2008, 1525 Rn. 12, 13 = FamRZ 2008, 872; NJW 2007, 2249 Rn. 19 = FamRZ 2007, 983.

[80] BGH NJW 2012, 2514 Rn. 11 = FamRZ 2012, 1284; NJW 2010, 3582 Rn. 12 = FamRZ 2010, 1884; NJW 2010, 1595 Rn. 27 = FamRZ 2010, 538 („besondere Prozessvoraussetzung"); offengelassen BGH NJW 2011, 3645 Rn. 17 = FamRZ 2011, 1721.

[81] Zur Abänderung von Titeln auf der Grundlage **fiktiver Einkünfte** s. BGH NJW 2008, 1525 Rn. 15–22 = FamRZ 2008, 872.

[82] Zu einer Neufestsetzung, wenn die Ehegatten lediglich bis zu einem bestimmten Zeitpunkt den Unterhalt geregelt haben, s. BGH NJW 2007, 2249 Rn. 17–21 = FamRZ 2007, 983 (Erstklage); wenn die Grundlagen einer abzuändernden Vereinbarung nicht mehr ermittelbar sind, s. BGH NJW 2010, 3582 Rn. 15 = FamRZ 2010, 1884; NJW 2010, 2515 Rn. 38 = FamRZ 2010, 1318; BGHZ 173, 210 = NJW 2007, 2921 Rn. 15 = FamRZ 2007, 1459; NJW 2001, 2259 = FamRZ 2001, 1140 (1142); s. auch BGH NJW 2010, 440 Rn. 13 = FamRZ 2010, 192 (Anpassung einer vertraglichen Unterhaltsregelung an die veränderten Verhältnisse nach Möglichkeit unter Wahrung des Parteiwillens und der ihm entsprechenden Grundlagen).

[83] Anders zu § 323 Abs. 3 S. 2 ZPO aF BGH NJW 2012, 3037 Rn. 16 = FamRZ 2012, 1624. – Zur Abänderbarkeit eines Anerkenntnisurteils (Anerkenntnisbeschlusses) BGHZ 173, 210 = NJW 2007, 2921 Rn. 14, 15 = FamRZ 2007, 1459; zur Abänderbarkeit eines Versäumnisurteils (Versäumnisbeschlusses) BGH NJW 2010, 2515 Rn. 38 = FamRZ 2010, 1318; BGHZ 185, 322 = NJW 2010, 2437 Rn. 18–21 = FamRZ 2010, 1150.

78 Der Abänderungsantrag kann nur auf Gründe gestützt werden, die nach Schluss der letzten Tatsachenverhandlung des vorausgegangenen Verfahrens entstanden sind und deren Geltendmachung durch Einspruch nicht möglich ist oder war (**Präklusion,** § 238 Abs. 2 FamFG). Begehrt ein Ehegatte eine Abänderung zu seinen Gunsten, kann der andere Ehegatte zur Verteidigung des bislang titulierten Unterhalts **alle Einwände** geltend machen, ohne dass es darauf ankäme, ob er diese bereits zuvor erhoben hat oder ob er sie hätte erheben können.[84] Deshalb kann etwa ein Verpflichteter dann, wenn ein Antrag des Berechtigten auf Erhöhung des in einer **gerichtlichen Entscheidung** titulierten Unterhalts abgewiesen worden war, einen späteren Abänderungsantrag auch auf solche Tatsachen stützen, die im vorausgehenden Abänderungsverfahren schon für den Fall zu berücksichtigen gewesen wären, dass der Abänderungsantrag des Berechtigten nicht bereits aus anderen Gründen abzuweisen gewesen war; denn hierauf erstreckt sich die Rechtskraft der vorausgegangenen Entscheidung nicht.[85]

79 Die Abänderung **rechtsgeschäftlich errichteter Titel** folgt § 239 FamFG, § 313. Für **notariell beurkundete Unterhaltsverpflichtungen** setzt dies allerdings voraus, dass ihnen eine Unterhaltsvereinbarung zugrunde liegt, an die die Beteiligten materiellrechtlich gebunden sind, und nicht lediglich einseitig der Wille des Verpflichteten.[86] Für einen solchen Titel gelten, ist er nicht bereits in einem früheren Verfahren durch gerichtliche Entscheidung (Urteil/Beschluss) abgeändert worden,[87] die Präklusionen aus § 238 Abs. 2, 3 FamFG jedoch nicht.[88] Die Anpassung richtet sich vielmehr vorrangig nach den Vereinbarungen der Ehegatten und, wurden solche nicht getroffen, nach den Regeln über die Änderung der Geschäftsgrundlage (§ 239 Abs. 2 FamFG, § 313; auch → § 1585c Rn. 161, 162).[89] Die Ehegatten können die Abänderbarkeit durch Vereinbarungen insbesondere zum Beginn der zulässigen Anpassung („Stillhaltefrist“) und zur Anpassungsgrundlage bis hin zu einer Neuberechnung ohne Bindung an bisherige Regelungen erleichtern oder erschweren.[90] – Zur Abänderbarkeit eines im **Verfahren der einstweiligen Anordnung** ergangenen **Vergleichs** → Rn. 88.

80 **2. Vollstreckungsgegenantrag.** Seine Abgrenzung zum Abänderungsantrag ist nicht immer eindeutig,[91] gleichwohl schließen sich beide gegenseitig aus. Nach § 120 FamFG, § 767 ZPO ist vorzugehen, wenn der **endgültige Wegfall** des Unterhaltsanspruchs etwa durch Erfüllung, Aufrechnung, Erlass, Verjährung, Verwirkung oder Ausschluss nach § 1579 geltend gemacht wird, während der Abänderungsantrag der Anpassung eines Titels an veränderte Umstände dient. Wegen der Abgrenzungsschwierigkeiten kann sich unter den Voraussetzungen von § 113 Abs. 1 S. 2 FamFG, § 260 ZPO eine **alternative Antragstellung** empfehlen.

81 **3. Feststellungsantrag. Positiv** ist ein Feststellungsantrag zulässig, wenn die Verjährung titulierter Ansprüche nicht anders unterbrochen werden kann.[92]

82 **Negativ** diente er bislang der Abwehr behaupteter und titulierter Unterhaltsansprüche, in der Praxis vor allem solcher, die in einer im Verfahren einer Ehesache erlassenen und noch nicht außer Kraft getretenen (§ 56 FamFG) **einstweiligen Anordnung** (§ 246 FamFG) verbrieft sind.[93] Zwar gibt es nach dem FamFG keine den §§ 620 ff. ZPO aF entsprechenden Regelungen mehr (→ Rn. 84–87).[94] Das Bedürfnis für eine negative Feststellung hat sich idR aber bereits dadurch erledigt, dass der Verpflichtete, ohne an eine Frist gebunden zu sein, die Anordnung einer Frist zur

---

84 BGHZ 136, 374 = NJW 1998, 161 = FamRZ 1998, 99 (100); NJW 1992, 364 = FamRZ 1992, 162 (165); NJW 1990, 2886 = FamRZ 1990, 1085 (1088); NJW 1988, 2371 = FamRZ 1988, 159 (160); BGHZ 98, 353 = NJW 1987, 1203 = FamRZ 1987, 259 (263).

85 BGH NJW 2018, 1753 Rn. 17 mAnm *Born*; BGH NZFam 2018, 555 mAnm *Graba* = FamRZ 2018, 914 mAnm *Viefhues*; BGH NJW 2013, 2358 Rn. 18 = FamRZ 2013, 1215.

86 Zum Kindesunterhalt BGH NJW 2017, 1317 Rn. 32 mAnm *Born* = NZFam 2017, 111 mAnm *Graba* = FamRZ 2017, 370.

87 BGH NJW 2012, 2514 Rn. 13 = FamRZ 2012, 1284.

88 BGH NJW 2013, 2358 Rn. 19, 22 = FamRZ 2013, 1215; NJW 1995, 534 = FamRZ 1995, 221 (223).

89 BGH NJW 2012, 3434 Rn. 16 = FamRZ 2012, 1483; NJW 2012, 1356 Rn. 28 = FamRZ 2012, 699. Zu § 323 Abs. 2, 3 ZPO grundlegend BGH NJW 1997, 1919 = FamRZ 1997, 811 (813); BGHZ-GZS- 85, 64 = NJW 1983, 228 = FamRZ 1983, 22.

90 BGH NJW 2012, 3434 Rn. 17 = FamRZ 2012, 1483 (wenn die Ehegatten wesentliche Streitpunkte nicht beilegen konnten und nur eine vorübergehende Regelung beabsichtigt haben), NJW 2012, 3434 Rn. 18 (mit der Formulierung „Aufrechterhaltung ihrer Rechtsstandpunkte“ haben sich die Ehegatten die erneute Geltendmachung aller Einwendungen, die bereits Gegenstand des Ausgangsverfahrens waren, vorbehalten).

91 BGH NJW 1978, 753 = FamRZ 1978, 177.

92 BGHZ 93, 287 = NJW 1985, 1711 (1713).

93 Zu § 620f ZPO aF BGH NJW 1983, 1330 = FamRZ 1983, 355 (356).

94 Dazu RegE BT-Drs. 16/6308, 167.

Einleitung des Hauptsacheverfahrens beantragen kann und, wird sie nicht befolgt, die einstweilige Anordnung aufzuheben ist (§ 52 Abs. 2 FamFG).[95] Dazu und zum **Außerkrafttreten** einer einstweiligen Anordnung nach § 56 FamFG → Rn. 87.

**4. Wiederaufnahme- und Schadensersatzantrag.** Ein **Restitutionsantrag** (§ 118 FamFG, § 580 ZPO) kommt wegen seinen engeren Voraussetzungen und der Frist des § 586 Abs. 1 ZPO nur selten in Betracht. Größere praktische Bedeutung hat der auf Unterlassen der Vollstreckung und Herausgabe des Titels gerichtete Antrag aus **§ 826** wegen sittenwidriger Schädigung (→ § 826 Rn. 80, 81), etwa bei der Verletzung der Verpflichtung zu **ungefragter Information** (→ § 1569 Rn. 47–49, → § 1578 Rn. 658, → § 1579 Rn. 74, 111, → § 1580 Rn. 96–118). Subjektiv muss der Schädiger zwar nicht im Bewusstsein der Sittenwidrigkeit seines Verhaltens handeln, doch muss er den Schaden vorsätzlich zufügen.[96] 83

**5. Einstweiliger Rechtsschutz.** Die §§ 246, 49 ff. FamFG sind an die Stelle der **einstweiligen Verfügung** (§§ 916, 940 ZPO [zu ihnen → 5. Aufl. 2010, Rn. 40], aber auch § 119 Abs. 1 S. 2 [§ 945 ZPO gilt entsprechend]), nicht jedoch auch an die des **Arrestes** (§ 119 Abs. 2 FamFG) getreten. Im Gegensatz zur einstweiligen Verfügung, die die Hauptsache nicht vorwegnehmen darf, weshalb mit ihr nur der notwendige Bedarf zugesprochen werden konnte, kann der Unterhalt im Verfahren der einstweiligen Anordnung **in voller Höhe** geltend gemacht werden. 84

Das FamG kann eine **einstweilige Anordnung** zu Unterhalt und Verfahrenskostenvorschuss (§ 1360a Abs. 4) auf Antrag (§ 51 Abs. 1 FamFG) außerhalb einer Ehesache oder einer Hauptsache und ohne dass eine solche anhängig sein müsste[97] in einem **selbstständigen Verfahren** (§ 51 Abs. 3 S. 1 FamFG) erlassen (§ 246 Abs. 1 FamFG).[98] Sie ist auf Zahlung von Unterhalt oder eines Kostenvorschusses – und nicht auch auf Auskunftserteilung – zu richten und erfordert kein „dringendes Bedürfnis für ein sofortiges Tätigwerden" (§§ 246 Abs. 1, 49 Abs. 1 FamFG), wohl aber ein **Regelungsbedürfnis.**[99] – Für den **Kostenvorschuss** ist zu beachten, dass ein solcher unter geschiedenen Ehegatten nicht geschuldet wird (→ § 1578 Rn. 365–372). 85

Örtlich und sachlich **zuständig** ist das FamG der Hauptsache im ersten Rechtszug, während der Anhängigkeit der Hauptsache im Beschwerderechtszug das Beschwerdegericht (§ 50 Abs. 1 FamFG). 86

Die einstweilige Anordnung tritt, wurde ihre Wirksamkeit nicht ohnehin befristet, mit der Rechtskraft einer anderweitigen Regelung, nach Zurücknahme oder rechtskräftiger Abweisung eines Antrags in der Hauptsache und nach deren Erledigung **außer Kraft** (§ 56 Abs. 1, 2 FamFG). Da zwischen einstweiliger Anordnung und Hauptsache **derselbe Verfahrensgegenstand** bestehen muss,[100] tritt eine einstweilige Anordnung zum **Trennungsunterhalt** nicht bereits mit einer Entscheidung in der Hauptsache zum nachehelichen Unterhalt außer Kraft (zur **Nichtidentität** → § 1569 Rn. 23, 24). Doch besteht auch dann idR kein Bedürfnis für einen negativen Feststellungsantrag (→ Rn. 82), weil Vollstreckungsgegenantrag gestellt werden kann, wenn der Berechtigte trotz Beendigung der Trennungszeit aus der einstweiligen Anordnung vollstreckt.[101] 87

Eine **Einigung** des Berechtigten und des Verpflichteten im Verfahren der einstweiligen Anordnung beendet dieses Verfahren. Ob mit ihr zudem eine abschließende Regelung getroffen werden sollte, die ggf. auch zur Beendigung eines Hauptsacheverfahrens geführt hätte, ist der Einigung und dem ihr zugrunde liegenden Willen der Beteiligten zu entnehmen.[102] 88

## VIII. Zwangsvollstreckung

Ein Beschluss, der die Verpflichtung zur Zahlung einer Unterhaltsrente ausspricht, ist mit seinem Wirksamwerden vollstreckbar (§ 120 Abs. 2 S. 1 FamFG). **Wirksamkeit** tritt grundsätzlich mit der formellen Rechtskraft ein (§ 113 Abs. 1 FamFG, § 116 Abs. 3 S. 1 FamFG). An die Stelle der vorläufigen Vollstreckbarkeit (§ 708 Nr. 8 ZPO) tritt die Anordnung der sofortigen Wirksamkeit (§ 116 Abs. 3 S. 2, 3 FamFG).[103] Wurde im **Verbund** zum nachehelichen Unterhalt entschieden (§ 137 89

---

95 Ebenso MüKoFamFG/*Soyka* FamFG § 56 Rn. 3 (aber auch MüKoFamFG/*Soyka* FamFG § 52 Rn. 12); Bahrenfuss/*Socha* FamFG § 52 Rn. 14; aA Bork/Jacoby/Schwab/*Löhnig/Heiß*, 2. Aufl. 2013, FamFG § 52 Rn. 21; Musielak/Borth/*Borth* FamFG § 52 Rn. 14; MüKoFamFG/*Pasche* FamFG § 238 Rn. 15, 28.

96 BGH NJW 1988, 1965 = FamRZ 1988, 270; NJW 1986, 1751 = FamRZ 1986, 450.

97 Dazu BT-Drs. 16/6308, 167; dazu eingehend MüKoFamFG/*Soyka* Vor § 49 Rn. 2.

98 Zur Umdeutung eines Antrags zur Hauptsache in einen Antrag auf Erlass einer einstweiligen Anordnung BGH NJW 2018, 2497 Rn. 16 = FamRZ 2018, 1343 mAnm *Giers*.

99 MüKoFamFG/*Pasche* FamFG § 246 Rn. 5, 6.

100 MüKoFamFG/*Soyka* FamFG § 56 Rn. 2.

101 Dazu MüKoZPO/*Schmidt/Brinkmann* ZPO § 767 Rn. 12.

102 Dazu BGH NJW 2018, 2497 Rn. 16 = FamRZ 2018, 1343 mAnm *Giers*.

103 MüKoFamFG/*C. Fischer* FamFG § 120 Rn. 7.

Abs. 1, Abs. 2 S. 1 Nr. 2 FamFG), tritt die Wirksamkeit des Unterhaltsausspruchs erst mit Rechtskraft der Scheidung ein (§ 148 FamFG).

90 Die Zwangsvollstreckung ist auf Antrag des Verpflichteten vor Rechtskraft der Endentscheidung ohne Sicherheitsleistung[104] **einstweilen einzustellen** oder zu **beschränken,** wenn dieser glaubhaft macht, dass ihm die Vollstreckung einen nicht zu ersetzenden Nachteil bringen würde (§ 120 Abs. 2 S. 2 FamFG). Für Abänderungsverfahren nach §§ 238–240 FamFG ordnet § 242 FamFG die Geltung von § 769 ZPO an.

91 Die Vollstreckung richtet sich nach den Vorschriften der ZPO (§ 120 Abs. 1 FamFG). Die Unterhaltsrente des geschiedenen Ehegatten ist, auch soweit sie Rückstände betrifft,[105] nach Maßgabe von § 850b Abs. 1 Nr. 2, Abs. 2 ZPO **bedingt pfändbar.** Funktionell zuständig ist der Rechtspfleger des Vollstreckungsgerichts (§ 20 Nr. 17 RPflG). – Zum „automatischen" Pfändungsschutz bei Führung eines P-Kontos s. § 850k ZPO.[106]

92 Der geschiedene Ehegatte genießt mit seinem titulierten Unterhaltsanspruch das **Pfändungsvorrecht** aus § 850d ZPO.[107] Macht der geschiedene Ehegatte seine Befreiung von den Vollstreckungsbeschränkungen aus § 850c ZPO gegenüber anderen Gläubigern (§ 850d Abs. 1 S 1 ZPO) im Vollstreckungsverfahren geltend, muss sich die Vollstreckung wegen einer Unterhaltsforderung mindestens durch Auslegung aus dem Titel ergeben.[108] – § 850d Abs. 2 ZPO[109] weist allen Unterhaltsberechtigten den nach §§ 1582, 1609 bestehenden materiellrechtlichen **Rang** auch vorstreckungsrechtlich zu. Ein Vorrang nach § 1609 muss sich nicht notwendig aus dem Titel selbst ergeben. Im Rahmen der Bemessung des pfandfreien Betrags hat das Vollstreckungsorgan die Rangfolge nach § 850d Abs. 2 S. 2 ZPO zu beachten.[110]

## IX. Gesamtvollstreckung

93 **1. Insolvenz des Berechtigten.** In der Insolvenz des Berechtigten fällt der **gesetzliche** oder ausschließlich **vertragliche** Unterhaltsanspruch wegen seiner Unpfändbarkeit nicht zur Insolvenzmasse (§ 36 Abs. 1 InsO, § 850b Abs. 1 Nr. 2, 3 ZPO). Dieser Insolvenzschutz erstreckt sich auf zur Erfüllung des Unterhaltsanspruchs abgetretenes Arbeitsentgelt.[111] Dagegen fällt der Anspruch auf eine **Abfindung** nach § 1585 Abs. 2 in die Insolvenzmasse (§ 35 InsO).

94 **2. Insolvenz des Verpflichteten. a) Insolvenzforderungen.** In der Insolvenz des Verpflichteten sind als Insolvenzforderungen iSd § 38 InsO die Unterhaltsbeträge sowie der Anspruch auf Kapitalabfindung (§ 1585 Abs. 2) geltend zu machen, soweit sie **vor der Insolvenzeröffnung** fällig geworden sind.[112] Fälligkeit tritt mit dem Ersten des jeweiligen Monats ein (§ 1585 Abs. 1 S. 1, 2, → § 1585 Rn. 21, 22), sodass Insolvenzforderung der volle Unterhalt für den laufenden **Kalendermonat** ist und eine Quotelung nicht stattfindet.[113] – Nur diese rückständigen Unterhaltsforderungen führen zur **Unterbrechung des Unterhaltsverfahrens** nach § 113 Abs. 1 S. 2 FamFG, § 240 ZPO. Werden sie zusammen mit dem künftigen Unterhalt gerichtlich verfolgt, ist der Rechtsstreit nur bezüglich der rückständigen Beträge unterbrochen, hinsichtlich der künftigen Beträge ist das Verfahren **abzutrennen** (§ 113 Abs. 1 S. 2 FamFG), § 145 ZPO).[114]

IÜ gilt:

95 – **Nach der Insolvenzeröffnung** fällig werdende Unterhaltsbeträge können nur dann als Insolvenzforderung geltend gemacht werden, wenn und soweit der Gemeinschuldner als Erbe (§ 1586b, § 16 S. 2 LPartG) haftet (§ 40 S. 1 InsO). Insoweit können sie als Nachlassverbindlichkeiten auch in der Nachlassinsolvenz des Erben geltend gemacht werden (§ 331 InsO).[115]

---

104 Keidel/*Weber* FamFG § 120 Rn. 12.

105 BGHZ 31, 210 = NJW 1960, 572.

106 Dazu *Romeyko* FamRZ 2012, 349 f.

107 Zu § 850d ZPO auch *Maurer* FamRZ 2017, 2002.

108 BGH NJW 2013, 239 Rn. 8 ff. = FamRZ 2012, 1799.

109 Zur anteiligen Berücksichtigung rückständiger und laufender Unterhaltsansprüche s. LG München I BeckRS 2018, 32077 mBspr *Benner* NZFam 2019, 85.

110 BGH NJW 2013, 239 Rn. 8 ff. = FamRZ 2012, 1799.

111 *Uhlenbruck* FamRZ 1998, 1473 f.

112 Zum Ganzen OLG Karlsruhe NJW-RR 2015, 1411 = FamRZ 2016, 237 (238); MüKoInsO/*Schumann* InsO § 40 Rn. 15; *Schwarz/Facius* FF 2010, 189 ff. mwN. – Zur **Unterbrechung** des Unterhaltsverfahrens durch die Insolvenzeröffnung hinsichtlich der zum Zeitpunkt des Erlasses des Eröffnungsbeschlusses (§ 113 Abs. 1 S. 2 FamFG, § 240 ZPO) fälligen, nicht aber auch hinsichtlich künftigen Unterhalts s. OLG Hamm NJOZ 2005, 429 = FamRZ 2005, 279 (280); OLG Jena BeckRS 2011, 22621 = FamRZ 2012, 641.

113 IErg ebenso BeckOGK/*Selg,* 1.2.2019, BGB § 1601 Rn. 234; *Keller* NZI 2007, 143 mwN auch zur abw. Auffassung.

114 MüKoInsO/*Schumann* InsO § 40 Rn. 24 mwN.

115 MüKoInsO/*Schumann* InsO § 40 Rn. 21.

- Der den Zeitraum bis zur Insolvenzeröffnung umfassende Teil einer **Abfindung** (§ 1585 Abs. 2) ist Insolvenzforderung, iÜ handelt es sich um eine persönliche Forderung gegen den Verpflichteten.[116] 96
- Soweit ausschließlich **vertragliche** Unterhaltsansprüche die gesetzlichen Ansprüche übersteigen, sind §§ 38, 40 S. 1 InsO nicht anzuwenden. 97
- Da auch der **Neuerwerb** von Vermögen durch den Verpflichteten nach der Eröffnung des Insolvenzverfahrens in die Insolvenzmasse fällt (§ 35 InsO), können die Berechtigten auch nicht in neu erworbene Einkünfte und Vermögen vollstrecken (§ 89 Abs. 1 InsO). Ausnahme: Vollstreckung in den unpfändbaren Teil der Bezüge des Verpflichteten (§ 89 Abs. 2 S. 2 InsO).[117] 98
- Ein rechtshängiges **Unterhaltsverfahren** wird durch die Insolvenzeröffnung insoweit unterbrochen, als die Unterhaltsforderung in die Insolvenzverstrickung fällt (§ 113 Abs. 1 S. 2 FamFG, § 240 ZPO), also nur für den bis zur Rechtshängigkeit rückständigen, nicht auch für künftigen Unterhalt.[118] 99
- Wegen des Teils der Unterhaltsforderung, der nicht in die Masse fällt, kann der Berechtigte in künftige Forderungen des Verpflichteten aus einem Dienstverhältnis des Verpflichteten oder an deren Stelle tretende laufende Bezüge auch während des laufenden Insolvenzverfahrens und insoweit **vollstrecken,** als diese für andere Gläubiger nicht pfändbar sind (§ 89 Abs. 2 InsO). Dies betrifft den nach § 850d Abs. 1 S. 2 ZPO, § 850c ZPO zuzüglich der hälftigen Einkünfte nach § 850a Nr. 1, 2 und 4 ZPO erweitert pfändbaren Teil des Arbeitseinkommens.[119] 100

**b) Insolvenzplan. Verbraucherinsolvenz. Restschuldbefreiung.** Rückständige und künftige Unterhaltsforderungen können in den **Insolvenzplan** über das Vermögen des Verpflichteten aufgenommen werden (§§ 217 ff. InsO), auch wenn das Vermögen eines persönlich haftenden Gesellschafters (§ 93 InsO) in das Verfahren über das Vermögen der Gesellschaft einbezogen wird.[120] 101

Auch im **Verbraucherinsolvenzverfahren** (§§ 304 ff. InsO) sind sowohl in die obligatorische außergerichtliche Schuldenregulierung als auch in den gerichtlichen Schuldenbereinigungsplan im Rahmen der Berücksichtigung der Familienverhältnisse (§ 305 Abs. 1 Nr. 4 InsO) rückständige und künftige Unterhaltsansprüche, denen vorrangige Bedeutung zukommt, einzubeziehen.[121] 102

Von der **Restschuldbefreiung** (§ 287 Abs. 1 InsO) werden auch *rückständige* Unterhaltsforderungen erfasst.[122] Sind sie auch deliktisch wegen *Unterhaltspflichtverletzung* (§ 823 Abs. 2 iVm § 170 StGB) begründbar[123] oder wurden sie vorsätzlich pflichtwidrig nicht gewährt, unterfallen sie nicht der Restschuldbefreiung (§ 302 Nr. 2 InsO).[124] Zudem werden *künftige* Unterhaltsforderungen nicht erfasst, weil sie nicht Gegenstand des Verfahrens sind.[125] 103

**c) Bedarfsdeckung des Verpflichteten.** Nach § 100 InsO kann dem Verpflichteten, seinen minderjährigen unverheirateten Kindern, seinem Ehegatten und früheren Ehegatten und der mit ihm nicht verheirateten Mutter seines Kindes vom Insolvenzverwalter (Abs. 2 S. 1) und der Gläubigerversammlung (Abs. 1) Unterhalt aus der Insolvenzmasse gewährt werden. 104

---

116 *Uhlenbruck* FamRZ 1998, 1473 (1475) mwN.

117 Dazu näher *Schwarz/Facius* FF 2010, 189 (193 f.) mwN.

118 Dazu OLG Karlsruhe NJW-RR 2006, 1302 = FamRZ 2006, 956 (957) mit krit. Anm. *Gottwald*; NZI 2004, 343 = NJW-RR 2004, 849 Ls. = FamRZ 2004, 821 (822); OLG Hamm NJOZ 2005, 429 = FamRZ 2005, 279 (280); OLG Koblenz NZI 2003, 60 = FamRZ 2003, 109 f.; OLG Schleswig SchlHA 2001, 289; auch *Schwarz/Facius* FF 2010, 189 (191) mwN.

119 Zu den Einzelheiten MüKoInsO/*Schumann* InsO § 40 Rn. 22, 23.

120 *Uhlenbruck* FamRZ 1998, 1473 (1474).

121 *Uhlenbruck* FamRZ 1998, 1473 (1475 f.).

122 Zu den Einzelheiten MüKoInsO/*Schumann* InsO § 40 Rn. 16, 17, 22.

123 Dazu BGHZ 209, 168 = NJW 2016, 1818 Rn. 19 mBspr *Krumm* NZFam 2016, 467 = FamRZ 2016, 972; NJW 2016, 1823 Rn. 11–17 mBspr *Pfeil* NZFam 2016, 468 = FamRZ 2013, 896; NJW 2010, 2353 Rn. 4 = FamRZ 2010, 1332; NJW 1974, 1868 = FamRZ 1974, 593. – S. auch OLG Hamburg BeckRS 2016, 118482 mBspr *Wache* NZFam 2017, 421 = FamRZ 2017, 1126; OLG Hamm NJW-RR 2012, 367 = FamRZ 2012, 1741 (1743) (die Rechtskraft eines Unterhaltstitels erstreckt sich auf das Bestehen einer Unterhaltsverpflichtung, nicht jedoch darauf, dass die Unterhaltspflichtverletzung auf vorsätzlichem Handeln beruht, sodass im Rahmen von § 301 Nr. 1 InsO die Leistungsfähigkeit des Verpflichteten erneut zu prüfen ist).

124 AG Villingen-Schwenningen BeckRS 2012, 9771 = FamRZ 2012, 730 (731). – S. auch OLG Brandenburg BeckRS 2012, 07267 = FamRZ 2012, 1743: Vor Eröffnung eines Verbraucherinsolvenzverfahrens besteht kein Interesse an einer titelergänzenden Feststellung, dass die Forderung auf einer vorsätzlichen unerlaubten Handlung beruht.

125 Zur Kritik s. *Uhlenbruck* FamRZ 1998, 1473 (1476 f.).

## Vor § 1569 Anhang Übergangsregelungen

**Schrifttum:** S. Vor § 1569.

## A. Vorbemerkung

1 Die **Übergangsvorschriften** regeln, welche Fassung des nachehelichen Unterhaltsrechts auf Tatbestände anzuwenden ist, die ganz oder zum Teil vor dem Inkrafttreten der gesetzlichen Regelung begründet wurden. Sie sind zum Stichtag 1.7.1977 in Art. 12 Nr. 3 des **Ersten Gesetzes zur Reform des Ehe- und Familienrechts (1. EheRG)** (→ Vor § 1569 Rn. 1), zum Stichtag 1.4.1986 in Art. 6 Nr. 1 des **Gesetzes zur Änderung unterhaltsrechtlicher, verfahrensrechtlicher und anderer Vorschriften (UÄndG)** (→ Vor § 1569 Rn. 2, → 7. Aufl. 2017, Anh. § 1586b Rn. 9–12) und hinsichtlich des nachehelichen Unterhalts nach Nichtigkeit oder Aufhebung der Ehe nach dem **Gesetz zur Neuordnung des Eheschließungsrechts (Eheschließungsrechtsgesetz – EheschlRG)** (→ Vor § 1569 Rn. 6; → 7. Aufl. 2017, Anh. § 1586b Rn. 11, 12) zum Stichtag 1.7.1998 in Art. 226 Abs. 2, 3 EGBGB enthalten. – Seit Inkrafttreten des **Einigungsvertrags** am 3.10.1990 regelt Art. 234 §§ 1, 5 EGBGB (→ 4. Aufl. 2006, Art. 234 § 5 EGBGB) das Übergangsrecht für den nachehelichen Unterhalt im Beitrittsgebiet.

2 **Keine ausdrücklichen Übergangsregelungen** enthalten das **Gesetz zur Vereinheitlichung des Unterhaltsrechts minderjähriger Kinder (Kindesunterhaltsgesetz – KindUG)** zum Stichtag 1.7.1998 (Art. 1 Nr. 2 KindUG) (→ Vor § 1569 Rn. 5), das **Gesetz zur Änderung des Unterhaltsrechts (UÄndG 2007)** zum Stichtag 1.1.2008 (§ 36 EGZPO; → Vor § 1569 Rn. 9; → 7. Aufl. 2017, Anh. § 1586b Rn. 13–36) und das **Gesetz zur Durchführung des Haager Übereinkommens vom 23. November 2007 über die internationale Geltendmachung der Unterhaltsansprüche von Kindern und anderen Familienangehörigen sowie zur Änderung von Vorschriften auf dem Gebiet des internationalen Unterhaltsverfahrensrechts und des materiellen Unterhaltsrechts** (→ Vor § 1569 Rn. 11; → 7. Aufl. 2017, Anh. § 1586b Rn. 38).

## B. Erstes Gesetz zur Reform des Ehe- und Familienrechts

### I. Texte[1]

#### 1. 1. EheRG Art. 12 Nr. 3.

3 **1. EheRG Art. 12 Übergangs- und Schlußvorschriften**

(...)

**3.** (1) Für die Scheidung der Ehe und die Folgen der Scheidung gelten die Vorschriften dieses Gesetzes auch dann, wenn die Ehe vor seinem Inkrafttreten geschlossen worden ist.

(2) [1]Der Unterhaltsanspruch eines Ehegatten, dessen Ehe nach den bisher geltenden Vorschriften geschieden worden ist, bestimmt sich auch künftig nach bisherigem Recht. [2]Unterhaltsvereinbarungen bleiben unberührt.

(3) [1]Die §§ 1587 bis 1587 p des Bürgerlichen Gesetzbuchs in der Fassung von Artikel 1 Nr. 20 sind auf Ehen, die nach den bisher geltenden Vorschriften geschieden worden sind, nicht anzuwenden. [2]Das gleiche gilt für Ehen, die nach Inkrafttreten dieses Gesetzes geschieden werden, wenn der Ehegatte, der nach den Vorschriften dieses Gesetzes einen Ausgleichsanspruch hätte, von dem anderen vor Inkrafttreten dieses Gesetzes durch Übertragung von Vermögensgegenständen für künftige Unterhaltsansprüche endgültig abgefunden worden ist oder wenn die nach den Vorschriften dieses Gesetzes auszugleichenden Anwartschaften oder Aussichten auf eine Versorgung Gegenstand eines vor Inkrafttreten dieses Gesetzes abgeschlossenen Vertrages sind ...

4 **2. EheG §§ 58–70, 72.** Nach Art. 12 Nr. 3 Abs. 2 1. EheRG bleiben in den Fällen, in denen die Ehe nach §§ 41 ff. EheG geschieden worden ist, auch künftig die §§ 58–70, 72 EheG wirksam. Sie lauten:

---

[1] Erstes Gesetz zur Reform des Ehe- und Familienrechts (1. EheRG) v. 14.6.1976 (BGBl. 1976 I 1421).

**EheG § 58 [Schuld des Mannes; Schuld der Frau]**

(1) Der allein oder überwiegend für schuldig erklärte Mann hat der geschiedenen Frau den nach den Lebensverhältnissen der Ehegatten angemessenen Unterhalt zu gewähren, soweit die Einkünfte aus dem Vermögen der Frau und die Erträgnisse einer Erwerbstätigkeit nicht ausreichen.

(2) Die allein oder überwiegend für schuldig erklärte Frau hat dem geschiedenen Mann angemessenen Unterhalt zu gewähren, soweit er außerstande ist, sich selbst zu unterhalten.

**EheG § 59 [Eigener Unterhalt, Kinder, neuer Ehegatte]**

(1) [1]Würde der allein oder überwiegend für schuldig erklärte Ehegatte durch Gewährung des im § 58 bestimmten Unterhalts bei Berücksichtigung seiner sonstigen Verpflichtungen den eigenen angemessenen Unterhalt gefährden, so braucht er nur so viel zu leisten, als es mit Rücksicht auf die Bedürfnisse und die Vermögens- und Erwerbsverhältnisse der geschiedenen Ehegatten der Billigkeit entspricht. [2]Hat der Verpflichtete einem minderjährigen unverheirateten Kinde oder bei Wiederverheiratung dem neuen Ehegatten Unterhalt zu gewähren, so sind auch die Bedürfnisse und die wirtschaftlichen Verhältnisse dieser Personen zu berücksichtigen.

(2) Der Mann ist unter den Voraussetzungen des Abs. 1 von der Unterhaltspflicht ganz befreit, wenn die Frau den Unterhalt aus dem Stamm ihres Vermögens bestreiten kann.

**EheG § 60 [Beiderseitige Schuld]**

[1]Sind beide Ehegatten schuld an der Scheidung, trägt aber keiner die überwiegende Schuld, so kann dem Ehegatten, der sich selbst unterhalten kann, ein Beitrag zu seinem Unterhalt zugebilligt werden, wenn und soweit dies mit Rücksicht auf die Bedürfnisse und die Vermögens- und Erwerbsverhältnisse des anderen Ehegatten und der nach § 63 unterhaltspflichtigen Verwandten des Bedürftigen der Billigkeit entspricht. [2]Die Beitragspflicht kann zeitlich beschränkt werden; § 59 Abs. 1 Satz 2 findet entsprechende Anwendung.

**EheG § 61 [Billigkeitsunterhalt bei Scheidung aus anderen Gründen]**

(1) Ist die Ehe allein aus einem der in den §§ 44 bis 46 und 48 bezeichneten Gründe geschieden und enthält das Urteil einen Schuldausspruch, so finden die Vorschriften der §§ 58 und 59 entsprechende Anwendung.

(2) [1]Enthält das Urteil keinen Schuldausspruch, so hat der Ehegatte, der die Scheidung verlangt hat, dem anderen Unterhalt zu gewähren, wenn und soweit dies mit Rücksicht auf die Bedürfnisse und die Vermögens- und Einkommensverhältnisse der geschiedenen Ehegatten und der nach § 63 unterhaltspflichtigen Verwandten des Berechtigten der Billigkeit entspricht. [2]§ 59 Abs. 1 Satz 2 und Absatz 2 finden entsprechende Anwendung.

**EheG § 62 [Geldrente; Abfindung; Tode der Berechtigten]**

(1) [1]Der Unterhalt ist durch Zahlung einer Geldrente zu gewähren. [2]Die Rente ist monatlich im voraus zu entrichten. [3]Der Verpflichtete hat Sicherheit zu leisten, wenn die Gefahr besteht, daß er sich seiner Unterhaltspflicht zu entziehen sucht. [4]Die Art der Sicherheitsleistung bestimmt sich nach den Umständen.

(2) Statt der Rente kann der Berechtigte eine Abfindung in Kapital verlangen, wenn ein wichtiger Grund vorliegt und der Verpflichtete dadurch nicht unbillig belastet wird.

(3) Der Verpflichtete schuldet den vollen Monatsbetrag auch dann, wenn der Berechtigte im Laufe des Monats stirbt.

**EheG § 63 [Geschiedener Ehegatte und Verwandte]**

(1) [1]Der unterhaltspflichtige geschiedene Ehegatte haftet vor den Verwandten des Berechtigten. [2]Soweit jedoch der Verpflichtete bei Berücksichtigung seiner sonstigen Verpflichtungen den eigenen angemessenen Unterhalt gefährden würde, haften die Verwandten vor dem geschiedenen Ehegatten. [3]Soweit einem geschiedenen Ehegatten ein Unterhaltsanspruch gegen den anderen Ehegatten nicht zusteht, haben die Verwandten des Berechtigten nach den allgemeinen Vorschriften über die Unterhaltspflicht den Unterhalt zu gewähren.

(2) [1]Die Verwandten haften auch, wenn die Rechtsverfolgung gegen den unterhaltspflichtigen Ehegatten im Inland ausgeschlossen oder erheblich erschwert ist. [2]In diesem Falle geht der Anspruch gegen den Ehegatten auf den Verwandten über, der den Unterhalt gewährt hat. [3]Der Übergang kann nicht zum Nachteil des Unterhaltsberechtigten geltend gemacht werden.

**EheG § 64 [Unterhalt für die Vergangenheit]**

Für die Vergangenheit kann der Berechtigte Erfüllung oder Schadenersatz wegen Nichterfüllung erst von der Zeit an fordern, in der der Unterhaltspflichtige in Verzug gekommen oder der Unterhaltsanspruch rechtshängig geworden ist, für eine länger als ein Jahr vor der Rechtshängigkeit liegende Zeit jedoch noch, soweit anzunehmen ist, daß der Verpflichtete sich der Leistung absichtlich entzogen hat.

**EheG § 65 [Selbstverschuldete Bedürftigkeit]**

(1) Ein Unterhaltsberechtigter, der infolge sittlichen Verschuldens bedürftig ist, kann nur den notdürftigen Unterhalt verlangen.

(2) Ein Mehrbedarf, der durch grobes Verschulden des Berechtigten herbeigeführt ist, begründet keinen Anspruch auf erhöhten Unterhalt.

**EheG § 66 [Verwirkung]**

Der Berechtigte verwirkt den Unterhaltsanspruch, wenn er sich nach der Scheidung einer schweren Verfehlung gegen den Verpflichteten schuldig macht oder gegen dessen Willen einen ehrlosen oder unsittlichen Lebenswandel führt.

**EheG § 67 [Wiederverheiratung des Berechtigten]**

Die Unterhaltspflicht erlischt mit der Wiederverheiratung des Berechtigten.

**EheG § 68 [Wiederverheiratung des Verpflichteten]**

Bei Wiederverheiratung des Verpflichteten finden die Vorschriften des § 1604 des Bürgerlichen Gesetzbuchs über den Einfluß des Güterstandes auf die Unterhaltspflicht entsprechende Anwendung.

**EheG § 69 [Tod des Berechtigten]**

(1) [1]Der Unterhaltsanspruch erlischt mit dem Tode des Berechtigten. [2]Nur soweit er auf Erfüllung oder Schadenersatz wegen Nichterfüllung für die Vergangenheit gerichtet ist oder sich auf Beträge bezieht, die beim Tode des Berechtigten fällig sind, bleibt er auch nachher bestehen.

(2) Der Verpflichtete hat die Bestattungskosten zu tragen, soweit dies der Billigkeit entspricht und die Kosten nicht von den Erben zu erlangen sind.

**EheG § 70 [Tod des Verpflichteten]**

(1) Mit dem Tode des Verpflichteten geht die Unterhaltspflicht auf die Erben als Nachlaßverbindlichkeit über.

(2) [1]Der Erbe haftet ohne die Beschränkung des § 59. [2]Der Berechtigte muß sich jedoch die Herabsetzung der Rente auf einen Betrag gefallen lassen, der bei Berücksichtigung der Verhältnisse des Erben und der Ertragsfähigkeit des Nachlasses der Billigkeit entspricht.

(3) Eine nach § 60 einem Ehegatten auferlegte Beitragspflicht erlischt mit dem Tode des Verpflichteten.

**EheG § 72 [Unterhaltsverträge]**

[1]Die Ehegatten können über die Unterhaltspflicht für die Zeit nach der Scheidung der Ehe Vereinbarungen treffen. [2]Ist eine Vereinbarung dieser Art vor Rechtskraft des Scheidungsurteils getroffen worden, so ist sie nicht schon deshalb nichtig, weil sie die Scheidung erleichtert oder ermöglicht hat. [3]Sie ist jedoch nichtig, wenn die Ehegatten im Zusammenhang mit der Vereinbarung einen nicht oder nicht mehr bestehenden Scheidungsgrund geltend gemacht hatten, oder wenn sich anderweitig aus dem Inhalt der Vereinbarung oder aus sonstigen Umständen des Falles ergibt, daß sie den guten Sitten widerspricht.

## II. Verfassungsrechtliche Konformität

5 Nach Art. 12 Nr. 3 1. EheRG, der vom UÄndG 1986 (Art. 6 Nr. 1 S. 4 UÄndG 1986) und auch vom UÄndG 2007 (§ 36 Nr. 7 EGZPO) nicht angetastet wurde, gilt das neue Unterhaltsrecht der §§ 1569 ff. BGB auch für Ehen, die vor dem 1.7.1977 geschlossen wurden. Diese Vorschrift ist mit dem GG vereinbar,[2] auch wenn zum maßgeblichen Zeitpunkt am 1.7.1977 schon ein Scheidungsverfahren anhängig war.[3]

[2] BVerfGE 47, 95 = NJW 1978, 629 = FamRZ 1978, 173 (176 f.).
[3] BVerfGE 57, 361 = NJW 1981, 1771 = FamRZ 1981, 745 (751).

### III. Fortgeltung der Unterhaltsregelung nach dem EheG aF

Ist eine Ehe vor Inkrafttreten des 1. EheRG geschieden worden, verbleibt es nach Art. 12 Nr. 3 Abs. 2 S. 1 unabhängig davon, dass sie nach inländischem **Sachrecht** geschieden wurde, bei der **bisherigen** Unterhaltsregelung.[4] Mit der Verweisung auf das bisherige Recht – nicht auf die bisherigen Vorschriften – sollte erreicht werden, dass die nach ihrem Wortlaut mit Art. 3 Abs. 2 GG nicht vereinbare Regelung in § 58 EheG aF entsprechend der bisherigen hM verfassungskonform **geschlechtsneutral** ausgelegt werden kann.[5] Dies erfordert folgende textliche Korrekturen: Die Unterhaltspflicht beider Ehegatten richtet sich nach § 58 Abs. 1 EheG aF,[6] Abs. 2 ist nicht mehr anzuwenden; § 59 Abs. 2 EheG aF regelt die Vermögensverwertung für beide Ehegatten. Dies gilt auch, soweit auf §§ 58,[7] 59 Abs. 2 EheG aF verwiesen wird (s. § 61 Abs. 1 EheG aF). Allerdings ist die **Differenz-/Additionsmethode** einschließlich des Rechtsgedankens der **Surrogation** anzuwenden.[8] 6

Die Vorschriften des EheG gelten in dieser verfassungskonformen Auslegung für den nachehelichen Unterhalt **ausnahmslos.** Insbesondere ist unerheblich, wenn die **Bedürftigkeit** erst nach dem 1.7.1977 eingetreten ist.[9] Es besteht kein Anspruch auf **Alters-, Kranken- und Pflegevorsorgeunterhalt.**[10] Der allein oder überwiegend **schuldig geschiedene Ehegatte** hat keinen Anspruch auf Unterhalt, auch wenn ihm nach den §§ 1570 ff. BGB Unterhalt zustünde.[11] Sein **Auskunftsanspruch** ergibt sich aus § 242 BGB, nicht aus § 1580 BGB.[12] Seinem Unterhaltsanspruch kommt kein Vorrang nach § 1582 vor den Ansprüchen eines neuen Ehegatten zu, vielmehr besteht **Gleichrang.**[13] Neben § 66 EheG aF[14] ist weder § 1578 Abs. 1 S. 2 BGB (jetzt: § 1578b Abs. 1 BGB, dazu auch § 36 Nr. 7 EGZPO)[15] noch die **negative Härteklausel** (§ 1579 BGB) anwendbar,[16] für die Anwendung des § 242 BGB ist kein Raum.[17] Die **Haftungsbeschränkung** des Erben auf den Pflichtteil nach Versterben des Unterhaltsschuldners (§ 1586b Abs. 1 S. 3 BGB) greift nicht ein.[18] 7

### IV. Unterhaltsvereinbarungen

**1. Fortgeltung.** Wurde die Ehe nach dem bis 30.6.1977 geltenden **EheG** geschieden, bleibt eine Unterhaltsvereinbarung unberührt; Art. 12 Nr. 3 Abs. 2 S. 2 1. EheRG dient nur der **Klarstellung.** Ihre materiellrechtliche Zulässigkeit richtet sich, auch wenn in ihr noch weitere Scheidungsfolgen geregelt werden oder sie erst nach dem 30.6.1977 geschlossen wird, weiter nach § 72 EheG, Verfahren und Zuständigkeit nach neuem Recht. Danach kann sich ein geschiedener Ehegatte, der sich nach bisherigem Recht zu einer Unterhaltszahlung verpflichtet hatte, nach dem 1.7.1977 nicht darauf berufen, nach Inkrafttreten des neuen Rechts sei die Geschäftsgrundlage für die Vereinbarung entfallen.[19] Nicht ausgeschlossen ist aber die Berufung auf die Änderung der Geschäftsgrundlage aus anderen Gründen.[20] Die in einer außergerichtlichen Vereinbarung getroffene Regelung, dass 8

---

4 BGHZ 85, 16 = NJW 1983, 279 = FamRZ 1982, 1189 (1191); OLG Nürnberg FuR 1998, 415.
5 BGH NJW 1979, 1985 = FamRZ 1979, 692.
6 Vgl. den Hinweis in der 1. Aufl. § 1577 Rn. 2 über den damaligen Sach- und Streitstand.
7 Dazu OLG Düsseldorf FamRZ 1999, 1279.
8 BGH NJW 2006, 1201 Rn. 35 = FamRZ 2006, 317.
9 OLG Köln BeckRS 2010, 14318 = FamRZ 1982, 493 (494 f.).
10 OLG Bamberg NJW-RR 1990, 74 = FamRZ 1990, 172 (173).
11 Vgl. BT-Drs. 7/650, 233.
12 OLG Düsseldorf BeckRS 2009, 12934 = FamRZ 1981, 270 (274).
13 OLG Düsseldorf FamRZ 1991, 456; FamRZ 1986, 471; FamRZ 1980, 1013 (1014); OLG Köln BeckRS 2010, 10276 = FamRZ 1983, 508.
14 Dazu OLG Karlsruhe NJWE-FER 1999, 172 = FamRZ 1999, 1141; FamRZ 1998, 831 (832).
15 OLG München BeckRS 2008, 05442; OLG Zweibrücken NJWE-FER 1998, 243 = FamRZ 1999, 1140.
16 BGH NJW-RR 1991, 899 = FamRZ 1991, 1040 (1041) (Nr. 7 aF: Eine nichteheliche Lebensgemeinschaft ist nicht mit einer neuen Ehe, § 67 EheG, gleichzusetzen); NJW-RR 1986, 71 = FamRZ 1985, 1016 (§ 1579 Nr. 1 BGB); BeckRS 2010, 22707 = FamRZ 1979, 470; aA für einen Unterhaltsanspruch aus § 60 EheG nach Scheidung der Ehe aus beiderseitigem Verschulden AG München FamRZ 1995, 1491.
17 Vgl. BGH NJW-RR 1991, 388 = FamRZ 1991, 673 (674) (Ehedauer 7 Jahre; Dauer der nichtehelichen Lebensgemeinschaft 13 Jahre); NJW-RR 1986, 71 = FamRZ 1985, 1016; OLG Hamburg BeckRS 2001, 31054508 = FamRZ 2002, 101; OLG Zweibrücken NJWE-FER 1999, 243 = FamRZ 1999, 1140; anders für einen Unterhaltsanspruch nach § 61 Abs. 2 EheG AG Blomberg BeckRS 1998, 31146313 = FamRZ 1999, 1140 (1141).
18 OLG Bamberg BeckRS 1997, 12426 = FamRZ 1998, 832.
19 BT-Drs. 7/650, 233.
20 S. dazu OLG Bamberg BeckRS 1997, 12424 = FamRZ 1998, 830 f.: Vereinbarung der Unterhaltspflicht ohne Rücksicht auf die Leistungsfähigkeit.

die **Wiederverheiratung** des Verpflichteten ohne Einfluss auf die festgesetzte Unterhaltsrente sein soll, ist idR auch dann nicht zu beanstanden, wenn er durch das Festhalten an der Vereinbarung deshalb in wirtschaftliche Not geraten würde, weil er auch seinem neuen Ehegatten unterhaltspflichtig ist.[21] – Auch die Übergangsregelung des UÄndG 1986 erfasst diese „Altfälle" nicht (Art. 6 Nr. 1 S. 4 Alt. 2 UÄndG 1986).[22]

9 **2. Auswirkungen auf den Versorgungsausgleich.** Systematisch gehört Art. 12 Nr. 3 Abs. 3 zwar nicht zum Recht des nachehelichen Unterhalts, sondern zum Versorgungsausgleich. Doch begründet er uU den **Ausschluss des Versorgungsausgleichs** aufgrund von Vereinbarungen über den nachehelichen Unterhalt, in deren Rahmen zugleich Vermögensgegenstände übertragen wurden, auch wenn sie vor dem 1.7.1977 abgeschlossen wurden. – Zum Verhältnis des nachehelichen Unterhalts zum Versorgungsausgleich → Vor § 1569 Rn. 16–20, zu auf den Ausschluss des Versorgungsausgleichs gerichteten Verträgen (§§ 6–8 VersAusglG, auch → § 1408 Rn. 21–24).

## Kapitel 1. Grundsatz

### § 1569 Grundsatz der Eigenverantwortung

**[1]Nach der Scheidung obliegt es jedem Ehegatten, selbst für seinen Unterhalt zu sorgen. [2]Ist er dazu außerstande, hat er gegen den anderen Ehegatten einen Anspruch auf Unterhalt nur nach den folgenden Vorschriften.**

**Schrifttum:** *Bergschneider/Engels,* Leibrente statt Unterhalt. Überlegungen zu einer Alternative, FamRZ 2014, 436; *Brocker,* Unterhalt und Erbrecht, NZFam 2014, 980; *Büttner,* Ungefragte Information – Nutzen und Grenzen eines Rechtsinstituts, FF 2008, 15; *Dose,* Ehe und nacheheliche Solidarität, FamRZ 2011, 1341; *Finke,* Wohnwert – Nutzungsentschädigung: Die Nutzung des Familienheims im Unterhaltsrecht und allgemeinen Zivilrecht, FF 2007, 185; *Hoppenz,* Die unterhaltsrechtliche Pflicht zu ungefragter Information, FamRZ 1989, 337; *Hoppenz,* Gegenseitige Auskunftspflicht mehrerer Unterhaltspflichtiger oder mehrerer Unterhaltsschuldner, FamRZ 2008, 733; *Knöpfel,* Gerechtigkeit und nachehelicher Unterhalt – eine ungelöste Frage, AcP 191 (1991) 107; *Kremer,* Das Prinzip der familiären Solidarität im Unterhaltsrecht des BGB – mit Schwerpunkt nachehelicher Unterhalt, 2010; *Scheld,* Überlegungen zur Identitätstheorie, Rpfleger 1980, 321; *Scheld,* Fortwirkendes prozeßökonomisches Denken der Identitätstheorie, FamRZ 1981, 521; *Schröder,* Der Mythos von der Einheitlichkeit der nachehelichen Unterhaltsansprüche, FamRZ 2005, 320; *Tiedtke/Szczesny,* Familienrechtliche Einschränkungen der steuerrechtlich bestehenden Möglichkeit, die getrennte Veranlagung frei zu wählen, FamRZ 2011, 425; *Wax,* Zur Dogmatik des Unterhaltsanspruchs, FamRZ 1993, 22; *Wohlfahrt,* Aufrechnung gegen Unterhaltsansprüche mit Rückzahlungsansprüchen aus Unterhaltsüberzahlungen, FamRZ 2001, 1185.

**Übersicht**



[21] AA OLG Karlsruhe FamRZ 1990, 521.
[22] BT-Drs. 10/2888, 38.

# A. Allgemeines

## I. Normzweck

1 § 1569 ist seit seiner Einführung durch das **1. EheRG** mit Wirkung ab 1.7.1977 bis zum Inkrafttreten des **UÄndG 2007** am 1.1.2008 unverändert geblieben (zur **Rechtsentwicklung** → Vor § 1569 Rn. 1–11). Zwar haben allein die durch das UÄndG 2007 bewirkten sprachlichen Änderungen den sachlichen Gehalt der Regelung nicht verändert,[1] doch sollte mit den redaktionellen Änderungen der Grundsatz der nachehelichen **Eigenverantwortung** der Ehegatten gestärkt und die nacheheliche **Solidarität** „in einer den heutigen Wertvorstellungen akzeptablen und interessengerechten Weise ausgestaltet werden“.[2] Dieser „Leitsatz“ vor dem nachehelichen Unterhaltsrecht ist als **Programmsatz** des Gesetzgebers (→ Rn. 5, 6), der die Eigenverantwortung mit einer „neuen Rechtsqualität“ versehen sieht, zu verstehen, der seine konkrete Bedeutung in der Auslegung und Anwendung der §§ 1570 ff., insbesondere der §§ 1570, 1578b gewinnen soll.[3]

2 Veranlassung und Antrieb für die Neuregelung ist zum einen die **empirische Erkenntnis,** dass für viele Frauen gerade der Wunsch nach größerer Unabhängigkeit ausschlaggebendes Motiv für eine Scheidung ist, und zum anderen die besondere Schutzbedürftigkeit der Kinder, die anders als Erwachsene nicht selbst für ihren Unterhalt sorgen können.[4] Auch wenn man aufgrund der Erfahrungen in der Praxis daran zweifeln kann, ob die Frauen in ihrem Streben nach Unabhängigkeit auch und insbesondere die Unabhängigkeit von den Finanzen des geschiedenen Ehemannes gemeint haben, ist dem Anliegen des Reformgesetzgebers, die nacheheliche Eigenverantwortung gerade der Frauen zu stärken,[5] auch über die Anwendung der Neuregelungen, die dieses ausdrücklich und unmittelbar umsetzen (→ Rn. 18), hinaus Rechnung zu tragen.

So auch die ausdrückliche Erwartung des Gesetzgebers (BT-Drs. 16/1830, 16 f.), der den „Grundsatz der Eigenverantwortung … in weit stärkerem Maße als bisher als Auslegungsgrundsatz für die einzelnen Unterhaltstatbestände“ herangezogen sehen will.

Allerdings sind immer die anspruchsimmanenten Voraussetzungen der einzelnen Unterhaltstatbestände maßgebend, die nicht allein wegen der stärkeren Betonung der Eigenverantwortung von der bisherigen Behandlung abweichend beurteilt werden können.[6] – Das Abstellen auf die Eigenverantwortlichkeit der ehemaligen Ehegatten für die Deckung ihres eigenen Lebensbedarfs[7] rechtfertigt auch die durch das 1. EheRG vollzogene Abkehr vom **Verschuldensprinzip** und von der Bindung an die Stellung des Scheidungsantrags im Unterhaltsrecht (zum alten Recht s. §§ 58, 61 Abs. 2 EheG) sowie die Geltung der Vorschriften zum nachehelichen Unterhalt unabhängig vom Güterstand (→ Vor § 1569 Rn. 25, 26).[8]

## II. Anwendungsbereich

3 Die §§ 1570–1586b regeln die Unterhaltsansprüche von Ehegatten einer nach Inkrafttreten des 1. EheRG am 1.7.1977 **geschiedenen** (§ 1569),[9] einer nach den §§ 16–24 EheG für **nichtig** erklärten (§ 26 Abs. 1 EheG) und nach §§ 28–36 EheG oder §§ 1313 ff. (ab 1.7.1998) **aufgehobenen Ehe**

---

1 *D. Schwab* FamRZ 2005, 1417 f.
2 BT-Drs. 16/1830, 16.
3 BT-Drs. 16/1830, 16.
4 BT-Drs. 16/1830, 12.
5 BT-Drs. 16/1830, 13, 14, 16 f.
6 IdS krit. auch *D. Schwab* FamRZ 2005, 1417 (1478) (exemplarisch zum Anspruch auf Betreuungsunterhalt [§ 1570]).
7 BGH FamRZ 1991, 416 (419); BGHZ 109, 72 = NJW 1990, 1172 = FamRZ 1990, 260 (265); NJW 1987, 58 = FamRZ 1986, 783 (785).
8 Dies ist mit dem Grundgesetz vereinbar, BVerfGE 57, 361 = NJW 1981, 1771 = FamRZ 1981, 745 (748).
9 Nicht aber auch für nach dem EheG geschiedene Ehen, für die weiter das bis zum 30.6.1977 geltende Unterhaltsrecht fortgilt, Art. 12 Nr. 3 Abs. 2 S. 1 1. EheRG → Vor § 1569 Anh. Rn. 6, 7.

(§ 37 Abs. 1 EheG,[10] § 1318 Abs. 2). Direkt anwendbar sind sie auf aufgelöste Ehen **gleichgeschlechtlicher Personen** (§ 1353 Abs. 1 S. 1 nF[11]), entsprechend zudem auf die Partner einer **aufgehobenen Lebenspartnerschaft** (§§ 15, 16 LPartG). Zu den Unterhaltsansprüchen nach dem **Tod des Verpflichteten** s. §§ 1586b, 1933 S. 3 (→ § 1586b Rn. 25–29, 33–46) – Zur Angleichung des Unterhaltsanspruchs **nicht verheirateter Eltern** nach § 1615l an § 1570 → § 1615l Rn. 39–42,[12] zum **intertemporalen** Recht → 7. Aufl. 2017, § 1586b Anh. Rn. 6.

### III. Rechtsnatur

4 **1. Familienrechtlicher Charakter.** Der nacheheliche Unterhaltsanspruch ist dem Grunde nach ein auf die frühere Ehe und ihre Nachwirkungen (→ Rn. 20) gestützter familienrechtlicher Anspruch, dem trotz einzelner verschuldensabhängiger Elemente (§§ 1576, 1579) keine Straf-, Genugtuungs- oder Schadensersatzfunktion eigen ist (allgM). Auf ihn sind die Vorschriften des **allgemeinen Schuldrechts** entsprechend anzuwenden, wenn eine ausdrückliche besondere Regelung fehlt und soweit ihrer Anwendung der familienrechtliche Charakter der Unterhaltsansprüche nicht entgegensteht. Dies gilt insbesondere für **§ 242.** So kann trotz der kurzen 3-jährigen Verjährungsfrist (§§ 195, 197 Abs. 1 Nr. 2, 3, Abs. 2) der Anspruch auf rückständigen Unterhalt nach allgemeinen Grundsätzen verwirkt werden,[13] nicht jedoch der auf den laufenden künftigen Unterhalt (→ § 1579 Rn. 214, 226). Es können sich weitere, über § 1580 hinausgehende **Auskunfts-, Beleg-** und **Mitteilungspflichten** ergeben, deren Verletzung zu Schadensersatzansprüchen führen kann. – Zum Verhältnis zu **§ 1579** → § 1579 Rn. 74, 111, → § 1580 Rn. 94–121.

5 **2. „Programmsatz“.** § 1569 ist **keine selbstständige Anspruchsgrundlage,** sodass sich aus ihm selbst auch kein Anspruch auf nachehelichen Unterhalt ergeben kann.[14] Er stellt vielmehr nur programmatisch und allgemein fest, dass Anspruch auf Unterhalt aufgrund einer früheren Ehe[15] nur der Ehegatte hat, der nicht selbst für sich sorgen kann, und begründet damit die wirtschaftliche Eigenverantwortung der Ehegatten in der nachehelichen Zeit (→ Rn. 18). S. 1 regelt die **Obliegenheit** eines jeden Ehegatten, für die Deckung seines Lebensbedarfs selbst zu sorgen, und stellt damit klar, dass die nacheheliche Eigenverantwortlichkeit nicht eingeklagt werden, ihre Verletzung aber zu unterhaltsrechtlichen Nachteilen führen kann.

6 Nacheheliche Eigenverantwortung und Unterhaltstatbestände stehen in einem **Regel-Ausnahme-Verhältnis:**[16] Jeder Ehegatte hat nach der Scheidung selbst für seinen Unterhalt zu sorgen (S. 1), es sei denn („nur“), er hat Anspruch auf Unterhalt „nach den folgenden Vorschriften“. Diese Verweisung beschränkt sich nicht auf die enumerativ und abschließend aufgezählten Unterhaltstatbestände (§§ 1570–1576, → Rn. 8–13), sondern bezieht **alle Vorschriften** zum nachehelichen Unterhalt (§§ 1570 ff.) ein, die deshalb insgesamt im Sinne einer Stärkung der Eigenverantwortung anzuwenden sind.[17] – Zur **nachehelichen Eigenverantwortung** → Rn. 18, zur **„Lebensstandardgarantie“** → Rn. 21.

7 **3. Einheitlichkeit des Unterhaltsanspruchs. a) „Unterhaltsstammrecht“.** Mit der Einheitlichkeit des Unterhaltsanspruchs hängt zunächst die eher theoretische Frage nach dem Unterhaltsstammrecht zusammen. Zwar gibt es ein solches Stammrecht nicht, weil allein die personenrechtliche Beziehung zwischen Berechtigtem und Verpflichtetem noch kein Recht, auch kein Anwartschaftsrecht auf Unterhalt begründen, dieses vielmehr erst mit Eintritt der Voraussetzungen entstehen und ggf. fällig werden kann.[18] Doch schließt dies nicht aus, jedenfalls den nachehelichen Unterhaltsan-

---

[10] Durch Art. 14 Nr. 1 EheschlRG wurde mit Wirkung ab 1.7.1998 das Rechtsinstitut der Nichtigkeit der Ehe abgeschafft, an deren Stelle allein die Aufhebung der Ehe nach §§ 1313–1317 getreten ist. Doch behalten die Bestimmungen des EheG Gültigkeit für die bis zum 30.6.1998 für nichtig erklärten oder aufgehobenen Ehen.

[11] IdF von Art. 1 Nr. 2 des *Gesetzes zur Einführung des Rechts auf Eheschließung für Personen gleichen Geschlechts* v. 20.7.2017 (BGBl. 2017 I 2787), mWv 1.10.2017 (Art. 3 Abs. 1).

[12] Dazu auch BVerfG NJW 2007, 1735 = FamRZ 2007, 965; BGH NJW 2005, 502 = FamRZ 2005, 357; NJW 2005, 818 = FamRZ 2005, 442; NJW 2005, 500 = FamRZ 2005, 354; BGHZ 161, 124 = NJW 2005, 503 = FamRZ 2005, 347; OLG München NJW-RR 2006, 586 = FamRZ 2006, 812 Ls.; *Hahne* FS Schwab, 2005, 783 = FF 2006, 24.

[13] BGHZ 84, 280 = NJW 1982, 1999 = FamRZ 1982, 898.

[14] BT-Drs. 7/650, 122; BT-Drs. 16/1830, 16. Zur Entstehungsgeschichte s. die Erläuterungen 1. Aufl. 1978 Vor § 1569 Rn. 12 ff.

[15] BGH NJW 1981, 978 = FamRZ 1981, 242 (243); BGHZ 78, 130 = NJW 1980, 2643 = FamRZ 1980, 1099.

[16] So ausdrücklich BT-Drs. 16/1830, 16. Ebenso bereits zum 1. EheRG BGH NJW 1981, 978 = FamRZ 1981, 242 (243).

[17] Zu Recht weist *Borth* FamRZ 2006, 813 (814) auf die praktischen Arbeitsmarktprobleme hin.

[18] Staudinger/*Klinkhammer*, 2018, Vor § 1601 Rn. 91–95; *Wax* in Göppinger/Wax UnterhaltsR Rn. 0.21 ff.; *Wax* FamRZ 1993, 22 f. Auch der BGH (BGHZ 82, 246 = NJW 1982, 578 = FamRZ 182, 259 (260)) weist insoweit auf den Unterschied zu den Ansprüchen auf Leibrente (§§ 759–761) hin.

spruch als **einheitliches Recht** in dem Sinne zu begreifen, das zwar mit der Auflösung der Ehe entsteht, zu dem jedoch die weiteren Voraussetzungen der §§ 1570 ff. hinzukommen müssen. Dieses Verständnis steht auch mit der Rspr. des BGH, dass sich „die Unterhaltsansprüche … in jedem Zeitpunkt, in dem ihre Voraussetzungen vorliegen, neu entstehen,“[19] in Einklang, zumal auch der BGH den Unterhaltsanspruch als solchen stets auf „wiederkehrende Leistungen“ iSd § 258 ZPO begriffen hat. Verfahrensrechtlich wurde dies durch den ab 1.9.2009 für ua durch Ehe begründete Unterhaltsansprüche (§ 231 Abs. 1 Nr. 2) geltenden § 238 FamFG bestätigt:[20] Unterhaltsansprüche zählen zu den „künftig fällig werdenden wiederkehrenden Leistungen“. – Zum **„Stammanspruch“** eines Ausgangs- und eines Anschlussanspruchs → Rn. 8, 9, 64, 65.

**b) Unterhaltsanspruch. aa) Bezugspunkte.** Der Unterhaltsanspruch ist ein einheitlicher, aus § 1569 iVm den einzelnen Unterhaltstatbeständen (§§ 1570–1573 Abs. 1–4, §§ 1575–1576) folgender Anspruch.[21] 8

Die Unterhaltstatbestände können in **Grundtatbestände,** die einzelne Lebenslagen zum Bezugspunkt haben, in denen vom Berechtigten keine Erwerbstätigkeit erwartet werden kann 9

Betreuungsunterhalt (§ 1579), Altersunterhalt (§ 1571), Krankheitsunterhalt (§ 1572), Billigkeitsunterhalt (§ 1576)

und **Ergänzungstatbestände,** wenn eine Erwerbsobliegenheit besteht und diese erfüllt wird oder nicht erfüllt werden kann oder ggf. auch nicht erfüllt werden muss

Erwerbslosen- und Aufstockungsunterhalt (§ 1573), Ausbildungsunterhalt (§ 1575)

eingeteilt werden.[22]

Diese Anspruchsgrundlagen stehen grundsätzlich **nebeneinander** (Anspruchskonkurrenz) und können **zusammen** oder **nacheinander** verwirklicht werden.[23] Etwa kann einem Anspruch auf Betreuungsunterhalt (§ 1570) ein solcher wegen Krankheit (§ 1572) und Ausbildung (§ 1575) folgen, denen sich ein Anspruch auf Anschlussunterhalt (§ 1573 Abs. 3) und schließlich der auf Altersunterhalt (§ 1571) anschließt (zum Umfang → Rn. 64, 65). 10

**Beispiel:**
OLG Köln BeckRS 1995, 31144565 = FamRZ 1996, 867: Einem Anspruch aus § 1575 Abs. 1 während einer Umschulung folgt ein Anspruch aus § 1573 Abs. 1 bis zur Aufnahme einer Erwerbstätigkeit sowie ab der Aufnahme ein Anspruch auf Aufstockungsunterhalt (§ 1573 Abs. 2) nach.

Die Einheitlichkeit des Unterhaltsanspruchs erstreckt sich darüber hinaus auch auf den **gesamten Lebensbedarf** des Berechtigten.[24] Mit umfasst sind als unselbstständige Teile ein **Mehrbedarf** einschließlich des Alters-, Krankheits- und Pflegevorsorgebedarf (→ § 1578 Rn. 259–361) sowie ein **Sonderbedarf** (→ § 1578 Rn. 360–376). 11

**bb) Rechtsfolgen.** Das Verständnis vom Anspruch auf Unterhalt als einem **einheitlichen Anspruch** (→ Rn. 7) führt zu folgenden rechtlichen Auswirkungen:[25]

- Stets handelt es sich im Rechtsstreit um einen einheitlichen **Verfahrensgegenstand,** sodass ein Urteil den nachehelichen Unterhaltsanspruch immer **in vollem Umfang** umfasst, unabhängig davon, welche einzelnen Tatbestände in Betracht kommen und vom FamG geprüft wurden.[26] 12
- Das FamG hat alle Unterhaltstatbestände **von Amts wegen** zu prüfen. Es kann nicht offenbleiben, worauf der Unterhaltsanspruch in welcher Höhe gestützt wird, weil sich die einzelnen Teile 13

[19] BGHZ 85, 16 = NJW 1983, 279 = FamRZ 1982, 1990 (1991); BGHZ 82, 246 = NJW 1982, 578 = FamRZ 1982, 259 (260).

[20] Die Problematik des dogmatischen Verständnisses vom Unterhaltsanspruch hat der Gesetzgeber des FGG-RG (→ Vor § 1569 Rn. 10) nicht aufgegriffen, BT-Drs. 16/6308, 257.

[21] Zum Betreuungsunterhalt nach § 1570 Abs. 1, § 1615l Abs. 2 S. 3 s. BGHZ 198, 242 = NJW 2013, 3578 Rn. 20, 21 = FamRZ 2013, 1958; NJW 2007, 511 = FamRZ 2007, 193 (196). – Allgemein zur Kritik *Schröder* FamRZ 2005, 320 ff.

[22] So Soergel/*Häberle* Rn. 9.

[23] BGH BeckRS 2010, 5199 = FamRZ 1984, 353 (354).

[24] BGH NJW 2015, 334 Rn. 15, 22 = FamRZ 2015, 309; NJW 2012, 1578 Rn. 31 = FamRZ 2012, 947; NJW 1983, 1547 = FamRZ 1982, 1187; NJW 1982, 1986 = FamRZ 1983, 152 (154); NJW 1982, 1873 = FamRZ 1982, 255; KG BeckRS 2013, 15618 = FamRZ 2014, 219 Ls. (Vorinstanz zu BGH NJW 2015, 334 = FamRZ 2015, 309). Dazu auch *Wax* in Göppinger/Wax UnterhaltsR Rn. 0.23.

[25] Dazu *Schröder* FamRZ 2005, 320 ff.

[26] BGH BeckRS 2010, 5199 = FamRZ 1984, 353 (354); zu einem klageabweisenden Urteil s. OLG Karlsruhe BeckRS 2010, 20358 = FamRZ 1980, 1125.

rechtlich unterschiedlich entwickeln können – unterschiedliche Einsatzzeitpunkte und Detailregelungen; künftige Abänderungsregelungen –; lediglich in Ausnahmefällen kann die Einzelbestimmung unterbleiben, wenn unterschiedliche Rechtsfolgen im konkreten Einzelfall ausgeschlossen werden können.[27]

14 – Gleichwohl ist
- in einer gerichtlichen Entscheidung stets der **Unterhaltstatbestand zu benennen,** um nachvollziehen zu können, von welchen tatsächlichen Voraussetzungen ausgegangen wurde.[28] Dies kann von Belang sein für die Einsatzzeitpunkte der §§ 1571, 1572, für das Eingreifen eines Anspruchs auf Billigkeitsunterhalt (§ 1576) und für die Begrenzungen des Unterhaltsanspruchs nach § 1579 und nach § 1578b (auch nach Inkrafttreten des UÄndG 2007, seit dem die Möglichkeit der Befristung auf alle Unterhaltsansprüche anwendbar ist[29]).
- ein **Wechsel des Unterhaltstatbestands** mit einem Abänderungsantrag geltend zu machen.[30]

## B. Ehebedingte Wechselbeziehungen

### I. Ehebezogenheit. Ehebedingtheit

15 Aus Systematik und Inhalt der Unterhaltstatbestände folgt, dass grundsätzlich nur eine **ehebezogene Bedürftigkeit** zu einem Unterhaltsanspruch führt. Dies gilt auch für den Unterhalt wegen Alters (→ § 1571 Rn. 1, 10) und Krankheit (→ § 1572 Rn. 1, 4)[31] in dem Sinne, dass sie während der Ehe bereits bestanden haben oder in ihr angelegt waren. Lediglich Billigkeitsunterhalt (§ 1576) kann auch aus nicht ehebezogenen Gründen zustehen (→ § 1576 Rn. 2, 10).

16 Ehebezogenheit bedeutet nicht notwendig **Ehebedingtheit.**[32] Nur Betreuungsunterhalt (§ 1570) und Ausbildungsunterhalt (§ 1575) verlangen tatbestandlich durch die Ehe bedingte Nachteile. IÜ sind solche jedenfalls in die Prüfung der **Begrenzung** des Unterhalts wegen Unbilligkeit nach § 1578b, insbesondere Abs. 1 S. 2, Abs. 2 S. 2 einzubeziehen.[33]

17 Der Anspruch auf nachehelichen Unterhalt setzt lediglich die Scheidung der Ehe der Ehegatten voraus, nicht aber auch, dass diese auch tatsächlich in einer auf einen gemeinsamen Lebensplan gestützten **ehelichen Lebensgemeinschaft** zusammengelebt und gemeinsam gewirtschaftet haben (aber auch → § 1578 Rn. 14, 23, 24; auch → § 1361 Rn. 5).[34] Haben sie keine eheliche Lebensgemeinschaft verwirklicht, kann dies jedoch Auswirkungen auf den **Bedarf** des bedürftigen Ehegatten und damit maßgeblich auf die Unterhaltshöhe haben (→ § 1578 Rn. 24).

### II. Nacheheliche Eigenverantwortung

18 S. 1 stärkt die Eigenverantwortlichkeit geschiedener Ehegatten.[35] Der Berechtigte muss seinen Lebensbedarf in der nachehelichen Zeit grundsätzlich durch eigene finanzielle Mittel decken und alle ihm möglichen Anstrengungen unternehmen, diese Mittel durch eine **Erwerbstätigkeit** zu

[27] BGH NJW 1999, 1547 = FamRZ 1999, 708 (709); NJW-RR 1992, 1282; NJW 1990, 1847 = FamRZ 1990, 492 (493); NJW 1988, 2369 = FamRZ 1988, 265 (267); auch OLG Frankfurt a.M. BeckRS 1993, 6618 = FamRZ 1994, 1265; OLG Stuttgart BeckRS 2010, 23207 = FamRZ 1979, 1018.

[28] BGHZ 179, 43 = NJW 2009, 989 Rn. 14 = FamRZ 2009, 406.

[29] BGHZ 179, 43 = NJW 2009, 989 Rn. 14 = FamRZ 2009, 406; BeckOGK/*Lettmaier,* 1.12.2018, § 1572 Rn. 96; unzutr. aA OLG Celle NJW 2008, 3575 = FamRZ 2008, 1449 (1450); OLG Stuttgart NJW-RR 2009, 727 (729) = FamRZ 2009, 53 (55).

[30] Etwa OLG Schleswig BeckRS 2008, 2370 = FamRZ 2008, 64 f.

[31] BGH NJW 1982, 40 = FamRZ 1981, 1163 (1164); s. dazu auch *Brudermüller* FamRZ 1998, 649 (650).

[32] BGH BeckRS 2010, 12057 = FamRZ 1983, 800 (801); NJW 1982, 929 = FamRZ 1982, 28 (29); NJW 1982, 40 = FamRZ 1981, 1163 (1164). Anders RA-BT BT-Drs. 7/4361, 16, 17.

[33] IErg wohl ebenso Staudinger/*Verschraegen,* 2014, § 1571 Rn. 8 aE.

[34] Zu **§ 1570:** BGH NJW 2005, 3639 = FamRZ 2005, 1979 (1980); BeckOK BGB/*Beutler,* 47. Ed. 1.8.2018, § 1570 Rn. 4; Palandt/*Brudermüller* § 1570 Rn. 2; BeckOGK/*Lettmaier,* 1.12.2018, § 1570 Rn. 24. – Zum **Trennungsunterhalt** ebenso BGH NJW-RR 1989, 898 = FamRZ 1989, 838 (839) (zwar Zusammenleben, aber kein gemeinsames Wirtschaften); NJW 1982, 1460 = FamRZ 1982, 573 (574); NJW 1980, 2349 = FamRZ 1980, 876 (877); aA Staudinger/*Voppel,* 2018, § 1361 Rn. 11; *Henrich* FamRZ 1989, 839; zweifelnd Palandt/*Brudermüller* § 1361 Rn. 10. Kein Anspruch nach kriegsbedingt nur 6-tägigem Zusammenleben, nachdem sich 30 Jahre lang jeder Ehegatte selbst unterhielt, OLG Hamm FamRZ 1979, 581; ähnlich OLG Celle BeckRS 1989, 31137568 = FamRZ 1990, 519.

[35] Maßgebliches Ziel des Gesetzgebers des UÄndG 2007, BT-Drs. 16/1830, 16 (Zu Nummer 3 [Neufassung von § 1569 BGB], Zu Satz 1). S. dazu auch Ital. Kassationshof FamRZ 2017. 1131 Ls. 1 mAnm *Henrich.*

erwirtschaften (S. 1, → Rn. 6).[36] Die Verweisung auf die nacheheliche Eigenverantwortung beschränkt sich nicht auf die enumerativ und abschließend aufgezählten Unterhaltstatbestände (§§ 1570–1576), sondern bezieht alle Vorschriften zum nachehelichen Unterhalt (§§ 1570 ff.) ein, die deshalb insgesamt im Sinne einer Stärkung der Eigenverantwortung anzuwenden sind. Sie wird zwar in
- § 1570 (Anpassung an § 1615l),
- § 1574 (angemessene Erwerbstätigkeit),
- § 1578b (Begrenzung nachehelicher Unterhaltsansprüche),
- §§ 1582, 1609 (Nachrang des nachehelichen Unterhalts)

**unmittelbar** umgesetzt, doch ist sie auch darüber hinaus zu beachten. Insbesondere kann sie bei der Anwendung von
- § 1575 (Ausbildungsunterhalt),
- § 1576 (Billigkeitsunterhalt),
- § 1577 (Anrechnung überobligatorisch erzielter Einkünfte, Vermögensverwertung → § 1577 Rn. 64),
- § 1579 (Nr. 1 [Ehe von kurzer Dauer]; Nr. 2 [verfestigte Lebensgemeinschaft]; Billigkeitsabwägung),
- § 1581 (Selbstbehalt)

und ganz allgemein bei der Bestimmung der Obliegenheiten des Berechtigten (zur **Erwerbsobliegenheit** → § 1573 Rn. 20–22, → § 1578 Rn. 696–816, zur Obliegenheit, auch **anderweitige Einkünfte** zu erzielen, etwa → § 1578 Rn. 820–887) Bedeutung erlangen. Zum Ganzen auch → Rn. 1, 6.

Der Berechtigte muss die gesetzlich geregelten Obliegenheiten (§§ 1573, 1574 Abs. 2, 3, 1577, 19
1578, 1579 Nr. 3, → Rn. 5) erfüllen und die seinen Anspruch begründenden Umstände **darlegen** und ggf. **beweisen.**

### III. Nacheheliche Solidarität

Die in S. 2 geregelte fortwirkende wirtschaftliche **Mitverantwortung** tritt als Folge des Ver- 20
trauensschutzes[37] neben die wirtschaftliche Eigenverantwortung des geschiedenen Ehegatten als Ausprägung und Nachwirkung ehelicher Solidarität.[38] Wegen der grundsätzlichen wirtschaftlichen Eigenverantwortung der Ehegatten bedarf sie jedoch besonderer Begründung,[39] die sie in den Unterhaltstatbeständen, beim Maß des Unterhalts (§ 1578) und seinem Vorrang nach § 1582 sowie beim Wiederaufleben des Unterhaltsanspruchs nach Scheidung der Nachehe (§ 1586a) erfährt. Darüber hinaus ist sie bei der Begrenzung des Unterhalts, insbesondere des Alters-[40] und Krankheitsunterhalts[41] (§ 1578b) zu berücksichtigen (→ § 1578b Rn. 249–255).[42] Aus ihrer Fortwirkung in der nachehelichen Zeit folgt allgemein auch die Haftung nur im Rahmen der **Zumutbarkeit**[43] und der **Gegenseitigkeit,**[44] die ihre ausdrückliche Berücksichtigung in der Dauer der Ehe und insbesondere der besonderen Betonung der Betreuung gemeinsamer Kinder (§§ 1570, 1574 Abs. 2 S. 2, § 1577 Abs. 4 S. 2, § 1578b Abs. 1, 2, § 1579 Nr. 1 Hs. 2, §§ 1582, 1609 Nr. 1, 2) erfährt.

### IV. Lebensstandardgarantie

Das nacheheliche Unterhaltsrecht sieht **keine Garantie** des ehelichen Lebensstandards vor.[45] 21
Die stärkere Betonung der **nachehelichen Eigenverantwortung** durch das UÄndG 2007 (→ Rn. 1, 2, 6, 18) beeinflusst zwar nicht den Bedarf (§ 1578 Abs. 1, → § 1578 Rn. 2, 12), führt

---

36 Zu Recht weist *Borth* FamRZ 2006, 813 (814) auf die praktischen Probleme des Arbeitsmarktes hin.

37 Dazu auch BT-Drs. 17/11885, 6; zum Vertrauensschutz ausdrücklich Abg. *Hönlinger,* BT-Plenarprotokoll 17/214 v. 13.12.2012, 26388.

38 BVerfGE 57, 361= NJW 1981, 1771 = FamRZ 1981, 745 (750 f.); BGH NJW 1981, 2805 = FamRZ 1981, 1042 (1044); NJW 1981, 1782 = FamRZ 1981, 752 f.; NJW 1981, 1214 = FamRZ 1981, 439 f.; dazu auch BGH NJW 2010, 1598 Rn. 19 = FamRZ 2010, 629. S. dazu auch Ital. Kassationshof FamRZ 2017. 1131 Ls. 2 mAnm *Henrich.*

39 *Brudermüller* FamRZ 1998, 649.

40 BGH NJW 2010, 3097 Rn. 15 = FamRZ 2010, 1633. Noch unberücksichtigt in BGH NJW 2010, 2953 Rn. 26–28 = FamRZ 2010, 1414.

41 Dazu BGH NJW 2010, 1598 Rn. 27, 42 = FamRZ 2010, 629.

42 Allgemein: BGH NJW 2010, 2056 Rn. 44, 45 = FamRZ 2010, 869; NJW 2011, 147 Rn. 21 = FamRZ 2010, 1971.

43 BGH NJW 1985, 1695 (1698) = FamRZ 1985, 782 (785 f.).

44 BGH NJW 1980, 1686 = FamRZ 1980, 665.

45 BGH NJW 2009, 145 Rn. 25 = FamRZ 2009, 23.

aber neben strengeren Voraussetzungen für den Betreuungsunterhalt (§ 1570) insgesamt zu verschärften Erwerbsobliegenheiten und damit zu einer Verringerung der Bedürftigkeit infolge der Deckung des Lebensbedarfs durch Eigeneinkünfte. Zudem kann kein Berechtigter darauf vertrauen, stets Unterhalt nach den ehelichen Lebensverhältnissen zu erhalten.[46] Die Möglichkeit der Herabsetzung des Unterhalts (§ 1578 Abs. 1 S. 2 aF) wurde durch § 1578b Abs. 1 verschärft, die der Befristung (§ 1573 Abs. 5 aF) auf alle Unterhaltstatbestände erstreckt (§ 1578b Abs. 2, → § 1578b Rn. 5, 238–261). Konstruktiv sind die Begrenzungsmöglichkeiten als Ausnahmen vom Grundsatz der Unterhaltsverpflichtung ausgestaltet (→ § 1578b Rn. 10). – Zur nachehelich **negativen Veränderung** der die ehelichen Lebensverhältnisse prägenden Umstände → § 1578 Rn. 76–100.

## C. Grundfragen des Unterhaltsrechts

### I. Begriff

22 Wegen der unterschiedlichen Zielsetzung und Funktion der einzelnen Unterhaltstatbestände definiert das Gesetz den nachehelichen Unterhalt nicht.[47] Er soll den **materiellen Lebensbedarf** des mit dem Verpflichteten nicht mehr zusammenlebenden Berechtigten einschließlich Alters-, Krankheits- und Pflegevorsorge (§ 1578 Abs. 2, 3) abdecken und befriedigen (zu den Einschränkungen s. etwa §§ 1578b, 1579, 1582). Er ist stets in **Geld** in inländischer Währung zu leisten (§ 1585 Abs. 1 S. 1; zu den Ausnahmen **Darlehen** → § 1585 Rn. 13–16, **Naturalunterhalt** → § 1585 Rn. 17, **Vorsorgeunterhalt** → § 1585 Rn. 18, 19, **Fremdwährung** → § 1585 Rn. 20, eines Anspruchs auf **Abfindung,** § 1585 Abs. 2, → § 1585 Rn. 48–70) und umfasst – anders als der Familienunterhalt (→ § 1360 Rn. 14, 16, → § 1360a Rn. 14) – nach Auflösung der ehelichen Lebensgemeinschaft keine Dienstleistungen.

### II. Geschlechtsneutralität

23 Alle Unterhaltsansprüche können sowohl der Frau als auch dem Mann bzw. beiden gleichgeschlechtlichen Ehegatten//Lebenspartnern zustehen. Wegen Art. 3 Abs. 2 GG und der geschlechtsneutralen Ausgestaltung der Ehewirkungen in §§ 1356, 1360, 1361 ist auch die geschlechtsneutrale Regelung des nachehelichen Unterhaltsrechts zwingend (ausdrücklich § 1615l Abs. 4 S. 1 zum Anspruch des nicht verheirateten Vaters auf Betreuungsunterhalt).

### III. Verhältnis ehelicher/nachehelicher Unterhalt

24 Zwischen ehelichem – Familien- (§§ 1360, 1360a) und Trennungsunterhalt (§ 1361) – und nachehelichem Unterhalt besteht **keine Identität,** weil es sich materiellrechtlich um verschiedene Ansprüche handelt; der Fortwirkung einer einstweiligen Anordnung in die nacheheliche Zeit (§ 56 FamFG, → Vor § 1569 Rn. 87) kommt keine materiellrechtliche Wirkung zu.[48] Diese Nichtidentität hat zur rechtlichen Folge, dass der nacheheliche Unterhalt erst mit der Rechtskraft der Scheidung entsteht und fällig wird und zuvor mit ihm auch nicht in Verzug gesetzt werden kann (zu den Einzelheiten → § 1585b Rn. 45–48).

25 Da die Verfahren zum Familien-, Trennungs- und nachehelichen Unterhalt danach verschiedene **Verfahrensgegenstände** haben, regelt ein Beschluss zum Trennungsunterhalt nicht auch den nachehelichen Unterhalt und kann nicht für die nacheheliche Zeit **abgeändert** werden, vielmehr muss der Berechtigte erneut **Leistungsantrag** iSe Erstantrags erheben und gegen die Vollstreckung für die nacheheliche Zeit mit einem **Vollstreckungsgegenantrag** vorgehen. Eine **Vereinbarung** vor der Scheidung zum Unterhalt kann zwar kraft ausdrücklicher Regelung auch den nachehelichen Unterhalt mit umfassen, für eine entsprechende Auslegung der Vereinbarung wird allerdings nur wenig Raum bestehen.[49]

---

[46] BGH NJW 2011, 147 Rn. 17 = FamRZ 2010, 1971.

[47] *Wax* in Göppinger/Wax UnterhaltsR Rn. 1, 2.

[48] So der BGH, dem die familiengerichtliche Praxis zwischenzeitlich – soweit ersichtlich – ohne Ausnahme folgt, BGH NJW 1992, 438 = FamRZ 1992, 298 (299); NJW 1988, 1147 = FamRZ 1988, 375 (377); BGHZ 103, 62 = NJW 1988, 1137 = FamRZ 1988, 370 (371 f.); NJW 1982, 1216 = FamRZ 1982, 466 (468); NJW 1982, 1875 = FamRZ 1982, 465 f.; BGHZ 78, 130 = NJW 1980, 2811 = FamRZ 1980, 1099 (zu §§ 58 ff. EheG) mit krit. Anm. *Mutschler*; NJW 1981, 978 = FamRZ 1981, 242 (zu §§ 1569 ff.) mit krit. Anm. *Mutschler*.

[49] Dazu BGH NJW 1988, 557 = FamRZ 1988, 46 f.

## IV. Enumerative Aufzählung

§ 1569 selbst ist **keine Anspruchsgrundlage** (→ Rn. 5). Als Programmsatz steht er vor den Anspruchsgrundlagen und bietet Auslegungshilfen in dem Sinne, dass das Eingreifen dieser einzeln aufgeführten Anspruchsgrundlagen auch an den Vorgaben von § 1569 zu messen ist (→ Rn. 5, 6). Im Besonderen betrifft dies den Anspruch auf Betreuungsunterhalt (§ 1570),[50] aber auch den Anspruch auf Billigkeitsunterhalt aus § 1576, dem jedoch so gut wie keine praktische Bedeutung zukommt. Ansonsten kommt der Programmsatz insbesondere im Zusammenhang mit § 1578b zum Tragen,[51] aber auch bei der Bestimmung der Erwerbs- und Ausbildungsobliegenheiten im Rahmen des § 1574 (→ § 1574 Rn. 10–12). 26

Die **enumerative Aufzählung** der Ansprüche auf nachehelichen Unterhalt in den §§ 1570–1573, 1575–1576 ist abschließend.[52] Sie decken nach der zutreffenden Vorstellung des Gesetzgebers[53] alle in Betracht kommenden Bedürfnislagen vollständig ab. 27

## V. Einsatzzeitpunkte

Einen unabdingbaren Einsatzzeitpunkt sieht § 1569 außer der Rechtskraft der Scheidung für den nachehelichen Unterhalt nicht vor. Wann ein Unterhaltsanspruch **tatbestandlich** entstehen kann, stellt sich für die einzelnen Unterhaltstatbestände unterschiedlich dar: Für den Anspruch auf 28

- **Betreuungsunterhalt** (§ 1570) gibt es grundsätzlich keinen festen Einsatzzeitpunkt (→ § 1570 Rn. 27, 28). Er entsteht vielmehr mit der Betreuungsbedürftigkeit des gemeinsamen Kindes. 29
- **Krankheits**- und **Altersunterhalt** (§§ 1571, 1572) wird ausdrücklich an der Rechtskraft der Scheidung angeknüpft. Ihr gleichgestellt sind die Beendigung der Pflege oder Erziehung eines gemeinschaftlichen Kindes und der Wegfall der Voraussetzungen für einen Anspruch auf Altersunterhalt oder auf Erwerbslosigkeits- und Aufstockungsunterhalt. 30
- **Erwerbslosen**- und **Aufstockungsunterhalt** (§ 1573) wird lediglich grundsätzlich an keinen festen Einsatzzeitpunkt angeknüpft. Regulativ – „nach der Scheidung" – ist die zeitliche Begrenzung des Eintritts der Nachhaltigkeit ab der Rechtskraft der Scheidung (§ 1573 Abs. 4; → § 1573 Rn. 19, 44–53). 31
- **Ausbildungsunterhalt** (§ 1575) hängt von keinem ausdrücklichen Einsatzzeitpunkte ab, doch muss die Ausbildung „sobald wie möglich" aufgenommen werden (→ § 1575 Rn. 10, 32, 33). 32
- **Billigkeitsunterhalt** (§ 1576) kann nach der Scheidung zeitlich unbeschränkt entstehen (→ § 1576 Rn. 5, 6). 33

Unerheblich ist, wenn der Berechtigte seinen bestehenden Anspruch erst **später** geltend macht;[54] als Regulativ dient § 1585b Abs. 2, 3, ggf. § 242. Bestand kein Unterhaltsanspruch, scheidet auch ein Anspruch auf **Anschlussunterhalt** (§ 1571 Nr. 3, § 1572 Nr. 4, § 1573 Abs. 3, 4) jedenfalls grundsätzlich aus (→ § 1571 Rn. 26–31, → § 1572 Rn. 25–39, → § 1573 Rn. 41, 42, 43–53). 34

## VI. Stichtage

Grundsätzlich richtet sich der **Bedarf** nach den bei Eintritt der Rechtskraft der Scheidung (**„Stichtag"**, → § 1578 Rn. 42–144) bestehenden maßgeblichen Verhältnissen. Die **Bedürftigkeit** des Berechtigten (→ § 1577 Rn. 8, → § 1578 Rn. 44) und die **Leistungsfähigkeit** des Verpflichteten (→ § 1578 Rn. 44, → § 1581 Rn. 12–15) werden dagegen allein nach den im Zeitpunkt der Beurteilung bestehenden Verhältnissen bestimmt. 35

## VII. Zeitbezogenheit

Unterhalt kann immer nur zeitbezogen verlangt und zugesprochen werden, sodass die Unterhaltvoraussetzungen, einschließlich der Bedürftigkeit und der Leistungsfähigkeit immer gleichzeitig vorliegen müssen. Deshalb kann geringerer Unterhalt in bestimmten Zeitphasen nicht mit höherem Unterhalt **verrechnet** werden.[55] Dies gilt nicht nur in **materiellrechtlicher,** sondern auch in **verfahrensrechtlicher** Hinsicht. Für die Zeiten, in denen nur geringerer Unterhalt begehrt werden 36

---

50 Dazu BeckOGK/*Schlünder,* 1.2.2019, Rn. 6, 7.

51 BT-Drs. 16/1830, 17.

52 Auch BeckOGK/*Schlünder,* 1.2.2019, Rn. 10.

53 „Zaghaft" angedeutet in BT-Drs. 7/650, 76.

54 BGHZ 163, 84 = NJW 2005, 3277 = FamRZ 2005, 1817 (1819) zum Aufstockungsunterhalt (§ 1573 Abs. 1); OLG Stuttgart BeckRS 2005, 7497 = FamRZ 2005, 1996 mAnm *Bergschneider* FamRZ 2006, 343 zum Anschlussunterhalt (§ 1573 Abs. 4).

55 BVerfGE 113, 88 = NJW 2005, 1927 (1929) = FamRZ 2005, 1051; BGH NJW 2016, 322 Rn. 24 = FamRZ 2016, 199; NJW 1985, 486 (487) = FamRZ 1985, 155 (156).

kann, kann nur Unterhalt in dieser Höhe zugesprochen werden, iÜ muss der Antrag abgewiesen werden. Soweit zu hoher Unterhalt verlangt wurde, ist der Antrag abzuweisen.[56] Und soweit ein zu geringer Unterhalt verlangt wurde, ist das FamG an den gestellten Antrag gebunden (§ 113 Abs. 1 S. 2 FamFG, § 308 Abs. 1 S. 1 ZPO).

### VIII. Billigkeit

37 Sie ist das **beherrschende Kriterium** (auch) des nachehelichen Unterhaltsrechts und bereits Grundlage für die ausschließlichen gesetzlichen Tatbestände, nach denen Unterhalt in der nachehelichen Zeit verlangt werden kann.

BT-Drs. 7/650, 122: „Eine Generalklausel, wonach Unterhalt zu gewähren ist, wenn dies der Billigkeit entspricht, trägt die Gefahr unterschiedlicher Auslegungsmöglichkeiten in sich und wäre deshalb der Rechtssicherheit abträglich."

Zudem begegnet die Billigkeit sowohl in den Unterhaltstatbeständen (§ 1570 Abs. 1 S. 2, 3, Abs. 2, §§ 1576, 1574 Abs. 2 S. 1, § 1576) als auch in den Regeln zur Bemessung (§ 1577 Abs. 2 S. 2, Abs. 3, § 1581) und zur Begrenzung des Unterhalts (§§ 1579, 1578b Abs. 1, 2). Aufgrund der Verschiedenartigkeit der Zielrichtung, in der die Billigkeit als konstitutives Element einer Norm herangezogen wird, kann sie **nicht** als **einheitlich** begriffen werden, vielmehr kann sich ihre konkrete Bedeutung nur im gesetzlichen Zusammenhang vor dem Hintergrund des Zwecks und der Zielrichtung der jeweiligen Regelung ergeben.

## D. Doppelberücksichtigung

**Schrifttum:** *Balzer,* Zugewinnausgleich und Unterhalt – Interdependenzen der Rechtsfolgen bei Trennung und Scheidung, 2010; *Balzer/Gutdeutsch,* Die Berücksichtigung doppelrelevanter Vermögenspositionen bei der Berechnung des Zugewinnausgleichs und des Unterhalt, FamRZ 2010, 341; *Brudermüller,* Die Entwicklung des Familienrechts seit Mitte 2004 – Güterrecht und Versorgungsausgleich, NJW 2005, 3187; *Fischer-Winkelmann,* Sind Unternehmensbewertungen im Zuge des Zugewinnausgleichs passé?, FuR 2004, 433; *Gerhardt/Schulz,* Verbot der Doppelverwertung von Abfindungen beim Unterhalt und Zugewinn, FamRZ 2005, 145; *Gerhardt/Schulz,* Verbot der Doppelverwertung von Schulden beim Unterhalt und Zugewinn, FamRZ 2005, 317; *Grziwotz,* Doppelverwertungsverbot im Scheidungsfolgenrecht, MittBayNot 2005, 284; *Grziwotz,* Verbot der Doppelberücksichtigung von Schulden im Unterhaltsrecht und beim Zugewinnausgleich, FPR 2006, 485; *Hermes,* Nochmals: Die Doppelberücksichtigung von Abfindungen und Schulden im Unterhalt und Zugewinnausgleich, FamRZ 2007, 184; *Hoppenz,* Zur Konkurrenz von Unterhalt und Zugewinn, FamRZ 2006, 1242; *Kaiser,* Abfindungen wegen Beendigung des Arbeitsverhältnisses – Zugewinnausgleichspflichtiges Vermögen oder unterhaltsprägendes Einkommen?, FS Schwab, 2005, 495; *Kleinmichel,* Doppelzählung bei Zugewinnausgleich und Unterhalt im Rahmen der Scheidung von Unternehmerehegatten – Ein Beitrag zur Unternehmensbewertung im Familienrecht –, FPR 2007, 329; *Kogel,* Doppelberücksichtigung von Abfindungen und Schulden im Unterhalt und Zugewinnausgleich – Ein Diskussionsbeitrag auch zur Anwaltshaftung, FamRZ 2004, 1614; *Kogel,* Zur Qualifikation arbeitsrechtlicher Abfindungen – Unterhaltsrecht oder Güterrecht?, FamRZ 2005, 1524; *Maier,* Vom Unterhalt bei Vermögensauseinandersetzung, FamRZ 2006, 897; *Maurer,* Zur Qualifikation arbeitsrechtlicher Abfindungen – Unterhaltsrecht oder Güterrecht?, FamRZ 2004, 1509; *Maurer,* Zur Qualifikation arbeitsrechtlicher Abfindungen – Unterhaltsrecht oder Güterrecht?, FamRZ 2005, 757; *Maurer,* Unterhalt aus arbeitsrechtlicher Abfindung, FamRZ 2012, 1685; *Münch,* Unternehmensbewertung im Zugewinnausgleich und Doppelverwertungsverbot, NJW 2008, 1201; *Niepmann,* Aktuelle Probleme des ehelichen Vermögensrechts, FF 2005, 131; *Norpoth,* Die eingeschränkte Berücksichtigung von Tilgungsleistungen auf Hausdarlehen, FamRZ 2008, 2245; *Schmitz,* Verbot der Doppelverwertung von Schulden im Unterhaltsrecht und Zugewinn, FamRZ 2005, 1520; *Schmitz,* Zur Konkurrenz von Unterhalt und Zugewinnausgleich, FamRZ 2006, 1811; *Schöpflin,* Laufendes Einkommen, Giroguthaben und Zugewinnausgleich, FuR 2004, 60; *Schulin,* Verbot der Doppelverwertung von Schulden im Unterhaltsrecht und Zugewinn, FamRZ 2005, 1521; *Schulz,* Zur Doppelberücksichtigung von Vermögenspositionen beim Unterhalt und Zugewinn, FamRZ 2006, 1237; *Soyka,* Behandlung von Abfindungen, FuR 2005, 539; *Viefhues,* Das Doppelverwertungsverbot in der anwaltlichen Beratungspraxis, FuR 2013. 610; *Wohlgemuth,* Doppelverwertung von Schulden beim Unterhalt und Zugewinnausgleich, FamRZ 2007, 187.

### I. Verbot der Doppelberücksichtigung

38 Hinter dem Verbot der Doppelberücksichtigung von **Vermögenswerten** steht die Erkenntnis, dass nicht mehr ausgeglichen werden kann und darf, was bereits ausgeglichen ist. Nur so kann ausgeschlossen werden, dass ggf. der Berechtigte seine Ausgleichsforderung „selbst finanziert" oder

[56] BGH NJW 2016, 322 Rn. 24 = FamRZ 2016, 199.

der Verpflichtete „doppelt bezahlt". – In der Sache geht es vor allem um die Abgrenzung zwischen unterhaltsrechtlicher und güterrechtlicher Behandlung ein und desselben Vermögenswertes. Doch ist dies nicht ausschließlich (→ Rn. 15–22),[57] vielmehr ergibt sich die Problemstellung immer dann, wenn ein Vermögenswert Gegenstand mehrerer Ausgleichsinstitute ist.

Erörtert wird das Verbot, ohne hieraus beschränkt zu sein,[58] vornehmlich im Zusammenhang 39
mit **arbeitsrechtlichen Abfindungen** und **Schulden.** Folgende Beispiele veranschaulichen die Problematik:

**Beispiel 1:**
Vermögenseinkünfte werden bis zum Stichtag über den Zugewinnausgleich ausgeglichen.[59] Würden sie bis zum Stichtag auch zum Unterhalt berücksichtigt, würde der Ehemann „doppelt zahlen", durch den Zugewinnausgleich und den Unterhalt.

**Beispiel 2:**
Der Ehemann hat ehebedingte Schulden allein aufgenommen, die er auch allein zurückführt. Zum Stichtag Zugewinnausgleich beteiligt sich die Ehefrau zur Hälfte an den Schulden, weil der Schuldenstand das Endvermögen des Ehemannes in voller Höhe mindert. Deshalb sind die Schulden fiktiv getilgt und können den Unterhaltsbedarf in Höhe der Tilgungen nach dem Stichtag nicht mehr prägen. Ansonsten würde die Ehefrau ihren Zugewinnausgleich „selbst finanzieren".

**Beispiel 3:**
Wie Beispiel 2, doch geht es um den Unterhalt bis zum Stichtag. Berücksichtigt man neben den Schulden auch den Schuldendienst, erhält man das zutreffende Ergebnis: Die Schuldentilgung führt zur Vermögensmehrung und erhöht das Endvermögen des ausgleichspflichtigen Ehegatten. Als Ausgleich dafür wird der Schuldendienst zum Unterhalt bedarfsmindernd berücksichtigt. Man mag auch dies „Doppelberücksichtigung" nennen, die nunmehr aber geboten ist, weil der Ehemann „doppelt zahlen" würde, müsste er höheren Zugewinnausgleich und höheren Unterhalt aufbringen.

**Beispiel 4:**
Ein selbstständig erwerbstätiger Ehegatte betreibt Altersvorsorge durch Bildung von Kapital, das güterrechtlich auszugleichen ist. Bis zur Rechtskraft der Scheidung, mit der jedenfalls der Güterstand beendet ist, wird eine unterhaltsrechtliche Berücksichtigung ausscheiden müssen.

**Beispiel 5:**
Der Verpflichtete bekommt von seinem Arbeitgeber bei Auslösung des Arbeitsverhältnisses eine Abfindung.[60] Wird sie vor der Zustellung des Scheidungsantrags ausbezahlt, ist sie bis dahin zum Trennungsunterhalt heranzuziehen, der zum Stichtag für den Zugewinnausgleich noch vorhandene Restbetrag ist allein güterrechtlich auszugleichen und kann weder für den Trennungsunterhalt noch für den nachehelichen Unterhalt herangezogen werden. Eine nach dem Stichtag ausbezahlte Abfindung kann in vollem Umfang für den nachehelichen Unterhalt herangezogen werden.

Im Einzelnen bestehen unterschiedliche Auffassungen, sowohl was die Anknüpfungspunkte als 40
auch die Folgerungen aus ihnen anbelangt. Zwar sollte Ausgangspunkt die Unterscheidung zwischen **Vermögensstamm** und **Vermögensertrag** sein:[61] Der Vermögensstamm ist güterrechtlich, sein Ertrag unterhaltsrechtlich auszugleichen. Doch trägt dieser Ausgangspunkt nicht immer: So kann der Vermögensstamm auch zur Bedarfsdeckung (§ 1577 Abs. 1, 3) oder zum Erhalt der Leistungsfähigkeit (§ 1581 S. 2) heranzuziehen sein. Und der Vermögensertrag muss nicht notwendig für die Bestreitung des ehelichen Lebensbedarfs herangezogen, sondern kann selbst wieder dem Vermögen zugeführt worden sein. Deshalb ist weitergehend danach zu fragen, was die Ehegatten zur Verwendung ihrer finanziellen Mittel **bestimmt** haben (§ 1356), inwieweit diese Absprache auch nach Trennung und Scheidung noch **Bestand** haben kann (zur unangemessen sparsamen Lebensführung → § 1578 Rn. 14, 15, 386, 684) und **wofür** der Vermögensgegenstand erworben wurde. Letzteres kann insbesondere für den Ausgleich arbeitsrechtlicher Abfindungen und des Vorteils selbstgenutzten Wohnraums[62] Bedeutung erlangen. – Maßgebend ist auch, ob die finanziellen Mittel aus **Arbeitseinkünf-**

57 Zur Abgrenzung Güterrecht/Auseinandersetzung der Haushaltsgegenstände s. etwa BGH NJW 1991, 1741 = FamRZ 1991, 1166 (1168); NJW 1984, 484 = FamRZ 1984, 144 ff.; wN bei *Motzer* in Schwab ScheidungsR-HdB VIII Rn. 108; zur Abgrenzung Güterrecht/Versorgungsausgleich BGH NJW-RR 2008, 81 Rn. 16 = FamRZ 2007, 1542.

58 S. dazu etwa den Fall von BGH NJW 2008, 57 Rn. 29 ff. = FamRZ 2007, 1532, in dem es um angesparte Vermögenserträge geht.

59 Dies ist der Fall des BGH NJW 2008, 57 Rn. 33 = FamRZ 2007, 1532.

60 BGH NJW 2012, 1868 Rn. 42 = FamRZ 2012, 1040; NJW 2004, 2675 = FamRZ 2004, 1352.

61 *Hoppenz* FamRZ 2006, 1242 (1243 f.).

62 Dazu auch *Finke* FF 2007, 185 (187); *Graba* FamRZ 2006, 821 (827 f.).

**ten** stammen.[63] Dies jedenfalls insoweit, als sie bislang zur Bestreitung des familiären Lebensunterhalts verwandt wurden und auch zukünftig hierfür zu verwenden oder für diese Verwendung gedacht sind.[64]

41 Dabei ist es den Ehegatten sowohl zum Güterrecht (§ 1378 Abs. 3 S. 2) als auch zum Unterhalt (§ 1585c) in den insoweit bestehenden Grenzen nicht grundsätzlich verwehrt, **Vereinbarungen** dazu zu schließen, in welchem Ausgleichssystem Vermögenswerte ausgeglichen werden sollen.[65] Verwehrt ist jedoch eine **einseitige** Bestimmung eines Ehegatten,[66] und gerade die grundlegenden **Qualifikationen** als güterrechtlich oder unterhaltsrechtlich sind nicht disponibel.[67]

42 **Beispiele aus der Rspr.:**

BGHZ 82, 149 = NJW 1982, 279 = FamRZ 1982, 147: Die Abfindung einer Witwenrente hat der BGH nicht dem privilegierten Anfangsvermögen im Zugewinnausgleich zugeschlagen, weil er sie nach Fälligkeit als laufende Einkünfte bewertet hat und auch die Forderung auf künftiges Arbeitsentgelt nicht in das Anfangsvermögen fällt.

BGH NJW 1982, 279 = FamRZ 1982, 148: Dagegen fällt eine noch vorhandene schadensersatzrechtliche Abfindung für Verdienstausfall in das Endvermögen.

BGH NJW 1998, 749 = FamRZ 1998, 362: Eine arbeitsrechtliche, aus Anlass einer Kündigung gezahlte und noch vorhandene Abfindung ist dem Endvermögen zuzuschlagen, weil sie nicht zum Ausgleich für entgangenes Arbeitsentgelt gezahlt wird. Dies jedenfalls dürfte keine tragfähige Begründung darstellen.

OLG Frankfurt a. M. FamRZ 2000, 611: Der Verbrauch der arbeitsrechtlichen Abfindung wegen Eintritts in den Vorruhestand ist nach § 1381 den Zugewinnausgleich mindernd zu berücksichtigen.

BGHZ 146, 64 = NJW 2001, 439 = FamRZ 2001, 278 (281): Eine arbeitsrechtliche Abfindung, die aus Anlass einer Betriebsstilllegung bezahlt wird und nach den Vereinbarungen den Charakter einer Sozialabfindung hat, dient dem Ausgleich der entstehenden wirtschaftlichen Nachteile und ist deshalb im Anfangsvermögen zu berücksichtigen. Im konkreten Fall hat der BGH diese Zwecksetzung allerdings nicht angenommen und sich deshalb nicht mit der Frage auseinandergesetzt, ob Abfindungen, die dem Einkommensersatz dienen, überhaupt in den Zugewinnausgleich fallen können.

BGH NJW 2003, 1396 = FamRZ 2003, 432 (433): Die gesellschaftsrechtliche Beteiligung des Ehemannes war im Zugewinnausgleich ausgeglichen worden. Nach dem Stichtag anfallende Gewinnanteile haben die Ehegatten in einem Unterhaltsvergleich als unterhaltsrelevantes Einkommen behandelt. Deshalb hat der BGH die Erhöhung der Beteiligung der Ehefrau zum güterrechtlichen Stichtag über deren Nennwert hinaus mit der Begründung der verwehrten Doppelberücksichtigung abgelehnt. Dies verkennt jedoch die Trennung in Vermögensstamm und Vermögenserträge. Der Wert der Beteiligung betrifft allein den Vermögensstamm und sagt unabhängig davon, dass er auch von der Ertragssituation bestimmt wird, nichts über ihren Einsatz zur Deckung des Lebensbedarfs aus.

BGHZ 156, 105 = NJW 2003, 3339 = FamRZ 2003, 1544 (1545 f.): Tilgungsleistungen verringern bis zum Stichtag die Schuld und erhöhen so das Endvermögen im Zugewinnausgleich; sie können deshalb unterhaltsmindernd berücksichtigt werden. Nach dem Stichtag bleiben sie aber im Zugewinnausgleich unberücksichtigt, sodass sich die Frage der Doppelberücksichtigung nicht (mehr) stellt und sie unterhaltsrechtlich zu behandeln sind. Andererseits führt der BGH aus (S. 1546): „Ebenso kann sich der ausgleichsberechtigte Ehegatte gegen die Berücksichtigung am Stichtag noch bestehender Verbindlichkeiten des Ausgleichspflichtigen bei dessen Endvermögen nicht mit der Begründung wehren, er habe wegen dieser Verbindlichkeiten bereits eine Reduzierung seines Unterhaltsanspruchs hinnehmen müssen. Denn ein etwaiger Einfluss der Schuldenlast auf die unterhaltsrechtliche Leistungsfähigkeit hat mit dem Vermögensausgleich des § 1378 BGB nichts zu tun.“ Doch dürfte dies jedenfalls in dieser Allgemeinheit nicht zutreffen. Zufällige geringfügige zeitliche Überschreitungen nimmt der BGH aus Praktikabilitätsgründen hin.

BGH NJW 2004, 2675 = FamRZ 2004, 1352: Haben die Ehegatten eine arbeitsrechtliche Abfindung durch Vereinbarung in die Unterhaltsberechnung einbezogen, ist sie einem zusätzlichen güterrechtlichen Ausgleich entzogen.

OLG München BeckRS 2004 30470816 = FamRZ 2005, 713 f.; FPR 2004, 505 f. = FamRZ 2005, 459 f.: Im Endvermögen wurden Verbindlichkeiten in voller Höhe berücksichtigt. Deshalb bleiben die Tilgungen im Unterhalt bis zum güterrechtlichen Stichtag unberücksichtigt, die Zinsen sind einkommensmindernd anzusetzen. Dies entspricht dem obigen Beispiel 2 (auch OLG Saarbrücken NJW 2006, 1438 = FamRZ 2006, 1038).

OLG München BeckRS 2010, 9212 = FamRZ 2005, 714: Eine arbeitsrechtliche Abfindung wegen Eintritts in den Vorruhestand ist nur in der Höhe in den Zugewinnausgleich einzubeziehen, als sie nicht zur Bestreitung des eigenen sowie des Berechtigten Unterhalts bis zum Eintritt in den Ruhestand benötigt wird.

OLG Oldenburg NJW 2006, 2125 = FamRZ 2006, 1031 (1032) (dazu auch das Revisionsurteil BGHZ 175, 207 = NJW 2008, 1221 = FamRZ 2008, 761): Unter Berufung auf BGH (XII. ZS) NJW 2003,

---

63 AA etwa *Hoppenz* FamRZ 2006, 1242.

64 Dazu *Kaiser* FS Schwab, 2005, 495 (511 f.); *Maurer* FamRZ 2012, 1685 (1691 f.); FamRZ 2005, 757 (761 f.).

65 *Hoppenz* FamRZ 2006, 1242 (1247).

66 *Hoppenz* FamRZ 2006, 1242 (1247) mwN.

67 Zur Qualifikation arbeitsrechtlicher Abfindungen *Maurer* FamRZ 2005, 1526.

1396 = FamRZ 2003, 432 (433) hat es entschieden, dass der Wert einer Tierarztpraxis nicht ins Endvermögen gehört, weil deren auch künftige Erträge bereits unterhaltsrechtlich berücksichtigt wurden. Dies verkennt jedoch die Trennung in Vermögensstamm und Vermögenserträge. Dass die Erträge der Praxis deren Wert prägen, betrifft allein den Vermögensstamm, sagt aber über ihren Einsatz zur Deckung des Lebensbedarfs nichts aus.

OLG Saarbrücken NJW 2006, 1438 = FamRZ 2006, 1038: Im Endvermögen wurden Verbindlichkeiten in voller Höhe berücksichtigt. Deshalb bleiben die Tilgungen im Unterhalt bis zum güterrechtlichen Stichtag unberücksichtigt, die Zinsen sind einkommensmindernd anzusetzen. Dies entspricht dem obigen Beispiel 2.

BGH NJW 2008, 57 Rn. 33 = FamRZ 2007, 1532 (s. Beispiel 1): Vermögenserträge waren in voller Höhe beim Zugewinnausgleich das Endvermögen erhöhend berücksichtigt worden. Ihre erneute Berücksichtigung beim Unterhalt bis zum güterrechtlichen Stichtag würde zu einer verwehrten Doppelberücksichtigung führen (näher → § 1578 Rn. 617, 619).

BGH NJW 2008, 849 Rn. 9 = FamRZ 2008, 602: Wurde ein Schuldendienst zum Ehegattenunterhalt in voller Höhe bei der Leistungsfähigkeit des Verpflichteten berücksichtigt, trägt ihn der Berechtigte über die Halbteilung zur Hälfte mit, weshalb er nicht mehr erneut über den Gesamtschuldnerausgleich ausgeglichen werden kann.

BGHZ 175, 207 = NJW 2008, 1221 Rn. 16, 23, 25 = FamRZ 2008, 761: Eine zweifache Teilhabe liegt nicht bereits in der Berücksichtigung des Werts einer Tierarztpraxis beim Zugewinnausgleich und der aus ihr erzielten Erträge beim Unterhalt. Um sie auszuschließen, ist allerdings bei der Ermittlung des Werts der Praxis der good will durch Vorwegabzug des den individuellen Verhältnissen entsprechenden und konkret gerechtfertigten Unternehmerlohns, der für die Unterhaltsbemessung heranzuziehen ist, zu bereinigen.

OLG Oldenburg NJW-RR 2009, 1657 = FamRZ 2009, 1911 (1912): Erlös aus Aktienverkauf/-optionen.

AG Flensburg BeckRS 2009, 23524 = FamRZ 2010, 128 (129 f.): Abfindung nach Beendigung des Arbeitsverhältnisses ist zur Sicherstellung des Mindestunterhalts (eines minderjährigen Kindes) heranzuziehen.

BGHZ 188, 282 = NJW 2011, 999 Rn. 35 = FamRZ 2011, 622: Arbeitsrechtliche Abfindungen mit Lohnersatzfunktion sind auf die Zeit der geminderten Erwerbstätigkeit als ergänzendes Einkommen aufzuteilen. Im Umfang unterhaltsrechtlicher Berücksichtigung ist ein zusätzlicher güterrechtlicher Ausgleich ausgeschlossen.

AG Flensburg FamRZ 2014, 217 (218): Zum Verhältnis von AfA und Tilgungsleistungen für die Anschaffung der abgeschriebenen Güter, weil dadurch das Gut doppelt berücksichtigt wird. Zu Recht abl. *Borth* FamRZ 2014, 219, weil das Vorgehen des AG Flensburg zulasten des Betriebswerts geht, weshalb er zutr. vorschlägt, bei der Gewinnermittlung die AfA unberücksichtigt zu lassen und im Gegenzug die Tilgungsbeträge in voller Höhe abzuziehen.

Kein Fall der Doppelberücksichtigung liegt in dem praktisch häufigen Fall vor, dass zum Stichtag 43
Zugewinnausgleich Rückstände zum **Trennungsunterhalt** bestehen. Sie stehen idR in den Passiva des Verpflichteten und den Aktiva des Berechtigten und sind damit vermögensneutral. Wären sie vom Verpflichteten vor dem Stichtag zum Zugewinnausgleich ausgeglichen worden, wären sie seinem Aktivvermögen entzogen und hätten jedenfalls theoretisch das Aktivvermögen des Berechtigten erhöht, der dann zur Bestreitung seines Lebensunterhalts nicht auf Rücklagen hätte zurückgreifen müssen.

## II. Doppelte Nichtberücksichtigung

Neben dem Verbot (→ Rn. 38–43) besteht spiegelbildlich auch ein „Gebot der doppelten 44
Nichtberücksichtigung". Dabei geht es vor allem darum, inwieweit der Berechtigte sich Tilgungsleistungen des Verpflichteten auf Verbindlichkeiten entgegenhalten lassen muss. Kann ein Ehegatte nicht mehr an der **Vermögensbildung** des anderen teilnehmen, muss er sich auch unterhaltsrechtlich nicht mehr an ihr beteiligen. Dies gilt vornehmlich zur Abgrenzung Zugewinnausgleich/Unterhalt (→ § 1578 Rn. 612): Bis zum zugewinnausgleichsrechtlichen Stichtag der Zustellung des Scheidungsantrags (§ 1384) nimmt der Berechtigte über den Zugewinnausgleich am Vermögenszuwachs des Verpflichteten teil, sodass er sich unterhaltsrechtlich auch die Tilgungen entgegenhalten lassen muss. Weil ab dem Stichtag die Beteiligung am Vermögenszuwachs entfällt, erfolgt auch keine unterhaltsrechtliche Berücksichtigung der Tilgungen mehr.

**Paradebeispiel:**
Tilgungen auf für Wohneigentum aufgenommene Schulden,[68] für die aber gegen die Nichtberücksichtigung der Tilgungsleistungen beim Unterhalt spricht, dass ihnen der Wohnvorteil gegengerechnet wird.[69]

In der Praxis begegnet zudem der Fall, dass zum Stichtag Zugewinnausgleich Trennungsunter- 45
halt rückständig ist.

68 BGH NJW 2013, 461 Rn. 29 = FamRZ 2013, 191; NJW 2008, 1946 Rn. 17–20 = FamRZ 2008, 963.
69 *Norpoth* FamRZ 2008, 2245 (2249).

## E. Unterhaltsbegleitende Ansprüche

### I. Information

46 **1. Auskunftspflicht.** Die Ansprüche auf **Auskunft** und **Belegvorlage** einschließlich des Anspruchs auf Abgabe der **eidesstattlichen Versicherung** zwischen Berechtigtem und Verpflichtetem (§§ 1580, 1605 iVm §§ 260, 261) und mehreren Unterhaltsgläubigern/-schuldnern (§ 242)[70] dienen den Parteien des Unterhaltsrechtsverhältnisses zur Beurteilung, ob und inwieweit ein Unterhaltsanspruch berechtigt ist. Dazu näher die Ausführungen zu §§ 1605, 1580. – Unabhängig von der Auskunftspflicht der Ehegatten untereinander sind sie (§ 235 FamFG) und ggf. auch Dritte (§ 236 FamFG) dem FamG **verfahrensrechtlich** zur Auskunft verpflichtet (→ § 1580 Rn. 76–78).

47 **2. Ungefragte Information.** Ansprüche auf ungefragte Information aus der **Nebenpflicht** der Parteien des Unterhaltsrechtsverhältnisses bestehen, wenn sich unterhaltsrechtlich erhebliche Umstände verändert haben (auch → Rn. 21). Sie beruhen stets auf § 242 BGB unabhängig davon, ob
- sich die Veränderung beim Berechtigten oder beim Verpflichteten ergibt, weil beide der Wahrheitspflicht unterliegen,[71]
- es um die mögliche Anpassung einer gerichtlichen Entscheidung oder eines Vergleichs geht, weshalb auch nicht danach zu differenzieren ist, ob die ungefragte Offenbarungspflicht „evident unredlich"[72] ist,[73]
- die „Schonfrist" aus § 1605 Abs. 2 noch offen ist.[74]

48 Umfasst werden alle für Grund und Höhe des Unterhaltsanspruchs und zur Deckung des Lebensbedarfs **maßgeblichen Umstände.** Deshalb muss etwa der Verpflichtete die Kündigung einer **Krankenversicherung** unaufgefordert mitteilen, um dem Berechtigten eine Eigenversicherung zu ermöglichen; ein Verstoß macht ihn schadensersatzpflichtig.[75]

49 Ist der Unterhalt **tituliert,** setzt der Informationsanspruch eine **wesentliche** (§ 238 Abs. 1 S. 2 FamFG) oder **schwerwiegende** (§ 313 Abs. 1, 2) Veränderung voraus. Als Sanktionierung einer Pflichtverletzung verlangt sie die entsprechende laienhafte Vorstellung des Ehegatten, der sie begangen haben soll. Diese Vorstellung muss sich auf die unterhaltsrechtliche Bedeutung der Änderung und ihre Maßgeblichkeit erstrecken. Da zur ungefragten Information eine Rechtspflicht und nicht lediglich eine Obliegenheit besteht, ergeben sich aus ihrer Verletzung **Schadensersatzansprüche** wegen der Verletzung vertraglicher Pflichten (§ 313), wegen Betrugs nach § 823 Abs. 2 iVm § 263 StGB oder aus § 826 wegen vorsätzlicher sittenwidriger Schädigung durch Zwangsvollstreckung aus einem Unterhaltstitel. Für den Berechtigten sind sie auf die Bezahlung des tatsächlich geschuldeten Unterhalts einschließlich Zinsen gerichtet und bestehen unabhängig von der Beschränkung der Unterhaltsansprüche für die Vergangenheit durch § 1585b. Für den Verpflichteten richten sie sich auf die Rückzahlung zu viel bezahlten Unterhalts einschließlich Zinsen, ohne dass Bereicherungsansprüchen die Einwendung der Entreicherung entgegenstehen würde (§ 818 Abs. 3, § 819 Abs. 1).[76] Zudem kann der Berechtigte seinen Unterhaltsanspruch **verwirken** (§ 1579 Nr. 3, 5, → § 1579 Rn. 74, 111, → § 1580 Rn. 94–121).

### II. Verletzung der Unterhaltspflicht

50 Bei den **Schadensersatzansprüchen** nach § 823 iVm § 170 StGB handelt es sich um **Familienstreitsachen** nach § 111 Nr. 10 FamFG, § 112 Nr. 3 FamFG, § 266 Abs. 1 Nr. 2–4 FamFG, allerdings mit anderem **Verfahrensgegenstand** als eine Unterhaltssache (→ Vor § 1569 Rn. 62, 63).

### III. Rückerstattung bezahlten Unterhalts

51 Eine **Rentennachzahlung** an den Berechtigten findet zwar erst ab ihrer Auszahlung Berücksichtigung und beseitigt deshalb die Bedürftigkeit des Berechtigten grundsätzlich nicht rückwirkend.

[70] Eingehend *Hoppenz* FamRZ 2008, 733 ff.
[71] *Büttner* FF 2008, 15 (17).
[72] So für die Titulierung des Unterhalts in einem Urteil etwa der BGH NJW 1986, 1751 = FamRZ 1986, 450 (453).
[73] *Büttner* FF 2008, 15 (17).
[74] *Büttner* FF 2008, 15 (17).
[75] OLG Koblenz NJW-RR 1989, 649 = FamRZ 1989, 1111 (1112); OLG Köln FamRZ 1985, 926 (927).
[76] OLG Naumburg NJOZ 2005, 435 = FamRZ 2005, 365 (366).

Doch steht dem Verpflichteten ein **Erstattungsanspruch** aus Treu und Glauben (§ 242) zu, soweit er unter Berücksichtigung der Rentennachzahlung zu viel Unterhalt bezahlt hat. Zudem kann dem Berechtigten der Unterhalt als **Darlehen** mit einem Rückzahlungsanspruch nach Auszahlung der Rentennachzahlung gewährt worden sein (zum Ganzen → § 1585 Rn. 13–16).

Dem Verpflichteten kann auch eine **Rückforderung** überzahlten Unterhalts wegen ungerechtfertigter Bereicherung und unerlaubter Handlung zustehen (→ § 1585 Rn. 76–81, dort auch zum Einwand der Entreicherung, § 818 Abs. 3, 4, § 819 iVm § 241 FamFG). 52

## IV. Steuerbezogene Ansprüche

Während der Trennungszeit besteht ein Anspruch auf Zustimmung zur **Zusammenveranlagung,** soweit sie steuerrechtlich noch möglich ist,[77] also bis einschließlich dem Jahr der Trennung (§ 26 Abs. 1 S. 1 Nr. 3 EStG),[78] und nicht zweifelsfrei ausgeschlossen ist.[79] Dies ist auch dann der Fall, wenn die Ehegatten um den Trennungszeitpunkt streiten. Ob die Zusammenveranlagung noch möglich ist, haben das Finanzamt und ggf. die Finanzgerichte zu entscheiden (zum Ganzen auch → § 1353 Rn. 39). 53

Aus Gründen der nachehelichen Solidarität (→ Rn. 20) ist der Berechtigte ggf. verpflichtet (§ 242), den ihm zustehenden hälftigen **Ausbildungs**- und **Kinderfreibetrag** für gemeinschaftliche Kinder auf den Verpflichteten zu übertragen.[80] 54

Dem begrenzten **Realsplitting,** welches das steuerrechtliche Verbot des Abzugs von Unterhaltsleistungen (§ 12 Nr. 2 EStG) für Ehegattenunterhalt bis zu einem Höchstbetrag von 13.805 EUR durchbricht (§ 10 Abs. 1a Nr. 1 S. 1 EStG; zur Erhöhung des Höchstbetrages auch S. 2), muss der Berechtigte ausdrücklich und nachweisbar – etwa schriftlich oder zur Niederschrift des Finanzamts; die Unterzeichnung der Anlage U zur Steuererklärung wird jedoch nicht geschuldet[81] – **zustimmen.**[82] Mit Eintritt der Rechtskraft eines entsprechenden Beschlusses gilt die Zustimmung als abgegeben (§ 95 Abs. 1 Nr. 1 FamFG, § 894 ZPO).[83] Der Berechtigte kann seine Zustimmung Zug um Zug davon abhängig machen, dass sich der Verpflichtete zum Ausgleich sämtlicher ihm durch das Realsplitting entstehenden steuerlichen,[84] einschließlich der Kosten für die Zuziehung eines Steuerberaters,[85] sowie sozialversicherungs- und sozialrechtlichen[86] **Nachteile** verpflichtet (zur Nichtanwendbarkeit von § 1579 auf diesen Anspruch (→ § 1579 Rn. 5).[87] 55

**Zahlungen** zum Ausgleich dieser Nachteile sind Unterhaltsleistungen,[88] die sich auf das Ausschöpfen der steuerlichen Höchstbeträge[89] und den Unterhaltsanspruch gleich- und nachran- 56

---

77 Zur Wahl der Zusammenveranlagung trotz bereits bestandskräftiger Einzelveranlagung des anderen Ehegatten s. OLG Koblenz BeckRS 2016, 109015 = FamRZ 2016, 2013 (2014).

78 BGH NJW 2010, 1879 Rn. 11 = FamRZ 2010, 269 mit abl. Anm. *Tiedtke/Szczesny* FamRZ 2011, 425 ff.; NJW 2007, 2554 = FamRZ 2007, 1229 ff.; NJW 2006, 223 = FamRZ 2006, 1178 ff.; NJW 2002, 2319 = FamRZ 2002, 1024 ff.

79 BGH NJW-RR 2005, 225 = FamRZ 2005, 182 (183); OLG Naumburg BeckRS 2012, 24095 = FamRZ 2013, 550 Ls.; OLG Oldenburg BeckRS 2002, 30257137 = FamRZ 2003, 159 Ls. (Grenze: Schikaneverbot).

80 BGH NJW 1996, 1894 = FamRZ 1996, 725; anders noch BGH NJW 1988, 1720 = FamRZ 1988, 607 (609 f.).

81 BGH NJW-RR 1998, 1153 = FamRZ 1998, 953 (954); OLG Stuttgart NJW-RR 1993, 1031 = FamRZ 1993, 206; OLG Hamm BeckRS 2010, 26698 = FamRZ 1990, 1244 (1245); aA wohl OLG Hamm FamRZ 1993, 205.

82 Ständige Rspr. des BGH, s. BGH BeckRS 2011, 3589 = FamRZ 1992, 1050; NJW 1988, 1886 = FamRZ 1988, 820; NJW 1986, 254 = FamRZ 1985, 1232 (1233); NJW 1985, 195 = FamRZ 1984, 1211 (1212); NJW 1983, 1545 = FamRZ 1983, 576; ausführlich – auch zu einem Zurückbehaltungsrecht des zustimmungspflichtigen Ehegatten – OLG Stuttgart BeckRS 2018, 23522 Rn. 52–56 = FamRZ 2018, 1493 ff. Zum möglichen Verlust auf beitragsfreie Familienkrankenhilfe durch die steuerliche Geltendmachung der Unterhaltsleistungen im Rahmen des Realsplittings s. LSG Darmstadt BeckRS 1991, 30963542 FamRZ 1991, 992 (993) m. abl. Anm. *Weychardt.*

83 BGH NJW-RR 1998, 1153 = FamRZ 1998, 953 (954); NJW 1988, 1886 = FamRZ 1988, 820; BFHE 155, 99 = NJW 1989, 1504 = FamRZ 1989, 738.

84 Dazu OLG Stuttgart NJW-RR 2018, 772 Rn. 13 mBspr *Rasch* NZFam 2018, 371 = FamRZ 2018, 1081 (1082); OLG Brandenburg NJW 2016, 1894 Rn. 15–18 mBspr *Ruetten* NZFam 2016, 506 = FamRZ 2016, 1684 (1685).

85 BGH NJW 1988, 1886 = FamRZ 1988, 820.

86 OLG Hamm FamRZ 1993, 205: Reduzierung des Kindergeldzuschlags nach dem ehemaligen § 11a BKGG.

87 Dazu auch BGH NJW-RR 2010, 865 Rn. 10 = FamRZ 2010, 717; NJW-RR 2008, 156 Rn. 15–29 = FamRZ 2008, 40 (zu Art. 5 Nr. 2 EuGVVO).

88 Zu § 22 Nr. 1a EStG s. BFH FuR 2008, 555 = FamRZ 2008, 888.

89 Dazu *Spieker* jurisPR-FamR 5/2008 Anm. 5.

giger Berechtigter auswirken; sie sind grundsätzlich unpfändbar (§ 120 Abs. 1 FamFG, § 850b Abs. 1 Nr. 2 ZPO, → Vor § 1569 Rn. 91, 92) und deshalb auch nicht abtretbar (§ 394 S. 1). Mit dem Ausgleichsanspruch des Berechtigten gegen den Verpflichteten kann dieser auch nicht **aufrechnen.**[90]

**57** Keinen Anspruch hat der Berechtigte darauf, dass ihn der Verpflichtete an der durch das Realsplitting bewirkten **Steuerersparnis** beteiligt.[91] Führt sie zu einer Erhöhung des Nettoeinkommens, kann sie bei einer Neubemessung des Unterhalts berücksichtigt werden.

**58** Ist der Berechtigte infolge der Unterhaltsleistung zu **Steuervorauszahlungen** verpflichtet, hat der Verpflichtete ihm auch diese laufend zu **erstatten** bzw. ist er ihm zur **Freistellung** verpflichtet.[92] Denn ihm entsteht bereits dadurch ein Nachteil, dass ihm die Vorauszahlungsbeträge für seinen Lebensunterhalt fehlen[93] und er einen Zinsverlust hinnehmen muss, während dem Verpflichteten der steuerliche Vorteil als Arbeitnehmer nach einem Antrag an das Finanzamt auf Lohnsteuer-Ermäßigung oder aber, etwa bei Selbstständigen oder Freiberuflern, bei der Bemessung von Steuervorauszahlungen, sofort zufließt.[94] Dass die Jahre der Vorauszahlung und der Geltendmachung des Realsplittings übereinstimmen müssen, folgt aus § 22 S. 2 Nr. 1a EStG, wonach der Berechtigte hinsichtlich der Unterhaltsleistungen nur dann steuerpflichtig wird, wenn sie vom Verpflichteten steuermindernd geltend gemacht wurden. Ihm obliegt, fehlerhafte Vorauszahlungsbescheide im Verwaltungsrechtsweg überprüfen zu lassen; für die Kosten wird allerdings der Verpflichtete aufkommen und sich auch zu ihrer Tragung verpflichten müssen.

**59** Der Verpflichtete muss dem Berechtigten nicht auch die Nachteile aus dessen **Zusammenveranlagung** mit seinem neuen Ehegatten ersetzen, weil sie für ihn mangels Kenntnis von dessen Einkünften nicht abschätzbar sind.[95]

**60** Da der Unterhaltsgläubiger keinen Anspruch auf Beteiligung an den dem Unterhaltsschuldner aus dem begrenzten Realsplitting erwachsenden steuerlichen Vorteilen hat, kann er seiner Verpflichtung zur Zustimmung auch nicht ein **Zurückbehaltungsrecht** wegen seines Anspruchs auf Nachteilsausgleich oder seines Unterhaltsanspruchs entgegenhalten.[96] Ist allerdings zu besorgen, dass der Verpflichtete seine Verpflichtung zum Ausgleich des Steuernachteils künftig nicht erfüllen kann oder wird, kann der Berechtigte ausnahmsweise die Sicherung seines Erstattungsanspruchs durch vorherige Erbringung einer **Sicherheitsleistung** Zug um Zug gegen Zustimmung zum Realsplitting verlangen.[97]

**61** Dem Verpflichteten obliegt auch der Eintrag eines **Freibetrags** auf der Lohnsteuerkarte, wenn und soweit der Unterhaltsbetrag zwischen den Ehegatten nicht mehr im Streit steht, mithin anerkannt oder rechtskräftig festgestellt ist oder freiwillig – also vorbehaltlos – bezahlt wird. Die unterlassene Eintragung eines Freibetrags auf der Lohnsteuerkarte führt ggf. zu einer fiktiven Zurechnung der sich aus einem Freibetrag ergebenden Vorteile abzüglich der dem Berechtigten auszugleichenden Nachteile (zum Ganzen → § 1578 Rn. 820–828).

---

[90] Offengelassen von OLG Karlsruhe NJWE-FER 1997, 27 = FamRZ 1997, 366 (367).

[91] BGH NJW 1985, 195 = FamRZ 1984, 1211 (1212); NJW 1983, 1545 = FamRZ 1983, 576; auch OLG Bamberg BeckRS 2010, 26032 = FamRZ 1988, 727 (728).

[92] Zu Letzterem OLG Celle NJW-RR 2019, 69 Rn. 25 = FamRZ 2019, 355; OLG Köln BeckRS 2010, 5866 = FamRZ 1988, 951 (952).

[93] Dazu OLG Brandenburg NJW 2016, 1894 Rn. 22, 23 mBspr *Ruetten* NZFam 2016, 506 = FamRZ 2016, 1684 (1686).

[94] Ebenso OLG Celle NJW-RR 2019, 69 Rn. 22 = FamRZ 2019, 355; OLG Köln BeckRS 2010, 5866 = FamRZ 1988, 951 (952); OLG Bamberg BeckRS 2009, 25091 = FamRZ 1987, 1047 (1048); grundsätzlich auch OLG Hamburg BeckRS 2008, 26154 = FamRZ 2005, 519 (520) (allerdings nur, wenn der Verpflichtete erklärt, auch für den betreffenden Zeitraum das Realsplitting durchzuführen, die festgesetzten Vorauszahlungsbeträge den Berechtigten fühlbar in seinen Lebensumständen beeinträchtigen würde und ein erfolgloser Versuch unternommen wurde, die Vorauszahlungen abzuwenden); OLG Frankfurt a. M. NJW-RR 2007, 219 (220) (aber nicht, wenn die Vorauszahlungen aus Mitteln aufgebracht werden können, die nicht zur Sicherung des Unterhalts benötigt werden); offengelassen von OLG Karlsruhe BeckRS 1990, 5289 = FamRZ 1992, 67 (68) (weil der Berechtigte gegen seine Obliegenheit, steuerliche Entlastungen auch zeitnah geltend zu machen, verstoßen hatte), allerdings mit der Tendenz, einen Anspruch auf Ausgleich der Vorauszahlungsbeträge zu verneinen.

[95] BGH NJW-RR 1992, 1028 = FamRZ 1992, 1050 (1051); NJW 1992, 1391 = FamRZ 1992, 534 (535). Ebenso OLG Stuttgart FamRZ 1991, 1063; OLG Karlsruhe BeckRS 2010, 30282 = FamRZ 1991, 832; aA OLG Düsseldorf NJW-RR 1991, 584 = FamRZ 1991, 452; OLG Hamm NJW-RR 1990, 1222 = FamRZ 1990, 757; NJW-RR 1989, 1353 = FamRZ 1989, 638, 640, krit. *Philippi* FamRZ 1989, 1086; *Schulze* FamRZ 1990, 415.

[96] OLG Hamm BeckRS 2010, 30281 = FamRZ 1991, 832.

[97] OLG Zweibrücken NJW-RR 2006, 513 = FamRZ 2006, 791 Ls.

Die unberechtigte Verweigerung der Zustimmung zum Realsplitting[98] und ihr unberechtigter Widerruf führen zur **Schadensersatzpflicht** des Berechtigten und ggf. zur **Verwirkung** des Unterhaltsanspruchs nach § 1579 Nr. 5 (→ § 1579 Rn. 106).[99] 62

## F. Konkurrenzen

### I. Unterhaltstatbestände

Aus der Einheitlichkeit des Anspruchs auf nachehelichen Unterhalt (→ Rn. 7–13) folgt nicht, dass es gleichgültig wäre, auf welchen **Unterhaltstatbestand** der Anspruch gestützt wird. Denn die einzelnen Unterhaltstatbestände unterliegen unterschiedlichen Voraussetzungen, weil sie auf bestimmte Bedürfnislagen abstellen und für sie unterschiedliche **Einsatzzeitpunkte** (→ Rn. 28–34) gelten, und können zB im Rahmen der Begrenzungen nach §§ 1578b, 1579 zu verschiedenen Rechtsfolgen führen. So gilt etwa der Anspruch auf Aufstockungsunterhalt traditionell als „schwach" und ist damit Begrenzungen am ehesten zugänglich. Dagegen ist der Anspruch auf den Betreuungsunterhalt so „stark", dass er in § 1579 Einleitungssatz, Nr. 1 privilegiert wird – „unter Wahrung der Belange eines dem Berechtigten zur Pflege oder Erziehung anvertrauten gemeinschaftlichen Kindes" – und seine Befristung generell ausgeschlossen ist (→ § 1578b Rn. 238–248). – Zu den **Konkurrenzverhältnissen** im Einzelnen s. die Erläuterungen bei den jeweiligen Unterhaltstatbeständen. 63

### II. „Anspruchskette"

Die Ansprüche nach verschiedenen Unterhaltstatbeständen können sich ohne zeitliche Lücke aneinanderreihen.[100] So kann sich etwa im Anschluss an den Anspruch auf Betreuungsunterhalt (§ 1570) als **Ausgangsanspruch** („Erstanspruch")[101] ein Anspruch auf Krankheitsunterhalt (§ 1572 Nr. 2) und danach ein Anspruch auf Erwerbslosen- oder Aufstockungsunterhalt (§ 1573 Abs. 3) als **Anschlussunterhalt** ergeben. 64

Folgt ein Unterhaltstatbestand dem anderen nach, kann der Unterhalt nach dem Folgetatbestand die **Höhe** des Unterhalts nach dem Vortatbestand nicht überschreiten (→ § 1572 Rn. 40–42).[102] Dies gilt insbesondere auch für den Anschlussunterhalt nach § 1571 Nr. 3, § 1572 Nr. 4 infolge des Wegfalls der Voraussetzungen für einen Unterhaltsanspruch nach § 1573 (→ § 1571 Rn. 8, → § 1572 Rn. 42).[103] – Nach einem Wechsel des Unterhaltstatbestands hat der Berechtigte auf den Abänderungsantrag des Verpflichteten die Voraussetzungen für den Anschlussunterhalt **darzulegen** und zu **beweisen.**[104] 65

### III. Teilunterhalt

Die einzelnen Unterhaltstatbestände können einen Anspruch auf Teilunterhalt gewähren. Typisches Beispiel hierfür ist der Anspruch auf Betreuungsunterhalt aus § 1570 und auf Aufstockungsunterhalt nach § 1573 Abs. 2, wenn dem betreuenden Elternteil noch eine **teilweise Erwerbstätigkeit** obliegt. Der Unterhaltsanspruch kann sich auch aus **mehreren Ansprüchen** auf Teilunterhalt zusammensetzen: Etwa kann ein Anspruch aus § 1570 bestehen, soweit keine Erwerbstätigkeit 66

---

98 BGH NJW 1988, 1886 = FamRZ 1988, 820 (821); NJW 1988, 2032 = FamRZ 1988, 143; NJW 1977, 378 = FamRZ 1977, 38 (41).

99 Verwirkung nach allgemeinen Grundsätzen wohl OLG Saarbrücken NJW-RR 2009, 1520 = FamRZ 2009, 1905 (1906).

100 BGH NJW 2001, 3260 (3362) = FamRZ 2001, 1791.

101 Staudinger/*Verschraegen*, 2014, Vor § 1569 Rn. 17, 18, § 1569 Rn. 18; § 1576 Rn. 7 nennt dies – im Hinblick auf das „Unterhaltsstammrecht" (→ Rn. 7) eher verwirrend und zudem nicht aussagekräftig – „Stammunterhalt".

102 BGH NJW 2001, 3260 (3362) = FamRZ 2001, 1791; OLG Celle BeckRS 1996, 30944653 = FamRZ 1997, 1074 (1075); OLG Schleswig OLGR 1997, 59 (60); OLG Düsseldorf NJW-RR 1994, 1415 = FamRZ 1994, 965; OLG Karlsruhe BeckRS 1992, 30945138 = FamRZ 1994, 104 (105); OLG Stuttgart BeckRS 2010, 10297 = FamRZ 1983, 501 (503); Soergel/*Häberle* Rn. 16; *Bömelburg* in Wendl/Dose UnterhaltsR § 4 Rn. 114, 249; *Dieckmann* FamRZ 1977, 81 (95).

103 BGH NJW 2003, 3481 = FamRZ 2003, 1734 (1736); NJW 2001, 3260 = FamRZ 2001, 1291 (1294).

104 BGH NJW 1990, 2752 = FamRZ 1990, 496 (497); OLG Celle NJW-RR 1994, 1354 = FamRZ 1994, 963 (964); OLG Hamm BeckRS 2006, 8500 = FamRZ 1992, 1184; BeckRS 2011, 3532 = FamRZ 1992, 842; OLG Zweibrücken BeckRS 1989, 2055 = FamRZ 1989, 1192 (1193 f.); BeckRS 2009, 24858 = FamRZ 1986, 811 (812) (der BGH hat PKH für die Revision versagt, FamRZ 1987, 487); AG Mönchengladbach FamRZ 1996, 1086 (1087).

obliegt, ein weiterer aus § 1573 Abs. 1, soweit der Berechtigte keine teilschichtige Arbeitsstelle findet, und letztlich ein Anspruch aus § 1573 Abs. 2, wenn der Berechtigte auch mit einer Vollerwerbstätigkeit nicht seinen vollen eheangemessenen Bedarf verdienen könnte (→ Rn. 7–13). – Zur Bedeutung nach Inkrafttreten des UÄndG 2007 → 6. Aufl. 2013, Rn. 22.

## Kapitel 2. Unterhaltsberechtigung

### § 1570 Unterhalt wegen Betreuung eines Kindes

**(1) [1]Ein geschiedener Ehegatte kann von dem anderen wegen der Pflege oder Erziehung eines gemeinschaftlichen Kindes für mindestens drei Jahre nach der Geburt Unterhalt verlangen. [2]Die Dauer des Unterhaltsanspruchs verlängert sich, solange und soweit dies der Billigkeit entspricht. [3]Dabei sind die Belange des Kindes und die bestehenden Möglichkeiten der Kinderbetreuung zu berücksichtigen.**

**(2) Die Dauer des Unterhaltsanspruchs verlängert sich darüber hinaus, wenn dies unter Berücksichtigung der Gestaltung von Kinderbetreuung und Erwerbstätigkeit in der Ehe sowie der Dauer der Ehe der Billigkeit entspricht.**

**Schrifttum:** *Becker-Stoll,* Kindeswohl und Fremdbetreuung, Brühler Schriften zum Familienrecht Band 16, 2010, S. 79 = FamRZ 2010, 77; *Born,* Betreuungsunterhalt nach neuem Recht – die ersten Erfahrungen, FF 2009, 92; *Born,* Betreuungsunterhalt nach neuem Recht – eine Zwischenbilanz nach zwei Jahren, FF 2010, 179; FF 2010, 231; *Born,* Betreuungsunterhalt nach neuem Recht – der endgültige Abschied vom Altersphasenmodell, FamFR 2011, 481; *Born,* Betreuungsunterhalt – kindbezogene Gründe, FPR 2012, 220; *Born,* Betreuungsunterhalt – Der Streit um die Anspruchsverlängerung, NZFam 2014, 776; *Born,* Betreuungsunterhalt – Was gibt es Neues?, FF 2015, 7; *Borth,* Der Betreuungsunterhalt geschiedener Ehegatten und die Erwerbsobliegenheit nach neuem Recht, FamRZ 2008, 2; *Borth,* Die Gleichstellung des Betreuungsunterhalts nach § 1615l BGB mit § 1570 BGB, FamRZ 2016, 269; *Büttner,* Der Betreuungsunterhalt nach § 1570 BGB, FPR 2009, 92; *Derleder, A./Derleder, P.,* Kindesbetreuung und Ehegattenunterhalt, FamRZ 1977, 587; *Dormann/Spangenberg,* Nachehelicher Unterhalt und Kindesbetreuung, FamRZ 2012, 931; *Dose,* Erste Rechtsprechung des BGH zum Unterhaltsrechtsreformgesetz. Teil 2: Dauer des Betreuungsunterhalts nach §§ 1570 und 1615l Abs. 2 BGB, Rang der Unterhaltsberechtigten und Befristung des nachehelichen Unterhaltsanspruchs, JAmt 2009, 1; *Dose,* Der Betreuungsunterhalt nach §§ 1570, 1615l BGB, FPR 2012, 129; *Elden,* Der Betreuungsunterhalt nach der Unterhaltsreform, FamFR 2012, 290; *Erbarth,* Hohe Anforderungen an die konkrete Behauptungslast kindbezogener Verlängerungsgründe in § 1570 BGB, FamRZ 2012, 340; *Götz,* Anforderungen an die Erwerbsobliegenheit des kindesbetreuenden Elternteils im neuen Unterhaltsrecht – eine Erfolgsgeschichte für die betroffenen Kinder?, FPR 2011, 149; *Götz,* Unterhalt wegen Kindesbetreuung – Vereinheitlichung der Regelungen in § 1615l BGB und § 1570 BGB?, FamRZ 2018, 1474; *Graba,* Bedarf und Dauer des Betreuungsunterhalts nach § 1615l BGB, NJW 2008, 3105; *Heiderhoff,* Verlängerung des Betreuungsunterhalts über das dritte Lebensjahr hinaus in der aktuellen Rechtsprechung des BGH – lässt die Unterhaltsrechtsreform wirklich so wenig Spielraum?, FamRZ 2012, 1604; *Heiderhoff,* Der unterhaltserweiternde Vertrag als Antwort auf die aktuelle Rechtsprechung des BGH zum Betreuungsunterhalt, DNotZ 2012, 494; *Huber,* Der Unterhaltsregress des Scheinvaters, FamRZ 2004, 145; *Hütter,* Zweierlei Maß? – Zur Erwerbsobliegenheit der kinderbetreuenden Mutter, FamRZ 2011, 1772; *Hütter,* Der Anspruch des Kindes auf persönliche Betreuung durch einen Elternteil – nur bis zum dritten Lebensjahr?, FPR 2012, 134; *Hütter,* Befristung trotz Kinderbetreuung?, FamRZ 2013, 413; *Kerscher,* Die Rolle des Kindeswohls in der Rechtsprechung des BGH zum Betreuungsunterhalt, NJW 2012, 1910; *Limbach,* Das Verhältnis von Familie und Beruf im Unterhaltsrecht nach der Scheidung, NJW 1982, 1721; *Löhnig,* Unterhaltsrückgriff beim Betreuungsunterhalt nach § 1570 BGB, FamRZ 2003, 1354; *Löhnig/Preisner,* Zur notwendigen Neugestaltung des Betreuungsunterhalts, FamRZ 2010, 2029; *Löhnig/Preisner,* Abschaffung kindbezogener Verlängerungsgründe nach § 1570 BGB durch den BGH, FamRZ 2011, 1537; *Löhnig/Preisner,* Zulässigkeit und Grenzen von Vereinbarungen zum Betreuungsunterhalt, NJW 2012, 1479; *Maurer,* Fremdbetreuungskosten, FF 2009, 410; *Meier,* Betreuungsunterhalt gemäß §§ 1570 und 1615l BGB nach der Unterhaltsrechtsreform, FamRZ 2008, 101; *Niebling,* Neues Unterhaltsrecht: Bleibt alles beim Alten? Zur Auslegung von § 1570 BGB, FF 2008, 193; *Niepmann,* Betreuungsunterhalt nach Fertilitätsbehandlung, FamFR 2012, 487; *Obermann,* Keine Verlängerung des Betreuungsunterhalts wegen einer Habilitation, FamFR 2012, 465; *Pauling,* Keine überzogenen Anforderungen an die Gründe für eine Verlängerung des Betreuungsunterhalts und Berücksichtigung einer Abfindung beim Unterhaltsbedarf, FamFR 2012, 289; *Peschel-Gutzeit,* Betreuungsunterhalt nach § 1570 BGB – Abschied vom Altersphasenmodell, FPR 2008, 24; *Peschel-Gutzeit,* Der Betreuungsunterhalt nach der Reform, FF 2008, 279; *Peschel-Gutzeit,* Der Betreuungsunterhalt in der Rechtsprechung des XII. Zivilsenats des BGH, FuR 2012, 454; *Schäuble,* Erwerbsobliegenheit und Betreuungsunterhalt, 2013; *Schilling,* § 1615l BGB nach der Reform, FPR 2008, 27; *Schilling,* Der Betreuungsunterhalt nach der Reform, FF 2008, 279; *Schilling,* Der Wegfall des Betreuungsunterhalts nach § 1586 Abs. 1 BGB bei Wiederheirat, FF 2015, 59; *Schlünder,* Kontinuitätsprinzip vor dem Aus? Spannungsfeld Betreuung – Unterhalt, FF 2013, 92; *Schnitzler,* Das Altersphasenmodell und die neuen Leitlinien der Oberlandesgerichte ab 1.1.2008, FF 2008, 270; *Schürmann,* Die Drei-Jahres-Grenze der Betreuung im Sozialrecht und im Unterhaltsrecht, FPR 2012, 224; *Sell,* Kinderbetreuungseinrichtungen in der Republik – Angebot und Kosten als Kontextbedingung für das reformierte

Unterhaltsrecht, FPR 2009, 101; *Viefhues,* Das sog. Problemkind beim Betreuungsunterhalt, FF 2011, 153; *Wever,* Unterhalt bei Betreuung nichtehelicher Kinder – der neu gestaltete § 1615l BGB, FamRZ 2008, 553.

**Übersicht**



# A. Allgemeines

## I. Normzweck

Die Bedürftigkeit eines geschiedenen Ehegatten ist ehebedingt, wenn und soweit er wegen der 1
Pflege oder Erziehung eines **gemeinschaftlichen** Kindes nicht erwerbstätig sein kann.[1] Deshalb dient der Anspruch auf Betreuungsunterhalt nicht (auch) einem „späteren und leichteren Übergang und Wiedereinstieg in das Erwerbsleben“, sondern allein der Wahrung des **Kindeswohls,** zumal die Kindesbetreuung auch und gerade aus verfassungsrechtlichen Gründen einen ganz besonderen gesetzlichen Schutz erfährt (etwa § 1361 Abs. 2, 3, §§ 1570, 1571 Nr. 2, § 1572 Nr. 2, § 1574 Abs. 2 S. 2, § 1577 Abs. 4 S. 2, § 1578b Abs. 1 S. 1, 3, Abs. 2, § 1579 (auch Nr. 1), §§ 1582, 1609 Nr. 1, § 1586a Abs. 1 (→ Rn. 5–11 und die Erläuterungen bei der jeweiligen Regelung; zum Rang des Betreuungsunterhalts bei der Prüfung der Wirksamkeit einer Vereinbarung zum Ehegattenunterhalt → § 1585c Rn. 46). Er soll sicherstellen, dass das Kind nach der Trennung von einem Elternteil nicht auch noch, obwohl es darauf angewiesen ist, auf die persönliche Betreuung durch den anderen

[1] Zum Schweizer Recht auf Betreuungsunterhalt s. Schweiz. Bundesgericht FamRZ 2018, 1821.

Elternteil nur deshalb verzichten muss, weil dieser mangels Unterhaltszahlungen zur Sicherung seines Lebensunterhalts einer Erwerbstätigkeit nachgehen müsste.[2]

2 Der Gesetzgeber hat bewusst nicht konkretisiert, ab wann eine Erwerbstätigkeit zumutbar ist.[3] Die Rspr. hatte deshalb zu § 1570 aF **Leitlinien** entwickelt, die allerdings nicht starr zu handhaben waren (**„Altersphasenmodell“,** → 5. Aufl. 2010, Rn. 18–21), die seit dem Inkrafttreten des UÄndG 2007 aber nicht mehr anwendbar sind.

3 Zu **Reformanliegen** des UÄndG 2007 → 5. Aufl. 2010, Rn. 13–15; zur **Befristung** des Betreuungsunterhalts nach § 1578b → § 1578b Rn. 238–248. – Zur **Geschlechtsneutralität** des Anspruchs → § 1569 Rn. 23, zu seiner **Abdingbarkeit** und zum **Verzicht** auf ihn → § 1585c Rn. 80–82, 127–157; zur Konkurrenz der Ansprüche auf Betreuungsunterhalt nach **§§ 1570, 1615l** → § 1609 Rn. 17, 18.

## II. Anwendungsbereich

4 § 1570 regelt ausschließlich den **nachehelichen** und **nachpartnerschaftlichen** (§ 16 S. 2 LPartG) Betreuungsunterhalt. Er ist weder auf den **Familien-** (§§ 1360, 1360a) noch auf den **Trennungsunterhalt** (§ 1361) anwendbar.[4] Für den Betreuungsunterhalt **nicht miteinander verheirateter Eltern** gilt ausschließlich § 1615l Abs. 2 S. 2–5.

## III. Bedeutung

5 Sowohl systematisch als auch rechtstatsächlich kommt dem Betreuungsunterhalt wegen seines Zwecks, das Kindeswohl zu wahren (→ Rn. 1), und aus familienpolitischen Gründen besondere Bedeutung zu, wenngleich sie durch die stärkere Betonung der Eigenverantwortung geschiedener Ehegatten für die Deckung des eigenen Bedarfs infolge der Verweisung auf eine Fremdbetreuung des Kindes wieder stark nivelliert wird.

Der hohe Stellenwert des Betreuungsunterhalts kommt auch in folgenden **Privilegierungen** zum Ausdruck:[5]

6 – Die gesetzliche Regelung sieht keinen festen **Einsatzzeitpunkt** vor (→ Rn. 25–27; allgemein → § 1569 Rn. 28–34).[6]
– Er kann jederzeit **wiederaufleben,** wenn ein Kind betreuungsbedürftig wird, es zum anderen Elternteil wechselt oder eine nachfolgende Ehe aufgelöst wird (§ 1586a). Er kann auch erst lange nach der Scheidung (→ Rn. 27) und zudem ggf. wieder entstehen, etwa wenn entgegen bisheriger Erwartung der Unterhalt aus dem Vermögen wegen dessen Wegfalls nicht nachhaltig gesichert werden konnte (vgl. § 1577 Abs. 4 S. 1, 2).
– Der Unterhaltsanspruch kann grundsätzlich nicht nach § 1578b **befristet** werden. Bei einer **Herabsetzung** des Unterhaltsanspruchs auf den angemessenen Lebensbedarf müssen die Belange des betreuten Kindes weiter gewahrt werden (→ Rn. 110, → § 1578b Rn. 238–248).
– Die **negative Härteklausel** (§ 1579) sichert den Vorrang der Kinderinteressen verfassungskonform durch den Vorbehalt, dass Beschränkungen des Unterhaltsanspruchs „auch unter Wahrung der Belange eines dem Bedürftigen zur Pflege und Erziehung anvertrauten Kindes“ stehen (→ Rn. 111, → § 1579 Rn. 190–198).
– Der Betreuungsunterhalt genießt neben Unterhaltsansprüchen wegen langer Ehedauer den **Vorrang** vor anderen Unterhaltsansprüchen (§§ 1582, 1609 Nr. 2; zum Rang des Annexanspruchs nach § 1570 Abs. 2 aber auch → § 1582 Rn. 23).
– Für die Ansprüche auf Alters- und Krankheitsunterhalt steht die Beendigung der Kinderbetreuung dem **Stichtag** der Scheidung gleich (§ 1571 Nr. 2, § 1572 Nr. 2).
– Die **Zeit der Kinderbetreuung** ist zu berücksichtigen (§ 1574 Abs. 2 S. 2, § 1578b Abs. 1 S. 3, Abs. 3, § 1579 Nr. 1 Hs. 2).

---

[2] Zum Ganzen BVerfGE 57, 363 = NJW 1981, 1711 = FamRZ 1981, 745 (749); s. dazu die Kritik von *F. W. Bosch* FS Habscheid, 1989, 23 (34 ff.); nunmehr auch BVerfGE 118, 45 = NJW 2007, 1735 Rn. 44 = FamRZ 2007, 965, dort auch zum Anspruch nichtehelicher Eltern auf Betreuungsunterhalt nach § 1615l; auch BGH NJW 1996, 1815 = FamRZ 1996, 796 (797); FamRZ 1987, 252 (254). Zu § 1615l s. auch BGHZ 168, 245 = NJW 2006, 2687 = FamRZ 2006, 1362 (1366 f.); auch allgM, vgl. etwa Staudinger/*Klinkhammer,* 2018, § 1615l Rn. 44; Palandt/*Brudermüller* § 1615l Rn. 1; *Puls* FamRZ 1998, 865 (872 f.).

[3] BT-Drs. 7/650, 122 f.; dazu auch BVerfGE 118, 45 = NJW 2007, 1735 Rn. 46 = FamRZ 2007, 965. – Zum UÄndG 2007 s. auch BT-Drs. 16/1830, 17; BT-Drs. 16/6980, 9.

[4] Zur Übernahme der Wertungen näher BGH NJW 2012, 2190 Rn. 18 = FamRZ 2012, 1201; NJW 2008, 1946 Rn. 26 = FamRZ 2008, 963; NJW 2001, 973 = FamRZ 2001, 350 (351); auch BeckOGK/*Preisner,* 1.5.2019, § 1361 Rn. 109.

[5] Dazu auch BeckOGK/*Lettmaier,* 1.12.2018, Rn. 5.

[6] *Schilling* FF 2008, 279 (283).

– Letztlich ist der Betreuungsunterhalt hinsichtlich seiner **vertraglichen Disponibilität** durch seine Zurechnung zum Kernbereich der Scheidungsfolgen bevorzugt (→ § 1585c Rn. 46).
– Gewährung von **Erziehungsrente** für den geschiedenen Ehegatten (§ 47 SGB VI).
– Unterhaltsrechtliche Privilegierung des **Elterngeldes** (§ 11 BEEG).

## IV. Verfassungskonformität

7 Vor Inkrafttreten des UÄndG 2007 wurde von der Verfassungsgemäßheit des traditionellen „Altersphasenmodells" (→ 5. Aufl. 2010, Rn. 4–12) ausgegangen, weil es dem Betreuungsbedarf der Kinder angemessen Rechnung getragen habe. Wird die Möglichkeit zur Fremdbetreuung (→ Rn. 57–71) tatsächlich so umfänglich angeboten, dass sie Verlässlichkeit und Konstanz für den betreuenden Elternteil hinsichtlich der Ausübung einer Erwerbstätigkeit bietet, reduziert sich die verfassungsrechtlich zu beantwortende Frage darauf, ob es für diesen Elternteil ohne entsprechende entwicklungspsychologische Verfassung des Kindes, die seine emotionalen Bindungen an den Elternteil berücksichtigt, im Hinblick auf den ausdrücklichen grundgesetzlichen Schutz der Kinderbetreuung (Art. 6 Abs. 2 S. 1 GG) einen **„Zwang zur Fremdbetreuung"** geben kann.[7] Dies ist im Lichte der nachehelichen Eigenverantwortung und ggf. dem Schutz der „Zweitfamilie" des nicht betreuenden Elternteils (Art. 6 Abs. 1 GG)[8] unter Berücksichtigung der Absprachen der Ehegatten zur Kinderbetreuung zu bejahen (→ Rn. 9–11, 43–45). Für die grundsätzliche Tatfrage, ob eine ggf. auch teilweise Fremdbetreuung für das Kind schädlich oder gar nützlich sein kann, besteht im Hinblick darauf kein Raum (mehr).[9]

8 Die Rspr. des BGH,[10] dass der nicht betreuende Elternteil den betreuenden durch erweiterten Umgang mit dem Kind auch unter der Woche nicht entlasten müsse, weil er ja vollschichtig arbeite, verstößt bei vollschichtiger Erwerbsobliegenheit des betreuenden Elternteils in dieser Allgemeinheit ggf. bereits gegen dessen Umgangspflicht (§ 1684 Abs. 1 Hs. 2), jedenfalls aber gegen die verfassungsrechtlich geforderte **Gleichbehandlung** beider Eltern (Art. 3 GG).[11]

## V. Diskussion

9 Durch die gesetzliche Neuregelung des Betreuungsunterhalts scheint das **Kindeswohl** eher beeinträchtigt und seine Stärkung als Ziel der Unterhaltsreform in sein Gegenteil verkehrt: Das Mehr an Erwerbstätigkeit des betreuenden Elternteils wird durch ein Weniger an persönlicher Kinderbetreuung erkauft. Die entscheidenden Fragen lauten deshalb: Welchen **Wert** hat die persönliche Betreuung durch einen Elternteil für ein Kind?[12] Macht es ab vollendetem 3. Lebensjahr nicht die **Mischung** aus Eigen- und Fremdbetreuung? Daraus ergeben sich folgende Ableitungen: Aus dem Wert der Fremdbetreuung etwa im **Kindergarten** ergibt sich der **Zwang,** dieses Angebot wegen seiner das Kindeswohl fördernden Auswirkungen in sich stetig steigerndem zeitlichen Umfang auch anzunehmen (auch → Rn. 7, 43–45). Zur Fremdbetreuung im **Familien-, Freundes-** und **Bekanntenkreis** → Rn. 61–67.

10 Der Zwang zur Fremdbetreuung steht unter dem Vorbehalt der physischen und psychischen **Konstitution des Kindes** – Eignung nach Entwicklungsstand und Gesundheit für die betreffende Art und Dauer der Betreuung; Belastung durch Trennung und Scheidung, Verlustängste etc[13] – sowie der Vereinbarkeit der konkreten Arbeitszeiten mit den Bedürfnissen des Kindes und den konkret angebotenen **Fremdbetreuungszeiten.** Insbesondere für die ersten 2 Grundschulklassen stellt sich die Frage nach der „verlässlichen Grundschule" (→ Rn. 59, 60).

11 Für die **Praxis** ergibt sich ein erhöhter Aufwand: Das Abstellen auf den jeweiligen Einzelfall führt zu Unsicherheit. Die Verpflichteten berufen sich regelmäßig auf die Fremdbetreuungsmöglichkeiten und die sich daraus ergebenden zeitlichen Ressourcen für eine Erwerbstätigkeit des betreuenden Elternteils. Diese werden deshalb geprüft, ggf. wird Beweis erhoben werden müssen. Maßgebli-

---

7 Ablehnend etwa *D. Schwab* FamRZ 2005, 1417 (1418); krit. auch *Becker-Stoll* FamRZ 2010, 77 (80).

8 So iErg BGHZ 193, 78 = NJW 2012, 1868 Rn. 18 = FamRZ 2012, 1040 unter Bezugnahme auf die Rspr. des BVerfG (BVerfGE 118, 45 = NJW 2007, 1735 Rn. 72, 73, 75 = FamRZ 2007, 965) zu § 1615l aF zur Gleichbehandlung ehelicher und nichtehelicher Kinder.

9 BeckOGK/*Lettmaier,* 1.12.2018, Rn. 46.1.

10 BGH NJW 2011, 1582 Rn. 27 mit krit. Anm. *Maurer* = FamRZ 2011, 791 mit krit. Anm. *Norpoth* FamRZ 2011, 873 (874).

11 *Maurer* NJW 2011, 1586. Verfassungsrechtliche Bedenken auch bei *Erbarth* FamRZ 2012, 340 (344); *Löhnig/Preisner* FamRZ 2011, 1537 (1539).

12 S. auch *Löhnig/Preisner* FamRZ 2011, 1537 (1538 f.).

13 *Becker-Stoll* FamRZ 2010, 77 (80); *Wellenhofer* FamRZ 2007, 1282 (1283); *Hütter* FamRZ 2006, 1577 (1579).

che Bedeutung kommt deshalb der **Darlegungs- und Beweislast** für die Erwerbsobliegenheit des betreuenden Elternteils zu (→ Rn. 128–136).

## B. Grundsätze

### I. Basis- und Annexanspruch

12 Der Anspruch auf Betreuungsunterhalt aus § 1570 Abs. 1 und 2 wird ebenso wie der aus § 1615l Abs. 2 S. 3–5 unabhängig davon, worauf er gestützt wird, als **einheitlicher** begriffen (→ § 1569 Rn. 7–14).[14]

Dazu auch den Gesetzgeber BT-Drs. 16/6980, 9: „Entsprechend handelt es sich bei dem Anspruch nach § 1570 Abs. 2 nicht um einen selbstständigen Unterhaltstatbestand, sondern um eine ehespezifische Ausprägung des Betreuungsunterhaltsanspruchs und ist damit eine Art „Annexanspruch" zum Anspruch nach § 1570 Abs. 1."

13 Danach wäre es systematisch zutreffender gewesen, beide Verlängerungsmöglichkeiten zusammenzufassen. Denn die Billigkeit kann nicht eindimensional beurteilt werden, zumal durchaus denkbar ist, dass erst das Zusammenspiel beider Belange die Verlängerung des Unterhaltsanspruchs rechtfertigen kann.

14 **Abs. 1 S. 1** regelt den Anspruch auf den **Basisunterhalt** für die ersten 3 Lebensjahre des Kindes (im Einzelnen → Rn. 36–42).[15] An ihn schließt sich ggf. ein Anspruch auf **Verlängerung** des Unterhalts entsprechend der Billigkeit aus Gründen des Kindeswohls an (**„kindbezogene Belange" (Abs. 1 S. 2, 3)** → Rn. 46–71). Erst wenn die „kindbezogenen Belange" eine Verlängerung des Anspruchs nicht (mehr) rechtfertigen, kann weiter Betreuungsunterhalt zugesprochen werden, wenn dies aus **„elternbezogenen Belangen"** billig ist (**„Annexanspruch", Abs. 2,** → Rn. 72–96).[16] Der Basisanspruch hat als Ausdruck des besonderen verfassungsrechtlichen Schutzes der kindbezogenen Belange (Art. 6 Abs. 1, 5 GG) mithin Vorrang vor dem Annexanspruch. Zum **Konkurrenzverhältnis** auch → Rn. 114.

### II. Kausalität

15 Betreuungsunterhalt wird „wegen der Pflege oder Erziehung eines gemeinschaftlichen Kindes" geschuldet.[17] Sie führen dazu, dass dem Bedürftigen, übt er die Betreuung auch tatsächlich aus und überlässt sie nicht Dritten, keine oder ggf. keine vollschichtige Erwerbsfähigkeit zugemutet werden kann, sodass ihm insoweit die Aufnahme einer Erwerbstätigkeit nicht obliegt. Dabei ist unerheblich, wenn dem Bedürftigen auch aus anderen Gründen
- wegen der Betreuung (auch) eines anderen Kindes,[18]
- wegen Aus-, Fort- oder Weiterbildung,[19]
- wegen Krankheit,
- weil er keine Arbeit findet,[20]

keine Erwerbstätigkeit obliegt[21] oder er sich der Unterstützung Dritter bedient, sich dadurch aber der Betreuung nicht tatsächlich entledigt hat.[22]

**Beispiel aus der Rspr.:**
OLG Nürnberg NJW 2010, 1084 = FamRZ 2010, 577 f. (zu § 1615l Abs. 2 S. 3): Der Bedürftige betreut neben dem Studium den 4 Jahre 8 Monate alten Sohn, der montags bis freitags ganztägig von 8:30 h bis 16:00 h eine Kindertagesstätte besucht. Das OLG nahm – zu Recht – Eigenbetreuung „in beträchtlichem Umfang" an.[23]

---

[14] BGHZ 198, 242 = NJW 2013, 3578 Rn. 20, 21 = FamRZ 2013, 1958.
[15] Zur Terminologie s. BT-Drs. 16/6980, 8.
[16] BT-Drs. 16/6980, 9; krit. *Löhnig/Preisner* FamRZ 2010, 2029 ff.
[17] Missverständlich NK-BGB/*Schilling* Rn. 11: „keine Kausalität"; offener formuliert BeckOGK/*Lettmaier,* 1.12.2018, Rn. 33: „keine strikte Kausalität".
[18] OLG Zweibrücken BeckRS 1999, 30073957 = FamRZ 2001, 444 Ls. (zu § 1615l).
[19] OLG Frankfurt a. M. BeckRS 1999, 14547 = FamRZ 2000, 1522 (zu § 1615l).
[20] BeckOGK/*Lettmaier,* 1.12.2018, Rn. 33.
[21] BGHZ 161, 124 = NJW 2005, 503 = FamRZ 2005, 347 (348); NJW 1998, 1309 = FamRZ 1998, 541 (543) (zu § 1615l).
[22] BeckOGK/*Lettmaier,* 1.12.2018, Rn. 33.
[23] Zur Kinderbetreuung neben einem Studium auch OLG Brandenburg NJW-RR 2010, 874 = FamRZ 2010, 1915 (1916); OLG Frankfurt a. M. BeckRS 1999, 14547 = FamRZ 2000, 1522.

Dies bedeutet jedoch nicht, dass ein Anspruch auf Betreuungsunterhalt stets auch dann besteht, wenn die für eine Erwerbsobliegenheit maßgebenden Umstände **zusammen** eine Erwerbstätigkeit verwehren. Vielmehr ist auch danach zu fragen, wegen welcher Umstände gegenüber welchem Verpflichteten keine oder nur eine teilweise Erwerbsobliegenheit besteht. Zu den **Konkurrenzen** → Rn. 114–126. 16

## C. Anspruchsvoraussetzungen

### I. Gemeinschaftliches Kind

„Gemeinschaftlich" ist das Kind von Ehegatten dann, wenn es **„ehelich"** ist,[24] also 17
– während der Ehezeit geboren wurde. Dabei ist solange unerheblich, ob der geschiedene Ehemann auch der biologische Vater ist, als die Nichtvaterschaft nicht gerichtlich festgestellt ist.[25]
– innerhalb von 300 Tagen nach der Auflösung der Ehe durch den Tod des Ehegatten geboren wurde (§ 1592 Nr. 1, § 1593 S. 1, 2;[26] zur Anwendung von **§ 1579 Nr. 3, 7** → § 1579 Rn. 73, 133–135; zur **Kindesunterschiebung** → § 1578 Rn. 874–878).[27]
– zwar vor der Eheschließung geboren wurde, die Vaterschaft des Ehemannes aber **anerkannt** oder **gerichtlich festgestellt** ist.
– nach §§ 1719 ff. aF **legitimiert**[28] oder
– von beiden Ehegatten **an Kindes statt angenommen** (§ 1754 Abs. 1) worden ist.

**Kein** Anspruch auf Betreuungsunterhalt, sondern allenfalls auf **Billigkeitsunterhalt** (§ 1576, → § 1576 Rn. 11–18) besteht dagegen für die Betreuung 18
– von Kindern aus einer früheren Ehe eines Ehegatten,[29] auch soweit der Ehemann aus der nachfolgenden Ehe der biologische Vater ist, die Nichtvaterschaft des Ehemannes der vorangehenden Ehe aber nicht gerichtlich festgestellt und die Vaterschaft vom Ehemann der nachfolgenden Ehe nicht anerkannt worden ist.[30]
– vor der Eheschließung geborener, aber nicht anerkannter oder nicht gerichtlich festgestellter gemeinschaftlicher Kinder.
– zwar gemeinschaftlicher, aber nach der Scheidung gezeugter und geborener Kinder (§ 1615a). Für die Mutter besteht ein Unterhaltsanspruch aus § 1615l.[31] Ein Anspruch auf Billigkeitsunterhalt nach § 1576 wie bei der Betreuung eines **Pflegekindes** (→ § 1576 Rn. 14–16) ist kaum denkbar, weil § 1615l Abs. 2 S. 4 eine Verlängerung des Betreuungsunterhalts gerade aus Billigkeitsgründen vorsieht.
– eines noch **während der Ehe** gezeugten, aber nach rechtskräftiger Scheidung geborenen Kindes, für das die Vaterschaftsvermutung (§ 1592 Nr. 1) nicht gilt (→ § 1576 Rn. 11–13).

### II. „Pflege oder Erziehung"

„Pflege oder Erziehung" (Abs. 1 S. 1) lassen sich nicht scharf voneinander abgrenzen, doch meint **Pflege** die Förderung des körperlichen Wohls und **Erziehung** die der geistigen Fähigkeiten und Anlagen.[32] Zusammen entsprechen sie der **Betreuung** eines Kindes (§ 1609 Nr. 2) und haben dieselbe Bedeutung wie in Art. 6 Abs. 2 GG, §§ 1571 Nr. 2, 1572 Nr. 2, 1574 Abs. 2 S. 2, 1577 Abs. 4, 1578b Abs. 1 S. 1, 3, Abs. 2, 1579 (auch Nr. 1), 1582, 1586a Abs. 1, 1606 Abs. 3 S. 2, 1609 Nr. 2.[33] – Bei minderjährigen Kindern laufen „Pflege" und „Erziehung" parallel, je nach Kind und Alter mit unterschiedlichen Schwerpunkten. Die Konjunktion „oder" macht deutlich, dass mit 19

---

24 Die bis zum 30.6.1998 auch im Rahmen von § 1570 getroffene Unterscheidung nach ehelichen und nichtehelichen Kindern (vgl. BGH NJW 1998, 1065 = FamRZ 1998, 426 f.) wurde durch das KindRG mit Wirkung ab 1.7.1998 weitgehend aufgehoben.

25 BGH NJW 2012, 2190 Rn. 19 = FamRZ 2012, 1201; NJW 2012, 1443 Rn. 32 = FamRZ 2012, 779.

26 BGH NJW 1998, 1065 = FamRZ 1998, 426 f.

27 Auch wenn es aus einer heterologen Insemination hervorgegangen ist. Zu den sich daraus ergebenden Unterhaltsansprüchen des Kindes s. BGHZ 129, 297 = NJW 1995, 2028 = FamRZ 1995, 861 ff.

28 Mit Wirkung ab 1.7.1998 aufgehoben durch Art. 1 Nr. 48 KindRG.

29 OLG Koblenz NJW 2010, 1537 f.= FamRZ 2010, 1251 Ls.

30 OLG Düsseldorf BeckRS 1998, 13298 = FamRZ 1999, 1274.

31 BGH NJW 1998, 1065 = FamRZ 1998, 426 f.; AG Erding FamRZ 1995, 1414 (1415); *Dieckmann* FamRZ 1977, 81 (93); aA noch BGH NJW 1985, 428 = FamRZ 1985, 51 (52); OLG Schleswig OLGR 1996, 202 (203) als Vorinstanz zu BGH NJW 1998, 1065 = FamRZ 1998, 426 f.

32 Soergel/*Häberle* Rn. 8; BeckOGK/*Lettmaier*, 1.12.2018, Rn. 25.

33 BT-Drs. 7/650, 122.

Eintritt der Volljährigkeit eines Kindes zwar dessen Erziehung endet, gleichwohl – etwa bei behinderten Kindern – aber Pflegebedürftigkeit gegeben sein kann.[34]

20 § 1570 (zum Trennungsunterhalt → § 1361 Rn. 5) setzt nicht voraus, dass die Ehegatten jemals **zusammengelebt** haben, weil unerheblich ist, ob sie „begonnen hatten, eine eheliche Lebensgemeinschaft zu verwirklichen und einen gemeinsamen Lebensplan ins Werk zu setzen oder durch sonstige Anstrengungen einen gemeinsamen Lebensbereich zu schaffen".[35] Maßgebend für den Betreuungsunterhalt ist vielmehr allein die Betreuungssituation für das Kind. Insoweit erlangen mögliche gemeinsame Entscheidungen der Ehegatten Bedeutung.

21 Die Betreuung als solche ist als tatsächlicher Zustand unabhängig vom **Sorgerecht,** wenngleich beide idR jedenfalls als Mit-Sorgeberechtigung in einer Hand liegen. Ist der betreuende Elternteil nicht zugleich (Mit-) Sorgerechtsinhaber, ist stets die Einwilligung des Sorgeberechtigten, ggf. eines Vormunds oder Pflegers, in die Betreuung oder sonst ein rechtfertigender Grund für die Übernahme erforderlich.[36] Ausgeschlossen ist deshalb eine Unterhaltsberechtigung bei willkürlicher Betreuung gegen den Willen des/der Sorgeberechtigten oder entgegen einer gerichtlichen Sorgerechtsregelung.[37] – Unerheblich ist, wenn das Sorgerecht mit unrichtigen Angaben erschlichen worden ist;[38] dies kann ggf. eine Abänderung der Sorgeberechtigung (§ 1696) rechtfertigen.

22 Die Betreuung ist an keinen **Stichtag** gebunden. Deshalb muss das Kind nicht (spätestens) bei der Scheidung betreut werden.[39] Die Betreuung kann – etwa bei der Geburt eines gemeinschaftlichen Kindes nach der Scheidung oder nachträglich eintretender Betreuungsbedürftigkeit – später aufgenommen werden, aber auch entfallen und wieder neu erforderlich und erbracht werden.

**Beispiele** aus der amtlichen Begründung, BT-Drs. 7/650, 122:
Die noch nicht unterhaltsberechtigte Frau, die im Zeitpunkt der Scheidung schwanger ist, wird nach der Niederkunft mit der Übernahme der Betreuung des Kindes unterhaltsberechtigt.
Der Ehegatte beginnt erst nach der Scheidung mit der Betreuung des Kindes im eigenen Haushalt, weil ihm erst jetzt die elterliche Sorge übertragen wurde oder das Kind bislang bei Verwandten oder in einem Heim untergebracht war.

23 Das Kind muss der Betreuung **bedürfen.** Ist es zwar nicht mehr erziehungs-, wegen körperlicher oder geistiger Gebrechen aber noch pflegebedürftig, kann der Anspruch – auch nach Volljährigkeit des Kindes – fortbestehen.[40]

**Beispiel aus der Rspr.:**
OLG Hamm BeckRS 2008, 16251 = FamRZ 2008, 1446 f.: Massive psychische Probleme des Kindes, die zur Schulverweigerung führten und die Aufnahme in stationäre Behandlung erforderten.

24 Eine dauerhafte **Fremdunterbringung** in einem Internat, einem Heim oder einer Pflegefamilie lässt die Betreuung durch einen Elternteil entfallen, nicht dagegen ein lediglich **vorübergehender** Heim- oder Krankenhausaufenthalt, weil er sich idR nur auf die Pflege auswirkt, die Erziehung dagegen weiter vom Elternteil wahrgenommen wird. – Um „bestehende Möglichkeiten der Kinderbetreuung" (Abs. 1 S. 3) und nicht um dauerhafte Fremdunterbringung handelt es sich bei einer zeitweisen Fremdbetreuung des Kindes bei **Verwandten,** Freunden oder Bekannten oder in einer Tageseinrichtung. Sie kann zu unterhaltsrechtlichen Erwerbsobliegenheiten des betreuenden Elternteils (→ Rn. 28–31) und ggf. zu unterhaltsneutralen freiwilligen Zuwendungen Dritter führen.

## III. Einsatzzeitpunkte

25 Für den **„Basisunterhalt"** (Abs. 1) sieht § 1570 **keinen festen Einsatzzeitpunkt** vor (→ § 1569 Rn. 28–34).[41] Als Bezug zur Ehe ist die Betreuungsbedürftigkeit eines gemeinschaftlichen Kindes der Ehegatten ausreichend. Anspruch auf Betreuungsunterhalt aus kindbezogenen Gründen besteht deshalb ab Eintritt der Betreuungsbedürftigkeit des Kindes. Tritt die Betreuungsbedürftigkeit durch den bedürf-

[34] BT-Drs. 7/650, 122.
[35] BGH NJW 2005, 3639 = FamRZ 2005, 1979 (1980).
[36] OLG Düsseldorf FamRZ 1987, 1262 (1263); RGRK-BGB/*Cuny* Rn. 8; Soergel/*Häberle* Rn. 9; *Borth* in Schwab ScheidungsR-HdB IV Rn. 186; *Bäumel* in Göppinger/Wax UnterhaltsR Rn. 954; aA *Diederichsen* NJW 1977, 353 f. Offengelassen von BGH NJW 1983, 451 = FamRZ 1983, 142; NJW 1980, 1686 = FamRZ 1980, 665 (667).
[37] BT-Drs. 10/4514, 21. Das OLG Frankfurt a. M. FamRZ 1995, 234 fasst diesen Sachverhalt unter § 1579 „Nr. 6 und 7" [UÄndG 1986].
[38] Offengelassen von BGH NJW 1987, 893 = FamRZ 1987, 356 (357).
[39] BT-Drs. 7/650, 122.
[40] BT-Drs. 7/650, 122.
[41] BT-Drs. 7/650, 122; *Schilling* FF 2008, 279 (283).

tigen Elternteil, nachdem sie zwischenzeitlich wegen eines Internats-, Heim- oder Krankenhausaufenthalts[42] oder einer sonstigen Fremdunterbringung entfallen war, oder nach einem Aufenthaltswechsel des Kindes vom Verpflichteten wieder ein, lebt der Anspruch wieder auf.[43]

Für den **„Annexunterhalt"** aus elternbezogenen Gründen (Abs. 2) kommt es auf die Betreuungsbedürftigkeit des Kindes nicht an. Da insoweit vornehmlich die Vorstellungen und Absprachen der Ehegatten zur Betreuung gemeinschaftlicher Kinder maßgeblich sind (→ Rn. 74–77), ist insoweit auf die **Rechtskraft der Scheidung** (→ § 1569 Rn. 35) oder den **Wegfall des „Basisanspruchs"** nach Entfallen der Betreuungsbedürftigkeit des Kindes (Abs. 1) abzustellen.[44] 26

Zur gleichen Problematik bei der **Bedürftigkeit** → § 1577 Rn. 80, beim **Rang** des Unterhaltsanspruchs (§§ 1582, 1609 Nr. 2) → § 1582 Rn. 23, beim **Wiederaufleben** des Unterhaltsanspruchs nach Scheidung einer nachfolgenden Ehe des Berechtigten → § 1586a Rn. 10 und beim **Wiederaufleben** des Unterhaltsanspruchs nach **Vermögensverfall** (§ 1577 Abs. 4 S. 2) → § 1577 Rn. 78–80, zum Übergangsrecht nach dem UÄndG 2007 **§ 36 Nr. 1 EGZPO** → 7. Aufl. 2017, Anh. § 1586b Rn. 19. 27

## D. Erwerbsobliegenheit

### I. Allgemeines

Die Zumutbarkeit einer Erwerbstätigkeit richtet sich stets nach den **Umständen des Einzelfalls.** Auszugehen ist von **objektiven,** am Alter des Kindes anknüpfenden Umständen,[45] weshalb auch bis zum vollendeten 3. Lebensjahr des Kindes stets Betreuungsunterhalt verlangt werden kann (Abs. 1 S. 1, → Rn. 36–42, zu **Ausnahmen** insbesondere → Rn. 41, 42). Neben den Bedürfnissen und Interessen des Kindes sind auch die des betreuenden und des unterhaltspflichtigen Elternteils zu berücksichtigen, weshalb es nicht im Belieben des betreuenden Ehegatten steht, eine Erwerbstätigkeit aufzunehmen. 28

Dies lässt sich weder aus § 1626 noch aus Art. 6 Abs. 2 GG herleiten, auch wenn die Wertung in Art. 6 Abs. 2 GG die Auslegung beeinflusst (ausführlich → 1. Aufl. 1978, Rn. 10), ebenso wenig aus § 1360 S. 2 oder § 1606 Abs. 3 S. 2.[46] 29

Soweit den Bedürftigen eine **Erwerbsobliegenheit** trifft, besteht kein Anspruch auf Betreuungsunterhalt (mehr). Findet er trotz aller zumutbaren Anstrengungen keine angemessene Tätigkeit iSd § 1574 (→ § 1574 Rn. 10–55), muss er sich ausbilden, fortbilden oder umschulen lassen, soweit dies zur Aufnahme einer angemessenen Tätigkeit erforderlich ist, ein erfolgreicher Abschluss der Ausbildung zu erwarten ist und aufgrund der Lage auf dem Arbeitsmarkt die Erwartung besteht, dass er danach auch eine Arbeitsstelle erhält (§ 1574 Abs. 3, → § 1574 Rn. 56–86). 30

Die Obliegenheit zur **Entfaltung von Erwerbsbemühungen** beginnt nicht erst mit der Vollendung des 3. Lebensjahres des Kindes.[47] Denn ab Beginn des 4. Lebensjahres setzt bereits – für den Bedürftigen absehbar – die Erwerbsobliegenheit ein, die mit Erwerbsbemühungen nur dann erfüllt wird, wenn trotz der Erfüllung dieser „Nebenobliegenheit" kein Arbeitsplatz gefunden wird. Dies gilt in gleicher Weise für die Bemühungen um eine **Fremdbetreuung** des Kindes. Diese Bemühungen hat der Bedürftige, der ab der Vollendung des 3. Lebensjahres des Kindes Betreuungsunterhalt verlangt, substantiiert darzulegen und zu belegen. 31

### II. Vor der Geburt

§ 1615l Abs. 1 S. 1 spricht einer nicht verheirateten Mutter ohne weitere Voraussetzungen Unterhalt für die Dauer von 6 Wochen vor und 8 Wochen nach der Geburt des Kindes zu (s. die Parallele zum Beschäftigungsverbot nach § 3 Abs. 2 MuSchG, § 6 Abs. 1 MuSchG), geht also davon aus, dass der Mutter in dieser Zeit keine Erwerbstätigkeit obliegt. Dieser Unterhaltsanspruch trägt den physischen 32

---

42 OLG Hamm BeckRS 2008, 16251 = FamRZ 2008, 1446 f.

43 BeckOGK/*Lettmaier,* 1.12.2018, Rn. 34.

44 Staudinger/*Verschraegen,* 2014, Rn. 42; BeckOGK/*Lettmaier,* 1.12.2018, Rn. 35; Palandt/*Brudermüller* Rn. 7 (wohl beschränkt auf den „Anschlussunterhalt"); BeckOK BGB/*Beutler,* 47. Ed. 1.8.2018, Rn. 37; *Borth* Praxis des UnterhaltsR Rn. 84; *Borth* FamRZ 2008, 2 (8).

45 BGH NJW 1985, 429 = FamRZ 1985, 50 (51); NJW 1983, 1427 = FamRZ 1983, 456 (458); NJW 1982, 326 = FamRZ 1982, 148 (150); NJW 1981, 448 = FamRZ 1981, 17 (18).

46 BGH NJW 1981, 2804 = FamRZ 1981, 1159 f.

47 BGH NJW 1995, 3391 = FamRZ 1995, 871 (872); NJW 1986, 985 = FamRZ 1986, 553 (555); NJW 1985, 1695 = FamRZ 1985, 782 (784); s. auch OLG Saarbrücken NJW 2014, 559 = FamRZ 2014, 484 (487).

und psychischen Belastungen durch Schwangerschaft und Geburt pauschal Rechnung und ist deshalb Krankheitsunterhalt iSd § 1572. Diese Wertung ist – schon aus Gründen der Gleichbehandlung – auch auf den nachehelichen Unterhalt zu übernehmen. Nachgeburtlich wird diese Unterhaltspflicht jedoch weitgehend überlagert von der aus § 1615l Abs. 2 S. 3, der aus Gründen des Kindeswohls wie § 1570 Abs. 1 S. 1 Betreuungsunterhalt für mindestens 3 Jahre nach der Geburt zuspricht.

33 Zudem gewährt § 1615l Abs. 2 S. 3, 1 einem nicht verheirateten Elternteil Unterhalt für vorgeburtliche, **schwangerschaftsbedingte Krankheiten** frühestens ab 4 Monate vor der Geburt. Dabei handelt es sich, weil (noch) kein Kind zu betreuen ist, nicht um Betreuungsunterhalt iSd § 1570, sondern um Krankheitsunterhalt iSd § 1572. Gilt das Kind als ehelich (→ Rn. 17), vermittelt es **ohne zeitliche Beschränkung** auf 4 Monate vor der Geburt den Anspruch auf Krankheitsunterhalt für schwangerschaftsbedingte Krankheiten (→ § 1572 Rn. 24, 35).

34 Für die Betreuung eines noch **während der Ehe** gezeugten, aber nach rechtskräftiger Scheidung geborenen Kindes, das nicht der Vaterschaftsvermutung aus § 1592 Nr. 1 unterfällt, besteht kein Betreuungsunterhalt nach § 1570 (→ Rn. 18). Doch besteht auch insoweit ein Anspruch auf Krankheitsunterhalt nach § 1572, der nicht danach differenziert, worauf Schwangerschaft und Krankheit zurückzuführen sind,[48] und dem nur mit § 1579 begegnet werden kann. IÜ gewährleisten die §§ 1576, 1578 Abs. 3, §§ 1582, 1609 Nr. 2, § 1615l einen angemessenen Ausgleich der durch die Mutterschaft und die Auflösung der Ehe geschaffenen unterschiedlichen Interessen.

35 Zum **Konkurrenzverhältnis** der §§ 1576, 1615l → § 1576 Rn. 46, zum **Trennungsunterhalt** → § 1361 Rn. 55–58.

### III. Bis zum vollendeten 3. Lebensjahr

36 „Mindestens“ bis zum vollendeten 3. Lebensjahr des Kindes kann der betreuende Elternteil Betreuungsunterhalt verlangen (S. 1[49]), eine **Erwerbstätigkeit** kann von ihm grundsätzlich nicht erwartet werden[50] (zu den **Ausnahmen** → Rn. 42, 43; zur Berücksichtigung gleichwohl erzielter Erwerbseinkünfte beim **Bedarf** → § 1578 Rn. 472–500). Dies korrespondiert mit

- § 1615l Abs. 2 S. 2, 3, der die Beschränkung des Unterhaltsanspruchs nicht verheirateter Eltern bis zu diesem Zeitpunkt nur ausnahmsweise zulässt,[51]
- dem Recht des Kindes auf einen Kindergartenplatz (§ 24 SGB VIII),
- der Zumutbarkeit einer Erwerbstätigkeit bei Unterbringung des Kindes in einer Tageseinrichtung (§ 10 Abs. 1 Nr. 3 SGB II, § 11 Abs. 4 S. 2–4 SGB XII),
- der sozialversicherungsrechtlichen Begrenzung der Erziehungszeit auf 3 Jahre (§ 56 Abs. 1 S. 1 SGB VI),
- dem Recht, Elternzeit bis zur Vollendung des 3. Lebensjahres eines Kindes in Anspruch zu nehmen (§ 15 Abs. 2 S. 1 BEEG).

37 Wegen der **Einheitlichkeit** des Anspruchs auf Betreuungsunterhalt (→ Rn. 12, 13) ist er nach der Rspr. des BGH nicht befristet bis zum vollendeten 3. Lebensjahr, sondern grundsätzlich **unbefristet** zuzusprechen, es sei denn, es lägen im Zeitpunkt der Entscheidung „absehbar keine kind- oder elternbezogenen Verlängerungsgründe mehr [vor]“.[52] – Zu den Folgen für die **Antragsart** → Rn. 127.

38 **Diskussion:**
Doch handelt es sich bei der Beschränkung bis zum vollendeten 3. Lebensjahr des Kindes um eine **tatbestandsimmanente,**[53] von einer Befristung nach § 1578b Abs. 2 unabhängige Beschränkung des Betreuungsunterhalts: Die

---

48 BeckOGK/*Lettmaier,* 1.12.2018, Rn. 39; *Borth* in Schwab -HdB IV Rn. 189.

49 In den Gesetzestext eingefügt durch den BT-RA; dazu aber auch schon BT-Drs. 16/1830, 17.

50 BGH NJW 2011, 2884 Rn. 20 = FamRZ 2011, 1560; NJW 2010, 1138 Rn. 25 = FamRZ 2010, 444; s. auch OLG Köln NJW 2013, 2448 = FamRZ 2014, 136 (zu § 1615l Abs. 2).

51 Dazu NK-BGB/*Schilling* § 1615l Rn. 9; *Maurer* in Göppinger/Wax UnterhaltsR Rn. 1238.

52 BGHZ 198, 242 = NJW 2013, 3578 Rn. 20, 21 = FamRZ 2013, 1958 m. krit. Anm. *Maurer* (zum Betreuungsunterhalt nach § 1615l Abs. 2); BGHZ 180, 170 = NJW 2009, 1876 Rn. 41 = FamRZ 2009, 770; ebenso OLG Köln BeckRS 2012, 9297 = FamRZ 2013, 45 Ls.; BeckOGK/*Lettmaier,* 1.12.2018, Rn. 130; Soergel/*Häberle* Rn. 32; Palandt/*Brudermüller* Rn. 25; *Bömelburg* in Wendl/Dose UnterhaltsR § 4 Rn. 206; *Borth* Praxis des UnterhaltsR Rn. 60, 107; *Borth* FamRZ 2008, 2 (10 f.) (doch trägt der Hinweis auf BGH NJW-RR 1997, 897 = FamRZ 1997, 873 (875 f.) nicht, weil es dort darum ging, im Wege einer Prognose eine erst später eintretende Abweichung vom Regelfall nach dem „Altersphasenmodell“ zu beurteilen – was der BGH zu Recht abgelehnt hat); *Born* FPR 2013, 152 (155); *Dose* JAmt 2009, 1 (5). S. auch LL Köln Nr. 17.1 Abs. 5, die aber ersichtlich eine Befristung nach § 1578b meint, wie ihr Verweis auf BGH NJW 2009, 1956 = FamRZ 2009, 1124 zeigt.

53 KG BeckRS 2008, 25060 = FamRZ 2008, 1942 (1944) [bis zum 18. Lebensjahr (?)]; BeckOGK/*Lettmaier,* 1.12.2018, Rn. 101; *Born* FF 2009, 92 (102); *Maurer* FamRZ 2008, 1831 (1832); *Wever* FamRZ 2008, 553 (558).

pauschale Beurteilung der Belange des Kindes, dh seiner Betreuungsbedürftigkeit, endet, ein weitergehender Anspruch besteht nur noch aufgrund einer konkreten Abwägung aller Umstände des Einzelfalls (→ Rn. 43–45). Vor dem 4. Lebensjahr ist idR keine zuverlässige Prognose zu den „Belangen des Kindes" und für die Inanspruchnahme einer Fremdbetreuung möglich.[54] Vielmehr geht die „gesetzliche Prognose" dahin, dass danach grundsätzlich Fremdbetreuung in Anspruch zu nehmen ist. Deshalb obliegt dem betreuenden Elternteil auch die Darlegungs- und Beweislast für die Anspruchsvoraussetzungen (→ Rn. 131–135), und der Betreuungsunterhalt ist trotz der Einheitlichkeit des Anspruchs nur befristet bis zum vollendeten 3. Lebensjahr zuzusprechen.[55]

„Mindestens" ermöglicht eine **Verlängerung** des Unterhaltsanspruchs nach Abs. 1 S. 2, 3, Abs. 2 – in diesem Sinne ist das Wort allerdings entbehrlich –, lässt aber offen, ob damit auch grundsätzlich ein weiterer Betreuungsbedarf des Kindes durch einen Elternteil anerkannt wird. 39

Für Letzteres spricht die Änderung der Gesetzesfassung im RA-BT,[56] der zunächst in einem S. 3 formuliert hatte: „Bis zur Vollendung des dritten Lebensjahres des Kindes kann eine Erwerbstätigkeit nicht erwartet werden.", und das Wort „mindestens" erst später zusätzlich eingefügt hat. Dagegen spricht die Auffassung der BReg,[57] die ersichtlich die eher pauschale Betrachtungsweise eines irgendwie gearteten „Altersphasenmodells" durch eine Billigkeitsabwägung aufgrund der Umstände des konkreten Einzelfalls ersetzen wollte (→ Rn. 43–45). 40

Nach Auffassung des BGH und der ganz hM[58] ist keine **Abkürzung** der Dauer des Unterhaltsanspruchs möglich, sondern die Betreuungsbedürftigkeit des Kindes und die fehlende Erwerbsobliegenheit des betreuenden Elternteils werden unwiderlegbar vermutet. 41

**Beispiele aus der Rspr.:**
BGH NJW 2011, 70 Rn. 27 = FamRZ 2011, 97: Der betreuende Elternteil kann sich frei entscheiden, ob er erwerbstätig sein will; eine schon bestehende Erwerbstätigkeit kann er wieder aufgeben. Die Erwerbseinkünfte bleiben jedoch nicht stets als überobligatorisch unberücksichtigt, sondern sind nach den Umständen des Einzelfalles anteilig zu berücksichtigen (§ 1577 Abs. 2).
BGH NJW 2014, 2109 Rn. 47–50 = FamRZ 2014, 1183: Es besteht auch dann keine Erwerbsobliegenheit der betreuenden Mutter, wenn der Unterhaltsschuldner bereits Rentner ist und zur Betreuung des Kindes zur Verfügung stehen würde.
OLG Karlsruhe BeckRS 2014, 10043 = FamRZ 2014, 1646 (1647) (zu § 1615l): Auch bei Fortführung des wegen Schwangerschaft und Geburt unterbrochenen Studiums besteht der Unterhaltsanspruch der Mutter während der ersten 3 Lebensjahre des (schwerbehinderten) Kindes trotz Fremdbetreuung in einer Kindertagesstätte fort, ohne dass sie auf eine Erwerbstätigkeit verwiesen werden könnte.[59]

**Kritik:** 42
Dies lässt die tatsächlichen Lebensverhältnisse der Ehegatten während ihres Zusammenlebens außer Betracht. S. 1 ist deshalb dahin einzuschränken, dass eine Erwerbstätigkeit **ausnahmsweise** auch bereits vor diesem Zeitpunkt zumutbar sein kann.[60] Etwa wenn die Eltern auch bisher schon das noch nicht 3-jährige Kind nicht nur vorübergehend und ohne wirtschaftliche Zwänge in Fremdbetreuung gegeben haben und dies auch nach Trennung und Scheidung ggf. mit zumutbarem zusätzlichen Aufwand und fortbestehendem Betreuungsangebot etwa in einer Kinderkrippe oder bei den Eltern des Verpflichteten – die Eltern des Bedürftigen werden

---

[54] So auch BGH NJW 2014, 1302 Rn. 13 = FamRZ 2014, 823; BGHZ 180, 170 = NJW 2009, 1876 Rn. 43 = FamRZ 2009, 770 dazu, warum eine Befristung des Anspruchs auf Betreuungsunterhalt nach § 1578b Abs. 2 (→ § 1578b Rn. 244–248) ausscheidet.

[55] Ebenso OLG Bremen NJW 2008, 1745 = FamRZ 2008, 1281 (1282) (zu § 1615l Abs. 2); *Maurer* FamRZ 2008, 2157 (2160); *Wever* FamRZ 2008, 553 (558); *Schilling* FPR 2008, 27 (30); *Schilling* FF 2008, 279 (292); *Peschel-Gutzeit* FPR 2008, 24 (27); *Hauß* FamRB 2007, 367 (368); s. auch *Meier* FamRZ 2008, 101 (102) (nach dem Gesetzestext ist „im Regelfall ein Anspruch auf Betreuungsunterhalt nach Vollendung des dritten Lebensjahres des jüngsten zu betreuenden Kindes nicht mehr gegeben"); in diese Richtung wohl auch BGHZ 175, 182 = NJW 2008, 1663 Rn. 30 = FamRZ 2008, 968; ebenso wohl *Born* FF 2010, 231 (237); offengelassen von OLG Koblenz NJW 2009, 1974 (1975).

[56] BT-Drs. 16/6980, 3, 8.

[57] BT-Drs. 16/1830, 17, BT-Drs. 16/6980, 8.

[58] BGH NJW 2014, 2109 Rn. 47–50 = FamRZ 2014, 1183; NJW 2011, 70 Rn. 27 = FamRZ 2011, 97; NJW 2010, 3369 = FamRZ 2010, 1880 Rn. 19; NJW 2009, 2592 = FamRZ 2009, 1391 Rn. 18; BGHZ 180, 170 = NJW 2009, 1876 Rn. 20 = FamRZ 2009, 770; OLG Karlsruhe BeckRS 2014, 10043 = FamRZ 2014, 1646; auch BeckOGK/*Lettmaier*, 1.12.2018, Rn. 43; NK-BGB/*Schilling* Rn. 13; Soergel/*Häberle* Rn. 12; *Weber-Monecke* FF 2010, 475 (477); *Dose* JAmt 2009, 1 (2 f.); wohl auch *Born* FF 2010, 231. Ebenso bereits vor Inkrafttreten des UÄndG 2007 BGHZ 162, 384 = NJW 2005, 2145 = FamRZ 2005, 1154 (1156 f.).

[59] Ebenso Palandt/*Brudermüller* § 1615l Rn. 11; *Bömelburg* in Wendl/Dose UnterhaltsR § 7 Rn. 22, 23.

[60] So auch Palandt/*Brudermüller* Rn. 10; *Born* FF 2010, 231 (236); *Born* FF 2009, 92 (99); *Maurer* FamRZ 2008, 2157; *Wever* FamRZ 2008, 553 (558); *Borth* FamRZ 2008, 2 (5); *Hauß* FamRB 2007, 367(368 f.); wohl auch der Gesetzgeber BT-Drs. 16/1830, 17: „Bedeutung erlangt dies weniger bei Kleinkindern, …"; zu § 1615l s. *Maurer* in Göppinger/Wax UnterhaltsR Rn. 1238.

ihr Betreuungsangebot eher ausnahmsweise zur Entlastung des Verpflichteten aufrechterhalten[61] – und ohne Beeinträchtigung der Belange des Kindes weiter gehandhabt werden kann.[62] Wegen der vornehmlich maßgebenden Belange des Kindes können dagegen allein wirtschaftliche Zwänge oder das Vorliegen eines Mangelfalls[63] eine Verschärfung der Erwerbsobliegenheit des betreuenden Elternteils und Abkürzung der „Schonfrist" nicht rechtfertigen.[64]

## IV. Ab dem 4. Lebensjahr

43 **1. Einzelfall.** Zwar ist kein zwingender Grund ersichtlich, warum die bisherige Altersabstufung nach dem tradierten **„Altersphasenmodell"**[65] (→ 5. Aufl. 2010, Rn. 4–12) nicht kindgerecht gewesen sein und die „Belange des Kindes" nicht angemessen berücksichtigt haben soll.[66] Nach dem Inkrafttreten des UÄndG 2007 soll es jedoch keinen Bestand mehr haben, auch nicht in modifizierter Form und auch nicht als Regelfall, und deshalb auch nicht mehr zur Auslegung der Neuregelung herangezogen werden können.

BT-Drs. 16/1830, 17: „... das bisherige, von der Rechtsprechung entwickelte „Altersphasenmodell", ab welchem Alter des Kindes dem betreuenden Elternteil eine Erwerbstätigkeit zumutbar ist ..., neu zu überdenken und zu korrigieren ist"; BT-Drs. 16/6980, 18: „Anstelle der bisherigen, häufig sehr schematisierenden Betrachtungsweise anhand des tradierten „Altersphasenmodells" ... " und „... es auch hier auf die Verhältnisse des Einzelfalls ankommt."[67]

Da aber auch künftig allein sozialpädagogische Notwendigkeiten maßgeblich sein sollten,[68] kann es auch nur darum gehen, die sich aus der Stärkung der nachehelichen Eigenverantwortung (→ § 1569 Rn. 18) ergebenden Sozialisations- und Bildungsnotwendigkeiten des betreuenden Elternteils mit dem emotionalen Bedürfnis des Kindes auf elterliche Eigenbetreuung in Einklang zu bringen (→ Rn. 9–11). An die Stelle einer schematischen Betrachtung („Altersphasenmodell") tritt eine **Billigkeitsabwägung** unter Einbeziehung aller **individuellen Umstände** des Einzelfalls,[69] insbesondere auch der „bestehenden Möglichkeiten der Kinderbetreuung" (S. 3 Alt. 2, → Rn. 57–71; gemeint ist die Fremdbetreuung des Kindes, was im Gesetzeswortlaut nicht zum Ausdruck kommt, weil auch die Eigenbetreuung eine „bestehende Möglichkeit der Kinderbetreuung" ist).[70] Auf das

---

61 Plastisch *D. Schwab* FamRZ 2005, 1417 (1418): „Kein Zwang zur Fremdbetreuung".

62 Ebenso Palandt/*Brudermüller* Rn. 10; *Borth* FamRZ 2008, 2 (5); *Hauß* FamRB 2007, 367 (368 f.); aA Palandt/*Brudermüller* § 1615l Rn. 10; *Bömelburg* in Wendl/Dose UnterhaltsR § 4 Rn. 61; *Schilling* FF 2008, 279 (280); *Schilling* FPR 2008, 27 (28); wohl auch BGHZ 177, 272 = NJW 2008, 3128 = FamRZ 2008, 1739 Rn. 97 mAnm *Maurer* FamRZ 2008, 1830 (1832): „Für die Dauer der ersten drei Lebensjahre des Kindes bleibt es allerdings dabei, dass der betreuende Elternteil die freie Wahl hat, ob er die Betreuung und Erziehung des Kindes in dieser Zeit selbst vornehmen möchte oder – um eine eigene Erwerbstätigkeit zu ermöglichen – staatliche Hilfen in Anspruch nimmt."

63 AA *Borth* Praxis des UnterhaltsR Rn. 78; *Borth* FamRZ 2008, 2 (5).

64 Ebenso BeckOGK/*Lettmaier*, 1.12.2018, Rn. 45.

65 Von BGH NJW 2006, 2182 = FamRZ 2006, 846 (847) noch in Kenntnis der Reformbestrebungen wegen der erforderlichen verstärkten Beaufsichtigung und Fürsorge auch noch in den ersten beiden Schuljahren bestätigt. – Zur Entwicklung des „Altersphasenmodells" in der Rspr. des BGH s. *Kerscher* NJW 2012, 1910 (1911 f.).

66 Zweifelnd *Kerscher* NJW 2012, 1910 (1913 f.): Grundsatz sei die Eigenbetreuung, Ausnahme aus Gründen des Kindeswohls die Fremdbetreuung (auch → Rn. 57).

67 Der BGH ist dem in ständiger Rspr. gefolgt und lehnt alle Anklänge an ein Altersphasenmodell jedweder Art strikt ab: BGHZ 193, 78 = NJW 2012, 1868 Rn. 19 = FamRZ 2012, 1040; NJW 2011, 2646 Rn. 16, 17, 22 = FamRZ 2011, 1375; NJW 2011, 2430 Rn. 19 = FamRZ 2011, 1209; NJW 2011, 1582 mit krit. Anm. *Maurer* = FamRZ 2011, 791 Rn. 27 mit krit. Anm. *Norpoth* FamRZ 2011, 873 (874); NJW 2010, 3369 Rn. 22 = FamRZ 2010, 1880; NJW 2010, 2277 Rn. 25 = FamRZ 2010, 1050; NJW 2009, 2592 Rn. 25, 27 = FamRZ 2009, 1391; NJW 2009, 1956 Rn. 33 = FamRZ 2009, 1124; BGHZ 180, 170 = NJW 2009, 1876 Rn. 28, 33 = FamRZ 2009, 770; vgl. auch *Weber-Monecke* FF 2010, 475 (479): „... pauschalierende[r] Fallgruppen ... keine Chance."; ebenso *Löhnig/Preisner* FamRZ 2011, 1537.

68 Ebenso *D. Schwab* FamRZ 2005, 1417 (1418).

69 BT-Drs. 16/1830, 17 („...stärker auf den konkreten Einzelfall... abzustellen"); s. auch BT-Drs. 16/6980, 9; ebenso BGH NJW 2011, 2646 Rn. 16, 17 = FamRZ 2011, 1375; NJW 2011, 1582 Rn. 27 mit krit. Anm. *Maurer* = FamRZ 2011, 791 mit krit. Anm. *Norpoth* FamRZ 2011, 873 (874); NJW 2010, 3369 Rn. 18 = FamRZ 2010, 1880; NJW 2009, 2592 Rn. 17 = FamRZ 2009, 1391; NJW 2009, 1956 Rn. 24 = FamRZ 2009, 1124; BGHZ 180, 170 = NJW 2009, 1876 Rn. 19 = FamRZ 2009, 770; BGHZ 175, 182 = NJW 2008, 1663 Rn. 30 = FamRZ 2008, 968; auch OLG Hamm NJW 2008, 2049 = FamRZ 2008, 1937 (1939 f.). – Ebenso zwischenzeitlich alle LL. Zu den ehemals abweichenden LL → 5. Aufl. 2010, Rn. 37.

70 Zur Diskussion über eine Fortschreibung oder Modifikation des ehemaligen „Altersphasenmodells" nach Inkrafttreten des UÄndG 2007 → 5. Aufl. 2010, Rn. 35–38.

**Alter** des Kindes kommt es nur an, wenn seine Betreuung nicht auf andere Weise als durch Eigenbetreuung gesichert ist oder gesichert werden könnte,[71] das Kind aber nicht ohne vorübergehende **Aufsicht** bleiben kann.[72]

**Kritik:** 44
In die Beurteilung der Erforderlichkeit der Eigenbetreuung allein individuelle Umstände einzubeziehen lässt allgemeine sozialwissenschaftliche Erkenntnisse[73] und Lebenserfahrungen außer Betracht. Insbesondere bei trennungs- und scheidungsgeschädigten Kindern erfordern „Zuspruch und Zuwendung", aber auch Waschen, Putzen, Lernen, Körperpflege und -hygiene überwachen, Krankheiten etc einen Betreuungsaufwand. Weiter sollte eigentlich klar sein, dass die Lasten der Kinderbetreuung unter den geschiedenen Ehegatten gleichmäßig zu verteilen sind. Einen Elternteil neben der Kinderbetreuung auf eine vollschichtige Erwerbstätigkeit zu verweisen, den nichtbetreuenden Elternteil unter Hinweis auf seine vollschichtige Erwerbstätigkeit jedoch von jeglichen Umgangspflichten freizustellen,[74] ist eine Verkennung der Verantwortlichkeiten für die Kinder. Deshalb dürfte die Rspr. des BGH verfassungswidrig sein (→ Rn. 7, 8), sie sollte sich auf ein **modifiziertes Altersphasenmodell** hinbewegen.[75] Abgesehen davon, dass dies von den Kindesbelangen gefordert wird, hätte es den positiven Effekt der Entlastung der Unterhaltsstreitigkeiten als Massenphänomen.[76]

Dem steht der Wortlaut der gesetzlichen Regelung nicht entgegen. Auch wird die Auslegung des BGH nicht von der Gesetzesbegründung[77] gefordert, die ausdrücklich klarstellt, dass kein abrupter Wechsel gefordert wird. Zudem wird durch das Abstellen auf die „Belange des Kindes" (Abs. 1 S. 3) auch auf allgemeinverbindliche entwicklungspsychologische Erkenntnisse Bezug genommen, die es erlauben würden, einen differenzierten Interessenausgleich unter den Ehegatten herbeizuführen: Beruft sich der Berechtigte darauf, dass ihn wegen der Betreuung eines gemeinschaftlichen Kindes nach einem Altersphasenmodell keine umfassendere Erwerbsobliegenheit treffe, könnte der Verpflichtete den Nachweis führen, dass die Konstitution des Kindes eine umfassendere Erwerbstätigkeit zulasse. Ein Altersphasenmodell hätte dann die Funktion einer **widerlegbaren Vermutung** (→ 5. Aufl. 2010, Rn. 62). 45

**2. Kindbezogene Belange. a) „Belange des Kindes" (Abs. 1 S. 2, 3).** Sie sollen eine Verlängerung des Unterhaltsanspruchs dann rechtfertigen, „wenn das Kind in besonderem Maße betreuungsbedürftig ist",[78] weshalb sie sich ausschließlich auf betreuungsbezogene und nicht auch auf finanzielle Umstände beziehen.[79] Sie haben Vorrang vor den elternbezogenen Belangen, und ihnen kommt stärkere Bedeutung zu (→ Rn. 14). Maßstab ist ein altersgemäß entwickeltes Kind, weshalb dem Alter des Kindes abgesehen von den ersten 3 Lebensjahren (→ Rn. 36–42) nur noch im Zusammenhang mit anderen **besonderen** Umständen, insbesondere fehlenden Möglichkeiten der Fremdbetreuung (→ Rn. 57–71), maßgebliche Bedeutung zukommen kann (zum „Altersphasenmodell" → Rn. 43–45).[80] Zu ihnen zählen insbesondere[81] 46

**Alter,** 47

**Beispiele aus der Rspr.:**
BGH NJW 2010, 3369 Rn. 27 = FamRZ 2010, 1880: Das Alter allein ist aber nicht ausschlaggebend.
OLG Bremen NJW 2009, 925 = FamRZ 2009, 1496 Ls.:[82] Vollschichtige Erwerbsobliegenheit bei Betreuung eines 12 ½ Jahre alten Kindes; ggf. Anspruch auf Aufstockungsunterhalt (§ 1573 Abs. 2 BGB).
OLG Celle NJW 2008, 3441 = FamRZ 2009, 975 f.: Ab dem 12.–13. Lebensjahr steht eine fehlende Ganztagesbetreuung einer – wohl vollschichtigen – Erwerbstätigkeit nicht mehr entgegen.
OLG Düsseldorf NJW 2009, 600 = FamRZ 2009, 522 (523): Keine vollschichtige Erwerbstätigkeit vor Vollendung des 14. Lebensjahres des Kindes.
OLG Thüringen NJW 2008, 3224 = FamRZ 2008, 2203 (2204 f.): Von einem Elternteil, der ein Kind betreut, das den Kindergarten oder die beiden ersten Grundschulklassen besucht, wird man idR keine Vollbeschäftigung verlangen können.

---

71 BGHZ 193, 78= NJW 2012, 1868 Rn. 19 = FamRZ 2012, 1040; BGHZ 180, 170 = NJW 2009, 1876 Rn. 27 = FamRZ 2009, 770.
72 BGHZ 193, 78 = NJW 2012, 1868 Rn. 19 = FamRZ 2012, 1040.
73 *Becker-Stoll,* Kinderwohl und Fremdbetreuung, Brühler Schriften zum Familienrecht, Band 16, 2010, 79 ff. = FamRZ 2010, 77 ff.
74 Der BGH NJW 2011, 1582 Rn. 30 mit krit. Anm. *Maurer* = FamRZ 2011, 791 mAnm *Norpoth* FamRZ 2011, 873 spricht – unzutr. – von Umgangsrechten.
75 So scheinbar auch noch BGHZ 177, 272 = NJW 2008, 3128 Rn. 96–104 = FamRZ 2008, 1739. Zum „richtigen" Verständnis dieser Entscheidung s. jedoch *Hahne* FF 2009, 5 (6).
76 Zum Ganzen auch *Maurer* NJW 2011, 1586.
77 BT-Drs. 16/1830, 17; BT-Drs. 16/6980, 18.
78 BT-Drs. 16/6980, 9.
79 *Borth* FamRZ 2008, 2 (6).
80 *Borth* FamRZ 2008, 2 (6); auch BGH NJW 2010, 3369 Rn. 27 = FamRZ 2010, 1880: Das Alter des Kindes allein ist nicht ausschlaggebend.
81 Zum Ganzen BGH NJW 1997, 1851 = FamRZ 1997, 671 (673).
82 In diesem Sinne auch *Dose* JAmt 2009, 1 (3).

OLG München FamRZ 2008, 1945 (1946) (Vorinstanz zu BGH NJW 2009, 2593 = FamRZ 2009, 1391): Wegen der in der Freizeit zu leistenden intensiven Betreuung des Kindes bis zum Ende der 2. Grundschulklasse ganz allgemein erhöhte Betreuungsbedürftigkeit des Kindes ohne Überprüfung anhand der Umstände des Einzelfalls.

OLG Nürnberg BeckRS 2009, 17622: Vor Vollendung des 15. Lebensjahres des betreuten Kindes kann keine vollschichtige Erwerbstätigkeit erwartet werden.

OLG Düsseldorf NJW 2014, 948 = FamRZ 2014, 772 (773): Von einem ein 5-jähriges Kind betreuenden Elternteil, der von einer Vollerwerbstätigkeit erst zwischen 19:00 h und 19:30 h zurückkehren würde, können bei einer Hortbetreuung bis 17:00 h nicht mehr als 25 Wochenstunden verlangt werden.

OLG Hamm BeckRS 2014, 5709 = FamRZ 2014, 1468 (1469 f.) (zu § 1579): Auch bei einer Ganztagesbetreuung des Kindes kann der Elternteil keine Vollerwerbstätigkeit von 40 Wochenstunden ausüben. Der Zeitaufwand für die Kindesbetreuung und für die Erwerbstätigkeit darf den für eine Vollerwerbstätigkeit nicht weit übersteigen.

48 – allgemein **Entwicklungsstadium**[83] des Kindes. Kann es nach seiner Entwicklung zwischen Schulende und Feierabend des erwerbstätigen Bedürftigen sich selbst überlassen werden, bedarf es keiner durchgehenden persönlichen Betreuung mehr.[84]

49 – besondere **persönliche Reife,**[85] **Selbstständigkeit** und **Verantwortungsbewusstsein** des Kindes.

50 – **Entwicklungs-** und **Verhaltensstörungen,**[86] **Erziehungsschwierigkeiten,**[87] **Lernbehinderungen**[88] und sonstige **schulische Schwierigkeiten,** allgemein **Problemkinder.**[89]

51 – **schulische Anforderungen** an die Mitarbeit des betreuenden Elternteils (Hausaufgabenbetreuung, Klassenpflegschaft, Elternbeirat etc).[90]

52 – körperliche[91] und geistige – genetisch bedingt oder infolge einer länger andauernden Krankheit – **Behinderungen** und **Krankheiten,** die einen höheren und längeren persönlichen Betreuungsbedarf durch einen Elternteil bedingen,[92] nicht aber bei normalen, hinsichtlich ihrer Dauer überschaubaren Erkrankungen des Kindes wie Erkältungen, Grippe etc einschließlich der Kinderkrankheiten.

**Beispiele aus der Rspr.:**

OLG Hamm NJW-RR 1994, 773 = FamRZ 1994, 963 Ls.: Zurückgebliebenes 9½-jähriges Kind, das erst die 2. Grundschulklasse besucht, ist unterhaltsrechtlich wie ein 7-jähriges Kind zu behandeln.

OLG Celle BeckRS 2001, 30221225 = FamRZ 2002, 636: Wahrnehmungsstörung und deutliche Verzögerung der Sprachentwicklung.

OLG Düsseldorf BeckRS 2002, 13170 = FamRZ 2003, 184 (185): Kognitive und psychische Schwächen.

OLG Schleswig NJW 2003, 3715 = FamRZ 2004, 975: Asthma und Pseudokrupp-Anfälle.

OLG Zweibrücken NJW-RR 2006, 513 = FamRZ 2006, 791 Ls.: Vom Bedürftigen kann mit Rücksicht auf die Betreuung des die Woche über im Internat lebenden gemeinsamen schwerstbehinderten Sohnes an den Wochenenden keine mehr als die ausgeübte halbschichtige Erwerbstätigkeit erwartet werden, weil ihm angesichts auch des nächtlichen Betreuungsaufwandes die Wochenenden nicht zum Regenerieren und Kräftesammeln zur Verfügung stehen.

OLG Köln NJW 2008, 2659 = FamRZ 2008, 2119 f.: Betreuung von 11 und 8 Jahre alten Kindern: Vollschichtige Erwerbsobliegenheit; Fortführung einer Berufsausbildung wegen des geschützten Vertrauens auf die Rechtslage bis 31.12.2007, anschließend Orientierungsphase, um angemessene Beschäftigung zu

[83] BGH NJW 2009, 2592 Rn. 24, 25 = FamRZ 2009, 1391; dazu auch *Weber-Monecke* FF 2010, 475 (478).

[84] BGH NJW 2010, 2277 Rn. = FamRZ 2010, 1050 23; NJW 2009, 2592 Rn. 22 = FamRZ 2009, 1391; BGHZ 180, 170 = NJW 2009, 1876 Rn. 27 = FamRZ 2009, 770.

[85] *Borth* FamRZ 2008, 2 (6). S. auch *Weber-Monecke* FF 2010, 475 (478): Erhöhter Betreuungsbedarf in den ersten Grundschuljahren, Verhaltensauffälligkeiten und Schule schwänzen während der Pubertät.

[86] BGH NJW 2009, 1956 Rn. 3, 35 = FamRZ 2009, 1124 (ADS); OLG Hamm NJW 2008, 2049 = FamRZ 2008, 1937 (1938) (Kind besucht heilpädagogischen Kindergarten).

[87] *Borth* Praxis des UnterhaltsR Rn. 791.

[88] OLG Celle NJOZ 2009, 4494 (4497 f.) = FamRZ 2010, 300 Ls.: Legasthenie.

[89] BGHZ 168, 245 = NJW 2006, 2687 = FamRZ 2006, 1362 (1367); NJW 2006, 2182 = FamRZ 2006, 846 (847); s. auch OLG Hamm BeckRS 2009, 13427 = FamRZ 2009, 976 (977): Straffälligkeit eines 17-jährigen Kindes, schulische Fehlzeiten: keine vollschichtige Erwerbstätigkeit (der tatsächlich geleistete Umfang wird nicht ersichtlich).

[90] BGHZ 193, 78= NJW 2012, 1868 Rn. 21 = FamRZ 2012, 1040.

[91] OLG Düsseldorf NJW-RR 2010, 145 = FamRZ 2010, 301 (302) (ständige Atemwegsinfektionen wegen Immunschwäche).

[92] BGHZ 205, 342 = NJW 2015, 2257 Rn. 17 = FamRZ 2015, 1369; BGHZ 177, 272 = NJW 2008, 3128 Rn. 101 = FamRZ 2008, 1739; BGHZ 168, 245 = NJW 2006, 2687 Rn. 35 = FamRZ 2006, 1362 (1363); auch BT-Drs. 13/4899, 89.

finden. Letztere ist nicht auf § 1578b gestützt, sondern ergibt sich allein aus der Bestimmung der Erwerbsobliegenheit.

OLG Braunschweig BeckRS 2008, 26306 = FamRZ 2009, 977 (978 f.): Halbschichtige Erwerbsobliegenheit bei ADS eines 13- bis 15-jährigen Kindes aus kind- und elternbezogenen Gründen.

BGH NJW 2009, 1956 Rn. 35 = FamRZ 2009, 1124: ADS-Erkrankung bedingt nicht stets die Eigenbetreuung des Kindes.

OLG Celle NJOZ 2009, 4494 (4497 f.) = FamRZ 2010, 300 Ls.: Legasthenie und Spielsucht.

OLG Düsseldorf NJW-RR 2010, 145 = FamRZ 2010, 301 f.: Immunschwäche mit ständigen Atemwegsinfekten bedingt einen erhöhten Betreuungsbedarf, wenn das Kind wegen Ansteckungsgefahr nicht regelmäßig den Kindergarten besuchen kann und zu Hause versorgt werden muss, wofür andere Personen als die Kindesmutter nicht zur Verfügung stehen.

- Bei **behebbaren** Behinderungen des Kindes ist der Unterhaltsanspruch bis zur völligen Genesung zu gewähren.[93] Doch auch bei **nicht behebbaren** Behinderungen wird es grundsätzlich keinen zeitlich unbeschränkten Unterhaltsanspruch des Bedürftigen geben können. Vielmehr muss das Kind gerade seiner Betreuung bedürfen, und/oder vor allem darf dem Kind, aber auch dem Bedürftigen die teilweise oder ganze Betreuung durch eine soziale Einrichtung nicht zugemutet werden können. 53
- **seelische Belastungen** des Kindes durch die Trennung der Eltern und das sich daraus ergebende verstärkte Bedürfnis nach persönlicher Betreuung durch den Elternteil.[94] Der BGH verweist den Berechtigten auf **besondere Belastungen,** die über das normale Maß durch eine Trennung und Scheidung der Eltern hervorgerufenen Belastungen hinausgehen.[95] Doch sind Zweifel angebracht: Zum einen ist bei § 1615l der „Trennungsschmerz“ im Gegensatz zu § 1570 Abs. 1 dann die Ausnahme, wenn die nicht verheirateten Eltern gar nicht zusammengelebt/-gewohnt haben. Und zum anderen muss auch die regelmäßige Betroffenheit im Rahmen der umfassenden Billigkeitsprüfung Berücksichtigung finden, weil ihr im Zusammenhang mit anderen berücksichtigungsfähigen Umständen durchaus Gewicht zukommen kann.[96] 54
- **musische** und **sportliche,** aber auch **sonstige inner-** und **außerschulische Zusatzaktivitäten** des Kindes,[97] mit denen ein vom betreuenden Elternteil zu erbringender erhöhter Betreuungsaufwand einhergehen kann. 55
- die Handhabung der Betreuung und der Aktivitäten während des **Zusammenlebens** der Ehegatten. Doch soll sie „nachehelich nicht außer Verhältnis zu der dadurch gehinderten Erwerbstätigkeit stehen dürfen“, sodass sie teilweise eingeschränkt oder „die Abläufe abweichend organisiert“ werden müssen.[98] 56

**b) „Bestehende Möglichkeiten der Kinderbetreuung“ (S. 3).** Bei der Billigkeitsabwägung sind „bestehende Möglichkeiten der Kinderbetreuung“ durch Dritte zu berücksichtigen. „Tatsächlich bestehende[n], verlässliche[n] Möglichkeiten der Kinderbetreuung“ müssen „zumutbar“ wahrzunehmen sein und „mit dem Kindeswohl in Einklang stehen“.[99] Zur Angleichung der Unterhaltsansprüche ehelicher an die nicht miteinander verheirateten Eltern[100] wird damit der Vorrang der persönlichen Betreuung gegenüber anderen kindgerechten Betreuungsmöglichkeiten jeglicher Art aufgegeben. Maßstab ist die Vereinbarkeit der Fremdbetreuung mit dem Kindeswohl, was jedenfalls bei öffentlichen Betreuungseinrichtungen wie Kindergärten, Kindertagesstätten oder Kinderhorten regelmäßig der Fall sein wird.[101] 57

**aa) Fremdbetreuung. (1) Allgemeines.** Der betreuende Elternteil wird grundsätzlich auf alle öffentlichen und privaten, entgeltlichen und unentgeltlichen Betreuungsmöglichkeiten verwiesen (zur Berücksichtigung von **Betreuungskosten** → Rn. 71, 92). Ist eine Fremdbetreuung **möglich** und ihre Inanspruchnahme für das Kind wie für den Bedürftigen in **zeitlicher** wie **sachlicher** 58

---

93 OLG Düsseldorf BeckRS 2002, 13170 = FamRZ 2003, 184 (185) (kognitive und psychische Schwächen).

94 BT-Drs. 16/6980, 9.

95 BGHZ 193, 78 = NJW 2012, 1868 Rn. 20 = FamRZ 2012, 1040 unter Hinweis auf BT-Drs. 16/6980, 9.

96 Ebenso BeckOGK/*Lettmaier,* 1.12.2018, Rn. 71.

97 BGHZ 193, 78 = NJW 2012, 1868 Rn. 21 = FamRZ 2012, 1040; *Borth* FamRZ 2008, 2 (6).

98 BGHZ 193, 78 = NJW 2012, 1868 Rn. 20 = FamRZ 2012, 1040.

99 BT-Drs. 16/1830, 17 [Zu Nummer 4 (Änderung von § 1570 BGB)].

100 BT-Drs. 16/1830, 13 f. [Zu Nummer 3 (Neufassung von § 1569 BGB)].

101 Zum Ganzen BGH NJW 2012, 3037 Rn. 20 = FamRZ 2012, 1624; NJW 2010, 3369 Rn. 24 = FamRZ 2010, 1880; NJW 2010, 2277 Rn. 23 = FamRZ 2010, 1050; NJW 2009, 2592 Rn. 25 = FamRZ 2009, 1391; NJW 2009, 1956 Rn. 33 = FamRZ 2009, 1124; BGHZ 180, 170 = NJW 2009, 1876 Rn. 25, 26 = FamRZ 2009, 770.

Hinsicht[102] **zumutbar** (→ Rn. 69–71), ist er grundsätzlich in dem zeitlichen **Umfang** einschließlich Fahrtzeiten erwerbsobliegen, in dem die Fremdbetreuung möglich ist,[103] sodass ein Anspruch auf Betreuungsunterhalt ganz oder teilweise entfällt. Maßgeblich kommt es darauf an, ob und welche persönlichen Betreuungsleistungen noch erforderlich sind und ob eine begabungs- und entwicklungsgerechte Betreuung des Kindes auf andere Weise gesichert ist oder in einer kindgerechten Einrichtung gesichert werden könnte.[104]

59 **(2) Betreuungseinrichtungen.** Im Vordergrund stehen die **„fremden"** – **professionellen**[105] – Betreuungen. Ihre Inanspruchnahme entspricht – ist sie nicht ohnehin verpflichtend – grundsätzlich dem Kindeswohl.[106]

**Beispiele:**
Öffentliche und auch privatrechtlich verfasste Betreuungseinrichtungen wie Kinderkrippe, Kinderhort, Kindertagesstätten, Kindergarten,[107] allgemein: kindgerechte Einrichtungen,[108] Tageseltern,[109] Vorschule,[110] „verlässliche" Grundschule,[111] aber auch allgemein die Schule, weil auch noch nach der Grundschule Betreuungsbedarf besteht/bestehen kann.

60 Findet in der Schule auch **Hausaufgabenbetreuung** statt, soll kein kindbezogener Bedarf auf persönliche Betreuung durch einen Elternteil mehr bestehen (zu **elternbezogenem** Bedarf → Rn. 74–77).[112] Doch zeigen die Berichte der Eltern und Kinder aus der Praxis, dass mit der von der Schule angebotenen Hausaufgabenbetreuung – meist durch ältere Schüler –, die grundsätzlich keine fachliche Unterstützung der Schüler beinhaltet, meist keine der elterlichen gleichwertige Betreuung erbracht und der Bedarf der Kinder nicht abgedeckt wird.[113]

61 **(3) „Familiennahe" Betreuung.** In der Lebenswirklichkeit dürfte der – **nicht professionellen** – „familiennahen", aus Gefälligkeit erbrachten, den betreuenden Elternteil unterstützenden Betreuung durch Großeltern, Geschwister, allgemein Verwandte und Verschwägerte sowie Bekannte[114] zunächst die größere Bedeutung zukommen.[115] Dies setzt allerdings deren **Eignung** zur Betreuung gerade des betreffenden Kindes voraus, die aus ihrer Persönlichkeit, Charakter, Vorerfahrungen mit Kindern, Vorbildung, beruflichen Erfahrung, Alter, Gesundheitszustand, sonstigen zeitlichen Beanspruchung, räumlichen Situation etc und aus besonderen Prädispositionen des Kindes wie gesundheitlichen Beeinträchtigungen oder Entwicklungsstörungen abgeleitet werden kann.[116] Eine Fremdbetreuung durch die mit dem betreuenden Elternteil zerstrittenen **Schwiegereltern** ist regelmäßig unzumutbar.[117] – Zur **Verlässlichkeit** → Rn. 68.

---

[102] BGH NJW 2011, 2430 Rn. 22 = FamRZ 2011, 1209; NJW 2011, 1582 Rn. 24 = FamRZ 2011, 791.
[103] BGHZ 193, 78 = NJW 2012, 1868 Rn. 22 = FamRZ 2012, 1040.
[104] Allgemein BGH NJW 2011, 2969 Rn. 29 = FamRZ 2011, 1377; NJW 2010, 2277 Rn. 24 = FamRZ 2010, 1050. Zu gesundheitlichen Beeinträchtigungen des Kindes: BGH NJW 2009, 2592 Rn. 24 = FamRZ 2009, 1391 (Glutenunverträglichkeit); NJW 2009, 1956 Rn. 35 = FamRZ 2009, 1124 (ADS-Erkrankung).
[105] *Schilling* FF 2008, 279 (281).
[106] S. auch *Borth* Praxis des UnterhaltsR Rn. 70; *Borth* FamRZ 2008, 2 (7).
[107] BGH NJW 2010, 2277 Rn. 21 = FamRZ 2010, 1050; NJW 2009, 2592 Rn. 22 = FamRZ 2009, 1391; NJW 2009, 1956 Rn. 30 = FamRZ 2009, 1124; BGHZ 180, 170 = NJW 2009, 1876 Rn. 26 = FamRZ 2009, 770.
[108] BGH NJW 2010, 3369 Rn. 25 = FamRZ 2010, 1880.
[109] OLG Celle NJW 2010, 79 (81) = FamRZ 2010, 301 Ls.
[110] OLG Düsseldorf NJW 2014, 948 = FamRZ 2014, 772 f.
[111] Zur „offenen Ganztagesschule" s. BGH NJW 2011, 2646 Rn. 19 = FamRZ 2011, 1375. Maßgeblich ist der vom Berechtigten tatsächlich erbrachte zeitliche Betreuungsumfang (AG Besigheim BeckRS 2001, 31142369 = FamRZ 2002, 671). Stets wird es zudem noch weiterer Betreuungsmöglichkeiten jedenfalls für Krankheits- und Ferienzeiten bedürfen (→ Rn. 68).
[112] BGH NJW 2010, 2277 Rn. 22 = FamRZ 2010, 1050; NJW 2009, 2592 Rn. 23 = FamRZ 2009, 1391; NJW 2009, 1956 Rn. 31 = FamRZ 2009, 1124; auch *Weber-Monecke* FF 2010, 475 (478).
[113] OLG Hamm BeckRS 2010, 674 = FamRZ 2009, 2092 (2093); BeckOGK/*Lettmaier,* 1.12.2018, Rn. 61.
[114] Dazu verhält sich die Gesetzbegründung BT-Drs. 16/1830, 17 nicht. Auch der RA-BT BT-Drs. 16/1830, 8, 9 macht hierzu keine Ausführungen.
[115] Ebenso BGHZ 193, 78 = NJW 2012, 1868 Rn. 22 = FamRZ 2012, 1040 (Großeltern); OLG Celle NJW-RR 1992, 776 (Großmutter, die im selben Haus wohnt); Soergel/*Häberle* Rn. 16; BeckOK BGB/*Beutler,* 47. Ed. 1.8.2018, Rn. 25; NK-BGB/*Schilling* Rn. 24; *Borth* FamRZ 2008, 2 (7); aA OLG München BeckRS 2008, 12076 = FamRZ 2008, 1945 (1946); KG BeckRS 2008, 25060 = FamRZ 2008, 1941 (1943 f.); wohl auch Johannsen/Henrich/*Hammermann* Rn. 24.
[116] Dazu *Borth* FamRZ 2009, 1129; *Weber-Monecke* FF 2010, 475 (478).
[117] NK-BGB/*Schilling* Rn. 24.

Auch die Betreuung durch den **Verpflichteten** kommt in Betracht, wenn er sie ernsthaft und verlässlich anbietet,[118] und kann insbesondere dazu dienen, Betreuungsengpässe während der Schulferien (Ferienumgang) abzudecken. Die Betreuung durch ihn **62**

– muss, da es sich (auch) um eine Form der Ausgestaltung des **Umgangsrechts** des Verpflichteten (§ 1684 Abs. 1) handelt,[119] dem **Kindeswohl** entsprechen.[120] Dazu dürfen die Ehegatten über das Sorge- und Umgangsrecht nicht zerstritten sein und müssen diese bislang kooperativ geregelt haben;[121] die Bereitschaft zu lediglich schriftlicher Kommunikation reicht nicht aus.[122] Das Kindeswohl wird auch dann nicht mehr gewahrt, wenn der Verpflichtete bereits seit längerem keinen oder keinen unbegleiteten Umgang mehr hatte, etwa weil das Kind Kontakte ablehnt. **63**

**Beispiele aus der Rspr.:**
OLG Celle NJW 2008, 3441 (3142) = FamRZ 2009, 975 f.: Seit geraumer Zeit stets durch den betreuenden Elternteil begleiteter Umgang lediglich einmal wöchentlich für wenige Stunden.
OLG Hamm FPR 2012, 233 (235): Keine Umgangskontakte seit 5 Jahren.

Besteht bereits eine verbindliche **Regelung des Umgangs,** geht diese vor.[123] Für deren Abänderung durch das FamG müssen das Kindeswohl nachhaltig berührende Umstände vorliegen (§ 1696 Abs. 1 S. 1). Es gilt der Primat des Kindeswohls in sorge- und umgangsrechtlicher Hinsicht vor unterhaltsrechtlichen Erwägungen.[124]

– muss sich mit der **Erwerbstätigkeit** des Verpflichteten in Einklang bringen lassen.[125] Ist er vollschichtig erwerbstätig, soll es ihm – was abzulehnen ist (→ Rn. 8) – idR nicht auf Dauer möglich sein, den betreuenden Elternteil auch an Werktagen von der weiteren Betreuung des gemeinsamen Kindes zu entlasten.[126] **64**

**Beispiel aus der Rspr.:**
BGH NJW 2011, 2430 Rn. 24 = FamRZ 2011, 1209: Vorruhestand des Verpflichteten.

– darf nicht dazu führen, dass der Verpflichtete seine **Erwerbstätigkeit einstellt.**[127] **65**
– muss das Zusammenleben des Verpflichteten mit einem **neuen Lebenspartner** und dessen Auswirkungen auf den betreuenden Elternteil und das Kind berücksichtigt werden (→ Rn. 69). **66**

Unerheblich ist, ob die familiennahe Betreuung **entgeltlich** oder zwar unentgeltlich, aber gerade zur Entlastung des Verpflichteten geleistet wird, wovon ausgegangen werden kann, wenn ihn seine Verwandten oder Bekannten bei der Betreuung unterstützen (→ Rn. 24).[128] Erfolgt eine **unentgeltliche** Betreuung nicht zur Entlastung des Verpflichteten – wovon ausgegangen werden kann, wenn sie von dem Bedürftigen nahestehenden Personen erbracht wird –, ändert dies nichts daran, dass die durch sie eröffnete Erwerbstätigkeit in vollem Umfang obligatorisch ist (zum Ansatz **fiktiver** **67**

---

[118] BGHZ 193, 78 = NJW 2012, 1868 Rn. 19 = FamRZ 2012, 1040; NJW 2011, 2430 Rn. 24 = FamRZ 2011, 1209; NJW 2010, 3369 Rn. 28 = FamRZ 2010, 1880; abl. KG BeckRS 2010, 674 = FamRZ 2009, 2093 (2095).

[119] BGH NJW 2010, 3369 Rn. 28 = FamRZ 2010, 1880; NJW 2011, 2430 Rn. 24 = FamRZ 2011, 1209 (Vorgreiflichkeit einer am Kindeswohl orientierten Umgangsregelung; eine solche wird einen Loyalitätskonflikt des Kindes idR ausschließen).

[120] *Schilling* FF 2008, 279 (281); dazu OLG Celle NJW 2008, 3441 = FamRZ 2009, 975 f. (Verbalangebot); KG BeckRS 2009, 30985 = FamRZ 2009, 981 Ls. S. auch OLG Hamm NJW 2010, 947 = FamRZ 2009, 2093 (2095); OLG Düsseldorf NJW-RR 2010, 145 = FamRZ 2010, 301 (302) (im konkreten Fall jeweils abgelehnt).

[121] KG BeckRS 2009, 30985 = FamRZ 2009, 981 Ls.

[122] OLG Hamm FPR 2012, 233 (235).

[123] BGH NJW 2010, 3369 Rn. 28 = FamRZ 2010, 1880; BeckOGK/*Lettmaier,* 1.12.2018, Rn. 60; NK-BGB/*Schilling* § 1615l Rn. 12.

[124] BeckOGK/*Lettmaier,* 1.12.2018, Rn. 60 mwN.

[125] BGHZ 193, 78 = NJW 2012, 1868 Rn. 22 = FamRZ 2012, 1040; NJW 2011, 2430 Rn. 24 = FamRZ 2011, 1209; NJW 2010, 3369 Rn. 29 = FamRZ 2010, 1880.

[126] BGH NJW 2011, 1582 Rn. 25 mit krit. Anm. *Maurer* = FamRZ 2011, 791 mit krit. Anm. *Norpoth* FamRZ 2011, 873 (874).

[127] Wohl auch BGH NJW 2010, 3369 Rn. 29 = FamRZ 2010, 1880; NJW 2010, 2277 Rn. 29 = FamRZ 2010, 1050.

[128] Ebenso *Borth* Praxis des UnterhaltsR Rn. 70; wohl auch BGH NJW 2010, 2592 Rn. 33 = FamRZ 2009, 1391 (Betreuung durch Eltern des betreuenden Elternteils); einschränkend Palandt/*Brudermüller* Rn. 13 (nur bei Betreuung durch Angehörige der eigenen Familie und bei entsprechender bisheriger Übung oder zumindest Planung); *Schilling* FF 2008, 279 (281) (Betreuung durch sie entspricht gewisser Übung), aA wohl *Menne* FamRB 2008, 110 (114).

**Betreuungskosten** → Rn. 92),[129] weil die freiwilligen Betreuungsleistungen gerade dem Zweck der Ausübung einer Erwerbstätigkeit dienen.[130] Doch sind die Erwerbseinkünfte des betreuenden Ehegatten um die durch die familiennahe Betreuung ersparten Fremdbetreuungskosten zu bereinigen.[131]

68 **bb) Verlässlichkeit.** Verlässlich ist eine Fremdbetreuung nur, wenn sie die Gewähr für Stetigkeit und einen festen zeitlichen Rahmen bietet, auf den sich der betreuende Elternteil mit seiner Erwerbstätigkeit einstellen und verlassen kann. Auf die Fremdbetreuung aus dem **Familien-, Freundes-** und **Bekanntenkreis** braucht sich der betreuende Elternteil mithin dann nicht verweisen zu lassen, wenn diese, weil lediglich aus Gefälligkeit übernommen, nicht die erforderliche Gewähr für **Verlässlichkeit, Stetigkeit** und **Nachhaltigkeit** bietet. Denn sie werden meist ohne rechtliche Verpflichtung erbracht und können deshalb auch jederzeit wieder beendet werden. Zudem wird die Kinderbetreuung in diesen Fällen idR allein dem betreuenden Elternteil und dem Kind zuliebe geleistet und gerade nicht auch zur Entlastung des Verpflichteten von seinen Unterhaltspflichten (aber → Rn. 61–67). Gleichwohl sind diese „familiennahen" Betreuungen – auch ohne vertragliche Bindung,[132] die infolge der Kündigungsmöglichkeiten (§§ 621, 626) ohnehin nur begrenzte Sicherheit vermitteln können – „verlässlich", wenn sie den aufgrund der Erwerbstätigkeit des betreuenden Elternteils erforderlichen Zeitaufwand – auch für die **Ferienzeit,** weil der erwerbstätige Elternteil nur selten wird Urlaub im Umfang der Schulferien nehmen können – abdecken und Gewähr für ihre langfristige Erbringung bieten oder schon über einen längeren Zeitraum erbracht worden sind.[133]

69 **cc) Zumutbarkeit.** Die Zumutbarkeit der Fremdbetreuung für das **Kind**[134] hängt stark vom Einzelfall ab; es dürfen keine **überzogenen Anforderungen** an den Bedürftigen gestellt werden (→ Rn. 135). Das Betreuungsangebot muss „qualitativ akzeptabel sein" und „in erreichbarer Nähe liegen" (zur Zumutbarkeit eines **Ortswechsels** für den Bedürftigen → Rn. 71).[135] Ist die Betreuungsperson dem Verpflichteten zuzuordnen (→ Rn. 61), sind Möglichkeiten der Einflussnahme auf das Kind und ihre Auswirkungen auf das Kindeswohl zu berücksichtigen. Bietet etwa der mit dem Bedürftigen zerstrittene Verpflichtete die Betreuung des gemeinsamen Kindes durch seine aktuelle Lebensgefährtin oder seine Mutter an, kann dies – die entsprechende Eignung der Betreuungsperson und die Gewähr dafür, dass sie Einflussnahmen auf das Kind unterlässt, unterstellt – für das Kind durchaus zumutbar sein, für den Bedürftigen muss es dies nicht (→ Rn. 77). Aus der Ablehnung der Betreuungsperson durch den betreuenden Elternteil können sich negative Wechselwirkungen für das Kindeswohl ergeben mit der Folge der Ungeeignetheit dieser Betreuungsmöglichkeit, wenn das Kind hiervon Kenntnis hat oder dies spürt.[136] Zutreffend hat der BGH jedoch einen auch **langjährigen elterlichen Streit** ohne nachweisbare konkrete seelische Belastung für das Kind hierfür nicht ausreichen lassen.[137]

70 Auch für den **Bedürftigen** muss die Inanspruchnahme der Fremdbetreuung zumutbar, insbesondere muss die Fremdbetreuung ggf. **mehrerer Kinder** mit seiner Erwerbstätigkeit **vereinbar** sein. Zeitliche Beanspruchung im **Beruf** – Arbeitszeiten, Schicht- oder Außendienst – und zeitliche Erreichbarkeit der Fremdbetreuungs- und Arbeitsstelle müssen aufeinander abgestimmt werden können.[138] Meist wird es sich dabei um elternbezogene Belange handeln (→ Rn. 81–96), doch sind bereits die kindbezogenen Belange berührt.

71 Den betreuenden Elternteil trifft wegen der nachehelichen Eigenverantwortung ggf. auch die Obliegenheit zu einem **Ortswechsel,** um anderweitige Möglichkeiten für eine Fremdbetreuung

---

[129] BGHZ 193, 78 = NJW 2012, 1868 Rn. 22 = FamRZ 2012, 1040; OLG Hamm NJW 2010, 947 = FamRZ 2009, 2093 (2095); *Bäumel* in Göppinger/Wax UnterhaltsR Rn. 1006; *Maurer* FamRZ 2008, 2157 (2158); *Borth* FamRZ 2008, 2 (7).

[130] AA BGH NJW 2009, 2592 Rn. 33 = FamRZ 2009, 1391 (zu § 1615l); OLG München BeckRS 2008, 12076 = FamRZ 2008, 1945 (1946) (als Vorinstanz zu BGH NJW 2009, 2592); ebenso BeckOGK/*Lettmaier,* 1.12.2018, Rn. 59; *Borth* FamRZ 2008, 2 (7).

[131] IErg ebenso OLG Celle NJW 2010, 79 (82) = FamRZ 2010, 301 Ls.; OLG Hamm NJW 2010, 947 (950) = FamRZ 2009, 2093 (2095 f.).

[132] AA BeckOGK/*Lettmaier,* 1.12.2018, Rn. 59, die zur Absicherung der Verlässlichkeit eine „zusätzliche vertragliche" Bindung empfiehlt.

[133] BeckOGK/*Lettmaier,* 1.12.2018, Rn. 59.

[134] BT-Drs. 16/1830, 17 [Zu Nummer 4 (Änderung von § 1570 BGB)].

[135] *Wellenhofer* FamRZ 2007, 1282 (1283).

[136] Ebenso BeckOGK/*Lettmaier,* 1.12.2018, Rn. 65.

[137] BGH NJW 2011, 2430 Rn. 25 = FamRZ 2011, 1209 (Herabsetzung des betreuenden durch den umgangsberechtigten Elternteil).

[138] BGHZ 193, 78 = NJW 2012, 1868 Rn. 22 = FamRZ 2012, 1040; *Weber-Monecke* FF 2010, 475 (478).

des Kindes nutzen zu können, wenn dies mit den Kindesbelangen vereinbar[139] und am Ort der Fremdbetreuung eine zumutbare Erwerbstätigkeit möglich ist. Gesichtspunkte zum Betreuungs- und zum Erwerbslosigkeitsunterhalt überlagern sich: Die Obliegenheit zum Ortswechsel ermöglicht die Fremdbetreuung und „generiert" dadurch die Obliegenheit, sich um eine Arbeitsstelle bemühen zu müssen. Doch muss dies nach den sozialen Beziehungen des Kindes und des betreuenden Elternteils angemessen sein. Die Umzugskosten hat der Verpflichtete entweder als **Mehrbedarf** oder als laufenden Unterhalt nach deren Vorwegabzug vom berücksichtigungsfähigen Einkommen des Bedürftigen zu tragen, es sei denn, der Bedürftige könnte sie aus eigenem Vermögen aufbringen.[140] Welchen Unterhalt man zuspricht, ist von praktischer Relevanz: Zwar nicht zu den Einsatzzeitpunkten für Alters- und Krankheitsunterhalt (§ 1571 Nr. 2, 3, § 1572 Nr. 2, 4), wohl aber zu einer Begrenzung des Unterhaltsanspruchs (§ 1578b) und zum Rang (§ 1609 Nr. 2, 3). Deshalb kann der Verpflichtete daran interessiert sein, dass eine Obliegenheit zum Umzug, die den Anspruch auf Betreuungsunterhalt entfallen lässt, angenommen und von einem Anspruch aus § 1573 ausgegangen wird.

**3. Elternbezogene Belange (Abs. 2). a) Grundsätze.** Auch wenn die Belange des Kindes eine Fremdbetreuung nicht verwehren, lässt **Abs. 2** anspruchsbegründend eine weitere Verlängerung des Betreuungsunterhalts aus Gründen zu, die in der Ehe ihre Rechtfertigung finden, und schützt damit das Vertrauen auf einen gemeinsamen Lebensplan, auf die gemeinsame und praktizierte Rollenverteilung von Erwerbstätigkeit sowie Haushaltsführung und gemeinsame Ausgestaltung der Kinderbetreuung,[141] mithin die konkreten ehelichen Lebensverhältnisse und die nachwirkende **eheliche Solidarität.**[142] Auch dieser „Annexanspruch" ist seiner Rechtsnatur nach **Betreuungsunterhalt,**[143] weshalb er nicht ein Vertrauen des betreuenden Ehegatten auf dauerhafte Sicherstellung seines Unterhalts schützt[144] und mit der Beendigung der Betreuung endet (zu Letzterem → Rn. 101). Deshalb muss der Bedürftige das Kind auch noch **tatsächlich betreuen,** ansonsten der Unterhaltsanspruch nicht aus § 1570, sondern aus § 1573 Abs. 1[145] oder, entspricht der ehelichen Lebensgestaltung eine teilweise Erwerbstätigkeit, aus § 1573 Abs. 2 folgt. Da es nicht auf die Betreuungsbedürftigkeit des Kindes aus kindbezogenen Belangen (→ Rn. 46–71) ankommt, ist bereits deshalb allein auf die **individuellen Umstände** des Einzelfalls abzustellen.[146] Andererseits nimmt der Unterhalt aus elternbezogenen Gründen an den dem Betreuungsunterhalt zugedachten Privilegierungen teil (→ Rn. 5, 6; zum Rang nach §§ 1582, 1609 Nr. 2 aber auch → § 1582 Rn. 23).[147] 72

Abs. 2 führt als beachtenswerte elternbezogene Belange lediglich die „Gestaltung von Kinderbetreuung und Erwerbstätigkeit in der Ehe" und die „Dauer der Ehe" ausdrücklich auf. Gleichwohl sind diese nur „insbesondere" in die Billigkeitsabwägung einzubeziehen und mit einem besonderen Gewicht zu versehen, sodass **andere** elternbezogene Umstände nicht generell unberücksichtigt bleiben dürfen. 73

IdS wohl auch BT-Drs. 16/6980, 9: „… sieht § 1570 Abs. 2 entsprechend eine Möglichkeit vor, den Betreuungsunterhalt im Einzelfall zusätzlich aus Gründen zu verlängern, die ihre Rechtfertigung allein in der Ehe finden". – Die andere Gesetzesfassung in § 1615l Abs. 2 S. 5 – „insbesondere" – beruht darauf, dass dem nichtehelichen Elternteil grundsätzlich (Ausnahme: § 1615l Abs. 2 S. 1) nur Betreuungsunterhalt zusteht, während dem geschiedenen Elternteil noch Unterhaltsansprüche aus §§ 1571, 1572, 1573, 1575–1576 offenstehen.

Sie sind in die Beurteilung der Zumutbarkeit einer Erwerbstätigkeit unter Berücksichtigung der Kinderbetreuung einzubeziehen.

**b) „Gestaltung von Kinderbetreuung und Erwerbstätigkeit in der Ehe".** Maßgeblich ist die **tatsächliche** und **dauerhafte,** nicht notwendig **einvernehmliche** 74

---

139 OLG Nürnberg NJW 2003, 3065 = FamRZ 2003, 1320 f. (zu § 1615l aF); offengelassen von NK-BGB/*Schilling* § 1615l Rn. 12; *Schilling* FF 2008, 279 (281); *Schilling* FPR 2008, 27 (28); aA BeckOGK/*Lettmaier,* 1.12.2018, Rn. 63; Palandt/*Brudermüller* § 1615l Rn. 18.

140 Zum Ganzen *Maurer* FamRZ 2008, 2157 (2159 f.).

141 BGH NJW 2011, 2512 Rn. 33 = FamRZ 2011, 1381.

142 BT-Drs. 16/6980, 9: Abs. 2 wurde vom RA-BT aufgrund der Erwägungen von BVerfGE 118, 45 = NJW 2007, 1735 Rn. 58 = FamRZ 2007, 965 in den Gesetzestext aufgenommen. S. dazu auch BGH NJW 2011, 2430 Rn. 29 = FamRZ 2011, 1209; NJW 2010, 2277 Rn. 31 = FamRZ 2010, 1050; NJW 2009, 2592 Rn. 31, 32 = FamRZ 2009, 1391; NJW 2009, 1956 Rn. 37 = FamRZ 2009, 1124; BGHZ 180, 170 = NJW 2009, 1876 Rn. 32 = FamRZ 2009, 770.

143 BT-Drs. 16/698, 9.

144 *Borth* FamRZ 2008, 2 (8).

145 BGH NJW 2010, 2277 Rn. 32 = FamRZ 2010, 1050.

146 BGH NJW 2011, 2646 Rn. 16, 17, 21 = FamRZ 2011, 1375.

147 BeckOGK/*Lettmaier,* 1.12.2018, Rn. 81.

Nicht eindeutig BT-Drs. 16/6980, 9; BGH NJW 2010, 2277 Rn. 31 = FamRZ 2010, 1050: „Maßgeblich ist dabei das in der Ehe gewachsene Vertrauen in die vereinbarte oder praktizierte Rollenverteilung und die gemeinsame Ausgestaltung der Betreuung."[148]

Gestaltung der ehelichen Lebensverhältnisse (Abs. 1 S. 3). Doch muss das Vertrauen des Bedürftigen[149] auf Beibehaltung dieser ursprünglichen Rollenverteilung über die Scheidung hinaus „trotz veränderter Rahmenbedingungen"[150] **schutzwürdig** sein.[151] Deshalb kommt einer einseitigen, vom anderen Ehegatten nur geduldeten Gestaltung nicht dasselbe Gewicht zu wie einer einvernehmlichen Gestaltung.[152]

75 Abzustellen ist auf die Gestaltung **„in der Ehe"**, also ab der Eheschließung bzw. Geburt des Kindes bis zur Zustellung des Scheidungsantrags. Dies schließt, da es um die Wahrung des Kindeswohls geht, die Berücksichtigung vorehelicher und „zwischenehelicher" Gestaltungen von Kinderbetreuung und Erwerbstätigkeit nicht aus (→ Rn. 86).

**Beispiel aus der Rspr.:**
OLG Hamm BeckRS 2009, 09498 = FamRZ 2009, 519 f.: Keine kindbezogenen Gründe gegen eine vollschichtige Erwerbstätigkeit, wenn bereits 2 Jahre vor der Scheidung trotz Betreuung der damals 14 und 11 Jahre alten Kinder einer Erwerbstätigkeit von 30 Wochenstunden nachgegangen wurde (insoweit im Revisionsurteil BGHZ 185, 1 = NJW 2010, 1813 = FamRZ 2010, 875 nicht gerügt).

76 Hat der betreuende Elternteil bereits in der Ehe – während des Zusammenlebens oder auch in der Trennungszeit – trotz Kinderbetreuung eine Erwerbstätigkeit ausgeübt, kann ihm die Fortsetzung dieser Tätigkeit eher angesonnen werden als eine Neuaufnahme.[153] Zur Erbringung der Kinderbetreuung durch „familiennahe" Personen → Rn. 61–67. Die **Ausübung einer Erwerbstätigkeit,** zumal aus freien Stücken,[154] ist ein Indiz für deren Zumutbarkeit, das etwa bei Ausübung einer Erwerbstätigkeit aus wirtschaftlicher Not erschüttert werden kann,[155] ohne dass sie jedoch stets überobligatorisch sein müsste.[156]

77 Abzustellen ist immer auf die **konkrete Lebenssituation,** insbesondere auch auf die Betreuungssituation nach der Trennung der Ehegatten mit ggf. erhöhtem Betreuungsaufwand[157] und darauf, ob sich die **veränderte** Lebenssituation so auswirkt, dass unter Berücksichtigung auch ihrer wirtschaftlichen und hauswirtschaftlichen Verhältnisse die Belastbarkeitsgrenze erreicht oder überschritten und deshalb die Fortführung der Erwerbstätigkeit unzumutbar wird. – So kann der Wegfall der Betreuung durch einen Elternteil durch andere Personen, die nach der Scheidung mit dem betreuenden Elternteil zusammenleben, aufgefangen werden (zB Verwandte, auch Partner einer nichtehelichen Lebensgemeinschaft). Von der Zumutbarkeit einer Erwerbstätigkeit des betreuenden Elternteils im bisherigen Umfang kann etwa dann ausgegangen werden, wenn die Eltern **beider** Ehegatten ihre Betreuungsleistungen auch nach Trennung und Scheidung der Ehegatten weiter im bisherigen Umfang erbringen. Zur Berücksichtigung von **Betreuungsleistungen** Verwandter, Freunde und Bekannter aber → Rn. 61–67, zu den **Fremdbetreuungskos-**

[148] Ähnlich BeckOGK/*Lettmaier,* 1.12.2018, Rn. 83: „nicht notwendig einvernehmliche Gestaltung der Kinderbetreuung während bestehender Ehe"; anders aber BT-Drs. 16/6980, 9: „vereinbarte und praktizierte Rollenverteilung"; BGH NJW 2010, 2277 Rn. 32 = FamRZ 2010, 1050: „... entsprechend der vereinbarten und praktizierten Rollenverteilung in der Ehe ...".

[149] S. auch BGH NJW 2010, 3369 Rn. 25, 30 = FamRZ 2010, 1880; NJW 2010, 2277 Rn. 31 = FamRZ 2010, 1050; NJW 2009, 2592 Rn. 31, 32 = FamRZ 2009, 1391; NJW 2009, 1956 Rn. 37 = FamRZ 2009, 1124; BGHZ 177, 272 = NJW 2008, 3128 Rn. 100 = FamRZ 2008, 1739; OLG Düsseldorf NJW 2008, 2658 = FamRZ 2008, 1861.

[150] *Weber-Monecke* FF 2010, 475 (479).

[151] BGH NJW 2010, 2277 Rn. 35 = FamRZ 2010, 1050.

[152] Zu den gegenüber § 1570 Abs. 2 erhöhten Anforderungen an eine Verlängerung des Betreuungsunterhalts nach § 1615l Abs. 2 S. 4, 5, aufgrund des Umstands, dass die Eltern des Kindes nicht miteinander verheiratet sind, s. BGHZ 209, 243 = NJW 2016, 1511 Rn. 25 = FamRZ 2016, 887 mAnm *Seiler.*

[153] BGH NJW 1983, 1548 = FamRZ 1983, 569 (570); NJW 1981, 2804 = FamRZ 1981, 1159 (1161); ausdrücklich auch BT-Drs. 16/6980, 19.

[154] BGH NJW 2006, 2182 Rn. 18, 23, 24 = FamRZ 2006, 846 (848); NJW 1998, 721 = FamRZ 1998, 1501 (1502); NJW 1981, 2804 = FamRZ 1981, 1159 (1161); s. auch OLG Hamm NJW-RR 2003, 1297 f. = FamRZ 2004, 375 Ls. 1; NJWE-FER 1998, 97 = FamRZ 1999, 235 (236); OLG Bamberg BeckRS 1995, 31332930 = FamRZ 1996, 1076 (1077); OLG Frankfurt a. M. FamRZ 1980, 144.

[155] BGH NJW 2009, 2592 Rn. 33 = FamRZ 2009, 1391; NJW 2006, 2182 = FamRZ 2006, 846 (848); NJW 1998, 721 = FamRZ 1998, 1501 (1502).

[156] OLG Düsseldorf NJW-RR 2001, 434 = FamRZ 2001, 102 f.; anders wohl OLG Schleswig NJW-RR 2004, 147 (148).

[157] BGH NJW 2006, 2182 = FamRZ 2006, 846 (848); s. auch Palandt/*Brudermüller* Rn. 13.

**ten** → Rn. 92.[158] – Einem betreuenden Ehegatten, der seine Erwerbstätigkeit im Interesse der Kindererziehung **dauerhaft aufgegeben** oder zurückgestellt hat, kann ein längerer Anspruch auf Betreuungsunterhalt eingeräumt werden als einem Ehegatten, der alsbald wieder in den Beruf zurückkehren wollte.[159] – Ob der Bedürftige, der während des Zusammenlebens einmal erwerbstätig war, erneut auf eine Erwerbstätigkeit verwiesen werden kann, hängt auch von den **wirtschaftlichen Verhältnissen** des Verpflichteten ab (→ Rn. 93). – Zur **Darlegungs-** und **Beweislast** → Rn. 128–136.

**c) „Dauer der Ehe".** Da Abs. 2 Betreuungsunterhalt allein aus elternbezogenen Gründen 78
zuerkennt, obwohl ihn kindesbezogene Belange nicht mehr rechtfertigen würden, können insoweit auch nur „ehebedingte" Gründe[160] zu einer anerkennenswerten Betreuung des Kindes führen. Allerdings kann allein die „Dauer der Ehe" einen Anspruch auf Betreuungsunterhalt nicht generieren (dazu auch → 5. Aufl. 2010, Rn. 48). Zudem sind die einen Unterhaltsanspruch nach §§ 1571, 1572, 1573, 1575, 1576 begründenden Umstände unbeachtlich. Deshalb kann es nur um die Dauer der Kinderbetreuung während der Ehezeit gehen, also um eine Relativierung der „Gestaltung von Kinderbetreuung und Erwerbstätigkeit in der Ehe" um ihre Dauer während des Zusammenlebens der Eltern.

**d) „Überschießende" Obligation.** Trotz **ganztägiger Fremdbetreuung** des Kindes kann 79
die Erwerbsobliegenheit des betreuenden Elternteils wegen eines zusätzlichen Betreuungsbedarfs eingeschränkt sein und ihm deshalb im Einzelfall wegen überobligatorischer Belastung noch ein Anspruch aus elternbezogenen Belangen (Abs. 2) insbesondere wegen eines durch die Fremdbetreuung nicht abgedeckten individuellen und bei mehreren Kindern unterschiedlichen nachschulischen Betreuungsbedarfs, zeitlicher Zwänge bei der Gestaltung der schulischen Verpflichtungen und der Freizeitaktivitäten der Kinder

**Beispiele aus der Rspr.:**
OLG Köln BeckRS 2008, 23842 = FamRZ 2009, 518 f.: 9 und 11 Jahre alte Kinder, deren sportliche und musikalische Betätigung sowie Kontakte mit ihrem Freundeskreis lassen aufgrund der dadurch bedingten zeitlichen, physischen und psychischen Beanspruchung des Bedürftigen eine mehr als ⅔-schichtige Erwerbstätigkeit als Schwimmmeisterhelferin nicht zu, sie ist jedenfalls nicht zumutbar und wäre überobligatorisch.
OLG Celle NJW 2010, 79 = FamRZ 2010, 301 Ls.: 11 und 14 Jahre alte Kinder; wegen nachschulischem Betreuungsbedarf eines Kindes sowie organisatorischer Probleme zur Gewährleistung der Schulausbildung und zur Aufrechterhaltung sozialer Kontakte der Kinder nur ⅔-schichtige Erwerbstätigkeit zumutbar.

sowie hauswirtschaftlicher Verpflichtungen nach der Arbeit[161] zustehen.[162] Der **Umfang** des zusätzlichen Betreuungsbedarfs und damit der Erwerbsobliegenheit bestimmt sich nach der Anzahl, Gesundheitszustand, Entwicklungsstand sowie Neigungen und Begabungen der Kinder,[163] aber auch nach dem, was und wie es während des Zusammenlebens praktiziert worden ist (→ Rn. 56). Damit wird die – sozialpolitisch anfechtbare – rigorose Verweisung auf die Fremdbetreuung der Kinder im Rahmen von Abs. 1 etwas abgemildert. Zum **Betreuungsbonus** → § 1578 Rn. 488–501.

**Systematisch** handelt es sich allerdings nicht um einen Anspruch aus Abs. 2, sondern aus 80
Abs. 1, soweit er auf „Gesundheitszustand, Entwicklungsstand sowie Neigungen und Begabungen der Kinder", also **typische kindbezogene Umstände** gestützt wird.[164] Diese Differenzierung kann

[158] OLG Hamm NJW-RR 2003, 1297 (1298) = FamRZ 2004, 375 Ls.
[159] BT-Drs. 16/6980, 9; BGH NJW 2010, 2277 Rn. 32 = FamRZ 2010, 1050.
[160] Ausdrücklich auch BT-Drs. 16/6980, 9.
[161] BGH NJW 2011, 2430 Rn. 30 = FamRZ 2011, 1209; NJW 2011, 1582 Rn. 25 mit krit. Anm. *Maurer* = FamRZ 2011, 791; NJW 2010, 2277 Rn. 32, 33 = FamRZ 2010, 1050; NJW 2009, 2592 Rn. 32 = FamRZ 2009, 1391; NJW 2009, 1956 Rn. 37 = FamRZ 2009, 1124; BGHZ 180, 170 = NJW 2009, 1876 Rn. 32 = FamRZ 2009, 770; BGHZ 177, 272 = NJW 2008, 3125 Rn. 107 = FamRZ 2008, 1739; s. auch KG NJW 2008, 3793 = FamRZ 2009, 336 (337).
[162] Dazu auch BGH NJW 2012, 3037 Rn. 21 = FamRZ 2012, 1624; BGHZ 193, 78 = NJW 2012, 1868 Rn. 24 = FamRZ 2012, 1040; NJW 2011, 2646 Rn. 21 = FamRZ 2011, 1375; dies vernachlässigt OLG Hamm FamFR 2013, 79 = FamRZ 2013, 959 (960 f.) mit krit. Anm. *Borth*.
[163] BGH NJW 2009, 2592 Rn. 32 = FamRZ 2009, 1391.
[164] So jetzt wohl auch BGHZ 193, 78 = NJW 2012, 1868 Rn. 24 = FamRZ 2012, 1040; ebenso BeckOGK/*Lettmaier*, 1.12.2018, Rn. 55; *Maurer* NJW 2011, 1586; *Borth* FamRZ 2009, 959 (961); *Wever* FF 2009, 373 (374); aA – wie ehemals der BGH – *Weber-Monecke* FF 2010, 475 (480); *Born* FF 2010, 231 (233 f.), die die Möglichkeit von „Überschneidungen" einräumen; ohne Differenzierung nach Abs. 1 und 2 OLG Köln BeckRS 2008, 23842 = FamRZ 2009, 518 f.

durchaus auch praktische Auswirkungen haben, weil die kindbezogenen Belange vorrangig zu prüfen sind und ihnen ein stärkeres Gewicht zukommt (→ Rn. 12, 44).

**e) Weitere Einzelumstände.** Auch folgende Umstände können bei der Billigkeitsabwägung zu berücksichtigen sein und eine Verlängerung des Betreuungsunterhalts rechtfertigen:

81 – Fehlende **persönliche Qualifikationen** des „betreuenden" Elternteils, etwa mangelnde **Sprachkenntnisse.**[165]

82 – Dauerhafte **Aufgabe, Einschränkung** oder **Nichtaufnahme** einer Erwerbstätigkeit oder Ausbildung wegen der Heirat oder der Geburt von Kindern (→ Rn. 76, 77).[166]

83 – **Einseitige** oder **einvernehmliche** berufliche Entscheidungen der Ehegatten[167]

**Beispiel aus der Rspr.:**
OLG Düsseldorf NJW-RR 2010, 1082 = FamRZ 2010, 646 (647): Entspricht die Vollzeitbetreuung des Kindes während der Grundschulzeit dem gemeinsamen Entschluss der Ehegatten, kann eine Tätigkeit auf Geringverdienerbasis zumutbar sein. Danach ist dem betreuenden Elternteil wegen der während der Ehe praktizierten Rollenverteilung eine Ausweitung nur in kleinen Schritten zuzumuten.

einschließlich der jeweiligen **Motive.** Ggf. wird der Verpflichtete auch zu erklären haben, warum er das einseitige Handeln des Bedürftigen hingenommen und nicht versucht hat, es zu ändern.

84 – Besondere **Aktivitäten** des Kindes – sportliche, musische und sonstige Beschäftigungen – und ob sie vom Kind selbstständig wahrgenommen werden können,[168] unabhängig davon, ob die Ehegatten diese und deren Gewährleistung durch zeitaufwändige Dienste des betreuenden Elternteils abgesprochen haben.

85 – Finanzierung der **Ausbildung** des Verpflichteten durch den Bedürftigen,[169] ggf. unter Hintanstellung eigener Weiterqualifizierungschancen.

86 – **Voreheliche** und **„zwischeneheliche" Betreuung,** weil der Bedürftige auch dann auf den Fortbestand der tatsächlichen Gestaltung vertrauen kann, zumal dann, wenn der Verpflichtete den Lebensunterhalt der Lebensgemeinschaft bestritten bzw. Betreuungsunterhalt bezahlt hat.

87 – **Anzahl** der betreuten Kinder.[170]

**Beispiele aus der Rspr.:**[171]
OLG Köln BeckRS 2008, 23842 = FamRZ 2009, 518 f.: Bedürftige arbeitet im Schichtdienst und auch am Wochenende mit Unterstützung durch vom Jugendamt finanzierter Kinderfrau.
OLG Koblenz NJW 2009, 1974 (1975): Vollschichtige Tätigkeit im 3-Schicht-Betrieb mit der Betreuung eines 3-jährigen Kindes nicht vereinbar.
OLG Hamm NJW 2009, 294 = FamRZ 2009, 981 (984 f.): Bei Betreuung von 4 schulpflichtigen Kindern im Alter von 4–14 Jahren ist eine Geringverdienertätigkeit zumutbar.
OLG Hamm NJW 2010, 947 = FamRZ 2009, 2093: 14 und 11 Jahre alte Kinder, Bedürftige ist als Flugbegleiterin halbschichtig in monatlichem Wechsel tätig: keine mehr als halbschichtige Erwerbstätigkeit.
OLG Düsseldorf NJW 2010, 307 = FamRZ 2010, 39 (40): Es fehlen Angaben zu Beginn und Ende der Arbeitszeit der Antragstellerin sowie zu den Fahrtzeiten zur Arbeitsstelle, kein Vortrag zu den Möglichkeiten der Fremdbetreuung.
OLG Düsseldorf NJW-RR 2010, 145 = FamRZ 2010, 301 f.: Kind 7 Jahre alt, leidet an chronischer Atemwegserkrankung, die Mutter hat 1½ Stunden Fahrt zwischen Wohnung und Arbeitsstätte, Schichtdienst: halbschichtige Erwerbstätigkeit.
OLG Düsseldorf FamRZ 2016, 63 f.: Bei Betreuung zweier schulpflichtiger Kinder besteht eine Erwerbsobliegenheit des Berechtigten im Umfang von ¾ einer Vollerwerbstätigkeit. Ist der Berechtigte gleichwohl vollschichtig erwerbstätig, sind die insoweit erzielten Einkünfte idR zur Hälfte anzurechnen.[172]

IdR wird es sich um **gemeinschaftliche Kinder** aus der Ehe (→ Rn. 17) handeln müssen, aber auch andere, während des Zusammenlebens der Ehegatten **mit betreute** oder nach der Scheidung

---

[165] Das OLG Karlsruhe BeckRS 2009, 12090 subsumiert diesen Fall – mE zu Unrecht, weil nicht ersichtlich ist, warum die Betreuung des 11-jährigen Kindes keine vollschichtige Erwerbstätigkeit zuließe – unter Abs. 1 S. 2.
[166] BT-Drs. 16/6980, 9; BGH NJW 2010, 2277 Rn. 32 = FamRZ 2010, 1050.
[167] BT-Drs. 16/6980, 9. S. auch *Schilling* FF 2008, 279 (284).
[168] BGHZ 193, 78 = NJW 2012, 1868 Rn. 21 = FamRZ 2012, 1040.
[169] *Wever* FamRZ 2008, 553 (557) mwN.
[170] BGHZ 193, 78 = NJW 2012, 1868 Rn. 22 = FamRZ 2012, 1040; BGHZ 177, 272 = NJW 2008, 3128 Rn. 107 = FamRZ 2008, 1739.
[171] Zum nicht verheirateten Elternteil s. *Wever* FamRZ 2008, 553 (557 f.); *Schilling* FF 2008, 279 (285).
[172] OLG Karlsruhe BeckRS 2011, 4661 = FamRZ 2011, 1303 zum Volljährigenunterhalt.

hinzugekommene gemeinschaftliche Kinder (→ Rn. 18) sind in die Billigkeitsabwägung mit einzubeziehen, da es in diesem Zusammenhang allein darauf ankommt, wie viel Zeit **neben** der Kinderbetreuung bleibt, um ohne Beeinträchtigung des Kindeswohls einer Erwerbstätigkeit nachgehen zu können.[173]

– Die erreichbare **Nähe** der Fremdbetreuung[174] ist sowohl kind- (→ Rn. 69–71) als auch elternbezogen zu berücksichtigen. **88**

– Der betreuende Elternteil hat sich um eine Fremdbetreuung zu bemühen, **sobald** sich die Obliegenheit für sie abzeichnet, mithin bereits rechtzeitig vor Vollendung des 3. Lebensjahres und jedes weiteren, ein erhöhtes Maß an Fremdbetreuung zulassenden Lebensabschnitts des Kindes.[175] – Zur **Darlegungs**- und **Beweislast** → Rn. 128–136. **89**

– **Vereinbarkeit** der Kinderbetreuung mit einer Erwerbstätigkeit, insbesondere hinsichtlich Fahrtzeit zwischen Wohnung und Arbeitsstelle, Arbeitszeiten – etwa flexible Arbeitszeiten und Schicht- oder Außendienst – einschließlich der Möglichkeit kurzzeitiger „Überbrückungsbetreuung" durch Dritte oder den Verpflichteten. **90**

– Ernsthaftes und verlässliches Betreuungsangebot des Verpflichteten (→ Rn. 62–66) unter Ausweitung seines **Umgangs.**[176] **91**

– Zu den **Fremdbetreuungskosten:** **92**
  – Sie müssen für den betreuenden Elternteil „bezahlbar sein."[177]
  – Er hat für sie jedenfalls im **Außenverhältnis** aufzukommen, es sei denn, der Verpflichtete hat sich gegenüber dem Betreuer selbst zur Zahlung des Entgelts verpflichtet.
  – Für die Pflicht zur Kostentragung im **Innenverhältnis** kann man dem betreuenden Elternteil insoweit einen Mehrbedarf zusprechen, oder die Betreuungskosten von seinem prägenden Einkommen als Mehrbedarf absetzen.[178] Das Ergebnis ist bei unbeschränkter Leistungsfähigkeit des Verpflichteten dasselbe,[179] bei beschränkter Leistungsfähigkeit hat der Elementarunterhalt Vorrang vor dem Mehrbedarf. Im Rahmen der Billigkeitsabwägung ist dies im Sinne einer **gerechten Lastenverteilung** bei der Prüfung, ob die Erwerbstätigkeit aus kindbezogenen Gründen (Abs. 1 S. 2, 3) überobligatorisch ist, und der Bemessung des **Betreuungsbonus** (→ Rn. 79, 80, § 1578 Rn. 487–500) zu berücksichtigen.[180]
  – Dies gilt auch bei **unentgeltlicher „familiennaher" Betreuung** (→ Rn. 61–67).[181] Die **fiktiven Betreuungskosten** sind als berufsbedingter Mehrbedarf vom Erwerbseinkommen des betreuenden Elternteils abzusetzen.[182] Dass solche Betreuungsleistungen ggf. **freiwillige Zuwendungen Dritter**[183] sind, betrifft nicht die Erwerbsobliegenheit und ihren Umfang, sondern ihre Umsetzung über Bedarf, Bedürftigkeit und Leistungsfähigkeit.
  – Einen Sonderfall bilden die Kosten für den **Kindergartenbesuch,** weil dieser idR pädagogisch und nicht erwerbsbezogen motiviert ist (→ § 1578 Rn. 485, 486).

– **Einkommens- und Vermögensverhältnisse** beider Ehegatten, insbesondere besonders gute **wirtschaftliche Verhältnisse** des Verpflichteten (→ Rn. 77).[184] **93**

– **Trennungs**- und **scheidungsbedingte Mehrbelastung** des betreuenden Elternteils (→ Rn. 76, 77).[185] **94**

– Dauer der **Wiedereingliederung in das Erwerbsleben.**[186] **95**

---

173 Ebenso OLG Hamm NJOZ 2013, 340 (343) = FamRZ 2013, 706 Ls.; BeckOGK/*Lettmaier,* 1.12.2018, Rn. 76; aA OLG Koblenz NJW 2010, 1537 (1538) = FamRZ 2010, 1251 Ls.

174 *Wellenhofer* FamRZ 2007, 1282 (1283).

175 *Borth* Praxis des UnterhaltsR Rn. 71; *Borth* FamRZ 2008, 2 (7).

176 BGH NJW 2011, 2430 Rn. 32 = FamRZ 2011, 1209.

177 *Wellenhofer* FamRZ 2007, 1282 (1283); dazu auch *Borth* FamRZ 2008, 2 (7).

178 So OLG Frankfurt a. M. BeckRS 2007, 13640 = FamRZ 2007, 1353 (1354); *Borth,* Unterhaltsrechtsänderungsgesetz (UÄndG), 2007, Rn. 77; *Borth* FamRZ 2008, 2 (5); *Born* FF 2010, 231 (234); *Wever* FF 2009, 373 (375); *Maurer* FamRZ 2008, 2157 (2158).

179 *Maurer* FamRZ 2008, 2157 (2159).

180 Dazu auch BGHZ 193, 78 = NJW 2012, 1868 Rn. 24 = FamRZ 2012, 1040.

181 S. *Borth* FamRZ 2008, 2 (5); *Maurer* FamRZ 2008, 2157 (2158); *Wever* FF 2009, 373 (375); *Born* FF 2010, 231 (234).

182 BGHZ 193, 78 = NJW 2012, 1868 Rn. 22 = FamRZ 2012, 1040; OLG Düsseldorf NJW 2010, 947 = FamRZ 2009, 2093 (2095); *Born* FF 2010, 231 (234); *Maurer* FamRZ 2008, 2157 (2158); *Wever* FF 2009, 373 (375).

183 BGH NJW 2009, 2592 Rn. 33 = FamRZ 2009, 1391.

184 BGHZ 109, 211 = NJW-RR 1990, 323 = FamRZ 1990, 283 (286) zu § 1361 Abs. 2; *Wever* FamRZ 2008, 553 (557).

185 BGH NJW 2006, 2182 = FamRZ 2006, 846 (848).

186 Dazu auch BVerfGE 118, 45 = NJW 2007, 1735 Rn. 58 = FamRZ 2007, 965; s. auch *Borth* FamRZ 2008, 2 (8).

96 Dagegen sind **keine** elternbezogenen Umstände iSd Abs. 2
– **Ausbildungs-, Fortbildungs-** und **Qualifizierungsmaßnahmen** zur Erlangung einer angemessenen Erwerbstätigkeit, wenn sie nicht durch die – ggf. wegen der Rollenverteilung in der Ehe – weiter erforderliche Betreuung des Kindes, sondern durch die – beendete – berufliche Einschränkung bedingt und deshalb ausschließlich durch §§ 1573, 1574 Abs. 3, 1575 geschützt sind.[187]

97 **4. Billigkeit. a) Grundsätze.** Der Unterhaltsanspruch kann über das vollendete 3. Lebensjahr des Kindes hinaus verlängert werden, wenn dies der Billigkeit entspricht (Abs. 1 S. 2, 3, Abs. 2[188]), eine Verlängerung mithin **zumutbar** ist. Was unzumutbar ist, kann nur unter Berücksichtigung aller **Umstände des Einzelfalls** beurteilt werden (→ Rn. 43)[189] und muss sich danach richten, „was vernünftig und dem Kindeswohl förderlich erscheint."[190]

S. auch BT-Drs. 16/6980, 9: „Soweit es das Kindeswohl erfordert, hat das Prinzip der Eigenverantwortung zurückzustehen."

Nach der Rspr. des BGH ist in diesem Zusammenhang auch zu prüfen, ob und inwieweit das Vertrauen des Berechtigten in den Fortbestand der Unterhaltsverpflichtung nach **§ 36 Nr. 1 EGZPO** schutzwürdig ist (→ 7. Aufl. 2017, Anh. § 1586b Rn. 19 mwN).

98 **Abs. 1 S. 2** spricht allgemein von Billigkeit, ohne die beachtlichen Umstände (→ Rn. 46–56) ausdrücklich einzuschränken. Weil Abs. 1 Betreuungsunterhalt wegen kindbezogener Belange gewährt und die nacheheliche Eigenverantwortung zurücktreten lässt, und **S. 3** ausdrücklich auf die Belange des Kindes Bezug nimmt, sind allein diese und die Möglichkeiten der Fremdbetreuung des Kindes maßgebend, elternbezogene Umstände sind nicht einzubeziehen.[191]

99 **Abs. 2** erlaubt dagegen eine weitere Verlängerung des Unterhaltsanspruchs aus **elternbezogenen** Gründen (→ Rn. 72–96), wenn dies durch die nacheheliche Solidarität gerechtfertigt ist.[192] Dabei darf aber nicht außer Betracht bleiben, dass es auch insoweit um „Betreuungsunterhalt" (→ Rn. 72) geht, mithin auch dieser Anspruch voraussetzt, dass das Kind betreuungsbedürftig ist, wenn auch nicht nach den Maßstäben von Abs. 1, sondern nach den von den Ehegatten während ihres Zusammenlebens festgelegten. Deshalb sind in die Billigkeitsabwägung insoweit auch kindbezogene Umstände einzubeziehen, als sich aus ihnen beachtenswerte elternbezogene Umstände ergeben.

**Beispiel:**
Die Ehegatten haben vereinbart, dass ein Ehegatte, dem unter normalen Umständen eine Erwerbstätigkeit obliegen würde, weil das Kind nicht betreuungsbedürftig im üblichen Sinne ist, keiner Erwerbstätigkeit nachgehen soll, um das Kind bei seinen schulischen, musischen, sportlichen Aktivitäten etc zeitintensiv zu unterstützen und zu betreuen.

Zur Einschränkung der Erwerbsobliegenheit, wenn trotz ganztägiger Fremdbetreuung ein beachtlicher Betreuungsaufwand fortbesteht, → Rn. 79, 80.

100 **b) Umfang und Dauer des Unterhaltsanspruchs.** Ein Anspruch auf Betreuungsunterhalt besteht nur, **solange** und **soweit** dies der Billigkeit entspricht (Abs. 1 S. 2, → Rn. 43; zur **Befristung** nach § 1578b → § 1578b Rn. 238–248). Lediglich Abs. 1 stellt die Verlängerung des Betreuungsunterhalts ausdrücklich unter diesen Vorbehalt. Da diese **zeitliche** und **umfängliche** Einschränkung jedoch jedem Unterhaltsanspruch immanent ist und mit ihr nur zum Ausdruck gebracht wird, dass er nur bis zum Beginn einer Erwerbsobliegenheit dauern kann, gilt sie auch für den Betreuungsunterhalt nach Abs. 2, zumal sie systematisch zu Bedarf (§§ 1578, 1578b Abs. 1), Bedürftigkeit (§ 1577) und Leistungsfähigkeit (§ 1581) gehört. Aus dem Vorbehalt folgt:

---

[187] BGHZ 205, 342 = NJW 2015, 2257 Rn. 27 = FamRZ 2015, 1369; NJW 2012, 3037 Rn. 24 = FamRZ 2012, 1624 (gilt nicht für ein Habilitationsverfahren); OLG Karlsruhe BeckRS 2014, 10043 = FamRZ 2014, 1646 (1647); allgemein aA *Borth* FamRZ 2008, 2 (8) und → 6. Aufl. 2013, Rn. 41.

[188] Ebenso § 1615l Abs. 2 S. 4. Zur bis 31.12.2007 geltenden Fassung von § 1615l Abs. 2 S. 3 – Verlängerung des Unterhaltsanspruchs nur bei grober Unbilligkeit, sodass die Ablehnung eines Unterhaltsanspruchs dem Gerechtigkeitsempfinden in unerträglicher Weise widersprechen musste – s. OLG Karlsruhe NJW 2004, 523 = FamRZ 2004, 974; OLG Frankfurt a. M. NJW-RR 2000, 1531 = FamRZ 2000, 1522 f.; auch BT-Drs. 16/1830, 31.

[189] BT-Drs. 16/6980, 9.

[190] So OLG Celle BeckRS 2001 30221225 = FamRZ 2002, 636.

[191] Zu § 1615l Abs. 2 S. 5 auch OLG Celle BeckRS 2001, 30221225 = FamRZ 2002, 636 („Schwelle für die Entstehung des verlängerten Unterhaltsanspruchs … niedrig anzusetzen"); OLG Schleswig NJW 2003, 3715 = FamRZ 2004, 975; *Schilling* FF 2008, 279 (281); *Schilling* FamRZ 2006, 1 (7); *Wever/Schilling* FamRZ 2002, 581 (582).

[192] BT-Drs. 16/6980, 9; s. auch BVerfGE 118, 45 = NJW 2007, 1735 Rn. 58 = FamRZ 2007, 965.

– Da die Betreuung für die Nichtausübung einer Erwerbstätigkeit ursächlich, jedenfalls aber mit ursächlich (→ Rn. 21–24) sein muss, **dauert** der Anspruch nur solange, als der geschiedene Ehegatte wegen der Kindesbetreuung an einer angemessenen Erwerbstätigkeit (→ § 1574 Rn. 10–55) gehindert ist (auch → Rn. 107–109). Er endet, wenn die Betreuung zur Wahrung des Kindeswohls nicht mehr oder nur noch in geringerem Umfang erforderlich ist und deshalb vom (ehemals) betreuenden Elternteil die Aufnahme oder Ausweitung einer Erwerbstätigkeit erwartet werden kann oder eine bereits aufgenommene überobligatorische Tätigkeit zumutbar wird.[193] 101

– Bei behebbaren **Behinderungen** des Kindes ist der Unterhaltsanspruch bis zur völligen Genesung zu gewähren.[194] Aber auch bei nicht behebbaren Behinderungen wird es grundsätzlich keinen zeitlich unbeschränkten Unterhaltsanspruch des betreuenden Elternteils geben können. Vielmehr muss das Kind gerade seiner Betreuung bedürfen, und ihm darf eine Fremdbetreuung nicht zugemutet werden können.[195] 102

– Der Anspruch ist aus kind- und elternbezogenen Gründen[196] nur dann tatbestandlich – nicht nach § 1578b Abs. 2 – **zeitlich zu beschränken,** wenn anhand hinreichend sicherer Anhaltspunkte eine verlässliche Prognose für die Fortdauer oder Beendigung des Anspruchs möglich ist.[197] 103

**Beispiele aus der Rspr.:**
OLG Karlsruhe BeckRS 2010, 24033 = FamRZ 1979, 821 (822): Unsicher, ob der 13 Jahre alte Sohn die Schule wird regulär abschließen können.
BGH NJW-RR 1997, 897 = FamRZ 1997, 873(875): Entwicklung von 10 und 11 Jahre alten Kindern bis zur Vollendung des 15. Lebensjahres nicht hinreichend sicher zu beurteilen.
OLG Frankfurt a. M. BeckRS 1999, 14547 = FamRZ 2000, 1522: Befristung des Unterhaltsanspruchs aus § 1615l Abs. 2 S. 3 wegen ursprünglich geplanter Lebensgemeinschaft der Eltern, weil verlässliche Prognose nur bis zur Schulpflichtigkeit des jüngeren Sohnes möglich.
OLG Düsseldorf BeckRS 2005, 13903 = FamRZ 2005, 1772 (1775): Befristung bis zum vollendeten 6. Lebensjahr des jüngsten Kindes bei Betreuung von 3 Kindern (für die Zeit ab 1.1.2008 s. BGHZ 177, 272 = NJW 2008, 3128 Rn. 34–43 = FamRZ 2008, 1739).
OLG Düsseldorf NJW 2008, 2658 = FamRZ 2008, 1861: Betreuung von 2 Kindern, 7 und 9 Jahre alt: Erwerbsobliegenheit für 5 Stunden/Tag = 108 Stunden/Monat.
AG Tempelhof-Kreuzberg BeckRS 2008, 21226 = FamRZ 2008, 1862: Nur Teilerwerbstätigkeit zumutbar bei Betreuung von 5-jährigen Zwillingen.
KG NJW 2008, 3793 = FamRZ 2009, 336 (338): Betreuung von 2 schulpflichtigen Kindern im Alter von 7 und 11 Jahren: Erwerbsobliegenheit braucht halbschichtige Erwerbstätigkeit nicht zu erreichen.
OLG Celle NJW 2008, 3441 = FamRZ 2009, 975 f.: Betreuung von 2 grundschulpflichtigen Kindern im Alter von 8 und 9 Jahre: ausreichend ist eine „gut halbschichtige" Erwerbstätigkeit.
KG BeckRS 2009, 30985 = FamRZ 2009, 981 Ls.: Betreuung eines 8-jährigen schulpflichtigen Kindes: 2/3-schichtige Erwerbstätigkeit ist ausreichend.
BGH NJW 2009, 2593 Rn. 33 = FamRZ 2009, 1391: Unterstützung bei der Betreuung der 5-jährigen Tochter durch die Eltern des betreuenden Elternteils: Zwar ist aus kindbezogenen Gründen 2/3-schichtige Erwerbsobliegenheit obligatorisch, im Hinblick auf elternbezogene Gründe ist lediglich halbschichtige Erwerbstätigkeit zumutbar.
OLG Hamm BeckRS 2010, 674 = FamRZ 2009, 2093: Jüngstes Kind 8 Jahre alt, besondere Betreuungsbedürftigkeit: Halbschichtige Erwerbsobliegenheit als Flugbegleiterin wegen möglichem Schulbesuch des Kindes bis 14 h.
BGHZ 193, 78 = NJW 2012, 1868 Rn. 26–33 = FamRZ 2012, 1040: Betreuung von 3 schulpflichtigen Kindern; Hausaufgabenbetreuung des jüngsten Sohnes erforderlich; besonderer Betreuungsbedarf wegen der sportlichen Aktivitäten der beiden Söhne, die nicht den öffentlichen Nahverkehr nutzen können und bereits während des Zusammenlebens von der Berechtigten gefahren wurden: 30 Wochenstunden als ungelernte Kraft einschließlich ihrer Tätigkeit als Klavier- und Rhythmiklehrerin; unter Berücksichtigung einer Trennungszeit von 3 Jahren bis zur Rechtskraft der Scheidung keine weitere Übergangszeit („Erwerbstätigkeit jedenfalls nicht zu gering ausgefallen").

– Ausschlaggebend ist, welche den Anspruch tragenden **Umstände** vorliegen und wie deren Entwicklung eingeschätzt werden kann. 104

– Der Anspruch besteht zudem nur, „soweit" dies der Billigkeit entspricht, sodass sich sein **Umfang** nach den erzielten oder jedenfalls erzielbaren Einkünften bestimmt. Ein „abrupter, übergangsloser 105

[193] S. etwa OLG Hamm NJW 2010, 947 = FamRZ 2009, 2093 f. (Flugbegleiterin).
[194] OLG Düsseldorf BeckRS 2002, 13170 = FamRZ 2003, 184 (185) (kognitive und psychische Schwächen).
[195] Dazu auch OLG Hamm NJW-RR 2010, 74 = FamRZ 2009, 2009 (2010).
[196] Ähnlich *Borth* Praxis des UnterhaltsR Rn. 108; aA – nur aus elternbezogenen Gründen – *Wever* FamRZ 2008, 553 (558).
[197] BGHZ 180, 170 = NJW 2009, 1876 Rn. 41 = FamRZ 2009, 770.

Wechsel von der elterlichen Betreuung zur Vollzeiterwerbstätigkeit" ist nicht gefordert, sondern ein „abgestufter … Übergang" bis hin zu einer vollschichtigen Erwerbstätigkeit möglich.[198] In die Bemessung der Übergangszeit und das jeweilige Maß an Erwerbstätigkeit sind auch die ggf. bereits während der Trennungszeit – etwa nach Ablauf des Trennungsjahres (→ § 1361 Rn. 62, 63) – bestehenden Erwerbsobliegenheiten einzubeziehen.[199]

### 5. „Wechselmodell".

**Schrifttum:** *Bausch/Gutdeutsch/Seiler,* Die unterhaltsrechtliche Abrechnung des Wechselmodells, FamRZ 2012, 258; *Bosch, R.,* Wechselmodell und Unterhalt – Ein Lösungsvorschlag, FF 2015, 92; *Götz,* Wechselmodell und Vertretung im Unterhaltsverfahren – Kritische Überlegungen zu § 1628 BGB, FF 2015, 146; *Jokisch,* Das Wechselmodell – Grundlagen und Probleme, FuR 2013, 679, FuR 2014, 25; *Maaß,* Keine Barunterhaltspflicht im echten Wechselmodell, FamRZ 2016, 603; FamRZ 2016, 1428; *Ruetten,* Das paritätische Wechselmodell und Streitfragen des Kindergeldes sowie anderer kindbezogener Leistungen, NZFam 2016, 337; *Scheiwe,* Kindesunterhalt und Wechselmodell, FF 2013, 280; *Seiler,* Wechselmodell – unterhaltsrechtliche Fragen, FamRZ 2015, 1845; *Spangenberg,* Wechselmodell und Unterhalt, FamFR 2010, 125; *Spangenberg,* Wechselmodell und Kindesunterhalt, FamRZ 2014, 88; *Viefhues,* Kindesunterhalt und Wechselmodell, FPR 2006, 287; *Wohlgemuth,* Die Berechnung des Kindesunterhalts beim Wechselmodell bei Barunterhaltspflicht beider Eltern, FPR 2013, 157; *Wohlgemuth,* Wechselmodell ade?, FuR 2014, 556.

106 Die vornehmlich zum Barunterhalt eines gemeinschaftlichen Kindes diskutierte **Aufteilung des Aufenthalts** und damit der **gleichgewichtigen Betreuung** eines gemeinschaftlichen Kindes unter den Ehegatten („Wechselmodell", → § 1606 Rn. 43–47 mwN)[200] hat auch Auswirkungen auf den nachehelichen Unterhalt. Betroffen sind zum einen die Erwerbsobliegenheiten der Ehegatten, und zum anderen die sich daraus ergebende Barunterhaltspflicht gegenüber dem Kind und ihre Auswirkungen beim Bedarf und der Bedürftigkeit. Dabei ist zunächst zu klären, in welchem Verhältnis die Kindesbetreuung zeitlich unter den Eltern aufgeteilt ist und ob danach überhaupt von einem „Wechselmodell" iSd Rspr. des BGH gesprochen werden kann.[201] – Zur **Konkurrenz** der Ansprüche der Eltern auf Betreuungsunterhalt → Rn. 115.

## E. Beschränkungen des Anspruchs

### I. Dauer

107 Der Anspruch auf Betreuungsunterhalt besteht stets und ausnahmslos (krit. → Rn. 42) bis zur Vollendung des 3. Lebensjahres des betreuten Kindes. Ab dessen 4. Lebensjahr besteht der Anspruch aus § 1570 Abs. 1 fort, soweit das Kind weiter der Betreuung durch den bedürftigen Elternteil bedarf. Der Anspruch **erlischt,** sobald das Betreuungsbedürfnis entfallen ist.

108 Darüber hinaus erlischt der Anspruch nach § 1586 Abs. 1 – außer durch Tod – mit der **Wiederheirat** des betreuenden Elternteils. Lediglich Ansprüche auf Erfüllung sowie auf Schadensersatz wegen Nichterfüllung für die Vergangenheit bleiben erhalten (§ 1586 Abs. 2). Dies gilt für alle nachehelichen Unterhaltsansprüche, mithin auch für den Betreuungsunterhalt. Dazu und zur Kritik → § 1586 Rn. 6, 7.

109 Unabhängig von der Dauer des Anspruchs auf Betreuungsunterhalt besteht die **Titulierung** fort. Die Dauer einschränkende Änderungen der tatsächlichen Verhältnisse – Wegfall oder Verminderung der Betreuungsbedürftigkeit des Kindes – hat der Verpflichtete mit einem **Abänderungsantrag** geltend zu machen (→ Rn. 127, 136).

---

198 BT-Drs. 16/6980, 9; s. auch BGHZ 205, 342 = NJW 2015, 2257 Rn. 13 = FamRZ 2015, 1369; BGHZ 193, 78 = NJW 2012, 1868 Rn. 23 = FamRZ 2012, 1040; NJW 2010, 1138 Rn. 26 = FamRZ 2010, 444; NJW 2010, 2277 Rn. 19 = FamRZ 2010, 1050; NJW 2010, 3369 Rn. 20 = FamRZ 2010, 1880; NJW 2009, 2592 Rn. 19 = FamRZ 2009, 1391 mwN; NJW 2009, 1956 Rn. 26, 37 = FamRZ 2009, 1124; BGHZ 180, 170 = NJW 2009, 1876 Rn. 22 = FamRZ 2009, 770; BGHZ 177, 272 = NJW 2008, 3125 Rn. 99–104 = FamRZ 2008, 1739; OLG Düsseldorf NJW 2008, 2658 = FamRZ 2008, 1861 („gestufter Übergang"). Mit Regel-Ausnahme-Verhältnis (*Niebling* FF 2008, 193 (194 f.)) dürfte dies allerdings nicht zutr. charakterisiert sein (ebenso *Schilling* FPR 2008, 27 (28)).

199 BGHZ 193, 78 = NJW 2012, 1868 Rn. 23 = FamRZ 2012, 1040.

200 Dazu BGHZ 213, 254 = NJW 2017, 1676 mAnm *Graba* NJW 2017, 1680, *Born* LMK 2017, 387646, mBspr *Spangenberg* NZFam 2017, 204 = FamRZ 2017, 437 mBspr *Maaß* FamRZ 2017, 673; auch BeckOGK/*Gerlach,* 1.3.2019, § 1606 Rn. 29–42 mwN.

201 *Bosch* FF 2015, 92 (97).

### II. Herabsetzungen

Auch der Betreuungsunterhalt kann in allen seinen Formen nach § 1578b Abs. 1 auf den **angemessenen Bedarf** herabgesetzt werden (→ § 1578b Rn. 239–243). Bei der Billigkeitsabwägung sind auch und insbesondere die „Belange eines dem Berechtigten zur Pflege oder Erziehung anvertrauten gemeinschaftlichen Kindes" zu wahren (S. 1). Der angemessene Bedarf kann und darf den Mindestbedarf nicht unterschreiten. Zum Ganzen → § 1578b Rn. 205. 110

Auch der Anspruch auf Betreuungsunterhalt kann nach § 1579 **verwirkt** werden (auch → Rn. 124). Dabei sind die „Belange eines dem Berechtigten zur Pflege oder Erziehung anvertrauten gemeinschaftlichen Kindes" zu wahren (§ 1579 Einleitungssatz, → § 1579 Rn. 190–198).[202] 111

### III. Befristungen

Nach der Rspr. des BGH ist der Betreuungsunterhalt nach § 1570 Abs. 1 S. 1 bis zur **Vollendung des 3. Lebensjahres** des Kindes nicht zu befristen (näher → Rn. 36–42; zu den **verfahrensrechtlichen Folgen** → Rn. 127). Dasselbe gilt in den Fällen der Betreuungsbedürftigkeit aus kindbezogenen Gründen ab dem 4. Lebensjahr bis zum vollendeten 18. Lebensjahr (§ 1570 Abs. 1 S. 2).[203] 112

Zudem scheidet eine Befristung **(§ 1578b Abs. 2)** des Betreuungsunterhalts sowohl aus kindbezogenen Gründen (§ 1570 Abs. 1) als auch aus elternbezogenen Gründen (§ 1570 Abs. 2) aus (→ § 1578b Rn. 244–248). Soweit eine Prognose über die Dauer des Anspruchs getroffen werden kann, ist dies bereits auf der Tatbestandsebene im Rahmen der Billigkeitsabwägung (§ 1570 Abs. 1 S. 2) zu berücksichtigen. – Dies gilt jedoch nur, soweit der Unterhaltsanspruch auf § 1570 beruht. Folgt er zum Teil auch aus § 1573 Abs. 1, 2 (→ Rn. 116–120), kann dieser Teil nach § 1578b Abs. 2 befristet werden.[204] 113

## F. Konkurrenzen

### I. Betreuungsunterhalt aus kindbezogenen und elternbezogenen Gründen

Auch wenn der Anspruch auf Betreuungsunterhalt als einheitlicher begriffen wird (→ Rn. 12, 37), stehen die Unterhaltstatbestände aus Abs. 1 S. 1, Abs. 1 S. 2 und Abs. 2 in einem **Konkurrenzverhältnis:** Bis zum vollendeten 3. Lebensjahr des Kindes ergibt sich der Anspruch allein aus Abs. 1 S. 1 – sofern man nicht auch bereits für diese Zeit eine Erwerbsobliegenheit annimmt (→ Rn. 38–40) –, an den sich wegen der besonderen Bedeutung der kindbezogenen Belange (→ Rn. 46–71) die Verlängerung nach Abs. 1 S. 2, 3 anschließt und der schließlich in einen Anspruch nach Abs. 2 wegen elternbezogener Belange (→ Rn. 72–96) einmünden kann.[205] Aus dieser Rangordnung folgt auch die **Wertigkeit** der Ansprüche: Kindbezogenen Belangen kommt der Vorrang und die stärkere Bedeutung gegenüber elternbezogenen Belangen zu.[206] 114

### II. Betreuung durch beide Eltern

Die gesetzliche Regelung verhält sich nicht zu dem Fall, dass beide Eltern gemeinschaftliche Kinder oder dasselbe Kind abwechselnd betreuen (**„Wechselmodell"**, → Rn. 106) und deshalb die Voraussetzungen des § 1570 erfüllen. Unabhängig davon kann aber immer **nur ein Elternteil** anspruchsberechtigt sein, weil sich der Anspruch, ohne dass es insoweit auf Billigkeitsgesichtspunkte ankäme, im weiteren nach der Bedürftigkeit des den Unterhalt begehrenden und der Leistungsfähigkeit des in Anspruch genommenen Elternteils richtet, und nur der Elternteil berechtigt ist, der seinen Bedarf nicht selbst decken kann.[207] Zur **Höhe** des geschuldeten Unterhalts, für die nicht 115

---

202 Dazu etwa OLG Schleswig BeckRS 2005, 30353894.

203 Vgl. hierzu die Parallele zur – abgelehnten – Befristung des Kindesunterhalts BeckOGK/*Ebert,* 1.2.2019, § 1612 Rn. 155; → 7. Aufl. 2017, § 1612 Rn. 102.

204 BeckOGK/*Lettmaier,* 1.12.2018, Rn. 104; Soergel/*Häberle* Rn. 29.

205 Ebenso *Borth* FamRZ 2008, 2 (8). S. auch BGHZ 177, 272 = NJW 2008, 3128 Rn. 100 = FamRZ 2008, 1739 (Verlängerung wegen kindbezogener Belange ist „vorrangig"); dazu auch BT-Drs. 16/6980, 10 (zu § 1615l).

206 BT-Drs. 16/6980, 9; s. auch BGH NJW 2011, 2430 Rn. 21 = FamRZ 2011, 1209; NJW 2011, 1582 Rn. 23 = FamRZ 2011, 791; NJW 2010, 3369 Rn. 23 = FamRZ 2010, 1880; NJW 2010, 2277 Rn. 21 = FamRZ 2010, 1050; NJW 2009, 2593 Rn. 31 = FamRZ 2009, 1391; NJW 2009, 1956 Rn. 28, 36 = FamRZ 2009, 1124; BGHZ 180, 170 = NJW 2009, 1876 Rn. 24 = FamRZ 2009, 770; BGHZ 177, 272 = NJW 2008, 3128 Rn. 102 = FamRZ 2008, 1739.

207 KG BeckRS 2010, 14257 = FamRZ 1982, 386 (387); OLG Hamm BeckRS 2007, 17079 = FamRZ 1980, 255 (256); BeckOGK/*Lettmaier,* 1.12.2018, Rn. 112; NK-BGB/*Schilling* Rn. 10; *Borth* in Schwab

zwischen Mutter und Vater differenziert werden darf,[208] ist die Leistungsfähigkeit des Verpflichteten von besonderer Bedeutung (§ 1581 S. 1); in Anwendung des Rechtsgedankens aus § 1577 Abs. 2 muss dem neben der Betreuung Erwerbstätigen ein **angemessener Betreuungsbonus** verbleiben (→ § 1578 Rn. 488–501).[209]

### III. Verhältnis zu anderen nachehelichen Unterhaltstatbeständen

116 **1. Keine Erwerbsobliegenheit.** Ist der betreuende Elternteil durch die Kinderbetreuung vollständig an einer Erwerbstätigkeit gehindert und trifft ihn deshalb keine Erwerbsobliegenheit, ist unerheblich, ob er seinen Unterhaltsanspruch auch auf eine andere Anspruchsgrundlage stützen könnte. Stets hat der Anspruch auf Betreuungsunterhalt (§ 1570) **Vorrang,**[210] die Ansprüche auf Altersunterhalt (§ 1571; in Betracht kommt insbesondere die Betreuung eines volljährigen behinderten Kindes, → Rn. 19, 23), Krankheitsunterhalt (§ 1572), Ausbildungsunterhalt (§ 1575) und Billigkeitsunterhalt (§ 1576) treten zurück. Wegen der **Privilegierungen** des Betreuungsunterhalts (→ Rn. 5, 6), insbesondere wegen des Vorrangs nach §§ 1582, 1609 Nr. 2 gegenüber Nr. 3 der übrigen Unterhaltsansprüche bei begrenzter Leistungsfähigkeit des Verpflichteten, ist diese Differenzierung von großer praktischer Bedeutung. Dies gilt auch für den Anspruch auf **Aufstockungsunterhalt** aus § 1573 Abs. 2 für den Teil des Lebensbedarfs des Bedürftigen, den er mit einer angemessenen Erwerbstätigkeit (§ 1574) nicht abdecken könnte.

117 Für den Anspruch auf Betreuungsunterhalt wegen **elternbezogener Belange** (§ 1570 Abs. 2) ist dieser Vorrang jedoch abzulehnen. Weil dieser Anspruch nicht im Interesse des Kindes, sondern allein in dem des Bedürftigen gewährt wird, ist seine Privilegierung jedenfalls insoweit nicht gerechtfertigt, als er den an sich nach § 1573 Abs. 1, 2 erfassten Anspruchsumfang mit abdecken soll. Für die Bemessung des Unterhalts ist dies grundsätzlich unerheblich, hat jedoch rechtliche Konsequenzen etwa zur **Verwirkung** nach § 1579 Einleitungssatz, zur **Begrenzung** des Unterhalts nach § 1578b und zum **Rang** nach §§ 1582, 1609 Nr. 2 (→ § 1582 Rn. 23).

118 **2. Teilschichtige Erwerbsobliegenheit.** Obliegt dem betreuenden Elternteil, neben der Betreuung eine teilschichtige Erwerbstätigkeit aufzunehmen oder beizubehalten (→ Rn. 28–106), findet er aber keine angemessene Arbeitsstelle, und kann er sich nicht darauf berufen, ihn treffe zudem etwa wegen seines Alters oder einer Krankheit keine Erwerbsobliegenheit, kann neben einen Anspruch auf **Teilunterhalt** aus § 1570 (Betreuungsunterhalt) ein weiterer Teilanspruch aus **§ 1573 Abs. 1** (Erwerbslosenunterhalt) treten. Decken Betreuungsunterhalt und Einkünfte aus angemessener Teilerwerbstätigkeit den vollen Unterhalt des betreuenden Elternteils iSd § 1578 Abs. 1 S. 2 nicht ab, steht ihm zusätzlich ein Anspruch aus **§ 1573 Abs. 2** (Aufstockungsunterhalt) zu (zum Ganzen → § 1569 Rn. 64, 65).[211] Die **Höhe** des Betreuungsunterhalts ergibt sich ggf. aus dem Abzug der Einkünfte des Bedürftigen aus eigener angemessener Erwerbstätigkeit vom Bedarf,[212] der idR allerdings unter Einschluss auch seines Einkommens festgesetzt wird (→ § 1578 Rn. 25–35). Verstößt der Bedürftige gegen seine Obliegenheit zur Aufnahme einer (Teil-)Erwerbstätigkeit, sind ihm die erzielbaren Einkünfte fiktiv zuzurechnen (→ § 1578 Rn. 696–816, → § 1579 Rn. 81). – Zum **Rang** des Teilanspruchs aus § 1573 Abs. 1, 2 → § 1582 Rn. 24.

119 **Berechnungsbeispiele:**
**1. Betreuungs-/Erwerbslosenunterhalt:**

| | |
|---|---|
| Bereinigtes Einkommen des Verpflichteten | 2.500 EUR |
| Einkommen des Berechtigten fiktiv 80% | 0 EUR |
| | 2.500 EUR |
| : 2 = | 1.250 EUR |
| ./. eigene Einkünfte Berechtigter | 0 EUR |
| Unterhalt | 1.250 EUR |

---

ScheidungsR-HdB IV Rn. 186; aA wohl OLG Schleswig NJW-RR 1990, 1028 = FamRZ 1990, 657 Ls. Auch BGH NJW 1983, 1548 = FamRZ 1983, 569 (570) behandelt einen solchen Fall, ohne jedoch auf die aufgeworfene Fragestellung eingehen zu müssen.

[208] KG BeckRS 2010, 14257 = FamRZ 1982, 386 (387).

[209] Ähnlich OLG Hamm BeckRS 2007, 17079 = FamRZ 1980, 255 (256): Anrechnung der Einkünfte in Anwendung des Rechtsgedankens aus § 1577 Abs. 2 nur, soweit der volle Unterhalt nach § 1578 gewahrt ist; KG BeckRS 2010, 14257 = FamRZ 1982, 386 (387): Berücksichtigung nach Treu und Glauben.

[210] BGH NJW 1990, 1847 = FamRZ 1990, 492 (493 f.).

[211] BGH NJW 1990, 1847 = FamRZ 1990, 492 (493 f.); NJW 1987, 1761 = FamRZ 1987, 572 (573); zuletzt BGHZ 193, 78 = NJW 2012, 1868 Rn. 15 = FamRZ 2012, 1040; NJW 2010, 2277 Rn. 41 = FamRZ 2010, 1050; BGHZ 179 = NJW 2009, 989 Rn. 20 = FamRZ 2009, 406.

[212] BGH NJW-RR 1987, 1282 = FamRZ 1987, 1011 (1012); NJW-RR 1987, 962 = FamRZ 1987, 912; NJW 1985, 429 = FamRZ 1985, 50 (51); s. auch BT-Drs. 7/650, 122.

Danach beträgt der Unterhaltsanspruch des Berechtigten insgesamt 1.250 EUR, in Höhe von 250 EUR als Betreuungsunterhalt und in Höhe von 1.000 EUR als Erwerbslosenunterhalt.

**2. Betreuungs-/Aufstockungsunterhalt:**

| | |
|---|---|
| Bereinigtes Einkommen des Verpflichteten | 2.500 EUR |
| Einkommen des Berechtigten fiktiv 100% | 1.500 EUR |
| | 4.000 EUR |
| : 2 = | 2.000 EUR |
| ./. eigene Einkünfte Berechtigter | 1.500 EUR |
| Aufstockungsunterhalt nach § 1573 Abs. 2 | 500 EUR |
| | |
| Bereinigtes Einkommen des Verpflichteten | 2.500 EUR |
| Einkommen des Berechtigten 80% | 1.200 EUR |
| | 3.700 EUR |
| : 2 = | 1.850 EUR |
| ./. eigene Einkünfte Berechtigter | 1.200 EUR |
| Unterhalt | 650 EUR |

Danach beträgt der Unterhaltsanspruch des Berechtigten insgesamt 650 EUR, in Höhe von 150 EUR als Betreuungsunterhalt und in Höhe von 500 EUR als Aufstockungsunterhalt.

Endet der Betreuungsunterhalt (→ Rn. 101, 107–109), kann sich ein Anspruch nach §§ 1571–1573 anschließen (**Anschlussunterhalt,** § 1571 Nr. 2, § 1572 Nr. 2, § 1573 Abs. 3);[213] dabei kommt dem Anspruch aus § 1573 besondere Bedeutung zu. Anschlussunterhalt kann nur in der **Höhe** des entfallenen Betreuungsunterhalts bestehen, weshalb sich an einen Teilanspruch kein voller Unterhaltsanspruch anschließen kann (→ § 1569 Rn. 65). 120

## IV. Mehrere Unterhaltsschuldner wegen Kinderbetreuung

Betreut der Bedürftige mehrere Kinder aus **verschiedenen Beziehungen** und kann er deshalb keiner Erwerbstätigkeit nachgehen, gilt für das Verhältnis der verschiedenen Unterhaltsverpflichtungen Folgendes:

– Zunächst ist der **Familienstand** zu klären: Denn nur dann, wenn der geschiedene betreuende Ehegatte nicht wiederverheiratet ist, kann sich nach der gesetzlichen Regelung ein Konkurrenzverhältnis ergeben. Ist er dagegen **wiederverheiratet,** erlischt sein Anspruch auf Betreuungsunterhalt (§ 1586 Abs. 1, zur Kritik → § 1586 Rn. 6). Erst dann, wenn auch die nachfolgende Ehe wieder geschieden wird und der Anspruch auf Betreuungsunterhalt aus der vorangehenden Ehe, für den der frühere Ehegatte vorrangig haftet (§ 1586a Abs. 1, Abs. 2 S. 1), wiederauflebt, stellt sich die Frage nach dem Haftungsverhältnis mehrerer Unterhaltsschuldner. 121

– Wird auch die **nachfolgende Ehe** wieder **geschieden** oder kommt eine Unterhaltspflicht für ein **nichteheliches, nicht gemeinschaftliches Kind** hinzu, haften die Unterhaltsschuldner nach der Rspr. des BGH und der ganz hM[214] entsprechend § 1606 Abs. 3 S. 1 anteilig nach ihren Einkommens- und Vermögensverhältnissen unter Berücksichtigung weiterer Umstände, insbesondere der Anzahl, des Alters, der Entwicklung und der Betreuungsbedürftigkeit der Kinder.[215] 122

– Zunächst sind die vorläufigen **Haftungsquoten** anhand der wirtschaftlichen Verhältnisse der Unterhaltsschuldner unter Berücksichtigung ihres idR notwendigen bzw. billigen Selbstbehalts[216] festzustellen und ggf. auf der Grundlage der individuellen Verhältnisse zu korrigieren.[217] Dies kann dazu führen, dem „Erzeuger des vermehrt betreuungsbedürftigen Kindes" einen höheren Anteil am Betreuungsunterhalt, ggf. in voller Höhe aufzuerlegen.[218] Der Unterhaltschuldner, dem gegenüber ohne das weitere Kind eine Erwerbsobliegenheit bestehen würde, haftet zwar nicht für den Betreuungsunterhalt, jedoch in voller Höhe für den „fiktiven" (→ Rn. 119, 120) Aufstockungsunterhalt.[219] 123

---

213 Im Gegensatz zum Stammunterhalt; Begriffsbildung *Diederichsen* NJW 1977, 353; *Dieckmann* FamRZ 1977, 81 (97).

214 AA – Haftung nach Kausalität – *Maurer* in Göppinger/Wax UnterhaltsR Rn. 1353 f.

215 BGHZ 177, 272 = NJW 2008, 3125 Rn. 45 = FamRZ 2008, 1739; NJW 2007, 2409 Rn. 24, 25 = FamRZ 2007, 1303; NJW 2005, 502 = FamRZ 2005, 357 (358); NJW 1998, 1309 = FamRZ 1998, 541 f.

216 BGH NJW 2007, 2409 Rn. 28 = FamRZ 2007, 1303.

217 BGHZ 177, 272 = NJW 2008, 3125 Rn. 45 = FamRZ 2008, 1739; NJW 2007, 2409 Rn. 24, 25 = FamRZ 2007, 1303; NJW 2005, 502 = FamRZ 2005, 357 (358); NJW 1998, 1309 = FamRZ 1998, 541 f.

218 BGH NJW 2007, 2409 Rn. 24 = FamRZ 2007, 1303; NJW 1998, 1309 = FamRZ 1998, 541 (544); s. auch OLG Hamm NJW 2008, 2049 = FamRZ 2008, 1937 (1940); OLG Bremen NJW 2004, 1601 = FamRZ 2005, 213 (214).

219 Offengelassen bei OLG Bremen NJW 2004, 1601 = FamRZ 2005, 213 (214); aA OLG Hamm BeckRS 1999, 13683 = FamRZ 2000, 637 Ls.; wohl auch BeckOGK/*Lettmaier,* 1.12.2018, Rn. 115.1; *Wever/Schilling* FamRZ 2002, 585 (589); wohl auch *Schilling* FamRZ 2006, 1 (5).

124 – Erst nach Feststellung der Haftungsquote sind **Begrenzungen** des nachehelichen Unterhaltsanspruchs wegen **Verwirkung** aufgrund einer verfestigten Lebensgemeinschaft, eindeutig beim Bedürftigen liegenden Fehlverhaltens gegen den Verpflichteten (§ 1579 Nr. 2, 7)[220] oder nach mutwilligem Hinwegsetzen über schwerwiegende Vermögensinteressen des Verpflichteten (§ 1579 Nr. 4) aufgrund von vertraglichen Vereinbarungen (etwa Unterhaltsverzicht, § 1585c,[221] so er denn überhaupt wirksam ist[222]) zu prüfen, weil erst in Kenntnis des Unterhaltsbetrags eine Billigkeitsabwägung vorgenommen werden kann. Dies gilt erst recht für den auf Aufstockungsunterhalt entfallenden Anteil. Ist der Mindestbedarf des betreuenden Elternteils durch die Unterhaltspflicht des nachfolgenden Unterhaltsschuldners gedeckt, kann eine weitere nacheheliche Unterhaltspflicht „unter Wahrung der Belange eines dem Berechtigten zur Pflege oder Erziehung anvertrauten gemeinschaftlichen Kindes" (§ 1579 Einleitungssatz) auch vollständig entfallen.[223] Jedenfalls ist die Haftung des geschiedenen Ehegatten auf seinen Haftungsanteil beschränkt.[224]

125 – Entfällt die Unterhaltspflicht eines Unterhaltsschuldners mangels Leistungsfähigkeit, haftet der andere in voller Höhe für den Unterhalt **(Ausfallhaftung),**[225] allerdings nur, soweit ihn überhaupt eine Unterhaltspflicht trifft. Ihn trifft jedoch keine **Ersatzhaftung** entsprechend § 1607 Abs. 2 S. 1 für den Teil des Unterhaltsanspruchs, der allein der Betreuung des nicht gemeinschaftlichen Kindes geschuldet ist.[226]

126 – **Heiratet** der ein nichteheliches Kind betreuende Ehegatte, erlischt sein Anspruch auf Betreuungsunterhalt aus § 1615l Abs. 2 S. 2 entsprechend § 1586 Abs. 1 (allgemein zur Kritik → § 1586 Rn. 7),[227] lebt jedoch nach Scheidung der Ehe entsprechend § 1586a Abs. 1 wieder auf. Am Vorrang des geschiedenen Ehegatten entsprechend § 1586 Abs. 2 S. 1 ändert dies jedoch nichts (→ § 1586a Rn. 25–32).[228]

## G. Verfahren

### I. Antrag

127 Der Anspruch auf Betreuungsunterhalt ist mit einem **Leistungsantrag** geltend zu machen, wesentliche Änderungen der für einen Titel maßgebenden Umstände mit einem **Abänderungsantrag** nach §§ 238, 239 FamFG. Enthält ein Titel für die ersten 3 Lebensjahre des Kindes keine Befristung, wirkt er über das vollendete 3. Lebensjahr des Kindes hinaus, dem Verpflichteten obliegt dann die Initiative für eine Abänderung des Ausgangstitels.[229] Wurde der Titel **befristet** (→ Rn. 39–42), muss der Bedürftige seinen Anspruch ab dem 4. Lebensjahr mit einem Leistungsantrag geltend machen.[230] Und zwar auch dann, wenn mit der Befristung zugleich ein Antrag für die Zeit ab dem 4. Lebensjahr abgewiesen wurde, weil nach einer Antragsabweisung der Unterhaltsanspruch für einen klar abgegrenzten Zeitraum stets der Leistungs- und nicht ein Abänderungsantrag der zulässige Rechtsbehelf ist.[231]

### II. Darlegungs- und Beweislast

128 **1. Allgemeines.** Verlangt ein Elternteil Betreuungsunterhalt, muss er grundsätzlich **alle** Voraussetzungen seines Unterhaltsanspruchs – dh die kind- wie die elternbezogenen Umstände des Einzel-

---

220 BGH NJW 1998, 1309 = FamRZ 1998, 541 (544).
221 Dazu OLG Koblenz BeckRS 2000, 30102366 = FamRZ 2001, 227 (228).
222 *Schilling* FamRZ 2006, 1 (6).
223 Zum Ganzen auch BeckOGK/*Lettmaier,* 1.12.2018, Rn. 115.2 mwN.
224 *Schilling* FamRZ 2006, 1 (6).
225 BeckOGK/*Lettmaier,* 1.12.2018, Rn. 117; wohl auch BGH NJW 1998, 1309 = FamRZ 1998, 541 (544).
226 BeckOGK/*Lettmaier,* 1.12.2018, Rn. 115; NK-BGB/*Schilling* § 1615l Rn. 48; aA Johannsen/Henrich/*Graba/Maier* § 1615l Rn. 17; wohl auch *Wever/Schilling* FamRZ 2002, 581 (589). Auch der BGH scheint in BGHZ 177, 272 = NJW 2008, 3125 Rn. 48 = FamRZ 2008, 1739 mAnm *Maurer* FamRZ 2008, 1830; NJW 2007, 2409 Rn. 24, 25 = FamRZ 2007, 1303 mAnm *Schilling*; NJW 1998, 1309 = FamRZ 1998, 541 (544) eine Ersatzhaftung nach § 1607 Abs. 2 S. 1 über den vollen Unterhalt nicht auszuschließen. Die Entscheidung OLG Koblenz NJW-RR 2005, 803 = FamRZ 2005, 804 (805) betrifft den (anderen) Fall, dass der nicht verheiratete Vater noch nicht festgestellt ist.
227 BGHZ 161, 124 = NJW 2005, 503 = FamRZ 2005, 347 (349 f.).
228 Ebenso BeckOGK/*Lettmaier,* 1.12.2018, Rn. 116.
229 So ausnahmslos *Borth* Praxis des UnterhaltsR Rn. 795.
230 Insoweit ebenso *Borth* Praxis des UnterhaltsR Rn. 107; *Borth* FamRZ 2008, 2 (11); s. auch *Wever* FamRZ 2008, 553 (561); *Schilling* FF 2008, 279 (293).
231 BGHZ 82, 246 = NJW 1982, 578 = FamRZ 1982, 259 (261).

falles – darlegen und ggf. beweisen, dass ihm wegen der **Betreuung** eines gemeinschaftlichen Kindes und wegen dessen **Belangen** keine oder keine fortbestehende[232] – teil- oder vollschichtige – **Erwerbstätigkeit** zumutbar ist und sie ihm deshalb auch nicht obliegt,[233]

Anders *Kerscher* NJW 2012, 1910 (1913 f.): Grundsatz sei die Eigenbetreuung, Ausnahme aus Gründen des Kindeswohls die Fremdbetreuung. Diese Betrachtungsweise ist nicht nur von theoretischem Interesse, sondern hat grundlegende praktische Auswirkungen: Nicht mehr der Berechtigte müsste Möglichkeit und Zumutbarkeit der Inanspruchnahme von Fremdbetreuung darlegen und beweisen, sondern der Verpflichtete. Das Beweisrisiko für die Erwerbsobliegenheit des Berechtigten würde somit der Verpflichtete tragen, obgleich die Erfüllung der Erwerbsobliegenheit als Anspruchsvoraussetzung vom Berechtigten darzulegen und zu beweisen ist.

aber auch, dass eine **Fremdbetreuung** des Kindes nicht möglich ist.[234]

Da dem **„Altersphasenmodell"** keine Bedeutung mehr beizumessen ist (→ Rn. 41–43), können einem solchen, in welcher Form auch immer („tradiert" oder „modifiziert"), im Hinblick auf eine Verlängerung des Betreuungsunterhalts über das vollendete 3. Lebensjahr hinaus auch keine Beweiserleichterungen durch Indizwirkungen (mehr) zukommen. Kind- und elternbezogene Belange sind vielmehr nach den maßgeblichen **Verhältnissen des Einzelfalls** zu ermitteln.[235] 129

Auch die **Ehe allein** begründet nicht die Vermutung, dass die Voraussetzungen für einen Anspruch aufgrund elternbezogener Umstände (Abs. 2) vorliegen, mit der Folge, dass der Verpflichtete den Beweis für das Nichtvorliegen der Anspruchsvoraussetzungen führen müsste.[236] 130

**2. Bis zum vollendeten 3. Lebensjahr.** Bis zum vollendeten 3. Lebensjahr des Kindes (Abs. 1 S. 1, → Rn. 36–43) bedarf es keiner weiteren Darlegungen des Bedürftigen, weil ihn keine Erwerbsobliegenheit treffen kann;[237] die vollschichtige Betreuungsbedürftigkeit des Kindes wird **unwiderleglich vermutet.**[238] Geht man dagegen wie hier (→ Rn. 38–41) davon aus, dass ihn auch für diesen Zeitraum ausnahmsweise eine Erwerbsobliegenheit treffen kann, obliegt dem **Verpflichteten** die Darlegungs- und Beweislast für deren Bestehen. 131

**3. Ab dem 4. Lebensjahr.** Nunmehr obliegt dem Bedürftigen die volle Darlegungslast für eine Verlängerung des Anspruchs auf Betreuungsunterhalt aus kind- oder elternbezogenen Billigkeitsgründen über das vollendete 3. Lebensjahr hinaus.[239] Hat der Bedürftige keine solchen Gründe vorgetragen, können nur die Umstände berücksichtigt werden, von denen nach dem sonst festgestellten Sachverhalt ausgegangen werden kann;[240] der Unterhaltsschuldner muss sich hierauf nicht berufen, da insoweit die Tatbestandsvoraussetzungen für den Unterhaltsanspruch, mithin die Schlüssigkeit eines gerichtlichen Antrags und nicht eine Einrede begründende Tatsachen betroffen sind. – Dies betrifft vor allem die **persönlichen Eigenschaften** des Kindes und die **Auswirkungen einer Fremdbetreuung** auf sein physisches und psychisches Befinden, aber auch **Umfang** und **Intensität** 132

---

232 OLG Hamm OLGR 1997, 232 (233); AG Ludwigslust NJOZ 2006, 1837 (1841) = FamRZ 2006, 125 Ls.

233 OLG Köln NJW 2008, 2659 = FamRZ 2008, 2119 Ls. 1 S. 2.

234 BGH NJW 2010, 1138 Rn. 27 = FamRZ 2010, 444; OLG Celle NJW 2008, 1456 = FamRZ 2008, 997 (998); *Borth* FamRZ 2008, 2 (10).

235 BGH NJW 2011, 2646 Rn. 17, 18, 21 = FamRZ 2011, 1375; NJW 2011, 243 Rn. 80 = FamRZ 2011, 1209; BGHZ 184, 13 = NJW 2010, 937 Rn. 49 = FamRZ 2010, 357.

236 Ebenso BeckOGK/*Lettmaier,* 1.12.2018, Rn. 124; ähnlich *Heiderhoff* FamRZ 2012, 1604 (1610), die die Grundsätze des Anscheinsbeweises bei einem Übergang der Vollzeitbetreuung nach Vollendung des 3. Lebensjahres (Gesetzesbegründung: kein abrupter, übergangsloser Wechsel → Rn. 38), bei der Betreuung mehrerer Kinder durch den Berechtigten und bei einem ernsthaften und auch durchführbaren Betreuungsangebot des Verpflichteten zur Überbrückung fehlender öffentlicher Betreuungsmöglichkeiten anwenden will; aA *Wever* FamRZ 2008, 553 (558).

237 BGH NJW 2010, 3369 Rn. 21 = FamRZ 2010, 1880; BGHZ 175, 182 = NJW 2008, 1663 Rn. 30; BGHZ 177, 272 = NJW 2008, 3128 Rn. 97 = FamRZ 2008, 1739.

238 BeckOGK/*Lettmaier,* 1.12.2018, Rn. 118.

239 BGHZ 205, 342 = NJW 2015, 2257 Rn. 15 = FamRZ 2015, 1369; BGHZ 193, 78 = NJW 2012, 1868 Rn. 20 = FamRZ 2012, 1040; NJW 2011, 2646 Rn. 15 = FamRZ 2011, 1375; NJW 2010, 3369 Rn. 21 = FamRZ 2010, 1880; NJW 2010, 2277 Rn. 45 = FamRZ 2010, 1050; NJW 2010, 1138 Rn. 27 = FamRZ 2010, 444; NJW 2010, 937 Rn. 49 = FamRZ 2010, 357; NJW 2009, 2592 Rn. 20 = FamRZ 2009, 1391; BGHZ 180, 170 = NJW 2009, 1876 Rn. 23 = FamRZ 2009, 770; BGHZ 177, 272 = NJW 2008, 3125 Rn. 97 = FamRZ 2008, 1739.

240 BGHZ 184, 13 = NJW 2010, 937 Rn. 50 = FamRZ 2010, 357 („…, als sie auf der Grundlage des festgestellten Sachverhalts auf der Hand liegen").

**der Bemühungen** um eine geeignete Fremdbetreuungsmöglichkeit (zur Zumutbarkeit eines **Ortswechsels** → Rn. 69, 71). Zudem spricht im Rahmen einer Gesamtbetrachtung auch im Hinblick auf die wirtschaftliche Notwendigkeit zur Erzielung von Erwerbseinkünften unter Einbeziehung der Unterhaltsleistungen des Verpflichteten die tatsächliche **Ausübung einer Erwerbstätigkeit** als Indiz dafür, dass sie zumutbar, mithin mit den Belangen des betreuten Kindes vereinbar ist bzw. die Belange des betreuenden Elternteils gewahrt sind.[241]

Weitergehend OLG Düsseldorf NJOZ 2011, 310f. = FamRZ 2010, 813: „Das Ansinnen, eine tatsächlich ausgeübte Tätigkeit als überobligatorisch zu bewerten und mit einer Teilanrechnung oder dem Abzug eines Betreuungsbonus zu prämieren, wird deshalb regelmäßig im Gesetz keine Stütze mehr finden und kann allenfalls in Ausnahmefällen in Betracht gezogen werden. … Lediglich im Hinblick auf besondere Umstände – der Einbindung der Eltern der Unterhaltsberechtigten in die Kindesbetreuung – und auf § 1570 Absatz II BGB wurde in einem Einzelfall die Bewertung einer Erwerbstätigkeit als überobligatorisch nicht beanstandet (BGH NJW 2009, 2592)."

Danach hat der Bedürftige insbesondere darzulegen und ggf. zu beweisen[242]

133 – hinsichtlich **kindbezogener Belange**
  - welche kindlichen Besonderheiten und Eigenheiten über das Alter des Kindes hinaus oder in Verbindung mit diesem seine Betreuungsbedürftigkeit beeinflussen können, etwa chronische Krankheiten,[243] und warum diesen nicht in einer entsprechenden Einrichtung entsprochen werden kann.[244]
  - sportliche, musische und andere Betätigungen des Kindes, die entsprechende Fahr- und Betreuungsverpflichtungen mit sich bringen, die nicht durch die Benutzung des öffentlichen Nahverkehrs aufgefangen werden können.[245]
  - dass keine kindgerechte Einrichtung für die Betreuung des gemeinsamen Kindes zur Verfügung steht.[246] Dies setzt den konkreten, nachprüfbaren Vortrag voraus, welche Bemühungen zur Erlangung eines Betreuungsplatzes in welchen Einrichtungen, bei welchen Personen und in welchem räumlichen Radius um den gewöhnlichen Aufenthaltsort unternommen worden und warum die Bemühungen gescheitert sind;

    Großzügiger BeckOGK/*Lettmaier,* 1.8.2018, Rn. 120 mwN: Der Bedürftige könne „seinen Vortrag zunächst auf offensichtliche Betreuungsmöglichkeiten (etwa nächstgelegene Kindergärten, bisher genutzte Betreuungseinrichtungen) beschränk[en] und konkretere Darlegungen zu weiteren Betreuungsoptionen nur bei Hinweis des Pflichtigen auf diese" nachschieben.

    hierzu sind eine **systematische Aufstellung** und ggf. **Belege** vorzulegen.
- welche konkreten anerkennenswerten Gründe der Inanspruchnahme einer verfügbaren Einrichtung entgegenstehen.[247]
- warum aus welchen besonderen Gründen eine persönliche Betreuung erforderlich ist.
- warum der Wechsel der Betreuungsperson eine persönliche Betreuung durch den Bedürftigen erfordert.[248]

134 – welche **elternbezogenen Belange** zu einer Einschränkung der Erwerbsobliegenheit führen, etwa
  - die Schaffung eines besonderen Vertrauenstatbestandes „durch die geschiedene Ehe oder die gelebte Familie" als Ausdruck der „individuellen Umstände der Eltern" und des „Maß[es] ihrer Bindung".[249]

---

241 BGH NJW 1981, 2804 (285) = FamRZ 1981, 1159; OLG Düsseldorf BeckRS 2010, 1862 = FamRZ 2010, 813; OLG Frankfurt a. M. FamRZ 1980, 144; BeckOGK/*Lettmaier,* 1.12.2018, Rn. 123.

242 BGH NJW 2011, 2646 Rn. 20 = FamRZ 2011, 1375; BGHZ 184, 13 = NJW 2010, 937 Rn. 49 = FamRZ 2010, 357.

243 BeckOGK/*Lettmaier,* 1.12.2018, Rn. 121.

244 BGH NJW 2009, 1876 Rn. 20 = FamRZ 2012, 1040; BeckOGK/*Lettmaier,* 1.12.2018, Rn. 121.

245 BGHZ 193, 78 = NJW 2012, 1868 Rn. 21, 28 = FamRZ 2012, 1040 (nicht verlangt wurde, den Sport an einem anderen, mit den öffentlichen Nahverkehrsmitteln erreichbaren Ort auszuüben).

246 BGHZ 205, 342 = NJW 2015, 2257 Rn. 17 = FamRZ 2015, 1369; NJW 2010, 1665 Rn. 11 = FamRZ 2010, 802; NJW 2009, 2592 Rn. 23 = FamRZ 2009, 1391; NJW 2009, 1956 Rn. 32 = FamRZ 2009, 1124; BGHZ 180, 170 = NJW 2009, 1876 Rn. 27 = FamRZ 2009, 770; dazu auch BVerfGE 118, 45 = NJW 2007, 1735 Rn. 44 = FamRZ 2007, 965.

247 BeckOGK/*Lettmaier,* 1.12.2018, Rn. 120; offengelassen von OLG Saarbrücken BeckRS 2010, 18755 = FamRZ 2010, 1251 Ls.

248 BGH NJW 2011, 2646 Rn. 20 = FamRZ 2011, 1375 (das Kind hatte sich 2½ Jahre in einer Pflegefamilie aufgehalten).

249 BGH NJW 2009, 2592 Rn. 32 = FamRZ 2009, 1391; BGHZ 177, 272 = NJW 2008, 3125 Rn. 102 = FamRZ 2008, 1739.

– die Üblichkeit und Notwendigkeit der Mitarbeit in schulischen Belangen (→ Rn. 51).[250]
– die ggf. überobligationsmäßige Belastung des neben einer vollschichtigen Erwerbstätigkeit kinderbetreuenden Bedürftigen infolge weiteren Betreuungsbedarfs des Kindes entsprechend seinen Begabungen und Neigungen.[251]

Insbesondere an die Darlegung **kindbezogener Belange** und die Zumutbarkeit einer Fremdbetreuung nach deren Ort, Art und Dauer sind **keine überzogenen Anforderungen** zu stellen (→ Rn. 69).[252] 135

**Beispiel aus der Rspr.:**
BGHZ 193, 78 = NJW 2012, 1868 Rn. 29 = FamRZ 2012, 1040: Betreuungsbedürftigkeit eines 12-jährigen Jungen, der seine Hausaufgaben noch nicht selbstständig erledigen kann und idR auch keine Hilfe von älteren Geschwistern hierbei zu erwarten hat.

**4. Abänderungsverfahren.** In einem vom Unterhaltsschuldner betriebenen Verfahren auf Abänderung eines **unbefristeten Titels** (→ Rn. 127) trifft diesen zwar die Darlegungs- und Beweislast für die Veränderung der dem Titel zugrundeliegenden maßgeblichen Verhältnisse. IdR wird jedoch der Hinweis auf das nunmehr fortgeschrittene Alter des Kindes und seine damit verbundene verringerte Betreuungsbedürftigkeit sowohl für die Zulässigkeit als auch die Begründetheit des Abänderungsantrags ausreichen. Dem Bedürftigen obliegt es dann, die Voraussetzungen für ein Weiterbestehen bzw. eine Verlängerung des Anspruchs auf Betreuungsunterhalt substantiiert darzulegen und ggf. zu beweisen, weil insoweit der Anspruchsgrund (die Tatbestandsvoraussetzungen) aus § 1570 Abs. 1 S. 2, 3,[253] Abs. 2 betroffen ist.[254] Dies gilt auch, soweit der Unterhaltsschuldner substantiiert die Veränderung von Umständen behauptet, die zusammen mit dem Alter des Kindes oder gar allein (etwa Behinderungen) den titulierten Anspruch auf Betreuungsunterhalt begründet haben; denn auch insoweit sind die Tatbestandsvoraussetzungen des Betreuungsunterhalts betroffen. Doch trifft den Berechtigten eine sekundäre Darlegungslast hinsichtlich des Fortbestehens der anspruchsbegründenden Umstände. 136

## § 1571 Unterhalt wegen Alters

**Ein geschiedener Ehegatte kann von dem anderen Unterhalt verlangen, soweit von ihm im Zeitpunkt**
**1. der Scheidung,**
**2. der Beendigung der Pflege oder Erziehung eines gemeinschaftlichen Kindes oder**
**3. des Wegfalls der Voraussetzungen für einen Unterhaltsanspruch nach den §§ 1572 und 1573**
**wegen seines Alters eine Erwerbstätigkeit nicht mehr erwartet werden kann.**

**Schrifttum:** *Elden,* BGH: Herabsetzung und Befristung des nachehelichen Altersunterhalts, FamFR 2010, 439; *Finke,* Berücksichtigung von Renteneinkünften aus dem Versorgungsausgleich beim Ehegattenunterhalt, FamFR 2012, 60; *Finke,* Die Rechtsfolgen zweckwidriger Verwendung von Vorsorgeunterhalt, FamFR 2013, 1; *Graba,* Darlehen statt Unterhalt, FamRZ 1985, 118; *Graba,* Unterhalt im Alter, 2. Aufl. 2005; *Graba,* Einmal Chefarztgattin, weiter Chefarztgattin, aber nicht im Alter, FamFR 2011, 457; *Günther,* Grundsicherung und Unterhalt, FF 2003, 10; *Günther,* Übergang von Unterhaltsansprüchen auf Sozialhilfeträger bei Gewährung von Grundsicherung im Alter und bei Erwerbsminderung, FPR 2005, 461; *Kasenbacher,* Kriterien zur Begrenzung und Befristung des Altersunterhalts, NJW-Spezial 2013, 68; *Klinkhammer,* Die bedarfsorientierte Grundsicherung nach dem GSiG und ihre Auswirkungen auf den Unterhalt, FamRZ 2002, 997; *Koch,* Unterhalt, Zugewinn- und Versorgungsausgleich – sind unsere familienrechtlichen Ausgleichssysteme noch zeitgemäß?, JR 2008, 309; *Kreikebohm,* Neuregelungen durch das Rentenreformgesetz '92 und das Rentenüberleitungsgesetz bezogen auf die Rentenarten und die Voraussetzungen für einen Rentenanspruch, FuR 1992, 24; *Maurer,* Die Begrenzung des nachehelichen Alters- und Krankheitsunterhalts, FPR 2013, 146; *Müller,* Vorruhestand und Altersteilzeit – auch für Unterhaltspflichtige?, ZfJ 1999, 297; *Strohal,* Einflüsse der Rentenreform 2001 auf die Unterhaltsberechnung, FamRZ 2002, 277; *Viefhues,* Altersteilzeit und Vorruhestand, FF 2006, 103;

250 BGHZ 193, 78 = NJW 2012, 1868 Rn. 21 = FamRZ 2012, 1040; unzutr. ist die Bezugnahme auf BGH NJW 2011, 2646 = FamRZ 2011, 1375, wie sich aus der dortigen Rn. 15 ergibt, unberechtigt auch die Kritik an *Löhnig/Preisner* FamRZ 2011, 1537 (1539).
251 BGHZ 177, 272 = NJW 2008, 3125 Rn. 103 = FamRZ 2008, 1739.
252 BGHZ 193, 78 = NJW 2012, 1868 Rn. 21 = FamRZ 2012, 1040.
253 Zum Unterhalt über das vollendete 3. Lebensjahr des Kindes hinaus BGH NJW 2017, 1317 Rn. 37 mAnm *Born* = NZFam 2017, 111 mAnm *Graba* = FamRZ 2017, 370; NJW 2009, 2592 Rn. 29 = FamRZ 2009, 1391.
254 BeckOGK/*Lettmaier,* 1.12.2018, Rn. 125; *Borth* in Schwab ScheidungsR-HdB IV Rn. 228.

*Zensus,* Wirksamkeit des ehevertraglichen Ausschlusses von Unterhalt und Versorgungsausgleich, FamFR 2013, 45.

**Übersicht**



## I. Allgemeines

1 **1. Normzweck.** Die Erwerbslosigkeit eines Ehegatten ist idR auch durch die Ehe bedingt, wenn er während vor allem längerer Ehe nicht erwerbstätig gewesen ist. Dies gilt auch dann, wenn er zwar hätte arbeiten können, sich aber einseitig für die Erwerbslosigkeit entschieden hat, weil ihn nach § 1356 Abs. 2 S. 1 grundsätzlich keine Pflicht zur Aufnahme einer Erwerbstätigkeit getroffen, sondern ihm nur ein Recht hierzu zugestanden hat (→ § 1356 Rn. 18). § 1571 gibt ihm deshalb aus auf die nacheheliche Solidarität gestützten **ethischen Gründen** einen Anspruch auf Altersunterhalt, soweit von ihm im Zeitpunkt der Scheidung wegen seines Alters eine – eheangemessene (§ 1574, → § 1574 Rn. 10–55) – Erwerbstätigkeit nicht mehr erwartet werden kann (Nr. 1). Dem Zeitpunkt der Scheidung werden in Nr. 2 und 3 Zeitpunkte gleichgestellt, in denen die Verantwortung des leistungsfähigen Ehegatten noch nachwirkt.

2 Zur **Abdingbarkeit** des Anspruchs auf Altersunterhalt → § 1585c Rn. 90, zum Verhältnis zum **Versorgungsausgleich** allgemein → Vor § 1569 Rn. 16–20, zur Bedürftigkeit wegen versäumter **Beschränkung** des Versorgungsausgleichs nach § 27 VersAusglG → § 1578 Rn. 849; zur **Begrenzung** des Altersunterhalts nach § 1578b → § 1578b Rn. 251, 252; zur **Konkurrenz** mit anderen Unterhaltsansprüchen → Rn. 38–46.

3 **2. Rechtsnatur.** Wie der Anspruch auf Krankheitsunterhalt (→ § 1572 Rn. 26) entsteht der Anspruch auf Altersunterhalt dann als **originärer** Anspruch **(Nr. 1),** wenn bereits ab Rechtskraft der Scheidung infolge des Alters eine Erwerbstätigkeit nicht mehr erwartet werden kann. Umfang und Höhe richten sich nach §§ 1578, 1577, 1581 und sind insoweit nicht beschränkt.

4 Das Alter ist **Tatbestandsmerkmal** des Anspruchs aus § 1571. Es muss – alleiniger – Grund dafür sein, dass dem Bedürftigen keine ihm an sich angemessene Erwerbstätigkeit (§ 1574 Abs. 2, → § 1574 Rn. 10–55) zumutbar ist (→ Rn. 22, 23, 26).

5 IÜ aber **(Nr. 2, 3)** entsteht der Anspruch auf Altersunterhalt nur als **Anschlussunterhalt** nach Wegfall der Voraussetzungen für einen Anspruch auf Betreuungs- (§ 1570 Abs. 1, 2), auf Krankheits- (§ 1572) oder Erwerbslosen- und Aufstockungsunterhalt (§ 1573 Abs. 1, 2). Dies hat folgende rechtliche Folgen:

6 – Der Anspruch besteht nur, wenn der **Einsatzzeitpunkt** (→ Rn. 26–31) gewahrt ist. War der Vor-Anspruch untergegangen, ohne dass sich nahtlos/lückenlos ohne zeitliche Unterbrechung ein Folgeanspruch angeschlossen hat, besteht kein Anspruch auf Altersunterhalt. Dagegen reicht aus, dass einer der in Nr. 2 und 3 genannten Unterhaltsansprüche – auf Betreuungs-, Krankheits-, Erwerbslosen- oder Aufstockungsunterhalt – ab der Rechtskraft der Scheidung bestanden hat und zwischen dem Eingreifen der Unterhaltstatbestände keine zeitliche Lücke gelegen hat

(**„Unterhaltskette“**).[1] Etwa kann sich an einen zum Zeitpunkt der Rechtskraft der Scheidung bestehenden Anspruch auf Betreuungsunterhalt ein Anspruch auf Krankheitsunterhalt, ihm folgend ein Anspruch auf Erwerbslosenunterhalt und letztlich ein Anspruch auf Altersunterhalt anschließen. Dabei ist weder erforderlich, dass der Unterhaltsanspruch geltend gemacht wurde, noch dass Unterhalt erbracht wurde; ausreichend ist, dass der Unterhaltsanspruch bestanden hat.

– Wurde die Unterhaltskette **unterbrochen,** kann kein Anspruch auf Altersunterhalt mehr bestehen. Da den Berechtigten wegen seines Alters keine Erwerbs- oder Ausbildungsobliegenheit mehr trifft, kann sich nur noch ein Anspruch auf Billigkeitsunterhalt (§ 1576) ergeben.[2] 7
– Der Anspruch auf Anschlussunterhalt kann nur in dem Umfang – **Höhe** und **Dauer** – entstehen, in der der untergegangene Anspruch bestanden hat (näher → § 1569 Rn. 65). 8
– Deshalb beschränkt die **Begrenzung des Vor-Anspruchs** nach §§ 1578b, 1579 auch den Altersunterhalt als Anschlussunterhalt im selben Umfang (→ § 1569 Rn. 65).[3] Dies schließt nicht aus, den Anspruch auf Altersunterhalt **originär** nach §§ 1578b, 1579 zu begrenzen (zu § 1578b → § 1578b Rn. 251, 252). 9

**3. Ehebedingtheit.** Die Bedürftigkeit des Berechtigten muss **nicht ehebedingt** (allgemein → § 1569 Rn. 16, → § 1578b Rn. 16),[4] die Ehe für sie also nicht kausal sein.[5] Anspruch auf Altersunterhalt besteht deshalb auch dann, wenn der Bedürftige bereits bei der Eheschließung wegen Alters einer Erwerbstätigkeit nicht nachgehen konnte.[6] Doch wird in diesen Fällen idR eine Herabsetzung oder ein Ausschluss des Unterhaltsanspruchs nach § 1579 Nr. 1 wegen kurzer Ehedauer (→ § 1579 Rn. 16–29) und insbesondere eine Begrenzung des Unterhaltsanspruchs nach § 1578b in Betracht kommen (auch → § 1578b Rn. 121). 10

## II. Begriff „Alter“

**1. Allgemeines.** „Alter“ ist von der **Natur vorgegeben** und hat mit der Ehe lediglich insoweit etwas zu tun, als die Eingehung der Ehe mit einem Partner meist auch mit dessen Alter etwas zu tun hat. Deshalb setzt § 1571 auch nicht „Ehebedingtheit“ in dem Sinne voraus, dass das Lebensalter im Laufe der Ehezeit erreicht wurde (→ Rn. 10, → § 1569 Rn. 16),[7] und fallen auch „Altersehen“ von kurzer Dauer tatbestandlich unter § 1571. Korrekturen sind jedoch insbesondere über die Begrenzung des Unterhaltsanspruchs nach §§ 1578b, 1579 Nr. 1 möglich. 11

Nicht näher festgelegt ist, was unter **„Alter“** zu verstehen ist (→ Rn. 16–21).[8] Normzweck und Entstehungsgeschichte[9] legen jedoch eine Anwendung der Vorschrift auf die Personen nahe, die die Voraussetzungen für ein Altersruhegeld aus der öffentlichen Altersversorgung erfüllen. Dies verwehrt aber nicht, im Einzelfall bei altersbedingter Einschränkung der körperlichen oder geistigen Kräfte des Bedürftigen bereits früher von einem Anspruch auf Altersunterhalt auszugehen, etwa wenn er aufgrund seines Alters keine Chancen auf eine eheangemessene Erwerbstätigkeit iSd § 1574 Abs. 1–3 mehr hat (näher und zur Konkurrenz mit einem Anspruch auf Erwerbslosenunterhalt (§ 1573 Abs. 1) → Rn. 39, → § 1574 Rn. 25–27). 12

§ 1571 ist **geschlechtsneutral.**[10] Dies schließt nicht aus, im Einzelfall den besonderen Belastungen einer Frau (→ Rn. 9) Rechnung zu tragen. Doch wird der Anspruch dann meist zutreffender auf § 1572 gestützt werden können. 13

**2. Öffentliche Altersversorgung. a) Regelaltersruhegeld. Vorgezogene Altersrente. Vorruhestand. Altersteilzeit.** Über die **Regelaltersgrenze** (§ 35 S. 2 SGB VI, § 36 S. 1 SGB VI, § 235 SGB VI [ab 2030]: 67. Lebensjahr; für Bergleute 62. Lebensjahr: § 40 SGB VI; für Beamte und Richter: § 51 Abs. 1 S. 2 BBG, § 52 BBG, § 48 Abs. 1 S. 2 DRiG) 14

---

1 Dazu etwa OLG Stuttgart BeckRS 2010, 15053 = FamRZ 1982, 1015 (1016).

2 Zum Ganzen auch BeckOGK/*Lettmaier,* 1.12.2018, Rn. 32; *Borth* in Schwab ScheidungsR-HdB IV Rn. 229.

3 BeckOGK/*Lettmaier,* 1.12.2018, Rn. 42; NK-BGB/*Fränken* Rn. 11.

4 Ebenso etwa BeckOGK/*Lettmaier,* 1.12.2018, Rn. 2, 53.

5 AA wohl OLG Koblenz BeckRS 2010, 20088 = FamRZ 1980, 589 (591), das die ehebedingte Zurechnung der Bedürftigkeit einer Ehefrau begründet, die nach dem Zweiten Weltkrieg den Verpflichteten für tot erklären ließ.

6 BGH NJW 1983, 683 = FamRZ 1983, 150; NJW 1982, 929 = FamRZ 1982, 28 (29 f.).

7 RA-BT BT-Drs. 7/4361, 16; auch BGH BeckRS 2010, 12057 = FamRZ 1983, 800 (801). Krit. Staudinger/*Verschraegen,* 2014, Rn. 1–8.

8 Der Gesetzgeber des 1. EheRG hat von der Festlegung einer festen Altersgrenze für Frauen (vollendetes 55. Lebensjahr) ausdrücklich abgesehen, BT-Drs. 7/650, 123.

9 Dazu → 1. Aufl. 1978, Rn. 2–5.

10 KG BeckRS 2013, 1486 = FamRZ 1981, 1173; *Borth* in Schwab ScheidungsR-HdB IV Rn. 253.

| vor dem 1.1.1947 Geborene | bis 1.1.1958 Geborene | nach dem 1.1.1958 Geborene | ab dem 1.1.1964 Geborene |
|---|---|---|---|
| vollendetes 65. Lebensjahr | Verlängerung um 1 Monat je Jahr | Verlängerung um 2 Monate je Jahr | vollendetes 67. Lebensjahr |

hinaus besteht grundsätzlich keine Erwerbsobliegenheit (→ § 1578 Rn. 831–840),[11] auch nicht für **freiberuflich Tätige** und **Selbstständige** (→ § 1578 Rn. 841, 842). – Die Annahme einer fortbestehenden Erwerbsobliegenheit führt zum Verlust des Anspruchs auf Altersunterhalt und unter Zugrundelegung fiktiver Einkünfte evt. zu einem Anspruch auf Aufstockungsunterhalt aus § 1573 Abs. 2.

15 Allein die rechtliche Möglichkeit zum Bezug einer **vorgezogenen Altersrente** (§ 36 S. 2 SGB VI, § 37 S. 2 SGB VI, § 52 Abs. 3 BBG, § 48 Abs. 5 DRiG)[12] oder zur Inanspruchnahme von **Altersteilzeit** (→ § 1578 Rn. 843–847) ist kein taugliches Kriterium zur Beurteilung, ob eine Erwerbsobliegenheit besteht, und beseitigt sie nicht. Der Bedürftige hat auch in diesen Fällen darzulegen und zu beweisen, dass ihm eine Erwerbstätigkeit nicht zugemutet werden kann.[13] – Zu **§ 1579 Nr. 4** → § 1579 Rn. 80, 81, 244, → § 1578 Rn. 830–848.

16 **b) „Alter".** Ein Anspruch auf Altersunterhalt kann auch bestehen, wenn der Bedürftige die Voraussetzungen für ein Altersruhegeld noch nicht erfüllt, sein Alter vielmehr deutlich **unter dieser Grenze** liegt, eine Rückkehr ins Erwerbsleben wegen seines Alters jedoch nicht mehr in Betracht kommt.[14] Allgemeine Grundsätze und feste Altersgrenzen haben sich nicht – auch nicht für Frauen[15] – herausgebildet. Vielmehr ist auf die **besonderen Umstände des Einzelfalls**[16] wie insbesondere

- Lebensalter, Gesundheitszustand,
- Ausbildung und berufliche Fähigkeiten, sowie Erwerbsbiographie des Bedürftigen, reale Beschäftigungschancen,
- Dauer der Ehe und der Pflege und Erziehung gemeinschaftlicher Kinder und die – insbesondere einvernehmliche – Gestaltung des ehelichen Zusammenlebens,[17] Zuschnitt der ehelichen Lebensverhältnisse, insbesondere eine Erwerbstätigkeit des Bedürftigen während der Ehe und der Beweggrund für diese,
- die besonderen Belastungen von Frauen durch Schwangerschaften, Kinderbetreuung, Frauenkrankheiten und Klimakteriumsbeschwerden, die zu vorzeitigem Altern geführt haben können,[18]
- allgemein die wirtschaftlichen Verhältnisse der Ehegatten:[19] beschränkte Leistungsfähigkeit oder überobligationsmäßige Erwerbstätigkeit des Verpflichteten können die Erwerbsobliegenheiten des Berechtigten verstärken.[20]

abzustellen.[21] So kann eine längere Unterbrechung der Erwerbstätigkeit zu unüberwindlichen Schwierigkeiten bei der Wiedereingliederung ins Erwerbsleben mit einer eheangemessenen Erwerbstätigkeit iSd § 1574 Abs. 2 (→ § 1574 Rn. 10–55) führen.[22]

---

[11] BGHZ 166, 351 = NJW 2006, 1654 Rn. 14 = FamRZ 2006, 683; NJW 1983, 1483 = FamRZ 1983, 144; NJW 1982, 929 = FamRZ 1982, 28; NJW 1981, 754 = FamRZ 1980, 140; auch OLG Köln FamRZ 1984, 269; unausgesprochen auch OLG Frankfurt a. M. BeckRS 2010, 1311 = FamRZ 1984, 593; OLG Bamberg BeckRS 2010, 18352 = FamRZ 1981, 1082; OLG Düsseldorf BeckRS 2009, 12659 = FamRZ 1981, 56 (57); OLG Hamburg BeckRS 2010, 16016 = FamRZ 1981, 54 (55); OLG Koblenz BeckRS 2010, 14776 = FamRZ 1980, 589 (591). Das AG Ludwigsburg FamRZ 1992, 442 (443) verneint die Erwerbsobliegenheit eines 70-jährigen Rentners.

[12] BGH NJW 1999, 1547 = FamRZ 1999, 708 (709 f.); KG BeckRS 2013, 1486 = FamRZ 1981, 1173; Soergel/*Häberle* Rn. 3; *Borth* in Schwab ScheidungsR-HdB IV Rn. 234; aA – ohne dies zu problematisieren – BGH NJW 1982, 929 = FamRZ 1982, 28 (29); OLG Hamm BeckRS 2009, 25068 = FamRZ 1987, 829 (830) (idR keine Erwerbsobliegenheit).

[13] *Borth* in Schwab ScheidungsR-HdB IV Rn. 252. Diesen Grundsatz kehrt das OLG Hamm BeckRS 2009, 25068 = FamRZ 1987, 829 (830) durch das von ihm vertretene Regel-Ausnahme-Prinzip um.

[14] Nach Wortlaut, Entstehungsgeschichte und Gesamtzusammenhang der Regelung, BT-Drs. 7/650, 123.

[15] Der Vorschlag der Eherechtskommission, eine gesetzliche Vermutung einzuführen, dass eine 55-jährige keine angemessene Erwerbstätigkeit mehr finden kann, wurde nicht in das Gesetz übernommen (s. hierzu BT-Drs. 7/650, 123 f.; → 1. Aufl. 1978, Rn. 2–5). Deshalb erscheint die Orientierung an ehemaligen sozialversicherungsrechtlichen Regelungen wie § 39 SGB VI (aufgehoben mWv 1.1.1999), § 590 Abs. 2 Nr. 1 RVO (aufgehoben mWv 1.1.1997), § 1248 Abs. 3 RVO (aufgehoben mWv 1.1.1992) nicht sachgerecht.

[16] Etwa OLG Hamm FamRZ 1995, 1416 f.

[17] OLG Düsseldorf FamRZ 1986, 360 (361) (vollschichtige Erwerbstätigkeit neben der Betreuung eines 12-jährigen Kindes).

[18] Ebenso BeckOGK/*Lettmaier,* 1.12.2018, Rn. 15.

[19] BGH NJW 1982, 326 = FamRZ 1982, 148 ff.

[20] Soergel/*Häberle* Rn. 13.

[21] BGH NJW 1999, 1547 = FamRZ 1999, 708 (709 f.); BGHZ 93, 330 = NJW 1985, 1340 = FamRZ 1985, 371 (373); OLG Hamm NJWE-FER 1997, 145 = FamRZ 1998, 291 (64-jährige Frau); FamRZ 1995,

**Beispiele aus der Rspr.:**

**Keine Erwerbsobliegenheit:** 17

BGH NJW 1987, 2739 = FamRZ 1987, 691 (693): 57-jährige Frau.

OLG Koblenz FamRZ 1989, 59: 59-jährige Frau.

OLG Schleswig NJWE-FER 1998, 266: 57-jährige Frau, 30-jährige Ehedauer, Ehemann sehr gut verdienender Alleinverdiener.

OLG Stuttgart OLGR 1998, 217 (218): 63-jährige Frau.

OLG Oldenburg BeckRS 2003, 10429 = FamRZ 1999, 518: 59 Jahre, keine reale Beschäftigungsaussicht.

OLG Hamm NJW-RR 1998, 1619 = FamRZ 1999, 723 (724): 62-jährige Frau.

OLG Schleswig BeckRS 1999, 10052 = FamRZ 2000, 825 Ls.: 58¾ Jahre alte Frau, 29 Jahre Ehedauer, 8 Jahre arbeitslos, ernsthafte und nachhaltige Erwerbsbemühungen, keine reale Beschäftigungsaussicht.

OLG Schleswig BeckRS 2003, 9717: 64-jährige Frau, ungelernt, nie vollschichtig, sondern lediglich auf Geringverdienerbasis erwerbstätig, Mann hat 14 Jahre freiwillig Trennungs- und nachehelichen Unterhalt bezahlt.

**Keine Erwerbsobliegenheit nach langer Unterbrechung der Erwerbstätigkeit:** 18

OLG Düsseldorf NJW 1982, 831 = FamRZ 1981, 1184 (1185): 60-jährige Frau, die während 32-jähriger Ehedauer nicht erwerbstätig war.

OLG Hamm BeckRS 2007, 2184 = FamRZ 1983, 924: 57-jährige Frau, während 30-jähriger Ehedauer nicht berufstätig.

OLG München BeckRS 2010, 6811 = FamRZ 1983, 925: 50-jährige Frau, gelernte Schneiderin, während 20-jähriger Ehedauer nur bei ihrem Vater als Praxisaushilfe tätig.

OLG München FamRZ 2003, 874 (875): 64-jährige Frau, 7 Jahre arbeitslos mit fehlender Berufspraxis als Tonmeisterin, schlechte Arbeitsmarktlage.

**Erwerbsobliegenheit:** 19

OLG Köln BeckRS 2010, 20366 = FamRZ 1980, 1006: 54-jährige Frau.

BGH NJW 1988, 2369 = FamRZ 1988, 265 (266): 48-jährige Frau.

OLG Hamburg BeckRS 2001, 31054469 = FamRZ 1991, 445 (446 f.): 53-jährige Frau, doch geht es in der Entscheidung vornehmlich um die Eheangemessenheit einer Erwerbstätigkeit.

OLG Koblenz BeckRS 2011, 3559 = FamRZ 1992, 950 (951): 53-jährige Frau nach 31 Jahren Nur-Haushaltsführung.

OLG Bamberg NJW-RR 1993, 66 = FamRZ 1992, 1305 (1306): 56-jährige Frau.

OLG Hamm FamRZ 1995, 1416: 60-jährige Frau.

OLG Oldenburg FamRZ 1996, 672: 56-jähriger Mann, jedenfalls im Geringverdienerbereich.

OLG Karlsruhe NJWE-FER 1998, 52 = FamRZ 1998, 746: 57-jährige Frau, ungelernt, leichte Tätigkeiten zumutbar.

OLG Dresden EzFamR aktuell 2000, 267 = FamRZ 2001, 833 Ls.: 54-jähriger Mann.

OLG Bamberg BeckRS 2001, 30154397 = FamRZ 2002, 101 Ls.: 43-jährige Frau, 4 Jahre Trennung, Volljuristin ohne Berufserfahrung.

OLG Stuttgart BeckRS 2009, 26977 = FamRZ 2004, 1380: 56-jährige, voll erwerbsfähige Frau.

**Erwerbsobliegenheit nach den Umständen des Einzelfalles:** 20

OLG Düsseldorf FamRZ 1984, 489 (490): 53-jährige Ehefrau, die noch minderjährige Tochter betreut und bei der eine weitere volljährige, noch die Schule besuchende Tochter lebt.

OLG Koblenz BeckRS 2011, 3559 = FamRZ 1992, 950 (951): 53-jährige Frau.

OLG Hamm FamRZ 1995, 1416 f.: 60-jährige Frau.

OLG Zweibrücken NJWE-FER 1997, 145 = FamRZ 1998, 291: 64-jährige Frau.

BGH NJW 1999, 1547 = FamRZ 1999, 708 (709 f.): 60-jährige Frau.

Steht nicht das altersbedingt verringerte Leistungsvermögen der Rückkehr des Bedürftigen ins Erwerbsleben entgegen, sondern vereitelt der **Arbeitsmarkt** die Erwerbschancen älterer Arbeitssuchender, stehen die Ansprüche aus §§ 1571, 1573 nach Ausdehnung der Befristungsmöglichkeit ua auch auf den Altersunterhalt **kumulativ** nebeneinander (→ Rn. 39).[23] Insbesondere im Hinblick auf eine **Begrenzung** des Unterhaltsanspruchs nach § 1578b ist aber der Anteil der jeweiligen Unterhaltstatbestände (→ § 1578b Rn. 257–261) festzustellen, weil sich dies auf die Billigkeitsabwägung im dortigen Zusammenhang auswirken kann. 21

---

1416 f. (60-jährige Frau): Dass eine Ehefrau während der – auch langen – Ehezeit nicht mehr außerhalb des Familienhaushalts in abhängiger Stellung gearbeitet hat, hindert nicht die Annahme ihrer Obliegenheit zur Aufnahme einer Erwerbstätigkeit; OLG Koblenz BeckRS 2011, 3559 = FamRZ 1992, 950 (951) (53-jährige Frau).

22 BGH NJW 1983, 1483 = FamRZ 1983, 144 (145).

23 Zur Rechtslage bis 31.12.2007 s. Soergel/*Häberle,* 12. Aufl. 1988, Rn. 8: Der Unterhaltsanspruch ergibt sich grundsätzlich aus § 1573 Abs. 1 und nur dann aus § 1571 Nr. 1, wenn und soweit eine Erwerbstätigkeit vor allem wegen des Alters nicht erwartet werden kann.

### III. Aufnahme und Fortsetzung einer Erwerbstätigkeit

22 Die **altersbezogene** Obliegenheit zu einer Erwerbstätigkeit bestimmt sich nach den **Umständen des Einzelfalles.** Zu den **Einzelheiten** → Rn. 16–21.

23 Allgemein ist zwischen der Fortsetzung einer bereits ausgeübten Erwerbstätigkeit und einer Neuaufnahme zu unterscheiden.[24] Die **Fortsetzung** bis zur Vollendung des 65. Lebensjahres kann idR erwartet werden (→ Rn. 14, 15). Insbesondere führt auch bei älteren Ehegatten[25] allein das Scheitern der Ehe nicht zur Unzumutbarkeit der Fortsetzung einer Erwerbstätigkeit. Dagegen wird zur **Aufnahme** einer Erwerbstätigkeit idR bereits ab dem 60. Lebensjahr, ggf. auch schon früher, keine Obliegenheit mehr bestehen. **Ausnahmen** sind auch hier vor allem bei freiberuflich Tätigen denkbar. – Zu den dem Bedürftigen obliegenden **Erwerbsbemühungen** (Bewerbungen) → § 1578 Rn. 697–730, → § 1579 Rn. 80, 81.

24 Neben diese anspruchsspezifische Obliegenheit tritt die auf die **ehelichen Lebensverhältnisse** bezogene Obliegenheit aus § 1574 Abs. 1, 2, eine ihnen angemessene Erwerbstätigkeit auszuüben. Die Aufnahme einer Erwerbstätigkeit obliegt deshalb auch dann nicht, wenn zwar allgemein eine Erwerbstätigkeit verlangt werden könnte, diese angesichts der wirtschaftlichen Verhältnisse in der Ehe jedoch nicht zumutbar ist. Zur Fortsetzung einer Erwerbstätigkeit ist darauf abzustellen, ob diese bereits während des Zusammenlebens oder erst nach Trennung oder Scheidung aus wirtschaftlicher Not aufgenommen wurde (→ § 1574 Rn. 31–55).

### IV. Einzelfragen

25 **1. Ursächlichkeit des Alters.** „Wegen des Alters" muss von dem geschiedenen Ehegatten eine, ggf. auch teilweise, Erwerbstätigkeit nicht mehr erwartet werden können. Vornehmlich das Alter muss danach kausal für die unterlassene Aufnahme einer Erwerbstätigkeit sein (→ Rn. 4).[26]

26 **2. Einsatzzeitpunkte. a) Grundsätze.** Die enumerative **Aufzählung** der maßgeblichen Einsatzzeitpunkte in Nr. 1–3 ist **abschließend.** Für einen Anspruch auf Altersunterhalt reicht nicht aus, dass der geschiedene Ehegatte zu irgendeinem Zeitpunkt nach der Scheidung wegen seines Alters nicht mehr erwerbstätig sein kann, weil dies dem mit den Einsatzzeitpunkten verfolgten Zweck, nur enumerativ aufgeführte Bedürfnislagen zu erfassen, widersprechen würde.[27] Umgekehrt kann man sich fragen, ob ein Anspruch auf Billigkeitsunterhalt bestehen kann, wenn ein Anspruch auf Altersunterhalt lediglich am Einsatzzeitpunkt scheitert (→ § 1576 Rn. 20).

27 Die Einsatzzeitpunkte sind nur für die **Zumutbarkeit einer Erwerbstätigkeit** wegen Alters, nicht auch für den Bedarf, die Bedürftigkeit und die Leistungsfähigkeit maßgebend (→ § 1578 Rn. 42–44).

**b) Einzelheiten.** Die übrigen Voraussetzungen für einen Anspruch auf Altersunterhalt müssen zu folgenden Zeitpunkten gegeben sein:

28 – **Scheidung (Nr. 1).**[28] Abzustellen ist grundsätzlich auf die Rechtskraft des Scheidungsausspruchs.[29] Bei einer Entscheidung im Verbund ist die letzte mündliche Verhandlung maßgeblich.[30] Nach einer Abtrennung der Unterhaltssache aus dem Verbund nach § 140 FamFG oder nach Eintritt der Rechtskraft des Scheidungsausspruchs vor dem in der Unterhaltssache ist jedoch wieder die Rechtskraft des Scheidungsausspruchs maßgebend.

29 – **Beendigung der Pflege oder Erziehung eines gemeinschaftlichen Kindes (Nr. 2)** stellt nach der Rspr. des BGH auf den Zeitpunkt des – auch teilweisen – Entfallens des Anspruchs auf Betreuungsunterhalt (§ 1570 Abs. 1, 2) ab.[31] Dies setzt voraus, dass die Voraussetzungen für einen Anspruch auf Betreuungsunterhalt vorgelegen haben, sodass unerheblich ist, wenn zwar betreut und Unterhalt gezahlt wurde, ohne dass hierfür jedoch eine rechtliche Verpflichtung bestanden hätte. Nach dem Wortlaut von Nr. 2 ist dies zwar nicht zwingend, weil anders als in Nr. 3 nicht ausdrücklich auf den Wegfall eines bestehenden Unterhaltsanspruchs abge-

---

24 KG BeckRS 2013, 1486 = FamRZ 1981, 1173.
25 OLG Köln BeckRS 2010, 20366 = FamRZ 1980, 1006 (58-jährige Ehefrau).
26 OLG München FamRZ 1993, 564 (565); aA wohl – beiläufig – OLG München BeckRS 2010, 26569 = FamRZ 1989, 1309.
27 Soergel/*Häberle* Rn. 8 zum Billigkeitsunterhalt nach § 1576.
28 Dazu auch BGH BeckRS 1983, 31072572 = FamRZ 1984, 364 (365).
29 Soergel/*Häberle* Rn. 8.
30 BGH NJW 1981, 753 = FamRZ 1981, 241.
31 Jeweils zu § 1572: BGH NJW 1991, 224 (225) = FamRZ 1991, 170 (171); NJW 1990, 2752 = FamRZ 1990, 496 (498); NJW 1990, 1172 = FamRZ 1990, 260 (262).

stellt wird,[32] doch folgerichtig, weil es – in Abweichung vom Grundsatz: Anspruch auf Unterhalt im Zeitpunkt der Rechtskraft der Scheidung (Nr. 1, → Rn. 26) – um einen Unterhaltsanspruch im Anschluss an einen aus anderen Gründen bestehenden Anspruch geht. Ggf. sind die Voraussetzungen eines Anspruchs auf Betreuungsunterhalt und deren Wegfall inzident zu prüfen.[33]

– **Wegfall der Voraussetzungen für einen Unterhaltsanspruch nach §§ 1572 und[34] 1573 (Nr. 3):** Nicht erforderlich ist, dass dem Bedürftigen seit der Scheidung nahtlos ein Anspruch auf Krankheits-, Erwerbslosen- oder Aufstockungsunterhalt zustand;[35] es genügt, dass sich der Altersunterhalt nahtlos an einen dieser Unterhaltstatbestände ungeachtet deren Einsatzzeitpunkte anschließt (zur gleichen Problematik beim Krankheitsunterhalt nach § 1572 Nr. 4 → § 1572 Rn. 27–31, → § 1573 Rn. 13, 17).[36] Dagegen reicht nicht aus, dass der Bedürftige seine Arbeitsstelle wegen seines Alters verloren hat, wenn ihm nicht zunächst ein Unterhaltsanspruch aus **§ 1573 Abs. 4** zustand, weil sein Lebensunterhalt durch seine Erwerbstätigkeit nicht nachhaltig gesichert war.[37] 30

– Der Einsatzzeitpunkt ist auch dann nicht gewahrt, wenn und soweit der Unterhaltsanspruch nach § 1578b **begrenzt** wurde. Denn dadurch soll der Unterhaltsanspruch dauerhaft beschränkt und nicht ein weiterer Unterhaltstatbestand eröffnet werden. Das Alter des Bedürftigen ist bei der Billigkeitsabwägung zur Begrenzung des Unterhalts zu berücksichtigen.[38] 31

**3. Umfang und Dauer des Anspruchs. a) Altersvorsorgeunterhalt.** Der Altersunterhalt umfasst auch den **Altersvorsorgeunterhalt** nach § 1578 Abs. 3, wenn der Bedürftige die **Regelaltersgrenze** noch nicht erreicht hat. Für die Zeit danach ist bereits der – dann nicht mehr versicherbare – Versicherungsfall eingetreten. Dagegen kann, wird eine Rente wegen Erwerbsminderung gewährt, der Fall des Alters weiter versichert werden, ebenso wenn der Bedürftige vor Eintritt der Regelaltersgrenze eine Versorgung aus einer privaten Altersversorgung bezieht.[39] 32

Altersvorsorgeunterhalt steht dem Berechtigten, der bereits eine **vorgezogene Altersrente** bezieht, nicht mehr zu. Denn wer sich hierfür entscheidet, ohne gegen seine unterhaltsrechtlichen Obliegenheiten zu verstoßen, gibt zu erkennen, dass er seine Altersvorsorge abgeschlossen hat. – Anders dagegen, solange er berechtigt in **Altersteilzeit** ist. Bis zum Ablauf der Passivphase und dem Eintritt in den Ruhestand besteht noch ein schützenswertes Interesse an der Verbesserung der Altersversorgung. 33

**b) Krankheits- und Pflegevorsorgeunterhalt.** Der Anspruch auf Krankheits- und Pflegevorsorgeunterhalt (§ 1578 Abs. 2) **entfällt** dagegen idR mangels Bedürftigkeit bereits mit dem Bezug einer Vorruhestandsrente, wenn und soweit Beiträge für die Kranken- und Pflegeversicherung vom Rentenversicherungsträger getragen werden. Etwas anderes kann bei Beamten gelten, für die die Beihilfe nicht die vollen Krankheitsvorsorgekosten abdeckt. 34

**c) Fiktive Einkünfte.** Fiktive Renteneinkünfte können dem Bedürftigen seinen Anspruch auf Altersunterhalt verringernd zugerechnet werden, wenn er 35
– Altersvorsorgeunterhalt (§ 1361 Abs. 1 S. 2, § 1578 Abs. 3) **zweckwidrig** verwandt und dadurch seine Altersrente geschmälert hat (→ § 1578 Rn. 860–880, → § 1579 Rn. 80, 81),
– seiner **Erwerbsobliegenheit** nicht nachgekommen ist (→ § 1578 Rn. 696–816).

**d) Befristung.** Befristet ist der Altersunterhalt grundsätzlich nur durch den **Tod** und die **Wiederheirat** des Bedürftigen. Doch können Umstände für eine **Begrenzung** nach §§ 1578b, 1579 und eine infolge des **Versorgungsausgleichs** erlangte Rente den Unterhaltsanspruch – unter Umständen auch rückwirkend – entfallen lassen (→ Vor § 1569 Rn. 16–20). Dies ist ggf. mit einem Abänderungsantrag geltend zu machen. 36

---

[32] BGH NJW 1990, 2752 = FamRZ 1990, 496 (498); NJW 1990, 1172 = FamRZ 1990, 260 (262): „… entgegen dem insoweit mißverständlichen Wortlaut der Vorschrift …“.

[33] BeckOGK/*Lettmaier,* 1.12.2018, Rn. 34; NK-BGB/*Fränken* Rn. 11.

[34] OLG Stuttgart BeckRS 2010, 15053 = FamRZ 1982, 1015; ebenso Staudinger/*Verschraegen*, 2014, Rn. 18; BeckOGK/*Lettmaier,* 1.12.2018, Rn. 35; NK-BGB/*Fränken* Rn. 12: Redaktionelles Versehen: statt „und“ muss es „oder“ heißen.

[35] So aber OLG Stuttgart BeckRS 2010, 15053 = FamRZ 1982, 1015 f.

[36] S. auch OLG Bremen OLGR 2000, 294; BeckOGK/*Lettmaier,* 1.12.2018, Rn. 39.

[37] Ebenso OLG Koblenz OLGR 2005, 907 (908); BeckOGK/*Lettmaier,* 1.12.2018, Rn. 41.

[38] BeckOGK/*Lettmaier,* 1.12.2018, Rn. 47.

[39] Ebenso BeckOGK/*Lettmaier,* 1.12.2018, Rn. 45; *Borth* Praxis des UnterhaltsR Rn. 141; aA wohl OLG Hamm BeckRS 2009, 25068 = FamRZ 1987, 829 (830): IdR kein Altersvorsorgeunterhalt mehr.

37 **4. Teilunterhalt.** Teil-Altersunterhalt kommt in Betracht, wenn der Bedürftige über verwertbares Vermögen oder über Vermögenserträgnisse verfügt, sich mit verringerter Rente im Vorruhestand befindet, eine Rente wegen verminderter Erwerbsfähigkeit (§ 33 Abs. 3 SGB VI) bezieht oder von ihm nur noch eine Teilzeitbeschäftigung erwartet werden kann.[40] Schließt sich der Anspruch auf Altersunterhalt an einen solchen auf Betreuungs-, Krankheits- oder Unterhalt aus § 1573 an und umfasste dieser den Unterhalt nur teilweise, ist auch der Altersunterhalt in der **Höhe** entsprechend begrenzt (→ Rn. 8, → § 1569 Rn. 65).[41]

## V. Konkurrenzen

38 **1. Allgemeines.** Auch wenn seit dem Inkrafttreten des UÄndG 2007 am 1.1.2008 auch der Anspruch auf Altersunterhalt hinsichtlich seiner zeitlichen Dauer und des Lebensbedarfs nach § 1578b begrenzt werden kann, enthebt dies nicht von der Festlegung, auf welchen Tatbestand der Unterhaltsanspruch zu stützen ist. Denn zum einen sind die jeweiligen **Tatbestandsvoraussetzungen** festzustellen. Und zum anderen besteht idR kein Anspruch (auch) auf **Altersvorsorgeunterhalt** (§ 1578 Abs. 3) mehr, wenn bereits ein Anspruch auf Altersunterhalt besteht (→ Rn. 32, 33, aber auch → § 1578 Rn. 289). Auch kann sich der Umstand, dass Altersunterhalt geschuldet ist, im Rahmen der nach §§ 1578b, 1579 durchzuführenden **Billigkeitsabwägungen** durch eine besondere Gewichtung der nachehelichen Solidarität (→ § 1569 Rn. 20) auswirken.[42] Zudem **lebt** nach der Scheidung einer nachfolgenden Ehe nur der Anspruch auf Betreuungsunterhalt **wieder auf** (§ 1586a Abs. 1). Und zum Lebensbedarf gehören die Kosten einer **Aus-, Fort- und Weiterbildung** nur im Rahmen der § 1574 Abs. 3, § 1575 und scheiden für den Altersunterhalt regelmäßig aus.

39 **2. Verhältnis zu anderen Unterhaltstatbeständen. a) Betreuungsunterhalt (§ 1570).** IdR wird ein Anspruch auf Betreuungsunterhalt (§ 1570) aus biologischen Gründen dann nicht mehr bestehen können, wenn bereits Unterhalt wegen Alters verlangt werden kann, sodass es zu keiner Konkurrenz (mehr) kommen kann. Denkbar ist ein Konkurrenzverhältnis aber, wenn der Berechtigte ein in vorgerücktem Alter der Ehegatten gemeinschaftlich adoptiertes minderjähriges Kind oder ein gemeinschaftliches oder gemeinschaftlich adoptiertes volljähriges Kind betreut (zum Höchstalter der Annehmenden und zum Altersunterschied → § 1741 Rn. 128–133).[43]

40 **b) Krankheitsunterhalt (§ 1572).** Der Anspruch auf Altersunterhalt verdrängt den auf Krankheitsunterhalt (§ 1572), wenn eine Erwerbsobliegenheit aufgrund **altersbedingter Einschränkung** der körperlichen oder geistigen Kräfte zu verneinen ist.[44] Doch können Ansprüche auf Alters- und Krankheitsunterhalt auch nebeneinander stehen, wenn altersbedingt zwar keine Chance auf eine vollschichtige Erwerbstätigkeit besteht, wohl aber nach Behebung krankheitsbedingter Einschränkungen auf eine Teilzeittätigkeit; ggf. ist auf die überwiegende Kausalität abzustellen.[45] Bezieht der Berechtigte eine Rente wegen voller Erwerbsminderung, soll bis zum Erreichen der Regelaltersgrenze nur ein Anspruch auf Krankheitsunterhalt bestehen.[46]

41 **c) Erwerbslosenunterhalt (§ 1573 Abs. 1).** Der Anspruch auf Altersunterhalt ist dadurch gekennzeichnet, dass von dem Bedürftigen **„wegen seines Alters"** eine Erwerbstätigkeit nicht mehr erwartet werden. Ausschlaggebend sind danach allein sein Alter und die damit einhergehenden Einschränkungen seiner körperlichen, geistigen und seelischen Kräfte (→ Rn. 12), die ihm ggf. die Aufnahme einer iSd § 1574 Abs. 2 angemessenen Erwerbstätigkeit nicht (mehr) ermöglichen (auch → § 1574 Rn. 25–27). Deshalb kann im Einzelfall bereits vor Erreichen der Regelaltersgrenze von einem Anspruch auf Altersunterhalt auszugehen sein, etwa wenn der Bedürftige aufgrund seines Alters keine Chancen auf eine eheangemessene Erwerbstätigkeit mehr hat.[47] Kann von einem Bedürftigen allein wegen seines Alters

---

[40] Im Verhältnis zu § 1573 offengelassen von BGH NJW 1988, 2369 = FamRZ 1988, 265 (266), doch wird man nicht anders als für das Verhältnis von § 1570 zu § 1573 Abs. 2 (dazu BGH NJW 1990, 1847 = FamRZ 1990, 492 (493 f.), → § 1570 Rn. 118–120) entscheiden können.

[41] OLG Stuttgart BeckRS 2010, 10297 = FamRZ 1983, 501 (503).

[42] BeckOGK/*Lettmaier,* 1.12.2018, Rn. 64.

[43] BeckOGK/*Lettmaier,* 1.12.2018, Rn. 61; NK-BGB/*Fränken* Rn. 14.

[44] BeckOGK/*Lettmaier,* 1.12.2018, Rn. 62.

[45] Zu § 1572 BGH NJW-RR 1993, 838 = FamRZ 1993, 789 (791) (§ 1573 Abs. 1, 2 grundsätzlich subsidiär).

[46] BGH NJW 2012, 1807 Rn. 23 = FamRZ 2012, 772.

[47] BGH NJW 1999, 1547 = FamRZ 1999, 708 (709 f.); BGHZ 93, 330 = NJW 1985, 1340 = FamRZ 1985, 371 (373); NJW 1983, 1483 = FamRZ 1983, 144 (145); offengelassen von BGH NJW 1987, 2739 = FamRZ 1987, 691 (693).

**Beispiel aus der Rspr.:**
BGH NJW 2012, 2028 Rn. 18, 19 = FamRZ 2012, 951: Ein zu 50% schwerbehinderter Bedürftiger tritt mit 63 Jahren in den Ruhestand.

oder ohne vorherige, wegen seines Alters aber nicht mehr sinnvolle Ausbildung keine angemessene Erwerbstätigkeit (§ 1573 Abs. 1, § 1574 Abs. 3) mehr erwartet werden, ergibt sich sein Anspruch allein aus § 1571.[48] Ist aber die mangelnde Chance auf einen Arbeitsplatz nicht im Alter des Bedürftigen, sondern durch die Lage auf dem Arbeitsmarkt begründet, besteht die Erwerbsobliegenheit fort, sodass sich der Unterhaltsanspruch nicht aus § 1571, sondern aus § 1573 Abs. 1 ergibt und das Alter „nur" ein Umstand bei der Bestimmung einer angemessenen Erwerbstätigkeit iSd § 1574 Abs. 2 (→ § 1574 Rn. 25–27) ist.[49] Obliegt ihm wegen seines Alters nur eine teilschichtige Erwerbstätigkeit, steht ihm, findet er eine solche trotz entsprechender Bemühungen nicht, neben Altersunterhalt Erwerbslosenunterhalt nach § 1573 Abs. 1 zu.

**d) Aufstockungsunterhalt (§ 1573 Abs. 2).** Auch insoweit gilt, dass sich ein Anspruch nur aus § 1571 ergibt, wenn der Bedürftige allein „wegen des Alters" **keine angemessene Erwerbstätigkeit** mehr erlangen kann. Der Altersunterhalt umfasst dann den ganzen eheangemessenen Lebensbedarf und nicht lediglich den durch eine angemessene Erwerbstätigkeit geprägten Bedarf.[50] 42

Kann der Bedürftige nur **teilweise angemessen erwerbstätig** sein, ist im Verhältnis zum Anspruch auf Altersunterhalt (§ 1571/§ 1573 Abs. 2) jedoch nicht auf die überwiegende Kausalität für die Erwerbsunfähigkeit abzustellen (ebenso zum Krankheitsunterhalt, § 1572 → § 1572 Rn. 5–8). Deshalb kann neben dem Anspruch auf Altersunterhalt dann ein Anspruch auf Aufstockungsunterhalt bestehen („soweit"; Teilunterhalt[51]),[52] wenn der Altersunterhalt und die möglichen Einkünfte aus einer vollschichtigen Erwerbstätigkeit zur vollständigen Deckung des eheangemessenen Bedarfs nicht ausreichen.[53] 43

Ein Anspruch auf Aufstockungsunterhalt scheidet aus, wenn der Bedürftige zum maßgeblichen Einsatzzeitpunkt bereits Leistungen aus der **Altersversorgung** bezieht, denn der Anspruch setzt Einkünfte des Bedürftigen aus einer Erwerbstätigkeit voraus; es besteht „nur" ein Anspruch auf Altersunterhalt nach § 1571 Nr. 3.[54] Etwas anderes kann dann gelten, wenn er mit dem Bezug von vorgezogenem Altersruhegeld oder der Inanspruchnahme von Altersteilzeit gegen seine unterhaltsrechtlichen Erwerbsobliegenheiten verstößt und ihm fiktive Erwerbseinkünfte zugerechnet werden (auch → Rn. 23).[55] – Hat dem Bedürftigen während einer Erwerbstätigkeit ein Anspruch auf Aufstockungsunterhalt zugestanden und bezieht er nunmehr Leistungen aus der Altersversorgung, besteht aus demselben Grund nur ein Anspruch auf Altersunterhalt.[56] 44

**e) Ausbildungsunterhalt (§ 1575).** Neben einem Anspruch auf Altersunterhalt scheidet ein solcher auf Ausbildungsunterhalt (§ 1575) aus. Denn wen wegen seines Alters keine Erwerbsobliegenheit mehr trifft, der braucht sich auch zur Steigerung seiner Chancen auf dem Arbeitsmarkt nicht (mehr) aus-, fort- oder weiterbilden zu lassen. 45

**f) Billigkeitsunterhalt (§ 1576).** Ein Anspruch auf Billigkeitsunterhalt (§ 1576) scheidet als Ausnahmetatbestand stets aus, wenn Altersunterhalt verlangt werden kann (→ § 1576 Rn. 44). Dass kein Anspruch auf Altersunterhalt (mehr) besteht, schließt ein Verlangen auf Billigkeitsunterhalt jedoch nicht von vornherein aus. 46

---

48 BGH NJW 1987, 2739 = FamRZ 1987, 691 (693); BGHZ 93, 330 = NJW 1985, 1340 = FamRZ 1985, 371 (373); NJW 1983, 1483 = FamRZ 1983, 144 (145).

49 BeckOGK/*Lettmaier,* 1.12.2018, Rn. 63 mwN.

50 BeckOGK/*Lettmaier,* 1.12.2018, Rn. 65.

51 BeckOGK/*Lettmaier,* 1.12.2018, Rn. 66: „sog. zusammengesetzte bzw. gemischte Anspruchsgrundlage".

52 BGH NJW 2010, 2056 Rn. 15 = FamRZ 2010, 869; BGHZ 179, 43 = NJW 2009, 989 Rn. 20 = FamRZ 2009, 406; NJW 2007, 2628 Rn. 8–10 = FamRZ 2007, 1232; NJW-RR 1993, 838 = FamRZ 1993, 789 (791); NJW 1991, 224 = FamRZ 1991, 170 (171); ebenso OLG Karlsruhe BeckRS 2007, 11979 = FamRZ 2007, 1176 (1177); KG BeckRS 2011, 3556 = FamRZ 1992, 948 (949); wohl auch OLG Hamburg FamRZ 1996, 292; aA OLG Nürnberg BeckRS 2011, 3487 = FamRZ 1992, 682 (683); OLG München FamRZ 1997, 295 (296) (allerdings nur Anspruch auf Unterhalt wegen Krankheit bei völliger Erwerbsunfähigkeit und „Mischeinkünften" aus Erwerbsunfähigkeitsrente und Wohnwert).

53 KG BeckRS 2011, 3556 = FamRZ 1992, 948 (949); OLG Hamm BeckRS 2006, 8500 = FamRZ 1992, 1184; s. auch OLG Schleswig NJW-RR 2004, 1372 f. Nach OLG Düsseldorf BeckRS 2009, 26331 = FamRZ 1987, 595 (597) ist der Unterhaltsanspruch wie bei § 254 nach dem Gewicht der Verursachungsbeiträge auf die Anspruchsgrundlagen zu verteilen.

54 OLG Naumburg BeckRS 2008, 8358 = FamRZ 2008, 2120 Ls.

55 BeckOGK/*Lettmaier,* 1.12.2018, Rn. 67.

56 BGH NJW 2012, 2028 Rn. 18, 19 = FamRZ 2012, 951 (mit der Zurechnung fiktiver Einkünfte wegen Verletzung der Erwerbsobliegenheit setzt sich der BGH – zu Recht, weil diese Frage nicht zur Entscheidung anstand – nicht auseinander); AG Flensburg BeckRS 2013, 8643 = FamRZ 2013, 1135 (1136).

## § 1572 Unterhalt wegen Krankheit oder Gebrechen

**Ein geschiedener Ehegatte kann von dem anderen Unterhalt verlangen, solange und soweit von ihm vom Zeitpunkt**
**1. der Scheidung,**
**2. der Beendigung der Pflege oder Erziehung eines gemeinschaftlichen Kindes,**
**3. der Beendigung der Ausbildung, Fortbildung oder Umschulung oder**
**4. des Wegfalls der Voraussetzungen für einen Unterhaltsanspruch nach § 1573**
**an wegen Krankheit oder anderer Gebrechen oder Schwäche seiner körperlichen oder geistigen Kräfte eine Erwerbstätigkeit nicht erwartet werden kann.**

**Schrifttum:** *Claus-Hasper,* Bemessung und Befristung des Anspruchs auf nachehelichen Krankheitsunterhalt, FamFR 2011, 49; *Finke,* Alkoholmißbrauch als Problem beim Trennungs- und nachehelichen Unterhalt, FPR 1998, 9; *Finke,* Die Rechtsfolgen zweckwidriger Verwendung von Vorsorgeunterhalt, FamFR 2013, 1; *Foerste,* Alkoholismus und Unterhaltsrecht, FamRZ 1999, 1245; *Griesche,* Die Erwerbsunfähigkeit im Ehegattenunterhaltsrecht, FPR 1999, 64; *Maurer,* Die Begrenzung des nachehelichen Alters- und Krankheitsunterhalts, FPR 2013, 146; *Oelkers/Kraeft,* Rehabilitierung und Teilhabe behinderter Menschen – Auswirkungen auf das Unterhaltsrecht, FamRZ 2002, 790; *Reinecke,* Rechtsprechungstendenzen zur Erwerbsunfähigkeit im Ehegattenunterhaltsrecht, FPR 1999, 101; *Wolff,* Die Begutachtung der Erwerbsunfähigkeit bei häufigen orthopädischen Krankheitsbildern, FPR 1999, 89.

**Übersicht**



### I. Allgemeines

1 **1. Normzweck.** § 1572 räumt dem Ehegatten einen Unterhaltsanspruch ein, der im Zeitpunkt der Scheidung wegen **Krankheit, Gebrechen** und **Schwäche seiner körperlichen oder geistigen Kräfte** nicht in der Lage war, sich selbst zu unterhalten. Zwar wird die Krankheit idR **nicht ehebedingt** sein und braucht es auch nicht zu sein,[1] doch wird die Bedürftigkeit infolge der Krankheit oft durch die Ehe mitgeprägt sein. Vor allem aber entspricht es wie beim Altersunterhalt (→ § 1571 Rn. 1) auf die nacheheliche Solidarität gestützten **ethischen** Vorstellungen, dass dem in der Ehe erkrankten Ehegatten vom bisherigen Lebenspartner Hilfe zuteilwird. Dem Einsatzzeitpunkt

[1] BGH NJW 1996, 2793 = FamRZ 1996, 1272 (1273); NJW 1994, 1286 = FamRZ 1994, 566; NJW 1982, 40 = FamRZ 1981, 1163 (1164).

„Scheidung" (Nr. 1) werden solche gleichgestellt, in denen die Verantwortung des leistungsfähigen Ehegatten noch nachwirkt (Nr. 2–4). IÜ bestehen bei einer Erkrankung grundsätzlich keine Unterhaltsansprüche, auch nicht auf Billigkeitsunterhalt (§ 1576). – Zur **Begrenzung** des Anspruchs auf Krankheitsunterhalt nach § 1578b → § 1578b Rn. 253–255; zu seiner **Abdingbarkeit** → § 1585c Rn. 90.

Allgemein wird der Anspruch auf Unterhalt nach § 1572 als Anspruch auf **„Krankheitsunterhalt"** bezeichnet. Dies ist deshalb nicht ganz zutreffend, weil nach § 1572 Unterhalt eben auch wegen Gebrechen und Schwäche körperlicher oder geistiger Kräfte gewährt werden kann. Solange man sich dessen bewusst ist, ist die Verkürzung auf „Krankheitsunterhalt" unschädlich, zumal der Begriff „Krankheit" in der Praxis umfassend gehandhabt wird (→ Rn. 15) und meist auch eigentliche Gebrechen und Schwächen hierunter gefasst werden. 2

**2. Anwendungsbereich.** § 1572 ist auf den **nachehelichen** und den **nachpartnerschaftlichen** (§ 16 LPartG) Unterhalt anwendbar, nicht jedoch auch auf den **Familienunterhalt** (§ 1361a, § 5 LPartG) und den **Trennungsunterhalt** (§ 1361, § 12 LPartG), auch nicht auf den Unterhalt **nicht miteinander verheirateter Eltern** nach § 1615l.[2] 3

**3. Ehebedingtheit.** Die Krankheit etc braucht nicht ehebedingt, dh weder erstmals während der Ehezeit noch wegen der Ehe aufgetreten zu sein **(„latente Erkrankungen").**[3] Deshalb kann auch eine bereits vor der Eheschließung bestehende Krankheit den Anspruch auf Unterhalt wegen Krankheit begründen.[4] Dies folgt aus der nachehelichen Solidarität, nach der schicksalhafte Entwicklungen grundsätzlich gemeinsam zu tragen sind, selbst wenn und soweit sie schon vorehelich angelegt waren. Dabei ist grundsätzlich unerheblich, ob der Bedürftige oder der Verpflichtete um die Krankheit gewusst haben.[5] – Zur Berücksichtigung des Umstandes, dass die Krankheit **nicht ehebedingt** ist, im Rahmen von § 1578b → § 1578b Rn. 170–174, 253–255, § 1579 Nr. 7 → § 1579 Rn. 166, 168–171. 4

**4. Ursächlichkeit der Krankheit. a) Bedeutung.** Der Ursächlichkeit der Krankheit für eine völlige oder teilweise verminderte Erwerbsfähigkeit kommt **besondere** Bedeutung zu. Erfahrungsgemäß geht die Mehrzahl der Erwerbstätigen ihrer Arbeit trotz gesundheitlicher Beeinträchtigungen und Abnutzungserscheinungen nach. Immer wieder erlangen auch die Feststellungen der Versorgungsämter zum Grad der Erwerbsminderung praktische Bedeutung; sie sind allerdings für sich allein nicht aussagekräftig und entbinden nicht von konkreten Feststellungen im Verfahren. 5

**b) Grundsätze.** „Wegen der Krankheit" etc muss von dem geschiedenen Ehegatten eine Erwerbstätigkeit nicht mehr erwartet werden können. Die Krankheit etc muss mithin **kausal** für die Nicht-Erwerbstätigkeit sein.[6] Kausalität in diesem Sinne liegt nicht nur dann vor, wenn die Krankheit etc selbst zur Unzumutbarkeit einer Erwerbstätigkeit führt, sondern auch dann, wenn sie im Zusammenhang mit weiteren äußeren Umständen eine Erwerbstätigkeit unzumutbar erscheinen lassen.[7] Ursächlichkeit besteht dagegen nicht, wenn der Bedürftige aufgrund seiner Krankheit lediglich keine reale **Beschäftigungschance** auf dem Arbeitsmarkt hat (zu den **Konkurrenzen** → Rn. 52–59).[8] 6

Vom Bedürftigen kann nur eine **eheangemessene** Erwerbstätigkeit (→ § 1574 Rn. 10–55) erwartet werden.[9] Wegen der Berücksichtigung der in § 1574 Abs. 2 aufgeführten Merkmale[10] muss für den Krankheitsunterhalt vor allem die Krankheit ursächlich für die verminderte Erwerbsfähigkeit 7

---

[2] BGHZ 184, 13 = NJW 2010, 937 Rn. 53 = FamRZ 2010, 357.

[3] Ebenso etwa BeckOGK/*Lettmaier,* 1.12.2018, Rn. 23.

[4] BGH FPR 2004, 390 = FamRZ 2004, 779 (780); NJW 1996, 2793 = FamRZ 1996, 1272 (1273); NJW-RR 1995, 449 = FamRZ 1995, 1405 (1407); NJW 1994, 1286 = FamRZ 1994, 566; NJW-RR 1988, 834 = FamRZ 1988, 930 (931); NJW 1982, 40 = FamRZ 1981, 1163 (1164 f.).

[5] BGH NJW 1994, 1286 = FamRZ 1994, 566; NJW 1982, 40 = FamRZ 1981, 1163 (1165).

[6] Soergel/*Häberle* Rn. 3. Nach OLG Karlsruhe BeckRS 2010, 20358 = FamRZ 1980, 1125 (1126) dürfen die Anforderungen an die Kausalität nicht überspannt werden.

[7] BeckOGK/*Lettmaier,* 1.12.2018, Rn. 29; Jauernig/*Budzikiewicz* Rn. 4: krankheitsbedingte Gefährdung auf dem Weg zur Arbeitsstätte.

[8] OLG Frankfurt a. M. BeckRS 1993, 6618 = FamRZ 1994, 1265 (psychische Erkrankung); aA – wohl – OLG Brandenburg OLG-NL 1996, 2 = FamRZ 1996, 866; OLG Karlsruhe BeckRS 2010, 20358 = FamRZ 1980, 1125 (1126); BeckOGK/*Lettmaier,* 1.12.2018, Rn. 29 („… ausreichend …, dass wegen einer konkreten Erkrankung keine reale Beschäftigungschance in einem angemessenen (§ 1574 Abs. 2) Tätigkeitsfeld besteht").

[9] BT-Drs. 7/650, 124; hierzu OLG Frankfurt a. M. FamRZ 1992, 64.

[10] Dazu OLG Düsseldorf NJW-RR 1988, 1287 = FamRZ 1989, 57 (58).

sein.[11] Dass bestimmte Tätigkeiten krankheitsbedingt ausgeschlossen sind, spricht allein nicht für eine völlige Erwerbsunfähigkeit, sondern nur für die Unfähigkeit zur Ausübung bestimmter beruflicher Tätigkeiten.[12]

8 Unterhalt wegen Krankheit scheidet danach aus, wenn
- die Krankheit zwar eine Erwerbstätigkeit erlaubt, eine entsprechende Arbeitsstelle aber nicht gefunden werden kann. Insoweit kann ein Anspruch auf **Erwerbslosigkeitsunterhalt** (§ 1573 Abs. 1) zustehen.
- die Krankheit eine vollschichtige Erwerbstätigkeit zulässt, einer höher dotierten Arbeit aber entgegensteht. Insoweit kann **Aufstockungsunterhalt** (§ 1573 Abs. 2) zustehen.[13]
- **Abnutzungserscheinungen** oder **Unpässlichkeiten** allein die Arbeitsfähigkeit nicht wesentlich beeinträchtigen,[14] auch wenn sie altersbedingt sind.[15] Zur Ursächlichkeit einer **Unterhaltsneurose** → Rn. 19.

9 **5. „Verschulden" des Bedürftigen.** Tatbestandlich steht ein vorwerfbares Verhalten des Bedürftigen seinem Anspruch auf Krankheitsunterhalt grundsätzlich nicht entgegen. Es gewinnt jedoch unter zwei Aspekten Bedeutung:
- **Obliegenheit** des Bedürftigen
  - sich **behandeln** und **therapieren** zu lassen (→ Rn. 47, 48).
  - einen Antrag auf **Berufs**- oder **Erwerbsminderungsrente** zu stellen (→ Rn. 49).
  - überhaupt alle Ansprüche auf **Sozialleistungen** (→ Rn. 45) in Anspruch zu nehmen.
- **mutwilliges Verhalten** iSd § 1579 Nr. 4 (→ Rn. 50, 51).

10 **6. Auskunft über den Gesundheitszustand.** Der Anspruch auf Krankheitsunterhalt endet jedenfalls mit der gesundheitlichen Wiederherstellung des Bedürftigen (→ Rn. 43). Ist diese im Zeitpunkt der gerichtlichen Entscheidung noch nicht absehbar, ist die Verpflichtung **unbefristet** auszusprechen (zur Befristung des Krankheitsunterhalts nach **§ 1578b** → § 1578b Rn. 253–255; zur Notwendigkeit, ein **Abänderungsverfahren** zu betreiben → Rn. 60).[16] Um dem Verpflichteten die Prüfung des Fortbestandes seiner Unterhaltspflicht zu ermöglichen, ist der Bedürftige über § 1580 hinaus, der nur ein Auskunftsrecht hinsichtlich der Einkommens- und Vermögensverhältnisse einräumt (→ § 1580 Rn. 21–27), aus § 242 **auf Verlangen** auch zur Auskunft über seinen Gesundheitszustand verpflichtet.[17] Dies gilt auch, wenn die Verpflichtung zur Zahlung von Krankheitsunterhalt zwar unbefristet ausgesprochen wurde, die Genesung und Wiederherstellung der Erwerbsfähigkeit aber bereits zu einem früheren Zeitpunkt eingetreten ist. Der Bedürftige hat die Angaben zu seinem Gesundheitszustand und den durchgeführten Behandlungen durch ärztliche Atteste zu belegen.[18]

11 Darüber hinaus ist der Bedürftige bei einer Besserung seines Gesundheitszustandes auch **unaufgefordert** zur Auskunft verpflichtet (zur Pflicht zur **ungefragten Information** allgemein → § 1578 Rn. 659, → § 1579 Rn. 74, 111, → § 1580 Rn. 96–118). Zur Vermeidung einer unangemessenen Belastung des Bedürftigen ist jedoch § 1605 Abs. 2 entsprechend anzuwenden. Die Verletzung der Auskunftspflicht kann zur **Verwirkung** des Unterhalts nach § 1579 Nr. 3, 5 führen (→ § 1579 Rn. 74, 111).

12 Zudem besteht eine **verfahrensrechtliche Auskunftspflicht** des Bedürftigen zu seinen persönlichen und wirtschaftlichen Verhältnissen (§ 235 Abs. 1 S. 1 FamFG).[19] Im vorliegenden Zusammenhang sind nicht die wirtschaftlichen Verhältnisse, die den Bedarf, die Bedürftigkeit und die Leistungsfähigkeit betreffen, von Bedeutung, sondern die „persönlichen" Verhältnisse. Sie sind zwar wie zu § 114 Abs. 1 S. 1 iVm § 117 Abs. 2 S. 1 ZPO zu bestimmen und umfassen auch den Gesundheitszustand und Schicksalsschläge. Doch besteht diese Auskunftspflicht einschließlich der Pflicht zur ungefragten Information (§ 235 Abs. 3 FamFG) nur im Rahmen eines **anhängigen Unterhaltsverfahrens,**[20] sodass sich die Bedeutung der verfahrensrechtlichen Auskunftspflicht des Bedürftigen

[11] BeckOGK/*Lettmaier,* 1.12.2018, Rn. 29; Soergel/*Häberle* Rn. 3.
[12] BGH NJW-RR 1993, 838 = FamRZ 1993, 789 (791); NJW 1991, 224 = FamRZ 1991, 170 (171); OLG Hamm BeckRS 2006, 8500 = FamRZ 1992, 1184 (1185 f.); OLG Hamburg FamRZ 1987, 1250 (1251); OLG Köln BeckRS 2010, 18888 = FamRZ 1981, 966 (967).
[13] BGH NJW 1991, 224 = FamRZ 1991, 170 (171); NJW 1983, 1483 = FamRZ 1983, 144 f.; OLG Dresden FamRZ 1999, 232 (233); OLG Düsseldorf FamRZ 1987, 1254.
[14] BGH BeckRS 2010, 5199 = FamRZ 1984, 353 (356) mwN.
[15] Johannsen/Henrich/*Hammermann* Rn. 6.
[16] OLG Hamm BeckRS 2010, 14783 = FamRZ 1982, 170 f.: Verweisung auf ein Abänderungsverfahren.
[17] OLG Schleswig FamRZ 1982, 1018; *Borth* in Schwab ScheidungsR-HdB IV Rn. 286.
[18] BeckOGK/*Lettmaier,* 1.12.2018, Rn. 108.
[19] BeckOGK/*Lettmaier,* 1.12.2018, Rn. 107; *Borth* in Schwab ScheidungsR-HdB IV Rn. 286.
[20] Musielak/Borth/*Borth* FamFG § 235 Rn. 1.

über seinen Gesundheitszustand auf bereits und noch anhängige Unterhaltsverfahren beschränkt. – Zur **Verfahrensart** und zum **Verfahren** auch → Rn. 60–65.

## II. „Krankheit oder andere Gebrechen oder Schwäche der körperlichen oder geistigen Kräfte"

**1. Allgemeines.** „Krankheit" und „Gebrechen" sowie „Schwäche der körperlichen oder geistigen Kräfte" müssen sich nicht gegenseitig ausschließen. Im Hinblick auf die dem Sozialversicherungs- und Beamtenrecht entlehnte Begrifflichkeit „Gebrechen oder Schwäche seiner körperlichen oder geistigen Kräfte" ist auch für die Auslegung der Krankheitsbegriff des **Sozialversicherungsrechts** (vgl. § 10 Abs. 1 Nr. 1 SGB VI, § 44 Abs. 1 S. 1 BBG, § 26 Abs. 1 S. 1 BRRG aF) 13

BT-Drs. 7/650, 124: „… entsprechend § 1296 Abs. 2 Satz 1, § 1247 Abs. 2 RVO, § 24 Abs. 2 AVG, §§ 46 Abs. 2 Satz 1, 47 Abs. 2 RKG, § 42 Abs. 1 Satz 1 BBG und § 26 Abs. 1 Satz 2 BRRG …".

heranzuziehen.[21]

Da alle Beeinträchtigungen den Unterhaltsanspruch aus § 1572 vermitteln, ist allein maßgeblich, dass sie zu Einschränkungen der Erwerbsfähigkeit führen.[22] Wegen des **weiten Krankheitsbegriffs,** mit dem die Rspr. durchweg auskommt, kommt „anderen" Gebrechen oder Schwächen nur geringe praktische Bedeutung zu. 14

BGH BeckRS 2010, 5199 = FamRZ 1984, 353 (356): „… modernen weiten Fassung des Krankheitsbegriffs …"

**2. „Krankheit". a) Begriff.** „Krankheit" ist eine körperliche oder seelische Erkrankung (auch → Rn. 33).[23] Danach muss ein objektiv fassbarer regelwidriger Körper- und Geisteszustand vorliegen, der länger andauert und der ärztlichen Behandlung bedarf oder (zugleich oder ausschließlich) Arbeitsunfähigkeit zur Folge hat.[24] Ausreichend ist eine **vorübergehende** Erkrankung,[25] sodass auch insoweit § 1573 oder § 1576 nicht zur Anwendung kommen. Allerdings werden Lohnfortzahlung und Krankengeld die Bedürftigkeit oft entfallen lassen (→ § 1578 Rn. 312, 542, 543, 863). 15

**b) Einzelne Krankheiten.** Tatbestandlich können insbesondere sein:

– **Physische** Krankheiten. 16

**Beispiele aus der Rspr.:**

OLG Nürnberg BeckRS 1981, 31138093 = FamRZ 1981, 964: **Diabetes.**

OLG Oldenburg NJW 1991, 3222 = FamRZ 1991, 827: **Multiple Sklerose.**

OLG Hamm BeckRS 1999, 30064160 = FamRZ 2000, 611 Ls.; FamRZ 1994, 1037: **Morbus Crohn.**

AG Rastatt BeckRS 2010, 30279 = FamRZ 1991, 824 (825): **Epileptische Erkrankung.**

OLG Hamm BeckRS 1997, 11486 = FamRZ 1998, 295 f.: **Cerebrale Krampfanfälle.**

OLG Hamm OLGR 1999, 51 (52) = FamRZ 1999, 1275 Ls.: **Neurotische Depression** und **Colitis Ulcerosa:** Versicherungsfreie Tätigkeit zumutbar.

KG EzFamR aktuell 1999, 377 = KGR 2000, 263 Ls.: Langjähriges schweres **Fibromyalgiesyndrom.**

AG Crailsheim NJWE-FER 2000, 28 = FamRZ 1999, 1077: **Degenerative Hirnleistungsstörung.**

OLG Koblenz BeckRS 2006, 13612 = FamRZ 2007, 833 (insoweit nicht abgedruckt): **Migräne,** meistens mit Aura, teilweise auch in Form der sog. Migräne accompagnée, dh Migräne mit neurologischen Ausfällen wie Sprachstörungen, Halbseitenlähmungen oder Gesichtsfeldausfällen, sowie neurasthenische Störung mit Konzentrationsstörung, Ermüdbarkeit, Erschöpfbarkeit, nachlassender Vitalität und geringem Elan, die einerseits durch die Migräneanfälle verstärkt werden, andererseits aber auch erschwerend auf die Migräneerkrankung einwirken: nur halbschichtige Tätigkeit als Rechtspflegerin.

OLG Zweibrücken NJOZ 2007, 3547 = FamRZ 2007, 2073: **Auffassungsstörungen, Konzentrationsstörungen** und deutliche Herabsetzung der kognitiven Verarbeitungsgeschwindigkeit führen zur Erwerbsfähigkeit von nur 3–4 Stunden täglich.

OLG Jena NJOZ 2007, 3138 = FamRZ 2007, 2079 (2081): Die Behauptung chronischer Schlafstörungen, cerebraler Durchblutungsstörungen, chronischer Kopfschmerzen/Spannungskopfschmerzen, mehrwöchentlich

---

[21] Ebenso OLG Hamburg BeckRS 2010, 15054 = FamRZ 1982, 702.

[22] BeckOGK/*Lettmaier,* 1.12.2018, Rn. 8 mwN.

[23] BT-Drs. 7/650, 124.

[24] BSGE 53, 22 (27); BSGE 48, 265 = NJW 1980, 1919; BSGE 46, 41 = BeckRS 1978, 30704833; BSGE 35, 10, 12; BSGE 26, 240 = NJW 1968, 1109.

[25] Ganz hM, etwa OLG Nürnberg BeckRS 2011, 3487 = FamRZ 1992, 682 (683); Staudinger/*Verschraegen,* 2014, Rn. 10: BeckOGK/*Lettmaier,* 1.12.2018, Rn. 20; Soergel/*Häberle* Rn. 4; Erman/*Maier* Rn. 4; Johannsen/Henrich/*Hammermann* Rn. 7; NK-BGB/*Fränken* Rn. 3; *Borth* in Schwab ScheidungsR-HdB IV Rn. 272; *Bömelburg* in Wendl/Dose UnterhaltsR § 4 Rn. 242; aA BT-Drs. 7/650, 124; *Schumacher* DRiZ 1976, 343.

auftretender Migräneanfälle und hochgradiger neuro-vegetativer Disregulation reichen ohne Darstellung der konkreten gesundheitlichen Beeinträchtigungen und ihrer Auswirkungen auf die Erwerbsfähigkeit nicht aus. OLG Schleswig BeckRS 2000, 30091117 = SchlHA 2000, 198: **Krebs.**

17 – **Alkohol-**[26]

Grundsätzlich zu deren unterhaltsrechtlichen Behandlung *Foerste,*[27] der zwischen der voralkoholischen Phase des fortschreitenden Erleichterungstrinkens (sozialadäquates Trinken), der Podromalphase (Zunahme der Alkoholtoleranz), der kritischen Phase (Kontrollverluste, regelmäßiges Trinken am Morgen, körperliche Beschwerden, Aggressivität, Arbeitsplatzverlust) sowie der chronischen Phase (tagelange Rauschzustände etc) unterscheidet.

und **Drogenabhängigkeit.**[28]

18 – Erhebliche **psychische Erkrankungen,**[29] insbesondere **Depressionen.**
– Sie können auch durch die mit Trennung und Scheidung verbundenen Erregungen und Belastungen (mit) verursacht sein. In der Praxis treten Letztere meist als **„reaktive Depressionen"** auf.

**Beispiele aus der Rspr.:**
OLG Köln BeckRS 2010, 16483 = FamRZ 1981, 366 (367): Verneint für **„depressive Verstimmung".**
OLG Koblenz BeckRS 1988, 3665 = FamRZ 1989, 286 (287); NJWE-FER 1998, 122 = FamRZ 1998, 745: **Schwere reaktive Depression** und Skoliose der Wirbelsäule.
OLG Hamburg FamRZ 1998, 294: **Depressiver Versagens- oder Verstimmungszustand.**
OLG Frankfurt a. M. FuR 2001, 371: **Allgemeine Erschöpfungsreaktion,** begleitet von einer chronischen reaktiven depressiven Verstimmung.
BGH NJW-RR 2005, 1450 = FamRZ 2005, 1897 (1898): **Schizophrenie** mit beginnender Chronifizierung und Defektbildung; fehlende Krankheitseinsicht.

Ob und inwieweit in diesem Zusammenhang eine Erwerbstätigkeit **„therapeutische Wirkung"** zeitigen kann, wird idR nur durch ein psychiatrisches Gutachten geklärt werden können.[30]

**Unbeachtlich** sind

19 – die insbesondere aus dem Haftpflicht- und Sozialrecht bekannten **Neurosen,** in denen sich der Bedürftige (auch unbewusst) in die Vorstellung flüchtet, er sei durch seine Unterhaltsansprüche versorgt, weshalb sich die (an sich mögliche) Wiederherstellung seiner Erwerbsfähigkeit nicht lohne.[31] Dies schließt nicht aus, bei Vorliegen einer solchen **Unterhaltsneurose** eine erhebliche Krankheit anzunehmen. An ihrer Ursächlichkeit für die Erwerbslosigkeit (→ Rn. 5–7) fehlt es jedoch, wenn von einer Erwerbstätigkeit therapeutische Wirkungen zu erwarten sind.[32] Zur Anpassung an die Erforderlichkeit einer Erwerbstätigkeit und Eingewöhnung kann auch eine Unterhaltsgewährung für eine Übergangszeit in Betracht kommen.[33] – Wegen der „Simulationsnähe" und zur Abklärung der Verweisung auf eine ggf. auch teilweise Erwerbstätigkeit wird aber idR ein psychiatrisches Gutachten einzuholen sein.[34] – Zu den **Rechtsfolgen** → Rn. 47, 48.

20 – **Essstörungen,**[35] **Adipositas.**[36]

21 – Psychisch bedingter, aber behandelbarer **Sprachfehler.**[37]

22 **3. „Gebrechen".** Gebrechen sind danach gesundheitliche Beeinträchtigungen, die nicht mehr behandelbar sind, wie etwa

---

[26] BGH NJW 1988, 1147 = FamRZ 1988, 375 (377); BeckRS 2010, 5199 = FamRZ 1984, 353 (355); NJW 1981, 2805 = FamRZ 1981, 1042 (1044 f.); OLG Schleswig OLGR 2001, 248 (249); OLG Düsseldorf FamRZ 1987, 1262; FamRZ 1981, 1177 (1178); OLG Stuttgart BeckRS 2010, 18332 = FamRZ 1981, 963; OLG Karlsruhe BeckRS 2010, 20358 = FamRZ 1980, 1125.

[27] *Foerste* FamRZ 1999, 1245 ff.

[28] *Griesche* FamRZ 1981, 423 (425).

[29] Dazu BGH NJW-RR 2005, 1450 = FamRZ 2005, 1897 (1898); OLG Oldenburg NJW-RR 2005, 516 = FamRZ 2005, 1179 (1180); OLG Frankfurt a. M. BeckRS 1993, 6618 = FamRZ 1994, 1265; OLG Karlsruhe BeckRS 1992, 30945138 = FamRZ 1994, 104 (106); AG Münster FamRZ 2003, 875.

[30] Soergel/*Häberle* Rn. 3.

[31] Dazu etwa OLG Düsseldorf FamRZ 1981, 255 (256).

[32] Soergel/*Häberle* Rn. 3. Das OLG Hamm NJW-RR 1995, 642 = FamRZ 1995, 996 scheint diesen Schluss ohne sachverständige Hilfe zu ziehen.

[33] BeckOGK/*Lettmaier,* 1.12.2018, Rn. 21.

[34] BeckOGK/*Lettmaier,* 1.12.2018, Rn. 15.1; *Bäumel* in Göppinger/Wax UnterhaltsR Rn. 973.

[35] BeckOGK/*Lettmaier* Rn. 11 mwN.

[36] OLG Köln FamRZ 1992, 65 (66).

[37] BSGE 50, 47 = BeckRS 1980, 30706584.

Taubheit, Blindheit oder Lähmungen, oder Bewegungseinschränkungen wegen Lähmung oder Amputation, ggf. auch ein Sprachfehler.

**4. „Schwäche der körperlichen und geistigen Kräfte".** Dagegen setzen Schwächen der körperlichen oder geistigen Kräfte keinen erkennbaren regelwidrigen organischen Zustand wie etwa Schwachsinn voraus.[38] Erfasst werden vor allem **Persönlichkeitsstörungen** wie 23

geringe Vitalität; geringe Ausdauer und Belastbarkeit; rasche Erschöpfung; Konzentrationsschwäche; Versagen bei privaten und beruflichen Anforderungen; vegetative Störung; Unfähigkeit, allgemeine Leistungsschwäche,[39]

wenn und soweit sie nicht auf **altersgerechten** Abnutzungen und Verschleißerscheinungen beruhen (auch → Rn. 7).

Eine **Schwangerschaft** selbst ist auch nach dem Verständnis des Unterhaltsrechts keine Krankheit iSd § 1572, wie die Differenzierung in § 1615l Abs. 2 S. 1 – „infolge der Schwangerschaft" und „einer durch die Schwangerschaft oder Entbindung verursachten Krankheit" – zeigt,[40] und auch kein „Gebrechen". Doch soll sie zutreffend einen Unterhaltsanspruch vermitteln können (vgl. § 1615l Abs. 2 S. 1) und ist deshalb unter „Schwäche der körperlichen Kräfte" zu fassen. Zum **Einsatzzeitpunkt** → Rn. 35. 24

## III. Einsatzzeitpunkte

**1. Grundsätze.** Die Einsatzzeitpunkte sind Ausfluss der **nachehelichen Eigenverantwortung** des Bedürftigen und der **nachehelichen Solidarität** des Verpflichteten (→ § 1569 Rn. 20). Deshalb führt nicht jede Krankheit zu einem Anspruch auf Krankheitsunterhalt, vielmehr muss sie zu einem bestimmten, in Nr. 1–4 vorgegebenen Zeitpunkt eingetreten sein.[41] Fehlt ein unmittelbarer zeitlicher Zusammenhang mit der Ehe iSd Nr. 1–4, besteht kein Anspruch aus § 1572 (zum Einsetzen der Krankheit nach einem Einsatzzeitpunkt → Rn. 33–38),[42] doch wird nicht vorausgesetzt, dass bereits ein Anspruch auf Trennungsunterhalt bestanden hat.[43] Bedürftigkeit und Leistungsfähigkeit können, besteht die erhebliche Krankheit fort, später eintreten (→ § 1578 Rn. 44). 25

**2. Die einzelnen Einsatzzeitpunkte. a) Überblick.** Die einzelnen Einsatzzeitpunkte sind: 26
- **Scheidung** (Nr. 1). Maßgebend ist die Rechtskraft des Scheidungsausspruchs.
- Beendigung der **Pflege oder Erziehung eines gemeinschaftlichen Kindes** (Nr. 2).[44] Da ein Anspruch auf Betreuungsunterhalt (§ 1570 Abs. 1, 2) voraussetzt, dass das Kind auch tatsächlich (→ § 1570 Rn. 21) und rechtserheblich betreut wird (→ § 1570 Rn. 28–106), ist der Zeitpunkt entscheidend, in dem trotz der Betreuung eines Kindes eine Erwerbsobliegenheit des Bedürftigen[45] und somit kein Anspruch auf Betreuungsunterhalt mehr besteht.[46]
- Beendigung der **Ausbildung, Fortbildung oder Umschulung** (Nr. 3). Sie führt ggf. zu einem Anspruch auf Anschlussunterhalt nach §§ 1573, 1574 Abs. 3 und § 1575.
- Wegfall der Voraussetzungen für einen Unterhaltsanspruch nach **§ 1573** (Nr. 4, → Rn. 27–31).

**b) Wegfall der Voraussetzungen für einen Unterhaltsanspruch nach § 1573.** Von dem Anspruch auf Erwerbslosen- oder Aufstockungsunterhalt, auch als Anschlussunterhalt (§ 1573 Abs. 3), muss eine ununterbrochene **„Anspruchskette"** zu dem Anspruch auf Krankheitsunterhalt führen.[47] Dies bedarf jedoch der Konkretisierung: Zum einen muss der Anspruch nach § 1573 nicht 27

---

38 BSGE 14, 63; OLG Celle BeckRS 1986, 31137623 = FamRZ 1986, 910 (911).

39 OLG Bamberg BeckRS 1999, 31163331 = FamRZ 2000, 231 (232).

40 IErg ebenso BeckOGK/*Lettmaier,* 1.12.2018, Rn. 46: Die Schwangerschaft ist „eine im Keim bereits angelegte latente Krankheit, die in dem erforderlichen zeitlichen Zusammenhang mit Eheauflösung (spätestens neun Monate danach) ausbricht".

41 BGH NJW 2009, 2450 Rn. 38 = FamRZ 2009, 1207; BGHZ 179, 43 = NJW 2009, 989 Rn. 37 = FamRZ 2009, 406.

42 IdR auch nicht aus § 1576, OLG Hamm FPR 1999, 108 = FamRZ 1999, 230 (232).

43 OLG Zweibrücken NJWE-FER 2001, 143.

44 S. hierzu OLG Zweibrücken BeckRS 1989, 2055 = FamRZ 1989, 1192 (1193).

45 BGH NJW 1991, 224 = FamRZ 1991, 170 (171); BGHZ 109, 72 = NJW 1990, 1172 = FamRZ 1990, 260 (262).

46 BeckOGK/*Lettmaier,* 1.12.2018, Rn. 40.

47 BGH NJW 2003, 3481 = FamRZ 2003, 1734 (1736); NJW 2001, 3260 = FamRZ 2001, 1291 (1294); dazu auch OLG Koblenz NJW 2016, 2279 = FamRZ 2016, 1460; OLG Celle FamRZ 2016, 1169 Ls. 1; BeckRS 2010, 9072 = FamRZ 2010, 566 f.; FPR 1999, 112 = FamRZ 1997, 1074 (1075); OLG Hamm NJW-RR 1999, 1096 = FamRZ 1999, 1510 (1511); OLG Düsseldorf BeckRS 2002, 13960 = FamRZ 2003, 683 f.; OLG Schleswig OLGR 2006, 486 (487).

geltend gemacht gewesen sein, es reicht aus, dass er **bestanden** hat.[48] Zum anderen muss genügen, dass der Anspruch zum Einsatzzeitpunkt **dem Grunde nach** bestanden, der Bedürftige also seine Erwerbsobliegenheit nicht verletzt hat. Besteht deshalb ein Anspruch allein aus wirtschaftlichen Gründen zunächst nicht, erstarkt er aber nach einer Änderung (→ § 1573 Rn. 13), ist die geforderte „Unterhaltskette" gewahrt.

Im **Einzelnen** gilt:

28 – Der Anspruch auf Unterhalt wegen **Erwerbslosigkeit** nach § 1573 Abs. 1, 3, 4 muss bis zum Eintritt der die Erwerbsfähigkeit beeinträchtigenden Krankheit bestanden haben. Insbesondere darf der Unterhalt durch eine Erwerbstätigkeit nicht – ggf. teilweise – bereits nachhaltig gesichert gewesen sein, weil dann bereits kein Unterhaltsanspruch aus § 1573 Abs. 4 S. 1, 2 mehr bestand (→ § 1573 Rn. 44–53).[49] Der Bedürftige hat ggf. nachzuweisen, dass er ab Rechtskraft der Scheidung zu einer Erwerbstätigkeit dauerhaft nicht in der Lage war.[50]

29 – Eine nach der Scheidung aufgetretene Krankheit kann, war der Unterhalt durch eine eigene Erwerbstätigkeit des Bedürftigen noch nicht **nachhaltig gesichert,** zunächst zu einem Anspruch auf Krankheitsunterhalt (§ 1570) und nachfolgend auf Anschlussunterhalt nach § 1573 Abs. 3 (→ § 1573 Rn. 13, 17) führen.

30 – Maßgeblich ist nicht, ob und in welcher Höhe der Unterhalt tituliert ist, sondern in welcher Höhe er materiell tatsächlich **bestanden** hat.[51]

31 – Wie bei § 1571 (→ § 1571 Rn. 9, 38) ist der Einsatzzeitpunkt auch dann nicht gewahrt, wenn und soweit der Unterhaltsanspruch nach **§§ 1578b, 1579** herabgesetzt oder befristet war. Denn dadurch soll der Unterhaltsanspruch grundsätzlich dauerhaft begrenzt und nicht ein weiterer Unterhaltstatbestand eröffnet werden.

32 **3. „Verschieben" des Einsatzzeitpunktes. a) Grundsatz.** Fehlt es an einer maßgeblichen Krankheit etc (→ Rn. 15–21) zu einem der gesetzlich festgelegten Einsatzzeitpunkte (→ Rn. 26–31), besteht ein Anspruch auf Krankheitsunterhalt grundsätzlich auch dann nicht, wenn sie in engem zeitlichen Zusammenhang mit einem Einsatzzeitpunkt aufgetreten ist (zur latent vorhandenen Krankheit → Rn. 33).[52] Deshalb vermitteln diesen Anspruch jedenfalls nicht Verletzungen aufgrund von Unfällen, die sich kurz nach dem Stichtag ereignet haben.[53]

33 **b) Krankheitsbezogene Ausnahmen. aa) Latent vorhandene Krankheit.** War der Bedürftige zum maßgeblichen Zeitpunkt infolge seiner Krankheit noch nicht oder erst teilweise vermindert erwerbsfähig, soll eine **spätere** volle Erwerbsunfähigkeit diesem Zeitpunkt zuzurechnen sein, wenn sie infolge eines späteren Ausbrechens oder einer späteren Verschlimmerung der Krankheit eingetreten ist[54] und dies bereits absehbar war.[55] Damit schicksalshafte Ereignisse nach dem Einsatzzeitpunkt nicht zu Lasten des Verpflichteten gehen, soll nur ein **enger zeitlicher Zusammenhang**

**Beispiele aus der Rspr.:**
OLG Stuttgart BeckRS 2010, 10297 = FamRZ 1983, 501 (503): Bejaht für Verschlimmerung der Krankheit im Jahr der Scheidung, ebenso nach Ansteckung, aber Ausbruch der Krankheit in der nach dem Einsatzzeitpunkt ablaufenden Inkubationszeit.
OLG Karlsruhe BeckRS 1992, 30945138 = FamRZ 1994, 104 (106): Verneint für eine sich nach über 4 Jahren auswirkende psychische Erkrankung.
OLG Karlsruhe BeckRS 2011, 5775 = FamRZ 1999, 917 Ls.: Verneint für nach 3 Jahren eintretende Spätfolge einer Nervenkrankheit.
OLG Schleswig BeckRS 2000, 30091117 = SchlHA 2000, 198: Bejaht bei Brustkrebserkrankung mit Ausbruch der Krankheit 2½ Jahre nach dem Stichtag wegen der Besonderheiten von Krebserkrankungen, die sich langsam entwickeln können.

---

48 BGHZ 163, 84 = NJW 2005, 3277 = FamRZ 2005, 1817 (1819); auch OLG Zweibrücken FamRZ 1989, 1192 (1193).

49 OLG Koblenz NJW 2016, 2279 = FamRZ 2016, 1460; OLGR 2005, 907 (908); OLG Schleswig NJW-RR 2000, 738 (739); OLG Karlsruhe NJW-RR 1999, 338 = FamRZ 2000, 233 f.; FPR 1999, 113 = FamRZ 1994, 104 (106).

50 OLG Koblenz NJW 2016, 2279 = FamRZ 2016, 1460.

51 So wohl auch OLG Schleswig NJW-RR 2000, 738 (739).

52 BGH NJW 2009, 2450 Rn. 38 = FamRZ 2009, 1207; BGHZ 179, 43 = NJW 2009, 989 Rn. 37 = FamRZ 2009, 466; BeckOGK/*Lettmaier,* 1.12.2018, Rn. 56; *Borth* in Schwab ScheidungsR-HdB IV Rn. 280.

53 BeckOGK/*Lettmaier,* 1.12.2018, Rn. 56.

54 BGH NJW 1987, 2229 = FamRZ 1987, 684 (685).

55 OLG Düsseldorf BeckRS 1992, 1081 = FamRZ 1993, 331; OLG Karlsruhe FPR 1999, 113 = FamRZ 1994, 104; Soergel/*Häberle* Rn. 7; NK-BGB/*Fränken* Rn. 13; *Borth* in Schwab ScheidungsR-HdB IV Rn. 280; aA Johannsen/Henrich/*Hammermann* Rn. 14 (da die bloße Erkennbarkeit eines Krankheitsansatzes einer nachhaltigen Sicherung des Unterhalts durch eigene Erwerbstätigkeit nicht entgegenstehe).

BGH NJW 2001, 2360 = FamRZ 2001, 1291 (1293): Verneint bei einem Ausbruch der Krankheit 23 Monaten nach dem Einsatzzeitpunkt.

AG Hamburg-Altona BeckRS 2005, 18955: Verneint bei Eintritt der Erwerbsunfähigkeit 23 Monate nach dem Stichtag.

OLG Schleswig OLGR 2006, 486 (488): Verneint für Eintritt der Erwerbsunfähigkeit 3 Jahre nach dem Einsatzzeitpunkt.

OLG Koblenz NJW-RR 2006, 151 = FamRZ 2006, 704 Ls.: Verneint für einen Zeitablauf von 21 Monaten.

OLG Stuttgart BeckRS 2008, 74 = FamRZ 2007, 2075 (2076): Verneint für eine sich nach 7 Jahren auswirkende psychische Erkrankung.

KG NJOZ 2012, 722 = FamRZ 2012, 788: Verneint für Zeitablauf von 4 Jahren.

mit dem maßgeblichen Zeitpunkt bei Ausbrechen einer latent vorhandenen Krankheit zu einem Anspruch auf Krankheitsunterhalt führen.[56] Bloße **Veranlagungen** oder familiäre **Vorbelastungen** für bestimmte Krankheiten, die sich erst nach einem Einsatzzeitpunkt manifestiert haben, reichen hierfür jedoch stets nicht aus.[57]

**bb) Verschlechterung des Gesundheitszustands.** Eine Verschlechterung des Gesundheits- 34
zustands kann unterhaltsrechtlich nur dann erheblich sein, wenn sie im Wesentlichen auf **dasselbe Leiden,** wegen dem der Bedürftige bereits zum Einsatzzeitpunkt in seiner Erwerbsfähigkeit gemindert war, zurückzuführen und in **engem zeitlichen Zusammenhang** mit dem Einsatzzeitpunkt eingetreten ist.[58] Gleichzustellen sind die Fälle, in denen zum maßgeblichen Einsatzzeitpunkt zwar noch keine Erwerbsminderung vorgelegen hat, die Progredienz der Krankheit aber sicher und deshalb der Eintritt der (ggf. teilweisen) Erwerbsunfähigkeit sicher absehbar war.[59] Zudem darf der Lebensbedarf des Bedürftigen im Zeitpunkt der Verschlechterung nicht bereits **nachhaltig gesichert** gewesen sein (Rechtsgedanke aus § 1573 Abs. 4).[60] – Zur Beurteilung einer zum Einsatzzeitpunkt bestehenden **Alkoholabhängigkeit** und ihrer Fortentwicklung → Rn. 17.

**cc) Schwangerschaft.** Eine Schwangerschaft mit einem vom Verpflichteten abstammenden, 35
als ehelich geltenden Kind (→ § 1570 Rn. 17, 18) vermittelt keinen Unterhaltsanspruch wegen Krankheit, sondern einen Unterhaltsanspruch wegen einer „Schwäche der körperlichen Kräfte" (→ Rn. 24). Da diese Schwäche nicht bereits mit Beginn der Schwangerschaft eintritt, würde ein Einsatzzeitpunkt nach Nr. 1–4 idR verstrichen sein. Zur Vermeidung einer verfassungswidrigen Schlechterbehandlung der schwangeren ehelichen gegenüber der nicht verheirateten Mutter ist Unterhalt entsprechend § 1615l Abs. 2 S. 3, S. 1, mithin frühestens ab 4 Monaten vor der Geburt geschuldet. Auf einen Einsatzzeitpunkt nach Nr. 1–4 kommt es deshalb nicht an.[61]

**dd) Diskussion.**

Die Unterhaltstatbestände der §§ 1570–1573, 1575, 1576 räumen als Ergebnis einer gesetzgeberischen Abwägung 36
als **Ausnahme** – nacheheliche Solidarität – vom Grundsatz – nacheheliche Eigenverantwortung – einen Unterhaltsanspruch ein. Als Ausnahmen sind sie einer erweiternden Auslegung grundsätzlich nicht zugänglich. Der Wortlaut der gesetzlichen Regelung, der darauf abstellt, dass zu den festgelegten Einsatzzeitpunkten krankheitsbedingt eine angemessene Erwerbstätigkeit nicht (mehr) zu erwarten war, scheint eindeutig. Da es um eine **nachhaltige Sicherung** des Lebensunterhalts des Bedürftigen geht (§ 1573 Abs. 4 S. 1, → Rn. 29),[62] kommt es maßgeblich darauf an, ob und inwieweit bei Kenntnis der gesundheitlichen Verfassung des Bedürftigen erwartet werden konnte, dass er seinen Lebensbedarf durch eigene Erwerbseinkünfte auf Dauer decken kann. In diesem Zusammenhang ist insbesondere auch von Bedeutung, ob dem Bedürftigen im Hinblick auf seine gesundheitlichen Einschränkungen der Arbeitsmarkt überhaupt und ggf. in welchem zeitlichen Umfang eröffnet ist. In diesem Sinne entspricht die Handhabung des Einsatzzeitpunkts der gesetzlichen Regelung und auch der Intention des Gesetzgebers.
Danach ist bei einer **Verschlechterung** einer bereits manifestierten Krankheit durchaus folgerichtig darauf abzu- 37
stellen, ob die Verschlechterung absehbar war, andererseits aber das Risiko des Verpflichteten, noch auf Krankheits-

[56] BGH NJW 2001, 3260 = FamRZ 2001, 1291 (1293); NK-BGB/*Fränken* Rn. 12, 13. Auf einen engen zeitlichen Zusammenhang verzichten etwa KG FamRZ 2002, 460; Soergel/*Häberle* Rn. 6. Ganz abl. etwa Staudinger/*Verschraegen*, 2014, Rn. 29; Johannsen/Henrich/*Hammermann* Rn. 14, weil dadurch die strengen Anforderungen an den Einsatzzeitpunkt untergraben würden.

[57] BeckOGK/*Lettmaier*, 1.12.2018, Rn. 56; Soergel/*Häberle* Rn. 7.

[58] BGH NJW 1987, 2229 = FamRZ 1987, 684 (685); auch OLG Stuttgart BeckRS 2010, 10297 = FamRZ 1983, 501 (503).

[59] Wohl ebenso BeckOGK/*Lettmaier*, 1.12.2018, Rn. 51; Palandt/*Brudermüller* Rn. 8, die allerdings – ohne weitere Begründung – den „engen zeitlichen Zusammenhang" bei einer vorangehenden teilweisen Erwerbsunfähigkeit großzügiger bemessen wollen als bei einer erstmals nach dem Einsatzzeitpunkt eintretenden.

[60] OLG Hamm FPR 1999, 108 = FamRZ 1999, 230 (231).

[61] AA BeckOGK/*Lettmaier*, 1.12.2018, Rn. 46: Die Schwangerschaft ist eine im Einsatzzeitpunkt im Zeitpunkt der Scheidung latent vorhandene Krankheit.

[62] OLG Hamm FPR 1999, 108 = FamRZ 1999, 230 (231).

unterhalt in Anspruch genommen zu werden, durch eine zeitliche Komponente zu begrenzen. Dabei handelt es sich der Sache nach nicht um ein „Verschieben" des Einsatzzeitpunkts in dem Sinne, dass ein neuer, gesetzlich nicht vorgesehener Stichtag generiert wird, sondern darum, dass das spätere Eintreten der krankheitsbedingten Unterhaltsbedürftigkeit noch dem gesetzlichen Einsatzzeitpunkt zugeschrieben wird. – Auch für eine **latent vorhandene Krankheit,** die zum Stichtag noch keine krankheitsbedingten Einschränkungen gezeitigt hat, ist maßgeblich auf die Verschlechterung des Gesundheitszustands abzustellen.

**Beispiel:**
War beim Bedürftigen bereits zum Stichtag ein Krebsleiden diagnostiziert worden, das zwar noch keine Auswirkungen auf die Erwerbsfähigkeit gezeitigt hat, solche jedoch nach medizinischem Ermessen mit einiger Sicherheit zu erwarten und deshalb absehbar waren, ist der Einsatzzeitpunkt gewahrt, wenn sich Einschränkungen der Erwerbsfähigkeit erst später einstellen.

**38** Die Interessen des Verpflichteten werden durch die zeitliche Begrenzung erfasst und gewahrt. Dies entspricht auch der Intention des Gesetzgebers des 1. EheRG:

BT-Drs. 7/650, 124:
„Eine Krankheit, die erst nach der Scheidung oder den ihr gleichgestellten Zeitpunkten eintritt, bleibt aber nicht schlechthin, sondern nur für die Anwendung des § 1573 E [§ 1572] außer Betracht. Übernimmt der geschiedene Ehegatte eine Erwerbstätigkeit und erkrankt er einige Zeit später, so kann er nach § 1574 Abs. 4 E [§ 1573]) Unterhalt verlangen, wenn die Krankheit im Zeitpunkt der Scheidung oder in den gleichgestellten Zeitpunkten schon bestand, aber noch nicht bekannt war; denn in solchen Fällen ist eine nachhaltige Unterhaltssicherung durch eigene Erwerbstätigkeit nicht erreicht worden (vgl. Bemerkungen zu § 1574 Abs. 4 E). Dasselbe gilt, wenn der geschiedene Ehegatte, obgleich er krank war, in Überschätzung seiner Kräfte eine Erwerbstätigkeit übernimmt, die er nach einiger Zeit wieder aufgeben muß. Schließlich kann auch dann, wenn der Ehegatte nach der Scheidung erkrankt und die Voraussetzungen des § 1574 Abs. 4 E nicht vorliegen, Unterhalt wegen Versorgungsnachteilen nach § 1577 E verlangt werden, wenn die Krankheit zur Berufs- oder Erwerbsunfähigkeit führt. Nach dieser Vorschrift ist der Versorgungsnachteil auszugleichen, den ein Ehegatte dadurch erlitten hat, daß er in den nach § 1577 Abs. 1 E maßgeblichen Zeiten nicht oder nicht voll erwerbstätig war.
Diese Regelungen ermöglichen in ihrem Zusammenhang eine angemessene Berücksichtigung jeder Krankheit, die dem Nachwirkungsbereich der Ehe zuzuordnen ist. Damit wird auch dem Vorschlag der Eherechtskommission Genüge getan, die den „zeitlichen Zusammenhang mit der Scheidung berücksichtigt."

**39** **c) Vertrauensbezogene Ausnahme.** Durfte der Bedürftige darauf vertrauen, dass sein Anspruch auf Betreuungs- (§ 1570) oder Erwerbslosigkeitsunterhalt (§ 1573 Abs. 3) fortbesteht und er sich nicht um eine Erwerbstätigkeit bemühen muss, kann sich der Verpflichtete unter Umständen nach **Treu und Glauben** (§ 242) nicht darauf berufen, der Anspruch sei trotz seiner Unterhaltszahlungen wegen des unterbliebenen Nachweises von Erwerbsbemühungen durch den Bedürftigen bereits zu einem früheren Zeitpunkt entfallen gewesen; dann bleibt dem Bedürftigen der Einsatzzeitpunkt aus Nr. 1, 4 erhalten. Dies ist etwa der Fall, wenn der Verpflichtete den Bedürftigen in Kenntnis fehlender Erwerbsbemühungen von solchen durch die Fortzahlung von Unterhalt bewusst abgehalten und ihn in Sicherheit gewiegt hat, oder er trotz des Entfallens der Voraussetzungen für Betreuungsunterhalt in Kenntnis des Vertrauens des Bedürftigen auf die fortbestehende Betreuungsbedürftigkeit eines Kindes weiter Unterhalt gezahlt hat.[63] Allein die Fortzahlung des Unterhalts reicht hierzu jedoch schon deshalb nicht aus, weil es Sache des Bedürftigen ist, den Fortbestand seines Unterhaltsanspruchs, mithin sein Vertrauen in den Fortbestand und seine Schutzwürdigkeit darzulegen und zu beweisen.[64] – Zweifel an der Fortgeltung dieser Rspr. wegen der Stärkung der nachehelichen Eigenverantwortung durch das UÄndG 2007 (→ § 1569 Rn. 18)[65] sind nicht berechtigt.[66] Denn es geht nicht um die Stärkung der Eigenverantwortung des Bedürftigen, sondern seines Vertrauens auf die Weiterzahlung des Unterhalts.

## IV. Höhe des Anspruchs

**40** Grundsätzlich erstreckt sich der Anspruch auf Krankheitsunterhalt auf die **volle,** nach §§ 1578 (Halbteilung), 1577 (Bedürftigkeit), 1581 (Leistungsfähigkeit) bemessene Höhe. Sie ist deshalb dynamisch und nicht auf einen Festbetrag beschränkt.[67]

---

[63] BGH NJW 1990, 2752 = FamRZ 1990, 496 (498); generell aA etwa NK-BGB/*Fränken* Rn. 11: „realitätsferne Konstruktion".

[64] *Borth* in Schwab ScheidungsR-HdB IV Rn. 262; aA beim Entfallen von Betreuungsunterhalt wohl AG Kerpen FamRZ 1993, 969 f.

[65] Palandt/*Brudermüller* Rn. 10.

[66] BeckOGK/*Lettmaier*, 1.12.2018, Rn. 48.

[67] OLG Celle FamRZ 2016, 1169 Ls. 3.

**Teilunterhalt** wegen Krankheit kommt dann in Betracht, wenn der Bedürftige über verwertbares **Vermögen** oder über **Vermögenserträgnisse** verfügt oder von ihm trotz seiner Erkrankung nur (noch) eine **Teilzeitbeschäftigung** erwartet werden kann.[68, 69] 41

Ein Anspruch auf Krankheitsunterhalt als **Anschlussunterhalt** an einen solchen auf Betreuungs- oder Unterhalt aus § 1573 (Nr. 2, 4), der den Bedarf nur teilweise umfasste, ist der Höhe nach auf den nach § 1573 geschuldeten Unterhalt **begrenzt** (zum Altersunterhalt → § 1571 Rn. 37, auch → § 1569 Rn. 65).[70] 42

## V. Entfallen des Anspruchs

**1. Wiederherstellung der Gesundheit.** Der Anspruch auf Krankheitsunterhalt besteht, solange und soweit eine Erwerbstätigkeit wegen Krankheit nicht erwartet werden kann.[71] Er entfällt deshalb – ggf. teilweise –, wenn der Bedürftige wieder **gesund** ist oder sich sein Gesundheitszustand gebessert hat. Findet der Bedürftige trotz genügender Bemühungen (→ § 1573 Rn. 20–22, → § 1578 Rn. 697, 731) keine eheangemessene Erwerbstätigkeit, tritt an die Stelle des Krankheitsunterhalts der Anspruch auf **Anschlussunterhalt** nach § 1573 Abs. 3. Zum **Teil-Krankheitsunterhalt** → Rn. 41. 43

Die Gesundung oder die Verbesserung des Gesundheitszustands sind grundsätzlich mit einem **Abänderungsantrag** geltend zu machen.[72] Lediglich dann, wenn die maßgeblichen Umstände im Zeitpunkt der letzten mündlichen Verhandlung in den Tatsacheninstanzen (vgl. § 238 Abs. 2 FamFG) bereits eingetreten oder zuverlässig voraussehbar sind, kann eine Befristung bereits im Ausgangsverfahren ausgesprochen werden.[73] – Mit einer Befristung nach **§ 1578b** besteht keine Überschneidung. Denn sie setzt einen bestehenden Anspruch voraus, während es vorliegend gerade darum geht, ob ein Anspruch auf Krankheitsunterhalt dem Grunde nach überhaupt noch besteht.[74] 44

**2. Bedürftigkeit. a) Einkünfte.** Auch Krankheitsunterhalt kann nur verlangt werden, wenn und soweit der Berechtigte bedürftig ist. Doch führt mangelnde Bedürftigkeit nicht zu einem Entfallen des Anspruchs dem Grunde, sondern nur der Höhe nach. Wird der Berechtigte erst nach dem Verstreichen des **Einsatzzeitpunktes** bedürftig, hat er gleichwohl Anspruch auf Krankheitsunterhalt (→ § 1578 Rn. 42, 43). Insbesondere Leistungen aus der Sozialversicherung mit **Lohnersatzfunktion** wie Kranken- und Übergangsgeld, Entschädigungsrenten aus dem Haftpflichtrecht[75] oder Renten wegen Berufs- oder verminderter Erwerbsfähigkeit und Unfallrenten[76] können die Bedürftigkeit mindern oder entfallen lassen (→ § 1578 Rn. 524–541). – Während einer stationären **Entziehungskur,** für deren Kosten die Sozialversicherungsträger aufkommen, entfällt die Bedürftigkeit weitgehend bis etwa auf Taschengeld und Kleidung,[77] ggf. auch auf Wohnkosten. – Zu den Wirkungen eines Antrags auf eine **Berufsunfähigkeits-** oder **Erwerbsminderungsrente** → Vor § 1569 Rn. 16–20, → § 1578 Rn. 829, 830, → § 1585 Rn. 13–16. 45

---

68 Im Verhältnis zu § 1573 offengelassen von BGH NJW 1988, 2369 = FamRZ 1988, 265 (266), doch wird man nicht anders als für das Verhältnis von § 1570 zu § 1573 Abs. 2 (dazu BGH NJW 1990, 1847 = FamRZ 1990, 492 (493 f.), → § 1569 Rn. 66, → § 1571 Rn. 37) entscheiden können. S. auch OLG Hamm NJW-RR 1994, 3 = FamRZ 1994, 966; OLG Düsseldorf NJW 1988, 1287 = FamRZ 1989, 57; OLG Köln BeckRS 2010, 18888 = FamRZ 1981, 966 (967); OLG Hamburg BeckRS 2010, 16116 = FamRZ 1981, 160 (161); OLG München FamRZ 1981, 154.

69 Auch nach der Einführung der Möglichkeit durch § 1578b [UÄndG 2007], den Krankheitsunterhalt zu begrenzen, besteht ein Bedürfnis für eine Differenzierung zwischen Krankheits- und Aufstockungsunterhalt, zumal eine Beschränkung des Aufstockungsunterhalts eher in Betracht kommt als die des Krankheitsunterhalts (→ § 1578b Rn. 253–255), BGHZ 179, 43 = NJW 2009, 989 Rn. 14 = FamRZ 2009, 406; aA OLG Celle NJW 2009, 521 = FamRZ 2009, 56; OLG Stuttgart NJW-RR 2009, 727 = FamRZ 2009, 53.

70 BGH NJW 2003, 3481 = FamRZ 2003, 1734 (1736); NJW 2001, 3260 = FamRZ 2001, 1291 (1294) mwN, jeweils zu § 1572 Nr. 4; s. auch OLG Koblenz NJW-RR 2006, 151 (152) = FamRZ 2006, 704 Ls.; OLG Zweibrücken BeckRS 2001, 30186750 = FamRZ 2002, 821 f.; NJWE-FER 2001, 139 (141); NJW-RR 2000, 738 (739); OLG Celle FPR 1999, 112 = FamRZ 1997, 1074 (1075); OLG Schleswig FPR 1999, 110.

71 OLG Hamm BeckRS 2006, 10217.

72 OLG Hamm BeckRS 1998, 31160472 = FamRZ 1999, 917 (918 f.).

73 BeckOGK/*Lettmaier,* 1.12.2018, Rn. 110.

74 IErg ebenso BeckOGK/*Lettmaier,* 1.12.2018, Rn. 110.

75 Erman/*Maier* Rn. 14.

76 Zu Letzteren BGH NJW 1982, 1593 = FamRZ 1982, 252 (253); OLG Frankfurt a. M. BeckRS 2010, 23278 = FamRZ 1979, 139.

77 OLG Hamm BeckRS 2007, 162 = FamRZ 1989, 631.

46 Die Berücksichtigung trotz (teilweise) verminderter Erwerbsfähigkeit **überobligationsmäßig** erzielter Erwerbseinkünfte richtet sich nach § 1577 Abs. 2 (→ § 1578 Rn. 472–500).[78] In der Praxis kommt es allein darauf an festzustellen, **wann** und ggf. in welchem **Umfang** im Hinblick auf gesundheitliche Einschränkungen eine Erwerbstätigkeit erwartet werden kann.

**Beispiele aus der Rspr. zum Trennungsunterhalt:**
BGH NJW 1981, 2804 = FamRZ 1981, 1159 (1161): Die Zumutbarkeit der Fortsetzung der Lehrertätigkeit scheitert nicht an der erst jüngst erfolgten Einschulung eines Kindes, das zuvor einen Kindergarten halbtätig besucht hat. „Eine freien Willens – also nicht aus Not wegen unzureichender Versorgung durch den unterhaltspflichtigen Ehegatten – aufgenommene Tätigkeit sollte im allgemeinen Anlass zu der Frage sein, ob nicht die Grenzen des Zumutbaren zunächst zu eng gezogen worden sind. Die Ausübung einer Berufstätigkeit kann ein bedeutsames Indiz für die vorhandene tatsächliche Arbeitsfähigkeit sein".
BGH NJW 1998, 2821 (2822 f.) = FamRZ 1998, 899 (insoweit nicht abgedruckt): IdR ist die Fortsetzung einer bereits seit längerem ausgeübten Erwerbstätigkeit während der Trennungszeit insbesondere dann zumutbar, wenn sie während des Zusammenlebens der Ehegatten trotz Pflege und Erziehung von Kindern ausgeübt wurde und nach der Trennung in wesentlich gleichem Umfang wie bisher fortgeführt wird.

47 **b) Obliegenheiten.** Stets obliegt es dem Bedürftigen, seine Krankheiten, gleich welcher Art, **behandeln** und **therapieren** zu lassen. Seine Weigerung führt, ist er einsichts- und entsprechend seiner Einsicht auch handlungsfähig,[79] wegen Nichterfüllung der Erwerbsobliegenheit idR zur Zurechnung **fiktiver Einkünfte** (→ § 1578 Rn. 697–703). Dies gilt auch für eine **Unterhaltsneurose** (→ Rn. 19): Ist die seelische Störung nicht so übermächtig, dass der Bedürftige sie aus eigener Kraft, ggf. mit ärztlicher Hilfe, auch ohne Unterhaltszahlungen überwinden kann,[80] verletzt er seine Obliegenheit zur Wiederherstellung seiner Erwerbsfähigkeit, sodass er als erwerbsfähig zu behandeln ist und ihm fiktive Einkünfte zuzurechnen sind.[81] Zur **Darlegungs-** und **Beweislast** → Rn. 61.

48 Lassen es Art und Schwere der Erkrankung zu, besteht auch die Obliegenheit des Bedürftigen zur **Ausbildung,** Fortbildung oder Umschulung, um eine Erwerbstätigkeit zu erlangen, welche die nachhaltige Sicherung seines Unterhalts erlaubt (§ 1574 Abs. 3, § 1575).

49 Zur Deckung seines Bedarfs ist der Bedürftige zudem gehalten, einen Antrag auf eine **Berufsunfähigkeits-** oder **Erwerbsminderungsrente** zu stellen. Zu den Wirkungen eines solchen Antrags → Vor § 1569 Rn. 16–20, → § 1578 Rn. 829, 830, → § 1585 Rn. 13–16.

50 **c) Verwirkung.** Der Bedürftige kann auch seinen Anspruch auf Krankheitsunterhalt nach § 1579 verwirken. So soll der Berechtigte seine Bedürftigkeit unter engen Voraussetzungen mutwillig iSd § 1579 Nr. 4 herbeiführen, der nicht für ausreichenden **Versicherungsschutz** sorgt.[82] Größere praktische Bedeutung dürfte dem Unterlassen, die **Gesundung** durch Behandlung und Therapie der Krankheit herbeizuführen,[83] zukommen (→ Rn. 47, → § 1578 Rn. 802–807, → § 1579 Rn. 170). – Zur **Unterhaltsneurose** → Rn. 19; zur Herabsetzung oder Ausschluss des Unterhaltsanspruchs nach **§ 1579 Nr. 4** → § 1579 Rn. 209–212.

51 Allerdings ist auch in diesem Zusammenhang zu beachten, dass § 1579 nicht die Obliegenheiten des Bedürftigen, sondern Eingriffsvoraussetzungen für ein gegen den Verpflichteten gerichtetes Verhalten bestimmt. Deshalb wird bei entsprechendem Verhalten des Bedürftigen eine Obliegenheitsverletzung meist schon vorliegen und die Bedürftigkeit mindernd zu berücksichtigen sein, ohne dass es eines mutwilligen Verhaltens bedarf. Solches könnte nur zu einer weiteren Herabsetzung des bereits der Höhe nach festgestellten Unterhaltsanspruchs führen (näher etwa → § 1578 Rn. 436, 669, 853, 901, 909). Letzteres kann etwa angenommen werden, wenn der Bedürftige seine Erwerbsunfähigkeit durch Selbstverstümmelung oder einen Selbstmordversuch zurechenbar selbst herbeiführt.

---

[78] S. auch OLG Hamm FamRZ 1994, 1035 (1036); BeckOGK/*Lettmaier,* 1.12.2018, Rn. 66; Johannsen/Henrich/*Hammermann* Rn. 22; NK-BGB/*Fränken* Rn. 17; aA – gar keine Anrechnung überobligatorisch erzielter Erwerbseinkünfte – Palandt/*Brudermüller* Rn. 17; FA-FamR/*Maier* Rn. 511, die allerdings die Entscheidung BGH NJW 1998, 2821 (2822 f.) = FamRZ 1998, 899 (insoweit nicht abgedruckt) missverstehen.

[79] Etwa BGH NJW 1988, 1147 (1149) = FamRZ 1988, 375 (377).

[80] Zum Ganzen BGHZ 91, 105 = NJW 1984, 1816 = FamRZ 1984, 660 (661).

[81] Ebenso *Bäumel* in Göppinger/Wax UnterhaltsR Rn. 973. – Soergel/*Häberle* Rn. 2 verneinen das Vorliegen einer „Krankheit", was allerdings gleichfalls zur Zurechnung fiktiver Einkünfte führt. – OLG Düsseldorf NJW-RR 1989, 1157 = FamRZ 1990, 68 (69) sieht § 1579 Nr. 8 verwirklicht.

[82] Soergel/*Häberle* Rn. 11.

[83] Zur Behandlung einer Alkoholabhängigkeit BGH NJW 1988, 1147 (1149) = FamRZ 1988, 375 (377); NJW 1981, 2805 = FamRZ 1981, 1042 (1044 f.).

## VI. Konkurrenzen

Der Anspruch auf Krankheitsunterhalt kann neben einem Anspruch auf **Betreuungsunterhalt** (§ 1570)[84] oder **Altersunterhalt** (§ 1571) stehen;[85] ggf. ist auf die überwiegende Kausalität abzustellen.[86] Bezieht der Bedürftige aber bereits eine Rente wegen voller Erwerbsminderung, steht ihm bis zum Bezug einer Rente wegen Alters lediglich ein Anspruch auf Krankheitsunterhalt zu.[87] Altersgerechtes Nachlassen der körperlichen und geistigen Kräfte führt jedoch nicht zu einem Anspruch auf Krankheitsunterhalt, sondern ggf. zu einem solchen auf Altersunterhalt (→ Rn. 5, 8, 23).[88] 52

Im Verhältnis zu **§ 1573** gilt:

- Ist der Bedürftige **voll erwerbsgemindert,** beruht der Unterhaltsanspruch allein auf § 1572, unabhängig davon, ob bei einer Vollzeittätigkeit ein Anspruch auf Aufstockungsunterhalt bestünde.[89] 53

Dies kann man kritisieren,[90] weil der Anspruch aus § 1573 Abs. 2 im Gegensatz zu dem aus § 1572 als „schwacher" Anspruch gilt und am ehesten nach § 1578b begrenzt werden kann.[91]

- Könnte der Bedürftige trotz **teilweiser Erwerbsminderung** eine Vollzeittätigkeit ausüben, tut dies aber nicht, ergibt sich ein Unterhaltsanspruch nur aus § 1573 Abs. 2, nicht aus § 1572.[92] 54
- Soweit im Fall des Alters oder der Krankheit keine Erwerbsobliegenheit besteht, kann sich daneben kein Anspruch aus § 1573, der eine Erwerbsobliegenheit gerade voraussetzt, ergeben (→ § 1573 Rn. 20).[93] Da nicht auf die überwiegende Kausalität für die Erwerbsunfähigkeit abzustellen ist (→ Rn. 5–8, → § 1571 Rn. 11, 12, 43), gilt dies nur, solange und soweit eine **Erwerbsobliegenheit** nicht besteht. Deshalb kann neben dem Anspruch auf Alters- und Krankheitsunterhalt ein Anspruch aus § 1573 Abs. 2 bestehen (→ § 1571 Rn. 43, → § 1573 Rn. 63).[94] Entfällt die Erwerbsobliegenheit vollständig, folgt der Anspruch nur aus §§ 1571, 1572.[95] 55
- Scheidet ein Anspruch auf Krankheitsunterhalt aus, weil kein Einsatzzeitpunkt gewahrt ist, steht dies einem Anspruch auf **Aufstockungsunterhalt** aus § 1573 Abs. 2 nicht entgegen. Hätte der Bedürftige zudem keine Arbeitsstelle bekommen oder hätte diese nicht zur nachhaltigen Unterhaltssicherung geführt, steht ihm auch ein Anspruch auf **Erwerbslosenunterhalt** nach § 1573 Abs. 1, 4 zu.[96] 56
- Die strikte Anbindung des Anspruchs auf Krankheitsunterhalt an feste Einsatzzeitpunkte hat Auswirkungen nicht nur auf diesen, sondern etwa auch auf den **Erwerbslosenunterhalt:** Erkrankt der Bedürftige, ohne wegen des fehlenden Einsatzzeitpunktes (→ Rn. 25–39) Anspruch auf Krankheitsunterhalt zu haben, kann er dem Verpflichteten auch im Rahmen von § 1573 nicht sein verringertes Einkommen aus **Krankengeld** entgegenhalten, weil er auch insoweit das Krankheitsrisiko selbst trägt. Vielmehr ist er fiktiv an seinen bislang erzielten Erwerbseinkünften festzuhalten. 57

---

84 Ebenso BeckOGK/*Lettmaier,* 1.12.2018, § 1570 Rn. 111.

85 Zum Verhältnis von § 1571 zu § 1572 Palandt/*Brudermüller* Rn. 16; Johannsen/Henrich/*Hammermann* Rn. 25 (Überlagerungen sind möglich).

86 Zu § 1573 BGH NJW-RR 1993, 838 = FamRZ 1993, 789 (791) (§ 1573 Abs. 1 und 2 grundsätzlich subsidiär).

87 BGH NJW 2012, 1807 Rn. 23 = FamRZ 2012, 772; BGHZ 179, 43 = NJW 2009, 989 Rn. 20 = FamRZ 2009, 406.

88 OLG Bamberg BeckRS 1999, 31163331 = FamRZ 2000, 231 (232).

89 BGH NJW 2012, 1807 Rn. 23 = FamRZ 2012, 772; NJW 2010, 2056 Rn. 15 = FamRZ 2010, 869; BGHZ 179, 43 = NJW 2009, 989 Rn. 20 = FamRZ 2009, 406; NJW-RR 1993, 898 = FamRZ 1993, 789 (791).

90 IErg auch *Borth* in Schwab ScheidungsR-HdB IV Rn. 284.

91 So BGHZ 158, 81 = NJW 2004, 930 = FamRZ 2004, 601 (605) (unter 2. A aE).

92 OLG Hamm NJW 2012, 2286 (insoweit nicht abgedruckt) = BeckRS 2012, 15008 = FamRZ 2013, 43.

93 Zum Krankheitsunterhalt missverständlich OLG Dresden FamRZ 1999, 232 (233).

94 BGHZ 179, 43 = NJW 2009, 989 Rn. 20 = FamRZ 2009, 406; NJW 2007, 2628 Rn. 8–10 = FamRZ 2007, 1232; NJW-RR 1993, 838 = FamRZ 1993, 789 (791); OLG Dresden FamRZ 1999, 232 (233); NJW 1991, 224 = FamRZ 1991, 170 (171); ebenso OLG Karlsruhe BeckRS 2007, 11979 = FamRZ 2007, 1176 (1177); KG BeckRS 2011, 3556 = FamRZ 1992, 948 (949); wohl auch OLG Hamburg FamRZ 1996, 292; aA OLG München FamRZ 1997, 295 (296) (allerdings nur Anspruch auf Unterhalt wegen Krankheit bei völliger Erwerbsunfähigkeit und „Mischeinkünften" aus Erwerbsunfähigkeitsrente und Wohnwert).

95 BGHZ 179, 43 = NJW 2009, 989 Rn. 20 = FamRZ 2009, 406; NJW 2012, 2028 Rn. 18, 19 = FamRZ 2012, 951.

96 BGH NJW 1991, 224 = FamRZ 1991, 170 (171); OLG Schleswig NJW-RR 2004, 1372 f.

58 – War der Unterhalt des Bedürftigen bereits **nachhaltig gesichert** (§ 1573 Abs. 4), dann war sein Unterhaltsanspruch nach § 1573, an den im Rahmen von Nr. 4 angeknüpft werden könnte, erloschen, sodass grundsätzlich kein Anspruch auf Krankheitsunterhalt mehr besteht.[97] War der Unterhalt nur teilweise nachhaltig gesichert, kann sich hinsichtlich des nicht nachhaltig gesicherten Teils (§ 1573 Abs. 4 S. 2) ein Anspruch auf Krankheitsunterhalt ergeben.

59 Neben einem Anspruch auf Krankheitsunterhalt scheiden solche auf **Ausbildungs**- und **Billigkeitsunterhalt** regelmäßig aus. Zu einem Anspruch auf Billigkeitsunterhalt, wenn ein Anspruch auf Unterhalt wegen Krankheit lediglich am Einsatzzeitpunkt scheitert, → § 1576 Rn. 21, 44.

## VII. Verfahren

60 **1. Verfahrensart.** Im gerichtlichen Verfahren können noch nicht eingetretene gesundheitliche Veränderungen nur berücksichtigt werden, wenn sie während des laufenden Verfahrens **vorhergesehen** werden können. Ist die Genesung im Zeitpunkt der gerichtlichen Entscheidung noch nicht absehbar, ist die Unterhaltsverpflichtung **unbefristet** auszusprechen (auch → Rn. 40).[98] Maßgeblich ist grundsätzlich der **Zeitpunkt** der letzten mündlichen Verhandlung in der Tatsacheninstanz. Da die **Pflicht zur ungefragten Information** des FamG (→ Rn. 10–12) während des gerichtlichen Verfahrens bis zu seinem Abschluss in den Tatsacheninstanzen, ggf. auch im Beschwerdeverfahren gilt, sind gesundheitliche Besserungen auch nach dem Schluss der mündlichen Verhandlung mitzuteilen und in das Verfahren einzuführen. Das FamG hat dann die mündliche Verhandlung wieder zu eröffnen (§ 113 Abs. 1 S. 1 FamFG, § 156 Abs. 1 ZPO) und unter Berücksichtigung der neuen Erkenntnisse zu entscheiden. Die mündliche Verhandlung nicht wieder zu eröffnen und die Beteiligten auf ein **Abänderungsverfahren** zu verweisen, ist ein Ermessensfehlgebrauch, der im Beschwerdeverfahren als wesentlicher Verfahrensmangel zu berücksichtigen ist und auf Antrag einer Partei zur Aufhebung der erstinstanzlichen Entscheidung und Zurückverweisung an das FamG führt (§ 69 Abs. 1 S. 3 FamFG).

61 **2. Darlegungs- und Beweislast. a) Grundsätze.** Die Darlegungs- und Beweislast für das Vorliegen einer – auch latenten[99] – Krankheit bzw. beachtlicher Gebrechen oder Schwächen zum maßgebenden Einsatzzeitpunkt und zu deren Auswirkungen auf die Erwerbsfähigkeit obliegt dem Bedürftigen.[100] Erforderlich ist eine substantiierte **Darstellung der Krankheit,** der auf sie zurückzuführenden gesundheitlichen Beeinträchtigungen zu dem in Anspruch genommenen Zeitpunkt und ihrer Auswirkungen auf die Erwerbsfähigkeit.[101] – Zur Darlegung der Wahrung des Einsatzzeitpunkts nach Nr. 4 gehören auch Ausführungen dazu, dass der Unterhalt durch Einkünfte aus der bisherigen Erwerbstätigkeit **nicht nachhaltig** gesichert war, ebenso aus fiktiv zugerechneten Einkünften, ansonsten der seine Erwerbsobliegenheit verletzende Verpflichtete besser gestellt würde als der sie erfüllende.[102] – Der Bedürftige muss ggf. auch das Vorliegen einer **Unterhaltsneurose** (→ Rn. 19) ausräumen oder aber, weil es sich um ein anspruchsbegründendes Merkmal handelt, deren Übermächtigkeit beweisen.[103] – Der Bedürftige trägt das **Beweisrisiko** dafür, dass die von ihm, zur Substantiierung des Vortrags[104] meist gestützt auf ein Attest des behandelnden Arztes, behauptete gesundheitliche Einschränkung ggf. durch ein medizinisches Gutachten auch tatsächlich festgestellt werden kann. Die **Nichterweislichkeit** der Behauptung führt zur Zurechnung fiktiver Einkünfte.[105]

62 Ein Erkrankter ist vermindert erwerbsfähig, wenn er nicht oder nur auf die Gefahr einer Verschlimmerung seines Gesundheitszustandes seiner bisherigen Erwerbstätigkeit nachgehen kann.[106] Für einen Anspruch auf Krankheitsunterhalt ist der Bezug einer **Rente wegen verminderter Erwerbsfä-**

---

[97] OLG Hamm BeckRS 2006, 8502 = FamRZ 2002, 1564; FPR 1999, 108 = FamRZ 1999, 230 (231); OLG Düsseldorf BeckRS 1997, 13085 = FamRZ 1998, 1519 (1520).

[98] OLG Hamm BeckRS 2010, 14783 = FamRZ 1982, 170 f.: Verweisung auf ein Abänderungsverfahren.

[99] Soergel/*Häberle,* 12. Aufl. 1988, Rn. 11.

[100] BGH NJW-RR 2005, 1450 = FamRZ 2005, 1897 (1898); NJW 2001, 3260 = FamRZ 2001, 1291 (1292); NJW-RR 1993, 898 = FamRZ 1993, 789 (791); NJW 1990, 2752 = FamRZ 1990, 496 (497); s. auch KG EzFamR aktuell 1999, 377 = KGR 2000, 263 Ls.; OLG Hamm BeckRS 2006, 10217.

[101] BGH NJW 2007, 839 = FamRZ 2007, 200 (202); NJW 2001, 3260 = FamRZ 2001, 1291 (1292); s. auch OLG Jena NJOZ 2007, 3138 = FamRZ 2007, 2079 (2081); nach OLG Saarbrücken BeckRS 2011, 17419 dürfen die Anforderungen an den Nachweis krankheitsbedingter Erwerbsunfähigkeit nicht überspannt werden.

[102] BGH NJW 2003, 3481 = FamRZ 2003, 1734 (1736).

[103] *Borth* in Schwab ScheidungsR-HdB IV Rn. 275.

[104] BGH NJW-RR 1993, 898 = FamRZ 1993, 789 (791).

[105] BeckOGK/*Lettmaier,* 1.12.2018, Rn. 105; Soergel/*Häberle* Rn. 13.

[106] BSGE 28, 114; BSGE 21, 189 = NJW 1964, 2223; BSGE 19, 173 = NJW 1964, 124. S. auch BT-Drs 14/4230, 25; BSG NZS 2012, 302.

**higkeit (MdE)** (§ 33 Abs. 3 SGB VI, §§ 43, 302a, 302b SGB VI, → Rn. 49) zwar nicht erforderlich, doch **indiziert** die – ggf. teilweise – sozialversicherungsrechtliche verminderte Erwerbsfähigkeit infolge einer Krankheit oder eines Gebrechens die unterhaltsrechtliche krankheitsbedingte Arbeitsunfähigkeit des Bedürftigen.[107] Da vom Bedürftigen nur eine **eheangemessene Erwerbstätigkeit** erwartet werden kann (§ 1574, → § 1574 Rn. 10–55), muss er nicht schlechthin, sondern nur hinsichtlich einer solchen Erwerbstätigkeit arbeitsunfähig sein.[108] Ggf. kann die Erwerbsfähigkeit auch für eine teilweise Erwerbstätigkeit oder für eine Nebentätigkeit gegeben sein.[109] – Da der Bezug einer Rente wegen Erwerbsminderung lediglich zu einer **Vermutung** führt, ist eine abweichende Beurteilung im Einzelfall nicht verwehrt.[110] Dem Verpflichteten muss deshalb die Möglichkeit bleiben, die Indizwirkung zu **widerlegen.** So ist auf sein Verlangen vom Bedürftigen das im Verrentungsverfahren eingeholte Gutachten vorzulegen. Erhebt der Verpflichtete dagegen substantiierte Einwendungen, obliegt dem Bedürftigen wieder der volle Beweis. Im gerichtlichen Unterhaltsverfahren ist dann idR erneut ein medizinisches Gutachten einzuholen.

Dagegen sagt der **Grad der Behinderung (GdB)** aus dem Behindertenrecht nichts über die Erwerbsfähigkeit aus,[111] weil er die Einschränkung der körperlichen Funktion, der geistigen Fähigkeiten oder der seelischen Gesundheit auf Grund eines Gesundheitsschadens bemisst, der mit hoher Wahrscheinlichkeit länger als sechs Monate von dem für das Lebensalter typischen Zustand abweicht und daher lediglich die Teilhabe des Behinderten am Leben in der Gesellschaft beeinträchtigt (§ 2 Abs. 1 S. 1 SGB IX). 63

**b) Abänderungsantrag.** Macht dagegen der **Verpflichtete** mit einem Abänderungsantrag die – ggf. teilweise – Genesung des Bedürftigen geltend, muss er die Änderung des Gesundheitszustands substantiiert darlegen;[112] dem Bedürftigen obliegt dann die Darlegungs- und Beweislast für das Fortbestehen der seinen Unterhaltsanspruch auslösenden Krankheit. Nach Wegfall der Voraussetzungen für den Krankheitsunterhalt hat der **Bedürftige** die volle Darlegungs- und Beweislast für einen Unterhaltsanspruch auf der Grundlage eines anderen Unterhaltstatbestands.[113] 64

**Beispiele aus der Rspr.:**
BGH NJW 1990, 2752 = FamRZ 1990, 496 (497): Im Abänderungsprozess trägt „grundsätzlich" der Abänderungskläger die Darlegungs- und Beweislast für eine wesentliche Veränderung der Verhältnisse, die für die Festsetzung der Unterhaltsrente maßgebend waren.
BGH NJW-RR 2005, 1450 (1451 f.) = FamRZ 2005, 1897: Die fehlende Bereitschaft des Bedürftigen, sich einer erneuten Begutachtung zu unterziehen, ist kein ausreichender Sachvortrag, da durch fehlende Krankheitseinsicht plausibel erklärbar.

**c) Obliegenheiten.** Der Bedürftige trägt das Beweisrisiko dafür, dass er seinen Obliegenheiten (→ Rn. 47–49), insbesondere auch seiner Obliegenheit zur **Behandlung** und **Therapie** nachgekommen ist.[114] 65

## § 1573 Unterhalt wegen Erwerbslosigkeit und Aufstockungsunterhalt

**(1) Soweit ein geschiedener Ehegatte keinen Unterhaltsanspruch nach den §§ 1570 bis 1572 hat, kann er gleichwohl Unterhalt verlangen, solange und soweit er nach der Scheidung keine angemessene Erwerbstätigkeit zu finden vermag.**

**(2) Reichen die Einkünfte aus einer angemessenen Erwerbstätigkeit zum vollen Unterhalt (§ 1578) nicht aus, kann er, soweit er nicht bereits einen Unterhaltsanspruch nach den §§ 1570 bis 1572 hat, den Unterschiedsbetrag zwischen den Einkünften und dem vollen Unterhalt verlangen.**

**(3) Absätze 1 und 2 gelten entsprechend, wenn Unterhalt nach den §§ 1570 bis 1572, 1575 zu gewähren war, die Voraussetzungen dieser Vorschriften aber entfallen sind.**

---

107 IErg ebenso OLG Brandenburg OLG-NL 1996, 92 = FamRZ 1996, 866; OLG Nürnberg BeckRS 2011, 3487 = FamRZ 1992, 682 (683).
108 OLG Dresden FamRZ 1999, 232 (233).
109 OLG Hamm BeckRS 2006, 10217.
110 Strenger OLG Zweibrücken NJW-RR 2007, 222 = FamRZ 2007, 470 (471): Vollumfängliche Erwerbsunfähigkeit nach den Grundsätzen des Sozialhilferechts ist unterhaltsrechtlich ohne Bedeutung.
111 OLG Schleswig OLGR 2006, 486 (488).
112 BGH NJW-RR 2005, 1450 = FamRZ 2005, 1897 (1898); NJW 1990, 2752 = FamRZ 1990, 496 (497).
113 BGH NJW 1990, 2752 = FamRZ 1990, 496 (497) mwN.
114 OLG Hamm NJW-RR 2012, 837 (838) = FamRZ 2012, 1732; BeckOGK/*Lettmaier,* 1.12.2018, Rn. 97; *Borth* in Schwab ScheidungsR-HdB IV Rn. 274, 276; *Bömelburg* in Wendl/Dose UnterhaltsR § 4 Rn. 264.

**(4) [1]Der geschiedene Ehegatte kann auch dann Unterhalt verlangen, wenn die Einkünfte aus einer angemessenen Erwerbstätigkeit wegfallen, weil es ihm trotz seiner Bemühungen nicht gelungen war, den Unterhalt durch die Erwerbstätigkeit nach der Scheidung nachhaltig zu sichern. [2]War es ihm gelungen, den Unterhalt teilweise nachhaltig zu sichern, so kann er den Unterschiedsbetrag zwischen dem nachhaltig gesicherten und dem vollen Unterhalt verlangen.**

**Schrifttum:** *Bäumel,* Die reale Beschäftigungschance, FPR 2000, 17; *Born,* Begrenzung und Befristung von Betreuungs- und Aufstockungsunterhalt unter Berücksichtigung der maßgeblichen Darlegungs- und Beweislastregeln, FPR 2013, 152; *Born,* Der verweiblichte Hausmann und das Karussell der Fiktionen, NJW 2010, 641; *R. Bosch,* Wechselmodell und Unterhalt – Ein Lösungsvorschlag, FF 2015, 92; *Brudermüller,* Zeitliche Begrenzung des Unterhaltsanspruchs, FamRZ 1998, 649; *Büttner,* Abzugs-, Differenz- und Summenmethode – Zur Berechnungsmethode bei der Bemessung des Aufstockungsunterhalts, FamRZ 1984, 534; *Carlberg,* Ermittlung und Befristung des nachehelichen Aufstockungsunterhalts und Erwerbslosigkeitsunterhalt, FamFR 2011, 30; *Christl,* Zeitliche Begrenzung des Ehegattenunterhalts als Prozeßrisiko, FamRZ 1986, 627; *Dieckmann,* Zur Einschränkung des nachehelichen Unterhaltsanspruchs nach dem UÄndG für „Berufstätigenehen", FamRZ 1987, 981; *Diederichsen,* Die Änderungen des materiellen Rechts nach dem Unterhaltsrechtsänderungsgesetz, NJW 1986, 1283; *Ehinger,* Hinweise für Unterhaltsberechtigte oder -pflichtige, die von Arbeitslosigkeit betroffen sind, FPR 2000, 17; *Gerhardt,* Die zeitliche Begrenzung des Ehegattenunterhalts nach § 1573 V BGB und die Begrenzung des Unterhalts auf den angemessenen Bedarf nach § 1578 I 2 BGB, FuR 1997, 249; *Gerhardt,* Die Berechnung des Ehegattenunterhalts nach der Additionsmethode, FamRZ 1993, 261; *Gerhardt/Gutdeutsch,* Haushaltsführung und Kindesbetreuung in der Ehe – ein ungelöstes Problem?, FuR 1999, 241; *Giesing,* Bemessung des Erwerbslosen- und Aufstockungsunterhalts bei zeitlicher Begrenzung nach §§ 1578 I S. 2, 3 und 1573 V BGB, FamRZ 1986, 937; *Graba,* Die Rechtsprechung des Bundesgerichtshofs zum Unterhalt nach den ehelichen Lebensverhältnissen in der Folge der Surrogatsentscheidung, FamRZ 2010, 1131; *Graba,* Der Faktor Zeit im Unterhaltsrecht, FamFR 2012, 411; *Hahne,* Zur Auslegung der §§ 1578 Abs. 1 S. 2 und 1573 Abs. 5 BGB in der Fassung des Regierungsentwurfs für das Unterhaltsänderungsgesetz, FamRZ 1985, 113; *Hahne,* Zur Auslegung der §§ 1578 Abs. 1 Satz 2 und 3 und 1573 Abs. 5 BGB idF des Unterhaltsänderungsgesetzes vom 20. Februar 1986, FamRZ 1986, 305; *Hambitzer,* Keine Befristung des Aufstockungsunterhalts bei ehebedingten Nachteilen und 33-jähriger Ehedauer, FamFR 2011, 395; *Hampel,* Zur Bemessung des Ehegattenunterhalts – Kritische Auseinandersetzung mit der Rechtsprechung des BGH, FamRZ 1984, 621; *Hausleiter,* Aufstockungsunterhalt bei geringen Einkommensunterschieden, NJW-Spezial 2006, 247; *Heiß,* Erwerbsobliegenheit und Bewerbungsbemühungen des Unterhaltsberechtigten beim nachehelichen Unterhalt, FamFR 2013, 78; *Heumann,* Beschränkung des Aufstockungsunterhalts nach langer Kindesbetreuung, Vorwirkungen der Reform und Präklusion?, FamRZ 2007, 178; *Jacob,* Integrierte Berechnung von Haftungsverteilung und Aufstockungsunterhalt, FamRZ 1989, 924; *Krumm,* Die Bagatellgrenze im Rahmen des Aufstockungsunterhalts, FamRZ 2012, 1781; *Maier, K. C.,* Die Bemessung des Aufstockungsunterhalts – Licht im Dunkel des Methodenstreits?, FamRZ 1992, 1381; *Maier, W.,* Die gleiche Teilhabe der Ehegatten am gemeinsam Erwirtschafteten im Unterhaltsrecht, NJW 2002, 3359; *Maier, W.,* Möglichkeiten einer Begrenzung des Unterhalts bei bedarfserhöhenden Surrogatseinkünften, NJW 2003, 1631; *Maier, W.,* Vom Wert des Aufstockungsunterhalts, FamRZ 2005, 1509; *Pauling,* Zur Beweislast beim Unterhalt wegen Erwerbslosigkeit und zum Bedarf, insbesondere zum Wohnbedarf nach Scheidung, FamFR 2012, 121; *Raiser,* Hinreichende Bemühung um angemessene Erwerbstätigkeit, NJW 1986, 1919; *Ruetten,* Ungeeignete Bewerbungsbemühungen bei Schreibfehlern und Betonung langer Familienphase – 950 EUR fiktive Einkünfte aus ungelernter Tätigkeit, FamFR 2012, 204; *Wagner,* Anspruchskonkurrenzen beim Betreuungsunterhalt, NJW 1998, 3097.

**Übersicht**

## A. Allgemeines

### I. Normzweck

Während §§ 1570–1572, 1575 und 1576 nur Bedürfnislagen, die im Zusammenhang mit der Ehe stehen und Folge einer Erwerbslosigkeit sind, abdecken, regeln § 1573 Abs. 1–4, die **verfassungskonform** sind,[1] die Unterhaltsansprüche eines Ehegatten, dem eine voll- oder teilschichtige Erwerbstätigkeit **obliegt.**[2] Doch kann § 1573 auch dann eingreifen, wenn dem Bedürftigen zwar keine Erwerbstätigkeit obliegt – etwa wegen der besonders günstigen wirtschaftlichen Verhältnisse des Verpflichteten oder der sozialen Stellung der Ehegatten (→ § 1574 Rn. 47–52, 53–55) –, die Voraussetzungen der §§ 1570–1572, 1575 jedoch nicht eingreifen (→ Rn. 56–70). 1

Zur **Abgrenzung** der Unterhaltsansprüche des § 1573 → Rn. 4–6; zu den **Einsatzzeitpunkten** und ihrer Bedeutung → Rn. 10–19, → § 1569 Rn. 28–34, → § 1578 Rn. 42–145; zur **Abdingbarkeit** der Ansprüche → § 1585c Rn. 45–47; zur **Darlegungs- und Beweislast** → Rn. 71–79; zur **Verwirkung** des Unterhaltsanspruchs (§ 1579 Nr. 4), wenn nicht bereits während der Trennungszeit trotz Obliegenheit (§ 1574 Abs. 3) die Ausbildung zu einer angemessenen Erwerbstätigkeit aufgenommen wurde, → § 1578 Rn. 705–707. 2

### II. Anwendungsbereich

§ 1573 ist nur auf den Unterhalt nach **Scheidung** und **Aufhebung der Ehe** (§ 1318 Abs. 2) sowie nach **aufgehobener Lebenspartnerschaft** (§ 16 S. 2 LPartG) anwendbar. Dagegen ist er nicht anwendbar auf den **Familien**- (§§ 1360, 1360a) und den **Trennungsunterhalt** (§ 1361). 3

### III. Abgrenzungen

Alle Ansprüche aus § 1573 regeln den Unterhaltsanspruch im Zusammenhang mit einer **Erwerbs-** und **Weiterbildungsobliegenheit** (→ Rn. 20–23): 4

- Abs. 1, 2 unterscheiden – wenn auch nicht allein, weil auch nach Abs. 1 lediglich Aufstockungsunterhalt geschuldet werden kann (→ Rn. 7) – nach Erwerbslosigkeit und Erwerbstätigkeit: **Abs. 1** gibt dem noch nicht wieder ins Erwerbsleben eingegliederten Ehegatten einen Anspruch auf **Erwerbslosenunterhalt. Abs. 2** spricht dem erwerbstätigen Bedürftigen die Differenz zwischen seinen Einkünften und seinem vollen eheangemessenen Bedarf als **Aufstockungsunterhalt** zu. 5
- Abs. 3, 4 regeln Ansprüche auf den **Anschlussunterhalt** nach Abs. 1, 2: **Abs. 3** nach Entfallen der Voraussetzungen für einen Unterhalt nach §§ 1570–1572, 1575 (→ Rn. 41, 42), **Abs. 4** nach Entfallen von Erwerbseinkünften (→ Rn. 43–55). 6

1 BVerfGE 57, 361 = NJW 1981, 1771 = FamRZ 1981, 745 (Abs. 2); BGH FamRZ 1981, 341.

2 Abs. 5 [UÄndG 1986], der ausnahmsweise eine Befristung der Unterhaltsansprüche aus Abs. 1–4 aus Billigkeitsgründen vorsah, wurde in § 1578b [UÄndG 2007] übernommen und auf alle Unterhaltsansprüche ausgedehnt. – Zur Rechtsentwicklung eingehend BeckOGK/*Hamberger,* 1.2.2019, Rn. 7–13.1.

### IV. Rechtsnatur

7 Abs. 1, 2 sind eigenständige **Anspruchsgrundlagen.**[3] Missverständlich ist jedoch die Unterscheidung nach Erwerbslosenunterhalt (Abs. 1) und Aufstockungsunterhalt (Abs. 2, → Rn. 4–6), weil auch nach Abs. 1 nur **Aufstockungsunterhalt** geschuldet sein kann: Kann der Bedürftige ohne Verletzung seiner Erwerbsobliegenheit lediglich aus einer teilschichtigen angemessenen oder aus einer nicht angemessenen Erwerbstätigkeit (§ 1574, → § 1574 Rn. 10–55) Einkünfte erzielen, steht ihm ein Anspruch auf Aufstockungsunterhalt aus Abs. 1 zu und nicht aus Abs. 2. Auch Abs. 3 führt zu einem Anspruch auf Aufstockungsunterhalt nach Abs. 1, wenn dem Bedürftigen aus §§ 1570–1572, 1575 Teilunterhalt zugestanden hat und er ohne Verletzung seiner Erwerbsobliegenheit keine angemessene teilschichtige Erwerbstätigkeit finden kann.

8 **Abs. 3, 4** beinhalten demgegenüber keine Anspruchsgrundlagen,[4] sondern regeln einen weiteren **Einsatzzeitpunkt** (→ Rn. 17–19) für die Ansprüche aus Abs. 1, 2, deren Voraussetzungen neben denen aus Abs. 3 oder Abs. 4 vorliegen müssen, auf **Anschlussunterhalt** nach Beendigung der Bedarfsdeckung entweder durch Zahlungen des Verpflichteten aufgrund eines anderen Unterhaltsanspruchs (Abs. 3) oder durch eigene Erwerbseinkünfte (Abs. 4).

9 Auch **Abs. 4** regelt die **Tatbestandsmäßigkeit** des Unterhaltsanspruchs und nicht lediglich die **Bedürftigkeit** iSd § 1577 Abs. 1,[5] weil er bereits das Bestehen des Unterhaltsanspruchs davon abhängig macht, dass der Unterhalt des Bedürftigen nicht schon nachhaltig gesichert war.

## B. Einsatzzeitpunkte

### I. Erwerbslosen- und Aufstockungsunterhalt

10 **1. Erwerbslosenunterhalt (Abs. 1).** Für den Erwerbslosenunterhalt (Abs. 1) wird grundsätzlich auf die Rechtskraft des Scheidungsausspruchs als Stichtag abgestellt. „Nach der Scheidung" fordert allerdings, anders als die Ansprüche nach § 1571 Nr. 1, § 1572 Nr. 1 („im Zeitpunkt der Scheidung", → § 1571 Rn. 28, → § 1572 Rn. 25, 26), keine strikte Bindung an die Scheidung. Ausreichend ist deshalb ein enger **zeitlicher Zusammenhang** mit der Scheidung,[6] der bereits nach Ablauf weniger Monate nicht mehr gewahrt ist.[7] Fehlt dieser zeitliche Zusammenhang, besteht kein Unterhaltsanspruch nach Abs. 1.[8]

11 Praktisch bedeutsam wird die Frage nach der Wahrung des Einsatzzeitpunktes insbesondere dann, wenn der Bedürftige nach der Scheidung seinen Arbeitsplatz, der ihm seinen Unterhalt noch nicht nachhaltig gesichert hat (zur nachhaltigen Sicherung → Rn. 14, 15, 44–55), verliert. War der **Verlust des Arbeitsplatzes** bereits vor der Scheidung absehbar und ist der Bedürftige umgehend seinen Erwerbsobliegenheiten durch Bewerbungen nachgekommen oder wurde er in eine Auffang-/Beschäftigungsgesellschaft mit dem Ziel der Vermittlung in eine andere Arbeitsstelle übernommen, sollte der Einsatzzeitpunkt auf den Zeitpunkt des tatsächlichen Verlustes des Arbeitsplatzes hinausgeschoben werden, weil dann das Vertrauen des Verpflichteten darauf, nicht mehr auf nachehelichen Unterhalt in Anspruch genommen zu werden, zerstört ist und er mit seiner Inanspruchnahme rechnen muss.

12 Der Einsatzzeitpunkt kann **ausnahmsweise** nach Treu und Glauben etwa dann auf den Zeitpunkt der **Einstellung von Unterhaltszahlungen** hinausgeschoben werden, wenn diese vom Verpflichteten über einen längeren Zeitraum freiwillig erbracht wurden, wodurch der Bedürftige von

---

3 Zu Abs. 2 s. etwa OLG Celle FamRZ 1980, 581.

4 Ebenso BeckOGK/*Hamberger,* 1.2.2019, Rn. 111, 114; wohl auch Staudinger/*Verschraegen*, 2014, Rn. 94 ff. (Abs. 3 wird nur unter dem Stichwort „Einsatzzeitpunkt" diskutiert), 102; Palandt/*Brudermüller* Rn. 1, 25; jurisPK-BGB/*Hollinger* Rn. 90. Zu Abs. 4 auch Soergel/*Häberle* Rn. 24; NK-BGB/*Fränken* Rn. 26; *Bäumel* in Göppinger/Wax UnterhaltsR Rn. 1044; *Borth* in Schwab ScheidungsR-HdB IV Rn. 340 (zu Abs. 4); wohl auch OLG Schleswig NJW-RR 2000, 738 (739); aA etwa Johannsen/Henrich/*Hammermann* Rn. 22; *Dieckmann* FamRZ 1977, 81 (85).

5 BeckOGK/*Hamberger,* 1.2.2019, Rn. 127.

6 BGH NJW 2012, 3434 Rn. 22 = FamRZ 2012, 1483 (verneint nach 4 Jahren); NJW 1988, 2034 = FamRZ 1988, 701 (702) (verneint nach 2½ Jahren); NJW 1987, 2229 = FamRZ 1987, 684 (687) (verneint nach 1½ Jahren); aA – Zeitpunkt der Scheidung – OLG Schleswig NJW-RR 2000, 738 (739); OLG Bamberg NJW-RR 1997, 198 = FamRZ 1997, 819 (820).

7 Soergel/*Häberle* Rn. 10 (3 Monate).

8 OLG Oldenburg NJW 1986, 199 = FamRZ 1986, 64 (65); OLG Bamberg BeckRS 2010, 995 = FamRZ 1984, 897 (898); aA wohl OLG Düsseldorf FamRZ 1991, 193 (194): Beginn des Unterhaltsanspruchs bei verspäteter Arbeitssuche mit Beginn der Erwerbsbemühungen 8 Monate nach Verlust des Arbeitsplatzes.

Erwerbsbemühungen abgehalten und seine Erwerbschancen verschlechtert wurden, und/oder ihm gar ein höherer Unterhalt zugestanden hätte, oder der Verpflichtete erst zeitlich verzögert den Verzicht auf die Rechte aus dem Titel verlangt hat (auch → § 1574 Rn. 57).[9]

**2. Aufstockungsunterhalt (Abs. 2).** Auch für den Anspruch auf Aufstockungsunterhalt (Abs. 2) wird grundsätzlich auf die **Rechtskraft des Scheidungsausspruchs** als Einsatzzeitpunkt abgestellt.[10] – Für den Anspruch auf **Anschlussunterhalt** (Abs. 3) ist Einsatzzeitpunkt das Entfallen der Unterhaltsansprüche aus §§ 1570–1572, 1575 (→ Rn. 17). **Abs. 4** knüpft an den Verlust einer ehemals eheangemessenen Erwerbstätigkeit des Bedürftigen und das Entfallen der Erwerbseinkünfte, die noch zu keiner nachhaltigen Unterhaltssicherung geführt haben, an (→ Rn. 44–53). 13

**Unerheblich** ist, weil dadurch die „Unterhaltskette" nicht unterbrochen wird, grundsätzlich, wenn 14
- Aufstockungsunterhalt trotz bestehenden Anspruchs erst zu einem späteren Zeitpunkt **geltend gemacht** wird.[11]
- ein Anspruch auf Aufstockungsunterhalt **latent vorhanden** war/ist, auch wenn
  - der Verpflichtete **vorübergehend arbeitslos** war (zur lediglich vorübergehenden Arbeitslosigkeit auch → § 1578 Rn. 52),[12] oder
  - der Anspruch infolge einer Veränderung der maßgeblichen Einkommens- und Vermögensverhältnisse erst zu einem späteren Zeitpunkt **entsteht** (auch → § 1578 Rn. 49–145).[13]

**3. Sonstiges.** In der Zulassung von Ausnahmen kommt eine **strukturelle Unsicherheit** zum Ausdruck, die sich in der praktischen Rechtsanwendung fortsetzt. So wird zum **Aufstockungsunterhalt** (Abs. 2) in der obergerichtlichen Rspr. ganz überwiegend die Rechtskraft des Scheidungsausspruchs als Stichtag abgelehnt oder der Anspruch auf die Dauer einer Erwerbsobliegenheit begrenzt.[14] Letzteres trifft zu: Sowohl für den Erwerbslosen- als auch für den Aufstockungsunterhalt ist die Erfüllung der **Erwerbsobliegenheit** nicht auf einen bestimmten Stichtag beschränkt, sondern hat Dauerwirkung, muss also stets erfüllt werden. Zu jedem beliebigen Zeitpunkt entfällt deshalb der Anspruch, wenn und soweit die Obliegenheit nicht mehr erfüllt wird, oder er entsteht, wenn oder soweit sie – ggf. wieder – erfüllt wird. Die Abgrenzung nach dem **zeitlichen Zusammenhang** mit der Scheidung (→ Rn. 10) hat dann keine praktische Bedeutung: Denkbar ist ein fehlender zeitlicher Zusammenhang nur, wenn der Bedürftige seine bislang innegehabte Arbeitsstelle verliert, ohne gegen seine Erwerbsobliegenheit zu verstoßen. Da aber auch insoweit stets Anspruchsvoraussetzung ist, dass sein Lebensbedarf durch seine Erwerbstätigkeit noch nicht nachhaltig gesichert war, und sich die **Nachhaltigkeit** nach der Dauer der Erwerbstätigkeit auch schon vor Trennung und Scheidung, ggf. auch schon vor der Eheschließung und nicht erst ab Scheidung beurteilt (→ Rn. 19), liegen entweder die Voraussetzungen aus Abs. 4 vor oder es scheiden Unterhaltsansprüche aus § 1573 aus. 15

Unabhängig hiervon sind die mit der **Dynamik** des Bedarfs, der Bedürftigkeit (s. zu Letzterer auch § 1577 Abs. 1 [„solange und soweit"] und Abs. 4 S. 1) sowie der Leistungsfähigkeit, die sich nach der Entwicklung der Einkommens- und Vermögensverhältnisse der Ehegatten bestimmen (→ § 1578 Rn. 49–145), zusammenhängenden Fragen. Allerdings führt Abs. 4 bereits auf der Tatbestandsebene der Abs. 1, 2 zu einer Begrenzung des Unterhalts nach Höhe und Dauer des Anspruchs: Waren die Erwerbseinkünfte des Bedürftigen **nachhaltig** erzielt, lässt ihr Entfallen oder ihre Verringerung den Unterhaltsanspruch bereits nicht mehr entstehen (→ Rn. 45). 16

### II. „Anschlussunterhalt" (Abs. 3, 4)

Abs. 3, 4 sind keine Anspruchsgrundlagen (→ Rn. 8), sondern fügen den bereits nach Abs. 1, 2 bestehenden Ansprüchen **weitere Einsatzzeitpunkte** hinzu: 17

---

9 BGH NJW 1990, 2752 = FamRZ 1990, 496 (498); OLG Schleswig BeckRS 2003, 30325655 = SchlHA 2004, 125.

10 So der BGH in ständiger Rspr. seit BGH NJW 1980, 2083 = FamRZ 1980, 770; s. auch BGHZ 163, 84 = NJW 2005, 3277 = FamRZ 2005, 1817 (1819); NJW 1983, 2321 = FamRZ 1983, 886.

11 BGHZ 172, 22 = NJW 2007, 2249 Rn. 25 = FamRZ 2007, 983; BGHZ 163, 84 = NJW 2005, 3277 = FamRZ 2005, 1817 (1819).

12 BGH NJW 2016, 153 Rn. 18 = FamRZ 2016, 203 mAnm *Finke*.

13 BGH NJW 2016, 153 Rn. 21 = FamRZ 2016, 203; OLG Celle FamRZ 2016, 1169 Ls. 2.

14 OLG Thüringen OLG-NL 2004, 165 = FamRZ 2004, 1207 mit krit. Anm. *Schröder* FamRZ 2004, 1726; OLG Frankfurt a. M. FamRZ 1995, 735; OLG München BeckRS 1999, 14849; FamRZ 1993, 564 (565); Ähnlich OLG Koblenz NJW 2003, 1877 = FamRZ 2003, 1105 (1106) (für einen sich erst aus einem Wechsel von der Anrechnungs- zur Differenz-/Additionsmethode nach der Änderung der Rspr. des BGHZ 148, 105 = NJW 2001, 2254 = FamRZ 2001, 986 (991) [→ § 1578 Rn. 27–31] ergebenden Unterhaltsanspruch); OLG Zweibrücken FamRZ 2002, 1565 (nachträgliche Verpflichtung des Bedürftigen zur Zahlung von Kindesunterhalt); aA wohl *Borth* FamRZ 2008, 2 (16).

– Für den Anschlussunterhalt aus **Abs. 3** ist Einsatzzeitpunkt das Entfallen der Unterhaltsansprüche nach §§ 1570–1572, 1575. Deshalb muss eine nicht unterbrochene **„Unterhaltskette"** zwischen den Vortatbeständen und dem Anspruch auf Erwerbslosen-/Aufstockungsunterhalt bestehen und ist der Aufstockungsunterhalt auf die Höhe des Unterhalts nach den Voraustatbeständen beschränkt (zum Ganzen auch (→ § 1569 Rn. 64, 65).[15]

18 – **Abs. 4** lässt wegen des noch bestehenden Zusammenhangs der Bedürfnislage mit der Ehe nach Entfallen von Einkünften aus einer angemessenen Erwerbstätigkeit, durch die der Unterhalt nach der Scheidung noch nicht nachhaltig gesichert war (→ Rn. 8), diese Ansprüche wiederaufleben; nicht aber auch bei Entfallen anderer als **Erwerbseinkünfte.**[16]

19 Davon zu unterscheiden ist der Stichtag zur Beurteilung der **Nachhaltigkeit:** War der Bedürftige bereits während der Ehezeit erwerbstätig, ist unabhängig davon, ob er die Erwerbstätigkeit vor oder nach Eheschließung oder Trennung aufgenommen hat, die Scheidung der frühest mögliche Zeitpunkt für die Beurteilung, ob sein Unterhalt nachhaltig gesichert ist;[17] bei späterer Aufnahme der Erwerbstätigkeit ist der aktuelle Zeitpunkt maßgebend. Abs. 4 dehnt den Einsatzzeitpunkt zeitlich aus, wenn eine **nachhaltige Sicherung** des Unterhalts nicht gelungen war. Soweit der Unterhalt nachhaltig gesichert ist oder war, kann kein Anspruch nach Abs. 1, 2 bestehen oder noch entstehen. – Zu einem Anspruch auf **Alters-** oder **Krankheitsunterhalt** (§§ 1571, 1572) führt das Entfallen der Einkünfte dagegen nur dann, wenn die dort aufgeführten Einsatzzeitpunkte gewahrt sind.[18] – Zur verwandten Regelung in **§ 1577 Abs. 4** → § 1577 Rn. 72–81; zu den **Konkurrenzen** → Rn. 56–60.

## C. Obliegenheiten

### I. Erwerbstätigkeit

20 **1. Anspruchsvoraussetzung.** Zentrale Bedeutung hat auch für Unterhaltsansprüche nach § 1573 die **Obliegenheit** des Bedürftigen zur Ausübung einer **„angemessenen Erwerbstätigkeit"** (im Einzelnen → § 1574 Rn. 10–55): Ein Unterhaltsanspruch nach §§ 1570–1572, 1575 besteht nur, solange und soweit ihn aufgrund der geregelten Bedürfnislagen keine oder keine volle Erwerbsobliegenheit trifft. **Erwerbslosenunterhalt** (Abs. 1) steht dem Bedürftigen deshalb grundsätzlich (zur Ausnahme → Rn. 12, 14) dann zu, wenn und soweit ihn eine Erwerbsobliegenheit trifft,[19] er gleichwohl aber trotz deren Erfüllung seinen vollen Lebensbedarf nicht decken kann, und **Aufstockungsunterhalt** (Abs. 2) nur, wenn der Bedürftige trotz Erfüllung seiner Erwerbsobliegenheit mit seinen Erwerbseinkünften seinen Lebensbedarf nicht selbst decken kann (→ Rn. 30–34). Dies gilt auch für den **Anschlussunterhalt** (Abs. 3, 4; zu deren Rechtsnatur → Rn. 8), wenn der Bedürftige trotz Erwerbsobliegenheit gar keiner Arbeit nachgegangen ist oder ihm trotz seiner Unterhaltsansprüche nach §§ 1570–1572, 1575 eine teilweise Erwerbstätigkeit oblegen hat (Erwerbslosenunterhalt) oder seine erfüllte und ihm auch obliegende Erwerbstätigkeit zur Deckung seines Lebensbedarfs nicht ausreicht (Aufstockungsunterhalt). – Besteht keine oder nur eine Erwerbsobliegenheit auf eine teilschichtige Erwerbstätigkeit, kommen zunächst Ansprüche nach §§ 1570–1572, 1575 in Betracht (→ Rn. 56–69). Doch ist auch ein ergänzender Anspruch aus Abs. 1 nicht ausgeschlossen (→ Rn. 7; allgemein zu den **Anspruchskonkurrenzen** → Rn. 56–70).

21 Da der Anspruch nur besteht, wenn dem Bedürftigen die Sicherung seines Lebensunterhalts „trotz seiner Bemühungen nicht gelungen" ist **(Abs. 4 S. 1),** obliegt es ihm, sich – auch im Rahmen einer Nebentätigkeit[20] oder nach dem Verlust eines Arbeitsplatzes[21] – ernsthaft um eine **auf Dauer**

[15] So der BGH in ständiger Rspr., etwa BGH NJW 2016, 153 Rn. 14, 15 = FamRZ 2016, 203; BGHZ 163, 84 = NJW 2005, 3277 = FamRZ 2005, 1817 (1819); NJW 1983, 2321 = FamRZ 1983, 886; NJW 1980, 2083 = FamRZ 1980, 770.

[16] BGH NJW 1987, 3129 = FamRZ 1987, 689: Entfallen der Versorgung aus einer nichtehelichen Lebensgemeinschaft.

[17] BGH NJW 1988, 2034 = FamRZ 1988, 701 (702); NJW 1986, 375 = FamRZ 1985, 1234; NJW 1985, 1699 = FamRZ 1985, 791 f.; NJW 1985, 430 = FamRZ 1985, 53 (55); auch OLG Köln NJWE-FER 1998, 218 = FamRZ 1998, 1434 (1435); OLG Hamm FamRZ 1997, 821 (822); OLG Bamberg NJW-RR 1997, 198 = FamRZ 1997, 819 (820); OLG Karlsruhe FamRZ 1996, 948 (949) (Scheidung in der ehemaligen DDR).

[18] Jedenfalls missverständlich OLG Koblenz OLGR 2005, 907 (908).

[19] S. auch OLG Köln NJW-RR 2001, 1371 (1372).

[20] BGH NJW 2012, 3434 Rn. 25 = FamRZ 2012, 1483.

[21] OLG Köln BeckRS 2005, 30349120 = FamRZ 2005, 1912 Ls.; OLG Düsseldorf BeckRS 1997, 13085 = FamRZ 1998, 1519 (1520).

**angelegte Erwerbstätigkeit** zu bemühen. Mit der Übernahme nur vorübergehender Tätigkeiten, etwa Gelegenheitsarbeiten, erfüllt der Bedürftige diese Obliegenheit nicht, wenn er eine dauerhafte Arbeitsstelle hätte finden können.[22] Zudem darf er eine seinen Unterhalt nachhaltig sichernde Tätigkeit **nicht aufgeben.** Tut er dies gleichwohl, etwa wegen der Pflegebedürftigkeit eines gemeinsamen Kindes, steht ihm jedenfalls kein Anspruch aus Abs. 1, 2, möglicherweise jedoch aus § 1570 zu, an den sich dann wieder ein Anspruch nach Abs. 1, 2 anschließen kann (Abs. 3), ohne dass es eines Rückgriffs auf die Auffangklausel des § 1576 bedürfte.

**2. Art und Umfang.** Die Anforderungen hinsichtlich Art und Umfang der Bemühungen zur Erlangung einer Arbeitsstelle in Erfüllung seiner Erwerbsobliegenheit (eingehend zu den **Einzelheiten** → § 1578 Rn. 696–816; zur **Darlegungs-** und **Beweislast** → § 1578 Rn. 992–994; zum **Beginn der Erwerbsbemühungen** → § 1574 Rn. 13–15) sind an den Bedürftigen dieselben wie an den Verpflichteten.[23] Verstößt er dagegen, ist er **fiktiv** so zu halten, als habe er Erwerbseinkünfte aus einer angemessenen Erwerbstätigkeit. Auch die fiktiv zugerechneten Einkünfte vermitteln **Nachhaltigkeit** iSd Abs. 4: Zum einen, um den gegen seine Obliegenheit handelnden Bedürftigen nicht besser zu stellen als einen entsprechend seiner Obliegenheit erwerbstätigen (zur Behandlung fiktiver Einkünfte bei der Bestimmung des Bedarfs und der Bedürftigkeit → § 1578 Rn. 656–903, insbesondere → § 1578 Rn. 696–816).[24] Zum anderen, weil fiktive Einkünfte an die Stelle tatsächlicher treten und deshalb auch hinsichtlich ihrer rechtlichen Auswirkungen als tatsächliche zu behandeln sind. 22

### II. Weiterbildung

Kann der Bedürftige mit seinen aktuellen Kenntnissen und Fähigkeiten **keinen angemessenen Arbeitsplatz** iSd § 1574 Abs. 2 erlangen, trifft ihn grundsätzlich keine Erwerbsobliegenheit. Allerdings obliegt ihm, sich aus-, fort- bzw. weiterzubilden und sich dadurch die beruflichen Kompetenzen anzueignen, die ihm die Ausübung einer angemessenen Erwerbstätigkeit ermöglichen und eine Chance auf dem Arbeitsmarkt eröffnen (§ 1574 Abs. 3; zu den Einzelheiten → § 1574 Rn. 56–86). Erst nach der Erfüllung der Weiterbildungsobliegenheit obliegt ihm eine Erwerbstätigkeit. – Zur Obliegenheit, eine Teilzeittätigkeit oder **Nebentätigkeit,** auch im Geringverdienerbereich, auszuüben, → § 1574 Rn. 76–79, zum **Verhältnis** des Anspruchs auf Erwerbslosen- zu dem auf Aufstockungsunterhalt → Rn. 56–61. 23

## D. Erwerbslosenunterhalt (Abs. 1)

### I. Allgemeines

Unterhalt wird aus Abs. 1 solange und soweit geschuldet, als der Bedürftige seinen Bedarf nicht selbst aus einer angemessenen eigenen Erwerbstätigkeit decken kann. Da seine Erwerbslosigkeit **nicht ehebedingt** zu sein braucht,[25] trägt der Verpflichtete das **Arbeitsmarktrisiko,** sodass grundsätzlich auch unerheblich ist, warum der Bedürftige keine Erwerbstätigkeit findet. 24

Zum **Beginn/Einsatz** des Anspruchs → Rn. 10–12; zur **zeitlichen Begrenzung** → § 1578b Rn. 256, 257, zum Verhältnis insbesondere zu **§ 1571 Nr. 3** → Rn. 67; zu den **Erwerbs-** und **Ausbildungsobliegenheiten** → § 1578 Rn. 696–816. 25

### II. Erwerbstätigkeit

Der Bedürftige darf eine **angemessene** Erwerbstätigkeit (§ 1574 Abs. 1, 2, → § 1574 Rn. 10–55) nicht oder nicht voll ausüben. Für eine Teilzeittätigkeit kann dies etwa dann der Fall sein, wenn der Bedürftige zwar eine seinem Persönlichkeits- und Anforderungsprofil entsprechende Arbeitsstelle erlangt hat, allerdings nur in Teilzeit. 26

Eine **nicht angemessene** Tätigkeit ist überobligatorisch. Sie bleibt zum Anspruchsgrund unberücksichtigt[26] und kann jederzeit ohne nachteilige Folgen aufgegeben werden. Die aus einer solchen Tätigkeit erzielten Einkünfte werden nach § 1577 Abs. 2 angerechnet. Zum Ganzen → § 1578 Rn. 472–500). 27

---

22 Soergel/*Häberle* Rn. 25; BeckOGK/*Hamberger,* 1.2.2019, Rn. 127.
23 BGH NJW 1996, 517 = FamRZ 1996, 345 (346).
24 BGH NJW 2003, 3481 = FamRZ 2003, 1734 (1736).
25 BGH NJW 1980, 393 (394) = FamRZ 1980, 126 (127). Krit. hierzu *Brudermüller* FamRZ 1998, 649 (650); *D. Schwab* FamRZ 1997, 521 (524).
26 BGH NJW 1980, 393 = FamRZ 1980, 126 (127); s. auch BT-Drs. 7/650, 125.

### III. Dauer

28 Der Anspruch auf Erwerbslosenunterhalt dauert tatbestandlich grundsätzlich nur bis zur Aufnahme einer angemessenen Erwerbstätigkeit. Dem steht der Beginn eines Verstoßes gegen die Erwerbsobliegenheit gleich; durch die Zurechnung fiktiver Einkünfte wird der Bedürftige einem solchen gleichgestellt, der seiner Erwerbsobliegenheit nachkommt (→ Rn. 22). Praktisch wird sich der Anspruch idR auf eine Übergangszeit beschränken, bis der Bedürftige einen Arbeitsplatz gefunden hat. Seine unterhaltsrechtlich bedeutsame **Bedürftigkeit** setzt erst ein, wenn er trotz Erfüllung seiner Erwerbsobliegenheit keine eheangemessene Erwerbstätigkeit „zu finden vermag" (Abs. 1, → Rn. 11).[27]

29 Trotz dieser „Übergangszeit" kann der Anspruch auf Erwerbslosenunterhalt tatbestandlich grundsätzlich **nicht befristet** werden, weil meist nicht abgesehen werden kann, wann der Bedürftige Einkünfte aus einer angemessenen Erwerbstätigkeit erzielen kann. Hiervon kann etwa dann eine Ausnahme gemacht werden, wenn die Aufnahme einer Erwerbstätigkeit absehbar ist, etwa wenn der Bedürftige einen Arbeitsvertrag mit einem in der Zukunft liegenden festen Arbeitsbeginn abgeschlossen hat. Können sich die Ehegatten nicht einigen, muss der Verpflichtete ggf. **Abänderungsantrag** (§§ 238, 239 FamFG) erheben, um die Beendigung des Anspruchs aus § 1573 Abs. 1 geltend zu machen. Reichen die Einkünfte des Bedürftigen aus der später aufgenommenen angemessenen Erwerbstätigkeit zur Deckung seines vollen Unterhalts nicht aus, steht ihm Aufstockungsunterhalt (§ 1573 Abs. 2) zu. – Dagegen kann ein Unterhaltsanspruch aus § 1573 Abs. 1, § 1574 Abs. 3 wegen einer **Weiterbildung** auf deren mutmaßliche Dauer begrenzt werden.[28] – Unzumutbaren Belastungen des Verpflichteten kann durch eine Befristung nach **§ 1578b Abs. 2** begegnet werden.

## E. Aufstockungsunterhalt (Abs. 2)

### I. Allgemeines

30 **Abs. 2** stellt als selbstständige Anspruchsgrundlage (→ Rn. 7) zunächst sicher, dass der seiner Erwerbsobliegenheit nachkommende, damit aber seinen vollen Bedarf nicht deckende Ehegatte nicht schlechter steht als der von ihr befreite Ehegatte.[29] Anspruch auf Aufstockungsunterhalt kann nur in **Höhe** der Differenz zwischen den eigenen Einkünften und dem eheangemessenen Bedarf bestehen.[30]

31 Der geschiedene Ehegatte muss eine **eheangemessene Erwerbstätigkeit** ausüben. Ist sie nicht angemessen, ergibt sich der Anspruch aus Abs. 1; der Ehegatte erzielt dann seine Erwerbseinkünfte überobligatorisch, weshalb sie den Bedarf nicht prägen und lediglich nach § 1577 Abs. 2 anzurechnen sind.

32 **Aufstockungsunterhalt** steht auch dem Bedürftigen zu, der schon vor der Ehe erwerbstätig war oder dem wegen der Verletzung seiner Erwerbsobliegenheit fiktive, seinen vollen Bedarf nicht deckende Einkünfte (→ § 1578 Rn. 665–683) zugerechnet werden.[31]

33 Eine **zeitliche Begrenzung** ist grundsätzlich nicht vorgesehen. Bei einer sich daraus ergebenden unzumutbaren Belastung des Verpflichteten kann der Unterhaltsanspruch befristet werden (§ 1578b Abs. 2).

34 Zum **Einsatzzeitpunkt** → Rn. 13, 14; zum **Konkurrenzverhältnis** zu Abs. 1 → Rn. 56–61.

### II. Vollzeit-/Teilzeitarbeit

35 Was unter Vollzeit zu verstehen ist, bestimmt sich nach den Tarifverträgen und den Gesetzen, ggf. auch nach Betriebsvereinbarungen. Deshalb arbeitet auch der in Vollzeit, der nach diesen Regelungen unter 40 Wochenstunden zu leisten hat. Wegen der **nachehelichen Eigenverantwor-**

---

[27] BGH BeckRS 2010, 25975 = FamRZ 1984, 988 (989), allerdings missverständlich formuliert: „Die Bedürftigkeit setzt vielmehr erst ein, wenn der geschiedene Ehegatte überhaupt keine angemessene Erwerbstätigkeit iSd § 1574 BGB zu finden vermag (§ 1573 Abs. 1 BGB)."

[28] BGH NJW 1986, 985 = FamRZ 1986, 553 (555); aA OLG Schleswig BeckRS 2010, 14236 = FamRZ 1982, 703 (705).

[29] BVerfGE 57, 361 = NJW 1981, 1771 = FamRZ 1981, 745 (750 f.).

[30] BGHZ 179, 43 = NJW 2009, 989 Rn. 20, 22 = FamRZ 2009, 406.

[31] Zu Letzterem BGH NJW-RR 1990, 578 = FamRZ 1990, 979 f.; NJW 1990, 1477 = FamRZ 1990, 499; NJW-RR 1988, 1218 = FamRZ 1988, 927 (929).

**tung** (→ § 1569 Rn. 18) bedeutet dies jedoch nicht, dass der bedürftige Ehegatte nicht auf eine zusätzliche angemessene Tätigkeit (§ 1574 Abs. 1) verwiesen werden könnte.[32]

Übt der Bedürftige eine durch **Kündigungsschutz** gesicherte Teilzeitarbeit aus, kann ihm idR nicht angesonnen werden, diese zugunsten einer kündigungsschutzrechtlich ungesicherten vollschichtigen Tätigkeit aufzugeben. Doch muss er sich um eine zusätzliche Teilzeitarbeitsstelle bemühen (zu den Obliegenheiten im Einzelnen → § 1578 Rn. 779–801). 36

### III. Angemessene Tätigkeit

Dem Bedürftigen obliegt es, sich um eine Erwerbstätigkeit zu bemühen, die ihm tunlichst die eigene Deckung seines vollen Bedarfs ermöglichen soll (§§ 1569, 1573 Abs. 2). Findet er zwar eine eheangemessene Tätigkeit (dazu § 1574 Abs. 1, 2, → § 1574 Rn. 10–55), wird diese jedoch nicht angemessen bezahlt, muss er sich grundsätzlich um eine besser bezahlte Arbeitsstelle bemühen. Doch dürfen nach der Lage auf dem **Arbeitsmarkt** reale Chancen auf eine besser bezahlte Beschäftigung nicht von vornherein ausgeschlossen sein (→ § 1578 Rn. 700–703). Zudem ist bei der Beurteilung, ob dem Bedürftigen ein Arbeitsplatzwechsel zumutbar ist, die **kündigungsschutzrechtliche** Absicherung an seinem jetzigen Arbeitsplatz zu berücksichtigen (→ Rn. 35, 36). 37

**Selbstständig tätige Bedürftige,** die auch nach angemessener Anlaufzeit keine Gewinne erwirtschaften, müssen die Selbstständigkeit aufgeben und sich in abhängige Arbeit begeben.[33] Wenn nicht gerade eine selbstständige Tätigkeit etwa als Rechtsanwalt oder Arzt eheangemessen ist, darf ein Bedürftiger nicht eine erreichbare abhängige Tätigkeit ausschlagen und sich stattdessen in die Selbstständigkeit mit der Folge absehbarer Verluste und fortdauernder Bedürftigkeit begeben (→ § 1578 Rn. 753–760). 38

### IV. „Voller Unterhalt"

Abs. 2 setzt weiter voraus, dass der Berechtigte nicht selbst über Einkünfte verfügt, die seinen vollen Unterhalt (§ 1578) abdecken. Die Frage des Lebensbedarfs des Berechtigten wird damit nach der Rspr. des BGH „an sich" bereits zu dem den Unterhaltsanspruch auslösenden Tatbestandsmerkmal.[34] 39

**Diskussion:** 40
Die Wortwahl „an sich" zeigt systematische Unsicherheiten an. Denn Voraussetzung eines jeden Anspruchs auf Unterhalt ist, dass der Bedürftige nicht über die Einkünfte verfügt, die ihm die Bestreitung seines vollen Bedarfs nach den ehelichen Lebensverhältnissen erlauben. Abs. 2 bedeutet deshalb lediglich, dass – im Gegensatz zu den anderen Unterhaltstatbeständen – ohne weitere Voraussetzungen Aufstockungsunterhalt bereits dann verlangt werden kann, wenn sich nach § 1578 (Bedarf) und § 1577 (Bedürftigkeit) ein durch Einkünfte des Bedürftigen nicht abgedeckter Rest verbleibt. Denn auch die §§ 1578, 1577 und 1581 sind Tatbestandsmerkmale. Praktische Auswirkungen haben die unterschiedlichen Sichtweisen nicht.

## F. Anschlussunterhalt (Abs. 3)

Abs. 3 ergänzt Abs. 1, 2. Er räumt wegen des Zusammenhangs der Bedürfnislage mit der Ehe Unterhalt auch ein, wenn zunächst tatsächlich bestehende Ansprüche nach §§ 1570–1572, 1575 später **entfallen** sind.[35] Die Verweisung auf § 1571 trägt für den Fall, dass ein früh gealterter Bedürftiger sich, etwa nach einer Kurbehandlung, erholt und sein Alter dann der Aufnahme einer angemessenen Erwerbstätigkeit nicht mehr entgegensteht. Entfallen die Voraussetzungen des **§ 1575,** bestimmt sich die angemessene Erwerbstätigkeit unter Berücksichtigung des dortigen Abs. 3 (→ § 1575 Rn. 61–63). – Zu **Rechtsnatur** und **Einsatzzeitpunkt** → Rn. 7–19. 41

Die Ansprüche nach §§ 1570–1572, 1575 müssen **tatsächlich bestanden** haben und nicht lediglich behauptet worden sein.[36] Einer vorrangigen **familiengerichtlichen Klärung** des „Voranspruchs" bedarf es nicht. Gibt es aber einen familiengerichtlichen Ausspruch, ist das FamG im Verfahren über den Anschlussunterhalt daran unabhängig davon gebunden, ob auf ein dahingehenden Antrag Unterhalt zugesprochen oder der Antrag zurückgewiesen worden ist. Gibt es keinen Ausspruch, ist darüber **inzident** im Verfahren über den Anschlussunterhalt zu entscheiden. 42

---

32 AA OLG Karlsruhe BeckRS 2004, 4340 (30 Wochenstunden).
33 OLG Stuttgart FamRZ 1991, 1059.
34 BHG NJW 2016, 153 Rn. 19 = FamRZ 2016, 203.
35 OLG Hamm NJW-RR 1994, 837 = FamRZ 1994, 1392; Johannsen/Henrich/*Hammermann* Rn. 18.
36 BeckOGK/*Hamberger,* 1.2.2019, Rn. 109.

## G. Verlust einer angemessenen Erwerbstätigkeit (Abs. 4)

### I. Grundsätze

43 Auch **Abs. 4** ergänzt Abs. 1, 2 für den Fall, dass der Bedürftige zunächst in der Lage war, seinen vollen Lebensbedarf durch eigene Erwerbseinkünfte zu decken, diese jedoch später wegen des – ggf. teilweisen – Verlustes der Arbeitsstelle mit der Folge eintretender Bedürftigkeit entfallen sind. Dem Bedürftigen steht Erwerbslosen- (Abs. 1) und Aufstockungsunterhalt (Abs. 2) auch dann zu, wenn es ihm durch eine weggefallene Erwerbstätigkeit nicht gelungen war, seinen Unterhalt „nachhaltig zu sichern" (Abs. 4 S. 1). – Zu **Rechtsnatur** und **Einsatzzeitpunkt** → Rn. 7–19, zu den **Erwerbsobliegenheiten** → Rn. 20–22.

### II. Nachhaltige Sicherung des Unterhalts

44 **1. „Nachhaltig".** Nachhaltigkeit definiert sich durch **Dauerhaftigkeit.**[37] Die Tätigkeit muss deshalb im Zeitpunkt ihrer Aufnahme nach objektiven Maßstäben und allgemeiner Lebenserfahrung und unter Einbeziehung aller zu diesem Zeitpunkt bestehender, aber erst später zutage getretener und der Entschließungsfreiheit des Bedürftigen entzogener Umstände mit einer gewissen Sicherheit als dauerhaft angesehen werden und ein stetiges Einkommen auch in der Zukunft und nicht nur gegenwärtig vorübergehend gewährleisten können.[38] Nachhaltigkeit wird danach idR auch bei Aufnahme einer auf Dauer angelegten Tätigkeit nicht angenommen werden können, wenn der Bedürftige seinen Arbeitsplatz einige Zeit (→ Rn. 48, 49) nach der Scheidung oder zu einem gleichgestellten Einsatzzeitpunkt (Abs. 3) unverschuldet verliert.

45 Ist von Nachhaltigkeit auszugehen, trägt der Bedürftige das **Arbeitsmarktrisiko,** sodass ihm bei dem Verlust seiner Erwerbseinkünfte kein Unterhaltsanspruch nach Abs. 1 oder 2 zusteht. Dabei ist unerheblich, aus welchem Grund die Arbeitsstelle verloren wird,[39] insbesondere aber bleibt die freiwillige Aufgabe einer Erwerbstätigkeit außer Betracht.[40]

**Beispiele:**

46 **Nachhaltigkeit:**

Trotz Insolvenz des Arbeitgebers, doch kann ein enger zeitlicher Zusammenhang mit der Scheidung auch für eine nur vorübergehende Sicherung des Lebensbedarfs durch die beim insolventen Arbeitgeber erzielten Einkünfte sprechen.

47 **Keine Nachhaltigkeit:**

BGH RzW 1958, 228 f.; 1969, 196 f.: Besondere Krisenanfälligkeit der Arbeitsstelle.

Infolge jahrelanger Unterbrechung der Erwerbstätigkeit während der Ehe wird der Bedürftige den Anforderungen der übernommenen Tätigkeit nicht mehr gerecht.

Wegen seines Alters wird der Bedürftige an der weiteren Ausübung der übernommenen Tätigkeit gehindert.

OLG Celle BeckRS 2010, 10898 = FamRZ 1983, 717: Eine bei der Scheidung ausgeheilt erscheinende Krankheit tritt wieder auf und macht eine weitere Erwerbstätigkeit unmöglich.

BGH NJW 1986, 375 = FamRZ 1985, 1234; OLG Köln NJOZ 2004, 3049 = FamRZ 2004, 1725 f.: Eine bei der Scheidung bereits angelegte Krankheit tritt auf.

Der Bedürftige erleidet beim Auszug aus der Ehewohnung einen Unfall, der zu seiner Arbeitsunfähigkeit führt.

Der Bedürftige nimmt eine befristete ABM-Stelle an (OLG Frankfurt a. M. NJW-RR 1987, 1154 = FamRZ 1987, 1042) oder bekommt nur einen Zeitarbeitsvertrag, auch wenn dieser mehrfach verlängert wird, AG Schorndorf FamRZ 1994, 1590 (1591).

BGH NJW 2011, 303 Rn. 18 = FamRZ 2011, 192: Scheinarbeitsverhältnis.

48 **2. Maßstab. Kriterien.** Anhand **objektiver Maßstäbe** und **allgemeiner Lebenserfahrung** ist aus der Gesamtschau eines optimalen, rückblickenden Betrachters unter Einbeziehung schon bestehender, aber erst später zutage getretener Umstände-, wie etwa eine latente Krankheit, wegen der die angetretene Stelle wieder aufgegeben werden musste – **vorausschauend** zu prüfen, ob die Erwerbstätigkeit mit einer gewissen Sicherheit als dauerhaft angesehen werden konnte, oder ob befürchtet werden musste, dass der Bedürftige sie durch außerhalb seiner Entschließungsfreiheit liegende Umstände in absehbarer Zeit wieder verlieren

[37] Zur Herleitung aus dem Entschädigungsrecht, insbesondere § 75 BEG, BGH NJW 1985,1699 = FamRZ 1985, 791 (792); NJW 1985, 430 = FamRZ 1985, 53 (55).

[38] BGH NJW 2003, 3481 = FamRZ 2003, 1734 (1736); NJW 1988, 2034 = FamRZ 1988, 701 (702) mwN; auch OLG Köln NJOZ 2004, 3049 = FamRZ 2004, 1725.

[39] OLG Hamm BeckRS 2006, 6995 = FamRZ 1997, 821 f. (Krankheit); auch AG Flensburg BeckRS 2009, 4450 = FamRZ 2009, 1155 (1156).

[40] OLG Karlsruhe BeckRS 2011, 1964 = FamRZ 1991, 1449 (1450).

würde; oft würde auch eine Beurteilung aus nachträglicher Sicht zu keinem anderen Ergebnis führen. Da die Entwicklung des Beschäftigungsverhältnisses zur Nachhaltigkeit führen kann, kann sie – etwa bei Vereinbarung einer Probezeit oder bei nicht vorhersehbarer krankheitsbedingter verminderter Erwerbsfähigkeit nach Aufnahme einer dauerhaften Erwerbstätigkeit[41] – bei Antritt der Stelle noch zu verneinen sein, zu einem späteren, jedoch vor seiner Beendigung liegenden Zeitpunkt aber vorliegen.[42] Die **subjektive Erwartung** des Verpflichteten, gegründet auf die lange Dauer der Erwerbsausübung, zu Unterhaltsleistungen nicht mehr herangezogen zu werden, ist demgegenüber nur bei § 1581 und im Rahmen von § 1578b Abs. 1, 2 sowie der Härteklausel des § 1579 Nr. 8 und zu berücksichtigen.

Insbesondere folgende persönliche Umstände des Bedürftigen können die Beurteilungsgrundlage für die Nachhaltigkeit bilden:[43] **Alter** und **Gesundheitszustand, Schulbildung, Berufsausbildung,** bisherige **berufliche Tätigkeit** (etwa bislang nur in Aushilfsbeschäftigungen im Geringverdienerbereich tätig), Erforderlichkeit eines **Arbeitsplatzwechsels,** Verhältnisse auf dem **Arbeitsmarkt, Zumutbarkeit** einer Tätigkeit nach den ehelichen Lebensverhältnissen. 49

**3. Dauer des Beschäftigungsverhältnisses.** Das Beschäftigungsverhältnis muss auf Dauer angelegt sein. Von vornherein zeitlich begrenzten Tätigkeiten mangelt es stets an der Nachhaltigkeit.[44] Aus Gründen der Rechtssicherheit besteht ein unabweisbares Bedürfnis für eine **feste zeitliche Grenze,** ab deren Überschreiten idR von Nachhaltigkeit ausgegangen werden kann. Sie wird man mit Ablauf von 2 Jahren annehmen können, weil danach im Allgemeinen auch kein loser Zusammenhang mit der Ehe mehr gegeben ist.[45] 50

**Beispiele aus der Rspr.:**
**Nachhaltigkeit:** 51

OLG Hamm FamRZ 1986, 360 (361): Kündigung des Arbeitsverhältnisses nach etwa 3 1/2 Jahren.

OLG Karlsruhe BeckRS 1992, 30945138 = FamRZ 1994, 105 (106): 4 Jahre nach der Scheidung entfallen die Erwerbseinkünfte aufgrund Erwerbsunfähigkeit wegen Psychose.

AG Hamburg FamRZ 1995, 555 (556): 3-jährige Lehrzeit, 1 1/2-jährige Berufsausübung nach 19-jähriger Erwerbspause.

OLG Bamberg NJW-RR 1997, 198 = FamRZ 1997, 819 (820): 3-jährige Erwerbstätigkeit bei Scheidung, ausgeweitet auf wöchentlich 36 Stunden mit bedarfsdeckendem Einkommen ein halbes Jahr vor der Scheidung.

OLG Hamm BeckRS 2006, 6995 = FamRZ 1997, 821 (822): Vor der Scheidung 2 Jahre teilschichtig und 1 Jahr vollschichtig gearbeitet, 4 Jahre nach der Scheidung entfallen die Erwerbseinkünfte wegen Erwerbsunfähigkeit.

OLG Dresden FamRZ 2001, 833 Ls.: Trotz Kündigung bereits im Zeitpunkt der Rechtskraft des Scheidungsausspruchs erst 4 Jahre später nach mehreren gleichfalls gekündigten Beschäftigungsverhältnissen eintretende Arbeitslosigkeit.

BGH NJW 2003, 3481 = FamRZ 2003, 1734 (1736): Nicht ausgeschlossen für eine Tätigkeit von 20 Monaten.

**Keine Nachhaltigkeit:** 52

OLG Schleswig NJW-RR 2004, 1372 (1373): Verlust eines zusätzlichen halben Deputats nach 1 Jahr.

Doch können **Einzelumstände** ein anderes Ergebnis nahelegen, etwa wenn abzusehen ist, dass bis zur Verrentung keine ausreichende Alterssicherung mehr aufgebaut werden kann. 53

**Beispiel aus der Rspr.:**

OLG Koblenz NJW-RR 1986, 555 = FamRZ 1986, 471: Keine Nachhaltigkeit trotz 5-jähriger Erwerbstätigkeit.

## III. Teilweise nachhaltige Sicherung

Kann der Bedürftige durch eine angemessene Teilzeittätigkeit seinen Lebensunterhalt nur teilweise nachhaltig sichern, kann er, ist er nicht schon nach anderen Vorschriften unterhaltsberechtigt, 54

---

41 Zu Letzterem s. OLG Hamm FPR 1999, 108 = FamRZ 1999, 230 (231).

42 Zum Ganzen BGH NJW 2003, 3481 = FamRZ 2003, 1734 (1736); NJW 1988, 2034 = FamRZ 1988, 701 (702); NJW 1986, 375 = FamRZ 1985, 1234.

43 BGH NJW 2003, 3481 = FamRZ 2003, 1734 (1736).

44 OLG Hamm BeckRS 2016, 13618 Rn. 19 mAnm *Höhler-Heun* NZFam 2016, 894.

45 OLG Hamm BeckRS 2016, 13618 Rn. 19 mAnm *Höhler-Heun* NZFam 2016, 894; OLG Köln BeckRS 2005, 30349120 = FamRZ 2005, 1912 Ls.; OLG Karlsruhe NJW-RR 1999, 1599 = FamRZ 2000, 233 (234); s. auch *Dieckmann* FamRZ 1977, 89 (90).

nach Abs. 4 S. 2 den **Differenzbetrag** zwischen nachhaltig gesichertem und vollem Unterhalt verlangen.

55 **Soweit** der Bedürftige seinen Unterhalt durch seine angemessene Erwerbstätigkeit nachhaltig sichern konnte, scheidet ein Anspruch auf Erwerbslosen- und Aufstockungsunterhalt auch dann aus, wenn die Einkünfte wegen Verlustes des Arbeitsplatzes entfallen sind (→ Rn. 37).

**Beispiele:**[46]
Der Bedürftige übt im Rahmen eines nachhaltig gesicherten Erwerbsverhältnisses probeweise eine andere Erwerbstätigkeit mit einem höheren Stundensoll und/oder einer höheren Bezahlung aus.
Ein Leiharbeitnehmer, der seine Anstellung ganz verliert, hat hinsichtlich des über sein Grundgehalt hinausgehenden zusätzlich verdienten Entgelts nicht gesicherte Einkünfte verloren.

## H. Konkurrenzen

### I. Erwerbslosen- und Aufstockungsunterhalt

56 **1. Angemessene Erwerbstätigkeit.** Während ein Anspruch auf **Erwerbslosenunterhalts** (Abs. 1) voraussetzt, dass der Bedürftige keine angemessene Erwerbstätigkeit ausüben kann, wird **Aufstockungsunterhalt** (Abs. 2) gewährt, wenn der geschiedene Ehegatte eine eheangemessene Erwerbstätigkeit ausübt oder ausüben kann und ihm nicht ein Unterhaltsanspruch nach einem anderen Tatbestand, einschließlich Abs. 1, 4, zusteht.[47] – Hat der Berechtigte keine Aussicht auf eine Vollzeittätigkeit, muss er sich um eine angemessene Teilzeittätigkeit bemühen und sie annehmen (→ § 1578 Rn. 782–801).[48]

57 Kann der Bedürftige, obwohl er seiner Obliegenheit zu Erwerbsbemühungen in vollem Umfang nachkommt, nur eine **Teilzeitarbeit** finden, übt er damit nicht die ihm angemessene Erwerbstätigkeit iSd § 1573 Abs. 2, § 1574 aus. Wegen des nicht gedeckten Bedarfs hat er einen Anspruch auf Erwerbslosenunterhalt (Abs. 1, → Rn. 7) und nicht auf Aufstockungsunterhalt (Abs. 2) und muss sich weiter um eine vollschichtige Tätigkeit bemühen.[49] – Doch werden damit idR die Kriterien „Umfang der Erwerbsobliegenheit" und „Angemessenheit einer Erwerbstätigkeit" miteinander vermengt. Ist die ausgeübte Tätigkeit nach den allgemeinen Kriterien angemessen, ergibt sich der Unterhaltsanspruch bis zur Höhe des aus einer entsprechenden Vollzeittätigkeit erzielbaren Einkommens aus Abs. 1 und in Höhe der Differenz der Einkünfte aus Vollzeittätigkeit zum vollen Unterhalt aus Abs. 2.[50] – Wegen künftiger Abänderungsverfahren ist der Unterhaltsbetrag grundsätzlich auf die Unterhaltstatbestände nach Abs. 1, 2 **aufzuteilen.**[51]

58 Ist die Teilzeitarbeitsstelle jedoch **sicher,** etwa weil sie bereits seit längerer Zeit innegehabt wird, oder wird sie **besonders gut vergütet,**[52] und ergeben sich infolge des Alters oder Gesundheitszustandes des Bedürftigen oder der Lage auf dem Arbeitsmarkt größere Risiken, wenn eine neue Arbeitsstelle angetreten werden müsste, ist die Teilzeitstelle die eheangemessene Erwerbstätigkeit (auch → Rn. 37), sodass der Anspruch des Bedürftigen allein aus Abs. 2 folgt.

59 **2. Nicht angemessene Erwerbstätigkeit.** Ist die ausgeübte Tätigkeit nach ihrem Profil oder auch als Teilzeittätigkeit **nicht angemessen,** besteht der Anspruch aus Abs. 1 in Höhe des vollen Unterhalts. Denn die Einkünfte sind überobligatorisch erzielt und können – da nicht nachhaltig erzielt, weil die Tätigkeit jederzeit folgenlos wieder aufgegeben werden kann – die ehelichen Lebensverhältnisse nicht prägen; sie sind nach § 1577 Abs. 2 auf den Bedarf anzurechnen.

60 Folgt man der Rspr. des BGH, dass auch **überobligatorisch erzielte Einkünfte** bedarfsprägend sind (→ § 1578 Rn. 477–482), fragt sich, ob dies Rückwirkungen auf den Unterhaltsanspruch haben kann. Doch scheint dies ausgeschlossen, denn sowohl Abs. 1 als auch Abs. 2 knüpfen an die

---

[46] BeckOGK/*Hamberger,* 1.2.2019, Rn. 128.
[47] BGH NJW 2012, 3434 Rn. 21 = FamRZ 2012, 1483; NJW 1990, 1479 = FamRZ 1990, 499 (500); NJW 1988, 2369 = FamRZ 1988, 265 (266); NJW 1988, 2034 = FamRZ 1988, 701 (702); NJW 1987, 1761 = FamRZ 1987, 572 (573).
[48] BGH NJW 2012, 1144 Rn. 33–36 = FamRZ 2012, 517.
[49] So BGH NJW 2012, 1144 Rn. 22, 24 = FamRZ 2012, 517; NJW 2012, 923 Rn. 20, 24 = FamRZ 2012, 288; NJW 2012, 74 Rn. 16, 17 = FamRZ 2012, 93; BGHZ 188, 50 = NJW 2011, 670 Rn. 13 = FamRZ 2011, 454; NJW 2011, 303 Rn. 16, 17 = FamRZ 2011, 192; NJW 1988, 2369 = FamRZ 1988, 265 (266); NJW-RR 1988, 1218 = FamRZ 1988, 927 (929).
[50] BeckOGK/*Hamberger,* 1.2.2019, Rn. 103, 130.
[51] BGH NJW 2011, 303 Rn. 20 = FamRZ 2011, 192.
[52] OLG Düsseldorf FamRZ 1991, 194 (195).

Einkünfte aus einer „angemessenen" Erwerbstätigkeit, die stets zu obligatorisch erzielten Einkünften führt, an. Eine überobligatorische Erwerbstätigkeit kann somit nicht zu einem Anspruch aus Abs. 2 führen, sondern nur zu einem solchen aus Abs. 1.

Kann der Bedürftige neben einer **Weiterbildungsmaßnahme** aufgrund seiner zeitlichen Beanspruchung keine Erwerbstätigkeit ausüben, folgt sein Unterhaltsanspruch aus § 1573 Abs. 1 (Erwerbslosenunterhalt). Besteht dagegen eine Obliegenheit zu einer Nebentätigkeit, folgt der Anspruch aus § 1573 Abs. 2 (Aufstockungsunterhalt). 61

## II. Betreuungs-, Alters- und Krankheitsunterhalt

**1. Grundsätze.** Für den Anspruch auf Betreuungs- (§ 1570), Alters- (§ 1571) und Krankheitsunterhalt (§ 1572) kommt es darauf an, ob und inwieweit eine Erwerbstätigkeit wegen der betreffenden Einschränkung ausgeschlossen ist.[53] 62

Soweit den Berechtigten keine Erwerbsobliegenheit trifft, folgt der Unterhaltsanspruch nach Auffassung des BGH[54] nur aus §§ 1570–1572, auch soweit sich der Bedarf des Berechtigten nicht aus seiner angemessenen Lebensstellung iSd § 1578b Abs. 1 (→ § 1578b Rn. 197–215), sondern aus den ehelichen Lebensverhältnissen ableitet. Nur soweit dem Berechtigten daneben eine Erwerbstätigkeit obliegt, ergibt sich sein Unterhaltsanspruch ggf. aus § 1573 Abs. 1, 2.[55] So kann, findet der eingeschränkt erwerbsoblegene Berechtigte keine eheangemessene Arbeit, neben dem Anspruch auf Betreuungs-, Alters- oder Krankheitsunterhalt ein Anspruch aus § 1573 Abs. 1 bis zur Höhe der fiktiv aus einer solchen Arbeitsstelle erzielbaren Einkünfte und daneben ein Anspruch auf Betreuungs- oder Krankheitsunterhalt bis zur Höhe der erzielbaren Einkünfte aus einer vollschichtigen Erwerbstätigkeit sowie, ist damit der volle eheangemessene Bedarf noch nicht abgedeckt, ein Anspruch nach § 1573 Abs. 2 bestehen.[56] 63

**Kritik:** 64

Diese Beschränkung auf die Unterhaltstatbestände der §§ 1570–1572 hat schon bislang nicht überzeugt (zur Kritik → 4. Aufl. 2000, Rn. 22), weil sich die ähnliche Problematik bei der Zurechnung fiktiver Einkünfte ergibt, wenn der Erwerbsobliegenheit nicht genügt wird. Jedenfalls nach Aufgabe seiner Rspr. zur Anrechnung fiktiver Erwerbseinkünfte nach Beendigung der Kinderbetreuung durch den BGH (→ § 1578 Rn. 27–31, 138, 477–482) ist dies nicht mehr haltbar, weil diese Einkünfte nunmehr als eheprägend behandelt werden und sich damit notwendig, jedenfalls dem Grunde nach, ein Anspruch auf Aufstockungsunterhalt aus § 1573 Abs. 2 ergibt.[57] Praktisch ergeben sich iErg wohl keine Unterschiede, weil nach dem BGH, besteht keine Erwerbsobliegenheit, der eheangemessene Bedarf nach § 1570, bei einer teilweisen Erwerbsobliegenheit der angemessene Bedarf aus § 1570 und die Differenz zum eheangemessenen Bedarf aus § 1573 Abs. 2 verlangt werden kann.[58] – Zu **§ 1573 Abs. 3, 4** → Rn. 41–55.

**2. Alters- und Krankheitsunterhalt.** Die Ansprüche auf Alters- und Krankheitsunterhalt **verdrängen** die Ansprüche aus Abs. 1–4.[59] Dies ergibt sich bereits aus dem Wortlaut von Abs. 1, 3, und für den Anspruch auf Anschlussunterhalt nach Abs. 4 daraus, dass es sich insoweit um keine eigenständige Anspruchsgrundlage handelt (→ Rn. 8), folgt aber auch aus dem systematischen Zusammenhang: Da im Fall des Alters oder der Krankheit keine Erwerbsobliegenheit besteht, kann sich daneben kein Anspruch aus § 1573, der eine Erwerbsobliegenheit gerade voraussetzt, ergeben (→ Rn. 20).[60] Da nicht auf die überwiegende Kausalität für die Erwerbsunfähigkeit abzustellen ist (→ § 1571 Rn. 11, 12, 43, → § 1572 Rn. 5–8), gilt dies nur, solange und soweit eine **Erwerbsobliegenheit** nicht besteht. Deshalb kann neben dem Anspruch auf Alters- und Krankheitsunterhalt 65

---

53 BGH NJW 2010, 2277 Rn. 32, 41 = FamRZ 2010, 1050; NJW 2010, 2056 Rn. 15 = FamRZ 2010, 869; BGHZ 179, 43 = NJW 2009, 989 Rn. 19 = FamRZ 2009, 406; NJW 1999, 1547 = FamRZ 1999, 708 (709) (zu § 1571); NJW-RR 1993, 838 = FamRZ 1993, 789 (791) (zu § 1572); NJW 1990, 1847 = FamRZ 1990, 492 (493 f.) (zu § 1570).

54 BGH NJW 2010, 2277 Rn. 41 = FamRZ 2010, 1050; BGHZ 179 = NJW 2009, 989 Rn. 20 = FamRZ 2009, 406 NJW 1990, 1847 = FamRZ 1990, 492 (493 f.); NJW 1987, 1761 = FamRZ 1987, 572 (573).

55 Ablehnend BeckOGK/*Hamberger*, 1.2.2019, Rn. 135, 135.5.

56 Nunmehr – gegen seine frühere Rspr., etwa BGH NJW 1986, 2832 = FamRZ 1986, 886 (888) und noch NJW-RR 1993, 838 = FamRZ 1993, 789 (791) – der BGH ständig, s. BGHZ 193, 78 =NJW 2012, 1868 Rn. 15= FamRZ 2012, 1040; BGHZ 179, 43 = NJW 2009, 989 Rn. 20= FamRZ 2009, 406; BGHZ 171, 206 = NJW 2007, 1961 Rn. 54 = FamRZ 2007, 793; NJW-RR 1991, 132 = FamRZ 1991, 304 (305); NJW 1991, 224 = FamRZ 1991, 170 (171); NJW 1990, 1847 = FamRZ 1990, 492 (494).

57 In diesem Sinne auch BGH NJW 2003, 3481 = FamRZ 2003, 1734 (1736) (unter 4. b).

58 BGH NJW 2010, 2277 Rn. 42 = FamRZ 2010, 1050.

59 Zum Unterhalt wegen Krankheit s. auch OLG Schleswig NJW-RR 2004, 1372 f.

60 Zum Krankheitsunterhalt missverständlich OLG Dresden FamRZ 1999, 232 (233).

ein Anspruch aus § 1573 Abs. 2 bestehen (→ § 1571 Rn. 43, → § 1572 Rn. 56).[61] Entfällt die Erwerbsobliegenheit vollständig, folgt der Anspruch nur aus §§ 1571, 1572.[62]

**66** Kann von einem Bedürftigen allein wegen seines **Alters**[63] oder ohne vorherige, wegen seines Alters aber nicht mehr sinnvolle Ausbildung eine angemessene Erwerbstätigkeit (§ 1573 Abs. 1, § 1574 Abs. 3) nicht mehr erwartet werden, ergibt sich sein Anspruch allein aus § 1571.[64] Ist wegen seines Alters oder einer Krankheit von ihm nur eine teilschichtige Erwerbstätigkeit zu erwarten, steht ihm, findet er eine solche trotz entsprechender Bemühungen nicht, neben Alters- oder Krankheitsunterhalt ein Anspruch auf Erwerbslosenunterhalt nach § 1573 Abs. 1 zu. Reichen die durch Alters- oder Krankheits- und ggf. Erwerbslosenunterhalt abgedeckten möglichen Einkünfte aus einer vollschichtigen Erwerbstätigkeit zur vollständigen Deckung des eheangemessenen Bedarfs nicht aus, besteht hinsichtlich des ungedeckten Restes ein Anspruch auf Aufstockungsunterhalt nach § 1573 Abs. 2.[65] IÜ schließen Alters- und Krankheitsunterhalt Erwerbslosenunterhalt (§ 1573 Abs. 1) und Aufstockungsunterhalt (1573 Abs. 2) aus.

**67** Entwickelt sich der **Arbeitsmarkt** bei zunächst gegebenen Erwerbschancen im Laufe der Zeit dahin, dass das Alter oder eine Krankheit zum Haupthemmnis für eine Erwerbstätigkeit wird, endet der Anspruch auf Unterhalt wegen Erwerbslosigkeit (Abs. 1), und dem Bedürftigen steht ein Anspruch auf Unterhalt wegen Alters oder wegen Krankheit zu (§ 1571 Nr. 3, § 1572 Nr. 4). – Zur Behandlung von **Krankengeld** im Rahmen von § 1573 → § 1572 Rn. 45.

## III. Ausbildungsunterhalt

**68** Das Verhältnis zwischen Abs. 1 und § 1575 kann nicht dahingestellt bleiben, weil der Anspruch nach Abs. 1 grundsätzlich zeitlich unbegrenzt (Ausnahme: § 1578b Abs. 2) und nach § 1578 Abs. 3 Altersvorsorgeunterhalt nur geschuldet wird, wenn sich der Anspruch auf § 1573 Abs. 1 stützt, nicht aber auch bei einem Anspruch aus § 1575.

**69** § 1575 ist nur dann einschlägig, wenn in Erwartung der Ehe oder während der Ehe eine Ausbildung nicht aufgenommen oder abgebrochen wurde. Liegen diese Voraussetzungen nicht vor, sondern ist der Bedürftige in Anbetracht der ehelichen Lebensverhältnisse allgemein unterqualifiziert, folgt sein Anspruch auf Unterhalt für die Zeit seiner Ausbildung aus § 1573 Abs. 1, § 1574 Abs. 3.[66] Liegen sie dagegen vor, könnte der Bedürftige aber auch ohne die Weiterbildung eine angemessene Erwerbstätigkeit ausüben (→ § 1574 Rn. 42, → § 1575 Rn. 7, 66–69), sind Ansprüche aus § 1573 Abs. 1 ausgeschlossen,[67] da dann vom Bedürftigen gerade keine Erwerbstätigkeit verlangt werden kann (s. auch § 1573 Abs. 3).[68]

## IV. Billigkeitsunterhalt

**70** Zur Prüfung eines Anspruchs auf Billigkeitsunterhalt (§ 1576) kommt man nur, wenn alle anderen Unterhaltsansprüche tatbestandlich ausscheiden. Deshalb kann ein Anspruch aus § 1576 nicht einen solchen aus § 1573 hindern. Dagegen hindert ein Unterhaltsanspruch aus §§ 1570–1573, 1575 grundsätzlich den aus § 1576, weil diese leges speciales sind. Doch kann ein ergänzender Anspruch auf Billigkeitsunterhalt bestehen, wenn §§ 1570–1573 nur einen Teilunterhalt rechtfertigen, aber zusätzlich ein sonstiger schwerwiegender Grund iSd § 1576 vorliegt (→ § 1576 Rn. 44).

---

[61] BGHZ 179, 43 = NJW 2009, 989 Rn. 20 = FamRZ 2009, 406; NJW 2007, 2628 Rn. 8–10 = FamRZ 2007, 1232; NJW-RR 1993, 838 = FamRZ 1993, 789 (791); NJW 1991, 224 = FamRZ 1991, 170 (171); ebenso OLG Karlsruhe BeckRS 2007, 11979 = FamRZ 2007, 1176 (1177); KG BeckRS 2011, 3556 = FamRZ 1992, 948 (949); wohl auch OLG Hamburg FamRZ 1996, 292; aA OLG München FamRZ 1997, 295 (296) (allerdings nur Anspruch auf Unterhalt wegen Krankheit bei völliger Erwerbsunfähigkeit und „Mischeinkünften" aus Erwerbsunfähigkeitsrente und Wohnwert).

[62] BGH NJW 2012, 2028 Rn. 18, 19 = FamRZ 2012, 951; BGHZ 179, 43 = NJW 2009, 989 Rn. 20 = FamRZ 2009, 406.

[63] BGH NJW 2012, 2028 Rn. 18, 19 = FamRZ 2012, 951: zu 50 % schwerbehinderter Bedürftiger tritt mit 63 Jahren in den Ruhestand.

[64] BGH NJW 1987, 2739 = FamRZ 1987, 691 (693); BGHZ 93, 330 = NJW 1985, 1340 = FamRZ 1985, 371 (373); NJW 1983, 1483 = FamRZ 1983, 144 (145).

[65] OLG Hamm BeckRS 2006, 8500 = FamRZ 1992, 1184; KG BeckRS 2011, 3556 = FamRZ 1992, 948 (949); auch OLG Schleswig NJW-RR 2004, 1372 f. Nach OLG Düsseldorf BeckRS 2009, 26331 = FamRZ 1987, 595 (597) ist wie bei § 254 der Unterhaltsanspruch nach dem Gewicht der Verursachungsbeiträge auf die Anspruchsgrundlagen zu verteilen.

[66] BGH NJW 1984, 1685 = FamRZ 1984, 561 (562 f.); *Bäumel* in Göppinger/Wax UnterhaltsR Rn. 1048; *Borth* in Schwab ScheidungsR–HdB IV Rn. 326, 327; aA Soergel/*Häberle* Rn. 2; § 1575 Rn. 16.

[67] Für ausreichende Bemühungen um eine eheangemessene Erwerbstätigkeit auch *Borth* in Schwab ScheidungsR-HdB IV Rn. 332; aA BGH NJW 1980, 393 = FamRZ 1980, 126 f.

[68] AA BeckOGK/*Hamberger*, 1.2.2019, Rn. 134, § 1575 Rn. 80.

## I. Darlegungs- und Beweislast

### I. Allgemeines

In §§ 1573, 1574 geht es um den Grund sowie die Höhe und Dauer des Anspruchs auf Erwerbslosen- und Aufstockungsunterhalt. Für **alle** Unterhaltstatbestände obliegt dem Bedürftigen die Darlegung und ggf. der Beweis für alle anspruchsbegründenden Umstände (zum **Abänderungsantrag** → Rn. 79). 71

### II. Tatbestandsvoraussetzungen

Da es va darum geht, Art und Umfang der **Erwerbsobliegenheit des Bedürftigen** zu prüfen und festzulegen, betrifft seine Darlegungs- und Beweislast insbesondere: 72

– Seine **persönlichen Eigenschaften**

Alter, Geschlecht, Gesundheitszustand, Familienstand, äußere Erscheinung, Schul- und Berufsausbildung, berufliche Erfahrungen, Arbeitsbereitschaft, abgeleitet aus der bisherigen Arbeitsbiographie.[69]

Sie lassen bereits erste Schlüsse darauf zu, auf welche Arbeitsstellen sich der Bedürftige sinnvollerweise bewerben kann und auch zu bewerben hat.[70] Ggf. kann sich daraus bereits ergeben, dass er trotz Erwerbsfähigkeit keine reale Chance auf dem Arbeitsmarkt (→ Rn. 75) mehr hat. – Zur **Konkurrenz** mit dem Anspruch auf **Alters-** und **Krankheitsunterhalt** → Rn. 65–67.

– Seine **Erwerbsbemühungen,** die er im Einzelnen – konkret und nicht nur pauschal – 73

nach Arbeitsstelle, Ort, Zeit, Zahl,[71] Art – schriftlich oder fernmündlich[72] –, Anlass – Stellenanzeigen in der Tageszeitung und ggf. Wochenblatt oder im Internet, Eigeninserate, Vermittlung durch das Jobcenter, Initiativbewerbungen[73] –, Ernsthaftigkeit und Ergebnis der Bewerbungen

substantiiert anhand einer nachvollziehbaren Dokumentation[74] **darzulegen** hat.[75] Er hat die Bewerbungs- und Antwortschreiben nach Arbeitgeber, Datum und Ansprechpartner **vorzulegen** (→ § 1578 Rn. 716–731).[76] – Das **Maß** des erforderlichen Vortrags richtet sich nach Art und Umfang der Obliegenheit.[77] Dabei dürfen die Anforderungen an den Bedürftigen nicht überspannt werden. Auch ist flexibel danach zu verfahren, wie im Arbeitsleben gemeinhin Bewerbungen auf eine den persönlichen Prädispositionen des Bedürftigen (→ Rn. 72) entsprechende Arbeitsstelle erfolgen. Deshalb werden etwa für eine unterqualifizierte Arbeit oder im Handwerksbereich nicht stets schriftliche Bewerbungen und die Vorlage schriftlicher Absagen gefordert werden können.

– Eine **vorübergehende, krankheitsbedingte Verhinderung** bei der Erwerbssuche.[78] Bei zeitlich nicht absehbaren Verhinderungen besteht keine Erwerbsobliegenheit, sodass sich der Unterhaltsanspruch nicht aus § 1573, sondern aus § 1572 ergibt. 74

– Den Nachweis, dass er keine **reale Beschäftigungschance** auf dem Arbeitsmarkt mehr hat,[79] weshalb er auch das Risiko für die Nichterweislichkeit trägt.[80] Dass er durch die **Agentur für Arbeit** nicht vermittelbar ist, kann er durch die eine Zeugenvernehmung ersetzende amtliche 75

---

69 BGH NJW-RR 1987, 962 (963) = FamRZ 1987, 912 (913); NJW 1986, 718 = FamRZ 1986, 244 (246).

70 BeckOGK/*Hamberger,* 1.2.2019, Rn. 85.

71 BGH NJW 2011, 3577 Rn. 15, 16 = FamRZ 2011, 1851: Die Zahl der Bewerbungen ist „nur ein Indiz" und „nur begrenzt aussagekräftig".

72 BGH NJW 1986, 718 = FamRZ 1986, 244 (246).

73 BeckOGK/*Hamberger,* 1.2.2019, Rn. 85.

74 OLG Nürnberg NJW-RR 2009, 292 = FamRZ 2009, 345 (346) (systematische Darstellung).

75 Zur Beweislast: BGH NJW 2008, 3635 Rn. 18 = FamRZ 2008, 2104; NJW 1996, 517 = FamRZ 1996, 345 (346) (für den Verpflichteten); NJW-RR 1993, 838 = FamRZ 1993, 789 (791); NJW 1987, 898 = FamRZ 1987, 144 (145); NJW 1986, 718 = FamRZ 1986, 244 (246); NJW 1982, 1873 = FamRZ 1982, 255 (257). – BGH NJW 2009, 2523 Rn. 42 = FamRZ 2009, 1300 mAnm *Maurer* FF 2009, 423 handelt dies unzutr. bei § 1577 (Bedürftigkeit) ab.

76 OLG Zweibrücken BeckRS 2010, 25987 = FamRZ 1984, 1250; OLG Hamm BeckRS 2010, 01012 = FamRZ 1984, 1245 (1246); OLG Stuttgart BeckRS 2010, 10264 = FamRZ 1983, 1233. Zu den Einzelheiten auch BeckOGK/*Hamberger,* 1.2.2019, Rn. 85–87.

77 BGH NJW 1986, 718 = FamRZ 1986, 244 (246).

78 BeckOGK/*Hamberger,* 1.2.2019, Rn. 91; dazu auch BGH NJW 1994, 1002 (1003) = FamRZ 1994, 372 (374) (zum Verpflichteten).

79 Auch dies handelt der BGH NJW 2009, 2523 Rn. 42 = FamRZ 2009, 1300 mAnm *Maurer* FF 2009, 423, unzutr. bei § 1577 (Bedürftigkeit) ab. Dazu auch BVerfG BeckRS 2009, 41867 = FamRZ 2010, 183; OLG Hamm BeckRS 2010, 7237 = FamRZ 2010, 1914 Ls.

80 BGH NJW 2012, 1144 Rn. 37 = FamRZ 2012, 517; NJW 1988, 2369 = FamRZ 1988, 265 (266).

Auskunft der Agentur für Arbeit (§ 113 Abs. 1 S. 2 FamFG, § 273 Abs. 2 Nr. 2 ZPO, § 358a S. 2 Nr. 2 ZPO) nachweisen (auch → § 1578 Rn. 994).[81] Er kann sich auch darauf berufen, dass **eigene Bemühungen** nicht zum Erfolg führen würden;

**Beispiel aus der Rspr.:**
BGH NJW 2012, 1144 Rn. 37 = FamRZ 2012, 517: Ggf. Einholung einer sachverständigen Auskunft des **Jobcenters.** Doch ist eine solche wenig aussagekräftig und kann lediglich **indiziell** wirken, weil Arbeitgeber oft an der Agentur für Arbeit vorbei nach Arbeitnehmern suchen. Deshalb hat der Bedürftige qualifizierte Bewerbungen sowie weiter nachzuweisen, dass er gleichwohl keine Arbeitsstelle bekommen hat und deshalb für ihn keine reale Beschäftigungschance besteht.

insoweit kann sich das Gericht auf eigene Erfahrungen und Kenntnisse von den örtlichen Verhältnissen auf dem Arbeitsmarkt stützen (→ Rn. 77). Da die hypothetische Chance auf einen Arbeitsplatz nie ausgeschlossen werden kann, dürfen die Anforderungen hierzu zwar nicht überspannt werden; doch kann, ohne dass Bewerbungen getätigt worden sind, nur in Ausnahmefällen von einem dem Bedürftigen allgemein verschlossenen Arbeitsmarkt, der eine Erwerbstätigkeit nicht gänzlich ausschließt, ausgegangen werden, etwa wegen seines Alters oder Gesundheitszustands. Ob reale oder lediglich theoretische Chancen auf dem Arbeitsmarkt bestehen, ist vom Tatrichter zu klären; ernsthafte Zweifel gehen zu Lasten des Bedürftigen.[82] – Bei der Beurteilung seiner **Arbeitsbereitschaft** ist neben umfangreichen erfolglosen Bewerbungen auch zu berücksichtigen, ob zumutbare Stellenangebote verschwiegen werden.[83] – Auf die bloße Behauptung, keine Beschäftigungschancen mehr zu haben, kann sich der Bedürftige nicht beschränken; ein entsprechender Beweisantritt ist auf einen unzulässigen **Ausforschungsbeweis** gerichtet.[84]

76 – Die Nichterreichbarkeit einer **nachhaltigen** Sicherung seines Unterhalts (**Abs. 4 S. 1;** zur Nachhaltigkeit → Rn. 44–57).[85]

**Beispiel:**[86]
Der Bedürftige verliert eine Arbeitsstelle kurze Zeit nach der Aufnahme, etwa durch Kündigung des Arbeitgebers oder weil er der Arbeit in körperlicher, geistiger oder seelischer Hinsicht nicht gewachsen war.

Kann hiervon nicht ausgegangen werden, geht ein Verlust des Arbeitsplatzes allein zu seinen Lasten.[87]

77 – Auf die **Beweiserleichterungen** aus § 113 Abs. 1 S. 2 FamFG, § 287 Abs. 2 ZPO kann sich der Bedürftige zum Nachweis der Erfüllung seiner Erwerbsobliegenheiten nicht berufen,[88] da es um den Anspruchsgrund und nicht lediglich um die Höhe bzw. Dauer des Anspruchs geht.[89] Doch kann das FamG eigene Kenntnisse vom örtlichen Arbeitsmarkt als **allgemeinbekannt** oder **gerichtsbekannt** in das Verfahren einführen (§ 113 Abs. 1 FamFG, § 291 ZPO).[90]

### III. Anspruchsumfang

78 In **Erstverfahren** ist der Bedürftige darlegungs- und beweispflichtig für alle für die **Höhe** und **Dauer** des Unterhaltsanspruchs maßgeblichen Umstände. Insoweit kann er sich auch auf die **Beweiserleichterungen** aus § 113 Abs. 1 S. 2 FamFG, § 287 Abs. 2 ZPO berufen.

79 In **Abänderungsverfahren** (§§ 238, 239 FamFG) trifft den Verpflichteten, der den Fortbestand seiner titulierten Unterhaltsverpflichtung bekämpft, für die **Zulässigkeit** eines Abänderungsantrags

---

81 BGH NJW 2012, 1144 Rn. 37 = FamRZ 2012, 5017; NJW-RR 1987, 962 = FamRZ 1987, 912 (913); BGHZ 89, 114 = NJW 1984, 438 = FamRZ 1984, 159 (161).

82 BGH NJW-RR 1993, 838 = FamRZ 1993, 789 (791); NJW-RR 1987, 962 = FamRZ 1987, 912 (913); NJW 1987, 898 = FamRZ 1987, 144 (145); NJW 1986, 3080 = FamRZ 1986, 885 (886); NJW 1982, 2874 (2875); s. auch OLG Schleswig FamRZ 1998, 1615 („sorgfältige Abwägung aller Umstände des Einzelfalles").

83 BGH NJW 1986, 718 = FamRZ 1986, 244 (246).

84 BGH NJW 2008, 57 Rn. 36 = FamRZ 2007, 1532; auch OLG Köln NJW-RR 2007, 291 = FamRZ 2007, 1475 f.; NJW-RR 2006, 1664 = FamRZ 2006, 1756 Ls.

85 BGH NJW 2003, 3481 = FamRZ 2003, 1734 (1736); NJW 1986, 375 = FamRZ 1985, 1234 (1235).

86 BeckOGK/*Hamberger,* 1.2.2019, Rn. 125.

87 S. dazu OLG Düsseldorf BeckRS 1992, 1081 = FamRZ 1993, 331.

88 BGH NJW 2012, 1144 Rn. 30 = FamRZ 2012, 517; NJW 2011, 3577 Rn. 13 = FamRZ 2011, 1851; NJW 2008, 3635 Rn. 18 = FamRZ 2008, 2104; NJW-RR 1993, 898 = FamRZ 1993, 789 (791); NJW 1986, 3080 = FamRZ 1986, 885 (886).

89 BeckOGK/*Hamberger,* 1.2.2019, Rn. 90.

90 BGH NJW 1988, 2799 = FamRZ 1988, 604 (607); NJW 1986, 718 = FamRZ 1986, 244 (246); BeckOGK/*Witt,* 1.2.2019, § 1578 Rn. 425.

zunächst die Darlegungslast dafür, dass sich die maßgeblichen Verhältnisse **wesentlich geändert** haben. Hierzu reicht eine schlüssige Darstellung aus. Zur **Begründetheit** muss er alle Veränderungen der den **Anspruchsumfang** bestimmenden Verhältnisse darlegen und ggf. beweisen, gleich ob sich die Änderungen bei ihm oder beim Bedürftigen ergeben haben. Stützt der Verpflichtete seinen Abänderungsantrag auf eine Obliegenheitsverletzung des Bedürftigen, etwa dass dieser sich nicht weiter um eine Arbeitsstelle beworben hat und deshalb trotz gebesserter Verhältnisse auf dem Arbeitsmarkt noch keine Arbeitsstelle erhalten hat, trägt er auch insoweit das Beweisrisiko.[91] Einen Abänderungsantrag kann der Verpflichtete durch die Geltendmachung seines **Auskunftsanspruchs** vorbereiten. Zudem trifft den Bedürftigen eine **sekundäre Darlegungslast** hinsichtlich seiner Erwerbsbemühungen. Für die Höhe und den Umfang seines Unterhaltsanspruchs ist er jedoch auch dann darlegungs- und beweispflichtig, wenn der Verpflichtete mit einem Abänderungsantrag (§§ 238, 239 FamFG) die Herabsetzung eines titulierten Unterhaltsbetrags betreibt.[92]

## § 1574 Angemessene Erwerbstätigkeit

**(1) Dem geschiedenen Ehegatten obliegt es, eine angemessene Erwerbstätigkeit auszuüben.**

**(2) [1]Angemessen ist eine Erwerbstätigkeit, die der Ausbildung, den Fähigkeiten, einer früheren Erwerbstätigkeit, dem Lebensalter und dem Gesundheitszustand des geschiedenen Ehegatten entspricht, soweit eine solche Tätigkeit nicht nach den ehelichen Lebensverhältnissen unbillig wäre. [2]Bei den ehelichen Lebensverhältnissen sind insbesondere die Dauer der Ehe sowie die Dauer der Pflege oder Erziehung eines gemeinschaftlichen Kindes zu berücksichtigen.**

**(3) Soweit es zur Aufnahme einer angemessenen Erwerbstätigkeit erforderlich ist, obliegt es dem geschiedenen Ehegatten, sich ausbilden, fortbilden oder umschulen zu lassen, wenn ein erfolgreicher Abschluss der Ausbildung zu erwarten ist.**

**Schrifttum:** *Bäumel,* Die reale Beschäftigungschance – Konsequenzen aus der Rechtsprechung des BGH und Schlussfolgerungen für die richterliche Arbeit, FPR 2000, 17; *Born,* Bewerbungsbemühungen im Unterhaltsrecht, NZFam 2014, 252; *Borth,* Ausbildungsunterhalt – Pflichten des Unterhaltsberechtigten, FPR 2008, 341; *Borth,* Der Betreuungsunterhalt geschiedener Ehegatten und die Erwerbsobliegenheit nach neuem Recht, FamRZ 2008, 2; *Heiß,* Erwerbsobliegenheit und Bewerbungsbemühungen des Unterhaltsberechtigten beim nachehelichen Unterhalt, FamFR 2013, 78; *Kloster-Harz/Leitner,* Dreiteilung und angemessene Erwerbstätigkeit bei Studienabbruch als ehebedingter Nachteil, FamFR 2010, 249; *Limbach,* Der Begriff der Angemessenheit im Unterhaltsrecht, Brühler Schriften zum Familienrecht Bd. 5 (1987), 26; *Lucke,* Die angemessene Erwerbstätigkeit im neuen Scheidungsrecht: Zur soziologischen Interpretation unbestimmter Rechtsbegriffe, 1982; *Lucke,* Soziologische Aspekte des Problems der „sozialen Gleichwertigkeit" von „ehelichen Lebensverhältnissen" und nachehelicher Erwerbstätigkeit in der Angemessenheitsklausel (§ 1574 BGB) des neuen Scheidungsfolgenrechts (1. EheRG), FamRZ 1979, 373; *Pauling,* Die Erwerbsobliegenheit im Ehegatten- und Kindesunterhaltsrecht, FPR 2000, 11; *Pauling,* Beweislast beim Unterhalt wegen Erwerbslosigkeit und Wohnbedarf nach Scheidung, FamFR 2012, 121; *Raiser,* Hinreichende Bemühung um angemessene Erwerbstätigkeit, NJW 1986, 1919; *Reinicke,* Ausbildungsunterhalt für den geschiedenen Ehegatten, FPR 2008, 373; *Schumacher,* Zum Begriff der angemessenen Erwerbstätigkeit im künftigen Unterhaltsrecht geschiedener Ehegatten, DRiZ 1976, 343; *Schwab, D.,* Zur Sättigungsgrenze beim Unterhalt geschiedener Ehegatten, FamRZ 1982, 456.

**Übersicht**



[91] BeckOGK/*Hamberger,* 1.2.2019, Rn. 95.

[92] Soergel/*Häberle* Rn. 14; BeckOGK/*Hamberger,* 1.2.2019, Rn. 95; *Klauser* MDR 1982, 535; s. auch *Maurer* FamRZ 1989, 445 (449); aA – Beweislast des Abänderungsklägers – OLG Hamm NJW-RR 1988, 1476 = FamRZ 1988, 840 (841).

## A. Allgemeines

### I. Normzweck

1 Der **nachehelichen Eigenverantwortlichkeit** (§ 1569 S. 1, → § 1569 Rn. 18) und der sich daraus ergebenden Obliegenheit der geschiedenen Ehegatten, sich selbst zu unterhalten, steht § 1574 gegenüber. Er soll den nicht erwerbstätigen geschiedenen Ehegatten vor dem drohenden sozialen Abstieg bewahren.[1] Der Bedürftige braucht – Ausdruck der **nachehelichen Solidarität** (§ 1569 S. 2; → § 1569 Rn. 20) – nur eine **angemessene Erwerbstätigkeit** auszuüben (Abs. 1).[2] Abs. 2 enthält die Kriterien, nach denen die Angemessenheit einer Erwerbstätigkeit zu beurteilen ist. Abs. 3 regelt die Obliegenheit des Bedürftigen zur beruflichen Aus- oder Fortbildung, die zur Erlangung einer angemessenen Erwerbstätigkeit erforderlich ist. Im Zusammenhang mit §§ 1578b, 1579 führen diese Regelungen zu sachgerechten Ergebnissen.

2 Das UÄndG 2007 (→ Vor § 1569 Rn. 9) hat Abs. 1 neu gefasst und sprachlich an § 1569 angepasst, ohne dass sich dadurch sein sachlicher Gehalt geändert hätte.[3] Die Änderungen in Abs. 2 verschärfen die Voraussetzungen, unter denen eine Erwerbstätigkeit für den Bedürftigen als den ehelichen Lebensverhältnissen nicht mehr angemessen bezeichnet werden kann (→ Rn. 31, 32).[4]

### II. Verfassungsgemäßheit

3 **„Angemessene Erwerbstätigkeit"** als unbestimmter Rechtsbegriff ist in Abs. 2 insbesondere wegen des weitgehenden Rückgriffs auf Rspr. und Lehre zu § 58 EheG[5] rechtsstaatlich ausreichend konkretisiert.[6] Auch dass der Bedürftige die Unbilligkeit einer nach Abs. 2 S. 1 Hs. 1 angemessenen Tätigkeit darlegen und beweisen muss (→ Rn. 87), ist verfassungsrechtlich unbedenklich. – Die Obliegenheit zur **Weiterbildung** ist ebenfalls verfassungsgemäß und insbesondere mit dem Recht auf freie Entfaltung der Persönlichkeit (Art. 2 Abs. 1 GG) vereinbar, zumal sie sich nur auf eine nach Abs. 2 angemessene Erwerbstätigkeit richtet.[7] – Nicht unberücksichtigt bleiben kann auch, dass die Obliegenheit zur Aufnahme einer Erwerbstätigkeit oder zur Weiterbildung einem Bedürftigen nur entgegengehalten werden kann, wenn ihm tatsächlich auch die Möglichkeit auf eine solche Stelle auf dem **Arbeits-** und **Ausbildungsmarkt** offensteht.[8] Die Darlegungs- und Beweislast für seine Erwerbs- und Ausbildungsbemühungen sowie für die Unergiebigkeit des Marktes trägt nach allgemeinen Regeln der Bedürftige (→ § 1573 Rn. 73–78).

---

1 KG BeckRS 2009, 87093 = FamRZ 1984, 898 (899); OLG Hamburg FamRZ 1990, 445 (447).
2 Für die Unterscheidung des OLG Hamm FamRZ 1994, 1035 (1036) zwischen überobligatorischer und unzumutbarer Erwerbstätigkeit besteht kein Raum, weil dies dasselbe bedeutet.
3 Ebenso *Borth* FamRZ 2008, 2 (12).
4 Zur Rechtsentwicklung eingehend BeckOGK/*Hamberger*, 1.2.2019, Rn. 10–15.
5 S. die Nachw. → 1. Aufl. 1978, Rn. 1 Fn. 5.
6 So schon BT-Drs. 7/650, 128.
7 AllgM, etwa OLG Schleswig BeckRS 2010, 14236 = FamRZ 1982, 703.
8 *Menne* FF 2006, 175 (181).

### III. Anwendungsbereich

Auf den **Familienunterhalt** (§§ 1360, 1360a) ist § 1574 nicht anwendbar. Die wechselseitigen Obliegenheiten der Ehegatten bei der Gestaltung ihrer ehelichen Lebensführung richten sich grundsätzlich nach ihren Absprachen, mithin nach ihrem gemeinsam gefassten Lebensplan (§ 1356 Abs. 1). Hiervon lässt § 1356 Abs. 2 bei Wahrung der Belange des anderen Ehegatten und der Familie einseitige Abweichungen hinsichtlich der Aufnahme und Ausübung einer Erwerbstätigkeit zu. 4

Auf den **Trennungsunterhalt** ist § 1574 grundsätzlich nicht anwendbar, weil der Bedürftige während der Trennungszeit nach der Schutzvorschrift des § 1361 Abs. 2 nur unter engeren Voraussetzungen als nach § 1574 Abs. 2 auf eine Erwerbstätigkeit verwiesen werden kann. Ist das Trennungsjahr abgelaufen und damit die Trennung der Ehegatten zunehmend verfestigt bzw. ist die Scheidung nur noch eine Frage der Zeit – etwa weil Scheidungsantrag gestellt ist und die Scheidungsvoraussetzungen unzweifelhaft vorliegen –, nähert sich der Anspruch auf Trennungsunterhalt jedoch dem auf nachehelichen Unterhalt an,[9] sodass jedenfalls dann die strengeren Maßstäbe aus § 1574 Abs. 2, 3 zu den Erwerbs-, Ausbildungs-, Fortbildungs- und Umschulungsobliegenheiten auch auf den Trennungsunterhalt zu übertragen sind (zum Ganzen auch → § 1361 Rn. 54, 60).[10] 5

Auf den Unterhalt **nicht miteinander verheirateter Eltern** (§ 1615l Abs. 2 S. 2–5) ist § 1574 nach seiner systematischen Stellung im nachehelichen Unterhaltsrecht nicht anwendbar. Der BGH hat entschieden, dass ehebedingte Ausbildungsnachteile keine „elternbezogenen" Nachteile iSd § 1570 Abs. 2 sind, weil sie nicht durch die weiter erforderliche Betreuung des Kindes, sondern durch die berufliche Einschränkung bedingt sind. Deshalb umfasse er nicht auch Ausbildungs-, Fortbildungs- und Qualifizierungsmaßnahmen zur Erlangung einer angemessenen Erwerbstätigkeit, die vielmehr ausschließlich durch §§ 1573, 1574 Abs. 3, § 1575 geschützt würden (→ § 1570 Rn. 96).[11] Mit dieser Begründung spricht § 1615l jedenfalls grundsätzlich keinen Ausbildungsunterhalt zu[12] – es sei denn, es habe eine entsprechende gemeinsame Lebensplanung der Eltern bestanden[13] –, sodass schwangerschafts- und betreuungsbedingte Ausbildungsnachteile eines nicht verheirateten Elternteils keinen Unterhaltsanspruch vermitteln. Dies ist verfassungsrechtlich zulässig.[14] – Zur gleichen Problematik bei **Krankheit** des betreuenden Elternteils → § 1570 Rn. 96. 6

### IV. Rechtsnatur

§ 1574 ist **keine Anspruchsgrundlage.** Deshalb steht er auch in **keinem Konkurrenzverhältnis** zu den Unterhaltstatbeständen der §§ 1570–1573, 1575, 1576. Vom Ausbildungsunterhalt (§ 1575) unterscheidet er sich insbesondere dadurch, dass er dem Bedürftigen im Interesse des Verpflichteten für den Fall eine **Obliegenheit** auf Weiterbildung auferlegt, dass er keine angemessene Berufstätigkeit ausüben kann **(„fremdnützig")**, während ihm § 1575 zur Durchsetzung seines **Rechts** auf Weiterbildung dient **(„eigennützig")** (auch → Rn. 56).[15] 7

§ 1574[16] bestimmt für die Unterhaltsansprüche aus §§ 1570–1573 die **Obliegenheit,** eine **angemessene Erwerbstätigkeit** auszuüben oder sich für eine solche **weiterzubilden** (Abs. 2, 3) bzw. sich für eine angemessene Erwerbstätigkeit zu qualifizieren (Abs. 3), soweit dies aufgrund Kinderbetreuung (§ 1570), Alter (§ 1571), Krankheit (§ 1572) und den Chancen auf dem Arbeitsmarkt (Erwerbslosenunterhalt, § 1573 Abs. 1) möglich ist. Zugleich bildet er für diese Unterhaltsansprüche und den Aufstockungsunterhalt (§ 1573 Abs. 2) den **Maßstab,** nach dem sich die Angemessenheit der obliegenden Erwerbstätigkeit bemisst. Für den Anspruch auf Ausbildungsunterhalt etc (§ 1575) bestimmt § 1574 Abs. 1 und 2, welche Ausbildung der Verpflichtete alimentieren muss. Für den Anspruch auf Billigkeitsunterhalt (§ 1576) hat er lediglich begrenzende Bedeutung dahin, dass jedenfalls nicht mehr an Unterhalt geschuldet wird, als mit einer angemessenen Erwerbstätigkeit verdient werden könnte. – Zur Obliegenheit zur **Weiterbildung** näher → Rn. 60–72. 8

---

9 BGH NJW 2008, 1946 Rn. 26, 27 = FamRZ 2008, 963; NJW 2001, 973 = FamRZ 2001, 350, 351; BGHZ 109, 211 = NJW-RR 1990, 323 = FamRZ 1990, 283 (285 f.); s. auch OLG Düsseldorf BeckRS 2008, 12207 = FamRZ 2008, 1856.

10 BGH NJW 2001, 973 (974) = FamRZ 2001, 350; BGHZ 109, 211 = NJW-RR 1990, 323= FamRZ 1990, 283 (285 f.); BeckOGK/*Hamberger,* 1.2.2019, Rn. 6. S. aber auch BGH NJW 1991, 1049 = FamRZ 1991, 416 (418 f.): ausreichend ist, wenn sich der Bedürftige „bis zum Ablauf der Trennungszeit … nur um Tätigkeiten" in dem Bereich der früheren Erwerbstätigkeit bemüht.

11 BGH NJW 2012, 3037 Rn. 24 = FamRZ 2012, 1624.

12 So NK-BGB/*Schilling* § 1615l Rn. 14; *Wever* FF 2010, 214 (215); iErg aA OLG Nürnberg NJW 2010, 1084 = FamRZ 2010, 577 (578).

13 OLG Frankfurt a. M. BeckRS 1999, 14547 = FamRZ 2000, 1522 (1523); *Wever* FF 2010, 214 (215).

14 BVerfGE 118, 45 = NJW 2007, 1735 Rn. 58 = FamRZ 2007, 965.

15 Vgl. auch BeckOGK/*Hamberger,* 1.2.2019, Rn. 159.

16 Dazu auch BeckOGK/*Hamberger,* 1.2.2019, Rn. 7.

### V. Ehebedingtheit

9 Die „Ehebedingtheit" ist schon nicht denknotwendig Voraussetzung eines Anspruchs auf nachehelichen Unterhalt (→ § 1569 Rn. 15–17). Deshalb ist für die Bestimmung, welche Berufstätigkeit „angemessen" ist (Abs. 1), neben der Berücksichtigung der weiteren Kriterien (→ Rn. 16–55) nur auf die tatsächlich bestehenden ehelichen Lebensverhältnisse abzustellen. Dem Ausgleich ehebedingter Nachteile dienen auf der Tatbestandsebene allein die Ansprüche auf Betreuungsunterhalt (§ 1570), in dem die Obliegenheit zur Ausübung einer Erwerbstätigkeit neben der Kinderbetreuung bestimmt wird, auf Aufstockungsunterhalt (§ 1573 Abs. 2) und auf Ausbildungsunterhalt (§ 1575), wenn der Bedürftige ehebedingt einen höherwertigen Beruf ausüben würde, sowie auf der Rechtsfolgenebene § 1578b.[17]

## B. Angemessene Erwerbstätigkeit

### I. Grundsätze

10 Abs. 1, 2 sind keine eigenständigen **Anspruchsgrundlagen,** sondern inhaltliche **Beschränkungen** der aus der nachehelichen Eigenverantwortung (§ 1569 S. 1) folgenden Obliegenheit zur Erwerbstätigkeit. **Abs. 1** gibt den Maßstab vor[18] und stellt klar, dass vom Bedürftigen als Ausdruck der nachehelichen Solidarität des Verpflichteten (§ 1569 S. 2) nur eine angemessene Erwerbstätigkeit erwartet werden kann,[19] auch wenn dies in den Anspruchsgrundlagen, wie etwa in §§ 1570–1572, 1576 – im Gegensatz zu § 1573 Abs. 1, 2, § 1575 Abs. 1 S. 1 – nicht ausdrücklich gesagt wird (→ Rn. 8).

11 Die maßgeblichen Kriterien für die Angemessenheit der Erwerbstätigkeit sind in Abs. 2 S. 1, 2 **nicht abschließend** aufgeführt.[20] Im Rahmen der **Gesamtabwägung** aller Umstände des Einzelfalls nach den Grundsätzen von Treu und Glauben (§ 242)[21] kommt aber den ausdrücklich aufgeführten Kriterien besonderes Gewicht zu.[22]

12 Die **Angemessenheit einer Erwerbstätigkeit** (eingehend → § 1578 Rn. 708–719) ist zunächst durch eine Gesamtabwägung ohne Einbeziehung der ehelichen Lebensverhältnisse und der sonstigen nicht normierten Umstände zu bestimmen. Führt dies zur Angemessenheit, ist diese nach der Ausnahmeregelung des Abs. 2 S. 1 Hs. 2 anhand einer auf die ehelichen Lebensverhältnisse und die nicht normierten Umstände bezogenen **Billigkeitsabwägung** (Zumutbarkeitsprüfung), die insbesondere die Dauer der Ehe und der Kinderbetreuung einzubeziehen hat, zu überprüfen.[23] – Zu einzelnen **nicht ausdrücklich normierten** Umständen → Rn. 40–55.

### II. Einsatzzeitpunkt

13 Für alle Kriterien ist grundsätzlich die **Rechtskraft der Scheidung** maßgebend.[24] Abzustellen ist insbesondere auf die zu diesem Zeitpunkt bestehenden Fähigkeiten, nicht auch auf die durch Weiterbildungsmaßnahmen entwickelbaren Anlagen,[25] und die ehelichen Lebensverhältnisse (aber auch → Rn. 31–39).[26] Wird der nacheheliche Unterhalt als Folgesache im **Verbund** mit der Scheidungssache (§ 137 Abs. 1, Abs. 2 Nr. 2 FamFG) geltend gemacht, sind die im Zeitpunkt der letzten mündlichen Verhandlung bestehenden Umstände und die bis zur Rechtskraft des Scheidungsaus-

---

17 Ebenso BeckOGK/*Hamberger,* 1.2.2019, Rn. 131, 132.
18 BT-Drs. 16/1830, 17.
19 BGH NJW 1983, 1483 = FamRZ 1983, 144 (145).
20 Etwa BeckOGK/*Hamberger,* 1.2.2019, Rn. 144; *Borth* FamRZ 2008, 2 (12).
21 BGH NJW 2013, 2662 Rn. 88 = FamRZ 2013, 1366; NJW 2013, 461 Rn. 16 = FamRZ 2013, 191; BGHZ 188,50 = NJW 2011, 670 Rn. 23 ff. = FamRZ 2011, 454; NJW 2005, 61 = FamRZ 2005, 23 (24 f.); NJW 1991, 1049 = FamRZ 1991, 416 (419); NJW-RR 1986, 68 = FamRZ 1985, 908 (909); NJW 1984, 1685 = FamRZ 1984, 561 (562).
22 Soergel/*Häberle* Rn. 11; *Borth* FamRZ 2008, 2 (12).
23 Auch *Borth* FamRZ 2008, 2 (12, 15): Er nimmt Unbilligkeit nur dann an, „wenn nach Beendigung der Betreuung wegen der Führung des gemeinsamen Haushalts auch weiterhin bis zur Scheidung keine Erwerbstätigkeit ausgeübt [wurde], …die ehelichen Lebensverhältnisse in finanzieller Hinsicht stets überdurchschnittlich [waren] und die Trennung sowie Scheidung erst nach langer Ehedauer erfolgt, …". Ob dies nicht zu eng ist, wird sich in der Praxis weisen müssen.
24 OLG Zweibrücken BeckRS 1980, 31167173 = FamRZ 1981, 148 (149).
25 *Schumacher* DRiZ 1976, 343.
26 BGH NJW 1983, 1483 = FamRZ 1983, 144 f.

spruchs absehbaren Veränderungen der Entscheidung zugrunde zu legen.[27] So ist etwa die zu erwartende künftige Dauer der Kinderbetreuung, die das Gewicht der ehelichen Lebensverhältnisse erhöht, mit einzubeziehen. – Zum Einsatzzeitpunkt beim Streit der Ehegatten um das **Sorgerecht** → § 1578 Rn. 722, 761–764.

Auch wenn die Erwerbsobliegenheit zunächst auf die Rechtskraft der Scheidung bezogen ist (→ Rn. 13), sind **Abweichungen** hierzu zu beachten. Zum einen kann den Berechtigten bereits während der **Trennungszeit** die Obliegenheit, eine Erwerbstätigkeit auszuüben, treffen (→ Rn. 5); eine Erwerbsobliegenheit wird dann idR nur ausscheiden können, wenn die Scheidung vor Ablauf des Trennungsjahres nach § 1565 Abs. 2 geschieden wurde. Zum anderen kommt der Erwerbsobliegenheit **Dauerwirkung** zu (zur Obliegenheit zur Weiterbildung → Rn. 61), sodass sie unter dem Vorbehalt der Veränderung der maßgeblichen Kriterien steht und sich dynamisch fortentwickelt, dh sich **verstärkt.**[28] 14

Besteht bereits ein Vollstreckungstitel, sind **nachträgliche Veränderungen** der für die ehelichen Lebensverhältnisse im Rahmen von § 1574 maßgebenden Umstände mit einem Abänderungsantrag (§§ 238, 239 FamFG) geltend zu machen. 15

## III. Maßgebliche Umstände

**1. Benannte Umstände. a) Persönliche Merkmale des Bedürftigen. aa) Ausbildung.** Maßgeblich ist, ob die Berufsausbildung 16

Gesellen- oder Gehilfenprüfung, Meisterprüfung, Hochschul- oder Fachhochschulstudium, Fachschulausbildung mit entsprechender Qualifikation

**abgeschlossen** ist und sie zur Ausübung eines bestimmten Berufes berechtigt. Ist sie nicht abgeschlossen, wird ihr idR keine maßgebende Bedeutung zukommen;[29] doch werden im Einzelfall die Voraussetzungen des Abs. 3 zu prüfen sein. Zwar obliegt dem Bedürftigen nicht nur eine Erwerbstätigkeit im erlernten Beruf, entscheidend ist vielmehr sein durch die Ausbildung geprägtes **Ausbildungsniveau,**[30] das nicht wesentlich unterschritten werden darf.[31] Deshalb kann ein Bedürftiger, der (auch) während der Ehezeit in seinem erlernten Beruf **gearbeitet** hat, nicht auf eine Tätigkeit als ungelernte Kraft verwiesen werden, und ein **Berufswechsel** ist ihm nur zumutbar, wenn im erlernten und auch ausgeübten Beruf keine Arbeitsmarktchancen bestehen.[32] Hat er aber noch nie in seinem erlernten Beruf und bislang lediglich **unterqualifiziert** gearbeitet, muss er sich auch auf eine solche Tätigkeit verweisen lassen.[33] Allerdings kann ihn der Verpflichtete dann auch nicht auf Einkünfte aus einer höher qualifizierten Tätigkeit verweisen.[34]

Dass der Bedürftige vor oder während der Ehe in seinem Ausbildungsberuf gearbeitet, in diesem aber keine Arbeitsstelle bekommen hat und auch nicht mehr bekommen kann und/oder eine Erwerbstätigkeit unter seinem Ausbildungsniveau ausgeübt hat, bestimmt die Merkmale „frühere Erwerbstätigkeit" und „eheliche Lebensverhältnisse" und wirkt sich auf die Zumutbarkeitsprüfung aus.[35] – Zur Wahrung des Ausbildungsniveaus, wenn der erlernte Beruf **altersbedingt** nicht mehr ausgeübt werden kann, → Rn. 25. 17

**bb) Fähigkeiten.** Angesprochen sind **geistige** oder **körperliche Fähigkeiten** und **Kenntnisse,** die mangels besonderer Ausbildung die berufliche Qualifikation des Bedürftigen ausmachen.[36] 18

**Beispiele aus der Rspr.:** 19

BGH NJW-RR 1986, 985 = FamRZ 1986, 553 (554): Fremdsprachenkenntnisse können „bei Presse und Rundfunk, bei einer Fluggesellschaft, im Touristikgewerbe als Reiseleiterin oder auch als Fremdsprachenkorrespondentin oder Dolmetscherin" nutzbringend angewandt werden.

OLG Karlsruhe FamRZ 2002, 1566: Von der Ehefrau eines Rechtsanwalts mit kaufmännischer Ausbildung, die in der Kanzlei mitgearbeitet hat, kann aufgrund ihres dabei erworbenen Wissens ggf. eine Tätigkeit als Bürovorsteherin in einer Anwaltskanzlei erwartet werden. – Fremdsprachenkenntnisse, handwerkliche

---

27 BGH NJW 1983, 1483 = FamRZ 1983, 144 f.; NJW 1982, 2439 = FamRZ 1982, 892.
28 BeckOGK/*Hamberger,* 1.2.2019, Rn. 47, 48.
29 OLG Celle NJOZ 2010, 1671 = FamRZ 2010, 1673 (1674) (nicht geprüft: Anspruch aus § 1575).
30 OLG Hamm BeckRS 2006, 8500 = FamRZ 1992, 1184 (1185); s. auch BT-Drs. 7/650, 128.
31 BGH NJW 1991, 1049 = FamRZ 1991, 416 (419).
32 OLG München FamRZ 2004, 1208 (1209).
33 OLG Stuttgart BeckRS 2009, 13140 = FamRZ 2009, 785 f.; auch OLG Celle NJOZ 2010, 1671 = FamRZ 2010, 1673 (1674).
34 OLG Stuttgart BeckRS 2009, 13140 = FamRZ 2009, 785.
35 AA *Borth* FamRZ 2008, 2 (13).
36 BT-Drs. 7/650, 128.

Fähigkeiten sowie sportliche und musische Begabungen; Letztere können jedoch kaum „zu Geld gemacht" werden.[37]

20 Meist wird es um Ehegatten gehen, die den **Haushalt geführt** und die **Kinder betreut** haben. Für sie ist auch ohne entsprechende Ausbildung idR eine Tätigkeit in einem sozialpflegerischen Beruf

etwa Erzieherin, Altenpflege- oder Schwesternhelferin

angemessen. Auf die Führung eines fremden Haushalts werden sie im Allgemeinen nicht verwiesen werden können, weil dies der Führung des eigenen Haushalts sozial nicht gleichwertig ist, es sei denn, es würde sich um eine leitende Stellung, etwa im Haushalt eines Industriellen, handeln. Jedenfalls ist aber die Tätigkeit als Haushaltshilfe (oder Altenpflegerin) nach 32 Jahren Ehedauer in überdurchschnittlich guten wirtschaftlichen Verhältnissen und der Erziehung und Betreuung von 2 Kindern nicht angemessen.[38] Anderes kann etwa für eine Tätigkeit als Gesellschafterin gelten, so es eine solche denn überhaupt noch gibt.

21 Eine Tätigkeit, in die vorhandene Fähigkeiten und Kenntnisse nicht eingebracht werden können, ist nicht angemessen, ohne dass eine optimale berufliche Erfüllung verlangt werden kann und stets eine der verlorenen gleichwertige Arbeitsstelle angestrebt werden darf.[39]

22 **cc) Frühere Erwerbstätigkeit.** Der Bedürftige, der eine bestimmte, seinem **Ausbildungsniveau** ggf. nicht entsprechende Erwerbstätigkeit bereits während des Zusammenlebens ausgeübt hat,[40] gibt damit unabhängig davon, ob die aus dieser Tätigkeit erzielten Einkünfte die ehelichen Lebensverhältnisse mitgeprägt haben, zu erkennen, dass er diese Tätigkeit für zumutbar hält. Hieran muss er sich grundsätzlich auch nach der Scheidung festhalten lassen; er darf die ausgeübte Erwerbstätigkeit nicht ohne sachlichen Grund aufgeben,[41]

**Beispiel** von Jauernig/*Schlechtriem* 1. Aufl. Anm. 2d:
Wer aus Neigung Gärtner wird, kann sich auf seine Ausbildung zum Volljuristen nicht berufen.

ggf. muss er sich wieder um eine entsprechende Arbeitsstelle bemühen.[42] Lediglich ausnahmsweise wird nach der Scheidung von der Unzumutbarkeit dieser Tätigkeit ausgegangen werden können. Wurde sie über Jahre hinaus ausgeübt, besteht eine widerlegliche Vermutung dafür, dass sie den ehelichen Lebensverhältnissen entspricht (→ Rn. 87, → § 1570 Rn. 76). – Auf den **Grund** für die Aufnahme einer Erwerbstätigkeit unter Ausbildungsniveau kommt es grundsätzlich nicht an, doch kann bei der Billigkeitsabwägung Berücksichtigung finden, wenn sie aus wirtschaftlicher Not oder nur vorübergehend ausgeübt wurde.[43]

23 **Beispiele aus der Rspr.:**
OLG Karlsruhe BeckRS 2000, 31162246 = FamRZ 2002, 1566: Ehefrau eines Lehrers mit Abitur ohne Berufsausbildung, die während der Ehe als Aushilfskraft in einer Buchhandlung gearbeitet hat.
OLG München FamRZ 2004, 108: Die Verweisung auf die Ausübung der Prostitution ist auch dann unzumutbar, wenn ihr während der Ehe einvernehmlich nachgegangen wurde. Dies ist seit Inkrafttreten des Prostituiertengesetzes am 1.1.2002 abzulehnen, weil nachehelich nicht unzumutbar sein kann, was während der Ehe zumutbar war (→ § 1578 Rn. 712–714).
BGH NJW 2005, 61 = FamRZ 2005, 23 (25): Fachabitur, Fachhochschulabschluss zum Umwelttechniker, Fortbildung zum Umweltbeauftragten, danach selbstständiger Betrieb eines Einzelhandelsgeschäfts: Den Ehegatten trifft die Obliegenheit zur Aufnahme einer abhängigen Tätigkeit im Einzelhandel.
BGH NJW 2012, 1144 Rn. 29 = FamRZ 2012, 517: Einer Ehefrau ohne Berufsausbildung, die vor der Ehe als Verkäuferin und während der Ehe als Bürohilfe (Sekretärin) im mittelständischen Betrieb ihres Ehemannes gearbeitet hat, ist die gehobene Tätigkeit als Verkäuferin (Damenoberbekleidung; in kosmetischer Abteilung) oder im Bürobereich zumutbar. Ohne Fachausbildung dürfte beides aber kaum möglich sein.

24 Dadurch, dass der Bedürftige während des ehelichen Zusammenlebens – etwa neben der Haushaushaltsführung und Kinderbetreuung – lediglich eine **Teilzeit**- oder **Geringverdienertätigkeit**

---

[37] S. auch *Borth* FamRZ 2008, 2 (13).
[38] BGH NJW 1987, 2739 = FamRZ 1987, 691 (693).
[39] BGH BeckRS 2010, 25975 = FamRZ 1984, 988 (989 f.).
[40] *Borth* FamRZ 2008, 2 (12).
[41] BGH NJW 2008, 1946 Rn. 30 = FamRZ 2008, 963; NJW 2005, 61 = FamRZ 2005, 23 (25); OLG Hamm FamRZ 1997, 1076 (Ausübung eines Pflegeberufs trotz gehobener wirtschaftlicher Lebensverhältnisse), OLG Köln BeckRS 2010, 18888 = FamRZ 1981, 966 (967).
[42] AG Tempelhof-Kreuzberg BeckRS 2010, 1716 = FamRZ 2010, 125 (126).
[43] *Borth* FamRZ 2008, 2 (12).

ausgeübt hat, um finanziell zum Familienunterhalt beizutragen, werden seine nachehelichen Erwerbsobliegenheiten nicht eingeschränkt. Er ist auf eine Vollerwerbstätigkeit entsprechend seinen Fähigkeiten, die nicht seiner bisherigen Tätigkeit zu entsprechen braucht und über deren Tätigkeitsmerkmale hinausgehen kann, verwiesen, wenn und soweit ihm dies nach seiner physischen und psychischen Verfassung zugemutet werden kann.[44]

**dd) Lebensalter.** Das Alter des Bedürftigen, für das es keine feste Grenze gibt (zu § 1571 → § 1571 Rn. 12, 16–21),[45] kann etwa dann zur **Unangemessenheit** einer Erwerbstätigkeit führen, wenn diese nur mit unzumutbarem körperlichen, geistigen oder seelischen Kraftaufwand, der wegen des Alters nicht mehr erwartet werden kann, ausgeübt werden kann,[46] oder der Bedürftige nach längerer Berufsabwesenheit eine Arbeitsstelle nur nach einer Fortbildung, die wegen seines Alters aber nicht mehr sinnvoll ist, erlangen könnte.[47] Einer noch sinnvollen Fortbildung muss er sich aber unterziehen. Da es stets auf den Einzelfall ankommt, kann nicht davon ausgegangen werden, dass ab einem bestimmten Alter – abgesehen vom Renteneintrittsalter (eingehend → § 1578 Rn. 832–843) – keine Erwerbstätigkeit mehr zumutbar ist.[48] 25

Kann ein vor der Ehe ausgeübter Beruf altersbedingt **nicht wiederaufgenommen** werden, führt dies allein nicht stets zu einem Anspruch auf Altersunterhalt nach § 1571. Vielmehr ist der Bedürftige auf Tätigkeiten verwiesen, die seinem Ausbildungsniveau und seinen Fähigkeiten entsprechen, ggf. nach einer Weiterbildungsmaßnahme (Abs. 3). 26

**Beispiele:** 27
Für einen Piloten kann eine Tätigkeit in einem technischen Beruf, für einen ehemaligen Berufssportler in einem Sportgeschäft und für ein Mannequin als Damenschneiderin oder Direktrice in Betracht kommen, es sei denn, ein Vergleich der bislang erzielten mit den nunmehr erzielbaren Einkünften schließt dies aus.

**ee) Gesundheitszustand.** Maßgeblich sind gesundheitliche Beeinträchtigungen, die nicht bereits zu einem Anspruch auf Krankheitsunterhalt (§ 1572) führen. In Betracht kommen danach solche körperlichen oder seelischen Beeinträchtigungen, die eine vollschichtige Erwerbstätigkeit nicht allgemein, sondern lediglich für einen **bestimmten Beruf** ausschließen.[49] – Zu berücksichtigen ist nicht nur der gegenwärtige Gesundheitszustand, sondern auch seine voraussichtliche künftige **Entwicklung.** Nicht jede Abweichung von der Norm ist unterhaltsrechtlich erheblich; Erwerbsunfähigkeit muss jedoch schon wegen der anzustellenden Gesamtabwägung nicht vorliegen. Auch kann ein schlechter Gesundheitszustand dazu führen, dass nur bestimmte Tätigkeiten ausscheiden: Ein schwerer Bandscheibenschaden mag zwar Büro-, nicht aber notwendig auch andere Tätigkeiten ausschließen.[50] Sind die Auswirkungen einer Erkrankung auf die Erwerbsfähigkeit zweifelhaft, ist ein **Arbeitsversuch** zumutbar.[51] 28

Erlaubt der Gesundheitszustand des Bedürftigen eine auch unter Berücksichtigung der übrigen Kriterien angemessene Erwerbstätigkeit, steht ihm kein **Krankheitsunterhalt** (§ 1572), sondern lediglich Aufstockungsunterhalt (§ 1573 Abs. 2) zu (→ § 1572 Rn. 54–56). 29

IdR wird dies und ob eine Erwerbstätigkeit nicht eine wirksame Krankheitstherapie darstellen würde (→ § 1572 Rn. 50) nur nach **sachverständiger Beratung** festgestellt werden können.[52] 30

**b) Eheliche Lebensverhältnisse. aa) Beurteilungsmaßstab.** Die „ehelichen Lebensverhältnisse“ iSd Abs. 2 S. 1, 2 entsprechen denen in § 1578 Abs. 1 S. 1 (→ § 1578 Rn. 11–41).[53] Mit ihrer Einbeziehung wird das Vertrauen auf die nachhaltige gemeinsame Gestaltung des ehelichen Lebens durch die Ehegatten geschützt.[54] – Die Neuregelung durch das UÄndG 2007 hat das Gewicht der ehelichen Lebensverhältnisse verringert. Waren sie bislang neben den anderen ausdrücklich aufgeführten Kriterien gleichrangige konstitutive Anspruchsvoraussetzung, sind sie nunmehr als 31

---

44 BeckOGK/*Hamberger,* 1.2.2019, Rn. 95.
45 *Borth* FamRZ 2008, 2 (14).
46 OLG Zweibrücken FamRZ 1983, 600 (601); BT-Drs. 7/650, 128 f.
47 BGH NJW 1987, 2739 = FamRZ 1987, 691 (693).
48 BeckOGK/*Hamberger,* 1.2.2019, Rn. 100.
49 BGH NJW-RR 1987, 196 = FamRZ 1986, 1085 (1086) (aus psychischen Gründen ist eine Tätigkeit als Programmierer nicht mehr möglich).
50 BGH NJW-RR 1987, 196 = FamRZ 1986, 1085 (1086).
51 *Borth* in Schwab ScheidungsR-HdB IV Rn. 317; *Borth* FamRZ 2008, 2 (14).
52 Soergel/*Häberle* Rn. 6.
53 Krit. gegenüber einer zu starken Berücksichtigung der ehelichen Lebensverhältnisse *Bosch* FamRZ 1984, 1165 (1168).
54 BT-Drs. 16/1830, 17 [Zu Absatz 2].

**Ausnahme** ausgestaltet (Abs. 2 S. 1 Hs. 2):[55] Die anhand der anderen Kriterien für angemessen erachtete Erwerbstätigkeit wird dahin überprüft, ob sie nach den ehelichen Lebensverhältnissen billig, dem Bedürftigen also zumutbar ist. Als **Einwendung** sind sie zwar von Amts wegen zu beachten, doch muss der Bedürftige die entsprechenden Umstände vortragen; weder werden sie vom FamG von Amts wegen ermittelt noch festgestellt.

32 **Beispiel aus der Rspr.:**
BGH NJW 2012, 1144 Rn. 29 = FamRZ 2012, 517: Einer Ehefrau ohne Berufsausbildung, die vor der Ehe als Verkäuferin und während der Ehe als Bürohilfe (Sekretärin) im mittelständischen Betrieb des Ehemannes gearbeitet hat, ist eine gehobene Tätigkeit als Verkäuferin (Damenbekleidungsgeschäft, in kosmetischer Abteilung) oder im Bürobereich zumutbar. Ohne Fachausbildung dürfte beides aber kaum möglich sein.

33 **bb) Ehezeit.** „Insbesondere" die Dauer der Ehe ist zu berücksichtigen (Abs. 2 S. 2). Sie ist nicht schlechthin beachtlich, sondern entsprechend ihrem mit zunehmender Dauer größeren Gewicht, sodass sie nach einer Ehe von langer Dauer mehr als die übrigen Merkmale die Angemessenheit einer Erwerbstätigkeit bestimmen können.[56] Da sich die Lebensstellung des Bedürftigen maßgeblich auch von der Ehedauer ableitet, kann bei zunehmend stärkerer Betonung der übrigen Kriterien desto weniger auf die ehelichen Lebensverhältnisse abgestellt werden, je kürzer die Ehe gedauert hat; den geschiedenen Ehegatten werden spürbare Abstriche von den ehelichen Lebensverhältnissen abverlangt.[57] Bei langer Ehedauer und gehobenen wirtschaftlichen Verhältnissen verengt sich der Kreis der angemessenen Tätigkeiten. Doch kann die Angemessenheit wegen der wirtschaftlichen Eigenverantwortung des Bedürftigen nicht außer Acht gelassen werden.[58]

34 **Beispiele aus der Rspr.:**
BGH NJW 1986, 3080 = FamRZ 1986, 885: Ehefrau eines Polizeibeamten (A 9) mit Ausbildung zur Versicherungskauffrau und Haushaltsführung in kinderloser Ehe ist nach 14-jährige Ehedauer eine Tätigkeit als Putzfrau nicht zumutbar.
KG BeckRS 2010, 30274 = FamRZ 1991, 808 f.: 34-jährige Ehedauer (zum Trennungsunterhalt).

35 **cc) Kinderbetreuungszeit.** Auch die „Dauer der Pflege und Erziehung eines gemeinschaftlichen Kindes" ist in die Billigkeitsabwägung einschließlich der **nachehelichen** Betreuungszeiten, soweit auf sie ein Anspruch auf Betreuungsunterhalt (§ 1570 Abs. 1, 2) gestützt werden konnte – nicht notwendig auch gestützt wurde –, mit einzubeziehen.[59]

BT-Drucks 7/650, 129: „..., so daß die ehelichen Lebensverhältnisse umso stärker zu berücksichtigen sind, je länger die Kinderbetreuung gedauert hat, mag auch die Ehe selbst nur von kurzer Dauer gewesen sein."

Das Gewicht ihrer Berücksichtigung bestimmt sich danach, ob und ggf. wie die Ehegatten die Kinderbetreuung und ihre Berufstätigkeit während ihres Zusammenlebens geregelt und ggf. untereinander aufgeteilt haben, und wie sie sich während der Trennungs- und der nachehelichen Zeit dargestellt hat.[60]

36 **dd) Wirtschaftliche Verhältnisse.** Sie richten sich nach den **Einkommens-** und **Vermögensverhältnissen,** insbesondere nach dem Erwerbseinkommen, aber auch nach den Kapital- und sonstigen Vermögenserträgnissen,

---

[55] BGH NJW 2012, 1144 Rn. 28 = FamRZ 2012, 517; ebenso *Borth* FamRZ 2008, 2 (14, 15); FamRZ 2006, 813 (814); *Wellenhofer* FamRZ 2007, 1282 (1284 f.); *Menne* FF 2006, 175 (181); *D. Schwab* FamRZ 2005, 1417 (1418); auch BT-Drs. 16/1830, 17 (als Korrektiv als Einwendung ausgestaltet).

[56] S. auch BT-Drs. 7/650, 129. – Zweifelnd nach der Stärkung der nachehelichen Eigenverantwortung durch das UÄndG 2007 BeckOGK/*Hamberger,* 1.2.2019, Rn. 129. S. dazu aber auch die Stärkung des Gewichts der Ehedauer durch das Gesetz zur Durchführung des Haager Übereinkommens vom 23. November 2007 über die internationale Geltendmachung der Unterhaltsansprüche von Kindern und anderen Familienangehörigen sowie zur Änderung von Vorschriften auf dem Gebiet des internationalen Unterhaltsverfahrensrechts und des materiellen Unterhaltsrechts v. 20.2.2013 (BGBl. 2013 I 273) in § 1578b Abs. 1 S. 2 (→ § 1578b Rn. 42–47).

[57] *Dieckmann* FamRZ 1977, 81 (88), *Schumacher* DRiZ 1976, 343 ff.

[58] BGH NJW 1991, 1049 = FamRZ 1991, 416 (419).

[59] Erman/*Maier* Rn. 10; NK-BGB/*Fränken* Rn. 10; aA BeckOGK/*Hamberger,* 1.2.2019, Rn. 51, 125; Staudinger/*Verschraegen*, 2014, Rn. 43.

[60] Eingehend BeckOGK/*Hamberger,* 1.2.2019, Rn. 125–127.

**Beispiel aus der Rspr.:**
BGH NJW 1991, 1049 = FamRZ 1991, 416 (419): „… hohen Einkünften, die der Familie jahrelang aus der beruflichen Tätigkeit des Ehemannes zur Verfügung standen und die ehelichen Lebensverhältnisse prägten, … ", „gehobene wirtschaftliche Verhältnisse".

einschließlich der Zeiten einer Nichterwerbstätigkeit und deren Gründe, und bestimmen vor allem die ehelichen Lebensverhältnisse (→ § 1578 Rn. 11–41).

**2. Unbenannte Umstände. a) Einzelne Umstände.** In die der Zumutbarkeit verpflichtete Gesamtabwägung (→ Rn. 11) sind auch nicht ausdrücklich aufgeführte Umstände einzubeziehen. Sie können **objektiv** ausgelegt sein, etwa[61] 37

- die Betreuung eines **kranken Kindes,** aus der sich ein Anspruch auf Betreuungs- (§ 1570, → § 1570 Rn. 52) oder Billigkeitsunterhalt (§ 1576, → § 1576 Rn. 11–18) ergeben kann;
- die **Qualität** und **Beschaffenheit** des Arbeitsplatzes;
- die **soziale Ausrichtung** eines potentiellen Arbeitgebers;
- die **Entfernung** zum Arbeitsplatz und öffentliche **Verkehrsverbindungen;**
- die **Lage auf dem Arbeitsmarkt,** die den Kreis der angemessenen Tätigkeit erweitern kann;[62]
- allgemein die **Chancen auf dem Arbeitsmarkt.** Bestehen keine Chancen, obliegt dem Bedürftigen ggf. eine Weiterbildung.[63]

oder **subjektiv** wie:

- **Leistungen** und **Opfer** für die Familie, etwa die Schaffung der familiären Lebensgrundlage während der noch andauernden Ausbildung des Verpflichteten, oder der Verzicht auf eine eigene Erwerbstätigkeit aus familiären Gründen.[64] 38
- **Erwerbsbemühungen** (→ § 1578 Rn. 697–731). 39
- **Flexibilität** und **Mobilität,** die von einem Bedürftigen grundsätzlich in hohem Maße zu verlangen sind,[65] wenn nicht besondere familiäre Verpflichtungen gegenüber Kindern oder sonstigen nahen Angehörigen entgegenstehen.[66] 40
- **Neue Partnerschaften** ohne rechtliche Verpflichtungen schränken die Obliegenheiten des Bedürftigen gegenüber dem geschiedenen Ehegatten nicht ein. Etwas anderes kann dann gelten, wenn die neue Lebensgemeinschaft zwar unter dem Schutz von Art. 6 Abs. 1 GG steht, weil die neuen Partner zusammenleben und aus ihr ein **Kind** hervorgegangen ist, die zeitliche Eingriffsschwelle von § 1579 Nr. 2 aber noch nicht erreicht ist. 41
- **Wünsche** und **Neigungen** des Bedürftigen, dem es grundsätzlich freisteht, (auch) nach ihnen die ihm zumutbare angemessene Erwerbstätigkeit selbst zu bestimmen,[67] der aber auch die Verdienstmöglichkeiten nicht unbeachtet lassen darf. Zwar ist nach ihnen nicht zu bestimmen, ob und inwieweit ihm überhaupt eine Erwerbstätigkeit obliegt, doch bleibt ihm die Wahl unter mehreren Möglichkeiten. 42
- **Religiöse** und **weltanschauliche Überzeugungen,** die den Bedürftigen bei der Verweisung auf eine bestimmte Berufsausübung Gewissenskonflikten aussetzen würden.[68] 43
- Freiwillige und vorbehaltlose **Unterhaltsfortzahlungen** durch den Verpflichteten in der Kenntnis, dass der den Unterhaltsanspruch auslösende Tatbestand entfallen ist – zB betreute Kinder werden volljährig –, ohne auf die Erwerbsobliegenheit des Bedürftigen hinzuweisen, wodurch sich dessen Vertrauen auf die Weiterzahlung bilden und seine Erwerbsobliegenheit „zurückbilden" kann (auch → § 1573 Rn. 12); die Berufung auf die Erwerbsobliegenheit des Bedürftigen verstößt dann gegen **Treu und Glauben** (§ 242).[69] Es liegt gewissermaßen ein spiegelbildlicher Fall der Verwirkung (§ 1579) vor. Um dem Bedürftigen eine gewisse Übergangszeit für seine Erwerbsbemühungen zu lassen und auch das Vertrauen des Verpflichteten darauf, dass diese auch unternom- 44

---

61 Zum Ganzen auch BeckOGK/*Hamberger,* 1.2.2019, Rn. 144; Erman/*Maier* Rn. 2.
62 BGH NJW-RR 1986, 68 = FamRZ 1985, 908 (909); Soergel/*Häberle* Rn. 11.
63 BGH NJW 1984, 1685 = FamRZ 1984, 561 (562).
64 *Borth* FamRZ 2008, 2 (14).
65 BGH NJW 1994, 1002 = FamRZ 1994, 372 (375).
66 BVerfG NJW 2006, 2317 = FamRZ 2006, 469 f. zur Zumutbarkeit einer bundesweiten Arbeitssuche unter Berücksichtigung persönlicher Beziehungen, insbesondere des Umgangsrechts mit Kindern; NJW-RR 2007, 649 = FamRZ 2007, 273 (274).
67 BGH NJW 1988, 1282 = FamRZ 1988, 1145 (1146); NJW-RR 1987, 196 = FamRZ 1986, 1085 (1086); NJW 1984, 1685 = FamRZ 1984, 561 (563).
68 BeckOGK/*Hamberger,* 1.2.2019, Rn. 152 (mBsp Rn. 153).
69 BGH NJW 1990, 2752 = FamRZ 1990, 496 (498); KG BeckRS 2008, 26255 = FamRZ 2005, 1759 (1760) (jahrelange Handhabung: 9 Jahre); OLG Schleswig BeckRS 2003, 30325655 = SchlHA 2004, 125 (14 Jahre); OLG Köln NJWE-FER 1999, 201 = FamRZ 1999, 853 f. (7 Jahre); AG Kerpen FamRZ 1993, 969.

men werden, zu schützen, kann von einer solchen Vertrauensbildung kaum vor Ablauf eines Jahres ab dem Entfallen des bisherigen Unterhaltstatbestandes ausgegangen werden.

45 – Der Verweis des Bedürftigen auf 2 **Teilzeittätigkeiten** (zu den Obliegenheiten im Einzelnen → § 1578 Rn. 782–798),[70]

46 – Der Verweis des Bedürftigen nach der Trennung auf eine Geringverdienertätigkeit, ohne auf eine künftige Vollerwerbstätigkeit in der nachehelichen Zeit hinzuweisen. Dann kann dem Bedürftigen aus Vertrauensgesichtspunkten, die als gleichsam übereinstimmende unterhaltsrechtliche Ausgestaltung der nachehelichen Zeit die Eigenverantwortung überspielen, eine **Übergangszeit** bis zur Annahme einer vollschichtigen Erwerbsobliegenheit einzuräumen sein.[71]

47 **b) Wirtschaftliche Verhältnisse.** Günstige wirtschaftliche Verhältnisse des **Verpflichteten** können bei der Billigkeitsabwägung nach Abs. 2 S. 1 Hs. 2 grundsätzlich Berücksichtigung finden. Doch ist Zurückhaltung angebracht, weil der Bedürftige an diesen bereits über die bedarfsprägende Wirkung der Einkünfte (§ 1578 Abs. 1) und den Anspruch auf Aufstockungsunterhalt (§ 1573 Abs. 2) teilhat.[72]

48 Zudem führt mittelbar zu einer Verschärfung seiner Erwerbsobliegenheit,[73] dass der Verpflichtete Unterhalt nur nach Billigkeit schuldet, wenn sein eigener angemessener Unterhalt nicht gewahrt ist (§ 1581 S. 1).[74] Dabei meint Billigkeit in Abs. 2 S. 1 Hs. 2 und § 1581 S. 1 nicht dasselbe und ist autonom zu bestimmen: Erstere wirkt anspruchsbegründend, Letztere betrifft allein die **Leistungsfähigkeit** des Verpflichteten aufgrund seiner finanziellen Verhältnisse.

49 Darüber hinaus können die Belange des Verpflichteten nach **§§ 1579, 1578b, 1582** berücksichtigt werden.

**Beispiele aus der Rspr.:**

50 **(1) Studierender Ehegatte**

KG FamRZ 1978, 692 (693) (ähnlich OLG Hamm BeckRS 2010, 19504 = FamRZ 1980, 1123; OLG Karlsruhe NJW 1980, 1693 = FamRZ 1980, 559): Eine ausgebildete Krankenschwester braucht ihr Medizinstudium nicht abzubrechen, wenn entsprechend den Voraussetzungen aus Abs. 3 ein erfolgreicher Abschluss zu erwarten ist.

OLG Düsseldorf FamRZ 1980, 585 f.: Für einen mit einer Ärztin verheirateten Antiquitätenhändler entspricht die Aufnahme eines Medizinstudiums erst nach der Trennung bei einem lediglich 2-jährigen Zusammenleben nicht den ehelichen Lebensverhältnissen.

BGH BeckRS 2010, 21768 = FamRZ 1980, 343: Der Abbruch eines Studiums und eine Erwerbstätigkeit in dem ursprünglich erlernten und ausgeübten Beruf eines kaufmännischen Angestellten ist nicht angemessen, solange der Bedürftige sein Studium mit Nachdruck betreibt und ein erfolgreicher Abschluss in zumutbarer Zeit zu erwarten ist.

OLG Hamm NJW-RR 1993, 776 = FamRZ 1993, 970 (971): Der Ehemann ist Diplom-Mathematiker. Die Ehefrau beginnt im Einvernehmen mit ihm eine Schulausbildung zur Fachhochschulreife bereits während des nichtehelichen Zusammenlebens, schließt sie nach der Eheschließung ab, leistet ein Praktikum für Sozialarbeit ab und beginnt nach der Trennung ein – eheangemessenes – Hochschulstudium zur Diplom-Sozialarbeiterin.

OLG Frankfurt a. M. FamRZ 1995, 879 f.: Nach der Trennung aufgenommene Realschul- mit anschließender Gymnasialausbildung und Hochschulstudium entsprechen angesichts des Volksschulabschlusses und einer abgebrochenen Ausbildung zur Steuergehilfin als Vorbildung sowie der Berufstätigkeit des Ehemannes als Programmierer nicht den ehelichen Lebensverhältnissen.

51 **(2) Angemessene Erwerbstätigkeit**

BGH NJW 1980, 393 = FamRZ 1980, 126: Nach einer Tätigkeit als kaufmännischer Angestellter im Einverständnis mit dem Ehegatten aufgenommenes Studium führt zur Angemessenheit des akademischen Berufs.

OLG Köln BeckRS 2010, 20366 = FamRZ 1980, 1006 f.: Einer 54-jährigen ungelernten Ehefrau, die vor der Ehe als Serviererin und auch zu Ehezeiten als Näherin und Putzhilfe tätig war, ist eine ungelernte Tätigkeit zumutbar.

OLG Köln BeckRS 2010, 16483 = FamRZ 1981, 366 (367): Der 48-jährigen Ehefrau eines Oberstleutnants, die bei Eheschließung Stenokontoristin war und während der Ehe einen Kurs für Sekretärinnen absolviert, danach aber nur einige Monate als Sekretärin gearbeitet hat, ist eine Erwerbstätigkeit als Kontoristin oder Schreibkraft zumutbar.

---

[70] BGH NJW 2012, 3434 Rn. 24 = FamRZ 2012, 1483; NJW 2007, 839 = FamRZ 2007, 200 (202).

[71] OLG Hamm BeckRS 2004, 1307 = FamRZ 2004, 1208 Ls. (6 Monate).

[72] BeckOGK/*Hamberger*, 1.2.2019, Rn. 136; *Borth* FamRZ 2008, 2 (14); zu dem bis zum 31.12.2007 geltenden Recht auch BGH NJW 1991, 1049 = FamRZ 1991, 416 (419).

[73] Dazu auch *Borth* FamRZ 2008, 2 (15): „Die gebotene Zumutbarkeitsprüfung im Rahmen des § 1581 S. 1 BGB strahlt auch auf die Angemessenheitsprüfung nach § 1574 Abs. 1, 2 BGB aus, um eine einseitige Belastung des Unterhaltspflichtigen zu vermeiden."

[74] BGH NJW 1983, 1548 = FamRZ 1983, 569 (572).

OLG Zweibrücken BeckRS 2010, 15307 = FamRZ 1982, 1016: 46-jähriger Ehefrau ist nach 25-jähriger Ehe, aus der 4 Kinder hervorgegangen sind, angesichts des Berufs des Ehemannes als Chemiefacharbeiter eine bereits zuvor sporadisch ausgeübte Tätigkeit als Putz- oder Haushaltshilfe zumutbar.
BGH NJW 1983, 1483 = FamRZ 1983, 144: Einer 48-jährigen, vor der Eheschließung als Verkäuferin tätigen Ehefrau kann nach 25-jähriger Ehe eine Tätigkeit im ursprünglichen Beruf (wohl) nicht angesonnen werden, wenn der Ehemann im Zeitpunkt der Trennung Werkdozent im gehobenen Dienst und bei Scheidung Professor an einer Hochschule für Bildende Künste war.
OLG Zweibrücken FamRZ 1983, 600 (601): 56-jähriger Frau eines Fachkalkulators ohne Berufsausbildung ist nach 30-jähriger Ehedauer keine Putztätigkeit zumutbar.
OLG München BeckRS 2010, 6811 = FamRZ 1983, 925: 50-jähriger Ehefrau, gelernte Schneiderin, ist nach 20-jähriger Ehedauer, während der sie lediglich aushilfsweise in der Tierarztpraxis ihres Vaters tätig war, bei den wirtschaftlich guten Verhältnissen des Ehemannes eine Erwerbstätigkeit als Schneiderin nicht zumutbar.
OLG Düsseldorf FamRZ 1984, 489 (490) (bestätigt von BGHZ 93, 330 = NJW 1985, 1340 = FamRZ 1985, 371 (373)): Einer 53-jährigen Ehefrau ohne weitere Erwerbstätigkeit ist nach über 20-jähriger Ehe mit einem sehr gut verdienenden kaufmännischen und technischen Leiter eines Unternehmens eine Bürotätigkeit unzumutbar. Eine Obliegenheit zur Weiterbildung nach Abs. 3 bleibt unerörtert.
OLG Hamburg NJW-RR 1986, 556 = FamRZ 1985, 1260 (1261): Der Ehefrau eines gut verdienenden angestellten Diplom-Ingenieurs ist eine nicht lediglich untergeordnete Bürotätigkeit zumutbar.
OLG Düsseldorf NJW-RR 1986, 436 = FamRZ 1985, 1262: Einer 52-jährigen Frau, gelernte Falzerin, ist nach 25-jährige Ehedauer, während der sie als Putzhilfe und Kellnerin gearbeitet hat, eine versicherungsfreie Aushilfstätigkeit zumutbar.
BGH NJW 1986, 985 = FamRZ 1986, 553 (555) (weitere Beispiele: BGH NJW 1985, 3080 = FamRZ 1986, 885; NJW-RR 1987, 196 = FamRZ 1986, 1085 (1086); NJW 1987, 2739 = FamRZ 1987, 691 (692): 46-jährige Ehefrau, vor der Ehe 2 Jahre als Ticketagentin einer Fluggesellschaft tätig, während 23-jähriger Ehe mit einem Oberstudiendirektor 14 Semester Anglistik, Germanistik und Philosophie ohne Abschluss studiert, danach Lehre des Zen-Buddhismus aufgenommen, nach 2 Jahren die Leitung eines Zentrums übernommen, Ausbildung sollte allerdings weitere 3 Jahre gehen: Nach den ehelichen Lebensverhältnissen ist ihr an sich eine Tätigkeit bei Presse oder Rundfunk, einer Fluggesellschaft, im Touristikgewerbe als Reiseleiterin, als Fremdsprachenkorrespondentin oder als Dolmetscherin nach entsprechender Ausbildung (Abs. 3) zumutbar.
OLG Düsseldorf FamRZ 1987, 708 (709 f.): Trotz im Einverständnis mit dem Ehegatten aufgenommenem und abgeschlossenem Studium der Bibliothekswissenschaft ist nicht lediglich ein akademischer Beruf angemessen, sondern jede Tätigkeit in nicht zu anspruchsloser Umgebung, etwa als Fremdenführerin, in einem Reisebüro oder einer Buchhandlung, an der Rezeption eines Hotels oder als Repräsentantin einer Versicherung (gegen BGH NJW 1980, 393 = FamRZ 1980, 126).
OLG Hamm BeckRS 2009, 25100 = FamRZ 1987, 733 (736): Gelernte Bauzeichnerin, mit Ingenieur im Schuldienst verheiratet, die halbschichtig beim Finanzamt als Vertretung beschäftigt war, ist die hauswirtschaftliche Betreuung eines älteren oder kranken Menschen unter Aussparung der Putztätigkeit zumutbar.
BGH NJW 1987, 2233 (2235) = FamRZ 1987, 795: Der Ehefrau eines Leiters der Stadtgärtnerei mit Wirtschaftsabitur, ohne Berufsausbildung, die während des Zusammenlebens der Tätigkeit einer angelernten Büroangestellten bei einem Steuerberater nachging, ist die Tätigkeit einer selbstständigen Buchhändlerin zumutbar.
OLG Düsseldorf NJW-RR 1988, 1287 = FamRZ 1987, 1259 (1260): Der Ehefrau eines Ingenieurs in guten wirtschaftlichen Verhältnissen ist eine Tätigkeit als Putzfrau nicht zumutbar.
BGH NJW 1988, 2369 = FamRZ 1988, 265 (266): Die Tätigkeit in einer chemischen Reinigung ist für eine 51-jährige Frau zumutbar, die vor der Ehe als Wäschenäherin, während der 27 Jahre dauernden Ehe aber erst nach der Trennung wieder erwerbstätig war.
OLG Hamm FamRZ 1990, 633: 53-jähriger, bei Trennung 48-jähriger Frau ohne erlernten Beruf sind nach einer Hausfrauenehe, der Mann war im Bergbau tätig, Haushaltstätigkeiten zumutbar, die sie auch vor der Ehe schon ausgeübt hatte.
BGH NJW 1991, 1049 = FamRZ 1991, 416 (419 f.): 50-jähriger Ehefrau, 30 Jahre als Erzieherin tätig, kann wegen ihrer wirtschaftlichen Eigenverantwortung eine Tätigkeit als Verkäuferin in gehobenem Einrichtungshaus zugemutet werden.
BGH NJW-RR 1992, 1282 (1283): Der Ehemann ist Diplom-Ingenieur, Betriebsleiter einer Papierfabrik. Die 50-jährige Ehefrau, ausgebildete Kindergärtnerin, die während 23 ½-jähriger Ehe nur 4 Jahre bis zur Geburt der ehegemeinsamen Tochter erwerbstätig war, hat trotz obliegenheitsgemäßen Erwerbsbemühungen nur eine nicht eheangemessene Tätigkeit als einfache Verkaufshilfe gefunden.
OLG Hamm BeckRS 1997, 11311 = FamRZ 1998, 243 (244): Approbierte, jedoch noch nie tätige Ärztin ist nach Wiedererlangung der erforderlichen Qualifikation auch eine Tätigkeit außerhalb des klassischen Bereichs Praxis/Krankenhaus in der Ausbildung in Alten- und Pflegeschulen oder im universitären Bereich zumutbar.
OLG Schleswig NJWE-FER 1998, 266: 57-jährige Ehefrau, die zu Beginn der Ehe ihre Tätigkeit als Beamtin aufgegeben hat, 30 Jahre Ehedauer, 2 Kinder aufgezogen, sehr gut verdienender Ehemann: Keine angemessene Erwerbstätigkeit mehr zu erwarten.

OLG München FamRZ 2004, 1208 (1209): Vor und während der 16-jährigen Ehezeit im erlernten Beruf als Hotel- und Gaststättengehilfin zurzeit teilschichtig erwerbstätigen Ehefrau ist eine ggf. auch höher dotierte Hilfsarbeitertätigkeit nicht zumutbar.

BGH NJW 2005, 61 = FamRZ 2005, 23 (25 f.): Ausbildung des Ehemannes während der Ehezeit zum Umwelttechniker und Fortbildung zum Umweltbeauftragten, 1 Jahr später Eröffnung und 3 Jahre lang selbstständiger Betrieb eines Lebensmittelladens; die durch den Betrieb des Lebensmittelladens erworbenen Fähigkeiten und Kenntnisse stehen im Vordergrund und sind für die Beurteilung der Zumutbarkeit einer Erwerbstätigkeit maßgebend.

52 **(3) Abwägung der Belange beider Ehegatten**

OLG Frankfurt a. M. FamRZ 1979, 591: Dem Bedürftigen ist nicht nur eine Tätigkeit zumutbar, die ihm optimale berufliche Entfaltung bietet; abzuwägen sind die Belange beider Ehegatten. Diese Begründung ist abzulehnen, weil sie auch die Verhältnisse des Verpflichteten berücksichtigt (→ Rn. 47, 48).

OLG Hamm BeckRS 2010, 5764 = FamRZ 1983, 181: Nach 22-jähriger Ehe kann 46-jährige Ehefrau, die vor der Ehe zunächst Jura, dann Medizin studiert und letzteres Studium nach der Geburt des ersten Kindes abgebrochen hatte, im Hinblick auf ihre Schulbildung, die Ehedauer, die Erziehung von 3 Kindern und die Stellung des Ehemannes als Oberarzt nicht auf leichte Frauenarbeiten verwiesen werden; allerdings Obliegenheit zur Weiterbildung (Abs. 3).

53 **c) Gesellschaftliche Stellung.** Dem Schutz des Bedürftigen vor einem unangemessenen sozialen Abstieg dient auch der soziale Status, der sich aus der beruflichen Tätigkeit beider Ehegatten einschließlich ihrer Weiterqualifizierungen während der Ehe ableitet.[75] Auf das Einverständnis des anderen Ehegatten mit der beruflichen Weiterentwicklung während des ehelichen Zusammenlebens wird es idR nicht ankommen (vgl. § 1356 Abs. 2).

54 **Beispiele aus der Rspr.:**

BGH NJW 1983, 1483 = FamRZ 1983, 144 (145): Die Ehefrau war zu Beginn der Ehe Verkäuferin, der Ehemann zum Ende Professor an einer Hochschule für Bildende Künste.

BGH NJW-RR 1988, 1282 = FamRZ 1988, 1145 (1146): Die Ehefrau eines selbstständigen Bäckers hat in unterschiedlichen Funktionen in dessen größerem Betrieb mit mehreren Filialen mitgearbeitet. Da sie dies von einer Angestellten in einem fremden Betrieb unterschied, durfte sie sich zur Kosmetikerin ausbilden lassen und eine selbstständige Erwerbstätigkeit anstreben.

BGH NJW-RR 1992, 1282 f. (ebenso OLG Koblenz NJW-RR 1991, 4 = FamRZ 1990, 751 (752) als Vorinstanz): Die Ehefrau war bis zur Geburt eines Kindes Erzieherin, der Ehemann ist als gelernter Diplom-Ingenieur jetzt Betriebsleiter.

OLG Hamm NJW-RR 1993, 776 = FamRZ 1993, 970 (971): Der Ehemann ist Diplom-Mathematiker, wissenschaftlicher Assistent. Die vor der Ehezeit liegende schulische Ausbildung der Ehefrau wird im Inland nicht anerkannt, sie erwirbt solche schulischen Qualifikationen und beginnt während der Ehezeit ein Fachhochschulstudium der Sozialpädagogik.

OLG Hamm FamRZ 1997, 1076: Die Arbeit in einem Pflegeberuf, konkret Schwesternhelferin, ist auch bei sehr gehobenen wirtschaftlichen Verhältnissen zumutbar.

55 Dagegen ist die gesellschaftliche **Herkunft** der Ehegatten unerheblich, weil der „standesgemäße Unterhalt" dem geltenden Recht fremd ist.[76]

## C. Ausbildung, Fortbildung, Umschulung (Abs. 3)

### I. Allgemeines

56 „Ausbilden", „fortbilden" und „umschulen" entspricht den gleichen Begriffen in **§ 1575 Abs. 1–3** (→ § 1575 Rn. 11–17, 23–27). – Die **Obliegenheit** zur Ausbildung, Fortbildung oder Umschulung setzt voraus, dass überhaupt eine Erwerbsobliegenheit nach Abs. 1 besteht[77] und eine angemessene Erwerbstätigkeit zwar nicht aufgrund der bisherigen Ausbildung sowie Fähigkeiten und Kenntnissen, wohl aber nach entsprechender Weiterbildung erlangt werden kann.[78] Sie ist konkreter Ausfluss der **nachehelichen Eigenverantwortung** (§ 1569 S. 1, → § 1569 Rn. 18) und besteht für die gesamte Dauer der Weiterbildung.[79] – Besteht danach die Obliegenheit zur Weiterbildung, tritt sie an die Stelle der **Erwerbsobliegenheit** nach § 1573 Abs. 1, 4, § 1574 Abs. 1,

75 Dazu auch *Menne* FF 2006, 175 (181); für den Rechtszustand nach dem UÄndG 2007 zweifelnd *Borth* FamRZ 2008, 2 (15): „weil es kein allgemein gültiges Leitbild gibt, dass ab einer bestimmten Stellung eines Ehegatten dem anderen grundsätzlich keine Erwerbstätigkeit zumutbar sein könnte".

76 Dazu *Strohal* in Göppinger/Wax UnterhaltsR Rn. 231 Fn. 18.

77 OLG Koblenz NJW-RR 1993, 964 = FamRZ 1993, 199 (200).

78 BGH NJW 2001, 973 = FamRZ 2001, 350 (352); NJW 1986, 985 = FamRZ 1986, 553 (554).

79 BeckOGK/*Hamberger*, 1.2.2019, Rn. 47: „Dauerobliegenheit".

2.[80] – Zur **Verfassungsgemäßheit** der Regelung → Rn. 3; zur **Darlegungs**- und **Beweislast** → Rn. 87, 88.

57 Der Hauptanwendungsbereich der Obliegenheit zur Weiterbildung bilden der **Erwerbslosenunterhalt** (§ 1573 Abs. 1) und seine Abgrenzung zum **Ausbildungsunterhalt** (§ 1575, → § 1573 Rn. 68, 69). Diese Abgrenzung ist praktisch bedeutsam, weil nur für Erwerbslosenunterhalt auch **Altersvorsorgeunterhalt** (§ 1578 Abs. 3) verlangt werden kann. Vorrangig ist § 1573 Abs. 1, der – im Gegensatz zu § 1575, der auf die ehebedingte Nichtaufnahme einer Ausbildung oder deren Abbruch abstellt, unabhängig davon, ob auch ohne diese eine eheangemessene Erwerbstätigkeit ausgeübt werden könnte (auch → Rn. 61, → § 1575 Rn. 43)[81] – eine fehlende Erwerbsfähigkeit iSd ehelichen Lebensverhältnisse voraussetzt.

58 Eine Obliegenheit zur Weiterbildung besteht auch für Ansprüche auf **Alters**- und **Krankheitsunterhalt** (§§ 1571, 1572), wenn infolge Alters oder Krankheit eine eheangemessene Tätigkeit nur nach einer Weiterbildung, insbesondere Umschulung, erlangt werden kann.[82] Doch dürfte dies praktisch eher selten und nur ausnahmsweise in Betracht kommen, weil es in diesen Fällen meist schon an einer realen Beschäftigungschance nach Abschluss der Weiterbildung fehlen wird.

## II. Einsatzzeitpunkt

59 Die Obliegenheit zur Weiterbildung besteht grundsätzlich ab dem Einsatzzeitpunkt für den Anspruch auf Erwerbslosenunterhalt (§ 1573 Abs. 1), mithin spätestens ab **Scheidung** oder einem nach § 1573 Abs. 3, 4 gleichgestellten Zeitpunkt bzw., wird der Anspruch im **Verbund** geltend gemacht, bereits zu einem früheren Zeitpunkt während der Trennung (auch → Rn. 13).[83] Da sich jedoch die Notwendigkeit für eine Weiterbildung oftmals erst herausstellt, nachdem Erwerbsbemühungen erfolglos geblieben sind, kann in diesem Zusammenhang nicht starr auf den Einsatzzeitpunkt für den Erwerbslosenunterhalt abgestellt werden. Vielmehr ist unter Berücksichtigung der allgemeinen Lage auf dem **Arbeitsmarkt** und den dort gestellten Anforderungen an die Qualifikation von Arbeitsuchenden auf den Zeitpunkt abzustellen, ab dem der Bedürftige aus seiner Sicht die Notwendigkeit für eine Weiterbildung erkennen musste.[84] Deshalb kann auch insbesondere bei **langer Trennung** der Ehegatten oder sonst erkennbarer Zerrüttung der Ehe die Obliegenheit des Bedürftigen bestehen, eine zur Erlangung einer angemessenen Erwerbstätigkeit erforderliche Ausbildung bereits während der Trennungszeit aufzunehmen (auch → Rn. 14, → § 1361 Rn. 54–60).[85]

## III. Voraussetzungen

60 **1. Allgemeines.** Abs. 3 konkretisiert die in der Folge der nachehelichen Eigenverantwortung bereits in §§ 1569, 1573 Abs. 1, Abs. 4 normierte **Obliegenheit** des Bedürftigen, alle zumutbaren Anstrengungen zur eigenständigen nachhaltigen Sicherung des Unterhalts durch eine Erwerbstätigkeit zu unternehmen, und zwar auch dann, wenn er zwar eine angemessene Tätigkeit ausübt, damit aber nicht seinen vollen Bedarf abdecken kann (→ Rn. 61). Zu den Begriffen **„Ausbildung, Fortbildung, Umschulung"** → § 1575 Rn. 11–17.

61 **2. Erforderlichkeit. a) Grundsatz.** Ausbildung, Fortbildung oder Umschulung müssen für die Aufnahme einer Erwerbstätigkeit erforderlich sein. Sie sind nicht erforderlich, wenn mit den bereits erworbenen **Qualifikationen** eine eheangemessene Erwerbstätigkeit, die den Unterhalt **nachhaltig sichert,**[86] ausgeübt werden kann (aber → § 1575 Rn. 8).[87] Wird gleichwohl eine Weiterbildung betrieben, wird der Bedürftige fiktiv so gehalten, als habe er Einkünfte aus einer angemessenen Tätigkeit. – Dass der Bedürftige bislang noch gar **keine Berufsausbildung** erlangt hat, macht eine Ausbildung nicht stets erforderlich. Dies kann vielmehr die Zumutbarkeit der Aufnahme einer unqualifizierten Tätigkeit nahelegen.

---

80 BGH NJW-RR 1987, 196 = FamRZ 1986, 1085 (1086); NJW 1984, 1685 = FamRZ 1984, 561 (562).

81 BGH NJW 1987, 2233 = FamRZ 1987, 795 (796); NJW 1985, 1695 = FamRZ 1985, 782 (784); aA → 3. Aufl. 1993, Rn. 27: Überspannung der Pflichten des Verpflichteten, der neben den Kosten der Ausbildung (§ 1578 Abs. 2) auch noch Altersvorsorgeunterhalt zahlen muss (§ 1578 Abs. 3).

82 AA BeckOGK/*Hamberger,* 1.2.2019, Rn. 198.

83 Soergel/*Häberle* Rn. 17; wohl aA OLG Schleswig BeckRS 2010, 14236 = FamRZ 1982, 703 (704).

84 Ähnlich Soergel/*Häberle* Rn. 17; *Borth* in Schwab ScheidungsR-HdB IV Rn. 338.

85 BGH NJW 1986, 985 = FamRZ 1986, 553 (555); OLG Karlsruhe BeckRS 1984, 31209276 = FamRZ 1984, 1018; BeckOGK/*Hamberger,* 1.2.2019, Rn. 178; Erman/*Maier* Rn. 15.

86 OLG Karlsruhe BeckRS 1984, 31209276 = FamRZ 1984, 1018 (1019); BeckOGK/*Hamberger,* 1.2.2019, Rn. 157; Soergel/*Häberle* Rn. 15; Erman/*Maier* Rn. 11.

87 BGH NJW 1984, 1685 = FamRZ 1984, 561 (563).

62 **Beispiele aus der Rspr.:**
OLG Koblenz BeckRS 1999, 31156198: Nach ehebedingt abgebrochener Ausbildung zur Diätköchin keine Ausbildung zur Altenpflegerin bei nicht abgeschlossener Berufsausbildung, Ehemann Polizeibeamter.
BGH NJW 2001, 973 = FamRZ 2001, 350 (352): Der Bedürftige war bereits aushilfsweise in der Altenpflege und der Gastronomie tätig, und auch der Verpflichtete ging einer Erwerbstätigkeit ohne entsprechende Berufsausbildung nach.
OLG Saarbrücken NJW-RR 2007, 1452 = FamRZ 2008, 411 (412): Langjährige Tätigkeit des Bedürftigen im Betrieb des Ehegatten als Bürohilfe, zuvor Putzhilfe in Konditorei/Bäckerei. Unerheblich ist, dass der Bedürftige das Abitur abgelegt hat.
OLG Karlsruhe FamRZ 2009, 120 f.: Tätigkeit der Bedürftigen, kamerunische Staatsangehörige, vor der Ehe als Au-pair-Mädchen, nach der Trennung Ablegen der deutschen Prüfung für den Hochschulzugang, nach Einreichung des Scheidungsantrags Beginn eines Hochschulstudiums: Studium ist für eine angemessene Erwerbstätigkeit nicht erforderlich, die Bedürftige kann als Zimmermädchen oder Haushälterin arbeiten.

63 Der Bedürftige kann zwischen **mehreren** möglichen Weiterbildungsmaßnahmen, die ihm eine angemessene Erwerbstätigkeit vermitteln, unter Berücksichtigung seiner Veranlagung, subjektiven Eignung und besonderen Lebensumständen, seines Alters und seiner Gesundheit sowie objektiver Umstände wie der Beschäftigungschancen nach Abschluss der Weiterbildung[88] und der danach gegebenen Möglichkeit, seinen **vollen Bedarf** möglichst selbst zu verdienen, wählen (**„Wahlrecht“**, zu § 1575 auch → § 1575 Rn. 16) und muss sich nicht ohne Rücksicht auf seine Neigungen einer möglichst kurzen und kostengünstigen Weiterbildung zuwenden.[89] Doch hat er auch die **Belange des Verpflichteten** zu beachten: Einer besonders zeit- und kostenaufwändigen Weiterbildung darf er sich nur unter außergewöhnlichen, die hohe Belastung des Verpflichteten rechtfertigenden Umständen zuwenden (Beispiele in der Rspr. → Rn. 50–52).[90] Zudem darf die Ausbildung nicht auf eine Berufstätigkeit gerichtet sein, die eine den ehelichen Lebensverhältnissen entsprechende angemessene Erwerbstätigkeit übersteigt.[91]

64 **Beispiel aus der Rspr.:**
OLG Frankfurt a. M. FamRZ 1995, 879 f.: Qualifikation des Bedürftigen bei der Eheschließung: Volksschulabschluss und Beginn einer Ausbildung zur Steuergehilfin; nach der Trennung Realschulabschluss nachgeholt. Weder die Nachholung des Abiturs und erst recht nicht der Beginn eines Medizinstudiums sind angemessen.

65 Der Bedürftige ist an die Wahl seiner Ausbildung grundsätzlich **gebunden,** es sei denn, anerkennenswerte Gründe rechtfertigen einen Abbruch und die Aufnahme einer anderen Ausbildung.[92]

66 **b) Laufende Ausbildung.** Eine bereits vor Einsetzen seiner Obliegenheit begonnene Weiterbildung zu einer **angemessenen** Berufsausübung (auch → Rn. 14, 70)[93] kann der Bedürftige jedenfalls dann fortsetzen und braucht sie nicht abzubrechen, wenn er sie im **Einverständnis** mit dem Verpflichteten aufgenommen hat; denn dann entspricht diese Ausbildung den ehelichen Lebensverhältnissen.[94] – Eine **ohne** das Einverständnis des Verpflichteten begonnene Weiterbildung muss sich an dem allgemeinen Maßstab der ehelichen Lebensverhältnisse zunächst ohne Einbeziehung dieser Ausbildung messen lassen, wenn für den Verpflichteten keine Möglichkeit bestand, den Bedürftigen zur Nichtaufnahme oder zum Abbruch der Weiterbildung zu bewegen. Auch insoweit ist der Beginn der Ausbildung noch während des Zusammenlebens oder nach der Trennung, aber vor der Scheidung unerheblich.[95] – **Unerheblich** ist stets, dass die Weiterbildung noch während des ehelichen Zusammenlebens oder erst nach der Trennung begonnen wurde.[96]

67 **c) Entfallen.** Die Erforderlichkeit einer Weiterbildung kann entfallen, wenn eine angemessene, den Lebensunterhalt ggf. teilweise nachhaltig sichernde Erwerbstätigkeit gefunden wird. Dazu, ob und wann die Obliegenheit zur Weiterbildung entfällt, ist zu differenzieren:

---

88 BGH NJW 1986, 985 = FamRZ 1986, 553 (555).
89 OLG Karlsruhe BeckRS 1984, 31209276 = FamRZ 1984, 1018 (1019); OLG Schleswig BeckRS 2010, 14236 = FamRZ 1982, 703 (704); Soergel/*Häberle* Rn. 13; Erman/*Maier* Rn. 11; aA BeckOGK/*Hamberger,* 1.2.2019, Rn. 158; *Bömelburg* in Wendl/Dose UnterhaltsR § 4 Rn. 329.
90 BGH NJW 1984, 1685 (1686) = FamRZ 1984, 561.
91 OLG Frankfurt a. M. FamRZ 1995, 879 f.; BeckOGK/*Hamberger,* 1.2.2019, Rn. 168; Erman/*Maier* Rn. 11 („eindeutig sozial höher eingeschätzten Beruf“).
92 BeckOGK/*Hamberger,* 1.2.2019, Rn. 173.
93 Zum Ganzen auch BeckOGK/*Hamberger,* 1.2.2019, Rn. 139, 140.
94 BGH NJW 1980, 393 = FamRZ 1980, 126.
95 BGH NJW 1984, 1685 = FamRZ 1984, 561 (563).
96 BGH NJW 1984, 1685 = FamRZ 1984, 561 (563).

– **Bis** ein Ausbildungsplatz gefunden ist, hat sich der Bedürftige weiter um einen angemessenen Arbeitsplatz zu bemühen. Findet er einen, endet seine Obliegenheit zur Weiterbildung und er hat den Arbeitsplatz anzunehmen. 68
– Hat der Bedürftige einen angemessenen Arbeitsplatz gefunden, **bevor** er die Weiterbildung angetreten hat, obliegt ihm grundsätzlich die Annahme dieses Arbeitsplatzes. Er hat seine Erwerbsbemühungen in Form von Bewerbungen weiter zu betreiben. Einschränkungen können sich im Hinblick auf die bislang für die Weiterbildung aufgebrachten Kosten (etwa Umzugskosten, Mietkaution etc) ergeben. 69
– Auch **nach** Antritt der Weiterbildung besteht die Erwerbsobliegenheit grundsätzlich fort und überlagert die Obliegenheit zur Weiterbildung, sodass diese abzubrechen ist. Denn anders als bei § 1575 handelt es sich um kein „eigennütziges" Recht des Bedürftigen, sondern um eine zugunsten des Verpflichteten „fremdnützige" Obliegenheit (→ Rn. 7).[97] Allerdings braucht er nunmehr keine Erwerbsbemühungen mehr zu entfalten. Doch kann die Aufgabe der Weiterbildung insbesondere im Hinblick auf die bislang aufgewandten Ausbildungskosten, die bisher abgeleistete Ausbildungszeit und die bis zu einem erfolgreichen Abschluss noch erforderliche Ausbildungszeit dazu führen, dass ein Abbruch unzumutbar ist. 70

**3. Erfolgreicher Abschluss.** Es muss ein erfolgreicher Abschluss der Weiterbildung sowie eine wesentliche **Verbesserung** der Chance auf einen Arbeitsplatz[98] zu erwarten sein. Ist ein solcher nicht **einigermaßen sicher,**[99] besteht keine Obliegenheit zur Weiterbildung. Die Prognose hat insbesondere die Vorbildung des Bedürftigen, sein Alter und seine physische wie psychische gesundheitliche Verfassung zu berücksichtigen. Unerheblich ist die Einsatzbereitschaft des Bedürftigen,[100] weil ihm die Weiterbildung und mithin auch die Einsatzbereitschaft obliegen. 71

**4. Alter.** Keine Weiterbildung obliegt dem Bedürftigen, wenn bereits bei ihrem Beginn absehbar ist, dass er wegen seines bei ihrem Abschluss erreichten Alters die Voraussetzungen für einen Anspruch auf Altersunterhalt (§ 1571) erfüllen[101] oder aber wahrscheinlich keine angemessene Arbeitsstelle finden wird.[102] Letzteres wird stark von den Verhältnissen auf dem Arbeitsmarkt und damit den realen Beschäftigungschancen (→ § 1578 Rn. 700) nach Abschluss der Weiterbildung abhängen. Doch darf angesichts der grundsätzlichen wirtschaftlichen Eigenverantwortlichkeit der Ehegatten in der nachehelichen Zeit und der möglichen langen Dauer der Unterhaltspflicht auch bei höherem Lebensalter und den damit verbundenen Einschränkungen an Flexibilität und Mobilität[103] nicht zu schnell von einer Unvermittelbarkeit ausgegangen[104] und muss die Beschäftigungschance in jedem Einzelfall genau geprüft werden. 72

## IV. Dauer

Wie der Anspruch auf Ausbildungsunterhalt (§ 1575) besteht der Anspruch aus §§ 1573, 1574 Abs. 3 längstens für die Zeit, in der die Ausbildung im Allgemeinen erfolgreich abgeschlossen wird. Zu den **Einzelheiten** → § 1575 Rn. 46–51. 73

Das FamG hat den Unterhalt auf die voraussichtliche Dauer der Ausbildung zu **befristen.**[105] Wird die Ausbildungszeit überschritten oder nach der Ausbildung keine Arbeitsstelle gefunden, muss der Bedürftige nach einer Befristung weiteren Unterhalt (nach §§ 1573, 1574 Abs. 3 bzw. § 1573 Abs. 1, § 1574 Abs. 1, 2) mit einem Erstantrag geltend machen, während bei unterlassener Befristung der Verpflichtete Abänderungsantrag (§§ 238–240 FamFG) erheben muss. 74

---

97 Zutr. BeckOGK/*Hamberger,* 1.2.2019, Rn. 164; aA Erman/*Maier* Rn. 16.
98 OLG Karlsruhe BeckRS 1997, 13094 = FamRZ 1998, 1597 (1598) (für eine 50-jährige Ehefrau ohne berufliche Erfahrung angesichts der Verhältnisse auf dem Arbeitsmarkt verneint).
99 BGH NJW 1986, 985 = FamRZ 1986, 553 (555).
100 AA *Bömelburg* in Wendl/Dose UnterhaltsR § 4 Rn. 330.
101 BGH NJW 1987, 2739 = FamRZ 1987, 691 (692).
102 BGH NJW 1986, 985 = FamRZ 1986, 553 (555).
103 S. auch BeckOGK/*Hamberger,* 1.2.2019, Rn. 163.
104 BGH NJW 1986, 985 = FamRZ 1986, 553 (554); OLG Schleswig FamRZ 1994, 1404 (1405); BeckRS 2010, 14236 = FamRZ 1982, 703 (704); OLG Koblenz BeckRS 2011, 3559 = FamRZ 1992, 950 (951) (Ausbildungsobliegenheit eines 47-, 45-, 41-, 46- bzw. 53-jährigen Bedürftigen); OLG Hamm BeckRS 2010, 5764 = FamRZ 1983, 181. Für einen 50-jährigen Bedürftigen verneint von BGH NJW-RR 1992, 1282 (1283).
105 *Borth* FPR 2008, 341 (344); ähnlich, aber nicht ausdrücklich, BGH NJW 1986, 985 = FamRZ 1986, 553 (555) (unter 2.); aA BeckOGK/*Hamberger,* 1.2.2019, Rn. 200, da nach Ende der Ausbildung der Anspruch als Erwerbslosenunterhalt bis zur Aufnahme einer angemessenen Erwerbstätigkeit fortbesteht.

### V. Erfüllung

75 Der Bedürftige muss die Weiterbildung zur Erfüllung seiner Obliegenheit **zielstrebig** betreiben.[106] Dies ist unabhängig davon, ob der Abschluss der Weiterbildung letztlich an dem Bedürftigen nicht zuzurechnenden Umständen scheitert oder er nach erfolgreichem Abschluss keine angemessene Erwerbstätigkeit findet. Der Eintritt dieser Umstände lässt deshalb den Unterhaltsanspruch nicht rückwirkend entfallen; zudem besteht der Anspruch auf Erwerbslosenunterhalt (§ 1573 Abs. 1) fort. – Zur **Begrenzung** der Unterhaltsverpflichtung → § 1578b Rn. 256, 257.

### VI. Nebentätigkeit

76 Ob und inwieweit einem Bedürftigen, der seiner Obliegenheit zur Weiterbildung nachkommt, daneben eine **Erwerbstätigkeit** obliegt, um mit den daraus erzielten Einkünften seinen Bedarf ggf. teilweise zu decken, hängt davon ab,
- ob und inwieweit die Ausbildung zeitlich Raum für eine Erwerbstätigkeit lässt,
- ob sich diese mit der geforderten Zielstrebigkeit, die Ausbildung zu betreiben, vereinbaren lässt,
- in welchem Ausbildungsstadium sich der Bedürftige befindet,
- wie sich die wirtschaftlichen Verhältnisse des Verpflichteten darstellen.

Die Nebentätigkeit kann an sich keine **angemessene Erwerbstätigkeit** iSd §§ 1573, 1574 Abs. 1, 2 sein, ansonsten es keiner Obliegenheit zur Weiterbildung bedürfte und der Bedürftige seine aktuelle Erwerbstätigkeit in Vollzeit auszuüben hätte. „Angemessen" ist aber Nebentätigkeit und Weiterbildung. Dies hat rechtliche Folgen: Die aus der Nebentätigkeit erzielten Einkünfte sind nicht überobligatorisch erzielt; sie sind bedarfsprägend zu berücksichtigen und unterfallen nicht der Privilegierung des § 1577 Abs. 2.

Abzustellen ist danach vor allem auf die **zeitliche Gestaltung der Weiterbildung:**[107]

77 – Wird die – schulische oder gewerbliche – Weiterbildung auf einer **Abendschule** oder im Rahmen einer **Fernausbildung** betrieben, kann in Abhängigkeit von der zeitlichen Beanspruchung für eine zielgerichtete Ausbildung eine Nebentätigkeit zumutbar sein.

78 – Für eine in **Vollzeit** betriebene gewerbliche Ausbildung scheidet eine Nebentätigkeit, auch an den Wochenenden und an Feiertagen sowie in den Urlaubszeiten, neben der betrieblichen und schulischen Ausbildungszeit idR aus. Sie ist mit dem Ziel, die Ausbildung innerhalb der regelmäßigen Ausbildungszeit oder gar unter deren Abkürzung zu erreichen, nicht vereinbar.

79 – Einem **studierenden** Ehegatten kann dagegen je nach dem Stand seines Studiums idR eine **Nebentätigkeit** in der Nachhilfe, als studentische Hilfskraft, in der Gastronomie oder während der Semesterferien zugemutet werden.[108] Inwieweit die dabei erzielten Einkünfte zur Bestreitung des Bedarfs einzusetzen sind, ist gleichfalls nach Billigkeitsgesichtspunkten, insbesondere nach den Einkommensverhältnissen des Verpflichteten zu beurteilen; idR wird er es hinnehmen müssen, wenn der Studierende von seinen Erwerbseinkünften etwa eine Urlaubsreise finanziert. Jedenfalls sind in diesem Zusammenhang die Kriterien aus § 11 Abs. 2 BAföG, § 21–23 BAföG nicht maßgebend und können lediglich einen groben Anhalt bieten, da sie nicht auf das zwischen den Ehegatten bestehende besondere Pflichtengefüge abstellen. – Betreibt der Bedürftige ein **Fernstudium,** entfallen zwar Vorlesungen, doch kann nicht schon daraus geschlossen werden, dass ausreichend Zeit für eine Erwerbstätigkeit bestünde.

### VII. Umfang des Anspruchs

80 Die **Höhe** des Anspruchs bestimmt sich nach den §§ 1578, 1577, 1581. Der Anspruch umfasst auch „die Kosten einer Schul- oder Berufsausbildung, einer Fortbildung oder einer Umschulung nach den §§ 1574, 1575" (§ 1578 Abs. 2, → § 1578 Rn. 238, 239).

### VIII. Rechtsfolgen

81 **1. Informationspflicht.** Wie zu § 1575 (→ § 1575 Rn. 60) besteht auch zu dem Anspruch aus §§ 1573, 1574 Abs. 3 trotz der Darlegungslast des Bedürftigen für seine Unterhaltsberechtigung (→ Rn. 87, 88) für den Verpflichteten ein Bedürfnis, über den Ausbildungsverlauf auf dem Laufenden gehalten zu werden, um den Fortbestand seiner Unterhaltspflicht überprüfen zu können. Deshalb ist der Bedürftige verpflichtet, dem Verpflichteten kontinuierlich **Auskunft** über den Fortschritt

---

106 *Bömelburg* in Wendl/Dose UnterhaltsR § 4 Rn. 330.

107 Zum Kindesunterhalt allgemein und wegen des hohen Zeitaufwands für die Umschulung verneint von OLG Brandenburg BeckRS 2016, 116177 Rn. 21 mwN mBspr *Obermann* NZFam 2017, 316.

108 BGH NJW 1980, 393 = FamRZ 1980, 126 (127); s. auch BeckOGK/*Hamberger,* 1.2.2019, Rn. 182; § 1573 Rn. 62, 63.

seiner Ausbildung zu erteilen und seine Angaben durch Vorlage von aussagefähigen Bescheinigungen der Ausbildungsstätte, Berufsschule, Fachhochschule, Hochschule – Studienordnung, Unterrichts- bzw. Stundenpläne, Zwischenzeugnisse, Bescheinigungen der Ausbildungsstätte etc – zu belegen (§ 259 Abs. 1),[109] sowie ihn insbesondere bei Nichtaufnahme, Verzögerungen oder Abbruch der Ausbildung ungefragt zu informieren (§ 242).[110] Dazu und zur Zurechnung **fiktiver Einkünfte** → § 1579 Rn. 74, 80, 81, 111, → § 1580 Rn. 96–121.

**2. Erwerbseinkünfte.** Hat der Bedürftige bereits während des ehelichen Zusammenlebens eine **angemessene** Erwerbstätigkeit ausgeübt, sind die daraus erzielten Erwerbseinkünfte idR auch bedarfsprägend. Ist die Erwerbstätigkeit **nicht angemessen,** ist sie dem Bedürftigen nicht zumutbar.[111] Die Anrechenbarkeit der aus einer nicht zumutbaren Tätigkeit erzielten Einkünfte ist nach § 1577 Abs. 2 zu beurteilen.[112] Zum Ganzen, insbesondere zur Rspr. des BGH zur bedarfsprägenden Berücksichtigung **überobligatorisch erzielter Einkünfte** → § 1578 Rn. 477–482. 82

**3. Obliegenheitsverletzung.** Sie setzt das **schuldhafte** Unterlassen der Ausübung einer angemessenen Erwerbstätigkeit oder einer obliegenden Weiterbildung bzw. deren schuldhaften Abbruch voraus und führt bereits zum **Entfallen** des Unterhaltsanspruchs aus § 1573 Abs. 1[113] und nicht lediglich zur Berücksichtigung bei Mutwillen (§ 1579 Nr. 4).[114] Diese Unterscheidung ist wegen der Unterschiede in den Voraussetzungen und bei der Darlegungs- und Beweislast auch praktisch bedeutsam. Entfällt der Anspruch aus § 1573 Abs. 1, kann ein Anspruch auf Aufstockungsunterhalt (§ 1573 Abs. 2) unter Anrechnung fiktiver Einkünfte aus einer nach einer Weiterbildung möglichen Erwerbstätigkeit verbleiben,[115] ohne dass dem Bedürftigen Unterhalt nach § 1573 Abs. 1 für die Dauer einer angemessenen, aber nicht aufgenommenen oder abgebrochenen Weiterbildung zustünde.[116] 83

Der Unterhaltsanspruch entfällt danach nur in der Höhe, in welcher der Bedürftige, ggf. nach Durchführung der Weiterbildung,[117] **fiktiv** eigene Einkünfte hätte erzielen können.[118] Deshalb kommt es auf den Streit nicht an, ob er **dauerhaft**[119] entfällt und wiederauflebt. 84

In welcher **Höhe** Einkünfte fiktiv zugerechnet werden können, bestimmt sich danach, welche Erwerbstätigkeit vom Bedürftigen angemessen ausgeübt werden könnte.[120] 85

**4. Rückforderung.** Hat der Bedürftige seine Obliegenheit erfüllt (→ Rn. 75), ist er zur **Rückzahlung** des erhaltenen Unterhalts auch dann nicht verpflichtet, wenn die Weiterbildung nicht zu einem angemessenen Arbeitsplatz führt, weil dies den Unterhaltsanspruch für die Zeit der Weiterbildung nicht rückwirkend, sondern allenfalls für die Zukunft wieder entfallen lässt.[121] Dem Bedürftigen obliegt dann aber die Aufnahme einer geringwertigeren Tätigkeit (Rechtsgedanke aus § 1575 Abs. 3). 86

## D. Darlegungs- und Beweislast

Die **„angemessene Erwerbstätigkeit"** ist ausdrückliche Voraussetzung eines Anspruchs auf Erwerbslosen- und Aufstockungsunterhalt (§ 1573 Abs. 1–4). Dem Bedürftigen obliegt deshalb die 87

---

109 Insoweit aA *Borth* in Schwab ScheidungsR-HdB IV Rn. 390.

110 Staudinger/*Verschraegen*, 2014, Rn. 71; BeckOGK/*Hamberger*, 1.2.2019, Rn. 181, 182; *Borth* in Schwab ScheidungsR-HdB IV Rn. 390; *Borth* FPR 2008, 341 (344).

111 AA scheinbar OLG Hamm FamRZ 1994, 1035 (1036).

112 BGH NJW-RR 1992, 1282 (1283).

113 Staudinger/*Verschraegen*, 2014, Rn. 67; *Borth* in Schwab ScheidungsR-HdB IV Rn. 334, 337; *Bömelburg* in Wendl/Dose UnterhaltsR § 4 Rn. 333.

114 So aber BGH NJW 1986, 985 = FamRZ 1986, 553 (555); ähnlich OLG Schleswig BeckRS 2010, 14236 = FamRZ 1982, 703 (704) mwN; ebenso Johannsen/Henrich/*Hammermann* Rn. 35; Palandt/*Brudermüller* Rn. 8.

115 BGH NJW-RR 1988, 1218 = FamRZ 1988, 927 (929); zu nicht ausreichenden Erwerbsbemühungen auch *Bömelburg* in Wendl/Dose UnterhaltsR § 4 Rn. 334.

116 Auch BeckOGK/*Hamberger*, 1.2.2019, Rn. 191.

117 AA BeckOGK/*Hamberger*, 1.2.2019, Rn. 188: Auf der Grundlage der aufgegebenen Ausbildung bemessene fiktive Einkünfte erst ab – erfolgreichem – fiktivem Ausbildungsende.

118 OLG Hamburg NJW-RR 1986, 556 = FamRZ 1985, 1260 (1261).

119 Dauerhaft: Soergel/*Häberle* Rn. 19; *Bömelburg* in Wendl/Dose UnterhaltsR § 4 Rn. 335; nicht dauerhaft: *Borth* in Schwab ScheidungsR-HdB IV Rn. 337.

120 *Borth* FamRZ 2008, 2 (16).

121 IErg ebenso Soergel/*Häberle* Rn. 19, der allerdings von einem nach § 818 Abs. 3 entfallenden Bereicherungsanspruch aus § 812 Abs. 1 S. 2 ausgeht; s. auch *Borth* FPR 2008, 341 (344).

Darlegungs- und Beweislast für die Angemessenheit seiner ausgeübten oder angestrebten Tätigkeit iSv Abs. 1, 2. Er muss substantiierten Vortrag zu seiner Ausbildung, seinen Fähigkeiten, einer früheren Erwerbstätigkeit, seinem Lebensalter und Gesundheitszustand halten, wenn er hieraus Einschränkungen für eine Berufstätigkeit herleiten will. Substantiierten Vortrag des Verpflichteten muss er ausräumen.[122] – Nur ausnahmsweise wird die Angemessenheit der Erwerbstätigkeit durch die ehelichen Lebensverhältnisse bestimmt (→ Rn. 31, 32). Deshalb trägt der Bedürftige auch das Beweisrisiko für die als Einwendung von Amts wegen zu beachtende **Unzumutbarkeit** einer nach allgemeinen Kriterien angemessenen Erwerbstätigkeit nach den ehelichen Lebensverhältnissen.[123] – Wurde eine langjährige Berufstätigkeit ausgeübt, besteht eine für den Bedürftigen **widerlegbare Vermutung** dafür, dass sie den ehelichen Lebensverhältnissen entspricht.[124]

88 Auch die Verletzung der Obliegenheit zur **Weiterbildung** (Abs. 3) ist als Einwendung von Amts wegen zu beachten.[125] Das Beweisrisiko trägt der Ehegatte, der sich auf Abs. 3 beruft: Der Bedürftige, wenn er geltend macht, die Ausbildung etc sei eheangemessen[126] oder er erfülle seine Obliegenheit ordnungsgemäß; der Verpflichtete, wenn er sich auf die Obliegenheit des Bedürftigen zur Ausbildung etc (§ 1574 Abs. 3) oder ihre Verletzung beruft. – Macht der Bedürftige **Kosten** für die Weiterbildung geltend (→ Rn. 80), hat er auch diese substantiiert darzulegen und ggf. zu beweisen.

## § 1575 Ausbildung, Fortbildung oder Umschulung

**(1) [1]Ein geschiedener Ehegatte, der in Erwartung der Ehe oder während der Ehe eine Schul- oder Berufsausbildung nicht aufgenommen oder abgebrochen hat, kann von dem anderen Ehegatten Unterhalt verlangen, wenn er diese oder eine entsprechende Ausbildung sobald wie möglich aufnimmt, um eine angemessene Erwerbstätigkeit, die den Unterhalt nachhaltig sichert, zu erlangen und der erfolgreiche Abschluss der Ausbildung zu erwarten ist. [2]Der Anspruch besteht längstens für die Zeit, in der eine solche Ausbildung im Allgemeinen abgeschlossen wird; dabei sind ehebedingte Verzögerungen der Ausbildung zu berücksichtigen.**

**(2) Entsprechendes gilt, wenn sich der geschiedene Ehegatte fortbilden oder umschulen lässt, um Nachteile auszugleichen, die durch die Ehe eingetreten sind.**

**(3) Verlangt der geschiedene Ehegatte nach Beendigung der Ausbildung, Fortbildung oder Umschulung Unterhalt nach § 1573, so bleibt bei der Bestimmung der ihm angemessenen Erwerbstätigkeit (§ 1574 Abs. 2) der erreichte höhere Ausbildungsstand außer Betracht.**

**Schrifttum:** *Atzler,* Das Bundesausbildungsförderungsgesetz in der Rechtsprechung, FamRZ 1986, 520; *Borth,* Ausbildungsunterhalt – Pflichten des Unterhaltsberechtigten, FPR 2008, 341; *Finger,* Ausbildungsförderung für Über-30-Jährige: „Eine im Wesentlichen lückenlose Kette von Hinderungsgründen", FamRZ 2006, 1427; *Götz,* Ausbildungsunterhalt nach Kinderbetreuung, FamRZ 2012, 1610; *Paulus,* Der Anspruch auf Finanzierung einer Ausbildung im Unterhaltsrecht und im Sozialrecht, 1984; *Paulus,* Der Anspruch des getrennt lebenden oder geschiedenen Ehegatten auf Ausbildungsunterhalt im Verhältnis zur Ausbildungsförderung nach dem Bundesausbildungsförderungsgesetz (BAföG), FamRZ 1981, 640; *Reinecke,* Ausbildungsunterhalt für den geschiedenen Ehegatten, FPR 2008, 373.

**Übersicht**



[122] AA etwa NK-BGB/*Fränken* Rn. 21: Beweislast bei dem, der sich auf Angemessenheit bzw. Unangemessenheit beruft; wohl auch BeckOGK/*Hamberger,* 1.2.2019, Rn. 202.

[123] BT-Drs. 16/1830, 17; s. auch Staudinger/*Verschraegen*, 2014, Rn. 70; *Borth* FamRZ 2008, 2 (15).

[124] OLG Celle FamRZ 1980, 581 (582); s. auch BeckOGK/*Hamberger,* 1.2.2019, Rn. 96; Palandt/*Brudermüller* Rn. 9.

[125] BeckOGK/*Hamberger,* 1.2.2019, Rn. 204; *Borth* in Schwab ScheidungsR-HdB IV Rn. 335; aA OLG Schleswig BeckRS 2010, 14236 = FamRZ 1982, 703 (704) (dilatorische Einrede); wohl auch BT-Drs. 7/650, 130; Palandt/*Brudermüller* Rn. 9.

[126] BGH NJW 1987, 2233 = FamRZ 1987, 795 (797).

## I. Normzweck

Zwar ist es grundsätzlich Aufgabe der **Eltern,** für die Kosten der Ausbildung ihres Kindes aufzukommen (§ 1610 Abs. 2), doch haftet der Ehegatte vor den Eltern (§ 1608 Abs. 1 S. 1). Der Anspruch auf **Ausbildungsunterhalt** dient der künftig eigenverantwortlichen, von den Einkommens- und Vermögensverhältnissen des Verpflichteten möglichst unabhängigen Lebensführung des Bedürftigen. Die Ausbildung dient dem Schutz des Vertrauens des Bedürftigen und soll seine **ehebedingten Ausbildungsnachteile** ausgleichen[1] und dem geschiedenen Ehegatten die Ausübung einer auf Dauer angemessenen Erwerbstätigkeit ermöglichen, um so auch die unterhaltsrechtlichen Beziehungen der geschiedenen Ehegatten endgültig zu lösen.[2] 1

**Verwandte** des Bedürftigen einschließlich seiner Eltern haften für dessen Ausbildungsunterhalt etc nicht nach § 1575, sondern nach §§ 1601, 1610, 1602, 1603, und zwar lediglich nachrangig (§§ 1584, 1608). 2

Zur **Abdingbarkeit** des Anspruchs auf Ausbildungsunterhalt → § 1585c Rn. 45–47; zum Verhältnis zur öffentlich-rechtlichen **Ausbildungsförderung** → § 1578 Rn. 475, 559, 863, 889. 3

## II. Anwendungsbereich

§ 1575 ist allein auf den **nachehelichen Unterhalt** und entsprechend auf den Unterhalt nach Aufhebung einer **Lebenspartnerschaft** (§ 16 S. 2 LPartG) anzuwenden. Für den Unterhaltsanspruch eines **nicht verheirateten Elternteils** gilt ausschließlich § 1615l Abs. 2 S. 2–5.[3] 4

Während des Zusammenlebens der Ehegatten umfasst der **Familienunterhalt** (§§ 1360, 1360a) auch die Kosten einer Ausbildung des Ehegatten (→ § 1360a Rn. 8).[4] § 1575 ist nicht anwendbar, maßgeblich ist der Lebensplan der Ehegatten. Dies gilt jedenfalls dann, wenn die Ausbildung dem übereinstimmenden Entschluss der Ehegatten entspricht (§ 1360 S. 1, § 1360a Abs. 1, § 1356 Abs. 1 S. 1, § 1608 S. 1),[5] wohl aber nicht bei einem einseitigen Entschluss des die Ausbildung betreibenden Ehegatten; die Schwierigkeiten des Nachweises in der Praxis sind offenkundig. 5

Auf den **Trennungsunterhalt** (§ 1361; für getrenntlebende Lebenspartner s. § 12 S. 2 LPartG) ist § 1575 nicht anwendbar, da es für den unterhaltspflichtigen Ehegatten unzumutbar ist, für den Bedürftigen in größerem Maße aufzukommen, als es durch die Aufrechterhaltung des ehelichen Lebensstandards geboten ist. Da ein getrenntlebender Ehegatte im Zweifel unterhaltsrechtlich nicht schlechter gestellt werden darf als ein geschiedener, sind hiervon insoweit **Ausnahmen** zu machen, als sich Ausbildung, Fortbildung oder Umschulung als „Vorgriff" auf die nacheheliche Unterhaltsverpflichtung aus § 1575 darstellen. Dies setzt jedoch voraus, dass die Ehe zerrüttet und die Trennung 6

---

1 BGH BeckRS 2010, 25975 = FamRZ 1984, 988 (989); OLG Karlsruhe BeckRS 2014, 10043 = FamRZ 2014, 1646 (1648); KG BeckRS 2009, 87093 = FamRZ 1984, 898; s. auch BT-Drs. 16/1830, 130.

2 BGH NJW 1985, 803 = FamRZ 1985, 353 (354).

3 Dazu OLG Karlsruhe BeckRS 2014, 10043 = FamRZ 2014, 1646.

4 Dazu die eingehende Darstellung bei BeckOGK/*Preisner,* 1.5.2019, § 1360a Rn. 63–70; s. auch BeckOGK/*Hamberger,* 1.2.2019, Rn. 6.

5 BGH NJW 1985, 803 = FamRZ 1985, 353 f.

endgültig ist, sodass sich der bedürftige Ehegatte auf die neue Lage einstellen und sich nach seinen Möglichkeiten um eine (Wieder-)Eingliederung in das Erwerbsleben bemühen muss. Er muss die zum Ausdruck gebrachte Scheidungsabsicht des Verpflichteten kennen und sich hierauf einstellen können. Damit wird § 1575 für die Trennungszeit jedoch nicht unmittelbar und auch nicht entsprechend anwendbar. Vielmehr finden die diesen rechtfertigenden gesetzgeberischen Überlegungen dadurch Eingang in die Interessenabwägung nach § 1361 Abs. 2, dass der Maßstab für die Zumutbarkeit einer Erwerbstätigkeit zum einen dahin abgeschwächt wird, dass den bedürftigen Ehegatten keine Erwerbsobliegenheit trifft, wenn und solange er eine nach § 1575 privilegierte berufliche Bildungsmaßnahme absolviert, und zum anderen dahin verschärft wird, dass er sich nach entsprechender Dauer des Getrenntlebens, oder wenn die Trennung auf Scheidung abzielt, insbesondere bereits Scheidungsantrag gestellt ist, einer zur Erlangung einer angemessenen Erwerbstätigkeit erforderlichen Ausbildung unterziehen muss (→ § 1361 Rn. 60).[6]

## III. Anspruchsvoraussetzungen

7 **1. Grundsätze.** Da die Ansprüche auf Ausbildungsunterhalt (Abs. 1) und auf Fortbildungs- und Umschulungsunterhalt (Abs. 2) Ausprägung sowohl der nachehelichen **Eigenverantwortung** wie auch der **nachehelichen Solidarität** sind, darf der Bedürftige mit seiner Ausbildung auch Nachteile ausgleichen, die er in seinem beruflichen Fortkommen mit Rücksicht auf die Ehe hingenommen hat. Auch wenn er ohne die Weiterbildung eine **angemessene Erwerbstätigkeit** iSd § 1574 Abs. 2 (→ § 1574 Rn. 10–55) finden könnte, entfällt sein Unterhaltsanspruch dann nicht, wenn er mit ihr eine ohne die Ehe schon früher erreichbare Verbesserung seiner beruflichen Stellung anstrebt.[7] Insoweit geht der Anwendungsbereich von § 1575 über den von § 1573 und die Obliegenheit zur Weiterbildung, um die Aufnahme einer angemessenen Erwerbstätigkeit zu ermöglichen (§ 1574 Abs. 3), hinaus.

8 Die erstrebte Ausbildung muss zur Ausübung einer **angemessenen Erwerbstätigkeit** notwendig sein.[8] Deshalb entspricht es nicht mehr den Grundsätzen der **Zumutbarkeit** (→ § 1574 Rn. 12; zur Berücksichtigung der Zumutbarkeit im Hinblick auch auf die nacheheliche Eigenverantwortung des Bedürftigen allgemein → § 1569 Rn. 18, 19), einen Anspruch auf Ausbildungsunterhalt nach Abs. 1 zu eröffnen, wenn eine bereits abgeschlossene Berufsausbildung eine angemessene und einträgliche Erwerbstätigkeit ermöglicht. Unerheblich ist, ob die Berufsausbildung vor, während oder nach der Ehe erlangt und ggf. vom Verpflichteten finanziert wurde,[9] oder ob der Bedürftige die Ausbildung wechselt.[10] Auch besteht kein Unterhaltsanspruch (Abs. 1, 2) für eine **höherwertigere** als die bislang erlangte Ausbildung, auch wenn sie den ehelichen Lebensverhältnissen nicht entspricht,[11] solange sie nur **individuell** angemessen ist.[12] Ggf. besteht ein Anspruch auf Fortbildungs- oder Umschulungsunterhalt (Abs. 2) oder aus §§ 1573, 1574 Abs. 3 (→ § 1574 Rn. 56–86).

9 **2. Einsatzzeitpunkte.** Die gesetzliche Regelung nennt einen Einsatzzeitpunkt **nicht ausdrücklich.** Entsprechend ihrer systematischen Stellung spricht sie nur vom geschiedenen Ehegatten, woraus folgt, dass es vor rechtskräftigem Scheidungsausspruch auf ihrer Grundlage keinen Anspruch auf Ausbildungsunterhalt geben kann. Auch vermittelt § 1575 dann keinen Anspruch auf Ausbildungsunterhalt, wenn eine Ausbildung bereits **während der Trennungszeit** aufgenommen wurde; Anspruchsgrundlage ist dann §§ 1573 Abs. 1 iVm § 1574 Abs. 3 (→ Rn. 69). Dies schließt nicht aus, Ausbildungsunterhalt während des Zusammenlebens als Familienunterhalt (§ 1360a, auch → § 1360a Rn. 8)

Während des Zusammenlebens von Ehegatten hat für diese Kosten der andere Ehegatte im Rahmen seiner Verpflichtung zur Leistung von Familienunterhalt aufzukommen, wenn die Ausbildung dem übereinstimmenden Entschluss der Ehegatten entspricht (§ 1360 S. 1, § 1360a Abs. 1, § 1356 Abs. 1 S. 1, § 1608 S. 1),[13] wohl aber

---

6 Zum Ganzen BGH NJW 2001, 973 = FamRZ 2001, 350 (351); NJW 1985, 1695 = FamRZ 1985, 782 (785); s. auch OLG Bremen BeckRS 2012, 7709 = FamRZ 2012, 1391 Ls.; OLG München NJW 2001, 973 = FamRZ 2001, 350; dazu auch BeckOGK/*Preisner*, 1.5.2019, § 1361 Rn. 102.

7 BGH NJW 1987, 2233 = FamRZ 1987, 795 (796); NJW 1985, 1695 = FamRZ 1985, 782 (785); auch OLG Saarbrücken NJW-RR 2007, 1452 = FamRZ 2008, 411 (412).

8 OLG Saarbrücken NJW-RR 2007, 1452 = FamRZ 2008, 411 (412).

9 BGH NJW 1985, 1695 = FamRZ 1985, 782 (785 f.). – Gegen die Berücksichtigung von Zumutbarkeitsgesichtspunkten Soergel/*Häberle* Rn. 11: Berücksichtigung nur über §§ 1579, 1581; ähnlich *Borth* in Schwab ScheidungsR-HdB IV Rn. 381. – Zur Entstehung der gesetzlichen Regelung, anlässlich welcher der RA-BT um eine Eingrenzung des Anwendungsbereichs der Vorschrift bemüht war, → 1. Aufl. 1978, Rn. 3–6.

10 *Bömelburg* in Wendl/Dose UnterhaltsR § 4 Rn. 347.

11 KG BeckRS 2009, 87093 = FamRZ 1984, 898 mwN.

12 Wohl ebenso *Reinecke* FPR 2008, 373 (374) für ein Studium.

13 BGH NJW 1985, 803 = FamRZ 1985, 353 f.

nicht bei einem einseitigen Entschluss des die Ausbildung betreibenden Ehegatten; die Schwierigkeiten des Nachweises in der Praxis sind offenkundig.

und während der Trennungszeit (§ 1361, auch → § 1361 Rn. 60)[14] zuzusprechen (zum **Familienunterhalt** → Rn. 5, zum **Trennungsunterhalt** → Rn. 6).

**Stichtag** ist jedoch keineswegs stets der Eintritt der Rechtskraft des Scheidungsausspruchs bzw. der Zeitpunkt der letzten mündlichen Verhandlung im Verbund mit dem Scheidungsverfahren, sondern nur dann, wenn zu diesem Zeitpunkt lediglich die Voraussetzungen aus § 1575 und nicht auch die aus §§ 1570–1573 vorgelegen haben. Bestehen solche Ansprüche, ist Stichtag für den Anspruch auf Ausbildungsunterhalt der Zeitpunkt ihres Entfallens.[15] Letztlich hängt diese Fragestellung eng mit den Obliegenheiten des Bedürftigen und den Konkurrenzen der Unterhaltsansprüche (zu Letzteren → Rn. 64–70) zusammen. Als **Korrektiv** dient, dass die Ausbildung „sobald wie möglich" aufgenommen werden muss (→ Rn. 32, 33). 10

**3. Ausbildungsunterhalt (Abs. 1). a) „Schul- oder Berufsausbildung".** Welche Ausbildungsgänge hierunter fallen, ist aufgrund einer **ganz weiten** Auslegung zu beurteilen. Insbesondere sind sie nicht auf die nach dem BAföG und dem ehemaligen AFG (→ Rn. 24–27) geförderten Ausbildungsgänge oder durch gesetzliche Berufsbilder bestimmte Berufe zu begrenzen (allgM;[16] zur Weiterbildung iSd Abs. 2 → Rn. 23–27). Doch kann der Bedürftige nicht auf mit der Sittenordnung unvereinbare Berufe oder auf solche verwiesen werden, die nicht ohne Verstoß gegen gesetzliche Vorschriften ausgeübt werden können (zB Taschendieb oder Glücksspieler; zur Prostitution → § 1578 Rn. 712–714). – Ebenso wenig wird Höhe und Zeitdauer des Unterhaltsanspruchs aus § 1575 durch die öffentlich-rechtliche Förderung begrenzt.[17] 11

Da nicht nur die Berufsausbildung, sondern auch die Schulausbildung privilegiert wird, ist ggf. auch die Erlangung eines **qualifizierten Schulabschlusses** (Hauptschulabschluss, Mittlere Reife, Fachhochschulreife, Hochschulreife) als Voraussetzung für eine Berufsausbildung zu alimentieren.[18] 12

Erforderlich ist stets ein Ausbildungsverhältnis zu einem **Ausbilder,** der die Ausbildung leitet, ohne dass dieser persönlich anwesend sein müsste (Fernstudium); selbstständige Tätigkeiten, die ggf. der Zulassung zur Prüfung in dem angestrebten Beruf dienen, genügen diesem Anforderungsprofil nicht.[19] Dabei ist entsprechend der Intention der Regelung, die Eigenverantwortung des bedürftigen Ehegatten (§ 1569 S. 1 → § 1569 Rn. 18, 19) zu stärken, auch der Begriff „Ausbilder" nicht in einem verengten Sinne lediglich als beruflicher Ausbilder, sondern auch als Lehrer oder Hochschullehrer zu verstehen. 13

Bei einer **mehrstufigen Ausbildung** als Zugangsvoraussetzung für die Ausübung des angestrebten Berufes sind alle Ausbildungsabschnitte einer einheitlichen Ausbildung zugehörig, sodass es sich bei dem Folgeabschnitt nicht um eine Zweitausbildung handelt. Ein ehebezogener Abbruch in einer frühen Phase erhält den Unterhaltsanspruch für alle Ausbildungsabschnitte bis zum Erreichen des ursprünglich angestrebten Abschlusses. Dies trifft etwa auf die Juristen- und Lehrerausbildung mit ihrer Aufteilung in Hochschul- und Referendarausbildung zu,[20] umfasst aber auch das Verhältnis von Schul- und Hochschulausbildung. 14

**Beispiel:**[21]
Bricht ein Ehegatte, der ursprünglich Arzt werden wollte, das Gymnasium ab, hat er Anspruch auf Ausbildungsunterhalt jedenfalls über das Abitur hinaus bis zur vollständigen Ableistung des Medizinstudiums; ggf. einschließlich Promotion (aber auch → Rn. 15).

Bei einer **Promotion** handelt es sich dagegen idR nicht um eine Ausbildung iSd Abs. 1, sondern um eine Fortbildung iSd Abs. 2 (→ Rn. 25).[22] Anderes kann gelten, wenn die Promotion 15

---

14 Zur gleichen Wertung beim Trennungsunterhalt s. BGH NJW 2001, 973 = FamRZ 2001, 350 (351): Anspruch aus § 1361 besteht, wenn der Bedürftige im „Vorgriff auf die Voraussetzungen des § 1575 BGB eine Ausbildung hätte aufnehmen können".

15 Wohl auch BeckOGK/*Hamberger,* 1.2.2019, Rn. 28; aA OLG Hamm BeckRS 2010, 5764 = FamRZ 1983, 181 (184).

16 Nach OLG Koblenz BeckRS 1999, 31156198 ist eine staatlich nicht anerkannte Ausbildung „zumindest hinsichtlich der sozialen Einordnung nicht gleichwertig".

17 BT-Drs. 7/650, 131.

18 BeckOGK/*Hamberger,* 1.2.2019, Rn. 11; dazu auch BT-Drs. 7/650, 130.

19 BGH NJW 1987, 2233 = FamRZ 1987, 795 (796).

20 OLG Schleswig BeckRS 2010, 3094 = FamRZ 1984, 588.

21 BeckOGK/*Hamberger,* 1.2.2019, Rn. 16.

22 OLG Düsseldorf FamRZ 1987, 708 (709); aA BeckOGK/*Hamberger,* 1.2.2019, Rn. 16 für Medizinstudium (dagegen spricht, dass im Gegensatz zu früher auch Mediziner zwischenzeitlich zunehmend auf eine Promotion verzichten).

berufstypische Voraussetzung dafür ist, überhaupt eine angemessene Anstellung zu finden. Dies hat der Bedürftige schlüssig darzulegen und zu beweisen;[23] dafür reicht jedoch nicht aus, dass sich durch eine Promotion die Chancen auf dem Arbeitsmarkt lediglich erhöhen.[24]

16 **b) Nichtaufnahme und Abbruch.** Die Schul- oder Berufsausbildung muss **in Erwartung** der Ehe, wegen der nunmehr nachehelicher Unterhalt begehrt wird, oder **während** der Ehe nicht aufgenommen oder abgebrochen worden sein.[25] Ausreichend ist, dass die bevorstehende Eheschließung etc neben anderen Beweggründen dafür mit ursächlich gewesen ist. Jedenfalls müssen die Eignungsvoraussetzungen für die nicht aufgenommene Ausbildung vorgelegen haben (zB Bestehen einer Aufnahmeprüfung, Notendurchschnitt für geplantes Studium).[26] Eignungsdefizite anderer Art und Unzulänglichkeiten[27] wie etwa fehlende Motivation oder Arbeitseifer sind unerheblich. Zudem muss sich der Bedürftige jedenfalls grundsätzliche **Vorstellungen** über die Art der von ihm in Aussicht genommenen Ausbildung gemacht,[28] diese **geäußert** und, etwa durch die Inanspruchnahme einer Berufsberatung oder durch Bewerbungen, nach außen **zum Ausdruck gebracht** haben.[29] Dagegen müssen nicht bereits konkrete **Berufspläne** bestanden haben, ausreichend sind (noch) allgemeine Pläne für eine der Vorbildung entsprechende Berufsbildung.[30]

**Beispiel aus der Rspr.:**
OLG Düsseldorf BeckRS 2008, 12207 = FamRZ 2008, 1856 (zum Trennungsunterhalt): Ausbildungsunterhalt schuldet auch der Verpflichtete, welcher der ausländischen Bedürftigen für den Fall der Übersiedlung nach Deutschland zusagt, ihr das Erlernen der Sprache und ein Studium zu ermöglichen.[31]

17 **Während der Ehe** muss der Abbruch einer Ausbildung nicht ursächlich auf diese zurückgehen. Die Ehebedingtheit wird gleichsam unwiderleglich vermutet (→ Rn. 29).

18 **c) „Wiederaufnahme".** Hat der Ehegatte eine Ausbildung abgebrochen, kann er für „diese oder eine entsprechende Ausbildung" Unterhalt verlangen **(„Wahlrecht").** Dies gilt entsprechend für eine **nicht aufgenommene** Ausbildung, deren Niveau jedoch bestimmbar sein muss (→ Rn. 16).

19 Die (wieder) aufgenommene **entsprechende** Ausbildung muss nicht der Fachrichtung der abgebrochenen entsprechen oder ihr auch nur ähneln, vielmehr reicht aus, dass soziale Einordnung des Berufszieles und Ausbildungsvoraussetzungen, -anforderungen und -umfang gleichwertig sind.

**Beispiele aus der Rspr.:**[32]
OLG Düsseldorf FamRZ 1980, 585 (586): Nicht gleichwertig Kunststudium mit nachfolgender Tätigkeit als Antiquitätenhändler und Medizinstudium.
OLG Hamm BeckRS 2010, 5764 = FamRZ 1983, 181 (183): Medizin/Betriebswirtschaft.
OLG Schleswig BeckRS 2010, 3094 = FamRZ 1984, 588 (589 f.): Fortsetzung des abgebrochenen Studiums zur Realschullehrerin.
OLG Köln BeckRS 1995, 31144565 = FamRZ 1996, 867 (868): Aufnahme einer Ausbildung zur Rechtsanwaltsfachangestellten statt der ursprünglich beabsichtigten zur Krankenschwester.

20 Soweit dem Bedürftigen ein Wahlrecht eröffnet ist (→ Rn. 18), darf ihn der Verpflichtete nicht auf den für ihn **günstigsten Weg** verweisen.[33] Auf eine wesentlich längere und teurere Ausbildung besteht idR jedoch kein Anspruch,[34] wohl aber auf eine weniger anspruchsvolle.

21 Für die Aufnahme einer der früheren Ausbildung **nicht entsprechenden** und nicht an ihr anknüpfenden Weiterbildung besteht kein Anspruch auf Ausbildungsunterhalt;

---

23 OLG Karlsruhe BeckRS 2012, 10885 = FamRZ 2012, 789 f.
24 OLG Düsseldorf FamRZ 1987, 708 (709); aA BeckOGK/*Hamberger,* 1.2.2019, Rn. 42.
25 Dazu auch BGH NJW 2001, 973 = FamRZ 2001, 350 (352).
26 AllgM, s. auch OLG Frankfurt a. M. FamRZ 1995, 879 f.; BeckOGK/*Hamberger,* 1.2.2019, Rn. 20.
27 Erman/*Maier* Rn. 7.
28 OLG Frankfurt a. M. FamRZ 1985, 712 (713); OLG Bamberg BeckRS 2010, 16406 = FamRZ 1981, 150 (151); BeckOGK/*Hamberger,* 1.2.2019, Rn. 18; NK-BGB/*Fränken* Rn. 4; *Bömelburg* in Wendl/Dose UnterhaltsR § 4 Rn. 343; *Borth* in Schwab ScheidungsR-HdB IV Rn. 377; *Reinecke* FPR 2008, 373 (374); *Borth* FPR 2008, 341 (343).
29 OLG Saarbrücken NJW-RR 2007, 1452 = FamRZ 2008, 411 (413); OLG Bamberg BeckRS 2010, 16406 = FamRZ 1981, 150 (151); BeckOGK/*Hamberger,* 1.2.2019, Rn. 19.
30 BeckOGK/*Hamberger,* 1.2.2019, Rn. 18; Soergel/*Häberle* Rn. 4; *Dieckmann* FamRZ 1977, 81 (92).
31 Zur Verbesserung der Sprachkenntnisse auch OLG Karlsruhe BeckRS 2014, 5219.
32 Auch OLG Schleswig SchlHA 1984, 163 f. = FamRZ 1984, 1236 Ls.
33 OLG Köln BeckRS 1995, 31144565 = FamRZ 1996, 867 (868).
34 BeckOGK/*Hamberger,* 1.2.2019, Rn. 38; Erman/*Maier* Rn. 11.

**Beispiele aus der Rspr.:**
OLG Frankfurt a. M. FamRZ 1979, 591: Vor Beginn der Ehe mittlere Reife und Bürotätigkeit, während der Ehe wurde das Abitur nachgeholt und ein Studium begonnen.
OLG Koblenz BeckRS 1999, 31156198: Abgebrochene Ausbildung zur staatlich nicht anerkannten Diätbeiköchin und Ausbildung zur Altenpflegerin.
BGH NJW 1984, 1685 = FamRZ 1984, 561 (563): Beginn eines Studiums während der Ehe.

doch kann sich ein Anspruch aus § 1573 Abs. 1, § 1574 Abs. 3 ergeben.

Verfügt der Berechtigte bereits über eine abgeschlossene Berufsausbildung, die ihm die Ausübung einer einträglichen, angemessenen Erwerbstätigkeit ermöglicht, hat er keinen Anspruch auf Ausbildungsunterhalt für eine ehebedingt nicht aufgenommene oder abgebrochene **Zweitausbildung;** eine Verpflichtung zu deren Finanzierung würde die nacheheliche Solidarität (§ 1569 S. 2 → § 1569 Rn. 20) überspannen.[35] Zur **mehrstufigen Ausbildung** als einheitliche Ausbildung → Rn. 14, 15). – Zum Ausgleich **ehebedingter Nachteile** kann jedoch ein Anspruch auf Fortbildungs- oder Umschulungsunterhalt (Abs. 2 → Rn. 23–27) bestehen.[36] 22

**4. Fortbildungs- und Umschulungsunterhalt (Abs. 2).** Der Ehegatte, der während der Ehe nicht, nicht zumutbar oder nur teilweise erwerbstätig war, hat zum Ausgleich **ehebedingt eingetretener Nachteile** (→ Rn. 28–31) einen Unterhaltsanspruch nach Abs. 2, wenn er sich in seinem erlernten Beruf fortbildet oder umschult. Der Anspruch kann auch bestehen, wenn eine Obliegenheit zur Weiterbildung nach § 1574 Abs. 3 nicht besteht. 23

**Beispiel:**
Eine Frau hat wegen der Eheschließung mit einem Handwerker ihr Medizinstudium abgebrochen, das sie jetzt wiederaufnehmen will.[37]

Fortbildung und Umschulung sind dem ehemaligen AFG entnommene Begriffe, denen im vorliegenden Zusammenhang trotz der durch § 1 Abs. 1 SGB II, § 1 Abs. 2 SGB III gewählten anderen, auf die berufliche Weiterbildung und Eingliederung (§ 35 SGB II, §§ 81, 82 SGB III) gerichteten Begrifflichkeit die ursprüngliche Bedeutung zukommt.[38] Danach 24
– ist **Fortbildung** (§ 41 Abs. 1 AFG) die Teilnahme an Maßnahmen, die eine abgeschlossene Berufsausbildung oder eine angemessene Berufserfahrung voraussetzen und das Ziel haben, berufliche Kenntnisse und Fertigkeiten festzustellen, zu erhalten, zu erweitern, der technischen Entwicklung anzupassen oder einen beruflichen Aufstieg zu ermöglichen.[39]
– sind **Umschulung** (§ 47 Abs. 1 AFG) Maßnahmen, die den Übergang in eine andere berufliche Tätigkeit ermöglichen, insbesondere die berufliche Beweglichkeit sichern und verbessern sollen, ohne eine bereits absolvierte Berufsausbildung vorauszusetzen. 25
– fällt die Nachholung einer **schulischen Qualifikation,** etwa des Abiturs, nicht unter Fortbildung und Umschulung. Für sie kann Ausbildungsunterhalt nur unter den Voraussetzungen des Abs. 1 verlangt werden (→ Rn. 12, 13). 26
– Aus dem Förderbereich und damit aus dem Abwendungsbereich von Abs. 2 ausgenommen ist jedoch eine **Hochschul-** und **Fachhochschulausbildung** (§ 34 Abs. 4 AFG).[40] Gleichwohl kann zu einer anspruchsbegründenden Weiterqualifizierung unter besonderen Umständen auch eine **Promotion** gehören (zur Promotion → Rn. 15). 27

**5. Gemeinsame Voraussetzungen. a) Ehebedingte Nachteile.** Die Ehe muss für eingetretene berufliche Nachteile **ursächlich** geworden sein (zur Darlegungs- und Beweislast → Rn. 71, 72).[41] Dabei kann es sich um **materielle** Nachteile handeln, etwa dass die bislang mögliche Erwerbstätigkeit nur einen geringeren Lebensstandard ermöglicht oder berufliche Nachteile durch nicht (mehr) erreichbare Aufstiegsmöglichkeiten[42] eingetreten sind. Beachtlich ist aber auch, wenn diese Erwerbstätigkeit keine **angemessene Entfaltung** der Kenntnisse und Fähigkeiten ermöglichen würde, ohne dass eine optimale berufliche Erfüllung verlangt werden könnte.[43] 28

---

35 BGH NJW 1985, 1695 = FamRZ 1985, 782 (785).
36 BeckOGK/*Hamberger,* 1.2.2019, Rn. 22.
37 *Gernhuber/Coester-Waltjen* FamR § 30 Rn. 64.
38 BGH NJW 1987, 2233 = FamRZ 1987, 795 (797); NJW 1985, 1695 = FamRZ 1985, 782 (786), jeweils unter Hinweis auf BT-Drs. 7/650, 132.
39 BSGE 41, 225; BSGE 40, 234 = BeckRS 1975, 30421184.
40 BGH NJW 1985, 1695 = FamRZ 1985, 782 (786).
41 Ebenso BeckOGK/*Hamberger,* 1.2.2019, Rn. 44.
42 Ebenso BeckOGK/*Hamberger,* 1.2.2019, Rn. 45.
43 Zum Ganzen BGH BeckRS 2010, 25975 = FamRZ 1984, 988 (989).

29 Hat der Bedürftige eine Ausbildung **während der Ehe** abgebrochen, wird die ehebedingte Kausalität **unwiderleglich vermutet.**[44]

BT-Drs. 7/650, 131: „Zwar brechen nicht alle Frauen wegen der Ehe ihre Berufsausbildung ab. Der Abbruch der Ausbildung hat bisweilen andere Gründe, etwa Unzufriedenheit mit dem zunächst angestrebten Beruf. Der Entwurf nimmt jedoch wegen des häufig kaum feststellbaren Kausalzusammenhangs zwischen Eheschließung und Abbruch der Ausbildung in Kauf, daß auch solchen Personen ein Anspruch auf Fortsetzung der Ausbildung zusteht, zumal in den meisten Fällen die Ausbildung im Einverständnis mit dem anderen Ehegatten nicht aufgenommen oder abgebrochen worden sein dürfte."

Möglich ist auch, dass **beide Ehegatten** ehebedingte Ausbildung- bzw. Fortbildungsnachteile erworben haben (→ Rn. 44).

30 Dies gilt sowohl für den Anspruch auf Finanzierung einer Ausbildung (Abs. 1) als auch für den zur Finanzierung einer Fortbildung oder Umschulung (Abs. 2). Doch ist zu differenzieren: Der Anspruch auf Ausbildungsunterhalt setzt voraus, dass die Ausbildung in Erwartung der Eingehung der Ehe nicht aufgenommen oder abgebrochen wurde. Ausreichend ist danach ein **zeitlicher Zusammenhang** zwischen Nicht-Ausbildung und Eheschließung.[45]

31 **Welcher** zeitliche Zusammenhang noch genügen kann, richtet sich vornehmlich nach dem voraussichtlichen Abschluss der nicht aufgenommenen oder abgebrochenen Ausbildung: Hätte sie vor der geplanten Eheschließung noch abgeschlossen werden können, wird es idR an dem erforderlichen zeitlichen Zusammenhang fehlen. Allerdings wird sich der Verpflichtete auch dann an einer **gemeinsamen Entscheidung** der späteren Ehegatten, die Ausbildung gleichwohl nicht zu beginnen bzw. aufzugeben, festhalten lassen müssen. An eine **alleinige** oder gar gegen seinen Willen getroffene Entscheidung des Bedürftigen ist er allerdings nicht gebunden.

32 **b) Beginn der Ausbildung.** Die Aufnahme der Ausbildung **„sobald wie möglich"**[46] soll zu einem möglichst frühen Zeitpunkt abschätzbare Verhältnisse schaffen und dem Verpflichteten seine Belastung mit Unterhaltsansprüchen überschaubar machen.[47]

33 Die **Schonfrist** muss auch die Interessen des Bedürftigen berücksichtigen. Neben einer angemessenen Überlegungsfrist[48] sind auch Kindererziehungszeiten und andere familiär bedingte, nicht vorwerfbare Zeiten der Verhinderung[49]

**Beispiele aus der Rspr.:**
OLG Hamm BeckRS 2010, 5764 = FamRZ 1983, 181 (183): 46-jährige Ehefrau mit während der Ehe abgebrochenem Medizinstudium, die zunächst vergeblich versucht hat, einen Ausbildungsplatz als medizinisch-technische Assistentin zu erhalten und auch keinen Arbeitsplatz als Arzthelferin bekommen hat, kann auch noch für ein 1 Jahr nach Rechtskraft der Scheidung begonnenes Studium der Betriebswirtschaft Ausbildungsunterhalt verlangen.
OLG Köln BeckRS 1995, 31144565 = FamRZ 1996, 867 (868): Nach 14 Jahren Ehedauer und Kinderbetreuung zunächst – dem Bedürftigen nicht anzulastenden – gescheitertem Arbeitsversuch im früheren Beruf Beginn der Ausbildung 14 Monate nach Scheidung.

oder krankheitsbedingte Verzögerungen,[50] vergebliche Bemühungen um eine angemessene Erwerbstätigkeit vor Ausbildungsbeginn und die Mitverantwortlichkeit des Verpflichteten für einen verzögerten Beginn[51] einzubeziehen. Ein **freiwilliges soziales Jahr**[52] ist dem Bedürftigen jedoch nicht mehr zuzugestehen. – Zum verzögerten Ausbildungsbeginn aus **ausbildungsbezogenen** Gründen → Rn. 68.

34 **c) Angemessene Erwerbstätigkeit.** Aus- und Weiterbildung müssen zur Aufnahme einer angemessenen Erwerbstätigkeit, die den Unterhalt nachhaltig sichert (→ § 1573 Rn. 44–55), erfor-

---

44 Ebenso BeckOGK/*Hamberger*, 1.2.2019, Rn. 22; Erman/*Maier* Rn. 28; NK-BGB/*Fränken* Rn. 5; *Reinecke* FPR 2008, 373 (374). Nicht ausdrücklich, aber der Sache nach auch BGH NJW 1980, 393 = FamRZ 1980, 126 (127) (unter Nr. 2. a) zur krankheitsbedingten Unterbrechung.

45 BGH NJW 1985, 1695 = FamRZ 1985, 782 (786).

46 Das OLG Bamberg BeckRS 2012, 1049 verlangt „unverzüglich", dh „ohne schuldhaftes Zögern" (§ 121 Abs. 1 S. 1).

47 Der Gesetzgeber des 1. EheRG hat bewusst auf eine Ausschlussfrist für die Aufnahme der Ausbildung verzichtet, BT-Drs. 7/650, 131.

48 *Bömelburg* in Wendl/Dose UnterhaltsR § 4 Rn. 346; auch *Borth* in Schwab ScheidungsR-HdB IV Rn. 380.

49 Zum Ganzen OLG Hamm BeckRS 2010, 5764 = FamRZ 1983, 181 (183 f.) mwN.

50 BGH NJW 1980, 393 = FamRZ 1980, 126 (127).

51 BT-Drs. 7/650, 131.

52 Zum Volljährigenunterhalt s. AG Berlin/Pankow-Weißensee BeckRS 2013, 10591.

derlich sein (→ § 1574 Rn. 56–86).[53] Welche Aus- bzw. Weiterbildung **angemessen** ist, bestimmt sich nach der bisherigen Ausbildung, den Fähigkeiten, Lebensalter und Gesundheitszustand des Bedürftigen sowie den ehelichen Lebensverhältnissen unter Berücksichtigung der Ehedauer und der Dauer der Erziehung gemeinschaftlicher Kinder.[54] Zu berücksichtigen sind auch die objektiven Chancen auf dem Arbeitsmarkt nach abgeschlossener Ausbildung,[55] ohne dass es bereits ganz konkreter Aussichten auf einen bestimmten Arbeitsplatz bedürfte.

**Beispiel aus der Rspr.:**
OLG Düsseldorf NJOZ 2014, 1086 f. = FamRZ 2014, 1466 (1467): Gibt Medizinerin das Studium der Zahnmedizin mit dem Berufsziel der Fachärztin für Mund-, Kiefer- und Gesichtschirurgie wegen der Kinderbetreuung auf, ist nicht die Berufsausübung als Assistenzärztin, sondern die Weiterbildung zur Fachärztin angemessen

Auch die **entwickelbaren Anlagen** des Bedürftigen sind zu berücksichtigen (anders zu § 1574 35
Abs. 2, → § 1574 Rn. 16–21).[56]

Ein reines **„Vergnügungsstudium"**, das lediglich der Bildung und Entwicklung der Persön- 36
lichkeit dient,[57] braucht der Verpflichtete jedoch nicht zu finanzieren.[58] Doch handelt es sich nicht bereits wegen unsicherer Zukunftschancen der gewählten Ausbildung um ein solches, weil heute der Mehrzahl der Ausbildungsgänge arbeitsplatzbezogene Unsicherheiten eigen sind.

**Beispiele aus der Rspr.:**
OLG Schleswig BeckRS 2010, 3094 = FamRZ 1984, 588 (589 f.): Ausbildung zur Realschullehrerin trotz unsichererer Übernahme in den Staatsdienst in Anbetracht der durch den Abschluss allgemein verbesserten Erwerbschancen.
Strenger OLG Frankfurt a. M. FamRZ 1985, 712 (713): Es müssen „greifbar realistische Chancen" für die Erlangung der vollen wirtschaftlichen Selbstständigkeit bestehen.

Der Bedürftige kann Unterhalt für die bereits ehemals angestrebte Ausbildung auch dann verlan- 37
gen, wenn der im Zeitpunkt der Scheidung erreichte **soziale Status** so hoch ist, dass der Verpflichtete den Bedürftigen deshalb nicht auf die frühere nicht aufgenommene oder abgebrochene Ausbildung verweisen könnte, weil diese nicht mehr den ehelichen Lebensverhältnissen angemessen wäre (vgl. § 1574 Abs. 2).[59] Dem Ausbildungsunterhalt schließt sich dann ein Anspruch auf Aufstockungsunterhalt (§ 1573 Abs. 2) an.

**d) Erfolgsprognose.** Bei der Aufnahme der Ausbildung muss ihr erfolgreicher Abschluss **zu** 38
**erwarten** sein. Kriterien sind das Lebensalter, der Gesundheitszustand und die persönliche Verfassung des Bedürftigen, seine schulische und berufliche Vorbildung, der zeitliche Abstand zur Beendigung einer früheren Ausbildung und die sonstigen Kenntnisse und Fähigkeiten, seine Begabung, sein Wille, sich der Ausbildung zu unterziehen, und seine Einsatzbereitschaft sowie alle äußeren Umstände.[60] Die Beurteilung wird idR keine Schwierigkeiten bereiten, wenn – auch – eine Obliegenheit zur Weiterbildung nach § 1574 Abs. 3 besteht. Könnte aber auch ohne die angestrebte Weiterbildung, gemessen an den vorhandenen Fähigkeiten, eine angemessene Erwerbstätigkeit gefunden werden, ist eine strenge Prüfung angezeigt. Im Einzelnen gilt:

- Zwar besteht keine feste **Altersgrenze** (→ § 1574 Rn. 25).[61] Dies steht jedoch der Berücksichti- 39
gung des Alters bei der Beurteilung, ob nach Abschluss der Ausbildung überhaupt eine Chance auf dem **Arbeitsmarkt** besteht (→ Rn. 34), nicht entgegen.
- Bei den Fähigkeiten ist neben der Intelligenz und der Bildungsfähigkeit, wofür auch Schulzeug- 40
nisse einen Anhalt bieten, auch die **Entwicklung während der Ehe** – positiv (Entwicklung von Fähigkeiten) wie negativ (etwa Krankheiten) – zu berücksichtigen.[62]
- Die Aussicht auf einen erfolgreichen Verlauf muss auch **während** der Ausbildung fortbestehen. 41
Nacheheliche Eigenverantwortung und Solidarität (→ Rn. 7) gebieten, dass der Bedürftige seine

---

53 AA OLG Frankfurt a. M. FamRZ 1985, 712 (713); *Reinecke* FPR 2008, 373 (374), die verlangen, dass die angestrebte Ausbildung zur vollen wirtschaftlichen Selbstständigkeit führt, ansonsten der Anspruch auf Aufstockungsunterhalt (§ 1573 Abs. 2) vorzuziehen sei.
54 OLG Düsseldorf NJOZ 2014, 1086 = FamRZ 2014, 1466 (1467).
55 Dazu BGH NJW 1986, 985 = FamRZ 1986, 553 (555); OLG Frankfurt a. M. FamRZ 1985, 712 (713).
56 Soergel/*Häberle* Rn. 7.
57 *Reinecke* FPR 2008, 373 (374).
58 BGH NJW 1987, 2233 = FamRZ 1987, 795 (796); NJW 1985, 1695 = FamRZ 1985, 782 (784).
59 AA OLG Düsseldorf FamRZ 1980, 585 (586).
60 *Bömelburg* in Wendl/Dose UnterhaltsR § 4 Rn. 348; *Borth* FPR 2008, 341 (343).
61 Etwa OLG Hamm BeckRS 2010, 5764 = FamRZ 1983, 181 ff.
62 Palandt/*Brudermüller* Rn. 2.

Ausbildung pflichtbewusst mit dem gehörigen Fleiß und der gebotenen Zielstrebigkeit betreibt. Zur **Informationspflicht** des Bedürftigen → Rn. 60.

42 **e) „Unterhalt".** Dies ist der Betrag, den der Bedürftige benötigt, um seinen Lebensbedarf nach den **ehelichen Lebensverhältnissen** (§ 1578 Abs. 1, → Rn. 43) zu decken. Er soll durch die berufliche Bildungsmaßnahme in die Lage versetzt werden, seinen nach ihnen bestehenden Bedarf durch Erwerbseinkünfte aus dem angestrebten Beruf selbst zu bestreiten. In diesem Zusammenhang ist auch **Abs. 3** zu sehen, nach dem die aus der beruflichen Qualifikation erzielten Mehreinkünfte nicht mehr bedarfsprägend sind (→ Rn. 63).

## IV. Umfang und Dauer

43 **1. Umfang.** Der Anspruch auf Ausbildungs- und Weiterbildungsunterhalt (Abs. 1 S. 2, Abs. 2) umfasst den **gesamten Lebensbedarf** nach den ehelichen Lebensverhältnissen (§ 1578 Abs. 1). Hierzu gehören auch die den Bedarf des Bedürftigen erhöhenden Kosten der **Krankenvorsorge** und der **Schul-** oder **Berufsausbildung** (§ 1578 Abs. 2), nicht aber die Kosten der Versicherung für den Fall des **Alters** und der **verminderten Erwerbsfähigkeit** (§ 1578 Abs. 3, → § 1578 Rn. 261).

44 Für eine Begrenzung der Anspruchshöhe aus Gründen der **Zumutbarkeit**[63] ist grundsätzlich kein Raum. Über die Leistungsfähigkeit (§ 1581) des Verpflichteten, insbesondere die **Angemessenheitsprüfung** (→ § 1581 Rn. 89–99), können eine andere Beurteilung rechtfertigende Umstände erfasst werden, etwa dass auch der Verpflichtete ehebedingt berufliche Nachteile erlitten hat (→ Rn. 28–31): Will er gleichfalls eine seine Leistungsfähigkeit beeinträchtigende Weiterbildung betreiben, ist ihm dies unter den gleichen Voraussetzungen wie dem Bedürftigen zuzubilligen; eine fiktive Zurechnung von Einkünften scheidet aus. Will er dies nicht, besteht kein Grund, den Anspruch des Bedürftigen auf Ausbildungsunterhalt der Höhe nach allein deshalb zu begrenzen, weil auch der Verpflichtete ehebedingte berufliche Nachteile hinnehmen musste.[64]

45 Unterhalt in Höhe seines **vollen Lebensbedarfs** steht dem Bedürftigen nur zu, wenn die Ausbildung etc den Einsatz seiner ganzen Arbeitskraft erfordert. Dies wird man für ein Studium, auch in Form eines Fernstudiums idR annehmen können. Dagegen werden Fern- oder Abendschulen idR besucht, um die Ausbildung neben einer Berufstätigkeit ableisten zu können. Soweit daneben eine angemessene Erwerbstätigkeit möglich ist, erstreckt sich der Anspruch aus § 1575 nur auf den durch eigene Einkünfte nicht gedeckten Bedarf.[65] – Zur **Erwerbsobliegenheit** neben der Ausbildung auch → Rn. 57.

46 **2. Dauer.** Der Anspruch auf **Ausbildungsunterhalt** (Abs. 1) besteht unter Berücksichtigung ehebedingter Verzögerungen längstens für die Zeit, in der die Ausbildung im Allgemeinen abgeschlossen wird, um eine unangemessene Ausdehnung auf Kosten des Verpflichteten zu vermeiden. Nach den Ausbildungs- und Studienordnungen zulässige Wiederholungen und die hierzu erforderliche Vorbereitungszeit sind hinzuzurechnen. Der Anspruch auf Ausbildungsunterhalt endet jedoch vorzeitig, wenn der Bedürftige die Ausbildung aufgibt, er sie zurechenbar verzögert (→ Rn. 50), oder wenn ein erfolgreicher Abschluss nicht (mehr) erwartet werden kann.[66]

47 Für die **konkrete Bemessung** der Dauer des Fortbildungs- und Umschulungsunterhalts (Abs. 2) ist idR zusätzlich auf das SGB III abzustellen, das im Allgemeinen eine Begrenzung der Förderung auf 18 Monate oder 1 Jahr (Berufsausbildungsbeihilfe, § 73 Abs. 1 SGB III) bzw. auf zwei Drittel der Zeit für eine entsprechende Berufsausbildung (Weiterbildungskosten, § 85 Abs. 2 SGB III) vorsieht.

48 Bei **Studenten** ist nicht auf die Mindeststudienzeit nach den Ausbildungsordnungen oder die Regelstudienzeit nach dem BAföG, sondern allgemein auf die durchschnittliche Ausbildungszeit im jeweiligen Ausbildungsgang an der konkreten Ausbildungsstätte abzustellen.[67]

49 Die Prognose, dass der **erfolgreiche Abschluss** des Studiums nicht mehr erwartet werden kann, soll dann getroffen werden können, wenn Zwischenprüfungen nicht bestanden wurden.

**Beispiel aus der Rspr.:**
OLG Hamm BeckRS 2006, 7733 = FamRZ 1988, 1280 (1281): Kein Anspruch auf Ausbildungsunterhalt steht dem Bedürftigen zu, der im Alter von 46 Jahren ein Studium aufgenommen und das idR nach 4

[63] Dazu auch NK-BGB/*Fränken* Rn. 12 mwN.
[64] Ebenso BeckOGK/*Hamberger,* 1.2.2019, Rn. 46.
[65] Zum Ganzen auch BeckOGK/*Hamberger,* 1.2.2019, Rn. 49.
[66] BeckOGK/*Hamberger,* 1.2.2019, Rn. 52.
[67] BT-Drs. 7/650, 131; etwa auch *Bömelburg* in Wendl/Dose UnterhaltsR § 4 Rn. 348; *Borth* in Schwab ScheidungsR-HdB IV Rn. 388. Zum Verwandtenunterhalt BGH NJW 1984, 1961 = FamRZ 1984, 777 (778): angemessene und übliche Dauer.

Semestern abgelegte Vordiplom nach 9 Semestern noch nicht erfolgreich bestanden hat. Allerdings hat das OLG dem Bedürftigen zugestanden, das Vordiplom bis zum Ende des 9. Semesters abzulegen.

Doch ist insoweit grundsätzlich **Zurückhaltung** geboten: Solange die Zwischenprüfung wiederholt werden kann, kann eine ungünstige Prognose idR nur bei sehr schlechten Leistungen, für die es zudem keinen anderen nachvollziehbaren Grund wie etwa Krankheit während der Prüfungsvorbereitung gibt, getroffen werden. – Zur **Promotion** → Rn. 15, 27.

Stets ist eine **Verzögerung** im Einverständnis des Verpflichteten[68] oder aus persönlichen Gründen unbeachtlich.[69] Ist sie vom Berechtigten zu vertreten, ist unschädlich, wenn sie auf sein fortgeschrittenes Lebensalter, die lange Zeit, in der er nicht berufstätig war, oder ehebedingte Verzögerungen zurückzuführen[70] oder krankheitsbedingt[71] ist. Zur **Informationspflicht** des Bedürftigen → Rn. 60. 50

**Unterbrechungen** der Ausbildung etc, mit denen eine Verlängerung der Zeit bis zum Abschluss der Ausbildung einhergeht, führen stets zu einem jedenfalls zeitweiligen Verlust des Unterhaltsanspruchs aus § 1575. Dieser entsteht erneut unter Hinzurechnen der Unterbrechungsdauer zur Ausbildungszeit, wenn die Ausbildung fortgesetzt wird. Für die Zeit der Unterbrechung kann, liegen die Voraussetzungen vor, insbesondere ein Anspruch auf Betreuungsunterhalt (§ 1570), auf Krankheitsunterhalt (§ 1572 Nr. 3), in eng begrenzten Ausnahmefällen auch auf Billigkeitsunterhalt (§ 1576) bestehen.[72] Auch ein vorübergehender Anspruch auf Aufstockungsunterhalt (§ 1573 Abs. 2) kann bestehen, wenn der Verpflichtete keinen Unterhalt bezahlt hat und dieser ggf. auch nicht beigetrieben werden konnte, weshalb der Bedürftige seine Ausbildung aus wirtschaftlicher Not unterbrochen und eine Erwerbstätigkeit aufgenommen hat. Dagegen dürfte ein Anspruch auf Erwerbslosneunterhalt (§ 1573 Abs. 1) ausscheiden. 51

**3. Begrenzungen.** Der Unterhalt ist – **anspruchsimmanent** – auf die voraussichtliche Dauer der Ausbildung zu **befristen.**[73] In die Bestimmung der Frist sind neben ausbildungsbedingten Verzögerungen, wie etwa ein späterer Beginn, auch ehebedingte und sonstige, vom Bedürftigen nicht zu vertretende Verzögerungen einzubeziehen.[74] 52

Nach **Ablauf der Frist** muss der Bedürftige, hat er die Ausbildungszeit überschritten oder nach der Ausbildung keine Arbeitsstelle gefunden, weiteren Ausbildungsunterhalt ggf. mit einem Erstantrag geltend machen. Wurde keine Befristung ausgesprochen, muss der Verpflichtete einen Abänderungsantrag stellen (→ Rn. 55). 53

**§ 1578b** ist auch auf Ausbildungsunterhalt anzuwenden (→ § 1578b Rn. 5, 258–260). – **Befristungen** kommen allerdings kaum in Betracht, weil die Leistungsdauer durch die Ausbildungszeit vorgegeben und bereits dadurch der Unterhaltsanspruch zeitlich begrenzt wird (→ Rn. 52). Weitere Befristungen nach § 1578b Abs. 2 würden idR das Ausbildungsziel gefährden und deshalb der Verpflichtung des Verpflichteten zur nachehelichen Solidarität zuwiderlaufen. – Dagegen kommt der **Herabsetzung** des Unterhalts bis auf den angemessenen Bedarf (§ 1578b Abs. 1) durchaus praktische Bedeutung zu. Nicht ausgeschlossen ist deshalb, den Bedarf eines studierenden Ehegatten auf den notwendigen Bedarf herabzusetzen, nicht dagegen auf den eines volljährigen studierenden Kindes. 54

**4. Entfallen.** Liegt ein vollstreckbarer Titel vor, muss der Verpflichtete das Entfallen der Voraussetzungen für den Ausbildungsunterhalt ggf. mit einem **Abänderungsantrag** (§§ 238–240 FamFG) geltend machen.[75] Im Abänderungsverfahren kann der Bedürftige, weil der Unterhaltsanspruch einheitlich ist (→ § 1569 Rn. 7–14), seinen (titulierten) Unterhaltsanspruch auch auf eine **andere Anspruchsgrundlage** stützen (zur **Darlegungs**- und **Beweislast** → Rn. 71, 72). – Wurde ein Titel nicht errichtet, vielmehr Unterhalt auf der Grundlage einer **Vereinbarung freiwillig** bezahlt, kann der Verpflichtete die Unterhaltszahlungen ohne weiteres einstellen, ggf. wegen der Änderung der Geschäftsgrundlage der Vereinbarung (§ 313). 55

---

68 Dazu auch BGH NJW 1980, 393 = FamRZ 1980, 126 (127); BeckOGK/*Hamberger,* 1.2.2019, Rn. 56.

69 BGH NJW 1980, 393 = FamRZ 1980, 126 (127).

70 BT-Drs. 7/650, 131. Dazu auch BeckOGK/*Hamberger,* 1.2.2019, Rn. 55.

71 BGH NJW 1980, 393 = FamRZ 1980, 126 (127) für den Fall, dass die Ausbildung einverständlich aufgenommen und trotz Krankheit aufrechterhalten wurde, iÜ ausdrücklich offengelassen; *Borth* in Schwab ScheidungsR-HdB IV Rn. 388; zum Volljährigenunterhalt KG BeckRS 2015, 11509 Rn. 12 = FamRZ 2016, 240 Ls.

72 BeckOGK/*Hamberger,* 1.2.2019, Rn. 57; Erman/*Maier* Rn. 17.

73 BGH NJW 1986, 985 (986) = FamRZ 1986, 553 (unter 2. aE).

74 BeckOGK/*Hamberger,* 1.2.2019, Rn. 61.

75 Nach BeckOGK/*Hamberger,* 1.2.2019, Rn. 67 soll – was abzulehnen ist – auch ein Vollstreckungsgegenantrag zulässig sein.

56 Der Anspruch auf Ausbildungsunterhalt ist **nicht erfolgsabhängig.** Allein das Nichterfüllen von Prüfungsvoraussetzungen oder das Nichtbestehen der Prüfung führt deshalb, unabhängig vom Verbrauch der gezahlten Gelder (§ 818 Abs. 3), nicht zur Verpflichtung des Bedürftigen, die empfangenen Unterhaltsbeträge **zurückzuerstatten.** Eine Rückzahlungsverpflichtung kommt allenfalls nach § 826 in Betracht.

### V. Obliegenheiten und Verpflichtungen

57 **1. Erwerbsobliegenheit.** IdR wird den Bedürftigen neben der Ausbildung im Hinblick auf die von ihm erwartete Zielstrebigkeit (→ Rn. 58) **keine** Erwerbsobliegenheit treffen.[76] Ob und ggf. in welchem Umfang ihm gleichwohl im Einzelfall eine Erwerbstätigkeit zugemutet werden kann, richtet sich nach der Art der Ausbildung (Abendschule, Fernschule, Fernstudium) und dem tatsächlichen Unterrichts- und Lernaufwand, die sich auch nach dem jeweiligen Ausbildungsstadium richten. Letztlich ist dies jedoch keine Frage des § 1575 und auch nicht der §§ 1573, 1574 Abs. 1, 2,[77] sondern der Bedürftigkeit (§ 1577).

58 **2. Betreiben der Weiterbildung.** Die Aussicht auf Erfolg der Ausbildung, Fortbildung oder Umschulung muss auch während ihrer Dauer fortbestehen. Deshalb obliegt dem Bedürftigen, sie **pflichtbewusst** mit dem gehörigen **Fleiß** und der gebotenen **Zielstrebigkeit** zu betreiben, um sie innerhalb angemessener und üblicher Dauer zu beenden. Die Anforderungen an den Bedürftigen sind angesichts seiner nachehelichen Eigenverantwortung (→ Rn. 5) strenger als an ein volljähriges Kind (ebenso → § 1610 Rn. 174–176).[78] Er hat sich idR an bestehende Ausbildungspläne zu halten, ohne dass etwa einem Studenten die selbstständige Auswahl der angebotenen Lehrveranstaltungen und der eigenverantwortliche Aufbau des Studiums verwehrt wäre, solange dadurch der ordnungsgemäße Abschluss des Studiums innerhalb angemessener Frist nicht gefährdet wird.[79] Danach kann er seinen Unterhaltsanspruch für die Zukunft insbesondere dann verlieren, wenn er die erforderlichen Leistungen nicht innerhalb der in den Ausbildungsordnungen vorgesehenen Zeit erbringt (im Einzelnen → Rn. 46–51).

**Beispiel aus der Rspr.:**
OLG Hamm BeckRS 2006, 7733 = FamRZ 1988, 1280 (1281): 46-jähriger Bedürftiger hat das nach 4 Semestern abzulegende Vordiplom zum Ende des 9. Semesters immer noch nicht abgelegt.

59 **3. Öffentliche Leistungen.** Zwar braucht der Bedürftige subsidiäre öffentliche Leistungen grundsätzlich nicht in Anspruch zu nehmen, weil dies durch den Übergang der Unterhaltsansprüche nur zu deren Verlagerung führen würde und sie deshalb keine Einkünfte iSd § 1577 Abs. 1 darstellen (→ § 1578 Rn. 559, 566–570, 863, 865, 959). Unterhaltsansprüche gegenüber dem geschiedenen Ehegatten gehen jedoch nicht auf den Träger der **Ausbildungsförderung** über (§§ 37, 38 BAföG). Zudem ist dem Bedürftigen die darlehensweise Inanspruchnahme von BAföG, die ohnehin nicht zu einem Übergang der Unterhaltsansprüche führt (§ 17 Abs. 2, 3 BAföG, §§ 18c, 37 Abs. 1 S. 3 BAföG), wegen der günstigen Konditionen und seiner nachehelichen Eigenverantwortung idR zumutbar.[80] Deshalb obliegt ihm die Inanspruchnahme von BAföG-Leistungen jeder Art, sodass die Verletzung dieser Obliegenheit ggf. zur fiktiven Zurechnung solcher Leistungen, auf die Anspruch bestanden hätte, führt. – Zu **Studiengebühren** → § 1578 Rn. 239, 860.

60 **4. Auskunfts- und Belegpflicht.** Trotz der Darlegungslast des Bedürftigen für seine Unterhaltsberechtigung (→ Rn. 71, 72) muss der Verpflichtete den Fortbestand seiner Unterhaltspflicht überprüfen können. Deshalb ist der Bedürftige, der Ausbildungsunterhalt in Anspruch nimmt, verpflichtet **(§ 242),** dem Verpflichteten kontinuierlich Auskunft über den Fortschritt seiner Ausbildung zu erteilen und seine Angaben durch Vorlage aussagefähiger Bescheinigungen des Ausbildungsbetriebs, der Berufsschule, Fachhochschule, Hochschule etc zu belegen (§ 259 Abs. 1).[81] – Zudem obliegt ihm insbesondere bei Nichtaufnahme, Verzögerungen oder Abbruch der Ausbildung, den

---

76 Zum Kindesunterhalt allgemein und wegen des hohen Zeitaufwands für die Umschulung verneint von OLG Brandenburg BeckRS 2016, 116177 Rn. 21 mwN mBspr *Obermann* NZFam 2017, 316.

77 So BeckOGK/*Hamberger,* 1.2.2019, Rn. 76.

78 Auch KG BeckRS 2015, 11509 Rn. 8 = FamRZ 2016, 240 Ls. (zum Volljährigenunterhalt); auch BeckOGK/*Hamberger,* 1.2.2019, Rn. 71, nach dem die Anforderungen im Vergleich zu § 1574 Abs. 3 weniger streng sind.

79 BGH NJW 1984, 1961 = FamRZ 1984, 777 (778) (zum Verwandtenunterhalt).

80 BGH NJW 1985, 2331 = FamRZ 1985, 916 (917).

81 *Borth* FPR 2008, 341 (344); aA BeckOGK/*Hamberger,* 1.2.2019, Rn. 75, der lediglich eine Obliegenheit des Bedürftigen annimmt, die bei Verletzung zum (ggf. teilweisen) Entfallen des Unterhaltsanspruchs führen kann.

Verpflichteten auch dann unverzüglich und **ungefragt** davon in Kenntnis zu setzen, wenn er diese nicht zu vertreten hat. Ein Verstoß gegen diese Obliegenheit kann auch zur Verwirkung des Unterhaltsanspruchs nach § 1579 Nr. 3, 5 führen (→ § 1574 Rn. 81, → § 1578 Rn. 658, → § 1579 Rn. 74, 81, 82, 111, → § 1580 Rn. 96–118.[82]

### VI. Einkünfte aus angemessener Erwerbstätigkeit

Nach der – erfolgsunabhängigen (→ Rn. 56) – Beendigung der Aus-/Weiterbildung entfällt ein Anspruch aus Abs. 1, 2. Der geschiedene Ehegatte sollte nun in der Lage sein, seinen vollen ehebedingten Bedarf aus den Einkünften einer angemessenen Erwerbstätigkeit selbst zu decken. Kann er gleichwohl keine angemessene Erwerbstätigkeit finden, steht ihm ein Anspruch auf Unterhalt wegen Erwerbslosigkeit zu (§ 1573 Abs. 1, 3). Da es die nacheheliche Solidarität überspannen würde, dem Verpflichteten das Risiko aufzubürden, dass der Bedürftige eine nach seiner Weiterbildung **angemessene Erwerbstätigkeit** nicht findet, bleibt bei der Bestimmung der Angemessenheit der Erwerbstätigkeit (§ 1574 Abs. 2) der durch die schulische oder berufliche Weiterbildung und mit einem Anspruch aus Abs. 1, 2 erreichte Ausbildungsstand unberücksichtigt (Abs. 3, → Rn. 63); maßgebend sind allein die vor der Weiterbildung gegebenen Umstände.[83] Allerdings ist dem Bedürftigen eine angemessene Bewerbungszeit, die sich nach den Umständen auf dem Arbeitsmarkt richtet, zuzugestehen.[84] 61

Ist das **Fehlschlagen** der beruflichen Weiterbildung auf das Versagen des Bedürftigen zurückzuführen, wurden seine Fähigkeiten überschätzt; ihm kann jetzt eine Tätigkeit angesonnen werden, die er vor der Weiterbildung ablehnen durfte. – Zum **Scheitern der Weiterbildung** aufgrund des Verhaltens des Bedürftigen → § 1578 Rn. 745. 62

Abs. 3 hat Bedeutung über seinen Wortlaut hinaus: Er ordnet nicht nur die Unbeachtlichkeit des durch die alimentierte Bildungsmaßnahme erreichten Bildungsstands bei der Bestimmung der Angemessenheit einer Erwerbstätigkeit (§ 1574 Abs. 2) an. Nach ihm prägt das Einkommen aus der durch die Bildungsmaßnahme erreichten höher qualifizierten Erwerbstätigkeit zudem nicht den **Bedarf** nach den ehelichen Lebensverhältnissen (§ 1578 Abs. 1 S. 1). Mit diesem Verständnis führt das Mehreinkommen aus der nachehelichen Weiterqualifizierung zu keiner maßgeblichen Änderung der bedarfsprägenden Umstände (grundsätzlich → § 1578 Rn. 74, 75), sondern verringert nach erfolgreichem Abschluss der Bildungsmaßnahme lediglich die Bedürftigkeit.[85] 63

### VII. Konkurrenzen

**1. Ausbildungsunterhalt (Abs. 1) / Fortbildungsunterhalt (Abs. 2).** Die Ansprüche aus Abs. 1, 2 konkurrieren **nicht** miteinander, weil sie verschiedene Lebenssachverhalte regeln: Abs. 1 spricht Ausbildungsunterhalt zu, wenn ehebedingt keine Schul- oder Berufsausbildung absolviert werden konnte. Abs. 2 setzt dagegen eine solche voraus und spricht Fortbildungs- und Umschulungsunterhalt zu, wenn die bisherige Schul- oder Berufsausbildung dem Bedürftigen nicht ermöglicht, durch eine angemessene Erwerbstätigkeit seinen Lebensunterhalt nachhaltig zu sichern.[86] 64

**2. Betreuungs-, Alters- und Krankheitsunterhalt (§§ 1570–1572).** Ansprüche auf Ausbildungs- und Fortbildungsunterhalt setzen voraus, dass der Bedürftige zwar grundsätzlich erwerbsobliegen ist, ihn aber ausnahmsweise keine Erwerbsobliegenheit trifft, weil er aufgrund der ehebedingten Gegebenheiten seinen eheangemessenen Bedarf nicht selbst decken kann. Anspruch auf Ausbildungsunterhalt in jeglicher Form besteht deshalb nicht, wenn bereits keine grundsätzliche Erwerbsobliegenheit besteht, der Bedürftige also Anspruch auf **Betreuungs-** (§ 1570), **Alters-** (§ 1571) oder **Krankheitsunterhalt** (§ 1572) hat.[87] Dies schließt nicht aus, dass sich ein Teil des Anspruchs aus § 1570 ergibt, soweit der Bedürftige durch die Kinderbetreuung gebunden ist, und hinsichtlich des nichtgebundenen Teils aus § 1575.[88] 65

**3. Erwerbslosen- und Aufstockungsunterhalt (§ 1573 Abs. 1 und 2).** Besteht **keine** oder nur eine **teilweise Erwerbsobliegenheit** (→ Rn. 57), weil ohne Ausbildung eine angemessene 66

---

82 BGH NJW-RR 1990, 1410 = FamRZ 1990, 1095 (1096) (Abbruch der Berufsausbildung); auch *Borth* FPR 2008, 341 (344).

83 BT-Drs. 7/650, 132.

84 OLG Düsseldorf FamRZ 1987, 708 (709) (1 Jahr nach Abschluss des Studiums wegen nur begrenzten Arbeitsplatzangeboten).

85 Ebenso BeckOGK/*Hamberger,* 1.2.2019, Rn. 70; aA Erman/*Maier* Rn. 24.

86 Ebenso BeckOGK/*Hamberger,* 1.2.2019, Rn. 79.

87 AA BeckOGK/*Hamberger,* 1.2.2019, Rn. 83.

88 Wohl auch OLG Hamm BeckRS 2009, 13638.

Erwerbstätigkeit nicht gefunden werden kann, und war der Ausbildungsmangel ehebedingt, verdrängt ein Anspruch auf Ausbildungsunterhalt (§ 1575) als lex specialis grundsätzlich einen Anspruch auf **Erwerbslosenunterhalt** (§ 1573 Abs. 1 iVm § 1574 Abs. 3),[89] weil der Erwerbsobliegenheit durch die Erfüllung der Obliegenheit zur Ausbildung/Weiterbildung genügt wird (→ § 1574 Rn. 56). Dies gilt auch, wenn der Bedürftige zwar eine angemessene Erwerbstätigkeit finden könnte, aber wegen eines **ehebedingten** Ausbildungsdefizits eine Ausbildung machen möchte (→ Rn. 28–31). Ist der Ausbildungsmangel **nicht** ehebedingt, besteht ggf. nur ein Anspruch aus §§ 1573, 1574 Abs. 3.[90]

67 Demgegenüber wird vertreten, beide Ansprüche stünden **nebeneinander,** weil es im Belieben des Bedürftigen stehe, ob er Ausbildungs- oder Erwerbslosenunterhalt geltend mache, und der Anspruch aus § 1573 zudem einen Anspruch auf die Kosten einer angemessenen Versicherung für den Fall des Alters und der verminderten Erwerbsfähigkeit vermittle.[91] Doch ist Letzteres darauf zurückzuführen, dass der Unterhalt nach § 1575 stets nur für eine vorübergehende Zeit (→ Rn. 52) geschuldet wird[92] und der Bedürftige auch ohne Ehe keine entsprechende Alimentierung erfahren hätte. IÜ verfolgen beide Anspruchsgrundlagen eine unterschiedliche Intention: Während § 1573 iVm § 1574 Abs. 3 den Bedürftigen durch die Auferlegung einer Ausbildungsobliegenheit als Ausprägung der nachehelichen Eigenverantwortung dazu zwingt, eine angemessene Ausbildung zu absolvieren, um seinen eheangemessenen Bedarf soweit als möglich selbst zu decken, gibt § 1575 unabhängig von den ehelichen Lebensverhältnissen das Recht auf eine Ausbildung und deren Finanzierung. Dies schließt nicht aus, dass sich der Bedürftige nicht auf sein Recht auf Ausbildungsunterhalt aus § 1575 beruft und sich stattdessen mit einer Ausbildung iSd § 1574 Abs. 3 begnügt. Beide Ansprüche stehen jedoch nicht in dem Sinne „nebeneinander", dass sie „denselben" Anspruch vermitteln.

68 **Verzögert** sich der Ausbildungsbeginn aus ausbildungsbezogenen Gründen, etwa weil die Ausbildung oder Lehrveranstaltungen erst später beginnen, oder wurde die Ausbildung – erfolgreich oder durch Abbruch – **beendet,** besteht kein Anspruch aus § 1575, sondern aus § 1573. Dem Bedürftigen obliegt es, ggf. eine vorübergehende Erwerbstätigkeit aufzunehmen und seinen Bedarf jedenfalls teilweise durch eigene Einkünfte selbst zu decken.[93] – Zur **Unterbrechung** einer Ausbildung → Rn. 51.

69 Wurde eine Ausbildung erstmals **während der Trennungszeit** aufgenommen, besteht kein Anspruch auf Ausbildungsunterhalt nach § 1575, sondern aus § 1573 Abs. 1 iVm § 1574 Abs. 3, wenn von ihr nicht „in Erwartung der Ehe oder während der Ehe" abgesehen wurde (Abs. 1) und auch nicht ehebedingte Nachteile ausgeglichen werden sollen (Abs. 2).[94]

70 **4. Billigkeitsunterhalt (§ 1576).** Dass ein Anspruch auf Ausbildungsunterhalt nicht besteht, schließt einen Anspruch auf **Billigkeitsunterhalt** (§ 1576) dann nicht grundsätzlich aus, wenn weitere berücksichtigungsfähige Umstände hinzukommen (näher → § 1576 Rn. 45).

### VIII. Darlegungs- und Beweislast

71 Der Bedürftige hat **alle Voraussetzungen** für seinen Anspruch auf Ausbildungsunterhalt darzulegen und zu beweisen. Dies gilt insbesondere für die **Ursächlichkeit** und den daraus folgenden **ehebedingten Nachteil** (→ Rn. 28–31),[95] aber auch für die **Angemessenheit** der Ausbildung, die **Nachhaltigkeit** des nach ihrer Beendigung erzielbaren Einkommens (→ Rn. 34, 64), das seinen Obliegenheiten angemessene **Betreiben** der Ausbildung (→ Rn. 58), allgemein auch für das **Fortbestehen** des Anspruchs, auch in einem vom Verpflichteten eingeleiteten **Abänderungsverfahren** (§§ 238, 239 FamFG, → Rn. 55), und für einen dem Ausbildungsunterhalt nachfolgenden **Anschlussunterhalt.**

---

89 Johannsen/Henrich/*Hammermann* Rn. 35, § 1574 Rn. 26 (unzutr. allerdings, dass Ansprüche aus § 1575 und § 1573 iVm § 1574 Abs. 3 deshalb ausnahmsweise nebeneinanderstehen könnten, weil § 1575 „rückwärtsgewandt" ehebedingte Nachteile ausgleichen und § 1574 Abs. 3 „vorwärts" gewandt die Möglichkeit, eine eheangemessene Erwerbstätigkeit zu finden, schaffen sollen); Staudinger/*Verschraegen*, 2014, Rn. 77; Palandt/*Brudermüller* Rn. 7; NK-BGB/*Fränken* Rn. 15, § 1573 Rn. 33; BeckOK BGB/*Beutler*, 47. Ed. 1.8.2018, Rn. 15; *Reinecke* FPR 2008, 373 (377); *Borth* FPR 2008, 341 (344); missverständlich Erman/*Maier* Rn. 25. Wohl auch BGH NJW 1984, 1686 = FamRZ 1984, 561 (563); noch ausdrücklich offengelassen von BGH NJW 1980, 393 = FamRZ 1980, 126.

90 Zum Ganzen auch *Reinecke* FPR 2008, 373 (377).

91 BeckOGK/*Hamberger*, 1.2.2019, Rn. 80 (zur Darlegungs- und Beweislast Rn. 81); wohl ebenso OLG Hamm BeckRS 2010, 5764 = FamRZ 1983, 181 (183 f.).

92 *Borth* in Schwab ScheidungsR-HdB IV Rn. 367.

93 BeckOGK/*Hamberger*, 1.2.2019, Rn. 28; *Borth* FPR 2008, 341 (343).

94 BGH NJW 1985, 1685 = FamRZ 1985, 561 (563).

95 Zum Ganzen BGH BeckRS 2010, 25975 = FamRZ 1984, 988 (989); BeckOGK/*Hamberger*, 1.2.2019, Rn. 44, 78; Erman/*Maier* Rn. 19.

Hat der Bedürftige eine Ausbildung während der Ehe **abgebrochen,** wird die Ursächlichkeit der Ehe unwiderleglich vermutet; der Darlegung und des Beweises durch den Bedürftigen bedarf es deshalb nicht. 72

## § 1576 Unterhalt aus Billigkeitsgründen

**[1]Ein geschiedener Ehegatte kann von dem anderen Unterhalt verlangen, soweit und solange von ihm aus sonstigen schwerwiegenden Gründen eine Erwerbstätigkeit nicht erwartet werden kann und die Versagung von Unterhalt unter Berücksichtigung der Belange beider Ehegatten grob unbillig wäre. [2]Schwerwiegende Gründe dürfen nicht allein deswegen berücksichtigt werden, weil sie zum Scheitern der Ehe geführt haben.**

**Schrifttum:** *Graba,* Auf dem Weg zu einem Ehegattenunterhaltsrecht nach Billigkeit, FamRZ 2008, 1217; *Hambitzer,* Kein Anspruch auf nachehelichen Ehegattenunterhalt wegen Betreuungsbedarfs eines in die Ehe mitgebrachten nichtgemeinschaftlichen Kindes, FamFR 2010, 177; *Maier, W.,* Das Pflegekind im Unterhaltsrecht: Unterhaltsanspruch nach § 1576 BGB, FPR 2004, 440; *Maurer,* Die Begrenzung des nachehelichen Alters- und Krankheitsunterhalt, FPR 2013, 146; *Pauling,* Stiefkinder und Ehegattenunterhalt – Problematik des § 1576 BGB, FPR 2004, 99; *Schwenzer,* „The Medical Student Syndrome" – Ausgleich von Karrierechancen nach Ehescheidung?, FamRZ 1988, 1114.

**Übersicht**



### I. Grundsätze

1 **1. Normzweck.** Nach systematischer Stellung und Wortwahl – „schwerwiegende Gründe", „grob unbillig – ist § 1576 keine dem nachehelichen Unterhalt fremde Generalklausel, sondern – im Gegensatz zur negativen Härteklausel des § 1579, die einem bestehenden Unterhaltsanspruch entgegengehalten werden kann – eine allgemeine **positive Härteklausel** für **Ausnahmefälle,**[1] die einen Unterhaltsanspruch begründet (→ Rn. 3, 4).[2] Sie rechtfertigt sich durch ihre Beschränkung auf Ausnahmen von der **nachehelichen Eigenverantwortung** (§ 1569 S. 1, → § 1569 Rn. 18) und durch die nacheheliche **Solidarität** (§ 1569 S. 2, → § 1569 Rn. 20).[3] Ihr kommt nur eine ausgesprochen geringe praktische Bedeutung zu.[4] – Zur **Abdingbarkeit** des Anspruchs auf Billigkeitsunterhalt → § 1585c Rn. 45–47.

2 **S. 1** stellt sicher, dass jede Unterhaltsbedürftigkeit, unabhängig davon, ob sie **ehebedingt** ist (→ Rn. 10), erfasst wird und es durch die **Enumeration** der Unterhaltsansprüche (→ § 1569 Rn. 26, 27) zu keinen Ungerechtigkeiten kommt.[5] **S. 2** verwehrt eine Rückkehr zum **Verschuldensprinzip** im nachehelichen Unterhaltsrecht über S. 1, gewährleistet aber auch, dass schwerwie-

[1] BGH NJW 1984, 1538 = FamRZ 1984, 361 (363); BeckRS 2010, 12057 = FamRZ 1983, 800 (801 f.).

[2] Zur Entstehungsgeschichte ausführlich Staudinger/*Verschraegen*, 2014, Rn. 1–4.

[3] Anders Staudinger/*Verschraegen*, 2014, Rn. 3: „Widerspruch im System des nachehelichen Unterhaltsrechts mit seinen enumerativen Unterhaltstatbeständen", „Fremdkörper", „Systembruch".

[4] BeckOGK/*Schlünder,* 1.2.2019, Rn. 10.1.

[5] BT-Drs. 7/4361, 17; zur Entstehungsgeschichte BGH BeckRS 2010, 12057 = FamRZ 1983, 800 (802) und → 1. Aufl. 1978, Vor § 1569 Rn. 12 ff., 18; auch Staudinger/*Verschraegen*, 2014, Rn. 7; Soergel/*Häberle* Rn. 1.

gende Gründe nicht schlechthin unbeachtet bleiben, sondern – ggf. zusammen mit anderen Umständen – durchaus einen Unterhaltsanspruch rechtfertigen können.

3 **2. Rechtsnatur.** § 1576 ist **Anspruchsgrundlage** (zur **Darlegungs- und Beweislast** → Rn. 48, 49). Für deren Eingreifen ist unerheblich, ob Billigkeitsunterhalt als Ausgangsunterhalt oder als Anschlussunterhalt (→ § 1569 Rn. 64) verlangt wird.

4 Etwas anderes folgt auch nicht daraus, dass es sich bei § 1576 als **Ausnahmeregelung** (→ Rn. 1) um eine Auffangvorschrift für gesetzlich nicht ausdrücklich geregelte Fälle handelt. Ihr Anwendungsbereich ist weder im Verhältnis zu §§ 1570–1572 auf andere als die dort erfassten Umstände begrenzt, noch ist sie sonst auf bestimmte Lebenssachverhalte beschränkt.[6] Sie kann deshalb auch in den für §§ 1570–1572 zwar einschlägigen, diesen aber nicht unterfallenden Lebenssachverhalten zu einem Unterhaltsanspruch führen,[7]

**Beispiel:**
Betreuung nicht gemeinschaftlicher Kinder (→ Rn. 11–18).

verlangt als Ausnahmeregelung jedoch einen **engen Anwendungsbereich.**[8] An die **Erwerbsobliegenheit** des Bedürftigen sind deshalb strenge Anforderungen zu stellen.[9]

## II. Anspruchsvoraussetzungen

5 **1. Einsatzzeitpunkt.** Der Anspruch auf Billigkeitsunterhalt kann **zeitlich unbeschränkt** nach der Scheidung entstehen.[10] Sein Hauptanwendungsbereich wird jedoch die Zeit unmittelbar nach der Scheidung sein, weil der Verpflichtete, insbesondere bei einer „unterbrochenen Unterhaltskette", umso eher darauf vertrauen durfte, nicht mehr in Anspruch genommen zu werden, je länger die Scheidung zurückliegt.[11] Damit wird nicht gegen „eine Tatbestandsvoraussetzung" verstoßen,[12] weil es ein unabdingbares Erfordernis eines Einsatzzeitpunktes nicht gibt und auch die gesetzlich geregelten Unterhaltstatbestände nicht stets an einen festen Einsatzzeitpunkt anknüpfen (→ § 1569 Rn. 26, 27).

6 Dass die Einsatzzeitpunkte der Unterhaltstatbestände der **§§ 1570–1573, 1575** nicht gewahrt sind, rechtfertigt allein nicht die Annahme eines „sonstigen schwerwiegenden Grundes" (zum Anspruch auf **Alters-** und **Krankheitsunterhalt** → Rn. 20, 21).[13] Denn diese Einsatzzeitpunkte sind Ausdruck einer gesetzlichen Wertung, die durch ein Anknüpfen allein an deren „Verpassen" unterlaufen würde. Hinzukommen müssen mithin weitere Umstände, die das Versagen eines Unterhaltsanspruchs unzumutbar machen.

7 **2. „Sonstige schwerwiegende Gründe". a) „Schwerwiegend".** Zur Bestimmung, was „schwerwiegend" ist, können insbesondere die den Unterhaltstatbeständen in §§ 1570–1572 zugrundeliegenden, einen Unterhaltsanspruch rechtfertigenden Gründe dienen. Den die Bedürftigkeit des Berechtigten begründenden Umständen muss deshalb das **gleiche Gewicht** zukommen wie den in

[6] BGH NJW 2003, 3481 = FamRZ 2003, 1734 (1735) (zum Krankheitsunterhalt, § 1572) mwN; NJW 1998, 1065 = FamRZ 1998, 426 (427) (zum Betreuungsunterhalt nach § 1615l); BeckRS 2010, 12057 = FamRZ 1983, 800 (801) (zum Betreuungsunterhalt, § 1570); OLG Stuttgart BeckRS 2010, 6805 = FamRZ 1983, 503 (504); Soergel/*Häberle* Rn. 2; Erman/*Maier* Rn. 1; aA etwa Staudinger/*Verschraegen*, 2014, Rn. 5 mwN; *Diederichsen* NJW 1977, 353 (357); *Dieckmann* FamRZ 1977, 91 (97).

[7] BGH NJW 2003, 3481 = FamRZ 2003, 1734 (1735 f.); NJW 1984, 1538 = FamRZ 1984, 361 (362). Dazu auch OLG Schleswig OLGR 1996, 202 (204) (als Vorinstanz zu und gegen BGH NJW 1998, 1065 = FamRZ 1998, 426), dort bejaht für ein gemeinsames nichteheliches Kind der geschiedenen Ehegatten.

[8] Staudinger/*Verschraegen*, 2014, Rn. 5, 9; Soergel/*Häberle* Rn. 1.

[9] Soergel/*Häberle* Rn. 1.

[10] BGH NJW 2003, 3481 = FamRZ 2003, 1734 (1737); aA etwa OLG Karlsruhe BeckRS 1995, 9937 = FamRZ 1996, 948 (949). S. auch Soergel/*Häberle* Rn. 6: keine entsprechende Anwendung der Einsatzzeitpunkte anderer Unterhaltstatbestände, da eine Regelunglücke nicht erkennbar ist.

[11] BGH NJW 2003, 3481 = FamRZ 2003, 1734 (1737) mwN; OLG Bamberg NJW-RR 1997, 198 = FamRZ 1997, 819 (820); Soergel/*Häberle* Rn. 6; BeckOK BGB/*Beutler*, 47. Ed. 1.8.2018, Rn. 13; *Bömelburg* in Wendl/Dose UnterhaltsR § 4 Rn. 370; ähnlich Johannsen/Henrich/*Hammermann* Rn. 25. IErg wohl auch Staudinger/*Verschraegen*, 2014, Rn. 6, 9.

[12] So aber Staudinger/*Verschraegen*, 2014, Rn. 6.

[13] Ebenso BGH NJW 2003, 3481 (3483) = FamRZ 2003, 1734 (1737) (Einsatzzeitpunkt verpasst und „die zusätzliche Voraussetzung der groben Unbilligkeit erfüllt"); OLG Köln NJOZ 2004, 3049 = FamRZ 2004, 1725 (1726); OLG Zweibrücken BeckRS 2001, 30186750 = FamRZ 2002, 821 (822); OLG Hamm FPR 1999, 108 = FamRZ 1999, 230 (232); Palandt/*Brudermüller* Rn. 1; *Dieckmann* FamRZ 1977, 81 (97): aA noch BGH NJW 1990, 2752 (2754) = FamRZ 1990, 496 (499).

§§ 1570–1572 geregelten Gründen.[14] Insbesondere muss der auf Unterhalt in Anspruch genommene Ehegatte idR einen schutzwürdigen **Vertrauenstatbestand** geschaffen haben,[15] der im Allgemeinen die Zubilligung eines Unterhaltsanspruchs rechtfertigt, wenngleich dies wegen der weiten Fassung des Gesetzes nicht unabdingbare Voraussetzung ist.[16]

**Beispiel:**[17]
Ein Kind betreuender Ehegatte hatte einen Unterhaltsanspruch gegen einen früheren Ehegatten nach altem Recht (§§ 58 ff. EheG), der durch die Eheschließung unwiederbringlich untergegangen ist, weil § 1586a nur für Unterhaltsansprüche aufgrund nach dem ab 1.7.1977 geltenden Recht ausgesprochener Scheidungen gilt. Der kinderbetreuende Ehegatte hatte vor der Eheschließung bedarfsdeckende Einkünfte aus Erwerbstätigkeit (die Kinderbetreuung wurde anderweitig sichergestellt), die er nach der Eheschließung im Einvernehmen mit dem in Anspruch genommenen Ehegatten aufgegeben hat und jetzt nicht mehr oder nur nach einer Übergangszeit wiedererlangen kann.
Der in Anspruch genommene Ehegatte hat es durch eigene oder gemeinsame Vermögensdispositionen (mit) zu verantworten, dass der kinderbetreuende Ehegatte sein Vermögen, das ihm nach der Ehe zumindest vorübergehend wirtschaftliche Sicherheit vermittelt hätte, in der Ehe verloren hat.

Diese Voraussetzungen liegen umso weniger vor, je weiter die Scheidung bis zum Eintritt der Bedürftigkeit zurückliegt,[18] oder anders ausgedrückt: Je länger die Scheidung zurückliegt, umso gewichtiger müssen die Umstände sein, die einen Anspruch auf Billigkeitsunterhalt eröffnen können.[19] Damit wird zwar formal ein Zusammenhang mit der Ehe hergestellt, jedoch nicht im Sinne einer „Ehebedingtheit" (→ Rn. 10), sondern eines berechtigten Vertrauens des Verpflichteten darauf, nicht mehr auf Unterhalt in Anspruch genommen zu werden. 8

**Systematisch** handelt es sich bei dem Abstellen auf das schutzwürdige Vertrauen des Verpflichteten nicht um ein Kriterium für die Gewichtigkeit eines Umstands. Vielmehr ist es ein Gesichtspunkt, der in die Billigkeitsabwägung zugunsten des Verpflichteten einzufließen hat. 9

**b) Ehebedingtheit.** Die „sonstigen schwerwiegenden Gründe" für die Unzumutbarkeit einer Erwerbstätigkeit werden idR im Zusammenhang mit der Ehe stehen und somit ehebedingt sein. Zwar ist dies **nicht erforderlich;**[20] als Korrektiv dient die „grobe Unbilligkeit".[21] Doch werden nicht ehebedingte Gründe praktisch die seltene Ausnahme sein. 10

**c) Beachtliche Umstände. aa) Betreuung. Pflege. (1) Gemeinschaftliche Kinder.** Für die Betreuung eines **rechtlich** gemeinschaftlichen Kindes besteht ein Anspruch auf Betreuungsunterhalt, der sich auf § 1570 stützt, wenn das Kind in der Ehezeit geboren wurde, und auf § 1615l, wenn es nachehelich geboren wurde. Daneben besteht kein Anspruch auf Billigkeitsunterhalt (→ Rn. 44). 11

Für die Betreuung eines lediglich **biologisch** gemeinschaftlichen Kindes – das Kind ist rechtlich dem Ehemann aus einer vorangehenden Ehe zugeordnet, stammt jedoch vom Ehemann der nachfolgenden Ehe ab – kann der Unterhaltsanspruch gegen den geschiedenen Ehegatten der nachfolgenden Ehe nicht auf § 1570 gestützt werden, weil ihm das Kind nicht auch rechtlich zugeordnet ist (→ § 1570 Rn. 17, 18), aber auch nicht auf § 1615l Abs. 2, wenn der vorangehende Ehemann die Vaterschaft nicht angefochten und der nachfolgende Ehemann sie nicht anerkannt hat. Ggf. steht dem Berechtigten nach den Umständen des Einzelfalls in Anlehnung an die Grundsätze der Betreuung eines Pflegekindes (→ Rn. 14–16)[22] gegen den Ehemann der nachfolgenden Ehe ein Anspruch auf Billigkeitsunterhalt zu. 12

**Beispiel aus der Rspr.:**
OLG Düsseldorf BeckRS 1998, 13298 = FamRZ 1999, 1274: Der rechtliche Vater wurde bis zur Trennung in der nachfolgenden Ehe nicht auf Kindesunterhalt in Anspruch genommen, vielmehr hat der genetische Vater, gegen den ein Ermittlungsverfahren wegen sexuellen Missbrauchs aus Gründen der Glaubwürdigkeit eingestellt wurde, Familienunterhalt geleistet. Nach der Trennung wurde er auf Kindesunterhalt nicht (mehr) in Anspruch genommen, weshalb er doppelt entlastet wäre, wenn er (auch) keinen

---

[14] Zum Ganzen BGH BeckRS 2010, 12057 = FamRZ 1983, 800 (801).
[15] OLG Karlsruhe BeckRS 1992, 30945138 = FamRZ 1994, 104 (107).
[16] BGH BeckRS 2010, 12057 = FamRZ 1983, 800 (802).
[17] Nach OLG Düsseldorf FamRZ 1981, 1070 (1072).
[18] OLG Hamm FPR 1999, 108 = FamRZ 1999, 230 (232).
[19] BeckOGK/*Schlünder,* 1.2.2019, Rn. 10.
[20] BGH NJW 2003, 3481 = FamRZ 2003, 1734 (1737); BeckRS 2010, 12057 = FamRZ 1983, 800 (801); Soergel/*Häberle* Rn. 3 aE; anders wohl OLG Karlsruhe BeckRS 2011, 1964 = FamRZ 1991, 1449 (1450); AG Erding FamRZ 1995, 1414 (1415); zweifelnd Staudinger/*Verschraegen,* 2014, Rn. 9.
[21] OLG Stuttgart BeckRS 2010, 6805 = FamRZ 1983, 503 (504).
[22] Staudinger/*Verschraegen,* 2014, Rn. 34; Palandt/*Brudermüller* Rn. 6.

Ehegattenunterhalt bezahlen müsste. Ein Anspruch auf Betreuungsunterhalt nach § 1570 gegen den früheren Ehemann ist mangels Leistungsfähigkeit nicht realisierbar. Das Kind ist psychisch schwer krank und deshalb erhöht betreuungsbedürftig.

13 Für die Betreuung eines **Ehebruchskindes** besteht grundsätzlich kein Anspruch auf Billigkeitsunterhalt.[23] Hat aber der Ehemann die Vaterschaft trotz Kenntnis seiner Nichtvaterschaft nicht angefochten oder hat er sie zwar in nahem zeitlichen Zusammenhang mit der Kenntniserlangung der Nichtvaterschaft angefochten, jedoch seine Zustimmung zu einer Abtreibung verweigert, kann dies maßgebliche Bedeutung erlangen.[24] Unbeachtlich sind eigene Ehebrüche des Mannes, weil sie in keinem sachlichen Zusammenhang mit dem Betreuungsaufwand für das Kind und der Bedürftigkeit des Berechtigten stehen.[25]

14 **(2) Pflegekind.** Grundsätzlich ist die Anwendbarkeit von § 1576 auf **während der Ehe** aufgenommene Pflegekinder beschränkt. Doch wird zu differenzieren sein:[26]

– Wird das Pflegekind **nach der Trennung** der Ehegatten aufgenommen, wird es auch darauf ankommen, wie sich ihre einverständlichen Dispositionen dargestellt haben und inwieweit es zumutbar ist, von diesen wieder Abstand zu nehmen.
– Die nacheheliche Aufnahme eines **familienfremden** Pflegekindes vermag dagegen einen Anspruch auf Billigkeitsunterhalt idR nicht zu begründen.[27] Anderes kann im Einzelfall bei Aufnahme eines **familiennahen** Pflegekindes gelten.[28]

15 Die nicht nur vorübergehende Aufnahme eines Pflegekindes in den ehelichen Haushalt kann beachtlich sein, wenn sie aufgrund eines **gemeinsamen Entschlusses** der Ehegatten[29] oder mit **Billigung** des das Kind nicht unmittelbar betreuenden Ehegatten erfolgte[30] und dadurch das **Vertrauen** des betreuenden Ehegatten auf den Fortbestand der Betreuung und des Unterhaltsanspruchs unter Beachtung der Belange beider Ehegatten und Einbeziehung aller weiteren Umstände des Einzelfalls (insbesondere → Rn. 20–24), auch der **zeitlichen Nähe** der Aufnahme des Pflegekindes zur Stellung des Scheidungsantrags, gerechtfertigt ist.[31] Maßgebliche Bedeutung kommt stets dem **Kindeswohl** zu (auch → Rn. 16, 33–35).[32] Dies gilt insbesondere, wenn die Ehegatten ein Kind in **Adoptionspflege** genommen oder ein ausländisches Kind ohne förmliche Adoption als eigenes Kind bei sich aufgenommen haben.[33]

**Beispiele aus der Rspr.:**
Das OLG Stuttgart BeckRS 2010, 6805 = FamRZ 1983, 503 (504 f.) hat Billigkeitsunterhalt bei dauerhafter Betreuung eines geistig und körperlich behinderten Pflegekindes und früherer Betreuung eines gemeinschaftlichen Kindes sowie von 2 Kindern des Verpflichteten aus einer vorangehenden Ehe zugesprochen.
Das OLG Düsseldorf FamRZ 1987, 1254 f. hat auf Billigkeitsunterhalt erkannt bei einverständlicher Aufnahme von 2 Pflegekindern in die Familie, deren Betreuung lediglich eine Halbtagstätigkeit des betreuenden Ehegatten zuließ.
Das OLG Hamm FamRZ 1996, 1417 (1418) sah kein schützenswertes Vertrauen, wenn das Pflegekind kurz vor Scheitern der Ehe aufgenommen wurde.[34] Diese Betrachtung verkürzt die Problematik – gemeinsame Entscheidung der Ehegatten, „Dauerpflege", Integration des Kindes in die Pflegefamilie, emotionale Bindung des Kindes an den Bedürftigen, Kindeswohl – nicht unwesentlich.

16 Billigkeitsunterhalt kann auch gerechtfertigt sein, wenn der Bedürftige **ohne gemeinsame Entschließung** der geschiedenen Ehegatten ein Kind ihrer gemeinsamen Tochter als Pflegekind aufnimmt, weil diese das Kind krankheitsbedingt nicht selbst betreuen kann,[35] oder die Verweisung des Bedürftigen auf eine **Auflösung** des Pflegeverhältnisses das **Kindeswohl** gefährden würde, weil das Kind aufgrund der Dauer seines Aufenthalts in der Pflegefamilie in diese sozial eingegliedert ist.[36]

[23] BeckOGK/*Schlünder*, 1.2.2019, Rn. 19; *Bömelburg* in Wendl/Dose UnterhaltsR § 4 Rn. 376.
[24] OLG Frankfurt a. M. NJW 1981, 2069 = FamRZ 1982, 299 f.; ebenso Staudinger/*Verschraegen*, 2014, Rn. 29; aA OLG Celle BeckRS 2010, 22920 = FamRZ 1979, 238 (239); Soergel/*Häberle* Rn. 11.
[25] Insoweit aA OLG Frankfurt a. M. NJW 1981, 2069 = FamRZ 1982, 299 f.
[26] Anders wohl Staudinger/*Verschraegen*, 2014, Rn. 28; Erman/*Maier* Rn. 8.
[27] Staudinger/*Verschraegen*, 2014, Rn. 28.
[28] AG Herne-Wanne FamRZ 1996, 1016 f.: Gemeinschaftliches Enkelkind, das von seinen Eltern nicht betreut werden kann.
[29] BGH NJW 1984, 1538 = FamRZ 1984, 361 (363); s. auch AG Hamburg FamRZ 1993, 965.
[30] Zum Ganzen OLG Stuttgart BeckRS 2010, 6805 = FamRZ 1983, 503 (504).
[31] BGH NJW 1984, 2355 = FamRZ 1984, 769 (771); OLG Hamm FamRZ 1996, 1417 (1418).
[32] Staudinger/*Verschraegen*, 2014, Rn. 29.
[33] BGH NJW-RR 1995, 1089 = FamRZ 1995, 995 (zu § 1361 Abs. 2).
[34] Ebenso Staudinger/*Verschraegen*, 2014, Rn. 27.
[35] AG Herne-Wanne FamRZ 1996, 1016 f.
[36] Von OLG Hamm FamRZ 1996, 1417 (1418) verneint bei einer im Zeitpunkt der Entscheidung etwa 3-jährigen Verweildauer.

**(3) Stiefkind.** Die Betreuung eines eigenen, nicht gemeinschaftlichen Kindes durch einen Ehegatten mit Zustimmung des anderen im gemeinsamen Haushalt kann, ist er durch die Betreuungsbedürftigkeit des Kindes nach der Scheidung an der Aufnahme einer Erwerbstätigkeit gehindert, die Annahme eines „sonstigen schwerwiegenden Grundes" rechtfertigen.[37] Die bei der Betreuung eines **Pflegekindes** zugrunde gelegten Kriterien sind auch im vorliegenden Zusammenhang heranzuziehen.[38] Zu berücksichtigen ist auch die Dauer des ehelichen Zusammenlebens und der Ehe,[39] 17

**Beispiele aus der Rspr.:**
OLG Köln BeckRS 2010, 20366 = FamRZ 1980, 1006: Eine Erwerbstätigkeit ist dem Berechtigten zumutbar, wenn das behinderte Stiefkind während des ehelichen Zusammenlebens immer in einem Heim untergebracht war und keine neu hinzugetretenen Umstände die nunmehr persönliche Betreuung des leiblichen Elternteils erfordern.
Das OLG Koblenz NJW-RR 2005, 802 = FamRZ 2005, 1997 hat Billigkeitsunterhalt bei Betreuung von 4 vorehelichen Kindern des Bedürftigen, deren Aufnahme in die Familie der Verpflichtete zugestimmt hatte, versagt, weil keine „gewichtigen besonderen Umstände" hinzugetreten sind.

ggf. aber auch die Zeit und die einvernehmliche Gestaltung vorehelichen Zusammenlebens.

Bei **Wiederheirat des Bedürftigen** und Wiederaufleben des Anspruchs auf Betreuungsunterhalt nach erneuter Scheidung (§ 1586a) ist das **Rangverhältnis** der Verpflichteten zu beachten: Die Betreuung eines Kindes aus der vorangehenden in der nachfolgenden Ehe begründet, treten keine besonderen Umstände hinzu,[40] keinen Anspruch gegen den nachfolgenden Ehegatten, um nicht den Zugriff auf den ersten Ehegatten nach § 1586a Abs. 1, § 1570 auszuschließen.[41] 18

**(4) Nahe Angehörige.** Obwohl das geltende Recht keine Unterhaltspflicht gegenüber Verschwägerten kennt, kann die Pflege eines anderen nahen Angehörigen unter Beachtung der Belange beider Ehegatten und Einbeziehung aller Umstände des Einzelfalls Billigkeitsunterhalt rechtfertigen. So wenn ein Elternteil mit Zustimmung oder jedenfalls Billigung oder Duldung des anderen Ehegatten gemeinschaftliche Enkelkinder zur **Betreuung** in den ehelichen Haushalt aufgenommen hat und nunmehr pflegebedürftig wird.[42] Oder es wurden nahe Angehörige – insbesondere des Verpflichteten, mit dessen Zustimmung aber auch des Berechtigten – zur **Pflege** in den ehelichen Haushalt aufgenommen und vom Berechtigten – ggf. auch noch nach Trennung und Scheidung – betreut.[43] 19

**bb) Alter.** Kann wegen des Alters des Berechtigten keine Erwerbstätigkeit (mehr) erwartet werden, deckt seine Bedürftigkeit grundsätzlich der Anspruch auf **Altersunterhalt** ab (§ 1571). Wegen des Alters kann deshalb nur dann ausnahmsweise ein Anspruch auf Billigkeitsunterhalt bestehen, wenn ein Anspruch auf Altersunterhalt lediglich am **Einsatzzeitpunkt** scheitert (→ Rn. 6),[44] weil etwa dann, wenn der Ehefrau Billigkeitsunterhalt wegen der Pflege von Angehörigen des Mannes zustand (→ Rn. 19) und ihr danach wegen ihres Alters keine Erwerbstätigkeit mehr obliegt. 20

**cc) Krankheit.** Nicht jede Krankheit, die ein Ehegatte nach der Scheidung erleidet, führt zu einem Anspruch auf Krankheitsunterhalt (§ 1572, → § 1572 Rn. 25–39). War die Krankheit bereits in der Ehezeit angelegt und scheitert der Unterhaltsanspruch lediglich am Einsatzzeitpunkt (→ Rn. 6), kann dies jedoch zu einem Anspruch auf Billigkeitsunterhalt führen, wenn die Versagung von Unterhalt grob unbillig wäre.[45] Eines engen zeitlichen Zusammenhangs mit der Scheidung bedarf es im Gegensatz zum Anspruch auf Krankheitsunterhalt (→ § 1572 Rn. 33, 34) nicht. 21

---

37 BGH BeckRS 2010, 12057 = FamRZ 1983, 800 (801).
38 BGH BeckRS 2010, 12057 = FamRZ 1983, 800 (802).
39 OLG Koblenz NJW 2010, 1537 = FamRZ 2010, 1251 Ls.
40 BGH BeckRS 2010, 12057 = FamRZ 1983, 800 (802); OLG Koblenz NJW-RR 2005, 802 = FamRZ 2005, 1997; OLG Bremen OLGR 2001, 467 (468).
41 OLG Hamm FamRZ 1986, 364 (365).
42 OLG Stuttgart BeckRS 2010, 6805 = FamRZ 1983, 503 (505); aA Staudinger/*Verschraegen*, 2014, Rn. 35.
43 Zweifelnd Staudinger/*Verschraegen*, 2014, Rn. 36.
44 OLG Düsseldorf BeckRS 2009, 12630 = FamRZ 1980, 56: „jedenfalls unterstützend".
45 OLG Köln NJOZ 2004, 3049 = FamRZ 2004, 1725 (1726); OLG Zweibrücken BeckRS 2001, 30186750 = FamRZ 2002, 821 (822); OLG Hamm BeckRS 1997, 30944899 = FamRZ 1999, 230 (232); OLG Karlsruhe BeckRS 1992, 30945138 = FamRZ 1994, 104 (106); BeckOGK/*Schlünder*, 1.2.2019, Rn. 21; Soergel/*Häberle* Rn. 9; *Borth* in Schwab ScheidungsR-HdB IV Rn. 376; wohl auch BGH NJW 2003, 3481 = FamRZ 2003, 1734 (1737); NJW 1990, 2752 = FamRZ 1990, 496 (499); Staudinger/*Verschraegen*, 2014, Rn. 43; aA etwa *Kalthoener/Büttner* NJW 1991, 402. S. auch *Dieckmann* FamRZ 1977, 81 (97 f.); *Lange* FamRZ 1972, 225 (227 f.).

22 **dd) Besondere Lebensleistung.** Hat der Bedürftige für die Familie besondere **Opfer** erbracht, kann auch dies einen Anspruch auf Billigkeitsunterhalt rechtfertigen.[46]

**Beispiele:**
Die Ehefrau ermöglicht mit ihrer Erwerbstätigkeit das Studium des Mannes und versorgt gleichzeitig den Haushalt und betreut die Kinder.
Besondere Leistungen des Bedürftigen beim Aufbau oder der Sicherung der Existenz, bei Krankheiten oder in sonstigen Notlagen.
Allgemein: Frühere Vermögensaufwendungen des Bedürftigen zugunsten des Verpflichteten.
Pflege des Verpflichteten während einer früheren schweren Erkrankung.

23 **ee) Dauer der Ehe.** Zugunsten des Bedürftigen kann eine **lange** Ehedauer streiten (vgl. § 1582 Abs. 1 S. 2),[47] während eine verhältnismäßig **kurze** Dauer, auch wenn sie nicht kurz iSd § 1579 Nr. 1 ist, einem Anspruch auf Billigkeitsunterhalt meist entgegensteht.[48]

24 **ff) Wirtschaftliche Verhältnisse.** Ermöglichen sie dem in Anspruch genommenen Ehegatten unschwer Unterhaltszahlungen, ist dies zu berücksichtigen.[49] Doch kann wegen des Ausnahmecharakters von § 1576 dieser Umstand allein einen Unterhaltsanspruch nicht begründen. Zu **Bedarf, Bedürftigkeit** und **Leistungsfähigkeit** → Rn. 36–38.

25 **gg) Scheitern der Ehe (S. 2).** Dass die Gründe, die zum Scheitern der Ehe geführt haben, schwerwiegend sind, kann, um der Rückkehr zum Verschuldensprinzip nach dem EheG zum nachehelichen Unterhalt vorzubeugen, allein nicht zu deren Berücksichtigung führen (S. 2). Zudem soll sichergestellt werden, dass ein Unterhaltsanspruch ausschließlich nach wirtschaftlichen Gesichtspunkten gewährt wird: Weder soll dem Bedürftigen allein wegen eines persönlichen Fehlverhaltens ein Unterhaltsanspruch versagt, noch soll der Verpflichtete allein deshalb unterhaltspflichtig werden, weil er das Scheitern der Ehe verursacht hat.[50] Das persönliche Fehlverhalten darf deshalb zwar allein nicht als „schwerwiegender Grund" berücksichtigt werden, steht aber der Berücksichtigung bei der **Billigkeitsabwägung** (→ Rn. 31, 32) nicht entgegen.[51] IdR wird es sich um ein vorwerfbares Verhalten iSd § 1579 (→ Rn. 23, 41) – etwa eine unberechtigte Strafanzeige wegen Verletzung der Unterhaltspflicht, die den Verpflichteten kränkt und bloßstellt und deshalb von der Wahrnehmung berechtigter Interessen nicht mehr gedeckt ist[52] – handeln müssen.

**d) Unbeachtliche Umstände.** Ein schwerwiegender Grund kann idR nicht allein darin gesehen werden, dass

26 – der Verpflichtete seinen **Unterhaltspflichten** gegenüber dem Berechtigten und den gemeinsamen Kindern bislang gar nicht oder nur unzulänglich nachgekommen ist.[53]

27 – der Berechtigte dem Verpflichteten zur Deckung des Lebensbedarfs der Familie eine **Nebentätigkeit** angenommen hat.[54]

28 – der Berechtigte eine **Berufsausbildung** absolvieren will, die nicht nach §§ 1573, 1574 Abs. 2, § 1575 privilegiert ist. Dies schließt nicht aus, im Einzelfall Billigkeitsunterhalt zuzusprechen, etwa wenn eine Berufsausbildung bereits während des ehelichen Zusammenlebens begonnen wurde und deren erfolgreiche Beendigung in überschaubarer Zeit absehbar ist.[55]

29 – der Berechtigte eine **Arbeitsstelle im Ausland** aufgibt und zu den gemeinschaftlichen erwachsenen Kindern nach Deutschland zieht.[56] Im Einzelfall ist jedoch etwa danach zu fragen,

- ob Grund des Auslandsaufenthalts eine Erwerbstätigkeit des Verpflichteten im Ausland war,
- wie lange sich der Berechtigte im Ausland aufgehalten hat,
- welche Erwerbstätigkeit er im Ausland ausgeübt hat,

---

46 BGH BeckRS 2010, 12057 = FamRZ 1983, 800 (802); OLG Karlsruhe BeckRS 1992, 30945138 = FamRZ 1994, 104 (107).
47 BGH BeckRS 2010, 12057 = FamRZ 1983, 800 (802).
48 Dazu auch OLG Koblenz BeckRS 2010, 7513 = FamRZ 2010, 1251 Ls.; AG Lahnstein FamRZ 1984, 1236 (1237).
49 BGH NJW 1984, 1538 = FamRZ 1984, 361 (363); BeckRS 2010, 12057 = FamRZ 1983, 800 (802).
50 BT-Drs. 7/4361, 90.
51 BGH NJW 1984, 1538 = FamRZ 1984, 361 (363 f.); OLG Köln BeckRS 2010, 20072 = FamRZ 1980, 886 (890).
52 BGH NJW 1984, 1538 = FamRZ 1984, 361 (363 f.).
53 OLG Frankfurt a. M. FamRZ 1995, 879 (880).
54 OLG Frankfurt a. M. FamRZ 1995, 879 (880).
55 OLG Frankfurt a. M. FamRZ 1995, 879 (880).
56 OLG Karlsruhe BeckRS 2011, 1964 = FamRZ 1991, 1449 (1450) (polnische Staatsangehörige verzieht nach Scheidung zu ihren Kindern nach Deutschland); BeckOGK/*Schlünder,* 1.2.2019, Rn. 14.

– wie er im Ausland gesellschaftlich integriert war,
– welche Erwerbschancen er im Inland hat.

Auch ehebedingte **Versorgungsnachteile** vermitteln keinen Anspruch auf Billigkeitsunterhalt, will sie idR bereits durch den **Versorgungsausgleich** ausgeglichen sind und dadurch beiden Ehegatten jeweils zur Hälfte zugeschrieben wurden.[57] Eine Ausnahme kann etwa dann in Frage kommen, wenn die Ehegatten bereits **vorehelich** längere Zeit zusammengelebt haben und der Berechtigte wegen der Betreuung gemeinschaftlicher Kinder im Einvernehmen mit dem Verpflichteten keiner Erwerbstätigkeit nachgegangen ist und für ihn auch sonst keine Vorsorge für das Alter und die verminderte Erwerbsfähigkeit durch eine private Absicherung getroffen wurde. 30

**3. Grobe Unbilligkeit. a) Grundsätze.** Auch wenn ein „sonstiger schwerwiegender Grund" vorliegt (→ Rn. 7–30), besteht ein Unterhaltsanspruch nur, wenn seine Versagung unter Berücksichtigung der Belange beider Ehegatten grob unbillig wäre, weil die Ablehnung eines Unterhaltsanspruchs dem **Gerechtigkeitsempfinden in unerträglicher Weise widersprechen** würde.[58] 31

In die Billigkeitsabwägung sind **alle Umstände des Einzelfalles,** aufgrund derer der Verpflichtete nicht mehr mit einer Inanspruchnahme auf Unterhalt zu rechnen brauchte, einschließlich 32

– **persönlicher Umstände** wie Alter und Gesundheitszustand, die allein einen Unterhaltsanspruch nach §§ 1570–1572 nicht zu begründen vermögen,[59]
– der **Einkommens- und Vermögensverhältnisse** der Ehegatten,[60]
– der **Fremdbetreuungsmöglichkeiten** für ein Kind durch andere Personen[61] sowie
– der Umstände, die zum **Scheitern der Ehe** geführt haben (→ Rn. 25),[62]
– der **fortschreitenden Dauer** seit Scheidung der Ehe,[63]
– **wirtschaftlicher Dispositionen** des Verpflichteten im berechtigten **Vertrauen** darauf, nicht mehr auf Unterhalt in Anspruch genommen zu werden (→ Rn. 24),

einzubeziehen, auch soweit sie der negativen Härteregelung des § 1579 zuzurechnen sind (→ Rn. 41). Besteht danach ein Anspruch auf Billigkeitsunterhalt, greifen auch §§ 1578b, 1579[64] nicht mehr ein, weil dann auch hinsichtlich Dauer und Höhe des Unterhaltsanspruchs einheitlich nach § 1576 zu entscheiden ist (→ Rn. 41).

**b) Betreuungsfälle.** Bei der Betreuung eines **Stiefkindes** oder eines **Pflegekindes** wiegt die Verantwortung des Verpflichteten für den Bedürftigen wesentlich geringer als bei der Betreuung eines gemeinschaftlichen Kindes. Ähnlich wie bei § 1581 wird dem Bedürftigen iErg daher eher eine Erwerbstätigkeit zumutbar sein. Insbesondere wird bei der Betreuung eines **Pflegekindes** dessen Alter bei der Aufnahme[65] sowie,[66] ebenso wie bei der Betreuung von **Angehörigen,** auch die Dauer der Pflege und die Vorstellung der Ehegatten hiervon bei Aufnahme der Pflege zu beachten sein. 33

Auch soll die zeitliche Nähe der Aufnahme des Pflegekindes zu der Stellung eines **Scheidungsantrags** in die Abwägung einzubeziehen sein.[67] Dies mag im Einzelfall dann gerechtfertigt sein, wenn das Kind schon zuzeiten einer Ehekrise in die Familie aufgenommen wurde. Maßgebend ist aber auch dann letztlich das **Kindeswohl.** 34

Besonderes Gewicht kommt der Pflege von Angehörigen des **anderen Ehegatten** zu. 35

## III. Umfang des Anspruchs

**1. Bedarf. Bedürftigkeit. Leistungsfähigkeit.** Der **Bedarf** bestimmt sich – wie für alle anderen Unterhaltsansprüche auch – allein nach § 1578. Er ist Billigkeitserwägungen nicht zugäng- 36

[57] OLG Hamm FPR 1999, 108 = FamRZ 1999, 230 (232).
[58] BGH BeckRS 2010, 12057 = FamRZ 1983, 800 (801); BeckRS 2010, 21775 = FamRZ 1980, 877.
[59] BGH NJW 1984, 1538 = FamRZ 1984, 361 (363); OLG Düsseldorf BeckRS 2009, 12630 = FamRZ 1980, 56.
[60] Dazu AG Hamburg-Altona BeckRS 2005, 18955: Kein Billigkeitsunterhalt, wenn der Mindestbedarf des Bedürftigen durch eigene Einkünfte gedeckt ist und nur eine relativ geringfügige Einkommensdifferenz der beiderseitigen Einkünfte besteht.
[61] OLG Bamberg BeckRS 2010, 21166 = FamRZ 1980, 587 (588).
[62] OLG Köln BeckRS 2010, 20072 = FamRZ 1980, 886 (890).
[63] BGH NJW 2003, 3481 = FamRZ 2003, 1734 (1737); OLG Karlsruhe BeckRS 1995, 9937 = FamRZ 1996, 948 (949).
[64] Zum Ganzen BGH NJW 1984, 1538 = FamRZ 1984, 361 (363).
[65] BGH NJW 1984, 1538 = FamRZ 1984, 361 (363).
[66] OLG Stuttgart BeckRS 2010, 10297 = FamRZ 1983, 503 (505).
[67] BGH NJW 1984, 2355 = FamRZ 1984, 769 (771); ebenso BeckOGK/*Schlünder,* 1.2.2019, Rn. 27.

lich. Eine Korrektur ist lediglich über den Rechtsgedanken des § 1578b Abs. 1 möglich (→ Rn. 41).[68]

37 Die **Bedürftigkeit** richtet sich nach § 1577. Fraglich ist allein, inwieweit der Berechtigte seinen Bedarf durch eine Erwerbstätigkeit selbst decken kann (→ Rn. 39, 40, 47). Da Billigkeitsunterhalt nur zusteht, wenn „die Versagung von Unterhalt unter Berücksichtigung der Belange beider Ehegatten grob unbillig wäre", die Verwertung des Vermögensstamms durch den Berechtigten bei Unwirtschaftlichkeit bzw. unter Berücksichtigung der beiderseitigen wirtschaftlichen Belange jedoch unter dem Vorbehalt der einfachen Billigkeit steht (§ 1577 Abs. 3), steht die Obliegenheit zur Vermögensverwertung allgemein (auch) unter dem Vorbehalt des § 1576 und nicht lediglich des § 1577 Abs. 3.

38 Auch die **Leistungsfähigkeit** richtet sich allein nach § 1581.[69] Nach den Umständen des Einzelfalles kann es aber billig sein, dem Verpflichteten einen höheren als den sich aus § 1581 ergebenden billigen **Selbstbehalt,** der aber keinesfalls unterschritten werden darf,[70] zu belassen, den notwendigen oder angemessenen Bedarf seiner zweiten Ehefrau und seiner minderjährigen Kinder aus einer zweiten Ehe vorab von seinem Einkommen abzuziehen[71] oder aber den Bedarf des Bedürftigen herabzusetzen. Dies folgt bereits aus der Rangregelung (§§ 1582, 1609 Nr. 1–3, → Rn. 42, 43).

39 **2. Begrenzungen.** Eine **zeitliche Begrenzung** des Anspruchs kann sich bereits aus der zeitlich beschränkten Auswirkung des „schwerwiegenden Grundes" ergeben, etwa dass die Betreuung eines nicht gemeinschaftlichen Kindes nach einer gewissen Zeit die Aufnahme einer Erwerbstätigkeit nicht mehr hindert. Sie kann aber auch Folge der Billigkeitsabwägung sein,[72] wenn die Unterstützung des Bedürftigen lediglich für eine Übergangszeit gerechtfertigt ist (→ Rn. 7). Ob sich daran ein weiterer Anspruch auf Billigkeitsunterhalt und ggf. in welchem Umfang anschließen kann – etwa wenn nach Beendigung des Anspruchs wegen der Betreuung eines nicht gemeinschaftlichen Kindes der Bedürftige alt und krank, ein Unterhaltsanspruch nach §§ 1571, 1572 mangels Einsatzzeitpunkt jedoch nicht gegeben ist –, richtet sich nach dem Einzelfall.[73]

40 Auch die **Höhe** des Anspruchs kann sich – neben ihrer Bestimmung durch den Bedarf des Bedürftigen (§ 1578) und die Leistungsfähigkeit des Verpflichteten (§ 1581) – aus den die Bedürftigkeit beschränkenden Auswirkungen des „schwerwiegenden Grundes" ergeben. Zudem ist auch sie einer Billigkeitsüberprüfung zugänglich. Auch gibt § 1574 Abs. 1, 2 einen Maßstab dahin vor, dass jedenfalls nicht mehr an Unterhalt geschuldet wird, als der Bedürftige durch eine angemessene Erwerbstätigkeit verdienen könnte (→ § 1574 Rn. 10–55).

41 Sowohl die Begrenzungen nach **§ 1578b**[74] – Herabsetzung (Abs. 1) und zeitliche Begrenzung des Unterhalts wegen Unbilligkeit (Abs. 2) – als auch nach **§ 1579** – Beschränkung oder Versagung des Unterhalts wegen grober Unbilligkeit[75] – sind als eigenständige Rechtsinstitute nicht anwendbar. Gleichwohl bleiben die ihnen zugrundeliegenden Wertungen nicht unberücksichtigt, vielmehr fließen sie notwendig in die Prüfung der „groben Unbilligkeit" nach § 1576 ein („…, solange und soweit …").[76]

42 **3. Rang.** Er ist Billigkeitserwägungen **nicht zugänglich.**[77] Besteht ein Anspruch auf Billigkeitsunterhalt, unterliegt er ohne Änderungsmöglichkeit der gesetzlichen Rangfolge (§§ 1582, 1609). Betreut der Berechtigte ein Kind, unterfällt der Anspruch stets § 1609 Nr. 2, der lediglich auf die Betreuung eines Kindes abstellt und nicht die Betreuung eines gemeinschaftlichen Kindes voraussetzt und folglich unabhängig von der Anspruchsgrundlage (§§ 1570, 1615l, 1576) eingreift (→ § 1582 Rn. 15). IÜ fällt der Billigkeitsunterhalt unter § 1609 Nr. 3.

[68] AA BeckOGK/*Schlünder,* 1.2.2019, Rn. 33.
[69] AA Soergel/*Häberle* Rn. 8; offengelassen von Staudinger/*Verschraegen,* 2014, Rn. 47.
[70] Ebenso Staudinger/*Verschraegen,* 2014, Rn. 47.
[71] OLG Düsseldorf BeckRS 2009, 12630 = FamRZ 1980, 56 (57). Anders wohl OLG Köln BeckRS 2010, 20072 = FamRZ 1980, 886 (890); Soergel/*Häberle* Rn. 8: § 1581 ist unanwendbar.
[72] BGH NJW 1984, 2355 = FamRZ 1984, 769 (770).
[73] BGH NJW 1984, 2355 = FamRZ 1984, 769 (771); Staudinger/*Verschraegen,* 2014, Rn. 45; Soergel/*Häberle* Rn. 7.
[74] Zu § 1578b auch BeckOGK/*Schlünder,* 1.2.2019, Rn. 33.
[75] BGH NJW 1984, 1538 = FamRZ 1984, 361 (363).
[76] Soergel/*Häberle* Rn. 7, 8; *Borth* in Schwab ScheidungsR-HdB IV Rn. 410; *Büttner* FamRZ 2007, 773 (774); iErg wohl ebenso Staudinger/*Verschraegen,* 2014, Rn. 48.
[77] BGH NJW 1985, 2268 = FamRZ 1985, 911 (912) zu § 1582 Abs. 1 S. 2 aF; s. auch BGH NJW 2014, 2109 Rn. 21, 29 = FamRZ 2014, 1183.

Dies kann sowohl die **Höhe** des Unterhalts als auch seine **Dauer** betreffen, wenn Berechtigte hinzukommen 43

**Beispiele:**
Geburt von Kindern, Wiederheirat des Verpflichteten.

oder entfallen, oder sich der Rang eines Berechtigten ändert.

**Beispiele:**
Ein Kind kommt nach Eintritt der Volljährigkeit und Abschluss der allgemeinen Schulausbildung vom 1. in den 4. Rang (§ 1609 Nr. 1, 4).

## IV. Konkurrenzen

Der Anspruch auf Billigkeitsunterhalt ist gegenüber den Ansprüchen aus §§ 1570–1573, die für die von ihnen geregelten Lebenssachverhalte abschließende Regelungen treffen, **subsidiär.** Er steht zu ihnen nicht in Anspruchskonkurrenz, tritt also nicht neben diese durch enumerative Nennung bestimmter Bedürfnislagen gekennzeichneten Unterhaltsansprüche, sondern füllt nur von diesen nicht abgedeckte Lücken und greift deshalb nur ein, wenn und soweit solche Unterhaltsansprüche nicht bestehen. Deshalb kann er erst nach Verneinung oder nur teilweiser Bejahung eines vorrangigen Unterhaltsanspruchs zum Zuge kommen (zur **Tenorierung** bei einem Teilanspruch auf Billigkeitsunterhalt → Rn. 50).[78] 44

Auch die §§ 1575, 1573, 1574 Abs. 3 regeln den Unterhaltsanspruch für die Dauer einer nachehelichen **Berufsausbildung** abschließend. Sind deren Voraussetzungen nicht erfüllt, steht dem Bedürftigen deshalb Unterhalt für eine Aus- oder Weiterbildung idR auch nicht aus § 1576 zu,[79] sondern nur ausnahmsweise, etwa wenn der kurz bevorstehende Berufsabschluss ohne Unterhaltsleistungen gefährdet wäre (→ § 1575 Rn. 70).[80] 45

Der Anspruch aus § 1576 wird, betreut der Bedürftige ein gemeinsames nichteheliches Kind, grundsätzlich von dem den Unterhalt abschließend regelnden **§ 1615l** verdrängt,[81] zumal nach dessen Ausgestaltung auch ein Anspruch aus § 1576 nicht weitertragen dürfte. Für noch **während bestehender Ehe gezeugte,** aber nach rechtskräftiger Scheidung geborene Kinder (→ § 1570 Rn. 18) ist jedoch der Bezug zur Ehe so stark, dass der Ehefrau aus Gründen der nachehelichen Solidarität der durch § 1578 Abs. 3 (Altersvorsorge) verstärkte Schutz des Unterhaltsanspruchs aus § 1576 zuteilwerden muss. 46

Führt erst die **Betreuung eines nicht gemeinschaftlichen Kindes** zusammen mit der eines gemeinschaftlichen dazu, dass die Aufnahme einer Erwerbstätigkeit nicht erwartet werden kann, besteht kein Konkurrenzverhältnis, weil idR nur Anspruch auf Billigkeits- und nicht auch auf Betreuungsunterhalt bestehen kann (aber → § 1570 Rn. 87).[82] 47

## V. Verfahren

**1. Darlegungs- und Beweislast.** Das FamG hat alle aus dem Vortrag der Ehegatten ersichtlichen Umstände **von Amts wegen** zu beachten und, scheiden andere Anspruchsgrundlagen aus, zu prüfen, ob sie zu einem Anspruch auf Billigkeitsunterhalt (§ 1576) führen können. Diese Umstände hat das FamG nur **auf Vortrag** der Beteiligten zu beachten, nicht auch ohne Vortrag eigenständig zu ermitteln. 48

Der **Berechtigte** hat alle die Umstände darzulegen und ggf. zu beweisen, die einer ggf. auch teilweisen Erwerbstätigkeit „aus sonstigen schwerwiegenden Gründen" entgegenstehen und die eine „Versagung von Unterhalt unter Berücksichtigung der Belange beider Ehegatten „grob unbillig" erscheinen ließen (→ Rn. 7–30). Der **Verpflichtete** ist für die Umstände darlegungs- und beweispflichtig, die zu seinen Gunsten streiten können.[83] 49

---

78 Zum Krankheitsunterhalt BGH NJW 2003, 3481 = FamRZ 2003, 1734 (1736) mwN; zum Betreuungsunterhalt NJW 1984, 2355 = FamRZ 1984, 769 (770); NJW 1984, 1538 = FamRZ 1984, 361 (363); BeckRS 2010, 12057 = FamRZ 1983, 800 (801); s. auch OLG Köln NJOZ 2004, 3049 = FamRZ 2004, 1725 (1726); OLG Zweibrücken BeckRS 2001, 30186750 = FamRZ 2002, 821 (822).

79 OLG Schleswig SchlHA 1984, 163 f. = FamRZ 1984, 1236 Ls.; OLG Düsseldorf FamRZ 1980, 585 (587); ablehnend Staudinger/*Verschraegen*, 2014, Rn. 38.

80 OLG Frankfurt a. M. FamRZ 1995, 879 (880); wohl ebenso BeckOGK/*Hamberger,* 1.2.2019, § 1575 Rn. 84; aA Staudinger/*Verschraegen*, 2014, Rn. 39.

81 BGH NJW 1998, 1065 = FamRZ 1998, 426 (427).

82 Soergel/*Häberle* § 1570 Rn. 11.

83 Staudinger/*Verschraegen*, 2014, Rn. 52 mwN.

50 **2. Tenorierung.** Bestehen mehrere Unterhaltsansprüche nebeneinander – etwa ein Teilanspruch auf Krankheitsunterhalt oder Betreuungsunterhalt wegen eines gemeinschaftlichen Kindes und ein weiterer Anspruch auf Billigkeitsunterhalt wegen der Betreuung eines Pflegekindes (→ Rn. 14–16, 33–35) –, kann der geschuldete Unterhalt nicht in einem Betrag zugesprochen werden. Wegen der unterschiedlichen Voraussetzungen und Folgen sind die auf die jeweiligen Ansprüche entfallenden Beträge im Tenor ausdrücklich zu beziffern;[84] jedenfalls aus den Entscheidungsgründen muss die Aufteilung auf die einzelnen Unterhaltstatbestände ersichtlich sein.

## § 1577 Bedürftigkeit

**(1) Der geschiedene Ehegatte kann den Unterhalt nach den §§ 1570 bis 1573, 1575 und 1576 nicht verlangen, solange und soweit er sich aus seinen Einkünften und seinem Vermögen selbst unterhalten kann.**

**(2) [1]Einkünfte sind nicht anzurechnen, soweit der Verpflichtete nicht den vollen Unterhalt (§§ 1578 und 1578b) leistet. [2]Einkünfte, die den vollen Unterhalt übersteigen, sind insoweit anzurechnen, als dies unter Berücksichtigung der beiderseitigen wirtschaftlichen Verhältnisse der Billigkeit entspricht.**

**(3) Den Stamm des Vermögens braucht der Berechtigte nicht zu verwerten, soweit die Verwertung unwirtschaftlich oder unter Berücksichtigung der beiderseitigen wirtschaftlichen Verhältnisse unbillig wäre.**

**(4) [1]War zum Zeitpunkt der Ehescheidung zu erwarten, dass der Unterhalt des Berechtigten aus seinem Vermögen nachhaltig gesichert sein würde, fällt das Vermögen aber später weg, so besteht kein Anspruch auf Unterhalt. [2]Dies gilt nicht, wenn im Zeitpunkt des Vermögenswegfalls von dem Ehegatten wegen der Pflege oder Erziehung eines gemeinschaftlichen Kindes eine Erwerbstätigkeit nicht erwartet werden kann.**

**Schrifttum:** *Born,* Ist der Fleißige der Dumme? – Überobligationsmäßige Einkünfte in der unterhaltsrechtlichen Praxis, FamRZ 1997, 129; *Büttner,* Das Zusammenleben mit einem neuen Partner und seine Auswirkungen auf den Unterhaltsanspruch, FamRZ 1996, 136; *Dieckmann,* Die Unterhaltsansprüche geschiedener und getrenntlebender Ehegatten nach dem 1. EheRG vom 14. Juni 1976, FamRZ 1977, 81; FamRZ 1977, 161; *Finke,* Die Rechtsfolgen zweckwidriger Verwendung von Vorsorgeunterhalt, FamFR 2013, 1; *Hachenberg,* Vermögen und nachehelicher Unterhalt, NZFam 2014, 1030; *Krenzler,* Zur Anrechnungsproblematik gemäß § 1577 II BGB, FamRZ 1983, 653; *Krumm,* Die Bagatellgrenze im Rahmen des Aufstockungsunterhalts, FamRZ 2012, 1781; *Langheim,* Die unterhaltsrechtliche Pflicht zur Vermögensverwertung, FamRZ 2017, 1814; *Möller,* Berechnung der Drittelobergrenze, FamRZ 1997, 405; *Müller, W.,* Mehrarbeit bei der Unterhaltsberechnung, DAVorm 1987, 81; *Müller, W.,* Das für die Unterhaltsbemessung maßgebliche Nettoeinkommen, DAVorm 1988, 491; *Müller, W.,* Die Arbeitspflicht getrenntlebender oder geschiedener Ehegatten, ZfJ 1988, 169; *Roth-Stielow,* Eheloses Zusammenleben eines Unterhaltsgläubigers als Bedürfnisproblem, JR 1982, 53; *Scholz,* Trennungs- und Scheidungsunterhalt bei Aufnahme einer nichtehelichen Lebensgemeinschaft, MDR 1983, 441; *Scholz,* Unterhalt für Telefonsex?, FamRZ 2003, 1900; *Schwab, D.,* § 1577 Abs. 2 BGB – das große Rätsel?, Brühler Schriften zum Familienrecht Bd. 1 (1981), 23; *Steyman,* Keine doppelte Bedarfsdeckung beim Unterhalt aufgrund fiktiver Einkünfte des Unterhaltspflichtigen und Sozialhilfebezugs des Unterhaltsberechtigten, FamRZ 2001, 672; *Viefhues,* Die Obliegenheit zur Ausübung einer Nebentätigkeit im Unterhaltsrecht, FuR 2014, 198; *Winkler von Mohrenfels,* Die unterhaltsrechtliche Verpflichtung (Obliegenheit) zur Realisierung individueller vermögensrechtlicher Ansprüche, FamRZ 1981, 521; *Wohlgemuth,* Die angemessenen Wohnvorteile beim Familieneigenheim. Abschied von der Drittelobergrenze?, FamRZ 1999, 621; *Zeranski,* Zum rechtlichen Schicksal eines auf fiktiven Einkünften beruhenden Unterhaltsanspruchs nach Gewährung von Sozialhilfe an den Unterhaltsberechtigten, FamRZ 2000, 1057.

**Übersicht**



[84] BGH NJW 1984, 2355 = FamRZ 1984, 769 (770); NJW 1984, 1538 = FamRZ 1984, 361 (363).

# A. Allgemeines

## I. Normzweck

Ein Unterhaltsanspruch besteht nur, wenn der Berechtigte nach seinen Einkommens- und Vermögensverhältnissen **bedürftig** ist (**Abs. 1,** → Rn. 8–13). – **Abs. 2** regelt die Anrechnung von Einkünften des Bedürftigen vornehmlich aus einer **überobligatorischen** Erwerbstätigkeit, wenn der Verpflichtete nicht den **vollen** Unterhalt leistet (→ Rn. 14–46). – **Abs. 3** bestimmt als **Ausnahme** von der Regel, dass der Bedürftige grundsätzlich auch den Stamm seines Vermögens zur Bedarfsdeckung einzusetzen hat (→ Rn. 47–71). – **Abs. 4** trifft eine Regelung für den Fall des **Wegfalls des Vermögens,** das den Unterhalt des Bedürftigen nachhaltig gesichert hatte (→ Rn. 72–81). 1

## II. Anwendungsbereich

§ 1577 gilt direkt für den **nachehelichen** und entsprechend für den **nachpartnerschaftlichen Unterhalt** entsprechend. 2

**Abs. 1** gilt zum **Trennungsunterhalt** (§ 1361, § 12 LPartG) sinngemäß, da die **Bedürftigkeit** des Berechtigten Voraussetzung eines jeden Unterhaltsanspruchs ist. Für den Verwandtenunterhalt gilt § 1602, der auch auf den Unterhaltsanspruch **nicht miteinander verheirateter Eltern** entsprechend anzuwenden ist (§ 1615l Abs. 3 S. 1). Für den **Familienunterhalt** kommt es auf eine Bedürftigkeit iSd § 1577 grundsätzlich – **Ausnahme:** Monetarisierung des Anspruchs auf Familienunterhalt nach Fremdunterbringung eines pflegebedürftigen Ehegatten[1] – nicht an, weil dieser auf die Bedarfsdeckung der Familie und nicht (allein) des Ehegatten abstellt (→ § 1360 Rn. 6).[2] 3

**Abs. 2** – Berücksichtigung unzumutbar erzielter Einkünfte – ist entsprechend anzuwenden auf den **Trennungsunterhalt** (→ § 1361 Rn. 36),[3] ebenso auf den **Verwandtenunterhalt**[4] und den Unterhalt **nicht miteinander verheirateter Eltern.**[5] 4

[1] Dazu BGHZ 210, 124 = NJW 2016, 2122 mAnm *Reinken* = FamRZ 2016, 1142 mBspr *Maurer* FamRZ 2016, 1220.

[2] BGH NJW 1965, 1710 (1711) = FamRZ 1965, 437; BAG NJW 1987, 461 = FamRZ 1986, 573 f.; BeckOGK/*Preisner,* 1.5.2019, § 1360 Rn. 120, 121; Staudinger/*Voppel,* 2018, § 1360 Rn. 13.

[3] BGH NJW 1995, 962 = FamRZ 1995, 343; NJW 1983, 933 = FamRZ 1983, 146 (148); KG FPR 2002, 409 (410); anders noch KG BeckRS 2010, 16469 = FamRZ 1981, 869 (871); auch BeckOGK/

5 **Abs. 3** – Verwertung des Vermögensstamms – ist auf den **Familienunterhalt** (§ 1360 S. 1) schon nach dem Wortlaut der Regelung nicht anwendbar,[6] da die Ehegatten „… mit ihrem Vermögen die Familie angemessen zu unterhalten haben". Doch wird es auch insoweit eine Grenze geben müssen, die der engen ehelichen Bindung gerecht wird und deshalb unter dem Maßstab des Abs. 3 (einfache Unbilligkeit) liegen muss.

6 Dagegen sind die Grundsätze von Abs. 3 auch auf den **Trennungsunterhalt** anwendbar. Dabei können jedoch die noch bestehende eheliche Bindung und die sich daraus ergebende höhere wechselseitige Verantwortung und Rücksichtnahme nicht unberücksichtigt bleiben und werden oft zu einer Verneinung der Obliegenheit zur Verwertung führen.[7] Mit zunehmender Verfestigung der Trennung wird aber auch das eheliche Pflichtengefüge gelockert und – ähnlich der Erwerbsobliegenheit[8] und dem Wohnvorteil[9] – der Trennungs- dem nachehelichen Unterhalt angeglichen, sodass man dann eher zur Billigkeit der Vermögensverwertung kommen kann.[10]

7 Die Anwendbarkeit von Abs. 3 auf den Unterhalt für ein nicht privilegiertes **volljähriges Kind**[11] und den **Elternunterhalt**[12] hat der BGH abgelehnt und stattdessen auf die grobe Unbilligkeit als Prüfungsmaßstab verwiesen.

## B. Grundsätze (Abs. 1)

### I. Bedürftigkeit

8 **1. Begriff.** Unterhaltsansprüche, gleich auf welcher Rechtsgrundlage (§§ 1570–1573, 1575, 1576), setzen stets voraus, dass der geschiedene Ehegatte **bedürftig** ist. Dieser muss außerstande sein, sich aus seinen Einkünften und seinem Vermögen selbst zu unterhalten (Abs. 1, § 1602 Abs. 1), also seinen Bedarf nach den ehelichen Lebensverhältnissen (§ 1578 Abs. 1 S. 1) selbst zu bestreiten. Solange und soweit er diesen Bedarf aus seinen Einkünften und seinem Vermögen selbst decken kann, steht ihm kein nachehelicher Unterhalt zu **(Abs. 1). „Ehebedingt"** muss die Bedürftigkeit nicht sein.[13] – Zum **Maßstab** → § 1578 Rn. 13–16, zur **rechnerischen** Berücksichtigung von Eigeneinkünften des Bedürftigen → § 1578 Rn. 25–35, zum **Einsatzzeitpunkt** → § 1578 Rn. 42–52.

9 Neben seinen Einkünften jedweder Art (→ § 1578 Rn. 391–656) muss der Berechtigte seinen Lebensbedarf nicht auch aus seinem Vermögen decken können. Ihn auf den Einsatz seines Vermögens zu verweisen heißt, von ihm die Verwertung des **Vermögensstamms** zu verlangen (so ausdrücklich auch Abs. 3, → Rn. 50). Erst nach dem Verzehr des Vermögens tritt wieder Bedürftigkeit ein, sodass ihm, liegen die Voraussetzungen auch iÜ vor, wieder ein Unterhaltsanspruch zusteht (Ausnahme: Abs. 4 S. 1, → Rn. 72–81).[14] Ob und ab wann Letzteres der Fall sein wird, hängt entscheidend auch davon ab, wie hoch das Vermögen des Berechtigten ist und auf welchen Zeitraum es umgelegt werden soll (→ Rn. 70, 71).

---

*Schlünder,* 1.12.2018, Rn. 5; BeckOGK/*Preisner,* 1.5.2019, § 1361 Rn. 144, 145; Palandt/*Brudermüller* § 1361 Rn. 20.

[4] BGH NJW 1995, 1215 (1217 f.) = FamRZ 1995, 475; OLG Karlsruhe BeckRS 2004, 6930; OLGR 2000, 176 Ls.; OLG Hamm OLGR 1998, 174 (175); AG Hameln BeckRS 2006, 1369; AG Ludwigslust BeckRS 2005, 10499 = FamRZ 2004, 1808.

[5] BGH NJW 2005, 818 (820) = FamRZ 2005, 442; OLG Hamburg BeckRS 2008, 26147 = FamRZ 2005, 927 (928 f.); OLG München NJW-RR 2006, 586 = FamRZ 2006, 812 Ls.; *Hahne* FS Schwab, 2005, 783 = FF 2006, 24; aA noch etwa OLG Schleswig OLGR 2001, 201 f.

[6] AA OLG Nürnberg NJW-RR 2008, 599 = FamRZ 2008, 788 (789); wohl auch BeckOGK/*Preisner,* 1.5.2019, § 1360 Rn. 161–164.

[7] BGH BeckRS 2012, 4471 Rn. 36 = FamRZ 2012, 514 (zu § 1577 Abs. 3); NJW-RR 2009, 289 Rn. 17 = FamRZ 2009, 307 (zu § 1581 S. 2); NJW 1985, 907 (908) = FamRZ 1985, 360; OLG Koblenz BeckRS 2016, 111204 Rn. 57 = FamRZ 2017, 108 (109) s. auch BeckOGK/*Preisner,* 1.5.2019, § 1361 Rn. 167.

[8] BeckOGK/*Preisner,* 1.5.2019, § 1361 Rn. 101.

[9] BGH NJW 2008, 1946 Rn. 18, 19 = FamRZ 2008, 963.

[10] Zu § 1581 S. 2 OLG Stuttgart BeckRS 2003, 15721 = FamRZ 2004, 1109 (Hausverkauf); OLG Karlsruhe NJW 1990, 2070 = FamRZ 1990, 163 (164).

[11] BGH NJW 1998, 978 = FamRZ 1998, 367 (369); NJW-RR 1986, 66 = FamRZ 1986, 48 (50).

[12] BGH NJW 2004, 2306 = FamRZ 2004, 1184 (1185 f.) (Vorinstanz OLG Hamm BeckRS 2001, 31160391 = FamRZ 2002, 1212 Ls.).

[13] BGH BeckRS 2010, 12057 = FamRZ 1983, 800 (801).

[14] BT-Drs. 7/650, 136.

**2. Bagatellunterhalt.** Da auch beim Bagatellunterhalt ein nicht gedeckter Bedarf und damit „Bedürftigkeit" besteht, ist auch er unabhängig von der Anspruchsgrundlage[15] grundsätzlich auszugleichen.[16] Im Hinblick auf die **nacheheliche Eigenverantwortung** (§ 1569 S. 1, → § 1569 Rn. 18) ist im Einzelfall jedoch auf die Eigeneinkünfte und das Vermögen des Bedürftigen abzustellen: Sind sie relativ hoch, bedarf der Bedürftige zur Aufrechterhaltung seines Lebensstandards nach den ehelichen Lebensverhältnissen idR nicht des Ausgleichs eines geringen Einkommensunterschieds. Jedenfalls ist die Anknüpfung allein am **Ausgleichsbetrag** 10

**Beispiele aus der Rspr.:**
100 DM (= 51,13 EUR + ggf. Teuerung):
OLG Frankfurt a. M. BeckRS 2010, 18650 = FamRZ 1981, 1061; OLG Düsseldorf BeckRS 1995, 9936 = FamRZ 1996, 947; OLG München FamRZ 1997, 425 (426).
64 EUR:
AG Besigheim BeckRS 2003, 31149345 = FamRZ 2004, 546.
10% des bereinigten Nettoeinkommens des Bedürftigen:
OLG München FamRZ 2004, 1208 (1209); OLG Brandenburg BeckRS 2004, 5133 = FamRZ 2005, 210 (100 DM = 51,13 EUR).[17]
Einkommensdifferenz weniger als 10% des Gesamteinkommens:
OLG Koblenz NJW-RR 2006, 151 (152) = FamRZ 2006, 704 Ls.
Erhöhung des Einkommens des Bedürftigen durch den Unterhalt um lediglich 4 %:
OLG Oldenburg NJW-RR 1995, 453 (454).

idR ungeeignet, weil sie die individuelle Bedeutung auch geringer Unterhaltsbeträge völlig außer Betracht lässt.[18] Maßgeblich sind die **Umstände des Einzelfalls,** insbesondere das Gesamteinkommen und der Einkommensunterschied der Ehegatten.[19] Denn auch 10 EUR können bei geringen Einkommensverhältnissen relativ viel Geld bedeuten.

**Beispiele aus der Rspr.:**
**Nicht geringfügig:**
BGH BeckRS 2010, 25975 = FamRZ 1984, 988 (990): Unterhaltsanspruch von monatlich 160 DM.
OLG Karlsruhe BeckRS 2010, 16367 = FamRZ 2010, 1082: Unterhaltsanspruch von monatlich 63 EUR.

Liegen die Voraussetzungen vor, kann der Unterhaltsanspruch nach § 1578b **begrenzt,** insbesondere durch Herabsetzung des Unterhalts auf den angemessenen Bedarf (→ § 1578b Rn. 197–215) oder im Rahmen einer nach § 1579 anzustellenden Billigkeitsabwägung durch **Verringerung** des Unterhaltsbetrags berücksichtigt werden. 11

## II. Einkünfte

**1. Einkunftsarten.** Es gilt derselbe **weite** Einkommensbegriff wie zu §§ 1578, 1581. Zu den Einzelheiten → § 1578 Rn. 392–656, im Zusammenhang mit der Bedarfsbemessung auch zur Bedarfsdeckung und Leistungsfähigkeit. 12

**2. Einkunftserzielung.** Aufgrund seiner nachehelichen Eigenverantwortung (→ § 1569 Rn. 18) **obliegt** es dem Bedürftigen, im Rahmen der **Zumutbarkeit** Einkünfte aller Art[20] zu erzielen und zur Deckung seines Lebensbedarfs zu verwenden. **Verstöße** gegen diese Obliegenheit führen zu ihrer bedarfsprägenden Berücksichtigung in Höhe der vorwerfbar nicht erzielten Einkünfte (§ 1578 Abs. 1, → § 1578 Rn. 657–903) und zu ihrer bedarfsdeckenden Anrechnung.[21] Zudem ermöglicht **§ 1579 Nr. 4** eine Herabsetzung, wenn den Bedürftigen zwar keine Obliegenheit zur 13

---

15 Zum Anspruch auf Altersunterhalt s. OLG Karlsruhe FPR 2008, 461 = FamRZ 2008, 2120 (2121).
16 4. DFGT A. II. b aa Nr. 1 Abs. 2 FamRZ 1981, 1204 (1205); aA die ganz überwiegende Meinung in der Rspr.; s. auch BeckOGK/*Hamberger,* 1.2.2019, § 1573 Rn. 105.
17 Ebenso etwa *Krumm* FamRZ 2012, 1781 (1782) (mindestens aber 50 EUR).
18 KG BeckRS 2008, 03238 = FamRZ 2008, 415 (416); OLG Köln NJW-RR 2007, 364 = FamRZ 2007, 1463 (1464) zum Trennungsunterhalt.
19 Zutr. KG BeckRS 2010, 16453 = FamRZ 1981, 156 (157); so auch BeckOGK/*Witt,* 1.2.2019, § 1578 Rn. 577.
20 OLG Karlsruhe BWNotZ 2002, 69 (Geltendmachung von Pflichtteilsansprüchen); OLG Hamm OLGR 2000, 329 (330) = FamRZ 2001, 101 Ls. (möglichst gewinnbringende Geldanlage – Renovierung von Immobilien und anschließende Schenkung an Tochter).
21 BGH FPR 2003, 245 = FamRZ 2003, 434 (435). Unzutr. hat der BGH NJWE-FER 1998, 241 = FamRZ 1998, 1503 (1504) die Obliegenheit zur Erhebung einer Abänderungsklage gegen eine Haftpflichtversicherung auf Erhöhung der bezahlten Schadensersatzrente verneint, weil mit der bestehenden Erwerbsobliegenheit keine höheren Erwerbseinkünfte als die tatsächlich gezahlte Rente erzielt würden.

Einkommenserzielung (mehr) trifft, er diesen Zustand jedoch „mutwillig" herbeigeführt hat (→ § 1579 Rn. 80–93).

## C. Überobligatorisch erzielte Einkünfte (Abs. 2)

### I. Allgemeines

14 Der schwer verständliche und auslegungsbedürftige Abs. 2[22]

Anlass für die Regelung in Abs. 2 war für den Gesetzgeber die Behandlung von Einkünften aus nicht zumutbarer Erwerbstätigkeit in Rspr. und Lit. (BT-Drs. 7/650, 135).

soll eine Schlechterstellung des Bedürftigen vermeiden, der eine ihm nach den §§ 1570 ff. **nicht zumutbare** Erwerbstätigkeit ausübt.[23] Er regelt nur die Behandlung von Einkünften aus überobligatorischer[24] und nicht auch aus zumutbarer Erwerbstätigkeit. Die Ausübung der Tätigkeit ist **Indiz,**[25] nicht aber der einzige Gesichtspunkt für die Zumutbarkeit der ausgeübten Erwerbstätigkeit. Zu den Einzelheiten auch im Hinblick auf **Lohnersatzleistungen** → § 1578 Rn. 542, 543. – Zu den auch für den Verpflichteten geltenden Einzelheiten zu **überobligatorischen Erwerbseinkünften** → § 1578 Rn. 472–500; zum **Einkommensbegriff** → Rn. 12; zur Berücksichtigung der unzumutbar erzielten Einkünfte im **Mangelfall** im Rahmen des § 1581 → § 1581 Rn. 38; zur Nichtanwendbarkeit bei Verweisung des Bedürftigen auf eine **Erwerbstätigkeit** im Rahmen des **§ 1579** → § 1579 Rn. 229.

15 Praktische **Schwerpunkte** der Regelung sind Einkünfte aus einer Erwerbstätigkeit
- neben der **Betreuung** von Kindern (→ § 1570 Rn. 36–71).
- trotz Erwerbsunfähigkeit wegen **Krankheit.**[26] Ihre Ausübung rechtfertigt die widerlegbare Vermutung der Erwerbsfähigkeit. An den Gegenbeweis des Erkrankten sind strenge Anforderungen zu stellen, doch ist der berechtigten Sorge eines Erwerbstätigen um seinen Arbeitsplatz und betrieblichen Belangen seines Arbeitgebers genügend Beachtung zu schenken.
- nach Erreichen der **Altersgrenze** (→ § 1578 Rn. 829–847).

### II. Bedarfsprägung

16 In seiner ehemaligen Rspr. hat der BGH[27] den nach Abs. 2 S. 2 anrechenbaren Betrag nicht (auch) bedarfsprägend, sondern nur bedarfsdeckend berücksichtigt, weil unzumutbar erzielte Einkünfte die ehelichen Lebensverhältnisse und damit auch den Bedarf nicht bestimmen könnten (→ Rn. 18–20). Der volle Unterhalt wurde somit unter Außerachtlassung des anrechenbaren Betrages bestimmt und dieser erst danach abgezogen (Direktabzug). Für den Bedürftigen war dies ungünstig, weil damit seine Einkünfte seinen Bedarf nicht erhöhen konnten und der dadurch geringere Bedarf nicht (auch) bereits vorab durch Halbteilung verringert wurde.

17 Nach der neueren Rspr. des BGH sind überobligatorisch erzielte Einkünfte nicht nur **bedarfsdeckend,** sondern grundsätzlich auch **bedarfsprägend** zu berücksichtigen (→ Rn. 18–20; eingehend krit. → § 1578 Rn. 477–482). Anzurechnen auf den nach der Differenz-/Additionsmethode ermittelten Bedarfsbetrag ist nur der unterhaltsrelevante Anteil der überobligatorisch erzielten Einkünfte.

BGHZ 162, 384 = NJW 2005, 2145 = FamRZ 2005, 1154 (1157): „Der nicht unterhaltsrelevante Anteil der überobligationsmäßig erzielten Einkünfte bleibt bei der Unterhaltsermittlung also vollständig unberücksichtigt."

18 Der Veranschaulichung sollen die folgenden **Beispiele** dienen. Dass dabei Anrechnungs- und Differenz-/Additionsmethode zum selben Ergebnis führen, ist allein auf die betragsmäßig gleiche

---

22 BGH NJW 1983, 933 = FamRZ 1983, 146 (149).

23 BT-Drs. 7/650, 135.

24 BGH NJW 1983, 933 = FamRZ 1983, 146 (148). Das OLG Hamm NJW-RR 1993, 3273 = FamRZ 1994, 1035 (1036) unterscheidet zwischen überobligatorisch und unzumutbar erzielten Einkünften.

25 BGH NJW 2009, 2592 Rn. 33 = FamRZ 2009, 1391; NJW 2006, 2182 Rn. 23 = FamRZ 2006, 846; NJW 1998, 721 = FamRZ 1998, 1501 (1502); NJW 1981, 2804 = FamRZ 1981, 1159 (1161); s. auch OLG Hamm BeckRS 1996, 13262; NJW-RR 1996, 1154 = FamRZ 1995, 1422 (Nebenerwerb eines pensionierten Beamten); OLG Bamberg BeckRS 1995, 31332930 = FamRZ 1996, 1076 (1077); OLG Düsseldorf FamRZ 1980, 685 (686); OLG Frankfurt a. M. FamRZ 1980, 144.

26 OLG Hamm NJW 1993, 3273 = FamRZ 1994, 1034 f.; OLG Bremen BeckRS 1990, 3918 = FamRZ 1991, 86.

27 BGH NJW 1983, 933 = FamRZ 1983, 146 (150).

Bemessung des quotalen und des festen Anteils am überobligatorischen Einkommen zurückzuführen. Die Diskussion um die dogmatische Einordnung und Berücksichtigung der überobligatorischen Erwerbseinkünfte erübrigt sich dadurch nicht.

**Beispiel 1:**[28] 19
Der Ehemann (EM) verdient bereinigt netto 2.000 EUR/Monat, die Ehefrau (EF) überobligatorisch 900 EUR.
Nach ehemaliger Rspr. standen EF zu: 2.000 EUR/2 = 1.000 EUR. Bei Anrechnung ihrer überobligatorischen Einkünfte zu ⅓ hatte sie einen Unterhaltsanspruch von 700 EUR.
Nach geänderter Rspr. stehen EF zu, wenn man den nicht unterhaltsrelevanten Teil mit 300 EUR bemisst: 2.000 EUR + (900 EUR – 300 EUR) = 2.600 EUR/2 = 1.300 EUR – 600 EUR = 700 EUR.

**Beispiel 2:** 20
Wie im Beispiel 1, doch hat EF einen konkreten Betreuungsaufwand von 300 EUR, sodass ihr nur 600 EUR bleiben.
Nach ehemaliger Rspr. beträgt ihr Unterhaltsanspruch bei Anrechnung ihrer überobligatorischen Einkünfte zu ⅓: 2.000 EUR/2 = 1.000 EUR – 200 EUR = 800 EUR.
Nach geänderter Rspr. stehen ihr zu: 2.000 EUR + (900 EUR – 300 EUR – 200 EUR) = 2.400 EUR/ 2 = 1.200 EUR – 400 EUR = 800 EUR.

### III. Berücksichtigung überobligatorisch erzielter Einkünfte

**1. „Einkünfte".** Neben **Erwerbseinkünften** (→ § 1578 Rn. 391–522) erfasst Abs. 2 auch **Vermögenseinkünfte** aus nicht zumutbarer Anlage,[29] aus bereits getätigter Anlage als auch aus Vermögensumschichtung. Da die Verwirklichung eines **erhöhten Anlagerisikos** zur Annahme einer Obliegenheitsverletzung (§ 1579 Nr. 3, § 242) und zur Zurechnung fiktiver Einkünfte führen kann, sind die Erträgnisse aus einer überobligatorischen Anlage nach Abs. 2 zu behandeln, soweit sie diejenigen aus einer „konventionellen" Anlage, die dem Bedürftigen immer obliegt (→ § 1578 Rn. 575–578, 879, → § 1579 Rn. 82), überschreiten. Eine **Vermögensumschichtung** (→ § 1578 Rn. 880–886, → § 1579 Rn. 82), die zu keinen oder nur unwesentlich höheren Erträgnissen führen würde, ist unzumutbar; Abs. 2 ist unanwendbar. 21

**2. „Voller Unterhalt".** Dies ist der Unterhaltsbetrag, der dem Bedürftigen nach seinem **eheangemessenen Bedarf** (§ 1578 Abs. 1–3, → § 1578 Rn. 11–41, 146–176) einschließlich Mehrbedarf (→ § 1578 Rn. 179–352) zustehen würde,[30] und nicht lediglich der Betrag, den der Verpflichtete ohne die Einkünfte des Bedürftigen zu leisten hätte. Zur **Bedarfsprägung** → Rn. 16–20. 22

Einkünfte aus **unzumutbarer Erwerbstätigkeit** können die ehelichen Lebensverhältnisse nicht prägen (aber → Rn. 13, → § 1578 Rn. 477–482). Hat der Bedürftige seine Erwerbseinkünfte in voller Höhe überobligatorisch erzielt, weil ihm eine solche überhaupt nicht zumutbar ist, handelt es sich beim vollen Unterhalt deshalb um den Unterhaltsbetrag, den der Verpflichtete ohne die Einkünfte des Bedürftigen zu leisten hätte. War die Erwerbstätigkeit teilweise obligatorisch, ist der darauf entfallende Anteil der Einkünfte (auch) bedarfsprägend zu berücksichtigen. 23

**3. Anrechnung. a) Neuere Rechtsprechung des BGH.** Behandelt man mit dem BGH auch **überobligatorisch erzielte Einkünfte bedarfsprägend,** ist vom überobligatorisch erzielten Einkommen der „anrechnungsfreie" Anteil, in den ein Bonus für seinen überobligatorischen Einsatz einzurechnen ist, abzuziehen und der Rest in die Bedarfsbemessung nach der Halbteilung einzubeziehen (→ Rn. 16, → § 1578 Rn. 477–482). Eines weiteren Abzugs nach der Quotenbildung bedarf es nicht.[31] Dies gilt auch für den Mangelfall, der sich, ggf. neben anderen Unterhaltsansprüchen, allein über den Quotenunterhalt definiert. 24

**b) Ehemalige Rechtsprechung des BGH.** Nach der – weiter vorzugswürdigen – ehemaligen Rspr. des BGH (→ Rn. 16) gilt: Abs. 2 S. 1 ist keine **Sanktionsvorschrift** gegen den seiner Unterhaltspflicht nicht oder nur ungenügend nachkommenden Verpflichteten.[32] Für die Nichtanrechnung von Einkünften des Bedürftigen ist deshalb allein darauf abzustellen, ob und inwieweit die Unter- 25

---

[28] Dazu auch BeckOGK/*Schlünder,* 1.2.2019, Rn. 80, 81.

[29] Dazu etwa *Gutdeutsch* in Wendl/Dose UnterhaltsR § 4 Rn. 946; *Krenzler* FamRZ 1983, 653 (655).

[30] BGH NJW 1983, 933 = FamRZ 1983, 146 (149).

[31] BGHZ 162, 384 = NJW 2005, 2145 = FamRZ 2005, 1154 (1157). – Wie hier Soergel/*Häberle* Rn. 37; anders wohl BeckOGK/*Schlünder,* 1.2.2019, Rn. 81, der das überobligatorisch erzielte Einkommen auf einen unterhaltsrelevanten Teil, den er in den Bedarf und die Bedürftigkeit einrechnet, und den „gekürzten überobligatorischen Teil in einen anrechnungsfreien und einen unterhaltsrelevanten Teil" aufteilt.

[32] BGH NJW 1983, 933 = FamRZ 1983, 146 (148 f.) mwN auch zur abw. Auffassung. – S. auch LL Hamm Nr. 17.3.

haltsleistung zusammen mit obligatorisch erzielten Einkünften des Bedürftigen hinter seinem vollen Unterhalt zurückbleibt.

26 Zunächst ist also der Bedarf nach § 1578 Abs. 1 S. 1 zu bestimmen (→ Rn. 22), davon sind der gezahlte Unterhaltsbetrag und die zumutbar erzielten Einkünfte abzusetzen. In Höhe des Unterschiedsbetrags sind die unzumutbar erzielten Einkünfte **anrechnungsfrei.**[33] Sie verbleiben allein dem Bedürftigen als „Honorierung" seines überobligatorischen Einsatzes. Diese Bevorzugung ist insbesondere deshalb gerechtfertigt, weil die unzumutbar erzielten Einkünfte die ehelichen Lebensverhältnisse nicht prägen konnten (→ Rn. 16–20, insbesondere → § 1578 Rn. 472–500) und bei einer Anrechnung (zur Anrechnungsmethode → § 1578 Rn. 27–31) allein zu Lasten des Bedürftigen gegangen wären.

27 **c) „Einkünfte, die den vollen Unterhalt übersteigen".** Erzielt der Bedürftige überobligatorische Einkünfte, die allein oder zusammen mit dem vom Verpflichteten geleisteten Unterhalt[34] seinen vollen Unterhalt übersteigen, würde die Nichtanrechnung nach Abs. 2 S. 1 vielfach zu einer unangebrachten wirtschaftlichen Besserstellung des Bedürftigen gegenüber dem Verpflichteten führen. Unzumutbar erzielte Einkünfte bleiben deshalb nach S. 2 nicht völlig unangetastet, sondern sind in begrenztem Umfang auch zur Entlastung des Verpflichteten heranzuziehen, wenn der volle Unterhalt gesichert ist.[35] Übersteigen sie den nach S. 1 ermittelten Unterschiedsbetrag, sind sie aufgrund einer **Billigkeitsabwägung** unter Berücksichtigung der beiderseitigen wirtschaftlichen Verhältnisse der geschiedenen Ehegatten anzurechnen. – Der BGH fasst in seiner neueren Rspr. die Anrechnung nach S. 1 und S. 2 zusammen (→ Rn. 24).

28 Entgegen dem Wortlaut des S. 2, der nur auf die wirtschaftlichen Verhältnisse der Ehegatten abstellt, sind in die Billigkeitsabwägung **alle besonderen Umstände des Einzelfalls** einzubeziehen, weshalb allein nicht ausreicht, dass der Bedürftige voll erwerbstätig ist.[36] Dies ermöglicht die Berücksichtigung insbesondere folgender Gesichtspunkte:

29 – **Art** und **Umfang** der Erwerbstätigkeit und die mit ihr zusammenhängenden **besonderen Belastungen** eines Ehegatten,

30 – ihr anerkennenswerter **Zweck,**[37] etwa die Auffüllung einer durch den Versorgungsausgleich eingetretenen **Versorgungslücke,**[38]

31 – ihre **Freiwilligkeit,**[39]

32 – ihre **Vereinbarkeit** mit der Kinderbetreuung, auch eines behinderten Kindes,[40] ggf. unter Inanspruchnahme einer Fremdbetreuung.[41]

33 – das **Lebensalter** des Berechtigten und die mit einer fortgesetzten Erwerbstätigkeit zunehmende körperliche und geistige Belastung. So soll nach der Rspr. des BGH insbesondere nach Erreichen der **Regelaltersgrenze** eine Erwerbstätigkeit auch für Selbstständige und freiberuflich Tätige idR überobligatorisch sein,[42] es sei denn, sie hätten keine ausreichende **Altersvorsorge** betrieben (→ § 1578 Rn. 841, 842).[43]

34 – die ursprüngliche **Lebensplanung** der Ehegatten.

35 – das **Verhalten des Verpflichteten,** das seine Teilhabe an den überobligatorisch erzielten Einkünften des Berechtigten unangemessen erscheinen lässt.[44]

36 – die beiderseitigen **wirtschaftlichen Verhältnisse** einschließlich der **wirtschaftlichen Verflechtung** der Ehegatten.

---

[33] Abzulehnen ist OLG Hamm FamRZ 1994, 1035 (1036), das eine überobligatorische Erwerbstätigkeit gleichwohl für zumutbar hält und nicht mehr zwischen S. 1 und S. 2 unterscheidet.

[34] BGH NJW 1983, 933 = FamRZ 1983, 146 (149).

[35] BGH NJW 1995, 962 = FamRZ 1995, 343.

[36] BGH NJW 2014, 3649 Rn. 18 = FamRZ 2014, 1987 („Treu und Glauben unter Beachtung der Umstände des Einzelfalles"); NJW 2010, 2277 Rn. 37 = FamRZ 2010, 1050; BGHZ 162, 384 = NJW 2005, 1154 (1156); NJW 2005, 818 = FamRZ 2005, 442 (444); NJW 1995, 962 = FamRZ 1995, 343. Das OLG Karlsruhe BeckRS 2010, 16408 = FamRZ 1981, 559 (560) hat von einer Anrechnung bei hohen berufsbedingten Aufwendungen und einem geringen Unterhaltsbetrag, der unschwer bezahlt werden kann, abgesehen.

[37] BeckOGK/*Schlünder,* 1.2.2019, Rn. 53.

[38] BGHZ 188, 50 = NJW 2011, 670 Rn. 23 = FamRZ 2011, 454.

[39] BGHZ 162, 384 = NJW 2005, 2145 = FamRZ 2005, 1154 (1156); BGHZ 153, 372 = NJW 2003, 1796 = FamRZ 2003, 848 (851) mwN; NJW 1981, 2804 = FamRZ 1981, 1159 (1161).

[40] Beispiel von *Krenzler* FamRZ 1983, 653 (656).

[41] BeckOGK/*Schlünder,* 1.2.2019, Rn. 53.

[42] BGH NJW 2013, 461 Rn. 15, 16 = FamRZ 2013, 191; BGHZ 188, 50 = NJW 2011, 670 Rn. 22, 23 = FamRZ 2011, 454.

[43] BGHZ 188, 50 = NJW 2011, 670 Rn. 23 = FamRZ 2011, 454.

[44] BeckOGK/*Schlünder,* 1.2.2019, Rn. 53.

– die Lebenssituation des in **gehobenen wirtschaftlichen Verhältnissen** lebenden neuen Lebenspartners des Bedürftigen, der ihn daran teilhaben lässt.[45] 37

**Konkreter Betreuungsaufwand** eines Ehegatten für ein gemeinsames Kind (→ § 1578 Rn. 483–486)[46] wird sich allerdings meist schon durch Vorwegabzug vom Einkommen des betroffenen Ehegatten zur Hälfte im Unterhaltsbetrag niedergeschlagen haben, was idR eine erneute Berücksichtigung verwehrt. 38

Die Anrechnung bestimmt sich auch dann nach S. 2, wenn der vom Verpflichteten geleistete Unterhalt den **vollen Unterhalt** des Bedürftigen abdeckt.[47] 39

Ganz **anrechnungsfrei** bleiben die den nach S. 1 anrechnungsfreien Betrag übersteigenden Einkünfte nur in seltenen Ausnahmefällen,[48] etwa wenn der notwendige Bedarf des Bedürftigen durch Eigeneinkünfte und Unterhalt nicht gedeckt wird oder bei fortgeschrittenem Alter.[49] Anrechnungsfrei bleibt jedenfalls der Betrag, den der Bedürftige benötigt, um zusammen mit seinen Einkünften und dem Unterhaltsbetrag seinen **notwendigen Bedarf** abzudecken.[50] Im Einzelfall kann es auch billig sein, ihm zum Ausgleich für idR anfallende Mehraufwendungen einen größeren Anteil als den anzurechnenden zu belassen.[51] 40

**d) Pauschalierung.** Eine **Schematisierung** würde zwar die außergerichtliche Beratung erleichtern und die Entscheidung, ob der Rechtsweg beschritten werden soll, absichern, zudem würde das gerichtliche Verfahren ganz erheblich vereinfacht. Zutreffend wird aber in jedem **Einzelfall** eine konkrete Abwägung aller individuellen Umstände verlangt,[52] insbesondere im Hinblick auf die Vereinbarkeit von Arbeitszeiten mit der erforderlichen häuslichen Betreuung von Kindern.[53] Deshalb führt die obergerichtliche Rspr. meist eine konkrete Berechnung des nach S. 2 anzurechnenden Betrags durch, die dann idR zu einem unterhaltsrechtlichen Schonbetrag von ¼–½ des überobligatorisch erzielten Einkommens, in Einzelfällen aber auch zu einem höheren Anteil führt. 41

**Beispiele aus der Rspr.:**

**„Geschonter" Erwerbsanteil:** 42

Zu ¼: OLG Köln BeckRS 2003, 30323679 = FamRZ 2004, 376 (377); KG BeckRS 2010, 14257 = FamRZ 1982, 386 (388); BeckRS 2010, 16469 = FamRZ 1981, 869 (871).

Zu ⅓: OLG Karlsruhe BeckRS 2005, 02621 = FamRZ 2005, 1747 Ls.; NJW 2004, 859 = FamRZ 2004, 1209 (1211); BeckRS 1997, 12025 = FamRZ 1998, 560 (561); OLG Stuttgart NJW-RR 1991, 69 = FamRZ 1990, 753; NJW 1980, 2715 = FamRZ 1980, 1003 (1005).

Zu ½: BGHZ 148, 368 = NJW 2001, 3618 = FamRZ 2001, 1687 (1690); OLG Braunschweig BeckRS 2002, 30248269 = FamRZ 2002, 1711; OLG Nürnberg BeckRS 2014, 23302; OLG Köln FamRZ 1993, 1115 (1116); OLG Koblenz BeckRS 1998, 31148713 = FamRZ 1999, 1275 (1276); OLG Düsseldorf FamRZ 1984, 800 (801); FamRZ 1978, 856; OLG Hamm NJW-RR 2004, 438 = FamRZ 2004, 1379 Ls.; BeckRS 2009, 89436 = FamRZ 2004, 1108 Ls.; NJW 2003, 2461 = FamRZ 2004, 376; BeckRS 2002, 10426 = FamRZ 2002, 885 f.; FamRZ 1994, 1592 (1594); FamRZ 1994, 1036 (1037); FamRZ 1992, 1427 (1428); BeckRS 2007, 2187 = FamRZ 1990, 998 (1000); BeckRS 2006, 7015 = FamRZ 1981, 362 (365); OLG Frankfurt a. M. BeckRS 2010, 14602 = FamRZ 1982, 818 (820); iErg auch OLG Köln BeckRS 2010, 30292 = FamRZ 1991, 856. 43

**Höherer Anteil:** 44

OLG Hamm NJW-RR 1997, 963 = FamRZ 1997, 886 Ls. (Entlastung des Bedürftigen durch Tagesmutter, allerdings nach Vorwegabzug der für sie anfallenden Kosten); OLG Koblenz FamRZ 2000, 288 (289) (60 %).

Doch ist eine hälftige oder gar darüberhinausgehende Quote idR abzulehnen, da bereits eine hälftige Quote zur Halbteilung führt, sodass dem überobligatorisch erwerbstätigen Ehegatten entge- 45

---

[45] BGH NJW 1995, 962 = FamRZ 1995, 343.

[46] So OLG Stuttgart BeckRS 2007, 2387 = FamRZ 2007, 150 (151).

[47] OLG Zweibrücken BeckRS 2010, 7126 = FamRZ 1983, 719 (720); *Krenzler* FamRZ 1983, 653 (655); s. auch BGH NJW 1995, 962 = FamRZ 1995, 343.

[48] BGHZ 180, 170 = NJW 2009, 1876 Rn. 21 = FamRZ 2009, 770; BGHZ 162, 384 = NJW 2005, 2145 = FamRZ 2005, 1154 (1156); NJW 1995, 962 = FamRZ 1995, 343.

[49] BGHZ 188, 50 = NJW 2011, 670 Rn. 23 = FamRZ 2011, 454; BGHZ 153, 372 = NJW 2003, 1796 = FamRZ 2003, 848 (851).

[50] OLG Stuttgart BeckRS 2007, 2387 = FamRZ 2007, 150 (151); BeckRS 2005, 4605 = FamRZ 2004, 1294.

[51] KG FamRZ 1995, 355 (356) (trennungsbedingter Mehrbedarf, der dann aber dem Bedarf nicht bereits nach § 1578 Abs. 1 S. 1 zugeschlagen worden sein darf).

[52] BGHZ 162, 384 = NJW 2005, 2145 = FamRZ 2005, 1154 (1156); NJW 2003, 1181 = FamRZ 2003, 518 (520); NJW 1995, 962 = FamRZ 1995, 343.

[53] BGHZ 162, 384 = NJW 2005, 2145 = FamRZ 2005, 1154 (1157); OLG Karlsruhe BeckRS 2005, 2621 = FamRZ 2005, 1747 Ls.; OLG Hamm BeckRS 2011, 5728 = FamRZ 1997, 886 Ls. – S. dazu auch die LL Nr. 10.3.

gen Abs. 2 gar kein Bonus mehr verbleibt[54] und er so behandelt wird, als stammten die Einkünfte aus einer obligatorischen Erwerbstätigkeit (→ § 1578 Rn. 482). Zu einem anderen Ergebnis kann nur eine **Angemessenheitskontrolle** (→ § 1581 Rn. 89–99) führen. – Statt einem Ehegatten einen Anteil an seinen überobligatorischen Erwerbseinkünften zu belassen, kann ihm für die Kinderbetreuung ein **Betreuungsbonus** oder, wird sie für ihn von seinem jetzigen Ehegatten oder Partner erbracht, ein **Freibetrag** eingeräumt werden, der sich flexibel nach den individuellen Umständen des Kindes und des betreuenden Elternteils richtet (→ § 1578 Rn. 487–500, 820–828).

46 **e) Praktische Umsetzung.** Der anrechenbare Betrag ist idR vom ermittelten Quotenunterhalt abzuziehen, jedenfalls dann, wenn man den unzumutbar erzielten Einkünften keine bedarfsprägende Wirkung beimisst. Im Mangelfall ergibt sich nichts anderes:[55] Er definiert sich allein über das Einkommen des Verpflichteten. Soweit der notwendige Bedarf des Bedürftigen nicht durch den Unterhaltsbetrag gedeckt wird, ist sein Einkommen bereits nach S. 1 anrechnungsfrei (→ Rn. 39–41). Über die Anrechnung eines weiteren Betrags wird erreicht, dass beide Ehegatten über dieselben finanziellen Mittel verfügen, soweit dies im Hinblick auf die zusätzlichen Belastungen des Bedürftigen der Billigkeit entspricht.

## D. Vermögensverwertung (Abs. 3)

### I. Begriffe

47 **1. Vermögen. a) Verwertbares Vermögen.** Vermögen ist das gesamte verwertbare **Aktivvermögen,** das bei fortbestehender Ehe dem Unterhalt der Familie zur Verfügung stehen könnte,[56] nach Abzug des **Passivvermögens.**[57] Unerheblich ist, welcher Art und Herkunft es ist und wann es – also auch nach der Scheidung – erworben wurde. Es umfasst insbesondere

jegliche Barmittel[58] und Bankguthaben[59] einschließlich der aus einer Vermögensauseinandersetzung der Ehegatten,[60] der güterrechtlichen Auseinandersetzung (Auseinandersetzung der Gütergemeinschaft und Zugewinnausgleich)[61] und aus Erbschaften, Pflichtteilsansprüchen[62] oder Vermächtnissen zugeflossenen Mittel,[63] aber auch zugeflossene Schmerzensgelder (näher → Rn. 61),
Sammlungen aller Art, etwa Münz-,[64] Briefmarken- oder Gemäldesammlungen,
Schmuck, Wertpapiere,
Immobilien,[65]
Anteile an Miteigentümer-[66] und Miterbengemeinschaften.[67]

Gegenzurechnen sind **Verbindlichkeiten.**[68]

48 Barmittel aus dem **Versorgungsausgleich** sind dagegen nicht Vermögen iSd Abs. 3, weil sie der Sicherung des Lebensbedarfs im Alter dienen und deshalb grundsätzlich nach der Lebenserwar-

---

54 OLG Frankfurt a. M. BeckRS 2004, 12545; *Juncker* FamRZ 2003, 1533 (1534); ausführlich *Maurer* FamRZ 2005, 1823 (1824). S. auch OLG Köln BeckRS 2003, 30323679 = FamRZ 2004, 376 (377), wonach der Bedürftige keinesfalls besser stehen darf als bei der Behandlung seines Einkommens als obligatorisch erzielt.
55 AA OLG Braunschweig BeckRS 1994, 31331609 = FamRZ 1995, 356 (358).
56 BGH NJW 1982, 2771 = FamRZ 1982, 996 (997 f.) (verneint für einen Pflichtteilsanspruch, bei dessen Geltendmachung der Pflichtteilsberechtigte von der Schlusserbfolge ausgeschlossen wird).
57 BeckOGK/*Schlünder,* 1.2.2019, Rn. 72.
58 Zu Sparguthaben BGH NJW 1985, 1343 = FamRZ 1985, 582 (583): NJW 1985, 907 = FamRZ 1985, 360 (361).
59 BGHZ 156, 105 = NJW 2003, 3339 = FamRZ 2003, 1544 (zum Zugewinnausgleich).
60 BGH BeckRS 1984, 31073243 = FamRZ 1985, 354 (356) (Veräußerung einer im Miteigentum der Ehegatten stehenden Wohnimmobilie).
61 BGH NJW 1993, 1920 = FamRZ 1993, 1065; NJW-RR 1986, 682 = FamRZ 1986, 441 (443); NJW 1985, 909 = FamRZ 1985, 357 (359).
62 BGH NJW-RR 1988, 1282 = FamRZ 1988, 1145 (1146); OLG Oldenburg BeckRS 2008, 26177 = FamRZ 2005, 718 (719); OLG München NJW 1993, 2186 = FamRZ 1993, 62; OLG Hamm BeckRS 2006, 8500 = FamRZ 1992, 1184 (1186).
63 BGH NJW 1998, 978 = FamRZ 1998, 367 (368 f.); NJW 1993, 1920 = FamRZ 1993, 1065 (1067).
64 BGH NJW-RR 1986, 683 = FamRZ 1986, 439 (440).
65 Zu Auslandsimmobilien OLG Stuttgart NJW 2012, 689 = FamRZ 2012, 983 (984).
66 BGH NJW 1985, 907 = FamRZ 1985, 360 (361); BeckRS 2012, 25003 = FamRZ 1985, 354 (356 f.); NJW 1984, 2358 = FamRZ 1984, 662 (663).
67 BGH NJW 1980, 393 = FamRZ 1980, 126 (127 f.); BGHZ 75, 272 = NJW 1980, 340 = FamRZ 1980, 43 (44) (Baugrundstück).
68 BeckOGK/*Schlünder,* 1.2.2019, Rn. 72.

tung des begünstigten Ehegatten auf seine restliche Lebenszeit umzulegen sind (zu Letzterem → Rn. 70, 71).[69] Wohl aber zählen sie anteilig zu den Einkünften iSd Abs. 1, § 1578 Abs. 1.

**b) Ansprüche auf Vermögenswerte.** Den Bedürftigen trifft die **Obliegenheit,** Ansprüche auf Vermögenswerte, etwa 49

Geschäftsanteile an Unternehmen,
Pflichtteilsansprüche,
Ansprüche auf Rückgewähr einer Schenkung wegen Verarmung des Bedürftigen (§§ 528, 529)[70] oder nach wirksamem Widerruf einer Schenkung (§§ 530, 531).

geltend zu machen und ggf. gerichtlich durchzusetzen. Dabei hat er das Interesse des Verpflichteten, mangels Bedürftigkeit des Berechtigten keinen Unterhalt zahlen zu müssen, zu beachten. Handlungen, die seinen **Rückgewähranspruch entfallen** lassen oder **aufrechterhalten,** etwa

Verzicht auf das Recht, eine Schenkung zu widerrufen (§ 533),
Verzeihung oder nicht fristgemäße Geltendmachung des Rückforderungsanspruchs (§ 532)

hat er zu unterlassen bzw. vorzunehmen, andernfalls ihm ggf. der Vermögenswert **fiktiv** zugerechnet wird.

**2. Verwertung.** Unter Verwertung ist zunächst und vor allem die **Veräußerung** bzw. der **Verbrauch** von Vermögensgegenständen zu verstehen.[71] Doch kann billig (→ Rn. 60–64) sein, hierunter auch die **unentgeltliche Überlassung** von Vermögensgegenständen zu fassen (→ § 1360 Rn. 14),[72] im Hinblick auf die Aufhebung der persönlichen Beziehungen der Ehegatten durch die Scheidung jedoch nur ausnahmsweise und nur auf Initiative des Berechtigten und dem Einverständnis des Verpflichteten. Auf eine Verwertung kommt es aber nur dann an, wenn unter Berücksichtigung von Erwerbseinkünften und Vermögenserträgen noch ein **ungedeckter Bedarf** des Berechtigten verbleibt.[73] 50

## II. Grundsatz

Der unterhaltsberechtigte geschiedene Ehegatte muss sich in der **Regel** auch auf den Stamm seines Vermögens verweisen lassen (Abs. 1, anders § 58 Abs. 1 EheG, Normtext → 7. Aufl. 2017, Anh. § 1586b Rn. 4), weshalb ihm dessen Verwertung obliegt; doch sind als **Ausnahmen** die Einschränkungen in Abs. 3 zu beachten (→ Rn. 53–69). Damit wird er einem bedürftigen volljährigen Kind (§ 1602 Abs. 1) weitgehend gleichgestellt. Soweit die Obliegenheit reicht, muss der Bedürftige das Vermögen zur Bestreitung seines Lebensbedarfs einsetzen und darf es nicht anderweitig ausgeben.[74] – Zur sich aus Abs. 1 ergebenden Obliegenheit, vorhandenes Vermögen möglichst ertragreich anzulegen, → Rn. 71, → § 1578 Rn. 876–864, → § 1579 Rn. 82. 51

Doch hat der Verpflichtete **keinen Rechtsanspruch** gegen den Berechtigten auf die Verwertung von Vermögensgegenständen und den Einsatz des Verwertungserlöses zur Bestreitung seines Lebensunterhalts. Vielmehr trifft den Berechtigten lediglich eine Obliegenheit, aus deren Verletzung die fiktive Zurechnung des erzielbaren Erlöses folgt. Ein auf Verwertung gerichteter gerichtlicher Antrag wäre deshalb unbegründet.[75] 52

## III. Ausnahmen

**1. Allgemeines.** Der Bedürftige braucht den Stamm seines Vermögens nicht zu verwerten, wenn und soweit die Verwertung **unwirtschaftlich** oder nach den beiderseitigen Vermögensverhältnissen der geschiedenen Ehegatten **unbillig** wäre (Abs. 3). Die Einschränkung der Verwertungsobliegenheit aus Abs. 1 entspricht den von der Rspr. zu § 1602 entwickelten Einschränkungen (→ § 1602 Rn. 74).[76] Die **Ausnahmeregelung** ist weit gefasst und greift bereits bei der Verwirklichung einer 53

---

69 IErg ebenso OLG Hamm FamRZ 2000, 1286.

70 Dazu BGH NJW 2019, 1229 Rn. 10; NJW 2019, 1074 Rn. 15 mAnm *Burschel* NZFam 2019, 305; BeckRS 2019, 5354 Rn. 20 (zum Elternunterhalt); OLG Hamm 2019, 24414 = FamRZ 2019, 531; OLG Köln BeckRS 2016, 114978 = FamRZ 2017, 1313.

71 Auf den Verbrauch beschränkend BeckOGK/*Schlünder,* 1.2.2019, Rn. 76; NK-BGB/*Schürmann* Rn. 75.

72 BeckOGK/*Preisner,* 1.5.2019, § 1360 Rn. 165.

73 BeckOGK/*Schlünder,* 1.2.2019, Rn. 73.

74 OLG Oldenburg NJW-RR 1995, 453 f.

75 BGH NJW 2013, 530 Rn. 21 = FamRZ 2013, 278.

76 Zur entsprechenden Anwendung auf den Verwandtenunterhalt s. BGH NJW 1998, 978 = FamRZ 1998, 367 (369).

der Alternativen ein. Sie umfasst alle Vermögensmittel unabhängig von ihrer **Herkunft.** Deshalb sind auch Erb- und Pflichtteilsansprüche nicht von vornherein ausgeschlossen.[77]

54 **2. Unwirtschaftlichkeit.** „Unwirtschaftlichkeit" ist ein **Teilaspekt der Unbilligkeit.** Durch ihre ausdrückliche Nennung wird ihr jedoch eigenständiges Gewicht beigemessen: Unwirtschaftlichkeit begründet per se eine Ausnahme vom Verwertungsgebot, auf weitere Billigkeitserwägungen kommt es nicht mehr an. Dies verwehrt es nicht, Vermögenseinbußen, die die Qualifizierung als unwirtschaftlich (noch) nicht rechtfertigen, in die Billigkeitsabwägung (→ Rn. 60–62) einfließen zu lassen und so doch noch zur Verneinung eines Verwertungsverbots zu kommen.

55 Unwirtschaftlich ist die Verwertung des Vermögens, wenn sie einen nicht mehr vertretbaren wirtschaftlichen Nachteil mit sich bringen würde[78] und deshalb unter Berücksichtigung aller Umstände des Einzelfalls nicht mehr **zumutbar** ist.[79] In die Abwägung fließen sowohl **subjektive** Umstände, etwa

- **Lebensalter** und **gesundheitliche Verfassung** der geschiedenen Ehegatten,
- Umfang des **Vermögens** beider Ehegatten und/oder **Altersvorsorge** des Berechtigten,
- **Ergiebigkeit** des Vermögenserlöses,
- **Einkommen** des Verpflichteten und seine finanzielle **Belastung** durch die Unterhaltsverpflichtung,
- voraussichtliche **Dauer** der Bedürftigkeit,[80]
- Belange **naher Angehöriger** wie Kinder und Eltern,[81]
- Verlust eines **Wohnvorteils** des Berechtigten bei Verwertung von Immobilieneigentum,[82]
- sonstige wirtschaftlich **nicht mehr vertretbare Nachteile** des Berechtigten[83]

56 als auch **objektive** Umstände wie

- **Marktlage,**[84]
- **Ertragsmöglichkeiten** des Vermögens,[85]
- Erzielbarkeit eines dem **vollen Verkehrswert** entsprechenden Erlöses.[86]
  - Während einer Baisse an der Börse kann etwa der Verkauf von **Wertpapieren** mit großen Verlusten unwirtschaftlich sein.
  - Unerheblich wird idR dagegen die **Spekulation** auf künftige Kursgewinne sein.[87]

ein.[88]

57 **Zumutbar** ist danach grundsätzlich (zu den **Ausnahmen** → Rn. 65–69)
- der Einsatz verfügbarer **Bankguthaben** und sonstiger **liquider Mittel,**[89]
- die Einziehung **offener Forderungen,**[90]
- die Realisierung von **Pflichtteilsansprüchen,**[91] wie iÜ alle **erbrechtlichen Ansprüche.** Als **Miterbe** muss der Berechtigte ggf. die Auseinandersetzung der Erbengemeinschaft verlangen (§ 2042, §§ 363–372 FamFG) und/oder seinen Anteil am Nachlass zum Verkehrswert veräußern bzw. sich die Mittel durch Kreditaufnahme unter Beleihung seines Miterbenanteils verschaffen.

**Beispiel aus der Rspr.:**
BGHZ 75, 272 = NJW 1980, 340 = FamRZ 1980, 43 (44 f.): Unerheblich war, dass sich der Miterbe durch Veräußerung seines Anteils nicht der Teilhabe an künftigen Wertsteigerungen eines zum Nachlass gehörenden Grundstücks begeben wollte.

58 Dem Bedürftigen bleibt ein **Ermessensspielraum.** Eine Veräußerung im Zeitpunkt einer nur zeitweiligen **Marktschwäche** kann ihm nicht angesonnen werden, wohl aber eine **Beleihung.**

---

[77] BGH NJW 1993, 1920 = FamRZ 1993, 1065 (1066).
[78] BGHZ 75, 272 = NJW 1980, 340 = FamRZ 1980, 43 (44).
[79] BT-Drs. 7/650, 135.
[80] BGH BeckRS 2012, 25003 = FamRZ 1985, 354 (356).
[81] BGH NJW 1980, 393 = FamRZ 1980, 126 (128) (Verlust des Wohnrechts und der Pachteinnahmen der Mutter im Falle einer Verwertung).
[82] BGH NJW 1985, 907 = FamRZ 1985, 360 (361).
[83] Zum Ganzen auch OLG Karlsruhe BeckRS 2010, 9651 = FamRZ 2010, 655 (657).
[84] BeckOGK/*Schlünder,* 1.2.2019, Rn. 86.
[85] BGH BeckRS 2012, 25003 = FamRZ 1985, 354 (356).
[86] BT-Drs. 7/650, 141.
[87] BGHZ 75, 272 = NJW 1980, 340 = FamRZ 1980, 43 (44 f.).
[88] Zu Letzterem BGH BeckRS 2012, 25003 = FamRZ 1985, 354 (356).
[89] BGH NJW 1985, 907 = FamRZ 1985, 360 (361).
[90] BGH NJW 1998, 978 = FamRZ 1998, 367 (368); NJW-RR 1989, 578 = FamRZ 1989, 499 (500).
[91] BGH NJW 2013, 530 Rn. 22 = FamRZ 2013, 278; NJW 1993, 1920 = FamRZ 1993, 1065 (1066 f.); NJW 1982, 2771 = FamRZ 1982, 996 (997 f.).

Zudem kann statt einer Verwertung eine **Vermögensumschichtung** in Betracht kommen (→ § 1578 Rn. 866–884, → § 1579 Rn. 82).[92]

**Beispiele aus der Rspr.:**
BGH NJW 1985, 907 = FamRZ 1985, 360 (361); BeckRS 1983, 31072572 = FamRZ 1984, 364 (367): Die Verwertung von Sparguthaben ist nicht unwirtschaftlich.
BGH NJW 1984, 2358 = FamRZ 1984, 662 (663): Die Verwertung des Miteigentumsanteils an einem Hausgrundstück durch Aufhebung der Gemeinschaft geht der Beleihung des Anteils vor.
BGH NJW-RR 1986, 746 = FamRZ 1986, 560 (561): Bei besonders günstigen Vermögensverhältnissen kann dem Bedürftigen nicht die Veräußerung ererbten Grundbesitzes zur höheren Verzinsung des Kapitals angesonnen werden.

**Unbeachtlich** sind grundsätzlich 59
- der Verlust von **Steuervorteilen,**

Dazu auch BGHZ 182, 116 = NJW 2009, 2814 Rn. 18–24 = FamRZ 2009, 1656 für einen – verneinten – Schadensersatzanspruch eines Erben, weil der Betreuer des Erblassers zur Begleichung von Verbindlichkeiten Immobilien mit einem vermeidbaren Steuernachteil verkauft hat, obwohl andere Vermögensgegenstände hätten ohne Steuernachteil verwertet werden können: Der Wunsch des Erblassers auf Veräußerung der Immobilie geht jedenfalls dann vor, wenn das restliche Vermögen zur Deckung des Lebensbedarfs des Erblassers auf Lebenszeit ausreicht.

- die Erwartung **künftiger Wertsteigerungen,**[93]
- **Affektionsinteressen** an einem Vermögensgegenstand, etwa weil er aus einer Erbschaft oder Schenkung stammt,[94]

weil die Deckung des Lebensbedarfs des Berechtigten vorgeht. Maßgeblich wird es jedoch um das „Niveau" des noch abzudeckenden offenen Lebensbedarfs im Verhältnis zu eigenen Einkünften und Vermögen des Berechtigten gehen.

**3. Unbilligkeit.** Die Obliegenheit, den Vermögensstamm zu verwerten, entfällt auch dann, wenn auch eine wirtschaftliche Verwertung aufgrund der **beiderseitigen wirtschaftlichen Verhältnisse** unbillig und deshalb unzumutbar wäre. Zu beachten sein kann/können 60

- der **Gesundheitszustand** und das **Alter** des Bedürftigen;
- dass Vorkehrungen/Bildung von **Rücklagen** für einen plötzlich auftretenden Sonderbedarf nahegelegen haben;[95]
- das Vorhandensein **weiterer Vermögenswerte,**[96] auch aus der güterrechtlichen[97] und sonstigen Vermögensauseinandersetzung;[98]
- die **beiderseitigen wirtschaftlichen Verhältnisse,**[99] insbesondere ob dem Verpflichteten der Verkaufserlös aus einer früheren gemeinsamen Immobilie zur freien Verfügung geblieben ist;[100]
- ob eine lediglich **teilweise Verwertung** des Vermögens ausreichend ist;[101]
- die wegen Befristung lediglich kurze **Dauer** der Unterhaltsberechtigung;[102]
- das Erfordernis, Vermögenswerte für eine **zusätzliche Altersvorsorge** unterhaltsrelevant vorzuhalten oder aufzubauen[103] und mit Erreichen der Altersgrenze auch für diese zu verwenden;[104]
- inwieweit der Berechtigte **nach Erreichen der Altersgrenze** aufgrund eigener und durch den Versorgungsausgleich sowie den Altersvorsorgeunterhalt hinzugewonnener Anrechte seinen Lebensunterhalt decken kann;[105]

---

92 BGH NJW-RR 1986, 746 = FamRZ 1986, 560 (561).
93 BGHZ 75, 272 = NJW 1980, 340 = FamRZ 1980, 43 (44 f.).
94 BGH NJW 1998, 978 = FamRZ 1998, 367 (369); OLG Köln BeckRS 2010, 14658 = FamRZ 1982, 1018 (1019).
95 BGH BeckRS 1983, 31072572 = FamRZ 1984, 364 (367).
96 BGH NJW 1985, 907 = FamRZ 1985, 360 (361).
97 BGH NJW 2008, 148 Rn. 28 = FamRZ 2007, 2052 (zu § 1573 Abs. 5 aF); NJW 2008, 57 Rn. 46 = FamRZ 2007, 1532.
98 OLG Karlsruhe BeckRS 2013, 21148: Aus dem Verkauf der Ehewohnung ist beiden Ehegatten ein annähernd gleicher Betrag zugeflossen.
99 BGH BeckRS 2012, 25003 = FamRZ 1985, 354 (357); OLG Köln BeckRS 2010, 14658 = FamRZ 1982, 1018 (1019).
100 BGH BeckRS 2012, 25003 = FamRZ 1985, 354-357.
101 OLG Saarbrücken NJW-RR 2007, 1377 = FamRZ 2008, 698.
102 OLG Oldenburg BeckRS 2008, 26177 = FamRZ 2005, 718 (719).
103 BGH NJW 2003, 2306 = FamRZ 2003, 1179 (1182) = FamRZ 2003, 860 (863); NJW 2003, 1660 = FamRZ 2003, 860 (863): Lebensversicherungen.
104 BGH NJW 2013, 301 Rn. 38, 39 = FamRZ 2013, 203.
105 OLG Hamm BeckRS 2013, 116 Rn. 92 = FamRZ 2012, 1950 Ls. für Vermögen aus der güter- und vermögensrechtlichen Auseinandersetzung.

– ob und inwieweit sie, insbesondere der Verpflichtete, die Vermögenswerte (auch) für **Unterhaltszwecke** hätten einsetzen müssen.

**Beispiele:**

61 **Berechtigter:**

OLG Köln BeckRS 2010, 14658 = FamRZ 1982, 1018 (1019 f.): Der vermögenden Ehefrau ist trotz überdurchschnittlich hoher Einkünfte des Ehemannes, die die Zahlung laufenden Unterhalts ohne Schwierigkeiten ermöglichen würden, zumutbar, wertvolle Einrichtungsgegenstände (Sammlerstücke) zu verwerten.

Der nur geringe Wert des Vermögens eines älteren Bedürftigen oder der unbedeutende Wert eines Kunstwerks werden „geschont".

BGH BeckRS 2012, 25003 = FamRZ 1985, 354 (356): Die voraussichtliche Dauer der Bedürftigkeit und die Ertragsmöglichkeiten von Vermögensgegenständen.

BGH NJW 1989, 524 = FamRZ 1989, 170 (172); NJW-RR 1988, 1093 = FamRZ 1988, 1031 (1034) (zu § 1603 Abs. 2 S. 1): Auch der Stamm eines Schmerzensgeldes ist grundsätzlich zur Bedarfsdeckung einzusetzen, nicht lediglich die Vermögenserträge aus ihm. Seiner Ausgleichsfunktion ist bei der Festlegung der Opfergrenze Rechnung zu tragen. Im Hinblick auf die nacheheliche Eigenverantwortung (→ Rn. 64, → § 1569 Rn. 18) wird man die Opfergrenze grundsätzlich gering ansetzen können.

OLG Hamm NJOZ 2007, 736 = FamRZ 2006, 1680 (1681 f.): Dem Bedürftigen verblieben nach der Vermögensauseinandersetzung 57.500 EUR und nach Abzug von Freibeträgen ca. 40.000 EUR, der Verpflichtete hat seinen Anteil von 37.520 EUR unterhaltsrechtlich nicht zu missbilligend ausgegeben; angesichts der bescheidenen laufenden Einkünfte des Verpflichteten hat der Bedürftige sein Vermögen von 40.000 EUR voll für die Eigenbedarfsdeckung einzusetzen.

OLG Hamm BeckRS 2006, 10217: Vermögen 120.000 EUR, monatliche Entnahme von 40 EUR zumutbar, zumal angesichts von angenommenen Zinseinkünften von monatlich 700 EUR.

OLG Schleswig NJW-RR 2007, 1376 = FamRZ 2008, 281 (282) zu § 1587h Nr. 1 aF, § 1577 Abs. 3: Unbillig, weil idR unwirtschaftlich, ist die Verwertung eines selbstgenutzten Eigenheims (Wert 250.000 EUR; Bankguthaben 250.000 EUR).

OLG Saarbrücken NJW-RR 2007, 1377 = FamRZ 2008, 698 f.: Verwertung von ca. 130.000 EUR aus dem Verkauf einer Eigentumswohnung ist billig bei Eigentum an einer weiteren Wohnung im Wert von 65.000 EUR und Vermögen des Verpflichteten von 40.000 EUR, das er auch für die Anschaffung eines berufsbedingt benötigten PKW einsetzen muss.

62 **Verpflichteter:**

OLG Hamm BeckRS 1998, 31160472 = FamRZ 1999, 917 (919): Ob und wie viel Vermögen besitzt er, und ob und inwieweit muss er es für Unterhaltszwecke einsetzen.

OLG Bamberg BeckRS 2010, 16406 = FamRZ 1981, 150 (154): In welchem Maße belastet ihn die Unterhaltsgewährung aus seinem Einkommen.

BGH NJW 1985, 907 = FamRZ 1985, 360 (361); KG FamRZ 1985, 485 (486): Der Verlust oder Erhalt eines Wohnvorteils.

BGH NJW 2013, 461 Rn. 54 = FamRZ 2013, 195; NJW-RR 1987, 962 = FamRZ 1987, 912 (913); BeckRS 1984, 31073243 = FamRZ 1985, 354 (356) (beiden geschiedenen Ehegatten waren jeweils 174.800 DM zugeflossen): Welcher Vermögenswert ihm aus der Auseinandersetzung einer Vermögensgemeinschaft mit dem Bedürftigen zugeflossen ist, den er zu Unterhaltszwecken voraussichtlich nicht benötigt.

BGH NJW 1980, 393 = FamRZ 1980, 126 (128): Die Belange naher Angehöriger.

BGH NJW 1985, 907 = FamRZ 1985, 360 (361): Bestreiten des Lebensbedarfs während intakter Ehe aus vorhandenem Vermögen.

OLG Oldenburg BeckRS 2008, 26177 = FamRZ 2005, 718 (719): Es ist billig, wenn dem Bedürftigen nach Abzug von Ausgaben in Höhe von 20.000 EUR und unter Berücksichtigung einer Befristung seines Unterhaltsanspruchs von ererbten 70.000 EUR ein Betrag von 25.000 EUR verbleibt.

BGH NJW 1985, 907 = FamRZ 1985, 360 (361); OLG Koblenz BeckRS 2008, 26240 = FamRZ 2005, 1482 (1483): Beide Ehegatten haben bei der Vermögensauseinandersetzung einen gleich hohen Anteil am Sparvermögen erhalten.

63 Zu berücksichtigen sind auch Beschränkungen nach **§§ 1578b, 1579,** die gleichfalls auf Billigkeitserwägungen beruhen und damit „ähnlichen Zwecken" dienen. Die Billigkeitserwägungen sind aufeinander abzustimmen (→ § 1576 Rn. 32, 41, → § 1578b Rn. 25, → § 1579 Rn. 229, 230),[106] weil die Billigkeitsabwägung komplex ist und grundsätzlich nur einheitlich erfolgen kann.

64 Auch die **nacheheliche Eigenverantwortung**[107] hat jedenfalls seit ihrer Stärkung durch das UÄndG 2007 ab 1.1.2008 (auch → § 1569 Rn. 18) in die Billigkeitsabwägung einzufließen. Das Vermögen des Berechtigten wird deshalb nicht mehr stets auf seine restliche Lebenszeit umzulegen sein, sondern es können kürzere Umlegungszeiträume gerechtfertigt sein. In Anlehnung an § 1578b

---

[106] Zu § 1578b BGH NJW 2012, 1144 Rn. 64, 69 = FamRZ 2012, 517; *Hachenberg* NZFam 2014, 1030 (1031).

[107] BT-Drs. 16/1830, 16, 17.

Abs. 1 wird vermehrter Vermögenseinsatz auch zu fordern sein, wenn ohne die Ehe ein Vermögen in tatsächlich vorhandener Höhe nicht erworben worden wäre.[108]

**4. Grenzen der Obliegenheit. a) Schonvermögen.** Auch wenn dem Bedürftigen die Verwertung von Vermögen obliegt, ist ihm jedenfalls dann, wenn er nicht erwerbstätig ist, für Not- und Krankheitsfälle eine Rücklage als **Schonbetrag** zu belassen.[109] Nach Abwägung aller Umstände des Einzelfalles kann dies auch gelten, wenn er erwerbstätig ist, insbesondere wenn auch der Verpflichtete über Vermögen verfügt, doch muss dem Verpflichteten gleichfalls eine Rücklage in mindestens derselben Höhe verbleiben.[110] Entsprechend § 1 Abs. 1 S. 1 Nr. 1b der Verordnung zur Durchführung des § 90 Abs. 2 Nr. 9 des Zwölften Buches Sozialgesetzbuch[111] sind dem Bedürftigen jedenfalls jeweils 5.000 EUR, ist er verheiratet oder lebt er in eheähnlicher oder lebenspartnerschaftlicher Gemeinschaft (§ 27 Abs. 1, Abs. 2 S. 1 SGB XII, § 43 Abs. 1 S. 2 SGB XII, § 20 S. 1 SGB XII, § 39 SGB XII) insgesamt 10.000 EUR – zuzüglich 500 EUR für jede weitere Person, die von ihm überwiegend unterhalten wird – zu belassen. Diese Beträge sind die unterste Grenze für eine Schonung. In welcher Höhe der Schonbetrag tatsächlich zu bemessen ist, hängt insbesondere davon ab, inwieweit die Schonung des Vermögens 65

- zur Wahrung der Interessen eines Miteigentümers (§ 180 Abs. 2 ZVG) oder zur Abwendung einer ernsthaften **Gefährdung des Wohls eines gemeinschaftlichen Kindes** erforderlich ist (zur Verwertung von Immobilien im Wege der Teilungsversteigerung s. § 180 Abs. 3 ZVG),[112] 66
- ein für eigene Wohnzwecke genutztes, nach § 90 Abs. 2 Nr. 8 SGB XII privilegiertes **kleines Hausgrundstück** betrifft,[113] 67
- den **beiderseitigen Einkommens- und Vermögensverhältnissen** und der Höhe des Unterhaltsbetrags, der durch die Vermögensverwertung sichergestellt werden soll, gerecht wird. 68

**Beispiele aus der Rspr.:**
BGH NJW 1985, 907 = FamRZ 1985, 360 (361): Einer nicht erwerbstätigen geschiedenen Ehefrau wird neben ihrem Miteigentumsanteil an einem Hausgrundstück eine Rücklage von 27.000 DM belassen, weil der Miteigentumsanteil „erfahrungsgemäß nur unter Schwierigkeiten, daher nicht kurzfristig und häufig nur unwirtschaftlich zu verwerten" ist.
AG Wetter BeckRS 2009, 4645 = FamRZ 1991, 852 (853): 20.000 DM.

**b) Gerichtliche Durchsetzung.** Grundsätzlich ist dem Berechtigten zumutbar, seine Forderungen auch gerichtlich durchzusetzen, um so seinen Lebensunterhalt decken zu können. Dem kann jedoch sowohl die Unwirtschaftlichkeit[114] (→ Rn. 54–59) als auch die Unbilligkeit entgegenstehen. Unbilligkeit kann aus **objektiven** 69

etwa unbekannter Aufenthalt des Schuldners; Vermögenslosigkeit des Schuldners; reelle Gefahr, spätestens in der Vollstreckung auszufallen; ungewisser Ausgang des Rechtsstreits[115]

wie aus **subjektiven Gründen**

psychische Belastung bei der Durchsetzung von Pflichtteils- und Vermächtnisansprüchen[116] gegen Eltern, Geschwister oder eigene Abkömmlinge oder zur Aufhebung einer Miterbengemeinschaft[117]

vorliegen.

---

108 BGH NJW 2013, 461 Rn. 56, 57 = FamRZ 2013, 195; NJW 2010, 3372, Rn. 33 = FamRZ 2010, 1637; auch *Hachenberg* NZFam 2014, 1030 (1031).

109 BGH NJW-RR 1986, 683 = FamRZ 1986, 439; NJW 1985, 907 = FamRZ 1985, 360 (361); BeckRS 2012, 25003 = FamRZ 1985, 354 (356 f.); BeckRS 1983, 31072572 = FamRZ 1984, 364 (367); auch OLG Hamburg FamRZ 1996, 292 (295). Zum Notgroschen für ein volljähriges Kind BGH NJW 2006, 2037 Rn. 26 = FamRZ 2006, 935; NJW 1998, 978 = FamRZ 1998, 367; OLG Frankfurt a. M. BeckRS 2006, 13069; OLG Köln NJWE-FER 1999, 176 = FamRZ 1999, 1277 Ls.

110 BGH BeckRS 1983, 31072572 = FamRZ 1984, 364 (367).

111 V. 11.2.1988 (BGBl. 1988 I 150), zuletzt geändert durch Art. 1 der Verordnung v. 22.3.2017 (BGBl. 2017 I 519).

112 BeckOGK/*Schlünder,* 1.2.2019, Rn. 85.

113 BeckOGK/*Schlünder,* 1.2.2019, Rn. 85; jurisPK-BGB/*Clausius,* 8. Aufl. 2017, Rn. 37.

114 BGHZ 75, 272 = NJW 1980, 340 = FamRZ 1980, 43 (44 f.). Vom OLG Hamm BeckRS 1996, 11012 = FamRZ 1997, 1537 (1538) angenommen für einen Pflichtteilsergänzungsanspruch von 17.500 DM.

115 BGH NJWE-FER 1998, 241 = FamRZ 1998, 1503 (1504) (keine Erhebung einer Abänderungsklage gegen eine Haftpflichtversicherung, weil mit der bestehenden Erwerbsobliegenheit keine höheren Erwerbseinkünfte als die tatsächlich gezahlte Rente erzielt würden).

116 Verneint von BGH NJW 1998, 978 = FamRZ 1998, 367 (368) für die Geltendmachung eines Vermächtnisanspruchs gegen die eigene Mutter, die die Mittel des Vermächtnisses zum Erwerb unbelasteten Grundbesitzes verwandt hatte.

117 BGHZ 75, 272 = NJW 1980, 340 = FamRZ 1980, 43 (44 f.).

### IV. Umlegung

70 Das für Unterhaltszwecke einzusetzende Vermögen ist durch die Entnahme monatlicher Beträge so zu verwenden, dass der eheangemessene Lebensunterhalt des Berechtigten möglichst während der ganzen voraussichtlichen Dauer seiner **Bedürftigkeit,**[118] ggf. auf Lebenszeit gesichert wird (zur Bildung einer **Rücklage** → Rn. 60, 65, 68).[119] Dabei ist/sind insbesondere von Belang
- seine zukünftigen **Erwerbsmöglichkeiten,** was zu erheblichen Unsicherheiten und praktischen Schwierigkeiten führen kann,[120]
- welcher **monatliche Betrag** unter Berücksichtigung seiner Erwerbseinkünfte vom Berechtigten aus seinem Vermögen abzudecken ist,
- wie sich die Versorgungssituation des Berechtigten ab dem Bezug einer **Rente** unter Berücksichtigung des **Versorgungsausgleichs** darstellen wird.

71 Vorerst **nicht verbrauchte Beträge** sind möglichst ertragreich anzulegen (→ § 1578 Rn. 879). Der durch die Vermögensverwertung abnehmende Vermögensertrag ist bei der Festlegung des monatlich anzurechnenden Betrags zu berücksichtigen.[121]

## E. Wegfall des Vermögens (Abs. 4)

### I. Grundsatz und Ausnahme (Abs. 4 S. 1)

72 **1. Grundsatz.** Ein Unterhaltsanspruch kann tatbestandlich nur mit Rechtskraft der Scheidung oder zu einem gleichgestellten Zeitpunkt entstehen (→ § 1569 Rn. 28–34). Die **Bedürftigkeit** bestimmt sich dagegen grundsätzlich nach den im Zeitpunkt der Beurteilung bestehenden maßgeblichen Verhältnissen (→ § 1578 Rn. 44).

73 **2. Ausnahme. a) Grund. Umfang.** Vom Abstellen auf den Eintritt der Bedürftigkeit (→ Rn. 72) gilt folgende Ausnahme (Abs. 4 S. 1): War zum Zeitpunkt der Scheidung zu erwarten, dass der Unterhalt des Bedürftigen nachhaltig aus seinem Vermögen gesichert sein würde, kann – abgesehen von S. 2 – der Wegfall dieses Vermögens nicht zum Wiederaufleben[122] oder zur Neuentstehung eines Unterhaltsanspruchs führen. In der nachehelichen Zeit eintretende Veränderungen des Bestands des Vermögens gehen nicht mehr zu Lasten des Verpflichteten (Parallele zu § 1573 Abs. 4, → § 1573 Rn. 43–55). Auch die **nacheheliche Solidarität** (→ § 1569 Rn. 20) verlangt nicht die unterhaltsrechtliche Absicherung dieser Risiken, weil diese in keinem Bezug zur Ehe stehen.

Der Gesetzgeber (BT-Drs. 7/650, 136) verweist zudem darauf, dass „der Ehegatte in der Zeit, in der ihm das Vermögen zur Verfügung steht, in manchen Fällen für das Risiko des Vermögenswegfalls durch entsprechende Versicherungen vorsorgen [kann]".

74 Letztlich geht es auch um das **Vertrauen** des Verpflichteten, nicht mehr auf nachehelichen Unterhalt in Anspruch genommen zu werden.[123]

75 Abs. 4 S. 1 kann nur in dem **Umfang** eingreifen, in dem das Vermögen des Berechtigten zur Deckung seines Lebensbedarfs herangezogen wurde.[124] Die Unbeachtlichkeit nachträglicher Änderungen der für die Unterhaltsbemessung maßgebenden Umstände (→ Rn. 86) erfasst deshalb nicht auch Veränderungen der Höhe der in die Anspruchsbemessung **einbezogenen Einkünfte.**

**Beispiel:**
Zu berücksichtigende Erwerbseinkünfte des Verpflichteten 3.000 EUR, des Berechtigten 1.000 EUR, Unterhaltsanspruch (3.000 EUR + 1.000 EUR)/2 – 1.000 EUR = 1.000 EUR – Vermögenseinsatz 200 EUR = 800 EUR.
Erhöhen sich die Einkünfte des Berechtigten auf 1.200 EUR, ergibt sich folgende Berechnung: (3.000 EUR + 1.200 EUR) /2 – 1.200 EUR = 900 EUR – Vermögenseinsatz 200 EUR = 700 EUR.

76 **b) Nachhaltige Sicherung des Unterhalts.** Die Nachhaltigkeit wird durch die **Dauerhaftigkeit** des Vermögens und seiner Erträgnisse bestimmt. Zur Nachhaltigkeit wird auf die systematische

118 BGH NJW 1998, 978 = FamRZ 1998, 367; BeckRS 2012, 25003 = FamRZ 1985, 354 (356).
119 Zur Umrechnung anhand von Sterbetafeln s. BGH NJW 2013, 301 Rn. 38 = FamRZ 2013, 203.
120 Dazu auch OLG Hamm NJOZ 2007, 736 = FamRZ 2006, 1680 (1681 f.) (Wiederheirat).
121 OLG Hamm BeckRS 2013, 116 = FamRZ 2012, 1950 Ls.
122 *Dieckmann* FamRZ 1977, 98 101 f.
123 BeckOGK/*Schlünder,* 1.2.2019, Rn. 12, 95; jurisPK-BGB/*Clausius* Rn. 43.
124 Erman/*Maier* Rn. 30; BeckOGK/*Schlünder,* 1.2.2019, Rn. 95.

Parallele[125] sowie auf die Rspr. des BGH[126] zu § 1573 Abs. 4[127] hingewiesen (→ § 1573 Rn. 43–55). Beide sind im vorliegenden Zusammenhang jedoch nur begrenzt aussagekräftig, da sie auf die Einkünfte des Berechtigten aus einer ihm zumutbaren eheangemessenen Erwerbstätigkeit und die Beurteilung, mit welcher Sicherheit sie dauerhaft erzielt werden können, abzielen. Vorliegend ist jedoch das Vermögen vorhanden, es stellt sich nur die Frage, inwieweit sein Bestand von Dauer ist und seine **Verwendbarkeit zur Deckung des Lebensunterhalts** ausreicht. Von einer nachhaltigen Absicherung kann nur ausgegangen werden, wenn in die Beurteilung, dass das Vermögen einen solchen Wert hat, dass seine Erträgnisse und seine Verwertung den Bedarf des Bedürftigen auch bei Überschreiten der statistischen Lebenserwartung um einige Jahre abdecken, auch Schwankungen in der wirtschaftlichen Entwicklung mit einfließen.

Zur **Prognose** einer nachhaltigen Sicherung des Lebensunterhalts ist insbesondere auf die Höhe 77
des Vermögens, dessen Liquidität und das Lebensalter des Berechtigten abzustellen (zur **Umlegung** → Rn. 70, 71). Unerheblich ist, ob der Berechtigte Einfluss auf die Vermögensminderung nehmen konnte, oder ob diese schicksalshaft war. Erforderlich ist deshalb auch nicht, dass sie vom Berechtigten unverschuldet herbeigeführt wurde.[128] Deshalb können die Prognose insbesondere folgende **Einzelumstände** nicht erschüttern

– Schicksalsschläge wie währungsbedingter Vermögensverfall,[129]
– Vermögensverfall wegen schlechter Vermögensverwaltung,[130]
– unsichere Geldanlagen,
– Wertpapierspekulationen,
– allgemein: Kursrisiken,
– Insolvenz des Berechtigten und ggf. seiner Unternehmungen,
– (zu) aufwändiger Lebensstil.[131]

**c) Maßgeblicher Zeitpunkt.** Nach dem Wortlaut von Abs. 4 S. 1 ist aus vorausschauender 78
Sicht zum **Zeitpunkt der Scheidung** zu beurteilen, ob der Unterhalt des Berechtigten aus dem Stamm des Vermögens nachhaltig gesichert sein würde.[132] Dies verwehrt es nicht, zu diesem Zeitpunkt bereits vorhandene, aber erst zu einem späteren zutage getretene Umstände in die Prognose der Nachhaltigkeit zum Zeitpunkt der familiengerichtlichen Entscheidung **(„nachträgliche Prognose")** einzubeziehen.[133]

Das Gesetz regelt nicht auch ausdrücklich den Fall, dass der Berechtigte erst **nach der Scheidung** Vermögen erworben hat (→ Rn. 47), das wieder in Wegfall geraten ist. Die Intention des Gesetzgebers, den Verpflichteten vor Risiken zu schützen, die nicht im Zusammenhang mit der Ehe stehen (→ Rn. 78),[134] führt dazu, Abs. 4 S. 1 in diesen Fällen mit der Maßgabe anzuwenden, dass nicht auf den Zeitpunkt der Scheidung, sondern auf den des **Vermögensanfalls** abgestellt wird.[135] 79

## II. Wiederaufleben: Ausnahme von der Ausnahme (Abs. 4 S. 2)

Steht dem Bedürftigen **Betreuungsunterhalt** zu (§ 1570), führt der Wegfall des Vermögens, das 80
aus vorausschauender Sicht zur lebenslangen Bedarfsdeckung hätte ausreichen müssen (→ Rn. 76), entgegen Abs. 4 S. 1 zur **Wieder-** oder **Neuentstehung** des Unterhaltsanspruchs (Abs. 4 S. 2; zum selben Rechtsgedanken nach der Auflösung einer Nachehe s. § 1586a Abs. 1 [→ § 1586a Rn. 11, 12] sowie

---

125 Staudinger/*Verschraegen*, 2014, Rn. 91; BeckOGK/*Schlünder*, 1.2.2019, Rn. 95.
126 BGH NJW 1987, 3129 = FamRZ 1987, 689; NJW 1985, 1699 = FamRZ 1985, 791 f.
127 NK-BGB/*Schürmann* Rn. 85.
128 AllgM, etwa Soergel/*Häberle* Rn. 43; jurisPK-BGB/*Clausius* Rn. 42; NK-BGB/*Schürmann* Rn. 84; BeckOGK/*Schlünder*, 1.2.2019, Rn. 95.
129 BT-Drs. 7/650, 136.
130 BT-Drs. 7/650, 136.
131 Zum Ganzen auch NK-BGB/*Schürmann* Rn. 84; BeckOGK/*Schlünder*, 1.2.2019, Rn. 95.
132 Staudinger/*Verschraegen*, 2014, Rn. 94; NK-BGB/*Schürmann* Rn. 85; Soergel/*Häberle* Rn. 43; BeckOK BGB/*Beutler*, 47. Ed. 1.8.2018, Rn. 28.
133 BGH NJW 1985, 1699 = FamRZ 1985, 791 (792) (zu § 1573 Abs. 4). – Zum Verfahrensrecht s. zu § 238 FamFG BeckOK FamFG/*Schlünder*, 30. Ed. 1.4.2019, FamFG § 238 Rn. 34, zu § 767 Abs. 2 ZPO Musielak/Voit/*Lackmann* ZPO § 767 Rn. 35; MüKoZPO/*Schmidt/Brinkmann* ZPO § 767 Rn. 77 mwN.
134 BT-Drs. 7/650, 136.
135 Staudinger/*Verschraegen*, 2014, Rn. 97; Palandt/*Brudermüller* Rn. 33; NK-BGB/*Schürmann* Rn. 86; offengelassen von BeckOK BGB/*Beutler* Rn. 28. Ebenso zu § 1573 Abs. 4 BGH NJW 1985, 1699 = FamRZ 1985, 791 (792) für eine nach der Scheidung aufgenommene Erwerbstätigkeit.

→ § 1579 Rn. 183–190). Nach Beendigung des Anspruchs können sich Ansprüche aus § 1571 Nr. 2, § 1572 Nr. 2, § 1573 Abs. 1–3 anschließen.[136]

81 Zwar schließt der Wortlaut von Abs. 4 S. 2 ein Wiederaufleben auch aus **elternbezogenen** Gründen (§ 1570 Abs. 2) nicht aus, durch teleologische Reduktion ist er jedoch auf den Anspruch aus **kindbezogenen** Gründen (§ 1570 Abs. 1) zu beschränken, weil der aus elternbezogenen Gründen Berechtigte nicht im selben Maße schutzwürdig ist (zur selben Problematik beim Einsatzzeitpunkt für den **Annexunterhalt** (§ 1570 Abs. 2) → § 1570 Rn. 26, beim **Rang** → § 1582 Rn. 23, 24, beim **Wiederaufleben** des Unterhaltsanspruchs nach Scheidung einer nachfolgenden Ehe des Berechtigten → § 1586a Rn. 12, zum Übergangsrecht nach dem UÄndG 2007 **§ 36 Nr. 1 EGZPO** → 7. Aufl. 2017, Anh. § 1586b Rn. 19).[137]

## F. Verfahren

### I. Darlegungs- und Beweislast

82 Der **Bedürftige** hat seine Bedürftigkeit darzulegen und zu beweisen, weil sie Teil der seinen Anspruch begründenden Voraussetzungen ist. Er muss sich also darüber verhalten, ob und über welche anrechenbaren Einkünfte oder Vermögensgegenstände er verfügt.[138] Dies gilt auch für die Berücksichtigungsfähigkeit von Aufwendungen für eine Verbindlichkeit. Substantiierten Vortrag des Verpflichteten, auf den er gezielt erwidern kann, muss er „wegbeweisen".[139] Da der Anspruch nur besteht, „solange und soweit" er bedürftig ist, muss er auch die Angemessenheit des geforderten Unterhaltsbetrages, die Dauer seiner Bedürftigkeit und die Voraussetzungen für die Nichtanrechenbarkeit überobligatorisch erzielter Einkünfte (Abs. 2) darlegen und beweisen; eine verbleibende Ungewissheit geht zu seinen Lasten.[140]

83 Praktisch liegen die **Schwierigkeiten** im Detail: Meist teilt der Bedürftige seine Haupteinnahmen mit, während der Verpflichtete auf Nebeneinnahmen des Bedürftigen wie Zinseinkünfte oder geldwerte Leistungen durch die Führung des Haushalts für einen neuen Partner hinweist. In diesem Vortrag des Verpflichteten liegt verfahrenstechnisch das Bestreiten der Angaben des Bedürftigen, der ggf. substantiierten Vortrag „wegbeweisen" muss.

84 Da der Bedürftige den Stamm seines Vermögens „nur" dann nicht zu verwerten braucht, wenn die Verwertung **unwirtschaftlich** oder **unbillig** wäre (Abs. 3), ist die Verwertung der **Grundsatz** und die Nichtverwertung die Ausnahme. Beruft sich der Bedürftige auf die **Ausnahme,** hat er deren Voraussetzungen darzulegen und zu beweisen.[141]

85 Bei **Wegfall des Vermögens** (Abs. 4 S. 1) trägt der Berechtigte das Beweisrisiko, dass sein Unterhalt aus seinem Vermögen nicht nachhaltig gesichert war.[142]

### II. Abänderungsantrag

86 Der Gesetzgeber stellt in Abs. 4 S. 1 abschließend auf eine **Prognose** der Nachhaltigkeit ab (→ Rn. 74). Sie schneidet den Bedürftigen endgültig von einer nachträglichen Korrektur nach Wegfall des Vermögens durch Abänderung des Ausgangstitels ab.[143]

[136] Wohl hM: Soergel/*Häberle* Rn. 44; Palandt/*Brudermüller* Rn. 33; Erman/*Maier* Rn. 31; NK-BGB/*Schürmann* Rn. 86; BeckOGK/*Schlünder,* 1.2.2019, Rn. 98; aA Staudinger/*Verschraegen*, 2014, Rn. 99.

[137] Ohne Differenzierung etwa NK-BGB/*Schürmann* Rn. 85, 86; Soergel/*Häberle* Rn. 44; Palandt/*Brudermüller* Rn. 35; Staudinger/*Verschraegen*, 2014, Rn. 98; jurisPK-BGB/*Clausius* Rn. 44; Erman/*Maier* Rn. 31; BeckOGK/*Schlünder,* 1.2.2019, Rn. 98.

[138] Ständige Rspr. des BGH, s. etwa BGH NJW 1995, 962 = FamRZ 1995, 343 (344); NJW 1991, 1290 = FamRZ 1991, 670 (673); NJW 1980, 393 = FamRZ 1980, 126 (128); auch BGH NJW 2009, 2523 Rn. 42 = FamRZ 2009, 1301 (dort allerdings bezogen auf hinreichende Erwerbsbemühungen und das Fehlen einer realen Beschäftigungschance; dies ist zwar unzutr., da es sich dabei um Tatbestandsmerkmale des Unterhaltsanspruchs aus § 1573 handelt, für die der Bedürftige indessen gleichfalls die Darlegungs- und Beweislast trägt, → § 1573 Rn. 75). Diese Auffassung hat sich auch in der obergerichtlichen Rspr. und in der Lit. durchgesetzt.

[139] OLG Köln BeckRS 1997, 31127563 = FamRZ 1998, 1427 (1428).

[140] BGH NJW 1995, 962 = FamRZ 1995, 343 (344).

[141] BGH NJW-RR 1986, 682 = FamRZ 1986, 441 (443); Palandt/*Brudermüller* Rn. 34; BeckOGK/*Schlünder,* 1.2.2019, Rn. 102; NK-BGB/*Schürmann* Rn. 87; Soergel/*Häberle* Rn. 45; *Hoppenz* FamRZ 1987, 324 (327); aA – allerdings für einen Abänderungsantrag – KG BeckRS 2008, 26255 = FamRZ 2005, 1759 (1760).

[142] Etwa BeckOGK/*Schlünder,* 1.2.2019, Rn. 103; NK-BGB/*Schürmann* Rn. 87; Johannsen/Henrich/*Hammermann* Rn. 69; Palandt/*Brudermüller* Rn. 34.

[143] BeckOGK/*Schlünder,* 1.2.2019, Rn. 103; Erman/*Maier* Rn. 30.

## § 1578 Maß des Unterhalts

**(1) [1]Das Maß des Unterhalts bestimmt sich nach den ehelichen Lebensverhältnissen. [2]Der Unterhalt umfasst den gesamten Lebensbedarf.**

**(2) Zum Lebensbedarf gehören auch die Kosten einer angemessenen Versicherung für den Fall der Krankheit und der Pflegebedürftigkeit sowie die Kosten einer Schul- oder Berufsausbildung, einer Fortbildung oder einer Umschulung nach den §§ 1574, 1575.**

**(3) Hat der geschiedene Ehegatte einen Unterhaltsanspruch nach den §§ 1570 bis 1573 oder § 1576, so gehören zum Lebensbedarf auch die Kosten einer angemessenen Versicherung für den Fall des Alters sowie der verminderten Erwerbsfähigkeit.**

**1. Allgemeines Schrifttum:** *Arens,* Familienrechtliche Ansprüche im Ehescheidungsverfahren mit steuerlichen Auswirkungen, StB 1986, 326; AnwBl. 1989, 76; *Arens/Spieker,* Die Maßgeblichkeit steuerlicher Unterlagen und steuerlicher Ansätze für familienrechtliche Ansprüche, FamRZ 1985, 121; *Bauer,* Die steuerliche Ermittlung des Gewinns aus selbstständiger Arbeit und ihre Maßgeblichkeit für den Unterhaltsanspruch, DAVorm 1987, 475; *Bergschneider,* Familienrechtliche Konsequenzen der sog. „Riester-Rente" – Ehescheidung, Versorgungsausgleich, Zugewinnausgleich, Prozesskostenhilfe, FamRZ 2003, 1609; *Bienko,* Zum Unterhalt der Ehefrau nach den ehelichen Lebensverhältnissen, FamRZ 2000, 13; *Bißmaier,* Die Berücksichtigung von Berufskosten bei der Unterhaltsberechnung, FamRZ 2002, 1448; *Bißmaier,* Krankheitsunterhalt: Abgesenkt und unbefristet?, FamRB 2010, 212; *Bißmaier/Tietz,* Splittingvorteil quo vadis?, FamRZ 2009, 1451; *Blaese,* Fiktive Steuerberechnung oder konkrete Steuerzahlung bei Selbstständigen?, FamRZ 1994, 216; *Born,* Bestrafung durch die Hintertür? – Die unterhaltsrechtliche Behandlung geldwerter Versorgungsleistungen nach der neuen Hausfrauenrechtsprechung, FamRZ 2002, 1603; *Born,* Zu Unrecht totgesagt: Der Bedarf nach den ehelichen Lebensverhältnissen, NJW 2007, 26; *Born,* Der Bedarf in der aktuellen Rechtsprechung – Das Ende eines unterhaltsrechtlichen Grundbegriffs?, NJW 2008, 3089; *Born,* Unterhaltsanspruch bei Einkommensdifferenz wegen Erwerbstätigenbonus, FPR 2009, 262; *Born,* Der verweiblichte Hausmann und das Karussell der Fiktionen, NJW 2010, 641; *Born,* Die Entzauberung der Drittelmethode – was bleibt von den „wandelbaren Lebensverhältnissen"?, FF 2011, 136; *Born,* Ist der Fleißige der Dumme? – Überobligationsmäßige Einkünfte in der unterhaltsrechtlichen Praxis, FamRZ 1997, 129; *Born,* Falte, Runzel, Krähenfuß – Schönheitsfragen jetzt auch im Unterhaltsrecht?, FPR 2012, 145; *Born,* Bescheidenheit oder Luxus? – Die Bestimmung des Bedarfs bei gehobenen Lebensverhältnissen, FamRZ 2013, 1613; *Born,* Bewerbungsbemühungen im Unterhaltsrecht, NZFam 2014, 252; *Borth,* Die ehelichen Lebensverhältnisse nach § 1578 BGB – ein Danaer-Geschenk des Gesetzgebers?, FamRZ 2001, 193; *Borth,* Die Entscheidung des BGH vom 13.6.2001 zum nachehelichen Unterhalt, FamRZ 2001, 1653; *Borth,* Ergänzende Altersvorsorge – Voraussetzungen für die unterhaltsrechtliche Anerkennung, FPR 2004, 549; *Borth,* Private Altersvorsorge und Unterhalt, NJW 2008, 326; *Borth,* Die Bestimmung des Unterhalts bei Konkurrenz mehrerer Unterhaltsansprüche, FamRZ 2012, 253; *Borth,* Harmonisierung von Bedarf und Leistungsfähigkeit bei mehreren Unterhaltsberechtigten nach Verwerfung der Rechtsprechung zur Dreiteilung, FPR 2012, 137; *Brandtner,* Unterhaltsreform, gleichrangige betreuende Elternteile und der Bedarf, FamRZ 2007, 2033; *Braeuer,* Gleichberechtigte Teilhabe als Grundlage für den nachehelichen Unterhalt. Zugleich ein Beitrag zur Anwendung des künftigen § 1578b BGB, FamRZ 2006, 1489; *Breuer,* Grenzüberschreitende Unterhaltsbemessung durch deutsche Gerichte, FamRB 2015, 273; FamRB 2015, 318; *Brüchert,* Zum Verhältnis von Vorsorgeunterhalt und Elementarunterhalt, FamRZ 1985, 235; *Brudermüller,* Eheliche Lebensverhältnisse und Drittelmethode, FF 2010, 134; *Bruns,* Detektivkosten im Unterhaltsverfahren – sinnvoller Einsatz oder Kostenrisiko?, NZFam 2015, 998; *Büte,* Die konkrete Berechnung des Unterhaltsbedarfs, FuR 2005, 385; *Büttner,* Abzugs-, Differenz- und Summenmethode, FamRZ 1984, 534; *Büttner,* Auswirkungen der Pflegeversicherung auf das Unterhaltsrecht, FamRZ 1995, 193; *Büttner,* Kinderbetreuung und Abzugsmethode, FamRZ 1999, 893; *Büttner,* Wie ist Pflegegeld bei Unterhaltsansprüchen zu berücksichtigen?, FamRZ 2000, 596; *Büttner,* Zur Berücksichtigung freiwilliger Leistungen im Unterhaltsrecht, FamRZ 2002, 1445; *Büttner,* Sind die Bedenken gegen die Rechtsprechung des BGH und des BVerfG zu den ehelichen Lebensverhältnissen gerechtfertigt?, FamRZ 2003, 641; *Büttner,* Alterssicherung und Unterhalt, FamRZ 2004, 1918; *Buob,* Zivilgerichte zum steuerlichen Realsplitting, FamRZ 1981, 233; *Christian,* Steuerliche Fragen bei der Heranziehung unterhaltspflichtiger Selbstständiger, DAVorm 1986, 561; *Christl,* Quotenunterhalt und Bedarfskontrolle, NJW 1982, 961; *Christl,* Revisible Erfahrungssätze in Unterhaltstabellen, NJW 1984, 267; *Christl,* Minijobs – gesteigerte Zurechnung fiktiver Nebeneinkünfte nach § 1603 II BGB?, FamRZ 2003, 1235; *Christl/Sprinz,* Klage auf Vorsorgeunterhalt – zu kompliziert und riskant?, FamRZ 1989, 347; *Clausius,* Der Karrieresprung im Unterhaltsrecht, FF 2006, 233; *Clausius,* Das Ende des Karrieresprungs?, FF 2007, 131; *Clausius,* Neues zum Karrieresprung – zwei obergerichtliche Entscheidungen im Vergleich, FF 2008, 106; *Conradi,* Die Berechnung des Vorsorgeunterhalts für Kranken- und Pflegeversicherungsbeiträge, FamRZ 2004, 1156; *Derleder,* Die ehelichen Lebensverhältnisse, FuR 1990, 9; *Diederichsen,* Die Tragfähigkeit des Surrogatsgedankens im Unterhaltsrecht, Brühler Schriften zum Familienrecht, Band 13, 2004, 27; *Doerges,* Unterhaltsrechtliche Relevanz steuerlicher AfA, FamRZ 1985, 761; *Dose,* Erste Rechtsprechung des BGH zum Unterhaltsrechtsreformgesetz. Teil 1: Zum Maß des Unterhalts und zum Splittingvorteil einer neuen Ehe, JAmt 2008, 557; *Duderstadt,* Die doppelte Kindesunterhaltslast, FamRZ 2003, 70; *Durchlaub,* Abschreibungen im Unterhaltsrecht, FamRZ 1987, 1223; *Eberl-Borges,* Festlegung der Geschlechterrollen durch Unterhaltspflichten – Die Hausmann-Rechtsprechung im Lichte soziologischer Untersuchungen, FamRZ 2004, 1521; *Elden,* Arbeit im Ruhestand, NZFam 2015, 481; *Eschenbruch/Loy,* Die Sättigungsgrenze beim Ehegattenunterhalt – ein Problem konkreter Unterhaltsberechnung,

FamRZ 1994, 665; *Ewers,* Existenz, wenigstens, für wen weniger? – zur Mangelfallberechnung, FamRZ 2001, 895; *Ewers,* Warum? – Überlegungen zu BGH, FamRZ 2001, 986, und BVerfG, FamRZ 2002, 527, FamRZ 2002, 1437; *Finke,* Wohnwert – Nutzungsentschädigung: Die Nutzung des Familienheims im Unterhaltsrecht und allgemeinen Zivilrecht, FF 2007, 185; *Finke,* Der Wohnwert beim Ehegatten- und Kindesunterhalt unter besonderer Berücksichtigung unterschiedlicher Eigentumsverhältnisse am Familienheim, FPR 2008, 94; *Fischer-Winkelmann,* Schmälerung der unterhaltsrechtlichen Leistungsfähigkeit von Selbstständigen durch die steuerlich legale Verwandlung privater Schuldzinsen in Betriebsausgaben?, FamRZ 1998, 929; *Fischer-Winkelmann,* Schuldzinsen und Einkommensermittlung bei Selbstständigen – Konsequenzen des Steuerbereinigungsgesetzes vom 22.12.1999 für die Einkommensermittlung des unterhaltsrechtlichen Einkommens, FamRZ 2002, 927; *Fischer-Winkelmann/Maier,* Unterhaltsrechtliche Einkommensberechnung bei Selbstständigen: Informationspflichten „versus" Informationsbedarf?, FuR 1992, 14; *Fischer-Winkelmann/Maier,* Ermittlung der unterhaltsrechtlich anrechenbaren Steuerlast bei Selbstständigen, FamRZ 1993, 880; *Fischer-Winkelmann/Maier,* Einkünfte aus der Beteiligung an einer Personen- oder Kapitalgesellschaft aus unterhaltsrechtlicher Perspektive, FamRZ 1996, 1391; *Franz,* Unterhaltsanspruch und Rente aus Versorgungsausgleich, FamRZ 2010, 418; *Galinsky,* Der Firmenwagen im Unterhaltsrecht, NZFam 2015, 951; *Gerhardt,* Berechnung des Ehegattenunterhalts bei Veräußerung eines Familienheimes, FamRZ 1992, 1123; *Gerhardt,* Die Berechnung des Ehegattenunterhalts nach der Additionsmethode, FamRZ 1993, 261; *Gerhardt,* Wohnwert und „Drittelobergrenze" bei der Unterhaltsberechnung, FamRZ 1993, 1139; *Gerhardt,* Bereinigtes Nettoeinkommen und Erwerbstätigenbonus bei Mischeinkünften, FamRZ 1994, 1158; *Gerhardt,* Eheliche Lebensverhältnisse bei Kinderbetreuung und Haushaltsführung, FamRZ 2000, 134; *Gerhardt,* Neubewertung der ehelichen Lebensverhältnisse, FamRZ 2003, 278; *Gerhardt,* Die Veräußerung des Eigenheims beim Ehegattenunterhalt, FamRZ 2003, 414; *Gerhardt,* Die Bereinigung des Nettoeinkommens beim Ehegattenunterhalt nach der geänderten Rechtsprechung des BGH, FamRZ 2007, 945; *Gerhardt,* Mindestbedarf beim Ehegattenunterhalt, FamRZ 2009, 1114; *Gerhardt,* Die Auswirkungen der Unterhaltsrechtsreform auf den Begriff „eheliche Lebensverhältnisse", FamRZ 2011, 8; *Gerhardt,* Die ehelichen Lebensverhältnisse nach den Entscheidungen des BVerfG v. 25.1.2011 und des BGH v. 7.12.2012: Notwendigkeit einer Gesetzesreform, FamRZ 2012, 589; *Gerhardt,* Der Erwerbstätigenbonus im Unterhaltsrecht, FS Hahne, 2012, 229; *Gerhardt,* Der Erwerbstätigenbonus bei der Berechnung des Ehegattenunterhalts, FamRZ 2013, 834; *Gerhardt/Gutdeutsch,* Die Bereinigung des Nettoeinkommens beim Ehegattenunterhalt nach der geänderten Rechtsprechung des BGH, FamRZ 2007, 945; *Gerhardt/Gutdeutsch,* Haushaltsführung und Kindesbetreuung in der Ehe – ein ungelöstes Problem?, FuR 1999, 241; *Götsche,* Wohngeldbezug im Unterhalt, FamRB 2010, 376; *Götsche,* Berücksichtigungsfähigkeit der ergänzenden Altersvorsorge beim Unterhalt, FamRB 2010, 16; *Götz/Brudermüller,* Grenzen richterlicher Rechtsfortbildung im nachehelichen Unterhaltsrecht – Konsequenzen der Entscheidung des BVerfG vom 25.1.2011 (NJW 2011, 836) für die Praxis, NJW 2011, 801; *Graba,* Mietfreies Wohnen und Unterhalt, FamRZ 1985, 657; *Graba,* Das Familienheim beim Scheitern der Ehe, NJW 1987, 1721; *Graba,* Zum Erwerbstätigenbonus im Unterhaltsrecht, NJW 1993, 3033; *Graba,* Zur Mietersparnis im Unterhaltsrecht, FamRZ 1995, 385; *Graba,* Zum Unterhalt der Hausfrau nach den ehelichen Lebensverhältnissen, FamRZ 1999, 1115; *Graba,* Fiktives Einkommen im Unterhaltsrecht, FamRZ 2001, 1257; *Graba,* Die Abänderung von Unterhaltstiteln bei fingierten Verhältnissen, FamRZ 2002, 6; *Graba,* Zum trennungsbedingten Mehrbedarf, FamRZ 2002, 857; *Graba,* Ist die Düsseldorfer Tabelle gesetzwidrig?, FamRZ 2003, 129; *Graba,* Bedarf und Dauer des Betreuungsunterhalts nach § 1615l BGB, NJW 2008, 3105; *Graba,* Die Rechtsprechung des BGH zu den wandelbaren ehelichen Lebensverhältnissen, FF 2008, 437; *Graba,* Die Rechtsprechung des Bundesgerichtshofs zum Unterhalt nach den ehelichen Lebensverhältnissen in der Folge der Surrogatsentscheidung, FamRZ 2010, 1131; *Graba,* Ehegattenunterhalt nach den Vorgaben des Bundesverfassungsgerichts, FF 2011, 102; *Grandel,* Unterhaltsberechnung bei „gleichrangig" berechtigten Ehegatten außerhalb des Mangelfalls, NJW 2008, 796; *Griesche,* Die neue Rechtsprechung des BGH zu den wandelbaren ehelichen Verhältnissen und ihre Auswirkungen auf den Bedarf des Unterhaltsberechtigten im Ehegattenunterhaltsrecht, FPR 2008, 63; *Gröning,* Vorsorgeunterhalt und Elementarunterhalt, FamRZ 1982, 459; *Gröning,* Elementarunterhalt und Vorsorgeunterhalt, FamRZ 1984, 736; *Gutdeutsch,* Zur integrierten Berechnung des Vorsorge- und Grundunterhalts, FamRZ 1989, 451; *Gutdeutsch,* Die Berechnung des Erwerbsbonus bei Vorabzug von Kindesunterhalt (Bonusbegrenzung), FamRZ 1994, 346; *Gutdeutsch,* Noch einmal der Bonus, FamRZ 1994, 1161; *Gutdeutsch,* Vorsorgeunterhalt und Pflegeversicherung, FamRZ 1994, 878; *Gutdeutsch,* Vorschläge zur Bedarfsbemessung und Kürzung nach § 1581 BGB bei gleichrangigen Unterhaltsansprüchen von Ehegatten, FamRZ 1995, 327; *Gutdeutsch,* Splittingvorteil in Bedarf, Leistungsfähigkeit und Selbstbehalt, FamRZ 2004, 501; *Gutdeutsch,* Additionsmethode bei Gleichrang von zwei Ehegatten, FamRZ 2006, 1072; *Gutdeutsch,* Wie weit kann das Unterhaltsrecht vereinfacht werden? Zum vorgeschlagenen Wegfall der Kontrollberechnung und zum tatrichterlichen Ermessen, FamRZ 2006, 1502; *Gutdeutsch,* Unterhaltsberechnung bei Patchwork-Familien, FamRZ 2006, 1724; *Gutdeutsch,* Unterhaltsreform, gleichrangige betreuende Elternteile und der Bedarf, FamRZ 2007, 2035; *Gutdeutsch,* Erwerbstätigenbonus und Bedarfskorrektur im Mangelfall, FamRZ 2008, 736; *Gutdeutsch,* Herabsetzung des Selbstbehalts bei Zusammenleben, FamRZ 2008, 2240; *Gutdeutsch,* Vorrang wegen Kindesbetreuung, FF 2008, 488; *Gutdeutsch,* Zur gegenseitigen Abhängigkeit von Kindesunterhalt und Gattenunterhalt, FamRZ 2009, 1022; *Gutdeutsch,* Die Drittelmethode kann nicht verfassungswidrig sein, FamRZ 2010, 1874; *Gutdeutsch,* Konkurrenz von zwei Ehegatten – wie geht es weiter?, FamRB 2011, 148; *Gutdeutsch,* Dreiteilung bei Leistungsfähigkeit statt Bedarf, FamRZ 2015, 96; *Gutdeutsch,* Vorsorgeunterhalt und Drittelmethode, FamRZ 2016, 184; *Gutdeutsch/Zieroth,* Verbrauchergeldparität und Unterhalt – Bedarfskorrektur bei Auslandsberührung, FamRZ 1993, 1152; *Hachenberg,* Die Drittelmethode des BGH – ein Irrweg?, FF 2010, 442; *Hampel,* Probleme des Altersvorsorgeunterhalts, FamRZ 1979, 249; *Hampel,* Aktuelle Fragen zur Bemessung des nachehelichen Unterhalts, FamRZ 1989, 113; *Hampel,* Quotenunterhalt und voller Unterhalt, FamRZ 1981, 851; *Hampel,* Zur Bemessung des Ehegattenunterhalts, FamRZ 1984, 621; *Hampel,* Bemessung des Unterhalts, 1994; *Hampel,* Bemessung des Unterhalts gleichrangig berechtigter Ehegatten, FamRZ 1995, 1177; *Hauß,* Verbraucherinsolvenz und Unterhalt, FamRZ 2006, 306; *Hauß,* Unterhalt und Verbraucherinsolvenz, FamRZ 2006, 1496; *Hauß,* Fünf Mal anders – Unterhalt für die F2, FamRB 2011, 183; *Hauß,* Woanders ist Ausland – Unterhaltsbemessung bei Auslandsbezug, FamRBint 2013, 102; *Heiß,* Karrieresprung und eheliche Lebensverhältnisse, FPR 2008, 69; *Hohloch,* Die Versagung der Restschuldbefreiung in der Verbraucherinsolvenz und ihre Bedeutung für das Unterhaltsrecht, FPR 2006, 77; *Hoppenz,* Fiktive Einkommensverhältnisse im Unterhaltsrecht, NJW 1984, 2327; *Hoppenz,* Schulden im Unterhaltsrecht, FamRZ 1987, 324; *v. Hornhardt,* Differenz- und Anrechnungsmethode bei der Berechnung des Ehegattenunterhalts, NJW 1982, 17; *Huber,* Die Ehewohnung in der Trennungszeit – Nutzungsvergütung oder Trennungsunterhalt, FamRZ 2000, 129; *Hütter,* Der Existenzminimumbericht, das Existenzminimum der Frau, Synergieeffekte und Kindergartengebühren, FamRZ 2009, 5; *Jacob,* Integrierte Berechnung des Vorsorge- und Grundunterhalts, FamRZ 1988, 997; *Keller,* Der Unterhaltsanspruch als Insolvenzforderung und die Stellung des Unterhaltsgläubigers im Insolvenzverfahren, NZI 2007, 143; *Kemper,* Werteverzehr und AfA-Kürzung, FamRZ 2003, 1430; *Klauser,* Beweislast und Beweismaß im Unterhaltsprozeß, MDR 1982, 529; *Klauser,* Zur Arbeitspflicht des Unterhaltsgläubigers und des Unterhaltsschuldners, MDR 1980, 448; *Kleffmann,* Verfassungswidrigkeit der Dreiteilungsmethode – back to the roots!, FPR 2012, 162; *Kleinle,* Der Ärger mit der AfA, FamRZ 1998, 1346; *Kleinwegener,* Der Dienstwagen im Unterhaltsrecht, FF 2015, 150; *Klingelhöffer,* Unterhaltsrechtliche und güterrechtliche Auswirkungen von Abfindungen, BB 1997, 2216; *Klinkhammer,* Die bedarfsorientierte Grundsicherung nach dem GSiG und ihre Auswirkungen auf den Unterhalt, FamRZ 2002, 997; *Klinkhammer,* Grundsicherung und Unterhalt, FamRZ 2003, 1793; *Klinkhammer,* Änderungen im Unterhaltsrecht nach „Hartz IV“, FamRZ 2004, 1909; *Klinkhammer,* Die Düsseldorfer Tabelle nach der Unterhaltsrechtsreform (Stand: 1.1.2008), FamRZ 2008, 193; *Klinkhammer,* Brauchen wir noch die ehelichen Lebensverhältnisse?, FF 2009, 140; *Klinkhammer,* Die Auslegung der ehelichen Lebensverhältnisse nach § 1578 I S. 1 BGB und die Drittelmethode, FamRZ 2010, 1777; *Kogel,* Doppelberücksichtigung von Abfindungen und Schulden im Unterhalt und Zugewinnausgleich – Ein Diskussionsbeitrag auch zur Anwaltshaftung, FamRZ 2004, 1614; *Krause,* Bedarfskorrektur bei Auslandsberührung, FamRZ 2002, 145; *Krause,* Die Optimierung des Realsplittingvorteils nach § 10 I Nr. 1 EStG, FamRZ 2003, 899; *Krause,* Altersvorsorgeunterhalt – eine Chance für den Pflichtigen, FamRZ 2003, 1617; *Krause,* Der Einfluss von Schulden und Kindesunterhalt auf den Erwerbstätigenbonus, FamRZ 2005, 8; *Krenzler,* Zum Vorsorgeunterhalt und seiner Bemessung, FamRZ 1979, 877; *Krenzler,* Unterhalt „nach den ehelichen Lebensverhältnissen“ – Dogmatische Grundlage und ihre Konsequenzen, FamRZ 1990, 221; *v. Krog,* Unterhaltspflicht und verschuldete Leistungsunfähigkeit, FamRZ 1984, 539; *Krumm,* Die Bagatellgrenze im Rahmen des Aufstockungsunterhalts, FamRZ 2012, 1781; *Kuhnigk,* Die Bedarfsberechnung beim Kindesunterhalt durch Verdoppelung der Tabellenbeträge, FamRZ 2002, 923; *Laier,* Differenzmethode oder Anrechnungsmethode?, FamRZ 1993, 392; *Langheim,* Die Ermittlung des geldwerten Vorteils für die private Nutzung eines Dienstwagens im Unterhaltsrecht, FamRZ 2009, 665; *Laws,* Unterhaltsrechtliche Pauschalkappung linearer Abschreibungspositionen, FamRZ 2000, 588; *Luthin,* Zum Bedarf nach den ehelichen Lebensverhältnissen unter besonderer Berücksichtigung der Rechtsprechung des Bundesgerichtshofs, FamRZ 1988, 1109; *Maier, J.,* Bedarfsbestimmung nach den nicht mehr wandelbaren ehelichen Lebensverhältnissen, FuR 2011, 182; *Maier, K. C.,* Die Bemessung des Vorsorgeunterhalts, FamRZ 1992, 1259; *Maier, W.,* Die gleiche Teilhabe der Ehegatten am gemeinsam Erwirtschafteten im Unterhaltsrecht, NJW 2002, 3359; *Maier, W.,* Vom Unterhalt bei Vermögensauseinandersetzung, FamRZ 2006, 897; *Maurer,* Zur Qualifikation arbeitsrechtlicher Abfindungen – Unterhaltsrecht oder Güterrecht?, FamRZ 2005, 757; *Maurer,* Kindergartenbeiträge: Ein Massenphänomen ohne unterhaltsrechtliche Bedeutung?, FS Schwab, 2005, 823 = FamRZ 2006, 663; *Maurer,* Zum „Maß des Unterhalts nach den ehelichen Lebensverhältnissen“, FamRZ 2008, 1985; *Maurer,* Der nacheheliche Unterhalt nach dem UÄndG 2007, FamRZ 2008, 2157; *Maurer,* Fremdbetreuungskosten, FF 2009, 410; *Maurer,* Der nacheheliche Unterhalt nach der verfassungsgerichtlichen Verwerfung der „Dreiteilung“, FamRZ 2011, 849; *Maurer,* Unterhalt aus arbeitsrechtlicher Abfindung, FamRZ 2012, 1685; *Mayer,* Additionsmethode statt Differenzmethode, FamRZ 1992, 138; *Melchers/Hauß,* Unterhaltsrecht und Verbraucherinsolvenz, 2003; *Möller,* Berechnung der Drittelobergrenze, FamRZ 1997, 405; *Müller, W.,* Mehrarbeit bei der Unterhaltsberechnung, DAVorm 1987, 81; *Müller,* Steuerentlastung für Unterhaltszahlungen an Ehegatten, DAVorm 1988, 961; *Müller,* Vorruhestand und Altersteilzeit – auch für Unterhaltspflichtige?, ZfJ 1999, 297; *Nickl,* Die steuerliche Abschreibung bei der Berechnung des unterhaltsrechtlich relevanten Einkommens bei Selbstständigen, FamRZ 1986, 1219; *Norpoth,* Die eingeschränkte Berücksichtigung von Tilgungsleistungen auf Hausdarlehen, FamRZ 2008, 2245; *Obermann,* Die „ehelichen Lebensverhältnisse“ im nachehelichen Unterhalt, NZFam 2014, 577; *Pauling,* Unterhaltskonkurrenz zweier Ehegatten nach Verwerfung der Dreiteilungsmethode, NJW 2012, 194; *Perleburg-Kölbel,* Unterhaltsrecht und Wahl der Steuerklasse, NZFam 2015, 904; *v. Pückler,* Der Ausgleich konkurrierender Unterhaltsansprüche, 2014 (zugl. Diss. Gießen); *Quambusch,* Zum Verhältnis der Unterhaltsansprüche des volljährigen Kindes und des geschiedenen Ehegatten, ZfG 1990, 417; *Rauscher,* Surrogatsthese wider ökonomische Logik, FF 2005, 135; *Reinken,* Kinderbetreuungskosten – Wo werden sie unterhaltsrechtlich berücksichtigt?, FPR 2008, 90; *Reinken,* Der Familienzuschlag im Unterhaltsrecht, NZFam 2015, 1142; *Richter,* Der Halbteilungsgrundsatz, FS Rebmann, 1989, 675; *Riegner,* Die Verteilung des Erwerbseinkommens zwischen Ehegatten: Unterhaltsleitlinien 1996 und Rechtsprechung des Bundesgerichtshofs, FamRZ 1997, 257; *Riegner,* Grundzüge der Nürnberger Tabelle, FamRZ 1996, 988; *Riegner,* „Angemessener“ Wohnwert und Leistungsfähigkeit des unterhaltspflichtigen Ehegatten, FamRZ 2000, 265; *Röthel,* Erwerbstätigenbonus und Halbteilungsgrundsatz, FamRZ 2001, 328; *Romeyko,* Der private Nutzungswert des Geschäftswagens, FamRZ 2004, 242; *Schlünder,* Das „Maß des Unterhalts nach den ehelichen Lebensverhältnissen“, FamRZ 2009, 487; *Schmidt,* Anforderungen und Erwerbsbemühungen, NZFam 2015, 737; *Schöppe-Fredenburg,* Das betriebliche Auto des Selbstständigen im Unterhaltsrecht, FuR 1998, 153; *Scholz,* Von der Anrechnungs- zur Differenzmethode – Wirft das Urteil des BGH vom 13.6.2001 neue Gerechtigkeitsprobleme auf?, FamRZ 2003,

265; *Scholz,* Änderungen der Rechtsprechung und Gesetzesinitiativen beim Kindergeld, FPR 2006, 29; *Scholz,* Die Neuregelung der steuerlichen Förderung von Kinderbetreuungskosten und ihre Auswirkungen auf den Unterhalt, FamRZ 2006, 737; *Scholz,* Die Beteiligung des betreuenden Elternteils am Barunterhalt, FamRZ 2006, 1728; *Schürmann,* Entnahmen – Einblicke in die Lebensverhältnisse, FamRZ 2002, 1149; *Schürmann,* Kindergeld und Unterhalt – ein weiterhin ungelöstes Problem, FamRZ 2003, 489; *Schürmann,* Unterhaltsrechtliche Leitlinien, FamRZ 2005, 490; *Schürmann,* Der Abschied vom Stichtagsprinzip – was bleibt von den ehelichen Lebensverhältnissen?, NJW 2006, 2301; *Schürmann,* Art. 6 Abs. 5 GG – wohin führt die Gleichstellung ehelicher und nichtehelicher Kinder?, FF 2007, 235; *Schürmann,* Fiktives Erwerbseinkommen – Voraussetzungen und Berechnungen, FuR 2011, 187; *Schürmann,* Kindergeld – ein ständiger Unruhestifter im Familienrecht, FamRZ 2011, 1625; *Schulte,* Kann die Düsseldorfer Tabelle durch eine stufenlose Quotenberechnung von Ehegatten- und Kindesunterhalt ersetzt werden?, FamRZ 1991, 639; *Schumann,* Zur Gleichbehandlung ehelicher und nichtehelicher Eltern-Kind-Verhältnisse, FF 2007, 227; *Schwab, D.,* Maß für Maß, FamRZ 1986, 128; *Schwab, D.,* Zur Sättigungsgrenze beim Unterhalt geschiedener Ehegatten, FamRZ 1982, 456; *Schwab, D.,* Alles, nur nicht eheähnlich!, FamRZ 2003, 16; *Schwab, D.,* Ehe- und Scheidungsvereinbarungen in Zeiten wandelbaren Familienrechts, FamRZ 2015, 1661; *Schwamb,* Der Unterhaltsbedarf nach den ehelichen Lebensverhältnissen und die Leistungsfähigkeit des Verpflichteten bei Anspruchskonkurrenzen, MDR 2012, 557; *Schwamb,* Das Ende der Drittelmethode – mit zu heißer Nadel gestrickt …, FamRB 2011, 120; *Söpper,* Zum Unterhalt der Ehefrau nach den ehelichen Lebensverhältnissen, FamRZ 2000, 13; *Soyka,* Unterhaltsbemessung zwischen Gesetz, Richtlinien und freier richterlicher Entscheidung, FF 2004, 164; *Soyka,* Der Wandel der ehelichen Lebensverhältnisse, FuR 2008, 264; *Spangenberg,* Wider den trennungsbedingten Mehrbedarf, FamRZ 1991, 269; *Spangenberg,* Der „tabellarische Mindestsatz" des unterhaltsberechtigten Ehegatten, FamRZ 1995, 1038; *Spangenberg,* Der Erwerbstätigenbonus, FamRZ 2002, 1388; *Spangenberg,* Unterhaltsbemessung nach Einsatzbeträgen, FamRZ 2004, 239; *Spangenberg,* Kindergeld und Ehegattenunterhalt, FamRZ 2010, 255; *Spangenberg,* Abschied vom Erwerbstätigenbonus?, FamRZ 2011, 701; *Spangenberg,* Die Unterhaltsverpflichtungen aus Altersversorgung, FF 2012, 28; *Spangenberg,* Boni in der Unterhaltsbemessung, FamRZ 2014, 440; *Stein, Th.,* Entnahmen im Unterhaltsrecht, FamRZ 1989, 343; *Stein, Th.,* Ersparte Aufwendungen, NZFam 2016, 255; *Stollenwerk,* Behandlung von Verbindlichkeiten aus der allgemeinen Lebensführung, FPR 2006, 466; *Streicher,* Die Bedeutung des Arbeitslosengelds II für die Berechnung von Kindesunterhaltsansprüchen, FPR 2005, 438; *Strohal,* Jahreswagen und Unterhalt, FamRZ 1995, 459; *Strohal,* Der Vorruhestand im Unterhaltsrecht, FamRZ 1996, 197; *Strohal,* Einflüsse der Rentenreform 2001 auf die Unterhaltsberechnung, FamRZ 2002, 277; *Struck/Molkentin,* Probleme der Gesetzgebung zu Härtefällen des Altersvorsorgeunterhalts, FamRZ 1985, 342; *Theurer,* Umgangskosten – Wem sind sie zuzuordnen? Wer trägt sie?, FamRZ 2004, 1619; *Tischler,* Übersicht zu den Problemen bei einer fiktiven Einkommensberechnung unter Außerachtlassung oder Hinzurechnung von Steuervergünstigungen aus steuerrechtlicher Sicht, FPR 2008, 79; *Többens,* Das unterhaltsrechtliche Problem der Kaufkraftbereinigung bei grenzüberschreitenden Sachverhalten, FamRZ 2016, 597; *Unger/Unger,* Unterhalt bei im Ausland lebenden Unterhaltsgläubigern oder Unterhaltsschuldnern nach dem Wegfall der Statistik zur Verbrauchergeldparität, FPR 2013, 19; *Vieſhues,* Altersteilzeit und Vorruhestand, FF 2006, 103; *Vieſhues,* Einkommensbestimmung des geschiedenen wiederverheirateten unterhaltspflichtigen Ehegatten, FPR 2008, 74; *Vogt,* Nachteilsausgleichung und Vorteilsteilhabe bei der Zustimmung zum begrenzten Realsplitting, NJW 1983, 1525; *Vomberg,* Die Kunst der konkreten Bedarfsberechnung oder „Dior statt Niveau, Versace statt C&A?", FF 2012, 436; *Vossenkämper,* Hinweise zur Berliner Tabelle ab 1.7.2005, FamRZ 2005, 1290; *Weidlich,* Die Auswirkungen des Ehegattensplittings auf den Nachteilsausgleich beim begrenzten Realsplitting, FamRZ 2007, 1602; *Weil,* Die konkrete Berechnung des Krankenvorsorgeunterhaltes, FamRZ 2016, 684; *Wellenhofer,* Drittelmethode – und was kommt danach?, FF 2011, 144; *Weychardt,* Zur Bemessung des Ehegattenunterhalts: Differenz- oder Abzugsmethode, NJW 1984, 2328; *Weychardt,* Zum „Halbteilungsgrundsatz" beim nachehelichen Unterhalt, FamRZ 1989, 239; *Wönne,* Erwerbsobliegenheit und ausreichende Erwerbsbemühungen – Rechtsprechung und Beweisführung in der Praxis, FF 2013, 476; *Wohlgemuth,* Die angemessenen Wohnvorteile beim Familieneigenheim. Abschied von der Drittelobergrenze?, FamRZ 1999, 621; *Wohlgemuth,* Unterhalt und Insolvenz, FamRZ 2005, 2035; *Wohlgemuth,* Verbraucherinsolvenz und Unterhalt, FamRZ 2006, 308; *Wohlgemuth,* Einkommensprognose beim Unterhalt und Abänderungsklage, FamRZ 2008, 2081.

**2. Unterhaltstabellen: Berliner Tabelle** als Vortabelle zur Düsseldorfer Tabelle ab Stand 1.7.1998 bis 31.12.2007 www.juris.de, ab Stand 1.7.2001 bis 31.12.2007 www.famrb.de. – **Bremer Tabelle** zur Berechnung des Altersvorsorgeunterhalts, Stand 1.1.2019, FamRZ 2019, 275; ab Stand 1.1.2006 www.juris.de, ab Stand 1.1.2002 www.famrb.de. – **Düsseldorfer Tabelle,** Stand 1.1.2019, FamRZ 2019, 17 (zu den Tabellen ab Stand 1.1.2015 → § 1610 Rn. 45–47, ab Stand 1.1.1996 s. www.juris.de, ab Stand 1.7.2005 s. www.famrz.de/arbeitshilfen/duesseldorfer-tabelle, ab Stand 1.1.2002 www.famrb.de).

**3. Übersichten: Zur Berechnung der Altersvorsorge:** *Gutdeutsch,* Altersvorsorgeunterhalt – Tabellarische Übersicht auf der Grundlage der *Bremer Tabelle,* Stand 1.1.2018, FamRZ 2018, 326; ab Stand 1.1.2002 www.famrb.de. – **Zum Kindesunterhalt:** *Vossenkämper,* Zusammenstellung der Tabellenbedarfs-, Kindergeldabzugs- und Unterhaltszahlbeträge ab 1.1.2009 für Kinder der 1. bis 4. Altersstufe, FamRZ 2009, 184; ab 1.1.2010 FamRZ 2010, 177; ab 1.1.2011 FamRZ 2011, 263; ab 1.1.2012 FamRZ 2012, 271. – **Arbeitshilfen:** *Schürmann,* Arbeitshilfen 2012 zum Unterhalt, FamRZ 2012, 268; **Realsplitting-Tabellen:** www.famrb.de.

**4. Unterhaltsrechtliche Leit- und Richtlinien der Oberlandesgerichte:** ab Stand 1.1.2002 www.famrb.de Unterhaltsleitlinien und -tabellen; ab Stand 1.1.2010 www.famrz.de.

**5. Verbrauchergeldparität:** Verbrauchergeldparitäten und Devisenkurse ausgewählter Länder, FamRZ 1993, 1158; Internationaler Vergleich der Verbraucherpreise ausgewählter Länder, FamRZ 2005, 1408; Ländergruppeneinteilung ab 2004 – Berücksichtigung ausländischer Verhältnisse, FamRZ 2007, 1433; Internationaler Vergleich der Verbraucherpreise, FamRZ 2009, 15; FamRZ 2010, 98. – Ländergruppeneinteilung des Bundesfinanzministeriums www.bundesfinanzministerium.de Suchbegriff „Ländergruppeneinteilung"; Aktuelle Daten des Statistischen Bundesamts bis einschließlich 2009 im Internet unter www.destatis.de Verbraucherpreise: Internationaler Vergleich der Verbraucherpreise – Fachserie 17 Reihe 10; „Teuerungsziffern für den Kaufkraftausgleich bei Auslandsbesoldung" www.destatis.de Suchwort „Teuerungsziffern" „Kaufkraftausgleich"; Statistisches Amt der Europäischen Union (Eurostat) „Vergleichende Preisniveaus des Endverbrauchs der privaten Haushalte einschließlich indirekter Steuern" unter http://ec.europa.eu/eurostat/tgm/table.do?tab=table&init=1&language=de&pcode=tec00120&plugin=.

**Übersicht**

## A. Allgemeines

### I. Normzweck

Der nacheheliche Unterhalt bemisst sich nach dem **gesamten Lebensbedarf** des Bedürftigen 1 (Abs. 1 S. 2). Er bestimmt sich nach der Lebensstellung des Bedürftigen (ebenso § 1610 Abs. 2 S. 1, Abs. 1 zum Verwandtenunterhalt), die sich von den „ehelichen Lebensverhältnissen" ableitet (Abs. 1

S. 1; zur Bestimmung der Angemessenheit einer Erwerbstätigkeit → § 1574 Rn. 10–55). – Zum **Verbot der Doppelberücksichtigung** von Einkünften und Verbindlichkeiten sowohl beim Unterhalt als auch im güterrechtlichen Ausgleich → § 1569 Rn. 38–45.

2 Diese **Lebensstandardgarantie** wurde durch die Billigkeitsklauseln in Abs. 1 S. 2, 3 idF des UÄndG 1986 (→ Vor § 1569 Rn. 2) aufgelockert, um bei starker Verbesserung des Lebensstandards durch die Ehe, wenn sie nicht lange gedauert hat und aus ihr keine Kinder hervorgegangen sind, den Bedürftigen nach einer Übergangszeit auf seinen vor der Ehe bestehenden Lebensstandard zu verweisen (→ § 1569 Rn. 21).[1] Durch die Regeln zur Begrenzung des nachehelichen Unterhalts in § 1578b idF des UÄndG 2007 (→ Vor § 1569 Rn. 9) wurde sie zugunsten der **nachehelichen Eigenverantwortung** weiter stark eingeschränkt.

3 **Abs. 2** gewährleistet – teilweise abweichend vom Recht auf Verwandten- und Trennungsunterhalt – die soziale Absicherung **(Krankheits- und Altersvorsorge)** und die **Ausbildung** des Bedürftigen auf einen Stand, der ihm eine möglichst weitgehende eigenverantwortliche Bestreitung seines Lebensbedarfs erlaubt.

## II. Anwendungsbereich

4 § 1578 gilt direkt nur für den Unterhalt nach **Scheidung** der Ehe. Für die Ehegatten einer **aufgehobenen Ehe** gilt er eingeschränkt unter den Voraussetzungen des § 1318 Abs. 2 (→ § 1318 Rn. 3–11). Demgegenüber gilt er nach der **Aufhebung einer Lebenspartnerschaft** ohne Einschränkungen entsprechend (§ 16 S. 2 LPartG, → LPartG § 16 Rn. 10).

5 Nicht anzuwenden ist § 1578 auf
- den **Familienunterhalt,** für den sich der Bedarf nach § 1360a Abs. 1 bestimmt.
- den **Trennungsunterhalt,** für den sich der Bedarf rechtlich nach § 1361 Abs. 1 S. 1 Hs. 1 bestimmt. In der Rechtsanwendung ergeben sich jedoch keine Unterschiede.[2]
- den **Verwandtenunterhalt** (§ 1610) und
- den **Unterhalt nicht miteinander verheirateter Eltern** (§§ 1615l Abs. 3 S. 1, 1610).

## III. Rechtsnatur

6 Der Unterhaltsanspruch setzt sich zusammen
- aus seiner **Tatbestandsmäßigkeit** nach den §§ 1570–1573, 1575–1576
- sowie aus seiner **Höhe** (→ Rn. 7).

7 Die **Höhe** des Unterhalts richtet sich
- nach dem **Bedarf** nach den ehelichen Lebensverhältnissen (§ 1578); ihm entspricht der volle Unterhalt nach § 1573 Abs. 2 und § 1577 Abs. 2 S. 1,[3]
- nach der **Bedürftigkeit** (§ 1577), also danach, welcher finanziellen Mittel der Berechtigte (noch) bedarf, um seinen Bedarf nach den ehelichen Lebensverhältnissen zu decken,
- nach der **Leistungsfähigkeit** des Verpflichteten (§ 1581) und – damit zusammenhängend –
- nach dem **Rang** des Berechtigten (§§ 1582, 1609),
- sowie danach, inwieweit der bestehende Unterhaltsanspruch seiner Höhe und Dauer nach **begrenzt** werden kann (§§ 1578b, 1579).

8 Bedarf und eheliche Lebensverhältnisse sind **unbestimmte Rechtsbegriffe,**[4] die der wertenden Ausfüllung bedürfen. Maßstab sind dabei grundsätzlich die Verhältnisse, in denen die Ehegatten während ihres **ehelichen Zusammenlebens** gelebt haben. Sie bestimmen sich nach den Einkommens- und Vermögensverhältnissen beider Ehegatten, soweit sie zur Bestreitung des ehelichen Lebensbedarfs herangezogen worden sind, einschließlich ihrer Schuldverpflichtungen. Korrekturen dieser individuellen Lebensgestaltung nach den finanziellen Verhältnisse können sich nach **Treu und Glauben** (§ 242) lediglich peripher ergeben (→ Rn. 15).

## IV. Maß des Unterhalts

9 „Der Unterhalt umfasst den gesamten Lebensbedarf" (§ 1578 Abs. 1 S. 2). Zum Lebensbedarf gehört – als seinem wichtigsten Bestandteil – der **Elementarbedarf,** der dem Berechtigten die Bestreitung der Kosten des täglichen Lebens ermöglichen soll. Hinzu kommt für alle Unterhaltstatbestände der **Kranken-** und **Pflegevorsorgebedarf** (Abs. 2 Hs. 1). Wird der Berechtigte auf eine

---

[1] BT-Drs. 10/2888, 19. Zur Textgeschichte ausführlich → 3. Aufl. 1993, Rn. 2.

[2] BGH NJW 1999, 717 = FamRZ 1999, 367 (368 f.); NJW 1984, 1537 = FamRZ 1984, 356 (357); NJW 1982, 1870 (1871) = FamRZ 1982, 576.

[3] BGH NJW 1983, 933 (936) = FamRZ 1983, 146.

[4] BeckOGK/*Witt,* 1.2.2019, Rn. 7; Erman/*Maier* Rn. 6; RGRK-BGB/*Cuny* Rn. 3; *Graba* FamRZ 2004, 1 (4).

Aus- oder Weiterbildung verwiesen (§ 1574) oder verlangt er für eine solche Unterhalt (§ 1575), erstreckt sich der Lebensbedarf zudem auf die **Schul-** und **Ausbildungskosten** (Abs. 2 Hs. 2). **Altersvorsorgebedarf** – dem in der Praxis neben dem Elementarunterhalt die größte Bedeutung beikommt, weil der bedürftige Ehegatte allermeist aufgrund eigener Erwerbstätigkeit bereits für den Kranken- und Pflegevorsorgebedarf in der gesetzlichen Versicherung abgesichert ist – wird nur für Unterhalt nach den §§ 1570–1573, 1576 und nicht auch für den Ausbildungsunterhalt (§ 1575) geschuldet (Abs. 3).

Da der Unterhalt den **gesamten Lebensbedarf,** mithin auch **Mehrbedarf** (→ Rn. 179–352) und **Sonderbedarf** (→ Rn. 360–376) umfasst, folgt bereits aus Abs. 1 S. 2, dass die in Abs. 2 und 3 ausdrücklich aufgeführten Bedarfe geschuldet sind. Ihre Aufzählung als die neben dem Elementarbedarf praktisch wichtigsten Positionen ist nicht rechtsbegründend, sondern nur beispielhaft.[5] Eine rechtsgestaltende Einschränkung erfährt allerdings der Altersvorsorgeunterhalt insoweit, als er nicht auch für den Unterhalt wegen Ausbildung, Fortbildung und Umschulung (§ 1575) geschuldet wird (→ Rn. 261, → § 1575 Rn. 43). 10

## B. „Eheliche Lebensverhältnisse"

### I. Begriff

**Zentraler Begriff** für die Bestimmung des Bedarfs eines geschiedenen unterhaltsberechtigten Ehegatten, der in Abs. 1 S. 1 nicht weiter konkretisiert wird, sind die „ehelichen Lebensverhältnisse"; sie entsprechen den „Lebensverhältnissen der Ehegatten" in § 58 Abs. 1 EheG.[6] Dadurch sollten den Ehegatten die bereits während ihres ehelichen **Zusammenlebens** bestehenden Verhältnisse auch nach der Scheidung grundsätzlich erhalten werden, ohne dass damit eine unabdingbare Festschreibung der maßgeblichen Umstände und Beträge zu einem bestimmten Stichtag, dem „Zeitpunkt der Scheidung",[7] bezweckt war (→ Rn. 42–48). 11

Der mit den „ehelichen Lebensverhältnissen" vorgegebene **Prüfungsmaßstab** ermöglicht, die für die Bemessung des Unterhaltsbedarfs maßgeblichen Gesichtspunkte von denen zu trennen, die der Ehe und der gemeinsamen Lebensleistung der Ehegatten nicht mehr zugeordnet werden können. Dies wird auch durch das UÄndG 2007 und der mit ihm beabsichtigten Stärkung der **nachehelichen Eigenverantwortung** (→ § 1569 Rn. 18) nicht in Frage gestellt, weil diese – entgegen der Entwicklung der höchstrichterlichen Rspr. seit dem Urteil des BGH vom 13.6.2001[8] – nicht die Bedarfsbemessung des § 1578 Abs. 1, sondern ausschließlich die Bedarfsdeckung betrifft, nämlich die Erwerbsobliegenheit insbesondere des Bedürftigen sowie die Begrenzung des Unterhaltsanspruchs nach § 1578b. 12

### II. Maßstab

Der Bedarf bemisst sich nach den „ehelichen Lebensverhältnissen" (Abs. 1 S. 1). Diese bestimmen sich nicht nach sozialhilferechtlichen Maßstäben, sondern nach **wirtschaftlichen Gesichtspunkten** und werden durch die während der Ehe **nachhaltig,** mithin dauerhaft erzielten und für Unterhaltszwecke zur Verfügung stehenden finanziellen Mittel der Ehegatten geprägt, soweit diese dazu bestimmt sind, den laufenden Lebensbedarf zu decken (→ Rn. 17, 21, 52).[9] Dazu müssen die ehelichen Finanzen dauernden Bestand gewonnen haben oder wenigstens die Gewähr für Stetigkeit bieten und für den Lebensbedarf beider Ehegatten auch zur Verfügung gestanden haben. 13

Maßstab ist das **gemeinsame** Wirtschaften der Ehegatten auf der Grundlage ihres Lebensplans und die **Zumutbarkeit** der bedarfsprägenden Berücksichtigung von Veränderungen. Dem steht 14

---

5 Soergel/*Häberle* Rn. 2; offengelassen mangels praktischer Relevanz von BeckOGK/*Witt,* 1.2.2019, Rn. 4.

6 Dazu etwa BGH NJW 2006, 201 = FamRZ 2006, 317 (320); NJW-RR 1989, 1154 = FamRZ 1990, 258 (259); NJW-RR 1987, 516 = FamRZ 1987, 257 (259). – Sie entsprechen auch den „Lebensverhältnissen der Ehegatten" in § 1361 Abs. 1 S. 1 Hs. 1, BGH NJW 1984, 1537 = FamRZ 1984, 356 (357); → § 1361 Rn. 6–15.

7 Dazu BT-Drs. 7/650, 136.

8 BGHZ 148, 105 = NJW 2001, 2254 = FamRZ 2001, 986 ff.

9 Etwa BGH NJW 1995, 1486 (1487) = FamRZ 1995, 537; NJW 1992, 2477 = FamRZ 1992, 1045 (1047); NJW 1987, 58 = FamRZ 1986, 783 (785); NJW-RR 1986, 1002 = FamRZ 1986, 780 (781); NJW 1985, 803 = FamRZ 1985, 354 (356); NJW 1983, 933 = FamRZ 1983, 146 (149); BeckRS 1982, 31071364 = FamRZ 1982, 684; NJW 1982, 1870 = FamRZ 1982, 576 (577); NJW 1982, 1873 = FamRZ 1982, 255 (257), NJW 1980, 124 (125 f. = FamRZ 1980, 40. – Verfassungsrechtlich nicht zu beanstanden, BVerfG NJW 1993, 2926 = FamRZ 1993, 171 (172).

nicht entgegen, dass das nacheheliche Unterhaltsrecht den ehelichen **Lebensstandard** nicht absolut garantiert,[10] weil dies zwar für die Leistungsfähigkeit einschließlich des Rangs, nicht jedoch für den Bedarf gilt.[11] Auch nicht die **nacheheliche Eigenverantwortung** (→ § 1569 Rn. 18), die nicht das Maß des Unterhalts nach den ehelichen Lebensverhältnissen bestimmt, sondern die Erwerbsobliegenheiten.[12]

15 Maßgebend ist, wie die Lebensverhältnisse in der Ehe tatsächlich **gehandhabt** worden sind – also das tatsächliche **Konsumverhalten** der Ehegatten (→ Rn. 156, 157, zu den **Privatentnahmen** → Rn. 456–463) –, solange und soweit sich die Ehegatten vom Standpunkt eines vernünftigen Betrachters aus nach einem **objektiven Maßstab** in einem wirtschaftlich sinnvollen und angemessen erscheinenden Rahmen gehalten haben. Sowohl eine freiwillig zu **dürftige** Lebensführung **(„Geizkragenehe")** als auch **übertriebener** Aufwand (**„Luxus-"** oder **„Verschwenderehe"**, auch → § 1361 Rn. 6)[13] bleiben außer Betracht, es sei denn, die Belange des anderen Ehegatten werden dadurch nicht berührt, ebenso dass ein Ehegatte einseitig Verpflichtungen eingegangen ist, die seinen Einkommensverhältnissen nicht entsprochen hat.[14]

16 Zwar ist grundsätzlich unerheblich, dass die Ehegatten mit **Vermögensbildung** (näher → Rn. 380–388) gemeinsame Zwecke zu Lasten der Lebensführung verfolgt haben.[15] Doch verwehrt dies nicht die Berücksichtigung von **Abweichungen** vom objektiven Standard im Einzelfall, wenn diesen ein wirtschaftlich vernünftiger konkreter Lebensplan – etwa der Aufbau eines Gewerbebetriebes oder der Bau eines Familienheims – zugrunde liegt, der größere Sparraten bedingt und eine Korrektur der Unterhaltsbemessung nahelegt. In diesen Zusammenhang gehört auch die **zusätzliche Altersvorsorge** (→ Rn. 329–338).

## III. Wirtschaftliche Verhältnisse

17 **1. Allgemeines.** Der Bedarf (§ 1578), die Bedürftigkeit des Berechtigten (§ 1577) und die Leistungsfähigkeit des Verpflichteten (§ 1581) werden vor allem durch die wirtschaftlichen Verhältnisse der Ehegatten bestimmt (→ Rn. 18–24). Sie richten sich grundsätzlich nach ihren **Einkommens-** und **Vermögensverhältnissen,** insbesondere nach den Einkommensverhältnissen. Da maßgeblich auf das Gesamtbild der ehelichen Lebensverhältnisse abzustellen ist, sind daneben alle **beruflichen, gesundheitlichen** und **familienbezogenen** Faktoren mit wirtschaftlichem Wert von Bedeutung, insbesondere auch der durch die Haushaltsführung und Erziehung von Kindern durch den nicht erwerbstätigen Ehegatten erreichte soziale Status. Allerdings setzt die Berücksichtigungsfähigkeit eine bestimmte **Dauerhaftigkeit** der Umstände voraus, weshalb lediglich vorübergehende Änderungen nicht zu berücksichtigen sind (→ Rn. 13, 21, 52).[16]

18 **2. Maßgebliche Einkünfte. Unterhalts-** und **steuerpflichtiges Einkommen** sind nicht identisch.[17] Allgemein ist das zu versteuernde Einkommen geringer als das Einkommen, nach dem sich der Unterhalt bemisst,[18] weil das Steuerrecht als wirtschaftspolitisches Instrument meist höhere Absetzungen zulässt als das Unterhaltsrecht, das von der familienrechtlichen Verantwortung für den Bedürftigen geprägt ist. Dies gilt in besonderem Maße für Selbstständige (→ Rn. 435–463). –

---

10 BGH NJW 2011, 147 Rn. 17 = FamRZ 2010, 1971; NJW 2009, 145 Rn. 25 = FamRZ 2009, 23 mAnm *Maurer* FamRZ 2009, 204.

11 Ebenso etwa *Brudermüller* FF 2010, 134 (137, 142); *Klinkhammer* FF 2009, 140.

12 *Maurer* FamRZ 2008, 1985 (1987 f.).

13 Zur Begrifflichkeit BeckOGK/*Witt,* 1.2.2019, Rn. 22; *Luthin* FamRZ 1988, 1109 (1110 f.); FamRZ 1983, 929.

14 Zum Ganzen BGH NJW 2008, 57 Rn. 27 = FamRZ 2007, 1532; NJW 1997, 735 = FamRZ 1997, 281 (284); NJW 1994, 2618 = FamRZ 1994, 1169 (1170); NJW-RR 1990, 323 = FamRZ 1990, 283, 285; NJW 1989, 2809 = FamRZ 1989, 1160 (1161); NJW 1989, 1920 = FamRZ 1989, 838 (839); NJW-RR 1988, 519 = FamRZ 1988, 256, 258; NJW-RR 1987, 1285 (1286); NJW-RR 1987, 194 = FamRZ 1987, 36 (37); NJW 1984, 1237 = FamRZ 1984, 358 (360 f.); NJW 1983, 2318 = FamRZ 1983, 352 (353); NJW 1982, 1645 = FamRZ 1982, 151 (152). Zum Bauherrenmodell → Rn. 513; BGH NJW 1989, 2809 = FamRZ 1989, 1160 (1161); NJW 1992, 1044 = FamRZ 1992, 423 (424); NJW-RR 1993, 898 = FamRZ 1993, 789 (792); NJW 1994, 935 = FamRZ 1994, 228 (230); NJW-RR 1995, 835 = FamRZ 1995, 869 (870 f.). Für eine konkrete Bedarfsbemessung s. OLG Düsseldorf NJW-RR 1996, 1155 = FamRZ 1996, 1418. – Nach *Luthin* FamRZ 1988, 1109 (1110 f.); FamRZ 1983, 929 ist stets nach der tatsächlichen individuellen Lebensführung zu fragen; doch stößt dies auf praktisch unüberwindliche Schwierigkeiten.

15 BGH NJW 1992, 2477 = FamRZ 1992, 1045 (1048); NJW-RR 1987, 194 = FamRZ 1987, 36 (39).

16 BGHZ 148, 105 = NJW 2001, 2254 (2257) = FamRZ 2001, 986; NJW 1999, 717 = FamRZ 1999, 367 (368).

17 Dazu näher BGH NJW 1985, 909 = FamRZ 1985, 357 (359).

18 BGH NJW-RR 1986, 66 = FamRZ 1986, 48 (49).

Einkünfte dürfen nicht nur deshalb unberücksichtigt bleiben, weil der Bedürftige bei pauschalierender Betrachtung nachehelich **ähnliche Vorteile** genießt.[19]

Zu den zu berücksichtigenden **Einkünften** → Rn. 391–655; zu **Sozialleistungen** einschließlich **Lohnersatzleistungen** → Rn. 523–574; zu **freiwilligen Zuwendungen Dritter** → Rn. 636–642; zu Einkünften aus **unzumutbarer Erwerbstätigkeit** → Rn. 472–500; zu **fiktiven** Einkünften → Rn. 657–903. 19

Es ist ein für Bedürftige wie Verpflichtete gleich **weiter Einkommensbegriff** zugrunde zu legen (allgM). Erfasst werden, beschränkt auf **zumutbar erzielte** Einkünfte, alle **geldwerten Zuflüsse,** neben **Erwerbseinkünften** insbesondere auch **Kapital**- und sonstige **Vermögenserträge** einschließlich **Gebrauchsvorteilen** als Vermögensnutzungen iSd § 100 (zum **Wohnvorteil** → Rn. 585–633).[20] 20

Die Einkünfte müssen **regelmäßig** und **nachhaltig** erzielt worden und dauerhaft sein (→ Rn. 13, 17, 52), weshalb grundsätzlich das Einkommen aus einem längeren Zeitraum heranzuziehen ist. Bei **Lohn-** und **Gehaltsempfängern** ist idR auf das Durchschnittseinkommen aus dem der Scheidung vorausgehenden Jahr (→ Rn. 391), bei **Selbstständigen** idR auf das der letzten 3 Jahre zurückzugreifen (→ Rn. 439).[21] Auch bei **Vermögenseinkünften** kann ein längerer, Schwankungen ausgleichender Zeitraum gewählt werden.[22] Zusammengerechnet bilden die **beiderseitigen Einkünfte** die für die Bestimmung der ehelichen Lebensverhältnisse maßgebenden Einkommensverhältnisse,[23] und zwar auch dann, wenn der Verpflichtete den Bedürftigen an seinen höheren Einkünften nicht oder **nur unzureichend** durch Unterhaltsleistungen beteiligt hat.[24] 21

**Unerheblich** ist, 22

- ob die Einkünfte auf **Arbeit, Vermögen** oder **öffentlich-rechtlichen Ansprüchen** beruhen oder gegen **Gegenleistung** gewährt, aus welchem **Anlass** und ob sie **zu Recht** erzielt werden,[25]

**Beispiel:**
Steuerabzug nach der Steuerklasse 3, obwohl nach der Trennung der Ehegatten ab dem Folgejahr Steuern aus der Steuerklasse 1, ggf. Steuerklasse 2 zu entrichten sind.

- die **Herkunft** der Einkünfte,[26] welchem **Ehegatten** sie zuzuordnen sind und ob sie auf **gemeinsamen Anstrengungen** der Ehegatten während der Ehe beruhen.[27]

**3. Insbesondere: Doppelverdienerehe.** In Doppelverdienerehen sollen nach der Rspr. des BGH die Einkünfte beider Ehegatten unabhängig davon heranzuziehen sein, ob sie sich (schon) zu einer **Wirtschaftsgemeinschaft** zusammengeschlossen haben (zunächst → § 1574 Rn. 31–36, auch → § 1569 Rn. 17).[28] 23

**Kritik:** 24
Doch ist dem zu **widersprechen:**[29] Haben die Ehegatten ihre ehelichen Lebensverhältnisse so gestaltet, dass sie nicht zusammengelebt und/oder nicht gemeinsam gewirtschaftet haben, ist dieser eheliche Lebensplan auch der Bestimmung der ehelichen Lebensverhältnisse zugrunde zu legen. Der Bedarf richtet sich dann allein nach der Lebensstellung des Bedürftigen, auch wenn Betreuungsunterhalt (§ 1570) geschuldet wird (vgl. Parallele zum nichtehelichen Betreuungsunterhalt nach § 1615l Abs. 3 S. 1, § 1610 Abs. 1). Unterhalt wird nur nach den wirtschaftlichen Verhältnissen des bedürftigen Ehegatten geschuldet.

---

19 BGH NJW 1998, 753 = FamRZ 1998, 87 (88 f.) (Wohnvorteil); NJW 1986, 1342 = FamRZ 1986, 437 (438 f.) (Zinserträge).

20 BGH NJW 1983, 933 = FamRZ 1983, 146 (149); s. auch KG BeckRS 2010, 14257 = FamRZ 1982, 386 (387).

21 BGH NJW 1983, 1554 = FamRZ 1983, 680 (681); NJW 1982, 1642 = FamRZ 1982, 680 (681); NJW 1982, 1645 = FamRZ 1982, 151 (152).

22 OLG München FamRZ 1999, 453.

23 BGH NJW 1981, 753 = FamRZ 1981, 241.

24 BGH NJW 1983, 2318 = FamRZ 1983, 352 (353); NJW 1980, 2349 = FamRZ 1980, 876 (877).

25 BGH NJW 1994, 134 = FamRZ 1994, 21 (22); NJW-RR 1986, 1002 = FamRZ 1986, 780 (781).

26 AA OLG Hamm BeckRS 2008, 1419 = FamRZ 1998, 1169 (1170), wenn der Verpflichtete neben einer Erwerbsunfähigkeitsrente rechtswidrig Einkünfte aus einer selbstständigen Tätigkeit erzielt hat, weil diese jederzeit wieder aufgegeben werden kann. Doch kommt es hierauf ebenso wenig an wie im Zusammenhang mit der Eheprägung auf unzumutbar erzielte Einkünfte (→ Rn. 472–500).

27 OLG Hamm FamRZ 1993, 1089 (1090).

28 BGH NJW 1980, 2349 = FamRZ 1980, 876; OLG Oldenburg NJW-RR 1995, 453 f. (ausschließlich Eigenverwendung der Einkünfte durch einen Ehegatten); OLG Düsseldorf FamRZ 1983, 1139; ebenso etwa BeckOGK/*Witt*, 1.2.2019, Rn. 23.

29 Auch OLG Naumburg OLGR 1997, 233 = FamRZ 1998, 479 Ls.; OLG Zweibrücken BeckRS 2010, 14598 = FamRZ 1982, 269 f.

### IV. Bedarfsbemessung

25 **1. Halbteilung.** Da die ehelichen Lebensverhältnisse für beide Ehegatten gleich sind, haben beide zum **Bedarf** Anspruch auf **gleichmäßige Teilhabe** an den verfügbaren finanziellen Mitteln (→ Rn. 11, 12) und auf die Hälfte des anrechnungsfähigen Einkommens (**Halbteilung,** → Rn. 158–167).[30] Dies entspricht dem vollen Unterhalt iSd Abs. 1 ohne Berücksichtigung nachehelich begründeter Unterhaltspflichten und auch ohne dem „eigenen angemessenen Unterhalt" des Verpflichteten iSd § 1581 S. 1 (näher → § 1581 Rn. 14).[31] Dabei ist die Halbteilung im Rahmen der **Leistungsfähigkeit** vor allem im Hinblick auf weitere Unterhaltsverpflichtungen dahin zu verstehen, dass dem Berechtigten nicht mehr an Unterhalt zugesprochen werden darf, als dem Verpflichteten an finanziellen Mitteln verbleibt. Unerheblich ist deshalb, wenn der Verpflichtete danach über weniger als die Hälfte seiner Einkünfte verfügt.[32]

26 **Ausnahmen** von der gleichmäßigen Teilhabe rechtfertigen nur besondere Umstände, etwa

- für **Erwerbseinkünfte,** um Erwerbstätige für den mit der Berufsausübung verbundenen Aufwand zu entlasten (zu den **berufsbedingten Aufwendungen,** zum **Erwerbsanreiz**[33] und zur Umsetzung der Halbteilung in der Praxis → Rn. 163–165),
- wenn die Ehegatten in überdurchschnittlich guten wirtschaftlichen Verhältnissen gelebt haben und der Lebensbedarf des Berechtigten deshalb **konkret** zu bemessen ist (→ Rn. 166–178).
- wenn der **Mindestbedarf** den nach der Halbteilung ermittelten Bedarf übersteigt (→ Rn. 135, 163–165).
- wenn dem Unterhaltsschuldner nicht sein **billiger Selbstbehalt** (→ § 1581 Rn. 25–57) verbleiben würde,
- in Fällen des **Bagatellunterhalts** (→ § 1577 Rn. 10, 11, → § 1581 Rn. 96).

27 **2. Bemessungsmethoden. a) Alleinverdienerehe.** Ist nur ein Ehegatte erwerbstätig, richtet sich der Bedarf des Berechtigten allein nach den Einkünften des Verpflichteten, es sei denn, der Bedürftige hat anderweitige Einkünfte, die während intakter Ehe für den allgemeinen ehelichen Lebensbedarf verwandt wurden. Nicht für den ehelichen Lebensbedarf verwandte finanzielle Mittel prägen die ehelichen Lebensverhältnisse nicht, können aber – Ausnahme etwa: freiwillige Zuwendungen Dritter und deren Erträgnisse – die Bedürftigkeit des Unterhaltsgläubigers mindernd herangezogen werden **(Anrechnungsmethode).**

28 Der BGH wandte die Anrechnungsmethode ehemals auch dann an, wenn der Bedürftige erstmals nach dem Stichtag Erwerbseinkünfte erzielte. Diese Berechnungsweise war zwar in der Bestimmung der ehelichen Lebensverhältnisse durch die wirtschaftlichen Verhältnisse der Ehegatten (→ Rn. 13) angelegt, führte aber durch die streng auf den Stichtag bezogene Betrachtung letztlich dazu, dass der Verpflichtete infolge der anzurechnenden und nicht beim Bedarf des Berechtigten zu berücksichtigenden Einkünfte einseitig entlastet wurde, ihm also entgegen der Halbteilung der vom Bedürftigen erwirtschaftete Betrag zusätzlich verblieb.

29 Diese Rspr. hat der BGH in der Entscheidung v. 13.6.2001[34] aufgegeben.[35] Die einer Haushalts- und Betreuungstätigkeit folgende Erwerbstätigkeit eines Ehegatten sieht er zunächst als deren **Surrogat** (→ Rn. 53), behandelt die aus ihr erzielten Erwerbseinkünfte als bedarfsprägend und legt der Unterhaltsberechnung nunmehr die **Differenz-/Additionsmethode** zugrunde.[36] – Zum sachlichen Zusammenhang mit dem **Stichtag** → Rn. 42–48.

30 Für die Anrechnung bleiben Einkünfte, die der Unterhaltsgläubiger zwar erzielt, die seinen Bedarf nach den ehelichen Lebensverhältnissen aber **nicht geprägt** haben.

---

30 BVerfG 105, 1 = NJW 2002, 1185 (1186) = FamRZ 2002, 527; BVerfGE 63, 88 = NJW 1983, 1417 f. = FamRZ 1983, 342; BVerfGE 47, 85 = NJW 1978, 629 (630) = FamRZ 1978, 173. Auch ständige Rspr. des BGH, s. BGH NJW 1988, 2369 = FamRZ 1988, 265 (267); NJW 1982, 41 = FamRZ 1981, 1165 (1166); NJW 1981, 1556 = FamRZ 1981, 442 (444); NJW 1981, 753 = FamRZ 1981, 241; NJW 1979, 1985 = FamRZ 1979, 692 (694); s. insbesondere BGHZ 192, 45 = NJW 2012, 384 Rn. 28, 29 = FamRZ 2012, 281.

31 BGHZ 109, 72 = NJW 1990, 1172 (1176) = FamRZ 1990, 260.

32 BGHZ 177, 356 = NJW 2008, 3213 Rn. 38 = FamRZ 2008, 1911 (zur Rechtfertigung der von ihm vormals vertretenen „Dreiteilung").

33 Ständige Rspr. des BGH, zuletzt BGHZ 166, 351 = NJW 2006, 1654 = FamRZ 2006, 683 (686) mwN.

34 BGHZ 148, 105 = NJW 2001, 2254 = FamRZ 2001, 986 ff. und seither ständig.

35 Wegen ihres verfassungsrechtlichen Verdikts (BVerfGE 105, 1 = FPR 2002, 180 = FamRZ 2002, 527) kommt die Anrechnungsmethode auch auf Zeiträume **vor** der Entscheidung des BGH (BGHZ 148, 105 = NJW 2001, 2254 = FamRZ 2001, 986 ff.) nicht mehr zur Anwendung, OLG Köln NJOZ 2004, 3049 = FamRZ 2004, 1725 (1726).

36 BGHZ 192, 45 = NJW 2012, 384 Rn. 25 = FamRZ 2012, 281; BGHZ 148, 105 = NJW 2001, 2254 = FamRZ 2001, 986 (988 ff.); s. auch BVerfGE 105, 1 = FPR 2002, 180 = FamRZ 2002, 527 (528 ff.).

**Beispiele:**[37] 31
Erträgnisse aus nachehelichem **Vermögenserwerb,** etwa Erbschaft (→ Rn. 144, 578, 927) oder Lotteriegewinn.
Vermögenserträgnisse aus während des ehelichen Zusammenlebens ertragloser, jedoch **nachehelich ertragreicher** Vermögensnutzung, etwa aus ehemals mietfreier Überlassung von Wohnraum an Verwandte.
Einkünfte aus einem **Karrieresprung** (→ Rn. 65–70).
Nicht prägende Einkünfte aus **unzumutbarer Erwerbstätigkeit** (→ Rn. 472–500).

**b) Doppelverdienerehe.** Werden die ehelichen Lebensverhältnisse durch Einkünfte beider Ehegatten[38] geprägt (Doppelverdienerehe), bestimmt sich der maßgebende Bedarf des Berechtigten nach der Additions- oder der Differenzmethode:

– Die **Additionsmethode** bestimmt die ehelichen Lebensverhältnisse zunächst durch die Summe beider Einkünfte, halbiert diese und zieht das Einkommen des Bedürftigen ab. Sie ist vorzuziehen, weil sie von den tatsächlichen ehelichen Verhältnissen ausgeht und auch in den Fällen nichthälftiger Beteiligung der Ehegatten an den ehelichen Lebensverhältnissen unter Berücksichtigung des Erwerbsanreizes zu angemessenen Ergebnissen führt.[39] 32

Bei Anwendung der Additionsmethode ergeben sich auch nicht die vom OLG Düsseldorf FamRZ 1991, 194 (195) aufgezeigten Schwierigkeiten bei der Errechnung des Erwerbstätigenbonus nach Ausweitung einer Erwerbstätigkeit durch den Bedürftigen – die zwischenzeitlich ohnehin bedarfsprägend berücksichtigt wird (→ Rn. 71) –, wenn lediglich die Einkünfte aus einer geringeren Tätigkeit die ehelichen Lebensverhältnisse geprägt haben. Bedeutung kann dies auch bei der Berücksichtigung überobligationsgemäß erzielten Erwerbseinkünften erlangen (→ Rn. 472–500). 33

– Nach der **Differenzmethode** wird das Einkommen des Bedürftigen von dem des Verpflichteten abgezogen und die Differenz quotiert. Sie führt dann zu Ungenauigkeiten, wenn sowohl Erwerbseinkünfte als auch Nicht-Erwerbseinkünfte (**„Mischeinkünfte“,** → Rn. 36, 37) und/oder Einkünfte aus einer **überobligationsgemäßen Erwerbstätigkeit** in die Unterhaltsberechnung einzubeziehen sind. 34

Der **BGH**[40] lässt die Anwendung beider Methoden zu. Einschränkungen der Wahlfreiheit ergeben sich jedoch insbesondere dann, wenn von einem Einkommensbestandteil unberechtigte Abzüge, etwa berufsbedingte Aufwendungen oder Erwerbsanreiz, vorgenommen werden (→ Rn. 36, 37). 35

**c) Kombination der Bemessungsmethoden.** Eine **Kombination** aus Differenz-/Additionsmethode und Anrechnungsmethode ist dann der Bedarfsfestsetzung zugrunde zu legen, wenn der Bedürftige sowohl eheprägende als auch nicht eheprägende Einkünfte hat. Da aber berufsbedingte Aufwendungen und Erwerbsanreiz nur hinsichtlich der Erwerbseinkünfte berücksichtigt werden können, würde bei der Einbeziehung nicht eheprägender Einkünfte die Kombination mit der Differenzmethode, die den Erwerbsanreiz pauschal von allen Einkünften und nicht lediglich von den Erwerbseinkünften absetzt, zu unzutreffenden Ergebnissen führen.[41] 36

**Beispiel:** 37
Erwerbseinkommen EM 3.000 EUR, EF 1.000 EUR, Vermögenserträge EM 100 EUR.

**Berechnung 1:**
Differenzmethode: UE = (3.000 EUR + 100 EUR – 1.000 EUR) x 85,5%/2 = 897,50 EUR
Additionsmethode: UE = (3.000 EUR x 85,5% + 100 EUR + 1.000 EUR x 85,5%) /2 – 1.000 EUR x 85,5% = 905 EUR

---

37 Dazu BeckOGK/*Witt,* 1.2.2019, Rn. 521–525.

38 Ggf. auch negativer Einkünfte, wenn dadurch das mietfreie Wohnen der Familie finanziert wurde, OLG Hamm FamRZ 1994, 248.

39 *Mayer* FamRZ 1992, 138 f.

40 Der BGH wendet in ständiger Rspr. die Differenzmethode an, etwa BGHZ 148, 105 = NJW 2001, 2254 (2258) = FamRZ 2001, 986: „Die Additionsmethode hat lediglich den Vorzug der besseren Verständlichkeit gegenüber der verkürzenden Differenzmethode“; auch BGH NJW 1991, 2703 = FamRZ 1991, 1163); NJW-RR 1987, 1282 = FamRZ 1987, 1011; NJW-RR 1987, 194 = FamRZ 1987, 36 (40); NJW 1986, 1342 = FamRZ 1986, 437; NJW 1986, 58 = FamRZ 1986, 703; NJW-RR 1986, 68 = FamRZ 1985, 908; NJW 1984, 1237 = FamRZ 1984, 358 (359); NJW 1981, 1609 = FamRZ 1981, 539 (541); NJW 1979, 1985 = FamRZ 1979, 692 (693 f.), hält aber auch die Anwendung der Additionsmethode bei einer hälftigen Beteiligung beider Ehegatten an den ehelichen Lebensverhältnissen für bedenkenfrei (BGHZ 148, 105 = NJW 2001, 2254 = FamRZ 2001, 986 (988); NJW-RR 1987, 194 = FamRZ 1987, 36 (39 f.); NJW 1981, 1609 = FamRZ 1981, 539 (541)).

41 Dazu OLG Düsseldorf NJW 1990, 2695 = FamRZ 1990, 1364 (1365); *Scholz* FamRZ 1990, 1088 f. Die LL Düsseldorf nennen dies (Nr. 15.2. Abs. 3) „Quotenbedarf“. S. auch BeckOGK/*Witt,* 1.2.2019, Rn. 526–529; *Borth* in Schwab ScheidungsR-HdB IV Rn. 1028, jeweils mit Rechenbeispielen.

**Berechnung 2** nach der Düsseldorfer Tabelle (von den Erwerbseinkünften sind die berufsbedingten Aufwendungen bereits abgezogen):
Differenzmethode: UE = (3.000 EUR + 100 EUR – 1.000 EUR) x 3/7 = 900 EUR
Additionsmethode: UE = (3.000 EUR x 6/7 + 100 EUR + 1.000 EUR x 6/7) /2 – 1.000 EUR x 6/7 = 907,15 EUR

38 **d) Konkrete Bedarfsbemessung.** Da der Bedürftige bei **überdurchschnittlich guten wirtschaftlichen Verhältnissen** der Ehegatten keinen Anspruch auf gleichmäßige Teilhabe an den finanziellen Mitteln des Verpflichteten hat, bestimmt sich sein Lebensbedarf auch nicht nach der Halbteilung. Er hat ihn **konkret** zu beziffern (→ Rn. 166–178), eine Bedarfsbemessung nach einer Quote scheidet aus.

39 **3. Rang.** Der Rang einer Unterhaltsforderung (§§ 1582, 1609) beeinflusst die ehelichen Lebensverhältnisse und die Bedarfsprägung nicht direkt.[42] Die Aufteilung der unterhaltsrechtlich verteilungsfähigen Masse gehört zur Leistungsfähigkeit; sie setzt die Feststellung der konkurrierenden Unterhaltsansprüche nach dem Bedarf voraus. **Vorrang ist Vorrang** (→ § 1581 Rn. 60, → § 1582 Rn. 31–33),[43] ein „rangrelativer"[44] Bedarf ist systemwidrig und deshalb abzulehnen. Gleichwohl richten sich die wirtschaftlichen Verhältnisse während des Zusammenlebens der Ehegatten und die für den ehelichen Lebensbedarf zur Verfügung stehenden finanziellen Mittel auch nach bestehenden **Unterhaltsverpflichtungen** (→ Rn. 912–931).

40 BT-Drs. 16/1830, 24: „Auch auf der Basis der neuen Rangordnung gilt es, in besonderem Maße auf den Rechenweg Bedacht zu nehmen, um in Mangelfällen und hier insbesondere im Verhältnis vorrangiger Kinder zu nachrangigen Unterhaltsberechtigten, etwa dem betreuenden Elternteil, oder im Verhältnis von Erst- und Zweitfamilien zu gerechten Ergebnissen zu gelangen. Die unter der Geltung des alten Rechts entwickelten Methoden können hierbei entsprechend genutzt und fortentwickelt werden. Danach kann, soweit es etwa um die Verteilung des Resteinkommens zwischen Erst- und Zweitfamilie geht, besonders geprüft werden, ob nicht die Selbstbehaltssätze des Pflichtigen zu reduzieren sind, um der Erstfamilie auch im Vergleich zur Zweitfamilie ein angemessenes Auskommen zu sichern. Weiter ist auch, wie schon bisher, das rechnerische Gesamtergebnis im Wege einer „Gesamtschau" daraufhin zu überprüfen, ob im konkreten Einzelfall die Aufteilung des verfügbaren Einkommens auf die minderjährigen Kinder und den oder die unterhaltsberechtigten Ehegatten insgesamt billig und angemessen ist (…). Korrekturbedürftig kann eine Mangelfallberechnung insbesondere dann sein, wenn nach ihrem Gesamtergebnis die Erstfamilie (zusätzlich) auf Sozialleistungen angewiesen ist, während die nach der Scheidung gegründete zweite Familie auch unter Berücksichtigung des Selbstbehalts des Unterhaltspflichtigen und des Vorteils aus einem eventuellen Ehegattensplitting einer neuen Ehe im konkreten Vergleich ein gutes Auskommen hat."

41 Insbesondere ist das Hinzutreten weiterer Unterhaltsberechtigter nach dem Stichtag (→ Rn. 42–48) ein nur die **Leistungsfähigkeit** des Verpflichteten und nicht auch den Bedarf des Berechtigten bestimmender Umstand.[45] Auch die im Rang zum Ausdruck kommende **Schutzbedürftigkeit** der einzelnen Berechtigten führt nicht dazu, bereits den Bedarf entsprechend der Rangordnung zu bestimmen, weil sie bereits ausreichende Beachtung in den Unterhaltstatbeständen und den weiteren unterhaltsrechtlichen Regeln erfahren hat. – Zum **Elternunterhalt** → Rn. 126, zum **Ehegattenunterhalt** aus einer Nachehe und zum Unterhalt des nichtehelichen Elternteils → Rn. 127–137.

## C. Zeitpunkt

### I. Stichtag

42 **1. Gesetzliche Regelung.** Von den **Einsatzzeitpunkten** der Unterhaltstatbestände (→ § 1569 Rn. 28–34) ist der maßgebliche Zeitpunkt für die Bestimmung des **Bedarfs** nach den ehelichen Lebensverhältnissen zu unterscheiden. Anzuknüpfen ist an die Rechtskraft der Schei-

[42] BGHZ 178, 79 = NJW 2008, 3562 Rn. 18 = FamRZ 2008, 2189; BGHZ 175, 182 = NJW 2008, 1663 Rn. 48 = FamRZ 2008, 968.
[43] BGH NJW 2014, 2109 Rn. 27 = FamRZ 2014, 1183; BGHZ 178, 79 = NJW 2008, 3562 Rn. 18 = FamRZ 2008, 2189; BGHZ 175, 182 = NJW 2008, 1663 Rn. 48 = FamRZ 2008, 968; OLG Köln NJW 2008, 2659 = FamRZ 2008, 2119 (2120); so bereits *Grandel* NJW 2008, 796 (797); *Schürmann* FamRZ 2008, 313 (321); *Vossenkämper* FamRZ 2008, 201 (210); *Born* NJW 2008, 1 (2); *D. Schwab* FamRZ 2005, 1417 (1423).
[44] *Grandel* NJW 2008, 796 (797).
[45] BVerfGE 128, 193 = NJW 2011, 836 = FamRZ 2011, 437; *Maurer* FamRZ 2011, 849 (852).

dung[46] – nicht an die Trennung[47] oder die Rechtshängigkeit des Scheidungsantrags – oder – wurde der nacheheliche Unterhalt im Verbund mit der Scheidung geltend gemacht – an den Schluss der letzten mündlichen Verhandlung.[48] Deshalb prägen insbesondere auch nach der **Trennung** der Ehegatten bis zur Scheidung eingetretene Veränderungen die ehelichen Lebensverhältnisse, soweit sie nicht auf einer unerwarteten und vom Normalverlauf erheblich abweichenden Entwicklung beruhen.[49]

Dies gilt nicht für durch die **Wiedervereinigung**[50] oder eine **Übersiedlung**[51] hervorgerufene Bedarfsänderungen, die als in der Ehe angelegt anzusehen sind. Zu fragen ist nach den Einkünften, die die Ehegatten bei der Projektion ihrer im Zeitpunkt der Scheidung bestehenden Verhältnisse in den alten Ländern erzielt hätten. Doch hindert dies nicht, die **Veränderung der für die ehelichen Lebensverhältnisse maßgeblichen Umstände** auch nach dem Stichtag zu berücksichtigen. Dadurch werden die ehelichen Lebensverhältnisse „fortgeschrieben" und nicht zum Nachteil meist des Bedürftigen statisch festgeschrieben (→ Rn. 49–180). 43

Für die **Bedürftigkeit** und **Leistungsfähigkeit** gibt es dagegen keinen Einsatzzeitpunkt. Ausschlaggebend sind die tatsächlichen Einkommens- und Vermögensverhältnisse oder ihre Fiktion nach einer Obliegenheitsverletzung im jeweiligen Zeitpunkt. Deshalb ist jedenfalls grundsätzlich unerheblich, ob ein Ehegatte zu einem früheren Zeitpunkt mangels Bedürftigkeit nicht unterhaltsberechtigt war (zur Ausnahme nach **Wegfall des Vermögens** des Bedürftigen (§ 1577 Abs. 4 S. 2) → § 1577 Rn. 80, 81);[52] auch dann besteht der Unterhaltsanspruch dem Grunde nach fort, solange seine Tatbestandsvoraussetzungen nach den §§ 1570–1576 vorliegen.[53] Eine **Ausnahme** hiervon sieht lediglich **§ 1573 Abs. 4** für den Fall vor, dass der Berechtigte seinen Lebensunterhalt durch eigene Erwerbstätigkeit nachhaltig sichern konnte, aber durch den Verlust seiner Erwerbstätigkeit nach der Scheidung gleichwohl bedürftig geworden ist (→ § 1573 Rn. 44–55). 44

**2. Entwicklung der Rechtsprechung.** Der **BGH** war vom Stichtagsprinzip[54] abgerückt und hatte die ehelichen Lebensverhältnisse zuletzt als stets wandelbar begriffen und die Wandelbarkeit damit gleichsam zum Prinzip erhoben (ausführlich → 5. Aufl. 2010, Rn. 16).[55] Er hat auch die in 45

46 So ausdrücklich BT-Drs. 7/650, 136. Dies entspricht auch der ganz hM, die BVerfGE 128, 193 = NJW 2011, 836 Rn. 69, 70 = FamRZ 2011, 437; BVerfGE 108, 351 = NJW 2003, 3466 (3467) = FamRZ 2003, 1821; BGHZ 192, 45 = NJW 2012, 384 Rn. 17 = FamRZ 2012, 281; NJW 1999, 717 (718) = FamRZ 1999, 367; BeckRS 1985, 3612 = FamRZ 1985, 471 (472); NJW 1981, 753 (754) = FamRZ 1981, 241 folgt.

47 So noch etwa OLG Düsseldorf FamRZ 1981, 887; OLG Bamberg BeckRS 2010, 20058 = FamRZ 1980, 687; *Hampel* FamRZ 1984, 621 ff.

48 BGH NJW 1981, 753 = FamRZ 1981, 241.

49 BGH NJW 1994, 935 = FamRZ 1994, 228 (229) (durch Veräußerung von Vermögen erlangte Leibrente); NJW 1992, 2477 = FamRZ 1992, 1045 (1046) (Verletzung der Erwerbsobliegenheit zwischen Trennung und Scheidung); NJW-RR 1991, 130 = FamRZ 1991, 307 (Einkommenssteigerung); BGHZ 89, 108 = NJW 1984, 292 = FamRZ 1984, 149 (zwischen Trennung und Scheidung aufgenommene oder ausgeweitete Erwerbstätigkeit eines Ehegatten); NJW 1983, 2318 = FamRZ 1983, 352(353) (Einkommenssteigerung); NJW 1982, 2439 = FamRZ 1982, 892 (893) (Aufnahme einer Erwerbstätigkeit); NJW 1982, 1870 = FamRZ 1982, 576 (578) (Einkommenssteigerung); dazu auch OLG Brandenburg BeckRS 2009, 4196 = FamRZ 2009, 986 f.; OLG Celle BeckRS 2008, 16053 = FamRZ 2008, 1853 (1854 f.); OLG Nürnberg NJW-RR 2004, 476 = FamRZ 2004, 1212 f.

50 BGH DtZ 1995, 207 = FamRZ 1995, 473 (474 f.); zur Anpassung von DDR-Unterhaltsrenten BGH DtZ 1994, 371 = FamRZ 1994, 562 (565).

51 OLG Düsseldorf FamRZ 1992, 953 (954).

52 BGHZ 163, 84 = NJW 2005, 3277 = FamRZ 2005, 1817 (1819); NJW 1987, 3129 = FamRZ 1987, 689; OLG Karlsruhe NJW-RR 2008, 1458 = FamRZ 2008, 2120 (2121); OLG Zweibrücken NJWE-FER 2001, 143; OLG München FamRZ 1993, 564 (565) mwN auch zur abw. Auffassung; BeckRS 2010, 26569 = FamRZ 1989, 1309; Soergel/*Häberle* Rn. 3; Staudinger/*Verschraegen*, 2014, Rn. 22; Palandt/*Brudermüller* Rn. 2; Erman/*Maier* § 1569 Rn. 7 (zur Bedürftigkeit); *Borth* in Schwab ScheidungsR-HdB IV Rn. 1254; *Gutdeutsch* in Wendl/Dose UnterhaltsR § 4 Rn. 931; iErg wohl auch – inhaltsgleich – NK-BGB/*Schürmann* Rn. 5; BeckOGK/*Schlünder*, 1.2.2019, § 1577 Rn. 13, 14; aA zu § 1571 BeckOGK/*Lettmaier*, 1.12.2018, § 1571 Rn. 39; *Borth* in Schwab ScheidungsR-HdB IV Rn. 245.

53 Soergel/*Häberle* Rn. 3.

54 An dem er trotz der Entscheidung vom 13.6.2001 (BGHZ 148, 105 = NJW 2001, 2254 = FamRZ 2001, 986 (988)) zunächst festgehalten hat: „Die Rechtskraft der Scheidung setzt gleichsam einen Endpunkt hinter eine gemeinsame wirtschaftliche Entwicklung mit der Folge, dass die für den Unterhalt maßgebenden Lebensverhältnisse nur durch das bis dahin nachhaltig erreichte Einkommen der Ehegatten bestimmt werden", BGHZ 153, 358 = NJW 2003, 1518 = FamRZ 2003, 590 (592).

55 BGHZ 175, 182 = NJW 2008, 1663 Rn. 44 = FamRZ 2008, 968 („überholt"); bestätigt in BGH NJW 2010, 2056 Rn. 20 = FamRZ 2010, 869 mwN; BGHZ 183, 197 Rn. 23 ff. = NJW 2010, 365 = FamRZ 2010, 111; NJW 2009, 2450 Rn. 24 = FamRZ 2009, 1207; BGHZ 179, 196 = NJW 2009, 588 Rn. 24 =

der Ehe nicht angelegten Umstände bedarfsprägend behandelt[56] und die **„wandelbaren Lebensverhältnissen"** allein durch den „Zweck des nachehelichen Unterhalts" und die „fortwirkende **eheliche Solidarität"** begrenzt.[57]

46 An dieser Rspr. hält der BGH nicht mehr fest,[58] nachdem das **BVerfG** in seinem Beschluss v. 25.1.2011[59] im Grundsatz zu Recht ausdrücklich die Rechtskraft der Scheidung als maßgeblichen Stichtag hervorgehoben hat. Sie entsprach nicht der gesetzlichen Regelung in Abs. 1 S. 1 – an der das UÄndG 2007 nichts geändert hat[60] –, weil sie die „ehelichen Lebensverhältnisse" ohne weitere Differenzierung mit den nachehelichen Lebensverhältnissen des Verpflichteten gleichsetzt und auch Veränderungen ohne Bezug zur Ehe den maßgebenden Verhältnissen zuordnet (auch → § 1361 Rn. 15).[61] Auch die zutreffende Absage an eine **Lebensstandardgarantie** (→ § 1569 Rn. 21)[62] kann kein anderes Ergebnis rechtfertigen, weil dies zwar für die Leistungsfähigkeit und ggf. für Begrenzungen nach § 1578b, nicht jedoch für den Bedarf aussagekräftig ist.[63] Ebenso wenig die **nacheheliche Eigenverantwortung** (→ § 1569 Rn. 18), welche die Erwerbsobliegenheiten bestimmt, nicht aber das Maß des Unterhalts nach den ehelichen Lebensverhältnissen.[64] Nicht ehebedingte Veränderungen haben deshalb bei der Bedarfsbemessung außer Betracht zu bleiben. Dass es damit an einer konkreten Rechenmethode fehlt,[65] ist schon deshalb auch iSd der gesetzlichen Regelung folgerichtig, weil nicht mathematisch bestimmt werden kann, was im Einzelfall **„billig"** ist.[66]

47 Zudem leuchtet ohne weiteres ein, dass nach dem Stichtag eingegangene **Verbindlichkeiten** – unabhängig davon, ob sie unterhaltsrechtlich vorwerfbar begründet wurden – die ehelichen Lebensverhältnisse idR nicht mehr prägen können.[67] Unangemessene Ergebnisse zu Lasten eines Ehegatten können auch weiterhin durch die Berücksichtigung seines **trennungsbedingten Mehrbedarfs** (→ Rn. 240–248), eines **Betreuungsbonus** (→ Rn. 487–500), die Errechnung des Elementarunterhalts ohne Vorwegabzug des **Vorsorgeunterhalts** (→ Rn. 304–310), die **Anrechnung** überobligatorisch erzielter Einkünfte des Bedürftigen (§ 1577 Abs. 2) und allgemein durch die **Billigkeitsabwägung** (→ § 1581 Rn. 17–57) und eine **Angemessenheitskontrolle** (→ § 1581 Rn. 89–99) mindestens teilweise vermieden werden. War etwa eine Erwerbstätigkeit des Bedürftigen nach dem Lebensplan der Ehegatten nie beabsichtigt, können von ihm erzielte Erwerbseinkünfte nicht in der Ehe angelegt sein und deshalb die ehelichen Lebensverhältnisse nicht prägen, vielmehr sind sie als überobligatorisch erzielte Einkünfte unter dem Vorbehalt des § 1577 Abs. 2 zu berücksichtigen.[68]

48 Stets bedarf es einer **Kontrollüberlegung:**[69] Die finanziellen Mittel, die über den Unterhalt unter den Ehegatten verteilt werden sollen, müssen oder – werden **fiktive Einkünfte** zugerechnet

---

FamRZ 2009, 411; BGHZ 177, 356 = NJW 2008, 3213 Rn. 30–45 = FamRZ 2008, 1911; ebenso *Klinkhammer* FamRZ 2010, 1777 (1780 f.) – Anders scheinbar noch BGHZ 178, 79 = NJW 2008, 3562 = FamRZ 2008, 2189 Rn. 17, 29: „Anders als beim Ehegattenunterhalt ist der Lebensstandard der Kinder nicht auf die zum Zeitpunkt der Ehescheidung vorhandenen Einkommensquellen begrenzt."

56 Dazu auch die Kritik bei *Maurer* FamRZ 2008, 1985 (1986 f.).

57 Dazu lediglich BGH NJW 2009, 145 Rn. 22, 23 = FamRZ 2009, 23 mAnm *Maurer* FamRZ 2009, 204; BGHZ 179, 196 = NJW 2009, 588 Rn. 24 = FamRZ 2009, 411.

58 BGHZ 192, 45 = NJW 2012, 384 Rn. 16 = FamRZ 2012, 281.

59 BVerfGE 128, 193 = NJW 2011, 836 Rn. 57, 69, 73 = FamRZ 2011, 437.

60 *Brudermüller* FF 2010, 134 (137). – *Klinkhammer* FamRZ 2010, 1777 (1779) räumt dies ein, stellt jedoch auf die „Lebensverhältnisse" in § 58 EheG ab, weil die „ehelichen Lebensverhältnisse" durch das 1. EheRG synonym behandelt wurden. Dies mag zutreffen, ändert an der vom BGH nach Inkrafttreten des 1. EheRG geprägten und allgemein angenommenen Begrifflichkeit jedoch nichts.

61 BVerfGE 128, 193 = NJW 2011, 836 = FamRZ 2011, 437; s. auch BVerfGE 108, 351 = NJW 2003, 3466 = FamRZ 2003, 1821 (1824) (Vorteile der Nachehe nicht bereits in der Vorehe angelegt); BVerfGE 66, 84 = NJW 1984, 1523 = FamRZ 1984, 346 (350); auch BGH NJW 2007, 2628 Rn. 15 = FamRZ 2007, 1232; *Brudermüller* FF 2010, 134 (140); *Hohmann-Dennhardt* Brühler Schriften Bd. 16 (2009), 22, 34 f.; *Born* NJW 2008, 3089; aA etwa *Klinkhammer* FamRZ 2010, 1777 (1780 ff.); *Klinkhammer* FF 2009, 140 (147 f.).

62 BGH NJW 2009, 145 Rn. 25 = FamRZ 2009, 23 mAnm *Maurer* FamRZ 2009, 204.

63 Ebenso etwa *Brudermüller* FF 2010, 134, (137, 142); *Klinkhammer* FF 2009, 140.

64 *Maurer* FamRZ 2008, 1985 (1987 f.).

65 *Klinkhammer* FamRZ 2010, 1777 (1780).

66 So auch die Gesetzesbegründung BT-Drs. 16/1830, 24.

67 AA BGH NJW 2009, 145 Rn. 23 = FamRZ 2009, 23 (der unter mE unzutr. Berufung auf seine bisherige Rspr. [Rn. 17] dem Bedürftigen gar die Belastungen für den Erwerb eines Eigenheims für die neue Ehe entgegenhält [!]); NJW 2010, 2056 Rn. 36 = FamRZ 2010, 869 zu Unterhaltsverbindlichkeiten.

68 Krit. *Scholz* FamRZ 2001, 1061.

69 Die der BGH wie alle anderen Gesichtspunkte gleichsam in die Bedarfsbemessung integriert hat, so bereits BGHZ 166, 351 = NJW 2006, 1654 = FamRZ 2006, 683 (685): „Einer zusätzlichen Grenze der Leistungsfähigkeit nach den individuellen ehelichen Lebensverhältnissen bedarf es nicht mehr."

(→ Rn. 657–903) – müssten tatsächlich **vorhanden** sein. Deshalb sind infolge von Trennung und Scheidung eingetretene Veränderungen als bedarfsprägend hinzunehmen. Dabei dürfte es sich meist um die Einkünfte verringernde Umstände handeln, wie etwa die **Änderung der Steuerklasse** (→ Rn. 82–89) oder der Wegfall eines **Wohnvorteils** (→ Rn. 585–633). Würden diese vom Bedürftigen hinzunehmenden Veränderungen nicht berücksichtigt, würde der Verpflichtete unter Verstoß gegen den Halbteilungsgrundsatz benachteiligt.

## II. Grundsatz: Veränderlichkeit

**1. Allgemeines.** Das **Stichtagsprinzip** (→ Rn. 42–48) rechtfertigt nicht, nach dem Stichtag 49
eintretende **Veränderungen** stets unberücksichtigt zu lassen.[70] Da die die ehelichen Lebensverhältnisse prägenden Umstände auch nach der Scheidung dynamisch und deshalb **wandelbar** sind,[71] ist ihre Fortentwicklung nach dem Stichtag anzuerkennen, wenn und soweit sie bereits in der Ehe angelegt waren, also im Zusammenhang mit der Ehe stehen (→ Rn. 61–145).[72] Als Ausdruck der sozialen Wirklichkeit besteht die widerlegbare Vermutung dafür, dass diese Fortentwicklung dem ehelichen Lebensplan entspricht. Maßgeblich ist, ob und inwieweit Veränderungen als Fortentwicklung der ehelichen Lebensverhältnisse zu verstehen sind,[73] oder ob sie keinen oder nur einen sehr losen Bezug zu diesen haben,[74] und ob diese Einkünfte zur **Deckung des ehelichen Lebensbedarfs** verwandt worden sind oder bei Fortführung der ehelichen Lebensgemeinschaft verwandt worden wären oder jedenfalls hätten verwandt werden müssen.

**Beispiele aus der Rspr.:** 50
OLG Hamm NJW-RR 1998, 6 = FamRZ 1998, 620 (621): Einkünfte aus zwischen Trennung und Scheidung anfallender Erbschaft prägen die ehelichen Lebensverhältnisse (→ Rn. 30, 31, 141, 143, 578, 927).
OLG Celle BeckRS 1997, 31362529: Eintritt in den Vorruhestand nach Trennung prägt, wenn er bereits vor der Trennung geplant war (→ Rn. 843–847).

Dagegen bedarf es **keines engen zeitlichen Zusammenhangs** der Veränderung mit der 51
Scheidung (mehr) (→ Rn. 42).

Lediglich **kurzzeitige Veränderungen** – wie etwa eine kurzzeitige **Arbeitslosigkeit** – bleiben 52
dagegen unberücksichtigt. Für sie hat sowohl der Bedürftige als auch der Verpflichtete Vorsorge aus seinen Erwerbseinkünften zu treffen. Wie „kurzzeitig“ zu bemessen ist, hängt ganz maßgeblich von den Einkommens- und Vermögensverhältnissen der Ehegatten ab, mithin davon, ob sie wirtschaftlich überhaupt in der Lage waren, Vorsorge für eine kurzzeitige Veränderung zu treffen, mit der sie eine Übergangszeit überbücken können (auch → Rn. 13, 17, 21).

**2. Maßstab.** Maßstab für die unterhaltsrechtliche Erheblichkeit ist das Wirtschaften der Ehegat- 53
ten nach ihrem gemeinsamen **Lebensplan** während ihres Zusammenlebens und die **Zumutbarkeit** der bedarfsprägenden Berücksichtigung von Veränderungen. Die beachtlichen Veränderungen der wirtschaftlichen Verhältnisse (→ Rn. 61–145)[75] sind **Ausnahmen** vom Stichtagsprinzip und betreffen vor allem

- **„normale“ Einkommensanpassungen** (→ Rn. 61–75) und
- **Einkommensveränderungen** durch infolge Trennung oder Scheidung eingetretenen Wechsels der **Steuerklasse** (→ Rn. 82–89),
- aber auch erstmals erzielte Einkünfte als Äquivalent einer schon in der Ehe durch **Familienarbeit** erbrachten Leistung (**„Surrogat“**, → Rn. 29).[76]

---

70 Zum Ganzen auch BeckOGK/*Witt,* 1.2.2019, Rn. 323–334.

71 BGHZ 175, 182 = NJW 2008, 1663 Rn. 43 = FamRZ 2008, 968; BGHZ 171, 206 = NJW 2007, 1961 Rn. 21 = FamRZ 2007, 793 (soweit ersichtlich erstmals ausdrücklich so formuliert).

72 BVerfGE 128, 193 = NJW 2011, 836 Rn. 70 = FamRZ 2011, 437. – S. auch BGH NJW 2014, 2109 Rn. 15 = FamRZ 2014, 1183; BGHZ 192, 45 = NJW 2012, 384 Rn. 23, 24 = FamRZ 2012, 281 (der BGH weist darauf hin, dass dies „für bereits während der Ehe absehbare Entwicklungen“ gilt, macht aber durch die Einschränkung „insbesondere“ deutlich, dass es sich dabei um kein Ausschlusskriterium handelt); BGHZ 192, 45 = NJW 2012, 384 Rn. 23 = FamRZ 2012, 281.

73 BGHZ 192, 45 = NJW 2012, 384 Rn. 25 = FamRZ 2012, 281: „hinreichender Bezug zur Ehe“.

74 Ebenso etwa *Born* NJW 2008, 3089 (3095); *Graba* FF 2008, 437 (444).

75 Etwa BGH NJW 2010, 2056 Rn. 22 = FamRZ 2010, 869 mwN; BGHZ 175, 182 = NJW 2008, 1663 Rn. 46 = FamRZ 2008, 968; BGHZ 166, 351 = NJW 2006, 1654 Rn. 26–29 = FamRZ 2006, 683; BGHZ 153, 358 = NJW 2003, 1518 = FamRZ 2003, 590 (591); s. auch die Darstellung der Entwicklung der BGH-Rspr. bei BGHZ 179, 196 = NJW 2009, 588 Rn. 17–19, 21–23 = FamRZ 2009, 411.

76 Das BVerfGE 128, 193 = NJW 2011, 836 Rn. 64 = FamRZ 2011, 437 greift diese Rspr. ausdrücklich wieder auf. Ob damit der richtige Ansatz gewählt wurde, kann dahinstehen, ist aber immerhin zweifelhaft, weil er das hinter den ehelichen Lebensverhältnissen stehende Prinzip der Veränderbarkeit eher verdunkelt

54 **Beispiele:**
**Aufnahme einer Erwerbstätigkeit** (→ Rn. 71–73):
BGHZ 148, 105 = NJW 2001, 2254 = FamRZ 2001, 986 (991); seither ständig, BGH NJW 2007, 839 = FamRZ 2007, 200 (203); NJW 2006, 1201 Rn. 27 = FamRZ 2006, 317; NJW 2005, 3639 = FamRZ 2005, 1979 (1981); BGHZ 162, 384 = NJW 2005, 2145 = FamRZ 2005, 1154 (1157); NJW 2004, 3106 = FamRZ 2004, 1357 (1360); NJW 2004, 2303 = FamRZ 2004, 1170 (1171); BGHZ 153, 372 = NJW 2003, 1796 = FamRZ 2003, 848 (851); NJW 2001, 3260 = FamRZ 2001, 1291 (1293): Eine nach der Scheidung aufgenommene Erwerbstätigkeit prägt die ehelichen Lebensverhältnisse, weil sie sich als Surrogat der während des ehelichen Zusammenlebens ausgeübten Haushaltsführung und Kinderbetreuung darstellt. Ziel war, die sich durch die Anrechnungsmethode ergebenden Ungerechtigkeiten zu Lasten des Bedürftigen zu beseitigen.

55 **Rente. Versorgungsausgleich** (→ Rn. 80, 81): BGH NJW 2006, 1794 = FamRZ 2006, 387 (391); NJW-RR 2005, 1450 = FamRZ 2005, 1897 (1899); BGHZ 163, 187 = NJW 2005, 2313 = FamRZ 2005, 1479 (1480); BGHZ 153, 272 = NJW 2003, 1796 = FamRZ 2003, 848 (851); NJW 2002, 436 = FamRZ 2002, 88 (91): Rente ist das Surrogat für die wirtschaftliche Nutzung der Arbeitskraft, auch soweit die Anwartschaften bereits vor der Eheschließung erworben wurden.

56 **Wohneigentum** (→ Rn. 585–633):
BGH NJW 2001, 2259 = FamRZ 2001, 1140 (1143): Erlös aus dem Verkauf eines Hauses oder Miteigentumsanteils ist Surrogat für den Nutzungsvorteil (dazu auch bereits OLG Hamm BeckRS 1999, 30064160= FamRZ 2000, 611 Ls.: Einkünfte aus Wohneigentum als Surrogat für Einkünfte aus einem Mietshaus, dessen Verkaufserlös für dessen Erwerb verwandt wurden.
BGH NJW 2005, 2077 = FamRZ 2005, 1159 (1160 f.): Dies gilt auch bei der Übernahme des Miteigentumsanteils eines Ehegatten durch den anderen.
BGHZ 163, 84 = NJW 2005, 3277 = FamRZ 2005, 1817 (1820 f.): Vermögenserträge aus dem Erlös des Verkaufs des anteiligen Eigentums am Familienheim sind Surrogat für Nutzungsvorteile.

57 **Neue Partnerschaft** (→ Rn. 684–695):
BGH NJW-RR 2004, 1155 = FamRZ 2004, 1179 (1181); NJW 2004, 2305 = FamRZ 2004, 1173, f.; NJW 2004, 2303 = FamRZ 2004, 1170; NJW 2001, 3779 = FamRZ 2001, 1693 (1694): Haushaltsführung in einer neuen Partnerschaft ist Surrogat der Haushaltsführung in der Ehe.

58 **Keine beachtliche Änderung** ist dagegen insbesondere[77]
– die **Unterhaltsverpflichtung** für einen neuen Ehegatten (→ § 1581 Rn. 62–88),
– der **Splittingvorteil** aus einer neuen Ehe (→ Rn. 86–89),
– wegen der neuen Ehe bezogene **Familienzuschläge** (→ Rn. 92–100).

59 **3. Nicht prägende Einkünfte.** Die ehelichen Lebensverhältnisse nicht prägende Einkommenserhöhungen sind zwar für die Bestimmung des Bedarfs unbeachtlich,[78] nicht jedoch für die Beurteilung der Bedürftigkeit und der Leistungsfähigkeit.[79]

60 Hat der Verpflichtete den Bedürftigen jedoch durch erhöhte Unterhaltszahlungen oder andere laufende Zuwendungen an Einkommenssteigerungen, ohne sich die Rückforderung seiner Leistungen **vorzubehalten,** dauerhaft und nachhaltig **beteiligt,** obwohl eine unerwartete, vom Normalverlauf erheblich abweichende Entwicklung vorgelegen hat, und dadurch dessen Lebensstandard nachhaltig angehoben, prägt auch diese ehebedingte Teilhabe wegen der Schutzbedürftigkeit des Bedürftigen die ehelichen Lebensverhältnisse dann, wenn er deshalb schutzwürdig ist, weil er im Hinblick auf diese Zahlungen Vermögensdispositionen getroffen hat, die er nicht oder nur sehr schwer wieder rückgängig machen kann. Das erhöhte Einkommen ist dann auch bedarfsprägend und nicht lediglich die Bedürftigkeit/Leistungsfähigkeit erhöhend zu behandeln.[80] – Zur **Darlegungs- und Beweislast** → Rn. 995–1012.

### III. Wesentliche Änderungen

61 **1. Einkommen. a) Einkommenserhöhungen. aa) Allgemeines. Gehaltssteigerungen,** die nicht mit einem „Karrieresprung" (→ Rn. 65–70) oder Berufswechsel verbunden sind, dienen lediglich dem Ausgleich des Kaufkraftverlustes und der Anhebung des Lebensniveaus im gesamtwirtschaftlichen Rahmen. Insoweit hat, wurde der Bedarf **quotal** bemessen (→ Rn. 27–38), die Erwar-

als herausstellt. – Zutr. hat *Schlünder* FamRZ 2009, 487 (488) nach der Aufgabe des Stichtagsprinzips durch den BGH festgestellt, dass es des Rückgriffs auf die Surrogat-Rspr. nicht (mehr) bedurfte.

77 Dazu BGH NJW 2014, 2109 Rn. 15 = FamRZ 2014, 1183 mwN.

78 Zur Verpflichtung, Kindesunterhalt aus dem erhöhten Einkommen zu zahlen, weil diese die Lebensstellung des Verpflichteten, von der sich die Lebensstellung des Kindes ableitet (§ 1610 Abs. 1), bestimmt, OLG Schleswig BeckRS 2008, 26056 = FamRZ 2006, 209 Ls.

79 BeckOGK/*Witt,* 1.2.2019, Rn. 337.

80 Zum Ganzen BGH NJW 1984, 1685 (1686) = FamRZ 1984, 561; NJW 1982, 1870 (1872) = FamRZ 1982, 576.

tung künftiger Einkommenssteigerungen schon die ehelichen Lebensverhältnisse geprägt.[81] Davon kann insbesondere für

- **tarifliche** Erhöhungen des Arbeitsentgelts,
- **individuelle** Gehaltssteigerungen. Wurden sie erstmals gewährt, sollen sie bis zu **20%**[82] bzw. **25%**[83] des Einkommens berücksichtigungsfähig sein. Im Allgemeinen werden solche einmaligen Einkommenssteigerungen jedoch ohne Veränderung der beruflichen Stellung bzw. Tätigkeit nicht erzielt.
- gesetzliche Erhöhungen der **Renten** und **Pflegegelder,**[84]
- aber auch für **steuer-, sozialversicherungsbedingte** oder **beruflich bedingte** Veränderungen[85]

stets ausgegangen werden.[86] Die vom BGH[87] weiter geforderte Sicherheit oder **hohe Wahrscheinlichkeit** ihres Eintritts ist wegen der zu beachtenden Dynamik der ehelichen Lebensverhältnisse (→ Rn. 49–58) entbehrlich.[88]

Für **Selbstständige** gilt im Grundsatz nichts anderes. Doch werden ihre Einkünfte, um jährliche Schwankungen auszugleichen, idR ohnehin nach einem Mehrjahresdurchschnitt berechnet (→ Rn. 439–442).[89] Solange sich am Zuschnitt der selbstständigen Tätigkeit nichts ändert und insbesondere keine neuen Geschäftsfelder erschlossen werden, besteht im Allgemeinen kein Anlass, das erzielte Einkommen deshalb zu reduzieren, weil es sich erhöht hat. Etwas anderes mag dann gelten, wenn Trennung und Scheidung Raum zu einer vermehrten Geschäftstätigkeit geschaffen haben. **62**

Da sich der Bedarf nach den tatsächlichen wirtschaftlichen Verhältnissen der Ehegatten richtet, kann er nicht entsprechend den Veränderungen der **Lebenshaltungskosten** fortgeschrieben werden, wenn damit nicht auch eine Veränderung der maßgeblichen Einkünfte einhergeht (→ Rn. 101–111; zu **vertraglichen Vereinbarungen** → § 1585c Rn. 163, 164).[90] **63**

Wurde der eheangemessene Bedarf aber **konkret** bemessen (→ Rn. 166–178), können Einkommensverbesserungen des Berechtigten wie des Verpflichteten allein nicht zu einer Erhöhung des Bedarfs führen, weil dann die Höhe der Einkünfte für seine Festlegung nicht unmittelbar bestimmend war.[91] Insoweit kann eine Anpassung aufgrund der Steigerung der Lebenshaltungskosten in Betracht kommen (→ Rn. 103). **64**

**bb) Berufliche Veränderungen („Karrieresprung").** Auch Einkommenssteigerungen, die sich aus der beruflichen oder wirtschaftlichen **Weiterentwicklung** der Ehegatten selbst in einer der ursprünglichen vergleichbaren Berufstätigkeit[92] ergeben, prägen die ehelichen Lebensverhältnisse **65**

---

81 Nach OLG Hamburg BeckRS 1986, 467 = FamRZ 1986, 1001 f. sollen Einkommensverbesserungen beim Verpflichteten entsprechend § 1573 Abs. 5 [UÄndG 1986] unberücksichtigt bleiben, wenn zum Einsatzzeitpunkt der Lebensbedarf des Berechtigten durch eigene Einkünfte nachhaltig gesichert war.

82 OLG Brandenburg BeckRS 2009, 4196 = FamRZ 2009, 986 f. („annähernd 50%ige Steigerung der Einkünfte bei zumindest leichter beruflicher Verbesserung … lässt all dies als eher ungewöhnlichen Verlauf erscheinen"); OLG Köln NJW-RR 2004, 297 = FamRZ 2004, 1114 („infolge der Tätigkeit in einer anderen Funktion oder einem anderen Tätigkeitsbereich"); BeckOGK/*Witt,* 1.2.2019, Rn. 350.

83 *Gerhardt* in Wendl/Dose UnterhaltsR § 4 Rn. 558: „um 25% gegenüber einer normalen Steigerung nach dem Lebenshaltungsindex".

84 Zu Letzterem s. OLG Koblenz BeckRS 1998, 31147830 = FamRZ 1999, 507 Ls.

85 Für den umzugsbedingten Wegfall berufsbedingter Fahrtkosten: BGHZ 192, 45 = NJW 2012, 384 Rn. 24 = FamRZ 2012, 281; NJW 1982, 2063 = FamRZ 1982, 575 (576).

86 Nach OLG Nürnberg NJW-RR 2009, 292 = FamRZ 2009, 345 (346) soll – was abzulehnen ist – mietfreies Wohnen nach der Trennung als Gegenleistung für Hausmeisterdienste die ehelichen Lebensverhältnisse prägen.

87 BGH NJW 2007, 839 Rn. 24 = FamRZ 2007, 200; BGHZ 166, 351 = NJW 2006, 1654 Rn. 26 = FamRZ 2006, 683; NJW-RR 1993, 1283 = FamRZ 1993, 1304 (1305 f.); NJW 1992, 2477 = FamRZ 1992, 1045 (1047); auch OLG Hamm NJW 1995, 2042 = FamRZ 1995, 1152 (1153).

88 Wohl ebenso BGHZ 175, 182 = NJW 2008, 1663 Rn. 44 = FamRZ 2008, 968.

89 Dazu auch BeckOGK/*Witt,* 1.2.2019, Rn. 350.

90 BGH NJW 1987, 1555 = FamRZ 1987, 459 (460 f.) mit abl. Anm. *Luthin*; OLG Düsseldorf NJW-RR 1988, 2 = FamRZ 1988, 67 (68); FamRZ 1991, 194 f.; aA OLG Zweibrücken NJW 1994, 527 = FamRZ 1994, 1534 (1535); OLG Hamm FamRZ 1986, 362 (363); BeckRS 2009, 26038 = FamRZ 1987, 600 (601); OLG Hamburg BeckRS 2010, 9623 = FamRZ 1983, 932 (933); OLG Düsseldorf NJW-RR 1985, 436 = FamRZ 1985, 1262 (1263); OLG Stuttgart FamRZ 1985, 491 (493); auch *Luthin* FamRZ 1983, 1236 f. Anders zum Bedarf eines Kindes nach der Düsseldorfer Tabelle BGH NJW 1995, 534 = FamRZ 1995, 221 ff., doch richtet sich dieser gerade nicht nach einer festen Quote der Einkommensverhältnisse.

91 BGH NJW-RR 1990, 194 = FamRZ 1990, 280 (281 f.); OLG Köln BeckRS 2012, 21849 = FamRZ 2013, 1134 f.

92 OLG Hamm BeckRS 2007, 2187 = FamRZ 1990, 998 (999).

(zur Beachtlichkeit von Einkommensentwicklungen, die nicht auf der beruflichen Weiterentwicklung beruhen, → Rn. 61–64).[93] Solche Weiterentwicklungen sind hinsichtlich des **Bedarfs** nur dann unerheblich, wenn sie auf einer unerwarteten, vom Normalverlauf erheblich abweichenden Entwicklung beruhen (→ Rn. 42), um den Bedürftigen von der Teilhabe an Einkünften, die das eheliche Zusammenleben nicht geprägt haben können, auszuschließen.[94]

**Beispiele aus der Rspr.:**

66 **Prägend:**

BGH NJW 1985, 1026 = FamRZ 1985, 161: Die Einkünfte eines Kfz-Meisters, der die Meisterprüfung schon während der Ehe abgelegt und die Meisterstelle nur wegen der betriebsbedingten Gegebenheiten bei seinem Arbeitgeber erst nach der Scheidung angetreten hatte.

BGH NJW-RR 1988, 1218 (1219) = FamRZ 1988, 927: Niederlassung als selbstständiger Röntgenfacharzt durch einen Krankenhausarzt nach der Trennung.

BGH NJW-RR 1990, 1346 = FamRZ 1990, 1090: Aufstieg vom Maschinensteiger zum Reviersteiger.

BGH NJW-RR 1991, 130 = FamRZ 1991, 307 (308 f.): Schweißer wird Gewerkschaftssekretär.

BGH DtZ 1995, 207 = FamRZ 1995, 473 (474): Veränderungen des Lohn-Preis-Verhältnisses und typischer Erwerbschancen durch die Wiedervereinigung.

OLG Köln FamRZ 1995, 353 (354 f.): Die Übergangsgebührnisse und die Erwerbseinkünfte eines kurz nach der Scheidung aus der Bundeswehr ausgeschiedenen Soldaten, soweit sie für die Lebenshaltung und nicht für die Vermögensbildung verwandt worden wären.

OLG Köln FamRZ 1995, 876 (877): Der Wechsel eines Elektromeisters in eine selbstständige Erwerbstätigkeit auch nach 11-jähriger Trennung, wenn sie bereits während des Zusammenlebens der Ehegatten geplant worden war.

OLG Hamm NJWE-FER 1997, 147 = FamRZ 1998, 291: Höherstufung nach beruflichem Einsatz in den neuen Ländern nicht unwahrscheinlich.

OLG Köln NJWE-FER 2001, 281 = FamRZ 2001, 1374: Wechsel eines Busfahrers nach Trennung vom Nah- in den Fernverkehr.

OLG Celle NJW-RR 2006, 153 = FamRZ 2006, 704 (705): Steigerung des Einkommens auf das 3-fache bei Scheidung, wenn Grundlage hierfür das während der Ehe absolvierte Studium ist, auch wenn sie auf verstärktem Arbeitseinsatz und Erweiterung der im Studium erworbenen Kenntnisse beruht.

OLG Hamm NJOZ 2006, 1116 = FamRZ 2006, 707 (insoweit nicht abgedruckt): Einkommenssteigerungen aufgrund üblicher Bildungsanstrengungen (27 Fortbildungstage unmittelbar nach Scheidung).

OLG Düsseldorf NJW-RR 2006, 505 = FamRZ 2006, 1040 (insoweit nicht abgedruckt): Den Einkommensverlust durch Aufgabe einer selbstständigen Tätigkeit nicht vollständig kompensierende Zulage.

OLG Celle NJOZ 2007, 5617 = FamRZ 2007, 1821 f.: Einkünfte aus einer Tätigkeit als Oberarzt nach Aufgabe einer zuvor nebenberuflich ausgeübten Tätigkeit als Praxisvertreter und – zusätzlich – Fortbildung zum Facharzt für Innere Medizin und Facharzt für Innere Medizin – Kardiologie.

BGH NJW 2009, 1271 Rn. 46 = FamRZ 2009, 579: Ernennung zum Oberarzt nach 2 Facharztausbildungen und Aufgabe der Praxisvertretung eines Allgemeinarztes während des Zusammenlebens bzw. vor der Scheidung ist eine absehbare Entwicklung.

OLG Hamm BeckRS 2015, 116149 (II. 2. a) bb) = FamRZ 2017, 38 Ls.: Der Aufstieg vom Funktionsoberarzt zum Oberarzt entspricht einer normalen beruflichen Entwicklung.

67 **Nicht prägend:**

BGH NJW 1982, 1870 = FamRZ 1982, 576 (578): Entwicklung eines 1961 gegründeten, in Mieträumen betriebenen Pelzhandels bis 1979 zu einem gewinnbringenden Unternehmen mit einem Jahresumsatz von 1 Mio. DM.

BGH BeckRS 2010, 15741 = FamRZ 1982, 895 (896): Die Ertragsentwicklung einer 1946 kurz vor der Scheidung eröffneten Arztpraxis, weil deren Entwicklung unter den besonderen Verhältnissen der Nachkriegszeit ungewiss war.

BGH NJW 1985, 1699 = FamRZ 1985, 791 (793): Die Einkünfte eines Verpflichteten, der im Zeitpunkt der Scheidung als wissenschaftlicher Assistent im Hochschuldienst angestellt war und promoviert hat, aus einer Erwerbstätigkeit in der Computerindustrie. Dieser Entscheidung ist nicht zu folgen: Es war von vornherein klar, dass der Verpflichtete mit Abschluss seiner Promotion jedenfalls seine Anstellung als wissenschaftlicher Assistent aufgeben würde. Die Anstellung als Diplom-Mathematiker in der Computerbranche ist berufstypisch. Den Bedürftigen bei der Bedarfsermittlung demgegenüber auf dem Einkommensniveau

---

[93] Etwa BGH NJW 2016, 322 Rn. 13 = FamRZ 2016, 199; NJW 1983, 2318 = FamRZ 1983, 352 (353).

[94] Etwa BGH NJW 2016, 322 Rn. 13 = FamRZ 2016, 199; NJW 2010, 2582 Rn. 34, 37 = FamRZ 2010, 1311; BGHZ 179, 196 = NJW 2009, 588 Rn. 25 = FamRZ 2009, 411; NJW 2007, 839 Rn. 24 = FamRZ 2007, 200; BGHZ 148, 105 = NJW 2001, 2254 = FamRZ 2001, 986 (991). – Nach OLG Düsseldorf BeckRS 2007, 4852 = FamRZ 2007, 1815 (1816) sind – was abzulehnen ist, anders auch BGHZ 171, 206 = NJW 2007, 1961 Rn. 22 = FamRZ 2007, 793 – im Hinblick auf die Entscheidung BGHZ 166, 351 = NJW 2006, 1654 = FamRZ 2006, 683 (zur Bedarfsprägung der Unterhaltsverpflichtung gegenüber nachehelich geborenen Kindern) auch auf einer unerwarteten Entwicklung beruhende Einkommensveränderungen stets bedarfsprägend.

eines wissenschaftlichen Assistenten festzuhalten, entspricht nicht den Vorstellungen der Ehegatten während der Ehe und ist nicht angemessen.

BGH NJW 1990, 2886 = FamRZ 1990, 1085 (1086): Bei der Scheidung war der Verpflichtete als Vertriebsingenieur tätig, der Aufstieg 9 Jahre später zum Geschäftsführer einer GmbH bleibt als unerwartete Entwicklung unberücksichtigt.

OLG Hamm FamRZ 1990, 65: Aufstieg vom kaufmännischen Sachbearbeiter zum Abteilungsbereichsleiter 3 Jahre nach der Scheidung.

OLG Stuttgart BeckRS 2004, 8171 = FamRZ 1991, 952: Nach der Trennung Aufnahme einer Tätigkeit als Handelsvertreter nach Arbeitslosigkeit und nachhaltige Verbesserung der Einkommensverhältnisse 3 Jahre nach der Scheidung.

OLG Düsseldorf FamRZ 1992, 1439: Berufung eines Angestellten in gehobener Position in die Geschäftsleitung eines großen Unternehmens.

OLG Frankfurt a. M. NJW-RR 1993, 966 = FamRZ 1994, 514 f. Ls.: Einkünfte aus einer kurz vor der Scheidung aufgenommenen Auslandstätigkeit, obwohl der Verpflichtete zu Beginn der Ehe eine ähnliche Tätigkeit ausgeübt hat.

OLG Hamm NJW-RR 1995, 1029 = FamRZ 1994, 515: Geschäftsführer eines mittelständischen Betriebs wird „Senior-Manager" eines international tätigen Konzerns.

OLG München BeckRS 1997, 31362456 = FamRZ 1997, 613 (614): Aufstieg vom Verkaufsleiter (brutto 12000 DM) zum Geschäftsführer der Firma (brutto 15900 DM) 4 Jahre nach der Trennung.

OLG Karlsruhe NJWE-FER 1997, 147 = FamRZ 1997, 1279 (1280): Planung einer Auslandstätigkeit während des Zusammenlebens, Aufnahme kurz nach der Trennung, auch wenn der Verpflichtete die Trennung bereits zuvor insgeheim geplant hatte.

OLG Koblenz NJWE-FER 1997, 122 = FamRZ 1997, 1402 Ls.: Leiter der Lokalsportredaktion übernimmt übergeordnete Schwerpunktredaktion.

OLG Frankfurt a. M. NJW-RR 2000, 369 f.: Steigerung der Einkünfte als Verkaufsleiter um 72% nach einem Arbeitgeberwechsel.

OLG München OLGR 2003, 286 f.: Einkommenssteigerung um etwa ⅓ nach Arbeitgeberwechsel.

OLG Schleswig NJW-RR 2004, 147 (148): Einkommenssteigerung um mehr als ⅓ nach Arbeitgeberwechsel.

OLG Köln NJW-RR 2004, 297 = FamRZ 2004, 1114 (1115): Tätigwerden in einem anderen Bereich oder in anderer Funktion mit einem Mehrverdienst von 20%.

OLG Zweibrücken BeckRS 2006, 10258 = FamRZ 2007, 473: Aufstieg eines promovierten Chemikers vom mittleren Management (Gruppenleiter Ebene 5) in die Führungsebene (Ebene 3) 21 Jahre nach Scheidung.

BGH NJW 2007, 2628 Rn. 29, 30 = FamRZ 2007, 1232: Vom „leitenden Oberarzt und ständigen Chefarztvertreter" zum Chefarzt ist Karrieresprung (nicht streitentscheidend, weil insoweit die Bindung an eine vertragliche Vereinbarung bestand).

OLG Celle BeckRS 2008, 16053 = FamRZ 2008, 1853 (1854 ff.): Aufstieg vom Oberarzt zum Chefarzt 5 Jahre nach der Trennung, aber vor der Scheidung.

OLG Hamm BeckRS 2015, 116149 (II. 2. a bb) = FamRZ 2017, 38 Ls.: Bei Anästhesisten ist die Selbstständigkeit eines im Krankenhaus beschäftigten Arztes nicht angelegt, weil nur 14% der Anästhesisten selbstständig sind.

**Insbesondere: Beförderung von Beamten:** 68

BGH NJW 1982, 1643 = FamRZ 1982, 684 (686): Die Erwartung einer künftigen Einkommenssteigerung kann für **Regelbeförderungen** von Beamten angenommen werden.

OLG Köln FamRZ 1993, 711 f.: Beförderung zum Ministerialrat, nachdem diese Stellung bereits während der Ehe kommissarisch bekleidet wurde.

OLG Zweibrücken NJWE-FER 2001, 139 (141): Stellenanhebung von A 12 auf A 13 durch Stellenbewirtschaftung.

OLG Düsseldorf BeckRS 2008, 10940 = FamRZ 2008, 1254 (insoweit nicht abgedruckt): Hochstufung aus der Besoldungsgruppe A 9 in die Besoldungsgruppe A 10.

BGH NJW 2016, 322 Rn. 19 = FamRZ 2016, 199: Hochstufung aus der Besoldungsgruppe A 8 in die Besoldungsgruppe A 9.

BGHZ 179, 196 = NJW 2009, 588 Rn. 36 = FamRZ 2009, 411: Einkommenssteigerung von A 16 (Erster städtischer Beigeordneter) zuzüglich Einkünften als Geschäftsführer der städtischen Eigenbetriebe nach B 5 (Kreisdirektor) und B 7 (städtischer Beigeordneter, zugleich Dezernent des Rechts- und Ordnungsamts).

Dies gilt auch für das Vorrücken in eine höhere **Dienstaltersstufe** (aA OLG Nürnberg BeckRS 1981, 31138093 = FamRZ 1981, 964 (965)),

nicht aber auch für **Leistungsbeförderungen:** 69

OLG Schleswig BeckRS 2010, 15262 = FamRZ 1982, 705: Beförderung vom Oberfeldarzt (A 15) zum Oberstarzt (A 16).

OLG Saarbrücken BeckRS 2010, 15257 = FamRZ 1982, 711: Aufstieg vom gehobenen in den höheren Dienst.

OLG Hamm NJW-RR 1991, 709 = FamRZ 1990, 1361: Vom Werkstattleiter bei der Bundeswehr zum Gewerbelehrer.

OLG Hamm NJWE-FER 1997, 145 = FamRZ 1998, 291: Von BAT 11 auf BAT 12 mit Zulage wegen einer Tätigkeit in den neuen Ländern.

BGHZ 171, 206 = NJW 2007, 1961 Rn. 22 = FamRZ 2007, 793: Beförderung vom Oberstudienrat zum Studiendirektor.
OLG Koblenz FamRZ 1997, 1079 (1080); OLG Hamm OLGR 1998, 141 (142 f.): Beförderung vom Oberstudienrat zum Studiendirektor an einer Schule mit 62 Lehrern und 8 Planstellen für Studiendirektoren.
OLG Celle FamRZ 1999, 858: Besoldungsgruppe R 2 in Besoldungsgruppe R 3.
OLG Nürnberg NJW-RR 2004, 476 = FamRZ 2004, 1212 f.: Beförderung vom Sonderschullehrer (A 13) zum Konrektor an einer Sonderschule (A 14 L).
OLG Hamm BeckRS 2008, 16251 = FamRZ 2008, 1446 (1447): Aufstieg vom gehobenen in den höheren Dienst (Besoldungsgruppe A 12 zu Besoldungsgruppe A 13).
BGH NJW 2010, 2056 Rn. 23 = FamRZ 2010, 869: Polizeibeamter von der Besoldungsgruppe A 9 in die Besoldungsgruppe A 10.

70 An dieser Rspr. zum **„Karrieresprung"** hatte der BGH auch nach der Aufgabe des Stichtagsprinzips (→ Rn. 42–48) festgehalten. Lediglich nach Hinzutreten weiterer, bei der Bemessung des Bedarfs zu berücksichtigender Unterhaltspflichten hat er unabhängig vom Stichtag das erhöhte Einkommen des Verpflichteten zugrunde gelegt und anhand einer Kontrollberechnung ausgeschlossen, dass dem Bedürftigen ein höherer Bedarf zugerechnet wird als ohne weitere Unterhaltspflichten – insbesondere, aber nicht nur, gegenüber weiteren Ehegatten („Dreiteilung") – und ohne höheres Einkommen (zur gleichen Behandlung des Splittingvorteils bei der „Dreiteilung" → 5. Aufl. 2010, Rn. 29).[95] Nach der verfassungsgerichtlichen Verwerfung der **Dreiteilung** (→ Rn. 127–137) und der Wiederherstellung des Stichtagsprinzips (→ Rn. 42–48)[96] bedarf es dieser Kontrollberechnung nicht mehr. – Zur **Darlegungs- und Beweislast** → Rn. 1013, 1014.

71 **cc) Aufnahme und Ausweitung einer Erwerbstätigkeit.** Einkünfte aus einer nach Trennung oder Scheidung aufgenommenen oder ausgeweiteten Erwerbstätigkeit prägen die ehelichen Lebensverhältnisse, wenn und soweit hierzu eine **Obliegenheit** bestand,[97] auch weil eine überobligatorische Erwerbstätigkeit des Bedürftigen etwa durch Entfallen der Betreuungsbedürftigkeit von Kindern zur zumutbaren Erwerbstätigkeit wird.[98] Dies gilt auch dann, wenn der Ehegatte eine **besser dotierte Tätigkeit** aufnimmt.[99] Nicht erforderlich ist, dass

- die Erwerbstätigkeit schon während des Zusammenlebens geplant oder vorauszusehen war und auch ohne die Trennung aufgenommen oder ausgeweitet worden wäre,[100]
- mit ihr bis zur Scheidung ein ehelicher Lebensplan – ggf. auch nur teilweise – verwirklicht wird,[101] auch wenn sich aus ihm die Erwerbsobliegenheit ergeben kann,
- ein enger zeitlicher Zusammenhang mit der Scheidung besteht.

72 Vorausgesetzt wird nur, dass Haushaltsführung und/oder Kinderbetreuung während des ehelichen Zusammenlebens auch **tatsächlich ausgeübt** wurden. War dies nicht der Fall, kann in der Aufnahme einer Erwerbstätigkeit nach der Scheidung idR auch keine Fortsetzung des Einsatzes der Arbeitskraft des Unterhaltsgläubigers liegen, sodass die Erwerbseinkünfte den Bedarf nicht prägen, sondern lediglich die Bedürftigkeit mindern.[102] Auch wenn die Haushaltsführung/Kinderbetreuung nicht übernommen war, kann in der Aufnahme einer Erwerbstätigkeit die Fortsetzung des Einsatzes der Arbeitskraft während des ehelichen Zusammenlebens etwa dann liegen, wenn die Arbeitskraft für – insbesondere im Zusammenhang mit der Erwerbstätigkeit und sozialen Stellung des Unterhaltsschuldners stehende – nicht entgoltene soziale Zwecke oder für Repräsentationsaufgaben[103] eingesetzt oder die Erwerbstätigkeit nach der Entlassung aus der Strafhaft aufgenommen wurde.[104]

---

95 BGHZ 179, 196 = NJW 2009, 588 Rn. 32–34, 36 = FamRZ 2009, 411; ebenso BGH NJW 2009, 1271 Rn. 42–45 = FamRZ 2009, 579.

96 BVerfGE 128, 193 = NJW 2011, 836 = FamRZ 2011, 437.

97 Etwa BGH NJW 2003, 1181 (1182) = FamRZ 2003, 518; BGHZ 148, 105 = NJW 2001, 2254 = FamRZ 2001, 986 (991) zur Erwerbstätigkeit als Surrogat für Haushaltsführung und Kinderbetreuung (→ Rn. 29, 53).

98 AA noch BGH NJW 1985, 1026 = FamRZ 1985, 161 (162), allerdings vor den Entscheidungen BGH NJW-RR 1990, 1346 = FamRZ 1990, 1090 mit abl. Anm. *Dieckmann* FamRZ 1990, 1335 ff.; NJW 1990, 2886 = FamRZ 1990, 1085 (1087 f.) mit zust. Anm. *Scholz, Dieckmann* FamRZ 1990, 1335.

99 BeckOGK/*Witt,* 1.2.2019, Rn. 361 mwN.

100 So noch BGH NJW 1987, 58 = FamRZ 1986, 783 (785); NJW 1985, 1699 = FamRZ 1985, 791 (793); NJW 1985, 1026 = FamRZ 1985, 161 (162); BGHZ 89, 108 = NJW 1984, 292 = FamRZ 1984, 149 (150).

101 So noch BGH NJW 1987, 58 = FamRZ 1986, 783 (785); auch OLG Naumburg OLGR 1997, 233 = FamRZ 1998, 479 Ls., doch kann in dessen Fall die Einrichtung der ehelichen Lebensverhältnisse auf die künftige Tätigkeit des Ehemannes als Professor schon darin liegen, dass wegen und bis zu seiner künftigen Berufung kein gemeinsamer Hausstand gegründet wird.

102 BeckOGK/*Witt,* 1.2.2019, Rn. 357 mwN.

103 *Scholz* FamRZ 2003, 265 (269).

104 Insoweit aA BeckOGK/*Witt,* 1.2.2019, Rn. 356; *Scholz* FamRZ 2003, 265 (269).

Bestand **keine Erwerbsobliegenheit,** etwa weil der Lebensplan der Ehegatten auch nach Beendigung der Kinderbetreuung keine Erwerbstätigkeit des Bedürftigen vorgesehen hat, können solche Einkünfte die ehelichen Lebensverhältnisse an sich nicht prägen, weil die Erwerbstätigkeit jederzeit wieder beendet oder eingeschränkt werden kann und die Einkünfte nicht nachhaltig[105] (vgl. § 1573 Abs. 4 S. 1; zur Nachhaltigkeit → § 1573 Rn. 44–55) erzielt sind.[106] Gleichwohl behandelt der BGH auch diese überobligationsmäßig erzielten Einkünfte **bedarfsprägend** (→ Rn. 477, 478). – Zum von der Aufnahme oder Ausweitung einer Tätigkeit abzugrenzenden[107] **„Karrieresprung"** → Rn. 65–70; zur unterhaltsrechtlichen Beachtlichkeit der **Beendigung** eines Arbeitsverhältnisses → Rn. 732–781. 73

**dd) Berufliche Weiterbildung.** Einkünfte aus einer Erwerbstätigkeit, die nach einer **Aus-** oder **Fortbildung** erzielt werden, für die der Bedürftige Unterhalt bezogen hat (§ 1573 Abs. 1, § 1574 Abs. 3, § 1575), sind zwar nicht ehebedingt. Doch ist ihre Erzielung die Folge der Obliegenheit zur Weiterqualifizierung (§ 1574 Abs. 3: „… ausbilden, fortbilden oder umschulen zu lassen …") und damit die Fortentwicklung ihrer ehebedingten Nichterzielung. Deshalb sind sie Teil der die ehelichen Lebensverhältnisse prägenden nachehelichen Dynamik. 74

**Beispiele aus der Rspr.** für Eheprägung: 75
BGH NJW 1986, 720 = FamRZ 1986, 148: Ausbildung zum Arzt wurde im Wesentlichen während der Ehe abgeschlossen und Tätigkeit als Assistenzarzt kurz nach der Scheidung aufgenommen.
BGH NJW-RR 1991, 130 = FamRZ 1991, 307 (309): Gewerkschaftssekretär, der während der Ehe Betriebsratsvorsitzender war, diese Tätigkeit aber zur Absolvierung des Lehrganges zum Gewerkschaftssekretär während der Ehe aufgegeben hat.

**b) Einkommensminderungen. aa) Beruflich bedingte Minderungen.** Auch Einkommensminderungen prägen die ehelichen Lebensverhältnisse, weil sich die Ehegatten auch bei fortbestehender Ehe auf sie hätten einrichten können und müssen.[108] Für **abhängig** Erwerbstätige folgt dies bereits daraus, dass etwa das Arbeitsmarktrisiko des Verpflichteten bei fortbestehender Ehe beide Ehegatten hätten gemeinsam tragen müssen (zur Berücksichtigung einer **Abfindung** bei nachfolgender Einkommensminderung → Rn. 415, 425).[109] 76

**Beispiele aus der Rspr.:** 77
BGHZ 166, 351 = NJW 2006, 1654 Rn. 26 = FamRZ 2006, 683; BGHZ 153, 358 = NJW 2003, 1518 (1519) = FamRZ 2003, 590: Arbeitslosigkeit.
BGHZ 153, 358 = NJW 2003, 1518 = FamRZ 2003, 590 (592): Dauerhafte Absenkung der Erwerbseinkünfte.
BGH NJW 1988, 1722 (1723) = FamRZ 1988, 705: Währungsverfall bei ausländischem Arbeitsentgelt.

Für **Selbstständige** ist wegen ihrer schwankenden Einkünfte auch auf die mit einiger Sicherheit vorauszusehende künftige Entwicklung abzustellen.[110] 78

Die **Grenze** der Berücksichtigungsfähigkeit bildet die **Obliegenheitsverletzung** eines Ehegatten:[111] Ist die Einkommenseinbuße auf sein unterhaltsrechtlich zu missbilligendes Verhalten zurückzuführen, etwa auf eine Verletzung seiner Erwerbsobliegenheit oder auf eine freiwillige berufliche oder wirtschaftliche Disposition, ohne sie durch zumutbare Vorsorge aufzufangen, bleibt sie sowohl zum Bedarf als auch zur Bedürftigkeit/Leistungsfähigkeit unberücksichtigt.[112] – Kann dem Ehegatten dagegen **keine** Obliegenheitsverletzung vorgeworfen werden, ist die Einkommensminderung sowohl bedarfsprägend als auch die Bedürftigkeit/Leistungsfähigkeit bestimmend.[113] Auch finanzielle Mittel, die dem Verpflichteten nie zur Verfügung gestanden haben, können, ohne dass er seinen unterhalts- 79

105 Zur Nachhaltigkeit auch BGH NJW 2011, 303 Rn. 17 = FamRZ 2011, 192.

106 *Maurer* FamRZ 2005, 1823 (1825).

107 BGHZ 148, 105 = NJW 2001, 2254 (2258) = FamRZ 2001, 986.

108 BGHZ 193, 78 = NJW 2012, 1868 Rn. 35 = FamRZ 2012, 1040; BGHZ 166, 351 = NJW 2006, 1654 Rn. 26, 27 = FamRZ 2006, 683.

109 BGHZ 192, 45 = NJW 2012, 384 Rn. 24 = FamRZ 2012, 281.

110 BGH NJW-RR 1993, 1283 = FamRZ 1993, 1304 (1305).

111 BGHZ 192, 45 = NJW 2012, 384 Rn. 24 = FamRZ 2012, 281; BGHZ 188, 50 = NJW 2011, 670 Rn. 17 = FamRZ 2011, 454; BGHZ 153, 358 = NJW 2003, 1518 = FamRZ 2003, 590 (591 f.); NJW 1992, 2477 = FamRZ 1992, 1045 (1046 f.); NJW 1988, 2034 = FamRZ 1988, 256 (257); s. auch BVerfGE 128, 193 = NJW 2011, 836 = FamRZ 2011, 437; *Maurer* FamRZ 2011, 849 (854).

112 BGHZ 166, 351 = NJW 2006, 1654 Rn. 26 = FamRZ 2006, 683; dazu auch BeckOGK/*Witt,* 1.2.2019, Rn. 333; aA *Gerhardt* in Wendl/Dose UnterhaltsR § 4 Rn. 413 Abs. 3.

113 BGH NJW 1992, 2477 (2479) = FamRZ 1992, 1045; dazu auch BeckOGK/*Witt,* 1.2.2019, Rn. 333; aA *Gerhardt* in Wendl/Dose UnterhaltsR § 4 Rn. 413 Abs. 3.

rechtlichen Obliegenheiten zuwider gehandelt hat, die ehelichen Lebensverhältnisse nicht geprägt haben und bleiben bei der Bedarfsbestimmung unberücksichtigt.[114] – Für **Selbstständige** ist die Grenze bei einer grundlegenden Veränderung des ehelichen Lebensstandards von unabsehbarer Dauer und ohne Aussicht auf Besserung erreicht. Ihnen ist bei entsprechenden Chancen auf dem Arbeitsmarkt die Aufgabe der selbstständigen und die Aufnahme einer abhängigen Tätigkeit zumutbar (→ Rn. 758–760).[115]

80 **bb) Rentenbezug.** Der Eintritt in den Rentenbezug ist jedenfalls mit dem Erreichen des **Regelalters** unterhaltsrechtlich hinzunehmen. Die damit idR verbundene Einkommensminderung bestimmt sowohl den Bedarf als auch die Bedürftigkeit/Leistungsfähigkeit. – Zu den Einzelheiten sowie zu den **Obliegenheiten** im Zusammenhang mit dem Renteneintritt → Rn. 829–847.

81 **cc) Versorgungsausgleich.** Einkommensminderungen des Verpflichteten infolge der Durchführung des **Versorgungsausgleichs** hat der Berechtigte nach Wegfall des Rentnerprivilegs (§ 33 VersAusglG)[116] hinzunehmen. Dagegen prägen aus Anlass der **Scheidung einer nachfolgenden Ehe** an den Ehegatten dieser Ehe abgegebene Versorgungsanrechte und dadurch bewirkte Einkommensminderungen die ehelichen Lebensverhältnisse der vorausgehenden Ehe nicht. Sie sind jedoch im Rahmen der Billigkeitsabwägung zur Leistungsfähigkeit (§ 1581 S. 1) zu berücksichtigen (zum **Splittingvorteil** aus der nachfolgenden Ehe → Rn. 86–89).[117] Dem Verpflichteten obliegt aber, die Anpassung der Rente wegen Unterhalts nach §§ 33, 34 VersAusglG zu betreiben.

82 **c) Steuern. aa) Steuerklasse.** Ein durch die Trennung oder Scheidung veranlasster Steuerklassenwechsel von der Steuerklasse 3 in die Steuerklasse 1 oder 2 (§ 38b S. 2 Nr. 3a EStG) ist gesetzlich zwingend, weshalb die mit ihm verbundene nachhaltige und erhebliche Verringerung des erzielten Nettoeinkommens gleichmäßig von beiden geschiedenen Ehegatten zu tragen ist.[118] – Zum gesetzwidrig **nicht durchgeführten Steuerklassenwechsel** → Rn. 22.

83 **bb) Nachteilige Steuerklasse.** Da die Steuerbelastung aus der Steuerklasse 4 der aus der Steuerklasse 1 entspricht, stellt sich die frühere Problematik nach der Wahl der **Steuerklasse 4** durch die Ehegatten in der neuen Ehe (§ 38b S. 2 Nr., 4, 5 EStG, → 4. Aufl. 2000, Rn. 44) angesichts der Behandlung des Splittingvorteils (→ Rn. 86–89) nicht mehr in der bisherigen Schärfe. Ganz entfällt sie jedoch nicht, weil bei der Geltendmachung von **Kinderfreibeträgen** (→ Rn. 95) die Annexsteuern Solidarzuschlag und Kirchensteuer nach wie vor unterschiedlich hoch sind. Insoweit gilt weiter, dass die Entscheidung der Ehegatten in der neuen Ehe vom Bedürftigen grundsätzlich hinzunehmen ist, weil der neue Ehegatte nicht die Belange des Ehegatten aus der Vorehe zu wahren hat, weshalb der Verpflichtete dies und damit einen Wechsel in die Steuerklasse 5 mit der entsprechenden steuerlichen Mehrbelastung von ihm nicht verlangen kann. **Ausnahmen** sind in folgenden Fällen zu machen:

84 – Das Einkommen des neuen Ehegatten ist so gering, dass es sich auf das **steuerliche Gesamtaufkommen** nicht auswirkt.[119] Weichen die Einkommen stark voneinander ab, ist dem Verpflichteten die Steuerklasse 3 und der Ausgleich der steuerlichen Nachteile seines neuen Ehegatten bedarfsmindernd zumutbar.

85 – Lässt sich der Verpflichtete allerdings zugunsten seines neuen Ehegatten in die **Steuerklasse 5** einstufen, kann er diese ungünstige steuerliche Behandlung dem Bedürftigen grundsätzlich nicht entgegenhalten. Von der tatsächlich entrichteten Lohnsteuer ist ein Abschlag in Höhe des steuerlichen Nachteils vorzunehmen,[120] sodass er nach Steuerklasse 1 versteuert fingiert wird (zur **Fiktion** der Steuern → Rn. 800–828). Da aber diese steuerliche Gestaltung wegen höherer Einkünfte des neuen Ehegatten den ehelichen Verpflichtungen in der neuen Ehe aus § 1356 Abs. 2 S. 2

[114] BGH NJW 1997, 735 (737) = FamRZ 1997, 281 für Mittel, die erst aus einer künftigen Verwertung von Vermögensgegenständen gewonnen werden könnten.

[115] S. auch OLG Hamm NJW-RR 1993, 776 = FamRZ 1997, 970 (972) (Kündigung einer abhängigen Stellung und Beginn einer selbstständigen Tätigkeit nach der Trennung).

[116] Zur Verfassungsgemäßheit BVerfG NJW 2015, 686 = FamRZ 2015, 389; BVerfGE 136, 152 = NJW 2014, 2093 = FamRZ 2014, 1259.

[117] BGH NJW 2014, 2192 Rn. 20 = FamRZ 2014, 1276; NJW 2012, 2028 Rn. 23 = FamRZ 2012, 951.

[118] Ständige – nicht unbestrittene (s. dazu die Nachw. → 4. Aufl. 2000, Rn. 22) – Rspr. des BGH, etwa BGH NJW-RR 1991, 514 = FamRZ 1991, 542 (543); NJW 1990, 1477 = FamRZ 1990, 499 (501) mwN; NJW 1982, 1986 = FamRZ 1983, 152 (153); ebenso OLG Hamm BeckRS 2010, 26076 = FamRZ 1988, 1283. Eine fiktive Bemessung lehnte BGH NJW 1988, 2105 = FamRZ 1988, 486; NJW 1988, 2101 = FamRZ 1988, 817 (818) wegen der damit verbundenen erheblichen Unsicherheiten und weil sie die Gerichte vor kaum lösbare praktische Probleme stellen würde ab.

[119] OLG Köln FamRZ 1989, 65 ff.

[120] BGH NJW 1980, 2268 = FamRZ 1980, 984 (985).

entspricht, ist sie vom Bedürftigen dann hinzunehmen,[121] wenn und soweit sein notwendiger Bedarf abgedeckt ist.

**cc) Ehegattensplitting.** Nach Wiederheirat und Besteuerung des Verpflichteten nach Steuer- **86**
klasse 3 prägt der Vorteil aus dem **Ehegattensplitting** die ehelichen Lebensverhältnisse nicht (zur Behandlung bei Gleichrang zweier Ehegatten nach § 1609 Nr. 2 → § 1579 Rn. 174, → § 1582 Rn. 32, 38, 39; zur Berücksichtigung bei der **Angemessenheitsprüfung** → § 1581 Rn. 31, 78).[122] Da der für die aufgelöste Ehe gewährte Steuervorteil – unterhaltsrechtlich beachtlich – bereits mit dem auf die Trennung, spätestens auf die Rechtskraft des Scheidungsausspruchs folgenden Jahr als dem letztlich maßgebenden Stichtag entfallen ist (§ 38b S. 2 Nr. 3c EStG) und der neue Splittingvorteil allein wegen der nachfolgenden Ehe gewährt wird, darf er zu Bedarf und Leistungsfähigkeit (zu Letzterer aber → § 1581 Rn. 89) auch nur ihr zugutekommen.[123] Das Einkommen des Verpflichteten – einschließlich Abfindungen[124] – ist unter Beachtung der nur ihn und nicht auch den neuen Ehegatten betreffenden Abzugsposten[125] ggf. anteilig fiktiv der Grundtabelle unter Berücksichtigung der steuerlichen Entlastung aus dem (begrenzten) **Realsplitting** zu entnehmen.[126] Der sich aus ihm oder der Geltendmachung der Unterhaltszahlungen als **außergewöhnliche Belastung** (§ 33a Abs. 1 EStG) ergebende Vorteil (→ Rn. 822–827) ist allein dem Ehegatten der nachfolgenden Ehe zuzurechnen.[127]

Sind aber die Unterhaltsansprüche der beiden bedürftigen Ehegatten des Verpflichteten **gleich-** **87**
**rangig,** prägt der Splittingvorteil aus der nachfolgenden Ehe zwar gleichfalls nicht die ehelichen Lebensverhältnisse der vorangehenden. Er ist jedoch bei der **Leistungsfähigkeit** in die Billigkeitsabwägung (§ 1581 S. 1) einzubeziehen.[128]

Der **Kindesunterhalt** aus der geschiedenen Ehe bestimmt sich nach dem Einkommen des **88**
Verpflichteten einschließlich des Steuervorteils aus dem Ehegattensplitting nach der geschiedenen Ehe, weil sich der Bedarf eines Kindes von der Lebensstellung des barunterhaltspflichtigen Elternteils (§ 1610 Abs. 1), die sich (auch) nach den Vorteilen aus dem Splitting bemisst, ableitet.[129] Erzielt der neue Ehegatte Erwerbseinkünfte, steht aber der auf ihn entfallende, aufgrund einer fiktiven Einzelveranlagung zu ermittelnde Anteil am Splittingvorteil nicht auch für die Bemessung des Lebensbedarfs der Kinder aus der geschiedenen Ehe zur Verfügung.[130] Dies gilt sowohl zur Erfüllung einer gesteigerten Unterhaltspflicht (§ 1603 Abs. 2 S. 1, 2)[131] als auch für den Bedarf nicht privilegierter Volljähriger; nur ist der Vorteil ggf. nicht mehr vorhanden, wenn er bereits auf die vorrangig

---

121 OLG Düsseldorf FamRZ 1986, 66 (67).

122 BGHZ 175, 182 = NJW 2008, 1663 Rn. 35 = FamRZ 2008, 968; OLG Hamm BeckRS 2014, 6507 = FamRZ 2015, 1397 (1398); BeckRS 2008, 16251 = FamRZ 2008, 1446 (1447); OLG Düsseldorf NJW 2008, 3005 f.; OLG Düsseldorf NJW-RR 2008, 1532; *Maurer* FamRZ 2008, 975 (977) mwN; *Schilling* FF 2008, 279 (288).

123 Zum Verpflichteten BVerfGE 108, 351 = NJW 2003, 3466 = FamRZ 2003, 1821 (1824) mit krit. Anm. *Ewers* FamRZ 2003, 1913; s. auch BGHZ 192, 45 = NJW 2012, 384 Rn. 30 = FamRZ 2012, 281; BGHZ 178, 79 = NJW 2008, 3562 Rn. 23 = FamRZ 2008, 2189; BGHZ 175, 182 = NJW 2008, 1663 Rn. 35 = FamRZ 2008, 968.

124 BGHZ 172, 22 = NJW 2007, 2249 Rn. 27, 36 = FamRZ 2007, 983.

125 BeckOGK/*Witt,* 1.2.2019, Rn. 183.

126 BGHZ 192, 45 = NJW 2012, 384 Rn. 26 = FamRZ 2012, 281; BGHZ 175, 182 = NJW 2008, 1663 Rn. 40 = FamRZ 2008, 968; NJW 2007, 2628 Rn. 21–31 = FamRZ 2007, 1232; BGHZ 163, 84 = NJW 2005, 3277 = FamRZ 2005, 1817 (1819); aA etwa *Borth* FamRB 2004, 18 ff. (Einkommen aus der Splitting- und nicht aus der Grundtabelle); ebenso zum Unterhaltsanspruch aus § 1615l OLG Koblenz NJW 2004, 957 = FamRZ 2004, 973. Dies gilt auch für die beim Bezug von ALG I (§ 133 Abs. 1 Nr. 2, Abs. 2 SGB III) berücksichtigte Lohnsteuer, OLG Frankfurt a. M. NJW-RR 2006, 77 = FamRZ 2006, 792 Ls. Zum Ganzen auch *Schürmann* FamRZ 2003, 1825 (1826 f.).

127 Ebenso *Klinkhammer* FF 2007, 13 (15).

128 BGH NJW 2014, 2109 Rn. 30 = FamRZ 2014, 1183; BGHZ 192, 45 = NJW 2012, 384 Rn. 47 = FamRZ 2012, 281.

129 Ständige Rspr. des BGH, BGHZ 178, 79 = NJW 2008, 3562 Rn. 15 = FamRZ 2008, 2189; BGHZ 175, 182 = NJW 2008, 1663 Rn. 34, 49 = FamRZ 2008, 968; NJW 2007, 2628 Rn. 28 = FamRZ 2007, 1232; BGHZ 172, 22 = NJW 2007, 2249 Rn. 40 = FamRZ 2007, 983 m. abl. Anm. *Schürmann*; NJW 2007, 1969 Rn. 26 = FamRZ 2007, 882; BGHZ 163, 84 = NJW 2005, 3277 = FamRZ 2005, 1817 (1819, 1822); ebenso OLG Nürnberg BeckRS 2015, 777 Rn. 21 ff. = FamRZ 2015, 940 Ls.; OLG Karlsruhe OLGR 2004, 476 f.; aA OLG Oldenburg BeckRS 2006, 5422 = FamRZ 2006, 1223 (1224); NJW 2006, 2419 = FamRZ 2006, 1127 (wenn der Bedarf des neuen Ehegatten wegen vorrangiger Ansprüche des geschiedenen Ehegatten (§ 1582 aF) unberücksichtigt bleibt); *Schürmann* FamRZ 2007, 987 (988 f.).

130 BGHZ 178, 79 = NJW 2008, 3562 Rn. 33 = FamRZ 2008, 2189.

131 BGHZ 178, 79 = NJW 2008, 3562 Rn. 23 = FamRZ 2008, 2189.

Bedürftigen verteilt ist. – Zum Bedarf des Ehegatten ist der Kindesunterhalt nur in der fiktiv aus der **Grundtabelle** (und nicht aus der Splittingtabelle) errechneten Höhe vorweg abzuziehen.[132]

89 Doch widerspricht unabhängig vom Vorrang des vollen Kindesunterhalts (§ 1609 Nr. 1) eine Angemessenheitsprüfung beim Bedarf dem Ziel der Stärkung des Kindeswohls und der nachehelichen Eigenverantwortung, zudem ist eine Angemessenheitsprüfung systematisch der letzte Schritt zur Unterhaltsbemessung iSe gerechten Aufteilung der Unterhaltsbeträge auf alle Berechtigten. Sie bereits bei der Bemessung des Bedarfs durchzuführen kann, wenn überhaupt, nur gerechtfertigt sein, wenn kein Mangelfall vorliegt.

90 **dd) Realsplitting.** Auch der Bedarf des **neuen Ehegatten** – auf ihn kommt es bei Gleich- oder Nachrang des geschiedenen Ehegatten (§§ 1582, 1609 Nr. 2, 3) an – bestimmt sich nach dem Einkommen des Verpflichteten einschließlich des Vorteils aus dem begrenzten Realsplitting nach der geschiedenen Ehe nach Abzug der dem geschiedenen Ehegatten daraus erwachsenen und ausgeglichenen Nachteile. Denn auch insoweit erhöht sich das für Unterhaltszwecke verfügbare Einkommen des Verpflichteten. – Zum **begrenzten Realsplitting** auch → Rn. 505 (Bedarf geschiedener Ehegatte), → Rn. 824–826, → § 1569 Rn. 55.

91 **ee) Kirchensteuer.** Die **Religionsfreiheit** ist grundrechtlich geschützt (Art. 8 GG). Weil der Unterhaltsschuldner auch in bestehender Ehe autonom und ohne Mitbestimmungsrecht des Ehegatten über den Beitritt zu einer Religionsgemeinschaft entscheidet, muss dieser sich die durch eine nacheheliche Beitrittsentscheidung ausgelöste Kirchensteuerpflicht und die tatsächlich entrichteten Kirchensteuern entgegenhalten lassen.[133]

**d) Familienbedingte öffentliche Leistungen.** Auch alle familienbedingten Zuschläge sind der Ehe vorbehalten, wegen der sie bezogen werden.[134] Im Einzelnen gilt:

**aa) Familienzuschlag.**

**Schrifttum:** *Reinken,* Der Familienzuschlag im Unterhaltsrecht, NZFam 2015, 1142.

92 Weil der besoldungsrechtliche **Familienzuschlag** für einen Beamten sowohl wegen seiner Unterhaltspflicht aus der geschiedenen Ehe als auch wegen seiner (bestehenden) nachfolgenden Ehe gewährt wird (§ 40 Abs. 1 Nr. 1, 3 BBesG), soll er unabhängig von der Höhe des nachehelich geschuldeten Unterhalts bei der Bedarfsbemessung nur zur Hälfte zu berücksichtigen sein. Da aber Grund für den Anspruch auf den Zuschlag die Mehraufwendungen für den Familienangehörigen sind, ist nicht an der Wiederheirat des Verpflichteten, sondern daran anzuknüpfen, ob er auch seinem neuen Ehegatten unterhaltspflichtig ist.[135, 136]

93 Die Berücksichtigung des Familienzuschlags kann zu einer **Wechselwirkung** zwischen Unterhaltspflicht und Anspruch auf Familienzuschlag führen, wenn erst der Familienzuschlag zu einem Unterhaltsanspruch in gleicher Höhe führt. Der Familienzuschlag ist dann bei der Unterhaltsbemessung außer Betracht zu lassen.[137]

94 Familienzuschlag (§ 40 Abs. 2 BBesG)[138] für und steuerliche Vorteile[139] wegen eines **Stiefkindes** (§ 40 Abs. 2 BBesG) bleiben dagegen der nachfolgenden Ehe vorbehalten, weil es nur wegen dieser ehelichen Verbindung gewährt wird.

---

[132] So BGHZ 177, 272 = NJW 2008, 3128 Rn. 76, 77 = FamRZ 2008, 1739 mAnm *Maurer* FamRZ 2008, 1830. Für die Zeit bis zum 31.12.2007 (Gleichrang zwischen Kindern und geschiedenem Ehegatten, § 1609 Abs. 2 BGB aF) BGH NJW 2007, 2628 Rn. 29 = FamRZ 2007, 1232; auch BGHZ 175, 182 = NJW 2008, 1663 Rn. 50 = FamRZ 2008, 968.

[133] BGHZ 171, 206 = NJW 2007, 1961 Rn. 23 = FamRZ 2007, 793.

[134] Zum nach § 137 Abs. 2 Nr. 3a SGB III aF wegen der aktuellen Ehefrau gezahlten Teil des ALG OLG Koblenz BeckRS 2011, 6279 = FamRZ 2005, 720 (722).

[135] IErg ebenso – wohl nur wegen der von ihm dort vertretenen „Dreiteilung" – BGH NJW 2014, 2109 Rn. 15, 16, 30 = FamRZ 2014, 1183; BGHZ 177, 356 = NJW 2008, 3213 Rn. 52–54 = FamRZ 2008, 1911; OLG Oldenburg NJW 2006, 2419 = FamRZ 2006, 1127; aA noch – zum Verheiratetenzuschlag – BGHZ 171, 206 = NJW 2007, 1961 Rn. 44–48 = FamRZ 2007, 793 (hälftige Berücksichtigung des Familienzuschlags bei dem geschiedenen und dem aktuellen Ehegatten); OLG Hamm BeckRS 2005, 2441 = FamRZ 2005, 1177 f.; OLG Celle NJW 2005, 1516 = FamRZ 2005, 716 (717); ebenso BeckOGK/*Witt,* 1.2.2019, Rn. 369; *Gerhardt* in Wendl/Dose UnterhaltsR § 4 Rn. 579.

[136] BGH NJW 2014, 2109 = FamRZ 2014, 1183 Rn. 16; BGHZ 171, 206 = NJW 2007, 1961 Rn. 47 = FamRZ 2007, 793; OLG Hamm BeckRS 2005, 2441 = FamRZ 2005, 1177 f.; auch OLG Celle NJW 2005, 1516 = FamRZ 2005, 716 (717).

[137] OLG Celle NJW-RR 2006, 721 = FamRZ 2006, 1126.

[138] BGHZ 171, 206 = NJW 2007, 1961 Rn. 51 = FamRZ 2007, 793; OLG Hamm BeckRS 2005, 2441 = FamRZ 2005, 1177 (1178); *Schürmann* FamRZ 2003, 1825 (1826).

[139] BGHZ 163, 84 = NJW 2005, 3277 = FamRZ 2005, 1817 (1820); OLG Hamm BeckRS 2005, 2441 = FamRZ 2005, 1177 (1178).

**bb) Kinderzuschläge. Kindergeld. Kinderzuschläge** des Arbeitgebers (für Beamte §§ 9 Abs. 2, 40 Abs. 2–4 BBesG, → Rn. 92–94, 397) und die steuerliche Entlastung durch **Kinderfreibeträge** (§ 32 Abs. 6 S. 1 EStG) sind in das prägende Einkommen einzubeziehen, weil sie wegen des Kindes unabhängig von einer Ehe der Eltern und von deren Zusammenleben eingeräumt werden und deshalb nicht der bestehenden Ehe vorbehalten sind.[140] Anderes gilt für den – zusätzlichen – Kinderfreibetrag für den neuen Ehegatten des Verpflichteten (§ 32 Abs. 6 S. 2 EStG),[141] der wegen der bestehenden Ehe gewährt wird und deshalb ihr vorbehalten ist.[142] 95

Weil auch **Kindergeld** allein wegen des Kindes, gleich aus welcher Beziehung es stammt, und nicht wegen einer bestimmten Lebenspartnerschaft gewährt wird, ist es zum nachehelichen Unterhalt grundsätzlich nicht geschützt. Gleichwohl ist es nicht bedarfserhöhend in die Bedarfsbemessung einzubeziehen, weil es jedenfalls nicht Einkommen der Eltern ist (→ Rn. 562–564). 96

**Rspr. zum Kindergeldbezug bei Sachverhalten mit Auslandsberührung (Auswahl)** 97

**(1) Kinderzulage**

BFHE 254, 422 mBspr *Pfeil* NZFam 2016, 1045 = FamRZ 2016, 2013; BFHE 254, 409 = BeckRS 2016, 95403 mBspr *Rieck* NZFam 2016, 1044; BFHE 254, 20 = DStRE 2016, 1164 = FamRZ 2016, 1770; BFHE 253, 139 = DStRE 2016, 851 = FamRZ 2016, 1159; BFHE 251, 154 = DStRE 2016, 16 = FamRZ 2016, 229.

OLG Koblenz NZFam 2017, 649 mAnm *Hellebrandt*.

**(2) EU-Staaten**

**Belgien:**

BFHE 254, 558 = DStRE 2017, 27 = FamRZ 2016, 2102.

**Griechenland:**

BFHE 253, 236 = DStRE 2016, 855 = FamRZ 2016, 1159.

**Litauen:**

BFHE 254, 439 =StB 2016, 283 = FamRZ 2016, 2013.

**Niederlande:**

BFHE 242, 222 = DStRE 2013, 1485 = FamRZ 2013, 1972; VG Düsseldorf BeckRS 2014, 51748 = FamRZ 2015, 447.

**Polen:**

EuGH NJW 2016, 1147 = FamRZ 2016, 21; EuGH DStRE 2012, 999 = FamRZ 2012, 1466 Ls.; BFH, 26.10.2016, III R 27/13, juris = BFH/NV 2017, 299; BFH BeckRS 2017, 94264 = BFH/NV 2017, 263; BFH, 23.8.2016, V R 2/14, juris = BFH/NV 2016, 1725; BFH, 23. 8.2016, V R 29/13, juris = BFH/NV 2016, 1724; BFH BeckRS 2016, 95272 = FamRZ 2016, 1854; BFHE 254, 307 = DStRE 2016, 1359 = FamRZ 2016, 1925; BFHE 253, 134 = DStR 2016, 1319 = FamRZ 2016, 1159; BFHE 249, 519 = DStRE 2015, 1038 = FamRZ 2015, 1797; BFHE 248, 20 = DStRE 2015, 338 = FamRZ 2015, 578; BFHE 241, 511 = DStR 2013, 1879 = FamRZ 2013, 1656; FG Bremen BeckRS 2017, 107697 mBspr *Elden* NZFam 2017, 669; FG Düsseldorf BeckRS 2017, 101673 mBspr *Elden* NZFam 2017, 232.

**Spanien:**

BFHE 254, 20 = DStRE 2016, 1164 = FamRZ 2016, 1770.

**Ungarn:**

BFHE 255, 46 = DStRE 2017, 25 = FamRZ 2017, 44.

**Vereinigtes Königreich Großbritannien:**

EuGH NJW 2016, 2867 = FamRZ 2016, 1569.

**Zypern:**

BFHE 254, 409 = DStRE 2016, 1431 mBspr *Rieck* NZFam 2016, 1044.

**(3) Sonstiges Ausland**

**Schweiz:**

BFHE 243, 204 = DStRE 2014, 209 = FamRZ 2014, 304.

**Türkei:**

BFHE 239, 109 = DStRE 2013, 279 = FamRZ 2013, 301.

**USA:**

BFHE 254, 414 = DStRE 2016, 1421 = FamRZ 2016, 2013; BFHE 247, 239 = DStRE 2015, 145 = FamRZ 2015, 324.

**(4) Minderjähriger, nicht freizügigkeitsberechtigter Ausländer**

EGMR NVwZ 2016, 443.

BSGE 119, 33 = NVwZ 2016, 555 mAnm *Huber* = FamRZ 2015, 1962.

---

[140] BGHZ 175, 182 = NJW 2008, 1663 Rn. 71 = FamRZ 2008, 968; BGHZ 172, 22 = NJW 2007, 2249 Rn. 30 = FamRZ 2007, 983; NJW 2007, 1969 Rn. 36 = FamRZ 2007, 882; BGHZ 171, 206 = NJW 2007, 1961 Rn. 35, 36 = FamRZ 2007, 793.

[141] Für jeden Elternteil: Freibetrag von 1.824 EUR (insgesamt: 3.648 EUR) für das sächliche Existenzminimum des Kindes (Kinderfreibetrag) sowie Freibetrag von 1.080 EUR (insgesamt: 5.808 EUR) für den Betreuungs- und Erziehungs- oder Ausbildungsbedarf des Kindes (BT-Drs. 16/11065, 6).

[142] BGHZ 175, 182 = NJW 2008, 1663 Rn. 72 = FamRZ 2008, 968; BGHZ 172, 22 = NJW 2007, 2249 Rn. 30 = FamRZ 2007, 983; NJW 2007, 1969 Rn. 37 = FamRZ 2007, 882; BGHZ 171, 206 = NJW 2007, 1961 Rn. 51 = FamRZ 2007, 793.

98 **cc) Eltern- und Betreuungsgeld.** Auch der nacheheliche Bezug von Eltern- oder Betreuungsgeld (§§ 1 ff., 4a–4d[143] BEEG) für gemeinschaftliche Kinder prägt die ehelichen Lebensverhältnisse, soweit es den Sockelbetrag von 300 EUR bzw. 150 EUR übersteigt (§ 11 S. 1 BEEG). Dies gilt auch, wenn Eltern- oder Betreuungsgeld für nicht gemeinschaftliche Kinder bezogen wird,[144] setzt dann aber den Bezug bereits während bestehender Ehe voraus.

99 **dd) Arbeitslosengeld.** Das ALG wird wegen eines Kindes des Verpflichteten (§ 129 Nr. 1, 2 SGB III: um 7%) und nicht wegen der Wiederheirat erhöht, weshalb auch der Zuschlag den Bedarf der geschiedenen Ehe prägt. Dies gilt auch für ein erst nach Rechtskraft der Scheidung geborenes nicht gemeinschaftliches Kind des Verpflichteten. Dagegen bleibt der Teil des ALG, der darauf beruht, dass der Bezieher nach der **Steuerklasse 3** versteuert wurde (§ 133 Abs. 1 S. 2 Nr. 2, 3 SGB III), der neuen Ehe vorbehalten.[145] Und auch wenn der Zuschlag für ein **Stiefkind** seines Partners, mit dem er in häuslicher Gemeinschaft lebt, gewährt wird, liegt der Schwerpunkt des Unterstützungszwecks auf der Partnerschaft, sodass der Zuschlag bei der Bedarfsberechnung in der geschiedenen Ehe unberücksichtigt bleibt.[146]

100 **ee) Behindertenzuschlag.** Der steuerliche **Behinderten-Pauschbetrag** für ein Kind nach § 33b Abs. 5 EStG hat dem Bezieher in voller Höhe zu verbleiben.[147]

101 **2. Lebenshaltungskosten. a) Steigerung.** Die durch ihre Steigerung bewirkte Erhöhung des Bedarfs des Berechtigten ist den ehelichen Lebensverhältnissen zwar immanent, prägt sie jedoch wegen der Anknüpfung an die wirtschaftlichen Verhältnisse der Ehegatten gleichwohl grundsätzlich nicht, wenn der Bedarf nach einer **Quote** vom Familieneinkommen bemessen wird (→ Rn. 61; zur **konkreten** Bedarfsbemessung → Rn. 64).[148] Etwas anderes kann in folgenden **Ausnahmefällen** gelten:

102 – Die Parteien **vereinbaren** eine Anpassung nach den Lebenshaltungskosten (→ § 1585c Rn. 163, 164).[149]

103 – Der Unterhalt wurde wegen der überdurchschnittlichen wirtschaftlichen Verhältnisse **konkret** bemessen. Allerdings sind auch dann idR nicht die Lebenshaltungskosten fortzuschreiben, vielmehr bestimmt die allgemeine Entwicklung der **Lohnkosten** das Maß der Anpassung:[150] Weil der Bedarf bei **überdurchschnittlichen Einkünften** nicht nach einer Quote vom Familieneinkommen, sondern konkret nach den tatsächlichen Bedürfnissen bemessen wird (→ Rn. 38, 64, 166–178), können die Veränderungen des Familieneinkommens nicht als maßgebliche Größe herangezogen werden. Vielmehr steigt der finanzielle Aufwand für die Bedarfsdeckung mit zunehmender Geldentwertung, weshalb sie auch die ehelichen Lebensverhältnisse prägt. Das notwendige

---

143 §§ 4a–4d BEEG sind wegen der Länderzuständigkeit und der Unzuständigkeit des Bundes verfassungswidrig, BVerfG NJW 2015, 2399 = FamRZ 2015, 1459. Bereits bewilligtes Betreuungsgeld ist jedoch weiter auszuzahlen.

144 BeckOGK/*Witt,* 1.2.2019, Rn. 371.

145 Zum Ganzen BGHZ 172, 22 = NJW 2007, 2249 Rn. 35 = FamRZ 2007, 983; NJW-RR 1990, 514 = FamRZ 1990, 503 (504); OLG Frankfurt a. M. NJW-RR 2006, 77 = FamRZ 2006, 792 Ls.; OLG Koblenz BeckRS 2011, 6279 = FamRZ 2005, 720 (722) (Vorinstanz zum BGH; der angezogene § 137 SGB III wurde durch Art. 1 Nr. 72 des Gesetzes v. 23.12.2003 (BGBl. 2003 I 2848) mWv 1.1.2005 aufgehoben).

146 BGHZ 171, 206 = NJW 2007, 1961 Rn. 51 = FamRZ 2007, 793; BeckOGK/*Witt,* 1.2.2019, Rn. 370; aA noch BGH NJW 1989, 1033 = FamRZ 1989, 172 (173); NJW 1984, 1458 = FamRZ 1984, 374 (376); BeckRS 1982, 31071314 = FamRZ 1983, 49; *Schürmann* FamRZ 2003, 1825 (1826).

147 OLG Hamm NJW-RR 2008, 158 = FamRZ 2008, 66.

148 BGH NJW 1987, 1555 = FamRZ 1987, 459 (460 f.) mit krit. Anm. *Luthin*; OLG Bamberg BeckRS 1998, 31152356 = FamRZ 1999, 31 (32 f.); OLG Düsseldorf FamRZ 1991, 194 f.; NJW-RR 1988, 2 = FamRZ 1988, 67 (68); aA OLG Zweibrücken NJW 1994, 527 = FamRZ 1994, 1534 (1535); OLG Hamm BeckRS 2009, 26038 = FamRZ 1987, 600 (601); FamRZ 1986, 362 (363); OLG Düsseldorf NJW-RR 1986, 436 = FamRZ 1985, 1262 (1263); OLG Stuttgart FamRZ 1985, 491 (493); OLG Hamburg BeckRS 2010, 9623 = FamRZ 1983, 932 (933), die die Anpassung mit einem Abänderungsantrag (§§ 238, 239 FamFG) allein wegen der Steigerung des Lebenshaltungskostenindexes zulassen. Anders zur Bemessung des Kindesunterhalts nach der Düsseldorfer Tabelle BGH NJW 1995, 534 = FamRZ 1995, 221 (222), doch richtet sich dieser gerade nicht nach einer festen Quote der Einkommensverhältnisse. – Wer anders verfährt, muss die Korrektur in der Leistungsfähigkeit des Verpflichteten suchen; so ausdrücklich etwa *Luthin* FamRZ 1983, 1236 (1237).

149 OLG Bamberg BeckRS 1998, 31152356 = FamRZ 1999, 31 (32).

150 Auch wenn der Unterhaltsanspruch durch Vergleich geregelt worden war, aA *Gutdeutsch* in Wendl/Dose UnterhaltsR § 4 Rn. 684; scheinbar auch der BGH FamRZ 1986, 458 (460) zu § 58 EheG, der allerdings eine Anpassung ohne Rücksicht auf die Entwicklung der beiderseitigen Lebensverhältnisse der Eheleute ausdrücklich ausschließt.

Korrektiv bildet die Leistungsfähigkeit des Verpflichteten; doch dürfte dies bei den gegebenen überdurchschnittlichen Einkommensverhältnissen nur sehr selten praktisch werden.

- Nach dem **Tod des Verpflichteten** können sich die ehelichen Lebensverhältnisse nicht mehr nach seinem realen Einkommenszuwachs bestimmen. Bei Fortführung eines Unternehmens durch den Erben ist deshalb wegen der Unsicherheit, ob auch der Erblasser das Unternehmen mit demselben Erfolg weitergeführt hätte, eine Anpassung nach dem **Lebenshaltungskostenindex** vorzunehmen.[151] **104**
- Der Verpflichtete verfügt nachehelich über Einkünfte, die die ehelichen Lebensverhältnisse **nicht prägen.**[152] Da dann für die Bedarfsbemessung nicht an einer beachtlichen Weiterentwicklung der Einkommensverhältnisse angeknüpft werden kann, bleibt zur Erhaltung des Lebensstandards des Bedürftigen nur die Möglichkeit, den einmal festgestellten Bedarf statistisch nach der Entwicklung der Löhne fortzuschreiben. Allerdings werden sie idR die Bedürftigkeit und im Rahmen der Billigkeit (§ 1581 S. 1, → § 1581 Rn. 29) die Leistungsfähigkeit mitbestimmen. – Bei entsprechender Handhabung des ehebedingten Bedarfs wird es solche Fallgestaltungen in der Praxis kaum mehr geben. **105**

**b) Verbrauchergeldparität.**

**Schrifttum:** *Breuer,* Grenzüberschreitende Unterhaltsbemessung durch deutsche Gerichte, FamRB 2015, 273; FamRB 2015, 318; *Többens,* Das unterhaltsrechtliche Problem der Kaufkraftbereinigung bei grenzüberschreitenden Sachverhalten, FamRZ 2016, 597. – Nachweise zu den Verbrauchergeldparitäten vor → Rn. 1 „5. Verbrauchergeldparität".

Auch der Bedarf eines **ausländischen Ehegatten,** dem unterhaltsrechtlich die Rückkehr in sein Heimatland obliegt (→ Rn. 703), bestimmt sich grundsätzlich nach der Halbteilung (→ Rn. 25, 26). Entsprechen die Lebensverhältnisse in seinem Heimatland nicht denen in Deutschland, ist die Verbrauchergeldparität auf die Verhältnisse in Deutschland umzurechnen.[153] Sind die ausländischen Lebensverhältnisse höher oder niedriger als die inländischen, führt dies zu einer Über- bzw. Unterversorgung des Ehegatten im Ausland. Dies gilt unabhängig von der Staatsangehörigkeit der Ehegatten immer auch dann, wenn ein Ehegatte seinen gewöhnlichen Aufenthalt im Ausland hat. **106**

**Beispiele:** **107**

Der Bedarf des im Ausland lebenden Berechtigten beträgt nach der Halbteilung 1.500 EUR, die Verbrauchergeldparität im Heimatland entspricht 80% derjenigen in Deutschland. Der Unterhaltsanspruch beläuft sich damit auf 1.200 EUR. Dies hat allerdings zur Folge, dass der Verpflichtete nunmehr über 1.800 EUR verfügt statt über 1.500 EUR (→ Rn. 110).

Beträgt die ausländische Verbrauchergeldparität 120% der inländischen, würde der Bedarf des Berechtigten 1.800 EUR betragen und der Verpflichtete nur über 1.200 EUR verfügen.

Diese Beispiele zeigen, dass sich nicht der Bedarf nach den ehelichen Lebensverhältnissen durch den Aufenthalt im Ausland, sondern nur die **Bedürftigkeit** und die **Leistungsfähigkeit** des im Ausland lebenden Ehegatten[154] ändert. Der Berechtigte mit der geringeren Verbrauchergeldparität kann seinen Bedarf nach den ehelichen Lebensverhältnissen mit geringeren finanziellen Mitteln, der mit der höheren Verbrauchergeldparität kann ihn nicht vollständig decken.[155] – Zur Berechnung der **Höhe des ausländischen Nettoeinkommens** → Rn. 501. **108**

Zu berücksichtigen ist aber, dass die Verschiebungen durch unterschiedliche Verbrauchergeldparitäten zur Bevorteilung des Ehegatten mit Aufenthalt in Deutschland führen. Denn ihm verbleibt der Betrag, den er weniger an den anderen Ehegatten zu entrichten hat. Wegen dieser **Disparität** ist der „Überschuss" unter den Ehegatten im Verhältnis der Verbrauchergeldparitäten aufzuteilen. **109**

**Beispiel:** **110**

Überschuss im obigen Bsp. 300 EUR. An den Ehegatten im Ausland würden dann weitere 120 EUR gehen, dem Ehegatten im Inland blieben weitere 180 EUR.

Zur **Vergleichbarkeit** der ausländischen mit den inländischen Lebensverhältnissen kann auf die Wertermittlungen des Statistischen Bundeamts und des Bundesfinanzministeriums (sowie vornehmlich des vom Statistischen Amt der Europäischen Union (Eurostat) ermittelten „Vergleichenden **111**

---

151 OLG Celle BeckRS 2009, 24564 = FamRZ 1987, 1038 (1040).

152 BGH NJW 1987, 1555 = FamRZ 1987, 459 (460 f.).

153 Zum angemessenen Bedarf iSd § 1578b Abs. 1 S. 1 s. BGH NJW 2013, 1447 Rn. 31, 32 = FamRZ 2013, 864; NJW 2013, 866 Rn. 24 = FamRZ 2013, 534.

154 Dazu BGH NJW 2013, 2751 Rn. 29 = FamRZ 2013, 1375.

155 Dazu etwa BGH NJW-RR 1987, 1474 (1475) = FamRZ 1987, 682.

Preisniveaus des Endverbrauchs der privaten Haushalte einschließlich indirekter Steuern" als im Verhältnis zu den Staaten, die sich an der Ermittlung von Kaufkraftparitäten durch Eurostat beteiligen, geeigneten Anpassungsmaßstab zurückgegriffen werden.[156]

112 **3. Unterhaltspflichten. a) Kindesunterhalt. aa) Gemeinschaftliche Kinder.** Zu ihnen zählen sowohl gemeinschaftliche **leibliche** Kinder, denen auch solche, die durch eine künstliche Insemination unter Verwendung des Samens eines Dritten gezeugt wurden, zugehören, als auch von den Ehegatten gemeinschaftlich **adoptierte** minderjährige Kinder (§ 1754 Abs. 2, auch → Rn. 121, 122; zur Volljährigenadoption s. § 1770 Abs. 1 S. 2). Dabei ist unerheblich, ob diese Kinder vor **Rechtskraft der Scheidung** geboren oder ihre Adoption rechtswirksam wurden, weil das Entstehen der Unterhaltspflicht in beiden Fällen bereits in der Ehe angelegt war.

113 Nicht hierzu gehören **Stiefkinder.**[157] An sie erbrachte Unterstützungsleistungen können weder den Bedarf prägen noch die Bedürftigkeit/Leistungsfähigkeit beeinflussen, weil der Verpflichtete zu solchen nicht gesetzlich verpflichtet ist.

114 Die Entwicklung der Kinder bis zu ihrer wirtschaftlichen Selbstständigkeit und die sich daraus ergebenden Unterhaltslasten prägen bis zu ihrem Entfallen die ehelichen Lebensverhältnisse idR – Ausnahme bei sehr guten wirtschaftlichen Verhältnissen, in denen der Ehegattenunterhalt **konkret** zu bemessen ist (→ Rn. 166–178) – so dauerhaft, dass die Zufälligkeit, in welchem Stand dieser Entwicklung es zur Scheidung kommt und wie hoch die Unterhaltslasten gerade zu diesem Zeitpunkt sind, keine eheprägende Bedeutung hat. Der Bedarf folgt deshalb – positiv wie negativ – den Änderungen des Kindesunterhalts.[158] Dies sowohl für die Unterhaltspflicht gegenüber **minderjährigen** als auch, trotz ihres Nachrangs (§ 1609 Nr. 4), gegenüber **volljährigen** Kindern.[159]

115 Der Kindesunterhalt ist jedenfalls so lange in tatsächlich entrichteter und nicht in gesetzlicher[160] **Höhe** zu berücksichtigen, als der notwendige bzw. angemessene Bedarf beider Ehegatten gewahrt wird und die Aufteilung der Mittel angemessen ist (→ § 1581 Rn. 89–99).

116 Nach **Entfallen** der Unterhaltspflicht freiwerdende Mittel prägen die ehelichen Lebensverhältnisse nur dann nicht, wenn anzunehmen ist, dass sie unter den dann gegebenen Verhältnissen nicht dem allgemeinen Lebensbedarf, sondern der Vermögensbildung oder anderen nicht dem allgemeinen Lebensbedarf zuzurechnenden Zwecken, etwa der Befriedigung eines trennungsbedingten Mehrbedarfs, dienen sollen.[161]

117 Das **Älterwerden** von Kindern und damit auch die sich daraus ergebende Erhöhung ihres Bedarfs und des Kindesunterhalts sowie die rechtlichen Folgen hinsichtlich der Erwerbsobliegenheiten des betreuenden Elternteils (→ § 1570 Rn. 28–106) ist zwar zuverlässig vorhersehbar.[162] Doch sind von der Norm abweichende Entwicklungen nicht selten, weshalb bislang in der Praxis die künftige Altersentwicklung von Kindern idR nur dann in eine Entscheidung mit einbezogen wurde, wenn die rechtlich maßgebliche Änderung des Kindesalters bereits kurz bevorstand. Für die künftige Höhe des Kindesunterhalts mag eine Prognose nach dem Alter des Kindes möglich sein. Hinsichtlich der Erwerbsobliegenheiten und deren Verletzung lassen sich aber über längere Zeit im Voraus idR keine sicheren Prognosen treffen (zur gleichen Problematik im Zusammenhang mit der Befristung des Betreuungsunterhalts → § 1578b Rn. 238–248).

[156] Zu Letzterem BGH NJW 2014, 2785 Rn. 35 = FamRZ 2014, 1536; auch – ausführlich – OLG Hamm BeckRS 2017, 116617 mAnm *Szantay* NZFam 2017, 762 = FamRZ 2018, 29; OLG Karlsruhe BeckRS 2016, 14640 Rn. 40–51 mAnm *Viefhues* NZFam 2016, 893 = FamRZ 2017, 282; NJW-RR 2015, 1411 Rn. 57 = FamRZ 2016, 237 (239); OLG Stuttgart NJW 2014, 1458 (1460) = FamRZ 2014, 850; OLG Oldenburg BeckRS 2012, 24159 = FamRZ 2013, 891 (892); jurisPK-BGB/*Viefhues* § 1610 Rn. 50, 50.1 (im Verhältnis zur Schweiz); *Unger* FPR 2013, 19 (22 f.); 19. DFGT – Empfehlungen des Vorstands Arbeitskreis 5 zu A I 1 d, FamRZ 2011, 1921.

[157] BGHZ 163, 84 = NJW 2005, 3277 = FamRZ 2005, 1817 (1819 f.); daran hält der BGH fest, BGH NJW 2009, 145 Rn. 26 = FamRZ 2009, 23 mAnm *Maurer* FamRZ 2009, 204.

[158] BGH NJW-RR 1990, 1346 = FamRZ 1990, 1090 mit abl. Anm. *Dieckmann* FamRZ 1990, 1335 ff.; NJW 1990, 2886 = FamRZ 1990, 1085 (1087 f.) mit zust. Anm. *Scholz*; *Dieckmann* FamRZ 1990, 1335; zu volljährigen Kindern BGH NJW 2009, 2523 Rn. 44, 46 = FamRZ 2009, 1300. Damit ist der BGH von seiner bisherigen Rspr. in BGH NJW-RR 1989, 1154 = FamRZ 1990, 258 (259 f.); NJW 1988, 2101 = FamRZ 1988, 817 (819); NJW 1988, 2034 = FamRZ 1988, 701 (703) mit krit. Anm. *Ewers*; NJW-RR 1987, 1218 = FamRZ 1987, 913 (ebenso OLG Hamm BeckRS 2009, 26030 = FamRZ 1987, 710 (712) mit abl. Anm. *Ewers* FamRZ 1987, 1043 f.) ausdrücklich abgerückt.

[159] BGHZ 192, 45 = NJW 2012, 384 Rn. 19 = FamRZ 2012, 281; NJW 1987, 1551 = FamRZ 1987, 456 (458 f.).

[160] So OLG Hamm BeckRS 2008, 10521 = FamRZ 2008, 991.

[161] Dazu etwa OLG Stuttgart BeckRS 2008, 74 = FamRZ 2007, 2075 (2077).

[162] BGHZ 171, 206 = NJW 2007, 1961 Rn. 60 = FamRZ 2007, 793.

Die mit dem Älterwerden von Kindern einhergehende **Steigerung ihres Lebensbedarfs** führt, da in der Ehe angelegt und deshalb vorhersehbar, zu einer Verringerung des Bedarfs des Berechtigten nach den ehelichen Lebensverhältnissen.[163] 118

**bb) Nicht gemeinschaftliche Kinder. (1) Während der Ehe geborene Kinder.** Auch Unterhaltspflichten für **nicht gemeinschaftliche** Kinder prägen die ehelichen Lebensverhältnisse, wenn sie während der **Trennungszeit,**[164] auch zwischen Scheidungsanspruch und Rechtskraft der Scheidung[165] geboren wurden, weil auch die Unterhaltspflicht für mit in die Ehe gebrachte Kinder diese prägt und eine Wiederherstellung der ehelichen Lebensgemeinschaft mit der Folge der Prägung der ehelichen Lebensverhältnisse durch die Unterhaltspflicht für das neugeborene Kind nicht ausgeschlossen werden kann.[166] 119

**Diskussion:** 120
**Außer Betracht** bleibt dabei jedoch, dass der Bedürftige die Ehe in Kenntnis der Unterhaltspflicht für diese Kinder eingegangen ist, nicht aber in Kenntnis der Unterhaltspflicht für die während der Ehe geborenen. Behandelt man Unterhaltspflichten gegenüber nicht gemeinsamen Kindern wie andere einseitig vom Verpflichteten eingegangene Verbindlichkeiten, prägen sie die ehelichen Lebensverhältnisse idR nicht, es sei denn, dies wäre dem Bedürftigen nach Treu und Glauben zumutbar (zu diesem Abgrenzungskriterium allgemein → Rn. 250), etwa weil er von der Unterhaltsverpflichtung Kenntnis hatte und diese nicht nur gezwungenermaßen mitgetragen hat.[167]

**(2) Nach der Ehe geborene Kinder.** Für **nachehelich** geborene[168] oder **adoptierte**[169] nicht gemeinschaftliche Kinder ist der BGH nach der Entscheidung des BVerfG vom 25.1.2011[170] zu seiner früheren Rspr.[171] zurückgekehrt, weil „bei fortbestehender Ehe jedenfalls nicht die vom BVerfG geforderte hohe Wahrscheinlichkeit der Geburt weiterer Kinder aus einer anderen Verbindung [besteht]"; ihre Interessen sind durch den Vorrang ihrer Unterhaltsansprüche (§ 1609 Nr. 1) gewahrt.[172] Zwar trifft zu, dass diese Unterhaltsverpflichtungen die ehelichen Lebensverhältnisse geprägt hätten, wenn die Kinder während der Ehe geboren wären (→ Rn. 119, 120),[173] doch rechtfertigt dies unter der Geltung des **Stichtagsprinzips** (→ Rn. 42–47) nicht die Gleichstellung.[174] 121

Trotz der Anknüpfung an die unterhaltsbezogene Leichtfertigkeit, die wertungsmäßig der Mutwilligkeit in § 1579 Nr. 4, 5 entspricht, hat der BGH[175] bei einer **Stiefkindadoption** durch den Verpflichteten nicht nach den 122

---

163 Zum Wegfall der Unterhaltsverpflichtung gegenüber Kindern BGH NJW-RR 1990, 1346 f. = FamRZ 1990, 1090; NJW 1990, 2886 (2888) = FamRZ 1990, 1085 unter Aufgabe seiner bisherigen Rspr., etwa BGH NJW-RR 1989, 1154 (1155) = FamRZ 1990, 258.

164 BGH NJW 1994, 190 = FamRZ 1994, 87 (89) mAnm *Ewers* FamRZ 1994, 816 f.; zuletzt BGHZ 172, 22 = NJW 2007, 2249 Rn. 33 = FamRZ 2007, 983; ebenso OLG Hamm FamRZ 1997, 886 f.; BeckRS 1996, 671 = FamRZ 1996, 805 Ls.; OLG Koblenz FamRZ 1998, 1584 mit abl. Anm. *Schumacher*; OLG Hamburg FamRZ 1999, 857 (858); FamRZ 1998, 1585; OLG München NJWE-FER 1998, 267 = FamRZ 1999, 511 f.; OLG Jena NJW-RR 2006, 584 = FamRZ 2006, 1205 (1206).

165 BGH NJW 1999, 717 = FamRZ 1999, 367 (369).

166 Daran hält der BGHZ 192, 45 = NJW 2012, 384 Rn. 19, 20 = FamRZ 2012, 281 fest.

167 *Maurer* FamRZ 2011, 849 (856); FamRZ 2008, 1985 (1989); zweifelnd auch NK-BGB/*Schürmann* Rn. 79; *Borth* in Schwab ScheidungsR-HdB IV Rn. 1045; *Born* NJW 2008, 3089 (3094); *Graba* FF 2008, 437 (442 f.); FamRZ 1999, 370 (371); *Niepmann* MDR 1999, 653 (656); *Wenger* MDR 1999, 297 f.; *Ewers* FamRZ 1994, 816 (817). Dieser Wertung ist der BGHZ 192, 45 = NJW 2012, 384 Rn. 20 = FamRZ 2012, 281 ausdrücklich entgegengetreten; ebenso etwa BeckOGK/*Witt,* 1.2.2019, Rn. 293.

168 BGHZ 175, 182 = NJW 2008, 1663 Rn. 47 = FamRZ 2008, 968; auch BGH NJW 2010, 2056 Rn. 29, 30 = FamRZ 2010, 869; BGHZ 179, 196 = NJW 2009, 588 Rn. 28 = FamRZ 2009, 411; NJW 2009, 1271 Rn. 34–38 = FamRZ 2009, 579.

169 BGH NJW 2009, 1271 Rn. 34–38 = FamRZ 2009, 579; BGHZ 179, 196 = NJW 2009, 588 Rn. 28 = FamRZ 2009, 411; BGHZ 175, 182 = NJW 2008, 1663 Rn. 47 = FamRZ 2008, 968.

170 BVerfGE 128, 193 = NJW 2011, 836 = FamRZ 2011, 437.

171 BGH NJW 1992, 1621 = FamRZ 1992, 539 (540); BGHZ 104, 158 = NJW 1988, 1722 = FamRZ 1988, 705 (709); NJW 1987, 1551 = FamRZ 1987, 456 (458).

172 BGHZ 192, 45 = NJW 2012, 384 Rn. 19, 27 = FamRZ 2012, 281; s. auch *Maurer* FamRZ 2011, 849 (856).

173 *Gerhardt* in Wendl/Dose UnterhaltsR § 4 Rn. 428 Abs. 3; *Gerhardt/Gutdeutsch* FamRZ 2011, 597.

174 IErg ebenso BeckOGK/*Witt,* 1.2.2019, Rn. 465, weil „bei Fortbestand der (intakten) Ehe es nicht zu der Entstehung von Kindern aus einer anderen Beziehung gekommen [wäre] bzw. der andere Ehegatte dies nicht hingenommen [hätte] und [hätte] hinnehmen müssen."

175 BGHZ 183, 197 = NJW 2010, 365 Rn. 4 = FamRZ 2010, 111, NJW 2009, 145 Rn. 24, 25 = FamRZ 2009, 23 mAnm *Maurer* FamRZ 2009, 204; ebenso OLG Hamm BeckRS 2012, 20219 = FamRZ 2013, 706 (707).

Motiven für die Adoption gefragt. Dies mag insbesondere dann fraglich erscheinen, wenn der Verpflichtete die Adoption ersichtlich bewusst zum Nachteil des Berechtigten betrieben hat und durch sie auf einen werthaltigen Unterhaltsanspruch des adoptierten Kindes gegen einen leiblichen Elternteil verzichtet wird (§ 1755 Abs. 1; auch § 1751 Abs. 4). Gleichwohl ist es folgerichtig, allein auf die Adoption abzustellen, denn diese konnte nur durchgeführt werden, weil sie dem „Wohl des Kindes dient und zu erwarten [war], dass zwischen dem Annehmenden und dem Kind ein Eltern-Kind-Verhältnis entsteht" (§ 1741 Abs. 1 S. 1).

**123** Unerheblich ist, wenn ein **während der Ehezeit gezeugtes** nicht gemeinschaftliches Kind erst nach Rechtskraft der Scheidung geboren wurde.[176] Denn dann fehlt der Bezug zur Ehe: Weder entstammt es der ehelichen Verbindung, noch hat die Unterhaltspflicht die ehelichen Lebensverhältnisse beeinflusst.

**124** **cc) Volljährige Kinder.** Obwohl volljährige Kinder, sind sie bis zur Vollendung des 21. Lebensjahres wegen des Besuchs einer allgemeinen Schulausbildung nicht privilegiert, weil sie noch im Haushalt eines Elternteils leben (§ 1609 Nr. 1), dem Ehegatten im Rang nachgehen (§ 1609 Nr. 3, 4), prägen die an sie zu entrichtenden Barunterhaltsbeträge die ehelichen Lebensverhältnisse und sind deshalb bei der **Bedarfsbemessung** vom verfügbaren Einkommen des barunterhaltspflichtigen Elternteils abzuziehen.[177] Dies ist folgerichtig, weil diese Aufwendungen idR auf die Ehe zurückzuführen sein werden und das verfügbare Einkommen, aus dem der Lebensbedarf der Familie zu decken war, unabhängig vom Rang geschmälert haben. Einzustellen ist der Barbedarf nach Abzug des Kindergelds, soweit dem Kind dieses zugeflossen ist oder ihm der Gegenwert durch Naturalleistungen zugewandt wurde, weil insoweit sein Unterhaltsbedarf gedeckt ist.[178] Durch die Halbteilung führt dies zu einem hälftigen Ausgleich des Kindergelds unter beiden Ehegatten, auch dann, wenn beide Barunterhalt leisten.[179] – Auswirkungen hat dies auch auf die **Bedürftigkeit/ Leistungsfähigkeit.**

**125** **dd) Vereinbarungen.** Den Ehegatten ist es unbenommen, im Rahmen von § 1585c hinsichtlich der Berechnung des Anspruchs auf nachehelichen Unterhalt die Höhe des Anspruchs auf Kindesunterhalt festzulegen. Dabei ist jedoch insbesondere zu beachten, dass der Kindesunterhalt selbst dann ihrer Disposition entzogen ist, wenn auch das Kind Vertragspartei geworden ist (§ 1614). Zudem dürfen durch die vertragliche Gestaltung nicht die Rechte Dritter beeinträchtigt werden (Vertrag zu Lasten Dritter), insbesondere nicht die von Sozialleistungsträgern.[180]

**126** **b) Elternunterhalt.** Da auch die Unterhaltsansprüche von Bedürftigen, die dem Ehegatten im Rang nachgehen, die ehelichen Lebensverhältnisse prägen können (zu volljährigen Kindern → Rn. 124), kann auch, ggf. durch Übernahme der Pflegekosten für die Eltern der Ehegatten,[181] geleisteter Elternunterhalt vorweg abgezogen werden. Der Vorrang des Ehegatten bewirkt lediglich, dass der Vorwegabzug nicht zu einem **Missverhältnis** mit dem Ehegattenunterhalt führt.[182] Ein Missverhältnis besteht dann, wenn dem Verpflichteten und dem geschiedenen Ehegatten nicht der angemessene Bedarf bleibt (Düsseldorfer Tabelle, Stand: 1.1.2019, Anm. B. VI. 1. c, D. 1.: mindestens 1.800 EUR).[183] Dem steht nicht entgegen, dass der Elternunterhalt nicht bereits bei Beendigung der Ehe bezahlt wurde, wenn diese **latente Unterhaltslast** die ehelichen Lebensverhältnisse deshalb mitbestimmt hat, weil absehbar war, dass die Eltern ihren notwendigen Bedarf nicht durch eigene Einkünfte würden decken können.[184] Eines engen zeitlichen Zusammenhangs mit der Scheidung bedarf es nicht, doch sollte die Unterhaltsbedürftigkeit der Eltern bereits konkret absehbar sein.[185] – Auch das **Entfallen** dieser Unterhaltsverpflichtung ist bedarfsprägend zu berücksichtigen (auch → Rn. 138).[186]

---

[176] BeckOGK/*Witt,* 1.2.2019, Rn. 465 mN zur abw. Auffassung.
[177] BGHZ 164, 375 = NJW 2006, 57 Rn. 13 = FamRZ 2006, 99.
[178] BGH NJW 2008, 1946 Rn. 36 = FamRZ 2008, 963; BGHZ 164, 375 = NJW 2006, 57 Rn. 35 = FamRZ 2006, 99.
[179] BGH NJW 2008, 1946 Rn. 36 = FamRZ 2008, 963.
[180] Zum Ganzen BeckOGK/*Witt,* 1.2.2019, Rn. 296 mwN.
[181] OLG Hamm NJWE-FER 1998, 25 = FamRZ 1998, 621 Ls.; BeckOGK/*Witt,* 1.2.2019, Rn. 321; Palandt/*Brudermüller* Rn. 54.
[182] BGH NJW 2003, 1660 = FamRZ 2003, 860 (865); zum Kindesunterhalt s. auch BGH NJW 2003, 1112 = FamRZ 2003, 363 (366).
[183] Ebenso BeckOGK/*Witt,* 1.2.2019, Rn. 321. Nur den Mindestbedarf legt BGH NJW 2003, 1660 = FamRZ 2003, 860 (865) zugrunde, doch wird damit dem Vorrang des Ehegattenunterhalts nicht genügt.
[184] BGH NJW 2006, 142 = FamRZ 2006, 26; NJW 2003, 1660 = FamRZ 2003, 860 (865); auch OLG Hamm NJWE-FER 1998, 25 = FamRZ 1998, 621 Ls.
[185] *Maurer* FamRZ 2011, 849 (855); ebenso BeckOGK/*Witt,* 1.2.2019, Rn. 479.
[186] Ebenso BeckOGK/*Witt,* 1.2.2019, Rn. 480.

**c) Unterhalt nachfolgender Ehegatten und nicht verheirateter Elternteile.** Geht ein geschiedener Verpflichteter eine neue Ehe ein, sollten nach Auffassung des BGH auch die sich daraus ergebenden Ansprüche auf Familienunterhalt (§§ 1360, 1360a), auf Trennungsunterhalt (§ 1361) sowie – zur Gleichbehandlung der nichtehelichen Kinder, weil Betreuungsunterhalt nur aus Gründen des Kindeswohls, gleichfalls durch die Halbteilung begrenzt (→ § 1615l Rn. 47), gewährt wird – der Anspruch auf Unterhalt nicht miteinander verheirateter Eltern (§ 1615l)[187] die ehelichen Lebensverhältnisse einer vorangehenden Ehe jedenfalls dann prägen, wenn sie dem geltend gemachten nachehelichen Unterhalt vor- oder gleichrangig sind (**„Dreiteilung“,**[188] „so verstandener Halbteilungsgrundsatz“[189]).[190] An einem Einkommen des neuen Ehegatten sollte der geschiedene Bedürftige jedoch nicht teilhaben,[191] weshalb sein Unterhaltsanspruch anhand einer Kontrollberechnung nach der Halbteilung ohne Berücksichtigung der Einkünfte des neuen Ehegatten zu begrenzen war. Zur Abmilderung der Ergebnisse sollten der Splittingvorteil aus der Nachehe und die Mehreinkünfte aus einem „Karrieresprung“ auch dem geschiedenen Ehegatten zugutekommen und der neue Ehegatte unabhängig von den ehelichen Vereinbarungen der neuen Ehegatten erwerbsobliegen sein.[192] Ausnahmen hat der BGH nicht zugelassen, sondern nur Korrekturen im Mangelfall über die Leistungsfähigkeit. Diese „ergebnisoffene“ Betrachtung ermöglichte bei Hinzutreten weiterer Bedürftiger auch eine „Vier-“ bzw. „X-Teilung“. 127

Das BVerfG hat im Beschluss v. 25.2.2011[193] die „Dreiteilung“ wegen Überschreitens der Grenzen richterlicher Rechtsfortbildung als **verfassungswidrig** verworfen und festgestellt, dass nachehelich begründete Unterhaltspflichten den Bedarf nach den ehelichen Lebensverhältnissen iSd § 1578 Abs. 1 nicht prägen können und die Vermengung von Bedarf und Leistungsfähigkeit gegen die Systematik der §§ 1569 ff. verstößt.[194] Damit kann die „Dreiteilung“ der Bedarfsbestimmung nicht mehr zugrunde gelegt werden.[195] Deshalb (zum Ganzen → § 1581 Rn. 68–88)[196] 128

– sind grundsätzlich die wirtschaftlichen Verhältnisse bei Rechtskraft der Scheidung maßgeblich (**„Stichtag“,** → Rn. 42–47). 129

---

187 BGHZ 192, 45 = NJW 2012, 384 Rn. 20, 27, 42 = FamRZ 2012, 281; NJW 1994, 190 = FamRZ 1994, 87 (88 f.); NJW 1987, 1551 = FamRZ 1987, 456 (458 f.).

188 Dazu *Gutdeutsch* FamRZ 2010, 1874; *Gutdeutsch* FamRZ 2006, 1072 ff. (dort auch zur rechnerischen Umsetzung); *Gutdeutsch* FamRZ 1995, 327 ff.; *Gerhardt* FamRZ 2011, 8; *Gerhardt* FamRB 2006, 210 (212); *Klinkhammer* FamRZ 2010, 1777; *Klinkhammer* FF 2009, 140; *Reinken* FPR 2008, 9 (11); *Gerhardt/Gutdeutsch* FamRZ 2007, 778 (779); *Hampel* FamRZ 1995, 1177 ff. Die Rspr. des BGH war stets sehr umstritten, abl. etwa → § 1361 Rn. 14, 15; *Graba* FamRZ 2010, 1131 (1134 ff.); *Brudermüller* FF 2010, 134 (137 ff.); *Born* NJW 2010, 641; *Born* NJW 2009, 148; *Born* NJW 2008, 3089 (3095); *Soyka* FuR 2010, 305 (306); *Schlünder* FamRZ 2009, 487; *Norpoth* FamRZ 2009, 23 (26 f.); *Maurer* FamRZ 2008, 975 ff.; *Maurer* FamRZ 2009, 204 (205); *Maurer* FamRZ 2008, 2157 (2161) Fn. 47, *Maurer* FamRZ 2008, 2165 Fn. 89; *Maurer* FamRZ 2008, 1985 (1989 ff.); *Grandel* NJW 2008, 796; *Griesche* FPR 2008, 63 (64 ff.); *Borth* FamRZ 2006, 852 f.

189 BGHZ 177, 356 = NJW 2008, 3213 Rn. 29–45, 39 = FamRZ 2008, 1911 mit abl. Anm. *Maurer*; s. auch BGHZ 179, 196 = NJW 2009, 588 Rn. 29–31 = FamRZ 2009, 411; NJW 2009, 145 Rn. 30 = FamRZ 2009, 23 mAnm *Maurer* FamRZ 2009, 204; ihm folgt OLG Bremen NJW 2009, 449 = FamRZ 2009, 343 (344).

190 BGHZ 183, 197 = NJW 2010, 365 Rn. 54–56 = FamRZ 2010, 111; NJW 2010, 2056 Rn. 29–31 = FamRZ 2010, 869; NJW 2009, 1271 Rn. 34–40 = FamRZ 2009, 579; BGHZ 179, 196 = NJW 2009, 588 Rn. 29, 39 = FamRZ 2009, 411; BGHZ 177, 356 = NJW 2008, 3213 Rn. 31–44 = FamRZ 2008, 1911 mAnm *Maurer*; BGHZ 175, 182 = NJW 2008, 1663 Rn. 42–51 = FamRZ 2008, 968 mAnm *Maurer* (allerdings setzt er sich in dieser Entscheidung damit nicht ausdrücklich auseinander, obwohl das Einkommen des neuen Ehegatten und damit dessen Bedürftigkeit nicht bekannt war); BGHZ 166, 351 = NJW 2006, 1654 = FamRZ 2006, 683 (686); ebenso etwa OLG Bremen NJW 2009, 925 = FamRZ 2009, 1496 Ls.; NJW 2009, 449 = FamRZ 2009, 343; OLGR 2001, 467 (469); OLG Düsseldorf BeckRS 2008, 10940 = FamRZ 2008, 1254 (1256); *Gutdeutsch* FamRZ 2006, 1072 ff.

191 Krit. hierzu *Maurer* FamRZ 2008, 1919 (1920).

192 Zu Letzterem BGHZ 183, 197 = NJW 2010, 365 Rn. 49, 50 = FamRZ 2010, 111; aA OLG Celle NJOZ 2010, 1671 = FamRZ 2010, 1673 (1675) (die Einkünfte der 2. Ehefrau sind um den Betrag zu kürzen, den sie für die Deckung des Mindestbedarfs ihrer Kinder einsetzen muss); OLG Bremen BeckRS 2009, 28330 = FamRZ 2009, 2012 (2013). – Auch OLG Hamm BeckRS 2010, 28674 = FamRZ 2010, 1914 Ls. 1 (überobligationsmäßig erzielte Nebeneinkünfte des Verpflichteten nach Wiederverheiratung sind in die Bedarfsbemessung einzubeziehen, weil sie den durch die Nachehe entstandenen Mehrbedarf decken sollen).

193 BVerfGE 128, 193 = NJW 2011, 836 = FamRZ 2011, 437.

194 Nach *Gerhardt* FamRZ 2012, 589 (595) ist aus verfassungsrechtlichen Gründen eine gesetzliche Novellierung von § 1361 Abs. 1, § 1578 Abs. 1 S. 1 geboten. Doch hätte dann die Rspr. des BGH als verfassungskonforme Auslegung bestätigt werden können.

195 Ebenso jetzt BGH NJW 2012, 923 Rn. 32–42 = FamRZ 2012, 288; BGHZ 192, 45 = NJW 2012, 384 Rn. 26, 31–37 = FamRZ 2012, 281.

196 Dazu eingehend *Maurer* FamRZ 2011, 849 ff.

130 – ist der Bedarf des **geschiedenen** Ehegatten nach den ehelichen Lebensverhältnissen unabhängig von nach Rechtskraft der Scheidung entstandenen Unterhaltsansprüchen neuer Ehegatten und nicht miteinander verheirateter Elternteile.[197] Zuvor entstandene Unterhaltsansprüche **nicht miteinander verheirateter Elternteile** prägen dagegen die ehelichen Lebensverhältnisse (zur Berücksichtigung bei der **Leistungsfähigkeit,** wenn Gleichrang zwischen geschiedenem Ehegatten und nicht miteinander verheiratetem Elternteil nach § 1609 Nr. 2 besteht, → § 1581 Rn. 74–81).[198]

131 – ist der Bedarf des **neuen** Ehegatten nach Abzug des Unterhaltsanspruchs des geschiedenen Ehegatten zu bemessen.[199]

132 – bleibt der **Splittingvorteil** aus einer neuen Ehe bei der Bestimmung des Bedarfs der vorausgehenden Ehe unberücksichtigt (→ Rn. 86–89), kann allerdings ebenso wie Mehreinkünfte des Verpflichteten aufgrund eines **„Karrieresprungs“** (→ Rn. 65–70) bei der Leistungsfähigkeit in die Billigkeits- (§ 1581, → § 1581 Rn. 25–57) oder Angemessenheitsprüfung (→ § 1581 Rn. 89–99) einfließen.

133 – bleiben die **„Synergieeffekte“** aus der neuen Ehe bei der Bestimmung des Bedarfs der vorausgehenden Ehe unberücksichtigt (→ Rn. 649–656; zur Kürzung des Selbstbehalts im **absoluten Mangelfall** → § 1581 Rn. 25).[200]

134 – ist es als Umgehung des verfassungsgerichtlichen Verdikts verwehrt, die „Dreiteilung“ auf der Ebene der **Leistungsfähigkeit** wieder aufzugreifen.[201] Dies verstößt in gleicher Weise gegen die einfachgesetzlich vorgegebene Trennung von Bedarf und Leistungsfähigkeit (näher → § 1581 Rn. 82–88).[202]

135 – ist der **Rang** des jeweiligen Unterhaltsanspruchs (§§ 1582, 1609 Nr. 2, 3) für die Bedarfsbestimmung unerheblich.[203]

136 – bestimmt sich der **Einsatzbetrag** für den Unterhaltsanspruch des neuen Ehegatten oder nichtehelichen Elternteils bei der Rangverteilung nach den Lebensverhältnissen in der neuen Ehe, die durch die Unterhaltspflicht aus der vorausgehenden Ehe belastet ist **(„wirtschaftliche Hypothek“)** bzw. nach dessen Lebensstellung (§ 1615l Abs. 3 S. 1, § 1610 Abs. 1, → Rn. 127); er ist ggf. mit dem Mindestbedarf von 880 EUR/1.080 EUR (→ Rn. 163–165) anzusetzen.

137 – gibt es keine **Erwerbsobliegenheit** des neuen gegenüber dem geschiedenen Ehegatten, die sich bei Vor- oder Gleichrang des neuen Ehegatten auf den Unterhaltsanspruch des geschiedenen Ehegatten auswirken könnte (→ Rn. 686, → § 1581 Rn. 53).[204]

138 **d) Entfallen von Unterhaltspflichten.** Nach Entfallen einer Unterhaltspflicht freiwerdende finanzielle Mittel prägen die ehelichen Lebensverhältnisse nur dann nicht, wenn anzunehmen ist, dass sie unter den dann gegebenen Verhältnissen nicht dem allgemeinen Lebensbedarf, sondern der **Vermögensbildung** oder anderen, nicht dem allgemeinen Lebensbedarf zuzurechnenden Zwecken, etwa der Befriedigung eines trennungsbedingten Mehrbedarfs, dienen sollen.[205] Dies kann bei **überdurchschnittlich guten wirtschaftlichen Verhältnissen** der Ehegatten[206] und jedenfalls bei konkreter Bedarfsbemessung (→ Rn. 166–178, 347–352)[207] angenommen werden. In allen anderen

[197] BGHZ 192, 45 = NJW 2012, 384 Rn. 26 = FamRZ 2012, 281 mwN.

[198] Dazu auch BeckOGK/*Witt,* 1.2.2019, Rn. 318–318.2.

[199] BGHZ 192, 45 = NJW 2012, 384 Rn. 45 = FamRZ 2012, 281 mwN; ebenso etwa BeckOGK/*Witt,* 1.2.2019, Rn. 318; *v. Pückler,* Der Ausgleich konkurrierender Unterhaltsansprüche, 2014, 203; *Gutdeutsch* FamRZ 2015, 96; *Gutdeutsch* FamRZ 2011, 523 (524); *Gutdeutsch* FamRB 2011, 148 (149); *Graba* FPR 2013, 138 (141 f.); *Graba* FF 2012, 341 ff.; *Pauling* NJW 2012, 194 (195); *Born* FF 2012, 118 (124); *Born* FF 2011, 136 (142); *Maurer* FamRZ 2011, 849 (860 f.); *Gerhardt/Gutdeutsch* FamRZ 2011, 772 (773); *Borth* FamRZ 2011, 445 (447); auch bereits *Wever* FamRZ 2008, 553 (560 f.); aA NK-BGB/*Schürmann* Rn. 112a; *Götz/Brudermüller* NJW 2011, 2609 f.; NJW 2011, 801 (805 f.); *J. Maier* FuR 2011, 182.

[200] Ebenso BGHZ 192, 45 = NJW 2012, 384 Rn. 46 = FamRZ 2012, 281; s. auch *Maurer* FamRZ 2011, 849 (855, 860).

[201] So BGHZ 192, 45 = NJW 2012, 384 Rn. 40–49 = FamRZ 2012, 281; *Gerhardt/Gutdeutsch* FamRZ 2011, 597; *Gutdeutsch* FamRZ 2011, 523 (525) (für gleichrangige Ehegatten); tendenziell auch *Schwamb* FamRB 2011, 120 (121).

[202] *Maurer* FamRZ 2011, 849 (858); zweifelnd auch *Borth* FamRZ 2011, 445 (449 f.), ob dies dem Verständnis des BVerfG von der Systematik des Unterhaltsrechts entspräche.

[203] AA BGHZ 192, 45 = NJW 2012, 384 Rn. 32–50 = FamRZ 2012, 281.

[204] AA weiter BGHZ 192, 45 = NJW 2012, 384 Rn. 49 = FamRZ 2012, 281.

[205] BGHZ 192, 45 = NJW 2012, 384 Rn. 19 = FamRZ 2012, 281; NJW-RR 1990, 1346 = FamRZ 1990, 1090; NJW 1990, 2886 (2888) = FamRZ 1990, 1085; anders noch BGH NJW 1988, 2101 (2103 f.) = FamRZ 1988, 817; NJW 1988, 2034 (2036) = FamRZ 1988, 701.

[206] Zutr. OLG Stuttgart BeckRS 2008, 74 = FamRZ 2007, 2075 (2077).

[207] Ebenso BeckOGK/*Witt,* 1.2.2019, Rn. 532.

Fällen sind die freiwerdenden Mittel jedoch der Bedarfsmessung zuzuführen, da das Unterhaltsrecht nicht der Vermögensbildung dient.[208]

**4. Sonstige Verbindlichkeiten.** Das **Entfallen** von Verbindlichkeiten, die während des Zusammenlebens der Ehegatten bedient worden sind (zu deren Bedarfsprägung → Rn. 933–948), und der damit einhergehende Wegfall von Zins- und Tilgungsleistungen prägen die ehelichen Lebensverhältnisse unabhängig davon, ob und dass dies zu einem bestimmten Zeitpunkt bereits vorhersehbar war. Der BGH hat dies dahin eingeschränkt, dass die Entlastung in einem engen zeitlichen Zusammenhang mit der Scheidung eintritt und die Ehegatten ihr erkennbar schon im Voraus und noch während des Bestehens der Ehe einen prägenden Einfluss auf ihre Lebensverhältnisse eingeräumt haben, er mithin sicher und in Bälde zu erwarten war.[209] 139

Dies lässt aber unberücksichtigt, dass Ehegatten nach der Lebenserfahrung bei der Aufnahme von Schulden nahezu immer von einer nur zeitlich begrenzten Beschränkung ihrer wirtschaftlichen Verhältnisse, deren Erstarken nach der Schuldenrückführung und davon ausgehen, dass die frei werdenden Mittel dann wieder dem allgemeinen Lebensbedarf zugeführt werden können. Das Entfallen der Schuld prägt deshalb immer auch die ehelichen Lebensverhältnisse. Dies setzt allerdings voraus, dass die Verbindlichkeiten auch bei fortbestehender Ehe zu erwarten waren,[210] mithin in der Ehe angelegt waren oder jedenfalls auf sie zurückzuführen sind.[211] 140

Hiervon sind dann **Ausnahmen** zu machen, wenn 141

- ein Ehegatte eine Verbindlichkeit aus wirtschaftlich vernünftigen Überlegungen durch den **Einsatz vorhandenen Kapitals** zurückführt und dies erheblich vom Normalverlauf abweicht,[212]
- oder das Kapital aus einem **unerwarteten Vermögenszufluss** (→ Rn. 143), etwa einer Schenkung, einem Lottogewinn oder einer Erbschaft, stammt.

Die bisherigen Darlehensraten sind dann bis zur fiktiven Darlehenstilgung fortzuschreiben.[213]

Aufwendungen, die auf **nachehelich neu aufgenommenen Schulden** beruhen, sind nicht bedarfsprägend, auch wenn sie demselben Zweck wie die ehelich aufgenommenen dienen.[214] Etwas Anderes kann nur dann gelten, wenn sich die bisherige Verbindlichkeit in anderer Weise, etwa durch Umschuldung, fortsetzt. 142

**5. Vermögenserwerb.** Erträgnisse aus nach der Scheidung – meist durch **Erbfall** (auch → Rn. 49, 579, 927) – erworbenem Vermögen sind nur dann eheprägend, wenn sie einen hinreichenden Bezug zu den ehelichen Lebensverhältnissen haben. Dazu muss die Erwartung des Erbes „schon während bestehender Ehe so wahrscheinlich" gewesen sein, dass die Ehegatten „ihren Lebenszuschnitt vernünftigerweise darauf einrichten konnten und sich auch tatsächlich – etwa durch den Verzicht auf eine an sich angemessene Altersvorsorge und den Verbrauch der dadurch ersparten Mittel zur Erhöhung des ehelichen Lebensstandards – darauf eingerichtet haben".[215] Liegt keine Eheprägung in diesem Sinne vor, sind die Erträgnisse nicht bei der Bedarfsbemessung, sondern nur bei der Bedürftigkeit und der Leistungsfähigkeit zu berücksichtigen.[216] 143

**6. Vermögensumschichtung.** Bei einer **trennungsbedingten** Vermögensumschichtung ist nicht auf die ehemaligen, während des Zusammenlebens erzielten Vermögenseinkünfte zurückzugreifen, weil die Veränderung ebenso wie etwa die Änderung der Steuerklasse (→ Rn. 82–90) die Fortentwicklung der ehelichen Lebensverhältnisse abbildet.[217] – Zur **Obliegenheit,** das Vermögen zur Erzielung höherer Erträge umzuschichten, → Rn. 880–886. 144

---

208 Auch BeckOGK/*Witt,* 1.2.2019, Rn. 481.

209 Im Zusammenhang mit dem Entfallen einer Unterhaltsverpflichtung für ein Kind (→ Rn. 138, auch → Rn. 912–932) BGH NJW-RR 1995, 835 = FamRZ 1995, 869 (871); NJW 1988, 2034 = FamRZ 1988, 701 (703). – Allerdings hielt der BGH nach der Abschaffung des Stichtagsprinzips (→ Rn. 42–48) an dieser Rspr. nicht mehr fest (BGH NJW 2009, 145 Rn. 17, 19, 20, 21–23 = FamRZ 2009, 23 mAnm *Maurer* FamRZ 2009, 204), wird aber nach Aufgabe seiner neueren Rspr. infolge der Entscheidung des BVerfG BVerfGE 128, 193 = NJW 2011, 836 = FamRZ 2011, 437 zur „Dreiteilung" wohl wieder zu ihr zurückkehren müssen.

210 BGHZ 192, 45 = NJW 2012, 384 Rn. 24 = FamRZ 2012, 281.

211 BGH NJW 1982, 2063 = FamRZ 1982, 575 (576): umzugsbedingter Wegfall von Fahrtkosten.

212 BGH NJW 1998, 2821 f. = FamRZ 1998, 899.

213 BeckOGK/*Witt,* 1.2.2019, Rn. 458.

214 BGH NJW 1998, 2821 = FamRZ 1998, 899.

215 BGH NJW 2012, 3434 Rn. 36 = FamRZ 2012, 1483; BGHZ 166, 351 = NJW 2006, 1654 Rn. 26 = FamRZ 2006, 683; NJW 2006, 1794 Rn. 26, 27 = FamRZ 2006, 387; OLG Koblenz BeckRS 2014, 21842 = FamRZ 2015, 417 (418) (verneint für einen Erbfall 20 Jahre nach Rechtskraft der Scheidung); OLG Hamm NJOZ 2014, 1090 (1092) = FamRZ 2014, 1030 Ls.; OLG Celle NJW 2010, 79 (83) = FamRZ 2010, 301 Ls.

216 BGH NJW 2012, 3434 Rn. 38 = FamRZ 2012, 1483.

217 BGH NJW 2001, 2259 = FamRZ 2001, 1140 (1143). – Anders BGH NJW 2009, 145 = FamRZ 2009, 23 Rn. 17, 19, 20, 21–23 mAnm *Maurer* FamRZ 2009, 204; NJW 1985, 803 = FamRZ 1985, 354 (zum

145 **7. Vermögensauseinandersetzung.** Sie berührt zwar die ehelichen Lebensverhältnisse nicht direkt, doch sind die Aufgabe der ehemals bestehenden Verhältnisse und ihre Neugestaltung nach dem Scheitern der Ehe unausweichlich, sodass die nach Trennung und Scheidung gewandelten Verhältnisse als Fortentwicklung der ehelichen Lebensverhältnisse eheprägend zu berücksichtigen sind. An die Stelle des bisherigen Vermögens treten die Vermögenswerte nach der Auseinandersetzung des **Güterstands**[218] und einer **Vermögensgemeinschaft** (etwa Veräußerung im Miteigentum der Ehegatten stehenden Grundbesitzes),[219] soweit die Erträge aus den ausgeglichenen Vermögenswerten in die Deckung des ehelichen Lebensbedarfs geflossen, die **Erträge** aus dem Auseinandersetzungserlös also nur an die Stelle der ursprünglichen Erträge getreten sind.[220] Dies gilt jedenfalls dann, wenn das Vermögen erst nach Veräußerung eines Vermögensgegenstandes **geteilt** werden kann. – Zur **Finanzierung** der Vermögensauseinandersetzung → Rn. 960–963.

## D. „Gesamter Lebensbedarf"

### I. Allgemeines

146 Der Unterhalt umfasst den gesamten Lebensbedarf (Abs. 1 S. 2[221]); dies stimmt mit § 1610 Abs. 2 zum Verwandtenunterhalt überein, auf dessen Auslegung verwiesen werden kann (→ § 1610 Rn. 6–146). Deshalb sind alle einem menschenwürdigen Dasein dienenden aktuellen Bedürfnisse des Berechtigten zu befriedigen; er kann nicht auf das **Existenzminimum** verwiesen werden (Ausnahme: **Mangelfall,** → § 1581 Rn. 51, 52, 65, 70–81).

147 Der **Maßstab** für die Bemessung des Lebensbedarfs ist **nicht einheitlich,** weil er sich nach den ehelichen Lebensverhältnissen richtet (Abs. 1 S. 1, → Rn. 13–41). Im Allgemeinen wird der Umfang des Lebensbedarfs auch von der wirtschaftlichen Gesamtsituation nicht unbeeinflusst und in Zeiten der Hochkonjunktur großzügiger als in solchen allgemeiner Not zu bemessen sein. Auswirkungen hat dies aber nur bei **konkreter Bedarfsbemessung** (→ Rn. 166–178).

148 Zum Lebensbedarf der Ehegatten gehört neben dem **Elementarbedarf** (→ Rn. 150–178) der nach ihrem Lebenszuschnitt angemessene **Mehrbedarf,**[222] der durch ganz verschiedene Anlässe verursacht sein kann (→ Rn. 179–258). Zu ihm gehören auch der zur **Berufsausübung** erforderliche (zu den berufsbedingten Aufwendungen → Rn. 191–211) sowie für jeden **Einkommensbestandteil** der zu seiner Erzielung entstandene besondere finanzielle Aufwand.[223] Beide werden bereits durch Vorwegabzug vom verfügbaren Einkommen, ggf. nach Schätzung (§ 113 Abs. 1 S. 2 FamFG, § 287 Abs. 2 ZPO) gedeckt. Zu den **Spesen** insbesondere → Rn. 184, 413, 414. Hinzu kommen insbesondere Kosten für die **Kranken-,**[224] **Pflege-** und **Altersvorsorge** (→ Rn. 259–361), für konkreten **Kranken-** und **Pflegebedarf** (→ Rn. 234–237) und wegen **Ausbildung** (→ Rn. 238, 239), die im Allgemeinen nicht im Quotenunterhalt enthalten sind,[225] nicht jedoch auch wegen **Verfahrenskostenvorschuss** (→ Rn. 365, 366). – Zum **Sonderbedarf** einschließlich Prozess-/Verfahrenskostenvorschuss → Rn. 360–376.

149 Der Anspruch auf diese Kosten ist zusammen mit dem Elementarunterhalt **unselbstständiger Teil** des einheitlichen Unterhaltsanspruchs, dessen einzelne Teile sich gegenseitig beeinflus-

---

trennungsbedingten Verkauf von Wohneigentum). Doch wird er an dieser Rspr. nach der zwischenzeitlichen zutreffenden Betonung der Wandelbarkeit der ehelichen Lebensverhältnisse (→ Rn. 49–60) wohl nicht mehr festhalten können, vgl. BGH NJW 2009, 145 Rn. 17, 19, 20, 21–23 = FamRZ 2009, 23 mAnm *Maurer* FamRZ 2009, 204; auch → Rn. 630, 631.

218 Zum **Zugewinnausgleich:** BGH NJW 2009, 2450 Rn. 31 = FamRZ 2009, 1207; NJW 2009, 145 = FamRZ 2009, 23 Rn. 34; NJW 2008, 2581 Rn. 33 = FamRZ 2008, 1325; NJW 2008, 1946 Rn. 38 = FamRZ 2008, 963; NJW 2008, 57 Rn. 47 = FamRZ 2007, 1532; aA noch BGH NJW 1986, 1342 = FamRZ 1986, 437 (439), zur Auseinandersetzung der **Gütergemeinschaft** BGH NJW-RR 1986, 682 = FamRZ 1986, 441 (442).

219 BGH NJW 2005, 2077 = FamRZ 2005, 1159 (1161); aA noch BGH NJW 1985, 803 = FamRZ 1985, 354 (356); OLG Hamm NJWE-FER 1997, 145 = FamRZ 1998, 291 (292).

220 BGH NJW 2008, 57 Rn. 47 = FamRZ 2007, 1532; OLG Saarbrücken FamRZ 2003, 685 (687).

221 Dies gilt auch für den Trennungsunterhalt, für den dies nicht ausdrücklich geregelt ist (*Gerhardt* in Wendl/Dose UnterhaltsR § 4 Rn. 405).

222 Nicht auch für Unterhaltsansprüche nach dem EheG, OLG Bamberg NJW-RR 1990, 74 = FamRZ 1990, 172 (173).

223 Etwa BGH NJW 1994, 134 = FamRZ 1994, 21 (22); NJW 1983, 2318 = FamRZ 1983, 352 (353).

224 OLG Hamm NJWE-FER 1997, 76 = FamRZ 1997, 296 f. Zum Mehraufwand wegen Pflegebedürftigkeit → Rn. 234–237, 267–352.

225 S. etwa LL Hamm Nr. 15.4.1., 2.

sen.[226] Deshalb erfasst ein **Auskunftsbegehren** mit dem Ziel der Geltendmachung von Unterhalt auch den Mehrbedarf.[227] – Zu den **verfahrensrechtlichen Auswirkungen** → Rn. 976–983.

## II. Elementarbedarf

**1. Grundsatz.** Der Elementarbedarf bestimmt sich nach den **ehelichen Lebensverhältnissen,** die sich ihrerseits wieder nach den **Einkommens- und Vermögensverhältnissen** der Ehegatten richten. Dabei wird für den Regelfall davon ausgegangen, dass jedenfalls die Einkünfte vollständig zur Bestreitung des ehelichen Lebensbedarfs herangezogen werden.[228] **150**

Da die ehelichen Lebensverhältnisse für beide Ehegatten gleich sind, haben sie beide Anspruch auf **gleichmäßige Teilhabe** an den verfügbaren finanziellen Mitteln und deshalb auf die **Hälfte** des berücksichtigungsfähigen Einkommens.[229] Dies verwehrt es nicht, **berufsbedingte Aufwendungen** vorweg abzusetzen und den Gesichtspunkt des **Erwerbsanreizes** angemessen zu berücksichtigen (→ Rn. 179–233).[230] Zur Umsetzung der **Halbteilung** in der Praxis → Rn. 160, zur Hälfte des Einkommens als Begrenzung des **konkret bemessenen Unterhalts** → Rn. 175. **151**

Die „Hälfte" entspricht dem „gesamten" Lebensbedarf iSd Abs. 1 S. 2 und dem **vollen Unterhalt** iSd Abs. 1 S. 1. **Maßvolle Abweichungen** vom Grundsatz auf gleichmäßige Teilhabe sind nur aufgrund besonderer Umstände möglich,[231] etwa wenn ein Ehegatte im **Ausland** lebt und dort die Lebenshaltungskosten geringer/höher als im Inland sind,[232] oder die Ehegatten in überdurchschnittlich guten wirtschaftlichen Verhältnissen gelebt haben (→ Rn. 166–178). **152**

Der Elementarunterhalt umfasst insbesondere Aufwendungen für **153**

– den **Wohnbedarf,** also Miete, Nebenkosten und Kosten für die Reinigung, ggf. aber auch die Aufwendungen für Zins und Tilgung von Verbindlichkeiten, wenn der Bedürftige im Eigentum der Ehegatten stehenden Wohnraum bewohnt,
– **Nahrung, Kleidung** und **Körperpflege,**
– die Pflege der **Gesundheit,** soweit nicht von Abs. 2 erfasst, etwa für eine notwendige Kur,
– **Urlaub** und **PKW** (→ Rn. 169),
– die Pflege **geistiger** und **kultureller Interessen** und der **Geselligkeit,**
– **Liebhabereien,** die keine übermäßigen Aufwendungen erfordern und dem Lebenszuschnitt der Ehegatten entsprechen, wie etwa **Hundehaltung.**[233]
– eine **Haushaltshilfe,** wenn sie nicht bereits wegen Pflegebedürftigkeit erforderlich wird.[234]

Bedeutung erlangen diese **Einzelpositionen** nicht für die Unterhaltsbemessung nach der Halbteilung, sondern für die Abgrenzung **154**

– zur konkreten Bedarfsbemessung,
– zum Mehr- und Sonderbedarf und
– zum Vorsorgebedarf.[235]

Diese einzelnen Bedarfspositionen sind ebenso wie der Vorsorgeunterhalt (→ Rn. 264) **unselbstständige Teile** des einheitlichen Anspruchs auf Gesamtunterhalt.[236] Sie können deshalb unabhängig von der Befugnis, den Unterhaltsanspruch der Höhe nach beschränkt zu verlangen, nicht selbstständig geltend gemacht werden (auch → § 1569 Rn. 7–14). **155**

**2. Sättigungsgrenze.** Weil sich der Bedarf nach den individuellen ehelichen Lebensverhältnissen richtet, ist eine Sättigungsgrenze jedenfalls dann abzulehnen,[237] wenn der Bedarf nach Tabellen **156**

---

[226] Zum Krankenvorsorge-, Altersvorsorge- und Ausbildungsunterhalt s. BGH NJW 2013, 161 Rn. 45 = FamRZ 2013, 109; NJW 2007, 144 Rn. 19–21 = FamRZ 2007, 117; NJW 1982, 2438 = FamRZ 1982, 890 (892); NJW 1982, 1875 = FamRZ 1982, 465; NJW 1982, 1873 = FamRZ 1982, 255.

[227] Zum Altersvorsorgeunterhalt BGH NJW 2008, 57 Rn. 50 = FamRZ 2007, 1532; NJW 2007, 511 Rn. 43–44 = FamRZ 2007, 193.

[228] BeckOGK/*Witt,* 1.2.2019, Rn. 488.

[229] Ständige Rspr. des BGH, s. BGH NJW 1988, 2369 = FamRZ 1988, 265 (267); NJW 1982, 41 = FamRZ 1981, 1165 (1166); NJW 1981, 1556 = FamRZ 1981, 442 (444); NJW 1981, 753 = FamRZ 1981, 241; NJW 1979, 1985 = FamRZ 1979, 692 (694).

[230] BGH BeckRS 2010, 25975 = FamRZ 1984, 988 (990); NJW 1983, 683 = FamRZ 1983, 150 (151); NJW 1982, 2442 = FamRZ 1982, 894 (895).

[231] BGH BeckRS 2010, 25975 = FamRZ 1984, 988 (990).

[232] BGHZ 104, 158 = NJW 1988, 1722 = FamRZ 1988, 705 (709); OLG Hamm NJW-RR 2010, 74 = FamRZ 2009, 2009.

[233] Zu Letzterem OLG Düsseldorf NJW 1998, 616 = FamRZ 1997, 500.

[234] OLG Bamberg FamRZ 1999, 1082 f.

[235] BeckOGK/*Witt,* 1.2.2019, Rn. 487.

[236] BeckOGK/*Witt,* 1.2.2019, Rn. 605, 683; Soergel/*Häberle* Rn. 43.

[237] BGH NJW 2010, 3372 Rn. 28 = FamRZ 2010, 1637; NJW-RR 1990, 154 = FamRZ 1990, 280 (281); NJW 1985, 1343 = FamRZ 1985, 582; NJW 1983, 1733 = FamRZ 1983, 678; NJW 1983, 683 = FamRZ

etc (→ Rn. 159) bemessen wird. So etwa bei durchschnittlichen Einkünften, mit denen nur – wenn überhaupt – der tatsächliche Bedarf abgedeckt werden kann **(„absolute Sättigungsgrenze“)**, meist aber auch bei überdurchschnittlichen Einkommen nach Abzug von der Vermögensbildung zufließenden oder zugeflossenen Beträgen.[238]

157 Doch gilt dies auch bei **besonders günstigen Einkommensverhältnissen,** bei deren Vorliegen der Bedarf nicht nur nach Quoten, sondern auch konkret bemessen werden kann (→ Rn. 166–178). Lediglich bei **besonders hohen** Einkommen kann der Bedarf auf die Mittel beschränkt werden, die eine Einzelperson auch bei Berücksichtigung hoher Ansprüche für einen billigenswerten Lebensbedarf sinnvoll ausgeben kann. Wegen der Bestimmung des Unterhalts nach einem **objektiven Maßstab** bleibt zudem unangemessenes Konsumverhalten außer Betracht (**„relative Sättigungsgrenze“**, → Rn. 173).[239] Auszuscheiden sind insbesondere die durch die Trennung und Scheidung entfallenen Bedarfspositionen, etwa für sich aus der gesellschaftlichen Stellung des Verpflichteten ergebende und künftig nach der eigenen Lebensstellung nicht mehr zu erfüllende Repräsentationspflichten.

158 **3. Halbteilung. a) Allgemeines.** Abs. 1 S. 1 geht von einer **konkreten** Bedarfsbemessung aus.[240] Deshalb kann der eheangemessene Bedarf stets konkret durch die Feststellung der Kosten, die für die Aufrechterhaltung des bis zur Scheidung erreichten Lebensstandards erforderlich sind, ermittelt werden[241] und sich ggf. an einer vertraglichen Lebensgestaltung ausrichten.[242] Demgegenüber bemisst die **Praxis** den Bedarf nur bei hohen Einkommen konkret, bei denen ausgeschlossen ist, dass sie vollständig zur Bestreitung des Lebensbedarfs der Familie herangezogen worden sind und werden (→ Rn. 166–178). Fehlt es an ausreichenden Anhaltspunkten für eine konkrete Berechnung, bemisst die Praxis den Bedarf zur Gleichbehandlung gleich gelagerter Fälle nach **Leitlinien** (Unterhaltsschlüssel, Tabellen, Richtsätze)[243] – Hilfsmittel zur Ausfüllung des unbestimmten Rechtsbegriffs „angemessener Unterhalt“, die sich im Einzelnen am Gesetz messen lassen müssen – und spricht **Quotenunterhalt** zu (→ Rn. 25–37). Abweichungen können wegen **Mehr-** und **Sonderbedarfs** (→ Rn. 179–376) oder sonstiger berücksichtigungsfähiger **Aufwendungen** (→ Rn. 380–388, 903–963) gerechtfertigt sein.

159 **b) Tabellen.** Die **Düsseldorfer Tabelle** wird zwischenzeitlich von allen Oberlandesgerichten im Grundsatz angewandt. Wegen ihres Tabellenwerks hat sie ihre vornehmliche Bedeutung beim Kindesunterhalt, gewinnt sie aber auch für den nachehelichen Unterhalt durch ihre **Quotenbildung** (→ Rn. 160) sowie die Systematik und die Höhe der **Selbstbehaltssätze** (→ § 1581 Rn. 17–57), auf die sich auch Abweichungen der **unterhaltsrechtlichen Leitlinien** der einzelnen Oberlandesgerichte von diesen Tabellen beziehen.

160 **c) Praktische Handhabung.** Die Mehrzahl der Oberlandesgerichte[244] bemisst den Bedarf des Berechtigten nach der **Düsseldorfer Tabelle.** Danach stehen ihm, ist er selbst nicht auch erwerbstätig, grundsätzlich 3/7 der um 5% **Erwerbstätigenpauschale** verringerten anrechenbaren Einkünfte des Verpflichteten, bei eigener Erwerbstätigkeit 3/7 der Differenz der beiderseitigen anrechenbaren Einkünfte zu. – Die Oberlandesgerichte, die die **SüdL** anwenden,[245] setzen die Halbteilung durch die Bemessung des Bedarfs des Berechtigten in Höhe der Hälfte der anrechenbaren, um 5% berufsbedingte Aufwendungen und 10% **Erwerbsanreiz** bereinigten Erwerbseinkünfte um. Dies führt rechnerisch zu nahezu gleichen Ergebnissen wie nach der Düsseldorfer Tabelle (1/7 = 14,28%/14,5%), lässt aber beim Erwerbsanreiz dadurch einen größeren Spielraum, dass dieser erst nach Abzug weiterer zu berücksichtigender Aufwendungen ermittelt wird.[246] – Zu den **berufsbedingten Aufwendungen** und dem **Erwerbsanreiz** → Rn. 212–233.

---

1983, 150 (151); NJW 1982, 1642 = FamRZ 1982, 680 (681); NJW 1982, 1645 = FamRZ 1982, 151 (152); NJW 1980, 1686 = FamRZ 1980, 665 (669).

238 BGH NJW 2012, 1578 Rn. 33 = FamRZ 2012, 947; NJW 2012, 1581 Rn. 15 = FamRZ 2012, 945; NJW-RR 1987, 1218 (1219) = FamRZ 1987, 913 (915).

239 BGH NJW 2012, 1356 Rn. 25 = FamRZ 2012, 699; NJW 1983, 683 = FamRZ 1983, 150 (151); NJW 1982, 1645 = FamRZ 1982, 151 (152); s. auch OLG Koblenz FPR 2002, 63 = FamRZ 2002, 887 Ls.; OLG Frankfurt a. M. NJW-RR 2000, 369 (370); NJW-RR 1993, 7 = FamRZ 1992, 823.

240 BGH NJW 1987, 2739 = FamRZ 1987, 691 (693); NJW-RR 1986, 426 = FamRZ 1986, 151 (152); NJW 1984, 1614 = FamRZ 1984, 1000; NJW 1979, 1985 = FamRZ 1979, 692 (693).

241 BGH NJW 1987, 2739 (2740) = FamRZ 1987, 691 (693).

242 BGH NJW 1980, 2083 = FamRZ 1980, 770; OLG Düsseldorf BeckRS 2010, 18638 = FamRZ 1981, 1184.

243 Vom BGH gebilligt, etwa BGH NJW-RR 1989, 1154 = FamRZ 1990, 258 (260); NJW 1988, 2369 = FamRZ 1988, 265 (267); BeckRS 1983, 31072564 = FamRZ 1984, 988 (990); NJW 1983, 1733 = FamRZ 1983, 678. Zur Kritik etwa *Gernhuber* FamRZ 1983, 1069 (1072 ff.).

244 LL Nr. 15.2: Brandenburg, Bremen, Celle, Dresden, Düsseldorf, Frankfurt a. M., Hamburg, Hamm, KG, Koblenz, Köln, Oldenburg, Rostock, Schleswig, Jena.

245 OLG Bamberg, Karlsruhe, München, Nürnberg, Stuttgart, Zweibrücken.

246 SüdL Nr. 15.2 Abs. 2.

161 **d) Mangelfall.** Kann der Verpflichtete unter Berücksichtigung seines angemessenen Selbstbehalts (→ § 1581 Rn. 17–57) die ihm entgegenstehenden Unterhaltsansprüche nicht vollständig befriedigen (§ 1609[247]), liegt ein **absoluter** Mangelfall vor.[248] Das Unterschreiten des Selbstbehalts wirkt sich nur zu Lasten der Berechtigten aus.[249] – Ist der angemessene Selbstbehalt des Verpflichteten zwar gewahrt, übersteigt aber der Bedarf des unterhaltberechtigten Ehegatten den dem Verpflichteten verbleibenden Betrag, handelt es sich um einen **relativen** Mangelfall. Er führt nach der Rspr. des BGH zur Kürzung des Unterhalts des Berechtigten und des individuellen Selbstbehalts des Verpflichteten (zu Letzterem → § 1581 Rn. 27–57).[250]

162 Diese Unterscheidung ist als solche von nur geringer Aussagekraft. Maßgeblich sind die hinter ihr stehenden **Prinzipien:** Im absoluten Mangelfall gewährleistet der angemessene Selbstbehalt des Verpflichteten, dass sein Existenzminimum gewahrt bleibt. Der relative Mangelfall beschreibt dagegen ein „Luxusproblem": Es geht nicht um den Bedarf des Berechtigten und die „Zahlungsfähigkeit" des Verpflichteten, sondern um dessen Leistungsfähigkeit aufgrund einer Angemessenheitsbetrachtung (§ 1581 S. 1, → § 1581 Rn. 89–99). Nach der Aufgabe der „Dreiteilung" auf der Bedarfsebene durch den BGH stellt sich bei gleichrangigen Ehegatten der Vor- und Nachehe des Verpflichteten die Behandlung ihrer Unterhaltsansprüche im Rahmen der Leistungsfähigkeit (→ § 1581 Rn. 58–88).[251]

163 **e) Mindestbedarf.** Der Berechtigte hat einen angemessenen Bedarf jedenfalls in Höhe des **Mindestbedarfs,**[252] weil seine Lebensstellung unabhängig davon, ob er überhaupt Erwerbseinkünfte in entsprechender Höhe erzielen könnte, jedenfalls die Deckung seines Existenzminimums erfordert.[253] Der Berechtigte, der lediglich die Abdeckung seines Mindestbedarfs begehrt, muss lediglich seine Einkünfte darlegen und nachweisen, um beurteilen zu können, inwieweit er bedürftig ist und seinen Mindestbedarf nicht selbst zu decken vermag. Dem Verpflichteten obliegt – wie stets (→ Rn. 1002–1006, → § 1581 Rn. 106–110) – der Nachweis, dass er zur Abdeckung des Mindestunterhalts nicht leistungsfähig ist.[254]

---

247 Zur Rechtslage vor Inkrafttreten des UÄndG 2007 → 5. Aufl. 2010, Rn. 55.

248 BGHZ 192, 45 = NJW 2012, 384 Rn. 35 = FamRZ 2012, 281 („Erst wenn für den Unterhaltspflichtigen die Untergrenze seines eigenen angemessenen Selbstbehalts erreicht ist …"); BGHZ 166, 351 = NJW 2006, 1654 Rn. 21, 29 = FamRZ 2006, 683.

249 BGHZ 192, 45 = NJW 2012, 384 Rn. 35 = FamRZ 2012, 281.

250 BGH NJW 2013, 2662 Rn. 87 = FamRZ 2013, 1366; BGHZ 192, 45 = NJW 2012, 384 Rn. 34, 42 = FamRZ 2012, 281; aA *Maurer* FamRZ 2011, 849 (860 f.) – Das OLG Hamm BeckRS 2010, 201 = FamRZ 2004, 1110 (1111) bemisst diesen bei einer Halbtagstätigkeit des Bedürftigen nach dem Mittelwert aus dem notwendigen Bedarf von Erwerbstätigem und Nichterwerbstätigem. Doch ist dies abzulehnen, weil den halbschichtig Erwerbstätigen gegenüber einem vollschichtig Tätigen relativ hohe Belastungen finanzieller wie nicht finanzieller Art treffen.

251 BGHZ 192, 45 = NJW 2012, 384 Rn. 35 = FamRZ 2012, 281: gleichfalls „Dreiteilung".

252 **Zu § 1615l:** BGH NJW 2010, 1655 Rn. 18 = FamRZ 2010, 802; NJW 2010, 1138 Rn. 18 = FamRZ 2010, 444; BGHZ 184, 13 = NJW 2010, 937 Rn. 24–40 = FamRZ 2010, 357. Noch ausdrücklich offengelassen BGH NJW 2007, 2409 Rn. 20 = FamRZ 2007, 1303 (weil sich in seinem Fall der Bedarf der geschiedenen nichtehelichen Mutter nach den ehelichen Lebensverhältnissen gerichtet hat und dieser nach seiner Auffassung unter dem Mindestbedarf liegen konnte); auch BGHZ 177, 272 = NJW 2008, 3125 Rn. 34–43 = FamRZ 2008, 1739. – **Zu § 1578:** BGH NJW 2010, 1665 Rn. 18, 20, 21 = FamRZ 2010, 802. – **Zu § 1578b:** BGH NJW 2011, 147 Rn. 34 = FamRZ 2010, 1971; NJW-RR 2010, 1009 Rn. 10 = FamRZ 2010, 1057; NJW 2010, 2056 Rn. 46 = FamRZ 2010, 869; NJW 2010, 1598 Rn. 32, 33 = FamRZ 2010, 629. – So bereits *Gerhardt* FamRZ 2009, 1114 ff. (wegen der Dreiteilung [→ Rn. 127–137]); *Hütter* FamRZ 2009, 5 f.; *Maurer* FamRZ 2008, 1830 (1831). S. auch *Wever* FamRZ 2008, 553 (560 f.), der im Verhältnis zwischen geschiedenem Ehegatten und kinderbetreuendem nichtehelichen Elternteil (wohl) generell die Zugrundelegung eines Mindestbedarfs befürwortet. Ähnlich auch *Schilling* FF 2008, 279 (289): Kann der Verpflichtete den beiden Bedürftigen den notwendigen Bedarf nicht bezahlen, sind für beide gleiche Unterhaltsbeträge festzusetzen.

253 Damit ist der BGH zu Recht von seiner bisherigen Rspr. – etwa BGH NJW 1995, 963 = FamRZ 1995, 346 (347); zuletzt BGH NJW 2007, 2409 Rn. 22 = FamRZ 2007, 1303; BGHZ 166, 351 = NJW 2006, 1654 Rn. 25 = FamRZ 2006, 683: Inhalt des nachehelichen Unterhalts sei nicht, „dem Berechtigten unter allen Umständen das sog. Existenzminimum zu sichern – das ist notfalls Sache des Sozialhilfeträgers –, sondern nach Maßgabe des § 1578 Abs. 1 S. 1 BGB die Fortsetzung derjenigen – möglicherweise auch engen – Lebensverhältnisse zu ermöglichen, die die Ehe geprägt haben"; lediglich für den Mangelfall hat er den notwendigen Bedarf eines Berechtigten als Mindestbedarf für ein menschenwürdiges Leben als Einsatzbetrag in die Mangelfallberechnung anerkannt – wieder abgerückt. – Zum Rechtszustand vor Inkrafttreten des UÄndG 2007 s. auch: BGH NJW 2005, 433 = FamRZ 2005, 97 (98); NJW 2003, 1660 = FamRZ 2003, 860 (865) zum Elternunterhalt; NJW 2003, 1112 = FamRZ 2003, 363 (366) zum Familienunterhalt; ab 1.1.2008: BGHZ 178, 79 = NJW 2008, 3562 Rn. 31 = FamRZ 2008, 2189, insbes. zur Teilhabe der Kinder am Vorteil des Steuersplittings in der neuen Ehe des Verpflichteten.

254 BeckOGK/*Witt,* 1.2.2019, Rn. 539.

164 Die **Höhe** des Mindestbedarfs bemisst sich nach dem notwendigen Selbstbehalt eines nichterwerbstätigen Ehegatten mit zurzeit 880 EUR, weil der Selbstbehalt eines Erwerbstätigen (1.200 EUR) einen Erwerbsanreiz mitumfasst, der dem Bedürftigen, der ohnehin gehalten ist, im Rahmen seiner Möglichkeiten den eigenen Lebensbedarf selbst sicherzustellen, nicht zugutekommen soll.[255] Doch dient auch der **Erwerbsanreiz** des Bedürftigen dazu, nicht konkret erfassbare, durch seine Erwerbstätigkeit bedingte Kosten abzugelten (→ Rn. 212). Dies könnte eine Bemessung des Mindestbedarfs mit einem Zwischenbetrag rechtfertigen, sollte zur Vermeidung von Überdifferenzierungen jedoch Anlass sein, den Selbstbehalt eines Erwerbstätigen anzusetzen.[256]

165 **Berufsbedingte Aufwendungen** können als „Mehrbedarf" stets vom Erwerbseinkommen, auch des Bedürftigen, in voller Höhe vorweg abgezogen werden (→ Rn. 179–211). – Eine Korrektur des Mindestbedarfs durch eine nachgeordnete **Angemessenheitsprüfung** (→ § 1581 Rn. 89–99) ist nicht mehr möglich und va nicht mehr erforderlich.

### 4. Ausnahme: Konkrete Bedarfsbemessung.

**Schrifttum:** *Büte,* Die konkrete Berechnung des Unterhaltsbedarfs, FuR 2005, 385; *Eschenbruch/Loy,* Die Sättigungsgrenze beim Ehegattenunterhalt – ein Problem konkreter Unterhaltsberechnung, FamRZ 1994, 665; *Spangenberg,* Unterhaltsbedarf jenseits von Tabelle und Quote, NZFam 2016, 625; *Volker,* Berechnung des Ehegattenunterhaltes nach konkretem Bedarf – eine Übersicht über die Rechtsprechung, FuR 2014, 256; *Vomberg,* Die Kunst der konkreten Bedarfsberechnung oder „Dior statt Niveau, Versace statt C&A?", FF 2012, 436.

166 **a) „Besonders günstige Einkommensverhältnisse".** Sind die wirtschaftlichen Verhältnisse der Ehegatten von Einkünften geprägt, die weit über dem liegen, was auch bei besonders günstigen Einkommensverhältnissen für den Lebensunterhalt benötigt wird, kann der Bedarf des Berechtigten konkret nach dem individuellen Lebensbedarf des Berechtigten bestimmt werden (auch → Rn. 167, 168).[257] Auch insoweit bestimmt sich die Höhe der berücksichtigungsfähigen Kosten für die jeweiligen Einzelpositionen jedoch nach der **Eheangemessenheit** (→ Rn. 63, 64). – Besonders günstige Einkommensverhältnisse nimmt der BGH[258] für den Regelfall beim Überschreiten des **Familieneinkommens** von 11.000 EUR an (näher und kritisch → Rn. 389, 390).

167 **b) Bemessungsmethoden.** Der Berechtigte hatte nach vormaliger Rspr. des BGH bei besonders günstigen Einkommensverhältnissen seinen sich aus den ehelichen Lebensverhältnissen ergebenden Lebensbedarf unter Anlegung eines objektiven Maßstabs **stets konkret darzulegen** (→ Rn. 995–1001).[259] Tat er dies nicht, sondern hat er seinen Bedarf mit der Hälfte des Einkommens des Verpflichteten bemessen, war sein Unterhaltsantrag unschlüssig und als unbegründet abzuweisen.[260] Allerdings hatte das FamG zuvor darauf **hinzuweisen** (§ 113 Abs. 1 FamFG, § 139 ZPO), dass es vom Erfordernis einer konkreten Unterhaltsbemessung und deshalb der Unschlüssigkeit des Unterhaltsantrags ausgeht, und dem Berechtigten Gelegenheit zu geben, seinen Antrag schlüssig zu begründen (→ Rn. 1010).

168 An der alternativlosen konkreten Unterhaltsbemessung hält der BGH nicht mehr fest und ermöglicht neben der konkreten Unterhaltsbemessung *auch* ein **quotales Unterhaltsverlangen** auf der Grundlage der Halbteilung. Für dessen Schlüssigkeit muss der Berechtigte allerdings darlegen, „dass und in welchem Umfang die hohen Einkünfte zur Deckung der ehelichen Lebensverhältnisse

---

255 Zum Ganzen BGH NJW 2011, 300 Rn. 25 = FamRZ 2011, 188; NJW 2011, 70 Rn. 28 = FamRZ 2011, 37; NJW 2010, 1138 Rn. 18 = FamRZ 2010, 444; BGHZ 184, 13 = NJW 2010, 937 Rn. 38 = FamRZ 2010, 357; zur Höhe des Mindestbedarfs auch BGH NJW 2011, 1285 Rn. 36 = FamRZ 2011, 713; dazu auch *Bißmaier* FamRB 2010, 212 f.

256 AA BeckOGK/*Witt,* 1.2.2019, Rn. 541, weil der Unterhaltsschuldner aus seinem Einkommen sowohl seinen als auch den Bedarf des Unterhaltsgläubigers bestreiten muss.

257 Anders zum Unterhaltsanspruch des nichtehelichen Elternteils nach § 1615l Abs. 2 S. 2–4 OLG Köln FamRZ 2017, 1309 mit zu Recht ablehnender Anm. *Borth.*

258 BGHZ 217, 24 = NJW 2018, 468 Rn. 21 mAnm *Born, Schwamb* NZFam 2018, 132 = FamRZ 2018, 260 mAnm *Seiler.*

259 BGH NJW 2010, 3372 Rn. 28 = FamRZ 2010, 1637; ebenso die einheitliche Rspr. der Oberlandesgerichte, OLG Köln BeckRS 2011, 16836 = FamRZ 2012, 235 Ls.; NJW-RR 1992, 1155 = FamRZ 1992, 322 (323 f.); OLG Düsseldorf NJW-RR 1996, 1155 = FamRZ 1996, 1418 (1419); NJW 1982, 831 = FamRZ 1981, 1184; OLG Hamm NJW-RR 1995, 1283 = FamRZ 1995, 1578; OLG Koblenz NJW-RR 1993, 964 = FamRZ 1993, 199 (201); BeckRS 2009, 29486 = FamRZ 1985, 479; OLG Bamberg BeckRS 2010, 19031 = FamRZ 1981, 668 (670); OLG Stuttgart BeckRS 1978, 31153962 = FamRZ 1978, 681 (683). Zur Bindung an eine konkrete Bedarfsbemessung im Abänderungsverfahren s. BGH NJW-RR 1990, 194 = FamRZ 1990, 280 (281); NJW 1985, 1343 = FamRZ 1985, 582 (583) und – verneint für den Fall der Zurruhesetzung eines Chefarztes – BGHZ 153, 372 = NJW 2003, 1796 = FamRZ 2003, 848 (850).

260 So noch BGH NJW 2010, 3372 Rn. 28 = FamRZ 2010, 1637.

verwendet worden sind".[261] – Auf **unschlüssigen** Vortrag hat das FamG auch insoweit hinzuweisen und Gelegenheit zu geben, den Unterhaltsantrag schlüssig zu begründen (→ Rn. 167). Hierzu wird man auch Vortrag dazu verlangen müssen, warum im konkreten Fall keine **Vermögensbildung** betrieben wurde (→ Rn. 156, 157; zur „Luxusehe" → Rn. 16). Oft wird man dies jedoch damit begründen können, dass bereits so viel Vermögen vorhanden ist, dass es keiner weiteren Vermögensbildung mehr bedarf. – Auch insoweit gibt es keine absolute Sättigungsgrenze, **unangemessenes Konsumverhalten** („relative Sättigungsgrenze") bleibt stets außer Betracht (→ Rn. 156, 157). Dass solches vorliegt, wird jedoch bei besonders günstigen Einkommensverhältnissen kaum je in Betracht kommen. – Zur **Darlegungs- und Beweislast** näher → Rn. 1007–1012.

**c) Konkreter Bedarf.** Zur Darlegung seines Bedarfs stehen dem Berechtigten mehrere Möglichkeiten zur Verfügung (zur **Darlegungs- und Beweislast** sowie zur **Schätzung** nach § 113 Abs. 1 FamFG, § 287 ZPO → Rn. 995–1001, 1012): Er kann 169
– alle **Einzelbedürfnisse** konkret beziffern,[262]

etwa **für** notwendige Lebenshaltungskosten wie Wohnraum mit Nebenkosten (etwa Wasser, Strom, Gas, Telefon-, Rundfunk- und Fernsehgebühren), Einrichtung, Gartenpflege, Haushaltsgeld für Nahrung, Tabak, Kleidung, Kosmetik, Geschenke etc, Hauspersonal, Putzhilfe, Tierhaltung,[263] PKW, Kultur, Sport, Unterhaltung, gesellschaftlicher Verkehr, Urlaub und Reisen, Arzt, Krankheitskosten, Kurkosten (auch → Rn. 234–237),[264] Kosten für Familienfeiern,[265] Krankheits-, Pflege- und Altersvorsorge, für sonstige Versicherungen,[266] **nicht** dagegen Kosten für kosmetische Operationen (→ Rn. 236, 369), nach Trennung und Scheidung angefallene Aufwendungen (→ Rn. 952–958), Aufwendungen als Ersatz für entfallene ehebedingte (unbenannte) Zuwendungen.[267]

– das für die Deckung des Lebensbedarfs zur Verfügung stehende **Gesamteinkommen** beziffern und die konkreten Aufwendungen für die **Vermögensbildung** abziehen,[268]
– die ihm bislang zur Bedarfsdeckung **zur Verfügung** stehenden finanziellen Mittel darlegen.[269]

**Beispiel aus der Rspr.:**
OLG Frankfurt a. M. BeckRS 2015, 18466 = FamRZ 2015, 1900 Ls.: Auch wenn aufgrund der hohen Einkünfte des Verpflichteten die Voraussetzungen für eine konkrete Bedarfsbemessung vorliegen, muss der Berechtigte in einem vom Verpflichteten betriebenen Abänderungsverfahren seinen Bedarf nicht konkret darlegen, wenn der Verpflichtete über 5 Jahre hinweg, vom Berechtigten akzeptiert, Unterhalt in einer bestimmten Höhe geleistet hat.

**d) „Eintrittsschwelle".** Ab welcher **Einkommenshöhe** der Bedarf konkret berechnet werden kann, wird in der Praxis nicht einheitlich gehandhabt. 170

**Beispiele aus der Rspr.:** 171
OLG Bamberg BeckRS 2010, 16406 = FamRZ 1981, 150 (152): 260.000 DM bis 280.000 DM/Jahr vor Steuern.
KG FamRZ 1986, 1109 (1110): ca. 22.000 DM/Monat.

261 BGHZ 217, 24 = NJW 2018, 468 Rn. 17 mAnm *Born* NJW 2018, 470, *Schwamb* NZFam 2018, 132 = FamRZ 2018, 260 mAnm *Seiler*, ohne allerdings die Änderung seiner Rspr. zu begründen.
262 Dazu OLG Düsseldorf BeckRS 2016, 08153 Rn. 5, 6 mBspr *Finke* NZFam 2016, 659; OLG Bremen BeckRS 2015, 8154 Rn. 17 = FamRZ 2015, 1395 (1396); s. auch die Check-Listen bei *Heiß/Born* UnterhaltsR, Stand 2016, Kap. 22 Rn. 97a); *Spangenberg* NZFam 2016, 625 (627); *Vomberg* FF 2012, 436; zum **Kindesunterhalt** s. BGH NJW 2000, 954 (955 f.) = FamRZ 2000, 358; OLG Düsseldorf NJW-RR 2017, 197 Rn. 18 = FamRZ 2017, 113.
263 BGH BeckRS 2010, 20423 Rn. 29 = FamRZ 2010, 1637 (Kosten eines Reitpferdes); OLG Frankfurt a. M. NJW-RR 2015, 260 (261 f.) = FamRZ 2014, 1787 Ls. (zum Kindesunterhalt: Reitpferd); OLG Düsseldorf NJW 1998, 616 = FamRZ 1997, 500.
264 BGH NJW 2012, 1144 Rn. 41, 42 = FamRZ 2012, 517; BeckRS 2012, 4471 Rn. 17–22 = FamRZ 2012, 515; NJW 1969, 919 = FamRZ 1969, 205 (206 f.); auch OLG Köln BeckRS 1997, 31124646 = FamRZ 1998, 1170 Ls.
265 AA BeckOGK/*Witt*, 1.2.2019, Rn. 563; jurisPK-BGB/*Clausius* Rn. 60; *Born* FamRZ 2012, 1613 (1617).
266 Als „abschreckende" Beispiele für die Praxis, die jede einzelne Position – ggf. durch Schätzung nach § 113 Abs. 1 FamFG, § 287 ZPO – feststellt, s. OLG Bremen BeckRS 2015, 8154 Rn. 19–42 = FamRZ 2015, 1395 (insoweit nicht abgedruckt); OLG Karlsruhe BeckRS 2010, 9651 = FamRZ 2010, 655 (656 f.); OLG Hamm NJW-RR 2006, 794 = FamRZ 2006, 1603 f.
267 BeckOGK/*Witt*, 1.2.2019, Rn. 561.
268 OLG Hamm BeckRS 2008, 26063 = FamRZ 2006, 44 Ls; dagegen BeckOGK/*Witt*, 1.2.2019, Rn. 532, 561, weil der konkrete Bedarf des Unterhaltsgläubigers nicht mit der Hälfte des Gesamteinkommens abzüglich der Vermögensaufwendungen identisch ist. Sie ist aber die Grenze der Belastung des Verpflichteten.
269 Ebenso BeckOGK/*Witt*, 1.2.2019, Rn. 560.

OLG Hamm OLGR 1994, 179 f.: Begrenzung auf 4.500 DM/Monat.
OLG Köln NJW-RR 1992, 1155 = FamRZ 1992, 322 (324): 9.145 DM zugesprochen.
OLG Koblenz BeckRS 1995, 31113174 = FamRZ 1995, 1577: Unterhaltsverlangen von 17.450 DM.
OLG Oldenburg BeckRS 1996, 02053 = FamRZ 1996, 288: Nettoeinkommen zwischen 8.500 DM und 12.000 DM/Monat nicht außergewöhnlich hoch.
OLG Frankfurt a. M. FamRZ 1997, 353: 11.500 DM.
OLG Frankfurt a. M. NJW-RR 2000, 369 (370); FuR 2001, 371 (373): Bei Überschreitung eines Unterhaltsbetrags von 3.600 DM; dies entspricht IV. 9. der Unterhaltsgrundsätze des OLG Frankfurt a. M., Stand: 1.7.1999, FamRZ 1999, 1045 (1047).
OLG Bamberg NJWE-FER 1999, 78 = FamRZ 1999, 513 (514): 14.646 DM zugesprochen.
OLG Hamm NJW-RR 1998, 1619 = FamRZ 1999, 723 (724): 15.000 DM zugesprochen.
OLG Hamm BeckRS 1997, 31160278 = FamRZ 2000, 21 (22): Mit einem Bedarf von 3.300 DM ist Schwellenwert nicht überschritten.
OLG Karlsruhe NJW-RR 2000, 1026 (1027) = FamRZ 2000, 1366 Ls.: Jahresnettoeinkommen des Verpflichteten 487.000 DM, verlangter Unterhalt von monatlich 17.000 DM.
OLG Köln NJWE-FER 2001, 305 = FamRZ 2002, 326: Nettoeinkommen des Verpflichteten zwischen 12.000 DM und 17.000 DM/Monat.
OLG Köln OLGR 2004, 146 (147): Keine konkrete Bedarfsberechnung, wenn sich ein Gesamteinkommen des Bedürftigen aus eigenen Erwerbseinkünften und Ehegattenunterhalt von etwa 4000 EUR ergibt.
OLG Hamm BeckRS 2006, 6420 = FamRZ 2005, 214 Ls.: Konkrete Bedarfsbemessung bei Nettofamilieneinkommen von 10.000 EUR, das auch zur Vermögensbildung verwandt wurde.
OLG Hamm BeckRS 2008, 26063 = FamRZ 2006, 44 Ls.: Konkrete Bedarfsberechnung bei bereinigtem Nettoeinkommen von mehr als 4.800 EUR/Monat.
OLG Zweibrücken BeckRS 2007, 19921 = FamRZ 2008, 1655 (1656): Deutlich über der 13. Einkommensgruppe der Düsseldorfer Tabelle Stand: 1.7.2007 liegendes Einkommen [über 4.800 EUR].
OLG Karlsruhe BeckRS 2010, 28672 = FamRZ 2010, 1909: 8.915 EUR/Monat.
OLG Düsseldorf BeckRS 2015, 14281 = FamRZ 2015, 1392 (1393): Bedarf von monatlich mehr als 3.000 EUR. Der Verpflichtete hatte im konkreten Fall ein Jahresnettoeinkommen von 15 Mio. EUR und hat aus seinem Unternehmen monatlich 40.000 EUR privat entnommen.
OLG Stuttgart NJW 2016, 575 Rn. 35 mAnm *Born* NJW 2016, 577, *B. Heiß* NZFam 2016, 235 = FamRZ 2016, 638: Konkrete Bedarfsberechnung bei einem Quotenunterhalt von mehr als 5.000 EUR.

172 **Leitlinien:**
LL Nr. 15.3: Brandenburg, Braunschweig, Bremen, Celle, Hamburg, Hamm, KG, Naumburg, Rostock, SüdL: außergewöhnliche hohe Einkommen, sehr gute Einkommensverhältnisse bzw. besonders günstige wirtschaftliche Verhältnisse.
Koblenz: sehr gute Einkommensverhältnisse, in der Regel Familieneinkommen in Höhe von mindestens dem Doppelten des Höchstbetrages nach der Düsseldorfer Tabelle als frei verfügbares Einkommen.
Dresden, Düsseldorf: ein den Betrag aus der höchsten (10.) Einkommensgruppe der Düsseldorfer Tabelle übersteigendes bereinigtes Familieneinkommen (also mehr als 5.100 EUR).
Frankfurt a. M., Jena: Bedarf über 4.000 EUR.
Köln, Jena: Bedarf über 5.500 EUR (gesamtes Familieneinkommen 11.000 EUR).

173 Der BGH[270] hat die Halbteilung bis zu einem **Bedarf** in Höhe der Hälfte des höchsten Einkommens der letzten Einkommensgruppe der Düsseldorfer Tabelle – zurzeit 10. Einkommensgruppe: 5.100 EUR (auch als **„relative Sättigungsgrenze"** bezeichnet,[271] auch → Rn. 157) – nicht beanstandet und nimmt bei einem 2.550 EUR übersteigenden Bedarf besonders günstige Einkommensverhältnisse an, die zu einer konkreten Bedarfsbemessung veranlassen.[272] Im Hinblick auf die allgemeinen Lebenshaltungskosten wird man allerdings einen Bedarf von 5.100 EUR als Schwelle zur konkreten Bedarfsdarlegung heranziehen können.[273] Zur **Darlegungs-** und **Beweislast** → Rn. 1010, 1011. – Ob die maßgebliche Bemessungsgrenze überschritten ist, bestimmt sich allein nach dem **Elementarunterhalt** unter Einschluss des Mehr- und Sonderbedarfs, allerdings nicht auch des Alters-[274] und des Kranken- und Pflegevorsorgeunterhalts (→ Rn. 1010, 1011).

270 BGH NJW 2012, 1578 Rn. 33, 36 = FamRZ 2012, 947; NJW 2012, 1581 Rn. 17, 18 = FamRZ 2012, 945; NJW 2010, 3372 Rn. 28 = FamRZ 2010, 1637; s. auch *Többen* NZFam 2014, 30.
271 OLG Karlsruhe BeckRS 2010, 28672 = FamRZ 2010, 1909 (1910).
272 BGH NJW 2012, 1578 Rn. 32, 33 = FamRZ 2012, 947; NJW 2012, 1581 Rn. 14, 15 = FamRZ 2012, 945; ebenso OLG Bremen BeckRS 2015, 8154 = FamRZ 2015, 1395 (1396). Das OLG Köln BeckRS 2012, 3705 = FamRZ 2012, 1731 (1732) geht von einem unzutreffenden Verständnis der BGH-Rspr. aus: Keine konkrete Bedarfsberechnung bei einem Quotenunterhalt von 2.661,83 EUR.
273 OLG Zweibrücken BeckRS 2013, 8684 = FamRZ 2014, 216 f.; OLG Köln BeckRS 2012, 3705 = FamRZ 2012, 1731 (1732); OLG Brandenburg BeckRS 2012, 11388.
274 BGH NJW 2012, 1578 Rn. 36 = FamRZ 2012, 947.

Auch sonst kann der Bedarf nicht quotenmäßig bestimmt werden, wenn ihn **besondere Umstände,** die von den wirtschaftlichen Verhältnissen der Ehegatten unabhängig sind, vorgeben. So etwa, wenn der Berechtigte **pflegebedürftig** und in einem Pflegeheim untergebracht ist; sein Bedarf wird dann ua durch die konkreten Unterbringungskosten bestimmt (→ Rn. 234). 174

**e) Begrenzungen. aa) Bedarf.** Auch der konkret bemessene Bedarf ist ggf. unter Anlegung eines **objektiven Maßstabs** bei Berücksichtigung des bisherigen Lebensstandards in der Ehe zu begrenzen (→ Rn. 15).[275] Erklärt sich der Verpflichtete nicht für **„unbegrenzt leistungsfähig"** (→ Rn. 177), ist der Bedarf durch die Halbteilung auf die **Hälfte** des bedarfsprägenden Einkommens begrenzt, da dem Berechtigten nicht mehr zusteht, als dem Verpflichteten verbleibt. Diese Deckelung des Bedarfs als Ausnahme von der konkreten Bemessung hat der Verpflichtete darzulegen und zu beweisen; dazu hat er seine Einkommens- und Vermögensverhältnisse offenzulegen.[276] 175

**bb) Bedürftigkeit.** Bei der Beurteilung der Bedürftigkeit ist vom Erwerbseinkommen des Berechtigten nicht vorab ein **Erwerbstätigenbonus** in Abzug zu bringen.[277] Dies entspricht der allgemeinen Handhabung des Erwerbstätigenbonus im Rahmen der Bedürftigkeit und Leistungsfähigkeit (→ Rn. 217–219). 176

**cc) Leistungsfähigkeit.** Erklärt sich der Verpflichtete ausdrücklich für **„unbegrenzt leistungsfähig"**, ist darin ein Verzicht auf den Einwand der Leistungsunfähigkeit zu sehen; dabei ist unerheblich, ob der Verpflichtete auch tatsächlich leistungsfähig ist. Davon unberührt bleiben der Bedarf und die Bedürftigkeit des Berechtigten; sie sind in der von ihm dargelegten und bewiesenen Höhe zugrunde zu legen.[278] 177

**f) Abänderungsverfahren.** Im Abänderungsverfahren bleibt es grundsätzlich bei den im Ausgangsverfahren berücksichtigten Bedarfspositionen, weshalb eine Anpassung idR nur bei einer erheblichen Steigerung der Lebenshaltungskosten[279] oder, wurde der Bedarf konkret bemessen, beim Entfallen einer Bedarfsposition[280] in Betracht kommt. Zwar ist nicht auszuschließen, dass sich der Bedarf des Berechtigten auch nach der Scheidung noch in anerkennenswertem Umfang erhöhen oder verringern kann, etwa wenn eine Einkommensverringerung des Verpflichteten zu einer Bedarfsbemessung nach der Quote führt.[281] Unerheblich ist aber, wenn der Bedürftige **weniger aufwändig** lebt.[282] Da sich der ehebedingte Bedarf bei einer konkreten Bemessung über die Ausgaben definiert (→ Rn. 167, 169), ist eine **Erhöhung des Einkommens** des Unterhaltsschuldners unerheblich.[283] Dagegen sind – positive wie negative – Einkommensveränderungen des Unterhaltsgläubigers zwar nicht beim Bedarf (→ Rn. 63, 64), wohl aber über die Bedürftigkeit in die Bedarfsdeckung mit einzubeziehen.[284] – Zur Berücksichtigung von Veränderungen der **Einkünfte** der Ehegatten → Rn. 61–100. 178

### III. Allgemeiner Mehrbedarf

**1. Allgemein: Berufsbedingter Mehraufwand. a) Allgemeines.** Die zur Erzielung von Erwerbseinkünften notwendigen Aufwendungen setzen sich aus den **berufsbedingten Aufwen-** 179

[275] OLG Bremen BeckRS 2015, 8154 = FamRZ 2015, 1395 (1396); OLG Düsseldorf BeckRS 2015, 14281 = FamRZ 2015, 1392 (1393 f.) mit zust. Anm. *Borth*.

[276] Auch OLG Bremen BeckRS 2015, 8154 Rn. 14, 64 = FamRZ 2015, 1395 (1396); BeckOGK/*Witt*, 1.2.2019, Rn. 544; Büte/Poppen/Menne/*Büte* Rn. 14.

[277] BGH NJW 2012, 3037 Rn. 33 = FamRZ 2012, 1624; NJW 2011, 303 Rn. 27 = FamRZ 2011, 192; OLG Bremen BeckRS 2015, 8154 Rn. 44 = FamRZ 2015, 1395 (1397); OLG Frankfurt a. M. BeckRS 2011, 28018 = FamRZ 2012, 1392; ebenso etwa BeckOGK/*Witt*, 1.2.2019, Rn. 548; jurisPK-BGB/*Clausius* Rn. 62; Palandt/*Brudermüller* Rn. 41; Büte/Poppen/Menne/*Büte* Rn. 14; *Borth* in Schwab ScheidungsR-HdB IV Rn. 1011, 1033; *Gerhardt* in Wendl/Dose UnterhaltsR § 4 Rn. 769; *Vomberg* FF 2012, 436 (439); *Born* FamFR 2012, 145; *Gutdeutsch* NJW 2012, 561 (564); aA noch BGH NJW 2010, 3097 Rn. 31 = FamRZ 2010, 1637 sowie OLG Hamm BeckRS 2008, 12399 = FamRZ 2008, 1184 (1185); NJW-RR 2006, 794 (795) = FamRZ 2006, 1603.

[278] BGHZ 217, 24 = NJW 2018, 468 Rn. 15, 23 mAnm *Born* NJW 2018, 470, *Schwamb* NZFam 2018, 132 = FamRZ 2018, 260 mAnm *Seiler*.

[279] OLG Köln BeckRS 2012, 21849 = FamRZ 2013, 1134; OLG Brandenburg OLGR 2007, 140 (141).

[280] Dazu auch BGH NJW 1985, 1343 (1344) = FamRZ 1985, 582; OLG Köln NJOZ 2005, 4418 (4419) = FamRZ 2006, 704 Ls.

[281] BGHZ 153, 372 = NJW 2003, 1796 (1797) = FamRZ 2003, 848.

[282] Zum Ganzen BGH NJW 1985, 1343 = FamRZ 1985, 582 (583).

[283] BGH NJW-RR 1990, 194 (195) = FamRZ 1990, 280.

[284] BGH NJW 1985, 1343 (1344) = FamRZ 1985, 582. Anders BGH NJW 2003, 1796 (1797) = FamRZ 2003, 848 (850): Verringerung des Einkommens nur dann relevant, wenn sie von konkreter zur quotalen Bedarfsbemessung führt.

**dungen** (→ Rn. 191–211) und einem **Erwerbsanreiz** (→ Rn. 212–233) zusammen.[285] Beide prägen die ehelichen Lebensverhältnisse (→ Rn. 160).

180 Berufsbedingt sind die Mehraufwendungen, wenn sie notwendig durch die **Berufsausübung** veranlasst sind und sich eindeutig von den Kosten der privaten Lebensführung abgrenzen lassen.[286] Sie müssen **tatsächlich** angefallen sein, wovon nach allgemeiner Lebenserfahrung ausgegangen und deshalb ihre Höhe nach § 113 Abs. 1 S. 2 FamFG, § 287 ZPO geschätzt werden kann,[287] und sind sowohl beim Bedarf als auch bei der Bedürftigkeit und der Leistungsfähigkeit „maßvoll" zu berücksichtigen, auch wenn dadurch dem Verpflichteten etwas mehr als die Hälfte des zu verteilenden Einkommens verbleibt.[288]

181 Dies gilt auch im **Mangelfall.** Doch sollten auch dann die Erwerbseinkünfte beider Ehegatten wegen des Unterschiedsbetrags zwischen notwendigem Selbstbehalt eines erwerbstätigen und nicht erwerbstätigen Ehegatten von 200 EUR nicht um berufsbedingte Aufwendungen bereinigt werden. Lediglich wenn ein Ehegatte diesen Betrag übersteigende Aufwendungen geltend macht und nachweist, kann von seinem Einkommen der überschießende Betrag seinen Selbstbehalt erhöhend berücksichtigt werden.[289] – Stets kann im Mangelfall aber ein **Erwerbstätigenbonus** (→ Rn. 217–219) nicht mehr in Abzug gebracht werden, weil sowohl der Bedürftige als auch der Verpflichtete dann gehalten sind, alle verfügbaren finanziellen Mittel zur Deckung ihres Lebensbedarfs einzusetzen.

182 Berufsbedingter Mehraufwand kann **konkret** dargelegt (→ Rn. 192–208) oder **pauschal** bemessen werden (→ Rn. 209–211). Bei **Selbstständigen,** bei denen sie idR bereits in der Gewinn- und Verlust-Rechnung oder der Einnahmeüberschussrechnung enthalten sind, sowie dann, wenn er konkret bemessen wurde,[290] kann eine Pauschale nicht zusätzlich abgesetzt werden. – Konkret geltend gemachten Mehraufwand hat der Ehegatte, der sich darauf beruft, **darzulegen** und zu **beweisen.**[291]

**b) Einzelne Einkunftsarten.** Berufsbedingte Aufwendungen und Erwerbsanreiz lasten auf

183 – durch Arbeit erzielten **Erwerbseinkünften,**

184 – **Spesen** (→ Rn. 413, 414). Die mit ihnen zusammenhängenden Aufwendungen werden durch konkreten Abzug berücksichtigt. Ein zusätzlicher pauschaler Abzug kommt daneben nicht mehr in Betracht.[292]

**nicht** aber auch auf

185 – Erwerbseinkünften nach **Freistellung**[293] (auch in der Passivphase der **Altersteilzeit**) und arbeitsrechtlichen **Abfindungen** (zum Erwerbsanreiz aber → Rn. 221, 222),[294]

186 – **Kranken-**, **Krankentage-** oder **Arbeitslosengeld;**[295] etwas anderes kann ggf. für konkrete Vorhaltekosten für einen PKW gelten.

187 – **Renten** und

188 – **anderen Einkünften,**[296]

---

285 BGH NJW 1990, 3274 = FamRZ 1990, 989 (991); NJW 1988, 2369 = FamRZ 1988, 265 (267); NJW-RR 1986, 68 = FamRZ 1985, 908 (910); NJW 1982, 41 = FamRZ 1981, 1165 (1166).

286 BGH NJW 2007, 511 = FamRZ 2007, 193 zu Kosten für Kleider-/Hemdenreinigung und Telefon.

287 Zu Letzterem BGH NJW 1981, 2462 = FamRZ 1981, 541 (543).

288 BGH NJW 1997, 1919 = FamRZ 1997, 806 (807); NJW 1991, 1290 = FamRZ 1991, 670 (671); NJW-RR 1991, 132 = FamRZ 1991, 304 (305); NJW 1991, 224 = FamRZ 1991, 170 (172); NJW 1990, 2886 = FamRZ 1990, 1085 (1087); NJW 1990, 3274 = FamRZ 1990, 989 (991); NJW-RR 1990, 578 = FamRZ 1990, 979 (980 f.); NJW-RR 1990, 514 = FamRZ 1990, 503 (504); NJW 1989, 1992 = FamRZ 1989, 842 (843 f.); NJW-RR 1989, 386 = FamRZ 1989, 483; NJW-RR 1987, 1218 = FamRZ 1987, 913 (915); NJW 1982, 41 = FamRZ 1981, 1165 (1166).

289 So noch Unterhaltsrechtliche Hinweise des OLG Stuttgart, Stand: 1.7.2001, III. Abs. 2, FamRZ 2001, 979 (980); aA alle LL, ausdrücklich jeweils Nr. 10.2.1 SüdL Anhang 3, Schleswig Anhang III, Hamm Anhang III. 2, Celle Anhang III.3.2; nicht ausdrücklich Düsseldorfer Tabelle Anm. A. 3, C. und jeweils Nr. 23.1 Brandenburg, Bremen, Dresden, Frankfurt a. M., Hamburg, KG, Koblenz, Köln, Oldenburg, Rostock.

290 BGH NJW 1997, 1919 = FamRZ 1997, 806 (807).

291 So wohl auch BGH NJW-RR 2009, 649 Rn. 12–14 = FamRZ 2009, 404.

292 BGH NJW 2014, 2785 Rn. 30 = FamRZ 2014, 1536.

293 BGH NJW 2012, 3434 Rn. 32 = FamRZ 2012, 1483; OLG Koblenz NJW-RR 2008, 1030 = FamRZ 2008, 2281: Die Bereitschaft, für begrenzte Projekte zur Verfügung zu stehen, verursacht keinen besonderen Aufwand. Zudem kann für sie anfallender Aufwand konkret berücksichtigt werden.

294 BGHZ 172, 22 = NJW 2007, 2249 Rn. 37 = FamRZ 2007, 983.

295 Zum **Krankengeld:** BGH NJW-RR 2009, 289 Rn. 25 = FamRZ 2009, 307. – Zum **ALG:** BGH NJW-RR 2009, 289 Rn. 25 = FamRZ 2009, 307; BGHZ 172, 22 = NJW 2007, 2249 Rn. 37 = FamRZ 2007, 983; OLG Karlsruhe NJWE-FER 1998, 52 = FamRZ 1998, 746; OLG München BeckRS 2015, 805.

296 BGH NJW 1990, 3274 = FamRZ 1990, 989 (991); NJW 1989, 2809 = FamRZ 1989, 1160 (1162); NJW 1984, 2358 = FamRZ 1984, 662 (664); NJW 1982, 2442 = FamRZ 1982, 894 (895) zum **Wohnvorteil;** NJW 1991, 2703 = FamRZ 1991, 1163 (1166); zuletzt BGH NJW 2006, 1794 = FamRZ 2006, 387 (391)

– insbesondere **Vermögenseinkünften,** unabhängig davon, dass oder ob sie ihren Grund in der Erwerbstätigkeit haben (zum Selbstbehalt des Verpflichteten → § 1581 Rn. 17–57). 189

Die Berücksichtigung von **Mehraufwendungen** etwa für Krankheit, Pflege oder Ausbildung (→ Rn. 234–237) oder für Bewerbungen um einen Arbeitsplatz ist dadurch nicht ausgeschlossen. Sie können jedoch nicht pauschaliert, sondern müssen grundsätzlich konkret dargelegt und können danach geschätzt werden (§ 113 Abs. 1 S. 2 FamFG, § 287 ZPO). Doch obliegt dem betroffenen Ehegatten, sich um die Übernahme etwa der **Bewerbungskosten** durch die Agentur für Arbeit zu bemühen[297] und seine Bemühungen ggf. nachzuweisen. 190

**2. Berufsbedingte Aufwendungen. a) Konkrete Bemessung. aa) Allgemeines.** Zu den berufsbedingten Aufwendungen zählen zunächst die Kosten für **Arbeitskleidung**[298] und ihre Pflege, sofern diese sich von den Kosten der allgemeinen Lebensführung abgrenzen lassen,[299] für **Aus- und Fortbildung,** sowie **Verpflegungsmehraufwand** und privat angeschaffte **Arbeitsmittel.**[300] 191

**Gewerkschaftsbeiträge** sind stets und nicht nur dann zu berücksichtigen, wenn der Arbeitgeber auf eine gewerkschaftliche Bindung drängt. Im Mangelfall bleiben sie jedoch unberücksichtigt, weil die Deckung des Mindestbedarfs des Bedürftigen der gewerkschaftlichen Bindung vorgeht.[301] Zu ihrer Berücksichtigung bei pauschaler Bemessung der berufsbedingten Aufwendungen → Rn. 211. 192

**bb) Insbesondere: Fahrtkosten.**

**Schrifttum:** *Holzer,* Berufsbedingte Fahrtkosten bei Soldaten, NZFam 2017, 385.

In der Praxis verursachen die **Fahrten** zur Arbeitsstelle meist die höchsten Aufwendungen. Werden sie mit dem **PKW** zurückgelegt, zählen zu den berücksichtigungsfähigen Kosten auch die Anschaffungskosten, ohne dass es darauf ankäme, ob der Kauf durch Kredit oder durch die Bildung von Rücklagen finanziert wurde.[302] Dabei wird es idR zumutbar sein, die Entfernung für die schnellste Fahrtstrecke statt für die kürzeste zugrunde zu legen,[303] wenn dies zu einer signifikanten Zeitersparnis führt. 193

Im Allgemeinen sind die PKW-Kosten mit dem **km-Satz** für Sachverständige (zurzeit 0,30 EUR/km, § 5 Abs. 2 S. 1 Nr. 2 JVEG) für Hin- und Rückfahrt ausreichend berücksichtigt. 194

**LL Nr. 10.2.2:** 195

**Bis 30 km einfach: 0,30 EUR/km, danach 0,20 EUR/km:** Braunschweig, Bremen, Celle, Dresden, Düsseldorf, Hamburg, Hamm, Jena; KG (über 30 km kann nach unten abgewichen werden), Köln, Naumburg (über 30 km kann nach unten abgewichen werden), Koblenz (ab dem 31. km kommt eine Reduzierung auf die Hälfte in Betracht), Oldenburg (Reduzierung bei langen Fahrtstrecken), Rostock (über 30 km kann nach unten abgewichen werden), Schleswig (über 30 km kann nach unten abgewichen werden), SüdL.

**Allgemein 0,30 km:** Brandenburg, Frankfurt a. M. (wenn und soweit die Benutzung öffentlicher Verkehrsmittel nicht zumutbar).

Da mit diesem Betrag, anders als mit dem Betrag von 0,25 EUR für Zeugen (§ 5 Abs. 2 S. 1 Nr. 1 JVEG), idR sämtliche Anschaffungs-, Haltungs- und Betriebskosten abgegolten sind,[304] ist er zu verringern, wenn ein Schuldendienst gesondert berücksichtigt[305] wird oder, weil dann die festen Kosten anteilig sinken, größere Entfernungen abgerechnet werden.[306] Wird ohne Verstoß gegen 196

---

(Vermögenserträge). Anders zum notwendigen Selbstbehalt OLG Karlsruhe BeckRS 1999, 30066447 = FamRZ 2000, 1091 Ls., das auch während der Zeit des Bezugs von Krankengeld als Lohnersatzleistung den Selbstbehaltssatz für einen Erwerbstätigen ansetzt (→ § 1581 Rn. 36).

297 BeckOGK/*Witt,* 1.2.2019, Rn. 228.

298 Dazu OLG Köln NJW-RR 2007, 364 = FamRZ 2007, 1463.

299 BeckOGK/*Witt,* 1.2.2019, Rn. 239: Kosten eines Anwalts für Kleidung, ausgenommen für die Robe, bleiben unberücksichtigt.

300 Zum – überspannten – konkreten Nachweis der unterhaltsrechtlichen gegenüber der steuerlichen Berücksichtigung BGH NJW 2009, 1742 Rn. 38–41 = FamRZ 2009, 762.

301 OLG Köln BeckRS 2009, 87154 = FamRZ 1985, 1166; BeckOGK/*Witt,* 1.2.2019, § 1581 Rn. 102; aA OLG Celle BeckRS 2007, 11193 = FamRZ 2007, 1020 Ls.: Gewerkschaftsbeiträge sind als berufsbedingter Aufwand stets abzusetzen.

302 BGH NJW 1982, 1869 = FamRZ 1982, 360 (362).

303 BGHZ 213, 288 = NJW 2017, 1169 Rn. 15–17 mAnm *Reinken* = NZFam 2017, 303 mAnm *Norpoth* = FamRZ 2017, 519 mAnm *Hauß.*

304 BGH NJW-RR 1991, 1346 = FamRZ 1991, 1414; NJW-RR 1992, 1282 (1283); NJW 2006, 2182 Rn. 15 = FamRZ 2006, 846; OLG Hamm FamRZ 1998, 1512; OLGR 1997, 280 (281) = FamRZ 1998, 561 Ls.; auch OLG Karlsruhe NZG 1999, 953.

305 Dazu OLG Naumburg BeckRS 1997, 31113213 = FamRZ 1998, 558.

306 Zu Letzterem OLG Hamm OLGR 1997, 124 = FamRZ 1997, 836 Ls.

unterhaltsrechtliche Obliegenheiten ein hochwertiger PKW gefahren, kann der Betrag auch erhöht werden; als Anhaltspunkt können die vom ADAC[307] mitgeteilten Sätze dienen.

197 Würde ein PKW auch ohne die berufsbedingte Nutzung gehalten, können nur die durch die **berufsbedingte Mehrnutzung** entstehenden Kosten abgesetzt werden.[308] Dies führt insbesondere zur Nichtberücksichtigung von Kfz-Steuer[309] und -Versicherung, aber auch, jedenfalls in diesem Zusammenhang, für den Schuldendienst; die berufsbedingte Abnutzung ist jedoch durch eine Erhöhung des zunächst verringerten Satzes zu berücksichtigen.

198 Durch einen **Umzug** veranlasste erhöhte Fahrtkosten sind anzusetzen, wenn dies unter Berücksichtigung aller Umstände zumutbar ist.

199 **Beispiele aus der Rspr.:**

OLG Köln BeckRS 2006, 10194 = FamRZ 2006, 1760 (1761): Unzumutbar ist der Ansatz von berufsbedingten Fahrtkosten, die durch den Umzug zu einem neuen Partner entstehen. Zumutbar eine Fahrtstrecke von 115 km einfach zur Arbeitsstelle.

KG NJW 2014, 869 (870) = FamRZ 2014, 949: Für 10–14 km einfach.

Dagegen erhöhen nach einem Umzug **entfallene Fahrtkosten** den Bedarf.[310]

200 Für den **Selbstständigen** sind keine gesonderten Kosten für den PKW abzusetzen, weil sie bereits in der Gewinn- und Verlustrechnung bzw. Einnahmenüberschussrechnung einschließlich der Abschreibung enthalten sind.[311] Zur Bemessung des **Privatanteils** → Rn. 428–434.

201 Die Benutzung **öffentlicher Verkehrsmittel** ist im Allgemeinen zumutbar.[312] Berücksichtigungsfähig sind dann nur die bei ihrer Inanspruchnahme anfallenden Kosten.[313] Maßgebliches Kriterium sind zunächst die wirtschaftlichen Verhältnisse der Ehegatten: Beanspruchen die PKW-Kosten einen unverhältnismäßig großen Teil des Einkommens oder zehren sie ihn so weit auf, dass kein ausreichender Unterhalt mehr bezahlt werden kann, ist dem Verpflichteten idR die Inanspruchnahme kostengünstigerer öffentlicher Verkehrsmittel zumutbar.[314] Dies gilt jedenfalls im Mangelfall.[315] – Zur Obliegenheit zum **Umzug** → Rn. 808–816.

202 **Beispiele aus der Rspr.:**

OLG Hamm NJW-RR 1998, 724 (725) = FamRZ 1998, 623 Ls. 1: Monatliche Fahrtkosten in Höhe von 1.100 DM sind hinzunehmen, wenn die Benutzung öffentlicher Verkehrsmittel unvertretbar zeitaufwändig und ein Umzug angesichts des Alters des Erwerbstätigen unzumutbar ist sowie die Anmietung einer Zweitwohnung einschließlich wöchentlicher Heimfahrten zu einem ähnlich hohen Aufwand führen würde.

OLG Brandenburg NJWE-FER 1999, 236 = FamRZ 1999, 1010 f.: Im Mangelfall sind Fahrtzeiten mit den öffentlichen Verkehrsmitteln von 2–3 Stunden zumutbar.

203 Zu beachten sind auch die
- **öffentlichen Verkehrsverbindungen,**
- die bisherige **Dauer** des Arbeitsweges, die idR nicht länger als 1½ Stunden gesamte Fahrtzeit ausmachen darf,
- die **Verlängerung** des Arbeitsweges,
- die konkreten **Arbeitszeiten** sowie
- die Vereinbarkeit mit seinen **sonstigen familiären Verpflichtungen,** etwa der Kinderbetreuung oder Pflege von Familienangehörigen.

204 In Ausnahmefällen kann der Ehegatte auch darauf verwiesen werden, den Berufsweg mit dem **Fahrrad**[316] oder **zu Fuß** zurückzulegen.

205 Entspricht die Haltung und Nutzung eines **PKW** für Fahrten zur Arbeit den ehelichen Lebensverhältnissen und verlangen die ehelichen finanziellen Verhältnisse nicht aus Gründen der Zumutbar-

---

[307] https://www.adac.de/infotestrat/autodatenbank/autokosten/default.aspx (zuletzt abgerufen am 27.11.2018).

[308] BGH BeckRS 2010, 25975 = FamRZ 1984, 988 (990).

[309] OLG Celle BeckRS 2007, 11193 = FamRZ 2007, 1020 Ls.

[310] BGHZ 192, 45 = NJW 2012, 384 Rn. 24 = FamRZ 2012, 281; NJW 1982, 2063 = FamRZ 1982, 575 (576).

[311] Eingehend *Schöppe-Fredenburg* FuR 1998, 153 ff.

[312] Dazu auch OLG Hamburg NJW-RR 1993, 647 = FamRZ 1992, 1308; OLG Karlsruhe FamRZ 1981, 783 (784).

[313] BGH NJW 1982, 1869 = FamRZ 1982, 360 (362).

[314] BGH NJW-RR 1989, 386 = FamRZ 1989, 483 (484); BeckRS 2010, 25975 = FamRZ 1984, 988 (990).

[315] OLG Brandenburg NJWE-FER 1999, 236 = FamRZ 1999, 1010 f.; auch BeckOGK/*Witt,* 1.2.2019, Rn. 235 mwN; *Gutdeutsch* in Wendl/Dose UnterhaltsR § 5 Rn. 77.

[316] KG NJW 2014, 869 (870) = FamRZ 2014, 949; OLG Stuttgart NJW-RR 2008, 527 = FamRZ 2008, 1273; OLG Köln NJW-RR 2007, 364 = FamRZ 2007, 1463.

keit den Umstieg auf öffentliche Verkehrsmittel (→ Rn. 201), sind nur die durch die Fahrten zur Arbeitsstelle verursachten Mehrkosten berücksichtigungsfähig,[317] dh jedenfalls Kfz-Steuer und -Versicherung bleiben unberücksichtigt.

Wird der PKW nicht nur für Fahrten zur Arbeitsstelle, sondern auch beruflich für **Dienstfahrten** genutzt, können auch die dafür anfallenden Kosten abgesetzt werden, soweit sie vom Arbeitgeber nicht erstattet werden. **206**

Nutzt der Ehegatte einen **Firmenwagen,** ohne hierfür vom Arbeitgeber nicht erstattete Aufwendungen zu haben, kann er jedenfalls keine Fahrtkosten geltend machen.[318] Zur Berücksichtigung des Anteils für die **Privatnutzung** als Einkommen → Rn. 428–434. **207**

Wird ein von einem Bekannten **geliehener** PKW benutzt, sind die tatsächlich entstandenen Kosten zuzüglich 0,25 EUR/km (§ 5 Abs. 2 S. 1 Nr. 1 JVEG) zu berücksichtigen.[319] **208**

**b) Pauschale Bemessung.** Davon, dass Werbungskosten anfallen, kann nach der Lebenserfahrung im Regelfall ausgegangen werden. Deshalb **vermutet** die Praxis[320] ganz überwiegend ihren Anfall und pauschaliert die berufsbedingten Aufwendungen,[321] zumal ein Bedürfnis für eine Vereinfachung des Unterhaltsrechtsstreits als einer Massenerscheinung besteht. Die Erwerbstätigkeit **indiziert** ihr Anfallen, sodass die Pauschalierung als **widerlegbare Vermutung** wirkt und den Gegenbeweis für niedrigere/höhere Aufwendungen zulässt. Da es sich um Umstände aus der Sphäre des jeweiligen Ehegatten handelt, muss der Ehegatte, der die Pauschale verteidigt, aufgrund seiner **sekundären Darlegungslast** konkrete Anhaltspunkte dafür vortragen, dass tatsächlich Aufwendungen in entsprechender Höhe anfallen, ohne dass an diesen Vortrag strenge Anforderungen zu stellen wären. – Soweit die LL eine Pauschale zulassen, **bemessen** sie diese durchweg mit 5% des Nettoeinkommens, idR aber mindestens 50 EUR und höchstens 150 EUR/Monat.[322] **209**

Die **Pauschale** ist aus dem um Steuern und Sozialabgaben zuzüglich einer angemessenen weiteren Altersversorgung (→ Rn. 324–338) oder bei Selbstständigen anderen angemessenen Vorsorgeaufwendungen **bereinigten Einkommen** zu berechnen. Andere bei der Bedarfsermittlung zu berücksichtigenden Verbindlichkeiten sind nicht vorab abzusetzen, weil sie nicht unmittelbar mit der Erzielung von Erwerbseinkommen und mit den hierauf bezogenen berufsbedingten Aufwendungen zusammenhängen.[323] **210**

Ist der Verpflichtete nur **beschränkt leistungsfähig,** kann von ihm die konkrete Darstellung seiner berufsbedingten Aufwendungen verlangt werden, da er für seine Leistungsunfähigkeit darlegungs- und beweispflichtig (→ § 1581 Rn. 106) ist.[324] – Liegt die Pauschale niedriger als der **Erwerbstätigenzuschlag** nach der Düsseldorfer Tabelle (zurzeit 200 EUR), ist ausschließlich die Pauschale abzurechnen und der Bedarf eines Nichterwerbstätigen zugrunde zu legen.[325] – Hat ein Arbeitgeber für bestimmte Aufwendungen, etwa Fahrtkosten zur Arbeitsstelle, einen **Zuschuss** **211**

---

317 BGH BeckRS 2010, 25975 = FamRZ 1984, 988 (990).

318 OLG Stuttgart BeckRS 2003, 15721 = FamRZ 2004, 1109.

319 OLG Hamm OLGR 2001, 47 (48) = FamRZ 2001, 482 Ls.: 50% der berufsbedingten Fahrtkosten.

320 Jeweils LL Nr. 10.2.1: Eine Pauschalierung lassen zu: Brandenburg, Celle, Dresden, Düsseldorf, Frankfurt a. M., KG, Koblenz, Oldenburg, sowie in den SüdL Bamberg, Karlsruhe, München, Nürnberg, Stuttgart und Zweibrücken, auch Saarbrücken iVm Düsseldorfer Tabelle Anm. A. 3. – Stets eine konkrete Darlegung berufsbedingter Aufwendungen verlangen: Bremen, Hamburg, Hamm, Köln; dazu auch OLG Köln BeckRS 2006, 10194 = FamRZ 2006, 1760 (1762), Rostock, Schleswig, Jena.

321 Der BGH hat sich mit dieser Frage noch nicht problemorientiert auseinandergesetzt; ausdrücklich offengelassen BGH NJW 1986, 2054 = FamRZ 1986, 790 (791), rügt aber die Pauschalierung nicht (etwa BGH NJW 1997, 1919 = FamRZ 1997, 806 (807); NJW 1992, 1621 = FamRZ 1992, 539 (541) mit krit. Anm. *Graba* (mit der 5%-igen Pauschale werden bei sehr beengten finanziellen Verhältnissen Erwerbsanreiz und Mehraufwendungen abgedeckt); NJW 1991, 1290 = FamRZ 1991, 670 (671) (gerügt wird nur die Höhe der Pauschale); NJW 1991, 224 = FamRZ 1991, 170 (172); NJW-RR 1989, 386 = FamRZ 1989, 483.

322 S. – zum Kindesunterhalt – die Düsseldorfer Tabelle Anm. A. 3, der KG, Koblenz und Oldenburg, jeweils Nr. 10.2.1, folgen. Ohne Begrenzungen Brandenburg, Celle, SüdL.

323 So iErg auch die Berechnung bei BGH NJW 1989, 2809 = FamRZ 1989, 1160 (1163); OLG Hamburg BeckRS 2010, 30298 = FamRZ 1991, 953 (954); demgegenüber spricht BGH NJW 1988, 2369 = FamRZ 1988, 265 (267) vom „verteilungsfähigen Einkommen", ohne dieses näher zu bestimmen. Anders BGH NJW 1997, 1919 = FamRZ 1997, 806 (807); OLG Karlsruhe NJW 1999, 1722 = FamRZ 1999, 1276; NJWE-FER 1999, 261; FamRZ 1996, 350 (351); BeckRS 2011, 3731 = FamRZ 1992, 1438. Zu den Schwierigkeiten bei der Berechnung der Pauschale, wenn auch andere Verbindlichkeiten vorweg abgezogen werden, s. *Gutdeutsch* FamRZ 1994, 1161 f.; FamRZ 1994, 346 ff.; *Gerhardt* FamRZ 1994, 1158 f.; *Graba* NJW 1993, 3033 ff sowie *Scholz* FamRZ 1993, 125 (141).

324 LL KG, Brandenburg, Dresden, Naumburg, SüdL Nr. 10.2.1 S. 3.

325 BGH NJW 1997, 1919 = FamRZ 1997, 806 (810); aA OLG Düsseldorf BeckRS 1992, 1081 = FamRZ 1993, 331 (333).

gewährt, muss behaupteter höherer Aufwand konkret dargelegt und belegt werden.[326] – Die Pauschale umfasst auch **Gewerkschaftsbeiträge** (zur Berücksichtigung bei konkreter Bemessung der berufsbedingten Aufwendungen → Rn. 191).

212 **3. Erwerbsanreiz. a) Allgemeines.** Der Erwerbstätigenbonus,[327] der nur auf **Erwerbseinkünfte** erhoben werden kann,[328, 329] soll nach der Rspr. des BGH den mit der Berufstätigkeit verbundenen **erhöhten Aufwand** abdecken und zudem der Steigerung des **Erwerbsanreizes** dienen.[330] Wegen der gleichen Teilhabe der Ehegatten an den wirtschaftlichen Verhältnissen während der Ehe steht er nach dem Halbteilungsgrundsatz neben dem Verpflichteten grundsätzlich auch dem Bedürftigen zu,[331] obwohl es nach Auffassung des BGH „grundsätzlich keiner besonderen Vergünstigung [bedarf], um den Unterhaltsberechtigten zur Deckung seines Lebensbedarfs durch eigene Erwerbstätigkeit zu motivieren".[332] Dem erwerbstätigen Ehegatten soll ein die Hälfte des verteilungsfähigen Einkommens maßvoll übersteigender Betrag verbleiben,[333] und zwar auch dann, wenn sich ein Unterhaltsanspruch erst aufgrund der Berücksichtigung des Erwerbstätigenbonus beim Berechtigten ergibt.[334]

213 **Diskussion:**
Dies wirft die grundsätzliche Frage auf, ob die Zuerkennung eines Erwerbstätigenbonus überhaupt **sachgerecht** ist. Für den Trennungsunterhalt ist dies, weil der Erwerbstätigenbonus in aller Regel zur Bestreitung des ehegemeinsamen Lebensbedarfs verwandt wurde, jedenfalls bis zum Ablauf des Trennungsjahres zu verneinen, ist aber auch darüber hinaus und auch für den nachehelichen Unterhalt abzulehnen.[335] Denn: Der erhöhte berufsbedingte Aufwand mag konkret bemessen werden und fällt dann unter die berufsbedingten Aufwendungen (→ Rn. 191–211). Und Anreiz zur Steigerung der Erwerbstätigkeit genug ist für den Bedürftigen die nacheheliche Eigenverantwortung und für den Verpflichteten die nacheheliche Solidarität, die ihm neben der Sorge für den eigenen Lebensbedarf auch die für den Bedarf des Berechtigten auferlegt. Letztlich bindet der Erwerbstätigenbonus unterhaltsrechtlich nicht unerhebliche finanzielle Mittel, die dem Ehegatten nicht für konkrete und unterhaltsrechtlich anzuerkennende Bedürfnisse zugutegehalten würden.

214 Ein Schritt dahin, den Erwerbstätigenbonus gänzlich unberücksichtigt zu lassen, ist die Rspr. des BGH, ihn jedenfalls nicht mehr die **Bedürftigkeit** und die **Leistungsfähigkeit** mindernd anzusetzen (→ Rn. 217–219). Damit wird aber auch anerkannt, dass dem Erwerbstätigenbonus gerade keine, auch keine pauschal anzuerkennenden Mehraufwendungen gegenüberstehen.

215 Nach dem **Ausscheiden aus dem Erwerbsleben** – gleich aus welchem Grund – gibt es für einen Mehrbehalt keinen hinreichenden Grund mehr; deshalb bleibt es bei der **Halbteilung.** Doch

[326] BGH NJW-RR 1989, 900 = FamRZ 1990, 266 (268). OLG Brandenburg BeckRS 2006, 10026 = FamRZ 2007, 71 Ls. lässt im Mangelfall eine Pauschalierung nicht zu und verlangt den konkreten Nachweis.

[327] Zu dessen Herleitung aus der Rspr. zum Unterhalt nach dem zum 1.7.1977 außer Kraft getretenen EheG s. *Gerhardt* FamRZ 2013, 834 f.

[328] BGH NJW 2014, 2109 = FamRZ 2014, 1183 Rn. 16; BGHZ 171, 206 = NJW 2007, 1961 Rn. 47 = FamRZ 2007, 793; OLG Hamm BeckRS 2005, 2441 = FamRZ 2005, 1177 f.; auch OLG Celle NJW 2005, 1516 = FamRZ 2005, 716 (717).

[329] OLG Hamm NJW 1997, 1081 (1082) = FamRZ 1997, 1216: Erwerbstätigenbonus ist auch vom an die Betreuungsperson weitergeleiteten Pflegegeld (§ 39 SGB VIII) abzuziehen.

[330] BGH NJW 2006, 1794 Rn. 41, 42 = FamRZ 2006, 387; NJW 1999, 717 = FamRZ 1999, 367 (370); NJW-RR 1991, 132 (133) = FamRZ 1991, 304; NJW 1990, 2886 (2888) = FamRZ 1990, 1085 NJW 1989, 1992 = FamRZ 1989, 842 (843); NJW 1988, 2369 (2371) = FamRZ 1988, 265; NJW 1982, 41 = FamRZ 1981, 1165 (1166).

[331] BGH NJW 2011, 303 Rn. 25 = FamRZ 2011, 192. Dem BGH folgt die ganz hM, etwa BeckOGK/*Witt*, 1.2.2019, Rn. 500, 501; Staudinger/*Verschraegen*, 2014, Rn. 208–224; Erman/*Maier* Rn. 35; NK-BGB/*Schürmann* Rn. 103; Johannsen/Henrich/*Hammermann* Rn. 20; jurisPK-BGB/*Clausius* Rn. 90–94; *Borth* in Schwab ScheidungsR-HdB IV Rn. 1030.

[332] BGH NJW 2011, 303 Rn. 27 = FamRZ 2011, 192.

[333] BGH NJW-RR 1991, 1346 = FamRZ 1991, 1414; NJW-RR 1991, 514 = FamRZ 1991, 542 (543 f.); NJW 1990, 1290 = FamRZ 1991, 670; NJW-RR 1991, 132 = FamRZ 1991, 304 (305); NJW-RR 1990, 1346 = FamRZ 1990, 1090 (1091); NJW-RR 1990, 578 = FamRZ 1990, 979 (980); NJW-RR 1990, 514 = FamRZ 1990, 503 (504); NJW 1989, 1992 = FamRZ 1989, 842 (844); NJW 1988, 2369 = FamRZ 1988, 265 (267).

[334] OLG Schleswig BeckRS 2009, 1233.

[335] Ablehnend auch *Gerhardt* in Wendl/Dose UnterhaltsR § 1 Rn. 1050; *Siebert* in Wendl/Dose UnterhaltR § 4 Rn. 781; *Gerhardt* FamRZ 2013, 834 ff.; *Gerhardt* FS Hahne, 2012, 229; *Spangenberg* FamRZ 2014, 440 f. (ausreichend ist die Berücksichtigung im unterschiedlichen Selbstbehalt; aber → § 1581 Rn. 21–24); FamRZ 2011, 701 f.; FamRZ 2002, 1388 f.; *Röthel* FamRZ 2001, 328 ff.; krit. bereits *Mutschler* FamRZ 1977, 397.

können besondere Gründe die entsprechende Anwendung der für einen Erwerbstätigen geltenden Grundsätze rechtfertigen, etwa bei einem **Mehrbedarf wegen Alters** oder **Krankheit.**[336]

**b) Rechtsprechung des BGH.** Nach der Rspr. des BGH gilt im Einzelnen:

**aa) Berücksichtigungsfähigkeit.** Der Erwerbstätigenbonus wird, soweit seine Berücksichtigung überhaupt in Betracht kommt (→ Rn. 212–215), von den **Bedarf** nach den ehelichen Lebensverhältnissen prägenden Einkünften abgezogen. 216

Bei der **Leistungsfähigkeit** kann neben dem berufsbedingten Mehraufwand (→ Rn. 191–211) nicht auch noch ein Erwerbstätigenbonus abgezogen werden,[337] zumal er im **Mangelfall**[338] bereits mit dem erhöhten Selbstbehalt für Erwerbstätige erfasst wird (→ Rn. 181) und der pauschalierte notwendige Selbstbehalt eines nicht Erwerbstätigen über das Existenzminimum hinausgeht.[339] 217

Dem Unterhaltsgläubiger ist bei der Prüfung seiner **Bedürftigkeit** aus Gründen der Gleichbehandlung mit dem Verpflichteten jedenfalls dann kein Erwerbstätigenbonus zuzugestehen, wenn sein Bedarf **konkret bemessen** wurde (→ Rn. 166–178).[340] Denn er muss angesichts seiner unterhaltsrechtlichen Eigenverantwortung grundsätzlich nicht durch Vergünstigungen dazu angehalten werden, seinen Lebensbedarf durch eigene Erwerbstätigkeit zu decken, zumal die weitgehend pauschalen Schätzungen der einzelnen Bedarfspositionen dem Bedürftigen einen beträchtlichen, auch seinen nicht bezifferbaren Mehraufwand abdeckenden Spielraum eröffnet (zur **Parallele beim Mindestbedarf** eines erwerbstätigen Berechtigten → Rn. 163–165, beim angemessenen Bedarf nach § 1578b Abs. 1 → § 1578b Rn. 218).[341] Mag dies allein im Hinblick darauf, dass bei der Bedarfsbemessung Einkommen des Verpflichteten in großem Umfang unberücksichtigt bleibt, das Außerachtlassen eines Erwerbsanreizes wegen Ungleichbehandlung der Ehegatten nicht rechtfertigen, weil die konkrete Bedarfsbemessung iErg eine zwar verfeinerte, aber doch auch überschlägige Bedarfsermittlung darstellt, die nicht alle Kosten erfasst, so stehen dem Erwerbstätigenbonus doch keine konkreten Aufwendungen gegenüber, weshalb er auch nicht zur Bedarfsdeckung herangezogen werden kann. 218

Für den nach der **Halbteilung** bemessenen Bedarf des Bedürftigen kann nichts anderes gelten.[342] Denn auch insoweit kann er nicht anders behandelt werden als der Verpflichtete im Rahmen seiner Leistungsfähigkeit (→ Rn. 217). 219

**bb) Erfasste Einkünfte. (1) Arbeitsentgelt.** Der Erwerbstätigenbonus ist auf **Erwerbseinkünfte** zu gewähren. Dabei ist unerheblich, ob sie aus einer abhängigen oder selbstständigen Erwerbstätigkeit herrühren. Ebenso ist er von **fiktiv** zugerechneten Erwerbseinkünften abzuziehen, weil der betroffene Ehegatte durch die Zurechnung nicht schlechter gestellt werden darf, als wenn er seine unterhaltsrechtlichen Obliegenheiten erfüllen und die zugerechneten Einkünfte tatsächlich erzielen würde.[343] 220

Bei **Altersteilzeit** (zu den **Obliegenheiten** → Rn. 843–847) ist nach der Rspr. des BGH in der Passivphase kein Erwerbsanreiz mehr zu berücksichtigen.[344] Doch ist der Grundsatz der Altersteilzeit die Verminderung der bisherigen Wochenarbeitszeit auf die Hälfte (§ 2 Abs. 1 Nr. 2 AltTZG 221

336 Zum Ganzen BGH NJW-RR 1990, 580 = FamRZ 1990, 981 (982); NJW 1984, 2358 = FamRZ 1984, 662 (664); NJW 1983, 683 = FamRZ 1983, 150 (151); NJW 1982, 2442 = FamRZ 1982, 894 (895).

337 BGH NJW 2014, 1590 Rn. 39 = FamRZ 2014, 912; NJW 2013, 2662 Rn. 87 = FamRZ 2013, 1366.

338 BGH NJW 1992, 1621 = FamRZ 1992, 539 (541) (kein weiterer Erwerbstätigenbonus).

339 BGHZ 184, 13 = NJW 2010, 937 Rn. 38 = FamRZ 2010, 357.

340 BGH NJW 2012, 1578 Rn. 28 = FamRZ 2012, 947; NJW 2011, 303 Rn. 28, 29 = FamRZ 2011, 192; NJW 2010, 3372 Rn. 46 = FamRZ 2010, 1637; BGHZ 179, 43 = NJW 2009, 989 Rn. 17 = FamRZ 2009, 406; aA etwa OLG Hamm BeckRS 2008, 12399 = FamRZ 2008, 1184; Johannsen/Henrich/*Hammermann* Rn. 20; *Niepmann/Schwamb* Rspr. zur Höhe des Unterhalts Rn. 32.

341 BGH NJW 2012, 3037 Rn. 33 = FamRZ 2012, 1624; NJW 2011, 303 Rn. 27 = FamRZ 2011, 192; BGHZ 184, 13 = NJW 2010, 937 Rn. 38 = FamRZ 2010, 357; ebenso OLG Köln NJWE-FER 2001, 305 = FamRZ 2002, 326; aA aber BGH NJW 2010, 3372 Rn. 26, 27, 31 = FamRZ 2010, 1637; OLG Hamm BeckRS 2008, 12399 = FamRZ 2008, 1184 (1185); BeckOGK/*Schlünder*, 1.2.2019, § 1577 Rn. 35; NK-BGB/*Schürmann* § 1577 Rn. 16; *Niepmann/Schwamb* Rspr. zur Höhe des Unterhalts Rn. 32; noch anders OLG Hamm BeckRS 2006, 6420 = FamRZ 2005, 214 Ls.: halber Bonus.

342 Insoweit aA wohl BGH NJW 2011, 303 Rn. 29 = FamRZ 2011, 192; NJW 1988, 2369 = FamRZ 1988, 265 (267); NJW 1985, 1026 = FamRZ 1985, 161 (164). Dieser Rspr. des BGH folgen die OLG zwischenzeitlich wohl ohne Abweichungen, dazu auch OLG Hamm FamRZ 1989, 634; OLG Düsseldorf FamRZ 1989, 57. S. auch *Gutdeutsch* in Wendl/Dose UnterhaltsR § 4 Rn. 819 für nicht bedarfsbestimmendes Einkommen.

343 BGH NJW 2005, 61 (62) = FamRZ 2005, 23; NJW 1995, 963 (964) = FamRZ 1995, 346; NJW-RR 1991, 130 (132) = FamRZ 1991, 307 (308); NJW-RR 1990, 578 = FamRZ 1990, 979 (981), NJW 1990, 1477 = FamRZ 1990, 499 (503); NJW 1988, 2369 = FamRZ 1988, 265 (267).

344 BGH NJW 2012, 3434 Rn. 32 mit abl. Anm. *Maurer* = FamRZ 2012, 1483.

1996). Da der Erwerbstätige stets für seine kontinuierliche Arbeit bezahlt wird, steht ihm auch der Erwerbsanreiz in voller Höhe zu. Die gesetzliche Ausnahme sind unterschiedliche Wochenarbeitszeiten (§ 2 Abs. 2, 3 AltTZG 1996), die gleichfalls zu einer „Passivphase" führen, aber nichts daran ändern, dass der Ehegatte Erwerbseinkommen bezieht, das er sich bereits vorab durch verringerte Einkünfte in der Aktivphase in gleicher Höhe wie in der Passivphase erarbeitet hat. Ihm ist der Erwerbsanreiz deshalb auch in der Passivphase zu belassen. Zur Nichtberücksichtigung **berufsbedingter Aufwendungen** → Rn. 185.

222 Da arbeitsvertragliche **Abfindungen** als Ausgleich für den Verlust des Arbeitsplatzes und des an ihm erzielten Erwerbseinkommens gezahlt werden (zur Berücksichtigung als **unterhaltsrelevante Einkünfte** → Rn. 415–425), ist auch der Erwerbsanreiz zu berücksichtigen.[345] Etwas anderes kann nur für die Zeit gelten, in der bereits wieder Arbeitsentgelt bezogen wird. – Zur Nichtberücksichtigung **berufsbedingter Aufwendungen** → Rn. 185.

223 **(2) Sonstige Einkünfte.** Nach seinem Zweck, nicht erfassbare berufsbedingte Aufwendungen abzudecken und einen Erwerbsanreiz zu bieten (→ Rn. 212), kann der Erwerbstätigenbonus grundsätzlich nur auf Erwerbseinkünfte und nicht auch auf Einkünfte, die nicht unmittelbar durch Arbeitsleistung erzielt werden, gewährt werden.[346] Ein Erwerbstätigenbonus kommt deshalb nicht zum Abzug von

- **Renteneinkünften,**[347]
- **ALG I,**[348] **ALG II,**[349]
- **Krankengeld,**[350] **Krankentagegeld** und **Krankenhaustagegeld,**[351]
- Sozialhilfeleistungen,
- Pflegegeld,
- **Erziehungsgeld,** auch **Landeserziehungsgeld, Elterngeld** und **Betreuungsgeld,**[352]
- Schadensrenten,
- nach **Freistellung** von der Arbeitstätigkeit bezogenem Arbeitsentgelt,[353]
- **Vermögenseinkünften** wie
  - Kapitaleinkünften, Mieten,[354]
  - Wohnvorteil (aber → Rn. 225, 226).

Zur **arbeitsvertraglichen Abfindung** → Rn. 222), zur **Berechnungsmethode** (Differenz-/Additionsmethode) bei **„Mischeinkünften"** aus Erwerbs- und Nicht-Erwerbseinkünften → Rn. 36, 232, 233.

224 **(3) Ausnahmen. (a) Allgemeines.** Von diesen Grundsätzen macht der BGH Ausnahmen. Da nach seiner Vorstellung, dass mit der Berücksichtigung des Erwerbstätigenbonus auf Erwerbseinkünfte nicht gegen den Halbteilungsgrundsatz verstoßen wird (→ Rn. 212), bedarf bei **Nicht-Erwerbseinkünften** eine Abweichung vom Grundsatz der gleichmäßigen Teilhabe der Ehegatten am ehelichen Lebensstandard einer **besonderen Begründung.**[355] Dabei geht es der Sache nach nicht direkt um einen Erwerbstätigenbonus, sondern um eine Entlastung des Beziehers von Nicht-Erwerbseinkünften aus Gründen der Billigkeit oder Angemessenheit, die nicht im Zusammenhang mit der Erzielung von Erwerbseinkünften stehen. Der Sache nach sind sie deshalb allein bei der Leistungsfähigkeit festzumachen (§ 1581).

225 **(b) Wohnvorteil.** Der BGH hat in einer Entscheidung vom 28.3.2007[356] der Berechnung des Erwerbstätigenbonus im Zusammenhang mit einem **Wohnvorteil** die auf dem Wohneigentum

---

[345] AA die hM: BGHZ 172, 22 = NJW 2007, 2249 Rn. 37 = FamRZ 2007, 986; ebenso – ohne nähere Auseinandersetzung – BeckOGK/*Witt*, 1.2.2019, Rn. 503; Palandt/*Brudermüller* Rn. 48; Soergel/*Häberle* Rn. 49; Johannsen/Henrich/*Hammermann* Rn. 20; *Dose* in Wendl/Dose UnterhaltsR § 1 Rn. 30, 94.

[346] BGH NJW 2006, 1794 Rn. 41, 42 = FamRZ 2006, 387; NJW 1991, 2703 (2705) = FamRZ 1991, 1163.

[347] BGH NJW-RR 1990, 580 = FamRZ 1990, 981; NJW 1982, 2442 (2443) = FamRZ 1982, 894 (895).

[348] BGH NJW 2007, 2249 Rn. 37, 38 = FamRZ 2009, 983; NJW-RR 2009, 289 Rn. 15, 25 = FamRZ 2009, 307 (308).

[349] *Dose* in Wendl/Dose UnterhaltsR § 1 Rn. 113 (Einstiegsgeld).

[350] BGH NJW-RR 2009, 289 Rn. 25 = FamRZ 2009, 307.

[351] *Dose* in Wendl/Dose § 1 Rn. 115.

[352] §§ 4a–4d BEEG sind wegen der Länderzuständigkeit und der Unzuständigkeit des Bundes verfassungswidrig, BVerfG NJW 2015, 2399 = FamRZ 2015, 1459. Bereits bewilligtes Betreuungsgeld ist jedoch weiter auszuzahlen.

[353] OLG Koblenz NJW-RR 2008, 1030 (1031) = FamRZ 2008, 2281.

[354] BGH NJW 2006, 1794 Rn. 41, 42 = FamRZ 2006, 387.

[355] BGH NJW 2007, 2249 Rn. 38 = FamRZ 2007, 983; NJW 2006, 1794 Rn. 41 = FamRZ 2006, 387; NJW 1991, 2703 (2705) = FamRZ 1991, 1163 (1166); NJW 1988, 2369 = FamRZ 1988, 265 (267); NJW 1984, 2358 = FamRZ 1984, 662 (664); NJW 1982, 2442 = FamRZ 1982, 894 (895).

[356] BGH NJW 2007, 1974 Rn. 15, 23 = FamRZ 2007, 879.

liegenden monatlichen Belastungen aus dessen Finanzierung nur in den Wohnvorteil übersteigender Höhe zugrunde gelegt. Er hat damit grundsätzlich zutreffend nur den Überschuss/die Unterdeckung unterhaltsrechtlich angesetzt. Dazu, worin die besonderen Gründe liegen, damit den Erwerbstätigenbonus zu erhöhen, hat der BGH keine Ausführungen gemacht. In der Lit.[357] wird die Vorgehensweise des BGH damit gerechtfertigt, dass andernfalls das unterhaltsrechtlich beachtliche Einkommen des betreffenden Ehegatten zu seinen Lasten zu hoch ausfalle. Doch ist dies unzulässig von einem vorbestimmten Ergebnis, nämlich den Verpflichteten besser zu stellen, hergedacht und stellt keine „besondere Begründung" iSd BGH-Rspr. dar. Der Sache nach handelt es sich um eine **Angemessenheitskorrektur** iSd § 1581 (→ § 1581 Rn. 89–99).

Da der Erwerbstätigenbonus durch diese Behandlung verkürzt wird, führt dies jedenfalls grundsätzlich zu folgenden Auswirkungen: Besteht der Wohnvorteil auf Seiten des Verpflichteten, wird der Unterhaltsanspruch infolge des geringeren Erwerbstätigenbonus um die Hälfte der Differenz erhöht. Besteht er auf Seiten des Berechtigten, wird sein Unterhaltsanspruch um die Hälfte der Differenz verkürzt. 226

**(c) Krankheitsbedingter Nachteil.** In einer Entscheidung vom 14.2.1990 hat der BGH krankheitsbedingte, die Lebensgestaltung eines Ehegatten beeinträchtigende Nachteile genügen lassen, auch ihm einen entsprechenden Bonus zu gewähren.[358] In dieser Entscheidung wird deutlich, worum es tatsächlich geht (auch → Rn. 225, 226): Konkrete Aufwendungen hatte der betroffene Ehegatte offenbar nicht, gleichwohl waren seine Lebensumstände aufgrund seiner Krankheit beschwerlich. Auch dies mag Anlass für eine Billigkeits- bzw. Angemessenheitskorrektur iSd § 1581 sein, nicht jedoch für die Zubilligung eines Erwerbstätigenbonus. 227

**c) Höhe des Erwerbstätigenbonus. aa) Erwerbseinkünfte.** Der Erwerbstätigenbonus wird aus dem um die **berufsbedingten Aufwendungen** (→ Rn. 191–211) und die unterhaltsrechtlich erheblichen **Verbindlichkeiten** (→ Rn. 904–963), insbesondere um **Kindesunterhalt** (→ Rn. 918–930) bereinigten Nettoeinkommen des betreffenden Ehegatten errechnet (→ Rn. 112–124).[359] 228

Die Bemessung seiner **Höhe** steht im Ermessen des Tatrichters.[360] Sie muss dem Erwerbsanreiz und der Abdeckung nicht konkret messbarer, von den allgemeinen Lebenshaltungskosten nicht abgrenzbarer Mehraufwendungen gerecht werden.[361] Sie wird durchweg mit ⅐[362] bzw. 10%[363] bemessen. 229

**Beispiele:** 230
BGH NJW-RR 1990, 578 = FamRZ 1990, 979 (980 f.): Nach Abzug berufsbedingter Aufwendungen ist der Erwerbstätigenbonus geringer als sonst üblich; ebenso BGH NJW 1997, 1919 = FamRZ 1997, 806, 807 (⅑ statt ⅐); NJW-RR 1990, 1346 = FamRZ 1990, 1090 (1091); NJW 1990, 2886 = FamRZ 1990, 1085 (1087).
Keinen Erwerbstätigenbonus einzuräumen, weil bereits die berufsbedingten Aufwendungen mit pauschal 5% ohne Einzelnachweis berücksichtigt worden sind, wird von BGH NJW 2004, 505 = FamRZ 2004, 254 (255) krit. gesehen und wohl abgelehnt.
Der Erwerbstätigenbonus sollte eigentlich geringer dotiert sein als die berufsbedingten Aufwendungen,[364] weil die Ausübung einer Erwerbstätigkeit zur Deckung des Lebensbedarfs als Ausdruck der eigenverantwortlichen Lebensgestaltung an sich eine Selbstverständlichkeit ist.

Auch **erschwerte Arbeitsbedingungen** können im Einzelfall die Erhöhung des Erwerbsanreizes rechtfertigen,[365] wenn sie nicht über eine teilweise Nichtberücksichtigung wegen überobligatorischer Erzielung erfasst werden können.[366] 231

---

357 *Gerhardt* in Wendl/Dose UnterhaltsR § 1 Rn. 523.
358 BGH NJW-RR 1990, 580 = FamRZ 1990, 981.
359 BGH NJW 1999, 717 (719) = FamRZ 1999, 367 (369); NJW 1997, 1919 = FamRZ 1997, 806 (807); OLG Karlsruhe NJWE-FER 1999, 261; s. auch LL Düsseldorf, SüdL, jeweils Nr. 15.2 Abs. 2; ebenso Düsseldorfer Tabelle Anm. B. I. 1. a.
360 BGH NJW 1997, 1919 = FamRZ 1997, 806 (807); NJW-RR 1990, 1346 = FamRZ 1990, 1090 (1091); NJW 1990, 2886 = FamRZ 1990, 1085 (1087).
361 Etwa BGH NJW 1997, 1919 = FamRZ 1997, 806 (807); auch OLG Braunschweig BeckRS 2011, 5707 = FamRZ 1997, 358 Ls.
362 Der BGH NJW 1990, 2886 = FamRZ 1990, 1085 (1087); NJW-RR 1990, 578 = FamRZ 1990, 979 (980 f.) hält diese Quote für zu hoch. Nicht beanstandet in BGH NJW 2007, 511 = FamRZ 2007, 193, wo wohl gar ein Erwerbstätigenbonus von ⅕ für angemessen gehalten wird.
363 SüdL Nr. 10.2.1, Nr. 15.2.
364 Ebenso OLG Karlsruhe FamRZ 1996, 350 (351).
365 *Borth* in Schwab ScheidungsR-HdB IV Rn. 1033.
366 Dazu BeckOGK/*Witt*, 1.2.2019, Rn. 512.

232 **bb) „Mischeinkünfte".** Da die Einkünfte vor der Errechnung des Erwerbstätigenbonus zu bereinigen sind, fällt er geringer aus, wenn der gesamte **Kindesunterhalt** vom Erwerbseinkommen vorweg abgezogen wird, als wenn er (auch) auf die sonstigen Einkünfte angerechnet wird.[367] Deshalb ist der Kindesunterhalt **anteilig** auf die einzelnen Einkommensbestandteile anzurechnen, wobei die Differenzierung in Erwerbseinkommen und sonstiges Einkommen ausreichend sachgerecht ist.

233 Die Rechnung kann wie folgt aussehen: UE = {EE – [(UK x EE) / (EE + VE)] x 90%} + {VE – [(UK x VE) / (EE + VE)]}.
(UE = Ehegattenunterhalt; UK = Kindesunterhalt; EE = Erwerbseinkünfte; VE = Vermögenserträge)

### 4. Krankheits- und Pflegebedarf.

**Schrifttum:** *Graba,* Nachehelicher Unterhalt und angemessene Krankenversicherung. NZFam 2014, 969; *Gröning,* Elementarunterhalt, Vorsorgeunterhalt und Krankenversicherungsunterhalt, FamRZ 1983, 331; *Hedrich,* Krankenversicherung für geschiedene Ehegatten, NJW 1984, 1020; *Maurer,* Der pflegebedürftige Ehegatte im Familienunterhalt, FamRZ 2016, 1220.

234 Kosten für Krankheit[368] und Pflege samt der für betreutes Wohnen oder für die **Unterbringung** in einem Alters- und Pflegeheim[369] prägen die ehelichen Lebensverhältnisse in ihrer **konkreten** Höhe einschließlich eines Barbetrags zur persönlichen Verfügung (**Taschengeld,** § 35 Abs. 2 S. 1 SGB XII) und ggf. eines Zusatzbetrags (§ 133a SGB XII) unabhängig davon, ab wann sie anfallen.[370] **Zuzahlungen** zu Medikamenten und **Praxisgebühr** gehören idR jedoch zum allgemeinen Lebensbedarf und sind kein krankheitsbedingter Mehrbedarf,[371] es sei denn, ihre Höhe steht in keiner Relation mehr zum ehebedingten Bedarf.[372]

235 Der Mehraufwand kann nicht pauschaliert werden. Vielmehr hat ihn der, der sich auf ihn beruft, konkret **darzulegen** und zu beweisen, bei entsprechenden Anhaltspunkten kann er geschätzt werden (§ 113 Abs. 1 S. 2 FamFG, § 287 ZPO).[373] Kommt der Berechtigte dem nicht nach, muss der Verpflichtete die Angemessenheit der Heimunterbringung durch Darstellung und Vorlage von Heimen und deren Kosten substantiiert bestreiten. Legt der Berechtigte konkret die Kosten und das Preissegment für das von ihm ausgesuchte Heim dar, kann der Verpflichtete die Zumutbarkeit durch Darlegung und Vorlage entsprechender Angebote vergleichbarer Heime substantiiert bestreiten.[374] – Zur **Obliegenheit,** sich gegen den Krankheits- und Pflegefall zu versichern, → Rn. 863.

236 Anders als der Altersvorsorgebedarf zählt der Krankheits- und Pflegebedarf auch insoweit zum **Elementarbedarf,** als er den nach der Halbteilung bemessenen Bedarf (→ Rn. 25) übersteigt. Er bemisst sich nach den **konkret** anfallenden Kosten[375] für gesundheitsbedingt erforderliche Behandlungen und Maßnahmen (zu denen **kosmetische Operationen** als Sonderbedarf nicht zählen, → Rn. 375). Sie sind, soweit sie als angemessen anzuerkennen und nicht bereits dem Grundbedarf

---

[367] OLG Karlsruhe NJW 1999, 1722 = FamRZ 1999, 1276; *Scholz* FamRZ 1993, 125 (143).

[368] Etwa BGH NJW 2013, 2434 Rn. 29 = FamRZ 2013, 1291; OLG Naumburg BeckRS 1997, 31361345.

[369] Zum **Trennungsunterhalt** OLG Hamm BeckRS 2017, 120742 Rn. 10 = FamRZ 2018, 259 Ls.; OLG Koblenz NJW-RR 1998, 1698 = FamRZ 1998, 1513; zum **Familienunterhalt** (§§ 1360, 1360a) BGHZ 210, 124 = NJW 2016, 2122 mAnm *Reinken* und Bspr. *Stein* NZFam 2016, 648 = FamRZ 2016, 1142 mBspr *Maurer* FamRZ 2016, 1220; zum **Elternunterhalt** BGHZ 206, 25 = NJW 2015, 2577 Rn. 25 = FamRZ 2016, 1594; NJW 2015, 3569 Rn. 18 ff. = FamRZ 2015, 2138; NJW 2013, 301 Rn. 16 ff. = FamRZ 2013, 203; zum Lebensbedarf eines **volljährigen Kindes** und dessen Deckung BGH NJW-RR 1986, 66 = FamRZ 1986, 48; OLG Oldenburg NJW 2017, 1249 = FamRZ 2017, 803; OLG Koblenz BeckRS 2015, 17353 Rn. 3, 4 = FamRZ 2015, 1811 f.; zum **minderjährigen** Kind OLG Karlsruhe NZFam 2017, 1091 Rn. 27 mAnm *Obermann* = FamRZ 2017, 1575 (1577).

[370] BGHZ 206, 25 = NJW 2015, 2577 Rn. 25 = FamRZ 2016, 1594; NJW 2013, 3024 Rn. 16 = FamRZ 2013, 1554; BGHZ 186, 350 = NJW 2010, 3161 Rn. 13–18 = FamRZ 2010, 1535; NJW-RR 2004, 1300 = FamRZ 2004, 1370 (1371) (jeweils zum Elternunterhalt); OLG Saarbrücken BeckRS 2005, 422 = FamRZ 2004, 1293 mwN; OLG München BeckRS 2000, 31148187 = FamRZ 2000, 1092 Ls. (Selbstbehalt des Verpflichteten in Höhe der konkreten Kosten zuzüglich anfallender Zusatzkosten und Taschengeld); OLG Koblenz NJW-RR 1998, 1698 = FamRZ 1998, 1513. – Gegenzurechnen sollen allerdings die Kosten sein, die ohnehin angefallen wären, insbesondere die des allgemeinen Lebensbedarfs und die normalen Wohnkosten (AG Besigheim BeckRS 2003, 31149345 = FamRZ 2004, 546). Dies verkennt jedoch, dass es diese Kosten nicht mehr gibt, sie vielmehr in dem Aufwand für das Heim aufgehen.

[371] OLG Karlsruhe FPR 2008, 461 = FamRZ 2008, 2120 (2121).

[372] BeckOGK/*Witt,* 1.2.2019, Rn. 283: Grenze 50 EUR.

[373] BGH NJW 2012, 1144 Rn. 43 = FamRZ 2012, 517; BeckRS 2012, 4471 Rn. 23 = FamRZ 2012, 515; OLG Hamm BeckRS 2006, 1794 = FamRZ 2006, 124.

[374] Zum Ganzen BGH NJW 2015, 3569 Rn. 18–20 mwN = FamRZ 2015, 2138 mAnm *Born;* OLG Celle NJW-RR 2018, 752 mBspr *Günther* NZFam 2018, 752 = FamRZ 2018, 1588 Ls.

[375] BGH NJW 1981, 1313 (1314) = FamRZ 1981, 338; OLG Köln BeckRS 2008, 11402 = FamRZ 2009, 704 Ls.

zuzurechnen sind, vom maßgeblichen Einkommen der Ehegatten vorweg abzuziehen, bevor der Elementarbedarf iÜ bestimmt wird.[376] IErg führt dies zu einer Abweichung von der Halbteilung zugunsten des Ehegatten, bei dem der Mehrbedarf entsteht.

**Beispiel:** 237
Bereinigte Einkünfte des Berechtigten: 1.000 EUR, des Verpflichteten 3.000 EUR. Der Unterhaltsanspruch beläuft sich 1.000 EUR.
Mehrbedarf des Berechtigten: 500 EUR. Unterhaltsanspruch 500 EUR + 1.250 EUR = 1.750 EUR. Dem Verpflichteten bleiben 1.250 EUR.
Mehrbedarf des Verpflichteten: 500 EUR. Unterhaltsanspruch 750 EUR.

**5. Ausbildungsbedingter Mehrbedarf.** Auch die besonderen Kosten der Ausbildung zählen 238
zum gesamten Lebensbedarf (Abs. 1 S. 2, Abs. 2 Alt. 2; zum Anspruch auf Ausbildungsunterhalt s. § 1573 Abs. 2, 3, §§ 1574, 1575). Sie sind vom Einkommen vorweg abzuziehen, weil sie zusätzlich aufzubringen sind und zur Bestreitung des allgemeinen Lebensbedarfs nicht zur Verfügung stehen.[377] Hat der Unterhaltsgläubiger eigenes Einkommen, verbleibt es beim Abzug, sodass ihm kein zusätzlicher Anspruch zusteht.[378]

**Studiengebühren** (→ Rn. 860) sind, da ihr Anfall vorhersehbar ist, Mehrbedarf und nicht 239
Sonderbedarf.[379] Da ihre Berücksichtigung zu einer Abweichung vom Halbteilungsgrundsatz führt, ist diese zusätzliche Belastung nur dann gerechtfertigt, wenn sie nicht über ein von der öffentlichen Hand gewährtes **Darlehen** finanziert werden kann. Die für ein Studium an einer **privaten Hochschule** anfallenden Studiengebühren werden idR nicht geschuldet, sondern nur, wenn Einkommen oder Vermögen des Verpflichteten so hoch sind, dass sie für die konkrete Bemessung des eheangemessenen Bedarfs nicht heranzuziehen sind[380] oder der Verpflichtete sich mit dem Besuch der privaten Hochschule und den sich daraus ergebenden Mehrkosten einverstanden erklärt hatte.[381]

**6. Trennungsbedingter Mehrbedarf. a) Grundsätze.** Die Trennung der Ehegatten führt 240
idR[382] sowohl für den ausziehenden Ehegatten, zB durch die Anmietung von Wohnraum, als auch für den in der Ehewohnung verbleibenden Ehegatten – auch wenn dies in der Praxis kaum diskutiert wird – zu höheren Kosten für die Haushaltsführung und damit meist auch zu einer Erhöhung ihres Bedarfs. Dieser Mehrbedarf ist Teil des **vollen Lebensbedarfs,** unabhängig davon, wonach sich dieser bemisst. Der Mehrbedarf prägt die ehelichen Lebensverhältnisse der Ehegatten grundsätzlich **nicht,** insbesondere auch um den Bedürftigen vor dem sozialen Abstieg zu bewahren. Er steht ihm **neben** den Mitteln zur Deckung seines Bedarfs nach den ehelichen Lebensverhältnissen zu, ist also dem nach den eheprägenden Einkünften ermittelten Lebensbedarf zuzuschlagen und nicht umgekehrt bei der Ermittlung des Lebensbedarfs von diesen vorweg abzusetzen.[383] – Zu den trennungs- und scheidungsbedingten **Verfahrenskosten** → Rn. 948, 955, 957.

Eine **konkrete Bedarfsbemessung** (→ Rn. 166–178) erfasst den gesamten Lebensbedarf, wes- 241
halb daneben nicht auch noch Raum für einen trennungsbedingten Mehrbedarf ist.[384] Ob er vom Verpflichteten verlangt werden kann, ist deshalb nur dann von Bedeutung, wenn der Unterhalt nach der **Quote** bemessen wird. Da dadurch die Einkünfte beider Ehegatten idR je hälftig aufgeteilt werden, ist damit auch der Mehrbedarf ausgeglichen. Insbesondere deckt die Quote grundsätzlich – Ausnahmen: hohe Wohnkosten nach Auszug, Mangelfälle – auch den Wohnbedarf ab (→ Rn. 169, 247, 248).

**b) Quotenunterhalt.** Die Erfassung des trennungsbedingten Mehrbedarfs über die Quote[385] 242
vorbehaltlich weiterer Umstände des Einzelfalls, die besonderer Berücksichtigung bedürfen,[386] wird

376 BeckOGK/*Witt,* 1.2.2019, Rn. 563, 585. Zu den Kosten einer kieferorthopädischen Behandlung eines Kindes (§§ 1603 Abs. 3, 1610) KG BeckRS 2017, 109773 = FamRZ 2017, 1309 Ls.
377 *Gutdeutsch* in Wendl/Dose UnterhaltsR § 4 Rn. 847.
378 BeckOGK/*Witt,* 1.2.2019, Rn. 615.
379 OLG Brandenburg BeckRS 2013, 22385 = FamRZ 2014, 847.
380 BeckOGK/*Witt,* 1.2.2019, Rn. 616.
381 Zum Kindesunterhalt: OLG Brandenburg BeckRS 2013, 22385 = FamRZ 2014, 847 f.; *Klinkhammer* in Wendl/Dose UnterhaltsR § 2 Rn. 457.
382 Anders etwa, wenn ein Ehegatte zu einem anderen Partner oder zu seinen Eltern zieht, dazu OLG Frankfurt a. M. BeckRS 2010, 14605 = FamRZ 1982, 376 (378).
383 BGH NJW 1990, 3020 = FamRZ 1990, 1091 (1093); NJW 1987, 897 = FamRZ 1987, 266 (267); NJW 1986, 1342 = FamRZ 1986, 437 (438).
384 *Gutdeutsch* in Wendl/Dose UnterhaltsR § 4 Rn. 835, 836.
385 BGH BeckRS 2007, 11169 Rn. 22 = FamRZ 2007, 1303; NJW 2004, 3106 (3107) = FamRZ 2004, 1357 (1359); NJW 1995, 962 (963) = FamRZ 1995, 343; NJW 1984, 1237 (1238) = FamRZ 1984, 358; BGHZ 89, 108 = NJW 1984, 292 (294) = FamRZ 1984, 149.
386 BGH NJW 1984, 1237 = FamRZ 1984, 358 (360); BGHZ 89, 108 = NJW 1984, 292 = FamRZ 1984, 149 (151); NJW 1982, 2439 = FamRZ 1982, 892 (894); s. auch OLG Hamm FamRZ 1997, 944; anders –

in der Praxis wohl ausnahmslos umgesetzt und mag in der Mehrzahl der Fälle zu einem angemessenen Ergebnis führen.

243 Dass damit ein befriedigender Ausgleich stattfindet, ist jedoch angreifbar. Denn dem Bedürftigen kommt die Quote zu, ob er trennungsbedingten Mehraufwand, der bei dem die Ehewohnung verlassenden Ehegatten meist höher ausfällt als bei dem zurückbleibenden, hat oder nicht. Zudem führt dessen Abgeltung allein über die Quote doch dazu, dass er tatsächlich weniger zur Bestreitung seines Lebensbedarfs zur Verfügung hat, obwohl er dadurch vor einem sozialen Abstieg bewahrt werden soll.

244 Ist der trennungsbedingte Mehrbedarf nicht bereits über die Quote ausgeglichen, kann er grundsätzlich gar nicht befriedigt werden, weil die finanziellen Mittel der Ehegatten bereits verteilt sind. Stehen dem Verpflichteten keine **nicht bedarfsprägenden** finanziellen Mittel zur Verfügung und kann der Bedürftige den Mehrbedarf nicht aus eigenen, den eheangemessenen Bedarf ebenfalls nicht prägenden finanziellen Mitteln – etwa **überobligatorisch erzielte** oder **fiktive Einkünfte** (→ Rn. 472–500) – decken, bleibt er ganz unberücksichtigt,[387] weil sein Vorwegabzug von den eigenen bedarfsdeckenden Mitteln des Bedürftigen den Verpflichteten benachteiligen würde. Verfügt der Unterhaltsschuldner über nicht bedarfsprägende finanzielle Mittel, kann er grundsätzlich sowohl seinen eigenen Mehrbedarf bestreiten als auch zur Bestreitung des Mehrbedarfs des Unterhaltsgläubigers herangezogen werden.[388]

245 Insbesondere im Zusammenhang mit nicht prägenden Mitteln des Bedürftigen selbst richtet sich seine Inanspruchnahme nach der **Zumutbarkeit.** Der Mehrbedarf kann dann nicht allgemein nach einem **prozentualen** Anteil des ehelichen Bedarfs bemessen werden, vielmehr hat der Bedürftige die Mehrkosten konkret darzulegen, ggf. sind sie anhand allgemeiner Erfahrungssätze (Schätzung nach § 113 Abs. 1 S. 2 FamFG, § 287 ZPO) zu ermitteln;[389] sie können allerdings nur in einer den ehelichen Lebensverhältnissen angemessenen Höhe[390] berücksichtigt werden. – Dies gilt auch bei Anwendung der **Anrechnungsmethode** (→ Rn. 27–31), weil auch insoweit der Bedarf nach der Quote ermittelt wird.[391] Allerdings sind die lediglich anzurechnenden Einkünfte des Bedürftigen zunächst auf seinen anzuerkennenden Mehrbedarf zu verwenden und erst der Rest auf den Quotenunterhalt anzurechnen.[392]

246 IdR wird ein berücksichtigungsfähiger trennungsbedingter Mehrbedarf wieder entfallen, wenn der Ehegatte mit einem **neuen Partner** eine Wirtschaftsgemeinschaft eingeht.[393] Zur Behandlung der **Synergieeffekte** → Rn. 649–656.

247 **c) Wohnkosten.** Neben den **Umzugskosten** (zu diesen als **Sonderbedarf** → Rn. 373) stellen sie den größten Kostenfaktor dar. Sie sind nur beachtlich, wenn sie den bereits im **Elementarunterhalt** enthaltenen Mietaufwand überschreiten. Orientiert man sich hierzu an der Düsseldorfer Tabelle, die den im notwendigen Selbstbehalt von 1.080 EUR enthaltenen Anteil für Warmmiete mit 380 EUR und unter Zugrundelegung der **Drittelobergrenze** (→ Rn. 599) mit einer Kaltmiete von 254 EUR bemisst, entfallen ca. 40% des Elementarunterhalts auf die Gesamtwohnkosten[394] und ca. 25 % auf die Kaltmiete. Für den darüberhinausgehenden **Mehraufwand** sind grundsätzlich die tatsächlichen Aufwendungen für angemessenen Wohnraum, der nicht vermeidbar ist, maßgeblich (zur Berücksichtigung erhöhter Wohnkosten durch Heraufsetzung des **Selbstbehalts** → § 1581 Rn. 42).[395]

---

voller Bedarf umfasst wegen des trennungsbedingten Mehraufwands mehr als die Hälfte des beiderseitigen Einkommens – BGH NJW 1983, 1733 = FamRZ 1983, 678 (679).

387 OLG Nürnberg FuR 2000, 40 (46); Soergel/*Häberle* Rn. 45, 46; *Gutdeutsch* in Wendl/Dose UnterhaltsR § 4 Rn. 835, 836.

388 BGH NJW 1990, 2886 (2888) = FamRZ 1990, 1085; NJW 1984, 1237 = FamRZ 1984, 358 (360); OLG Hamburg DAVorm 1992, 1121.

389 Ständige Rspr. des BGH, s. lediglich BGH NJW-RR 1998, 721 = FamRZ 1998, 1501 (1503); NJW 1995, 963 = FamRZ 1995, 346 (347); NJW 1982, 1873 = FamRZ 1982, 255 (257).

390 OLG Düsseldorf NJW 1990, 2695 = FamRZ 1990, 1364 (1365); OLG Oldenburg NJW 1991, 3222 = FamRZ 1991, 827.

391 Ebenso wohl OLG Hamm FamRZ 1997, 944 f.; aA wohl OLG Düsseldorf NJW 1990, 2695 = FamRZ 1990, 1364 (1365).

392 Ebenso OLG Hamburg BeckRS 2002, 30269273 = FamRZ 2003, 235.

393 BGH NJW 1995, 962 = FamRZ 1995, 343 (344) mwN; NJW 1991, 1290 = FamRZ 1991, 670 (671).

394 Für „Drittelobergrenze“ etwa OLG Schleswig BeckRS 1998, 11131. Das AG Detmold BeckRS 1997, 31149468 = FamRZ 1998, 1508 (1509) spricht die Kosten für eine angemietete Wohnung zur Hälfte als trennungsbedingten Mehrbedarf zu; da es den Wohnvorteil eines Eigenheims jedoch in voller Höhe beim Bedarf berücksichtigt hat, hätte sich ein Vergleich mit dem hälftigen Wohnvorteil angeboten.

395 BGH NJW 1998, 2821 = FamRZ 1998, 899 (901); anders noch BGH NJW-RR 1986, 682 = FamRZ 1986, 441 (442), wo er einen Mietmehrbedarf in Höhe der Differenz zwischen Mietaufwendungen und ehemaligem, nach Kopfanteilen errechneten Wohnvorteil annimmt.

Dient die Wohnung **mehreren Bewohnern** als Unterkunft, entfallen auf Kinder 20% ihres Barunterhalts. Die verbleibenden Wohnkosten sind auf die erwachsenen Bewohner idR nach Kopfteilen aufzuteilen.[396] 248

**7. Umgangskosten. a) Allgemeines.** Eltern haben die Kosten für die Ausübung des Umgangsrechts mit ihren Kindern wie Fahrt-, Übernachtungs-, Verpflegungs- und Vergnügungskosten grundsätzlich **selbst** zu tragen. Sie können weder unmittelbar Erstattung der Kosten verlangen noch diese mittelbar gegenüber dem Kind und dem geschiedenen Ehegatten geltend machen, weil diese Kosten unmittelbarer Ausfluss ihres sich aus ihrer Elternverantwortung (§§ 1618a, 1626, 1631) ergebenden und grundrechtlich geschützten höchstpersönlichen Rechts wie auch ihrer Pflicht (§ 1684) sind und deren Berücksichtigung zur Beteiligung des Kindes und des geschiedenen Ehegatten an diesen Kosten führen würde. Der **Entlastung** des umgangsberechtigten Elternteils dienen staatliche Vergünstigungen wie das Kindergeld, das ihm hälftig zusteht und stets auf den Barbedarf anzurechnen ist (§ 1612b Abs. 1), wodurch er in dieser Höhe entlastet wird und seinen Kindergeldanteil zur Bestreitung der Umgangskosten einsetzen kann. Durch den Abzug des **Zahlbetrags** (→ Rn. 922, 923) kann sich die Entlastung auf bis zu 50,60 EUR (½ Kindergeld = 92 EUR/2 = 46 EUR plus 10%) verringern.[397] 249

Für die Zeit **bis 31.12.2007** gilt: Die Verweisung des umgangsberechtigten Elternteils auf den Kindergeldanteil zur Bestreitung der Umgangskosten setzt voraus, dass die Anrechnung des Kindergelds auf den Kindesunterhalt nicht nach § 1612b Abs. 5 aF ganz oder teilweise unterbleibt, sondern ihm auch tatsächlich verbleibt und er davon die Umgangskosten bestreiten kann. Ansonsten sind die nicht gedeckten Umgangskosten den Bedarf verringernd, die Bedürftigkeit erhöhend und die Leistungsfähigkeit mindernd zu behandeln, in einem Mangelfall ist der Selbstbehalt des Verpflichteten um den ungedeckten Betrag zu erhöhen.[398,399] 250

Die Feststellung der maßgeblichen tatsächlichen Umstände wird im familiengerichtlichen Verfahren oft nicht möglich sein mit der Folge einer Entscheidung nach der **Darlegungs- und Beweislast:** Der Ehegatte, der die Kosten zu seinen Gunsten geltend macht, hat die Berechtigung ihres Ansatzes darzulegen und zu beweisen. 251

**b) Berücksichtigungsfähigkeit.** Umgangskosten des Elternteils, bei dem die Kinder nicht leben, sind als Verpflichtungen auch unterhaltsrechtlich anzuerkennen, weil ihm aus verfassungsrechtlichen Gründen (Art. 6 Abs. 2 S. 1 GG) ermöglicht werden muss, die Bindungen und Beziehungen zu seinen Kindern aufrechtzuerhalten. Sie sollen nach ganz hM allerdings nicht den Bedarf prägen, sondern lediglich die Leistungsfähigkeit „durch einen – teilweisen – Abzug vom Einkommen oder eine Erhöhung des Ehegattenselbstbehalts" mitbestimmen.[400] 252

**Diskussion:** 253
Dem ist entgegenzuhalten, dass die Beziehungen zwischen gemeinschaftlichen Kindern und Eltern in der Ehe angelegt sind und das Umgangsrecht jedenfalls durch die Trennung der Ehegatten „aktiviert" wird. Schon dadurch, dass es nunmehr ausgeübt wird, werden die ehelichen Lebensverhältnisse geprägt, nachdem der maßgebliche Stichtag die Rechtskraft der Scheidung ist (→ Rn. 42). Nachdem zudem anerkannt ist, dass sich die ehelichen Lebensverhältnisse auch nach der Scheidung verändern können (→ Rn. 45–48), ist der Eintritt des Rechts auf Umgang und der mit ihm einhergehende Kostenaufwand auch bedarfsprägend zu behandeln.

---

396 SüdL; LL Dresden, Köln: Nr. 21.5.2.

397 BGH NJW 2009, 2593 Rn. 41 = FamRZ 2009, 1391.

398 Dazu auch OLG Koblenz NJW-RR 2008, 159 = FamRZ 2008, 417 (418). – Das OLG Bremen NJW-RR 2009, 873 = FamRZ 2009, 889 (890) lässt den Kindergeldanteil – soweit ersichtlich – unberücksichtigt.

399 Zum **Kindesunterhalt:** BGH NJW 2014, 1958 = FamRZ 2014, 917; NJW 2008, 1373 Rn. 46 = FamRZ 2008, 594; NJW 2007, 511 Rn. 21–23 = FamRZ 2007, 193; NJW 2005, 1493 (1495) = FamRZ 2005, 706; NJW 2003, 1177 (1180 f.) = FamRZ 2003, 445; OLG Bremen NJW 2008, 1237 = FamRZ 2008, 1274; OLG Stuttgart NJW-RR 2008, 527 = FamRZ 2008, 1273 (Verweisung auf öffentliche Verkehrsmittel); s. auch AG Velbert BeckRS 2009, 6577 = FamRZ 2007, 1907. Anders noch BGH NJW 1995, 717 = FamRZ 1995, 215 f. mwN auch zur abw. Auffassung, der eine Berücksichtigung bei einer Entfernung von 160 km und einer monatlichen Kostenbelastung von 88 DM, die durch die Inanspruchnahme vergünstigter Angebote der Bahn noch verringert werden kann, verneint.

400 BGH NJW 2009, 2592 Rn. 41 = FamRZ 2009, 1391; NJW 2008, 1373 Rn. 46 = FamRZ 2008, 594; NJW 2005, 1493 = FamRZ 2005, 706 (708); BeckOGK/*Witt*, 1.11.2018, Rn. 281; § 1581 Rn. 128 mwN; wohl auch NK-BGB/*Schürmann* § 1581 Rn. 51, 52; auch – jeweils im Zusammenhang mit dem Selbstbehalt – Palandt/*Brudermüller* § 1581 Rn. 13 ff.); Johannsen/Henrich/*Hammermann* § 1581 Rn. 39; *Gutdeutsch* in Wendl/Dose UnterhaltsR § 5 Rn. 29; *Motzer* in Schwab ScheidungsR-HdB III Rn. 235. Zum Kindesunterhalt s. OLG Brandenburg BeckRS 2016, 117853 Rn. 28 mBspr *Groeneveld* NZFam 2017, 616 = FamRZ 2017, 1135 Ls.

254 **c) Höhe der Umgangskosten.** Stets sind aber nur diejenigen Umgangskosten berücksichtigungsfähig, die einem dem **Kindeswohl** entsprechenden Umgang, der ggf. vom FamG festgelegt werden muss, dienen (zur Berücksichtigung bei der Bemessung des Selbstbehalts → § 1581 Rn. 34).

255 Hat der geschiedene betreuende Ehegatte seinen Wohnsitz mit dem Kind in so großer **Entfernung** genommen, dass die Kostenbelastung für den Verpflichteten angesichts seiner beengten finanziellen Verhältnisse schlechthin unzumutbar ist, kann dies zu einer Vereitelung oder erheblichen Einschränkung seines Umgangsrechts führen. Ihm sind dann die Mittel zu belassen, die ihm einen seinen wirtschaftlichen Verhältnissen angepassten Umgang ermöglichen. Die Opfergrenze des Bedürftigen ist aber jedenfalls dort erreicht, wo er nur noch weniger als das **Existenzminimum** zu beanspruchen hätte, der Verpflichtete zur Bestreitung der Umgangskosten aber nicht der **Sozialhilfe** anheimfällt.[401]

256 **d) Umgang Dritter.** Eine besondere Fragestellung ergibt sich, wenn ein Dritter ein Recht auf Umgang mit einem Kind hat – sei es, dass dieser die Vaterschaft an einem Kind anerkannt hat, sei es, dass er die Vaterschaft nicht anerkennen konnte, weil er die Vaterschaft nicht anfechten konnte und der rechtliche Vater sie nicht angefochten hat –, die Kosten dafür aber nicht aufbringen kann. Unabhängig davon, ob die das Kind betreuenden Ehegatten dazu verpflichtet sind, dem Dritten die Kosten zu erstatten oder vorzustrecken, damit dieser den Umgang ausüben kann,[402] gilt für den nachehelichen Unterhalt, dass die von einem Ehegatten aufgewandten und ihm nicht wieder erstatteten Kosten sowohl bedarfsprägend als auch die Bedürftigkeit/Leistungsfähigkeit mindernd zu berücksichtigen sind.

257 Allerdings **obliegt** es dem die Kosten aufwendenden Ehegatten, diese gegenüber dem Dritten geltend zu machen, sobald dies nicht nur rechtlich, sondern auch tatsächlich erfolgversprechend erscheint. Ansonsten ist er fiktiv so zu halten, als habe er die Kosten erstattet erhalten. Dabei wird auf zeitliche Phasenverschiebungen zu achten sein. – Hat der Ehegatte mit dem Dritten **kollusiv** zusammengewirkt, ist er fiktiv so zu halten, als habe er die Kosten nicht aufgewandt.

258 **8. Fremdfinanzierung des Unterhalts.** Darlehen, die der Berechtigte zur **Finanzierung seines Unterhalts** aufgenommen hat, bleiben unberücksichtigt, weil ihre Berücksichtigung „zu einer doppelten Befriedigung [seines] Unterhaltsbedarfs führen würde."[403] Doch trifft dies nur auf die Darlehensvaluta und die Tilgungsbeträge zu, nicht jedoch auf die Zinsen: Sie sind als nicht eheangemessen nicht in die Bedarfsbemessung einzubeziehen, wohl aber die Bedürftigkeit erhöhend vom Einkommen des Berechtigten abzusetzen. Hat der Berechtigte keine eigenen Einkünfte, stehen ihm die Zinsen als unterhaltsrechtlicher Mehrbedarf zu.

### IV. Vorsorgebedarf

259 **1. Allgemeines.** Seinen Kranken-, Pflege- und Altersvorsorgebedarf wird der Bedürftige nicht selten aus seinen eigenen Einkünften bestreiten können. So wird etwa sein **Kranken-/Pflegevorsorgebedarf,** der unabhängig von der Anspruchsgrundlage stets zum allgemeinen Lebensbedarf des Berechtigten gehört **(Abs. 2),**[404] durch eine sozialversicherungspflichtige Erwerbstätigkeit unabhängig von der Höhe seiner Einkünfte in voller Höhe abgedeckt, und der Altersvorsorgebedarf jedenfalls zu einem Teil, auch soweit ihm sozialversicherungspflichtige Erwerbseinkünfte fiktiv zugerechnet werden (→ Rn. 674).[405]

260 Zu weitgehend aber SüdL Nr. 15.4 S. 2, wonach „der Vorwegabzug unterbleibt, soweit nicht verteilte Mittel zur Verfügung stehen, zB durch Anrechnung nicht prägenden Einkommens des Berechtigten auf seinen Bedarf." Denn diese Anrechnung betrifft die Bedürftigkeit des Berechtigten und nicht seinen Bedarf.

261 **Altersvorsorgebedarf** gehört nur dann zum Lebensbedarf, wenn der Bedürftige einen Anspruch auf Betreuungs- (§ 1570), Alters- (§ 1571), Krankheits- (§ 1572), Erwerbslosen- und Aufstockungs- (§ 1573) sowie Billigkeitsunterhalt (§ 1576) hat **(Abs. 3),** nicht aber auch bei einem Anspruch auf Ausbildungsunterhalt (§ 1575).

262 Werden die Vorsorgebeträge des Verpflichteten – wie regelmäßig – von seinem bei der Bildung der Quote zu berücksichtigenden Einkommen **vorab abgezogen,** sind zur Vermeidung eines Ungleichgewichts ohne Verstoß gegen den Grundsatz der Halbteilung (zu diesem → Rn. 25, 26,

---

[401] Zu Letzterem BGH NJW 2005, 1493 = FamRZ 2005, 706 (708).
[402] Dazu die Diskussion „Zur Tragung von Kosten des Umgangs von Personen, die nicht rechtliche Eltern sind, mit einem Kind" *Löhnig* FamRZ 2013, 1866; FamRZ 2014, 357; *Spangenberg* FamRZ 2014, 355; *Wohlgemuth* FamRZ 2014, 356.
[403] BGH NJW 2013, 461 Rn. 36 = FamRZ 2013, 191.
[404] BGH NJW 1983, 1552 = FamRZ 1983, 676 (677).
[405] OLG Hamm BeckRS 2011, 5809 = FamRZ 1994, 107 zum Krankenvorsorgebedarf.

158–165)[406] auch die Kosten einer angemessenen Versicherung des Bedürftigen vor der Bildung der Quote abzusetzen.[407] – Zu den **Ausnahmen** vom Vorwegabzug beim Altersvorsorgeunterhalt → Rn. 347–352; zur **Anlage** der Vorsorgeaufwendungen → Rn. 302–308 und zu ihrer **zweckentsprechenden Verwendung** → Rn. 860–866; zum **gesonderten Ausweis der Vorsorgebeträge** → Rn. 978.

Keine Vorsorge kann für den Fall der **Arbeitslosigkeit** vom Verpflichteten gebildet und vom Bedürftigen verlangt werden.[408] Denn Selbstständige unterliegen nicht dem Risiko einer Kündigung, unselbstständige Arbeitnehmer sind von Gesetzes wegen gegen Arbeitslosigkeit versichert, und Erwerbslose bedürfen keiner Absicherung vor Arbeitslosigkeit mehr. 263

**2. Rang.** Da Elementar- und Vorsorgeunterhalt unselbstständige Teile eines **einheitlichen Unterhaltsanspruchs** sind (→ Rn. 149, 155), ist auch die Leistungsfähigkeit des Verpflichteten einheitlich zu beurteilen (→ § 1569 Rn. 11).[409] Reicht nach Ermittlung des Altersvorsorgeunterhalts aber der verbleibende Elementarunterhalt zur Bestreitung des allgemeinen Lebensbedarfs nicht aus, kommt dem **Elementarunterhalt** der Vorrang zu (auch → § 1581 Rn. 16),[410] weil elementare gegenwärtige Bedürfnisse vor der Sicherung erst zukünftig entstehender Bedürfnisse zu befriedigen sind. Da zu diesen elementaren Bedürfnissen, auch im Mangelfall,[411] die **Kranken-** und **Pflegevorsorge,** nicht aber die **Altersvorsorge** gehört, ist auch die Kranken-/Pflegevorsorge gegenüber der Altersvorsorge vorrangig.[412] 264

Insbesondere dann, wenn auch Altersvorsorgeunterhalt zugesprochen und dadurch der Elementarunterhalt verringert wird, kann sich ergeben, dass der Kranken-/Pflegevorsorgeunterhalt im Verhältnis zum sonstigen Elementarunterhalt **unverhältnismäßig hoch** ausfällt.[413] Dann kann der Gesamtunterhalt abweichend so auf die einzelnen Unterhaltsbestandteile verteilt werden, dass sie den Interessen beider Ehegatten gerecht werden.[414] 265

Aus dem **Vorrang des Elementarunterhalts** (→ Rn. 264) folgt, dass 266
- **Altersvorsorgeunterhalt** erst geschuldet wird, wenn der **Mindestbedarf** des Berechtigten (→ Rn. 163–165) befriedigt ist.[415]
- **eigene Einkünfte des Berechtigten** zunächst mit dem Elementar- und Kranken-/Pflegevorsorgebedarf zu verrechnen sind.[416]

**3. Krankheits-/Pflegevorsorgeunterhalt.**

**Schrifttum:** *Graba,* Nachehelicher Unterhalt und angemessene Krankenversicherung, NZFam 2014, 969; *Weil,* Die konkrete Berechnung des Krankenvorsorgeunterhaltes, FamRZ 2016, 684.

**a) Allgemeines.** Der Bedürftige hat Anspruch auf Erstattung der Kosten einer angemessenen Versicherung für den Fall der **Krankheit** (Abs. 2 Alt. 1) und der **Pflegebedürftigkeit** (Abs. 2 Alt. 2). Als einem wichtigen Teil des aktuellen Lebensbedarfs geht ihm – anders als dem Altersvorsorgeunterhalt – der Elementarunterhalt grundsätzlich nicht vor (→ Rn. 264).[417] – Dem Bedürftigen obliegt die **zweckentsprechende** Verwendung dieses Unterhaltsbestandteils für eine angemessene Kranken- und Pflegeversicherung (→ Rn. 860–866). – Zum **Rang** des Kranken- und Pflegevorsorgeunterhalts → Rn. 264, zur **gerichtlichen Geltendmachung** → Rn. 976–983).[418] 267

**b) Eheliche Vorsorge.** Ab Rechtskraft der Scheidung ist der Berechtigte nicht mehr in der durch den Verpflichteten vermittelten kostenfreien gesetzlichen **Familienversicherung** mitversi- 268

---

[406] Ebenso *Griesche* FamRZ 1981, 841 (847); aA OLG Bremen BeckRS 2010, 23098 = FamRZ 1979, 121.
[407] BGH NJW 1983, 2937 = FamRZ 1983, 888 (889); NJW 1983, 1552 = FamRZ 1983, 676 (677); NJW 1982, 1983 = FamRZ 1982, 887 (888); NJW 1981, 1556 = FamRZ 1981, 442 (445).
[408] BGH NJW 2003, 1160 = FamRZ 2003, 860 (863).
[409] BGH NJW 1982, 2438 = FamRZ 1982, 890 (892).
[410] BGH NJW-RR 1989, 386 = FamRZ 1989, 483; NJW 1982, 1983 = FamRZ 1982, 887 (890); NJW 1981, 1556 = FamRZ 1981, 442 (443).
[411] OLG München BeckRS 1997, 31127555 = FamRZ 1998, 553.
[412] BGH NJW-RR 1989, 386 = FamRZ 1989, 483; NJW 1982, 1983 (1985) = FamRZ 1982, 887 (zum Verhältnis Elementar-/Altersvorsorgeunterhalt); Soergel/*Häberle* Rn. 55.
[413] BeckOGK/*Witt,* 1.2.2019, Rn. 606 mwN: Krankenvorsorgeunterhalt ist doppelt so hoch wie Elementarunterhalt.
[414] BGH NJW-RR 1989, 386 = FamRZ 1989, 483.
[415] OLG Hamm NJW-RR 1994, 707 Ls. 5 = FamRZ 1994, 446 Ls. 5; BeckOGK/*Witt,* 1.2.2019, Rn. 651; *Borth* in Schwab ScheidungsR-HdB IV Rn. 1178.
[416] BGH NJW-RR 1989, 386 (387 unter c) = FamRZ 1989, 483; BeckOGK/*Witt,* 1.2.2019, Rn. 651; Soergel/*Häberle* Rn. 70.
[417] BGH NJW-RR 1989, 386 = FamRZ 1989, 483.
[418] BGH NJW-RR 1989, 386 = FamRZ 1989, 483; NJW 1983, 1552 (1554) = FamRZ 1983, 676.

chert (§ 10 Abs. 1 SGB V) und auch nicht mehr beihilfeberechtigt (etwa § 3 Abs. 1 Nr. 1 BVO-BW). Da die Aufwendungen für die Krankheits- und Pflegevorsorge bereits vom verfügbaren Familieneinkommen abgezogen waren, sind sie für den allgemeinen Lebensbedarf nicht mehr verfügbar. Sie sind deshalb im nach der Quote berechneten Elementarunterhalt nicht enthalten und gesondert zu decken.[419]

269 Waren die Ehegatten **privat** versichert, besteht so lange kein Anspruch des Bedürftigen auf Krankheits- und Pflegevorsorgeunterhalt, als der **Verpflichtete** die dafür anfallenden Versicherungsprämien weiter entrichtet. Diese sind dann von seinem verfügbaren Nettoeinkommen abzuziehen und verringern den Elementarunterhalt um die Hälfte des Prämienaufkommens. Der Verpflichtete hat dann die ihm vom Berechtigten überlassenen Belege bei der Versicherung zur Auszahlung der Erstattung an den Berechtigten einzureichen oder aber die an ihn ausgezahlte Erstattung an den Berechtigten weiterzureichen.[420]

270 **c) Nacheheliche Vorsorge.** Angemessen ist eine den ehelichen Lebensverhältnissen **gleichwertige Absicherung,**[421] die den Bedürftigen wie während der Ehe absichert. Die **Höhe** der Kosten richtet sich nach der als angemessen anerkannten Absicherung,[422] die auch höhere als während des Zusammenlebens getätigte Aufwendungen, stehen sie nicht in einem Missverhältnis zum verbleibenden Elementarunterhalt, erfordern kann.[423] Auch bei Geltung von Mindestbeitragssätzen können sie höher liegen als bei der Errechnung der Kosten nach dem Beitragssatz unter Zugrundelegung des Elementarunterhalts.[424]

Im Einzelnen gilt:

271 **aa) Gesetzliche Kranken- und Pflegeversicherung.** Waren die Ehegatten für den Fall der Krankheit und der Pflegebedürftigkeit **gesetzlich** versichert, hat der Bedürftige auch nur Anspruch auf die Kosten einer Absicherung in der gesetzlichen Versicherung. Wird er durch die Aufnahme einer **Erwerbstätigkeit** gesetzlich versicherungspflichtig oder wird er fiktiv auf eine entsprechende Erwerbstätigkeit verwiesen (→ Rn. 697–816),[425] hat er ggf. nur noch Anspruch auf eine **Zusatzversicherung** (→ Rn. 276).[426]

272 **Im Übrigen** kann sich der mitversicherte Ehegatte in der gesetzlichen Krankenversicherung und Sozialen Pflegeversicherung **freiwillig weiterversichern.**

273 Bis zum **31.7.2013** hatte der mitversicherte Ehegatte seinen Beitritt innerhalb von 3 Monaten nach Beendigung der Familienversicherung (Rechtskraft der Scheidung[427]) der Krankenkasse anzuzeigen (§§ 10, 9 Abs. 1 S. 1 Nr. 2, Abs. 2 Nr. 1 SGB V, § 1 Abs. 2 SGB XI). Seit dem **1.8.2013** setzt sich die Familienversicherung als freiwillige Mitgliedschaft fort, wenn der Ehegatte nicht innerhalb von 2 Wochen nach Hinweis der Krankenkasse auf die Möglichkeit des Austritts seinen Austritt erklärt und nachweist, dass ein anderweitiger Anspruch auf Absicherung im Krankheitsfall besteht (§ 188 Abs. 4 S. 1, 2 SGB V).[428]

274 Die anfallenden Beiträge kann der Berechtigte von seinen Einkünften abziehen oder, kann er aus diesen für die Beiträge nicht aufkommen, vom Verpflichteten als Kranken- und Pflegevorsorgeunterhalt verlangen.[429] IdR wird ihm die freiwillige Weiterversicherung in der gesetzlichen Kranken- und Pflegeversicherung jedenfalls dann **obliegen,** wenn sie, was schon im Hinblick auf das Lebensalter des Berechtigten der Regelfall sein dürfte, die kostengünstigste angemessene Versicherung darstellt.[430]

---

419 BGH NJW 1985, 909 (910) = FamRZ 1985, 356; NJW 1983, 2937 (2938) = FamRZ 1983, 888; NJW 1983, 1552 (1554) = FamRZ 1983, 676.

420 OLG Düsseldorf NJW 1991, 2970 = FamRZ 1991, 437.

421 BGH NJW-RR 1988, 1282 = FamRZ 1988, 1145 (1147); NJW 1983, 2937 = FamRZ 1983, 888 (889); NJW 1983, 1552 = FamRZ 1983, 676 (677); s. auch OLG Oldenburg NJW-RR 2010, 512 = FamRZ 2010, 567 (568); OLG Hamm NJW-RR 2010, 577 (578) = FamRZ 2009, 2098 Ls. (Kosten des Bedürftigen für private Krankenversicherung).

422 Dazu auch OLG Frankfurt a. M. NJW-RR 1993, 7 = FamRZ 1992, 823 (825).

423 OLG Brandenburg BeckRS 2007, 16840 = FamRZ 2008, 789 (790); BeckOGK/*Witt,* 1.2.2019, Rn. 596; Soergel/*Häberle* Rn. 57; *Graba* NZFam 2014, 969 (970).

424 BGH NJW 1983, 2937 f. = FamRZ 1983, 888.

425 Dazu OLG Brandenburg BeckRS 2007, 16840 = FamRZ 2008, 789 (790).

426 BGH NJW 2012, 1144 Rn. 40 = FamRZ 2012, 517; BeckRS 2012, 4471 Rn. 17–19 = FamRZ 2012, 515.

427 BGH NJW 1982, 1983 = FamRZ 1982, 887.

428 IdF des Gesetzes zur Beseitigung sozialer Überforderung bei Beitragsschulden in der Krankenversicherung v. 15.7.2013 (BGBl. 2013 I 2423).

429 BGH NJW 1983, 2937 (2938) = FamRZ 1983, 888; NJW 1982, 1983 = FamRZ 1982, 887.

430 BGH NJW 1983, 2937 (2938) = FamRZ 1983, 888.

275 Bei freiwilliger Versicherung in der gesetzlichen Kranken- und Pflegeversicherung wird der Beitrag zur Kranken-/Pflegeversicherung auf Basis der Mindestbeitragsbemessungsgrundlage 450 EUR/Monat bis zur Beitragsbemessungsgrenze festgelegt (§ 161 Abs. 2 SGB V, §§ 167, 240, 223 Abs. 3 SGB V, § 55 Abs. 2 XI). Letztere beläuft sich nach § 4 SV-ReGrV 2019[431] auf 60.750 EUR/Jahr. Bei der Beitragsbelastung wird die **gesamte wirtschaftliche Leistungsfähigkeit** des freiwilligen Mitglieds berücksichtigt (§ 240 Abs. 1 S. 2 SGB V), also auch der von ihm bezogene **Unterhalt.**[432] Da der Beitrag von den Bruttoeinkünften berechnet wird, ist neben dem Elementarunterhalt auch der Altersvorsorgeunterhalt und der Kranken- und Pflegevorsorgeunterhalt in die Beitragsbemessung einzubeziehen. Dies erfordert Annäherungsberechnungen,[433] denn mit jeder Berechnung erhöht sich der Kranken- und Pflegevorsorgeunterhalt.[434]

276 **bb) Zusatzversicherung.** Waren die Ehegatten zusatzversichert, hat der Berechtigte auch Anspruch auf die Kosten für eine entsprechende Zusatzversicherung. Dies gilt auch dann, wenn ihm fiktive Erwerbseinkünfte zugerechnet werden, die zu einer Absicherung in der gesetzlichen Krankenversicherung führen würden.[435]

277 **cc) Beihilfe.** Der Berechtigte, der bis zur Rechtskraft der Scheidung

§ 4 Abs. 1 BBhV; s. auch § 4 Abs. 3 S. 1 BWBVO: „Die Berücksichtigung von Ehegatten oder von Lebenspartnern nach dem Lebenspartnerschaftsgesetz endet mit dem Ablauf des Kalendermonats, in dem sie im Familienzuschlag nicht mehr berücksichtigungsfähig sind."

durch die Beihilfeberechtigung des verbeamteten Verpflichteten, ergänzt durch eine private Versicherung, abgesichert war, genügt mit dem Abschluss einer **privaten Versicherung** seinen Obliegenheiten und braucht sich nicht auf die gesetzliche Versicherung verweisen zu lassen,[436] zumal die Möglichkeit einer freiwilligen Versicherung im Regelfall nicht besteht (§ 9 Abs. 1 SGB V). IdR würde auch eine Kombination aus Grundsicherung in der gesetzlichen Versicherung und weiterer privater Absicherung nicht kostengünstiger sein. Zur Verweisung auf den **Basistarif** → Rn. 281.

278 **dd) Freiwillige Kranken- und Pflegeversicherung.** Waren die Ehegatten in der gesetzlichen Krankenversicherung versicherungsfrei (etwa § 6 Abs. 1 Nr. 1 SGB V) und **freiwillig privat** versichert, hat der Bedürftige grundsätzlich Anspruch auf Fortführung dieser Versicherung.[437]

279 **ee) Erlöschen einer Mitversicherung/Beihilfeberechtigung.** Erlischt eine Mitversicherung/Beihilfeberechtigung des Berechtigten durch die Scheidung, **obliegt** ihm, im Rahmen einer ihm nach seinen Verhältnissen und den jeweiligen Leistungen zumutbaren Auswahl die **kostengünstigste** Versicherung abzuschließen[438] und ggf. die freiwillige Versicherung in der **gesetzlichen Versicherung** zu wählen, evt. auch der Betriebskrankenkasse des Verpflichteten beizutreten.[439]

280 Um die Versicherungsbeiträge möglichst gering zu halten, kann es dem Berechtigten aus Gründen der Zumutbarkeit obliegen, eine Versicherung mit **Selbstbeteiligung** zu wählen. Der Verpflichtete ist dann jedoch zur Erstattung der vertraglich nicht abgedeckten Krankheitskosten verpflichtet.[440] Er muss sich zum Ausgleich dieser Kosten bereit erklärt haben und es muss zu erwarten sein, dass er seiner Verpflichtung auch nachkommt.[441] Bei nachhaltigen **Verstößen** des Verpflichteten ist dem Bedürftigen die weitere Verweisung auf eine Versicherung mit Selbstbeteiligung nicht (mehr) zumutbar, sodass er unterhaltsrechtlich unschädlich einen Versicherungsvertrag ohne Selbstbeteili-

---

431 Verordnung über maßgebende Rechengrößen der Sozialversicherung für 2019 (Sozialversicherungs-Rechengrößenverordnung 2019 v. 27.11.2018 (BGBl. 2018 I 2024).

432 BSG BeckRS 2015, 73495 = FamRZ 2016, 304; auch GKV-Spitzenverband, Katalog von Einnahmen und deren beitragsrechtliche Bewertung nach § 240 SGB V v. 7.11.2017 (https://www.gkv-spitzenverband.de/media/dokumente/krankenversicherung_1/grundprinzipien_1/finanzierung/beitragsbemessung/2017-11-07_FK_Beitraege_NDS_Einnahmekatalog_240SGBV.pdf); zur sozialversicherungsrechtlichen Berücksichtigung einer arbeitsrechtlichen Abfindung LSG Nds-Brem FamRZ 2015, 1841: Aufteilung auf 10 Jahre.

433 BSG BeckRS 2015, 73495 Rn. 18 = FamRZ 2016, 304, dort auch (Rn. 29) zu den vom FamG durchzuführenden „Zirkelberechnungen" und dazu das Berechnungsbeispiel → Rn. 284.

434 Dazu auch mit Berechnungsbeispiel *Weil* FamRZ 2016, 684 ff.

435 Zum Ganzen BGH BeckRS 2012, 4471 Rn. 19, 20 = FamRZ 2012, 515; NJW 2002, 436 = FamRZ 2002, 88 (91).

436 BGH NJW 2012, 1144 Rn. 40 = FamRZ 2012, 517; NJW-RR 1989, 386 = FamRZ 1989, 483 (485); NJW 1983, 1552 = FamRZ 1983, 676 (677).

437 OLG Brandenburg BeckRS 2007, 16840 = FamRZ 2008, 789 f.

438 OLG Oldenburg NJW-RR 2010, 512 = FamRZ 2010, 567 (568); auch OLG Köln BeckRS 2015, 12525 Rn. 3, 4 = FamRZ 2015, 1812 (1813) (zum Kindesunterhalt).

439 BGH NJW 1983, 2937 f. = FamRZ 1983, 888.

440 KG BeckRS 2007, 9398 = FamRZ 2007, 2100 (zum Kindesunterhalt); OLG Brandenburg BeckRS 2007, 16840 = FamRZ 2008, 789 (790).

441 OLG Brandenburg BeckRS 2007, 16840 = FamRZ 2008, 789 (790).

gung abschließen und den Verpflichteten auf die Erstattung der dafür erforderlichen Versicherungsprämien in Anspruch nehmen kann.

281 **ff) Private Versicherung.** Ist nur eine Absicherung durch eine private Versicherung möglich, hat der Berechtigte einen Anspruch auf Absicherung im bisherigen Umfang. Nur bei unzumutbarer Belastung des Verpflichteten kann er auf den **Basistarif** (ehemals: **Standardtarif**) verwiesen werden, der Vertragsleistungen umfassen muss, die „in Art, Umfang und Höhe den Leistungen nach dem Dritten Kapitel des Fünften Buches Sozialgesetzbuch … vergleichbar sind" (§ 12 Abs. 1a VAG).[442] – Zur **Begrenzung** des Unterhaltsanspruchs auf den Basistarif nach § 1578b → § 1578b Rn. 186, 278.

282 **d) Unterhaltsrechtliche Berücksichtigung.** Bringt der **Berechtigte** die Aufwendungen für seine Kranken-/Pflegeversicherung selbst auf, sind sie bei der Bemessung seines ehebedingten Elementarbedarfs und seiner Bedürftigkeit von seinem Einkommen vorweg abzuziehen. Dadurch ist sein Vorsorgebedarf gedeckt. Durch die Verringerung seines verfügbaren Einkommens erhöhen sich sein Elementarbedarf und seine Bedürftigkeit, wodurch sich auch der Elementarunterhalt erhöht. – Zum **Beginn** der Verpflichtung auf Zahlung von Kranken-/Pflegevorsorgeunterhalt → § 1585b Rn. 101.

283 Kann der Berechtigte die Aufwendungen für die Kranken- und/oder Pflegeversicherung **nicht selbst aufbringen** und verlangt deshalb vom Verpflichteten Vorsorgeunterhalt, ist dieser vor Errechnung des Elementarbedarfs des Berechtigten von dessen Einkommen abzusetzen.[443] Anders als der Altersvorsorgeunterhalt hängen die Aufwendungen für die Kranken-/Pflegeversicherung – ausgenommen in der gesetzlichen Kranken-/Pflegeversicherung (→ Rn. 275) – nicht von der Höhe der Einkünfte des Berechtigten ab, sodass sie nicht 3-stufig berechnet werden müssen. Aber auch eines Vorwegabzugs bedarf es dann nicht, wenn der Verpflichtete den Kranken-/Pflegevorsorgebedarf aus nicht bedarfsprägenden Einkünften bestreiten kann.[444]

284 **Berechnung nach der Halbteilung:**[445]

| | | | |
|---|---|---|---|
| **1. Berechnungsschritt:** | | | |
| Bereinigtes Einkommen des Verpflichteten | | | 3.000 € |
| | : 2 = | | 1.500 € |
| Altersvorsorgeunterhalt (AVU) | x 18,6% + 4% = 22,6% | | 339 € |
| Kranken- und Pflegevorsorgeunterhalt (KPVU) | x 14,6% + 3,05% = 17,65% | 265 € | |
| | | | 604 € |
| Unterhalt gesamt | | | 2.104 € |
| **2. Berechnungsschritt:** | | | |
| Anzusetzendes Einkommen des Verpflichteten | | | 3.000 € |
| | - AVU + KPVU | 604 € | |
| | | | 2.396 € |
| | : 2 = | | 1.198 € |
| AVU | x 18,6% + 4% = 22,6% | | 271 € |
| KPVU | x 14,6% + 3,05% = 17,65% | 212 € | |
| | | | 483 € |
| Unterhalt gesamt | | | 1.681 € |
| **3. Berechnungsschritt:** | | | |
| Anzusetzendes Einkommen des Verpflichteten | | | 3.000 € |
| | - AVU + KPVU | 483 € | |
| | | | 2.517 € |
| | : 2 = | | 1.259 € |
| AVU | x 18,6% + 4% = 22,6% | | 285 € |
| KPVU | x 14,6% + 3,05% = 17,65% | 223 € | |
| | | | 508 € |
| Unterhalt gesamt | | | 1.767 € |

[442] OLG Köln BeckRS 2016, 4564 Rn. 19–21 = FamRZ 2016, 1172 Ls.; OLG Oldenburg NJW-RR 2010, 512 (513) = FamRZ 2010, 567.

[443] BGH NJW-RR 1989, 386 = FamRZ 1989, 483; NJW 1983, 2937 (2939) = FamRZ 1983, 888; auch BeckOGK/*Witt,* 1.2.2019, Rn. 608 mwN.

[444] BeckOGK/*Witt,* 1.2.2019, Rn. 610 mwN.

[445] Mit den in der gesetzlichen Sozialversicherung ab 1.1.2019 geltenden Beiträgen. Zum Ganzen, insbesondere auch zu der erforderlichen **Annäherungsberechnung** (→ Rn. 275) BSG BeckRS 2015, 73495 = FamRZ 2016, 304. S. auch Johannsen/Henrich/*Hammermann* Rn. 95, der allerdings den Altersvorsorgeunterhalt erst nach Abzug des Krankheitsvorsorgeunterhalts absetzt.

| | | | |
|---|---|---|---|
| **4. Berechnungsschritt:** | | | |
| Anzusetzendes Einkommen des Verpflichteten | | | 3.000 € |
| | - AVU + KPVU | 508 € | |
| | | | 2.492 € |
| | : 2 = | | 1.246 € |
| AVU | x 18,6% + 4% = 22,6% | | 282 € |
| KPVU | x 14,6% + 3,05% = 17,65% | 220 € | |
| | | | 502 € |
| Unterhalt gesamt | | | 1.748 € |
| **5. Berechnungsschritt:** | | | |
| Anzusetzendes Einkommen des Verpflichteten | | | 3.000 € |
| | - AVU + KPVU | 502 € | |
| | | | 2.498 € |
| | : 2 = | | 1.249 € |
| AVU | x 18,6% + 4% = 22,6% | | 283 € |
| KPVU | x 14,6% + 3,05% = 17,65% | 221 € | |
| | | | 504 € |
| Unterhalt gesamt | | | 1.753 € |
| **6. Berechnungsschritt:** | | | |
| Anzusetzendes Einkommen des Verpflichteten | | | 3.000 € |
| | - AVU + KPVU | 504 € | |
| | | | 2.496 € |
| | : 2 = | | 1.248 € |
| AVU | x 18,6% + 4% = 22,6% | | 282 € |
| KPVU | x 14,6% + 3,05% = 17,65% | 221 € | |
| | | | 503 € |
| Unterhalt gesamt | | | 1.751 € |

Zur weiter erforderlichen **Annäherungsberechnung** → Rn. 275. 285

Bezahlt der Verpflichtete die Prämien für die private Krankenversicherung des Berechtigten 286
nicht weiter und werden sie vom **Berechtigten** aufgebracht, sind die Aufwendungen von dessen Einkommen abzuziehen, wenn er sie nicht vom Verpflichteten als Vorsorgeunterhalt verlangt. Verlangt er sie zu Recht vom Verpflichteten, sind sie von dessen Einkommen abzusetzen und verringern so die für den Elementarunterhalt zur Verfügung stehenden finanziellen Mittel.

Der Anspruch auf Krankheits-/Pflegevorsorge **endet,** wenn der Berechtigte Rente aus der 287
gesetzlichen Rentenversicherung bezieht, weil er dann in der gesetzlichen Krankenversicherung und der Sozialen Pflegeversicherung pflichtversichert ist (§ 5 Abs. 1 Nr. 11, 11a, 12 SGB V).

Der geschiedene Ehegatte eines **Beamten,** Richters etc verliert mit Rechtskraft der Scheidung 288
die Beihilfeberechtigung. Durch die externe Teilung der Anrechte auf Beamtenversorgung in der gesetzlichen Rentenversicherung (§ 15 Abs. 5 S. 1 VersAusglG) bezieht er im Falle des Alters ggf. eine Rente aus der gesetzlichen Rentenversicherung und ist in der gesetzlichen Krankenversicherung und der Sozialen Pflegeversicherung pflichtversichert. Wird für **Bundesbeamte** insoweit die interne Teilung durchgeführt wird,[446] wird der ausgleichsberechtigte Ehegatte wohl Versorgungsempfänger iSd § 80 BBG und damit beihilfeberechtigt. Soweit die Beihilfe sein Risiko nicht vollständig absichert, bleibt ein Anspruch auf Krankheits-/Pflegevorsorge gegen den Verpflichteten.

**4. Vorsorge für das Alter und die verminderte Erwerbsfähigkeit. a) Grundsätze.** Kos- 289
ten zur Vorsorge für den Fall des Alters sowie der verminderten Erwerbsfähigkeit – teilweise Erwerbsminderung, volle Erwerbsminderung, Berufs- und Erwerbsunfähigkeit, § 33 Abs. 3 Nr. 1, 2, 4, 5 SGB VI –, die die Tabellen und Richtlinienwerte, nach denen im Allgemeinen der nacheheliche Unterhalt bemessen wird (→ Rn. 159, 160), nicht mitumfassen,[447] gehören zum **Lebensbedarf** (Abs. 3),[448] wenn auch nicht zum allgemeinen Lebensbedarf iSd Elementarbedarfs. Sie sollen Lücken

---

[446] Gesetz über die interne Teilung beamtenrechtlicher Ansprüche von Bundesbeamtinnen und Bundesbeamten im Versorgungsausgleich (Bundesversorgungsteilungsgesetz – BVersTG) (Art. 5 VAStrRefG vom 3.4.2009, BGBl. 2009 I 700, 716).

[447] BGH NJW 1982, 1983 = FamRZ 1982, 887 (890); NJW 1981, 1556 = FamRZ 1981, 442.

[448] Zur Verfassungsgemäßheit der Regelung s. BGH NJW 1982, 1983 = FamRZ 1982, 887 (889); NJW 1981, 2192 = FamRZ 1981, 864 (865); NJW 1981, 1556 = FamRZ 1981, 442 (443); aA etwa AG Mannheim FamRZ 1982, 1088; FamRZ 1980, 690 (696 f.).

in der „sozialen Biographie" des Bedürftigen schließen[449] und Nachteile ausgleichen, die ihm aus meist ehebedingt reduzierter Erwerbstätigkeit erwachsen.[450] – Der Vorsorgebedarf des Berechtigten besteht unabhängig davon, ob sich der **Verpflichtete** bereits im Ruhestand befindet, da der Anspruch allein an dem Bedürfnis der Altersabsicherung des Berechtigten anknüpft.[451] – Zum **Rang** des Altersvorsorgeunterhalts → Rn. 264.

290 Da die Bemessung des Vorsorgebedarfs am Elementarbedarf anknüpft (→ Rn. 305), ist er zu diesem **akzessorisch,** sodass auf ihn dann kein Anspruch mehr besteht, wenn kein Elementarunterhalt geschuldet wird.[452]

291 **Dagegen** spricht jedoch, dass Fälle denkbar sind, in denen zwar kein Anspruch auf Elementarunterhalt, gleichwohl aber ein Bedürfnis für eine Alterssicherung besteht. Führt etwa der Wert der Haushaltsführung in einer neuen Partnerschaft (→ Rn. 646–649) dazu, dass der ehebedingte Bedarf des Berechtigten gedeckt ist, würde kein Altersvorsorgeunterhalt geschuldet, obwohl der Wert der Haushaltsführung keinen Versorgungswert hat. – Zur Bewertung der Haushaltsführung ist jedoch auf die finanziellen Verhältnisse des Partners, dem die Haushaltsführung erbracht wird, abzustellen. Dies wäre nur dann anders, wenn man den Wert der Haushaltsführung so bemessen würde, wenn dem Bedürftigen fiktiv Einkünfte aus einer ihm angemessenen Erwerbstätigkeit zugerechnet würden.

292 **b) Antragstellung.** Der Anspruch richtet sich auf **Zahlung an den Berechtigten,** nicht an einen Versorgungsträger (zur Kritik → § 1585 Rn. 18),[453] und besteht unabhängig davon, ob sich der Verpflichtete bereits im Ruhestand befindet.[454] Zwar kann der Altersvorsorgeunterhalt nicht mehr verlangt werden, wenn der Bedürftige bereits **Altersruhegeld** bezieht oder die **Regelaltersgrenze** erreicht hat (→ Rn. 301), wohl aber, wenn er eine Rente wegen **Erwerbsunfähigkeit** bezieht. – Der Bedürftige braucht grundsätzlich keine konkreten **Angaben** über die von ihm beabsichtigte Vorsorge und die hierfür erforderlichen Vorsorgeaufwendungen zu machen,[455] doch obliegt ihm, die Leistungen **zweckentsprechend** für die Altersvorsorge zu verwenden.[456] Er kann deshalb den ihm zustehenden Gesamtunterhalt nicht nach freiem Ermessen auf den Elementar- und Altersvorsorgeunterhalt aufteilen oder gar nur für den Elementarunterhalt verwenden (auch → § 1585 Rn. 18).[457] – Zu den Ausnahmen bei **zweckwidriger Verwendung** des Vorsorgeunterhalts → Rn. 860–866.

293 Das **„Verbot der Doppelberücksichtigung"** (→ § 1569 Rn. 38–43) ist für den nachehelichen Unterhalt auch bei **kapitalbildenden** Anlageformen ohne Belang, weil der Güterstand ohnehin beendet ist.

294 Für den **Trennungsunterhalt** (§ 1361) können die Aufwendungen jedoch nicht durch Berücksichtigung des gebildeten Kapitals beim Zugewinnausgleich und die unterhaltsrechtliche Anerkennung der monatlichen Aufwendungen für gleiche Zeiträume doppelt ausgeglichen werden.

295 **c) Vorsorgebedarf.** Anspruch auf Altersvorsorgeunterhalt hat nur, wer für den Fall des Alters nicht bereits **hinreichend abgesichert** ist. Eine angemessene Absicherung in diesem Sinne besteht dann, wenn für den Bedürftigen eine Altersversorgung mindestens in Höhe der des Verpflichteten zu erwarten ist.[458] Maßgeblich für diese Beurteilung ist die Versorgungslage der Ehegatten insgesamt aufgrund ihrer Altersvorsorge und ihres Vermögens (sowohl hinsichtlich des Stammes als auch der Erträge).[459]

296 **Beispiel aus der Rspr.:**
BGH NJW 2006, 1794 = FamRZ 2006, 387 (390): Der Verpflichtete hatte angesichts des ihm zugeflossenen Erbes auf eine weitergehende Altersvorsorge verzichtet.

---

449 BT-Drs. 7/650, 136; auch BGH NJW 2007, 144 Rn. 19 = FamRZ 2007, 117; NJW-RR 1988, 514 (518) = FamRZ 1988, 145.
450 BGH NJW-RR 1999, 297 = FamRZ 1999, 372 (373); NJW-RR 1988, 514 = FamRZ 1988, 145 (150); NJW 1981, 2192 = FamRZ 1981, 864 (865); NJW 1981, 1556 = FamRZ 1981, 442 (443). Dies trifft auch auf einen Beamten zu, der sich wegen der Kinderbetreuung beurlauben lässt, OLG Köln FamRZ 1987, 1257 (1258).
451 OLG Koblenz FamRZ 1989, 59.
452 BeckOGK/*Witt,* 1.2.2019, Rn. 626; *Borth* in Schwab ScheidungsR-HdB IV Rn. 1179.
453 BGH NJW 1983, 1547 (1548) = FamRZ 1982, 1187.
454 OLG Koblenz FamRZ 1989, 59.
455 BGH NJW 2007, 144 Rn. 24 = FamRZ 2007, 117; NJW 1987, 2229 (2232) = FamRZ 1987, 684; NJW 1983, 1547 = FamRZ 1982, 1187 (1188); NJW 1982, 1986 = FamRZ 1983, 152 (154); NJW 1982, 1983 = FamRZ 1982, 887 (889 f.).
456 Zur Krankenvorsorge BGH NJW-RR 1989, 386 = FamRZ 1989, 483 (485).
457 BGH NJW 1983, 1547 = FamRZ 1982, 1187 (1188); NJW 1982, 1983 = FamRZ 1982, 887 (890).
458 BGH NJW 2007, 144 Rn. 25 = FamRZ 2007, 117; NJW-RR 1988, 1282 (1284 f.) = FamRZ 1988, 1145; NJW 1981, 1556 (1559) = FamRZ 1981, 442.
459 BGH NJW 2007, 144 Rn. 25 = FamRZ 2007, 117; NJW-RR 2004, 793 = FamRZ 2004, 792 (793); ähnlich; BeckOGK/*Witt,* 1.2.2019, Rn. 656; Soergel/*Häberle* Rn. 69, *Borth* NJW 2008, 326 (330). – Etwas anderes kann auch nicht aus BGHZ 163, 84 = NJW 2005, 3277 = FamRZ 2005, 1817 (1821) abgeleitet

Da eine **zusätzliche Altersvorsorge** allein die absehbare Minderung der Altersversorgung in der gesetzlichen Rentenversicherung auffangen soll, hindern Anwartschaften aus einer **betrieblichen Altersversorgung** deren Erforderlichkeit jedenfalls grundsätzlich nicht. Insoweit kann berücksichtigt werden, ob der Beitritt zur betrieblichen Altersversorgung freiwillig oder aufgrund von Betriebsvereinbarungen verpflichtend ist, ob als Arbeitnehmer Beiträge und ggf. in welcher Höhe bezahlt werden und wie hoch die Leistungen im Versorgungsfall sind. Zudem sind die künftigen Renteneinkünfte des Verpflichteten idR bereits durch den Versorgungsausgleich geschmälert. Dass der Bedürftige damit den Versorgungsausgleich über die zusätzliche Altersvorsorge mitfinanziert, steht deren Berücksichtigung nicht entgegen, da dies auch sonst nicht anders ist und ihm der Aufbau einer entsprechenden Altersversorgung gleichfalls zugestanden wird. Restriktionen können sich wie stets bei eingeschränkter **Leistungsfähigkeit** ergeben. 297

**d) Zeitliche Beschränkungen. aa) Beginn.** Ab wann Altersvorsorgeunterhalt verlangt werden kann, bestimmt sich zunächst nach §§ 1585b, 1613. Insbesondere kann der Vorsorgeunterhalt, wird er nicht sofort rechtshängig gemacht, als Teil des einheitlichen Unterhaltsanspruchs (→ Rn. 149, → § 1569 Rn. 7–14) ab Aufforderung des Verpflichteten zur **Auskunftserteilung** verlangt werden. 298

Der Berechtigte muss sich, hat der Verpflichtete Auskunft erteilt, nach der Rspr. des BGH[460] zunächst die Geltendmachung auch von Vorsorgeunterhalt nicht besonders **vorbehalten,** weil sich der Anspruch vornehmlich nach der Leistungsfähigkeit des Verpflichteten bestimmt, die dieser kennt. 299

Doch kann dies nicht allgemein gelten: **Beziffert** der Berechtigte nach Auskunftserteilung seinen Elementarbedarf, ohne sich das Verlangen von Vorsorgeunterhalt zumindest vorzubehalten, ist ihm die Geltendmachung von Vorsorgeunterhalt für die Vergangenheit verwehrt (§ 1585b Abs. 2, § 1613 Abs. 1 S. 1 Alt. 2). Dies setzt allerdings voraus, dass sich der Berechtigte seines Anspruchs auf Vorsorgeunterhalt bewusst war. War er sich dessen dagegen nicht bewusst, kann er auch keinen Vorbehalt der Nachforderung von Vorsorgeunterhalt geäußert haben.[461] 300

**bb) Ende.** Altersvorsorgeunterhalt kann der Berechtigte idR nur solange verlangen, bis er **Altersruhegeld** bezieht[462] oder die **Regelaltersgrenze** (→ Rn. 831–847) erreicht,[463] weil Anrechte grundsätzlich nur bis zu diesem Zeitpunkt erworben werden können und danach Leistungen bezogen werden.[464] Bis dahin ist das **Lebensalter** des Berechtigten unerheblich.[465] – Entfällt das Vorsorgebedürfnis des Bedürftigen **vor Erreichen der Regelaltersgrenze,** etwa weil bereits seine bisherige Altersversorgung die des Verpflichteten erreicht (→ Rn. 295, 296), geht der Anspruch auf Altersvorsorgeunterhalt bereits ab diesem Zeitpunkt unter.[466] 301

Das Vorsorgebedürfnis und damit der Vorsorgeanspruch bestehen dagegen fort, wenn der Berechtigte eine Rente wegen **verminderter Erwerbsfähigkeit,**[467] bereits eine **vorgezogene Altersrente**[468] oder eine Rente aus einer **privaten Versicherung** bezieht.[469] 302

Der Anspruch wird nicht durch einen vertraglichen Verzicht auf die Durchführung des **Versorgungsausgleichs** (§ 1408 Abs. 2, §§ 6–8 VersAusglG) ausgeschlossen, weil er dem Bedürftigen nicht eine Beteiligung an den während der Ehezeit vom Verpflichteten erworbenen, dem Versorgungsausgleich zuzurechnenden Versorgungsanrechten, sondern eine eigenständige Versorgung für den Fall des Alters vermittelt.[470] 303

**e) Bemessung. aa) Grundsätze.** Der Altersvorsorgeunterhalt bemisst sich auch dann, wenn das Erwerbseinkommen **vollständig** zur Deckung des Lebensbedarfs herangezogen und der Unterhalt nach der **Halbteilung** bemessen wurde (zur Bemessung des Altersvorsorgeunterhalts bei Unter- 304

---

werden, weil sich der BGH dort nur mit dem konkreten Einzelfall der Direktversicherung als – zulässiger – betrieblicher Altersvorsorge auseinandersetzt.

460 BGH NJW 2013, 161 Rn. 45 = FamRZ 2013, 109; NJW 2007, 511 Rn. 44 = FamRZ 2007, 193; auch Soergel/*Häberle* Rn. 71.

461 BGH NJW 2013, 161 Rn. 46 = FamRZ 2013, 109; BeckOGK/*Witt,* 1.2.2019, Rn. 687.

462 OLG Hamm BeckRS 2009, 25068 = FamRZ 1987, 829 (830 f.); BeckRS 1997, 10830 = FamRZ 1998, 27 f.; OLG Frankfurt a. M. NJW-RR 1993, 7 = FamRZ 1992, 823 (824).

463 OLG Frankfurt a. M. NJW-RR 1991, 202 = FamRZ 1990, 1363.

464 BGH NJW 2006, 1794 Rn. 44 = FamRZ 2006, 387; NJW 2000, 284 = FamRZ 2000, 351 (354); OLG Frankfurt a. M. NJW-RR 1993, 7 = FamRZ 1992, 823 (824); NJW-RR 1991, 202 = FamRZ 1990, 1363.

465 OLG Düsseldorf BeckRS 2010, 18638 = FamRZ 1981, 1184 (1187).

466 BGH NJW 2006, 1794 Rn. 44 = FamRZ 2006, 387 (392); NJW 2000, 284 = FamRZ 2000, 351 (354); NJW 1981, 1556 = FamRZ 1981, 442 (445).

467 BGH NJW 2000, 284 (287) = FamRZ 2000, 351.

468 *Borth* Praxis des UnterhaltsR Rn. 141.

469 BeckOGK/*Lettmaier,* 1.12.2018, § 1571 Rn. 46.

470 AG Euskirchen FF 1997, 90 f.

halt nach **konkret** ermitteltem Bedarf (→ Rn. 38, 166–178, 347), nicht danach, ob er unter Berücksichtigung bereits vorhandener und noch zu erwartender Versorgungsanrechte des Bedürftigen im Versorgungsfall zu angemessenen, den Lebensbedarf deckenden Versorgungsleistungen führt. Vielmehr bestimmt er sich, auch wenn Aufstockungsunterhalt (§ 1573 Abs. 2) geschuldet wird,[471] unabhängig davon, wie die Ehegatten während ihres Zusammenlebens ihre Alterssicherung betrieben haben, in Anlehnung an die Brutto-/Nettoberechnung des § 14 Abs. 2 SGB IV nach dem zugebilligten **Elementarunterhalt,** weil ihm Lohnersatzfunktion zukommt und ein Anspruch auf ihn idR auch einen Anspruch auf Altersvorsorgeunterhalt nach sich zieht.

305 Zur Bemessung des Altersvorsorgeunterhalts ist auch dann am Elementarunterhalt anzuknüpfen, wenn dieser nicht den vollen oder **notwendigen Unterhalt** des Berechtigten abdeckt.[472] Allerdings ist dann der Vorrang des Elementarunterhalts (→ Rn. 264) zu beachten.

306 **Beispiel:**

| | | |
|---|---|---|
| Bereinigtes Einkommen des Verpflichteten | | 2.200 EUR |
| Einkommen Berechtigter | | 0 EUR |
| | | 2.200 EUR |
| ./. billiger Selbstbehalt | | 1.200 EUR |
| Elementarunterhalt | | 1.000 EUR |
| Altersvorsorgeunterhalt | 15% | 150 EUR |
| Bereinigter Elementarunterhalt | | 850 EUR |
| Mindestbedarf | | 880 EUR |
| Bereinigter Altersvorsorgeunterhalt | | 120 EUR |

307 Wegen der Obliegenheit des Berechtigten, den Altersvorsorgeunterhalt auch **zweckentsprechend** zu verwenden (→ Rn. 860–866), ist diese Aufteilung in Elementar-/Altersvorsorgebedarf von praktischer Bedeutung.

308 Wurde der eheangemessene Bedarf nach **§ 1578b Abs. 1** bis auf den angemessenen Bedarf begrenzt, ist der sich danach ergebende Elementarunterhalt Ausgangsgröße für die Berechnung des Altersvorsorgeunterhalts.[473] Dies hat für eine Begrenzung des Unterhalts nach **§ 1579** entsprechend zu gelten.

309 **Begrenzt** wird der Altersvorsorgeunterhalt durch die Höhe der für den Verpflichteten zu erwartenden Altersversorgung (auch → Rn. 338), denn durch den Vorsorgeunterhalt sollen allein ehebedingte Versorgungsnachteile ausgeglichen, nicht aber eine höhere als die dem Unterhaltschuldner im Alter zustehende Versorgung verschafft werden.[474] Dadurch nimmt der Altersvorsorgeunterhalt sachgerecht an der Entwicklung der ehelichen Lebensverhältnisse teil und führt zu einer eheangemessenen Versorgung, wodurch die gerade in diesem Bereich besonders großen Prognoseunsicherheiten ausgeschlossen werden können.

310 Auch der Berechtigte, der den Elementarunterhalt nach der Quote (Halbteilung) verlangt, kann den Vorsorgeunterhalt **konkret beziffern,**[475] etwa wenn er bereits eine zusätzliche Altersvorsorge betreibt. Die Höhe des Vorsorgeunterhalts wird dann durch die Bemessung nach dem Beitragssatz in der gesetzlichen Rentenversicherung (2019: 18,6%) begrenzt.[476] – Hat der Berechtigte seinen **gesamten Lebensbedarf** konkret beziffert (→ Rn. 166–178), kann er in gleicher Weise seinen Altersvorsorgebedarf konkret beziffern. Er kann ihn aber auch auf der Grundlage des konkret bezifferten Elementarunterhalts hochrechnen und verlangen.[477]

311 **bb) Maßgebliche Einkünfte. (1) Allgemeines.** In die Errechnung des Altersvorsorgeunterhalts sind lediglich Einkünfte mit **Versorgungswert** einzubeziehen, weil nur sie bei Eintritt des Versorgungsfalles auch eine Alterssicherung vermitteln können.[478] Unberücksichtigt bleiben auch solche Einkünfte, die ihrerseits bereits der **Absicherung für das Alter** dienen (→ Rn. 314). Obwohl der Altersvorsorgeunterhalt auf der Grundlage der Beitragssätze in der gesetzlichen Rentenversicherung ermittelt wird (→ Rn. 310), müssen die maßgeblichen Einkünfte nicht selbst sozialversicherungspflichtig sein, weil auch aus anderen Einkünften, etwa aus selbstständiger Erwerbstätigkeit,

---

[471] BGH NJW-RR 1988, 514 = FamRZ 1988, 145 (151); NJW 1982, 1873 = FamRZ 1982, 255 (257).

[472] BGH NJW 1982, 1987 f. = FamRZ 1982, 679.

[473] BeckOGK/*Witt,* 1.2.2019, Rn. 638; die in Bezug genommenen Entscheidungen BGH NJW 2014, 1807 Rn. 17 = FamRZ 2014, 1007; NJW 2013, 161 Rn. 50 = FamRZ 2013, 109 sagen dies jedoch nicht ausdrücklich aus.

[474] BeckOGK/*Witt,* 1.2.2019, Rn. 645.

[475] BGH NJW 2012, 1578 Rn. 35, 36 = FamRZ 2012, 947; NJW 2012, 1581 Rn. 17, 18 = FamRZ 2012, 945.

[476] *Maurer* FamRZ 2012, 950 f.

[477] BGH NJW 2012, 1578 Rn. 35 = FamRZ 2012, 947; NJW 2010, 3372 Rn. 36 = FamRZ 2010, 1637.

[478] BGH NJW 2011, 303 Rn. 32 f. = FamRZ 2011, 192; NJW-RR 1999, 297 (300) = FamRZ 1999, 372; NJW 1982, 1987 (1988) = FamRZ 1982, 679.

idR Altersvorsorge betrieben wird.[479] – Auch auf **fiktive Einkünfte** ohne Versorgungswert ist Altersvorsorgeunterhalt zu leisten.[480]

**(2) Einzelne Einkunftsarten. (a) Erwerbseinkünfte.** In die Bemessung des Altersvorsorgeunterhalts sind einzubeziehen:

- **Erwerbseinkünfte,** auf die Altersvorsorgebeiträge geleistet werden, daneben auch **fiktive** Erwerbseinkünfte (→ Rn. 670–676),[481] soweit sie bedarfsprägend herangezogen werden, weil auch sie lediglich mit ihrem Nettobetrag berücksichtigt und damit auch der Aufwand für Vorsorgebeiträge fingiert wird. Hierzu zählen auch die **Lohnfortzahlung** (§ 1 Abs. 1 Nr. 1 SGB VI) sowie das **Krankengeld** und das **Arbeitslosengeld** (§ 3 Abs. 1 Nr. 3 SGB VI). 312
- Alle bedarfsprägenden Erwerbseinkünfte, aus denen **keine Vorsorgebeiträge** in die gesetzliche Rentenversicherung abgeführt werden. Denn der Vorsorgebedarf richtet sich nicht nach dem bislang tatsächlich betriebenen Vorsorgeaufwand, sondern nach dem „Nettoeinkommen" des Bedürftigen, das durch den künftig erforderlichen Vorsorgeaufwand gesichert werden soll. Deshalb sind auch Einkünfte des Bedürftigen aus einer **sozialversicherungsfreien** Beschäftigung (§ 8 Abs. 1 Nr. 2 SGB IV, → Rn. 322) dadurch einzubeziehen, dass sie bei der Ermittlung des vorläufigen Elementarunterhalts nicht angerechnet und so nicht zu einer Verringerung des Vorsorgebeitrags führen.[482] Ebenso ist zu verfahren, wenn der Berechtigte einer versicherungspflichtigen **teilschichtigen Erwerbstätigkeit** nachgeht.[483] 313

**(b) Vermögenserträge.** Dagegen können Vermögenserträge wie **Kapitalerträge, Mieteinnahmen, Wohnvorteile** oder sonstige **Gebrauchsvorteile** des Berechtigten wie des Verpflichteten, die, nachhaltig erzielt und auch im Alter sowie bei Berufs- oder verminderter Erwerbsfähigkeit zufließen, selbst als Altersvorsorge geeignet sind, nicht als Anknüpfung für die Bemessung des Altersvorsorgeunterhalts dienen, da dies zu einer Doppelberücksichtigung und Überversorgung des Bedürftigen führen würde.[484] Diese Vorteile werden deshalb zwar bei der Bemessung des Bedarfs und der Bedürftigkeit (1. Stufe) berücksichtigt, sind jedoch nach Errechnung des Altersvorsorgeunterhalts (2. Stufe) in einer 3. Stufe von dem so ermittelten Altersvorsorgeunterhalt wieder bedarfsdeckend abzuziehen. Unterbliebe der letzte Schritt, würde der Berechtigte neben einem höheren Altersvorsorgeunterhalt zusätzlich über die Kapitaleinkünfte verfügen und damit doppelt begünstigt.[485] 314

**Beispiel** nach BGH NJW 2000, 284 (288) = FamRZ 2000, 351: 315
Gesamtbedarf 2.000 EUR, in Höhe von 500 EUR abgedeckt durch einen auch künftig im Alter bestehenden Wohnvorteil. Da dieser Wohnvorteil auch im Alter zufließen wird, dient auch er der Altersvorsorge und darf nicht dadurch den Altersvorsorgebedarf erhöhen, dass er bei der Bedarfsermittlung unberücksichtigt bleibt. Zur Ermittlung des Altersvorsorgeunterhalts ist er deshalb vom noch nicht um den Altersvorsorgeunterhalt bereinigten Bedarf abzuziehen. Ausgangswert für die Bruttoberechnung ist also 1.500 EUR.

**Berechnung** 316

| | | |
|---|---|---|
| Ausgangswert | | 1.500 EUR |
| + Zuschlag nach der Bremer Tabelle (Stand: 1.1.2018) | 24% | 360 EUR |
| | | 1.860 EUR |
| | x 18,6% + 4% = 22,6% | 421 EUR |
| Der Elementarunterhalt beläuft sich dann auf | | 4.000 EUR |
| | ./. | 421 EUR |
| | | 3.579 EUR |
| | /2 = | 1.790 EUR |
| | ./. | 500 EUR |
| | | 1.290 EUR. |
| Unterhaltsanspruch insgesamt | | 1.711 EUR. |

Würde man den Wohnvorteil nicht vorweg abziehen, wäre auch aus ihm (erneut) Altersvorsorgeunterhalt zu bezahlen, dh die Altersvorsorge würde durch den Wohnvorteil selbst und den (auch) aus ihm errechneten Altersvorsorgeunterhalt doppelt bewertet. 317

---

479 BeckOGK/*Witt,* 1.2.2019, Rn. 632.

480 BeckOGK/*Witt,* 1.2.2019, Rn. 635 mwN.

481 OLG Dresden FamRZ 1999, 232 (233); OLG Hamm NJWE-FER 1997, 98 = FamRZ 1997, 1278 (1279).

482 BGH NJW-RR 1999, 297 (300) = FamRZ 1999, 372; OLG Hamm NJWE-FER 1997, 98 = FamRZ 1997, 1278 (1279); noch offengelassen von BGH NJW 1982, 1873 = FamRZ 1982, 255 (257).

483 BGH NJW 1982, 1873 (1875) = FamRZ 1982, 255.

484 BGH NJW 2000, 284 (288) = FamRZ 2000, 351; NJW-RR 1999, 297 = FamRZ 1999, 372 (373); NJW 1992, 1044 (1048) = FamRZ 1992, 423; NJW 1982, 1987 (1988) = FamRZ 1982, 679.

485 BGH NJW 2000, 284 (288) = FamRZ 2000, 351; NJW-RR 1999, 297 (300) = FamRZ 1999, 372; OLG Hamm NJW-RR 2003, 1084 (1086) = FamRZ 2003, 1839 Ls.

318 **Berechnung:**

| | | |
|---|---|---|
| Ausgangswert | | 2.000 EUR |
| Zuschlag nach der Bremer Tabelle (Stand: 1.1.2018) | 32% | 640 EUR |
| | | 2.640 EUR |
| Altersvorsorgeunterhalt | x 18,6% + 4% = 22,6% | 597 EUR |
| Der Elementarunterhalt beläuft sich dann auf | | 4.000 EUR |
| | ./. | 597 EUR |
| | | 3.403 EUR |
| | / 2 = | 1.702 EUR |
| | ./. | 500 EUR |
| Elementarunterhalt | | 1.202 EUR. |
| Unterhaltsanspruch insgesamt | | 1.799 EUR. |

319 **Abwandlung:**
Der Wohnvorteil fließt dem Berechtigten im Alter nicht mehr zu. Nunmehr ist der Altersvorsorgeunterhalt ohne Vorwegabzug des Wohnvorteils aus dem Bedarf von 2.000 EUR zu errechnen. Er beläuft sich dann auf zurzeit ca. 501 EUR, die bei der Berechnung des Elementarunterhalts vom Einkommen des Verpflichteten vorab abzuziehen sind. Zu einer Doppelberücksichtigung kommt es nicht.

(c) **Einzelfälle.** Für folgende Sonderfälle gilt:

320 – Lebt der Bedürftige in einer **nichtehelichen Lebensgemeinschaft,** in der sein Partner für seinen Elementarunterhalt aufkommt, ist für die Berechnung des Altersvorsorgeunterhalts an den ohne das Bestehen dieser Gemeinschaft geschuldeten Elementarunterhalt anzuknüpfen, auch wenn dieser hinter dem vollen oder dem notwendigen Unterhalt zurückbleibt.[486] Behandelt man die haushaltsführende Tätigkeit des Bedürftigen in der neuen Partnerschaft bedarfsprägend (→ Rn. 643–656), ist der Wert dieser Leistung für die Errechnung des Vorsorgebeitrags vorweg vom Bedarf abzusetzen, weil sie keinen Versorgungswert vermittelt,[487] zumal dann, wenn ihm keine fiktiven Erwerbseinkünfte zugerechnet werden können.

321 – Auch wenn die Einkünfte des Berechtigten aus einer **unzumutbaren Erwerbstätigkeit** zur Bemessung seines Elementarunterhaltes heranzuziehen sind (§ 1577 Abs. 2), sind die daraus erzielten Einkünfte der Berechnung des Altersvorsorgeunterhalts zugrunde zu legen. Die zusätzliche Verpflichtung zur Zahlung von Altersvorsorgeunterhalt ist jedoch in die Billigkeitsabwägung einzubeziehen, sodass der in die Anrechnung nicht einbezogene Teil der Einkünfte auch bei der Bemessung des Altersvorsorgeunterhalts unberücksichtigt bleibt.[488]

322 – Für **Geringverdienereinkünfte** hat der Arbeitgeber einen Rentenbeitrag von pauschal 15% des Arbeitsentgelts abzuführen (§ 168 Abs. 1 Nr. 1b SGB VI). Der Arbeitnehmer ist zwar versicherungsfrei (§ 5 Abs. 2 S. 1 Nr. 1 SGB VI), kann aber die Rentenversicherungspflicht wählen und den Differenzbetrag zum gesetzlichen Rentenversicherungssatz leisten (§ 8 Abs. 1 Nr. 1 SGB IV, § 5 Abs. 2 S. 2 SGB VI, § 168 Abs. 1 Nr. 1b SGB VI); in Höhe dieses eigenen Versicherungsbeitrags besteht ergänzender Altersvorsorgebedarf.[489] Die Wahl des Bedürftigen ist nicht mutwillig und deshalb hinzunehmen, zumal die Verpflichtung zur Zahlung des Altersvorsorgeunterhalts auch ohne sie bestünde. Entscheidet er sich gegen die Rentenversicherungspflicht, haben jedenfalls die von seinem Arbeitgeber abgeführten 15% Versorgungswert, der bei der Bemessung des Vorsorgebedarfs zu berücksichtigen ist.[490]

323 – Erstreckt sich die Obliegenheit des Bedürftigen auf eine Erwerbstätigkeit über den Geringverdienerbereich (→ Rn. 322) hinaus, errechnen sich die zugerechneten **fiktiven Nettoeinkünfte** bereits nach Abzug der Sozialversicherungsaufwendungen (→ Rn. 674), weshalb sie und nicht das zugerechnete Bruttoeinkommen in die Berechnung des Altersvorsorgeunterhalts einzubeziehen sind.[491]

324 **cc) Höhe. (1) Primäre Altersvorsorge.** Die primäre Altersvorsorge (→ Rn. 302) ist in Höhe des **gesetzlichen Beitragssatzes** zur Rentenversicherung auch dem Berechtigten ohne Beschränkung auf die Beitragsbemessungsgrenze (→ Rn. 333) zuzuerkennen, der seine Altersvorsorge nicht

[486] BGH NJW 1982, 1987 (1988) = FamRZ 1982, 679.

[487] BGH NJW-RR 1999, 297 (299 f.) = FamRZ 1999, 372; Soergel/*Häberle* Rn. 61; *Borth* in Schwab ScheidungsR-HdB IV Rn. 1176; zweifelnd BeckOGK/*Witt,* 1.2.2019, Rn. 631, weil diese Leistung ggf. über die Regelaltersgrenze hinaus erbracht wird.

[488] BGH NJW-RR 1988, 514 (518 f.) = FamRZ 1988, 145; auch BeckOGK/*Witt,* 1.2.2019, Rn. 636.

[489] Dazu BGH NJW 2011, 303 Rn. 32, 33 = FamRZ 2011, 192; anders noch BGH NJW-RR 1999, 297 = FamRZ 1999, 372 (373 f.), allerdings zu § 168 SGB VI Stand 1.9.1993 und 1.8.1996, wonach noch keine Beitragspflicht bestand.

[490] BeckOGK/*Witt,* 1.2.2019, Rn. 630; aA wohl Büte/Poppen/Menne/*Büte* Rn. 36.

[491] BeckOGK/*Witt,* 1.2.2019, Rn. 635.

in der gesetzlichen Rentenversicherung betreibt,[492] mithin auch jedem Selbstständigen[493] und nicht versicherungspflichtig Beschäftigten.[494]

**(2) Sekundäre (zusätzliche) Altersvorsorge.** Darüber hinaus sind beiden Ehegatten angesichts der Unsicherheiten der Absicherung für den Fall des Alters durch die gesetzliche Rentenversicherung weitere Aufwendungen in Anlehnung an die staatlich geförderte „Riester-Rente" in Höhe von 4% des Gesamtbruttoeinkommens – nicht nur des Bruttoerwerbseinkommens, allerdings beschränkt auf Einkünfte mit Lohnersatzfunktion, weil Altersvorsorge idR aus Erwerbseinkünften betrieben wird. Zu ihnen zählt auch Ehegattenunterhalt (Elementar- und Vorsorgeunterhalt), weil er Erwerbseinkünfte ersetzt oder ausgleicht – für eine **zusätzliche Altersvorsorge** ohne Beschränkung auf bestimmte **Anlageformen** (→ Rn. 304–308) zuzubilligen (zu ihrer gerichtlichen **Geltendmachung** → Rn. 976–983).[495] 325

Unerheblich ist, ob der Bedürftige bereits eine zusätzliche Altersvorsorge **betreibt.** Auch dann geht sein **Anspruch** gegenüber dem Verpflichteten auch auf diesen Teil der Vorsorge.[496] Ein Vorwegabzug vom Einkommen des Bedürftigen führt zum selben angemessenen Ergebnis, weil der Berechtigte idR über die Quote auch dann zur Hälfte an der Altersvorsorge, die ihm der Verpflichtete schuldet, durch die Verringerung seines Elementarunterhalts beteiligt wird. 326

**Variante 1: Abzug vom Einkommen des Bedürftigen** 327

| | | |
|---|---|---|
| Einkommen Verpflichteter | | 3.000 EUR |
| Einkommen Berechtigter | 1.000 EUR | |
| ./. zusätzliche Altersvorsorge | 200 EUR | 800 EUR |
| | | 3.800 EUR |
| : 2 = | | 1.900 EUR |
| ./. Einkommen Berechtigter | | 800 EUR |
| | | 1.100 EUR |
| + zusätzliche Altersvorsorge | | 200 EUR |
| Unterhaltsanspruch gesamt | | 1.300 EUR |

**Variante 2: Abzug vom Einkommen des Verpflichteten** 328

| | | |
|---|---|---|
| Einkommen Verpflichteter | 3.000 EUR | |
| ./. zusätzliche Altersvorsorge Berechtigter | 200 EUR | 2.800 EUR |
| Einkommen Berechtigter | | 1.000 EUR |
| | | 3.800 EUR |
| : 2 = | | 1.900 EUR |
| ./. Einkommen Berechtigter | | 1.000 EUR |
| | | 1.100 EUR |
| + zusätzliche Altersvorsorge | | 200 EUR |
| Unterhaltsanspruch gesamt | | 1.300 EUR |

Anders als Beiträge für die primäre Altersvorsorge können solche für die **zusätzliche Altersvorsorge** (zur Berechnung → Rn. 339–346) allerdings nur unter folgenden Voraussetzungen verlangt werden:

– Sie muss auch **tatsächlich** betrieben werden.[497] Der Bedürftige hat dies und die Höhe seiner Beiträge ebenso wie der Verpflichtete, der sich Bedarf und Leistungsfähigkeit mindernd auf entsprechende Aufwendungen beruft, im Rechtsstreit ggf. nachzuweisen. 329

---

[492] BGH NJW 1982, 1873 (1875) = FamRZ 1982, 255; Soergel/*Häberle* Rn. 60.

[493] S. dazu insbesondere *Borth* NJW 2008, 326 (328 f.).

[494] BGH NJW 2003, 1660 = FamRZ 2003, 860 (863).

[495] BGH NJW 2009, 2592 Rn. 39 = FamRZ 2009, 1391; NJW 2009, 2450 Rn. 31 = FamRZ 2009, 1207 (überhöhte Kosten für die zusätzliche Altersvorsorge in Form von Kapitallebensversicherungen sind einseitige Vermögensbildung); BGHZ 180, 170 = NJW 2009, 1876 Rn. 39 = FamRZ 2009, 770; BGHZ 163, 84 = NJW 2005, 3277 = FamRZ 2005, 1817 (1821 f.). – Anders OLG Hamm BeckRS 2002, 10426 = FamRZ 2002, 885 (887): Berücksichtigung der Lebensversicherungsprämie nur zu 50%, da die Erträge aus einer selbstständigen Tätigkeit nur mit diesem Anteil in die Unterhaltsberechnung einbezogen wurden. – Nach *Borth* NJW 2008, 326 (327) fehlt es an einer „Grundlage zur Anerkennung eines generellen, den Unterhaltsberechtigten wie -verpflichteten betreffenden Anspruchs auf Anerkennung einer Altersvorsorge." Dies ist missverständlich: Altersvorsorge kann entsprechend den ehelichen Lebensverhältnissen verlangt werden, weil sie Teil des ehebedingten Bedarfs sind. Und in Höhe von 4% sind die Aufwendungen unabhängig davon, ob die Altersvorsorge bereits während der Ehezeit betrieben wurde, stets bedarfsprägend, weil sie erforderlich sind, um künftige Rentenschmälerungen aufzufangen.

[496] *Borth* FPR 2008, 86 (87); *Borth* FPR 2004, 549 (554).

[497] BGHZ 171, 206 = NJW 2007, 1961 Rn. 27 = FamRZ 2007, 793; NJW 2007, 511 Rn. 17 = FamRZ 2007, 193; NJW 2003, 1660 = FamRZ 2003, 860 (863); s. auch OLG Hamm NJW 2009, 294 = FamRZ 2009, 981 (984).

330 – Der **Unterhaltsschuldner,** der sich Bedarf und Leistungsfähigkeit mindernd auf entsprechende Aufwendungen beruft, hat also im Rechtsstreit darzulegen und ggf. nachzuweisen, mit welchen monatlichen Vorsorgebeiträgen er die zusätzliche Vorsorge tatsächlich betreibt.

331 – Für den **Unterhaltsgläubiger** ist dies immerhin fraglich, weil er entsprechende finanzielle Mittel idR erst nach der Unterhaltszahlung durch den Verpflichteten einsetzen kann. Nur ausnahmsweise mag von ihm im Einzelfall unter den Voraussetzungen von § 1577 Abs. 3 und allgemein dem Vorbehalt der Zumutbarkeit das tatsächliche Betreiben einer zusätzlichen Vorsorge verlangt werden, etwa wenn er über Eigenmittel verfügt, denen er die Beiträge für die zusätzliche Altersvorsorge entnehmen kann, oder – eher unwahrscheinlich – er die Vorsorge über die Thesaurierung von Gewinnen statt einer Ausschüttung betreibt.

332 – Zur Ermittlung der **Höhe** des Anspruchs auf primäre und zusätzliche Altersvorsorge ist bei Anwendung der Bremer Tabelle (→ Rn. 339–346) von einer Bemessungsgrundlage von insgesamt 22,6% auszugehen (Beitragssatz 2019 in der gesetzlichen Rentenversicherung: 18,6%). Stets sind aber Vergleichsberechnungen erforderlich, um auszuschließen, dass dem Bedürftigen mehr Unterhalt für die zusätzliche Altersvorsorge zugesprochen wird, als er tatsächlich Beiträge aufbringt.

333 – Da es um eine angemessene Altersvorsorge entsprechend den familiären wirtschaftlichen Lebensverhältnissen geht, wird die Höhe des Altersvorsorgeunterhalts nicht entsprechend der **Beitragsbemessungsgrenze** in der allgemeinen gesetzlichen Rentenversicherung (Anlage 2 zu § 160 Nr. 2 SGB VI) begrenzt,[498]

| | West | Ost |
|---|---|---|
| 2011 | 5.500 EUR | 4.800 EUR |
| 2012 | 5.600 EUR | 4.800 EUR |
| 2013 | 5.800 EUR | 4.900 EUR |
| 2014 | 5.950 EUR | 5.000 EUR |
| 2015 | 6.050 EUR | 5.200 EUR |
| 2016 | 6.200 EUR | 5.400 EUR |
| 2017 | 6.350 EUR | 5.700 EUR |
| 2018 | 6.500 EUR | 5.800 EUR |
| 2019 | 6.700 EUR | 6.150 EUR |

zumal als sozialadäquat unterstellt werden kann, dass von der Beitragsbemessungsgrenze Betroffene idR darüber hinaus gehende Altersvorsorge betreiben; eine betragsmäßige Beschränkung besteht nicht.[499] Bis zur Beitragsbemessungsgrenze können für die zusätzliche Altersversorgung 4%, für die Altersversorgung insgesamt 22,6% (18,6% + 4%) des Bruttoeinkommens aufgewandt werden (→ Rn. 325; zu den Beitragssätzen in der gesetzlichen Rentenversicherung → Rn. 341).

334 – Insbesondere bei Selbstständigen ist die **Angemessenheit** der Altersvorsorge selbst bei einem Satz von 18,6% wegen der evt. höheren Rendite als in der gesetzlichen Rentenversicherung zu hinterfragen.[500]

335 – Im Fall einer betrieblichen **Direktversicherung** (§ 1a BetrAVG, → Rn. 304, 426, 529) ist es dem Berechtigten zumutbar, den Abzug hinzunehmen, wenn der Arbeitgeber sich am Prämienaufkommen beteiligt.[501] Da die Erstattung durch den Arbeitgeber – wie bei den **vermögenswirksamen Leistungen** (→ Rn. 426) – von der tatsächlich betriebenen Altersvorsorge abhängt, sind die Prämien ohne Begrenzung auf 4% in erstatteter Höhe abzugsfähig.

336 – Die Berücksichtigung von Aufwendungen des Verpflichteten für die zusätzliche Altersvorsorge kommt nur in Betracht, wenn und soweit der **notwendige Bedarf** des Berechtigten gedeckt ist.[502]

---

498 Zum **Berechtigten:** BGH NJW 2010, 3372 Rn. 36 = FamRZ 2010, 1637; NJW 2007, 144 Rn. 23–25 = FamRZ 2007, 117; OLG Hamm BeckRS 2008, 12399 = FamRZ 2008, 1184 (1185). – Zum **Verpflichteten** etwa: OLG Koblenz BeckRS 2010, 12984 = FamRZ 2010, 2079 Ls.; OLG Karlsruhe NJW 2008, 3645; OLG Zweibrücken BeckRS 2006, 10258 = FamRZ 2007, 473.

499 BeckOGK/*Witt,* 1.2.2019, Rn. 650; Soergel/*Häberle* Rn. 66.

500 S. dazu auch die Zweifel bei *Borth* NJW 2008, 326 (328 f.); *Borth* FPR 2008, 86 (88).

501 KG BeckRS 2009, 7835: Der Arbeitgeber hat die Hälfte der Prämien aufgebracht.

502 OLG Brandenburg BeckRS 2009, 15945 = FamRZ 2009, 1921 Ls.; NJW-RR 2006, 1301 = FamRZ 2006, 1396 (1398) (zum Kindesunterhalt); *Götsche* FamRB 2010, 16 (17); *Borth* FPR 2004, 549 (552) zum Kindes- sowie zum Betreuungsunterhalt (§§ 1570, 1615l); aA KG BeckRS 2009, 7835 (zur gesteigerten Unterhaltspflicht nach § 1603 Abs. 2 S. 1).

– Unerheblich ist, wenn die zusätzliche Altersvorsorge erst nach der Trennung oder gar nach der Scheidung **begonnen** wurde.[503] – Zum **Stichtagsprinzip** → Rn. 435–442. 337

– Stets – auch außerhalb eines Mangelfalls – ist die **Angemessenheit** und **Billigkeit** des Altersvorsorgeunterhalts im Hinblick auf das Verhältnis des Elementar- zum Altersvorsorgeunterhalt und die dem Verpflichteten zur Bestreitung seines eigenen allgemeinen Lebensbedarfs verbleibenden Mittel zu prüfen.[504] Der errechnete Altersvorsorgebedarf ist der Höhe nach dann zu begrenzen, wenn der Berechtigte eine die des Verpflichteten übersteigende Altersversorgung zu erwarten hätte.[505] Hinsichtlich des Elementarunterhalts ist zudem der Halbteilungsgrundsatz zu beachten.[506] Dabei ist auch zu berücksichtigen, dass der Vorsorgebedarf des Verpflichteten idR dadurch bereits vollständig abgedeckt ist, dass seine eigenen Vorsorgeaufwendungen vorab in Abzug gebracht werden.[507] 338

**dd) Berechnung des Altersvorsorgeunterhalts. (1) Bremer Tabelle.** Die Berechnung des Altersvorsorgeunterhalts erfolgt in der Praxis in aller Regel auf der Grundlage der Bremer Tabelle:[508]

Der dem Bedürftigen zustehende **Elementarunterhalt** wird als **Nettoeinkommen** behandelt und zur Ermittlung der Vorsorgebeiträge in ein **fiktives Bruttoeinkommen** umgerechnet. Errechnet wird der Betrag, der zu dem Elementarunterhalt als Nettobetrag nach Abzug von Steuern und dem Arbeitnehmeranteil zur Renten- und zur Arbeitslosenversicherung führt. 339

Die Kosten für die **Kranken-/Pflegeversicherung** des Berechtigten, die nicht geltend gemacht werden, bleiben zur Vermeidung unterschiedlicher Berechnungsweisen außer Betracht, zumal dies nur zu verhältnismäßig geringen Differenzen führen würde. Dagegen sind die vom Verpflichteten erbrachten oder zu erbringenden Kranken-/Pflegevorsorgeaufwendungen sowohl bei der Errechnung des vorläufigen Elementarunterhalts als auch bei der Errechnung des anrechnungsfähigen Einkommens des Verpflichteten vorweg abzusetzen.[509] 340

Der **Elementarunterhalt** wird grundsätzlich nach einer **zwei-** bzw. – werden Einkünfte in die Unterhaltsberechnung einbezogen, auf die keine Vorsorgebeiträge bezahlt wurden und die nicht selbst solche sind (→ Rn. 311–323) – **dreistufigen** Berechnungsweise ermittelt (zu den **Ausnahmen** → Rn. 347–352): Er wird zunächst ohne Berücksichtigung von Altersvorsorgeaufwendungen errechnet und anhand der Bremer Tabelle in das fiktive Bruttoeinkommen hochgerechnet. Aus diesem „Bruttoeinkommen" wird anhand der **Beitragssätze in der gesetzlichen Rentenversicherung** 341

| | | | | | |
|---|---|---|---|---|---|
| bis 31.12.1980 | *18%* | 1.4.1991 – 31.12.1992 | *17,7%* | 1.1.2003 – 31.12.2006 | *19,5%* |
| 1.1.1981 – 31.12.1982 | *18,5%* | 1.1.1993 – 31.12.1993 | *17,5%* | 1.1.2007 – 31.12.2011 | *19,9%* |
| 1.1.1983 – 31.8.1983 | *18%* | 1.1.1994 – 31.12.1996 | *19,2%* | 1.1.2012 – 31.12.2012 | *19,6%* |
| 1.9.1983 – 31.12.1984 | *18,5%* | 1.1.1997 – 31.3.1999 | *20,3%* | 1.1.2013 – 31.12.2014 | *18,9%* |
| 1.1.1985 – 31.5.1985 | *18,7%* | 1.4.1999 – 31.12.1999 | *19,5%* | 1.1.2015 – 31.12.2017 | *18,7%* |
| 1.6.1985 – 31.12.1986 | *19,2%* | 1.1.2000 – 31.12.2000 | *19,3%* | ab 1.1.2018 | *18,6%* |
| 1.1.1987 – 31.3.1991 | *18,7%* | 1.1.2001 – 31.12.2002 | *19,1%* | | |

der Altersvorsorgebeitrag ermittelt, der vom bereinigten Einkommen des Verpflichteten vorweg abgesetzt wird; aus dem reduzierten Einkommen wird die Quote gebildet. – Die **zweistufige Berechnung** des Elementarunterhalts stellt sicher, dass nicht zum Nachteil des Verpflichteten von der Halbteilung abgewichen wird.[510]

503 BGH NJW 2009, 2450 Rn. 31 = FamRZ 2009, 1207; BGHZ 179, 196 = NJW 2009, 588 Rn. 24 = FamRZ 2009, 411.

504 BGH NJW 1999, 717 (720) = FamRZ 1999, 367; NJW 1981, 1556 = FamRZ 1981, 442 (445).

505 BGH NJW 2007, 144 Rn. 25 = FamRZ 2007, 117; NJW-RR 1988, 1282 (1284 f.) = FamRZ 1988, 1145; NJW 1981, 1556 (1559) = FamRZ 1981, 442.

506 BGH NJW 2007, 144 Rn. 25 = FamRZ 2007, 117.

507 BGH NJW 1981, 1556 (1558) = FamRZ 1981, 442; BeckOGK/*Witt*, 1.2.2019, Rn. 657, 657.1; Soergel/*Häberle* Rn. 60.

508 Von BGH NJW 2007, 511 Rn. 47 = FamRZ 2007, 193; NJW-RR 1988, 514 (518) = FamRZ 1988, 145 (151); NJW 1983, 2937 = FamRZ 1983, 888 (889); NJW 1982, 1986 = FamRZ 1983, 152 (153 f.) ausdrücklich gebilligt. – Zu **anderen Berechnungsmethoden** in der Praxis, meist vor den Entscheidungen des BGH, → 3. Aufl. 1993, Rn. 50; zur Lit. s. *Jacob* FamRZ 1988, 997; *Gröning* FamRZ 1984, 736; FamRZ 1983, 331 (333).

509 BGH NJW 1983, 2937 (2938) = FamRZ 1983, 888; auch *Gutdeutsch* in Wendl/Dose UnterhaltsR § 4 Rn. 917.

510 BGH NJW 1983, 1547 = FamRZ 1982, 1187 (1188); NJW 1981, 1556 (1558) = FamRZ 1981, 442.

342 Die **Praxis** zieht, auch wenn andere Berechnungsmethoden nicht ausgeschlossen sind, im Hinblick auf die Rspr. des BGH zwischenzeitlich, soweit ersichtlich, ausnahmslos die Bremer Tabelle zur Errechnung des Altersvorsorgeunterhalts heran.[511]

343 Gleichwohl sei auf eine offensichtliche **Ungereimtheit** dieser Berechnungsmethode hingewiesen: Außer Betracht gelassen wird die tatsächliche Anlage des Altersvorsorgeunterhalts, die idR bei Versorgungsträgern außerhalb der gesetzlichen Rentenversicherung, bei denen höhere Renditen erzielt werden können/konnten, erfolgt. Die Bremer Tabelle wird deshalb idR zu einer zu hohen Altersversorgung des Bedürftigen führen, ein Effekt, der sich durch die Einbeziehung der zusätzlichen Altersvorsorge (→ Rn. 329–338) noch verstärkt.[512]

**(2) Berechnungsbeispiele.**

344 **Beispiel 1 (keine Einkünfte des Bedürftigen):**[513]

| | |
|---|---|
| Unterhaltspflichtiges Einkommen des Verpflichteten | 6.468 EUR |
| ./. Kindesunterhalt | 1.050 EUR |
| Bereinigtes Nettoeinkommen des Verpflichteten | 5.418 EUR |
| Vorläufiger Elementarunterhalt des Berechtigten 3/7 = fiktives Nettoarbeitsentgelt | 2.322 EUR |
| Fiktives Bruttoarbeitsentgelt des Berechtigten: nach Bremer Tabelle (+ 35%) | 3.135 EUR |
| Krankheitsvorsorgeunterhalt (x 14,6%) | 458 EUR |
| Zusatzbeitrag (x 0,9%) | 29 EUR |
| Pflegevorsorgeunterhalt (x 3,05%)[514] | 96 EUR |
| Bereinigtes Nettoeinkommen des Verpflichteten | 5.418 EUR |
| ./. Krankheitsvorsorgeunterhalt (x 14,6%) | 791 EUR |
| ./. Zusatzbeitrag (x 0,9%) | 49 EUR |
| ./. Pflegevorsorgeunterhalt (x 3,05%) | 165 EUR |
| Bereinigtes Nettoeinkommen des Verpflichteten nach Krankheits-/Pflegevorsorgeunterhalt | 4.413 EUR |
| Vorläufiger Elementarunterhalt x 3/7 = fiktives Nettoarbeitsentgelt | 1.892 EUR |
| Fiktives Bruttoarbeitsentgelt des Berechtigten nach Bremer Tabelle (+ 32%) | 2.498 EUR |
| Altersvorsorgeunterhalt x 18,6% | 465 EUR |
| Bereinigtes Nettoeinkommen des Verpflichteten | 4.413 EUR |
| ./. Altersvorsorgeunterhalt | 465 EUR |
| Bereinigtes Nettoeinkommen des Verpflichteten | 3.948 EUR |
| Elementarunterhalt x 3/7 | 1.692 EUR |
| Gesamtunterhalt des Berechtigten: Elementarunterhalt + Krankheitsvorsorgeunterhalt + Zusatzbeitrag + Pflegevorsorgeunterhalt + Altersvorsorgeunterhalt | 3.162 EUR |

345 **Beispiel 2 (prägende Einkünfte des Bedürftigen):**

| | |
|---|---|
| Unterhaltspflichtiges Einkommen des Verpflichteten | 3.000 EUR |
| Berücksichtigungsfähiges Erwerbseinkommen des Bedürftigen | 1.000 EUR |
| Familieneinkommen | 4.000 EUR |
| /2 = | 2.000 EUR |
| ./. eigenes Einkommen | 1.000 EUR |
| Vorläufiger Elementarunterhalt | 1.000 EUR |
| Fiktives Bruttoarbeitsentgelt: nach Bremer Tabelle (+ 13%) | 1.130 EUR |
| Altersvorsorgeunterhalt (x 18,6% + 4%) | 256 EUR |
| Unterhaltspflichtiges Einkommen des Verpflichteten | 3.000 EUR |
| ./. Altersvorsorgeunterhalt des Bedürftigen | 256 EUR |
| | 2.744 EUR |
| Berücksichtigungsfähiges Erwerbseinkommen des Bedürftigen | 1.000 EUR |
| Familieneinkommen | 3.744 EUR |
| / 2 = | 1.872 EUR |
| ./. eigenes Einkommen | 1.000 EUR |
| Elementarunterhalt | 872 EUR |
| Gesamtunterhalt: Elementarunterhalt + Altersvorsorgeunterhalt | 1.128 EUR |

346 **Beispiel 3 (prägende Einkünfte des Bedürftigen, auf die keine Altersvorsorgebeiträge entrichtet werden):**

| | |
|---|---|
| Unterhaltspflichtiges Einkommen des Verpflichteten | 3.000 EUR |
| Einkommen des Bedürftigen | 1.000 EUR |
| Familieneinkommen | 4.000 EUR |

---

511 S. etwa OLG Hamm NJWE-FER 1997, 98 = FamRZ 1997, 1278 (1279).

512 Dazu auch BeckOGK/*Witt,* 1.2.2019, Rn. 643.

513 Nach BGH NJW 1983, 2937 (2938) = FamRZ 1983, 888 (890), hinsichtlich des Krankenvorsorgeunterhalts modifiziert nach *Gutdeutsch* in Wendl/Dose UnterhaltsR § 4 Rn. 897; s. auch BGH NJW 2007, 511 Rn. 47 = FamRZ 2007, 193.

514 Zuzüglich Kinderlosenzuschlag 0,25%, für Kinderlose mithin 3,30%.

| | |
|---|---|
| Vorläufiger Elementarunterhalt (/ 2 =) | 2.000 EUR |
| Fiktives Bruttoarbeitsentgelt nach Bremer Tabelle (+ 31%) | 2.620 EUR |
| Altersvorsorgeunterhalt (x 18,6% + 4%) | 592 EUR |
| Unterhaltspflichtiges Einkommen des Verpflichteten | 3.000 EUR |
| ./. Altersvorsorgeunterhalt | 592 EUR |
| | 2.408 EUR |
| Berücksichtigungsfähiges Erwerbseinkommen des Bedürftigen | 1.000 EUR |
| Familieneinkommen | 3.408 EUR |
| / 2 = | 1.704 EUR |
| ./. eigenes Einkommen | 1.000 EUR |
| Elementarunterhalt | 704 EUR |
| Gesamtunterhalt: Elementarunterhalt + Altersvorsorgeunterhalt | 1.296 EUR |

**ee) Ausnahme: Einstufige Berechnung des Elementarunterhalts.** Wird die Halbteilung (→ Rn. 348) auch bei einstufiger Berechnung gewahrt, ist diese zur Errechnung des Elementarunterhalts heranzuziehen. Aufwendungen für Kranken-/Pflege- und Altersvorsorge sind dann nicht vorweg abzuziehen, sodass der bei der zweistufigen Berechnung vorläufige bei der **einstufigen Berechnung** bereits der endgültige Elementarunterhalt ist.[515] 347

Dies gilt für folgende **Fälle:**

- Wird der Bedarf wegen des hohen Nettoeinkommens des Verpflichteten **konkret** bemessen (→ Rn. 166–178), sind auch die Altersvorsorgeaufwendungen konkret darzulegen. Die Berechnung eines fiktiven Bruttoeinkommens kann unterbleiben, wenn dadurch der Grundsatz der gleichmäßigen Teilhabe am ehelichen Lebensstandard nicht verletzt wird.[516] Dem Bedürftigen steht der Altersvorsorgeunterhalt neben dem ungekürzten Elementarunterhalt zu.[517] Dies steht einer gleichmäßigen Teilhabe auch dann nicht entgegen, wenn die Ehegatten während der Ehezeit gemessen an den Erwerbseinkünften deshalb eine nur geringe Altersvorsorge betrieben haben, weil sie wegen ihres Vermögens bereits ausreichend für das Alter abgesichert waren; denn nach der Scheidung ist der Bedürftige auf eine andere Alterssicherung angewiesen.[518] 348
- Bei der Bemessung des eheangemessenen Bedarfs wurden Aufwendungen zur **Vermögensbildung** abgesetzt. Diese Mittel hat der Verpflichtete zunächst zur Bestreitung des Vorsorgeunterhalts einzusetzen, weil Vermögensbildung nicht fortgesetzt werden darf, wenn und soweit ein Mehrbedarf sonst nicht befriedigt werden kann.[519] 349
- Der Verpflichtete wird durch die Anrechnung **nicht prägender Einkünfte** des Bedürftigen beim Elementarunterhalt bereits entlastet, weshalb er zusätzliche Mittel zur Bestreitung des Elementarunterhalts zur Verfügung hat.[520] Oder er verfügt selbst über nicht prägende Einkünfte in mindestens der Höhe der sich bei einer zweistufigen Berechnung ergebenden Differenz zwischen vorläufigem und endgültigem Elementarunterhalt.[521] Decken die nicht prägenden Einkünfte den Altersvorsorgeunterhalt nicht in voller Höhe ab, ist dieser zweistufig zu berechnen und von dem ermittelten Betrag die Eigendeckung abzuziehen; lediglich der sich danach ergebende nicht gedeckte Altersvorsorgerest ist den Elementarunterhalt mindernd vom Einkommen des Verpflichteten abzuziehen.[522] 350
- Macht der Berechtigte einen **geringeren Elementarunterhalt** als den ihm gesetzlich zustehenden geltend, verfügt der Verpflichtete über Einkommen, das er zur Bestreitung des Altersvorsorgeunterhalts des Berechtigten heranziehen kann. Dies soll eine zweistufige Berechnung entbehrlich machen.[523] 351

Zutreffend ist, dass die Zuwenigforderung von Elementarunterhalt dem Verpflichteten freie finanzielle Mittel verschafft, und zwar in doppelter Hinsicht, weil der geringere Elementarunterhalt zu einem geringeren Vorsorgeunterhalt führt. Da aber Elementar- und Altersvorsorgeunterhalt einen **einheitlichen Anspruch** verkörpern (→ Rn. 155, → § 1569 Rn. 11), ist das FamG an die geltend gemachte Höhe des Gesamtunterhalts gebunden. Für eine „Deckelung" des Gesamtunterhalts auf den Betrag, der sich bei „zutreffendem", also höherem Elemen- 352

---

515 BeckOGK/*Witt*, 1.2.2019, Rn. 655.

516 BGH NJW 2010, 3372 Rn. 37 = FamRZ 2010, 1637; NJW-RR 1988, 1282 = FamRZ 1988, 1145 (1148); NJW 1983, 1547 = FamRZ 1982, 1187 (1188).

517 BGH NJW 2007, 144 = FamRZ 2007, 117 (118).

518 BGH NJW 2010, 3372 Rn. 37, 38 = FamRZ 2010, 1637.

519 BGH NJW 1987, 1218 = FamRZ 1987, 913 (916); *Gutdeutsch* in Wendl/Dose UnterhaltsR § 4 Rn. 891.

520 BGH NJW-RR 1999, 297 = FamRZ 1999, 372 (374); OLG München BeckRS 1994, 31127432 = FamRZ 1994, 1459; NJW-RR 1993, 1479 = FamRZ 1992, 1310 (1311); *Gutdeutsch* FamRZ 1989, 451.

521 *Gutdeutsch* in Wendl/Dose UnterhaltsR § 4 Rn. 892.

522 AA BeckOGK/*Witt*, 1.2.2019, Rn. 660: hinsichtlich des überschreitenden Betrages ist eine zweistufige Berechnung vorzunehmen.

523 BGH NJW 2012, 1580 Rn. 9, 10 = FamRZ 2012, 945; NJW-RR 1999, 297 (300) = FamRZ 1999, 372.

tarunterhalt und zweistufiger Berechnung des Altersvorsorgeunterhalts ergäbe,[524] besteht deshalb ein Bedürfnis nur dann, wenn der Berechtigte höheren Altersvorsorgeunterhalt geltend macht, als ihm nach dem verlangten Elementarunterhalt zustünde, und der zu geringe Elementarunterhalt zusammen mit dem erhöhten Altersvorsorgeunterhalt unter dem sich unter Zugrundelegung des gesetzlich geschuldeten Gesamtunterhaltsbetrags bleibt.

353 **f) Anlage. aa) Allgemeines.** Beide Ehegatten haben grundsätzlich die **Wahl,** wie sie für das Alter und die Berufs- oder verminderte Erwerbsfähigkeit Vorsorge treffen wollen.[525] Für **nichtselbstständige** Arbeitnehmer besteht hinsichtlich ihrer **primären Altersvorsorge** allerdings insoweit kein Wahlrecht, als sie in der gesetzlichen Rentenversicherung pflichtversichert sind (§ 2 SGB VI); doch betrifft dies nur die Erwerbseinkünfte und nicht auch den Altersvorsorgeunterhalt.[526] Nicht versicherungspflichtige **Selbstständige** können ihre Primärvorsorge sowohl durch freiwillige Versicherung in der **gesetzlichen** Rentenversicherung (§ 7 SGB VI) als auch durch **private** Vorsorge betreiben.[527] – Um die Absicherung für den Fall des Alters und der verminderten Erwerbsfähigkeit zu erreichen,[528] kann nicht jede beliebige vermögenswirksame Anlage des Vorsorgezuschlags gewählt werden,[529] vielmehr ist das **Interesse des Verpflichteten** zu beachten, nach Eintritt des Versorgungsfalles nicht weiter in Anspruch genommen zu werden.

354 Zur Obliegenheit, den Altersvorsorgeunterhalt **steuerbegünstigt** anzulegen, → Rn. 854.

**bb) Anlageformen.** Vornehmlich folgende **private Anlagen** kommen für die sekundäre Altersversorgung in Betracht:

355 – **Lebensversicherungen**[530] als Kapital- oder Rentenversicherung, auch als **Direktversicherung** als Form der betrieblichen Altersversorgung durch Entgeltumwandlung (§ 1a BetrAVG, auch → Rn. 335, 426, 529).[531] Dagegen werden **Risiko-Lebensversicherungen** erst im Fall des Todes fällig und dienen damit idR gerade nicht der Absicherung im Alter, sondern kommen allein den Erben zugute (aber auch → Rn. 943).[532]

356 – **Wertpapiere** und Beteiligungen an **Investmentfonds.**[533] Insbesondere für diese Anlageformen mit dem Risiko erhöhter Volatilität erlangt ihre nachhaltige Werthaltigkeit besondere Bedeutung. Ggf. ist der Ehegatte, der diese Anlageform gewählt hat, fiktiv unter Zugrundelegung einer anderen, sichereren Anlage zu behandeln (zur Obliegenheit zur **Vermögensumschichtung** → Rn. 880–885).[534]

357 – Erwerb und Finanzierung von **Immobilien.**[535] Als monatlicher Aufwand sind neben den Zins- auch die Tilgungsleistungen (zur Berücksichtigung von Tilgungsleistungen auf ein Immobiliendar-

---

524 So BeckOGK/*Witt,* 1.2.2019, Rn. 661: Der Altersvorsorgeunterhalt berechnet sich weiter nach dem gesetzlich geschuldeten Elementarunterhalt, wenn der Berechtigte nicht auch insoweit nur den Ansatz eines geringeren Elementarunterhalts verlangt.

525 BGH NJW 2008, 1946 Rn. 22 = FamRZ 2008, 963; NJW 2007, 2628 Rn. 34 = FamRZ 2007, 1232; NJW 2007, 144 Rn. 24 = FamRZ 2007, 117; BGHZ 169, 59 = NJW 2006, 3344 Rn. 31 = FamRZ 2006, 1511; NJW 2003, 1160 = FamRZ 2003, 860 (863); NJW 1987, 2229 = FamRZ 1987, 684 (686). Der Gesetzgeber (BT-Drs. 7/650, 137) hat vornehmlich an eine Beitragsentrichtung zur gesetzlichen Rentenversicherung gedacht.

526 BGH NJW 2007, 144 Rn. 24 = FamRZ 2007, 117; NJW 1982, 1873 (1875) = FamRZ 1982, 255; s. auch OLG Stuttgart NJW-RR 2018, 772 Rn. 12–16 mBspr *Rasch* NZFam 2018, 371 = FamRZ 2018, 1081.

527 BGH NJW 1981, 1556 = FamRZ 1981, 442 (443): Private Vorsorge ist schon deshalb in Betracht zu ziehen, weil der geschuldete Unterhaltsbetrag hinter der Mindestbeitragshöhe für die gesetzliche Rentenversicherung zurückbleiben kann oder nur eine Höherversicherung möglich wäre, oder aber der Bedürftige bereits privat Vorsorge getroffen hat.

528 BT-Drs. 7/650, 137.

529 OLG Frankfurt a. M. FamRZ 1990, 414.

530 BGH NJW 2009, 2450 Rn. 29 = FamRZ 2009, 1207; BGHZ 169, 59 = NJW 2006, 3344 Rn. 31 = FamRZ 2006, 1511.

531 BGH NJW 2008, 1946 Rn. 22 = FamRZ 2008, 963; BGHZ 163, 84 = NJW 2005, 3277 = FamRZ 2005, 1817 (1821 f.) mAnm *Maurer* FamRZ 2006, 258.

532 BGHZ 213, 288 = NJW 2017, 1169 Rn. 19 mAnm *Reinken* = NZFam 2017, 303 mAnm *Norpoth* = FamRZ 2017 519 mAnm *Hauß*; BeckOGK/*Witt,* 1.2.2019, Rn. 667; aA OLG Hamm BeckRS 2013, 1349 = mBspr *Galinsky* FamFR 2013, 79 = FamRZ 2013, 959 (960) mit unzutreffender Verweisung auf die Entscheidungen BGH NJW 2008, 1946 = FamRZ 2008, 963; NJW 2008, 57 = FamRZ 2007, 1532 ff.; NJW 2007, 144 Rn. 24 = FamRZ 2007, 117); *Borth* NJW 2008, 326 (329).

533 BGHZ 169, 59 = NJW 2006, 3344 Rn. 31 = FamRZ 2006, 1511; OLG Stuttgart NJW-RR 2018, 772 Rn. 15 = FamRZ 2018, 1081 (1082) (Investmentfonds).

534 BGH NJW 2003, 1160 = FamRZ 2003, 860 (863): „nicht zwingend in Betracht zu ziehen".

535 BGHZ 213, 288 = NJW 2017, 1169 Rn. 15–17 mAnm *Reinken* = NZFam 2017, 303 mAnm *Norpoth* = FamRZ 2017, 519 mAnm *Hauß*; NJW 2006, 1794 Rn. 25 ff. = FamRZ 2006, 387 (389 f.); BGHZ 163,

lehen allgemein → Rn. 614, 615),[536] soweit sie nicht bereits durch den **Wohnwert** kompensiert werden,[537]

**Rechenbeispiel:**
Zinsbelastung 400 € + Tilgung 200 € ./. Wohnwert 500 € = restliche Tilgung 100 €, begrenzt auf 4% des maßgeblichen Bruttoeinkommens (→ Rn. 325).

oder, wurde eine Lebensversicherung durch Abtretung des Auszahlungsanspruchs bei **Tilgungsaussetzung** zur Sicherung eines Darlehens verwandt, die Versicherungsprämien zu berücksichtigen. Dient der finanzierte Vermögensgegenstand dagegen nicht der Altersvorsorge und wurde das Einkommen bereits durch die Abschreibung des Gegenstandes vermindert, können die Versicherungsprämien zur Vermeidung einer Doppelberücksichtigung nicht noch einmal abgesetzt werden.[538]

- **Spar-, Bauspar-**[539] und **Fondssparverträge** (insbesondere dann, wenn sie zertifiziert sind), aber auch **Sparbücher.**[540] Stets ist aber zu prüfen, ob und inwieweit die angesparten Mittel tatsächlich der Altersvorsorge dienen oder lediglich für die spätere Anschaffung von Verbrauchsgütern vorgesehen sind. 358
- **Rückstellungen** eines Selbstständigen (§ 6a Abs. 1 EStG).[541] 359

## V. Sonderbedarf

**1. Begriff. a) Allgemeine Definition.** Sonderbedarf ist ein **unregelmäßiger, außergewöhnlich hoher Bedarf** (§ 1585b Abs. 1, § 1613 Abs. 2 Nr. 1 Hs. 1). Unregelmäßig und außergewöhnlich ist er, wenn er nicht mit Wahrscheinlichkeit vorherzusehen war, deshalb bei der Bemessung der laufenden Unterhaltsrente nicht berücksichtigt werden konnte[542] und nach den Umständen des Einzelfalles aus der laufenden Unterhaltsrente nicht zumutbar bestritten werden kann.[543] 360

**b) Einzelheiten.** Zur Gewährleistung einer gerechten Verteilung der materiellen Belastungen dürfen insbesondere an die **Nicht-Vorhersehbarkeit** keine zu strengen Anforderungen gestellt werden.[544] Mag es auch zum Kindesunterhalt angezeigt sein, auf das Überraschungsmoment gänzlich zu verzichten,[545] zum Ehegattenunterhalt ist daran festzuhalten, weil der Bedarf nach den ehelichen Lebensverhältnissen den Lebensbedarf des Berechtigten grundsätzlich vollständig umfasst (→ Rn. 146–149). Es reicht aus, dass die Aufwendungen nicht im Voraus abschätzbar waren und deshalb nicht in die Bemessung der laufenden Unterhaltsrente einfließen konnten.[546] 361

Der Sonderbedarf ist **außergewöhnlich hoch,** wenn er nach den Umständen des Einzelfalles, insbesondere nach seiner Höhe und den Einkünften des Bedürftigen, nach dem Lebenszuschnitt der Ehegatten und nach Anlass und Umfang der Aufwendungen trotz der Leistungsfähigkeit des Verpflichteten nicht **zumutbar** aus der laufenden Unterhaltsrente bestritten werden kann.[547] Dabei kann vom Berechtigten grundsätzlich verlangt werden, einen verhältnismäßig großen Anteil seines laufenden Unterhalts für die Bestreitung der Kosten einzusetzen.[548] Unzumutbarkeit in diesem Sinn 362

84 = NJW 2005, 3277 = FamRZ 2005, 1817 (1820 f.); NJW-RR 2004, 793 = FamRZ 2004, 792 f.; offengelassen noch von BGH NJW 2003, 2306 = FamRZ 2003, 1179 (1182).

[536] BGHZ 163, 84 = NJW 2005, 3277, 3280 = FamRZ 2005, 1817 (1821 f.); auch OLG Hamm NJW 2009, 294 = FamRZ 2009, 981 (984); OLG Karlsruhe BeckRS 2009, 12090.

[537] BGHZ 213, 288 = NJW 2017, 1169 Rn. 32–39 mAnm *Reinken* = NZFam 2017, 303 mAnm *Norpoth* = FamRZ 2017, 519 mAnm *Hauß*.

[538] OLG Hamm NJW-RR 1991, 1474 = FamRZ 1991, 1310 (1312).

[539] BGH NJW 2009, 2450 Rn. 29 = FamRZ 2009, 1207; BGHZ 169, 59 = NJW 2006, 3344 Rn. 31 = FamRZ 2006, 1511.

[540] BGH NJW 2003, 1160 = FamRZ 2003, 860 (863): „im Einzelfall".

[541] Zu deren Behandlung s. *Borth* NJW 2008, 326 (329).

[542] BGH NJW 2006, 1509 Rn. 10 = FamRZ 2006, 612; NJW 1983, 224 = FamRZ 1983, 29 (30); NJW 1982, 328 = FamRZ 1982, 145 (146) zu § 1613 Abs. 2 S. 1.

[543] BGH NJW 1983, 224 = FamRZ 1983, 29 (30); OLG Düsseldorf FamRZ 1982, 1068 (1069); OLG Hamm NJW 1980, 1287 = FamRZ 1980, 478 (479). Zu kosmetischen Operationen → Rn. 375.

[544] *Niepmann/Schwamb* Rspr. zur Höhe des Unterhalts Rn. 327; *Kodal* in Göppinger/Wax UnterhaltsR Rn. 194.

[545] OLG Karlsruhe FamRZ 1997, 967 (968); zu kieferorthopädischen Behandlungskosten eines Kindes als Sonderbedarf nach § 1603 Abs. 2 Nr. 1 s. OLG Celle NJW-RR 2008, 378 = FamRZ 2008, 1884 (1885).

[546] BGH NJW 1983, 224 = FamRZ 1983, 29 (30).

[547] BGH NJW 1983, 224 = FamRZ 1983, 29 (30); NJW 1982, 328 (329 f.) = FamRZ 1982, 145; OLG Düsseldorf FamRZ 1982, 1068 (1069).

[548] BGH NJW 1982, 328 (329) = FamRZ 1982, 145.

liegt jedoch stets vor, wenn die Unterhaltsrente ohnehin nur den notwendigen Bedarf abdeckt oder die zusätzlichen Aufwendungen deren Monatsbetrag übersteigen.[549]

363 Der **trennungsbedingte Mehrbedarf** (→ Rn. 240–248) unterscheidet sich vom Sonderbedarf durch seine Regelmäßigkeit. Im Gegensatz zum Sonderbedarf ist er bei der Bestimmung des vollen nachehelichen Unterhaltsbedarfs zu berücksichtigen (→ Rn. 240). Während der Mehrbedarf Teil des **laufenden Unterhalts** und deshalb mit diesem abgegolten ist, ist der Sonderbedarf neben dem laufenden Unterhalt zu bezahlen und führt nicht zu dessen Verringerung. Zu den Einzelheiten → Rn. 240–248, → § 1613 Rn. 58–90; zu **Studiengebühren** → Rn. 239, 877.

364 **2. Einzelfälle. a) Krankheitskosten.** Kosten einer **Krankheit,** eher weniger auch der **Pflegebedürftigkeit** können Sonderbedarf iSe „unregelmäßigen außergewöhnlich hohen Bedarfs" (Abs. 1, § 1613 Abs. 2 Nr. 1) sein, wenn bzw. soweit sie nicht durch eine Versicherung abgedeckt sind. Allerdings wird sich der Berechtigte entgegenhalten lassen müssen, wenn er den Anspruch auf „die Kosten einer angemessenen Versicherung für den Fall der Krankheit und der Pflegebedürftigkeit" (Abs. 2), die diese Krankheits-/Pflegekosten abgedeckt hätte, nicht geltend gemacht hatte. Nachträglich stehen ihm die Aufwendungen für eine Versicherung nicht mehr zu (→ § 1585b Rn. 101). Dies steht jedoch nicht entgegen, ihm diese Kosten als – verringerten – Sonderbedarf zuzuerkennen.

365 **b) Verfahrenskostenvorschuss. aa) Gerichtliche Geltendmachung.** Der Verfahrenskostenvorschuss kann in einem Verfahren der **Hauptsache** als auch im Verfahren der **einstweiligen Anordnung** geltend gemacht werden. Dagegen scheidet die Geltendmachung von Verfahrenskostenvorschuss im **Verbund** aus, da nicht eine Entscheidung für den Fall der Scheidung (§ 137 Abs. 2 S. 1 FamFG), sondern für die Durchführung des Scheidungsverfahrens erstrebt wird.

366 **bb) „Stichtag". (1) Grundsatz: Rechtskraft der Scheidung.** Zwischen **geschiedenen Ehegatten** besteht grundsätzlich kein Anspruch auf Verfahrenskostenvorschuss, weil ihre unterhaltsrechtlichen Beziehungen infolge ihrer grundsätzlichen wirtschaftlichen Eigenverantwortung nicht mehr von der besonderen, zwischen Ehegatten bestehenden Verantwortung geprägt sind und § 1360a Abs. 4 nicht für entsprechend anwendbar erklärt wird.[550] Für ein Verfahren auf nachehelichen Unterhalt kann Verfahrenskostenvorschuss deshalb nur dann verlangt werden, wenn er noch während der **Trennungszeit** in einem selbstständigen Verfahren oder während des anhängigen Scheidungsverfahrens im Verfahren der **einstweiligen Anordnung** (§ 246 FamFG) für die Scheidungssache und die Folgesachen, auch für den im Verbund geforderten nachehelichen Unterhalt (§ 137 Abs. 2 S. 1 Nr. 2 FamFG, § 231 Abs. 1 Nr. 2 FamFG), verlangt wird (§ 1361 Abs. 4 S. 2, § 1360a Abs. 4).[551] Zudem kann aus einer einstweiligen Anordnung auch nach Abschluss des Verfahrens, für das der Verfahrenskostenvorschuss zugesprochen wurde, die **Zwangsvollstreckung** betrieben werden, weil „der Berufung auf eine durch eigene Säumnis entstandene Situation im Übrigen auch der Arglisteinwand entgegen[stünde]".[552]

367 **(2) Abgetrennte Folgesache.** Wurde eine Folgesache aus dem Verbund abgetrennt (§ 140 FamFG) und die Ehe vorab rechtskräftig geschieden, soll eine Vorschusspflicht **nicht** mehr bestehen, weil die gesetzlichen Regelungen zum nachehelichen Unterhalt § 1360a Abs. 4 nicht ausdrücklich für entsprechend anwendbar erklären.[553] Dies soll nur dann nicht gelten, wenn der Verpflichtete bereits in Verzug gesetzt worden ist[554] oder einen Antrag im Verfahren der einstweiligen Anordnung (§§ 49 ff. FamFG) gestellt und damit alles zur Verwirklichung seines Vorschussanspruchs getan hat.[555]

---

549 OLG Düsseldorf FamRZ 1982, 1068 (1069); FamRZ 1981, 75 (76).

550 BGH NJW 2017, 1960 Rn. 12 = FamRZ 2017, 1052; NJW 2010, 372 Rn. 8 = FamRZ 2010, 189; NJW-RR 1990, 194 = FamRZ 1990, 280 (282); BGHZ 89, 33 = NJW 1984, 291 = FamRZ 1984, 148 f. mit krit. Anm. *Herpers* FamRZ 1984, 465; s. auch OLG Schleswig BeckRS 2008, 2366 = FamRZ 2008, 614 (615).

551 Dazu auch OLG Schleswig BeckRS 2008, 2366 = FamRZ 2008, 614 (615) mwN.

552 BGHZ 94, 316 = NJW 1985, 2263 f. = FamRZ 1985, 802.

553 So – allerdings ohne jede Begründung – BGH NJW 2017, 1960 Rn. 14 = FamRZ 2017, 1052; auch OLG München BeckRS 2016, 108141 mBspr *Szantay* NZFam 2017, 471= FamRZ 2016, 1935 (Vorinstanz zu BGH NJW 2017, 1960 Rn. 14 = FamRZ 2017, 1052); nunmehr auch BeckOGK/*Preisner,* 1.2.2019, § 1360a Rn. 212; aA OLG Nürnberg BeckRS 1989, 31138108 = FamRZ 1990, 421 f.; → § 1360a Rn. 21; Palandt/*Brudermüller* Rn. 10; BeckOK BGB/*Beutler,* 47. Ed. 1.8.2018, § 1360a Rn. 10; jurisPK-BGB/*Grandel* § 1360a Rn. 30.

554 OLG Frankfurt a. M. NJOZ 2005, 927 f. = BeckRS 2004, 12544; offengelassen von BGH NJW 2017, 1960 Rn. 13 = FamRZ 2017, 1052.

555 OLG Zweibrücken FamRZ 2000, 757; OLG Karlsruhe NJWE-FER 1999, 267 (268) = FamRZ 2000, 431 (432); OLG Frankfurt a. M. BeckRS 1993, 3798 = FamRZ 1993, 1465; offengelassen von BGH NJW 2017, 1960 Rn. 13 = FamRZ 2017, 1052.

**Kritik:** Diese Rspr. ist aus mehrfachen Gründen **abzulehnen.**

Es besteht kein rechtfertigender Grund dafür, den Ehegatten, der berechtigterweise seine Rechte im Verbund mit dem Scheidungsverfahren verfolgt, lediglich deshalb von einem Anspruch auf Verfahrenskostenvorschuss auszuschließen, weil im Interesse des idR vorschusspflichtigen Ehegatten der Verbund aufgelöst und die Scheidung rechtskräftig ausgesprochen wurde. Dass die gesetzliche Regelung keine entsprechende Anwendung von § 1360a Abs. 4 vorsieht, ist dem Umstand geschuldet, dass die Vorschusspflicht nach Abtrennung der Folgesache und Vorabausspruch der Scheidung vom Gesetzgeber nicht bedacht wurde.[556] Die Rspr. des BGH hat zudem zur Folge, dass der „vorschussberechtigte" Ehegatte in „kostenträchtigen" Folgesachen den Scheidungsausspruch mit der Begründung, die Voraussetzungen für eine Abtrennung nach § 140 FamFG hätten nicht vorgelegen und lägen immer noch nicht vor, anfechten muss, um die Wiederherstellung des Verbundes und ein „Wiederaufleben" seines Vorschussanspruchs zu erreichen. Ausnahmen vom Erlöschen des Anspruchs (→ Rn. 367) bedarf es deshalb nicht. 368

**cc) Fälligkeit.** Die § 1585b Abs. 2, § 1601 Abs. 1 – Fälligkeit nach Inverzugsetzung oder Rechtshängigkeit (§ 1585b Rn. 42–45) – sind zwar nicht anwendbar (§ 1585b Abs. 1, § 1613 Abs. 2, auch → § 1585b Rn. 27). Gleichwohl ist Vorschuss eben Vorschuss und nicht „Nachschuss", weshalb für ein bereits **abgeschlossenes** Verfahren kein Anspruch auf „Vorschuss" mehr bestehen kann. Auch während eines noch **laufenden** Verfahrens kann Vorschuss nur noch für nicht bereits angefallene, sondern nur für erst künftig anfallende Verfahrenskosten verlangt werden; ausgenommen hiervon ist lediglich die Verfahrensgebühr eines Rechtsanwalts (Nr. 3100 Anlage 1 zu § 2 Abs. 2 RVG) als sog. „Dauergebühr"[557]. 369

Da es auf die Inverzugsetzung für die Fälligkeit es Anspruchs auf Verfahrenskostenvorschuss nicht ankommt, kann diese zwar nicht maßgeblich dafür sein, ob für eine aus dem Verbund abgetrennte Folgesache noch Verfahrenskostenvorschuss geschuldet wird. Doch kann dem Verpflichteten, der sich auf die zwischenzeitlich vollzogene Scheidung beruft, entgegengehalten werden, er handle **arglistig.**[558] 370

**dd) Verhältnis Trennungsunterhalt/Verfahrenskostenvorschuss.** Ein Verfahrenskostenvorschuss für den als Quotenunterhalt (Halbteilung) geltend gemachten nachehelichen Unterhalt kommt jedenfalls dann nicht in Betracht, wenn der Verpflichtete nicht über **sehr hohe** – wobei dann eine Bemessung des Unterhalts nach der Halbteilung kaum in Betracht kommen dürfte – oder über **zusätzliche nichtprägende Einkünfte** bzw. über **Vermögen,** das er zur Bestreitung von Unterhaltspflichten einzusetzen hätte (§ 1581 S. 2, → § 1581 Rn. 100–105), verfügt.[559] – Wegen seines Vorrangs im Verhältnis zur **Verfahrenskostenhilfe** (→ Rn. 365, 366) setzt der Anspruch auf Verfahrenskostenvorschuss voraus, dass er „zeitnah" durchgesetzt werden kann. Daran soll[560] es in der Regel fehlen, wenn der Verpflichtete einen Unterhaltsanspruch dem Grunde und der Höhe nach bestreitet. 371

**ee) Verwirkung des Anspruchs der Hauptsache.** Wird bereits dem Anspruch auf Verfahrenskostenvorschuss die Verwirkung des Unterhaltsanspruchs nach **§ 1579** entgegengehalten, wird er idR gleichwohl zugesprochen werden müssen, um die Prüfung in der Hauptsache zu eröffnen, ob § 1579 verwirklicht ist und zu welchen Rechtsfolgen – Ausschluss, Herabsetzung oder Befristung des Unterhalts – dies führt.[561] Etwas anderes kann nur gelten, wenn die Verwirkung und der Ausschluss des Unterhaltsanspruchs offensichtlich sind. 372

**c) Umzugskosten.** Sie und die Kosten zur **Renovierung** der neu bezogenen Wohnung sind infolge ihrer Unregelmäßigkeit Sonderbedarf.[562] Für die Zumutbarkeit, sie aus der laufenden Unterhaltsrente zu bestreiten, ist für die **Trennungszeit** auch darauf abzustellen, ob eine Trennung in der Ehewohnung möglich und zumutbar[563] oder ob der Umzug wirtschaftlich oder persönlich unsinnig[564] war. IdR werden sie aber als **trennungsbedingter Mehraufwand** über die Quote abgedeckt (→ Rn. 242–246). – Musste ein Ehegatte diese Kosten durch Aufnahme eines Darlehens **finanzieren,** kann er den monatlichen Schuldendienst von seinen Einkünften abziehen. Sein diesbezüglicher Bedarf 373

---

556 Allgemein zur Rechtsentwicklung BGHZ 89, 33 = NJW 1984, 291 (292) = FamRZ 1984, 148.

557 Dazu etwa OLG Düsseldorf BeckRS 2009, 23464 mwN.

558 OLG Frankfurt a. M. NJOZ 2005, 927 = BeckRS 2004, 12544; BeckRS 1993, 3798 = FamRZ 1993, 1465 (1467); OLG Bamberg BeckRS 2009, 28997 = FamRZ 1986, 484 f.; OLG Düsseldorf FamRZ 1981, 295 (296).

559 OLG Düsseldorf BeckRS 2019, 2186 Rn. 6 mBspr *Schuldei* NZFam 2019, 271; OLG Karlsruhe BeckRS 2016, 7406 Rn. 10 mAnm *Bruns* NZFam 2016, 520 = FamRZ 2016, 1279; BeckRS 2011, 20128 = FamRZ 2011, 1235; OLG Hamm BeckRS 2012, 15943; OLG München NJW-RR 2006, 292 = FamRZ 2006, 791.

560 OLG Düsseldorf BeckRS 2019, 2186 Rn. 8 mBspr *Schuldei* NZFam 2019, 271; s. auch OLG Nürnberg BeckRS 2013, 14230 = FamRZ 2013, 1321.

561 OLG Zweibrücken NJW-RR 2001, 1009 = FamRZ 2001, 1149.

562 Dazu BGH NJW 1983, 224 = FamRZ 1983, 29; OLG Düsseldorf FamRZ 1982, 1068.

563 OLG Köln FamRZ 1986, 163 (164 f.).

564 OLG Düsseldorf FamRZ 1982, 1068 (1069 f.).

ist damit gedeckt, sodass (auch) der Unterhaltsgläubiger daneben nicht auch noch Sonderbedarf verlangen kann.[565]

374 **d) Verbindlichkeiten.** Sie können den Bedarf mitbestimmen, wenn sie die ehelichen Lebensverhältnisse mitgeprägt haben (Abs. 1 S. 1). IdR wird es sich bei dem monatlichen Schuldendienst nicht um einen Sonderbedarf handeln, weil seine Entstehung mit Wahrscheinlichkeit vorherzusehen war.[566] Wurden die Verbindlichkeiten allerdings eingegangen, um **berücksichtigungsfähigen Sonderbedarf** zu befriedigen, für den der Verpflichtete hätte einstehen müssen, jedoch mangels finanzieller Mittel nicht einstehen konnte, hat er im Rahmen seiner Leistungsfähigkeit für die monatlichen Kreditkosten als Sonderbedarf aufzukommen, wenn dieser rechtzeitig geltend gemacht worden ist.[567]

375 **e) Kosmetische Operationen.** Künftige Kosten für Schönheitsoperationen zählen auch dann, wenn sie aufgrund Alters notwendig sind und zwangsläufig auftreten, nicht zu den gesundheitsbedingt erforderlichen Behandlungen und Maßnahmen (auch → Rn. 169, 236) und deshalb nicht zum Elementarunterhalt. Sie können deshalb erst nach ihrem jeweiligen Anfall als Sonderbedarf geltend gemacht werden.[568]

376 **3. Höhe.** Sonderbedarf ist, Bedürftigkeit und Leistungsfähigkeit vorausgesetzt, grundsätzlich in Höhe der tatsächlich anfallenden Aufwendungen geschuldet. Im Einzelfall kann es jedoch angemessen sein,

- die Kosten durch einen Vorwegabzug von den Einkünften des Berechtigten auf beide Ehegatten zu verteilen,
- die Ehegatten auf deren Deckung durch nicht prägende oder zur Vermögensbildung bestimmte Einkünfte oder
- den Berechtigten auf die Verwertung seines Vermögensstamms (§ 1577 Abs. 3) zu verweisen.[569]

Eine nachträgliche (fiktive) Verteilung auf einen längeren Zeitraum, um zu einer tragbaren monatlichen Durchschnittsbelastung des Berechtigten zu gelangen, scheidet jedoch aus.[570]

## VI. Vermögensbildung

377 **1. Begriff.** Der Vermögensbildung sind die finanziellen Mittel zuzurechnen, die Ehegatten bewusst dem Verbrauch für ihre täglichen Bedürfnisse entziehen, um **bleibendes Vermögen** aufzubauen.

378 Unerheblich ist dabei grundsätzlich, wenn die Ehegatten mit der Vermögensbildung **gemeinsame Zwecke** zu Lasten der Lebensführung verfolgt haben.[571] Lag diesen allerdings ein wirtschaftlich vernünftiger konkreter Lebensplan – etwa der Aufbau eines Gewerbebetriebes oder die Anschaffung eines Familienheims – zugrunde, der größere Sparraten bedingt hat, kann dies eine Korrektur der Unterhaltsbemessung nahelegen. Zu berücksichtigen ist dabei auch, ob und mit welchem Anteil beide Ehegatten an dem Vermögensgegenstand **beteiligt** wurden oder durch güterrechtlichen Ausgleich daran teilhaben.[572] Dies soll nicht für die Investition in ein **Renditeobjekt** gelten, deren Erträge nicht der Altersvorsorge dienen sollen;[573] doch wird man diesen Ausschluss der Berücksichtigungsfähigkeit als zusätzliche Altersvorsorge auf rein **spekulative** Investitionen beschränken müssen.

379 Nicht der Vermögensbildung dienen **Sparguthaben** zur späteren Befriedigung aufgeschobener Unterhaltsbedürfnisse, wie etwa die Ansparung der finanziellen Mittel für ein Auto oder eine Urlaubsreise, ebenso nicht die als **Notgroschen** für unvorhergesehene Ausgaben vorgehaltenen Gelder. Insoweit handelt es sich um Aufwendungen für **Bedarfsgüter,** die der Lebensführung dienen und deren Wert mit zunehmendem Gebrauch laufend abnimmt.[574]

---

565 BeckOGK/*Witt,* 1.2.2019, Rn. 590.
566 AA *Hoppenz* FamRZ 1987, 324 (zeitlich gestreckter Sonderbedarf).
567 *Strohal* in Göppinger/Wax UnterhaltsR Rn. 268.
568 BGH NJW 2012, 1144 Rn. 43 = FamRZ 2012, 517 („etwa Fettabsaugen" [?]); BeckRS 2012, 4471 Rn. 23 = FamRZ 2012, 514.
569 BGH NJW 1983, 224 (225) = FamRZ 1983, 29; BeckOGK/*Witt,* 1.11.2018, Rn. 586; BeckOGK/*Winter,* 1.2.2019, § 1585b Rn. 28; Soergel/*Häberle* Rn. 77.
570 BGH NJW 1982, 328 (329) = FamRZ 1982, 145.
571 BGH NJW 1992, 2477 = FamRZ 1992, 1045 (1048); NJW-RR 1987, 194 = FamRZ 1987, 36 (39).
572 BGH NJW 1989, 2809 (2810) = FamRZ 1989, 1160; zu Letzterem auch BGH NJW 2008, 57 Rn. 47 = FamRZ 2007, 1532.
573 BeckOGK/*Witt,* 1.2.2019, Rn. 534; *Borth* in Schwab ScheidungsR-HdB IV Rn. 1016.
574 BGHZ 89, 108 = NJW 1984, 292 = FamRZ 1984, 149 (151).

**2. Bedarf.** Das Unterhaltsrecht dient zwar nicht der Vermögensbildung, und zwar weder der des Berechtigten noch der des Verpflichteten (→ Rn. 16). Doch haben Einkünfte, die während der Ehe für die Vermögensbildung verwandt wurden, nach der Rspr. des BGH nicht der Deckung des ehelichen **Lebensbedarfs** gedient und somit nicht die ehelichen Lebensverhältnisse iSd § 1578 geprägt (zum **Maßstab** → Rn. 13–16).[575] 380

Daran kann man **zweifeln:** Zwar trifft der Ausgangspunkt zu, dass die Ehegatten die während ihres ehelichen Zusammenlebens für die Vermögensbildung aufgewandten Beträge nicht zur Bestreitung ihres Lebensunterhalts verwenden konnten. IdR werden sie mit diesen Beträgen jedoch gemeinsame Ziele verfolgt haben, die durch die Scheidung der Ehe wieder entfallen sind. Schreibt man diese „Vermögensbildung" in der nachehelichen Zeit fort, finanziert ein Ehegatte die Vermögensbildung des anderen zur Hälfte mit: 381

**Berechnungsbeispiel 1:** 382
Der Unterhaltsschuldner hat anzusetzende monatliche Einkünfte von 4.000 EUR und wendet für die Vermögensbildung monatlich 400 EUR auf, der Unterhaltsgläubiger hat keine Einkünfte:
Ohne die Berücksichtigung der Vermögensbildung beläuft sich der Unterhaltsanspruch auf 4.000 EUR/ 2 = 2.000 EUR,
mit Berücksichtigung auf (4.000 EUR – 400 EUR) /2 = 1.800 EUR.

**Berechnungsbeispiel 2:** 383
Der Unterhaltsschuldner hat anzusetzende monatliche Einkünfte von 4.000 EUR, der Unterhaltsgläubiger von 2.000 EUR, zudem wendet er für die Vermögensbildung monatlich 400 EUR auf:
Ohne die Berücksichtigung der Vermögensbildung beläuft sich der Unterhaltsanspruch auf
(4.000 EUR + 2.000 EUR) /2 – 2.000 EUR = 1.000 EUR,
mit Berücksichtigung
(4.000 EUR + 2.000 EUR – 400 EUR) /2 – 1.600 EUR = 1.200 EUR.

Diese Rspr. des BGH geht auf das **Stichtagsprinzip** zurück, das heute in seiner rigiden Form nicht mehr angewandt wird, vielmehr nach der Scheidung eingetretene Veränderungen zulässt (→ Rn. 49–58). Hierunter ist auch die aufgehobene Zweckbindung der Vermögensbildung zu fassen, sodass nicht nur in Mangelfällen,[576] sondern in aller Regel die zur Vermögensbildung aufgewandten Beträge nicht mehr bedarfsmindernd zu berücksichtigen sind. **Ausnahmen** wird man für hohe Einkommen machen können, wenn sie nicht ohnehin zu einer konkreten Unterhaltsbemessung (→ Rn. 166–178) führen. 384

**3. Bedürftigkeit. Leistungsfähigkeit.** Bei der Bestimmung der **Bedürftigkeit** und der **Leistungsfähigkeit** bleiben die Aufwendungen für die Vermögensbildung unberücksichtigt, weil der Unterhalt nicht der Vermögensbildung dient, es sei denn, sie sind unterhaltsrechtlich **neutral,** etwa wenn den Tilgungsraten für ein Darlehen, das zur Vermögensbildung führt, wie bei der Bildung von Wohneigentum durch das mietfreie Wohnen, ein unterhaltsrechtlich zu berücksichtigender Vorteil gegenübersteht.[577] Deshalb vermindern die für die Vermögensbildung aufgewandten Beträge in aller Regel die **Bedürftigkeit** und steigern die **Leistungsfähigkeit.** – Zur Berücksichtigung von Prämienzahlungen auf eine **Lebensversicherung** und allgemein zur Berücksichtigung von Vermögensbildung als **zusätzliche Altersvorsorge** → Rn. 329–338. 385

**4. Verhältnismäßigkeit.** Der Bedürftige braucht sich an der Mittelverwendung während des Zusammenlebens nicht festhalten zu lassen, wenn die Ehegatten ihr Konsumverhalten zugunsten der Vermögensbildung nach einem objektiven Maßstab in unverhältnismäßig hohem Maße eingeschränkt und nach ihren finanziellen Verhältnissen erkennbar zu dürftig gelebt oder übertriebenen Aufwand gepflegt haben (**„Geizkragenehe", „Luxusehe",** → Rn. 15, 684), zumal mit der Scheidung die personale Grundlage für eine eingeschränkte Lebensführung entfallen ist und der Bedürftige an der weiteren Vermögensbildung nicht mehr teilnimmt.[578] Eine zulässige **Vermögensbildungs-** 386

---

575 BGHZ 89, 108 = NJW 1984, 292 = FamRZ 1984, 149 (151); NJW 1983, 1733 = FamRZ 1983, 678 (679); NJW 1980, 1686 = FamRZ 1980, 665 (669); OLG Oldenburg NJW 2004, 1051 = FamRZ 2004, 1211 f. (für „VW-Zeitwertpapiere", um spätere Altersteilzeit zu ermöglichen); s. auch *Borth* FamRZ 2009, 1912; aA für Lebensversicherungsbeiträge etwa OLG Hamburg BeckRS 2010, 4199 = FamRZ 1984, 59 (61).

576 Dazu *Borth* FamRZ 2009, 1912.

577 BGH NJW 2008, 1946 Rn. 19 = FamRZ 2008, 963 (965).

578 BGH NJW-RR 1987, 194 = FamRZ 1987, 36 (39); NJW 1984, 1237 = FamRZ 1984, 358 (360 f.); OLG Bamberg NJW-RR 1994, 454 = FamRZ 1994, 1178 (1179); OLG Koblenz NJW-RR 1993, 964 = FamRZ 1993, 199 (201); wohl auch OLG Hamm FamRZ 1993, 1089 (1090) (Erörterung einer Sättigungsgrenze); aA scheinbar OLG Köln BeckRS 1997, 31127563 = FamRZ 1998, 1427 f. für Vermögensbildung aus Nebeneinkünften.

**rate** kann jedoch nicht pauschal durch einen Erfahrungssatz ermittelt, sondern muss im Einzelfall festgestellt werden.[579]

387 **5. Mangelfall.** In ihm bleiben die Aufwendungen für eine Vermögensbildung, an der der andere Ehegatte nicht teilhat, wegen des **Vorrangs der Deckung des Lebensbedarfs** außer Betracht.[580] Weder der Berechtigte noch der Verpflichtete kann dann zulasten des anderen Vermögen bilden.[581]

388 **6. Darlegungs- und Beweislast.** Für sie bleibt es auch in diesem Zusammenhang grundsätzlich bei den **allgemeinen Grundsätzen.** Danach hat der Berechtigte seinen Bedarf und seine Bedürftigkeit und der Verpflichtete seine Leistungsunfähigkeit zu beweisen. Da es sich um eine doppelrelevante Tatsache handelt,[582] obliegt es zunächst dem Berechtigten darzulegen, welcher Teil der Familieneinkünfte zur Deckung des allgemeinen ehelichen Lebensbedarfs verwandt und welcher der Vermögensbildung zugeführt worden ist.[583]

389 Bei **durchschnittlichen Einkommensverhältnissen** kann idR davon ausgegangen werden, dass das gesamte Familieneinkommen im Wesentlichen für die Bestreitung des ehelichen Bedarfs verwandt wird.[584] Beruft sich der Verpflichtet dennoch auf Aufwendungen für die Vermögensbildung, hat er diese konkret darzulegen und ggf. zu beweisen.

Allerdings ist in diesem Zusammenhang maßgeblich, was als „Familieneinkommen" zugrunde gelegt wird. Meist werden Aufwendungen für die zusätzliche Altersvorsorge in allen ihren Formen innerhalb der Grenzen von 4% des Bruttoeinkommens (→ Rn. 329–338) bereits abgezogen sein. Auch die Tilgungsraten etwa für Immobiliendarlehen für eigengenutzten Wohnraum und, soweit zu berücksichtigen, sonstige Darlehen können, auch wenn sie der Vermögensbildung dienen, bereits einkommensmindernd Berücksichtigung gefunden haben (allgemein zur Berücksichtigung von Verbindlichkeiten → Rn. 904–964).

Durchschnittliche familiäre Einkommensverhältnisse liegen nach Ansicht des BGH[585] bis zum Doppelten des höchsten Einkommensbetrages der Düsseldorfer Tabelle vor, derzeit mithin bis (2 x 5.500 EUR =) 11.000 EUR.

**Kritik:**
Die von der BReg festgestellten durchschnittlichen Bruttoarbeitsentgelte aller Versicherten betrugen für 2016 = 36.187 EUR, vorläufige Durchschnittsentgelte wurden für die Jahre 2017 = 37.103 EUR und 2018 = 37.873 EUR festgesetzt. Danach ergäbe sich, wenn beide Ehegatten vollschichtig erwerbstätig sind, ein Familieneinkommen von brutto etwa 76.000 EUR, was zu einem monatlichen Nettoeinkommen von ca. 4.100 EUR führt. Mit diesen Durchschnittsentgelten ist die Bemessung des durchschnittlichen monatlichen Familiennettoeinkommens durch den BGH nicht vereinbar.

390 Bei **besonders günstigen,** diesen Grenzbetrag übersteigenden Einkommensverhältnissen besteht dagegen die Vermutung, dass sie nicht in vollem Umfang zur Bestreitung des ehelichen Lebensbedarfs herangezogen werden. Der Berechtigte muss dann entweder seinen Bedarf konkret bemessen (→ Rn. 904–964) oder darlegen und ggf. beweisen, dass das Einkommen vollständig zur Deckung des ehelichen Lebensbedarfs herangezogen wurde.[586]

## E. Einkünfte

### I. Erwerbseinkünfte

391 **1. Unselbstständige Arbeit. a) Grundsätze.** Das Erwerbseinkommen umfasst alle **geldwerten Leistungen des Arbeitgebers** – auch Geschäftsführerbezüge[587] –, die im Hinblick auf das Arbeits- und Dienstverhältnis gezahlt werden.[588] Maßgeblich ist idR das auf 1 Jahr umgelegte **Netto-**

---

579 BGH NJW-RR 1987, 194 (196) = FamRZ 1987, 36.
580 OLG Frankfurt a. M. BeckRS 2001, 30167308; auch BeckOGK/*Witt,* 1.2.2019, Rn. 536.
581 BGH NJW-RR 1987, 1218 (1220) = FamRZ 1987, 913.
582 Allgemein NK-BGB/*Schürmann* Rn. 140.
583 AA BeckOGK/*Witt,* 1.2.2019, Rn. 643; ebenso wohl *Dose* in Wendl/Dose UnterhaltsR § 6 Rn. 727.
584 BGHZ 217, 24 = NJW 2018, 468 Rn. 16 mAnm *Born* NJW 2018, 470, *Schwamb* NZFam 2018, 132 = FamRZ 2018, 260 mAnm *Seiler.*
585 BGHZ 217, 24 = NJW 2018, 468 Rn. 21 mAnm *Born* NJW 2018, 470, *Schwamb* NZFam 2018, 132 = FamRZ 2018, 260 mAnm *Seiler.*
586 BGHZ 217, 24 = NJW 2018, 468 Rn. 21 mAnm *Born* NJW 2018, 470, *Schwamb* NZFam 2018, 132 = FamRZ 2018, 260 mAnm *Seiler.*
587 Das OLG Hamburg FamRZ 1998, 294 f. rechnet sie zu den Privatentnahmen (→ Rn. 456–463).
588 BGH BeckRS 2010, 21768 = FamRZ 1980, 342 (343).

**einkommen.** Für in der **Vergangenheit** liegende Unterhaltszeiträume ist das erzielte Einkommen bekannt und für diese Zeiträume deshalb stets das entsprechende Jahreseinkommen zugrunde zu legen.[589] Für das **laufende** und die **zukünftigen Jahre** beruht die Feststellung des maßgeblichen Einkommens dagegen auf einer Prognose. Um mit einem möglichst realistischen Einkommen zu rechnen, ist das Einkommen des zurückliegenden Kalenderjahres heranzuziehen.[590] Doch auch das auf das Kalenderjahr bezogene tatsächliche Einkommen ist dann nicht maßgeblich, wenn sich die Einkommensverhältnisse – positiv wie negativ – nachhaltig **geändert** haben;[591] unter Wahrung der Struktur und Zusammensetzung der bisherigen Einkünfte – etwa zum Weihnachts- und Urlaubsgeld – ist das Einkommen dann auf ein entsprechendes Jahreseinkommen umzurechnen.[592]

**b) Erwerbseinkünfte. aa) Geldleistungen.** Auszugehen ist von dem **Bruttoeinkommen** einschließlich

- **Urlaubs-** und **Weihnachtsgeld;**[593] **Prämien** jeder Art;[594] **Gewinnbeteiligungen.** 392
- berufstypischer **Schicht-,**[595] **Nacht-, Sonntags-** und **Feiertagszuschläge**[596] sowie **Überstundenvergütungen,** soweit sie nur in geringem Umfang anfallen oder das im jeweiligen Beruf übliche Maß nicht übersteigen. Maßstab ist auch insoweit, ob die Erzielung dieser Zuschläge zumutbar ist. Sie sind deshalb vor allem dann zu berücksichtigen, wenn sie – etwa aus wirtschaftlichen Gründen – bereits während des ehelichen Zusammenlebens erzielt wurden und die durch Trennung und Scheidung veränderten Lebensumstände ihre weitere Erzielung nicht in einem unerträglichen Maße erschweren. 393
- **Tantiemen, Gratifikationen,**[597] einmalige und jährlich sich wiederholende Sonderzuwendungen wie **Jahressonderzahlungen, Jahresprämien**[598] und **Jubiläumszulagen.**[599] Ob sie im Jahr ihrer Auszahlung zu berücksichtigen oder auf mehrere Jahre zu verteilen sind, wird regelmäßig dann relevant, wenn der Unterhaltsgläubiger wegen Auslaufens seines Anspruchs bei einer Umlegung auf mehrere Jahre nicht mehr in vollem Umfang an ihr teilhat. Ihre **Umlegung** hat auf einen angemessenen Zeitraum zu erfolgen. Dabei ist maßgeblich auf die Höhe des Jahreseinkommens und der Sonderzuwendungen und ihr Verhältnis zueinander abzustellen. Beträgt die Zulage nicht mehr als 20% des Jahreseinkommens, sollte es bei dem Ansatz im Jahr ihrer Auszahlung bleiben, zumal höhere Zuwendungen idR zu einem nicht unerheblichen Teil in die Vermögensbildung fließen.[600] 394

**Richtwerte der unterhaltsrechtlichen Leitlinien zur Behandlung von Jubiläumszulagen:** 395
**Umlegung auf**

- 1 Jahr: KG Nr. 1.2.1,
- angemessenen Zeitraum: Bremen, Oldenburg, jeweils Nr. 1.2 S. 2
- angemessenen, länger als ein Jahr dauernden Zeitraum: Brandenburg: Nr. 1.2 S. 2
- angemessenen Zeitraum, idR auf mehrere Jahre: Düsseldorf: Nr. 1.2 Abs. 1, Koblenz: Nr. 1.2, Frankfurt a. M., Hamburg, Köln, Rostock, Schleswig, SüdL, jeweils Nr. 1. 2 S. 2,
- angemessenen Zeitraum so, dass der bisherige Lebensstandard aufrechterhalten werden kann: Celle Nr. 1.2 S. 2,

**Umlegung (stets) auf mehrere Jahre:**
Jena Nr. 1.2 S 2.

589 Etwa BGH NJW 2008, 57 Rn. 23 = FamRZ 2007, 1532.
590 OLG München BeckRS 2010, 1407 = FamRZ 1984, 173; Soergel/*Häberle* Rn. 78; BeckOGK/*Witt,* 1.2.2019, Rn. 40, 41. Der BGH BeckRS 2013, 6782 Rn. 22 = FamRZ 2013, 935 lässt beide Berechnungsarten zu.
591 OLG Dresden NJW-RR 2014, 452 = FamRZ 2014, 1471.
592 Anders OLG München BeckRS 2010, 1407 = FamRZ 1984, 173; Soergel/*Häberle* Rn. 78; BeckOGK/*Witt,* 1.2.2019, Rn. 41: Kürzerer Zeitraum ist zugrunde zu legen.
593 BGH NJW 1991, 1049 = FamRZ 1991, 416 (418); NJW 1982, 822 = FamRZ 1982, 250; NJW 1980, 2251 = FamRZ 1980, 984; NJW 1980, 934 = FamRZ 1980, 555 (556).
594 BGH NJW 2013, 1738 Rn. 23 = FamRZ 2013, 935; NJW 1980, 2251 = FamRZ 1980, 984; NJW 1971, 137 = FamRZ 1970, 636.
595 OLG Karlsruhe BeckRS 2010, 28672 = FamRZ 2010, 1909 (insoweit nicht abgedruckt); OLG Brandenburg BeckRS 2011, 27015; BeckRS 2011, 4491; OLG Braunschweig 2.10.1981 – 2 UF 110/81; OLG Stuttgart BeckRS 2006, 14293 = FamRZ 1978, 1332.
596 BGH NJW 2013, 1738 Rn. 24, 27 = FamRZ 2013, 935.
597 OLG München BeckRS 1995, 31130249 = FamRZ 1996, 307.
598 BGH NJW 2013, 1738 Rn. 27 = FamRZ 2013, 935.
599 OLG Oldenburg NJW-RR 2009, 1657 = FamRZ 2009, 1911.
600 Abzulehnen *Niepmann/Schwamb* Rspr. zur Höhe des Unterhalts Rn. 795: Berücksichtigung im Jahr der Auszahlung bis zur Höhe eines normalen Jahreseinkommens.

396 **Beispiele aus der Rspr.** zur Behandlung von Jubiläumszulagen:
OLG Stuttgart BeckRS 2013, 19421 = FamRZ 2014, 781 Ls. (zur VKH): Bei einer Höhe von 8.195 EUR ist sie nur in dem Jahr ihrer Auszahlung zu berücksichtigen. Offenbleibt, ob es sich um den Brutto- oder den Nettobetrag handelt und in welchem Verhältnis er zum Jahreseinkommen ohne Jubiläumszuwendung steht.
OLG Brandenburg BeckRS 2011, 27015: Verteilung auf 3 Jahre.
OLG Oldenburg NJW-RR 2009, 1657 = FamRZ 2009, 1911 (1912) (zur PKH): Bei einer Höhe von netto 5.355 EUR ist auf 2 Jahre zu verteilen.
OLG Celle BeckRS 2007, 11846 = FamRZ 2007, 1821 (insoweit nicht abgedruckt): Bei einer Höhe von 1.996 EUR bleibt sie offensichtlich unberücksichtigt.
OLG Hamm BeckRS 2008, 1175 = FamRZ 1999, 233 (insoweit nicht abgedruckt): Bei einer Höhe von insgesamt 14.638 DM, davon 2.400 DM steuerfrei, sind sie bei einem monatlichen Nettoeinkommen von 3.100 DM auf 3 Jahre zu verteilen.
OLG Frankfurt a. M. NJW-RR 1989, 1232 (1233) = FamRZ 1990, 62 (insoweit nicht abgedruckt): Verteilung einer Jubiläumszulage von brutto 3.500 DM = netto 1968,40 DM bei einem monatlichen Nettoeinkommen von 2.580 DM auf 3 Jahre.
OLG Hamm BeckRS 1981, 31165333 = FamRZ 1982, 70 (71): Verteilung der Jubiläumszulage, deren konkrete Höhe nicht mitgeteilt wird, auf 3 Jahre.

397 – **Zulagen jeder Art**[601] einschließlich **Erschwerniszulagen;**[602] Vergütung von **Überstunden, Sonn-** und **Feiertagsarbeit.**

398 – **Aufwandsentschädigungen** bei Abgeordneten[603] und Bürgermeistern;[604] **Sitzungsgelder** bei kommunalen Volksvertretern.[605]

399 – bei **Beamten** und **Richtern: Ortszuschlag** einschließlich kindbezogener Bestandteile, auch soweit er für ein **Stiefkind,** dem der Bezieher nicht unterhaltspflichtig ist, gewährt wird, weil sie nicht unter den Ehegatten auszugleichen oder auf den Barunterhalt des Kindes anzurechnen sind (→ Rn. 98, 99),[606] **Familienzuschlag** (→ Rn. 92–94);[607] **Ministerialzulage.**[608]

400 – bei **Soldaten:**[609] **Fliegerzulage** und **Fliegeraufwandentschädigung,**[610] nach Ausscheiden aus dem Dienst ggf. **Übergangsgebührnisse** und **-beihilfen.**[611]

401 – bei **Gerichtsvollziehern** neben den Dienstbezügen die Entschädigungen.[612]

402 – **Nebeneinkünfte,**[613] **Erfindervergütungen.**

403 – Erlöse aus dem Verkauf von **Aktienoptionen,**[614] sofern sie dem Verbrauch für den Lebensbedarf zugeführt werden.[615] Doch wird es hierauf kaum ankommen, weil bei der Zuwendung von Aktienoptionen die Höhe des übrigen Einkommens meist zu einer konkreten Bedarfsbemessung (→ Rn. 166–178) führen wird.

404 – **Pflegegeld.**[616]

405 – Arbeitsentgelt eines **Strafgefangenen** (§ 43 StVollzG), das sich aus Eigengeld, Hausgeld und Überbrückungsgeld zusammensetzt (zur **Erwerbsobliegenheit** eines Strafgefangenen → Rn. 777–781). In unterhaltsrechtlicher Hinsicht ist zu unterscheiden:[617]

406 – Das **Eigengeld** (§ 52 StVollzG)[618] verbleibt dem Verpflichteten. Es beträgt 4/7 des Arbeitsentgelts, wovon allerdings das Überbrückungsgeld abzuziehen ist, und ist voller Höhe pfänd-

---

601 BGH NJW 2013, 1738 Rn. 23 = FamRZ 2013, 935.
602 AG Herne-Wanne FamRZ 1988, 502: Anrechnung zu ⅔.
603 BGH NJW-RR 1986, 1002 = FamRZ 1986, 780 (781).
604 OLG Bamberg FamRZ 1999, 1082.
605 BGH BeckRS 2010, 12054 = FamRZ 1983, 670 (672); OLG Bamberg FamRZ 1999, 1082.
606 BGH NJW-RR 1989, 580 Ls. = FamRZ 1989, 172 (173 f.); NJW 1984, 1458 = FamRZ 1984, 374 (376); NJW 1983, 933 = FamRZ 1983, 49 f.
607 BGHZ 171, 206 = NJW 2007, 1961 Rn. 44–48 = FamRZ 2007, 793; NJW-RR 1990, 580 = FamRZ 1990, 981 (983).
608 OLG Köln BeckRS 2010, 14640 = FamRZ 1982, 706 (708).
609 Dazu auch OLG Koblenz BeckRS 2010, 28676 = FamRZ 2010, 1915 Ls. 1: kein Nutzungsvorteil wegen kostenfreier Unterkunft, soweit der Soldat auch eine Wohnung außerhalb der Kaserne führt.
610 BGH NJW 1994, 134 = FamRZ 1994, 21 (22); OLG Hamm BeckRS 2010, 29682 = FamRZ 1991, 576.
611 BGH NJW-RR 1987, 706 = FamRZ 1987, 930 (931). Zu den Übergangsgebührnissen s. auch OLG Köln FamRZ 1995, 353 (354).
612 OLG Köln FamRZ 1987, 1257.
613 BGH NJW 2013, 1738 Rn. 23 = FamRZ 2013, 935; NJW 1982, 822 = FamRZ 1982, 250 mwN; OLG Köln NJW-RR 1998, 1300 = FamRZ 1999, 113 (114).
614 OLG Oldenburg NJW-RR 2009, 1657 = FamRZ 2009, 1911 (1912).
615 *Borth* FamRZ 2009, 1912.
616 BeckOGK/*Witt,* 1.2.2019, Rn. 504.
617 Zum Ganzen auch *Dose* in Wendl/Dose UnterhaltsR § 1 Rn. 731.
618 Zum Unterhaltsbeitrag (§ 49 StVollzG) s. BGH NJW 2015, 2493 Rn. 43 = FamRZ 2015, 1473.

bar. Der Verpflichtete hat das Eigengeld zur Bestreitung seiner Unterhaltspflicht einzusetzen.[619]

– 3/7 des Arbeitsentgelts steht dem Strafgefangenen als **Hausgeld** zum Einkauf von Nahrungs-, Genuss- und Körperpflegemitteln, für Postgebühren etc zur Verfügung (§§ 47, 22 Abs. 1 StVollzG). Es hat ihm als Minimum für seine die Unterkunft, Verpflegung und Bekleidung übersteigenden notwendigen Ausgaben des täglichen Lebens zu verbleiben,[620] ist unpfändbar[621] und wahrt den dem Verpflichteten zu verbleibenden **Selbstbehalt.**[622] Hat er vor Antritt der Strafhaft in einer neuen Ehe den Haushalt geführt, sodass er dem Bedürftigen nicht seinen notwendigen Selbstbehalt entgegenhalten kann (→ Rn. 643–650, → § 1581 Rn. 43), muss er auch das Hausgeld zur Bestreitung des Unterhalts des Bedürftigen einsetzen, und der neue Ehegatte hat die Bedürfnisse, die durch das Hausgeld abgedeckt werden sollen, zu befriedigen.[623] 407

– Das **Überbrückungsgeld** (§ 51 StVollzG) steht dem Bedürftigen stets offen, weil auch dieses dem Lebensunterhalt des Verpflichteten dient. Allerdings soll es den notwendigen Unterhalt des Strafgefangenen für die ersten 4 Wochen nach der Entlassung absichern und wird erst bei der Entlassung ausbezahlt, weshalb der Verpflichtete auch erst nach seiner Entlassung darüber verfügen kann und auch der Bedürftige erst ab diesem Zeitpunkt den Zugriff hat.[624] 408

– **Taschengeld** (§ 46 StVollzG), das einem Strafgefangenem zusteht, der unverschuldet kein Arbeitsentgelt erzielt und keine Ausbildungsbeihilfe erhält, verbleibt stets dem Häftling.[625] 409

– **Sondergeld** (§ 54 JVollzGB III BW) sind die von Dritten für den Strafgefangenen als Ersatz für nicht zulässige Lebensmittelzuwendungen erbrachte Zahlungen, das dem Hausgeld gleichgestellt und unpfändbar ist. Zudem sind sie unterhaltsrechtlich unbeachtlich, soweit es sich, wie wohl idR, um freiwillige Zuwendungen handelt.[626] 410

– Strafgefangene, die in einem freien Beschäftigungsverhältnis stehen oder sich selbst beschäftigen („Freigänger"), haben einen **Haftkostenbeitrag,** der „auch von dem unpfändbaren Teil der Bezüge, nicht aber zu Lasten des Hausgelds und der Ansprüche unterhaltsberechtigter Angehöriger angesetzt werden [darf]", zu entrichten (§ 51 JVollzGB III BW). Hinsichtlich des freien Betrages ist das Einkommen wie Eigengeld in voller Höhe pfändbar. 411

– **Steuerrückerstattungen, Steuernachzahlungen** (näher → Rn. 502–508). 412

**bb) Entschädigungen. Spesen,**[627] **Trennungsentschädigungen, Reisekostenerstattungen, Auslandszuschläge**[628] und **Auslösungen**[629] sind unabhängig davon, ob sie steuerfrei gewährt werden oder unpfändbar (§ 95 Abs. 1 Nr. 1 FamFG, § 850a Nr. 3 ZPO, § 850d Abs. 1 S. 1 ZPO) sind, nach Abzug der Aufwendungen in tatsächlicher Höhe und möglicher Steuerbelastungen als Einkommen anzusetzen.[630] Zusätzlich gewährtem **Kaufkraftausgleich, Mietzuschuss** und **Fahrtkostenersatz** für Heimreisen steht der tatsächliche Aufwand gegenüber, der nach konkreten Angaben des betroffenen Ehegatten geschätzt werden kann.[631] 413

---

619 BGH NJW 2015, 2493 Rn. 17 = FamRZ 2015, 1473 mwN; auch OLG Koblenz BeckRS 2014, 21848 Rn. 19, 20 = FamRZ 2015, 147 f.

620 BGH NJW 2015, 2493 Rn. 14 = FamRZ 2015, 1473; NJW 1982, 2491 = FamRZ 1982, 913 f.; NJW 1982, 1812 = FamRZ 1982, 792 (793 f.); auch OLG Koblenz BeckRS 2014, 21848 Rn. 18 = FamRZ 2015, 147 f.; OLG München BeckRS 2009, 88987 = FamRZ 2010, 127.

621 BGH NJW 2015, 2493 Rn. 15 = FamRZ 2015, 1473 mwN.

622 BGH NJW 2015, 2493 Rn. 21–31 = FamRZ 2015, 1473.

623 OLG Zweibrücken BeckRS 1989, 31167157 = FamRZ 1990, 553 (554).

624 BGH NJW 2015, 2493 Rn. 16 = FamRZ 2015, 1473; NJW 1982, 1812 = FamRZ 1982, 792 (794); auch OLG München BeckRS 2009, 88987 = FamRZ 2010, 127 (128).

625 BGH NJW 2015, 2493 Rn. 26, 27 = FamRZ 2015, 1473.

626 BGH NJW 2015, 2493 Rn. 19, 20 = FamRZ 2015, 1473.

627 BGH NJW 2014, 2785 Rn. 50 = FamRZ 2014, 1536; *Dose* in Wendl/Dose UnterhaltsR § 1 Rn. 78 behandelt die Spesen in ihrer weiteren Bedeutung als Aufwendungen, die durch Geschäfts- oder Dienstreisen entstanden sind, wie etwa der Aufwand für die Verpflegung, Übernachtungskosten sowie sonstige Nebenkosten.

628 BGH BeckRS 2010, 21768 = FamRZ 1980, 342 (343 f.); OLG Dresden BeckRS 2014, 7373 = FamRZ 2014, 1307 Ls.; OLG Hamm NJW-RR 2010, 74 = FamRZ 2009, 2009 (Härtezulage: Hardship Allowance); OLGR 1999, 90 f.; OLG Bamberg NJWE-FER 1997, 242 = FamRZ 1997, 1339 (1340); OLG Köln BeckRS 1990, 31127880 = FamRZ 1991, 940 (941); OLG Koblenz BeckRS 1987, 31159510 = DAVorm 1987, 704.

629 BGH NJW-RR 1989, 900 = FamRZ 1990, 266 (267).

630 BGH BeckRS 2010, 21768 = FamRZ 1980, 342 (343 f.).

631 OLG Hamm OLGR 1999, 90 (91) (vom betroffenen Ehegatten substantiiert darzulegen und ggf. zu belegen); OLG Bamberg NJWE-FER 1997, 242 = FamRZ 1997, 1339 (1340). Ohne weitere Differenzierung

414 **Spesen** führen idR auch zur **Ersparnis** häuslicher Aufwendungen für Ernährung, aber auch für sonstige Verbrauchskosten – wie Strom-, Gas-, Wasser-, Heiz-, Telefon-, Zeitungs- und Fernsehkosten etc (zur Haushaltsersparnis infolge **Zusammenlebens** mit anderen → Rn. 649–656) –, die nur durch eine Schätzung (§ 113 Abs. 1 S. 2 FamFG, § 287 ZPO) erfasst werden können. Diese Ersparnisse können in Anlehnung an die unterhaltsrechtlichen Leitlinien pauschal mit ⅓ des ausbezahlten Betrages bemessen werden,[632] soweit die Kosten die Spesenanteile nicht vollständig auffressen.[633] – Soweit die Ersparnis auf **überobligatorischem,** mit unzumutbaren persönlichen Einschränkungen verbundenem Sparverhalten beruht (→ Rn. 15, 386, 684), prägen die Spesen die ehelichen Lebensverhältnisse nicht; ihre Anrechnung richtet sich dann für den Bedürftigen nach § 1577 Abs. 2 und für den Verpflichteten nach § 242.[634]

415 **cc) Abfindungen.** Auch sie dienen unabhängig von ihrer arbeitsrechtlichen Qualifikation – zukunftsbezogene Entschädigung für Lohneinbußen (etwa Sozialplanabfindungen), Gegenleistung für den Verzicht auf eine Kündigungsschutzklage, Entschädigung für den Verlust des Arbeitsplatzes und des mit ihm verbundenen sozialen Besitzstandes – sowie davon, ob ein Rechtsanspruch auf sie bestand, in unterhaltsrechtlicher Hinsicht dem **Lohnersatz**[635] und ermöglichen die Aufrechterhaltung des bisherigen Lebensstandards für eine Übergangszeit bis zur Erlangung einer neuen Arbeitsstelle. Als Ersatz für das Erwerbseinkommen[636] ist grundsätzlich unerheblich, ob der Bezug der Abfindung bei Scheidung der Ehe bereits absehbar war.[637]

416 Im **Einzelnen** gilt (zur Behandlung der Abfindung aus einer **unzumutbaren Erwerbstätigkeit** → Rn. 475, zu den **Obliegenheiten** im Zusammenhang mit Abfindungen → Rn. 817–819, zu ihrer **steuerlichen Behandlung** → Rn. 86, zum **Verbot der Doppelberücksichtigung** der Abfindung beim Unterhalt und bei der güterrechtlichen Auseinandersetzung → § 1569 Rn. 38–43[638]):

417 – Vorrangig ist die Abfindung so anzulegen, dass mit den **Vermögenserträgen** die Einkommenseinbußen ausgeglichen werden können.[639] Ist dies nicht möglich, ist sie im Rahmen einer sparsamen Wirtschaftsführung auf einen längeren Zeitraum, nach dem erst die Anpassung an die geänderten Verhältnisse in Betracht kommt, zu verteilen und zur Bestreitung des eheangemessenen Lebensbedarfs auch des Berechtigten zu verwenden.[640]

418 – Die Aufteilung der Abfindung auf einen nach den Umständen des Einzelfalls **angemessenen Zeitraum**[641] soll den ehelichen **Lebensstandard** des Ehegatten nach seinen bisherigen Erwerbseinkünften unter Einbeziehung etwa von Arbeitslosengeld möglichst lange erhalten (ehemaliges Nettoeinkommen – Erwerbstätigenbonus = ALG I/ALG II + anteilige Abfindung; zum ALG II

---

Anrechnung zu ⅓ OLG Naumburg BeckRS 2002, 30299406; OLG Stuttgart BeckRS 2001, 30983940 = FamRZ 2002, 820 Ls.

632 LL Nr. 1.4, zum Teil (Brandenburg, Bremen, Dresden, Celle, Frankfurt a. M., Hamburg, Hamm, KG, Koblenz, Naumburg, Oldenburg, Rostock, SüdL, Jena) beschränkt auf Aufwendungspauschalen; s. auch OLG Naumburg BeckRS 2008, 4493 = FamRZ 2008, 1274 Ls.; OLG Brandenburg BeckRS 2006, 10026 = FamRZ 2007, 71 Ls.; OLG Frankfurt a. M. FPR 2004, 398 (399) = FamRZ 2004, 1397 Ls.; LL Köln Nr. 1.4 sieht stets die konkrete Bemessung der Ersparnis vor.

633 OLG Frankfurt a. M. FPR 2004, 398 f. = FamRZ 2004, 1397 Ls. berücksichtigt auch hinsichtlich der Übernachtungskosten keine häusliche Ersparnis.

634 Dazu *Dose* in Wendl/Dose UnterhaltsR, 7. Aufl. 2008, § 1 Rn. 61; besonders lästige Reisetätigkeit; Übernachten im Lastzug statt im Hotel (?).

635 BGH NJW 2012, 1873 Rn. 9 = FamRZ 2012, 1048; BGHZ 193, 78 = NJW 2012, 1868 Rn. 37 = FamRZ 2012, 1040; BGHZ 188, 282 = NJW 2011, 999 Rn. 35 = FamRZ 2011, 622; BGHZ 172, 22 = NJW 2007, 2249 Rn. 36 = FamRZ 2007, 983; OLG Hamm NJOZ 2012, 1297 (1299) = FamRZ 2012, 1734 Ls.; OLG Karlsruhe NJW-RR 2001, 113 = FamRZ 2001, 1615; OLG Frankfurt a. M. FuR 2001, 371 (376 f.); OLG Hamm BeckRS 2008, 1175 = FamRZ 1999, 233 (234); aA BGH (IX. Zivilsenat) NJW 1998, 749 = FamRZ 1998, 362, der Abfindungen deshalb dem Zugewinnausgleich zurechnet. Zum Ganzen auch *Kaiser* FS Schwab, 2005, 495 (500–506); *Maurer* FamRZ 2012, 1685 f., jeweils mwN.

636 BGHZ 193, 78 = NJW 2012, 1868 Rn. 44 = FamRZ 2012, 1040.

637 AA OLG Köln BeckRS 2001, 5312; wohl auch OLG Stuttgart BeckRS 2008, 19457 = FamRZ 2008, 2208 (insoweit nicht abgedruckt).

638 Dazu auch BGH NJW 2012, 1868 Rn. 42 = FamRZ 2012, 1040.

639 AG Essen BeckRS 2010, 29681 = FamRZ 1991, 575.

640 BGH NJW 1990, 709 = FamRZ 1990, 269 (271); NJW 1987, 1554 = FamRZ 1987, 359 (360); NJW 1982, 822 = FamRZ 1982, 250 (252); auch OLG Hamm NJW-RR 1996, 66 = FamRZ 1996, 219 (220).

641 So der BGHZ 193, 78 = NJW 2012, 1868 Rn. 41 = FamRZ 2012, 1040; NJW 1990, 709 = FamRZ 1990, 269 (271); NJW 1987, 1554 = FamRZ 1987, 359 (360); s. auch OLG Frankfurt a. M. FuR 2001, 371 (376). – Ebenso LL Nr. 1.2: Brandenburg, Braunschweig, Bremen, Celle, Dresden, Düsseldorf, Frankfurt a. M., Hamburg, Hamm, KG, Koblenz, Köln (idR mehrere Jahre), Naumburg, Rostock, Oldenburg, Schleswig, Jena, SüdL. – Das OLG Köln BeckRS 2001, 14658 legt die Abfindung ohne weitere Abwägung auf 5 Jahre um.

aber → Rn. 542, 570–572).[642] Da nicht stets das frühere Unterhaltsniveau erreicht werden muss, kann die Aufteilung insbesondere bei dauerhafter Arbeitslosigkeit oder keiner Aussicht auf eine Einkommensverbesserung auch auf einen längeren Zeitraum erstreckt werden.[643]

– Hat der Ehegatte vor dem vollständigen **Verbrauch** der Abfindung wieder eine Arbeitsstelle gefunden, ist der verbliebene Betrag zur Erreichung des bisherigen Einkommensniveaus als Einkommen einzusetzen.[644] Verdient er dagegen jedenfalls **nicht weniger,** kann die Abfindung die ehelichen Lebensverhältnisse nicht prägen,[645] auch nicht mit ihrem Vermögensertrag, sondern lediglich die Leistungsfähigkeit beeinflussen. Der Restbetrag bleibt als Vermögen bei der Bedarfsbemessung unberücksichtigt,[646] die aus ihm erzielten/erzielbaren Vermögenseinkünfte sind bei der Bedürftigkeit und Leistungsfähigkeit dem jeweiligen Einkommen hinzuzurechnen. **419**

– Eine Abfindung prägt die ehelichen Lebensverhältnisse auch dann, wenn der betroffene Ehegatte nach Auflösung seines Arbeitsverhältnisses nur eine **geringer bezahlte Arbeit** findet und diese Einkommensminderung auch unterhaltsrechtlich hingenommen werden muss, weil sie gerade auch für diese Fälle bezahlt wird.[647] **420**

– Bei **älteren Arbeitnehmern** dient eine Abfindung oft der Wahrung des bisherigen Lebensstandards bis zum Eintritt in die Rente,[648] sodass sie grundsätzlich auch auf diesen Zeitraum aufzuteilen ist. Zu einer Erhöhung des eheangemessenen Lebensbedarfs kann dies allerdings nur dann führen, wenn die Ehegatten die Abfindung noch in der bedarfsprägenden Zeit erwartet und sie sich, ggf. auch für das Rentenalter, in ihren wirtschaftlichen Dispositionen darauf eingestellt hatten.[649] Ansonsten wirkt der Abfindungsrest nur bedarfsdeckend und die Leistungsfähigkeit erhöhend. **421**

– Eine Abfindung kann auch dann bis zum Renteneintritt aufgeteilt werden, wenn dadurch zwar der eheangemessene Bedarf **unterschritten,** ansonsten aber die Belange des Bedürftigen angesichts der bisherigen Lebensverhältnisse nicht genügend gewahrt würden.[650] **422**

– Der **Bedürftige** hat eine Abfindung vollständig zur Bestreitung seines Lebensbedarfs zu verwenden. **423**

– Nach dem **vollständigen Verbrauch** einer Abfindung vor Ablauf der Umlegungszeit steht dem Ehegatten zur Anpassung eines Titels ggf. ein **Abänderungsantrag** (§§ 238, 239 FamFG) offen.[651] **424**

– Der Abfindung von Gehaltsansprüchen gleich zu behandeln ist die Abfindung von Anrechten aus der **betrieblichen** oder **berufsständischen Altersversorgung,** die nicht bereits durch den Versorgungsausgleich ausgeglichen worden sind.[652] **425**

---

642 BGHZ 193, 78= NJW 2012, 1868 Rn. 39 = FamRZ 2012, 1040. Ähnlich OLG Brandenburg BeckRS 2006, 10030 = FamRZ 2006, 1701 Ls.; OLG Koblenz NJW-RR 2005, 1675 = FamRZ 2006, 1447 (1448); OLG Frankfurt a. M. BeckRS 2010, 25800 = FamRZ 2005, 36 (Obergrenze ist der Betrag nach den ehelichen Lebensverhältnissen); OLG Karlsruhe NJW-RR 2001, 113 = FamRZ 2001, 1615; OLG Hamm NJWE-FER 2000, 273 f. = FamRZ 2001, 103 Ls.; BeckRS 2008, 1175 = FamRZ 1999, 233 (234); NJW-RR 1996, 66 = FamRZ 1996, 219 (220); OLG Dresden NJWE-FER 2000, 256 = FamRZ 2000, 1433 Ls.

643 BGH NJW 2012, 1873 Rn. 14 = FamRZ 2012, 1048; NJW 2012, 1868 Rn. 41 = FamRZ 2012, 1040.

644 OLG Frankfurt a. M. FPR 2001, 404.

645 BGH NJW 2010, 2582 Rn. 28, 29 = FamRZ 2010, 1311 (allerdings dürfte der Hinweis „auf eine[r] unerwartete[n] und vom Normalverlauf abweichende[n] Entwicklung" in diesem Zusammenhang unzutr. sein); ebenso die Vorinstanz OLG Stuttgart BeckRS 2008, 19457 = FamRZ 2008, 2208 (insoweit nicht abgedruckt).

646 BGH NJW 2010, 2582 Rn. 28, 29 = FamRZ 2010, 1311; NJW 2012, 1873 Rn. 10 = FamRZ 2012, 1048; NJW 2012, 1868 Rn. 38 = FamRZ 2012, 1040.

647 Nunmehr auch BGH NJW 2012, 1873 Rn. 11 = FamRZ 2012, 1048; BGHZ 193, 78 =NJW 2012, 1868 Rn. 40 = FamRZ 2012, 1040; ebenso bereits OLG Hamm NJW 2007, 1218 (1219) = FamRZ 2007, 1818 Ls.; OLG Frankfurt a. M. FPR 2001, 404; aA noch BGHZ 153, 358 = NJW 2003, 1518 = FamRZ 2003, 590 (591 f.).

648 BGHZ 193, 78 = NJW 2012, 1868 Rn. 39 = FamRZ 2012, 1040; BGHZ 172, 22 = NJW 2007, 2249 Rn. 36 = FamRZ 2007, 983; NJW 1987, 1554 = FamRZ 1987, 359 (360).

649 AG Saarbrücken 15.10.2007 – 40 F 203/06, juris Rn. 22; *Maurer* FamRZ 2012, 1685 (1690); aA – Aufteilung der ganzen Abfindung bis zum Erreichen der Altersgrenze – OLG Koblenz BeckRS 2011, 6279 = FamRZ 2005, 720 (722); OLG Zweibrücken NJWE-FER 2001, 143 (144); OLG Frankfurt a. M. BeckRS 1999, 13674 = FamRZ 2000, 611; OLG München FamRZ 1995, 809; AG Essen BeckRS 2010, 29681 = FamRZ 1991, 575 (576) (10 Jahre bis zum Eintritt in das Rentenalter).

650 Ähnlich OLG Hamm BeckRS 1997, 10830 = FamRZ 1998, 27 (28); OLG Oldenburg FamRZ 1996, 672 (mit der Annahme einer fortbestehenden Erwerbsobliegenheit im Umfang einer Teilzeittätigkeit); OLG Koblenz BeckRS 2010, 29680 = FamRZ 1991, 573 (574).

651 BGHZ 193, 78 = NJW 2012, 1868 Rn. 44 = FamRZ 2012, 1040.

652 OLG Köln BeckRS 1997, 31362498 = FamRZ 1998, 619 (620) zu einer „Austrittsvergütung", die zur Ablösung von Versorgungsanrechten gegen eine betriebliche Versorgungskasse gezahlt wird, als unterhaltsrechtlich anrechenbares Einkommen im Einzelfall; ähnlich OLG Hamm BeckRS 2010, 28675 = FamRZ 2010, 1914 (1915).

426 **dd) „Geschonte" Erwerbseinkünfte. Nicht** zum berücksichtigungsfähigen Erwerbseinkommen zählen

- die **Arbeitnehmersparzulage,**[653]
- **Sparprämien,**
- Zuschüsse des Arbeitgebers zu **vermögenswirksamen Leistungen** und zu **Direktversicherungen** (§ 1a BetrAVG, → Rn. 335, 529), weil sie ohne entsprechende Vermögensanlage nicht ausbezahlt würden. Da sie steuer- und sozialversicherungspflichtig sind, ist nur ihr Nettoanteil nicht abzugsfähig.[654]

**ee) Geldwerte Leistungen.** Hinzukommen geldwerte Leistungen des Arbeitgebers wie

427 – **Sachzuwendungen**[655] – etwa **Personalrabatte,**[656] **Gegenstände**[657] oder **freies Essen, Dienstwohnung** – sowie **Gebrauchsvorteile.** Unbare Vorteile sind, ggf. mittels Schätzung (§ 113 Abs. 1 FamFG, § 287 ZPO), in einen Geldwert umzurechnen,[658] um die Vergleichbarkeit mit der ausschließlichen Leistungseinheit „Geld" (§ 1585 Abs. 1 S. 1, → § 1585 Rn. 11, 12) herzustellen.[659]

– Insbesondere: Die Gestattung der privaten Nutzung eines **Dienstwagens:**[660]

428 – Ihr Anteil kann entsprechend der **steuerrechtlichen Regelung** idR mit monatlich 1% des Bruttolistenpreises (§ 8 Abs. 2 S. 2, 6 Abs. 1 Nr. 4 S. 2 EStG) bemessen werden, um gerade im Massengeschäft Unterhalt eine möglichst einfache Berechnungsmethode anzuwenden.[661]

429 – Dem Ansatz eines Vorteils der Privatnutzung soll in Einzelfällen ganz oder teilweise entgegenstehen können, dass sich der betroffene Arbeitnehmer **privat** einen dem Dienstwagen entsprechenden PKW nicht anschaffen würde.[662] Doch ist der Arbeitnehmer nicht gehindert, mit seinem Arbeitgeber zu vereinbaren, dass der PKW gerade nicht privat genutzt wird. Ihm werden dann entsprechende Vorteile auch nicht zugerechnet, berufsbedingte Fahrtkosten fallen idR nicht an und die mit der Anschaffung eines PKW verbundenen Kosten bleiben unterhaltsrechtlich gänzlich unberücksichtigt.

430 – Für die kostenfreie Nutzung des Firmenwagens **zwischen Wohnung und Arbeitsstätte** werden zusätzlich steuerlich 0,03% des Bruttolistenpreises/Kalendermonat als Sachbezug angesetzt (§ 8 Abs. 2 S. 3 EStG). Dem stehen die konkreten Fahrtaufwendungen gegenüber. Maßgeblich

---

[653] BGH NJW 1992, 1624 = FamRZ 1992, 797 (799); NJW 1980, 2251 = FamRZ 1980, 984 f.

[654] BGHZ 162, 384 = NJW 2005, 2145 = FamRZ 2005, 1154 (1158); NJW-RR 1999, 297 = FamRZ 1999, 372 (375); aA noch BGH NJW 1992, 1624 = FamRZ 1992, 797 (799); NJW 1980, 2251 = FamRZ 1980, 984 (985) („vermögenswirksame Leistungen des Arbeitgebers keine einkommensmindernden Ausgaben im unterhaltsrechtlichen Sinne", dafür die Sparzulage keine einkommenserhöhende); Abzug des Nettoanteils allerdings nicht gerügt von BGH NJW-RR 1990, 514 = FamRZ 1990, 503.

[655] Zu Hypothekenzinsen als Sachzuwendungen s. OLG Düsseldorf FamRZ 2004, 1292. Sie nicht als unterhaltsrelevant zu berücksichtigen, überzeugt nicht.

[656] Die aber in Anspruch genommen worden sein müssen, OLG Hamm NJWE-FER 1998, 219 = FamRZ 1999, 166 (167).

[657] BGH NJW 1983, 2318 = FamRZ 1983, 352 (353); auch OLG Hamburg BeckRS 2009, 26228 = FamRZ 1987, 1045; AG Weilburg NJW-RR 1998, 1156 = FamRZ 1998, 1168 (1169). Zur Bewertung der Sachleistungen ist auf die Nutzungsmöglichkeit und nicht auf die tatsächliche Nutzung abzustellen (OLG Hamm NJWE-FER 1999, 74 (75) = FamRZ 1999, 513 Ls.).

[658] BGH NJW 2005, 433 (434) = FamRZ 2005, 97 (landwirtschaftliche Eigenprodukte).

[659] BeckOGK/*Witt,* 1.2.2019, Rn. 34.

[660] Dazu auch *Galinsky* NZFam 2015, 951 ff.

[661] Ebenso OLG Karlsruhe NJW-RR 2015, 1411 = FamRZ 2016, 237 (238); OLG Hamm NJW 2009, 294 = FamRZ 2009, 981 (984); OLG Hamm BeckRS 2008, 3321 = FamRZ 2008, 281 (Abweichung von der 1%-Regelung aber jedenfalls bei Nutzung eines für berufliche Repräsentationszwecke angeschafften besonders kostspieligen PKW); OLG Bamberg NJW 2007, 1218 (1219) = FamRZ 2007, 1818 Ls.; aA OLG Zweibrücken BeckRS 2007, 19921 = FamRZ 2008, 1655 f. (nach der Tabelle des ADAC); OLG Karlsruhe NJW-RR 2006, 1585 = FamRZ 2006, 1759 (Ersparnis bei den verbrauchsunabhängigen Kosten); OLG Düsseldorf BeckRS 2005, 30348483 (keine Bemessung nach ADAC-Tabellen oder der Mehrbelastung, vielmehr nach der Ersparnis durch die Privatnutzung, „weil er hierdurch von der Anschaffung und Unterhaltung eines seinem Einkommen, seinen Unterhaltspflichten und seinen laufenden Verbindlichkeiten entsprechenden Fahrzeugs freigestellt worden ist."); AG Geldern BeckRS 2008, 84069 = FamRZ 2008, 541 (Schätzung der Arbeitgeberleistung nach § 113 Abs. 1 S. 2 FamFG, § 287 ZPO zwischen 150 und 300 EUR); AG Ludwigslust BeckRS 2006, 3369 = FamRZ 2006, 222 Ls. (der steuerliche Zu- und Abschlagswert ist neutral zu halten und der Vermögensvorteil auf 200 EUR/Monat zu schätzen). Zur PKW-Nutzung als Gegenleistung für Haushaltsführung in neuer Partnerschaft s. OLG Oldenburg FPR 2003, 125 (126) = FamRZ 2002, 1488 (s. auch Revisionsurteil BGH NJW 2004, 2305 = FamRZ 2004, 1173).

[662] OLG Karlsruhe NJW-RR 2015, 1411 = FamRZ 2016, 237 (238); NJW-RR 2006, 1585 (1586) = FamRZ 2006, 1759.

ist die tatsächliche, nicht die mögliche Nutzung.[663] Zudem kommt eine taggenaue Einzelbewertung zur Ermittlung des Zuschlags von 0,002% des Bruttolistenpreises je Entfernungskilometer in Betracht.[664]

– Unberücksichtigt bleibt, wenn der Betrag des Sachbezugs vom Arbeitgeber wieder vom Nettolohn abgezogen wird, weil dies „allein darauf zurückzuführen [ist], dass die Fahrzeugnutzung … als Sachwert zur Verfügung stand und … deswegen nicht zusätzlich monetär ausgezahlt werden konnte."[665] Auch **berufliche Aufwendungen** sind damit bereits abgegolten und können nicht noch einmal – konkret oder pauschal – angesetzt werden. 431

– Wer einen **höheren** oder **geringeren Anteil** behauptet, hat dies konkret darzulegen und zu beweisen, ggf. durch Vorlage eines von ihm geführten Fahrtenbuchs (dazu auch § 8 Abs. 2 S. 4 EStG).[666] 432

– **Spritkosten,** die der Arbeitnehmer selbst zu tragen hat, sind in ihrer konkret angefallenen Höhe vom Gebrauchsvorteil wieder abzusetzen.[667] 433

– Grundsätzlich unerheblich ist, wenn ein Dienstwagen erst **nach der Scheidung** zur Privatnutzung zur Verfügung gestellt wird, solange darin nicht ein „Karrieresprung" (→ Rn. 65–75) zum Ausdruck kommt, sondern eine normale berufliche Fortentwicklung.[668] 434

**2. Selbstständige Arbeit. a) Grundsätze.** Den Ehegatten steht es auch unterhaltsrechtlich grundsätzlich frei, einer selbstständigen Erwerbstätigkeit nachzugehen.[669] Werden jedoch auch nach einer **Übergangsfrist** (→ Rn. 758–760) nur Gewinne in einer nicht einmal das Existenzminimum abdeckenden Höhe erwirtschaftet,[670] müssen sie sich, wenn sich wirtschaftlich keine Besserung abzeichnet, um eine Nebenerwerbstätigkeit bemühen oder aber ihre selbstständige Tätigkeit ganz aufgeben und eine höhere Einkünfte versprechende **abhängige Arbeit** aufnehmen,[671] wenn auf dem Arbeitsmarkt reale Chancen für eine abhängige Erwerbstätigkeit bestehen.[672] 435

Die Aufnahme eines **Teilhabers** in eine freiberufliche Praxis muss nicht objektiv richtig, sondern kaufmännisch und unternehmerisch vernünftig sein und auf die Belange des Bedürftigen Rücksicht nehmen.[673] Dabei sind insbesondere die Auswirkungen der wirtschaftlichen Einbußen auf den Unterhaltsanspruch und ihre **Zumutbarkeit** für den betroffenen Ehegatten zu beachten. Dieser Maßstab, der auch für eine **Geschäftsaufgabe**[674] und für **Investitionen** gilt, ist gegenüber der Mutwilligkeit nach §§ 1579 Nr. 4, 5, 1581 (Unterhaltsbezogenheit der Dispositionen, die mutwillig, dh verantwortungslos, mindestens leichtfertig vorgenommen worden sein müssen, → § 1579 Rn. 91, 92, 98, 99), niederschwellig (→ Rn. 669, 853, 901, 909). – Für den Bedarf unerheblich ist der **„good will"**, der „nur" den Wert eines Unternehmens mitbestimmt.[675] 436

**Berufsbedingte Aufwendungen** sind bei Selbstständigen in voller Höhe bereits in der Gewinn- und Verlustrechnung bzw. in der Einnahmen-Überschuss-Rechnung enthalten und können nicht noch einmal abgezogen werden (→ Rn. 200). Anders dagegen der **Erwerbsanreiz** (→ Rn. 212–233), der auch Selbstständigen zugutekommen muss. 437

Zur Obliegenheit, ggf. über die **Regelaltersgrenze** hinaus die selbstständige Erwerbstätigkeit fortzusetzen, → Rn. 841, 842. – Zur **Darlegungs-** und **Beweislast** → Rn. 994. 438

---

663 BFHE 231, 139 = NJW 2011, 555 ff.

664 BFHE 223, 12 = NJW 2009, 621 (622).

665 BGHZ 177, 272 = NJW 2008, 3125 Rn. 64 = FamRZ 2008, 1739; OLG Hamm NJW-RR 2014, 707 (708) = FamRZ 2014, 847 Ls.

666 OLG Bamberg NJW 2007, 1218 (1219) = FamRZ 2007, 1818 Ls.

667 BeckOGK/*Witt,* 1.2.2019, Rn. 51.

668 Anders BeckOGK/*Witt,* 1.2.2019, Rn. 47: Es kommt darauf an, „ob der Ehegatte während der Ehe in einem Umfeld beruflich tätig war, in dem die Gewährung eines Dienstfahrzeuges zur Privatnutzung nicht unüblich ist und sich daher als vom Normalverlauf erfasste Entwicklung der Einkommensverhältnisse darstellt."

669 Zu sog. „verkappten Selbstständigen", die ihre Geschäftsführerbezüge unmittelbar an Gewinn oder Verlust anpassen, s. OLG Köln NJW-RR 2007, 941 = FamRZ 2006, 1756 Ls.

670 Dazu OLG Brandenburg BeckRS 2009, 20721 = FamRZ 2010, 299 Ls.

671 BGH NJW-RR 1993, 1283 = FamRZ 1993, 1304 (1306) (Landwirt kann die Verpachtung und gar der Verkauf von Teilen seines Grundbesitzes zumutbar sein); auch OLG Hamm NJWE-FER 1997, 219 (nach 4½ Jahren); OLG Koblenz BeckRS 2009, 86584 = FamRZ 2009, 1921 (1922); NJW-RR 1995, 1283 = FamRZ 1995, 1144 (nach Anlaufphase von 3 Jahren); NJW-RR 1993, 776 = FamRZ 1993, 970 (972).

672 OLG München NJW 1993, 2186 = FamRZ 1993, 62 (64) (verneint für Rechtsanwalt); OLG Schleswig NJWE-FER 1998, 187 = FamRZ 1998, 1180.

673 OLG Frankfurt a. M. BeckRS 2014, 21024.

674 Dazu OLG Hamm BeckRS 1997, 31160278 = FamRZ 2000, 21 (22); OLG Oldenburg BeckRS 1997, 11480 = FamRZ 1998, 289.

675 OLG Köln NJOZ 2005, 4418 (4419) = FamRZ 2006, 704 Ls.

439 **b) Einkommensermittlung.** Ihr sind mangels anderer Erkenntnismöglichkeiten idR die steuerlichen **Jahresabschlussunterlagen** zugrunde zu legen (→ § 1580 Rn. 52).[676] Für **zurückliegende** Jahre ist zur Einkommensberechnung auf das im jeweiligen Jahr tatsächlich erzielte Einkommen zurückzugreifen, soweit bereits auf Jahresabschlüsse oder betriebswirtschaftliche Auswertungen zurückgegriffen werden kann. IÜ, jedenfalls aber für das laufende und **künftige** Geschäftsjahre bietet wegen oft erheblicher Einkommensschwankungen und der Notwendigkeit, zur Gewährleistung eines ausgeglichenen Lebensstandards sowohl über- als auch unterdurchschnittliche Erträge auszugleichen, nur die Einbeziehung eines längeren Zeitraums von idR **3 Jahren** eine verlässliche Grundlage zur Ermittlung des unterhaltsrechtlich maßgebenden Erwerbseinkommens.[677] **Ausnahmsweise** ist, etwa bei einem Bauträger, ein längerer, etwa 5-jähriger Zeitraum zugrunde zu legen, wenn sonst eine sichere Beurteilung der Gewinne nicht möglich ist,[678] aber auch ein kürzerer,[679] etwa wenn die Gewinnermittlung der letzten Jahre durch ein starkes Ansteigen oder Absinken des Gewinns nicht (mehr) repräsentativ ist oder nur ein einziges Geschäftsjahr abgeschlossen wurde.[680]

440 Die Einkommensermittlung nach **unterhaltsrechtlichen Grundsätzen** hat insbesondere dem Umstand Rechnung zu tragen, dass das Steuerrecht einzelne Einkommensarten privilegiert und Aufwendungen (etwa Beiträge zu Kapitallebensversicherungen und Bausparkassen oder Darlehen zum Wohnungsbau) und Abschreibungen einkommensmindernd anerkennt, denen keine reale Vermögenseinbuße gegenübersteht.[681] Soweit diese nicht zu einer **tatsächlichen** Verringerung der für den Lebensbedarf verfügbaren Mittel führen, sind sie unterhaltsrechtlich unbeachtlich. Sie sind so eingehend zu erläutern, dass die steuerlich beachtlichen von den unterhaltsrechtlich abzugsfähigen Aufwendungen abgegrenzt werden können. Hierzu reicht die bloße Aneinanderreihung der einzelnen Kostenarten nicht aus, auch kann ein Antrag auf Vernehmung eines Steuerberaters substantiierten Sachvortrag nicht ersetzen.[682] – Obwohl die **Gewerbesteuer** bei der steuerlichen Gewinnermittlung nicht in Abzug gebracht wird, ist sie als das Einkommen eines Einzelunternehmers mindernd zu berücksichtigen.[683] – Zur privaten Nutzung eines **Firmen-PKW** → Rn. 428–434.

441 Das Durchschnittseinkommen mehrerer Jahre ist jedoch nur für die **Prognose** zukünftiger oder noch nicht abgeschlossener Geschäftsjahre heranzuziehen. Für **abgeschlossene Geschäftsjahre** ist das in diesen Jahren tatsächlich erzielte Einkommen heranzuziehen.[684] Von einem Mehrjahresdurchschnitt darf – alternativ – nur ausgegangen werden, wenn der gesamte Rückstandsbetrag in die für die Einkommensermittlung zugrunde gelegte Gesamtzeit fällt.[685]

442 Insbesondere bei **Handelsvertretern** iSd § 84 Abs. 1 HGB als selbstständigen Gewerbetreibenden kann auch eine **Abfindung** nach § 89b HGB als unterhaltsrechtlich erhebliches Erwerbseinkommen heranzuziehen sein. Es sind dann die Grundsätze zur Umlegung einer Abfindung eines abhängig Beschäftigten heranzuziehen (→ Rn. 415–425).

443 **c) Abschreibungen. Rückstellungen. Investitionszulagen. aa) Abschreibungen. Lineare** Abschreibungen nach den sog. AfA-Tabellen (§ 7 Abs. 1 S. 1 EStG) erfassen den Wertverlust eines Wirtschaftsgutes und führen zu einer gleichmäßigen Verteilung der Anschaffungs- oder Herstellungskosten auf die Nutzungsdauer. IdR geben sie den tatsächlichen Werteverzehr wieder und sind deshalb auch in steuerlich berücksichtigungsfähiger Höhe absetzbar, sofern ihnen nicht erkennbar eine zu geringe Nutzungsdauer zugrunde liegt.[686]

---

676 BGH NJW 2004, 1227 = FamRZ 2004, 1177 (1178).

677 BGH NJW 2004, 1227 = FamRZ 2004, 1177 (1178); NJW 1983, 1554 = FamRZ 1983, 680 (681); NJW 1982, 1642 = FamRZ 1982, 680 (681); NJW 1982, 822 = FamRZ 1982, 250 (252); NJW 1982, 1645 = FamRZ 1982, 151 (152). Die Beurteilung obliegt den Fachgerichten und ist verfassungsrechtlich nur auf einen Verstoß gegen das Willkürverbot zu überprüfen, BVerfG BeckRS 1992, 1791 = FamRZ 1993, 169 (170).

678 BGH NJW 2004, 1227 = FamRZ 2004, 1177 (1178); NJW 1985, 909 = FamRZ 1985, 357 (358).

679 BVerfG BeckRS 1992, 1791 = FamRZ 1993, 169 (170).

680 BGH NJW 2011, 3577 Rn. 19 = FamRZ 2011, 1851.

681 BGH NJWE-FER 1998, 64 = FamRZ 1998, 357 (359); NJW 1987, 776 = FamRZ 1987, 46 (48); NJW 1985, 909 = FamRZ 1985, 357 (359); NJW 1980, 2083 = FamRZ 1980, 770 (771).

682 BGH NJW 1985, 909 = FamRZ 1985, 357 (359); NJW 1984, 303 = FamRZ 1984, 39 (41); NJW 1980, 2083 = FamRZ 1980, 770 f.

683 OLG Koblenz FamRZ 2018, 259 mwN; eingehend *Spieker* in Wendl/Dose UnterhaltsR § 1 Rn. 854.

684 BGH NJW 2008, 57 Rn. 23 = FamRZ 2007, 1532 mit zust. Anm. *Maurer* (zu Mieteinkünften); OLG Hamburg FamRZ 2003, 1108 (insoweit nv); OLG Hamm BeckRS 2010, 14649 = FamRZ 2010, 1911 Ls.

685 BGH NJW 2008, 57 Rn. 23 = FamRZ 2007, 1532 mit zust. Anm. *Maurer* (zu Mieteinkünften); OLG Hamm BeckRS 2010, 14649 = FamRZ 2010, 1911 Ls.

686 BGH NJW 2003, 1734 = FamRZ 2003, 741 (743); NJW 1987, 776 = FamRZ 1987, 46 (48); OLG Köln FamRZ 1996, 966; OLG Bremen BeckRS 1994, 31133035 = FamRZ 1995, 935 (936); OLG Hamm NJW-RR 1991, 1474 = FamRZ 1991, 1310; OLG Karlsruhe FamRZ 1990, 1234; OLG Bamberg FamRZ 1987, 1181; s. auch *Kleinle* FamRZ 1998, 1346 (1349).

444 **Degressive** Abschreibungen (§ 7 Abs. 2 S. 1 EStG) führen als Mittel der Investitionsförderung und als Liquiditätshilfe für den Selbstständigen zu einer Risikominderung und Steigerung des Finanzierungsvolumens.[687] Da ihnen keine tatsächlichen Wertverluste zugrunde liegen, sind sie in lineare Abschreibungsbeträge umzuwerten.[688]

445 Abschreibungen nach Maßgabe der **Leistung des Wirtschaftsguts** (§ 7 Abs. 1 S. 5, 6 EStG) verteilen die Anschaffungs- oder Herstellungskosten nach der Beanspruchung auf seine Nutzungszeit (etwa Maschinenstunden, Fahrtkilometer). Geht mit der Leistung eine Wertminderung einher, sind sie unterhaltsrechtlich beachtlich.[689]

446 Abschreibungen für **außergewöhnliche Abnutzung** (§ 7 Abs. 1 S. 7 EStG) tragen einem erhöhten Substanzverbrauch Rechnung und sind unterhaltsrechtlich zu berücksichtigen.

447 **Sonderabschreibungen** (§ 7g Abs. 1 EStG) dienen der Refinanzierung des Betriebs und der Schaffung konjunktureller Anreize; sie sind unterhaltsrechtlich unbeachtlich.[690] Statt ihrer ist das Wirtschaftsgut im Jahr der Anschaffung und den Folgejahren **fiktiv linear** abzuschreiben; gleichwohl sollen aber die tatsächlich gezahlten und nicht die fiktiv zu zahlenden Steuern maßgeblich sein.[691]

448 Letzteres ist **abzulehnen:** Wird eine die Steuerbelastung mindernde Abschreibung unterhaltsrechtlich nicht gewinnmindernd anerkannt, wird der Gewinn durch die tatsächlich gezahlte Steuer erneut erhöht. Dies wird auch nicht durch das Zufluss-/Abflussprinzip gerechtfertigt.[692]

449 Abschreibungen **geringwertiger Wirtschaftsgüter** (§ 6 Abs. 2 EStG) sind auch unterhaltsrechtlich beachtlich, weil bei ihnen auch tatsächlich von einem starken Wertverlust auszugehen ist. Dies ist zudem aus praktischen Gründen geboten, weil sonst für jedes Wirtschaftsgut die Abschreibung über Jahre fiktiv fortgeführt werden müsste, was einen unvertretbaren Aufwand im gerichtlichen Verfahren und bei Abänderungen zu Folge hätte.[693]

450 Abschreibungen für die **Abnutzung von Gebäuden** (§§ 7b, 7c, 7h–7k EStG) berühren das unterhaltsrechtlich maßgebende Einkommen nicht, und **Instandsetzungskosten** sind nur erheblich, soweit es sich um notwendigen Erhaltungsaufwand handelt und sie nicht der Vermögensbildung dienen, etwa durch Ausbauten oder wertsteigernde Verbesserungen.[694] Denn den Abschreibungen steht grundsätzlich kein realer Wertverlust gegenüber. Hat sich ein solcher aber verwirklicht, ist auch die diesem entsprechende Gebäudeabschreibung berücksichtigungsfähig.[695] – Gleiches gilt für Abschreibungen von Wirtschaftsgütern, die dem **Umweltschutz** dienen (§ 7e EStG).

451 **bb) Ansparabschreibungen. Investitionsabzugsbetrag.** Bis 31.12.2007 konnten **Ansparabschreibungen** als Rückstellungen für künftig abschreibungsfähige Investitionen gebildet werden (§ 7g Abs. 3 EStG aF[696]), die die Liquidität und Eigenkapitalausstattung eines Unternehmens im Hinblick auf die geplante Investition erhöhen und nicht in den privaten Konsum fließen sollten.

---

687 *Nickl* FamRZ 1985, 1219 (1220).

688 Staudinger/*Engler/Kaiser,* 2000, BGB § 1603 Rn. 50 mwN empfehlen, die degressive Abschreibung hinzunehmen; dies dürfte jedenfalls der gängigen Praxis entsprechen.

689 Staudinger/*Klinkhammer,* 2018, BGB § 1603 Rn. 47 mwN; *Nickl* FamRZ 1985, 1219 (1220).

690 BGH NJW 2003, 1734 = FamRZ 2003, 741 (743); OLG Dresden BeckRS 1998, 12846 = FamRZ 1999, 850 (851); LG Detmold FPR 1999, 50 = FamRZ 1998, 47; Staudinger/*Klinkhammer,* 2018, BGB § 1603 Rn. 49 mwN; *Nickl* FamRZ 1985, 1219 (1221).

691 BGH NJW 2003, 1734 = FamRZ 2003, 741 (743) mit insoweit krit. Anm. *Gerken.*

692 Ebenso *Gerken* FamRZ 2003, 745 f.

693 Ebenso Staudinger/*Engler/Kaiser,* 2000, BGB § 1603 Rn. 54; für eine großzügige Handhabung auch OLG Hamm NJW-RR 1991, 1474 = FamRZ 1991, 1310; *Dose* in Wendl/Dose UnterhaltsR § 1 Rn. 141 „Abschreibungen"; *Kemper* in Wendl/Dose UnterhaltsR § 1 Rn. 341–371; aA OLG Hamm NJWE-FER 1997, 219 (220) (für Geschäftseinrichtungen und geringwertige Wirtschaftsgüter). Das OLG Hamm NJW-RR 1991, 1474 = FamRZ 1991, 1310 hat eine zeitliche Streckung bei hohen Abschreibungen wegen eines außergewöhnlichen Ereignisses – Praxisverkauf – vorgenommen.

694 BGH NJW 1997, 735 = FamRZ 1997, 281 (283); NJW 1984, 303 = FamRZ 1984, 39 (41). – Ebenso LL Nr. 1.6 S. 2: Bremen, Celle, Düsseldorf (Nr. 1.5 Abs. 2), Frankfurt a. M., Hamburg, Hamm (Nr. 1.6.1), Koblenz (Nr. 1.6, 1.5), Köln, Naumburg, Rostock, Jena, SüdL. Anders Schleswig Nr. 1.5 Abs. 2 S. 2: Absetzungsbeträge sind nicht berücksichtigungsfähig, soweit sie erheblich über die tatsächliche Wertminderung hinausgehen. Offengelassen nunmehr von BGH NJW 2005, 2077 = FamRZ 2005, 1159 (1160) wegen des Substanzverlusts und des erforderlichen Erhaltungsaufwands infolge des Alters des Gebäudes. Jedenfalls der Erhaltungsaufwand wird idR jedoch nicht über die Abschreibungen, sondern nach konkreten Ansparungen oder Ausgaben erfasst; ebenso BGH BeckRS 2012, 4471 Rn. 33 = FamRZ 2012, 514, weil sich der Wertverlust anhand des Anschaffungswerts und des Verkaufspreises der Immobilie konkret feststellen ließ.

695 *Strohal* in Göppinger/Wax UnterhaltsR Rn. 697; wohl auch OLG Köln NJW-RR 1992, 1155 = FamRZ 1992, 322 (325).

696 Dazu BGH NJW-RR 2004, 1227 = FamRZ 2004, 1177 (1178); OLG Schleswig BeckRS 2001, 30198626 (Vorinstanz zum BGH); *Kemper* FamRZ 2003, 1430; aA OLG Hamm FamRZ 2002, 885 (886).

Wurden sie aufgelöst, ohne dass die Investition getätigt wurde, erhöhten sie den Gewinn und die Steuerbelastung im Jahre ihrer Auflösung.

452 Seit 1.1.2008 können Selbstständige einen **Investitionsabzugsbetrag** in Anspruch nehmen (§ 7g Abs. 1 EStG). Dabei handelt es sich um Rückstellungen für künftig abschreibungsfähige Investitionen (§ 7g Abs. 2 EStG). Wird er nicht bis zum Ende des 3. auf das Wirtschaftsjahr des Abzugs folgenden Wirtschaftsjahres in Anspruch genommen, ist er rückgängig zu machen und für das Jahr, in dem er in Anspruch genommen wurde, nachzuversteuern (§ 7g Abs. 3 EStG).[697] – Die mit der **Auflösung** des Investitionsabzugsbetrags verbundene **Steuernachzahlung** ist bei der Einkommensermittlung in Abweichung vom Zufluss-/Abflussprinzip (→ Rn. 502–516) grundsätzlich dann fiktiv den Jahren, in denen der steuerliche Vorteil für die Bildung der Rückstellung eingetreten war, zuzurechnen,[698] wenn sie in den der Unterhaltsberechnung zugrundeliegenden Jahren eingetreten ist. IÜ wird der steuerliche Entlastungsbetrag dagegen – wie wohl regelmäßig – für die Bestreitung der Lebenshaltung verwandt, sodass er auch zur Bedarfsbemessung heranzuziehen ist.[699]

453 **cc) Investitionszulagen.** Dieselbe Zielrichtung wie der Investitionsabzugsbetrag haben Investitionszulagen,[700] weshalb auch sie unterhaltsrechtlich unberücksichtigt bleiben müssen.[701]

454 **dd) Rückstellungen.** Auch die für Rückstellungen verwandten finanziellen Mittel stehen idR nicht für die Bestreitung des ehelichen Lebensbedarfs zur Verfügung. Sie **vermindern,** soweit sie wegen möglicher künftiger Verbindlichkeiten gebildet und ihrer Höhe nach angemessen sind, auch unterhaltsrechtlich den Gewinn. Dagegen wirkt sich der durch die Rückstellung hervorgerufene **Steuervorteil** grundsätzlich bedarfserhöhend aus.

455 Werden Rückstellungen **aufgelöst,** weil sich das mit ihnen abgesicherte Risiko nicht verwirklicht hat, erhöhen sie grundsätzlich im Jahre ihrer Auflösung den Gewinn. Wegen der Einbeziehung mehrerer Jahre in die Einkommensermittlung verteilt sich auch die aufgelöste Rückstellung auf diese. Erreicht sie in Anbetracht der regelmäßigen Gewinnsituation aber eine außergewöhnliche Höhe, kann sie ausnahmsweise auch auf mehrere Jahre umgelegt werden mit der Folge, dass sie ggf. teilweise unterhaltsrechtlich nicht erfasst wird.

456 **d) Privatentnahmen.** Werden beständig Verluste gemacht, legt der Selbstständige seine Bedürftigkeit nicht nachprüfbar dar[702] oder ergeben sich konkrete Hinweise auf eine Manipulation der steuerlichen Gewinnermittlung,[703] können Privatentnahmen, die auf Geld, Waren, Nutzungen und sonstige Leistungen, etwa als Versicherungsbeiträge und Steuerzahlungen, gerichtet sein können,[704] als Indiz für die Lebensführung dienen und zur Bestimmung des Bedarfs herangezogen werden.[705]

Es gilt:

457 – Für die **Vergangenheit** ist stets von den tatsächlichen Entnahmen auszugehen, weil sie zur Deckung des Bedarfs zur Verfügung gestanden haben und belegen, welchen Lebensstil sich die Ehegatten gegönnt haben, weshalb der Bedürftige hieran auch teilhaben muss.[706]

458 – Die Privatentnahmen sind auch heranzuziehen, wenn die Gewinne/Verluste nicht oder auf absehbare Zeit nicht **zuverlässig ermittelt** werden können[707] oder die vorgelegten Unterlagen für die Bestimmung des unterhaltsrelevanten Einkommens offensichtlich untauglich sind, etwa wenn sie mit anderen Faktoren, eben einer auf längere Sicht getätigten Privatentnahme, in nicht aufgelöstem Widerspruch stehen.[708]

459 – Entnahmen führen zu **Vermögensentzug** und sind deshalb Vermögensverwertung, die den Ehegatten nur nach Billigkeit obliegt (§ 1577 Abs. 3, → § 1577 Rn. 47–71, → § 1581 Rn. 100–105). Deshalb prägen die Privatentnahmen für die **Zukunft** die ehelichen Lebensverhältnisse nur dann, wenn es **billig** wäre, das Vermögen zu verwerten.[709] Danach kann gelten:

---

697 Zum Ganzen *Kemper* in Wendl/Dose UnterhaltsR § 1 Rn. 214.

698 BGH NJW-RR 2004, 1227 (1229) = FamRZ 2004, 1177.

699 OLG Koblenz NJW 2015, 1030 Rn. 9 = FamRZ 2015, 1970.

700 Art. 1 Investitionszulagengesetz (InvZulG 2010) des Gesetzes zur Schaffung einer Nachfolgeregelung und Änderung des Investitionszulagengesetzes 2007 v. 7.12.2008 (BGBl. 2008 I 2350).

701 IErg ebenso *Gerken* FamRZ 2003, 744 (745); aA BGH NJW 2003, 1734 = FamRZ 2003, 741 (743).

702 OLG Düsseldorf FamRZ 1983, 397 (399).

703 OLG Koblenz NJWE-FER 2001, 185 = FamRZ 2001, 1239 (1240); OLG Hamm BeckRS 1993, 3800 = FamRZ 1993, 1088.

704 *Kemper* in Wendl/Dose UnterhaltsR § 1 Rn. 438–443.

705 Dazu auch LL Nr. 1.5: Bremen, Düsseldorf, Hamm, Oldenburg, Schleswig, Koblenz.

706 OLG Dresden BeckRS 1998, 12846 = FamRZ 1999, 850 (851).

707 LL Nr. 1.5: Düsseldorf (Abs. 1 S. 1), Koblenz (Abs. 1 S. 3).

708 OLG Frankfurt a. M. FuR 2001, 370.

709 LL Koblenz Nr. 1.5 S. 3.

– Ist das Betriebsvermögen bereits **überschuldet,** durch Verluste **erschöpft**[710] oder würde es durch weitere Privatentnahmen erschöpft,[711] kann grundsätzlich nicht mehr an den Privatentnahmen angeknüpft werden, weil dann keine einer Verwertung zugängliche Betriebssubstanz mehr vorhanden ist. 460

– Dagegen sind die Privatentnahmen stets **maßgeblich,** wenn

– durch sie nach der Vorstellung des Betroffenen nur eine **vorübergehende** Schwäche der Liquidität überbrückt wird, die tatsächlichen Entnahmen aber die ehelichen Lebensverhältnisse und die Einschätzung des Betroffenen, dass sein Betrieb diese Entnahmen auf Dauer zuverlässig trägt, zutreffend wiedergeben. Hierfür kann insbesondere der Umstand sprechen, dass der Betrieb die Privatentnahmen jahrelang wirtschaftlich auch verkraftet hat.[712] 461

– Anhaltspunkte dafür bestehen, dass die in den Jahresabschlüssen ausgewiesenen geringeren **Gewinne** nicht den tatsächlichen Einkünften entsprechen, der Lebensstandard des Ehegatten vielmehr **nachhaltig** durch Mittel in Höhe der Entnahmen geprägt wird.[713] Sie dienen dann als Indiz für das unterhaltsrechtlich relevante Einkommen.[714] 462

Prägen die Privatentnahmen danach den Bedarf nach den ehelichen Lebensverhältnissen, bestimmen sie auch die Bedürftigkeit des Berechtigten und die Leistungsfähigkeit des Verpflichteten. Von den Entnahmen sind zunächst die persönlichen **Steuern** und **Vorsorgeaufwendungen,**[715] aber auch die im selben Zeitraum geleisteten **Privateinlagen** abzuziehen.[716] – Der betroffene Ehegatte kann auch auf eine **Kreditaufnahme** in Höhe der bisherigen Entnahmen verwiesen werden.[717] Dies setzt jedoch voraus, dass er in überschaubarer Zeit in der Lage sein wird, den Eigenbedarf bzw. Unterhalt und den Schuldendienst zu erwirtschaften.[718] 463

**3. Monetarisierung von Kinderbetreuung und Haushaltsführung.** Kinderbetreuung und Haushaltsführung sind zwar geldwert, weil sie, würden sie nicht selbst erbracht, „fremdvergeben" und folglich auch bezahlt werden müssten. Andererseits würden sie dem Ehegatten, der sie erbracht hat, die Möglichkeit eröffnen, erwerbstätig zu sein und Erwerbseinkünfte zu erzielen. Deshalb liegt es nahe, die Differenz zwischen erzielbaren Erwerbseinkünften und Fremdkosten bedarfsprägend zu berücksichtigen und so Kinderbetreuung und Hausarbeit unabhängig davon, wann vom Berechtigten eine Erwerbstätigkeit aufgenommen wurde oder ihm deren Aufnahme oblegen hätte, zu „monetarisieren". Dem entspricht auch die Auffassung des BGH zur Bewertung der Haushaltsführung in einer anderen Lebensgemeinschaft in einer Entscheidung vom 5.5.2004[719] dann, wenn man sie vom Gedanken des „Surrogats"- und der „Monetarisierung" löst: 464

– Anzuknüpfen ist nicht daran, dass der Berechtigte den Haushalt eines anderen Partners führt. Deshalb ist auch unerheblich, ob und wie er sich mit diesem hinsichtlich der **Haushaltsführung** abgesprochen hat, ob dieser nach seinen wirtschaftlichen Verhältnissen in der Lage wäre, die Haushaltsführung zu entgelten, und wie der Wert der Haushaltsführung zu bemessen wäre.[720] 465

BGH NJW 2004, 2303 (2304) = FamRZ 2004, 1170: „Erzielt hingegen der unterhaltsberechtigte Ehegatte nach der Scheidung ein Einkommen oder ist er in der Lage, ein solches zu erzielen, oder sind ihm sonst eigene Einkünfte zuzurechnen, die gleichsam als Surrogat des wirtschaftlichen Werts seiner bisherigen Tätigkeit angesehen werden können, ist dieses Einkommen nach der Differenzmethode in die Unterhaltsberechnung einzubeziehen. Für die Qualifizierung eines später zu berücksichtigenden Einkommens als Surrogat der während der Ehezeit übernommenen Haushaltstätigkeit kommt es nach der Rechtsprechung des BVerfG und des BGH nicht darauf an, ob der Unterhaltsberechtigte das Entgelt tatsächlich bezieht oder ob ihm sonst Einkünfte zuzurechnen sind."

– Maßgeblich ist vielmehr, ob den Berechtigten – ggf. auch im Hinblick auf die Betreuung ehegemeinschaftlicher Kinder – eine **Erwerbsobliegenheit** trifft, sowie ob und welche Einkünfte er bei Ausübung einer ihm zumutbaren Tätigkeit erzielen könnte. Sind dem Berechtigten **fiktive** 466

710 OLG Düsseldorf FamRZ 1983, 397 (399); OLG Hamm BeckRS 2008, 1209 = FamRZ 1997, 674.
711 OLG Frankfurt a. M. BeckRS 2008, 26144 = FamRZ 2005, 803.
712 OLG Köln BeckRS 2007, 10767 = FamRZ 2007, 1559 Ls.
713 OLG Koblenz NJWE-FER 2001, 185 = FamRZ 2001, 1239 (1240).
714 Zu den Privatentnahmen als Indikator s. auch OLG Dresden BeckRS 1998, 12846 FamRZ 1999, 850 (851).
715 OLG Schleswig BeckRS 1996, 8682; OLG Hamm FamRZ 1993, 1088.
716 OLG Dresden BeckRS 1998, 12846 = FamRZ 1999, 850 (851); OLG Düsseldorf FamRZ 1983, 397 (400).
717 Ähnlich OLG Köln BeckRS 2010, 5614 = FamRZ 1983, 87 (89).
718 S. auch OLG München NJW 1993, 2186 = FamRZ 1993, 62 (64).
719 BGH NJW 2004, 2303 (2304) = FamRZ 2004, 1170.
720 Zu Letzterem aA BGH NJW 2001, 3779 (3780) = FamRZ 2001, 1693.

**Einkünfte** zuzurechnen, prägen diese die ehelichen Lebensverhältnisse dann, wenn diese Entwicklung hin zu einer Erwerbstätigkeit in der Ehe angelegt war.

467 – Darauf, ob die **fiktive Zurechnung** eines Wertes der Haushaltsführung ausscheidet, weil nach der Trennung keine Obliegenheit mehr besteht, „einen nicht mehr gemeinsamen Haushalt weiterhin zu führen",[721] kommt es nicht an.

468 **4. Schwarzarbeit.** Auch aus Schwarzarbeit erzielte Einkünfte sind – unabhängig davon, dass für sie zivilrechtlich kein Wertersatz zu leisten ist – für die Feststellung des unterhaltsrechtlich maßgeblichen Einkommens heranzuziehen, soweit und solange sie auch tatsächlich erzielt worden sind bzw. werden.[722] Ihr gesetzliches Verbot (§ 1 Abs. 1 SchwarzArbG) ist unterhaltsrechtlich unbeachtlich. Zwar sind solche Einkünfte nicht nachhaltig erzielt (→ Rn. 13, 21), weil die Schwarzarbeit jederzeit eingestellt werden kann (zur Schwarzarbeit im Rahmen der **Erwerbsobliegenheit** → Rn. 715, 851). Gleichwohl sind sie, soweit sie zur Deckung des ehelichen Lebensbedarfs verwandt wurden, der Bedarfsbemessung zugrunde zu legen, weil sie ein gesetzesgemäß erzieltes Einkommen aus abhängiger oder selbstständiger Erwerbstätigkeit ersetzen.

469 Wird die Schwarzarbeit **eingestellt** oder ist davon auszugehen, dass sie eingestellt wird, sind Einkünfte aus abhängiger Tätigkeit in Höhe der ehemaligen Einkünfte aus Schwarzarbeit unter Abzug der darauf fiktiv zu entrichtenden Steuern und Sozialversicherungsbeiträge zu **fingieren,** wenn dieses als Bruttoeinkommen auf dem Arbeitsmarkt erzielbar ist[723] und davon ausgegangen werden kann, dass der betreffende Ehegatte eine reale Chance hat, dieses Einkommen auch zu erzielen.

470 Da das Unterhaltsrecht volkswirtschaftlich keine ordnungspolitische Funktion hat, sind die aus Schwarzarbeit erzielten Einkünfte, für die Steuern und Sozialversicherungsbeiträge nicht abgeführt wurden, für **vergangene Zeiträume** der Höhe nach „brutto für netto" heranzuziehen, weil (und soweit) sie in diesem Umfang der Haushaltsführung zur Verfügung gestanden haben.[724] Auch für **zukünftige** Zeiträume gilt dies dann, wenn davon auszugehen ist, dass der betroffene Ehegatte seine Schwarzarbeit fortsetzt.

471 Wird der schwarzarbeitende Ehegatte zur Steuer **nachveranlagt,** sind die zu entrichtenden Steuern unterhaltsrechtlich grundsätzlich in dem Jahr einkommensmindernd zu berücksichtigen, in dem sie nacherhoben und bezahlt werden (**Zufluss-/Abflussprinzip,** → Rn. 502–516). Doch wird dies meist dazu führen, dass der Verpflichtete im Jahr der Nachentrichtung nur noch für wenig bis gar keinen Unterhalt leistungsfähig ist. Dann kann es angezeigt sein, nach dem Für-Prinzip zu verfahren.

472 **5. Unzumutbare Erwerbstätigkeit. a) Unzumutbarkeit.** Ob eine Erwerbstätigkeit zumutbar und damit obligatorisch ist, bestimmt sich nach den **Umständen des Einzelfalles.**[725] Die Frage stellt sich meist im Zusammenhang mit der **Kinderbetreuung,**[726] dem **Alter** (auch bei Ausübung einer **selbstständigen** Tätigkeit nach Erreichen der Regelaltersgrenze, → Rn. 841, 842) und der **Gesundheit** (zur **Darlegungs-** und **Beweislast** → Rn. 992, 993)[727] eines Ehegatten sowie der Art der angesonnenen **Tätigkeit.** Sie betrifft aber auch **Art, Umfang, Gestaltung** und gesundheitliche oder soziale – zB bezogen auf die Ausübung des Umgangsrechts mit Kindern – **Verträglichkeit** der Arbeit etwa bei Schichtdienst,[728] Überstunden, Montage, Auslandseinsätzen etc.

473 Stets unzumutbar erzielt ist Einkommen, das zur Abgeltung nicht in Anspruch genommenen **Erholungsurlaubs** gezahlt wurde.[729] Allerdings sollte dies – ähnlich wie bei den Überstunden (→ Rn. 793) – nur mit der Einschränkung gelten, dass auch dieser Teil des Einkommens obligations-

[721] *Borth* in Schwab ScheidungsR-HdB IV Rn. 1127; aA wohl BeckOGK/*Witt,* 1.2.2019, Rn. 365.
[722] OLG Zweibrücken BeckRS 2014, 855; OLG Nürnberg EzFamR aktuell 1997, 339.
[723] OLG Brandenburg NJW 2012, 3186 = FamRZ 2013, 631 (632).
[724] OLG Brandenburg NJW 2012, 3186 = FamRZ 2013, 631 (632), nicht eindeutig OLG Zweibrücken BeckRS 2014, 855: „zumindest mit dem nach Steuern verbleibenden Nettobetrag".
[725] BGH NJW 2013, 2662 Rn. 88 = FamRZ 2013, 1366.
[726] Das OLG Stuttgart BeckRS 2007, 4214 = FamRZ 2007, 400 f. behandelt Einkünfte bereits dann nicht mehr als überobligationsmäßig erzielt, wenn die Obliegenheit zu vollschichtiger Erwerbstätigkeit bei Rechtskraft der Scheidung bereits absehbar war. Das mag im konkreten Fall iErg zutreffen, taugliches Abgrenzungskriterium ist dies jedoch nicht.
[727] BGH NJW 2013, 2897 Rn. 12 = FamRZ 2013, 1558; OLG Hamm NJW 1993, 3273 = FamRZ 1994, 1034; AG Flensburg BeckRS 2008, 4559 = FamRZ 2008, 1626 f.
[728] Dazu OLG Köln BeckRS 2006, 10194 = FamRZ 2006, 1760 (1761): Unberücksichtigt bleiben Einkommenseinbußen wegen Aufgabe des Schichtdienstes infolge Umzugs zu einem 115 km vom Arbeitsort entfernt wohnenden neuen Partner.
[729] BGH NJW 2012, 3434 Rn. 34 = FamRZ 2012, 1483; OLG Köln FamRZ 1984, 1108 (1109).

gemäß erzielt ist, wenn die Auszahlung, insbesondere bei Ausübung einer lediglich teilschichtigen Erwerbstätigkeit, über mehrere Jahre hinweg die Regel ist.

Wie überobligationsmäßig erzielte Einkünfte hinsichtlich der **Bedürftigkeit** und **Leistungsfähigkeit** zu behandeln sind, folgt aus §§ 1577 Abs. 2, 1581 (→ § 1577 Rn. 14–46, → § 1581 Rn. 38). Zur Behandlung überobligationsgemäß erzielter **Vermögenseinkünfte** des Bedürftigen → § 1577 Rn. 21. 474

**Zumutbar erzielt,** weshalb sie den Bedarf prägen und Bedürftigkeit und Leistungsfähigkeit ohne Einschränkungen bestimmen, sind stets: **ALG I** und **II** (→ Rn. 542, 543, 570–572), **Abfindungen, Krankengeld, Rente** (auch soweit sie auf überobligatorischer Erwerbstätigkeit beruhen,[730] weil allein ausschlaggebend ist, dass diese Leistungen ohne weitere unzumutbare Tätigkeit und Aufwand zufließen), **Ausbildungsförderung** (weil Aus- und Weiterbildung nicht unmittelbar der Einkommenserzielung dienen).[731] 475

Zur Zumutbarkeit von **Schwarzarbeit** → Rn. 468–471, 715, 851, einer **Teilzeit**- oder **Nebentätigkeit** → Rn. 782–801, einer Tätigkeit nach Erreichen der **Regelaltersgrenze** → Rn. 831–847; zum **Betreuungsbonus** bei wegen Kinderbetreuung überobligatorischer Erwerbstätigkeit → Rn. 487–500; zur Behandlung überobligatorisch erzielter Einkünfte im Rahmen der **Bedürftigkeit** nach § 1577 Abs. 2 → § 1577 Rn. 14–46. 476

**b) Bedarf.** Nach der Auffassung des BGH **prägen** die aus einer unzumutbaren Erwerbstätigkeit erzielten Einkünfte den Bedarf nach Abzug des unberücksichtigt bleibenden Betrags (§ 1577 Abs. 2, § 242).[732, 733] 477

Damit wird aber vernachlässigt, dass unterhaltsrechtlich **nur nachhaltig erzieltes Einkommen** (→ Rn. 13, 21; auch § 1573 Abs. 4, → § 1573 Rn. 44–55) für die Bedarfsbemessung heranzuziehen ist, weil eine überobligatorische Erwerbstätigkeit unterhaltsrechtlich neutral jederzeit wieder aufgegeben werden kann.[734] Zudem wird auch insoweit die Differenzierung zwischen Bedarf und insbesondere Leistungsfähigkeit – unzulässig[735] – aufgehoben (→ Rn. 42–44). – Zur Abgrenzung des Anspruchs auf **Erwerbslosen**- (§ 1573 Abs. 1) von dem auf **Aufstockungsunterhalt** (§ 1573 Abs. 2) → § 1573 Rn. 56–61. 478

---

730 Zu Letzterem OLG Köln NJW-RR 2006, 361 = FamRZ 2006, 342 (343); OLG Braunschweig BeckRS 2008, 26260 = FamRZ 2005, 1997 Ls.; OLG Zweibrücken BeckRS 1997, 30945992; OLG München BeckRS 2015, 805; OLG Stuttgart BeckRS 1995, 9373 = FamRZ 1996, 415 f. (dessen Begründung, der dortige Berechtigte habe sich schon die Beiträge zur Arbeitslosenversicherung entgegenhalten lassen müssen, allerdings nicht überzeugt); OLG Hamburg NJW-RR 1993, 647 = FamRZ 1992, 1308 (1309); OLG Köln BeckRS 1989, 31144400 = FamRZ 1989, 1178 (1179); iErg ebenso OLG Karlsruhe NJW 2004, 859 = FamRZ 2004, 1209 (1211); OLG Köln FamRZ 2001, 625 f.; NJW-RR 1994, 2 = FamRZ 1994, 897; OLG München BeckRS 1995, 31127547 = FamRZ 1996, 169 (170), die zwar lediglich die Hälfte anrechnen, ohne allerdings das ALG bei der Bedarfsprägung zu berücksichtigen, und so zum nach der Additionsmethode erzielbaren Ergebnis gelangen.

731 OLG Hamm NJW-RR 1996, 1287 = FamRZ 1995, 1422 (1423).

732 Dazu BGH NJW 2016, 322 Rn. 13 = FamRZ 2016, 199; NJW 2013, 461 Rn. 16 = FamRZ 2013, 191; BGHZ 188, 50 = NJW 2011, 670 Rn. 17, 23, 24 = FamRZ 2011, 454; NJW 2007, 1969 Rn. 49 = FamRZ 2007, 882; BGHZ 166, 351 = NJW 2006, 1654 Rn. 14 = FamRZ 2006, 683; BGHZ 162, 384 = NJW 2005, 2145 = FamRZ 2005, 1154 (1157) mit zust. Anm. *Gerhardt* und abl. Anm. *Maurer* FamRZ 2005, 1823; NJW-RR 2005, 945 = FamRZ 2005, 967 (970 f.); BGHZ 148, 105 = NJW 2001, 2254 = FamRZ 2001, 986. – Wie der BGH BeckOGK/*Witt,* 1.2.2019, Rn. 114; Erman/*Maier* Rn. 17. – Anders noch die ständige frühere Rspr. des BGH NJW-RR 2005, 945 = FamRZ 2005, 967 (971); NJW 2003, 1181 = FamRZ 2003, 518 (520); NJW-RR 1998, 721 = FamRZ 1998, 1501; NJW 1986, 2054 = FamRZ 1986, 790 (791); NJW 1985, 907 = FamRZ 1985, 360 (362); BeckRS 1983, 31072572 = FamRZ 1984, 364 (365); NJW 1984, 294 = FamRZ 1984, 151 (152); BGHZ 89, 108 = NJW 1984, 292 = FamRZ 1984, 149 (150); NJW 1983, 1548 = FamRZ 1983, 569 (570); NJW 1983, 933 = FamRZ 1983, 146 (149); NJW 1982, 2264 = FamRZ 1982, 779 (780); NJW 1982, 520 = FamRZ 1982, 152 (153); NJW 1980, 2251 = FamRZ 1980, 984.

733 Zu bis zur Vollendung des 3. Lebensjahres eines gemeinschaftlichen Kindes erzielten Einkünften BGH NJW 2010, 3369 Rn. 19 = FamRZ 2010, 1880; BGHZ 180, 170 = NJW 2009, 1876 Rn. 21 = FamRZ 2009, 770; BGHZ 162, 384 = NJW 2005, 2145 = FamRZ 2005, 1154 (1156 f.) mAnm *Gerhardt* und – insoweit abl. – *Maurer* FamRZ 2005, 1823: Zwar kann die Erwerbstätigkeit jederzeit aufgegeben werden, doch sind die Erwerbseinkünfte gleichwohl nicht überobligatorisch erzielt und nach den Umständen des Einzelfalles zu berücksichtigen.

734 *Maurer* FamRZ 2005, 1823 (1825); ebenso Soergel/*Häberle* Rn. 19; iErg auch *Borth* in Schwab ScheidungsR-HdB IV Rn. 1012; wohl auch Johannsen/Henrich/*Hammermann* Rn. 32; NK-BGB/*Schürmann* Rn. 52; Staudinger/*Verschraegen,* 2014, Rn. 31, 3. – Hierauf weist auch der BGH NJW 2007, 1969 Rn. 49 = FamRZ 2007, 882; NJW 2006, 2182 Rn. 28 = FamRZ 2006, 846 hin, hält jedoch an der – teilweisen – Bedarfsprägung der überobligatorisch erzielten Einkünfte fest.

735 BVerfGE 128, 193 = NJW 2011, 836 Rn. 63, 64 = FamRZ 2011, 437.

Deshalb sollte nach wie vor gelten:

479 – Ist die Erwerbstätigkeit **insgesamt** überobligatorisch, prägen die erzielten Einkünfte die ehelichen Lebensverhältnisse nicht, vielmehr ist der nach § 1577 Abs. 2, § 242 zu berücksichtigende Anteil anzurechnen bzw. die Leistungsfähigkeit mitbestimmend zu berücksichtigen.

480 – Ist die Erwerbstätigkeit **teilweise** obligatorisch, sind nur die auf den obligatorischen Teil entfallenden Einkünfte bedarfsprägend. Allerdings ist stets eine Alternativberechnung nach der Differenz-/Additionsmethode durchzuführen, um zu vermeiden, dass der betroffene Ehegatte mit der Anrechnung schlechter gestellt und für seine überobligatorischen Anstrengungen „bestraft" wird.[736]

481 – Welche Erwerbstätigkeit obligatorisch ist, richtet sich nach dem gemeinsamen **Lebensplan** der Ehegatten und ihren daran ausgerichteten Lebensverhältnissen,[737] insbesondere nach dem Grund für die Aufnahme der Erwerbstätigkeit und ihren Auswirkungen vor allem im Hinblick auf die Kinderbetreuung nach Trennung und Scheidung.[738] IErg kommt man bei einem bislang als unzumutbar erzielt behandelten Einkommen oft dazu, dass es obligatorisch erzielt ist und deshalb die ehelichen Lebensverhältnisse geprägt hat. Maßgeblich ist dann, ob und was sich an der Betreuungssituation durch Trennung und Scheidung geändert hat. IdR wird der Bedürftige seine Erwerbstätigkeit gar nicht mehr aufgeben wollen. Dann kann jedenfalls dann nicht davon ausgegangen werden, dass sie unzumutbar ist, wenn ihm etwaige Mehraufwendungen für die Betreuung der Kinder und – bei der Anrechnung der Erwerbseinkünfte – der erhöhte Betreuungsaufwand infolge des Wegfalls des Betreuungsanteils des barunterhaltspflichtigen Elternteils durch einen Vorwegabzug von seinem Einkommen angerechnet werden (→ § 1577 Rn. 46).

482 – Dem wird allerdings durch eine **hälftige** Anrechnung der erzielten Erwerbseinkünfte nicht Rechnung getragen, weil dies iErg zur Halbteilung führt und dem Bedürftigen kein Bonus für die Kinderbetreuung mehr verbleibt (→ § 1577 Rn. 45).[739]

483 **c) Konkreter Betreuungsaufwand.** Neben dem Barunterhalt ist auch der Aufwand für eine Fremdbetreuung des Kindes in Höhe der etwa für Kinderkrippe, Kindergarten, Kindertagesstätte, Hort,[740] Tagesmutter,[741] Betreuung durch Verwandte,[742] Ganztagesschule oder Internat konkret anfallenden Kosten, aber auch der Betreuungsmehrbedarf für ein behindertes Kind[743] in voller Höhe vom Erwerbseinkommen des betreuenden Ehegatten vorweg abzuziehen,[744] wenn er nur anfällt, um ihm eine **Erwerbstätigkeit** zu ermöglichen.[745] Der Bedürftige trägt die Fremdbetreuungskosten dann aufgrund der Halbteilung idR zur Hälfte selbst, was bei einem Vorwegabzug vom Einkommen des Verpflichteten nicht anders wäre (→ § 1570 Rn. 92).[746] Verfügt der Verpflichtete aber über Einkünfte, die nicht zur Deckung des Elementarunterhalts herangezogen werden, und kann er mit diesen den Mehrbedarf decken, hat er Elementarunterhalt ohne Vorwegabzug des Mehrbedarfs zuzüglich des Mehrbedarfs zu leisten. Zu den Kosten für einen **Umzug,** um Fremdbetreuungsangebote wahrnehmen zu können, → § 1570 Rn. 71.

---

[736] OLG Köln BeckRS 2003, 30323679 = FamRZ 2004, 376 (377); OLG Hamburg BeckRS 2002, 30269273 = FamRZ 2003, 235; OLG Frankfurt a. M. BeckRS 2001, 30172214.

[737] AA ausdrücklich BGHZ 188, 50 = NJW 2011, 670 Rn. 22 = FamRZ 2011, 454.

[738] *Maurer* FamRZ 2005, 1823 ff.; ebenso OLG Zweibrücken BeckRS 2007, 19921 = FamRZ 2008, 1655 (1657); OLG Karlsruhe BeckRS 2007, 4207 = FamRZ 2007, 413 (414 f.); OLG Düsseldorf NJW-RR 2001, 434 = FamRZ 2001, 102 f.; ersichtlich geht auch das OLG Karlsruhe NJW 2002, 900 (901) = FamRZ 2002, 820 Ls. so vor, obwohl es seinem Wortlaut nach überobligatorisch erzielte Einkünfte bedarfsprägend behandelt.

[739] Ausführlich *Maurer* FamRZ 2005, 1823 (1824).

[740] BGHZ 216, 94 = NJW 2017, 3786 mAnm *Löhnig* NZFam 2017, 1103= FamRZ 2018, 23 mAnm *Born* („staatliche oder vergleichbare private Einrichtungen"); OLG Frankfurt a. M. BeckRS 2007, 13640 = FamRZ 2007, 1353 (1354); auch AG Pforzheim BeckRS 2019, 2612 mBspr *Hambitzer* NZFam 2019, 312 (auch zu den aus pädagogischen Gründen angefallenen Hortkosten als Mehrbedarf des Kindes).

[741] BGHZ 216, 94 = NJW 2017, 3786 mAnm *Löhnig* NZFam 2017, 1103 = FamRZ 2018, 23 mAnm *Born*.

[742] Keine Berücksichtigungsfähigkeit aber, wenn und soweit damit nur selbst ersparte Kosten ausgeglichen werden, OLG Hamm OLGR 2001, 89 (90) = FamRZ 2001, 625 Ls. (Verpflegungskosten).

[743] BGH NJW 1983, 2082 = FamRZ 1983, 689 (690).

[744] BGHZ 162, 384 = NJW 2005, 2145 = FamRZ 2005, 1154 (1156); NJW 1991, 697 = FamRZ 1991, 182 (184); NJW 1982, 2664 = FamRZ 1982, 779 (780); NJW 1980, 2081 = FamRZ 1980, 771 (772); BeckRS 2010, 53142 = FamRZ 1979, 210 (211); OLG Celle BeckRS 2003, 15841 = FamRZ 2004, 1380 (1381) (Internat). Das OLG Hamm NJWE-FER 1999, 74 (75) = FamRZ 1999, 513 Ls. geht von jährlich 240 Fahrten zum Kindergarten aus.

[745] BGH NJW 2008, 2337 Rn. 19 = FamRZ 2008, 1152; s. auch BGHZ 216, 94 = NJW 2017, 3786 mAnm *Löhnig* NZFam 2017, 1103= FamRZ 2018, 23 mAnm *Born* (Tagesmutter auf 450 EUR-Basis im Haushalt der Mutter).

[746] *Maurer* FamRZ 2008, 2157 (2159).

Dient die Fremdbetreuung – wie idR etwa der Besuch eines Kindergartens, einer Kindertagesstätte oder eines Kinderhortes[747] – der pädagogischen und bildungsbezogenen **Erziehung** und **Entwicklung** des Kindes, sind die Kosten nach der Rspr. des BGH durch den Bedarf des Kindes bedingt, sodass sie nicht dem Elementarunterhalt, sondern in voller Höhe[748] dem Mehrbedarf des Kindes zuzurechnen sind,[749] für den die Eltern entsprechend ihren Einkünften nach § 1606 Abs. 3 S. 1 anteilig aufzukommen haben.[750] 484

Da aber ab dem vollendeten 3. Lebensjahr des Kindes unter Berücksichtigung der Möglichkeiten der Fremdbetreuung eine Erwerbsobliegenheit des Bedürftigen besteht, wenn und soweit dadurch die Belange des Kindes nicht unzumutbar beeinträchtigt werden (§ 1570 Abs. 1),[751] wird die Erwerbstätigkeit durch die zumutbare Fremdbetreuung ermöglicht, weshalb die Kosten für die Fremdbetreuung vom Erwerbseinkommen des betreuenden Elternteils vorweg abzusetzen sind.[752] Trägt der Verpflichtete die Kosten, sind sie in voller Höhe von seinen Einkünften abzusetzen.[753] 485

Zum **Kindesunterhalt** hat der BGH[754] den Betreuungsaufwand bei einer Fremdunterbringung des Kindes unabhängig von den konkret anfallenden Kosten in Höhe des Barunterhalts monetarisiert, in Ausnahmefällen – etwa bei persönlichkeitsbedingt besonders hohem Betreuungsaufwand oder bei konkret feststehenden Betreuungskosten – aber die Widerlegung durch den Elternteil zugelassen, der sich darauf beruft. – Zum **Betreuungsbonus** wegen überobligatorischer Erwerbstätigkeit und zum **Mangelfall** → Rn. 487–500. 486

**d) Betreuungsbonus.** Ist die ausgeübte Erwerbstätigkeit wegen Kinderbetreuung ganz oder teilweise **überobligatorisch,** kann auch ohne oder neben konkreten Betreuungskosten ein Betreuungsbonus zur Abgeltung des Mehraufwands für die Betreuung gemeinsamer Kinder durch die Erbringung von Betreuungsleistungen in der Freizeit abgezogen werden,[755] jedenfalls dann, wenn die Betreuung nur unter besonderen Erschwernissen, etwa hohem zeitlichen Aufwand, möglich 487

---

747 BGHZ 216, 94 = NJW 2017, 3786 mAnm *Löhnig* NZFam 2017, 1103 = FamRZ 2018, 23 mAnm *Born;* BGHZ 180, 170 = NJW 2009, 1876 Rn. 26 = FamRZ 2009, 770.

748 BGH NJW 2009, 1816 Rn. 25 ff. = FamRZ 2009, 962; NJW 2001, 2430 Rn. 36 = FamRZ 2011, 1209; ebenso für die Zeit bis zum Inkrafttreten des UÄndG 2007 *Maurer* FamRZ 2006, 663 (669).

749 Anders für die Kosten eines pädagogisch motivierten halbtägigen Kindergartenbesuchs, weil diese keinen Mehrbedarf (des Kindes) darstellen und von den Sätzen der Düsseldorfer Tabelle abgedeckt sind, so noch BGH NJW 2008, 2337 Rn. 25, 26, 28 = FamRZ 2008, 1152 (für „Kosten für den halbtätigen Kindergartenbesuch bis zu einer Höhe von etwa 50 EUR"; darüberhinausgehende Kosten sind Mehrbedarf des Kindes, für den „beide Elternteile anteilig nach ihren Einkommensverhältnissen aufzukommen haben", § 1606 Abs. 3 S. 1); NJW 2007, 1969 Rn. 44 = FamRZ 2007, 882; s. auch *Maurer* FamRZ 2006, 663 (665 f.) = FS Schwab, 2005, 823 mwN. – Das OLG Hamburg DAVorm 1998, 710 = FamRZ 1998, 553 Ls. 2 differenziert danach, ob der betreuende Elternteil arbeitet oder nicht. – Das KG BeckRS 2007, 9398 = FamRZ 2007, 2100 (2101 f.) (dazu das Revisionsurteil BGH NJW 2009, 1816 mAnm *Maurer* = FamRZ 2009, 962) hat einem Kind, dessen Vater das doppelte Einkommen der 13. Einkommensgruppe der Düsseldorfer Tabelle erzielt, das aber mit höheren Lebenshaltungskosten in der Schweiz lebt und Barunterhalt lediglich aus dieser Einkommensgruppe verlangt, zusätzlich die Kosten für den halbtägigen Kindergartenbesuch zuerkannt. – Die Kosten allein deshalb stets dem Kind als Mehrbedarf zuzuschlagen, weil sich dann der betreuende Elternteil nach Wegfall des Anspruchs auf Betreuungsunterhalt daran beteiligen muss (so *Schilling* FF 2008, 279 (282)); *Menne* FamRB 2008, 110 (115)), führt nicht weiter: Er muss sich nämlich daran auch anteilig entsprechend den wirtschaftlichen Verhältnissen beider Eltern beteiligen, wenn er Betreuungsunterhalt, ggf. neben Einkünften aus einer Erwerbstätigkeit, in einer Höhe bekommt, die ihm eine Beteiligung ermöglicht.

750 BGH NJW 2009, 1816 Rn. 18, 32 = FamRZ 2009, 962 (Kindertagesstätte); NJW 2008, 2337 Rn. 19, 26 = FamRZ 2008, 1152 (Kindergarten); NJW 2007, 1969 Rn. 44 = FamRZ 2007, 882; OLG Celle BeckRS 2003, 15841 = FamRZ 2004, 1380 (1381) (Internat); OLG Karlsruhe NJW-RR 1999, 4 = FamRZ 1999, 859 Ls. (Kindertagesstätte); OLG München OLGR 1999, 43 (Privatschulkosten für lernbehindertes Kind); s. dazu auch OLG Stuttgart BeckRS 2007, 2387 = FamRZ 2007, 150 (151); BeckRS 2006, 4502 = FamRZ 2006, 1282 f. mit abl. Anm. *Gottwald;* BeckRS 2004, 13944 = FamRZ 2004, 1129 f. (jeweils Kindergartenbeiträge); *Maurer* FamRZ 2006, 663 ff. = FS Schwab, 2005, 823 ff. mwN. Offengelassen noch von BGH NJW 2007, 1969 Rn. 41 f. = FamRZ 2007, 882. – Nicht anerkannt als Bedarf des Kindes hat das AG Konstanz BeckRS 2009, 14643 = FamRZ 2006, 1709 Hortkosten, die wegen eines Umzugs der Mutter ins Ausland zum Zwecke der Promotion anfallen.

751 Was sie beim Besuch eines Kindergartens, einer Kindertagesstätte oder eines Kinderhortes nicht werden, BGHZ 180, 170 = NJW 2009, 1876 Rn. 26 = FamRZ 2009, 770.

752 *Maurer* NJW 2009, 1819 (1820); *Maurer* FF 2009, 410 (415 f.).

753 OLG Dresden NJW-RR 2010, 440 = FamRZ 2010, 565.

754 BGH NJW 2006, 3421 = FamRZ 2006, 1597 (1599 f.) mwN.

755 Etwa OLG Hamm NJW 2003, 223 = FamRZ 2002, 1708 (1710) (dort auch illustrativ zu unterschiedlichen Berechnungsweisen und ihren Auswirkungen); OLG Düsseldorf FamRZ 1980, 685 (687).

ist.[756] Doch sollte dies allgemein gelten, um den Zusatzaufwand des betreuenden Elternteils angemessen zu honorieren.[757]

488 **Maßstab** dafür, was überobligatorisch ist, ist die dem Bedürftigen nach § 1570 zumutbare Erwerbstätigkeit (→ § 1570 Rn. 28–106);[758] zur Gleichbehandlung der Ehegatten ist er auch auf den Verpflichteten anzuwenden. Auch bei einer Ganztagsfremdbetreuung der Kinder kann der Betreuungsaufwand dazu führen, dass eine vollschichtige Erwerbstätigkeit des betreuenden Elternteils überobligatorisch ist, sodass der Mehraufwand für die Kinderbetreuung durch einen Betreuungsbonus auszugleichen ist (→ § 1570 Rn. 79, 80).[759] – Ein Betreuungsbonus steht auch dann zu, wenn die Betreuung zwar nicht vom Elternteil, sondern von seinem jetzigen Ehegatten oder Partner erbracht wird (**freiwillige Zuwendung Dritter,** → Rn. 636–642).[760]

489 Die Höhe des Betreuungsbonus kann nach der Rspr. des BGH nicht abstrakt-pauschal, sondern muss nach **Treu und Glauben** unter Berücksichtigung aller **konkreten Umstände** des Einzelfalles bemessen werden.[761, 762] In Betracht kommen insbesondere

490 – die **Einkommens-** und **Vermögensverhältnisse** sowie die sonstigen wirtschaftlichen Verhältnisse beider Ehegatten. Sie können im Mangelfall auch die Nichtberücksichtigung eines Betreuungsbonus rechtfertigen.

491 – die **persönlichen Verhältnisse** beider Ehegatten wie Alter, Gesundheitszustand, Erwerbstätigkeit, Art und Ausmaß ihrer Anstrengungen zur Erzielung unzumutbarer Einkünfte, weitere Unterhaltsverpflichtungen.[763]

492 – Anzahl, Alter, Gesundheitszustand, Entwicklungsstand, individuelle Betreuungsbedürftigkeit (kann das Kind den Schulweg allein bewältigen und ggf. vor und nach der Schule für eine gewisse Zeit unbeaufsichtigt bleiben) und schulische Belange (Leistungsfähigkeit, Stundenplangestaltung) der **Kinder.**

493 – Aufnahme bzw. Fortsetzung der **Erwerbstätigkeit** aus freien Stücken oder aus wirtschaftlicher Not und ihr Umfang (teil-/vollschichtig; Geringverdienertätigkeit).

494 – konkrete **Arbeitszeiten** unter Berücksichtigung erforderlicher **Fahrtzeiten.**

495 – andere **Betreuungspersonen,** die während der Arbeitszeit, ggf. gegen Entgelt, zur Verfügung stehen.

496 – Auswirkungen der **Doppelbelastung** auf den betreuenden Elternteil.

497 – weitere **Unterhaltspflichten** des Verpflichteten.[764]

498 – die **Honorierung** einer Erwerbstätigkeit des betreuenden Elternteils durch Belassen eines weiteren Anteils seiner Einkünfte, der pauschal durch die Erhöhung des Betreuungsbonus abgegolten werden kann, um nicht lediglich den „konkreten" Mehraufwand für die Kinderbetreuung abzugelten.[765]

---

[756] BGH NJW 2006, 3421 Rn. 20 = FamRZ 2006, 1597; NJW 2001, 973 = FamRZ 2001, 350 (352); NJW 1991, 697 = FamRZ 1991, 182 (184); NJW 1988, 2369 = FamRZ 1988, 265 (267); NJW 1986, 284 = FamRZ 1986, 790 (791); NJW 1985, 1026 = FamRZ 1985, 161 (163); s. auch OLG Zweibrücken NJWE-FER 1999, 73 = FamRZ 1999, 852; aA wohl OLG Hamm OLGR 1998, 97 (98) (Betreuungsbonus nur bei unzumutbarer Erwerbstätigkeit).

[757] Dazu auch BeckOGK/*Witt*, 1.2.2019, Rn. 275, 276, der keinen Bedarf für einen Betreuungsbonus (mehr) sieht, diesen vielmehr bereits in den Umfang der Erwerbsobliegenheit „einpreist"; offengelassen für den Unterhaltsschuldner von BGH NJW 2013, 161 Rn. 29 = FamRZ 2013, 109.

[758] Dazu auch OLG Jena OLG-NL 2004, 165 = FamRZ 2004, 1207 (1208).

[759] BGH NJW 2010, 3369 Rn. 38 = FamRZ 2010, 1880; NJW 2010, 2277 Rn. 36, 37 = FamRZ 2010, 1050; aA OLG Düsseldorf NJW 2010, 307 = FamRZ 2010, 39 (40) (kein Betreuungsbonus mehr ab vollendetem 3. Lebensjahr des Kindes).

[760] BGH BeckRS 1983, 31072653; NJW 1982, 2664 = FamRZ 1982, 779 (780); auch OLG Stuttgart BeckRS 2007, 2387 = FamRZ 2007, 150 (151) mAnm *Spangenberg* FamRZ 2007, 1022 (1023); KG FPR 2002, 301 (303).

[761] Ständige Rspr. des BGH seit BGH NJW 1981, 2804 = FamRZ 1981, 1159 (1161); weiter BGH NJW 2010, 3369 Rn. 19 = FamRZ 2010, 1880; NJW 2010, 2277 Rn. 50 = FamRZ 2010, 1050; BGHZ 180, 170 = NJW 2009, 1876 Rn. 21 = FamRZ 2009, 770; BGHZ 162, 384 = NJW 2005, 2145 = FamRZ 2005, 1154 (1156) mAnm *Maurer* FamRZ 2005, 1823; NJW 2005, 818 = FamRZ 2005, 442 (444); NJW 2001, 973 = FamRZ 2001, 350 (352); NJW-RR 1998, 721 = FamRZ 1998, 1501 (1502); jedenfalls missverständlich OLG Hamm NJW-RR 2003, 223 = FamRZ 2002, 1708 (1710), wonach der Betreuungsbonus abstrakt zu bemessen ist.

[762] S. auch die LL Nr. 10.3: Braunschweig; Bremen; SüdL; Oldenburg: wenn ein Elternteil sowohl Bar- als auch Betreuungsunterhalt erbringt; Rostock, Jena: bei obligatorischem Erwerbseinkommen; aA LL Köln unter Hinweis auf BGH NJW 2010, 2277 Rn. 37 = FamRZ 2010, 1050.

[763] KG FPR 2002, 301 (303).

[764] BGH NJW 2001, 973 = FamRZ 2001, 350 (352); OLG Stuttgart BeckRS 2007, 2387 = FamRZ 2007, 150 mAnm *Spangenberg* FamRZ 2007, 1022 (1023); s. auch *Hahne* FS Schwab, 2005, 783 (791) = FF 2006, 24 mwN.

[765] AA OLG Hamm BeckRS 1997, 7956 = FamRZ 1998, 1588 f.

Der Betreuungsbonus ist **bedarfsprägend,**[766] weil er eine in der Ehe angelegte Fortentwicklung der ehelichen Lebensverhältnisse nach Trennung und Scheidung ist, und zudem, obwohl ihm keine konkreten Aufwendungen gegenüberstehen, Vermögenswert hat, weil die mit der Erbringung der Betreuungsleistungen betrauten fremden Dienstleister entgolten werden müssten (zur Bedarfsprägung des **Betreuungsunterhalts** und der Einkünfte aus einer **überobligatorischen Erwerbstätigkeit** → Rn. 472–500). Er ist bei der Feststellung der **Leistungsfähigkeit** (§ 1581) und der **Bedürftigkeit** (§ 1577 Abs. 2) vorweg abzuziehen. Beim Quotenunterhalt verbleibt dem betroffenen Ehegatten deshalb nur die Hälfte des Bonus. 499

**Beispiele aus der Rspr.** 500
**zur Höhe des Betreuungsbonus:**
OLG Düsseldorf FamRZ 1980, 685 (687): 200 DM/Kind.
BGH NJW 1986, 284 = FamRZ 1986, 790 (791): 300 DM für 2 Kinder nicht beanstandet.
BayVerfGH BeckRS 1991, 10860 = FamRZ 1992, 458 (459): 400 DM/Kind nicht beanstandet.
OLG Hamm BeckRS 2011, 3701 = FamRZ 1994, 449 Ls.: 250 DM/Kind.
OLG München OLGR 1993, 299: Belassung des Kindergelds.
OLG Brandenburg OLG-NL 1996, 92 = FamRZ 1996, 866 f.: 400 DM/Kind.
OLG Hamm BeckRS 1996, 22903 = FamRZ 1996, 1077: 200 DM/Kind.
OLG Hamburg FamRZ 1997, 357 (358): 400 DM/Kind.
OLG Hamm DAVorm 1998, 733 = FamRZ 1998, 561 Ls. 5: Jeweils 300 DM für 8 und 4 Jahre alte Kinder.
OLG Hamm BeckRS 1997, 7956 = FamRZ 1998, 1588: In Höhe des nach der Düsseldorfer Tabelle zu zahlenden Barunterhalts. Diese Entscheidung ist abzulehnen, weil keine Differenzierung nach dem Betreuungsaufwand mehr ermöglicht wird.
KG BeckRS 1997, 12719 = FamRZ 1998, 1112 (1113): 400 DM für ein Kind.
OLG Schleswig BeckRS 1998, 12300 = FamRZ 1999, 513: 200 DM bei Fortsetzung halbschichtiger Erwerbstätigkeit nach der Geburt und nicht „sehr gravierender" Mehrbelastung durch die Trennung.
OLG Oldenburg BeckRS 2000, 30100673 = FamRZ 2000, 1286 Ls.: 300 DM.
OLG Köln NJW-RR 2001, 1371: Betreuung 16-jähriger Tochter; Betreuungsbonus 674 DM.
OLG Koblenz RNotZ 2003, 522: 100 DM von verfügbaren 570 DM.
OLG Koblenz OLGR 2003, 245 (246): ⅕ des Nettoeinkommens.
OLG Koblenz NJW-RR 2003, 937 f.: Bis zur Einschulung (vollendetes 6. Lebensjahr) 300 EUR, bis zum Ende der Grundschule (vollendetes 10. Lebensjahr) 200 EUR, 11. bis vollendetes 14. Lebensjahr 150 EUR.
OLG Celle BeckRS 2003, 15841 = FamRZ 2004, 1380 (1381): 200 EUR.
KG FPR 2002, 301 (303): Halbschichtig erwerbsoblegene Lehrerin, 3 Kinder im Alter von 12, 16 und 17 Jahren, Betreuungsbonus bei vollschichtiger Erwerbstätigkeit 1.450 DM, bei dreiviertelschichtiger 752 DM.
KG NJW 2005, 2930 = FamRZ 2006, 341 (342): 500 EUR.
OLG Brandenburg NJW-RR 2006, 944 = FamRZ 2006, 341: In Höhe des fiktiven Barunterhalts (dies bedeutet eine Monetarisierung des Betreuungsunterhalts).
OLG München NJW-RR 2006, 586 = FamRZ 2006, 812 Ls.: Kindesbetreuung und Maklertätigkeit im gleichen Haus: 300 EUR.
OLG Hamm BeckRS 2007, 14251 = FamRZ 2007, 1464 (1465): Bei halbschichtiger Erwerbstätigkeit 100 EUR, bei vollschichtiger Erwerbstätigkeit insbesondere wegen der berufsbedingten Fahrtzeiten 450 EUR.
OLG Stuttgart BeckRS 2015, 9926 = FamRZ 2015, 935 (936): Betreuungsbonus bei vollschichtiger Erwerbstätigkeit 250 EUR.

**6. Einkommensabzüge.** Sowohl für Arbeitnehmer wie für Selbstständige ist nur das Nettoeinkommen nach Abzug von Steuern und angemessenen Aufwendungen für die Kranken-, Pflege- und Altersvorsorge – ggf. nach **ausländischem** Steuer- und Sozialversicherungsrecht, wenn einem Ehegatten eine Erwerbstätigkeit in seinem Heimatland obliegt (→ Rn. 703)[767] – maßgebend. 501

**a) Steuern. aa) Zufluss-/Abflussprinzip.** Steuern[768] – insbesondere Lohnsteuer, Einkommensteuer, Kirchensteuer, Solidaritätszuschlag – werden nach dem **Zufluss-/Abflussprinzip** (auch: 502

---

766 Ebenso OLG Oldenburg BeckRS 2000, 30100673 mwN = FamRZ 2000, 1286 Ls.; KG BeckRS 2010, 14257 = FamRZ 1982, 386 (388); BeckRS 2010, 16469 = FamRZ 1981, 869; OLG Hamm BeckRS 2007, 17079 = FamRZ 1980, 255 f.; auch *Born* FamRZ 1997, 129 (130); aA wohl OLG Hamm FamRZ 1994, 1036 (1037); OLG Köln FamRZ 1993, 1115 (1116). Der BGH NJW 2005, 818 = FamRZ 2005, 442 (443 f.) bemisst dagegen den Unterhalt der nichtehelichen Mutter nach ihrer früheren Lebensstellung und setzt den Betreuungsbonus lediglich vom anzurechnenden Einkommen ab; dies ist folgerichtig, doch im vorliegenden Zusammenhang nicht aussagekräftig, da sich die Lebensstellung des nichtehelichen Elternteils allein nach seinen finanziellen Mitteln bemisst.

767 BGH NJW 2013, 461 Rn. 32 = FamRZ 2013, 191.

768 Ausführliche Darstellungen steuerrechtlicher Fragen etwa bei *Kemper* in Wendl/Dose UnterhaltsR § 1 Rn. 850 ff.; *Märkle* in Göppinger/Wax UnterhaltsR Rn. 4000 ff.; *Borth* in Schwab ScheidungsR-HdB IV Rn. 936–988. – Zur steuerlichen Berücksichtigung von Kranken- und Pflegeversicherungsbeiträgen eines Kindes bei seinen Eltern s. BFH DStR 2018, 2133 = FamRZ 2018, 1872.

**In-/Für-Prinzip**) behandelt und sind deshalb grundsätzlich in tatsächlich entrichteter Höhe anzusetzen.[769] Steuerrückerstattungen und -nachzahlungen werden erst nach ihrem Erhalt bzw. ihrer Entrichtung berücksichtigt[770] und auf eine längere Zeit – gemeinhin auf das Jahr, in dem sie angefallen sind, nicht für das sie erhoben oder erstattet werden – verteilt.[771]

503 Erst **künftige** Änderungen der Steuerklasse bleiben grundsätzlich unberücksichtigt und einem Abänderungsverfahren (§§ 238, 239 FamFG) vorbehalten.[772] Lediglich dann, wenn eine Änderung sicher ist und unmittelbar bevorsteht, kann sie Grundlage einer Einkommensprognose sein.

504 **Beispiel:**
Bei einer Scheidung vor Ablauf des Trennungsjahres und noch im Jahr der Trennung steht die Änderung der Stkl. von 3 in 1 oder 2 unmittelbar bevor.

505 Steuerliche Vorteile aus dem begrenzten **Realsplitting** (→ Rn. 90, 824–828, → § 1569 Rn. 55) prägen, obwohl auch sie nur scheidungsbedingt eintreten können, die ehelichen Lebensverhältnisse dann, wenn sie sich verwirklichen: Nach Eintrag als Freibetrag beim laufenden Einkommen, ansonsten als Steuerrückerstattung.[773]

506 **Steuerrückerstattungen,**[774] **-nachzahlungen** und Vorteile aus einem **Steuerklassenwechsel** können die ehelichen Lebensverhältnisse nur insoweit prägen, als sie sich aus dem Einkommen des geschiedenen Ehegatten ergeben. Steuererstattungen können in die **Folgejahre** fortgeschrieben werden, wenn die Bemessungsgrundlagen im Wesentlichen unverändert bleiben.[775]

507 Erzielt der Ehegatte einer **nachfolgenden Ehe** des Verpflichteten gleichfalls zu versteuernde Einkünfte und wählen die Ehegatten die Zusammenveranlagung (§§ 26b, 35a Abs. 5 EStG), sind die ihm zuzurechnenden Steuervorteile herauszurechnen. Hierzu sind die bei getrennter (Einzel-)Veranlagung anfallenden Steuerschulden unter Anwendung der Grundsätze von § 270 AO ins Verhältnis zueinander zu setzen.[776] Zum **Steuerklassenwechsel** infolge der Trennung oder Scheidung und bei Wiederverheiratung eines Ehegatten → Rn. 82.

508 **Rechenbeispiel** (mit fiktiven Zahlen):

| | |
|---|---|
| Gesamte Jahressteuerlast der Ehegatten aus den Stkl. 3 und 5 | 21.000 € |
| Fiktive Steuerlast des Verpflichteten aus Stkl. 1 | 15.000 € |
| Fiktive Steuerlast seines Ehegatten aus Stkl. 1 | 10.000 € |
| Anteil des Verpflichteten am Gesamtsteueraufkommen aus der Stkl. 1 | 60% |
| Unterhaltsrechtlich zu berücksichtigende Steuerlast des Verpflichteten | 12.600 € |

509 **bb) Ausnahmen.** Ausnahmsweise sind in besonders gelagerten Fällen nicht die tatsächlich entrichteten, sondern die **fiktiv** ermittelten Steuern zugrunde zu legen:[777]

– Bei Einbeziehung **fiktiver Einkünfte** in die Bedarfsbemessung (→ Rn. 657–903).[778] Zugrunde zu legen ist der für Alleinstehende zutreffende Steuertarif **(Grundtarif).**[779]

510 – Da der **Splittingvorteil** aus einer Wiederheirat der neuen Ehe zu verbleiben hat (→ Rn. 86–89), sind die Einkünfte des wiederverheirateten Ehegatten fiktiv nach der Stkl. 1 bzw. 2 zu rechnen. Dies gilt jedoch nur für den Bedarf, nicht für die Bedürftigkeit/Leistungsfähigkeit (→ Rn. 88).

---

769 BGH NJW 2013, 1738 Rn. 30 = FamRZ 2013, 935; BGHZ 175, 182 = NJW 2008, 1663 Rn. 37 = FamRZ 2008, 968; NJW 1985, 195 (196) = FamRZ 1984, 1211.

770 Ständige Rspr. des BGH, s. BGH NJW 1988, 2101 = FamRZ 1988, 817 (818); NJW-RR 1987, 194 = FamRZ 1987, 36 (37) mwN; NJW 1985, 195 = FamRZ 1984, 1211 (1212); NJW 1980, 2251 = FamRZ 1980, 984; s. auch OLG Koblenz BeckRS 1998, 31147848 = FamRZ 1999, 516 (517).

771 BGH NJW 2013, 1738 Rn. 30 = FamRZ 2013, 935; NJW 1985, 195 = FamRZ 1984, 1211 (1212); NJW 1982, 822 = FamRZ 1982, 250 (252).

772 BGH NJW 1988, 2105 = FamRZ 1988, 486.

773 BGH NJW 2007, 2628 Rn. 24 = FamRZ 2007, 1232.

774 Dazu BGH NJW 2013, 461 Rn. 21 = FamRZ 2013, 191.

775 BGH NJW 2009, 2523 Rn. 37 = FamRZ 2009, 1301 mAnm *Maurer* FF 2009, 422; NJW-RR 1999, 297 = FamRZ 1999, 372 (375.

776 BGH NJW 1977, 378 = FamRZ 1977, 38; dazu auch BGHZ 213, 288 = NJW 2017, 1169 Rn. 51 = NZFam 2017, 303 = FamRZ 2017, 519; BGHZ 206, 25 = NJW 2015, 2577 Rn. 50, 51 = FamRZ 2016, 1594 mAnm *Borth* (zum Elternunterhalt); NJW 2013, 2900 Rn. 15 = FamRZ 2013, 1563; BGHZ 175, 182 = NJW 2008, 1663 Rn. 41 = FamRZ 2008, 968; NJW 2006, 2623 Rn. 21, 22 = FamRZ 2006, 1178; OLG Düsseldorf FamRZ 1991, 1315 f.; FamRZ 1991, 194 f.; auch OLG Hamm FamRZ 1999, 42 zum Kindesunterhalt.

777 Dazu BGHZ 175, 182 = NJW 2008, 1663 Rn. 37 = FamRZ 2008, 968.

778 OLG Hamm BeckRS 2008, 1175 = FamRZ 1999, 233 (234); NJW 1995, 2042 = FamRZ 1995, 1152 (1153) mwN.

779 BGH NJW 2013, 2662 Rn. 7 = FamRZ 2013, 1366; NJW 2013, 5281 Rn. 23 = FamRZ 2013, 274.

– Bei Nichtgeltendmachung erzielbarer **steuerlicher Vorteile** (→ Rn. 820–828). 511
– Sind **Aufwendungen**
  – unterhaltsrechtlich nicht zu berücksichtigen, sind sie grundsätzlich auch aus den sich aus ihnen ergebenden steuerlichen Entlastungen **herauszurechnen.**[780] 512
  – Kann die zur steuerlichen Entlastung führende Belastung unterhaltsrechtlich schon **dem Grunde nach** keine Bedeutung haben, kann der andere Ehegatte an ihr unterhaltsrechtlich auch nicht beteiligt werden. Dies gilt etwa für Aufwendungen zur **Vermögensbildung,** insbesondere für die Beteiligung an einem **Bauherrenmodell.**[781] 513
  – Sind dagegen die Aufwendungen auch unterhaltsrechtlich hinzunehmen und anerkennt sie das Steuerrecht – wie ggf. Werbungskosten, die als **berufsbedingte Aufwendungen** unterhaltsrechtlich nicht in voller Höhe anerkannt werden – mit einem höheren Betrag als das Unterhaltsrecht, nimmt der andere Ehegatte auch an der höheren steuerlichen Entlastung teil.[782] 514
– **Zeitliche Verschiebungen** zwischen dem Entstehen der Steuerschuld und ihrer Begleichung werden grundsätzlich nicht ausgeglichen. Dies kann insbesondere bei der Ermittlung des maßgeblichen Einkommens eines **Selbstständigen** auftreten, wenn die Steuerbelastung zwar für ein der Unterhaltsbemessung zugrunde gelegtes Jahr anfällt, aber erst in einem nicht herangezogenen Jahr veranlagt wird.[783] Doch kann eine **Steuernachzahlung** dann unberücksichtigt bleiben, wenn der Berechtigte in dem Jahr, für das sie zu entrichten ist, an der erhöhten Liquidität nicht teilgenommen hat.[784] 515
– Unterhaltsrechtlich vorwerfbar wird **keine Steuererklärung** abgegeben oder sonst gegen unterhaltsrechtliche Obliegenheiten verstoßen, wenn der fiktive Steuererstattungsbetrag mit genügender Sicherheit geschätzt werden kann.[785] 516

**b) Vorsorgebeiträge.** Sowohl für Arbeitnehmer wie für Selbstständige ist nur das Nettoeinkommen nach Abzug von Steuern und angemessenen Aufwendungen für die Kranken-, Pflege- und Altersvorsorge maßgebend. 517

IdR können abgesetzt werden

– für die **Kranken-** und **Pflegevorsorge** die Beiträge in der gesetzlichen Kranken- und Pflegeversicherung (→ Rn. 234–237). Bei einer Privatversicherung sind die auch bislang hierfür angefallenen Aufwendungen zu berücksichtigen; meist dürfte ein Versicherungswechsel zu keinen geringeren Kosten führen (näher → Rn. 271–275). 518
– die Beiträge für die **Arbeitslosenversicherung** bei pflichtversicherten unselbstständig Erwerbstätigen, nicht jedoch bei Beamten und Selbstständigen,[786] die nicht pflichtversichert sind (→ Rn. 278). 519
– auch Beiträge für eine **Unfall-, Berufsunfähigkeits-** und **Krankenhaustagegeldversicherung,** weil und soweit sie nicht zur Vermögensbildung beitragen (zur Berücksichtigung von Leistungen aus ihnen als **Einkünfte** → Rn. 542, 543).[787] Maßstab sollte sein, ob es zur Absicherung des Lebensstandards des Betroffenen solcher Versicherungen bedarf. Dies kann etwa für einen Selbstständigen angenommen werden, nicht jedoch – wie im Fall des BGH – für einen Beamten. 520
– für die **Altersvorsorge** insgesamt 22,6% des Bruttoeinkommens (18,6% primäre + 4% zusätzliche Altersvorsorge) berücksichtigt werden. Die zusätzliche Altersvorsorge ist weder auf bestimmte Berufsgruppen noch auf bestimmte Anlageformen beschränkt (→ Rn. 304–308, 324–338),[788] doch müssen die Aufwendungen auch **tatsächlich** erbracht werden, eine fiktive Berücksichtigung findet nicht statt.[789] Diese Aufwendungen prägen den Bedarf und beeinflussen Bedürftigkeit 521

---

780 BGH NJW 2006, 1794 Rn. 54 = FamRZ 2006, 387; NJW 2005, 2077 = FamRZ 2005, 1159 (1160 f.).

781 BGH NJW-RR 1987, 194 = FamRZ 1987, 36 (37). Von BVerfG BeckRS 2010, 55424 = FamRZ 1991, 295 aus verfassungsrechtlichen Gründen nicht beanstandet.

782 Ähnlich OLG Brandenburg BeckRS 2007, 11193 = FamRZ 2007, 1020 (1022).

783 Etwa BGH NJW 2004, 1227 = FamRZ 2004, 1177 (1178 f.); OLG Frankfurt a. M. BeckRS 2001, 30169897.

784 BGH NJW 2011, 3577 Rn. 19 = FamRZ 2011, 1851.

785 OLG Bamberg NJW 2007, 1218 (1219) = FamRZ 2007, 1818 Ls.

786 BGH NJW 2003, 1660 (1662) = FamRZ 2003, 860.

787 BGH NJW 2009, 2450 Rn. 28 = FamRZ 2009, 1207 (Berufsunfähigkeits- und Krankenhaustagegeldversicherung); OLG Hamm OLGR 2001, 89 (90) = FamRZ 2001, 625 Ls. (weil Leistungen aus der Berufsunfähigkeitsversicherung auch dem Bedürftigen zugutekommen).

788 Zu Letzterem BGH NJW 2006, 1794 Rn. 19–29 = FamRZ 2006, 387; BGHZ 163, 84 = NJW 2005, 3277 = FamRZ 2005, 1817 (1820 f.); offengelassen noch BGH NJW 2003, 2306 = FamRZ 2003, 1179 (1182).

789 BGHZ 171, 206 = NJW 2007, 1961 Rn. 27 = FamRZ 2007, 793; NJW 2007, 511 = FamRZ 2007, 193 f.; NJW 2003, 1660 = FamRZ 2003, 860 (863).

und Leistungsfähigkeit beider Ehegatten unabhängig davon, ob die Vorsorge bereits während bestehender Ehe betrieben oder erst **nach** deren Scheitern oder Auflösung begonnen wurde, es sei denn, die Altersvorsorge ist bereits durch anderweitige Vorsorgeaufwendungen im zulässigen Umfang abgedeckt.[790]

522 Der BGH knüpft damit an seine Rspr. zum Verwandtenunterhalt und die politische Zielsetzung an, die private Altersvorsorge anzuregen und zu stärken.[791] Damit wird die oft noch sehr ferne Zukunft in den Vordergrund gerückt, für die meist nicht sicher beurteilt werden kann, ob die Zusatzversorgung überhaupt „erlebt" wird. Deshalb sollte differenziert werden: Reichen die finanziellen Familienverhältnisse aus, einen über dem notwendigen und angemessenen Bedarf liegenden eheangemessenen Bedarf zu befriedigen, sollten die Vorsorgeaufwendungen in voller Höhe bedarfsmindernd abgezogen werden. Im **Mangelfall** sollte es um die Gegenwart und nicht um die ungewisse Zukunft gehen und deshalb nacheheliche Altersvorsorgebeiträge, gleich welcher Art die private Altersvorsorge ist, sowohl bei der Bedarfsbemessung als auch bei der Leistungsfähigkeit außer Betracht bleiben. Diese entspricht auch dem **Vorrang** des Elementar- vor dem Altersvorsorgeunterhalt (→ Rn. 264–266).

## II. Sozialleistungen

523 **1. Renten, Pensionen und ähnliche Leistungen. a) Renten etc.** Als **Lohnersatzeinkommen** zählen hierzu folgende Leistungen (zum **Stichtagsprinzip** und zum Prinzip der Veränderlichkeit → Rn. 42–60; zur **Leibrente** → Rn. 578; zur Obliegenheit, entsprechende **Rentenanträge** zu stellen, → Rn. 829, 830):

524 – **Pensionen** von Richtern und Beamten einschließlich kindbezogener Bestandteile (→ Rn. 400).[792]

525 – Öffentlich-rechtliche Renten wegen **Alters, Berufsunfähigkeit** und **verminderter Erwerbsfähigkeit**[793] (früher: Berufs- und Erwerbsunfähigkeitsrente), auch soweit sie auf der Berücksichtigung von Kindererziehungszeiten[794] oder der Durchführung des Versorgungsausgleichs (→ Rn. 81) beruht.[795]

526 – **Nachzahlungen** auf den Anspruch auf Altersbezüge. Sie finden allerdings erst ab ihrer Auszahlung Berücksichtigung und beseitigen die Bedürftigkeit des Berechtigten nicht rückwirkend.[796] Zum Anspruch des Verpflichteten auf **Erstattung** des für die Vergangenheit zu viel bezahlten Unterhalts → § 1569 Rn. 51, 52.

527 – **Erziehungsrenten** (§ 47 SGB VI)[797] können weder den Bedarf prägen noch die Bedürftigkeit beeinflussen, weil nur dann Anspruch auf sie besteht, wenn der betreuende Elternteil nicht wieder geheiratet hat (§ 47 Abs. 3 S. 2 SGB VI), und sie nach einer (erneuten) Scheidung nicht wiederauflebt.

528 – **Unfallrenten** (§ 56 SGB VII). Sie sind allerdings nur insoweit Lohnersatzeinkommen, als die Deckungsvermutung bei schadensbedingten Mehraufwendungen (§§ 1578a, 1610a) vom Verpflichteten widerlegt wurde.[798]

529 – Bezüge aus der **betrieblichen Altersversorgung.** Hierzu zählt auch das Kapital aus **Direktversicherungen.**[799]

---

790 BGHZ 171, 206 = NJW 2007, 1961 Rn. 27 = FamRZ 2007, 793; NJW 2006, 1794 Rn. 20, 21 = FamRZ 2006, 387.

791 Zum Elternunterhalt BGH NJW-RR 2004, 793 = FamRZ 2004, 792 (792 f.): 5%.

792 BGH NJW 1989, 1033 = FamRZ 1989, 172 (173).

793 Etwa OLG Hamm NJW 2011, 3661 (3662) = FamRZ 2011, 1958. Sie ist in tatsächlicher Höhe – ohne Berücksichtigung der ohne die Erwerbsunfähigkeit erzielbaren Erwerbseinkünfte – als die ehelichen Lebensverhältnisse prägend in die Unterhaltsbestimmung einzusetzen, *Maurer* LMK 2009, 276248; jedenfalls missverständlich BGHZ 179, 43 = NJW 2009, 989 Rn. 16 = FamRZ 2009, 406, der einen „Bedarf in Höhe der durch das Erwerbshindernis verursachten Einkommenseinbuße" sieht.

794 BGH NJW 1992, 364 = FamRZ 1992, 162 (163 f.).

795 BGHZ 83, 278 = NJW 1982, 1147 = FamRZ 1982, 470.

796 BGH NJW 1990, 709 = FamRZ 1990, 269 (272); NJW 1983, 1481 = FamRZ 1983, 574 f.; auch OLG Hamburg BeckRS 2010, 30298 = FamRZ 1991, 953.

797 Zum Kindesunterhalt OLG Stuttgart BeckRS 2015, 19996 = FamRZ 2015, 2093 Ls.

798 OLG München FamRZ 2007, 471 (472) (zum Trennungsunterhalt; die Beweislast dürfte allerdings unzutr. gesehen worden sein: Nach §§ 1361, 1610a muss der Gegner des Leistungsempfängers, im Fall des OLG München also der Bedürftige, die Deckungsvermutung widerlegen (→ § 1578a Rn. 6, 9–13)); OLG Koblenz BeckRS 2003, 14957 = FamRZ 2003, 1106 (1107); aA OLG Köln NJWE-FER 2001, 67 = FamRZ 2001, 1524; bis zur Einfügung von §§ 1578a, 1610a auch BGH NJW 1982, 1593 = FamRZ 1982, 252 (253); NJW 1981, 1313 = FamRZ 1981, 338; NJW 1981, 167 = FamRZ 1980, 1112 (1113); auch SüdL Nr. 2.6. Nicht problematisiert von BGH NJWE-FER 1998, 241 = FamRZ 1998, 1503 (1504).

799 Dazu KG BeckRS 2105, 12449 = FamRZ 2015, 1198 (1199 f.).

– Versorgungs- und Versichertenrente aus einer **öffentlich-rechtlichen Zusatzversorgungskasse.** 530

– **Privatrechtliche** Zusatzversorgung oder Versicherungsleistungen.[800] 531

**b) Unterhaltsrechtliche Behandlung. aa) „Stichtag" für den Erwerb von Versorgungsanrechten.** Die von einem Ehegatten bezogene **Altersrente** prägt stets die ehelichen Lebensverhältnisse (zur dadurch bedingten **Verminderung** der maßgeblichen Einkünfte → Rn. 80), und zwar auch, soweit sie auf **vor der Eheschließung** erworbenen Versorgungsanrechten beruht und erst nach der Scheidung angefallen ist, weil die Rente das Surrogat (→ Rn. 28, 55–58) für den wirtschaftlichen Nutzen der Arbeitskraft ist[801] und auch die vor der Eheschließung erworbenen Versorgungsanrechte die gemeinsamen Erwartungen der Ehegatten hinsichtlich ihrer künftigen wirtschaftlichen Verhältnisse unabhängig davon bestimmen, wie lange es noch bis zum – sicheren – Versorgungsfall hin ist. Deshalb ist auch unerheblich, wenn ein Ehegatte während des ehelichen Zusammenlebens nicht erwerbstätig war, sondern sich der **Haushaltsführung** und der **Kinderbetreuung** gewidmet hat.[802] Da auf das der Familie zum Bestreiten des Lebensbedarfs tatsächlich zur Verfügung stehende Einkommen abgestellt wird, ist es auch für den Bedarf idR unerheblich, ob die Versorgungsanrechte auch während der Ehezeit erwirtschaftet wurden.[803] 532

Dies gilt sowohl für Anrechte in der **gesetzlichen Rentenversicherung** als auch für solche aus einer **privaten Altersversorgung.** Dass das Kapital einer **Lebensversicherung** nach der Ehe angespart wurde, hindert dessen eheprägende Berücksichtigung dann nicht, wenn die zur Kapitalbildung erbrachten Aufwendungen bei der Bemessung des nachehelichen Unterhalts einkommensmindernd berücksichtigt worden sind.[804] Bleiben sie dagegen unberücksichtigt – etwa weil sie einem „Karrieresprung" (→ Rn. 65–75) oder einer überobligatorischen Erwerbstätigkeit zuzuschreiben waren[805] –, sind auch die späteren Leistungen aus der Versorgung nicht bedarfsprägend,[806] weil der Ehegatte vor dem Leistungsbezug an den Aufwendungen für die Vorsorge durch höheren Unterhaltsbezug bzw. geringere Unterhaltszahlungen teilgehabt hat. 533

Anrechten gleichzustellen ist für den Ruhestand gebildetes **sonstiges Kapital,** das entsprechend der durchschnittlichen Lebenserwartung des Vermögensinhabers nach § 14 Abs. 1 S. 4 BewG iVm der Anlage zum Schreiben des Bundesministeriums der Finanzen vom 8.11.2010 – IV D 4 – S 3104/09/10001[807] – zu kapitalisieren ist.[808] Doch wird der Bedarf nach den ehelichen Lebensverhältnissen durch die ehemaligen Erwerbseinkünfte **begrenzt,**[809] es sei denn, der Bedürftige wurde durch den Abzug der entsprechenden Leistungen bei der Unterhaltsbemessung am Erwerb der Versorgungsleistung beteiligt. 534

Auch **nach der Scheidung** erworbene Versorgungsanrechte führen nur dann zu einem bedarfsprägenden Einkommen, wenn und soweit sie Ausfluss der Weiterentwicklung der maßgeblichen 535

---

800 Aber OLG Hamm BeckRS 2000, 11377 = FamRZ 2000, 1286; OLG Oldenburg BeckRS 2000, 30100673 = FamRZ 2000, 1286 Ls.: keine Berücksichtigung bei der Bedarfsdeckung, wenn die Versicherung dem gemeinsamen Vermögen der Ehegatten entstammt und bereits hälftig aufgeteilt worden ist (Verbot der Doppelberücksichtigung, → § 1569 Rn. 38–45).

801 So der BGH – in Abkehr von seiner bisherigen Rspr. (→ 4. Aufl. 2000, Rn. 46) – BGHZ 192, 45 = NJW 2012, 384 Rn. 24 = FamRZ 2012, 281; NJW 2006, 1794 Rn. 36 = FamRZ 2006, 387; BGHZ 163, 187 = NJW 2005, 2313 = FamRZ 2005, 1479 (1480); NJW-RR 2005, 1450 (1452) = FamRZ 2005, 1897; BGHZ 153, 272 = NJW 2003, 1796 (1798) = FamRZ 2003, 848; NJW 2002, 436 = FamRZ 2002, 88 (91).

802 BGH NJW 2002, 436 (438 f.) = FamRZ 2002, 88.

803 BGHZ 153, 372 = NJW 2003, 1796 (1798) = FamRZ 2003, 848; NJW 2002, 436 (439) = FamRZ 2002, 88 (vorehelich und nachehelich erworbene Anrechte); OLG Hamm FamRZ 1993, 1089 (1090). – AA *Spangenberg* FF 2012, 28, der weder vor- noch nachehelich erworbene Anrechte und die sich aus ihnen ergebende Rente berücksichtigt. Dies lässt außer Betracht, dass die Rente Surrogat des Erwerbseinkommens ist (BGHZ 153, 372= NJW 2003, 1796 (1798) = FamRZ 2003, 848). Denn idR ist auch nachehelich das tatsächliche Erwerbseinkommen samt Veränderungen für die Bedarfsbestimmung maßgeblich (→ Rn. 61–100), und der Berechtigte hat während des Bezugs von Erwerbseinkommen nachehelich ggf. durch einen geringeren Unterhalt zum Erwerb der Anrechte beigetragen. Vorehelich erworbene Anrechte prägen die ehelichen Lebensverhältnisse bereits deshalb, weil der Ehegatte mit diesem Vermögenswert geheiratet wird und sie idR in die eheliche Lebensplanung einbezogen werden.

804 OLG Hamm NJWE-FER 1998, 195 = FamRZ 1998, 1520 (1521); OLG Düsseldorf BeckRS 1997, 12120 = FamRZ 1998, 621 (622).

805 Soergel/*Häberle* Rn. 41 Fn. 242; *Gerhardt* in Wendl/Dose UnterhaltsR § 4 Rn. 677.

806 BeckOGK/*Witt,* 1.2.2019, Rn. 384; Soergel/*Häberle* Rn. 41.

807 BGH NJW 2013, 301 Rn. 40, 41 = FamRZ 2013, 203.

808 OLG Stuttgart OLGR 1998, 217 (218) (Geschäftsbetrieb, Immobilien).

809 BGH NJW 1988, 2101 = FamRZ 1988, 817 (818, 819); OLG Hamm NJW-RR 1996, 1154 = FamRZ 1995, 1422.

Einkommensverhältnisse sind.[810] Nur soweit sie auf einer überobligatorischen Erwerbstätigkeit oder auf einer unerwarteten, vom Normalverlauf erheblich abweichenden Entwicklung (→ Rn. 42–44) beruhen, sind sie keine Fortentwicklung der ehelichen Lebensverhältnisse mehr.

536 **Beispiel aus der Rspr.:**
BGH NJW 2006, 1201 Rn. 17, 18 = FamRZ 2006, 317: Erstmaliger Erwerb von Versorgungsanrechten in einer Zusatzversorgungskasse des öffentlichen Dienstes 8 Jahre nach Rechtskraft der Scheidung.

537 **bb) Versorgungsausgleich.** Die durch den **Versorgungsausgleich** erworbenen Versorgungsanrechte entwickeln die ehelichen Lebensverhältnisse direkt fort,[811] auch wenn zunächst nur der Berechtigte eine durch den Versorgungsausgleich erhöhte Rente bezieht.[812] Soweit Versorgungsleistungen danach zu berücksichtigen sind, sind sie mit den auch durch den Versorgungsausgleich bestimmten Beträgen in die **Halbteilung** einzubeziehen.[813]

538 **cc) Altersvorsorgeunterhalt.** Versorgungsleistungen, die aufgrund der zweckgebundenen Verwendung des Altersvorsorgeunterhalts (→ Rn. 259–263, 855) erworben wurden, prägen nach Auffassung des BGH die ehelichen Lebensverhältnisse nicht, weil es sich hierbei um eine Scheidungsfolge handle und es sonst zu einer Doppelbelastung des Verpflichteten durch die Zahlung des Altersvorsorgeunterhalts und des bei Leistungsbezug erhöhten Bedarfs käme.[814]

539 Mit der wohl hM[815] ist jedoch davon auszugehen, dass auch die durch den Altersvorsorgeunterhalt erworbenen Anrechte bedarfsprägend sind. Dafür spricht zum einen, dass der Altersvorsorgeunterhalt bei zweistufiger Berechnung zulasten des Elementarunterhalts des Berechtigten und damit seines Bedarfs geht, er also die Anrechte sozusagen „mit eigenen Mitteln" erkauft,[816] andererseits aber auch der Verpflichtete durch ein Mehr an Unterhaltsverpflichtung belastet war.[817]

540 **dd) Nacheheliche Rente wegen Berufs- oder verminderter Erwerbsfähigkeitsrente.** Die Anknüpfung an die Ehebedingtheit des Rentenbezugs und die Koppelung an einen engen zeitlichen Zusammenhang mit der Scheidung ist für eine Rente wegen Berufs- oder verminderter Erwerbsfähigkeit, deren Bezug nicht „vorhersehbar" ist, nicht sachgerecht.[818] Denn sie ist Folge eines allgemeinen Lebensrisikos,[819] und ihr Erwerb wurde auch durch den anderen Ehegatten aufgrund der mit der Beitragszahlung verbundenen Schmälerung des allgemeinen ehelichen Lebensbedarfs mitgetragen.[820]

541 **ee) Wiederaufgelebte Witwenrente.** Eine wiederaufgelebte Witwenrente (etwa § 46 Abs. 3 SGB VI) prägt die ehelichen Lebensverhältnisse nicht, weil auf sie die Unterhaltsansprüche anzurechnen

[810] BGH NJW 2006, 1201 Rn. 18 = FamRZ 2006, 317; NJW-RR 2005, 1450 (1452) = FamRZ 2005, 1897; BGHZ 153, 372 = NJW 2003, 1796 (1798) = FamRZ 2003, 848; NJW 2002, 436 (439) = FamRZ 2002, 88; aA etwa *Spangenberg* FF 2012, 28.

[811] BGHZ 163, 187 = NJW 2005, 2313 = FamRZ 2005, 1479 (1480); BGHZ 153, 372 = NJW 2003, 1796 (1798) = FamRZ 2003, 848; NJW 2002, 436 = FamRZ 2002, 88 (91); anders noch BGH BeckRS 1988, 31008719 = FamRZ 1988, 1156 (1158); NJW 1987, 1555 (1156) = FamRZ 1987, 459.

[812] OLG Dresden NJW-RR 2010, 437 (438) = FamRZ 2010, 649; BeckOGK/*Witt,* 1.2.2019, Rn. 387; *Gerhardt* in Wendl/Dose UnterhaltsR, 8. Aufl. 2011, § 4 Rn. 677; aA OLG Hamm FamRZ 2019, 593 (594); OLG Koblenz NJW 2012, 1453 (1454) = FamRZ 2012, 790; Palandt/*Brudermüller* Rn. 32; *Schürmann* FamRZ 2012, 913 (924).

[813] OLG München FuR 2001, 552; anders noch OLG München BeckRS 1996, 10167 = FamRZ 1997, 613 (die durch den Versorgungsausgleich ausgeglichenen Beträge bleiben unberücksichtigt; für den Bedarf wäre dies nicht erheblich, für die Bedürftigkeit und die Leistungsfähigkeit dagegen schon).

[814] BGHZ 153, 372 = NJW 2003, 1796 (1799) = FamRZ 2003, 848; ebenso etwa Büte/Poppen/Menne/*Büte* Rn. 25. Anders aber BGHZ 153, 372 = NJW 2003, 1796 (1800) = FamRZ 2003, 848 für Anrechte, die durch Beitragszahlung des Verpflichteten nach § 3b Abs. 1 Nr. 2 VAHRG aF begründet wurden.

[815] BeckOGK/*Witt,* 1.2.2019, Rn. 387; Erman/*Maier* Rn. 22; *Borth* in Schwab ScheidungsR-HdB IV Rn. 1074; *Gutdeutsch* in Wendl/Dose UnterhaltsR § 4 Rn. 681; *Hoppenz* FamRZ 2003, 854 (855); *Büttner/Niepmann* NJW 2003, 2492 (2495); *Maier* NJW 2002, 3359 (3364).

[816] *Borth* in Schwab ScheidungsR-HdB IV Rn. 1074.

[817] *Gutdeutsch* in Wendl/Dose UnterhaltsR § 4 Rn. 681.

[818] OLG Hamm NJW 2011, 3661 (3662) = FamRZ 2011, 1958; OLGR 1999, 51 (53) = FamRZ 1999, 1275 Ls.; NJW-RR 1996, 1154 = FamRZ 1995, 1422 (weil die Krankheit auch bei fortbestehender Ehe eingetreten wäre); OLG Koblenz FamRZ 2003, 1106 (1107) (Unfallrente); BeckOGK/*Witt,* 1.2.2019, Rn. 389 mwN.

[819] BeckOGK/*Witt,* 1.2.2019, Rn. 389.

[820] OLG Hamm NJW 2011, 3661 (3662) = FamRZ 2011, 1958.

sind (§ 90 Abs. 1 SGB VI).[821] Grundsätzlich ist sie auch nicht auf den Bedarf des Bedürftigen anzurechnen, weil sie bereits durch die Unterhaltsansprüche gekürzt ist. Würde aber der dem Verpflichteten zur Bestreitung seines Lebensunterhalts verbleibende Betrag außer Verhältnis zum dem dem Bedürftigen aus der Rente und dem Unterhalt zufließenden Betrag stehen, ist der Unterhaltsbetrag aufgrund einer Angemessenheitsprüfung[822] (→ § 1581 Rn. 89–99) idR so weit zu kürzen, dass beiden geschiedenen Ehegatten gleichviel zufließt bzw. verbleibt.[823] Doch sind in die Abwägung alle Umstände des Einzelfalles einzubeziehen, insbesondere ob der Verpflichtete wiederverheiratet und auch seinem neuen Ehegatten unterhaltspflichtig ist, oder ob er über nicht prägende Einkünfte verfügt.

**2. Krankheit. Arbeitslosigkeit.** Als Ersatz für entgangenes Arbeitsentgelt werden bezahlt und sind deshalb als **Lohnersatz** unterhaltsrechtlich als Einkommen zu behandeln: **Lohnfortzahlung, Krankengeld** (für das die Vermutung aus §§ 1610a, 1578a nicht gilt),[824] **Krankentagegeld, Krankenhaustagegeld**[825] (aber → § 1572 Rn. 45; zur abzugsfähigen Berücksichtigung der **Versicherungsbeiträge** → Rn. 517–522), auch soweit es neben ein unverändertes Einkommen tritt und keine unerwartete und vom Normalverlauf abweichende Entwicklung darstellt,[826] **Übergangsgeld** des Rentenversicherungsträgers[827] und **Arbeitslosengeld I**[828] (ALG I; zum ALG II → Rn. 570–572). 542

Diese Einkünfte sind grundsätzlich bedarfsprägend und die Bedürftigkeit/Leistungsfähigkeit mitbestimmend. Der Anspruch auf **Krankengeld** und **ALG** beruht auf Beitragszahlungen des Ehegatten. Auch wenn das die Beitragszahlungen bestimmende Erwerbseinkommen überobligatorisch erzielt war, führt dies gleichwohl nicht dazu, dass auch diese Lohnersatzleistungen überobligatorisch bezogen würden.[829] 543

**3. Entschädigungen.** Da die sozialrechtliche Zwecksetzung einer öffentlichen Leistung für die unterhaltsrechtliche Beurteilung nicht ohne weiteres maßgebend ist,[830] ist zu unterscheiden: **Einkommensersatzcharakter** haben

– **Grundrente** nach dem BVG[831] samt Schwerbeschädigten- und Pflegezulage (§ 35 Abs. 1, Abs. 2 S. 2, 3 BVG),[832] Kleiderzulage (§ 15 BVG),[833] Berufsschadensausgleich (§ 30 Abs. 3 BVG),[834] Ausgleichsrente (§ 32 BVG) und Ehegattenzuschlag (§ 33a BVG, aber → Rn. 92–98).[835] Zu beachten ist, ausgenommen für die Ausgleichsrente,[836] die Vermutung nach 544

821 BGH NJW-RR 1986, 1194 = FamRZ 1986, 889 f.; BeckRS 2010, 22707 = FamRZ 1979, 470 (471); NJW 1979, 815 = FamRZ 1979, 211 (212 ff.); auch OLG Düsseldorf BeckRS 1995, 9936 = FamRZ 1996, 947 (948); OLG Koblenz NJW-RR 1987, 902 = FamRZ 1987, 1154 (155); OLG Hamm BeckRS 2009, 29479 = FamRZ 1985, 604 (605).

822 OLG Düsseldorf BeckRS 1997, 12317 = FamRZ 1998, 743 mwN; BeckRS 1995, 9936 = FamRZ 1996, 947 (948); OLG Koblenz NJW-RR 1987, 902 = FamRZ 1987, 1154 (1155); OLG Hamm BeckRS 2009, 29479 = FamRZ 1985, 604 (605). Offengelassen von BGH NJW-RR 1986, 1194 = FamRZ 1986, 889 (890); BeckRS 2010, 22707 = FamRZ 1979, 470 (471).

823 OLG Düsseldorf BeckRS 1995, 9936 = FamRZ 1996, 947 (948) mwN; OLG Hamm BeckRS 2009, 29479 = FamRZ 1985, 604 (605).

824 BGH NJW-RR 2009, 289 Rn. 12, 14, 25 = FamRZ 2009, 307; NJW-RR 1987, 194 = FamRZ 1987, 36 (38).

825 BGH NJW 2013, 461 Rn. 36, 37 = FamRZ 2013, 191; NJW-RR 1987, 194 = FamRZ 1987, 36 (38); OLG Bremen BeckRS 1990, 3918 = FamRZ 1991, 86.

826 BGH NJW 2013, 461 Rn. 37 = FamRZ 2013, 191.

827 OLG Brandenburg BeckRS 2009, 10892 = FamRZ 2009, 699 Ls.

828 Zum ALG nach dem AFG s. OLG Frankfurt a. M. BeckRS 1999, 12265 = FamRZ 2000, 26. Zum Unterhaltsgeld nach § 153 SGB III, aufgehoben mit Wirkung ab 1.1.2005 durch Art. 1 Nr. 86, Art. 124 Abs. 3 des Dritten Gesetzes für moderne Dienstleistungen am Arbeitsmarkt v. 23.12.2003 (BGBl. 2003 I 2848), s. auch OLG Karlsruhe FamRZ 1985, 286 (287): Inanspruchnahme nicht zumutbar, wenn Nichteintritt der Rückzahlungsverpflichtung nicht sicher ist.

829 OLG Stuttgart BeckRS 1995, 9373 = FamRZ 1996, 415 f. (bedarfsdeckend); OLG Hamburg NJW-RR 1993, 647 = FamRZ 1992, 1308; BeckOGK/*Selg*, 1.2.2019, § 1602 Rn. 52; aA OLG Karlsruhe NJW 2004, 859 (861) = FamRZ 2004, 1209; OLG Köln FamRZ 2001, 625 f.; NJW-RR 1994, 2 (3) = FamRZ 1994, 897; OLG München BeckRS 1995, 31127547 = FamRZ 1996, 169 (170).

830 BGH NJW 1997, 1919 = FamRZ 1997, 806 (809), BGHZ 103, 267 = NJW 1988, 2799 = FamRZ 1988, 604 (606).

831 BGH NJW 1981, 1313 = FamRZ 1981, 338 (339); dazu auch OLG Hamm NJW-RR 1991, 1352 = FamRZ 1991, 1199 (1200).

832 BGH NJW 1982, 41 = FamRZ 1981, 1165 (1166).

833 BGH NJW 1982, 1594 = FamRZ 1982, 579 (580).

834 BGH NJW 1983, 1783 = FamRZ 1983, 674.

835 BGH NJW 1982, 1593 = FamRZ 1982, 252.

836 BT-Drs. 11/6153, 7.

§§ 1578a, 1610a, „dass die Kosten der Aufwendungen nicht geringer sind als die Höhe dieser Sozialleistungen."[837]

545 – **Verletztenrente** (Unfallrente) aus der gesetzlichen Unfallversicherung (§§ 56 ff. SGB VII).[838]

546 – **Gesundheits-** (§§ 28 ff. BEG) und **Berufsschadensrente** (§§ 64 ff., 115 BEG) nach dem Entschädigungsrecht.[839]

547 – **Blindengeld,**[840] das idR durch erhöhte Aufwendungen aufgebraucht sein wird.[841]

548 – Entschädigungen nach dem **LAG.**

549 – Leistungen nach dem **StrRehaG:** § 17 StrRehaG (Kapitalentschädigung), § 17a StrRehaG (monatliche besondere Zuwendung für Haftopfer),[842] § 18 StrRehaG (Unterstützungsleistungen) und § 19 StrRehaG (Leistungen wegen besonderer Härten).

550 Für die für **Körper-** und **Gesundheitsschäden** gewährten Sozialleistungen wird widerleglich vermutet, dass sie nicht höher sind als die entsprechenden Aufwendungen (§§ 1578a, 1610a).[843] Ist die Vermutung – durch den, der sich darauf beruft, dass die Höhe der Aufwendungen die der Leistungen nicht erreicht (→ § 1578a Rn. 8–15) – widerlegt, sind die Aufwendungen von den Leistungen abzusetzen. Die Aufwendungen sind dann vom Betroffenen konkret darzulegen und ggf. zu beweisen,[844] können aber auch unter billiger Berücksichtigung des ideellen Zwecks der Leistung und der Schwierigkeiten des Bedürftigen bei seiner konkreten Darlegung geschätzt (§ 113 Abs. 1 S. 2 FamFG, § 287 ZPO) und dadurch einbezogen werden, dass der Gesamtbedarf unter Einschluss des schadensbedingten Mehraufwandes einheitlich durch einen angemessenen Zuschlag auf den allgemeinen Lebensbedarf bemessen wird.[845] Künftige Veränderungen bleiben einem späteren Abänderungsverfahren (§§ 238, 239 FamFG) vorbehalten.[846]

551 Leistungen nach dem **Conterganstiftungsgesetz** (§ 18 Abs. 1 ContStifG)[847] und nach dem **HIV-Hilfegesetz** (§ 17 Abs. 1 HIVHG)[848] werden wie solche nach dem **Anti-D-Hilfegesetz** (§ 6 II AntiDHG)[849] und ehemals dem **Dopingopferhilfegesetz** (§ 8 DOHG)[850] nicht nur auf andere Leistungen aus öffentlichen Mitteln nicht angerechnet, sondern bleiben auch unterhaltsrechtlich sowohl bei der Bestimmung des Lebensbedarfs nach den ehelichen Lebensverhältnissen als auch bei der Bedürftigkeit des Berechtigten und der Leistungsfähigkeit des Verpflichteten gänzlich unberücksichtigt (ausdrücklich § 18 Abs. 1 ContStifG).[851] Da diese Renten danach allgemein kein unterhaltsrechtlich zu berücksichtigendes Einkommen sind, finden §§ 1578a, 1610a keine Anwendung, sodass es auf die dort geregelte, durch den dadurch benachteiligten

---

837 BeckOGK/*Selg,* 1.2.2019, § 1602 Rn. 56.

838 BGH NJW 1983, 1783 = FamRZ 1983, 674 (675); NJW 1982, 1593 = FamRZ 1982, 252; auch BeckOGK/*Selg,* 1.2.2019, § 1602 Rn. 54.

839 BGH NJW 1983, 1783 = FamRZ 1983, 674 (675).

840 OLG Hamm BeckRS 2009, 26001 = FamRZ 2003, 1771; FamRZ 1990, 405 (406); OLG Nürnberg BeckRS 1981, 31138093 = FamRZ 1981, 964 (965); grundsätzlich wohl ebenso OLG Schleswig NJW-RR 1992, 390 = FamRZ 1992, 471; *Dose* in Wendl/Dose UnterhaltsR § 1 Rn. 651 mit Hinweis auf die LL; aA OLG Karlsruhe NJW-RR 1990, 713 = FamRZ 1990, 1240 (1241).

841 OLG Zweibrücken NJW-RR 2010, 514 (515) = FamRZ 2010, 813 Ls.; OLG Hamm BeckRS 2009, 26001 = FamRZ 2003, 1771; OLG Schleswig NJW-RR 1992, 390 f. = FamRZ 1992, 471.

842 OLG Hamm BeckRS 2016, 83 Rn. 18 = FamRZ 2016, 64 (65 f.); auch OLG Brandenburg BeckRS 2010, 27531 = FamRZ 2011, 647 zur „Deckungsvermutung" nach §§ 1578a, 1610a.

843 Eingefügt durch Art. 1 Nr. 3 des Gesetzes vom 15.1.1991 (BGBl. 1991 I 46) mit Wirkung ab 16.1.1991.

844 BGH NJW 1982, 1594 = FamRZ 1982, 579 (580); NJW 1982, 41 = FamRZ 1981, 1165 (1166).

845 BGH NJW 1982, 41 = FamRZ 1981, 1165 (1167); NJW 1981, 1313 = FamRZ 1981, 338 (339 f.).

846 BGH NJW 1982, 1594 = FamRZ 1982, 579 (580); NJW 1982, 41 = FamRZ 1981, 1165 (1166).

847 Gesetz über die Conterganstiftung für behinderte Menschen (Conterganstiftungsgesetz – ConStifG) vom 25.6.2009 (BGBl 2009 I 1537), zuletzt geändert durch Art. 1 des Gesetzes vom 21.2.2017 (BGBl. 2017 I 263).

848 Gesetz über die humanitäre Hilfe für durch Blutprodukte HIV-infizierte Personen (HIV-Hilfegesetz – HIVHG) v. 24.7.1995 (BGBl. 1995 I 972), zuletzt geändert durch Art. 6a des Gesetzes zur Fortschreibung der Vorschriften für Blut- und Gewebezubereitungen und zur Änderung anderer Vorschriften v. 18.7.2017 (BGBl. 2017 I 2757).

849 Gesetz über die Hilfe für durch Anti-D-Immunprophylaxe mit dem Hepatitis-C-Virus infizierte Personen (Anti-D-Hilfegesetz – AntiDHG) vom 2.8.2000 (BGBl. 2000 I 1270), zuletzt geändert durch Art. 3 des Gesetzes v. 13.12.2007 (BGBl. 2007 I 2904).

850 Gesetz über die finanzielle Hilfe für Dopingopfer der DDR (Dopingopferhilfegesetz – DOHG) vom 24.8.2002 (BGBl. 2002 I 3410), außer Kraft getreten zum 1.1.2008 (§ 9 DOHG).

851 Zum ContstifG BGH NJW-RR 2014, 1089 Rn. 12, 13 = FamRZ 2014, 1619, zum HIV-Hilfegesetz BGH NZFam 2018, 885 mAnm *Niepmann, Braeuer* NJW 2018, 2876 = FamRZ 2018, 1506 mAnm *Maurer.*

Ehegatten widerlegbare Vermutung, dass die Kosten der Aufwendungen infolge des Körper- und Gesundheitsschadens nicht geringer sind als die Höhe dieser Leistungen, nicht ankommt.[852]

**4. Pflegegeld. a) Gesundheitsschäden.** Insoweit ist zu unterscheiden: 552

– Das aus der **gesetzlichen Unfallversicherung** gezahlte Pflegegeld (§ 44 SGB VII) ist (wohl) Lohnersatz.
– Bezieht ein Ehegatte aus der **gesetzlichen Pflegeversicherung** Pflegegeld, ist zu differenzieren:
  – Bezieht er das Pflegegeld wegen **eigener Pflegebedürftigkeit** (§ 37 Abs. 1 SGB XI), sind die 553 für die Pflege anfallenden Aufwendungen, etwa für eine Pflegeperson, abzusetzen.[853] Für die Betreuung eines pflegebedürftigen **Erwachsenen** ist auf den vollen Wert der Betreuungsleistung abzustellen, der sich an den erforderlichen Aufwendungen für eine fremde Pflegeperson orientiert und neben dem Pflegegeld auch die Zumutbarkeit der Zahlung eines Entgelts einbezieht.[854]
  – Erbringt ein **Ehegatte** Pflegeleistungen (§ 3 SGB XI) und wird das Pflegegeld an ihn **weitergeleitet,** bleibt dieses „bei der Ermittlung von Unterhaltsansprüchen und Unterhaltsverpflichtungen der Pflegeperson unberücksichtigt" (§ 13 Abs. 6 S. 1 SGB XI).[855] Lediglich in den Fällen 554 des § 1579 und für Unterhaltsansprüche der Pflegeperson, wenn von dieser erwartet werden kann, ihren Unterhaltsbedarf ganz oder teilweise durch eigene Einkünfte zu decken, und der Pflegebedürftige mit dem Verpflichteten nicht in gerader Linie verwandt ist (§ 13 Abs. 6 S. 2 SGB XI), ist es bedarfsprägend und -deckend zu berücksichtigen. Bei der Festsetzung der Höhe des berücksichtigungsfähigen Anteils am Pflegegeld ist die eheliche Verantwortung und Beistandsverpflichtung des Ehegatten aus § 1353 Abs. 1 S. 2 zu beachten, die einen sozialadäquaten unentgeltlichen Pflegeaufwand verlangt und insoweit eine Vergütungspflicht ausschließt;[856] doch sollte auch insoweit nicht kleinlich verfahren werden, um die Eigeninitiative nicht zu sehr zu beschneiden.
– Das **sozialhilferechtliche** Pflegegeld (§ 64 SGB XII)[857] bleibt wegen seiner Subsidiarität (§ 94 555 SGB XII) unterhaltsrechtlich auch dann unberücksichtigt, wenn der Unterhaltsanspruch nicht auf den Sozialleistungsträger übergehen kann (§ 94 Abs. 1 S. 2–4, Abs. 2, Abs. 3, Abs. 4 S. 1 SGB XII, → Vor § 1569 Rn. 28–43).

IÜ gilt nach §§ 1578a, 1610a die widerlegbare **Vermutung,** dass die Höhe des Pflegegeldes nicht 556 geringer ist als die Aufwendungen.[858]

**b) Inpflegenahme eines Kindes.** Erwerbseinkommen ist das für die Inpflegenahme eines 557 Kindes gewährte **Pflegegeld,** soweit es nicht für eine angemessene Versorgung des Pflegekindes benötigt wird (§ 39 Abs. 1 SGB VIII).[859]

**Beispiele aus der Rspr.:** 558
BGH NJW 1984, 2355 = FamRZ 1984, 769 (772) zweifelt die vom OLG angenommenen 50% an.
OLG Karlsruhe BeckRS 2009, 25437 = FamRZ 1987, 1074 f.: Die „finanzielle Situation der Pflegekinder selbst [soll] günstiger gestellt werden als die von Kindern derart finanziell schwacher Eltern"; es kann

---

852 BGH NZFam 2018, 885 Rn. 21 mAnm *Niepmann, Braeuer* NJW 2018, 2876 = FamRZ 2018, 1506 mAnm *Maurer* zum HIV-Hilfegesetz. Zum ContstifG geht der BGH NJW-RR 2014, 1089 Rn. 12, 13 = FamRZ 2014, 1619 zwar von der grundsätzlichen Anwendbarkeit von § 1610a aus, schließt aber die Widerlegung des Verbrauchs der Rente infolge des Körper- und Gesundheitsschadens aus.

853 BGH BeckRS 1996, 3368 = FamRZ 1996, 933 Ls.; NJW-RR 1993, 322 = FamRZ 1993, 417 (418); OLG Zweibrücken FamRB 2002, 167 (168); OLG Hamm BeckRS 2009, 10708 = FamRZ 1998, 1430 (1431) (keine Anrechnung bei Pflegestufe II); OLG Brandenburg OLG-NL 1996, 92 = FamRZ 1996, 866 (867).

854 OLG Hamm BeckRS 1998, 31207826 = FamRZ 1999, 852 (853) (⅓ der Renteneinkünfte in Höhe von ca. 1.600 DM); BeckRS 1995, 08727 = FamRZ 1996, 36; OLG München BeckRS 2015, 1835; s. auch AG Crailsheim NJWE-FER 2000, 28 = FamRZ 1999, 1077 (1078).

855 BGH NJW 2006, 2182 Rn. 26, 27 = FamRZ 2006, 846; dazu auch OLG Stuttgart NJW-RR 2017, 1153 Rn. 35, 36 = FamRZ 2017, 27 (zum Kindesunterhalt); aA noch BGH BeckRS 1996, 3368 = FamRZ 1996, 933 Ls.; OLG Hamm NJW 1996, 3016.

856 OLG Hamm NJWE-FER 1998, 219 = FamRZ 1999, 166 (167 f.).

857 Zu § 69 BSHG BGHZ 98, 353 = NJW 1987, 1201 = FamRZ 1987, 259; OLG Stuttgart NJW-RR 1994, 838 = FamRZ 1994, 1407; OLG Hamm FamRZ 1994, 1193; zum Landespflegegeldgesetz Rheinland-Pfalz BGH NJW-RR 1993, 322 = FamRZ 1993, 417 (419).

858 OLG Köln FPR 2008, 463 = FamRZ 2008, 1276; OLG München BeckRS 2015, 1835. Zur Bemessung des Pflegeaufwands auch OLG Koblenz BeckRS 2008, 26240 = FamRZ 2005, 1482 (1483).

859 BGH NJW 1984, 2355 = FamRZ 1984, 769 (772) (zum JWG); OLG Köln BeckRS 2009, 29351 = FamRZ 2010, 904 Ls.

kein wesentlich höherer Betrag als der Erziehungsbeitrag (§ 39 Abs. 1 S. 2 SGB VIII) als Einkommen des Pflegeelternteils angenommen werden.

OLG Hamm NJW 1997, 1081 (1082) = FamRZ 1997, 1216: Anrechnung des Erziehungsbeitrags (§ 39 Abs. 1 S. 2 SGB VIII); abzuziehen ist Erwerbstätigenbonus.

OLG Hamm BeckRS 2009, 10708 = FamRZ 1998, 1430 (1431): Dem Pflegekind soll „ein Leben entsprechend den mittleren Einkommensverhältnissen der Eltern" ermöglicht werden.

OLG Hamm NJW-RR 2006, 796 = FamRZ 2006, 1537 Ls.: Anrechnung mit 135% des Regelbetrags + einem Zuschlag bis zur Höhe der finanziellen Ausstattung eigener Kinder für das Pflegekind.

OLG Zweibrücken BeckRS 2001, 31379869: Anrechnung zu ⅓ + ½ Kindergeld.

OLG Koblenz BeckRS 2018, 37176 = FamRZ 2019, 197 (199): Anrechnung von ca. 26% des Pflegegeldes.

559 **5. Ausbildungsförderung.** Kann die Ausbildungsförderung[860] nicht zurückgefordert werden oder wurde sie als Darlehen gewährt, ist sie Einkommensersatz.[861] Dies wäre zwar anders, wenn und soweit sie lediglich voraus-, mithin subsidiär geleistet würde, auf den Leistungsträger übergegangen wäre und vom Verpflichteten zurückgefordert werden könnte. Doch trifft dies auf die Ausbildungsförderung nach dem **BAföG** im Verhältnis zum nachehelichen Unterhalt gerade nicht zu (§§ 37, 38 BAföG, → § 1575 Rn. 59).[862] Kann die Ausbildungsförderung aber zurückgefordert werden, weil lediglich Vorausleistungen erbracht worden sind (§§ 36, 37 BAföG), ist sie unterhaltsrechtlich nicht Einkommen.[863] – Zur **Obliegenheit,** Ausbildungsförderung zu beantragen, → Rn. 863.

560 **6. Kindbezogene Sozialleistungen. a) Mutterschafts- und Elterngeld. Mutterschaftsgeld** ist als Lohnersatz zu berücksichtigen.[864]

561 Auch **Elterngeld** (§§ 1–4 BEEG) und **Betreuungsgeld** (§ 4a–4d BEEG)[865] sind Lohnersatz und in Höhe des den Schonbetrag[866]

§ 11 BEEG: S. 1: 300 EUR; S. 2: 150 EUR, wenn Auszahlung in jeweils 2 Monatsbeträgen beantragt wird, wodurch sich der Auszahlungszeitraum verdoppelt; S. 3: Vervielfachung dieser Beträge bei Mehrlingsgeburt.

übersteigenden Betrags bedarfsprägend, die Bedürftigkeit mindernd und die Leistungsfähigkeit erhöhend.[867] Ausnahme (§ 11 S. 4 BEEG): Auch der Schonbetrag ist in die Billigkeitsprüfung nach § 1579 (→ § 1579 Rn. 212) und die Angemessenheitsprüfung nach § 1581 einzubeziehen (→ § 1581 Rn. 93) sowie zum Kindesunterhalt bei gesteigerter Unterhaltspflicht (§ 1603 Abs. 2) zu berücksichtigen.[868, 869] – Zu den **Obliegenheiten** im Zusammenhang mit dem Bezug von Elterngeld → Rn. 863.

562 **b) Kindergeld.** Nach ganz hM ist es dem – minderjährigen[870] wie volljährigen[871] – Kind als Einkommen zuzurechnen (vgl. § 11 Abs. 1 S. 3 SGB II, § 82 Abs. 1 S. 2 SGB XII)[872] und mindert

---

860 Dazu näher BeckOGK/*Selg,* 1.2.2019, § 1602 Rn. 82–86.

861 BGH NJW-RR 1989, 578 = FamRZ 1989, 499 (500); NJW-RR 1986, 1262; NJW 1985, 2331 = FamRZ 1985, 916 (917); auch OLG Hamm BeckRS 2009, 26038 = FamRZ 1987, 600 (601); aA OLG Hamm ZfJ 2005, 452 = FamRZ 2005, 1747 Ls. (nicht subsidiäre BAföG-Leistungen sind nur anzurechnen, weil sie nicht Entgelt für eine Leistung sind, sondern der Bedarfsdeckung dienen).

862 BGH NJW 1980, 393 = FamRZ 1980, 126 (128).

863 BGH NJW-RR 1986, 1262; BeckOGK/*Schlünder,* 1.2.2019, § 1577 Rn. 26; *Klinkhammer* in Wendl/Dose UnterhaltsR § 8 Rn. 287.

864 OLG Köln BeckRS 1989, 31144400 = FamRZ 1989, 1178.

865 Dazu näher BeckOGK/*Selg,* 1.2.2019, § 1602 Rn. 59. – §§ 4a–4d BEEG sind wegen der Länderzuständigkeit und der Unzuständigkeit des Bundes verfassungswidrig, BVerfG NJW 2015, 2399 = FamRZ 2015, 1459.

866 Dazu BGH NJW 2014, 2109 Rn. 40 = FamRZ 2014, 1183.

867 BGH NJW 2012, 2190 Rn. 14 = FamRZ 2012, 1201; NJW 2012, 1443 Rn. 32 = FamRZ 2012, 779; NJW 2011, 70 Rn. 29 = FamRZ 2011, 97; OLG Bremen NJW 2009, 449 = FamRZ 2009, 343 (344).

868 Zu Letzterem s. auch BGHZ 178, 79 = NJW 2008, 3562 Rn. 26 = FamRZ 2008, 2189; OLG Bremen NJW 2009, 449 = FamRZ 2009, 343 (344).

869 Zum bis 31.12.2006 gezahlten **Erziehungsgeld** → 5. Aufl. 2010, Rn. 114 und BGH NJW 2014, 2109 Rn. 41 = FamRZ 2014, 1183; zum luxemburgischen Erziehungsgeld OLG Koblenz BeckRS 2014, 4014 = FamRZ 2014, 1038 Ls.

870 BGH NJW 2009, 2744 Rn. 23–26 = FamRZ 2009, 1477; NJW 2009, 2523 Rn. 48 = FamRZ 2009, 1301 mAnm *Maurer* FF 2009, 422; wohl auch BGH NJW-RR 2009, 649 Rn. 16 = FamRZ 2009, 404; OLG Hamm NJW 2009, 675 Rn. 19, 21 = FamRZ 2009, 311 (ohne ausdrückliche Problematisierung); OLG Zweibrücken BeckRS 2009, 3305 = FamRZ 2009, 49 (50); NJW 2008, 2049 = FamRZ 2008, 1937 (1940 f.); BeckRS 2008, 16251 = FamRZ 2008, 1446 (1448) („im Einzelfall"); NJW-RR 2008, 882 = FamRZ 2008, 893 f.; OLG Celle NJW 2008, 1456 = FamRZ 2008, 997; *Borth* Praxis des UnterhaltsR Rn. 728, 736; *Büttner* FamRZ 2008, 967; *Wever* FamRZ 2008, 553 (560); *Vossenkämper* FamRZ 2008, 201 (208); *Klinkhammer* FamRZ 2008, 193 (199, 200); *Reinken* FPR 2008, 9 (11); *Scholz* FamRZ 2007, 2021 (2028); *Dose* FamRZ 2007, 1289 (1292 f.); *Gerhardt* FamRZ 2007, 945 (948); *R. Bosch* FF 2007, 293 (303);

seinen Barbedarf (§ 1612b Abs. 1 S. 2, → § 1612b Rn. 37–49).[873] Dem Kind steht ein Anspruch gegen seine Eltern auf Auskehr des Kindergelds zu; wegen der Anrechnung (§ 1612b Abs. 1 S. 2) muss es diesen Anspruch zur Bedarfsdeckung ggf. auch gegen seinen betreuenden Elternteil geltend machen. Zu den Folgerungen für den **Ehegattenunterhalt** → Rn. 921.

Näher läge folgende Behandlung des Kindergeldes (auch → 5. Aufl. 2010, Rn. 195): Als steuerlicher Kinderfreibetrag (§§ 31, 32 EStG: zur Wahrung des Existenzminimums eines Kindes [2.304 EUR] einschließlich der Bedarfe für Betreuung und Erziehung oder Ausbildung [1.320 EUR]) und Sozialleistung (§§ 2, 6a BKGG) zählt es nicht zum Einkommen des Kindes und erhöht nicht seinen Unterhaltsanspruch, weil es die Unterhaltslast der Eltern erleichtern und nicht erschweren soll.[874] Daran ändert sich auch nichts dadurch, dass es für das Kind gezahlt wird und auch für dieses verwendet werden soll. **563**

Dieser Zweck ist auch für den **Ehegattenunterhalt** maßgeblich.[875] Er verwehrt eine Erhöhung des Unterhalts durch Zurechnung des Kindergelds, auch wenn der Verpflichtete noch für ein weiteres, nicht gemeinsames Kind Kindergeld bezieht und ihm ein **Zählkindvorteil** zugutekommt, allerdings nur, wenn er diesem auch Unterhalt leistet.[876] Dem Bedürftigen wie dem Verpflichteten ist deshalb der Anteil am Kindergeld **anrechnungsfrei** zu belassen. Da es der Entlastung der Eltern bei der Erfüllung ihrer Unterhalts- oder Umgangspflichten (zu Letzterem → Rn. 249–257) dient, kann auch davon ausgegangen werden, dass der Kindergeldanteil für die Bedürfnisse des Kindes eingesetzt wird.[877] – Zur Berücksichtigung des Kindergelds im Rahmen der **Angemessenheitskontrolle** → § 1581 Rn. 92. **564**

**c) Unterhaltsvorschuss.** Im Verhältnis der geschiedenen Ehegatten sind Leistungen nach dem UVG[878] **kein Einkommen,** weil Anspruchsinhaber das Kind ist (§ 1 Abs. 1 UVG) und der Elternteil den Unterhaltsvorschuss lediglich als gesetzlicher Vertreter des Kindes entgegennimmt. **565**

**7. Sozialhilferechtliche Leistungen. a) SGB XII. Sozialhilfe** ist gegenüber der Unterhaltsverpflichtung subsidiär, prägt deshalb den Bedarf des Berechtigten nicht und ist nicht bedarfsdeckend anzurechnen. Ihre Gewährung führt grundsätzlich zum Übergang des Unterhaltsanspruchs von Gesetzes wegen auf den Sozialhilfeträger.[879] Sie ist auch dann nicht bedarfsdeckend zu berücksichtigen, wenn der Unterhaltsanspruch nach § 94 Abs. 1 S. 2–4, Abs. 2, Abs. 3, Abs. 4 S. 1 SGB XII oder bei Ansatz fiktiver Einkünfte des Verpflichteten nicht auf den Sozialleistungsträger (→ Vor § 1569 **566**

---

*Gutdeutsch/Gerhardt* FamRZ 2007, 748; auch BT-Drs. 16/1830, 29, 30. AA noch (Stand 1.1.2008) der 7. Familiensenat des OLG Düsseldorf, Düsseldorfer Tabelle (Anm. B. III. Fn. 2), und die Familiensenate des OLG Stuttgart, SüdL (Nr. 15.2 Fn. 2), Naumburg (Nr. 15.2), Oldenburg (Nr. 15.1); OLG Düsseldorf BeckRS 2008, 21320 = FamRZ 2009, 338 (339 ff.); *Maurer* FamRZ 2008, 2157 (2161); *Maurer* FamRZ 2008, 1985 (1991 ff.); *Maurer* FamRZ 2008, 975; wohl auch *Schürmann* FamRZ 2008, 313 (324).

871 BGHZ 164, 375 = NJW 2006, 57= FamRZ 2006, 99 (102, 103); aA noch BGHZ 103, 267 = NJW 1988, 2799 = FamRZ 1988, 604 (606).

872 Dazu auch BSG BeckRS 2018, 25215 = FamRZ 2018, 1898 mAnm *Schürmann,* welches das Kindergeld allerdings dem Bezugsberechtigten als Einkommen zurechnet, soweit es den Bedarf des Kindes. Anders BSG NJOZ 2008, 4679 Rn. 12, 13 = FamRZ 2008, 886 (Einkommen des Kindergeldberechtigten); s. auch BSGE 99, 262 = BeckRS 2008, 52128 Rn. 14 ff. = FamRZ 2008, 1068, welches das Kindergeld als Einkommen des Elternteils, bei Vorliegen der Voraussetzungen der Auszahlung des Kindergelds an das volljährige Kind (§ 74 EStG) und zeitnaher Weiterleitung an dieses aber als nicht „bereites" und deshalb die Gewährung von Sozialleistungen nicht hinderndes Einkommen behandelt.

873 Die gesetzliche Regelung und die hierzu ergangene Rspr. sind verfassungsgemäß, BVerfG NJW 2011, 3215 = FamRZ 2011, 1490.

874 Ehemals ständige Rspr. des BGH seit BGHZ 70, 151 (153) = NJW 1978, 753 = FamRZ 1978, 177 (178), zuletzt BGHZ 164, 375 = NJW 2006, 57 Rn. 35 = FamRZ 2006, 99; BGHZ 161, 124 = NJW 2005, 503 = FamRZ 2005, 347 (350); anders wohl BGH NJW 1991, 697 = FamRZ 1991, 182 (184); BGHZ 103, 267 = NJW 1988, 2799 = FamRZ 1988, 604 (606), wo er das Kindergeld bei der Beurteilung der Leistungsfähigkeit berücksichtigt; aber wieder BGH NJW 1997, 1919 = FamRZ 1997, 806 (807).

875 BGH NJW 1997, 1919 = FamRZ 1997, 806 (809 f.); aA ausdrücklich OLG München NJWE-FER 1998, 267 = FamRZ 1999, 511 (512). Zur abw. Rspr. des BGH vor dieser Entscheidung, von der er ausdrücklich abgerückt ist, s. die Nachw. → 4. Aufl. 2000, Rn. 28 Fn. 192.

876 BGH NJW 2000, 3140 = FamRZ 2000, 1492 (1494); NJW 1997, 1919 = FamRZ 1997, 806 (809).

877 BGH NJW 1997, 1919 = FamRZ 1997, 806 (811) (soweit der BGH dennoch darauf abhebt, dass der Berechtigte das Kindergeld zur Bestreitung auch seines eigenen Unterhalts verwende, stellt er unsystematisch dann aber doch auf die Bedarfsdeckung beim Ehegatten ab). AA etwa OLG Hamm BeckRS 2009, 10708 = FamRZ 1998, 1430 f.; OLG Karlsruhe BeckRS 2009, 87070 = FamRZ 1985, 936 (937); BeckRS 2009, 86736 = FamRZ 1985, 929 (930) (Zählkindvorteil).

878 Allgemein zum UVG BeckOGK/*Selg,* 1.2.2019, § 1602 Rn. 87–87.8.

879 BGH NJW-RR 1986, 1194 = FamRZ 1986, 889; NJW 1982, 684 = FamRZ 1982, 587; NJW 1980, 393 = FamRZ 1980, 126 (128); FamRZ 1979, 470 (471); NJW 1979, 815 = FamRZ 1979, 211 (212 ff.).

Rn. 28–43) übergehen kann,[880] weil privates Unterhaltsrecht und öffentliches Sozialrecht unterschiedlichen Voraussetzungen und Zielsetzungen folgen.[881]

567 Konstruktiv lässt sich dies für dem Verpflichteten fiktiv zugerechnete Einkünfte auch anders begründen: Zwar ist der Berechtigte für seine Bedürftigkeit darlegungs- und beweispflichtig (→ § 1577 Rn. 82, 83), doch kommt er dieser Obliegenheit bereits durch den Nachweis des Bezugs von Sozialhilfe nach. Der Verpflichtete kann sich auf den Sozialhilfebezug des Bedürftigen wegen Verstoßes gegen § 242 nicht berufen, weil er diesen durch seine unterhaltsrechtliche Obliegenheitsverletzung selbst herbeigeführt hat.

568 Auch Leistungen der **Grundsicherung** im Alter und bei Erwerbsminderung (§§ 41 ff. SGB XII)[882] sind grundsätzlich subsidiär (§ 43 Abs. 3 S. 1 SGB XII).[883]

569 Der Verpflichtete kann sich auf einen Verstoß gegen **Treu und Glauben** berufen, wenn der Bedürftige bei fehlendem sozialhilferechtlichen Übergang (§ 94 Abs. 4 SGB XII) für **Unterhaltsrückstände** aus der Vergangenheit neben der bezogenen Sozialhilfe auch noch Unterhalt verlangt.[884] Verwehrt ist ihm dies allerdings bei der Zurechnung fiktiver Einkünfte wegen Verstoßes gegen seine Erwerbsobliegenheit, weil er diese Rechtsfolge selbst herbeigeführt hat und nicht darauf vertrauen kann, deshalb von seinen Unterhaltspflichten befreit zu werden.

570 **b) SGB II.** Das **Arbeitslosengeld II (Grundsicherung für Arbeitsuchende)**[885] ist zwar subsidiär. Soweit es die existenzsichernden Leistungen nach § 19 SGB II iVm § 20 (Regelleistung zur Sicherung des Lebensunterhalts), § 21 (Leistungen für Mehrbedarfe beim Lebensunterhalt), § 22 (Leistungen für Unterkunft und Heizung), § 24 (Befristeter Zuschlag nach Bezug von Arbeitslosengeld),[886] § 25 (Leistungen bei medizinischer Rehabilitation der Rentenversicherung und bei Anspruch auf Verletztengeld aus der Unfallversicherung) und § 26 SGB II (Zuschuss zu Versicherungsbeiträgen) umfasst, hat es für den **Berechtigten** (auch) Unterhaltsersatzfunktion, weil sein Unterhaltsanspruch in Höhe der Leistungen auf den Leistungsträger übergeht.[887] Auf Seiten des **Verpflichteten** kommt ihm in vollem Umfang Einkommensersatzfunktion zu, weshalb es vollumfänglich als unterhaltsrechtlich erhebliches Einkommen zu berücksichtigen ist.

571 Wegen ihres Subventionscharakters dienen dagegen **Leistungen zur Eingliederung** in Arbeit (§ 16 SGB II)[888] und **Einstiegsgeld** (§ 16b SGB II) nicht der Sicherung des Lebensunterhalts,[889] sondern haben unabhängig davon, wem es gezahlt wird, Lohnersatzfunktion und sind deshalb stets in die Unterhaltsberechnung einzustellen.[890]

572 Der Unterhaltsanspruch geht für die Zeit, für die der Leistungsträger Leistungen zur Sicherung des Lebensunterhalts erbracht hat (§ 33 Abs. 1 S. 1 SGB II), von Gesetzes wegen auf den Leistungsträger über (cessio legis),[891] ohne dass es einer Inverzugsetzung bedürfte. Für die **Vergangenheit** können sie den Unterhaltsanspruch aber nur unter den Voraussetzungen von §§ 1585b Abs. 2, 1613

---

880 BGH (XII. ZS) NJW-RR 2000, 1385 = FamRZ 2000, 1358; BGHZ (VI. ZS) 115 (228) = NJW 1992, 115 = FamRZ 1992, 41 (42 f.) mwN auch zur abw. Auffassung; LG Offenburg NJW 1984, 1189 = FamRZ 1984, 307; aA OLG Hamm BeckRS 2009, 26336 = FamRZ 1987, 742; ausdrücklich offengelassen BGH (XII. ZS) NJW-RR 1993, 322 = FamRZ 1993, 417 (418).

881 BGH NJW 1999, 2365 = FamRZ 1999, 843 (844 ff.) mwN; s. auch OLG Stuttgart BeckRS 2007, 2305 = FamRZ 2006, 1757.

882 Dazu BeckOGK/*Selg*, 1.2.2019, § 1602 Rn. 62–72.

883 BGH NJW 2011, 1285 Rn. 32 = FamRZ 2011, 713; Ausnahme: Das Gesamteinkommen des Verpflichteten liegt unter 100.000 EUR (§ 43 Abs. 3 S. 1 SGB XII). – Anders für Leistungen nach dem GSiG, für die kein Übergang angeordnet war, OLG Hamm BeckRS 2008, 26048 = FamRZ 2006, 125 (126); OLG Bremen NJW-RR 2005, 1526 = FamRZ 2005, 801 f.; aA OLG Zweibrücken NJW-RR 2003, 1299 = FamRZ 2003, 1850 (1852); *Klinkhammer* FamRZ 2003, 1793 (1799); *Klinkhammer* FamRZ 2002, 997 (1002). – Zum Elternunterhalt s. BGH NJW-RR 2007, 1513 Rn. 14 = FamRZ 2007, 1158.

884 Zu § 91 Abs. 1, Abs. 2 S. 1 BSHG aF, § 7 Abs. 1 UVG BGH NJW-RR 2000, 1385 (1386) = FamRZ 2000, 1358; NJW 1999, 2365 (2368 f.) = FamRZ 1999, 843 (846); NJW-RR 1993, 322 = FamRZ 1993, 417 (419); s. auch *Klinkhammer* in Wendl/Dose UnterhaltsR § 8 Rn. 127, 133.

885 Zur durch das ALG II mit Wirkung ab 1.1.2005 abgelösten Arbeitslosenhilfe (→ 4. Aufl. 2000, Rn. 19) s. BGH NJW 1987, 1551 = FamRZ 1987, 456 (458) mwN.

886 Aufgehoben mit Wirkung ab 1.1.2011 durch das Gesetz zur Ermittlung von Regelbedarfen und zur Änderung des Zweiten und Zwölften Buches des Sozialgesetzbuches vom 24.3.2011 (BGBl. 2011 I 453, 464 ff.

887 BeckOGK/*Witt*, 1.2.2019, § 1581 Rn. 90; *Borth* in Schwab ScheidungsR-HdB IV Rn. 855.

888 Eicher/Luik/*Luik*, SGB II, 4. Aufl. 2017, SGB II § 16 Rn. 44.

889 Vgl. auch die Überschrift „Abschnitt 2 Leistungen zur Sicherung des Lebensunterhalts" vor § 19 SGB II.

890 *Dose* in Wendl/Dose UnterhaltsR § 1 Rn. 113; *Klinkhammer* FamRZ 2006, 1171 (1172) mwN; iErg auch OLG Celle NJW 2006, 1356 = FamRZ 2006, 1203 f.

891 Eicher/Luik/*Silbermann*, SGB II, 4. Aufl. 2017, SGB II § 33 Rn. 2, 22; BeckOK SozR/*Merten*, 50. Ed. 1.9.2018, SGB II § 33 Rn. 1.

und nur nach schriftlicher Rechtswahrungsanzeige geltend machen (§ 33 Abs. 3 S. 1 SGB II).[892] Dies ist kumulativ und nicht alternativ zu verstehen: Auch nach Inverzugsetzung geht der Unterhaltsanspruch erst mit und ab Zugang der schriftlichen Rechtswahrungsanzeige beim Verpflichteten auf den Leistungsträger über.[893]

**c) Wohngeld.** Wohngeld als Miet- oder Lastenzuschuss für selbst genutzten Wohnraum dient der wirtschaftlichen Sicherung angemessenen und familiengerechten Wohnens (§ 1 Abs. 1, 2 WoGG). Es wirkt einkommenserhöhend, soweit es den im Unterhalt oder Eigenbedarf enthaltenen Wohnkostenanteil, der idR mit ⅓ des Unterhalts bzw. Einkommens bemessen werden kann, übersteigt.[894] Ist der tatsächliche Mietaufwand geringer als dieser Wohnkostenanteil, ist das Wohngeld in voller Höhe als Einkommen zu berücksichtigen;[895] ist er höher, bleibt die Differenz zwischen tatsächlichem Mietaufwand und Wohnkostenanteil unberücksichtigt.[896] Der Bezug der Unterstützung **indiziert** zwar einen Mietmehrbedarf,[897] gleichwohl wird sie unterhaltsrechtlich in voller Höhe als Einkommen herangezogen, wenn der Bezieher nicht konkret erhöhte Wohnkosten darlegt[898] oder sich solche aus den Umständen ergeben.[899] Stattdessen kann zur Vereinfachung der unterhaltsrechtlichen Behandlung des Wohngelds aus der indiziellen Wirkung der Bewilligung nach sozialhilferechtlicher Vorprüfung die Vermutung seines Verbrauchs für Wohnkosten abgeleitet werden, sodass der Ehegatte, der sich darauf beruft, dass das Wohngeld nicht (vollständig) verbraucht wird, dies darzulegen und zu beweisen hat. Auch der in der Düsseldorfer Tabelle ausgewiesene Wohnkostenanteil (B. IV.: zurzeit 430 EUR) kann als Vergleichsgröße herangezogen werden.[900] – Zur **fiktiven** Zurechnung → Rn. 866. 573

**d) Eigenheimzulage.** Die Eigenheimzulage diente der Bildung von Wohneigentum und wirkte als Vermögensbildung einkommenserhöhend.[901] Zur Berechnung des gleichfalls bedarfsprägenden Wohnvorteils (→ Rn. 595–623) ist sie wegen ihres Subventionszwecks zunächst vom Tilgungs- und erst der Rest vom Zinsaufwand abzusetzen.[902] Da sie nicht steuerpflichtig und deshalb nicht im Steuerbescheid erfasst ist, erstreckt sich die **Auskunftspflicht** auch auf sie.[903] – Die Eigenheimzulage wurde nur noch für 8 Jahre gewährt (§ 3 EigZulG), wenn die Herstellung oder der Vertragsschluss vor dem 1.1.2006 erfolgte (§ 19 Abs. 9 EigZulG), ist also zum 31.12.2012 ausgelaufen. 574

---

892 OLG Brandenburg FamRZ 2007, 2014; *Klinkhammer* in Wendl/Dose UnterhaltsR § 8 Rn. 246; *Klinkhammer* FamRZ 2006, 1171 (1173); offengelassen von BGH NJW-RR 2011, 145 Rn. 29 ff. = FamRZ 2011, 197.

893 Für bis zum 31.7.2006 fällig gewordene Unterhaltsansprüche bedurfte es einer schriftlichen Überleitung des Unterhaltsanspruchs (§ 33 SGB II aF). Konnte der Unterhaltsanspruch nicht mehr übergehen, war auch das ALG II hinsichtlich aller seiner Leistungen bedarfsprägend und den Bedarf des Berechtigten deckend zu behandeln, weil dieser nicht sowohl ALG II als auch Unterhalt bekommen sollte. Ebenso OLG Celle NJW 2006, 1356 = FamRZ 2006, 1203 (1204 f.) (für das Einstiegsgeld nach § 29 SGB I); OLG München NJW-RR 2006, 439 = FamRZ 2006, 1125 (für das Übergangsgeld nach § 24 SGB II); aA aber hinsichtlich der Grundleistungen, ebenso OLG Celle FamRZ 2006, 1715); allgemein aA *Klinkhammer* FamRZ 2004, 1909 (1913, 1917); *Knittel* JAmt 2004, 397 (398). Zur (ehemaligen) Arbeitslosenhilfe BGH NJWE-FER 1997, 15 = FamRZ 1996, 1067 (1070) mwN; Nachw. zur abw. Auffassung → 4. Aufl. 2000, Rn. 19 Fn. 150. Leistungen nach §§ 19 ff. SGB II konnten bereits vor dem 1.8.2006 als Einkommen des Verpflichteten behandelt werden, wenn deren Nichtberücksichtigung treuwidrig wäre (OLG Celle FamRZ 2006, 1715 f.).

894 BGH NJW 2012, 2190 Rn. 15 = FamRZ 2012, 1201; NJW 2003, 1660 (1661) = FamRZ 2003, 860; BeckRS 2010, 5209 = FamRZ 1984, 772 (774); NJW 1983, 684 = FamRZ 1982, 587; NJW 1980, 2081 = FamRZ 1980, 771; s. auch OLG Hamm BeckRS 2009, 26038 = FamRZ 1987, 600 (601); OLG Brandenburg BeckRS 2007, 11193 = FamRZ 2007, 1020; BeckRS 2006, 19308; aA etwa OLG Düsseldorf FamRZ 1981, 879 (880 ff.); BeckRS 2009, 12985 = FamRZ 1981, 772 (773); OLG Hamm NJW 1981, 767 = FamRZ 1981, 783; ohne Vergleichsberechnung etwa OLG Köln BeckRS 2006, 14408; OLG Koblenz NJW-RR 2005, 803 = FamRZ 2005, 804.

895 Zur Berücksichtigung des für ein Kind im Haushalt gezahlten Wohngelds als Einkommen des Kindes s. BSG = BeckRS 2018, 25215 = FamRZ 2018, 1898 mAnm *Schürmann*.

896 Dazu ausführlich *Dose* in Wendl/Dose UnterhaltsR § 1 Rn. 665–668; *Götsche* FamRB 2010, 376 (379).

897 BGH NJW 2012, 2190 Rn. 15 = FamRZ 2012, 1201.

898 BGH BeckRS 2010, 5536 = FamRZ 1985, 374 (375).

899 *Dose* FamRZ 2013, 993 (995 f.).

900 BGH NJW 2003, 1660 (1661) = FamRZ 2003, 860; auch BeckOGK/*Selg*, 1.2.2019, § 1602 Rn. 90.

901 BGH NJW 2013, 1305 Rn. 19, 22 = FamRZ 2013, 868; OLG Koblenz BeckRS 2003, 15941 = FamRZ 2004, 1573; OLG Köln BeckRS 2002, 5932; OLG München FamRZ 1999, 251 (252); auch *Dose* in Wendl/Dose UnterhaltsR § 1 Rn. 669.

902 BGH NJW 2013, 1305 Rn. 22 = FamRZ 2013, 868.

903 *Dose* in Wendl/Dose UnterhaltsR § 1 Rn. 669.

### III. Vermögenserträge

575 **1. Ertragsart. a) Grundsätze. Alle** Vermögenserträge und wirtschaftliche Nutzungen (§ 100) prägen die ehelichen Lebensverhältnisse, wenn die Ehegatten über sie auch tatsächlich verfügen konnten und sie in die Bestreitung des ehelichen Lebensbedarfs geflossen sind.[904] Unerheblich ist die **Herkunft** des Vermögens.

576 **Erzielte**[905] oder **erzielbare** (auch → Rn. 879)[906] Erträge sind um **Steuern** – Kapitalertragssteuern (§§ 43a–45a EStG), Kirchensteuer und Solidarzuschlag, ggf. unter Beachtung des Altersentlastungsbetrags (§ 24a EStG) – und notwendige **Beschaffungs-** und **Verwaltungskosten** – etwa Kontoführungs- und Depotkosten – bereinigt[907] auch dann in voller Höhe heranzuziehen,[908] wenn sich die Erträge zwischenzeitlich **erhöht** haben und dies nicht auf unerwarteten, vom Normalverlauf abweichenden Umständen beruht.[909] Dies gilt unabhängig von **Kaufkraftverlusten** des verzinsten Kapitals, denen auch nicht durch eine (teilweise) Nichtanrechnung der Vermögenserträge aus Gründen der Unbilligkeit oder Unwirtschaftlichkeit, die lediglich die Bedarfsdeckung durch Verwertung des Vermögensstamms betreffen (§ 1577 Abs. 3), Rechnung getragen werden kann.[910] – Weil Gesichtspunkte der Wirtschaftlichkeit und Billigkeit nur für die Verwertung des Vermögensstammes Bedeutung haben (§ 1577 Abs. 3, → § 1577 Rn. 54–64, § 1581 S. 2, → § 1581 Rn. 100–105),[911] kommt es für die Berücksichtigung der Erträge nicht auf die **Herkunft** des Vermögens und auf Billigkeitserwägungen an.[912]

577 Den Ehegatten obliegt, ihr Vermögen möglichst **ertragreich** anzulegen (→ Rn. 879). In ihrem Eigentum, ggf. auch nur in ihrem Besitz stehenden Wohnraum, den sie nicht selbst benötigen, müssen sie vermieten. Geld, auch „Notgroschen", ist verzinslich anzulegen. Bei Einkünften aus unzumutbarem Vermögenseinsatz können sich Einschränkungen ihrer Anrechenbarkeit ergeben, etwa bei Untervermietung trotz beengter räumlicher Verhältnisse. Zur Obliegenheit zur **Vermögensumschichtung** → Rn. 880–886, zur Verwertung des **Vermögensstamms** s. § 1577 Abs. 3 (→ § 1577 Rn. 47–71) und § 1581 S. 2 (→ § 1581 Rn. 100–105); zu **überobligatorisch** erzielten Vermögenserträgen → § 1577 Rn. 21.

578 Die ehelichen Lebensverhältnisse werden insbesondere geprägt durch Erträge aus
- der Anlage eines **Schmerzensgeldes.**[913] Doch setzt dies einen Bezug zur Ehe dergestalt voraus, dass sich der Unfall noch vor der Scheidung ereignet hat[914] oder aber es im Zusammenhang mit einer Erwerbstätigkeit, deren Einkünfte den ehelichen Lebensbedarf geprägt haben, steht.[915]
- der Bereitstellung eines Grundstücksanteils als **Sicherheit,**[916]
- **Sparguthaben,**
- **Gesellschaftsbeteiligungen** (an GbR, oHG, KG, stiller Gesellschaft, GmbH, AG),
- der Nutzung von Sachen (**Gebrauchsvorteile** iSd § 100), insbesondere von **Wohneigentum** (**Wohnvorteil,** → Rn. 585–633;[917] **Miete** (→ Rn. 634, 635) und **Pacht;** Entschädigung für die Bereitstellung eines Grundstücksanteils als Sicherheit),[918] auch in kapitalisierter Form als **Leibrente,** die mit ihrem Zins- und Tilgungsanteil einzustellen ist,[919]

---

[904] BGH NJW 2013, 380 Rn. 58 = FamRZ 2013, 195; NJW-RR 1988, 1282 = FamRZ 1988, 1145 f.; NJW 1986, 1342 = FamRZ 1986, 437 (438); NJW 1986, 1340 = FamRZ 1986, 434; NJW 1985, 803 = FamRZ 1985, 354 (356).
[905] OLG Köln BeckRS 2012, 3705 = FamRZ 2012, 1731 (1732).
[906] Dazu OLG Düsseldorf BeckRS 2009, 22255 = FamRZ 1988, 284 (285).
[907] BGH NJW-RR 1986, 682 = FamRZ 1986, 441 (442).
[908] BGH NJW 1992, 1044 = FamRZ 1992, 423 (425); NJW-RR 1986, 682 = FamRZ 1986, 441 (442) (Nominalertrag); aA OLG Stuttgart BeckRS 2009, 87106 = FamRZ 1985, 607 (610); AG Berlin-Charlottenburg FamRZ 1991, 573.
[909] BeckOGK/*Witt,* 1.2.2019, Rn. 403; aA Büte/Poppen/Menne/*Büte* Rn. 9.
[910] BGH NJW-RR 1986, 682 (683) = FamRZ 1986, 441; aA die Vorinstanz OLG Stuttgart BeckRS 2009, 87106 = FamRZ 1985, 607 (610).
[911] BGH NJW-RR 1986, 682 = FamRZ 1986, 441 (442).
[912] BGH NJW-RR 1988, 1093 = FamRZ 1988, 1031 (1034) mit krit. Anm. *Voelskow* FamRZ 1989, 481; NJW-RR 1986, 682 = FamRZ 1986, 441 (442); NJW-RR 1986, 683 = FamRZ 1986, 439 (440); NJW 1985, 1343 = FamRZ 1985, 582 (583); NJW 1985, 1347 = FamRZ 1985, 471 (472); NJW 1985, 909 = FamRZ 1985, 357 (359); NJW 1985, 803 = FamRZ 1985, 354 (356).
[913] BGH NJW-RR 1988, 1093 (1095) = FamRZ 1988, 1031 mit krit. Anm. *Voelskow* FamRZ 1989, 481.
[914] BGH NJW-RR 1988, 1093 (1095) = FamRZ 1988, 1031; aA OLG Düsseldorf BeckRS 2011, 3609 = FamRZ 1992, 1097 (1098).
[915] BeckOGK/*Witt,* 1.2.2019, Rn. 109.
[916] BGH NJW-RR 1987, 194 (195) = FamRZ 1987, 36 (38).
[917] Zur Nutzung einer Ferienwohnung OLG Karlsruhe BeckRS 2009, 09288 = FamRZ 2009, 48 (49).
[918] BGH NJW-RR 1987, 194 = FamRZ 1987, 36 (38).
[919] BGH NJW 1994, 935 = FamRZ 1994, 228 (230); OLG München OLGR 1992, 122; OLG Köln BeckRS 2010, 6758 = FamRZ 1983, 643 (645).

– **Erbschaft** (→ Rn. 30, 31, 143, 929),[920] **Pflichtteil**[921] und **Vermächtnis** (zur Obliegenheit, diese Ansprüche auch geltend zu machen und durchzusetzen, → Rn. 657), wenn die Ehegatten sich vernünftigerweise auf den Anfall einstellen konnten und im Hinblick darauf wirtschaftliche Dispositionen getroffen oder auch unterlassen, etwa keine Mittel in eine Altersvorsorge investiert haben,[922]
– Mitteln der Auseinandersetzung des **Güterstands** und einer sonstigen **Vermögensgemeinschaft** (→ Rn. 145).[923]

**b) Unterhaltsverträge.** Im Rahmen der **Ausübungskontrolle** von Ehe- und Unterhaltsverträgen (→ § 1585c Rn. 108–133) verstößt es nicht gegen Treu und Glauben, den Bedürftigen zur Deckung seines Bedarfs auf Erträge aus Vermögen zu verweisen, über das er ohne die Ehe nicht verfügen würde; dies kann etwa Vermögen aus ehelichen Schenkungen, unbenannten Zuwendungen oder güterrechtlichem Ausgleich betreffen. Dagegen bleiben Einkünfte aus Vermögen, das der Bedürftige auch ohne die Ehe bilden konnte, unberücksichtigt;[924] dies betrifft vornehmlich ererbtes oder aus Drittschenkungen etwa der Eltern des bedürftigen Ehegatten stammendes Vermögen.[925] 579

Allerdings sollen auch diese **– „ehefremden" – Vermögenserträge** berücksichtigt werden, wenn der Verpflichtete „zum Nachteilsausgleich einen höheren als den vollen Unterhalt nach den ehelichen Lebensverhältnissen (§ 1578 Abs. 1 S. 1 BGB) zahlt", weil „der Halbteilungsgrundsatz … auch insoweit die Obergrenze der Unterhaltspflicht [bestimmt]."[926] IdR kann dieser Fall aber nicht eintreten: 580

– Vermögenseinkünfte, die der Bedürftige auch **„ohne die Ehe"** hätte, prägen die ehelichen Lebensverhältnisse nur, wenn sie auch zur Deckung des ehelichen Lebensbedarfs verwandt wurden. Dann aber sollte selbstverständlich sein, dass sie auch zur Deckung des Bedarfs des Berechtigten (§ 1577 Abs. 1) heranzuziehen sind. 581
– Wurden die Vermögenseinkünfte **nicht** zur Deckung des ehelichen Lebensbedarfs **verwandt,** prägen sie die ehelichen Lebensverhältnisse nicht. Doch folgt daraus nicht, dass sie nicht bedarfsdeckend zu behandeln sind. 582

Warum dies bei Unterhaltsverträgen, die der Ausübungskontrolle nicht standhalten, anders als beim gesetzlichen Unterhaltsanspruch sein soll, ist nicht ersichtlich. Im Gegenteil: Wer einen – sittengemäßen – Unterhaltsvertrag eingeht, muss angesichts seiner dadurch weiter gesteigerten nachehelichen Eigenverantwortung eher schlechter gestellt sein als nach der gesetzlichen Unterhaltsregelung, keinesfalls aber besser. 583

Daraus folgt, dass entgegen der Rspr. des BGH Vermögenserträge des Berechtigten stets und unabhängig davon, woher das Vermögen stammt, jedenfalls bedarfsdeckend und damit die Bedürftigkeit mindernd zu berücksichtigen sind. 584

**2. Insbesondere: Wohnvorteil.**

**Schrifttum:** *Borth,* Die Berücksichtigung des Tilgungsanteils eines Immobilienkredits – Grundlegende Änderung der Rechtsprechung zum Wohnvorteil, FamRZ 2017, 682; *Borth,* Berüksichtigung des Tilgungsanteils eines Immobilienkredits bei der unterhaltsrechtlichen Bewertung des Wohnvorteils eines Eigenheims – Ausdehnung der BGH-Rechtsprechung auf sämtliche Unterhaltsansprüche, FamRZ 2019. 160; *Graba,* Surrogat des Wohnvorteils und Unterhalt nach den ehelichen Lebensverhältnissen, FamRZ 2006, 821; *Graba,* Surrogat beim Wohnvorteil, FF 2014, 342; *Runge,* Vereinfachte Bewertung des Wohnvorteils beim Ehegattenunterhalt, FamRZ 1997, 262.

---

920 BGH NJW 2008, 148 Rn. 28 = FamRZ 2007, 2052; NJW 2006, 1794 Rn. 25 = FamRZ 2006, 387; NJW 1993, 1920 = FamRZ 1993, 1065; NJW-RR 1988, 1282 = FamRZ 1988, 1145 (1146); NJW-RR 1986, 746 = FamRZ 1986, 560 (561); NJW 1982, 2771 = FamRZ 1982, 996 (997); s. auch OLG Hamm NJW-RR 1998, 6 = FamRZ 1998, 620 f.; BeckRS 2006, 8500 = FamRZ 1992, 1184 (1186); OLG München NJW 1993, 2186 = FamRZ 1993, 62.

921 BGH NJW 1982, 2771 = FamRZ 1982, 996 (997).

922 BGH NJW 2012, 3434 Rn. 36 = FamRZ 2012, 1483; NJW 2006, 1794 Rn. 26 = FamRZ 2006, 387; BGHZ 153, 358 = NJW 2003, 1518 (1519 f.) = FamRZ 2003, 590 (591 f.).

923 BGH NJW 2009, 145 Rn. 34 = FamRZ 2009, 23; NJW 2008, 1946 Rn. 38 = FamRZ 2008, 963; NJW 2008, 57 Rn. 47 = FamRZ 2007, 1532; NJW 2002, 436 = FamRZ 2002, 88 (92); s. auch BeckOGK/*Witt,* 1.2.2019, Rn. 393 mwN; aA noch BGH NJW 1986, 1342 = FamRZ 1986, 437 (439).

924 BGH NJW 2013, 380 Rn. 56, 57 = FamRZ 2013, 195; NJW 2010, 3372 Rn. 33 = FamRZ 2010, 1637; OLG Celle NJW 2010, 79, 85 = FamRZ 2010, 310 Ls.

925 Die Eingrenzung des BGH, dass der Bedürftige „auch allein eine private Vermögensbildung in dieser Höhe hätte betreiben können" (BGH NJW 2013, 380 Rn. 57 = FamRZ 2013, 195; NJW 2010, 3372 Rn. 33 = FamRZ 2010, 1637) dürfte jedenfalls dann zu eng sein, wenn auch der Bedürftige über hohe Erwerbseinkünfte verfügt hat oder vor Abschluss des Vertrags hatte.

926 BGH NJW 2013, 380 Rn. 58 = FamRZ 2013, 195.

585 **a) Grundsätze.** Die Nutzung von **Wohneigentum,** für die keine Miete gezahlt wird (Wohnvorteil), ist ein **vermögenswerter Gebrauchsvorteil.** Er beläuft sich auf die – positive – Differenz zwischen dem Wert des Nutzungsvorteils und den Hausaufwendungen (zu Letzteren → Rn. 595–623). Wer Miete erspart, die er aus seinen finanziellen Mitteln zu entrichten hätte, wohnt gegenüber einem Mieter billiger und verfügt über zusätzliche Mittel zur Bestreitung seines Lebensunterhalts, die seinen Lebensstandard und damit seinen Bedarf steigern und seine Bedürftigkeit mindern bzw. seine Leistungsfähigkeit erhöhen.[927] Doch auch wenn die Ehegatten **teurer** gewohnt haben, weil ihre Aufwendungen den Wohnwert überstiegen haben, prägt dies die ehelichen Lebensverhältnisse. – Nach der Halbteilung fließt dieser **Nutzungsvorteil** je zur Hälfte in den Bedarf der Ehegatten.[928]

586 Da der Wohnvorteil zwar geldwert ist, durch ihn aber keine Barmittel generiert werden, aus denen der Barunterhalt bestritten werden könnte, setzt seine Zurechnung voraus, dass der Verpflichtete über **Bareinkünfte** verfügt, aus dem Unterhalt bezahlt werden kann, oder er zur Bestreitung seiner Unterhaltsverpflichtung auf die **Verwertung seines Vermögensstamms** verwiesen werden kann (§ 1581 S. 2).[929] Ggf. kann sein **Selbstbehalt** herabgesetzt werden.[930] Anders jedoch für den Berechtigten, der sich stets seinen Wohnvorteil zurechnen lassen muss.

587 Dem Vorteil selbstgenutzten Wohneigentums sind **geringe Mietkosten** durch Anmietung einer günstigen Wohnung nicht gleichzustellen.[931] Denn hierbei geht es um die Lebensführung und nicht um die Vermögensnutzung.[932]

588 Dass mit der Berücksichtigung eines **bereinigten** Wohnvorteils auch nachehelich Vermögensbildung ermöglicht wird, ist wie stets, wenn Mittel dem Lebensunterhalt entzogen waren, grundsätzlich unerheblich (→ Rn. 13). Maßgeblich ist allein, ob die ehelichen Lebensverhältnisse aus objektiver Sicht wirtschaftlich sinnvoll und angemessen gestaltet waren, sodass der Abzug von Hausaufwendungen ggf. auf die Höhe des Wohnvorteils beschränkt werden kann. Als Korrektiv bleibt der Negativbetrag in Höhe angemessener Mietaufwendungen unberücksichtigt, die gleichfalls grundsätzlich nicht vom verfügbaren Einkommen abgesetzt werden.

589 Für die Bedürftigkeit und Leistungsfähigkeit ist zu berücksichtigen, dass im **Selbstbehalt** (→ § 1581 Rn. 17–57) Wohnaufwendungen enthalten sind, sodass nur noch die Differenz dieses Wohnkostenanteils (Düsseldorfer Tabelle A. 5.: im notwendigen Selbstbehalt 380 EUR Warmmiete, im angemessenen Selbstbehalt 480 EUR; B. IV: im billigen Selbstbehalt 430 EUR) zum Wohnwert die Einkünfte erhöhend berücksichtigt werden können.[933]

590 Zur Berücksichtigung von **Tilgungsleistungen** → Rn. 610, zur **Übernahme** des Miteigentumsanteils des anderen Ehegatten (→ Rn. 626–629) und zum **Verkauf** von Wohneigentum → Rn. 630, 631, zum **Erwerb** neuen Wohnraums → Rn. 632, 633), zur Berücksichtigung des Wohnvorteils beim **Trennungsunterhalt** → § 1361 Rn. 27, 28,[934] zur Obliegenheit zur **Vermögensumschichtung** → Rn. 880–887.

591 **b) „Stichtag".** Obgleich im Allgemeinen auf den Zeitpunkt der **Scheidung** abzustellen ist (→ Rn. 42–48), die gemeinsame Nutzung des Wohneigentums meist aber bereits mit der Trennung der Ehegatten beendet ist, prägt der Nutzungsvorteil die ehelichen Lebensverhältnisse idR weiter, um den Bedürftigen vor einem durch die Scheidung bewirkten sozialen Abstieg zu bewahren.[935]

592 Wegen der Wandelbarkeit der ehelichen Lebensverhältnisse ist jedoch nicht ausschlaggebend, ob der Wohnraum auch weiter von einem Ehegatten genutzt wird oder nach Trennung oder Scheidung

---

927 BGH NJW 1985, 909 = FamRZ 1985, 357 (359 f.); NJW 1985, 803 = FamRZ 1985, 354 (356) und seither ständig, etwa BGH NJW 2013, 2662 Rn. 94 = FamRZ 2013, 1366; BeckRS 2012, 4471 Rn. 29 = FamRZ 2012, 514; NJW 2008, 1946 Rn. 11–24 = FamRZ 2008, 963; NJW-RR 1995, 835 (836 f.) = FamRZ 1995, 869; NJW-RR 1994, 1155 (1157) = FamRZ 1994, 1100. Zur Leistungsfähigkeit: BGH NJW 1985, 803 = FamRZ 1985, 354 (356). Dies gilt auch, wenn der Bedarf des Berechtigten konkret bemessen wurde (→ Rn. 166–178) und er in Wohneigentum wohnt, aA wohl OLG Bamberg NJWE-FER 1999, 78 (79) = FamRZ 1999, 513 mit abl. Anm. *Schulze.*

928 BGH NJW 1990, 3274 = FamRZ 1990, 989 (991); NJW 1989, 2809 = FamRZ 1989, 1160 (1163).

929 Auch BeckOGK/*Haidl,* 1.2.2019, § 1603 Rn. 247.

930 BGHZ 200, 157 = NJW 2014, 1173 Rn. 40 = FamRZ 2014, 538.

931 Der Selbstbehaltssatz ist nicht wegen günstigerer als in ihm enthaltener Mietkosten zu kürzen: BGH NJW 2006, 3561 Rn. 22 = FamRZ 2006, 1664; NJW-RR 2004, 217 = FamRZ 2004, 186 (189); s. auch OLG Nürnberg FuR 2000, 40 (44).

932 BeckOGK/*Witt,* 1.2.2019, Rn. 165.

933 Zutr. von OLG Nürnberg NJW-RR 2008, 600 = FamRZ 2008, 992 f. bezogen auf die Kaltmiete, für die es den Wohnanteil im billigen Selbstbehalt auf 100 EUR (= ¼ der Warmmiete) festlegt.

934 BGH NJW 2013, 461 Rn. 23–29 = FamRZ 2013, 191; NJW 2012, 2190 Rn. 27 = FamRZ 2012, 1201.

935 Dazu etwa BGH NJW 1990, 3274 = FamRZ 1990, 989 (990); NJW 1990, 709 = FamRZ 1990, 269 (272); NJW 1986, 1342 = FamRZ 1986, 437 (438); NJW-RR 1986, 66 = FamRZ 1986, 48 (49); NJW 1985, 909 = FamRZ 1985, 357 (360); NJW 1985, 803 = FamRZ 1985, 354 (356).

veräußert worden ist. Deshalb sind die Vermögenserträge aus den aus dem Verkauf von Wohneigentum erlangten finanziellen Mitteln als notwendige, Trennung oder Scheidung geschuldete Weiterentwicklung der ehelichen Lebensverhältnisse bedarfsprägend (allgemein → Rn. 49–145). Unerheblich ist auch, ob ein **Verkaufsentschluss** bereits vor der Trennung gefasst war oder die finanziellen Verhältnisse der Ehegatten die Veräußerung des Wohneigentums forderten. Denn auch dann wären die Vermögenserträge aus dem Verkaufserlös bedarfsprägend. Zudem wäre das Abstellen auf die Verkaufsabsicht in der Praxis kaum umsetzbar und würde idR zu einer Entscheidung nach Beweislastgrundsätzen führen.

Ein nach **Trennung** nicht mehr genutzter[936] oder erst erworbener Wohnraum[937] prägt die 593
ehelichen Lebensverhältnisse dagegen nicht, es sei denn, ein damit verbundener Vermögensvorteil ist an die Stelle des Wohnvorteils getreten, etwa weil der neue Wohnraum aus dem Verkaufserlös für das ehegemeinsame Wohneigentum angeschafft worden ist (→ Rn. 632, 633). Hat der Wohnvorteil die ehelichen Lebensverhältnisse nicht geprägt, kommen unabhängig davon, ob sie aus eigenen Einkünften bestritten werden konnten,[938] auch die Zinsleistungen nicht in Abzug, weil der Unterhalt auch nicht mittelbar der Vermögensbildung und der Tilgung der Schulden des Bedürftigen dient.[939]

**Kritik:** 594
Die Auffassung des BGH NJW 2009, 145 Rn. 17, 19 = FamRZ 2009, 23 mit abl. Anm. *Maurer* FamRZ 2009, 204, dass der Verpflichtete als Ersatz für das ehemalige Familienheim in der neuen Ehe erneut ein Familienheim bauen und die sich aus der dafür eingegangenen Verschuldung anfallenden Zinsen in voller Höhe dem Wohnvorteil gegenrechnen kann, der Bedürftige also das Familienheim der nachfolgenden Ehe mitfinanziert, kann nach dem Beschluss des BVerfGE 128, 193 = NJW 2011, 836 = FamRZ 2011, 437 nicht mehr vertreten werden.

**c) Wert der Nutzung. aa) Objektiver Wohnwert. (1) Zurechnung und Bemessung.** Der 595
Bedarf nach den ehelichen Lebensverhältnissen wird grundsätzlich durch den vollen Nutzungswert des Wohneigentums, mithin die **objektive** iSd marktgerechten Miete für die bewohnte Immobilie geprägt (→ § 1361 Rn. 27, 28).[940] Ist dem Berechtigten, der weiterhin den in seinem Eigentum stehenden Wohnraum kostenfrei bewohnt, eine andere Nutzung als die Eigennutzung zumutbar, ist ihm der objektive (volle), den angemessenen Wohnwert übersteigende Wohnvorteil als Einkommen zuzurechnen.[941]

**Beispiel aus der Rspr.:** 596
BGH NJW 2012, 1144 Rn. 51 = FamRZ 2012, 517: Zumutbar ist die Berücksichtigung des vollen Mietwerts, da Umstände für die Unzumutbarkeit der anderweitigen Verwendung eines Hausgrundstücks als der Eigennutzung nicht ersichtlich sind, zumal „die hohen Betriebskosten eine andere Nutzung sogar nahelegen".

Wird dem Eigentümer-Ehegatten danach ohnehin bereits der volle Wohnwert zugerechnet, ist 597
unerheblich, wenn er einen **neuen Partner** in seine Wohnung aufnimmt. Wurde ihm dagegen bislang lediglich der subjektive Wohnwert zugeschrieben, führt die Aufnahme eines neuen Partners zu einer Nutzung des Wohnungseigentums über den angemessenen Wohnwert hinaus zu einer der früheren entsprechenden Nutzung, sodass nunmehr, ohne dass es auf die wirtschaftliche Leistungsfähigkeit des neuen Partners ankäme, der volle Wohnwert anzusetzen ist, weil der Eigentümer-Ehegatten nunmehr nicht mehr aufgedrängt bereichert ist.[942]

Die **Höhe** des objektiven Mietwerts kann der Tatrichter zwar **schätzen** (§ 113 Abs. 1 S. 2 598
FamFG, § 287 Abs. 2 ZPO),[943] allerdings anhand der konkreten Marktlage und nicht der Einkommensverhältnisse der Ehegatten (zur „Drittelobergrenze" → Rn. 599).

Der Wohnvorteil in Höhe des objektiven Mietwerts ist im Hinblick auf die Bedürftigkeit/Leis- 599
tungsfähigkeit jedoch nach Billigkeit unter Berücksichtigung der ehelichen Lebensverhältnisse auf seine

936 BGH NJW-RR 1988, 514 = FamRZ 1988, 145 (146).

937 OLG München BeckRS 1993, 6208 = FamRZ 1994, 967; *Gerhardt* in Wendl/Dose UnterhaltsR § 1 Rn. 535–547; dazu auch BGH NJW 1992, 1044 = FamRZ 1992, 423.

938 Wohl ebenso BGH NJW 1998, 753 = FamRZ 1998, 87 (88).

939 BGH NJW 1992, 1044 = FamRZ 1992, 423 (425); OLG München BeckRS 1993, 6208 = FamRZ 1994, 967.

940 BGH NJW 2012, 1144 Rn. 50, 51 = FamRZ 2012, 517; iErg wohl auch BGH NJW 2000, 2349 f. = FamRZ 2000, 950. Zum **Trennungsunterhalt** BGH BeckRS 2012, 4471 Rn. 24, 25, 27–32 = FamRZ 2012, 514; NJW 2008, 1946 Rn. 15 = FamRZ 2008, 963. Zur gesteigerten Obliegenheit zum Vermögenseinsatz gegenüber **minderjährigen Kindern** (§ 1603 Abs. 2) BGH NJW 2014, 1531 Rn. 19 = FamRZ 2014, 923; NJW 2013, 2900 Rn. 16 = FamRZ 2013, 1563.

941 BGH BeckRS 2012, 4471 Rn. 24, 25 = FamRZ 2012, 514; Palandt/*Brudermüller* Rn. 41.

942 Soergel/*Häberle* Rn. 31; *Gerhardt* in Wendl/Dose UnterhaltsR § 1 Rn. 480.

943 BGH NJW 2008, 2581 Rn. 17 = FamRZ 2008, 1325; NJW 2008, 57 Rn. 24 = FamRZ 2007, 1532; NJW 1998, 2821 = FamRZ 1998, 899 (901); NJW-RR 1995, 1044 = FamRZ 1995, 869 (871).

**Angemessenheit** zu überprüfen (§ 242).[944] In Anlehnung an die Düsseldorfer Tabelle (B. IV., → Rn. 159, 160), die beim billigen Bedarf iSd § 1581 S. 1 (→ § 1581 Rn. 25–57) einen Anteil von 430 EUR für Warmmiete ansetzt, begrenzt die obergerichtliche Rspr.[945] den Kaltmiete-Vorteil idR auf ⅓ des für die Deckung des Lebensbedarfs ohne Mietkosten, mithin ¼ des gesamten dem Lebensunterhalt zur Verfügung stehenden Betrages. Diese Regelbegrenzung entspricht zwar nicht der Rspr. des BGH,[946] wohl aber den Erfordernissen der Praktikabilität und sollte deshalb Ausgangspunkt der Bemessung sein, der eine Veränderung aufgrund der konkreten Umstände des Einzelfalles, etwa hohes Mietniveau, zulässt.

600 **(2) Insbesondere: „Barmittelkontrolle“.** Kann vom Verpflichteten zumutbar die **Realisierung des objektiven Mietwerts** (→ Rn. 595; zum Abzug von Tilgungsleistungen → Rn. 610–615) durch Vermietung einzelner Räume oder Auszug und Vermietung oder Verkauf des Wohnraums verlangt und ihm deshalb ein – ggf. fiktiver – objektiver Mietwert zugerechnet werden, wird ihm dadurch „lediglich“ der erzielbare Vermögensertrag zugerechnet, (noch) nicht aber sein eigener Wohnbedarf gedeckt.[947] Dieser besteht vielmehr in angemessener Höhe fort und wird durch den – ggf. erhöhten, wenn die im tabellarischen Selbstbehalt enthaltenen Sätze den Wohnbedarf nicht angemessen abbilden – **Kaltmietanteil** im Selbstbehaltssatz abgedeckt. Nur in diesem Zusammenhang kann man von „Barmittelkontrolle“ zugunsten des Verpflichteten sprechen, die sich dadurch auswirkt, dass ihm die Wohnraumnutzung nicht doppelt zugerechnet wird. – Zum **subjektiven Wohnwert** → Rn. 604.

601 **Nutzt** der Verpflichtete den Wohnraum **selbst,** ist sein Wohnbedarf gedeckt; ihm ist deshalb zur Deckung seines Barbedarfs auf der Grundlage einer „Barmittelkontrolle“ (§ 242) stets lediglich sein um den **Kaltmietanteil** (Wohnkosten ohne Heizkostenanteil)[948] verminderter Selbstbehalt zu belassen;[949] der **Erwerbsanreiz** (→ Rn. 212–233) bleibt, wie allgemein bei der Bemessung der Leistungsfähigkeit (→ Rn. 214), auch in diesem Zusammenhang unberücksichtigt.

602 **bb) Subjektiver Wohnwert.** Ausnahmsweise kann es gerechtfertigt sein, lediglich den subjektiven Mietwert anzusetzen, wenn der Ehegatte den Wohnraum zwar nicht vollständig nutzen, über das Wohneigentum aber auch nicht verfügen kann und ihm eine andere Nutzung nicht zumutbar ist.[950] Er bestimmt sich **individuell** nach dem Standard der Ehewohnung für eine Person.[951]

603 **Beispiele:**

OLG Düsseldorf NJW-RR 1994, 326 = FamRZ 1994, 1049 (1052): Nicht auseinandergesetzte Miteigentumsgemeinschaft.

---

944 BGH NJW 1998, 2821 = FamRZ 1998, 899 (901 f.).

945 OLG Hamm BeckRS 1998, 3421 = FamRZ 1998, 1512; OLG Braunschweig BeckRS 1998, 11157 = FamRZ 1998, 1510 (1511) mit krit. Anm. *Quack* FamRZ 1999, 442; OLG Karlsruhe NJW-RR 1995, 1221 = FamRZ 1995, 1578 (1579); OLG Frankfurt a. M. FamRZ 1994, 1031; OLG Bamberg NJW-RR 1992, 836 = FamRZ 1992, 560 (561); *Wohlgemuth* FamRZ 1999, 621 (623); *Graba* FamRZ 1995, 385 (386). – Das OLG Bamberg BeckRS 1993, 31140058 beziffert den Anteil auf 25–30%. Zur – entbehrlichen, weil nur einer Scheingenauigkeit verpflichteten – mathematisch genauen Berechnung der Drittelobergrenze in einem Rechenschritt s. OLG Karlsruhe NJW-RR 1995, 1221 = FamRZ 1995, 1578 (1579 f.); *Möller* FamRZ 1997, 405; *Runge* FamRZ 1997, 262 (263). Im Rahmen des Verwandtenunterhalts geht das OLG Düsseldorf OLGR 1993, 245 von einem Anteil von 25% aus.

946 BGH NJW 2000, 2349 = FamRZ 2000, 950 (951); NJW 1998, 2821 = FamRZ 1998, 899 (901): Deshalb keine Pauschalierung auf eine „Drittelobergrenze“. BGH NJW 1990, 3274 = FamRZ 1990, 989 (991); NJW 1989, 2809 = FamRZ 1989, 1160 (1163) mwN nimmt diese Drittelbegrenzung noch als „weithin“ angewandt hin, ohne sich hierzu wertend, allerdings auch nicht abl. zu äußern. Und BGH NJW 1998, 2821 = FamRZ 1998, 899 (901 f.) räumt ein, dass die Drittelbegrenzung dem Einzelfall durchaus gerecht werden kann.

947 Dazu – allerdings zum subjektiven Wohnwert (→ Rn. 602–604) – auch OLG Nürnberg NJW-RR 2008, 600 (601) = FamRZ 2008, 992; *Niepmann/Schwamb* Rspr. zur Höhe des Unterhalts Rn. 865.

948 Zu dessen Bemessung s. auch OLG Nürnberg NJW-RR 2008, 600 (601) = FamRZ 2008, 992; *Riegner* FamRZ 2000, 265 (266).

949 OLG Stuttgart 15.9.2009 – 17 UF 128/09, juris Rn. 53 = BeckRS 2009, 26836 (nicht abgedruckt in NJW 2010, 2361 = FamRZ 2010, 217), allerdings unter mE unzutreffender Verweisung auf OLG Nürnberg NJW-RR 2008, 600 (601) = FamRZ 2008, 992, das sich zum Trennungsunterhalt und zum subjektiven Wohnwert verhält); s. auch *Niepmann/Schwamb* Rspr. zur Höhe des Unterhalts Rn. 865 (zum subjektiven Wohnvorteil)); *Gerhardt* in Wendl/Dose UnterhaltsR § 1 Rn. 482.

950 BGH NJW 2012, 1144 Rn. 45 = FamRZ 2012, 517: „totes Kapital“.

951 BGH NJW 2012, 1144 Rn. 44 = FamRZ 2012, 517; BeckRS 2012, 4471 Rn. 24 = FamRZ 2012, 514; NJW 2008, 1946 Rn. 15 = FamRZ 2008, 963 mwN; NJW 1998, 2821 = FamRZ 1998, 899 (901).

OLG Nürnberg NJW-RR 1997, 1361 = FamRZ 1997, 1217, OLG Karlsruhe FamRZ 1996, 1414 (1415): Wohnraum gehört zum Gesamtgut einer nicht auseinandergesetzten Gütergemeinschaft.
Einschränkungen der Verkehrsfähigkeit der Immobilie durch die schlechte Marktlage.
Der Berechtigte behindert die Verwertung der in seinem Miteigentum stehenden Wohnimmobilie.

Auch dann, wenn dem Verpflichteten lediglich der subjektive Wohnwert (→ Rn. 602) zugerechnet wird, bedarf es einer **„Barmittelkontrolle“** (→ Rn. 600, 601). Denn dann kann von ihm nicht zumutbar verlangt werden, die Differenz zum objektiven Wohnwert durch Verwertung des nicht selbst genutzten bzw. nutzbaren Wohnraums etwa durch Vermietung zu realisieren, weshalb ihm der notwendige Selbstbehalt abzüglich der Wohnkosten ohne Heizung (1.080 € ./. 270 € (→ Rn. 599) = 810 €) verbleiben muss.[952] 604

**cc) Aufwendungen.** Die **Bedürftigkeit** richtet sich nicht nur nach dem individuellen Mietwert, sondern auch nach den tatsächlich zur Verfügung stehenden Mitteln, also etwa auch nach den aus einer teilweisen Vermietung erzielten Vermögenserträgnissen. Solche können ggf. fiktiv zugerechnet werden, weil es zwar in der Eigenverantwortlichkeit des Betroffenen liegt, inwieweit er den Vorteil mietfreien Wohnens für eigene Wohnzwecke nutzen will, ihm andererseits aber – da ihm eine möglichst ertragreiche Vermögensanlage obliegt – eine marktgerechte Verwertung[953] bzw. Nutzung[954] **zumutbar** ist (→ Rn. 879). 605

**Laufende Verpflichtungen** für eigengenutztes Wohneigentum bleiben die Bedürftigkeit/Leistungsfähigkeit vermindernd grundsätzlich unberücksichtigt, soweit sie den Wohnkosten nach ihren normalen Lebenshaltungskosten entsprechen.[955] Auch wenn Darlehensverpflichtungen (Zins und Tilgung) den Wohnvorteil übersteigen, bleiben sie unberücksichtigt, weil sie dann der Vermögensbildung dienen, die nach Beendigung der Ehe nicht mehr hinzunehmen ist,[956] es sei denn, auch vergleichbarer Wohnraum könnte nur zu einer höheren Miete angemietet werden. – Leben gemeinsame oder nicht gemeinsame **Kinder** mit in der Wohnung, wird deren Wohnraumbedarf durch den ihnen gewährten Barunterhalt abgedeckt und verringert in der auf den Wohnbedarf entfallenden Höhe auch die Aufwendungen des geschiedenen Ehegatten für den Wohnraum.[957] – Zur Obliegenheit, im Rahmen einer **Vermögensumschichtung** Teile des Wohnraums zu vermieten, anderen Wohnraum anzumieten und den ehelichen Wohnraum zu vermieten, oder den Wohnraum zu veräußern, → Rn. 882, 883. 606

Grundsätzlich sind dem Nutzungsvorteil in Form ersparter Mietaufwendungen die **Kapitalaufwendungen,** die mit der Erzielung des Wohnvorteils verbunden sind, gegenzurechnen. Abzusetzen sind danach: 607

– Alle **Betriebskosten** (§ 2 BetrKV[958]), die auf dem Grundeigentum lasten und die üblicherweise nicht auf Mieter abgewälzt werden können (§ 27 Abs. 1 S. 2 II. BV).[959] Dazu zählen neben verbrauchsunabhängigen Grundstückskosten und Lasten wie Grundsteuer und Versicherungsbeiträge[960] alle die Kosten, die auf den Mieter umgelegt werden können, wovon jedoch Verwaltungs- sowie Instandhaltungs- und Instandsetzungskosten ausdrücklich ausgenommen sind (§ 1 Abs. 2 BetrKV).[961] Wird der Berechtigte auf Einbußen am Wohnkomfort, etwa auf eine kleinere Wohnung verwiesen (→ Rn. 630–633), sind lediglich Betriebskosten für eine solche, ggf. fiktiv, zu berücksichtigen.[962] Erbringt in einer **Miteigentümergemeinschaft** ein Ehegatte die Aufwendungen für die Betriebskosten auch für den anderen, kann auf der Grundlage einer Angemessenheitsbetrachtung ein teilweiser Abzug angebracht sein.[963] 608

---

952 OLG Nürnberg NJW-RR 2008, 600 (601) = FamRZ 2008, 992; *Niepmann/Schwamb* Rspr. zur Höhe des Unterhalts Rn. 865; *Riegner* FamRZ 2000, 265 (266).

953 OLG Karlsruhe FamRZ 1996, 1414 (1415); NJW-RR 1994, 66 = FamRZ 1993, 1091 (1092).

954 BGH BeckRS 2012, 4471 Rn. 25 = FamRZ 2012, 514.

955 BGH NJW 1984, 1237 = FamRZ 1984, 358 (360).

956 OLG Stuttgart BeckRS 2010, 25971 = FamRZ 1984, 1105.

957 BGH NJW 1992, 1044 = FamRZ 1992, 423 (424); NJW 1989, 2809 = FamRZ 1989, 1160 (1163); auch OLG Koblenz FamRZ 1995, 1415 (1416) (Aufteilung nach Anteilen: 2 Anteile für jeden Ehegatten, 1 Anteil für jedes Kind). Missverständlich *Gerhardt* in Wendl/Dose UnterhaltsR § 1 Rn. 486, der in diesem Zusammenhang von einer Erhöhung des angemessenen Wohnwerts spricht.

958 V. 25.11.2003 (BGBl. 2003 I 2346).

959 BGH NJW 2012, 1144 Rn. 52 = FamRZ 2012, 517; NJW 2000, 284 (287) = FamRZ 2000, 351.

960 Dazu etwa BGH NJW 2008, 1946 Rn. 17 = FamRZ 2008, 963 mwN; NJW 1998, 2821 = FamRZ 1998, 899 (901); aA OLG Hamm FamRZ 1993, 1089 (1091): Gebäudeversicherung wird bei der Auseinandersetzung der Miteigentumsgemeinschaft berücksichtigt.

961 BGH NJW 2012, 1144 Rn. 52 = FamRZ 2012, 517; NJW 2009, 2523 Rn. 29–36 = FamRZ 2009, 1300; OLG Düsseldorf NJW-RR 2008, 672 = FamRZ 2008, 895 f.

962 BGH BeckRS 2012, 4471 Rn. 31 = FamRZ 2012, 515; NJW 2012, 1144 Rn. 52 = FamRZ 2012, 517.

963 BGH NJW 2009, 2523 Rn. 36 = FamRZ 2009, 1300.

609 – **Zinsaufwendungen** für Darlehen zum Erwerb, der Herstellung, den Umbau oder der Renovierung eigengenutzten Wohnraums.[964]

610 – **Tilgungsleistungen** für diese Darlehen sind nach der aktuellen Rspr. des BGH[965] dagegen nicht abzugsfähig, weil der Unterhalt nicht der Vermögensbildung dient.[966] Ausnahmsweise sind sie, ihrem Umfang nach beschränkt für Selbstständige auf ca. 24% und für nichtselbstständige Arbeitnehmer auf 4% zusätzliche Altersvorsorge aus dem Bruttoeinkommen, zu berücksichtigen, wenn das Wohneigentum der primären oder ggf. auch der zusätzlichen Altersvorsorge dient.[967]

611 **Diskussion:**

Dieser Behandlung der Tilgungsleistungen ist aus mehreren Gründen zu **widersprechen:**[968]

– Zunächst übergeht sie, dass bei Zurechnung des Wohnvorteils **Vermögenserträgnisse** unterhaltsrechtlich berücksichtigt werden. Zwar steht der Vermögenswert rechtlich im Vermögen der Ehegatten, nicht jedoch bzw. jedenfalls nicht vollständig bis zur Rückführung der zu seiner Finanzierung aufgenommenen Verbindlichkeiten. So lange also die Verbindlichkeiten nicht getilgt sind, steht dem „Vermögensertrag" Wohnwert auch der Tilgungsaufwand gegenüber und wird durch diesen verringert.[969]

612 – Durch die Tilgung kann gemeinschaftliches **Vermögen** für beide oder nur Vermögen für einen Ehegatten geschaffen werden.[970] Die güterrechtliche Anknüpfung, dass der die Immobilie nicht bewohnende Ehegatte nachehelich im Zugewinnausgleich auch insoweit nicht mehr am Vermögenszuwachs des anderen teilhat,[971] ist schon deshalb nicht geeignet, weil es neben der Zugewinngemeinschaft auch andere Güterstände gibt[972] und zudem der vom BGH hervorgehobene Gesichtspunkt wegen des auf die Zustellung des Scheidungsantrags vorgezogenen güterrechtlichen Bewertungsstichtags auch schon für den Trennungsunterhalt Bedeutung erlangen müsste, ohne dass diese Konsequenz, soweit ersichtlich, gezogen würde.[973]

---

964 BGH NJW 1998, 753 = FamRZ 1998, 87 (88); NJW-RR 1995, 1044 = FamRZ 1995, 869 (871); NJW-RR 1994, 1155 = FamRZ 1994, 1100 (1102); NJW 1992, 1044 = FamRZ 1992, 423 (424 f.); NJW 1989, 2809 = FamRZ 1989, 1160 (1162); NJW 1986, 1342 = FamRZ 1986, 437 (438); NJW-RR 1986, 66 = FamRZ 1986, 48 (49); NJW 1985, 909 = FamRZ 1985, 357 (360); NJW 1985, 803= FamRZ 1985, 354 (356). – Nach OLG Hamm FamRZ 1995, 1418 (1419) sollen die Tilgungsleistungen nach der Auseinandersetzung des Miteigentums an einem Hausgrundstück nicht mehr abgesetzt werden dürfen. Dies ist abzulehnen, weil es unterhaltsrechtlich nicht auf die Auseinandersetzung des Miteigentums und die dabei berücksichtigten Verbindlichkeiten ankommt, sondern auf den Vergleich zwischen Wohnvorteil und Aufwendungen hierfür mit angemessenen Mietaufwendungen.

965 S. aber auch BGH NZFam 2018, 885 Rn. 31 = FamRZ 2018, 1506 mAnm *Maurer* unter Hinweis auf BGHZ 213, 288 = NJW 2017, 1169 Rn. 27 = NZFam 2017, 303 = FamRZ 2017, 519 zum Elternunterhalt zum nachehelichen Unterhalt, wo der BGH „dem Oberlandesgericht zugleich Gelegenheit [gibt], auf der Grundlage der Rechtsprechung des Senats (*BGH* FamRZ 2017, 519 = NZFam 2017, 303 mAnm *Norpoth*) im Zusammenhang mit dem angerechneten Wohnvorteil die Berücksichtigung auch der Tilgungsleistungen des Antragsgegners in Betracht zu ziehen".

966 Bereits früher BGH NJW 1998, 753 = FamRZ 1998, 87 (88); NJW 1992, 1044 = FamRZ 1992, 423 (424); nunmehr BGH NJW 2007, 1974 Rn. 18 = FamRZ 2007, 879; BGHZ 163, 84 = NJW 2005, 3277 (3280) = FamRZ 2005, 1817. Mit dem BGH die ganz überwiegende Praxis, s. etwa OLG Koblenz FamRZ 2019, 197 (199) m. abl. Anm. *Borth*; OLG München FamRZ 1997, 425. – Der Hinweis in BGHZ 163, 84 = NJW 2005, 3277 = FamRZ 2005, 1817 (1821) (unter 4. b) auf BGH NJW 2005, 2077 = FamRZ 2005, 1159 (1161); NJW 2000, 2349 = FamRZ 2000, 950 (951 f.) ist deshalb irreführend, weil in BGH NJW 2000, 2349 = FamRZ 2000, 950 (952) wörtlich ausgeführt ist: „… unter Abzug … des Zins- und Tilgungsaufwandes für den … Finanzierungskredit, …. Auch wenn die Eheleute mit Hilfe der Tilgungszahlungen für einen entsprechenden Kredit bei Bestehen der Ehe Vermögen gebildet haben, bestimmen die insoweit geleisteten Zahlungen als tatsächlicher Eheaufwand die für die Bemessung des nachehelichen Unterhalts maßgeblichen ehelichen Lebensverhältnisse, solange sie sich in einem wirtschaftlich angemessenen Rahmen hielten."

967 BGH NJW 2011, 2430 Rn. 35 = FamRZ 2011, 1209; NJW 2008, 1946 Rn. 11 = FamRZ 2008, 963; NJW 2007, 1974 Rn. 19 = FamRZ 2007, 879; BGHZ 163, 84 = NJW 2005, 3277 = FamRZ 2005, 1817 (1821 f.) (unter 4. b, 5. d); NJW 2005, 2077 (2079) = FamRZ 2005, 1159.

968 S. auch OLG Schleswig BeckRS 2004, 13094 = FamRZ 2004, 808 (809) (allerdings zu Unrecht unter Berufung auf die Entscheidung BGH NJW 1998, 2821 = FamRZ 1998, 899 (901), die zum Trennungsunterhalt ergangen ist); OLG Nürnberg EzFamR aktuell 2001, 4 f. – Auch der BGH scheint in BGHZ 163, 84 = NJW 2005, 3277 = FamRZ 2005, 1817 (1821 f.) die Absetzbarkeit von Tilgungsleistungen anzuerkennen, indem er nach bereits bestehenden Tilgungsverpflichtungen und solchen für den *Erwerb* von Wohneigentum differenziert.

969 BeckOGK/*Haidl*, 1.2.2019, § 1603 Rn. 63 mwN (das Immobilienvermögen wird erst noch mittels der Darlehensleistungen gebildet); *Norpoth* FamRZ 2008, 2245 (2248).

970 BGH NJW-RR 1995, 835 = FamRZ 1995, 869 (870).

971 BGH NJW 2007, 1974 Rn. 18 = FamRZ 2007, 879.

972 Zur Gütertrennung BGH NJW 2008, 1946 Rn. 20 = FamRZ 2008, 963: keine Berücksichtigung der Tilgungen.

973 Zum Problembereich des „Verbots der Doppelberücksichtigung" (→ § 1569 Rn. 38–45) nimmt der BGH aus Gründen der Praktikabilität „zufällige geringfügige zeitliche Überschneidungen", die „sich in Massenfäl-

– Sind beide Ehegatten **Miteigentümer** an dem Wohneigentum, nehmen sie entsprechend ihren Miteigentumsanteilen am Vermögenszuwachs durch die Tilgungen teil. **613**

– Gesteht man einem Ehegatten das Wohnen in Wohneigentum auch nachehelich zu, müssen deshalb auch seine Tilgungsleistungen seinen Wohnvorteil mindernd anerkannt werden, zusammen mit dem Zinsanteil allerdings beschränkt auf die Höhe des Wohnvorteils. Erst danach beginnt die vom Verpflichteten nicht mehr hinzunehmende Vermögensbildung durch Tilgung.[974] Der Ehegatte mit dem Wohnvorteil steht dann zwar immer noch besser, als würde er in Miete wohnen, weil er diese dann noch von seinem Einkommen bestreiten müsste. Doch ist dies **angemessen** (allgemein → Rn. 602), weil der Wohnvorteil ohne die Vermögensbildung gar nicht bestehen würde, sie auch während des Zusammenlebens nur für den Wohnbedarf, allerdings den der Familie, zur Verfügung gestanden hat und mit ihm vor allem Daseinsvorsorge betrieben wird. Zudem ist der Schuldendienst insgesamt meist höher als der Wohnvorteil, sodass immer noch ein nicht abgedeckter „Mietanteil" des das Wohneigentum weiter nutzenden Ehegatten besteht. Für diese Behandlung der Tilgungsleistungen spricht auch, dass, würde das Wohneigentum verkauft und verblieben Restschulden, diese als Folgekosten aus Ehe und Scheidung idR auch mit ihrem Tilgungsanteil bedarfsmindernd zu berücksichtigen wären, obwohl auch insoweit wegen des Schuldenabbaus Vermögensbildung betrieben würde (→ Rn. 934). **614**

– Diese Konsequenz zieht nunmehr auch der BGH für den **Elternunterhalt.**[975] Doch hat dies jedenfalls grundsätzlich auch für den **Kindesunterhalt,** den **Trennungsunterhalt** und den **nachehelichen Ehegattenunterhalt** zu gelten.[976] Denn der Verpflichtete wird dadurch nur so gestellt, als habe er kein selbstgenutztes Immobilieneigentum und müsse Miete bezahlen. Und der Berechtigte wird dann – in der Ehe angelegt (→ Rn. 49–52, 139–142) – am vollen Wohnwert teilhaben, wenn die Schulden vollständig abgetragen sind. – Berücksichtigt man die Tilgungen, führt dies zwar zur Vermögensbildung beim Verpflichteten, an dessen Erträgnissen der Berechtigte jedoch durch den erhöhten Wohnwert teilhaben wird. Zudem wäre er nicht bessergestellt, wenn der Verpflichtete über kein selbstgenutztes Immobilieneigentum verfügen würde. **615**

– Die Berücksichtigung betrifft nicht nur den **Bedarf,** sondern auch die **Bedürftigkeit** und die **Leistungsfähigkeit.** – Zur weiteren Berücksichtigung der über den Wohnwert nicht verbrauchten Tilgungsleistungen als **sekundäre Altersvorsorge** → Rn. 306. **616**

– Zum **Verbot der Doppelberücksichtigung** (→ § 1569 Rn. 38–45) gilt: **617**
  – Jedenfalls grundsätzlich verstößt die Berücksichtigung der Tilgungsleistungen bis zur Höhe des gesamten Wohnvorteils beim nachehelichen Unterhalt und Zugewinnausgleich **nicht** gegen das Verbot der Doppelberücksichtigung. Die unterschiedlichen Stichtage zum nachehelichen Unterhalt – Rechtskraft der Scheidung (§ 1569, → § 1569 Rn. 35) oder ein dieser nachgelagerter Stichtag (§§ 1585b Abs. 2, § 1613 Abs. 1) – und für den güterrechtlichen Ausgleich – Rechtshängigkeit des Scheidungsantrags (§ 1384) bzw. der Antragstellung (§ 1387) – stehen einer Phasenüberschneidung idR entgegen, denn Tilgungen bis zur Zustellung des Scheidungsantrags wirken sich sowohl durch die Verringerung des Aktiv- als auch des Passivvermögens in derselben Höhe vermögensrechtlich neutral aus.[977]
  – Dagegen ist die Frage, ob und ggf. inwieweit infolge der Durchführung des Zugewinnausgleichs erworbenes Vermögen zur Deckung des nachehelichen Lebensbedarfs des Berechtigten herangezogen werden kann,[978] lediglich mittelbar eine Frage der Doppelberücksichtigung. Denn die Tilgungsleistungen werden nicht im eigentlichen Sinne doppelt berücksichtigt, vielmehr wird nach **Billigkeitsgesichtspunkten** beurteilt, ob und wie das Gesamtvermögen des Berechtigten (§ 1577 Abs. 3) und des Verpflichteten (§ 1581 S. 2) unterhaltsrechtlich zur Bedarfsdeckung heranzuziehen ist. Der güterrechtliche Vermögenszuwachs bzw. -entsatz ist lediglich ein in die Billigkeitsabwägung einzubeziehender Gesichtspunkt. **618**

– Auch wenn Wohnraum nicht zur Eigennutzung, sondern ausschließlich zur **Vermögensbildung** angeschafft und fremdfinanziert wird, stehen den Mieterträgnissen ggf. die Tilgungsleistungen gegenüber, ohne die jene nicht erzielt werden könnten. Auch insoweit sind die Tilgungsraten zu berücksichtigen, zudem sie der primären oder sekundären **Altersvorsorge** dienen und sich hinsichtlich ihrer Höhe im hinzunehmenden Rahmen halten (→ Rn. 610). **619**

---

len dieser Art auf praxisgerechte Weise nicht vermeiden lassen", ausdrücklich hin, BGHZ 156, 105 = NJW 2003, 3339 = FamRZ 2003, 1544 (1546).

[974] Abl. auch OLG Bamberg NJW-RR 1993, 66 = FamRZ 1992, 1305 (1306), das die bei verzinslicher Geldanlage unschwer zu erzielende Rendite zugrunde legen will und damit im Grunde von einer Obliegenheit zur Vermögensumschichtung ausgeht, und OLG Hamm FamRZ 1995, 1418 (1421), das nur den Teil des objektiven Mietwerts bedarfsdeckend berücksichtigt, der dem Verhältnis von Kaufpreis zum eingesetzten Eigenkapital entspricht.

[975] BGHZ 213, 288 = NJW 2017, 1169 Rn. 23–27 mAnm *Reinken* = NZFam 2017, 303 mAnm *Norpoth* = FamRZ 2017, 519 mAnm *Hauß*.

[976] Nicht entschieden, aber angedeutet BGH NZFam 2018, 885 Rn. 31 = FamRZ 2018, 1506 mAnm *Maurer* unter Hinweis auf BGHZ 213, 288 = NJW 2017, 1169 Rn. 27 = NZFam 2017, 303 = FamRZ 2017, 519 zum Elternunterhalt; dazu auch *Borth* FamRZ 2019, 160, 161 f.

[977] BGHZ 175, 207 = NJW 2008, 1221 Rn. 17 = FamRZ 2008, 761 mAnm *Hoppenz*.

[978] Dazu BGHZ 175, 207 = NJW 2008, 1221 Rn. 17 = FamRZ 2008, 761 mAnm *Hoppenz* und mit Verweis auf *Hoppenz* FamRZ 2006, 1242 (1243); FamRZ 2006, 1033.

620 – Eine Obliegenheit zur **Vermögensumschichtung** (→ Rn. 880–887) besteht in diesem Zusammenhang nur bei eindeutig zu aufwändigem Wohnkomfort.[979] Ggf. kann eine Obliegenheit zur Verringerung des Tilgungsanteils durch **Umschuldung** bestehen.[980]

621 – **Erhaltungsaufwendungen.**

622 – **Instandhaltungsrücklagen,** die für konkrete Instandhaltungsmaßnahmen auch tatsächlich gebildet wurden bzw. werden,[981] ggf. gekürzt um Fördermittel.[982] Doch ist die Beschränkung auf konkrete Instandhaltungsmaßnahmen zu eng, weil solche regelmäßig und va oft unvorhergesehen anfallen (s. etwa § 21 Abs. 5 Nr. 4 WEG), sodass für solche Fälle vorgesorgt werden muss. Zur Berücksichtigung mit **Mieterträgnissen** → Rn. 634.

623 – **Modernisierungsrücklagen,** etwa für die Erneuerung der Heizungsanlage oder die Nutzbarmachung alternativer Energien,[983] soweit die Rücklagenbildung für den jeweils anderen Ehegatten **zumutbar** ist.

624 **d) Art der Nutzung. aa) Eigennutzung.** Nutzt ein Ehegatte die Wohnung auch nach Trennung und Scheidung (Eigennutzung), prägt dieser Vorteil weiter die ehelichen Lebensverhältnisse. Die Eigentumsverhältnisse sind unerheblich und haben nur für die Bemessung des Nutzungsvorteils Bedeutung (→ Rn. 524–542). Einen Ausgleich gewährt dem ausgezogenen Ehegatten eine **Nutzungsentschädigung** als Surrogat für den entzogenen Wohnvorteil,[984] die in Höhe der ortsüblichen Bedingungen/Mieten festzusetzen ist (§ 1568a Abs. 5). Zum Bedarf wirkt die Leistung durch den Abfluss beim verbleibenden und dem Zugang bei ausgezogenen Ehegatten neutral, zur Bedürftigkeit/Leistungsfähigkeit dagegen erhöhend bzw. verringernd, je nachdem, welcher Ehegatte die Nutzungsentschädigung zu erbringen hat.

625 Dasselbe gilt, wenn ein Ehegatte sein Wohneigentum **verschenkt** und sich einen lebenslangen Nießbrauch am Wohneigentum vorbehält. Er kann aus unterhaltsrechtlicher Sicht nicht auf die Zurückforderung des Wohneigentums (§ 528 Abs. 1) verwiesen werden. Doch sind die (monatlichen) Vorteile aus der unentgeltlichen Nutzung – Ersparnis von Mietaufwendungen – unterhaltsrechtlich sowohl bedarfs- als auch die Leistungsfähigkeit erhöhend zu berücksichtigen.[985]

626 **bb) Übernahme des Miteigentumsanteils.** Übernimmt ein Ehegatte den Miteigentumsanteil des anderen durch Kauf oder in der Teilungsversteigerung und bewohnt weiter das ehemalige Familienheim, errechnet sich der den Bedarf prägende Vermögensertrag nach Auffassung des BGH[986] wie folgt:

627 Voller Wohnvorteil des übernehmenden Ehegatten + Vermögensertrag des abgebenden Ehegatten aus dem Ablösungsbetrag ./. Zins- und Tilgungsleistungen vor Übernahme des Miteigentumsanteils ./. Zinsbelastung für die Fremdfinanzierung des Ablösungsbetrags.

628 Damit wird aber der ehemalige Vermögensertrag = voller Wohnwert „im Haben" ohne nachvollziehbaren Grund erhöht. Auch wenn das Darlehen dazu dient, einem Ehegatten das Familienheim zu erhalten, rechtfertigt dies nicht, seine Darlehenskosten beim Bedarf zur Hälfte auf den anderen Ehegatten abzuwälzen,[987] weil er sich sonst den Wohnvorteil zulasten des anderen erhält. Deshalb ist der Bedarf nach dem

979 Von BGHZ 213, 288 = NZFam 2017, 303 Rn. 27 = FamRZ 2017, 519 wohl abgelehnt für den Elternunterhalt.

980 BeckOGK/*Haidl,* 1.2.2019, § 1603 Rn. 63.

981 BGH NJW 2000, 284 = FamRZ 2000, 351 (354); OLG Koblenz FamRZ 2019, 197 (198); OLG Hamm BeckRS 2008, 1175 = FamRZ 1999, 233 (234).

982 OLG München FamRZ 1999, 251 (252).

983 Dazu BGHZ 180, 170 = NJW 2009, 1876 Rn. 38 = FamRZ 2009, 770: keine Anerkennung, wenn lediglich eine einmalige Modernisierung vorgenommen wurde.

984 BGHZ 163, 84 = NJW 2005, 3277 (3280) = FamRZ 2005, 1817; BeckOGK/*Witt,* 1.2.2019, Rn. 82; Soergel/*Häberle* Rn. 34.

985 Dazu BGH 2019, 1229 Rn. 10 = FamRZ 2019, 701 mAnm *Seiler;* NJW 2019, 1074 Rn. 15 mAnm *Burschel* NZFam 2019, 305 = FamRZ 2019, 698 mAnm *Seiler;* BeckRS 2019, 5354 Rn. 20 (zum Elternunterhalt); NJW 2003, 1384 = FamRZ 2003, 224; OLG Hamm BeckRS 2018, 24414 = FamRZ 2019, 531; OLG Köln BeckRS 2016, 114978 = FamRZ 2017, 1313; OLG Schleswig NJW-RR 2009, 1369 = FamRZ 2009, 1751; s. auch *Volpel* RNotZ 2009, 497 (518).

986 So BGH NJW 2014, 1733 Rn. 11, 13 = FamRZ 2014, 1098; NJW 2008, 1946 Rn. 13 = FamRZ 2008, 963; BGHZ 163, 84 = NJW 2005, 3277 = FamRZ 2005, 1817 (1820 f.) mAnm *Maurer* FamRZ 2006, 258; NJW 2005, 2077 (2079) = FamRZ 2005, 1159; ebenso OLG Düsseldorf BeckRS 2006, 740; BeckOGK/*Witt,* 1.2.2019, Rn. 396. Das OLG Karlsruhe NJW 2004, 859 = FamRZ 2004, 1209 (1210) bestimmt den Bedarf nach Zinserträgen aus einem fiktiven Verkaufserlös.

987 AA etwa OLG Düsseldorf FPR 2004, 255 = FamRZ 2004, 1205 (1206) (es sieht diese als Aufwendungen zur Erhaltung des Wohnvorteils und rückt sie damit in die Nähe von Instandhaltungsaufwendungen); OLG Hamm BeckRS 2008, 1175 = FamRZ 1999, 233 (234); s. auch *Büttner* FamRZ 2003, 641 (644).

vollen Wohnvorteil[988] ./. ehemalige Zins- und Tilgungsleistungen (zu den Tilgungen → Rn. 610–620) zu bemessen, zusätzliche Belastungen des Verpflichteten und neue Vermögenserträge des Bedürftigen verringern ggf. Leistungsfähigkeit und Bedürftigkeit.[989]

Da der abgefundene Ehegatte an den Erträgnissen der zur Erfüllung der Ausgleichsforderung eingesetzten Vermögensgegenstände nicht mehr teilhaben könnte,[990] kann **fiktiv** auch so gerechnet werden, als sei die Veräußerung des Familienheims erfolgt und das Darlehen nicht aufgenommen worden. Nur wenn – eher theoretisch – eine **Vergleichsberechnung** ergäbe, dass die Fremdfinanzierung bei Erhalt der Vermögenseinkünfte die günstigere Vermögensdisposition ist, kann unter deren Zurechnung und unter Beachtung der für eine **Vermögensumschichtung** bestehenden Obliegenheiten (→ Rn. 880–886) auch der Schuldendienst einbezogen werden.[991] 629

**cc) Verkauf.** Wird das Familienheim aus Anlass der Trennung und Scheidung **verkauft,** tritt an die Stelle des Wohneigentums der Veräußerungserlös, statt des entfallenen Wohnvorteils prägen nunmehr die (erzielten oder erzielbaren) Erträge aus dem Veräußerungserlös, zu denen wegen der in diesem Sinne gewandelten ehelichen Lebensverhältnisse auch ein Wohnvorteil aus mit dem Veräußerungserlös angeschafften neuen Wohneigentum gehört.[992] Ansonsten würde der Verpflichtete am bisherigen ehelichen Lebensbedarf festgehalten, und eine Korrektur wäre nur noch über die Leistungsfähigkeit möglich; steht diese nicht in Frage, würde er eine nachteilige Veränderung allein tragen. 630

Verbleiben nach der Veräußerung des Wohneigentums **Verbindlichkeiten,** ist der darauf entfallende Schuldendienst aus Zins und Tilgung als Folgekosten aus Ehe und Scheidung weiter bedarfsprägend (→ Rn. 891, 947, 962). 631

**dd) Erwerb neuen Wohneigentums.** Ehegatten, die bisher in Wohneigentum gelebt haben, ist idR zuzubilligen, auch künftig in eigenem Eigentum zu wohnen. **Einschränkungen** können sich etwa dann ergeben, wenn das Wohneigentum nur sehr kurze Zeit gemeinsam bewohnt oder mit über jedes wirtschaftlich vertretbare Maß hinausgehenden monatlichen Belastungen erkauft war. Erwirbt ein Ehegatte das neue Wohneigentum mit den Mittel aus der Auseinandersetzung des im Miteigentum der Ehegatten stehenden Familienheims durch Verkauf oder Übernahme seines Miteigentumsanteils durch den anderen Ehegatten, tritt an die Stelle des Zinses aus der Anlage des Veräußerungserlöses der Wohnwert der neu erworbenen Wohnimmobilie.[993] 632

Mussten zum **Erwerb** neuen Wohneigentums Fremdmittel aufgenommen werden, kann es angemessen sein (zur **Angemessenheit** → Rn. 605–608), auch die dafür aufzubringenden Zins- und Tilgungslasten vom Nutzungsvorteil abzuziehen, wenn keine anderen finanziellen Mittel für die Anschaffung verwandt werden konnten.[994] Im Einzelfall kann dies bis zum völligen Abschmelzen des positiven Wohnwerts führen, etwa wenn bereits während des Zusammenlebens der Ehegatten kein positiver Wohnvorteil erzielt worden war und auch dem im ehemaligen Wohneigentum verbliebenen Ehegatten kein positiver Wohnvorteil zugerechnet wird. Auch dies betrifft nicht – jedenfalls nicht stets – die Vermögensbildung, sondern vornehmlich die Obliegenheit zu möglichst ertragreicher **Vermögensanlage** und ggf. **Vermögensumschichtung** (→ Rn. 879–887).[995] 633

**3. Mieterträge.** Als Vermögenserträge prägen Einnahmen aus der Vermietung von Wohneigentum den Bedarf, wenn sie bereits während der maßgeblichen Ehezeit erzielt worden sind. Wie 634

---

988 Krit. dazu *Graba* FamRZ 2006, 821 (827) Fn. 52, weil der Hinzuerwerb des Miteigentumsanteils des anderen Ehegatten nicht ehe-, sondern scheidungsbedingt erfolge (aber → Rn. 632, 633).

989 Dazu eingehend *Maurer* FamRZ 2006, 258 ff.; ebenso Büte/Poppen/Menne/*Büte* Rn. 8; Erman/*Maier* Rn. 20; Soergel/*Häberle* Rn. 34; *Gerhardt* in Wendl/Dose UnterhaltsR § 1 Rn. 569; *Graba* FamRZ 2006, 821 (827); *Gerhardt* FamRZ 2003, 414 (415); zweifelnd wohl auch *Büttner* FamRZ 2003, 641 (644).

990 BGH NJW 1986, 1342 = FamRZ 1986, 437 (439); OLG Hamm BeckRS 2009, 29459 = FamRZ 1985, 483 (484); aA OLG Hamm NJW 1995, 2042 = FamRZ 1995, 1152 (1154).

991 OLG Hamm BeckRS 2008, 1175 = FamRZ 1999, 233 (234).

992 BGH NJW 2014, 1733 Rn. 11 = FamRZ 2014, 1098; NJW 2008, 1946 Rn. 13 = FamRZ 2008, 963; NJW 2006, 1794 Rn. 38 = FamRZ 2006, 387; BGHZ 163, 84 = NJW 2005, 3277 = FamRZ 2005, 1817 (1820 f.); NJW 2005, 2077 (2079) = FamRZ 2005, 1159; NJW 2002, 436 = FamRZ 2002, 88 (92); NJW 2001, 2259 = FamRZ 2001, 1140 (1143); BGHZ 148, 105 = NJW 2001, 2254 = FamRZ 2001, 986 (991); aA noch etwa OLG Hamm BeckRS 1998, 31160472 = FamRZ 1999, 917 (918). Zum neuen Wohneigentum auch OLG Hamm BeckRS 2006, 10217; BeckRS 1999, 30064160 = FamRZ 2000, 611 Ls.

993 BGH NJW 2014, 1733 Rn. 11, 12 = FamRZ 2014, 1098; NJW 2009, 145 Rn. 17 = FamRZ 2009, 23; NJW 2005, 2077 (2079) = FamRZ 2005, 1159.

994 BGH NJW 2014, 1733 Rn. 14 = FamRZ 2014, 1098.

995 AA scheinbar BGH NJW 1998, 753 = FamRZ 1998, 87 (89); auch OLG Bamberg NJW 2007, 1218 (1219) = FamRZ 2007, 1818 Ls.

stets ist dies unabhängig von den **Eigentumsverhältnissen** unter den Ehegatten am Wohnraum.[996] Die Mieteinnahmen sind in tatsächlich angefallener **Höhe** zu berücksichtigen; dies schließt Mietererhöhungen ein, soweit sie sich aus dem unveränderten Bestand des Wohnungseigentums ergeben.[997] Hiervon können **Instandhaltungskosten** (allgemein → Rn. 622) nach § 28 Abs. 2 II. BerechnungsVO abgesetzt werden.[998]

635 Nicht erzielte Mieteinkünfte sind nur dann fiktiv bedarfsprägend zuzurechnen, wenn in der Nicht-Erzielung eine **Obliegenheitsverletzung** liegt.[999] Dies ist zwar grundsätzlich unabhängig davon, ob die Obliegenheit zur Erzielung von Vermögenserträgen vor oder nach Scheidung der Ehe verletzt wurde/wird, weil auch eine Nichterzielung vor der Scheidung obligationswidrig sein kann.[1000] Allerdings setzt dies voraus, dass der Nichteigentümer-Ehegatte hiervon keine Kenntnis gehabt hat oder der Vermögensdisposition des Eigentümer-Ehegatten aus nicht verständlichen Gründen nicht entgegengetreten ist.

### IV. Sonstige vermögenswerte Einkünfte

636 **1. Freiwillige Zuwendungen Dritter. a) Grundsätze.** Sie prägen die ehelichen Lebensverhältnisse auch dann nicht, wenn die Ehegatten die Zuwendungen zur Bestreitung des Lebensbedarfs der Familie verwandt haben, weil auf sie kein Rechtsanspruch besteht, sie deshalb jederzeit eingestellt werden (dazu die Parallele zu **Einkünften aus unzumutbarer Erwerbstätigkeit** → Rn. 472–500) und die Ehegatten nicht auf ihren dauerhaften Bestand vertrauen können.[1001]

637 **Freiwillig** sind Zuwendungen nur, wenn sie ohne Rechtsanspruch erbracht werden. Dass sie vom Zuwendungsempfänger entgolten werden, begründet solange kein Rechtsverhältnis, als darin lediglich eine Gefälligkeit oder die Erfüllung einer Anstandspflicht zu sehen ist.

638 Erfasst werden sowohl **Bar-** wie **Naturalleistungen.**[1002] Als Barzuwendungen kommt auch die Freistellung von Zinszahlungen für ein **Darlehen** in Betracht,[1003] als Sachzuwendungen insbesondere die Überlassung von **Wohnraum**[1004] und **PKW,**[1005] **Pflegeleistungen**[1006] sowie **Betreuungsleistungen** der Kinder,[1007] aber auch Leistungen der Kinder im Rahmen von § 1619, da auch sie die wirtschaftliche Grundlage der Familie durch das Einsparen von Ausgaben verbreitern.

639 Hat der Dritte keinen anderen **Willen** zum Ausdruck gebracht, ist aufgrund seiner persönlichen Beziehungen zum Zuwendungsempfänger grundsätzlich davon auszugehen, dass er nur ihn und nicht auch seinen Ehegatten unterstützen will[1008] und der Leistung deshalb keine Erfüllungswirkung zukommt.[1009] Diese Vermutung kann von dem Ehegatten widerlegt werden, der sich aus der Berücksichtigung der Zuwendungen Vorteile verspricht. Bei der Beurteilung der **Bedürftigkeit** des Berechtigten (§ 1577) sind solche Zuwendungen deshalb nicht bedarfsdeckend anzurechnen, beim Verpflichteten sind sie nicht seine **Leistungsfähigkeit** (§ 1581) erhöhend zu berücksichtigen,[1010] um den Zuwendenden auch nicht indirekt an den Unterhaltsleistungen zu beteiligen.[1011]

---

[996] *Gerhardt* in Wendl/Dose UnterhaltsR § 4 Rn. 593.

[997] BeckOGK/*Witt*, 1.2.2019, Rn. 108; *Gerhardt* in Wendl/Dose UnterhaltsR § 4 Rn. 593.

[998] OLG Koblenz FamRZ 2019, 197 (199).

[999] BGH NJW 2008, 57 Rn. 22 = FamRZ 2007, 1532.

[1000] Zutr. BeckOGK/*Witt*, 1.2.2019, Rn. 108. Die anderslautenden Entscheidungen BGH NJW 1997, 735 (737) = FamRZ 1997, 281; NJW 1992, 2477 (2479) = FamRZ 1992, 1045 sind durch die geänderte Rspr. des BGH zur Behandlung fiktiv zugerechneter Einkünfte (→ Rn. 477) überholt.

[1001] OLG München BeckRS 1995, 31127547 = FamRZ 1996, 169; *Büttner* FamRZ 2002, 1445 (1448).

[1002] BGH NJW 1995, 1486 = FamRZ 1995, 537 (539); OLG München BeckRS 1995, 31127547 = FamRZ 1996, 169.

[1003] BGH NJW 2005, 945 = FamRZ 2005, 967 (969).

[1004] BGH NJW 1995, 1486 = FamRZ 1995, 537 (539); NJW 1992, 2477 = FamRZ 1992, 1045 (1049); s. auch OLG Hamburg BeckRS 2008, 26147 = FamRZ 2005, 927 (928); OLG Hamm NJWE-FER 2000, 249 (250) = FamRZ 2000, 1285 Ls.

[1005] OLG Hamm OLGR 1999, 51 = FamRZ 1999, 1275 Ls.

[1006] BGH NJW 1995, 1486 = FamRZ 1995, 537 (539); NJW-RR 1993, 322 = FamRZ 1993, 417 (419); NJW 1980, 1686 = FamRZ 1980, 665 (669).

[1007] BGH NJW 1988, 159 = FamRZ 1988, 159 (162).

[1008] BGH NJW 2005, 945 = FamRZ 2005, 967 (969); NJW 1999, 2804 = FamRZ 2000, 153 (154); NJW 1995, 1486 = FamRZ 1995, 537 (539); NJW-RR 1993, 322 = FamRZ 1993, 417 (419); NJW 1985, 1339 = FamRZ 1985, 584 (585); BeckRS 2010, 21773 = FamRZ 1980, 879 (880); NJW 1980, 124 = FamRZ 1980, 40 (42); auch OLG Celle NJW 1993, 2880 = FamRZ 1993, 352 (353).

[1009] BGHZ 213, 254 = NJW 2017, 1676 Rn. 45 mAnm *Graba* und *Born* LMK 2017, 387646, mBspr *Spangenberg* NZFam 2017, 204 = FamRZ 2017, 437 mBspr *Maaß* FamRZ 2017, 673.

[1010] BGH NJW 1999, 2804 = FamRZ 2000, 153 (154); NJW 1995, 1486 = FamRZ 1995, 537 (538 f.); NJW-RR 1993, 322 = FamRZ 1993, 417 (419); NJW 1992, 2477 = FamRZ 1992, 1045 (1049).

[1011] BGH NJW 2010, 937 = FamRZ 2010, 1391 Rn. 33.

**b) Ausnahmen.** Hiervon sind folgende Ausnahmen zu machen:

- Erbringt der Zuwendungsempfänger dem Zuwendenden eine **Gegenleistung,** meist in Form der Haushaltsführung, sind die Zuwendungen nach dem Rechtsgedanken des § 120 Abs. 1 FamFG, § 850h Abs. 2 ZPO als zu berücksichtigendes Einkommen zu behandeln (aber → Rn. 643–645). **640**
- **Versorgungsleistungen** des neuen Partners etwa in Form der Kinderbetreuung mindern zwar den Anspruch des bedürftigen Ehegatten auf Entgelt der eigenen Zuwendungen, bleiben aber im Verhältnis zum Verpflichteten unberücksichtigt, weil den Bedürftigen keine Verpflichtung zum Entgelt dieser Leistungen trifft (aber → Rn. 646–656);[1012] die **Darlegungs-** und **Beweislast** dafür, dass ihm für seine Versorgungsleistungen kein Entgelt zugestanden hat, trägt der Bedürftige.[1013] **641**
- Zudem sind die freiwilligen Zuwendungen in die **Billigkeitsabwägung** nach § 1579[1014] (→ § 1579 Rn. 178) und die Billigkeits- und **Angemessenheitskontrolle** nach § 1581 (→ § 1581 Rn. 41) einzubeziehen und jedenfalls in **Mangelfällen** als die Leistungsfähigkeit fördernd zu berücksichtigen.[1015] **642**

**2. Haushaltsführung und Kinderbetreuung. a) Ehegatte.** Haushaltsführung und Kinderbetreuung durch einen Ehegatten ist der Erwerbstätigkeit des anderen gleichwertig und eine vermögenswerte Leistung, weil sie, würde sie nicht von einem Ehegatten erbracht, „erkauft" werden müsste. Allerdings würde dann der „Hausarbeitslohn" nicht mehr als Familieneinkommen zur Verfügung stehen, sodass dem Vermögenswert „Haushaltsführung und Kinderbetreuung" idR kein das Familieneinkommen erhöhender geldwerter Vorteil gegenübersteht. Deshalb und weil sich Haushaltsführung und Betreuung im familiären Bereich nicht unmittelbar aufrechnen lassen, sind sie nicht zu **monetarisieren.**[1016] **643**

Zum **Kindesunterhalt** hat der BGH NJW 2006, 3421 Rn. 13–20 = FamRZ 2006, 1597 mwN auch zur abw. Auffassung und mit – zweifelnder? – Anm. *Born* den Betreuungsaufwand bei einer Fremdunterbringung des Kindes monetarisiert, ihn wegen seiner Gleichwertigkeit mit dem Barunterhalt pauschal in dessen Höhe bemessen und in dieser Höhe auch zugesprochen, in Ausnahmefällen aber, etwa bei persönlichkeitsbedingt besonders hohem Betreuungsaufwand oder bei konkret feststehenden Betreuungskosten, die Widerlegung durch den Elternteil zugelassen, der sich darauf beruft. Dogmatisch leuchtet dies nicht ein, weil Gleichwertigkeit auch insoweit keine monetäre Größe, sondern nur eine Wertentscheidung ausdrückt. Wenn aber zum Kindesunterhalt soll monetarisiert werden können, warum dann nicht auch zum Ehegattenunterhalt? Es bleibt abzuwarten, ob der BGH lediglich die Gesamtzusammenhänge außer Betracht gelassen hat oder aber seine Rspr. zum Kindesunterhalt entgegen seiner bisherigen Rspr. auf den Ehegattenunterhalt ausdehnen wird. Für den **Ehegattenunterhalt** ist die Nicht-Monetarisierung jedenfalls im Grundsatz sachgerecht, weil sich die ehelichen Lebensverhältnisse nach den wirtschaftlichen Verhältnissen der Ehegatten richten und die Betreuung selbst keine finanziellen Kosten verursacht bzw. solche bereits mit dem Ausfall von Erwerbseinkünften des kinderbetreuenden Ehegatten erfasst sind. **644**

Nach Trennung und Scheidung schuldet der bislang den Haushalt führende Ehegatte dem anderen die **Haushaltsführung** mangels eines gemeinsamen Haushalts nicht mehr und kann auch durch die Führung des eigenen Haushalts nicht ersetzt werden.[1017] Trifft einen Ehegatten in diesen Fällen – etwa wegen Krankheit oder Alters oder fehlender Chancen auf dem Arbeitsmarkt – auch keine Erwerbsobliegenheit, können ihm insoweit keine fiktiven Einkünfte zugerechnet werden, **645**

---

1012 BGH NJW 1983, 933 = FamRZ 1983, 146 (148). – Kinderbetreuungsleistungen des neuen Partners bleiben auch beim Kindesunterhalt außer Betracht, BGH NJW 1980, 1686 = FamRZ 1980, 665 (669).

1013 BGH NJW 1991, 1290 = FamRZ 1991, 670 (673); NJW 1983, 683 = FamRZ 1983, 150 (152).

1014 BGH NJW 1990, 253 = FamRZ 1989, 1279 (1280); ebenso *Borth* in Schwab ScheidungsR-HdB IV Rn. 471; zweifelnd Johannsen/Henrich/*Hammermann* § 1579 Rn. 76; aA *Büttner* FamRZ 2002, 1445 (1447 f.).

1015 BGH NJW 1999, 2804 = FamRZ 2000, 153 (154); NJW 1999, 2365 = FamRZ 1999, 843 (847); OLG Hamm NJWE-FER 2000, 249 (250) = FamRZ 2000, 1285 Ls.; BeckOGK/*Witt*, 1.2.2019, § 1581 Rn. 91; *Büttner* FamRZ 2002, 1445 (1448).

1016 BGH BeckRS 1988, 31073251 = FamRZ 1988, 1039 (1041); NJW 1983, 2082 = FamRZ 1983, 689; ebenso BVerfGE 105, 1 = NJW 2002, 1185 = FamRZ 2002, 527 (529); s. etwa auch OLG Schleswig NJW-RR 2004, 151 f.; *Büttner* FamRZ 2003, 641 (642); *Büttner* FamRZ 1999, 893 ff.; *Born* MDR 2000, 981 ff.; *Born* FamRZ 1999, 541 (547); *Gerhardt* FamRZ 2000, 134 ff.; *Graba* FamRZ 1999, 1115 ff.; *Gerhardt/Gutdeutsch* FuR 1999, 241. – Allerdings ausdrücklich offengelassen von BGHZ 148, 105 = NJW 2001, 2254 = FamRZ 2001, 986 (990 f.), sodass im Zusammenhang mit dieser Entscheidung und der Diskussion um die Prägung der nach dem Scheitern der Ehe einem anderen Lebenspartner erbrachten Haushaltsleistungen (→ Rn. 646–656) in der Lit. auch der Streit um die Monetarisierung neu entflammt ist (für eine Monetarisierung etwa OLG Brandenburg NJW-RR 2006, 944 = FamRZ 2006, 341; *Muscheler* JZ 2002, 661; *Rauscher* FuR 2002, 337; *Rauscher* FuR 2001, 385; dagegen *Büttner* FamRZ 2002, 641 (642).

1017 BGH NJW 2004, 2303 (2304) = FamRZ 2004, 1170.

sodass der Wert der Haushaltsführung gänzlich unberücksichtigt bleibt.[1018] – Zur Behandlung der Haushaltsführung für einen **neuen Partner** (→ Rn. 646–656).

646 **b) Neuer Partner. aa) Haushaltsführung.** Nach Trennung und Scheidung der Ehegatten prägt die einem anderen Partner erbrachte Haushaltsführung und ggf. auch Kinderbetreuung als **Surrogat** der ehelich erbrachten Leistungen die ehelichen Lebensverhältnisse.[1019]

647 **Diskussion:**
Dies erweist sich iErg als **zutreffend:** Zwar setzt sich die eheliche Haushaltsführung nicht einfach in der neuen Beziehung fort und kann deshalb nicht deren Surrogat sein. Anzuknüpfen ist vielmehr an der Nichterwerbstätigkeit während des ehelichen Zusammenlebens, die idR auf dem gemeinsamen Lebensplan der Ehegatten beruht. Dieser Lebensplan wird meist durch die Auflösung der ehelichen Lebensgemeinschaft aufgehoben, wenn auch nicht notwendig, etwa wenn Grund für die Nichterwerbstätigkeit die Betreuung der gemeinsamen Kinder war und deren Betreuungsbedürftigkeit fortbesteht. Für die Bedarfsprägung der ehelichen Lebensverhältnisse ist deshalb maßgeblich auf die fortbestehende Betreuungsbedürftigkeit der gemeinsamen Kinder abzustellen. Wenn sie eine ggf. teilweise **Erwerbstätigkeit** des betreuenden, in einer neuen Beziehung lebenden Elternteils zulässt, ist die eheliche Vereinbarung einer Nichterwerbstätigkeit unbeachtlich, die aus einer solchen Tätigkeit **erzielbaren** Einkünfte sind als eheprägend zu behandeln.[1020] So wird die Bewertung der zuzurechnenden Einkünfte unabhängig davon möglich, ob dem neuen Lebenspartner tatsächlich vermögenswerte Leistungen erbracht werden und ob er diese Leistungen entgelten will und nach seinem Einkommen entgelten kann;[1021] dem Bedürftigen wird das Arbeitsplatzrisiko zugewiesen und seine Obliegenheit begründet, sich um einen solchen zu bemühen.

648 Es bleiben dann die Fälle, in denen dem Bedürftigen wegen der Betreuung gemeinschaftlicher Kinder eine Erwerbstätigkeit **unzumutbar** ist, er aber gleichwohl auch den Haushalt des neuen Partners führt. Angesichts der nachehelichen Erwerbsobliegenheiten werden sie idR nur noch Bedeutung bei der Betreuung behinderter Kinder haben können. Maßstab sollten jedoch auch insoweit die Erwerbsobliegenheiten sein. Auf die Leistungsfähigkeit des neuen Lebenspartners[1022] kommt es nicht an. – Hat der Verpflichtete durch Trennung und Scheidung begründete berufsbedingte Mehraufwendungen für die an sich der allgemeinen Lebenshaltung zugehörende Haushaltsführung, verringern diese seine Leistungsfähigkeit.

**bb) Haushaltsersparnis.**

**Schrifttum:** *Stein, Th.*, Ersparte Aufwendungen, NZFam 2016, 255.

649 Ersparnisse in der Lebensführung durch Zusammenleben und gemeinsames Wirtschaften mit anderen Personen **(„Synergieeffekte")** – Ehegatte, nichtehelicher Lebensgefährte,[1023] Lebenspartner,[1024] aber auch Verwandte und Mitglieder einer Wohngemeinschaft, weil es nur auf die tatsächliche Entlastung der Ehegatten ankommt[1025] – etwa bei den Kosten für Energie, Funk und Fernsehen,

---

1018 BeckOGK/*Witt*, 1.2.2019, Rn. 365; Soergel/*Häberle* Rn. 13.

1019 BGH NJW 2012, 2190 Rn. 16 = FamRZ 2012, 1201; BGHZ 177, 272 Rn. 53 = NJW 2008, 3125 = FamRZ 2008, 1739; NJW-RR 2004, 1155 = FamRZ 2004, 1179 (1181); NJW 2004, 2305 = FamRZ 2004, 1173 (1174 f.); NJW 2004, 2303 (2304 f.) = FamRZ 2004, 1170; NJW 2001, 3779 = FamRZ 2001, 1692 (1694); ebenso OLG Hamm NJOZ 2004, 2557 = FamRZ 2004, 109 (110); OLG Köln NJOZ 2004, 3049 = FamRZ 2004, 1725 f.; *Büttner* FamRZ 2003, 641 (642 f.); aA OLG Oldenburg FPR 2003, 125 (126) = FamRZ 2002, 1488 (1489 ff.); *Gerhardt* FamRZ 2003, 272; *Rauscher* FuR 2002, 337 (339).

1020 Dazu *Maurer* FamRZ 2011, 849 (853 f.); ähnlich *Büttner* FamRZ 2003, 641 (643). – Der BGH (BGHZ 197 = NJW 2010, 365 Rn. 49 = FamRZ 2010, 111) kommt auf der dogmatisch unzutr. Annahme einer Erwerbsobliegenheit des Ehegatten der Nachehe gegenüber dem geschiedenen Ehegatten zum selben Ergebnis.

1021 So etwa OLG Nürnberg BeckRS 2010, 19038 = FamRZ 1981, 954 (955); OLG München BeckRS 2010, 20390 = FamRZ 1980, 361 (362); OLG Celle BeckRS 2010, 22937 = FamRZ 1979, 119. Entgegen AG Neuss FamRZ 1993, 1451 verwehrt die Vereinbarung der Ehegatten, Erwerbseinkünfte des Bedürftigen nicht auf seinen Bedarf anzurechnen, nicht die Anrechnung der Versorgungsleistungen, weil ein Erwerbsanreiz, nicht ein „Versorgungsanreiz" geschaffen werden soll. Zur PKW-Nutzung als Gegenleistung für Haushaltsführung in neuer Partnerschaft s. OLG Oldenburg FPR 2003, 125 (126) = FamRZ 2002, 1488 (s. auch Revisionsurteil BGH NJW 2004, 2305 = FamRZ 2004, 1173).

1022 So OLG Hamm BeckRS 2006, 2064 = FamRZ 2006, 809 Ls.

1023 OLG Dresden BeckRS 2007, 14252 = FamRZ 2007, 1476 (1477); OLG Düsseldorf NJW-RR 2007, 794 = FamRZ 2007, 1039 (1041); OLG Stuttgart NJW-RR 2004, 1515 = FamRZ 2005, 54 (55); OLG München FamRZ 2004, 485; OLG Frankfurt a. M. BeckRS 2009, 87120 = FamRZ 1985, 957 (958); aA OLG Hamm BeckRS 2003, 13031 = FamRZ 2003, 1214 (nur bei Wiederverheiratung).

1024 BGH NJW 1995, 655 = FamRZ 1995, 344 (346); OLG Hamburg BeckRS 2009, 26228 = FamRZ 1987, 1044 (1045).

1025 Zur Lebensgemeinschaft mit einem volljährigen Kind OLG Hamm NJW 2011, 3310 = FamRZ 2012, 234 Ls. 2.

Zeitung und Telefon, aber auch bei den Wohnkosten, mindern den Bedarf sowohl des Berechtigten wie des Verpflichteten.[1026]

Im Einzelnen gilt:

- Zwar könnten solche Ersparnisse grundsätzlich eine Abweichung von der Halbteilung rechtfertigen, weil insoweit bereits **kein Bedarf** des Berechtigten mehr besteht und der trennungsbedingte Mehrbedarf schon über die Quotierung des unterhaltsrelevanten Einkommens ausgeglichen wird (zum **trennungsbedingten Mehrbedarf** → Rn. 240–248).[1027] Die **aktuelle Ersparnis** kann aber, obwohl solche Ersparnisse auch während des ehelichen Zusammenlebens bestanden haben, nicht als Fortentwicklung der ehelichen Lebensverhältnisse begriffen und deshalb auch nicht bedarfsprägend behandelt werden (→ § 1581 Rn. 43).[1028] Tragen auch die Überlegungen zum **Steuerklassenwechsel** und zum **Familienzuschlag** (→ Rn. 82–85, 92–100), die sich daraus ergebenden Vorteile der Nachehe vorzubehalten, für die sie gewährt werden, im vorliegenden Zusammenhang nicht unmittelbar, weil es sich hier nicht um staatliche Transferleistungen handelt, so treffen die Partner der neuen Beziehung die Entscheidung zur gemeinsamen Haushaltsführung doch meist zumindest auch wegen der sich daraus ergebenden finanziellen Entlastungen. 650
- Ein **Wohnvorteil** des Verpflichteten in einer neuen Ehe dadurch, dass allein der neue Ehegatte den ehelichen Wohnraum zur Verfügung stellt, hat mit der geschiedenen Ehe nichts zu tun und kann deshalb den Bedarf in der vorangehenden Ehe nicht prägen,[1029] wohl aber den in der nachfolgenden (§ 1360a). Doch kann im **Mangelfall** auch dieser Vorteil bei der Leistungsfähigkeit im Rahmen der Angemessenheitsbetrachtung Berücksichtigung finden. 651
- Haushaltsersparnisse beeinflussen sowohl die **Bedürftigkeit**[1030] als auch die **Leistungsfähigkeit.**[1031] 652
- Die **Höhe** der Entlastung beurteilt sich nach den Lebensverhältnissen des geschiedenen Ehegatten im Einzelfall.[1032] Nach dem Verhältnis zwischen notwendigem Selbstbehalt des Verpflichteten und monatlichem Eigenbedarf eines mit ihm in einem gemeinsamen Haushalt lebenden Ehegatten ergibt sich für jeden Partner ein hälftiger Anteil[1033] von 10% 653
  1.200 EUR – 960 EUR = 240 EUR / 2 = 120 EUR = 10%),[1034, 1035]

---

[1026] BGH NJW-RR 1998, 505 = FamRZ 1998, 286 (288); OLG Hamburg BeckRS 2009, 26228 = FamRZ 1987, 1044 (1045); OLG Frankfurt a. M. BeckRS 2009, 87120 = FamRZ 1985, 957 (958); aA wohl OLG Frankfurt a. M. NJW-RR 2005, 1599 = FamRZ 2005, 2090 (2091).

[1027] OLG Hamm NJWE-FER 2000, 249 (250) = FamRZ 2000, 1285 Ls. mwN; grundsätzlich auch BGH NJW 1995, 655 = FamRZ 1995, 344 (346) mit Einschränkungen im Zusammenhang mit trennungsbedingten Aufwendungen; aA OLG Karlsruhe NJW 2004, 859 = FamRZ 2004, 1209 (1211). Abzuwarten bleibt, ob der BGH an seiner Auffassung festhält, weil der trennungsbedingte Mehrbedarf durch die Quote idR gerade ausgeglichen und zudem die ehelichen Lebensverhältnisse auch durch die Haushaltsführung für einen anderen Partner geprägt sein sollen.

[1028] BGHZ 192, 45 = NJW 2012, 384 Rn. 26 aE, 46 = FamRZ 2012, 281; aA – allerdings zur „Dreiteilung" auf der Bedarfsebene – OLG Hamm BeckRS 2010, 14649 = FamRZ 2010, 1911 Ls. 3.

[1029] BeckOGK/*Witt,* 1.2.2019, Rn. 381; aA BGHZ 175, 182 = NJW 2008, 1663 Rn. 58 = FamRZ 2008, 968, doch trägt der Hinweis auf BGH NJW 2007, 1974 Rn. 9 ff. = FamRZ 2007, 879 mE nicht, weil es dort gerade um während der Ehe genutzten Wohnraum ging.

[1030] Ebenso BeckOGK/*Schlünder,* 1.2.2019, § 1577 Rn. 63, 64; aA BeckOGK/*Witt,* 1.2.2019, Rn. 380; *Gerhardt* in Wendl/Dose UnterhaltsR § 4 Rn. 585, 586.

[1031] Dazu auch BGHZ 175, 182 = NJW 2008, 1663 Rn. 52 ff. = FamRZ 2008, 968.

[1032] BGH NJW 1991, 1290 = FamRZ 1991, 670 (673).

[1033] BGH NJW 2008, 1373 Rn. 37 = FamRZ 2008, 594 mwN.

[1034] So OLG Nürnberg NJW 2003, 3138 = FamRZ 2004, 300; auch OLG Hamm BeckRS 2004, 6323 = FamRZ 2005, 53 (54); OLG Stuttgart NJW-RR 2004, 1515 = FamRZ 2005, 54 (55 f.). Andere vermindern den Selbstbehalt um 20–25%: OLG Düsseldorf BeckRS 2006, 4487 (25%); OLG München FamRZ 2004, 485; OLG Nürnberg NJW 2003, 3138 = FamRZ 2004, 300; OLG Hamm NJWE-FER 2000, 249 (250) = FamRZ 2000, 1285 Ls.; FamRZ 1998, 1508 mwN; um 27%: OLG Hamm FamRZ 2003, 1210; NJW 2003, 223 = FamRZ 2002, 1708 (1709); um 150 EUR: OLG Koblenz NJW-RR 2003, 146 (147) = FamRZ 2003, 313 Ls.; ähnlich OLG München FuR 2001, 552 (553): im Mangelfall ist entsprechendes Einkommen des Verpflichteten in Höhe der Ersparnisse anzusetzen. Das OLG Frankfurt a. M. NJW-RR 2005, 1599 = FamRZ 2005, 2090 (2091) lehnt eine Verminderung des Selbstbehalts ab, weil dem Verpflichteten unterhaltsrechtlich neutral die Gewichtung einzelner Ausgaben unbenommen bleibt (dazu auch später).

[1035] LL Nr. 21.5: Jena (Nr. 21.3.4), KG, Koblenz (Abs. 5), Oldenburg; 21.5.3: Frankfurt a. M., Köln (Abs. 5); Schleswig (Abs. 2), SüdL (Höhe offengelassen von Dresden Nr. 21.5.1; Rostock Nr. 21.5. S. 2): IdR 10% des Selbstbehalts in Anlehnung an BGHZ 186, 350 = NJW 2010, 3161 Rn. 31–37, 44–45 = FamRZ 2010, 1535, der zum Elternunterhalt die Bemessung der Haushaltsersparnis im Verhältnis der Selbstbehaltssätze für „nicht zwingend" und die Bemessung anhand der sozialhilferechtlichen Regelung (§ 20 Abs. 3 SGB II, § 28 SGB XII; s. dazu Bundesministeriums für Gesundheit und Soziale Sicherung, Übersicht über die Höhe der Regelsätze, Stand:

die der BGH in Anlehnung an die verringerten Regelbedarfe von in einer Bedarfsgemeinschaft lebenden Personen

§ 20 Abs. 2 S. 1, 3 SGB II: 328 EUR zu 364 EUR = 90,12%

nunmehr wohl regelmäßig zugrunde legt,[1036] einschließlich der Ersparnisse bei den **Wohnkosten.**[1037] Dieser hälftige Anteil kann sich nach Maßgabe der Einkünfte der Lebenspartner verändern, darf aber keinesfalls zur Unterschreitung des sozialhilferechtlichen Mindestbedarfs führen. Ihre hauptsächliche Bedeutung erfahren diese Ersparnisse im **absoluten Mangelfall,** wenn es darum geht, durch die Herabsetzung des Bedarfs bis auf den Mindestbedarf[1038] die Leistungsfähigkeit durch Erhöhung der verteilungsfähigen Masse zu stärken (→ § 1581 Rn. 42) oder die Bedürftigkeit des Berechtigten zu mindern. – Der Ehegatte, der sich auf höhere oder niedrigere Haushaltsersparnisse als die Pauschale beruft, trägt hierfür die **Darlegungs- und Beweislast.**

654 – Ist der neue Partner **nicht leistungsfähig,** erfährt der Ehegatte auch keine Entlastung.[1039] Er erbringt jenem auch keine Leistungen, die unberücksichtigt zu bleiben hätten, weil er die Aufwendungen auch ohne entsprechende Mitnutzung des Partners hätte. Stellen sich die tatsächlichen Wohnverhältnisse für den Ehegatten allein jedoch als unangemessen dar, ist ihm lediglich ein Mietaufwand für einen für ihn selbst erforderlichen Wohnaufwand zuzurechnen.

655 – Maßgeblich ist allein die **tatsächliche Entlastung,** auf den Willen des neuen Partners, den Verpflichteten nicht entlasten zu wollen, oder auf konkrete Absprachen des Bedürftigen mit ihm kommt es nicht an.[1040] Dies gilt zumal in einer neuen Ehe, in der die Ehegatten einander

---

1.1.2005, FamRZ 2005, 1386) in Höhe von 10% des den Familienselbstbehalt übersteigenden Mehreinkommens für „nahe liegend" hält, ohne dies näher zu begründen (BVerfGE 128, 193 = NJW 2011, 836 Rn. 80 = FamRZ 2011, 437 greift den Satz von 10% für jeden Partner ohne eigene Bewertung auf). Zum Elternunterhalt scheint dies schon deshalb nicht sachgerecht, weil trotz der Privilegierung des Verpflichteten lediglich die Ersparniskosten nur sehr gering bemessen werden, wie die Berechnungen in BGHZ 186, 350 = NJW 2010, 3161 Rn. 49, 50 = FamRZ 2010, 1535 zeigen. Zudem scheint die Anbindung an sozialhilferechtliche Sätze generell nicht sachgerecht, weil das Sozialrecht zu Recht erhöhte Anforderungen an die Genügsamkeit stellt, die für das Unterhaltsrecht so nicht aussagekräftig sind und den Verpflichteten zum nachehelichen Unterhalt angesichts der nachehelichen Eigenverantwortung des Bedürftigen keine entsprechenden Obliegenheiten treffen; BGHZ 192, 45 = NJW 2012, 384 Rn. 46 = FamRZ 2012, 281. IÜ ist die Rspr. auch des BGH recht uneinheitlich: Zum **Ehegattenunterhalt** BGHZ 183, 197 = NJW 2010, 365 Rn. 57 = FamRZ 2010, 111; NJW 2010, 1665 Rn. 28 = FamRZ 2010, 802 (100 EUR); NJW 2008, 1373 Rn. 37 = FamRZ 2008, 594; OLG Celle NJOZ 2010, 1671 = FamRZ 2010, 1673 (1676); OLG Braunschweig BeckRS 2008, 26306 = FamRZ 2009, 977 (980) (Kürzung des Eigenbedarfs des Verpflichteten und seiner Ehefrau um jeweils 5%): Bewertung durch Tabellen und LL: Bedarf des mit dem Verpflichteten zusammenlebenden Ehegatten in Höhe von 80% seines ungekürzten Bedarfs; Erhöhung des nach der „Dreiteilung" ermittelten Bedarfs des geschiedenen Ehegatten um 10%, Reduzierung des Bedarfs des Verpflichteten um 10%. – Zum **Verwandtenunterhalt** allgemein: BGH NJW 2009, 1742 Rn. 53 = FamRZ 2009, 762: Verringerung des Selbstbehalts um 12,5% für jeden Ehegatten); NJW 2003, 3770 = FamRZ 2004, 24 (Selbstbehalt); NJW 2002, 1646 = FamRZ 2002, 742 (743) (Selbstbehalt); NJW-RR 1998, 505 = FamRZ 1998, 286 (288) (Selbstbehalt). – Zum **Elternunterhalt** auch BGH NJW-RR 2004, 793 = FamRZ 2004, 792 (793) (der BGH begründet die unterschiedlichen Selbstbehaltssätze zu Recht ausdrücklich mit den Haushaltsersparnissen, die mit wachsendem Lebensstandard idR steigen, verlangt aber eine konkrete Festlegung der Ersparnisse ggf. aufgrund einer Schätzung; zu Recht insoweit krit. *Borth* FamRZ 2004, 794 (795) wegen ggf. übermäßigem Ermittlungsaufwand); ebenso BGH NJW 2006, 142 Rn. 35 = FamRZ 2006, 26 (angemessener Eigenbedarf unter Berücksichtigung der Haushaltsersparnis).

[1036] Zum **Ehegattenunterhalt** BGH NJW 2014, 1590 Rn. 39 = FamRZ 2014, 912; BGHZ 192, 45 = NJW 2012, 384 Rn. 46 = FamRZ 2012, 281; BGHZ 186, 350 = NJW 2010, 3161 Rn. 45 = FamRZ 2010, 1535; zum **Kindesunterhalt** BGH NJW 2015, 1178 Rn. 5, 23 = FamRZ 2015, 738 mAnm *Schlecht.*

[1037] Anders, wenn man den sozialhilferechtlichen Ansatz (§ 20 Abs. 3 SGB II) wählt, weil die Regelleistung zur Sicherung des Lebensunterhalts Wohnkosten gerade nicht mitumfasst (§ 20 Abs. 1 SGB II), dazu AG Flensburg BeckRS 2009, 28636 = FamRZ 2010, 131 Ls. (ersparte Wohnkosten + 10%). Der BGHZ 186, 350 = NJW 2010, 3161 Rn. 44, 45 = FamRZ 2010, 1535 verhält sich zu den Ersparnissen bei den Wohnkosten nicht ausdrücklich, berücksichtigt sie jedoch zusätzlich bei der Berechnung des Familienbedarfs mit insgesamt 24% – 10% für den Wohnkostenanteil, mithin mit 7% für jeden Partner, und kommt so zu einer Ersparnis von insgesamt 17%, Rn. 49, 50.

[1038] BGHZ 192, 45 = NJW 2012, 384 Rn. 46 = FamRZ 2012, 281; BGHZ 186, 350 = NJW 2010, 3161 Rn. 45 = FamRZ 2010, 1535; NJW 2008, 1373 Rn. 34 ff. = FamRZ 2008, 594.

[1039] IErg auch BGHZ 175, 182 = NJW 2008, 1663 Rn. 57 = FamRZ 2008, 968; NJW 2008, 1373 Rn. 35–38 = FamRZ 2008, 594; KG FamRZ 2006, 1702 (1703); OLG Nürnberg NJW 2006, 2127 (2128); s. auch OLG Dresden BeckRS 2009, 24407 = FamRZ 2009, 1497 Ls.: Keine Absenkung, wenn der Partner lediglich über Erziehungsgeld in Höhe des Sockelbetrags verfügt.

[1040] BGH NJW 1995, 962 = FamRZ 1995, 343 f., NJW 1983, 683 = FamRZ 1983, 150 (152); NJW 1980, 1686 = FamRZ 1980, 665 (668); aA wohl OLG Hamm BeckRS 2003, 13031 = FamRZ 2003, 1214.

zum Familienunterhalt verpflichtet sind (§ 1360a). Nur dann, wenn ein neuer Partner allein für die Wohnkosten aufkommt, ist dies eine **freiwillige Zuwendung Dritter,** die nach dessen Willen in aller Regel nicht auch dem geschiedenen Ehegatten zugutekommen soll (und schon deshalb die ehelichen Lebensverhältnisse nicht prägen kann, → Rn. 636–642). Sie ist nicht auf den Bedarf anzurechnen und kann die Leistungsfähigkeit des Verpflichteten nicht erhöhen.[1041]

– Während die Ersparnisse in der gemeinsamen Lebensführung dazu führen, dass bereits kein Bedarf besteht, führt das Abgelten von **Versorgungsleistungen** mit kostenfreiem Wohnen unabhängig vom Willen des Partners[1042] zur Bedarfsdeckung. 656

## F. Fiktive Einkünfte

### I. Grundsätze

**1. Verpflichtungen/Obliegenheiten.** Beide haben ihren Grund in der nachehelichen **Eigenverantwortung** (→ § 1569 Rn. 18, 19) und der nachehelichen **Solidarität** (→ § 1569 Rn. 20). Dem Bedürftigen wird aufgegeben, den Verpflichteten so weit als möglich zu entlasten, und dem Verpflichteten, ggf. für die Bedarfsdeckung des Bedürftigen zu sorgen. Während den Bedürftigen keine direkten unterhaltsrechtlichen **Verpflichtungen** treffen, ist der Verpflichtete zur Zahlung des Unterhalts verpflichtet. 657

Beide Ehegatten treffen dagegen Verpflichtungen etwa zur **Mitwirkung** bei der bestmöglichen steuerlichen Behandlung des anderen Ehegatten, aber auch ggf. zum Ausgleich der daraus entstehenden steuerlichen Nachteile oder zur Unterlassung schädigender Handlungen, auch wenn sie keine finanziellen Auswirkungen haben (→ § 1569 Rn. 51–62), und zur **ungefragten Information** (→ § 1580 Rn. 96–118). Unterhaltsrechtlich handelt es sich jedoch um Obliegenheiten. 658

**Obliegenheiten** sind nicht erzwingbare unterhaltsrechtliche Anforderungen. Zwar „obliegt" zB dem Verpflichteten die Unterhaltsleistung nicht, vielmehr ist er bei Vorliegen der gesetzlichen Voraussetzungen zu ihr verpflichtet. Indessen ist er „nur" zur Unterhaltsleistung und nicht auch dazu verpflichtet, die an ihn gestellten unterhaltsrechtlichen Anforderungen, auch soweit es um die Ausnutzung seiner Arbeitskraft geht,[1043] zu erfüllen. Die Ehegatten müssen insbesondere 659

– ihre **Arbeitskraft** so gut wie möglich einsetzen und sich Einkünfte[1044] und Lohnersatzleistungen[1045] zurechnen lassen, die sie bei gutem Willen durch eine **zumutbare,** mithin angemessene Erwerbstätigkeit und Vermögensanlage erzielen könnten,[1046] sowie alle zumutbaren Möglichkeiten zur weitest möglichen Erhaltung oder Wiederherstellung ihrer Erwerbsfähigkeit ausnutzen[1047] (→ Rn. 696–908, zur Obliegenheit zum **Umzug** → Rn. 808–816), 660
– **Steuervorteile** wahrnehmen (→ Rn. 820–826), 661
– zweckgerichtete Zuwendungen auch für den vorgesehenen **Zweck** einsetzen (zu **Versicherungsbeiträgen** → Rn. 860–866), 662
– **Ansprüche,** insbesondere **Erb-** und **Pflichtteilsansprüche,**[1048] geltend machen[1049] und ggf. auch die Auseinandersetzung der **Miterbengemeinschaft** betreiben, um das Vermögen – Erträge oder Verwertung – der unterhaltsrechtlichen Berücksichtigung zuführen zu können. 663

---

1041 OLG Hamm NJWE-FER 2000, 249 f. = FamRZ 2000, 1285 Ls. mwN; OLG Bamberg NJW-RR 1996, 647 = FamRZ 1996, 628.

1042 OLG Hamm NJWE-FER 2000, 249 (250) = FamRZ 2000, 1285 Ls.

1043 BGH NJW 2013, 530 Rn. 21 = FamRZ 2013, 278; aA noch – unkrit. – BGH NJW 1982, 1050 = FamRZ 1982, 365 (366); NJW 1981, 1609 = FamRZ 1981, 539 (540), doch dürfte es sich insoweit lediglich um eine Frage der Terminologie handeln; s. dazu auch BVerfGE 68, 256 = NJW 1985, 1211 = FamRZ 1985, 143 (145); BGH BeckRS 2010, 71932 = FamRZ 1981, 341 (343).

1044 BGH NJW 1996, 517 = FamRZ 1996, 345 (346); NJW 1983, 814 = FamRZ 1983, 140; NJW 1982, 1050 = FamRZ 1982, 365 (366); NJW 1981, 1609 = FamRZ 1981, 539 (540). Für einen unterhaltspflichtigen Elternteil s. etwa BGH NJW 1980, 2414 = FamRZ 1980, 1113 (1114).

1045 OLG Hamm FamRZ 1998, 1612 (1613) (Krankengeld).

1046 Verfassungsrechtliche Bedenken aus Art. 12, 2, 6 GG gegen die Annahme einer solchen Obliegenheit bestehen nicht, BVerfGE 68, 256 = NJW 1985, 1211 = FamRZ 1985, 143 zur Erwerbsobliegenheit.

1047 BGH NJW 1984, 2351 = FamRZ 1984, 657 (659).

1048 BGH NJW 2013, 530 Rn. 21 = FamRZ 2013, 278: Obliegenheit zur Rückforderung eines schenkweise ausgesprochenen Verzichts auf den Pflichtteil; dort auch zur Nichtvollstreckbarkeit in einen solchen Rückforderungsanspruchs nach § 852 ZPO.

1049 Zur Obliegenheit, den Pflichtteilsanspruch auch durchzusetzen, s. BGH NJW 1993, 1920 = FamRZ 1993, 1065 (1066 f.); OLG Karlsruhe BeckRS 2001, 30216296.

664 **Keine** Obliegenheitsverletzung stellen dagegen allein
- die **Herbeiführung der Trennung**[1050] oder
- die Fortsetzung eines während der Ehe **einvernehmlich begonnenen Verhaltens,** etwa die Fortführung eines Studiums durch den Bedürftigen bei Erwerbstätigkeit des Verpflichteten,

dar.[1051]

665 **2. Einkünfte. a) Bedarf. Bedürftigkeit. Leistungsfähigkeit.** Verletzt ein Ehegatte die Obliegenheit zur Erzielung von Einkünften, wird er idR so gehalten, als hätte er die erzielbaren Einkünfte auch tatsächlich erzielt, dh ihm werden entsprechend § 120 Abs. 1 FamFG, § 850h ZPO fiktive Einkünfte in der **Höhe** zugerechnet, wie sie bei Erfüllung der Obliegenheit erzielt worden wären (→ Rn. 670–673; zur **Darlegungs- und Beweislast** → Rn. 992–994). Dies gilt für alle **Einkunftsarten,** ist jedoch vor allem für nicht erzielte **Erwerbseinkünfte** praktisch bedeutsam. Allerdings führt die Obliegenheitsverletzung nicht notwendig zu einem dauerhaften **Anspruchsverlust** (→ Rn. 677–683).[1052]

666 Die fiktiven Einkünfte **prägen** die ehelichen Lebensverhältnisse, obwohl sie zur Bestreitung des Familienbedarfs nie zur Verfügung gestanden haben, weil auch sie Surrogat des wirtschaftlichen Werts der bisherigen Tätigkeit sowohl des Bedürftigen[1053] als auch – aus Gründen der Gleichbehandlung – des Verpflichteten sind.[1054] In der Sache wird dadurch – abgelehnt allerdings für die Kinderbetreuung (→ Rn. 646–650) – die Arbeitskraft **monetarisiert** und – gleich ob sie zur Einkunftserzielung eingesetzt wurde – in Höhe der erzielbaren Einkünfte bewertet. Sie wird unabhängig davon bedarfsprägend behandelt, ob der Ehegatte jemals materiell zur Bedarfsdeckung beigetragen hat, maßgebend ist allein, dass die Ehegatten die Einkünfte hätten erzielen können und müssen. Erklären kann man dies mit der **Fortentwicklung** der ehelichen Lebensverhältnisse nach der Scheidung, mit der die Aufgabe eines gemeinsamen Lebensplans einhergeht und die zur nachehelichen Eigenverantwortung bzw. Solidarität überleitet. – Dem Bedürftigen werden die fiktiven Einkünfte **bedarfsdeckend** angerechnet, der Verpflichtete wird in ihrer Höhe als **leistungsfähig** behandelt.

667 **b) Stichtag.** Maßgebend ist nach der Rspr. des BGH nur das Einkommen, das die Ehegatten **in der Ehe** erzielt haben. Danach kann Einkommen, das entgegen einer Erwerbsobliegenheit nicht erzielt worden ist, nicht fiktiv zugerechnet werden, weil es den Ehegatten nicht tatsächlich zur Deckung ihres ehelichen Lebensbedarfs zur Verfügung gestanden hat.[1055] Dies geht vor allem zulasten des Berechtigten, weil stets sein Bedarf nicht erhöht, ggf. aber seine Bedürftigkeit verringert wird.

668 **Kritik:**

Doch wird zu unterscheiden sein:[1056]
- Zunächst ist zu klären, ob in **Fortentwicklung der ehelichen Lebensverhältnisse** in der nachehelichen Zeit eine Erwerbsobliegenheit besteht. Dies hängt maßgeblich von den Vorstellungen der Ehegatten und der einvernehmlichen Gestaltung ihres ehelichen Lebens ab.
- Besteht danach eine **Erwerbsobliegenheit,** sind fiktiv zugerechnete Einkünfte des betreffenden Ehegatten bedarfsprägend.
- Besteht danach **keine Erwerbsobliegenheit,** sind gleichwohl erzielte Erwerbseinkünfte nicht bedarfsprägend, sondern lediglich bedarfsdeckend bzw. die Leistungsfähigkeit erhöhend zu berücksichtigen.

669 **c) Maßstab.** Maßgeblich ist allein das **Bestehen der Obliegenheit,**[1057] zu deren Feststellung es einer umfassenden Interessenabwägung nach den Umständen des Einzelfalls bedarf, und deren

---

[1050] BGH NJW-RR 1986, 746 = FamRZ 1986, 560 (562); NJW 1986, 1340 = FamRZ 1986, 434 (436).

[1051] OLG Hamm BeckRS 2010, 25069 = FamRZ 1978, 899 (900); dazu auch BGH NJW 1980, 393 = FamRZ 1980, 126 (127).

[1052] *Borth* FamRZ 2008, 2 (16).

[1053] So der BGH: BGHZ 166, 351 = NJW 2006, 1654 Rn. 13 = FamRZ 2006, 683 [unter ausdrücklicher Aufgabe seiner bisherigen ständigen, aber umstrittenen Rspr., etwa BGH NJW 2005, 3639 = FamRZ 2005, 1979 (1981); NJW-RR 2004, 505 = FamRZ 2004, 254 (256); FPR 2003, 245 = FamRZ 2003, 434 (435); NJW 2001, 3200 = FamRZ 2001, 1291 (1293); BGHZ 148, 105 = NJW 2001, 2254 = FamRZ 2001, 986 (991); NJW 1985, 1026 = FamRZ 1985, 161 (163)]; auch BGH NJW 1998, 753 = FamRZ 1998, 87 (89) (weil der Bedürftige für seine Obliegenheitsverletzung nicht auch noch durch eine Erhöhung seines Bedarfs „belohnt" werden darf).

[1054] Zum Verpflichteten BGHZ 175, 182 = NJW 2008, 1663 Rn. 45 = FamRZ 2008, 968.

[1055] BGH NJW-RR 2000, 1385 = FamRZ 2000, 1358 (1359); NJW 1997, 735 = FamRZ 1997, 281 (283).

[1056] Zweifelnd auch BeckOGK/*Witt*, 1.2.2019, Rn. 122.

[1057] BGHZ 166, 351 = NJW 2006, 1654 Rn. 14 = FamRZ 2006, 683; BGHZ 153, 358 = NJW 2003, 1518 = FamRZ 2003, 590 (592); s. aber auch BGHZ 175, 182 = NJW 2008, 1663 Rn. 45, 47 = FamRZ 2008, 968. – Anders BGH NJW-RR 2004, 505 = FamRZ 2004, 254 (255); NJW-RR 1987, 770 = FamRZ 1987, 372 (374); NJW-RR 1986, 746 = FamRZ 1986, 560 (562); NJW 1985, 732 = FamRZ 1985, 158 (159 f.); NJW 1983, 814 = FamRZ 1983, 140 (141); OLG Hamm BeckRS 1998, 31147848 = FamRZ

Verletzung. Für das Bestehen einer Obliegenheit bedarf es keines **Mutwillens** (zum Begriff → § 1579 Rn. 91), weil er kein den Bedarf und die Bedürftigkeit/Leistungsfähigkeit bestimmendes Erfordernis ist,[1058] sondern nur für den Bedürftigen über die Zurechnung fiktiver Einkünfte hinaus zu einer Herabsetzung oder zeitlichen Begrenzung des Unterhalts führen kann.[1059] In die Bedarfsbemessung fließt das ungeschmälerte fiktive Einkommen der Ehegatten ein. Doch auch für die Verletzung einer Obliegenheit ist Mutwilligkeit nicht erforderlich,[1060] weil eine Obliegenheitsverletzung gegenüber einem nach § 1579 erfassten Verhalten niederschwellig ist (→ Rn. 436, 852, 900, 908).

**d) Höhe.** Fiktive Einkünfte sind in der Höhe zuzurechnen, wie sie von einem Ehegatten unter Berücksichtigung 670

seiner **Schul-** und **Berufsausbildung,** bisherigen **beruflichen Tätigkeit,** (weiteren) **persönlichen** und **fachlichen Eignung** und **Befähigung,** seines **Alters** und **Gesundheitszustandes** sowie der **realen Beschäftigungschance** auf dem Arbeitsmarkt

tatsächlich auch erzielt werden können.[1061] Deshalb sind sie, hat der Bedürftige unter Verletzung seiner Erwerbsobliegenheit lediglich teilschichtig gearbeitet, nicht stets durch Hochrechnen der tatsächlich erzielten Erwerbseinkünfte zu bestimmen, sondern danach, welche Erwerbseinkünfte bei entsprechenden Erwerbsbemühungen hätten erzielt werden können.[1062] Dabei kann grundsätzlich an ehemals erzielten Einkünften aus einer adäquaten Erwerbstätigkeit angeknüpft werden.[1063]

In der Praxis werden zur **Bestimmung der erzielbaren Einkünfte** zunehmend vergleichende Aufstellungen zu Verdiensten nach Berufsgruppen, Berufsjahren und Bundesländer[1064] bzw. tarifvertragliche Regelungen,[1065] auf die im Internet[1066] zugegriffen werden kann, herangezogen. Ist dies im Einzelfall wegen langer Arbeitslosigkeit oder Unvermittelbarkeit in eine entsprechende Arbeitsstelle nicht möglich, ist der Ehegatte mit Einkünften aus ungelernter Tätigkeit zu fingieren, soweit dies unter Berücksichtigung seiner bisherigen Tätigkeiten zumutbar ist. Zu beachten ist auch der ab 1.1.2015 eingeführte **Mindeststundenlohn** in Höhe von 8,50 EUR, ab 1.1.2017 von 8,84 EUR, ab 1.1.2019 von 9,19 EUR und ab 1.1.2020 von 9,35 EUR, jeweils brutto. 671

**Beispiele aus der Rspr.:** 672

OLG Hamm BeckRS 2007, 18097 = FamRZ 2005, 803 (804): 10 EUR/Stunde für ungelernten Arbeitnehmer.

OLG Hamm BeckRS 2007, 18590 = FamRZ 2006, 726: 7 EUR für ungelernte Hilfskräfte abzüglich 10%, weil sie idR nur befristet eingestellt werden und 2 Monate/Jahr arbeitslos sind.

OLG Hamm BeckRS 2006, 11437 = FamRZ 2006, 952 (953): 9 EUR/Stunde für ungelernten Arbeitnehmer ohne Berufserfahrung.

AG Flensburg BeckRS 2006, 391 = FamRZ 2006, 1293 (1294): Tarifvertragliche Vereinbarungen als Anhaltspunkt (8 EUR).

AG Meldorf BeckRS 2008, 24320 = FamRZ 2006, 1295 Ls.: Für Taxifahrer sind 192 Stunden/Monat zumutbar.

OLG Naumburg NJOZ 2007, 2004 = FamRZ 2007, 1118: 8,80 EUR, weil Mindestlohn für ungelernte Arbeitnehmer im Baugewerbe.

KG BeckRS 2007, 17204 = FamRZ 2007, 1121 (1122): Für gelernte Köchin 10 EUR/Stunde.

OLG Schleswig NJW-RR 2007, 660 = FamRZ 2007, 1474 (1475): Für Ausländer ohne ausreichende Deutschkenntnisse ist Stundenlohn von 8 EUR erreichbar, wenn er seine Sprachkenntnisse deutlich verbessert.

OLG Hamm BeckRS 2007, 14249 = FamRZ 2007, 1480: Für Ausländer mit mittelmäßigen Deutschkenntnissen sind 7 EUR Stundenlohn erreichbar.

---

1999, 516 Ls. (Verspielen von Vermögen); NJW-RR 1996, 66 = FamRZ 1996, 219 (220); OLG München NJW-RR 1992, 386 = FamRZ 1992, 441; OLG Karlsruhe FamRZ 1994, 755 (756).

1058 AA BGHZ 175, 182 = NJW 2008, 1663 Rn. 47 = FamRZ 2008, 968; ähnlich wie der BGH auch OLG Hamburg NJOZ 2015, 1794 = FamRZ 2015, 2067 (2068): „unterhaltsbezogen vorwerfbar".

1059 S. auch *Hoppenz* FamRZ 2006, 611; anders *Wohlgemuth* FamRZ 2008, 2081 (2083).

1060 AA etwa BGH NJW 2013, 380 Rn. 41 = FamRZ 2013, 195.

1061 BGH NJW 2014, 932 Rn. 12, 13 = FamRZ 2014, 637; NJW 2013, 528 Rn. 23 = FamRZ 2013, 274; NJW 2013, 161 Rn. 35–37 = FamRZ 2013, 109; NJW 2009, 1410 Rn. 28 = FamRZ 2009, 314; OLG Hamm BeckRS 2010, 610 = FamRZ 2005, 35. – Zum **Kindesunterhalt** s. auch BVerfG NJW 2010, 1658 = FamRZ 2010, 793; BeckRS 2010, 47941 = FamRZ 2010, 626; BeckRS 2009, 41867 = FamRZ 2010, 183; BeckRS 2008, 35228 = FamRZ 2008, 1403; NJW-RR 2008, 1025 = FamRZ 2008, 1145.

1062 OLG Köln NJOZ 2005, 943 = FamRZ 2005, 1097 (1098).

1063 OLG Stuttgart BeckRS 2007, 2305 = FamRZ 2006, 1757.

1064 BGH NJW 2014, 1807 Rn. 37 = FamRZ 2014, 1007 (Tarifarchiv der Hans-Böckler-Stiftung).

1065 BeckOGK/*Witt,* 1.2.2019, Rn. 124.

1066 OLG Naumburg BeckRS 2013, 14484 = FamRZ 2014, 133 (134).

OLG Zweibrücken NJOZ 2007, 3547 = FamRZ 2007, 2073 (2075): 8 EUR.
OLG Naumburg BeckRS 2008, 14043 = FamRZ 2008, 1277: Tariflicher Grundlohn in erlerntem und ausgeübtem Beruf.
OLG Hamm BeckRS 2008, 22180 = FamRZ 2008, 1631 Ls.: Nach 4 Jahre dauernder Arbeitslosigkeit brutto 7,15 EUR Stundenlohn.

673 Eine feste **Altersgrenze** gibt es, sieht man von der Regelaltersgrenze einmal ab, nicht.[1067] Doch kann nicht außer Betracht gelassen werden, dass mit zunehmendem Lebensalter die Chancen auf dem Arbeitsmarkt im Allgemeinen schwinden, wenn auch nicht denknotwendig für alle Berufsgruppen und für unterschiedliche Berufsgruppen in gleichem Maße. Abzustellen ist auf den Einzelfall. – Zur **Darlegungs**- und **Beweislast** → Rn. 992–994.

674 Werden fiktive Einkünfte zugerechnet, ist auch iÜ grundsätzlich – positiv wie negativ – fiktiv **weiterzurechnen:** Dies betrifft etwa **Steuern** (→ Rn. 502–516),[1068] **Sozialversicherungsbeiträge** (→ Rn. 517–522),[1069] die **zusätzliche Altersvorsorge** (→ Rn. 329–338), so sie denn tatsächlich betrieben wird, **berufsbedingte Aufwendungen** (→ Rn. 191–211)[1070] und den **Erwerbsanreiz**[1071] (→ Rn. 212–233),
aber auch

675 – weitere **Unterhaltspflichten.**[1072] Würde ein Ehegatte durch die Zurechnung fiktiver Einkünfte gegenüber **Kindern** barunterhaltspflichtig oder würde sich seine Unterhaltspflicht erhöhen und wird dies auch verlangt, muss sich dies auch im fiktiven Bedarf niederschlagen. Wird (erhöhter) Kindesunterhalt aber nicht geltend gemacht, ist er auch nicht einkommensmindernd zu berücksichtigen.[1073] Warum er nicht geltend gemacht wird – entweder verlangt ihn der betreuende Elternteil nicht, oder dem Kind ist die Inanspruchnahme seines ihn betreuenden Elternteils entsprechend § 1607 Abs. 2 S. 1 nicht zumutbar –, ist unerheblich.

676 – den Verlust von **Sozialversicherungsansprüchen** infolge Aufgabe oder Nichtaufnahme einer Erwerbstätigkeit unter Verletzung unterhaltsrechtlicher Obliegenheiten. So haftet der Verpflichtete dem Bedürftigen nicht für die bei Erfüllung der Obliegenheiten durch die gesetzliche Versicherung abgedeckten **Kranken-** und **Pflegekosten** und für entgangenes **Arbeitslosengeld,** zudem sind dem Bedürftigen fiktives **Krankengeld** und im Rentenfall fiktive **Versorgungsanrechte**[1074] zuzurechnen.[1075]

677 **e) Dauer.** Für **alle** fiktiv zugerechneten Einkünfte ist aufgrund einer Prognose auch deren **künftige Entwicklung,** also der Zeitraum ihres Bezugs zu erfassen. In sie fließen die Besonderheiten der jeweiligen Einkunftsart ein, und sie erstreckt sich in Erst- ebenso wie in Abänderungsverfahren (§§ 238, 239 FamFG, § 313) nicht nur auf die mutmaßliche Höhe der Einkünfte, sondern auch auf ihre zeitliche Zurechenbarkeit (zur parallelen Problematik bei Begrenzungen und Befristungen nach § 1578b → § 1578b Rn. 275–287). Doch ist einer Verpflichtung aufgrund fiktiver Einkünfte keine **zeitlich beschränkte** Prognose immanent.[1076] – Zu allen Einkunftsarten ist stets zu berücksichtigen, wenn der betroffene Ehegatte sein Verhalten entsprechend seinen Obliegenheiten iSd gewünschten Verhaltens nachhaltig **ändert** (zur **Aufnahme von Erwerbsbemühungen** → Rn. 705–707).

678 Praktisch bedeutsam sind insbesondere die wegen eines Verstoßes gegen Erwerbsobliegenheiten zugerechneten fiktiven **Erwerbseinkünfte** (zur **Abänderung** von Unterhaltstiteln auf der Grundlage der Zurechnung fiktiver Einkünfte → Rn. 991, zur Geltendmachung einer von der Prognose abweichenden **Entwicklung** mit einem Abänderungsantrag → Rn. 1015–1018).
Dabei ist zu unterscheiden:

679 – Hat der betroffene Ehegatte nach unverschuldetem Verlust des Arbeitsplatzes sein Verhalten **geändert** und etwa die von ihm erwarteten **Erwerbsbemühungen** (→ Rn. 696–819) aufgenommen, ist dies grundsätzlich zu berücksichtigen.[1077] Zwischenzeitlich eingetretene Verschlechterungen

---

1067 BeckOGK/*Witt,* 1.2.2019, Rn. 123.
1068 Etwa BGH NJW-RR 1991, 130 = FamRZ 1991, 307 (310) mwN.
1069 OLG Brandenburg BeckRS 2007, 16840 = FamRZ 2008, 789 (790).
1070 OLG Bremen NJW-RR 2009, 873 = FamRZ 2009, 889 (890).
1071 *Maurer* LMK 2009, 276248; aA BGHZ 179, 43 = NJW 2009, 989 Rn. 17 = FamRZ 2009, 406.
1072 Zur Errechnung des Kindesunterhalts OLG Schleswig BeckRS 2008, 26056 = FamRZ 2006, 209 Ls.
1073 OLG Koblenz BeckRS 2007, 428 = FamRZ 2007, 286 (287 f.).
1074 BGH NJW 2006, 1201 = FamRZ 2006, 317 (319) mit abl. Anm. *Hoppenz* FamRZ 2006, 611; NJW 1983, 2315 Ls. = FamRZ 1983, 803 (804), der für die Zurechnung einer fiktiv erhöhten Rente aus fiktiven Einkünften – mE zu Unrecht – nunmehr den Maßstab der Mutwilligkeit anlegt.
1075 Zum Eintritt der Erwerbsunfähigkeit während fiktiver Probezeit s. OLG Hamm NJW-RR 2006, 1374 = FamRZ 2006, 1758.
1076 BGH NJW 2008, 1525 Rn. 19 = FamRZ 2008, 872.
1077 BGH NJW 2008, 1525 Rn. 19 = FamRZ 2008, 872; OLG Hamm NJW-RR 2008, 1680 = FamRZ 2008, 2216; BeckRS 2007, 13629 = FamRZ 2007, 1327 (1328).

auf dem Arbeitsmarkt sind nur dann beachtlich, wenn sie den Betroffenen auch bei obligatorisch aufgenommenen Erwerbsbemühungen getroffen hätten,[1078] etwa wenn ggf. nach Fortbildungsmaßnahmen trotz ausreichender Erwerbsbemühungen noch keine zumutbare Arbeitsstelle gefunden werden konnte[1079] oder ausreichende Erwerbsbemühungen zu geringeren als den fingierten Einkünften geführt haben oder hätten.[1080] Allerdings wird er dann während einer **Übergangsfrist** die Nachhaltigkeit und Stetigkeit seiner Bemühungen unter Beweis zu stellen haben. Sie darf nicht zu lang bemessen sein, um ihn nicht unzumutbar zu belasten, muss aber die Überprüfung der Fortdauer seiner Erwerbsbemühungen ermöglichen. Zu einem billigen Interessenausgleich könnte eine Frist von 6 Monaten führen.[1081]

– Allgemeine Erwägungen – etwa dass wegen Veränderungen im Arbeitsleben stets die Gefahr besteht, den Arbeitsplatz zu verlieren – sind unbeachtlich, wenn der Ehegatte sein Verhalten **nicht geändert** hat (zur Beweislast → Rn. 991, 992).[1082] Hat aber der ehemalige Arbeitgeber später betriebsbedingte Entlassungen, von denen auch der Ehegatte betroffen gewesen wäre, ausgesprochen oder seine wirtschaftliche Tätigkeit vollständig eingestellt, ist hieran zur Beendigung der (ursprünglichen) Fiktion anzuknüpfen.[1083] Hat der betroffene Ehegatte zu diesem Zeitpunkt seine bestehenden Obliegenheiten nicht erfüllt, muss er weiter fingiert werden. Hat er sie erfüllt, ist er weiter nach den Einkünften zu fingieren, über die er, etwa als ALG I, zu diesem Zeitpunkt verfügen würde. 680

– Nach **verschuldetem Arbeitsplatzverlust** kommt es nicht darauf an, dass sich der Ehegatte entsprechend den ihm obliegenden Erwerbsbemühungen beworben oder keine reale Beschäftigungschance auf dem Arbeitsmarkt mehr hat,[1084] weil darin nicht das vorgeworfene Verhalten liegt.[1085] Auch dann ist nach dem ursprünglichen Verhalten zu fingieren, weil die Prognose idR dahin geht, dass der Betroffene „ohne das ihm vorwerfbare Verhalten weiterhin über seinen Arbeitsplatz und das frühere Einkommen verfügen würde".[1086] IÜ ist zu differenzieren: 681
  – Erst wenn der Ehegatte eine **geringer dotierte Arbeitsstelle** findet, kann sich die Frage nach der Fortführung der Fiktion stellen: Entspricht sie seinen beruflichen Qualifikationen, kann das geringere Einkommen die Fiktion nach den Voraussetzungen, die für einen freiwilligen Arbeitsplatzwechsel gelten (→ Rn. 732–777), ersetzen,[1087] ansonsten bleibt es bei der Fiktion.[1088] Verliert der Ehegatte nicht vorwerfbar auch seinen neuen, geringer dotierten Arbeitsplatz, wird er grundsätzlich nach den an diesem Arbeitsplatz erzielten Erwerbseinkünften fingiert.[1089] War allerdings die Annahme dieses Arbeitsplatzes vorwerfbar, bleibt es bei der „überschießenden" Fiktion. 682
  – Hätte der Ehegatte seinen Arbeitsplatz auch aus **betriebsbedingten Gründen** verloren, wenn auch später, dann „überholt" diese Kausalität die frühere Obliegenheitsverletzung: Maßgeblich für eine Obliegenheitsverletzung ist nunmehr das Verhalten des Ehegatten ab diesem Zeitpunkt. Zur **Darlegungs- und Beweislast** → Rn. 992, 994. 683

## II. Einzelne Obliegenheiten

**1. Gestaltung der ehelichen Lebensführung. a) Geschiedene Ehe.** Haben die Ehegatten ihre Lebensführung nach einem **objektiven Maßstab** in einem wirtschaftlich sinnvollen und angemessenen Rahmen gehalten, bestimmt sie die ehelichen Lebensverhältnisse. – **Unangemessene** 684

---

1078 BGH NJW 2008, 3635 Rn. 23 = FamRZ 2008, 2104; NJW 2008, 1525 Rn. 19 = FamRZ 2008, 872.

1079 OLG Hamm NJWE-FER 1997, 164 = FamRZ 1997, 889 (890); FamRZ 1990, 772 (773 f.); FamRZ 1987, 1286 f.

1080 OLG Hamm NJWE-FER 1997, 164 = FamRZ 1997, 889 (890).

1081 *Niepmann/Schwamb* Rspr. zur Höhe des Unterhalts Rn. 730: 2–3 Jahre.

1082 Ebenso BeckOGK/*Witt,* 1.2.2019, Rn. 129. Ähnlich der BGH NJW 2008, 1525 Rn. 19 = FamRZ 2008, 872; aA OLG Zweibrücken NJWE-FER 1998, 198 = FamRZ 1999, 881, 882 (5 Jahre); OLG Hamm NJW 1995, 1483 = FamRZ 1995, 1217 (2 Jahre zu lang).

1083 Ähnlich *Dose* in Wendl/Dose UnterhaltsR § 1 Rn. 796: „... zu klären, ob er die Arbeit zu einem späteren Zeitpunkt aus hinnehmbaren Gründen ohnehin verloren hätte.".

1084 BGH NJW 2008, 1525 Rn. 19 = FamRZ 2008, 872; aA OLG Schleswig BeckRS 2000, 30152696, das nur für eine Übergangszeit von wenigen Monaten fingieren will.

1085 Ebenso BeckOGK/*Witt,* 1.2.2019, Rn. 131; aA OLG Hamburg DAVorm 1988, 720; OLG Schleswig FamRZ 1985, 69; OLG Karlsruhe BeckRS 2010, 5753 = FamRZ 1983, 931 (932).

1086 BGH NJW 2008, 1525 Rn. 19, 21, 22 = FamRZ 2008, 872 (der in dieser Behandlung zu Recht keinen Verstoß gegen den verfassungsrechtlichen Maßstab der Verhältnismäßigkeit sieht).

1087 Ebenso *Borth* in Schwab ScheidungsR-HdB IV Rn. 1413; aA BeckOGK/*Witt,* 1.2.2019, Rn. 130.

1088 IErg ebenso BGH NJW 2008, 1525 Rn. 19 = FamRZ 2008, 872; ähnlich OLG Hamm NJWE-FER 1997, 164 = FamRZ 1997, 889 (890); aA wohl BeckOGK/*Witt,* 1.2.2019, Rn. 129.

1089 Ebenso BeckOGK/*Witt,* 1.2.2019, Rn. 130; *Borth* in Schwab ScheidungsR-HdB IV Rn. 1413.

**Sparsamkeit** („Geizkragenehe") oder **übertriebene Lebensführung** („Luxusehe") führt zur fiktiven Bedarfsbestimmung nach einem objektiven Maßstab (→ Rn. 14, 15, 387), wenn die Lebensführung von einem Ehegatten **allein bestimmt** wurde. Auch der Verbrauch der eingesparten Mittel ausschließlich für **eigene Zwecke** ist eine Obliegenheitsverletzung. Die Fiktion führt zur bedarfsprägenden Zurechnung von Einkünften in der Höhe, in der sie vom betroffenen Ehegatten tatsächlich auch erzielt worden sind.

685 Dagegen liegt keine Obliegenheitsverletzung vor, wenn die unangemessen sparsame Lebensführung von beiden Ehegatten **mitgetragen** wird. Gleichwohl braucht sich der Bedürftige nach der Trennung nicht mehr an seinem Einverständnis zur zu sparsamen Lebensführung festhalten zu lassen und kann sich auf einen durch die Vermögenserträge bedingten höheren Bedarf berufen. – Ob man diese Einkünfte als **fiktive**[1090] – weil nicht zur Lebensführung verwandte – oder als tatsächliche – weil vorhandene – behandelt, ist angesichts der bedarfsprägenden Wirkung beider ohne praktische Bedeutung.

686 **b) Nachfolgende Ehe. aa) Neuer Ehegatte.** Entgegen der Auffassung des BGH[1091] trifft den neuen Ehegatten gegenüber dem geschiedenen Ehegatten mangels rechtlicher Verbindung und gegenüber dem Verpflichteten, hat er infolge der Übernahme der Haushaltsführung in der Ehe auf eine Erwerbstätigkeit verzichtet und wird dadurch unterhaltsberechtigt, wegen anderer **einvernehmlicher Regelung** (§ 1356 Abs. 1 S. 1) keine Erwerbsobliegenheit. Doch kann dem Verpflichteten, gestützt auf die nacheheliche Solidarität (§ 1569 S. 2, → § 1569 Rn. 20), obliegen, eine unterhaltsschädigende Gestaltung der ehelichen Lebensverhältnisse, die nicht durch besondere Umstände gerechtfertigt wird, nicht einvernehmlich einzugehen und bei seinem neuen Ehegatten auf eine Erwerbstätigkeit **zu drängen.**[1092] Übt der neue Ehegatte gegen den Willen des Verpflichteten keine Erwerbstätigkeit aus, steht dem Verpflichteten allerdings kein durchsetzbarer Anspruch auf Aufnahme einer Erwerbstätigkeit gegen diesen zu. Zur Berücksichtigung der Möglichkeit und Zumutbarkeit einer **Erwerbstätigkeit** des neuen Ehegatten → § 1581 Rn. 53, 54.

687 Die Rspr. des BGH ist umso unverständlicher, als er den neuen Ehegatten im Rahmen der Leistungsfähigkeit durch die von ihm vertretene „Dreiteilung" schützt (→ § 1581 Rn. 68–88) und mE zu Unrecht privilegiert.

688 **bb) „Hausmann-Fälle". (1) Rspr. des BGH. (a) Erwerbsobliegenheit.** Wie zum Kindesunterhalt (→ § 1603 Rn. 131–139) darf sich der **Verpflichtete**[1093] nicht stets damit begnügen, sich in einer **neuen Ehe** oder einer **nichtehelichen Lebensgemeinschaft**[1094] seiner Erwerbseinkünfte durch Aufgabe einer Erwerbstätigkeit zu begeben und die Haushaltsführung/Kinderbetreuung zu übernehmen. Vielmehr muss ein Vergleich mit der beruflichen Situation seines aktuellen Ehegatten die Entscheidung für die Übernahme der familiären häuslichen Pflichten und den Verzicht auf Erwerbseinkünfte rechtfertigen, weil sich der Familienunterhalt durch die Rollenwahl in der neuen Ehe unter Anlegung eines strengen, auf enge Ausnahmefälle begrenzten Maßstabs wesentlich günstiger gestaltet als bei voller Erwerbstätigkeit des Verpflichteten. Tut es dies nicht, verletzt der Verpflichtete seine Obliegenheiten gegenüber seinem geschiedenen Ehegatten, sodass ihm fiktive Einkünfte zuzurechnen sind.

689 Maßgebliches Kriterium sind zunächst die jeweiligen **Erwerbseinkünfte der Ehegatten** und ihre **Verfügbarkeit für die Familie.** Dabei ist auch die Schmälerung dieses Einkommens durch Unterhaltszahlungen zu beachten. Daneben sind auch sonstige Gründe, die einen erkennbaren Vorteil für die neue Familie mit sich bringen, zu berücksichtigen, wenn wegen ihres gleich großen Gewichts wie die finanziellen Unterschiede der Verzicht auf einen Rollentausch unzumutbar ist. So ist etwa auch das berufliche Umfeld – Kündigungsschutz, soziale Absicherung (etwa betriebliche Altersversorgung, wirtschaftliche Situation des Betriebs) – in die Abwägung einzubeziehen. Deshalb kann im Einzelfall auch ein höheres Erwerbseinkommen des Verpflichteten die Übernahme der familiären Pflichten rechtfertigen.

690 Stets ist das **familiäre Engagement** auf das unbedingt erforderliche Maß zu beschränken und die Beeinträchtigung der Unterhaltsansprüche des Berechtigten so gering wie möglich zu halten.

---

[1090] So BGH NJW 2008, 57 Rn. 29 = FamRZ 2007, 1532; NJW-RR 1988, 514 = FamRZ 1988, 145 (149).

[1091] Von BGHZ 183, 197 = NJW 2010, 365 Rn. 46–51 = FamRZ 2010, 111 entwickelt im Rahmen der verfassungsgerichtlich verworfenen (→ Rn. 46) „Dreiteilung" beim Bedarf. – Auf die „Dreiteilung" bei der Leistungsfähigkeit (→ § 1581 Rn. 68–88) übertragen von BGH NJW 2014, 2109 Rn. 47 = FamRZ 2014, 1183; BGHZ 192, 45 = NJW 2012, 384 Rn. 49, 52 = FamRZ 2012, 281; ihm folgt die wohl hM, etwa BeckOGK/*Witt,* 1.2.2019, § 1581 Rn. 160 mwN; *Bömelburg* in Wendl/Dose UnterhaltsR § 3 Rn. 92.

[1092] So *Maurer* FamRZ 2011, 849 (853 f.).

[1093] Zum Ganzen BGHZ 147, 19 = NJW 2001, 1488 = FamRZ 2001, 614 (616 f.); NJW 1996, 1815 = FamRZ 1996, 796 (797).

[1094] BGH NJW 2015, 1178 Rn. 15 = FamRZ 2015, 738 mAnm *Schlecht.*

Dies schließt nicht aus, den Verpflichteten in der Nachehe auf eine **teilschichtige** – ggf. auch stundenweise – oder Nebenerwerbstätigkeit zu verweisen, die ihm sein Ehegatte durch Übernahme von familiären Pflichten während der erwerbsbedingten Abwesenheit auch ermöglichen muss. Die daraus erzielten/erzielbaren Einkünfte muss er in voller Höhe zur Bestreitung seiner Unterhaltspflicht einsetzen, weil sein ehebedingter Bedarf durch den Anspruch auf Familienunterhalt vollständig abgedeckt ist. Auch muss der Verpflichtete durch „zumutbare Vorsorgemaßnahmen" den Unterhalt der vorangehenden Ehe sicherstellen.

Soweit der Familienunterhalt nicht den **Mindestbedarf** des Verpflichteten abdeckt, stehen Erwerbseinkünfte für den nachehelichen Unterhalt in dem Umfang nicht zur Verfügung, als sie zur Abdeckung des Mindestbedarfs benötigt werden. **691**

**(b) Diskussion.**

Für die Zeit nach Inkrafttreten des UÄndG 2007 (→ Vor § 1569 Rn. 9) fragt sich aber, ob an dieser Rspr. des BGH festgehalten werden kann. Denn Ziel der Unterhaltsreform war es insbesondere, die **nacheheliche Eigenverantwortung** des Bedürftigen zu stärken (§ 1569 S. 1)[1095] mit der Folge seiner größeren Verantwortlichkeit gegenüber der nachehelichen Solidarität des Verpflichteten. Deren Umsetzung führt zu geringeren Anforderungen an die Obliegenheiten des Verpflichteten und zu höheren Anforderungen an den Bedürftigen, sodass nunmehr noch strengere Maßstäbe an die Kompatibilität einer Teilerwerbstätigkeit des Verpflichteten mit der beruflichen Situation seines Ehegatten – etwa Arbeitszeiten, gesellschaftliche Stellung – anzulegen sind. **692**

Der BGH hat die Gleichgewichtung der Obliegenheiten des Verpflichteten zum Kindes- und zum nachehelichen Unterhalts zudem mit dem **Gleichrang** dieser Ansprüche (§ 1582 Abs. 2 aF, § 1609 Abs. 2 S. 1 aF) begründet.[1096] Nach der Einführung des Vorrangs minderjähriger und privilegierter volljähriger Kinder und dem Gleich-, ggf. auch Nachrang des geschiedenen gegenüber dem aktuellen Ehegatten (§§ 1582, 1609 Nr. 2, 3) trägt diese Begründung jedoch nicht mehr.[1097] **693**

**(2) Elterngeld.** Zum **Unterhalt minderjähriger Kinder** hat der BGH[1098] entschieden, dass der unterhaltspflichtige Elternteil, der wegen der Betreuung eines weiteren Kindes aus einer anderen Beziehung keiner Erwerbstätigkeit (mehr) nachgeht und Elterngeld bezieht, jedenfalls während der **ersten 2 Lebensjahre** des Kindes seine unterhaltsrechtlichen Obliegenheiten auch dann nicht verletzt, wenn er aus Gründen des Kindeswohls keiner ggf. teilschichtigen oder Nebenerwerbstätigkeit nachgeht. Deshalb hat er auch keinen Obliegenheitsverstoß angenommen, wenn sich der geschiedene Ehegatte das hälftige Elterngeld für den doppelten Zeitraum (§ 6 S. 2 BEEG aF[1099]), also 2 Jahre lang, auszahlen lässt; dies unbeschadet des Umstands, dass allein durch die Halbierung des Elterngelds Leistungsunfähigkeit eintreten kann.[1100] Dies wird auch für die Inanspruchnahme des ab 1.1.2015 gewährten „Elterngeldes Plus" (§ 4 Abs. 3 BEEG nF)[1101] zu gelten haben. **694**

Fraglich ist, inwieweit dies auf den **nachehelichen Unterhalt** übertragen werden kann. Denn der mit der Gewährung von Elterngeld verbundene soziale Zweck muss für das private Unterhaltsrecht nicht notwendig ausschlaggebend sein. Allerdings zeigt die Hausmann-Rspr., dass im Unterhaltsrecht auch soziale Zwecke Berücksichtigung finden können und müssen. Die öffentliche Unterstützung der Kinderbetreuung durch das Elterngeld ist deshalb jedenfalls bei der Betreuung gemeinschaftlicher Kinder auch unterhaltsrechtlich von Bedeutung. Die Betreuung nicht gemeinschaftlicher Kinder muss sich der Verpflichtete, der sich insoweit nicht auf seine nacheheliche Solidarität verweisen lassen braucht, jedoch nicht entgegenhalten lassen. **695**

**2. Erwerbsobliegenheiten. a) Verfassungsrechtliche Herleitung.** Eine Einschränkung der **allgemeinen Handlungsfreiheit** (Art. 2 Abs. 1 GG), des Rechts auf freie **Berufswahl** und **-ausübung** (Art. 12 Abs. 1 GG) sowie auf **Freizügigkeit** (Art. 11 Abs. 1 GG) ist nur im Rahmen der verfassungsgemäßen Ordnung, zu der auch das von Art. 6 Abs. 1, 2 GG geschützte das Unterhalts- **696**

---

[1095] BT-Drs. 16/1830, 16.

[1096] BGH NJW 1996, 1815 = FamRZ 1996, 796 (797).

[1097] Zweifelnd auch BeckOGK/*Witt*, 1.2.2019, § 1581 Rn. 80.

[1098] BGH NJW 2015, 1178 Rn. 19–21 = FamRZ 2015, 738 mAnm *Schlecht*; ebenso OLG Nürnberg BeckRS 2015, 9925 Rn. 22, 23 = FamRZ 2015, 933; OLG Frankfurt a. M. BeckRS 2013, 21773 = FamRZ 2014, 848 (849); aA OLG Bamberg BeckRS 2011, 21156 = FamRZ 2011, 1302 Ls.

[1099] In der bis zum 31.12.2014 geltenden Fassung (vgl. Art. 5 des Bundeselterngeld- und Elternzeitgesetzes v. 18.12.2014 (BGBl. 2014 I 2325).

[1100] Zum ehemaligen Erziehungsgeld s. BGH NJW 2006, 2404 Rn. 40 = FamRZ 2006, 1010. Zu Leistungen nach den Landeserziehungsgeldgesetzen, denen keine Lohnersatzfunktion zukommt, sodass sie einer Erwerbsobliegenheit nicht entgegenstehen, OLG Nürnberg BeckRS 2015, 9925 Rn. 28 = FamRZ 2015, 933.

[1101] Dazu *Borth* FamRZ 2015, 1079 ff.

recht zählt, zulässig (→ Vor § 1569 Rn. 14).[1102] Deshalb verletzt die **unzutreffende Annahme einer Erwerbsobliegenheit** den betroffenen Ehegatten in seiner allgemeinen Handlungsfreiheit und verstößt gegen Art. 2 Abs. 1 GG.[1103]

697 **b) Erwerbsbemühungen. aa) Allgemeines.** Wegen seiner nachehelichen Eigenverantwortung (→ § 1569 Rn. 18) trifft den Berechtigten grundsätzlich die **Obliegenheit** zu einer Erwerbstätigkeit, um seinen Bedarf mit eigenen Arbeitseinkünften selbst zu decken. Dieselbe Obliegenheit trifft den Verpflichteten aus Gründen der nachehelichen Solidarität (→ § 1569 Rn. 20; zur Gewichtung → Rn. 700, 701).

698 Die Zurechnung fiktiver Erwerbseinkünfte setzt voraus, dass der Ehegatte seine **Erwerbsobliegenheit** verletzt. Er entspricht seinen Obliegenheiten nicht, wenn er keiner oder nur einer Teilzeittätigkeit nachgeht oder eine nur unzureichend dotierte Arbeitsstelle annimmt, obwohl er vollschichtig erwerbstätig sein könnte und eine andere oder besser dotierte Arbeitsstelle bekommen könnte. – Unerheblich ist in diesem Zusammenhang, ob und in welchem Umfang ein Ehegatte seiner Erwerbsobliegenheit **tatsächlich** nachkommt.

699 Den Ehegatten obliegt subjektiv eine Arbeit, die den nach ihren persönlichen **Eigenschaften,** insbesondere **Kenntnissen** und **Fähigkeiten** bestehenden Verdienstmöglichkeiten und Erwerbschancen entspricht und ihr **zumutbar** ist (zu Letzterem → § 1574 Rn. 31, 32). Nur wenn ein Ehegatte einen solchen Arbeitsplatz trotz intensiver, „unter Einsatz aller zumutbaren und möglichen Mitteln nachhaltig[er]" Bemühungen[1104] nicht bekommt[1105] oder die tatsächliche Tätigkeit der Absprache der Ehegatten entsprochen hat oder auch nur hingenommen wurde[1106] (Ausnahme: Mangelfall), kann er sich unterhaltsrechtlich unbedenklich mit einem geringeren Einkommen zufriedengeben. – Besteht **keine** Erwerbsobliegenheit (mehr), braucht eine Erwerbstätigkeit nicht aufgenommen oder kann sie unterhaltsrechtlich unbeachtlich abgebrochen werden.

700 **bb) Obliegenheitsverletzung.** Ein Ehegatte verletzt seine Obliegenheiten dann, wenn er die ihm **subjektiv zumutbaren** Anstrengungen, eine angemessene Erwerbstätigkeit[1107] zu finden, nicht oder nicht ausreichend unternommen hat.[1108] Zudem muss feststehen oder darf jedenfalls nicht auszuschließen sein, dass die unzureichenden Bemühungen kausal für die Erwerbslosigkeit sind und bei gehörigen Bemühungen **objektiv** eine **reale Beschäftigungschance**[1109]

**Beispiel aus der Rspr.:**
Das OLG Hamm BeckRS 2008, 10521 = FamRZ 2008, 991 f. verneint eine Erwerbsobliegenheit für eine 62-jährige Ehefrau, weil für sie eine Erwerbstätigkeit weder zumutbar noch möglich ist (Trennungszeit, allerdings hatte sie während dieser bereits gearbeitet). Zumutbar dürfte die Erwerbstätigkeit gewesen sein, ggf. aber nicht mehr möglich; allerdings fehlen angesichts der früheren Erwerbstätigkeit der Ehefrau erforderliche Ausführungen zu den realen Chancen auf dem Arbeitsmarkt, welche die Ehefrau darzulegen und ggf. zu beweisen hätte.[1110]

mit der Möglichkeit bestanden hätte, entsprechende Einkünfte zu erzielen.[1111] Zwar dürfen zur Unterscheidung zwischen Arbeitsscheu und Chancenlosigkeit die Anforderungen an den Ehegatten

---

1102 BGH NJW 1983, 814 f. = FamRZ 1983, 140; NJW 1981, 1609 (1610) = FamRZ 1981, 539; NJW 1980, 2414 f. = FamRZ 1980, 1113.

1103 BVerfG NJW-RR 2008, 1025 Rn. 16 = FamRZ 2008, 1145; NJW 2006, 2317 Rn. 14 = FamRZ 2006, 469.

1104 BGH NJW 2012, 1144 Rn. 30 = FamRZ 2012, 517; NJW 2011, 3577 Rn. 13 = FamRZ 2011, 1851.

1105 OLG Düsseldorf BeckRS 2006, 7306 = FamRZ 2006, 1871 (1872); OLG Karlsruhe BeckRS 2008, 24698 = FamRZ 2006, 1295 (zu § 1603 Abs. 2 S. 1); OLG Hamburg BeckRS 2008, 24684 = FamRZ 2006, 503.

1106 OLG Brandenburg BeckRS 2009, 10892 = FamRZ 2009, 699 Ls.

1107 BGH NJW 2011, 3577 Rn. 13 = FamRZ 2011, 1851.

1108 Zur Erwerbsobliegenheit beim Kindesunterhalt bei (teilweiser) Leistungsunfähigkeit OLG Brandenburg BeckRS 2018, 31553 Rn. 13 = FamRZ 2019, 291 (Ls 1).

1109 BGH NJW 2012, 1144 Rn. 31 = FamRZ 2012, 517; NJW 2011, 3577 Rn. 14 = FamRZ 2011, 1851; NJW 2008, 3635 Rn. 22 = FamRZ 2008, 2104; NJW 2008, 57 Rn. 36 = FamRZ 2007, 1532; NJW 2007, 839 Rn. 22 = FamRZ 2007, 200; NJW 2005, 3639 = FamRZ 2005, 1979 (1981); NJW 1996, 517 = FamRZ 1996, 345 (346); NJW-RR 1993, 898 = FamRZ 1993, 789 (791); NJW–RR 1987, 962 = FamRZ 1987, 912 (913) (für den Verpflichteten); NJW 1986, 718 = FamRZ 1986, 244 (246).

1110 Dazu BGH NJW 2008, 57 Rn. 36 = FamRZ 2007, 1532. – Zu § 1603 s. auch BGH NJW 2003, 3122 = FamRZ 2003, 1472 (1473).

1111 BVerfG BeckRS 2012, 53182 Rn. 13, 14; BeckRS 2012, 53181 Rn. 15 = FamRZ 2012, 1283; BeckRS 2010, 47941 Rn. 15, 17 = FamRZ 2010, 626; BeckRS 2009, 41867 = FamRZ 2010, 183 (184); BeckRS 2008, 35228 = FamRZ 2008, 1403 (1404); NJW-RR 2008, 1025 Rn. 16 = FamRZ 2008, 1145; NJW 2006, 2317 = FamRZ 2006, 469 (470).

für eine ernsthafte Arbeitssuche grundsätzlich nicht aufgegeben werden,[1112] doch dürfen sie auch nicht überspannt werden: Da die mangelnde oder mangelhafte Arbeitssuche **kausal** für die Erwerbslosigkeit sein muss, reicht eine lediglich theoretische Beschäftigungschance nicht aus. Es muss also nach den – auch strukturbedingten und örtlich unterschiedlichen[1113] – tatsächlichen Gegebenheiten auf dem Arbeitsmarkt und den persönlichen Eigenschaften des Unterhaltsschuldners/-gläubigers – wie Alter,

**Beispiele aus der Rspr.:**
BGH NJW 2011, 3577 Rn. 15, 16 = FamRZ 2011, 1851: Lebensalter von über 50 Jahren belegt nicht generell, dass keine realistische Erwerbschance mehr besteht. Naheliegend aber, dass 53-jähriger Berechtigter, den nicht schon längere Zeit eine Erwerbsobliegenheit traf, mit gesundheitlichen Beeinträchtigungen nach 25 Jahren Erwerbsabstinenz nicht ohne Übergangszeit eine vollschichtige Arbeitsstelle finden kann.
BGH NJW 2012, 1144 Rn. 30 = FamRZ 2012, 517: „…, welche Schritte in welchem zeitlichen Abstand er im Einzelnen in diese Richtung unternommen hat".

Ausbildung, Sprachkenntnisse, Berufserfahrung und bisherige Tätigkeiten, Gesundheitszustand[1114] – und seiner auch aus seiner Erwerbsbiographie abgeleiteten[1115] Arbeitsbereitschaft feststehen, dass trotz ausreichender Bemühungen keine reale Beschäftigungschance bestehen würde.[1116] Ein **Erfahrungssatz** dahin, dass ein Arbeitnehmer in Zeiten **hoher Arbeitslosigkeit** nicht in eine vollschichtige Tätigkeit vermittelt werden könne, besteht nicht.[1117] – Zur **Darlegungs**- und **Beweislast** auch → Rn. 994.

Verliert ein Ehegatte seinen Arbeitsplatz **unverschuldet** und nimmt er eine schlechter dotierte Arbeitsstelle an, ist maßgeblich darauf abzustellen, ob er ausreichende Erwerbsbemühungen entfaltet hat. Wurden ihm fiktive Einkünfte in Höhe seiner bisherigen zugerechnet, weil er keine genügenden Erwerbsbemühungen unternommen hat, führen spätere erfolglose Erwerbsbemühungen nur dann zum Wegfall der Fiktion, wenn sie bereits im Zeitpunkt des Arbeitsplatzverlustes nicht erfolgreich gewesen wären. Darzulegen und zu beweisen ist dies von dem betroffenen Ehegatten;[1118] die praktischen Schwierigkeiten liegen, da ausreichende Erwerbsbemühungen nicht unternommen waren, auf der Hand. **701**

Für eine **teilschichtige** Erwerbstätigkeit kann sich ein Ehegatte nicht darauf berufen, dass auch der andere lediglich teilschichtig tätig ist, sondern nur auf in seiner Person liegende Umstände wie gesundheitliche oder arbeitsmarktbedingte Gründe.[1119] **702**

Ehegatten mit **ausländischer Staatsangehörigkeit** können ggf. auf eine Erwerbstätigkeit in ihrem Heimatland verwiesen werden.[1120] Dies wird ua von der Ehedauer, der Betreuungsnotwendigkeit gemeinschaftlicher Kinder der Ehegatten, der Aufenthaltsdauer des Bedürftigen in Deutschland und den Beschäftigungschancen in seinem Heimatland abhängen. Zur Bestimmung des nach § 1578b Abs. 1 S. 1 maßgeblichen **„angemessenen Lebensbedarfs"** → § 1578b Rn. 201–215. **703**

**cc) Verhältnis zu § 1579 Nr. 4.** Mit dem Herbeiführen der Erwerbslosigkeit (→ Rn. 732–816) kann der Unterhaltsanspruch auch nach § 1579 Nr. 4 verwirkt werden. Doch führt die Verletzung der Erwerbsobliegenheit bereits zur vollen Zurechnung erzielbarer fiktiver Einkünfte (→ Rn. 665, 666), weshalb für eine Anpassung nach § 1579 grundsätzlich kein Raum mehr bleibt. Selbst bei schwerer oder lange andauernder Obliegenheitsverletzung, durch die sich die Chancen auf dem Arbeitsmarkt verschlechtert haben, werden die Nachteile durch die Berücksichtigung der fiktiven Einkünfte idR vollständig ausgeglichen.[1121] **704**

---

1112 OLG Köln NJWE-FER 1998, 218 = FamRZ 1998, 1434 (1435).

1113 BGH NJW 1986, 718 = FamRZ 1986, 244 (246).

1114 Für ungelernte Arbeitskräfte und Spätaussiedler mit eingeschränkten Sprachkenntnissen BGH NJW 2014, 932 Rn. 13 = FamRZ 2014, 637; OLG Hamm BeckRS 2014, 4119 Rn. 51 = FamRZ 2002, 1427 (1428); NJWE-FER 1996, 33 = FamRZ 1996, 958.

1115 BGH NJW 1986, 718 = FamRZ 1986, 244 (246).

1116 BGH NJW 2012, 1144 Rn. 30, 31 = FamRZ 2012, 517 (verneint für eine Vollzeittätigkeit einer 54-jährigen Ehefrau ohne Berufsausbildung, 26 Jahre 4–5 Stunden täglich für ihren Ehemann, den Chef des Unternehmens, tätig); NJW-RR 2008, 1025 Rn. 16 = FamRZ 2008, 1145; NJW 1996, 517 = FamRZ 1996, 345 (346); OLG Hamm BeckRS 2006, 5092 (verneint – sachverständig beraten – für einen 57-jährigen, hoch qualifizierten arbeitslosen Ingenieur).

1117 BGH NJW 2014, 932 Rn. 13 = FamRZ 2014, 637; OLG Koblenz BeckRS 2014, 7119 = FamRZ 2014, 1308.

1118 Zum Ganzen BeckOGK/*Witt*, 1.2.2019, Rn. 697.

1119 BGH NJW 2012, 3434 Rn. 33 = FamRZ 2012, 1483 (Altersteilzeit); NJW 2011, 1067 Rn. 12 = FamRZ 2011, 628.

1120 BGH NJW 2013, 1447 Rn. 26 = FamRZ 2013, 864; NJW 2013, 866 Rn. 26 = FamRZ 2013, 534.

1121 Zum Ganzen ebenso BeckOGK/*Witt*, 1.2.2019, Rn. 406.

705 **dd) Beginn.** Erwerbsbemühungen sind grundsätzlich erst ab Beginn der **Erwerbsobliegenheit** aufzunehmen, es sei denn, der Einsatzzeitpunkt ist absehbar und sie versprechen bereits zu einem früheren Zeitpunkt Erfolg.[1122] Trotz Nicht-Identität von Trennungs- und nachehelichem Unterhalt (→ § 1569 Rn. 24, 25) ist für den Bedürftigen auch maßgebend, ob ihn bereits während der Trennungszeit eine Erwerbsobliegenheit getroffen hat, etwa weil die Ehegatten bereits lange getrennt leben oder die Zerrüttung ihrer Ehe auf sonstige Weise erkennbar ist (auch → § 1361 Rn. 54–60).[1123] Da er auf den Fortbestand der Ehe und der ehelichen Lebensplanung jedenfalls bis zum Ablauf des Trennungsjahres vertrauen kann, wird eine Erwerbsobliegenheit idR nicht früher einsetzen.[1124] Der Wortlaut von § 1573 Abs. 1

„… solange und soweit er nach der Scheidung keine angemessene Erwerbstätigkeit zu finden vermag …"

bestimmt nur die **Dauer** der Unterhaltspflicht und nicht auch den Beginn der Erwerbsobliegenheit.[1125] Verfolgt der Bedürftige seinen Anspruch im **Verbund,** muss er ohnehin bis zur letzten mündlichen Verhandlung auch seine Bemühungen um eine Erwerbstätigkeit aufgenommen haben, ansonsten er schon nicht darlegen kann, dass er eine angemessene Erwerbstätigkeit nicht finden kann.[1126] Eine unterschiedliche Behandlung danach, ob der Unterhaltsanspruch selbstständig oder im Verbund geltend gemacht wurde, ist nicht gerechtfertigt.

706 Ist der Beginn der Erwerbsobliegenheit bestimmt absehbar, ist die Obliegenheit für Erwerbsbemühungen **vorzuverlegen** (→ Rn. 705), um einen nahtlosen Fortgang oder Übergang in die Erwerbstätigkeit zu gewährleisten. Zwar werden Arbeitskräfte idR ab sofort gesucht, doch entbindet dies nicht von sofortigen Erwerbsbemühungen, weil erst sie die tatsächlichen Verhältnisse für den betreffenden Arbeitnehmer auf dem Arbeitsmarkt zeigen. – Dem Bedürftigen kann eine gewisse **Übergangs-/Überlegungsfrist** zur Einstellung auf seine Erwerbsobliegenheit und das weitere Vorgehen zur Erlangung einer angemessenen Erwerbstätigkeit eingeräumt werden, wenn ihm Erwerbsbemühungen aus subjektiven Gründen, etwa bei einer Erkrankung, zuvor nicht möglich waren (auch → Rn. 784, 785).[1127] Im Hinblick darauf, dass zum Trennungsunterhalt eine Erwerbsobliegenheit grundsätzlich bereits ab Ablauf des Trennungsjahres angenommen (→ § 1361 Rn. 62), wird dieser „Schonfrist" jedoch keine große praktische Bedeutung zukommen.

707 Besteht für den Bedürftigen eine Obliegenheit zur **Weiterbildung** (§ 1574 Abs. 3), die an die Stelle der Erwerbsobliegenheit tritt (→ § 1574 Rn. 56–86), ist für Erwerbsbemühungen grundsätzlich an den Abbruch oder Abschluss[1128] der Weiterbildungsmaßnahme anzuknüpfen. Dies gilt entsprechend für eine vom Verpflichteten nach § 1575 zu finanzierende **Ausbildung.** Doch ist auch auf die Üblichkeit des Bewerbungsverhaltens abzustellen. So wird es idR **sozialadäquat** sein, sich bereits vor dem endgültigen Abschluss auf der Grundlage der bisherigen dokumentierten Leistungen zu bewerben. – Wird von einer **stufenweisen** beruflichen Eingliederung ausgegangen, ist für die reale Beschäftigungschance auf den Beginn der Obliegenheit zu einer teilschichtigen Erwerbstätigkeit abzustellen und danach die Chancen für eine sukzessive Ausweitung der Tätigkeit zu beurteilen. Zweifel gehen zu Lasten des beweispflichtigen Bedürftigen.[1129]

708 **ee) „Angemessene Erwerbstätigkeit". (1) Allgemeines.** Aus dem Wortlaut „keine angemessene Erwerbstätigkeit zu finden vermag" (§ 1573 Abs. 1) und der nachehelichen Eigenverantwor-

---

[1122] BGH NJW 1995, 3391 = FamRZ 1995, 871; NJW 1986, 985 (986) = FamRZ 1986, 553; NJW 1985, 1695 (1697 f.) = FamRZ 1985, 782 (784); OLG Saarbrücken NJW 2014, 559 (561) = FamRZ 2014, 484; OLG Hamm NJWE-FER 1997, 26 = FamRZ 1997, 1016 Ls. 2.

[1123] Etwa BGH NJW 2008, 1946 Rn. 26 = FamRZ 2008, 963; BGHZ 109, 211 = NJW-RR 1990, 323 = FamRZ 1990, 283 (286); NJW 1986, 985 = FamRZ 1986, 553 (555); NJW 1985, 1695 = FamRZ 1985, 782 (784).

[1124] IErg ebenso OLG Köln NJW-RR 1995, 1157 (1158); OLG Hamm NJW-RR 1987, 518 = FamRZ 1986, 1108 f.; aA – Zeitpunkt der Trennung – OLG Bamberg FamRZ 1986, 682.

[1125] AA etwa OLG Zweibrücken BeckRS 1980, 31167173 = FamRZ 1981, 148 (149).

[1126] OLG Zweibrücken BeckRS 2010, 15307 = FamRZ 1982, 1016 (1017) (offengelassen, ob bereits vor der Scheidung eine Obliegenheit zu Erwerbsbemühungen bestand).

[1127] Dazu etwa OLG Hamburg BeckRS 2011, 90415 = FamRZ 1991, 1298 (1300); OLG Koblenz NJW-RR 1993, 964 = FamRZ 1993, 199 (200); s. auch OLG Düsseldorf FamRZ 1985, 815 (816), das allerdings die ehelichen Lebensverhältnisse nach § 1574 Abs. 2 nach einer 25-jährigen Ehedauer, in der der Bedürftige nicht sozialversicherungspflichtig erwerbstätig war, für die Dauer von 3 Jahren fortschreiben will (dies ist nunmehr nach § 1578b Abs. 1 UÄndG 2007 zu beurteilen). – Das OLG Hamm BeckRS 2007, 65491 = FamRZ 2007, 1908 gesteht selbst dem nach § 1603 Abs. 2 S. 1 Verpflichteten – ohne jede weitere Differenzierung? – eine Übergangszeit von 6 Monaten zu.

[1128] OLG Celle NJW-RR 1992, 1349 = FamRZ 1992, 569 (570).

[1129] BGH NJW 2008, 3635 Rn. 23, 24 = FamRZ 2008, 2104; NJW-RR 1993, 898 = FamRZ 1993, 789 (791).

tung (§ 1569) folgt die Obliegenheit beider Ehegatten, sich um eine ihrer Ausbildung, Kenntnissen und sonstigen Fähigkeiten angemessene Erwerbstätigkeit, auch durch Absolvierung einer **Berufsausbildung,**[1130] ggf. in einem neuen Beruf[1131] (zur Berücksichtigung von **Wünschen** und **Neigungen** → § 1574 Rn. 42) zu bemühen. Was **angemessen** ist, bestimmt sich für den Bedürftigen nach § 1574. Zudem muss die angestrebte Erwerbstätigkeit angemessen **vergütet** sein.

Angemessen in diesem Sinne kann auch eine **Teilzeittätigkeit,** auch in Form eines **Mini-** (bis 709 450 EUR, § 8 SGB IV) oder **Midi-Jobs** (monatliches Einkommen von 450,01 EUR bis 850 EUR, § 20 Abs. 2 SGB IV) sein, wenn keine reale Beschäftigungschance in einer Vollzeittätigkeit besteht.[1132] Ggf. muss der Betroffene **mehrere** Teilzeitarbeitsverhältnisse nebeneinander aufnehmen.[1133]

Für die **Unterhaltsbestimmung** gilt: Einkünfte aus **zumutbarer** Tätigkeit prägen stets die 710 ehelichen Lebensverhältnisse und bestimmen dadurch den Bedarf, sie mindern die Bedürftigkeit und erhöhen die Leistungsfähigkeit. Einkünfte aus **unzumutbarer** Tätigkeit sind dagegen nicht bedarfsprägend, weil die Tätigkeit jederzeit aufgegeben werden kann und sie deshalb nicht nachhaltig erzielt sind (zur Rspr. des BGH aber → Rn. 472–500). Für die Bedarfsdeckung gilt § 1577 Abs. 2 (→ § 1577 Rn. 14–46), für die Leistungsfähigkeit § 1581 S. 1 (Billigkeitsabwägung, Angemessenheitsprüfung → § 1581 Rn. 38).

**(2) Zumutbare Tätigkeit.** Der betroffene Ehegatte kann sich zunächst um eine Tätigkeit, 711 die seiner beruflichen Qualifikation oder zuletzt ausgeübten Tätigkeit entspricht, oder um eine vergleichbare Tätigkeit bemühen. Dies wird idR, aber nicht stets eine Tätigkeit in seinem erlernten Beruf sein. Die Anknüpfung an die zuletzt ausgeübte Tätigkeit gilt positiv wie negativ, sodass er sich idR auf eine Tätigkeit, die seiner zuletzt ausgeübten entspricht, verweisen lassen muss.[1134] – Sind diese Bewerbungen über einen gewissen Zeitraum erfolglos, kann der Verpflichtete auch auf eine **geringer qualifizierte** Stelle verwiesen werden. Zwar gilt für den Berechtigten § 1574, doch kann insoweit für den Verpflichteten aus Gründen der Gleichbehandlung nichts anderes gelten.[1135]

**(3) Einzelfälle. (a) Prostitution.** Wer noch **nie** der Prostitution nachgegangen ist oder sie 712 nur vorübergehend aus wirtschaftlicher Not ausgeübt hat, kann zu ihr nicht gezwungen werden. Wer jedoch **freiwillig** und **sozialversichert** der Prostitution nachgegangen ist, kann auch künftig auf die Erzielung von Einkünften durch Prostitution verwiesen werden.[1136] Auch wer der Prostitution bislang **unangemeldet** nachgegangen ist, dem ist ihre weitere angemeldete Ausübung zumutbar. Auf eine solche Tätigkeit kann insbesondere dann verwiesen werden, wenn der Berechtigte sich bereits vor und/oder während der Ehe über längere Zeit prostituiert hatte und das eheliche Zusammenleben nicht zu einer grundlegenden Änderung der ehelichen Lebensumstände geführt hat.[1137]

**Beispiel:** 713
Prostituierte heiratet ihren Zuhälter.

Einkünfte und fiktive Einkünfte prägen unter diesen Voraussetzungen den Bedarf, vermindern 714 die Bedürftigkeit und erhöhen die Leistungsfähigkeit. Die Verweisung auf die Deckung des Lebensunterhalts durch Prostitution ist idR dagegen verwehrt, wenn sich der Ehegatte ernsthaft und endgültig und nicht lediglich wegen des Unterhalts von der Prostitution **losgesagt** und ggf. bereits Schritte in Richtung eines „bürgerlichen" Lebens – etwa Beginn, Ausübung, Suche und Antritt einer Erwerbstätigkeit – unternommen hat.

**(b) Schwarzarbeit.** Nicht angemessen ist die Verweisung auf eine – gesetzlich untersagte (§ 1 715 Abs. 1 SchwArbG) – Schwarzarbeit (→ Rn. 468–471, 851), und zwar auch dann nicht, wenn sie in der Vergangenheit betrieben, zwischenzeitlich aber **aufgegeben** wurde.

---

1130 BGH NJW 1986, 985 = FamRZ 1986, 553 (555); auch OLG Hamburg BeckRS 2001, 31054469 = FamRZ 1991, 445 (447).

1131 BGH NJW-RR 1987, 196 = FamRZ 1986, 1085 (1086).

1132 BGH NJW 2012, 1144 Rn. 31, 34, 35 = FamRZ 2012, 517 (die Ehefrau hatte während der Ehe nur 4–5 Stunden täglich im Betrieb des Ehemannes gearbeitet).

1133 Für 2 Teilzeitbeschäftigungen BGH NJW 2012, 3434 Rn. 24 = FamRZ 2012, 1483; NJW 2007, 839 Rn. 22 = FamRZ 2007, 200.

1134 Zur Zurechnung fiktiver Erwerbseinkünfte für eine zugerechnete Erwerbstätigkeit im Baugewerbe OLG Brandenburg BeckRS. 2018, 31553 Rn. 31 = FamRZ 2019, 291.

1135 Zum Ganzen auch BeckOGK/*Witt*, 1.2.2019, Rn. 417.

1136 OLG Köln BeckRS 2013, 19200 = FamRZ 2013, 1745 (1746).

1137 AA OLG Köln BeckRS 2013, 19200 = FamRZ 2013, 1745 (1746); OLG München FamRZ 2004, 108; BeckOGK/*Haidl*, 1.2.2019, § 1603 Rn. 17.

716 **ff) Umfang. (1) Allgemeines.** Die Ehegatten müssen zur Erfüllung ihrer Obliegenheit alle ihnen möglichen und persönlich **zumutbaren Anstrengungen** unternehmen.[1138] Zudem können im Rahmen der **Billigkeitsabwägung** nach § 1581 S. 1 die Erwerbsobliegenheiten des Bedürftigen (§ 1574 Abs. 2, → § 1574 Rn. 10–55) und aus Gründen der Gleichbehandlung auch des Verpflichteten insbesondere in **Mangelfällen** verschärft werden.[1139] Kann anders der Unterhalt der Ehegatten nicht sichergestellt werden, ist deshalb ihre Verweisung etwa auf Aushilfstätigkeiten zumutbar, auch wenn sie ihrer Vorbildung nicht entsprechen,[1140] ggf. auch auf **Teilzeit**- und **Nebentätigkeiten** (→ Rn. 782–801). – Dies ist auch nicht verwehrt, wenn der Bedürftige seinen Unterhaltsanspruch auf § 1570 stützt[1141] oder der Verpflichtete gemeinschaftliche Kinder betreut. Allerdings ist insoweit Zurückhaltung geboten, weil das Maß an Erwerbsobliegenheit gerade am **Kindeswohl** ausgerichtet ist. Für den Betreuungsunterhalt ist zudem zu beachten, dass dieses Maß bereits auf der Tatbestandsebene des § 1570 bestimmt wird und deshalb nicht noch einmal – Doppelberücksichtigung (!) – herangezogen werden kann.

**(2) Berufliche Veränderungen.** Insoweit kann gelten:

717 – Hinsichtlich der Zumutbarkeit eines **Berufs-**[1142] und **Arbeitsplatzwechsels**[1143] obliegt etwa einem Ehegatten, der in seinem **Beruf** aus gesundheitlichen Gründen keine Chancen mehr hat, ggf. die Aufnahme einer **Nebentätigkeit,** soweit diese auf die Arbeitslosenunterstützung nicht angerechnet wird (dazu § 141 SGB III: mind. 165 EUR, Abs. 1; zum ALG II s. § 30 SGB II: mind. 100 EUR).[1144]

718 – Ein **Arbeitsplatzwechsel** ist zumutbar, wenn der Ehegatte an einem anderen Arbeitsplatz nicht unwesentlich mehr verdienen kann. Die Obliegenheit, eine **andere** Arbeitsstelle zu suchen, kann einen Ehegatten auch dann treffen, wenn er nach seinen Kenntnissen und Fähigkeiten und bei zumutbarem Einsatz seiner Arbeitskraft während des **Zusammenlebens** ein höheres Einkommen hätte erzielen können, dies aber nicht getan hat, sodass sich die Ehegatten mit einem geringeren Lebensstandard begnügen mussten, es sei denn, der andere Ehegatte wäre damit einverstanden gewesen. Für die Zumutbarkeit[1145] eines Arbeitsplatzwechsels ist auch die **soziale Absicherung** am bisherigen Arbeitsplatz wie der Kündigungsschutz an einer langjährigen oder angesichts seiner Vorbildung besonders günstigen Arbeitsstelle, Vergütung und betriebliche Altersversorgung zu beachten; dies wird unter Berücksichtigung des Alters und der an einer neuen Arbeitsstelle abzuleistenden Probezeit oft zur Unzumutbarkeit der Aufgabe eines Arbeitsplatzes führen. Es kann auch verwehrt sein, ihn auf die Aufgabe einer **teilschichtigen** und die Aufnahme einer **vollschichtigen** Erwerbstätigkeit zu verweisen;[1146] ggf. kann ihm aber die Aufnahme einer **zusätzlichen** teilschichtigen Erwerbstätigkeit oder auch **Nebentätigkeit** angesonnen werden.[1147]

719 – Inwieweit dem Bedürftigen anlässlich der Arbeitssuche ein **Ortswechsel** zuzumuten ist, hängt zudem von seiner sozialen Verwurzelung am bestehenden Wohnsitz

persönliche Mobilität;[1148] Schulbesuch von Kindern;[1149] Umgang mit den Kindern;[1150] Kontakte zu Verwandten; nicht jedoch Freundes- und Bekanntenkreis,

---

[1138] Etwa OLG Stuttgart BeckRS 2007, 2305 = FamRZ 2006, 1757 („… alle nur denkbaren Anstrengungen zur Erlangung einer auskömmlichen Erwerbstätigkeit zu unternehmen"); OLG Koblenz BeckRS 2009, 28452 = FamRZ 1986, 999 (1000).

[1139] BGH BeckRS 1983, 31072653.

[1140] BGH FamRZ 1981, 341 (343); BGHZ 75, 272 = NJW 1980, 340 = FamRZ 1980, 43 (44).

[1141] BGH NJW 1987, 776 = FamRZ 1987, 46 (47); NJW 1983, 1548 = FamRZ 1983, 569 (574); s. auch OLG Naumburg OLGR 2001, 294.

[1142] BGH NJW 1980, 2414 = FamRZ 1980, 1113 (1114); s. auch OLG Hamburg BeckRS 2008, 14044 = FamRZ 2008, 1274 (1275).

[1143] BGH NJW-RR 1993, 1283 = FamRZ 1993, 1304 (1306); OLG Naumburg OLGR 2001, 294 (nicht tarifgerechte Entlohnung der bisherigen Tätigkeit); KG BeckRS 2009, 87101 = FamRZ 1984, 592.

[1144] OLG Köln BeckRS 2008, 26145 = FamRZ 2005, 458 Ls.

[1145] Dazu auch OLG Jena NJW-RR 2010, 727 = FamRZ 2010, 216; zum Kindesunterhalt OLG Brandenburg BeckRS 2016, 117894 mBspr *Szantay* NZFam 2017, 422.

[1146] OLG Düsseldorf FamRZ 1991, 194 (195); anders OLG Düsseldorf BeckRS 2004, 2111 = FamRZ 2004, 1205 (1206): Teilzeit-Arbeitsverhältnis in Kirchengemeinde ist trotz Kündigungsschutz und der wegen der Tarifgebundenheit im öffentlichen Dienst vergleichsweisen guten Bezahlung zugunsten einer neuen Tätigkeit aufzugeben.

[1147] Zu § 1603 Abs. 2 S. 1 BGH NJW 2014, 3784 Rn. 18, 19 = FamRZ 2014, 1992; OLG Hamm BeckRS 2008, 18011 = FamRZ 2008, 1271 (1272).

[1148] OLG Hamm NJW-RR 1998, 219 = FamRZ 1998, 42 (43) verlangt von einem Hilfsarbeiter keine überregionalen Erwerbsbemühungen; OLG Hamm NJWE-FER 1997, 49 = FamRZ 1997, 356 (357) verweist einen geschiedenen, keine Kinder betreuenden, beruflich hoch qualifizierten Verpflichteten ohne weitere Abwä-

den bei einem **Umzug** anfallenden Kosten und den **wirtschaftlichen Verhältnissen** des Verpflichteten nach der Scheidung ab.[1151]

– Die Ehegatten können nicht einfach ihr **Stundendeputat** reduzieren, wenn dessen Aufrechterhaltung im Einzelfall nicht aus sachlichen Gründen unzumutbar ist. **Überstunden** und **Schichtdienst** (auch → Rn. 472)[1152] müssen sie weiter leisten. **720**

**Beispiele aus der Rspr.:** **721**
Zum Kindesunterhalt s. LG Itzehoe BeckRS 1997, 30828718 = FamRZ 1998, 256 f.: Reduzierung des Stundendeputats wegen gesundheitlicher Beeinträchtigungen.
Das BVerfG FPR 2004, 495 = FamRZ 2004, 1949 hat einen Verstoß gegen Art. 6 Abs. 1 GG angenommen, wenn sich ein Verpflichteter nach Wiederheirat seine ehemals vollschichtige Arbeitsstelle mit seinem neuen Ehegatten teilt. Dies kann iErg aber nur deshalb richtig sein, weil das OLG seine gemeinsame Bewerbung mit seiner jetzigen Ehefrau auf jeweils eine halbe Stelle für unterhaltsrechtlich unbedenklich erklärt hatte.

– Ein arbeitsloser Ehegatte kann nicht deshalb von Erwerbsbemühungen absehen, weil er sich um das **Sorgerecht** für ein Kind und dessen **Betreuung,** die von ihm noch nicht erbracht wird, bemüht (auch → Rn. 761–764). **722**

– Die Übernahme einer **vorübergehenden** Arbeit verstößt so lange nicht gegen die Erwerbsobliegenheiten, als nicht feststeht, dass unschwer eine vollschichtige nachhaltige Erwerbstätigkeit hätte gefunden werden können und das Unterlassen entsprechender Bemühungen dem Bedürftigen vorzuwerfen ist. Doch muss sich der Ehegatte weiter um eine angemessene Tätigkeit bemühen.[1153] Die **Darlegungs-** und **Beweislast** liegt bei dem Ehegatten, um dessen Erwerbsobliegenheit es geht. **723**

**gg) Intensität der Erwerbsbemühungen.** Die Erwerbsbemühungen müssen **ernsthaft** und **nachhaltig** sein:[1154]

– Allein die Meldung bei der **Agentur für Arbeit** genügt nicht.[1155] Daneben sind, weil viele Arbeitsstellen nicht über die Agentur, sondern über die Tageszeitungen und Anzeigenblätter angeboten werden, regelmäßige schriftliche,[1156] telefonische und persönliche Bewerbungen auf **Zeitungsanzeigen**[1157] und ggf. auch **eigene Anzeigen,**[1158] je nach Berufsbild aber auch die Stellensuche in **elektronischen Medien** zumutbar. – Stets genügen lediglich **Blindbewerbungen** den Anforderungen an die Erwerbsobliegenheit nicht.[1159] **724**

– Die **Ernsthaftigkeit** der Erwerbsbemühungen beurteilt sich nach der inneren Einstellung des Betroffenen, einen Arbeitsplatz zu finden. Bewerbungen um höher und geringer **qualifizierte** Stellen, als der eigenen Berufsqualifikation entsprechen,[1160] können ebenso wie mangelhafte inhaltliche **Qualität**[1161] oder nichtssagende Gleichgültigkeit in der textlichen und formalen Gestaltung[1162] auf man- **725**

---

gung auf eine Stellensuche im ganzen Bundesgebiet; s. dazu auch OLG Hamm NJW-RR 1998, 1084 = FamRZ 1999, 165 (166).

1149 OLG Bamberg BeckRS 1997, 11482 = FamRZ 1998, 289 (290).

1150 Zum Kindesunterhalt BVerfG NJW-RR 2007, 649 = FamRZ 2007, 273 ff.; NJW 2006, 2317 Rn. 14 = FamRZ 2006, 469 (470); s. auch OLG Naumburg NJW-RR 2009, 873 = FamRZ 2009, 889 Ls. (bundesweite Erwerbsobliegenheit trotz zweier minderjähriger Kinder); OLG Hamburg BeckRS 2008, 14044 = FamRZ 2008, 1274 (1275).

1151 Zum Kindesunterhalt bei gesteigerter Erwerbsobliegenheit des Verpflichteten aus § 1603 Abs. 2 s. BGH NJW 1980, 2414 = FamRZ 1980, 1113 (1114). Angesichts der wirtschaftlichen Eigenverantwortung in der nachehelichen Zeit wird mit dem Verpflichteten nicht gleich streng verfahren werden können. S. auch OLG Schleswig BeckRS 2002, 13912 = FamRZ 2003, 603 (605), das allerdings nicht streng zwischen Obliegenheit zur Erwerbstätigkeit und Verstoß gegen § 1579 Nr. 4 (Mutwilligkeit!) unterscheidet.

1152 Dazu OLG Karlsruhe FamRZ 1994, 755 (756).

1153 BT-Drs. 7/650, 128.

1154 BGH NJW 2008, 3635 Rn. 18, 19 = FamRZ 2008, 2104.

1155 BGH NJW 2008, 3635 Rn. 18 = FamRZ 2008, 2104; OLG Köln NJW-RR 2007, 291 = FamRZ 2007, 1475.

1156 Das AG Velbert BeckRS 2009, 6577 = FamRZ 2007, 1907 verlangt – was wegen Übersteigerung der Obliegenheiten abzulehnen ist – auch bei Bewerbungen um einfache Tätigkeiten (Bauhelfer) schriftliche Bewerbungen.

1157 OLG Frankfurt a. M. FamRZ 1987, 161; EzFamR BGB § 1569 Nr. 5; OLG Hamm BeckRS 2009, 29459 = FamRZ 1985, 483 (484); OLG Stuttgart BeckRS 2010, 10264 = FamRZ 1983, 1233 (1235).

1158 Zum Ganzen auch OLG Hamm OLGR 1997, 264.

1159 OLG Hamm BeckRS 2016, 20544 Rn. 14 = FamRZ 2017, 617 (618); OLG Brandenburg BeckRS 2011, 5562 = FamRZ 2011, 1302 Ls.; KG BeckRS 2011, 11587 = FamRZ 2011, 1302 Ls.

1160 OLG Düsseldorf FamRZ 1987, 708 (709).

1161 BGH NJW 2008, 3635 Rn. 19 = FamRZ 2008, 2104; OLG Bamberg BeckRS 2010, 26075 = FamRZ 1988, 1277.

1162 Ebenso OLG Hamm BeckRS 2016, 20544 = FamRZ 2017, 617 (618) (Fehlen „jeglichen individuellen Zuschnitts"); FamRZ 1992, 63.

gelnden Arbeitswillen schließen lassen und gegen die Ernsthaftigkeit sprechen.[1163] Die erforderliche Qualität bestimmt sich nach der **Vorbildung** und den **subjektiven Anforderungen,** die die angestrebte Stelle voraussetzt. – Die Mitteilung **zutreffender Umstände** in Bewerbungsschreiben über subjektive Vorgegebenheiten – insbesondere hinsichtlich des beruflichen Werdegangs –, die bei einem Vorstellungsgespräch ohnehin offenbart werden müssten, sprechen nicht gegen die Ernsthaftigkeit.[1164] Bei notorischen, für die erstrebte Stelle erheblichen **Mängeln** der Bewerbungen[1165] kann die Belegung eines einschlägigen Kurses bei der Volkshochschule und die Inanspruchnahme der „von der Agentur für Arbeit angebotenen Hilfestellungen bei der Abfassung von Bewerbungen"[1166] verlangt werden.

726 **Beispiele:**
Für eine Bewerbung als Verkäuferin werden orthographische Mängel in vertretbarem Umfang unschädlich sein, nicht jedoch für eine Sekretärin. – Krankheiten. – Vorstrafen.

727 – Die **Nachhaltigkeit** der Erwerbsbemühungen ergibt sich aus der **Quantität** der Bewerbungen nach Anzahl und Bewerbungszeitraum einschließlich zeitlicher Lücken.[1167]

728 – **Art** und **Zahl:** Sie indizieren ggf. einen Verstoß gegen die Erwerbsobliegenheit, stehen aber unter dem Vorbehalt einer realen Beschäftigungschance (→ Rn. 700)[1168] – der Bemühungen richten sich sowohl nach **objektiven** (örtlicher wie ggf. überörtlicher Arbeitsmarkt) wie **subjektiven** Umständen.

729 **Beispiele:**
Alter; Gesundheitszustand; Berufsausbildung; frühere Berufstätigkeit und deren Dauer, insbesondere Arbeit im erlernten Beruf; Arbeitswille etc.

730 **Zur „Leitzordner-Rspr." etwa:**
OLG Frankfurt a. M. EzFamR BGB § 1569 Nr. 5: Nicht ausreichend 4 Bewerbungen in knapp 2 Jahren.
OLG Frankfurt a. M. FamRZ 1987, 161: Nicht ausreichend nur 12 Bewerbungen in ca. 3 Monaten.
OLG Brandenburg BeckRS 2006, 10002 = FamRZ 2006, 1701 Ls.: Nicht ausreichend lediglich 4–5 Bewerbungen/Monat, erforderlich 20–30 Bewerbungen/Monat, auch wenn die Agentur für Arbeit lediglich 260 EUR/Jahr an Bewerbungskosten erstattet (§ 1603 Abs. 2 S. 1).
OLG Hamm BeckRS 1997, 100 = FamRZ 1997, 1402 (1403): Nicht ausreichend 1994 2, 1995 14 und 1996 5 Bewerbungen.
OLG Bamberg BeckRS 1997, 11482 = FamRZ 1998, 289 (290): Ausreichend 40 Bewerbungen innerhalb 7 Monaten, 2 Eigenanzeigen in örtlicher Tageszeitung.
OLG Hamm BeckRS 2007, 13629 = FamRZ 2007, 1327 (1328): Ausreichend zwischen 15 und 55 Bewerbungen/Monat; der zeitliche Rahmen wird nicht mitgeteilt.
OLG Stuttgart BeckRS 2007, 65161 = FamRZ 2007, 1908 (zu § 1603 Abs. 2 S. 1): Nicht ausreichend 5 Bewerbungen in 3 Monaten. Zum nachehelichen Unterhalt kann jedenfalls insoweit nichts anderes gelten.
OLG Köln BeckRS 2008, 19585 = FamRZ 2009, 886 (887): 20–30 Bewerbungen/Monat.
OLG Stuttgart BeckRS 2015, 9926 = FamRZ 2015, 935: Nicht ausreichend 26 Bewerbungen in einem Zeitraum von etwa. 2½ Monaten.

731 – Der betroffene Ehegatte muss seine Erwerbsbemühungen im Einzelnen **darlegen und beweisen,**[1169] wozu er zweckmäßigerweise die Ablehnungsschreiben vorlegt oder eine Dokumentation erstellt, aus der die Bewerbungen nach Arbeitgeber (mit Anschrift und Telefon- und Telefaxnummer, Email-Adresse etc), Datum der Bewerbung, Gesprächspartner und Ergebnis der Bewerbung ersichtlich sind (zur **Beweislast** → § 1573 Rn. 73).

732 **c) Beendigung eines Arbeitsverhältnisses. aa) Grundsätze.** Seine grundrechtlich gewährleistete Handlungsfreiheit (Art. 12 Abs. 1 GG, → Rn. 696) ermöglicht einem Ehegatten grundsätzlich auch, ein sicheres Arbeitsverhältnis **aufzugeben** und ein neues einzugehen. Unterhaltsrechtlich richtet sich das Festhalten an seinem Arbeitsverhältnis jedoch nach der Zumutbarkeit unter Berücksichtigung der Interessen des Bedürftigen.[1170]

---

1163 Zum Ganzen auch OLG Karlsruhe BeckRS 2002, 11613 = FamRZ 2002, 1567.
1164 Zum Ganzen auch OLG Bamberg BeckRS 1997, 11482 = FamRZ 1998, 289 (290).
1165 Dazu auch OLG Hamm BeckRS 2016, 20544 = FamRZ 2017, 617 (618).
1166 BeckOGK/*Witt,* 1.2.2019, Rn. 420.
1167 BGH NJW 2008, 3635 Rn. 18, 19 = FamRZ 2008, 2104.
1168 BGH NJW 2011, 3577 Rn. 15 = FamRZ 2011, 1851.
1169 Etwa OLG Naumburg OLGR 1997, 233 = FamRZ 1998, 479 Ls.; OLG Hamm BeckRS 2009, 29459 = FamRZ 1985, 483 (484); BeckRS 2010, 9618 = FamRZ 1983, 927.
1170 KG BeckRS 1997, 12719 = FamRZ 1998, 1112 (1113) (Bedürftiger verfügt über ausreichendes eigenes Einkommen).

IdR darf ein Ehegatte, ohne bereits eine neue Arbeitsstelle mit mindestens etwa gleich hohem Entgelt zu haben, aber nicht selbst kündigen und damit seinen Arbeitsplatz **freiwillig aufgeben.**[1171] Kündigt er dennoch und kommt damit nicht lediglich einer drohenden, offensichtlich begründeten Kündigung seines Arbeitgebers zuvor, liegt darin ein Obliegenheitsverstoß, der zur (fiktiven) Zurechnung der bisherigen Einkünfte führt. Eine sofortige Eigenkündigung kann aber trotz Bewerbungsobliegenheiten (→ Rn. 697) 733

unter Abwägen der Minderung der Chancen für eine Wiederbeschäftigung auf dem Arbeitsmarkt nach einer Kündigung des Arbeitgebers gegen den Wegfall von Erwerbseinkünften und die Sperrfrist beim ALG I

hinzunehmen sein, wenn die Aufrechterhaltung des Arbeitsverhältnisses aus persönlichen Gründen ausnahmsweise unzumutbar geworden ist. In Betracht kommen etwa Mobbing oder arbeitsplatzbedingte gesundheitliche Beeinträchtigungen. Haben sie Krankheitswert und führen zur Erwerbsunfähigkeit, ist ein Ehegatte zunächst auf eine Krankschreibung und den Bezug von Krankengeld zu verweisen.

**Überobligatorisch** ausgeübte Tätigkeiten, ggf. etwa Nebentätigkeiten oder Überstunden, prägen die ehelichen Lebensverhältnisse nicht (→ Rn. 477–482) und können sanktionslos einseitig **aufgegeben** werden. Wird eine Erwerbstätigkeit gegen unterhaltsrechtliche Obliegenheiten aufgegeben, prägt auch dies die ehelichen Lebensverhältnisse nicht; sie werden nach dem bislang erzielten Einkommen bestimmt (→ Rn. 677–683). – Wird eine zumutbare Erwerbstätigkeit eines Ehegatten durch die Trennung **unzumutbar** – etwa eine Nebentätigkeit, weil sich der Verpflichtete nunmehr selbst versorgen muss oder neben der Kinderbetreuung eine Erwerbstätigkeit nicht mehr zumutbar ist[1172] –, beeinflusst dies bereits den Bedarf und nicht erst Bedürftigkeit und Leistungsfähigkeit, um keinen Ehegatten durch Verstoß gegen die Halbteilung zu benachteiligen (allgemein → Rn. 483–486).[1173] 734

Verliert ein Ehegatte seinen Arbeitsplatz und damit auch seine Erwerbseinkünfte unverschuldet durch **Kündigung des Arbeitgebers,** bleibt dies unterhaltsrechtlich grundsätzlich nicht unberücksichtigt, weil dies auch bei intakter Ehe von den Ehegatten hätte gemeinsam getragen werden müssen.[1174] Der Unterhalt ist nach den Lohnersatzleistungen (ALG I, Abfindung) zu bemessen. Zwar braucht der betroffene Ehegatte nicht stets arbeitsrechtliche Maßnahmen zur **Abwehr** der Kündigung ergreifen,[1175] wohl aber Erfolg versprechende wie die Geltendmachung von **Kündigungsschutz** und das Verlangen einer **Abfindung.** Daneben muss er seinen Erwerbsobliegenheiten durch **Bewerbungen** und **Annahme** einer Arbeitsstelle genügen. Auch **Änderungskündigungen** des Arbeitgebers können Anlass zu Bewerbungen um eine andere Arbeitsstelle mit höherer Dotierung sein,[1176] wenn dies nicht aus sozialen Gründen, etwa wegen des fortbestehenden Kündigungsschutzes, unzumutbar ist.[1177] – Zur Obliegenheit, **Arbeitslosengeld** zu beantragen, → Rn. 863. 735

Nicht jedes für den Verlust des Arbeitsplatzes kausale **Fehlverhalten** schneidet einem Ehegatten die Berufung auf den Wegfall seiner Erwerbseinkünfte ab, weil dieser auch bei intakter Ehe hätte gemeinsam getragen werden müssen. Der Arbeitsplatzverlust muss vielmehr **gewollt** gewesen sein, 736

---

[1171] BGH NJW-RR 1987, 706 (708) = FamRZ 1987, 930; NJW 1983, 814 f. = FamRZ 1983, 140; NJW 1981, 2805 = FamRZ 1981, 1042 (1044); NJW 1981, 1609 = FamRZ 1981, 539; s. auch OLG Stuttgart BeckRS 2007, 65161 = FamRZ 2007, 1908 (1909) (bei gesteigerter Unterhaltspflicht nach § 1603 Abs. 2 S. 1 darf „nicht ohne Not eine gut bezahlte Stellung [aufgegeben werden]"); BeckRS 1996, 31209763 = FamRZ 1997, 358 (359) (krankheitsbedingte Aufgabe des Arbeitsplatzes nicht nachvollziehbar); OLG Koblenz BeckRS 2009, 28452 = FamRZ 1986, 999 (1000) zum Verpflichteten; OLG Karlsruhe BeckRS 2006, 439 = FamRZ 2006, 953 (954). OLG Hamm NJWE-FER 1997, 26 = FamRZ 1997, 1016 Ls. sieht in der Kündigung durch einen arbeitsunfähig krankgeschriebenen Verpflichteten kein leichtfertiges Verhalten. – Das OLG München NJW-RR 1997, 69 = FamRZ 1996, 1078 (1079) verlangt einen „triftigen Grund" für die Eigenkündigung. Nach OLG Oldenburg BeckRS 2006, 5422 = FamRZ 2006, 1223 (1224) ist nach Wiederheirat eine Kündigung hinzunehmen, wenn am neuen Wohnort fast nahtlos eine neue Arbeitsstelle zu fast gleichen Bedingungen und insbesondere zum selben Stundenlohn angenommen wird. – S. auch OLG Dresden BeckRS 1998, 3386 = FamRZ 1998, 979 zum Rückumzug in die neuen Länder.

[1172] Dazu AG Ludwigslust NJOZ 2006, 1837 (1840) = FamRZ 2006, 125 Ls. 1.

[1173] OLG Düsseldorf FamRZ 1985, 1039.

[1174] BGHZ 192, 45 = NJW 2012, 384 Rn. 24 = FamRZ 2012, 281; BGHZ 166, 151 = NJW 2006, 1654 Rn. 26, 27 = FamRZ 2006, 683 (685); BGHZ 153, 358 = NJW 2003, 1518 (1519) = FamRZ 2003, 590 mwN.

[1175] Zu von vornherein offensichtlich aussichtslosen Maßnahmen s. OLG Hamburg BeckRS 2011, 5797 = FamRZ 1998, 619; OLG Hamm NJW-RR 1996, 963 = FamRZ 1996, 1017 (1018).

[1176] OLG Hamm NJWE-FER 1997, 49 (50) = FamRZ 1997, 356.

[1177] Ebenso BeckOGK/*Witt*, 1.2.2019, Rn. 410.

oder es muss sich um ein **schwerwiegendes Verschulden** gehandelt haben,[1178] bei dem sich die Vorstellungen und Antriebe des Ehegatten auch auf die Entstehung oder Beendigung des Unterhaltsanspruchs und die Höhe des Unterhalts bezogen haben (dann liegen wegen Mutwilligkeit auch die Voraussetzungen aus § 1579 Nr. 4 vor, → § 1579 Rn. 91, 92).

737 Nicht erforderlich ist, dass sich die Motivation des Ehegatten (auch) auf die damit verbundene Erhöhung seiner Bedürftigkeit oder Minderung seiner Leistungsfähigkeit erstreckt, er sie gleichsam „bewusst in Kauf genommen hat".[1179] Denn in der Sache würde damit ein für eine Obliegenheitsverletzung nicht erforderliches unterhaltsbezogenes, dh mutwilliges, mindestens leichtfertiges Verhalten iSd § 1579 Nr. 4, was nach Treu und Glauben auch für den Verpflichteten gilt,[1180] verlangt (→ Rn. 669). Nicht erforderlich ist deshalb auch, dass der Ehegatte den möglichen Eintritt der Leistungsunfähigkeit als Folge seines Verhaltens erkennt sowie in dessen Bewusstsein, wenn auch im Vertrauen auf ihren Nichteintritt, handelt, und sich dabei unter grober Missachtung dessen, was jedem einleuchten muss, oder in Verantwortungslosigkeit und Rücksichtslosigkeit gegen den Bedürftigen über die erkannte Möglichkeit nachteiliger Folgen für seine Leistungsfähigkeit hinwegsetzt.[1181]

738 **Nicht vorwerfbar** ist der Verlust des Arbeitsplatzes
- eines LKW-Fahrers wegen Führerscheinverlustes in Folge einer Trunkenheitsfahrt.[1182]
- infolge eines zu Lasten des Arbeitgebers begangenen Diebstahls.[1183]
- weil der Ehegatte sich eine tatsächlich nicht vorhandene Erkrankung hat bescheinigen lassen.[1184]
- weil der Berechtigte den Pflichtigen wegen Unterhaltspflichtverletzung angezeigt hat, selbst wenn die Anzeige berechtigt ist.[1185]

739 Auch bei verschuldetem Arbeitsplatzverlust muss dem Ehegatten die erstmalige Geltendmachung oder die **Anpassung** des Unterhalts an seine tatsächlichen (verringerten oder ganz entfallenen) Einkünfte ermöglicht werden. Zur Berücksichtigung verminderter Einkünfte aus einem neuen Arbeitsverhältnis (wäre ein Arbeitsplatzwechsel mit verringerten Einkünften unterhaltsrechtlich nicht ohnehin hinzunehmen gewesen) oder der erfolglosen Arbeitsplatzsuche muss er jedoch konkret nachweisen, dass er auch aus anderen, unterhaltsrechtlich nicht vorwerfbaren, etwa betriebsbedingten oder gesundheitlichen[1186] Gründen seinen ehemaligen Arbeitsplatz zwischenzeitlich verloren hätte. Allein der Ablauf einer gewissen Übergangszeit und der Nachweis erfolgter zumutbarer Erwerbsbemühungen reichen hierzu nicht aus.[1187]

740 Wegen der Handlungsfreiheit des Verpflichteten ist ihm nicht jeder Arbeitsplatzwechsel mit **verringerten Einkünften** verwehrt. Was als zumutbar hinzunehmen ist, richtet sich nach den Einkommens- und Vermögensverhältnissen beider Ehegatten.

---

[1178] Zu § 1603 s. BGH NJW 1994, 258 = FamRZ 1994, 240 (241) (Alkoholmissbrauch); NJW 1993, 1974 = FamRZ 1993, 1055 (1056 f.) (Diebstahl beim Arbeitgeber); OLG Hamburg NJOZ 2015, 1794 = FamRZ 2015, 2067 (2068); auf die Mutwilligkeit nach § 1579 Nr. 4 stellen OLG Hamm NJWE-FER 1998, 55 = FamRZ 1998, 979; OLG Köln FamRZ 1985, 930 ab.

[1179] BGH NJW 1982, 2491 = FamRZ 1982, 913; NJW 1982, 1812 = FamRZ 1982, 792 (794); auch OLG Hamm FamRZ 1998, 979 mit abl. Anm. *Struck* FamRZ 1998, 1610 f. (Kündigung, weil sich Verpflichteter tatsächlich nicht vorhandene Arbeitsunfähigkeit bescheinigen ließ); OLG Karlsruhe NJW-RR 1997, 1165 = FamRZ 1998, 45 (46 f.). S. auch OLG Koblenz NJW 1997, 1588 (1589) = FamRZ 1998, 44 f. (sexueller Missbrauch einer Tochter hindert die Berufung auf Leistungsunfähigkeit nicht); OLG Frankfurt a. M. BeckRS 1992, 1793 = FamRZ 1993, 203 (204) (Vorinstanz zu BGH NJW 1994, 258 = FamRZ 1994, 240 (241)). Ähnlich OLG Köln FamRZ 1980, 1007 für einen Verlust des Arbeitsplatzes als Handelsvertreter wegen der Anzeige einer Unterhaltspflichtverletzung durch den Bedürftigen (auch Problematik des § 1579 Nr. 5, → § 1579 Rn. 94–113).

[1180] Dazu BGH NJW 2002, 1799 = FamRZ 2002, 813 (814); NJW 1985, 730 = FamRZ 1985, 158 f.; OLG Bamberg BeckRS 1996, 10980 = FamRZ 1997, 1486 (Fahnenflucht); OLG Frankfurt a. M. FamRZ 1995, 98 (Gewerbeuntersagung); OLG München OLGR 1994, 163 (Kündigung eines Verpflichteten aus den neuen Ländern wegen mangelnder Arbeitsleistung); OLG Düsseldorf OLGR 1993, 260 (Entlassung als Beamter wegen Straftat und aktuellen Erwerbseinkünften in nahezu derselben Höhe).

[1181] Zu § 1603 s. BGH NJW 2002, 1799 = FamRZ 2002, 813 (814); s. auch OLG Schleswig NJW-RR 2007, 152; OLG Hamm NJOZ 2005, 2076 f. = FamRZ 2005, 1839 Ls.

[1182] BGH NJW 1994, 258 = FamRZ 1994, 240; OLG Köln BeckRS 1984, 31147165 = FamRZ 1985, 930.

[1183] BGH NJW 2000, 2351 = FamRZ 2000, 815 (816).

[1184] OLG Hamm NJWE-FER 1998, 55 = FamRZ 1998, 979.

[1185] OLG Köln FamRZ 1980, 1007.

[1186] OLG Hamm FamRZ 1990, 772 (773 f.); ähnlich OLG Celle BeckRS 2010, 10898 = FamRZ 1983, 717 (718).

[1187] BGH NJW 2008, 1525 Rn. 19, 22 = FamRZ 2008, 872; aA OLG Hamm BeckRS 1998, 13047 = FamRZ 1999, 1013 Ls.; OLG Hamburg DAVorm 1988, 720 (721); OLG Schleswig FamRZ 1985, 69; OLG Karlsruhe BeckRS 2010, 5753 = FamRZ 1983, 931 (932).

Der Ehegatte, der seinen Arbeitsplatz aufgibt, um **Pflegeleistungen** gegenüber den eigenen Eltern zu erbringen, verstößt gegen seine Erwerbsobliegenheiten,[1188] weil diese gegenüber dem geschiedenen Ehegatten unterhaltsrechtlich nachrangig sind (§ 1609 Nr. 6). Ebenso der **ausländische** Arbeitnehmer, der, ohne für den Unterhalt Vorsorge zu treffen, nach der Scheidung in sein Heimatland zurückkehrt, auch wenn er sich dort eine Existenz aufbauen will,[1189] wenn nicht weitere unterhaltsrechtlich beachtliche Umstände dies rechtfertigen. 741

Die **Darlegungs- und Beweislast** trägt der Ehegatte, der sich auf eine gegen eine Obliegenheit verstoßende Arbeitsplatzaufgabe beruft. Den seinen Arbeitsplatz aufgebenden Ehegatten trifft jedoch die **sekundäre Darlegungslast** hinsichtlich der Gründe, die zum Verlust des Arbeitsplatzes geführt haben; diese hat er substantiiert darzulegen. Den beweisbelasteten Ehegatten trifft dann ggf. die Beweislast, dass die dargelegten Gründe nicht zutreffen.[1190] 742

**bb) Ausbildung und Fortbildung. (1) Grundsätze.** Ein **Unterhaltsschuldner** darf seinen Beruf, der der Familie eine auskömmliche Lebensgrundlage bietet, ohne vorsorgende Kapitalrückstellungen grundsätzlich nicht für eine – ggf. weitere – Ausbildung oder Fortbildung aufgeben und den Bedürftigen auf die Hilfe Dritter oder Sozialhilfe verweisen. Sein Recht auf freie Entfaltung der Persönlichkeit und auf freie Berufswahl tritt aus Gründen der Zumutbarkeit grundsätzlich hinter die Verantwortung für die Familie zurück. 743

Einem **Bedürftigen,** der mangels entsprechender Ausbildung eine eheangemessene Erwerbstätigkeit nicht aufnehmen kann, obliegt es, sich für eine solche ausbilden, fortbilden oder umschulen zu lassen, wenn ein erfolgreicher Abschluss zu erwarten ist (§ 1574 Abs. 3; → § 1574 Rn. 56–86); ihm steht für die Zeit der Ausbildung etc ein Unterhaltsanspruch zu (§ 1573 Abs. 1).[1191] Zu den **Ausbildungskosten** → Rn. 238, 239. 744

Ist das **Scheitern** einer Ausbildung/Fortbildung allein oder ganz überwiegend auf den Betroffenen zurückzuführen, sind ihm fiktive Einkünfte aus einer der angestrebten Qualifizierung entsprechenden Erwerbstätigkeit zuzurechnen, es sei denn, der Abbruch der Weiterbildung beruht auf seinem mangelnden Leistungsvermögen oder auf seit ihrem Beginn deutlich verschlechterten Arbeitsmarktchancen. 745

**(2) Erstausbildung.** Gleichwohl kann dem Unterhaltschuldner eine Erstausbildung nicht grundsätzlich verwehrt, sondern nach den Umständen des Einzelfalles gestattet werden. Dies setzt zunächst voraus, dass Chancen auf seine berufliche Weiterentwicklung, die sich langfristig auf die Leistungsfähigkeit auswirken können, bestehen, die aber etwa bei fortgeschrittenem Alter[1192] verneint werden können. Zudem ist von Belang, warum der Unterhaltsschuldner gerade zum gegebenen Zeitpunkt seine Erstausbildung begonnen hat.[1193] 746

**(3) Zweitausbildung.** Eine Zweitausbildung, die der Verpflichtete ohne Rücksicht auf die Bedürftigkeit des Berechtigten und **ohne dessen Einverständnis** aufgenommen hat, hat er selbst dann aufzugeben, wenn sie weiter fortgeschritten ist,[1194] zumal dann, wenn sie – was unterhaltsrechtlich unbeachtlich ist – allein der beruflichen Neuorientierung dient.[1195] Auf seine Leistungsunfähigkeit kann er sich nur dann berufen, wenn 747

- er die weitere Ausbildung schon vor der Trennung,[1196] als der Lebensunterhalt der Familie durch seine Erwerbseinkünfte gesichert war, im **Einverständnis** mit dem Ehegatten begonnen hat, um die Lebensverhältnisse der Familie durch eine Ausbildung in einem besser bezahlten Beruf und die dadurch bedingten Aufstiegschancen zu verbessern, und diese Ausbildung in absehbarer Zeit beendet ist, sodass ein Abbruch unwirtschaftlich und unvernünftig wäre.[1197] 748

---

1188 AG Weilburg FamRZ 1991, 451 (452).

1189 AA OLG München OLGR 1993, 213 f.; ebenso BeckOGK/*Witt*, 1.2.2019, Rn. 434.

1190 OLG Hamburg NJOZ 2015, 1794 = FamRZ 2015, 2067 (2068); OLG Düsseldorf NJW-RR 1994, 1097 (1098) = FamRZ 1994, 926.

1191 BGHZ 109, 211 = NJW-RR 1990, 323 = FamRZ 1990, 283 (286) (zu § 1361 Abs. 2); NJW 1984, 1685 = FamRZ 1984, 561 (562); s. auch OLG Celle NJW-RR 1992, 1349 = FamRZ 1992, 569 (570); OLG Hamburg NJW-RR 1986, 556 = FamRZ 1985, 1260 (1261). Offengelassen – die Tatbestandsvoraussetzungen sowohl aus § 1573 Abs. 1 als auch aus § 1575 waren gegeben – noch von BGH NJW 1980, 393 = FamRZ 1980, 126.

1192 BGHZ 189, 284 = NJW 2011, 1874 Rn. 36, 37 = FamRZ 2011, 1041; NJW-RR 1987, 706 (708) = FamRZ 1987, 930; BeckOGK/*Witt*, 1.2.2019, Rn. 145.

1193 BGHZ 189, 284 = NJW 2011, 1874 Rn. 37 = FamRZ 2011, 1041; NJW-RR 1987, 706 = FamRZ 1987, 930 (933), jeweils zum Kindesunterhalt bei gesteigerter Erwerbsobliegenheit (§ 1603 Abs. 2 S. 1).

1194 BGH NJW 1983, 814 = FamRZ 1983, 140 f.; NJW 1980, 2414 = FamRZ 1980, 1113 f.

1195 BeckOGK/*Witt*, 1.2.2019, Rn. 146.

1196 Zu dieser Einschränkung s. OLG Hamm BeckRS 2008, 942 = FamRZ 1996, 863 (864).

1197 BGH NJW 1983, 814 (815) = FamRZ 1983, 140.

749 – er unverschuldet **arbeitslos** wurde und ohne Chance auf eine neue Anstellung eine weitere, gleichwertige Ausbildung durchläuft, die eine begründete Aussicht auf eine spätere Anstellung und damit Sicherstellung des Ehegattenunterhalts bietet.[1198]

750 – die Bedürftigkeit des Berechtigten zwar bereits eingetreten war, die Zweitausbildung jedoch zur **Sicherung des Arbeitsplatzes** erforderlich ist oder sie dem Verpflichteten **erhebliche berufliche Vorteile** vermittelt.[1199]

751 Ist dem Verpflichteten danach die Zweitausbildung unterhaltsrechtlich zugestanden, hat dies Auswirkungen auf den **Bedarf** nach den ehelichen Lebensverhältnissen und die **Leistungsfähigkeit:** Beide werden sowohl durch die aktuelle als auch die künftige finanzielle Lage des Verpflichteten nach Beendigung der Zweitausbildung mitbestimmt. – Zur **Anpassung** der Unterhaltsverpflichtung gelten die Ausführungen → Rn. 74, 75 entsprechend.

752 **(4) Weiterbildung.** Für die Weiterbildung im bisher **ausgeübten Beruf** – etwa Aufbaustudium vom Bachelor zum Master – gelten die Ausführungen zur Zweitausbildung grundsätzlich entsprechend. Doch ist zu verlangen, dass sie grundsätzlich berufsbegleitend und damit möglichst unterhaltsschonend absolviert wird.

753 **cc) Selbstständigkeit. (1) Aufnahme.** Die Aufgabe einer abhängigen Tätigkeit mit angemessenem Einkommen, um sich selbstständig zu machen, ist vom anderen Ehegatten grundsätzlich nicht hinzunehmen. Deshalb ist für seine maßgeblichen Einkünfte ein **strenger Maßstab** anzulegen.[1200] Es muss ihm **zumutbar** sein, sich nicht oder nicht zum gegebenen Zeitpunkt selbstständig zu machen. Dies kann entscheidend von den Verhältnissen an seiner abhängigen Arbeitsstelle

etwa der wirtschaftlichen Lage des Arbeitgebers, der dortigen Personalsituation (evt. bevorstehender Personalabbau), Karrierechancen, Betriebsklima

wie auch von aktuellen Markt- und Entwicklungschancen[1201] und dem Berufsbild des ausgeübten Berufs abhängen.

754 **Beispiele aus der Rspr.:**
BGH NJW 1988, 514 = FamRZ 1988, 145 (147): Für einen Oberarzt in einer Klinik, der keine konkreten Aussichten auf eine Chefarztstelle hat, kann die Niederlassung in eigener Praxis berufstypisch sein.
OLG Köln BeckRS 2010, 25819 = FamRZ 2005, 215 Ls.: Die selbstständige Tätigkeit – Wechsel vom angestellten Krankenhausarzt zur selbstständigen Berufsausübung – wurde nicht vorgeplant, insbesondere keine Marktanalyse und keine Kalkulation erstellt.
OLG Hamm NJW-RR 1990, 964 = FamRZ 1990, 50 (51): Selbstständigkeit eines Hilfsarbeiters nach dem Grundwehrdienst.

755 Hat sich ein **arbeitsloser** Ehegatte über einen längeren Zeitraum zwar ernsthaft und ausreichend (→ Rn. 716–723, 725–731), aber erfolglos um eine neue, seiner beruflichen Qualifikation entsprechende abhängige Arbeitsstelle bemüht, kann er sich selbstständig machen, sodass der andere Ehegatte die unterhaltsrechtlichen Auswirkungen hinzunehmen hat.[1202] Indiz für die auch unterhaltsrechtliche Berechtigung der Aufnahme einer selbstständigen Tätigkeit kann die Unterstützung durch die Agentur für Arbeit sein (Einstiegsgeld, § 16b SGB II; Leistungen zur Eingliederung von Selbstständigen, § 16c SGB II).

756 Angesichts der geschäftlichen Risiken besteht aber – zumal unter Aufgabe einer angemessenen abhängigen Tätigkeit – keine **Obliegenheit** zur Aufnahme einer selbstständigen Tätigkeit, auch wenn Ausbildung und Fähigkeiten eines Ehegatten eine solche zulassen würden.[1203]

757 Da die Einkünfte aus der selbstständigen Tätigkeit nach Aufgabe einer abhängigen Arbeit aufgrund vorhersehbarer rückläufiger Entwicklung des Arbeitseinkommens idR zu einer Einschränkung der Leistungsfähigkeit und damit zu einer Verschlechterung des Lebensstandards führen, ist dem Verpflichteten zuzumuten, durch **Vorsorgemaßnahmen,** insbesondere Bildung von **Rückla-**

---

1198 OLG Hamm BeckRS 1997, 3417 = FamRZ 1997, 1168; OLG Schleswig NJW-RR 1994, 1095; OLG Karlsruhe NJW-RR 1989, 1230 f. = FamRZ 1989, 627.

1199 BeckOGK/*Witt,* 1.2.2019, Rn. 146 mwN.

1200 BGH NJW-RR 1987, 770 = FamRZ 1987, 372 (374); NJW-RR 1987, 706 (708) = FamRZ 1987, 930; NJW 1983, 814 = FamRZ 1983, 140.

1201 BeckOGK/*Witt,* 1.2.2019, Rn. 438: „schlüssiges Konzept".

1202 BeckOGK/*Witt,* 1.2.2019, Rn. 437.

1203 AA BeckOGK/*Hamberger,* 1.2.2019, § 1574 Rn. 19 (doch trägt dies die in Bezug genommene Entscheidung des BGH NJW-RR 1988, 1282 (1283) = FamRZ 1988, 1145 nicht, weil dort nicht die Obliegenheit zur Selbstständigkeit, sondern umgekehrt die Verletzung der Erwerbsobliegenheit bei Selbstständigkeit in Frage stand), doch auch BGH NJW 1987, 2233 (2235) = FamRZ 1987, 795 scheint dies nicht auszuschließen.

**gen**[1204] oder **Kreditaufnahme,** über seine beruflich benötigten Darlehen hinaus den Unterhalt sicherzustellen. Letztlich kommt den Belangen des Bedürftigen auf Sicherung seines Lebensunterhalts eine ganz maßgebliche Bedeutung zu. Von ihm kann erwartet werden, sich für eine Übergangszeit von etwa 3 Jahren zu bescheiden und mit einer geringeren Bedarfsdeckung zufrieden zu geben. Ob ihm noch weitere Einschränkungen zuzumuten sind, ist aufgrund einer Abwägung aller erheblichen Umstände des Einzelfalles zu beurteilen.

**(2) Aufgabe.** Zeichnet sich ab, dass sich mit der selbstständigen Tätigkeit auf absehbare Zeit keine Einkünfte erzielen lassen, mit denen der eheangemessene Bedarf des Berechtigten gedeckt werden kann, ist dem Verpflichteten zumutbar, seine **selbstständige Tätigkeit** zugunsten einer abhängigen Tätigkeit wieder aufzugeben.[1205] Doch muss ihm eine ausreichende **Übergangsfrist** von idR nicht unter 3 Jahren zur Beobachtung der Einkommensentwicklung gelassen werden. **758**

**Beispiele aus der Rspr.:** **759**
OLG Düsseldorf FamRZ 1997, 1078: Überlegungsfrist von 2 Jahren.[1206]
OLG Köln NJW-RR 1995, 1157 (1158): Anlaufphase von 3 Jahren.
OLG München BeckRS 1997, 31128624: Anlaufphase von 2 Jahren.
OLG Hamm NJWE-FER 1997, 219: Eine 4-jährige defizitäre Anlaufzeit kann nicht mehr verlängert werden.
OLG Koblenz BeckRS 1998, 13627 = FamRZ 2000, 288 f.: Die Selbstständigkeit ist jedenfalls nach 4 Jahren nachhaltiger Verluste aufzugeben.

Andererseits kann die **Geschäftsaufgabe** etwa dann eine Obliegenheitsverletzung darstellen, wenn dessen Ertragslage aus betriebswirtschaftlicher Sicht unter Berücksichtigung des künftigen Entwicklungspotentials eine Geschäftsfortführung nahelegt. Dies setzt jedoch weiter voraus, dass der selbstständige Ehegatte nicht eine abhängige Tätigkeit mit mindestens denselben Einkommensmöglichkeiten antreten kann. – Nicht vorwerfbar ist aber die Geschäftsaufgabe mit nachfolgender Arbeitslosigkeit, die wegen **Gewerbeuntersagung** infolge Nichtabführens von Steuern und Sozialversicherungsbeiträgen eintritt,[1207] wenn diese nicht bewusst herbeigeführt wurde. **760**

**dd) Elterliche Sorge.** Ein Ehegatte darf sein Arbeitsverhältnis nicht schon deshalb aufgeben, weil er sich um die Übertragung der elterlichen Sorge für ehegemeinsame Kinder **bemüht** (auch → Rn. 722). Auch während eines **laufenden Sorgerechtsverfahrens** bedarf es keiner Kündigung, um die Ernsthaftigkeit des Sorgerechtsbegehrens darzulegen. Ausreichend sind Absprachen mit dem Arbeitgeber zur Gestaltung oder Auflösung des Arbeitsverhältnisses für den Fall der Sorgerechtsübertragung.[1208] **761**

Wurde dem Ehegatten das Sorgerecht **übertragen,** rechtfertigt der Vorrang der Kindesinteressen nach einer Abwägung aller Umstände des Einzelfalles idR die Umgestaltung des Arbeitsverhältnisses[1209] bereits dann, wenn die Sorgerechtsübertragung nur vorläufig durch einstweilige Anordnung erfolgte, auch auf die Gefahr hin, dass bei einer anderslautenden Entscheidung in der Hauptsache der ehemalige Arbeitsplatz nicht mehr eingenommen werden kann. – Eine geschiedene Ehefrau begeht durch die Betreuung eines **nichtehelichen** Kindes im Umfang des Zumutbaren keine Obliegenheitsverletzung (Art. 6 Abs. 2 GG, §§ 1570, 1615l Abs. 2 S. 2–5).[1210] Ihre Bedürftigkeit wird auch durch ihren Unterhaltsanspruch gegen den nichtehelichen Vater bestimmt (→ § 1615l Rn. 58–63). **762**

Eine Erwerbstätigkeit obliegt dem Ehegatten, der ein gemeinsames Kind **gegen** eine ausdrückliche Sorgerechtsentscheidung betreut.[1211] Ein Anspruch auf Betreuungsunterhalt besteht bereits dem Grunde nach nicht, weil diese Betreuung von § 1570 nicht gedeckt wird (→ § 1570 Rn. 21). Je **763**

---

1204 Missverständlich OLG Celle FamRZ 2007, 1121: Nicht die fehlende Rücklagenbildung kann einem Arbeitslosen, der „ALHi“ bezieht, vorgeworfen werden, sondern ungenügende Erwerbsbemühungen, die zur Zurechnung fiktiver Einkünfte geführt hätten, die ihrerseits eine Rücklagenbildung ermöglicht hätten.

1205 Etwa OLG Naumburg NJW-RR 2008, 138 = FamRZ 2008, 2230 Ls.; OLG Schleswig NJWE-FER 1998, 187 = FamRZ 1998, 1180; OLG München NJW 1993, 2186 = FamRZ 1993, 62 (64); OLG Koblenz BeckRS 1984, 31113182 = FamRZ 1985, 812 (813). – Zu den Obliegenheiten des Schuldners von **Kindesunterhalt** (§ 1603) s. OLG Hamm NJW 2018, 2575 mBspr *Schuldei* NZFam 2018, 573 = FamRZ 2018, 1311; OLG Dresden NZFam 2016, 119 mAnm *Erbarth* = FamRZ 2016, 1172 (1173) (Rechtsanwältin); → 7. Aufl. 2017, § 1603 Rn. 60–111; BeckOGK/*Haidl*, 1.2.2019, § 1603 Rn. 75–94.

1206 OLG Düsseldorf BeckRS 2009, 12990 = FamRZ 1981, 480 (481) nennt keine Frist.

1207 OLG Frankfurt a. M. FamRZ 1995, 98.

1208 Ebenso BeckOGK/*Hamberger,* 1.2.2019, § 1574 Rn. 67.

1209 BVerfG NJW 1996, 915 = FamRZ 1996, 343 (344).

1210 OLG Hamburg FamRZ 1999, 857 (858).

1211 Das OLG Frankfurt a. M. FamRZ 1995, 234 fasst diesen Sachverhalt unter § 1579 „Nr. 6 und 7“.

nach der Höhe der zugerechneten Einkünfte kann ein Anspruch auf Aufstockungsunterhalt (§ 1573 Abs. 2) bestehen.

764 Für den bislang **nicht erwerbstätigen** und **nicht betreuenden** Bedürftigen besteht allerdings bis zu einer wirksamen familiengerichtlichen Entscheidung[1212] oder Einigung der Ehegatten über das Sorgerecht und ihre Ausübung noch keine Erwerbsobliegenheit.[1213]

765 **ee) Haushaltsführung. (1) Praktische Bedeutung.** Auf eine Bewertung der Haushaltsführung kommt es meist nicht an, demgemäß ist die Bedeutung dieser Fallgestaltung in der Praxis ausgesprochen gering.[1214] Denn könnte der Ehegatte, wie regelmäßig, mit einer Erwerbstätigkeit mehr verdienen, gebietet es seine **Obliegenheit,** dieses Einkommen auch zu erzielen, ansonsten er in entsprechender Höhe fingiert wird (auch → Rn. 665, 734). Nur dann, wenn die Hausarbeit höher zu bewerten ist als die erzielbaren Fremdeinkünfte, ist der Wert ersterer heranzuziehen.

766 **(2) Grundsätze.** Zwar kann der **Verpflichtete** mit seinem neuen Ehegatten/Partner die Aufteilung von Erwerbstätigkeit und Haushaltsführung (auch → Rn. 686–697) vereinbaren (§ 1356 Abs. 1), doch gilt diese Abrede nur im Verhältnis zu seiner neuen Familie und nicht auch zum geschiedenen Ehegatten und darf nicht in unzumutbarer Weise zu dessen Lasten gehen.[1215] Deshalb entfällt die Obliegenheit zu einer zumutbaren Erwerbstätigkeit regelmäßig nicht allein mit der Übernahme der Haushaltsführung in der neuen Ehe.[1216] Insbesondere wenn der Verpflichtete durch seine Erwerbstätigkeit für den Familienunterhalt gesorgt hat, hat er in besonderem Maße auf die Belange der von ihm abhängigen Bedürftigen Rücksicht zu nehmen.[1217]

767 Dass der Ehegattenunterhalt zur Förderung des Kindeswohls durch Sicherung der materiellen Bedürfnisse zur Vermeidung von Kinderarmut und als Ausdruck der gesteigerten Unterhaltsobliegenheit gegenüber den im Rang hinter den Unterhaltsanspruch minderjähriger und privilegierter volljähriger Kinder zurücktritt (§§ 1582, 1609 Nr. 1),[1218] betrifft den ehebedingten **Bedarf** nicht unmittelbar (zur bedarfsprägenden Berücksichtigung des **Kindesunterhalts** → Rn. 918–931). Für ihn bleibt es bei den bei der Scheidung bestehenden Lebensverhältnissen einschließlich der beachtlichen Fortschreibungen ihrer Wandelbarkeit, wozu die Eingehung einer neuen Verbindung und insbesondere die Gestaltung ihrer Lebensverhältnisse durch die Partner nicht gehören (→ Rn. 127–137). Angesprochen sind deshalb die **Bedürftigkeit** und die **Leistungsfähigkeit.**

768 **(3) Einzelheiten.** Im Einzelfall ist die Bedürftigkeit/Leistungsfähigkeit nach **Zumutbarkeitsgesichtspunkten** unter Beachtung der gesetzlichen Wertung in §§ 1582, 1609 Nr. 1 zu beurteilen:[1219]

769 – Erzielt der neue Ehegatte **keine höheren** Erwerbseinkünfte als der Verpflichtete sie erzielen könnte, ist die gewählte Aufgabenverteilung idR nicht hinzunehmen, weil sie weder zu einer finanziellen Besserstellung der Ehegatten führt noch sonstige erkennbare Vorteile mit sich bringt.[1220] Auch wenn er keine **wesentlich** höheren Einkünfte erzielt, ist dem Verpflichteten die Fortsetzung seiner Erwerbstätigkeit idR weiter zumutbar,[1221] wenn nicht **ideelle Gründe,** die einen erkennbaren Vorteil für die neue Familie bringen, den Rollentausch rechtfertigen.[1222]

770 – Selbst wenn **höhere** Erwerbseinkünfte des neuen Ehegatten wegen ihres wesentlichen Vorteils für die neue Familie, der den Verzicht auf den Rollentausch unzumutbar macht, die Übernahme der Haushaltsführung durch den Verpflichteten nach einem strengen, auf Ausnahmefälle beschränkten Maßstab rechtfertigen, ist er gehalten, die Haushaltsführung auf das unbedingt

---

1212 OLG Oldenburg BeckRS 2010, 26031 = FamRZ 1988, 724.

1213 Wohl ebenso BeckOGK/*Hamberger,* 1.2.2019, § 1574 Rn. 67.

1214 Zutr. BeckOGK/*Witt,* 1.2.2019, Rn. 377; *Borth* in Schwab ScheidungsR-HdB IV Rn. 1130.

1215 BVerfGE 68, 256 = NJW 1985, 1211 = FamRZ 1985, 143 (145).

1216 Anders aber dann, wenn der in der neuen Ehe den Haushalt führende geschiedene Ehegatte auch wegen der Betreuung der gemeinsamen Kinder nicht erwerbsoblegen ist, so der Fall des OLG Koblenz BeckRS 1988, 3665 = FamRZ 1989, 286 (288).

1217 BVerfG NJW 1996, 915 = FamRZ 1996, 343 (344).

1218 BT-Drs. 16/1830, 23.

1219 OLG Hamm FamRZ 1994, 1461 (1462); OLG Oldenburg NJW-RR 2005, 516 = FamRZ 2005, 1179 (1180).

1220 Zu den Obliegenheiten des geschiedenen Verpflichteten und seines neuen Ehegatten s. *Maurer* FamRZ 2011, 849 (853 f.).

1221 OLG München BeckRS 1998, 31154099 = FamRZ 1999, 1076 (1077).

1222 BGH NJW 1996, 1815 = FamRZ 1996, 796 (797); NJW-RR 1987, 514 = FamRZ 1987, 252 (255). S. auch OLG Oldenburg NJW-RR 2005, 516 = FamRZ 2005, 1179 (1181): Der Verpflichtete ist örtlich gebunden, weil er mit Lebensgefährtin und Kind auf einem von dieser ererbten Hausgrundstück kostengünstig lebt, von dort nur mit einem PKW zu seiner aufgegebenen Arbeitsstelle käme, jedoch keine Fahrerlaubnis hat, und für Mütter größere Schwierigkeiten bei der Rückkehr in den früheren Beruf bestehen.

erforderliche Maß zu beschränken, die Beeinträchtigung möglichst gering zu halten und wenigstens eine **Nebentätigkeit** – etwa in den Abendstunden oder an den Wochenenden[1223] – aufzunehmen, die ihm die ggf. teilweise Erfüllung seiner Barunterhaltspflicht erlaubt, soweit er dadurch nicht im Verhältnis zu anderen, gleichrangigen Verpflichteten unverhältnismäßig belastet wird. Führen die Einkünfte aus einer Nebentätigkeit zu einer Einschränkung seiner Leistungsfähigkeit und damit zu einer Verschlechterung des Lebensstandards der alten Familie, können den Verpflichteten zumutbare **Vorsorgemaßnahmen** zur Sicherstellung des Unterhalts der Bedürftigen treffen.[1224]

- Ist der Verpflichtete wegen Verletzung seiner Erwerbsobliegenheit auf eine **Vollerwerbstätigkeit** 771
  zu verweisen, gilt er in Höhe der aus dieser erzielbaren Einkünfte als leistungsfähig,[1225] allerdings mit der Maßgabe und unter Berücksichtigung, dass er für diesen Fall möglicherweise auch den Bedürftigen der neuen Familie gleichrangig barunterhaltspflichtig wäre.
- Die aus einer **Nebentätigkeit** erzielten Einkünfte hat der Verpflichtete in voller Höhe zur Bestrei- 772
  tung seiner Unterhaltsverpflichtung gegenüber dem Bedürftigen einzusetzen, ohne sich auf einen Selbstbehalt berufen zu können, der ebenso wie der Bedarf weiterer Familienmitglieder durch die Verpflichtung seines neuen Ehegatten, zum Familienunterhalt beizutragen (§§ 1360, 1360a), abgedeckt wird.[1226] Allerdings muss der notwendige Bedarf der neuen Familie durch die Erwerbseinkünfte seines Partners aus dem Familienunterhalt, der fiktiv in Geld zu rechnen ist und sich wie der nacheheliche Unterhalts eines geschiedenen Ehegatten bemisst, auch tatsächlich **abgedeckt** sein, ansonsten er seine Erwerbseinkünfte zunächst zur Deckung seines notwendigen Bedarfs verwenden kann.[1227]
- Gewährt der Partner einer nichtehelichen Lebensgemeinschaft dem **Bedürftigen** für die von ihm 773
  erbrachte Haushaltsführung und Versorgung[1228] (→ Rn. 646–648) **keine** ihrem wirklichen Wert entsprechenden Zuwendungen, muss er sich nach dem Rechtsgedanken des § 120 Abs. 1 FamFG, § 850h Abs. 2 ZPO gleichwohl eine angemessene Vergütung anrechnen lassen,[1229] wenn und soweit der Partner – unter Anlegung eines strengen Maßstabs,[1230] dh unter Wahrung seines notwendigen Selbstbehalts – leistungsfähig ist.[1231] Ist er **leistungsunfähig,**[1232] stellt sich angesichts der wirtschaftlichen Eigenverantwortlichkeit des geschiedenen Ehegatten die Frage nach einer Erwerbsobliegenheit in besonderem Maße;[1233] von dem Partner ist dabei eine Mithilfe im Haushalt zu verlangen, um zu vermeiden, dass er kostenlose Leistungen des Bedürftigen erhält.[1234]
- Ist ein Ehegatte im **Betrieb** seines neuen Partners beschäftigt, ist nicht stets das tatsächlich ausbe- 774
  zahlte Entgelt zugrunde zu legen. Maßgeblich ist vielmehr das Entgelt, das der **tatsächlichen Arbeitsleistung** entspricht (Rechtsgedanke des § 850h ZPO), und der Ehegatte entsprechend zu

---

1223 OLG Koblenz NJW-RR 1993, 325 = FamRZ 1993, 1212.

1224 BGH NJW 1996, 1815 = FamRZ 1996, 796 (797).

1225 BGH NJW 1996, 1815 = FamRZ 1996, 796 (797); NJW 1987, 1549 = FamRZ 1987, 472 f.; NJW 1982, 175 = FamRZ 1982, 25 f.; BGHZ 75, 272 = NJW 1980, 346 = FamRZ 1980, 43.

1226 BGH NJW 1982, 1592 = FamRZ 1982, 590; BGHZ 75, 272 = NJW 1980, 346 = FamRZ 1980, 43 (44); OLG Hamm FamRZ 1994, 1461 (1462); OLG Zweibrücken BeckRS 1989, 31167157 = FamRZ 1990, 553 (554). AA OLG Stuttgart BeckRS 2010, 7084 = FamRZ 1983, 185 (186), das offenbar einen Anspruch auf Bar-Familienunterhalt annimmt und zudem von einem Anspruch auf Vergütung für die Betreuung eines vorehelichen Kindes der neuen Ehefrau ausgeht.

1227 BGH NJW 2003, 3770 (3771) = FamRZ 2004, 24; OLG Oldenburg NJW-RR 2005, 516 = FamRZ 2005, 1179 (1180).

1228 Das OLG Hamm OLGR 1997, 264 (265) geht von entsprechenden Leistungen nicht aus, wenn der Lebensgefährte verheiratet ist und weiter bei seiner Familie wohnt.

1229 BGH NJW 1987, 3129 = FamRZ 1987, 689; BGHZ 93, 123 = NJW 1985, 806 = FamRZ 1985, 273; NJW 1984, 2358 = FamRZ 1984, 662 (663); NJW 1982, 1050 = FamRZ 1982, 365 (366); BeckRS 2010, 21773 = FamRZ 1980, 879 (880); NJW 1980, 1686 = FamRZ 1980, 665 (668); NJW 1980, 124 = FamRZ 1980, 40 (42); ausdrücklich aA AG Dortmund FamRZ 1994, 1117.

1230 Keine Leistungsunfähigkeit des Partners bei verfügbarem Einkommen von 1.366 DM/Monat (BGH NJW-RR 1987, 1282 = FamRZ 1987, 1011 (1014)) oder von 1.410 DM (BGH NJW 1989, 1083 = FamRZ 1989, 487 (488)).

1231 BGH NJW 1989, 1083 = FamRZ 1989, 487 (488); NJW-RR 1987, 1282 = FamRZ 1987, 1011 (1013, 1014); BGHZ 93, 123 = NJW 1985, 806 = FamRZ 1983, 273; NJW 1983, 933 = FamRZ 1983, 146 (148).

1232 Dies ist keine reine Tatfrage, sondern setzt eine wertende Feststellung voraus, weshalb die Leistungsunfähigkeit nicht „unstreitig gestellt" werden kann, BGH NJW 1989, 1083 = FamRZ 1989, 487 (488).

1233 BGHZ 93, 123 = NJW 1985, 806 = FamRZ 1985, 273 (274) zum Unterhaltsanspruch eines volljährigen Kindes.

1234 Dazu auch *Dose* in Wendl/Dose UnterhaltsR § 1 Rn. 713–714.

fingieren.[1235] Doch auch von diesem ist nicht auszugehen, wenn der Ehegatte nach seinen Kenntnissen und Fähigkeiten bei einer Fremdbeschäftigung mehr verdienen könnte.

775 **(4) Bewertung der Haushaltsführung.** Die Bewertung der Versorgungsleistungen richtet sich nach dem wirklichen Wert[1236] entsprechend ihrem tatsächlichen Umfang[1237] und den wirtschaftlichen Verhältnissen des Lebensgefährten, nicht nach dem subjektiven Wert für ihn.[1238] Hierzu können Richtsätze, die auf die gegebenen Verhältnisse abstellen und der Lebenserfahrung entsprechen, als Anhalt dienen, soweit nicht im Einzelfall besondere Umstände eine Abweichung bedingen.[1239] Dies gilt insbesondere für die Richtlinien und Erfahrungssätze, die zur Bemessung von Schadensersatzrenten bei der **Verletzung oder Tötung von Hausfrauen** entwickelt worden sind (auch → § 844 Rn. 32–47).[1240] Doch sind diese Sätze meist überhöht, weil sie auf die Kosten für die Beschäftigung einer Fachkraft abstellen, die aber idR ohne einen Ersatzanspruch nicht angestellt wird und die der Lebensgefährte meist auch gar nicht anstellen würde. Ihre Anwendung kommt deshalb idR nur bei sehr guten finanziellen Verhältnissen des Lebensgefährten in Betracht, der ohne die Versorgungsleistungen des geschiedenen Ehegatten zu seiner Versorgung tatsächlich eine Haushälterin anstellen würde; doch ist dann schon wieder eher unwahrscheinlich, dass er auf deren Anstellung wegen der Beziehung zur Berechtigten verzichten würde. Demgegenüber sollten die Richtsätze der unterhaltsrechtlichen **Leitlinien** der Oberlandesgerichte[1241] zum Maßstab genommen und die Höhe der Zuwendung nach § 113 Abs. 1 S. 2 FamFG, § 287 ZPO geschätzt werden. Dabei ist auch zu berücksichtigen, dass der Lebensgefährte meist gleichfalls im Haushalt mitarbeitet und so dem Bedürftigen geldwerte Zuwendungen erbringt. – In einer Partnerschaft, in welcher der Bedürftige den ganzen Haushalt des Lebensgefährten versorgt, werden seine Leistungen mit etwa 450 EUR/Monat bewertet werden können.[1242]

776 **Beispiele aus der Rspr.:**
OLG Hamm BeckRS 2010, 4205 = FamRZ 1984, 498: 700 DM.
BGH NJW 1984, 297 = FamRZ 1984, 154: Täglich 2½–3 Stunden decken den Mindestbedarf ab.
OLG Düsseldorf FamRZ 1988, 509 (510): 100 DM.
OLG Koblenz NJW 1991, 183 = FamRZ 1991, 444 (445): 850 DM.
BGH NJW 1991, 1290 = FamRZ 1991, 670 (673): 500 DM nicht beanstandet.
OLG Hamm BeckRS 1992, 5037 = FamRZ 1993, 1450: 500 DM bei kleiner Wohnung des Lebensgefährten.

777 **ff) Strafgefangene. (1) Maßgebliche Tätervorstellungen.** Die bei Beendigung einer Erwerbstätigkeit gültigen Grundsätze (→ Rn. 732–742) gelten auch nach Verlust des Arbeitsplatzes wegen einer Straftat und sich anschließender Strafhaft. Die Straftat muss **unterhaltsbezogen** sein, dh sich gerade auf die Unterhaltspflicht und die Verminderung seiner Leistungsfähigkeit erstreckt haben, oder die Vorstellungen und Antriebe des straffälligen Ehegatten müssen sich gerade auch auf die Verminderung seiner unterhaltsrechtlichen Leistungsfähigkeit als Folge der Straftat bezogen haben, wozu die Vorhersehbarkeit des Verlustes allein nicht ausreicht.[1243] Doch ist von Unterhaltsbezogenheit auszugehen, wenn der Verpflichtete seine Unterhaltspflicht gegenüber dem Bedürftigen verletzt oder die Straftat dazu geführt hat, dass dieser (vermehrt) bedürftig geworden ist.[1244]

---

1235 OLG Hamm DAVorm 1984, 606 (607); BeckOGK/*Witt*, 1.2.2019, § 1581 Rn. 87; *Borth* in Schwab ScheidungsR-HdB IV Rn. 1412.

1236 BGH NJW 1984, 2358 = FamRZ 1984, 662 (663); NJW 1980, 1686 = FamRZ 1980, 665 (668).

1237 BGH NJW 1989, 1083 = FamRZ 1989, 487 (488 f.).

1238 AA wohl OLG Düsseldorf FamRZ 1982, 1076 (1077).

1239 BGH NJW 1984, 2358 = FamRZ 1984, 662 (663); NJW 1980, 1686 = FamRZ 1980, 665 (668 f.); NJW 1980, 124 = FamRZ 1980, 40 (42); NJW 1979, 1985 = FamRZ 1979, 692.

1240 BGH NJW 1984, 2358 = FamRZ 1984, 662 (663); ebenso OLG Koblenz NJW 1991, 183 = FamRZ 1991, 944 (945); OLG Frankfurt a. M. BeckRS 2009, 25786 = FamRZ 1987, 588; OLG Düsseldorf FamRZ 1985, 417 (418).

1241 LL Nr. 6 (200–550 EUR): Bremen, Dresden, KG, Köln, Rostock, SüdL. – 12,5% des Eigenbedarfs: Braunschweig. – Koblenz: 350 EUR. – Oldenburg: 500 EUR. – Frankfurt a. M., Jena: 450 EUR. – Hamm Nr. 6.1: 250–500 EUR. Höhe offengelassen LL Brandenburg, Braunschweig, Celle, Hamburg, Naumburg, Schleswig.

1242 LL Nr. 6 Frankfurt a. M., Jena.

1243 BGH NJW 2002, 1799 (1800) = FamRZ 2002, 813; NJW 2000, 2351 = FamRZ 2000, 815 (816); NJW 1994, 258 = FamRZ 1994, 240 (241); NJW 1993, 1974 = FamRZ 1993, 1055 (1056 f.); NJW 1982, 2491 = FamRZ 1982, 913.

1244 BGH NJW 2002, 1799 (1800) = FamRZ 2002, 813; s. auch OLG Naumburg NJW-RR 2010, 366 = FamRZ 2010, 572 (573); OLG München BeckRS 2009, 88987 = FamRZ 2010, 127 (128).

Zu **keinem Verlust** des Unterhaltsanspruchs führt deshalb: Die Verletzung der Unterhaltspflicht. – Eine Straftat, um sich seiner Unterhaltspflicht zu entziehen. – Die Vorstellungen und Antriebe für die Straftat erstrecken sich auch auf die Leistungsunfähigkeit als ihre Folge. – Die Bedürftigkeit des Berechtigten wird durch eine gegen sein Vermögen oder gegen einen ihm vorrangig Verpflichteten gerichtete Straftat beeinflusst.[1245] 778

Die Anknüpfung an die Unterhaltsbezogenheit der Straftat hat die Rspr. dazu veranlasst, auch dann keine Obliegenheitsverletzung anzunehmen, wenn der Verpflichtete wegen **sexuellen Missbrauchs**[1246] oder **Vergewaltigung** der gesetzlichen Vertreterin[1247] seines Kindes eine Strafhaft verbüßen musste, weil „[sich] der Täter einer Sexualstraftat … regelmäßig keine Vorstellungen darüber [macht], dass er auf Grund seiner Tat seinen Arbeitsplatz verlieren und als Folge auch seine unterhaltsrechtliche Leistungsfähigkeit einbüßen werde".[1248] 779

Dieses Ergebnis ist nicht nur unbefriedigend, sondern wirkt auch reichlich konstruiert: Jeder, der sich eines Sexualdelikts schuldig macht, ist sich oder muss sich jedenfalls über die strafrechtlichen Konsequenzen eines Freiheitsentzugs im Klaren sein. Dann aber sind ihm auch die wirtschaftlichen und in deren Folge die unterhaltsrechtlichen Auswirkungen jedenfalls erkennbar.[1249] 780

**(2) Einkünfte während der Strafhaft.** Ist der Verpflichtete **während der Haftverbüßung** einkommenslos (näher → Rn. 405–411) und sind ihm keine fiktiven Einkünfte zuzurechnen, prägt dies die ehelichen Lebensverhältnisse, weil es dem Ehegatten nicht möglich ist, Einkommen zu erzielen. – Nach der **Entlassung** aus der Strafhaft treffen den Verpflichteten die allgemeinen Erwerbsobliegenheiten (→ Rn. 697–731), allerdings nunmehr – stellt nicht bereits die Straftat eine Obliegenheitsverletzung dar – unter Berücksichtigung der sich aus der Straffälligkeit und Haftverbüßung ergebenden besonderen Umstände.[1250] 781

**d) Teilzeittätigkeit. Nebentätigkeit.** Dem Bedürftigen wie dem Verpflichteten ist grundsätzlich eine vollschichtige Erwerbstätigkeit zumutbar. Übt er lediglich eine **Teilzeittätigkeit** aus, hat er sich um eine Arbeitsstelle in Vollbeschäftigung zu bemühen. Ist ihm dies bei seinem aktuellen Arbeitgeber 782

idR aus **betriebsbedingten** Gründen, nicht ausgeschlossen aber auch aus **persönlichen** Gründen, etwa: aus gesundheitlichen Gründen kann die angebotene Tätigkeit nicht ausgeübt werden; beim aktuellen Arbeitgeber kann im Hinblick auf die Kinderbetreuung aus zeitlichen Gründen (zB lange Fahrtzeiten zum Arbeitsplatz) nicht aufgestockt werden

nicht möglich, hat er sich auf dem allgemeinen Arbeitsmarkt umzusehen.[1251] – Zumutbar ist ihm, wenn von ihm die Aufgabe seines Teilzeitarbeitsplatzes etwa wegen des bestehenden Kündigungsschutzes oder alters- oder krankheitsbedingt fehlender Chancen auf dem Arbeitsmarkt nicht verlangt werden kann, auch die Aufnahme einer **weiteren** Teilzeittätigkeit.[1252] Doch muss die Zusatztätigkeit mit der „geschützten" Ersttätigkeit zeitlich, räumlich und familiär vereinbar sein.[1253] – Zum **Beginn** der Obliegenheit → Rn. 705–707.

Vor allem zum Unterhalt minderjähriger Kinder und privilegierter volljähriger Kinder wegen der gesteigerten Unterhaltspflicht (§ 1603 Abs. 2 S. 1, 2; zum Ganzen auch → § 1603 Rn. 152–206, insbesondere → § 1603 Rn. 166),[1254] aber auch zum Ehegattenunterhalt[1255] ist die Zumutbarkeit 783

---

[1245] OLG Hamm NJOZ 2005, 2076 (2077) = FamRZ 2005, 1839 Ls.: Vermehrte Bedürftigkeit des Berechtigten aufgrund Körperverletzung und psychischen Folgen nach Mordversuch.

[1246] BGH NJW 2002, 1799 (1800) = FamRZ 2002, 813; OLG Koblenz NJW 1997, 1588 (1589) = FamRZ 1998, 44.

[1247] OLG Köln BeckRS 2010, 9456 = FamRZ 2003, 1203.

[1248] BGH NJW 2002, 1799 (1800) = FamRZ 2002, 813; auch OLG Koblenz NJW 1997, 1588 (1589) = FamRZ 1998, 44.

[1249] IErg ebenso BeckOGK/*Witt,* 1.2.2019, Rn. 412; ähnlich *Borth* in Schwab ScheidungsR-HdB IV Rn. 1407.

[1250] OLG Köln BeckRS 2009, 11177 = FamRZ 2009, 1920 f.

[1251] BGH NJW 2012, 3434 Rn. 22 = FamRZ 2012, 1483.

[1252] BGH NJW 2012, 3434 Rn. 24 = FamRZ 2012, 1483; NJW 2007, 839 Rn. 22 = FamRZ 2007, 200.

[1253] *Maurer* NJW 2012, 3438 (3439).

[1254] Dazu etwa BGH NJW 2008, 1525 Rn. 29, 30 = FamRZ 2008, 872; OLG Koblenz BeckRS 2018, 25479 mBspr *Leipold* NZFam 2019, 220 = FamRZ 2018, 1584 mAnm *Borth* (gesundheitliche Einschränkungen); OLG Brandenburg BeckRS. 2018, 31553 Rn. 13 = FamRZ 2019, 291 (Ls 2) (insgesamt 48 (!) Std./Woche zumutbar); OLG Naumburg NJW-RR 2009, 873 = FamRZ 2009, 889 Ls.; NJOZ 2007, 2004 = FamRZ 2007, 1118 (1119) (aus fiktiver Nebentätigkeit als Zeitungsausträger monatlich 150–200 EUR zuzurechnen); OLG Köln BeckRS 2008, 19585 = FamRZ 2009, 886 (887) (insgesamt 48 (!) Std./Woche zumutbar); NJW-RR 2007, 291 = FamRZ 2007, 1475 (1476); NJW 2007, 444 = FamRZ 2007, 1119 (1120); OLG Karlsruhe BeckRS 2008, 1782 = FamRZ 2007, 1123 (unter Berücksichtigung der §§ 3, 6 ArbZG Nebentätigkeit von 14 bei max. 188 Std./Monat zumutbar); KG FamRZ 2006, 1702 f.; OLG Jena OLG-NL 2006,

einer **Nebentätigkeit** zu erwägen, insbesondere wenn der notwendige Bedarf des Bedürftigen durch die Erwerbseinkünfte des Verpflichteten nicht vollständig gedeckt werden kann. Sie drängt sich umso mehr auf, als die tarifliche Arbeitszeit oft unter 40 Wochenstunden liegt, im öffentlichen Dienst jedoch zum Teil 41 oder gar 42 Wochenstunden beträgt. Folgendes kann gelten: Eine Nebentätigkeit ist unabhängig davon, ob die tarifliche Wochenarbeitszeit abgeleistet wird, nicht von vornherein unzumutbar.[1256] Stets ist auf den Einzelfall abzustellen und die Verhältnismäßigkeit mit der zeitlichen, physischen und psychischen Belastung des Verpflichteten zu wahren.[1257] – Die **Darlegungs-** und **Beweislast** für die Unzumutbarkeit und die Erlangbarkeit einer Nebentätigkeit obliegt dem Ehegatten, der sich hierauf beruft.[1258]

Maßgeblich ist,

**784** – ob und ggf. warum eine Nebentätigkeit bereits während des ehelichen **Zusammenlebens** ausgeübt wurde[1259] und was sich daran nach Trennung und Scheidung geändert hat.

**785** – wie lange die **Wochen-** und die **Monatsarbeitszeit** (§§ 3, 6 ArbZG) ist.[1260]

**786** – die Regelungen des Arbeitszeitgesetzes, sonstige **rechtliche Beschränkungen** wie gesetzliche Altersgrenzen,[1261] nicht aber arbeitsrechtliche **Nebentätigkeitsverbote,** weil der Arbeitgeber auf die familiären Belange seiner Arbeitnehmer Rücksicht nehmen muss.[1262] Doch ist unzumutbar, gegen die Versagung der Zustimmung gerichtlich vorzugehen.[1263]

**787** – die Lage auf dem **Arbeitsmarkt.**[1264]

**788** – aktuelle **Qualifizierungsmaßnahmen** der Agentur für Arbeit.[1265]

---

91 = FamRZ 2006, 1299 (1300) (Tätigkeit neben Bezug von Berufsunfähigkeitsrente). S. auch AG Bruchsal FamRZ 2007, 1125; BeckRS 2007, 4206 = FamRZ 2007, 415 (416): Keine Zurechnung von Einkünften aus weiterer Tätigkeit für vollschichtig Erwerbstätigen, dem bereits weitere fiktive Einkünfte aus Nebentätigkeit von 400 EUR/Monat zugerechnet sind. Das AG Rinteln FamRZ 2007, 1120 f. lehnt – mE zu Unrecht – eine Obliegenheit zur Aufnahme einer Nebentätigkeit auch bei gesteigerter Unterhaltspflicht nach § 1603 Abs. 2 S. 1 ab.

[1255] OLG Köln NJW-RR 2007, 941 (943) = FamRZ 2006, 1756 Ls.; BeckRS 2006, 14408 (Selbstständiger); OLG Saarbrücken BeckRS 2006, 5795 = FamRZ 2006, 1756 Ls.; OLG Oldenburg BeckRS 2006, 5422 = FamRZ 2006, 1223 (1224 f.); NJW-RR 2005, 516 = FamRZ 2005, 1179 (1180); OLG Zweibrücken BeckRS 2006, 10676 = NJW 2006, 1659 (1660) (insoweit nicht abgedruckt); OLG Stuttgart BeckRS 2009, 26977 = FamRZ 2004, 1380.

[1256] BGH NJW 2011, 1874 Rn. 30 = FamRZ 2011, 1041; NJW 2011, 1067 Rn. 12 = FamRZ 2011, 628; bereits nicht ausgeschlossen von BGH NJW 1985, 907 = FamRZ 1985, 360 (362); aA OLG Zweibrücken NJWE-FER 2001, 4 (5) = FamRZ 2001, 103 Ls.; OLG München BeckRS 1997, 12121 = FamRZ 1998, 623.

[1257] BVerfG BeckRS 2008, 35228 = FamRZ 2008, 1403 f.; FPR 2003, 479 = FamRZ 2003, 661 f. (Verhältnismäßigkeit); BVerfGE 68, 256 = NJW 1985, 1211 = FamRZ 1985, 143 (146); BGH NJW 2011, 1067 Rn. 12 = FamRZ 2011, 628; abzulehnen BGH NJW 2008, 1525 Rn. 29 = FamRZ 2008, 872.

[1258] OLG Koblenz BeckRS 2018, 25479 mBspr Leipold NZFam 2019, 220 = FamRZ 2018, 1584 mAnm *Borth* (gesundheitliche Einschränkungen); OLG Bremen BeckRS 2016, 115475 mAnm *Opitz* NZFam 2017, 369; BeckRS 2009, 14500 = FamRZ 2009, 889 (890).

[1259] BVerfG FPR 2003, 479 = FamRZ 2003, 661 f. (Indiz für die Zumutbarkeit). Ohne Veränderungen behandelt das OLG Hamm BeckRS 2002, 10426 = FamRZ 2002, 885 (886) Einkommen aus einer offenbar obligatorischen Nebentätigkeit lediglich zu 50% bedarfsprägend und bedarfsdeckend.

[1260] BGH NJW 2009, 141 Rn. 22 = FamRZ 2009, 314; ebenso KG BeckRS 2003, 13029 = FamRZ 2003, 1208 (1210) (das allerdings eine reale Beschäftigungschance am Wochenende nicht erkennen konnte); unzutr. noch BGH NJW 2008, 1525 Rn. 31 = FamRZ 2008, 872, weil § 3 S. 1 ArbZG die Arbeitszeit auf höchstens 8 Stunden werktäglich, also einschließlich Samstag, beschränkt, mithin eine Wochenarbeitszeit von 48 Stunden zulässt.

[1261] BGH NJW 2011, 1067 Rn. 12 = FamRZ 2011, 628.

[1262] AA etwa OLG Naumburg BeckRS 2007, 3679 = FamRZ 2007, 1038; OLG Hamburg BeckRS 2008, 24684 = FamRZ 2006, 503 (die eingelegte Revision BGH XII ZR 168/05 wurde nach Versagung von Prozesskostenhilfe zurückgenommen); OLG Dresden NJW-RR 2005, 951 = FamRZ 2005, 1584 mwN insbesondere zur Rspr. des BAG.

[1263] OLG Hamm BeckRS 2004, 16186 = FamRZ 2005, 649; OLG Hamburg FamRZ 2003, 1205 f. Ls.; *Christl* FamRZ 2003, 1235 (1239).

[1264] Abzulehnen BGH NJW 2008, 1525 Rn. 31 = FamRZ 2008, 872, der ohne weitere Feststellungen von einem „Überangebot an Arbeitssuchenden, das für geringfügige Beschäftigungen zur Verfügung steht," spricht. – Auch gibt es keine „allgemeine Lebenserfahrung…, dass solche Stellen an Arbeitnehmer, die ihre Arbeitskraft schon für 8 Stunden eingesetzt haben, nicht vergeben werden"; weder der BGH noch das von ihm als Beleg angeführte KG (BeckRS 2003, 13029 = FamRZ 2003, 1208 (1210)) sagen, woraus sie ihre allgemeine Lebenserfahrung denn schöpfen. Auch insoweit muss der Betroffene seine Bemühungen darlegen und ggf. beweisen (→ Rn. 992–994).

[1265] OLG Stuttgart BeckRS 2008, 2815 = FamRZ 2007, 1763.

– **Alter** des Ehegatten. Zum nachehelichen Unterhalt wird einem unterhaltspflichtigen **Rentner** nach Erreichen der gesetzlichen **Altersgrenze** idR nur bei sehr engen finanziellen Verhältnissen noch eine Nebentätigkeit obliegen (→ Rn. 831–842).[1266] Hat er eine solche bereits während des Zusammenlebens der Ehegatten ausgeübt, hat er sie weiter auszuüben, wenn keine besonderen Umstände – etwa zunehmendes Alter, Gesundheitszustand – ihre Aufgabe rechtfertigen. Absolute Altersgrenze ist die Vollendung des 70. Lebensjahres. **789**
– die **körperliche Beanspruchung** und die konkreten **gesundheitlichen Belastungen** des Ehegatten durch Arbeit und Mehrarbeit.[1267] **790**
– wenn eine **Rente wegen Erwerbsminderung** bezogen wird, inwieweit dem Ehegatten trotz seiner gesundheitlichen Beeinträchtigungen eine Erwerbstätigkeit in eingeschränktem Umfang möglich ist, im Falle einer Rente wegen teilweiser Erwerbsminderung mithin unter 6 Stunden täglich (§ 43 Abs. 1 S. 2 SGB VI) und im Falle einer Rente wegen voller Erwerbsminderung unter 3 Stunden täglich (§ 43 Abs. 2 S. 2 SGB VI). Dem betroffenen Ehegatten ist die Aufnahme einer entsprechenden Erwerbstätigkeit grundsätzlich zumutbar. Dass er gesundheitsbedingt zu deren Ausübung nicht in der Lage ist, hat er darzulegen und ggf. zu beweisen (allgemein zur **Darlegungs-** und **Beweislast** → Rn. 992–1018).[1268] **791**
– auf wie viele **Arbeitstage** die Haupttätigkeit verteilt ist und wie die **Arbeitsumstände** sind – Tag-, Nacht-, Schicht-,[1269] Sonn- und Feiertagsarbeit, Überstunden. **792**

**Überstunden**[1270] werden in zumutbarer Weise abgeleistet, wenn sie in nur geringem Umfang anfallen oder das im Beruf des Bedürftigen **übliche Maß** nicht überschreiten und die durch die Trennung oder Scheidung der Ehegatten bewirkten Veränderungen der Lebensumstände keine andere Beurteilung rechtfertigen.[1271] Ansonsten sind die durch sie erzielten Einkünfte überobligatorisch erzielt, sodass sich ihre Anrechnung nach § 1577 Abs. 2 richtet, → Rn. 477–482). **793**

**Beispiele aus der Rspr.:** **794**
BGH NJW 1980, 2251 f. = FamRZ 1980, 984: Knapp 7 Stunden/Monat sind hinzunehmen.
BGH NJW 1982, 2664 f. = FamRZ 1982, 779: Freiwillige Mehrarbeit als Schachtmeister ist trotz Kinderbetreuung weiter auszuüben. Die Kosten für die Fremdbetreuung können abgezogen werden.
OLG München NJW 1982, 835: Ein Teil der aus Schichtarbeit erzielten Einkünfte bleibt anrechnungsfrei.
BGH NJW 1983, 2321 = FamRZ 1983, 886: Mehrarbeitsvergütungen sind für eine Tätigkeit als Cheffahrer berufstypisch.
OLG Köln FamRZ 1984, 1108 (1109): Bei einem Cheffahrer sind Überstunden berufstypisch. Geringfügig sind Überstunden bis zu 10%, zumutbar bis 25% der Regelarbeitszeit.[1272]
BGH NJW 1985, 907 (909) = FamRZ 1985, 360: Wochenendarbeit wurde „sechs oder sieben Jahre lang bis in die Zeit nach der Trennung" ausgeübt.
OLG Hamm NJW 1993, 3273 = FamRZ 1994, 1034: Bei unveränderter Erwerbstätigkeit als Kranfahrer trotz erheblicher gesundheitlicher Beeinträchtigung ist dem Ehegatten ein angemessener Einkommensteil anrechnungsfrei zu belassen.
AG Dieburg BeckRS 1998, 31149484 = FamRZ 1998, 1587: Abstellen auf die arbeitsschutzrechtliche Zulässigkeit des Arbeitsumfangs. Doch ist dies allein kein unterhaltsrechtlich beachtlicher Gesichtspunkt.
BGH NJW-RR 2004, 217 (218) = FamRZ 2004, 186: Überstunden von unter 10% der Regelarbeitszeit sind stets zumutbar.
OLG Köln BeckRS 2008, 7013 = FamRZ 2008, 1657: Berücksichtigung erheblicher Überstunden, aber auch erheblicher Verschuldung, wegen der die Überstunden geleistet werden, gegenüber einem volljährigen Kind.
KG BeckRS 2010, 21693 = FamRZ 2010, 1447 f.: Für einen niedergelassenen Arzt ist eine Wochenarbeitszeit von 54 Stunden berufstypisch. Auch eine neben dem Praxisbetrieb ausgeübte Gutachtertätigkeit ist berufstypisch.

---

1266 Nach OLG Köln FPR 2008, 463 = FamRZ 2008, 1276 kommt bei Erreichen der gesetzlichen Altersgrenze generell keine Nebentätigkeit mehr in Betracht; auch OLG Hamm BeckRS 2009, 10892 = FamRZ 2009, 699.

1267 Abzulehnen, weil zu großzügig, BGH NJW 2008, 1525 Rn. 30 = FamRZ 2008, 872: Bürotätigkeit von 7:15 h–16:00 h, bei der „psychisch und intellektuell Leistungen" zu erbringen sind, „Erwerbsfähigkeit gemindert" (in welcher Höhe?), „mehrfach krankengymnastische Behandlung, …, die einigen Zeitaufwand erfordert" (warum?). Aus der Begründung wird nicht klar, wie der BGH denn konkret eine Nebenerwerbsfähigkeit verneinen will; s. auch BGH NJW 2011, 1067 Rn. 12 = FamRZ 2011, 628.

1268 Zu § 1603 Abs. 1 BGH NZFam 2017, 61 Rn. 24–26 mAnm *Graba* = FamRZ 2017, 109 mAnm *Schürmann.*

1269 BGH NJW 2011, 1067 Rn. 13 = FamRZ 2011, 628. Zu § 1603 Abs. 2 S. 1 s. OLG Naumburg BeckRS 2008, 4493 = FamRZ 2008, 1274 Ls. (200 EUR/Monat); OLG Düsseldorf BeckRS 2006, 7155 = FamRZ 2006, 1701 (1702) (im konkreten Fall zumutbar bei regulärer Arbeitszeit von 37,5 Stunden/Woche: aus Nebentätigkeit 150–200 EUR/Monat zugerechnet); OLG Hamm BeckRS 2006, 11437 = FamRZ 2006, 952 (953) (im konkreten Fall unzumutbar).

1270 Zum Ganzen eingehend *Müller, W.* DAVorm 1987, 81 ff.

1271 BGH NJW-RR 2004, 217 (218) = FamRZ 2004, 186; NJW 1980, 2251 = FamRZ 1980, 984.

1272 Ebenso BeckOGK/*Haidl,* 1.2.2019, § 1603 Rn. 46.

795 – die zeitliche **Regelmäßigkeit** des Dienstes.[1273]

796 – **Fahrtstrecke** und **-zeit.**[1274]

797 – die **familiäre Beanspruchung** – eigene Haushaltsführung, Kinderbetreuung, Ausübung von **Umgangskontakten** mit Kindern,[1275] Pflege von Verwandten.

798 – in welchem **Umfang** danach Nebeneinkünfte erzielt werden können.[1276] Da wegen der nachehelichen Eigenverantwortlichkeit der Ehegatten die unterhaltsrechtlichen Obliegenheiten des Verpflichteten geringer und die des Bedürftigen höher ausfallen als gegenüber einem minderjährigen Kind, kann dem Verpflichteten nur **ausnahmsweise** eine Nebentätigkeit angesonnen werden.

**Beispiele aus der Rspr.:**
OLG Frankfurt a. M. BeckRS 2010, 2149 = FamRZ 1984, 176 (177): Nebentätigkeit eines Sonderschullehrers als Logopäde.
OLG Stuttgart FamRZ 1995, 1487 (1488): Nebentätigkeit als Diskjockey bei Überstunden im Hauptberuf, wenn der Unterhalt den Mindestbedarf übersteigt.
OLG München BeckRS 1997, 12121 = FamRZ 1998, 623: Nebentätigkeit bei voller Erwerbstätigkeit nur bei Schichtarbeit zumutbar.
OLG Stuttgart BeckRS 2009, 26977 = FamRZ 2004, 1380: Keine Nebentätigkeit zumutbar bei 50 Wochenarbeitsstunden und Einkünften des Bedürftigen über dem angemessenen Bedarf (1.100 EUR zu 1.220 EUR).
Nach OLG Köln NJW 2007, 444 = FamRZ 2007, 1119 (zum Kindesunterhalt) sind 48 Wochenarbeitsstunden zumutbar. Dies bedeutet eine 6-Arbeitstage-Woche zu je 8 Stunden/Tag. Mehr wird nicht verlangt werden können, die 48 Wochenstunden aber auch nur, wenn sich alle übrigen zu berücksichtigenden Umstände für den Verpflichteten positiv gestalten.
Zur Zumutbarkeit zum **Kindesunterhalt:**
OLG Bremen BeckRS 2009, 14500 = FamRZ 2009, 889 f.: 45 Wochenarbeitsstunden.
OLG Köln BeckRS 2008, 20913 = FamRZ 2009, 890 f.: 40–41 Wochenarbeitsstunden.

So etwa dann, wenn sich durch die Trennung und Scheidung die wirtschaftliche Lage des Bedürftigen stark verschlechtert hat und ihm auch bei Anwendung strenger Kriterien keine ggf. zusätzliche Erwerbstätigkeit zugemutet werden kann.

799 – Auch **Selbstständigen** ist eine Nebentätigkeit zumutbar, wenn sie aus ihrer selbstständigen Tätigkeit nicht ausreichende Einkünfte erzielen und nicht ohnehin auf deren Aufgabe und die Ausübung einer abhängigen Erwerbstätigkeit verwiesen sind (→ Rn. 758–760). – Letztlich geht es darum, **welche** Nebentätigkeit einem Ehegatten als angemessen (→ § 1574 Rn. 76–79) zugemutet werden kann.[1277]

800 – durch welchen zusätzlichen Zeitaufwand **Erschwerniszulagen**[1278] und **Erfindervergütungen** erarbeitet werden müssten.

801 – die **wirtschaftlichen Verhältnisse** des Bedürftigen, also wie sein Bedarf auch ohne zusätzliche Einkünfte des Verpflichteten aus einer Nebentätigkeit gedeckt ist, und was ihm ggf. noch an Zusatzarbeit abverlangt werden kann.

802 **e) Erhaltung und Wiederherstellung der Erwerbsfähigkeit.** Verliert ein Ehegatte seinen Arbeitsplatz **krankheitsbedingt** oder ist er krankheitsbedingt nicht in der Lage, eine Erwerbstätigkeit aufzunehmen, führt er seine Bedürftigkeit zwar nicht herbei, muss seine Erwerbsfähigkeit jedoch durch geeignete und zumutbare Maßnahmen **wiederherstellen.**[1279] Maßgeblich ist darauf abzustellen, ab wann ihm die Erkenntnis über die Art der Erkrankung und das Nichtergreifen von Therapie- und Rehabilitationsmaßnahmen zugerechnet werden kann.[1280] Stets muss er aber trotz seiner Krankheit in der Lage sein, seine Behandlungsbedürftigkeit zu **erkennen** und danach auch zu handeln.[1281]

---

1273 OLG Oldenburg BeckRS 2006, 5422 = FamRZ 2006, 1223 (1224 f.).

1274 BVerfG FPR 2003, 479 = FamRZ 2003, 661 f.

1275 OLG Oldenburg BeckRS 2006, 5422 = FamRZ 2006, 1223 (1225).

1276 BGH NJW 1982, 1986 = FamRZ 1983, 152 (153); BeckRS 2010, 53142 = FamRZ 1979, 210 (211).

1277 OLG Naumburg NJOZ 2007, 2004 = FamRZ 2007, 1118; 26.10.2006 – 4 UF 33/06, juris Rn. 35 (jeweils zum Kindesunterhalt bei gesteigerter Erwerbsobliegenheit: Austragen von Zeitungen, Zeitschriften, Werbeprospekten an Wochenenden).

1278 AG Herne-Wanne FamRZ 1988, 502: Anrechnung zu ⅔.

1279 OLG Hamm NJW-RR 2012, 207 = FamRZ 2012, 1732 (1733): Depressionen.

1280 BGH NJW 1987, 1554 = FamRZ 1987, 359 (361); s. auch KG FamRZ 2002, 460 (462).

1281 BGH NJW 1981, 2805 = FamRZ 1981, 1042 (1044); s. auch OLG Köln BeckRS 2008, 20262 = FamRZ 2009, 887 f. (fehlende „vollständige schuldausschließende Einsichtsfähigkeit“ bei „depressiver Episode“); OLG Brandenburg OLG-NL 2006, 259 (260) = FamRZ 2007, 72; OLG Hamm NJW-RR 2003, 510 (511) = FamRZ 2003, 876 Ls.; KG FamRZ 2002, 460 (462); OLG Frankfurt a. M. BeckRS 1985, 707 = FamRZ 1985, 1043 (1044).

Allerdings ist Zurückhaltung angebracht, weil dies stark von der Psyche des Kranken abhängig ist und letztlich er allein entscheidet, ob er sich etwa einer Operation unterzieht; dies ist idR zu respektieren. Nur wenn aus objektiver Sicht unter Beachtung aller individuellen Umstände die Entscheidung nicht mehr verständlich erscheint, kann in ihr ausnahmsweise eine Obliegenheitsverletzung gesehen werden. Kann eine solche schon nicht angenommen werden, liegen auch die Voraussetzungen von § 1579 Nr. 4 (→ § 1579 Rn. 88) nicht vor.

Ist die Krankheit die Folge eines fehlgeschlagenen **Selbstmordversuchs**[1282] oder eines selbst- **803** verschuldeten **Unfalls,**[1283] ist für die Mutwilligkeit zudem auf die Eigenverursachung abzustellen. **Unvorsichtigkeiten,** etwa beim Sport oder im Straßenverkehr, reichen grundsätzlich nicht aus.[1284] Mutwilligkeit kann aber bei Ausübung einer gefährlichen und verletzungsanfälligen **Sportart** (etwa Boxen) vorliegen.[1285]

Bei einer **Unterhaltsneurose** fehlt es meist bereits an einem Anspruch (→ § 1572 Rn. 19, 47, **804** 50, 61); des Rückgriffs auf eine Obliegenheitsverletzung bedarf es grundsätzlich nicht.[1286] Hat die seelische Störung dennoch einen beachtlichen Krankheitswert, ist sie aber nicht so übermächtig, dass der betroffene Ehegatte sie nicht aus eigener Kraft oder mit ärztlicher Hilfe auch nach Aberkennung des Unterhaltsanspruchs überwinden könnte,[1287] verletzt er seine Obliegenheit zur Wiederherstellung seiner Erwerbsfähigkeit.[1288]

Für einen **Alkoholabhängigen** kommt es insbesondere darauf an, inwieweit er die Folgen für **805** seinen Arbeitsplatz und seine Erwerbsfähigkeit hätte voraussehen und entsprechend dieser Einsicht handeln können.[1289] An einer Obliegenheitsverletzung wird es aber etwa dann fehlen, wenn der betroffene Ehegatte nach Schicksalsschlägen zu trinken begann.[1290]

Dagegen ist bei **Drogen-** und **Tablettensucht** idR von einer Obliegenheitsverletzung bereits **806** zu Beginn der Drogensucht auszugehen, weil die dadurch indizierten gesundheitlichen Gefahren und die in ihrer Folge wirtschaftlichen und damit auch unterhaltsrechtlichen Auswirkungen allgemein bekannt sind.[1291] Nicht aber, wenn der Bedürftige unbewusst und ungewollt von Dritten süchtig gemacht wurde. Immer obliegt es dem Süchtigen, sich einer **Entziehungskur** und **Suchttherapie** zu unterziehen. Dies zu unterlassen ist idR leichtfertig, es sei denn, nach sachverständiger Beratung ist davon auszugehen, dass der Bedürftige schon so schwer erkrankt ist, dass er nicht mehr einsichtsfähig oder nicht mehr fähig ist, nach dieser Einsicht zu handeln.[1292] Bricht der Bedürftige eine Entziehungskur aus Willensschwäche ab, handelt er bei Einsichtsfähigkeit in seine Krankheit und die Folgen seines Handelns idR vorwerfbar,[1293] weil er mit seinen Möglichkeiten zur Lebensgestaltung stets für das mitverantwortlich ist, was er aus sich macht.[1294]

Im Allgemeinen wird man nicht den Weg über **§ 1579 Nr. 4** gehen müssen, weil sich die **807** obliegenden Bemühungen bereits aus § 1573 Abs. 1, § 1574 Abs. 3 ergeben. Nur wenn fehlende

---

1282 BGH NJW-RR 1989, 1218 = FamRZ 1989, 1054 (1056 f.).

1283 BGH 9.12.1981 – IVb ZR 669/80, nv.

1284 AA *Schuhmacher* MDR 1976, 884.

1285 AA BeckOGK/*Witt*, 1.2.2019, Rn. 150.

1286 AA OLG Düsseldorf NJW-RR 1989, 1157 = FamRZ 1990, 68 (69); OLG Hamburg BeckRS 2010, 15054 = FamRZ 1982, 702.

1287 Zum Ganzen BGHZ 91, 105 = NJW 1984, 1816 = FamRZ 1984, 660 (661).

1288 OLG Düsseldorf NJW-RR 1989, 1157 = FamRZ 1990, 68 (69) sieht § 1579 Nr. 7 verwirklicht.

1289 Ähnlich BGH NJW 1987, 1554 = FamRZ 1987, 359 (361) (Vorstellungen und Antriebe haben sich unterhaltsbezogen auf die Bedürftigkeit als Folge des Alkoholmissbrauchs erstreckt); OLG Zweibrücken NJOZ 2007, 3547 = FamRZ 2007, 2073 (2075); OLG Bamberg BeckRS 1997, 31332948 = FamRZ 1998, 370 f. (verneint bei anlagebedingter Charakterschwäche); BeckRS 2009, 28807 = FamRZ 1988, 525 (526) (verneint für einen Langzeitabhängigen, der ohne Erfolg Therapien durchlaufen hat); aA OLG Düsseldorf FamRZ 1981, 1177 (1179); iErg ebenso OLG Naumburg NJOZ 2007, 420 = FamRZ 2007, 472. Das OLG Celle BeckRS 1998, 31166290 = FamRZ 1998, 1614 stellt lediglich auf den Krankheitswert der Alkoholabhängigkeit ab; doch ist dieser allein nicht aussagekräftig.

1290 BGH NJW 1981, 2805 = FamRZ 1981, 1042 (1044) (wegen ehebedingter Konfliktsituationen und nach einem Selbstmord eines Verwandten, wegen dem er sich Vorwürfe macht); OLG Hamm NJW-RR 1996, 963 = FamRZ 1996, 1017 (nach Krebsoperation aus Angst vor erneuter Tumorbildung).

1291 OLG Hamm FamRZ 1994, 1037 f. (Tablettensucht).

1292 BGH NJW 1987, 1554 (1555) = FamRZ 1987, 359; NJW 1981, 2805 = FamRZ 1981, 1042 (1044); auch OLG Zweibrücken BeckRS 2007, 10053 = FamRZ 2007, 2073 (2075); OLG Brandenburg OLG-NL 2006, 259 (260) = FamRZ 2007, 72; OLG Bamberg BeckRS 1997, 31332948 = FamRZ 1998, 370 f.; BeckRS 2009, 28807 = FamRZ 1988, 525 (526); OLG Schleswig BeckRS 2011, 5732 = FamRZ 1997, 1016 Ls.; OLG Frankfurt a. M. BeckRS 1985, 707 = FamRZ 1985, 1043 (1044).

1293 KG BeckRS 2001, 12490 = FamRZ 2001, 1617 (1618); aA BGH NJW 1988, 1149 = FamRZ 1988, 375 (377).

1294 BVerwGE 63, 322 = NJW 1980, 1347 (1348).

Erwerbsbemühungen tatsächlich aussichtslos wären, bedarf es des Rückgriffs auf § 1579 Nr. 4 dann, wenn frühere Erwerbsbemühungen zu einer Arbeitsstelle geführt hätten und deren jetzige Nutzlosigkeit ursächlich darauf zurückzuführen ist (→ § 1573 Rn. 20–22).

808 **f) Umzug.** Die Obliegenheit eines Ehegatten für einen Umzug kann sich hinsichtlich der räumlichen Ausdehnung seiner **Erwerbsbemühungen** (→ Rn. 697–731) und wegen der Berücksichtigung von **Fahrtkosten** als berufsbedingte Aufwendungen (→ Rn. 192–208) ergeben. Vor allem bei hohen Fahrtkosten zur Arbeit kann eine Verlegung des Wohnorts in die Nähe des Arbeitsplatzes obliegen. Dabei sollten folgende Umstände berücksichtigt werden:

809 – Die **Einkommens-** und **Vermögensverhältnisse** der Ehegatten, sodass bei guten finanziellen Verhältnissen ohnehin kein Anlass für eine Korrektur besteht; sie sollte nur in Betracht kommen, wenn der notwendige Bedarf beider Ehegatten, ggf. auch der billige Bedarf des Verpflichteten nicht gewahrt wird.

810 – Zu berücksichtigen sind auch die **Umzugskosten** und ob bzw. wie sie der Ehegatte, ggf. durch Darlehensfinanzierung, aufbringen könnte.[1295]

811 – **Soziale Bindungen** am bisherigen Wohnort, insbesondere zu einem Kind und einem neuen Lebensgefährten.[1296] Umgekehrt sind auch die Bindungen an einen an einem anderen Ort wohnenden neuen Partner zu berücksichtigen.[1297]

812 – **Gesundheitliches Befinden** des Ehegatten.[1298]

813 – **Mietkosten** am Wohn- und Arbeitsort.

814 – **Arbeitszeiten, Fahrtzeiten** und Zumutbarkeit, **öffentliche Verkehrsmittel** zu benutzen.[1299]

815 **Beispiele aus der Rspr.:**

BGH NJW-RR 1998, 721 = FamRZ 1998, 1501 (1502) (zu § 1361); NJW-RR 1995, 129 (130) (zu § 1603): Rund 30 km einfache Fahrtstrecke.

OLG Frankfurt a. M. BeckRS 2009, 14501 = FamRZ 2009, 888 (889) (minderjähriges Kind, § 1603 Abs. 2 S. 1): 33 km einfache Fahrtstrecke ist zu viel.

OLG Koblenz FamRZ 1994, 1609: 55 km einfache Fahrtstrecke ist zu viel.

OLG Köln BeckRS 2006, 10194 = FamRZ 2006, 1760 (1761): Einfache Fahrtstrecke vom Wohnort des Lebenspartners zum Arbeitsplatz von 115 km ist unangemessen.

BGH NJW 2009, 1742 Rn. 27, 28 = FamRZ 2009, 762 (volljähriges Kind): 50 km einfache Strecke wurde nicht beanstandet.

OLG Brandenburg BeckRS 2018. 9694 = NZFam 2018, 611 zur gesteigerten Erwerbsobliegenheit nach § 1602 Abs. 2 S. 1 BGB: Es ist ein längerer Fahrtweg als vor der Trennung des Verpflichteten von der Mutter in Kauf zu nehmen.

816 Dem Ehegatten kann auch obliegen, **keinen** Umzug vorzunehmen, weil er an seinem neuen Wohnort nur ein geringeres Einkommen erzielen kann (→ Rn. 719). Für den Verpflichteten wird dies im Allgemeinen jedoch nicht in Betracht kommen, weil er keiner gesteigerten Erwerbsobliegenheit unterliegt.[1300] Für den Bedürftigen kann dagegen seine nacheheliche Eigenverantwortung nicht unberücksichtigt bleiben.

817 **3. Abfindung.** Ein Ehegatte verstößt mit der Annahme einer Abfindung für freiwilliges Ausscheiden (zur Abfindung als Einkünfte → Rn. 415–425) aus dem Betrieb seines Arbeitgebers nur dann nicht gegen seine Erwerbsobliegenheit, wenn er dadurch einer ansonsten sicher drohenden **betriebsbedingten Kündigung** ohne oder gegen eine geringere Abfindung zuvorkommt. Eine betriebsbedingte Kündigung mit Anspruch auf Abfindung muss er einer **Eigenkündigung** vorziehen,[1301] und stets muss er eine ihm zustehende Abfindung verlangen und ggf. arbeitsgerichtlich geltend machen, wenn ihm dies **zumutbar** ist.[1302] Dies gilt insbesondere für die Frage, ob ein Arbeitnehmer von seinem Arbeitgeber eine Abfindung **verlangen** oder gar eine **Kündigungsschutzklage** erheben muss.[1303]

---

1295 Dazu BeckOGK/*Witt*, 1.2.2019, Rn. 237, 238, 590.

1296 Zu Letzterem OLG Hamburg NJW-RR 1993, 647 = FamRZ 1992, 1308.

1297 OLG Köln BeckRS 2006, 10194 = FamRZ 2006, 1760 (1761).

1298 OLG Hamburg NJW-RR 1993, 647 = FamRZ 1992, 1308: Schwierige psychische Situation wegen Alkoholabhängigkeit und Suizidgefährdung.

1299 Zu Letzterem AG Kerpen FamRZ 1994, 1424.

1300 OLG Zweibrücken NJOZ 2008, 2678 = FamRZ 2008, 1863.

1301 OLG Hamm NJW 2005, 297 = FamRZ 2005, 1276 Ls.

1302 *Maurer* FamRZ 2012, 1685 (1686 f.); aA BGH NJW 1994, 1002 = FamRZ 1994, 372 (374): Er wählt den Maßstab der Mutwilligkeit (vgl. § 1579 Nr. 4), also verantwortungsloses, mindestens leichtfertiges und unterhaltsbezogenes Verhalten.

1303 Dazu näher *Maurer* FamRZ 2012, 1685 (1686 f.). S. auch BGH NJW 1994, 1002 = FamRZ 1994, 372 (374) (Nichterhebung einer Kündigungsschutzklage gegen eine Kündigung aus betriebsbedingten

Die Abfindung ist grundsätzlich gewinnbringend **anzulegen** (allgemein zur möglichst **ertragreichen Anlage** → Rn. 879).[1304] Auch die Vermögenserträge dienen dann der Bestimmung des Bedarfs, der Leistungsfähigkeit und der Bedürftigkeit. **818**

Die Abfindung ist vornehmlich zur Wahrung des bisherigen Lebensstandards bis zum ggf. vollständigen Verbrauch zur Bestreitung der Unterhaltspflicht einzusetzen,[1305] nur der verbleibende Restbetrag darf zur **Schuldentilgung** verwandt werden.[1306] Dies gilt auch bei beengten finanziellen Verhältnissen, insbesondere wenn dem Verpflichteten nur der „billige Selbstbehalt" iSd § 1581 S. 1 verbleibt. Der Verbrauch der Abfindung ist aber nicht vorwerfbar, wenn er mit der Inanspruchnahme auf nachehelichen Unterhalt nicht rechnen[1307] oder billigenswerte Investitionen tätigen musste.[1308] **819**

**4. Steuervorteile.**

**Schrifttum:** *Perleburg-Kölbel,* Unterhaltsrecht und Wahl der Steuerklasse, NZFam 2015, 904.

Sie auszunutzen gebietet die Obliegenheit, auch nachehelich auf die finanziellen Belange des anderen Ehegatten Rücksicht zu nehmen:

- Lässt sich ein Ehegatte keine **Freibeträge**[1309] auf der Lohnsteuerkarte eintragen, ist deshalb der mögliche steuerliche Vorteil auch bedarfsprägend zu berücksichtigen, wenn sonst der notwendige Bedarf des Berechtigten nicht befriedigt werden kann;[1310] iÜ ist dem Bedürftigen idR zumutbar, den Rückfluss aus dem Steuerausgleich im Folgejahr abzuwarten. **820**

Die unterlassene Versteuerung nach der Splittingtabelle nach Wiederheirat (→ 4. Aufl. 2000, Rn. 22) ist keine Obliegenheitsverletzung (mehr), nachdem der Splittingvorteil ohnehin der neuen Familie vorbehalten ist; anders nach der vom BVerfG verworfenen „Dreiteilung" (aber auch → 5. Aufl. 2010, Rn. 28, 29). **821**

- Führt ein Ehegatte keinen **Jahressteuerausgleich** oder diesen zeitlich verzögert durch und besteht hierfür kein nachvollziehbarer Grund, ist ihm der fiktive Steuerrückerstattungsbetrag für das Jahr bedarfsbildend und bei der Bedürftigkeit/Leistungsfähigkeit zuzurechnen, in dem die Rückerstattung hätte fließen können.[1311] **822**

**Beispiel aus der Rspr.:** **823**
OLG Hamm OLGR 2001, 47 = FamRZ 2001, 482 Ls.: Verlangt wird Unterhaltsbezogenheit.
OLG Koblenz BeckRS 1998, 31147848 = FamRZ 1999, 516 (517): Ein nachvollziehbarer Grund, eine Steuererklärung nicht zeitnah abzugeben, kann darin liegen, dass Steuererstattungen in einer Vorentscheidung nicht berücksichtigt worden sind.

Zum **Realsplitting** (§ 10 Abs. 1a Nr. 1 EStG: seit 2012 bis zu einem Unterhaltsbetrag von 13.805 EUR/Jahr) gilt:

- Weil die geschiedenen Ehegatten einander zur Mitwirkung verpflichtet sind (→ § 1569 Rn. 20, 53–62), ist es in Anspruch zu nehmen.[1312] Dem Verpflichteten obliegt der Eintrag eines Freibetrags jedoch nur, wenn und soweit der Unterhaltsbetrag zwischen den Ehegatten nicht mehr im Streit steht, also anerkannt oder rechtskräftig festgestellt ist oder aber freiwillig bezahlt **824**

---

Gründen ist nicht mutwillig); dazu auch OLG Brandenburg BeckRS 2008, 16445; *Born* FamRZ 1998, 980.

1304 *Maurer* FamRZ 2012, 1685 (1687 f.); aA BGH NJW 1990, 709 = FamRZ 1990, 269 (271).

1305 AA BGH NJW 1990, 709 = FamRZ 1990, 269 (271); NJW 1987, 1554 = FamRZ 1987, 359 (360).

1306 Dazu BGH NJW-RR 2005, 945 = FamRZ 2005, 967 (968); zum Kindesunterhalt s. auch OLG Schleswig BeckRS 2012, 15013 = FamRZ 2012, 1575 Ls. 3 (kein Einsatz zur Rückführung von Schulden, wenn dadurch der Mindestunterhalt eines Kindes gefährdet wird); AG Flensburg NJW-RR 2010, 660 = FamRZ 2010, 128 (129).

1307 OLG Frankfurt a. M. OLGR 1996, 100 (101).

1308 OLG München BeckRS 1997, 12024 = FamRZ 1998, 559 (Arbeitsmittel für die Wiedereingliederung in das Berufsleben); OLG Schleswig BeckRS 1997, 9443 = SchlHA 1997, 133 (134).

1309 Dazu BGH NJW-RR 1999, 297 = FamRZ 1999, 372 (374); OLG Hamburg FamRZ 1991, 196 ff.; NJW-RR 1993, 647 = FamRZ 1992, 1308 (verweist den Verpflichteten bei hohen Werbungskosten auf die Eintragung eines Freibetrags); OLG Bamberg BeckRS 2009, 26226 = FamRZ 1987, 1031 (1032) (stets Obliegenheit zum Eintrag eines Freibetrags).

1310 Ebenso BeckOGK/*Witt,* 1.2.2019, Rn. 206.

1311 Nach BeckOGK/*Witt,* 1.2.2019, Rn. 205 begründet „reine Nachlässigkeit" noch keine Obliegenheitsverletzung.

1312 OLG Schleswig BeckRS 1999, 10052 = FamRZ 2000, 825 f. (Obliegenheit zur Ausschöpfung steuerlicher Möglichkeiten: Geltendmachung des begrenzten Realsplittings + Ausbildungsaufwendungen für Kinder, die das 27. Lebensjahr vollendet haben).

wird;[1313] ggf. ist ein zwischen den Ehegatten unstreitiger Sockelbetrag einzutragen.[1314] Die Titulierung des Unterhalts in einer einstweiligen Anordnung, einem nur sie und nicht auch den Unterhaltsanspruch in der Hauptsache erledigenden Vergleich oder in einem vorläufig vollstreckbaren Urteil reicht für die Annahme einer Obliegenheit nicht aus.[1315]

825 – Im **Abänderungsverfahren,** das der Berechtigte zur Erhöhung des Unterhaltsbetrags betreibt, erstreckt sich die Obliegenheit des Verpflichteten auf den Eintrag des Realsplittings in bislang titulierter Höhe.

826 – Betreibt der **Verpflichtete** die Herabsetzung des titulierten Unterhaltsbetrags, soll sich die Obliegenheit zur Eintragung eines entsprechenden Freibetrags nach der Rspr. des BGH nur auf den von ihm erstrebten Betrag beziehen.[1316] Dies kann man immerhin hinterfragen, weil der Berechtigte einen Titel zu seinen Gunsten hat und bis zur endgültigen Klärung auf dessen Fortbestand vertrauen kann; helfen kann dann die einstweilige Einstellung der Zwangsvollstreckung aus dem Titel (§ 120 Abs. 1 FamFG, § 794 Abs. 1 Nr. 1 ZPO). Jedenfalls ist die Zulassung einer Herabsetzung des einzutragenden Freibetrags von einer summarischen Prüfung der Erfolgsaussicht des Abänderungsantrags des Verpflichteten dahin abhängig zu machen, dass die angestrebte Unterhaltshöhe glaubhaft gemacht wird, um Manipulationen des Verpflichteten so weit als möglich auszuschließen.

827 – Ist der Bedürftige nicht unbeschränkt einkommensteuerpflichtig (§ 1 EStG), hat der Verpflichtete die Unterhaltsleistung als **außergewöhnliche Belastung** (§ 33a Abs. 1 S. 1 EStG: bis zu einem Unterhaltsbetrag von 8.354 EUR/Jahr)

Jahreshöchstbeträge der vergangenen Jahre:

| Jahr | Jahresbetrag | Jahr | Jahresbetrag |
|---|---|---|---|
| 1999 | 13.020 DM | 2014–2015 | 8.354 EUR |
| 2000–2001 | 14.040 DM | 2016 | 8.652 EUR |
| 2002–2003 | 7.188 EUR | 2017 | 8.820 EUR |
| 2004–2008 | 7.680 EUR | 2018 | 9.000 EUR |
| 2009–2012 | 8.004 EUR | 2019 | 9.168 EUR |
| 2013 | 8.130 EUR | | |

steuermindernd geltend zu machen.

828 Für die Annahme einer Obliegenheitsverletzung reicht der **Vortrag** des begünstigten Ehegatten aus, dass steuerliche Vorteile nicht realisiert worden sind. Der betroffene Ehegatte muss dann den Vorwurf einer Obliegenheitsverletzung ausräumen. – Zur Wahl der Steuerklasse 4 in der **nachfolgenden Ehe** → Rn. 83–85.

### 5. Ruhestandsbezüge.

**Schrifttum:** *Born,* Eintritt ins Rentenalter – eine Schaltstelle im Unterhaltsrecht, NJW 2011, 3611; *Elden,* Arbeit im Ruhestand, NZFam 2015, 481; *Viefhues,* Auswirkungen von Rentenbezug und Ruhestand auf den Unterhalt NZFam 2015, 433.

829 **a) Grundsätze. Bezüge wegen Alters, Invalidität** und **Berufsunfähigkeit** aus der gesetzlichen Rentenversicherung, der Beamtenversorgung, der Zusatzversorgung im öffentlichen und kirchlichen Dienst, der betrieblichen Altersversorgung oder aus privaten Rentenversicherungen sind **Surrogate** der Erwerbseinkünfte. Unterhaltsrechtlich gilt der **Grundsatz,** dass wer die Voraussetzungen für eine Altersrente erfüllt, diese dann auch – unterhaltsrechtlich unschädlich – beantragen kann und ihm eine weitere Erwerbstätigkeit nicht obliegt. Maßgeblich sind jedoch stets die **Umstände des Einzelfalls,** die umfassend zu würdigen sind.[1317] Zu den **Ausnahmen** → Rn. 834, 842, 843.

830 Wurde die Ehe bereits vor Eintritt des Rentenfalls geschieden, ist zum Bedarf das **Stichtagsprinzip** (→ Rn. 42–48) zu beachten. Dies bedeutet jedoch nicht, dass nachträgliche Veränderungen

---

[1313] Etwa BGH NJW 2007, 2628 Rn. 19 = FamRZ 2007, 1232; NJW 2007, 1969 Rn. 28 = FamRZ 2007, 882; BGHZ 171, 206 = NJW 2007, 1961 Rn. 40, 43 = FamRZ 2007, 793; NJW-RR 1999, 297 = FamRZ 1999, 372 (374 f.); s. auch OLG Brandenburg NJW 2009, 1356 = FamRZ 2009, 1837 (1838).

[1314] OLG Düsseldorf BeckRS 2006, 4487.

[1315] Zur Parallelität mit dem Außerkrafttreten einer einstweiligen Anordnung (erst) durch eine rechtkräftige Entscheidung in der Hauptsache s. BGHZ 143, 65 = NJW 2000, 740 = FamRZ 2000, 751 (752).

[1316] BGHZ 175, 82 = NJW 2008, 1663 Rn. 39 = FamRZ 2008, 968; BGHZ 171, 206 = NJW 2007, 1961 Rn. 40, 42 = FamRZ 2007, 793.

[1317] BGHZ 188, 50 = NJW 2011, 670 Rn. 23, 24 = FamRZ 2011, 454.

nicht Berücksichtigung finden könnten (→ Rn. 49–60, 61–142). Deshalb prägen jedenfalls die verringerten Einkünfte aus Altersruhegeld als unterhaltsrechtlich beachtliche Fortentwicklung die ehelichen Lebensverhältnisse (→ Rn. 80, 81). Auch ansonsten sind Einkünfte aus einer zusätzlichen Tätigkeit dann nicht generell von der Berücksichtigung ausgeschlossen, wenn diese obligationsgemäß ist (→ Rn. 782–801).[1318]

**b) Regelaltersgrenze. aa) Abhängig Erwerbstätige.** Ein **nicht selbstständig** erwerbstätiger Ehegatte kann mit Erreichen der Regelaltersgrenze, die sowohl für den Berechtigten als auch den Verpflichteten gilt,[1319] in den Ruhestand treten (§ 35 S. 2 SGB VI, § 36 S. 1 SGB VI [67. Lebensjahr; für Bergleute 62. Lebensjahr], § 40 SGB VI, § 51 Abs. 1 S. 2 BBG, § 48 Abs. 1 S. 2 DRiG; → § 1571 Rn. 14, 15), ohne dass ihm eine Obliegenheitsverletzung vorgeworfen werden könnte.[1320] Ihm obliegt idR auch nicht die Aufnahme einer **Nebentätigkeit,**[1321] weder um den Bedarf des Unterhaltsgläubigers zu erhöhen noch um seine Bedürftigkeit zu vermindern bzw. seine Leistungsfähigkeit zu steigern (auch → Rn. 782–801). 831

**Ausnahmen** gelten dann, wenn die Regelaltersgrenze offensichtlich auf berufsbezogenen Besonderheiten beruht oder der Rentenbezug – wie bei der Inanspruchnahme einer vorgezogenen Altersgrenze (→ Rn. 843–847) – unabhängig von der Erwerbsfähigkeit ist.[1322] 832

**Beispiele aus der Rspr.:** 833

BGH NJW-RR 2004, 505 = FamRZ 2004, 254 (255): Pensionierung eines Strahlflugzeugführers mit 41 Jahren.

OLG Düsseldorf NJW-RR 2007, 1157 = FamRZ 2007, 1817: Nicht vorhersehbare Fortsetzung der Tätigkeit als angestellter Geschäftsführer nach Eintritt ins Rentenalter.

OLG Köln BeckRS 2006, 14408: Zur Zumutbarkeit einer Nebentätigkeit in Form der Haushaltsführung für einen neuen Lebenspartner.

IÜ gilt:

- Sind die Einkünfte **überobligatorisch** erzielt, sind dem betroffenen Ehegatten zum **Bedarf** weder tatsächliche noch fiktive Einkünfte zuzurechnen.[1323] Denn sie sind, da die Tätigkeit jederzeit aufgegeben werden kann, nicht nachhaltig erzielt.[1324] Dazu aber auch → Rn. 477–482. 834
- Werden weiterhin erarbeitete **Erwerbseinkünfte** bedarfsprägend herangezogen, können nicht auch ein bereits erzieltes **Renteneinkommen** und die steuerliche Entlastung durch einen **Altersentlastungsbetrag** (§ 24a EStG) einkommenserhöhend berücksichtigt werden.[1325] Auch kann im Einzelfall lediglich das Renteneinkommen einschließlich des Vorteils aus dem Altersentlastungsbetrag herangezogen werden und das Erwerbseinkommen unberücksichtigt bleiben.[1326] 835
- Zur **Bedürftigkeit** und **Leistungsfähigkeit** richtet sich die Anrechnung überobligatorisch erzielter Einkünfte nach der Billigkeit (§ 1577 Abs. 2, § 1581 S. 1, für die Leistungsfähigkeit zur Gleichstellung mit dem Unterhaltsgläubiger abgeleitet aus Treu und Glauben, § 242). 836
- Danach können überobligatorisch erzielte Einkünfte nur in **angemessenem Umfang** berücksichtigt werden, weshalb sie, um sie nicht den obligatorisch erzielten Einkünften gleichzustellen, in aller Regel nicht vollständig angerechnet werden können.[1327] 837

---

1318 AA *Spangenberg* FamRZ 2014, 1372.

1319 BGHZ 188, 50 = NJW 2011, 670 Rn. 20 = FamRZ 2011, 454.

1320 BGH NJW 2014, 2109 Rn. 50 = FamRZ 2014, 1183; NJW 2013, 461 Rn. 15, 16 = FamRZ 2013, 191 (zum Trennungsunterhalt); NJW 2012, 3438 Rn. 28 = FamRZ 2012, 1483; BGHZ 188, 50 = NJW 2011, 670 Rn. 20 = FamRZ 2011, 454; OLG Hamm NJOZ 2014, 1446 (1449) = FamRZ 2014, 777; OLG Schleswig BeckRS 2008, 2819 = FamRZ 2007, 1904 (bei gesteigerter Unterhaltspflicht nach § 1603 Abs. 2 S. 1 Erwerbsobliegenheit im Mangelfall); OLG Düsseldorf NJW-RR 2007, 1157 = FamRZ 2007, 1817; OLG Köln BeckRS 2006, 14408.

1321 Für eine Nebentätigkeit ausdrücklich BGH NJW 2013, 461 Rn. 14, 15 = FamRZ 2013, 191 (zum Trennungsunterhalt), allgemein BGHZ 188, 50 = NJW 2011, 670 Rn. 19 ff. = FamRZ 2011, 454.

1322 BGHZ 188, 50 = NJW 2011, 670 Rn. 17, 22 = FamRZ 2011, 454.

1323 Ebenso *Spangenberg* FamRZ 2014, 1372 (1373); *Spangenberg* FF 2012, 28; aA wohl BGHZ 188, 50 = NJW 2011, 670 = FamRZ 2011, 454, der in Rn. 14 mit dem Bedarf beginnt und in Rn. 17 ff. mit der Leistungsfähigkeit fortfährt; anders im Fall des OLG Hamm BeckRS 2013, 19542 = FamRZ 2014, 777 (779) mAnm *Spangenberg* FamRZ 2014, 1372 f., in dem es nicht um den – konkret dargelegten – Bedarf, sondern allein um die Leistungsfähigkeit des Unterhaltsschuldners ging.

1324 Insoweit ebenso OLG Hamm NJOZ 2014, 1444 (1449) = FamRZ 2014, 777 mAnm *Spangenberg* FamRZ 2014, 1372 f.

1325 BGHZ 188, 50 = NJW 2011, 670 Rn. 60 = FamRZ 2011, 454; OLG Hamm NJOZ 2014, 1444 (1449) = FamRZ 2014, 777; *Gerhardt* in Wendl/Dose UnterhaltsR § 1 Rn. 823.

1326 *Gerhardt* in Wendl/Dose UnterhaltsR § 1 Rn. 823.

1327 BGHZ 188, 50 = NJW 2011, 670 Rn. 24, 25 = FamRZ 2011, 454.

838 – In den aufgrund umfassender Billigkeitsabwägung zu bestimmenden angemessenen Umfang sind alle konkreten **Umstände des Einzelfalls** einzubeziehen.[1328]

839 **Praxisrelevante Beispiele:**[1329]
Die Unterhaltszahlungen decken den **angemessenen** oder jedenfalls den **Mindestbedarf** nicht ab.
Das **Alter** und der **Gesundheitszustand** sowie[1330] die damit zunehmende **körperliche** und **geistige Belastung** einer Erwerbstätigkeit.
Die ehemalige **gemeinsame Planung** der Ehegatten. – Die **beiderseitigen wirtschaftlichen Verhältnisse** einschließlich der **Höhe der Einkünfte** aus einer Nebentätigkeit.
Das Maß der wirtschaftlichen Verflechtung der Ehegatten. – Abzutragende **Darlehensverbindlichkeiten,**[1331] insbesondere wenn sie **betriebsbedingt** veranlasst aufgenommen wurden.[1332]
Ggf. muss der Unterhaltsschuldner hierzu vorhandenes Vermögen einsetzen,[1333] da das Unterhaltsrecht nicht der Vermögensbildung dient (→ Rn. 16, 380–388).
Übertragung eines beträchtlichen Teils der Altersvorsorgeanrechte im Wege des **Versorgungsausgleichs** oder des **Zugewinnausgleichs** auf den Unterhaltsgläubiger. Zum Ausgleich der dadurch entstandenen Versorgungslücke kann im Einzelfall auch angemessen sein, dass eine Anrechnung gänzlich ausscheidet.[1334]
Bislang **unzureichende Altersvorsorge.** Für eine erweiterte Heranziehung der überobligatorisch erzielten Einkünfte kann dagegensprechen, wenn durch die unzureichende Altersvorsorge des Unterhaltsschuldners der Unterhalt „deutlich mehr geschmälert [würde], als es bei dessen Eintritt in den Ruhestand üblicherweise der Fall wäre".[1335]

840 – Wer seinen Ehegatten auf eine Erwerbstätigkeit verweisen will, trägt insoweit die **Darlegungs- und Beweislast.** Für die in seiner Sphäre liegenden Umstände trägt der betreffende Ehegatte jedoch die **sekundäre Darlegungslast.**

841 **bb) Selbstständige.** Nach der Rspr. des BGH gelten diese auf unselbstständige Arbeitnehmer anzuwendenden Grundsätze auch für den **freiberuflich** oder **selbstständig** erwerbstätigen Ehegatten, insbesondere bei fortgeschrittenem Alter,[1336] und zwar grundsätzlich selbst dann, wenn die Fortsetzung der Erwerbstätigkeit über die Regelaltersgrenze hinaus **berufstypisch** ist (etwa bei Rechtsanwälten, Wirtschaftsprüfern, Steuerberatern, Ärzten, Versicherungsagenten etc) und/oder durch Schuldenabbau oder eine bislang unzureichende Altersversorgung begründet ist.[1337] Lediglich ausnahmsweise kann – auch bei Bezug von Altersruhegeld – nach Treu und Glauben aufgrund einer Einzelfallabwägung eine Erwerbsobliegenheit bestehen, etwa bei deutlicher Schmälerung des Unterhalts durch unzureichende Altersvorsorge des Verpflichteten, obwohl er die Möglichkeiten dazu gehabt hätte, oder bei Fortsetzung der Erwerbstätigkeit zur Verbesserung der Altersvorsorge nach Versorgungsausgleich oder Zugewinnausgleich. – Zur Berücksichtigung unzumutbar erzielter Einkünfte bei der **Unterhaltsbemessung** → Rn. 477–482.[1338]

---

[1328] BGH NJW 2013, 461 Rn. 16 = FamRZ 2013, 191 (zum Trennungsunterhalt); BGHZ 188, 50 = NJW 2011, 670 Rn. 23–28 = FamRZ 2011, 454: Nach Treu und Glauben aufgrund der konkreten Umstände des Einzelfalls.

[1329] BGH NJW 2013, 461 Rn. 14 ff. = FamRZ 2013, 191 (zum Trennungsunterhalt) (Rn. 18 auch dazu, dass der Berechtigte den vom Verpflichteten erbrachten Kindesunterhalt und Schuldendienst durch Vorwegabzug zur Hälfte mitgetragen hat); BGHZ 188, 50 = NJW 2011, 670 Rn. 23 ff. = FamRZ 2011, 454.

[1330] OLG Koblenz NJW 2015, 1030 Rn. 20 = FamRZ 2015, 1970 (insoweit nicht abgedruckt).

[1331] Dazu auch OLG Hamm NJOZ 2014, 1446 (1449) = FamRZ 2014, 777 (779) mAnm *Spangenberg* FamRZ 2014, 1372 f.

[1332] OLG Koblenz NJW 2015, 1030 Rn. 21 = FamRZ 2015, 1970 (insoweit nicht abgedruckt).

[1333] AA *Spangenberg* FamRZ 2014, 1372.

[1334] Dazu auch BGHZ 153, 372 = NJW 2003, 1796 = FamRZ 2003, 848 (850).

[1335] Zu Letzterem auch BGHZ 188, 50 Rn. 23 = NJW 2011, 670 = FamRZ 2011, 454.

[1336] BGH NJW 2013, 461 Rn. 15, 16 = FamRZ 2013, 191; BGHZ 188, 50 = NJW 2011, 670 Rn. 16–28 = FamRZ 2011, 454; BGHZ 153, 372 = NJW 2003, 1796 = FamRZ 2003, 848 (851) mwN; ebenso OLG Koblenz NJW 2015, 1030 Rn. 17 = FamRZ 2015, 1970 (insoweit nicht abgedruckt); OLG Hamm NJOZ 2014, 1446 (1449) = FamRZ 2014, 777 mAnm *Spangenberg* FamRZ 2014, 1372; NJWE-FER 1997, 26 = FamRZ 1997, 883 (884) (ohne jede weitere Differenzierung); OLG Karlsruhe BeckRS 2011, 4661 = FamRZ 2011, 1303 f. (zum Kindesunterhalt); s. auch OLG Hamm BeckRS 2010, 19069 = FamRZ 1981, 558 f.: Erwerbsobliegenheit verneint für eine 57-jährige Ehefrau, die bis zum 55. Lebensjahr einen Hof bewirtschaftet und danach verpachtet hat.

[1337] BGHZ 188, 50 = NJW 2011, 670 Rn. 28 = FamRZ 2011, 454; OLG Hamm NJOZ 2014, 1446 (1449) = FamRZ 2014, 777 mAnm *Spangenberg* FamRZ 2014, 1372.

[1338] Zum Kindesunterhalt s. OLG Karlsruhe BeckRS 2011, 4661 = FamRZ 2011, 1303 (1304): Die Einkünfte aus überobligatorischer Erwerbstätigkeit sind jedenfalls bis zu einem Alter, in dem vom Verpflichteten eine Erwerbstätigkeit schlechterdings nicht mehr erwartet werden kann, zu berücksichtigen.

Der Hinweis des BGH auf sozialrechtliche Normen ist für die Bestimmung der Erwerbsobliegenheit jedoch nicht tragfähig. Das maßgebliche Kriterium ist gerade die **berufstypische Üblichkeit** der Fortsetzung der Tätigkeit über die Regelaltersgrenze hinaus, relativiert um das konkrete **Alter,** den **Gesundheitszustand** und die bisherige **Altersversorgung** des Ehegatten.[1339] **842**

### c) Vorgezogene Altersrente. Vorruhestand. Altersteilzeit.

**Schrifttum:** *Müller,* Vorruhestand und Altersteilzeit – auch für Unterhaltspflichtige?, ZfJ 1999, 297; *Greßmann/Klattenhoff,* Die Geltendmachung von antragsabhängigen Sozialleistungen als unterhaltsrechtliche Nebenpflicht, FuR 1996, 137; *Viefhues,* Altersteilzeit und Vorruhestand, FF 2006, 103.

Den Ehegatten sind die allein sozial- und arbeitsmarktpolitisch motivierten Möglichkeiten[1340] **843** zum Bezug einer **vorgezogenen Altersrente** (s. § 36 S. 2 SGB VI, § 37 S. 2 SGB VI, § 52 Abs. 3 BBG, § 48 Abs. 5 DRiG, → § 1571 Rn. 15) oder zum Antritt der **Altersteilzeit** allein wegen des Erreichens einer dafür bestimmten Altersgrenze (zur **Regelarbeitszeit** → Rn. 831–842, → § 1571 Rn. 14) unterhaltsrechtlich verwehrt, weil diese Möglichkeiten, allein sozial- und arbeitsmarktpolitisch motiviert, kein unterhaltsrechtlich taugliches Kriterium für das Entfallen einer Erwerbsobliegenheit sind und diese nicht beseitigt.[1341] Auch die durch **Altersteilzeit**[1342] (5. Aufl. 2010 Rn. 172 mwN; zum **Erwerbsanreiz** → Rn. 212, 215) verringerten Einkünfte sind nur dann beachtlich, wenn diese nicht **unterhaltsbezogen mutwillig** angetreten wurde. – Zum ehemaligen **Vorruhestand** → 5. Aufl. 2010, Rn. 171, 172.

Setzt sich ein Ehegatte mit dem Erreichen einer Altersgrenze für eine vorgezogene Altersrente **844** oder Altersteilzeit in einem **Alter** zur Ruhe, in dem regelmäßig noch einer Erwerbstätigkeit nachgegangen wird, trifft ihn dann eine Erwerbsobliegenheit, wenn ihm eine Erwerbstätigkeit noch zumutbar ist. Ihm obliegt dann eine Tätigkeit, mit der er zusammen mit seinen Ruhestandsbezügen sein ursprüngliches Einkommensniveau aus aktiver Zeit erreicht.[1343] Ist dies nicht möglich, weil der erlaubte Zuverdienst begrenzt ist (§ 34 Abs. 2, 3 SGB VI), bedarf die vorzeitige Zurruhesetzung besonderer Rechtfertigung. Dies ist aufgrund einer umfassenden Interessenabwägung zu beurteilen, in die etwa

- eine **gemeinsame Entschließung** der Ehegatten oder eine einseitige des Betroffenen,
- **betriebliche, persönliche** oder **gesundheitliche**[1344] Gründe für die Altersteilzeit,
- der **Zeitpunkt** der Vereinbarung der Altersteilzeit mit dem Arbeitgeber, ob sie also noch während des ehelichen Zusammenlebens oder schon in Zeiten der Ehekrise oder gar bereits nach der Trennung abgeschlossen wurde,[1345]
- die Möglichkeit einer **Nebentätigkeit** neben dem Bezug von Altersteilzeiteinkünften,
- eine **Abfindung** des Arbeitgebers für den Verlust des Arbeitsplatzes,
- das **Niveau des Lebensbedarfs** des Berechtigten aufgrund eigener Einkünfte und des Unterhaltsanspruchs[1346]

einzubeziehen sind.[1347]

Die Inanspruchnahme von Altersrente wegen **Arbeitslosigkeit** oder nach **Altersteilzeit** nach **845** vollendetem 60. Lebensjahr und 52-wöchiger Arbeitslosigkeit (§ 237 SGB VI) wird idR nicht gegen Erwerbsobliegenheiten verstoßen. Und auch wenn der Antritt der Altersteilzeit gegen unterhaltsrechtliche Obliegenheiten verstößt, rechtfertigt dies nicht eine lediglich teilschichtige Erwerbstätig-

---

1339 IErg ebenso Soergel/*Häberle* § 1571 Rn. 5, der mit OLG Düsseldorf NJW-RR 2007, 1157 = FamRZ 2007, 1817 und OLG Hamburg BeckRS 2011, 2761 = FamRZ 1985, 394 darauf abstellt, dass die Fortsetzung der Erwerbstätigkeit den ehelichen Lebensverhältnissen entspreche. Dies dürfte unzutr. sein, weil sich die ehelichen Lebensverhältnisse nicht über die Erwerbstätigkeit, sondern über die Einkünfte definieren.

1340 OLG Hamm NJW 1999, 2976 = FamRZ 1999, 1078.

1341 BGH NJW 1999, 1547 = FamRZ 1999, 708 (710) (zu § 1571); OLG Hamm NJW 1999, 2976 = FamRZ 1999, 1078; NJW 1999, 2976 = FamRZ 1999, 1078 f.; s. auch OLG Celle FamRZ 1994, 517.

1342 Sie ist grundsätzlich zum 31.12.2009 ausgelaufen (§ 16 AltTZG 1996), doch können Förderleistungen für die Zeit ab dem 1.1.2010 für die Dauer von 6 Jahren (§ 4 Abs. 1 AltTZG 1996) noch erbracht werden, wenn die Altersteilzeit vor diesem Zeitpunkt begonnen hat (§ 16 AltTZG 1996). Dazuhin kann Altersteilzeit ggf. nach besonderen Vereinbarungen oder tarifvertraglichen Regelungen angetreten werden.

1343 BGH NJW-RR 2004, 505 = FamRZ 2004, 254 (255, 256) (Strahlenflugzeugführer bei der Luftwaffe wird mit 41 Jahren pensioniert: Erwerbstätigkeit zur Erhaltung des bisherigen Niveaus seines Erwerbseinkommens ist zumutbar).

1344 OLG Hamm BeckRS 1999, 11130 = FamRZ 1999, 1079; NJW 1999, 2976 = FamRZ 1999, 1078 (1079).

1345 OLG Hamm NJW 1999, 2976 = FamRZ 1999, 1078 (1079).

1346 BGH NJW 2012, 3434 Rn. 27–33 = FamRZ 2012, 1483. Dazu auch OLG Bamberg BeckRS 2010, 5245 = FamRZ 2010, 381 Ls.; *Viefhues* FF 2006, 103.

1347 Zum Ganzen auch BeckOGK/*Lettmaier,* 1.12.2018, § 1571 Rn. 13, 14; BeckOGK/*Haidl,* 1.2.2019, § 1603 Rn. 106–109.

keit des **anderen Ehegatten** (→ Rn. 782–801). Ein beachtlicher Verstoß setzt sich unterhaltsrechtlich in der verminderten **Altersrente** nach Altersteilzeit und der fiktiven Zurechnung der nicht erworbenen Versorgungsanrechte fort.

Von einer danach weiter fortbestehenden Erwerbsobliegenheit sind nur dann Ausnahmen zu machen, wenn

846 – der Eintritt in den Ruhestand nicht unterhaltsbezogen mutwillig, also etwa **krankheits-** oder **betriebsbedingt** ist.[1348] Im letzteren Fall ist dann jedoch eine vom Arbeitgeber bezahlte Abfindungen zu berücksichtigen.

847 – der **Berechtigte** in zumutbarer Weise mit dem Bezug von Altersrente zu einer unterhaltsrechtlichen **Entlastung** des Verpflichteten beitragen kann.[1349] Dies kann etwa bei Erwerbslosigkeit des Berechtigten in Betracht kommen, wenn die vorgezogene Altersrente das ALG übersteigen würde. Bei der Abwägung ist allerdings (auch) zu berücksichtigen, dass dies zur dauerhaften Verringerung der Regelaltersrente führt, die unterhaltsrechtlich – mit allen Unsicherheiten – ggf. vom Verpflichteten mitzutragen ist.

848 **d) Teilrente.** Nach § 42 Abs. 1 Alt. 2 SGB VI kann ein in der gesetzlichen Rentenversicherung Versicherter mit Erreichen des Rentenalters neben seinem Arbeitseinkommen eine Rente wegen Alters als Teilrente in Anspruch nehmen, wenn der kalenderjährliche Hinzuverdienst zur Rente 6.300 EUR = monatlich 525 EUR nicht überschreitet (§ 42 Abs. 2 S. 2 SGB VI, § 34 Abs. 2, 3 SGB VI). Ergibt sich danach ein geringeres Gesamteinkommen des Berechtigten/Verpflichteten als bei vollschichtiger Erwerbstätigkeit, hat der Ehegatte dies nur hinzunehmen, wenn er hierfür unterhaltsrechtlich erhebliche Umstände substantiiert darlegt und ggf. beweist. Ansonsten verstößt er gegen seine aus der nachehelichen Solidarität (→ § 1569 Rn. 20) fließende Obliegenheit, seine bisherigen unterhaltsrechtlichen Einkünfte auch weiter zu erzielen. Ggf. kann der durch den Antrag auf eine Teilrente benachteiligte Ehegatte dessen familiengerichtliche Verpflichtung zur Beantragung einer Vollrente betreiben; der Antrag gilt mit Rechtskraft der familiengerichtlichen Entscheidung als gestellt (§ 894 ZPO).[1350]

849 **6. Versorgungsausgleich. a) Beschränkung.** Auch wenn der versorgungsausgleichspflichtige Ehegatte versäumt hat, den Versorgungsausgleich herabsetzen zu lassen (§ 27 VersAusglG, § 1587c aF), weil er nach dessen Durchführung selbst unterhaltsbedürftig wird (→ VersAusglG § 27 Rn. 19, 29), kann er nach der Zurruhesetzung gleichwohl Altersunterhalt (§ 1571) verlangen.[1351] Denn unabhängig davon, ob überhaupt eine Obliegenheit zur Geltendmachung der Beschränkung besteht – eher nicht, weil der ausgleichsberechtigte Ehegatte durch die Unterlassung ja nicht unmittelbar benachteiligt wird –, ändert sich für diesen nichts: Entweder er bekommt die finanziellen Mittel über den Versorgungsausgleich, oder er bekommt Unterhalt; in beiden Fällen kommt es zur Halbteilung.

850 **b) Fiktive Zurechnung von Anrechten.** Untrennbar mit der unterlassenen Erzielung von Erwerbseinkünften (→ Rn. 697–828) ist der **Nichterwerb** von Versorgungsanrechten wegen unterlassener Erwerbstätigkeit verbunden. Dies betrifft sowohl während der Ehe als auch nach der Scheidung nicht erworbene Anrechte. Wurde die Erzielung von Erwerbseinkünften obliegenheitswidrig unterlassen, führt dies auch dazu, dass die Versorgungsanrechte, die sich aus den zugerechneten fiktiven Bruttoeinkünften ergeben würden, fiktiv bei der Bedürftigkeit und der Leistungsfähigkeit zu berücksichtigen sind.

851 Wurde **Schwarzarbeit** des Berechtigten vom Verpflichteten während der Ehezeit hingenommen, ohne auf die Aufnahme einer sozialversicherten Tätigkeit hinzuwirken, können für die Ehezeit keine fiktiven Anrechte zugerechnet werden, weil dann bereits die Schwarzarbeit nicht als Obliegenheitsverletzung zu werten ist (→ Rn. 468–471, 715, 851).[1352] Dies ändert sich jedoch bereits mit der Trennung unter Berücksichtigung einer angemessenen Übergangszeit für die Arbeitsplatzsuche und gilt erst recht nicht für die nacheheliche Zeit.

852 **c) Anpassung wegen Unterhalt.** Dem Recht auf Zurruhesetzung oder auf Bezug einer Invaliditätsrente (→ Rn. 524–531, 540) korrespondiert die Obliegenheit des Unterhaltschuldners, die finanziellen Nachteile für den Unterhaltsgläubiger möglichst gering zu halten. Ihm obliegt deshalb,

---

[1348] Etwa OLG Hamm NJW-RR 2001, 433 (434) = FamRZ 2001, 482: Altersteilzeit oder sofortige Entlassung.

[1349] BeckOGK/*Lettmaier*, 1.12.2018, § 1571 Rn. 14; *Borth* in Schwab ScheidungsR-HdB IV Rn. 255; *Borth* Praxis des UnterhaltsR Rn. 138.

[1350] OLG Celle BeckRS 2018, 6887 Rn. 15–26 = FamRZ 2018, 1078 mAnm *Borth* (zu § 42 Abs. 2 SGB VI in der bis 30.6.2017 geltenden Fassung), hergeleitet aus § 1353.

[1351] Ebenso BeckOGK/*Witt*, 1.2.2019, Rn. 170; aA OLG Celle NJW 2006, 922 = FamRZ 2006, 1544.

[1352] BGH NJW 2013, 1359 Rn. 31, 32 = FamRZ 2013, 770.

ggf. die **Aussetzung der Kürzung des Versorgungsausgleichs** nach §§ 32 ff. VersAusglG zu beantragen.[1353] Dies berührt sowohl den Bedarf des Berechtigten als auch die Leistungsfähigkeit des Verpflichteten (§ 33 Abs. 1, 3 VersAusglG).

Für eine hierauf bezogene Obliegenheitsverletzung ist nicht erforderlich, dass der Unterhalts- 853
schuldner mit der Nicht-Stellung eines Aussetzungsantrags – in Anlehnung an die Mutwilligkeit in § 1579 Nr. 4, 5 – **unterhaltsbezogen leichtfertig** gehandelt hat.[1354] Denn die Verletzung einer Obliegenheit ist gegenüber einem Verstoß gegen § 1579 niederschwellig (→ Rn. 436, 668, 901, 909).

**7. Altersvorsorge. a) Steuerbegünstigte Anlage.** Da die Anlage des **Altersvorsorgeunter-** 854
**halts** wie auch die **sekundäre Altersvorsorge** (→ Rn. 325–338) – wenn auch zweckgebundene – **Vermögensbildung** ist, obliegt dem Unterhaltsgläubiger, sie so ertragreich wie möglich anzulegen (→ Rn. 879). Doch kann er unterhaltsrechtlich nicht darauf verwiesen werden, ihn in eine durch Sonderausgabenabzug ermöglichte **steuerbegünstigte Anlageform** (§ 10 Abs. 1 Nr. 2, 3 EStG) zu investieren, weil ihn dies in seiner Dispositionsfreiheit zu sehr einschränken würde.[1355] Obliegt ihm unterhaltsrechtlich aber eine entsprechende Anlage nicht, kann nicht allein deshalb, wohl aber aus anderen Gründen von mutwilliger Herbeiführung der Bedürftigkeit iSd § 1579 Nr. 4 ausgegangen werden. – Ggf. kann der Verpflichtete die Möglichkeit einer steuerbegünstigten Anlage bei der Bestimmung des Nachteilsausgleichs im Rahmen des **steuerlichen Realsplittings** geltend machen (Grundsätze nach §§ 242, 254 Abs. 2).[1356]

**b) „Vergessene" Altersvorsorge.** Hat der Berechtigte Altersvorsorgeunterhalt **nicht geltend** 855
**gemacht** („vergessener" Altersvorsorgeunterhalt), wird darin idR eine Obliegenheitsverletzung liegen. Denn er konnte zwar den – erhöhten – Elementarunterhalt zur Bestreitung seines allgemeinen Lebensbedarfs verwenden und musste ihn nicht für seine Alterssicherung einsetzen. Gleichwohl hätte er unter Beschränkung seines allgemeinen Lebensbedarfs zur Verbesserung seiner wirtschaftlichen Lage im Alter Altersvorsorgeunterhalt verlangen und diesen zur Absicherung im Alter anlegen müssen. Er ist deshalb fiktiv so zu behandeln, als habe er Altersvorsorgeunterhalt in der ihm zustehenden Höhe bezogen und durch entsprechende Anlage auch Altersvorsorge betrieben, was zu einem hypothetischen Ausgleich des ehebedingten Versorgungsnachteils führt. Für den Unterhaltspflichtigen bleibt ein wirtschaftlicher Vorteil, weil er weniger aufbringen muss, wenn lediglich Elementarunterhalt verlangt wird. Dieser vom Berechtigten „verschuldete" Vorteil kann ihm jedoch aus Billigkeitsgründen nicht entgegenhalten werden.[1357] – Zum Altersvorsorgeunterhalt im Zusammenhang mit der Begrenzung des Unterhalts nach **§ 1578b** → § 1578b Rn. 147–150, zum **Verfahrensrecht** → Rn. 976–983.

**c) Zweckwidrige Verwendung von Unterhaltsleistungen.** Unterhalt ist stets an den 856
Bedürftigen zu bezahlen, auch soweit er auf **Mehrbedarf** geleistet wird. Für **ausbildungs-** und **trennungsbedingten** Mehrbedarf gilt dies auch, soweit damit **Schulgelder** oder **Studiengebühren** abgedeckt werden sollen. Grundsätzlich kann der Verpflichtete gegen den Willen des Bedürftigen auch nicht verlangen, den auf die **Kranken-** und **Pflegevorsorge** (→ Rn. 267–288) sowie die **Altersvorsorge** (→ Rn. 289–352) entfallenden Teil des Unterhalts unmittelbar an den Versorgungsträger zahlen zu dürfen, weil es allein Sache des Bedürftigen ist, mit dem Versorgungsträger als seinem Vertragspartner zu verkehren.

**Ausnahmen** sind nur zulässig, wenn aufgrund besonderer Umstände das Verlangen des Bedürf- 857
tigen auf Zahlung an sich gegen Treu und Glauben verstößt,[1358] etwa weil **konkreter Anlass** für die Annahme besteht, dass der Bedürftige die Leistungen nicht zweckentsprechend zur Deckung des Mehrbedarfs, sondern insbesondere für den laufenden Unterhalt verwendet.[1359] Der Verpflichtete kann dann mit einem **Abänderungsantrag** (§§ 238, 239 FamFG) erreichen, dass die titulierten Beträge direkt an den Versorgungsträger gezahlt werden können.[1360]

---

1353 OLG Nürnberg FamRZ 1997, 961 (zu §§ 5, 9 VAHRG aF).

1354 So zu § 33 VersAusglG OLG Hamm BeckRS 2013, 12464 = FamRZ 2013, 1812 Ls.

1355 OLG Stuttgart NJW-RR 2018, 772 Rn. 13 mBspr *Rasch* NZFam 2018, 371 = FamRZ 2018, 1081 (1082); BeckOGK/*Witt,* 1.2.2019, Rn. 667; aA *Gutdeutsch* in Wendl/Dose UnterhaltsR § 4 Rn. 872.

1356 OLG Brandenburg NJW 2016, 1894 Rn. 15–18 mBspr *Ruetten* NZFam 2016, 506= FamRZ 2016, 1684 (1685); s. auch OLG Stuttgart NJW-RR 2018, 772 Rn. 13 mBspr *Rasch* NZFam 2018, 371 = FamRZ 2018, 1081 (1082); *Gutdeutsch* in Wendl/Dose UnterhaltsR § 4 Rn. 873.

1357 *Maurer* FamRZ 2015, 312 (313).

1358 BGH NJW 1983, 1547 = FamRZ 1982, 1187 (1189); NJW 1983, 1552 = FamRZ 1983, 676 (677).

1359 BGH NJW-RR 1989, 386 = FamRZ 1989, 483 (485); NJW 1983, 1552 = FamRZ 1983, 676 (677) NJW 1983, 1547 = FamRZ 1982, 1187 (1189).

1360 Zum Altersvorsorgeunterhalt BGH NJW 1987, 2229 = FamRZ 1987, 684 (688).

858 Hat der Bedürftige die Zahlungen auf den Mehrbedarf **zweckwidrig** verwandt, ist er so zu behandeln, als hätten die Leistungen zu einer zweckentsprechenden Absicherung geführt, dh ihm sind die dadurch entgangenen Ansprüche auf Krankengeld oder auf Altersvorsorge fiktiv zuzurechnen und der Unterhaltsanspruch entsprechend zu kürzen.[1361] Dabei ist von einer Obliegenheitsverletzung des Bedürftigen und der Befriedigung seines Bedarfs durch die Zahlung des Vorsorgeunterhalts auszugehen[1362] und der Beschränkung des Unterhalts nach § 1579 Nr. 4 vorzuziehen,[1363] zumal sie die Feststellung eines – idR allerdings gegebenen – Mutwillens[1364] voraussetzt. Hat er den Vorsorgeunterhalt wegen beengter finanzieller Mittel zur Bestreitung seines allgemeinen **Lebensbedarfs** verwandt, kann ihm auch zum Vorwurf gereichen, mit einem Abänderungswiderantrag nicht den Wegfall des Vorsorgeunterhalts und eine Erhöhung des Elementarunterhalts betrieben zu haben.[1365]

859 Dem Berechtigten sind entgangene Leistungen auch dann zuzurechnen, wenn und soweit er einen **höheren Elementarunterhalt** hätte geltend machen können. Er muss sich insoweit an seinem ursprünglichen Unterhaltsverlangen festhalten lassen,[1366] auch soweit ihm aufgrund zu geringen Elementarunterhalts ein zu geringer Vorsorgeunterhalt zugesprochen wurde.

860 Unbillige Ergebnisse können über **§ 242** korrigiert werden, allerdings mit der Folge, dass nunmehr dem Bedürftigen und nicht dem Verpflichteten die Darlegungs- und Beweislast obliegt. Deshalb und weil die Zahlungen mit Rechtsgrund erfolgt sind, kann der Verpflichtete auch seine Leistungen nicht wegen ungerechtfertigter Bereicherung (§§ 812 ff.) **zurückverlangen,**[1367] zumal der Unterhaltsgläubiger – auch zum Vorsorgeunterhalt – **fiktiv** so behandelt wird, als habe er die Unterhaltsleistungen zweckentsprechend verwandt. – Zur Behandlung im Rahmen von **§ 1578b** → § 1578b Rn. 147–150.

861 Da der Bedarf des Berechtigten für den Fall der Krankheit, der Pflege, des Alters sowie der Berufs- oder Erwerbsfähigkeit durch die Vorsorgeleistungen des Verpflichteten abgedeckt ist und er deshalb bei Eintritt des Versorgungsfalles insoweit nicht bedürftig ist, hat der Verpflichtete kein Recht auf **Auskunft** und Rechnungslegung über die Verwendung seiner Vorsorgeleistungen (§ 242).[1368]

862 Diese Rspr. bereitet der Praxis Schwierigkeiten, weil erst im Nachhinein – nach Eintritt des Rentenfalls des Berechtigten – beurteilt werden kann und muss, wie der Altersvorsorgeunterhalt hätte angelegt werden sollen und wie sich die Anlage entwickelt hätte.

**8. Öffentliche Leistungen. a) Geltendmachung.** Die Ehegatten müssen ihre Ansprüche auf insbesondere folgende Leistungen geltend machen:

863 – **Sozialleistungen,**[1369] insbesondere auf
  - **ALG I,**[1370]
  - **Alters-, Berufs- und Erwerbsminderungsrenten,**[1371] auch vorgezogene Altersrente, wenn sie aufgrund ihres Alters keine Erwerbsobliegenheit (mehr) trifft.[1372]

---

[1361] BGHZ 153, 372 = NJW 2003, 1796 = FamRZ 2003, 848 (853); NJW-RR 1989, 386 (387) = FamRZ 1989, 483; NJW 1988, 2101 = FamRZ 1988, 817 (820); NJW 1987, 2229 = FamRZ 1987, 684 (686) mit krit. Anm. *Weychardt* FamRZ 1987, 1130; NJW 1983, 1552 (1554) = FamRZ 1983, 676; auch OLG Bamberg NJW-RR 2003, 74 = FamRZ 2003, 762 (763); OLG Koblenz BeckRS 2001, 30208382; OLG Schleswig BeckRS 2000, 30146344; OLG Hamm NJW-RR 1992, 261 = FamRZ 1991, 1056.

[1362] So BGH NJW 1983, 1552 = FamRZ 1983, 676 (678); *Weychardt* FamRZ 1987, 1130 (1131).

[1363] AA – Anwendung von § 1579 Nr. 4 – BGH NJW-RR 1989, 386 = FamRZ 1989, 483 (485); NJW 1988, 2101 = FamRZ 1988, 817 (820) mit krit. Anm. *Weychardt* FamRZ 1988, 930; NJW 1987, 2229 = FamRZ 1987, 684 (686) mit krit. Anm. *Weychardt* FamRZ 1987, 1130; NJW 1983, 1552 (1554) = FamRZ 1983, 676; ebenso BeckOGK/*Witt,* 1.2.2019, Rn. 613.

[1364] Von BGH NJW 1987, 2229 = FamRZ 1987, 684 (686) mit krit. Anm. *Weychardt* FamRZ 1987, 1130 ff. für den Fall einer Notlage des Bedürftigen verneint.

[1365] BGH NJW 1987, 2229 = FamRZ 1987, 684 (686) mit krit. Anm. *Weychardt* FamRZ 1987, 1130.

[1366] AA BeckOGK/*Witt,* 1.2.2019, Rn. 626, 670.

[1367] Zum Altersvorsorgeunterhalt BGH NJW 1987, 2229 = FamRZ 1987, 684 (688); OLG Hamm NJW-RR 1992, 261 = FamRZ 1991, 1056 f.; OLG Celle BeckRS 2011, 3488 = FamRZ 1992, 690 (694).

[1368] AA OLG Karlsruhe NJW 1978, 2248 = FamRZ 1978, 501 (502).

[1369] S. dazu *Greßmann/Klattenhoff* FuR 1996, 137 (138).

[1370] OLG Hamm NJW-RR 1994, 707 = FamRZ 1994, 446 (447).

[1371] OLG Bamberg BeckRS 2010, 4189 = FamRZ 1984, 388; s. dazu auch *Niepmann/Schwamb* Rspr. zur Höhe des Unterhalts Rn. 610 mwN. Zur darlehensweisen Gewährung von Unterhalt nach Stellung eines Rentenantrags → § 1569 Rn. 22, → § 1585 Rn. 13–16. Zum – unterhaltsrechtlich neutralen – Zuwarten mit der Antragstellung, wenn der Verpflichtete bereits eine Rente bezieht und sich der Rentenanspruch des Bedürftigen nahezu ausschließlich auf den Versorgungsausgleich gründet, s. §§ 33, 34 VersAusglG; zu § 5 VAHRG aF s. OLG Zweibrücken FamRZ 1997, 504 (505). – Zur früheren Erwerbsunfähigkeitsrente BGH NJW 1983, 1481 = FamRZ 1983, 574 (575).

[1372] BGH NJW 1999, 1630 = FamRZ 1999, 710 (713).

– **Ausbildungsförderung.**[1373] Ihre Geltendmachung wird dem Berechtigten in aller Regel zumutbar sein,[1374] es sei denn, dass ihm – was er ggf. darlegen und beweisen muss, da es um seine Bedürftigkeit geht – auch bei rechtzeitiger Antragstellung keine Ausbildungsförderung gewährt worden wäre.[1375]
– **Krankengeld.** Den Ehegatten ist die Berufung auf die Bedürftigkeit/Leistungsunfähigkeit jedoch verwehrt, wenn sie zwar arbeitsunfähig erkrankt sind, zuvor aber eine versicherungspflichtige Arbeit, die ihnen während ihrer Krankheit Lohnfortzahlung und Krankengeld verschafft hätte, unterhaltsrechtlich zurechenbar verloren oder ausgeschlagen haben.[1376]
– **Krankenhaustage-, Unterhalts-, Mutterschaftsgeld.**
– **Pflegegeld.** Dies soll jedenfalls für den Berechtigten gelten,[1377] obgleich man für den Regelfall an der Unterhaltsbezogenheit und damit einer Obliegenheitsverletzung im Unterlassen des Abschlusses einer Pflegeversicherung zweifeln kann.[1378] Wird der Verpflichtete pflegebedürftig, ohne sich durch eine Pflegeversicherung abgesichert zu haben, wird er regelmäßig nicht unterhaltsbezogen gehandelt haben, sodass es an einer Obliegenheitsverletzung fehlt.
– Unerheblich ist in diesem Zusammenhang **Elterngeld** (→ Rn. 561), wenn die Voraussetzungen aus § 11 S. 4 BEEG[1379] nicht aus einem anderen Grund als der Nichtgeltendmachung vorliegen, **Sozialhilfe** und idR auch das ALG II,[1380] soweit diese Leistungen subsidiär sind (allgemein zum ALG II → Rn. 570–572).

– Absehen von der **Rentenkürzung** (§§ 33, 34 VersAusglG),[1381] 864
– anders aber für die **Verfahrenskostenhilfe:** Da sie nicht subsidiär ist, kann ein Ehegatte auf ihre 865
Inanspruchnahme verwiesen und bei Unterlassen so behandelt werden, als habe er sie bewilligt erhalten. – Zum **Kindergeld** → Rn. 562–564.
– **Wohngeld** nach dem WoGG (allgemein → Rn. 569)[1382] und **Eigenheimzulage** (allgemein 866
→ Rn. 574). Wird auch Erwerbseinkommen fiktiv zugerechnet, muss allerdings auf dessen Grundlage geprüft werden, ob und in welcher Höhe ggf. noch Anspruch auf wohngeldrechtliche Leistungen[1383] oder auf eine Eigenheimzulage bestünde bzw. bestanden hätte.
– **Rentennachzahlungen** sind nach dem Zuflussprinzip ab ihrer Auszahlung, nicht nach dem Für- 867
Prinzip für die Zeit, für die sie bezahlt werden, zu berücksichtigen.[1384] Dies ist dann nicht zwingend, wenn vom Bedürftigen noch Unterhalt für die Vergangenheit verlangt und die Nachzahlung bei der Unterhaltsbemessung noch berücksichtigt werden kann; dann sollte entsprechend der Behandlung von Steuerrückerstattungen der Nachzahlungsbetrag für den Zeitraum, für den er entrichtet wurde, berücksichtigt werden (→ Rn. 502, 506).
– **Schadensersatzrenten,** jedoch nur in dem Umfang und in der Höhe, in der aus einer oblegenen 868
Erwerbstätigkeit Einkünfte erzielt werden könnten, weil der Verpflichtete durch das Schadensereignis nicht bessergestellt werden darf, als er ohne dieses stünde.[1385]
– Jegliche **Ansprüche anderer Art,**[1386] etwa ein Pflichtteilsrecht,[1387] im Rahmen der Zumutbar- 869
keit, für deren Beurteilung alle Belange des Bedürftigen und des Verpflichteten unter Berücksichtigung der Umstände des Einzelfalles angemessen gegeneinander abzuwägen sind.

**b) Verlust.** Der Nichtgeltendmachung von Ansprüchen steht der zurechenbare Verlust von 870
Ansprüchen **jeglicher Art** gleich. Dabei können insbesondere Verjährung und Verwirkung der

1373 BGH NJW 1980, 393 = FamRZ 1980, 126 (128).
1374 Zum Kindesunterhalt OLG Hamm NJW 2014, 396 (397) = FamRZ 2014, 565; OLG Karlsruhe NJW-RR 2010, 8 (9); OLG Schleswig BeckRS 2008, 24308 = FamRZ 2006, 571.
1375 OLG Hamm NJW 2014, 396 (397) = FamRZ 2014, 565.
1376 BGH NJW 1988, 2239 = FamRZ 1988, 597 (599).
1377 BGHZ 206, 25 = NJW 2015, 2577 Rn. 31 mwN = FamRZ 2016, 1594 mAnm *Borth* (zum Anspruch auf Elternunterhalt); OLG Oldenburg BeckRS 2012, 24160 = FamRZ 2013, 1143 (1145).
1378 BGHZ 206, 25 = NJW 2015, 2577 Rn. 33–38 = FamRZ 2016, 1594 mAnm *Borth.*
1379 Zu § 9 S. 2 BErzGG aF s. auch BGH NJW 1998, 1309 = FamRZ 1998, 541 (542).
1380 BeckOGK/*Haidl,* 1.2.2019, § 1603 Rn. 39; *Niepmann/Schwamb* Rspr. zur Höhe des Unterhalts Rn. 884; dazu auch BGH NJW 2014, 932 Rn. 21, 22 = FamRZ 2014, 637; NJW 2013, 2595 Rn. 22, 24 ff. = FamRZ 2013, 1378; abgrenzend OLG Koblenz BeckRS 2014, 7119 = FamRZ 2014, 1308.
1381 Zu § 5 VAHRG aF s. OLG Nürnberg NJWE-FER 1997, 169.
1382 Gegen eine fiktive Zurechnung *Götsche* FamRB 2010, 376 (378).
1383 *Götsche* FamRB 2010, 376 (379).
1384 BGH NJW 1985, 486 = FamRZ 1985, 155 (156); OLG Nürnberg NJWE-FER 1997, 169 (170); KG BeckRS 2010, 26030 = FamRZ 1988, 720 (721). Zu Rentennachzahlungen allgemein s. auch BGH NJW 1983, 1783 = FamRZ 1983, 674 (675).
1385 BGH NJWE-FER 1998, 241 = FamRZ 1998, 1503 (1504).
1386 BGH NJW 1980, 393 = FamRZ 1980, 126.
1387 BGH NJW 1993, 1920 = FamRZ 1993, 1065.

Ansprüche von Bedeutung sein. Soweit sich der Bedürftige seiner Unterhaltsansprüche aus einer **geschiedenen Nachehe** nach § 1579 begeben hat, hat er sich bedürftig gemacht. Für eine Obliegenheitsverletzung muss er sich der rechtlichen Auswirkungen auf den Unterhaltsanspruch aus der Erstehe und der Nachehe wenigstens aufgrund einer Parallelwertung in der Laiensphäre bewusst gewesen sein. Dies gilt auch für die Unterhaltsansprüche aus einer **aufgehobenen** Nachehe (→ § 1586a Rn. 11–15), die der Bedürftige wegen Kenntnis der Aufhebbarkeit der Ehe (§ 1314 Abs. 1, §§ 1303, 1304, 1306, 1307, 1311, 1314 Abs. 2 Nr. 1, 2, 5; bei beiderseitiger Kenntnis der Aufhebbarkeit wegen Verstoßes gegen §§ 1306, 1307, 1311 s. aber auch § 1318 Abs. 2 Nr. 2) oder eigener oder mit seinem Wissen ausgeübter Täuschung oder Drohung (§ 1314 Abs. 2 Nr. 3, 4) verlieren kann.

871 **9. Einziehung von Forderungen.** Einem Ehegatten obliegt, **offene Forderungen** auch geltend zu machen, um seine wirtschaftlichen Verhältnisse zu verbessern.[1388] Dies gilt ganz **allgemein,** bezieht sich aber vor allem auf die Geltendmachung des **Pflichtteils** oder der **Pflichtteilsergänzung,**[1389] eines **Vermächtnisses,**[1390] des **Zugewinnausgleichs** und die Rückforderung von **Schenkungen** nach § 528 (→ Rn. 626). Ggf. kann der Ehegatte auch auf die Auseinandersetzung einer **Miterbengemeinschaft** verwiesen werden.

872 Die Verweisung auf die Realisierung setzt jedoch stets voraus, dass dem Ehegatten die Einziehung der Forderung auch **zumutbar** ist.[1391] Dazu muss der Anspruch **werthaltig** sein, dh er muss anerkannt oder jedenfalls unstreitig sein, und es muss unter Berücksichtigung der Kostenrisiken davon ausgegangen werden können, dass er nach gerichtlicher Auseinandersetzung auch ggf. zwangsweise durchgesetzt werden kann.[1392] Stets darf der Berechtigte aber nicht auf die Durchsetzung seiner Ansprüche auf **rückständigen Unterhalt** verwiesen werden, ansonsten der Verpflichtete für seine Zahlungsunwilligkeit belohnt würde.[1393]

873 Der auch auf Unterhaltsansprüche anzuwendende § 852 ZPO[1394] macht die Verwertbarkeit eines gepfändeten Anspruchs[1395] auf den **Pflichtteil,** die **Rückgabe der Schenkung** (§ 528) und auf **Ausgleich des Zugewinns** davon abhängig, dass der Drittschuldner den Anspruch durch Vertrag anerkannt hat oder der Anspruch rechtshängig geworden ist. Sowohl für den Unterhalt minderjähriger Kinder[1396] als auch zum nachehelichen Unterhalt hat der BGH eine Obliegenheit zur Geltendmachung des Pflichtteilsanspruchs grundsätzlich bejaht, wenn auch zum nachehelichen Unterhalt an die Zumutbarkeit angesichts der nachehelichen Eigenverantwortung des Berechtigten auf der Grundlage des Einzelfalls strengere Maßstäbe anzulegen sind.[1397] – Stets besteht kein **einklagbarer Anspruch** auf die Rückforderung einer Schenkung (§ 528, → Rn. 625) oder die Geltendmachung eines **Pflichtteils-** oder **Zugewinnausgleichsanspruchs.**[1398] Kommt ein Ehegatte seiner Obliegenheit aber nicht nach, wird er so behandelt, als ob er den Anspruch hätte durchsetzen können.[1399]

874 **10. Untergeschobenes Kind.** Bekommt die Ehefrau gegen den Willen des Ehemannes ein Kind, kann dies auf ihrer einseitigen Entscheidung durch natürliche oder künstliche Befruchtung beruhen. Nach Auffassung des BGH[1400] gilt: Bei einer **In-vitro-Fertilisation** (IVF) kann der Ehemann von einem gemeinsamen Entschluss einseitig wieder Abstand nehmen. Weil „die Entscheidung für oder gegen Nachkommenschaft zum nicht justiziablen engsten persönlichen Intimbereich der Partner gehört und weder einer rechtsgeschäftlichen Regelung noch dem Deliktsrecht unterliegt", ist zweifelhaft, ob § 1579 überhaupt eingreifen kann, weil sowohl Nr. 4 als auch Nr. 5 ein missbilligenswertes Verhalten des Bedürftigen voraussetzen und eine auch nur teilweise Korrektur des Unterhaltsanspruchs einem nach allgemeinen Grundsätzen verwehrten Schadensersatzanspruch gleichkäme. Letztlich hat der BGH aber eine Verfehlung der Ehefrau verneint, weil „die Verwirkli-

---

1388 BGH NJW 2013, 530 Rn. 20 = FamRZ 2013, 278.
1389 BGH NJW 2013, 230 = FamRZ 2013, 278; NJW 1993, 1920 = FamRZ 1993, 1065 (1066); NJW 1990, 709 = FamRZ 1990, 269 (271).
1390 BGH NJW 1998, 978 = FamRZ 1998, 367.
1391 BGH NJW 1998, 978 = FamRZ 1998, 367 (369).
1392 Zum Ganzen BeckOGK/*Witt,* 1.2.2019, Rn. 167.
1393 OLG Brandenburg BeckRS 2014, 6936; ähnlich BeckOGK/*Witt,* 1.2.2019, Rn. 169.
1394 BGH NJW 2013, 530 Rn. 16 = FamRZ 2013, 278.
1395 BGH NJW 2013, 530 Rn. 15 = FamRZ 2013, 278 mwN.
1396 BGH NJW 2013, 530 Rn. 22 = FamRZ 2013, 278; NJW 1993, 1920 (1921) = FamRZ 1993, 1065.
1397 BGH NJW 1993, 1920 (1921) = FamRZ 1993, 1065; NJW 1982, 2771 (2772) = FamRZ 1982, 996.
1398 BGH NJW 2013, 530 Rn. 20 = FamRZ 2013, 278; NJW 1993, 1920 = FamRZ 1993, 1065.
1399 BGH NJW 2013, 530 Rn. 21, 22 = FamRZ 2013, 278.
1400 BGHZ 146, 391 = NJW 2001, 1789 = FamRZ 2001, 541 (544); aA die Vorinstanz OLG Stuttgart BeckRS 1999, 11234 = FamRZ 1999, 1136 (1137).

chung [eines] Kinderwunsches nicht als sinnloses leichtfertiges Verhalten [vorwerfbar sei], welches ein verständiger Mensch in vergleichbarer Situation vermieden hätte".

Entgegen diesen auf allgemeine Überlegungen gestützten Erwägungen sollte jedoch allein das **Ehemodell** der Ehegatten, ihr Lebensplan, ausschlaggebend sein.[1401] Rückt der Ehemann – aus welchen Gründen auch immer – von einem gemeinsamen Kinderwunsch ab, ist zu unterscheiden: **875**

Wendet sich die Ehefrau vom Ehemann ab und lässt sich gleichwohl künstlich befruchten, verstößt sie gegen ihre Obliegenheiten, wenn sie zudem ihre Erwerbstätigkeit aufgeben und sich allein der Kinderbetreuung widmen will. Die Belastung des Ehemannes mit Ansprüchen auf nachehelichen Unterhalt ist im Rahmen der Wahrung der Kinderinteressen grob unbillig, es sei denn, er hat vom Termin der IVF gewusst und es unterlassen, den Arzt von seinem Sinneswandel in Kenntnis zu setzen. – Fasst die Ehefrau den Entschluss zur Aufgabe ihrer Erwerbstätigkeit erst nach der Geburt des Kindes, ist eine Abwägung der widerstreitenden Interessen vorzunehmen, doch wird man von der Ehefrau gesteigerte Erwerbsbemühungen verlangen müssen. **876**

**Fall 1:** **877**

Im Fall des BGH hält der Ehemann an der Ehe und der Abrede einer extrakorporalen Befruchtung nicht mehr „uneingeschränkt" fest, weil er sich nicht sicher ist, ob er die Ehe aufrechterhalten will, der gemeinsame Lebensplan der Ehegatten mithin (noch) nicht aufgegeben wird. Er hat die ggf. zur Rettung der Ehe durchgeführte IVF hinzunehmen. Zudem hatte der Ehemann vom Termin der IVF gewusst und es lediglich abgelehnt, die Ehefrau zum Arzt zu begleiten, sowie es unterlassen, den Arzt von seinem Sinneswandel in Kenntnis zu setzen. Jedenfalls dies lässt das Verhalten der Ehefrau nicht als mutwillig iSd § 1579 Nr. 4, 5 und die Belastung des Ehemannes mit nachehelichem Unterhalt auch nicht teilweise als grob unbillig erscheinen.

**Fall 2:** **878**

Der Ehemann hält mit Kenntnis der Ehefrau an der Ehe und der extrakorporalen Befruchtung nicht mehr fest. Dann sind die Voraussetzungen aus Nr. 4, 5 erfüllt, dem Ehemann sind Zahlungen von nachehelichem Unterhalt über den notwendigen Bedarf hinaus nicht zumutbar. Auf die Nichtäußerung nach außen gegenüber dem Arzt kommt es nicht an, weil zwischen den Ehegatten allein deren Innenverhältnis maßgebend ist.

**11. Vermögensanlage.** Der Bedürftige muss sein Vermögen so **ertragreich** wie möglich anlegen (§ 242).[1402] Ob und inwieweit eine Obliegenheit besteht, zur Erzielung höherer Vermögenserträge das Vermögen **umzuschichten,** richtet sich nach der Zumutbarkeit, die unter Einbeziehung aller Umstände des Einzelfalls[1403] aufgrund einer Abwägung aller Belange der Ehegatten einschließlich der beiderseitigen früheren wie jetzigen Wohnverhältnisse (→ Rn. 585–633) festzustellen ist. Den Verpflichteten muss die Unterhaltslast besonders hart treffen,[1404] dem Vermögensinhaber muss aber ein Entscheidungsspielraum[1405] und eine gewisse Zeit zur Entscheidung zugestanden werden. Zudem sind die Ehegatten grundsätzlich an eine von ihnen gemeinsam getragene Vermögensnutzung gebunden.[1406] Danach muss sich die Vermögensanlage als **eindeutig unwirtschaftlich** darstellen.[1407] Dabei ist eine konservative Vermögensanlage zuzugestehen, sodass nicht stets die am Markt **879**

[1401] Differenzierend auch *Borth* BGHR 2001, 329.

[1402] BGH NJW 2008, 57 Rn. 44 = FamRZ 2007, 1532; s. auch BGH NJW 1985, 1343 (1344) = FamRZ 1985, 582; BeckRS 1985, 3612 = FamRZ 1985, 471 (472). – Zur Übertragung eines Gewerbebetriebes an den Ehegatten der nachfolgenden Ehe s. OLG Karlsruhe BeckRS 2014, 4297.

[1403] Etwa BGH NJW-RR 1986, 682 (683) = FamRZ 1986, 441; BeckRS 2012, 25003 = FamRZ 1985, 354 (356).

[1404] BGH NJW-RR 1986, 683 = FamRZ 1986, 439 (440). Zum Ganzen auch OLG Hamm FamRZ 1995, 1418 (1421).

[1405] BGH NJW-RR 1994, 1154 = FamRZ 1995, 540 f.; NJW-RR 1988, 514 = FamRZ 1988, 145 (149); NJW-RR 1986, 746 = FamRZ 1986, 560 (561); NJW-RR 1986, 683 = FamRZ 1986, 439 (440); auch OLG Hamm NJWE-FER 1997, 145 = FamRZ 1998, 291 (292); OLG Oldenburg NJW-RR 1995, 453.

[1406] OLG Karlsruhe FamRZ 1996, 1414 (1415) zur Nutzung des Gesamtgutes. Verneint von OLG Hamm BeckRS 2007, 2166 = FamRZ 2004, 108 (109) für die weiter kostenfreie Wohnungsnutzung durch den Sohn des Verpflichteten nach Scheidung.

[1407] BGH NJW 2009, 145 Rn. 19, 20 = FamRZ 2009, 23 mAnm *Maurer* FamRZ 2009, 204; NJW 2006, 1794 Rn. 38 = FamRZ 2006, 387; NJW 2005, 2077 = FamRZ 2005, 1159 (1162); NJW 2001, 2259 = FamRZ 2001, 1140 (1143); NJW 2000, 2349 = FamRZ 2000, 950 (951); NJW 1992, 1044 = FamRZ 1992, 423 (424 f.); NJW 1998, 753 = FamRZ 1998, 87 (88); NJW-RR 1986, 746 = FamRZ 1986, 560 (561); NJW-RR 1986, 683 = FamRZ 1986, 439 (440); NJW-RR 1986, 682 (683) = FamRZ 1986, 441; s. auch OLG Frankfurt a. M. FuR 2001, 371 (376); BeckRS 2009, 24878 = FamRZ 1987, 1179 (1180). Unzutr. wohl OLG Hamm BeckRS 2008, 1175 = FamRZ 1999, 233 (235), das bei einer Kapitalanlage zu 4% und 3,25% Zinsen statt erzielbarer 4,25% von Unwirtschaftlichkeit ausgeht; schon dies dürfte nicht zutreffen, jedenfalls fehlt es an einer eindeutigen Unwirtschaftlichkeit.

erzielbare ertragreichste Vermögensanlage gewählt werden muss; insbesondere kann die Sicherheit der bisherigen Vermögensanlage berücksichtigt werden. Auf **spekulative** und ungewöhnliche Anlagen oder auf eine Vermögensumschichtung allein wegen **kurzfristiger Vorteile** braucht man sich nicht verweisen zu lassen. Bereits angelegtes Vermögen darf aber nicht ohne zwingende Gründe zu erheblich niedrigeren Erträgnissen angelegt werden.[1408]

880 **12. Vermögensumschichtung.** Zur **Vermögensanlage** zunächst → Rn. 879. – Die Obliegenheit zur Vermögensumschichtung (zur **trennungsbedingten** Vermögensumschichtung → Rn. 144) kann ausnahmsweise auch bereits während der **Trennungszeit** bestehen, insbesondere wenn eine Ehe nach schon länger andauernder Trennung ohne Aussicht auf eine Versöhnung der Ehegatten endgültig gescheitert ist, um die Rückführung hoher Hausverbindlichkeiten zu ermöglichen.[1409]

881 Für eine **Übergangszeit** kann von der Verweisung auf eine Vermögensumschichtung abgesehen werden, wenn und solange ein Vermögensgegenstand, aus dem eine güterrechtliche Verpflichtung zu bestreiten ist, nicht zu **angemessenen Bedingungen** veräußert werden kann. Ein nach den aktuellen Marktverhältnissen relativ geringer Verkehrswert ohne konkrete Aussicht auf Verbesserung innerhalb zumutbarer Zeit steht dem aber entgegen. Bis zur Verwertung kann ggf. auf die Aufnahme eines **Darlehens** verwiesen werden.[1410]

882 Eine in die Ehe eingebrachte und von den Ehegatten bewohnte **Immobilie** braucht ein Ehegatte grundsätzlich nicht zu verwerten.[1411] Als Maßstab kann der Schutz für ein angemessenes, selbst bewohntes Haus (vgl. § 90 Abs. 2 Nr. 8 SGB XII) dienen.[1412] Ihm kann aber obliegen, leer stehenden Wohnraum, den er nicht selbst benötigt, auch zu **vermieten.**[1413] Dies gilt auch für nur in seinem Besitz stehenden Wohnraum, sofern ihm das Recht zur Untervermietung zusteht und er ihn auch tatsächlich untervermieten kann.[1414] Für eine erforderliche und zumutbare **Instandsetzung** des Wohnraums[1415] anfallende Kosten, etwa für ein hierfür aufgenommenes Darlehen, sind den Mieterträgnissen gegenzurechnen.[1416]

883 Bei der Überlassung von Wohnraum an **Angehörige**[1417] kann es einer Anstandspflicht entsprechen, von diesen keine Miete zu verlangen. Jedenfalls solange gemeinsame Kinder, denen der Wohnraum überlassen wurde, wegen ihrer Schul-, Hochschul- oder Berufsausbildung, die sie auch entsprechend ihren unterhaltsrechtlichen Obliegenheiten betreiben, keine oder nur geringe Erwerbseinkünfte erzielen, sind keine fiktiven Mieterträge zuzurechnen. IÜ ist danach zu fragen, ob von dem Angehörigen die Erzielung von Erwerbseinkünften und die Zahlung einer Miete erwartet werden kann.

884 Hat ein Ehegatte Vermögensgegenstände **verbraucht,** etwa Zahlungen auf die Vermögensauseinandersetzung einschließlich güterrechtlicher Auseinandersetzung für Luxusausgaben verwandt,[1418] sind ihm fiktive Vermögenserträge zuzurechnen. Doch ist dem Bedürftigen zuzugestehen, anlässlich der **Trennung** und **Scheidung** der Ehegatten anfallende Ausgaben in dem ehelichen Lebensstandard entsprechender Höhe aus seinem Vermögen zu bestreiten.[1419]

885 Ggf. ist dem Ehegatten eine kurzfristig verfügbare **Rücklage** für Not- und Krankheitsfälle zu den Zinsen eines Sparguthabens mit gesetzlicher Kündigungsfrist zu belassen,[1420] deren Höhe sich

[1408] OLG Hamm BeckRS 1998, 31160472 = FamRZ 1999, 917 (918); zur Ausübung des Kapitalwahlrechts für eine Rentenversicherung OLG Oldenburg BeckRS 2012, 24160 = FamRZ 2013, 1143 (1145 f.).

[1409] OLG Stuttgart BeckRS 2003, 15721 = FamRZ 2004, 1109 (Hausverkauf).

[1410] BGH NJW 1988, 2376 = FamRZ 1988, 259 (263); NJW 1985, 2331 = FamRZ 1985, 916 (917); NJW 1983, 1481 = FamRZ 1983, 574 (575).

[1411] Zum Trennungsunterhalt BGH NJW 2013, 461 Rn. 24 = FamRZ 2013, 191; BeckRS 2012, 4471 Rn. 24, 25 = FamRZ 2012, 514; NJW 2008, 1946 Rn. 15 = FamRZ 2008, 963; NJW 2007, 1974 Rn. 9–15 = FamRZ 2007, 879; BGHZ 154, 247 = NJW 2003, 2306 = FamRZ 2003, 1179 (1182).

[1412] BGH NJW 2008, 2581 Rn. 18 = FamRZ 2008, 1325.

[1413] BGH NJW 2012, 1144 Rn. 41 = FamRZ 2012, 517; NJW-RR 1988, 514 = FamRZ 1988, 145 (150).

[1414] BeckOGK/*Witt,* 1.2.2019, Rn. 158.

[1415] OLG Karlsruhe BeckRS 2009, 9288 = FamRZ 2009, 48.

[1416] BeckOGK/*Witt,* 1.2.2019, Rn. 158.

[1417] Dazu auch OLG Karlsruhe BeckRS 2009, 9288 = FamRZ 2009, 48 zum Trennungsunterhalt.

[1418] OLG Koblenz NJW-RR 1990, 838 = FamRZ 1990, 51 (52 f.); OLG Karlsruhe BeckRS 2010, 6809 = FamRZ 1983, 506.

[1419] Zu einer arbeitsrechtlichen Abfindung s. OLG Schleswig SchlHA 1997, 133; allerdings ist sie vornehmlich nicht als Vermögen, sondern als Lohnersatz zu behandeln, → Rn. 415–425. – Zum Vermögensverbrauch bei gesteigerter Unterhaltspflicht nach § 1603 Abs. 2 S. 1 s. OLG Köln BeckRS 2005, 9837 = FamRZ 2006, 809 Ls.

[1420] BGH NJW-RR 1986, 683 = FamRZ 1986, 439 (441); NJW 1985, 803 = FamRZ 1985, 354 (357); BeckRS 1983, 31072572 = FamRZ 1984, 364 (367); OLG Karlsruhe NJW-RR 2010, 8 (9 f.).

an der Lebensstellung der Ehegatten ausrichtet. Lediglich ganz hohe Unterhaltsansprüche, die im Allgemeinen auch werthohe Anschaffungen ermöglichen, machen Rücklagen entbehrlich.

**Beispiele aus der Rspr.:** 886
BGH NJW 2009, 145 Rn. 19, 20 = FamRZ 2009, 23; NJW 1998, 753 = FamRZ 1998, 87 (89); NJW-RR 1986, 683 = FamRZ 1986, 439 (441); auch OLG Hamm BeckRS 2010, 14783 = FamRZ 1982, 170 (172): Werden die aus der Vermögensauseinandersetzung zufließenden Mittel wieder zur Schaffung von Wohneigentum eingesetzt, ist bei der Zumutbarkeitsprüfung zu berücksichtigen, wenn die Ehegatten während des ehelichen Zusammenlebens im eigenen Heim gelebt haben; aA etwa OLG Düsseldorf FamRZ 1985, 392 (393); wohl auch OLG Frankfurt a. M. FuR 2001, 371, das nach Wiederanlage des aus der Zwangsversteigerung des gemeinsamen Hauses geflossenen Erlöses in eine selbst bewohnte Doppelhaushälfte den Wohnvorteil mit den Erträgen aus anderen Anlageformen vergleicht.
BGH NJW 1998, 753 = FamRZ 1998, 87 (89); NJW 1992, 1044 = FamRZ 1992, 423 (425): Reichen die finanziellen Mittel aus der Vermögensauseinandersetzung nur teilweise für die Anschaffung von Wohneigentum aus, sind für die Beurteilung der Wirtschaftlichkeit durch Vergleich mit einer zinsbringenden Anlage vom Mietwert zunächst die monatlichen Finanzierungskosten abzusetzen.
BGH NJW-RR 1986, 746 = FamRZ 1986, 560 (561): Ererbtes Wohneigentum kann der Erbe selbst bewohnen und braucht es nicht wegen höherer Erträgnisse anderer Anlageformen zu verkaufen.
BGH NJW 1992, 1044 = FamRZ 1992, 423 (425); NJW-RR 1988, 514 = FamRZ 1988, 145 (149); NJW-RR 1986, 746 = FamRZ 1986, 560 (561): Wer in einem großen, luxuriösen Haus lebt, dem können dessen Vermietung und der Umzug in eine kostengünstigere Wohnung oder die Vermietung einzelner Räume sowie die Verwendung überschüssiger Mieteinnahmen zur eigenen Bedarfsdeckung obliegen. – Dem Bedürftigen kann ggf. zwar der Verkauf eines Grundstücks nicht zugemutet werden, angesichts seines Einkommens wohl aber dessen Beleihung.

Zum **Wohnvorteil** allgemein → Rn. 585–633; zur Anwendung von **§ 1577 Abs. 2** → Rn. 472–500; zur Zurechnung **fiktiver Einkünfte** → Rn. 656–903; zur **Mutwilligkeit** → § 1579 Rn. 94, 95, 100, 101; zur **Vermögensbildung** → Rn. 380–388. 887

**13. Darlehensaufnahme.** Grundsätzlich besteht keine Obliegenheit des **Verpflichteten,** sich die finanziellen Mittel für Unterhaltszahlungen zur Herstellung seiner Leistungsfähigkeit durch Darlehensaufnahme zu beschaffen, denn Unterhalt ist aus seinen Einkünften und nicht aus seinen Schulden zu erbringen. Deshalb kann es ihm nur in engen Grenzen obliegen, sich die Mittel für die Unterhaltszahlungen zur Herstellung seiner Leistungsfähigkeit durch Darlehensaufnahme zu beschaffen.[1421] Sie kommt im Allgemeinen nur für den **laufenden Unterhalt** in Betracht. Für **rückständigen** Unterhalt dagegen nur, wenn sich der Bedürftige zur Bestreitung seines Lebensunterhalts verschulden musste und der Verpflichtete neben dem laufenden Unterhalt den rückständigen Unterhalt nicht auch noch mindestens in Höhe des monatlichen Schuldendienstes des Bedürftigen zurückführen kann. Aber auch für den laufenden Unterhalt ist eine Darlehensaufnahme nur zumutbar, wenn sie auf einen eng begrenzten Zeitraum beschränkt ist[1422] oder die Rückführung des Kredits gewährleistet und nicht bereits wegen anderweitiger Schulden ausgeschlossen ist.[1423] 888

Den **Bedürftigen** trifft grundsätzlich keine Obliegenheit, seinen Lebensunterhalt mittels Darlehens zu decken. Doch kann er im Rahmen der Zumutbarkeit gehalten sein, zur – ggf. teilweisen – Deckung seines Bedarfs einen Kredit aufzunehmen.[1424] Zumutbar ist insbesondere 889

- einem Bedürftigen, der einen **Rentenantrag** gestellt hat, die Unterhaltszahlungen darlehensweise zins- und tilgungsfrei gegen Abtretung des Anspruchs auf Rentennachzahlung entgegenzunehmen. Wird dieser Weg mangels Kenntnis nicht gewählt, steht dem Verpflichteten nach Auszahlung der Rentennachzahlung ein Erstattungsanspruch nach Treu und Glauben zu (→ § 1569 Rn. 22, → § 1585 Rn. 13–16).
- die Inanspruchnahme eines **BAföG-Darlehens** zur Finanzierung eines Studiums,[1425]
- die Inanspruchnahme eines **Fremddarlehens** zur Überbrückung bis zur Gewährung von **BAföG.**[1426]

**14. Tilgungsplan: Verbindlichkeiten.** Eine Obliegenheitsverletzung scheidet grundsätzlich aus, wenn Schulden **gemeinsam** oder im **Einverständnis** mit dem Ehegatten aufgenommen wur- 890

[1421] BGH NJW 1982, 1641 = FamRZ 1982, 678 (679).
[1422] BeckOGK/*Witt,* 1.2.2019, Rn. 171 mwN.
[1423] BGH NJW 1982, 1641 = FamRZ 1982, 678 (679).
[1424] BGH NJW 1988, 2376 = FamRZ 1988, 259 (263); NJW 1985, 2331 = FamRZ 1985, 916 (917); NJW 1982, 1641 = FamRZ 1982, 678 (679); NJW 1983, 1481 = FamRZ 1983, 574 (575).
[1425] BGH NJW 1985, 2331 = FamRZ 1985, 916 (197); OLG Karlsruhe NJW-RR 2010, 8 (9 f.) = ZKJ 2009, 289; dazu auch *Graba* FamRZ 1985, 118 (119 f.).
[1426] BeckOGK/*Witt,* 1.2.2019, § 1581 Rn. 172.

den,[1427] es sei denn, ein Ehegatte hat den anderen getäuscht. – Die Zahlung von **Kindesunterhalt,** die bereits die ehelichen Lebensverhältnisse geprägt hat (→ Rn. 112–125), verstößt nicht gegen Obliegenheiten.[1428] – Anders Aufwendungen für **Luxusanschaffungen** und solchen, für die angesichts beengter Einkommens- und Vermögensverhältnisse kein vernünftiger Grund besteht.[1429] Näher → Rn. 904–963.

891 Zwar kommt den Unterhaltsansprüchen kein allgemeiner Vorrang vor den sonstigen Verpflichtungen zu (→ Rn. 904), doch können sich die Ehegatten nicht ohne Rücksicht auf die Unterhaltsinteressen auf die sonstigen Verpflichtungen berufen und diese tilgen. Vielmehr sind die Interessen des Verpflichteten, des Bedürftigen und der Drittgläubiger in einem vernünftigen **Tilgungsplan** auszugleichen und nur die Beträge zu berücksichtigen, die auch bei Fortdauer der ehelichen Lebensgemeinschaft der Schuldenrückführung zugeführt worden wären.[1430] Dabei kann es dem Verpflichteten gestattet werden, seine Schuldenrückführung erstmals aufzunehmen oder zu erhöhen, wenn sie bislang nur unzureichend, etwa im Wege der Pfändung, erfolgte und zu einem Anwachsen der Schuld geführt hat.[1431] Doch muss sich der Verpflichtete bei seinen Gläubigern, insbesondere wenn es sich um ein Familiendarlehen handelt,[1432] um Stundung[1433] oder Einräumung günstigerer Zahlungsbedingungen bemühen und ggf. eine Umschuldung anstreben, sofern sie zu einer fühlbaren Entlastung führen kann. Jedenfalls ist ihm die Bedienung der **Zinsen** zu ermöglichen, um ein weiteres Anwachsen der Schuld zu verhindern (auch → Rn. 962).

Dem „Tilgungsplan" kommt vor allem in folgendem Zusammenhang praktische Bedeutung zu:

892 – **Familiendarlehen.** Oft wird man den Schuldner auf Bemühungen um eine Tilgungsaussetzung verweisen können, zumal dann, wenn der Schuldendienst im Zusammenhang mit den Barunterhaltsverpflichtungen aufgenommen wurde. Abzugrenzen ist im Einzelfall aber zu einer **freiwilligen Zuwendung Dritter,** die unterhaltsrechtlich ohne Belang ist (→ Rn. 636–642). Eine solche liegt insbesondere dann vor, wenn der Dritte auch bislang schon Leistungen auf den Schuldendienst für das Darlehen erbracht hat.

893 – Bemühungen um Tilgungsaussetzungen im Zusammenhang mit dem Verkauf von **Grundeigentum,** was bei konkreten Verkaufsbemühungen und -aussichten idR auch gelingen wird.

894 – Umschuldung mit geringerer Tilgungs- und Zinsbelastung durch Zusammenfassung **mehrerer Darlehen** oder zur Abdeckung eines Schuldsaldos auf dem **Girokonto.**

895 **15. Pfändungsschutz.** Dass der Verpflichtete sich Zwangsvollstreckungsmaßnahmen seiner Gläubiger ausgesetzt sieht, ist im Rahmen der Schuldenrückführung nur dann von Belang, wenn die zwangsweise beigetriebene Forderung auch **unterhaltsrechtlich zu berücksichtigen** ist.[1434]

896 **Pfändungsfreigrenzen** (§ 120 Abs. 1 FamFG, § 850c Abs. 1 S. 2 ZPO, § 850f Abs. 1c ZPO) führen zwar nicht zu einer Restschuldbefreiung, sondern lediglich zu einer zeitlichen Streckung und damit (auch) zu einem weiteren Auflaufen der Schulden. Ist eine zwangsweise beigetriebene Forderung aber unterhaltsrechtlich zu berücksichtigen und geht es darum, den notwendigen Lebensbedarf des Bedürftigen abzudecken, ist die Obliegenheit des Verpflichteten zu ihrer Geltendmachung zu bejahen und der Schuldendienst nur in der Höhe zu berücksichtigen, wie er dann vollstreckungsrechtlich auch tatsächlich aufzubringen wäre, weil das Vollstreckungsrecht zu einem sachgerechten Ausgleich der Interessen der Gläubiger und des Schuldners führt.[1435]

897 **16. Verbraucherinsolvenz.** Zum Unterhalt für ein minderjähriges Kind obliegt es dem Verpflichteten – abweichend von dem Grundsatz, dass Unterhaltspflichten keinen Vorrang vor anderen Verbindlichkeiten genießen (→ Rn. 904) –, zur Steigerung seiner Leistungsfähigkeit die Einleitung des **Verbraucherinsolvenzverfahrens** mit dem Ziel der Restschuldbefreiung zu betreiben, wenn dadurch der laufende Unterhalt wegen des vollstreckungsrechtlichen Vorrangs vor anderen Verbindlichkeiten sichergestellt wird und dies dem Verpflichteten nach Abwägung aller Vor- und Nachteile

[1427] Ebenso *Strohal* in Göppinger/Wax UnterhaltsR Rn. 316.
[1428] Ähnlich OLG Stuttgart BeckRS 2009, 25111 = FamRZ 1987, 1030 (1031).
[1429] *Hoppenz* FamRZ 1987, 324 (325), der nach der Angemessenheit des durch die Schulden hervorgerufenen Bedarfs fragt.
[1430] BGH NJW 1982, 232 = FamRZ 1982, 23 (24); NJW 1982, 1641 = FamRZ 1982, 678 (679).
[1431] BGH NJW 1982, 1641 = FamRZ 1982, 678 (679).
[1432] Dazu OLG Nürnberg BeckRS 1991, 30860118.
[1433] Zur Unterhaltspflicht gegenüber einem volljährigen Kind s. OLG Rostock BeckRS 2009, 86585 = FamRZ 2009, 1922 (1923).
[1434] BGH NJW 1984, 2351 (2352) = FamRZ 1984, 657.
[1435] Ebenso BeckOGK/*Witt*, 1.2.2019, § 1581 Rn. 127 mwN.

zumutbar ist.[1436] Maßgeblich hierfür ist die gesteigerte Unterhaltsverpflichtung des Elternteils, die darauf beruht, dass das Kind idR nichts zur Deckung seines Bedarfs beitragen kann. **Unzumutbar** ist dem Verpflichteten die Einleitung eines Verbraucherinsolvenzverfahrens etwa, wenn die Unterhaltsgläubiger nach einer Umschuldung nicht schlechter stehen als in der Verbraucherinsolvenz oder die Umschuldung zu vertretbaren Raten führt.[1437]

Für den **Ehegattenunterhalt** trifft schon dieser Ausgangspunkt nicht zu. Zudem haben die **898** Verbindlichkeiten beider Ehegatten ihre ehelichen Lebensverhältnisse mit der Folge eingeschränkter Dispositionsfreiheit und der mit ihnen erkauften Vorteile bestimmt. Dabei ist unerheblich, ob die Schulden von den Ehegatten gemeinsam oder nur von einem von ihnen aufgenommen wurden; die Grenze dessen, was ein Ehegatte hinnehmen muss, ist allein die **Zumutbarkeit** (→ Rn. 906–908). Deshalb obliegt es einem Ehegatten grundsätzlich weder zum Trennungs- noch zum nachehelichen Unterhalt, ein Verbraucherinsolvenzverfahren einzuleiten.[1438] Doch geht es in der Praxis va um die Fälle, in denen bei einem Vorwegabzug des Schuldendienstes der Lebensbedarf des Berechtigten nicht gedeckt werden kann. Jedenfalls dann, wenn der **notwendige Lebensbedarf** nicht befriedigt werden kann und der Ehegatte in einer ähnlichen Lage ist wie ein Kind, das seinen Bedarf nicht selbst decken kann, etwa weil er die finanziellen Mittel für seinen Lebensbedarf wegen Kinderbetreuung, Alters oder Krankheit nicht selbst durch eine Erwerbstätigkeit aufbringen kann, sollte es dem Verpflichteten obliegen, die Mittel für die Bedarfsdeckung durch ein Verbraucherinsolvenzverfahren ggf. teilweise frei zu machen.[1439]

Auch wenn nur gegenüber den Kindern und **nicht** auch gegenüber dem Ehegatten eine Oblie- **899** genheit zur Einleitung eines Verbraucherinsolvenzverfahrens bestand, nimmt auch er an der dadurch bewirkten finanziellen Entlastung des Verpflichteten teil.[1440] Zwar besteht die Obliegenheit direkt nur gegenüber den Kindern, weil nur sie geschützt sind und deshalb auch nur ihnen die zusätzlichen finanziellen Mittel zugutekommen sollen (Rechtsgedanke, der auch zur Zuweisung der Vorteile aus dem Ehegattensplitting allein in die neue Ehe führt, → Rn. 86–89). Erfordert das Kindeswohl aber die Betreuung durch einen Elternteil, besteht auch diesem gegenüber die Obliegenheit zur Einleitung des Verbraucherinsolvenzverfahrens, um die Deckung seines notwendigen Bedarfs soweit als möglich zu sichern. Meist wird es hierauf aber wegen des Vorrangs des Kindesunterhalts (§ 1609 Nr. 1) nicht ankommen.

Trotz der Anhängigkeit eines Verbraucherinsolvenzverfahrens ist der Verpflichtete in Höhe der **900** Differenz zwischen Pfändungsfreigrenzen und seinem billigen Selbstbehalt **leistungsfähig.**[1441] Die bestehenden und in die Insolvenzmasse fallenden Verbindlichkeiten haben auf die Leistungsfähigkeit keinen Einfluss mehr (§§ 35, 36 InsO).[1442]

Ein Ehegatte kann auch dadurch gegen seine unterhaltsrechtlichen Obliegenheiten verstoßen, **901** dass er einen **Verbraucherinsolvenzantrag** stellt. Auf die Mutwilligkeit der Antragstellung kommt es nicht an, weil die Obliegenheitsverletzung gegenüber der Mutwilligkeit niederschwellig ist (→ Rn. 436, 669, 853, 909);[1443] ausreichend ist die Unzumutbarkeit einer Antragstellung für den Berechtigten.

---

1436 BGH NJW 2008, 227 Rn. 23 = FamRZ 2008, 137; BGHZ 162, 234 = NJW 2005, 1279 = FamRZ 2005, 608 (609 ff.); s. auch OLG Dresden NZFam 2016, 119 mAnm *Erbarth* = FamRZ 2016, 1172 (1173) (Rechtsanwältin); OLG Karlsruhe NJW-RR 2015, 1411 = FamRZ 2016, 237 (238); OLG Koblenz BeckRS 2008, 26173 = FamRZ 2005, 650; OLG Stuttgart BeckRS 2003, 4534 = FamRZ 2003, 1216; OLG Naumburg NZI 2003, 615 = FamRZ 2003, 1215; AG Besigheim BeckRS 2004, 31149329 = FamRZ 2004, 1890.

1437 OLG Hamm NZI 2007, 299 = FamRZ 2007, 1031 Ls. – S. auch OLG Oldenburg BeckRS 2006, 5422 = FamRZ 2006, 1223 (1225): Gefährdung des Arbeitsplatzes durch Verbraucherinsolvenzverfahren; drohender Entzug des PKW durch Kreditgeber und Nichterreichbarkeit des Arbeitsplatzes mit öffentlichen Verkehrsmitteln.

1438 BGHZ 175, 67 = NJW 2008, 851 Rn. 18 ff. = FamRZ 2008, 497; zum Trennungsunterhalt auch OLG Celle BeckRS 2008, 24686 = FamRZ 2006, 1536; AG Besigheim BeckRS 2004, 31149329 = FamRZ 2004, 1890 (1891); zum Unterhaltsanspruch aus § 1615l ebenso OLG Koblenz NJW-RR 2005, 1457 (1459) = FamRZ 2006, 440 Ls. Das OLG Oldenburg BeckRS 2006, 5422 = FamRZ 2006, 1223 (1225) scheint nicht zwischen Kindes- und Ehegattenunterhalt zu differenzieren.

1439 Zur ähnlichen Differenzierung zum Selbstbehalt (→ § 1581 Rn. 17–57) OLG Koblenz NJW-RR 2003, 146 (147) = FamRZ 2003, 313 Ls. (wenn der Ehegatte einem Kind vergleichbar hilflos ist).

1440 OLG Celle BeckRS 2007, 11193 = FamRZ 2007, 1020 Ls. für die Kinder betreuenden Bedürftigen; zutreffender wäre wohl, in diesen Fällen auch eine Obliegenheit gegenüber dem Ehegatten anzunehmen.

1441 OLG Koblenz BeckRS 2000, 14345 = FamRZ 2002, 31 (32).

1442 jurisPK-BGB/*Clausius* § 1581 Rn. 64.

1443 S. auch *Hoppenz* FamRZ 2006, 611. Das OLG Celle BeckRS 2008, 26295 = FamRZ 2005, 1746 stellt insoweit darauf ab, ob die Einleitung eine unerwartete und vom Normalverlauf erheblich abweichende Entwicklung darstellt. Dazu auch jurisPK-BGB/*Clausius* Rn. 49.

902 Geht man davon aus, dass einem Ehegatten die Antragstellung obliegt, oder ist sie hinzunehmen, beeinflussen die insolvenzrechtlichen Folgen sowohl den **Bedarf,** der sich in Höhe der freiwerdenden finanziellen Mittel erhöht, als auch die **Bedürftigkeit** und **Leistungsfähigkeit.**[1444] Die Verbindlichkeiten sind lediglich in der Höhe abzusetzen, in der sie vom Treuhänder auch tatsächlich bedient werden, weil der Schuldner mit der Restschuldbefreiung seiner weitergehenden Verbindlichkeiten enthoben ist und ihm dadurch zusätzliche finanzielle Mittel auch für den nachehelichen Unterhalt zur Verfügung stehen. Für Ehegattenunterhalt verfügbar ist weiter nur die Differenz zwischen dem pfändungsfreien Betrag – nach Abzug weiterer berücksichtigungsfähiger Belastungen – und dem billigen Selbstbehalt.[1445]

903 Der Bedürftige ist dafür **darlegungs-** und **beweispflichtig,** dass der Pfändungsschutz oder das Verbraucherinsolvenzverfahren zulässig und geeignet ist, ihm den Vorrang vor anderen Gläubigern einzuräumen,[1446] der Verpflichtete dagegen dafür, dass ihm das entsprechende Vorgehen unzumutbar ist.[1447] Geht es um Obliegenheiten des Bedürftigen, trifft allein ihn die Darlegungs- und Beweislast.

## G. Verbindlichkeiten

### I. Grundsätze

904 **1. Allgemeines.** Zur Berücksichtigung von **Veränderungen** im Zusammenhang mit Verbindlichkeiten → Rn. 112–142, zu den **Obliegenheiten** im Zusammenhang mit Verbindlichkeiten → Rn. 890–903, zur Berücksichtigung von Zins- und Tilgungsleistungen für ein **Immobiliendarlehen** → Rn. 306, 612–620.

905 Unterhaltsansprüche haben unterhaltsrechtlich keinen allgemeinen **Vorrang** vor anderen Forderungen.[1448] Deshalb können neben Unterhaltsansprüchen anderer Berechtigter auch **sonstige Verpflichtungen** einkommens- und bedarfsmindernd beachtlich sein. Ihre Berücksichtigungsfähigkeit beurteilt sich nach der **Zumutbarkeit** (Treu und Glauben, § 242).

906 **2. Zumutbarkeit.** Zumutbarkeit setzt jedenfalls voraus, dass eine Verbindlichkeit in der Zeit, für die Unterhalt begehrt wird, auch **tatsächlich bedient** wurde („In-Prinzip"; zur Parallele bei der **steuerlichen Behandlung** → Rn. 502).[1449] Für zukünftige Zeiträume wird man idR aus den in der Vergangenheit erfolgten Zahlungen prognostisch darauf schließen können, dass diese Zahlungen weiter erbracht werden. Lediglich **ausnahmsweise** wird man in ganz engen Grenzen hiervon abweichen und das Bestehen einer Forderung ausreichen lassen können, etwa wenn die zeitnahe Aufnahme der Schuldenrückführung absehbar ist („Für-Prinzip").[1450]

Doch ergeben sich **Abgrenzungsfragen:**

907 – So wird der Berechtigte zwar hinnehmen müssen, dass sich die Schuldenrückführung zeitlich **hinausschiebt,** wenn er davon in der Zeit der Nichtbedienung profitiert hat. Verschlechterungen der **Kreditkonditionen** muss er sich jedoch nur für die Zeit entgegenhalten lassen, in der sie ihn auch bei ordnungsgemäßer Rückführung getroffen hätten.

908 – Erfolgt die Nachzahlung in **höheren Einmalbeträgen,** könnte dies zum Ausfall mit Unterhaltsbeträgen führen. Insoweit wird die Abwägung aller Umstände des Einzelfalls – insbesondere der Höhe des Unterhaltsanspruchs und der wirtschaftlichen Verhältnisse des Verpflichteten – ergeben müssen, ob der Abzug der Einmalbeträge anerkannt oder auf mehrere Monate verteilt wird oder zur Verlängerung der Rückführung führt.

909 **3. Berücksichtigung. Maßstab** für die Berücksichtigungsfähigkeit von Verbindlichkeiten ist nicht, ob die Ehegatten die Verpflichtungen mutwillig (→ § 1579 Rn. 94, 95, 100, 101), sondern ob sie sie – gegenüber der Mutwilligkeit niederschwellig (→ Rn. 436, 669, 853, 901) – unter

[1444] IErg ebenso OLG Stuttgart BeckRS 2008, 19457 = FamRZ 2008, 2208 (2209); OLG Zweibrücken NJW-RR 2006, 1659 (1660) = FamRZ 2007, 151 Ls.; OLG Karlsruhe BeckRS 2006, 439 = FamRZ 2006, 953 (954); OLG Celle BeckRS 2008, 26295 = FamRZ 2005, 1746; jurisPK-BGB/*Clausius* § 1581 Rn. 65; *Hauß* FamRZ 2006, 1496 (1498).

[1445] OLG Frankfurt a. M. BeckRS 2003, 30302330 („großer" Selbstbehalt); ebenso OLG Frankfurt a. M. BeckRS 2003, 30308687; OLG Koblenz NZI 2003, 60 = FamRZ 2003, 109 (110).

[1446] AG Besigheim BeckRS 2004, 31149329 = FamRZ 2004, 1890 (1891).

[1447] BGHZ 162, 234 = NJW 2005, 1279 = FamRZ 2005, 608 (610).

[1448] BGH NJW 2013, 2897 Rn. 19 = FamRZ 2013, 1558; NJW-RR 1986, 428 = FamRZ 1986, 254 (257); NJW 1984, 2351 = FamRZ 1984, 657 (658).

[1449] AllgM, etwa BeckOGK/*Witt,* 1.2.2019, § 1581 Rn. 105 („Grundsatz der Kongruenz zwischen Leistungsfähigkeit und Unterhaltszeitraum"); Soergel/*Häberle* § 1581 Rn. 19.

[1450] AA OLG Hamm FamRZ 2001, 370 (371): wegen bestehender Nachzahlungspflicht stets zu berücksichtigen.

Verstoß gegen ihre unterhaltsrechtlichen **Obliegenheiten** eingegangen sind. Danach können sie sich auf Verbindlichkeiten nicht berufen, die sie für luxuriöse Zwecke oder ohne verständigen Grund eingegangen sind. Insbesondere **Zweck** der Verbindlichkeit, **Zeitpunkt** und **Art** ihrer Entstehung, **Dringlichkeit** der beiderseitigen Bedürfnisse, **Kenntnis** des Verpflichteten von Grund und Höhe der Unterhaltsverpflichtung, **Mitwirkung** oder Einverständnis des Bedürftigen bei ihrer Eingehung sowie die Möglichkeit, die **Leistungsfähigkeit** in zumutbarer Weise ganz oder teilweise **wiederherzustellen,** sowie die **schutzwürdigen Belange** des Drittgläubigers sind einzubeziehen.[1451] Deshalb wird eine Verpflichtung, die noch bei intakter Ehe oder trennungsbedingt eingegangen wurde (zum **trennungsbedingten Mehrbedarf** aber → Rn. 240–248) und ggf. aus der gemeinsamen Lebensführung stammt,[1452] idR zu berücksichtigen sein, ebenso Leistungen auf in die Ehe eingebrachte Schulden.

Allgemein ist danach abzugrenzen, ob die Verbindlichkeiten der ehetypischen **Lebenshaltung** 910
zuzuordnen sind oder diese überschreiten. Erstere können nicht vom verfügbaren Einkommen abgesetzt werden, sondern sind ggf. vom Selbstbehalt zu **bestreiten.** Hierunter fallen insbesondere Versicherungsbeiträge aller Art, soweit sie nicht im Zusammenhang mit einer bestimmten Einkunftsart stehen (etwa Versicherungsbeiträge für Immobilien, → Rn. 608). – Bleiben Verbindlichkeiten unberücksichtigt, dürfen auch die sich aus ihnen ergebenden – insbesondere steuerlichen – **Vorteile** nicht zugerechnet werden.[1453] – Zu den **erwerbsbedingten** Verpflichtungen und Aufwendungen → Rn. 502–522, 820–826 (Steuern, Vorsorgeaufwendungen), → Rn. 192–233 (berufsbedingte Mehraufwendungen, Erwerbsanreiz), zum **Stichtag** insbesondere → Rn. 42–48; zum **Tilgungsplan** → Rn. 890–894.

Berücksichtigungsfähige Verbindlichkeiten werden grundsätzlich vom Einkommen des betroffe- 911
nen Ehegatten mit ihrem Zins- und Tilgungsanteil **vorweg abgezogen.** Doch ist dabei zu beachten, dass der Vorwegzug des Tilgungsanteils nicht zulasten des Unterhalts zu einer unzulässigen **Vermögensbildung** führt (→ Rn. 380–388, 933). – Zu den **Unterhaltspflichten** → Rn. 912–931).

## II. Unterhaltspflichten

**1. Allgemeines.** Zu den beachtlichen familiären Verpflichtungen (zunächst → Rn. 112–138, 912
139–141) zählen grundsätzlich **alle** vor-, gleich- und auch nachrangigen[1454] Unterhaltspflichten (zum Rangverhältnis → §§ 1582, 1609):

- Unverheiratete **minderjährige** und diesen gleichgestellte privilegierte volljährige Kinder gehen dem Ehegatten vor (§ 1609 Nr. 1–3)
- Der **geschiedene Ehegatte** geht nicht privilegierten volljährigen und verheirateten Kindern vor (§ 1609 Nr. 2–4).
- das Rangverhältnis zwischen dem **geschiedenen** und einem **neuen Ehegatten** bestimmt sich nach § 1609 Nr. 2, 3 (→ § 1582 Rn. 15–29; zur **Leistungsfähigkeit** → § 1581 Rn. 66–88).

Unabhängig davon, ob **rückständiger Unterhalt** tituliert ist und zwangsweise beigetrieben 913
wird,[1455] prägt sein Ausgleich die ehelichen Lebensverhältnisse nicht und ist auch zur Bedürftigkeit und Leistungsfähigkeit unbeachtlich, ansonsten es der Verpflichtete in der Hand hätte, sich durch Auflaufenlassen rückständigen Unterhalts für laufenden Unterhalt leistungsunfähig zu machen. Um den Unterhaltsschuldner durch eine mehrfache Nichtberücksichtigung nicht doppelt zu belasten, ist, gleicht er den rückständigen Betrag ganz oder auch nur teilweise aus, für die Zeit der Nichtzahlung gleichwohl von laufenden Unterhaltsleistungen auszugehen.[1456] Bei einem teilweisen Ausgleich des Rückstands erfolgt die Verrechnung nach § 366.[1457] – Bei der **Leistungsfähigkeit** bleibt die Ver-

---

1451 BGH NJW 2013, 2897 Rn. 19 = FamRZ 2013, 1558; NJW 2013, 1305 Rn. 29 = FamRZ 2013, 868; NJW 2013, 1005 Rn. 19 = FamRZ 2013, 616; NJW 1992, 1624 = FamRZ 1992, 797 (798); BGHZ 109, 211 = NJW-RR 1990, 323 = FamRZ 1990, 283 (287); NJW-RR 1986, 428 = FamRZ 1986, 254 (257); NJW 1986, 720 = FamRZ 1986, 148 (149); NJW 1984, 2351 = FamRZ 1984, 657 (658); NJW 1984, 1237 = FamRZ 1984, 358 (360); NJW 1982, 1999 = FamRZ 1982, 898 (899); NJW 1982, 380 = FamRZ 1982, 157 (158); NJW 1982, 232 = FamRZ 1982, 23 (24).

1452 BGH NJW 2013, 2897 Rn. 19 = FamRZ 2013, 1558 (zu § 1610); NJW 2009, 1410 Rn. 30, 31 = FamRZ 2009, 314 (zu § 1610); NJW 1982, 232 = FamRZ 1982, 23 (24); dazu auch *Maurer* FamRZ 2011, 849 (854).

1453 Zur Abschreibung nach § 10e EStG für Verbindlichkeiten für ein in der Nachehe gebautes Haus OLG Koblenz BeckRS 2011, 6279 = FamRZ 2005, 720, (721).

1454 AA etwa OLG Hamburg FamRZ 1996, 1420 (1421); OLG Hamm FamRZ 1994, 1592 (1593).

1455 *Borth* in Schwab ScheidungsR-HdB IV Rn. 1380.

1456 BeckOGK/*Witt,* 1.2.2019, Rn. 289.

1457 OLG Saarbrücken NJW-RR 2010, 1012 = FamRZ 2010, 684; OLG Oldenburg BeckRS 2010, 29707 = FamRZ 1991, 719 (721); BeckOGK/*Looschelders,* 1.12.2018, § 366 Rn. 22; Palandt/*Grüneberg* § 366 Rn. 2.

pflichtung zur Zahlung rückständigen Unterhalts unberücksichtigt,[1458] soweit dem Verpflichteten die Erfüllung zumutbar war,[1459] wobei sich die Zumutbarkeit idR bereits aus der Unterhaltsverpflichtung ergibt. Unberücksichtigt bleiben auch vom Bedürftigen gepfändete und an ihn ausbezahlte **Sozialleistungen** (§ 48 Abs. 1 S. 1 SGB I), die zur Erfüllung der Unterhaltsverpflichtung in Höhe der gepfändeten Beträge führen.[1460]

914 Unberücksichtigt bleiben mangels Unterhaltsverpflichtung **freiwillige Unterhaltszahlungen,** etwa an ein **Stiefkind** (→ Rn. 113). – Zu **nicht gemeinschaftlichen Kindern** → Rn. 119–123, zum **Rang** → Rn. 39–41.

915 Der **Vorwegabzug** von Verbindlichkeiten (→ Rn. 904) gilt grundsätzlich auch für Unterhaltspflichten und führt **unabhängig vom Rang** des jeweiligen Unterhaltsberechtigten zur Verminderung des Bedarfs und der Leistungsfähigkeit.[1461] Eine Einschränkung gilt jedoch dann, wenn der ungekürzte Unterhalt zu einem **Missverhältnis** zwischen dem Unterhalt des geschiedenen Ehegatten und dem konkurrierenden Unterhaltsanspruch führen würde.[1462] Wann ein solches Missverhältnis vorliegt, bestimmt sich nach den Umständen des Einzelfalles, insbesondere aber auch nach dem Rang der konkurrierenden Unterhaltsansprüche als Ausdruck gesetzlicher Wertung der Schutzbedürftigkeit der einzelnen Unterhaltsberechtigten. – Das Missverhältnis wird im Verhältnis des Ehegattenunterhalts

916 – zum **Minderjährigenunterhalt** von einem Teil der Leitlinien mit der Wahrung des Eigenbedarfs/Selbstbehalts eines mit dem Verpflichteten in einem Haushalt lebenden Bedürftigen (erwerbstätig wie nicht erwerbstätig: zurzeit 960 EUR) definiert,[1463] weil der Kindesunterhalt, wenn man dies auf das Zusammenleben mit den Kindern bezieht, auch einen Anteil für Wohnkosten umfasst (zum **Mindestbedarf** und zum **Mangelfall** allgemein → Rn. 161–165). Zudem dient der **Bedarfskontrollbetrag** nach der Düsseldorfer Tabelle einer ausgewogenen Verteilung des Einkommens (A. 6.) (auch → Rn. 923).

917 – zum **Volljährigenunterhalt** durch den angemessenen Selbstbehalt des Verpflichteten (zurzeit 1.300 EUR) bestimmt, der auch dem geschiedenen Ehegatten gewährleistet werden muss (näher → Rn. 925).

918 **2. Kindesunterhalt. a) Grundsätze.** Die ehelichen Lebensverhältnisse werden auch durch die **Barunterhaltspflicht** (zur Nichtberücksichtigung des **Betreuungsunterhalts** → Rn. 928) gegenüber minderjährigen und volljährigen **gemeinsamen** Kindern und den vor oder während der Ehe geborenen **nicht gemeinsamen** Kindern der Ehegatten, für deren Barunterhalt sie aufzukommen hatten (→ Rn. 112–123),[1464] geprägt, weil die hierfür erforderlichen Mittel den Ehegatten zur Deckung ihres allgemeinen Lebensbedarfs nicht zur Verfügung stehen (zum **Entfallen** der Unterhaltspflicht → Rn. 116, 126, 138; zum **Vorwegabzug** → Rn. 126, 915–917). – Auch dann, wenn ein Kind erst **nach der Rechtskraft der Scheidung** volljährig geworden ist, prägt es als Fortentwicklung der in der Ehe angelegten Umstände die ehelichen Lebensverhältnisse.[1465]

919 Der Kindesunterhalt wird nicht durch die ehelichen Lebensverhältnisse begrenzt, weil er sich nicht nach diesen, sondern allein nach der Lebensstellung des Verpflichteten bestimmt. Deshalb nimmt das Kind auch ohne Bindung an einen **Stichtag** an Einkommensveränderungen nach der Scheidung teil.[1466] – Zu **anderen Unterhaltspflichten** → Rn. 126–137. – Zur Berücksichtigung **konkreter Betreuungskosten** und eines **Betreuungsbonus** → Rn. 483–500.

**b) Bar- und Betreuungsunterhalt.** Soweit danach die Unterhaltspflicht gegenüber Kindern **bedarfsprägend** zu berücksichtigen ist, gilt:

---

[1458] OLG Koblenz BeckRS 2018, 25497 Rn. 26, 27 mBspr *Leipold* NZFam 2019, 220 = FamRZ 2018, 1584 mAnm *Borth.*

[1459] *Borth* in Schwab ScheidungsR-HdB IV Rn. 1380; auch BeckOGK/*Witt*, 1.2.2019, Rn. 290.

[1460] *Borth* in Schwab ScheidungsR-HdB IV Rn. 1381.

[1461] BeckOGK/*Witt,* 1.2.2019, Rn. 287; *Gerhardt* FamRZ 2012, 589 (595).

[1462] BGH NJW 2003, 1112 = FamRZ 2003, 363 (366); NJW 1987, 1551 (1553) = FamRZ 1987, 456; dazu auch BeckOGK/*Witt*, 1.2.2019, Rn. 287.

[1463] LL Nr. 22.1 bzw. Nr. 22.2 und Nr. 22.3.

[1464] BGH NJW 2013, 461 Rn. 31 = FamRZ 2013, 191; BGHZ 178, 79 = NJW 2008, 3562 Rn. 18, 19 = FamRZ 2008, 2189 (Verhältnis Minderjährigen-/Ehegattenunterhalt); NJW 2003, 1660 = FamRZ 2003, 860, 865 (Verhältnis Familien-/Elternunterhalt); NJW 1991, 2703 = FamRZ 1991, 1163; NJW-RR 1990, 578 = FamRZ 1990, 979 (980); NJW 1988, 2101 = FamRZ 1988, 817 (819); NJW 1987, 1551 = FamRZ 1987, 456 (458 f.); BGHZ 98, 353 = NJW 1987, 1201 = FamRZ 1987, 259 (264); s. auch KG BeckRS 2011, 5730 = FamRZ 1997, 1012; OLG Stuttgart BeckRS 2009, 25111 = FamRZ 1987, 1030 (1031).

[1465] BGH NJW 2013, 461 Rn. 31 = FamRZ 2013, 191; BGHZ 192, 45 = NJW 2012, 384 Rn. 19 = FamRZ 2012, 281; NJW 1991, 2703 = FamRZ 1991, 1163 (1164 f.); NJW 1987, 1551 (1553) = FamRZ 1987, 456 mwN.

[1466] BGHZ 178, 79 = NJW 2008, 3562 Rn. 29 = FamRZ 2008, 2189.

– Grundsätzlich wird der **bar** oder sonst geldwert, etwa durch Naturalleistungen, gewährte Kindesunterhalt von den Einkünften des Elternteils, der ihn erbringt, **vorweg abgezogen** (→ Rn. 126, 915–917).[1467] Dies ist idR unbedenklich, weil die für den Kindesunterhalt erforderlichen finanziellen Mittel für den Ehegatten nicht zur Verfügung gestanden haben. – Bei **gemischten Einkünften** aus Erwerbstätigkeit, Vermögen, Rente etc ist der Vorwegabzug anteilig vorzunehmen, um den Erwerbsanreiz (→ Rn. 179, 212–233) nicht unverhältnismäßig zu kürzen.[1468] Doch steht dies unter dem Vorbehalt, dass man einen Erwerbsanreiz überhaupt einräumen will (→ Rn. 213). – Zur „fiktiven“ Bemessung des vorweg abzuziehenden Kindesunterhalts unter Berücksichtigung des **Splittingvorteils** des Verpflichteten aus einer neuen Ehe → Rn. 86–89. 920

– Abzusetzen ist der Kindesunterhalt in **gesetzlich geschuldeter** Höhe.[1469] Ist er **tituliert**[1470] und hatte gar der Ehegatte als gesetzlicher Vertreter überhöhten Kindesunterhalt geltend gemacht,[1471] oder wird er **freiwillig** im Einverständnis mit dem unterhaltsberechtigten Ehegatten über einen längeren Zeitraum und damit bedarfsprägend bezahlt,[1472] ist der Unterhalt in der so festgestellten Höhe abzuziehen.[1473] Ggf. muss der Titel angepasst oder erst geschaffen werden. Tatsächlich geringere als die titulierten Leistungen sind nur dann maßgeblich, wenn davon ausgegangen werden kann, dass der Mehrbetrag nicht weiter eingefordert wird.[1474] 921

– Stets ist sowohl zum Bedarf wie zur Leistungsfähigkeit der **Zahlbetrag** vorweg abzuziehen. Für volljährige Kinder ist dies der Tabellenbetrag abzüglich des vollen Kindergelds,[1475] für minderjährige Kinder ab 1.1.2008 (Inkrafttreten des UÄndG 2007) der Tabellenbetrag abzüglich des hälftigen Kindergelds.[1476] Zum **Kindergeld** → Rn. 562–564). 922

– Kindes- und Ehegattenunterhalt beeinflussen sich insoweit, als sie sich **gegenseitig prägen** (s. etwa die Ab- und Zuschläge und die Bedarfskontrollbeträge der Düsseldorfer Tabelle, Anm. A. 1., 6.). Zudem kann ein Mangelfall bezogen auf den Ehegattenunterhalt nach Abzug des Zahlbetrags zum Kindesunterhalt vorliegen; jedenfalls liegt kein „absoluter“ Mangelfall vor, wenn der Verpflichtete den Zahlbetrag erfüllen kann. Ein „relativer“ Mangelfall kann sich nicht mehr im Verhältnis der minderjährigen Kinder zu den Eltern, sondern nur noch im Verhältnis zwischen mehreren unterhaltsberechtigten bevorrechtigten Ehegatten (§ 1609 Nr. 2), sonstigen betreuenden Ehegatten (§ 1609 Nr. 3) und sonstigen Ehegatten (§ 1609 Nr. 4) ergeben.[1477] Im Verhältnis zum Unterhalt gleichrangiger minderjähriger und privilegierter volljähriger Kinder (auch → Rn. 112–123) ist der notwendige Lebensbedarf (zurzeit 1.080 EUR), im Verhältnis zum Unterhalt volljähriger Kinder der **angemessene** Lebensbedarf (zurzeit 1.300 EUR) beider Elternteile zu wahren.[1478] 923

– Ist der unterhaltsberechtigte Ehegatte dem gemeinschaftlichen Kind **barunterhaltspflichtig,** bestimmt sich die Höhe des Kindesunterhalts nach den Einkünften des Ehegatten einschließlich seines Unterhalts. Da aber der Ehegattenunterhalt nach Vorwegabzug des Kindesunterhalts bestimmt wird, ist Letzterer zunächst nach den Einkünften des unterhaltsberechtigten Ehegatten 924

---

1467 Zum Bedürftigen BGH NJW 1991, 2703 = FamRZ 1991, 1163 (1164), zum Verpflichteten BGH NJW 2008, 3635 Rn. 31 = FamRZ 2008, 2104; NJW 1987, 1551 = FamRZ 1987, 456 (458); NJW 1986, 985 = FamRZ 1986, 553 (555).

1468 OLG Karlsruhe NJW 1999, 1722 = FamRZ 1999, 1276 f.; *Scholz* FamRZ 1993, 125 (143).

1469 Auch OLG Koblenz BeckRS 1998, 31147848 = FamRZ 1999, 516 (517).

1470 BGH NJW 2009, 1742 Rn. 47 = FamRZ 2009, 762; NJW 2000, 284 (286) = FamRZ 2000, 351; NJW-RR 1990, 578 (579 [unter 4]) = FamRZ 1990, 979; NJW 1989, 1992 (1993 [unter 2d]) = FamRZ 1989, 842.

1471 BGH NJW 1990, 3020 (3022) = FamRZ 1990, 1091.

1472 BGH NJW 1992, 1624 (1625) = FamRZ 1992, 797; NJW 1990, 3020 (3022) = FamRZ 1990, 1091.

1473 BeckOGK/*Witt,* 1.2.2019, Rn. 299, 300; Palandt/*Brudermüller* Rn. 51 (4); aA BGH NJW 1992, 1624 (1625) = FamRZ 1992, 797; NJW 1990, 3020 (3022) = FamRZ 1990, 1091; Soergel/*Häberle* Rn. 24: stets ist der sich nach dem materiellen Recht ergebende Unterhaltsbetrag anzusetzen.

1474 BGH NJW 2000, 284 (286) = FamRZ 2000, 351.

1475 BGH NJW 2008, 3635 Rn. 36 = FamRZ 2008, 2104; BGHZ 176, 150 = NJW 2008, 2779 Rn. 14 = FamRZ 2008, 1414; BGHZ 164, 375 = NJW 2006, 57 Rn. 33, 34 = FamRZ 2006, 99 (unter d) [diese Entscheidung war Anlass für den Gesetzgeber, die Regelung in § 1612b Abs. 1 S. 2 [UÄndG 2007] einzufügen (BT-Drs. 16/1830, 30)]; dazu auch *Dose* FamRZ 2007, 1289 ff.; aA etwa OLG Koblenz BeckRS 2007, 428 = FamRZ 2007, 286 (287) (Vorinstanz zu BGH NJW 2008, 3635 Rn. 36 = FamRZ 2008, 2104).

1476 BGH NJW 2008, 1946 Rn. 36 = FamRZ 2008, 963. Bis 31.12.2007 war der Tabellenbetrag abzusetzen, BGHZ 161, 124 = NJW 2005, 503 = FamRZ 2005, 347 (350 f.); s. auch BGH NJW 2009, 2523 Rn. 43–57 = FamRZ 2009, 1301 mAnm *Maurer* FF 2009, 422.

1477 BGHZ 177, 272 = NJW 2008, 3125 Rn. 41 = FamRZ 2008, 1739.

1478 BGH NJW 2009, 1742 Rn. 48 = FamRZ 2009, 762; NJW 1987, 1551 (1553) = FamRZ 1987, 456; NJW 1986, 985 = FamRZ 1986, 553 (556); NJW 1985, 2713 = FamRZ 1985, 912 (916); NJW 1981, 753 = FamRZ 1981, 241 (242); auch OLG Jena BeckRS 2011, 22621 = FamRZ 2012, 641; OLG Hamm NJWE-FER 1999, 77 = FamRZ 1999, 853 Ls. (bei Unterschreiten des Existenzminimums des Bedürftigen).

ohne Unterhalt zu ermitteln. Der so ermittelte Kindesunterhalt ist sodann vom Einkommen des unterhaltsberechtigten Ehegatten abzuziehen. Der sich danach ergebende Ehegattenunterhalt ist zusammen mit den sonstigen Einkünften Grundlage für den endgültigen Kindesunterhalt.[1479]

925 – Ist der unterhaltsberechtigte Ehegatte für den Kindesunterhalt **nicht leistungsfähig** und muss deshalb der betreuende Ehegatte auch für den Barunterhalt des Kindes aufkommen, ist der Ehegattenunterhalt nach Vorwegabzug des Kindesunterhalts zu berechnen.[1480]

926 – Im Verhältnis zum dem Ehegattenunterhalt nachrangigen **Volljährigenunterhalt** ist, wird dieser bedarfsprägend vorweg abgezogen und dadurch der Bedarf des Ehegatten nach den ehelichen Lebensverhältnissen verringert, darauf zu achten, dass kein Missverhältnis zwischen diesen beiden Unterhaltsansprüchen besteht (→ Rn. 915–917). Zu wahren ist der angemessene Selbstbehalt des Verpflichteten (§ 1602 Abs. 1) und der angemessene Bedarf des berechtigten Ehegatten (jeweils 1.300 EUR), Letzterer begrenzt auf den Bedarf ohne Vorwegabzug des Volljährigenunterhalts.[1481]

927 – Führt **erhöhtes Einkommen** zwar zu einem höheren Kindesunterhalt, bleibt es aber, weil nicht prägend, beim Ehegattenunterhalt unberücksichtigt,

etwa: nach einem „Karrieresprung" (→ Rn. 65–70);[1482] Vorteil aus Ehegattensplitting nach Wiederheirat des Verpflichteten (→ Rn. 86–89); Einkünfte aus einer die ehelichen Lebensverhältnisse nicht prägenden Erbschaft (→ Rn. 578)

ist der Kindesunterhalt nur mit seiner fiktiven Höhe aus dem geringeren Einkommen vorweg abzuziehen. IErg nimmt dadurch auch der Bedürftige in geringem Umfang an der Einkommenserhöhung des Verpflichteten teil.

928 – Bei **Doppelverdienern** finanziert der die Kinder betreuende und daneben obligatorisch erwerbstätige Ehegatte durch den Vorwegabzug entgegen § 1606 Abs. 3 S. 2 den Kindesunterhalt mit, obwohl er seinen Unterhaltsbeitrag durch die Kinderbetreuung erbringt. Gleichwohl ist auch in diesen Fällen und selbst dann der Kindesunterhalt vorweg abzuziehen, wenn dies erst zu einem Anspruch auf Aufstockungsunterhalt (§ 1573 Abs. 2) führt, weil der Betreuungsunterhalt nicht zu **monetarisieren** ist (→ Rn. 464–467).[1483] Helfen kann die Gewährung eines **Betreuungsbonus** (→ Rn. 487–500).

929 – Wider **Treu und Glauben** handelt der Berechtigte, dessen Verpflichtung zur Zahlung von Kindesunterhalt tituliert ist, wenn er zwar Ehegattenunterhalt unter Vorwegabzug des Kindesunterhalts verlangt, diesen aber nicht bezahlt. IdR wird dies, weil nicht prognostizierbar, auch dann nicht bereits im Ausgangsverfahren berücksichtigt werden können, wenn der Bedürftige den Kindesunterhalt bislang nicht bezahlt hat; der Verpflichtete muss einen Vollstreckungsgegenantrag erheben.[1484]

### c) Wechselmodell.

**Schrifttum:** *Bausch/Gutdeutsch/Seiler,* Die unterhaltsrechtliche Abrechnung des Wechselmodells, FamRZ 2012, 258; *Bosch, R.,* Wechselmodell und Unterhalt – Ein Lösungsvorschlag, FF 2015, 92; *Bruske,* Wechselmodell, Elternunterhalt, Ehegattenunterhalt, NZFam 2018, 49; *Götz,* Wechselmodell und Vertretung im Unterhaltsverfahren – Kritische Überlegungen zu § 1628 BGB, FF 2015, 146; *Dethloff/Kaesling,* Kindesunterhalt und Wechselmodell, FamRZ 2018, 73; *Jokisch,* Das Wechselmodell – Grundlagen und Probleme, FuR 2013, 679, FuR 2014, 25; *Maaß,* Keine Barunterhaltspflicht im echten Wechselmodell, FamRZ 2016, 603; FamRZ 2016, 1428; *Maaß,*

---

1479 BeckOGK/*Witt,* 1.2.2019, Rn. 305.

1480 BeckOGK/*Witt,* 1.2.2019, Rn. 306.

1481 Dazu BeckOGK/*Witt,* 1.2.2019, Rn. 286, 315 mit Rechenbeispielen Rn. 315.1, 315.2.

1482 BGH NJW 2007, 2628 Rn. 29 = FamRZ 2007, 1232.

1483 BGH NJW 2016, 322 Rn. 15 ff. = FamRZ 2016, 199 mAnm *Finke*; NJW 2013, 161 Rn. 25 = FamRZ 2013, 109; NJW 1999, 717 = FamRZ 1999, 367 (370) mit insoweit abl. Anm. *Graba*; NJW 1991, 2703 = FamRZ 1991, 1163 (1164); OLG Schleswig NJW-RR 2004, 151 f.; OLG Zweibrücken BeckRS 2002, 30257153 = FamRZ 2002, 1565 (1566) mwN; auch OLG Stuttgart BeckRS 2012, 16865 = FamRZ 2013, 45 Ls.; BeckRS 2006, 4092 = FamRZ 2006, 1680; aA OLG Brandenburg NJW-RR 2006, 944 = FamRZ 2006, 341; OLG Jena OLG-NL 2004, 165 = FamRZ 2004, 1207 (1208); OLG Köln NJW-RR 2001, 1371 (1372); OLG Hamburg NJW-RR 1993, 392 = FamRZ 1992, 1187 (1188); BeckRS 2009, 29503 = FamRZ 1986, 1212 (1213); BeckRS 1986, 467 = FamRZ 1986, 1001, s. auch BeckOGK/*Witt,* 1.2.2019, Rn. 304, 305 mit Rechenbeispiel Rn. 305.1. – Nach OLG Hamburg BeckRS 1998, 11163 = FamRZ 1998, 1585 f.; KG BeckRS 2011, 5740 = FamRZ 1997, 1217 Ls. ist, wenn der Bedürftige zur Zahlung von Kindesunterhalt verpflichtet ist, dieser bei der Beurteilung seiner Bedürftigkeit in der Höhe abzuziehen, in der er während des Zusammenlebens anteilsmäßig aus seinem Einkommen bestritten wurde. Doch könnte dies allenfalls für die Bedürftigkeit, nicht auch für die Prägung der ehelichen Lebensverhältnisse, die vom gesamten Barbedarf des Kindes bestimmt sind, gelten.

1484 Für die Berücksichtigung im Ausgangsverfahren OLG Zweibrücken NJW-RR 2006, 1659 (1660) = FamRZ 2007, 151 Ls.; OLG Koblenz NJW 2005, 686 (687) = FamRZ 2005, 802 Ls.

Die Unterhaltsrente im Wechselmodell, FamRZ 2017, 673; *Ruetten,* Das paritätische Wechselmodell und Streitfragen des Kindergeldes sowie anderer kindbezogener Leistungen, NZFam 2016, 337; *Scheiwe,* Kindesunterhalt und Wechselmodell, FF 2013, 280; *Seiler,* Wechselmodell – unterhaltsrechtliche Fragen, FamRZ 2015, 1845; *Spangenberg,* Wechselmodell und Unterhalt, FamFR 2010, 125; *Spangenberg,* Wechselmodell und Kindesunterhalt, FamRZ 2014, 88; *Viefhues,* Kindesunterhalt und Wechselmodell, FPR 2006, 287; *Wohlgemuth,* Die Berechnung des Kindesunterhalts beim Wechselmodell bei Barunterhaltspflicht beider Eltern, FPR 2013, 157; *Wohlgemuth,* Wechselmodell ade?, FuR 2014, 556; *Wohlgemuth,* Das Wechselmodell – Ausgleich der Versorgungsleistungen –, FamRZ 2017, 676.

Praktizieren die Ehegatten die Kinderbetreuung iSe **„echten"**[1485] Wechselmodells (→ § 1570 Rn. 106) mit jeweils hälftigen Aufenthaltszeiten des Kindes, führt dies unterhaltsrechtlich dazu,[1486] dass beide eine **Erwerbsobliegenheit** in gleichem Umfang trifft und sie **Barunterhaltsleistungen** für das Kind nach Abzug der durch die wechselnde Kinderbetreuung entstehenden Mehrkosten im Verhältnis ihrer Einkünfte zu erbringen haben, die sie bei der Berechnung des Ehegattenunterhals von ihren Einkünften **vorweg abziehen** können.[1487] **930**

Dabei bleibt aber unberücksichtigt, dass Unterhalt in Form von **Naturalunterhalt** für die Zeit erbracht wird, in der sich das Kind beim jeweiligen Elternteil aufhält, und damit der Anspruch auf Kindesunterhalt weitgehend – Ausnahmen etwa: Kleidung, Urlaub sowie Mehrbedarf jeglicher Art für musische und sportliche Betätigung etc – erfüllt ist. Für den Ehegattenunterhalt ändert sich dadurch nichts: Im Umfang des Wertes des Naturalunterhalts, der sich nach der Düsseldorfer Tabelle bemisst, ist der Kindesunterhalt vom Einkommen des jeweiligen Elternteils abzusetzen. **931**

Eine einvernehmliche oder familiengerichtlich geregelte **andere Aufteilung** der Betreuungszeiten führt – grundsätzlich, wenn auch die übrigen individuellen Verhältnisse wie etwa die Chancen auf dem Arbeitsmarkt etc nicht entgegenstehen – zur Veränderung der Erwerbsobliegenheiten der Eltern: Sie erhöht sich für den Ehegatten mit dem geringeren und verringert sich für den mit dem höheren Betreuungsanteil entsprechend. Dies hat Auswirkungen sowohl auf den von beiden Eltern zu erbringenden Kindesunterhalt[1488] als auch auf den nachehelichen Unterhalt entsprechend den Betreuungsanteilen der Eltern.[1489] **932**

### III. Sonstige Verpflichtungen

**1. Bedarf.** Folgende Verbindlichkeiten sind grundsätzlich **bedarfsprägend:**

- **Darlehen,** die aus der Ehe herrühren,[1490] soweit sie zum maßgeblichen Zeitpunkt noch bedient (zum Entfallen der Kreditverpflichtung infolge Rückzahlung → Rn. 139–142)[1491] und nicht gegen den erklärten Willen des anderen Ehegatten oder zu Luxuszwecken[1492] eingegangen wurden. Führen sie zur **Vermögensbildung** (dazu und zur Berücksichtigung eines **Wohnvorteils** → Rn. 585–633), sind auch die Tilgungsleistungen zu berücksichtigen, soweit und solange auch der Berechtigte an der Vermögensbildung zu gleichen Anteilen teilhat. Dies gilt auch für alle vorehelich aufgenommenen Darlehen. **933**
- Für die Tilgungsleistungen auf **Immobiliendarlehen** für ein (ehemaliges) Familienheim gilt nichts anderes (→ Rn. 911, 915–917). Allerdings sollen nach dessen Veräußerung noch verbleibende Tilgungsleistungen weiter zu berücksichtigen sein, weil dann in der Verminderung der Schulden keine Vermögensbildung liege.[1493] Diese Begründung ist jedoch deshalb nicht tragfähig, weil auch die Entschuldung Vermögenswert hat, wie der Blick auf §§ 1374 Abs. 3, 1375 Abs. 1 S. 2 zeigt, und zur Vermögensbildung führt. Allerdings wird dem Ergebnis zuzustimmen sein, weil die Restverbindlichkeiten aus der Ehezeit stammen und über die Halbteilung im Grundsatz von den Ehegatten jeweils zur Hälfte getragen werden. **934**

---

1485 BGH NJW 2007, 1882 Rn. 9 = FamRZ 2007, 707; NJW 2006, 2258 Rn. 9 = FamRZ 2006, 1015.

1486 *Bosch* FF 2015, 92 (97).

1487 Zum Kindesunterhalt BGHZ 213, 254 = NJW 2017, 1676 mAnm *Graba* und *Born* LMK 2017, 387646, Bspr. *Spangenberg* NZFam 2017, 204 = FamRZ 2017, 437 mBspr *Maaß* FamRZ 2017, 673; s. auch *Borth* Praxis des UnterhaltsR Rn. 121.

1488 Dazu etwa *Borth* Praxis des UnterhaltsR Rn. 755, 756.

1489 BeckOGK/*Witt,* 1.2.2019, Rn. 310.

1490 BGH NJW 1985, 2268 = FamRZ 1985, 911 (912). Zu Darlehensraten aufgrund der Inanspruchnahme einer während der Ehezeit eingegangenen Bürgschaft s. OLG Hamm NJW-RR 1998, 6 = FamRZ 1998, 558 (559).

1491 Nach OLG Hamm NJW-RR 1998, 6 = FamRZ 1998, 558 (559) prägt bereits die „latente Gefahr", aus einer Bürgschaft in Anspruch genommen zu werden.

1492 Insoweit aA BeckOGK/*Witt,* 1.2.2019, Rn. 252.

1493 OLG Koblenz BeckRS 2015, 18467 Rn. 27 = FamRZ 2015, 1901 Ls.

935 – Wurden die Darlehen nur zur Finanzierung des **Konsums** (Überziehungskredite, Ratenzahlungskredite) aufgenommen, bleiben sie unberücksichtigt, weil auch für diesen Zweck vorweggenommene Sparleistungen den Bedarf nach den ehelichen Lebensverhältnissen nicht vermindert hätten (→ Rn. 15, 157, 384).[1494] Ob die Ehegatten das Darlehen gemeinsam oder einer mit dem ausdrücklichen oder stillschweigenden Einverständnis des anderen[1495] oder aber nur ein Ehegatte aufgenommen hat, kann nur über eine Korrektur der ehelichen Lebensverhältnisse anhand einer objektiven Betrachtung (→ Rn. 15) berücksichtigt werden (zur Berücksichtigung bei der Bedürftigkeit und Leistungsfähigkeit → Rn. 951–953).

936 – Stets unberücksichtigt bleiben **Anschaffungsdarlehen** und **geringfügige Kredite,** die den Kosten der Lebensführung zuzurechnen und aus dem Selbstbehalt zu bestreiten sind.[1496]

937 **Beispiele aus der Rspr.:**
BGH NJW 2009, 1410 Rn. 31 = FamRZ 2009, 314: Kredit über 900 EUR mit einer monatlichen Rate von 35 EUR.
OLG Koblenz NJW-RR 2014, 4 = FamRZ 2014, 1031 Ls.: Monatliche Ratenzahlungen von bis zu 100 EUR sind geringfügig. Zutreffend wird auch auf den zuerkannten Erwerbstätigenbonus verwiesen.

938 – Nach Eröffnung des **Insolvenzverfahrens** (→ Rn. 897–903) sind Schuldendienste nur noch in Höhe des pfändbaren Betrags zu berücksichtigen,[1497] allerdings nur, soweit sie unterhaltsrechtlich erheblich sind. – Zu den Kosten für die **Fremdfinanzierung des Unterhalts** → Rn. 258.

939 – Spekulation hat Vermögensbildung zum Ziel. Deshalb führt die Rückführung von Darlehen, die zur Finanzierung von **Spekulationsverlusten** aufgenommen wurden, durch die Tilgung zur Rückführung der Schulden zu einem Vermögenszuwachs, an dem der Berechtigte nach dem für den Zugewinnausgleich maßgebenden Stichtag nicht mehr teilhat. Er trägt also, werden die Tilgungen bedarfsprägend berücksichtigt, über seinen Unterhalt zur Vermögensbildung des Verpflichteten bei; dazu muss der Unterhalt allerdings nicht herhalten. Anders als beim finanzierten Konsum, fehlt es bei Spekulationsverlusten an einem Gegenwert, der der Verbindlichkeit gegenübersteht und mit seinem positiven Wert die ehelichen Lebensverhältnisse geprägt hat.

940 – Dazu auch der umgekehrte Fall der **Abfindung:** Sie prägt nach der Rechtsprechung des BGH bis zum güterrechtlichen Stichtag die ehelichen Lebensverhältnisse, der Rest ist über das Güterrecht auszugleichen (→ Rn. 415–425).

941 – **Versicherungsprämien** (auch für Unfall- und Berufsunfähigkeitsversicherung[1498]) soweit sie nicht – wie die Privathaftpflicht-, Hausrats- und Rechtsschutzversicherung, aber auch Kfz-Versicherungen – dem allgemeinen Lebensbedarf zuzuordnen sind.[1499] Davon kann bei Selbstständigen nicht ausgegangen werden. Für nicht selbstständig Erwerbstätige sind sie nach Zumutbarkeit und damit insbesondere nach der Erforderlichkeit und den zur Bestreitung des Lebensbedarfs zur Verfügung stehenden finanziellen Mitteln berücksichtigungsfähig; jedenfalls in Mangelfällen ist dies zu verneinen.

942 – Dies gilt grundsätzlich auch für **Lebensversicherungen** – etwa als Lebensversicherung auf Kapitalbasis –, die zur Vermögensbildung geführt haben, weil der entsprechende Betrag der Familie nicht zur Befriedigung des laufenden Lebensbedarfs zur Verfügung gestanden hat.[1500] Dient die Lebensversicherung der **zusätzlichen (sekundären) Altersvorsorge,** sind die Prämien bedarfsprägend, allerdings beschränkt auf 4% des Bruttoeinkommens des versicherten Ehegatten (→ Rn. 332, 333). Dient die Lebensversicherung – etwa als Lebensversicherung auf Kapitalbasis – aber allein der **Vermögensbildung,** beurteilt sich die Berücksichtigungsfähigkeit der Prämien nach allgemeinen Grundsätzen (→ Rn. 380–388). Im **Mangelfall** hat der versicherte Ehegatte den Vertrag allerdings stets aufzulösen oder jedenfalls beitragsfrei zu stellen,[1501] weil die Deckung des notwendigen Elementarbedarfs der des Altersvorsorgebedarfs vorgeht (→ Rn. 264).

---

[1494] BGH NJW 2013, 2897 Rn. 23 = FamRZ 2013, 1558 (zum Kindesunterhalt); NJW 1982, 822 = FamRZ 1982, 250 (252); OLG Düsseldorf BeckRS 2009, 26331 = FamRZ 1987, 595 (596); aA OLG München NJW-RR 1995, 1159 = FamRZ 1995, 233; BeckOGK/*Witt,* 1.2.2019, Rn. 248; wohl auch OLG Hamm NJW-RR 1987, 462 = FamRZ 1986, 362; BeckRS 2010, 15993 = FamRZ 1981, 968 (der Höhe nach allerdings begrenzt auf die Pfändungsfreigrenze nach § 120 Abs. 1 FamFG, § 850c ZPO).

[1495] Insoweit OLG München NJW-RR 1995, 1159 = FamRZ 1995, 233.

[1496] BGH NJW 2013, 2897 Rn. 21 = FamRZ 2013, 1558; NJW 2009, 1410 Rn. 31 = FamRZ 2009, 314.

[1497] OLG Stuttgart BeckRS 2008, 19457 = FamRZ 2008, 2208 (insoweit nicht abgedruckt).

[1498] OLG Hamm OLGR 2001, 89 (90) = FamRZ 2001, 625 Ls. (weil Leistungen aus ihr auch den Bedürftigen zugutekommen).

[1499] BGHZ 186, 350 = NJW 2010, 3161 Rn. 22 = FamRZ 2010, 1535 (zum Elternunterhalt für die Hausrats- und Haftpflichtversicherung); s. auch OLG Celle BeckRS 2007, 11193 = FamRZ 2007, 1020 Ls.

[1500] BGH NJW 1992, 1044 = FamRZ 1992, 423 (424).

[1501] OLG München OLGR 1997, 257 (Lebens-, Haftpflicht- und Unfallversicherungsbeiträge).

– **Risiko-Lebensversicherungen** (auch → Rn. 304) dienen der finanziellen Absicherung einer begünstigten Person, idR von Angehörigen, für den Fall des Todes des versicherten Ehegatten. Da die Auszahlung an die begünstigte Person erfolgt, dienen sie grundsätzlich weder der Einkommenserzielung des versicherten Ehegatten noch dessen Vorsorge und bleiben deshalb unterhaltsrechtlich außer Ansatz.[1502] Hiervon ist jedoch dann eine **Ausnahme** zu machen, wenn die Risiko-Lebensversicherung zur Finanzierung von **Immobilieneigentum** die Darlehensrückzahlung für den Fall des Ausfalls der Arbeitskraft sichern soll.[1503] Wird die Versicherung nach der Rückführung des Darlehens oder dem Verkauf der Immobilie fortgeführt, sollen die Versicherungsprämien weiter abgezogen werden können, wenn damit die Sicherstellung der Unterhaltszahlungen nach dem Versterben des Verpflichteten bezweckt wird.[1504] Dazu ist aber jedenfalls zu fordern, dass der Berechtigte unwiderruflich als Bezugsberechtigter der Risiko-Lebensversicherung bezeichnet wurde (§ 159 Abs. 3 VVG). 943

– Prämien für **Gebäudeversicherungen** sind berücksichtigungsfähig, wenn und soweit die Immobilie selbst bewohnt wird; sie finden dann ihren Niederschlag im Wohnvorteil. Bei vermieteter Immobilie bleiben sie unberücksichtigt, weil sie auf den Mieter umgelegt werden können.[1505] 944

**Nicht prägend** sind grundsätzlich **nach Trennung und Scheidung**

– eingegangene **Verbindlichkeiten,**[1506] weil ihnen der Bezug zur ehelichen Lebensgemeinschaft fehlt. 945

Anders bis zur Entscheidung des BVerfGE 128, 193 = NJW 2011, 836 = FamRZ 2011, 437: 946
BGH NJW 2010, 2056 Rn. 36 = FamRZ 2010, 869 (Familienunterhalt); NJW 2010, 2582 Rn. 29 = FamRZ 2010, 538: „Deshalb kann nicht festgestellt werden, ob die monatlichen Zahlungen bei der Bedarfsermittlung nach § 1578 BGB im Rahmen der wandelbaren ehelichen Lebensverhältnisse überhaupt berücksichtigungsfähig wären, etwa weil die Eingehung der Darlehensverbindlichkeiten unumgänglich gewesen bzw. nicht leichtfertig erfolgt ist".
BGH NJW 2009, 145 Rn. 17, 19, 20, 21–23 = FamRZ 2009, 23 mAnm *Maurer* FamRZ 2009, 204; ebenso *Gerhardt* FamRZ 2007, 945 (948): Die Zinsbelastung für ein Familienheim in der Nachehe (!) könne der Verpflichtete dem Bedürftigen bereits bedarfsprägend entgegensetzen.
BGH NJW 2010, 2582 Rn. 29 = FamRZ 2010, 538: „Deshalb kann nicht festgestellt werden, ob die monatlichen Zahlungen bei der Bedarfsermittlung nach § 1578 BGB im Rahmen der wandelbaren ehelichen Lebensverhältnisse überhaupt berücksichtigungsfähig wären, etwa weil die Eingehung der Darlehensverbindlichkeiten unumgänglich gewesen bzw. nicht leichtfertig erfolgt ist".
BGH NJW 2010, 2056 Rn. 36 = FamRZ 2010, 869 (Familienunterhalt).

– Dazu zählt grundsätzlich auch der Schuldendienst für Darlehen, die zum **güterrechtlichen** Ausgleich oder zur Auseinandersetzung von **Miteigentum** aufgenommen wurden (→ Rn. 960–963; zur Übernahme eines Miteigentumsanteils → Rn. 593–633, 963),[1507] ansonsten der Ehegatte den ihm zustehenden Vermögensausgleich mitfinanzieren würde. Hiervon können in engen Grenzen Ausnahmen gemacht werden, etwa wenn lediglich **umgeschuldet** wurde oder ein nur zur **Berufsausübung** genutzter PKW neu angeschafft werden musste (aber → Rn. 197; zur Berücksichtigung bei der Bemessung des Selbstbehalts → § 1581 Rn. 37).[1508] 947

– für die Auseinandersetzung der ehelichen Beziehungen anfallende **Verfahrenskosten,**[1509] auch soweit sie Ratenzahlungen auf bewilligte **Verfahrenskostenhilfe** betreffen,[1510] weil sie nicht die 948

---

1502 BeckOGK/*Witt,* 1.2.2019, Rn. 224; aA etwa – ohne Problematisierung – OLG Hamm BeckRS 2008, 3367 = NJW-RR 2008, 882 = FamRZ 2008, 893 (insoweit nicht abgedruckt); OLG Zweibrücken BeckRS 2008, 5661 = FamRZ 2008, 615 (insoweit nicht abgedruckt).

1503 BGHZ 213, 288 = NJW 2017, 1169 Rn. 19 mAnm *Reinken* = NZFam 2017, 303 mAnm *Norpoth* = FamRZ 2017 519 mAnm *Hauß.*

1504 Zum Verkauf der Immobilie einer OLG Hamm BeckRS 2013, 1349 = FamRZ 2013, 959 (960).

1505 BeckOGK/*Witt,* 1.2.2019, Rn. 222.

1506 Zutr. BGHZ 192, 45 = NJW 2012, 384 Rn. 16–31 = FamRZ 2012, 281; BGHZ 163, 84 = NJW 2005, 3277 = FamRZ 2005, 1817 (1820): „Ein Vorwegabzug kommt auf der Stufe der Bedarfsbemessung aber nur in Betracht, wenn und soweit es sich um ehebedingte Verbindlichkeiten handelt, …"; KG BeckRS 2009, 3941 = FamRZ 2008, 1631 f.; ebenso BeckOGK/*Witt,* 1.2.2019, Rn. 254; auch *Maurer* FamRZ 2008, 1985 (1986 f.).

1507 OLG Karlsruhe NJW-RR 1994, 66 = FamRZ 1993, 1091 (1092).

1508 Ebenso BeckOGK/*Witt,* 1.2.2019, Rn. 258–260.

1509 OLG Karlsruhe NJW-RR 1998, 578 (579); OLG München FamRZ 1994, 898; aA wohl OLG Düsseldorf FamRZ 1999, 44 Ls. für während der Trennungszeit an den Bedürftigen entrichteten Prozesskostenvorschuss.

1510 OLG München FamRZ 1994, 898; OLG Koblenz BeckRS 1990, 31134845 = FamRZ 1991, 438 f.; BeckOGK/*Witt,* 1.11.2018, § 1581 Rn. 127; aA OLG Karlsruhe BeckRS 2009, 28802 = FamRZ 1988, 400 (401); BeckRS 2010, 26002 = FamRZ 1988, 202 (203 f.); OLG Hamm BeckRS 1995, 6393 = FamRZ 1996, 166 (zum Trennungsunterhalt). Zum Kindesunterhalt s. OLG Brandenburg BeckRS 2016, 117853 Rn. 18 mBspr *Groeneveld* NZFam 2017, 616 = FamRZ 2017, 1135 Ls.

ehelichen Lebensverhältnisse betreffen und zudem grundsätzlich bei beiden Ehegatten anfallen (→ Rn. 955–958). Dies hindert jedoch nicht ihre Berücksichtigung als **trennungsbedingten Mehrbedarf,** wobei allerdings der Vorrang des Elementarunterhalts vor dem Mehrbedarf zu beachten ist. Zudem kommt dies nur dann in Betracht, wenn der Mehrbedarf durch nicht prägende Einkünfte gedeckt werden kann.[1511]

949 **2. Bedürftigkeit. Leistungsfähigkeit. a) Allgemeines.** Nach der Rspr. des BGH berühren Schulden des **Berechtigten,** auch soweit sie zum Bedarf berücksichtigungsfähig sind, idR nicht seine Bedürftigkeit (§ 1577), weil der Ehegattenunterhalt nicht dazu dient, ihm die Bildung von Vermögen durch die Bedienung von Verbindlichkeiten zu ermöglichen, selbst wenn dies dem Verpflichteten, der nicht verpflichtet ist, die Schulden des Berechtigten zu tilgen,[1512] möglich wäre.[1513] Einschränkungen werden lediglich insoweit gemacht, als der Bedürftige – auch prägendes – eigenes Einkommen hat, das er zur Bestreitung seiner Verbindlichkeiten einsetzt.[1514] – Zur Berücksichtigung von im Zusammenhang mit einem **Wohnvorteil** anfallenden Zins- und Tilgungsleistungen → Rn. 609–620, 626–629, 631.

950 Demgegenüber sollten berücksichtigungsfähige Schulden des Berechtigten seine Bedürftigkeit grundsätzlich erhöhen, seinen Bedarf dagegen nur, wenn sie die ehelichen Lebensverhältnisse mitgeprägt haben. Hat er keine eigenen Einkünfte, kann sich sein Bedarf durch Verbindlichkeiten nicht erhöhen, wohl aber verringern, wenn der Verpflichtete die Schulden bedient. Doch auch wenn der Berechtigte die Schulden aus eigenem Einkommen bedient, stehen ihm weniger finanzielle Eigenmittel zur Verfügung. Ob dies unterhaltsrechtlich hinzunehmen oder aber eine Obliegenheitsverletzung anzunehmen ist, richtet sich nach den Absprachen und der Handhabung unter den Ehegatten. Darüber hinaus ermöglicht **§ 1579 Nr. 4, 5** weitere Einschränkungen, wenn sich der Bedürftige mutwillig bedürftig gemacht hat (→ § 1579 Rn. 91, 92, 98, 99).[1515] Für prägende Verbindlichkeiten wird Letzteres allerdings kaum angenommen werden können, es sei denn, der Bedürftige handelt seiner Obliegenheit zur Reduzierung seiner Bedürftigkeit durch bewusstes Unterlassen der Schuldenrückführung zuwider.

951 **b) Lebensführung.** Verpflichtungen sind insoweit unbeachtlich, als sie zu den Kosten der **Lebensführung** zählen, die bereits vom billigen Selbstbehalt (→ § 1581 Rn. 25–57) mit umfasst sind. Hierzu zählen insbesondere auch Kosten für einen **PKW**[1516] (zur Behandlung bei berufsbedingter Nutzung → Rn. 191–211) und **Urlaub,** auch wenn sie vorfinanziert wurden. Etwas anderes kann bei einem durch besondere, unabwendbare Gründe hervorgerufenen **Nachholbedarf** gelten,[1517] oder wenn der Bedarf **unvorhergesehen** entsteht, etwa bei der zur Berufsausübung unabdingbaren Anschaffung eines neuen PKW wegen eines Verkehrsunfalls.[1518] – Zu **Versicherungsprämien** → Rn. 941–944.

952 Bei **Familiendarlehen** ist besonders streng zu prüfen, ob sie mutwillig eingegangen worden sind, ob überhaupt eine Rückzahlungsverpflichtung besteht und wie dringlich diese ist,[1519] weil oft erst angesichts einer Barunterhaltsverpflichtung eine Rückzahlungsverpflichtung „aktiviert" wird. Zu ihrer Bedeutung im Rahmen eines **Tilgungsplanes** → Rn. 892.

953 Die Kosten für die Hinzuziehung eines **Steuerberaters** zur Fertigung der Steuererklärung sind zu berücksichtigen, wenn und soweit sie unter Berücksichtigung der Kenntnisse und Fähigkeiten des Verpflichteten erforderlich und angemessen sind.[1520] Großzügiger dagegen der BGH: Sie finden nur dann keine Berücksichtigung, „wenn von vornherein feststeht, dass für das abgelaufene Steuerjahr weder einer Steuerpflicht noch eine Erstattung in Betracht kommt".[1521]

---

[1511] BeckOGK/*Witt,* 1.2.2019, Rn. 582.

[1512] BGH NJW-RR 1990, 194 = FamRZ 1990, 280 (282); NJW 1985, 2265 = FamRZ 1985, 902.

[1513] BGH NJW 1992, 1044 = FamRZ 1992, 423 (424 f.); NJW-RR 1989, 900 = FamRZ 1990, 280 (282); NJW-RR 1987, 194 (195) = FamRZ 1987, 36 (39); auch BeckOGK/*Witt,* 1.2.2019, Rn. 248.

[1514] *Borth* in Schwab ScheidungsR-HdB IV Rn. 998. Offengelassen von BGH NJW 1992, 1044 = FamRZ 1992, 423 (425).

[1515] Nur § 1579 Nr. 4 wendet *Hoppenz* FamRZ 1987, 324 ff.; NJW 1984, 2327 an; doch ist die Obliegenheitsverletzung gegenüber § 1579 niederschwellig (→ Rn. 436, 670, 854, 901, 909).

[1516] OLG München NJW-RR 1995, 1159 = FamRZ 1995, 233 (Zugewinn und Auseinandersetzung der Haushaltsgegenstände).

[1517] BGH NJW 1982, 822 = FamRZ 1982, 250 (252) („nur").

[1518] Nach OLG Hamm BeckRS 2005, 9973 sind die Kreditkosten für eine PKW-Anschaffung nicht zu berücksichtigen, weil ihnen der Nutzungsvorteil gegenübersteht. Doch dürften diese Nutzungsvorteile, steht kein PKW zur Verfügung, nur in sehr eingeschränktem Umfang durch andere Kosten erkauft werden.

[1519] BGH NJW 1986, 720 = FamRZ 1986, 148 (149); OLG Karlsruhe BeckRS 2007, 4207 = FamRZ 2007, 413 (414); OLG Hamm NJW-RR 1996, 66 = FamRZ 1996, 219 (220).

[1520] OLG Hamm BeckRS 2011, 3626 = FamRZ 1992, 1177 (1178) mwN; ebenso BeckOGK/*Witt,* 1.2.2019, Rn. 206.

[1521] BGH NJW 2009, 2450 Rn. 27 = FamRZ 2009, 1207.

**c) Trennungsbedingter Mehrbedarf.** Trennungsbedingter Mehrbedarf des **Verpflichteten** gehört zu seinem angemessenen Unterhalt iSd § 1578 Abs. 1 S. 1 und kann bei zumutbarer Begründung die Leistungsfähigkeit einschränken.[1522] Doch ist er vorrangig aus nichtprägenden Mitteln zu bestreiten.[1523] – Trennungsbedingter Mehrbedarf des **Berechtigten** wird idR über die Quote abgedeckt. Ist er ausnahmsweise anzuerkennen, erhöht er sowohl den Bedarf als auch die Bedürftigkeit. – Zur Berücksichtigung des trennungsbedingten Mehrbedarfs beim **Bedarf** → Rn. 240–248. 954

**d) Verfahrenskosten.** Der **Unterschied** zwischen trennungs- und scheidungsbedingten sowie sonstigen Rechtsstreitigkeiten liegt in der Berücksichtigung beim Bedarf: Rechtsverfolgungs- und Rechtsverteidigungskosten aus sonstigem Grund prägen den Bedarf nach den ehelichen Lebensverhältnissen, solche aus Anlass der Trennung und Scheidung sind trennungsbedingter Mehrbedarf (allgemein → Rn. 240, 241) und ggf. dem Elementarbedarf hinzuzurechnen. Dies gilt auch für die Kosten eines Unterhaltsrechtsstreits sowie für jeden anderen Rechtsstreit, auch gegen Dritte,[1524] sofern dessen Führung nicht gegen unterhaltsrechtliche Obliegenheiten verstößt,[1525] was idR bereits dann ausgeschlossen werden kann, wenn VKH bewilligt wurde,[1526] in Unterhaltsstreitigkeiten wegen der diesen immanenten Unsicherheiten aber auch sonst idR nicht vorliegt.[1527] 955

Notwendige Verfahrens- und Vollstreckungskosten für das **Scheidungsverfahren,** auch als Verfahrenskostenvorschuss an den Bedürftigen,[1528] sind nicht der allgemeinen Lebensführung,[1529] sondern ggf. dem trennungsbedingten Mehrbedarf zuzurechnen und deshalb grundsätzlich aus nichtprägenden Einkünften zu bestreiten (→ Rn. 959).[1530] Zur Bedürftigkeit/Leistungsfähigkeit (anders zum Bedarf → Rn. 948) ist unerheblich, dass die Verfahrenskosten idR bei beiden Ehegatten anfallen.[1531] IÜ sind der Anlass für das Entstehen der Verfahrenskosten und der Umfang des Obsiegens des Verpflichteten in die umfassende Interessenabwägung nach Billigkeitsgesichtspunkten einzubeziehen.[1532] 956

Kann der **Berechtigte** die Verfahrenskosten etc aus eigenen nichtprägenden Mitteln bestreiten, hat er insoweit keinen Anspruch auf trennungsbedingten Mehrbedarf.[1533] Allerdings fehlen ihm diese Mittel zur Deckung seines allgemeinen Lebensbedarfs, sodass sich insoweit sein Anspruch auf Elementarunterhalt erhöht; der Verpflichtete zahlt dann den trennungsbedingten Mehrbedarf als Elementarunterhalt, und zwar in voller Höhe. 957

Verfügt der **Verpflichtete** über nichtprägende Einkünfte, kann er hieraus ggf. sowohl seine eigenen Verfahrenskosten etc als auch die des Berechtigten bestreiten. Könnte er sie lediglich aus prägenden Einkünften bestreiten, würde dies die Leistungsfähigkeit zum Elementarunterhalt mindern.[1534] In diesem Zusammenhang sind der Anlass für das Entstehen der Verfahrenskosten und der Umfang des Obsiegens des Verpflichteten in die Interessenabwägung einzubeziehen. Kann der Verpflichtete seinen und des Berechtigten Mehrbedarf nicht aus dem ihm verbleibenden Einkommen bestreiten,[1535] sind sie nicht der allgemeinen Lebensführung,[1536] sondern ggf. dem trennungsbedingten Mehrbedarf zuzurechnen (→ Rn. 948, 956).[1537] 958

**e) Prozess-/Verfahrenskostenhilfe. Raten** auf die Prozess-/Verfahrenskostenhilfe sind, auch aus Gründen der Gleichbehandlung der Ehegatten, idR vom verbleibenden Einkommen, ggf. vom notwendigen Selbstbehalt, zu bestreiten,[1538] weil verfahrenskostenhilferechtlich (§ 113 Abs. 1 S. 2 959

---

[1522] BGH NJW-RR 1990, 578 = FamRZ 1990, 979 (981).
[1523] BGHZ 89, 108 = NJW 1984, 292 = FamRZ 1984, 149 (151).
[1524] AA OLG Köln BeckRS 2010, 5754 = FamRZ 1983, 750 (753): nur für lebensnotwendige Prozesse.
[1525] OLG Karlsruhe NJW-RR 1998, 578 (579); AG Tempelhof-Kreuzberg BeckRS 2001, 31164515 = FamRZ 2001, 1727; *Hoppenz* FamRZ 1987, 324 (326); aA etwa BeckOGK/*Witt*, 1.2.2019, § 1581 Rn. 127 mwN zur Leistungsfähigkeit, weil „ein strenger Maßstab [gilt], der eine Berücksichtigung im Regelfall ausschließt, weil derartige Kosten gleichermaßen bei beiden Ehegatten anfallen".
[1526] OLG Karlsruhe BeckRS 2009, 28802 = FamRZ 1988, 400 (401).
[1527] *Borth* in Schwab ScheidungsR-HdB IV Rn. 1376.
[1528] KG BeckRS 2010, 26030 = FamRZ 1988, 720 (722).
[1529] OLG Köln BeckRS 2010, 5754 = FamRZ 1983, 750 (753).
[1530] BeckOGK/*Witt*, 1.2.2019, Rn. 577.
[1531] AA etwa BeckOGK/*Witt*, 1.2.2019, § 1581 Rn. 127 mwN.
[1532] KG BeckRS 2010, 26030 = FamRZ 1988, 720 (722); Soergel/*Häberle* Rn. 22; *Hoppenz* FamRZ 1987, 324 (326).
[1533] OLG Köln BeckRS 2010, 5754 = FamRZ 1983, 750 (753); BeckOGK/*Witt*, 1.2.2019 Rn. 537.
[1534] S. auch *Hoppenz* FamRZ 1987, 324 (326).
[1535] BGH NJW 1982, 822 = FamRZ 1982, 250 (252).
[1536] OLG Köln BeckRS 2010, 5754 = FamRZ 1983, 750 (753).
[1537] BeckOGK/*Witt*, 1.2.2019, Rn. 578.
[1538] OLG Hamm NJW-RR 1994, 707 = FamRZ 1994, 446 (448); OLG Koblenz BeckRS 1990, 31134845 = FamRZ 1991, 438 f. folgern dies aus § 113 Abs. 1 S. 2 FamFG, § 120 ZPO; aA OLG Karlsruhe BeckRS

FamFG, § 115 Abs. 1 S. 2 ZPO) weit mehr als unterhaltsrechtlich abzugsfähig berücksichtigt wird. Dies gilt insbesondere dann, wenn die VKH-Raten für zwischen den Ehegatten geführte Verfahren in Familiensachen zu erbringen sind, weil diese bei beiden Ehegatten anfallenden Kosten sonst von einem Ehegatten über den Unterhalt mitfinanziert würden. Obwohl die VKH eine besondere Art der Sozialhilfe[1539] ist, kann bei der Geltendmachung von Verfahrens- und Vollstreckungskosten auf ihre Inanspruchnahme verwiesen werden, weil sie der Unterhaltsverpflichtung nicht subsidiär ist und deshalb auch kein Unterhaltsanspruch auf die Staatskasse übergeht.

960 **f) Vermögensauseinandersetzung.** Da der **Zugewinnausgleich** das beim ausgleichspflichtigen Ehegatten vorhandene, das des ausgleichsberechtigten überschießende Vermögen zum Ausgleich bringt, besteht kein Anlass, Aufwendungen zur **Finanzierung** der Ausgleichsschuld die Bedürftigkeit/Leistungsfähigkeit mindernd zu berücksichtigen und dadurch den Ausgleichberechtigten seinen eigenen Ausgleichsanspruch mitzufinanzieren zu lassen.[1540] Der ausgleichspflichtige Ehegatte ist auf die Verwertung seines Vermögens zur Bestreitung der Ausgleichsforderung verwiesen.

961 Davon ist dann jedoch eine **Ausnahme** zu machen, wenn die Vermögensverwertung **unzumutbar** ist, so etwa wenn der Ausgleichspflichtige zur Bestreitung der Ausgleichsforderung im Einvernehmen mit dem Ausgleichsberechtigten Wohneigentum, das er mit – gemeinschaftlichen wie nicht gemeinschaftlichen – Kindern bewohnt, veräußern müsste.[1541]

962 Gleiches gilt für die Vermögensauseinandersetzung iÜ. Unterhaltsrechtlich unbeachtlich ist, wenn die **fremdfinanzierte Übernahme des Miteigentumsanteils** des Berechtigten an Wohneigentum durch den Verpflichteten dazu führt, dass er mit den Tilgungsraten Vermögen/Eigentum bildet und die Zinsen seinen Wohnvorteil mindern.[1542] Allerdings können dann auch die wirtschaftlichen Vorteile in Form des Wohnvorteils nicht berücksichtigt werden.[1543]

963 Stets ist aber eine **ungerechtfertigte Bedarfserhöhung** zu vermeiden.[1544] Deshalb kann der Vermögensertrag des aus dem Familienheim weichenden Ehegatten die ehelichen Lebensverhältnisse nicht prägen, wenn der übernehmende Ehegatte die Auszahlung finanzieren muss und weiter der volle Wohnvorteil zugrunde gelegt wird (→ Rn. 579–584, 595–633).[1545] – Auch die Auseinandersetzung ehebedingter **Verbindlichkeiten** und die sich daraus ergebenden Belastungen sind bedarfsprägend. – Zur Berücksichtigung des Schuldendienstes für ein Darlehen, das zur **Finanzierung der Auseinandersetzungsforderung** aufgenommen wurde, → Rn. 626–629, 947.

964 **g) Drittgläubiger.** Im Einzelfall können die Interessen der **Drittgläubiger** weitergehend zu berücksichtigen sein, als dies durch den **Vollstreckungsschutz** (Pfändungsfreigrenzen, Pfändungsvorrecht des Bedürftigen) gewährleistet wird. So etwa, wenn die Verbindlichkeiten im Interesse oder mit dem Einverständnis des Bedürftigen eingegangen, dadurch die Leistungsfähigkeit auch über den Mindestunterhalt hinaus eingeschränkt wurde und die Bemühungen des Verpflichteten um die Wiederherstellung seiner Leistungsfähigkeit durch die Rückgängigmachung von Dispositionen bis hin zur Verwertung mit Schulden belasteter, nicht dringend benötigter Gegenstände nicht erfolgreich waren. Muss sich der Bedürftige danach eine Verschuldung entgegenhalten lassen und hat sie einen Umfang erreicht, der dem Verpflichteten noch nicht einmal die Begleichung der Zinsen ermöglicht, sodass Unterhaltsleistungen zu einer **Erhöhung des Schuldenstandes** führen würden, kann die Grenze des für den Verpflichteten Zumutbaren überschritten und der Bedürftige darauf verwiesen sein, sich die für seinen Lebensunterhalt benötigten Mittel unter äußerster Anspannung seiner Kräfte durch einen über das im Allgemeinen Gebotene hinausgehenden Einsatz seiner Arbeitskraft selbst

---

2009, 28802 = FamRZ 1988, 400 (401 f.); BeckRS 2010, 26002 = FamRZ 1988, 202 (203 f.); wohl auch OLG Hamm BeckRS 1995, 6393 = FamRZ 1996, 166 für scheidungsbedingt veranlasste PKH-Raten: Als notwendiger trennungsbedingter Mehrbedarf immer abzusetzen.

[1539] BGH NJW 2017, 962 Rn. 7 = FamRZ 2017, 633.

[1540] BGH NJW 2000, 2349 (2350) = FamRZ 2000, 950; NJW 1986, 1342 (1344) = FamRZ 1986, 437; OLG Karlsruhe BeckRS 2009, 28802 = FamRZ 1988, 400 (401); OLG Hamburg BeckRS 2009, 29503 = FamRZ 1986, 1212 (1213); OLG Hamm BeckRS 2009, 29459 = FamRZ 1985, 483 (484); OLG Frankfurt a. M. BeckRS 2010, 1018 = FamRZ 1984, 281.

[1541] Soergel/*Häberle* § 1581 Rn. 21; BeckOGK/*Witt*, 1.2.2019, § 1581 Rn. 115 verzichten auf das Einvernehmen.

[1542] BGH NJW 2000, 2349 (2350) = FamRZ 2000, 950 (952); BGH NJW 1992, 1044 = FamRZ 1992, 423 (425); OLG Karlsruhe NJW-RR 1994, 66 = FamRZ 1993, 1091; OLG Hamburg BeckRS 2009, 29503 = FamRZ 1986, 1212; OLG Hamm BeckRS 2009, 29459 = FamRZ 1985, 483; OLG Stuttgart BeckRS 2010, 25971 = FamRZ 1984, 1105 (1107).

[1543] OLG Hamburg BeckRS 2009, 29503 = FamRZ 1986, 1212; OLG Hamm BeckRS 2009, 29459 = FamRZ 1985, 483.

[1544] *Maurer* FamRZ 2007, 1538 (1540).

[1545] Dazu *Maurer* FamRZ 2006, 258 (259).

zu verschaffen.[1546] – Zur Berücksichtigung der Schulden im Rahmen eines vernünftigen **Tilgungsplans** → Rn. 890–894. – Die **Darlegungs-** und **Beweislast** für die Berücksichtigungsfähigkeit der Schulden, insbesondere für eine gegenwärtige oder unmittelbar bevorstehende Rückzahlungsverpflichtung, trägt der Verpflichtete, weil er damit seine – ggf. teilweise – Leistungsunfähigkeit geltend macht.[1547]

## H. Verfahren

### I. Feststellung des Bedarfs

Der Bedarf des Berechtigten ist nach der Darlegungs- und Beweislast (→ Rn. 995–1001) durch **Strengbeweis** festzustellen (§ 113 Abs. 1 FamFG, §§ 355 ff. ZPO). Handhabbarkeit und Verhältnismäßigkeit des Massenphänomens „Unterhaltsverfahren" können im Hinblick auf die für eine weitere Aufklärung anfallenden Kosten nur gewährleistet werden, wenn anhand von Anknüpfungstatsachen **geschätzt** wird (§ 113 Abs. 1 S. 2 FamFG, § 287 Abs. 2 ZPO; zur Schätzung bei **konkreter Bedarfsbemessung** → Rn. 174). Das maßgebliche **Erwerbseinkommen** der Ehegatten kann idR jedoch nicht geschätzt werden, weil es durch Verdienstabrechnungen sowie Steuererklärungen und -bescheiden, ggf. nach Geltendmachung und Durchsetzung des Auskunfts- und Belegrechts der Ehegatten (§ 1580) und des Auskunftsrechts des FamG (§§ 235, 236 FamFG) belegt und bei der Ermittlung des Einkommens von Selbstständigen unter Einschaltung eines Sachverständigen ermittelt werden kann. Die Ausräumung auftretender Zweifel ist deshalb idR nicht unverhältnismäßig schwierig und steht nicht außer jedem Verhältnis zum Umfang der Unterhaltsforderung.[1548] 965

Lässt sich im Ausgangsrechtsstreit zwar eine genügend sichere Prognose zur Höhe des **individuell angemessenen Bedarfs** nicht treffen, wohl aber zum Zeitpunkt, ab dem auf ihn statt auf den eheangemessenen Bedarf abzustellen ist, kann dieser auf einen Zwischenfeststellungsantrag oder einen Feststellungswiderantrag festgelegt werden. 966

### II. Währung

Grundsätzlich wird in **inländischer** Währung tituliert. Doch ist auch eine Titulierung in **ausländischer** Währung nicht ausgeschlossen, insbesondere wenn sich der Berechtigte im Ausland aufhält. Das FamG ist an die Antragstellung gebunden, sodass es Unterhalt nicht in einer nicht beantragten Währung zusprechen kann (→ § 1585 Rn. 20, 94). 967

### III. Teilentscheidung

**1. Allgemeines.** Trotz der Einheitlichkeit des Unterhaltsanspruchs kann der Berechtigte auch in Unterhaltssachen einen **Teilantrag** stellen (zum **Vorsorgeunterhalt** → Rn. 981–983). Ein zulässiger **Teilbeschluss** (§ 113 Abs. 1 S. 1, § 301 ZPO) ist wegen der Einheitlichkeit des Unterhaltsanspruchs (→ Rn. 149, 155, 264, → § 1569 Rn. 7–14) allerdings die seltene **Ausnahme.**[1549] Er ist zwar nicht grundsätzlich unzulässig, darf jedoch nur ergehen, „wenn [er] über einen aussonderbaren, einer selbstständigen Entscheidung zugänglichen Teil des Verfahrensgegenstands ergeht und der Ausspruch über diesen Teil unabhängig von demjenigen über den restlichen Verfahrensgegenstand getroffen werden kann, sodass die Gefahr einander widersprechender Entscheidungen ausgeschlossen ist".[1550] War auf einen Teilantrag nicht der volle Unterhalt tituliert worden – etwa weil er nur einen Spitzenbetrag[1551] geltend gemacht hatte –, kann der Berechtigte erhöhten Unterhalt unter Einschluss des Vorsorgeunterhalts mit einem Erstantrag ohne präjudizielle Bindung verlangen.[1552] 968

**2. Einzelheiten. a) Zulässigkeit.** Ein Teilbeschluss ist danach bereits dann unzulässig, wenn für den Teil des Verfahrensgegenstandes, über den ein Teilbeschluss erlassen werden soll, die 969

---

1546 Zum Ganzen BGH NJW 1982, 1641 = FamRZ 1982, 678 (679); NJW 1984, 2351 = FamRZ 1984, 657 (659).

1547 BGHZ 109, 211 = NJW-RR 1990, 323 = FamRZ 1990, 283 (287); NJW 1986, 720 = FamRZ 1986, 148 (149); NJW 1980, 2083 = FamRZ 1980, 770.

1548 OLG Frankfurt a. M. BeckRS 2007, 4211 = FamRZ 2007, 404 (406).

1549 Zum Ganzen auch *Streicher* in Schwab ScheidungsR-HdB I Rn. 601 mwN.

1550 BGH NJW 2007, 144 Rn. 8 = FamRZ 2007, 117.

1551 Dazu etwa OLG Saarbrücken NJW 2014, 559 = FamRZ 2014, 484 (485).

1552 BGH NJW 1991, 429 = FamRZ 1991, 320.

Gefahr einander **widersprechender Entscheidungen,** ggf. auch im Rechtsmittelrechtszug, besteht.[1553]

970 Eine Teilentscheidung kommt vornehmlich vertikal in Betracht, wenn die Unterhaltspflicht zwar für bestimmte **abgeschlossene Zeiträume** endgültig beurteilt werden kann,[1554] nicht aber für andere Zeiträume oder für die Zukunft, und weitere Aufklärung erforderlich ist. Dass eine Rechtsfrage im Teilbeschluss anders als im Schlussbeschluss entschieden werden kann, hindert seinen Erlass nicht, weil auch bei Geltendmachung des Unterhalts nach getrennten Zeiträumen in eigenständigen Verfahren grundsätzlich keine Rechtskrafterstreckung Platz greifen würde.[1555]

971 Auch § 113 Abs. 1 S. 2 FamFG, § 301 Abs. 1 S. 2 ZPO hindern nicht einen Teilbeschluss und fordern bei dessen Erlass nicht zugleich einen Grundbeschluss, weil der durch den Teilbeschluss verbeschiedene Zeitraum **endgültig abgeschlossen** ist und über den Unterhalt für andere Zeiträume nach Grund und Höhe stets erneut und getrennt hiervon entschieden werden muss.[1556] – Zur **„Zeitbezogenheit"** des Unterhaltsanspruchs auch → § 1569 Rn. 36.

972 Ein Teilbeschluss ist auch horizontal, also für **denselben Zeitraum,** nicht grundsätzlich ausgeschlossen, wenn zwar der endgültige Unterhaltsbetrag noch nicht ausermittelt ist, aber mit Sicherheit festgestellt werden kann, dass er einen **Mindestbetrag** nicht unterschreiten wird. Dies ist praktisch ausgesprochen selten und kommt va bei einem Stufenantrag iVm einem Antrag auf einen Mindestbetrag[1557] vor.

973 **b) Unzulässigkeit.** Ein Teilbeschluss ist **ausgeschlossen,** „wenn die Entscheidung über den weiter gehenden Antrag von Umständen abhängt, die auch für den bereits ausgeurteilten Teil maßgeblich sind und die einer abweichenden Beurteilung, ggf. in der Rechtsmittelinstanz, unterliegen können."[1558] Dies gilt insbesondere auch zum Verhältnis von **Elementar-/Vorsorgeunterhalt** (→ Rn. 149, 155, 264).[1559]

974 Bei **subjektiver Antragshäufung** kann durch Teilbeschluss nur über den Unterhalt vorrangiger Berechtigter und nicht auch über den gleichrangiger Streitgenossen entschieden werden,[1560] wenn der Verpflichtete nicht uneingeschränkt leistungsfähig ist.[1561]

975 Eine Teilentscheidung ist auch ausgeschlossen, wenn eine **Begrenzung** des Unterhaltsanspruchs nach §§ 1578b, 1579 in Frage kommt. Die Abwägung der wechselseitigen Interessen der Ehegatten nach Billigkeit kann nur dann sachgerecht durchgeführt werden, wenn bekannt ist, in welcher Höhe der Unterhaltsanspruch dem Grunde nach überhaupt besteht.[1562]

### IV. Vorsorgeunterhalt

976 **1. Grundsätze.** Dass der Anspruch auf Elementar- und Vorsorgeunterhalt einschließlich Mehr- und Sonderbedarf ein einheitlicher ist (→ Rn. 149, 155, 264, → § 1569 Rn. 7–14), führt auch verfahrensrechtlich zu einem **einheitlichen Verfahrensgegenstand.** Werden Elementar- und Vorsorgeunterhalt gleichwohl in getrennten gerichtlichen Verfahren geltend gemacht, sind deshalb beide Verfahren idR von Amts wegen zu verbinden (§ 113 Abs. 1 FamFG, § 147 ZPO).[1563]

977 Der Berechtigte kann Altersvorsorgeunterhalt nur im Verfahren der **Hauptsache** und idR nicht auch im Verfahren der **einstweiligen Anordnung** geltend machen. Zwar ist auch insoweit kein „dringendes Bedürfnis" für ein sofortiges Tätigwerden" erforderlich (§§ 246, 49 Abs. 1 FamFG), doch fehlt idR mangels eines aktuellen Regelungsbedarfs das Rechtsschutzbedürfnis für eine Entscheidung im Verfahren der einstweiligen Anordnung.[1564]

---

[1553] BGH NJW 2007, 144 Rn. 8 = FamRZ 2007, 117; NJW 1999, 1718 = FamRZ 1999, 992.

[1554] OLG Hamm NJOZ 2004, 2557 = FamRZ 2004, 109 f.; aA OLG Karlsruhe NJW-RR 2006, 1302 = FamRZ 2006, 956 (957) mit abl. Anm. *Gottwald.*

[1555] *Gottwald* FamRZ 2006, 957.

[1556] OLG Hamm NJOZ 2004, 2557 = FamRZ 2004, 109 (110).

[1557] Dazu BGH NJW-RR 2003, 68 = FamRZ 2003, 31 (32): Nur der unbezifferte Teil des Zahlungsantrags steht im Stufenverhältnis mit dem Auskunftsantrag.

[1558] BGH NJW 2007, 144 Rn. 9 = FamRZ 2007, 117; NJW 1999, 1718 = FamRZ 1999, 992.

[1559] BGH NJW 2007, 144 Rn. 10 = FamRZ 2007, 117.

[1560] OLG Schleswig SchlHA 1990, 177 = FamRZ 1991, 206 Ls.; OLG Frankfurt a. M. FamRZ 1987, 1275 (1276).

[1561] OLG Hamm BeckRS 2006, 400 = FamRZ 2006, 1779.

[1562] BeckOGK/*Witt,* 1.2.2019, Rn. 688.

[1563] BGH NJW 2007, 144 Rn. 10 = FamRZ 2007, 117 (118); anders (?) wohl noch BGH NJW 1983, 1547 = FamRZ 1982, 1187.

[1564] Musielak/Borth/*Borth* FamFG § 246 Rn. 15; vgl. auch MüKoFamFG/*Pasche* FamFG § 246 Rn. 5, 6; aA OLG Karlsruhe NJW 1978, 2248 = FamRZ 1978, 502; BeckOGK/*Witt,* 1.2.2019, Rn. 688; Soergel/*Häberle* Rn. 71; Prütting/Helms/*Bömelburg* FamFG § 246 Rn. 9; Zöller/*Lorenz* FamFG § 246 Rn. 15; zum bis 31.8.2009 geltenden Recht auch OLG Karlsruhe NJW 1978, 2248 = FamRZ 1978, 501 (502 f.).

Vorsorgeunterhalt wird nicht von Amts zugesprochen, sondern muss – auch in einem selbstständigen Verfahren[1565] und mit einem Teilantrag[1566] – vom Berechtigten **beziffert** beantragt werden,[1567] doch reicht aus, den begehrten Gesamtbetrag zu beziffern.[1568] Der Vorsorgeunterhalt ist grundsätzlich im Tenor betragsmäßig **gesondert auszuweisen,** es kann aber auch ein Gesamtbetrag zugesprochen und dessen Aufteilung auf Elementar- und Vorsorgeunterhalt in der Beschlussbegründung dargelegt werden.[1569] Zwar muss der Bedürftige nicht selbst eine **Aufteilung** vornehmen,[1570] doch muss der Vorsorgeunterhalt vom Antrag umfasst und deutlich gemacht werden, dass er begehrt wird.[1571] Hinsichtlich der Aufteilung besteht grundsätzlich keine **Bindung** an die Anträge des Bedürftigen, sodass ein das Verhältnis Elementar-/Vorsorgeunterhalt betreffendes Anerkenntnis des Verpflichteten unwirksam ist.[1572] Gebunden ist das FamG jedoch an den vom Antrag umfassten Gesamtbetrag (§ 113 Abs. 1 FamFG, § 308 Abs. 1 ZPO). 978

Dies gilt grundsätzlich auch für Beträge zur **zusätzlichen Altersvorsorge.** Werden sie allerdings nicht ausdrücklich verlangt, sind sie den Elementarbedarf prägend und Bedürftigkeit und Leistungsfähigkeit bestimmend abzusetzen. 979

Dagegen muss der Bedürftige nicht darlegen, **wofür** er den Vorsorgeunterhalt konkret verwenden will.[1573] Die Verwendung wird grundsätzlich erst dann überprüft, wenn der Berechtigte eine Alters- oder Invaliditätsversorgung bezieht; ggf. sind ihm fiktive Anrechte bzw. Rentenbeträge zuzurechnen (→ Rn. 862). 980

**2. Teilantrag.** Es steht im **freien Ermessen** des Unterhaltsgläubigers, neben Elementar- auch Altersvorsorgeunterhalt zu verlangen. Hat er im gerichtlichen Verfahren ausdrücklich oder sonst erkennbar eindeutig zum Ausdruck gebracht, dass er nur einen Teil seines Unterhaltsanspruchs anhängig macht und sich dessen **Geltendmachung iÜ** vorbehalten, kann er den Restbetrag gerichtlich in einem Erstverfahren mit einem Leistungsantrag verfolgen und ist nicht auf einen Abänderungsantrag verwiesen.[1574] 981

Trotz der Einheitlichkeit des Unterhaltsanspruchs kann der Berechtigte auch dann einen **Teilantrag** auf Altersvorsorgeunterhalt erheben, wenn Elementar- und Altersvorsorgeunterhalt (zweistufig) nach der Halbteilung errechnet werden und sich dadurch der Höhe nach gegenseitig beeinflussen (→ Rn. 341; zur **Verfahrensverbindung,** wenn Elementar- und Altersvorsorgeunterhalt in getrennten Verfahren geltend gemacht werden, → Rn. 976).[1575] Denn es ist den Ehegatten unbenommen, lediglich den Altersvorsorgeunterhalt zum Verfahrensgegenstand zu machen, in dessen Rahmen dann konkludent auch der Elementarunterhalt – allerdings ohne Rechtskraftwirkung und Bindung – errechnet wird. Zudem ist der Altersvorsorgeunterhalt nach selbstständiger Geltendmachung bei der Bemessung des Elementarunterhalts vom Einkommen des Verpflichteten vorweg abzuziehen, sodass keine Gefahr widersprechender Entscheidungen (mehr) besteht. Dies gilt erst recht für die konkrete – einstufige – Bemessung des Unterhalts, die zur Leistungsfähigkeit des Verpflichteten gleichfalls unter dem Vorbehalt der Halbteilung steht (→ Rn. 179). Wegen seiner Abhängigkeit vom Altersvorsorgeunterhalt kann dagegen über den Elementarunterhalt nicht vorab 982

---

[1565] Zum Krankheitsvorsorgeunterhalt, wenn der allgemeine Lebensbedarf des Berechtigten durch eigene Einkünfte gedeckt ist, s. auch OLG Oldenburg NJW-RR 2010, 512 = FamRZ 2010, 567 (568); OLG Frankfurt a. M. NJW-RR 1993, 7 = FamRZ 1992, 823 (825).

[1566] BGH NJW 1983, 1547 = FamRZ 1982, 1187.

[1567] BGHZ 94, 145 = NJW 1985, 1701 = FamRZ 1985, 690.

[1568] BGH NJW 2012, 1578 Rn. 36 = FamRZ 2012, 947.

[1569] Ständige Rspr. des BGH, etwa BGH NJW 2015, 1380 Rn. 36, 38 = FamRZ 2015, 824; NJW 1987, 2229 = FamRZ 1987, 684 (686); NJW 1982, 1986 = FamRZ 1983, 152 (154); NJW 1982, 1983 = FamRZ 1982, 887 (890); NJW 1981, 2192 = FamRZ 1981, 864; NJW 1981, 1556 = FamRZ 1981, 442 (445); s. auch *Borth* FPR 2008, 86 (87); FamRZ 2007, 196 (197).

[1570] BGH NJW 2008, 57 Rn. 52 = FamRZ 2007, 1532. Etwas anderes kann auch nicht aus der Entscheidung BGH NJW 2007, 511 Rn. 44 = FamRZ 2007, 193 abgeleitet werden, die lediglich die für den Verwandtenunterhalt geänderte Rechtslage nach § 1613 Abs. 1 S. 1, wonach rückständiger Unterhalt bereits ab dem Ersuchen um Auskunft verlangt werden kann (→ § 1585b Rn. 29–40), umsetzt.

[1571] Dem steht die Entscheidung BGH NJW 2008, 57 Rn. 52 = FamRZ 2007, 1532 nicht entgegen, weil sie lediglich keine Bezifferung des Vorsorgeunterhalts „in bestimmter Höhe" verlangt.

[1572] Zum Ganzen BGH NJW 1985, 2713 = FamRZ 1985, 912 (915); NJW 1985, 1701 = FamRZ 1985, 690; NJW 1982, 1983 = FamRZ 1982, 887 (890); NJW 1982, 1875 = FamRZ 1982, 465; s. auch OLG Hamm BeckRS 1998, 8706 = FamRZ 1999, 443 Ls.; NJWE-FER 1997, 98 = FamRZ 1997, 1278.

[1573] BGH NJW 1982, 1986 = FamRZ 1983, 152 (154); NJW 1982, 1983 = FamRZ 1982, 887 (890).

[1574] BGH NJW 1991, 429 = FamRZ 1991, 320.

[1575] BGH NJW 1983, 1547 (insoweit nicht abgedruckt) = FamRZ 1982, 1187; BeckOGK/*Witt,* 1.2.2019, Rn. 683; Soergel/*Häberle* Rn. 71; aA nunmehr aber BGH NJW 2007, 144 Rn. 10 = FamRZ 2007, 117; *Borth* in Schwab ScheidungsR-HdB IV Rn. 1180.

durch **Teilbeschluss** entschieden werden. Anders aber, wenn, der Unterhalt konkret (einstufig) berechnet wird, weil dann der Elementarunterhalt nicht vom Altersvorsorgeunterhalt abhängt.[1576]

983 Hat der Unterhaltsgläubiger seinen Unterhalt gerichtlich verfolgt, ohne auch Vorsorgebedarf geltend zu machen und ohne ausdrücklich oder sonst erkennbar zum Ausdruck zu bringen, nur einen Teil des Unterhalts anhängig zu machen und sich die Forderung des anderen Teils **vorzubehalten,** ist deshalb im Zweifel davon auszugehen, dass Gegenstand des Verfahrens der volle Unterhalt war, sodass eine Vermutung gegen einen Teilantrag spricht[1577] und sich die Rechtskraft einer gerichtlichen Entscheidung bzw. der Regelungsumfang eines Prozessvergleichs auf den vollen Unterhalt erstreckt. Der Unterhaltsgläubiger kann dann eine Erhöhung der zugesprochenen Beträge nur mit einem Abänderungsantrag (§§ 238, 239 FamFG) nach einer wesentlichen Änderung der maßgebenden Verhältnisse erreichen.[1578] Mit einem **Nachforderungsantrag** für in der Vergangenheit liegende Beträge ist er ausgeschlossen.[1579]

## V. Abänderungsantrag

984 **1. Maßgebliche Veränderungen. a) Sachverhalt.** Der Abänderungsantrag (§§ 238, 239 FamFG, allgemein → Vor § 1569 Rn. 74–79) dient zunächst der Geltendmachung veränderter, für einen Unterhaltstitel **maßgebender tatsächlicher Umstände.** Zur **Darlegungs- und Beweislast** → Rn. 1015–1018. – Allgemein zur **Präklusion** → Vor § 1569 Rn. 77, 79.

985 **b) Rechtslage.** Zudem dient der Abänderungsantrag der Anpassung an **Gesetzesänderungen** (zur Änderung durch das UÄndG 2007 → 7. Aufl. 2017, Anh. § 1586b Rn. 26–36),[1580] an **verfassungsgerichtliche** Entscheidungen[1581] und an die Änderung gefestigter **höchstrichterlicher Rspr.,** die aber zur Abänderbarkeit erst ab der Umsetzung der Änderung führen und damit nur auf die Zukunft beschränkte Rechtsfolgenwirkungen zeitigen (→ Rn. 987–989).

986 **Beispiele aus der Rspr.**
Zum Wechsel von der **Anrechnungs**- zur **Differenz-/Additionsmethode** (→ Rn. 28, 29) BGH NJW 2004, 3106 = FamRZ 2004, 1357 (1358); NJW 2003, 1181 = FamRZ 2003, 518 (519 f.); BGHZ 148, 368 = NJW 2001, 3618 = FamRZ 2001, 1687 (1690 f.) [s. auch OLG München NJW-RR 2000, 1243 (1246) = FamRZ 2000, 1286 Ls. als Vorinstanz, das auf die Änderung der eigenen Rspr. abgestellt hat].
Zum **Splittingvorteil** (→ Rn. 86–89) BGHZ 172, 22 = NJW 2007, 2249 Rn. 27 = FamRZ 2007, 983 (vorgehend OLG Koblenz BeckRS 2011, 6279 = FamRZ 2005, 720, das insoweit auf den Zeitpunkt der Entscheidung des BVerfG abstellt, was der BGH verwirft, weil im konkreten Fall nicht Abänderungsantrag, sondern zutreffend Erstantrag erhoben worden war); NJW 2007, 1969 Rn. 25 = FamRZ 2007, 882; BGHZ 171, 206 = NJW 2007, 1961 Rn. 36, 48 = FamRZ 2007, 793.
Zu den **ehebedingten Nachteilen** (§ 1578b) s. BGH NJW 2010, 1595 Rn. 22 = FamRZ 2010, 538.
Zur **Dreiteilung:** BGH NJW 2013, 1530 Rn. 27 = FamRZ 2013, 853 mit abl. Anm. *Hoppenz.*

987 Abzustellen ist auf die **Verfügbarkeit** einer Entscheidung, mithin auf die Veröffentlichung auf der Homepage des BVerfG bzw. des BGH, weil sie die erste Zugriffsmöglichkeit auf eine Entscheidung bietet, nicht dagegen auf die Verkündung der Entscheidung, die Veröffentlichung der Pressemitteilung oder die Veröffentlichung der Entscheidung in der Fachpresse oder in Fachdatenbanken.[1582]

988 Der Restriktion des Beginns der Abänderbarkeit ab Änderung der höchstrichterlichen Rspr. ist jedenfalls dann zu folgen, wenn die vormalige Rspr. **verfassungsgemäß** war, weil sie dann als Grundlage für den Titel weiter Bestand hat. War sie aber **verfassungswidrig,** entfällt rückwirkend auch diese Grundlage,[1583] sodass danach zu fragen ist, ob sich dadurch hinsichtlich der Abänderbarkeit

---

1576 Zum Ganzen zutr. BeckOGK/*Witt,* 1.2.2019, Rn. 682.

1577 Ständige Rspr. des BGH, BGH NJW 2015, 334 Rn. 14, 15 = FamRZ 2015, 309; BGHZ 94, 145 = NJW 1985, 1701 = FamRZ 1985, 690; auch KG BeckRS 2013, 15618 = FamRZ 2014, 219 Ls. (nachfolgend BGH NJW 2015, 334 = FamRZ 2015, 309).

1578 BGHZ 94, 145 = NJW 1985, 1701 = FamRZ 1985, 690; auch OLG Frankfurt a. M. NJW-RR 2006, 1230 = FamRZ 2007, 217 (218).

1579 BGH NJW 2015, 334 Rn. 13, 14 = FamRZ 2015, 309; BGHZ 94, 145 = NJW 1985, 1701 = FamRZ 1985, 690 (691); KG BeckRS 2013, 15618 = FamRZ 2014, 219 Ls. (nachgehend BGH NJW 2015, 334 = FamRZ 2015, 309); OLG Frankfurt a. M. NJW-RR 2006, 1230 = FamRZ 2007, 217 (218).

1580 Dazu BGHZ 148, 368 = NJW 2001, 3618 = FamRZ 2001, 1687 (1689) mwN; s. auch BGHZ 192, 45 = NJW 2012, 384 Rn. 15 = FamRZ 2012, 281: Bindung an das – unzutr. – angewandte Sachrecht.

1581 BVerfGE 128, 193 = NJW 2011, 836 Rn. 81 = FamRZ 2011, 437; BVerfGE 108, 351 = NJW 2003, 3466 (3468) = FamRZ 2003, 1821.

1582 Anders OLG Stuttgart NJOZ 2010, 1813 = FamRZ 2009, 1841. Offengelassen auch von OLG München BeckRS 2007, 12213 (für den Zugriff auf eine auf der Internetseite des BGH veröffentlichte Entscheidung).

1583 So etwa *Hoppenz* FamRZ 2013, 858 (859 f.); *Büttner* FamRZ 2003, 641 (644).

etwas ändert.[1584] Das BVerfG eröffnet eine rückwirkende Berufung auf die Verfassungswidrigkeit gleichwohl nur für gerichtliche Entscheidungen, die **Verfahrensgegenstand** der Verfassungsbeschwerde waren, und verweist iÜ auf § 238 Abs. 3 S. 1 FamFG und die BGH-Rspr.[1585]

989 Stets ist nach der Rechtsnatur des Ausgangstitels zu unterscheiden: Nicht mehr anfechtbare **gerichtliche Endentscheidungen** bleiben für die Vergangenheit unberührt (§ 79 Abs. 2 S. 1 BVerfGG entsprechend). Die Feststellung der Verfassungswidrigkeit wirkt sich für sie nur für die Zukunft aus und ist mit einem Abänderungsantrag mit Wirkung ab Rechtshängigkeit (§ 238 Abs. 3 S. 1 FamFG) geltend zu machen.[1586] Rückforderungsansprüche aus ungerechtfertigter Bereicherung sind ausgeschlossen (§ 79 Abs. 2 S. 3, 4 BVerfGG entsprechend). – Für gerichtliche **Vergleiche** und **vollstreckbare Urkunden** wirkt sich die Verfassungswidrigkeit auch für die Vergangenheit aus, weil ihnen die rechtliche Grundlage entzogen ist. Sie können deshalb auch rückwirkend abgeändert werden (§ 239 Abs. 2 FamFG, § 313).[1587]

990 Ob die Berufung auf die **Präklusionsvorschrift** und damit auf die Verfassungswidrigkeit gegen **Treu und Glauben** verstößt, erörtert das BVerfG nicht. IdR wird dies theoretischer Natur sein, weil sich der Bedürftige trotz Feststellung der Verfassungswidrigkeit auf Entreicherung wird berufen können. Praktisch kann es aber werden, wenn auf den Unterhaltstitel keine Zahlungen erfolgt sind. Doch kann man dem Bedürftigen entgegenhalten, dass er seine titulierten Ansprüche nicht zwangsweise durchgesetzt hat. Beschränkte praktische Bedeutung kann ihr für die Übergangszeit zwischen einer BGH-Entscheidung und der Geltendmachung der Abänderung zukommen, indessen dürfte auch dies keinen Verstoß gegen Treu und Glauben begründen (dazu nunmehr auch § 238 Abs. 3 S. 2, 3 FamFG).

991 **2. Insbesondere: Fiktive Einkünfte.** Für die Abänderung von Titeln auf der Grundlage fiktiver Einkünfte[1588] gilt im Grundsatz nichts Besonderes. Bereits für die Zulässigkeit des Abänderungsantrags muss der Antragsteller beachtliche Veränderungen vortragen.[1589] Dass die maßgeblichen Verhältnisse **unzutreffend fingiert** worden sind, bleibt, weil der Abänderungsantrag nicht allgemein der Fehlerkorrektur dient, deshalb wie stets unberücksichtigt und kann lediglich zur Abwehr eines Abänderungsbegehrens herangezogen werden. Eine Abänderung ist nur dann möglich, wenn sich die dem Ausgangstitel zugrunde gelegten Obliegenheiten verändert oder sich Umstände ergeben haben, die deshalb eine Korrektur der Fiktion erfordern, weil sich die fingierten Verhältnisse anders als prognostiziert entwickelt haben, etwa weil nach zwischenzeitlicher Erwerbsunfähigkeit oder Personalabbau am ehemaligen Arbeitsplatz von seinem Verlust auszugehen ist,[1590] aus gesundheitlichen Gründen die ehemalige Erwerbstätigkeit nicht ausgeübt werden kann[1591] oder von einem nachhaltigen Sinken der Einkünfte am ehemaligen Arbeitsplatz auszugehen ist.[1592] – Wurden einem Ehegatten im Ausgangsrechtsstreit **keine** fiktiven Einkünfte zugerechnet, ist damit zugleich festgestellt, dass er seiner Erwerbsobliegenheit genügt hat.[1593] – Praktische Schwierigkeiten, eine beachtliche Änderung zu beurteilen, ergeben sich aber, wenn sich nicht auch die **Obliegenheiten geändert** haben (etwa → Rn. 687–693). – Zum **unverschuldeten Verlust eines Arbeitsplatzes** → Rn. 732–742.

## VI. Darlegungs- und Beweislast

992 **1. Fiktive Einkünfte. a) Allgemeines.** Der **Bedürftige** trägt die Darlegungs- und Beweislast – dafür, dass er **keine eigene Obliegenheitsverletzung** begangen hat, ansonsten bereits mangels Bedürftigkeit – ggf. teilweise – kein Unterhaltsanspruch besteht (zur **zweckwidrigen Verwendung des Vorsorgeunterhalts** → Rn. 859–865);[1594]

1584 So etwa *Büttner* FamRZ 2003, 641 (644).
1585 BVerfGE 128, 193 = NJW 2011, 836 Rn. 81 = FamRZ 2011, 437; BVerfGE 108, 351 = NJW 2003, 3466 = FamRZ 2003, 1821 (1825).
1586 BGH NJW 2013, 1676 Rn. 24 = FamRZ 2013, 1022.
1587 *Hoppenz* FamRZ 2013, 858 (859 f.).
1588 Zum Ganzen *Graba* FamRZ 2002, 6 ff.
1589 BGH NJW 2008, 1525 Rn. 15 = FamRZ 2008, 872.
1590 BGH NJW 2008, 1525 Rn. 23 = FamRZ 2008, 872.
1591 OLG Frankfurt a. M. BeckRS 1994, 10625 = FamRZ 1995, 735.
1592 BGH NJW 2008, 1525 Rn. 23 = FamRZ 2008, 872 (Kurzarbeit); OLG Hamm BeckRS 1996, 10563 = FamRZ 1997, 891 (892).
1593 BGH NJW 2013, 528 Rn. 28 = FamRZ 2013, 274.
1594 BGH NJW 2013, 2897 Rn. 13, 14 = FamRZ 2013, 1558 zur – nicht zu überspannenden – Substantiiertheit des Vortrags bei der Berufung auf Einschränkungen der Erwerbsfähigkeit wegen gesundheitlicher Beeinträchtigungen.

– für seinen **Bedarf** und seine **Bedürftigkeit** (§ 1577) (näher → Rn. 995–1012), grundsätzlich aber auch für die **Leistungsfähigkeit** (§ 1581) des Verpflichteten (wobei es allerdings bei der Behauptungslast verbleibt), wozu er die Höhe der fiktiven Einkünfte beider Ehegatten schlüssig darlegen muss,[1595]
– für eine Obliegenheitsverletzung und ggf. ein nach § 242 zu berücksichtigendes **mutwilliges Verhalten** des Verpflichteten (zum Verstoß gegen § 1579 → § 1579 Rn. 238–248).

993 Der **Verpflichtete** ist darlegungs- und beweispflichtig
– dafür, dass es für ihn **keine zumutbaren Nebentätigkeiten** oder aber rechtliche Hindernisse für deren Aufnahme gibt,[1596]
– für seine **Leistungsunfähigkeit** wegen seiner „sekundären Darlegungslast"; dazu muss er den Vortrag des Bedürftigen zu seinen fiktiven Einkünften durch den nachvollziehbaren Vortrag tatsächlicher Umstände „wegbeweisen".[1597]

994 **b) Erwerbsobliegenheit.** Dem darlegungsbelasteten Ehegatten obliegt auch substantiierter Vortrag zu seinen **Erwerbsmöglichkeiten,**[1598] insbesondere muss er seine **Erwerbsbemühungen** (→ Rn. 700–731; die Beweiserleichterung nach § 113 Abs. 1 FamFG, § 287 ZPO kommt ihm nicht zugute,[1599] weil es um den Grund und nicht um Höhe und Dauer des Unterhaltsanspruchs geht), seine **realen Beschäftigungsmöglichkeiten** und die Umstände, die einer **Erwerbstätigkeit entgegenstehen,** substantiiert darlegen.[1600] Er trägt das Beweisrisiko sowohl dafür, dass seine **Erwerbsbemühungen ausreichend** sind, als auch für eine **reale Beschäftigungschance** (→ Rn. 700, → § 1573 Rn. 37).[1601] Auf die bloße Behauptung, keine Beschäftigungschancen mehr zu haben, darf er sich nicht beschränken; ein entsprechender Beweisantritt ist auf einen **Ausforschungsbeweis** gerichtet (auch → Rn. 700).[1602]

995 **2. Bedarf. Bedürftigkeit. Leistungsfähigkeit. a) Bedarf.** Als anspruchsbegründenden Umstand hat grundsätzlich der Bedürftige seinen **Bedarf** nach Abs. 1–3 darzulegen und zu beweisen (→ Rn. 992). Zu den **berufsbedingten Aufwendungen** → Rn. 182, 209. Im Einzelnen gilt:

996 – Dass der Bedürftige auch seine **eigenen Einkünfte** konkret darzulegen und nachzuweisen hat, folgt bereits aus deren Relevanz sowohl für den Bedarf als auch für die Bedürftigkeit (§ 1577).

997 – Beansprucht der Bedürftige **Quotenunterhalt,** handelt es sich bei den wirtschaftlichen Verhältnissen des Unterhaltsschuldners um mehrfach relevante, Bedarf, Bedürftigkeit und Leistungsfähigkeit bestimmende Tatsachen. Deshalb ist zu unterscheiden: Da sich der Bedarf nach den ehelichen Lebensverhältnissen und diese sich nach den wirtschaftlichen Verhältnissen der Ehegatten richten, hat der Unterhaltsgläubiger auch die Darlegungs- und Beweislast für die Einkommens- und Vermögensverhältnisse des Unterhaltsschuldners. Ihr nachzukommen hilft ihm das Auskunfts- und Belegrecht aus § 1580, § 1605 Abs. 1 S. 1, 2,[1603] das er zwar geltend machen muss, jedoch nicht gerichtlich durchzusetzen braucht.[1604]

---

[1595] BGH NJW 2009, 2523 Rn. 42 = FamRZ 2009, 1300.

[1596] Zum Fehlen einer realen Beschäftigungschance BGH NJW 2014, 932 Rn. 11 = FamRZ 2014, 637; NJW 2012, 1144 Rn. 30, 31 = FamRZ 2012, 517; NJW 2011, 3577 Rn. 13, 14 = FamRZ 2011, 1851; NJW 2009, 1410 Rn. 28 = FamRZ 2009, 314; NJW 2008, 3635 Rn. 24 = FamRZ 2008, 2104; NJW 1996, 517 = FamRZ 1996, 345 (346); NJW-RR 1993, 898 (899) = FamRZ 1993, 789. – Zu § 1603 s. auch BVerfGE 68, 256 = NJW 1985, 1211 = FamRZ 1985, 143 (146); BGH NJWE-FER 1998, 64 = FamRZ 1998, 357 (359).

[1597] OLG Naumburg BeckRS 1997, 31127903 = FamRZ 1998, 557 (558).

[1598] BGH NJW 2008, 2581 Rn. 21 = FamRZ 2008, 1325: Es reicht nicht aus, der Berechnung des Einkommens aus einer vollzeitigen Tätigkeit durch eine Verdoppelung des Bruttoeinkommens aus einer halbzeitigen Tätigkeit die pauschale Behauptung entgegen zu setzen, es könnte allenfalls ein bestimmter Betrag erzielt werden.

[1599] BGH NJW 2012, 1144 Rn. 30 = FamRZ 2012, 517.

[1600] BGH NJW 2009, 1410 Rn. 28 = FamRZ 2009, 314; NJWE-FER 1998, 64 = FamRZ 1998, 357 (359); s. auch BVerfGE 68, 256 = NJW 1985, 1211 = FamRZ 1985, 143 (146) zu § 1603 Abs. 1.

[1601] BGH NJW 2012, 1144 Rn. 37 = FamRZ 2012, 517; NJW 2008, 3635 Rn. 22, 24 = FamRZ 2008, 2104; NJW 2008, 2581 Rn. 22 = FamRZ 2008, 1325; NJW-RR 2000, 1385 = FamRZ 2000, 1358 (1359 f.); NJW 1996, 517 = FamRZ 1996, 345 (346); NJW 1994, 1002 = FamRZ 1994, 372 (374); OLG Hamm BeckRS 2007, 13629 = FamRZ 2007, 1327 (1328); zum Kindesunterhalt auch OLG Köln BeckRS 2008, 19585 = FamRZ 2009, 886 (887).

[1602] BGH NJW 2008, 57 Rn. 36 = FamRZ 2007, 1532; auch OLG Köln NJW-RR 2007, 291 = FamRZ 2007, 1475 f.; NJW-RR 2006, 1664 = FamRZ 2006, 1756 Ls.

[1603] OLG München BeckRS 2010, 1411 = FamRZ 1984, 393 Ls.; auch BeckOGK/*Witt,* 1.2.2019, Rn. 670, 671.

[1604] OLG Hamm BeckRS 2008, 26047 = FamRZ 2006, 44 Ls.

– Macht der Unterhaltsgläubiger nachvollziehbare Angaben zu seinem Bedarf, muss der Unterhaltschuldner die seine Einkommens- und Vermögensverhältnisse betreffenden Angaben substantiiert bestreiten. Er hat deshalb die **sekundäre Darlegungslast** dafür, dass der vom Unterhaltsgläubiger dargelegte Bedarf nicht zutrifft, letztlich also für seine Einkommens- und Vermögensverhältnisse, weil der Unterhaltsgläubiger idR außerhalb des von ihm darzulegenden Geschehensablaufs steht und keine nähere Kenntnis der maßgebenden Umstände hat, während der Unterhaltsschuldner über diese Kenntnis zu den vom Unterhaltsgläubiger behaupteten, seinem Wahrnehmungsbereich zuzuordnenden Tatsachen verfügt und ihm nähere Angaben auch im Hinblick auf seine Auskunftsverpflichtung zumutbar sind.[1605] 998

– Macht der Unterhaltsgläubiger geltend, der Unterhaltsschuldner habe ihm Unterhalt ohne Vorbehalt nachhaltig auf der Grundlage **erhöhter Einkünfte,** die nicht eheprägend sind, bezahlt, hat er dies nachzuweisen. 999

– Übersteigt die Unterhaltsforderung des Unterhaltsgläubigers nicht seinen **Mindestbedarf** (→ Rn. 161–165), braucht er zu den wirtschaftlichen Verhältnissen des Unterhaltsschuldners keine Angaben zu machen, vielmehr muss dieser seine Leistungsunfähigkeit darlegen und beweisen.[1606] 1000

– **Verbindlichkeiten** haben, soweit sie unterhaltsrechtlich anzuerkennen sind (→ Rn. 904–963), Einfluss sowohl auf den Bedarf als auch auf die Bedürftigkeit und Leistungsfähigkeit. Sie sind von dem Ehegatten darzulegen und zu beweisen, der sie für sich unterhaltsrechtlich mitbestimmend geltend macht.[1607] 1001

**b) Bedürftigkeit. Leistungsfähigkeit.** Die die Bedürftigkeit/Leistungsfähigkeit bestimmenden Einkommensverhältnisse sind zu ermitteln und die vorgelegten Unterlagen nach § 113 Abs. 1 FamFG, § 286 Abs. 1 ZPO auf ihre Vollständigkeit und Richtigkeit zu überprüfen. Insbesondere gilt: 1002

– Die **Leistungsunfähigkeit** des Verpflichteten hinsichtlich des vom Berechtigten verlangten Betrags ist eine von Amts wegen zu beachtende Einwendung, für die ihm die Darlegungs- und Beweislast obliegt (→ § 1581 Rn. 9, 106–110).[1608] 1003

– Seiner Obliegenheit, die Aufwendungen so darzustellen, dass die steuerlich beachtlichen von den unterhaltsrechtlich relevanten abgegrenzt werden können, kommt ein **Selbstständiger** (auch → Rn. 435–463) insbesondere durch die Vorlage der Bilanz mit Gewinn- und Verlustrechnung, ggf. der Einnahmeüberschussrechnung nach § 4 Abs. 3 EStG sowie der Steuererklärungen und der Steuerbescheide, ggf. auch betriebswirtschaftlicher Auswertungen, insbesondere gefertigt durch einen Steuerberater/Wirtschaftsprüfer nach.[1609] Bestreitet der andere Ehegatte in diesen Unterlagen enthaltene Einzelpositionen substantiiert, hat der selbstständige Ehegatte weiteren substantiierten Vortrag, ggf. unter Vorlage weiterer Unterlagen und der Steuererklärungen, zu halten und Beweis anzutreten.[1610] – Anhand dieser Unterlagen kann der Tatrichter das maßgebende Einkommen nach § 113 Abs. 1 FamFG, § 287 Abs. 2 ZPO **schätzen,** wenn die weitere Aufklärung und Beweisaufnahme unverhältnismäßig schwierig ist und zum Umfang der Unterhaltsforderung in keinem (rechten) Verhältnis steht.[1611] 1004

– Dagegen kann sich der Verpflichtete nicht lediglich auf das Zeugnis eines Steuerberaters/Wirtschaftsprüfers berufen, weil ein solcher Beweisantritt auf einen unzulässigen **Ausforschungsbeweis** gerichtet ist.[1612] 1005

– Dass der praktizierte **Lebensstil** des Unterhaltschuldners nicht den von ihm belegten Einkünften entspricht,[1613] entbindet nicht von der konkreten Einkommensermittlung und rechtfertigt keine Schätzung, da es keinen Erfahrungssatz dahin gibt, dass die Einnahmen übersteigende Ausgaben auf verschleierte Einkünfte schließen lassen.[1614] 1006

---

[1605] BGHZ 98, 353 = NJW 1987, 1201 = FamRZ 1987, 259 (260). Nach OLG Zweibrücken BeckRS 2013, 8684 = FamRZ 2014, 216 (217); OLG Köln BeckRS 2012, 3705 = FamRZ 2012, 1731 (1732) muss der Verpflichtete die Höhe der Vermögensbildung darlegen und beweisen.

[1606] OLG Karlsruhe NJW-RR 1997, 323 = FamRZ 1997, 1011 (1012); auch BeckOGK/*Witt,* 1.2.2019, Rn. 672.

[1607] BeckOGK/*Witt,* 1.2.2019, Rn. 673.

[1608] Zur Beweislast des Verpflichteten im Kindesunterhalt für seine Leistungsunfähigkeit OLG Brandenburg BeckRS. 2018, 31553 Rn. 13 = FamRZ 2019, 291.

[1609] BGH NJW 2012, 923 Rn. 28, 29 = FamRZ 2012, 288.

[1610] OLG Schleswig BeckRS 2105, 3124 Rn. 38 = FamRZ 2015, 1118 Ls.; OLG Saarbrücken BeckRS 2006, 5795 = FamRZ 2006, 1756 Ls.; AG Köln BeckRS 2008, 7610.

[1611] BGH NJW-RR 1993, 898 = FamRZ 1993, 789 (792 f.).

[1612] BGH NJW 2012, 923 Rn. 28 = FamRZ 2012, 288.

[1613] OLG Frankfurt a. M. FamRZ 1992, 64 (65).

[1614] BGH NJW-RR 1993, 898 = FamRZ 1993, 789 (792 f.).

1007 **c) Besonders günstige Einkommensverhältnisse.** Der Berechtigte kann nach der neuen Rspr. des BGH seinen Unterhalt auch bei besonders günstigen Einkommensverhältnissen entweder als Quotenunterhalt oder nach seinem konkret bemessenen Bedarf verlangen (→ Rn. 167, 168).

1008 **aa) Quotenunterhalt.** Da bei besonders günstigen Einkommensverhältnissen nicht die **Vermutung** für einen vollständigen Verbrauch der verfügbaren Einkünfte zum Lebensunterhalt der Familie spricht, muss der Berechtigte **konkret darlegen,** wofür und in welcher Höhe die hohen Einkünfte zur Deckung des ehelichen Lebensbedarfs verwandt worden sind. Bestreitet der Verpflichtete diesen Vortrag, hat der Berechtigte seine Behauptungen zu beweisen.[1615] IErg stellt sich der Berechtigte mit der Wahl des Quotenunterhalts hinsichtlich des Aufwands zur Begründung seines Anspruchs wohl kaum besser als mit der Geltendmachung des konkret bemessenen Unterhalts; denn die an ihn gestellten Anforderungen zur Anspruchsbegründung unterscheiden sich nicht von denen zur Begründung des Unterhalts aufgrund konkreter Bedarfsbemessung.

1009 Kann der Berechtigte seinen Vortrag zur Verwendung der hohen Einkünfte hinsichtlich einzelner Bedarfspositionen **nicht beweisen,** sind diese vom maßgeblichen Einkommen vorweg abzuziehen und erst danach die Quote zu bilden.[1616]

1010 **bb) Konkrete Bedarfsbemessung.** Der Berechtigte kann bei besonders günstigen Einkommensverhältnissen seinen sich aus den ehelichen Lebensverhältnissen ergebenden Lebensbedarf unter Anlegung eines objektiven Maßstabs auch **konkret darlegen** (→ Rn. 38, 166–178). Bemisst der Berechtigte seinen Lebensbedarf konkret, gilt dies uneingeschränkt: Er hat grundsätzlich alle einzelnen Bedarfspositionen, aus denen sich sein Gesamtbedarf zusammensetzt, unter Anlegung eines objektiven Maßstabs konkret substantiiert darzulegen und ggf. zu beweisen.[1617] Legt er seinen Bedarf nicht substantiiert dar, sondern bemisst er ihn mit der Hälfte des Einkommens des Verpflichteten, ist sein Unterhaltsantrag unschlüssig und als unbegründet abzuweisen. Allerdings hat das FamG zuvor darauf **hinzuweisen** (§ 113 Abs. 1 FamFG, § 139 ZPO), dass es vom Erfordernis einer konkreten Unterhaltsbemessung und deshalb der Unschlüssigkeit des Unterhaltsantrags ausgeht,[1618] und dem Berechtigten Gelegenheit zu geben, seinen Antrag schlüssig zu begründen.

1011 Zudem muss der Berechtigte die Einkommens- und Vermögensverhältnisse des Verpflichteten, stellt dieser seine Leistungsfähigkeit nicht außer Streit, darlegen und beweisen. Zum **Auskunfts- und Beleganspruch** bei konkreter Bedarfsbemessung → § 1580 Rn. 29, 30. – Bis zu einem Familieneinkommen von 11.000 EUR (→ Rn. 170–174) muss jedoch der Verpflichtete konkrete Anhaltspunkte für die Höhe der tatsächlichen Vermögensbildung vortragen **(sekundäre Darlegungslast).**[1619] IÜ wird widerleglich vermutet, dass darüberhinausgehendes Einkommen für die Vermögensbildung verwandt wird.

1012 Das FamG kann den konkreten Bedarf schätzen (§ 113 Abs. 1 FamFG, § 287 ZPO).[1620] Dies setzt allerdings voraus, dass der Berechtigte seinen Bedarf überschlägig darstellt[1621] und sein Vortrag ausreichende Anknüpfungstatsachen für eine **Schätzung** enthält (→ Rn. 1004). Auch insoweit hat das FamG möglichst frühzeitig auf unzureichenden Vortrag hinzuweisen (§ 113 Abs. 1 FamFG, § 139 ZPO) und dem Berechtigten Gelegenheit zur Konkretisierung seines Vortrags zu geben.

---

1615 BGHZ 217, 24 = NJW 2018, 468 Rn. 17, 24 mAnm *Born, Schwamb* NZFam 2018, 132 = FamRZ 2018, 260 mAnm *Seiler,* ohne allerdings die Änderung seiner Rspr. zu begründen.

1616 Dazu äußert sich der BGH in BGHZ 217, 24 = NJW 2018, 468 Rn. 17 mAnm *Born, Schwamb* NZFam 2018, 132 = FamRZ 2018, 260 mAnm *Seiler* nicht.

1617 OLG Köln BeckRS 2011, 16836 = FamRZ 2012, 235 Ls.; NJW-RR 1992, 1155 = FamRZ 1992, 322 (323 f.); OLG Düsseldorf NJW-RR 1996, 1155 = FamRZ 1996, 1418 (1419); NJW 1982, 831 = FamRZ 1981, 1184; OLG Hamm NJW-RR 1995, 1283 = FamRZ 1995, 1578; OLG Koblenz NJW-RR 1993, 964 = FamRZ 1993, 199 (201); BeckRS 2009, 29486 = FamRZ 1985, 479; OLG Bamberg BeckRS 2010, 19031 = FamRZ 1981, 668 (670); OLG Stuttgart BeckRS 1978, 31153962 = FamRZ 1978, 681 (683). Zur Bindung an eine konkrete Bedarfsbemessung im Abänderungsverfahren s. BGH NJW-RR 1990, 194 = FamRZ 1990, 280 (281); NJW 1985, 1343 = FamRZ 1985, 582 (583) und – verneint für den Fall der Zurruhesetzung eines Chefarztes – BGHZ 153, 372 = NJW 2003, 1796 = FamRZ 2003, 848 (850).

1618 BeckOGK/*Witt,* 1.2.2019, Rn. 554, 676.

1619 BGHZ 217, 24 = NJW 2018, 468 Rn. 21 mAnm *Born, Schwamb* NZFam 2018, 132 = FamRZ 2018, 260 mAnm *Seiler;* OLG Zweibrücken BeckRS 2013, 8684 = FamRZ 2014, 216 (217); NJW-RR 2012, 259 = FamRZ 2012, 643 (644).

1620 OLG Bremen NJOZ 2015, 1273 Rn. 17 = FamRZ 2015, 1395 (1396); OLG Hamm NJOZ 2014, 1446 = FamRZ 2014, 777 (778); OLG Köln BeckRS 2011, 16836 = FamRZ 2012, 235 Ls.; OLG Koblenz NJW-RR 1993, 964 = FamRZ 1993, 199 (200).

1621 OLG Hamm NJOZ 2014, 1446 (1447) = FamRZ 2014, 777 (778) mAnm *Spangenberg* FamRZ 2014, 1372 f.; NJW-RR 1998, 1619 = FamRZ 1999, 723 (724).

**3. „Karrieresprung".** Die Frage nach einem „Karrieresprung" betrifft den **Bedarf** (→ Rn. 65–75), für den der Berechtigte darlegungs- und beweispflichtig ist (→ Rn. 995–1001). Er hat also die Umstände darzulegen und zu beweisen, die dazu führen, dass gesteigerte Einkünfte nicht auf einem „Karrieresprung", sondern auf einer beachtlichen Einkommenserhöhung beruhen.[1622] Ihm obliegt die volle Darlegungs- und Beweislast auch dann, wenn sich der Verpflichtete darauf beruft, dass die **Einkommenssteigerung des Berechtigten** auf einem „Karrieresprung" beruht und deshalb nicht bedarfsprägend ist. Soweit es um die **Einkünfte des Verpflichteten** geht, obliegt diesem allerdings die sekundäre Darlegungslast für die seiner Sphäre zuzurechnenden Umstände.[1623] **1013**

Gelegentlich hat der BGH die Auffassung vertreten, die Darlegungs- und Beweislast treffe stets den Ehegatten, der sich auf eine unerwartete und außergewöhnliche Entwicklung der Einkünfte seit der Trennung beruft und daraus Rechte herleitet.[1624] Doch verkennt dies die allgemeine Darlegungs- und Beweislastverteilung. Allein der Berechtigte kann ein Interesse daran haben, dass *kein* „Karrieresprung" des Verpflichteten vorliegt, weil dies zur Bedarfsprägung der erhöhten Einkünfte führt und er für die Höhe seines Bedarfs darlegungs- und beweispflichtig ist. Für die Bedürftigkeit des Berechtigten und die Leistungsfähigkeit des Verpflichteten ist die Fragestellung ohnehin unerheblich, weil erhöhte finanzielle Mittel unabhängig davon, ob sie auf einen „Karrieresprung" zurückzuführen sind, beidseits zur Bedarfsdeckung einzusetzen sind. Danach trifft allein den Berechtigten die Darlegungs- und Beweislast dafür, dass sowohl eigener als auch Mehrverdienst des Verpflichteten nicht auf einem den ehelichen Lebensverhältnissen nicht mehr zuzurechnenden „Karrieresprung" beruhen. **1014**

**4. Wesentliche Änderung der wirtschaftlichen Verhältnisse.** Der Ehegatte, der sich auf eine beachtliche Änderung der maßgeblichen Verhältnisse beruft, trägt die Darlegungs- und Beweislast für seinen Vortrag, und zwar unabhängig davon, ob er die Veränderung in einem **Erst-** oder in einem **Abänderungsverfahren** geltend macht.[1625] **1015**

Die Darlegungs- und Beweislast dafür, dass eine Änderung der wirtschaftlichen Verhältnisse nach der **Trennung** eingetreten und sie unterhaltsrechtlich unbeachtlich ist, trägt der Ehegatte, der sich hierauf beruft.[1626] Dies kann dazu führen, dass der Bedürftige zwar das Risiko der Nichterweislichkeit der Änderung, der Verpflichtete aber für ihre Unbeachtlichkeit trägt, während nach der **Scheidung** der Bedürftige auch für die Beachtlichkeit der Veränderung darlegungs- und beweisbelastet ist.[1627] **1016**

Macht der Bedürftige geltend, eine Erwerbstätigkeit wäre **ohne Trennung** (noch) nicht aufgenommen worden, muss er dies sowie den beabsichtigten Zeitpunkt der Erwerbsaufnahme vortragen und ggf. beweisen.[1628] **1017**

Macht der Verpflichtete geltend, aus dem bislang zugrunde gelegten Unterhaltstatbestand nicht mehr verpflichtet zu sein, ist er für die dafür maßgeblichen Umstände beweispflichtig. Steht fest, dass der dem Titel zugrundeliegende Unterhaltstatbestand entfallen ist, obliegt dem Bedürftigen die Darlegungs- und Beweislast dafür, dass ihm Unterhalt aus einem **anderen Unterhaltstatbestand**[1629] oder Unterhalt über das vollendete 3. Lebensjahr des Kindes (§ 1570 Abs. 1 S. 2, 3)[1630] zusteht. **1018**

## § 1578a Deckungsvermutung bei schadensbedingten Mehraufwendungen

**Für Aufwendungen infolge eines Körper- oder Gesundheitsschadens gilt § 1610a.**

**Schrifttum:** *Brudermüller/Klattenhoff,* Verletztenrente und Unterhalt, FuR 1993, 333; *Büttner,* Wie ist Pflegegeld bei Unterhaltsansprüchen zu berücksichtigen?, FamRZ 2000, 596; *Kalthoener,* Das Gesetz zur unterhaltsrechtlichen Berechnung von Aufwendungen für Körper- oder Gesundheitsschäden, NJW 1991, 1037; *Künkel,* Der neue § 1610a BGB, FamRZ 1991, 1131.

---

1622 BGH NJW 1986, 718 (719) = FamRZ 1986, 244; BGHZ 89, 108 = NJW 1984, 292 (293) = FamRZ 1984, 149; NJW 1983, 2318 (2319) = FamRZ 1983, 352 mwN.

1623 Zum Ganzen BeckOGK/*Witt,* 1.2.2019, Rn. 677.

1624 BGH NJW 1986, 718 (719) = FamRZ 1986, 244; NJW 1983, 2318 (2319) = FamRZ 1983, 352 (353); OLG Hamm BeckRS 2015, 116149 = FamRZ 2017, 38 Ls.

1625 S. etwa KG FPR 2002, 409: Beruft sich der Verpflichtete wegen einer Verringerung seines Erwerbseinkommens auf seine eingeschränkte Leistungsfähigkeit, muss er nicht nur die Gehaltsbescheinigungen vorlegen, aus denen sich das neue Gehalt ergibt, sondern auch darlegen und beweisen, dass, warum, mit welchem Inhalt und ab wann der Arbeitsvertrag geändert worden ist.

1626 BGH NJW 1983, 2318 = FamRZ 1983, 352 (353).

1627 BGH NJW 1988, 2034 = FamRZ 1988, 701 (703).

1628 BGH NJW-RR 1988, 519 = FamRZ 1988, 256; NJW 1985, 1699 = FamRZ 1985, 791 (793); NJW 1985, 1026 = FamRZ 1985, 161 f.; BGHZ 89, 108 = NJW 1984, 292 = FamRZ 1984, 149 (150).

1629 BGH NJW 2017, 1317 Rn. 37 mAnm *Born* = NZFam 2017, 111 mAnm *Graba* = FamRZ 2017, 370; NJW 1990, 2752 (2753) = FamRZ 1990, 496.

1630 BGH NJW 2017, 1317 Rn. 37 mAnm *Born* = NZFam 2017, 111 mAnm *Graba* = FamRZ 2017, 370; NJW 2009, 2592 Rn. 29 = FamRZ 2009, 1391.

**Übersicht**



## I. Normzweck

1 Bis zur Einfügung von § 1578a und des inhaltsgleichen § 1610a in das BGB durch das Gesetz zur unterhaltsrechtlichen Berechnung von Aufwendungen für Körper- oder Gesundheitsschäden[1] mit Wirkung ab 23.1.1991 hatte die Rechtsprechung Sozialleistungen, auch soweit sie wegen Körper- und Gesundheitsschäden gewährt wurden, als unterhaltsrechtlich zu berücksichtigendes Einkommen behandelt.[2] Dem Bezieher oblag die Darlegungs- und Beweislast dafür, dass die ihm gewährten Sozialleistungen durch den schadensbedingten Mehraufwand aufgezehrt wurden und nicht mehr zur Deckung des allgemeinen Lebensunterhalts zur Verfügung standen. Mit dem Gesetz zur unterhaltsrechtlichen Berechnung von Aufwendungen für Körper- oder Gesundheitsschäden wurde die Lage der Geschädigten in Unterhaltssachen durch die Einführung „der Vermutung, daß die Mehraufwendungen im Einzelfall regelmäßig nicht geringer sind als die hierfür in Anspruch genommenen Sozialleistungen“,[3] verbessert. – Zur **Darlegungs- und Beweislast** → Rn. 8–15, zu den **Einzelheiten** → § 1610a.

## II. Anwendungsbereich

2 § 1578a ist nur auf den **nachehelichen** – soweit er nicht auf dem EheG beruht[4] – und den **nachpartnerschaftlichen** Unterhalt (§ 16 S. 2 LPartG) anwendbar. Für den Trennungsunterhalt verweisen § 1361 Abs. 1 S. 1 Hs. 2, § 12 S. 2 LPartG auf § 1610a.

3 **Nicht anwendbar** ist § 1578a auf Leistungen nach dem ContStifG, dem HIVHG, dem AntiDHG und dem DOHG.[5]

4 Die gesetzliche Vermutung betrifft sowohl Grund und Höhe der **Sozialleistung**[6] als auch Zweck und Höhe der **Aufwendungen.** Erfasst werden nur Leistungen, die allein oder neben einem ideellen Ausgleich schädigungsbedingte Aufwendungen ausgleichen sollen,[7] die also keine Einkommensersatzfunktion haben.[8]

## III. Praktische Bedeutung

5 Die praktische Bedeutung des § 1578a ist ausgesprochen gering. Dies liegt daran, dass der Gesetzgeber in seiner Begründung[9] fast unüberbrückbare Hürden für den nichtbeschädigten Ehegatten aufgebaut hat. Denn in aller Regel bleibt bei der vom Gesetzgeber eingeforderten großzügigen Handhabung der Widerlegung der gesetzlichen Vermutung und einer Schätzung nach § 113 Abs. 1 FamFG, § 287 ZPO[10] kein Raum mehr für die Feststellung, dass „die Kosten der Aufwendungen nicht geringer sind als die Höhe dieser Sozialleistungen“ (§ 1610a). Aufbrechen kann man diese Zurückhaltung nur, indem man die Beweislastregel ergebnisoffen entsprechend der allgemeinen Übung und nicht ergebnisbezogen verfremdet anwendet.

1 V. 15.1.1991 (BGBl. 1991 I 46).
2 BGH NJW 1983, 1783 = FamRZ 1983, 674; NJW 1981, 1593 = FamRZ 1982, 252; NJW 1982, 41 = FamRZ 1981, 1165.
3 BT-Drs. 11/6153, 5.
4 OLG Hamm BeckRS 2011, 1910 = FamRZ 1991, 1198.
5 BGH NZFam 2018, 885 Rn. 11–21 mAnm *Niepmann, Braeuer* NJW 2018, 2876 = FamRZ 2018, 1506 mAnm *Maurer.*
6 OLG Hamm NJW-RR 1992, 1352 = FamRZ 1991, 1199 (1200).
7 BT-Drs. 11/6153, 7.
8 OLG Hamm NJW-RR 1992, 1352 = FamRZ 1991, 1199 (1201).
9 BT-Drs. 11/6153.
10 BT-Drs. 11/6153, 6.

## IV. Grundsatz

**1. Bedarf.** § 1578a beinhaltet in seinem Ausgangspunkt keine von §§ 1578, 1577, 1581 abweichende Regelung (→ § 1610a Rn. 4): Er ändert nichts an der Bestimmung des eheangemessenen **Bedarfs** 6

Bedarf = (beiderseitige finanzielle Mittel – Mittel zum Ausgleich der schadensbedingten Beeinträchtigungen) /2 (→ § 1578 Rn. 25–35)

iSd § 1578 Abs. 1 S. 2, sondern regelt den Umfang der zur Bestreitung des Lebensbedarfs erforderlichen finanziellen Mittel unter Berücksichtigung der schadensbedingten Mehraufwendungen. Der Sache nach geht es um die Abdeckung des „gesamten Lebensbedarfs" des nach § 1578 Abs. 1 S. 2 umfassten Bedarfs, der den **Elementarbedarf** (→ § 1578 Rn. 150–155) und den **Mehrbedarf wegen eines Körper- oder Gesundheitsschadens** (→ § 1578 Rn. 234–237) umfasst.

**2. Deckung des Bedarfs.** Zudem bestimmt § 1578a die (Nicht-)**Anrechnung** von Einkünften, die der Berechtigte zum Ausgleich seines schadensbedingten Mehraufwands bezieht, auf den Elementarbedarf sowie den Alters- und Krankheitsvorsorgebedarf. Sie bleiben allein der Abdeckung der besonderen, schadensbedingten Aufwendungen vorbehalten. – Diese Einkünfte mindern zwar die **Bedürftigkeit** des Berechtigten, jedoch nur hinsichtlich seines schadensbedingten Mehraufwands. Auch insoweit weicht § 1578a nicht von der gesetzlichen Regelung in § 1577 ab. – Dies gilt in gleicher Weise für die **Leistungsfähigkeit** des Verpflichteten (§ 1581). Auch sie bestimmt sich grundsätzlich nicht auch nach dessen tatsächlichem Einkommen, sondern nach den ihm nach Abzug der schadensbedingten Einkünfte zur Verfügung stehenden finanziellen Mitteln. 7

## V. Ausnahme

**1. Darlegungs- und Beweislast. a) Bedeutung.** Die Bedeutung von § 1578a liegt allein (auch → Rn. 5) in der Regelung der Darlegungs- und Beweislast: Nach der gesetzlichen Regelung wird **vermutet,** dass die Kosten der Aufwendungen infolge eines Körper- und Gesundheitsschadens nicht geringer sind als die Höhe der für diese Aufwendungen bezogenen Sozialleistungen (§ 1610a). Der Ehegatte, der sich darauf beruft, dass die Kosten der Aufwendungen geringer sind als die Höhe der Sozialleistungen (§ 1610a), muss diese Vermutung **widerlegen.** Ihn trifft die volle Darlegungs- und Beweislast, er trägt also das **volle Beweisrisiko** (→ § 1610a Rn. 5).[11] Damit wird die Darlegungs- und Beweislast nicht nur erleichtert, sondern **umgekehrt.** 8

**b) Intention des Gesetzgebers.** Der Gesetzgeber geht davon aus, dass „in aller Regel die Lebensverhältnisse des Beschädigten auch der anderen Partei ausreichend bekannt [sind]."[12] Dies mag auf die Fälle zutreffen, in denen die Schädigung während des Zusammenlebens der Ehegatten eingetreten ist und davon ausgegangen werden kann, dass der andere Ehegatte eigene Kenntnis von der Höhe der Sozialleistung und den schadensbedingten Aufwendungen hat und deren Verhältnis zueinander einschätzen kann. Trat die Schädigung aber danach ein, wird er solche eigenen Kenntnisse idR nicht haben. 9

Zudem hat der Gesetzgeber in diesem Zusammenhang auf die Rechtsprechung zum **Negativbeweis** zur Widerlegung der gesetzlichen Vermutung hingewiesen, meinte jedoch, dass 10

„auch bei diesen möglichen Beweiserleichterungen der gesetzlichen Vermutung hinreichend Rechnung zu tragen sein [wird], um zu vermeiden, daß die in der Vermutung zum Ausdruck kommende, den Beschädigten begünstigende Entscheidung des Gesetzgebers ihre Bedeutung verliert."[13]

Dh er will den Geschädigten über das „normale" Maß hinaus schützen, ohne jedoch das maßgebliche Beweismaß vorzugeben.

**c) Praktische Anwendung.** Nach § 113 Abs. 1 S. 2 FamFG, § 292 S. 1 ZPO ist der Beweis des Gegenteils zulässig, wenn das Gesetz für das Vorhandensein einer Tatsache eine Vermutung aufstellt und nicht ein anderes vorschreibt. Dagegen verstoßen die „Anleitungen" des Gesetzgebers zur Handhabung der widerleglichen Vermutung in §§ 1610a, 1578a. Zudem ist es nicht erforderlich, den geschädigten Ehegatten über eine widerlegliche Vermutung hinaus zu schützen, da ihm in aller Regel zugemutet werden kann, Angaben zur Höhe der empfangenen Leistungen und seiner Aufwendungen zu machen. Hätte der Gesetzgeber eine weitergehende Privilegierung bewirken wollen, hätte er die Unwiderleglichkeit der Vermutung anordnen müssen und auch können. 11

---

11 OLG München OLGR 1994, 126; OLG Schleswig NJW-RR 1992, 390 = FamRZ 1992 471.
12 BT-Drs. 11/6153, 6.
13 BT-Drs. 11/6153, 6.

12 Deshalb ist es auch nicht gerechtfertigt, danach zu differenzieren, ob der nichtbeschädigte Ehegatte **Einblick** in die konkreten Lebensverhältnisse des beschädigten hat. Denn ein „Einblick“[14] kann nicht stets Kenntnis von den tatsächlichen Verhältnissen vermitteln und kann deshalb eine Widerlegung nicht tragen. Und die Verweisung auf **allgemeine Erfahrungswerte**[15] geht schon deshalb fehl, weil nicht ersichtlich wird, woher der nichtbeschädigte Ehegatte diese Erfahrungswerte beziehen soll.

13 Deshalb sollte gelten: Die Darlegungs- und Beweislast des nichtbeschädigten Ehegatten erfährt Erleichterungen nach den Grundsätzen zum Beweis **negativer Tatsachen.**[16] Danach trifft den geschädigten Ehegatten, da es sich um Umstände aus seiner Sphäre handelt, eine **sekundäre Darlegungslast**[17] dafür, dass „die Kosten der Aufwendungen nicht geringer sind als die Höhe der Sozialleistungen“ (§ 1610a). Hierfür muss er zunächst die empfangenen Sozialleistungen nach Art und Betrag benennen und auch belegen. Seine Aufwendungen werden oft breit gefächert sein, weshalb ausreicht, dass er sie durch eine überschlägige Benennung nach Art, Umfang und Höhe sowie ihrem Bezug zum Körper-/Gesundheitsschaden konkret[18] und schlüssig darlegt, um dem anderen Ehegatten eine ebenso überschlägige Einschätzung zu ermöglichen. Erst wenn der beschädigte Ehegatte die Behauptung des nichtbeschädigten substantiiert bestreitet und solche Umstände konkret darlegt,[19] die nahelegen, dass die Aufwendungen nicht geringer sind als die Sozialleistungen, obliegt dem nichtbeschädigten Ehegatten der volle Beweis, dass dem geschädigten Ehegatten ein Überschuss verbleibt.[20]

14 Gelingt dem nichtbeschädigten Ehegatten, die gesetzliche Vermutung zu **widerlegen,** sind die Sozialleistungen insoweit den Bedarf erhöhend, die Bedürftigkeit mindernd bzw. die Leistungsfähigkeit erhöhend zuzurechnen, als sie die Aufwendungen für einen Körper-/Gesundheitsschaden übersteigen.

15 In die Beurteilung, ob die Sozialleistungen durch die Aufwendungen aufgezehrt werden, sollen nach der Vorstellung des Gesetzgebers über materielle Beeinträchtigungen hinaus
– die Art der Beschädigung
– der ideelle Ausgleichszweck der Sozialleistung,
– allgemeine Erfahrungswerte zur Höhe schadensbedingter Mehraufwendungen,
– eine wirtschaftlich angemessene Handhabung der jeweiligen Streitpunkte

einfließen. Insgesamt soll zugunsten des Beschädigten großzügig geschätzt (§ 113 Abs. 1 S. 2 FamFG, § 287 ZPO) und der Spielraum ausgeschöpft werden, „um der Vermutung die ihr zugedachte Bedeutung zu verschaffen.“[21]

16 **2. Auskunft und Belegvorlage.** Der **Gesetzgeber** hat sich nicht abschließend dazu verhalten, ob und inwieweit dem Ehegatten, dem die gesetzliche Vermutung entgegensteht, ein Auskunfts- und Belegrecht nach §§ 1605, 1361 Abs. 4 S. 4, § 1580 oder aus § 242 zukommen soll, und sich mit dem Hinweis begnügt, dies sei „jedenfalls höchstrichterlich bislang nicht abschließend geklärt“. Er meint aber – gleichfalls Ausdruck des gewollten Schutzes des Geschädigten –, dass

> „die neugeschaffene Vermutung für solche Auskunftsansprüche jedenfalls erst dann Raum [läßt], wenn sie in einem Maße erschüttert wird, daß nicht der vollständige Verbrauch, sondern der (teilweise) Nichtverbrauch von Sozialleistungen hinreichend möglich erscheint.“[22]

17 Dem ist **nicht zu folgen,** weil dies das Ziel, den beschädigten Ehegatten zu schützen, nicht erfordert. Denn es ist kein rechtfertigender Grund dafür ersichtlich, ihn weitergehend zu schützen, als er durch die gesetzliche Vermutung ohnehin geschützt wird. Dem nichtbeschädigten Ehegatten wird die Widerlegung der gesetzlichen Vermutung schlicht verwehrt, wenn ihm nur ausnahmsweise Auskunft gewährt werden soll. Hat er aber bereits „eigene Kenntnisse“ (→ Rn. 9, 12) von den maßgeblichen Umständen, scheidet ein Auskunftsanspruch von vornherein aus, weil er nur besteht, „soweit dies zur Feststellung eines Unterhaltsanspruchs oder einer Unterhaltsverpflichtung erforderlich ist“ (§ 1605 S. 1).

---

[14] BeckOGK/*Kliebisch,* 1.2.2019, § 1610a Rn. 26.
[15] Palandt/*Brudermüller* § 1610a Rn. 5; BeckOGK/*Kliebisch,* 1.2.2019, § 1610a Rn. 26; auch BT-Drs. 16/6153, 6.
[16] Auch der Gesetzgeber nimmt hierauf Bezug, BT-Drs. 11/6153, 6. Dazu auch OLG Hamm BeckRS 2011, 1910 = FamRZ 1991, 1198.
[17] BGH NJW 2011, 147 Rn. 23 = FamRZ 2010, 1971.
[18] BGH NJW 2013, 1447 Rn. 25, 26 = FamRZ 2013, 864.
[19] BGH NJW 2013, 1447 Rn. 25, 26 = FamRZ 2013, 864.
[20] Ähnlich *Künkel* FamRZ 1991, 1131 (1133): Der beschädigte Ehegatte ist auf Antrag des nichtbeschädigten ggf. als Partei zu vernehmen.
[21] BT-Drs. 11/6153, 6.
[22] BT-Drs. 11/6153, 6.

## § 1578b Herabsetzung und zeitliche Begrenzung des Unterhalts wegen Unbilligkeit

**(1) [1]Der Unterhaltsanspruch des geschiedenen Ehegatten ist auf den angemessenen Lebensbedarf herabzusetzen, wenn eine an den ehelichen Lebensverhältnissen orientierte Bemessung des Unterhaltsanspruchs auch unter Wahrung der Belange eines dem Berechtigten zur Pflege oder Erziehung anvertrauten gemeinschaftlichen Kindes unbillig wäre. [2]Dabei ist insbesondere zu berücksichtigen, inwieweit durch die Ehe Nachteile im Hinblick auf die Möglichkeit eingetreten sind, für den eigenen Unterhalt zu sorgen, oder eine Herabsetzung des Unterhaltsanspruchs unter Berücksichtigung der Dauer der Ehe unbillig wäre. [3]Nachteile im Sinne des Satzes 2 können sich vor allem aus der Dauer der Pflege oder Erziehung eines gemeinschaftlichen Kindes sowie aus der Gestaltung von Haushaltsführung und Erwerbstätigkeit während der Ehe ergeben.**

**(2) [1]Der Unterhaltsanspruch des geschiedenen Ehegatten ist zeitlich zu begrenzen, wenn ein zeitlich unbegrenzter Unterhaltsanspruch auch unter Wahrung der Belange eines den Berechtigten zur Pflege oder Erziehung anvertrauten gemeinschaftlichen Kindes unbillig wäre. [2]Absatz 1 Satz 2 und 3 gilt entsprechend.**

**(3) Herabsetzung und zeitliche Begrenzung des Unterhaltsanspruchs können miteinander verbunden werden.**

**Schrifttum:** *Beger-Oelschleger,* Unterhaltsbefristung bei langer Ehe, FamFR 2012, 58; *Bißmaier,* Unterhaltsbegrenzung nach § 1578b BGB: Ehebedingte Nachteile und Erwerbsobliegenheiten, FamRZ 2009, 389; *Bißmaier,* Krankheitsunterhalt: Abgesenkt und unbefristet?, FamRB 2010, 212; *Born,* Ehebedingter Nachteil und Beweislast – Kurswechsel durch die Hintertür?, NJW 2010, 1793; *Born,* Erhöhter Stellenwert der Ehedauer im Unterhaltsrecht – Klarstellung oder „Reform der Reform"?, NJW 2013, 561; *Borth,* Nacheheliche Solidarität als weiteres Billigkeitskriterium zur Begrenzung bzw. Befristung des nachehelichen Unterhalts nach § 1578b BGB, FamRZ 2011, 153; *Borth,* Ausweitung des Schutzes des nachehelichen Unterhalts bei langer Ehedauer, FamRZ 2013, 165; *Borth,* Unterhaltszahlung keine Beeinträchtigung der Erwerbsbiographie, FamRZ 2013, 1356; *Borth,* Ausweitung des Schutzes des nachehelichen Unterhalts bei langer Ehedauer – Neufassung der Begrenzungsvorschrift des § 1578b BGB –, FamRZ 2013, 165; *Bosch, R.,* Nachträgliche Begrenzung des Unterhalts im Abänderungsverfahren und Präklusion, FF 2012, 396; *Braeuer,* Gleichberechtigte Teilhabe als Grundlage für den nachehelichen Unterhalt. Zugleich ein Beitrag zur Anwendung des künftigen § 1578b BGB, FamRZ 2006, 1489; *Brudermüller,* Zeitliche Begrenzung des Unterhaltsanspruchs (§§ 1573 V, 1578 I S. 2 BGB), FamRZ 1998, 649; *Brudermüller,* Lebenslange Unterhaltslast – Zur Anwendung der §§ 1573 Abs. 5, 1578 Abs. 1 S. 2 BGB, FF 2004, 101; *Büte,* Begrenzung und Herabsetzung des nachehelichen Unterhalts, FPR 2005, 316; *Büttner,* Die Härteklauseln (§§ 1578b, 1579 BGB) im geplanten Unterhaltsrecht, FamRZ 2007, 773; *Carlberg,* Ermittlung und Befristung des nachehelichen Aufstockungsunterhalts und Erwerbslosigkeitsunterhalt, FamFR 2011, 30; *Christl,* Zeitliche Begrenzung des Ehegattenunterhalts als Prozeßkostenrisiko, FamRZ 1986, 627; *Clausius,* Die Befristung und/oder Begrenzung des nachehelichen Unterhaltes nach § 1578b BGB im Spiegel der bisherigen Rechtsprechung, FF 2012, 3; *Clauss-Hasper,* Bemessung und Befristung des Anspruchs auf nachehelichen Krankheitsunterhalt FamFR 2011, 49; *Dethloff/Gutdeutsch/Kremer,* Bemessung des nachehelichen Unterhalts – Überwindung von Rechtsunsicherheit durch pauschalierende Berechnungen, FamRZ 2010, 1701; *Diederichsen,* Die Änderungen des materiellen Rechts nach dem Unterhaltsrechtsänderungsgesetz, NJW 1986, 1283; *Dose,* Höhe und Dauer des nachehelichen Unterhalts im deutschen Unterhaltsrecht, FS Pintens, 2012, Bd. 1, 493; *Elden,* BGH: Herabsetzung und Befristung des nachehelichen Altersunterhalts, FamFR 2010, 439; *Gerhardt,* Die zeitliche Begrenzung des Ehegattenunterhalts nach § 1573 V BGB und die Begrenzung auf den angemessenen Bedarf nach § 1578 I 2 BGB, FuR 1997, 249; *Graba,* Auf dem Weg zu einem Ehegattenunterhaltsrecht nach Billigkeit, FamRZ 2008, 1217; *Graba,* Ehebedingter Nachteil wegen entgangener Lohnsteigerung, FamFR 2010, 553; *Graba,* Die Ehedauer nach der Neufassung von § 1578b BGB, FamRZ 2013, 49; *Graba,* Nachehelicher Unterhalt und angemessene Krankenversicherung, NZFam 2014, 969; *Grandel,* Warum werden die Herabsetzungsmöglichkeiten aus dem Unterhaltsrechtsänderungsgesetz von 1986 so wenig angewandt? – Brauchen wir eine Gesetzesänderung?, FPR 2005, 320; *Hahne,* Zur Auslegung der §§ 1578 Abs. 1 Satz 2 und 3 und 1573 Abs. 5 BGB idF des Unterhaltsänderungsgesetzes vom 20. Februar 1986, FamRZ 1986, 305; *Heiß, B.,* Ehebedingter Nachteil und Auswirkung auf den nachehelichen Ehegattenunterhalt, NZFam 2014, 636; NZFam 2014, 682; *Henjes,* Die Last mit der Darlegung ehebedingter Nachteile, FuR 2011, 200; *Heumann,* Beschränkung des Aufstockungsunterhalts nach langer Kinderbetreuung, Vorwirkungen der Reform – und Präklusion?, FamRZ 2007, 178; *Heumann,* Neues zur Präklusion von Abänderungsklagen beim nachehelichen Unterhalt unter besonderer Berücksichtigung des Kriteriums der „ehebedingten Nachteile", FF 2008, 484; *Hohloch,* Beschränkung des nachehelichen Unterhalts im Entwurf eines Unterhaltsrechtsänderungsgesetzes, FF 2006, 159; *Hütter,* Befristung trotz Kinderbetreuung?, FamRZ 2013, 413; *Kasenbacher,* Kriterien zur Begrenzung und Befristung des Altersunterhalts, NJW-Spezial 2013, 68; *Kemper,* Besserer Schutz der langjährig verheiratet gewesenen Ehegatten – Änderungen bei der Herabsetzung und Befristung von nachehelichen Unterhaltsansprüchen, FamRB 2013, 19; *Kieninger,* Die Verpflichtung zur Zahlung nachehelichen Unterhalts als ehebedingter Nachteil beim Unterhaltspflichtigen – ein blinder Fleck im Unterhaltsrecht?, FamRZ 2013, 1355; *Langheim,* Befristung und Herabsetzung von Unterhaltsansprüchen nach § 1578b BGB, FamRZ

2010, 409; *Maurer,* Die Begrenzung des nachehelichen Alters- und Krankheitsunterhalts, FPR 2013, 146; *Menne/Schnitzler,* „Lange Ehedauer" und Neufassung von § 1578b BGB, FF 2013, 433; *Niepmann,* Die verpasste Karrierechance: Spekulation oder ehebedingter Nachteil i.S. des § 1578b BGB?, FamFR 2012, 265; *Reinken,* Überblick über die bisherige Rechtsprechung zur Befristung von Unterhaltsansprüchen nach dem neuen § 1578b BGB, FF 2009, 357; FF 2010, 384; *Riegner,* Anwendung des § 1578b bei der Übersiedlung eines Ehegatten nach Deutschland aus Anlass der Eheschließung, FamFR 2013, 121; *Riegner,* Die Obliegenheit zur Ausübung einer Nebentätigkeit im Unterhaltsrecht, FamFR 2013, 123; *Schausten,* Der ehebedingte Nachteil – allein ein Nachteil des Unterhaltspflichtigen?, FF 2011, 243; *Schlünder/Arpay,* Die Änderung des § 1578b, FPR 2013, 250; *Schürmann,* Begrenzung und Befristung zum nachehelichen Unterhalt, FuR 2008, 183; *Triebs,* Begrenzung und Befristung des Ehegattenunterhalts nach § 1578b BGB n.F., FPR 2008, 31; *Viefhues,* Berechnungsprobleme bei § 1578b I BGB, FPR 2008, 36.

**Übersicht**

## A. Allgemeines

### I. Normzweck

§ 1578b ermöglicht die Begrenzung des unterhaltsrechtlich bedeutsamen **Lebensbedarfs** des Bedürftigen (Abs. 1) und die **zeitliche Begrenzung** der Unterhaltsansprüche (Abs. 2) alternativ und kumulativ (Abs. 3) und **erstreckt** die Möglichkeit der Befristung des Unterhaltsanspruchs grundsätzlich auf alle Unterhaltsansprüche (→ Rn. 5, 237–261). Dadurch soll die **nacheheliche Eigenverantwortung** des Berechtigten (→ § 1569 Rn. 18) gestärkt und der Verpflichtete im Hinblick auf seine familiären Beziehungen nach der Scheidung entlastet werden.[1] Zudem soll der Grundsatz der gleichen Teilhabe am während des ehelichen Zusammenlebens gemeinsam Erwirtschafteten gewahrt und aus Gründen der **nachehelichen Solidarität** (→ § 1569 Rn. 20) ehebedingte Nachteile ausgeglichen und die Möglichkeit von Begrenzungen eingegrenzt werden, um den Interessen beider Ehegatten gerecht zu werden.[2] 1

[1] BT-Drs. 16/1830, 13 f., 18 f.
[2] BT-Drs. 16/1830, 18, 19; BT-Drs. 17/11885, 6.

## II. Entstehungsgeschichte

2 Während das **EheG** und das **1. EheRG** (→ Vor § 1569 Rn. 1) noch, von § 1579 abgesehen, keine ausdrücklichen Regelungen zur Begrenzung des nachehelichen Unterhalts vorsah, wurden solche durch das **UÄndG 1986** (→ Vor § 1569 Rn. 2) geschaffen: Die Möglichkeit zur Befristung des Anspruchs auf Erwerbslosen- und Aufstockungsunterhalt wurde in § 1573 Abs. 5 eingefügt, um unbilligen Ergebnissen insbesondere beim „Unterhalt wegen „Arbeitslosigkeit““ (§ 1573 Abs. 5 aF) entgegenzuwirken.[3] Die Herabsetzung des Bedarfs nach § 1578 Abs. 1 S. 2, 3 aF sollte für alle Unterhaltsansprüche ermöglichen, den Bedarf „nach den ehelichen Lebensverhältnissen zeitlich zu begrenzen, soweit dies insbesondere unter Berücksichtigung der Dauer der Ehe der Billigkeit entspricht.“[4]

3 Diese Vorschriften wurden durch das **UÄndG 2007** (→ Vor § 1569 Rn. 9) zur Vereinfachung des Unterhaltsrechts, zur Entlastung der Justiz[5] und zur Erleichterung der Beschränkung von Unterhaltsansprüchen mittels objektiver Billigkeitsmaßstäbe[6] in dem trotz seines weiten Beurteilungsspielraums (→ Rn. 16) nicht wegen Unbestimmtheit verfassungswidrigen[7] § 1578b zusammengefasst und inhaltlich neu geregelt.

4 Zuletzt wurde Abs. 1 S. 2–3 mit Wirkung **ab 1.3.2013** geändert.[8] Diese Änderung ist die Reaktion des Gesetzgebers auf die Abkehr der Rspr. des BGH von der Anrechnungs- und Hinwendung zur Differenz-/Additionsmethode (→ § 1578 Rn. 28)[9] und der damit einhergehenden Erhöhung des Unterhaltsanspruchs mit seiner Beschränkung anhand objektiver Billigkeitsmaßstäbe.[10] Durch die **Wortwahl** „ist“ statt „kann“ (→ Rn. 15) und die ausdrückliche Aufnahme der Worte „inwieweit durch die Ehe Nachteile … eingetreten sind“ (Abs. 1 S. 2, Abs. 2 S. 2) in den Gesetzestext wurde dem „Ziel, die Beschränkung von Unterhaltsansprüchen anhand objektiver Billigkeitsmaßstäbe und hier insbesondere anhand des Maßstabs der „ehebedingten Nachteile“ zu erleichtern“,[11] Nachdruck verliehen. Zudem wurde das Merkmal „Ehedauer“ von S. 3 in S. 2 übernommen und ihr dadurch stärkeres Gewicht verliehen (auch → Rn. 45).[12]

## III. Anwendungsbereich

5 **1. Sachlicher Anwendungsbereich.** Sachlich gelten Abs. 1–3 für den **nachehelichen Unterhalt** – ausgenommen denen nach §§ 58–70, 72 EheG (§ 36 Nr. 7 EGZPO, auch → 7. Aufl. 2017, Anh. § 1586b Rn. 6, 20) –, und zwar grundsätzlich für **alle** nachehelichen Unterhaltsansprüche (näher → Rn. 237–261, insbesondere zum **Betreuungsunterhalt** nach § 1570 → Rn. 238–248 und zum **Ausbildungsunterhalt** nach § 1575 → Rn. 258–260) und beziehen sich sowohl auf den **Elementarunterhalt** als auch auf den **Alters-, Kranken- und Pflegevorsorgeunterhalt** (→ Rn. 205).[13]

6 Auch nach dem Übergang des Unterhaltsanspruchs auf einen **Sozialleistungsträger** kann sich der Verpflichtete auf die Begrenzungsmöglichkeiten nach § 1578b berufen (§§ 412, 404). Doch ist der Bedürftige hieran nach Entfallen der Voraussetzungen für den Übergang mangels Rechtskraftwirkung im Verhältnis zum Verpflichteten nicht gebunden (auch → Vor § 1569 Rn. 29).[14]

7 Dagegen gilt § 1578b nicht auch für den **Trennungsunterhalt** (§ 1361),

BT-Drs 16/1830, 16: „Für eine entsprechende Anwendung von § 1578b des Entwurfs besteht, solange die Ehe noch Bestand hat, keine Notwendigkeit.“

---

[3] BT-Drs. 10/2888, 17 f.

[4] BT-Drs. 10/2888, 12, 18 f.

[5] BT-Drs. 16/1830, 14.

[6] BT-Drs. 16/1830, 18.

[7] BGH NJW 2012, 74 Rn. 20 = FamRZ 2012, 93; NJW 2011, 300 Rn. 15 = FamRZ 2011, 188; NJW 2010, 2953 Rn. 14 = FamRZ 2010, 1414. Verfassungsrechtlich auch von BVerfGE 128, 193 = NJW 2011, 836 Rn. 60, 61 = FamRZ 2011, 437; NJW 2010, 1657 Rn. 20–23 = FamRZ 2010, 867 nicht beanstandet.

[8] Art. 3 Gesetz v. 20.2.2013 (BGBl. 2013 I 273) (→ Vor § 1569 Rn. 11; auch → 7. Aufl. 2017, Anh. § 1586b Rn. 38).

[9] Die – entgegen anderslautender Stimmen in der Literatur, etwa *Gerhardt* FamRZ 2003, 272 (273) – allein kein ausreichender Grund für eine nachträgliche Befristung mittels eines Abänderungsantrags war, BGH NJW 2004, 3106 = FamRZ 2004, 1357 (1360).

[10] BT-Drs. 16/1830, 18.

[11] BT-Drs. 16/1830, 18.

[12] RA-BT BT-Drs. 17/11885, 6.

[13] BeckOGK/*Schlecht,* 1.2.2019, Rn. 11; Soergel/*Häberle* Rn. 15.

[14] Zu § 94 SGB XII s. BGH NJW-RR 2010, 1009 Rn. 12 = FamRZ 2010, 1057; s. auch *Clausius* FF 2012, 3 (5).

weil dieser ohnehin bereits durch den Ablauf der Trennungszeit zeitlich begrenzt ist[15] und der Bedürftige bis zur Rechtskraft der Scheidung keine Reduzierung seines eheangemessenen Bedarfs hinnehmen muss.[16] Doch sind Beschränkungen nach § 1361 Abs. 2 möglich.

**2. Persönlicher Anwendungsbereich.** Persönlich ist § 1578b **geschlechtsneutral** 8
(→ § 1569 Rn. 23). Nicht verwehrt ist aber die Berücksichtigung geschlechtsspezifischer Eigenheiten, insbesondere unterschiedliche Chancen auf dem Arbeitsmarkt. – Entsprechend anwendbar ist § 1578b auf den **nachpartnerschaftlichen** Unterhalt (§ 16 S. 2 LPartG).

**3. „Einsatzzeitpunkt".** Einen festen Einsatzzeitpunkt für die Beschränkungen aus § 1578b 9
gibt es nicht. Abzustellen ist zunächst auf die **Rechtskraft des Scheidungsausspruchs,** bei einer Entscheidung im **Verbund** mit der Scheidung auf die letzte mündliche Verhandlung in der Tatsacheninstanz, weil auch trennungsbedingte Veränderungen ehebedingt sein können.[17] Doch auch **nachträgliche Veränderungen** können noch zu einer Begrenzung führen, wenn durch sie die Voraussetzungen des § 1578b eintreten. Sie sind durch einen **Abänderungsantrag** (§§ 238, 239 FamFG) gerichtlich geltend zu machen (→ Rn. 275–284).

## IV. Rechtsnatur

**1. Allgemeines.** § 1578b setzt voraus, dass ein **Anspruch** auf nachehelichen Unterhalt dem 10
Grunde und der Höhe nach besteht. Er befasst sich nicht mit den für den Unterhaltsanspruch maßgeblichen, dem Wandel unterliegenden wirtschaftlichen Verhältnissen der Ehegatten, die zu den Voraussetzungen des Unterhaltsanspruchs zählen. Begrenzungen nach § 1578b sind deshalb nach dem Verständnis des BGH keine rechtsvernichtenden Einwendungen,[18] sondern **von Amts wegen**[19] zu beachtende **Ausnahmen**[20] vom Grundsatz der **Unterhaltsverpflichtung** und der **Lebensstandardgarantie.**[21] Zu prüfen ist, ob der Fortbestand der Unterhaltspflicht, nicht aber, ob ihre Begrenzung unbillig ist.[22] Auch wenn keine ehebedingten Nachteile vorliegen ist deshalb zu prüfen, ob und inwieweit der Fortbestand der Unterhaltsverpflichtung billig ist.[23] Soweit die Ausnahmevoraussetzungen vorliegen, beginnt die nacheheliche Eigenverantwortlichkeit des Bedürftigen und die nacheheliche Solidarität verringert sich oder endet (zu Letzterer auch → Rn. 28, 29).

Die Begrenzung des Unterhaltsanspruchs nach § 1578b trägt die typischen Züge einer nicht 11
nur „prozessualen",[24] sondern einer **materiellrechtlichen rechtsvernichtenden Einwendung.**[25] Denn der Verpflichtete tritt mit ihr dem Unterhaltsanspruch entgegen. Dass sie nicht zum endgültigen Verlust des Unterhaltsanspruchs führen muss (→ Rn. 10), ändert an dieser rechtlichen Einordnung nichts.

Auch wenn die Begrenzung von Amts wegen zu beachten ist (→ Rn. 10), ist doch stets zu 12
beachten, dass das FamG an die **Antragstellung** der Beteiligten im Verfahren gebunden ist und

---

15 Zur Befristung s. OLG Koblenz NJW 2003, 1816 (1818 f.).

16 S. auch OLG Brandenburg OLGR 2009, 427 = FamRZ 2009, 699 Ls.; OLG Düsseldorf BeckRS 2008, 10942 = FamRZ 2008, 1539 Ls.; BT-Drs. 16/1830, 16; *Triebs* FPR 2008, 31 (35) [V.]; aA Palandt/*Brudermüller* § 1361 Rn. 2 (für extreme Ausnahmefälle); *Graba* FamRZ 2008, 1217 (1220) (bei kurzem Zusammenleben, langer Trennungszeit, keiner Kinderbetreuung, keiner wirtschaftlichen Verflechtung); offengelassen von OLG Bremen NJW-RR 2009, 1226 = FamRZ 2009, 1415.

17 Zum Krankheitsunterhalt wohl aA BGH NJW 2010, 2953 Rn. 18 = FamRZ 2010, 1414.

18 Zu § 1573 Abs. 5 aF, § 1578 Abs. 1 S. 2, 3 aF: BGH NJWE-FER 2001, 25 = FamRZ 2001, 905 (906 f.); aA zu § 1578 Abs. 1 S. 2, 3 aF etwa OLG Hamm BeckRS 2009, 25068 = FamRZ 1987, 829 (832); Hahne FamRZ 1986, 305 (310).

19 BGH NJW 2012, 2514 Rn. 20 = FamRZ 2012, 1284.

20 BGH NJW 2010, 3097 Rn. 29 = FamRZ 2010, 1633; BGHZ 186, 1 = NJW 2010, 2349 Rn. 33 = FamRZ 2010, 1238; BGHZ 185, 1 = NJW 2010, 1813 Rn. 22 = FamRZ 2010, 875; NJW 2008, 2581 Rn. 41 = FamRZ 2008, 1325.

21 Zu Letzterem *Klinkhammer* FF 2009, 140.

22 BGH NJW 2010, 3097 Rn. 29 = FamRZ 2010, 1633; BGHZ 186, 1 = NJW 2010, 2349 Rn. 33 = FamRZ 2010, 1238; BGHZ 185, 1 = NJW 2010, 1813 Rn. 22 = FamRZ 2010, 875.

23 BGH NJW 2013, 2434 Rn. 23 = FamRZ 2013, 1291; NJW 2013, 1530 Rn. 33 = FamRZ 2013, 853; NJW 2012, 309 Rn. 31 = FamRZ 2012, 197; BGH NJW 2010, 3097 Rn. 15 = FamRZ 2010, 1633 (zum Altersunterhalt).

24 BGH NJW 2012, 3434 Rn. 40 = FamRZ 2012, 1483; NJW 2012, 74 Rn. 22 = FamRZ 2012, 93; NJW 2011, 147 Rn. 23 = FamRZ 2011, 1971; NJW 2010, 3372 Rn. 44 = FamRZ 2010, 1637; BGHZ 185, 1 = NJW 2010, 1813 Rn. 18 = FamRZ 2010, 875; NJW 2008, 2581 Rn. 41 = FamRZ 2008, 1325; NJW 2008, 151 Rn. 22 = FamRZ 2008, 134; s. auch BeckOGK/*Schlecht,* 1.2.2019, Rn. 22 mwN; *Triebs* FPR 2008, 31 (32, 34).

25 Ebenso OLG Hamm BeckRS 2014, 6507 = FamRZ 2015, 1397 (1399).

ihnen nicht mehr zusprechen darf, als von ihnen beantragt wird („ne ultra petita", § 113 Abs. 1 FamFG, § 308 Abs. 1 ZPO). Dies gilt auch für den Verpflichteten, sodass auch nicht ein Mehr an Begrenzung verfügt werden kann, als dieser in seiner Antragstellung zum Ausdruck gebracht hat.

13 **Beispiel:**
F verlangt von M unbefristet nachehelichen Unterhalt.
a) Beantragt M die vollständige Abweisung, ist das FamG auch hinsichtlich einer Begrenzung nicht gebunden.
b) Gesteht M einen bestimmten Betrag ohne Befristung zu und beantragt iÜ Abweisung, kann eine Begrenzung nur im Rahmen der Antragstellung erfolgen. Herabsetzung und Befristung sind dann nur insoweit möglich, als der zugestandene Betrag nicht unterschritten wird.

14 **2. „Unterhaltsanspruch".** Der „Unterhaltsanspruch" ist herabzusetzen oder zu befristen (Abs. 1, 2). Die **Herabsetzung** des Unterhalts (Abs. 1) nach den ehelichen Lebensverhältnissen auf den Unterhalt nach dem angemessenen Lebensbedarf des Berechtigten betrifft unmittelbar die Feststellung des Bedarfs als Ausgangsrechengröße für den Unterhalt.[26] Sie beschränkt den Unterhaltsanspruch – in einem letzten Schritt – auf den Ausgleich ehebedingter Nachteile des Bedürftigen,[27] und führt lediglich mittelbar zur Herabsetzung des Unterhaltsanspruchs. Die **Befristung** (Abs. 2) führt zur Begrenzung der Dauer der Unterhaltsleistung und damit zum – ggf. vorübergehenden (zur **Abänderbarkeit** → Rn. 275–285) – Erlöschen des Unterhaltsanspruchs, während Bedarf und Unterhaltshöhe unberührt bleiben.

15 **3. Ermessen.** Entscheidungen nach § 1578b Abs. 1, 2[28] sind **gebundene Entscheidungen,** für die Ausübung von Ermessen ist kein Raum: Der Unterhaltsanspruch „ist" zu begrenzen (Abs. 1 S. 1, Abs. 2).

BT-Drs. 16/1830, 19: § 1578b „… wurde bewusst nicht als Generalklausel ausgestaltet, sondern gibt … den Gerichten … klare gesetzliche Vorgaben für die vorzunehmenden Billigkeitserwägungen".

Liegen aber sowohl die Voraussetzungen des Abs. 1 S. 1 als auch die des Abs. 2 vor, steht dem Gericht ein Ermessen („können", Abs. 3) hinsichtlich der **Rechtsfolge** – Herabsetzung, Befristung, Kumulation – zu.[29]

16 Allerdings eröffnet die gesetzliche Regelung dem Tatrichter im Rahmen der Billigkeitsabwägung einen **weiten Beurteilungsspielraum.**[30] Zum Umfang der **rechtsbeschwerderechtlichen Überprüfung** → Rn. 295, 296.

17 Um keine Frage des Ermessens, sondern der Billigkeitsabwägung unter Zumutbarkeitsgesichtspunkten handelt es sich auch bei der **konkreten Bestimmung** des angemessenen Bedarfs oder der zeitlichen Begrenzung.[31]

18 **4. Vereinbarungen.** Die Ehegatten können Vereinbarungen zur Anwendung von § 1578b treffen. Sie unterliegen den formellen und materiellen Wirksamkeitsvoraussetzungen nach **§ 1585c** (näher, auch zur **Abänderbarkeit** von Vereinbarungen, → § 1585c Rn. 188–191).

### V. Normstruktur

19 Alle Regelungen zur Begrenzung von Ansprüchen auf nachehelichen Unterhalt, ausgenommen die in §§ 1576, 1579 (zur **Konkurrenz** → Rn. 261, 265–267), sind aus Billigkeitsgründen in § 1578b **konzentriert,** um „die Beschränkung von Unterhaltsansprüchen anhand objektiver Billigkeitsmaßstäbe und hier insbesondere anhand des Maßstabs der „ehebedingten Nachteile" zu erleichtern",[32] dadurch die nacheheliche Eigenverantwortung zu stärken[33] und so zu erreichen, dass in der Praxis von den Beschränkungsmöglichkeiten vermehrt Gebrauch gemacht wird.

20 § 1578b regelt in

– **Abs. 1** die **Herabsetzung des Bedarfs** (→ Rn. 197–215). Er entspricht § 1578 Abs. 1 S. 2 Alt. 1 aF, geht über ihn aber insofern hinaus, als er keine „Schonfrist" mehr voraussetzt (→ Rn. 193). Abs. 1 greift ein, wenn sich die Lebensverhältnisse des Bedürftigen während der Ehe verbessert haben. Ob die Verbesserung ehebedingt oder nicht ehebedingt eingetreten ist, ist erst für die Rechtsfolgen maßgebend.

---

26 Ebenso *Viefhues* FPR 2008, 36 (38).
27 *Klinkhammer* FF 2009, 140.
28 Zu § 1573 Abs. 5, § 1578 Abs. 1 S. 2, 3 [UÄndG 1986] → 4. Aufl. 2000, § 1573 Rn. 30, § 1578 Rn. 90.
29 Zum Ganzen ebenso BeckOGK/*Schlecht,* 1.2.2019, Rn. 23 mwN.
30 BeckOGK/*Schlecht,* 1.2.2019, Rn. 24.
31 AA *Viefhues* FPR 2008, 36 mwN.
32 BT-Drs. 16/1830, 18.
33 BT-Drs. 16/1830, 14, 18.

- **Abs. 2** die **zeitliche Begrenzung** sowohl des Bedarfs wie auch des Anspruchs selbst (→ Rn. 216–233). Er entspricht § 1573 Abs. 5 aF, § 1578 Abs. 1 S. 2 Alt. 2 aF. Auch er unterscheidet zunächst nicht nach der Ehebedingtheit der Nachteile.[34] IdR wird aber bei nicht ehebedingten Nachteilen eine Befristung eher möglich sein (→ Rn. 35–160, 161–195).
- **Abs. 3** die **Kombination** von Bedarfsreduktion und zeitlicher Begrenzung (→ Rn. 232–235).

## B. Billigkeit

### I. Allgemeines

Abs. 1, 2 stellen darauf ab, dass eine Nichtbegrenzung des Unterhaltsanspruchs „unbillig" ist.[35] **21**
Es genügt **einfache Unbilligkeit.** Während für grobe Unbilligkeit iSd der §§ 1576, 1579 eine Unterhaltszahlung dem Gerechtigkeitsempfinden in unerträglicher Weise widersprechen muss (→ § 1576 Rn. 31–35, → § 1579 Rn. 176), reicht für die einfache Unbilligkeit aus, dass eine Unterhaltszahlung **unzumutbar** ist.[36] Diese Differenzierung ist auch rechtspolitisch und verfassungsrechtlich gerechtfertigt: § 1576 führt höchst ausnahmsweise trotz nachehelicher Eigenverantwortung des Bedürftigen und fehlender Unterhaltsverantwortung des Verpflichteten zu einem Unterhaltsanspruch, § 1579 aufgrund des Unwerts des Verhaltens des Bedürftigen zu dessen Beschränkung. Demgegenüber steht die Unterhaltsverantwortung bei § 1578b zwar fest – was gleichfalls für grobe Unbilligkeit zur Anspruchsbegrenzung sprechen könnte –, doch sind die schützenswerten Interessen des Bedürftigen bereits durch die Anspruchsgewährung und die Deckung seines Lebensbedarfs grundsätzlich gewahrt, weshalb einfache Unbilligkeit der zutreffende Maßstab für die Anspruchsbegrenzung ist.

### II. Rechtsnatur

„Unbilligkeit" ist **das** maßgebliche Tatbestandsmerkmal, in deren Rahmen neben den in S. 1–3 ausdrücklich aufgeführten Kriterien alle Umstände des **konkreten Einzelfalles** zu berücksichtigen sind.[37] Deshalb ist der Unterhaltsanspruch nicht bereits deshalb stets zu begrenzen, weil keines der ausdrücklich aufgeführten Billigkeitskriterien erfüllt ist.[38] **22**

Die Formulierung „unbillig wäre"[39] führt trotz der Intention des Gesetzgebers, „die Beschränkung von Unterhaltsansprüchen anhand objektiver Billigkeitsmaßstäbe und … insbesondere anhand des Maßstabs der „ehebedingten Nachteile" zu erleichtern",[40] dazu, am **Lebenszeitprinzip** und dem **Ausnahmecharakter** der Beschränkungen grundsätzlich festzuhalten,[41] allerdings wird die **Eingriffsschwelle** deutlich herabgesetzt.[42] **23**

Abs. 1, 2 stellen als Ausnahmeregelungen (→ Rn. 10, 23) weiter klar, dass ein unbeschränkter Unterhaltsanspruch nicht grundsätzlich unbillig ist,[43] **24**

Da erklärtes Ziel des Gesetzgebers des UÄndG 2007 ist, die Eingriffsschwelle für Beschränkungen herabzusetzen, BT-Drs. 16/1830, 18: „Die Neuregelung verfolgt das Ziel, die Beschränkung von Unterhaltsansprüchen anhand objektiver Billigkeitsmaßstäbe und hier insbesondere des Maßstabs der „ehebedingten Nachteile" zu erleichtern." ist die Rspr. zur Rechtslage nach dem UÄndG 1986 nur noch eingeschränkt aussagekräftig.

aber auch, dass eine Beschränkung nicht schon deshalb ausgeschlossen ist, weil der Bedürftige insbesondere ein gemeinschaftliches Kind betreut, während der Ehe keiner Erwerbstätigkeit nachgegangen

---

34 Zu § 1573 Abs. 5 aF BGH NJW 2006, 2401 Rn. 13–15 = FamRZ 2006, 1006; NJW-RR 1989, 386 = FamRZ 1989, 483 (486); KG BeckRS 2011, 3556 = FamRZ 1992, 948 (949); OLG Düsseldorf FamRZ 1989, 635 (636); FamRZ 1988, 838 (839).

35 Ebenso schon § 1573 Abs. 5 aF, § 1578 Abs. 1 S. 2 aF. Zu diesem Maßstab sagt der Gesetzgeber des UÄndG 1986 (BT-Drs. 10/2888, 18 f.) und auch der des UÄndG 2007 (BT-Drs. 16/1830, 18 ff.) nichts (mehr).

36 BGH NJW 2006, 2401 Rn. 15 = FamRZ 2006, 1006.

37 BGH NJW 2011, 1285 Rn. 24 = FamRZ 2011, 713.

38 BGH NJW 2010, 3097 Rn. 28, 29 = FamRZ 2010, 1633.

39 § 1573 Abs. 5 aF, § 1578 Abs. 1 S. 2 aF eingefügt vom RA-BT (BT-Drs. 10/4514, 21) statt „der Billigkeit entspricht" (so RegE BT-Drs. 10/2828, 5).

40 BT-Drs. 16/1830, 18.

41 So ausdrücklich BT-Drs. 16/1830, 20. Zur Verfassungsgemäßheit auch für einen Anspruch auf Aufstockungsunterhalt nach § 1573 Abs. 2 s. BVerfG NJW 1993, 2926 = FamRZ 1993, 171 f.

42 S. bereits die Entscheidung BGH NJW 2006, 2401 = FamRZ 2006, 1006 (1007 f.), in der, gleichsam in einem „Vorgriff" auf das UÄndG 2007, eine zeitliche Begrenzung des Unterhaltsanspruchs nach 14¾-jähriger Ehe mangels ehebedingter Nachteile zugelassen wird; s. auch *Triebs* FPR 2008, 31 (34) („wesentlich großzügigerer Maßstab").

43 Zu § 1573 Abs. 5 aF, § 1578 Abs. 1 S. 2 aF → 4. Aufl. 2000, § 1573 Rn. 38, § 1578 Rn. 89.

ist oder die Ehe von langer Dauer war. Maßgebend ist vielmehr eine **Gesamtabwägung,** in die alle, die ehebedingten wie die nicht ehebedingten[44] Umstände des Einzelfalls einzubeziehen sind. Dazu hat sich der **Tatrichter** umfassend und widerspruchsfrei mit dem Verfahrensstoff einschließlich der Beweisergebnisse vollständig und im Hinblick auf ein rechtlich mögliches Ergebnis ohne Verstoß gegen Denkgesetze oder Erfahrungssätze auseinanderzusetzen.[45]

### III. Bedeutung der Einzelumstände

25 Alle benannten und unbenannten Umstände des Einzelfalls sind **gleichrangig.**[46] Doch sind sie nicht stets auch **gleichgewichtig,** vielmehr bestimmt sich ihr konkretes Gewicht nach ihren Auswirkungen auf die Lebensumstände des Bedürftigen. **Maßstab** ist, wie lange der Bedürftige aufgrund der ehebedingten Verflechtung der ehelichen Lebensverhältnisse braucht, um sich auf eine Kürzung des Unterhalts einzustellen.[47] – Nicht der Billigkeitskorrektur unterliegt dagegen die Bemessung des **angemessenen Lebensbedarfs,** auf den der Unterhalt ggf. herabzusetzen ist (→ Rn. 198–215).

### IV. Feststellung der maßgeblichen Umstände

26 **Methodisch** sind zunächst die Einzelumstände festzustellen. An diese Feststellung schließt sich ihre Gewichtung an, auf deren Grundlage in einer Billigkeitsprüfung die Interessen der Ehegatten gegeneinander abzuwägen sind,[48]

**Beispiel aus der Rspr.**
Das KG FPR 2002, 301 (304) lehnte eine Befristung wegen „mangelnder Überschaubarkeit" der für die Billigkeitsabwägung maßgeblichen Umstände ab, weil nicht alle Verhältnisse, insbesondere die Verpflichtung zur Zahlung von Kindesunterhalt und die Betreuungssituation der Kinder geklärt seien, ohne allerdings darzulegen, warum es diese Verhältnisse nicht aufgeklärt hat.

und zwar nicht schematisch,[49] sondern im Rahmen einer umfassenden **Gesamtabwägung** unter Bewertung und Gewichtung aller maßgeblichen Umstände des Einzelfalles und unter Berücksichtigung des **Ausnahmecharakters** der Regelung (→ Rn. 10, 23).[50]

27 Abs. 1, 2 lassen Beschränkungen des Unterhaltsanspruchs nach **denselben Kriterien** zu.[51] Dies erschwert ihre Anwendung, weil sich die Billigkeitsabwägung (→ Rn. 21–25) auch auf die **Art der Begrenzung** bezieht. – Die in Abs. 1 S. 2, 3, Abs. 2 **benannten Umstände** führen typischerweise, nicht aber notwendig zu einer ehebedingten Erwerbslosigkeit des Bedürftigen (zur **Ehebedingtheit** der maßgeblichen Umstände allgemein → Rn. 119–128).

## C. Allgemeine Kriterien

### I. Nacheheliche Solidarität

28 Nach dem Inkrafttreten des UÄndG 2007 schien die nacheheliche Solidarität (→ § 1569 Rn. 20) etwas in den Hintergrund zu treten, weil sein erklärtes Ziel die **Stärkung der nacheheli-**

[44] BGH NJW 2012, 1356 Rn. 43 = FamRZ 2012, 699; NJW 2010, 2056 Rn. 44 = FamRZ 2010, 869; NJW 2010, 1598 Rn. 25 = FamRZ 2010, 629.

[45] BGH NJW 2013, 2434 Rn. 25 = FamRZ 2013, 1291; NJW 2011, 1285 Rn. 14 = FamRZ 2011, 713; NJW 2010, 1598 Rn. 37 = FamRZ 2010, 629.

[46] Zur Ehedauer und Gestaltung von Haushaltsführung und Erwerbstätigkeit s. BGH NJW 2006, 2401 Rn. 12 = FamRZ 2006, 1006.

[47] BGH NJW-RR 1989, 386 = FamRZ 1989, 483 (486); NJW 1986, 2832 = FamRZ 1986, 886 (889); OLG Karlsruhe NJW-RR 1989, 1348 = FamRZ 1989, 511 (512); s. auch BT-Drs. 10/2888, 18 f.; *Diederichsen* NJW 1986, 1283 (1288); *Hahne* FamRZ 1986, 305 (310).

[48] BGH NJW 1986, 2832 = FamRZ 1986, 886 (888).

[49] BT-Drs. 10/2888, 18 f.; BGH NJW 1990, 2810 = FamRZ 1990, 857 (859) (zu § 1573 Abs. 5 aF); NJW 1986, 2832 = FamRZ 1986, 886 (889) (zu § 1578 Abs. 1 S. 2 [UÄndG 1986]); OLG Karlsruhe NJW-RR 1989, 1348 = FamRZ 1989, 511 (512).

[50] Dieses Einzelfallprinzip anerkennen auch *Dethloff/Gutdeutsch/Kremer* FamRZ 2010, 1708 (1711), die zum Ausgangspunkt der Billigkeitsabwägung – je nach Gestaltung der Ehe – feste Sätze für die Unterhaltshöhe und -dauer pro Ehejahr nehmen. Als „erster Anhaltspunkt" mag dies taugen, impliziert in der Praxis aber die Gefahr, dass die Billigkeitsabwägung auf die Eckwerte reduziert wird.

[51] Ebenso bereits zu §§ 1573 Abs. 5, 1578 Abs. 1 S. 2 aF OLG Celle NJW-RR 1990, 1290 = FamRZ 1990 = 1026; OLG Hamm BeckRS 2009, 26206 = FamRZ 1987, 707.

**chen Eigenverantwortung des Berechtigten** und der **wirtschaftlichen Dispositionsfreiheit des Verpflichteten** insbesondere im Hinblick auf eine nachfolgende Familie war.[52] Wegen des trotz fehlgeschlagener Lebensplanung der Ehegatten geschützten Vertrauens des Berechtigten[53] wurde sie vom Gesetzgeber durch Art. 3 des Gesetzes v. 20.2.2013 (BGBl. 2013 I 273, → Vor § 1569 Rn. 11) wieder näher in den Blickpunkt gerückt,[54] insbesondere im Hinblick auf den Alters-[55] und Krankheitsunterhalt (→ Rn. 249–255; zur Behandlung von Krankheiten als ehebedingte Nachteile → Rn. 55–60),[56] auf die wirtschaftliche Verflechtung,[57] oder wenn „eine Erwerbstätigkeit allein an der bestehenden Arbeitsmarktlage scheitert und damit nicht auf einen „ehebedingten Nachteil" zurückzuführen ist".[58] Zur Bestimmung einer **Übergangszeit** → Rn. 221–229.

Nacheheliche Solidarität obliegt **beiden Ehegatten.** Zu § 1578b ist sie jedoch vornehmlich 29
vom Verpflichteten zu achten. Obwohl Obliegenheitsverletzungen des Berechtigten bereits zur Zurechnung von fiktiven Einkünften führen und im Rahmen von § 1579 Bedeutung erlangen können, ist insbesondere dann nicht ausgeschlossen, sie bei der Billigkeitsabwägung aller Umstände des Einzelfalls zu berücksichtigen, wenn die Tatbestände von § 1579 Nr. 1–8 (noch) nicht verwirklicht sind (zum Verhältnis von § 1578b zu § 1579 → Rn. 265–268). – Zur **Bemessung** des ehebedingten Nachteils anhand hypothetischer Einkünfte unter Berücksichtigung der Abzugsposten → Rn. 157–160.

## II. Wirtschaftliche Abhängigkeit

Für die Billigkeitsabwägung ist auch von wesentlicher Bedeutung, wie beide Ehegatten nach 30
ihren jeweils eigenen Einkommens- und Vermögensverhältnissen wirtschaftlich situiert sind. **Hohe Eigeneinkünfte** des „Bedürftigen" können für eine sofortige Herabsetzung seines Bedarfs auf den angemessenen Lebensbedarf sprechen, was dann dazu führt, dass nach relativ kurzer Zeit, ggf. auch von Anfang an kein Unterhaltsanspruch (mehr) besteht. Anders dagegen bei **niedrigen** Eigeneinkünften des Berechtigten: Sein angemessener Bedarf iSd § 1578b Abs. 1 S. 1 kann nicht unter den Mindestbedarf sinken, weil jedenfalls ein Bedarf in Höhe des Existenzminimums angemessen ist (→ § 1578 Rn. 163–165).

In diesem Zusammenhang ist auch von Bedeutung, ob und wie sich die Ehegatten während 31
der Ehedauer auf die wirtschaftlichen Verhältnisse des jeweils anderen in ihrem Lebensstil eingestellt haben. Abzuheben ist darauf, wie lange und wie weit sie ihre Lebensplanungen aufeinander abgestellt und in **wirtschaftlicher Verflechtung**[59] auf ein gemeinschaftliches Lebensziel ausgerichtet haben, inwieweit also die Bedürfnislage im Zeitpunkt der Scheidung von der Ehe wesentlich mitgeprägt wurde (→ Rn. 42–47). Einseitige und auch nicht ehebedingte, die wirtschaftliche Verflechtung aber begründende bzw. fördernde Umstände muss der Verpflichtete nach der Rspr. des BGH aber nicht unbegrenzt weiter mittragen.[60]

Auch die im Laufe der Zeit zunehmende **Entflechtung** der wirtschaftlichen und persönlichen 32
Verhältnisse der Ehegatten führt nach Auffassung des BGH ab der Scheidung und Ausübung einer angemessenen Erwerbstätigkeit (§ 1574) durch den Bedürftigen mit zunehmendem zeitlichen Abstand zu den ehelichen Lebensverhältnissen zu einer Begrenzung des Gewichts und der Bedeutung der nachehelichen Solidarität.[61]

---

52 BT-Drs. 16/1830, 12, 13.

53 BGHZ 153, 358 = NJW 2003, 1518 = FamRZ 2003, 590 (592); BT-Drs. 17/11885, 6; Abg. Steffen BT-Plenarprotokoll 17/214 v. 13.12.2012, 26386.

54 S. auch BGH NJW 2013, 2434 Rn. 23 = FamRZ 2013, 1291.

55 BGH NJW 2010, 3097 Rn. 15 = FamRZ 2010, 1633. Noch unberücksichtigt in BGH NJW 2010, 2953 Rn. 26–28 = FamRZ 2010, 1414.

56 Etwa BGH NJW 2013, 2434 Rn. 23 = FamRZ 2013, 1291; NJW 2010, 1598 Rn. 27, 42 = FamRZ 2010, 629.

57 BGH NJW 2011, 147 Rn. 33 = FamRZ 2010, 1971; auch OLG Köln NZFam 2014, 945 Rn. 31 = FamRZ 2014, 1207 (1208); OLG Hamm NJOZ 2014, 1446 = FamRZ 2014, 777 (780) (enge wirtschaftliche Verflechtung).

58 RA-BT BT-Drs. 17/11885, 6.

59 BGH NJW 2013, 1530 Rn. 33 = FamRZ 2013, 853; NJW 2011, 1285 Rn. 23 = FamRZ 2011, 713; NJW 2011, 147 Rn. 21 = FamRZ 2010, 1971; NJW 2010, 3653 Rn. 36 = FamRZ 2010, 2059; NJW 2010, 3372 Rn. 48 = FamRZ 2010, 1637; NJW 2008, 2581 Rn. 40 = FamRZ 2008, 1325.

60 BGH NJW 2013, 2434 Rn. 27 = FamRZ 2013, 1291.

61 BGH NJW 2012, 2028 Rn. 44, 45 = FamRZ 2012, 951 (die Ehegatten sind seit über 25 Jahren geschieden); NJW 2012, 309 Rn. 37 = FamRZ 2012, 197; NJW 2011, 3645 Rn. 23, 24 = FamRZ 2011, 1721; NJW 2011, 2512 Rn. 36 = FamRZ 2011, 1381; BGHZ 171, 206 = NJW 2007, 1961 Rn. 68 = FamRZ 2007, 793.

33 Doch **trifft** dieses Axiom **nicht zu,** weil der Bedürftige zur Deckung seines Lebensbedarfs auf die Unterhaltszahlungen angewiesen ist, eine wirtschaftliche Entflechtung also gerade nicht eintritt.[62] Die Vorgehensweise des BGH führt – von ihm wohl gewollt[63] – zu einer Verlagerung der Unterhaltspflicht auf die Sozialleistungsträger und damit auf die Allgemeinheit. Sie missachtet die Subsidiarität der Sozialhilfe und verkehrt sie in ihr Gegenteil, denn die Begrenzung des Unterhaltsanspruchs nach § 1578b dient gerade nicht der Entlastung des Verpflichteten allein deshalb, weil dann die Sozialhilfe zur Deckung des Lebensbedarfs des Berechtigten herangezogen werden muss. Deshalb kann die Möglichkeit, bei einer Begrenzung des Unterhalts Sozialleistungen beziehen zu können, kein Wertungskriterium im Rahmen der Billigkeitsabwägung sein.

### III. Eheliches Fehlverhalten

34 Das nacheheliche Unterhaltsrecht ist grundsätzlich **verschuldensunabhängig** ausgestaltet (→ § 1569 Rn. 4) und berücksichtigt Schuldelemente nur ausnahmsweise in §§ 1576, 1579. Bei den in § 1578b aufgeführten Kriterien handelt es sich um **objektive Umstände,** die kein Unwerturteil bzw. keine subjektive Vorwerfbarkeit ausdrücken, sodass im Rahmen der Billigkeitsabwägung insbesondere keine Aufarbeitung ehelichen Fehlverhaltens stattfindet.[64] Insbesondere die Schuld der Ehegatten am Scheitern der Ehe[65] und ihre Beteiligtenstellung im Scheidungsverfahren bleiben unberücksichtigt. Ebenso sonstige, für das Scheitern der Ehe nicht ursächliche persönliche Verfehlungen;[66] Maßstab für sie ist allein § 1579.

### IV. Benannte Umstände

35 **1. „Dauer der Pflege und Erziehung eines gemeinschaftlichen Kindes".** Ihre Gleichrangigkeit mit der Ehedauer trägt den Schwierigkeiten bei der Wiedereingliederung in den Arbeitsmarkt Rechnung.[67] Durch das UÄndG 2007[68] vom Ausnahme- („soweit") zum Regelkriterium erhoben[69] und an die erste Stelle der berücksichtigungsfähigen Umstände gerückt, wird ihre **Bedeutung** unterstrichen (dazu auch §§ 1570, 1571 Nr. 2, § 1572 Nr. 2, § 1573 Abs. 1, 2, § 1579). „Pflege und Erziehung" (→ § 1570 Rn. 19) und „anvertraut" (→ § 1570 Rn. 21, → § 1579 Rn. 190–198) passt Abs. 1, 2 an §§ 1570, 1579 an. Das Merkmal „vorübergehend" (4. Aufl. 2000, § 1573 Rn. 38) wurde lediglich redaktionell ohne inhaltliche Änderung gestrichen, denn „Pflege und Erziehung" sind auf längere Dauer angelegt und vertragen keine Kurzzeitigkeit.[70] Ist ein Kind dem betreuenden Elternteil nicht „anvertraut", besteht schon gar kein Unterhaltsanspruch nach § 1570 (mehr) (→ § 1570 Rn. 21). – Zu den **berücksichtigungsfähigen Kindern** → § 1570 Rn. 17, 18.

36 Geschützt wird die Betreuung eines **gemeinschaftlichen Kindes.** Durch die Betreuung eines **nicht gemeinschaftlichen** Kindes hervorgerufene Nachteile (zu deren Berücksichtigung bei der Bestimmung des angemessenen Lebensbedarfs iSd Abs. 1 → Rn. 209) sind nicht ehebedingt, weil sie nicht auf die Ehe zurückzuführen sind.[71] Soweit deren Betreuung während des ehelichen Zusammenlebens einen Anspruch auf Billigkeitsunterhalt (§ 1576) vermitteln kann, ist die dortige Billigkeitsabwägung abschließend und umfasst alle denkbaren Umstände (→ § 1576 Rn. 11–19, 31–35).

37 § 1573 Abs. 5 aF, § 1578 Abs. 1 S. 2 aF haben die Zeit der Kinderbetreuung der Ehedauer nur **„in der Regel"** gleichgesetzt (zu Ausnahmen s. → 4. Aufl. 2000, § 1573 Rn. 33). Diese Einschränkung ist wie das Erfordernis, dass die Betreuung **allein** oder überwiegend übernommen worden war, entfallen. Inwieweit und mit welchem Gewicht die Zeit und das Maß der Kinderbetreuung zu berücksichtigen ist, ist im Rahmen der **Gesamtabwägung** (→ Rn. 21–27) zu entscheiden.

38 Die **Betreuungszeit** ist unabhängig davon zu berücksichtigen, ob dem Bedürftigen ein Unterhaltsanspruch nach § 1570 zugestanden oder mangels Bedürftigkeit oder Leistungsfähigkeit nicht zugestanden hat.[72] Doch werden nach der Rspr. des BGH lediglich die Zeiten nach der Ehe erfasst,

---

62 *Maurer* FPR 2013, 146 (150); *Maurer* FamRZ 2012, 200; *Wönne* FF 2012, 350 (353).
63 Etwa BGH NJW 2012, 309 Rn. 37 = FamRZ 2012, 197 mwN.
64 BT-Drs. 16/1830, 19 f.; auch BGH NJW 2011, 1067 Rn. 20 = FamRZ 2011, 628; NJW 2010, 3653 Rn. 27 = FamRZ 2010, 2059.
65 Für die Schuld des Bedürftigen s. BGH NJW 2010, 3653 Rn. 27 = FamRZ 2010, 2059; NJW 1987, 1761 = FamRZ 1987, 572 (575); NJW 1986, 2832 = FamRZ 1986, 886 (888); allgemein *Brudermüller* FamRZ 1998, 649 (652); *Gerhardt* FuR 1997, 249 (251).
66 BT-Drs. 16/1830, 19 f. Zum UÄndG 1986 auch BGH NJW 1986, 2832 = FamRZ 1986, 886 (888) mwN; ebenso *Brudermüller* FamRZ 1998, 649 (652).
67 BT-Drs. 10/4514, 21.
68 Zur Entwicklung der Rspr. des BGH bis zum Inkrafttreten des UÄndG 2007 s. BGH NJW 2010, 3582 Rn. 19–24 = FamRZ 2010, 1884.
69 *Triebs* FPR 2008, 31 (33).
70 Nicht erörtert und erläutert in BT-Drs. 16/1830, 18 ff.
71 BGH NJW 2011, 3645 Rn. 31 = FamRZ 2011, 1721.
72 *Brudermüller* FamRZ 1998, 649 (654); *Diederichsen* FamRZ 1986, 1283 (1287).

die vor der Ehe dagegen nur, wenn die Ehegatten schon einmal verheiratet waren (aber → Rn. 162–165). Betreuungszeiten **während** der Ehe werden bereits durch die „Dauer der Ehe" abgedeckt. Allerdings muss die Betreuung **tatsächlich** erbracht worden sein, ansonsten Abs. 1 S. 3, Abs. 2 S. 2 schon tatbestandsmäßig nicht eingreifen. Zur Befristung des **Betreuungsunterhalts** → Rn. 244–248.

Für die Zeit der **Kinderbetreuung** geht es im Rahmen von § 1578b nicht um einen „aktiven", sondern um einen „passiven" Schutz der Kindesbelange. Denn idR ist die Kinderbetreuung bereits beendet, sodass „nur" noch das Vertrauen des ehemals kinderbetreuenden Elternteils auf den Wert der durch die Betreuung erbrachten ehelichen Leistung **(„Lebensleistung"[73])** zu schützen ist. Hält die Kinderbetreuung an, werden die Kindesbelange und das Vertrauen des betreuenden Elternteils auf der Tatbestandsebene des Anspruchs auf Betreuungsunterhalt (§ 1570) geschützt: Soweit sie Eigenbetreuung erfordern, besteht ein Anspruch nach Abs. 1 sowie zum Schutz des Vertrauens des betreuenden Elternteils nach Abs. 2. Zur Begrenzbarkeit des Anspruchs auf **Betreuungsunterhalt** näher → Rn. 238–248. – Zeiten der Kinderbetreuung gegen eine **Sorgerechtsregelung** oder **schwerwiegende Verletzungen der Betreuungspflicht** können bei der Begrenzung berücksichtigt werden.[74] 39

Die Zeit der tatsächlichen Betreuung relativiert sich (s. auch §§ 1570, 1579) durch das **Alter** des Kindes, seine **Betreuungsbedürftigkeit** und die Möglichkeiten der **Fremdbetreuung** sowie die sich daraus ergebende Obliegenheit zu einer teil- oder vollschichtigen Erwerbstätigkeit des betreuenden Elternteils (→ § 1570 Rn. 28–106, → § 1579 Rn. 190–198). Im Hinblick auf diese Stärkung der nachehelichen **Eigenverantwortung** (→ § 1569 Rn. 18) sind die Möglichkeiten der Unterstützung des betreuenden Elternteils durch eine Tagesmutter oder Verwandte, der Besuch eines Hortes, einer Kindertagesstätte und Kindertagesstätte sowie einer Ganztagesschule oder der Aufenthalt des Kindes in einem Internat oder einem Heim maßgeblich von Belang. 40

**Beispiele aus der Rspr.:** 41

OLG Brandenburg NJW 2008, 3722 = FamRZ 2009, 521: Ehedauer 5 Jahre, Befristung auf etwa 2¼ Jahre (bis zur Vollendung des 10. Lebensjahres des gemeinsamen Kindes).

OLG Celle NJW 2010, 79, 80 f. = FamRZ 2010, 301 Ls.: Neben der Betreuung von zwei 11 Jahre und 14 Jahre alten Schulkindern ist der Betreuungselternteil aus elternbezogenen Gründen auch dann noch nicht zur Ausübung einer vollschichtigen Erwerbstätigkeit verpflichtet, wenn die Kinder nach der Schule ganztägig in einer geeigneten Tagespflegestelle betreut werden könnten.

OLG Düsseldorf NJW-RR 2010, 145 (146) = FamRZ 2010, 301 Ls.: Besteht für ein 6-jähriges Kind infolge einer Immunschwäche erhöhter Betreuungsbedarf, genügt die Mutter mit einer halbschichtigen Tätigkeit als Krankenschwester ihrer Erwerbsobliegenheit.

BGH NJW 2013, 866 Rn. 22 = FamRZ 2013, 534: 12½-jährige Ehedauer, 50-jährige Berechtigte, Kinderlosigkeit: Befristung des Unterhalts auf 3½ Jahren bei dann Unterhaltszahlungen seit Zustellung des Scheidungsantrags von mehr als 6 Jahren.

BGH NJW 2013, 2434 Rn. 26 = FamRZ 2013, 1291: Allein 20-jährige Ehedauer rechtfertigt nicht, von einer Begrenzung des Unterhalts aus Billigkeitsgründen abzusehen.

OLG Köln NZFam 2014, 945 Rn. 31 = FamRZ 2014, 1207 (1208): Mit 20 Jahren geheiratet, 20 Jahre Hausfrauenehe, 4 Kinder betreut und großgezogen, wirtschaftliche Verflechtung: Aus Gründen der nachehelichen Solidarität Befristung auf 10 Jahre ab der Scheidung.

**2. „Dauer der Ehe".** Gesetzlich sind zwar keine festen zeitlichen Grenzen festgelegt, doch ist ihr wegen der sich mit steigender Ehedauer idR verstetigenden wirtschaftlichen Verflechtung der Ehegatten nach wie vor besondere Bedeutung beizumessen.[75] 42

**Beispiele aus der Rspr.:** 43

BGH NJW 2012, 1356 Rn. 51 = FamRZ 2012, 699: 8½ Jahre Ehedauer ist nicht mehr kurz, aber auch nicht besonders lang; nacheheliche Solidarität nach 30-jähriger Unterhaltsleistung weitgehend verwirklicht.

---

[73] BGH NJW 2013, 2434 Rn. 24 = FamRZ 2013, 1291; NJW 2012, 74 Rn. 35 = FamRZ 2012, 93; NJW 2010, 2953 Rn. 28 = FamRZ 2010, 1414.

[74] Soergel/*Häberle* Rn. 10; *Wönne* in Wendl/Dose UnterhaltsR § 4 Rn. 1038.

[75] BT-Drs. 16/1830, 19 (Abs. 1 aE); aus jüngster Zeit BGH NJW 2012, 2028 Rn. 34 = FamRZ 2012, 951; NJW 2012, 1356 Rn. 51 = FamRZ 2012, 699; NJW 2011, 3645 Rn. 24 = FamRZ 2011, 1721; NJW 2011, 1285 Rn. 23 = FamRZ 2011, 713; NJW 2011, 147 Rn. 2 = FamRZ 2010, 1971; NJW 2010, 3372 Rn. 21 = FamRZ 2010, 1637; NJW 2010, 1598 Rn. 36 = FamRZ 2010, 629; BGHZ 179, 43 = NJW 2009, 989 Rn. 39 = FamRZ 2009, 406; NJW 2008, 644 Rn. 21 = FamRZ 2008, 1508; NJW 2007, 2628 Rn. 38 = FamRZ 2007, 1232; BGHZ 171, 206 = NJW 2007, 1961 Rn. 66 = FamRZ 2007, 793; NJW 2007, 839 Rn. 36 = FamRZ 2007, 200; NJW 2006, 2401 Rn. 13 = FamRZ 2006, 1006.

OLG Zweibrücken BeckRS 2014, 2341 = FamRZ 2014, 775 (776): 28-jährige Ehe, Abbruch einer Ausbildung zur Krankenschwester zugunsten von Kinderbetreuung und Haushaltsführung: Keine Befristung vor dem Eintritt ins Rentenalter bei fortbestehender wirtschaftlicher Verflechtung.

44 Die Dauer der Ehe bemisst sich – wie in § 1579 Nr. 1, §§ 1582, 1609 Nr. 2 – formal von der Eheschließung bis zur **Zustellung des Scheidungsantrags.**[76] Weder wird die Dauer einer früheren gemeinsamen Ehe bei Wiederheirat hinzugerechnet,[77] noch beeinflusst ein außereheliches Verhältnis des Bedürftigen das Vertrauen des Verpflichteten auf den Fortbestand der Ehe.[78] Doch können diese Umstände bei einer Gesamtabwägung aller maßgeblichen Umstände (→ Rn. 21–27) oder im Rahmen der §§ 1576, 1579 Berücksichtigung finden. – Zur Bedeutung der **Ehedauer** → Rn. 46, 47.

45 Die Übernahme der „Dauer der Ehe" aus dem Katalog der Umstände, die zu einem ehebedingten Nachteil führen können (Abs. 1 S. 3), in S. 2 (→ Rn. 4),[79] „verleiht ihr insbesondere für Langzeitehen" ein eigenständiges, von einem ehebedingten Nachteil unabhängiges Gewicht. Sie erfährt den gleichen Vorrang („insbesondere") wie durch sie bedingte Nachteile, sodass der Vertrauensschutz als Ausprägung der **nachehelichen Solidarität**[80] aufgrund „fehlgeschlagene[r] Lebensplanung der Ehegatten"[81] eine eigenständige und ehebedingten Nachteilen gleiche **Gewichtung** erfährt. Zwar führt die Gesetzesbegründung zur Novellierung aus, dass damit lediglich die Rspr. des BGH nachvollzogen werde und deshalb keine wesentliche Änderung verbunden sei,[82] doch bewirkt sie einen dogmatischen Wandel: Sollte aus der alten Fassung der Schluss gezogen werden können, dass bei der Billigkeitsabwägung die Ehedauer nur im Zusammenhang mit einem ehebedingten Nachteil Bedeutung erlangen kann, ist dies nach der Neufassung nicht mehr möglich. Klargestellt ist auch, dass die Dauer der Ehe allein nicht zu ehebedingten Nachteilen führen kann, sondern lediglich die Dauer der Kinderbetreuung und der Haushaltsführung.[83]

46 Die gesetzliche Regelung sieht **keine Mindestdauer** der Ehe vor. Deshalb sind auch kurze Ehen[84] von ihrem Anwendungs- und Schutzbereich nicht grundsätzlich ausgeschlossen (zum Verhältnis zu § 1579 Nr. 1 → Rn. 265–268).[85]

47 Die praktische Bedeutung der **Ehedauer** entspricht in ihrer Gewichtung durch den BGH nicht ihrer durch die Aufnahme in den ausdrücklichen gesetzlichen Katalog beigelegten theoretischen Bedeutung (→ Rn. 45), insbesondere wenn sie mit einer langen **Trennungszeit** einhergeht (zur Bedeutung für den **Trennungsunterhalt** → § 1361 Rn. 54), während der sich der Bedürftige auf ein „Leben nach der Ehe" einstellen konnte und ggf. auch musste. Maßgeblich ist auf Alter, Gesundheitszustand, Ausbildung, Berufserfahrung, bisherige Erwerbstätigkeit und Dauer ihrer Unterbrechung, Fortbildungsmöglichkeiten, allgemein auf die **Chancen auf dem Arbeitsmarkt** etc abzustellen. Zudem ist die in der Ehe erreichte **soziale Stellung** zu beachten, deren Gewicht durch die Ehedauer wie durch die „Gestaltung von Haushaltsführung und Erwerbstätigkeit" wieder relativiert wird. Wenngleich allein eine lange Ehedauer eine Begrenzung des Unterhalts nicht verwehrt,[86] wird ihr bei langen Ehen unter dem Gesichtspunkt der **nachehelichen Solidarität** doch oft große, nicht selten auch überragende Bedeutung zukommen, weil die ehelichen **wirtschaftlichen Verflechtungen** mit zunehmender Ehedauer idR immer enger werden.[87]

---

76 BGH NJW 2013, 1447 Rn. 35 = FamRZ 2013, 864; NJW 2011, 147 Rn. 32 = FamRZ 2010, 1971; NJW 2010, 3653 Rn. 36 = FamRZ 2010, 2059; NJW 2010, 2953 Rn. 29 = FamRZ 2010, 1414.

77 OLG Hamm NJWE-FER 1998, 2 = FamRZ 1998, 292 (293); OLG Düsseldorf NJW-RR 1996, 1348 = FamRZ 1996, 1416 (1417); OLG Karlsruhe NJW-RR 1989, 1348 = FamRZ 1989, 511 (512).

78 BGH NJW 2011, 147 Rn. 32 = FamRZ 2010, 1971.

79 Dazu BGH NJW 2013, 1738 Rn. 34 = FamRZ 2013, 935.

80 BT-Drs. 17/11885, 6; ausdrücklich Abg. *Hönlinger* BT-Plenarprotokoll 17/214 v. 13.12.2012, 26388.

81 BGHZ 153, 358 = NJW 2003, 1518 = FamRZ 2003, 590 (592); BT-Drs. 17/11885, 6; Abg. Steffen BT-Plenarprotokoll 17/214 v. 13.12.2012, 26386.

82 BT-Drs. 17/11885, 6. Dies greift der BGH NJW 2013, 2434 Rn. 26 = FamRZ 2013, 1291; NJW 2013, 1447 Rn. 35 = FamRZ 2013, 864; NJW 2013, 1530 Rn. 35 = FamRZ 2013, 853 auf, ebenso *Born* NJW 2013, 561; *Borth* FamRZ 2013, 165 (167).

83 Wohl ebenso BGH NJW 2013, 1530 Rn. 35 = FamRZ 2013, 853; NJW 2010, 147 Rn. 21 = FamRZ 2010, 1971.

84 Bis 3 Jahre: BGH NJW 1982, 2064 = FamRZ 1982, 582; NJW 1981, 754 = FamRZ 1981, 140.

85 Soergel/*Häberle* Rn. 13, 24, 26; *Hahne* FamRZ 1986, 305 (307).

86 BGH NJW 2013, 2434 Rn. 26 = FamRZ 2013, 1291.

87 BGH NJW 2013, 2434 Rn. 26 = FamRZ 2013, 1291; NJW 2012, 2028 Rn. 34 = FamRZ 2012, 951; NJW 2012, 74 Rn. 35 = FamRZ 2012, 93; NJW 2011, 147 Rn. 21 = FamRZ 2010, 1971; BGHZ 179, 43 = NJW 2009, 989 Rn. 39 = FamRZ 2009, 406 (Ehedauer ist Indiz für wirtschaftliche Verflechtung); s. auch OLG Düsseldorf NJW 2014, 948 = FamRZ 2014, 772 (774 f.).

**3. Dauer der Kinderbetreuung/Dauer der Ehe.** Kinderbetreuungszeit und Ehedauer können **kumuliert** werden. Allerdings genügt die einfache Addition[88] im Hinblick auf die Handhabung zu § 1579 Nr. 1 nicht den verfassungsrechtlichen Anforderungen (→ § 1579 Rn. 27–29). Angesichts der Platzierung der Kinderbetreuungszeiten an erster Stelle der Merkmale in Abs. 1 S. 3 und ihrer Bedeutung ist von diesen auszugehen und die tatsächliche Ehedauer ergänzend in die Billigkeitsabwägung einzubeziehen.[89] 48

**4. „Gestaltung von Haushaltsführung und Erwerbstätigkeit".** Durch die Regelung der wichtigsten **ehebedingten Bedürfnislagen** wird die Bedeutung der autonomen ehelichen Lebensgestaltung (§ 1356 Abs. 1, 2, „Rollenverteilung") gestärkt.[90] Ehebedingte Nachteile müssen somit dafür ursächlich geworden sein, dass der Bedürftige seinen Bedarf nicht durch eigene Einkünfte decken kann (Abs. 1 S. 2, Abs. 2 S. 2). 49

Zu § 1573 Abs. 5 aF, § 1578 Abs. 1 S. 2, 3 aF war anerkannt, dass die Lebensgestaltung nicht ehebedingt erfolgt sein musste.

Dies schließt nicht aus, die eheliche Lebensgestaltung auch dann zu berücksichtigen, wenn sie zu keinen ehebedingten Nachteilen geführt hat („insbesondere", Abs. 1 S. 2, 3). 50

Maßgeblicher **Zeitpunkt** ist wie bei den ehelichen Lebensverhältnissen (§ 1578 Abs. 1, → § 1578 Rn. 42–44) die Rechtskraft des Scheidungsausspruchs oder bei einer Entscheidung im Verbund mit der Scheidung die letzte mündliche Verhandlung, weil auch trennungsbedingte Änderungen ehebedingt sein können. 51

Die eheliche Lebensgestaltung kann einvernehmlich oder, weil allein die **tatsächliche Gestaltung** maßgeblich ist, auch einseitig sein, wenn ein Ehegatte mit der ausschließlichen Haushaltsführung und Kinderbetreuung durch den anderen oder aber mit dessen Erwerbstätigkeit nicht einverstanden war (auch → § 1356 Rn. 6).[91] – Grundsätzlich unerheblich ist, **wann** die Erwerbstätigkeit nicht aufgenommen, eingeschränkt oder aufgegeben wurde. – Ist die Rollenverteilung durch den Bedürftigen für den Erwerbsnachteil aber nicht mindestens **mitursächlich** geworden, etwa weil er sich beruflich umorientiert hat oder ihm betriebs- oder krankheitsbedingt gekündigt wurde,[92] liegt dieser außerhalb der Ehegestaltung und ist, weil er auch sonst eingetreten wäre, nicht ehebedingt. – Unerheblich kann eine **einseitige eheliche Lebensgestaltung** aber nur dann sein, wenn sich der Bedürftige nach dem Verlust des Arbeitsplatzes um eine neue Arbeitsstelle bemüht oder aber ihm der Arbeitsmarkt allgemein, etwa wegen Alters, verschlossen ist. Bemüht er sich dagegen trotz entsprechender Obliegenheit nicht um eine neue Arbeitsstelle, kann die einseitige Gestaltung idR – Ausnahme: keine reale Chance auf dem Arbeitsmarkt – nicht zu einem ehebedingten Nachteil und zudem zur bedarfsprägenden und -deckenden Zurechnung fiktiver Einkünfte (→ § 1578 Rn. 697–731) führen. 52

**Beispiele:** 53

Beide Ehegatten sind berufstätig; nach der Versetzung des Mannes an einen anderen Ort gibt die Frau ihren sicheren Arbeitsplatz auf, findet jedoch am neuen Wohnort keine angemessene Beschäftigung mehr; 5 Jahre später wird die Ehe geschieden.[93] Die Erwerbslosigkeit ist ehebedingt. Ebenso, wenn die Frau ihre Erwerbstätigkeit zur Betreuung erstehelicher Kinder ihres Mannes oder dessen Mutter aufgegeben hat.

Der Mann ist bei der Eheschließung und während der Dauer der Ehe erwerbstätig; weil die Frau als Lehrerin keine Anstellung fand, übernimmt sie ab der Eheschließung die Haushaltsführung; nach 5 Jahren wird die Ehe geschieden. War die Frau bei Eheschließung noch relativ jung, dürfte ihre Bedürfnislage nicht ehebedingt sein.

Beide Ehegatten sind in kinderloser Ehe erwerbstätig; nach 4 Jahren verliert der Mann infolge der Insolvenz oder Kündigung seines Arbeitgebers seinen Arbeitsplatz, kann jedoch keinen neuen Arbeitsplatz mehr finden; nach 5 Jahren wird die Ehe geschieden.[94] Die Bedürfnislage ist nicht ehebedingt.

---

88 So bislang der BGH NJW 2004, 3106 (3108) = FamRZ 2004, 1357.

89 OLG Düsseldorf FamRZ 1994, 756 (758).

90 BGH NJW 2011, 3645 Rn. 30 = FamRZ 2011, 1721; NJW 2011, 147 Rn. 35 = FamRZ 2010, 1971; dazu insbesondere auch *Brudermüller* FamRZ 1998, 649 (650, 654); *D. Schwab* FamRZ 1997, 521 (524).

91 Zum Ganzen BGH NJW 2014, 1807 Rn. 19 = FamRZ 2014, 1007; NJW 2013, 1738 Rn. 36 = FamRZ 2013, 935; NJW 2011, 1067 Rn. 18–23 = FamRZ 2011, 628; NJW 2010, 3653 Rn. 27 = FamRZ 2010, 2059.

92 BGH NJW 2013, 1738 Rn. 36 = FamRZ 2013, 935; NJW 2011, 1067 Rn. 22 = FamRZ 2011, 628.

93 Beispiel von *Engelhard* Recht 11/1986, 1(3).

94 Die beiden letzteren Beispiele vom Bayerischen Staatsministerium der Justiz, Änderung des Scheidungsfolgenrechts, 1985, 2, 8.

### V. Unbenannte Umstände

54 Die in Abs. 1 S. 2, 3, Abs. 2 S. 2 ausdrücklich aufgeführten Umstände (→ Rn. 35–53) sind nicht enumerativ, sondern beispielhaft und deshalb **nicht abschließend** („insbesondere", „vor allem").[95] Doch sind sie besonders hervorgehoben, weil es sich um besonders bedeutsame und auch praktisch wichtige Umstände handelt, und daher stets zu berücksichtigen. Auch **sonstige Umstände,** ausgenommen die **Schuld** der Ehegatten am Scheitern der Ehe (→ Rn. 34), sind in die Billigkeitserwägungen mit einzubeziehen.

55 **1. Krankheit.** Durch Krankheit erlittene Nachteile sind nicht schon deshalb ehebedingt, weil diese während der Ehe eingetreten ist, sondern nur dann, wenn der Bedürftige infolge „der Rollenverteilung in der Ehe nicht ausreichend für den Fall der Erwerbsminderung vorgesorgt" hat, oder die Krankheit auf sonstigen mit der Ehe zusammenhängenden Umständen beruht,[96] etwa auf der Pflege des Ehegatten, eines (gemeinsamen) Kindes oder von Eltern der Ehegatten, oder auf das Verhalten des Verpflichteten (etwa Tätlichkeiten oder herabwürdigende Behandlung) zurückzuführen ist. IdR wird deshalb die Krankheit nicht ehebedingt sein,[97] doch wird es darauf wegen der **nachehelichen Solidarität** (→ Rn. 28, 29) meist nicht ankommen.[98] Ist sie aber ehebedingt, wird eine Begrenzung regelmäßig nicht in Betracht kommen. – Zum **Krankheitsunterhalt** nach § 1572 → Rn. 253–255.

56 Auch dass eine im Zusammenhang mit einer **Ehekrise** aufgetretene psychische Erkrankung – dabei dürfte es sich um einen Standardfall handeln – oder organische Erkrankung infolge einer durch sie bedingten psychischen Belastung einen **ungünstigeren Verlauf** genommen hat, soll für sich genommen keinen ehebedingten Nachteil begründen. Nach Auffassung des BGH folgt dies bereits aus dem Gesetzeswortlaut, wonach ehebedingte Nachteile durch die Ehe verursacht sein müssten und hierfür insbesondere die Pflege und Erziehung eines gemeinsamen Kindes sowie die Gestaltung von Haushaltsführung und Erwerbstätigkeit bedeutsam seien (Abs. 1 S. 3), woraus deutlich werde, dass unter ehebedingten Nachteilen vornehmlich solche Einbußen zu verstehen seien, die sich aus der Rollenverteilung (§ 1356) ergäben, nicht aber aus sonstigen persönlichen Umständen, die etwa mit dem Scheitern der Ehe zusammenhängen.[99]

57 **Beispiele für Ausnahmen:**

BGH NJW 2010, 2953 Rn. 18 = FamRZ 2010, 1414; BGHZ 179, 43 = NJW 2009, 989 Rn. 37 = FamRZ 2009, 406; NJW 2008, 1080 Rn. 37, 38 = FamRZ 2008, 582: Der erkrankte Berechtigte hat auf Grund der Rollenverteilung in der Ehe nicht ausreichend für den Fall der krankheitsbedingten Erwerbsminderung vorgesorgt, sodass seine Erwerbsminderungsrente geringer ist, als sie ohne die Ehe wäre.

OLG Braunschweig BeckRS 2008, 10337 = FamRZ 2008, 999: Die Erkrankung war jeweils im Wochenbett nach der Geburt der gemeinsamen Kinder aufgetreten; „ein derartiges Risiko aus der Geburt der gemeinsamen Kinder aber haben beide Ehepartner gleichsam in Schicksalsgemeinschaft zu tragen."

58 Deshalb kommt es nach Auffassung des BGH[100] nicht darauf an, ob die zur Erwerbsminderung führende Erkrankung des Berechtigten ehebedingt ist, vielmehr sei maßgebend, ob die daraus folgenden wirtschaftlichen Verhältnisse des Berechtigten sich als ehebedingter Nachteil darstellen. Dieses Verständnis von der Ehebedingtheit einer Krankheit reduziert sich auf die wirtschaftlichen Folgen und führt dazu, dass eine Befristung (Abs. 2) grundsätzlich nicht möglich ist, wenn und soweit ein Nachteil zwar ehebedingt, aber durch den Versorgungsausgleich ausgeglichen ist.[101] Ehebedingte

---

[95] Zum UÄndG 1986 BGH NJW 2007, 839 Rn. 34 = FamRZ 2007, 200.

[96] BGH NJW 2012, 1807 Rn. 32 = FamRZ 2012, 772; NJW 2011, 1807 Rn. 13 = FamRZ 2011, 875; NJW 2010, 2953 Rn. 17 = FamRZ 2010, 1414; NJW 2010, 2056 Rn. 42 = FamRZ 2010, 869; NJW 2010, 1598 Rn. 24 = FamRZ 2010, 629; NJW 2009, 2450 Rn. 36 = FamRZ 2009, 1207; BGHZ 179, 43 = NJW 2009, 989 Rn. 33, 36 = FamRZ 2009, 406.

[97] BGH NJW 2011, 300 Rn. 20 = FamRZ 2011, 188; NJW 2010, 2953 Rn. 17, 18 = FamRZ 2010, 1414; NJW 2010, 1598 Rn. 24 = FamRZ 2010, 629. S. auch OLG Hamm BeckRS 2016, 83 Rn. 15–17 = FamRZ 2016, 64 (65) (psychische Erkrankung nach zu Unrecht erlittener Haft).

[98] BGH NJW 2009, 2450 Rn. 36 = FamRZ 2009, 1207; wohl auch BGH NJW 2010, 1598 Rn. 25 = FamRZ 2010, 629; BGHZ 179, 43 = NJW 2009, 989 Rn. 36, 37 = FamRZ 2009, 406.

[99] BGH NJW 2013, 2434 Rn. 20 = FamRZ 2013, 1291; NJW 2011, 300 Rn. 20 = FamRZ 2011, 188; NJW 2010, 2953 Rn. 18 = FamRZ 2010, 1414; ebenso OLG Hamm BeckRS 2017, 121116 = FamRZ 2017, 1306 (1308).

[100] BGH NJW 2008, 1080 Rn. 37, 38 = FamRZ 2008, 582; ebenso wohl OLG Hamm BeckRS 2014, 6510 = FamRZ 2014, 1027 (1030); OLG Karlsruhe BeckRS 2010, 9865 = FamRZ 2010, 1252 Ls.

[101] BGH NJW 2009, 2450 Rn. 37–39 = FamRZ 2009, 1207; BGHZ 179, 43 = NJW 2009, 989 Rn. 37 = FamRZ 2009, 406.

Nachteile können sich dann nur noch dann ergeben, wenn wegen fehlender Beitrags- und Wartezeiten kein Anspruch auf eine Erwerbsminderungsrente besteht (→ Rn. 138, 160, 210).

Da der Gesetzeswortlaut nichts für eine Beschränkung der maßgeblichen Umstände auf wirtschaftliche Aspekte hergibt („vor allem") und die Billigkeitsabwägung durchaus auch **immaterielle Aspekte** umfassen kann, ist dem BGH zu widersprechen und auch insoweit von Ehebedingtheit auszugehen.[102] Allerdings unterliegt dieser Aspekt nicht der „Sperrwirkung" der Ehebedingtheit (→ Rn. 121, 122, 212, 218, 219), sodass eine ggf. abgestufte Herabsetzung des Unterhalts, ggf. kombiniert mit Befristungen (→ Rn. 232–235), bis auf den eigenen angemessenen Bedarf möglich sein sollte. 59

Jedenfalls aber ist die **Mitverantwortlichkeit** des Verpflichteten für die Krankheit des Bedürftigen und die **Dauer** der krankheitsbedingten Erwerbsunfähigkeit eines Ehegatten während der Ehe, die der Verpflichtete allerdings nicht ohne weiteres unbegrenzt mittragen muss, zu beachten.[103] 60

**2. Ehebezogene Umstände.**

- Der mit der Eheschließung verfolgte **Zweck,** etwa die Eingehung einer **Versorgungsehe,** der insbesondere bei Altersehen vorliegen kann, nicht jedoch vorliegen muss. 61
- Die Aufnahme eines **Pflegekindes**[104] und Betreuung eines **nicht gemeinschaftlichen Kindes** des Bedürftigen oder des Verpflichteten (→ Rn. 165) während des ehelichen Zusammenlebens.[105] 62
- Allgemein: die während der Ehe erbrachte **Lebensleistung** beider Ehegatten.[106] 63
- Die Erbringung weiterer **Betreuungsleistungen** des Verpflichteten für gemeinschaftliche Kinder (zu **vorehelich geborenen gemeinschaftlichen Kindern** → Rn. 162–164), und ob die Betreuung, etwa wegen einer Erkrankung des Ehegatten, neben einer Erwerbstätigkeit erbracht werden musste.[107] 64
- Wie lange und wie weit die Ehegatten ihre **Lebensplanungen** aufeinander abgestellt und in **wirtschaftlicher Verflechtung**[108] auf ein gemeinschaftliches Lebensziel ausgerichtet haben, inwieweit also die Bedürfnislage im Zeitpunkt der Scheidung von der Ehe wesentlich mitgeprägt ist (→ Rn. 30–33). 65
- Die Zeit, die der Bedürftige benötigt, um sich auf die **neue Situation** nach der Scheidung einzustellen (auch → § 1579 Rn. 19).[109] 66
- Unterhaltsverpflichtungen des Verpflichteten gegenüber **gemeinschaftlichen Kindern** unabhängig von deren Rang (§§ 1582, 1609),[110] auch bei grundsätzlicher Barunterhaltspflicht beider Ehegatten. 67

**Beispiel aus der Rspr.:**
OLG Düsseldorf NJOZ 2014, 1086 = FamRZ 2014, 1466 (1468): Befristung auf 6 Monate nach Beendigung einer Ausbildung, weil die Berechtigte zum Unterhalt der Kinder nicht nennenswert beitragen kann.

- **Krankenpflege** des Verpflichteten, seiner Angehörigen oder eines gemeinschaftlichen Kindes.[111] 68
- **Mitarbeit** im Erwerbsgeschäft des Verpflichteten. 69
- Mithilfe beim Bau eines **Familienheims** und dabei zugezogene gesundheitliche Beeinträchtigungen.[112] 70

**3. Personenbezogene Umstände. a) Berechtigter.**

- Beeinträchtigung der **Lebensführung** des Bedürftigen durch eine Befristung. 71
- Anzahl **vorangehender Ehen** des Berechtigten, die gegen den Fortbestand der Unterhaltsverpflichtung sprechen kann.[113] 72

---

102 *Maurer* NJW 2010, 2956; zweifelnd wohl auch BeckOGK/*Lettmaier,* 1.12.2018, § 1572 Rn. 72.
103 BGH NJW 2013, 2434 Rn. 22, 27 = FamRZ 2013, 1291.
104 OLG Hamm FamRZ 1994, 1108 (zu § 1361).
105 *Brudermüller* FamRZ 1998, 649 (655).
106 BGH NJW 2013, 2434 Rn. 24 = FamRZ 2013, 1291; NJW 2012, 1807 Rn. 22, 37 = FamRZ 2012, 772 (Verpflichteter hat einem gemeinschaftlichen Kind sowohl Betreuungs- als auch Barunterhalt erbracht); NJW 2012, 309 Rn. 31 = FamRZ 2012, 197; NJW 2009, 2450 Rn. 39 = FamRZ 2009, 1207.
107 BGH NJW 2011, 1285 Rn. 25 = FamRZ 2011, 713; NJW-RR 2010, 1009 Rn. 23 = FamRZ 2010, 1057.
108 BGH NJW 2011, 1285 Rn. 23 = FamRZ 2011, 713; NJW 2011, 147 Rn. 21 = FamRZ 2010, 1971; NJW 2010, 3653 Rn. 36 = FamRZ 2010, 2059; NJW 2010, 3372 Rn. 48 = FamRZ 2010, 1637; NJW 2008, 2581 Rn. 40 = FamRZ 2008, 1325; auch OLG Hamm NJOZ 2014, 1446 = FamRZ 2014, 777.
109 BGH NJW 1986, 2832 = FamRZ 1986, 886 (889); OLG Hamm NJWE-FER 1998, 2 = FamRZ 1998, 292 (294); OLG Frankfurt a. M. BeckRS 2009, 28604 = FamRZ 1986, 683 (684). Zu § 1579 Nr. 1 s. BGH NJW 1981, 754 = FamRZ 1981, 140 (142).
110 BGH NJW 2011, 1285 Rn. 24 = FamRZ 2011, 713.
111 BGH NJW 1986, 2832 = FamRZ 1986, 886 (888); BT-Drs. 10/2888, 18.
112 BGH NJW 1986, 2832 = FamRZ 1986, 886 (888).
113 BGH NJW 2011, 300 Rn. 29 = FamRZ 2011, 188 (3 vorangehende Ehen).

**b) Verpflichtete.**

73 – Die **Mitverursachung** eines ehebedingten Nachteils.

**Beispiel aus der Rspr.:**
BGH NJW 2013, 528 Rn. 32 = FamRZ 2013, 274: Die Aufnahme einer Tätigkeit der Berechtigten als Schulsekretärin statt in ihrem erlernten Beruf als Versicherungsfachwirtin hat der Verpflichtete „mitverursacht".

74 – **Wiederheirat** und die sich daraus ergebende Unterhaltsverpflichtung. Der BGH[114] verweist insoweit auf die Gesetzesbegründung zum UÄndG 2007.

BT-Drs. 16/1830, 13: „Die Ausweitung der Möglichkeit, nacheheliche Unterhaltsansprüche zeitlich oder der Höhe nach zu begrenzen, soll die Chancen für einen Neuanfang nach einer gescheiterten Ehe erhöhen und die Zweitfamilien entlasten."

75 – Die **Dauer einer nachfolgenden Ehe,** nach dem Verständnis des BGH[115] mit besonderem Gewicht („insbesondere").

76 Dies kann man **kritisch** sehen, weil § 1578b nur die mit der geschiedenen Ehe zusammenhängenden und für eine Unterhaltsbegrenzung maßgebenden Umstände erfasst. Hierzu zählt die Dauer der nachfolgenden Ehe gerade nicht. Für sie sieht das Gesetz eine abschließende Regelung in der Bestimmung des Rangs (§§ 1582, 1609 Nr. 2, 3) vor.

**4. Unterhaltsbezogene Umstände.**

77 – Die Höhe des **Unterhaltsbetrags** im Verhältnis zu den dem Verpflichteten verbleibenden finanziellen Mitteln.[116]

78 – Dauer und Umfang bisheriger **Unterhaltsleistungen** an den Berechtigten, auch während der Trennungszeit,[117] und/oder Zahlung von **Altersvorsorgeunterhalt** (Kompensation).[118] Zu beachten sind aber Dispositionen, die der Bedürftige im berechtigten Vertrauen auf den Fortbestand des Unterhaltsanspruchs getroffen hat.[119]

79 – **Geringe Unterhaltsbeträge** aufgrund geringer Einkommensunterschiede.[120] In diesen Fällen wird idR Unbilligkeit angenommen werden können. Doch wird maßgeblich darauf abzustellen sein, welches Einkommen der Berechtigte tatsächlich bezieht und wie stark er auch auf einen geringen Unterhalt angewiesen ist (allgemein zum **Bagatellunterhalt** → § 1577 Rn. 10, 11, → § 1578 Rn. 26, → § 1581 Rn. 96).

80 – Das Vertrauen des Berechtigten in den **Fortbestand** seines titulierten oder durch Vereinbarung festgelegten Unterhaltsanspruchs. Das Vertrauen auf eine lebenslange Rente kann allerdings durch – auch erfolglose – Abänderungsanträge des Verpflichteten beeinträchtigt werden.[121]

81 – Das Vertrauen des Berechtigten in die **Fortdauer** der Unterhaltsleistungen, wenn der Unterhalt nicht tituliert oder durch Vereinbarung festgelegt ist. Es wiegt allerdings geringer als bei einer Festlegung durch Titulierung oder Vereinbarung.[122]

82 – Der **Verlust eines „sicheren" Unterhaltsanspruchs** aus früherer Ehe durch Wiederheirat (§ 1586 Abs. 1, → Rn. 173).[123]

83 – Dauer und Höhe der Zahlung von **Trennungsunterhalt.**[124]

---

[114] BGH NJW 2013, 528 Rn. 32 = FamRZ 2013, 274; NJW 2011, 1807 Rn. 23 = FamRZ 2011, 875.

[115] BGH NJW 2013, 1530 Rn. 37 = FamRZ 2013, 853.

[116] BGH NJW 2012, 1807 Rn. 37 = FamRZ 2012, 772; NJW 2007, 839 Rn. 39 = FamRZ 2007, 200; NJW 1988, 2109 = FamRZ 1988, 817 (820); auch OLG Hamm BeckRS 2009, 26206 = FamRZ 1987, 707 (708). Zu § 1581 → § 1581 Rn. 89, 90.

[117] BGH NJW 2012, 1807 Rn. 26, 37 = FamRZ 2012, 772; NJW 2010, 2953 Rn. 28 = FamRZ 2010, 1414; NJW 2008, 2644 Rn. 28 = FamRZ 2008, 1508.

[118] BGH NJW 2012, 2028 Rn. 31 = FamRZ 2012, 951; NJW 2011, 2512 Rn. 33 = FamRZ 2011, 1381.

[119] BGH NJW 2011, 3645 Rn. 25, 26 = FamRZ 2011, 1721; NJW 2011, 2512 Rn. 37 = FamRZ 2011, 1381; NJW 2011, 303 Rn. 37 = FamRZ 2011, 192; NJW 2010, 3653 Rn. 37 = FamRZ 2010, 2059; BGHZ 179, 43 = NJW 2009, 989 Rn. 35, 39 = FamRZ 2009, 406.

[120] BT-Drs. 10/2888, 18; *Hahne* FamRZ 1985, 113 (116).

[121] BGH NJW 2012, 1807 Rn. 27, 35 = FamRZ 2012, 772.

[122] BGH NJW 2012, 1807 Rn. 27 = FamRZ 2012, 772; NJW 2012, 309 Rn. 32 = FamRZ 2012, 197; NJW 2010, 2953 Rn. 32 = FamRZ 2010, 1414.

[123] OLG Düsseldorf BeckRS 2010, 9678 = FamRZ 2010, 1912 (1913) mit zweifelnder Bspr. *Rauscher* FamFR 2010, 226; *Maurer* FamRZ 2012, 200; aA wohl BGH NJW 2012, 309 = FamRZ 2012, 197 Rn. 28 mit abl. Anm. *Maurer.*

[124] BGH NZFam 2018, 885 Rn. 24 mAnm *Niepmann, Braeuer* NJW 2018, 2876 = FamRZ 2018, 1506 mAnm *Maurer*; NJW 2016, 2256 Rn. 15 mAnm *Born*; *Hambitzer* NZFam 2016, 743 = FamRZ 2016, 1345 mAnm *Witt*; NJW 2013, 2434 Rn. 24 = FamRZ 2013, 1291; NJW 2011, 1807 Rn. 22 = FamRZ 2011, 875.

– Der Bezug verringerten Unterhalts während der **Arbeitslosigkeit** des Verpflichteten rechtfertigt eine längere Teilhabe des Berechtigten an einem später verbesserten Einkommen des Verpflichteten.[125] 84

– Einbußen im Unterhalt infolge der erheblich **verzögerten Offenbarung** erhöhter Einkünfte durch den Verpflichteten.[126] Dies setzt eine Obliegenheit des Verpflichteten zur **ungefragten Information** voraus (→ § 1578 Rn. 658, → § 1579 Rn. 74, 111, → § 1580 Rn. 96–118). 85

**5. Ausbildungsbezogene Umstände. a) Berechtigter.**

– **Abbruch einer Hochschul-** oder **Berufsausbildung,**[127] die auch im Hinblick auf einen Anspruch auf Ausbildungsunterhalt (§§ 1573, 1574 Abs. 3, § 1575) aus Alters- oder Gesundheitsgründen nicht mehr nachgeholt werden kann. 86

– **Verzicht auf eigene Karrierechancen.** Abzustellen ist darauf, ob und inwieweit der Bedürftige eigene Ausbildungs-, Berufs- und Erwerbsaussichten zurückgestellt hat, um durch die Haushaltsführung dem Verpflichteten volle berufliche Entfaltung und Fortkommen zu ermöglichen, und ggf. erst nach der Scheidung aufnehmen bzw. wahrnehmen konnte.[128] Maßgeblich ist jedoch darauf abzustellen, ob inwieweit nicht nur theoretisch, sondern auch tatsächlich entsprechende Entwicklungsaussichten bestanden hätten,[129] wofür der Berechtigte darlegungs- und beweispflichtig ist (→ Rn. 289–294). 87

– Beträchtliche Opfer in der Lebensführung während der **beruflichen Ausbildung** des Verpflichteten[130] und deren Unterstützung durch den Berechtigten durch eigenes Erwerbseinkommen.[131] 88

– Wegen der Kinderbetreuung nur eingeschränkte Gelegenheit zur **Fort-** und **Weiterbildung** für den Berechtigten.[132] 89

– Die einstige Berufsausbildung lässt **keine angemessene Berufsausübung** mehr zu.[133] Dies kommt in Zeiten der Digitalisierung der Arbeitswelt, in denen ganze Berufsbilder verschwinden, bei relativ langer Unterbrechung der Berufsausübung in der Praxis nicht selten vor. Zu fragen ist dann danach, welche Möglichkeiten der Fort- und Weiterbildung bestehen, sowie ob und wie sich der betroffene Ehegatte um eine solche bemüht hat. 90

– Ob und inwieweit ehebedingte Nachteile durch die Leistung von **Ausbildungsunterhalt** (§§ 1573, 1574 Abs. 3, § 1575), die zu einer angemessenen Erwerbstätigkeit iSd § 1574 Abs. 1, 4, § 1575 geführt hat, ausgeglichen worden sind.[134] 91

**b) Verpflichteter.**

– Inwieweit er seinen **beruflichen Aufstieg** und die Erzielung seines aktuellen Einkommens in besonderem Maße „der geschiedenen Ehe zu verdanken hat" **(„ehebedingter Vorteil").**[135] 92

**6. Einkommensbezogene Umstände.**

– Die Höhe der beiderseitigen **Erwerbseinkünfte.** 93

– Eigenes – nachhaltiges[136] – **Einkommen des Bedürftigen** und seine Möglichkeiten eines Hinzuverdienstes. War er während der Ehe zuletzt teilschichtig erwerbstätig, bestimmt sich sein ehebedingter Nachteil nach einem Vergleich der früheren mit den aktuellen Erwerbschancen.[137] 94

– Lediglich **kurzzeitige Einkommenseinbußen.** 95

---

125 BGH NJW 2011, 3577 Rn. 24 = FamRZ 2011, 1851.

126 BGH NJW 2011, 3577 Rn. 24 = FamRZ 2011, 1851.

127 OLG Zweibrücken BeckRS 2014, 2341 = FamRZ 2014, 775 (776); OLG Celle NJOZ 2010, 1671 = FamRZ 2010, 1673 (1676) mit krit. Anm. der Red.; OLG Oldenburg BeckRS 2009, 14179 = FamRZ 2009, 2014 Ls.; s. auch OLG Düsseldorf NJOZ 2014, 1086 = FamRZ 2014, 1466 (1468).

128 BGH NJW 2015, 1380 Rn. 25 = FamRZ 2015, 824; NJW 2012, 1356 Rn. 49 = FamRZ 2012, 699; NJW 1986, 2832 = FamRZ 1986, 886 (888); OLG Hamm FamRZ 1987, 1250 (1253).

129 Etwa OLG Hamm BeckRS 2017, 121116 = FamRZ 2017, 1306 (1308).

130 BGH NJW 2012, 2028 Rn. 36 = FamRZ 2012, 951 (Unterstützung des Verpflichteten durch eigenes Erwerbseinkommen neben der Kinderbetreuung und Erbschaft); OLG Hamm NJW-RR 1991, 1474 = FamRZ 1991, 1310 (1312).

131 BGH NJW 2011, 3577 Rn. 24 = FamRZ 2011, 1851.

132 BGH NJW 2008, 2581 Rn. 41 = FamRZ 2008, 1325.

133 BGH NJW 2015, 1380 Rn. 24 = FamRZ 2015, 824; OLG Köln NJW-RR 2010, 726 f. = FamRZ 2010, 217 Ls.; AG Flensburg BeckRS 2009, 20467 = FamRZ 2009, 1157 Ls.

134 *Borth* FPR 2008, 341 (344).

135 BGH NJW 2013, 2434 Rn. 28 = FamRZ 2013, 1291 (Auswanderung in die BRD nur wegen dem Berechtigten möglich); NJW 2011, 3577 Rn. 24 = FamRZ 2011, 1851.

136 OLG Koblenz NJW 2008, 3720 = FamRZ 2009, 524 (525 f.).

137 BGH NJW 2012, 3434 Rn. 45 = FamRZ 2012, 1483; NJW 2012, 74 Rn. 27 = FamRZ 2012, 93; NJW 2011, 3645 Rn. 31 = FamRZ 2011, 1721; aA OLG Karlsruhe NJW 2008, 3645 (3648).

96 – Allgemein: Die **Dringlichkeit,** mit der der Bedürftige auf den Unterhalt angewiesen ist, und die **wirtschaftliche Belastung** des Verpflichteten mit Unterhaltszahlungen.[138]

97 – Die nicht erreichbare Deckung des **Existenzminimums** durch eigene Erwerbseinkünfte nach ehemals ehebedingter Aufgabe eines Arbeitsplatzes.

98 – Die – insbesondere wirtschaftlichen[139] – **Lebensverhältnisse des Verpflichteten.** Um den Gesetzeszweck nicht zu unterlaufen reicht allein nicht aus, dass er in besonders günstigen Verhältnissen lebt.[140]

99 **7. Erwerbsbezogene Umstände. a) Allgemeines.** In diesem Zusammenhang geht es um die Zuordnung von Einkommenseinbußen, die der Berechtigte durch den Verlust seines Arbeitsplatzes erlitten hat. Ein solcher Nachteil ist stets ehebedingt, wenn er als Folge der Gestaltung des ehelichen Lebens (→ Rn. 49–53) eingetreten ist. Dies kann auch dann der Fall sein, wenn dem Berechtigten bei einem nicht ehebezogenen Arbeitsplatzverlust dadurch dauerhafte Einkommenseinbußen entstehen, dass er „mit Rücksicht auf die Ehe und die in ihr übernommene Rollenverteilung von der Aufnahme einer seiner beruflichen Qualifikation und Fähigkeiten entsprechenden Erwerbstätigkeit [abgesehen hat]“.[141]

100 Ein Erwerbsnachteil des Berechtigten ist nur dann **nicht ehebedingt,** wenn die Gestaltung des ehelichen Lebens für ihn nicht ursächlich geworden ist, er also seinen Arbeitsplatz ausschließlich aus nicht im ehelichen Zusammenleben liegenden Gründen aufgegeben oder verloren hat. Dies kann der Fall sein, wenn sich der Berechtigte selbst für eine berufliche Neuorientierung entschieden oder ihm sein Arbeitgeber aus betriebs- oder krankheitsbedingten Gründen gekündigt hat.[142]

**b) Einzelne ehebedingte Umstände.**

101 – **Aufgabe** oder **Wechsel eines Arbeitsplatzes/Erwerbstätigkeit** anlässlich der Eheschließung[143] oder während des ehelichen Zusammenlebens,[144] wenn die Aufgabe nicht ausschließlich auf außereheliche Umstände wie persönlicher beruflicher Neuorientierung[145] oder betriebs- oder krankheitsbedingter Kündigung des Arbeitgebers zurückzuführen ist. Eine berufliche Veränderung geraume Zeit vor der Eheschließung bleibt aber unberücksichtigt, lediglich die sich aus der Fortsetzung der Rollenverteilung und dem damit verbundenen Verzicht auf eine Erwerbstätigkeit ergebenden Nachteile ist ehebedingt (auch → Rn. 52).

102 – Unerheblich ist, **wann** der Bedürftige die Entscheidung zur Aufgabe seines Arbeitsplatzes und ob er sie **einseitig** getroffen hat, weil lediglich auf objektive Umstände und nicht auf ein Fehlverhalten des Bedürftigen abgestellt wird;[146] denn maßgeblich soll allein die tatsächliche Gestaltung des Ehelebens und die praktizierte Rollenverteilung sein (→ Rn. 34).[147]

103 **Kritik:**

Doch entwickeln sich die ehelichen Lebensverhältnisse **dynamisch,** wie der Blick auf den Bedarf (§ 1578 Abs. 1 S. 1 → § 1578 Rn. 49–145) zeigt. Die daraus folgenden Obliegenheiten der Ehegatten führen zur Zurechnung fiktiver Einkünfte (→ § 1578 Rn. 657–903), aus der fiktive wirtschaftliche Vorteile folgen, die den ehebedingten Nachteilen gegenzurechnen sind und sie vermindern. Hat also der Verpflichtete den Berechtigten zur Aufnahme oder Ausweitung einer Erwerbstätigkeit aufgefordert und ist sie dem Bedürftigen möglich, ist sie ihm idR auch zumutbar, weil sich dadurch die dem ursprünglichen Lebensplan zugrundeliegenden ehelichen Lebensverhältnisse und damit die „Geschäftsgrundlage“ für den ursprünglichen Lebensplan der Ehegatten geändert haben; dies entspricht auch ihren ehelichen Verpflichtungen iSd § 1356 (allgemein → Rn. 49–53). Da mithin der Verstoß gegen eheliche Erwerbsobliegenheiten zur Minderung des ehebedingten Nachteils führt, kann durchaus beachtlich sein, dass der Verpflichtete den Bedürftigen zur Aufnahme/Ausweitung einer Erwerbstätigkeit aufgefordert hat.

---

[138] BGH NJW 2011, 1285 Rn. 24 = FamRZ 2011, 713; OLG Hamm BeckRS 2017, 121116 = FamRZ 2017, 1306 (1308).

[139] BGH NJW 1986, 2832 (2833 f.) = FamRZ 1986, 886.

[140] Wohl ebenso BGH NJW 2007, 2628 Rn. 39= FamRZ 2007, 1232, wo neben außergewöhnlich guten finanziellen Verhältnissen des Verpflichteten auch krankheitsbedingte Einschränkungen der Erwerbsfähigkeit des Berechtigten vorlagen.

[141] BGH NJW 2014, 1807 Rn. 21 = FamRZ 2014, 1007; NJW 2013, 1444 Rn. 20 = FamRZ 2013, 860; NJW 2012, 1506 Rn. 21 = FamRZ 2012, 776.

[142] BGH NJW 2014, 1807 Rn. 20 = FamRZ 2014, 1007; NJW 2013, 1738 Rn. 36 = FamRZ 2013, 935; NJW 2012, 1506 Rn. 21 = FamRZ 2012, 776.

[143] BGH NJW 1986, 2832 (2833 f.) = FamRZ 1986, 886.

[144] BGH NJW 2011, 1067 Rn. 21, 22 = FamRZ 2011, 628.

[145] BGH NJW 2013, 1738 Rn. 36, 41 = FamRZ 2013, 935 (Aufnahme eines wohnortnahen Arbeitsplatzes, um die Erwerbstätigkeit besser mit der Kinderbetreuung vereinbaren zu können, Rn. 39).

[146] BGH NJW 2011, 1067 Rn. 18, 20 = FamRZ 2011, 628.

[147] BGH NJW 2013, 2662 Rn. 81, 82 = FamRZ 2013, 1366; NJW 2013, 1738 Rn. 36, 42 = FamRZ 2013, 935; NJW 2011, 1067 Rn. 18, 20 = FamRZ 2011, 628; NJW 2010, 3653 Rn. 27 = FamRZ 2010, 2059.

– **Betriebsbedingter Verlust des Arbeitsplatzes,** wenn wegen der Ehe nur räumlich eingeschränkte Bewerbungen möglich waren, die wegen Erfolglosigkeit später eingestellt wurden.[148] 104
– Die Aufgabe einer Erwerbstätigkeit im **Ausland** im Hinblick auf die Eheschließung und den Umzug nach Deutschland.[149] Dies gilt vor allem für ausländische, aber auch für deutsche Bedürftige, wenn ihnen eine Rückkehr ins Ausland nicht zumutbar ist. 105
– Die sich **nach der Eheschließung** aus der Fortsetzung der Rollenverteilung und dem damit verbundenen Verzicht auf eine Erwerbstätigkeit, nicht jedoch die sich aus einer geraume Zeit vor der Eheschließung vorgenommenen **Arbeitsplatzaufgabe** oder -wechsel ergebenden Nachteile (aber näher → Rn. 49–53) einschließlich der nicht erreichbaren Deckung des Existenzminimums[150] durch eigene Erwerbseinkünfte. Auch der Verzicht auf eine Weiterqualifizierung für den deutschen Arbeitsmarkt bei ungenügender Verwertbarkeit einer ausländischen Berufsausbildung ist nicht ehebedingt.[151] 106
– Die Möglichkeit des Bedürftigen, den eheangemessenen Unterhalt durch Aufnahme einer vollschichtigen **Erwerbstätigkeit** sicherzustellen.[152] 107
– Die zunehmende **Entflechtung der wirtschaftlichen und persönlichen Verhältnisse** der Ehegatten ab der Scheidung und Ausübung einer angemessenen Erwerbstätigkeit (§ 1574) durch den Bedürftigen, die zu einer Begrenzung der nachehelichen Solidarität (→ Rn. 28, 29) führt.[153] 108

**8. Versorgungsbezogene Umstände.** Betroffen sind **Versorgungsanrechte,** die infolge der Eheschließung und/oder Rollenverteilung in der Ehe 109
– **nicht mehr erworben** werden konnten oder
– **verloren gegangen** sind, sei es, dass
  – sie noch **verfallbar** waren und nicht mehr unverfallbar werden können,
  – sie vom Versorgungsträger **abgefunden** wurden oder
  – die Versicherungsbeiträge vom Versorgungsträger **ausgezahlt** wurden (zur Beitragserstattung in der gesetzlichen Rentenversicherung s. § 210 SGB VI). Dabei ist unerheblich, ob die Auszahlung noch vor der Eheschließung oder während der Ehe erfolgte und ob sie auch vorehelich erworbene Anrechte mitumfasst hat. Allerdings ist zu fordern, dass der Erstattungsbetrag für gemeinsame eheliche Zwecke verwandt wurde.

Zur **Kompensation** dieser Nachteile → Rn. 129–156.

Zu § 3b Abs. 1 Nr. 2 VAHRG aF hat der BGH[154] entschieden, dass auch zu berücksichtigen ist, wenn der Verpflichtete eine **Beitragszahlung** zum Ausgleich der Versorgungsanrechte zugunsten des Berechtigten aus seinem sonstigen Vermögen erbringen musste. Die Neuregelung des Versorgungsausgleichs durch das VAStrRefG sieht **Kapitalzahlungen** durch den Ausgleichspflichtigen nur zum Ausgleich von Anrechten auf **Kapitalleistung** nach dem BetrAVG und dem AltZertG nach § 2 Abs. 2 Nr. 3 Hs. 2 VersAusglG (§ 22 VersAusglG), zur **Abfindung** (§ 23 VersAusglG) oder aufgrund einer **Vereinbarung** der Ehegatten (§§ 6–8 VersAusglG)[155] vor. Sie bleiben bei der Billigkeitsabwägung unberücksichtigt, weil sie entweder aus der Zahlung des Versorgungsträgers (§ 22 VersAusglG) bestritten werden können oder sie bereits Ausdruck eines Interessenausgleichs und einer Zumutbarkeitsbetrachtung sind.[156] 110

**9. Vermögensbezogene Umstände.**

– Das Vermögen des Bedürftigen, auch soweit es durch die **vermögensrechtliche,** insbesondere **güterrechtliche Auseinandersetzung** der Ehegatten erlangt wurde (**Kompensation** → Rn. 129–155).[157] 111

---

148 BGH NJW 2014, 1807 Rn. 21, 24 = FamRZ 2014, 1007; NJW 2013, 1444 Rn. 20 = FamRZ 2013, 860; NJW 2012, 1506 Rn. 21 = FamRZ 2012, 776.

149 BGH NJW 2013, 1447 Rn. 20 = FamRZ 2013, 864; NJW 2013, 866 Rn. 25 = FamRZ 2013, 534.

150 BGH NJW 2013, 866 Rn. 27 = FamRZ 2013, 534.

151 BGH NJW 2013, 2434 Rn. 28 = FamRZ 2013, 1291; NJW 2013, 866 Rn. 25 = FamRZ 2013, 534 (im Gegenteil: die inländischen Erwerbschancen hätten sich als „ehebedingter Vorteil" erweisen können); BGHZ 170, 77 = NJW 2007, 907 Rn. 17 = FamRZ 2007, 450.

152 OLG Hamm FamRZ 1995, 1204 (1205).

153 BGH NJW 2012, 2028 Rn. 44, 45 = FamRZ 2012, 951 (die Ehegatten sind seit über 25 Jahren geschieden); NJW 2012, 309 Rn. 37 = FamRZ 2012, 197; NJW 2011, 3645 Rn. 23, 24 = FamRZ 2011, 1721; NJW 2011, 2512 Rn. 36 = FamRZ 2011, 1381; BGHZ 171, 206 = NJW 2007, 1961 Rn. 68 = FamRZ 2007, 793.

154 BGH NJW 2011, 1285 Rn. 35 = FamRZ 2011, 713 (wohl nach § 3b Abs. 1 Nr. 2 VAHRG aF).

155 BGH NJW 2012, 1356 Rn. 50 = FamRZ 2012, 699.

156 AA – ohne problembewusste Erörterung – BGH NJW 2012, 1356 Rn. 50 = FamRZ 2012, 699.

157 BGH NJW 2011, 2512 = FamRZ 2011, 1381 Rn. 33; BGHZ 171, 206 = NJW 2007, 1961 Rn. 68 = FamRZ 2007, 793.

112 – Besondere Belastungen durch **Verbindlichkeiten,** die der Verpflichtete auch zur Entlastung des Bedürftigen zurückführt.[158]

113 – Das – auch nachehelich, etwa durch Erbschaft erworbene – Vermögen der Ehegatten und der Vermögenserwerb aus **vermögensrechtlichem Ausgleich** und die ggf. daraus erzielbaren **Erträgnisse,** ohne dass es zu einer Doppelverwertung kommt (zur Berücksichtigung bei der **Bedarfsbegrenzung** aber auch → Rn. 153, 214).[159]

**10. Öffentliche Unterstützung.**

114 – Die infolge einer Begrenzung des Unterhaltsanspruchs eintretende **Sozialhilfebedürftigkeit** des Bedürftigen (→ Rn. 32, 33, 195).[160] Sie steht einer Begrenzung zwar nicht grundsätzlich entgegen, doch ist sie wegen der Nachrangigkeit der Sozialhilfe in die Billigkeitsabwägung einzubeziehen (zur Begrenzung der Herabsetzung durch das **Existenzminimum** → Rn. 195, 205).[161] – Dasselbe gilt für die wegen der Begrenzung des Unterhalts mangels Erwerbsperspektiven eintretende Arbeitslosigkeit und des Bezugs von **ALG I** und **II.**

## VI. Übergangsrechtlicher Vertrauensschutz (§ 36 EGZPO)

115 **Nr. 1** beinhaltet keinen „eigenen, neu geschaffenen Abänderungsrechtsbehelf", sondern eröffnet eine **Abänderung** nach §§ 238, 239 FamFG, § 313[162] für Umstände, die sonst einer Abänderung nicht zugeführt werden könnten.[163] Er macht die Abänderung einer vor dem 1.1.2008 getroffenen rechtskräftigen Entscheidung, eines errichteten vollstreckbaren Titels oder einer Unterhaltsvereinbarung aufgrund von Umständen, die bereits bis zum 31.12.2007 entstanden waren, aber erst durch das UÄndG 2007 erheblich geworden sind, davon abhängig, dass durch die Rechtsänderung „eine wesentliche Änderung der Unterhaltsverpflichtung eintritt und die Änderung dem anderen Teil unter Berücksichtigung seines Vertrauens in die getroffene Regelung zumutbar ist." Dies betrifft Umstände, die erst im Zusammenhang mit der geänderten Rechtslage relevant geworden sind, insbesondere aber auch die Erstreckung der Möglichkeit zur Befristung (§ 1578b Abs. 2) auf Ansprüche auf Alters- und Krankheitsunterhalt. Diesen gleichgestellt sind Umstände, die nach dem alten Recht bereits rechtserheblich waren, jedoch zu einer anderen Rechtsfolge geführt haben.[164] – Zur Berücksichtigung von durch die **Rspr.** zur Erleichterung von Befristungen (§ 1573 Abs. 5 aF) bewirkten Änderungen der Rechtslage → 7. Aufl. 2017, Anh. § 1586b Rn. 30–32.

116 Nach **Nr. 2** ist der betroffene Ehegatte mit der Geltendmachung solcher Umstände nicht präkludiert. **Nr. 7** schließt jedoch Unterhaltsansprüche, die sich nach dem bis zum 30.6.1977 geltenden EheG richten, und bereits bis 31.12.2007 fällig gewordene Unterhaltsbeträge von der Anpassung aus.

117 Auch die danach maßgeblichen Umstände des **Vertrauensschutzes** sind nach der Rspr. des BGH bereits im Rahmen dieser **Gesamtabwägung nach § 1578b** abschließend zu berücksichtigen.[165]

---

158 Soergel/*Häberle* Rn. 27.

159 BGH NJW 2008, 148 Rn. 28 = FamRZ 2007, 2052 (Erträge aus Zugewinnausgleich und Erbschaft); BGHZ 188, 50 = NJW 2011, 670 Rn. 23, 41, 47 = FamRZ 2011, 454 (Zugewinnausgleich); NJW 2011, 147 Rn. 28, 34 = FamRZ 2010, 1971.

160 BGH NJW 2012, 309 Rn. 37 = FamRZ 2012, 197; NJW 2011, 1807 Rn. 21 = FamRZ 2011, 875; NJW 2011, 1285 Rn. 26 = FamRZ 2011, 713; NJW 2010, 2953 Rn. 36 mit abl. Anm. *Maurer* = FamRZ 2010, 1414; NJW-RR 2010, 1009 Rn. 18 = FamRZ 2010, 1057.

161 *Maurer* FamRZ 2012, 200; aA BGH NJW 2011, 1285 Rn. 26 = FamRZ 2011, 713; NJW 2010, 2953 Rn. 36 mit abl. Anm. *Maurer* = FamRZ 2010, 1414; NJW-RR 2010, 1009 Rn. 18 = FamRZ 2010, 1057.

162 MüKoZPO/*Gruber,* 4. Aufl. 2013, EGZPO § 36 Rn. 7.

163 BT-Drs. 16/1830, 32 f.; s. auch BGH NJW 2012, 2514 Rn. 27 = FamRZ 2012, 1284; NJW 2010, 3582 Rn. 34 = FamRZ 2010, 1884; BGHZ 186, 1 = NJW 2010, 2349 Rn. 41 = FamRZ 2010, 238; BGHZ 183, 197 = NJW 2010, 365 Rn. 16, 62 = FamRZ 2010, 111.

164 BeckOGK/*Schlecht,* 1.2.2019, Rn. 309; MüKoZPO/*Gruber,* 4. Aufl. 2013, EGZPO § 36 Rn. 21; *Borth* FamRZ 2008, 105 (106); *Ehinger/Rasch* FamRB 2007, 78 (79).

165 BGH NJW 2014, 2192 Rn. 56 = FamRZ 2014, 1276; NJW 2013, 2434 Rn. 24 = FamRZ 2013, 1291; NJW 2012, 2028 Rn. 37 = FamRZ 2012, 951; NJW 2012, 1807 Rn. 27 = FamRZ 2012, 772; NJW 2012, 309 Rn. 32 = FamRZ 2012, 197; NJW 2010, 3653 Rn. 38 = FamRZ 2010, 2059; NJW 2010, 2953 Rn. 32–34 m. abl. Anm. *Maurer* = FamRZ 2010, 1414; NJW 2009, 1956 Rn. 55 = FamRZ 2009, 1124; dem BGH folgt einmütig die obergerichtliche Rspr., s. OLG Hamm BeckRS 2017, 121116 Rn. 24 = FamRZ 2017, 1306 (1308) mAnm *Borth*; KG NJOZ 2015, 281 Rn. 9 = FamRZ 2015, 419 (421 f.); OLG Oldenburg BeckRS 2014, 1977; mBspr *Kloster-Harz* NZFam 2014, 231; OLG Karlsruhe NJOZ 2014, 1923 Rn. 84, 86; mBspr *Höhler-Heun* NZFam 2014, 276; OLG Hamm BeckRS 2014, 13012; OLG Schleswig NJW 2012, 3655 f.; OLG Hamm BeckRS 2012, 17600 = FamRZ 2012, 1312 Ls.; OLG Nürnberg BeckRS 2012, 7055; BeckRS 2011, 25788; OLG Koblenz BeckRS 2010, 28355; NJW-RR 2011, 365 (366); OLG Hamm NJW 2010, 1152 = FamRZ 2010, 814; OLG Hamm FPR 2009, 374 = FamRZ 2009, 1914 (1915); OLG München BeckRS 2010, 16199, und auch die Literatur, s. BeckOGK/*Schlecht,* 1.2.2019, Rn. 308 (weil der Tatbestand des § 1578b umfassender ist).

Gesetzessystematisch soll § 36 Nr. 1 EGZPO jedoch als Übergangsvorschrift angesichts der uneingeschränkten Geltung der Regelungen des UÄndG 2007 auch für „Altehen" das Vertrauen in den Fortbestand bestehender Rechtspositionen schützen und die Härten für den Berechtigten „erträglicher" gestalten. Deshalb ist es durchaus sinnvoll, die Billigkeitsabwägungen zu trennen: Nach § 1578b sind die „herkömmlichen" Kriterien zur Beschränkung des Unterhaltsanspruchs zu erfassen, während § 36 Nr. 1 EGZPO die Korrektur des zuvor gefundenen Ergebnisses ermöglichen soll. Diese Trennung betont die eigenständige Bedeutung des Vertrauensschutzes – besonders zum Krankheits- und zum Altersunterhalt, die nach dem bis zum 31.12.2007 geltenden Recht nicht befristet werden konnten – und lässt ihn nicht in den allgemeinen Billigkeitsüberlegungen auf- und ggf. untergehen. Die **gesetzessystematisch vorgegebene Trennung** bringt deshalb nur Vorteile, jedenfalls aber keine Nachteile, und sollte beibehalten werden.[166] **118**

## D. Ehebedingte Nachteile

### I. Allgemeines

**1. Begriff.** Ehebedingt sind Nachteile, die „die Fähigkeit eines Ehegatten, für seinen Unterhalt zu sorgen", durch „die Gestaltung der Ehe, insbesondere die Arbeitsteilung der Ehegatten" beeinträchtigen.[167] Sie folgen va aus verringerten Erwerbseinkünften infolge der Beeinträchtigung der **beruflichen Entwicklung** des Bedürftigen durch die eheliche Gestaltung von **Haushaltsführung, Kinderbetreuung** und **Erwerbstätigkeit** während der Ehe (**„eheliche Rollenverteilung", „Lebensleistung"** des Berechtigten; zur **Ehedauer** → Rn. 42–47).[168] Der ehebedingte Nachteil kann sowohl in einem **Erwerbs-** als auch in einem **Versorgungsnachteil** bestehen (zu Letzterem → Rn. 129–146, 147–150). **119**

Maßgeblich ist die **tatsächliche** Gestaltung von Kinderbetreuung und Haushaltsführung als während der Ehe praktizierte Rollenverteilung (auch → Rn. 49–53). Da es sich um **objektive** Umstände handelt, ist unerheblich, ob der Berechtigte während des ehelichen Zusammenlebens hätte Erwerbsbemühungen unternehmen können.[169] Denn **subjektive** Umstände führen zu keinen ehebedingten Nachteilen und sind auch nicht in die Billigkeitsabwägung einzubeziehen (zum Ganzen → Rn. 34). **120**

**2. Bedeutung.** Die Ehebedingtheit von Nachteilen in der eigenen, vor allem wirtschaftlichen Entwicklung des Bedürftigen (zur Rechtsentwicklung → 5. Aufl. 2010, Rn. 12–14) hat **zentrale Bedeutung,**[170] weil „je geringer „ehebedingte Nachteile" sind, desto eher … eine Beschränkung in Betracht [kommt]."[171] Dies führt zwar **regelmäßig,** doch – auch unter Berücksichtigung der nachehelichen Solidarität (→ Rn. 28, 29, allgemein → § 1569 Rn. 20) – **nicht generell** zu einer Begrenzung, wenn ein Nachteil nicht ehebedingt war (→ Rn. 161), es sei denn, eine Begrenzung ist nicht aus anderen Gründen ausgeschlossen. **121**

Nach der Vorstellung des Gesetzgebers des UÄndG 1986 sollte damit bei einer längeren Ehedauer jedoch sparsam umgegangen und nur bei einer geringen Differenz der beiderseitigen Einkünfte beim Aufstockungsunterhalt Gebrauch gemacht werden.[172] **122**

Doch sind ehebedingt erlittene Nachteile stets stärker zu **gewichten,** was bei der Billigkeitsabwägung (→ Rn. 21–98) zu berücksichtigen ist und zu folgenden rechtlichen Auswirkungen führt:

---

166 *Maurer* NJW 2010, 2956.

167 Dazu auch BGH NJW 2012, 74 Rn. 21 = FamRZ 2012, 93; BGHZ 179, 43 = NJW 2009, 989 Rn. 32 = FamRZ 2009, 406; NJW 2008, 1080 Rn. 36 = FamRZ 2008, 582 mwN.

168 BGH NZFam 2018, 885 Rn. 24 mAnm *Niepmann, Braeuer* NJW 2018, 2876 = FamRZ 2018, 1506 mAnm *Maurer*; NJW 2012, 2028 Rn. 25 = FamRZ 2012, 951; NJW 2012, 1807 Rn. 22 = FamRZ 2012, 772; NJW 2012, 309 Rn. 24, 25 = FamRZ 2012, 197; NJW 2010, 3653 Rn. 22 = FamRZ 2010, 2059; NJW 2011, 147 Rn. 19 = FamRZ 2010, 1971; NJW 2010, 2582 Rn. 41 = FamRZ 2010, 1311; NJW 2010, 1595 Rn. 36 = FamRZ 2010, 538; NJW 2009, 3783 Rn. 13 = FamRZ 2009, 1990; NJW 2009, 2450 Rn. 35 = FamRZ 2009, 1207.

169 BGH NJW 2014, 1807 Rn. 19, 24 = FamRZ 2014, 1007; NJW 2013, 1738 Rn. 36 = FamRZ 2013, 935; NJW 2011, 1067 Rn. 20 = FamRZ 2011, 628 mwN; NJW 2010, 3653 Rn. 27 = FamRZ 2010, 2059.

170 Entsprechend der Rspr. des BGH zu § 1573 Abs. 5 aF, § 1578 Abs. 1 S. 2 aF, BGH NJW 2008, 2644 Rn. 12, 24 = FamRZ 2008, 1508; NJW 2008, 151 Rn. 20 = FamRZ 2008, 134; NJW 2006, 2401 = FamRZ 2006, 1006 (1007 f.); NJW-RR 1989, 386 = FamRZ 1989, 483 (486); NJW 1986, 2832 = FamRZ 1986, 886 (888). Dazu auch die Darstellung → 5. Aufl. 2010, Rn. 12.

171 BT-Drs. 16/1830, 14 [„2. Stärkung der Eigenverantwortung nach der Ehe"].

172 BT-Drs. 10/2888, 18.

123 – Ob ehebedingte Nachteile vorliegen, ist **vorrangig** zu prüfen.[173]

124 – Ehebedingte Nachteile schließen weder eine Bedarfsbegrenzung noch eine Befristung regelmäßig und kategorisch aus, und zwar auch dann nicht, wenn **künftige** ehebedingte Nachteile (→ Rn. 210) in Betracht kommen.[174] Doch sind **Ausnahmen** nach Billigkeit nur unter außergewöhnlichen Umständen möglich,[175] etwa bei guten Einkommens- und/oder Vermögensverhältnissen des Berechtigten, bei sehr geringen Einkommensunterschieden der Ehegatten oder im Falle eines nur geringfügigen ehebedingten Nachteils.[176] So kann, scheidet eine Befristung aus, der Unterhalt gleichwohl auf den angemessenen Bedarf iSd Abs. 1 der sich nach den Einkünften des Bedürftigen einschließlich ehebedingter Mindereinkünfte bemisst (→ Rn. 198–214), herabgesetzt werden.[177]

125 – Ehebedingte Nachteile können durch ehebedingte Vorteile, etwa durch Vermögenszuwendungen anlässlich von Trennung und Scheidung, Zahlung von Altersvorsorgeunterhalt und Versorgungsausgleich **kompensiert** werden (→ Rn. 129–150).[178]

126 – Der Unterhaltsanspruch kann aber selbst bei **langer Ehedauer** jedenfalls dann nach § 1578b beschränkt werden, wenn keine ehebedingten Nachteile bestehen (→ Rn. 42–47).

127 **3. Verhältnis benannter Umstände zu unbenannten Umständen.** Die in Abs. 1 S. 2, 3, Abs. 2 S. 2 ausdrücklich aufgeführten Umstände (→ Rn. 35–53) sind nicht enumerativ, sondern beispielhaft und deshalb **nicht abschließend** („insbesondere", „vor allem").[179] Doch sind sie besonders hervorgehoben, weil es sich um besonders bedeutsame und auch praktisch wichtige Umstände handelt und daher stets zu berücksichtigen. Auch **sonstige Umstände,** ausgenommen die **Schuld** der Ehegatten am Scheitern der Ehe (→ Rn. 34), sind in die Billigkeitserwägungen mit einzubeziehen.

128 **4. Nachteile des Verpflichteten.** Unerheblich ist, ob auch der **Verpflichtete** ehebedingte Nachteile erlitten hat.[180] Dies folgt aus der Systematik des nachehelichen Unterhaltsrechts: Zunächst ist der Unterhaltsanspruch nach den §§ 1570–1576 (Unterhaltstatbestand), § 1578 (Bedarf), § 1577 (Bedürftigkeit), §§ 1581–1582 (Leistungsfähigkeit) festzulegen (→ Rn. 196). Erst danach kommt es zur Prüfung, ob der Unterhaltsanspruch aus Gründen der Billigkeit zu begrenzen ist (§ 1578b) und ob diese Begrenzung ihrerseits ggf. wieder einzuschränken ist („ehebedingter Nachteil"). Dabei versteht die gesetzliche Regelung unter „ehebedingt" einen Nachteil, der „durch die Ehe … im

---

[173] BGH NJW 2015, 1380 Rn. 24 = FamRZ 2015, 824; NJW 2013, 1444 Rn. 16 = FamRZ 2013, 860; NJW 2013, 866 Rn. 22 = FamRZ 2013, 534; NJW 2012, 1807 Rn. 22 = FamRZ 2012, 772; NJW 2012, 1578 Rn. 24 = FamRZ 2012, 947; NJW 2012, 1356 Rn. 40 = FamRZ 2012, 699; NJW 2011, 3577 Rn. 26 = FamRZ 2011, 1851; NJW 2011, 1807 Rn. 16 = FamRZ 2011, 875; NJW 2011, 1285 Rn. 22 = FamRZ 2011, 713; NJW 2010, 3653 Rn. 21 = FamRZ 2010, 2059; NJW 2010, 1598 Rn. 23 = FamRZ 2010, 629.

[174] BGH NJW 2015, 1380 Rn. 24 = FamRZ 2015, 824 mAnm *Witt*; NJW 2008, 2644 Rn. 24 = FamRZ 2008, 1508; wohl ebenso OLG Karlsruhe BeckRS 2008, 29602 = FamRZ 2008, 2206 (2207 f.); OLG Brandenburg NJW 2008, 2268 = FamRZ 2008, 1952 f.; anders aber BGH NJW 2012, 1578 Rn. 25 = FamRZ 2012, 947; NJW 2012, 1209 Rn. 50 = FamRZ 2012, 525; NJW 2011, 147 Rn. 20 = FamRZ 2010, 1971; NJW 2010, 1595 Rn. 36= FamRZ 2010, 538; BGHZ 179, 196 = NJW 2009, 588 Rn. 44 = FamRZ 2009, 411: „Begrenzung und Befristung bei noch vorhandenen ehebedingten Nachteilen regelmäßig ausgeschlossen" (unter Hinweis auf BGH NJW 2006, 2401 = FamRZ 2006, 1006 (1007 f.), doch steht dies dort nicht in dieser Schärfe); OLG Hamm BeckRS 2014, 6507 = FamRZ 2015, 1397 (1401) OLG Düsseldorf NJOZ 2014, 1086 = FamRZ 2014, 1466 (1468) (außergewöhnliche Umstände); OLG Köln NJW-RR 2010, 726 (727) = FamRZ 2010, 217 Ls.; aA OLG Karlsruhe BeckRS 2010, 29395 = FamRZ 2011, 818 (819 ff.) (Vorinstanz zu BGH NJW 2013, 1444 = FamRZ 2013, 860).

[175] BGH NJW 2013, 2662 Rn. 85 = FamRZ 2013, 1366; NJW 2011, 1066 Rn. 24 = FamRZ 2011, 628.

[176] BGH NJW 2015, 1380 Rn. 24 = FamRZ 2015, 824 mAnm *Witt*; NJW 2013, 1444 Rn. 31 = FamRZ 2013, 860; NJW 2013, 528 Rn. 32 = FamRZ 2013, 274; BGHZ 193, 78 = NJW 2012, 1868 Rn. 47 = FamRZ 2012, 1040; NJW 2012, 2028 Rn. 39 = FamRZ 2012, 951; NJW 2012, 1807 Rn. 26 = FamRZ 2012, 772; NJW 2012, 1209 Rn. 50 = FamRZ 2012, 525; NJW 2012, 1144 Rn. 64 = FamRZ 2012, 517; NJW 2011, 147 Rn. 21 = FamRZ 2010, 1971; NJW 2010, 3372 Rn. 49 = FamRZ 2010, 1637; NJW 2010, 3097 Rn. 35 = FamRZ 2010, 1633; NJW 2010, 2953 Rn. 21 = FamRZ 2010, 1414; NJW 2010, 1598 Rn. 25 = FamRZ 2010, 629; NJW 2009, 3783 Rn. 13, 16 = FamRZ 2009, 1990.

[177] BGH NJW 2011, 2512 Rn. 31 = FamRZ 2011, 1381; NJW 2010, 3653 Rn. 23 = FamRZ 2010, 2059.

[178] BGH NJW 2012, 2028 Rn. 30 = FamRZ 2012, 951; NJW 2012, 1144 Rn. 63 = FamRZ 2012, 517; NJW 2011, 2512 Rn. 32, 33 = FamRZ 2011, 1381; OLG Hamm BeckRS 2016, 20766 Rn. 110 mBspr *Ackermann-Sprenger* NZFam 2017, 29 (Wohnvorteil) = FamRZ 2017, 889 Ls.

[179] Zum UÄndG 1986 BGH NJW 2007, 839 Rn. 34 = FamRZ 2007, 200.

[180] IErg ebenso BGH NJW 2016, 2256 Rn. 22–29 mAnm *Born* NJW 2016, 2259; *Hambitzer* NZFam 2016, 743 = FamRZ 2016, 1345 mAnm *Witt*; OLG Hamm BeckRS 2017, 121116 Rn. 19 = FamRZ 2017, 1306 (1308) mAnm *Borth*; BeckOGK/*Schlecht*, 1.2.2019, Rn. 214; *Borth* FamRZ 2013, 1356 f.; aA *Kieninger* FamRZ 2013, 1355 f.; *Schausten* FF 2011, 243 (245 f.): Nur die Hälfte der ehebedingten Nachteile ist zu berücksichtigen.

Hinblick auf die Möglichkeit eingetreten [ist], für den eigenen Unterhalt zu sorgen". § 1578b erfasst mithin nur beim Berechtigten eingetretene ehebedingte Nachteile. Beim Verpflichteten eingetretene „ehebedingte Nachteile" werden bereits bei der Bestimmung seines für den Bedarf des Berechtigten und seine Leistungsfähigkeit maßgeblichen Einkommens erfasst und über die Halbteilung (→ § 1578 Rn. 25, 26) ausgeglichen. Dass dem Verpflichteten sein ehebedingter Nachteil nur zur Hälfte, der des Berechtigten dagegen in voller Höhe zugutekommt, ist unerheblich, weil sich dies ohnehin nur bei der Herabsetzung des eheangemessenen auf den eigenen angemessenen Bedarf nach Abs. 1 auswirkt, der Berechtigte idR also weniger Unterhalt bekommt, als ihm nach den ehelichen Lebensverhältnissen zustehen würde.[181]

## II. Kompensationen

**1. Versorgungsausgleich. a) Vollständige Kompensation.** Ehebedingte Nachteile hinsichtlich der Vorsorge für das Alter und Erwerbsminderung werden für die Ehezeit grundsätzlich durch den Versorgungsausgleich ausgeglichen. – Obwohl der Versorgungsausgleich den Nichterwerb von Anrechten aus einer vollen Erwerbstätigkeit nicht vollständig kompensiert, bewirkt er grundsätzlich einen **abschließenden angemessenen Ausgleich** der Versorgungsanrechte, weil er zu gleichgewichtigen Nachteilen auch beim Verpflichteten führt.[182] 129

Diese Rspr. ist kritisiert[183] und verteidigt[184] worden. An ihr sollte iErg **festgehalten** werden, weil die Kompensation durch den Versorgungsausgleich nur die Zeit zwischen „dem ersten Tag des Monats, in dem die Ehe geschlossen worden ist" und dem „letzten Tag des Monats vor Zustellung des Scheidungsantrags" (§ 3 Abs. 1 VersAusglG) umfasst. Nach diesem Zeitpunkt eintretende Versorgungsnachteile werden durch den Versorgungsausgleich nicht ausgeglichen und können bis zum Eintritt des Versorgungsfalles jedenfalls grundsätzlich durch den Altersvorsorgeunterhalt kompensiert werden (→ Rn. 147–150). 130

Eine **vollständige** Kompensation ehebedingter Versorgungsnachteile tritt aber dann ein,

– wenn der Berechtigte aufgrund des Versorgungsausgleichs über eine **gleich hohe** oder gar **höhere Rente** verfügt, als er ohne Eheschließung bei durchgängiger vollschichtiger Erwerbstätigkeit verfügen würde.[185] 131
– wenn **Erwerbslosigkeit** oder **Krankheit** oder die „Gestaltung von Haushaltsführung und Erwerbstätigkeit" zu verminderten Versorgungsanrechten des Verpflichteten beigetragen haben oder er aus sonstigen ehebezogenen Gründen nur unzureichend fürs Alter Vorsorge getragen hat.[186] 132
– wenn der Verpflichtete eine **vorzeitige Altersrente** bezieht und dadurch geringere Versorgungsanrechte erworben hat, zumal dann, wenn die Durchführung des Versorgungsausgleichs zu Lasten des Berechtigten durch Vereinbarung ausgeschlossen wurde.[187] 133
– soweit ein Versorgungsausgleich zugunsten des Verpflichteten wegen grober Unbilligkeit (§ 27 VersAusglG) **nicht stattgefunden** hat.[188] 134

**b) Keine Kompensation.** Durch den Versorgungsausgleich findet in folgenden Fällen allerdings keine, jedenfalls **keine vollständige** Kompensation statt:

---

181 Insoweit wohl aA *Borth* FamRZ 2017, 1308, „weil auch (beengte bzw. gute) wirtschaftliche Verhältnisse in die Billigkeitsprüfung einfließen".

182 BGH NZFam 2018, 889 Rn. 8 mAnm *Hambitzer* NZFam 2018, 890; mBspr *Sarres* NZFam 2018, 852 = FamRZ 2018, 1421; NJW 2014, 2192 Rn. 31 = FamRZ 2014, 1276; NJW 2014, 1302 Rn. 17 = FamRZ 2014, 823; NJW 2013, 2434 Rn. 22 = FamRZ 2013, 1291; NJW 2013, 1530 Rn. 37 = FamRZ 2013, 853; NJW 2012, 1807 Rn. 24 = FamRZ 2012, 772; NJW 2012, 1356 Rn. 50 = FamRZ 2012, 699; NJW 2011, 3645 Rn. 29 = FamRZ 2011, 1721; NJW 2011, 2512 Rn. 34 = FamRZ 2011, 1381; NJW 2011, 1285 Rn. 27, 30 = FamRZ 2011, 713; NJW 2010, 3097 Rn. 24 = FamRZ 2010, 1633; NJW 2011, 147 Rn. 27 = FamRZ 2010, 1971; NJW 2010, 1598 Rn. 24 = FamRZ 2010, 629; NJW 2009, 2450 Rn. 36 = FamRZ 2009, 1207; BGHZ 179, 43 = NJW 2009, 989 Rn. 34 = FamRZ 2009, 406; NJW 2008, 2644 Rn. 18, 25 = FamRZ 2008, 1508; grundlegend BGH NJW 2008, 2581 Rn. 42, 43 = FamRZ 2008, 1325; s. auch OLG Karlsruhe NJOZ 2014, 1923 Rn. 91; mBspr *Höhler-Heun* NZFam 2014, 276; OLG Saarbrücken NJW-RR 2013, 7 = FamRZ 2013, 650 (651).

183 OLG Hamm BeckRS 2010, 28674 = FamRZ 2010, 1914 Ls. 2; krit. etwa *Borth* in Schwab ScheidungsR-HdB IV Rn. 454; *Borth* FamRZ 2013, 1356 (1357); auch schon *Brudermüller* FamRZ 1998, 649 (655 f.).

184 BeckOGK/*Schlecht,* 1.2.2019, Rn. 38.1.

185 BGH NJW 2013, 2434 Rn. 22 = FamRZ 2013, 1291; NJW 2012, 2028 Rn. 31 = FamRZ 2012, 951; NJW 2012, 1807 Rn. 24, 25 = FamRZ 2012, 772; NJW 2011, 1285 Rn. 19 = FamRZ 2011, 713; BGHZ 179, 43 = NJW 2009, 989 Rn. 34 = FamRZ 2009, 406; NJW 2009, 2450 Rn. 36 = FamRZ 2009, 1207.

186 BeckOGK/*Schlecht,* 1.2.2019, Rn. 43.

187 BGH NJW 2008, 2644 Rn. 25 = FamRZ 2008, 1508.

188 AA BeckOGK/*Schlecht,* 1.2.2019, Rn. 42.

135 **aa) Umstände aus der Sphäre des Verpflichteten.** War der Verpflichtete während der maßgeblichen Ehezeit
- nur noch **kurze Zeit erwerbstätig („phasenverschobene Ehe")**[189] oder
- hat er **keine Versorgungsanrechte** erworben, etwa weil er schon während der Ehezeit seinen Lebensbedarf allein durch die Verwaltung seines Vermögens betrieben hat und noch betreibt,[190] oder
- war er **selbstständig** erwerbstätig,[191] sodass der Berechtigte im Versorgungsausgleich ausgleichspflichtig wurde (zur Kompensation durch **Vermögenszuwendungen** → Rn. 151–154),

führt dies dazu, dass der Berechtigte unabhängig davon, ob er ehebedingte Versorgungsnachteile erworben hat,[192] im Versorgungsausgleich ausgleichspflichtig wird. Zur **Bemessung** der Nachteile → Rn. 157–160).

**bb) Umstände aus der Sphäre des Berechtigten.** Hat der Berechtigte

136 – aufgrund eines Ehevertrages keine Anrechte aus dem Versorgungsausgleich erhalten, weil dieser ohne anderweitigen Ausgleich **nicht durchgeführt** wurde,[193] oder
- Versorgungsanrechte **verloren,** etwa weil diese noch verfallbar waren und nicht mehr unverfallbar werden können,

oder konnte er

137 – **keine weiteren Versorgungsanrechte** etwa in der betrieblichen Altersversorgung oder in den Zusatzversorgungskassen des öffentlichen Dienstes neben denen in der gesetzlichen Rentenversicherung erwerben,

**Beispiel aus der Rspr.:**
OLG Celle NJOZ 2009, 2864 (2867) = FamRZ 2009, 1161 Ls.: Bei Fortführung der Tätigkeit als Verwaltungsangestellte stünde der Berechtigten neben der Rente aus der gesetzlichen Rentenversicherung eine nicht unerhebliche Zusatzrente aus der Zusatzversorgung des öffentlichen Dienstes zu.

oder ist

138 – er zwar voll oder teilweise erwerbsgemindert, hat aber wegen der Rollenverteilung in der Ehe die Beitrags- und Wartezeiten für eine **Rente wegen Erwerbsminderung** nicht erfüllt (§ 43 Abs. 1, 2 SGB VI),[194] oder wäre diese geringer als ohne die Ehe,[195]

Dieser Nachteil entfällt mit dem Bezug von Altersrente, die neben der Erfüllung der Wartezeit und der Altersvoraussetzungen keine Mindestzahl an Pflichtbeiträgen erfordert (§§ 35 ff. SGB VI).[196]

bemisst sich sein Nachteil nach den tatsächlich nicht erworbenen oder wieder verlorenen Anrechten. Zu beachten sind jedoch Kompensationen infolge von **Abfindungen** durch den Versorgungsträger oder durch den Verpflichteten mittels **Vermögenszuwendungen** → Rn. 151–154.

139 Soweit danach die ehebedingten Versorgungsnachteile nicht oder nicht vollständig ausgeglichen sind, erfolgt der Ausgleich unterhaltrechtlich über den **Altersvorsorgeunterhalt** (→ Rn. 147–150) und die Bestimmung des „angemessenen Lebensbedarfs" als **Untergrenze** für eine Herabsetzung (→ Rn. 198–214). **Obergrenze** sind stets die Anrechte, die der Berechtigte ohne die Ehe und Kinderbetreuung hätte erlangen können.

140 **Beispiel:**
Ohne die Ehe würde der Berechtigte über Versorgungsanrechte von 1.200 EUR verfügen. Infolge der Ehe hat er nur 400 EUR zuzüglich aus dem Versorgungsausgleich saldiert zu seinen Gunsten von weiteren 400 EUR erworben. Der ehebedingte Nachteil beläuft sich auf 400 EUR. Unter 1.200 EUR darf der angemessene Lebensbedarf nicht herabgesetzt werden.

---

189 BGH NJW 2012, 1356 Rn. 50 = FamRZ 2012, 699; NJW 2010, 3097 Rn. 23–25 = FamRZ 2010, 1633.

190 BGH NJW 2011, 2512 Rn. 3, 32 = FamRZ 2011, 1381.

191 BGH NJW 2013, 2662 Rn. 80 = FamRZ 2013, 1366.

192 Nach der Rspr. des BGH handelt es sich auch insoweit um ehebedingte Nachteile, etwa BGH NJW 2013, 2662 Rn. 80 = FamRZ 2013, 1366; NJW 2010, 3097 Rn. 25 = FamRZ 2010, 1633.

193 BGH NJW 2012, 1356 Rn. 3, 50 = FamRZ 2012, 699.

194 BGH NJW 2012, 1807 Rn. 25 = FamRZ 2012, 772; NJW 2011, 1285 Rn. 19, 20, 31 = FamRZ 2011, 713.

195 BGH NJW 2012, 1807 Rn. 24, 25 = FamRZ 2012, 772; NJW 2011, 1285 Rn. 19, 20, 31 = FamRZ 2011, 713; NJW 2009, 2450 Rn. 36 = FamRZ 2009, 1207; BGHZ 179, 43 = NJW 2009, 989 Rn. 34 = FamRZ 2009, 406; auch OLG Hamm BeckRS 2014, 6507 = FamRZ 2015, 1397 (1399).

196 BGH NJW 2013, 2662 Rn. 79, 80 = FamRZ 2013, 1366; NJW 2012, 1807 Rn. 24, 25 = FamRZ 2012, 772; NJW 2011, 1285 Rn. 20 = FamRZ 2011, 713; s. auch OLG Saarbrücken NJW-RR 2013, 7 = FamRZ 2013, 630; OLG Stuttgart NJW 2012, 689 (691) = FamRZ 2012, 983.

Hat der Verpflichtete keine oder geringere Versorgungsanrechte, die dem Versorgungsausgleich unterfallen (§ 2 VersAusglG), als der Berechtigte erworben (→ Rn. 132–134), ist nach der **„Vergleichsgröße"** zu fragen. Dabei ist zu berücksichtigen, dass der Berechtigte „… im Ausnahmefall des nicht vollständig eingreifenden Versorgungsausgleichs nicht besser stehen darf als im Regelfall des Versorgungsausgleichs, der die ehebedingten Versorgungsnachteile nicht notwendig vollständig kompensiert, sondern entstandene Nachteile gleichmäßig auf beide Ehegatten verteilt."[197] Dies führt zu folgender Behandlung:[198] 141

- Hat der Verpflichtete **vorzeitig** Altersrente bezogen, ist zu ermitteln, welche Anrechte er mit der Fortführung seiner Erwerbstätigkeit bis zur Regelaltersgrenze noch hätte erwerben können; insoweit ist der Nachteil nicht ehebedingt. 142
- Aus den tatsächlichen Einkünften eines **Selbstständigen** oder eines **Privatiers** werden fiktive Vorsorgeanrechte am Maßstab der gesetzlichen Rentenversicherung errechnet.[199] 143

Der angemessene Lebensbedarf, der den Ausgleich des ehebedingten Nachteils sicherzustellen hat, errechnet sich somit wie folgt: Während der Ehezeit erworbene (tatsächliche + fiktive Anrechte des Verpflichteten) − (tatsächliche + fiktive Anrechte des Berechtigten) = x/2 = ehebedingter Nachteil. 144

- Bei einem **Ausschluss** des Versorgungsausgleichs durch Vereinbarung sind die ggf. tatsächlich erworbenen Versorgungsanrechte des Verpflichteten der Vergleichsbetrachtung zugrunde zu legen. 145

Insbesondere in den zwei letzten Fallgestaltungen ist jedoch darauf zu achten, ob und inwieweit eine Kompensation auf **andere Art und Weise** (→ Rn. 151–154) stattgefunden hat. 146

**2. Altersvorsorgeunterhalt.** Auch für die Zeit nach dem maßgeblichen **Stichtag** zum Versorgungsausgleich – letzter Tag des Monats vor Zustellung des Scheidungsantrags (§ 3 Abs. 1 Hs. 2 VersAusglG) – wirkt ein ehebedingter Nachteil fort. Da Maßstab dafür, ob ein ehebedingter Nachteil vorliegt, auch im Hinblick auf die Altersversorgung die hypothetische Entwicklung des Erwerbseinkommens ohne die mit der Scheidung abgeschlossene Ehe ist, führt auch vom Berechtigten in der Zeit **zwischen Zustellung des Scheidungsantrags und Rechtskraft der Scheidung** sowie in der **nachehelichen Zeit** ehebedingt nicht erzieltes/erzielbares Einkommen oder zwar erzieltes, aber keine Altersversorgung vermittelndes Einkommen wie etwa eine **Erwerbsminderungsrente**[200] zur Verkürzung seiner hypothetischen Versorgungsanrechte[201] sowohl in der gesetzlichen Rentenversicherung als auch in der Beamtenversorgung sowie ggf. auch in der betrieblichen Altersversorgung bzw. Zusatzversorgung des öffentlichen Dienstes. 147

Dieser Nachteil wird durch einen möglichen **Anspruch auf Altersvorsorgeunterhalt,** der gerade und nur für die Zeit ab dem Stichtag zum Versorgungsausgleich, ab dem der Ausgleichsberechtigte über den Versorgungsausgleich nicht mehr an den vom Ausgleichspflichtigen erworbenen Versorgungsanrechten teilhat, geschuldet wird (§ 1361 Abs. 1 S. 2, § 1578 Abs. 3), zwar dann vollständig ausgeglichen und gar „überkompensiert", wenn der Berechtigte mit ihm Versorgungsanrechte in einer Höhe erwerben kann, die er mit eigenen Erwerbseinkünften nicht hätte erzielen können (auch → Rn. 184),[202] und kann deshalb nicht mehr als ehebedingter Nachteil herangezogen werden.[203] – Zur **Bemessung** des Altersvorsorgeunterhalts[204] → § 1578 Rn. 304–352. 148

Zwar führt auch der Altersvorsorgeunterhalt zu **keinem vollständigen Ausgleich,** wenn durch ihn die Differenz der Versorgungsanrechte nach tatsächlichem und hypothetischem Einkommen nicht ganz kompensiert wird. Doch bleibt dieser Nachteil ohne weitere Berücksichtigung, da der Altersvorsorgeunterhalt wie der Versorgungsausgleich (→ Rn. 129) zu einem abschließenden Ausgleich unter gleichgewichtiger Verteilung der Nachteile unter den Ehegatten führt.[205] 149

Macht der Berechtigte seinen Anspruch auf Altersvorsorgeunterhalt **nicht** oder **nicht in der ihm tatsächlich zustehenden Höhe** geltend,[206] sind die hierauf zurückzuführenden Einbußen 150

---

197 BGH NJW 2011, 2512 Rn. 34 = FamRZ 2011, 1381.
198 Zum Ganzen BeckOGK/*Schlecht,* 1.2.2019, Rn. 45.
199 BeckOGK/*Schlecht,* 1.2.2019, Rn. 45.
200 OLG Celle NJW 2016, 2194 Rn. 45.
201 BGH NJW 2014, 1302 Rn. 18 = FamRZ 2014, 823; NJW 2013, 161 Rn. 50, 51 = FamRZ 2013, 109; NJW 2012, 2028 Rn. 29, 30 = FamRZ 2012, 951.
202 Dazu auch BGH NJW 2012, 2028 Rn. 31 = FamRZ 2012, 951.
203 BGH NZFam 2018, 889 Rn. 15 mAnm *Hambitzer,* mBspr *Sarres* NZFam 2018, 852 = FamRZ 2018, 1421; NJW 2014, 1302 Rn. 18 = FamRZ 2014, 823; auch OLG Celle NJW 2016, 2194 Rn. 45.
204 Dazu auch BGH NJW 2014, 1302 Rn. 18 = FamRZ 2014, 823.
205 BGH NJW 2014, 1302 Rn. 18 = FamRZ 2014, 823.
206 Zum „vergessenen" Altersvorsorgeunterhalt BGH NJW 2015, 334 Rn. 13–15 = FamRZ 2015, 309 (vorausgehend KG BeckRS 2013, 15618 = FamRZ 2014, 219 Ls.).

bei der Altersvorsorge nicht ehebedingt.[207] Zur Zurechnung von Alterseinkommen aufgrund fiktiven Altersvorsorgeunterhalts → § 1578 Rn. 855.

151 3. **Vermögenszuwendungen.** Darüber hinaus können ehebedingte Nachteile **jeder Art** auch durch die Zuwendung sonstigen Vermögens kompensiert werden (zur Behandlung der aus den Zuwendungen erzielten **Vermögenserträgnissen** → Rn. 155). In Betracht kommen insbesondere Vermögenszuwendungen

152 – des Verpflichteten,[208] etwa die Übertragung von **Wohnungseigentum,**[209] die nicht schon dem Ausgleich von Versorgungsnachteilen (→ Rn. 153) dienen.

153 – zur **vermögens-** oder **güterrechtlichen** Auseinandersetzung der Ehegatten.[210] Der Vermögenszuwachs selbst bleibt unberücksichtigt, weil es sonst zu einer nicht zulässigen Doppelverwertung (→ § 1569 Rn. 38–45) käme.

154 – aus einer arbeitsrechtlichen **Abfindung** des Berechtigten nach ehebedingtem Ausscheiden aus dem Erwerbsleben.[211]

155 4. **Vermögenerträgnisse.** Zu keiner Kompensation führen Vermögenserträgnisse aus **Vermögenszuwendungen** (→ Rn. 151–154) jedoch dann, wenn der Berechtigte auch ohne Ehe und Kinderbetreuung **dasselbe Vermögen,** das er als Ausgleich erhalten hat, erworben hätte, weil dann durch die neu generierten Erträge lediglich Erträge aus eigenem hypothetischen Vermögen ersetzt werden.[212] Für die Bemessung des „angemessenen Lebensbedarfs" iSd Abs. 1 S. 1 (→ Rn. 198–214) sind die Erträgnisse jedoch nur dann heranzuziehen, wenn davon ausgegangen werden kann, dass sie auch zur Bestreitung des Lebensunterhalts herangezogen worden wären. Jedenfalls sind sie die Bedürftigkeit mindernd (§ 1577 Abs. 1) zu berücksichtigen.

156 5. **„Überholende Kausalität".** Ein ehebedingter Nachteil kann auch nach Eintritt eines anderen, nicht ehebedingten Umstandes **entfallen.** Etwa nach dem Erreichen der Regelaltersgrenze und dem Bezug von **Altersrente** nach vollständigem Ausgleich ehebedingter Nachteile durch den Versorgungsausgleich, aber auch dann, wenn die Ausübung oder Wiederaufnahme einer Erwerbstätigkeit wegen nicht ehebedingter **Krankheit** nicht mehr möglich war.[213] Dies schließt nicht aus, die ehebedingten Erwerbseinschränkungen weiter als allgemeines Kriterium bei der Billigkeitsabwägung zu berücksichtigen.[214]

## III. Bemessung des ehebedingten Nachteils

157 1. **Allgemeines.** Der ehebedingte Nachteil bemisst sich nach dem infolge der Eheschließung eingetretenen **Minderverdienst.** IdR wird dieser Nachteil nicht statisch, sondern insofern dynamisch sein, als für die Zukunft auch hypothetische Entwicklungen in die Beurteilung einzubeziehen sind. Zu vergleichen ist deshalb, wie sich der Nachteil im Zeitpunkt der jeweiligen Beurteilung konkret darstellt. Dabei ist – ungeachtet der Beurteilung von Karriereverläufen (→ Rn. 87, 158, 290) – der Entwicklung der tatsächlichen Erwerbsverhältnisse die der ehemaligen Erwerbsverhältnisse gegenüber zu stellen.

158 2. **Anpassungsmaßstab.** Da die Feststellung der maßgeblichen Tatsachen in der Praxis oft Schwierigkeiten bereitet, greift sie zum Teil auf einen objektiven Anpassungsmaßstab zurück und schreibt den Nachteil nach der Entwicklung des **Verbraucherpreisindexes** oder des **Durchschnittsentgelts aller in der gesetzlichen Rentenversicherung Versicherten**[215, 216] fort. Unberücksichtigt bleibt damit aber ein Vergleich des tatsächlichen mit dem hypothetischen Karriereverlauf (Beförderungen, Gehaltsgruppen etc) und allgemein der konkreten Gehaltsentwicklungen. Realitäts-

---

[207] BGH NJW 2014, 2192 Rn. 48 = FamRZ 2014, 1276.

[208] BGH NJW 2011, 2512 Rn. 38 = FamRZ 2011, 1381.

[209] BGH NJW 2011, 2512 Rn. 3, 33 = FamRZ 2011, 1381; OLG Schleswig NJW-RR 2011, 363 (364) = FamRZ 2011, 302 (304).

[210] BGH NJW 2010, 3372 Rn. 4, 33 = FamRZ 2010, 1637.

[211] BGH NJW 2011, 1067 Rn. 21 = FamRZ 2011, 628; BeckOGK/*Schlecht,* 1.2.2019, Rn. 56.

[212] BGH NJW 2010, 3372 Rn. 33 = FamRZ 2010, 1637; dazu auch BeckOGK/*Schlecht,* 1.2.2019, Rn. 57, 57.1; ablehnend *Borth* in Schwab ScheidungsR-HdB IV Rn. 458; *Borth* FamRZ 2010, 1642 (1643).

[213] Zu Letzterem OLG Schleswig NJW-RR 2011, 363 (364) = FamRZ 2011, 302.

[214] OLG Schleswig NJW-RR 2011, 363 (364) = FamRZ 2011, 302.

[215] Aktuell: § 1 der Verordnung über maßgebende Rechengrößen der Sozialversicherung für 2019 (Sozialversicherungs-Rechengrößenverordnung 2019) v. 27.11.2018 (BGBl. 2018 I 2024): Das Durchschnittsentgelt für das Jahr 2017 beträgt 37.077 EUR, das vorläufige Durchschnittsentgelt für das Jahr 2019 beträgt 38.501 EUR.

[216] Etwa AG Esslingen 16.7.2013 – 2 F 749/09, nv.

näher ist deshalb eine Fortschreibung des Nachteils auf der Grundlage eines **Vergleichs der allgemeinen Entwicklung** im aktuell ausgeübten mit der im aufgegebenen Beruf. Das Durchschnittsentgelt taugt deshalb allenfalls für eine Plausibilitätskontrolle, wobei zu beachten ist, dass es sich dabei um ein Bruttoarbeitsentgelt handelt und deshalb auch nur zu einer Anpassung des Bruttoarbeitsentgelts herangezogen werden kann.

Ist der eigene angemessene Bedarf des Berechtigten höher als der eheangemessene, weil der **159** ehebedingte Nachteil so hoch ist, dass er zusammen mit den Einkünften des Berechtigten den eheangemessenen Bedarf übersteigt, kommt eine Herabsetzung des Bedarfs (Abs. 1) nicht in Betracht und grundsätzlich auch keine Befristung (Abs. 2), um die ehebedingten Nachteile des Berechtigten wenigstens teilweise auszugleichen.

**3. Vorsorge für das Alter und die Erwerbsminderung.** Verminderte Einkünfte führen zu **160** verminderter Alters- und Erwerbsminderungsvorsorge, die für die nacheheliche Zeit nicht durch den Versorgungsausgleich (→ Rn. 129–146) kompensiert wird. Zum Ausgleich dieser Nachteile erstreckt sich der Unterhaltsanspruch des Berechtigten auch auf die Vorsorge für den Fall des **Alters und der verminderten Erwerbsfähigkeit** (§ 1578 Abs. 3, → Rn. 147–150, → § 1578 Rn. 289–352), berechnet auf der Grundlage des Bruttonachteils. Auch dieser Teil des Anspruchs ist in dem Maße geschützt, wie der Schutz des „ehebedingten Nachteils" reicht.

## E. Keine ehebedingten Nachteile

### I. Allgemeines

Auch Umstände, die nicht den ehebedingten Nachteilen zuzurechnen sind, sind bei der **Billigkeitsabwägung** zu berücksichtigen.[217] Doch muss es sich auch insoweit um **objektive** Umstände und nicht lediglich **subjektive** Umstände handeln, die allein nach § 1579 erfasst werden (→ Rn. 34, 120). **161**

### II. Berücksichtigungsfähige Umstände

**1. Voreheliche Kinderbetreuung.** Nachteile, die auf das voreheliche **Zusammenleben** der **162** Ehegatten[218] und die voreheliche **Betreuung gemeinschaftlicher Kinder** zurückzuführen sind, sind nicht ehebedingt, es sei denn, die Ehegatten wären schon einmal verheiratet gewesen.[219] Erfasst werden lediglich die sich nach der Eheschließung aus der Fortsetzung der Rollenverteilung und dem damit verbundenen Verzicht auf eine Erwerbstätigkeit ergebenden Nachteile.[220]

Diese Rspr. ist **begriffsjuristisch,** weil sie den mit den vorehelichen Absprachen verfolgten Zweck der Partner **163** unberücksichtigt und das sich darauf stützende Vertrauen des benachteiligten Partners ungeschützt lässt.[221] Zu der vorehelich begonnenen und nach Eheschließung fortgeführten Kinderbetreuung hat der BGH dies nunmehr anerkannt, zu Unrecht allerdings beschränkt auf nach der Eheschließung entstandene Nachteile.

Jedenfalls sind diese in S. 2, 3 nicht ausdrücklich benannten Umstände – vom BGH nicht **164** berücksichtigt[222] – aus Gründen der **nachehelichen Solidarität** (→ Rn. 28, 29) in die umfassende Billigkeitsabwägung (S. 1) einzubeziehen.[223]

---

[217] BGH NJW 2013, 1530 Rn. 33 = FamRZ 2013, 853; NJW 2011, 147 Rn. 33 = FamRZ 2010, 1971; NJW 2010, 3372 Rn. 48 = FamRZ 2010, 1637.

[218] Etwa BGH NJW 2012, 309 Rn. 25–28 = FamRZ 2012, 197 mit abl. Anm. *Maurer*; NJW 2011, 2969 Rn. 20 = FamRZ 2011, 1377; NJW 2011, 1067 Rn. 24 = FamRZ 2011, 628; NJW 2011, 147 Rn. 25 = FamRZ 2010, 1971, 35; BGHZ 186, 1 = NJW 2010, 2349 Rn. 39 = FamRZ 2010, 1238.

[219] BGH NJW 2013, 1444 Rn. 20 = FamRZ 2013, 860; NJW 2012, 1506 Rn. 19, 20 = FamRZ 2012, 776; NJW 1986, 2832 = FamRZ 1986, 886 (888); NJW 1980, 2247 = FamRZ 1980, 981; aA OLG Karlsruhe RNotZ 2011, 182 = FamRZ 2011, 818 (820) (Vorinstanz zu BGH NJW 2013, 1444 = FamRZ 2013, 860); OLG Hamm BeckRS 1986, 223 = FamRZ 1986, 908 (909); aA OLG Düsseldorf NJW-RR 1996, 1348 = FamRZ 1996, 1416 (1417).

[220] BGH NJW 2013, 1447 Rn. 20 = FamRZ 2013, 864; NJW 2013, 1444 Rn. 20 = FamRZ 2013, 860 mit abl. Anm. *Maurer*; NJW 2012, 1506 Rn. 21 = FamRZ 2012,776 mit abl. Anm. *Maurer*; auch OLG Koblenz BeckRS 2016, 7316 mBspr *Höhler-Heun* NZFam 2016, 507 = FamRZ 2016, 641 Ls. 3; OLG Düsseldorf NJW 2012, 3382 (3383).

[221] Zum Ganzen *Maurer* FamRZ 2013, 863; *Maurer* FamRZ 2012, 778 f.; *Maurer* FamRZ 2012, 200; krit. auch Staudinger/*Verschraegen*, 2014, Rn. 63.

[222] Anders BeckOGK/*Schlecht*, 1.2.2019, Rn. 66.4: Weil das „voreheliche Zusammenleben keine rechtlich gesicherte Position begründet, vermag es auch nicht ohne weiteres ein erhöhtes Maß an nachehelicher Solidarität zu rechtfertigen." Offen bleibt, wann ein Ausnahmefall vorliegen kann.

[223] Insoweit ebenso *Wönne* in Wendl/Dose UnterhaltsR § 4 Rn. 1050.

165 **2. Nicht gemeinschaftliche Kinder.** Auch durch die Betreuung eines nicht gemeinschaftlichen Kindes hervorgerufene Nachteile (zu deren Berücksichtigung bei der Bestimmung des angemessenen Lebensbedarfs iSd Abs. 1 → Rn. 209) sind nicht ehebedingt, weil sie nicht auf die Ehe zurückzuführen sind (zu den gemeinschaftlichen Kindern → Rn. 35–41, 162–164).[224] Soweit dessen Betreuung während des ehelichen Zusammenlebens einen Anspruch auf Billigkeitsunterhalt (§ 1576) vermitteln kann, ist die dortige Billigkeitsabwägung abschließend und umfasst alle denkbaren Umstände (→ Rn. 22, → § 1576 Rn. 32–35). Gegenüber anderen Unterhaltsansprüchen ist die einvernehmliche Betreuung nicht gemeinschaftlicher Kinder im Rahmen der Billigkeitsabwägung zu berücksichtigen.

166 **3. Alter.** Dem Alter der Ehegatten kommt in **mehrfacher Hinsicht** unterhaltsrechtliche Bedeutung zu: Das Lebensalter des Berechtigten kann bereits als solches zum **Altersunterhalt** (§ 1571, auch → Rn. 250) oder zum Erwerbslosenunterhalt (§ 1573 Abs. 1), aber auch zum Aufstockungsunterhalt (§ 1573 Abs. 2), ggf. auch zum Billigkeitsunterhalts (§ 1576) anspruchsbegründend sein. Im Rahmen von § 1578b geht es dagegen um die Frage, ob und inwieweit das Alter beider Ehegatten eine Begrenzung des Unterhaltsanspruchs zu Lasten des Berechtigten rechtfertigt.

167 So kann das Alter **beider Ehegatten** sowohl im Zeitpunkt der Eheschließung[225] als auch im Zeitpunkt von Trennung und Scheidung[226] zu berücksichtigen sein.

168 **Beispiele aus der Rspr.:**
BGH NJW 2008, 2644 Rn. 21 = FamRZ 2008, 1508: 62 Jahre alte Berechtigte, 13 Jahre Ehe, nicht ehebedingt geringe Rente: Befristung nicht ausgeschlossen.
BGH NJW 2009, 2450 Rn. 42 = FamRZ 2009, 1207: Heirat des Berechtigten im Alter von 16 Jahren, 26 Jahre Ehe.
BGH NJW 2011, 300 Rn. 29 = FamRZ 2011, 188: Heirat im Alter von 37 Jahren, 11½ Jahre Ehe.
BGH NJW 2012, 309 Rn. 36 f. = FamRZ 2012, 197: „Fortgeschrittenes" Alter des Berechtigten bei der Scheidung kann zu seinen Gunsten zu werten sein, 9 Jahre Ehe, 5 Jahre Zusammenleben, 20 Jahre Unterhaltszahlungen.

169 Meist wird dem Alter jedoch **kein eigenständiges Gewicht** zukommen. Vielmehr wird es idR bereits auf der Ebene der Tatbestandsmäßigkeit im Zusammenhang mit der Frage der Erwerbsobliegenheit (§ 1571) und der Chancen auf eine eheangemessene Erwerbstätigkeit auf dem Arbeitsmarkt (§ 1573) Bedeutung erlangen. Zudem werden die benannten Kriterien „Dauer der Pflege und Erziehung eines gemeinschaftlichen Kindes" und „Dauer der Ehe" meist auch das Kriterium „Alter" abdecken. Es bleibt dann noch der begrenzte Bereich, in dem, ohne dass die anderen Kriterien erfüllt wären, das Alter iVm den wirtschaftlichen Verhältnissen der Ehegatten gegen und die Möglichkeit des Berechtigten, sich beruflich fortzuentwickeln und höhere Erwerbseinkünfte zu erzielen, für eine Begrenzung sprechen kann.[227]

170 **4. Krankheit.** IdR wird der **Gesundheitszustand** des Bedürftigen nicht ehebedingt sein (→ Rn. 55–60). Aus Gründen der nachehelichen Solidarität (→ Rn. 28, 29) gerade auch in Bezug auf den Krankheitsunterhalt (→ § 1572 Rn. 1)[228] kommt seinem Gesundheitszustand gleichwohl ganz besonderes Gewicht zu.

171 **Beispiel aus der Rspr.:**
BGH NJW 2009, 2450 Rn. 42 = FamRZ 2009, 1207: Alter der Berechtigten bei der Eheschließung wegen Schwangerschaft 16 Jahre, deshalb keine Berufsausbildung; 26 Jahre reine Hausfrauenehe; 4 in der Ehe geborene gemeinschaftliche Kinder, von der Berechtigten betreut und erzogen; jüngste Tochter bei Scheidung erst 10 Jahre alt und noch betreuungsbedürftig; weitere 9 Jahre Einsatz für die Ehe nach ihrer Krebserkrankung: keine Befristung.

Dieses Gewicht kann auch davon abhängen, dass der Berechtigte die **Therapie** seiner Krankheit unterlassen hat.[229]

[224] BGH NJW 2012, 1506 Rn. 19, 20 = FamRZ 2012, 776 mit abl. Anm. *Maurer*; NJW 2011, 3645 Rn. 31 = FamRZ 2011, 1721.
[225] BGH NJW 2011, 300 Rn. 29 = FamRZ 2011, 188; NJW 2009, 2450 Rn. 42 = FamRZ 2009, 1207.
[226] BGH NJW 2013, 866 Rn. 28 = FamRZ 2013, 534 (54 Jahre); NJW 2012, 309 Rn. 36 f. = FamRZ 2012, 197 (55 Jahre); NJW 2011, 1807 Rn. 24 = FamRZ 2011, 875 (37 Jahre); BGHZ 186, 1 = NJW 2010, 2349 Rn. 38 = FamRZ 2010, 1238 (49 Jahre); NJW 2008, 2644 Rn. 21= FamRZ 2008, 1508 (59 Jahre).
[227] BeckOGK/*Schlecht*, 1.2.2019, Rn. 174; *Borth* in Schwab ScheidungsR-HdB IV Rn. 447 (1).
[228] BGH NJW 2010, 2953 Rn. 16 = FamRZ 2010, 1414; NJW 2009, 2450 Rn. 39 = FamRZ 2009, 1207.
[229] BGH NJW 2010, 2056 Rn. 52 = FamRZ 2010, 869.

Dies kann man **hinterfragen,** da es sich um einen subjektiven Umstand handelt, der bei § 1578b unberücksichtigt bleiben und lediglich durch § 1579 erfasst werden soll (→ Rn. 34, 120, 161). Zudem wird diesem Umstand bereits dadurch Rechnung getragen, dass ihm unter Unterstellung seiner Genesung fiktive Einkünfte zuzurechnen sein werden. 172

Von Bedeutung kann auch sein, wenn der Verpflichtete gesundheitliche Erwerbsbeschränkungen allein oder mit **verursacht** hat. 173

**Beispiel aus der Rspr.:** 174
OLG Saarbrücken BeckRS 2010, 23757 = FamRZ 2011, 225 Ls.: Die zur Erwerbsminderung führenden Körperschäden wurden bei einem Grillabend durch den Verpflichteten zugefügt.

**5. Personenbezogene Umstände.**

- Weitere, ggf. auch **nachrangige Unterhaltspflichten** (§§ 1582, 1609).[230] Mit zunehmender Dauer einer nachfolgenden Ehe wird die Unterhaltspflicht des Verpflichteten gegenüber seinem **neuen Ehegatten** an Gewicht gewinnen.[231] 175
- Verlust eines gegenüber dem eigenen **höheren ehelichen Lebensstandards,**[232] weil es gerade Sinn der Beschränkungen ist, den Lebensstandard des Bedürftigen wieder auf das Maß, das er sich durch eigene Erwerbstätigkeit hätte erarbeiten können, zurückzuführen. 176
- Verlust eines sicheren Unterhaltsanspruchs aus früherer Ehe durch **Wiederheirat** (§ 1586 Abs. 1),[233] der nicht wegen der Gestaltung der nachfolgenden Ehe, sondern wegen der Heirat eintritt. Hat aber der Berechtigte auf seinen nachehelichen Unterhaltsanspruch wirksam **verzichtet,** liegt kein Anspruch vor, der wiederaufleben könnte.[234] 177

**6. Einkommens- und vermögensbezogene Umstände.**

- Die **wirtschaftlichen Verhältnisse** der Ehegatten, soweit sie nicht bereits ehebedingt sind (→ Rn. 30–33),[235] einschließlich des dem Bedürftigen aus seinen Erwerbseinkünften zugestandenen Erwerbsanreizes (allgemein → § 1578 Rn. 212–233).[236] 178

**Beispiel aus der Rspr.:**
OLG Düsseldorf NJW 2014, 948 = FamRZ 2014, 772 (774 f.): Eigene Einkünfte des Berechtigten bei 25 Wochenstunden von monatlich netto ca. 2.350 EUR zuzüglich 1.006 EUR Betreuungsunterhalt, 3 Jahre Zahlung von Trennungsunterhalt: sofortige Herabsetzung des Anspruchs auf Aufstockungsunterhalt auf den angemessenen Lebensbedarf.

- Zumutbarer Wechsel des Berechtigten in der **Krankheitsvorsorge** vom Standard- in den Basistarif (→ § 1578 Rn. 281).[237] Doch ist dies abzulehnen, weil es sich insoweit um den Bedarf und die Bedürftigkeit bestimmende Umstände handelt (→ § 1578 Rn. 267–288). 179
- Nicht ehebedingter, auch nachehelicher **Vermögenserwerb,** etwa durch Erbfall, Schenkung, Spielgewinn etc. 180
- Die Möglichkeit des Bedürftigen, den eheangemessenen Unterhalt aus seinem **Vermögen**[238] sicherzustellen. Dies gilt auch für nach § 1577 Abs. 3 privilegiertes Vermögen, weil die Bedarfsfestsetzung der Beurteilung der Bedürftigkeit vorgeht. Dabei ist auch zu berücksichtigen, inwieweit der Bedürftige das Vermögen dazu benötigte, trotz Versorgungsausgleichs und Zugewinnausgleichs eine angemessene Altersvorsorge aufzubauen.[239] 181
- Dass der Bedürftige auf die Bestreitung seines Lebensbedarfs durch **Verwertung des Vermögensstamms** verwiesen wurde.[240] 182

---

230 BGH NJW 2013, 1530 Rn. 37 = FamRZ 2013, 853; NJW 2011, 1285 Rn. 24 = FamRZ 2011, 713.
231 BGH NJW 2013, 1530 Rn. 37 = FamRZ 2013, 853.
232 Zum Aufstockungsunterhalt (§ 1573 Abs. 2) BGH NJW 2010, 2056 Rn. 43 = FamRZ 2010, 869.
233 BGH NJW 2012, 309 Rn. 28 = FamRZ 2012, 197; aA BGH NJW-RR 1989, 386 = FamRZ 1989, 483 (486); OLG Düsseldorf BeckRS 2010, 9678 = FamRZ 2010, 1912 (1993) (Vorinstanz zu BGH NJW 2012, 309 = FamRZ 2012, 197); FamRZ 1987, 1254 (1256).
234 OLG Düsseldorf FamRZ 1988, 838 (839).
235 BGH NJW 2012, 1356 Rn. 51 = FamRZ 2012, 699; NJW 2012, 1144 Rn. 64 = FamRZ 2012, 517 (gute wirtschaftliche Verhältnisse des Verpflichteten); aA wohl OLG Köln BeckRS 1994, 10899 = FamRZ 1995, 1365.
236 BGH NJW 2008, 2644 Rn. 28 = FamRZ 2008, 1508.
237 BGH NJW 2015, 2963 Rn. 30 = FamRZ 2015, 1694; dazu auch OLG Köln BeckRS 2016, 4564 Rn. 13–21 = FamRZ 2016, 1172 Ls.
238 *Brudermüller* FamRZ 1998, 649 (656).
239 BGH NJW 2011, 147 Rn. 34 = FamRZ 2010, 1971.
240 BGH NJW 2012, 1144 Rn. 64 = FamRZ 2012, 517.

183 – **Vermögensdispositionen** mit den sich daraus ggf. ergebenden Belastungen im schutzwürdigen Vertrauen auf den Fortbestand des Unterhaltsanspruchs,[241] etwa durch die **Auflösung einer Kapitalbeteiligung.**[242]

184 – Die Möglichkeit, eine **ausreichende Altersversorgung** nach den eigenen wirtschaftlichen Verhältnissen aufzubauen.[243]

**7. Ausbildungs- und erwerbsbezogene Umstände.**

185 – Das **Arbeitsmarktrisiko.**[244]

186 – Die Erwerbslosigkeit wegen **Rauschmittelmissbrauchs.**[245]

187 – Einbußen im Unterhalt infolge der **Arbeitslosigkeit des Verpflichteten.**[246] Doch ist dies Folge einer maßgeblichen Veränderung der ehelichen Lebensverhältnisse, an der auch der Verpflichtete zu gleichen Teilen teilhat.

188 – **Freiwilliger Abbruch einer Ausbildung.**[247]

### III. Nicht berücksichtigungsfähige Umstände

189 **1. Allgemeines.** Bei der Anwendung von § 1578b bleiben Umstände unberücksichtigt, die schon in anderer Weise berücksichtigt worden sind.[248] Dies gilt vor allem für solche Umstände, die bereits in die Bemessung des Bedarfs, der Bedürftigkeit und der Leistungsfähigkeit eingeflossen sind, betrifft aber auch solche, die, räumt man der Verwirkung den Vorrang vor der Begrenzung nach § 1578b ein (→ Rn. 265–268), bereits zu einer Begrenzung nach § 1579 geführt haben.

190 Keine Bedeutung kommt danach insbesondere dem **Halbteilungsgrundsatz** (→ § 1578 Rn. 25, 26) zu. Denn müsste den Ehegatten im Rahmen der Begrenzung jeweils die Hälfte verbleiben, würde der Zweck des § 1578b, eine Begrenzung des Unterhalts zugunsten des Verpflichteten zu ermöglichen, nicht mehr erreicht. Auch dem **angemessenen Selbstbehalt** des Verpflichteten iSd § 1581 (→ § 1581 Rn. 12–15) kommt im vorliegenden Zusammenhang keine Bedeutung zu, da er bereits bei der Bemessung des Unterhalts unter Billigkeitsgesichtspunkten im Hinblick auf die Leistungsfähigkeit (§ 1581) beurteilt worden ist.[249]

**2. Personenbezogene Umstände.**

191 – Die grundlose **Verweigerung einer Erwerbstätigkeit** des Berechtigten gegen die berechtigten Vorstellungen des Verpflichteten, weil es sich insoweit um einen subjektiven Umstand handelt, der nicht von § 1578b, sondern ausschließlich von § 1579 geschützt wird (auch → Rn. 34, 120, 161).[250]

192 – Dass mit einer Befristung der **Einsatzzeitpunkt** für Alters- (§ 1571 Nr. 3)[251] oder Krankheitsunterhalt (§ 1572 Nr. 4) erhalten würde.

193 – Die Belastungen durch ein **gerichtliches Verfahren** und dessen Dauer, da sie idR auf der Wahrnehmung berechtigter prozessualer Rechte beruhen.[252]

**3. Einkommens- und vermögensbezogene Umstände.**

194 – **Vermögenseinbußen** des Bedürftigen, weil Unterhalt der Deckung des Lebensbedarfs und nicht der Vermögensbildung dient.

195 – Dass der Bedürftige, da der Unterhalt nicht zur Abdeckung des **Existenzminimums** ausreichen würde, auch ohne Befristung sozialhilfebedürftig wäre, weil dies der Subsidiarität der Sozialhilfe widersprechen würde (zur **Sozialhilfebedürftigkeit** infolge Befristung → Rn. 33).[253]

---

241 BGH NJW 2012, 2028 Rn. 46 = FamRZ 2012, 951.
242 BGH NJW 1986, 2832 = FamRZ 1986, 886 (888).
243 BGH NJW 2011, 147 Rn. 34 = FamRZ 2010, 1971; NJW 2008, 2644 Rn. 20 = FamRZ 2008, 1508.
244 BT-Drs. 10/2888, 17 f.; BT-Drs. 10/4514, 6, 21; s. auch *Brudermüller* FamRZ 1998, 649 (656) mwN.
245 OLG Hamburg FamRZ 1987, 1250 (1253) (Alkoholmissbrauch).
246 BGH NJW 2011, 3577 Rn. 24 = FamRZ 2011, 1851.
247 OLG Köln NJW-RR 1995, 1157 (1159).
248 Zum Abänderungsverfahren – doch kann für das Ausgangsverfahren nichts anderes gelten – BGH NJW 2015, 2963 Rn. 26 = FamRZ 2015, 1694; NJW 2013, 528 Rn. 28 = FamRZ 2013, 274; NJW 2010, 1595 Rn. 42 = FamRZ 2010, 538.
249 Zum Ganzen BGH NJW 2015, 2963 Rn. 32 = FamRZ 2015, 1694.
250 BGH NJW 2014, 1807 Rn. 19 = FamRZ 2014, 1007; NJW 2013, 1738 Rn. 36 = FamRZ 2013, 935; NJW 2011, 1067 Rn. 20 = FamRZ 2011, 628; NJW 2010, 3653 Rn. 27 = FamRZ 2010, 2059.
251 BGH NJW 2011, 2512 Rn. 32 = FamRZ 2011, 1381; NJW 2008, 2644 Rn. 14, 23 = FamRZ 2008, 1508; aA OLG Düsseldorf BeckRS 2007, 19995 = FamRZ 2008, 418 f. (Vorinstanz zu BGH NJW 2008, 2644 = FamRZ 2008, 1508).
252 BGH NJW 2012, 1807 Rn. 38 = FamRZ 2012, 772.
253 BGH NJW 2011, 1285 Rn. 26 = FamRZ 2011, 713; NJW-RR 2010, 1009 Rn. 20 = FamRZ 2010, 1057.

# F. Begrenzungen

## I. Allgemeines

Die Frage nach einer Begrenzung des Unterhaltsanspruchs kann sich systematisch erst stellen, wenn bekannt ist, ob und in welchem Umfang ein Unterhaltsanspruch überhaupt bestehen kann. Deshalb bedarf **vorgreiflich** der Feststellung, ob die Tatbestandsvoraussetzungen für einen Unterhaltsanspruch (§§ 1570–1573, 1575) erfüllt sind, sowie des Bedarfs (§ 1578),[254] der Bedürftigkeit einschließlich der (Nicht-)Zurechnung fiktiver Einkünfte wegen einer Verletzung der Erwerbsobliegenheit (§ 1577)[255] und der Leistungsfähigkeit (§ 1581),[256] ggf. auch der Herabsetzung des Unterhalts nach § 1579 (zum Verhältnis zur Begrenzung nach § 1578b auch → Rn. 265–268). – Zur **Abänderbarkeit** von Beschlüssen und Vergleichen (§§ 238, 239 FamFG, § 313) → Rn. 275–285. 196

## II. Herabsetzung

**1. Stichtag.** Die Herabsetzung des Bedarfs ist auf **keinen** Stichtag festgelegt: Sie kann bereits mit der Scheidung, aber auch noch danach in einem Erst- oder in einem Abänderungsverfahren ausgesprochen werden. Maßgebend ist allein, wann und dass die Voraussetzungen für eine Herabsetzung eingetreten sind. – Im Gegensatz zu § 1578 Abs. 1 S. 2 aF, wonach eine Herabsetzung erst nach einer vorangegangenen Befristung zulässig war, sieht Abs. 1 eine **Schonfrist** für den Bedürftigen nicht mehr ausdrücklich vor (aber → Rn. 221–229).[257] 197

**2. „Angemessener Lebensbedarf". a) Allgemeines.** Liegen die Voraussetzungen für eine Begrenzung vor (→ Rn. 21–195), ist der Unterhaltsanspruch auf den „angemessenen Lebensbedarf", der eine dem Einzelfall gerecht werdende Bemessungsgrundlage darstellt, herabzusetzen. Da Abs. 1 S. 1 nur die **Kürzung** der Unterhaltsansprüche zulässt, kann er bei vorehelich höherem Lebensstandard als dem ehelichen nicht auch zu einer **Erhöhung** des Unterhaltsanspruchs führen.[258] 198

**b) Maßstab.** Was **„angemessen"** ist, bemisst sich nach der **eheunabhängigen Lebensstellung** des Bedürftigen vor der Eheschließung und ihrer Fortentwicklung ohne sie. Maßgeblich sind die finanziellen Verhältnisse des Bedürftigen nach seinen eigenen, ggf. fiktiven bzw. „hypothetischen" Einkünften,[259] nicht der angemessene (§ 1603 Abs. 1)[260] oder billige Selbstbehalt (§ 1581 S. 1)[261] des Verpflichteten (→ § 1581 Rn. 25–57).[262] 199

War der Bedürftige vor der Eheschließung **erwerbstätig,** bestimmt sich der eigene angemessene Bedarf nach seinen vor Eingehung der Ehe bestehenden **eigenen Einkommensverhältnissen** und deren prognostischer – **hypothetischer** – Weiterentwicklung ohne die Eheschließung und mithin auch ohne den Versorgungsausgleich.[263] Dieser angemessene Bedarf bildet die **Untergrenze,** auf die eine Herabsetzung nach Abs. 1 erfolgen darf. Die Herabsetzung auf den angemessenen Bedarf steht in diesen Fällen einer Befristung gleich.[264] 200

---

254 BGH NJW 2007, 839 Rn. 38 = FamRZ 2007, 200; NJW-RR 1995, 449 = FamRZ 1995, 1405 (1406).

255 BGH NJW 2013, 528 Rn. 23 = FamRZ 2013, 274; NJW 2010, 1595 Rn. 42 = FamRZ 2010, 538; NJW 2009, 2523 Rn. 62 = FamRZ 2009, 1300.

256 Etwa *Brudermüller* FamRZ 1998, 649 (656); *Hahne* FamRZ 1986, 305 (309).

257 Wohl nur scheinbar aA BGH NJW 2012, 1356 Rn. 42 = FamRZ 2012, 699.

258 OLG Hamm NJWE-FER 1998, 2 = FamRZ 1998, 292 (293).

259 BGH NJW 2013, 2662 Rn. 75 = FamRZ 2013, 1366 (fiktive Invalidenrente); NJW 2013, 1447 Rn. 27 = FamRZ 2013, 864; NJW 2013, 1444 Rn. 22 = FamRZ 2013, 860; NJW 2012, 343 Rn. 43 = FamRZ 2012, 1483 mwN; NJW 2010, 3097 Rn. 33 = FamRZ 2010, 1633.

260 So etwa OLG Koblenz BeckRS 2009, 14034 = FamRZ 2009, 1750 (1751); BeckRS 2008, 8358 = FamRZ 2008, 2120 Ls. 2; OLG Hamm BeckRS 1997, 11486 = FamRZ 1998, 295 (296); NJWE-FER 1998, 2 = FamRZ 1998, 292 (293); OLG Hamburg FamRZ 1998, 294 (295).

261 So OLG Bremen BeckRS 2008, 9226 = FamRZ 2008, 1957 f.

262 BGH NJW 2013, 866 Rn. 23 = FamRZ 2013, 534; NJW 2012, 74 Rn. 31 = FamRZ 2012, 93; NJW 2011, 3645 Rn. 27, 28 = FamRZ 2011, 1721; NJW 2011, 303 Rn. 35, 36 = FamRZ 2011, 192; NJW 2011, 300 Rn. 25 = FamRZ 2011, 188; NJW 2010, 3653 Rn. 22 = FamRZ 2010, 2059; NJW 2011, 147 Rn. 19 = FamRZ 2010, 1971; NJW 2010, 3097 Rn. 32 = FamRZ 2010, 1633; NJW 2010, 1598 Rn. 28, 29 = FamRZ 2010, 629; BGHZ 184, 13 = NJW 2010, 937 Rn. 34–38 = FamRZ 2010, 357.

263 BGH NJW 2013, 1444 Rn. 29 = FamRZ 2013, 860; NJW 2012, 1356 Rn. 42 = FamRZ 2012, 699; NJW 2011, 3645 Rn. 27, 28 = FamRZ 2011, 1721; NJW 2011, 1285 Rn. 15, 16 = FamRZ 2011, 713; NJW 2010, 3653 Rn. 22 = FamRZ 2010, 2059; NJW 2009, 3783 Rn. 14 = FamRZ 2009, 1990; NJW 2012, 1356.

264 BGH NJW 2010, 3653 Rn. 22 = FamRZ 2010, 2059.

201 Hat der Berechtigte keine ehebedingten Nachteile (→ Rn. 119–195) erlitten, bietet sich an, seinen angemessenen Lebensbedarf danach zu bemessen, welche – fiktiven – Erwerbseinkünfte er bei vollschichtiger Erwerbstätigkeit erzielen könnte. Sie sind mit den tatsächlichen Erwerbseinkünften, so sie denn tatsächlich erzielt werden, und dem Unterhalt, der auf deren Grundlage zu zahlen ist, zu vergleichen. Bleiben Erwerbseinkünfte und Unterhalt hinter den fiktiven Erwerbseinkünften zurück, kommt eine Herabsetzung nicht in Betracht.

202 **Rechenbeispiel (2017):**

| | | |
|---|---|---|
| Erwerbseinkünfte aus 75%-iger Erwerbstätigkeit | brutto | 1.700,00 € |
| | netto | 1.224,17 € |
| Unterhalt | | 250,00 € |
| | | 1.474,17 € |
| Erwerbseinkünfte aus 100%-iger Erwerbstätigkeit | brutto | 2.667,00 € |
| | netto | 1.742,24 € |

Der angemessene Lebensdarf beträgt 1.742,24 €, eine Herabsetzung kommt nicht in Betracht.

203 Bei der Ermittlung des Nettoeinkommens bleiben **Kinderfreibeträge** und **Kinderzuschläge** für Kinder aus der geschiedenen Ehe unberücksichtigt,[265] dagegen sind solche für vorehelich oder nachehelich geborene, nicht gemeinschaftliche Kinder zu beachten.

204 Ist der Berechtigte bereits **Rentner,** ist auf das Renteneinkommen aus der hypothetischen Tätigkeit abzustellen. Der ehebedingte Nachteil bemisst sich dann nach der Differenz zum tatsächlichen Renteneinkommen einschließlich der durch den Versorgungsausgleich hinzuerworbenen Anrechte. Das tatsächliche Renteneinkommen ist allerdings dann zugrunde zu legen, wenn es höher als das hypothetische Renteneinkommen ist.[266]

205 „Angemessen" ist stets nur ein über dem **Existenzminimum** liegender Bedarf, der ggf. mit dem Mindestbedarf zuzüglich des **Alters-,**[267] **Kranken**- und **Pflegevorsorgebedarfs**[268] zu bemessen ist.[269] Er ist anzusetzen, wenn der Bedürftige keine entsprechenden Erwerbseinkünfte erzielen kann (zur Bemessung des **Mindestbedarfs** → § 1578 Rn. 163–165). – Zum Altersvorsorgeunterhalt zum **Ausgleich ehebedingter Versorgungsnachteile** → Rn. 147–150.

206 **c) Fiktive Abzüge. aa) Öffentliche Abgaben.** Von dem hypothetischen Einkommen sind – fiktiv – diejenigen Aufwendungen abzusetzen, die dem Bedürftigen entstanden wären, wenn er die Ehe mit dem Verpflichteten nicht eingegangen wäre. **Steuern**[270] und **Sozialabgaben** sind abzuziehen, soweit sie bei entsprechender Erwerbstätigkeit auch tatsächlich entstanden wären und deshalb nicht bedarfsprägend und -deckend hätten eingesetzt werden können.[271] Die Steuern errechnen sich nach der Stkl. 1[272] bzw., hat der Bedürftige voreheliche oder nacheheliche nicht gemeinschaftliche Kinder, nach der Stkl. 2.

207 **bb) Erwerbsbezogene Aufwendungen. Berufsbedingte Aufwendungen** (näher → § 1578 Rn. 192–211) sind, da sie im Zusammenhang mit der Erzielung von Erwerbseinkünften tatsächlich

[265] BGH NJW 2013, 528 Rn. 32 = FamRZ 2013, 274.

[266] BGH NJW 2014, 1302 Rn. 18 = FamRZ 2014, 823 mwN; NJW 2010, 3037 Rn. 34 = FamRZ 2010, 1633 mAnm *Borth*; NJW 2010, 1598 Rn. 29 = FamRZ 2010, 629.

[267] BGH NJW 2013, 161 Rn. 50, 51 = FamRZ 2013, 109; NJW 2012, 2028 Rn. 29 ff. = FamRZ 2012, 951 (dort auch zur Kompensation).

[268] OLG Oldenburg NJW-RR 2010, 512 = FamRZ 2010, 567 (568) (Krankenvorsorgeunterhalt); OLG Celle NJW 2010, 79 (85) = FamRZ 2010, 301 Ls. (Altersvorsorgeunterhalt); OLG München BeckRS 2002, 14607 = FamRZ 2003, 1110 Ls. (Alters- und Krankenvorsorgeunterhalt); auch OLG Bremen BeckRS 2008, 9226 = FamRZ 2008, 1957 (1958); s. auch BeckOGK/*Schlecht*, 1.2.2019, Rn. 203.

[269] BGH NJW NZFam 2018, 885 Rn. 25 mAnm *Niepmann*, *Braeuer* NJW 2018, 2876 = FamRZ 2018, 1506 mAnm *Maurer*; NJW 2016, 2256 Rn. 16 mAnm *Born*, *Hambitzer* NZFam 2016, 743 = FamRZ 2016, 1345 mAnm *Witt*; NJW 2015, 1380 Rn. 33 = FamRZ 2015, 824; NJW 2012, 3434 Rn. 45 = FamRZ 2012, 1483; NJW 2012, 74 Rn. 31 = FamRZ 2012, 93; NJW 2011, 3645 Rn. 27, 28 = FamRZ 2011, 1721; NJW 2011, 1285 Rn. 16, 17 = FamRZ 2011, 713; NJW 2011, 147 Rn. 34 = FamRZ 2010, 1971; NJW 2010, 3097 Rn. 34 = FamRZ 2010, 1633; NJW-RR 2010, 1009 Rn. 10 = FamRZ 2010, 1057; NJW 2010, 2056 Rn. 46 = FamRZ 2010, 869; NJW 2010, 1598 Rn. 32, 33 = FamRZ 2010, 629; s. bereits BGH NJW 1986, 2832 = FamRZ 1986, 886 (889); vgl. auch BT-Drs. 10/4514, 22; OLG Saarbrücken BeckRS 2005, 422 = FamRZ 2004, 1293 (1294); *Borth* Praxis des UnterhaltsR Rn. 298, 299; *Viefhues* FPR 2008, 36; *Triebs* FPR 2008, 31 (34); *Büttner* FamRZ 2007, 773 (775).

[270] BGH NJW 2013, 2662 Rn. 71 = FamRZ 2013, 1366; NJW 2013, 528 Rn. 32 = FamRZ 2013, 274.

[271] IErg ebenso BeckOGK/*Schlecht*, 1.2.2019, Rn. 199.1, 199.2; *Wönne* in Wendl/Dose UnterhaltsR § 4 Rn. 1007.

[272] BGH NJW 2013, 2662 Rn. 71 = FamRZ 2013, 1366; NJW 2013, 528 Rn. 32 = FamRZ 2013, 274.

einkommensmindernd anfallen, abzusetzen.[273] Dagegen ist kein **Erwerbsanreiz** anzusetzen,[274] weil dieser dem Bedürftigen ohne Ehe zur Verfügung stünde und deshalb zur Korrektur der Halbteilung nur einen „imaginären" Mehrbedarf abdeckt (→ § 1578 Rn. 212–233, dort auch allgemein zur Kritik) und jedenfalls im Rahmen einer durch Billigkeitserwägungen geleiteten Bedarfsfestlegung keine Bedeutung haben kann. Als Folge daraus ist auch im Rahmen der **Bedürftigkeit** das Erwerbseinkommen ohne Berücksichtigung eines Erwerbsbonus abzuziehen.[275]

**d) Bemessung.** Ist der angemessene Bedarf höher als der nach den ehelichen Lebensverhältnissen, bildet die **Differenz der Bedarfe** den ehebedingten Nachteil. Eine Herabsetzung nach Abs. 1 S. 1 scheidet dann jedenfalls grundsätzlich von vornherein aus (zur **Befristung** → Rn. 220).[276] **208**

Nachteile, die auf die **Betreuung nicht gemeinschaftlicher Kinder** zurückzuführen sind, bleiben bei der Bemessung des angemessenen Bedarfs unberücksichtigt, da sie nicht ehebedingt sind (→ Rn. 36). Der Bedarf richtet sich vielmehr danach, welches Einkommen der Bedürftige ohne Kinder hätte erzielen können und welche Chancen er auf dem Arbeitsmarkt gehabt hätte.[277] **209**

Bezieht der Bedürftige **Alterseinkünfte,** richtet sich der angemessene Bedarf danach, welche Rente ohne die ehebedingte Einschränkung seiner Erwerbstätigkeit erzielt worden wäre. Allerdings werden die ehebedingten Nachteile idR durch den **Versorgungsausgleich** vollständig ausgeglichen (→ Rn. 129–146).[278] Dies gilt auch bei voller **Erwerbsminderung** des Bedürftigen. Bei teilweiser Erwerbsminderung sind neben der Rente auch – ggf. auch fiktive – Erwerbseinkünfte unter Berücksichtigung ehebedingter Einkommensnachteile maßgebend.[279] Abzustellen ist auf die aktuellen Verhältnisse; erst zukünftig eintretende Nachteile sind ggf. mit einem Abänderungsantrag zu verfolgen (anders zur **Befristung,** → Rn. 216).[280] **210**

War der Bedürftige **nicht erwerbstätig,** kann sich sein eigener angemessener Bedarf auch aus seiner „gesellschaftlichen" Lebensstellung ergeben, die sich etwa aus seiner Herkunft oder aus den wirtschaftlichen Verhältnissen einer vorangehenden Ehe ableiten kann.[281] **211**

Ehebedingte Nachteile rechtfertigen in Höhe ihres Umfangs regelmäßig einen **dauerhaften unterhaltsrechtlichen Ausgleich** zugunsten des Bedürftigen (näher → Rn. 19, 124, 233), auch wenn iÜ die Voraussetzungen für eine Herabsetzung des Bedarfs oder eine zeitliche Begrenzung des Unterhaltsanspruchs vorliegen; der angemessene Lebensbedarf ist zu ihrem Ausgleich aufgrund einer Prognose ihrer mutmaßlichen Entwicklung fortzuschreiben (Differenz zwischen dem eigenen angemessenen Bedarf und dem aktuell erzielten oder erzielbaren Einkommen).[282] Seine weitere Herabsetzung auf den notwendigen Lebensbedarf durch **Befristung** nach Abs. 2 (→ Rn. 217) scheidet regelmäßig aus.[283] – Hat der Berechtigte während der Ehezeit **keine Einkommenseinbußen** erlitten, ist, da kein ehebedingter Nachteil vorliegt, idR ein dauerhaftes Absehen von einer Befristung nicht gerechtfertigt (→ Rn. 218).[284] – Zum Ausgleich des Nachteils durch den **Versorgungsausgleich** → Rn. 129–146. **212**

---

[273] AA BGH NJW 2012, 1578 Rn. 28 = FamRZ 2012, 947, allerdings ohne Begründung. Unzutr. verweist der BGH insoweit auf seine Entscheidungen BGH NJW 2010, 3372 Rn. 32 = FamRZ 2010, 1637; NJW 2010, 2056 Rn. 50 = FamRZ 2010, 869; BGHZ 179, 43 = NJW 2009, 989 Rn. 17 = FamRZ 2009, 406, in denen er sich mit den berufsbedingten Aufwendungen jedenfalls nicht ausdrücklich befasst.

[274] BGH NJW 2012, 3037 Rn. 33 = FamRZ 2012, 1624; NJW 2012, 1578 Rn. 28 = FamRZ 2012, 947; NJW 2011, 303 Rn. 28 = FamRZ 2011, 192; NJW 2010, 3653 Rn. 34 = FamRZ 2010, 2059; NJW 2010, 3372 Rn. 46 = FamRZ 2010, 1637: BGHZ 179, 43 = NJW 2009, 989 Rn. 17 = FamRZ 2009, 406.

[275] BeckOGK/*Schlecht,* 1.2.2019, Rn. 197, 197.1; *Wönne* in Wendl/Dose UnterhaltsR § 4 Rn. 1022.

[276] BGH NJW 2013, 1738 Rn. 35 = FamRZ 2013, 935.

[277] BGH NJW 2012, 2028 Rn. 21 = FamRZ 2012, 951; NJW 2011, 3645 Rn. 31 = FamRZ 2011, 1721; NJW 2010, 1598 Rn. 29 = FamRZ 2010, 629.

[278] BGH NJW 2011, 3645 Rn. 28, 29 = FamRZ 2011, 1721; NJW 2011, 2512 Rn. 30 = FamRZ 2011, 1381; NJW 2008, 2644 Rn. 2 = FamRZ 2008, 1508; NJW 2008, 2581 Rn. 43 = FamRZ 2008, 1325.

[279] Zum Ganzen BGH NJW 2011, 2512 Rn. 31 = FamRZ 2011, 1381; NJW 2011, 1285 Rn. 16, 17 = FamRZ 2011, 713.

[280] AA wohl BGH NJW 2011, 2512 Rn. 32 = FamRZ 2011, 1381, der nicht zwischen Herabsetzung und Befristung differenziert.

[281] AA wohl BGH NJW 2011, 303 Rn. 36 = FamRZ 2011, 192.

[282] BGH NJW 2013, 1444 Rn. 26 = FamRZ 2013, 860; NJW 2012, 1578 Rn. 25, 27 = FamRZ 2012, 947; NJW 2011, 303 Rn. 35, 36 = FamRZ 2011, 192; NJW 2011, 147 Rn. 19 = FamRZ 2010, 1971; NJW 2010, 3653 Rn. 22 = FamRZ 2010, 2059; NJW 2010, 3097 Rn. 32, 33 = FamRZ 2010, 1633 (Renteneinkommen einschließlich Versorgungsausgleich); NJW 2010, 1598 Rn. 28–30= FamRZ 2010, 629; NJW 2009, 3783 Rn. 14, 15 = FamRZ 2009, 1990; NJW 2007, 839 Rn. 36 = FamRZ 2007, 200; ebenso etwa OLG Bremen BeckRS 2008, 9226 = FamRZ 2008, 1957; OLG Celle NJW 2010, 79 (84 f.) = FamRZ 2010, 301 Ls.; OLG Karlsruhe RNotZ 2011, 182 = FamRZ 2011, 818 (820); AG Flensburg BeckRS 2009, 20467 = FamRZ 2009, 1157 Ls.

[283] BGH NJW 2012, 1356 Rn. 42 = FamRZ 2012, 699.

[284] BGH NJW 2013, 1530 Rn. 35 = FamRZ 2013, 853.

213 Auch eine Herabsetzung auf einen Betrag **über dem angemessenen Lebensbedarf** und eine **Staffelung** bis zu diesem ist gegen den Wortlaut von Abs. 1 („wenn") aus Gründen der Verhältnismäßigkeit möglich.[285]

214 **Vermögenserträge,** die bereits früher dem Konsum zugeführt wurden, fließen in die Bestimmung des angemessenen Lebensbedarfs ein, ohne dass es zu einer Doppelverwertung käme.

215 **e) Insbesondere: Ausländische Ehegatten.** Obliegt einem ausländischen Ehegatten die **Rückkehr** in sein Heimatland (→ § 1578 Rn. 703), bestimmt sich sein angemessener Lebensbedarf und sein Existenzminimum sowie die Möglichkeit, dieses durch eine zumutbare Erwerbstätigkeit selbst abzusichern, nach den ausländischen wirtschaftlichen Verhältnissen.[286] Allerdings ist die **Verbrauchergeldparität** auf die Verhältnisse in Deutschland umzurechnen (→ § 1578 Rn. 106–111).[287]

## III. Befristung

216 **1. Grundsätze.** Liegen die Voraussetzungen von Abs. 2 vor, ist der Unterhaltsanspruch ohne Schematismus, der dem Einzelfall nicht gerecht würde, **zeitlich** zu begrenzen (zum fehlenden **Ermessen** → Rn. 14–16). Abs. 2 ermöglicht auch eine **sofortige** zeitliche Begrenzung ohne „Schonfrist" (zu ihr → Rn. 221–229; anders § 1573 Abs. 5 aF, dazu → 4. Aufl. 2000, § 1573 Rn. 43), doch kommt dies aus Vertrauensschutzgesichtspunkten nur ausnahmsweise – etwa bei ausreichenden eigenen Einkünften des Berechtigten – in Betracht, um dem Bedürftigen zu ermöglichen, sich auf die neue Situation einzustellen (zur **Gesamtabwägung** → Rn. 21–27).

217 Maßstab für eine Befristung ist zunächst das Bestehen oder Fortwirken **ehebedingter Nachteile,**[288] denen das stärkste Gewicht zukommt. Unerheblich ist dabei, wenn der Nachteil den Bedürftigen erst in der **Zukunft** belastet, etwa weil er noch keine Rente bezieht.[289] Liegen **dauerhafte** ehebedingte Nachteile vor, **scheidet** eine Befristung idR **aus** (→ Rn. 20, 132, 212, auch zu den **Ausnahmen**).

218 Allerdings beschränkt sich § 1578b nicht auf die Kompensation ehebedingter Nachteile, vielmehr kann die **nacheheliche Solidarität** (→ Rn. 28, 29) einen weitergehenden Schutz gebieten.[290] Doch führen **nicht ehebedingte Nachteile** idR zu einer Befristung, wenn sie nicht aus anderen Gründen ausgeschlossen ist.

219 Nach der Vorstellung des Gesetzgebers des UÄndG 1986[291] sollte damit bei einer längeren Ehedauer jedoch sparsam umgegangen und nur bei einer geringen Differenz der beiderseitigen Einkünfte beim Aufstockungsunterhalt Gebrauch gemacht werden.

220 Eine Befristung kommt idR jedoch nicht mehr in Betracht, wenn der **angemessene Lebensbedarf** des Bedürftigen iSd Abs. 1 nicht mehr gewahrt ist, der Bedürftige also seinen angemessenen Lebensbedarf durch eigene Einkünfte nicht decken kann.[292]

221 **2. Übergangszeit.** Die Übergangszeit ist nicht automatisch an die **Ehedauer** gebunden.[293] Das Gewicht der Ehedauer wird dadurch relativiert, dass auch insoweit stets danach zu fragen ist, ob und inwieweit **ehebedingte Nachteile** entstanden sind.[294] Auch nach einer Ehedauer von 10 und mehr Jahren ist nicht (mehr) grundsätzlich von einem Ausschluss einer Beschränkung und

---

285 BGH NJW 2010, 3653 Rn. 22 = FamRZ 2010, 2059; NJW 2009, 3783 Rn. 16 = FamRZ 2009, 1990; ebenso OLG Karlsruhe BeckRS 2008, 29602 = FamRZ 2008, 2206 (2208) mwN; AG Flensburg BeckRS 2013, 8643 = FamRZ 2013, 1135 (1137).

286 BGH NJW 2013, 866 Rn. 26 = FamRZ 2013, 534.

287 BGH NJW 2013, 1447 Rn. 31, 32 = FamRZ 2013, 864; NJW 2013, 866 Rn. 24 = FamRZ 2013, 534.

288 KG BeckRS 2011, 3556 = FamRZ 1992, 948 (949); OLG Düsseldorf FamRZ 1988, 838 (839); s. auch *Brudermüller* FamRZ 1998, 649 (654); *Hahne* FamRZ 1986, 305 (306).

289 BGH NJW 2011, 2512 Rn. 32 = FamRZ 2011, 1381.

290 BGH NJW 2013, 866 Rn. 28 = FamRZ 2013, 534; NJW 2012, 1209 Rn. 50 = FamRZ 2012, 525; NJW 2012, 1144 Rn. 64 = FamRZ 2012, 517; NJW 2011, 147 Rn. 21 = FamRZ 2010, 1971; NJW 2010, 2953 Rn. 21 = FamRZ 2010, 1414; NJW 2010, 1598 Rn. 25 = FamRZ 2010, 629.

291 BT-Drs. 10/2888, 18.

292 BGH NJW 2013, 1738 Rn. 35 = FamRZ 2013, 935; NJW 2011, 1284 Rn. 17 = FamRZ 2011, 713; NJW 2011, 1067 Rn. 24 = FamRZ 2011, 628; NJW 2011, 303 Rn. 35, 36 = FamRZ 2011, 192; NJW 2011, 147 Rn. 19, 20 = FamRZ 2010, 1971.

293 BGH NJW 2008, 2644 Rn. 27 = FamRZ 2008, 1508; KG NJOZ 2015, 281 Rn. 12 = FamRZ 2015, 419 („in der Literatur mittlerweile bereits als Regelfall angesehen"); NK-BGB/*Schürmann* Rn. 38; Palandt/*Brudermüller* Rn. 15. Zum UÄndG 1986 s. BT-Drs. 10/2888, 18 und BGH NJW 1996, 2793 = FamRZ 1996, 1272; NJW 1986, 2832 = FamRZ 1986, 886 (889).

294 Ähnlich bereits zum UÄndG 1986 BGH NJW 2006, 2401 Rn. 13–15 = FamRZ 2006, 1006.

ihrer Zulässigkeit nur bei außergewöhnlichen Umständen auszugehen, und auch die Versagung einer zeitlichen Begrenzung muss bei einer kurzen Ehe nicht von vornherein unbillig sein.[295] Doch wird umso eher von ehebedingten Nachteilen ausgegangen werden können, je länger die Ehe gedauert hat. Sind solche aber nicht festzustellen, kann der Unterhaltsanspruch auch bei einer Ehe von langer Dauer zeitlich begrenzt werden, es sei denn, während der Ehe begründete wirtschaftliche Abhängigkeiten oder die durch die Ehe erworbene gesellschaftliche Stellung stünden dem entgegen.

Das Gewicht der **nachehelichen Solidarität** (→ Rn. 28, 29) – die im Rahmen aller Unterhaltstatbestände zu berücksichtigen ist,[296] ausgenommen bei § 1576, bei dem die Billigkeitsabwägung schon tatbestandsimmanent ist – wird mit zunehmender Trennungszeit der Ehegatten idR geringer. **222**

**Beispiel aus der Rspr.:** **223**
BGH NJW 2011, 3655 Rn. 23, 24 = FamRZ 2011, 1721: 10-jährige Haushaltsführung durch die Bedürftige, 25-jährige „Distanz zur Ehe" und den „ehelichen Zusammenhängen", zum Ausdruck gekommen auch in der Geburt eines außerehelichen Kindes, ebenso lange Unterhaltszahlung, Erreichen der Altersgrenze.

Das Alter des Bedürftigen, seine Chancen auf dem Arbeitsmarkt und die Ehedauer, insbesondere aber auch gute finanzielle Verhältnisse des Verpflichteten können aber einer Mindergewichtung entgegenstehen. **224**

**Beispiel aus der Rspr.:** **225**
BGH NJW 2011, 147 Rn. 34, 35 = FamRZ 2010, 1971: Bei einer Ehedauer von 23 Jahren ggf. teilweise Herabsetzung auf den angemessenen Bedarf angesichts der guten finanziellen Verhältnisse des Verpflichteten.

Stets ist auf den **Einzelfall** abzustellen.[297] Haben die Ehegatten etwa längere Zeit getrennt gelebt und konnten sich deshalb wechselseitige Abhängigkeiten während der Ehe kaum herausbilden, kann auch bei einer sehr langen Ehe eine Begrenzung angebracht sein. Bei einer Ehedauer von mehr als 20 Jahren **226**

**Beispiele aus der Rspr.:** **227**
BGH NJW 1994, 935 = FamRZ 1994, 228: 36 Jahre.
BGH NJW-RR 1991, 130 = FamRZ 1991, 307 (310): 28 Jahre.
BGH NJW 1987, 2739 = FamRZ 1987, 691 (693): 32 Jahre.

kann sie bei langer Trennungsdauer etwa dann ausscheiden, wenn die Nichterwerbstätigkeit des Bedürftigen während dieser Zeit dem übereinstimmenden Willen der Ehegatten entsprach und deshalb von einer dauerhaften Unterhaltsgarantie auszugehen ist.

**Beispiel aus der Rspr.:** **228**
KG BeckRS 2009, 24436 = FamRZ 1987, 181 (193): Keine Begrenzung nach 40 Ehejahren.

Die „Schonfrist" ist so zu bemessen, dass sich der Bedürftige in seiner Lebenshaltung auf die Kürzung des eheangemessenen Unterhalts ggf. auf seinen **eigenen angemessenen Bedarf** (→ Rn. 213) einstellen kann.[298] **229**

**3. Staffelung.** Abs. 2 (zu Abs. 1 → Rn. 213) ermöglicht auch eine **gestaffelte Befristung.** Denn wenn die Befristung des Unterhaltsanspruchs zu seinem gänzlichen Entfallen mit Fristablauf führen kann, kann er stattdessen auch so befristet werden, dass er für eine gewisse Zeit **(„Übergangsfrist")** auch auf ein Niveau unterhalb des angemessenen Bedarfs, der nach Abs. 1 nicht unterschritten werden könnte, festgesetzt wird.[299] **230**

**Beispiel:** **231**
Herabsetzung des Bedarfs nach 2 Jahren auf den angemessenen Bedarf (Abs. 1), danach Befristung auf weitere 3 Jahre unter Herabsetzung des Bedarfs unter den angemessenen Bedarf (Abs. 2).

---

295 BGH NJW 1986, 2832 = FamRZ 1986, 886 (888) (2 Jahre und 10½ Monate).
296 Zu § 1573 Abs. 2 BGH NJW 2012, 74 Rn. 35 = FamRZ 2012, 93; NJW 2011, 3577 Rn. 23 = FamRZ 2011, 1851; NJW 2011, 2512 Rn. 34 = FamRZ 2011, 1381.
297 So zum UÄndG 1986: BGH NJW-RR 1991, 130 = FamRZ 1991, 307 (310); NJW 1990, 2810 = FamRZ 1990, 857 (859), und noch NJW 2004, 3106 = FamRZ 2004, 1357 (1360); s. auch BT-Drs. 10/2888, 18 [zu § 1573 Abs. 5] und → 4. Aufl. 2000, § 1573 Rn. 39 mwN.
298 BGH NJW 2012, 1356 Rn. 42 = FamRZ 2012, 699; NJW 2008, 2644 Rn. 27 = FamRZ 2008, 1508.
299 Ebenso BeckOGK/*Schlecht,* 1.2.2019, Rn. 19.

### IV. Kombination

232 Herabsetzung des Unterhaltsanspruchs vom eheangemessenen auf den angemessenen Bedarf (Abs. 1) und seine zeitliche Begrenzung (Abs. 2) können „miteinander verbunden" werden (Abs. 3),[300] ggf. in einem Abänderungsverfahren (§§ 238, 239 FamFG, § 313 → Rn. 275–285), in dem aber insbesondere auch die Präklusionen (§ 238 Abs. 3 S. 1 FamFG, → Rn. 278–284) zu beachten sind.

233 Gegenstand der **Billigkeitsabwägung** ist auch, welche Art der Unterhaltsbegrenzung zur Anwendung kommen soll. Seit dem Inkrafttreten des UÄndG 2007 stehen zwar Herabsetzung und Befristung zur Verfügung, doch stellt nach Auffassung des BGH[301] die Herabsetzung das gegenüber der Befristung **mildere Mittel** dar. Dies trifft abstrakt dann zu, wenn man bei der Befristung darauf abstellt, dass sie zum Erlöschen des Unterhaltsanspruchs insgesamt führen kann. Daraus folgt aber nicht, dass der Unterhaltsanspruch stets zunächst bis auf den angemessenen Lebensbedarf herabzusetzen ist, bevor er befristet werden kann. Vielmehr bleibt die Entscheidung, welche Begrenzungsart zur Anwendung kommt, der Billigkeitsabwägung im konkreten Einzelfall vorbehalten. Deshalb können die Herabsetzung und die Befristung **alternativ** (Abs. 1, 2) oder **kumulativ** (Abs. 3)[302] angewandt werden.

234 **Beispiele:**
- Der Bedarf nach den ehelichen Lebensverhältnissen kann zunächst befristet und danach auf den angemessenen Bedarf herabgesetzt werden (Abs. 1). Daran kann sich eine Befristung des Unterhalts auf den angemessenen Lebensbedarf anschließen (Abs. 2) und der Unterhaltsanspruch nach Fristablauf entfallen (Abs. 1).
- Der Unterhaltsanspruch kann zunächst der Höhe nach, ggf. gestaffelt, befristet werden (Abs. 2), um ihn dann auf den angemessenen Lebensbedarf herabzusetzen (Abs. 1).
- Der Bedarf kann zunächst gestaffelt bis auf den angemessenen Bedarf (Abs. 1) und dann weiter unter den angemessenen Bedarf bis zum gänzlichen Entfallen herabgesetzt werden (Abs. 2).

235 **Beispiel aus der Rspr.:**
OLG Hamm NJW 2012, 2286 = FamRZ 2013, 43 (44 f.): Befristung, vor Ablauf der Befristung Herabsetzung auf einen Betrag, der zusammen mit dem Eigeneinkommen des Berechtigten über dem angemessenen Bedarf liegt. Der Sache nach liegt stets „nur" eine nach Zeit und Höhe des Unterhalts gestaffelte Befristung vor.

### V. Wirkungen

236 Die **Herabsetzung** der Höhe des Unterhaltsanspruchs (Abs. 1) lässt, soweit die Begrenzung reicht, seine Tatbestandsmäßigkeit entfallen und führt zu seinem Erlöschen (zur Rechtsnatur → Rn. 10–18). Die **Befristung** (Abs. 2) versagt den Unterhaltsanspruch entsprechend seiner festgestellten Höhe nach Ablauf der festgesetzten Dauer insgesamt.[303] – Zur **Abänderbarkeit** von Beschlüssen und Vergleichen (§§ 238, 239 FamFG, § 313) → Rn. 275–285.

## G. Einzelne Unterhaltsansprüche

237 Den Ansprüchen auf der Tatbestandsebene **immanente Begrenzungen,** insbesondere Befristungen, haben neben § 1578b Bestand.[304] Mit dem Entfallen des sie begründenden Merkmals erlischt der Unterhaltsanspruch. Für die Anwendung von § 1578b sind aber trotz seiner grundsätzlichen Geltung für alle Unterhaltsansprüche (→ Rn. 5) Struktur und Normzweck des jeweiligen Unterhaltstatbestandes zu beachten.

### I. Betreuungsunterhalt

238 **1. Allgemeines.** Für einen Anspruch auf Betreuungsunterhalt sind vor allem die Möglichkeiten der Fremdbetreuung und die Zumutbarkeit ihrer Inanspruchnahme zu berücksichtigen (§ 1570 Abs. 1 S. 2). Solange die Kinderbetreuung **andauert,** geht es deshalb bereits um den Anspruchs-

[300] So BT-Drs. 16/1830, 19. Dies wurde bereits zu § 1573 Abs. 5 aF, § 1578 Abs. 1 S. 2 aF angenommen, BGH NJWE-FER 2001, 25 = FamRZ 2001, 905 (906 f.); NJW 2000, 3789 = FamRZ 2000, 1499 (1502).
[301] BGH NJW 2015, 1380 Rn. 27 = FamRZ 2015, 824; NJW 2012, 309 Rn. 21 = FamRZ 2012, 197.
[302] Dazu BGH NJW 2015, 1380 Rn. 27 = FamRZ 2015, 824; NJW 2010, 3097 Rn. 35 = FamRZ 2010, 1633.
[303] Zum Ganzen auch *Maurer* FamRZ 2008, 2157 (2166).
[304] Zu § 1570 s. *Borth* FamRZ 2006, 813 (816); *D. Schwab* FamRZ 2005, 1417 (1419).

grund. Dies schließt nicht von vornherein aus, die zukünftige Entwicklung der Kinderbetreuung prognostisch bezogen auf den Anspruchsgrund zu erfassen und in die Prüfung von Beschränkungen auch Fremdbetreuungsmöglichkeiten einzubeziehen. Angesichts der Unsicherheiten bei der Prognosebildung wird sich die Frage nach einer Beschränkung eines Unterhaltsanspruchs wegen der Dauer der Kinderbetreuung meist erst stellen, wenn kein Anspruch auf Betreuungsunterhalt mehr besteht.

**2. Herabsetzung.** Nicht ausgeschlossen ist eine Herabsetzung des Unterhaltsanspruchs (Abs. 1), wenn und soweit die Belange des zu betreuenden Kindes hinsichtlich Pflege und Erziehung gleichwohl weiter gewahrt werden (vgl. die Parallele in § 1579 Einleitungssatz, → § 1579 Rn. 190–198).[305] Dagegen kann eine Beeinträchtigung der Kindesbelange vorliegen, wenn sich die vom Verpflichteten abgeleitete Lebensstellung des Kindes nach einer Begrenzung erheblich von der zurückgeführten Lebensstellung des Elternteils unterscheiden würde und er der Lebensstellung des Kindes nicht mehr gerecht werden könnte.[306] 239

Stets einer Herabsetzung zugänglich ist bei einer **Kumulation** des Anspruchs auf Betreuungsunterhalt aus § 1570 mit dem auf Aufstockungsunterhalt aus § 1573 Abs. 2 (→ § 1570 Rn. 118, 119) der Aufstockungsunterhalt, da hinsichtlich ihm keine kind- und elternbezogenen Belange gewahrt werden müssen.[307] 240

BT-Drs. 16/1830, 19: „In jedem Fall schützt die Kinderschutzklausel davor, dass der Betreuungsunterhalt so weit abgesenkt wird, dass zwischen dem Lebensstandard des kinderbetreuenden Ehegatten und demjenigen der Kinder, die ungeschmälert Kindesunterhalt erhalten, ein erheblicher Niveauunterschied besteht."

Maßgeblich ist auf die **wirtschaftliche Lage** des kinderbetreuenden Ehegatten abzustellen. Verfügt er über relativ hohe Einkünfte, kann eine Herabsetzung eher in Betracht kommen, weil davon ausgegangen werden kann, dass die Kindesbelange durch den hohen Kindesunterhalt und das Einkommen des betreuenden Elternteils noch gewahrt werden. 241

Insbesondere bei einer **erheblichen Differenz** zwischen dem Bedarf nach den ehelichen Lebensverhältnissen und dem angemessenen Bedarf soll eine Kürzung in Betracht kommen.[308] Doch ist gerade in diesen Fällen verstärkt auf die Wahrung der Kindesbelange im Hinblick auf die vom Verpflichteten abgeleitete Lebensstellung zu achten. – Bei **geringem Einkommen** der Ehegatten wird zur Wahrung der Kindesbelange idR auch ein relativ geringer Unterhaltsbetrag auszugleichen sein (allgemein zum **Bagatellunterhalt** → § 1577 Rn. 10, 11, → § 1578 Rn. 26, → § 1581 Rn. 96). 242

**Beispiele aus der Rspr.:** 243

OLG Schleswig BeckRS 2005, 30353894 = SchlHA 2006, 23 (zu § 1579 Einleitungssatz): Der Betreuende muss aus wirtschaftlicher Not das Kind zugunsten eigener Erwerbstätigkeit vernachlässigen[309] und/oder zum Nachteil des Kindes mit von dessen Unterhalt leben.

OLG Celle NJW 2010, 79 (84) = FamRZ 2010, 301 Ls.: Auffälliges Missverhältnis.

BGH NJW 2009, 1956 Rn. 58 = FamRZ 2009, 1124: Keine Herabsetzung, wenn die Einkünfte des Berechtigten einschließlich des Unterhalts nur unwesentlich über seinem angemessenen Lebensbedarf liegen.

BGH NJW 2010, 3369 Rn. 34 = FamRZ 2010, 1880: Keine Herabsetzung bei etwa gleich hohen Einkünften der Ehegatten.[310] Verständlich ist dies nicht, weil sich gerade bei geringen Einkommensunterschieden meist nur ein geringer Unterhalt ergibt, der bei angemessenen Einkünften des Berechtigten für diesen am ehesten entbehrlich ist.

**3. Befristung.** Für den Betreuungsunterhalt (§ 1570 Abs. 1, 2) kommt eine **Befristung** (Abs. 2) ab dem vollendeten 3. Lebensjahr des Kindes zur Wahrung der kind- und elternbezogenen Belange grundsätzlich nicht in Betracht, zumal ihm eine zeitliche Begrenzung bereits durch Alter und Betreuungsbedürftigkeit des Kindes sowie Fremdbetreuungsmöglichkeiten (→ Rn. 238, → § 1570 244

305 BGHZ 193, 78 = NJW 2012, 1868 Rn. 47 = FamRZ 2012, 1040; NJW 2009, 2592 Rn. 48, 50 = FamRZ 2009, 1391; NJW 2009, 1956 Rn. 57 = FamRZ 2009, 1124; BGHZ 180, 170 = NJW 2009, 1876 Rn. 44 = FamRZ 2009, 770.

306 BGH NJW 2009, 2592 Rn. 50 = FamRZ 2009, 1391; NJW 2009, 1956 Rn. 57 = FamRZ 2009, 1124; BGHZ 180, 170 = NJW 2009, 1876 Rn. 44 = FamRZ 2009, 770; dazu auch BeckOGK/*Schlecht,* 1.2.2019, Rn. 14, 139; BeckOGK/*Lettmaier,* 1.12.2018, § 1570 Rn. 102; *Wönne* in Wendl/Dose UnterhaltsR § 4 Rn. 1013.

307 BeckOGK/*Schlecht,* 1.2.2019, Rn. 15 mwN.

308 BGH NJW 2011, 1582 Rn. 36 = FamRZ 2011, 791; NJW 2010, 3369 Rn. 34 = FamRZ 2010, 1880; NJW 2009, 1956 Rn. 57 = FamRZ 2009, 1124; BGHZ 180, 170 = NJW 2009, 1876 Rn. 44 = FamRZ 2009, 770 mwN.

309 Dazu auch *Niepmann/Schwamb* Rspr. zur Höhe des Unterhalts Rn. 1178, 1184 mwN.

310 Ebenso BeckOGK/*Schlecht,* 1.2.2019, Rn. 14; *Wönne* in Wendl/Dose UnterhaltsR § 4 Rn. 1013.

Rn. 67–71) immanent ist und die Betreuung idR zu einem ehebedingten Nachteil führt,[311] wenn auch nicht stets: Den Altersvorsorgenachteil etwa kann und muss der Bedürftige, will er sich nicht einer Obliegenheitsverletzung mit der Folge der fiktiven Zurechnung des möglichen Versorgungsvorteils schuldig machen, durch die Geltendmachung der Kosten einer angemessenen Versicherung für den Fall des Alters sowie der verminderten Erwerbsfähigkeit gegen den Verpflichteten ausgleichen (→ Rn. 147–150).

245 Nur wenn in den – wohl seltenen – **Ausnahmefällen,** dass absehbar keine kind- und elternbezogenen Belange eine Verlängerung des Betreuungsunterhalts erfordern und die Belange des betreuten Kindes deshalb trotz des Wegfalls des Ehegattenunterhalts gewahrt sind, kann Betreuungsunterhalt versagt[312] oder befristet werden. Dies kann etwa der Fall sein, wenn der betreuende Ehegatte auch ohne Unterhaltszahlungen wirtschaftlich gut gestellt ist, die Kinderbetreuung zu keinem wirtschaftlichen Nachteil geführt hat oder der Bedürftige ohne rechtliche Rechtfertigung betreut (dann wird idR jedoch bereits kein Anspruch auf Betreuungsunterhalt bestehen, → § 1570 Rn. 21).

246 Meist stehen die Kindesbelange aber einer Befristung des Anspruchs auf **„Basisunterhalt"** aus kindbezogenen Gründen (§ 1570 Abs. 1) entgegen, weil er sowohl Grund wie Dauer gerade in der Betreuungsbedürftigkeit findet und bereits durch sie zeitlich begrenzt ist. Zudem sind in die **Billigkeitsprüfung** auf Tatbestandsebene (§ 1570 Abs. 1 S. 2, 3) alle Umstände des Einzelfalls, insbesondere auch die kind- und elternbezogenen Belange, einzubeziehen, was, führt sie zu einem Anspruch, eine Befristung regelmäßig ausschließt.[313]

247 Demgegenüber bewegt sich die Rspr. des **BGH** in die Richtung, die Anwendung von § 1578b auf den Betreuungsunterhalt gänzlich auszuschließen, wenn er ausführt, dass „…eine Heranziehung des § 1578b BGB jedenfalls für die Frage einer Befristung des Betreuungsunterhalts nicht in Betracht [kommt], da § 1570 BGB insoweit eine Sonderregelung für die Billigkeitsabwägung enthält".[314] Dies ist jedoch in dieser Allgemeinheit **nicht zutr.,** weil die nach § 1570 zu berücksichtigenden Umstände auf die Kinderbetreuung beschränkt sind, während § 1578b auch Umstände anderer Qualifikation erfasst.

248 Der Befristung des **„Annexanspruchs"** aus elternbezogenen Gründen (§ 1570 Abs. 2) stehen Kindesbelange idR zwar nicht entgegen, weil sie nicht der Grund für diesen Anspruch sind, sondern – auch seine Dauer umfassende – Billigkeitserwägungen. Doch sind auch insoweit die für § 1578b maßgeblichen Gesichtspunkte bereits im Rahmen der Billigkeitsabwägung nach § 1570 Abs. 2 mit zu berücksichtigen (→ § 1570 Rn. 72–105).

## II. Alters- und Krankheitsunterhalt

249 **1. Allgemeines.** Zum Alters- (§ 1571) und Krankheitsunterhalt (§ 1572) kommt es maßgeblich auch auf das eigene Einkommen des Bedürftigen und seine Zuverdienstmöglichkeiten, sein Vermögen, die Dauer der Ehe, die Dauer und den Umfang bisheriger Unterhaltsleistungen und ggf. den mit der Eheschließung verfolgten Zweck – Versorgungsehe – und die Rechtsfolgen der Eheschließung – Aufgabe von Unterhalts- und Versorgungsansprüchen[315] – an, insbesondere soweit es lediglich um Aufstockungsunterhalt geht.

---

[311] BGHZ 198, 242 = NJW 2013, 3578 Rn. 20, 21 = FamRZ 2013, 1958; NJW 2010, 1598 Rn. 23 = FamRZ 2010, 629; NJW 2009, 2450 Rn. 36 = FamRZ 2009, 1207; BGHZ 180, 170 = NJW 2009, 1876 Rn. 41 = FamRZ 2009, 770.

[312] BGHZ 180, 170 = NJW 2009, 1876 Rn. 41 = FamRZ 2009, 770.

[313] BGH NJW 2014, 1302 Rn. 13 = FamRZ 2014, 823; BGHZ 193, 78 = NJW 2012, 1868 Rn. 47 = FamRZ 2012, 1040; NJW 2011, 1582 Rn. 35 = FamRZ 2011, 791; NJW 2011, 2430 Rn. 37 = FamRZ 2011, 1209; NJW 2010, 3369 Rn. 33 = FamRZ 2010, 1880; NJW 2010, 2277 Rn. 50 = FamRZ 2010, 1050; NJW 2009, 2592 Rn. 48 = FamRZ 2009, 1391; NJW 2009, 1956 Rn. 57 = FamRZ 2009, 1124; BGHZ 180, 170 = NJW 2009, 1876 Rn. 42 = FamRZ 2009, 770; dies entspricht auch der Intention des Gesetzgebers, BT-Drs. 16/1830, 19; s. auch KG NJW 2009, 3661 (3662 f.) = FamRZ 2009, 2098 Ls.; OLG Thüringen NJW 2008, 3224 = FamRZ 2008, 2203 (2205); OLG Brandenburg BeckRS 2008, 14280 = FamRZ 2008, 1947 (1948); OLG Nürnberg MittBayNot 2008, 480; OLG München BeckRS 2008, 12076 = FamRZ 2008, 1945 (1946 f.); *Maurer* FamRZ 2008, 2157 (2162); *Borth* FamRZ 2008, 1 (11); *Borth* FamRZ 2006, 813 (816); *Triebs* FPR 2008, 31 (34 f.) (Hauptbedeutung); *Büttner* FamRZ 2007, 773 (774); *D. Schwab* FamRZ 2005, 1417 (1419); nicht eindeutig OLG Hamm BeckRS 2009, 9498 = FamRZ 2009, 519 („eher nicht"); OLG Köln BeckRS 2008, 23842 = FamRZ 2009, 518 (519); aA wohl OLG Hamm NJW 2009, 294 = FamRZ 2009, 981 (985); OLG Düsseldorf NJW 2009, 600 = FamRZ 2009, 522 (523); NJW 2008, 3722 = FamRZ 2009, 521.

[314] BGH NJW 2011, 2969 Rn. 28 = FamRZ 2011, 1377; s. auch BGH NJW 2011, 2430 Rn. 37 = FamRZ 2011, 1209.

[315] *Borth* Praxis des UnterhaltsR Rn. 325.

IÜ sind diese Unterhaltsansprüche stärker als die anderen von der **nachehelichen Solidarität** (→ Rn. 28, 29) der Ehegatten geprägt.[316] Maßgeblich wird es deshalb auf die beiderseitigen Einkommens- und Vermögensverhältnisse der Ehegatten sowie darauf ankommen, ob vom Bedürftigen trotz Alters oder Krankheit eine Erwerbstätigkeit erwartet werden kann. 250

**2. Altersunterhalt.** Der Altersunterhalt (auch → Rn. 166) wird bereits vielfach davon geprägt sein, dass ehebedingte Nachteile durch den Versorgungsausgleich und den Altersvorsorgeunterhalt **kompensiert** sind (→ Rn. 129–150), sodass sich die Frage seiner Begrenzung meist auf die Bewertung und Gewichtung des **Alters** des Berechtigten und seiner **ehelichen Lebensleistung** – Kinderbetreuung, Haushaltsführung –, der **Ehedauer** und der beiderseitigen **wirtschaftlichen Verhältnisse** der Ehegatten und der sich aus diesen ergebenden Gewichtung der **nachehelichen Solidarität** (→ Rn. 28, 29) reduzieren wird.[317] Auch der Umstand, dass der Berechtigte durch die **Heirat** einen Unterhaltsanspruch oder Rentenanspruch verloren hat, kann insbesondere bei Altersehen von Bedeutung sein,[318] auch wenn darin kein ehebedingter Nachteil zu sehen ist (→ Rn. 177). 251

**Beispiele aus der Rspr.:** 252

OLG Naumburg BeckRS 2008, 8358 = FamRZ 2008, 2120 Ls.: Keine Herabsetzung oder Befristung, wenn der Berechtigte schon Altersrentner ist, da nicht mehr erwartet werden kann, dass er in der Lage sein wird, sein Einkommen zu erhöhen. Für die Rechtslage nach dem UÄndG 2007 dürfte dies fraglich sein.

OLG Koblenz BeckRS 2009, 14034 = FamRZ 2009, 1750 f.: Keine Befristung bei einer Altersehe, aber Herabsetzung nach einer Übergangszeit von 2 Jahren.

OLG Koblenz NJW-RR 2010, 303 (305): Keine ehebedingten Nachteile, 50-jährige Ehedauer, Unterhaltszahlungen während 20-jähriger Trennungszeit und auch nach der Scheidung: Wegen gelebter nachehelicher Solidarität keine Befristung.

AG Flensburg BeckRS 2010, 7944 = FamRZ 2010, 1450: 21½ Jahre Ehedauer, 3 Kinder, keine ehebedingten Nachteile, erhebliche Erkrankung: keine Befristung, aber Herabsetzung.

BGH NJW 2010, 3097 Rn. 30 = FamRZ 2010, 1633: 12 Jahre Ehedauer: Übergangszeit 2 Jahre.

**3. Krankheitsunterhalt.** Die anspruchsbegründende **Krankheit** selbst kann grundsätzlich nicht mehr für eine Befristung herangezogen werden,[319] weil der darauf gestützte Anspruch durch ihre Dauer und den Grad der Beeinträchtigung zeitlich begrenzt wird. Diese tatbestandlichen Beschränkungen des Unterhaltsanspruchs gehen einer Begrenzung nach § 1578b vor, weil nicht (mehr) beschränkt werden kann, was nicht (mehr) besteht. 253

Tatbestandliche Beschränkung und Begrenzungen nach § 1578b stehen jedoch **nebeneinander:** Dies gilt sowohl für die Herabsetzung des Bedarfs (Abs. 1) als auch für eine Befristung (Abs. 2) aufgrund sonstiger, für die Billigkeitsabwägung maßgeblicher Umstände. Zur Krankheit als **zu berücksichtigender Umstand** sowie zur – idR zu verneinenden – **Ehebedingtheit** einer Krankheit → Rn. 55–60, 170–174. – Bei der Befristung ist, wenn der Anspruch auf Krankheitsunterhalt bereits vor dem 1.1.2008 eingesetzt hat, auch zu berücksichtigen, inwieweit sie für den Bedürftigen aus Vertrauensgesichtspunkten **zumutbar** ist (§ 36 Nr. 1, 7 EGZPO, → Rn. 115–118, → 7. Aufl. 2017, Anh. § 1586b Rn. 15–18). 254

**Beispiele aus der Rspr.:** 255

OLG Nürnberg NJW 2008, 2444 = FamRZ 2008, 1256 (1257): Keine Befristung nach langer Ehedauer bei dauernder Krankheit und drohender, aber nicht prognostizierbarer künftiger Verschlechterung des Gesundheitszustands.

BGH NJW 2011, 1807 Rn. 18–23 = FamRZ 2011, 875: Ehedauer 4½ Jahre, persönliche und wirtschaftliche Verhältnisse der Ehegatten, durch den Unterhaltsverlust eintretende Sozialleistungsbedürftigkeit des Bedürftigen, Zahlung von Trennungsunterhalt: 8 Jahre nach Zustellung des Scheidungsantrags Befristung auf noch 3½ Jahre nach Rechtskraft der Scheidung.

OLG Celle NJW 2008, 3575 = FamRZ 2008, 1449 (1450 ff.): 44 Jahre alte Bedürftige mit 20 Jahre altem Sohn, Ehedauer 4¾ Jahre, wegen Krankheit nur teilschichtig erwerbsfähig: Befristung nach Unterhaltszahlungen von bislang ca. 11 Jahren auf weitere 3 Jahre. Will man den Unterhaltsanspruch begrenzen, fragt sich schon, warum nach so langer Unterhaltszahlung noch eine weitere Frist eingeräumt und der Zahlungszeitraum auf das 3-fache der Ehedauer ausgedehnt wird. Geht man von dauerhaften gesundheitlichen Einschränkungen aus, spricht in Anbetracht der nachehelichen Solidarität mehr dafür, gar keine Befristung anzuordnen.

---

316 Zum **Altersunterhalt** (§ 1571): BGH NJW 2010, 3097 Rn. 15 = FamRZ 2010, 1633; s. auch AG Flensburg BeckRS 2013, 8643 = FamRZ 2013, 1135 (1137). – Zum **Krankheitsunterhalt** (§ 1572): BT-Drs. 16/1830, 19; BGH NJW 2011, 1285 Rn. 21, 22 = FamRZ 2011, 713; NJW 2010, 2953 Rn. 15, 16 = FamRZ 2010, 1414; NJW 2010, 1598 Rn. 27 = FamRZ 2010, 629; NJW 2009, 2450 Rn. 37, 39 = FamRZ 2009, 1207; zweifelnd noch BGHZ 179, 43 = NJW 2009, 989 Rn. 37, 38 = FamRZ 2009, 406.

317 BeckOGK/*Lettmaier,* 1.12.2018, § 1571 Rn. 54–58.1.

318 OLG Düsseldorf BeckRS 2010, 9678 = FamRZ 2010, 1912 (1913).

319 AA wohl BGH NJW 2007, 2628 Rn. 39 = FamRZ 2007, 1232.

OLG Koblenz NJW-RR 2011, 365 f.: Ehedauer 5 Jahre, 25 Jahre Unterhaltszahlung, beengte wirtschaftliche Verhältnisse: weitere Unterhaltszahlung ist unbillig.
OLG Karlsruhe NJW 2009, 525 = FamRZ 2009, 341 (342 f.): Ehedauer 5–6 Jahre, danach weiter Betreuung des gemeinsamen Kindes, bisher 24 Jahre lang Unterhaltszahlungen, Krankheit 12 Jahre nach Rechtskraft der Scheidung aufgetreten, nachdem Bedürftige seit 2 Jahren vollschichtig erwerbstätig war und Einkünfte entsprechend ihrer Berufsausbildung erzielte: Begrenzung des Bedarfs auf den billigen Bedarf (1000 EUR), Befristung auf weitere 5 Jahre.
OLG Bremen NJW 2009, 1976 = FamRZ 2009, 1912 (1913 f.): Ehedauer 6 Jahre und 4 Monate, 15 Jahre und 8 Monate Unterhaltszahlungen, keine ehebedingten Nachteile: Unter Beachtung der nachehelichen Solidarität gestaffelte Reduzierung des Unterhalts bei Befristung auf 3 Jahre 10 Monate.
OLG Koblenz BeckRS 2008, 24575 = FamRZ 2009, 427 (428 f.): Trotz Auftretens der Krankheit in engem zeitlichem Bezug zur Scheidung Befristung bei 6-jähriger Ehedauer ohne ehebedingte Nachteile.
OLG München BeckRS 2009, 4176 = FamRZ 2008, 1959 (1960): Nach etwa 8-jähriger Ehe ohne ehebedingte Nachteile, lediglich 3-jährige eheliche Lebensgemeinschaft: Befristung nach Wiederverheiratung des Verpflichteten mit einem Kind aus der 2. Ehe auf 3 Jahre. Zu den wirtschaftlichen Verhältnissen wird nichts mitgeteilt.
OLG Bremen NJW 2009, 449 = FamRZ 2009, 343 (345): Ehedauer 8 Jahre 9 Monate, Bedürftige bereits bei Eheschließung erkrankt und kann wegen der Krankheit keine wirtschaftliche Selbstständigkeit mehr erreichen, Verpflichteter zahlte bereits 2¾ Jahre Trennungsunterhalt: Befristung auf 4½ Jahre.
BGH NJW-RR 2010, 1009 Rn. 23 = FamRZ 2010, 1057: Ehedauer 9½ Jahren und Alter der Ehefrau von 38 Jahren: nicht notwendig zu befristen.
OLG Hamm NJW 2010, 1152 = FamRZ 2010, 814 (815): Ehedauer 10 Jahre, 10 Jahre Zahlung von nachehelichem Unterhalt: Befristung auf 1½ Jahre.
BGH NJW 2010, 2953 = FamRZ 2010, 1414: 11 Jahre kinderlose Ehe, Berechtigter bei Scheidung 35 Jahre alt, Erwerbseinkommen des Verpflichteten von mindestens 4000 EUR monatlich: Befristung auch dann, wenn Berechtigter sozialhilfebedürftig wird.
BGHZ 179, 43 = NJW 2009, 989 Rn. 35, 39 = FamRZ 2009, 406: Ehedauer 11 Jahre, 2. Ehe des 47-jährigen Bedürftigen, nur 5 Jahre gemeinsamer Haushalt, keine wirtschaftliche Verflechtung, keine wirtschaftlichen Dispositionen im Hinblick auf Unterhaltsanspruch, durch Renteneinkünfte, einschließlich des Versorgungsausgleichs, deutlich über dem Existenzminimum liegender Lebensstandard, über 4 Jahre gezahlter Trennungsunterhalt: Befristung auf 3½ Jahre nach Rechtskraft der Scheidung.
BGH NJW 2011, 300 Rn. 31 = FamRZ 2011, 188: Ehedauer knapp 11½ Jahre, Bedürftige ist mit 37 Jahren die 3. Ehe eingegangen, sie steht aufgrund des Versorgungsausgleichs besser als ohne Ehe. Vom BGH nicht beanstandet: Herabsetzung des Unterhalts nach 5½ Monaten, danach Befristung auf ein weiteres Jahr.
OLG Düsseldorf BeckRS 2009, 11171= FamRZ 2009, 1914 Ls.: Ehedauer bis zur Scheidung 13 Jahre, Verpflichteter hat bereits 12 Jahre Unterhalt bezahlt und hat selbst GdB 40, Bedürftige hat 60000 DM aus dem Verkauf des gemeinsamen Hauses bekommen: Befristung auf noch 2 Jahre, halbjährliche Herabsetzung des Unterhalts.
OLG Koblenz NJW 2009, 2315 = FamRZ 2010, 379 (381): Ehedauer 13 Jahre, 2 gemeinschaftliche Kinder betreut: Unterhalt für insgesamt 9 Jahre.
OLG Dresden NJW-RR 2010, 440 = FamRZ 2010, 565 (566): Ehedauer 14 Jahre: 10 Jahre Unterhaltszahlung.
OLG Dresden NJW-RR 2010, 440 = FamRZ 2010, 565: Begrenzung und Befristung: Ehedauer 14 Jahre, gemeinsame Tochter volljährig; keine ehebedingten Nachteile; Berechtigte bezieht 684 EUR EU-Rente; der Verpflichtete kann rund 1.400 EUR für Unterhalt einsetzen/Eheende: 2.000/Unterhalt: 2009, 2010: 234 EUR; 2011–2018: 100 EUR.
OLG Saarbrücken NJOZ 2011, 680 (681): Ehedauer 15 Jahre, keine ehebedingten Nachteile, Übernahme des Familienheims durch Berechtigten, Zahlung von Trennungsunterhalt über etwa 3½ Jahre: Befristung auf 10 Monate.
KG NJOZ 2012, 722 = FamRZ 2012, 788: Ehedauer 19 Jahre, starke wirtschaftliche Verflechtung, kein ehebedingter Nachteil; 12 Jahre Zahlung von Trennungsunterhalt: Befristung auf 3 Jahre.
BGH NJW 2013, 2434 = FamRZ 2013, 1291: Ehedauer 20 Jahre, Multiple Sklerose, keine ehebedingten Nachteile, Begrenzung trotz besonders guter wirtschaftlicher Verhältnisse des Verpflichteten.
OLG Düsseldorf NJOZ 2010, 2643 = FamRZ 2010, 1913 Ls.: Ehedauer 20 Jahre, Berechtigter konnte sich während des Zusammenlebens weitgehend seiner beruflichen Entwicklung widmen, Verpflichtete hat sich 20 Jahre lang der Kinderbetreuung und Haushaltsführung gewidmet: zeitnahe Befristung.
OLG Celle NJW 2009, 521 = FamRZ 2009, 56 (57 f.): Ehedauer 23 Jahre, 53-jährige Bedürftige, ausgebildete Sozialpädagogin, bis nach der Trennung 11 Jahre lang in der Praxis des Verpflichteten angestellt, 3 Kinder, ehebedingte Nachteile: für eine Übergangszeit von 3 Jahren nach Rechtskraft der Scheidung nicht beschränkter Unterhalt von 834,55 EUR, danach verringerter Unterhalt von monatlich 200 EUR befristet auf 4 Jahre.
OLG Zweibrücken NJW-RR 2010, 514 f. = FamRZ 2010, 813 Ls.: 23 Jahre Hausfrauenehe, 3 Kinder, die bei der Scheidung wirtschaftlich selbstständig sind, Berechtigte war bei Eheschließung 18 und bei Scheidung 42 Jahre alt: Befristung auf 5 Jahre nach Rechtskraft der Scheidung, weil davon ausgegangen wird, dass die Berechtigte eigene Erwerbseinkünfte in den angemessenen Bedarf übersteigender Höhe erzielen kann.

OLG Frankfurt a. M. BeckRS 2008, 20036 = FamRZ 2009, 526 (527): Ehedauer 23 Jahre, Bedürftiger dauerhaft erwerbsunfähig erkrankt: Befristung auf 6 Jahre ab Rechtskraft der Scheidung, danach Herabsetzung des Unterhalts auf den angemessenen Bedarf.
BGH NJW 2010, 1598 Rn. 38 = FamRZ 2010, 629: Ehedauer 23 Jahre, seit der Trennung 10 Jahre, seit der Scheidung 6 Jahre vergangen: fraglich, ob Befristung von 4½ Jahren angemessen.
BGH NJW 2009, 2450 Rn. 40–43 = FamRZ 2009, 1207: Heirat der Bedürftigen mit 16 Jahren wegen Schwangerschaft, nach Abschluss der Hauptschule keine Berufsausbildung und keine Erwerbstätigkeit wegen Haushaltsführung und Kindererziehung, 4 eheliche Kinder, das jüngste war bei Scheidung nach 26-jähriger Ehezeit 10 Jahre alt, wegen Darmkrebserkrankung während der Ehezeit 100% erwerbsunfähig: Keine Begrenzung und Befristung wegen des besonders gewichtigen Vertrauens der Bedürftigen in den Fortbestand des Unterhaltsanspruchs.
OLG Hamm NJW-RR 2010, 577 (579) = FamRZ 2009, 2098 Ls.: Ehedauer 25 Jahre, Berechtigte hat 3 Töchter betreut und versorgt, enge wirtschaftliche Verflechtung, Verpflichteter ist nach Beendigung der Ausbildung der Töchter finanziell entlastet: keine Befristung, sondern Herabsetzung auf den eigenen angemessenen Bedarf.
OLG Saarbrücken BeckRS 2011, 17419 = FF 2008, 504 (507 f.): 29 Jahre Ehedauer, Beitrag des Bedürftigen zum Familieneinkommen während des Studiums des Verpflichteten, vor Geburt des gemeinsamen Kindes qualifizierte Tätigkeiten ua als Chefsekretärin, wegen wiederholter Umzüge und der Kinderbetreuung keine, danach nur teilschichtige Erwerbstätigkeit: keine Herabsetzung des Bedarfs und keine Befristung.
AG Tempelhof-Kreuzberg BeckRS 2014, 14397 = FamRZ 2014, 1206 Ls.: Nahezu 30 Jahre Ehedauer, Betreuung von 2 Kindern, danach teilweise Erwerbstätigkeit, enge wirtschaftliche Verflechtung: keine Begrenzung.
OLG Zweibrücken BeckRS 2008, 24583: Ehedauer 34 Jahre, Zusammenleben über 30 Jahre, die Berechtigte hat die 2 Kinder erzogen: keine Befristung.
OLG Stuttgart NJW 2012, 689 = FamRZ 2012, 983: Ehedauer 37 Jahre, Befristung bis zum Erreichen der Regelaltersgrenze, weil dann durch den Versorgungsausgleich der angemessene Bedarf gedeckt ist.
OLG Köln NJW-RR 2009, 800 = FamRZ 2009, 429 (430): (Derzeit) keine Befristung bei Krebserkrankung und ehebedingter Nachteile aufgrund der Rollenverteilung in der Ehe.

### III. Erwerbslosen- und Aufstockungsunterhalt

Im Anwendungsbereich des § 1573 kommt schon deshalb eine Befristung des Aufstockungs- (§ 1573 Abs. 2)[320] als auch des Erwerbslosenunterhalts (§ 1573 Abs. 1) häufiger in Betracht, weil sie dort aufgrund des eigenen Einkommens des Bedürftigen weit weniger einschneidende Wirkungen zeitigt und deshalb idR nicht zu befürchten ist, dass die Unterhaltslasten Verwandten oder der Allgemeinheit auferlegt werden. Zudem sind die Umstände, die zu Erwerbslosenunterhalt führen, meist ehebedingt, sodass bereits aus diesem Grund eine Befristung nur eingeschränkt möglich ist (→ Rn. 121). – Eine Beschränkung des Anspruchs auf Aufstockungsunterhalt (§ 1573 Abs. 2) kommt nicht allein deswegen in Betracht, weil der Bedürftige durch die Betreuung nicht an einer teilschichtigen Erwerbstätigkeit gehindert ist. Dann nämlich verringert sich die Höhe seines Anspruchs ohnehin aufgrund seiner Erwerbsobliegenheit,[321] wenn insoweit nicht ein Anspruch aus § 1573 Abs. 1 besteht. Zudem dürfte es sich dann auch nicht mehr um eine kurze Ehedauer (→ Rn. 42–47) handeln. 256

**Beispiele aus der Rspr.:** 257
OLG Köln NJW-RR 2010, 726 = FamRZ 2010, 217 Ls.: Ehedauer 4 Jahre, dauerhafte ehebedingte Nachteile: keine Befristung.
OLG Celle NJW 2008, 3575 = FamRZ 2008, 1449 (1450 ff.): Ehedauer 4¾ Jahre, Bedürftige jetzt 44 Jahre alt, Sohn 20 Jahre alt, aufgrund von Krankheit nur teilschichtig erwerbsfähig, Unterhaltszahlungen bislang ca. 11 Jahre: Befristung auf weitere 3 Jahre.
OLG München NJW 2008, 2447 = FamRZ 2009, 52 f.: Ehedauer 9 Jahre, kinderlos, 7½-jähriges Zusammenleben, Bedürftige 53 Jahre alt, Obliegenheit zur Ausweitung der teil- in eine vollschichtige Erwerbstätigkeit: Befristung 3 Jahre ab Zustellung des Scheidungsantrags.
OLG Celle BeckRS 2009, 8865 = FamRZ 2008, 1949: Ehedauer 9½ Jahre, Zusammenleben 5½ Jahre, keine ehebedingten Nachteile trotz Kinderbetreuung: Befristung auf 2½ Jahre.
BGH NJW 2008, 2644 Rn. 23–25 = FamRZ 2008, 1508: 13 Jahre Ehedauer, Ehefrau 2½ Jahre erwerbslos, iÜ erwerbstätig, Ehemann während Ehe bereits etwa 11 Jahre in Rente, kein Versorgungsausgleich durchgeführt (der zu Lasten der Ehefrau gegangen wäre): Befristung auf 4 Jahre; dass damit der Einsatzzeitpunkt für Altersunterhalt (§ 1571 Nr. 3) entfällt, ist kein zu berücksichtigender Umstand.
OLG Celle BeckRS 2008, 16249 = FamRZ 2008, 1448 (1449): Ehedauer 15 Jahre, 47 Jahre alte Bedürftige, gelernte Hauswirtschafterin, zwei 19 Jahre alte Kinder, wieder vollzeitig im erlernten Beruf tätig mit einem

320 *Triebs* FPR 2008, 31 (34) (bei Anschlusstatbeständen).
321 *Hahne* FamRZ 1986, 305 (308); *Hahne* FamRZ 1985, 113 (115).

Nettoeinkommen von 1.260 EUR/Monat, Verpflichteter verdient netto 1.616 EUR/Monat: Befristung auf 5 Jahre.
OLG Stuttgart NJW-RR 2009, 727 = FamRZ 2009, 53 (54 f.): 17-jährige Ehedauer, ungelernte Bedürftige 38 Jahre alt bei Trennung: Beibehaltung des vor dem 1.1.2008 titulierten Unterhalts bis 31.3.2010 in Höhe von monatlich 1.379 EUR, danach Verringerung auf monatlich 500 EUR, befristet bis 31.12.2018.
OLG Karlsruhe NJW-RR 2009, 1011 = FamRZ 2009, 1160 f.: Ehedauer 17 Jahre, keine ehebedingten Nachteile: Befristung auf 4 Jahre ab Rechtskraft der Scheidung.
OLG Brandenburg NJW 2008, 2268 = FamRZ 2008, 1952 ff.: Ehedauer 18 Jahre, insgesamt 10 Jahre Unterhaltszahlungen, davon 8 Jahre nachehelicher Unterhalt: Herabsetzung des Unterhalts, aber keine Befristung, weil die künftige Erwerbsbiografie nicht absehbar und das Einkommen im Jahr 2016 nicht prognostizierbar war. Letzteres leuchtet nicht ein, weil von fiktiven Einkünften von 1.000 EUR/Monat ausgegangen wurde, die den notwendigen Bedarf der Unterhaltsbedürftigen abdecken. Von dieser Prognose abweichende Entwicklungen sind mit einem Abänderungsantrag zu verfolgen.
OLG Frankfurt a. M. BeckRS 2009, 20478 = FamRZ 2009, 1162 f.: Ehedauer 18 Jahre, 9-jährige Familienphase, Bedürftige bei der Trennung 42 Jahre alt, jetziges monatliches Nettoeinkommen 1.700 EUR, bislang 15 Jahre Unterhaltszahlung: Befristung auf weitere 1½ Jahre.
OLG Karlsruhe BeckRS 2008, 7899 = FamRZ 2008, 1187 (1188 f.): Ehedauer 19 Jahre, 1 Kind, ehebedingte berufliche Nachteile, die nicht mehr aufgeholt werden können: Keine Herabsetzung des Bedarfs und keine Befristung. Worin die ehebedingten Nachteile konkret liegen, wird nicht dargelegt.
OLG Stuttgart BeckRS 2008, 19457 = FamRZ 2008, 2208 (2209) (aufgehoben von BGH NJW 2010, 2582 Rn. 43 = FamRZ 2010, 1311): Knapp 20-jährige Ehedauer, während der die 47 Jahre alte Bedürftige die gemeinsamen Kinder betreut und den Verpflichteten bei der Ausübung eines Nebengewerbes unterstützt hat: Befristung auf 6½ Jahre nach der Scheidung. Da während der Trennungszeit und noch etwa 2½ Jahre nach der Scheidung kein Unterhalt bezahlt wurde, wurde tatsächlich nur für 4½ Jahre Unterhalt zugesprochen.
OLG Zweibrücken NJW 2008, 1893 = FamRZ 2008, 1958 f.: Ehedauer 21 Jahre, keine ehebedingten Nachteile, aber ungesicherte berufliche Zukunft: Nach 10-jähriger Zahlung von Aufstockungsunterhalt Befristung auf weitere 6 Jahre, insgesamt also 16 Jahre, um der Bedürftigen die Wiedererlangung von Einkünften zur Wahrung ihres angemessenen Bedarfs zu ermöglichen. Damit dürfte aber die Schonfrist viel zu großzügig bemessen worden sein.
OLG Zweibrücken BeckRS 2009, 3305 = FamRZ 2009, 49 (50): Ehedauer 21 Jahre, 2 Kinder, bei entsprechenden Erwerbsbemühungen besteht die Möglichkeit der Rückkehr in den gelernten Beruf der Friseurin, durch die keine Kindesbelange berührt werden: Befristung auf 5 Jahre.
OLG Celle BeckRS 2009, 12552 = FamRZ 2009, 1161 Ls.: Ehedauer 22 Jahre, Erwerbstätigkeit wegen Kinderbetreuung aufgegeben, danach bis zur Verrentung noch 15 Jahre fortgeführt: Wegen Verlustes einer VBL-Rente zwar keine Befristung, aber eine Herabsetzung.
BGH NJW 2011, 147 Rn. 23 = FamRZ 2010, 1971: Ehedauer 23 Jahre, keine ehebedingten Nachteile; die Befristung des Unterhalts auf 4 Jahre nach Rechtskraft der Scheidung hat der BGH verworfen, ohne selbst zu entscheiden, wohl aber mit dem Ziel einer längeren Befristung oder Herabsetzung des Bedarfs.
OLG Düsseldorf NJW 2008, 689 = FamRZ 2009, 123 (124): Ehedauer 25 Jahre, ehebedingte Nachteile der Bedürftigen durch Kindererziehung und Haushaltsführung, die bis zum Erreichen der Altersgrenze nicht mehr ausgeglichen werden können, Verpflichteter hat sich außergerichtlich nicht auf Begrenzung des Unterhalts berufen: Keine Herabsetzung oder Befristung.
OLG Köln NJW 2008, 2448 = FamRZ 2009, 122 (123): Ehedauer über 25 Jahre, Bedürftige hat 2 Kinder großgezogen, gelernte Rechtsanwaltsgehilfin, ehemalige Justizangestellte, die ihre Erwerbstätigkeit wegen Haushaltsführung und Kindererziehung aufgegeben hat, Verdienstmöglichkeit lediglich brutto 1.400 EUR/Monat: Keine Befristung.
OLG Thüringen NJW-RR 2010, 727 = FamRZ 2010, 216 (217): Ehedauer über 25 Jahre, 14-jähriges Zusammenleben, 3 Kinder, keine ehebedingten Nachteile: Befristung auf 4 Jahre.
OLG Bremen NJW 2008, 2268 = FamRZ 2008, 1957 f.: Ehedauer 27 Jahre, 50½-jährige Bedürftige, keine ehebedingten Nachteile: Nach einer Übergangsfrist (bis 1.6.2011), deren Länge sich aus der Entscheidung nicht genau bestimmen lässt, Unterhalt in Höhe des billigen Selbstbehalts ohne weitere Befristung.
OLG Nürnberg NJW-RR 2009, 292 = FamRZ 2009, 345 (347): Ehedauer rund 27 Jahre, Bedürftige 50 Jahre alt, ehebedingte Nachteile durch Erziehung der Kinder und Haushaltsführung: keine Herabsetzung des Bedarfs und keine Befristung.
OLG Saarbrücken BeckRS 2009, 9281 = FamRZ 2009, 349 (350 f.): Ehedauer 28 Jahre, Ausdehnung der Erwerbstätigkeit im erlernten Beruf nach der Trennung auf eine Vollbeschäftigung: Befristung auf 10 Jahre ab Rechtskraft der Scheidung.
OLG Oldenburg NJW-RR 2009, 1658 = FamRZ 2009, 1159 f.: Ehedauer 28 Jahre, Hauptschulabschluss, keine Berufsausbildung, 47 Jahre alt, 3 zwischenzeitlich selbstständige Kinder, seit 17 Jahren wieder, zuletzt dreiviertelschichtig erwerbstätig: Befristung auf 10 Jahre. Dies dürfte ausgesprochen großzügig sein.
OLG Düsseldorf BeckRS 2009, 9016 = FamRZ 2008, 1950 (1951): Ehedauer 30 Jahre, ehebedingt kann die Bedürftige wegen fehlender beruflicher Praxis nur noch im Geringverdienerbereich tätig sein: Weder Herabsetzung des Unterhalts noch Befristung.
OLG Düsseldorf BeckRS 2009, 5940 = FamRZ 2009, 1157 (1158 f.): Ehedauer 31½ Jahre, Trennung nach 19 Ehejahren, 15-jährige Unterbrechung der Erwerbstätigkeit wegen der Betreuung von 2 Kindern, mögliche Rückkehr ins Arbeitsleben erst im Alter von 50 Jahren: keine Befristung.

BGH NJW 2008, 2581 Rn. 42, 43 = FamRZ 2008, 1325: Befristung kann nicht mit während der Ehe und durch diese bedingten geringeren Rentenanwartschaften begründet werden, wenn der Versorgungsausgleich für die Ehezeit vollständig durchgeführt wurde.

OLG Hamm NJW 2008, 2445 = FamRZ 2008, 1000f.; OLG Frankfurt a. M. BeckRS 2009, 19413 = FamRZ 2009, 524: Keine Versagung von PKH bei Anwendung des UÄndG 2007. Dies kann man angesichts der Rspr. des BGH und der auf sie zugeschnittenen Unterhaltsrechtsreform auch anders sehen.

OLG Celle NJW 2008, 2449 = FamRZ 2008, 1956f.: Im PKH-Prüfungsverfahren blieb dahingestellt, nach welcher Übergangsfrist der Unterhalt herabzusetzen und danach zu befristen ist, allerdings mit dem Hinweis, dass eine (weitere) Befristung angesichts der eigenen Einkünfte der Bedürftigen von 1120 EUR/Monat wohl nicht in Betracht kommt.

OLG Köln NJW 2008, 2659 = FamRZ 2008, 2119: Vollschichtige Erwerbsobliegenheit bei Betreuung zweier 11 und 8 Jahre alter Kinder, nach ½-jähriger Orientierungsphase Herabsetzung des Bedarfs auf den angemessenen Bedarf.

OLG Karlsruhe BeckRS 2008, 29602 = FamRZ 2008, 2206 (2208): Maßvolle Bedarfsbegrenzung auf zwischen eheangemessenem und angemessenem Bedarf liegenden Betrag, konkret auf 2.422 EUR bei angemessenem Bedarf von 1.722 EUR.

Zur Befristung, um den **Einsatzzeitpunkt** der § 1571 Nr. 3, § 1572 Nr. 4 zu erhalten, → Rn. 192.

### IV. Ausbildungsunterhalt

Für den Ausbildungsunterhalt (§§ 1573, 1574 Abs. 3, § 1575) ist eine **Befristung** idR nicht möglich, zumal ihm eine Befristung durch die Ausbildungszeit immanent ist und sich weitere Begrenzungen aufgrund von Obliegenheitsverletzungen des Bedürftigen ergeben können (→ § 1575 Rn. 57–60).[322] **258**

**Beispiel für eine Ausnahme:** **259**

OLG Düsseldorf NJOZ 2014, 1086 = FamRZ 2014, 1466 (1468): „Vorliegend ist aber zu berücksichtigen, dass die Leistungszeit wegen der derzeitigen Halbtagsweiterbildung ungewiss ist und sich außerdem ein Aufstockungsunterhaltsanspruch anschließen könnte. Daher besteht bereits jetzt ein Bedürfnis dafür, einen Endzeitpunkt für die Unterhaltsverpflichtung festzulegen."

Etwas anderes gilt jedoch für den Anschlussunterhalt nach § 1575 Abs. 3, § 1573.[323]

Dagegen ist die **Herabsetzung** des Bedarfs stets möglich.[324] **260**

### V. Billigkeitsunterhalt

Auch wenn Billigkeit im Grundsatz nicht einheitlich beurteilt werden kann (→ § 1569 Rn. 37), kann – als Ausnahme – der Billigkeitsunterhalt (§ 1576) nicht nach § 1578b begrenzt werden. Denn bereits in die Prüfung, ob und inwieweit die Versagung von Unterhalt „grob unbillig" wäre, sind im Interesse des Verpflichteten Überlegungen sowohl zur Herabsetzung des Bedarfs wie auch zur Befristung einzubeziehen.[325] Anders als im Verhältnis zu § 1579 (→ Rn. 265–268) berühren im vorliegenden Zusammenhang die Fragen der Billigkeit also bereits die **Tatbestandsmäßigkeit** eines Anspruchs auf Billigkeitsunterhalts und nicht erst seine Beschränkung. **261**

## H. Abgrenzungen. Konkurrenzen

### I. Bedürftigkeit

Wird bereits bei der Bedürftigkeitsprüfung eine – ggf. weitergehende – Erwerbsobliegenheit des Bedürftigen als die ausgeübte verneint – etwa weil er kein seiner Ausbildung entsprechendes **262**

---

322 OLG Düsseldorf NJOZ 2014, 1086 = FamRZ 2014, 1466 (1468); auch BeckOGK/*Schlecht,* 1.2.2019, Rn. 16 mwN; NK-BGB/*Schürmann* Rn. 5; Erman/*Maier* Rn. 14; ebenso, weil § 1575 Abs. 1 S. 2 lex specialis ist: *Borth* FamRZ 2006, 813 (816).

323 OLG Düsseldorf NJOZ 2014, 1086 = FamRZ 2014, 1466 (1468); *Büttner* FamRZ 2007, 773 (774).

324 Ebenso BeckOGK/*Schlecht,* 1.2.2019, Rn. 16; Erman/*Maier* Rn. 14; Staudinger/*Verschraegen,* 2014, Rn. 38; *Büttner* FamRZ 2007, 773 (774).

325 Ebenso BeckOGK/*Schlecht,* 1.2.2019, Rn. 17 mwN; Soergel/*Häberle* Rn. 5, § 1576 Rn. 7, 8; NK-BGB/*Schürmann* Rn. 5 aE; Erman/*Maier* Rn. 15; *Borth* Praxis des UnterhaltsR Rn. 334; *Wönne* in Wendl/Dose UnterhaltsR § 4 Rn. 1003; *Büttner* FamRZ 2007, 773 (774); *D. Schwab* FamRZ 2005, 1417 (1419); aA etwa Staudinger/*Verschraegen,* 2014, Rn. 38, weil § 1576 „grobe" und § 1578b lediglich einfache Unbilligkeit verlangt.

adäquates Einkommen erzielen kann –, erübrigt sich eine erneute Prüfung im Rahmen des § 1578b.[326]

### II. Herabsetzung/Befristung

263 Die gesetzliche Regelung gibt nicht ausdrücklich den Vorrang einer Begrenzungsart vor.[327] Er ergibt sich auch nicht aus der systematischen Stellung der Herabsetzung des Bedarfs (Abs. 1) und der Befristung (Abs. 2) noch aus Abs. 3, der lediglich ausspricht, was sich ohnehin bereits aus Abs. 1, 2 ergibt: Beide Begrenzungsmöglichkeiten können auch „miteinander verbunden", dh nebeneinander angewandt werden (→ Rn. 232–235). – Zur **Staffelung** der zeitlichen Begrenzung nach Abs. 2 → Rn. 230, 231.

264 Die **Reihenfolge** ihrer Anwendung gibt die Wirkungsweise beider Begrenzungsarten vor: Abs. 1 setzt mit der Verringerung des Unterhaltsanspruches durch die Herabsetzung des Bedarfs bereits auf der Tatbestandsebene an, während Abs. 2 die Möglichkeit einräumt, ihn zeitlich zu begrenzen (→ Rn. 236). **Vorrangig** ist deshalb Abs. 1.[328] Erst wenn feststeht, in welcher Höhe ein Unterhaltsanspruch überhaupt besteht, ist über seine Befristung nach Abs. 2 zu entscheiden. Dies führt immer dann bereits zu einer „Befristung" nach Abs. 1, wenn wegen eigener Einkünfte des Bedürftigen lediglich „Aufstockungsunterhalt" geschuldet und der Bedarf auf ein Maß herabgesetzt wird, das der Bedürftige mit seinen Einkünften selbst decken kann. Einer Befristung nach Abs. 2 bedarf es dann nicht mehr.

### III. Verwirkung

265 §§ 1578b, 1579 regeln verschiedene Lebenssachverhalte und unterscheiden sich in ihren Voraussetzungen (zu den Wirkungen von § 1578b → Rn. 236, 264), sodass zwischen ihnen auch kein Wertungswiderspruch besteht:[329] Während § 1578b Abs. 1, 2 objektive Umstände erfasst und einfache Unbilligkeit genügen lässt (→ Rn. 21, 34, 120) und Abs. 1 bereits zum Entfallen der Tatbestandsmäßigkeit des Unterhaltsanspruchs führt, sanktioniert § 1579 – ausgenommen § 1579 Nr. 1, 2 BGB (Ehe von langer Dauer; verfestigte neue Lebensgemeinschaft) – subjektive Umstände, erfordert grobe Unbilligkeit und lässt wie § 1578b Abs. 2 die Tatbestandsmäßigkeit des Unterhaltsanspruchs bestehen (zum **Wiederaufleben** des Unterhaltsanspruchs nach Entfallen der Voraussetzungen insbesondere aus § 1579 Nr. 2 → § 1579 Rn. 218–225).

266 Beide Regelungen stehen **nebeneinander.**[330] **Systematisch** sollte jedoch § 1578b vor § 1579 zur Anwendung kommen,[331] weil er Ausdruck der nachehelichen Eigenverantwortung ist (§ 1569 S. 1, → § 1569 Rn. 18), ausschließlich objektive Umstände bewertet und lediglich einfache Billigkeit verlangt. Auch kann zur groben Unbilligkeit (§ 1579) im Rahmen der Interessenabwägung (Verhältnismäßigkeit) nicht unberücksichtigt bleiben, ob und inwieweit der Unterhaltsanspruch bereits aus Billigkeitsgründen nach § 1578b begrenzt worden ist. Letztlich hängt seine Regelung in Abs. 1 auch mit der Bedarfsbemessung zusammen: Wird der Bedürftige auf seinen eigenen angemessenen Bedarf verwiesen und kann er diesen mit eigenen Einkünften decken, kommt es auf die Verwirkung nicht an. Eine weitere Herabsetzung des Bedarfs bis auf den notwendigen Bedarf kommt erst in Betracht, wenn feststeht, dass es – zB wegen ehebedingter Nachteile – überhaupt noch einen ungedeckten Bedarf gibt. Auch kann der Unterhaltsanspruch dann nur im Umfang der Präjudizierung der Ent-

---

[326] BGH NJW 2013, 528 Rn. 23 = FamRZ 2013, 274; NJW 2010, 1595 Rn. 42 = FamRZ 2010, 538; NJW 2009, 2523 Rn. 62 = FamRZ 2009, 1300.

[327] Zum Ganzen *Maurer* FamRZ 2008, 2157 (2166).

[328] BGH NJW 2011, 3577 Rn. 26 = FamRZ 2011, 1851; NJW 2010, 1598 Rn. 30 = FamRZ 2010, 629.

[329] BT-Drs. 16/1830, 19 f.; aA BeckOGK/*Schlecht*, 1.2.2019, Rn. Rn. 28 (Unterscheidung nach objektiven und subjektiven Kriterien; Überschneidungen lediglich bei der Ehezeit); Staudinger/*Verschraegen*, 2014, Rn. 92; *Triebs* FPR 2008, 31 (35) [IV.].

[330] BGH NJW 2011, 3712 Rn. 29 = FamRZ 2011, 1854; NJW 2011, 2512 Rn. 39 = FamRZ 2011, 1381.

[331] *Maurer* FamRZ 2011, 1858 f.; FamRZ 2008, 2157 (2166); iErg ebenso BGH NJW-RR 1995, 449 = FamRZ 1995, 1405 (1406); *Triebs* FPR 2008, 31 (35) [IV.]; *Graba* FF 2007, 246 (249); wohl auch BT-Drs. 16/1830, 19 f.; BGH NJW 2011, 1582 Rn. 34–42 = FamRZ 2011, 791 (Prüfungsreihenfolge § 1578b – § 1579); aA – Vorrang von § 1579 Nr. 1 gegenüber § 1573 Abs. 5 aF, weil dieser auch die Herabsetzung des Unterhalts zulässt – BGH NJW-RR 1989, 386 = FamRZ 1989, 483 (486); OLG Koblenz NJW-RR 1987, 132 = FamRZ 1987, 160; OLG Hamm BeckRS 1986, 223 = FamRZ 1986, 908 (909); BeckOGK/*Schlecht*, 1.2.2019, Rn. Rn. 28; Soergel/*Häberle* Rn. 32; Staudinger/*Verschraegen*, 2014, Rn. 91, 92; *Hohloch* FF 2005, 217 (218 f.) (allgemeiner Vorrang); wohl ebenso *Borth* in Schwab ScheidungsR-HdB IV Rn. 471–473, 627; *Borth* Praxis des UnterhaltsR Rn. 345, 346; *Schnitzler* FPR 2008, 41 (44); *Born* NJW 2008, 1 (6); *Büttner* FamRZ 2007, 773 (778); *Brudermüller* FamRZ 1998, 649 (652, 654); *Hahne* FamRZ 1986, 305 (307); wohl auch BGH NJW 2011, 3712 Rn. 29 = FamRZ 2011, 1854.

scheidung zu § 1578b wiederaufleben. Dies führt zur Bindung im Abänderungsverfahren, sodass der Bedürftige nach Wiederaufleben seines Unterhaltsanspruchs auch das Beweisrisiko für die wesentliche Änderung der zu § 1578b maßgeblichen Umstände und das Risiko von Rechtsanwendungsfehlern in der abzuändernden Entscheidung trägt. Wurde darüber im Vorverfahren nicht entschieden, muss nach Entfallen der Verwirkungswirkungen jetzt im vom Bedürftigen betriebenen Abänderungsverfahren über die Begrenzung nach § 1578b zum aktuellen Zeitpunkt ohne Bindung an die Vorentscheidung entschieden werden.

Da § 1578b verschuldensunabhängig ausgestaltet ist (→ Rn. 34–118), können **persönliche Verfehlungen** beider Ehegatten nur nach § 1579 berücksichtigt werden, wie ohnehin alle unter § 1579 fallenden Sachverhalte im Rahmen von § 1578b keine Bedeutung erlangen (→ Rn. 34). Eine Sonderstellung nimmt die **Ehedauer** ein, die nach § 1578b und nach § 1579 Nr. 1 berücksichtigungsfähig sein kann. Sie sanktioniert keine Verfehlung des Bedürftigen, sondern den objektiven Umstand der nur kurzen ehelichen Verbindung der Ehegatten. Die strengere „grobe Unbilligkeit" nach § 1579 wird auch von der „Unbilligkeit" des § 1578b umfasst und kann nach Abs. 1 zum Wegfall der Tatbestandsmäßigkeit führen, sodass ihm auch insoweit der Vorrang zukommt.[332] – In der **Praxis** wird idR sofort § 1579 angewandt, wenn ein Tatbestand iSd § 1579 zu einem gänzlichen Wegfall des Unterhaltsanspruchs führt oder etwa wegen der Kinderbetreuung zu dessen Reduktion auf den notwendigen Bedarf offenkundig ist.[333] 267

### IV. Leistungsfähigkeit/Rang

Die Begrenzungen nach § 1578b scheinen der der Leistungsfähigkeit zugehörigen Rangeinteilung (§ 1609) grundsätzlich systematisch vorzugehen: Erst wenn bekannt ist, ob und in welcher Höhe ein Unterhaltsanspruch (noch) besteht, kann sich die Frage nach dem Rang, mithin danach stellen, wie die vorhandenen finanziellen Mittel des Verpflichteten auf die Berechtigten aufzuteilen sind. Allerdings lässt sich über eine Begrenzung des Unterhaltsanspruchs erst sachgerecht entscheiden, wenn seine Höhe, die sich idR ganz maßgeblich auch nach der Leistungsfähigkeit des Verpflichteten richtet, bekannt ist. Deshalb ist der dem geschiedenen Ehegatten zustehende, bereits reduzierte Unterhalt ein maßgeblich bei der Begrenzung des Anspruchs zu berücksichtigender Umstand, wenn man die Leistungsfähigkeit des Verpflichteten bei konkurrierenden Unterhaltsansprüchen geschiedener und aktueller Ehegatten nach der **„Dreiteilung"** (→ § 1581 Rn. 68–88) bemisst.[334] 268

### V. Treu und Glauben

§ 1578b ist neben § 1579 grundsätzlich abschließend[335] und die gegenüber § 242 speziellere Regelung. Umstände, die von diesen Regelungen erfasst und einer Billigkeitsabwägung zugeführt werden können, können deshalb nicht auch zu einer Verwirkung nach § 242 führen. Ausgeschlossen ist sie jedoch nicht, wenn der Verpflichtete darauf vertrauen durfte, dass der Unterhaltsanspruch nicht mehr geltend gemacht wird (→ § 1579 Rn. 12, → § 1585b Rn. 129–144). 269

## I. Verfahren

### I. Verfahrenskostenhilfe

Im Hinblick auf die **Neuregelung** des Rechts der Begrenzung von Ansprüchen auf nachehelichen Unterhalt in § 1578b durch das UÄndG 2007, insbesondere auch seiner Erstreckung auf Alters- (§ 1571) und Krankheitsunterhalt (§ 1572), war es angezeigt, bis zur näheren höchstrichterlichen Klärung der Anwendung dieser Vorschrift durch den BGH Verfahrenskostenhilfe bereits dann zu gewähren, wenn die Anwendung der Begrenzungsvorschrift geltend gemacht wurde und das Ergebnis nicht von vornherein eindeutig war. 270

**Beispiele aus der Rspr.:** 271
BVerfG NJW 2010, 1657 Rn. 20 = FamRZ 2010, 867: „Die maßgebliche Fragestellung, wie die Voraussetzungen des § 1578b BGB bei der Beurteilung der Befristung bzw. Begrenzung nachehelichen Altersunterhalts

332 IErg wohl ebenso *Borth* Praxis des UnterhaltsR Rn. 345, 346; aA Palandt/*Brudermüller* Rn. 11.
333 Dazu etwa BGHZ 190, 251 = NJW 2011, 3089 Rn. 41 = FamRZ 2011, 1498.
334 Dazu etwa BGH NJW 2012, 923 Rn. 41 = FamRZ 2012, 288: „…, wenn sie nicht bereits im Rahmen der Neubemessung der Leistungsfähigkeit Niederschlag gefunden hat"; anders noch *Maurer* FamRZ 2008, 2157 (2166).
335 AA OLG Frankfurt a. M. BeckRS 1997, 13169 – FamRZ 1999, 97 (98).

inhaltlich auszulegen und zu gewichten sind, stellt jedoch weder eine einfache noch eine eindeutig zu entscheidende Frage dar, die geeignet wäre, ohne Vorwegnahme der Hauptsache im summarischen Prozesskostenhilfeverfahren entschieden zu werden."

OLG Hamm NJW 2008, 2445 = FamRZ 2008, 1000 f.; OLG Frankfurt a. M. BeckRS 2009, 19413 = FamRZ 2009, 524: Keine Versagung von PKH bei Anwendung des UÄndG 2007.

OLG Celle NJW 2008, 2449 = FamRZ 2008, 1956 f.: Im PKH-Prüfungsverfahren blieb dahingestellt, nach welcher Übergangsfrist der Unterhalt herabzusetzen und danach zu befristen ist, allerdings mit dem Hinweis, dass eine (weitere) Befristung angesichts der eigenen Einkünfte der Bedürftigen von 1.120 EUR/Monat wohl nicht in Betracht kommt.

272 Nachdem nunmehr die Anwendungsvoraussetzungen des § 1578b auf die jeweiligen Unterhaltstatbestände höchstrichterlich ausdifferenziert sind, ist im Einzelfall nicht mehr ausgeschlossen, auf der Grundlage einer **summarischen Prüfung der Erfolgsaussicht** Verfahrenskostenhilfe ganz oder teilweise zu versagen, wenn ein Anspruch auf nachehelichen Unterhalt ersichtlich nicht mehr in Betracht kommt.[336] Zu beachten ist, dass einer Versagung von Verfahrenskostenhilfe bereits entgegenstehen kann, wenn im Einzelfall nach dem Vortrag der Verfahrensbeteiligten und unter Berücksichtigung primären und sekundären **Darlegungslast** (näher → Rn. 287–292) eine Abwägung zwischen einer Herabsetzung des Berechtigten auf seinen angemessenen Lebensbedarf (Abs. 1) und einer Befristung (Abs. 2) oder eine Kumulierung der Begrenzungsarten (Abs. 3) nicht ausgeschlossen werden kann.[337] – Weiter ist zu berücksichtigen, dass durch die Bewilligung von Verfahrenskostenhilfe wegen der Begrenzung des **Verfahrenswerts** für künftigen Unterhalt auf den Jahresbetrag dann keine weiteren Kosten entstehen und deshalb Verfahrenskostenhilfe nicht versagt werden kann, wenn von einer Befristung des Unterhaltsanspruchs auf mehr als 1 Jahr sicher ausgegangen werden kann.[338]

## II. Gerichtliche Geltendmachung

273 **1. Ausgangsverfahren.** Ob und ggf. wie lange der Unterhaltsanspruch zeitlich zu begrenzen ist, ist wegen der ohnehin anzustellenden Prognose über die künftige Entwicklung der maßgeblichen Umstände (→ Rn. 276–279) grundsätzlich bereits im Ausgangsverfahren zu entscheiden.[339] Wurde eine Begrenzung nicht ausgesprochen und damit ausdrücklich oder stillschweigend abgelehnt, ist der Verpflichtete in einem Abänderungsrechtsstreit mit seinem Begehren nach einer Befristung **präkludiert** (§ 238 Abs. 3 S. 1 FamFG, → Rn. 278–285),[340] es sei denn, die Ehegatten hätten ihre Berücksichtigung vereinbart.[341] Allerdings muss stets ein **konkreter Anlass** dafür bestanden haben, bereits zu diesem Zeitpunkt überhaupt eine Begrenzung des Unterhaltsanspruchs zu prüfen, weil die maßgeblichen Umstände **bereits eingetreten** waren oder ihr Eintritt unter Berücksichtigung aller Umstände des Einzelfalls jedenfalls **zuverlässig vorhersehbar** war, idR also absehbar kurz bevorstand, vom bloßen Zeitablauf abhing oder sonst abschließend beurteilt werden konnte.[342] Liegen diese Voraussetzungen jedoch vor, kann eine Begrenzung grundsätzlich nicht mehr nachgeholt werden. Oft werden sich aber die für eine Befristung maßgeblichen Umstände in einem Ausgangsrechtsstreit noch nicht zuverlässig beurteilen lassen, sodass in diesem auch noch keine Befristung beantragt zu werden braucht.[343]

---

336 OLG Brandenburg BeckRS 2016, 16376 Rn. 6 = FamRZ 2017, 44; OLG Schleswig BeckRS 2010, 28673 = FamRZ 2010, 1914; ebenso BeckOGK/*Schlecht*, 1.2.20198, Rn. 301, 302; iErg auch OLG Schleswig NJW-RR 2011, 363 (364) = FamRZ 2011, 302.

337 Dazu KG BeckRS 2014, 18381 Rn. 8, 9 = FamRZ 2015, 419.

338 OLG Schleswig BeckRS 2010, 28673 = FamRZ 2010, 1914.

339 Zu § 1573 Abs. 5 aF, § 1578 Abs. 1 S. 2 aF BGH NJWE-FER 2001, 25 = FamRZ 2001, 905 (906) mwN, NJW 1986, 2832 = FamRZ 1986, 886 (888); zu § 1578 Abs. 1 S. 2 aF OLG Düsseldorf NJW-RR 1992, 1154 = FamRZ 1992, 951 (952 f.).

340 Für Prozessvergleiche mangels Änderung der Geschäftsgrundlage: BGH NJW 2004, 3106 = FamRZ 2004, 1357 (1360); NJWE-FER 2001, 25 = FamRZ 2001, 905 (906 f.); NJW 1995, 1891 = FamRZ 1995, 665 (666); OLG Düsseldorf OLGR 1996, 221 (222) (notarielle Urkunde).

341 OLG Hamm FamRZ 1994, 1392.

342 BGH NJW 2015, 2963 Rn. 22 = FamRZ 2015, 1694; BGHZ 188, 50 = NJW 2011, 670 = Rn. 45, 46 = FamRZ 2011, 454; NJW 2009, 2523 Rn. 62 = FamRZ 2009, 1300; NJW 2009, 1876 Rn. 41 = FamRZ 2009, 770; NJW 2008, 2644 Rn. 13, 14 = FamRZ 2008, 1508; NJW 2008, 151 Rn. 21 = FamRZ 2008, 134; NJW-RR 2008, 1 Rn. 24 = FamRZ 2007, 2049; BGHZ 171, 206 = NJW 2007, 1961 Rn. 60 = FamRZ 2007, 793; NJW 2004, 3106 = FamRZ 2004, 1357 (1360); NJW 2000, 3789 = FamRZ 2000, 1499 (1501); auch OLG Koblenz FamRZ 2016, 641 Ls. 1; OLG Hamm BeckRS 2008, 12399 = FamRZ 2008, 1184 (1185); OLG Celle NJOZ 2007, 5617 = FamRZ 2007, 1821 (1822 f.).

343 BGH NJW 2015, 2963 Rn. 22 = FamRZ 2015, 1694; BGHZ 183, 197 = NJW 2010, 365 Rn. 59 = FamRZ 2010, 111; NJW 2004, 3106 (3108) = FamRZ 2004, 1357; NJWE-FER 2001, 25 = FamRZ 2001, 905.

**Beispiele aus der Rspr.:** 274

BGH NJW 2006, 2401 Rn. 20 = FamRZ 2006, 1006: Nach Befristung des Unterhaltsanspruchs in einem Vergleich ist der Verpflichtete nicht stets mit der Geltendmachung einer weiteren Befristung wegen Unbilligkeit für den Berechtigten oder wegen Verwirkung ausgeschlossen.

BGHZ 171, 206 = NJW 2007, 1961 Rn. 60 = FamRZ 2007, 793: Befristung bei vollständigem und nachhaltigem Ausgleich ehebedingter Nachteile durch neu aufgenommene Vollzeittätigkeit. – Der BGH verweist in diesem Zusammenhang auf das Älterwerden von Kindern als zuverlässig vorhersehbar; für eine Befristung kann deshalb nach bisherigem Altersphasenmodell (→ 5. Aufl. 2010, § 1570 Rn. 4–12) mit einer Kinderbetreuung und damit Verlängerung der Ehedauer bis zum vollendeten 15. Lebensjahr des jüngsten Kindes ausgegangen werden (dazu aber → Rn. 238–248). Das Risiko einer abweichenden Entwicklung und der sich daraus ergebenden Notwendigkeit der Erhebung eines Abänderungsantrags trägt damit der kinderbetreuende Berechtigte. Unter der Geltung des UÄndG 2007 wird dies aber für den Regelfall zu verneinen sein, weil dann allein die Umstände des Einzelfalls ausschlaggebend sind (→ § 1570 Rn. 43–71).

OLG Stuttgart BeckRS 2008, 74 = FamRZ 2007, 2075 (2077): 2 noch minderjährige Kinder, Berechtigter nur halbschichtig erwerbstätig: Umstände für Befristung nicht zuverlässig vorhersehbar.

OLG Koblenz NJW 2008, 3720 = FamRZ 2009, 524 (526): Die Nachhaltigkeit des Erwerbseinkommens des Berechtigten ist nicht zuverlässig prognostizierbar.

**2. Abänderungsantrag. a) Geltendmachung im Ausgangsverfahren.** Die Berücksichtigung nach dem **Schluss der mündlichen Verhandlung** des Ausgangsverfahrens in der Tatsacheninstanz eingetretener maßgeblicher Umstände (→ Rn. 273, 274) ist nicht ausgeschlossen, insbesondere dann nicht, wenn zunächst bestehende ehebedingte Nachteile später ganz oder teilweise entfallen sind,[344] oder solche – eher ausnahmsweise – erst später eingetreten sind.[345] Sie sind mit einem Abänderungsantrag (§§ 238, 239 FamFG), nicht mit einem Vollstreckungsgegenantrag (§ 120 Abs. 1 FamFG, § 112 Nr. 1 FamFG, § 231 Nr. 2 FamFG, § 767 ZPO) geltend zu machen.[346] Dieser kann vom Verpflichteten auf eine Verkürzung, vom Bedürftigen auf eine Verlängerung oder das Entfallen der „Schonfrist" (→ Rn. 221–229) gerichtet werden. 275

**b) Prognosebildung.** Soweit die Begrenzungen nicht auf einer Prognose der künftigen Entwicklung der maßgeblichen Verhältnisse, sondern auf deren **abschließender Beurteilung** aufgrund endgültiger, tatsächlich oder unterstellt nicht mehr veränderbarer Umstände beruhen, ist eine nachträgliche Beurteilung und Abänderung auf einen Erst- und auch Abänderungsantrag (§§ 238, 239 FamFG), sieht man einmal von einer Anpassung an die allgemeinen Lebensverhältnisse oder nach § 1579 erheblichen Änderungen[347] ab, allerdings ausgeschlossen.[348] – Zur Berücksichtigung von durch die **Rspr.** zur Erleichterung von Befristungen (§ 1573 Abs. 5 aF) und das **UÄndG 2007** bewirkten Änderungen der Rechtslage → 7. Aufl. 2017, Anh. § 1586b Rn. 26–36. 276

Begrenzungen, die aufgrund einer **Prognose der Entwicklung künftiger Verhältnisse** vorgenommen worden sind – etwa Herabsetzung, weil von eheprägenden Mindereinkünften des Verpflichteten oder Mehreinkünften des Bedürftigen ausgegangen wurde, oder Befristung, weil erwartet wurde, dass Erwerbseinkünfte nachhaltig erzielt werden, diese jedoch innerhalb der erforderlichen Dauer (§ 1573 Abs. 4, → § 1573 Rn. 43–55) wieder entfallen sind,[349] oder aufgrund der Annahme, dass sich der Gesundheitszustand des Bedürftigen gebessert hat und der Erzielung von Erwerbseinkünften nicht mehr entgegenstehen wird –, sind nicht auf § 1578b Abs. 1, 2, sondern auf die Unterhaltstatbestände oder auf § 1578 gestützt. Sie führen nicht zu einem endgültigen, ggf. teilweisen Erlöschen des Unterhaltsanspruchs, sondern lassen eine Anpassung wegen einer verfehlten Prognose zu. – Die Beseitigung dieser Begrenzungen muss der Bedürftige mit einem Abänderungsantrag (§§ 238, 239 FamFG) verfolgen, weil es um die Korrektur einer Prognose und die Anpassung an die tatsächlichen Verhältnisse geht. 277

---

[344] BGH NJW 2012, 1144 Rn. 65 = FamRZ 2012, 517; BGHZ 188, 50 = NJW 2011, 670 Rn. 43 = FamRZ 2011, 454.

[345] BGH NJW 2010, 3582 Rn. 26 = FamRZ 2010, 1884; NJW 2012, 2514 Rn. 4, 15 = FamRZ 2012, 1284; BGHZ 183, 197 = NJW 2010, 365 Rn. 59 = FamRZ 2010, 111; s. auch OLG Celle NJW 2016, 2194 Rn. 30 (Entfallen der Betreuungsbedürftigkeit eines Kindes).

[346] Zu § 1573 Abs. 5 aF, § 1578 Abs. 1 S. 2 aF: BGH NJWE-FER 2001, 25 = FamRZ 2001, 905 (906); NJW 2000, 3789 = FamRZ 2000, 1499 (1501 f.); NJW 1995, 1891 = FamRZ 1995, 665 (666 f.); NJW 1987, 1761 = FamRZ 1987, 572 (575); zu § 1578 Abs. 1 S. 2 aF: OLG Düsseldorf NJW-RR 1992, 1154 = FamRZ 1992, 951 (952 f.); OLG Schleswig BeckRS 2008, 26056 = FamRZ 2006, 209 Ls. 2; OLG Hamm FamRZ 1994, 1392 f.

[347] BGH NJW 2012, 2514 Rn. 30 = FamRZ 2012, 1284.

[348] Zum „vergessenen" Altersvorsorgeunterhalt BGH NJW 2015, 334 Rn. 13–15 = FamRZ 2015, 309 (vorausgehend KG BeckRS 2013, 15618 = FamRZ 2014, 219 Ls.).

[349] OLG Naumburg BeckRS 2001, 30203560 = FF 2002, 67.

278 **c) Präklusionen.** Mit einer Begrenzung des Unterhaltsanspruchs ist der Verpflichtete **präkludiert** (§ 238 Abs. 2 FamFG), wenn die sie tragenden Umstände im Zeitpunkt der letzten mündlichen Verhandlung in den Tatsacheninstanzen bereits bestanden haben, jedoch vom Verpflichteten unabhängig davon, dass sie von Amts wegen zu beachten sind (→ Rn. 10), nicht in das Verfahren eingeführt worden sind und dieses durch **Endentscheidung** (Beschluss, § 38 Abs. 1 S. 1 FamFG) abgeschlossen wurde. Denn die Rechtskraft der Entscheidung umfasst auch die Feststellung, dass die Voraussetzungen für eine Begrenzung nicht vorliegen,[350] weshalb eine insoweit positive Entscheidung in einem Abänderungsverfahren grundsätzlich auch nicht nachgeholt werden kann (→ Rn. 276).

279 Ein Ausschluss im Abänderungsverfahren mit Vortrag, der eine Begrenzung nach § 1578b begründen soll, setzt allerdings voraus, dass der Vortrag im Ausgangsverfahren auch **entscheidungserheblich** gewesen wäre („Alttatsachen"). War er es nicht, sondern wurde er erst durch **neu hinzugetretene Umstände** erheblich, greift die Präklusion wegen der nicht auf einzelne Aspekte zurückzuführenden, sondern alle Einzelaspekte umfassenden Billigkeitsabwägung hinsichtlich dieses Umstands nicht ein.[351] Kommt ihnen nur im Verein mit an sich präkludierten Umständen rechtserhebliche Bedeutung zu oder **verstärken** sie diese, wird dadurch der Ausschluss aufgehoben.[352] Denn es geht nicht allein um das Bestehen der Umstände, sondern auch und vor allem um die sie auslösenden rechtlichen Folgen.

280 Ähnlich BGH NJW 2012, 2514 Rn. 21 = FamRZ 2012, 1284; BGHZ 186, 1 = NJW 2010, 2349 Rn. 13, 23 = FamRZ 2010, 1238 wegen der eingeschränkten Rechtskraft der Entscheidung, wenn eine Begrenzung in der Ausgangsentscheidung wegen einer noch nicht zuverlässig absehbaren Entwicklung ausdrücklich offengelassen wurde. Doch kommt es darauf mE nicht an: Erheblich ist allein, dass und warum die Voraussetzungen für eine Begrenzung zum maßgeblichen Zeitpunkt nach der Beurteilung in der Ausgangsentscheidung nicht vorgelegen haben. Auf dieser Grundlage ist zu prüfen, ob eine Veränderung der Verhältnisse eine Anpassung rechtfertigen kann. Ob das Ausgangsgericht dies für möglich gehalten hat, ist unerheblich.

281 Eine Präklusion ist nach der Rspr. des BGH dann nicht eingetreten, wenn das Ausgangsgericht über die Berücksichtigung vorgetragener Umstände **nicht abschließend** entscheiden wollte, oder solche Umstände **übersehen** und deshalb nicht in seine Entscheidung einbezogen hat, und diese Umstände nicht schon **in anderer Hinsicht** rechtlich Bedeutung erlangt haben.[353]

282 **Beispiel aus der Rspr.:**
Der BGH NJW 2015, 2963 Rn. 29, 30 = FamRZ 2015, 1694 lässt die letztere Vorgabe jedoch außer Betracht, wenn er den Umstand, dass der Berechtigte im Ausgangsverfahren nicht auf einen Basistarifvertrag zur Krankenversicherung verwiesen worden war, nach Pensionierung des Verpflichteten wegen der Reduzierung seiner Einkünfte aufgrund der Pensionierung und der Durchführung des Versorgungsausgleichs im Rahmen des § 1578b würdigt. Denn die Bemessung des Krankenvorsorgeunterhalts im Ausgangsverfahren nach dem Standardtarif betrifft bereits die Bedarfsbemessung, die Bedürftigkeit und die Leistungsfähigkeit und ist somit der erneuten Beurteilung nach § 1578b entzogen.

283 Maßgeblich ist dabei, wie aus der **Sicht des Abänderungsgerichts** hätte entschieden werden müssen, und nicht, wie das Ausgangsgericht mutmaßlich entschieden hätte.[354] Dies muss auch dann gelten, wenn das Ausgangsgericht über eine Begrenzung des Unterhaltsanspruchs unter Einbeziehung dieses Einzelaspekts entschieden hat.

284 Dies gilt nach Auffassung des BGH bereits dann, wenn das Ausgangsgericht **„im Zweifel"** noch nicht abschließend entscheiden wollte.[355] Ob es dies gewollt hat, unterliegt nach Auffassung des BGH offensichtlich der gerichtlichen Beurteilung im Abänderungsverfahren. Vortrag des Verpflichteten, zu dessen Gunsten sich eine Begrenzung nach § 1578b auswirkt, bedarf es dazu wohl nicht. Offen bleibt dann, warum

- sich die Zweifel zugunsten des Verpflichteten und nicht zugunsten des Berechtigten auswirken, trägt doch der Verpflichtete das Beweisrisiko für das Eingreifen des § 1578b (→ Rn. 287).
- der Verpflichtete den Umstand, dass das Ausgangsgericht einen wesentlichen Umstand übergangen hat, nicht mit der Beschwerde im Ausgangsverfahren verfolgen musste.

Es ist danach im Abänderungsverfahren ggf. eine **doppelte Billigkeitsabwägung** für das Ausgangsverfahren und für das Abänderungsverfahren vorzunehmen, um beurteilen zu können, wie sich der im Ausgangsverfahren übergangene Umstand ausgewirkt hätte bzw. auswirkt.

---

[350] BGH NJW 2012, 2514 Rn. 14, 20 = FamRZ 2012, 1284.
[351] BGH NJW 2015, 2963 Rn. 24 = FamRZ 2015, 1694; nachfolgend auch OLG Köln BeckRS 2016, 4564 Rn. 17 = FamRZ 2016, 1172 Ls.
[352] BGH NJW 2015, 2963 Rn. 24, 32 = FamRZ 2015, 1694.
[353] BGH NJW 2015, 2963 Rn. 25 = FamRZ 2015, 1694.
[354] BGH NJW 2015, 2963 Rn. 29 = FamRZ 2015, 1694.
[355] BGH NJW 2015, 2963 Rn. 25, 26 = FamRZ 2015, 1694.

**d) Vergleich. Vereinbarung.** Für die Abänderung eines Vergleichs muss sich dessen Geschäftsgrundlage geändert haben (§ 239 Abs. 1 S. 2, Abs. 2 FamFG, § 313). Dies ist auch dann nicht stets der Fall, wenn die für eine Herabsetzung oder zeitliche Begrenzung maßgebenden Verhältnisse bereits bei Vergleichsabschluss bestanden haben und dem Verpflichteten bekannt waren. Im Zweifel ist vielmehr davon auszugehen, dass die Ehegatten sich eine spätere Befristung des Unterhalts offenhalten wollten, wenn es an einer entgegenstehenden – ausdrücklichen oder konkludenten – vertraglichen Regelung fehlt. 285

**Beispiel aus der Rspr.:**
BGHZ 186, 1 = NJW 2010, 2349 Rn. 18–29 = FamRZ 2010, 1238: Eine zeitliche Begrenzung des Unterhalts war zwischen den Ehegatten vor Abschluss des Vergleichs umstritten, ein Nachgeben des Berechtigten hat im Wortlaut der Vereinbarung keinen Niederschlag gefunden. Auch dass der Verpflichtete seinen früher erhobenen Einwand, der Unterhalt sei zeitlich zu begrenzen, schließlich fallen ließ, besagt noch nichts zu einer späteren Befristung des Unterhalts.[356] 286

Die Anpassung einer vertraglichen Vereinbarung scheidet dagegen aus, wenn mit ihr ausnahmsweise eine **abschließende Regelung** getroffen werden sollte. Dies kann angenommen werden, wenn sich aus der Vereinbarung, ggf. auch im Zusammenhang mit der vermögens- und güterrechtlichen Auseinandersetzung, ausdrücklich eindeutig ergibt, dass der Unterhaltsanspruch endgültig **abgefunden** werden sollte.[357] 287

**3. Zwangsvollstreckung.** Gegen **Vollstreckungsmaßnahmen** nach Ablauf der festgesetzten Frist sind (§ 120 Abs. 1 FamFG) die Vollstreckungserinnerung (§ 766 ZPO) oder die sofortige Beschwerde (§ 793 ZPO) die zulässigen Rechtsbehelfe. Unzulässig ist dagegen ein Vollstreckungsgegenantrag (§ 767 ZPO).[358] 288

## III. Darlegungs- und Beweislast

**1. Allgemeines.** Zwar sind die eine Begrenzung rechtfertigenden Umstände von Amts wegen zu beachten (→ Rn. 10), doch sind sie nicht auch von Amts wegen zu ermitteln,[359] sondern von den Verfahrensbeteiligten darzulegen. Da eine Herabsetzung und Befristung des Unterhaltsanspruchs – trotz ihrer Beschränkung auf den nachehelichen Unterhalt (→ Rn. 5) und trotz der nachehelichen Eigenverantwortung der Ehegatten – die **Ausnahme** von der Regel „Unterhaltspflicht" ist,[360] trägt der **Verpflichtete** die Darlegungs- und Beweislast für alle die Unbilligkeit eines der Höhe nach unbeschränkten und unbefristeten Unterhaltsanspruchs begründenden Umstände,[361] insbesondere für die Dauer der Ehe, die Gestaltung von Haushaltsführung und Erwerbstätigkeit, die Verbesserung des Lebensbedarfs durch die Eheschließung (zu einem hierauf gerichteten **Auskunftsanspruch** → § 1580 Rn. 94–118), oder dass die Kinderbetreuung nur vorübergehend oder nicht überwiegend wahrgenommen wurde (zu den **ehebedingten Nachteilen** → Rn. 288–292). Hat der Verpflichtete allerdings maßgebliche Umstände dargetan und sind diese objektiv nachprüfbar und ggf. bewiesen, obliegt dem Bedürftigen als **„Ausnahme von der Ausnahme"** die Darlegungs- und Beweislast für die bei der Billigkeitsabwägung zu seinen Gunsten und gegen eine Begrenzung des Unterhaltsanspruchs sprechenden Umstände, ggf. auch für eine längere „Schonfrist",[362] die er substantiiert darzulegen hat.[363] 289

---

356 IdS auch AG Bad Mergentheim FamRZ 2010, 215 (216).

357 BGH NJW 2015, 1242 Rn. 24 mAnm *Born* = FamRZ 2015, 734; NJW 2010, 440 Rn. 29 = FamRZ 2010, 192; auch OLG Hamm BeckRS 2016, 20766 Rn. 87 mBspr *Ackermann-Sprenger* NZFam 2017, 29 = FamRZ 2017, 889 Ls.

358 BGH NJWE-FER 2001, 25 = FamRZ 2001, 905 (906 f.); aA *Brudermüller* FamRZ 1998, 649 (659).

359 Zum Ganzen auch *Maurer* FamRZ 2008, 2157 (2164).

360 BT-Drs. 16/1830, 20.

361 BGH NJW 2014, 1807 Rn. 22 = FamRZ 2014, 1007; NJW 2013, 1738 Rn. 37 = FamRZ 2013, 935; NJW 2012, 3434 Rn. 40 = FamRZ 2012, 1483; NJW 2012, 74 Rn. 24 = FamRZ 2012, 93; BGHZ 185, 1 = NJW 2010, 1813 Rn. 18 = FamRZ 2010, 875; NJW 2009, 2592 Rn. 51 = FamRZ 2009, 1391; NJW 2008, 2644 Rn. 15 = FamRZ 2008, 1508; NJW 2008, 151 Rn. 22 = FamRZ 2008, 134; NJW 2008, 2581 Rn. 41 = FamRZ 2008, 1325; OLG Braunschweig BeckRS 2008, 26306 = FamRZ 2009, 977 (981); OLG Koblenz NJW 2008, 3720 = FamRZ 2009, 524 (525); OLG Celle BeckRS 2009, 21036 = FamRZ 2009, 121; *Triebs* FPR 2008, 31 (34); *Dose* FamRZ 2007, 1289 (1296); ausführlich *Henjes* FuR 2011, 200 ff. Zum UÄndG 1986 s. OLG Schleswig OLGR 1997, 143; OLG Hamm BeckRS 2009, 25068 = FamRZ 1987, 829 (832); *Hahne* FamRZ 1986, 305 (310).

362 Zum Ganzen BGH NJW 2008, 2644 Rn. 15 = FamRZ 2008, 1508; NJW 2008, 2581 Rn. 41 = FamRZ 2008, 1325; NJW 2008, 151 Rn. 22 = FamRZ 2008, 134; NJW 1990, 2810 = FamRZ 1990, 857 (859);

290 **2. Insbesondere: Ehebedingte Nachteile.** Da die Begrenzung des Unterhaltsanspruchs rechtstechnisch die Ausnahme ist (→ Rn. 10, 287), trägt der Verpflichtete auch die Darlegungs- und Beweislast dafür, dass durch die Ehe keine – **„ehebedingten"** – **Nachteile** eingetreten sind. Allerdings sind die hierfür maßgeblichen Umstände der Sphäre des Bedürftigen zuzuordnen und zu seinen Gunsten zu berücksichtigen. Danach obliegt es in Entsprechung der zum Beweis negativer Tatsachen entwickelten Grundsätze trotz seiner Darlegungs- und Beweislast nicht dem Verpflichteten darzulegen, dass der Bedürftige keine ehebedingten Nachteile erlitten hat, sondern als **sekundäre Darlegungslast** dem Bedürftigen, dass er solche erlitten hat.[364]

291 Deshalb reicht zunächst die **Behauptung des Verpflichteten** aus, dem Bedürftigen seien keine ehebedingten Nachteile entstanden.[365] Sie kann auch darin liegen, dass sich der Verpflichtete zwar auf die Begrenzung beruft, sich jedoch zu ehebedingten Nachteilen des Bedürftigen zunächst gar nicht erklärt. Erst wenn der Bedürftige die Behauptung des Verpflichteten substantiiert bestreitet und solche Umstände konkret darlegt,[366] obliegt dem Verpflichteten der – volle – Gegenbeweis, dass ein Nachteil nicht[367, 368] oder nicht mehr ehebedingt ist.[369] Bleibt das erzielbare Einkommen des Berechtigten hinter dem Einkommen aus der vormals ausgeübten Tätigkeit zurück, sind allerdings erhöhte Anforderungen an die primäre Darlegungslast des Verpflichteten zu stellen.[370]

292 Dieses Verständnis sieht die Begrenzung zutreffend als Einwendung, die von Amts wegen zu beachten ist (→ Rn. 10, 11).[371] Dabei liegt die Bedeutung von „primär" und „sekundär" nicht auf der numerisch-zeitlichen Reihenfolge, sondern zutreffend auf dem **Umfang** und der **Intensität** des jeweils geforderten Vortrags. Der Verpflichtete braucht sich auf die Begrenzung des Unterhaltsanspruchs also nicht ausdrücklich zu berufen. Aus dem Sachvortrag der Ehegatten müssen sich allerdings Anhaltspunkte ergeben, die auf die Erforderlichkeit einer Begrenzung schließen lassen. Zur **Hinweispflicht** des FamG → Rn. 295).

293 Zwar dürfen die Anforderungen an den **Vortrag des Bedürftigen** nicht überspannt werden.[372] Insbesondere genügt er, stützt er seine Behauptung ehebedingter Nachteile lediglich auf mit zunehmender Berufserfahrung steigende Einkünfte, seiner sekundären Darlegungslast bereits dann, wenn er sich

---

s. auch BT-Drs. 16/1830, 20; *Büttner* FamRZ 2007, 773 (774); aA *Borth* Praxis des UnterhaltsR Rn. 336 (der Verpflichtete muss die „negative" Tatsache „wegbeweisen").

[363] BGH NJW 2008, 2581 Rn. 41 = FamRZ 2008, 1325; s. auch OLG Celle BeckRS 2008, 16249 = FamRZ 2008, 1448 (1449); OLG Koblenz NJW 2008, 3720 = FamRZ 2009, 524 (525).

[364] BGH NJW 2014, 1807 Rn. 22 = FamRZ 2014, 1007; NJW 2013, 1738 Rn. 37 = FamRZ 2013, 935; NJW 2012, 3434 Rn. 40 = FamRZ 2012, 1483; NJW 2012, 74 Rn. 24 = FamRZ 2012, 93; BGHZ 185, 1 = NJW 2010, 1813 Rn. 18 = FamRZ 2010, 875; auch OLG Hamm BeckRS 2014, 6507 = FamRZ 2015, 1397 (1399). – Das OLG Stuttgart NJW 2010, 2361 = FamRZ 2010, 217 (218) geht – unter wohl unzutreffender Verweisung auf BGH NJW 2009, 2523 Rn. 61–63 = FamRZ 2009, 1300 – von einer Vermutung für ehebedingte Nachteile aus; ebenso OLG Brandenburg NJW 2008, 2268 = FamRZ 2008, 1952 (1953).

[365] BGH NJW 2012, 74 Rn. 23, 24 = FamRZ 2012, 93.

[366] BGH NJW 2013, 1447 Rn. 25, 26 = FamRZ 2013, 864 (Finanzbuchhalterin).

[367] BGH NJW 2013, 1738 Rn. 37 = FamRZ 2013, 935; NJW 2013, 1447 Rn. 23 = FamRZ 2013, 864; NJW 2013, 1444 Rn. 26 = FamRZ 2013, 860; NJW 2012, 3434 Rn. 40 = FamRZ 2012, 1483; NJW 2012, 74 Rn. 23, 24 = FamRZ 2012, 93; NJW 2010, 3653 Rn. 24 = FamRZ 2010, 2059; NJW 2011, 147 Rn. 23 = FamRZ 2010, 1971; NJW 2010, 3097 Rn. 21, 22 = FamRZ 2010, 1633 (ausreichend, dass Berechtigter darlegt, während der Ehe auf eine Erwerbstätigkeit verzichtet und deshalb keine Beiträge zur Altersvorsorge geleistet zu haben; der Verpflichtete hat diesen Vortrag zu widerlegen); NJW 2010, 2277 Rn. 52, 53 = FamRZ 2010, 1050 mit abl. Anm. *Koch* JR 2011, 304 (der BGH spricht von „Klarstellung", doch handelt es sich um eine Änderung seiner bisherigen Rspr. BGH NJW 1990, 2810 = FamRZ 1990, 857 (859)); BGHZ 185, 1 = NJW 2010, 1813 Rn. 18–23 = FamRZ 2010, 875; NJW 2009, 3783 Rn. 18 = FamRZ 2009, 1990; NJW 2008, 2581 Rn. 41 = FamRZ 2008, 1325; NJW 2008, 151 Rn. 22 = FamRZ 2008, 134; ähnlich OLG Celle BeckRS 2010, 9072 = FamRZ 2010, 566 (567); aA etwa OLG Saarbrücken FF 2008, 504 (508).

[368] Die Kritik von *Koch* JR 2011, 304 (305) an der BGH-Rspr. lässt außer Betracht, dass dem Verpflichteten idR zwar die äußeren Rahmenbedingungen der bisherigen Erwerbstätigkeit bekannt sind/sein können, eher nicht aber das künftige berufliche „Entwicklungspotential" des Bedürftigen. Insoweit ist es sachgerecht, diesen mit dem „Darlegungsrisiko" zu belasten.

[369] BGH NJW 2011, 3645 Rn. 31 = FamRZ 2011, 1721; NJW 2008, 2581 Rn. 41 = FamRZ 2008, 1325; NJW 2008, 151 Rn. 22 = FamRZ 2008, 134; OLG Celle NJW-RR 2011, 364 = FamRZ 2010, 1911: sekundäre Darlegungslast auch für das – bestrittene – Fortwirken ehebedingter Nachteile. – S. auch BGH NJW 2009, 2523 Rn. 42, 62 = FamRZ 2009, 1300: Die zur Bedürftigkeit (§ 1577 Abs. 1) festgestellten Umstände sind ohne erneute Prüfung zu § 1578b verwertbar.

[370] BGH NJW 2009, 3783 Rn. 18 = FamRZ 2009, 1990.

[371] IErg wohl ebenso BGH NJW 2012, 74 Rn. 22 = FamRZ 2012, 93: „prozessuale Einwendung".

[372] Auch OLG Hamm BeckRS 2014, 6507 = FamRZ 2015, 1397 (1399).

hierzu auf Erfahrungssätze „in dem jeweiligen Berufsfeld" und tarifliche Regelungen stützt.[373] IÜ muss er ggf. berufliche Entwicklungsmöglichkeiten und seine Bereitschaft und Eignung für den behaupteten beruflichen Aufstieg in seinem Berufsfeld, ggf. auch unter Hinweis auf wegen genügender Berührungspunkte **vergleichbare Karriereverläufe** so konkret darlegen – Fortbildungsbereitschaft, besondere Befähigungen, Neigungen oder Talente –, dass sie auf ihre Plausibilität überprüft und vom Verpflichteten widerlegt werden können.[374] Andere als ehebedingte, insbesondere gesamtwirtschaftliche Einflüsse in dem betreffenden Berufsfeld und gesundheitliche Beeinträchtigungen, die die berufliche Entwicklung behindern konnten, sind vom Bedürftigen auszuschließen. Bei einem Wechsel des Berufsfelds sind die Beweggründe dafür darzulegen und ggf. die tatsächliche berufliche Entwicklung mit der hypothetischen im alten Berufsfeld vor allem hinsichtlich des Einkommens zu vergleichen.[375] – Der **wertmäßige Umfang** des ehebedingten Nachteils muss nicht exakt festgelegt werden, vielmehr reicht die Feststellung des ungefähren Ausmaßes durch **Schätzung** unter objektiv nachprüfbarer Angabe der Grundlagen und ihrer Auswertung aus (§ 113 Abs. 1 FamFG, § 287 ZPO).[376]

Erfahrungsgemäß kann der **Bedürftige** ehebedingte Nachteile, auch wenn man die Anforde- 294
rungen an seinen Vortrag nicht überspannt,[377] ausgesprochen schwer substantiiert darlegen. So kann er etwa seine Behauptung, ohne Ehe hätte er eine bestimmte berufliche Stellung erreicht, idR nur anhand ehemaliger beruflicher Beurteilungen und dem beruflichen Fortkommen vergleichbarer Alterskollegen nachvollziehbar darlegen; vieles bleibt nicht nur **hypothetisch,** sondern ist reine Spekulation. Noch schwerer ist es allerdings für den **Verpflichteten,** den „Gegenbeweis" zu führen. IdR kann er dem Vortrag des Berechtigten gleichfalls nur Behauptungen entgegensetzen, die er, wenn er sie denn überhaupt substantiiert darlegen kann, nicht nachweisen kann. Gleichwohl ist es sachgerecht, dem Bedürftigen nicht auch die Beweislast aufzuerlegen, weil § 1578b eine Ausnahmeregelung (→ Rn. 10), grundsätzlich also vom Fortbestand der Unterhaltsverpflichtung auszugehen ist, und dem Bedürftigen die Beweislast aufzubürden § 1578b den Charakter einer Einwendung nehmen und den Ausschluss ehebedingter Nachteile zum Tatbestandsmerkmal des Unterhaltsanspruchs erheben würde. Dies ist auch deshalb nicht gerechtfertigt, weil der Verpflichtete idR ja ebenfalls Kenntnisse über die berufliche Entwicklung des Bedürftigen bis zur Eheschließung haben wird. **Praktisch** wirkt sich die Rspr. des BGH allerdings dahin aus, dass der Bedürftige in aller Regel ehebedingte Nachteile nicht schlüssig darlegen kann. Aus der Ausnahme wird so zumeist die Regel, also Begrenzung des nachehelichen Unterhalts. Jedenfalls dies ist iSd Stärkung der nachehelichen Eigenverantwortung (§ 1569 Abs. 1, → § 1569 Rn. 18).

### IV. Hinweispflicht

Die Begrenzung des Unterhaltsanspruchs nach § 1578b hat das FamG von Amts wegen zu beach- 295
ten (→ Rn. 10). Doch hat es nicht auch von Amts wegen danach zu fragen und entsprechende Ermittlungen anzustellen. Vielmehr ist unter der Fortgeltung des Beibringungsgrundsatzes davon auszugehen, dass jeder Ehegatte die ihm günstigen Umstände auch vorträgt, sodass nur sie iSe Begrenzung zu würdigen sind. Doch hat das FamG darauf **hinzuweisen,** dass es aufgrund des bisherigen Vortrags eine Begrenzung des Unterhaltsanspruchs erwägt, und auf weiteren erforderlichen Vortrag hinzuwirken.[378] Zwar muss es den **Verpflichteten** nach § 113 Abs. 1 S. 2 FamFG, § 139 ZPO nicht auch auf die abstrakte Möglichkeit einer Begrenzung hinweisen, wohl aber darauf, dass sein Begrenzungsantrag unsubstantiiert ist (→ Rn. 287–292); auf seinen Antrag ist ihm dann auch Gelegenheit zu ergänzendem Vortrag zu geben. Ebenso wenig bedarf es eines Hinweises an den **Bedürftigen,** dass er die für eine weitere Schonfrist wegen fortbestehender Nachteile sprechenden Umstände darzulegen hat, wenn der Verpflichtete die Begrenzung des Unterhaltsanspruchs beantragt hat.[379]

---

373 OLG Koblenz BeckRS 2016, 7316 = FamRZ 2016, 641 Ls. 2.

374 Zum Ganzen BGH NJW 2014, 1807 Rn. 22 = FamRZ 2014, 1007; NJW 2013, 1738 Rn. 37, 44 = FamRZ 2013, 935; NJW 2013, 1444 Rn. 28 = FamRZ 2013, 860; NJW 2012, 3434 Rn. 41 = FamRZ 2012, 1483; NJW 2012, 2028 Rn. 49 = FamRZ 2012, 951; NJW 2012, 74 Rn. 24, 26, 27 = FamRZ 2012, 93; NJW 2010, 3653 Rn. 32, 33 = FamRZ 2010, 2059.

375 BGH NJW 2012, 74 Rn. 28, 29 = FamRZ 2012, 93.

376 BGH NJW 2013, 1447 Rn. 27, 30 = FamRZ 2013, 864; NJW 2013, 1444 Rn. 26 = FamRZ 2013, 860; NJW 2013, 866 Rn. 23 = FamRZ 2013, 534; NJW 2012, 3434 Rn. 44 = FamRZ 2012, 1483; NJW 2011, 3645 Rn. 27 = FamRZ 2011, 1721; NJW 2010, 3653 Rn. 33 = FamRZ 2010, 2059; NJW 2010, 3097 Rn. 39 = FamRZ 2010, 1633.

377 BGH NJW 2012, 74 Rn. 24 = FamRZ 2012, 93; NJW 2010, 3653 Rn. 32, 33 = FamRZ 2010, 2059.

378 BeckOGK/*Schlecht,* 1.2.2019, Rn. 291; *Maurer* FamRZ 2011, 1503 (1504); *Maurer* FamRZ 2008, 2157 (2164); ähnlich *Bißmaier* FamRB 2012, 18 (19): „Bei erkennbarem Versäumnis kann Anlass zu richterlichen Hinweisen bestehen."

379 BGH NJW 2008, 151 Rn. 27 = FamRZ 2008, 134; BeckOGK/*Schlecht,* 1.2.2019, Rn. 292.

### V. Entscheidung

296 Liegen die Voraussetzungen für eine Begrenzung vor, hat das FamG sie auch auszusprechen. Dies gilt auch dann, wenn sie zwar erst in der Zukunft eintreten, aber **zuverlässig voraussehbar** sind, sodass sich die materielle Rechtskraft auch auf sie erstreckt und ggf. zur Präklusion in einem Abänderungsverfahren führt.[380]

297 Das FamG hat die Anordnung von Beschränkungen nach § 1578b oder deren Ablehnung **zu begründen** (§ 113 Abs. 1 S. 2 FamFG, § 313 Abs. 1 Nr. 6, Abs. 3 ZPO). Die dafür maßgeblichen tatsächlichen Umstände bilden die Grundlage für ein mögliches Abänderungsverfahren (→ Rn. 275–285).[381]

298 **Teilentscheidungen**[382] im verfahrensrechtlichen Sinne sind, obgleich die Billigkeitsabwägung umfassend alle bestehenden und „zuverlässig" prognostizierbaren Umstände (→ Rn. 296) erfassen muss, auch zu den Begrenzungen des nachehelichen Unterhalts grundsätzlich möglich, und zwar dann, wenn „zuverlässig" und abschließend entschieden werden kann, dass der Unterhalt jedenfalls in bestimmtem Umfang zu begrenzen ist und die weiteren Umstände lediglich zu einer weiteren Begrenzung führen können. Praktisch dürften sie jedoch nur dann werden, wenn die weiter zu ermittelnden Umstände nur zu einem höheren Unterhalt/einer längeren Zahlungsfrist führen können, zumal der Verpflichtete mit der Rückforderung möglicher Überzahlungen idR ausfallen wird.[383]

### VI. Rechtsbeschwerde

299 Hat das Beschwerdegericht den Unterhaltsanspruch befristet, kann es die Zulassung der Rechtsbeschwerde auf den Ausspruch zur Befristung und damit auf die Zeit **beschränken,** ab der die Befristung eingreift.[384] Hierzu reicht aus, dass den Gründen der Beschwerdeentscheidung diese Beschränkung auf einen zeitlichen abtrennbaren Teil entnommen werden kann.[385] Dies gilt nicht, wenn das Beschwerdegericht eine **Befristung abgelehnt** hat, weil es dann nicht über einen zeitlich abtrennbaren Teil des Unterhaltsanspruchs entschieden hat.[386]

300 Die Entscheidung des Beschwerdegerichts kann **revisionsrechtlich** nur darauf überprüft werden, ob alle in Betracht kommenden wesentlichen Umstände beachtet und im Rahmen der Billigkeitsabwägung berücksichtigt wurden, eine umfassende und widerspruchsfreie Auseinandersetzung mit dem Prozessstoff und den Beweisergebnissen stattgefunden hat, die „Würdigung also vollständig und rechtlich möglich ist und nicht gegen Denkgesetze oder Erfahrungssätze verstößt."[387]

## § 1579 Beschränkung oder Versagung des Unterhalts wegen grober Unbilligkeit

**Ein Unterhaltsanspruch ist zu versagen, herabzusetzen oder zeitlich zu begrenzen, soweit die Inanspruchnahme des Verpflichteten auch unter Wahrung der Belange eines dem Berechtigten zur Pflege oder Erziehung anvertrauten gemeinschaftlichen Kindes grob unbillig wäre, weil**

1. **die Ehe von kurzer Dauer war; dabei ist die Zeit zu berücksichtigen, in welcher der Berechtigte wegen der Pflege oder Erziehung eines gemeinschaftlichen Kindes nach § 1570 Unterhalt verlangen kann,**
2. **der Berechtigte in einer verfestigten Lebensgemeinschaft lebt,**
3. **der Berechtigte sich eines Verbrechens oder eines schweren vorsätzlichen Vergehens gegen den Verpflichteten oder einen nahen Angehörigen des Verpflichteten schuldig gemacht hat,**
4. **der Berechtigte seine Bedürftigkeit mutwillig herbeigeführt hat,**

---

[380] BGH NZFam 2018, 885 Rn. 30 mAnm *Niepmann, Braeuer* NJW 2018, 2876 = FamRZ 2018, 1506 mAnm *Maurer;* NJW 2012, 1144 Rn. 65 = FamRZ 2012, 517; BGHZ 188, 50 = NJW 2011, 670 Rn. 43, 46 mAnm *Born* = FamRZ 2011, 454 mAnm *Finke;* NJW 2010, 3372 Rn. 51 = FamRZ 2010, 1637; BGHZ 183, 197 = NJW 2010, 365 Rn. 59 = FamRZ 2010, 111; NJW 2009, 2523 Rn. 62, 63 mAnm *Born* = FamRZ 2009, 1300 mAnm *Schürmann.*

[381] BGH NZFam 2018, 885 Rn. 27 mAnm *Niepmann, Braeuer* NJW 2018, 2876= FamRZ 2018, 1506 mAnm *Maurer;* NJW 2010, 3582 Rn. 26 = FamRZ 2010, 1884.

[382] Dazu etwa BeckOGK/*Schlecht,* 1.2.2019, Rn. 237–240 mwN.

[383] Zum Ganzen auch *Maurer* FamRZ 2018, 1509 (1510 f.).

[384] Zum Umfang der Prüfung durch das Rechtsbeschwerdegericht s. BeckOGK/*Schlecht,* 1.2.2019, Rn. 294, 295.

[385] BGH NJW 2013, 866 Rn. 8, 9 = FamRZ 2013, 534; BGHZ 189, 284 = NJW 2011, 1874 Rn. 10 = FamRZ 2011, 1041; NJW 2010, 3369 Rn. 9 = FamRZ 2010, 1880.

[386] BGH NJW 2013, 866 Rn. 8, 9 = FamRZ 2013, 534; NJW 2010, 1595 Rn. 19 = FamRZ 2010, 538; NJW 2009, 2523 Rn. 16 = FamRZ 2009, 1300.

[387] Etwa BGH NZFam 2018, 885 Rn. 27 mAnm *Niepmann, Braeuer* NJW 2018, 2876 = FamRZ 2018, 1506 mAnm *Maurer;* NJW 2012, 2028 Rn. 27 = FamRZ 2012, 951.

**5. der Berechtigte sich über schwerwiegende Vermögensinteressen des Verpflichteten mutwillig hinweggesetzt hat,**
**6. der Berechtigte vor der Trennung längere Zeit hindurch seine Pflicht, zum Familienunterhalt beizutragen, gröblich verletzt hat,**
**7. dem Berechtigten ein offensichtlich schwerwiegendes, eindeutig bei ihm liegendes Fehlverhalten gegen den Verpflichteten zur Last fällt oder**
**8. ein anderer Grund vorliegt, der ebenso schwer wiegt wie die in den Nummern 1 bis 7 aufgeführten Gründe.**

**Schrifttum:** *Beckmann,* Kein Unterhaltsanspruch wegen „grober Unbilligkeit" (§ 1579 Abs. 1 BGB) – dann aber Unterhaltsanspruch gegen Verwandten?, FamRZ 1983, 863; *Bömelburg,* Verfestigte Lebensgemeinschaft – Neuere Rechtsprechung des BGH und der Obergerichte, FamRB 2012, 53; *Bömelburg,* Offenbarungspflichten im Unterhaltsrecht, FF 2012, 240; *Born,* Verwirkung des Unterhaltsanspruchs wegen Ausbruchs aus intakter Ehe oder eheähnlicher Lebensgemeinschaft, NZFam 2014, 351; *Born,* Erhöhter Stellenwert der Ehedauer im Unterhaltsrecht – Klarstellung oder „Reform der Reform"?, NJW 2013, 561; *Brielmaier,* Wiederaufleben des Ehegattenunterhalts nach Beendigung der verfestigten Lebensgemeinschaft, FamRB 2011, 299; *Büttner,* Die feste soziale Bindung, FamRZ 1987, 23; *Büttner,* Das Zusammenleben mit einem neuen Partner und seine Auswirkungen auf den Unterhaltsanspruch, FamRZ 1996, 136; *Büttner,* Die Härteklauseln (§§ 1578b, 1579 BGB) im geplanten Unterhaltsrecht, FamRZ 2007, 773; *Büttner,* Ungefragte Information – Nutzen und Grenzen eines Rechtsinstituts, FF 2008, 15; *Caspary,* Verwirkung von Ehegattenunterhalt – Ein Überblick zur Kasuistik des § 1579 BGB, FamRB 2007, 110; *Derleder, P.,* Die neue Zähmung der Widerspenstigen, Krit. Justiz 1982, 18; *Diederichsen,* Unterhaltsrechtliche Folgen des Partnerwechsels: Rückkehr zum Verschuldensprinzip im Scheidungsfolgenrecht, NJW 1980, 1672; *Dose,* Ehe und nacheheliche Solidarität, FamRZ 2011, 1341; *Ewers,* Was ist eine kurze Dauer?, FamRZ 2002, 1387; *v. Eymeren,* Die grobe Unbilligkeit von Scheidungsfolgen, 2014; *Finger,* Eheliches Verhalten, neue Partnerschaft und Unterhaltsfolgen, FuR 2014, 517; *Frank/Haußleiter,* Datendiebstahl zwischen Ehegatten, NJW-Spezial 2010, 196; *Gerhardt,* Die Unterhaltsreform zum 1.1.2008, FuR 2008, 9; *Graba,* Die Einschränkung des Unterhaltsanspruchs nach dem UÄndG, FamRZ 1987, 981; *Grandel,* Warum werden die Herabsetzungsmöglichkeiten aus dem Unterhaltsrechtsänderungsgesetz von 1986 so wenig angewandt? – Brauchen wir eine Gesetzesänderung?, FPR 2005, 320; *Greßmann/Klattenhoff,* Die Geltendmachung von antragsabhängigen Sozialleistungen als unterhaltsrechtliche Nebenpflicht, FuR 1996, 137; *Grohmann,* Die verfestigte Lebensgemeinschaft i. S. des § 1579 Nr. 2 BGB, FamRZ 2013, 670; *Grziwotz,* Rechtsprechung zur nichtehelichen Lebensgemeinschaft, FamRZ 2014, 257; *Häberle,* Zum Einfluß persönlicher Eheverfehlungen auf den Ehegattenunterhalt, FamRZ 1982, 557; *Häberle,* Die Erweiterung der negativen Härteklausel durch das UÄndG, FamRZ 1986, 311; *Hellebrand,* Verwirkung des Unterhaltsanspruchs durch Strafanzeige des Unterhaltsberechtigten gegen den Unterhaltsverpflichteten bei Beweisnot im Familienverfahren, FF 2013, 186; *Henrich,* Die negative Härteklausel (§ 1579 BGB nF) und die Belange des Kindes, FamRZ 1986, 401; *Hohloch,* Beschränkung des nachehelichen Unterhalts im Entwurf eines Unterhaltsrechtsänderungsgesetzes, FF 2006, 159; *Hoppenz,* Fiktive Einkommensverhältnisse im Unterhaltsrecht, NJW 1984, 2327; *Hoppenz,* Die unterhaltsrechtliche Pflicht zu ungefragter Information, FamRZ 1989, 337; *Hülle,* Über die systemwidrige Gerechtigkeitsvorstellung des § 1579 BGB, DRiZ 1982, 383; *Klauser,* Ausschluß und Beschränkung des Ehegattenunterhalts aus Billigkeitsgründen, MDR 1979, 896; *Kofler,* Die Verwirkung von Unterhaltsansprüchen, NJW 2011, 2470; *v. Krog,* Unterhaltspflicht und verschuldete Leistungsunfähigkeit, FamRZ 1984, 539; *v. Krog,* Schadensersatz bei der Verletzung der Unterhaltspflicht, DAVorm 1985, 625; *Krumm,* Verfestigte Lebensgemeinschaft, NZFam 2014, 588; *Limbach,* Unterhaltsverlust wegen grober Unbilligkeit bei Getrenntleben, NJW 1980, 871; *Limbach,* Die Rechtsprechung des BGH in Unterhaltssachen – eine kritische Bestandsaufnahme, 4. Dt. Familiengerichtstag, Brühler Schriften zum Familienrecht, Bd. 2 (1981), S. 36; *Lübbert,* Der Ausschluß des nachehelichen Unterhalts wegen „grober Unbilligkeit" – § 1579 BGB, 1982; *Luthin,* Zur „objektiven Unzumutbarkeit" einer Leistung von nachehelichem Unterhalt in der Rechtsprechung des BGH, FamRZ 1986, 1166; *Maurer,* Ersatzhaftung von Verwandten bei Ausschluss des Ehegattenunterhalts nach § 1579 BGB?, FPR 2005, 331; *Müller, W.,* Unterhalt trotz Zuwendung zu einem anderen Partner?, DAVorm 1985, 872; *Nehlsen-von Stryk,* Zur unterhaltsrechtlichen Relevanz des „auf Dauer angelegten Verhältnisses", FamRZ 1990, 109; *Oelkers,* Die neuere Rechtsprechung zu § 1579 BGB im Überblick, FamRZ 1996, 257; *Scheld,* Unterhaltsversagung wegen grober Unbilligkeit – Einige Überlegungen zur Anwendung von § 1579 I Nr. 4 BGB, FamRZ 1978, 651; *Scheld,* Korrektur des Eherechts durch ersatzlose Streichung von § 1568 Abs. 2 und § 1579 Abs. 2 BGB, FamRZ 1982, 6; *Schnitzler,* Die verfestigte Lebensgemeinschaft als selbstständiger Härtegrund im neuen § 1579 Nr. 2 BGB, FPR 2008, 41; *Schnitzler,* „In verwirkender Mission": Grobe Unbilligkeit im Familienrecht, FF 2014, 94; *Schnitzler,* Verwirkung von Trennungsunterhalt bei bewusstem Ableugnen eigener Einkünfte, FF 2018, 321; *Schumann,* Zur Gleichbehandlung ehelicher und nichtehelicher Eltern-Kind-Verhältnisse, FF 2007, 227; *Spangenberg,* Risiken und Nebenwirkungen, FamRZ 1994, 480; *Steiniger,* Verfestigte Lebensgemeinschaft schon nach Ablauf des ersten Trennungsjahres, FamFR 2012, 203; *Uhlmann,* Zur Drittwirkung von Unterhaltsregelungen für nichteheliche Lebensgemeinschaften, FamRZ 1989, 240; *Verschraegen,* Neuere Tendenzen der Rechtsprechung zu § 1579 BGB, insbesondere zu den Nrn. 6 und 7, FPR 2005, 328; *Wellenhofer-Klein,* 14 Jahre Negative Härteklausel § 1579 BGB – Eine kritische Bestandsaufnahme, Dissertation München 1993; *Wellenhofer-Klein,* Die „Abkehr von der Ehe" als Unterhaltsausschlußgrund nach § 1579 Nr. 6 BGB, FamRZ 1995, 905; *Wever,* Pflicht der Ehefrau zur ungefragten Offenbarung eines Seitensprungs?, FamRZ 2012, 1601; *Wohlgemuth,* Ehegattenunterhalt und Anspruch auf Versorgungsentgelt bei neuer Partnerschaft, FamRZ 2003, 983; *Zischka,* Die Änderung des § 1579 BGB durch die Unterhaltsreform, FuR 2008, 191.

**Übersicht**

# A. Allgemeines

## I. Normzweck

Während die positive Härteregelung (§ 1576) zu einem Unterhaltsanspruch führt, dient die **negative Härteklausel** (§ 1579) – auch als unterhaltsrechtliche Härteklausel oder negative Billigkeitsklausel bezeichnet – dazu, in einem vornehmlich an den Interessen und Bedürfnissen des Berechtigten ausgerichteten System von Unterhaltsansprüchen den Belangen des Verpflichteten durch Beschneidung der Höhe und/oder der Dauer eines Unterhaltsanspruchs auch außerhalb des § 1581 in angemessener Weise gerecht zu werden. 1

Die negative Härteklausel ist eine **Rechtsmissbrauchsklausel** mit Konkretisierungen in Nr. 1–7 und einer Auffangklausel in Nr. 8. Ihre jetzige Fassung beruht auf einer grundlegenden Änderung durch das UÄndG 1986 (→ Vor § 1569 Rn. 2), durch das die Verfassungswidrigkeit des Abs. 2 [1. EheRG][1] behoben wurde, sowie auf dem UÄndG 2007 (→ Vor § 1569 Rn. 9), durch das sie erneut schärfere Konturen erhalten hat. IÜ bestehen zwischen der alten und der geltenden Fassung keine substantiellen Unterschiede, sodass die frühere Rspr. nahezu uneingeschränkt weiter zur Auslegung herangezogen werden kann.[2] 2

## II. Anwendungsbereich

Die negative Härteklausel ist auf Unterhaltsansprüche nach **Scheidung** einer Ehe (§ 1569), aber auch nach ihrer Nichtigerklärung (§ 26 EheG aF)[3] und Aufhebung (§ 37 Abs. 1 EheG aF, § 1318 Abs. 2) anwendbar. Sie kann sich gegen alle **nachehelichen Unterhaltsansprüche** richten.[4] 3

Wurde ein **Nichtigkeits-** oder **Aufhebungsantrag** mangels Vorliegens ihrer materiellrechtlichen Voraussetzungen abgewiesen oder die Frist zur Erklärung über den Ausschluss der Geltung der vermögensrechtlichen Folgen nach der Scheidung (§§ 26 Abs. 2, 37 Abs. 2 EheG aF) versäumt, kann sich der Verpflichtete nicht mehr auf § 1579 berufen: Bei der Versäumung der Erklärungsfrist nicht, weil nach dem Sinn und Zweck von §§ 26 Abs. 2, 37 Abs. 2 EheG aF die dort genannten Aufhebungs- und Nichtigkeitsgründe idR keine Härtegründe iSd Nr. 8 sein können und es von der ermessensgetragenen Entschließung des Verpflichteten abhängig war, die vermögensrechtlichen Folgen der Scheidung auszuschließen. Bei Abweisung eines Antrags und anschließender Scheidung 4

---

1 BVerfGE 57, 361 = NJW 1981, 1771 = FamRZ 1981, 745.

2 BT-Drs. 16/1830, 21.

3 Zum Übergangsrecht gilt Art. 226 Abs. 2 EGBGB: Wurde die Nichtigkeits- oder Aufhebungsklage vor dem 1.7.1998 erhoben (§ 253 Abs. 1 ZPO), bleiben auch für die Rechtsfolgen der Nichtigkeit oder Aufhebung die bisher geltenden Rechtsvorschriften maßgebend. Dazu auch FamRefK/*Wax* § 1318 Rn. 22.

4 BGH NJW-RR 1988, 834 = FamRZ 1988, 930 (932); s. auch OLG Karlsruhe NJWE-FER 1998, 26 = FamRZ 1998, 751 (752). Zu § 1572 auch OLG Düsseldorf BeckRS 1999, 12763 = FamRZ 2000, 827 Ls.; OLG Karlsruhe NJWE-FER 1998, 26 = FamRZ 1998, 751 f.; OLG München BeckRS 2015, 889.

nicht, weil es sich um (vermeintliche) Härtegründe handelt, die ihrer Art nach Nichtigkeits- oder Aufhebungsgründe sein könnten.[5]

5 Da es sich bei dem Anspruch auf Ausgleich der durch die Durchführung des **begrenzten Realsplittings** entstandenen Nachteile um keinen Unterhaltsanspruch handelt,[6] ist § 1579 auch auf diese Verpflichtung nicht anwendbar.[7]

6 Zur entsprechenden Anwendbarkeit von § 1579 auch auf den **Trennungsunterhalt** s. § 1361 Abs. 3 (→ § 1361 Rn. 64–76),[8] zur Geltung für **Lebenspartnerschaften** s. § 12 S. 2 LPartG, § 16 Abs. 1 LPartG (→ LPartG § 12 Rn. 3, → LPartG § 16 Rn. 7),[9] und zur **Erbenhaftung** → § 1586b Rn. 50. – Zur Berücksichtigung von § 1579, wenn **Auskunft** (§ 1580), ggf. auch mittels **Stufenantrags,** geltend gemacht wird, → § 1580 Rn. 40, 41, 130, 131.

7 **Nicht anwendbar** ist § 1579

- auf **vor dem 1.7.1977** geschiedene, für nichtig erklärte oder aufgehobene Ehen (→ 7. Aufl. 2017, Anh. § 1586b Rn. 7).
- auf den **Verwandtenunterhalt** (§§ 1601 ff.), für den die Billigkeitsregelung in § 1611 gilt.
- auf den **Familienunterhalt,** für den § 1360a Abs. 3 weder auf § 1611 noch auf § 1579 verweist. Eine Kürzung des Unterhaltsbeitrags eines Ehegatten würde dem Wesen der ehelichen Lebensgemeinschaft widersprechen (→ § 1611 Rn. 2).[10]

BT-Drs. V/2370, 41: „§ 1611 Abs. 2 erfasst auch den Unterhaltsanspruch unter Ehegatten. Die Regelung soll insoweit wegfallen. Der Unterhalt unter Ehegatten ist im Gesetz besonders behandelt (§ 1360 ff.). Dem Wesen der ehelichen Lebensgemeinschaft und der Haushaltsgemeinschaft widerspricht es, daß ein Ehegatte seinen Beitrag zum Familienunterhalt zu Lasten des anderen Ehegatten kürzen kann."

- im Verfahren der **Verfahrenskostenhilfe**[11] und der **einstweiligen Anordnung,**[12] deren summarischer Charakter wegen der anzustellenden Billigkeitsabwägung eine Versagung in aller Regel verwehrt.

8 und **nicht direkt**

- auf den Unterhaltsanspruch **nicht verheirateter Eltern** aus § 1615l,[13] weil § 1615l Abs. 3 S. 1 ausdrücklich auf § 1611 verweist. Da aber die Anwendung von § 1579 eher interessengerecht wäre,[14] steht nichts gegen die Übernahme der Wertungen des § 1579 in § 1611 jedenfalls auf den Betreuungsunterhalt aus § 1615l Abs. 2 S. 2–5.[15]
- auf den Anspruch auf **Verfahrenskostenvorschuss** aus § 1360a Abs. 4, doch fließen die nach Nr. 1–8 zu berücksichtigenden Umstände in die umfassende Billigkeitsabwägung ein.[16]

## III. Rechtsnatur

9 **1. Normcharakter.** Bei § 1579 handelt es sich um eine negative Härteklausel, der **kein Strafcharakter** zukommt[17] und die nicht zur Rückkehr zum **Verschuldensprinzip** im nachehelichen

5 BGH NJW 1983, 1427 = FamRZ 1983, 456 (457) zu § 37 Abs. 2 EheG aF; OLG Hamm BeckRS 2009, 26341 = FamRZ 1987, 947 (948) zu § 26 Abs. 2 EheG aF.

6 BGH NJW-RR 2008, 156 = FamRZ 2008, 40 (zu Art. 5 Nr. 2 EuGVVO); NJW 2005, 2223 = FamRZ 2005, 1162 (1164).

7 AA AG Groß-Gerau BeckRS 2011, 01915 = FamRZ 1991, 1202.

8 BeckOGK/*Preisner,* 1.2.2019, § 1361 Rn. 231–277.

9 Auch dazu bereits BGHZ 150, 209 = NJW 2002, 1947 = FamRZ 2002, 810 (812 f.) mit krit. Anm. *Bergschneider.*

10 NK-BGB/*Menne* § 1611 Rn. 44; *Borth* in Schwab ScheidungsR-HdB V Rn. 224; unklar NK-BGB/*Kaiser* § 1360a Rn. 39 aE.

11 BVerfG NJW-RR 1993, 1090 = FamRZ 1993, 664 (665); OLG Hamm BeckRS 2011, 28839 = FamRZ 2012, 1391 Ls.; OLG Karlsruhe BeckRS 2000, 30111404.

12 BeckOGK/*Haidl,* 1.2.2019, Rn. 242.

13 Offengelassen von BGHZ 177, 272 = NJW 2008, 3128 Rn. 47 = FamRZ 2008, 1739 mAnm *Maurer* FamRZ 2008, 1830 (1831 f.).

14 Dazu insbesondere NK-BGB/*Schilling* § 1615l Rn. 34; *Schilling* FPR 2005, 513 (515); *Peschel-Gutzeit* Unterhaltsrecht aktuell Rn. 130; *Peschel-Gutzeit* FPR 2008, 24 (26); *Peschel-Gutzeit* FPR 2005, 344 (345 ff.); *Schumann* FF 2007, 227 (229); *Puls* FamRZ 1998, 865 (876); s. auch *Maurer* FamRZ 2008, 1830 (1831 f.).

15 *Maurer* FamRZ 2008, 1830 (1831 f.); ähnlich NK-BGB/*Schilling* § 1615l Rn. 47; NK-BGB/*Menne* § 1611 Rn. 10; *Bömelburg* in Wendl/Dose UnterhaltsR § 7 Rn. 231. Offengelassen von BGHZ 177, 272 = NJW 2008, 3125 Rn. 51 = FamRZ 2008, 1739; aA OLG Nürnberg NJW 2011, 939 (940) = FamRZ 2011, 735 (zu § 1579 Nr. 2).

16 Ähnlich OLG Zweibrücken NJW-RR 2001, 1009 = FamRZ 2001, 1149; OLG Koblenz BeckRS 2000, 7695; dazu auch BeckOGK/*Preisner,* 1.2.2019, § 1360a Rn. 283, 284.

17 *Bäumel* in Göppinger/Wax UnterhaltsR Rn. 1073; aA *Häberle* FamRZ 1986, 311 für § 1579 Nr. 4 [1. EheRG].

Unterhaltsrecht führt.[18] Insbesondere in Nr. 8 werden jedoch aufgrund der Vorgaben des BVerfG[19] in Anlehnung an die frühere Rspr. des BGH[20] die Grenzen eines verschuldensunabhängigen Unterhaltsrechts berücksichtigt.[21]

Auch ohne strenge Durchführung wirkt der das Unterhaltsrecht während bestehender Ehe prägende Grundsatz der **Gegenseitigkeit**[22] nach, wie insbesondere das Erfordernis der **Verhältnismäßigkeit** der Rechtsfolgen (→ Rn. 183–189) und der grundsätzliche **Vorrang der Kindesinteressen** (→ Rn. 190–198) zeigt. Va für die Auffangklausel in Nr. 8 sind Gesichtspunkte der **Zumutbarkeit** von Bedeutung: Sie kann eingreifen, wenn die sich aus der Unterhaltspflicht ergebenden Belastungen die Grenze des Zumutbaren überschreiten, aber auch aufgrund objektiver Umstände, wie die Verweisung auf Nr. 1 zeigt.[23] 10

**2. Systematischer unterhaltsrechtlicher Zusammenhang.** Die Vorschrift regelt weder den Bedarf (§ 1578) noch die Bedürftigkeit des Berechtigten (§ 1577) oder die Leistungsfähigkeit des Verpflichteten (§ 1581), sondern setzt diese voraus. Sie dient lediglich der Korrektur des nach diesen Vorschriften ermittelten Unterhaltsbetrags nach Höhe und/oder Dauer. Gleichwohl gibt es **Überschneidungen,** insbesondere zur Behandlung entgegen einer Erwerbsobliegenheit vom Bedürftigen nicht erzielter Einkünfte: Sie werden sowohl bei der Bedarfsbemessung als auch bei der Bedarfsdeckung und der Leistungsfähigkeit fiktiv als auch tatsächlich erzielt zugerechnet (→ § 1577 Rn. 13, → § 1578 Rn. 665, 666, → § 1581 Rn. 50). Danach kann der Unterhalt ggf. nach § 1579 (weiter) korrigiert werden, wenn die Nichterzielung der Einkünfte mutwillig erfolgte (→ Rn. 91–93, 94–99). 11

Als Ausprägung des Grundsatzes von **Treu und Glauben** (§ 242) ist die negative Härteklausel, anders als § 66 EheG aF (Normtext → 7. Aufl. 2017, Anh. § 1586b Rn. 4), nicht lediglich ein Unterfall der Verwirkung eines Anspruchs, die den Anspruch endgültig zum Erlöschen bringt. Sie ist vielmehr ein **Rechtsinstitut eigener Art,**[24] weshalb ein Wiederaufleben des Unterhaltsanspruchs nach Wegfall des Härtegrundes nicht gänzlich ausgeschlossen ist (→ Rn. 218–225). Als **rechtsvernichtende Einwendung** ist sie von Amts wegen zu beachten.[25] Dies und das Erfordernis der groben Unbilligkeit (→ Rn. 176–207) macht sie zur **Ausnahmevorschrift,** die neben den anderen Billigkeitsklauseln (§ 1573 Abs. 5 aF, §§ 1576, 1577 Abs. 2 S. 2, §§ 1578b, 1581) der Einzelfallgerechtigkeit auch hinsichtlich persönlicher Umstände dient.[26] 12

**3. Bedeutung der maßgeblichen Umstände.** Bei den nach § 1579 berücksichtigungsfähigen Umständen handelt es sich um **doppelrelevante Tatsachen.**[27] Sie bestimmen zunächst die tatbestandliche Erfüllung eines Härtegrundes nach Nr. 1–8. Zudem können sie im Rahmen der Billigkeitsabwägung (→ Rn. 218–225) hinsichtlich der konkreten Auswirkungen des Fehlverhaltens des Berechtigten auf den Verpflichteten von Bedeutung sein. 13

## IV. Zeitpunkt des Fehlverhaltens

Für das Fehlverhalten gibt es keinen festen Zeitpunkt. Dies gilt für alle Härtegründe, mithin auch für die aus Nr. 7 und 8. Der Verstoß kann deshalb auch noch nach dem **Scheitern der Ehe,**[28] nach der **Trennung**[29] und nach der **Scheidung** liegen. Doch hängt die Beurteilung dessen, was als „schwerwiegendes Fehlverhalten" zu bewerten ist, von den jeweiligen ehelichen bzw. nachehelichen Pflichten und Obliegenheiten ab.[30] – Für die Zeit **nach der Scheidung** ist hinsichtlich der Schwere und des Gewichts des Verstoßes jedoch zu beachten, dass sich das wechselseitige Pflichtengefüge hinsichtlich der ehelichen Pflichten gelockert hat und in weiten Teilen gar nicht mehr besteht.[31] 14

---

18 AllgM., s. *Häberle* FamRZ 1986, 311.
19 BVerfGE 57, 361 = NJW 1981, 1771 = FamRZ 1981, 745.
20 BT-Drs. 10/2888, 20; BT-Drs. 10/4514, 20.
21 Dazu auch BT-Drs. 16/1830, 21.
22 *Bäumel* in Göppinger/Wax UnterhaltsR Rn. 1277.
23 Zu Letzterem ständige Rspr. des BGH seit BGH NJW 1983, 2243 = FamRZ 1983, 996 f.; NJW 1983, 1548 = FamRZ 1983, 569 (572).
24 BGH NJW-RR 1988, 70 = FamRZ 1987, 1238.
25 BGH NJW 1991, 1290 = FamRZ 1991, 670 (672); BeckRS 1983, 31072572 = FamRZ 1984, 364 (368); NJW 1981, 1461 = FamRZ 1982, 463 (464).
26 BT-Drs. 10/2888, 11, 19 f.
27 BGH NJW 2012, 1443 Rn. 37 = FamRZ 2012, 779 (Schwere des Fehlverhaltens); ebenso BeckOGK/*Haidl*, 1.2.2019, Rn. 218; Erman/*Maier* Rn. 36; *Caspary* FamRB 2007, 176 (179).
28 BGH NJW 1989, 1083 = FamRZ 1989; 487 (489); NJW 1983, 1548 = FamRZ 1983, 569 (572); NJW 1981, 1782 = FamRZ 1981, 752 (753).
29 BGHZ 176, 150 = NJW 2008, 2779 Rn. 26 = FamRZ 2008, 1414.
30 Ganz hM, s. lediglich BeckOGK/*Haidl*, 1.2.2019, Rn. 172.
31 BGH NJW 1989, 1083 = FamRZ 1989, 487 (489); NJW 1983, 1548 = FamRZ 1983, 569 (572); NJW 1981, 1782 = FamRZ 1981, 569 (572).

15 **Voreheliches Fehlverhalten** des Bedürftigen ist wegen der unterhaltsrechtlichen Sonderregelung für die Eheaufhebung (§ 1318 Abs. 2) grundsätzlich unbeachtlich,[32] sodass auch Verstöße, die nicht zur Eheaufhebung berechtigen, wegen der (noch) fehlenden ehelichen Pflichten und Bindungen von vornherein unerheblich sind und nicht Nr. 7 unterfallen. **Ausnahmen** sind jedoch dann zu machen, wenn der Verstoß auch noch während der Ehezeit relevante negative Wirkungen für den Verpflichteten entfaltet.[33]

## B. Die Härtegründe

### I. „Ehe von kurzer Dauer" (Nr. 1)

16 **1. Stichtage.** Die Ehedauer bemisst sich nach der **Dauer ihres rechtlichen Bandes,** nicht nach der Zeit des tatsächlichen Zusammenlebens.[34] Sie umfasst die Zeit vom Tag der Eheschließung bis zur Zustellung des Scheidungsantrags und nicht bis zur Rechtskraft des Scheidungsausspruchs,[35] weil bereits mit der Zustellung des Scheidungsantrags auch für den Ehegatten das Scheitern des gemeinsamen Lebensplanes und das Ende der gemeinschaftlichen Lebensgestaltung deutlich und ihm durch das Abstellen auf die Zustellung des Scheidungsantrags aus Gründen der Rechtssicherheit die Möglichkeit der Verlängerung der Ehedauer durch verfahrensrechtliche Mittel genommen wird.[36] Unerheblich (→ Rn. 25, zu den **Ausnahmen** aber auch → Rn. 24) ist grundsätzlich, ob die Ehegatten bereits vor der Eheschließung zusammengelebt haben, schon einmal verheiratet waren[37] oder ob dem zur Scheidung führenden Verfahren bereits ein durch Antragsrücknahme oder Antragsabweisung beendetes Scheidungsverfahren vorangegangen war.[38] Maßgeblich ist die Zustellung des zum Erfolg führenden Scheidungsantrags auch dann, wenn in denselben Verfahren Antrag und Widerantrag rechtshängig gemacht wurden.

17 Wurde der Scheidungsantrag **verfrüht** gestellt – vor Ablauf des Trennungsjahres und ohne Härtegrund iSd § 1565 Abs. 2 –, berührt dies den Stichtag nicht unmittelbar, sondern ist bei der Billigkeitsabwägung mit zu berücksichtigen (→ Rn. 179).

18 **2. Kurze Ehedauer. a) Grundsätze.** „Kurze Dauer" bestimmt sich nicht nach einer abstrakten, für alle Ehen gleichermaßen maßgeblichen allgemeinen zeitlichen Abgrenzung.[39] Deshalb verbietet sich ein Vergleich mit der Durchschnittsdauer aller geschiedenen Ehen, der geschiedenen Ehen der betreffenden Altersgruppe oder auch der durchschnittlichen Ehedauer, nach der die überwiegende Zahl der Ehen geschieden wird. Abzustellen ist auf die **Lebenssituation** der Ehegatten im Einzelfall, insbesondere des Bedürftigen, die durch ihren gemeinsamen Lebensplan, durch die mit zunehmender Ehedauer einhergehende, sich verstetigende Verflechtung und Abhängigkeit der beiderseitigen Lebensstellungen und allgemein durch eine wachsende wirtschaftliche Abhängigkeit des unterhaltsbedürftigen Ehegatten geprägt und durch die nacheheliche Solidarität (→ § 1569 Rn. 20) abgesichert wird.

19 Gleichwohl werden im Interesse einer gleichmäßigen praktischen Handhabbarkeit **zeitliche Grenzen** konkretisiert, innerhalb der eine Ehe in aller Regel von kurzer Dauer ist. Lässt sie sich nicht diesen zeitlichen Grenzen zuordnen oder ist sie durch besondere, vom Regelfall abweichende Umstände in den ehelichen Lebensverhältnissen gekennzeichnet, bedarf es näherer Prüfung, ob die Ehegatten ihre jeweilige Lebensstellung in der Ehe bereits so weit aufeinander eingestellt und in wechselseitiger Abhängigkeit auf ein gemeinschaftliches Leben ausgerichtet haben, dass eine unterhaltsrechtliche Verpflichtung für die nacheheliche Zeit dem Billigkeits- und Gerechtigkeitsempfinden nicht mehr grob widerspricht.[40]

---

[32] BGH NJW 1983, 1427 = FamRZ 1983, 456 (457); auch OLG Köln BeckRS 1993, 6615 = FamRZ 1994, 1253; OLG Celle BeckRS 1986, 31137623 = FamRZ 1986, 910 (911); OLG Düsseldorf BeckRS 2009, 12659 = FamRZ 1981, 56 (57).

[33] BeckOGK/*Haidl*, 1.2.2019, Rn. 172; NK-BGB/*Hohloch* Rn. 67; *Siebert* in Wendl/Dose UnterhaltsR § 4 Rn. 1342.

[34] BGH NJW 1980, 2247 = FamRZ 1980, 981 (982).

[35] Ständige Rspr. des BGH, s. BGH NJW 1990, 1847 = FamRZ 1990, 492 (495); NJW 1980, 2247 = FamRZ 1980, 981 (983); aA etwa noch OLG Hamm BeckRS 1978, 1522 = FamRZ 1979, 38.

[36] BGH NJW 1981, 754 (755) = FamRZ 1981, 140 (141).

[37] OLG Hamm NJW-RR 1990, 584 = FamRZ 1989, 1091.

[38] BGH NJW 1986, 2832 (2833) = FamRZ 1986, 886 (887); NJW 1982, 2442 = FamRZ 1982, 894 (895).

[39] Grundlegend BGH NJW 1999, 1630 (1631) = FamRZ 1999, 710; NJW 1981, 754 = FamRZ 1981, 140 (141 f.) mwN zu den iErg unterschiedlichen Auffassungen.

[40] Dazu auch OLG Köln FPR 2002, 307 (308).

**b) Zeitliche Grenzen.** Eine nicht länger als **2 Jahre** dauernde Ehe ist idR kurz.[41] Dauerte sie **2 bis 3 Jahre,** ist darauf abzustellen, inwieweit die Ehegatten ihre Lebensführung bereits aufeinander eingestellt und in wechselseitiger Abhängigkeit auf ein gemeinsames Lebensziel ausgerichtet haben.[42] Bei einer Dauer von **über 3 Jahren** ist idR davon auszugehen, dass die Ehe nicht mehr kurz war. 20

Generell für eine Grenze von 3 Jahren für eine kurze Ehe BeckOGK/*Haidl,* 1.2.2019, Rn. 28 im Hinblick auf § 3 Abs. 3 VersAusglG, weil in dieser Zeit idR nur Versorgungsanrechte in unerheblicher Höhe erworben worden seien (dazu BT-Drs. 16/10144, 48: 2 Jahre ohne Antragsrecht; Betreuungszeiten würden durch Kindererziehungszeiten aufgewogen; auf Empfehlung des RA-BT BT-Drs. 16/11903, 53 auf 3 Jahre mit Antragsrecht erhöht, um „in seltenen, außergewöhnlich gelagerten Fällen mit einem hohen Anrechtserwerb in kurzer Zeit auf Seiten nur eines Ehegatten einen Versorgungsausgleich zu ermöglichen"). Für ein Abweichen von der bisherigen Handhabung zu § 1579 spricht dies nicht unbedingt, weil mit § 3 Abs. 3 VersAusglG im Hinblick darauf, dass ein Regelbedarf idR zu verneinen ist, zudem ein gänzlich anderer Zweck, nämlich die Entlastung der Versorgungsträger und der FamG, beabsichtigt war (BT-Drs. 16/10144, 48). 21

**Beispiele aus der Rspr.:**
**Kurze Ehedauer:** 22
BGH NJW 1982, 2064 = FamRZ 1982, 582: 2 Jahre 6 Monate. – OLG Köln BeckRS 2007, 12864 = FamRZ 2008, 523: 2½ Jahre, wenn keine besonderen Umstände vorliegen; Kindererziehungszeiten sind nur beim Berechtigten, nicht aber beim Verpflichteten zu berücksichtigen. – BGH NJW 1992, 2477 = FamRZ 1992, 1045 (1049): 2 Jahre 9 Monate. – OLG Düsseldorf FamRZ 1992, 1188 (1190): 2 Jahre 9 Monate, während der Ehe eintretende Minderung der Erwerbsfähigkeit. – AG Detmold NJW-RR 1993, 967 = FamRZ 1992, 1441 (1442): 25 Monate 12 Tage. – OLG München BeckRS 1995, 8758: 2 Jahre 3 Monate, Trennung bereits nach 12 Monaten, Kind erst nach der Trennung gezeugt, beiderseitige Berufstätigkeit und neue Partner. – OLG München OLGR 1996, 104 f.: 33-jährige Berechtigte mit abgeschlossenem Hochschulstudium, wegen Erziehungsurlaubs nicht ausgeübter Erwerbstätigkeit, knapp 3-jährige Ehedauer, Schwangerschaft bereits bei der Heirat, keine wirtschaftlichen Abhängigkeiten. – OLG Nürnberg FuR 1997, 351 (352): 2 Jahre 10 Monate, trotz behindertengerechter Einrichtung der Wohnung und Inanspruchnahme steuerlicher Vorteile der Schwerbehinderung durch den anderen Ehegatten, da sich die Ehegatten nach der Scheidung finanziell gleichstellen wie bei der Eheschließung. – OLG Köln BeckRS 1997, 11489 = FamRZ 1998, 301 (303): 14 Monate. – OLG Frankfurt a. M. BeckRS 1998, 11845 = FamRZ 1999, 237: 3 Jahre 2 Monate, wenn die Ehegatten bei der Eheschließung erst 22 Jahre alt waren. – OLG Koblenz BeckRS 2002, 30299537: 4 Jahre 6 Monate, kein gemeinsamer Lebensplan außer den Kindern. – OLG Brandenburg NJW-RR 2004, 581 (582) = FamRZ 2004, 1036 Ls.: 3 Jahre 1 Monat, kinderlose Ehe, teilweise Erwerbstätigkeit des Berechtigten. – OLG Celle BeckRS 2008, 24309 = FamRZ 2006, 553: 26 Monate, trotz Betreuung eines Kindes. – OLG Karlsruhe FamRZ 2009, 120 (121): 3 Monate, keine gemeinsamen Kinder. – OLG Koblenz BeckRS 2016, 109980 Rn. 52 = FamRZ 2017, 38 mAm *Borth*: 23 Monate.
**Keine kurze Ehedauer:** 23
BGH NJW 1982, 823 = FamRZ 1982, 254: IdR ab 3 Jahren. – BGH NJW 2011, 1582 Rn. 37 = FamRZ 2011, 791: Mehr als 4 Jahre. – OLG Bremen BeckRS 1988, 4915 = FamRZ 1989, 746 (747): 4 Jahre 10 Monate. – KG BeckRS 2011, 3556 = FamRZ 1992, 948 (949): 4 Jahre 6 Monate. – OLG Schleswig SchlHA 1999, 286: 2 Jahre 5 Monate; doch zeitliche Begrenzung des Unterhalts auf 3 Jahre. – BGH NJW 1999, 1630 = FamRZ 1999, 710 (712): 5 Jahre 3 Monate. – OLG Schleswig BeckRS 2000, 30102049 = SchlHA 2000, 199: 4 Jahre 8 Monate. – OLG Saarbrücken BeckRS 2005, 422 = FamRZ 2004, 1293: 3 Jahre 2 Monate. – OLG Karlsruhe BeckRS 2007, 11979 = FamRZ 2007, 1176 (1177): Rd. 5 Jahre.

Dies verwehrt es nicht, bei einer noch nicht 2 Jahre dauernden Ehe von einer langen und bei einer über 3 Jahre dauernden von einer kurzen Ehe auszugehen, wenn besondere Umstände des **Einzelfalles** dies rechtfertigen.[43] Ausschlaggebendes Kriterium ist auch insoweit, inwieweit die Ehegatten ihre **Lebensführung** bereits aufeinander ein- und in **wechselseitiger Abhängigkeit** auf ein gemeinsames Lebensziel ausgerichtet haben (→ Rn. 18). Zur Bestimmung der maßgeblichen Ehezeit heranzuziehen ist etwa 24

– das **Lebensalter** der Ehegatten. Bei jungen Ehegatten, zumal ohne Kinder, werden die wechselseitigen finanziellen Abhängigkeiten idR noch recht gering sein.[44]

---

41 BGH NJW 2011, 1582 Rn. 37 = FamRZ 2011, 791; NJW 1999, 1630 = FamRZ 1999, 710 (711 f.); NJW-RR 1995, 449 = FamRZ 1995, 1405 (1407); NJW-RR 1989, 386 = FamRZ 1989, 483 (486); NJW 1987, 2161 = FamRZ 1987, 463 (466); NJW 1986, 2832 = FamRZ 1986, 886 (887); NJW 1982, 2442 = FamRZ 1982, 894 (895); NJW 1982, 929 = FamRZ 1982, 28 (30); NJW 1982, 823 = FamRZ 1982, 254; NJW 1981, 754 = FamRZ 1981, 140 (142) mwN.

42 OLG Nürnberg FuR 1997, 351 (352). – Demgegenüber stellen OLG München NJW-RR 1997, 69 = FamRZ 1996, 1078; *Siebert* in Wendl/Dose UnterhaltsR § 4 Rn. 1256 darauf ab, ob die Inanspruchnahme des Verpflichteten dem Gerechtigkeitsempfinden unerträglich widersprechen würde. Doch ist dies nicht ein Element der Bestimmung der Ehezeit als kurz, sondern der allgemeinen Billigkeitsabwägung (→ Rn. 176).

43 BGH NJW 2011, 1582 Rn. 37 = FamRZ 2011, 791.

44 OLG Bamberg FamRZ 1981, 160.

– die Einrichtung des Berechtigten in besonderer Weise auf ein **gemeinsames Leben.**[45]
– die Art und Zeit des **Zusammenlebens** vor und während der Ehezeit.[46]

**Beispiele aus der Rspr.:**
OLG Düsseldorf FamRZ 1983, 1139: Beibehaltung der Selbstständigkeit; nur kurzes „aktives“ Zusammenleben).
OLG Schleswig SchlHA 1999, 285 f.: 6-jähriges Zusammenleben vor der Eheschließung.
OLG Köln FPR 2002, 307 (308): Keine Verlängerung bei 8-jähriger Ehezeit, 5-jährigem Zusammenleben, Alter 52 und 28 Jahre, keine Kinder.

Bei nur kurzem Zusammenleben während der Ehe ist jedoch nach seinen Ursachen zu fragen,[47]
– die **Einkünfte** beider Ehegatten während des Zusammenlebens,[48]
– die Möglichkeit der Begrenzung des Unterhalts auf den **angemessenen Lebensbedarf** (§ 1578b Abs. 1),[49]
– der Umstand, dass die Ehegatten schon einmal **verheiratet** waren,[50]
– die **Ehebedingtheit** der Bedürfnislage[51] einschließlich der Nichtaufnahme oder Aufgabe einer Erwerbstätigkeit im Hinblick auf die Ehe;[52]
– die Zeit der Unterbrechung einer **Erwerbstätigkeit** oder **Berufsausbildung** (§ 1575),[53]
– **gemeinsamer Vermögenserwerb** während der Ehe (etwa Kauf eines Hausgrundstücks),[54]
– die Finanzierung des **Studiums** des Verpflichteten durch den Bedürftigen,
– der Verlust der **Witwenrente** infolge der Eheschließung,[55]
– die Besonderheiten bei **Alterseheh,** wobei allein dem Alter der Ehegatten keine ausschlaggebende Bedeutung zukommt,[56]
– die Zeit, die der Bedürftige braucht, um sich auf die neue Situation nach der Scheidung **einzustellen.**

25 **Unerheblich** ist dagegen
– die Zeit des **tatsächlichen Zusammenlebens** vor der Eheschließung[57] und während der Trennung.[58]

26 Bestimmt man demgegenüber die „Ehe von kurzer Dauer“ **abstrakt,** dienen die „besonderen Umstände“ nicht ihrer Konkretisierung, sondern sind – wie die Zeiten der Kinderbetreuung (→ Rn. 27–29) – in die Prüfung einzubeziehen, ob und inwieweit die Inanspruchnahme des Verpflichteten **grob unbillig** ist. Zur **Darlegungs- und Beweislast** → Rn. 238.

27 **3. Zeit der Kinderbetreuung.** Neben der Ehedauer „ist die Zeit zu berücksichtigen, in welcher der Berechtigte wegen der Pflege und Erziehung eines gemeinschaftlichen Kindes nach § 1570 Unterhalt verlangen kann“ (Nr. 1 Hs. 2).[59] Damit sind bei der Bestimmung der Ehezeit auch zukünftige, nach der Ehezeit liegende Zeiten der Kinderbetreuung, die einen Anspruch auf Betreuungsunterhalt nach § 1570 vermitteln, zu berücksichtigen.

28 Die Betreuung gemeinschaftlicher Kinder darf jedoch nicht dazu führen, dass der Härtetatbestand der Kurzzeitehe überhaupt nicht mehr erfüllt werden kann, wenn aus der Ehe Kinder hervorgegangen sind.[60] Deshalb ist eine schlichte Addition von Ehezeit und Zeiten der Kinderbe-

---

45 OLG Düsseldorf BeckRS 2009, 26331 = FamRZ 1987, 595.
46 BGH NJW-RR 1995, 449 (451) = FamRZ 1995, 1405.
47 BGH NJW 1982, 2442 = FamRZ 1982, 894 (895); NJW 1980, 2247 = FamRZ 1980, 981 (983).
48 BGH NJW 1981, 754 (755) = FamRZ 1981, 140 (142) (für Renteneinkommen).
49 BGH NJW 1999, 1630 = FamRZ 1999, 710 (712).
50 OLG Celle BeckRS 2005, 10229 = FamRZ 2006, 703 f.; OLG Hamm NJW-RR 1990, 584 = FamRZ 1989, 1091.
51 OLG Hamm BeckRS 2011, 2395 = FamRZ 1992, 326 (327); BeckRS 2009, 28799 = FamRZ 1988, 400; AG Fürth FamRZ 1995, 1156 (1157).
52 BGH NJW 1982, 823 (824) = FamRZ 1982, 254; BeckOGK/*Haidl,* 1.2.2019, Rn. 34.
53 Zu Letzterem OLG Schleswig BeckRS 2010, 3094 = FamRZ 1984, 588 (590 f.).
54 BeckOGK/*Haidl,* 1.2.2019, Rn. 34; *Niepmann/Schwamb* Rspr. zur Höhe des Unterhalts Rn. 1109.
55 OLG Oldenburg BeckRS 2003, 10429 = FamRZ 1999, 518 (519).
56 BGH NJW 1982, 2442 = FamRZ 1982, 894 f.; NJW 1982, 2064 = FamRZ 1982, 582 (583); NJW 1982, 823 = FamRZ 1982, 254; OLG Hamm BeckRS 2011, 2395 = FamRZ 1992, 326 (327); auch BeckOGK/*Haidl,* 1.2.2019, Rn. 33.
57 BGH NJW-RR 1995, 449 (451) = FamRZ 1995, 1405.
58 BGH NJW-RR 1988, 834 = FamRZ 1988, 930 (932).
59 BT-Drs. 16/1830, 20; s. auch *Borth* FamRZ 2006, 813 (814 f.).
60 BVerfG BeckRS 2011, 47362 = FamRZ 1992, 782 (783); BVerfGE 80, 286 = NJW 1989, 2807 = FamRZ 1989, 941 (944). S. auch BGH NJW 1990, 3020 = FamRZ 1990, 1091 (1094); NJW 1990, 1847 = FamRZ 1990, 492 (495); OLG Köln BeckRS 1989, 31145757 = FamRZ 1991, 707 (708).

treuung verwehrt.[61] Vielmehr ist zunächst von der tatsächlichen **Ehedauer** auszugehen und, ist diese kurz, die gesetzlich vorgegebene Abwägung durchzuführen, ob und inwieweit unter Wahrung der Belange eines Kindes und unter Berücksichtigung aller Umstände des Einzelfalles **Restriktionen** wegen grober Unbilligkeit möglich sind.[62] Damit werden die tatbestandlichen Voraussetzungen „grob unbillig" und die Zeit der Kinderbetreuung miteinander vermengt.[63] Systematisch zutreffender wäre es deshalb, Nr. 1 Hs. 2 direkt an „grob unbillig" anzubinden, zumal die Kinderbetreuung immer ein bei der Billigkeitsabwägung ausdrücklich zu beachtender Umstand ist (→ Rn. 190–198).

Da **ehebedingte,** durch die Betreuung von Kindern hervorgerufene finanzielle Nachteile ausgeglichen werden sollen, steht bei der Billigkeitsprüfung der Zeit, in der Betreuungsunterhalt (§ 1570) verlangt werden konnte und kann,[64] die Zeit gleich, in der nach Zustellung des Scheidungsantrags (→ Rn. 14) wegen der Kinderbetreuung Anspruch auf **Trennungsunterhalt** (§ 1361) bestand.[65] 29

## II. Verfestigte Lebensgemeinschaft (Nr. 2)

**1. Rechtsentwicklung.** Die nunmehr in Nr. 2 ausdrücklich erfasste verfestigte Lebensgemeinschaft wurde zunächst unter Nr. 4 **[1. EheRG]** (→ Vor § 1569 Rn. 1), danach unter der durch das **UÄndG 1986** (→ Vor § 1569 Rn. 2) eingefügten Nr. 7 erfasst. Ihre Aufnahme in eine selbstständige Nr. 2 durch das **UÄndG 2007** (→ Vor § 1569 Rn. 9) soll die Nr. 8 [UÄndG 2007] von einer 30

> „überaus reichen, nur schwer überschaubaren Kasuistik … [entlasten]"

und zudem deutlich machen, dass

> „kein vorwerfbares Fehlverhalten des Unterhaltsberechtigten sanktioniert, sondern … eine rein objektive Gegebenheit bzw. eine Veränderung in den Lebensverhältnissen des bedürftigen Ehegatten erfasst [wird], die eine dauerhafte Unterhaltsleistung unzumutbar erscheinen lässt."[66]

Diese Programmatik ist nebensächlich, nicht schlüssig und auch nicht aussagekräftig, zumal die Regelung nichts Neues bringt[67] und sich die Praxis bereits seit 30 Jahren mit der bisherigen Regelung zurechtfinden musste.[68] Maßgeblich ist vielmehr die in der Gesetzesbegründung eher versteckt zum Ausdruck kommende Änderung in der Formulierung: Wurde bislang auf die „sozio-ökonomische Lebensgemeinschaft" oder auf das „An die Stelle der Ehe"-Treten abgestellt, was zu Problemen bei der Erfassung gleichgeschlechtlicher Lebensgemeinschaften geführt hat, eröffnet die jetzige Textfassung zwanglos die Erfassung **aller Lebensgemeinschaften,** seien sie hetero- oder homosexueller Natur (→ Rn. 37, zu den Einschränkungen → Rn. 38).[69]

**2. Grundsätze.** Dazu, wann von einer „verfestigten Lebensgemeinschaft" ausgegangen werden kann, kann grundsätzlich auf die Rspr. zu Nr. 7 aF zurückgegriffen werden.[70] Der BGH hat folgende **Kriterien** aufgestellt: Dass der Berechtigte nach der Scheidung mit einem anderen Partner eine intime Beziehung eingeht, rechtfertigt wegen der beendeten ehelichen Treuepflicht[71] ohne Hinzutreten weiterer Umstände die Anwendung von Nr. 2 selbst dann nicht, wenn die Beziehung bereits längere Zeit andauert[72] oder er mit dem Partner eine nichteheliche Lebensgemeinschaft aufnimmt.[73] Vielmehr müssen weitere, die enge Verquickung der Verhältnisse der Partner anzeigende Umstände hinzukommen (→ Rn. 33–58). Doch ist durch die Stärkung der **nachehelichen Eigenverantwor-** 31

---

61 BGH NJW 2005, 3639 (3640) = FamRZ 2005, 1979 (1980).

62 S. dazu auch BVerfG NJW 1993, 455 = FamRZ 1992, 1283 (1284); BGH NJW 2005, 3639 = FamRZ 2005, 1979 (1980); NJW 1992, 2477 = FamRZ 1992, 1045 (1049).

63 *Borth* FamRZ 2006, 813 (816) („überlappt").

64 Dazu BT-Drs. 16/1830, 20; ebenso zu Letzterem schon BGH NJW 1987, 1761 = FamRZ 1987, 572 (573) mit krit. Anm. *Graba* FamRZ 1987, 981 (983 ff.). Offengelassen von BVerfGE 80, 286 = NJW 1989, 2807 = FamRZ 1989, 941 (943).

65 OLG Schleswig FamRZ 1984, 1099 (1100); BeckRS 2010, 3094 = FamRZ 1984, 588 (590).

66 BT-Drs. 16/1830, 21; auch BGHZ 190, 251 = NJW 2011, 3089 Rn. 27 = FamRZ 2011, 1498.

67 BGH NJW 2011, 3712 Rn. 21 = FamRZ 2011, 1854.

68 Krit. auch *Wellenhofer* FamRZ 2007, 1282 (1285); *Hohloch* FF 2005, 217 (220 ff.).

69 So auch ausdrücklich BT-Drs. 16/1830, 21 („bzw. eine Lebenspartnerschaft eingehen könnten").

70 BGHZ 190, 251 = NJW 2011, 3089 Rn. 20 = FamRZ 2011, 1498; OLG Karlsruhe NJW 2009, 860 = FamRZ 2009, 351 (352 f.).

71 BGH NJW 1989, 1083 = FamRZ 1989, 487 (489); NJW 1983, 1548 = FamRZ 1983, 569 (572).

72 OLG Karlsruhe FamRZ 1994, 174 (175 f.); OLG München BeckRS 1990, 31208351 = FamRZ 1990, 1243.

73 BGH NJW 1989, 1083 = FamRZ 1989, 487 (489 f.).

**tung** (→ § 1569 Rn. 18–20) und der damit verbundenen Verschärfung seiner unterhaltsrechtlichen Obliegenheiten eine restriktivere Handhabung angezeigt (→ Rn. 36, 58, 197). – Auch die Eingehung einer Gemeinschaft mit **mehreren Personen** steht der Einordnung unter Nr. 2 nicht grundsätzlich entgegen,[74] wenn ihr der Charakter einer **Beistandsgemeinschaft** (→ Rn. 37) zukommt. – Zur Abgrenzung zu der nach Nr. 7 zu berücksichtigenden **Eingehung eines Verhältnisses** mit einem anderen Partner → Rn. 127–131, 136.

32 Der Annahme einer verfestigten Lebensgemeinschaft steht nicht entgegen, dass der Partner (noch) **verheiratet** ist und auch nicht beabsichtigt, sich scheiden zu lassen (s. dazu auch § 1361 Abs. 3, der mit seiner Verweisung auf § 1579 Nr. 2 eine verfestigte Lebensgemeinschaft des noch verheirateten Berechtigten einbezieht). Maßgeblich ist allein die tatsächliche Gestaltung der Lebensverhältnisse der Partner.

33 **3. „Sanktionierte" Lebensgemeinschaften. a) Unterhaltsgemeinschaft.** Auch wenn der Verpflichtete das Absehen des Bedürftigen von einer neuen Eheschließung hinzunehmen hat, ist seine Inanspruchnahme unzumutbar, wenn der Bedürftige mit seinem neuen Partner eine Unterhaltsgemeinschaft eingegangen ist, in der er sein Auskommen findet. Hierzu muss sich ihr Zusammenleben so verfestigt haben, dass zwischen ihnen ein fester sozialer und wirtschaftlicher Zusammenschluss iSe **„ehegleichen ökonomischen Solidarität"**[75] besteht, sie mithin gemeinsam wirtschaften („sozio-ökonomische Lebensgemeinschaft").[76] Dazu muss der den Haushalt führende Bedürftige von seinem Partner unterhalten werden, oder die Partner müssen sich die Führung des Haushalts und seine Finanzierung, ggf. entsprechend ihren Einkommensverhältnissen, teilen.[77] Ein gemeinsamer Haushalt oder eine bestimmte **Mindestdauer** des Zusammenlebens[78] wird nicht vorausgesetzt; je nach dem Erscheinungsbild in der Öffentlichkeit **(„Publizitätselement")** – das nicht Tatbestandselement ist, aber als Indiz dienen kann – kann Unzumutbarkeit angenommen werden.

34 Dem **Verpflichteten** ist seine Inanspruchnahme auch dann unzumutbar, wenn die neuen Partner seit längerer Zeit **(„Zeitmoment")** in einer festen sozialen Verbindung zusammenleben **(„Verdichtungsmoment")**, der Ehegatte in dieser Partnerschaft sein Auskommen finden könnte und kein verständlicher Grund ersichtlich ist, weshalb sie nicht die **Ehe** oder jedenfalls eine **Unterhaltsgemeinschaft** eingehen;[79] auf ein bestimmtes Erscheinungsbild in der Öffentlichkeit kommt es nicht an.

35 Für die Unterhaltsgemeinschaft als Unterfall der verfestigten Lebensgemeinschaft besteht auch nach der Neuregelung durch das UÄndG 2007 ein Bedürfnis für die Fälle, in denen nicht aus der Dauer des Zusammenlebens auf eine verfestigte Lebensgemeinschaft geschlossen werden kann. Dass der Reformgesetzgeber sie vom Anwendungsbereich der Nr. 2 ausnehmen wollte, ist nicht ersichtlich, dass „die Leistungsfähigkeit des neuen Partners … grundsätzlich keine Rolle" spielen soll (BT-Drs. 16/1830, 21), ist ohne Belang.

36 Die verstärkte **nacheheliche Eigenverantwortung** eines geschiedenen Ehegatten (→ Rn. 31, 58, 197, → § 1569 Rn. 18–20) führt zu erhöhten Anforderungen an die Beachtlichkeit des Wunsches, aufgrund der Erfahrungen in der geschiedenen Ehe **keine eheliche Bindung** mehr oder noch nicht eingehen zu wollen.

37 **b) Eheähnliche Lebensgemeinschaft. aa) Art.** Auch wenn die wirtschaftlichen Verhältnisse des neuen Partners die Begründung einer Unterhaltsgemeinschaft nicht zulassen, liegt ein Härtegrund vor,[80] wenn sich die sozialen Beziehungen zu dem neuen Partner so verfestigt haben, dass an die Stelle der Ehe ein nichteheliches Zusammenleben iSe **Beistandsgemeinschaft** getreten ist. Sie ist nicht auf

[74] Dazu auch *Büttner* FamRZ 2007, 773 (776).

[75] *Luthin* FamRZ 1986, 1166ff.: Begriff ist diffus.

[76] Dieser Begriff wird nicht einheitlich verwandt – s. OLG Oldenburg NJW-RR 1992, 515 = FamRZ 1992, 443, das ihn ersichtlich auf eine „einfache" nichteheliche Lebensgemeinschaft (→ Rn. 37–58) anwendet –, trifft aber nur die Unterhaltsgemeinschaft. Ebenso betrifft die Bezeichnung „Bedarfsgemeinschaft" entgegen der Verwendung durch das KG BeckRS 2016, 109774 = FamRZ 2017, 202 (203 f.) nicht die eheähnliche Lebensgemeinschaft, sondern die Unterhaltsgemeinschaft.

[77] Dazu OLG Hamm BeckRS 2011, 3560 = FamRZ 1992, 956.

[78] BGH NJW 1989, 1083 = FamRZ 1989, 487 (490) im Umkehrschluss aus den Ausführungen zur nichtehelichen Lebensgemeinschaft S. 491; dies verkennt AG Hamburg FamRZ 1997, 374 f; dazu auch BeckOGK/*Haidl*, 1.2.2019, Rn. 53.

[79] Jetzt ständige Rspr., zum Ganzen BGH NJW-RR 1991, 1474 = FamRZ 1991, 828 (829); NJW 1989, 1083 = FamRZ 1989, 487 (489 f.); NJW-RR 1987, 1282 = FamRZ 1987, 1011; NJW 1987, 3129 = FamRZ 1987, 689; auch OLG Köln NJW-RR 1994, 1030 f.; OLG Hamm NJW-RR 1991, 1474 = FamRZ 1991, 828 (829); FamRZ 1990, 1001 (1002).

[80] Wohl ebenso BGHZ 190, 251 = NJW 2011, 3089 Rn. 27 = FamRZ 2011, 1498.

**heterosexuelle** Partner beschränkt, sondern kann auch zwischen **homosexuellen** Partnern[81] bestehen und erfordert **keine Intimkontakte,** weshalb auch unerheblich ist, wenn der Bedürftige solche zu wechselnden Partnern unterhält (zu **Intimkontakten** → Rn. 41).[82] Nicht erforderlich ist eine **Bedarfsgemeinschaft** iSd § 7 Abs. 2, 3 SGB II (s. auch § 19 Abs. 1 S. 2, Abs. 2 S. 4, Abs. 3, 4 SGB XII), welche die zu Nr. 2 gerade nicht erforderliche Leistungsfähigkeit des Partners voraussetzt.[83]

**Nicht erfasst** werden Beistandsgemeinschaften, die nicht an die Stelle einer Ehe treten, weil eine eheähnliche Lebensgemeinschaft nicht aufgenommen werden soll oder kann. Dies trifft va zu auf das Zusammenziehen mit Eltern und Geschwistern, idR allgemein mit **Verwandten,** auf reine **Haushalts**- und **Wohngemeinschaften,**[84] aber auch dann, wenn ein Partner, durch eine Behinderung bedingt, keine **willentliche Entscheidung** für eine verfestigte Lebensgemeinschaft mehr treffen kann.[85] 38

**bb) Gestaltung.** Von Bedeutung ist allein die **Verfestigung** der Beziehung, die eine innere Bindung der Partner im Sinne gegenseitigen Einstehens füreinander verlangt,[86] und ihre Dauer.[87] Um den Verpflichteten nicht von der Willensbildung seines ehemaligen Ehegatten und dessen neuem Partner abhängig zu machen, kommt es allein auf die tatsächliche **Lebensgestaltung** durch die neuen Partner an, also auf die tatsächliche und gelebte Trennung ihrer Lebensbereiche.[88] Dass sie **zusammenwohnen,** ist zwar ein starkes Indiz für eine Verfestigung, ist jedoch nicht unbedingt erforderlich. Deshalb kann eine Verfestigung auch vorliegen, wenn die Partner ihre Lebensbereiche bewusst räumlich trennen wollen.[89] Auch längere Zeiten berufsbedingter Abwesenheit stehen ihr nicht entgegen.[90] 39

Die Verfestigung einer Beziehung hängt maßgeblich auch von ihrer **Dauerhaftigkeit** ab.[91] Diese leitet sich aus dem Sozialverhalten der Partner ab, also daraus, dass und wie sich die Partner im Alltag gegenseitig Hilfe leisten und sich unterstützen. Beurteilen lässt sich dies nur anhand der Umstände, die den tatsächlichen Lebensablauf der Partner prägen. Insbesondere können als Indizien dienen:[92] 40

- Die Dauer eines **intimen Verhältnisses** zu einem Partner (auch → Rn. 37).[93] 41
- Die Partner leisten die **Hausarbeit** und die **Betreuung** von auch nicht gemeinschaftlichen Kindern gemeinsam und füreinander.[94] 42

---

[81] BT-Drs. 16/1830, 21; ebenso *Borth* Praxis des UnterhaltsR Rn. 411; *Schnitzler* FPR 2008, 41 (44) [VIII.] (der aber noch (43) [IV.] formuliert: „… alleine … die Lebensgemeinschaft eines Mannes und einer Frau, …"); *Büttner* FamRZ 2007, 773 (776). – Zum Rechtszustand bis 31.12.2007 s. die Darstellung in → 5. Aufl. 2010, Rn. 18.

[82] Zum Ganzen BGHZ 150, 209 = NJW 2002, 1947 = FamRZ 2002, 810 (812); s. auch OLG Celle BeckRS 2009, 5830 = FamRZ 2008, 1627 (1628); OLG Köln BeckRS 2002, 5931 = FamRZ 2003, 236 Ls.

[83] *Büttner* FamRZ 2007, 773 (776).

[84] *Büttner* FamRZ 2007, 773 (776).

[85] OLG München BeckRS 2010, 1717 = FamRZ 2010, 126 f.

[86] BVerfG NVwZ 2005, 1178 = FamRZ 2004, 1950 zu § 7 Abs. 3 Nr. 3b SGB II; s. auch OLG Bamberg NJOZ 2008, 3198 = FamRZ 2008, 2037.

[87] OLG Schleswig BeckRS 2013, 20171.

[88] BGHZ 157, 395 = NJW 2004, 1326 = FamRZ 2004, 614 (615); NJW 2002, 217 = FamRZ 2002, 23 (24) mAnm *Schwab* FamRZ 2002, 92; NJW 1997, 1891 = FamRZ 1997, 671 (672); NJW-RR 1994, 1154 = FamRZ 1995, 540 (542 f.); NJW 1991, 1290 = FamRZ 1991, 670 (672); NJW 1989, 1083 = FamRZ 1989, 487 (490 f.); NJW 1984, 2692 = FamRZ 1984, 986 (987); dazu auch OLG Frankfurt a. M. BeckRS 2002, 13040 = FamRZ 2003, 99; OLG Koblenz NJW-RR 2004, 1576 = FamRZ 2005, 1997; NJW-RR 2000, 1097 = FamRZ 2000, 1372 (1373) (Vorinstanz zu BGH NJW 2002, 217 = FamRZ 2002, 23 (24)); OLG Schleswig FamRZ 2000, 28 f. Großzügig OLG Frankfurt a. M. NJWE-FER 1999, 257 = FamRZ 2000, 427.

[89] BGH NJW 2011, 1582 Rn. 39 = FamRZ 2011, 791; dazu auch *Schnitzler* FPR 2008, 41 (44).

[90] BGH NJW 2002, 217 = FamRZ 2002, 23 (25) mAnm *Schwab* FamRZ 2002, 92; OLG Zweibrücken BeckRS 2010, 5378 = FamRZ 2010, 1677 Ls.; BeckRS 2008, 08901 = FamRZ 2008, 1630; OLG Koblenz FamRZ 2006, 1540 (1541); OLG Stuttgart NJOZ 2005, 2089 (2092 f.) = FamRZ 2005, 1746 Ls.; OLG Hamm NJW-RR 1999, 1233 = FamRZ 2000, 29 Ls.

[91] BGH NJW 1984, 2692 = FamRZ 1984, 986 (987); OLG Hamm FamRZ 1997, 373 (374); NJW-RR 1995, 389 = FamRZ 1994, 1591 (1592); BeckRS 2007, 162 = FamRZ 1989, 631; OLG Zweibrücken NJW 1993, 1660 (8 Jahre dauernde intime Beziehung, regelmäßiges gemeinsames Verbringen der Freizeit einschließlich Urlaub); OLG München OLGR 1993, 117; OLG Düsseldorf NJW 1992, 2302 = FamRZ 1992, 955; KG NJW 1991, 113 = FamRZ 1990, 746 (747); aA wohl OLG Hamm NJW-RR 1994, 773 = FamRZ 1994, 963 Ls., das fordert, dass sich die Partner gegenseitig erhebliche Versorgungsleistungen erbringen und überwiegend in einer gemeinsamen Wohnung leben.

[92] Zu weiteren indiziellen Umständen BeckOGK/*Haidl,* 1.2.2019, Rn. 58, 67.

[93] BGH NJW 2011, 2512 Rn. 39 = FamRZ 2011, 1381 (14-jährige Dauer).

[94] Etwa OLG Schleswig BeckRS 2002, 30257462 = SchlHA 2002, 214 f.

43 – Aus ihrer Verbindung sind schon **gemeinschaftliche Kinder** hervorgegangen.[95]

44 – Ein Partner hat seine Lebensführung vollständig auf die Vollbetreuung des schwerstkranken anderen abgestellt,[96] allgemein wird bei **Krankheit** Beistand geleistet.[97]

45 – Die nicht gemeinschaftlichen Kinder nennen den Partner **„Mama"** oder **„Papa"** und die Eltern des Partners ihres Elternteils „Oma" und „Opa".[98]

46 – Die Partner
- verbringen die **Freizeit** ständig miteinander,
- machen zusammen **Urlaub,**[99]
- nehmen gemeinsam an **Familienfeiern** teil,
- erwerben[100] oder wollen **gemeinschaftliches Wohneigentum** erwerben,
- der Lebensgefährte seine Wohnung renoviert und ein Zimmer für ein Kind des Ehegatten vorbereitet,[101]
- gemeinsam einen **Mietvertrag** abschließen,[102]
- gemeinsam ein **Darlehen** aufnehmen,[103]
- gemeinsam ein **Testament** errichten oder einen **Erbvertrag** schließen,[104] aber auch einseitige Erbeinsetzung des anderen Partners.

47 **cc) Dauer. (1) Allgemeines.** Liegt eine **zunehmende Verfestigung der Beziehung** vor,[105] tritt die geschiedene Ehe als Grund für die fortdauernde unterhaltsrechtliche Verantwortung zurück, sodass es dem Verpflichteten objektiv unzumutbar werden kann, den Bedürftigen weiterhin unterhalten zu müssen.[106] Da nicht erforderlich ist, dass die Partner die Ehe/Lebenspartnerschaft eingehen können, kann sich die maßgebliche Verfestigung der Beziehung auch bereits während der **Trennungszeit** ggf. teilweise verwirklicht haben (zur Anwendbarkeit von Nr. 2 auch auf den **Trennungsunterhalt,** § 1361 Abs. 3, § 1579 Nr. 2, → Rn. 6).[107] – Zum **Wiederaufleben** des Unterhaltsanspruchs nach Lockerung der Lebensgemeinschaft → Rn. 224, 225; zur **Darlegungs**- und **Beweislast** → Rn. 242, 243.

48 **(2) Grundsatz.** Die konkret erforderliche Dauer der Beziehung ist aufgrund der Umstände des Einzelfalles zu bestimmen, darf idR **2 bis 3 Jahre** aber nicht unterschreiten (zur Parallele zur **kurzen Ehedauer** nach Nr. 1 → Rn. 20–22),[108] weil bei einer kürzeren Dauer meist nicht verlässlich beurteilt werden kann, ob die Partner nur „probeweise" zusammenleben oder sich ihre Gemein-

---

[95] Zu Letzterem OLG Hamburg BeckRS 2001, 14801 = FamRZ 2002, 1038; OLG Zweibrücken BeckRS 1999, 30074589 = FamRZ 2001, 29 Ls. (mehrjähriges Zusammenleben, 2 Kinder); OLG München OLGR 1993, 117 (schon 2. Kind); AG Westerburg FamRZ 1997, 1339; wohl auch *Büttner* FamRZ 2007, 773 (777).

[96] OLG Köln BeckRS 2002, 5931 = FamRZ 2003, 236 Ls; s. auch OLG München BeckRS 2010, 1717 = FamRZ 2010, 126 f.

[97] *Schnitzler* FPR 2008, 41 (44).

[98] OLG Oldenburg NJW 2017, 963 f. mAnm *Krumm* und mBspr *Kemper* NZFam 2017, 2017 = FamRZ 2017, 799 Ls.; OLG Schleswig BeckRS 2002, 30257462 = SchlHA 2002, 214 f.; OLG Hamm FF 2001, 101 f. = FamRZ 2000, 1375 Ls.

[99] Dazu OLG Stuttgart NJOZ 2005, 2089 (2092) = FamRZ 2005, 1746 Ls.; OLG Koblenz BeckRS 2011, 1934 = FamRZ 1991, 1314 f.

[100] OLG Schleswig BeckRS 2008, 24789 = FamRZ 2006, 954 f.

[101] OLG Oldenburg NJW 2017, 963 f. mAnm *Krumm* und mBspr *Kemper* NZFam 2017, 2017 = FamRZ 2017, 799 Ls.

[102] Ebenso BeckOGK/*Haidl,* 1.2.2019, Rn. 65; aA Johannsen/Henrich/*Hammermann* Rn. 26 aE (da die Anmietung auch „probehalber" erfolgen kann).

[103] BeckOGK/*Haidl,* 1.2.2019, Rn. 65.

[104] *Schnitzler* FPR 2008, 41 (44).

[105] Die auch durch eine 1-jährige räumliche Trennung bei Aufrechterhaltung der Beziehungen nicht in Frage gestellt wird, OLG Hamm NJW-RR 2003, 1297 (1299) = FamRZ 2004, 375 Ls.; s. auch OLG Saarbrücken BeckRS 2003, 13479 = FF 2003, 252 (253).

[106] BGH NJW 1997, 1851 = FamRZ 1997, 671 (672); NJW 1989, 1083 = FamRZ 1989, 487 (489). Vom OLG Celle NJW-RR 1992, 1349 = FamRZ 1992, 569 (570) nicht angenommen für eine 2-jährige Partnerschaft bei längerer berufsbedingter Abwesenheit des Partners.

[107] BGHZ 150, 209 = NJW 2002, 1947 (1949 f.) = FamRZ 2002, 810 (812 f.) mit krit. Anm. *Bergschneider;* NJW 1984, 2358 (2360) = FamRZ 1984, 662 (664); NJW 1984, 1537 = FamRZ 1984, 356 (357); NJW 1984, 297 = FamRZ 1984, 154 (155); NJW 1983, 1552 = FamRZ 1983, 676; NJW 1983, 1548 = FamRZ 1983, 569 (572).

[108] Zur Überschreitung, wenn Anhaltspunkte für das Zerbrechen der Beziehung in absehbarer Zeit nach 2¼-jährigem Bestand vorliegen, OLG Köln NJW-RR 2003, 938 f.

schaft auf Dauer verfestigt hat und sie nach dem **Erscheinungsbild in der Öffentlichkeit**[109] das Zusammenleben als Lebensform **bewusst, ernsthaft** und **nachhaltig**[110] auch für ihre weitere Zukunft gewählt haben.[111] Allerdings reicht die Erkennbarkeit der verfestigten Beziehung aus, ohne dass die Öffentlichkeit diesen Schluss tatsächlich zu ziehen braucht.[112] Doch auch von der „Öffentlichkeit" nicht wahrgenommene Umstände fließen in die Beurteilung, ob eine Verfestigung der Beziehung eingetreten ist, ein.[113] Deshalb kommt es auf die Erkennbarkeit der Beziehung etwa dann nicht an, wenn die Partner ihre Lebensbereiche bewusst räumlich getrennt haben bzw. trennen, ihre Beziehungen iÜ aber aufrechterhalten.

**(3) Ausnahme: Verkürzung.** Ein Ausnahmefall, der die **Unterschreitung der Mindest-** 49
**dauer** rechtfertigen kann, kann etwa angenommen werden, wenn
- die nichteheliche Lebensgemeinschaft bereits während der **Trennungszeit** begründet wurde und 50
  in der **nachehelichen Zeit** fortgesetzt wird,
- die Partner sich **verlobt** haben,[114] 51
- aus der Beziehung ein **Kind** hervorgegangen ist,[115] 52
- die Partner sich **gemeinsames Wohneigentum** anschaffen, 53

**Beispiele aus der Rspr.:**
**Verkürzung:** 54
BGHZ 150, 209 = NJW 2002, 1947 = FamRZ 2002, 810 (811 f.): Die Begründung von Miteigentum ist nicht erforderlich.
OLG Schleswig BeckRS 2008, 24789 = FamRZ 2006, 954 f.: Immobilienerwerb zu gemeinschaftlichem Eigentum.
OLG Schleswig FPR 2004, 610 = FamRZ 2005, 277 (278): Erwerb von Miteigentum durch den Partner am ehemaligen Familienheim des anderen nach 1½-jähriger Beziehung.
OLG Köln BeckRS 2005, 13343 = FF 2005, 192 f.: Erwerb eines Einfamilienhauses zu jeweils hälftigem Miteigentum, gemeinschaftliches Kind: Verkürzung auf 16 Monate.
OLG Hamm BeckRS 2014, 5709 = FamRZ 2014, 1468 (1469): Die Annahme einer auf Dauer verfestigten Lebensgemeinschaft kommt schon nach 1 Jahr in Betracht, wenn aus der neuen Lebensgemeinschaft ein Kind hervorgegangen ist und/oder Indizien für eine langfristige Planung einer gemeinsamen Zukunft bestehen, zB bei gemeinschaftlicher Immobilienanschaffung.
OLG Köln NJW-RR 2000, 371 (372) = FamRZ 2000, 290 (291): Verkürzung der Dauer auf 1 Jahr, wenn die Partner gemeinsam ein Hausgrundstück erworben haben, in dem sie seit einem Jahr zusammenleben.
OLG Hamburg BeckRS 2001, 14801 = FamRZ 2002, 1038: Verkürzung der Dauer auf unter 2 Jahre, wenn ein Haus gemeinsam gekauft und bezogen wurde.
OLG Karlsruhe BeckRS 2008, 24315 = FamRZ 2006, 706: 1½ Jahre dauerndes Zusammenleben, dann weitere 10 Monate, danach gemeinsamer Kauf einer Immobilie, in der die Partner zusammenleben, wodurch die Ernsthaftigkeit und Nachhaltigkeit der Beziehung Ausdruck fand.
OLG Oldenburg NJW 2012, 2450 = FamRZ 2012, 1223 Ls.: Verfestigung der Beziehung zu einem anderen Partner bereits mit Ablauf des ersten Trennungsjahres.

---

109 S. auch OLG Hamm BeckRS 1997, 7956 = FamRZ 1998, 1588, das in einem Fall zwar das Erscheinungsbild in der Öffentlichkeit (entgeltliche Vermietung einer Wohnung und einer Ferienwohnung), nicht aber ein partnerschaftliches Verhältnis angenommen hat.
110 OLG Karlsruhe BeckRS 2008, 24315 = FamRZ 2006, 706.
111 BGHZ 190, 251 = NJW 2011, 3089 Rn. 26, 28 = FamRZ 2011, 1498 (lange Dauer erst ab 3¾ Jahre); auch OLG Hamburg BeckRS 2014, 14399 = FamRZ 2014, 1209 Ls.; OLG Bamberg NJOZ 2008, 3198 = FamRZ 2008, 2037; KG NJOZ 2007, 414 = FamRZ 2006, 1542 (1543); OLG Hamm NJWE-FER 1999, 76 = FamRZ 1999, 239 Ls.; zu Nr. 7 aF BGH NJW 1997, 1851 = FamRZ 1997, 671 (672); NJW 1991, 1290 = FamRZ 1991, 670 (672); NJW 1989, 1083 = FamRZ 1989, 487 (489); NJW 1984, 2692 = FamRZ 1984, 986 (987); NJW 1983, 2243 = FamRZ 1983, 996 (997); OLG Düsseldorf FamRZ 1994, 176. – Auf das Zeitmoment gänzlich verzichten will offenbar OLG Düsseldorf NJW 1992, 2302 = FamRZ 1992, 955; aA AG Bochum BeckRS 1997, 31146541 = FamRZ 1998, 753 (754 f.), weil dies gegen Art. 2, 6 Abs. 2 S. 1 GG verstoße.
112 BGH NJW 1997, 1851 = FamRZ 1997, 671 (672).
113 Johannsen/Henrich/*Büttner,* 5. Aufl. 2010, Rn. 21; aA *Luthin* FamRZ 1986, 1166 (1167). Offengelassen von BGH NJW 1997, 1851 = FamRZ 1997, 671 (672).
114 AG Rinteln 2.7.2014 – 4 F 216/13 = FamRZ 2015, 57 Ls.
115 OLG Koblenz BeckRS 2016, 18254 Rn. 11 = FamRZ 2016, 1938; OLG Schleswig NJW-RR 2005, 734 (etwas mehr als 2-jährige Dauer, 1 Kind); OLG Köln FPR 2005, 365 Ls. = FamRZ 2005, 279 (nicht erörtert Nr. 6 [UÄndG 1986] bei wechselnden Partnerschaften, → Rn. 129); OLG Nürnberg FuR 2002, 328 f. (18-monatiges Zusammenleben, bereits zuvor intensiver Umgang, 3 gemeinsame Kinder); AG Mölln BeckRS 2008, 26235 = FamRZ 2005, 1096 (4 Kinder von neuem Partner); AG Hanau FamRZ 1997, 1485.

OLG Koblenz BeckRS 2016, 18254 Rn. 11 = FamRZ 2016, 1938: 1-jährige bestehende Partnerschaft und gemeinsames Kind mit dem neuen Partner bereits 1½ Jahre nach der Trennung.

OLG Oldenburg BeckRS 2016, 21200 Rn. 9 = FamRZ 2017, 799 Ls.: Gesamtschau der objektiven Umstände in der Entwicklung der Beziehung rechtfertigt die Annahme einer verfestigten Lebensgemeinschaft auch schon vor Ablauf von 2 Jahren.

KG BeckRS 2016, 109774 = FamRZ 2017, 202 (203): Wechselseitige Bekundung der Zuneigung zu neuem Partner in Facebook-Einträgen, mit dem der Berechtigte schon einmal verheiratet war, führt zur Verwirkung des Unterhaltsanspruchs bereits nach ca. 1 Jahr.

OLG Oldenburg NJW 2017, 963 f. mAnm *Krumm* und mBspr *Kemper* NZFam 2017, 2017 = FamRZ 2017, 799 Ls.: Kein Unterhaltsanspruch mehr bei Liebesbeziehung seit 1 Jahr, danach Einzug in das Haus des Lebensgefährten, der Zimmer für den Sohn der Berechtigten aus der Ehe, die zu ihm „Papa" sagt, vorbereitet hat, gemeinsamem Urlaub, gemeinsamer Teilnahme an Familienfeiern.

55 **Keine Verkürzung:**

OLG Schleswig BeckRS 2000, 30093630: Dauer 2½ Jahre, Erwerb eines Reihenhauses zu gemeinschaftlichem Eigentum.

AG Groß-Gerau BeckRS 2011, 2397 = FamRZ 1992, 327 (328): Lediglich halbjährige Partnerschaft trotz gemeinsamem Erwerb eines Eigenheims und Heiratsplan, wenn der Partner noch nicht geschieden ist.

56 – der andere Partner am **ehemaligen Familienheim** Miteigentum erwirbt,[116]

57 – die Partner
- eine **Wohnung gemeinsam anmieten,**[117]
- sich erst **nach der Geburt** eines gemeinschaftlichen Kindes zum Zusammenleben entschlossen haben,
- sich schon **längere Zeit zuvor näher gekannt** haben oder
- nach **mehrmaligem kurzzeitigen Zusammenleben** endgültig zusammengezogen sind.[118]

58 Die durch das UÄndG 2007 verstärkte **nacheheliche Eigenverantwortung** eines geschiedenen Ehegatten (→ Rn. 36, 197, → § 1569 Rn. 18–20) muss auch im vorliegenden Zusammenhang zu weniger strengen Anforderungen an das „Zeitmoment" und das „Verdichtungsmoment" führen. Deshalb sind eher Ausnahmen von der 2–3-Jahres-Regel anzunehmen und die Voraussetzungen an den Grad der Verfestigung der Beziehungen zu lockern.[119] Gleichwohl wird es im Allgemeinen verwehrt sein, bereits bei einer Dauer der Beziehung von **weniger als 1 Jahr** von der erforderlichen Verfestigung auszugehen. Allerdings versagt die Parallele zu § 7 Abs. 3 Nr. 3c, Abs. 3a Nr. 1 SGB II nicht, **ausnahmsweise** eine Dauer von unter 1 Jahr genügen zu lassen,[120] weil § 7 SGB II zum einen eine sozialpolitische Zwecksetzung verfolgt, zum anderen eine Bedarfsgemeinschaft bereits vor Ablauf von 1 Jahr angenommen werden kann (Nr. 2–4: „oder"), und es sich letztlich um eine durch den Leistungsberechtigten widerlegbare Vermutung handelt, die aber auch die Annahme einer Bedarfsgemeinschaft bei Vorliegen weiterer, vom Leistungsträger nachzuweisender äußerer Tatsachen zulässt.[121]

### III. „Verbrechen oder schweres vorsätzliches Vergehen gegen den Unterhaltspflichtigen" (Nr. 3)

59 **1. Allgemeines.** Die Begriffe „Verbrechen" und „schweres vorsätzliches Vergehen" entstammen dem Strafrecht (§ 12 StGB) und erfordern ein **schuldhaftes Verhalten** im strafrechtlichen Sinne, ein solches iSd § 276 reicht nicht aus. Voraussetzung ist **Schuldfähigkeit.**[122] Ausreichend ist **verminderte** Schuldfähigkeit, doch ist sie in die Billigkeitsabwägung einzubeziehen[123] (auch

---

116 OLG Schleswig FPR 2004, 610 = FamRZ 2005, 277 f.

117 AG Menden FamRZ 1991, 712 (713) (1 Jahr 4 Monate).

118 Zu Letzterem AG Königstein BeckRS 2011, 3733 = FamRZ 1992, 1439 (1440) (dort kommt der Einzug des Berechtigten in das von seinem Partner neu erworbene Reihenhaus und die Geburt eines von diesem abstammenden Kindes hinzu).

119 AG Essen NJW 2009, 2460 = FamRZ 2009, 1917 (1918).

120 IErg wohl ebenso NK-BGB/*Hohloch* Rn. 23 aE; aA BeckOGK/*Haidl,* 1.2.2019, Rn. 63 mwN: keine Verfestigung bei einer Dauer der Beziehung unter 1 Jahr.

121 Etwa Eicher/Spellbrink/*Spellbrink*/*G. Becker* SGB II § 7 Rn. 98, 99.

122 Zum Versorgungsausgleich: BGH NJW 1990, 2745 = FamRZ 1990, 985 (987); OLG Saarbrücken NJW 2009, 2830 (2831) = FamRZ 2009, 2007 Ls.; OLG Karlsruhe NJW-RR 2000, 373 = FamRZ 2000, 893 Ls.

123 BGH NJW 1982, 100; OLG Hamm BeckRS 2006, 13173 = FamRZ 2002, 240 (241). Zum Versorgungsausgleich – § 1587c Nr. 1 aF – OLG Stuttgart BeckRS 2009, 26453 = FamRZ 2010, 38 (der BGH hat für die zugelassene und auch eingelegte Rechtsbeschwerde Prozesskostenhilfe mangels hinreichender Erfolgsaussicht versagt und das Rechtsmittel wegen fehlender Begründung verworfen); offengelassen noch in BGH NJW 1990, 2745 = FamRZ 1990, 985 (987).

→ Rn. 178; zur Berücksichtigung einer im Zustand der **Schuldunfähigkeit** begangenen Straftat nach Nr. 8 → Rn. 163).

60 Eine **Unterhaltsbezogenheit** der Straftat ist nicht erforderlich. Antriebe und Vorstellungen des Bedürftigen müssen sich deshalb nicht auf seine Bedürftigkeit als Folge seines Handelns erstrecken, können aber bei der Billigkeitsabwägung Bedeutung erlangen (→ Rn. 180).

61 Unerheblich ist, ob die Verfehlung vor oder nach der **Auflösung der Ehe** begangen wurde.

62 Nicht stets schließt eine **Verzeihung** die Tatbestandsmäßigkeit iSd Nr. 3 aus,[124] insbesondere nicht bei schweren und nachhaltigen Eingriffen in die körperliche Unversehrtheit. Doch ist sie dann bei der Prüfung der groben Unbilligkeit besonders zu gewichten (→ Rn. 199–207).[125]

63 **2. Grundsätze. Verbrechen** sind alle Delikte, die nach dem StGB Verbrechen sind. **Vergehen** müssen stets – ggf. bedingt – **vorsätzlich** begangen worden sein, fahrlässige Begehung ist nicht tatbestandlich.[126] Nicht erforderlich ist die strafrechtliche Verfolgung oder gar die **Bestrafung** des Bedürftigen.[127] Unerheblich ist auch, ob bei einem Antragsdelikt (etwa §§ 247, 266 Abs. 2 StGB) auch **Strafantrag** gestellt wurde, es sei denn, die unterlassene Antragstellung im Einzelfall indiziert das geringe Gewicht des Delikts oder lässt auf eine Verzeihung (→ Rn. 199–207) schließen.

64 Die Straftat muss sich gegen den **Verpflichteten** oder einen diesem nahen **Angehörigen** iSd § 11 Abs. 1 Nr. 1 StGB gerichtet haben. In Betracht kommen deshalb Straftaten nach dem 12.–22. Abschnitt des StGB Besonderer Teil, va solche gegen die körperliche Unversehrtheit und das Vermögen (näher → Rn. 70–79).[128]

65 § 1579 Nr. 3 stellt seinem Wortlaut nach auf einen **„nahen Angehörigen"** ab und nicht auf einen dem Verpflichteten nahestehenden Angehörigen. Gleichwohl kommt es nicht (nur) auf den Grad der Verwandtschaft, sondern va auch auf die Enge der familiären und persönlichen Verbundenheit des Verpflichteten mit dem Angehörigen an,[129] da es in § 1579 um die persönliche Betroffenheit des Verpflichteten durch das Verhalten des Berechtigten geht (auch → § 1611 Rn. 20).[130] Nahe Angehörige sind jedenfalls der Ehegatte und Lebenspartner iSd § 1 LPartG des Verpflichteten und seine Verwandten 1. Grades,[131] zudem die weiteren in § 11 Abs. 1 Nr. 1 StGB genannten Personen, wenn zugleich eine enge persönliche Verbundenheit etwa durch Hauszugehörigkeit besteht. Auch Partner einer **nichtehelichen Lebensgemeinschaft** können Angehörige in diesem Sinne sein, weil es auf eine Verwandtschaftsbeziehung nicht ankommt.[132] – Zu den **Rechtsfolgen,** insbesondere zu deren **Verhältnismäßigkeit,** und dazu, ob sich die Verwirkung auf bei Tatbeginn bereits **fällige Ansprüche** erstreckt, → Rn. 49, 187.

66 Erfasst werden alle **Beteiligungsformen,** neben Alleintäterschaft mithin auch Mittäterschaft, Versuch,[133] Beihilfe und Anstiftung.

67 Ist der Berechtigte strafbefreiend vom Versuch **zurückgetreten** (§ 24 Abs. 1 S. 1 StGB),[134] hat er keine Straftat iSd Nr. 3 begangen. Bei entsprechender Schwere kann sein Verhalten jedoch nach Nr. 8 zu würdigen sein (→ Rn. 163). Praktisch bedeutsam ist vor allem der **versuchte Prozessbetrug** im Zusammenhang mit der unterhalts-[135] und vermögensrechtlichen Auseinandersetzung der Ehegatten (→ Rn. 73).[136]

68 Für die Qualifizierung als **schwer,** die im Wesentlichen der Tatrichter vorzunehmen hat,[137] können das Delikt, die Tathandlung, seine Begehungsform und vor allem seine Auswirkungen auf den Geschädigten,

124 Sehr str., wie hier *Gernhuber/Coester-Waltjen* FamR § 30 Rn. 90.

125 IErg ebenso Johannsen/Henrich/*Hammermann* Rn. 72.

126 Dazu auch OLG Hamm NJWE-FER 1999, 204 = FamRZ 1999, 516 Ls.: Der Berechtigte darf sich nach Trennung für berechtigt halten, die Hälfte eines auch hohen Bankguthabens abzuheben (abgehobener Betrag: 130.000 DM).

127 Ebenso BeckOGK/*Haidl,* 1.2.2019, Rn. 87 mwN.

128 Dazu auch BeckOGK/*Haidl,* 1.2.2019, Rn. 88.

129 Soergel/*Häberle* Rn. 13; BeckOGK/*Haidl,* 1.2.2019, Rn. 89 mwN.

130 Zur gleichen Formulierung in § 1611 Abs. 1 s. etwa BT-Drs. 7/650, 138: „Die Beschränkung der Unterhaltspflicht wegen einer schweren Straftat gegenüber dem Verpflichteten und nahen Angehörigen entspricht § 1611 Abs. 1 BGB."; auch BeckOGK/*Haidl,* 1.2.2019, § 1611 Rn. 55.

131 Ebenso NK-BGB/*Hohloch* Rn. 31; *Siebert* in Wendl/Dose UnterhaltsR § 4 Rn. 1284.

132 Etwa NK-BGB/*Hohloch* Rn. 23; Staudinger/*Verschraegen,* 2014, Rn. 100; Johannsen/Henrich/*Hammermann* Rn. 30 mwN; aA Soergel/*Häberle* Rn. 13; BeckOGK/*Haidl,* 1.2.2019, Rn. 89; wohl auch *Gerhardt* in Wendl/Dose UnterhaltsR § 4 Rn. 1284.

133 OLG Köln NJW-RR 2003, 507 f. = FamRZ 2003, 678; OLG Karlsruhe BeckRS 2001, 30985895 = FamRZ 2002, 1037 f.

134 OLG Köln NJW-RR 2003, 507 (508) = FamRZ 2003, 678.

135 OLG Karlsruhe BeckRS 2001, 30985895 = FamRZ 2002, 1037 f.

136 OLG Köln NJW-RR 2003, 507 f. = FamRZ 2003, 678.

137 BGH NJW 1984, 296 = FamRZ 1984, 34 (35).

**Beispiel aus der Rspr.:**
OLG Köln NJW-RR 2003, 507 (509) = FamRZ 2003, 678 (679) stellt darauf ab, ob die Straftat den Verpflichteten ebenso schwer trifft wie den Berechtigten der Verlust des Unterhalts.

überhaupt alle für die Strafzumessung maßgeblichen Umstände herangezogen werden.[138] Bereits bei der Prüfung der Schwere des Delikts, nicht erst der groben Unbilligkeit, ist ein **Mitverschulden** des Verpflichteten zu beachten.[139]

69 Grundsätzlich kann der Unterhaltsanspruch nur für die **Zukunft,** also ab dem Zeitpunkt der Begehung des Delikts begrenzt werden, sodass bereits entstandene Unterhaltsansprüche unberührt bleiben (auch → Rn. 187).[140] Doch kann in besonders schwerwiegenden Ausnahmefällen unerträglich und mit der Billigkeit unvereinbar sein, für **vor der Tatbegehung** liegende Zeiträume noch zu Unterhaltszahlungen herangezogen zu werden.[141]

**3. Einzelne Delikte. a) Gewaltdelikte.**

70 – **Mord** und **Totschlag.**
– IdR ist eine **gefährliche Körperverletzung** (§ 223a StGB) ein schweres Vergehen.[142]
– Eine **einfache Körperverletzung** (§ 223 StGB) fällt nur unter besonderen Umständen unter Nr. 3.[143] Soweit sie auf eine trennungs- oder scheidungsbedingte Erregung zurückzuführen ist, bleibt sie außer Betracht.[144]
– **Körperliche Misshandlung** eines gemeinschaftlichen Kindes.[145]
– Verstöße gegen gerichtliche Anordnungen nach **§§ 4, 1 Abs. 1 S. 1, 3 GewSchG.**[146]

**b) Delikte gegen die freie Selbstbestimmung.**

71 – **Nötigung** bei Vorliegen besonderer Umstände.[147]
– IdR **Erpressung.**
– **Sexualdelikte,** wenn sie nicht bereits Verbrechen sind, insbesondere dann, wenn sie sich gegen ein gemeinschaftliches minderjähriges Kind oder ein Kind des Verpflichteten[148] richten.
– Das Ausspähen und Abfangen von Daten sowie deren Aufbereitung (Delikte gegen die **informationelle Selbstbestimmung,** §§ 202a–202c StGB) aus nichtöffentlicher Datenübermittlung oder Abstrahlung einer Datenverarbeitungsanlage. Fällt das Fehlverhalten nicht unter diese Straftatbestände, kann Nr. 7 verwirklicht sein.[149]

**c) Eigentums- und Vermögensdelikte.** Es müssen Straftaten **von einigem Gewicht** sein (zur Bedeutung eines **Strafantrags** → Rn. 63). In Betracht kommen insbesondere

72 – **Sachbeschädigung,**[150] **Diebstahl,**[151] **Unterschlagung** und **Untreue,**
– vor allem aber **Betrug,**

73 – idR als versuchter und vollendeter **Prozessbetrug** durch falsche Angaben in einem laufenden oder bereits abgeschlossenen gerichtlichen Verfahren, aber auch durch außergerichtliches, insbesondere vorgerichtliches Verhalten.[152] Dabei wird es sich vornehmlich um Verfahren zur Regelung des Unterhalts, auch im Zusammenhang mit der **Abstammung** eines als ehelich geltenden Kindes (auch → Rn. 76–79, 133–135), oder zur güterrechtlichen bzw. vermögensrechtlichen

---

138 OLG Stuttgart BeckRS 1996, 31138475 = FamRZ 1997, 419 (420): Die Beharrlichkeit des Leugnens von Beziehungen zu einem anderen Partner rechtfertigt die Qualifikation als „schwer".

139 AA – Berücksichtigung bei der Billigkeit – etwa BeckOGK/*Haidl,* 1.2.2019, Rn. 91.

140 BGH NJW 2004, 1324 (1325) = FamRZ 2004, 612; NJW 1984, 296 = FamRZ 1984, 34 f.

141 BGH NJW 2004, 1324 (1325) = FamRZ 2004, 612; noch offengelassen BGH NJW 1984, 296 = FamRZ 1984, 34.

142 BGH NJW 2004, 1324 = FamRZ 2004, 612 ff.; NJW 1984, 296 = FamRZ 1984, 34 (35); auch OLG Koblenz NJWE-FER 1998, 122 = FamRZ 1998, 745; OLG Düsseldorf NJW 1993, 3078 = FamRZ 1994, 896 (Schusswaffengebrauch).

143 OLG Koblenz NJW-RR 1992, 2 = FamRZ 1991, 1312; OLG Düsseldorf BeckRS 2009, 21413 = FamRZ 1983, 585.

144 AG Dülmen BeckRS 2014, 11311; BeckOGK/*Haidl,* 1.2.2019, Rn. 94.

145 OLG Hamm BeckRS 2006, 13173 = FamRZ 2002, 240 (241); BeckOGK/*Haidl,* 1.2.2019, Rn. 94.

146 OLG Bamberg BeckRS 2007, 7166 = FamRZ 2007, 1465 Ls.

147 KG NJW-RR 1992, 648 = FamRZ 1992, 571 (573).

148 OLG Schleswig BeckRS 2005, 30362110 = SchlHA 2006, 235; OLG Hamm NJW 1990, 1119 = FamRZ 1990, 887.

149 BeckOGK/*Haidl,* 1.2.2019, Rn. 99; *Frank/Haußleiter* NJW-Spezial 2010, 196 ff.

150 OLG Hamm BeckRS 2006, 2070 = FamRZ 2006, 1537 Ls. (Sachbeschädigung, versuchte gefährliche Körperverletzung, versuchter Prozessbetrug).

151 OLG Hamm FamRZ 1994, 168 (erhebliche Vermögenswerte); OLG Karlsruhe BeckRS 2000, 13766 = FamRZ 2001, 833 Ls. (versuchter Diebstahl).

152 Dazu OLG Schleswig BeckRS 1998, 12041.

Auseinandersetzung handeln. Dies setzt allerdings voraus, dass die unzutreffenden Angaben auch rechtserheblich sind bzw. waren (→ Rn. 176, 183–185).[153]

– aber auch als Verstoß gegen die Pflicht zur **ungefragten Information** (näher → Rn. 111, → § 1578 Rn. 646, → § 1580 Rn. 96–118). 74

**Beispiele aus der Rspr.:**

BGH NJW-RR 1990, 1410 = FamRZ 1990, 1095 (1097): Verschweigen des Abbruchs eines Studiums; zugleich Nr. 5 verwirklicht.

OLG Saarbrücken FF 2008, 504 (506); OLG Karlsruhe BeckRS 2001, 30985895 = FamRZ 2002, 1037 (1038); OLG Hamm OLGR 2000, 374 (376) = FamRZ 2000, 1367 Ls.; OLG Hamm DAVorm 1998, 733 = FamRZ 1998, 561 Ls.; NJW-RR 1994, 901 = FamRZ 1994, 1115 (1116 f.); FamRZ 1994, 1035 (1036); OLG Schleswig BeckRS 2013, 20169; BeckRS 1999, 14116 = FamRZ 2000, 1367 f. (Rentenbeginn); NJW-RR 1987, 1481 f.; OLG Koblenz OLGR 1997, 245 (246); OLG München BeckRS 1997, 31128632; OLG Zweibrücken NJW-RR 1996, 1219 = FamRZ 1996, 220 f.: Verschweigen von unterhaltsrechtlich erheblichen Einkünften. Auch wenn die unterhaltsrechtliche Bewertung Sache des FamG ist, muss die mögliche unterhaltsrechtliche Erheblichkeit der Einkünfte aufgrund einer „Parallelwertung in der Laiensphäre" erfasst werden können.

OLG Hamm NJW-RR 1994, 323 = FamRZ 1994, 1119 (1120): Verschweigen einer Erbschaft.

OLG Karlsruhe NJW 1995, 2796 = FamRZ 1995, 1488 (1489): Abstreiten des gewerbsmäßigen Betreibens von „Telefonsex"; zugleich Nr. 7 verwirklicht.

OLG Koblenz NJW-RR 1999, 1597 = FamRZ 2000, 605 (607); OLG Hamm FamRZ 1997, 1337; FamRZ 1997, 373 f.; FamRZ 1996, 1079; OLG Stuttgart BeckRS 1996, 31138475 = FamRZ 1997, 419 (420); AG Solingen BeckRS 2006, 10656 = FamRZ 1998, 1112: Falsche Angaben über Beziehungen zu neuem Partner.

OLG Koblenz NJW-RR 1997, 1229 = FamRZ 1998, 745 (746): Unvollständige Angaben zu den Vermögensverhältnissen.

OLG Köln NJW-RR 2003, 507 = FamRZ 2003, 678 f.: Bewusst falsche Behauptung einer im Zugewinnausgleich zum Anfangsvermögen zu berücksichtigenden Darlehensverbindlichkeit, die zur güterrechtlichen Ausgleichspflicht des Verpflichteten führen würde.

OLG Bremen BeckRS 1997, 31132990: Vorspiegeln der Vaterschaft an einem Kind (auch → Rn. 76–79, 133–135).

OLG Hamm NJW-RR 2004, 1229 (1230 f.) = FamRZ 2004, 1786 (1787 f.): Verschweigen, dass bereits ein Antrag auf getrennte Veranlagung (§ 26a EStG) gestellt wurde.

– Eine **Unterhaltspflichtverletzung** (§ 170 StGB) des Bedürftigen **nach der Trennung** erfüllt die Voraussetzungen, wenn sie nachhaltig war, über einen längeren Zeitraum erfolgte, der Höhe nach gewichtig war und ihr eine titulierte oder sonst zweifelsfreie Unterhaltspflicht zugrunde lag.[154] **Vor der Trennung** begangene Unterhaltspflichtverletzungen unterfallen Nr. 6 als der besonderen Vorschrift („Familienunterhalt"). 75

**d) Aussagedelikte.**

– **Falschaussagen,** 76

**Beispiel aus der Rspr.:**

OLG Bremen FamRZ 1981, 953: Behauptung in einem vom Verpflichteten angestrengten Vaterschaftsanfechtungsverfahren, in der gesetzlichen Empfängniszeit nur mit diesem geschlechtlich verkehrt zu haben.

– falsche **eidesstattliche Versicherung.**[155] 77

**e) Delikte gegen die Ehre.**

– Wiederholte schwerwiegende **Beleidigungen** und **Verleumdungen,** 78

**Beispiele aus der Rspr:**

OLG München FamRZ BeckRS 2006, 18137 = 2006, 1605 f.: Beschuldigung des sexuellen Missbrauchs eines gemeinschaftlichen Kindes.

OLG Hamm NJW-RR 2014, 523 (524 f.) = FamRZ 2014, 1031 Ls.: „… langjährig wiederholt erhobene Missbrauchsvorwürfe, die ein jeder für sich objektiv geeignet waren, den Antragsteller in der Öffentlichkeit nachhaltig verächtlich zu machen und sein Leben gravierend zu beeinträchtigen bis hin zur Zerstörung seiner familiären, sozialen und wirtschaftlichen Existenz"; OLG Hamm BeckRS 1994, 10921 = FamRZ 1995, 808; anders wohl OLG Celle BeckRS 2009, 5830 = FamRZ 2008, 1627 (1629).

OLG Hamm BeckRS 2001, 30986118 = FamRZ 2002, 325 Ls.: Anzeige wegen Steuerhinterziehung.

---

153 Zum Beginn des Versuchs – Einreichen des den unwahren Vortrag enthaltenden Schriftsatzes beim FamG – s. OLG Hamm NJW-RR 2004, 1229 = FamRZ 2004, 1786 (1787 f.).

154 *Bäumel* in Göppinger/Wax UnterhaltsR Rn. 158.

155 BGH NJW 2009, 1956 Rn. 48 = FamRZ 2009, 1124; OLG Bremen FamRZ 1981, 953.

79 – vorsätzliche falsche **Strafanzeigen,**[156]
wenn sie mit nachteiligen Auswirkungen auf die persönliche und berufliche Entfaltung und die Stellung des Verpflichteten in der Öffentlichkeit verbunden sind[157] und nicht der **Wahrnehmung berechtigter Interessen**[158] dienen. Bei besonders schwerwiegenden **Diffamierungen** in der Öffentlichkeit kann bereits ein einzelner Vorgang genügen. Ggf. kann Konkurrenz zu Nr. 7 bestehen.

### IV. Mutwilliges Herbeiführen der Bedürftigkeit (Nr. 4)

80 **1. Allgemeines.** Nr. 4 regelt einen Sonderfall des **venire contra factum proprium** durch den Berechtigten.[159] Sie grenzt die durch die nacheheliche Solidarität begründete unterhaltsrechtliche Haftung gegen grob unbillige Unterhaltsforderungen ab und vermeidet dadurch, dass der Verpflichtete für die Folgen einer leichtfertigen Herbeiführung der Bedürftigkeit durch den Berechtigten unterhaltsrechtlich mithaftet.[160] – Zum **Schutz des Berechtigten** durch diese Regelung, weil Nr. 4 die Anwendung von § 242 und damit die Zugrundelegung einer niedrigeren Eingriffsschwelle ausschließt, → Rn. 230.

81 „Einfaches“, nicht mutwilliges Herbeiführen der Bedürftigkeit allein führt nicht zu einer Beschränkung nach Nr. 4, ist aber auch dann nicht völlig sanktionslos: Stellt es zugleich eine **Obliegenheitsverletzung** dar, wird (auch) der Bedürftige – den Bedarf prägend und die Bedürftigkeit bestimmend (→ § 1578 Rn. 665, 666) – **fiktiv** so behandelt, als beziehe er noch die vor der Obliegenheitsverletzung erzielten Einkünfte. Nr. 4 ermöglicht einen noch weitergehenden Eingriff in den Unterhaltsanspruch, wenn **Mutwillen** hinzutritt. Alle Obliegenheitsverletzungen sind deshalb auch tatbestandsmäßig iSd Nr. 4.[161] Der Bedürftige ist dann wegen seines Verhaltens ggf. doppelt betroffen: Zum einen durch die Zurechnung des fiktiven Einkommens, was sich in seiner hälftigen Höhe bedarfserhöhend und in voller Höhe die Bedürftigkeit mindernd auswirkt, und zum anderen durch die den Unterhalt verringernde Sanktionierung seines Mutwillens.

82 Zu den maßgeblichen **Obliegenheiten** s. die Ausführungen zu § 1578: Zur **Erwerbsobliegenheit** → § 1578 Rn. 696–816, zur krankheitsbedingten **Erwerbsminderung** → § 1578 Rn. 863, zu **Verbindlichkeiten** → § 1578 Rn. 904–963 und **Vermögensnutzung** → § 1578 Rn. 575–635, 880–886, zur **ungefragten Information** (→ Rn. 74, 111, → § 1578 Rn. 658, → § 1580 Rn. 96–118), zur **Regelaltersrente, vorgezogenen Altersrente, Vorruhestand** und **Altersteilzeit** → § 1578 Rn. 829–846, zur **Begründung und Geltendmachung von Ansprüchen** → § 1578 Rn. 658, zum **Verlust von Ansprüchen** → § 1578 Rn. 870, zu entgeltlichen Diensten in einer **neuen Partnerschaft** → § 1578 Rn. 765–776; zur **Kindesunterschiebung** → § 1578 Rn. 874–859, zur **zweckwidrigen Verwendung** des Altersvorsorgeunterhalts → § 1578 Rn. 860–866.

**2. Herbeiführen der Bedürftigkeit.** Der Berechtigte muss seine Bedürftigkeit **verursacht** haben. Dies kann auf die unterschiedlichsten Lebenssachverhalte zutreffen, etwa dass er

83 – eine erforderliche Vorbildung bzw. Ausbildung zu einer **angemessenen Erwerbstätigkeit** iSd § 1574 Abs. 2 bereits in der Vergangenheit hätte absolvieren können.[162]

84 – sein **Vermögen** ganz oder zum Teil weggegeben oder für luxuriöse, den ehelichen Lebensumständen nicht mehr angemessene Zwecke, ausgegeben und so ggf. den Zugewinnausgleich vereitelt hat.[163]

---

[156] BGH NJW 2009, 1956 Rn. 48 = FamRZ 2009, 1124.

[157] OLG Schleswig BeckRS 2000, 30129740 = SchlHA 2001, 16 (Vorwurf des sexuellen Kindesmissbrauchs); OLG Düsseldorf FPR 1997, 240 = FamRZ 1997, 418 f. (Übersendung von Intimphotos an den Arbeitgeber). OLG Hamm BeckRS 2000, 11613 = FamRZ 2000, 1371 Ls. scheint hierauf verzichten zu wollen. S. auch BGH NJW 1982, 100 (101): Typische, den Rahmen des früheren § 43 EheG aF nicht überschreitende Eheverfehlungen reichen nicht aus.

[158] Die nach OLG Zweibrücken 18.12.1997 – 5 UF 149/96, juris Rn. 127, stets bei Ehrverletzungen in einem gerichtlichen Verfahren vorliegen sollen.

[159] BeckOGK/*Haidl*, 1.2.2019, Rn. 113; NK-BGB/*Hohloch* Rn. 40.

[160] BGHZ 146, 391 = NJW 2001, 1789 (1791) = FamRZ 2001, 541.

[161] Vgl. auch BeckOGK/*Haidl*, 1.2.2019, Rn. 115, 116 (auch zur Darlegungs- und Beweislast). Dass sich ein nicht mutwilliges Verhalten des Berechtigten nicht auch auf seinen Unterhaltsanspruch auswirkt (BGH NJW-RR 1986, 746 = FamRZ 1986, 560 (562), trifft deshalb in dieser Allgemeinheit nicht zu.

[162] BGH NJW 1986, 985 = FamRZ 1986, 553 (555).

[163] OLG Hamm NJW 2007, 1144 = FamRZ 2007, 1889 (1890); OLG Karlsruhe BeckRS 2010, 6809 = FamRZ 1983, 506: Vereitelung des Zugewinnausgleichs infolge der Haftungsbegrenzung nach § 1378 Abs. 2; s. dazu aber auch § 1378 Abs. 2 idF des Gesetzes zur Änderung des Zugewinnausgleichs- und Vormundschaftsrechts v. 6.7.2009 (BGBl. 2009 I 1696): „Die Höhe der Ausgleichsforderung wird durch den Wert des Vermögens des Ausgleichspflichtigen begrenzt, das nach Abzug der Verbindlichkeiten bei Beendigung

– durch einen **Verzicht** auf nachehelichen Unterhalt gegen den Ehegatten aus einer Nachehe den Unterhaltsanspruch gegen den Ehegatten der geschiedenen Vorehe nach § 1586a Abs. 1 zum Wiederaufleben gebracht hat (→ § 1585c Rn. 81). 85
– ihm zustehende Rechte nicht **gerichtlich** verfolgt und **Rechtsmittel** nicht eingelegt hat. Doch dürfte es dann meist an der Mutwilligkeit (→ Rn. 91, 92) fehlen.[164] 86
– eine rechtzeitige **Vorsorge** für das Alter und Berufsunfähigkeit sowie verminderte Erwerbsfähigkeit[165] oder eine **Krankheitstherapie** einschließlich Medikamenteneinnahme (→ § 1572 Rn. 9, 19, 65, → § 1578 Rn. 802–807) vorwerfbar unterlassen hat. 87
– zum Versorgungsausgleich bei der externen Teilung eines Anrechts aus der betrieblichen Altersversorgung trotz deutlicher Anzeichen für eine dauerhafte Erwerbsunfähigkeit iSd § 43 Abs. 2 SGB VI von seinem Wahlrecht nach § 15 Abs. 1 VersAusglG keinen Gebrauch macht, sodass der Ausgleich durch Begründung eines Anrechts in der gesetzlichen Rentenversicherung erfolgt (§ 15 Abs. 1 VersAusglG), das jedoch keinen Anspruch auf eine **Erwerbsminderungsrente** vermittelt, eine solche Absicherung jedoch bei der Wahl eines anderen Versorgungsträgers hätte erreicht werden können.[166] 88
– infolge **Alkohol**- und **Drogenmissbrauches** seine Arbeitsstelle verloren hat (zur Obliegenheit, eine **angemessene Erwerbstätigkeit** auszuüben, → § 1573 Rn. 20–23, 26, 27, 37, 38). 89
– dem Ehegatten durch eine Schwangerschaft von einem anderen Mann oder durch eine In-vitro-Fertilisation gegen den Willen des Ehegatten ein **Kind untergeschoben** hat (→ Rn. 133–135, → § 1578 Rn. 875–859). 90

91 **3. Mutwilligkeit.** Sie setzt zwar kein vorsätzliches, jedoch ein **verantwortungsloses, mindestens leichtfertiges Verhalten** voraus, einfaches Verschulden reicht nicht aus.[167] Da das Verhalten aus unterhaltsrechtlicher Sicht nicht mehr vertretbar sein darf, muss die Mutwilligkeit **unterhaltsbezogen** sein, wozu sich Vorstellungen und Antriebe für das Verhalten auch auf die möglichen nachteiligen Folgen für die Bedürftigkeit erstrecken müssen.[168] Der Bedürftige muss sich seiner Erwerbslosigkeit und der sich daraus ergebenden Bedürftigkeit als Folge seines Handelns bewusst sein und diese trotz des Vertrauens auf ihren Nichteintritt gebilligt, sie aber durch Hinwegsetzen über das, was jedem einleuchten muss, oder rücksichts- und verantwortungslos übergangen haben.[169] Zudem ist zu berücksichtigen, wie sich das Verhältnis des Bedürftigen zum Verpflichteten im Zeitpunkt des beanstandeten Verhaltens gestaltet hat. Dies kann insbesondere bei der Eingehung von **Verbindlichkeiten** Bedeutung erlangen (→ § 1578 Rn. 890–894).

92 **Ohne Erwerbsobliegenheit** des Bedürftigen kann eine mutwillige Herbeiführung der Bedürftigkeit nur vorliegen, wenn Krankheit,[170] Alter oder Lage auf dem Arbeitsmarkt die (Wieder-)Aufnahme einer Erwerbstätigkeit zwar nicht zulassen, die maßgebliche Verfehlung aber bereits in der **Herbeiführung der Erwerbslosigkeit** liegt (→ Rn. 84–90).

93 **4. Rechtsfolge.** Liegen die Voraussetzungen von Nr. 4 vor, führt dies zunächst zu einer **Fiktion:** Der Berechtigte ist so zu halten, als verfüge er über die finanziellen Mittel zur Bestreitung seines eheangemessenen Bedarfs, deren er sich durch sein vorwerfbares Verhalten entsetzt hat.[171] In einem **weiteren** Schritt ist dann die Beschränkung des Unterhaltsanspruchs wegen grober Unbilligkeit (→ Rn. 176–207) zu prüfen. – Zur Abgrenzung gegenüber der **bedarfsdeckenden** Anrechnung der nicht erzielten, fiktiven Einkünfte bereits nach § 1577 Abs. 1 → § 1577 Rn. 13; zu ihrer

---

des Güterstandes vorhanden ist. Die sich nach Satz 1 ergebende Begrenzung der Ausgleichsforderung erhöht sich in den Fällen des § 1375 Abs. 2 um den dem Endvermögen hinzuzurechnenden Betrag."

164 BGH NJW 2013, 380 Rn. 41, 42 = FamRZ 2013, 195.

165 BGH NJW 1983, 2315 = FamRZ 1983, 803.

166 OLG Koblenz BeckRS 2016, 109980 Rn. 23 = FamRZ 2017, 38 Ls. mAnm *Borth*.

167 BGH NJW 1990, 3274 = FamRZ 1990, 989 (993 f.); BeckRS 1983, 31072572 = FamRZ 1984, 364 (367); NJW 1981, 2805 = FamRZ 1981, 1042. Kritik an dieser Begriffsbildung übt BeckOGK/*Haidl*, 1.2.2019, Rn. 118–120, der Mutwilligkeit mit bewusster Fahrlässigkeit (ebenso Erman/*Maier* Rn. 20, 23) gleichsetzt.

168 BGH NJW 1987, 1554 = FamRZ 1987, 359 (361); BeckRS 1983, 31072572 = FamRZ 1984, 364 (365); NJW 1981, 2805 = FamRZ 1981, 1042 (1044); s. auch OLG Köln NJWE-FER 199, 141 = FamRZ 1999, 920 f. (Alkoholabhängigkeit); OLG Hamm FamRZ 1994, 1037 f. (Tablettenabhängigkeit); NJW-RR 1994, 1287 = FamRZ 1994, 704 (705) (Alkoholabhängigkeit).

169 Ständige Rspr. des BGH, etwa BGHZ 146, 391 = NJW 2001, 1789 = FamRZ 2001, 241 (244) mwN; NJW-RR 1989, 1218 = FamRZ 1989, 1054 (1057); zu § 1603 BGH NJW 2002, 1799 = FamRZ 2002, 813 (814); s. auch OLG Saarbrücken FF 2008, 504 (506) (verbleibende Zweifel an der Mutwilligkeit gehen zu Lasten des Verpflichteten).

170 BeckOGK/*Haidl*, 1.2.2019, Rn. 122: Korrektiv zu § 1572, der nicht nach der Veranlassung der Krankheit differenziert; auch → § 1572 Rn. 7.

171 BGH NJW-RR 1988, 1218 = FamRZ 1988, 927 (928 f.); NJW 1981, 2805 = FamRZ 1981, 1042 (1043).

Berücksichtigung bei der Ermittlung des **Bedarfs,** der **Bedürftigkeit** und der **Leistungsfähigkeit** → § 1578 Rn. 666, 667.

### V. Mutwilliges Hinwegsetzen über schwerwiegende Vermögensinteressen (Nr. 5)

94 **1. Allgemeines.** Wer als Unterhaltsgläubiger nacheheliche Solidarität einfordert, muss sich selbst dem Unterhaltsschuldner gegenüber entsprechend verhalten und dessen Interessen jedenfalls insoweit achten, als er nicht dessen wirtschaftliche Lebensgrundlage, die Grundlage auch der eingeforderten Unterhaltsleistungen ist, beeinträchtigt.[172] Deshalb hat er „alles zu unterlassen, was zur Durchsetzung des eigenen Anspruchs nicht erforderlich ist, wenn es den Unterhaltsschuldner nachhaltig schädigen und ihm dadurch die Erfüllung seiner Unterhaltspflicht erschweren oder unmöglich machen kann".[173]

95 Nr. 5 – zur Entstehungsgeschichte → 3. Aufl. 1993, Rn. 25 – führt insbesondere die Fälle, dass der Bedürftige den Verpflichteten bei dessen Arbeitgeber anschwärzt und damit seinen Arbeitsplatz gefährdet, einer Lösung zu.[174] Mangels einer **Zeitgrenze** greift sie auch bei Verstößen nach rechtskräftiger Scheidung ein.[175] **Verwerflichkeit** des Verhaltens des Bedürftigen ist kein Tatbestandsmerkmal, findet allerdings im Rahmen der Billigkeitsabwägung erschwerende Berücksichtigung.[176]

96 **2. „Schwerwiegende Vermögensinteressen".** Die Beeinträchtigung von Vermögensinteressen des Verpflichteten setzt nicht voraus, dass bereits ein Vermögensschaden eingetreten ist, ausreichend ist eine **Vermögensgefährdung.**[177] Sie kann auch darin liegen, dass geleisteter Unterhalt nicht **zurückgefordert** werden kann.[178]

97 Die unterlassene Rücksichtnahme auf die Vermögensinteressen des Verpflichteten muss „schwerwiegend" sein. Der Gefährdung muss deshalb ein **besonderes Gewicht** zukommen.[179] Sie darf die wirtschaftliche Grundlage des Verpflichteten nicht nur messbar, sondern muss sie nicht unerheblich nachhaltig beeinträchtigen, und sie muss seine Leistungsfähigkeit erheblich erschweren oder gar unmöglich machen.[180] Die **Wahrnehmung berechtigter Interessen** des Berechtigten steht der Qualifikation seines Verhaltens als schwerwiegende Pflichtverletzung entgegen.[181]

98 **3. „Mutwilliges Hinwegsetzen".** „Hinwegsetzen" ist als Handlung **objektiv** zu verstehen.[182] Weil nicht auf die Intensität des Verhaltens des Bedürftigen[183] oder die Empfindungen des Verpflichteten, sondern allein auf die Gefährdung seiner Vermögensinteressen abgestellt wird, wird **Unterhaltsbezogenheit** des Verhaltens nicht vorausgesetzt (anders bei Nr. 4, → Rn. 91),[184] sodass sich Vorstellungen und Antriebe für das Verhalten nicht auch auf die Leistungsfähigkeit des Verpflichteten als dessen Folge erstrecken müssen.

99 „Hinwegsetzen" ist jedoch auch eine **subjektive** Tendenz eigen, weil es das Bewusstsein des Bedürftigen, mit seinem Verhalten den Vermögensinteressen des Verpflichteten zuwiderzuhandeln,

---

172 OLG Düsseldorf NJW-RR 1996, 1155 = FamRZ 1996, 1418 (1419 f.).

173 OLG Karlsruhe NJWE-FER 1998, 52 = FamRZ 1998, 746 (747); OLG Düsseldorf NJW-RR 1996, 1155 (1156) = FamRZ 1996, 1418.

174 BGH NJW 1979, 1348 = FamRZ 1979, 569 (570) zu Nr. 4 [1. EheRG]; OLG Koblenz NJW-RR 1992, 2 = FamRZ 1991, 1312 (1313); OLG München BeckRS 2010, 14619 = FamRZ 1982, 270 (272) zu Nr. 4 [1. EheRG]; auch BT-Drs. 10/2888, 20.

175 OLG Hamburg BeckRS 2009, 26228 = FamRZ 1987, 1044 (1045). Eine Zeitgrenze hat der Gesetzgeber bewusst nicht eingeführt (BT-Drs. 10/2888, 20).

176 *Bäumel* in Göppinger/Wax UnterhaltsR Rn. 1092.

177 BGH NJW 2009, 1956 Rn. 50 = FamRZ 2009, 1124; NJW 2008, 2581 Rn. 27 = FamRZ 2008, 1325; OLG Düsseldorf FPR 1997, 240 = FamRZ 1997, 418; NJW-RR 1996, 1155 = FamRZ 1996, 1418.

178 Zum Ganzen BGHZ 179, 196 = NJW 2009, 588 Rn. 41 = FamRZ 2009, 411; s. auch BGH NJW 2008, 2581 Rn. 27 = FamRZ 2008, 1325. Deshalb kann es entgegen BGHZ 179, 196 = NJW 2009, 588 Rn. 42 = FamRZ 2009, 411 jedenfalls nicht allein darauf ankommen, dass sich verschwiegene Erwerbseinkünfte auf den Unterhaltsanspruch deshalb nicht auswirken können, weil der Berechtigte mit Einkünften in übersteigender Höhe fingiert wurde.

179 OLG Celle BeckRS 1994, 31136839 = FamRZ 1994, 1324 (1325). Auch BGH NJW 2008, 2581 Rn. 27 = FamRZ 2008, 1325 stellt auf die Intensität der Pflichtverletzung ab.

180 OLG Karlsruhe NJWE-FER 1998, 52 = FamRZ 1998, 746 (747); OLG Düsseldorf NJW-RR 1996, 1155 = FamRZ 1996, 1418; OLG Zweibrücken NJW-RR 1996, 1219 = FamRZ 1996, 220.

181 BGH NJW 2009, 1956 Rn. 46 = FamRZ 2009, 1124.

182 BGHZ 179, 196 = NJW 2009, 588 Rn. 41 = FamRZ 2009, 411.

183 AA BGHZ 179, 196 = NJW 2009, 588 Rn. 41 = FamRZ 2009, 411.

184 Ebenso BeckOGK/*Haidl,* 1.2.2019, Rn. 146; Palandt/*Brudermüller* Rn. 25; NK-BGB/*Hohloch* Rn. 53; Soergel/*Häberle* Rn. 25; Johannsen/Henrich/*Hammermann* Rn. 44; *Borth* in Schwab ScheidungsR-HdB IV Rn. 579; *Häberle* FamRZ 1986, 311 (312); aA etwa *Niepmann/Schwamb* Rspr. zur Höhe des Unterhalts Rn. 1132; *Siebert* in Wendl/Dose UnterhaltsR § 4 Rn. 1320, 1292.

erfordert. „Mutwilligkeit" kann sich deshalb nur auf die Vermögensgefährdung und nicht auch auf das Hinwegsetzen beziehen.[185] Danach reicht vorsätzliches, auch bedingt vorsätzliches[186] Verhalten eines schuldfähigen Berechtigten immer, nicht aber jedes fahrlässige Verhalten aus (→ Rn. 91). – **Mutwilligkeit** bestimmt sich wie zu Nr. 4 (→ Rn. 91, 92).[187] – Das Verhalten eines **Schuldunfähigen** beurteilt sich nach Nr. 8 (→ Rn. 163).[188]

**4. Beispiele aus der Rechtsprechung.**

– **Anschwärzen** des Verpflichteten bei seinem Arbeitgeber. 100

**Beispiele:**
OLG Karlsruhe NJWE-FER 1998, 52 = FamRZ 1998, 746 (747) (Diebstahl am Arbeitsplatz); OLG Düsseldorf FPR 1997, 240 = FamRZ 1997, 418 (ungenehmigter Betrieb eines Nebengewerbes mit Assoziationen in den Intimbereich des Verpflichteten); OLG Koblenz NJWE-FER 1997, 3 = FamRZ 1997, 418 Ls. (Korruptionsverdacht); OLG Zweibrücken BeckRS 1988, 31129434 = FamRZ 1989, 63 (Diebstahl und sexuelle Übergriffe am Arbeitsplatz); OLG Hamm NJWE-FER 1997, 49 = FamRZ 1997, 356 (357); BeckRS 2009, 26341 = FamRZ 1987, 946. – S. auch BGH NJW 2009, 1956 Rn. 50 = FamRZ 2009, 1124.

Nicht ausreichend ist der Hinweis an den Dienstherrn eines Beamten auf strafbare Handlungen, da erst eine strafrechtliche Verurteilung zu dienstrechtlichen Konsequenzen führt.[189]

– Hinweis an den Auftraggeber eines Selbstständigen auf **fruchtlose Pfändungsversuche** und die Abgabe der eidesstattlichen Versicherung.[190] 101
– **Pfändung des titulierten Unterhalts**[191] und Vorsprache wegen Pfändungen beim Arbeitgeber des Verpflichteten sind unerheblich, wenn der Verpflichtete nicht freiwillig bezahlt und sich nicht gesetzestreu verhält;[192] eine dadurch bewirkte nachhaltige Vermögensschädigung muss aber zur Durchsetzung des Unterhaltstitels erforderlich sein.[193] – Nicht ausreichend ist die Ablehnung, auf Rechte aus einem Pfändungs- und Überweisungsbeschluss zu **verzichten,** auch wenn dadurch eine Beförderung des Verpflichteten vereitelt wird, jedenfalls dann, wenn der Verpflichtete seinem Ansinnen um Verzicht auf die Pfändung angefügt hat, er könne „seine Zusage zur fortlaufenden Zahlung der pfändbaren Beträge nicht absichern".[194] 102
– Antrag auf **Teilungsversteigerung,** wenn er unter Berücksichtigung der schutzwürdigen Belange beider Ehegatten zur Unzeit gestellt wurde.[195] 103
– Nichtausüben eines **Aussageverweigerungsrechts.**[196] 104
– **In-vitro-Fertilisation** (näher → Rn. 90, 133–135, → § 1578 Rn. 874–881). 105
– Verletzung der Pflicht zur **Mitwirkung bei der steuerlichen Zusammenveranlagung** 106

**Beispiele aus der Rspr.:**
OLG Hamm NJW-RR 2004, 1229 = FamRZ 2004, 1786 (1787); OLG Celle BeckRS 1994, 31136839 = FamRZ 1994, 1324 (1325): Die Verletzung schwerwiegender Vermögensinteressen (→ Rn. 96, 97) wurde verneint, weil sich durch die getrennte Veranlagung das Einkommen des Berechtigten erhöht und das des Verpflichteten verringert hatte, sodass der steuerliche Nachzahlungsbetrag des Verpflichteten mit der Verringerung seiner Unterhaltsverpflichtung gegenzurechnen war.
Strenger AG Homburg BeckRS 2013, 14251, das bei einseitigem Antrag auf getrennte Veranlagung für 3 Kalenderjahre eine Teilverwirkung des Unterhaltsanspruchs bejaht.

und bei der Durchführung des begrenzten Realsplittings (§ 10 Abs. 1 S. 1 Nr. 1 EStG, § 22 Nr. 1a EStG)[197] einschließlich der Verweigerung der Zustimmung zum begrenzten Realsplittung und ihrem Widerruf.[198]

---

185 *Bäumel* in Göppinger/Wax UnterhaltsR Rn. 1093; *Borth* in Schwab ScheidungsR-HdB IV Rn. 578.
186 BGH NJW 2008, 2581 Rn. 30 = FamRZ 2008, 1325.
187 Erman/*Maier* Rn. 23 verlangt auch hierzu bewusste Fahrlässigkeit.
188 OLG Hamm BeckRS 1997, 11602 = FamRZ 1998, 371 (372); *Borth* in Schwab ScheidungsR-HdB IV Rn. 579.
189 BGH NJW 2009, 1956 Rn. 51 = FamRZ 2009, 1124 (der Verpflichtete hatte sich zudem bei Mitarbeiterinnen der Bedürftigen nach deren Einkommensverhältnissen erkundigt).
190 OLG Düsseldorf NJW-RR 1996, 1155 = FamRZ 1996, 1418.
191 Zur Doppelpfändung aus einem summarischen Titel s. OLG Frankfurt a. M. BeckRS 2002, 30240198.
192 OLG Hamm NJWE-FER 1998, 97 = FamRZ 1999, 235 (236).
193 OLG Düsseldorf NJW-RR 1996, 1155 = FamRZ 1996, 1418 (1419 f.).
194 BGH NJW 2009, 1956 Rn. 44–46 = FamRZ 2009, 1124.
195 OLG Hamm BeckRS 2014, 6507.
196 OLG Köln FamRZ 1995, 1580.
197 OLG Saarbrücken NJW-RR 2009, 1520 = FamRZ 2009, 1905 (1906): (Wohl) Verwirkung nach allgemeinen Grundsätzen.
198 OLG Hamm BeckRS 2014, 6507 = FamRZ 2015, 1397; OLG Koblenz BeckRS 2009, 6834 = FF 2009, 83 (84); dazu auch OLG Zweibrücken NJW-RR 2006, 513 = FamRZ 2006, 791 Ls.

107 – **Strafanzeigen,**[199] es sei denn, sie sind nicht völlig aus Luft gegriffen.[200] Wegen der Wahrnehmung berechtigter Interessen reicht eine Strafanzeige wegen Unterhaltspflichtverletzung nicht aus,[201] es sei denn, sie beinhaltet eine falsche Anschuldigung oder trifft einen Verpflichteten, der in einem finanzsensiblen Bereich – etwa Banken, Versicherungen, Rechtsanwälte, Steuerberater, Wirtschaftsprüfer – arbeitet.[202]

108 – **Selbstanzeigen** wegen Beteiligung an einer mit dem Verpflichteten gemeinschaftlich begangenen Straftat sind dagegen unschädlich.

109 – Bei **Steuerdelikten** ist der Ehegatte zuvor auf die beabsichtigte Selbstanzeige hinzuweisen,[203] wenn mit ihr ein unterhaltsrechtlich erhebliches Ziel verfolgt werden soll, weil sie sich auch als Strafanzeige gegen den anderen Ehegatten auswirkt/auswirken kann.[204] Unschädlich ist auch, wenn das FamG aufgrund Sachvortrags des Bedürftigen die Akten dem Finanzamt wegen des Verdachts auf Steuerhinterziehung zur Prüfung der Einleitung eines Steuerstrafverfahrens vorlegt, weil die nicht versteuerten Einkünfte jedenfalls in Höhe des Nettobetrags die Höhe des Unterhalts beeinflussen können.[205]

110 – Gegen den Verpflichteten gerichtete **Straftaten** des Bedürftigen unabhängig davon, dass meist auch Nr. 3 vorliegen wird. Praktisch bedeutsam sind versuchter oder vollendeter Prozessbetrug (→ Rn. 73).[206] Bereits im Übergang der Darlegungs- und Beweislast im Abänderungsverfahren auf den Verpflichteten hinsichtlich der Abänderungsvoraussetzungen liegt eine Vermögensgefährdung, die geeignet ist, ihn empfindlich zu schädigen.[207] – Nicht erforderlich ist ein **Vermögensdelikt,** ausreichend ist jede Straftat, welche die Vermögensinteressen des Verpflichteten gefährdet.

**Beispiele aus der Rspr.:**
OLG Hamm EzFamR aktuell 1997, 291: Anzeige wegen Steuerhinterziehung.
OLG Koblenz NJW-RR 1992, 2 = FamRZ 1991, 1312: Tätlichkeiten.

111 – Verletzung der Pflicht zu **ungefragter Information** (→ § 1578 Rn. 658, → § 1580 Rn. 96–118). Meist werden auch Nr. 3, 7 verwirklicht sein (→ Rn. 74).

112 – **Verschweigen** von Vermögen[208] und Einkommen.[209]

113 – **Versicherungsbetrug,** bei dem der Unterhaltschuldner in den Verdacht der Mitwirkung geraten kann.[210]

## VI. Gröbliche Verletzung der Pflicht, zum Familienunterhalt beizutragen (Nr. 6)

114 **1. Allgemeines.** Nr. 6 – eingefügt durch das UÄndG 1986 (→ Vor § 1569 Rn. 2) – beabsichtigt wie § 1381 Abs. 2, § 27 VersAusglG den Schutz des Verpflichteten. Sie ist eine ausdrückliche

[199] OLG Frankfurt a. M. BeckRS 2002, 30240198; OLG Köln NJWE-FER 1999, 107 f. (Steuerhinterziehung; iErg verneint, weil die Angaben des Berechtigten in seiner Anzeige völlig unbrauchbar waren); OLG Koblenz NJW-RR 1992, 2 = FamRZ 1991, 1312; BeckRS 2001, 30220952; OLG Zweibrücken BeckRS 1988, 31129434 = FamRZ 1989, 63 (unerlaubter Waffenbesitz); AG Aachen NJWE-FER 1998, 244 = FamRZ 1998, 747 (748) (Steuerhinterziehung). – Dazu auch BeckOGK/*Haidl,* 1.2.20198, Rn. 148–154.5.

[200] BGH NJW 2009, 1956 Rn. 48 = FamRZ 2009, 1124.

[201] OLG Stuttgart BeckRS 2010, 22935 = FamRZ 1979, 40.

[202] S. aber auch OLG Köln BeckRS 2010, 20366 = FamRZ 1980, 1007 für einen Handelsvertreter, der wegen einer Anzeige wegen Unterhaltspflichtverletzung seinen Arbeitsplatz verloren hat.

[203] Dazu OLG Koblenz BeckRS 2001, 30220952.

[204] OLG Koblenz BeckRS 2009, 6834; BeckRS 2001, 30220952.

[205] OLG Zweibrücken BeckRS 2014, 855.

[206] BGHZ 175, 182 = NJW 2008, 1663 Rn. 60 = FamRZ 2008, 968 (der BGH hat eine grobe Unbilligkeit wegen der unaufgeforderten Klarstellung von eigenen Einkünften im Berufungsrechtszug und wegen der sehr engen finanziellen Verhältnisse der Berechtigten verneint); NJW-RR 1990, 1410 = FamRZ 1990, 1095 (1096); OLG Schleswig BeckRS 2002, 13912 = FamRZ 2003, 603 (605); OLG Karlsruhe BeckRS 2001, 30985895 = FamRZ 2002, 1037; OLG Koblenz NJW-RR 1997, 1229 = FamRZ 1998, 565 f.; OLG Zweibrücken NJW-RR 1996, 1219 = FamRZ 1996, 220; OLG Celle BeckRS 1991, 31136994 = FamRZ 1991, 1313; OLG Oldenburg NJW 1991, 3222 = FamRZ 1991, 827; OLG Düsseldorf FamRZ 1989, 61.

[207] BGH NJW-RR 1990, 1410 = FamRZ 1990, 1095 (1096); OLG Koblenz NJW-RR 1997, 1229 = FamRZ 1998, 565 f.

[208] OLG Hamm BeckRS 2001, 12244 = FamRZ 2002, 242 (243): Im konkreten Fall allerdings eher gering zu gewichten, weil der Verpflichtete trotz des von ihm erkannten Versicherungsbetrugs den Scheck der Versicherung an die Berechtigte übersandt und ihr das weitere Vorgehen anheimgestellt hatte, anstatt ihn an die Versicherung zurückzusenden.

[209] BGHZ 179, 196 = NJW 2009, 588 Rn. 41 = FamRZ 2009, 411.

[210] OLG Hamm BeckRS 2001, 12244 = FamRZ 2002, 242 (243).

Ausprägung des dem nachehelichen Unterhalt immanenten Prinzips der **Gegenseitigkeit** (→ § 1569 Rn. 21)[211] und erfordert **objektiv** eine gröbliche Unterhaltspflichtverletzung, die während der Ehe bis zur Trennung längere Zeit angedauert hat. Ihre praktische Bedeutung ist sehr begrenzt.[212]

**2. Voraussetzungen. a) „Familienunterhalt".** Da Nr. 6 seinem Wortlaut nach nur die Zeit bis zur Trennung erfasst, können auch nur Verfehlungen bis zur Trennung iSd § 1361 Abs. 1, § 1567 tatbestandsmäßig sein. Folgerichtig stellt Nr. 6 auf den **„Familienunterhalt"** iSd §§ 1360, 1360a und nicht auch auf den Trennungsunterhalt (§ 1361) ab. Er wird außer durch die Einkünfte der Ehegatten, soweit sie für den Unterhalt aller Familienmitglieder benötigt werden, auch durch die wirtschaftlichen Grundlagen der Familie einschließlich Haushaltsführung sowie den Unterhalt und die Pflege und Erziehung der gemeinschaftlichen Kinder bestimmt (auch → Rn. 196, 198, → § 1360a Rn. 2–9.[213] **115**

**b) Zeitpunkt.** Die Pflichtverletzung muss die Zeit des Zusammenlebens **vor der Trennung** betreffen, braucht jedoch im Zeitpunkt der Trennung nicht mehr **angedauert** zu haben.[214] Pflichtverletzungen nach der Trennung beurteilen sich nicht mehr nach Nr. 6,[215] sondern nach Nr. 3, 7, 8.[216] Deshalb ist die Beendigung der Haushaltsführung infolge der Trennung in diesem Sinne kein Pflichtenverstoß. **116**

**c) Dauer.** Die Pflichtverletzung muss **„längere Zeit"** angedauert haben muss. Die Dauer ist nicht durch eine allgemeingültige Mindestdauer, sondern stets im **Einzelfall** unter Berücksichtigung der gesamten Ehezeit bis zur Trennung zu bestimmen.[217] **117**

**Beispiel:**
Haben die Ehegatten in der Ehe lediglich kurze Zeit zusammengelebt, dürfte idR keine gröbliche Unterhaltspflichtverletzung vorliegen, weil sich die Ehegatten wirtschaftlich noch nicht eng genug aneinandergebunden haben.

Nur gelegentliche oder vorübergehende Pflichtverletzungen scheiden aus.[218] Dauert die Pflichtverletzung länger als 1 zusammenhängendes Jahr, ist das Zeiterfordernis stets erfüllt.[219]

**d) „Gröbliche" Pflichtverletzung.** Um geringfügige Pflichtverletzungen auszuscheiden, müssen zur Qualifizierung der Nichterfüllung der Unterhaltspflicht als **„gröblich"** weitere objektive Merkmale, die dem pflichtwidrigen Verhalten ein besonderes Gewicht verleihen, erfüllt sein.[220] Deshalb muss die Familie durch die Pflichtverletzung des Berechtigten in **erstliche Schwierigkeiten** geraten,[221] oder diese dürfen nur dadurch abgewendet worden sein, dass der Verpflichtete die Aufgaben des Berechtigten durch besonderen Einsatz übernommen hat.[222] **118**

„Gröblich" bestimmt sich nach **objektiven** und **subjektiven** Merkmalen.[223] Weil sich die Eingriffsschwelle für alle Tatbestände der Nr. 1–7 entsprechen soll, **119**

s. Nr. 8: „ein anderer Grund vorliegt, der ebenso schwer wiegt wie die in den Nr. 1–7 aufgeführten Gründe"

---

211 BeckOGK/*Haidl,* 1.2.2019, Rn. 162 geht – wie zu Nr. 4 (→ Rn. 80) – von einer besonderen Ausprägung des Verbots widersprüchlichen Verhaltens aus.

212 Auch NK-BGB/*Hohloch* Rn. 58.

213 Zum Ganzen auch BeckOGK/*Preisner,* 1.5.2019, § 1360a Rn. 42–86.

214 BeckOGK/*Haidl,* 1.2.2019, Rn. 164; Palandt/*Brudermüller* Rn. 27; Erman/*Maier* Rn. 27; BeckOK BGB/*Beutler,* 47. Ed. 1.8.2018, Rn. 22; *Borth* in Schwab ScheidungsR-HdB IV Rn. 587, 589; aA noch → 6. Aufl. 2013, Rn. 40.

215 Ebenso BeckOGK/*Haidl,* 1.2.2019, Rn. 164; Johannsen/Henrich/*Hammermann* Rn. 47; Palandt/*Brudermüller* Rn. 27; *Borth* in Schwab ScheidungsR-HdB IV Rn. 587; *Bäumel* in Göppinger/Wax UnterhaltsR Rn. 1165; offengelassen von BGH NJW 1986, 1935 = FamRZ 1986, 658 (660).

216 Ebenso NK-BGB/*Hohloch* Rn. 61; *Borth* in Schwab ScheidungsR-HdB IV Rn. 587.

217 Ebenso BeckOGK/*Haidl,* 1.2.2019, Rn. 165.

218 *Bäumel* in Göppinger/Wax UnterhaltsR Rn. 1166 mwN.

219 BeckOGK/*Haidl,* 1.2.2019, Rn. 165 mwN; *Borth* in Schwab ScheidungsR-HdB IV Rn. 589; *Häberle* FamRZ 1986, 311 (312).

220 Zu § 1587c Nr. 3 (dazu auch § 27 VersAusglG) BGH BeckRS 1986, 31075431 = FamRZ 1987, 49 (51); NJW 1986, 1935 = FamRZ 1986, 658 (660).

221 BGH BeckRS 1986, 31075431 = FamRZ 1987, 49 (51); NJW 1986, 1935 = FamRZ 1986, 658 (660); OLG Düsseldorf BeckRS 2019, 2760 Rn. 10 mBspr *Zwißler* NZFam 2019, 360; OLG Karlsruhe BeckRS 2010, 10448 = FamRZ 1983, 818; OLG Celle BeckRS 2010, 18897 = FamRZ 1981, 576.

222 OLG Köln FamRZ 1986, 580; OLG Hamburg BeckRS 2010, 2966 = FamRZ 1984, 712.

223 OLG Zweibrücken NJOZ 2007, 3547 = FamRZ 2007, 2073 (2075) (wegen schwerer Suchterkrankung nicht in der Lage, zum Familienunterhalt beizutragen).

ist in subjektiver Hinsicht wie bei der „Mutwilligkeit" in Nr. 4, 5 (→ Rn. 91, 92, 96, 97) ein verantwortungsloses, mindestens leichtfertiges Verhalten zu fordern.[224]

120 **3. Eheliche Vereinbarungen.** Haben sich die Ehegatten über die **Erfüllung der Aufgaben** in der Ehe geeinigt (§ 1356) und weicht ein Ehegatte von der Vereinbarung ab, wird Nr. 6 im Allgemeinen nicht erfüllt sein, auch wenn ein Ehegatte statt der vereinbarten alleinigen Haushaltsführung eine Erwerbstätigkeit aufnimmt oder sich statt der bisherigen Erwerbstätigkeit nunmehr der Haushaltsführung und der Betreuung der Kinder widmet. Nur wenn es der von der Vereinbarung abweichende Bedürftige an jeglicher Rücksichtnahme auf den Verpflichteten fehlen lässt und die Familie dadurch in eine Notlage geraten war, kann Nr. 6 erfüllt sein.

### VII. Fehlverhaltensklausel (Nr. 7)

121 **1. Allgemeines.** Trotz der grundsätzlichen Aufgabe des **Verschuldensprinzips** durch das 1. EheRG auch im Recht des nachehelichen Unterhalts müssen **Ausnahmen** möglich sein, wenn der Bedürftige den Mindestanforderungen allgemein mitmenschlichen Umgangs zuwidergehandelt hat.[225] Dies war in der Rspr. des BGH zu Abs. 1 Nr. 4 [1977] auch anerkannt. Der Wortlaut von Nr. 7 [UÄndG 2007] (= Nr. 6 [UÄndG 1986])[226] greift die zu Abs. 1 Nr. 4 [1. EheRG] geprägte Formulierung des BGH auf,[227] sodass mit der Neuregelung keine wesentliche sachliche Änderung verbunden ist und für die Auslegung von Nr. 7 die bisherige Rspr. ohne Einschränkungen herangezogen werden kann.[228]

122 Im Vordergrund steht Fehlverhalten gegen die **ehelichen Pflichten** (→ Rn. 127–139), va Verstöße gegen die eheliche Treuepflicht, insbesondere die Aufnahme einer nichtehelichen Lebensgemeinschaft mit einem anderen Partner (→ Rn. 127–131). Doch können auch **andere Verstöße** zu einer Verfehlung iSv Nr. 7 führen (→ Rn. 132–139). Maßgeblich ist (auch) das Prinzip der Gegenseitigkeit und Loyalität: Wer die eheliche Solidarität einfordert, ohne selbst solidarisch zu sein, verhält sich widersprüchlich.[229] – Zum **Zeitpunkt des Fehlverhaltens** → Rn. 14, 15.

123 **2. „Schwerwiegendes Fehlverhalten". a) Allgemeines.** Die Verfehlung muss **schwerwiegend** sein. Maßgeblich ist zunächst die **objektive** Sicht eines Durchschnittsbetrachters unter Beachtung des Gebots der gegenseitigen Rücksichtnahme (→ § 1569 Rn. 22).[230] Vorausgesetzt wird eine **grobe Verantwortungslosigkeit** und **Pflichtwidrigkeit,** sodass weder einfaches Fehlverhalten[231] noch durchschnittliche Schuld iSd bis zum 31.6.1977 geltenden Scheidungsrechts noch, liegen keine weiteren Umstände vor oder beweist der Verpflichtete kein entsprechend strenges Verständnis der Ehegatten von ihren ehelichen Pflichten,[232] ein einmaliger Ehebruch ausreicht, selbst wenn aus ihm ein Kind hervorgegangen ist.[233]

124 **Subjektiv** ist, da es um die Zumutbarkeit der Inanspruchnahme auf Unterhaltszahlungen geht, davon auszugehen, wie der Verpflichtete das Fehlverhalten aufgrund seiner eigenen oder der übereinstimmenden Lebenseinstellung der Ehegatten **empfunden** hat (zur **Verzeihung** → Rn. 199–

---

224 Ebenso etwa Staudinger/*Verschraegen*, 2014, Rn. 206; jurisPK-BGB/*Hollinger* Rn. 102; Johannsen/Henrich/*Hammermann* Rn. 48. – Für „Verschulden" allgemein OLG Düsseldorf BeckRS 2019, 2760 mBspr *Zwißler* NZFam 2019, 360. – Für „einfache Fahrlässigkeit": BeckOGK/*Haidl,* 1.2.2019, Rn. 168 mwN. – Für „Grobe Fahrlässigkeit": OLG Celle BeckRS 2010, 18897 = FamRZ 1981, 576 (zu § 1587c Nr. 3 aF); NK-BGB/*Hohloch* Rn. 60; Soergel/*Häberle* Rn. 30; *Borth* in Schwab ScheidungsR-HdB IV Rn. 591. – Für „Vorsatz": RGRK-BGB/*Cuny* Rn. 33; *Bäumel* in Göppinger/Wax UnterhaltsR Rn. 1165; *Häberle* FamRZ 1986, 311 (312). – Der BGH BeckRS 1986, 31075431 = FamRZ 1987, 49 (50) ging in dem von ihm entschiedenen Fall von Vorsatz aus, ohne sich dazu zu äußern, ob dieser für § 1587c Nr. 3 aF (jetzt § 27 VersAusglG) zu fordern ist.

225 *D. Schwab*, Tendenzen im Recht des Geschiedenenunterhalts, 1983, 40.

226 Zur Entwicklung der Textfassung s. die Ausführungen → 3. Aufl. 1993, Rn. 33–36; s. dazu auch *Wellenhofer-Klein* FamRZ 1995, 905 (906 ff.).

227 BT-Drs. 10/2888, 20.

228 Vgl. etwa BGH NJW 1986, 2832 = FamRZ 1986, 886 (888).

229 BGH NJW 2011, 1582 Rn. 41 = FamRZ 2011, 791.

230 BGHZ 176, 150 = NJW 2008, 2779 Rn. 22 = FamRZ 2008, 1414 (zu § 1361).

231 Dazu näher *Häberle* FamRZ 1982, 557 (558).

232 *Häberle* FamRZ 1982, 557 (558 f.).

233 Wohl **hM,** etwa OLG Jena NJW-RR 2006, 584 (585) = FamRZ 2006, 1205; OLG Bremen NJW 2004, 1601 (1602) = FamRZ 2005, 213; Soergel/*Häberle* Rn. 33; *Bäumel* in Göppinger/Wax UnterhaltsR Rn. 1167; *Häberle* FamRZ 1982, 557 (559); *Griesche* FamRZ 1981, 1025; *Klauser* MDR 1979, 896; wohl auch BGH NJW 1981, 1214 = FamRZ 1981, 439; *Borth* in Schwab ScheidungsR-HdB IV Rn. 596; zweifelnd *Niepmann/Schwamb* Rspr. zur Höhe des Unterhalts Rn. 1141; aA OLG Oldenburg BeckRS 2010, 18278 = FamRZ 1981, 775; *Scheld* FamRZ 1978, 651.

207).[234] Deshalb muss idR auch nicht die ganze **Ehegeschichte** aufgerollt werden.[235] Unerheblich ist aber, wenn sich der Verpflichtete nach einer gewissen Zeit gleichfalls einem anderen Partner zuwendet.[236]

Fehlverhalten bedingt **schuldhaftes Handeln,**[237] weshalb etwa krankheitsbedingt nicht steuerbares Verhalten ausscheidet.[238] Grundsätzlich reicht jeder Verschuldensgrad von leichter Fahrlässigkeit bis zum direkten Vorsatz aus.[239] Welcher im Einzelfall zu fordern ist, ist bereits eine Frage der Tatbestandsmäßigkeit von Nr. 7, weil dies auch für die Beurteilung der Schwere des Verstoßes und nicht nur für die Zumutbarkeit von Unterhaltszahlungen,[240] mithin für die Billigkeitsabwägung von Bedeutung sein kann. 125

Für die Qualifizierung als „schwerwiegend" ist zu beachten, dass die **Pflicht zur ehelichen Treue**[241] und zu gegenseitiger Hilfe und Fürsorge (eheliche Solidarität)[242] erst mit der Auflösung der Ehe enden (→ Rn. 99). Gleichwohl werden die ehelichen Pflichten trotz der verbleibenden Pflicht, dem anderen ein Mindestmaß an Achtung entgegenzubringen, bereits mit dem Scheitern der Ehe[243] und nicht erst mit ihrer Auflösung eingeschränkt.[244] – Hat aber ein Ehegatte seinen Anspruch auf Trennungsunterhalt verwirkt, weil er eine nichteheliche Lebensgemeinschaft aufgenommen hat, entfällt – allerdings nach **Nr. 8** (→ Rn. 158) – auch der Anspruch auf nachehelichen Unterhalt jedenfalls dann, wenn diese nach der Scheidung fortgesetzt wird. 126

**b) Einzelfälle. aa) Verstoß gegen die ehelichen Pflichten. (1) Eheliche Treuepflicht.** 127
Die Aufnahme einer **nichtehelichen Lebensgemeinschaft** vor der Scheidung stellt regelmäßig dann ein schwerwiegendes Fehlverhalten dar, wenn sich der Bedürftige gegen den Willen des Verpflichteten von der Ehe ab- und einem anderen Partner in einem **nachhaltigen,** auf längere Dauer angelegten Verhältnis zugewendet hat und diesem die seinem Ehegatten geschuldete Hilfe und Betreuung (Grundsatz der **Gegenseitigkeit**)[245] zukommen lässt.[246] Ob das Verhältnis auf längere Dauer angelegt ist, ist nicht im Zeitpunkt seines Zerbrechens, sondern seiner Begründung zuzüglich einer gewissen Überlegungsfrist zu beurteilen, sodass auch ein Verhältnis von nur vorübergehender Dauer auf eine längere Dauer angelegt (gewesen) sein kann.[247] Schwerwiegend ist das Fehlverhalten des Bedürftigen nur dann nicht, wenn sich der Verpflichtete seinerseits bereits **zuvor** von den ehelichen Bindungen losgesagt hat.[248] Dies schließt wegen des Erscheinungsbildes der nichtehelichen Lebensgemeinschaft in der Öffentlichkeit **(Nr. 2)** nicht aus, dass die Fortdauer der Unterhaltsbelastung die Grenze des Zumutbaren übersteigt und zu einem Unterhaltsausschluss oder -begrenzung führt (→ Rn. 30–58). Zum **Zusammenziehen** des Berechtigten mit einem anderen Partner ohne Aufnahme geschlechtlicher Beziehungen → Rn. 37, 136.

---

234 KG NJW-RR 1992, 648 = FamRZ 1992, 571 (573).
235 *Häberle* FamRZ 1982, 557 (560).
236 Wohl aA AG München BeckRS 1997, 31149727 = FamRZ 1998, 1112.
237 BGH NJW 1990, 253 = FamRZ 1989, 1279 (1280); OLG Karlsruhe BeckRS 2010, 20061 = FamRZ 1980, 1011.
238 *Oelkers* FamRZ 1996, 257 (263).
239 Ebenso BeckOGK/*Haidl,* 1.2.2019, Rn. 182.
240 BGH NJW 1985, 2266 = FamRZ 1985, 267 (268) (für das Unterschieben eines Kindes wird nicht direkter Vorsatz gefordert, sondern bedingter Vorsatz als ausreichend angesehen); ebenso OLG Schleswig SchlHA 1998, 159 f.
241 BGH NJW 1989, 1083 = FamRZ 1989, 487 (489).
242 *Borth* in Schwab ScheidungsR-HdB IV Rn. 594.
243 Soergel/*Häberle* Rn. 37; *Borth* in Schwab ScheidungsR-HdB IV Rn. 594; wohl auch OLG Hamm BeckRS 2008, 1418 = FamRZ 1997, 1484.
244 Ebenso wohl NK-BGB/*Hohloch* Rn. 68: Fehlverhalten vor der Trennung kann mehr Gewicht zukommen als nach der Trennung.
245 Dazu BeckOGK/*Erbarth,* 15.4.2019, § 1353 Rn. 91–93, 96, 254–256.
246 BGH NJW 2012, 1443 Rn. 21 = FamRZ 2012, 779 mwN; NJW 1989, 1083 = FamRZ 1989, 487 (489); BeckRS 2010, 12054 = FamRZ 1983, 670; NJW 1984, 2358 = FamRZ 1984, 662 (664); NJW 1983, 451 = FamRZ 1983, 142; NJW 1981, 1782 = FamRZ 1981, 752 (753); NJW 1980, 1686 = FamRZ 1980, 665 s. auch KG BeckRS 2006, 14720 = FamRZ 2006, 1542; OLG Nürnberg NJWE-FER 2000, 275 (obwohl der Ehemann ein intimes Verhältnis der Ehefrau zu einem anderen Mann und die sich daraus ergebende Schwangerschaft zur Rettung der Ehe verziehen hat, zieht die Ehefrau zum Vater des Kindes); OLG Schleswig BeckRS 1996, 9166 = SchlHA 1997, 20 f.; NJW-RR 1994, 457.
247 OLG Koblenz FPR 2002, 446 (20-jähriges intimes Verhältnis zu gemeinsamem Freund); KG BeckRS 1997, 12719 = FamRZ 1998, 1112 (1113); AG Bad Kreuznach BeckRS 2002, 31146486 = FamRZ 2003, 680; AG Leipzig 12.6.2002 – 25 F 3129/01, Ls. (intimes Verhältnis mit Schwiegervater während des ehelichen Zusammenlebens und Begründung einer nichtehelichen Lebensgemeinschaft mit diesem nach der Trennung).
248 BGHZ 176, 150 = NJW 2008, 2779 Rn. 26 = FamRZ 2008, 1414; NJW 1981, 1214 = FamRZ 1981, 439 (440 f.); KG NJOZ 2007, 414 = FamRZ 2006, 1542.

Ausreichend ist, dass

128 – die Beziehung wegen besonderer, etwa kränkender oder sonst anstößiger, in die Öffentlichkeit gelangter **Begleitumstände** geeignet ist, den Verpflichteten in außergewöhnlicher Weise zu treffen oder sonst in seinem Ansehen zu schädigen.[249] Eine nach der Trennung eingetretene **Schwangerschaft** von einem anderen Mann allein reicht hierfür idR nicht aus.[250]

129 – ein nachhaltiges, auf längere Dauer angelegtes – **homo-** oder **heterosexuelles**[251] – **intimes Verhältnis** aufgenommen wird,[252] auch wenn keine nichteheliche Lebensgemeinschaft begründet oder gar die eheliche Lebensgemeinschaft beibehalten wird **(Ehebruch),** weil sich nicht auf die eheliche Solidarität berufen kann, wer sie selbst dem Verpflichteten nicht zuteilwerden lässt.[253] Ob ein solches Verhältnis vorliegt, richtet sich zunächst nach der Vorstellung des Bedürftigen und nicht nach seiner tatsächlichen Dauer,[254] die allerdings maßgeblich ist, wenn das Verhältnis aus objektiver Sicht über eine flüchtige Augenblicksbeziehung hinausgeht.[255] Eine bereits vor Aufnahme des Verhältnisses gegen den Willen des Verpflichteten erfolgte Trennung der Ehegatten ist unerheblich.[256] Eine nur **kurzzeitige** intime Beziehung zu einem anderen Partner bei Festhalten an der Ehe reicht für eine schwerwiegende Verfehlung nicht aus.[257] Eine solche ist jedoch bei Aufnahme intimer Beziehungen zu **ständig wechselnden Partnern** oder zum selben Partner in zwar unterbrochenen, aber kurzen Zeitabständen anzunehmen.[258]

130 – sich der Berechtigte heimlich einem **anderen verheirateten Partner** zugewandt hat und dies kausal für das **Scheitern der beiden Ehen** war.[259]

131 – der Bedürftige von einer Eheschließung mit seinem neuen Partner nur absieht,[260] um sich den **Unterhaltsanspruch** gegen den Verpflichteten zu erhalten.[261]

132 **(2) Herbeiführen der Trennung.** Auch das **grundlose Verlassen** des Verpflichteten kann ein schwerwiegendes Fehlverhalten darstellen. Das Fehlen verständlicher Gründe für dieses Verhalten reicht allerdings nicht aus, weil allein die Trennung nicht zu unterhaltsrechtlichen Folgen führen soll.[262] Vielmehr bedarf es weiterer, besonderer Umstände, die im Einzelfall beim Verlassen **zur Unzeit** wegen Krankheit oder sonstiger Hilflosigkeit des Verpflichteten angenommen werden können.[263] IdR wird auch die Mitnahme der **Haushaltsgegenstände** aus Anlass der Trennung nicht tatbestandsmäßig sein.[264] Zur Begründung einer **Lebensgemeinschaft mit einem neuen Partner** → Rn. 30–58.

---

[249] BGH NJW 1989, 1083 = FamRZ 1989, 487 (489 f.).

[250] AA AG Wuppertal BeckRS 2006, 6886 = FamRZ 2003, 1103.

[251] BGHZ 176, 150 = NJW 2008, 2779 Rn. 26, 27 = FamRZ 2008, 1414: Nicht seine sexuelle Umorientierung gereicht dem Berechtigten zum Vorwurf, sondern die bewusste Loslösung von den ehelichen Bindungen.

[252] Dazu OLG Oldenburg BeckRS 2012, 7027 = FamRZ 2012, 1223 Ls.

[253] Ständige Rspr. des BGH, BGH NJW 2012, 2728 Rn. 27, 28 = FamRZ 2012, 1363; NJW 2012, 1443 Rn. 21 = FamRZ 2012, 779; BGHZ 176, 150 = NJW 2008, 2779 Rn. 22 = FamRZ 2008, 1414 mwN; NJW 1990, 253 = FamRZ 1989, 1279 (1280); NJW 1989, 1083 = FamRZ 1989, 487 (489 f.); NJW 1983, 1552 = FamRZ 1983, 676; BeckRS 2010, 12054 = FamRZ 1983, 670; NJW 1981, 1214 = FamRZ 1981, 439 (440 f.); zuletzt auch OLG Zweibrücken FPR 2005, 365 Ls. = FamRZ 2004, 1576; OLG Hamm BeckRS 2008, 1418 = FamRZ 1997, 1484; NJW 1995, 518 = FamRZ 1995, 947; OLG Frankfurt a. M. NJW-RR 1994, 456 = FamRZ 1994, 169; OLG Köln BeckRS 1989, 31145757 = FamRZ 1991, 707; AG Lindau FamRZ 2000, 1372. Zu Letzterem s. auch OLG Frankfurt a. M. NJW-RR 1994, 456 = FamRZ 1994, 169; OLG Oldenburg BeckRS 2010, 18278 = FamRZ 1981, 775.

[254] OLG Bamberg FamRZ 1986, 1104 (1105).

[255] BGH 15.6.1983 – IVb ZR 392/81, nv.

[256] OLG Frankfurt a. M. FamRZ 1999, 1135 (1136).

[257] BGH NJW 2012, 1443 Rn. 21 = FamRZ 2012, 779; OLG Hamm OLGR 2000, 274 (276) = FamRZ 2000, 1370 Ls. (einmaliger außerehelicher Verkehr unter Alkoholeinfluss); OLG Köln NJOZ 2004, 100 (102) = FamRZ 2003, 767 (768); OLG Koblenz BeckRS 1999, 7182 = FamRZ 2000, 290 (unerheblich ist eine Beendigung des Verhältnisses vor der Trennung der Ehegatten und Wiederbegründung danach).

[258] BGH BeckRS 2010, 12054 = FamRZ 1983, 670 f.; OLG Frankfurt a. M. BeckRS 2001, 14800 = FamRZ 2002, 1038 Ls.; OLG Hamm NJW-RR 1996, 769 = FamRZ 1996, 289; BeckRS 2009, 26038 = FamRZ 1987, 600 (602); OLG Celle NJW-RR 1987, 580 = FamRZ 1987, 603; OLG Düsseldorf NJW-RR 1986, 753 = FamRZ 1986, 62 (63).

[259] AG Oranienburg BeckRS 2014, 6640 = FamRZ 2014, 313 Ls.

[260] Wofür nicht der Anscheinsbeweis spricht, BGH NJW 1983, 1548 = FamRZ 1983, 569 (572).

[261] BGH NJW 1989, 1083 = FamRZ 1989, 487 (489 f.); NJW 1984, 2692 = FamRZ 1984, 986 f.; NJW 1983, 1548 = FamRZ 1983, 569 (572).

[262] Zu Letzterem BGHZ 176, 150 = NJW 2008, 2779 Rn. 26 = FamRZ 2008, 1414 mwN.

[263] Sehr str., wie hier OLG Köln FuR 2002, 530 (531), das ein „böswilliges Verlassen" fordert; *Borth* in Schwab ScheidungsR-HdB IV Rn. 601.

[264] KG BeckRS 2011, 5730 = FamRZ 1997, 1012 (1013).

**bb) Sonstige Verstöße.** Schwerwiegendes Fehlverhalten in diesem Sinne stellen, ggf. wegen in die nacheheliche Zeit fortwirkender Pflichten, dar: 133

– Veranlassung zur Eheschließung durch **Vorspiegeln der Vaterschaft** an einem erwarteten Kind, ohne dass es zu einer Eheaufhebung gekommen ist,[265] in deren Fall dem täuschenden Ehegatten nach §§ 1318 Abs. 2 Nr. 1, 1314 Abs. 2 Nr. 3 kein Unterhaltsanspruch zugestanden hätte.

– Der Bedürftige hat den Verpflichteten von der rechtzeitigen **Anfechtung der Vaterschaft** eines Kindes, dessen Ehelichkeit vermutet wird (§ 1592 Nr. 1), abgehalten, obwohl er mit der Nichtvaterschaft mindestens rechnete, weshalb bedingter Vorsatz ausreicht.[266] Das Abhalten kann bereits in der unterlassenen Aufklärung über die Nichtvaterschaft liegen. Der ausdrücklichen Behauptung der Vaterschaft bedarf es nur, wenn sie bereits zwischen den Ehegatten erörtert wurde.[267] – Die **Beweislast** für seine Nichtvaterschaft obliegt als tatbestandsbegründendes Merkmal dem Verpflichteten.[268] Als Ausnahme von der Vaterschaftsvermutung (§ 1592) und der **Rechtsausübungssperre** (§ 1599 Abs. 1) ist die Vaterschaft ohne vorherige gerichtliche Feststellung der Nichtvaterschaft aufgrund einer Anfechtung inzident im Unterhaltsverfahren beachtlich, wenn sie (zwischenzeitlich) unstreitig ist[269] oder in rechtlich zulässiger Weise festgestellt wurde.[270] – Der **Anscheinsbeweis** streitet hinsichtlich des außerehelichen Geschlechtsverkehrs der Ehefrau und ihres bedingten Vorsatzes dann für den Verpflichteten.[271] 134

– Unerheblich ist, ob der Verpflichtete seine Vaterschaft auch **angefochten** hat, weil Nr. 7 nicht an der rechtlichen Abstammung, sondern an dem Fehlverhalten des Berechtigten anknüpft (auch → § 1599 Rn. 6–13).[272] Die Berücksichtigung bei der Billigkeitsabwägung ist im Einzelfall nicht ausgeschlossen. 135

– Zusammenziehen des Bedürftigen mit einem anderen Partner ohne die Aufnahme geschlechtlicher Beziehungen, wenn in der Öffentlichkeit das Bild einer **eheähnlichen Lebensgemeinschaft** entsteht.[273] 136

– Vereiteln des **Umgangs** mit einem Kind durch ein schwerwiegendes Fehlverhalten,[274] was idR ein fortgesetztes und schuldhaftes[275] Handeln voraussetzt, auch durch **Auswandern** des Bedürftigen mit den seinem Sorgerecht unterstellten Kindern, wenn dies in der Absicht der Vereitelung des Umgangsrechts geschieht und nicht auf anderen, verständlichen Motiven beruht.[276] Bloße Schwierigkeiten bei der Ausübung des Umgangs genügen dagegen nicht.[277] 137

---

265 OLG Bremen BeckRS 1997, 31132990.

266 BGH NJW 2012, 1443 Rn. 23 = FamRZ 2012, 779; NJW 1985, 2266 = FamRZ 1985, 267 (268); NJW 1985, 428 = FamRZ 1985, 51 (52); s. auch OLG Hamm NZFam 2015, 965 = FamRZ 2015, 2067 Ls.; OLG Brandenburg NJW-RR 2000, 1098 (1099) = FamRZ 2000, 1372 Ls.; OLG Köln FamRZ 1998, 749 f.; OLG Schleswig SchlHA 1998, 159 (160); OLG Frankfurt a. M. BeckRS 2014, 21688; FamRZ 1988, 62 (63); OLG Zweibrücken NJWE-FER 1997, 193 = FamRZ 1997, 1231 (1232); OLG Hamburg FamRZ 1996, 946; OLG Oldenburg BeckRS 1990, 4733 = FamRZ 1991, 448 (449 f.).

267 OLG Oldenburg BeckRS 1990, 4733 = FamRZ 1991, 448 (449); auch OLG Hamm BeckRS 2003, 30335993 = FamRZ 2005, 212 f.

268 Das OLG Zweibrücken NJWE-FER 1997, 193 = FamRZ 1997, 1231 (1232) gewährt ihm nach Feststellung der Nichtehelichkeit die Beweiserleichterung des Anscheinsbeweises für außerehelichen Geschlechtsverkehr.

269 BGH NJW 1985, 428 = FamRZ 1985, 51 (53) (Kind wurde in außerehelicher Lebensgemeinschaft geboren, die Mutter hatte erklärt, keinen Kindesunterhalt zu verlangen; offengelassen wurde, ob stets grobe Unbilligkeit vorliegt); aA OLG Düsseldorf NJW-RR 1994, 197 = FamRZ 1993, 962 (964).

270 BGH NJW 2012, 1443 Rn. 28, 29, 32–35 = FamRZ 2012, 779 mwN. Zu Unrecht scheint *Löhnig* FamRZ 2012, 782 (783) davon auszugehen, dass bei der Anwendung von § 1579 gegen einen Anspruch auf Betreuungsunterhalt aus § 1570 Abs. 1 zum Schutz des Kindes die Vaterschaft nicht inzident festgestellt werden könne (dies sagt auch BGH NJW 2012, 1443 Rn. 32 = FamRZ 2012, 779 so nicht). Richtig ist zwar, dass für § 1570 Abs. 1 stets von der rechtlichen Vaterschaft auszugehen ist. Nicht jedoch für § 1579 Nr. 7; in dessen Rahmen werden die Kindesbelange durch die Billigkeitsabwägung hinsichtlich der unterhaltsbegrenzenden Maßnahmen gewahrt. – Zu Letzterem auch OLG München BeckRS 2015, 1859 (nach Einholung eines Sachverständigengutachtens).

271 BGH NJW 1985, 2266 f. = FamRZ 1985, 267.

272 BGH NJW 2012, 1443 Rn. 28, 29, 32–35 = FamRZ 2012, 779 mwN (der rechtliche Vater hatte zur Pflege des behinderten Kindes eine gut bezahlte Berufstätigkeit aufgegeben, und ihm war nach der Scheidung das Sorgerecht für das Kind übertragen worden).

273 OLG Celle BeckRS 1998, 12294 = FamRZ 1999, 508 (509); OLG Hamm BeckRS 2007, 18091 = FamRZ 1981, 162. Das OLG München FamRZ 1998, 1589 will dies während der Trennungszeit selbst bei langjährigem Zusammenleben nicht ausreichen lassen, wenn der Berechtigte seinen Lebenspartner wegen dessen schlechten wirtschaftlichen Verhältnissen nicht heiratet; doch sind dies unterschiedliche Fallgruppen.

274 BGH NJW 2007, 1969 Rn. 64 = FamRZ 2007, 882; NJW 1987, 893 = FamRZ 1987, 356 (358 f.).

275 Das nicht vorliegt, wenn der Ausschluss gerichtlich angeordnet ist, KG FamRZ 1995, 355 (356).

276 BGH NJW 1987, 893 = FamRZ 1987, 356 (359); s. auch OLG Nürnberg BeckRS 2009, 17622; NJWE-FER 1997, 4 = FamRZ 1997, 614 (615); NJW 1994, 2964 = FamRZ 1994, 1393 f.; OLG München

138 – Auch die unverständliche Weigerung, den gewöhnlichen **Aufenthalt** an einem dem Verpflichteten genehmen Ort zu nehmen, wenn sich der Bedürftige einem objektiv vernünftigen und zumutbaren Vorschlag ohne sachliche Gründe von einigem Gewicht willkürlich verschlossen hat.[278]

**Weitere Beispiele aus der Rspr.:**

139 AG Brühl NJWE-FER 2000, 51: Verweigerung des ehelichen Verkehrs. Dies ist abzulehnen, da insoweit kein der Schwere nach vergleichbares Fehlverhalten vorliegt.

OLG Oldenburg NJWE-FER 2001, 227 = FamRZ 2002, 243 f.: Vernichtung von im Eigentum des anderen Ehegatten stehenden Gegenständen und Diffamierung gegenüber Dritten.

OLG Schleswig FamRZ 1977, 814: Die nachehelich erstmalige Ausübung der Prostitution gegen den Willen des Verpflichteten.

OLG Bremen NJW 2009, 3172 = FamRZ 2009, 2007: Ausübung der Prostitution während des Zusammenlebens ohne Einverständnis des Ehegatten (zum Versorgungsausgleich).

OLG Hamm BeckRS 2006, 2967 = FamRZ 2002, 753 f.: Vorübergehende Ausübung der Prostitution vor der Trennung.

OLG Oldenburg NJW 1991, 3222 = FamRZ 1991, 827 (828); OLG Hamm BeckRS 1997, 100 = FamRZ 1997, 1402: Verstoß gegen die Pflicht zu ungefragter Information (→ Rn. 74, 111).

OLG Celle NJW-RR 1994, 900 = FamRZ 1994, 386 f.: Aufnahme eines neuen Partners in die Ehewohnung gegen den Willen des Verpflichteten.

KG FamRZ 1995, 355 f.; OLG Schleswig BeckRS 2000, 30129740 = SchlHA 2001, 16; OLG München BeckRS 2006, 18137 = FamRZ 2006, 1605 (1606): Unberechtigter Vorwurf des sexuellen Fehlverhaltens gegen die gemeinsamen Kinder. Der Vorwurf sei allerdings nicht unberechtigt, wenn ein solches Fehlverhalten nach den Angaben der Kinder nicht auszuschließen war. Auch das Beharren auf dem Vorwurf sei unschädlich, da in Wahrnehmung berechtigter Interessen (§ 193 StGB) erfolgt. Dazu auch OLG Schleswig BeckRS 2000, 30129740 = SchlHA 2001, 16; OLG Frankfurt a. M. FuR 2005, 460 (461). Zur Tatbestandsmäßigkeit nach Nr. 3 → Rn. 76–79.

OLG Karlsruhe NJW 1995, 2796 = FamRZ 1995, 1488 (1489): Das Betreiben von Telefonsex unter Vorspiegeln einer anderen Erwerbstätigkeit.

OLG Celle NJW-RR 1996, 646 = FamRZ 1995, 1489 (1490): Verschweigen des Freitodes eines gemeinsamen Kindes und nachträgliches Zuschieben der Verantwortung unter Ausschluss von der Beisetzung und eigenmächtiger Inbesitznahme des Nachlasses.

OLG Hamm BeckRS 1996, 2208 = FamRZ 1996, 223: Schwere Beleidigungen.

OLG Schleswig NJW-RR 2004, 799 f.: Schwerer Vertrauensmissbrauch durch Haushaltsauflösung in Trennungsabsicht während gemeinsamer urlaubsbedingter Abwesenheit.

KG BeckRS 2011, 5730 = FamRZ 1997, 1012 (1013): Verschweigen von vorangehenden Ehen idR nur, wenn der Verpflichtete vor der Eheschließung zu erkennen gegeben hat, dass ihm die Kenntnis hiervon wichtig ist.

OLG Braunschweig BeckRS 2008, 10337 = FamRZ 2008, 999: Keine grobe Unbilligkeit, wenn für den ehebrechenden Ehegatten in Kenntnis des Ehebruchs 4 Jahre lang Ehegattenunterhalt bezahlt worden war.

140 **3. „Eindeutig beim Berechtigten liegendes Fehlverhalten".** Ein in diesem Sinne relevantes Fehlverhalten erfordert, dass der Ehegatte aus einer intakten, dh zumindest durchschnittlich verlaufenden Ehe mit den ihr immanenten Problemen und Spannungen ausbricht und sich unter Abkehr von dem Ehegatten einem Dritten zuwendet,[279] ohne dass der andere Ehegatte sich gleichfalls bereits zuvor von der Ehe abgewandt[280] oder ihm ein ähnlich schweres Fehlverhalten vorgeworfen werden kann.[281] Ausreichend ist das tatsächliche Bestehen der Beziehungsstörung, die nach außen sichtbar wird.[282] Deshalb muss der Verpflichtete nicht nur den Verstoß, sondern auch die Umstände darlegen, die den Schluss auf ein Ausbrechen aus einer intakten Ehe zulassen (→ Rn. 245–247).

---

BeckRS 2006, 18137 = FamRZ 2006, 1605 (1606); BeckRS 1997, 31130663 = FamRZ 1998, 750 f.; BeckRS 1996, 10824 = FamRZ 1997, 1160; OLG Schleswig BeckRS 2005, 30362110 = SchlHA 2006, 235; BeckRS 2004, 13094 = FamRZ 2004, 808 (810); BeckRS 2002, 13932 = FamRZ 2003, 688; BeckRS 2002, 13912 = FamRZ 2003, 603 (606); OLG Karlsruhe NJWE-FER 1998, 121 = FamRZ 1999, 92 (93); OLG Celle NJW-RR 2010, 1371 = FamRZ 1989, 1104.

277 BeckOGK/*Haidl,* 1.2.2019, Rn. 191.

278 BGH NJW 1990, 1847 = FamRZ 1990, 492; NJW 1987, 1761 = FamRZ 1987, 572 (573).

279 Etwa OLG Schleswig BeckRS 2001, 30212412 = FamRZ 2002, 1190 Ls.; OLG Celle BeckRS 1998, 12294 = FamRZ 1999, 508 f.; OLG Hamm BeckRS 1997, 7956 = FamRZ 1998, 1588. Das OLG Frankfurt a. M. NJW 2006, 3286 = FamRZ 2007, 473 Ls. wendet sich gegen das Erfordernis „intakte" Ehe.

280 BGH NJW 1981, 1214 = FamRZ 1981, 439 (441).

281 OLG Hamm BeckRS 2005, 13594 = FamRZ 2001, 1611.

282 OLG Koblenz FamRZ 2000, 1371 (1372); auch OLG Schleswig BeckRS 2013, 20300 (die dem anderen Ehegatten bekannte Erwägung seines Ehegatten, sich an eine Eheberatungsstelle zu wenden, spricht gegen das Ausbrechen aus einer intakten Ehe).

**Einseitigkeit** wird nicht verlangt, um die Tatbestandsmäßigkeit nicht bereits bei jedem geringfügigen Fehlverhalten des Verpflichteten auszuschließen.[283] **Eindeutigkeit** kann ausnahmsweise auch dann vorliegen, wenn die Ehegatten vor dem tatbestandsmäßigen Verhalten bereits über eine Scheidung gesprochen haben.[284] **141**

Das Fehlverhalten des Verpflichteten muss nicht unbedingt in einem **aktiven Handeln** wie etwa Tätlichkeiten oder eigenen Verletzungen der ehelichen Treuepflicht bestehen, vielmehr können auch **Lieblosigkeiten** von anhaltender Dauer oder **Vernachlässigung** wie die Verweigerung des ehelichen Verkehrs[285] genügen. **142**

Bei **Gegenvorwürfen** von einigem Gewicht ist Eindeutigkeit ausgeschlossen.[286] Dazu muss das dem Verpflichteten vorzuwerfende Verhalten insofern für die Zerrüttung der Ehe **ursächlich** geworden sein, als es dem Bedürftigen das Festhalten an der Ehe erheblich erschwert hat und dessen Verhalten in einem milderen Licht erscheinen lässt.[287] Nur in diesem Sinne ist ein **Zusammenhang** zwischen den Verfehlungen des Bedürftigen und denen des Verpflichteten erheblich.[288] Deshalb wird es idR nicht auf eine Ermittlung des ganzen Eheverlaufs ankommen.[289] Objektiv reichen allein eheliche Streitigkeiten und Auseinandersetzungen oder Lieblosigkeiten nicht aus, selbst wenn sie mit beleidigenden Äußerungen und persönlichen Herabsetzungen verbunden sind.[290] **143**

Der Verpflichtete muss – wie der Bedürftige (→ Rn. 125) – **schuldhaft** gehandelt haben, weshalb krankheitsbedingte Verhaltensauffälligkeiten keine erheblichen Verfehlungen sein können.[291] Auch Beschimpfungen des Verpflichteten gegen den Bedürftigen nach Kenntniserlangung von dessen ehewidrigem Verhalten reichen nicht aus.[292] **144**

Auch bei einem Fehlverhalten des Verpflichteten kann von der Eindeutigkeit des Fehlverhaltens des Bedürftigen ausgegangen werden, wenn die **Abwägung** des beiderseitigen Verhaltens dazu führt, dass das Fehlverhalten des Verpflichteten nicht mehr ins Gewicht fällt.[293] – Zur **Konkretisierung** der Vorwürfe und zur **Beweislast** → Rn. 245–247. – Auch wenn danach die Voraussetzungen des Nr. 7 nicht vorliegen, kann bei Hinzutreten weiterer Umstände **Nr. 8** verwirklicht sein (→ Rn. 227). **145**

**4. „Offensichtlich".** Das Fehlverhalten des Bedürftigen muss „offensichtlich" schwerwiegend sein.[294] Dazu muss es nach allgemeinem, nicht nur nach einseitigem **Eheverständnis** zu missbilligen sein.[295] Unerheblich ist, ob das schwerwiegende Fehlverhalten zwischen den Ehegatten **streitig** ist,[296] ansonsten es dem Bedürftigen offenstünde, allein durch sein Bestreiten die Tatbestandsmäßigkeit seines Fehlverhaltens zu beseitigen. **146**

**Beispiel:**
Der unsportliche A heiratet die B, eine, wie er weiß, aktive Tennisspielerin. Nach der Eheschließung verstärkt B ihr sportliches Engagement. Mag auch aus der Sicht des A ein schwerwiegendes Fehlverhalten vorliegen, offensichtlich ist es nicht, weil auch eine intensive sportliche Betätigung einer Ehefrau von der Gesellschaft (zwischenzeitlich) nicht (mehr) abgelehnt wird.

---

283 *Borth* in Schwab ScheidungsR-HdB IV Rn. 595; *Eyrich* FamRZ 1984, 941 (943); aA BeckOGK/*Haidl,* 1.2.2019, Rn. 176; *Niepmann/Schwamb* Rspr. zur Höhe des Unterhalts Rn. 1143, die „eindeutig" missverstehen.

284 OLG Hamm BeckRS 2008, 1418 = FamRZ 1997, 1484 f.

285 OLG Karlsruhe NJW-RR 1999, 153 (154) = FamRZ 1999, 238 Ls.; KG NJW-RR 1992, 648 = FamRZ 1992, 571 (572).

286 Zu Nr. 4 [1. EheRG] s. BGH NJW 1986, 722 (723); NJW 1985, 2266 = FamRZ 1985, 267 (268); NJW 1982, 1461 = FamRZ 1982, 463 f.; OLG Stuttgart BeckRS 1996, 31138475 = FamRZ 1997, 419; missverständlich OLG Zweibrücken NJW-RR 2009, 371 = FamRZ 2009, 699 (701). *Häberle* FamRZ 1982, 557 (560) verlangt Gründe von erheblichem Gewicht.

287 BGH NJW 1986, 722 (723); NJW 1985, 2266 = FamRZ 1985, 267 (268); BeckRS 2010, 12054 = FamRZ 1983, 670 (672); NJW 1982, 1461 = FamRZ 1982, 463 f.

288 AA wohl *Borth* in Schwab ScheidungsR-HdB IV Rn. 606, der unter Hinweis auf die Entscheidung BGH NJW 1985, 2266 = FamRZ 1985, 267 (268) einen „inneren Zusammenhang" zwischen den Verfehlungen des Verpflichteten und denen des Berechtigten fordert.

289 Ebenso *Häberle* FamRZ 1982, 557 (560).

290 BGH NJW 1986, 722 (723); OLG Karlsruhe BeckRS 2009, 1257 = FamRZ 2008, 2279 (2280).

291 BGH NJW 1990, 253 = FamRZ 1989, 1279 (1280).

292 BGH BeckRS 2010, 12054 = FamRZ 1983, 670 (673).

293 BGH NJW 1983, 2243 = FamRZ 1983, 996 (997).

294 Damit wird der vom BGH vor 1982 verwandte Begriff „evident" aufgegriffen (BT-Drs. 10/2888, 20).

295 *Lübbert,* Der Ausschluß des nachehelichen Unterhalts wegen „grober Unbilligkeit" – § 1579 BGB, 1982, 133. Nach *Bäumel* in Göppinger/Wax UnterhaltsR Rn. 1095 soll „offensichtlich" verdeutlichen, dass das Fehlverhalten besonders deutlich sein muss; doch bräuchte man hierzu das Merkmal „offensichtlich" angesichts des weiteren Merkmals „eindeutig" wohl nicht.

296 Ebenso BeckOGK/*Haidl,* 1.2.2019, Rn. 175; *Niepmann/Schwamb* Rspr. zur Höhe des Unterhalts Rn. 1142; *Häberle* FamRZ 1986, 311 (313).

147 **5. „Gegen den Unterhaltspflichtigen".** Das Fehlverhalten muss sich zumindest **auch** gegen den Verpflichteten richten. Ein Fehlverhalten gegen einen nahen Angehörigen des Verpflichteten reicht nicht aus,[297] wenn darin nicht zugleich ein Fehlverhalten gegen den Verpflichteten selbst gesehen werden kann.[298] Doch kann es den Tatbestand von Nr. 8 erfüllen.[299]

148 **6. „Zur Last fallen".** Das Fehlverhalten muss dem Berechtigten **zugerechnet** werden können. Zur **Ursächlichkeit** und zum **Verschulden** → Rn. 143.

## VIII. Auffangklausel (Nr. 8)

149 **1. Entstehungsgeschichte.** Nr. 8 [UÄndG 2007] entspricht Nr. 7 [UÄndG 1986], die, ohne dass sachliche Unterschiede bestünden, Abs. 1 Nr. 4 [1. EheRG][300] nachgebildet wurde, um die **Fortführung der bisherigen Rspr.** zu ermöglichen. Die gegen Abs. 1 Nr. 4 [1. EheRG] erhobenen verfassungsrechtlichen Bedenken wegen fehlender gesetzlicher Bestimmtheit (dazu → 3. Aufl. 1993, Rn. 33) können zurücktreten, weil die neue Auffangklausel durch Nr. 5–7 [UÄndG 1986] stark entlastet wurde.

150 **2. Zweck.** Die **Auffangklausel** greift ein, wenn die sich aus der Unterhaltspflicht ergebenden Belastungen für den Verpflichteten die Grenze des Zumutbaren überschritten haben.[301] Sie hilft eine unverhältnismäßige Belastung des Verpflichteten vermeiden.[302] Die Formulierung „anderer Grund, der ebenso schwer wiegt wie die in Nummern 1 bis 7 aufgeführten Gründe" verdeutlicht, dass die Auffangklausel nicht dazu dienen darf, die in den enumerativ aufgeführten Härtegründen zum Ausdruck kommenden Wertungen zu unterlaufen.[303] Dies verwehrt jedoch nicht, dann einen Härtegrund nach Nr. 8 anzunehmen, wenn das Gewicht der **Gesamtheit** aller Umstände einschließlich der, die allein die Tatbestandsvoraussetzungen der Nr. 1–7 nicht erfüllen, mindestens deren Eingriffsschwelle erreicht.[304]

151 **3. Erhebliche Gründe. a) Allgemeines.** Die Auffangklausel erfasst sowohl dem Bedürftigen vorwerfbares Verhalten **(subjektiv)** als auch ihm nicht vorwerfbare Umstände und Entwicklungen der beiderseitigen Lebensverhältnisse **(objektiv).**[305] Zu ihrer Auslegung kann uneingeschränkt auf die bisherige Rspr. zu Abs. 1 Nr. 4 [1. EheRG] zurückgegriffen werden (→ Rn. 149).[306]

152 Der nach Nr. 8 erhebliche Grund muss **ebenso schwer** wiegen wie die in Nr. 1–7 aufgeführten Gründe (→ Rn. 150). Die maßgeblichen Umstände müssen deshalb dazu führen, dass die Inanspruchnahme des Verpflichteten auf Unterhalt die **Grenze des Zumutbaren** in unerträglicher Weise übersteigt.[307] Dies ist aufgrund einer alle Umstände des Einzelfalles umfassenden Abwägung und Würdigung der **beiderseitigen Rechts-** und **Interessenlage** zu beurteilen. Dabei kommt dem Tatrichter ein **Beurteilungsspielraum** zu, dessen sachgerechte Ausübung in der Rechtsbeschwerdeinstanz nur auf Vollständigkeit und Verstöße gegen Denkgesetze und Erfahrungssätze überprüft werden kann.[308] – Zum **Zeitpunkt des Fehlverhaltens** → Rn. 14, 15.

153 **b) Einzelfälle. aa) Ehebezogene Umstände.**
- Zwar besteht eine **lange Ehedauer,** doch haben die Ehegatten nie zusammengelebt und waren wirtschaftlich stets unabhängig.[309] Haben die Ehegatten nur kurze Zeit oder überhaupt nicht zusammengelebt, liegen nach **langer Trennungszeit** zwar die Voraussetzungen von Nr. 1 nicht vor, doch kann Nr. 8 eingreifen, wenn sich ihre Lebensverhältnisse verselbstständigt haben.

---

297 Dazu BT-Drs. 10/4514, 21.
298 BeckOGK/*Haidl,* 1.2.2019, Rn. 173; *Siebert* in Wendl/Dose UnterhaltsR § 4 Rn. 1344.
299 Ebenso *Niepmann/Schwamb* Rspr. zur Höhe des Unterhalts Rn. 1142; aA *Häberle* FamRZ 1986, 311 (314).
300 Dazu BVerfGE 57, 361 = NJW 1981, 1771 = FamRZ 1981, 745 (748 f.); BGH NJW 1983, 1548 = FamRZ 1983, 569 (572); NJW 1980, 1686 = FamRZ 1980, 655 (656). S. auch *D. Schwab,* Tendenzen im Recht des Geschiedenenunterhalts, 1983, 47.
301 BT-Drs. 10/2888, 20.
302 BGH NJW 1985, 428 = FamRZ 1985, 51 (52 f.).
303 BeckOGK/*Haidl,* 1.2.2019, Rn. 193; Soergel/*Häberle* Rn. 39; Staudinger/*Verschraegen,* 2014, Rn. 249; Palandt/*Brudermüller* Rn. 32.
304 BGH NJW 2009, 1956 Rn. 52 = FamRZ 2009, 1124.
305 BGH NJW-RR 1994, 644 = FamRZ 1994, 558 (559); NJW-RR 1988, 834 = FamRZ 1988, 930 (932); NJW 1987, 1761 = FamRZ 1987, 572 (575); BeckRS 1985, 31072467 = FamRZ 1986, 443 (444).
306 BGH FamRZ 1992, 670; NJW 1989, 1083 = FamRZ 1989, 487; NJW 1987, 3129 = FamRZ 1987, 689 (690).
307 BGH NJW 1985, 2268 = FamRZ 1985, 911 (912); NJW 1985, 2266 = FamRZ 1985, 267 (268); NJW 1984, 2692 = FamRZ 1984, 986 (987); NJW 1983, 1548 = FamRZ 1983, 569 (572).
308 BGH NJW-RR 1994, 644 = FamRZ 1994, 558 (559); NJW-RR 1988, 834 = FamRZ 1988, 930 (933).
309 OLG München FamRZ 2003, 874 (875).

**Beispiele aus der Rspr.:**
BGH NJW-RR 1988, 834 = FamRZ 1988, 930 (932): 9-monatiges Zusammenleben, Ehedauer 4½ Jahre.
OLG Celle BeckRS 1989, 31137568 = FamRZ 1990, 519 f.: 3-monatiges Zusammenleben, 19-jährige Trennungszeit.
AG Holzminden FamRZ 1994, 1033: 40- jährige Trennungszeit.
OLG Köln NJWE-FER 1999, 2 = FamRZ 1999, 93 (94): 1-jähriges Zusammenleben, 4-jährige Trennungszeit.
AG Norderstedt BeckRS 2011, 7609 = FamRZ 2000, 1375 Ls.: 20-jährige Trennungszeit.
OLG Frankfurt a. M. FPR 2004, 25 = FamRZ 2004, 1574 f.: 19-jährige Trennungszeit.
OLG Bamberg RNotZ 2015, 170 = FamRZ 2014, 1707 (1708): Kein Trennungsunterhalt nach 10-jähriger Trennungszeit.
**anders**
BGH NJW 1987, 1761 = FamRZ 1987, 572 (575); NJW 1982, 1460 = FamRZ 1982, 573 (575); NJW 1980, 2247 = FamRZ 1980, 981 (983): Dadurch werde die Spezialität der Nr. 1–6 [UÄndG 1986] (→ Rn. 227) unterlaufen. Doch scheint der BGH in der Entscheidung BGH NJW-RR 1994, 644 f. = FamRZ 1994, 558 f., die er im Ls. als Ergänzung zur Entscheidung BGH NJW 1982, 1460 = FamRZ 1982, 573 (575) sieht, von dieser Auffassung abgerückt zu sein.

– Kein Härtegrund ist allein die einer Vereinbarung der Ehegatten entsprechende Nichtaufnahme einer **ehelichen Lebensgemeinschaft** (zur Verbindlichkeit einer solchen Vereinbarung s. § 1353 Abs. 1 S. 2, Abs. 2, → § 1353 Rn. 34).[310] Liegen dieser Vereinbarung religiöse Motive des Verpflichteten – kirchenrechtlich bislang nicht gültig aufgelöste Vorehe des Bedürftigen – zugrunde, die vom Bedürftigen geteilt werden, kann der Unterhaltsanspruch verwirkt sein,[311] wenn die eheliche Lebensgemeinschaft nach Beseitigung der Hindernisse ohne das Hinzutreten weiterer zu berücksichtigender Umstände nicht aufgenommen wird. Ein Härtegrund liegt auch vor, wenn die Eheleute eine „Zweckheirat" eingegangen sind, sie von vornherein ernstlich gar keine dauerhafte eheliche Lebensgemeinschaft begründen wollten[312] und sich keine gegenseitige wirtschaftliche Abhängigkeit gebildet hat. 154
– Die einseitige Weigerung des Berechtigten, nach der Eheschließung den **Wohnsitz** beim Verpflichteten zu nehmen, fällt unter Nr. 7 (→ Rn. 138, 139). 155
– Eine **Verheiratung** gegen den Willen des Verpflichteten kann bei Kinderlosigkeit und Scheitern der Ehe bereits nach wenigen Monaten unter Nr. 8 fallen.[313] 156
– Ebenfalls kein Härtegrund nach Nr. 8 ist die Verpflichtung zur Zahlung von **Alters**- oder **Krankheitsunterhalt,** die nicht auf die Ehebedingtheit der Bedürfnislage abstellen (→ § 1571 Rn. 10, → § 1572 Rn. 4). Sie können jedoch nach § 1578b begrenzt werden.[314] 157
– Hat ein Ehegatte seinen Anspruch auf **Trennungsunterhalt verwirkt,** weil er eine nichteheliche Lebensgemeinschaft aufgenommen hat, entfällt auch der Anspruch auf nachehelichen Unterhalt jedenfalls dann, wenn diese nach der Scheidung fortgesetzt wird.[315] 158

**bb) Personenbezogene Umstände.** Hierunter fällt etwa:
– Die begründete **Anzeige** wegen einer Straftat, wenn deren Ahndung dem Bedürftigen gleichgültig sein kann.[316] 159
– Die Kundgabe **wahrer Tatsachen,** wenn dies besonders verwerflich ist.[317] 160
– Das Überlassen der alleinigen **Betreuung** und finanziellen Unterhaltung eines gemeinschaftlichen Kindes.[318] 161
– Die Beziehung zu einem **anderen Partner,** die nicht schon unter Nr. 2 fällt, wenn sie den Verpflichteten wegen besonderer, etwa kränkender oder sonst anstößiger Begleitumstände in außergewöhnlicher Weise trifft, ihn in der Öffentlichkeit bloßstellt oder sonst in seinem Ansehen schädigt.[319] 162

---

310 AA wohl BGH NJW-RR 1988, 834 = FamRZ 1988, 930 (932).
311 BGH NJW-RR 1994, 644 = FamRZ 1994, 558 f.
312 Offengelassen von BGH NJW-RR 1988, 834 = FamRZ 1988, 930 (932).
313 OLG München OLGR 1994, 118.
314 Das OLG München FamRZ 2003, 874 (875) hat den Anspruch auf Altersunterhalt bei einer 24-jährigen Ehe, in der die Ehegatten nie zusammengelebt haben, aus der keine Kinder hervorgegangen sind und die Ehegatten stets wirtschaftlich selbstständig waren, auf den notwendigen Bedarf beschränkt. Dieser Fall fällt nunmehr unter § 1578b [UÄndG 2007].
315 BGH NJW 1989, 1083 = FamRZ 1989, 487; NJW 1983, 1552 = FamRZ 1983, 676; NJW 1983, 1548 = FamRZ 1983, 569 (571).
316 OLG Zweibrücken BeckRS 1999, 14486 = FamRZ 2000, 1371 Ls.
317 OLG Hamm OLGR 2000, 42 = FamRZ 2000, 1374 Ls. (Preisgabe, dass der Ehemann mit seiner Schwägerin im Einverständnis seines Bruders 2 Kinder gezeugt hat, womit auch die Berechtigte einverstanden war).
318 OLG Zweibrücken NJWE-FER 1999, 73 = FamRZ 1999, 852.
319 BGH NJW 1995, 655 = FamRZ 1995, 344 f.; NJW 1989, 1083 = FamRZ 1989, 487 (490). Vom OLG Jena NJW-RR 2005, 6 = FamRZ 2005, 1095 f. verneint für eine Beziehung zum Schwiegersohn, mit dem die Bedürftige an einem anderen Ort zusammenwohnt.

163 – **Tatbestandlich erfüllte Straftat,** auch wenn eine Verfehlung iSd Nr. 3 wegen **Schuldunfähigkeit** des Bedürftigen ausscheidet (→ Rn. 59–62).[320] Allerdings müssen wegen der Ausschlusswirkung von Nr. 3 (→ Rn. 227) besondere Umstände, etwa Brutalität in der Ausführung oder schwere Folgen der Tat, hinzutreten.[321] – Zur Berücksichtigung einer im Zustand **verminderter Schuldfähigkeit** begangenen Straftat sowie zum strafbefreienden **Rücktritt vom Versuch** → Rn. 67.

164 – **Ehrloses** oder **unsittliches Verhalten** wie Prostitution oder wiederholte Straffälligkeit, die wegen ihrer Ehe- oder Unterhaltsbezogenheit auch die Interessen des Verpflichteten berührt.[322]

165 – Das Verheimlichen des **Wohnortes** und des Zusammenlebens mit einem neuen Partner durch die Mitteilung einer Deckadresse, auch wenn die Voraussetzungen für die Annahme einer den Unterhaltsanspruch berührenden eheähnlichen Lebensgemeinschaft noch nicht vorliegen.[323]

166 – Dass ein Anspruch auf Krankheitsunterhalt (§ 1572) wegen einer nicht ehebedingten **Krankheit** besteht, reicht allein zur Anwendung von Nr. 8 nicht aus,[324] wenn die Unterhaltsleistungen den Verpflichteten nicht zu hart treffen,[325] kann aber im Zusammenhang mit anderen Härtegesichtspunkten,

**Beispiele aus der Rspr.:**
OLG Brandenburg OLG-NL 1996, 92 = FamRZ 1996, 866 (867): Krankheit hat bereits vor Eheschließung bestanden, keine ehebedingten Nachteile, Doppelbelastung infolge der vom Berechtigten herbeigeführten Trennung durch Erwerbstätigkeit und Kinderbetreuung.
OLG Köln BeckRS 2011, 16836 = FamRZ 1992, 1311 (1312 f.): Leichtfertige Herbeiführung der Erwerbsunfähigkeit durch Verursachung eines Unfalls.
OLG Düsseldorf NJW-RR 1987, 774 = FamRZ 1987, 487 (488): Krankheit des Berechtigten ist auf Tätlichkeiten seines neuen Partners zurückzuführen; Verpflichteter muss allein für den Unterhalt von 3 ehegemeinsamen Kindern aufkommen; bei Zahlung von Ehegattenunterhalt läge ein Mangelfall vor.
OLG Düsseldorf FamRZ 1981, 1177 (1179 f.): Jahrelange Vernachlässigung des Haushalts wegen übermäßigen Alkoholgenusses.

167 mit nur **kurzem Zusammenleben** der Ehegatten

**Beispiele aus der Rspr.:**
BGH NJW-RR 1988, 834 = FamRZ 1988, 930 (932); OLG Celle BeckRS 1989, 4229 = FamRZ 1990, 524 (525 f.); BeckRS 1986, 31137623 = FamRZ 1986, 910 (911 f.); OLG Oldenburg NJW 1991, 3222 = FamRZ 1991, 827 f.: Knapp 10-jährige Ehedauer.
OLG München BeckRS 2015, 889: Multiple Sklerose des Berechtigten, 3-jähriges Zusammenleben, 6-jährige Ehedauer bis zur Rechtshängigkeit des Scheidungsantrags, keine wirtschaftlichen Einbußen des Berechtigten durch die Eheschließung.
OLG Koblenz BeckRS 2013, 14209: Ehedauer 6½ Jahre, Zusammenleben 3 Jahre, Verpflichteter hat das gemeinsame Kind versorgt und 12 Jahre lang Ehegattenunterhalt bezahlt.
AG Rastatt BeckRS 2010, 30279 = FamRZ 1991, 824 (826): Dauerhafte epileptische Anfälle des Berechtigten, 6-jähriges Zusammenleben, keine wirtschaftlichen Nachteile des Berechtigten durch die Eheschließung.
AG Essen FamRZ 1995, 880 (881); FamRZ 1994, 706: 4-jährige Ehedauer, bereits bei Eheschließung bestehende Folgeschäden nach Hirnhautentzündung, vom Berechtigten nicht bekämpfte Medikamentenabhängigkeit, 15 Jahre lang Unterhaltszahlungen.
AG Münster FamRZ 2003, 875 (876): Ehedauer 8 Jahre.
**anders**
OLG Hamm BeckRS 2009, 26106 = FamRZ 1987, 597 (599 f.); OLG Düsseldorf BeckRS 2009, 26331 = FamRZ 1987, 595 (597).

168 sowie damit, dass sie ihre Lebensverhältnisse noch **nicht aufeinander eingerichtet** haben, oder mit dem Wissen des Bedürftigen um die Krankheit und ihr **Verschweigen** Bedeutung erlangen.[326]

---

[320] BGH BeckRS 2006, 13173 = FamRZ 2002, 240 (241); BeckRS 1998, 14369 Rn. 1 (ebenso die Vorinstanz OLG Hamm BeckRS 1997, 11602 = FamRZ 1998, 371 (372)); OLG Schleswig BeckRS 2000, 30105699 = FamRZ 2000, 1375 (1376 f.); *Borth* in Schwab ScheidungsR-HdB IV Rn. 502; aA wohl OLG Hamm BeckRS 2008, 1418 = FamRZ 1997, 1484 (1485).

[321] OLG Hamm NJW-RR 2014, 523 (524) = FamRZ 2014, 1031 Ls.; OLG Schleswig BeckRS 2000, 30105699 = FamRZ 2000, 1375 (1376 f.).

[322] BGH NJW 1980, 2247 = FamRZ 1980, 981 f.

[323] OLG Hamm FamRZ 1995, 880: 2 Jahre lang.

[324] BGH NJW-RR 1995, 449 = FamRZ 1995, 1405 (1407).

[325] BGH NJW 1996, 2793 = FamRZ 1996, 1272 (1273); NJW-RR 1995, 449 = FamRZ 1995, 1405; NJW 1994, 1286 = FamRZ 1994, 566. S. auch OLG Hamm NJOZ 2006, 1116 = FamRZ 2006, 707 (708): Nicht ausreichend ist die Doppelbelastung des gesunden Ehegatten durch die nun von ihm zusätzlich zu erbringende Kinderbetreuung.

[326] BGH NJW 1994, 1286 = FamRZ 1994, 566; OLG Hamburg FamRZ 1995, 1417; großzügiger wohl AG Crailsheim NJWE-FER 2000, 28 = FamRZ 1999, 1077 f.

– Eine **schwere** Krankheit, die zur Erwerbsunfähigkeit und Pflegebedürftigkeit des Bedürftigen führt, kann bei nicht allzu langer Ehedauer wegen der Überspannung der nachehelichen Solidarität die Annahme eines Härtegrundes rechtfertigen, wenn der Pflegebedarf jedes für einen Durchschnittsverdiener unvorstellbare Maß übersteigt.[327] 169

– Das Unterlassen einer indizierten **medizinischen Behandlung** eines gemeinsamen Kindes als Verletzung der unterhaltsrechtlichen Obliegenheiten (→ Rn. 87, → § 1572 Rn. 43, 44, → § 1578 Rn. 802–807).[328] – Zur **Unterhaltsneurose** insbesondere auch → § 1572 Rn. 19, 47, 50, 61, → § 1578 Rn. 804. 170

– **Alkohol-** und **Drogenabhängigkeit** sowie andere **Selbstschädigungen** können, erfüllen sie mangels Mutwillens nicht bereits Nr. 4 (→ Rn. 89), in Ausnahmefällen, etwa bei einem unverbesserlichen Abhängigen, die Grenzen des Zumutbaren überschreiten und Nr. 8 verwirklichen.[329] 171

– Die bisherige **Nichtgeltendmachung von Unterhaltsansprüchen** führt dagegen nicht zur Verwirkung zukünftigen Unterhalts.[330] Dies gilt selbst dann, wenn man in dem einseitigen „Verzicht" auf Unterhalt eine Tendenz dazu, Unterhalt überhaupt nicht mehr geltend zu machen, sehen kann, weil diesem Verhalten keine den Nrn. 1–7 vergleichbare Intensität des Handelns eigen ist. 172

**cc) Vermögensbezogene Umstände.**

– Die mit der **Aufteilung** des verfügbaren Einkommens des Verpflichteten auf mehrere Berechtigte zusammenhängenden Fragen gehören auch dann nicht zum Regelungsbereich von § 1579, wenn dadurch ein Bedürftiger auf die Inanspruchnahme von Sozialhilfe verwiesen wird.[331] Sie werden durch die Regelungen zur Leistungsfähigkeit (§ 1581) einschließlich des Rangs (§§ 1582, 1609) abschließend geklärt. 173

– Auch der **Splittingvorteil** aus einer neuen Ehe des Verpflichteten bedarf keiner Zuweisung an die neue Ehe über § 1579 mehr,[332] nachdem er dem Bedürftigen grundsätzlich nicht mehr zugutekommt (→ § 1578 Rn. 86–89). Zudem handelt es sich systematisch um Fragen des Bedarfs, der Leistungsfähigkeit und der Angemessenheitsprüfung (→ § 1581 Rn. 31), und nicht um solche des § 1579. 174

– Ein Ehegatte verstößt auch dann nicht gegen seine nachehelichen Verpflichtungen, wenn er zuvor nicht angegebene Einkünfte **nachversteuert,** auch wenn sich dies zu Lasten des Verpflichteten auswirken kann.[333] 175

## C. Grobe Unbilligkeit

### I. Allgemeines

„Grobe Unbilligkeit" muss als **zusätzliches** Tatbestandsmerkmal zu einem Härtegrund aus Nr. 1–8 hinzutreten.[334] Sie liegt vor, wenn die volle oder teilweise Gewährung nachehelichen Unterhalts dem **Gerechtigkeitsempfinden in unerträglicher Weise widersprechen** würde,[335] und ist idR indiziert, wenn die Voraussetzungen der Nr. 1–8 gleichsam „übererfüllt" sind, es sich etwa um eine nur wenige Wochen dauernde Ehe handelt (Nr. 1), ein besonders schweres Vergehen vorliegt (Nr. 3), direkter Vorsatz (Nr. 3) oder besonders krasses Fehlverhalten (Nr. 7) gegeben ist. Dabei kann sich die 176

327 OLG Oldenburg NJW 1991, 3222 = FamRZ 1991, 827 (828) (Multiple Sklerose, Ehedauer 8 Jahre 10 Mon.); auch OLG Karlsruhe NJWE-FER 1998, 26 = FamRZ 1998, 751 (752) (Multiple Sklerose, Ehedauer 10 Jahre).

328 Zu § 1615l OLG Düsseldorf BeckRS 2002, 13170 = FamRZ 2003, 184 (185).

329 BGH NJW-RR 1989, 1218 = FamRZ 1989, 1054 (1057) (Selbstmordversuch); OLG Köln BeckRS 2011, 3671 = FamRZ 1992, 1311 (1312 f.).

330 BGH NJW 1985, 1345 = FamRZ 1985, 376 (378); BGHZ 84, 280 = NJW 1982, 1999 = FamRZ 1982, 898; OLG Koblenz NJW 2003, 1877 = FamRZ 2003, 1105 (1106).

331 Dazu BGH NJW 1996, 2793 = FamRZ 1996, 1272 (1273); BGHZ 104, 158 = NJW 1988, 1722 = FamRZ 1988, 705 (707 f.); aA OLG Hamburg FamRZ 1995, 1417 f. als Vorinstanz, das einen Unterhaltsausschluss nach Nr. 7 [UÄndG 1986] annimmt, wenn der angemessene Selbstbehalt des Verpflichteten unterschritten und seine 5-köpfige neue Familie sozialhilfebedürftig würde.

332 So noch BGH NJW-RR 1990, 514 = FamRZ 1990, 503 (504); NJW 1988, 2105 = FamRZ 1988, 486 (487); NJW 1985, 2268 = FamRZ 1985, 911 (912).

333 BGH NJW 2011, 1582 Rn. 42 = FamRZ 2011, 791.

334 Etwa OLG Hamm NJW-RR 1994, 1287 = FamRZ 1994, 704 (705); OLG Karlsruhe NJW-RR 1990, 770 = FamRZ 1990, 67. – Verfassungsrechtlich unbedenklich, BVerfG NJW 1993, 455 = FamRZ 1992, 1283 (1284).

335 BGH BeckRS 2010, 12054 = FamRZ 1983, 670 (672); NJW 1982, 2064 = FamRZ 1982, 582 (583); s. auch OLG Frankfurt a. M. NJW-RR 1991, 902 = FamRZ 1991, 823 (824); OLG Celle BeckRS 1989, 31137568 = FamRZ 1990, 519 (520).

grobe Unbilligkeit auch aus **mehreren Verfehlungen** nach Nr. 1–7, die diese Beurteilung jeweils allein nicht rechtfertigen würden, ergeben.[336] – Zur **Doppelrelevanz** der maßgeblichen Umstände → Rn. 11, 13, zur vorrangigen Berücksichtigung der **Kindesbelange** bei der Billigkeitsabwägung → Rn. 190–198.

177 Da die Billigkeit in diesem Sinne nur **einheitlich** beurteilt werden kann, sind alle auch bei §§ 1573 Abs. 5 aF, 1576, 1577 Abs. 2 und 3, 1578 Abs. 1 S. 2, 1578b Abs. 1, 2, 1581 maßgeblichen Umstände des **Einzelfalles** in die Abwägung einzubeziehen,[337] insbesondere:

178 – als **personenbezogene Umstände**
  - **Alter**[338] und **Gesundheitszustand** des Berechtigten.[339]
  - die Begehung einer Straftat iSd Nr. 3 im Zustand der **verminderten Schuldfähigkeit** (→ Rn. 59–62, 163;[340] zur **Schuldunfähigkeit** → Rn. 163).
  - **überobligationsmäßig** erzielte[341] oder erzielbare[342] Einkünfte (→ Rn. 188).
  - **freiwillige Zuwendungen Dritter,** auch als Sachleistungen oder sonstige Vorteile aus dem Zusammenleben, insbesondere wenn dadurch die Belange eines gemeinsamen Kindes gewahrt werden.[343]
  - die Betroffenheit des Verpflichteten durch die Unterhaltspflicht angesichts der **wirtschaftlichen Verhältnisse** der geschiedenen Ehegatten im Einzelfall.[344]
  - die **Verzeihung** und – praktisch eher selten – das **Nichtberufen** auf Verfehlungen und objektive Umstände, die an sich Nr. 1, 8 verwirklichen (→ Rn. 199–207).

179 – als **ehebezogene Umstände**
  - die Eingehung einer **„Zweckheirat“.**

**Beispiel aus der Rspr.:**
BGH NJW-RR 1988 834 = FamRZ 1988, 930 (932): Eheschließung zur günstigen Beeinflussung der Haftdauer des Verpflichteten.

- die **Dauer der Ehe,**[345] weil mit zunehmender Ehedauer sich auch die nacheheliche Solidarität verfestigt.[346]
- die Dauer des **tatsächlichen Zusammenlebens.**[347]
- die **Rollenverteilung** in der Ehe.[348]
- die **verfrühte** Stellung des Scheidungsantrags.[349]

---

336 OLG Brandenburg BeckRS 2014, 22668 Rn. 67 = FamRZ 2015, 1118 Ls.

337 BVerfG NJW 1993, 455 = FamRZ 1992, 1283 (1284); BVerfGE 80, 286 = NJW 1989, 2807 = FamRZ 1989, 941 (943 f.); BGH NJW 1992, 2477 = FamRZ 1992, 1045 (1049); NJW 1990, 3020 = FamRZ 1990, 1091 (1095); NJW 1986, 722 = FamRZ 1986, 443 (444); NJW 1984, 2692 = FamRZ 1984, 986 (988); NJW 1984, 1537 = FamRZ 1984, 356 (358); NJW 1984, 296 = FamRZ 1984, 34; NJW 1984, 297 = FamRZ 1984, 154 (157); FamRZ 1983, 800 (802) (zu § 1576); NJW 1983, 1552 = FamRZ 1983, 676.

338 BGH BeckRS 2010, 12054 = FamRZ 1983, 670 (672).

339 BGH NJW-RR 1988, 834 = FamRZ 1988, 930 (933).

340 BGH NJW 1982, 100 f.; OLG Hamm BeckRS 2006, 13173 = FamRZ 2002, 240 (241) (vollständiges Entfallen des Unterhaltsanspruchs nach gefährlicher Körperverletzung zu Lasten eines Säuglings); BeckRS 1997, 11602 = FamRZ 1998, 371; NJW 1990, 1119 = FamRZ 1990, 887; AG Dülmen BeckRS 2014, 11311; aA scheinbar OLG Hamm BeckRS 1994, 10921 = FamRZ 1995, 808 (die Voraussetzungen des § 1579 Nr. 2 [UÄndG 1986] seien nicht festzustellen). Des Rückgriffs auf Nr. 8 bedarf es danach nicht, aA *Borth* in Schwab ScheidungsR-HdB IV Rn. 502.

341 BGH NJW 1990, 3020 = FamRZ 1990, 1091 (1095).

342 OLG Schleswig BeckRS 2000, 30129740.

343 BGH NJW 1990, 253 (254) = FamRZ 1989, 1279; OLG Koblenz BeckRS 2016, 18254 Rn. 12 = FamRZ 2016, 1938; OLG Zweibrücken BeckRS 2000, 13767 = FamRZ 2001, 833 (834); OLG Hamm BeckRS 1992, 5037 = FamRZ 1993, 1450 (1451); FamRZ 1990, 1001 (1002); AG Bochum BeckRS 1997, 31146541 = FamRZ 1998, 753 (755); AG Menden FamRZ 1991, 712 (713).

344 BGH NJW 1992, 2477 = FamRZ 1992, 1045; NJW-RR 1989, 386 = FamRZ 1989, 483 (486); NJW 1982, 2064 = FamRZ 1982, 582.

345 BGH NJW 2012, 1443 Rn. 37 = FamRZ 2012, 779; BGHZ 150, 209 = NJW 2002, 1947 = FamRZ 2002, 810 (813); OLG Hamm NJW-RR 2003, 510 (511) = FamRZ 2003, 876 Ls. (Ehedauer 31 Jahre); OLG Düsseldorf BeckRS 1999, 30980798 = FamRZ 2000, 1374 Ls. (20 Jahre Zusammenleben); NJW-RR 1991, 1347 = FamRZ 1991, 450 (Ehedauer 31 Jahre).

346 OLG Celle BeckRS 2009, 5830 = FamRZ 2008, 1627 (1628); BeckOGK/*Haidl,* 1.2.2019, Rn. 214.

347 OLG Schleswig BeckRS 2002, 14614 = FamRZ 2003, 763 (764); OLG Köln BeckRS 1997, 11489 = FamRZ 1998, 301 (302).

348 BGH NJW 2012, 1443 Rn. 37 = FamRZ 2012, 779; BGHZ 150, 209 = NJW 2002, 1947 = FamRZ 2002 810 (813); BeckRS 2010, 12054 = FamRZ 1983, 670 (672).

349 OLG Hamm NJW-RR 2006, 651 f.; OLG Schleswig BeckRS 2002, 14614 = FamRZ 2003, 763 f. mwN; s. auch OLG Oldenburg BeckRS 2011, 6374 = FamRZ 1996, 1480 (1481) (unzulässige Rechtsausübung, § 242).

– die Zahl und Interessen ehegemeinsamer **Kinder** (→ Rn. 190–198).
– die Interessen von **Pflege-** und **Stiefkindern.**[350]
– das **Verhalten** der Ehegatten nach der Scheidung (zur **Verzeihung** → Rn. 199–207).
– von den Ehegatten während der Ehe, auch nach der Trennung, erbrachte **Leistungen.**
– die gegenseitige **wirtschaftliche Abhängigkeit** der Ehegatten.[351]
– die **nacheheliche Eigenverantwortung.**[352]
– die **trennungs- und/oder scheidungsbedingte Erregung.**[353]
– als **verhaltensbezogene Umstände** 180
  – die für die Tatbestandsmäßigkeit von Nr. 3 nicht erforderliche (→ Rn. 60) **Unterhaltsbezogenheit** einer Straftat.
  – lediglich **Versuch** einer Straftat.[354]
  – die **Schwere** des Fehlverhaltens (zur **Doppelrelevanz** der maßgeblichen Umstände → Rn. 11, 13).[355]
  – die **Verhältnismäßigkeit** von Verfehlung, betroffenen Interessen und **Rechtsfolgen** (→ Rn. 183–189).
– als **einkommens-** und **vermögensbezogene Umstände** 181
  – die **beiderseitigen wirtschaftlichen Verhältnisse.**[356]
  – im Zuge der Scheidung **übertragene Vermögenswerte.**[357]
  – zwar verschwiegene oder abgestrittene,[358] für die Errechnung des Unterhaltsanspruchs aber **unerhebliche Einkünfte** des Bedürftigen.[359] Meist wird es jedoch bereits an der nach Nr. 3 erforderlichen Schwere des Vergehens fehlen (→ Rn. 73).
  – die engen **finanziellen Verhältnisse des Bedürftigen.**[360]
  – die **unterhaltsrechtliche Relevanz** einer Verfehlung.[361]
  – **„Bagatellunterhalt"** (→ § 1577 Rn. 10, 11, → § 1578 Rn. 26, → § 1581 Rn. 95) unter Berücksichtigung der individuellen Bedeutung auch geringer Unterhaltsbeträge.[362]
  – **unerheblich** ist jedoch die **Herkunft** der maßgeblichen Einkünfte des Verpflichteten.[363]
– als **nachehelich eingetretene Umstände** 182
  – die Leistungsfähigkeit eines **nichtehelichen Lebenspartners.**[364]
  – die **nacheheliche Eigenverantwortung** (→ Rn. 31, 32, 58, allgemein → § 1569 Rn. 18, 19). Die durch sie erhöhten Erwerbsobliegenheiten des geschiedenen Ehegatten führen zur Herabsetzung der Anforderungen an die grobe Unbilligkeit.

## II. Verhältnismäßigkeit

**1. Verwirkungstatbestände.** Grundsätzlich unabhängig vom erfüllten **Verwirkungstatbestand** 183

Zu **Nr. 1 (kurze Dauer der Ehe):** BGH NJW 1990, 1847 = FamRZ 1990, 492 (495).
Zu **Nr. 2** [UÄndG 2007] **(verfestigte Lebensgemeinschaft)** (Nr. 4 [1977], Nr. 7 [UÄndG 1986]): BGH NJW 1984, 2092 = FamRZ 1984, 986 (988); NJW 1984, 2358 = FamRZ 1984, 662 (664 f.); NJW 1984, 297 = FamRZ 1984, 154 (156); NJW 1983, 1552 = FamRZ 1983, 676; NJW 1983, 1548 = FamRZ 1983, 569 (572 f.); OLG Saarbrücken NJW-RR 2017, 1092 mBspr *Groenveld* NZFam 2017, 666; OLG Hamm BeckRS 2010, 14787 = FamRZ 1982, 172 (174); AG Bochum BeckRS 1997, 31146541 = FamRZ 1998, 753 (754 f.).

---

350 Vgl. *Häberle* FamRZ 1982, 557 (560).
351 OLG Schleswig BeckRS 2002, 14614 = FamRZ 2003, 763 (764).
352 BGH NJW 2008, 57 Rn. 56 = FamRZ 2007, 1532.
353 OLG Karlsruhe NJWE-FER 1998, 52 = FamRZ 1998, 746 (747); AG Dülmen BeckRS 2014, 11311.
354 OLG Schleswig NJW-RR 2007, 292 (293).
355 BGH NJW 2012, 1443 Rn. 37 = FamRZ 2012, 779.
356 BGH NJW 2012, 1443 Rn. 37 = FamRZ 2012, 779.
357 BGH NJW 2012, 1443 Rn. 37 = FamRZ 2012, 779.
358 Zu Letzterem – Trennungsunterhalt – OLG Oldenburg BeckRS 2017, 127932 Rn. 10–12 = FamRZ 2018, 680 mAnm *Schnitzler* FF 2018, 321.
359 OLG Hamm NJW-RR 2003, 510 (511) = FamRZ 2003, 876 Ls.
360 BGHZ 175, 182 = NJW 2008, 1663 Rn. 60 = FamRZ 2008, 968: Im konkreten Fall hat der BGH eine grobe Unbilligkeit wegen der unaufgeforderten Klarstellung von eigenen Einkünften im Berufungsrechtszug und der sehr engen finanziellen Verhältnisse des Berechtigten verneint.
361 OLG Hamm NJW-RR 1988, 8 (9).
362 OLG Köln NJW-RR 2007, 364 = FamRZ 2007, 1463 (1464).
363 AG Ludwigsburg FamRZ 1992, 442 (443) (Erbschaft).
364 BVerfG NJW-RR 1993, 1090 = FamRZ 1993, 664 (665).

Zu **Nr. 3** [UÄndG 2007] **(Verbrechen etc gegen den Verpflichteten)** (Nr. 2 [UÄndG 1986]): BGH NJW 1984, 296 = FamRZ 1984, 34 (35); OLG Hamm NJW-RR 1988, 8 (9). – Das OLG Schleswig SchlHA 1997, 134 hat nach einem versuchten Prozessbetrug durch die unterlassene Mitteilung geringfügiger Erwerbseinkünfte den Unterhaltsanspruch auf die Hälfte gekürzt. Zudem könnte man an die Befristung des herabgesetzten Unterhalts denken.

Zu **Nr. 7** [UÄndG 2007] (Nr. 4 [1977], Nr. 6 [UÄndG 1986] **(offensichtlich schwerwiegendes, eindeutig beim Berechtigten liegendes Fehlverhalten)** BGH NJW 1990, 1847 = FamRZ 1990, 492 (495).

Zu **Nr. 8** [UÄndG 2007] **(anderer, ebenso schwer wiegender Grund)** (Nr. 4 [1977], Nr. 7 [UÄndG 1986]): BGH NJW 1988, 2376 = FamRZ 1988, 259 (260 f.); OLG Frankfurt a. M. FamRZ 1987, 161 (162); BeckRS 2009, 26027 = FamRZ 1987, 157 (158).

müssen die Rechtsfolgen unter Berücksichtigung der Interessen beider Ehegatten und insbesondere der der gemeinschaftlichen Kinder sowie der Schwere des Verstoßes des Berechtigten **verhältnismäßig** sein. Die Verhältnismäßigkeit ist Teil der **Billigkeitsabwägung.** Insbesondere die **Kinderbelange** (näher → Rn. 190–198) sind beachtlich, weil Erwachsene idR selbst für ihren Lebensunterhalt sorgen können.

184 Insbesondere dann, wenn sich die Verwirkung auf **Nr. 1** und **Nr. 2** stützt, stellt sich jedoch, sind keine gemeinschaftlichen Kinder (mehr) zu betreuen, die Frage nach der Gewichtung der **nachehelichen Solidarität** des Verpflichteten (→ § 1569 Rn. 20) und der **nachehelichen Eigenverantwortung** des Berechtigten (→ § 1569 Rn. 18, 19). Dies wird in aller Regel dazu führen, dass, sind diese Tatbestände erfüllt, Unterhalt völlig zu versagen ist. Insbesondere bei Eingehen einer rechterheblichen nichtehelichen Lebensgemeinschaft wird ein Anspruch auf nachehelichen Unterhalt idR verwirkt sein.

**Beispiel aus der Rspr.:**

185 Das OLG Saarbrücken NJW-RR 2017, 1092 hat der Berechtigten trotz eines unter Nr. 2 fallenden mit einem Lebensgefährten, mit dem sie nicht zusammengewohnt hat, Aufstockungsunterhalt (§ 1573 Abs. 2) zugesprochen, weil die Ehe der Beteiligten, in der die Berechtigte wegen der Betreuung und Erziehung gemeinschaftlicher Kinder weitgehend erwerbslos war, 31 Jahre gedauert hat und der Verpflichtete in deutlich günstigeren finanziellen Lebensverhältnissen lebt. Diese Entscheidung ist mE unzutreffend. Unberücksichtigt bleibt insbesondere, dass die Berechtigte die nacheheliche Solidarität gegenüber dem Verpflichteten vollständig aufgegeben hat, ebenso die finanziellen Verhältnisse ihres Lebensgefährten und damit auch, ob die Berechtigte mit ihrem Lebensgefährten trotz ihrer räumlichen Trennung nicht eine Unterhaltsgemeinschaft bildet, zumal sie „lediglich" ein monatliches Nettoeinkommen von 1.089,63 EUR aus einem vollschichtigen, sicheren Beschäftigungsverhältnis erzielt und Nutzungsentschädigung für die Nutzung der zu ¼ in ihrem Miteigentum stehenden Eigentumswohnung durch den Verpflichteten verlangen könnte. Da Belange der Kinder nicht mehr zu berücksichtigen sind, sollte der Berechtigten Unterhalt vollständig abgesprochen werden, zumal nicht ersichtlich wird, ob sie und ihr Berechtigter nicht deshalb nicht heiraten, um den Unterhaltsanspruch der Berechtigten zu erhalten (§ 1586 Abs. 1).

186 **2. Abwägungsrelevante Umstände.** Gegeneinander abzuwägen sind die unterhaltsrechtliche Relevanz der Verfehlung und die Gesamtumstände beider Ehegatten,[365] denen auch ein Verstoß des Verpflichteten gegen seine Verpflichtungen zuzurechnen ist.[366] Dabei ist die **vollständige Versagung** des Unterhalts auf diejenigen Ausnahmefälle zu beschränken, in denen jede Unterhaltszahlung mit dem Gerechtigkeitsempfinden schlechthin unvereinbar ist[367] oder lediglich **Aufstockungsunterhalt** verlangt wird.[368] Auch **Altersvorsorgeunterhalt** wird teilweise oder vollständig versagt werden können,[369] nicht jedoch **Krankheitsvorsorgeunterhalt.**

187 Grundsätzlich kann eine grobe Unbilligkeit nur auf **künftige Unterhaltsansprüche** (auch → Rn. 69) bezogen werden, die nach der Verfehlung fällig geworden sind bzw. fällig werden. Insbesondere Verfehlungen nach Nr. 3 können bei besonders schwerwiegenden Umständen aber ausnahmsweise rechtfertigen, bereits vor der Verfehlung **fällig** gewordene Unterhaltsansprüche aus Billigkeitsgründen zu beschränken.[370] Doch gilt dies für alle Verfehlungen nach Nr. 2–8, soweit der jeweilige Verstoß entsprechend schwerwiegend ist und auch einen Bezug in die Zeit vor Beginn seines Unterhaltsbegehrens hat.

---

365 BGH NJW 2009, 1956 Rn. 52 = FamRZ 2009, 1124; OLG Hamm NJW-RR 1988, 8 (9).

366 BGH NJW 2008, 2581 Rn. 31 = FamRZ 2008, 1325: Der Verpflichtete verschweigt seinerseits eine Einkommenserhöhung. Im konkreten Fall hat diese aber die Unterhaltshöhe nicht beeinflusst.

367 OLG Frankfurt a. M. BeckRS 2009, 26027 = FamRZ 1987, 157 (158).

368 OLG Schleswig BeckRS 2005, 30353894.

369 OLG Bremen FamRZ 1999, 1138 (1139); OLG Frankfurt a. M. BeckRS 2009, 25786 = FamRZ 1987, 588 (590).

370 BGH NJW 2004, 1324 = FamRZ 2004, 612 (613) (ebenso die Vorinstanz OLG Zweibrücken BeckRS 2001, 30171983 = FamRZ 2002, 241 (242)). Offengelassen noch von BGH NJW 1984, 296 = FamRZ 1984, 34.

Auch wenn die Unterhaltspflicht nicht durch die Bedürfnislage des Berechtigten, sondern durch den Anspruch des Kindes auf Betreuung durch einen Elternteil gerechtfertigt wird, und trotz des daraus folgenden grundsätzlichen Vorrangs seiner Belange sind **unverhältnismäßige Belastungen** des Verpflichteten zugunsten des Bedürftigen zu vermeiden.[371] In solchen **besonders gelagerten Härtefällen** kann deshalb eine Herabsetzung des Unterhaltsanspruchs trotz Betreuung eines gemeinschaftlichen Kindes gerechtfertigt sein.[372] Ob ein solcher Härtefall vorliegt, bestimmt sich aufgrund umfassender Abwägung der Umstände des Einzelfalles unter besonderer Berücksichtigung des Kindeswohls. Maßgeblich ist dabei, ob und inwieweit die Belastung des Verpflichteten vom Kindeswohl gefordert wird, oder ob der Bedürftige die Voraussetzungen von Nr. 7 in besonders krasser Weise – hierfür kann die Verfestigung einer nichtehelichen Lebensgemeinschaft wie auch die Leugnung der außergerichtlichen Zeugung eines Kindes[373] oder das Abhalten des Scheinvaters von der Ehelichkeitsanfechtung durch die Erklärung des Berechtigten, er brauche keinen Kindesunterhalt zu zahlen,[374] von Bedeutung sein – verwirklicht hat.[375] Auch die Annahme einer **erhöhten Erwerbsobliegenheit** des Bedürftigen (→ Rn. 197, → § 1578 Rn. 716) oder eine Herabsetzung des Unterhaltsbetrages unter das **Existenzminimum** bis zu seiner völligen Versagung[376] kann angezeigt sein. Die Verweisung des Bedürftigen auf eine an sich überobligationsmäßige (→ § 1570 Rn. 28–106) Erwerbstätigkeit führt zugleich zur Erwerbsobliegenheit und zur Nichtanwendbarkeit von § 1577 Abs. 2.[377] 188

Stets sind auch die Einkommensverhältnisse des **Verpflichteten** einzubeziehen. Bleibt sein angemessener Selbstbehalt gewahrt,[378] kann es unverhältnismäßig sein, den Bedürftigen auf den notwendigen Bedarf zu verweisen.[379] 189

### III. Wahrung der Belange gemeinschaftlicher Kinder

**1. Allgemeines.** Ob die negative Härteklausel zu Ausschluss, Herabsetzung oder Befristung des Unterhaltsanspruchs führt, hängt ganz wesentlich davon ab, ob der Anspruch wegen der Betreuung gemeinschaftlicher Kinder (§ 1570) oder aus anderen Gründen besteht. Den Belangen der Kinder kommt der **Vorrang** gegenüber denen des Verpflichteten, die durch die Kindeswohl-Klausel nicht geschützt werden,[380] zu. Sie sind durch Leistung von nachehelichem Unterhalt an den betreuenden Elternteil **zu wahren,** weil es sich um eine gemeinsame Aufgabe beider Eltern handelt, auf deren Erfüllung sie auch in ihrem Verhältnis zueinander bedacht sein müssen,[381] und die Lebensbedingungen des Kindes nicht unter dem Fehlverhalten eines Elternteils, für das es nicht verantwortlich ist, leiden sollen.[382] Dies entspricht dem Grund für die Privilegierung des Betreuungsunterhalts wegen des Kindeswohls gegenüber anderen nachehelichen Unterhaltstatbeständen (→ § 1570 Rn. 5, 6).[383] Beschränkungen des nach dem **eheangemessenen Bedarf** (→ § 1578 Rn. 11–41) bemessenen Anspruchs auf Betreuungsunterhalt kommen nur ausnahmsweise in Betracht. Unerheblich ist dabei, ob der Bedürftige ihn für einen vorangegangenen Zeitraum bereits einmal eingebüßt hatte.[384] – Zur **Verhältnismäßigkeit** → Rn. 196–198. 190

**2. Gemeinschaftliches Kind.** Wie bei § 1570 muss es sich um von beiden Ehegatten abstammende **„eheliche"** Kinder handeln (→ § 1570 Rn. 17, 18). Dies gilt auch für ein nach §§ 1591, 1593 mangels Feststellung seiner Nichtehelichkeit (noch) als ehelich geltendes – **scheineheliches** –, jedoch unstreitig nicht vom Verpflichteten abstammendes Kind. Ggf. kann aber von einem ausnahmsweisen Entfallen des Vorrangs der Kindesbelange ausgegangen werden (→ Rn. 196, 191

---

371 BVerfGE 57, 361 = NJW 1981, 1771 = FamRZ 1981, 745 (750).
372 BVerfGE 57, 361 = NJW 1981, 1771 = FamRZ 1981, 745 Ls. 2.
373 BGH NJW 1983, 1548 = FamRZ 1983, 569 (574).
374 BGH NJW 1985, 428 = FamRZ 1985, 51 (52 f.).
375 Zum Ganzen BGH NJW 1983, 1552 = FamRZ 1983, 676.
376 BVerfGE 80, 286 = NJW 1989, 2807 = FamRZ 1989, 941 (943); BVerfGE 57, 361 = NJW 1981, 1771 = FamRZ 1981, 745 (749); BGH NJW 1998, 1309 = FamRZ 1998, 541 (542) mwN.
377 OLG Hamm NJW-RR 1988, 1097 = FamRZ 1987, 1265 (1267); ähnlich Soergel/*Häberle* Rn. 48.
378 Zum Ganzen BGH NJW 1984, 297 = FamRZ 1984, 154 (156).
379 OLG Hamm BeckRS 1998, 13174 = FamRZ 1999, 1139.
380 OLG Köln BeckRS 2007, 12864 = FamRZ 2008, 523 f.
381 BGH NJW-RR 1997, 897 = FamRZ 1997, 873 (875); NJW 1992, 3163 = FamRZ 1992, 1403 (1405).
382 BVerfGE 57, 361 = NJW 1981, 1771 = FamRZ 1981, 745 (749); BGH NJW-RR 1988, 70 = FamRZ 1987, 1238 (1239).
383 BVerfGE 57, 361 = NJW 1981, 1771 = FamRZ 1981, 745 (749 ff.), das diesen Vorrang aus allgemeinen verfassungsrechtlichen Gesichtspunkten ableitet.
384 BGH NJW-RR 1988, 70 = FamRZ 1987, 1238 (1239).

197).[385] Darüber hinaus sind auch die Interessen gemeinsamer **nichtehelicher** Kinder, die aus einer nachehelichen Beziehung der ehemaligen Ehegatten hervorgegangen sind, in die Billigkeitsabwägung einzubeziehen. Zu den Erwerbsobliegenheiten des die gemeinschaftlichen Kinder betreuenden Bedürftigen → § 1570 Rn. 28–106.

192 **3. „Anvertraut".** Trotz der Bedeutung der Kindesbelange darf ihr Vorrang eine noch **bestehende Ehe** für den Fall einer Scheidung nicht beeinträchtigen. Bedeutung wird dies weniger für den nachehelichen als für den Trennungsunterhalt (§ 1361 Abs. 3) haben, wenn für die nacheheliche Zeit eine gerichtliche Sorgerechtsregelung vorliegt. Anders aber etwa, wenn den Eltern auch nach der Scheidung die elterliche Sorge gemeinsam belassen wurde und sie sich über den Aufenthalt und die Betreuung des Kindes nicht einigen können.

193 Um ein unrechtmäßiges Verhalten eines Elternteils nicht durch die Gewährung eines Unterhaltsanspruchs unzulässig zu prämieren, muss das Kind dem Bedürftigen „anvertraut" sein. Dies setzt das, ggf. nachträglich erklärte,[386] **Einverständnis** des Verpflichteten voraus. Hat der Bedürftige das Kind beim Auszug aus der Ehewohnung mitgenommen, obwohl der Verpflichtete mit der Betreuung des Kindes durch ihn nicht einverstanden ist, kommt deshalb den Kinderbelangen so lange kein Vorrang zu, als dem Bedürftigen nicht die elterliche Sorge oder wenigstens das Aufenthaltsbestimmungsrecht durch gerichtliche Entscheidung übertragen worden ist (auch → § 1570 Rn. 21).[387]

194 Eine der eigenmächtigen Übernahme der Kinderbetreuung nachfolgende Übertragung des Aufenthaltsbestimmungsrechts durch **gerichtliche Entscheidung** wirkt grundsätzlich nicht zurück und führt nicht zu deren Legitimation, weil durch die gesetzliche Regelung gerade verhindert werden soll, dass der Bedürftige aus eigenmächtigem Handeln wirtschaftliche Vorteile ziehen kann.[388] Dies gilt auch für die Zeit zwischen Erlass des Verbundurteils und Wirksamwerden der Sorgerechtsregelung (§ 137 Abs. 1, Abs. 2 Nr. 2 FamFG, § 148 FamFG),[389] die dann ggf. durch eine Sorgerechtsentscheidung – die herbeizuführen sich aufdrängt, wenn die Ehegatten sich nicht einigen können – in der Hauptsache, die bereits mit ihrer Bekanntmachung an die Beteiligten wirksam wird (§ 40 FamFG), oder als einstweilige Anordnung (§§ 49, 51 FamFG) überbrückt werden muss.

195 Ausnahmsweise ist es dem Verpflichteten nach **Treu und Glauben** (§ 242) verwehrt, sich darauf zu berufen, dass weder sein Einverständnis noch eine gerichtliche Entscheidung vorliegt, etwa wenn er nicht zum Ausdruck bringt, dass er mit der Betreuung durch den Bedürftigen nicht einverstanden ist.[390] Für eine Rückwirkung reicht allerdings nicht aus, dass der Verpflichtete die überwiegenden Ursachen für den Auszug des Bedürftigen mit den Kindern aus der Ehewohnung gesetzt hat.

196 **4. Insbesondere: Verhältnismäßigkeit.** Auch in diesem besonderen Zusammenhang muss die Verhältnismäßigkeit gewahrt sein.[391] Der Lebensstandard gemeinschaftlicher Kinder soll nicht wegen eines von ihm nicht zu verantwortenden Fehlverhaltens des betreuenden Elternteils absinken.[392] Die Erziehung und Betreuung der Kinder muss trotz der Herabsetzung des Unterhalts gewährleistet sein und darf das **Kindeswohl** nicht beeinträchtigen.[393] Der Bedürftige darf nicht gezwungen sein, allein aus wirtschaftlichen Gründen die Kinderbetreuung wegen eigener Erwerbstätigkeit zu vernachlässigen oder den Kindesunterhalt auch nur teilweise zur Deckung seines Lebensbedarfs zu verwenden.[394] Deshalb müssen ihm mindestens die zur Kinderbetreuung und Bestreitung seines **notwendigen Lebensbedarfs** erforderlichen finanziellen Mittel zu Verfügung stehen,[395] und

---

[385] BGH NJW 1985, 428 = FamRZ 1985, 51 (53); noch offengelassen von BGH NJW 1983, 451 = FamRZ 1983, 142 (144); aA OLG Hamm NJW 1981, 59 = FamRZ 1981, 257 (258).

[386] BVerfG NJW 1982, 2859 = FamRZ 1982, 991.

[387] BVerfGE 57, 361 = NJW 1981, 1771 = FamRZ 1981, 745 (749 f.); BGH NJW 1983, 451 = FamRZ 1983, 142 (143); NJW 1980, 1686 = FamRZ 1980, 665 (668); *Henrich* FamRZ 1986, 401.

[388] BGH NJW 1983, 451 = FamRZ 1983, 142 (143).

[389] BGH NJW 1983, 451 = FamRZ 1983, 142 (143).

[390] Dazu BVerfG 16.12.1988 – 1 BvR 521/88.

[391] BVerfGE 57, 361 = NJW 1981, 1771 = FamRZ 1981, 745 (750).

[392] BGH NJW-RR 1988, 70 = FamRZ 1987, 1238 (1239).

[393] OLG Celle NJW 2010, 79 (84) = FamRZ 2010, 301 Ls. (zu § 1578b).

[394] OLG Schleswig BeckRS 2005, 30353894.

[395] Zum Ganzen BVerfGE 57, 361 = NJW 1981, 1771 = FamRZ 1981, 745 (750); BGH NJW-RR 1997, 897 = FamRZ 1997, 873 (875); NJW 1992, 3164 = FamRZ 1992, 1403 (1405); NJW 1991, 1290 = FamRZ 1991, 670 (673); NJW 1990, 253 = FamRZ 1989, 1279 (1280 f.) mwN; etwa auch OLG Frankfurt a. M. BeckRS 2001, 30184685; OLG Zweibrücken BeckRS 2000, 13767 = FamRZ 2001, 833; OLG

es darf sich kein auffälliges Missverhältnis zwischen seiner Lebensstellung und der vom Einkommen und Vermögen des Verpflichteten abgeleiteten Lebensstellung des Kindes ergeben.[396]

Die Belange des Kindes können auch dann gewahrt sein, wenn die Pflege und Erziehung des 197
Kindes anders als durch **elterliche Betreuung** – etwa durch den Besuch des Kindergartens oder der Schule,[397] wobei aber die Gestaltung der Arbeitszeit während der Krankheit und der Ferien des Kindes beachtet werden muss,[398] aber auch durch den Lebensgefährten des Bedürftigen[399] oder dessen Eltern[400] – sichergestellt werden kann[401] und der Bedürftige seinen notwendigen Bedarf durch eine eigene **Erwerbstätigkeit,** die entsprechend dem Alter des Kindes noch genügend Raum für die Eigenbetreuung lassen muss,[402] selbst decken kann. Durch die Angleichung der Unterhaltsansprüche aus §§ 1570, 1615l (→ § 1570 Rn. 33)

Dazu auch OLG Bremen NJW 2007, 1890 = FamRZ 2007, 1465 (1466 f.), das wegen der Angleichung der Unterhaltsansprüche aus §§ 1570, 1615l und im Hinblick auf das UÄndG 2007 die Erwerbsobliegenheit über § 1579 erhöht. Dogmatisch klar ist dies nicht: Man mag über eine Angleichung der Unterhaltsansprüche ehelicher und nichtehelicher Eltern sowie ihrer Erwerbsobliegenheiten nachdenken können und müssen, mit der Billigkeitsabwägung nach § 1579 hat dies allerdings nichts zu tun. Über sie können deshalb zwar faktisch, nicht aber rechtlich „neue Erwerbsobliegenheiten" geschaffen werden.

und die Stärkung der nachehelichen Eigenverantwortung durch die Verweisung des betreuenden Elternteils auf Fremdbetreuung (→ Rn. 31, 36, 58, → § 1569 Rn. 18, 19)[403] können einem kinderbetreuenden Ehegatten zunehmend leichter weitergehende Erwerbsanstrengungen und dadurch mögliche eigene Erwerbseinkünfte angesonnen werden.

Auch bei **besonders schwerwiegendem Fehlverhalten** darf der Bedürftige nicht auf gerin- 198
gere als zur Deckung seines notwendigen Bedarfs erforderliche Mittel verwiesen werden, weil dann sein Lebensunterhalt nicht mehr gewährleistet wäre und damit auch das Wohl des Kindes beeinträchtigt würde.[404] Zudem scheidet, ist der **notwendige Bedarf** nicht gedeckt, im Allgemeinen eine **zeitliche** Begrenzung des Unterhaltsanspruchs aus.[405] Zur Berücksichtigung einzelner **Einkünfte** des Berechtigten → Rn. 212.

Bei **guten wirtschaftlichen Verhältnissen** des Verpflichteten kann ein Unterhaltsanspruch 199
trotz kurzer Ehedauer (Nr. 1) billig sein, auch wenn die Einkünfte des Bedürftigen seinen Mindestbedarf decken.[406]

### IV. Verzicht. Verzeihung. Vereinbarungen

**1. Allgemeines.** Die Härtegründe aus § 1579 sind **rechtsvernichtende Einwendungen,** die 200
im gerichtlichen Verfahren von Amts wegen zu beachten sind, wenn sich aus dem Vortrag der Beteiligten Anhaltspunkte für ihr Vorliegen ergeben (→ Rn. 12). Dies hat zur Folge, dass sich

---

Hamm NJWE-FER 1997, 49 = FamRZ 1997, 356 (357); OLG München OLGR 1996, 104 (105); OLG Braunschweig OLGR 1995, 262; OLG Bremen BeckRS 1995, 31136295. Das OLG München OLGR 1993, 236 (237) erkennt den angemessenen Bedarf iSd § 1603 Abs. 1 zu. – Krit. gegenüber einer Begrenzung allgemein *Büttner* FamRZ 2007, 773 (777 f.), der die Anknüpfung an die Möglichkeit, Erwerbseinkommen zu erzielen, befürwortet. Doch ist dies eine Frage der Verwirklichung der Anspruchsvoraussetzungen nach § 1570 und kann deshalb bei § 1579 nicht mehr berücksichtigt werden.

[396] OLG Celle NJW 2010, 79 (84) = FamRZ 2010, 301 Ls. (zu § 1578b).

[397] OLG Hamm BeckRS 2009, 26038 = FamRZ 1987, 600 (603).

[398] OLG Düsseldorf NJW-RR 1988, 7 = FamRZ 1987, 1267 (1269).

[399] OLG Koblenz NJW-RR 1988, 1099 = FamRZ 1987, 1269 (1270).

[400] BGH NJW 1983, 1552 = FamRZ 1983, 676 (677).

[401] BGH NJW 1998, 1309 = FamRZ 1998, 541 (542); NJW 1990, 253 = FamRZ 1989, 1279 (1280 f.) mwN; aA zur Sozialhilfe OLG Koblenz NJW-RR 1989, 389 = FamRZ 1989, 632 (633); *Henrich* FamRZ 1986, 401 (404).

[402] OLG Koblenz NJW-RR 1988, 1099 = FamRZ 1987, 1269 (1270) (nur halbschichtige Tätigkeit bei 4- bis 6-jährigem Kind).

[403] Zu Letzterem BGH NJW 2008, 57 Rn. 56 = FamRZ 2007, 1532.

[404] BGH NJW 1984, 297 = FamRZ 1984, 154 (155); *Borth* in Schwab ScheidungsR-HdB IV Rn. 467; *Henrich* FamRZ 1986, 401 (404 f.); wohl auch OLG Hamm NJW-RR 1988, 1097 = FamRZ 1987, 1265 (1266); aA OLG Düsseldorf NJW-RR 1988, 7 = FamRZ 1987, 1267 (1268); OLG Celle NJW-RR 1987, 580 = FamRZ 1987, 603; OLG Frankfurt a. M. BeckRS 2009, 25786 = FamRZ 1987, 588 f.; *Jaeger* FamRZ 1986, 737 (747); *Richter* JZ 1985, 133 (134); ausdrücklich offengelassen von BGH NJW-RR 1997, 897 = FamRZ 1997, 873 (875); NJW 1990, 253 = FamRZ 1989, 1279 (1280); NJW 1984, 296 = FamRZ 1984, 34 (35).

[405] BGH NJW 1990, 253 = FamRZ 1989, 1279 (1280).

[406] OLG Köln BeckRS 1990, 31144303 = FamRZ 1990, 1241 (1242).

einerseits der Verpflichtete auf die Verwirkung des Unterhaltsanspruchs nicht ausdrücklich zu berufen, sondern lediglich einschlägige Umstände vorzutragen braucht, andererseits darüber aber auch nicht bzw. nur insoweit disponieren kann, als er die Umstände vorträgt oder dies eben unterlässt.

201 **Verzicht** wie **Verzeihung,**[407] die an der Verwirklichung und Bewertung eines Härtegrundes zum Zeitpunkt ihrer Vornahme nichts ändern,[408] lassen deshalb nicht die **Tatbestandsmäßigkeit** der Härtegründe entfallen,[409] sondern sind lediglich im Rahmen der **Billigkeitsabwägung** zu berücksichtigen (→ Rn. 178).[410] Eine Ausnahme könnte allenfalls für die Härtegründe erwogen werden, die tatbestandsmäßig auch auf die Schwere des Verstoßes abstellen (Nr. 3, 4, 7, 8).

202 IdR werden Verzeihung und Verzicht jedoch zum Entfallen der **groben Unbilligkeit** führen, weil die Unterhaltszahlung nicht mehr objektiv unzumutbar erscheint.[411] Letztlich handelt es sich dabei um den Rechtsgedanken von Treu und Glauben.

203 **2. Verzeihung.** Soweit Nr. 2–8 an **persönliches Fehlverhalten** des Berechtigten anknüpfen,[412] kann es der Verpflichtete bewusst ausdrücklich oder konkludent verzeihen.[413]

204 Eine **konkludente** Verzeihung kann jedoch zum Schutz des Vertrauens des Berechtigten[414] auf Unterhaltszahlungen nur dann angenommen werden, wenn sich aus dem Verhalten des Verpflichteten eindeutig und unmissverständlich ergibt, dass er sich trotz Kenntnis aller einen Härtegrund begründenden Umstände auf die Verwirkung nicht berufen will.[415]

**Beispiele aus der Rspr.:**
**Verzeihung**
haben **angenommen:**
OLG Nürnberg FamRZ 1992, 673: Anerkenntnis des Unterhalts ohne Berufen auf Verwirkung, obwohl dem Verpflichteten Strafanzeige des Berechtigten gegen ihn bekannt war.
OLG Hamm NJW-RR 1994, 1287 = FamRZ 1994, 704 (705): Jahrelange Zahlung von Trennungsunterhalt, keine Berufung auf Verwirkung nach Entfallen der Betreuungsbedürftigkeit des gemeinschaftlichen Kindes.
OLG Düsseldorf FamRZ 1997, 1159; BeckRS 2000, 13768 = FamRZ 2001, 835: Abschluss einer Unterhaltsvereinbarung trotz Kenntnis des ehewidrigen Verhaltens des Berechtigten.
hat **verneint:**
OLG Hamm BeckRS 2007, 2192 = FamRZ 2003, 877: Allein aus Unterhaltszahlungen bei vom Berechtigten abgestrittenen Vorliegen einer nichtehelichen Lebensgemeinschaft kann nicht auf Verzeihung und die Bereitschaft zu zeitlich unbegrenzter Unterhaltszahlung geschlossen werden.

205 Eine Verzeihung kommt nicht allein deshalb in Betracht, weil der Verpflichtete trotz Kenntnis von dem verwerflichen Verhalten die **Ehe fortgesetzt** oder **weiter Unterhalt bezahlt** hat,[416] etwa wegen der Betreuungsbedürftigkeit eines gemeinschaftlichen Kindes ohne Beschränkung auf den Mindestbedarf,[417] vielmehr bedarf es weiterer Anhaltspunkte.

206 Zahlte der Verpflichtete den Unterhalt nur weiter, um sich trotz der Durchführung des Versorgungsausgleichs eine ungeschmälerte Rente zu erhalten (§ 5 VAHRG aF), sprach dies jedenfalls dann gegen einen Einwendungs-

---

407 Dazu auch BeckOGK/*Haidl,* 1.2.2019, Rn. 233–237.

408 Für den Verzicht aA BeckOGK/*Haidl,* 1.2.2019, Rn. 236, der einen wirksamen Verzicht bereits vor Verwirklichung eines Härtegrundes zulässt.

409 BeckOGK/*Haidl,* 1.2.2019, Rn. 234; Johannsen/Henrich/*Hammermann* Rn. 72; NK-BGB/*Hohloch* Rn. 93; *Gernhuber/Coester-Waltjen* FamR § 30 Rn. 90; ausdrücklich offengelassen von BGHZ 157, 395 = NJW 2004, 1326 = FamRZ 2004, 614 (615) mwN; NJW-RR 2003, 505 = FamRZ 2003, 521 mwN.

410 Ausdrücklich offengelassen von BGHZ 157, 395 = NJW 2004, 1326 = FamRZ 2004, 614 (615).

411 Dazu BGHZ 157, 395 = NJW 2004, 1326 = FamRZ 2004, 614 (615); OLG Hamm BeckRS 1997, 10488 = FamRZ 1997, 1485 (1486); OLG Düsseldorf FamRZ 1997, 1159.

412 Ebenso *Bäumel* in Göppinger/Wax UnterhaltsR Rn. 1106; aA Johannsen/Henrich/*Hammermann* Rn. 71 (Nr. 1–7, doch kann die kurze Ehezeit nicht verziehen werden); offengelassen, ob Verzeihung auch bei Anknüpfung an objektive Umstände wie bei Nr. 1, 8 möglich ist, von BGHZ 157, 395 = NJW 2004, 1326 = FamRZ 2004, 614 (615); NJW-RR 2003, 505 = FamRZ 2003, 521 (522); auch BeckOGK/*Haidl,* 1.2.2019, Rn. 235.

413 Zur Herleitung aus den zu §§ 532, 2337, 2343 entwickelten Grundsätzen BeckOGK/*Haidl,* 1.2.2019, § 1611 Rn. 77.

414 BGHZ 157, 395 = NJW 2004, 1326 = FamRZ 2004, 614 (616).

415 BeckOGK/*Haidl,* 1.2.2019, Rn. 233 mwN.

416 Zu Letzterem OLG Hamm BeckRS 2007, 2192 = FamRZ 2003, 877; NJW-RR 1994, 1287 = FamRZ 1994, 704 (705); OLG Düsseldorf BeckRS 2000, 13768 = FamRZ 2001, 835 (Abschluss einer Unterhaltsvereinbarung trotz Kenntnis des ehewidrigen Verhaltens des Berechtigten); FamRZ 1997, 1159; OLG Nürnberg FamRZ 1992, 673.

417 BGHZ 157, 395 = NJW 2004, 1326 = FamRZ 2004, 614 (615); NJW 1997, 483 = FamRZ 1997, 483 (484); OLG Bremen NJW-RR 2011, 79 = FamRZ 2010, 1677 f.

verzicht, wenn er dadurch günstiger stand als bei Wegfall seiner Unterhaltspflicht und gleichzeitiger Kürzung seiner Rente.[418] Dieser Fall dürfte unter der Geltung von **§§ 33, 34 VersAusglG** – jedenfalls in zulässiger Weise – nicht mehr vorkommen, weil die Versorgungsanrechte nur noch in Höhe der tatsächlichen Unterhaltsverpflichtung gekürzt werden (sollen).[419]

Scheidet danach bei Anknüpfung an **objektive Umstände** (Nr. 1, 8) eine Verzeihung zwar aus (→ Rn. 202), ist, obwohl diese Umstände von Amts wegen zu beachten sind, im Rahmen der Billigkeitsabwägung gleichwohl zu berücksichtigen, ob sich der Verpflichtete auf sie **beruft.** Tut er dies nicht, rechtfertigt deren Tatbestandsmäßigkeit idR keine Restriktion des Unterhaltsanspruchs aus Billigkeitsgründen. – Für die Verzeihung trifft den Bedürftigen das **Beweisrisiko.** 207

**3. Vereinbarungen.** Der Berechtigte und der Verpflichtete können in der Form des § 1585c durch **vertragliche Regelungen** sowohl die Tatbestände des § 1579 ausschließen, sie inhaltlich abweichend von der gesetzlichen Regelung ausgestalten als auch neue Fallgestaltungen für die Verwirkung des Unterhaltsanspruchs schaffen (näher → § 1585c Rn. 35). Darlegungs- und beweispflichtig ist der Ehegatte, der sich auf eine vertragliche Regelung beruft. 208

## D. Rechtsfolgen

### I. Allgemeines

§ 1579 beschränkt sich hinsichtlich der Rechtsfolgen auf die Auswirkungen des Fehlverhaltens des Berechtigten auf den **Unterhaltsanspruch.** Unabhängig davon können Ansprüche des Unterhaltspflichtigen gegen den Berechtigten aus **ungerechtfertigter Bereicherung** auf Rückzahlung zu Unrecht bezogenen Unterhalts oder **unerlaubter Handlung** auf Schadensersatz,[420] etwa wegen (versuchten) Prozessbetrugs, bestehen. 209

### II. Rechtsinstitute

Der Unterhalt kann **versagt, herabgesetzt** oder **befristet** werden.[421] Die Auswahl obliegt im Einzelfall als Wertung tatsächlicher Umstände der Verantwortung des Tatrichters.[422] Die zu treffende Maßnahme muss den Interessen beider Ehegatten und der gemeinschaftlichen Kinder unter Wahrung der **Verhältnismäßigkeit** (→ Rn. 183–189) gerecht werden. Die vollständige Versagung des Unterhaltsanspruchs ist auf die Ausnahmefälle beschränkt, bei denen jede Unterhaltsgewährung überhaupt mit dem Rechtsempfinden unvereinbar wäre.[423] 210

Wird der Unterhalt **gekürzt,** muss nicht in jedem Fall der **notwendige Bedarf** des Bedürftigen gewährt werden (anders aber zur Wahrung der Belange gemeinschaftlicher Kinder, → Rn. 190–198). Hat der Berechtigte seine Bedürftigkeit mutwillig herbeigeführt (Nr. 4), ist die Herabsetzung des Unterhalts idR auf die gerade dadurch herbeigeführte Einkommenseinbuße zu **beschränken.** 211

§ 1579 ermöglicht auch die zeitlich und umfänglich **gestaffelte** Beschränkung des Unterhaltsanspruchs.[424] Doch ist in diesem Zusammenhang das Konkurrenzverhältnis zu § 1578b (→ Rn. 228, 229, → § 1578b Rn. 265–268) in besonderem Maße zu beachten. 212

**Beispiel:**
Liegt der Verstoß in der Nichterzielung von Erwerbseinkünften, die die ehelichen Lebensverhältnisse prägen würden, sind diese nach der Additionsmethode bei der Bestimmung der ehelichen Lebensverhältnisse einzustellen und im Rahmen der Bedürftigkeit vom so ermittelten Bedarf wieder abzusetzen. Eine Herabsetzung kann danach rechnerisch nur in Höhe der Hälfte der nicht erzielten bereinigten Einkünfte erfolgen.

---

418 BGHZ 157, 395 = NJW 2004, 1326 = FamRZ 2004, 614 (615 f.); NJW-RR 2003, 505 = FamRZ 2003, 521 (522).
419 Ebenso Johannsen/Henrich/*Hammermann* Rn. 71.
420 Etwa BeckOGK/*Haidl,* 1.2.2019, Rn. 226.
421 Ausdrücklich geschaffen durch das UÄndG 1986. Zu § 1579 [1. EheRG] war noch streitig, ob der Unterhaltsanspruch auch befristet werden kann. Zum Streitstand s. die Darstellung in BT-Drs. 10/2888, 19.
422 BGH NJW 1982, 1461 = FamRZ 1982, 463 (464).
423 OLG Saarbrücken 13.7.1989 – 6 UF 138/87, juris Rn. 12.
424 OLG Karlsruhe BeckRS 2009, 1257 = FamRZ 2008, 2279 (2280 f.).

213 Große Bedeutung kommt den **Einkommens-** und **Vermögensverhältnissen** beider Ehegatten zu,[425] inwieweit also der Bedürftige überhaupt auf Unterhalt angewiesen ist und der Verpflichtete durch die Unterhaltszahlungen in seiner Lebensführung eingeschränkt würde (→ Rn. 183–189). Der Bedürftige ist zu verweisen auf

- eigene **Erwerbseinkünfte,** auch aus nach allgemeinen Kriterien unzumutbarer Arbeit.[426]
- das ihm zustehende anteilige **Kindergeld,**[427] soweit es nicht für den Kindesunterhalt benötigt wird, nicht dagegen auf den Kindesunterhalt selbst.
- **Elterngeld** (§ 11 S. 4 BEEG) einschließlich des Schonbetrags von 300 EUR.[428] Stets lässt der Bezug des Elterngeldes jedoch das dringende Bedürfnis für eine Entscheidung im Verfahren der einstweiligen Anordnung (§ 49 Abs. 1 FamFG) entfallen.
- **Pflegegeld** für die Betreuung eines behinderten Kindes.[429]
- **Wohngeld.**[430]
- **Vermögensverwertung** (über eine nach § 1577 Abs. 3 zumutbare Verwendung hinaus).[431]
- **Unterhaltszahlungen** des Verpflichteten.
- **freiwillige Zuwendungen Dritter** (→ § 1578 Rn. 636–642), auch eines nichtehelichen Lebenspartners als Sachleistungen und sonstiger Vorteile einschließlich der sich aus dem Zusammenleben ergebenden Entlastungen (→ § 1578 Rn. 643–656),[432] auch auf fiktive Leistungen des leistungsfähigen Partners für ihm erbrachte Dienste. Zur Berücksichtigung von **„Synergieeffekten"** bei der Herabsetzung des notwendigen Selbstbehalts → § 1578 Rn. 653.
- nicht jedoch auf **Sozialhilfeleistungen** wegen ihrer Subsidiarität und weil sie aufgrund gesetzlicher Verpflichtung gewährt wird (zu Leistungen nach dem **SGB II** → § 1578 Rn. 568–572).[433]

**Beispiele aus der Rspr.:**
**Zu Nr. 1:**
BGH NJW 1982, 2064 = FamRZ 1982, 582: Eine extrem kurze Ehezeit kann allein schon zur groben Unbilligkeit und zur Versagung jeglichen Unterhalts führen. Bei einer Ehedauer bis zu 2 Jahren sind an die Darlegung von Unbilligkeitsgründen geringere Anforderungen zu stellen; je länger die Ehedauer 2 Jahre übersteigt, desto mehr bedarf es der Feststellung konkreter Umstände.
OLG Hamm NJW-RR 2006, 651 (652): Knapp 2-jährige Ehedauer, lediglich 1-jähriges eheliches Zusammenleben; Wiederaufleben der Witwenrente nach Scheidung, keine ehebedingten Nachteile.
**Zu Nr. 2, 6:**
BGH BeckRS 2010, 12054 = FamRZ 1983, 670 (672): Trotz ehebrecherischer Beziehungen zu mindesten 4 Männern nur eine Kürzung des Unterhaltsanspruchs um ⅓ wegen des vorgerückten Alters der Berechtigten (55 Jahre), eines 30-jährigen Zusammenlebens, 4 in der Ehe geborener und aufgezogener Kinder und günstiger Einkommens- und Vermögensverhältnisse des Verpflichteten.
OLG Bamberg BeckRS 2009, 25015 = FamRZ 1987, 1153 (1154): Eine Versagung jeglichen Unterhalts kann bei einer kinderlosen 20-jährigen Ehe in Betracht kommen, wenn der Bedürftige eine geraume Zeit vor der Scheidung aufgenommene ehewidrige Beziehung nach der Scheidung fortsetzt und die Ehe trotz langer Dauer zu keiner ausgeprägten wirtschaftlichen Abhängigkeit der Eheleute geführt hat.

---

[425] Dazu etwa OLG Koblenz NJW-RR 1997, 1229 f. = FamRZ 1998, 565 (auch sonst nicht zu berücksichtigendes Vermögen des Berechtigten ist einzubeziehen); OLG Hamm BeckRS 1996, 2208 = FamRZ 1996, 223 f. (Beschränkung auf den doppelten Mindestbedarf angesichts der hohen Einkünfte des Verpflichteten).

[426] BGH NJW 1998, 1309 = FamRZ 1998, 541 (542); NJW 1992, 2477 = FamRZ 1992, 1045 (1049); NJW 1990, 3020 = FamRZ 1990, 1091 (1095); OLG Schleswig BeckRS 2005, 30129740; OLG Celle NJW 2000, 2282 = FamRZ 2000, 1374 f. (Partner war objektiv zur Betreuung der Kinder in der Lage).

[427] OLG Hamm BeckRS 1997, 13345 = FamRZ 1999, 1134 (1135); OLG München OLGR 1993, 117 (118); aA OLG Düsseldorf NJW-RR 1988, 7 = FamRZ 1987, 1267 (1269).

[428] BGH NJW 2012, 2190 Rn. 30 = FamRZ 2012, 1201. Zum ehemaligen **Erziehungsgeld** (s. § 9 S. 2 BErzGG) BGH NJW 1990, 253 = FamRZ 1989, 1279 (1280); OLG Köln BeckRS 2007, 4384; OLG Schleswig BeckRS 2005, 30350456; OLG Zweibrücken BeckRS 1999, 30981265 = FamRZ 2001, 228 Ls.; FamRZ 1987, 820 f.; OLG Nürnberg NJW-RR 1997, 963 (965) = FamRZ 1997, 886 Ls.; NJW-RR 1996, 1089 = FamRZ 1996, 1090 (1091); OLG Hamm FamRZ 1995, 805 f.; OLG München OLGR 1993, 117 (118); KG FamRZ 1990, 1120; AG Konstanz BeckRS 2009, 27884 = FamRZ 1987, 1247 (1248).

[429] OLG Zweibrücken BeckRS 2000, 13767 = FamRZ 2001, 833 (834).

[430] OLG Köln BeckRS 2007, 4384.

[431] BGH NJW 1984, 297 = FamRZ 1984, 154 (156).

[432] OLG Hamm NJW-RR 1996, 1474 = FamRZ 1997, 374 Ls.; OLG Zweibrücken BeckRS 2000, 13767 = FamRZ 2001, 833 (834).

[433] BGH BeckRS 2003, 30330511 = FamRZ 2004, 1026 Ls.; NJW 1992, 3164 = FamRZ 1992, 1403 (1405); NJW 1990, 253 = FamRZ 1989, 1279 (1280 f.) mwN; OLG Saarbrücken BeckRS 2002, 30256636; anders OLG München OLGR 1993, 117 (118).

AG Kamen FamRZ 2006, 1537 f.: Leugnen der Aufnahme einer Beziehung zu einem fremden Mann: wegen gewandelten Moralverständnisses Kürzung um ⅓.
OLG Brandenburg BeckRS 2006, 19288: Bedürftiger hat nach der Scheidung jahrelang keinen Unterhalt geltend gemacht: Aufstockungsunterhalt befristet bis zum vollendeten 16. Lebensjahr der gemeinsamen Tochter, danach trotz weiterer Betreuungsbedürftigkeit vollständige Versagung des Unterhaltsanspruchs, Zahlung von Unterhalt lediglich 2¼ Jahre: Keine weitere Kürzung.
**Zu Nr. 3:**
BGH NJW 1984, 296 = FamRZ 1984, 34: Dieser Härtegrund kann Wirkungen grundsätzlich erst ab der Tat für die Zukunft entfalten.
BGH NJW 2004, 1324 = FamRZ 2004, 612 (613): In besonders gravierenden Ausnahmefällen Erstreckung auf bereits rückständigen Unterhalt: Der Bedürftige hat die Tat von langer Hand geplant, er war sich der Anwesenheit der Kinder bei der Tatausführung bewusst, der Verpflichtete hatte in der Vergangenheit teilweise Unterhalt durch Zahlung von Miete erbracht.
OLG Hamm FamRZ 1994, 1035 (1036): Trotz massiven Prozessbetrugs keine gänzliche Versagung von Unterhalt, weil der Berechtigte auf absehbare Zeit nur unterdurchschnittliche Einkünfte erzielen kann.
OLG Hamm FamRZ 1997, 1337 (1338): Nur Teil-Verwirkung bei für den Unterhaltsanspruch nicht erheblichen falschen Angaben über Beziehungen zu anderem Partner.
OLG Koblenz NJWE-FER 1998, 122 = FamRZ 1998, 745: Bei erheblichem Mitverschulden des Verpflichteten an einer gefährlichen Körperverletzung und sehr guten wirtschaftlichen Verhältnissen Herabsetzung des Unterhalts auf die Hälfte.
OLG Hamm BeckRS 2006, 2070 = FamRZ 2006, 1537 Ls.: Sachbeschädigung, versuchte gefährliche Körperverletzung, versuchter Prozessbetrug: Kürzung um ⅔.
OLG München BeckRS 2006, 18137 = FamRZ 2006, 1605 ff.: Falsche Verdächtigung (sexueller Missbrauch eines gemeinsamen Kindes) mit versuchtem Prozessbetrug, Umgangsverweigerung: Ausschluss des Unterhaltsanspruchs.
OLG Schleswig NJOZ 2007, 2006: Körperverletzung und falsche Verdächtigung mit versuchtem Prozessbetrug: Kürzung um 50%.
**Zu Nr. 5:**
OLG Karlsruhe NJWE-FER 1998, 52 = FamRZ 1998, 746 (747): Nichtteilhabe des Berechtigten an der nachehelichen Entwicklung des Erwerbseinkommens des Verpflichteten: Aufstockungsunterhalt bis zur Höhe des notwendigen Bedarfs.

Die Beschränkung des Unterhalts kann zu rechtlichen Folgen außerhalb des Unterhaltsrechts führen. 214
So können dem Bedürftigen dadurch die finanziellen Mittel fehlen, um sich entsprechend einer Vereinbarung der Ehegatten an der **Rückführung ehegemeinsamer Schulden** zu beteiligen (§ 426 Abs. 1 S. 1).[434] Mit der Annahme einer Änderung der Geschäftsgrundlage ist aber zurückhaltend umzugehen, um zu vermeiden, dass dadurch das unterhaltsrechtlich geahndete Verhalten des Bedürftigen über den Wegfall seiner vertraglichen Verpflichtungen honoriert wird.

## III. Wirkungen

**1. Grundsatz.** Die Begrenzung des Unterhaltsanspruchs nach § 1579 führt als Einwendung 215
„lediglich" zu einer **umfangbezogenen Begrenzung,** wie insbesondere die Möglichkeit des Wiederauflebens des Unterhaltsanspruchs (→ Rn. 218–225) zeigt. Sie bringt nicht das **Unterhaltsstammrecht** (→ § 1569 Rn. 7) zum Erlöschen,[435] sodass der Unterhaltsanspruch auch dann nicht dem Grunde nach entfällt, wenn das Fehlverhalten des Berechtigten so schwer wiegt, dass der Unterhaltsanspruch vollständig auszuschließen ist.

**2. Rückständiger Unterhalt.** Fraglich ist, wie sich dies auf den rückständigen Unterhalt aus- 216
wirkt. Für ihn sieht **§ 1585b Abs. 3** eine Sonderregelung vor, die allerdings eine Verwirkung des Unterhaltsanspruchs nach allgemeinen Grundsätzen (§ 242) nicht ausschließt (→ § 1585b Rn. 129–144). Anders § 1579, der die Anwendbarkeit von **§ 242 ausschließt** (→ Rn. 230). Tritt § 1579 mithin an die Stelle von § 242, ist er nach der Rspr. des BGH – neben § 1585b Abs. 3 – grundsätzlich auch auf rückständige Unterhaltsbeträge anzuwenden. Allerdings sind insoweit besondere Umstände des Fehlverhaltens zu fordern, die die Zahlung des rückständigen Unterhalts unerträglich erscheinen lassen.[436] Maßgeblich ist dabei auf die Art des Fehlverhaltens und seine Auswirkungen auf den Verpflichteten im Einzelfall abzustellen.

---

[434] S. dazu den Fall des OLG Bremen NJW-RR 2006, 1657 = FamRZ 2007, 47.

[435] BGH NJW-RR 2004, 649 = FamRZ 2004, 531 (532); OLG Brandenburg BeckRS 2008, 9969 = FamRZ 2008, 906 (907); auch BeckOGK/*Haidl*, 1.2.2019, Rn. 229.

[436] BGH NJW 2004, 1324 (1325) = FamRZ 2004, 612; OLG Zweibrücken BeckRS 2001, 30171983 = FamRZ 2002, 241 (242) (Vorinstanz zu BGH NJW 2004, 1324 (1325) = FamRZ 2004, 612); Johannsen/Henrich/*Hammermann* Rn. 74; *Borth* in Schwab ScheidungsR-HdB IV Rn. 514; offengelassen noch von BGH NJW 1984, 296 (297) = FamRZ 1984, 34; aA BeckOGK/*Haidl*, 1.2.2019, Rn. 230–232 mwN und dem Hinweis auf Ansprüche des Verpflichteten aus ungerechtfertigter Bereicherung und unerlaubter Handlung; ebenso iErg wohl NK-BGB/*Hohloch* Rn. 113.

**Beispiele:**

217 BGH NJW 2004, 1324 (1325) = FamRZ 2004, 612: Der Bedürftige hatte die Tat, eine gefährliche Körperverletzung, von langer Hand geplant und war sich der Anwesenheit der Kinder bei der Tatausführung bewusst, der Verpflichtete hatte in der Vergangenheit teilweise Unterhalt durch Zahlung von Miete erbracht. Missbrauch gemeinschaftlicher Kinder.

**Diskussion:**

218 Zu § 242 führt der BGH im Zusammenhang mit § 1585b Abs. 3 ganz allgemein aus, ein Unterhaltsanspruch könne vor Fälligkeit nicht verwirkt sein.[437] Für § 1579 kann dies jedoch nicht gelten, weil er gerade die Wirkung eines in der Vergangenheit liegenden Verhaltens auf den Unterhaltsanspruch vor allem in der **Zukunft,** mithin vor der Fälligkeit des jeweiligen Unterhaltsbetrages regelt. Dies zeigt anschaulich das Tatbestandsmerkmal „Belange eines … Kindes", die für die Vergangenheit meist nicht mehr berührt werden können, sondern nur noch für die Zukunft, es sei denn, es bestünde wegen des rückständigen Unterhalts ein aufholbarer Nachholbedarf. § 1579 **ersetzt** § 242 (→ Rn. 230) und macht seine unterhaltsbeschränkenden Wirkungen gerade nicht davon abhängig, dass der Unterhaltsanspruch in Form seines monatlichen Unterhaltsbetrages bereits fällig geworden ist.

## E. Wiederaufleben des Unterhaltsanspruchs

### I. Grundsätze

219 Die Härtegründe schließen als rechtsvernichtende Einwendung (→ Rn. 12) in besonderer Ausprägung von Treu und Glauben ein Wiederaufleben des untergegangenen Unterhaltsanspruchs **grundsätzlich** aus.[438] Als Rechtsinstitut eigener Art (→ Rn. 12) lassen sie aber Ausnahmen zu, um auch der Eigenart des Unterhaltsrechts als sich stets erneuerndes Dauerrecht und den Umständen des Einzelfalles gerecht zu werden.

220 Diese **Ausnahmen** richten sich am jeweiligen Härtegrund, mithin an den Nrn. 1–8 zugrundeliegenden Wertungen und ihren konkreten Auswirkungen auf den Verpflichteten aus (→ Rn. 221–225).[439] Maßstab für die Reichweite der Wirkung eines Härtegrundes ist die **grobe Unbilligkeit,** die eine umfassende Zumutbarkeitsprüfung unter Berücksichtigung aller Umstände erfordert[440] und sich danach beurteilt, in welchem Umfang der benachteiligte Ehegatte – ggf. noch – betroffen ist und wie diese Betroffenheit im Verhältnis zu den schützenswerten Interessen des handelnden Ehegatten zu gewichten ist. – Zur **prozessualen Geltendmachung** des Wiederauflebens → Rn. 235, zur **Darlegungs-** und **Beweislast** → Rn. 248.

221 Die Begrenzungen aus § 1579 sind nicht generell auf den aktuell eingreifenden **Unterhaltstatbestand** beschränkt. Allerdings ist § 1586a Abs. 1 [UÄndG 2007] der Rechtsgedanke zu entnehmen, dass ein wegen einer verfestigten Lebensgemeinschaft (§ 1579 Nr. 2) untergegangener Unterhaltsanspruch grundsätzlich nur im Interesse gemeinsamer Kinder als Betreuungsunterhalt (§ 1570) wiederaufleben soll.[441] Ein ausnahmsweises Wiederaufleben von Unterhaltsansprüchen aufgrund anderer Unterhaltstatbestände setzt voraus, dass das Maß der nachehelichen Solidarität dies rechtfertigt.[442]

### II. Nr. 1, 3–7

222 Die Verwirkung nach diesen Härtegründen ist wegen der ihnen im Allgemeinen zukommenden Dauerwirkung in aller Regel **endgültig.** Dies trifft uneingeschränkt auf die Tatbestände der **Nr. 1, 6** und grundsätzlich auch der **Nr. 3** zu. **Ausnahmen** sind ggf. bei einem nachträglichen Wechsel in der Betreuung gemeinschaftlicher Kinder, einer Verzeihung (→ Rn. 196–203) oder einer Verbesserung der wirtschaftlichen Verhältnisse des Verpflichteten zu machen.[443]

223 Ist den Härtegründen keine Dauerwirkung beizumessen, weil sie sich auf ein **noch andauerndes Verhalten** des Bedürftigen stützen, steht dem Unterhaltsanspruch grundsätzlich nicht mehr die

[437] BGH NJW 2007, 1273 Rn. 28 = FamRZ 2007, 453.

[438] BeckOGK/*Haidl,* 1.2.2019, Rn. 227; Soergel/*Häberle* Rn. 52; NK-BGB/*Hohloch* Rn. 103; Staudinger/*Verschraegen,* 2014, Rn. 303; *Griesche* FamRZ 1981, 1025; *Brudermüller* NJW 1980, 1672. JurisPK-BGB/*Hollinger,* Rn. 235 geht vom Grundsatz des Wiederauflebens aus. Allgemein aA *Luthin* FamRZ 1986, 1168.

[439] BGH NJW-RR 1988, 70 = FamRZ 1987, 1238 (1239).

[440] BGHZ 190, 51 = NJW 2011, 3089 Rn. 30 = FamRZ 2011, 1498; auch Johannsen/Henrich/*Hammermann* Rn. 70; *Siebert* in Wendl/Dose UnterhaltsR § 4 Rn. 1384.

[441] BGHZ 190, 51 = NJW 2011, 3089 Rn. 30 = FamRZ 2011, 1498; auch *Siebert* in Wendl/Dose UnterhaltsR § 4 Rn. 1384.

[442] BGHZ 190, 51 = NJW 2011, 3089 Rn. 33 = FamRZ 2011, 1498 mwN; auch OLG Koblenz BeckRS 2013, 5186 = FamRZ 2013, 474 (475).

[443] Etwa Johannsen/Henrich/*Hammermann* Rn. 78.

Verwirkung entgegen, wenn der Bedürftige das zu beanstandende Verhalten aufgibt. Dies gilt vor allem für die mutwillige Herbeiführung der Bedürftigkeit **(Nr. 4)** und die mutwillige Schädigung der Vermögensinteressen des Verpflichteten **(Nr. 5)**, kann aber auch auf eine nach **Nr. 3** beachtliche, lediglich vermögensbezogene Straftat, deren schädigenden Folgen durch eine nur zeitweilige Reduktion ausgeglichen werden können,[444] und ein nach **Nr. 7** beachtliches, nicht verziehenes Fehlverhalten wie etwa die Behinderung des Umgangs mit gemeinsamen Kindern oder ein Intimverhältnis zu einem anderen Partner[445] zutreffen. In diesen Fällen ist nach Entfallen des zu beanstandenden Fehlverhaltens aber das Eingreifen der Auffangklausel **(Nr. 8)** zu prüfen. – Zum **Betreuungsunterhalt** (§ 1570) → Rn. 220.

### III. Nr. 2, 8

Die Änderung der die Unzumutbarkeit der Inanspruchnahme des Verpflichteten nach Nr. 2, 8 begründenden Umstände rechtfertigt im Rahmen der **Auffangklausel** – anders als zu Nr. 1, 3–7 – stets die Prüfung, ob die aus der Unterhaltspflicht erwachsende Belastung für den Verpflichteten die Grenze der Zumutbarkeit überschreitet.[446] **224**

Wird die zur Verwirkung nach **Nr. 2** führende **verfestigte Lebensgemeinschaft** aufgehoben, **225** entfällt[447] bereits dadurch die Tatbestandsmäßigkeit des sanktionierten Verhaltens, sodass der Unterhaltsanspruch – wie nach der Auflösung einer nachfolgenden Ehe (§ 1586a Abs. 1) – wiederauflebt.[448] Doch können andere Umstände, „die ebenso schwer wieg[en] wie die in den Nummern 1 bis 7 aufgeführten Gründe", seine Begrenzung nach Nr. 8 rechtfertigen, insbesondere weil sich der Bedürftige durch die Aufnahme einer verfestigten Lebensgemeinschaft von der nachehelichen Solidarität losgesagt und dadurch deutlich gemacht hat, dass er sie nicht mehr benötigt.[449]

Zu denken ist etwa an die Lockerung oder Aufhebung der Lebensgemeinschaft lediglich wegen der Aufforderung des Verpflichteten zum **Verzicht** auf nachehelichen Unterhalt,[450] an eine lange **Dauer** der aufgelösten Lebensgemeinschaft oder **mehrfache** verfestigte Lebensgemeinschaften, aber auch daran, unter welchen Begleitumständen die eheliche Lebensgemeinschaft **aufgelöst** und die **neue Partnerschaft begründet** worden ist, oder wie und mit welchen belastenden **Auswirkungen** auf den Verpflichteten die nunmehr aufgelöste verfestigte Lebensgemeinschaft in der Öffentlichkeit gelebt worden ist.[451]

Im Lichte der nachehelichen Eigenverantwortung wird es bei der Zumutbarkeitsprüfung letztlich vornehmlich um die Wahrung der **Kinderbelange** gehen.[452]

---

[444] AA scheinbar BeckOGK/*Haidl*, 1.2.2019, Rn. 230 (der mE unzutr. auf die abschließende Verwirklichung des Härtegrundes abstellt und nicht auf die fortdauernde Wirkung und Schwere des Fehlverhaltens), in Rn. 228 allerdings ähnlich wie hier.

[445] Dazu OLG Zweibrücken FamRZ 2004, 1576 (1577) (kein Wiederaufleben des Unterhaltsanspruchs nach Beendigung des Verhältnisses, aus dem ein Kind hervorgegangen ist und das der Verpflichtete nicht verziehen hat); OLG München BeckRS 1997, 31130663 = FamRZ 1998, 750 (751); OLG Nürnberg NJWE-FER 1997, 4 = FamRZ 1997, 614 (615).

[446] BGH NJW-RR 1991, 514 = FamRZ 1991, 542 (543) (Zerbrechen einer nichtehelichen Lebensgemeinschaft); NJW-RR 1988, 70 = FamRZ 1987, 1238 f.; NJW 1987, 3129 = FamRZ 1987, 689 (690); NJW 1986, 722 = FamRZ 1986, 443 (444) (Zerbrechen einer Unterhaltsgemeinschaft); s. auch OLG Nürnberg NJWE-FER 1997, 4 = FamRZ 1997, 614 (615) (Behinderung des Umgangs mit dem Kind); NJW 1994, 2964 = FamRZ 1994, 1393 f.; OLG Celle BeckRS 2009, 5830 = FamRZ 2008, 1627 (1628); OLG Hamm NJWE-FER 2000, 129 = FamRZ 2000, 907 Ls.; NJW-RR 1998, 724 (726) = FamRZ 1998, 623 Ls.; BeckRS 1996, 30944988 = FamRZ 1996, 1080 (1081); OLG Schleswig BeckRS 2000, 30093630. – Das OLG Schleswig NJW-RR 2007, 292 (293) scheint bereits zu § 1579 Nr. 7 [UÄndG 1986] von einem von einer Billigkeitsprüfung unabhängigen Wiederaufleben nach Beendigung des Verhältnisses auszugehen.

[447] Anders als zu § 1579 Nr. 7 [UÄndG 1986], BGH NJW-RR 1991, 514 = FamRZ 1991, 542 (543).

[448] BGHZ 177, 272 = NJW 2008, 3128 Rn. 47 = FamRZ 2008, 1739 mAnm *Maurer* FamRZ 2008, 1830 (1831 f.); s. auch *Maurer* FamRZ 2011, 1503. Unklar BGHZ 190, 251 = NJW 2011, 3089 Rn. 30 = FamRZ 2011, 1498 mwN, weil nicht deutlich wird, worauf der BGH seine „umfassende[n] Zumutbarkeitsprüfung unter Berücksichtigung aller Umstände" stützt.

[449] BT-Drs. 16/1830, 21; auch BGHZ 190, 251 = NJW 2011, 3089 Rn. 31 = FamRZ 2011, 1498 mAnm *Maurer*, der davon ausgeht (Rn. 38), dass die nacheheliche Solidarität nach Auflösung einer verfestigten Lebensgemeinschaft nur noch sehr begrenzt ist. Doch wird man dies so allgemein nicht sagen können, wie das Wiederaufleben des Anspruchs auf Betreuungsunterhalt (§§ 1586a, 1570), obwohl sich der Bedürftige mit der Eingehung einer nachfolgenden Ehe noch viel mehr als mit einer verfestigten Lebensgemeinschaft der nachehelichen Solidarität begibt, zeigt.

[450] BGH NJW-RR 1991, 514 = FamRZ 1991, 542 (543).

[451] *Maurer* FamRZ 2011, 1503.

[452] BGHZ 190, 251 = NJW 2011, 3089 Rn. 31 = FamRZ 2011, 1498.

226 In die – erstmalige oder auch erneute[453] – Prüfung von **Nr. 8** sind alle Umstände des Einzelfalles einzubeziehen, die die Billigkeitsabwägung beeinflussen können,[454] insbesondere: Die **Ehedauer** wegen der damit einhergehenden, zunehmend engeren wirtschaftlichen Verflechtung der Ehegatten und der daraus folgenden wirtschaftlichen Abhängigkeit des Bedürftigen vom Verpflichteten, und die **Dauer des Verhältnisses,** das die Unzumutbarkeit der Inanspruchnahme des Verpflichteten auf nachehelichen Unterhalt begründet, wegen des sich darauf gründenden schutzwürdigen Vertrauens des Verpflichteten, für den Unterhalt des Bedürftigen nicht mehr aufkommen zu müssen. Dieses **Vertrauen** kann schutzwürdig sein, wenn der Verpflichtete im Hinblick auf die Verwirkung des Unterhalts Vermögensdispositionen etwa durch Aufnahme von Krediten getroffen hat, die er dem Berechtigten unterhaltsrechtlich nicht entgegenhalten kann, oder erneut geheiratet hat.[455] – Belange eines **gemeinschaftlichen Kindes** sind aber unabhängig davon zu wahren, ob der Bedürftige seinen Unterhaltsanspruch für einen vorangehenden Zeitraum verwirkt hatte.[456]

## F. Konkurrenzen

### I. Konkurrenz der Härtegründe

227 **1. Nr. 1–7 zueinander.** Die Härtegründe Nr. 1–7 schließen sich nicht gegenseitig aus und können nebeneinander bestehen.[457] Soweit sie durch verschiedene Handlungen verwirklicht werden, besteht **Realkonkurrenz,** bei einer Verwirklichung durch eine Handlung **Idealkonkurrenz.** Die kumulative Verwirklichung von Härtegründen ist bei der **Billigkeitsabwägung** und den hieraus abzuleitenden **Rechtsfolgen** – Umfang von Herabsetzung, Versagung oder Befristung – zu berücksichtigen.

228 **2. Nr. 1–7 zu Nr. 8.** Nr. 8 schließt die Lücke für Sachverhalte, die zwar die Nr. 1–7 nicht erfüllen, gleichwohl aber die Inanspruchnahme des Verpflichteten auf Unterhalt als grob unbillig erscheinen lassen. Sie führt zu keiner Ausweitung der Härteklausel, weshalb ein Grund, der einschlägig iSd Nr. 1–7 ist, allein grundsätzlich nicht unter Nr. 8 fallen kann, sondern **weitere Umstände** hinzukommen müssen.[458] Die praktisch wichtigsten Fälle sind, dass
- die Ehe nicht von kurzer Dauer war (Nr. 1, → Rn. 16–29),
- der Bedürftige bei einer Straftat nicht schuldfähig war (Nr. 3, → Rn. 59, 163),
- der Bedürftige unverschuldet erkrankt war (Nr. 4, → Rn. 87, 88).

### II. Verhältnis zu verwandten Vorschriften

229 **1. Weitere Billigkeitsklauseln.** In die Billigkeitsprüfung des **§ 1576** (→ § 1576 Rn. 31–35) sind alle gegen eine Zubilligung von Unterhalt sprechenden Umstände einzubeziehen, insbesondere auch die durch den Bedürftigen verwirklichten. Die grobe Unbilligkeit kann nur **einheitlich** beurteilt werden. Deshalb scheidet die Anwendung von § 1579 aus, wenn die Voraussetzungen von § 1576 vorliegen.[459] Allerdings sind die für § 1579 maßgeblichen Umstände in die Billigkeitsprüfung mit einzubeziehen.[460]

230 IÜ aber sind die Billigkeitsklauseln der **§ 1577 Abs. 2 S. 2, Abs. 3, §§ 1578b, 1581** neben der negativen Härteklausel anwendbar, weil sich ihre Anwendungsbereiche nicht überschneiden: So betrifft § 1577 Abs. 2 S. 2 allein die Anrechnung vom Bedürftigen überobligatorisch erzielter Einkünfte, Abs. 3 den Einsatz von Vermögen, § 1581 die Leistungsfähigkeit des Verpflichteten;

---

[453] BGH NJW 1991, 1290 = FamRZ 1991, 670 (672).
[454] BGH NJW 1987, 3129 = FamRZ 1987, 689 (690) mwN; s. auch BGH NJW-RR 1998, 724 (726) = FamRZ 1998, 623 (Ls. 4) (insbesondere Ehedauer, Alter und Gesundheitszustand); OLG Karlsruhe BeckRS 1996, 3587 = FamRZ 1997, 370 (371).
[455] Zum Ganzen BGH NJW 1991, 1290 = FamRZ 1991, 670 (672); s. auch OLG Hamm NJW-RR 2007, 583 = FamRZ 2007, 1106 (1107); FPR 1998, 51 = FamRZ 1996, 1080 (1081).
[456] Zum Ganzen BGHZ 190, 251 = NJW 2011, 3089 Rn. 31 = FamRZ 2011, 1498.
[457] AllgM, etwa NK-BGB/*Hohloch* Rn. 111; BeckOK BGB/*Beutler,* 47. Ed. 1.8.2018, Rn. 40; Erman/*Maier* Rn. 35.
[458] BGH NJW-RR 1995, 449 = FamRZ 1995, 1405 (1407); NJW 1987, 1761 = FamRZ 1987, 572 (575); NJW 1985, 2268 = FamRZ 1985, 911; NJW 1985, 428 = FamRZ 1985, 51 (52); dazu auch OLG Celle BeckRS 1989, 31137568 = FamRZ 1990, 519 f. (kurze Ehezeit); AG Weilburg NJW-RR 1995, 3 = FamRZ 1995, 97; offengelassen von OLG Hamm BeckRS 1996, 31207981 = FamRZ 1997, 417 (418).
[459] BGH NJW 1984, 1538 = FamRZ 1984, 361 (364).
[460] Nicht eindeutig Staudinger/*Verschraegen*, 2014, Rn. 51: „… insofern nicht von Bedeutung …"

§ 1578b[461] ist verschuldensunabhängig ausgestaltet (→ § 1578b Rn. 34, 35–118). Deshalb sind die von § 1579 erfassten Umstände im Rahmen dieser weiteren Billigkeitsklauseln ohne Bedeutung (→ § 1578b Rn. 265).[462] – Zum Verhältnis zu **§§ 66 Abs. 2, 37 Abs. 2 EheG aF** → 7. Aufl. 2017, Anh. § 1586b Rn. 7.

**2. Treu und Glauben.** Die Regelung der Härtegründe in § 1579 ist **abschließend.** Soweit der Anwendungsbereich der in § 1579 geregelten Fallgruppen reicht, greifen deshalb die allgemeinen Regeln über die **Verwirkung** nach Treu und Glauben **(§ 242)** auch dann nicht ein, wenn die tatbestandlichen Voraussetzungen der Nr. 1–8 nicht gegeben sind.[463] Daraus resultiert auch eine **Schutzwirkung zugunsten des Berechtigten,** weil dessen Unterhaltsanspruch wegen eines nicht unter Nr. 1–8, insbesondere nicht unter Nr. 4 zu fassenden Verhaltens nicht nach § 242 begrenzt werden kann.[464] – Zum **rückständigen Unterhalt** → Rn. 210; zum Verhältnis der Härtegründe nach § 1579 zur Begrenzung des Unterhaltsanspruchs nach **§ 1578b** → § 1578b Rn. 265–268. 231

**3. Verwandtenunterhalt.** Ist ein Anspruch des Bedürftigen nach § 1579 ganz oder teilweise ausgeschlossen, führt dies nicht zugleich entsprechend **§ 1611 Abs. 3** wegen Unzumutbarkeit der Inanspruchnahme von Verwandten zum ggf. teilweisen Ausschluss des Anspruchs auf Verwandtenunterhalt (→ § 1361 Rn. 65), weil die Voraussetzungen von § 1611 Abs. 1 und der negativen Härteklausel nicht deckungsgleich sind. Vielmehr müssen die Voraussetzungen aus § 1611 Abs. 1 gegenüber dem in Anspruch genommenen Verwandten vorliegen.[465] 232

**4. Zugewinnausgleich und Versorgungsausgleich.** In Entsprechung zur unterhaltsrechtlichen negativen Härteklausel räumt § 1381 dem auf **Zugewinn** in Anspruch genommenen Ehegatten ein Leistungsverweigerungsrecht ein, und § 27 VersAusglG sieht für den öffentlich-rechtlichen wie den schuldrechtlichen **Versorgungsausgleich** eine allgemeine Härteklausel vor. Wegen der wesentlichen Unterschiede zwischen diesen Härteklauseln und der unterhaltsrechtlichen negativen Härteklausel, die auf der Wirkung des Unterhaltsanspruchs in die Zukunft und die des Zugewinn- und Versorgungsausgleichs in die Vergangenheit beruhen, sind die Voraussetzungen der § 1381, § 27 VersAusglG deutlich enger als die von § 1579 Nr. 4–8.[466] 233

## G. Verfahren

### I. Berücksichtigung der Härtegründe

**1. Verfahren der Hauptsache.** Die nach § 1579 erheblichen Umstände sind grundsätzlich im **Ausgangsverfahren** – Zahlungsantrag des Berechtigten oder negativer Feststellungsantrag des Verpflichteten – zu beachten, wenn und soweit sie bereits vorliegen.[467] Ihre Nichtbeachtung hindert ihre Geltendmachung in einem Abänderungsverfahren (§§ 238, 239 FamFG) nicht, wenn die nunmehr behaupteten und maßgeblichen Verhältnisse im Zeitpunkt der letzten mündlichen Verhandlung im Ausgangsverfahren noch nicht bestanden haben oder keiner prognostizierbaren Entwicklung zugänglich waren (§ 313,[468] § 238 Abs. 3 S. 1 FamFG).[469] 234

---

[461] AA *Brudermüller* FamRZ 1986, 1283 (1291).

[462] S. etwa OLG Hamm NJW-RR 2007, 583 = FamRZ 2007, 1106 (1107).

[463] BGHZ 153, 372 = NJW 2003, 1796 = FamRZ 2003, 848 (853) (zu Nr. 3 aF/Nr. 4 nF); NJW 1987, 2289 = FamRZ 1987, 684 (686) (zu Nr. 3 aF/Nr. 4 nF); BeckRS 1983, 31072645 = FamRZ 1983, 803 (804) (zu Nr. 3 aF/Nr. 4 nF); BGHZ 84, 280 = NJW 1982, 1999 = FamRZ 1982, 898 f.; NK-BGB/*Hohloch* Rn. 113.

[464] BGHZ 153, 372 = NJW 2003, 1796 (1799) = FamRZ 2003, 848; NJW 1987, 2229 (2231) = FamRZ 1987, 684; ebenso BeckOGK/*Haidl*, 1.2.2019, Rn. 114; Staudinger/*Verschraegen*, 2014, Rn. 316; NK-BGB/*Hohloch* Rn. 113.

[465] Eingehend *Maurer* FPR 2005, 331 ff.

[466] BGH NJW 1983, 117 = FamRZ 1983, 32 (34).

[467] Zu Letzterem BGH NJW 1991, 1290 = FamRZ 1991, 670 (672).

[468] Zur – bejahten – Prognose der Verfestigung der Beziehungen mit einem neuen Partner zu einer sozioökonomischen Gemeinschaft s. OLG Düsseldorf BeckRS 1992, 5008 = FamRZ 1994, 170 (171 f.); doch dürfte eine solche Prognose regelmäßig zu verneinen sein, weil der Fortbestand der Beziehung nicht beurteilt werden kann, es sei denn, der Ablauf der in Aussicht genommenen Mindestdauer steht kurz bevor.

[469] Zu dem einem Anspruch nach § 1573 nachfolgenden Anspruch auf Krankheitsunterhalt nach § 1572 aA OLG Hamm BeckRS 2011, 3532 = FamRZ 1992, 842, weil nach ersterem Unterhalt nur für eine Überbrückungszeit, nach Letzterem dagegen unbefristet geschuldet werde.

235 Treten die maßgeblichen Umstände nachträglich ein, auch die Verfestigung einer nichtehelichen Lebensgemeinschaft,[470] oder entfalten sie fortdauernde Wirkung,[471] sind sie gegen fällige Unterhaltsansprüche mit einem **Vollstreckungsgegenantrag** und gegen künftige mit einem **Abänderungsantrag** geltend zu machen.[472]

236 Auch das **Wiederaufleben** eines Unterhaltsanspruchs (→ Rn. 218–225), dessen Erlöschen durch gerichtlichen Beschluss oder Vergleich festgestellt worden war, kann für die Vergangenheit erst ab Antragserhebung oder ab Inverzugsetzung (§ 1585b Abs. 2, → § 1585b Rn. 41–68) geltend gemacht werden und ist mit einem Abänderungsantrag zu verfolgen (s. auch §§ 238 Abs. 3 S. 2. 239 Abs. 2 FamFG).[473] Im Abänderungsverfahren ist erneut eine umfassende **Billigkeitsabwägung** unter Einschluss der auch schon bislang bestehenden Umstände durchzuführen.[474]

237 Keine Bindung nach § 238 Abs. 2 FamFG tritt hinsichtlich einer **Herabsetzung** des Unterhaltsanspruchs nach § 1579 ein, weil die Billigkeitsabwägung situationsbezogen und deshalb einer Bindung nicht zugänglich ist.[475]

238 **2. Stufenverfahren. Nebenverfahren.** Macht der Verpflichtete im **Stufenverfahren,** im Verfahren der **Verfahrenskostenhilfe** oder im Verfahren der **einstweiligen Anordnung** einen Härtegrund geltend, hindert dies die Verpflichtung zur Auskunftserteilung etc, die Bewilligung von Verfahrenskostenhilfe bzw. den Erlass einer einstweiligen Anordnung nicht grundsätzlich. Lediglich dann, wenn die Tatbestandsmäßigkeit des Fehlverhaltens und die sich daraus ergebenden Rechtsfolgen unabhängig von den Einkommens- und Vermögensverhältnissen des Verpflichteten eindeutig in dem Sinne sind, dass ein Unterhaltsanspruch gegen ihn nicht, auch nicht teilweise oder befristet in Betracht kommt, und ihre Feststellung insbesondere keiner Beweisaufnahme mehr bedarf, kann die Verpflichtung zur Auskunftserteilung etc,[476] die Bewilligung von Verfahrenskostenhilfe[477] bzw. der Erlass einer einstweiligen Anordnung[478] versagt werden.

## II. Darlegungs- und Beweislast

239 **1. Grundsätze.** Die Härteklausel beinhaltet eine **rechtsvernichtende Einwendung** (→ Rn. 12), die zwar von Amts wegen zu beachten, für deren Eingreifen der Verpflichtete aber darlegungs- und beweispflichtig ist.[479] Er muss deshalb für alle vermeintlich verwirklichten Tatbestände der Nr. 1–8, die grobe Unbilligkeit und die für die Versagung, Herabsetzung oder zeitliche Begrenzung des Unterhaltsanspruchs maßgeblichen Umstände[480] schlüssig vortragen und nach substantiiertem Bestreiten durch den Bedürftigen auch beweisen (auch → Rn. 242–244). – Zur **Unterschiebung eines Kindes** → § 1578 Rn. 874–859.

---

470 AG Hamburg NJWE-FER 1999, 175 = FamRZ 1999, 238 (239).

471 BGH NJW-RR 1990, 1410 = FamRZ 1990, 1095 (1096) (Prozessbetrug); OLG Koblenz NJW-RR 1997, 1229 = FamRZ 1998, 565; OLG Brandenburg BeckRS 2008, 9969 = FamRZ 2008, 906.

472 BGH NJW 2011, 3712 Rn. 25, 26 = FamRZ 2011, 1854 (Nr. 2: Die für die Beachtlichkeit einer verfestigten Lebensgemeinschaft erforderliche Zeitdauer tritt erst nachträglich ein; zu Nr. 7 [UÄndG 1986] ebenso OLG Schleswig OLGR 1998, 202; NJW-RR 1991, 514 = FamRZ 1991, 542 (543); NJW-RR 1990, 1410 = FamRZ 1990, 1095 (1097); NJW-RR 1989, 322 = FamRZ 1989, 159; OLG Karlsruhe BeckRS 2001, 30205156 = FamRZ 2003, 50 (51) (Abänderungsantrag gegen Versäumnisurteil nur für ab Ablauf der Einspruchsfrist entstandene Umstände, sonst Einspruch); OLG Köln FamRZ 1998, 1236 (1238); OLG Hamm EzFamR aktuell 1998, 106; *Graba*, Die Abänderung von Unterhaltstiteln, Rn. 162; aA für Nr. 7 [UÄndG 1986] – da rechtsvernichtende Einwendung – BGHZ 98, 353 = FamRZ 1987, 259 (261); NJW-RR 1991, 1154 = FamRZ 1991, 1175 Ls. 2; OLG Koblenz BeckRS 2011, 6259 = FamRZ 2004, 1656 (1657). Stets für Vollstreckungsgegenantrag OLG Bamberg BeckRS 2005, 9423 = FamRZ 1999, 942 (943). Das OLG Köln NJWE-FER 2001, 276 = FamRZ 2001, 1717 unterscheidet danach, ob der Unterhaltsanspruch auf Dauer ausgeschlossen oder nur zeitlich begrenzt ausgeschlossen oder herabgesetzt sein soll; doch ist dies keine taugliche Abgrenzung für die Zulässigkeit der einen oder anderen Antragsart, da sich diese Frage meist erst ganz zum Schluss eines Prozesses stellt. S. auch OLG Hamm FamRZ 1990, 1001 (1002); KG FamRZ 1990, 187.

473 Zu Letzterem BGH NJW 1991, 1290 = FamRZ 1991, 670 (672).

474 Johannsen/Henrich/*Hammermann* Rn. 79; *Siebert* in Wendl/Dose UnterhaltsR § 4 Rn. 1384.

475 OLG Stuttgart BeckRS 1992, 31138344 = FamRZ 1993, 559 (561).

476 BGH NJW 1983, 2243 f. = FamRZ 1983, 996; KG BeckRS 2014, 11677 = FamRZ 2014, 1707.

477 Etwa OLG Hamm NJW-RR 2012, 261 f.; BeckRS 2011, 28839 = FamRZ 2012, 1391 Ls.

478 BeckOGK/*Haidl,* 1.2.2019, Rn. 242.

479 BGH NJW 1991, 1290 = FamRZ 1991, 670 (672); BeckRS 1983, 31072572 = FamRZ 1984, 364 (368); NJW 1982, 1461 = FamRZ 1982, 463 (464); auch KG NJW-RR 1992, 648 = FamRZ 1992, 571 (572).

480 BGH NJW 1991, 1290 = FamRZ 1991, 670 (672); NJW-RR 1989, 1218 = FamRZ 1989, 1054.

Trotz der Beachtung von Amts wegen trägt der Verpflichtete das Risiko, dass die Härteklausel wegen **Nichterweislichkeit** des Sachvortrags nicht eingreift, aber auch der Herabsetzung oder zeitlichen Begrenzung statt einer Versagung des Unterhaltsanspruchs.[481] 240

Der **Berechtigte** hat die Umstände vorzutragen, die gegen eine Verwirkung sprechen. Konkreten Vortrag des Verpflichteten zu den seiner Sphäre zugehörigen Umständen kann er nicht einfach bestreiten, sondern muss wegen seiner **sekundären Darlegungslast** substantiierten Vortrag zu den Behauptungen halten.[482] Kann er allerdings den Vortrag des Verpflichteten lediglich bestreiten, sind an seinen Vortrag sog. negativer Tatsachen „nach dem auch das Prozessrecht beherrschenden Grundsatz von Treu und Glauben keine hohen Anforderungen zu stellen".[483] Dem Verpflichteten obliegt dann der volle Beweis für die Richtigkeit seiner Behauptungen. 241

**2. Einzelne Härtegründe. a) Nr. 1.** Jeder Ehegatte hat die Umstände darzulegen und zu beweisen, mit denen er ein Abweichen vom abstrakten **zeitlichen Schema** (→ Rn. 20–29) begründen will. 242

**b) Nr. 2.** Der **Verpflichtete** trägt die Darlegungs- und Beweislast dafür, dass der Bedürftige mit einem neuen Partner zusammenlebt und sich diese Beziehung so verfestigt hat, dass dieses Zusammenleben gleichsam an die Stelle der Ehe getreten ist, es nach Dauer und Erscheinungsbild in der Öffentlichkeit mithin bewusst als Lebensform auch für die weitere Zukunft gewählt wurde (→ Rn. 33–58).[484] 243

Da es keinen Erfahrungssatz gibt, dass ein einmal bestehendes Verhältnis auch fortgesetzt wird, besteht hierfür auch keine tatsächliche **Vermutung.**[485] Doch können die Grundsätze des **Anscheinsbeweises** angewandt werden, wenn Umstände vorliegen, die nach der allgemeinen Lebenserfahrung für das Bestehen eines solchen Verhältnisses sprechen.[486] Auch kann der Bedürftige konkreten Vortrag des Verpflichteten zu den seiner Sphäre zugehörigen Umständen nicht einfach bestreiten, sondern muss wegen seiner **sekundären Darlegungslast** substantiierten Vortrag zu den Behauptungen halten;[487] erst dann liegt die Darlegungs- und Beweislast wieder in vollem Umfang beim Verpflichteten. 244

**c) Nr. 4.** Seine Voraussetzungen hat der **Verpflichtete** einschließlich der Mutwilligkeit des Handelns des Berechtigten nachzuweisen.[488] Doch hat der **Bedürftige,** der einen anderen Partner versorgt, dessen Leistungsunfähigkeit nachzuweisen,[489] weil dies seine Bedürftigkeit betrifft. 245

**d) Nr. 7.** Der **Verpflichtete** muss nicht nur den Verstoß, sondern auch die Umstände darlegen, die ein eindeutig beim Bedürftigen liegendes Fehlverhalten und damit ein Ausbrechen aus einer intakten Ehe begründen.[490] Die Vorwürfe und ihre Ursächlichkeit für die Zerrüttung müssen konkret behauptet werden. 246

Dem Bedürftigen obliegt jedoch eine **sekundäre Darlegungslast.** Deshalb ist Vorwürfen gegen den Verpflichteten nur nachzugehen, wenn Verfehlungen von einigem Gewicht behauptet werden (→ Rn. 123–139). Hierzu reicht der Vortrag des Bedürftigen, der Verpflichtete habe selbst in erheblichem Maße gegen seine eheliche Treuepflicht verstoßen und ihn ständig beschimpft und verprügelt, allein nicht aus.[491] 247

Der **Verpflichtete** braucht nicht darzulegen und zu beweisen, dass er sich ehegemäß verhalten hat, sondern kann sich auf die **Widerlegung** der konkret gegen ihn erhobenen Vorwürfe beschrän- 248

---

481 BGH NJW 1991, 1290 = FamRZ 1991, 670 (672); s. auch OLG Köln NJOZ 2004, 100 = FamRZ 2003, 767 (768).

482 OLG Koblenz BeckRS 2008, 24392 = FamRZ 2006, 705 (gemeinsamer Telefaxanschluss).

483 BGH BeckRS 2010, 12054 = FamRZ 1983, 670 (671); NJW 1982, 1216 = FamRZ 1982, 466 (468); NJW 1982, 1461 = FamRZ 1982, 463 (464); auch OLG Karlsruhe NJW-RR 1999, 153 (154) = FamRZ 1999, 238 Ls.; KG NJW-RR 1992, 648 = FamRZ 1992, 571 (572); NK-BGB/*Hohloch* Rn. 129, 130; BeckOGK/*Haidl,* 1.2.2019, Rn. 238; aA *Siebert* in Wendl/Dose UnterhaltsR § 4 Rn. 1217.

484 Dazu auch OLG Hamm NJWE-FER 1999, 76 = FamRZ 1999, 239 Ls.

485 BGH NJW 1991, 1290 = FamRZ 1991, 670 (672).

486 BGH NJW 1985, 2266 = FamRZ 1985, 267 (268).

487 OLG Koblenz BeckRS 2008, 24392 = FamRZ 2006, 705 (gemeinsamer Telefaxanschluss).

488 Insoweit aA Palandt/*Brudermüller* Rn. 6.

489 AA OLG Düsseldorf FamRZ 1980, 996 (997).

490 BGH NJW 2001, 3779 = FamRZ 2001, 1693 (1694); für die Geburt eines außerehelichen Kindes während der Trennungszeit: OLG Jena NJW-RR 2006, 584 = FamRZ 2006, 1205 (1206); OLG Köln NJW-RR 2006, 218 (219); OLG Bremen NJW 2004, 1602 = FamRZ 2005, 213 (214); KG BeckRS 2000, 30452046 = FamRZ 2001, 29 (30).

491 BGH BeckRS 2010, 12054 = FamRZ 1983, 670 (671).

ken.[492] Kann er sie nur in Abrede stellen, sind an die Substantiierung seiner Darlegungen keine hohen Anforderungen zu stellen, da es sich im Wesentlichen um die Behauptung sog. negativer Tatsachen handelt.[493]

249 **3. „Restitution" des Unterhaltsanspruchs.** Dem Berechtigten obliegt die Darlegungs- und Beweislast dafür, dass

- der Verpflichtete ihm sein Fehlverhalten **verziehen** hat (→ Rn. 199–207),
- der Verpflichtete wirksam auf die Geltendmachung des verwirklichten Härtegrundes **verzichtet** hat (→ Rn. 199–201),
- der maßgebliche Härtegrund entfallen ist und dies zum **Wiederaufleben** seines Unterhaltsanspruchs geführt hat (→ Rn. 217–225).[494]

### III. Beweismittel

250 Der Verpflichtete, der sich seine Informationen über das Vorliegen eines Härtegrundes oft erst „erarbeiten" muss, ist es insbesondere dann, wenn es um außereheliche Beziehungen oder eine verfestigte Lebensgemeinschaft des Berechtigten geht, nicht verwehrt, zu diesem Zweck einen **Detektiv** einzuschalten. Die dadurch anfallenden **Kosten** können ggf. nach § 80 FamFG festgesetzt werden, soweit sie angesichts der Bedeutung des Verfahrensgegenstands und der wirtschaftlichen Verhältnisse der Ehegatten notwendig und angemessen waren.[495] Ansonsten wird er sich oft nur auf das Zeugnis des vermeintlichen Partners oder von Nachbarn des Berechtigten sowie die Parteivernehmung des Berechtigten berufen können.

251 Zunehmend spielen in der Praxis zum Härtegrund aus Nr. 2 Fotos sowie Ausdrucke von Emails, SMS und WhattsApp eine Rolle. Wurden sie **rechtswidrig** erlangt, hängt ihre Verwertung im Hinblick auf fehlende ausdrückliche Beweisverwertungsverbote im Zivilverfahrensrecht[496] von einer Abwägung der gegenläufigen Interessen ab.[497] Dabei sind auch das Persönlichkeitsrecht des Berechtigten und seines neuen Partners sowie seine Wahrheitspflicht (§ 113 Abs. 1 FamFG, § 138 Abs. 1 ZPO) zu beachten.

## § 1580 Auskunftspflicht

**[1]Die geschiedenen Ehegatten sind einander verpflichtet, auf Verlangen über ihre Einkünfte und ihr Vermögen Auskunft zu erteilen. [2]§ 1605 ist entsprechend anzuwenden.**

**Schrifttum:** *App,* Auskunftsanspruch eines Ehegatten gegenüber dem Finanzamt bezüglich der Feststellungen im Rahmen einer Steuerfahndung beim getrennt lebenden Ehegatten?, FamRZ 1987, 888; *Arens/Spieker,* Die Maßgeblichkeit steuerlicher Unterlagen und steuerlicher Ansätze für familienrechtliche Ansprüche, FamRZ 1985, 121; *Arens/Spieker,* Muster eines Klageantrags für eine unterhaltsrechtliche Stufenklage auf Auskunft, Belege und Unterhalt, FamRB 2002, 375; *Bergschneider,* Der Tod des Unterhaltsverpflichteten, FamRZ 2003, 1049; *Berning,* Vorlage von Unterlagen, die im Rahmen des Besteuerungsverfahrens anfallen, für Zwecke der Unterhaltsfestsetzung, DAVorm 1986, 197; *Bömelburg,* Offenbarungspflichten im Unterhaltsrecht, FF 2012, 240; *Born,* Der unsichtbare Dritte – auch im Unterhaltsrecht, NJW 2012, 496; *Born,* Ist der Fleißige der Dumme? – Überobligationsmäßige Einkünfte in der unterhaltsrechtlichen Praxis, FamRZ 1997, 129; *Borth,* Immobilie als Renditeobjekt und Unterhaltsbestimmung, FamRB 2004, 331; *Brüne,* Informationspflichten im Unterhaltsrecht, FamRZ 1983, 657; *Büte,* Unterhaltsrechtlicher Auskunftsanspruch auch auf Offenlegung von Schulden?, FPR 2006, 462; *Büttner,* Durchsetzung von Auskunfts- und

[492] *Häberle* FamRZ 1982, 557 (561) mwN; *Lohmann,* Neue Rechtsprechung des Bundesgerichtshofs zum Familienrecht, 8. Aufl. 1997, Rn. 70 mwN.

[493] BGH NJW 1982, 1461 = FamRZ 1982, 463 (464); auch OLG Stuttgart BeckRS 1996, 31138475 = FamRZ 1997, 419.

[494] OLG Hamm BeckRS 2002, 13367 = FamRZ 2003, 455; BeckOGK/*Haidl,* 1.2.2019, Rn. 241; NK-BGB/*Hohloch* Rn. 132; Palandt/*Brudermüller* Rn. 42; Johannsen/Henrich/*Hammermann* Rn. 84; *Caspary* FamRB 2007, 176 (181).

[495] Dazu BGH NJW 2013, 2668 Rn. 26, 27 = FamRZ 2013, 1387; OLG Düsseldorf BeckRS 2009, 9212 = FamRZ 2009, 1698; OLG Oldenburg NJW 2008, 3508 = FamRZ 2008, 2138 (keine Kostenerstattung für GPS-Observierung durch Detektiv; Vorinstanz zu BGH NJW 2013, 2668 = FamRZ 2013, 1387); OLG Koblenz NJW-RR 2007, 293 f. = FamRZ 2007, 747; NJW-RR 2003, 75 = FamRZ 2003, 238; OLG Schleswig BeckRS 2005 30357076 = FamRZ 2006, 352; KG BeckRS 2002, 30270923; OLG Hamm BeckRS 2000, 11794 = FamRZ 2000, 1513 Ls.; OLG Karlsruhe BeckRS 1998, 6427 = FamRZ 1999, 174 Ls.; OLG Stuttgart FamRZ 1989, 888; zu ihrer – versagten – Berücksichtigung als außergewöhnliche Belastung iSd § 33 Abs. 2 S. 1 EStG s. BFHE 168, 39 = NJW 1993, 960 Ls. = FamRZ 1992, 1420 Ls.

[496] Dazu allgemein etwa MüKoZPO/*Prütting* ZPO § 284 Rn. 64–67.

[497] AG Oranienburg BeckRS 2014, 6640 = FamRZ 2014, 313 Ls.; *Hachenberg* NZFam 2014, 616.

Rechnungslegungstiteln, FamRZ 1992, 629; *Büttner,* Ungefragte Information – Nutzen und Grenzen eines Rechtsinstituts, FF 2008, 15; *Eidenmüller,* Discovery und unterhaltsrechtlicher Auskunftsanspruch im deutschen Unterhaltsprozeß – Anpassung durch Qualifikation?, IPRax 1992, 356; *Hachenberg,* Die Drittelmethode des BGH – ein Irrweg?, FF 2010, 442; *Härtl,* § 117 II 2 ZPO – Unkomplizierte Erkenntnisquelle über die wirtschaftlichen Verhältnisse des Gegners?!, NZFam 2014, 1032; *Hoppenz,* Die unterhaltsrechtliche Pflicht zu ungefragter Information, FamRZ 1989, 337; *Hoppenz,* Gegenseitige Auskunftspflicht mehrerer Unterhaltspflichtiger oder mehrerer Unterhaltsschuldner, FamRZ 2008, 733; *Kentgens,* Der Auskunftsanspruch im Familienrecht (zugleich Diss. Bochum 1992); *Kleffmann,* Der Selbstständige im Unterhaltsprozeß, FuR 1994, 159; *Kleffmann,* Der unterhaltsrechtliche Auskunfts- und Beleganspruch, FuR 1999, 403; *Klingelhöffer,* Contra Auskunftsanspruch? Auskunftspflicht – Grenzen, Alternativen und Schwächen, AnwBl. 2003, 484; *Nann,* Der Auskunftsanspruch im Unterhaltsrecht, StWK Gruppe 18, 2435 (3/1992); *Niepmann,* Die Ermittlung des unterhaltsrelevanten Einkommens Nichtselbstständiger, FamRB 2005, 241; *Norweiser,* Discovery und materiellrechtlicher Auskunftsanspruch im deutschen Unterhaltsprozeß, IPRax 1992, 67; *Peschel-Gutzeit,* Auskunftsansprüche pro und kontra – Weshalb die Auskunftsansprüche im Familien- und Erbrecht unzulänglich sind, FF 2003, 194 = AnwBl. 2003, 476; *Sarres,* Auskunftsregeln im FamFG und Verfahrensbeschleunigung, FuR 2010, 390; *Schlaap,* Die Auskunftspflicht von Unterhaltspflichtigen über Einkommens- und Vermögensverhältnisse ihres Ehegatten, FamRZ 1994, 1914; *Schürmann,* Wie hoch ist das Einkommen? – Die Auskunft im Unterhaltsprozeß, FuR 2005, 49; *Schürmann,* Das FamFG-Verfahren in Unterhaltssachen, FuR 2009, 130; *Spick,* Die Durchsetzung von Auskunftsansprüchen gegenüber Unterhaltspflichtigen durch den Sozialhilfeträger, DVBl. 1984, 1207; *Thiel/Schneider,* Die Bewertung von Auskunftsanspruch und Stufenverfahren in Familiensachen, FPR 2012, 279; *Tintelnot,* Unterhaltsausgleich nach verheimlichter Besserstellung versus Rechtskraft, FamRZ 1988, 242; *Viefhues,* Auskunftsansprüche zum Unterhalt, ZFE 2003, 203; *Viefhues,* Verfahrensrechtliche Auskunftspflichten nach dem FamFG, FPR 2010, 162; *Völlings/Kania,* Stichtag für die Erteilung der Auskunft über die Vermögensverhältnisse im Unterhaltsrecht (§§ 1580, 1605 BGB), FamRZ 2007, 1215; *Wax,* Einzelfragen der Prozesskostenhilfe für familiengerichtliche Verfahren, FPR 2002, 471; *Wever,* Pflicht der Ehefrau zur ungefragten Offenbarung eines Seitensprungs?, FamRZ 2012, 1601.

**Übersicht**

## A. Allgemeines

### I. Normzweck

1 § 1580 entspricht nach seinem Wortlaut und aufgrund der Verweisung in S. 2 auch inhaltlich § 1605. Er wurde wie dieser durch das 1. EheRG eingeführt. Bis zum 31.6.1977 wurde der Anspruch unter der Geltung des EheG aus § 242 abgeleitet (zu § 242 im Einzelnen → Rn. 94–121).[1]

2 Die Auskunftsverpflichtung **(S. 1)** soll **geschiedene** Ehegatten in die Lage versetzen, ihre Unterhaltsansprüche durchzusetzen oder unberechtigte Unterhaltsforderungen abzuwehren, ihnen unter Wahrung des Geheimhaltungsinteresses des Verpflichteten (Art. 2 Abs. 1 GG, → Rn. 17–20) die richtige Bemessung des Unterhaltsanspruchs ermöglichen, und sie soll Rechtsstreitigkeiten vermeiden helfen.[2]

3 **S. 2** verweist auf § 1605. Auf die dortigen Erläuterungen, insbesondere zum Anspruch auf Abgabe der **eidesstattlichen Versicherung** (S. 2, § 1605 Abs. 1 S. 3, § 260 Abs. 2, § 261) und auf eine **erneute Auskunft** (S. 2, § 1605 Abs. 2), wird verwiesen, soweit nachfolgend keine weiterführenden Ausführungen erfolgen.

4 Zur Auskunfts- und Belegpflicht beim **Ausbildungsunterhalt** über den Verlauf der Ausbildung → § 1574 Rn. 81, → § 1575 Rn. 60 und hinsichtlich Deckungsvermutung der nach **§§ 1578a, 1610a** privilegierten Sozialleistungen → § 1578a Rn. 16, 17; zur **verzugsbegründenden Wirkung** eines Auskunftsbegehrens → § 1585b Rn. 29–40; zum Recht auf **ungefragte Information** → § 1578 Rn. 658, → § 1579 Rn. 74, 111; zu den **verfahrensrechtlichen Auskunftsverpflichtungen** (§§ 235, 236 FamFG) → Rn. 76–78; zu den **sozialrechtlichen Auskunftsansprüchen** der Sozialleistungsträger → Vor § 1569 Rn. 44.

### II. Anwendungsbereich

5 § 1580 gilt direkt nur für **geschiedene** Ehegatten. Entsprechend anwendbar ist er auch auf die Partner einer **aufgehobenen Lebenspartnerschaft** (§ 16 S. 2 LPartG). Für die Ehegatten einer **aufgehobenen Ehe** ist seine entsprechende Anwendung auf in § 1318 Abs. 2 enumerativ aufgeführte Fallgestaltungen, in denen Anspruch auf nachehelichen Unterhalt zugestanden wird, beschränkt.

6 Dagegen ist er nicht anwendbar auf den **Familienunterhalt** (§ 1360a Abs. 3, § 5 LPartG), den **Trennungsunterhalt** (§ 1361 Abs. 4 S. 4, § 1360a Abs. 3, § 12 S. 2 LPartG) und den **Unterhalt nichtehelicher Elternteile** (§ 1615l Abs. 3 S. 1), für die auf § 1605 verwiesen wird. IErg ist dies ohne Belang, weil auch § 1580 S. 2 die entsprechende Anwendung von § 1605 anordnet.

### III. Rechtsnatur

7 **1. „Nebenansprüche“.** Der Auskunftsanspruch etc sind **höchstpersönliche** (→ Rn. 11, 12) unterhaltsrechtliche Nebenansprüche,[3] die die Rechtsnatur des Unterhaltsanspruchs teilen. Sie rich-

[1] BT-Drs. 7/650, 172; Staudinger/*Verschraegen*, 2014, Rn. 1; Palandt/*Heinrichs*, 35. Aufl. 1976, § 261 Anm. 2 d aa.

[2] BT-Drs. 7/650, 172.

[3] BGH NJW 1987, 2237 = FamRZ 1987, 1132.

ten sich auf die Weitergabe von Wissen **(Wissenserklärung),**[4] das der Auskunftspflichtige hat oder sich verschaffen muss.[5] Die Ehegatten schulden danach einander **Auskunft** und Vorlage von **Belegen,** ggf. auch die Abgabe der **eidesstattlichen Versicherung** (S. 1, 2, § 1605 Abs. 1 S. 2, 3, §§ 259, 260 Abs. 2). Alle Ansprüche sind **selbstständige** Teile eines **einheitlichen Auskunftsanspruchs,** die zusammen oder auch selbstständig, etwa wenn Auskunft zwar erteilt, sie aber noch nicht belegt ist, geltend gemacht werden können. – Zur **verfahrensrechtlichen Qualifikation** dieser Nebenansprüche als Unterhaltssache → Rn. 122.

**2. Akzessorietät.** Die Ansprüche auf **Auskunfts- und Belegerteilung** sowie auf Abgabe der **Versicherung an Eides statt** sind akzessorisch zum Unterhaltsanspruch. Entfallen die Voraussetzungen des Unterhaltsanspruchs, entfallen also auch die Informationsansprüche (näher → Rn. 21). 8

Der **Beleganspruch** ist zudem akzessorisch zum Auskunftsanspruch: Er reicht nur so weit, als Auskunft erteilt werden muss.[6] Er wird weiter durch die **Zumutbarkeit,** entsprechende Belege vorzulegen, begrenzt, etwa wenn diese für die Feststellung des Unterhaltsanspruchs nicht erforderlich sind (→ Rn. 21–30).[7] Er kann dann als selbstständiger Anspruch (→ Rn. 7) **gesondert** geltend gemacht werden,[8] etwa wenn zwar Auskunft erteilt, aber keine Belege vorgelegt waren. 9

Auch der Anspruch auf Abgabe der **eidesstattlichen Versicherung** ist akzessorisch zum Auskunftsanspruch: Besteht kein Auskunftsanspruch, kann auch die eidesstattliche Versicherung nicht verlangt werden. Allerdings gilt folgende Besonderheit: War Auskunft verlangt und auch erteilt worden, ist der Auskunftsanspruch erfüllt und besteht – jedenfalls zunächst, bis sich die Unvollständigkeit oder Unrichtigkeit der erteilten Auskunft ergeben hat – nicht mehr (zum Ganzen → Rn. 71–75). – Auch er kann als selbstständiger Anspruch (→ Rn. 7) **gesondert** geltend gemacht werden. 10

## B. Auskunft und Belegvorlage

### I. Voraussetzungen

**1. Auskunftsberechtigte.** Die Ansprüche stehen **beiden** Ehegatten[9] zu (zur beiderseitigen Geltendmachung → Rn. 69, 134).[10] Als höchstpersönliche Ansprüche können sie nicht auf Dritte **übertragen** werden, weil auch der Unterhaltsanspruch nicht abtretbar ist (§§ 400, 120 Abs. 1 FamFG, § 850b Abs. 1 Nr. 2 ZPO, → Rn. 70). 11

Infolge ihrer Akzessorietät gehen die Ansprüche aber mit dem Unterhaltsanspruch von Gesetzes wegen auf **Sozialleistungsträger** über (§ 94 Abs. 1 S. 1 SGB XII, § 33 Abs. 1 S. 1 SGB II; s. auch die gleichlautenden, für den Ehegattenunterhalt nicht einschlägigen § 7 Abs. 1 S. 2 UVG, § 37 Abs. 1 S. 1 BAföG, § 94 Abs. 3 S. 2 SGB VIII; auch → Vor § 1569 Rn. 44). Dies gilt grundsätzlich auch nach dem Übergang der Unterhaltspflicht auf Erben nach dem **Tod** des Verpflichteten (§ 1586b, näher → § 1586b Rn. 23, 24). 12

**2. Auskunftspflichtige.** Zur Auskunftserteilung, Belegvorlage und Abgabe der eidesstattlichen Versicherung (§§ 1580, 1605, 260 Abs. 2) sind lediglich die **geschiedenen Ehegatten** einander verpflichtet. Dies entspricht grundsätzlich den Verpflichtungen zwischen **Verwandten in gerader Linie** nach §§ 1601, 1605 (S. 2; → § 1605 Rn. 6–53). Die **Eröffnung des Insolvenzverfahrens** über das Vermögen des Auskunftspflichtigen hindert dessen Auskunftsverpflichtung nicht, weil ihm der Insolvenzverwalter die Einsichtnahme in die Geschäftsunterlagen sowie die Fertigung von Ablichtungen ermöglichen muss.[11] 13

---

4 Auch BeckOGK/*Winter,* 1.2.2019, Rn. 41.

5 BGHZ 108, 393 = NJW 1990, 180 = FamRZ 1990, 41 (42); BGHZ 89, 24 = NJW 1984, 487 = FamRZ 1984, 166 (167).

6 Zum Ganzen auch BGH NJW 1983, 1554 = FamRZ 1983, 680 (681); OLG Dresden BeckRS 2008, 25998 = FamRZ 2005, 1195 (1196); OLG Karlsruhe BeckRS 2004, 6938; OLG München BeckRS 1992, 1792 = FamRZ 1993, 202.

7 OLG Bamberg NJOZ 2005, 4389 = FamRZ 2006, 344.

8 OLG München BeckRS 1995, 31130249 = FamRZ 1996, 307; BeckRS 1993, 31130566 = FamRZ 1994, 1126 (1127); BeckRS 1992, 1792 = FamRZ 1993, 202.

9 Auch den Ehegatten, die nach dem bis zum 1.7.1977 geltenden Recht geschieden wurden, BGHZ 85, 16 = NJW 1983, 279 = FamRZ 1982, 1189 (1192).

10 Zur entsprechenden Anwendbarkeit der §§ 1580, 1605 bei der Anwendung ausländischen Sachrechts s. OLG Karlsruhe FamRZ 1995, 738 (739); OLG Hamm NJW-RR 1993, 1155 = FamRZ 1993, 69 mwN.

11 OLG Brandenburg BeckRS 1997, 6697 = FamRZ 1998, 178 f.

14 Gegen einen **neuen Ehegatten** des Berechtigten wie des Verpflichteten besteht kein Auskunfts- und Beleganspruch,[12] weil zwischen ihnen kein Rechtsverhältnis, mithin auch keine Rechtsansprüche bestehen. Die Einkommens- und Vermögensverhältnisse des neuen Ehegatten wirken sich auf die Rechtsansprüche des geschiedenen Ehegatten nur mittelbar über den Verpflichteten aus. Dazu, ob und inwieweit der geschiedene Ehegatte Auskunft über die Einkommens- und Vermögensverhältnisse seines neuen Ehegatten zu erteilen hat, näher → Rn. 19, 63–68).

15 Den Ehegatten nicht nach §§ 1580, 1605 auskunftspflichtig sind auch die in § 236 FamFG genannten beteiligten **Dritten** (→ Rn. 76–78). Doch kann sich eine Auskunftspflicht aus anderen Rechtsnormen ergeben (etwa § 109 Abs. 5 SGB VI).

16 **3. „Verlangen".** Nur „auf Verlangen" haben die geschiedenen Ehegatten einander Auskunft zu erteilen (S. 1), Belege vorzulegen (S. 2, § 1605 Abs. S. 2) und die eidesstattliche Versicherung abzugeben (S. 2, § 1605 Abs. 1 S. 3, § 260 Abs. 2).[13] Der Auskunftsberechtigte muss also seine Ansprüche beim Auskunftspflichtigen geltend machen und die Auskunft etc **einfordern.** Zum **Auskunftsverlangen** und seinen **Rechtswirkungen** näher → § 1585b Rn. 29–40.

17 **4. Geheimhaltungsinteresse.** Das Geheimhaltungsinteresse des Auskunftsberechtigten tritt grundsätzlich hinter das Auskunftsinteresse des Auskunftsberechtigten zurück. Würde man die Berufung auf ein Geheimhaltungsinteresse zulassen, könnte mit – ggf. konstruierten – Einlassungen des Auskunftspflichtigen dem Auskunftsberechtigten die Rechtsverfolgung oder Rechtsverteidigung erschwert oder gar verunmöglicht werden.[14] Lediglich dann, wenn die Gefahr **missbräuchlicher Verwendung,** die schützenswerte wirtschaftliche Interessen des Auskunftsverpflichteten gefährden kann, der aus der Auskunft erlangten Kenntnisse durch den Auskunftsberechtigten besteht und die vom Auskunftspflichtigen substantiiert darzulegen und zu beweisen ist, kann eine Auskunftspflicht ausnahmsweise nach Treu und Glauben (§ 242) entfallen.[15] Hierfür kann ein **vorangegangenes Fehlverhalten** sprechen, doch reicht allein die Anbringung eines Vertraulichkeitsvermerks nicht aus.[16]

18 In aller Regel wird auch der **Arbeitgeber** des Auskunftspflichtigen hinsichtlich dessen Erwerbseinkünfte keine schützenswerten, mithin auch keine beachtenswerten Geheimhaltungsinteressen haben (vgl. § 236 Abs. 1 Nr. 1 FamFG, → Rn. 76–78). Deshalb und weil die gesetzlichen Informationsrechte nicht durch **vertragliche Absprachen** mit Dritten unterlaufen werden können, tritt auch eine vertraglich vereinbarte Verschwiegenheitspflicht hinter das Informationsinteresse des Auskunftsberechtigten zurück.[17]

19 Ein **neuer Ehegatte** ist dem geschiedenen Ehegatten zwar nicht zur Auskunft über seine Einkünfte und sein Vermögen verpflichtet (→ Rn. 14), doch kann es sein Ehegatte sein (→ Rn. 63–68). Auch er kann sich auf ein Geheimhaltungsinteresse gegenüber seinem Ehegatten nur bei konkreter Gefahr missbräuchlicher Verwendung der aus der Auskunft erlangten Kenntnisse durch den Auskunftsberechtigten berufen.[18]

20 Ein geschäftsführender **Gesellschafter** einer GmbH ist wie jeder **selbstständige Unternehmer** zur Vorlage der Bilanzen nebst Gewinn- und Verlustrechnungen der GmbH bzw. Einnahmenüberschussrechnung verpflichtet. Dieser Verpflichtung kann er im Hinblick auf allgemeine Publizitätspflichten nicht mit dem Hinweis auf die Belange der GmbH oder eines Mitgesellschafters begegnen, weshalb das Interesse der GmbH oder Mitgesellschafter, interne Belege der Gesellschaft gegenüber Dritten nicht zu offenbaren, hinter dem Interesse des Berechtigten zurückstehen muss.[19]

21 **5. Vorbereitung des Zahlungsanspruchs. a) Erforderlichkeit. aa) Allgemeines.** Auskünfte und Belege zu den finanziellen Verhältnissen der Ehegatten müssen zur **Feststellung,** ob

12 BGHZ 186, 13 = NJW 2011, 226 Rn. 17, 18 = FamRZ 2011, 21; aA wohl *Hachenberg* FF 2010, 442 (445).

13 Die Gesetzesmaterialien (BT-Drs. 7/650, 138, 172) verhalten sich nicht weiter dazu, was darüberhinausgehend mit „auf Verlangen" gemeint sein könnte.

14 BGH NJW 1982, 1642 = FamRZ 1982, 680 (681).

15 Zum Ganzen BGH NJW-RR 2018, 1347 Rn. 13 = FamRZ 2018, 1934; NZFam 2016, 698 Rn. 13, 14 mAnm *Schneider* = FamRZ 2016, 1448; NJW-RR 2014, 1347 Rn. 9 = FamRZ 2014, 1696; NJW 2014, 1027 Rn. 11 = FamRZ 2014, 1100; BGHZ 164, 63 = NJW 2005, 3349 (3350) = FamRZ 2005, 1986; NJW 1982, 1642 = FamRZ 1982, 680 (682); NJW 1982, 279 = FamRZ 1982, 151 (152).

16 Zu Letzterem BGH NJW-RR 2014, 1347 Rn. 1 = FamRZ 2014, 1696.

17 BGHZ 164, 63 = NJW 2005, 3349 = FamRZ 2005, 1986 (1987); auch Staudinger/*Verschraegen*, 2014, Rn. 23.

18 Staudinger/*Verschraegen*, 2014, Rn. 22; BeckOGK/*Winter,* 1.2.2019, Rn. 40.

19 BGH NZFam 2016, 884 Rn. 10 = FamRZ 2016, 1681 (Stimmenmehrheit des Auskunftspflichtigen in der Gesellschafterversammlung); NJW 1982, 1642 = FamRZ 1982, 680 (681 f.); OLG Schleswig NJWE-FER 1999, 209.

und in welcher Höhe ein Unterhaltsanspruch/-verpflichtung (S. 2, § 1605 Abs. 1 S. 1) oder ein Schadensersatzanspruch wegen der Verletzung der Unterhalts-/Auskunftspflicht (vgl. §§ 259, 261) besteht, erforderlich sein, dh sie müssen **benötigt** werden.[20] Deshalb muss das Auskunftsersuchen deutlich machen, dass die Auskunftserteilung gerade zur Prüfung des Unterhaltsanspruchs betrieben wird.

Dies gilt **wechselseitig:** Nicht nur der Unterhaltsgläubiger kann Auskunft verlangen, um seinen Unterhaltsanspruch vorzubereiten, sondern auch der Unterhaltsschuldner, um den gegen ihn selbst gerichteten Unterhaltsanspruch zu ermitteln.[21] Dies folgt aus dem Wortlaut von § 1605 Abs. 1 S. 1 (§ 1580 S. 2), wonach die am Unterhaltsrechtsverhältnis Beteiligten „einander zur Auskunftserteilung etc verpflichtet sind.[22] **22**

Benötigt wird die vollumfängliche Auskunft bereits dann, wenn die Einflussnahme der Auskunft zur Unterhaltsanspruch **nicht ausgeschlossen** werden kann, also bereits vor Auskunftserteilung feststeht, dass es auf die erstrebte Auskunft zur Beurteilung des Unterhaltsanspruchs unter keinem rechtlichen Gesichtspunkt ankommt „und daher offensichtlich nicht mehr unterhaltsrelevant ist".[23] **23**

Die Auskunftsverpflichtung betrifft zuvorderst den ehebedingten **Bedarf** (§ 1578 Abs. 1) und die **Bedürftigkeit** des Berechtigten (§ 1577) sowie die **Leistungsfähigkeit** des Verpflichteten (§ 1581). Doch ist bereits immer dann Auskunft etc zu erteilen, wenn die wirtschaftlichen Verhältnisse Bedeutung erlangen können, mithin **Billigkeitsabwägungen** anzustellen sind. Dies bezieht sich va auf den Anspruch auf Billigkeitsunterhalt (§ 1576), die Begrenzung des Unterhalts durch Herabsetzung und Befristung wegen Unbilligkeit (§ 1578), die Beschränkung oder Versagung des Unterhaltsanspruchs wegen grober Unbilligkeit (§ 1579), aber auch auf die Erwerbsobliegenheit des Berechtigten (§ 1574 Abs. 2 S. 1), nach Auffassung des BGH[24] ggf. auch auf den Anspruch auf Aufstockungsunterhalt (§ 1573 Abs. 2). **24**

Allerdings reicht aus, dass ein Unterhaltsanspruch bestehen **kann.** In diesem Stadium der Auseinandersetzung um den Unterhalt bedarf es nicht der abschließenden Feststellung der Voraussetzungen, Höhe und Dauer des Unterhaltsanspruchs (zur **Beschränkung** und **Begrenzung** des Unterhaltsanspruchs → Rn. 39–41).[25] **25**

Lediglich dann, wenn bereits ohne weitere Erhebungen beurteilt werden kann, dass **offenkundig** kein Unterhaltsanspruch besteht, ist auch keine Auskunft zu erteilen.[26] Deshalb besteht der Anspruch auf Ausspruch etc auch, wenn zu dessen Tatbestandsvoraussetzungen und zu seiner Begrenzung (§§ 1578b, 1579) Beweis erhoben werden muss (näher → Rn. 40). Dagegen besteht dann kein Auskunftsanspruch, wenn ein Unterhaltsanspruch bereits wegen fehlender Tatbestandsmäßigkeit ohne Abhängigkeit von den wirtschaftlichen Verhältnissen ausscheidet, etwa wenn der Einsatzzeitpunkt der §§ 1571, 1572 nicht gewahrt ist.[27] **26**

Der Ehegatte darf auch nicht bereits über die mit der Auskunft verlangten Kenntnisse verfügen. Hiervon wird man idR auch dann ausgehen können, wenn der auf Auskunft in Anspruch genommene Ehegatte geltend macht, der die Auskunft begehrende Ehegatte habe während des Zusammenlebens die Finanzen der Familie verwaltet, weshalb er selbst keine **eigenen Kenntnisse** habe. Denn die während der Trennungszeit möglichen Veränderungen der maßgebenden wirtschaftlichen Verhältnisse rechtfertigen grundsätzlich die Auskunftsverpflichtung. **27**

**Rechtsmissbräuchlich** (§ 242)[28] handelt jedoch, wer über die mit der verlangten Auskunft erstrebten Kenntnisse bereits verfügt – auch durch Auskunftserteilung zu einem anderen Unterhaltsanspruch – und sich offensichtlich keine Veränderungen ergeben haben, etwa weil der gleiche **28**

---

[20] OLG Bamberg BeckRS 2009, 29511 = FamRZ 1985, 610.

[21] Zum Zugewinnausgleich BGH NJW 2018, 950 Rn. 7, 8 = NZFam 2018, 260 mAnm *Löhnig* = FamRZ 2018, 581 mAnm. *Koch.*

[22] Dazu BeckOGK/*Winter,* 1.2.2019, § 1605 Rn. 9.

[23] BGHZ 217, 24 = NJW 2018, 468 Rn. 14 mAnm *Born, Schwamb* NZFam 2018, 132 = FamRZ 2018, 260 mAnm *Seiler.*

[24] BGHZ 217, 24 = NJW 2018, 468 Rn. 12 mAnm *Born* NJW 2018, 470, *Schwamb* NZFam 2018, 132 = FamRZ 2018, 260 mAnm *Seiler.*

[25] BGH NJW 1982, 1642 = FamRZ 1982, 680 (681); Soergel/*Häberle* Rn. 4; BeckOGK/*Winter,* 1.2.2019, Rn. 26.

[26] BGHZ 217, 24 = NJW 2018, 468 Rn. 11 mAnm *Born* NJW 2018, 470, *Schwamb* NZFam 2018, 132 = FamRZ 2018, 260 mAnm *Seiler;* NJW 1994, 2618 (2619) = FamRZ 1994, 1169 (1170); BGHZ 85, 16 = NJW 1983, 279 = FamRZ 1982, 1189 (1192); NJW 1982, 2771 = FamRZ 1982, 996 (997), NJW 1982, 1642 = FamRZ 1982, 680 (681).

[27] BGHZ 217, 24 = NJW 2018, 468 Rn. 12 mAnm *Born* NJW 2018, 470, *Schwamb* NZFam 2018, 132 = FamRZ 2018, 260 mAnm *Seiler.*

[28] Nach BeckOGK/*Witt,* 1.2.2019, § 1578 Rn. 558 folgt dies aus dem Schikaneverbot (§ 226), doch braucht es vorliegend bereits keine Schadenszufügungsabsicht.

Auskunftszeitraum betroffen ist und keine Unrichtigkeiten der vormaligen Auskunft ersichtlich sind. Dann besteht kein Anspruch auf Auskunft (mehr), während einem gerichtlichen Auskunftsverfahren nicht bereits das **Rechtsschutzinteresse** fehlt.[29] – Dazu, wenn für die **Trennungszeit** bereits Auskunft erteilt worden war, → Rn. 46.

29 **bb) Konkrete Bedarfsbemessung.** Zwar ist der Anspruch auf Auskunft und Belegvorlage akzessorisch zum Unterhaltsanspruch (→ Rn. 8–10), und zwar auch zum konkret bemessenen Unterhalt. Gleichwohl kann Auskunft und Belegvorlage nur verlangt werden, soweit dies für die Bemessung des Unterhalts **erforderlich** ist. Bei der konkreten Bedarfsbemessung wird es in aller Regel jedoch nicht auf die Kenntnis des Bedürftigen vom konkreten Einkommen und Vermögen des Verpflichteten ankommen, wenn sich der Verpflichtete nicht auf seine – ggf. teilweise – Leistungsunfähigkeit beruft (auch → Rn. 31), da ihm seine finanziellen Verhältnisse bekannt sein werden (zum Verzicht auf die Geltendmachung der Leistungsunfähigkeit näher → § 1578 Rn. 177).[30] Dies schließt nicht aus, in Ausnahmefällen, in denen der konkrete Bedarf von den finanziellen Verhältnissen des Verpflichteten abhängt, gleichwohl einen Anspruch auf Auskunft und Belegvorlage anzunehmen.

30 Dies wird für den seltenen Fall bejaht, „dass der Berechtigte keinerlei Kenntnis von den wirtschaftlichen Verhältnissen während der Ehe hat und damit zu den Ausgaben während der Ehe und dem daraus folgenden Lebensbedarf keine ausreichenden Angaben machen kann, …“. Dann „kann er sich auf seinen Auskunfts- und Belegvorlageanspruch berufen,“ um mittels des Einkommens des Pflichtigen die während der Ehe getätigten Ausgaben zu schätzen und so seinen Bedarf darzulegen.[31] Doch ist dies schwer vorstellbar und eher theoretisch.

31 Auch bei konkreter Bedarfsbemessung ist unerheblich, dass die **Darlegungs- und Beweislast** für die seine **Leistungsfähigkeit** – für den Bedarf und die Bedürftigkeit liegt sie ohnehin beim Berechtigten – bestimmenden Umstände dem Verpflichteten obliegt. Denn dem Berechtigten muss auch dann Einblick in die Leistungsfähigkeit des Verpflichteten gewährt werden, um ihm eine verlässliche Einschätzung des Prozess- und Kostenrisikos (dazu auch § 243 Abs. 1 S. 2 Nr. 2 FamFG) zu ermöglichen.[32] Selbst wenn der Verpflichtete die Erklärung abgegeben hat, „unbeschränkt leistungsfähig“ zu sein (→ § 1578 Rn. 177),[33] soll eine Auskunftspflicht etc bestehen, weil es materiellrechtlich weiter auf die tatsächlichen Einkommens- und Vermögensverhältnisse des Verpflichteten ankomme, um die Überprüfung, ob die Vermutung des vollständigen Einkommensverbrauchs für den Lebensunterhalt und die Wahrung der Halbteilung zu ermöglichen.[34]

32 **Diskussion:**
Diese Rspr. ist in dieser Allgemeinheit abzulehnen. Der konkreten Bedarfsbestimmung durch den Berechtigten liegt die Auffassung zugrunde, dass sein Bedarf nach der Halbteilung höher liegen würde, er aber bei überdurchschnittlich guten wirtschaftlichen Verhältnissen der Ehegatten keinen Anspruch auf gleichmäßige Teilhabe an den finanziellen Mitteln des Verpflichteten hat (→ § 1578 Rn. 38). Deshalb kommt es erst dann, wenn der Verpflichtete der konkreten Bedarfsbestimmung des Berechtigten entgegenhält, sie übersteige den Bedarf nach der Halbteilung unter Berücksichtigung der Vermögensbildung, auf seine konkreten Einkünfte an, weshalb er auch erst und nur dann dem Berechtigten zur Auskunftserteilung verpflichtet ist.

33 **b) Erheblichkeit der wirtschaftlichen Verhältnisse. aa) Anspruchsvoraussetzungen.** Zwar ist der Auskunftsanspruch nicht davon abhängig, dass eine Unterhaltspflicht dem Grunde nach bereits feststeht, weil die Feststellung der wirtschaftlichen Verhältnisse der Ehegatten deren abschließende Prüfung erst ermöglichen soll. Doch müssen die hiervon unabhängigen **materiellrechtlichen Voraussetzungen** des Unterhaltsanspruchs festgestellt sein,[35] insbesondere also die

---

29 Anders Staudinger/*Verschraegen*, 2014, Rn. 52; BeckOGK/*Winter*, 1.2.2019, Rn. 48 mwN.

30 BGH NJW 1994, 2618 = FamRZ 1994, 1169 (1170 f.); s. auch BeckOGK/*Witt*, 1.2.2019, § 1578 Rn. 558 mwN: Schikaneverbot (§ 226).

31 BeckOGK/*Witt*, 1.2.2019 § 1578 Rn. 558 mwN.

32 BGHZ 217, 24 = NJW 2018, 468 Rn. 13 mAnm *Born* NJW 2018, 470, *Schwamb* NZFam 2018, 132 = FamRZ 2018, 260 mAnm *Seiler*.

33 Unzutreffend OLG Koblenz BeckRS 2017, 146431 = FamRZ 2018, 913 Ls. 2, das es bei der Berufung des Verpflichteten auf seine uneingeschränkte Leistungsfähigkeit bei gleichzeitigem Vortrag, der dargelegte Bedarf „sei aus seinem Einkommen nicht zu finanzieren bzw. … die Familie [habe] zum Teil von der Substanz gelebt“, unterlässt zu ermitteln, welchen konkreten Vortrag er nun tatsächlich halten will. Aus dem dargestellten Vortrag ist zu schließen, dass er in der Sache gerade nicht seine uneingeschränkte Leistungsfähigkeit erklären will.

34 So BGHZ 217, 24 = NJW 2018, 468 Rn. 18 mAnm *Born* NJW 2018, 470, *Schwamb* NZFam 2018, 132 = FamRZ 2018, 260 mAnm *Seiler*.

35 BGHZ 85, 16 = NJW 1983, 279 = FamRZ 1982, 1189 (1192); s. auch OLG Hamburg OLGR 1996, 75.

Tatbestandsmerkmale der §§ 1570–1573,[36] 1575–1576.[37] Die Praxis verfährt idR großzügiger und bejaht einen Auskunftsanspruch bereits dann, wenn die fehlende Tatbestandsmäßigkeit des Unterhaltsanspruchs nicht schon **offensichtlich** ist.[38] Auch → Rn. 21, 25.

Der Auskunftsanspruch setzt auch die **Scheidung** (§ 1569) oder Aufhebung der Ehe (§ 1318 Abs. 2) voraus. Lediglich ausnahmsweise reicht zur Vorbereitung der gerichtlichen Geltendmachung des Unterhalts im Verbund mit dem Scheidungsverfahren aus, dass nicht bereits feststeht, dass die Ehe nicht aufgelöst wird (→ Rn. 137).[39] **34**

**bb) Unterhaltsbemessung.** Der Auskunftspflichtige braucht über seine wirtschaftlichen Verhältnisse nur insoweit Auskunft zu erteilen, als diese für die **Unterhaltshöhe** von Bedeutung sein können.[40] Sie dürfen deshalb nicht offenkundig unmaßgeblich sein und „den Unterhaltsanspruch unter keinem Gesichtspunkt beeinflussen können".[41] IdR steht dem Auskunftspflichtigen aber nicht zu, eigenmächtig eine Auswahl der von ihm zu erteilenden Auskünfte vorzunehmen, denn die Prüfung, inwieweit Einkünfte bedarfsprägend sind, ist grundsätzlich der Zahlungsstufe vorbehalten.[42] Er braucht die Auskunft aber, weil ein Auskunftsanspruch ausgeschlossen ist, etwa dann **nicht zu erteilen,** wenn **35**

- die wirtschaftlichen Verhältnisse so beschaffen waren, dass sie nicht vollständig zur Bestreitung des Lebensunterhalts der Ehegatten verwandt, sondern teilweise der Vermögensbildung zugeführt wurden und der Verpflichtete seine Leistungsfähigkeit nicht bestreitet oder seine **uneingeschränkte Leistungsfähigkeit** zugesteht, weil der Bedürftige dann in der Lage ist, seinen Bedarf nach den ehelichen Lebensverhältnissen aus eigener Kenntnis konkret darzulegen (→ § 1578 Rn. 166–178).[43] **36**
- der Bedürftige nicht darlegt/darlegen kann, dass die Auskunft zu einem **höheren** als dem ohne die Auskunft bereits möglichen Unterhalt führen kann und der Verpflichtete sich bis zur Höhe dieses Betrags nicht auf Leistungsunfähigkeit beruft.[44] **37**
- es für eine Anpassung einer Unterhaltsvereinbarung anhand von **Wertsicherungsklauseln** nicht auf die konkreten Einkünfte ankommt (→ Rn. 42, → § 1585c Rn. 10, 163, 164).[45] **38**

**cc) Beschränkungen des Unterhalts. (1) Begrenzung (§ 1578b).** Die **Einkommens- und Vermögensverhältnisse** der Ehegatten, insbesondere auch des Verpflichteten, sind ein ganz maßgeblicher Gesichtspunkt bei der Abwägung, ob und inwieweit die Leistung unbegrenzten Unterhalts unbillig ist und deshalb Beschränkungen anzuordnen sind (§ 1578b Abs. 1 S. 1, Abs. 2 S. 1, → § 1578b Rn. 21–27).[46] Dies gilt auch dann, wenn der Unterhalt konkret bestimmt wird (→ § 1578 Rn. 166–178) oder die Einkommens- und Vermögensverhältnisse des Verpflichteten aus **39**

---

36 Zu § 1573 Abs. 4 s. OLG Brandenburg NJW-RR 2007, 150 = FamRZ 2007, 288 f.; AG Hamburg FamRZ 1995, 555 (556).

37 BGH NJW 1998, 1065 = FamRZ 1998, 426 f.

38 OLG Naumburg BeckRS 2002, 30276872 („zweifelsfrei").

39 OLG Köln BeckRS 1986, 227 = FamRZ 1986, 918 (919) mwN, zu § 1587e aF. S. insoweit auch BGH NJW 1984, 2040 = FamRZ 1984, 465 (467); NJW 1982, 1646 = FamRZ 1982, 687 f., wonach nach einer bestandskräftigen Entscheidung zum Versorgungsausgleich wegen dessen Nichtabänderbarkeit ein Auskunftsanspruch nach § 1587e aF nicht bestand; danach aber § 10a Abs. 11 S. 1 VAHRG aF, § 4 Abs. 1, 2 VersAusglG.

40 BGH NJW 1993, 1920 = FamRZ 1993, 1065 (1066) (Geltendmachung eines Pflichtteilsanspruchs durch den Berechtigten); NJW 1985, 1699 = FamRZ 1985, 791 (792 f.) (Einkommensverbesserungen nach der Scheidung); NJW 1983, 1783 = FamRZ 1983, 674; NJW 1982, 2271 = FamRZ 1982, 996 (997) (Geltendmachung eines Pflichtteilsanspruchs durch den Verpflichteten); OLG Düsseldorf BeckRS 1997, 12899 = FamRZ 1998, 1191; NJW 1982, 831 = FamRZ 1981, 1184 (1189); BeckRS 2009, 12829 = FamRZ 1981, 893 (894); OLG München BeckRS 2009, 88253 = FamRZ 1985, 1264 (1266). S. auch OLG Jena NJW-RR 1997, 516 = FamRZ 1997, 1280 (1281): Auskunftsverpflichtung besteht, wenn die Obliegenheit zur Verwertung des Vermögensstamms nicht feststeht.

41 BGH NJW 1994, 644 = FamRZ 1994, 558; NJW 1985, 1699 = FamRZ 1985, 791 (792); NJW 1982, 2771 = FamRZ 1982, 996 (997); OLG Düsseldorf BeckRS 2009, 12829 = FamRZ 1981, 893 (894); OLG Koblenz BeckRS 2010, 18664 = FamRZ 1981, 163 (164).

42 OLG Köln BeckRS 2003, 2910.

43 BGH NJW 1994, 2618 = FamRZ 1994, 1169 (1170 f.). S. auch OLG Rostock BeckRS 2009, 88294 = FamRZ 2009, 2014; OLG Karlsruhe NJW-RR 2000, 1026 (1027) = FamRZ 2000, 1366 Ls.; OLG Zweibrücken NJWE-FER 1998, 77 = FamRZ 1998, 490; OLG Hamm BeckRS 2007, 2168 = FamRZ 1996, 736 (737) (für die vertragliche Bemessung des Unterhalts unabhängig von den tatsächlichen wirtschaftlichen Verhältnissen); OLG Frankfurt a. M. BeckRS 1994, 10588 = FamRZ 1995, 556 (557).

44 OLG Frankfurt a. M. BeckRS 1994, 10588 = FamRZ 1995, 556 (557).

45 OLG Zweibrücken BeckRS 2009, 5183 = FamRZ 2009, 235 f.

46 OLG Rostock BeckRS 2009, 88294 = FamRZ 2009, 2014; BeckOGK/*Winter,* 1.2.2019, Rn. 26; BeckOGK/*Schlecht,* 1.2.2019, § 1578b Rn. 167.

anderen Gründen keinen Einfluss auf die Unterhaltsbemessung haben, weil diese in die Billigkeitsabwägung, ob und welche Begrenzungen ggf. anzuordnen sind, einzubeziehen sind.[47] Auch wenn sich Beschränkungen aufdrängen, ist deshalb idR belegte **Auskunft** zu erteilen, der sich der Verpflichtete nicht mit dem Hinweis entziehen kann, der Unterhalt sei ohnehin zu beschränken.[48]

40 **(2) Verwirkung (§ 1579).** Die Berufung auf **grobe Unbilligkeit** nach § 1579 kann idR nicht zu einem Ausschluss des Auskunftsanspruchs führen, weil im Rahmen der Billigkeitsabwägung (§ 1579 Einleitungssatz) auch die wirtschaftlichen Verhältnisse des Verpflichteten von Belang sind und auch in diesen Fällen der Unterhaltsanspruch fortbestehen kann oder nur **teilweise** betragsmäßig zu beschränken oder zu befristen ist. Der Auskunftsanspruch entfällt vielmehr nur, wenn **ausnahmsweise** unabhängig von den wirtschaftlichen Verhältnissen der Ehegatten oder wegen der guten Einkommens- und Vermögensverhältnisse des Berechtigten von einem völligen Ausschluss des Unterhaltsanspruchs ausgegangen werden kann.[49] Dies kann nicht angenommen werden, wenn die maßgeblichen Umstände erst durch eine **Beweisaufnahme** ermittelt werden müssen (auch → Rn. 25). Auch ist das FamG nicht verpflichtet, vor einer Entscheidung über den Auskunftsantrag Beweis aufzunehmen. Die Offenbarung der wirtschaftlichen Verhältnisse durch den Verpflichteten rechtfertigt sich auch in diesen Fällen durch die ehelichen Bindungen. Hat das FamG aber bereits eine Beweisaufnahme durchgeführt, hat es deren Ergebnisse auch zu verwerten. – Diese Grundsätze sind auch auf einen Auskunftsanspruch nach § 242 über die wirtschaftlichen Verhältnisse des Schuldners zur Vorbereitung eines **Schadensersatzantrags** auf Erstattung zu viel bezahlten Unterhalts anwendbar.[50]

41 **(3) Ausnahmen.** Einem Auskunftsanspruch steht der Einwand aus §§ 1578b, 1579 danach nur dann entgegen, wenn das Fehlverhalten **nachgewiesen** ist und unter Berücksichtigung aller für die Billigkeitsabwägung maßgeblichen Umstände sicher davon ausgegangen werden kann, dass das Fehlverhalten zur gänzlichen Versagung des Unterhaltsanspruchs führen würde. Zudem mag in **extremen Ausnahmefällen** aus Billigkeitsgründen etwas anderes gelten können.

42 **dd) Unterhaltsvereinbarung.** Die Berufung auf die – infolge zu gering festgesetzter Beträge ggf. auch teilweisen – **Unwirksamkeit** der Vereinbarung eines Unterhaltsverzichts oder einer Abfindung,[51] auf die Herabsetzung des vereinbarten Unterhalts wegen Sittenwidrigkeit oder die Anpassungsbedürftigkeit der Vereinbarung (§ 313: **Ausübungskontrolle,** → § 1585c Rn. 108–133) führt idR nicht zum Ausschluss des Auskunftsanspruchs, weil dieser meist erst anhand der wirtschaftlichen Verhältnisse der Ehegatten beurteilt werden kann.[52]

43 **ee) Rechtskräftige Feststellungen.** Auf die wirtschaftlichen Verhältnisse der Ehegatten kommt es auch nicht (mehr) an, wenn bereits rechtskräftig festgestellt ist, dass eine Unterhaltspflicht nicht besteht. Wird gleichwohl Auskunft verlangt, muss zugleich **Abänderung** begehrt werden, wenn das Fehlen einer Zahlungsverpflichtung auf einen Abänderungsantrag ausgesprochen wurde, oder Zahlung verlangt und ggf. ein entsprechender Antrag erhoben werden,[53] wenn ein **Erstantrag** auf Unterhaltszahlung abgewiesen worden war.

44 **6. Fälligkeit.** Die Auskunftsverpflichtung der Ehegatten ist entgegen dem Wortlaut von S. 1 nicht erst ab der Scheidung, mithin ab der Rechtskraft des Scheidungsausspruchs (§ 1564 S. 2), fällig, sondern bereits ab **Rechtshängigkeit des Scheidungsantrags,** um eine umfassende und insbesondere zeitlich lückenlose Regelung aller familienrechtlichen Beziehungen der Ehegatten im Verbund (§ 137 Abs. 2 S. 1 FamFG, → Rn. 142) zu ermöglichen.[54] Zudem darf nicht bereits festste-

[47] BGH BeckRS 2012, 13398 Rn. 10; BeckOGK/*Schlecht,* 1.2.2019, § 1578b Rn. 167.

[48] BGH BeckRS 2012, 13398 Rn. 10.

[49] BGH NJW 1983, 2243 = FamRZ 1983, 996 (997 f.); NJW 1982, 2064 = FamRZ 1982, 582; NJW 1982, 1645 = FamRZ 1982, 151; s. auch KG BeckRS 2014, 11677 = FamRZ 2014, 1707 (Belastung durch Unterhaltsverpflichtung); OLG Bamberg NJOZ 2005, 4389 = FamRZ 2006, 344; BeckRS 1997, 12315 = FamRZ 1998, 741; OLG Karlsruhe BeckRS 2000, 30125259; OLG München BeckRS 1997, 31127610 = FamRZ 1998, 741 f.; OLG Zweibrücken FamRZ 1996, 869 f.; OLG Celle BeckRS 1993, 31394534. Zu § 1611 s. OLG Frankfurt a. M. BeckRS 1993, 3811 = FamRZ 1993, 1241 f. – Zum Ganzen auch BeckOGK/*Haidl,* 1.2.2019, § 1579 Rn. 242.

[50] BGH NJW 1983, 2318 = FamRZ 1983, 352 (354).

[51] BeckOGK/*Winter,* 1.2.2019, Rn. 27.

[52] OLG Stuttgart BeckRS 2005, 8431 = FamRZ 2005, 455 (456); ähnlich AG Rheine BeckRS 2006, 925 = FamRZ 2005, 451 (452). Das OLG Köln NJW 1991, 2776 = FamRZ 1991, 451 überprüft die Wirksamkeit der Berufung auf einen Unterhaltsverzicht vollumfänglich.

[53] OLG Köln NJW-RR 1987, 834.

[54] BGH NJW 1982, 1645 = FamRZ 1982, 151; ebenso Staudinger/*Verschraegen,* 2014, Rn. 10; BeckOGK/*Winter,* 1.2.2019, Rn. 8. Nach KG BeckRS 2010, 16453 = FamRZ 1981, 156 ist § 1580 lediglich entsprechend anzuwenden; aA AG Charlottenburg BeckRS 2009, 13089 = FamRZ 1981, 787 (788).

hen, dass es deshalb gar nicht zur Scheidung kommen wird, weil die Scheidungsvoraussetzungen nicht vorliegen (→ Rn. 34).

**7. Sperrfrist.** Hat der Auskunftspflichtige Auskunft erteilt und verlangt der Auskunftsberechtigte innerhalb von **2 Jahren** erneut Auskunft, muss er darlegen und glaubhaft machen, dass der Auskunftspflichtige später wesentlich höhere Einkünfte oder weiteres Vermögen erworben hat (S. 2, § 1605 Abs. 2) und er selbst nicht bereits über entsprechende eigene Kenntnisse verfügt (→ Rn. 5). In Betracht kommt insbesondere eine ungewöhnliche Entwicklung der Einkommensverhältnisse eines Ehegatten.[55] Auch die **Wiederverheiratung** eines geschiedenen Ehegatten kann Anlass für ein erneutes Auskunftsverlangen sein, wenn das Einkommen des neuen Ehegatten Auswirkungen auf den nachehelichen Unterhalt haben kann (→ Rn. 63–68).[56] 45

Wegen der **Nichtidentität** der Ansprüche auf Trennungs- und nachehelichen Unterhalt (→ § 1569 Rn. 25, 26) betreffen auch die Auskunfts- und Beleganspruche einen jeweils **anderen Gegenstand,** sodass zum nachehelichen Unterhalt grundsätzlich auch dann Auskunft verlangt werden kann, wenn Auskunft zum Trennungsunterhalt (§§ 1361 Abs. 4 S. 4, 1605 Abs. 1) innerhalb der Zweijahresfrist erteilt worden war, ohne dass die weiteren Voraussetzungen aus § 1605 Abs. 2 vorliegen müssen.[57] – Zur **Rechtsmissbräuchlichkeit** des Auskunftsverlangens, wenn über die verlangte Auskunft bereits verfügt wird, → Rn. 28. 46

Der Fristlauf **beginnt** grundsätzlich mit der vollständigen **Erfüllung** des vorangehenden Auskunftsersuchens, ggf. dessen zwangsweiser Durchsetzung und nach Abgabe der eidesstattlichen Versicherung. Ist jedoch ein gerichtliches Auskunftsverfahren noch rechtshängig, kann der Auskunftsberechtigte seinen Antrag auch dann noch auf weitere Zeiträume **erweitern,** wenn sich das zunächst gestellte Auskunftsverlangen durch die erteilte Auskunft erledigt hat.[58] 47

Wurde ein gerichtliches Auskunfts- oder Betragsverfahren durch Vergleich oder gerichtliche Entscheidung abgeschlossen, setzt der Fristlauf mit dem **Schluss der letzten mündlichen Verhandlung** in der Tatsacheninstanz ein.[59] Zwar mögen dem Auskunftsberechtigten zu diesem Zeitpunkt noch nicht die erforderlichen Kenntnisse vermittelt worden sein, doch ist dies unerheblich, weil die Auskunft nur der Vorbereitung des Zahlungsanspruchs dient, der mit Abschluss des gerichtlichen Verfahrens auf der Grundlage der beiderseitigen Einkommens- und Vermögensverhältnisse der Beteiligten geklärt ist. 48

## II. Inhalt, Umfang und Form des Anspruchs

**1. Inhalt. a) Auskunft. aa) Gegenstand.** Auskunft ist über alle die wirtschaftlichen Verhältnisse eines Ehegatten prägenden **Einkünfte** zu erteilen, die die ehelichen Lebensverhältnisse bestimmt haben (Bedarf, § 1578 Abs. 1 S. 1) und sich auf die Bedürftigkeit des Unterhaltsberechtigten (§ 1577 Abs. 1) und die Leistungsfähigkeit des Verpflichteten (§ 1581) auswirken können. 49

**Erwerbseinkünfte** aus unselbstständiger und selbstständiger Tätigkeit. – **Vermögens-** und **Kapitalerträge,** Einkünfte aus **Vermietung und Verpachtung** – einschließlich Steuerrückerstattungen. – **Steuermerkmale,** die der Berechnung der Erwerbs- und sonstigen Einkünfte zugrunde liegen,[60] soweit sie sich nicht bereits aus den vorgelegten Unterlagen und Belegen ergeben.

Dies gilt auch für das **Vermögen,** sodass grundsätzlich Auskunft über die **Erträgnisse** zu erteilen ist. Dagegen ist über den **Vermögensstamm** Auskunft nur dann geschuldet, wenn ersichtlich ist, dass dieser zur Bedarfsdeckung verwertet werden muss (§ 1577 Abs. 3, 4, § 1581 S. 2) oder 50

---

[55] OLG Karlsruhe NJWE-FER 2000, 143 = FamRZ 2000, 1179 Ls.

[56] OLG Brandenburg NJW-RR 2003, 147 f. = FamRZ 2003, 1684 Ls., allerdings unzutr. angenommen für den Splittingvorteil aus der neuen Ehe (→ § 1578 Rn. 86–89).

[57] So OLG München BeckRS 2015, 19987 = FamRZ 2015, 2069; OLG Brandenburg BeckRS 2015, 12450 Rn. 17 = FamRZ 2015, 1200 Ls.; OLG Koblenz BeckRS 2008, 26164 = FamRZ 2005, 460 (461); OLG Düsseldorf BeckRS 2002, 10596 = FamRZ 2002, 1038 (1039); FamRZ 1992, 1313 Ls.; OLG Hamm BeckRS 2003, 14911 = FamRZ 2004, 377; BeckRS 1995, 9889 = FamRZ 1996, 868 f.; AG Mühldorf FamRZ 1988, 1173; Soergel/*Häberle* Rn. 11; Palandt/*Brudermüller* Rn. 3; aA OLG Jena NJW-RR 1997, 516 = FamRZ 1997, 1280 (1281); KG BeckRS 2002, 30451773 = FamRZ 2004, 1314 Ls. S. auch OLG Karlsruhe BeckRS 1992, 31158580 = FamRZ 1992, 684 f. zum Inlaufsetzen der 2-Jahresfrist durch einen die Unterhaltsansprüche nur vorläufig regelnden Vergleich im Verfahren der einstweiligen Anordnung.

[58] OLG Dresden BeckRS 2008, 25990 = FamRZ 2005, 1195; BeckRS 1996, 10886 = FamRZ 1997, 1281 (1282); OLG Karlsruhe NJW-RR 1987, 1477 = FamRZ 1987, 297 (299).

[59] OLG Düsseldorf NJW 1993, 1079 = FamRZ 1993, 591 (592) mwN; OLG Karlsruhe BeckRS 2011, 1978 = FamRZ 1991, 1470 f. mwN (auch für einen außergerichtlichen Vergleich).

[60] OLG Koblenz BeckRS 2018, 25681 = FamRZ 2018, 1586.

Anhaltspunkte dafür bestehen, dass die Auskunft zu den Erträgnissen unzutreffend oder nicht umfänglich erteilt worden ist.[61]

**Beispiel:**
OLG Rostock BeckRS 2015, 3675 Rn. 30 = FamRZ 2015, 422 Ls.: Ein Gesellschafter-Geschäftsführer ist nicht verpflichtet, Auskunft über die Gegenleistung aus dem Verkauf seiner Gesellschaftsanteile vor dem Stichtag zu erteilen, da sich der Erlös in seinem zu offenbarenden Vermögen abbildet.

51 **bb) Zeitpunkt.** Maßgeblicher **Stichtag** ist grundsätzlich der Eintritt der Rechtskraft des Scheidungsausspruchs (aber → § 1578 Rn. 42–44).[62] Da jedoch auch **nachträgliche Änderungen** insbesondere der Einkommensverhältnisse der Ehegatten die Unterhaltsbemessung beeinflussen können (→ § 1578 Rn. 49–145), bezieht sich die Auskunftspflicht auf den Zeitpunkt dieser Änderung (zur **Sperrfrist** → Rn. 45–48). – Besteht Anlass zu der Annahme, dass es der Auskunftspflichtige seinen Obliegenheiten zuwider **unterlässt,** unterhaltsrechtlich relevante Einkünfte zu erzielen, hat er auch Auskunft über seine ehemaligen Einkünfte zu erteilen. – Zudem kann für den nachehelichen Unterhalt insbesondere auch die Auskunft über folgendes, nach der Scheidung erworbenes **Vermögen** von Bedeutung sein: Pflichtteilsanspruch;[63] Erträge aus zugeflossenen Kapitalbeträgen,[64] aus Vermietung und Verpachtung[65] sowie aus Unternehmen.[66]

52 **cc) Umfang.** Der Auskunftspflichtige schuldet Auskunft in dem Ausmaß, in dem sie für die Bemessung des Unterhalts von Bedeutung sein **kann.** Dies bezieht sich sowohl auf den **zeitlichen Umfang,** für den Unterhalt auch für die Vergangenheit verlangt wird, als auch auf die **Unterhaltshöhe.** Deshalb hat der abhängig erwerbstätige Auskunftspflichtige ggf. auch Auskunft für vergangene Jahre zu erteilen, und bei unregelmäßigen und der Höhe nach schwankenden Einkünften oder als selbstständig Erwerbstätiger stets über seine Einkünfte für die Jahre, die zur Unterhaltsberechnung herangezogen werden (→ § 1578 Rn. 377, 439–442).[67]

53 **dd) Form.** Auskunft ist in **verkörperter** Form zu erteilen (zu den **Einzelheiten** → Rn. 71–73). Deshalb bedarf sie zwar der **Schriftform,** jedoch nicht iSd § 126, sodass sie der Auskunftspflichtige nicht unterzeichnen muss[68] und ausreicht, dass er die begehrten Auskünfte **zu Protokoll** des FamG erteilt.

54 Auskunft hat der Auskunftspflichtige **persönlich** zu erteilen. Doch kann er die Auskunft durch einen **Boten** übermitteln, sofern die Urheberschaft des Auskunftspflichtigen für die überbrachte Auskunft feststeht. Mit den von einem **Verfahrensbevollmächtigten** im Auskunftsverfahren gemachten Angaben wird deshalb der Auskunftsanspruch erfüllt.[69]

55 **b) Belegvorlage.** Die Vorlage von Belegen wird nur geschuldet, soweit auch Auskunft erteilt werden muss oder musste. Sie erstreckt sich auf **Einkünfte jeder Art,** insbesondere aus Erwerbstätigkeit, zum Vermögen beschränkt auf Vermögenserträge (zum Ganzen auch → Rn. 51, 52).[70] Die für die Erteilung der Auskunft erforderlichen Belege muss sich der Auskunftspflichtige auf seine Kosten beschaffen.[71] – Zur **bestimmten Bezeichnung** der verlangten Belege → Rn. 123–127.

56 Insbesondere bei idR sehr komplexen und umfangreichen **Geschäftsabschlüssen** und **betriebswirtschaftlichen Auswertungen** kann es aufgrund der Vielzahl der Einzelpositionen unzumutbar sein, diese zu belegen.[72] Dem Auskunftsberechtigten ist dann zuzumuten, nach Vorliegen dieser Unterlagen diejenigen Einzelpositionen zu benennen, die er erläutert und ggf. auch belegt haben will.

---

[61] OLG Rostock BeckRS 2015, 3675 Rn. 29 = FamRZ 2015, 422 Ls.; *Dose* in Wendl/Dose UnterhaltsR § 1 Rn. 604.

[62] Zum Erfordernis, zur Auskunft über das Vermögen den Stichtag, zu dem Auskunft zu erteilen ist, zu nennen, s. OLG Karlsruhe BeckRS 2004, 00543 = FamRZ 2004, 1048 Ls.

[63] BGHZ 85, 16 = NJW 1983, 279 = FamRZ 1982, 1189 (1192).

[64] OLG Karlsruhe NJW-RR 1990, 712 = FamRZ 1990, 756 f. (Bedürftigkeit des Berechtigten).

[65] OLG Düsseldorf BeckRS 2009, 12829 = FamRZ 1981, 893 (894) (Bedürftigkeit des Berechtigten).

[66] OLG Celle NJW-RR 1992, 1478 = FamRZ 1992, 1440 (1441) (Leistungsfähigkeit des Verpflichteten).

[67] OLG Rostock BeckRS 2015, 3675 Rn. 33 = FamRZ 2015, 422 Ls.

[68] BGH NJW 2008, 917 Rn. 13–18 = FamRZ 2008, 600.

[69] BGH NJW 2008, 917 Rn. 17, 18, 20 = FamRZ 2008, 600 mwN.

[70] AA AG Ludwigsburg BeckRS 1999, 14385 = FamRZ 2000, 1221 f., das eine Pflicht zur Vorlage der Einkommensteuererklärungen und -bescheiden bei abhängig Beschäftigten zu Unrecht verneint.

[71] OLG Karlsruhe NJW-RR 1987, 1477 = FamRZ 1987, 297 (299).

[72] OLG Stuttgart BeckRS 1990, 31138352 = FamRZ 1991, 84 (85); OLG Schleswig BeckRS 2010, 19286 = FamRZ 1981, 53.

Die Belege sind lediglich **vorzulegen** und nicht auch zu übergeben. Da es aber um die Vermittlung der für die Beurteilung eines Unterhaltsanspruchs erforderlichen Kenntnisse geht, korrespondiert dem Recht auf Belegvorlage das Recht des Auskunftsberechtigten auf **Einsicht** in die vorgelegten Belege und das Recht, Abschriften anzufertigen oder die Belege – auf seine Kosten – zu kopieren.[73] Dem Auskunftsberechtigten steht es frei, sich hierzu qualifizierter, der Schweigepflicht unterliegender **Hilfspersonen** – wie Rechtsanwälten, Wirtschaftsprüfern, Steuerberatern oder Steuerbevollmächtigten – zu bedienen. 57

Da der Auskunftspflichtige die Belege nicht herauszugeben hat, hat er sie im **Original** vorzulegen, soweit ihm dies möglich und zumutbar ist.[74] Regelmäßig wird auch die Vorlage **öffentlich beglaubigter Abschriften** (§ 42 BeurkG) ausreichen. – Im Allgemeinen wird in der Praxis auch die Vorlage nicht beglaubigter **Kopien** ausreichen, sodass das Bestehen auf den Originalen rechtsmissbräuchlich sein kann (§ 242). In Ausnahmefällen kann, liegen besondere Umstände vor – etwa Unlesbarkeit, Unvollständigkeit oder Verdacht auf Manipulation von Kopien –, jedoch auf der Vorlage des Originals[75] oder auf Einsicht in dieses bestanden werden. 58

Die Belege hat der Auskunftspflichtige an seinem Wohnort zur Zeit der Entstehung des Unterhaltsrechtsverhältnisses (**„Holschuld“**, § 269 Abs. 1), Geschäftsunterlagen am Geschäftssitz (entsprechend § 269 Abs. 2) vorzulegen.[76] Dort hat er auch Einsicht in die Belege etc zu gewähren. 59

Zum **Bestand des Vermögens** wird keine Belegvorlage geschuldet (§ 1605 Abs. 1 S. 2),[77] sondern nur zu den **Vermögenserträgen.** Zum Bestand kann der Auskunftsberechtigte nur ein Bestandsverzeichnis (§ 260 Abs. 1) und ggf. die Abgabe der eidesstattlichen Versicherung (§ 261) verlangen;[78] damit wird seinem Auskunftsbedürfnis bezogen auf die Obliegenheit zur Verwertung von Vermögen (§ 1577 Abs. 3, → § 1577 Rn. 47–71, → § 1581 Rn. 100–105) genügt. Die Auskunft zum Vermögen muss die für die **Wertbildung** maßgebenden Umstände umfassen (§ 260 Abs. 1), **Wertermittlung** ist jedoch nur in eng begrenzten Ausnahmefällen (§ 242) geschuldet.[79] 60

**c) Insbesondere: Selbstständige.** Ein Selbstständiger hat seine Einnahmen und Aufwendungen im Einzelnen so darzustellen und zu belegen, dass allein **steuerlich beachtliche Aufwendungen** von den **unterhaltsrechtlich relevanten** abgegrenzt werden können (→ § 1578 Rn. 441–463, auch → § 1605 Rn. 27–32).[80] Hierzu gehören neben den Bilanzen nebst Gewinn- und Verlustrechnungen bzw. Einnahmenüberschussrechnungen und der Aufstellung über das Anlagevermögen ggf. betriebswirtschaftliche Auswertungen für unterjährige Stichtage, Einkommensteuererklärungen und -bescheide sowie Umsatzsteuererklärungen und -bescheide für die Geschäftsjahre, die der Einkommensermittlung zugrunde gelegt werden (→ § 1578 Rn. 439). 61

Von einem **Gesellschafter-Geschäftsführer** einer GmbH, der vom Gewinn der GmbH abhängige Einkünfte bezieht, kann neben Verdienstabrechnungen und Steuerbescheiden[81] auch die Vorlage von Bilanzen nebst Gewinn- und Verlustrechnungen der GmbH[82] und von Belegen zum Bestand und zur Entwicklung des Kapitalkontos sowie zur Höhe der Entnahmen[83] verlangt werden. Zum **Geheimhaltungsinteresse** → Rn. 17–20. 62

**2. Neuer Ehegatte. a) Auskunftspflicht?** Der Verpflichtete schuldet grundsätzlich **keine** Auskunft über die Einkünfte seines neuen Ehegatten, weil diese nicht zur Unterhaltsbemessung 63

---

73 Zum Ganzen KG BeckRS 2010, 14278 = FamRZ 1982, 614 Ls.

74 KG BeckRS 2010, 14278 = FamRZ 1982, 614 Ls.; Staudinger/*Klinkhammer,* 2018, § 1605 Rn. 46; Soergel/*Häberle* Rn. 7; aA OLG Frankfurt a. M. NJWE-FER 1997, 30 = FamRZ 1997, 1296 f.; BeckOGK/*Winter,* 1.2.2019, § 1605 Rn. 154; BeckOK BGB/*Reinken,* 47. Ed. 1.8.2018, § 1605 Rn. 22.

75 IErg ebenso OLG Frankfurt a. M. NJWE-FER 1997, 30 = FamRZ 1997, 1296 f.; BeckOGK/*Winter,* 1.2.2019, § 1605 Rn. 154.

76 BeckOK BGB/*Lorenz,* 47. Ed. 1.8.2018, BGB § 269 Rn. 42; Staudinger/*Bittner,* 2014, BGB § 259 Rn. 31.

77 Zur ausnahmsweisen Verpflichtung zur Auskunft zum Vermögensstamm s. BeckOGK/*Winter,* 1.2.2019, Rn. 114–116.

78 OLG Hamburg BeckRS 2011, 2761 = FamRZ 1985, 394 (395) mwN.

79 Dazu BGH BeckRS 2016, 20948 Rn. 12.

80 BGH NJW-RR 1993, 898 (900) = FamRZ 1993, 789; auch OLG Koblenz BeckRS 2017, 141998 = FamRZ 2018, 259 (260); OLG Naumburg NJW-RR 2008, 1389 = FamRZ 2008, 2230 Ls.; OLG München BeckRS 1995, 9750 = FamRZ 1996, 738 ff.; OLG Bremen BeckRS 1994, 31133035 = FamRZ 1995, 935 (936); OLG Hamm BeckRS 2010, 20394 = FamRZ 1980, 455 (456).

81 BGH NJW 1983, 1554 = FamRZ 1983, 680 (682); NJW 1982, 1642 = FamRZ 1982, 680 (682).

82 BGH NJW 1993, 3262 = FamRZ 1994, 28 (29) zur Auskunftspflicht eines Gesellschafters einer Kapitalgesellschaft; NJW 1983, 2243 = FamRZ 1983, 996 (998); NJW 1982, 1642 = FamRZ 1982, 680 (681); zu in ausländischer Sprache abgefassten Jahresabschlüssen s. auch AG Flensburg BeckRS 2009, 24625 = FamRZ 2010, 570 Ls.

83 OLG Stuttgart BeckRS 2006, 14257 = FamRZ 1983, 1267.

herangezogen werden können.[84] Hiervon sind jedoch **Ausnahmen** zu machen, wenn und soweit die Einkünfte des Ehegatten das unterhaltsrelevante Einkommen des Verpflichteten beeinflussen können:

64 – Erzielt der neue Ehegatte Einkünfte aufgrund einer unterhaltsrechtlichen **Obliegenheitsverletzung** des Verpflichteten – etwa: die Ehefrau meldet ein Gewerbe an, das aber ausschließlich vom bei ihr angestellten Verpflichteten betrieben wird –, hat dieser auch insoweit Auskunft zu erteilen, weil ihm diese Einkünfte zugerechnet werden.[85]

65 – Die Kenntnis des Einkommens des neuen Ehegatten ist für die Aufteilung einer **Steuerrückerstattung** erforderlich.[86] Der Verpflichtete ist auch insoweit zur Vorlage der **Steuerbescheide** verpflichtet. Die seinen neuen Ehegatten allein betreffenden Angaben kann er unkenntlich machen, nicht aber die, die (auch) ihn betreffen, auch wenn hieraus Schlüsse auf das Einkommen seines Ehegatten gezogen werden können.[87]

66 – Der Verpflichtete hat stets dann auch Auskunft über die Einkünfte seines neuen Ehegatten zu erteilen, wenn diese sich auf die Ermittlung des **Bedarfs** des Berechtigten (zur verfassungsrechtlich verworfenen „Dreiteilung" → § 1578 Rn. 127–137) oder auf die **Leistungsfähigkeit** des Verpflichteten auswirken können (zu den „Hausmann-Fällen" → § 1578 Rn. 688–695).[88] Insoweit schuldet er auch die Vorlage von Belegen, weil die Unterhaltsverpflichtung das eheliche Verhältnis überlagert und dem Berechtigten ermöglicht werden muss, sein Verfahrenskostenrisiko[89] zuverlässig zu beurteilen.[90]

67 **b) Geltendmachung und Durchsetzung.** Der geschiedene Ehegatte hat insoweit einen **Auskunftsanspruch** gegen seinen neuen Ehegatten aus § 1353 Abs. 1 S. 2 – als der gegenüber § 242 spezielleren Norm –, der sich auf dieselben Auskunftspflichten wie nach § 1605 Abs. 1 richtet.[91] Er hat auch Anspruch auf Vorlage von **Belegen** (→ Rn. 55–60), nicht jedoch auf Abgabe der **eidesstattlichen Versicherung,** da jedenfalls dies „mit dem in einer Ehe herrschenden Vertrauen nicht zu vereinbaren" ist.[92] Der neue Ehegatte muss zudem die **Weitergabe** der Auskünfte und Belege an den ehemaligen Ehegatten dulden.

68 Der vormalige Ehegatte muss Auskunft und Belegvorlage in Bezug auf den neuen Ehegatten **ausdrücklich** verlangen (→ Rn. 16),[93] die Verpflichtung muss auch ausdrücklich ausgesprochen werden.[94] Eine **gerichtlich** titulierte Verpflichtung könnte zwangsweise **durchgesetzt** werden, weil § 120 Abs. 3 FamFG, wonach die Verpflichtung zur Eingehung der Ehe und zur Herstellung des ehelichen Lebens nicht der Vollstreckung unterliegt, auf diese vermögenrechtliche Angelegenheit keine Anwendung findet (→ § 1353 Rn. 55).[95] Jedenfalls dies wäre „mit dem in einer Ehe herrschenden Vertrauen nicht zu vereinbaren".[96]

69 **3. Zurückbehaltungsrecht.** Der Auskunftspflichtige kann die Auskunftserteilung nicht **verweigern,** bis ihm der Auskunftsberechtigte seinerseits Auskunft erteilt hat oder sie **Zug um Zug** (§ 273; § 320 scheidet von vornherein aus, da die wechselseitigen Auskunftsansprüche nicht im Gegenseitigkeitsverhältnis stehen) von der Auskunftserteilung durch den anderen Ehegatten abhängig machen. Denn bei dem Auskunftsanspruch handelt es sich lediglich um einen Nebenanspruch zu dem Anspruch auf Unterhaltszahlung, der der Deckung des Lebensbedarfs dient (zum Aufrechnungs-

---

84 BGH NJW 1983, 1554 = FamRZ 1983, 680 (682).

85 AA OLG Bamberg NJW-RR 1986, 869 = FamRZ 1986, 685 (686) unter Berufung auf BGH NJW 1983, 1554 = FamRZ 1983, 680 (682).

86 OLG Düsseldorf FamRZ 1991, 1315 (1314 f.); dazu auch OLG Frankfurt a. M. BeckRS 2010, 14968 = FamRZ 1982, 725 (727); aA KG NJW 1981, 2471 = FamRZ 1981, 1099 (1100).

87 BGH NJW 1983, 1554 = FamRZ 1983, 680 (682).

88 Zur Auskunftsverpflichtung des neuen Ehegatten des Verpflichteten s. auch – zum Kindesunterhalt – BGHZ 186, 13 = NJW 2011, 226 Rn. 14–17 = FamRZ 2011, 21; NJW 1983, 1554 = FamRZ 1983, 680 (682); OLG Jena BeckRS 2008, 13786 = FamRZ 2009, 891 Ls.; s. auch BGH NJW 1983, 1554 = FamRZ 1983, 680 (682). Zum nachehelichen Unterhalt s. auch *Hachenberg* FF 2010, 442 (445).

89 Zu diesem – schützenswerten – Gesichtspunkt BGHZ 186, 13 = NJW 2011, 226 Rn. 15 = FamRZ 2011, 21.

90 *Graba* FamRZ 2011, 23 (24); aA BGHZ 186, 13 = NJW 2011, 226 Rn. 23 = FamRZ 2011, 21.

91 BGHZ 186, 13 = NJW 2011, 226 Rn. 19, 22 = FamRZ 2011, 21; OLG Karlsruhe BeckRS 2010, 28401 = FamRZ 1990, 161 (162).

92 BGHZ 186, 13 = NJW 2011, 226 Rn. 23 = FamRZ 2011, 21.

93 BGHZ 186, 13 = NJW 2011, 226 Rn. 13 = FamRZ 2011, 21.

94 OLG Hamm BeckRS 2011, 2255 = FamRZ 2011, 1302 Ls.

95 MüKoFamFG/*C. Fischer* FamFG § 120 Rn. 18.

96 So der BGH, BGHZ 186, 13 = NJW 2011, 226 Rn. 23 = FamRZ 2011, 21 zu den Ansprüchen auf Belegvorlage und Abgabe der eidesstattlichen Versicherung.

verbot s. § 394, § 850b Abs. 1 Nr. 2 ZPO), und auch die persönlichen Bindungen der geschiedenen Ehegatten lassen eine Auskunftsverweigerung nicht zu.[97] Zum **Auskunftswiderantrag** → Rn. 134.

**4. Abtretung.** Auskunftsanspruch etc sind Nebenansprüche zum Unterhaltsanspruch und teilen dessen Rechtsnatur (→ Rn. 7–10). Als **unterhaltsrechtliche Ansprüche** sind sie nicht abtretbar und es kann nicht in sie vollstreckt werden (§§ 400, 120 Abs. 1 FamFG, § 850b Abs. 1 Nr. 2 ZPO).[98] IÜ: Welches Interesse könnte ein Zessionar an den Auskünften haben, die der Schuldner zu seinen Einkünften und Vermögen erteilt, und warum sollte der Auskunftspflichtige dem Gläubiger seines Auskunftsgläubigers entsprechende Auskünfte erteilen? 70

### III. Erfüllung

**1. Auskunftserteilung.** Der Auskunftsanspruch richtet sich auf ein **„Verzeichnis des Bestands“** (§ 260 Abs. 1), also auf Auskunft in verkörperter Form. Geschuldet wird deshalb eine **systematische, in sich geschlossene Zusammenstellung** aller Angaben, auf die sich der Auskunftsanspruch bezieht. Sie muss dem Auskunftsberechtigten ohne übermäßigen Arbeitsaufwand die Errechnung seines Unterhaltsanspruchs ermöglichen.[99] 71

Damit werden die Anforderungen an eine Auskunftserteilung in der Praxis idR jedoch überspannt. Gibt ein Arbeitnehmer etwa an, außer seinen Erwerbseinkünften keine weiteren Einkünfte mehr zu haben, wird meist die Vorlage der Verdienstabrechnungen und Einkommensteuerbescheide zur Erfüllung (auch) der Auskunftsverpflichtung genügen. 72

**Teilauskünfte** führen regelmäßig nicht zu einer teilweisen Erfüllung des Auskunftsanspruchs, weil dieser nur insgesamt erfüllt werden kann. Bezieht sich aber der Auskunftspflichtige auf mehrere von ihm erteilte Teilauskünfte, die „nicht zusammenhanglos nebeneinander stehen“, und erklärt mindestens konkludent, dass diese die begehrten Auskünfte vollständig umfassen, ist der Auskunftsanspruch insgesamt erfüllt, vorausgesetzt, dass sich der Auskunftspflichtige in seinen Teilauskünften zu allen zu Recht erbetenen Auskünften zu einzelnen Positionen erklärt hat. Ohne diese Erklärung ist in den Teilauskünften lediglich eine unvollständige Gesamtdarstellung zu sehen, die keine Erfüllungswirkung zeitigen kann.[100] – Zu den **verfahrensrechtlichen Folgen** für die Antragstellung und die gerichtliche Entscheidung → Rn. 125, 126. 73

Erfüllung der Auskunftsverpflichtung tritt auch ein, wenn die erteilte Auskunft **inhaltlich unrichtig** ist (→ § 260 Rn. 43). Auch dann, wenn Grund zu der Annahme besteht, dass die erteilte Auskunft unrichtig oder unvollständig ist, kann keine Ergänzung oder Berichtigung verlangt werden; der Auskunftsgläubiger ist – auf seine eigenen Kosten (§ 261 Abs. 2) – darauf verwiesen, vom Auskunftsschuldner die Abgabe der eidesstattlichen Versicherung (§ 260 Abs. 2) zu verlangen (→ § 259 Rn. 24). Widerruft der Auskunftspflichtige allerdings seine Auskunft wegen inhaltlicher Unrichtigkeit, ist er so zu behandeln, als habe er die Auskunft niemals erteilt. Da dann die ursprüngliche Auskunft nicht zur Erfüllung der Auskunftsverpflichtung führen konnte, muss erneut Auskunft erteilt werden.[101] 74

Zur Erfüllung gehört auch die Tragung der mit der Auskunftserteilung notwendig zusammenhängenden **Kosten** (näher → Rn. 86–89, → § 260 Rn. 43, 46). 75

**2. Verfahrensrechtliche Auskunfts- und Einsichtsrechte. a) Auskunftsrechte des FamG.** Die Auskunftsrechte des FamG (§§ 235, 236 FamFG) und ihre Erfüllung durch die Ehegatten und Dritte dienen dazu, alle für die Bemessung des Unterhalts erforderlichen Auskünfte und Belege zu ermitteln und zeitaufwändige Beweisaufnahmen zu erübrigen. Um diesen Beschleunigungszweck zu erreichen, führt die Erfüllung der verfahrensrechtlichen Auskunftspflicht auch zur **Erfüllung** der Auskunftsverpflichtung gegenüber dem anderen Ehegatten.[102] Dies setzt voraus, dass die Auskünfte auch dem anderen/den Ehegatten zugänglich gemacht wurden, und folgt bereits aus dem Recht 76

---

97 OLG Köln FamRZ 1987, 714 mwN; OLG Bamberg BeckRS 2009, 29511 = FamRZ 1985, 610 (611) mwN.

98 Allgemein BGHZ 195, 74 = NJW-RR 2010, 1117 Rn. 15 = FamRZ 2010, 969 mwN; zu § 1580 etwa Soergel/*Häberle* Rn. 1; BeckOGK/*Winter,* 1.2.2019, Rn. 5.

99 So der BGH NJW 2019, 604 Rn. 6 mAnm *Born* = FamRZ 2019, 464; NJW-RR 2015, 188 Rn. 16 = FamRZ 2015, 247; NJW 2014, 3647 Rn. 16 = FamRZ 2015, 127 mAnm *Winter* (Vorinstanz OLG Karlsruhe BeckRS 2014, 20941); NJW 1983, 2243 = FamRZ 1983, 996 (998); s. auch OLG Brandenburg BeckRS 2018, 37262 = FamRZ 2019, 291; KG BeckRS 2015, 19088 Rn. 4 = FamRZ 2015, 1973; OLG Dresden BeckRS 2008, 25998 = FamRZ 2005, 1195; OLG Hamm NJOZ 2005, 928 = FamRZ 2005, 1194.

100 Zum Ganzen BGH NJW 2014, 3647 Rn. 17, 18 = FamRZ 2015, 127 mAnm *Winter.*

101 BGH NJW 1986, 423 (424).

102 BT-Drs. 13/7338, 35.

auf rechtliches Gehör, wenn und soweit die Auskünfte verwertet oder, weil vermeintlich unerheblich, nicht verwertet werden sollen.

77 Das FamG kann die Erteilung der Auskunft über die Einkünfte, das Vermögen und ihre persönlichen und wirtschaftlichen Verhältnisse sowie die Vorlage von Belegen durch einen **Beteiligten** sowie die persönliche schriftliche Versicherung der Wahrheitsgemäßheit und der Vollständigkeit, die nicht durch einen Vertreter erfolgen kann, anordnen (§ 235 Abs. 1 FamFG). Es muss so vorgehen, wenn der Auskunft begehrende Beteiligte dies verlangt und der zur Auskunft verpflichtete Beteiligte trotz Aufforderung vor Beginn des Verfahrens seiner Auskunftspflicht aus § 1580 nicht innerhalb angemessener Frist nachgekommen ist (§ 235 Abs. 2 FamFG). Beide Beteiligten sind verpflichtet, dem FamG während des Verfahrens eingetretene Veränderungen unaufgefordert mitzuteilen (§ 235 Abs. 3 FamFG). Die gerichtlichen Anordnungen sind als Zwischenentscheidungen nicht anfechtbar und auch nicht zwangsweise durchsetzbar (§ 235 Abs. 4 FamFG).

78 Kommt ein Beteiligter einer Verpflichtung nach § 235 Abs. 1 FamFG nicht oder nicht vollständig nach, kann das FamG bei Arbeitgebern, Sozialleistungsträgern, Versicherungsunternehmen und Finanzämtern etc Auskunft und Belege über deren Einkünfte anfordern (§ 236 Abs. 1 FamFG). Es muss so verfahren, wenn der auskunftsberechtigte Beteiligte dies beantragt (§ 236 Abs. 2 FamFG). Die Anordnung ist den Beteiligten und den Drittbeteiligten mitzuteilen. Die **Drittbeteiligten** sind verpflichtet, der Anordnung Folge zu leisten (§ 236 Abs. 3, 4 FamFG); gegen sie – ausgenommen Behörden – können Ordnungsmittel (§ 390 ZPO) verhängt werden. Die Anordnungen sind als Zwischenentscheidungen nicht selbstständig anfechtbar (§ 236 Abs. 5 FamFG).

79 **b) Verfahrenskostenhilfe.** Im verfahrenskostenhilferechtlichen Bewilligungsverfahren kann das FamG „Erhebungen anstellen, insbesondere die Vorlegung von Urkunden anordnen und Auskünfte einholen (§ 113 Abs. 1 S. 1, 2 FamFG, § 118 Abs. 2 S. 2 ZPO). Laufen das Bewilligungsverfahren und das Hauptsacheverfahren parallel, überschneiden sich diese verfahrenskostenhilferechtlichen Auskunftsrechte mit den verfahrensrechtlichen Auskunftspflichten der Beteiligten und Dritter aus §§ 235, 236 FamFG. Letztere gehen vor, weil sie vollumfänglich und nicht wie die verfahrenskostenhilferechtlichen Auskunftsrechte, die nicht zu einer Vorwegnahme des Hauptsacheverfahrens führen dürfen, auf das unumgängliche Mindestmaß zu beschränken sind.[103]

80 **3. Einsicht in eine Erklärung über die persönlichen und wirtschaftlichen Verhältnisse zur Verfahrenskostenhilfe.** Dem Beteiligten eines Unterhaltsrechtsstreits kann Einsicht in die Erklärung des Gegners über seine persönlichen und wirtschaftlichen Verhältnisse und die entsprechenden Belege gewährt werden, ohne dass dieser zustimmen müsste (§ 113 Abs. 1 S. 1, 2 FamFG, § 117 Abs. 2 S. 2 Hs. 2 ZPO).[104] Doch kann die Einsicht aus datenschutzrechtlichen Gründen nur so weit gehen, wie der materiellrechtliche Auskunfts- und Beleganspruch nach §§ 1580, 1605 reichen würde,[105] bezieht sich also allein auf das für den Unterhaltsanspruch maßgebliche Einkommen und Vermögen.[106] Ziel der Einsicht ist nicht, die subjektiven Interessen des Gegners an den Auskünften zu wahren, sondern ihn aus verfahrensökonomischen Gründen zur Verbesserung der amtswegigen Aufklärung „sogleich in das Verfahren einzubeziehen, um etwaige Unrichtigkeiten in der Erklärung so früh wie möglich korrigieren zu können."[107] Deshalb besteht kein subjektives Recht auf Einsicht,[108] zudem ist etwa unerheblich, ob zur Auskunftserteilung aufgefordert worden war, ein Auskunftsrecht an der 2-Jahres-Frist (§ 1605 Abs. 2) scheitern würde oder auch der Auskunftsanspruch Verfahrensgegenstand ist.[109]

81 Das FamG entscheidet über das **Einsichtsgesuch** eines Beteiligten durch mit der Beschwerde nach § 113 Abs. 1 FamFG, § 127 Abs. 2 S. 2 ZPO, §§ 567 ff. ZPO anfechtbaren Beschluss.[110] – Sowohl vor[111] als auch nach Abschluss des Verfahrens in der Hauptsache ist der Gegner hinsichtlich der VKH-Aktenbestandteile **Dritter** iSd § 113 Abs. 1 FamFG, § 299 Abs. 2 ZPO (vgl. auch die

[103] MüKoZPO/*Wache* ZPO § 118 Rn. 17; BeckOK ZPO/*Reichling*, 29. Ed. 1.7.2018, ZPO § 118 Rn. 20.
[104] Dadurch dürfte die Entscheidung OLG Hamm BeckRS 2009, 29494 = FamRZ 1986, 80 (81) zur Nichtverwertbarkeit der vom FamG zur Prozesskostenhilfe eingeholten Auskünfte überholt sein.
[105] BT-Drs. 16/6308, 181 f., 325; s. auch BGH NJW 2015, 1827 Rn. 21 = FamRZ 2015, 1176.
[106] *Schürmann* FuR 2009, 130 (132 f.); *Schürmann* FamRB 2009, 58 (59); aA MüKoFamFG/*Viefhues* FamFG § 77 Rn. 28; Keidel/*Zimmermann* FamFG § 77 Rn. 3; *Härtl* NZFam 2014, 1032 (1033); *Groß* FPR 2006, 430 (431).
[107] BT-Drs. 16/6308, 325; s. auch BGH NJW 2015, 1827 Rn. 20–22 = FamRZ 2015, 1176.
[108] BGH NJW 2015, 1827 Rn. 20, 21 = FamRZ 2015, 1176.
[109] OLG Karlsruhe BeckRS 2014, 20146 Rn. 12 = FamRZ 2015, 597; dazu auch MüKoFamFG/*Viefhues* FamFG § 77 Rn. 28 mwN auch zur abw. Auffassung.
[110] OLG Karlsruhe BeckRS 2014, 20146 Rn. 10 = FamRZ 2015, 597; OLG Koblenz NJW-RR 2011, 509 = FamRZ 2011, 389; OLG Brandenburg BeckRS 2010, 21919 = FamRZ 2011, 125.
[111] Insoweit offengelassen BGH NJW 2015, 1827 Rn. 12 = FamRZ 2015, 1176.

Parallelvorschrift § 13 FamFG). Die Entscheidung über sein Einsichtsgesuch trifft dann die Justizverwaltung durch einen nach § 29 EGGVG mit einem Antrag auf gerichtliche Entscheidung (§ 23 Abs. 1 EGGVG) anfechtbaren Justizverwaltungsakt.[112]

## C. Abgabe der eidesstattlichen Versicherung

Der Anspruch auf Abgabe der eidesstattlichen Versicherung setzt grundsätzlich vor, dass Auskunft auch **geschuldet** war (→ Rn. 10), und soll den Auskunftspflichtigen zu einer ggf. erforderlichen Berichtigung und/oder Vervollständigung seiner bisherigen Auskunftserteilung veranlassen.[113] Dieser Verpflichtung steht gleich, wenn eine Auskunftsverpflichtung zwar nicht bestanden hat, die Auskunft aber – etwa innerhalb der Zweijahresfrist (→ Rn. 45–48) – **freiwillig** erteilt worden ist. 82

Besteht Grund zu der Annahme, dass die Auskunft nicht mit der erforderlichen Sorgfalt erteilt worden ist, hat der Auskunftspflichtige auf Verlangen des Auskunftsberechtigten zu Protokoll an Eides statt zu versichern, dass er nach bestem Wissen den Bestand so vollständig angegeben habe, als er dazu imstande sei (§ 1580 S. 2, § 1605 Abs. 1 S. 3, § 260 Abs. 2). Der Auskunftsberechtigte muss also, ohne dass inhaltliche Mängel bereits feststehen müssten, Umstände darlegen, die den Schluss zulassen, dass die bislang erteilte Auskunft **objektiv unrichtig** oder **unvollständig** ist und der Auskunftspflichtige dies bei Anwendung der erforderlichen Sorgfalt hätte erkennen können.[114] Doch kann genügen, wenn der Auskunftspflichtige seine Angaben mehrfach berichtigt[115] oder versucht hat, sich der Auskunftserteilung zu entziehen.[116] – Erteilt der Ausgleichspflichtige ersichtlich nur eine **Teilauskunft,** besteht kein Anspruch auf Abgabe der eidesstattlichen Versicherung, sondern auf Ergänzung der Auskunft. Zur **Abgabe** der eidesstattlichen Versicherung → Rn. 85. 83

**Unkenntnis** von maßgeblichen Umständen muss dem Auskunftspflichtigen vorwerfbar sein. **Unverschuldete** Unkenntnis oder entschuldbarer Rechtsirrtum führen deshalb nicht zur Verpflichtung, die eidesstattliche Versicherung abzugeben, sondern gleichfalls zu einem Anspruch auf Ergänzung der objektiv fehlerhaften Auskunft.[117] 84

Der Auskunftspflichtige hat die eidesstattliche Versicherung **„zu Protokoll"** abzugeben (§ 260 Abs. 2). Er kann sie auf seinen Antrag oder den des Auskunftsberechtigten (§ 413 S. 1 FamFG) zu Protokoll des AmtsG als Gericht der fG (§ 410 Nr. 1 FamFG), außerdem **freiwillig** zu Protokoll des Streitgerichts oder eines Notars (§ 38 BeurkG) erklären. Zur **Zwangsvollstreckung** → Rn. 160. 85

## D. Kosten

### I. Auskunft und Belegvorlage

Da es an einer gesetzlichen Regelung dazu fehlt, wer die für die Erteilung der Auskunft und der Belegvorlage anfallenden Kosten zu tragen hat, hat sie der **Auskunftspflichtige** zu tragen (→ § 260 Rn. 43, 46).[118] Er kann die Auskunftserteilung deshalb nicht von einer Kostenübernahmeerklärung oder einem Kostenvorschuss des Ausgleichsgläubigers abhängig machen. 86

Bei den anfallenden Kosten für die Auskunftserteilung und Belegvorlage handelt es sich idR um den Zeitaufwand für das Zusammentragen aller erheblichen Auskünfte samt Kopieren von Belegen und ihrer **systematischen Zusammenstellung.** In Betracht kommt in komplexen Einzelfällen, in denen Bilanzen samt Gewinn- und Verlustrechnungen oder Einnahmeüberschussrechnungen zu erstellen sind, aber auch, dass der Auskunftsschuldner mangels eigener Sachkenntnis auf die Inanspruchnahme der Hilfe eines Steuerberaters oder Wirtschaftsprüfers angewiesen ist. Maßgebliche Bedeutung erlangt dies jedoch nicht in dem Zusammenhang, dass auch diese Kosten vom Auskunftsschuldner zu tragen sind, sondern verfahrensrechtlich mit dem Erreichen der Mindestbeschwer für die Zulässigkeit einer Beschwerde (§ 61 Abs. 1 FamFG, → Rn. 146–156). 87

---

112 BGH NJW 2015, 1827 Rn. 11 = FamRZ 2015, 1176.

113 BGH BeckRS 2016, 20542 Rn. 10 = FamRZ 2017, 225; NJW 1991, 1833 (1834) = FamRZ 1991, 791.

114 BGHZ 89, 137 = NJW 1984, 484 = FamRZ 1984, 144 (145).

115 BeckOK BGB/*Lorenz*, 47. Ed. 1.8.2018, § 259 Rn. 26; Staudinger/*Bittner*, 2014, § 259 Rn. 36.

116 OLG Frankfurt a. M. NJW-RR 1993, 1483 (1484).

117 BGH NJW-RR 2011, 667 Rn. 10–12 = FamRZ 2011, 640 Ls. (zu einer ergänzenden eidesstattlichen Versicherung nach § 903 ZPO aF).

118 BGHZ 84, 31 = NJW 1982, 1643 = FamRZ 1982, 682 (683); BAGE 47, 138 = NJW 1985, 1181 (1182); BeckOK BGB/*Lorenz*, 47. Ed. 1.8.2018, § 260 Rn. 34.

88 Werden in Erfüllung der Verpflichtung zur Auskunftserteilung und Belegvorlage im familiengerichtlichen Verfahren **fremdsprachige Urkunden** vorgelegt, verstößt dies zwar nicht gegen § 184 S. 1 GVG, der Deutsch zur Gerichtssprache bestimmt.[119] Allerdings hat der Auskunftsberechtigte jedenfalls aus § 242[120] einen Anspruch auf Vorlage einer amtlichen Übersetzung auf Kosten des Auskunftspflichtigen, vorausgesetzt ihm ist sonst der Urkundeninhalt nicht verständlich.[121] Auch dann, wenn das FamG die Beibringung einer Übersetzung der in fremder Sprache abgefassten Urkunde in die deutsche Sprache anordnet (§ 113 Abs. 1 FamFG, § 142 Abs. 3 ZPO), hat der Auskunftspflichtige die dafür anfallenden Kosten zu tragen. Ggf. sind die hierfür anfallenden Kosten entsprechend § 91 S. 1 Hs. 2 ZPO erstattungsfähig.[122] – Die Kosten für die Übersetzung sind nicht aus der Staatskasse zu begleichen oder zu erstatten, und zwar auch dann nicht, wenn dem Auskunftspflichtigen **VKH** bewilligt ist. Denn die Verpflichtung, die Auskünfte nachvollziehbar zu erteilen, beruht ausschließlich auf dem materiellen Recht.

89 Bedarf aber der **Auskunftsberechtigte** zur Prüfung der vorgelegten Belege sachverständiger Hilfe, hat er die dadurch entstehenden Kosten selbst zu tragen (→ Rn. 57).

### II. Eidesstattliche Versicherung

90 Die Kosten der Abnahme der **eidesstattlichen Versicherung** hat derjenige zu tragen, welcher ihre Abgabe verlangt (§ 261 Abs. 2), mithin der Auskunftsberechtigte. Erfasst werden nicht auch die Kosten ihrer gerichtlichen Verpflichtung (§ 113 Abs. 1 FamFG, §§ 91 ff. ZPO)[123] und deren Durchsetzung nach § 888 ZPO (§ 788 ZPO), sondern nur die unmittelbaren Kosten der Abnahme etwa vor dem Vollstreckungsgericht (§ 889 Abs. 1 ZPO) oder vor dem Gericht der fG (§ 410 Nr. 1 FamFG). – Zur **Vollziehung** der eidesstattlichen Versicherung → Rn. 160.

91 Hat der **Auskunftspflichtige** – dies dürfte eher die Ausnahme sein – die Abgabe beantragt, hat er für die gerichtlichen Verfahrenskosten sowohl als Kostenschuldner (§ 22 Abs. 1 GNotKG) als auch materiellrechtlich nach § 261 Abs. 2 aufzukommen. – Hat der **Auskunftsberechtigte** die Abgabe verlangt, hat er die gerichtlichen Verfahrenskosten und auch materiellrechtlich die Kosten zu tragen (§ 261 Abs. 2). Deshalb hat er dem Auskunftspflichtigen auch seine Auslagen zu erstatten. Etwas anderes kann gelten, wenn der Auskunftspflichtige seine Pflicht aus dem Unterhaltsrechtsverhältnis durch falsche Auskünfte verletzt hat (§ 280 Abs. 1).[124]

## E. Erlöschen

92 Da der Unterhaltsanspruch des **Berechtigten** mit seiner **Wiederheirat,** Begründung einer **Lebenspartnerschaft** und seinem **Tod** endet (§ 1586 Abs. 1), enden auch die diesen lediglich vorbereitenden Auskunfts- und Beleganspruche. Allerdings **leben** sie dann **wieder auf,** wenn nach Scheidung dieser Ehe oder Aufhebung der Lebenspartnerschaft die tatbestandlichen Voraussetzungen für einen – neu entstandenen – Anspruch auf Betreuungsunterhalt (§ 1570) bestehen (§ 1586a Abs. 1).

93 Mit dem **Tod** des Auskunftspflichtigen erlischt seine Auskunftsverpflichtung.[125] Die Informationsrechte des Berechtigten richten sich nunmehr gegen die **Erben,** die ihm im Rahmen ihres Haftungsumfangs zur Auskunft verpflichtet sind. Der **Berechtigte** ist den Erben aufgrund der zum Unterhaltsanspruch akzessorischen Auskunfts- und Beleganspruche (→ Rn. 8–10) entsprechend verpflichtet (§§ 1580, 1605, zum Ganzen näher → § 1586b Rn. 23, 24).

---

119 OLG Brandenburg BeckRS 2008, 26219 = FamRZ 2009, 1085; OLG Koblenz BeckRS 2010, 26606 = FamRZ 1990, 79; Zöller/*Lückemann* GVG § 184 Rn. 1.

120 OLG Brandenburg BeckRS 2008, 26219 = FamRZ 2009, 1085; OLG Koblenz BeckRS 2010, 26606 = FamRZ 1990, 79; AG Flensburg BeckRS 2009, 24625 = FamRZ 2010, 570 Ls.

121 AA BGH NZFam 2016, 884 Rn. 11 = FamRZ 2016, 1681, wonach der Auskunftspflichtige seiner Verpflichtung zur Belegvorlage durch Beibringung von fremdsprachigen Urkunden genügt, sodass Übersetzungskosten nur beim Auskunftsberechtigten dann anfallen, wenn er seinen Unterhaltsanspruch beziffern will.

122 MüKoZPO/*Fritsche* ZPO § 142 Rn. 18.

123 KG NJW-RR 1993, 63 (64).

124 Dazu Staudinger/*Schwarze*, 2014, BGB § 280 Rn. B 18.

125 Zu § 1587e aF s. BGH NJW-RR 1986, 369 = FamRZ 1986, 253 (254).

## F. Auskunft nach „Treu und Glauben" (§ 242)

### I. Grundsätze

§ 1580 regelt lediglich einen Teilbereich der Auskunftspflichten ausdrücklich. Soweit er reicht, verdrängt er § 242 als lex specialis. Auf § 242 kann wegen der durch das Unterhaltsrechtsverhältnis begründeten rechtlichen Beziehung[126] ein Auskunftsbegehren über **weitere Umstände,**[127] die zwar die Unterhaltsberechtigung, nicht jedoch die Einkünfte oder das Vermögen berühren, gestützt werden. Dies setzt voraus, dass der die Auskunft Begehrende ohne eigenes Verschulden keine Kenntnis über Bestehen und Umfang seines Rechts hat und deshalb auf die Auskunft angewiesen ist, und der Auskunftspflichtige die Auskunft unschwer erteilen kann und nicht unbillig belastet wird. – Zur Auskunftspflicht über die finanziellen Verhältnisse eines **neuen Ehegatten** → Rn. 63–68. 94

### II. Einzelfälle

Nach Treu und Glauben (§ 242) kann etwa Auskunft verlangt werden über 95
- **mietfreies Wohnen,**[128]
- ein länger andauerndes **eheähnliches Verhältnis,**[129]
- den dem Verpflichteten nicht bekannten **vorehelichen Lebensbedarf** des Berechtigten im Rahmen von § 1578b Abs. 2,[130]
- eine **Wiederverheiratung** und Unterhaltspflichten gegenüber Ehegatten und Kindern aus der neuen Ehe,[131]
- die **Bemühungen um einen Arbeitsplatz,**[132]
- Verlauf und Abbruch einer **Ausbildung** (→ § 1575 Rn. 60),
- eine bevorstehende kostspielige **ärztliche Betreuung,**
- die Fortdauer von gesundheitlichen Beschwerden, die **Arbeitsunfähigkeit** begründen,[133]
- die wirtschaftlichen Verhältnisse zur Ermittlung der **Haftungsverhältnisse** nach §§ 1606 Abs. 3 S. 1,[134] 1584,
- Umstände, über die **ungefragt** Auskunft zu erteilen ist (→ Rn. 96–118, → § 1578 Rn. 658, → § 1579 Rn. 74, 111),
- die Kündigung einer **Krankenversicherung,** um eine Eigenversicherung zu ermöglichen; ein Verstoß macht schadensersatzpflichtig;[135]
- für einen **Ausgleichsanspruch** zwischen mehreren Unterhaltsgläubigern oder -schuldnern erhebliche Umstände,[136]
- für einen Anspruch auf **Rückerstattung überzahlten Unterhalts** aufgrund unerlaubter Handlung[137] oder ungerechtfertigter Bereicherung erhebliche Umstände,
- die Verwendung von **Altersvorsorgebeiträgen.**

### III. Insbesondere: Ungefragte Information

**1. Allgemeines.** Bei Änderungen der Einkommens- und Vermögensverhältnisse der geschiedenen Ehegatten[138] werden deren wechselseitigen Interessen grundsätzlich über die Möglichkeit, nach 96

126 BGH NJW 1986, 127 = FamRZ 1985, 1249 f.
127 BGH NJW 1988, 1906 = FamRZ 1988, 268 (269) mwN; ebenso etwa BeckOGK/*Winter,* 1.2.2019, Rn. 39, § 1605 Rn. 86–89; → § 1605 Rn. 4; aA OLG Düsseldorf BeckRS 1996, 9732 = FamRZ 1997, 361 (362).
128 BeckOGK/*Winter,* 1.2.2019, Rn. 38.
129 OLG Koblenz NJW-RR 1987, 1033 = FamRZ 1987, 1156.
130 *Hahne* FamRZ 1985, 113 (117).
131 OLG Bamberg BeckRS 2009, 29470 = FamRZ 1986, 492 f.
132 OLG Braunschweig BeckRS 2009, 27717 = FamRZ 1987, 284; BeckOGK/*Winter,* 1.2.2019, Rn. 38, § 1605 Rn. 86; aA etwa OLG Düsseldorf BeckRS 1996, 9732 = FamRZ 1997, 361 (362).
133 OLG Schleswig FamRZ 1982, 1018.
134 BGHZ 186, 13 = NJW 2011, 226 Rn. 13 = FamRZ 2011, 21; NJW 1988, 1906 = FamRZ 1988, 268 (269); OLG Zweibrücken BeckRS 2011, 5872 = FamRZ 2001, 249 (250). Zur Auskunftspflicht der ranggleich für Elternurteil Haftenden s. BGH NJW 2003, 3634 = FamRZ 2003, 1836 (1837 f.).
135 OLG Koblenz NJW-RR 1989, 649 = FamRZ 1989, 1111 (1112); OLG Köln FamRZ 1985, 926 (927).
136 BGH NJW 1988, 1906 = FamRZ 1988, 268 (269 f.); OLG Köln BeckRS 1991, 31144442 = FamRZ 1992, 469 (470); OLG Hamm BeckRS 1986, 31381214 = FamRZ 1987, 744 f.; aA OLG Hamm BeckRS 1986, 31381214 = FamRZ 1987, 745. Das AG Bayreuth BeckRS 2009, 13079 = FamRZ 1992, 715 f. verneint eine Auskunftspflicht, wenn der Auskunftspflichtige bereits dem Kind Auskunft erteilt hat. – Zur Kenntnis der erbetenen Daten → Rn. 84.
137 BGH NJW 1983, 2318 = FamRZ 1983, 352 (354); s. auch BeckOGK/*Winter,* 1.2.2019, § 1605 Rn. 37.
138 OLG Düsseldorf BeckRS 1993, 7004 = FamRZ 1995, 741 (742).

§ 1580 S. 1, § 1605 Auskunft verlangen zu können, ausreichend gewahrt. Insoweit geht es meist um die Information über die **Aufnahme, Fortsetzung** und **Ausweitung** einer Erwerbstätigkeit (insbesondere → § 1579 Rn. 74, 111). Zwar prägen die aus der veränderten Erwerbstätigkeit erzielten Einkünfte die ehelichen Lebensverhältnisse dann, wenn sie obligatorisch erzielt und auch nicht aus sonstigen Gründen, etwa wegen eines „Karrieresprungs" (→ § 1578 Rn. 65–70, 1013, 1014), nicht prägend sind. Doch ist dies unabhängig davon, ob und dass die Ehegatten sich wechselseitig zur Auskunft und Belegvorlage verpflichtet sind (§ 1580), keine Frage der Zurechnung fiktiver Einkünfte, weil die Einkünfte erzielt und „nur" nicht mitgeteilt werden. Lediglich dann, wenn es um von § 1580 S. 1, § 1605 nicht umfasste Umstände geht, kann es in **Ausnahmefällen** erforderlich sein, einen zusätzlichen Anspruch auf Auskunft, hergeleitet aus § 242, einzuräumen.[139]

97 **Beispiele aus der Rspr.:**
BGH NJW 1986, 2047 = FamRZ 1986, 794 (796): Pflicht zur ungefragten Offenbarung nur dann, wenn das Verschweigen günstiger, für den Unterhaltsanspruch grundlegender Änderungen der wirtschaftlichen Verhältnisse „evident unredlich erscheint".
OLG Frankfurt a. M. BeckRS 2011, 2396 = FamRZ 1992, 327 Ls.: Bei erheblich unter dem Existenzminimum liegenden Unterhaltszahlungen ist das Verschweigen eigener Einkünfte durch den Berechtigten kein gegen die guten Sitten verstoßendes, vorsätzliches und mutwilliges Verhalten.

98 **2. Verfahrensstadien.** In einem **laufenden gerichtlichen Verfahren** müssen beide Beteiligten auch Veränderungen ihrer Einkommens- und Vermögensverhältnisse, die für den Unterhalt maßgeblich sein können, bereits deshalb von sich aus offenbaren, weil sie zu wahrheitsgemäßen Angaben verpflichtet sind (§ 113 Abs. 1 FamFG, § 138 Abs. 1 ZPO).[140] Die subjektive Bewertung der unterhaltsrechtlichen **Erheblichkeit** der mitzuteilenden Umstände durch die Ehegatten ist unerheblich.[141] – Zu **Schadensersatzansprüchen** aus der Verletzung der Informationspflicht → § 1569 Rn. 50.

99 Der aus einer **gerichtlichen Entscheidung** Berechtigte hat den Verpflichteten ungefragt davon in Kenntnis zu setzen, wenn das Schweigen über eine ihm günstige, für den Unterhaltsanspruch ersichtlich grundlegende Änderung der persönlichen oder wirtschaftlichen Verhältnisse **evident unredlich** erscheint, etwa der Verpflichtete aufgrund vorangegangenen Tuns des Berechtigten oder nach der Lebenserfahrung keine Veranlassung hat, sich über den Fortbestand der anspruchsbegründenden Umstände durch ein Auskunftsverlangen zu vergewissern, der Berechtigte aber trotz einer für den Verpflichteten nicht erkennbaren Veränderung seiner wirtschaftlichen Verhältnisse, die den materiellrechtlichen Unterhaltsanspruch ersichtlich erlöschen lässt oder ihn grundlegend verändert, eine festgesetzte Unterhaltsrente weiter entgegennimmt und dadurch den Irrtum fördert, in seinen Verhältnissen habe sich erwartungsgemäß nichts geändert.[142] War eine **Änderung zu erwarten,** kann aber verlangt werden, dass der Auskunftsanspruch (§§ 1580, 1605) geltend gemacht wird.[143]

100 Ergibt sich die Unterhaltsverpflichtung aus einer **Vereinbarung,** erweitert sich wegen der weiterreichenden vertraglichen Treuepflicht die Offenbarungsverpflichtung des Berechtigten wie des Verpflichteten nach Auffassung des BGH auf alle die Unterhaltsverpflichtung berührenden Umstände, über die bei einer Änderung jederzeit und unaufgefordert Mitteilung zu machen ist.[144] Doch ist das Vertrauen auf den Fortbestand der einer einverständlichen Regelung zugrunde

---

[139] Zu Ausnahmefällen s. BGH NJW 1997, 1439 = FamRZ 1997, 483 f.; NJW 1986, 1751 = FamRZ 1986, 794 (796) und dazu OLG Bremen BeckRS 1999, 31152958 = FamRZ 2000, 256 (257); OLG Schleswig BeckRS 1995, 5967 = FamRZ 1996, 221 (Vorinstanz zu BGH NJW 1997, 1439 = FamRZ 1997, 483): Statt anrechnungsfreier 600 DM hat der Berechtigte bis zu 1.700 DM/Monat verdient; AG Weilburg NJWE-FER 1999, 80 = FamRZ 2000, 93 ff.

[140] BGH NJW 1999, 2804 (2805) = FamRZ 2000, 153 (154).

[141] BGH NJW 1999, 2804 = FamRZ 2000, 153 (154 f.); OLG Frankfurt a. M. BeckRS 2009, 7585 = FF 2006, 157 (158); OLG Bamberg BeckRS 2000, 30469310 = FamRZ 2001, 834 Ls.

[142] Dazu BGH NJW 1997, 1439 = FamRZ 1997, 483 f. (auch OLG Schleswig BeckRS 1995, 5967 = FamRZ 1996, 221 als Vorinstanz); NJW 1988, 1965 = FamRZ 1988, 270 (271 f.); NJW 1986, 2047 = FamRZ 1986, 794 (796); NJW 1986, 1751 = FamRZ 1986, 450 (453); auch OLG Hamm BeckRS 1997, 100 = FamRZ 1997, 1402 (keine ungefragte Information bei Kenntnis des Verpflichteten vom Ausbildungsbeginn eines Kindes); OLG Koblenz BeckRS 2011, 5806 = FamRZ 1997, 1338 f. (Bezug einer Erwerbsunfähigkeitsrente); OLG Koblenz FamRZ 1997, 371 (373); OLG Oldenburg NJW 1991, 3222 = 991, 827 (828); zur ungefragten Mitteilung von Veränderungen während eines laufenden Prozesses s. OLG Hamburg BeckRS 2009, 26228 = FamRZ 1987, 1044 (1045 f.). – Zu § 1611 s. OLG Karlsruhe OLGR 1999, 46 (48).

[143] OLG Naumburg NJOZ 2005, 435 = FamRZ 2005, 365 (366).

[144] BGH NJW 1997, 1439 = FamRZ 1997, 483; zu einem Prozessvergleich auch BGH NJW 2008, 2581 Rn. 27–31 = FamRZ 2008, 1325.

liegenden tatsächlichen Verhältnisse nicht schützenswerter als bei einer gerichtlichen Entscheidung.[145]

**3. Offenbarungspflichtige Umstände. a) Allgemeines.** Die Offenbarungspflicht besteht grundsätzlich unabhängig von der **Höhe** der Veränderung des maßgeblichen Einkommens eines Ehegatten, weil es nicht Sache des Auskunftspflichtigen ist, über die unterhaltsrechtlichen Auswirkungen zu befinden. Ausnahmen hiervon können lediglich bei **geringfügigen** Veränderungen gemacht werden.[146] 101

**b) Einzelfälle.** Eine Pflicht zu ungefragter Information besteht insbesondere für folgende **Einzelumstände:**

– Bei **Aus-, Weiterbildungs-, Fort-** und **Umschulungsunterhalt** die Nichtaufnahme, Verzögerungen, Abbruch und Abschluss[147] der Bildungsmaßnahme (→ § 1575 Rn. 60), zudem ist über den **Bildungsfortschritt** durch Übersenden von Leistungsnachweisen in Kenntnis zu setzen. 102
– Nach Zuerkennung von **Krankheitsunterhalt** ist auch eine Verbesserung des Gesundheitszustandes, aus der sich eine erhöhte Erwerbsobliegenheit ergeben kann, mitzuteilen (→ § 1572 Rn. 10, 11). 103
– Bei Erzielung von Erwerbseinkünften nach **Aufnahme** einer Erwerbstätigkeit.[148] 104
– Die **Ausweitung** einer Erwerbstätigkeit, auch bereits während der Probezeit,[149] ggf. auf ein Erwerbseinkommen über einen vertraglich festgelegten Freibetrag hinaus,[150] auch soweit dies vom Berechtigten als überobligatorisch angesehen wird.[151] 105
– Bezug von **Renteneinkünften.**[152] 106
– **Unerwartete** Einkünfte.[153] 107
– **Vermögenserwerb,** etwa durch freiwillige Zuwendung Dritter, und zwar unabhängig davon, ob und ggf. wie er unterhaltsrechtlich zu berücksichtigen ist.[154] 108
– Anfall einer **Erbschaft.**[155] 109
– Entfallen eines für die Kürzung des **vertraglich** vereinbarten Unterhaltsanspruchs erheblichen Umstandes.[156] 110
– **Wiederheirat**/Begründung einer Lebenspartnerschaft (§ 1586 Abs. 1). 111
– Beim **Tod** des Berechtigten trifft die Offenbarungspflicht die Erben. 112
– Bestehen einer **eheähnlichen Lebensgemeinschaft**[157] und allgemein das **Zusammenleben** mit einem anderen Partner. 113
– Die **Abstammung** eines als ehelich geltenden Kindes von einem anderen Mann (zur **Verwirkung** → § 1579 Rn. 133–135).[158] 114

---

[145] IErg ebenso BeckOGK/*Haidl,* 1.2.2019, § 1579 Rn. 111.
[146] OLG Koblenz BeckRS 2015, 14834 Rn. 6, 7 = FamRZ 2016, 66 Ls.
[147] BGH NJW-RR 1990, 1410 = FamRZ 1990, 1095.
[148] OLG Hamm NJW 1994, 772 (773) = FamRZ 1994, 1265 Ls.; OLG Celle BeckRS 1991, 31136994 = FamRZ 1991, 1313; OLG Düsseldorf FamRZ 1989, 62; FamRZ 1988, 841; OLG Schleswig BeckRS 2005, 30353894 = SchlHA 2006, 23; BeckRS 1998, 12635 = SchlHA 1999, 124; BeckRS 1995, 5967 = FamRZ 1996, 221 (222); OLG Frankfurt a. M. BeckRS 2001, 30157997; AG Bad Iburg FamRZ 2000, 289 f. Dazu – im konkreten Fall wurde allerdings eine Offenbarungspflicht verneint – auch BGH NJW 1986, 2047 = FamRZ 1986, 794 (796).
[149] OLG Frankfurt a. M. FF 2006, 157 (158); OLG Koblenz BeckRS 2001, 30986118 = FamRZ 2001, 325 Ls.
[150] BGH NJW 1997, 1439 = FamRZ 1997, 483 (484).
[151] OLG Frankfurt a. M. FamRZ 2003, 1750.
[152] OLG Schleswig BeckRS 1999, 14116 = FamRZ 2000, 1367 f.; OLG Koblenz BeckRS 2011, 5806 = FamRZ 1997, 1338 f.; FamRZ 1997, 371 (373); OLG Frankfurt a. M. NJW-RR 1991, 202 = FamRZ 1990, 1363.
[153] BGH NJW 1986, 1751 = FamRZ 1986, 450 (453); s. auch BGH NJW 1986, 2047 = FamRZ 1986, 794 (796): Die Aufnahme einer nach den Umständen des Einzelfalles ohnehin erwarteten Erwerbstätigkeit durch den Berechtigten braucht, ohne dass besondere Vertrauensgesichtspunkte hinzutreten, nicht mitgeteilt zu werden; AG Dieburg BeckRS 1998, 31394932 = FamRZ 1999, 854 (Bezug von Pflegegeld).
[154] BGH NJW 1999, 2804 (2805) = FamRZ 2000, 153 (154 f.).
[155] OLG Frankfurt a. M. BeckRS 2009, 7585 = FF 2006, 157 (159).
[156] BGH NJW 1988, 1965 = FamRZ 1988, 270 (271 f.); OLG Hamm NJW-RR 1994, 772 = FamRZ 1994, 1265 (1266).
[157] OLG Frankfurt a. M. BeckRS 2001 30157997 = FuR 2002, 83; OLG Koblenz NJW-RR 1999, 1597 = FamRZ 2000, 605 (607); NJW-RR 1987, 1033 = FamRZ 1987, 1156; OLG Hamm FuR 1998, 319 f. (das Nr. 4 und Nr. 5 aF anwendet).
[158] BGH NJW 2012, 2728 Rn. 27, 28 = FamRZ 2012, 1363; NJW 2012, 1443 Rn. 23 = FamRZ 2012, 779.

115 – Durch Vergleich eingegangene Verpflichtung, die **Aufnahme einer Erwerbstätigkeit** anzuzeigen.[159]

116 – **Ausbildungsvergütung eines Kindes.**[160] Ggf. kann man darauf abstellen, ob der Berechtigte davon ausgehen kann, der Verpflichtete habe aufgrund seines Kontaktes zu dem Kind bereits Kenntnis vom Bezug der Ausbildungsvergütung.

117 – Die Einschränkung unterhaltsrelevanter **Darlehensrückführungen,** es sei denn, die Unerheblichkeit des Wegfalls von Tilgungsleistungen sei vertraglich vereinbart worden.[161]

118 **Nicht** ungefragt offenbart werden muss, **abgesehen** von vorstehenden Fallgestaltungen (→ Rn. 102–117), die Änderung der bislang der Unterhaltsbestimmung zugrunde gelegten **Einkommensverhältnisse,**[162] weil die Interessen des Berechtigten[163] und des Verpflichteten durch §§ 1580 S. 1, 1605 grundsätzlich ausreichend gewahrt werden.[164]

119 **4. Verletzung der Offenbarungspflicht.** Dem Ehegatten, der seine Offenbarungspflichten verletzt hat, sind bei der Einkommensberechnung im gerichtlichen Verfahren die tatsächlich erzielten Einkünfte zuzurechnen, vorausgesetzt diese wurden noch bekannt. Dabei handelt es sich nicht um fiktive Einkünfte, da sie tatsächlich erzielt wurden (→ Rn. 96, 97). IÜ kann ein Ausgleich nur über das **Schadensersatz**- und das **Bereicherungsrecht** erfolgen, oder aber der Unterhaltsanspruch **begrenzt** werden (§ 1579 Nr. 3, 5 und 7, → § 1579 Rn. 208–213). Ein in einem gerichtlichen Verfahren geschlossener **Vergleich** kann ggf. wegen arglistiger Täuschung angefochten werden (§ 123);[165] nach erfolgreicher Anfechtung ist das Ausgangsverfahren mangels wirksamer Beendigung fortzusetzen.

120 Ob die Verletzung der Offenbarungspflicht etwa zu einer **Verwirkung** des Unterhaltsanspruchs nach § 1579 Nr. 5 führt, hängt zunächst davon ab, ob die Offenbarung aus eigenem Antrieb oder erst aufgrund von Fremdhinweisen erfolgte. Maßgeblich kann zudem sein, in welchem Stadium der unterhaltsrechtlichen Auseinandersetzung sie erfolgt ist und welche Unterhaltszahlungen der Verpflichtete tatsächlich erbracht hat. Können die offenbarten Einkünfte zeitlich noch vollumfänglich berücksichtigt werden, wird idR keine „grobe Unbilligkeit" der weitergehenden Unterhaltszahlung vorliegen. Meist wird der Verwirkung jedoch nicht damit genügt, dass lediglich der auf der Grundlage der veränderten Einkünfte tatsächlich errechnete Unterhalt zugesprochen wird.

121 **Beispiel aus der Rspr.:**
OLG Koblenz BeckRS 2015, 14834 = FamRZ 2016, 66 Ls.: Die Berechtigte machte eine Erhöhung des in einem Vergleich festgelegten Unterhalts von monatlich 450 € um weitere ca. 400 € geltend. Wegen unterlassener Offenbarung von Einkommenserhöhungen wurde ihr die an sich gerechtfertigte Erhöhung ihres Unterhalts versagt und dieser auf die im Vergleich festgeschriebene Höhe begrenzt.

## G. Verfahren

### I. Zuständigkeit

122 Bei Rechtsstreitigkeiten über Grund und Umfang der Auskunfts- und Belegpflicht sowie auf Abgabe der eidesstattlichen Versicherung als unterhaltsrechtliche Nebenansprüche (→ Rn. 7) handelt es sich um **Familiensachen,** die in die Zuständigkeit der FamG fallen (→ Vor § 1569 Rn. 57, 58).

### II. Antrag

123 **1. Auskunft und Belegvorlage.** Da der Antrag einen vollstreckungsfähigen Inhalt haben muss, sind die begehrten **Auskünfte** und **Belege,** aus denen sich die Höhe der Einkünfte ergeben soll, sowie zur Vermeidung einer „Dauervollstreckung" der **Zeitraum,** für den die Auskunft erteilt

---

[159] OLG Bamberg BeckRS 1990, 1598 = FamRZ 1990, 755.
[160] OLG Hamm NJW-RR 1994, 3 = FamRZ 1994, 966.
[161] OLG Bamberg NJW-RR 1994, 454 = FamRZ 1994, 1178 (1179).
[162] OLG Düsseldorf BeckRS 1993, 7004 = FamRZ 1995, 741 (742).
[163] BGH NJW 1986, 1751 = FamRZ 1986, 794 (796); AG Weilburg NJWE-FER 1999, 80 = FamRZ 2000, 93 ff.
[164] OLG Düsseldorf BeckRS 1993, 7004 = FamRZ 1995, 741 (742).
[165] BGH NJW 1999, 2804 = FamRZ 2000, 153 (155).

werden soll,[166] **bestimmt** zu bezeichnen (§ 113 Abs. 1 FamFG, § 253 Abs. 2 Nr. 2 ZPO). Dies darf nicht dem Vollstreckungsverfahren vorbehalten werden.

Die verlangten Belege sind so **bestimmt** zu bezeichnen, dass ihre Titulierung als Vollstreckungsgrundlage dienen kann und sie beim Auskunftspflichtigen gefunden und ausgesondert werden können.[167] Kann ein Beleg erst aufgrund der erteilten Auskunft vollstreckungsfähig bezeichnet werden, kann dessen Vorlage gesondert geltend gemacht werden.[168] 124

**Beispiele** für nicht ausreichend bestimmte Antragstellung:
Zur **Auskunft:** 125
OLG Celle BeckRS 1993, 31394534: „Auskunft über die gesamten Einkommensverhältnisse zu geben". – OLG Frankfurt a. M. BeckRS 2011, 1943 = FamRZ 1991, 1334: „Auskunft über die Einkommens- und Vermögensverhältnisse durch Vorlage eines geordneten Verzeichnisses zu erteilen". – OLG Karlsruhe BeckRS 2010, 10302 = FamRZ 1983, 631: „über Einkünfte und Vermögen Auskunft zu erteilen."
Zur **Belegvorlage:** 126
BGH BeckRS 1989, 31073023 = FamRZ 1989, 731 (732): „auf Verlangen einzelne Titel zu erläutern". – BGH NJW 1983, 1056 = FamRZ 1983, 454 (455): „Unterlagen für die Bewertung der einzelnen Positionen". – OLG Karlsruhe BeckRS 2010, 10302 = FamRZ 1983, 631: „über die Höhe der Einkünfte Belege vorzulegen".

Wurden **Teilauskünfte** (→ Rn. 73) erteilt, fehlt aber die Erklärung des Auskunftspflichtigen, dass damit vollständig Auskunft erteilt ist, und ist deshalb Erfüllung des Auskunftsanspruchs nicht eingetreten, kann insgesamt auf Auskunftserteilung angetragen werden und ist der Auskunftspflichtige entsprechend zu verpflichten.[169] 127

**2. Stufenantrag. a) Allgemeines.** Die Anträge zur Auskunft und Belegvorlage, Abgabe der eidesstattlichen Versicherung und Zahlung von Unterhalt können ins **Stufenverhältnis** zueinander gestellt werden (§ 113 Abs. 1, FamFG, § 254 ZPO). Die mit einem Stufenantrag geltend gemachten Einzelansprüche sind **verfahrensrechtlich selbstständig,** sodass in der vom Antragsteller vorgegebenen Reihenfolge über den jeweils nächsten Antrag erst zu verhandeln und zu entscheiden ist, wenn er diese Stufe anruft. Deshalb kann, solange die Zahlungsstufe nicht angerufen wird, über den geschuldeten Unterhalt nicht – insbesondere nicht von Amts wegen – gerichtlich befunden werden.[170] 128

Der Auskunftsantrag kann auch ins Stufenverhältnis zu einem **Abänderungsantrag** gestellt werden. Für deren Zulässigkeit müssen die Abänderungsvoraussetzungen aus § 238 Abs. 2 FamFG, § 239 Abs. 2 FamFG, § 313 noch nicht schlüssig dargelegt werden, vielmehr reicht in der Auskunftsstufe aus, dass die geforderte Auskunft unabhängig davon, ob die Voraussetzungen für eine Abänderung letztlich vorliegen, Bedeutung für den Unterhaltsanspruch haben **kann.**[171] 129

**b) Begrenzungen (§§ 1578b, 1579).** Beschränkungen des Unterhaltsanspruchs nach §§ 1578b, 1579 unterliegen **Billigkeitsabwägungen.** In sie sind zur Beurteilung, ob und inwieweit die Belange der dem Berechtigten zur Pflege oder Erziehung anvertrauten gemeinschaftlichen Kinder gewahrt sind, auch die **Einkommens- und Vermögensverhältnisse** der Ehegatten, insbesondere auch des Verpflichteten, einzubeziehen. Vor einer Entscheidung über eine Beschränkung ist deshalb Auskunft über die wirtschaftlichen Verhältnisse zu erteilen.[172] Einem **Auskunftsanspruch** steht der Einwand aus §§ 1578b, 1579 deshalb nur dann entgegen, wenn das Fehlverhalten nachgewiesen ist und dieses unter Berücksichtigung aller für die Billigkeitsabwägung maßgeblichen Umstände zur gänzlichen Versagung des Unterhaltsanspruchs führen würde. –Zur **Berücksichtigungsfähigkeit** der Einwendung, der Unterhalt sei zu begrenzen (§§ 1578b, 1579), zunächst → Rn. 39–41. 130

Auch in **Stufenverfahren** kann, wird eine Begrenzung des Unterhalts geltend gemacht bzw. kommt eine solche nach dem Sach- und Streitstand in Betracht, über einen Leistungsantrag auf Zahlung eines **Mindestbetrags** nicht entschieden werden, es sei denn, eine Unterschreitung dieses Betrags kommt offensichtlich nicht in Betracht, sodass die Beschränkung in der Entscheidung über 131

---

166 OLG Karlsruhe BeckRS 2010, 10302 = FamRZ 1983, 631. Zur Auslegung einer Urteilsformel ohne zeitliche Bestimmung auf die Zeit zwischen Antragszustellung und Erlass des Urteils s. OLG Frankfurt a. M. BeckRS 2010, 1306 = FamRZ 1984, 271 (272).

167 OLG Rostock BeckRS 2015, 3675 Rn. 34 = FamRZ 2015, 422 Ls.; *Dose* in Wendl/Dose UnterhaltsR § 1 Rn. 1176.

168 OLG Rostock BeckRS 2015, 3675 Rn. 34 = FamRZ 2015, 422 Ls.

169 BGH NJW 2014, 3647 Rn. 16 = FamRZ 2015, 127 mAnm *Winter.*

170 Dazu BGH NJW-RR 2015, 188 Rn. 12, 13 = FamRZ 2015, 247.

171 OLG Frankfurt a. M. OLGR 1993, 11; aA OLG Hamburg BeckRS 2010, 15046 = FamRZ 1982, 935.

172 Zu § 1578b: BGH BeckRS 2012, 13398 Rn. 10.

diesen Teilbetrag abzulehnen ist.[173] Dabei handelt es sich nicht um eine Teil-Entscheidung im verfahrensrechtlichen Sinne, sondern um eine Schluss-Entscheidung.[174]

### III. Rechtsschutzbedürfnis

132 Das Rechtsschutzbedürfnis für einen Antrag auf Auskunftserteilung hängt nicht davon ab, dass sich der Auskunftsberechtigte über die Einkommens- und Vermögensverhältnisse des Auskunftspflichtigen nicht **auf andere Weise** Kenntnis verschaffen kann. Deshalb kann er nicht auf ein **Verfahrenskostenhilfegesuch,** das dem FamG nach § 113 Abs. 1 FamFG, § 118 Abs. 2 S. 2 ZPO Anlass zu Ermittlungen nach §§ 235, 236 FamFG geben könnte (→ Rn. 76–79), oder auf die Möglichkeiten des FamG zur **Vorbereitung der mündlichen Verhandlung (**§ 113 Abs. 1 FamFG, § 273 Abs. 2 Nr. 2 ZPO) verwiesen werden. Auch schließt die Möglichkeit einer **einstweiligen Anordnung** (§ 246 FamFG, → Rn. 149, 150) wegen ihres lediglich summarischen Charakters einen Auskunftsantrag nicht aus.[175]

133 Auch die **verfahrensrechtliche Auskunftsverpflichtung** der Beteiligten und Dritter gegenüber dem FamG (§§ 235, 236 FamFG) lassen ein Rechtsschutzbedürfnis für einen Auskunftsantrag der Ehegatten nicht entfallen,[176] zumal es unter der Geltung des Beibringungsgrundsatzes und der Darlegungs- und Beweislast der Ehegatten deren vordringliche Aufgabe und nicht die des FamG ist, die maßgeblichen Umstände in das Verfahren einzuführen.

134 Das Rechtsschutzbedürfnis des Verpflichteten für einen **Auskunftswiderantrag** entfällt nicht deshalb, weil bereits auf einen Unterhaltsantrag die Bedürftigkeit des Berechtigten geprüft wird,[177] da er auch dann noch ein schützenswertes Interesse an der zuverlässigen Beurteilung der Bedürftigkeit haben kann.

### IV. Verfahrenskostenhilfe

135 Der Handhabung, wie VKH für einen **Stufenantrag** zu bewilligen ist, ist in der Praxis der Obergerichte uneinheitlich:[178]
- So soll VKH für alle Stufen zusammen gewährt werden.[179] Stets soll jedoch, werden die nachfolgenden Stufen angerufen, jeweils erneut über VKH entschieden werden.
- Nach anderen ist über die VKH von Stufe zu Stufe zu entscheiden.[180]

136 Der letzteren Auffassung ist zu folgen: Die Erfolgsaussicht kann nur Stufe für Stufe beurteilt werden. Dass alle Stufen mit Zustellung des Stufenantrags rechtshängig werden, ist unerheblich, weil die Folgestufen sich nicht auf den Verfahrenswert auswirken, wenn sie nicht angerufen werden. Und auch kostenrechtlich erleidet der Antragsteller des Stufenantrags keinen Nachteil (§ 243 Abs. 1 S. 2 Nr. 2, 3 FamFG).

### V. Hauptsache

137 Der Auskunftsantrag kann in einem selbstständigen Verfahren **isoliert**[181] oder in einem **Stufenantrag**[182] (zur Bewilligung von **VKH** für einen Stufenantrag → Rn. 135, 136) mit dem Antrag auf Abgabe der eidesstattlichen Versicherung und einem unbestimmten Zahlungsantrag, ggf. verbunden mit dem Antrag auf Verurteilung zur Zahlung eines Mindestbetrages geltend gemacht werden. Er kann auch im **Verbund** mit dem Scheidungsverfahren als Stufenantrag erhoben werden,[183] nicht

---

173 BGH NJW 2018, 2638 Rn. 11–21 = FamRZ 2018, 1506 mAnm *Maurer;* NJW 2010, 1598 Rn. 41 = FamRZ 2010, 629; NJW 1983, 2243 (2244) = FamRZ 1983, 996 (997 f.); KG NZFam 2014, 756 = FamRZ 2014, 1707; BeckOGK/*Haidl,* 1.2.2019, § 1579 Rn. 242. Zum Ganzen auch BeckOGK/*Schlecht,* 1.2.2019, § 1578b Rn. 169, 169.1.

174 *Maurer* FamRZ 2018, 1509 (1510 f.).

175 Zu § 620 Nr. 6 ZPO s. OLG Düsseldorf BeckRS 2009, 21241 = FamRZ 1981, 42 (43).

176 Zu § 10 Abs. 2 VAHRG aF, § 1587e aF (vgl. § 220 FamFG) ebenso OLG Zweibrücken BeckRS 2004, 30338747 = FamRZ 2004, 1794 (1795); OLG Hamm BeckRS 2006, 2970 = FamRZ 2002, 103; OLG Nürnberg BeckRS 1994, 31138001 = FamRZ 1995, 300; aA OLG München BeckRS 1997, 31158611 = FamRZ 1998, 244 f.

177 OLG Koblenz BeckRS 1992, 5048 = FamRZ 1993, 1098; aA OLG Frankfurt a. M. NJW-RR 1987, 903 = FamRZ 1987, 839 (840).

178 Zum Ganzen ausführlich BeckOGK/*Winter,* 1.2.2019, § 1605 Rn. 238–242.

179 OLG Stuttgart BeckRS 2014, 17207 = FamRZ 2014, 1478 (1479); BeckRS 2011, 5272 = FamRZ 2011, 387; OLG München BeckRS 2010, 25801 = FamRZ 2005, 42.

180 OLG Naumburg BeckRS 2011, 27409 = FamRZ 2012, 466; KG BeckRS 2004, 9367 = FamRZ 2005, 461.

181 Zur gebührenrechtlichen Behandlung s. OLG Düsseldorf JurBüro 1994, 233 = FamRZ 1994, 315 Ls.

182 Auch in Form eines negativen Feststellungsantrags gegen eine einstweilige Anordnung, OLG Frankfurt a. M. BeckRS 2009, 27721 = FamRZ 1987, 175.

183 BGH NJW 1982, 1645 = FamRZ 1982, 151.

jedoch selbstständig, weil lediglich über die Unterhaltspflicht „für den Fall der Scheidung“ (§ 137 Abs. 2 S. 1 FamFG) entschieden werden kann.[184] Ein gleichwohl im Verbund gestellter isolierter Auskunftsantrag ist nach § 145 ZPO abzutrennen.[185] – Stets handelt es sich von Gesetzes wegen um eine **Feriensache** (§ 113 Abs. 1 FamFG, § 227 Abs. 3 S. 2 Nr. 3 ZPO).

## VI. Einstweilige Anordnung

Das FamG kann „die Verpflichtung zur Zahlung von Unterhalt oder zur Zahlung eines Kostenvorschusses für ein gerichtliches Verfahren“ in einem selbstständigen Verfahren der einstweiligen Anordnung regeln, nicht aber die Verpflichtung zur Erteilung der **Auskunft** und Vorlage von **Belegen** (§ 246 Abs. 1 FamFG, § 51 Abs. 3 S. 1 FamFG).[186] 138

Dagegen kann das **FamG** seine Auskunftsrechte (§ 235, 236 FamFG, → Rn. 76–79) auch in einem Verfahren der einstweiligen Anordnung geltend machen.[187] – Wegen der **Selbstständigkeit** des Verfahrens der einstweiligen Anordnung ist auch in einem selbstständigen Auskunftsverfahren zur Hauptsache eine einstweilige Anordnung auf Zahlung von Unterhalt nicht zulässig.[188] 139

## VII. Darlegungs- und Beweislast

Dem **Auskunftsberechtigten** obliegt die Darlegungs- und Beweislast[189] für die tatbestandlichen Voraussetzungen für seinen Unterhaltsanspruch, die sich aus § 1605 Abs. 2 ergebenden Erfordernisse – die letzte Auskunft liegt bereits länger als 2 Jahre zurück oder der Auskunftspflichtige hat zwischenzeitlich wesentlich höhere Einkünfte oder weiteres Vermögen erworben – und das Vorliegen der Voraussetzungen seines Anspruchs auf Abgabe der **eidesstattlichen Versicherung** (§ 261). Er muss ggf. auch nachweisen, dass eine Auskunft schuldhaft unvollständig oder unrichtig erteilt wurde, der Auskunftspflichtige es somit an der erforderlichen Sorgfalt hat fehlen lassen.[190] Doch trifft den Auskunftspflichtigen für negative Tatsachen insoweit eine **sekundäre Darlegungslast,** als er damit den vom Auskunftsberechtigten nachgewiesenen Verdacht entkräften kann.[191] 140

Für Umstände, welche die Verweigerung der Auskunftserteilung und Belegvorlage rechtfertigen – etwa ein beachtliches Geheimhaltungsinteresse oder die Gefahr missbräuchlicher Verwendung der Auskunft oder Belege –, ist dagegen der **Auskunftspflichtige** darlegungs- und beweispflichtig.[192] 141

## VIII. Entscheidung

**1. Hauptsache.** Die Entscheidung in der Hauptsache muss, um **vollstreckbar** zu sein, die zu erteilende Auskunft und die vorzulegenden Belege jedenfalls in den Entscheidungsgründen konkret bezeichnen, also darlegen, zu welchen **Einkünften** – Arbeits- und Vermögenseinkünfte – und für welchen **Zeitraum** Auskunft zu erteilen ist, und welche **Belege** und für welchen Zeitraum vorgelegt werden sollen (zu den **Einzelheiten** → § 260 Rn. 49, → § 259 Rn. 47).[193] Dabei dürfen jedoch keine überzogenen Anforderungen gestellt werden, wenn und soweit der Berechtigte keine eigenen Kenntnisse hat; dass er sie ggf. haben könnte, ist unerheblich. Insbesondere muss nicht der Arbeitgeber oder Bankverbindungen etc genannt werden. Vielmehr hat der Verpflichtete die entsprechenden Schuldner zu benennen, die erzielten Einkünfte darzulegen und sie zu belegen. 142

---

[184] BGH NJW 2012, 1734 Rn. 30 = FamRZ 2012, 863; NJW 1997, 2176 = FamRZ 1997, 811 (812); NJW 1982, 1645 = FamRZ 1982, 151; NJW 1979, 1603 = FamRZ 1979, 690 (692); auch OLG Hamm BeckRS 2007, 2168 = FamRZ 1996, 736 (737); FamRZ 1993, 984.

[185] BGH NJW 1997, 2176 = FamRZ 1997, 811 (812); OLG Hamm FamRZ 1994, 773.

[186] BT-Drs. 13/6308, 159 f. Dies entspricht wohl der ganz hM zu § 246 FamFG (MüKoFamFG/*Pasche* FamFG § 235 Rn. 8, § 246 Rn. 6; Johannsen/Henrich/*Maier* FamFG § 246 Rn. 3; Keidel/*Giers* FamFG § 246 Rn. 2; Bork/Jacoby/Schwab/*Hütter*, 2. Aufl. 2013, FamFG § 246 Rn. 8; aA etwa OLG Brandenburg BeckRS 2013, 18889; Musielak/Borth/*Borth* FamFG § 246 Rn. 7; Haußleiter/*Eickelmann* FamFG § 246 Rn. 9 (einstweilige Anordnung nach § 49 FamFG) und entsprach auch der hM zu § 644 ZPO aF.

[187] MüKoFamFG/*Pasche* FamFG § 235 Rn. 7, § 236 Rn. 26.

[188] So schon nach der ZPO OLG Hamm NJW-RR 2000, 139.

[189] OLG Hamm BeckRS 2005, 1923 = FamRZ 2005, 1839; OLG Zweibrücken BeckRS 2011, 5872 = FamRZ 2001, 249 (250) (für Auskunftsanspruch aus § 242).

[190] OLG Karlsruhe NJW-RR 1990, 712 = FamRZ 1990, 756.

[191] BGHZ 185, 1 = NJW 2010, 1813 Rn. 21 = FamRZ 2010, 875; BeckOGK/*Winter*, 1.2.2019, § 1605 Rn. 182; *Dose* in Wendl/Dose UnterhaltsR § 1 Rn. 1195.

[192] OLG Hamm BeckRS 2005, 1923 = FamRZ 2005, 1839; OLG München BeckRS 1992, 1792 = FamRZ 1993, 202 (203) (Vorlage des Arbeitsvertrages).

[193] BGH NJW-RR 2016, 1287 Rn. 17 = NZFam 2016, 698 Rn. 6 mAnm *Schneider* = FamRZ 2016, 1448 mwN.

143 **Beispiel:**
Zweifelhaft kann etwa die Vollstreckbarkeit einer Verpflichtung zur Vorlage „aller gesetzlich vorgeschriebenen Anlagen zur Steuererklärung“ sein.[194] Doch ergibt sich aus dem Mantelbogen zur Einkommensteuererklärung, welche Einkünfte deklariert worden sind und wozu eine ausgefüllte Anlage vorzulegen ist.

144 **2. Kosten.** Die Entscheidung über die **Kosten** des Verfahrens über die Ansprüche auf Auskunft etc richtet sich nach § 243 Abs. 1 S. 1, S. 2 Nr. 2, Nr. 3 FamFG. Ergibt sich auf einer Stufe, dass der noch unbestimmte Zahlungsantrag unbegründet ist, tritt insoweit keine Erledigung der Hauptsache ein, weil der Zahlungsantrag von Anfang an unbegründet war.[195] Erklärt der Auskunftsberechtigte seinen Auskunftsantrag etc für erledigt und nimmt er seinen Zahlungsantrag zurück, sind dem Antragsgegner die Kosten des Stufenverfahrens aufzuerlegen, wenn er nicht bereits außergerichtlich seiner Auskunftsverpflichtung vollumfänglich nachgekommen war.[196] Nimmt er seinen Zahlungsantrag nicht zurück, sind ihm die Kosten des Verfahrens aufzuerlegen; denn es ist stets billig, dass der Antragsteller, zieht er aus der erteilten Auskunft nicht die sachgerechte Konsequenz, die Kosten trägt.

## IX. Verfahrenswert

145 **1. Selbstständige Verfahren.** Wird Auskunft, Belegvorlage oder Abgabe der eidesstattlichen Versicherung in einem selbstständigen, von der Bezifferung des begehrten Unterhalts unabhängigen Verfahren verlangt, richtet sich der Verfahrenswert danach, welche **Vorstellung der Auskunftsberechtigte** von seinem Unterhaltsanspruch hat. Verhält sich der Auskunftsberechtigte nicht zu dem von ihm erwarteten Unterhaltsbetrag und ergeben sich aus dem Akteninhalt auch sonst keine entsprechenden Anhaltspunkte, ist der **Auffangwert** von 5.000 EUR (§ 42 Abs. 3 FamGKG) maßgebend.[197] – Zur **Beschwer** des Auskunftsberechtigten im Rechtsmittelverfahren (→ Rn. 151).

146 **2. Stufenverfahren.** In **Stufenverfahren** richtet sich der Verfahrenswert für den einheitlichen Anspruch (→ Rn. 7) nach § 38 FamGKG. Danach ist der jeweils höhere Wert der einzelnen Anträge insgesamt maßgebend. Nach Bezifferung des Zahlungsantrags wird dies idR dessen Wert sein, weil das Interesse des Anspruchstellers an Auskunft und eidesstattlicher Versicherung hinter dem an der Zahlung zurücktritt.[198]

147 Nicht anwendbar ist § 38 FamGKG, wenn, auch als Stufenantrag, lediglich Auskunfts- und Versicherungsantrag gestellt werden, weil es an einem unbestimmten Leistungsantrag fehlt; die Verfahrenswerte sind für beide Anträge getrennt festzusetzen und zu addieren (§ 33 Abs. 1 FamGKG).[199] Gelangt der Rechtsstreit nicht in die Zahlungsstufe, weil sich nach den vorangegangenen Stufen kein Zahlungsanspruch ergibt und der Anspruchsteller seinen unbezifferten Zahlungsantrag ohne vorherige Konkretisierung zurücknimmt, sind die bislang verbeschiedenen Anträge für die Verfahrenswertberechnung maßgebend,[200] da der Zahlungsanspruch keinen eigenständigen Wert hat.[201] Das Interesse des Antragstellers am Auskunfts- bzw. Versicherungsantrag beläuft sich in diesen Fällen idR auf einen Bruchteil des Zahlungsbetrages, den er sich vorgestellt hat.[202] – Zur **Kostenentscheidung** s. insbesondere auch § 243 Abs. 1 Nr. 2, 3 FamFG.

## X. Rechtsmittel

148 **1. Statthaftigkeit/Zulässigkeit.** Gegen Entscheidungen zur Vorbereitung eines Antrags auf Zahlung von Unterhalt sind die Beschwerde und die Rechtsbeschwerde **statthaft.** Die **Zulässigkeit** des Beschwerdeverfahren setzt voraus, dass die Mindestbeschwer des die Auskunft etc begehrenden bzw. sie abwehrenden Ehegatten erreicht ist (näher → Rn. 150–156).

149 Die **Rechtsbeschwerde** gegen einen die Beschwerde mangels Erreichens der Mindestbeschwer als unzulässig verwerfenden Beschluss des OLG ist grundsätzlich zulässig (§ 117 Abs. 1 S. 4 FamFG,

---

194 *Maurer* FamRZ 2015, 2143 (2144).
195 BGH NJW 1994, 2895 = FamRZ 1995, 348.
196 Dazu OLG Jena BeckRS 2014, 11487 = FamRZ 2014, 965 (966); OLG Köln NJW-RR 2001, 365 = FamRZ 2000, 622.
197 OLG Hamm BeckRS 2010, 31114 = FamRZ 2011, 582 (583); BeckOK Streitwert/*Dürbeck*, 25. Ed. 1.10.2018, „Stufenanträge“ Rn. 5.
198 OLG Bamberg BeckRS 2011, 3706 = FamRZ 1994, 640 Ls.
199 OLG Bamberg BeckRS 1995, 31147416 = FamRZ 1997, 40.
200 Str., ebenso OLG Schleswig FamRZ 1997, 40 f.; OLG Stuttgart BeckRS 2010, 26676 = FamRZ 1990, 652 f.; OLG Frankfurt a. M. BeckRS 2008, 16037 = FamRZ 1987, 1293 (1294), jeweils mwN auch zur abw. Auffassung; aA etwa OLG Bamberg BeckRS 1996, 31153718 = FamRZ 1998, 312 Ls.; OLG Hamm OLGR 1996, 263 = FamRZ 1998, 312 Ls.; OLG Düsseldorf FamRZ 1992, 1095.
201 OLG Hamm OLGR 1996, 263 = FamRZ 1998, 312 Ls.; OLG Stuttgart NJW 1969, 1216 (1217).
202 OLG Stuttgart BeckRS 2010, 26676 = FamRZ 1990, 652 f. [1/3].

§ 522 Abs. 1 S. 4 ZPO), setzt allerdings weiter voraus, dass die Rechtssache grundsätzliche Bedeutung hat oder zur Sicherung einer einheitlichen Rechtsprechung erforderlich ist (§ 574 Abs. 1 S. 1 Nr. 1, Abs. 2 ZPO).[203]

**2. Auskunftsanträge etc.** Hat das FamG die Beschwerde nicht – ausdrücklich – zugelassen (§ 61 Abs. 2, 3 FamFG), ist die Beschwer des Verpflichteten maßgebend, die 600 EUR übersteigen muss (§ 61 Abs. 1 FamFG).[204] Der Verfahrenswert von **Auskunftsanträgen** – entsprechendes gilt für Anträge auf **Rechnungslegung** und auf Abgabe der **eidesstattlichen Versicherung**[205] – und die Beschwer im Rechtsmittelrechtszug ist nach **freiem billigen Ermessen** festzusetzen (§ 113 Abs. 1 S. 2 FamFG, § 3 ZPO). Dabei ist zwischen Auskunftsberechtigtem (→ Rn. 151) und Auskunftspflichtigem zu unterscheiden (→ Rn. 152–156). – In der **Rechtsbeschwerde** kann die Wertfestsetzung des Beschwerdegerichts nur darauf überprüft werden, ob es die gesetzlichen Grenzen überschritten oder sein Ermessen fehlerhaft ausgeübt hat.[206] 150

**a) Auskunftsberechtigter.** Maßgeblich ist sein Interesse an der **Erteilung der Auskunft,** das anhand seiner Vorstellungen und Erwartungen von der zu erwartenden Leistung,[207] seinen Kenntnissen und seinem Wissen von den seinen Unterhaltsanspruch bestimmenden Umständen[208] sowie objektiven Gegebenheiten zu schätzen ist und sich auf 1/10–1/4 des Zahlungsantrages beläuft.[209] Je geringer seine Kenntnisse von den seinen Unterhaltsanspruch als Schätzgrundlage des Auskunftsantrags etc begründenden Tatsachen sind, umso höher ist seine Beschwer anzusetzen.[210] – Zum **Auffangwert** von 5.000 EUR → Rn. 145. 151

**b) Auskunftspflichtiger.** Für ihn (zur Mindestbeschwer von 600,01 EUR s. § 61 Abs. 1 FamFG, → Rn. 150) bemisst sich das Interesse, die **Auskunft nicht erteilen zu müssen,** nach seinem Geheimhaltungsinteresse sowie dem von ihm für eine sorgfältige Erteilung der geschuldeten Auskunft aufzubringenden Zeit- und Kostenaufwand.[211] Da das Ziel, den Hauptanspruch zu verhindern, über das Ziel des Rechtsmittels, die Auskunft etc nicht erteilen zu müssen, hinausgeht, bleibt das Hauptziel des Auskunftspflichtigen, den Zahlungsanspruch zu verhindern, unberücksichtigt,[212] selbst wenn eine **ausländische Entscheidung** die Verpflichtung des Verpflichteten, einen Bruchteil des sich aus der zu erteilenden Auskunft ergebenden Einkommens als Unterhalt zu bezahlen, bereits rechtskräftig feststellt.[213] 152

Das **Geheimhaltungsinteresse** (→ Rn. 17–20) muss sich aus anderen Umständen als aus dem auf die Zahlung von Unterhalt gerichteten unbestimmten Leistungsantrag ergeben. Es kann bestehen, wenn dem Auskunftspflichtigen durch die Erteilung der Auskunft ein konkreter Nachteil droht.[214] 153

---

203 BGH BeckRS 2018, 22365 Rn. 4, 5 = FamRZ 2018, 1762 mAnm *Müther* mwN.

204 Dazu BGH BeckRS 2016, 20948 Rn. 17, 18.

205 BGH BeckRS 2017, 133094 Rn. 7, 8 = FamRZ 2018, 608; BeckRS 2017, 126313 Rn. 9 = FamRZ 2017, 1954; BeckRS 2016, 20542 Rn. 7 = FamRZ 2017, 225; NJW-RR 1994, 898 (dort auch dazu, was ein Auskunftspflichtiger selbst bewerkstelligen und wozu er sich eines Steuerberaters bedienen kann); BeckRS 2011, 3471 = FamRZ 1992, 663 (664); NJW-RR 1991, 1467 f.; NJW-RR 1991, 956 f.; NJW 1991, 1833 = FamRZ 1991, 791 (792); NJW-RR 1989, 550.

206 BGH NJW-RR 2018, 1345 Rn. 9 = FamRZ 2018, 1762 mAnm *Müther*; BeckRS 2018, 17029 Rn. 8 = FamRZ 2018, 1529; BeckRS 2017, 106014 Rn. 6 mBspr *Többen* NZFam 2017, 469 = FamRZ 2017, 982 mwN.

207 Etwa OLG Frankfurt a. M. BeckRS 2016, 1096 Rn. 3 mwN und mAnm *Hachenberg* NZFam 2016, 182 = FamRZ 2016, 2149 mwN; OLG Jena BeckRS 2014, 13341 Rn. 3; OLG Schleswig BeckRS 2013, 17343 Rn. 7 = FamRZ 2014, 689; OLG Hamm BeckRS 2013, 10384 Rn. 13. = FamRZ 2014, 1224; OLG Brandenburg BeckRS 2006, 10035 Rn. 4 = FamRZ 2007, 71; BeckOGK/*Winter,* 1.2.2019, § 1605 Rn. 258; aA OLG Jena BeckRS 2017, 100987 = FamRZ 2017, 1079 (Begrenzung auf das Auskunftsinteresse).

208 OLG Hamm OLGR 1996, 263 (264) = FamRZ 1998, 312 Ls.

209 Vgl. lediglich BGH – GSZ – BGHZ 128, 85 = NJW 1995, 664 = FamRZ 1995, 349 (350) (das BVerfG hat die Verfassungsbeschwerde gegen diese Entscheidung nicht angenommen, s. BVerfG NJW 1995, 2165 = FamRZ 1995, 993; NJW 1997, 1016 = FamRZ 1997, 546); NJW-RR 1993, 1154 = FamRZ 1993, 1189.

210 BGH NJW-RR 2018, 901 Rn. 11 mBspr *Schneider* NZFam 2018, 815 = FamRZ 2018, 1169 (zum Güterrecht).

211 Zuletzt BGH NJW-RR 2018, 1345 Rn. 8 = FamRZ 2018, 1762 mAnm *Müther*; BeckRS 2017, 126313 Rn. 9 = FamRZ 2017, 1954; BeckRS 2017, 125492 Rn. 9 = FamRZ 2017, 1947; BeckRS 2017, 106014 Rn. 5 mwN mBspr *Többen* NZFam 2017, 469 = FamRZ 2017, 982; BeckRS 2016, 20948 Rn. 7; BeckRS 2016, 20947 Rn. 8 = FamRZ 2017, 227; NJW-RR 2015, 1153 Rn. 11 = FamRZ 2015, 838.

212 BGH BeckRS 2018, 17029 Rn. 7 = FamRZ 2018, 1529; BeckRS 2017, 111833 Rn. 8; BeckRS 2016, 111128 Rn. 8 = FamRZ 2017, 368; zum Ganzen grundsätzlich BGH [GSZ] BGHZ 128, 85 = NJW 1995, 664 = FamRZ 1995, 349.

213 BGH BeckRS 2016, 111128 = FamRZ 2017, 368 Rn. 6.

214 BGH NZFam 2016, 698 Rn. 13 mAnm *Schneider* = FamRZ 2016, 1448; NJW-RR 1997, 1089 f.; FamRZ 1994, 1519; NJW 1991, 1833 = FamRZ 1991, 791.

Dem Recht auf **informationelle Selbstbestimmung** kommt in diesem Zusammenhang allerdings keine wertbildende Bedeutung zu.[215] – Den durch die Auskunftserteilung und/oder Belegvorlage drohenden **konkreten Nachteil** hat der Auskunftspflichtige, ggf. auf Hinweis des Beschwerdegerichts auf bislang unzureichenden Vortrag zu seinem Geheimhaltungsinteresse und dem sich aus dessen Verletzung ergebenden Kosten bzw. Schäden, nachvollziehbar darzulegen.[216] Hierzu muss er auch Umstände vortragen, die darauf schließen lassen, der auf Auskunftserteilung etc antragende Ehegatte werde von den durch sie erlangten Tatsachen „über das Verfahren hinaus in einer Weise Gebrauch machen, welche die schützenswerten wirtschaftlichen Interessen des zur Auskunft Verpflichteten gefährden könnte".[217]

154 Der für eine sorgfältige Auskunftserteilung erforderliche **Zeit**- und **Kostenaufwand**[218] bemisst sich nach den **zwangsläufig** entstehenden Kosten. Soweit dem Auskunftspflichtigen die Vorbereitung und Erteilung der Auskunft selbst zugemutet werden kann, ist grundsätzlich davon auszugehen, dass er die Leistungen selbst dann, wenn sie berufstypisch sind, wegen ihrer persönlichen Natur in seiner **Freizeit** erbringen kann und keinen Verdienstausfall erleidet, weshalb sie nicht mit der Vergütung, die ein Dritter für die Auskunftserteilung oder die er von Dritten fordern könnte, angesetzt werden können.[219] Dass ihm dies nicht möglich ist, hat er substantiiert darzulegen und entsprechend § 511 Abs. 3 ZPO glaubhaft zu machen.[220] Deshalb kann regelmäßig nicht der Stundensatz zugrunde gelegt werden, der ihm für seine berufliche Tätigkeit vergütet wird,[221] vielmehr ist sein Zeitaufwand mit dem Stundensatz für die Entschädigung von Zeugen in Höhe von 3,50 EUR (§ 20 JVEG) bzw., entsteht ihm ein Verdienstausfall, von höchstens 21 EUR/Stunde (§ 22 S. 2 JVEG) zu entgelten.[222] Dass er für die Auskunftserteilung eine für ihn berufstypische Leistung erbringen muss und/oder er den erforderlichen Zeitaufwand nicht, ggf. nicht allein in der Freizeit erbringen kann und er deshalb einen Verdienstausfall erleidet, hat er im Einzelnen darzulegen und glaubhaft zu machen.[223] – Muss der Auskunftspflichtige, um seiner Verpflichtung zur Auskunftserteilung über das Einkommen eines Dritten nachkommen zu können, zunächst einen **Rechtsstreit** gegen diesen, der zur freiwilligen Auskunftserteilung nicht bereit ist, führen, ist der Kostenaufwand für diese Rechtsverfolgung auch ihm Hinblick auf evtl. Kostenerstattungsansprüche die Beschwer im Hinblick auf mögliche Maßnahmen der **Zwangsvollstreckung** selbst dann (mit-)bestimmend zu berücksichtigen, wenn ein Auskunftsanspruch etc nicht bestünde.[224]

155 Die Kosten für die Einholung **sachkundigen Rates,** die Einschaltung von Hilfskräften[225] und die Erstellung noch nicht vorhandener Unterlagen können der Bemessung der Beschwer nur dann zugrunde gelegt werden, wenn sie zwangsläufig entstehen, weil der Auskunftspflichtige zu einer

---

215 OLG Karlsruhe NJWE-FER 1997, 91 = FamRZ 1997, 303.

216 BGH NZFam 2016, 884 Rn. 8–10 = FamRZ 2016, 1681 mwN.

217 BGH NJW-RR 2018, 1345 Rn. 17 = FamRZ 2018, 1762 mAnm *Müther*; NZFam 2016, 698 Rn. 13 mAnm *Schneider* = FamRZ 2016, 1448; NJW-RR 2014, 1347 Rn. 9 = FamRZ 2014, 1696; NJW-RR 2014, 1027 Rn. 11 = FamRZ 2014, 1100; BGHZ 164, 63 = NJW 2005, 3349 (3350) = FamRZ 2005, 1986.

218 StRspr. des XII. Zivilsenats des BGH, etwa BGH NJW 2019, 604 Rn. 5 mAnm *Born* (Kopierkosten); BeckRS 2018, 628 Rn. 6 mBspr *Gietl* NZFam 2018, 234 = FamRZ 2018, 445; BeckRS 2016, 20542 Rn. 7 = FamRZ 2017, 225; NJW-RR 2015, 1153 Rn. 11 = FamRZ 2015, 838. Zur Berücksichtigung des Kostenaufwands für einen Betreuer s. BGH NJWE-FER 1998, 90 = FamRZ 1998, 365.

219 BGH BeckRS 2018, 628 Rn. 7 mBspr *Gietl* NZFam 2018, 234 = FamRZ 2018, 445; BeckRS 2017, 120337 Rn. 11 mBspr *Bruns* NZFam 2017, 864; BeckRS 2017, 106014 Rn. 10 mBspr *Többen* NZFam 2017, 469 = FamRZ 2017, 982 (Rechtsanwalt); NZFam 2015, 454 Rn. 14, 17 = FamRZ 2015, 838 (Steuerberater).

220 BGH BeckRS 2017, 106014 Rn. 8 mBspr *Többen* NZFam 2017, 469 = FamRZ 2017, 982; BeckRS 2016, 8741 Rn. 10 = FamRZ 2016, 1348; NJW-RR 2016, 9 Rn. 13 = FamRZ 2016, 116; BeckRS 2016, 9350 Rn. 9 = FamRZ 2016, 1154; NJW-RR 2015, 1153 Rn. 17 = FamRZ 2015, 838; NJW-RR 2011, NJW-RR 2011, 998 Rn. 12 = FamRZ 2011, 882.

221 BGH NJW-RR 2015, 1153 Rn. 17 = FamRZ 2015, 838; NJW-RR 2013, 257 Rn. 14 = FamRZ 2013, 105; BeckRS 2010, 25407 Rn. 7.

222 BGH BeckRS 2018, 628 Rn. 7, 8 mBspr *Gietl* NZFam 2018, 234 = FamRZ 2018, 445; BeckRS 2017, 126313 Rn. 9 = FamRZ 2017, 1954; BeckRS 2017, 125492 Rn. 11 = FamRZ 2017, 1947; BeckRS 2016, 9350 Rn. 10, 12 = FamRZ 2016, 1154; NJW-RR 2016, 9 Rn. 12 = FamRZ 2016, 116; NJW-RR 2015, 1153 Rn. 22 = FamRZ 2015, 838 mwN. Zu einem hypothetisch zugrunde gelegten Stundensatz von 21 € ohne weitere Begründung BGH BeckRS 2016, 20948 Rn. 14.

223 BGH BeckRS 2018, 628 Rn. 7, 8 mBspr *Gietl* NZFam 2018, 234 = FamRZ 2018, 445; BeckRS 2017, 106014 Rn. 8, 10 mBspr *Többen* NZFam 2017, 469 = FamRZ 2017, 982; BeckRS 2016, 9350 Rn. 9, 10 = FamRZ 2016, 1154; NJW-RR 2015, 1153 Rn. 14, 16, 17 = FamRZ 2015, 838.

224 BGH BeckRS 2019, 8392 Rn. 11, 12; NJW 2011, 3760 Rn. 20, 21 = FamRZ 2012, 24.

225 So der XII. Zivilsenat des BGH, etwa BGH BeckRS 2009, 6143 Rn. 9 = FamRZ 2009, 595; NJW-RR 2007, 724 Rn. 4 = FamRZ 2007, 714; FamRZ 1991, 317 f.

sachgerechten Auskunftserteilung selbst nicht in der Lage ist,[226] und zwar unabhängig davon, ob die kostenauslösenden Arbeiten später ohnehin angefallen wären.[227]

Die Kosten der **zwangsweisen Durchsetzung** der titulierten Auskunftsverpflichtung etc beeinflussen die durch die Verpflichtung veranlasste Beschwer nicht.[228] 156

Wurde der Auskunftspflichtige zur Erteilung einer **unmöglichen** Auskunft verpflichtet oder hat die Verpflichtung **keinen vollstreckbaren Inhalt,** zählen zu dem berücksichtigungsfähigen Kostenaufwand auch die evt. zur Abwendung einer Vollstreckung des Auskunftstitels entstehenden Kosten.[229] Zu unterscheiden ist insoweit stets nach dem Verfahrensgegenstand, mithin danach, ob zur **Erstellung** von noch nicht vorhandenen Belegen oder zur **Vorlage** (noch) nicht erstellter Belege verpflichtet wurde;[230] dies ist durch Auslegung festzustellen.[231] Maßgeblich ist der erforderliche Zeit- und Kostenaufwand, um der Erfüllung des titulierten Anspruchs und Vollstreckungsversuchen entgegenzutreten;[232] **psychische Belastungen** bleiben außer Betracht.[233, 234] 157

## XI. Zwangsvollstreckung

Die titulierte **Auskunftsverpflichtung** wird als nicht vertretbare Handlung nach § 120 Abs. 1 FamFG, § 888 ZPO durch Festsetzung von Zwangsmitteln und nicht nach § 887 ZPO vollstreckt, auch wenn sie von einer Hilfsperson abgegeben wird.[235] Sie kann nur bei Verweigerung der Auskunft oder deren erkennbar falscher Erteilung vollstreckt werden. IÜ ist der Auskunftsberechtigte auf seinen Anspruch auf Abgabe der eidesstattlichen Versicherung (S. 2, § 1605 Abs. 1 S. 3, § 260 Abs. 2) verwiesen.[236] 158

Hat der Auskunftsschuldner seine Angaben auch zu **belegen** und dem Gläubiger die tatsächliche Gewalt an den Belegen zu verschaffen, erfolgt die Vollstreckung nach § 883 Abs. 1 ZPO.[237] Wurde zur Auskunftserteilung und Belegvorlage verpflichtet, ist auch die Belegvorlage als Teil des einheitlichen Anspruchs (→ Rn. 7) nach § 888 ZPO zu vollstrecken.[238] Hat die Auskunfts- oder Belegvorlageverpflichtung keinen vollstreckbaren Inhalt, erhöht sich die Beschwer um die Kosten der Abwehr einer ungerechtfertigten Zwangsvollstreckung.[239] 159

Die Abgabe der **eidesstattlichen Versicherung** kann auf Antrag des Auskunftsberechtigten[240] im Wege der Zwangsvollstreckung vor dem Vollstreckungsgericht (§ 889 Abs. 1 ZPO) betrieben werden. Zur **Abgabe** auch → Rn. 82–85. 160

---

226 BGH BeckRS 2018, 628 Rn. 9 mBspr *Gietl* NZFam 2018, 234 = FamRZ 2018, 445; BeckRS 2017, 135102 Rn. 9 = FamRZ 2018, 174; NJW-RR 2015, 1153 Rn. 14 = FamRZ 2015, 838 mwN.

227 BGH NJW-RR 2016, 9 Rn. 13 = FamRZ 2016, 116; NJW-RR 2011, 998 Rn. 12 = FamRZ 2011, 882; NJW-RR 1992, 1474 = FamRZ 1993, 306 (307); NJW-RR 1992, 322 = FamRZ 1992, 425 (426).

228 BGH NJW-RR 2016, 9 Rn. 20 = FamRZ 2016, 116. – Zur nach §§ 567 ZPO zulässigen sofortigen Beschwerde und der Mindestbeschwer von 200 EUR nur bei der Anfechtung von Kostenentscheidungen (§ 567 Abs. 2 ZPO) BGH NJW 2017, 3592 Rn. 10 mAnm *Kemper* = FamRZ 2017, 1948.

229 BGH NJW-RR 2018, 1345 Rn. 11–14 = FamRZ 2018, 1762 mAnm *Müther*; BeckRS 2017, 106014 Rn. 8, 11 mBspr *Többen* NZFam 2017, 469 = FamRZ 2017, 982; NZFam 2017, 157 mAnm *Niepmann*; NZFam 2016, 698 Rn. 16, 19 mAnm *Schneider* = FamRZ 2016, 1448; NJW-RR 2016, 9 Rn. 19 = FamRZ 2016, 116; NJW-RR 2016, 65 Rn. 16–18 = FamRZ 2015, 2142; BeckRS 2009, 4579 Rn. 12–15 = FamRZ 2009, 495.

230 BGH NJW-RR 2018, 1347 Rn. 25 = FamRZ 2018, 1934; NJW-RR 2016, 65 Rn. 16–18 = FamRZ 2015, 2142 mAnm *Maurer* FamRZ 2015, 2143 f.

231 BGH NJW-RR 2018, 1347 Rn. 25 = FamRZ 2018, 1934; BeckRS 2017, 125492 Rn. 12 = FamRZ 2017, 1947.

232 BGH NJW-RR 1993, 1026 = FamRZ 1993, 1423 (1424); NJW-RR 1992, 450 = FamRZ 1992, 535 (536); OLG Karlsruhe FamRZ 1997, 511 (512) = NJW-RR 1997, 577.

233 BGH NJWE-FER 1998, 41 = FamRZ 1998, 364.

234 Zur Zulässigkeit einer Verfassungsbeschwerde ohne vorherige Ausschöpfung des Rechtszugs, wenn davon ausgegangen werden kann, dass die ordentlichen Gerichte die Mindestbeschwer als nicht erreicht ansehen, BVerfG BeckRS 1995, 22788 = FamRZ 1995, 1561 (1562).

235 BGH NJW 2008, 917 Rn. 13 = FamRZ 2008, 600.

236 OLG Zweibrücken FuR 2000, 290 f. = FamRZ 2000, 1222 Ls.

237 OLG Stuttgart BeckRS 1990, 31138352 = FamRZ 1991, 84 (85); OLG Köln OLGZ 1989, 230 = NJW-RR 1989, 567 (568); *Büttner* FamRZ 1992, 629 (632) mwN; aA OLG Brandenburg FamRZ 1998, 178 f.; Zöller/*Seibel* ZPO § 888 Rn. 3.

238 *Büttner* FamRZ 1992, 629 (632) mwN.

239 BGH NJW-RR 2018, 1347 Rn. 18 = FamRZ 2018, 1934; NZFam 2016, 698 mAnm *Schneider* = FamRZ 2016, 1448 Rn. 16, 17 (zur Berechnung der in der Zwangsvollstreckung entstehenden Kosten Rn. 19).

240 MüKoZPO/*Gruber* ZPO § 889 Rn. 7.

## Kapitel 3. Leistungsfähigkeit und Rangfolge

### § 1581 Leistungsfähigkeit

**[1]Ist der Verpflichtete nach seinen Erwerbs- und Vermögensverhältnissen unter Berücksichtigung seiner sonstigen Verpflichtungen außerstande, ohne Gefährdung des eigenen angemessenen Unterhalts dem Berechtigten Unterhalt zu gewähren, so braucht er nur insoweit Unterhalt zu leisten, als es mit Rücksicht auf die Bedürfnisse und die Erwerbs- und Vermögensverhältnisse der geschiedenen Ehegatten der Billigkeit entspricht. [2]Den Stamm des Vermögens braucht er nicht zu verwerten, soweit die Verwertung unwirtschaftlich oder unter Berücksichtigung der beiderseitigen wirtschaftlichen Verhältnisse unbillig wäre.**

**Schrifttum:** *Böhmer,* Zur Auslegung des „eigenen angemessenen Unterhalts" in § 1581 BGB, JR 1990, 375; *Böhnert,* Extremer Mangelfall und Ehegattenselbstbehalt, DAVorm 1991, 799; DAVorm 1992, 21; *Borth,* Harmonisierung von Bedarf und Leistungsfähigkeit bei mehreren Unterhaltsberechtigten nach Verwerfung der Rechtsprechung zur Dreiteilung, FPR 2012, 137; *Büttner,* Zur Mangelverteilung im Unterhaltsrecht, NJW 1987, 1855; *Büttner,* Viererlei Maß – Widersprüchliche Bemessung des Existenzminimums bei Sozialhilfe, Pfändung, Prozeßkostenhilfe und notwendigem Selbstbehalt im Unterhaltsrecht, FamRZ 1990, 459; *Büttner,* Die Entwicklung der Rechtsprechung zur Höhe des Selbstbehalts beim Trennungs- und Nacheheunterhalt, FPR 2008, 83; *Christian,* Die Berechnung und Geltendmachung des Mangels im Unterhaltsrecht, DAVorm 1984, 523; *Deisenhofer,* Der Unterhalt des minderjährigen Kindes beim Mangelfall, FamRZ 1987, 885; *Derleder, P.,* Zur Berechnung des Ehegattenunterhalts und zu hierbei in Betracht kommenden Billigkeitserwägungen, FuR 1990, 165; *Diener,* Erwiderung auf den Beitrag von *Heistermann,* FamRZ 2006, 742 ff., FamRZ 2006, 1505; *Dose,* Unterhalt nach den ehelichen Lebensverhältnissen unter Wahrung der Leistungsfähigkeit des Unterhaltspflichtigen, FF 2012, 227; *Duderstadt,* Unterhaltsrechtliche Mangelfälle, FamRZ 1987, 548; *Duderstadt,* Der Einsatz des Vermögensstamms des Pflichtigen beim Erwachsenenunterhalt, FamRZ 1998, 273; *van Els,* Zu den Anforderungen an die Erwerbsobliegenheit eines Unterhaltsverpflichteten, FamRZ 1989, 397; *Gerhardt,* Mindestbedarf beim Ehegattenunterhalt, FamRZ 2009, 1114; *Gerhardt,* Die ehelichen Lebensverhältnisse nach den Entscheidungen des BVerfG v. 25.1.2011 und des BGH v. 7.12.2011: Notwendigkeit einer Gesetzesreform, FamRZ 2012, 589; *Gerhardt,* Der Erwerbstätigenbonus bei der Berechnung des Ehegattenunterhalts, FamRZ 2013, 834; *Götz/Brudermüller,* Grenzen richterlicher Rechtsfortbildung im nachehelichen Unterhaltsrecht – Konsequenzen der Entscheidung des BVerfG vom 25.1.2011 (NJW 2011, 836) für die Praxis, NJW 2011, 801; *Graba,* Zur Unterhaltsbemessung im Mangelfall, FamRZ 1989, 232; *Graba,* Zum Erwerbstätigenbonus im Unterhaltsrecht, NJW 1993, 3033; *Graba,* Zum Einsatzbetrag im absoluten Mangelfall, FamRZ 2004, 1; *Graba,* Zur Unterhaltsverpflichtung des geschiedenen Ehegatten gegenüber Ehegatten und Kindern im Mangelfall, FamRZ 1992, 541; *Graba,* Einkommen des neuen Ehegatten bei der Drittelmethode und Präklusion der Unterhaltsbefristung, FamFR 2010, 53; *Greßmann/Klattenhoff,* Die Geltendmachung von antragsabhängigen Sozialleistungen als unterhaltsrechtliche Nebenpflicht, FuR 1997, 137; *Gutdeutsch,* Vorschläge zur Bedarfsbemessung und Kürzung nach § 1581 BGB bei gleichrangigen Unterhaltsansprüchen von Ehegatten, FamRZ 1995, 327; *Gutdeutsch,* Erwerbstätigenbonus und Bedarfskorrektur im Mangelfall, FamRZ 2008, 736; *Gutdeutsch,* Herabsetzung des Selbstbehalts bei Zusammenleben, FamRZ 2008, 2240; *Hauß/Schürmann,* Überlegungen zur Struktur des Selbstbehalts, FamRB 2010, 245; *Heistermann,* Der notwendige Selbstbehalt – das Ende einer festen Größe im Unterhaltsrecht?, FamRZ 2006, 742; *Heistermann,* Stellungnahme zu dem Beitrag von *Diener,* FamRZ 2006, 1505; *Hoppenz,* Fiktive Einkommensverhältnisse im Unterhaltsrecht, NJW 1984, 2327; *Hoppenz,* Schulden im Unterhaltsrecht, FamRZ 1987, 324; *v. Krog,* Unterhaltspflicht und selbstverschuldete Leistungsunfähigkeit, FamRZ 1984, 539; *Lipp, V.,* Selbstbehalt und Transparenzgebot, Brühler Schriften zum Familienrecht, Band 17, 2011, S. 33; *Lipp, V.,* Selbstbehalt zwischen Verfassung, Gesetz, Richtlinien und Einzelfall, FamRZ 2012, 1; *Müller, W.,* Die Arbeitspflicht getrenntlebender oder geschiedener Ehegatten, ZfJ 1988, 169; *Pauling,* Unterhaltskonkurrenz zweier Ehegatten nach Verwerfung der Dreiteilungsmethode, NJW 2012, 194; *v. Pückler,* Der Ausgleich konkurrierender Unterhaltsansprüche, 2014 (zugl. Diss. Gießen); *Reinecke,* Verfassungswidrigkeit der vom BGH entwickelten Dreiteilungsmethode für die Berechnung der Unterhaltsansprüche nach Wiederverheiratung des Unterhaltsverpflichteten, FamFR 2011, 97; *Reinken,* Die Dreiteilungsrechtsprechung des BGH, NZFam 2015, 689; *Riegner,* Unterhaltsverpflichtung gegenüber dem geschiedenen und einem gleichrangigen neuen Ehegatten nach Wegfall der „Dreiteilungsmethode", FamFR 2012, 1; *Roth-Stielow,* Strafhaft als Unterhaltsschuldner-Schutz?, NJW 1982, 2853; *Spangenberg,* Der Selbstbehalt eines Unterhaltspflichtigen gegenüber geschiedenen Ehegatten, DAVorm 1984, 455; *Spangenberg,* Besondere Mangelfälle, DAVorm 1988, 223; *Spangenberg,* Rangverhältnisse und Solidarität im Unterhaltsrecht, ZKJ 2011, 55; *Spangenberg,* Ein Scherbenhaufen?, FF 2011, 195; *Spieker,* Ermittlung der fiktiven oder tatsächlichen Steuerlast bei unterhaltsrechtlichen Korrekturen, FPR 2012, 310; *Wagner-Münch,* Beispiele für Mangelfall-Berechnungen, DAVorm 1990, 915.

**Übersicht**

# A. Allgemeines

## I. Normzweck

Da sich das Maß des Unterhalts nach den ehelichen Lebensverhältnissen die sich ihrerseits wieder von den wirtschaftlichen Verhältnissen der Ehegatten ableiten (→ § 1578 Rn. 17–24), bestimmt (§ 1578 Abs. 1 S. 1), richtet sich die Unterhaltshöhe immer auch nach der wirtschaftlichen **Leistungsfähigkeit** des Verpflichteten im Zeitpunkt der Scheidung (zum **Stichtag** → § 1578 Rn. 42–48). Die gesetzliche Regelung geht davon aus, dass der Verpflichtete idR auch in der Lage ist, den vollen Unterhalt des Berechtigten zu erbringen. Doch wird seine Leistungsfähigkeit in der Mehrzahl der Fälle durch die Trennung, eine erhöhte steuerliche Belastung, Umzugskosten, Verfahrenskosten und Vermögensauseinandersetzung vielfach beeinträchtigt, während der Bedarf des Berechtigten idR steigt (durch trennungsbedingten Mehrbedarf und zusätzliche Kosten für die Kranken- und Altersvorsorge, s. § 1578 Abs. 2, 3). 1

Ist der Verpflichtete ohne Gefährdung seines eigenen angemessenen Unterhalts nicht mehr in der Lage, dem Berechtigten den ihm nach § 1578 zustehenden vollen Unterhalt zu gewähren, sucht **S. 1**[1] durch die Ausgestaltung des Unterhaltsanspruchs als Billigkeitsanspruch einen gerechten Ausgleich der Interessen der geschiedenen Ehegatten. 2

**S. 2** soll die Deckung des **Lebensbedarfs** des Berechtigten wie des Verpflichteten für deren voraussichtliche Lebensdauer gewährleisten.[2] „Wirtschaftlichkeit" und „Billigkeit" als Voraussetzungen für eine Vermögensverwertung dienen wie § 1577 Abs. 3 dem Ausgleich der entsprechenden Interessen der Ehegatten. Ihm ist auch bei der Verteilung der durch sie freiwerdenden Mittel Rechnung zu tragen. S. 2 dient jedoch nicht dazu, den **Erben** das Vermögen zu erhalten (→ § 1586b Rn. 19). 3

Sind **weitere Berechtigte** aus einer neuen Verbindung hinzugekommen, mögen die ihnen zustehenden Unterhaltsansprüche den Bedarf des geschiedenen Ehegatten mitprägen (→ § 1578 Rn. 912–929). Bei der Leistungsfähigkeit des Verpflichteten werden sie jedoch ausschließlich über den Rang erfasst (→ § 1582 Rn. 30). 4

Die Behandlung der Erwerbs- und Vermögensverhältnisse auch des Verpflichteten einschließlich seiner Verbindlichkeiten wird zusammenhängend mit dem **Bedarf** und der **Bedürftigkeit** zu § 1578 dargestellt: Zu den **Verpflichtungen** und **Obliegenheiten** → § 1578 Rn. 657–903; zum **Einsatzzeitpunkt** → § 1578 Rn. 44; zu **überobligatorisch erzielten Einkünften** → § 1578 Rn. 472–500. 5

## II. Anwendungsbereich

Der **persönliche** Anwendungsbereich von § 1581 erstreckt sich auf Ehegatten und Lebenspartner (§ 16 S. 2 LPartG). 6

[1] Zu seiner Entstehungsgeschichte → 1. Aufl. 1978 Rn. 3–5.
[2] BGH BeckRS 2012, 25003 = FamRZ 1985, 354 (356); auch BT-Drs. 7/650, 135 mwN, 141.

7 Sein **sachlicher** Anwendungsbereich umfasst den **nachehelichen** Unterhalt nach Scheidung (§ 1569) oder Aufhebung der Ehe (§ 1318 Abs. 2) und nach Aufhebung einer Lebenspartnerschaft (§ 16 S. 2 LPartG). – Zudem ist § 1581 auf den Anspruch auf **Trennungsunterhalt** nach Trennung der Ehegatten/Lebenspartner (§ 1361, § 12 LPartG) entsprechend anwendbar, weil auch dann die vorhandenen Mittel unter Berücksichtigung der Leistungsfähigkeit des Verpflichteten gleichmäßig zu verteilen sind.[3] Auch insoweit kann auf eine **Verwertung des Vermögensstamms** verwiesen werden, jedoch nur eingeschränkt weil ihre Zumutbarkeit maßgeblich durch die nach wie vor bestehende eheliche Bindung der Ehegatten und die daraus folgende Rücksichtnahme auf die Interessen des Verpflichteten geprägt ist.[4]

8 Nicht anzuwenden ist § 1581 auf den

- **Familienunterhalt** (§§ 1360, 1360a, § 5 LPartG), die einander verpflichtet sind, „durch ihre Arbeit und mit ihrem Vermögen die Familie zu unterhalten" (§ 1360 S. 1),[5] es mithin nicht um die Verteilung der finanziellen Mittel geht, sondern darum, diese allen Familienmitgliedern, mithin auch dem Verpflichteten selbst, zur Verfügung zu stellen.
- **Verwandtenunterhalt,** für den zur Leistungsfähigkeit des Unterhaltschuldners § 1603 gilt.
- Unterhaltsanspruch **nicht miteinander verheirateter Eltern,** für den § 1603 für entsprechend anwendbar erklärt wird (§ 1615l Abs. 3 S. 1).

### III. Rechtsnatur

9 § 1581 regelt eine **Einwendung** (ebenso § 1603 Abs. 2 S. 1, 2, → § 1603 Rn. 2),[6] die zwar von Amts wegen zu beachten ist, deren Grundlagen das FamG aber nicht von Amts wegen ermittelt. Die Leistungsfähigkeit des Verpflichteten ist unabhängig vom Bedarf nach den ehelichen Lebensverhältnissen iSd § 1578 (→ Rn. 12–15, → § 1578 Rn. 25–38). Zur **Darlegungs- und Beweislast** (→ Rn. 106–110).

10 § 1581 steht im systematischen Zusammenhang mit den Vorschriften zum **Rang** (§ 1582 [Rang zwischen geschiedenem und neuem Ehegatten des Verpflichteten] → § 1582 Rn. 7; § 1584 [Rangfolge der Unterhaltspflicht zwischen geschiedenen Ehegatten und den Verwandten des Berechtigten], → § 1584 Rn. 3). Für ihn ist grundsätzlich ohne Belang, worauf die mangelnde Leistungsfähigkeit beruht,[7] wenn dem Verpflichteten kein **unterhaltsbezogenes Fehlverhalten** und damit keine Verletzung seiner unterhaltsrechtlichen Obliegenheiten vorgeworfen werden kann.

### IV. Normstruktur

11 Die Voraussetzungen der Regelung sind unabhängig von Billigkeitserwägungen,[8] weshalb strikt nach **Voraussetzungen** und **Rechtsfolgen** zu trennen ist: Zunächst ist der **„eigene angemessene Unterhalt"** des Verpflichteten zu bestimmen (→ Rn. 12–15). Ergibt sich danach, dass bei voller Berücksichtigung des Unterhalts des Bedürftigen und der sonstigen Verpflichtungen des Verpflichteten sein angemessener Unterhalt nicht mehr gewahrt ist, hat er Unterhalt nur nach **Billigkeit** zu leisten. Der ihm stets zu belassende Betrag wird in der Praxis anhand eines **Selbstbehalts** bestimmt (→ Rn. 17–57). Dem Verpflichteten soll jedoch **nicht** mehr belassen werden, als ihm nach den ehelichen Lebensverhältnissen zukommt (→ Rn. 12).

## B. Leistungsfähigkeit (S. 1)

### I. Allgemeines

12 **1. „Gefährdung des eigenen angemessenen Unterhalts".** Wegen der grundsätzlich gleichmäßigen Teilhabe der Ehegatten an den ehegemeinsamen finanziellen Mitteln (→ § 1578 Rn. 25–

[3] Zum Trennungsunterhalt nach § 1361 s. BVerfG NJW 2002, 2701 = FamRZ 2002, 1397 (1398); BGH NJW 2009, 1271 Rn. 50 = FamRZ 2009, 579; BGHZ 166, 351 = NJW 2006, 1654 Rn. 19 = FamRZ 2006, 683 (Verhältnismäßigkeit); s. auch OLG Koblenz NJW 2003, 1816 (1818).

[4] BGH NJW-RR 2009, 289 Rn. 17 = FamRZ 2009, 307; NJW 2005, 433 = FamRZ 2005, 97 (99); NJW-RR 1986, 685 = FamRZ 1986, 556 (557).

[5] IErg ebenso BeckOGK/*Witt,* 1.2.2019, Rn. 11.

[6] AllgM, etwa BeckOGK/*Witt,* 1.2.2019, Rn. 13 mwN; Soergel/*Häberle* Rn. 26, Staudinger/*Verschraegen,* 2014, Rn. 1; Johannsen/Henrich/*Hammermann* Rn. 51; *Gutdeutsch* in Wendl/Dose UnterhaltsR § 4 Rn. 967; *Borth* in Schwab ScheidungsR-HdB IV Rn. 1277.

[7] Nach BT-Drs. 7/650, 138 f. soll sich § 1581 ua darin von § 59 Abs. 1 EheG (Gesetzestext → 7. Aufl. 2017, Anh. § 1586b Rn. 4), dem die Regelung nachgebildet wurde, unterscheiden.

[8] Soergel/*Häberle* Rn. 4.

38, 151, 158–178) bemisst sich der „angemessene Unterhalt" des Verpflichteten nicht nach dem angemessenen Eigenbedarf iSd § 1603 Abs. 1, sondern nach den gleichen Grundsätzen wie der angemessene Unterhalt des Bedürftigen, mithin nach den **ehelichen Lebensverhältnissen** und dem durch Halbteilung ermittelten Bedarf (§ 1578 Abs. 1 S. 1, § 1578b Abs. 1; → § 1578 Rn. 11).[9] Deshalb kann § 1581 S. 1 – allerdings eher untypisch – auch eingreifen, wenn den Ehegatten zwar mehr als der angemessene Selbstbehalt verbleibt, das verfügbare Einkommen aber nicht ausreicht, den beiderseitigen vollen Unterhalt einschließlich des trennungsbedingten Mehrbedarfs zu befriedigen, weil schon dann eine Gefährdung des eheangemessenen Unterhalts vorliegt.

Allerdings sind bei der Bestimmung des angemessenen Unterhalts **alle finanziellen Mittel** des Verpflichteten, auch die überobligatorisch erzielten, heranzuziehen, nicht lediglich die Mittel, die die ehelichen Lebensverhältnisse iSv § 1578 Abs. 1 geprägt haben.[10] Deshalb sind insoweit auch die Mittel aus einem „Karrieresprung" (→ § 1578 Rn. 65–75) einzubeziehen.[11] Zur Berücksichtigung für den Berechtigten im Rahmen der **Bedürftigkeit** → § 1577 Rn. 8, 14–45). 13

Ob der angemessene Unterhalt des Verpflichteten gefährdet ist, bestimmt sich nach den **finanziellen Mitteln,** die beiden Ehegatten zur Verfügung stehen (→ § 1578 Rn. 391–656), und ihren individuellen Lebensverhältnissen. Nur wenn die finanziellen Mittel nicht ausreichen, den „legitimen" Bedarf des Verpflichteten zu befriedigen, ist für eine Billigkeitsabwägung und die Festsetzung eines billigen Selbstbehalts (→ Rn. 25–57) Raum. 14

Eine **Gefährdung** iSv S. 1 ist aber nicht gegeben, wenn die ehelichen Lebensverhältnisse zu einem Bedarf führen, der unter den Selbstbehalts- bzw. Mindestbedarfssätzen (→ Rn. 17–57) liegt,[12] weil Billigkeitserwägungen nicht rechtfertigen können, den eheangemessenen Bedarf des Verpflichteten zu erhöhen und ihm mehr zur Deckung seines Lebensbedarfs zu belassen, sondern allein dazu, ihn zu wahren (→ Rn. 25–57). Zudem liegt kein Anwendungsfall für S. 2 vor, dh der Vermögensstamm ist zu verwerten. 15

**2. Vorrang des Elementarunterhalts.** Erlauben beschränkte finanzielle Mittel nicht die Berücksichtigung des gesamten Lebensbedarfs iSd § 1578 Abs. 1 S. 1, 2, Abs. 2, 3, geht die Befriedigung der **elementaren Bedürfnisse** vor.[13] Zu ihnen zählen neben den Kosten für die allgemeine **Lebensführung** einschließlich **Wohnraum** auch die für eine angemessene **Krankheitsvorsorge,** idR aber nicht Kosten für primäre und sekundäre **Altersvorsorge** und **Weiterbildung,** und Aufwendungen für die **Pflegevorsorge** nur, wenn der Pflegefall bereits eingetreten oder mit einiger Sicherheit absehbar ist. Wegen des Vorrangs des Elementarunterhalts werden die nicht berücksichtigungsfähigen Aufwendungen nicht vor seiner Ermittlung vom verfügbaren Einkommen des Verpflichteten abgezogen. 16

## II. Selbstbehalte

**1. Grundsätze. a) Opfergrenze.** Die Höhe des Selbstbehalts (notwendiger, billiger und eheangemessener Selbstbehalt), der dem Verpflichteten zur Deckung seines Lebensbedarfs verbleiben muss, bestimmt die den Anspruch des Bedürftigen begrenzende Opfergrenze. Sie darf, um nicht gegen die Menschenwürde (Art. 1 GG) und das Sozialstaatsprinzip (Art. 20 Abs. 1 GG) zu verstoßen, nicht unter das Existenzminimum absinken, weshalb dem Verpflichteten die zur Sicherung der eigenen Existenz und Bestreitung seines unentbehrlichen Lebensbedarfs erforderlichen finanziellen Mittel verbleiben müssen. Deshalb darf er durch Unterhaltsleistungen nicht **sozialhilfebedürftig** werden,[14] zudem muss sein **unterhaltsrechtliches Existenzminimum** etwas über dem Sozialhilfebedarf liegen.[15] Doch bietet sich zur näheren Bestimmung des Selbstbehalts die Anlehnung an das Sozialhilferecht an (→ Rn. 27–57).[16] 17

---

9 BGHZ 109, 72 = NJW 1990, 1172 = FamRZ 1990, 260 (264) mwN auch zur abw. Auffassung.

10 BGH NJW 2013, 2662 Rn. 73 = FamRZ 2013, 1366.

11 BGH NJW 2013, 2662 Rn. 91 = FamRZ 2013, 1366; BGHZ 192, 45 = NJW 2012, 384 Rn. 47 = FamRZ 2012, 281.

12 *Kodal* in Göppinger/Wax UnterhaltsR Rn. 1579; *Graba* FamRZ 1992, 541 f.; aA OLG Nürnberg NJW-RR 1996, 770 = FamRZ 1996, 352 (353).

13 BGH NJW 1981, 1556 = FamRZ 1981, 442 (445).

14 BVerfG NJW 2002, 2701 = FamRZ 2002, 1397 (1398 f.); NJW-RR 2002, 73 = FamRZ 2001, 1685 f.

15 Ständige Rspr. des BGH, etwa BGHZ 166, 351 = NJW 2006, 1654 Rn. 16 ff. = FamRZ 2006, 683; NJW 1996, 2793 = FamRZ 1996, 1272 (1273); NJW 1993, 2105 = FamRZ 1993, 1186 (1188); NJW 1991, 182 = FamRZ 1991, 182 (185); BGHZ 111, 194 = NJW 1991, 356 = FamRZ 1990, 849 (850); BGHZ 109, 72 = NJW 1990, 1172 = FamRZ 1990, 260 (265); NJW 1989, 524 = FamRZ 1989, 170 (171); NJW 1984, 1614 = FamRZ 1984, 1000.

16 BVerfG NJW 2002, 2701 = FamRZ 2002, 1397 (1398 f.); auch schon *Dieckmann*, Brühler Schriften zum Familienrecht, Bd. 1, 41 (42).

18 Lebt der Verpflichtete im **Ausland,** bemisst der BGH den Selbstbehalt durch Anpassung der inländischen Opfergrenze an die Kaufkraftverhältnisse im Aufenthaltsstaat.[17] Demgegenüber sollte die Opfergrenze jedoch nach der unterhaltsrechtlichen Übung im Aufenthaltsstaat bestimmt werden.

19 **b) Systematik.** In Anknüpfung an die Regelung zum **Verwandtenunterhalt** (§ 1603) wird zwischen angemessenem und notwendigem Selbstbehalt unterschieden,[18] ohne dass der eheangemessene Bedarf (§ 1581 S. 1) dem angemessenen Eigenbedarf iSd § 1603 Abs. 1 entspricht. **Nicht anwendbar** ist § 1603 Abs. 2 S. 1 auf den Ehegattenunterhalt (§§ 1361, 1581): Wortlaut und systematischer Stellung von § 1581 verwehren es, dem Verpflichteten im Verhältnis zum Berechtigten, dessen Existenzminimum nicht gesichert ist, stets nur den notwendigen Selbstbehalt zu belassen. Dies ist auch unabhängig vom Nachrang des Ehegattenunterhalts (§ 1609 Nr. 1–3) nicht gerechtfertigt, weil dieser mit dem Lebensbedarf nur mittelbar über die Bedarfsdeckung etwas zu tun hat. Die gesteigerte Unterhaltspflicht aus § 1603 Abs. 2 S. 1 rechtfertigt sich daraus, dass den Kindern idR die Deckung ihres notwendigen Lebensbedarfs durch eigene Anstrengungen verschlossen ist. Bei Erwachsenen wird dies nur dann ausnahmsweise der Fall sein, wenn sie wegen Kinderbetreuung, Krankheit, Alter oder aus sonstigen Gründen auf den vollen Unterhalt angewiesen sind (auch → Rn. 32).

20 **c) Verfassungsrechtliche Konformität.** Dieses Verständnis des Selbstbehalts führt zur fühlbaren Entlastung des Verpflichteten. Der Bedürftige wird öfter seine Verwandten (§ 1584) oder öffentliche Hilfe (nach SGB II, SGB XII, UVG, BAföG) in Anspruch nehmen müssen. Die nacheheliche Solidarität als tragender Grund für den Anspruch auf nachehelichen Unterhalt würde wegen der nachehelichen Eigenverantwortung des Bedürftigen (§ 1569 S. 1, → § 1569 Rn. 18, 19) überspannt, wenn der Verpflichtete im Regelfall auf das Existenzminimum verwiesen würde.[19]

21 **d) Selbstbehaltsätze.** Selbstbehaltssätze nach Tabellen und unterhaltsrechtlichen Leitlinien[20] (Nachweise Nr. 2–4 vor → § 1578 Rn. 1) sind **Anhaltspunkte,** die angesichts des Massenphänomens „Unterhalt" in einer Vielzahl von Unterhaltsfällen eine möglichst gleichmäßige Handhabung ermöglichen sollen. Sie unterscheiden im Allgemeinen zwischen **Erwerbstätigen** und **Nichterwerbstätigen,**[21] weil mit dem höheren notwendigen Selbstbehalt eines Erwerbstätigen dessen berufsbedingten Nachteile – Mehraufwand, Erwerbsanreiz – pauschal erfasst werden.

22 Für den Unterhaltsanspruch minderjähriger und privilegierter volljähriger Kinder mag etwas anderes gelten, weil die gesteigerte Unterhaltsverpflichtung den Einsatz aller finanziellen Mittel verlangt und deshalb der Erwerbsanreiz insoweit auch keine Rolle spielen kann und in der Praxis tatsächlich auch nicht spielt.[22]

23 Damit ist jedoch nicht zu vereinbaren, dass dem Erwerbstätigen zu dem höheren Selbstbehalt auch noch berufsbedingte Aufwendungen zugutegehalten werden,[23] und die Düsseldorfer Tabelle zum angemessenen und billigen Selbstbehalt nicht zwischen Erwerbstätigen und Nichterwerbstätigen unterscheidet. Dadurch wird der Bedürftige wegen der Verkürzung seines Unterhaltsanspruchs dann benachteiligt, wenn der Verpflichtete nicht erwerbstätig ist. Dies ist jedenfalls dann abzulehnen, wenn man dem erwerbstätigen Verpflichteten einen Erwerbstätigenbonus zubilligt, weil dem Bedürftigen dann kein Erwerbsanreiz mehr verbleibt.[24] – Zur **Berechtigung eines Erwerbstätigenbonus** → § 1578 Rn. 212–233.

24 Die Selbstbehaltssätze betragen seit dem 1.1.2015:[25]

| Notwendiger Selbstbehalt Nicht-/Erwerbstätiger | Billiger Selbstbehalt gegenüber dem getrenntlebenden und dem geschiedenen Berechtigten | Angemessener Selbstbehalt gegenüber nicht privilegierten volljährigen Kindern | Angemessener Selbstbehalt gegenüber Eltern des Unterhaltspflichtigen |
|---|---|---|---|
| 880 EUR/1.080 EUR | 1.200 EUR[26] | 1.300 EUR | 1.800 EUR |

17 BGH NJW 2013, 2751 Rn. 29 = FamRZ 2013, 1375: Keine Erhöhung des Selbstbehalts zum Ausgleich der um 4,4% erhöhten Lebenshaltungskosten in den Niederlanden.
18 Zum Ganzen BGHZ 109, 72 = NJW 1990, 1172 = FamRZ 1990, 260 (264).
19 BGHZ 109, 72 = NJW 1990, 1172 = FamRZ 1990, 260 (265).
20 Krit. dazu *Lipp* FamRZ 2012, 1 ff.; *Lipp* Brühler Schriften zum Familienrecht, Bd. 17, 2011, 33.
21 BGH NJW-RR 2009, 289 Rn. 24 = FamRZ 2009, 307 (Bezug von Krankengeld); dagegen auch für den Ehegattenunterhalt etwa OLG Celle FPR 2008, 326 = FamRZ 2008, 2228 (2229).
22 Dazu auch OLG Celle BeckRS 2008, 2526 = FamRZ 2008, 2228 (2229).
23 SüdL Nr. 10.2, 15.2; auch der BGH NJW-RR 2009, 289 Rn. 25 = FamRZ 2009, 307 setzt sich damit nicht auseinander.
24 Deshalb führen die Differenzierung fort: OLG Karlsruhe, OLG Stuttgart, OLG Zweibrücken 2. + 6. Zivilsenat: SüdL Nr. 21.4 Fn. 1.
25 Zuletzt Düsseldorfer Tabelle, Stand: 1.1.2019, FamRZ 2019, 17.
26 Zwischen Nichterwerbstätigen und Erwerbstätigen differenzieren auch hier: LL Nr. 21.4 Braunschweig; Celle: 1.100 EUR/1.200 EUR; Frankfurt a. M., Hamm: 1.090 EUR/1.200 EUR.

**2. Billiger Selbstbehalt. a) Grundsatz.** Im **Regelfall** beläuft sich der billige Selbstbehalt auf einen in der Mitte zwischen notwendigem und angemessenem Bedarf liegenden Betrag (→ Rn. 27),[27] und zwar grundsätzlich unabhängig von einer Erwerbstätigkeit des Verpflichteten. Dies wird zwar für die ganz überwiegende Anzahl der Unterhaltsfälle angemessen sein, doch richtet sich die Bestimmung des dem Verpflichteten billigerweise konkret zu belassenden Selbstbehalts nach den **individuellen Lebensverhältnissen** der Ehegatten. Dazu sind die ihnen zur Verfügung stehenden finanziellen Mittel und ihre Bedürfnisse abzuwägen. Die Höhe des billigen Selbstbehalts ist deshalb nicht stets gleich, was aber die Annahme einer grundsätzlich nicht zu unterschreitenden Mindestgrenze sowie eines Rahmens, innerhalb dem im Einzelfall der dem Verpflichteten letztlich zustehende Selbstbehalt bestimmt wird, nicht ausschließt (zum **Mindestbedarf** des Berechtigten → § 1578 Rn. 163–165). Der angemessene Selbstbehalt iSd § 1603 Abs. 1 wird dabei weder die untere noch die obere Grenze bilden, sondern allenfalls einen Anhalt bieten können.[28] 25

Seine hiervon abweichende Rspr., wonach es einer „**zusätzlichen Grenze der Leistungsunfähigkeit** nach den individuellen ehelichen Lebensverhältnissen … nicht mehr [bedarf]",[29] hat der BGH im Urteil v. 7.12.2011[30] nach dem Beschluss des BVerfG v. 25.1.2011,[31] mit der es die „Dreiteilung" verworfen hat, zu Recht nicht mehr aufrechterhalten. Sie war auch bereits in ihrem Ausgangspunkt unzutr., weil sie zu Unrecht aus seinen Entscheidungen BGH NJW 2004, 3106 = FamRZ 2004, 1357 (1358 f.); BGHZ 109, 72 = NJW 1990, 1172 = FamRZ 1990, 260 (265) gefolgert hat, nur eheliche Umstände könnten eine Anpassung des Selbstbehalts rechtfertigen. 26

**b) Abweichungen nach Billigkeit. aa) Allgemeines.** Die Standardisierung durch vorgegebene Selbstbehaltssätze verwehrt jedoch nicht Anpassungen im Einzelfall, die durch die **individuellen Lebensverhältnisse** sachlich begründet sind,[32] auch nicht die Absenkung des billigen Selbstbehalts bis auf den notwendigen Selbstbehalt als Mindestgrenze. Auch der BGH bemisst den billigen Selbstbehalt mit dem Mittel zwischen angemessenem und notwendigem Selbstbehalt, schließt aber mit der Beschränkung auf den Regelfall eine Herabsetzung bis auf den notwendigen Selbstbehalt nicht aus.[33] In der **Praxis** wird zur Vereinfachung und um der beratenden Praxis Sicherheit zu vermitteln aus dem Grundsatz die (fast) ausnahmslose Regel,[34] zumal weder der Berechtigte noch der Verpflichtete kaum je eine individuelle Bemessung verlangen. – Eine **Anpassung** kann durch Vorabberücksichtigung von Kosten unter Beibehaltung des Selbstbehalts oder durch dessen Veränderung vorgenommen werden. Ersteres ist bei konkreten Kosten vorzugswürdig, Letzteres mag bei durch Schätzung ermittelten Kosten angemessen sein. 27

**bb) Berücksichtigungsfähige Umstände.** Insbesondere folgende Umstände können in Abweichung von den Selbstbehaltssätzen aus Billigkeitsgründen eine Erhöhung der Leistungsfähigkeit begründen:

---

27 BGH NJW 2007, 2409 Rn. 32 = FamRZ 2007, 1303; BGHZ 166, 351 = NJW 2006, 1654 Rn. 19 = FamRZ 2006, 683; NJW 2005, 500 = FamRZ 2005, 354 (356 f.). – Nach BVerfG NJW 2002, 2701 = FamRZ 2002, 1397 (1398 f.) hätten zur Bestimmung des notwendigen Selbstbehalts (gemeint: billiger Selbstbehalt) alternativ die Eckregelsätze der Sozialhilfe herangezogen werden können; dazu auch BGH NJW 1989, 523 = FamRZ 1989, 272 f.

28 BGH NJW 2004, 3106 = FamRZ 2004, 1357 (1358 f.); BGHZ 109, 72 = NJW 1990, 1172 = FamRZ 1990, 260 (265); zum Unterhaltsanspruch nach § 1615l s. BGH NJW 2005, 502 = FamRZ 2005, 357; NJW 2005, 500 = FamRZ 2005, 354 (355); aA wohl noch OLG Koblenz FamRZ 1997, 426; OLG Frankfurt a. M. BeckRS 2010, 1311 = FamRZ 1984, 593 (594); BeckRS 2010, 1326 = FamRZ 1984, 282.

29 BGH NJW 2009, 1271 Rn. 48–50 = FamRZ 2009, 579; BGHZ 166, 351 = NJW 2006, 1654 Rn. 23 = FamRZ 2006, 683.

30 BGHZ 192, 45 = NJW 2012, 384 Rn. 34, 46 = FamRZ 2012, 281.

31 BVerfGE 128, 193 = NJW 2011, 836 = FamRZ 2011, 437.

32 Unzutr. OLG München NJW-RR 2006, 440 = FamRZ 2006, 792 (793), das den Bedarf für ein Rentnerehepaar allgemein mit dem angemessenen Selbstbehalt nach § 1603 Abs. 1 bemessen hat. Eher können die weiteren Erwägungen einer kinderlosen Ehe von „verhältnismäßig kurzer Dauer" – immerhin aber 13½ Jahre – einen billigen Selbstbehalt in Höhe des angemessenen aufgrund der Angemessenheitskontrolle (→ Rn. 89–99) tragen.

33 BGHZ 166, 351 = NJW 2006, 1654 Rn. 19 = FamRZ 2006, 683.

34 In diesem Sinne auch *Reinken* FPR 2008, 9 (11), ebenso die Berechnungsbsp. von *Viefhues* FPR 2008, 36 ff. – Nunmehr hat auch der BGH (BGHZ 177, 356 = NJW 2008, 3213 Rn. 45 = FamRZ 2008, 1911 mit krit. Anm. *Maurer* FamRZ 2008, 1919 (1920)) – allerdings eher beiläufig – entschieden, dass „[dem Unterhaltspflichtigen] stets mindestens ein Betrag verbleiben [muss], der … zurzeit mit 1.000 EUR bemessen" wird. Dies deutet darauf hin, dass nach Auffassung des BGH zum nachehelichen Unterhalt aus dem Regel- ein strikter Anwendungsfall wird; dagegen *Maurer* FamRZ 2008, 1919.

28 – Geringere Lebenshaltungskosten wegen des gewöhnlichen Aufenthalts des Verpflichteten im **Ausland** (auch → Rn. 18).[35]

29 – Alle die ehelichen Lebensverhältnisse **nicht prägenden Einkünfte,** die dem Verpflichteten die Unterhaltsleistung in Höhe des ermittelten Bedarfs – ggf. teilweise – ermöglichen,[36] etwa aus einem nachehelichen **Karrieresprung** (→ § 1578 Rn. 65–70).[37]

30 – **Freiwillige Zuwendungen Dritter** (→ § 1578 Rn. 636–642).[38]

31 – Der steuerliche **Splittingvorteil** aus einer nachfolgenden Ehe hat dieser zwar zu verbleiben, sodass er nicht bedarfsprägend berücksichtigt werden kann (→ § 1578 Rn. 86–89). Dies hindert aber seine Heranziehung im Rahmen der Leistungsfähigkeit nach Billigkeit jedenfalls dann nicht, wenn der Gleichrang des neuen Ehegatten bereits zu einer Kürzung des Unterhaltsanspruchs des geschiedenen Ehegatten führt,[39] und auch darüber hinaus nicht.[40] Eine weitergehende Berücksichtigung im Rahmen der Angemessenheitsprüfung würde zu einer – verwehrten – Doppelverwertung führen.

32 – Der Bedürftige kann aus Alters- und/oder Gesundheits- oder sonstigen Gründen durch eigene Erwerbstätigkeit oder aus seinem Vermögen selbst nichts (mehr) zur Bestreitung seines Lebensbedarfs beitragen, weil er **„ähnlich hilflos und bedürftig"** wie ein minderjähriges unverheiratetes Kind ist.[41] Zwar ist die Unfähigkeit, den Lebensbedarf alters- oder gesundheitsbedingt aus eigener Erwerbstätigkeit oder Vermögen zu bestreiten, idR bereits Tatbestandsmerkmal für den Anspruch auf Alters- oder Krankheitsunterhalt (§§ 1571, 1572) und hat deshalb bei der Bestimmung des angemessenen Selbstbehalts des Verpflichteten außer Betracht zu bleiben, doch verwehrt dies nicht, sie im Einzelfall im Rahmen der Angemessenheitsprüfung (→ Rn. 89–99) erneut zu berücksichtigen.[42]

33 – **Betreuungsunterhalt** (§ 1570)[43] steht dem Berechtigten zu, weil ihm neben der Betreuung gemeinschaftlicher Kinder keine oder keine umfangreichere Erwerbstätigkeit obliegt. Dies verwehrt zwar eine die Erwerbsobliegenheiten verschärfende Doppelberücksichtigung durch Erhöhung des Selbstbehalts, zur Wahrung der Belange der betreuungsbedürftigen Kinder nicht jedoch dessen Herabsetzung.[44]

34 – Kosten des **Umgangs** mit gemeinschaftlichen wie nicht gemeinschaftlichen Kindern (näher → § 1578 Rn. 249–257).

35 – Bei **teilschichtig erwerbstätigen Ehegatten** kann ein Mittelwert zwischen den Selbstbehaltssätzen für Erwerbstätige und Nichterwerbstätige angemessen sein.[45]

36 – Beim Bezug von **Arbeitslosen**- oder **Krankengeld** ist, jedenfalls bei längerer Dauer, der Selbstbehalt für Nichterwerbstätige anzusetzen,[46] es sei denn, es fallen Aufwendungen für **Bewerbungen** an (zum Ganzen → § 1578 Rn. 190).

---

35 OLG Hamm BeckRS 2006, 1794 = FamRZ 2006, 124 (125): Reduzierung des Selbstbehalts eines in der Türkei lebenden Verpflichteten um ⅓. Aktuelle Daten unter www.destatis.de Suchwort: Verbraucherpreise: Internationaler Vergleich der Verbraucherpreise – Fachserie 17 Reihe 10.

36 BVerfGE 128, 193 = NJW 2011, 836 Rn. 71 = FamRZ 2011, 437.

37 BGH FamRZ 2013, 2662 Rn. 73, 87 = FamRZ 2013, 1366; BGHZ 192, 45 = NJW 2012, 384 Rn. 47 = FamRZ 2012, 281; BGHZ 179, 196 = NJW 2009, 588 Rn. 32 ff. = FamRZ 2009, 411.

38 Dazu auch BeckOGK/*Witt,* 1.2.2019, Rn. 91.

39 BGHZ 192, 45 = NJW 2012, 384 Rn. 47 = FamRZ 2012, 281; aA OLG Düsseldorf BeckRS 2008, 10940 = FamRZ 2008, 1254 (1256) (bedarfsprägend); ähnlich OLG Hamm BeckRS 2008, 14118 = FamRZ 2008, 1278 (1279) bis 31.12.2007 für das Verhältnis der Kinder aus 1. Ehe zur Ehefrau aus 2. Ehe.

40 BeckOGK/*Witt,* 1.2.2019, Rn. 183 mwN; aA noch *Maurer* FamRZ 2011, 849 (859).

41 BGH NJW 1990, 1172 = FamRZ 1990, 260 (265); OLG Koblenz BeckRS 2008, 26240 = FamRZ 2005, 1482 (1483) (80-jähriger, voll pflegebedürftiger Berechtigter); NJW-RR 2003, 146 (147) = FamRZ 2003, 313 Ls.; OLG Hamburg BeckRS 1993, 5088 = FamRZ 1993, 1453 (1454); OLG Köln BeckRS 2010, 20366 = FamRZ 1980, 1006 (1007) (Alter); AG Remscheid FamRZ 2007, 1329 (gesundheitliche Beeinträchtigungen); *Büttner* FF 2009, 210 (211).

42 Ebenso NK-BGB/*Schürmann* Rn. 60; aA BeckOGK/*Witt,* 1.2.2019, Rn. 49, ähnlich Johannsen/Henrich/*Hammermann* Rn. 26, 27.

43 OLG Koblenz NJW 2003, 1816 f. (Ls. 3: „sofern der andere Ehegatte keine ebenfalls unterhaltsberechtigten minderjährigen Kinder betreut"; ohne weitere Ausführungen hierzu in den Entscheidungsgründen).

44 IErg ebenso *Büttner* FF 2009, 210 (211); nicht ausdrücklich ausgeschlossen von BGH NJW-RR 2009, 649 Rn. 10 = FamRZ 2009, 404 (zum Trennungsunterhalt); NJW-RR 2009, 289 Rn. 26, 27 = FamRZ 2009, 307; NJW 2009, 675 Rn. 20 = FamRZ 2009, 311 (313) mit abl. Anm. *Büttner* FF 2009, 210; ebenso OLG Saarbrücken NJW-RR 2007, 368 = FamRZ 2007, 1329 (1330); aA BeckOGK/*Witt,* 1.2.2019, Rn. 50 (weil Tatbestandsmerkmal).

45 OLG Hamm BeckRS 2010, 201 = FamRZ 2004, 1110 (1111) bemisst den notwendigen Bedarf des Berechtigten bei einer Halbtagstätigkeit nach dem Mittelwert aus den Selbstbehaltssätzen für Erwerbstätige und Nichterwerbstätige.

46 AA OLG Karlsruhe BeckRS 1999, 30066447 = FamRZ 2000, 1091 Ls. für das Krankengeld, weil dies Lohnersatzfunktion hat. Doch sagt dies nichts darüber aus, dass berufsbedingte Nachteile während seines Bezugs nicht entstehen.

– **Berufsbedingte Aufwendungen** sind zu überprüfen. Insbesondere kann dem Verpflichteten für die Fahrt zur Arbeitsstelle die Benutzung öffentlicher Verkehrsmittel zumutbar sein, wenn sie nur einen unwesentlich größeren Zeitaufwand als die PKW-Nutzung erfordern. Ggf. kann der Verpflichtete auch auf Fahrgemeinschaften verwiesen werden. Bei Gefährdung des eigenen angemessenen Unterhalts ist die Opfergrenze für den Verpflichteten geringer. Zum Vorwegabzug berufsbedingter Aufwendungen im **Mangelfall** → Rn. 21–24, → § 1578 Rn. 180–182. **37**

– Aus **unzumutbarer Erwerbstätigkeit** – etwa aus einer Nebentätigkeit oder aus einer Erwerbstätigkeit nach Erreichen der Regelaltersgrenze – erzielte Einkünfte (→ § 1578 Rn. 472–500).[47] Ggf. können die Anforderungen an die Zumutbarkeit einer Erwerbstätigkeit erhöht und dadurch die Erwerbsobliegenheiten verschärft werden (→ § 1578 Rn. 669). In die Beurteilung können alle Umstände einbezogen werden, die für die Bestimmung des anrechnungsfreien Anteils nach § 1577 Abs. 2 S. 2 Bedeutung erlangen können (→ § 1577 Rn. 28–37). – Zur Heranziehung auch der **unzumutbar erzielten Einkünfte** im Rahmen der Leistungsfähigkeit → Rn. 13. **38**

– **Konkrete Betreuungskosten** für ein gemeinsames oder in die Familie aufgenommenes Kind (aber → § 1577 Rn. 38, → § 1578 Rn. 483–486).[48] **39**

– Die Zuerkennung eines **Betreuungsbonus** zur Abgeltung des durch die Betreuung von – auch nicht gemeinsamen – Kindern hervorgerufenen Mehraufwands für die häusliche Arbeit (→ § 1578 Rn. 487–500).[49] **40**

– Die ganze oder teilweise Anrechnung **freiwilliger Zuwendungen Dritter** (→ § 1578 Rn. 636–642, → § 1579 Rn. 178, 212).[50] **41**

– Wie der Verpflichtete die ihm mit dem Selbstbehalt belassenen finanziellen Mittel zu seiner Lebensführung **einsetzt,** steht ihm grundsätzlich frei.[51] Hinsichtlich der **Wohnkosten** ist zu unterscheiden: **42**
  – Sein Selbstbehalt kann insbesondere nicht deshalb gekürzt werden, weil er **geringere Kosten für Unterkunft** hat als im Selbstbehalt nach der Düsseldorfer Tabelle (Stand: 1.1.2019, A. 5. Warmmiete: beim notwendigen Eigenbedarf 380 EUR/Monat, beim angemessenen Eigenbedarf 480 EUR/Monat) enthalten sind.[52]
  – **Höhere Kosten** für die Unterkunft (→ § 1578 Rn. 606–623) führen zu einer Erhöhung seines Selbstbehalts, sofern sie nicht vermeidbar waren.[53] Zur **„Barmittelkontrolle"** → § 1578 Rn. 603.
  – Setzt er seine verfügbaren finanziellen Mittel für angesichts seiner Unterhaltsverpflichtung **missbilligenswerte,** etwa luxuriöse Zwecke ein, kann dies die Herabsetzung des Selbstbehalts rechtfertigen.

– Ersparnisse in der Lebensführung aufgrund **gemeinsamer Haushaltsführung** eines Ehegatten mit einer anderen Person (**„Synergieeffekte"**, → § 1578 Rn. 649–656),[54] die im **absoluten** **43**

---

[47] BGH NJW 2013, 2662 Rn. 91 = FamRZ 2013, 1366; NJW 1982, 933 = FamRZ 1983, 146 (150). Zum Kindesunterhalt s. OLG Hamm NJWE-FER 1998, 150 = FamRZ 1999, 43: Überobligatorisch erzielte Einkünfte aus einer Nebentätigkeit bleiben unberücksichtigt, wenn der Mindestbedarf des unterhaltsberechtigten Kindes bereits durch die Einkünfte aus der obligatorischen Tätigkeit gedeckt ist.

[48] OLG Stuttgart BeckRS 2007, 2387 = FamRZ 2007, 150 (151) mAnm *Spangenberg* FamRZ 2007, 1022 (1023).

[49] BGH NJW 2001, 973 = FamRZ 2001, 350 (352); NJW 1988, 2369 = FamRZ 1988, 265 (267); ebenso OLG Hamm FamRZ 1998, 1586 (1587). Das OLG Hamm NJW-RR 1996, 454 = FamRZ 1996, 489; BeckRS 2011, 5739 = FamRZ 1994, 1114 berücksichtigt die Kinderbetreuung und die teilweise überobligatorische Erwerbstätigkeit des Verpflichteten, wenn beide Elternteile je ein etwa gleichaltriges Kind betreuen und der Berechtigte nicht erwerbstätig ist, durch die nur hälftige Berücksichtigung seiner Erwerbseinkünfte.

[50] BGH NJW 1999, 2804 = FamRZ 2000, 153 (154); NJW 1999, 2365 = FamRZ 1999, 843 (847) mwN.

[51] BGH NJW 2014, 1173 Rn. 40 = FamRZ 2014, 538; NJW 2008, 1373 Rn. 41 = FamRZ 2008, 594; NJW 2006, 3561 Rn. 22 = FamRZ 2006, 1664; NJW-RR 2004, 217 = FamRZ 2004, 186 (189).

[52] BGH NJW 2006, 3561 Rn. 22 = FamRZ 2006, 1665; NJW-RR 2004, 217 = FamRZ 2004, 186 (189) mwN: Die betragsmäßige Festlegung macht gleichwohl Sinn für eine Erhöhung des Selbstbehalts bei höheren Mietkosten.

[53] OLG Hamburg FamRZ 1995, 1417 (1418); OLG Koblenz FamRZ 1995, 1415 (1416); BeckOGK/*Witt,* 1.2.2019, Rn. 56 mwN.

[54] Zu § 1603 Abs. 1, 2 BGH NJW 2008, 1373 Rn. 33–41 = FamRZ 2008, 594; NJW 2003, 3770 = FamRZ 2004, 24; NJW 2002, 1646 = FamRZ 2002, 742; NJW-RR 1998, 505 = FamRZ 1998, 286 (288); etwa auch OLG Dresden NJW-RR 2007, 1303 = FamRZ 2007, 1477 (1478) mwN; BeckRS 2007, 14252 = FamRZ 2007, 1476 (1477) (bei arbeitslosem Partner Herabsetzung des Selbstbehalts um 10%); OLG Düsseldorf NJW-RR 2007, 794 = FamRZ 2007, 1039 (1041) (Herabsetzung des Selbstbehalts von 1.000 EUR auf 860 EUR); OLG Hamm BeckRS 2006, 8487 = FamRZ 2006, 888 (Herabsetzung des Selbstbehalts um 10–15%); OLG Frankfurt a. M. NJW-RR 2005, 1599 = FamRZ 2005, 2090 (2091); aA etwa OLG Karlsruhe BeckRS 2005, 12015 = FamRZ 2005, 2091 (2092 f.) (Vorinstanz zu BGH NJW 2008, 1373 = FamRZ 2008, 594).

**Mangelfall** (→ Rn. 51, → § 1578 Rn. 161, 162) eine Herabsetzung des Selbstbehalts bis auf das Existenzminimum eines nicht erwerbstätigen Ehegatten von zurzeit 880 EUR zulassen.[55] Stellt der Verpflichtete einen Synergieeffekt in Abrede, etwa weil sein Lebenspartner sich an den Kosten für die gemeinsame Lebenshaltung nicht beteiligen könne, trägt er hierfür die **Darlegungs- und Beweislast.**[56]

44 – Berücksichtigungsfähiger **trennungsbedingter Mehrbedarf.** Da er idR bei beiden Ehegatten anfällt, bleibt er bei der Berechnung des Unterhalts nach der Quote grundsätzlich unberücksichtigt (→ § 1578 Rn. 242–246). Dann kann er nicht zu einer Doppelberücksichtigung führen und dadurch den Selbstbehalt erhöhend berücksichtigt werden.[57]

45 – Verweisung des Verpflichteten auf einen vernünftigen **Tilgungsplan** zum monatlichen Schuldendienst auf eheprägende Verbindlichkeiten (→ § 1578 Rn. 890–894).

46 – **Nacheheliche Verbindlichkeiten,** obgleich sie nicht eheprägend sind, wenn sie für den Verpflichteten unabweisbar sind. Dies kann etwa für durch Finanzierung aufgebrachte ärztliche **Behandlungskosten,** insbesondere Zahnbehandlungskosten gelten (→ § 1578 Rn. 139–142, 933–948). Ausnahmsweise können auch **PKW-Finanzierungskosten,** die nicht durch Ansparvorsorge vermieden werden konnten, angesetzt werden. Für sie ist aber stets zu beachten, dass die private Nutzung des PKW idR keine Erhöhung des Selbstbehalts rechtfertigen kann und die berufliche Nutzung bereits durch die berufsbedingten Aufwendungen, welche die Amortisation einschließen, abgegolten ist (→ § 1578 Rn. 196).

47 – **Krankheits-, Pflege-** und **Unterbringungskosten**[58] unter Berücksichtigung der ersparten Aufwendungen.

48 – **Darlehensaufnahme** zur Herstellung der Leistungsfähigkeit (→ § 1578 Rn. 888, 889).

49 – Verletzung der Pflicht zur **ungefragten Information** durch den Verpflichteten (→ § 1578 Rn. 658, → § 1579 Rn. 74, 111).

50 – Werden dem Verpflichteten wegen Verstoßes gegen seine Erwerbsobliegenheiten fiktive Einkünfte zugerechnet, soll das Vorliegen von **Mutwillen** (entsprechend § 1579 Nr. 4–5) die Herabsetzung des Selbstbehalts rechtfertigen können (zum Berechtigten → § 1578 Rn. 658). Doch sollten Bedarf und Leistungsfähigkeit getrennt werden (→ § 1578 Rn. 665, 666), zumal hinsichtlich des zu verteilenden Einkommens im Gegensatz zum Berechtigten, dessen Unterhaltsanspruch über § 1579 weiter gekürzt werden kann, nichts mit einer noch weitergehenden Fiktion gewonnen ist.

51 – Im **absoluten Mangelfall** ist der billige mit dem notwendigen Selbstbehalt gleichzusetzen, weil der eheangemessene Bedarf diesen Betrag bereits nicht erreicht (→ Rn. 12–15).[59] Dies ist zur Gleichbehandlung der Ehegatten jedenfalls dann zwingend, wenn man den Bedürftigen auf einen unter dem notwendigen Bedarf liegenden eheangemessenen Bedarf verweist (→ § 1578 Rn. 163–165) und er diesen nicht durch eigene zumutbare Einkünfte decken kann. Dem Verpflichteten sollte nicht ein mit 1.200 EUR über dem Sozialhilfeniveau liegender billiger Selbstbehalt belassen und der Berechtigte (ggf. noch weitergehend) auf Sozialhilfe verwiesen werden.[60] Für Mangelfälle

---

[55] BGHZ 192, 45 = NJW 2012, 384 Rn. 46 = FamRZ 2012, 281, BGHZ 177, 272 = NJW 2008, 3125 Rn. 34–42 = FamRZ 2008, 1739; NJW 2005, 818 (819) = FamRZ 2005, 442.

[56] BGH NJW 2008, 1373 Rn. 42 = FamRZ 2008, 594; Johannsen/Henrich/*Hammermann* Rn. 51; ebenso wohl *Borth* FamRZ 2008, 599 (600).

[57] BeckOGK/*Witt,* 1.2.2019, Rn. 59.

[58] OLG Hamm BeckRS 2006, 1794 = FamRZ 2006, 124 (125); OLG München BeckRS 2000, 31148187 = FamRZ 2000, 1092 Ls.: Selbstbehalt bei Heimaufenthalt des Verpflichteten in Höhe der konkreten Heimkosten zuzüglich anfallender Zusatzkosten und Taschengeld).

[59] OLG Bamberg NJW 2007, 3650 = FamRZ 2007, 1891; OLG Koblenz NJW 2007, 1146 = FamRZ 2007, 1330; aA BGH NJW 2008, 851 Rn. 9 = FamRZ 2008, 497 (billiger Selbstbehalt 1.000 EUR ohne weitere Problematisierung); NJW 1992, 1621 = FamRZ 1992, 539 (540); BGHZ 109, 72 = NJW 1990, 1172 = FamRZ 1990, 260 (265 f.) (der, obgleich er zu einem eheangemessenen Bedarf zwischen 800 und 900 DM kommt, dem Verpflichteten mit 1.200 DM einen über dem notwendigen Selbstbehalt von 1.000 DM liegenden Mindestbedarf, nicht jedoch den angemessenen Selbstbehalt von 1.400 DM belässt); OLG Saarbrücken BeckRS 2006, 15078 = FamRZ 2007, 1738 Ls.; OLG Stuttgart BeckRS 2007, 18132 = FamRZ 2007, 1738 (1740); OLG Nürnberg NJW-RR 1996, 770 = FamRZ 1996, 352 (353); OLG Hamburg BeckRS 1993, 5088 = FamRZ 1993, 1453 (1454); wohl auch OLG Braunschweig BeckRS 2010, 951 = FamRZ 2006, 1759 (1760); BeckRS 1994, 31331609 = FamRZ 1995, 356 (357 f.); OLG Karlsruhe BeckRS 1992, 5280 = FamRZ 1993, 1452 (1453). – Den angemessenen Selbstbehalt legen zugrunde OLG Hamm BeckRS 2007, 5514 = FamRZ 2007, 289 (290); NJW-RR 1991, 520 = FamRZ 1991, 78 (80); OLG Köln BeckRS 1991, 4251 = FamRZ 1992, 65 (66); OLG Oldenburg NJW-RR 1991, 517 = FamRZ 1991, 473 (475).

[60] AA BGHZ 109, 72 = NJW 1990, 1172 = FamRZ 1990, 260 (265); BeckOGK/*Witt,* 1.2.2019, Rn. 52; Palandt/*Brudermüller* Rn. 16.

kehrt sich damit das Regel-Ausnahme-Prinzip – der billige Selbstbehalt liegt über dem notwendigen Selbstbehalt und ist nur ausnahmsweise bis auf diesen abzusenken – idR um: Nur wenn der eheangemessene Bedarf den notwendigen Selbstbehalt übersteigt, stellt sich die Frage nach einer konkreten Bestimmung des Selbstbehalts.[61] – Zum gleichen Vorgehen bei den **Synergieeffekten** → Rn. 43.

- Der **relative Mangelfall** – der angemessene Selbstbehalt des Verpflichteten ist gewahrt, der Bedarf des Berechtigten übersteigt aber den dem Verpflichteten verbleibenden Betrag – führt zur Kürzung des Unterhalts des Berechtigten und des individuellen Selbstbehalts des Verpflichteten (auch → Rn. 71, → § 1578 Rn. 161, 162). 52
- Dass der bedürftige Ehegatte der **neuen Ehe,** den im Allgemeinen keine Erwerbsobliegenheit trifft (→ § 1578 Rn. 686, 687), gar keiner oder keiner vollschichtigen Erwerbstätigkeit nachgeht. Denn stets ist nicht verwehrt, den neuen Ehegatten im Rahmen der Billigkeitsabwägung auf das aus einer auch nach ihrem Umfang zumutbaren Erwerbstätigkeit erzielbare Einkommen zu verweisen.[62] 53
- Wird der **neue Ehegatte** auf eine auch nach ihrem Umfang zumutbare Erwerbstätigkeit und das daraus erzielbare Einkommen verwiesen (→ Rn. 53), ist eine erneute Berücksichtigung im Rahmen der Angemessenheit (→ Rn. 89–99) wegen einer dann vorliegenden Doppelverwertung verwehrt.[63] 54

**cc) Nicht berücksichtigungsfähige Umstände.** Für die Bemessung des Selbstbehalts **unerheblich** ist

- der **Nachrang** des geschiedenen Ehegatten (§ 1609 Nr. 2, 3) und den sich daraus ggf. ergebenden ganzen oder teilweisen Ausfall mit seinem Unterhaltsanspruch, weil nach der gesetzlichen Rangfolgenregelung, die selbst Ausdruck einer gesetzesimmanenten Billigkeitsabwägung ist, der Vorrang zwingend und keiner Billigkeitsabwägung zugänglich ist (→ § 1578 Rn. 39–41, → § 1582 Rn. 31).[64] Wendet man mit dem BGH die „Dreiteilung" bei der Leistungsfähigkeit an, hat dies allein im Rahmen des § 1581 zu erfolgen (→ Rn. 68–88). 55
- eine **besonders sparsame Lebensführung** des Verpflichteten, weil er seine finanziellen Mittel auch anders als nach den Unterhaltstabellen vorgesehen einsetzen darf.[65] 56
- ein **Erwerbstätigenbonus,** der im Rahmen der Leistungsfähigkeit gänzlich unberücksichtigt bleibt (allgemein → § 1578 Rn. 212–233).[66] 57

## C. Insbesondere: Nachehelich entstandene Unterhaltspflichten

**Schrifttum:** *Born,* Die Entzauberung der Drittelmethode – was bleibt von den „wandelbaren Lebensverhältnissen"?, FF 2011, 136; *Borth,* Harmonisierung von Bedarf und Leistungsfähigkeit bei mehreren Unterhaltsberechtigten nach Verwerfung der Rechtsprechung zur Dreiteilung, FPR 2012, 137; *Borth,* Die Bestimmung des Unterhalts bei Konkurrenz mehrerer Unterhaltsansprüche, FamRZ 2012, 253; *Brudermüller,* Eheliche Lebensverhältnisse und Drittelmethode, FF 2010, 134; *Dose,* Unterhalt nach den ehelichen Lebensverhältnissen unter Wahrung der Leistungsfähigkeit des Unterhaltspflichtigen, FF 2012, 227; *Graba,* Einkommen des neuen Ehegatten bei der Drittelmethode und Präklusion der Unterhaltsbefristung, FamFR 2010, 53; *Gutdeutsch,* Die Drittelmethode kann nicht verfassungswidrig sein, FamRZ 2010, 1874; *Gutdeutsch,* Konkurrenz von zwei Ehegatten – wie geht es weiter?, FamRB 2011, 148; *Gutdeutsch,* Dreiteilung bei Leistungsfähigkeit statt Bedarf, FamRZ 2015, 96; *Hachenberg,* Die Drittelmethode des BGH – ein Irrweg?, FF 2010, 442; *Kleffmann,* Verfassungswidrigkeit der Dreiteilungs-

---

61 Ebenso OLG Düsseldorf FamRZ 1991, 198 (199); BeckRS 1988, 4821 = FamRZ 1989, 982 (983) (als Vorinstanz zu BGHZ 109, 72 = NJW 1990, 1172 = FamRZ 1990, 260); AG Herne-Wanne FamRZ 1995, 1202; Hamm, Nr. 33, FamRZ 1998, 807; *Graba* FamRZ 1992, 541 (542 f.).

62 BGH NJW 2014, 2109 Rn. 22 = FamRZ 2014, 1183; BGHZ 192, 45 = NJW 2012, 384 Rn. 49 = FamRZ 2012, 281; BGHZ 183, 197 = NJW 2011, 365 Rn. 49 = FamRZ 2010, 111.

63 BeckOGK/*Witt,* 1.2.2019, Rn. 185.

64 BGH NJW 2014, 2109 Rn. 22 = FamRZ 2014, 1183; wohl auch BGHZ 192, 45 = NJW 2012, 384 Rn. 49 = FamRZ 2012, 281; anders OLG Celle BeckRS 2013, 12096 = FamRZ 2013, 1141 (1143).

65 Zu § 1603 Abs. 2 BGH NJW 1985, 1343 = FamRZ 1985, 582 (583), doch muss dies wegen der geringeren Obliegenheiten erst recht für den nachehelichen Unterhalt gelten: BGH NJW 2006, 3561 Rn. 22 = FamRZ 2006, 1664; OLG Naumburg BeckRS 2007, 5646 = FamRZ 2007, 1476 Ls.; OLG Hamm BeckRS 2007, 11177 = FamRZ 2007, 1039; BeckRS 2006, 11437 = FamRZ 2006, 952 (953) (geringere Wohnkosten); aA etwa OLG Braunschweig BeckRS 2010, 951 = FamRZ 2006, 1759 (1760); OLG Hamm BeckRS 2006, 14894 = FamRZ 2006, 1704 (1705); für geringere Wohnkosten auch OLG Köln ZFE 2010, 29 = FamRZ 2010, 130 Ls. zum Kindesunterhalt.

66 BGH NJW 2014, 1590 Rn. 39 = FamRZ 2014, 912; NJW 2013, 2662 Rn. 87 = FamRZ 2013, 1366.

methode – back to the roots!, FPR 2012, 162; *Klinkhammer,* Die Auslegung der ehelichen Lebensverhältnisse nach § 1578 I S. 1 BGB und die Drittelmethode, FamRZ 2010, 1777; *Maier, J.,* Bedarfsbestimmung nach den nicht mehr wandelbaren ehelichen Lebensverhältnissen, FuR 2011, 182; *Maurer,* Der nacheheliche Unterhalt nach der verfassungsgerichtlichen Verwerfung der „Dreiteilung", FamRZ 2011, 849; *Pauling,* Unterhaltskonkurrenz zweier Ehegatten nach Verwerfung der Dreiteilungsmethode, NJW 2012, 194; *v. Pückler,* Der Ausgleich konkurrierender Unterhaltsansprüche, 2014 (zugl. Diss. Gießen); *Reinecke,* Verfassungswidrigkeit der vom BGH entwickelten Dreiteilungsmethode für die Berechnung der Unterhaltsansprüche nach Wiederverheiratung des Unterhaltsverpflichteten, FamFR 2011, 97; *Reinken,* Die Dreiteilungsrechtsprechung des BGH, NZFam 2015, 689; *Riegner,* Unterhaltsverpflichtung gegenüber dem geschiedenen und einem gleichrangigen neuen Ehegatten nach Wegfall der „Dreiteilungsmethode", FamFR 2012, 1; *Schwamb,* Das Ende der Drittelmethode – mit zu heißer Nadel gestrickt …, FamRB 2011, 120; *Schwamb,* Der Unterhaltsbedarf nach den ehelichen Lebensverhältnissen und die Leistungsfähigkeit des Verpflichteten bei Anspruchskonkurrenzen, MDR 2012, 557; *Spangenberg,* Rangverhältnisse und Solidarität im Unterhaltsrecht, ZKJ 2011, 55; *Spangenberg,* Ein Scherbenhaufen?, FF 2011, 195; *Wellenhofer,* Drittelmethode – und was kommt danach?, FF 2011, 144.

## I. Allgemeines

58 Nachehelich begründete Unterhaltspflichten **prägen** die ehelichen Lebensverhältnisse iSd § 1578 Abs. 1 S. 1 nicht. Nach der Entscheidung des BVerfG v. 25.1.2011,[67] das die Auslegung der „ehelichen Lebensverhältnisse" nach § 1578 Abs. 1 S. 1 durch den BGH im Sinn einer stetigen Wandelbarkeit mit dem Gesetzeswortlaut nicht vereinbar erklärt und deshalb einen Verfassungsverstoß zwar nicht gegen Art. 6 GG, sondern gegen die allgemeine Handlungsfreiheit (Art. 2 Abs. 1 GG) wegen Überschreitens der Grenzen gesetzlicher Rechtsfortbildung angenommen hat, hat der BGH seine ehemalige Rspr. zur Dreiteilung auf der Bedarfsebene nicht mehr aufrechterhalten (zum Ganzen → § 1578 Rn. 127, 138). Nach der Scheidung hinzutretende Unterhaltsansprüche können sich danach unabhängig davon, auf welchen Rechtsgrund sie sich stützen, für den geschiedenen Ehegatten nach der geltenden Rechtslage nicht mehr bedarfsmindernd auswirken (→ § 1578 Rn. 112–138), sondern „nur" noch im Rahmen des **Rangs** der Unterhaltsverpflichtung und der **Leistungsfähigkeit** berücksichtigt werden. Dies gilt ganz allgemein und für alle Unterhaltspflichten (zum **Elternunterhalt** aber → § 1578 Rn. 126).

## II. Rang der Unterhaltsverpflichtungen

59 **1. Grundsätze.** Der Rang der Unterhaltsverpflichtungen (§§ 1582, 1609)

§ 1609 formuliert anders und knüpft an der Person des Unterhaltsberechtigten an. Dies ist insofern missverständlich, als die Vorschriften zum Rang sowohl räumlich als auch sachlich in unmittelbarem Zusammenhang mit der Leistungsfähigkeit stehen und deshalb die sprachliche Anknüpfung an die Unterhaltsverpflichtung sachgerechter gewesen wäre.

ist im Hinblick auf die Schutzbedürftigkeit des Bedürftigen selbst Ausdruck einer **gesetzlichen Billigkeitswertung** und deshalb keiner Veränderung nach Billigkeit zugänglich.[68] **Vorrang, Gleichrang** und **Nachrang** der Unterhaltsansprüche bleiben deshalb unverändert bestehen (zu den Einzelheiten → Rn. 60–88).[69]

60 **2. Vorrang/Nachrang. a) Grundsatz.** Eine **vorrangige** Unterhaltsverpflichtung muss grundsätzlich vollständig erfüllt sein, bevor eine **nachrangige** berücksichtigt werden kann. **„Vorrang ist Vorrang"** (→ § 1578 Rn. 39, → § 1582 Rn. 31–33), eine Billigkeitskorrektur findet nicht statt.[70]

61 **b) Vorrang des geschiedenen Ehegatten.** Im Verhältnis eines früheren zu einem späteren Ehegatten gilt dies jedenfalls dann, wenn der **frühere** Ehegatte (§ 1609 Nr. 2) dem späteren (§ 1609 Nr. 3) im Rang vorgeht.[71] Es bedarf keiner Billigkeitskorrektur auf der Ebene der Leistungsfähigkeit mehr, sodass auch die „Dreiteilung" (→ Rn. 68–88) keine Anwendung findet.[72] Darauf, ob in

---

67 BVerfGE 128, 193 = NJW 2011, 836 Rn. 57, 69, 73 = FamRZ 2011, 437.

68 BGHZ 192, 45 = NJW 2012, 384 Rn. 37, 38 = FamRZ 2012, 281.

69 BGHZ 192, 45 = NJW 2012, 384 Rn. 48 (Vorrang), Rn. 49 (Nachrang) = FamRZ 2012, 281.

70 Auch BGH NJW 2014, 2109 Rn. 22 = FamRZ 2014, 1183; NJW 2012, 1209 Rn. 53 = FamRZ 2012, 525; BGHZ 192, 45 = NJW 2012, 384 Rn. 38 = FamRZ 2012, 281; OLG Hamm BeckRS 2014, 6507 = FamRZ 2015, 1397 (1398).

71 BGH NJW 2014, 2109 Rn. 21, 22 = FamRZ 2014, 1183; NJW 2012, 1209 Rn. 54 = FamRZ 2012, 525; NJW 2012, 923 Rn. 41 = FamRZ 2012, 288; BGHZ 192, 45 = NJW 2012, 384 Rn. 49 = FamRZ 2012, 281; auch OLG Hamm BeckRS 2014, 6507 = FamRZ 2015, 1397 (1398); ebenso etwa BeckOGK/*Witt,* 1.2.2019, Rn. 169 mwN; *Gutdeutsch* in Wendl/Dose UnterhaltsR § 5 Rn. 111; aA etwa Staudinger/*Verschraegen,* 2014, Rn. 31; wohl auch noch *Gutdeutsch* FamRZ 2011, 523 (525).

72 Ebenso BeckOGK/*Witt,* 1.2.2019, Rn. 171; Palandt/*Brudermüller* Rn. 21; aA *Gutdeutsch* FamRZ 2011, 523 (525).

diesen Fällen der eigene angemessene Bedarf des Verpflichteten unter Berücksichtigung des Bedarfs des neuen Ehegatten gewahrt wird, kommt es nicht an.[73]

**Berechnungsbeispiele**
etwa bei BeckOGK/*Witt,* 1.2.2019, Rn. 170.1; *Gutdeutsch* in Wendl/Dose UnterhaltsR § 5 Rn. 111; *Reinken* NZFam 2015, 689 (691).

**c) Vorrang des neuen Ehegatten.** Aber auch bei Vorrang des **späteren** Ehegatten (§ 1609 Nr. 2) besteht kein Anlass, von der gesetzlichen Wertung abzuweichen und diese durch eine Billigkeitsabwägung zu korrigieren.[74] Dass der Anspruch des früheren Ehegatten die ehelichen Lebensverhältnisse in der zweiten Ehe prägt (→ § 1578 Rn. 130), ist im Zusammenhang mit der Leistungsfähigkeit nicht aussagekräftig.[75] Vielmehr wird dem bereits dadurch Rechnung getragen, dass dem späteren Ehegatten durch den Vorwegabzug des Unterhaltsanspruchs des früheren Ehegatten bei der Bedarfsbemessung ein geringerer Unterhalt zusteht, wodurch sich die Chancen des früheren Ehegatten, seinen Unterhaltsanspruch auch befriedigen zu können, erhöhen. 62

Der vorrangige Unterhaltsanspruch ist danach in der **Höhe** abzusetzen, die sich ohne Berücksichtigung der Verpflichtung gegenüber dem nachrangigen Berechtigten ergibt. 63

Die **abweichende Auffassung**[76] verfährt auch insoweit nach der „Dreiteilung" (→ Rn. 68–81) und korrigiert das Ergebnis durch die Anwendung der Selbstbehaltssätze für den vorrangigen späteren Ehegatten von 960 EUR (bei Zusammenleben, D.T., B. VI. 2. a) / 1.200 EUR (nach Trennung, D.T., B. IV.) ohne Berücksichtigung etwa von Synergieeffekten in der neuen Ehe.[77]

**Berechnungsbeispiele**
etwa bei *Reinken* NZFam 2015, 689 (694 f.); *Gerhardt* FamRZ 2012, 589 (594).

Da es neben dem Rang als Ausdruck der **gesetzlichen Billigkeitswertung** jedenfalls in diesen Fällen (zur „Dreiteilung" → Rn. 60–88) keiner (weiteren) Billigkeitsbewertung im Rahmen des § 1581 S. 1 mehr bedarf, sind die vorrangigen Ansprüche in der Höhe abzusetzen, wie sie sich nach Anwendung der Regeln zur **Begrenzung** des nachehelichen Unterhalts (§ 1578b Abs. 1, § 1579) bzw. des Unterhalts eines nicht verheirateten Elternteils (§ 1615l Abs. 3 S. 1, § 1611) ergeben. 64

Im **absoluten Mangelfall** 65

– der eigene angemessene Bedarf des Verpflichteten erreicht bereits den billigen Selbstbehalt nicht (→ Rn. 51) –

ist zunächst der rangniedere Anspruch ggf. vollständig zu kürzen, bevor, wenn der notwendige Selbstbehalt (1.200 EUR) dann immer noch nicht gewahrt ist, auch der ranghöhere Anspruch in Höhe der Differenz bis zum Erreichen des Selbstbehalts zu kürzen ist.[78] Vorrangige Ansprüche auf Kindesunterhalt (§ 1609 Nr. 1) sind auf den Mindestunterhalt herabzusetzen.

**3. Gleichrang (§ 1609 Nr. 2). a) Allgemeines.** Eines der nach Inkrafttreten des UÄndG 2007 meist diskutierten Themen zum nachehelichen Unterhaltsrecht ist die Berücksichtigung nach Scheidung einer Ehe neu hinzugekommener, mit dem Anspruch auf nachehelichen Unterhalt gleichrangiger Unterhaltspflichten (§ 1609 Nr. 2, → § 1582 Rn. 15–29). Dabei kann es sich um Ansprüche auf Familienunterhalt (§§ 1360, 1360a),[79] auf Trennungsunterhalt (§ 1361), auf nachehelichen Unterhalt (§§ 1569 ff.) und um Ansprüche eines nicht verheirateten Elternteils (§ 1615l) handeln. Nachdem der BGH den Ausgleich im Wege einer „Dreiteilung" zunächst auf der Bedarfsebene gesucht hat (ausführlich → § 1578 Rn. 127–138), sucht er ihn nach der Verwerfung dieser Lösung durch das 66

[73] Anders BeckOGK/*Witt,* 1.2.2019, Rn. 169: Keine Gefährdung des eigenen angemessenen Bedarfs des Verpflichteten.

[74] *Graba* FF 2012, 341 (343); *Götz/Brudermüller* NJW 2011, 2609 f.; NJW 2011, 801 (807); *Maurer* FamRZ 2011, 849 (860), aA *Gutdeutsch* in Wendl/Dose UnterhaltsR § 5 Rn. 110 (Bsp. 1). Nicht abschließend entschieden in BGHZ 192, 45 = NJW 2012, 384 Rn. 48 = FamRZ 2012, 281, zurückhaltend formulierend auch BeckOGK/*Witt,* 1.2.2019, Rn. 167 (neigt aber der „Dreiteilung" zu); *Reinken* NZFam 2015, 689 (694 f.).

[75] So aber BeckOGK/*Witt,* 1.2.2019, Rn. 166; *Gutdeutsch* FamRZ 2011, 523 (525).

[76] Etwa BeckOGK/*Witt,* 1.2.2019, Rn. 165, 167; Johannsen/Henrich/*Hammermann* § 1581 Rn. 23; Staudinger/*Verschraegen,* 2014, Rn. 32; *Gutdeutsch* FamRZ 2015, 96 (97); *Gutdeutsch* FamRZ 2011, 523 (525); *Gerhardt* FamRZ 2012, 589 (594); *Gerhardt* FamRZ 2011, 534 (539); *Borth* FamRZ 2012, 253 (257); *Gerhardt/Gutdeutsch* FamRZ 2011, 772 (774).

[77] *Gerhardt* FamRZ 2012, 589 (594); *Gerhardt/Gutdeutsch* FamRZ 2011, 772 (774); *Gutdeutsch* FamRZ 2011, 523 (525).

[78] *Hoppenz* NJW 2012, 819 (821).

[79] KG BeckRS 2015, 8500 Rn. 14 mBespr *Frauenknecht* NZFam 2015, 721.

BVerfG v. 25.2.2011[80] nunmehr im Rahmen der Leistungsfähigkeit (§ 1581 S. 1, → Rn. 68–88). – Zur **Erwerbsobliegenheit des neuen Ehegatten** und den Obliegenheiten des Verpflichteten, auf seinen neuen Ehegatten zur Aufnahme einer Erwerbstätigkeit einzuwirken, → § 1578 Rn. 686, 687.

67 Die **praktische Relevanz** ist, ohne dass statistische Werte zur Verfügung stehen würden, erfahrungsgemäß relativ gering. Dies mag daran liegen, dass sich die Partner einer weiteren Beziehung ihrer „wirtschaftlichen Hypothek" durchaus bewusst sind und diese bei ihren Planungen berücksichtigen. Zum anderen mag eine Rolle spielen, dass die Frauen in der neuen Beziehung ihrer Erwerbstätigkeit ohnehin weiter nachgehen wollen.

68 **b) „Dreiteilung". aa) Rspr. des BGH. (1) „Sonstige Verpflichtungen".** Der BGH, dem die ganz hM in der Literatur folgt,[81] behandelt nachehelich entstandene Unterhaltsverpflichtungen zutreffend als „sonstige Verpflichtungen" iSd § 1581 S. 1.[82] Den Gleichrang aus § 1609 Nr. 2 berücksichtigt er in der Billigkeitsbewertung, indem er die vom Gesetzgeber[83] für die Abkehr von der zeitlichen Priorität in § 1582 aF und die Einführung des Gleichrangs der Unterhaltsverpflichtungen herangezogene **Schutzbedürftigkeit** des neuen Ehegatten hervorhebt, die er darin sieht, dass sein Bedarf durch den Vorwegabzug des Unterhaltsanspruchs des geschiedenen Ehegatten errechnet und damit verringert wird.[84]

69 **(2) Unbeschränkte Leistungsfähigkeit.** Kommt es nicht zum Mangelfall, weil dem Verpflichteten auch unter Berücksichtigung seiner Unterhaltsverpflichtungen sein eigener angemessener Unterhalt verbleibt, bleibt es bei den jeweiligen, nicht durch auf den Gleichrang gestützten Billigkeitserwägungen nach § 1581 S. 1 veränderten Unterhaltsbeträgen, allerdings unter Berücksichtigung der Billigkeitskorrekturen nach §§ 1578b, 1579, 1615l Abs. 3, § 1611. Denkbar ist dies va dann, wenn der nacheheliche Unterhalt aufgrund der hohen Einkünfte des Verpflichteten konkret berechnet wurde, oder wenn dem Verpflichteten nicht bedarfsprägende Einkünfte zur Verfügung stehen. IdR werden die Unterhaltsverpflichtungen gegenüber dem geschiedenen Unterhalt und einem weiteren Partner jedoch zu einem **relativen Mangelfall** (→ Rn. 52) führen, in dem der eigene angemessene Unterhalt des Verpflichteten nicht mehr gewahrt wird.[85]

70 **(3) Beschränkte Leistungsfähigkeit. (a) Voraussetzung: Mangelfall.** Der BGH vertritt bei nach § 1609 Nr. 2 gleichrangigen Unterhaltsansprüchen die „Dreiteilung" zur Verteilung des verfügbaren Einkommens, wenn es zu einem Mangelfall kommt. Dies gilt in gleicher Weise, wenn Gleichrang nach § 1609 Nr. 3 besteht.

71 Im **relativen** Mangelfall[86]

– zwar ist der angemessene Selbstbehalt des Verpflichteten gewahrt, der Bedarf des Berechtigten übersteigt aber den dem Verpflichteten verbleibenden Betrag (→ Rn. 52)[87] –

hat es der BGH danach nicht beanstandet, das Gesamteinkommen der Bedürftigen und des Verpflichteten durch **„Dreiteilung"** gleichmäßig auf die am Unterhaltsrechtsverhältnis Beteiligten aufzuteilen.[88] Abweichende Ergebnisse seien jedoch aufgrund der nach S. 1 durchzuführenden Billigkeitsabwägung insbesondere zur Wahrung des Mindestbedarfs des Berechtigten möglich.[89]

72 Im **absoluten** Mangelfall (→ Rn. 65) wird man die „Dreiteilung" dahin modifizieren müssen, dass dem Verpflichteten der billige Selbstbehalt zu verbleiben hat und der überschießende Betrag hälftig auf die gleichrangigen Berechtigten aufzuteilen ist.[90]

---

80 BVerfGE 128, 193 = NJW 2011, 836 = FamRZ 2011, 437.

81 BeckOGK/*Witt,* 1.2.2019, Rn. 167 mwN.

82 BGH NJW 2014, 1590 Rn. 38 = FamRZ 2014, 912; BGHZ 192, 45 = NJW 2012, 384 Rn. 37, 41 = FamRZ 2012, 281.

83 BT-Drs. 16/830, 23.

84 BGHZ 192, 45 = NJW 2012, 384 Rn. 38 = FamRZ 2012, 281.

85 Zum relativen Mangelfall BGH NJW 2014, 2109 Rn. 29 = FamRZ 2014, 1183; NJW 2014, 1590 Rn. 38 = FamRZ 2014, 912; BGHZ 192, 45 = NJW 2012, 384 Rn. 42 = FamRZ 2012, 281.

86 Dazu BGH NJW 2014, 2109 Rn. 29 = FamRZ 2014, 1183; NJW 2014, 1590 Rn. 38 = FamRZ 2014, 912; BGHZ 192, 45 = NJW 2012, 384 Rn. 42 = FamRZ 2012, 281.

87 BGHZ 192, 45 = NJW 2012, 384 Rn. 42 = FamRZ 2012, 281.

88 BGH NJW 2014, 2109 Rn. 29, 30 = FamRZ 2014, 1183; NJW 2014, 1590 Rn. 38 = FamRZ 2014, 912; BGHZ 192, 45 = NJW 2012, 384 Rn. 42 = FamRZ 2012, 281 (s. auch Rn. 44: „Soweit im Rahmen der Leistungsfähigkeit … eine Dreiteilung des vorhandenen Einkommens erfolgt, …").

89 BGH NJW 2014, 1590 Rn. 38 = FamRZ 2014, 912; BGHZ 192, 45 = NJW 2012, 384 Rn. 50 = FamRZ 2012, 281.

90 Ähnlich – anteilig – BeckOGK/*Witt,* 1.2.2019, Rn. 163; *Gerhardt/Gutdeutsch* FamRZ 2011, 597 (600) (unter Berücksichtigung von Synergieeffekten iErg zur Hälfte); *Hoppenz* NJW 2012, 819 (821).

**Berechnungsbeispiele**
etwa bei *Gutdeutsch* in Wendl/Dose UnterhaltsR § 5 Rn. 110, 111; *Borth* in Schwab ScheidungsR-HdB IV Rn. 1099–1120; *v. Pückler,* Der Ausgleich konkurrierender Unterhaltsansprüche, 2014, 94–104; *Schwamb* MDR 2011, 557 ff.; *Borth* FamRZ 2011, 445 (447 ff.).

Meist wird es zunächst im Verhältnis zum **früheren Ehegatten** zu einem relativen Mangelfall kommen, weil dem Verpflichteten unter Beachtung der weiteren Unterhaltsverpflichtung weniger verbleibt, als dem früheren Ehegatten nach den ehelichen Lebensverhältnissen zustehen soll. Im Verhältnis zu Letzterem tritt ein – absoluter – Mangelfall erst dann ein, wenn der notwendige Selbstbehalt von 960 EUR (die Ehegatten leben zusammen, D.T., B. VI. 2. a) / 1.200 EUR (die Ehegatten leben getrennt oder sind geschieden, D.T., B. IV.) nicht mehr gewahrt werden kann.[91] 73

**(b) Insbesondere: Unterhaltsansprüche nicht verheirateter Elternteile.** Ist der Unterhaltsanspruch eines nicht verheirateten Elternteils erst nach Rechtskraft der Scheidung entstanden, kann er den Bedarf des geschiedenen Ehegatten nicht prägen (→ § 1578 Rn. 127–138). Dies führt wie im Verhältnis zu einem neuen Ehegatten zu einer „Bevorzugung" des geschiedenen Ehegatten in Höhe der Hälfte Anspruchs des nicht verheirateten Elternteils. Dieser Anspruch bestimmt sich nach der Lebensstellung des nicht verheirateten Elternteils (§ 1615l Abs. 3 S. 1, § 1610),[92] der Höhe nach begrenzt durch die Halbteilung, dh ihm steht nicht mehr zu, als dem Verpflichteten verbleibt, und durch den Mindestbedarf des Verpflichteten in Höhe des Existenzminimums eines nicht erwerbstätigen Ehegatten von zurzeit 880 EUR (D.T., B. V. 2.).[93] Dies ist jedoch auf die Unterhaltsansprüche nach § 1615l Abs. 2 S. 2, 3 zu beschränken und gilt nicht auch für solche nach § 1615l Abs. 1 S. 1, Abs. 2 S. 1, Abs. 2 S. 4, 5 (näher → § 1582 Rn. 20, 23). 74

Der BGH[94] wendet die „Dreiteilung" auch dann an, wenn zwischen den Unterhaltsansprüchen geschiedener Ehegatten und nicht miteinander verheirateter Elternteile Gleichrang besteht. Dh das **gesamte Einkommen** des Verpflichteten und der Berechtigten ist zusammenzuzählen und zu je einem Drittel auf sie aufzuteilen (→ Rn. 76). 75

**Berechnungsbeispiele**
etwa bei BeckOGK/*Witt,* 1.2.2019, Rn. 174.1, 174.2; *Reinken* NZFam 2015, 689 (695 f.).

Dabei ist jedoch zu beachten, dass die Begrenzung des Bedarfs des nicht verheirateten Elternteils durch die Halbteilung dazu führt, dass bereits bei der **Bedarfsbemessung** die Unterhaltspflicht gegenüber dem geschiedenen Ehegatten Berücksichtigung finden muss und es bereits dadurch zu einer „Dreiteilung" auf der Bedarfsebene kommt.

**(c) Umsetzung der „Dreiteilung". (aa) Billigkeit.** Die „Dreiteilung" ist ein Rechtsinstitut der Billigkeitsabwägung, das im Rahmen der Leistungsfähigkeit unter Gewährleistung der Gleichrangigkeit und Gleichwertigkeit der Unterhaltsansprüche[95] der Deckung der Bedarfe des Verpflichteten wie der Berechtigten dient. Sie erfasst deshalb das **gesamte** unterhaltsrechtlich maßgebende Einkommen des Verpflichteten und der gleichrangig Berechtigten.[96] Zu beachten ist zudem, dass dem geschiedenen Ehegatten aufgrund der „Dreiteilung" nicht mehr Unterhalt zukommen kann als bei Außerachtlassen des Unterhaltsanspruchs des neuen Ehegatten.[97] Stets ist – wie allgemein zur Leistungsfähigkeit (→ § 1578 Rn. 217) – ohne **Erwerbstätigenbonus** auf die herangezogenen Erwerbseinkünfte zu rechnen.[98] – Bei mehr als 2 Berechtigten ist die „Dreiteilung" zu einer „X-Teilung" auszubauen. 76

**Berechnungsformel:**[99]
(Anrechenbare Einkommen M + F 1 + F 2 + F 3)/4 – Einkommen F 1 = Unterhalt F 1.

Stets ist der **Mindestbedarf** der Beteiligten (zurzeit 880 EUR) so weit als möglich zu wahren.[100] Dies kann im relativen Mangelfall gelingen, aber nicht mehr im absoluten. In Abwandlung der 77

---

91 BeckOGK/*Witt,* 1.2.2019, Rn. 150.

92 Dazu nunmehr BGHZ 205, 341 = NJW 2015, 2257 Rn. 34 = FamRZ 2015, 1369.

93 BGHZ 177, 272 = NJW 2008, 3125 Rn. 34 = FamRZ 2008, 1739; NJW 2005, 818 (819) = FamRZ 2005, 442.

94 BGHZ 192, 45 = NJW 2012, 384 Rn. 42 = FamRZ 2012, 281.

95 Dazu BVerfGE 128, 193 = NJW 2011, 836 Rn. 46 = FamRZ 2011, 437.

96 BGH NJW 2014, 2109 Rn. 29 = FamRZ 2014, 1183; NJW 2014, 1590 Rn. 39 = FamRZ 2014, 912; BGHZ 192, 45 = NJW 2012, 384 Rn. 44, 47 = FamRZ 2012, 281.

97 BVerfGE 108, 351 = NJW 2003, 3466 (3467) = FamRZ 2003, 1821 (zum Splittingvorteil); BGHZ 177, 356 = NJW 2008, 3213 Rn. 49 = FamRZ 2008, 1911; etwa auch BeckOGK/*Witt,* 1.2.2019, Rn. 164; *Hoppenz* NJW 2012, 819 (821); *Gerhardt/Gutdeutsch* FamRZ 2011, 597 (599 Fall 1 Zu c)); *Götz/Brudermüller* NJW 2011, 801 (807).

98 BGH NJW 2014, 1590 Rn. 39 = FamRZ 2014, 912; NJW 2013, 2662 Rn. 87 = FamRZ 2013, 1366.

99 BeckOGK/*Witt,* 1.2.2019, Rn. 156.

100 BT-Drs. 16/1830, 24; BeckOGK/*Witt,* 1.2.2019, Rn. 161; *Götz/Brudermüller* NJW 2011, 801 (807).

Dreiteilung hat dann der Bedarf des Verpflichteten Vorrang, der verbleibende Rest ist auf die beiden Berechtigten hälftig aufzuteilen.

78 **(bb) Maßgebliche Einkünfte.** Weil bereits die Dreiteilung zu einer Verminderung des Unterhalts des geschiedenen Ehegatten führt, ist jeweils das tatsächlich zur Verfügung stehende **Einkommen** maßgebend (allgemein → Rn. 28–54) Insbesondere ist auch Einkommen aufgrund familienbezogener Komponenten wie dem **Ehegattensplitting,**[101] dem begrenzten **Realsplitting,** einem **Familienzuschlag** der Stufe 1[102] und 2[103] (§ 40 Abs. 1, 2 BBesG) und der Entlastung durch **Kinderfreibeträge** zu berücksichtigen. **Synergieeffekte** (→ § 1578 Rn. 649–656) in der neuen Ehe bzw. Partnerschaft werden dadurch einbezogen, dass von dem Gesamtbedarf der neuen Ehegatten/Partner insgesamt 10% abgesetzt werden.[104]

79 **(cc) Verhältnis zu §§ 1578b, 1579.** Der Unterhaltsanspruch des geschiedenen Ehegatten kann aufgrund von Billigkeitserwägungen bereits nach §§ 1578b, 1579 begrenzt sein.[105] Soweit es um eine zeitliche Begrenzung **(Befristung)** geht, ist dies in Bezug auf den neuen Ehegatten unproblematisch: Mit Ablauf des Zeitraums, für den nachehelicher Unterhalt zugesprochen wurde, besteht kein Unterhaltsanspruch mehr, der in irgendeinem Rangverhältnis zu dem Anspruch des neuen Ehegatten stehen könnte. Dies kann sich zu allerdings ändern, wenn Umstände eintreten, die zu einem „Wiederaufleben" oder „Wiedererstarken" des nachehelichen Unterhaltsanspruchs führen. Ähnliches gilt für eine **Herabsetzung** des Unterhalts (→ § 1578b Rn. 275–284, → § 1579 Rn. 208–217).

80 Der BGH hat in einer Entscheidung v. 7.3.2012[106] – ohne weitere Auseinandersetzung – dem OLG (wohl eher beiläufig) aufgegeben, „den Unterhalt [des geschiedenen Ehegatten] gemäß §§ 1578, 1581 BGB erneut zu bestimmen, **bevor** es über die Frage der Unterhaltsbegrenzung nach § 1578b BGB entscheidet", und damit der Leistungsfähigkeit den Vorrang vor einer Begrenzung des Unterhaltsanspruchs eingeräumt.

81 Dies ist abzulehnen,[107] weil unterhaltsrechtlich systemwidrig und damit dogmatisch unzutreffend. Nach der **systematischen Stellung** der §§ 1578b, 1579 1581 im Gesetz gehören die §§ 1578b, 1579 – wie § 1578 – zur „Unterhaltsberechtigung", während die §§ 1581, 1582, 1609 der „Leistungsfähigkeit und Rangfolge" zugeordnet sind.[108] Danach sind alle Fragen, die den Unterhaltsanspruch in seiner „Rohform" betreffen, den Einzelaspekten *Anspruchsgrundlage, Bedarf, Bedürftigkeit* und *Begrenzung* des Unterhalts zuzuschreiben, während eine Korrektur des so ermittelten Anspruchs über die *Leistungsfähigkeit* und den *Rang* erst danach erfolgen kann. Dies entspricht auch der **Rechtslogik:** Denn ob überhaupt ein Bedürfnis für eine Billigkeitskorrektur nach § 1581 S. 1 besteht, kann nur beurteilt werden, wenn feststeht, welche Unterhaltsansprüche sich in ihrer tatsächlichen Höhe gegenüberstehen. Die personenbezogenen Umstände, die zu einer Billigkeitskorrektur nach § 1361 Abs. 3, §§ 1570, 1578b führen können, können nicht mehr für eine Billigkeitsabwägung nach § 1581 S. 1 herangezogen werden, sondern lediglich solche, die auf die Verteilung der vorhandenen finanziellen Mittel auf den Verpflichteten und die Berechtigten im Hinblick auf den angemessenen Ausgleich der unterschiedlichen Interessen bezogen sind.

82 **bb) Diskussion der „Dreiteilung".** Nach der Entscheidung des BVerfG v. 25.1.2011[109] hat sich die Auffassung durchgesetzt – und der BGH ist dieser Auffassung iErg gefolgt (→ Rn. 68–81) –, dass nunmehr die **„Dreiteilung"** auf der Ebene der Leistungsfähigkeit durchzuführen sei.[110] Begründet wird dies mit dem Ziel des Gesetzgebers des UÄndG 2007, die wirtschaftliche Grundlage des Verpflichteten für neue Beziehungen zu stärken.[111]

---

[101] BGH NJW 2014, 2109 Rn. 30 = FamRZ 2014, 1183; BGHZ 192, 45 = NJW 2012, 384 Rn. 47 = FamRZ 2012, 281.

[102] BGH NJW 2014, 2109 Rn. 30 = FamRZ 2014, 1183; BGHZ 177, 356 = NJW 2008, 3213 Rn. 52–54 = FamRZ 2008, 1911.

[103] BGH NJW 2014, 2109 Rn. 33 = FamRZ 2014, 1183.

[104] BGH NJW 2014, 2109 Rn. 31 = FamRZ 2014, 1183; NJW 2014, 1590 Rn. 38, 39 = FamRZ 2014, 912. BGHZ 192, 45 = NJW 2012, 384 Rn. 46 = FamRZ 2012, 281; *Reinken* NZFam 2015, 689 (692 f.) (1 + 0,9 + 0,9). – Ähnlich *Gutdeutsch* in Wendl/Dose UnterhaltsR § 5 Rn. 108, 109 (unter e)): 5/14 des Gesamtbedarfs für den getrennten Berechtigten. – Anders – Erhöhung des Bedarfs beider Unterhaltsberechtigten um jeweils 10% – BeckOGK/*Witt*, 1.2.2019, Rn. 159; *Bömelburg* in Wendl/Dose UnterhaltsR § 3 Rn. 94, 96; *Gerhardt* FamRZ 2012, 589 (593); *Gerhardt* FamRZ 2011, 537 (539); *Gerhardt/Gutdeutsch* FamRZ 2011, 597 (600); *Gutdeutsch* FamRZ 2011, 523 (525 f.).

[105] Zu § 1578b im Hinblick auf die vom BGH vertretene „Dreiteilung" beim Bedarf (→ § 1578 Rn. 127–138) bereits *Grandel* FF 2008, 221.

[106] BGH NJW 2012, 2028 Rn. 49 = FamRZ 2012, 951; ebenso– ebenfalls ohne Problematisierung – NK-BGB/*Schürmann* Rn. 55; iErg wohl auch *Götz/Brudermüller* NJW 2011, 801 (807).

[107] Ebenso *Graba* FF 2012, 341 f. [zu § 1579], (342 [zu § 1578b]); wohl auch *Born* FF 2011, 136 (143 f.).

[108] *Graba* FF 2012, 341 f. [zu § 1579].

[109] BVerfGE 128, 193 = NJW 2011, 836 Rn. 57, 69, 73 = FamRZ 2011, 437.

[110] Etwa *Gerhardt/Gutdeutsch* FamRZ 2011, 597 f.; *Gutdeutsch* FamRZ 2011, 523 (525).

[111] Etwa BeckOGK/*Witt*, 1.2.2019, Rn. 153.

Der BGH lässt im Rahmen der Billigkeitsabwägung zwar auch **andere Lösungen** als die „Dreiteilung“ zu.[112] Sie werden aber wohl eher nicht gewollt, sieht der BGH die Gleichrangigkeit und Gleichwertigkeit[113] doch nur dann gewahrt, wenn sich Unterhaltsansprüche und Selbstbehalt betragsmäßig entsprechen.[114] Allerdings bedingen „Gleichrangigkeit und Gleichwertigkeit“ nicht stets die gleiche Höhe der zur Deckung des Lebensbedarfs verbleibenden finanziellen Mittel,[115] zudem bleibt außer Betracht, dass die nachehelichen Unterhaltspflichten des Verpflichteten mit denen aus der Vorehe belastet sind **(„wirtschaftliche Hypothek“).**[116] Gewahrt werden muss lediglich der Mindestbedarf des Ehegatten der nachfolgenden Ehe wie auch eines nichtehelichen Elternteils in Höhe von 880/1080 EUR.[117] **83**

Zutreffend ist, dass der Gesetzgeber des UÄndG 2007 (auch) die „Zweitfamilien“ und damit den Verpflichteten im Hinblick auf seine weiteren Unterhaltspflichten entlasten wollte. Doch führt dies im vorliegenden Zusammenhang nicht weiter, weil der Gesetzgeber diese Entlastung allein durch die Stärkung der nachehelichen Eigenverantwortung, durch die (teilweise) Korrektur des Rangs des nachfolgenden Unterhaltsberechtigten und die Möglichkeit der Begrenzung des nachehelichen Unterhalts nach § 1578b gesehen und herbeigeführt hat.[118] **84**

BT-Drs. 16/1830, 13 [„II. Ziele der Reform“]: „Eine Änderung der Rangfolge soll zu mehr Verteilungsgerechtigkeit im Mangelfall führen.“ Und: „Die Ausweitung der Möglichkeit, nacheheliche Unterhaltsansprüche zeitlich oder der Höhe nach zu begrenzen, soll die Chancen für einen Neuanfang nach einer gescheiterten Ehe erhöhen und die Zweitfamilie entlasten.“

BT-Drs. 16/1830, 23 f. [Zu Nummer 16 (Neufassung von § 1609 BGB); Grundgedanken der Regelung]: „Soweit sich sowohl der erste als auch der spätere Ehegatte auf Kindesbetreuung oder Vertrauensschutzgesichtspunkte berufen kann, besteht zwischen ihren jeweiligen Unterhaltsansprüchen – im Gegensatz zur heutigen Rechtslage – Gleichrang. Damit wird zugleich der diesbezügliche Widerspruch des geltenden Rechts aufgehoben. Denn nach § 1609 Abs. 2 Satz 1 in der Auslegung, die die Bestimmung durch den Bundesgerichtshof (vgl. BGHZ 104, 158) und der ihm folgenden, einhelligen instanzgerichtlichen Rspr. erfahren hat, gilt der gesetzlich normierte Gleichrang zwischen Ehegatten und Kindern dann, wenn sowohl der erste, geschiedene Ehegatte als auch der zweite Ehegatte minderjährige Kinder betreut, nur für den geschiedenen Ehegatten; die Unterhaltsansprüche des zweiten Ehegatten treten hinter denjenigen der eigenen Kinder und denen der Kinder aus der ersten Ehe zurück. Diese Privilegierung des ersten Ehegatten ist heute nicht mehr zu rechtfertigen; sie belastet ohne einleuchtenden Grund die Kinder aus der „Zweitfamilie“ und wird deshalb beendet. Künftig gilt damit auch im Fall der Konkurrenz zwischen mehreren Ehegatten das Gleiche, was bereits heute bei der Konkurrenz mehrerer Kinder gilt: Bei gleichbleibendem Einkommen des Pflichtigen müssen Kinder nämlich schon jetzt eine Schmälerung des auf sie entfallenden Unterhaltsanteils hinnehmen, sobald weitere unterhaltsberechtigte Kinder hinzukommen. Für den geschiedenen Ehegatten gilt künftig Entsprechendes; auch er hat keinen „Vertrauensschutz“ dahingehend, dass sich durch Wiederheirat und Gründung einer Zweitfamilie der Kreis der unterhaltsberechtigten Personen nicht vergrößert und seine Unterhaltsquote nicht gekürzt wird.“

Andere Änderungen, etwa zum Bedarf in § 1578 Abs. 1 oder zur Leistungsfähigkeit in § 1581 S. 1, wurden nicht vorgenommen, sodass es insoweit beim bisherigen Verständnis der Regelungen bleibt. Bereits die Korrektur des Rangs führt zu der vom Gesetzgeber angesprochenen Kürzung der Unterhaltsquote und damit aus familienbezogener Sicht zu einer Entlastung des Verpflichteten, weil nunmehr die neue – gleichrangige – Unterhaltsverpflichtung als weitere Verbindlichkeit iSd § 1581 S. 1 zu behandeln ist. Aus der Sicht des Gesetzgebers bedurfte es deshalb nicht auch auf der Ebene der Leistungsfähigkeit weiterer Korrekturen, und vor allem kann aus der Gesetzesbegründung nicht abgeleitet werden, dass der neue Unterhaltsberechtigte dem früheren gleichgestellt werden müsste.

112 BGH NJW 2014, 1590 Rn. 38 = FamRZ 2014, 912; BGHZ 192, 45 = NJW 2012, 384 Rn. 50 = FamRZ 2012, 281.

113 Dazu BVerfGE 128, 193 = NJW 2011, 836 Rn. 46 = FamRZ 2011, 437.

114 BGHZ 192, 45 = NJW 2012, 384 Rn. 33, 43 = FamRZ 2012, 281.

115 *Maurer* FamRZ 2011, 849 (852, 858 f.); ebenso BGH NJW 1983, 1733, = FamRZ 1983, 678 (680) unter c). Dies scheint auch BGHZ 192, 45 = NJW 2012, 384 Rn. 43 = FamRZ 2012, 281 einzuräumen („Selbst wenn dadurch Modifikationen des Grundsatzes gleicher Teilhabe nicht ausgeschlossen sind, …“); ebenso BGH NJW 2014, 2109 Rn. 29 = FamRZ 2014, 1183 („grundsätzlich“).

116 Dazu *Maurer* FamRZ 2011, 849 (859). Zum Ehegatten der Nachehe auch BVerfGE 66, 84 = NJW 1984, 1523 = FamRZ 1984, 346 (350), weil er um die Unterhaltspflicht aus der Vorehe wusste. – Dass der Gesetzgeber des UÄndG 2007 mit der Begründung, dass „künftig nicht mehr die zeitliche Priorität der Eheschließung [zählt]“, beim Rang die Privilegierung des Ehegatten der Vorehe (§ 1582 S. 1 aF) aufgehoben hat, sagt entgegen BGHZ 192, 45 = NJW 2012, 384 Rn. 43 = FamRZ 2012, 281 im vorliegenden Zusammenhang nichts aus.

117 *Maurer* FamRZ 2011, 849 (860 f.).

118 BVerfGE 128, 193 = NJW 2011, 836 Rn. 49 = FamRZ 2011, 437; auch *Götz/Brudermüller* NJW 2011, 801 (805).

Er muss es im Rahmen der Billigkeitsabwägung auch nicht, denn der neue Ehegatte ist deshalb weniger schutzbedürftig, weil sein Unterhaltsanspruch in Kenntnis der Belastung seines Ehegatten mit bestehenden Unterhaltsverpflichtungen geschaffen wurde („wirtschaftliche Hypothek"; auch → § 1578 Rn. 127–138).[119]

85 Zutreffend ist auch, dass der geschiedene Ehegatte nicht auf den dauernden Fortbestand seiner Ehe und das Nicht-Entstehen weiterer Unterhaltsverpflichtungen vertrauen durfte. Aber er muss sich auch nicht schlechter stellen lassen als gegenüber jedem anderen Schuldner.[120] „Entkleidet" man die Problematik ihres weltanschaulichen Ballastes, sind keine Gesichtspunkte ersichtlich, warum dies im Verhältnis des geschiedenen zum neu hinzugekommenen Ehegatten anders sein sollte.

Die „Dreiteilung" führt insbesondere dadurch zu **systematischen Brüchen,** dass sie nicht konsequent an der Schutzbedürftigkeit der Berechtigten anknüpft:

86 – Bei **Vorrang** des geschiedenen Ehegatten wird er zunächst in voller Höhe befriedigt. Dies selbst dann, wenn im Einzelfall lediglich im Verhältnis zu späteren Ehegatten etc ein Mangelfall besteht. Wenn man aber im Verhältnis der Unterhaltsberechtigten ein Korrekturbedürfnis sieht, muss dieses stets und kann nicht nur bei Gleichrang bestehen.[121]

87 – Sie wird nur im **Mangelfall** angewandt (→ Rn. 70–73), weil nur dann ein Bedürfnis für eine Billigkeitskorrektur gesehen wird. Deshalb verbleibt es im Falle vollständiger Leistungsfähigkeit infolge des Vorwegabzugs des Unterhaltsanspruchs des geschiedenen Ehegatten bei der Bedarfsfestsetzung des nachfolgenden Ehegatten oder des nicht verheirateten Elternteils bei dem geringeren Unterhaltsanspruch.

**Berechnungsbeispiele**
bei *v. Pückler,* Der Ausgleich konkurrierender Unterhaltsansprüche, 2014, 106; *Götz/Brudermüller* NJW 2011, 801 (806 f.); *Maurer* FamRZ 2011, 849 (860 f.).

88 – Wer die „Dreiteilung" auf der Ebene der Leistungsfähigkeit fortsetzt, muss Antwort darauf geben, wie sich der **Splittingvorteil** in der Folgeehe (allgemein → § 1578 Rn. 86–89, 510) auf die Leistungsfähigkeit auswirkt. Ist die Privilegierung des Splittingvorteils für die Folgeehe zwar für die Bedarfsbemessung maßgeblich, weil der Splittingvorteil allein der Folgeehe erhalten bleiben soll, kann es bei Gleichrangigkeit der Unterhaltspflichten aus Erst- und Zweitehe nicht dabei bleiben, dass der Splittingvorteil aus der Folgeehe nicht auch die Leistungsfähigkeit gegenüber der Unterhaltspflicht aus der Vorehe beeinflusst. Um den Ehegatten der Vorehe nicht doppelt – Bedarfsbemessung und Leistungsfähigkeit – und noch weiter dadurch zu belasten, dass ihm ggf. der Ehegatte der Folgeehe gleichrangig ist, muss ihm im Rahmen der Leistungsfähigkeit auch der Splittingvorteil der Nachehe zugutekommen.

## D. Angemessenheit

### I. Grundsätze

89 Allgemein, vor allem aber im Rahmen der Mangelverteilung, sind die Unterhaltsbeträge abschließend darauf zu überprüfen, ob die Aufteilung des verfügbaren Einkommens auf die minderjährigen unverheirateten Kinder und den geschiedenen Ehegatten – auch im Hinblick auf die diesem nach § 1577 Abs. 1 und 2 anzurechnenden eigenen Einkünfte[122] – wie auch auf den Verpflichteten[123] und ggf. eines weiteren Ehegatten oder eines nicht verheirateten Elternteils insgesamt **billig** und **angemessen** ist (§ 242).[124] Diese Angemessenheitskontrolle dient auch der Berücksichtigung von

[119] Ebenso *v. Pückler,* Der Ausgleich konkurrierender Unterhaltsansprüche, 2014, 202 ff.; *Graba* FF 2012, 341 ff.
[120] Dazu auch BVerfGE 108, 351= NJW 2003, 3466 (3468) = FamRZ 2003, 1821 (1823 f.).
[121] „Gleichteilungsmethode" (Begriff von BeckOGK/*Witt,* 1.2.2019, Rn. 170, dessen Verweisung auf *Gutdeutsch* in Wendl/Dose UnterhaltsR § 5 Rn. 111, der nicht von einer „Gleichteilung" ausgeht, nicht zutreffen dürfte).
[122] BGH NJW 1997, 1919 = FamRZ 1997, 806 (811); NJW 1996, 517 = FamRZ 1996, 345 (347); NJW-RR 1989, 900 = FamRZ 1990, 266 (269); NJW 1986, 58 = FamRZ 1986, 783 (786). Zu § 1577 Abs. 2 auch OLG Düsseldorf FamRZ 1985, 1039 (1040).
[123] BGH NJW 1981, 1609 = FamRZ 1981, 539 (541).
[124] Das OLG Düsseldorf FamRZ 1987, 1254 (1257); NJW-RR 1986, 436 = FamRZ 1985, 1262 (1264); FamRZ 1987, 70 (72); FamRZ 1984, 902, zieht zur Angemessenheitsprüfung in einem Fall, in dem der Unterhaltsanspruch nach der Anrechnungsmethode zu errechnen ist, die Differenzmethode heran und legt den nach ihr ermittelten Unterhaltsbetrag zugrunde, wenn er den nach der Anrechnungsmethode errechneten übersteigt; doch ist dieses Ergebnis eigentlich nicht vorstellbar.

Umständen, denen im Rahmen der Unterhaltstatbestände, bei der Ermittlung des Bedarfs, der Bedürftigkeit und der Leistungsfähigkeit bislang keine Bedeutung beigemessen werden konnte. Einzubeziehen sind alle für das Verhältnis der Ehegatten maßgeblichen Verhältnisse, insbesondere ihre aktuellen Einkommens- und Vermögensverhältnisse, ihre Lebensverhältnisse in der Ehe, die ihnen jeweils (noch) zur Verfügung stehenden Mittel, die Ehedauer, ihre Erwerbsbiografie und ggf. bisherige Verständigungen über den Ehegattenunterhalt.[125]

Die Düsseldorfer Tabelle (A. 6.) sieht mit dem **Bedarfskontrollbetrag** ein Hilfsmittel zur ausgewogenen Verteilung des Einkommens zwischen dem Verpflichteten, den unterhaltsberechtigten Kindern und dem Ehegatten vor, das indessen nicht ausschließlich sein kann, weil es die Einbeziehung anderer Umstände des Einzelfalls (→ Rn. 91–99) nicht erlaubt. Deshalb sollte die Unterhaltsberechnung abschließend **„erst in einer letzten Stufe"** ohne Anwendung der Bedarfskontrollbeträge auf ihre Angemessenheit überprüft werden (→ § 1582 Rn. 38, 39).[126] 90

## II. Einzelne Umstände

In die Angemessenheitskontrolle sind zunächst die Umstände einzubeziehen, die auch bei der Festsetzung des **billigen Selbstbehalts** Beachtung finden (→ Rn. 25–57), diesen jedoch nicht beeinflussen konnten; eine **Doppelberücksichtigung** findet indes nicht statt. Insbesondere folgende weitere Umstände sind zu berücksichtigen: 91

- Das **Kindergeld**[127] (→ § 1578 Rn. 562–564, 922, 923) – das grundsätzlich nicht die Leistungsfähigkeit des Verpflichteten erhöht, weil es nicht zur Erhöhung der Unterhaltspflichten gezahlt wird – und sein Ausgleich zwischen den Ehegatten. Es wird wie der Steuervorteil aus dem **Kinderfreibetrag** (§ 32 Abs. 6 EStG) zur Sicherung des Existenzminimums des Kindes gewährt (auch → 5. Aufl. 2010, Rn. 19). Wurde der Kindesunterhalt in Höhe des Zahlbetrags vorweg abgezogen (→ § 1578 Rn. 922, 923), ist er bereits bedarfsprägend berücksichtigt und kann nicht noch einmal verteilt werden.[128] Unterblieb im Mangelfall ein Vorwegabzug, sind beide in voller Höhe ausschließlich zur Erhöhung des Kindesunterhalts zu verwenden.[129] Lediglich soweit dadurch das Existenzminimum des Kindes überschritten würde, kann es beim Ehegattenunterhalt bedarfsdeckend und die Leistungsfähigkeit erhöhend berücksichtigt werden. Zu beachten ist aber, für welches Kind das Kindergeld bezahlt wird (aber → § 1578 Rn. 95–97): Nur das Kindergeld für Kinder aus der Beziehung der Ehegatten kann auch für den Ehegattenunterhalt herangezogen werden, nicht auch das Kindergeld einschließlich dem Zählkindvorteil aus einer anderen Beziehung oder für Kinder eines anderen Partners. Dagegen ist ein **Zählkindvorteil** (§ 2 Abs. 1 BKGG) Einkommen desjenigen Elternteils, der es bezieht, weil es nicht zur Deckung des Barbedarfs des Kindes, das den Vorteil vermittelt, zu verwenden und deshalb nicht bedarfsmindernd zu berücksichtigen ist (§ 1612b Abs. 2).[130] 92
- Der Bezug von **Elterngeld** durch den Berechtigten trotz § 11 S. 1–3 BEEG (→ § 1578 Rn. 98, 223),[131] weil bei der Angemessenheitskontrolle wie bei den in § 11 S. 4 BEEG geregelten Ausnahmefällen insbesondere Billigkeitsgesichtspunkte zu beachten sind.[132] 93
- Grundsätzlich ist es nicht unangemessen, dem Verpflichteten einen **geringeren** als den Betrag zu belassen, über den der Berechtigte unter Einschluss seiner obligationsgemäß erzielten Einkünfte und den Unterhalt verfügt.[133] Nach der Halbteilung kann dieser Fall nur aufgrund nicht eheprägender Umstände eintreten, die sich der Berechtigte idR nicht entgegenzuhalten lassen braucht. – Dass dieses Weniger des Verpflichteten auf der Entwicklung seiner Verhältnisse **nach der Schei-** 94

[125] *Schürmann* NJW 2007, 1147.

[126] Dazu BGH NJW 2000, 3140 = FamRZ 2000, 1492 (1493) (der die Einstufung anhand der Bedarfskontrollbeträge, aber auch eine „Angemessenheitskontrolle im Rahmen einer Ergebnisprüfung erst in einer letzten Stufe und ohne die von der Tabelle vorgegebenen festen Kontrollbeträge" zulässt); s. auch OLG Braunschweig BeckRS 2008, 26260 = FamRZ 2005, 1997 Ls.

[127] BGH NJW 1997, 1919 = FamRZ 1997, 806 (811); auch OLG Hamm BeckRS 1999, 14237 = FamRZ 2000, 1091 Ls.

[128] BeckOGK/*Witt,* 1.2.2019, Rn. 178, 181.

[129] Ebenso OLG Düsseldorf NJW-RR 1998, 1011 = FamRZ 1998, 851 (854).

[130] BeckOGK/*Witt,* 1.2.2019, Rn. 93; *Gutdeutsch* in Wendl/Dose UnterhaltsR § 5 Rn. 66.

[131] Ebenso BeckOGK/*Witt,* 1.2.2019, Rn. 179.

[132] AA BGH NJW 2014, 2109 Rn. 39–41 = FamRZ 2014, 1183; zum **Erziehungsgeld** BGH NJW-RR 2006, 1225 Rn. 17–32 = FamRZ 2006, 1182. – Allgemein zu § 1603 Abs. 2 BGH NJW-RR 2006, 1225 Rn. 17–32 = FamRZ 2006, 1182; NJW 2006, 2404 Rn. 18–20 = FamRZ 2006, 1010.

[133] BGH NJW 1983, 1733 = FamRZ 1983, 678 (680); BeckOGK/*Witt,* 1.2.2019, Rn. 184; aA OLG Hamm BeckRS 2007, 2187 = FamRZ 1990, 998 (1001).

**dung** beruht, kann eine Angemessenheitskorrektur idR nicht rechtfertigen, weil der Berechtigte keinen Einfluss auf sie nehmen kann.

95 – Gelten **unterschiedliche Selbstbehaltssätze** und müssen sich andere Berechtigte den angemessenen Selbstbehalt des Verpflichteten entgegenhalten lassen, hat dies für den geschiedenen Ehegatten keine unmittelbaren Auswirkungen, weil die seinem Zugriff zugänglichen Mittel mindestens dieselbe Höhe erreichen. Ist der notwendige Selbstbehalt aber niedriger als der billige, bleibt dem Verpflichteten mehr als sein notwendiger Selbstbehalt. Im Mangelfall muss er diesen Rest zur Bestreitung des Unterhaltsanspruchs der minderjährigen unverheirateten Kinder verwenden, bis deren Mindestunterhalt abgedeckt ist.[134] Damit wird der durch den billigen Selbstbehalt benachteiligte Ehegatte nicht erneut benachteiligt, weil der die Nachverteilung ermöglichende Rest sich nur wegen der Anwendung des billigen Selbstbehalts ergibt. Ihm gegenüber hat der Verpflichtete nicht mehr, sondern insgesamt weniger als den billigen Selbstbehalt.[135]

96 – Anhand der Erwerbseinkünfte beider Ehegatten ergibt sich nur ein geringfügiger Unterhaltsbetrag[136] (**Bagatellunterhalt,** aber → § 1577 Rn. 8, 9, → § 1578 Rn. 26).

97 – Ein **Mangelfall** darf nicht zu einem höheren Unterhaltsanspruch führen, als er ohne ihn bestehen würde.[137]

Hinsichtlich der Aufwendungen für die **sekundäre Altersvorsorge** (→ § 1578 Rn. 329–338) ist zu unterscheiden:

98 – Aufwendungen des **Berechtigten** für die Altersvorsorge bleiben wegen des Vorrangs des Elementarunterhalts im Mangelfall unberücksichtigt. – Würde der Berechtigte aber bei Berücksichtigung der Altersvorsorgeaufwendungen des Verpflichteten mit seinem Anspruch auf Altersvorsorgeunterhalt ausfallen, gebietet es die Zumutbarkeit, die Vorsorgeaufwendungen des Verpflichteten in angemessenem Umfang auf den Berechtigten und den Verpflichteten aufzuteilen.[138]

99 – Für den **Verpflichteten** hat der BGH[139] zum Unterhaltsanspruch eines minderjährigen Kindes wegen der gesteigerten Unterhaltspflicht (§ 1603 Abs. 2) den Abzug von Aufwendungen für die sekundäre Altersvorsorge versagt, weil dem Kind „im Gegensatz zu Erwachsenen wegen seines Alters von vornherein die Möglichkeit verschlossen [ist], durch eigene Anstrengungen zur Deckung seines notwendigen Lebensbedarfs beizutragen." Eine solche Pflichtenlage besteht zum nachehelichen Unterhalt zwar nicht,[140] gleichwohl hat der BGH[141] die Berücksichtigung zusätzlicher Beiträge regelmäßig als unangemessen angesehen, „wenn [der Verpflichtete] mangels Leistungsfähigkeit nicht in der Lage ist, das Existenzminimum der ihm gegenüber unterhaltsberechtigten Ehefrau und der Kinder abzudecken." Stets ist zu berücksichtigen, ob der **Mindestbedarf** eines Berechtigten gedeckt wird.[142]

## E. Vermögensverwertung (S. 2)

### I. Grundsätze

100 Liegen die Voraussetzungen nach **S. 1** vor, obliegt dem Verpflichteten grundsätzlich auch die Verwertung seines Vermögens (**S. 2;** zur Anwendbarkeit auf den **Trennungsunterhalt** → Rn. 8). Daraus folgt wie zu § 1577 (→ § 1577 Rn. 51): Grundsatz ist die Verwertung, Ausnahme die Nichtverwertung.[143]

101 Doch braucht der Verpflichtete den Stamm seines Vermögens nicht zu verwerten, soweit die Verwertung **unwirtschaftlich** oder unter Berücksichtigung der beiderseitigen wirtschaftlichen Verhältnisse **unbillig** wäre. Dabei ist auch zu beachten, inwieweit er auf Einkünfte aus dem Vermögen

---

134 OLG Hamm BeckRS 2010, 201 = FamRZ 2004, 1110 (1111).

135 BeckOGK/*Witt,* 1.2.2019, Rn. 186; anders *Kodal* in Göppinger/Wax UnterhaltsR Rn. 1580.

136 BeckOGK/*Witt,* 1.2.2019, § 1578 Rn. 573.

137 BGH NJW 2003, 1112 = FamRZ 2003, 363 (366); BeckOGK/*Witt,* 1.2.2019, Rn. 187.

138 BGH NJW 1999, 717 (720) = FamRZ 1999, 367 (370); NJW 1982, 2438 (2439) = FamRZ 1982, 890; NJW 1981, 1556 (1558) = FamRZ 1981, 442 (445); BeckOGK/*Witt,* 1.2.2019, Rn. 98; *Gerhardt* in Wendl/Dose UnterhaltsR § 1 Rn. 1034.

139 BGH NJW 2013, 1005 Rn. 20 = FamRZ 2013, 616.

140 BeckOGK/*Witt,* 1.2.2019, Rn. 97; aA wohl Soergel/*Häberle* Rn. 18 unter Bezugnahme auf BGH NJW 1984, 292 = FamRZ 1984, 149 (151), der die Problematik allerdings nicht unter dem Stichwort „Altersvorsorge", sondern unter dem Stichwort „Vermögenbildung" abhandelt.

141 BGH NJW 2003, 1734 (1736) = FamRZ 2003, 741.

142 BGHZ 192, 45 = NJW 2012, 384 Rn. 50 = FamRZ 2012, 281 mwN; s. auch *Maurer* FamRZ 2011, 849 (860 f.).

143 BeckOGK/*Witt,* 1.2.2019, Rn. 188; Soergel/*Häberle* Rn. 24.

zur Bestreitung anderer Verbindlichkeiten, insbesondere von Unterhaltspflichten, angewiesen ist[144] und die Ehegatten ihren Lebensbedarf während des Zusammenlebens aus dem Vermögen des Verpflichteten bestritten haben.[145] Ggf. ist der Verpflichtete auf eine **Vermögensumschichtung** (→ § 1578 Rn. 880–887)[146] oder – unter Berücksichtigung seiner bereits bestehenden Verbindlichkeiten – **Beleihung** (→ § 1578 Rn. 888, 889)[147] zu verweisen. Zur Behandlung von **Privatentnahmen** → § 1578 Rn. 456–463.

Liegen die Voraussetzungen aus S. 1 nicht vor, weil der **eheangemessene Bedarf** unter den maßgeblichen Selbstbehaltssätzen liegt (→ § 1578 Rn. 163–165), bedarf es auch keiner Billigkeitsabwägung nach S. 2:[148] Der **Vermögensstamm** ist bis auf den sozialhilferechtlichen **Schonbetrag** (entsprechend § 1 Abs. 1 S. 1 Nr. 1b der VO zu § 90 Abs. 2 Nr. 9 SGB XII, → § 1577 Rn. 65–68) zu verwerten und für die Bestreitung des Ehegattenunterhalts einzusetzen. Allerdings können die Umstände des Einzelfalles ggf. einen höheren Schonbetrag bedingen,[149] nicht jedoch das Interesse von Erben an der Erhaltung des Vermögensstamms.[150] **102**

Da beide Ehegatten grundsätzlich gleich zu behandeln sind, gelten die Ausführungen zu **§ 1577 Abs. 3** entsprechend. Die Obliegenheit des Verpflichteten zur Vermögensverwertung entspricht mithin der des Bedürftigen (→ § 1577 Rn. 47–71). Behutsamkeit ist auch hier angebracht.[151] **103**

**Beispiele aus der Rspr.:** **104**

OLG Stuttgart 22.12.1978 – 18 UF 4/78: Obliegt der geschiedenen Ehefrau nach § 1577 Abs. 3 nicht die Veräußerung eines im Wege der Vermögensauseinandersetzung übernommenen Wohnhauses, kann dem Verpflichteten auch nicht die Verwertung von aus der **Auseinandersetzung** zugeflossenen 20.000 DM angesonnen werden.

BGH NJW-RR 1986, 656 = FamRZ 1986, 556 (557) (Vorinstanz OLG Schleswig BeckRS 1984, 2765 = FamRZ 1985, 809 ff.): Das obiter dictum, wonach eine Obliegenheit zur Vermögensverwertung nicht schon deshalb ausscheidet, weil der unterhaltspflichtige selbstständige Landwirt durch die Veräußerung von Vieh oder Grundstücken seine Existenzgrundlage und seinen Beruf verliert, ist abzulehnen, weil es nicht genügend berücksichtigt, dass es sich dabei um die **Existenzgrundlage** des Verpflichteten handelt.

OLG Frankfurt a. M. NJW-RR 1988, 1159 = FamRZ 1988, 1285 (1288): **Beleihung** von Grundvermögen.

OLG Karlsruhe NJW 1990, 2070 = FamRZ 1990, 163 (164): Obliegenheit zum **Hausverkauf,** um die berücksichtigungsfähigen Schulden zu mindern.

BGH NJW 1992, 2771 = FamRZ 1992, 996 (997): Dem Verpflichteten kann die Verwertung von **Erb- und Pflichtteilsansprüchen** nicht zugemutet werden, wenn während des Zusammenlebens der Ehegatten eine Verwertung nicht beabsichtigt war und bei fortbestehender Ehe für den Unterhalt der Familie nicht zur Verfügung gestanden hätte.

BGH NJW 1994, 935 = FamRZ 1994, 228 (230): Eine **Leibrente,** die im Tilgungsanteil bereits die Vermögensverwertung bewertet, ist keine Vermögensverwertung iSd S. 2, weil nur das Rentenstammrecht, nicht aber die Leibrentenzahlungen zum Vermögen gehören; auch → § 1578 Rn. 578.

OLG Stuttgart BeckRS 2003, 15721 = FamRZ 2004, 1109: **Hausverkauf** bei einem zu erwartenden Übererlös von 140000 EUR nicht unwirtschaftlich.

OLG Nürnberg NJW-RR 2008, 599 = FamRZ 2008, 788 (789) zu §§ 1360, 1360a: Ein in ein Pflegeheim aufgenommener Verpflichteter hat bei einer monatlichen Zuzahlung von lediglich 200 EUR sein **Vermögen** (Sparvermögen in Höhe von 50.000 EUR, Eigentumswohnung) zur Bestreitung des Unterhalts seiner thailändischen erwerbslosen und sprachungewandten Ehefrau einzusetzen, weil seine weitere Lebensdauer nicht eingeschätzt werden kann und die öffentliche Hand ggf. erst in ferner Zukunft für die Deckung seines Lebensbedarfs aufzukommen hat.

## II. Aufteilung

Das verwertete Vermögen ist so zu einzusetzen, dass der eheangemessene Lebensbedarf beider Ehegatten möglichst auf **Lebenszeit** gesichert wird.[152] In diese Beurteilung sind, was zu erheblichen Unsicherheiten und praktischen Schwierigkeiten führt, ihre zukünftigen Erwerbsmöglichkeiten einzubeziehen. Da der Verpflichtete durch seine Unterhaltszahlungen nicht selbst hilfebedürftig werden darf (→ Rn. 17), muss ihm auch von seinem Vermögen als **Schonbetrag** (auch → Rn. 103, 104) **105**

---

144 BGH NJW-RR 1986, 66 = FamRZ 1986, 48 (50).

145 OLG Frankfurt a. M. NJW-RR 1988, 1159 = FamRZ 1988, 1285 (1288).

146 BeckOGK/*Witt,* 1.2.2019, Rn. 195.

147 BGH NJW 1982, 1641 = FamRZ 1982, 678 (679); BeckOGK/*Witt,* 1.2.2019, Rn. 190; Soergel/*Häberle* Rn. 25.

148 AA BeckOGK/*Witt,* 1.2.2019, Rn. 193.

149 BeckOGK/*Witt,* 1.2.2019, Rn. 193; *Borth* in Schwab ScheidungsR-HdB IV Rn. 1426.

150 BeckOGK/*Witt,* 1.2.2019, Rn. 196; Soergel/*Häberle* Rn. 25.

151 BGHZ 75, 272 = NJW 1980, 340 = FamRZ 1980, 43 (44).

152 BGH BeckRS 2012, 25003 = FamRZ 1985, 354 (356).

das verbleiben, was zur Abwendung seiner Hilfebedürftigkeit erforderlich ist.[153] Abzustellen ist auf den Betrag, den er unter Einbeziehung seiner Erwerbsmöglichkeiten benötigt, um seinen eheangemessenen Lebensbedarf zu decken.[154] Dieser beläuft sich mindestens auf den dem Bedürftigen zugestandenen Betrag und sollte 5.000 EUR (§ 1 Abs. 1 Nr. 2 der DVO zu § 90 Abs. 2 Nr. 9 SGB XII)[155] nicht unterschreiten.

## F. Verfahrensrecht

### I. Darlegungs- und Beweislast

106 § 1581 S. 1 ist eine von Amts wegen zu beachtende Einwendung (→ Rn. 9). Er regelt die Leistungsunfähigkeit als **Ausnahme** von der Leistungsfähigkeit, von der zunächst auszugehen ist.[156] Deshalb muss der Verpflichtete die Umstände, auf die er seine Leistungsunfähigkeit stützt, also die Gefährdung seines angemessenen Unterhalts, das Bestehen, den Umfang und die Erheblichkeit sonstiger Verpflichtungen – einschließlich des Bedarfs nachehelich hinzugekommener Berechtigter[157] – sowie Umfang und Dauer seiner voraussichtlichen Leistungsunfähigkeit[158] darlegen und ggf. beweisen (zu den **Synergieeffekten** → Rn. 43). Insoweit trägt er das **Beweisrisiko.**

107 Soweit der **Berechtigte** zur Billigkeitsabwägung und Angemessenheitsprüfung für ihn günstige Umstände geltend macht, trifft ihn, da der Verpflichtete die Voraussetzungen der eingewandten Leistungsunfähigkeit darlegen und beweisen muss (→ Rn. 106), nicht die volle Darlegungs- und Beweislast, sondern lediglich eine **sekundäre Darlegungslast.**[159] Ausgenommen sind **freiwillige Zuwendungen Dritter** (→ Rn. 30, 41): Macht der Berechtigte geltend, dass solche zukünftig nicht geleistet werden, trifft ihn insoweit auch die Beweislast.[160]

108 Steht aber die Leistungsunfähigkeit des Verpflichteten fest und beruft sich der Berechtigte darauf, dass sie vom Verpflichteten **mutwillig,** mithin verantwortungslos, mindestens leichtfertig herbeigeführt worden ist (entsprechend § 1579 Nr. 4), trifft ihn insoweit die volle Darlegungs- und Beweislast.

109 Auch die Obliegenheit zur **Vermögensverwertung** (S. 2) dient dazu, die Leistungsfähigkeit des Verpflichteten sicherzustellen. Beruft er sich auf Leistungsunfähigkeit, muss er deshalb die Umstände darlegen, die gegen die Wirtschaftlichkeit und Billigkeit der Verwertung des Vermögensstamms sprechen.

110 Zur **Darlegungs- und Beweislast** auch → § 1578 Rn. 992–1018. – Zur Höhe **fiktiver Einkünfte** → § 1578 Rn. 669–675, zur Berücksichtigungsfähigkeit von **Schulden** → Rn. 45, → § 1578 Rn. 112–142, 904–963.

### II. Abänderungsverfahren. Zwangsvollstreckung

111 Zum **Abänderungsverfahren** → Vor § 1569 Rn. 74–79, → § 1578 Rn. 984–978, zur **Zwangsvollstreckung** → Vor § 1569 Rn. 89–92.

## § 1582 Rang des geschiedenen Ehegatten bei mehreren Unterhaltsberechtigten

**Sind mehrere Unterhaltsberechtigte vorhanden, richtet sich der Rang des geschiedenen Ehegatten nach § 1609.**

**Schrifttum:** *Berkemann,* Zur Verfassungsmäßigkeit des § 1582 I 2 BGB, JR 1984, 462; *Borth,* Die Übergangsbestimmung zur Unterhaltsrechtsreform und die Änderung der ZPO im UÄndG 2007, FamRZ 2008, 105; *Brandtner,*

[153] Ebenso BeckOGK/*Witt,* 1.11.2018, Rn. 193, 197.

[154] BGH NJW 1989, 524 = FamRZ 1989, 170 (171 f.).

[155] V. 22.3.2017 (BGBl. 2017 I 519).

[156] BGH NJW-RR 1988, 8354 = FamRZ 1988, 930 (931); NJW 1980, 2083 = FamRZ 1980, 770; zur Beweislast des Verpflichteten für seine Leistungsunfähigkeit, wenn lediglich der Mindestunterhalt verlangt wird, OLG Karlsruhe NJW-RR 1997, 323 = FamRZ 1997, 1011 (1012).

[157] BGH NJW 2012, 923 Rn. 35 = FamRZ 2012, 288; BGHZ 192, 45 = NJW 2012, 384 Rn. 39 = FamRZ 2012, 281; BGH NJW 2010, 2056 Rn. 36 = FamRZ 2010, 869.

[158] BGHZ 109, 211 = NJW-RR 1990, 323 = FamRZ 1990, 283 (287) mwN.

[159] BeckOGK/*Witt,* 1.2.2019, Rn. 198; aA – volle Darlegungs- und Beweislast des Berechtigten – etwa Soergel/*Häberle* Rn. 26; Staudinger/*Verschraegen,* 2014, Rn. 145; jurisPK-BGB/*Clausius* Rn. 74; NK-BGB/*Schürmann* Rn. 64.

[160] Staudinger/*Verschraegen,* 2014, Rn. 146.

Unterhaltsreform, gleichrangige betreuende Elternteile und der Bedarf, FamRZ 2007, 2033; *Brudermüller/Götz,* Grenzen der richterlichen Rechtsfortbildung im nachehelichen Unterhaltsrecht – Konsequenzen der Entscheidung des BVerfG vom 25.1.2011 (NJW 2011, 836) für die Praxis, NJW 2011, 801; *Büttner,* Zur Mangelverteilung im Unterhaltsrecht, NJW 1987, 1855; *Christian,* Die Berechnung und Geltendmachung des Mangels im Unterhaltsrecht, DAVorm 1984, 523; *Gerhardt/Gutdeutsch,* Die Unterhaltsberechnung bei gleichrangigen Ehegatten nach dem geplanten Recht, FamRZ 2007, 778; *Graba,* Zur Unterhaltsverpflichtung des geschiedenen Ehegatten gegenüber Ehegatten und Kindern im Mangelfall, FamRZ 1992, 541; *Grandel,* Unterhaltsberechnung bei „gleichrangig" berechtigten Ehegatten außerhalb des Mangelfalls, NJW 2008, 796; *Gutdeutsch,* Unterhaltsreform, gleichrangige betreuende Elternteile und der Bedarf, FamRZ 2007, 2035; *Gutdeutsch,* Nachrangiger Unterhalt des früheren Ehegatten nach neuem Recht, FamRZ 2008, 661; *Gutdeutsch,* Vorrang wegen Kindesbetreuung, FF 2008, 488; *Hampel,* Bemessung des Unterhalts gleichrangig berechtigter Ehegatten, FamRZ 1995, 1177; *Klinkhammer,* Die Rangfolge der Unterhaltsansprüche in der gesetzlichen Entwicklung, FamRZ 2007, 1205; *Maurer,* Der nacheheliche Unterhalt nach der verfassungsrechtlichen Verwerfung der „Dreiteilung"; FamRZ 2011, 849; *Maurer,* Unterhaltsrückstand und Rang, FamRZ 2017, 2002; *Morawietz,* Die Aufhebung des Vorrangs des Geschiedenenunterhalts, 2009; *Niemeyer,* Entscheidungen des Bundesverfassungsgerichts zum Unterhaltsrecht, FuR 1995, 41; *Reinecke,* Mehrheit von Unterhaltsgläubigern und Unterhaltsschuldnern – Mangelfälle, ZAP Fach 11, 189; *Reinken,* Die Rangfolgenregelung nach neuem Recht mit Berechnungsbeispielen für den Mangelfall, FPR 2008, 9; *Reinken,* Rechtsprechung und Diskussionsstand zur Mangelfallberechnung nach neuem Recht – Unterhaltsberechnung – Rangfragen und Einsatzbeträge, FPR 2009, 82; *Schürmann,* Kinder – Eltern – Rang. Die neue Rechtsordnung nach dem Unterhaltsänderungsgesetz, FamRZ 2008, 313; *Schmitt,* Der „Rang" des Geschiedenenunterhalts, 1985 (Schriften zum Bürgerlichen Recht Bd. 94); *Willutzki,* Neuordnung des Unterhaltsrechts – Das Konzept und seine neuralgischen Punkte, ZRP 2007, 5.

**Übersicht**



# A. Allgemeines

## I. Normzweck

1 Bis 31.12.2007 bestimmte § 1582 aF[1] mit einer differenzierten Regelung das Rangverhältnis zwischen den Unterhaltsansprüchen eines geschiedenen und eines neuen Ehegatten (Abs. 1 S. 1, 2 aF), das vom grundsätzlichen **Vorrang des geschiedenen Ehegatten** ausging, um dessen unterhaltsrechtliche Lage durch die Wiederheirat des Verpflichteten nicht wesentlich zu beeinträchtigen.[2] Der Berechtigte wurde nicht zuletzt deshalb als schutzwürdig angesehen, weil er nach dem ab 1.7.1977 geltenden Scheidungsrecht die Auflösung der Ehe gegen seinen Willen nicht mehr auf Dauer verhindern konnte. Der neue Ehegatte schien weniger schutzwürdig, weil er bei Eheschließung um die bestehenden oder möglichen Unterhaltsansprüche des geschiedenen Ehegatten und damit um die „wirtschaftliche Hypothek" des Verpflichteten wusste oder hätte wissen können.[3] Im

[1] Zu seiner Entstehungsgeschichte → 1. Aufl. 1978, Rn. 3–9.
[2] Zum vor dem 1.7.1977 geltenden Recht → 1. Aufl. 1978, Rn. 3 mwN.
[3] BT–Drs. 7/650, 114.

Verhältnis zu **anderen Unterhaltsberechtigten** hat § 1582 Abs. 2 aF auf § 1609 aF verwiesen. Zur **Verfassungsmäßigkeit** dieser Regelung → 4. Aufl. 2000, Rn. 2–6, → 5. Aufl. 2010, Rn. 33.[4]

2 Nach der Intention des Gesetzgebers des **UÄndG 2007** sollten die Rangverhältnisse zur Stärkung der nachehelichen Eigenverantwortung[5] des geschiedenen Ehegatten bewusst[6] „vereinfacht" werden. Es sollte „nicht mehr die zeitliche Priorität der Eheschließung, sondern allein die Schutzbedürftigkeit des Berechtigten" maßgebend sein.[7] In der Folge wurde der Rang des geschiedenen Ehegatten durch Verweisung in § 1582 auf die allgemeine Rangregelung in § 1609 aufgenommen und sein grundsätzlicher Gleichrang des geschiedenen mit dem neuen Ehegatten bei Vorrang kinderbetreuender Elternteile, der allein aus Gründen des Kindeswohls gewährt wird,[8] und wegen langer Dauer der Ehe eingeführt (§ 1609 Nr. 2, 3, → Rn. 15–29). Der ehemalige „relative Vorrang" des geschiedenen Ehegatten und der sich daraus ergebende Wertungswiderspruch zwischen § 1582 aF und § 1609 Abs. 2 S. 1 aF[9] ist damit beseitigt. Zum **Übergangsrecht** → 7. Aufl. 2017, Anh. § 1586b Rn. 16–24.

## II. Anwendungsbereich

3 § 1582 bezieht sich auf den Unterhaltsanspruch eines Ehegatten aus einer nach dem 30.6.1977[10] **geschiedenen** oder aufgelösten Ehe. Er regelt die Konkurrenz mit Unterhaltsansprüchen anderer Unterhaltsberechtigter einschließlich der nicht verheirateter Elternteile (§§ 1615l Abs. 3 S. 1, 1609 Nr. 2, 3) und eines **neuen Ehegatten** (Familien-, Trennungs-, nachehelicher Unterhalt), auch nach deren Übergang auf einen **Sozialleistungsträger** (§ 33 SGB II, § 94 SGB XII).[11] – Auch bei **mehrfachen Scheidungen** kommt die Rangregelung in §§ 1582, 1609 zur Anwendung (zur bis 31.12.2007 geltenden Rechtslage → 6. Aufl. 2013, Rn. 4). – **Lebenspartner** sind Ehegatten und Elternteilen gleichgestellt (§ 5 S. 2 LPartG, § 12 S. 2 LPartG, § 16 S. 2 LPartG) und genießen den gleichen Rang.[12]

4 § 1609 Nr. 2 bezieht sich sowohl auf mit dem Verpflichteten in einer noch **bestehenden Ehe** lebende als auch auf **geschiedene** Ehegatten.[13] Ihr Anspruch auf Familienunterhalt (§§ 1360–1360b), Trennungsunterhalt (§ 1361) bzw. – unabhängig vom Anspruchsgrund, sodass etwa auch Ansprüche auf Aufstockungs- oder Billigkeitsunterhalt privilegiert sein können (→ § 1576 Rn. 42, 43)[14] – auf nachehelichen Unterhalt (§§ 1570 ff.) steht mit dem Anspruch kinderbetreuender Elternteile auf Betreuungsunterhalt auch dann im gleichen Rang, wenn er zwar nicht (mehr) auf der Betreuung gemeinsamer Kinder beruht, ihm aber eine Ehe von langer Dauer zugrunde liegt.[15] Zum Gleichrang, wenn dieser Ehegatte gleichfalls gemeinsame Kinder betreut, → Rn. 16–24.

5 Am jeweiligen Rang nehmen materiell- und vollstreckungsrechtlich (§ 120 Abs. 1 FamFG, § 850d Abs. 2, Abs. 1 S. 2 Hs. 1 ZPO) auch Ansprüche auf **rückständigen** Unterhalt (§ 1585b) teil. Dies ist zu kritisieren, weil der Bedarf des Berechtigten für die Vergangenheit bereits gedeckt ist, die diesen Bedarf deckenden Dritten insoweit nicht schutzwürdig sind und dadurch die Leistungsfähigkeit des Verpflichteten zulasten der nachrangig Unterhaltsberechtigten ohne sachliche Berechtigung eingeschränkt wird.[16]

6 Über das materielle Recht hinaus haben §§ 1582, 1609 auch im **Vollstreckungsrecht** Bedeutung (§ 850d ZPO, → Vor § 1569 Rn. 92).

## III. Rechtsnatur

7 Systematisch gehört der Rang eines Unterhaltsanspruchs nicht zum **Bedarf** des Verpflichteten, sondern zu seiner **Leistungsfähigkeit.** § 1582 ergänzt mithin § 1581 und steht deshalb zutreffend

---

4 BVerfGE 66, 84 = NJW 1984, 1523 = FamRZ 1984, 346 (Betreuungsunterhalt).
5 BT-Drs. 16/1830, 14.
6 BT-Drs. 16/1830, 21.
7 BT-Drs. 16/1830, 23.
8 BVerfGE 118, 45 = NJW 2007, 1735 Rn. 44 = FamRZ 2007, 965.
9 BGHZ 104, 158 = NJW 1988, 1722 = FamRZ 1988, 705 (706); auch → 4. Aufl. 2000, Rn. 20.
10 OLG München FamRZ 1989, 1309 (1310); OLG Düsseldorf FamRZ 1986, 471; FamRZ 1980, 1013 (1014); OLG Köln BeckRS 2010, 10276 = FamRZ 1983, 508; auch → 1. Aufl. 1978, Rn. 3.
11 OLG Hamburg FamRZ 1996, 1420 (1421) mwN auch zur abw. Auffassung.
12 BT-Drs. 16/1830, 32; s. auch BeckOGK/*Selg*, 1.12.2018, Rn. 6; *Schürmann* FamRZ 2008, 313 (315); *Reinken* FPR 2008, 9.
13 Für Letztere vom RA-BT durch die Einfügung der Worte „und geschiedene Ehegatten" in § 1609 Nr. 2 Hs. 1 „klargestellt", BT-Drs. 16/6980, 21.
14 *Schürmann* FamRZ 2008, 313 (318); ebenso BeckOGK/*Schlünder*, 1.12.2018, § 1576 Rn. 34.
15 BT-Drs. 16/1830, 24 f.; *Borth* FamRZ 2006, 813 (818). Anders zur Altfassung OLG Oldenburg NJWE-FER 2000, 193; FamRZ 1999, 518 (519); auch → 3. Aufl. 1993, Rn. 10 aE.
16 Ausführlich *Maurer* FamRZ 2017, 2002 (2004 f.).

in unmittelbarem räumlichen Zusammenhang mit diesem. Allerdings wirkt sich der Rang erst bei **teilweiser Leistungsunfähigkeit** des Verpflichteten aus, mithin im Mangelfall, wenn die Differenz zwischen den dem Verpflichteten verfügbaren und den ihm zu belassenden finanziellen Mitteln **(Selbstbehalt,** → § 1581 Rn. 17–57) nicht ausreicht, alle Unterhaltsansprüche vollständig zu befriedigen (→ § 1578 Rn. 161–165).[17]

### IV. Verfassungsmäßigkeit

Der Vorrang der **Kinder** iSd § 1603 Abs. 2 S. 2 (§ 1609 Nr. 1 nF) stützt sich auf deren Unfähigkeit, ihren Lebensbedarf durch eigene Erwerbstätigkeit zu decken. Doch können dies die sie betreuenden Elternteile auch nicht oder nur eingeschränkt, weshalb sich die Lebensgrundlage für die ganze Familie und damit gerade auch für die Kinder durch den Vorrang idR nicht verbessert.[18] Die gesetzliche Neuregelung geht mit dem Vorrang dieser Kinder und erst recht mit dem Vorrang auch anderer Kinder des Verpflichteten über den Lebensplan der geschiedenen Ehegatten und die „Schutzbedürftigkeit" des betreuenden Elternteils hinweg. Ein rechtfertigender Grund für den Vorrang dieser Kinder ist nicht ersichtlich; er dürfte gegen Art. 3 Abs. 1 GG, Art. 6 Abs. 1 GG verstoßen. Dies gilt auch für zwar nicht privilegierte, aber noch in Ausbildung befindliche oder behinderte Kinder, die ggf. gleichfalls ihren Lebensbedarf nicht durch eigene Erwerbstätigkeit decken können, aber im 4. Rang hinter dem Ehegattenunterhalt stehen. 8

Im Verhältnis des geschiedenen zum **neuen Ehegatten** gibt § 1609 Nr. 2 den vom BVerfG geschützten Rechtsgedanken der „wirtschaftlichen Hypothek" der Nachehe durch die Vorehe gänzlich auf und orientiert sich nahezu ausschließlich am Kindeswohl und der nachehelichen Eigenverantwortung der geschiedenen Ehegatten. Lediglich bei langer Ehedauer setzt sich die nacheheliche Solidarität im Vorrang des Unterhaltsanspruchs des geschiedenen Ehegatten vor anderen durch. Zwar schützt die Neuregelung – neben der Privilegierung kinderbetreuender Elternteile (Art. 6 Abs. 4 GG) – den Ehegatten, der in einer lang dauernden Ehe gelebt hat, zutreffend mit dem Vorrang und sachgerecht mit dem Gleichrang mit betreuenden Elternteilen. Damit dürften auch die meisten Fälle erfasst werden, aber nicht alle: Etwa nicht der Unterhaltsanspruch wegen einer Krankheit, die dem Berechtigten die Aufnahme einer Erwerbstätigkeit verwehrt. Auch nicht den Altersunterhalt nach einer noch nicht lang dauernden Ehe, die auch wegen der Absicherung im Alter geschlossen worden ist und nach deren Beendigung der Ehegatte nicht mehr auf eine Erwerbstätigkeit verwiesen werden kann. In diesen Fällen dürfte ein Verstoß gegen Art. 3 Abs. 1 GG, Art. 6 Abs. 1 GG vorliegen. Der verfassungsrechtliche Schutz der ehelichen Folgewirkungen findet grundsätzlich ihren Ausdruck bereits in der verfassungsrechtlich nicht zu beanstandenden Regelung der Unterhaltstatbestände durch §§ 1569 ff. Die verfassungsrechtlich zumutbare Grenze sollte dort gezogen werden, wo der Verpflichtete nach Bestreitung des Geschiedenenunterhalts nicht wenigstens den Mindestunterhalt seines neuen Ehegatten befriedigen kann,[19] weil sich sonst der verfassungsrechtliche Schutz ohne materiellen Gehalt im Formalen erschöpft. 9

## B. Geschiedene Ehegatten

### I. Rang des Kindesunterhalts

**1. Absoluter Vorrang.** §§ 1582, 1609 sollen das **Kindeswohl** und die nacheheliche **Eigenverantwortung** (→ Rn. 2, → § 1569 Rn. 18, 19) stärken, um Kinder, die für ihren Unterhalt nicht selbst sorgen können, durch den Vorrang der Unterhaltsansprüche minderjähriger und nach § 1603 Abs. 2 S. 2 privilegierter volljähriger Kinder Vorrang (§ 1609 Nr. 1, auch → Rn. 8) vor allen Elternteilen und Ehegatten (§ 1609 Nr. 2, 3),[20] gleich aus welcher Verbindung mit den Verpflichteten sie 10

---

[17] Dazu etwa BGHZ 183, 197 = NJW 2010, 365 Rn. 36 = FamRZ 2010, 111; NJW 2009, 675 Rn. 12 = FamRZ 2009, 311; NJW-RR 2009, 289 Rn. 23 = FamRZ 2009, 307; BGHZ 178, 79 = NJW 2008, 3562 Rn. 18 = FamRZ 2008, 2189; BGHZ 177, 356 = NJW 2008, 3213 Rn. 45 = FamRZ 2008, 1911; BGHZ 175, 182= NJW 2008, 1663 Rn. 48 = FamRZ 2008, 968; BGHZ 166, 351 = NJW 2006, 1654 = FamRZ 2006, 683 (684). S. auch BVerfGE 128, 193 = NJW 2011, 836 Rn. 72 = FamRZ 2011, 437; dazu auch *Maurer* FamRZ 2011, 849 (857 f.).

[18] *Schürmann* FamRZ 2008, 313 (315).

[19] OLG Frankfurt a. M. BeckRS 2009, 25021 = FamRZ 1987, 1155; Palandt/*Brudermüller* § 1609 Rn. 3.

[20] Zum **bis 31.12.2007** geltenden Recht s. BGH NJW 2007, 2412 Rn. 15 = FamRZ 2007, 1081 und → 5. Aufl. 2010, Rn. 15.

stammen, vor Sozialhilfebedürftigkeit zu schützen.[21] Sonstige Berechtigte gehen den Ehegatten im Rang nach (§ 1609 Nr. 4–7).

11 Die Begründung mit dem Schutz des Kindes vor Sozialhilfebedürftigkeit ist vordergründig, weil das Kind nicht isoliert von dem Elternteil lebt, bei dem es wohnt. Wird dieser dem Kind nachrangig, kann aber aus welchen Gründen auch immer seinen Bedarf nicht durch eine Erwerbstätigkeit decken, wird er sozialhilfebedürftig und damit de facto auch das Kind, selbst wenn sein Bedarf vom Kindesunterhalt voll abgedeckt wird.[22]

12 Zu den nach § 1609 Nr. 1 **bevorrechtigten Kindern** gehören neben „ehelichen" und „nichtehelichen" Kindern auch Adoptivkinder und in Adoptionspflege aufgenommene Kinder (→ Rn. 21, 29). Weil maßgeblicher Grund für den Vorrang die Belange des Kindes sind,[23] ist unerheblich, aus welcher Verbindung es stammt.[24] Bevorrechtigt sind auch verheiratete und geschiedene minderjährige Kinder.[25] Alle anderen Kinder – minderjährige verheiratete Kinder; volljährige Kinder in allgemeiner Schulausbildung, die nicht im Haushalt eines Elternteils leben; volljährige Kinder in Berufsausbildung und Studium; volljährige behinderte Kinder; volljährige erwerbsfähige Kinder ohne Erwerbseinkünfte[26] – stehen im 4. Rang.

13 **2. Auswirkungen. Rechtstatsächlich** wird das verfügbare Einkommen des Verpflichteten aufgrund dieser Rangregelung für Elternteile und Ehegatten oft nicht ausreichen und sie infolge Leistungsunfähigkeit ausfallen. Mittelbare Auswirkungen hat dies wegen des Anspruchsübergangs auch auf die öffentlichen Sozialleistungsträger, ausgenommen die Unterhaltsvorschusskassen, deren Regressanspruch durch den Unterhaltsanspruch der Eltern und Ehegatten infolge des Vorrangs des Unterhaltsanspruchs minderjähriger Kinder (§ 1609 Nr. 1) nicht (mehr) geschmälert wird.

14 Diese Problematik wird durch die Obliegenheit, das betreute Kind in **Fremdbetreuung** zu geben (§ 1570 Abs. 1 S. 3, § 1615l Abs. 2 S. 5), verschärft, wenn man die Kosten der Fremdbetreuung als Bedarf der Kinder qualifiziert (→ § 1578 Rn. 483–486). Doch auch wenn man sie als Aufwand des betreuenden Elternteils begreift, der ihm eine Erwerbstätigkeit erst ermöglicht, wird er benachteiligt: Obwohl sich sein Bedarf nicht unerheblich erhöht, bleibt er mit seinem Unterhaltsanspruch auf das beschränkt, was vom Einkommen des Verpflichteten für ihn „übrigbleibt". Der betreuende Ehegatte muss die Kinder in Fremdbetreuung geben und dafür die Kosten tragen, um dann doch mit seinem ggf. noch bestehenden Unterhaltsanspruch einschließlich der Kosten der Fremdbetreuung auszufallen. Der Verpflichtete hat sich dann die Befreiung von nachehelichen Unterhaltsansprüchen durch erhöhte Kosten des Berechtigten und oft auch zu Lasten der öffentlichen Hand „erkauft".

### II. Rang des Familien- und Ehegattenunterhalts

15 **1. Regel-/Ausnahme-Prinzip.** In der **Regel** stehen alle Ehegatten unabhängig davon, ob sie vorgehender oder nachfolgender Ehegatte des Verpflichteten sind und worauf sich ihr Unterhaltsanspruch – §§ 1360, 1360a 1361, 1571, 1572, 1573, 1575, 1576 – stützt, im **3. Rang** (§ 1609 Nr. 3; auch → Rn. 2, 4, 9).[27] Als **Ausnahme**[28] stehen nur Unterhaltsansprüche wegen Kinderbetreuung (§§ 1570, 1615l Abs. 2 S. 2–5, auch → § 1576 Rn. 42) und nach langer Ehedauer im **2. Rang** und gehen anderen nachehelichen Unterhaltsansprüchen vor.

16 **2. Ausnahme: 2. Rang. a) „Elternteile".** Erfasst werden alle Elternteile, die wegen der Betreuung (→ Rn. 4) unterhaltsberechtigt sind oder es nach einer Scheidung wären (§ 1609 Nr. 2). Voraussetzung ist aber stets, dass das den Unterhaltsanspruch des Elternteils vermittelnde Kind ein **gemeinsames** (→ Rn. 11) des Berechtigten und des Verpflichteten ist.[29] Dagegen handelt es sich bei Ansprüchen wegen der Betreuung von Pflegekindern oder Kindern aus einer anderen Beziehung (§ 1576) jedenfalls nicht um Betreuungsunterhalt iSd Nr. 2 (→ Rn. 21, 29).[30]

---

21 BT-Drs. 16/1830, 13, 23.
22 *Borth* FamRZ 2006, 813 (817); s. auch *Wellenhofer* FamRZ 2007, 1282 (1287 f.).
23 BT-Drs. 16/1830, 13.
24 *Reinken* FPR 2008, 9.
25 Durch Art. 1 Nr. 10a, b des Gesetzes zur Bekämpfung von Kinderehen v. 17.7.2017 (BGBl 2017 I 2429) wurde „unverheirateten" in § 1603 Abs. 2 S. 1, 2 mWv 22.7.2017 gestrichen.
26 *Schürmann* FamRZ 2008, 313 (319); *Reinken* FPR 2008, 9 (10).
27 Zum Gleichrang BGH NJW 2014, 2109 Rn. 29 = FamRZ 2014, 1183.
28 So auch *Schürmann* FamRZ 2008, 313 (318).
29 Wohl ebenso – Anspruch aus §§ 1570, 1615l – *Schürmann* FamRZ 2008, 313 (316); *Borth* FamRZ 2006, 813 (818).
30 *Schürmann* FamRZ 2008, 313 (316 f.).

Unter **Nr. 2** fallen danach:

- Ein mit dem Verpflichteten (noch) verheirateter Elternteil, der Anspruch auf **Familienunterhalt** hat (§ 1360), wenn ihm bei unterstellter Scheidung fiktiv ein Anspruch auf Betreuungsunterhalt zustünde. Er kann nicht auf die nacheheliche Eigenverantwortung verwiesen werden. Der geschiedene Ehegatte hat die einvernehmliche Regelung von Haushaltsführung und Erwerbstätigkeit des Verpflichteten mit seinem neuen Ehegatten (§ 1356) hinzunehmen, soweit diese Gestaltung bezogen auf den nachehelichen Unterhaltsanspruch nicht **mutwillig,** dh verantwortungslos, mindestens leichtfertig ist (zur Parallelproblematik bei der Wahl der Steuerklasse → § 1578 Rn. 82–91, 502, 507).[31] Mutwilligkeit bestimmt sich in diesem Zusammenhang nach dem Alter und der Betreuungsbedürftigkeit des Kindes unter Berücksichtigung der Absprachen der Ehegatten zu Haushaltsführung und Kinderbetreuung. Dies kann zu einer gegenüber § 1570 Abs. 1 verlängerten Betreuungszeit und einem späteren Beginn der Erwerbsobliegenheit führen. Zur ähnlichen Problematik beim **„Annexanspruch“** (§ 1570 Abs. 2) → Rn. 23. 17
- Ansprüche auf **Trennungsunterhalt** (§ 1361), die auf die Betreuung gemeinschaftlicher Kinder gestützt werden. 18
- Ein Elternteil, der seinen Anspruch auf den **Basisunterhalt** aus kindbezogenen Gründen aus § 1570 Abs. 1 herleitet, also Elternteile aus einer geschiedenen oder aufgelösten (§ 1318 Abs. 2) Ehe. Unerheblich ist, wenn der Unterhaltsanspruch des den Betreuungsunterhalt vermittelnden Kindes – etwa bei einem volljährigen, nicht privilegierten behinderten Kind (§ 1609 Nr. 4) – selbst nachrangig ist.[32] – Zum **„Annexanspruch“** aus § 1570 Abs. 2 → Rn. 23. 19
- Ein **nicht verheirateter Elternteil** mit seinem Unterhaltsanspruch aus **§ 1615l Abs. 2 S. 2, 3, Abs. 4** (für die Zeit ab 8 Wochen nach der Niederkunft; insoweit deckt er sich mit dem Anspruch aus Abs. 2 S. 2), nicht aber mit dem aus § 1615l Abs. 1 S. 1 (für die Zeit von 6 Wochen vor der Niederkunft), Abs. 2 S. 1,[33] da es sich insoweit um nicht privilegierten Krankheitsunterhalt handelt.[34] – Diese Ansprüche begrenzt der BGH durch die Halbteilung[35] und die Bemessung des Selbstbehalts entsprechend § 1581.[36] 20
- Unterhaltsansprüche von Ehegatten wegen der Betreuung eines **nicht gemeinsamen,** etwa eines **Pflege-** oder **Stiefkindes.** Dass diese Ehegatten, können sie sich nicht auf eine Ehe von langer Dauer berufen (→ Rn. 25–29), nach dem Wortlaut von § 1609 Nr. 2 nicht im 2., sondern auch dann im 3. Rang stehen, wenn sie ausnahmsweise einen Anspruch auf Billigkeitsunterhalt (§ 1576,[37] → § 1576 Rn. 14–18) haben, verstößt gegen Art. 6 Abs. 1 GG. Deshalb sind auch diese Ehegatten in **verfassungskonformer Auslegung** dem 2. Rang zuzuordnen.[38] 21
- Der absolute Vorrang der minderjährigen unverheirateten und der volljährigen privilegierten Kinder dient der Förderung des Kindeswohls und ist dem Umstand geschuldet, dass diese zur Bestreitung ihres Lebensunterhalts nichts beizutragen vermögen.[39] Dies kann auf ein **volljähriges behindertes Kind** gleichermaßen zutreffen, sodass auch dieses entsprechend § 1609 Nr. 1 im ersten Rang stehen sollte.[40] Soweit sich aus der Pflege des Kindes ein Anspruch auf **Billigkeitsun-** 22

---

31 *Schürmann* FamRZ 2014, 1281 (1283); aA Staudinger/*Klinkhammer,* 2018, Rn. 33; BeckOGK/*Gerlach,* 1.2.2019, § 1609 Rn. 62; *Schürmann* FamRZ 2008, 313 (317) (ausreichend ist „die abstrakte Möglichkeit …, neben der Kindesbetreuung in zumutbarer Weise durch Erwerbsarbeit zum eigenen Lebensunterhalt beitragen zu können“).

32 *Schürmann* FamRZ 2008, 313 (317).

33 *Reinken* FPR 2008, 9 (10); ohne Differenzierung → § 1609 Rn. 17, 18.

34 Ebenso Staudinger/*Klinkhammer,* 2018, § 1609 Rn. 32; BeckOGK/*Gerlach,* 1.2.2019, § 1609 Rn. 64.3; Erman/*Hammermann* § 1609 Rn. 19; aA – wegen des Sachzusammenhangs – Palandt/*Brudermüller* § 1609 Rn. 15; BeckOK BGB/*Reinken* § 1609 Rn. 21. – Auf die zu § 1582 aF aufgeworfene Frage der unterhaltsrechtlichen Beurteilung vorehelicher Betreuungszeiten für gemeinsame Kinder (dazu → 4. Aufl. 2000, Rn. 18) kommt es danach nicht mehr an.

35 BGH NJW 2005, 818 = FamRZ 2005, 442 ff.

36 BGHZ 161, 124 = NJW 2005, 503 = FamRZ 2005, 347 (350 f.).

37 BGH NJW 1984, 2355 = FamRZ 1984, 769 (770); NJW 1984, 1538 = FamRZ 1984, 361 (362 f.).

38 IErg ebenso BeckOGK/*Selg,* 1.2.2019, Rn. 15; BeckOGK/*Gerlach,* 1.2.2019, § 1609 Rn. 65; Soergel/*Häberle* Rn. 8; Palandt/*Brudermüller* § 1609 Rn. 16; Erman/*Hammermann* § 1609 Rn. 15; BeckOK BGB/*Reinken,* 47. Ed. 1.8.2018, § 1609 Rn. 21; NK-BGB/*Saathoff/Reuter* § 1609 Rn. 4; Poppen/Büte/Menne/*Menne* Rn. 5; *Schwab, D.* FamRZ 2005, 1417 (1422); s. auch BT-Drs. 16/1830, 23: „Besonders schutzbedürftig sind Berechtigte, die wegen der Betreuung eines Kindes unterhaltsberechtigt sind …“ AA etwa Schürmann FamRZ 2008, 313 (316 f.).

39 BT-Drs. 16/1830, 23.

40 AA BGH NJW 1984, 1813 = FamRZ 1988, 683 (685 f.); BeckOGK/*Selg,* 1.2.2019, Rn. 17; BeckOGK/*Gerlach,* 1.2.2019, § 1609 Rn. 48; NK-BGB/*Saathoff/Reuter* § 1609 Rn. 4. S. auch *Menne* FamRZ 2006, 504 (505) zu den Überlegungen des Gesetzgebers (BT-Drs. 13/7338, 21, allerdings zu § 1603 Abs. 2 S. 2), den Unterhaltsanspruch behinderter Kinder nicht in den Vorrang einzubeziehen, weil „die Lebenssitua-

**terhalt** ergibt, sollte auch dieser in entsprechender Anwendung von § 1609 Nr. 2 privilegiert werden.

**Nicht** miterfasst werden

23 – trotz des Wortlautes von Nr. 2 der **„Annexanspruch"** aus elternbezogenen Gründen (§ 1570 Abs. 2 [→ § 1570 Rn. 72–96]; § 1615l Abs. 2 S. 4, 5),[41] weil rechtfertigender Grund für diesen Anspruch nicht die Betreuungsbedürftigkeit des Kindes, sondern die bisherige Handhabung seiner Eltern ist. Zudem handelt es sich bei der Privilegierung des Betreuungsunterhalts im 2. Rang um die Ausnahme von der Regel (3. Rang) (→ Rn. 15), und jeder Vorrang und Gleichrang beschneidet die Unterhaltsansprüche gleich-/nachrangig Berechtigter. Zur gleichen Problematik beim Einsatzzeitpunkt für den **Annexunterhalt** (§ 1570 Abs. 2) → § 1570 Rn. 26, beim **Wiederaufleben** des Unterhaltsanspruchs nach **Vermögensverfall** (§ 1577 Abs. 4 S. 2) → § 1577 Rn. 80, 81, beim Wiederaufleben des Unterhaltsanspruchs wegen der **Betreuung gemeinsamer Kinder** (§ 1586a Abs. 1) → § 1586a Rn. 11–13, zum Übergangsrecht nach dem UÄndG 2007 **§ 36 Nr. 1 EGZPO** → 7. Aufl. 2017, Anh. § 1586b Rn. 21.

24 – ein dem Berechtigten neben dem Anspruch auf Betreuungsunterhalt zustehender Anspruch auf **Erwerbslosen**- oder **Aufstockungsunterhalt** (§ 1573 Abs. 1, 2). Er steht im 3. Rang.[42] Die gesetzliche Regelung stellt nur hinsichtlich der Kinderbetreuung und nicht allgemein auf die Person des Ehegatten ab. Unerheblich ist auch, dass eine lange Dauer der Ehe den Geschiedenenunterhalt gleichfalls privilegiert, weil mit dem Schutz des Vertrauens des bedürftigen Ehegatten ein anderer Zweck verfolgt wird.[43]

25 **b) „Ehe von langer Dauer".** Die maßgebliche Dauer der Ehe iSd Vorschrift bemisst sich aus Gründen der Praktikabilität wegen der Möglichkeit, den nachehelichen Unterhalt im Verbund mit der Scheidungssache geltend zu machen, von der Heirat bis zur **Rechtshängigkeit des Scheidungsantrags.**[44]

26 Wann eine Ehe von **„langer Dauer"** ist, wird bewusst[45] nicht absolut definiert. § 1609 Nr. 2 Hs. 2[46] ermöglicht insbesondere auch die Berücksichtigung **„ehebedingter Nachteile"** iSd § 1578b Abs. 1 S. 2, 3.[47] Danach wird man sich zunächst an der Rspr. des BGH

Die Rspr. zu § 1582 Abs. 1 S. 2 [1. EheRG] – wonach nach einer Ehedauer von 15 Jahren von einer „Ehe von langer Dauer" iSd Vorschrift ausgegangen werden konnte, was nicht ausgeschlossen hatte, aufgrund der konkreten Umstände des Einzelfalles auch eine kürzere Dauer, nicht jedoch unter 12 Jahren, ausreichen zu lassen[48] – kann

---

tion … zu wenig vergleichbar erschien und deshalb Zweifelsfragen im Hinblick auf den Gleichheitsgrundsatz hervorgerufen hätte."

41 Johannsen/Henrich/*Graba/Maier* § 1609 Rn. 3; *Maurer* FamRZ 2008, 2157 (2165); krit. auch *Schilling* FF 2008, 279 (292); offengelassen von *Schürmann* FamRZ 2008, 313 (317). AA BeckOGK/*Selg,* 1.2.2019, Rn. 12.1; BeckOGK/*Gerlach*, 1.2.2019, § 1609 Rn. 64.2; NK-BGB/*Saathoff/Reuter* § 1609 Rn. 7; Soergel/*Häberle* Rn. 7; *Borth* Praxis des UnterhaltsR Rn. 532, 533; *Borth* FamRZ 2008, 2 (9); auch → 7. Aufl. 2017, § 1609 Rn. 18 („ehespezifische Ausprägung des Anspruchs auf Betreuungsunterhalt").

42 Johannsen/Henrich/*Graba/Maier* § 1609 Rn. 3; *Maurer* FamRZ 2014, 1989 (1990); *Maurer* FamRZ 2008, 2157 (2165); iErg ebenso BeckOGK/*Selg,* 1.2.2019, Rn. 14; Soergel/*Häberle* Rn. 8; *Borth* Praxis des UnterhaltsR Rn. 533; *Schürmann* FamRZ 2008, 313 (317 f.); *Schilling* FF 2008, 279 (292); aA BGH NJW 2014, 3649 Rn. 23 = FamRZ 2014, 1987 mablAnm *Maurer*; OLG Hamm BeckRS 2012, 19326 = FamRZ 2013, 706 Ls.; BeckOGK/*Lettmaier,* 1.2.2019, § 1570 Rn. 111; Johannsen/Henrich/*Hammermann* Rn. 7; Erman/*Hammermann* § 1609 Rn. 14; BeckOK BGB/*Beutler,* 47. Ed. 1.8.2018, § 1570 Rn. 38; Palandt/*Brudermüller* § 1609 Rn. 14; auch Büte/Poppen/Menne/*Menne* Rn. 13; *Grundmann/Menne,* Das neue Unterhaltsrecht, 2008, 89 Praxishinweis 5; *Menne* FamRB 2008, 110 (118), der wegen der Einheitlichkeit des Unterhaltsanspruchs nicht auf dessen Qualifikation, sondern auf die Person des Unterhaltsberechtigten abstellt.

43 BeckOGK/*Selg,* 1.2.2019, Rn. 14; aA Erman/*Hammermann* § 1609 Rn. 14.

44 BGHZ 179, 43 = NJW 2009, 989 Rn. 35 mAnm *Maurer* LMK 2009, 276248 = FamRZ 2009, 406 mAnm *Schürmann*; NJW 1983, 2321 = FamRZ 1983, 886 (888); wohl trotz anderer Terminologie – „im Zeitpunkt der Scheidung" – nicht aA BT-Drs. 16/1830, 24, weil der Gesetzgeber nicht zum Ausdruck bringt, dass von der bekannten BGH-Rspr. abgewichen werden soll.

45 BT-Drs. 16/1830, 24; zu § 1578b → § 1578b Rn. 42, 43. So schon die Vorgängerregelung § 1582 Abs. 1 S. 2 aF.

46 Eingefügt durch den RA-BT, BT-Drs. 16/6980, 3, 10.

47 Nach BT-Drs. 16/6980, 10 wird dies auf in der Expertenanhörung am 16.10.2006 geäußerten Wunsch „klargestellt" (die hierfür in Bezug genommene Einzelbegründung zu § 1609 Nr. 2 [BT-Drs. 16/1830, 24] sagt hierzu jedoch nichts aus), weshalb dies ohne diesen ausdrücklichen Hinweis wohl nicht, jedenfalls nicht selbstverständlich gegolten hätte. Dazu auch *Schürmann* FamRZ 2008, 313 (318).

48 BGH NJW 1983, 2321 = FamRZ 1983, 886 (888); NJW 1983, 1733 = FamRZ 1983, 678 (680); ebenso OLG Hamm FuR 2001, 550 ff.: 10–15 Jahre; OLG Hamm NJWE-FER 1997, 76 = FamRZ 1997, 296 (297); OLG Köln BeckRS 1993, 4011 = FamRZ 1993, 1226 (1227): Stets ist eine Ehedauer von 8 Jahren nicht ausreichend; s. auch OLG Hamm BeckRS 2010, 201 = FamRZ 2004, 1110 (22 Ehejahre); OLG

der Neuregelung nicht mehr zugrunde gelegt werden, weil sie angesichts der Erforderlichkeit, alle Umstände des Einzelfalls in die Bestimmung der maßgebenden Ehedauer einzubeziehen, zu schematisch ist.

zu § 1578b orientieren müssen, welche die Beschränkungen des Unterhaltsanspruchs eng mit dem Eintritt ehebedingter Nachteile verknüpft und der Ehedauer eine eher untergeordnete Bedeutung beimisst (→ § 1578b Rn. 39–43),[49] aber auch deren stärkeren Gewichtung ab 1.3.2013 (→ § 1578b Rn. 4)[50] Rechnung tragen müssen.

**Kritisch** zu sehen ist, dass § 1609 Nr. 2 Hs. 2 die eigenständigen Kriterien „Dauer der Ehe" und „ehebedingte Nachteile" vermengt und die Ehedauer auch über die ehebedingten Nachteile definiert. Dies regeln auch § 1578b Abs. 1 S. 2, 3[51] so nicht, zudem ist es systematisch unzutreffend, weil sich Nachteile zwar aus der Ehedauer ergeben können, diese aber nicht bestimmen. Hs. 2 ist deshalb so zu lesen, dass für den Gleichrang von Ehegatten und geschiedenen Ehegatten mit kinderbetreuenden Elternteilen neben einer langen Ehedauer insbesondere auch ehebedingte Nachteile und andere Umstände des Einzelfalls Bedeutung erlangen können (→ Rn. 28). 27

Allgemein wird man insbesondere dann von einer langen Ehedauer nach den individuellen Verhältnissen va des Berechtigten ausgehen können, wenn er schon gar nicht die Möglichkeit hat, seine wirtschaftliche Lage zu verändern, oder er auch mit ihm (noch) **zumutbaren** Veränderungen nicht in der Lage ist, seinen Lebensbedarf selbst zu decken.[52] Wann eine „Ehe von langer Dauer" konkret vorliegt, ist aufgrund **aller Umstände des Einzelfalles** festzustellen,[53] wobei insbesondere einzubeziehen sind[54] 28

– die **tatsächliche Ehedauer,** die nach der gesetzlichen Regelung aber durch die „ehebedingten Nachteile" (→ § 1578b Rn. 119 ff., insbesondere Rn. 118; zur Bemessung des ehebedingten Nachteils → § 1578b Rn. 157) relativiert wird.

Nach der Rspr. des BGH[55] scheint bei langen Ehen deren tatsächlicher Dauer gar keine Bedeutung zuzukommen, maßgeblich sind allein die ehebedingten Nachteile. Lediglich bei kurzen Ehen kann sich die Ehedauer auswirken, allerdings nicht zum Rang, sondern allein dahin, dass trotz ehebedingter Nachteile eine Begrenzung des Unterhaltsanspruchs nach §§ 1578b, 1579 Nr. 1 erfolgt.[56] Dieser Deutung kann jedenfalls nach der Aufnahme der „Dauer der Ehe" in § 1578b Abs. 1 S. 2 durch das Gesetz v. 20.2.2013 (BGBl. 2013 I 273) nicht mehr gefolgt werden.[57]

– das **Lebensalter** der Ehegatten im Zeitpunkt der Scheidung,
– **Heirat** bereits in jungen Jahren oder erst im Alter,
– die Dauer der **Betreuung** eines gemeinsamen Kindes einschließlich einer vorehelichen Betreuung,[58]
– das Ausmaß gegenseitiger **wirtschaftlicher Verflechtungen** und Abhängigkeiten wegen der Ausrichtung auf ein **gemeinsames Lebensziel,**[59]
– die Art des **konkurrierenden Unterhaltsanspruchs,** insbesondere wenn sich dieser aus § 1615l Abs. 2 ergibt.[60]

---

Karlsruhe BeckRS 2009, 25785 = FamRZ 1987, 395 (397) (27 Ehejahre); OLG Düsseldorf FamRZ 1984, 1103 (1105) (20 Ehejahre); OLG Stuttgart BeckRS 2010, 18359 = FamRZ 1981, 1181 (20 Ehejahre); der Gesetzgeber des 1. EheRG ging davon aus, dass jedenfalls 20 Ehejahre genügen (BT-Drs. 7/650, 143] (→ 4. Aufl. Rn. 17).

49 Ebenso etwa *Schürmann* FamRZ 2008, 313 (318).

50 Art. 3 des Gesetzes v. 20.2.2013 (BGBl. 2013 I 273) (→ Vor § 1569 Rn. 11; auch → 7. Aufl. 2017, Anh. § 1586b Rn. 42).

51 Auch idF von Art. 3 des Gesetzes zur Durchführung des Haager Übereinkommens vom 23. November 2007 über die internationale Geltendmachung der Unterhaltsansprüche von Kindern und anderen Familienangehörigen sowie zur Änderung von Vorschriften auf dem Gebiet des internationalen Unterhaltsverfahrensrechts und des materiellen Unterhaltsrechts v. 20.2.2013 (BGBl. 2013 I 273).

52 Ebenso OLG Hamm BeckRS 2014, 6507 = FamRZ 2015, 1397 (1398 f.).

53 Dazu auch BeckOGK/*Gerlach*, 1.2.2019, § 1609 Rn. 74.

54 BT-Drs. 16/1830, 24 f.; auch OLG Hamm BeckRS 2014, 6507 = FamRZ 2015, 1397 (1398 f.).

55 BGHZ 177, 356 = NJW 2008, 3213 Rn. 55–67 = FamRZ 2008, 1911; s. auch *Schürmann* FamRZ 2008, 313 (318), wonach es sich bei der tatsächlichen Ehezeit „um eine allgemeine, vom Zeitlauf unabhängige Billigkeitsklausel" handelt, die der Ehezeit nur „indizielle Bedeutung" beimisst.

56 *Maurer* FamRZ 2008, 2157 (2165).

57 Kritisch auch BeckOGK/*Gerlach*, 1.2.2019, § 1609 Rn. 73.2 mwN.

58 Zu Letzterem aA BeckOGK/*Gerlach*, 1.2.2019, § 1609 Rn. 68.

59 Zu Letzterem bereits BGH NJW 1983, 2321 = FamRZ 1983, 886 (888) (für eine Haushaltsführungsehe, in der das Vertrauen des nichterwerbstätigen Ehegatten auf fortwährenden Unterhalt wegen langjähriger Haushaltsführung und Betreuung gemeinschaftlicher Kinder unter Verzicht auf die eigene berufliche Entwicklung schützenswert ist); auch OLG Koblenz BeckRS 2010, 10456 = FamRZ 1983, 281 (282) (14-jährige Ehedauer); s. auch *Schürmann* FamRZ 2008, 313 (318).

60 Zweifelnd insoweit *Schürmann* FamRZ 2008, 313 (318).

Einbezogen werden können auch[61]

29 – die **Aufgabenverteilung** in der Ehe und eine sich daraus ergebende **wirtschaftliche Abhängigkeit,**
– die Betreuung von **Pflegekindern** und Kindern aus einer anderen Beziehung, sofern sie einen Unterhaltsanspruch aus § 1576 begründet,[62]
– die **berufliche Qualifikation** und die Möglichkeit des Berechtigten, diese noch zu verbessern,
– die Lage auf dem **Arbeitsmarkt** und die konkreten Vermittlungschancen für den Berechtigten,
– sein **Gesundheitszustand,**
– sein **Vermögen.**

## C. Rechtsfolgen

### I. Vorrang

30 **1. Grundsätze.** Nachrangig Berechtigte kommen nur zum Zuge, wenn nach der vollständigen Befriedigung der vorrangig Berechtigten noch finanzielle Mittel zur Verteilung übrigbleiben. – Ein **Mangelfall** liegt bereits dann vor, wenn die **Leistungsfähigkeit** des Verpflichteten nicht ausreicht, um die Unterhaltsansprüche aller Berechtigten voll zu befriedigen. Er kann sich **horizontal** zwischen gleichrangigen und **vertikal** zwischen verschiedenrangigen Berechtigten ergeben. Deshalb kann es um die Befriedigung nachrangig Berechtigter erst dann gehen, wenn die Unterhaltsansprüche vorrangig Berechtigter **vollständig** befriedigt sind.[63] – Zu den Auswirkungen auf den **Bedarf** des geschiedenen Ehegatten → Rn. 38–41.

31 **2. Rangkorrekturen. „Vorrang ist Vorrang"** (→ § 1578 Rn. 39, → § 1581 Rn. 60).[64] Als Ausdruck „gesetzlicher Billigkeitswertung"[65] kann der nachrangige Unterhaltsanspruch erst nach (voller) Befriedigung des vorrangig Berechtigten berücksichtigt werden.[66] Die gesetzlichen Rangvorgaben sind grundsätzlich keiner **Billigkeits**- oder **Angemessenheitskorrektur** zugänglich.[67]

32 Eine Einschränkung des Vorrangs ist auch dann nicht **verfassungsrechtlich** geboten,[68] wenn durch ihn die neue Ehe wirtschaftlich gefährdet und der neue Ehegatte auf Sozialhilfe verwiesen wird, zumal jede Korrektur idR zu einer Benachteiligung des durch den Vorrang geschützten unterhaltsberechtigten ehemaligen Ehegatten und dessen Verweisung auf Sozialhilfe führen würde. Zudem bestehen die Fallgestaltungen, für die nach § 1582 aF eine Billigkeitskorrektur zugelassen wurde, nach dem neuen Recht idR nicht mehr: Kinderbetreuende Elternteile gehen nichtbetreuenden Ehegatten schon von Gesetzes wegen vor (§ 1609 Nr. 2), und der Splittingvorteil steht ohnehin nur der aktuellen Ehe zur Verfügung (aber → § 1578 Rn. 86–89, → § 1581 Rn. 78). **Ausnahmen** können im Einzelfall zugelassen werden, etwa über § 1579 Nr. 8, wenn in **Auslandsfällen** keine Sozialhilfe gewährt wird.[69]

33 Rangregelungen durch **Parteivereinbarung,** wie sie insbesondere im Verhältnis des Unterhalts nicht privilegierter volljähriger Kinder zum Ehegattenunterhalt vorkommen können, sind zulässig, solange und soweit sie nicht zu Lasten eines an der Vereinbarung nicht beteiligten Unterhaltsberechtigten oder eines Sozialleistungsträgers gehen.[70] Ein Bedürfnis für solche Vereinbarungen kann für minderjährige verheiratete Kinder und volljährige Kinder, die nicht nach § 1603 Abs. 2 S. 2 privilegiert sind, bestehen. Minderjährige unverheiratete und ihnen gleichgestellte volljährige Kinder gehen

[61] Dazu auch *Reinken* FPR 2008, 9 (10).
[62] In die Diskussion eingebracht von *Schürmann* FamRZ 2008, 313 (317).
[63] Dazu auch *Scholz* FamRZ 2007, 2021 (2029).
[64] BGH NJW 2014, 2109 Rn. 22 = FamRZ 2014, 1183; NJW 1985, 2268 = FamRZ 1985, 911 (912) (zu § 1582 Abs. 1 S. 2 aF); auch *Grandel* NJW 2008, 796 (797); *Schürmann* FamRZ 2008, 313 (321); *Vossenkämper* FamRZ 2008, 201 (210); *D. Schwab* FamRZ 2005, 1417 (1423).
[65] BGH NJW 2014, 2109 Rn. 22 = FamRZ 2014, 1183.
[66] HM zu § 1582 aF, etwa BGH NJW 1985, 2268 = FamRZ 1985, 911 (912).
[67] BGH NJW 2014, 2109 Rn. 22 = FamRZ 2014, 1183; NJW 1985, 2268 = FamRZ 1985, 911 (912) (zu § 1582 Abs. 1 S. 2 aF). Soweit BT-Drs. 16/1830, 24 wegen des Hinweises auf den Rechenweg und die Angemessenheitsprüfung etwas anderes entnommen werden könnte, ist dem nicht zu folgen, ebenso schon *Grandel* NJW 2008, 796 (797); *Schürmann* FamRZ 2008, 313 (321); *Vossenkämper* FamRZ 2008, 201 (210); *Borth* FamRZ 2006, 813 (817 f.); *D. Schwab* FamRZ 2005, 1417 (1423).
[68] BVerfGE 66, 84 = NJW 1984, 1523 = FamRZ 1984, 346 (350).
[69] BGHZ 104, 158 = NJW 1988, 1722 = FamRZ 1988, 705 (707 f.).
[70] *Büttner* NJW 1987, 1855 (1856). Ein Verstoß gegen § 1614, dazu *Schürmann* FamRZ 2008, 313 (319), kann zum nachehelichen Unterhalt wegen § 1585c nicht vorliegen.

dem Ehegattenunterhalt – Trennungs- wie nachehelichem Unterhalt – ohnehin bereits von Gesetzes wegen vor (§ 1609 Nr. 1).

**3. Zwangsvollstreckung.** Die Rangfolge nach §§ 1582, 1609 gilt auch in der Zwangsvollstreckung in Arbeitseinkommen (§ 120 Abs. 1 FamFG, § 850d Abs. 2 ZPO nF). Eine nach § 850d Abs. 2a ZPO aF nach billigem Ermessen noch mögliche Abweichung vom gesetzlichen Rangverhältnis ist nicht mehr zulässig.[71] 34

## II. Rangwechsel

Wechselt ein Berechtigter den Rang oder entsteht ein Unterhaltsanspruch nachträglich oder wird erst nachträglich geltend gemacht, hat dies unmittelbare Auswirkungen auf den Unterhalt der anderen bislang gleich- und ggf. nachrangig Berechtigten. 35

**Beispiele:** 36
Die Privilegierung eines volljährigen Kindes entfällt (§ 1603 Abs. 2 S. 2), weil es nicht mehr bei seinen Eltern wohnt, studiert oder das 21. Lebensjahr vollendet hat (nunmehr 4. Rang statt 1. Rang).
Der Unterhaltsanspruch eines kinderbetreuenden Elternteils aus §§ 1570, 1615l entfällt (nunmehr 3. Rang statt 2. Rang).
Ein Anspruch auf Betreuungsunterhalt entsteht mit Eintritt der Betreuungsbedürftigkeit eines Kindes (Unterhalt aus § 1570 statt aus § 1573 Abs. 2: nunmehr 2. Rang statt 3. Rang).
Dass der geschiedene Ehegatte keine Unterhaltsansprüche gegen den Verpflichteten (mehr) hat, lässt die Unterhaltsansprüche vorrangiger Kinder (§ 1609 Nr. 1) unberührt.[72] Dabei ist unerheblich, ob mangels Tatbestandsmäßigkeit ein Unterhaltsanspruch bereits **nicht bestanden** hat, er später wieder **entfallen** ist[73] oder der geschiedene Ehegatte auf ihn gemäß § 1585c wirksam **verzichtet** hat.

Für bis zum 31.12.2007 entstandene Unterhaltsansprüche bleibt der **relative Vorrang** des geschiedenen Ehegatten aus § 1582 Abs. 1 aF bestehen (§ 36 Nr. 7 EGZPO), auch wenn er sie mit Rücksicht auf die Belange des Kindes etwa im Mangelfall nicht geltend gemacht hat, ohne dass es auf den Grund der Nicht-Geltendmachung, der für den Verpflichteten und seinen neuen Ehegatten unerheblich ist, ankommt. – Dagegen ist durchaus erheblich, ob der Unterhalt für die **Vergangenheit** überhaupt noch geltend gemacht werden könnte (§ 1585b Abs. 2).[74] Dieser gesetzlich geregelte Fall einer Verwirkung ist eine von Amts wegen zu beachtende rechtsvernichtende Einwendung (→ § 1585b Rn. 22), die den Unterhaltsanspruch für den betroffenen Zeitraum zum Erlöschen bringt, ein solcher mithin auch nicht mehr besteht. 37

## III. Bedarf

Systematisch scheint die Bemessung des Bedarfs des geschiedenen Ehegatten klar: Weil jeder nachrangig Berechtigte nur dann befriedigt werden kann, wenn der Verpflichtete nach vollständiger Befriedigung der vorrangig Berechtigten noch (ggf. teilweise) leistungsfähig ist, ist der Bedarf der vorrangig Berechtigten **unabhängig** von dem der nachrangig Berechtigten festzustellen. Dies gilt jedenfalls insoweit, als der Bedarf der vorrangig Berechtigten unabhängig vom Bedarf der nachrangig Berechtigten ist. Deshalb geht es um den Rang erst nach der Bestimmung des Bedarfs jedes einzelnen Berechtigten, sodass der Bedarf eines Berechtigten grundsätzlich unabhängig von seinem Rang ist.[75] 38

**Beispiele:** 39
Einsatzbetrag für erstrangige Kinder bei der Prüfung, ob nachrangig Berechtigte ggf. noch bedient werden können: Betrag aus der entsprechenden Einkommensgruppe der Düsseldorfer Tabelle oder Mindestunterhalt? Tabellenbetrag oder Zahlbetrag? (→ § 1578 Rn. 915, 916, 922, 923).
Bemessung des Bedarfs des geschiedenen Ehegatten: Bedarfsprägung der Unterhaltsverpflichtung gegenüber dem Ehegatten der Nachehe (→ § 1578 Rn. 127–138)? Berücksichtigung des Splittingvorteils und des Realsplittingvorteils (→ § 1578 Rn. 86–89, 90)?

Dass der Rang nicht durch Billigkeit geändert werden kann (→ Rn. 31), schließt nicht aus, den Bedarf der **vorrangigen Kinder** (→ Rn. 10–14) nach der Düsseldorfer Tabelle und dem 40

---

71 So auch Zöller/*Stöber* ZPO § 850d Rn. 15; Musielak/Voit/*Becker* ZPO § 850d Rn. 13. Zur Altfassung von § 850d ZPO s. OLG Bamberg OLGR 1998, 67.

72 Anders das bis zum 31.12.2007 geltende Recht, dazu noch BGH NJW 2007, 2412 Rn. 15 = FamRZ 2007, 1081; BGHZ 162, 384 = NJW 2005, 2145 = FamRZ 2005, 1154 (1155).

73 Zu § 1586 s. BGH NJW 2007, 2412 Rn. 15 = FamRZ 2007, 1081.

74 AA BGHZ 162, 384 = NJW 2005, 2145 = FamRZ 2005, 1154 (1156) ohne Begründung.

75 BGHZ 177, 356 = NJW 2008, 3213 Rn. 31 = FamRZ 2008, 1911; BGHZ 175, 182 = NJW 2008, 1663 Rn. 48 = FamRZ 2008, 968; OLG Brandenburg BeckRS 2008, 23672 = FamRZ 2009, 699 Ls.; s. auch *Maurer* FamRZ 2008, 2157 (2165).

Einkommen des Verpflichteten zu korrigieren. Doch ist nicht schon immer dann der **Mindestunterhalt** anzusetzen, wenn im 2. Rang ein Mangelfall besteht.[76] Auch der **Bedarfskontrollbetrag** der Düsseldorfer Tabelle (A. 6.) ermöglicht keine Herabsetzung des Einsatzbetrags für Kinder im 1. Rang.[77] Systematisch ist er ein Mittel der **Angemessenheitskontrolle** (→ § 1581 Rn. 90), mit der die Ausgewogenheit der Mittelverteilung überprüft und die rechnerisch ermittelten Unterhaltsbeträge ggf. korrigiert werden, aber kein Instrument zur Bedarfsbestimmung.[78]

41 Der Unterhalt ist für jeden **Ehegatten** gesondert festzustellen.[79] Auch dass ggf. Gleichrang zwischen geschiedenem und neuem Ehegatten besteht (§ 1609 Nr. 2), ist für die Bedarfsbemessung unerheblich.[80] Eine andere Frage ist, inwieweit der Bedarf des geschiedenen Ehegatten durch die Nachehe geprägt wird (→ § 1578 Rn. 127–138).

### IV. Bedürftigkeit

42 § 1609 Nr. 2 sieht die entsprechende Anwendung von § 1577 Abs. 1 nicht (mehr) ausdrücklich vor; dies bedarf es auch nicht, weil es auf die Leistungsfähigkeit und den Rang systematisch ohnehin nur ankommt, wenn der Berechtigte bedürftig ist (zur entsprechenden Anwendbarkeit auf den **Trennungsunterhalt** → § 1361 Rn. 36–39). Anders dagegen für den **Familienunterhalt,** für den Bedürftigkeit nicht erforderlich ist (→ § 1360 Rn. 6). Die Anbindung an die Bedürftigkeit führt auch insoweit dazu, dass eine Konkurrenz der Unterhaltsansprüche nicht besteht, wenn der neue Ehegatte sich aus seinen Einkünften und seinem Vermögen selbst versorgen kann (§ 1577 Abs. 3; allgemeiner Grundsatz, → § 1602 Abs. 2).

## D. Darlegungs- und Beweislast

43 Für das Bestehen vor- oder gleichrangiger Unterhaltsansprüche ist der **Verpflichtete** darlegungs- und beweispflichtig. Er hat auch, beruft er sich auf den Vorrang anderer Unterhaltsberechtigter, alle die Umstände nachzuweisen, aus denen sich Grund und Höhe des jeweiligen Unterhaltsanspruchs ergeben. Beruft sich dagegen der **Berechtigte** auf seinen Vor- oder Gleichrang, hat er die dafür erforderlichen Umstände – Kinderbetreuung, Ehe von langer Dauer – darzulegen und ggf. auch zu beweisen.[81]

## § 1583 Einfluss des Güterstands

**Lebt der Verpflichtete im Falle der Wiederheirat mit seinem neuen Ehegatten im Güterstand der Gütergemeinschaft, so ist § 1604 entsprechend anzuwenden.**

**Schrifttum:** *Behmer,* Ist die Gütergemeinschaft als Wahlgüterstand „obsolet"?, FamRZ 1988, 339; *Ensslen,* Das Zusammentreffen von Gütergemeinschaft und Scheidungsverfahren, FamRZ 1998, 1077; *Kleffmann, C.,* Unterhaltsverkürzung durch die Güterstandsschaukel, FuR 2017, 651; *Kleinle,* Trennungsunterhalt und Gütergemeinschaft mit gemeinschaftlicher Gesamtgutverwaltung, FamRZ 1997, 1194; *Weinreich,* Unterhalt in der Gütergemeinschaft, FuR 1999, 49.

---

[76] *Wever* FamRZ 2008, 553 (559); *Schürmann* FamRZ 2008, 313 (320 f.); *Scholz* FamRZ 2007, 2021 (2028 f.); aA BGHZ 178, 79 = NJW 2008, 3562 Rn. 22 = FamRZ 2008, 2189; *Klinkhammer* FamRZ 2008, 193 (200); *Hauß* FamRB 2008, 52; *Reinken* FPR 2008, 9 (11); *Gerhardt* FamRZ 2007, 945 (948).

[77] S. auch OLG Braunschweig BeckRS 2008, 26260 = FamRZ 2005, 1997 Ls.; aA BGH NJW 2000, 3140 = FamRZ 2000, 1492 (1493), allerdings mit der Einschränkung, dass sowohl die Einstufung anhand der Bedarfskontrollbeträge als auch eine „Angemessenheitskontrolle im Rahmen einer Ergebnisprüfung erst in einer letzten Stufe und ohne die von der Tabelle vorgegebenen festen Kontrollbeträge" zulässig ist; BGHZ 178, 79 = NJW 2008, 3562 Rn. 19, 20 = FamRZ 2008, 2189 („… Angemessenheitsbetrachtung anzustellen, welche etwa … mit Hilfe der Bedarfskontrollbeträge … vorgenommen werden kann"); BGHZ 175, 182 = NJW 2008, 1663 Rn. 48 = FamRZ 2008, 968; *Wever* FamRZ 2008, 553 (559); *Klinkhammer* FamRZ 2008, 193 (197 f.); *Scholz* FamRZ 2007, 2021 (2028 f.).

[78] Insoweit auch *Wever* FamRZ 2008, 553 (560). – Nicht eindeutig *Borth* Praxis des UnterhaltsR Rn. 561–563, der die Funktion des Bedarfskontrollbetrags als Mittel der Angemessenheitsprüfung betont, andererseits aber auch den Einsatzbetrag nach ihm bestimmt.

[79] Ebenso *Schürmann* FamRZ 2008, 313 (325).

[80] BVerfGE 128, 193 = NJW 2011, 836 Rn. 7 = FamRZ 2011, 437 2; aA etwa *Schürmann* FamRZ 2008, 313 (325).

[81] BeckOGK/*Selg,* 1.2.2019, Rn. 19.

**Übersicht**



## I. Allgemeines

**1. Normzweck.** Zur ordnungsgemäßen Verwaltung des Gesamtguts (zum Begriff s. § 1451) gehört auch die Leistung des aus dem Gesamtgut zu erbringenden Unterhalts (dazu auch § 1421).[1] § 1583 (vormals inhaltsgleich § 68 EheG), der nur geringe praktische Bedeutung hat, soll durch die Anordnung der entsprechenden Anwendung von § 1604 der **Schmälerung der Leistungsfähigkeit** des geschiedenen Ehegatten durch die Vereinbarung der Gütergemeinschaft in neuer Ehe und der Überleitung von Vermögensgegenständen des Verpflichteten in das Gesamtgut (§ 1416) vorbeugen. 1

**2. Anwendungsbereich.** § 1583 ist nur dann anwendbar, wenn der Unterhaltschuldner nach Beendigung der Ehe mit dem Unterhaltsgläubiger eine **neue Ehe** eingeht und mit diesem in Gütergemeinschaft lebt. Er ist deshalb nicht anwendbar, wenn die Ehegatten der beendeten Ehe in Gütergemeinschaft gelebt haben. In diesem Fall richtet sich die Haftung für eheliche und nacheheliche Unterhaltsverpflichtungen nach den allgemeinen Regeln. 2

Die Vorschrift betrifft nur den **nachehelichen Unterhalt** in seiner Ausprägung durch die gesetzliche Regelung, und zwar auch in seiner Ausgestaltung durch eine **Vereinbarung** nach § 1585c. Dabei ist unerheblich, ob die Ehe geschieden oder aufgehoben (§ 1318 Abs. 2, → § 1318 Rn. 3–11) wurde. Dagegen ist § 1583 auf durch Vereinbarungen mit **selbstständigem Schuldgrund** eingeräumte Unterhaltsansprüche (→ § 1585c Rn. 38–44) grundsätzlich nicht anwendbar.[2] Doch kann die Auslegung ergeben, dass es dem Willen der Ehegatten entspricht, § 1583 entsprechend anzuwenden.[3] In Anbetracht der restriktiven Rspr. des BGH zur Annahme von Vereinbarungen mit selbstständigem Schuldgrund stellt sich dann aber bereits die grundsätzliche Frage, ob überhaupt eine solche Vereinbarung mit selbstständigem Schuldgrund oder nicht lediglich eine vertragliche Ausgestaltung des Anspruchs nach dem gesetzlichen Unterhaltsrecht anzunehmen ist. – Für den Unterhaltsanspruch eines **nicht verheirateten Elternteils** verweist § 1615l Abs. 3 S. 1 direkt auf § 1604. 3

Nach Einführung der gleichgeschlechtlichen Ehe[4] ist § 1583 auch auf die Eingehung einer nachfolgenden **gleichgeschlechtlichen Ehe** anzuwenden, und zwar sowohl nach Scheidung einer verschiedengeschlechtlichen als auch nach Scheidung einer gleichgeschlechtlichen Ehe. 4

Zudem ist § 1583 auf den **nachpartnerschaftlichen Unterhalt** von Lebenspartnern, die gleichfalls die Gütergemeinschaft vereinbaren können (§ 7 LPartG), aus einer aufgehobenen Lebenspartnerschaft entsprechend anwendbar (§ 16 S. 2 LPartG). Geht der ehemalige Lebenspartner nicht erneut eine Lebenspartnerschaft, sondern eine – auch gleichgeschlechtliche (→ Rn. 4) – Ehe ein, ist § 1583 – gleichsam doppelt – analog anzuwenden. Analog deshalb, weil § 1583 nur von „Wiederheirat" spricht.[5] 5

1 BGHZ 111, 248 = NJW 1990, 2252 = FamRZ 1990, 851 (852).
2 Allg. Meinung, etwa BeckOGK/*Witt*, 1.2.2019, Rn. 6.
3 Soergel/*Häberle* Rn. 1; NK-BGB/*Sanders* Rn. 2 mwN.
4 Durch das Gesetz zur Einführung des Rechts auf Eheschließung für Personen gleichen Geschlechts v. 20.7.2017 (BGBl. 2017 I 2787) mWv 1.10.2017.
5 BeckOGK/*Witt*, 1.2.2019, Rn. 4.

6 Nicht anwendbar ist die Vorschrift auf den **Familienunterhalt** (§§ 1360, 1360a, § 5 LPartG)[6] und den **Trennungsunterhalt** (§ 1361, § 12 S. 2 LPartG),[7] da sie voraussetzt, dass der Unterhaltsschuldner in der neuen Ehe bzw. Lebenspartnerschaft (→ Rn. 4) im Güterstand der Gütergemeinschaft lebt.

7 **3. Systematische Zuordnung.** § 1583 steht im systematischen Zusammenhang mit der **Leistungsfähigkeit.** Er stellt im Hinblick auf § 1581 klar, was dem Unterhaltsschuldner im Mangelfall als Haftungsmasse zugerechnet werden kann, und führt ggf. zu seiner vollen Leistungsfähigkeit. Weder berührt er den **Schuldgrund,** also die Unterhaltstatbestände (§§ 1570–1573, 1575–1576), noch den **Bedarf** (§ 1578) und die **Bedürftigkeit** des Unterhaltsgläubigers, sondern hat „nur" damit zu tun, ob und in welcher Höhe der – ggf. noch offene – Bedarf des Unterhaltsgläubigers vom Unterhaltsschuldner mit seinen finanziellen Mitteln gedeckt werden kann.

8 Deshalb wird der **Ehegatte,** der mit dem Unterhaltsschuldner in Gütergemeinschaft lebt, nicht selbst zum Unterhaltsschuldner. Vielmehr **haftet** er „nur" deshalb mit seinen „Gütern", weil die Unterhaltsschulden zu Gesamtgutsverbindlichkeiten geworden sind (näher → Rn. 12).

## II. Gütergemeinschaft

9 **1. Entstehen der Gütergemeinschaft.** Die Entstehung einer Gütergemeinschaft müssen die Ehegatten durch Abschluss eines **Ehevertrags** vereinbaren (§ 1408 Abs. 1, § 1415). Dieser Vertrag bedarf zu seiner Wirksamkeit der notariellen Beurkundung (§ 1410). Er wirkt – was für den nachehelichen Unterhalt und damit auch für § 1583 unerheblich ist, weil der Vertrag zwar vor und während der Ehe geschlossen werden kann, auf jeden Fall aber vor der Scheidung bzw. Aufhebung der Ehe geschlossen sein muss – ex nunc ab Vertragsschluss (s. § 1408 Abs. 1).[8]

10 **2. Bestehende Gütergemeinschaft. a) Zurechnung des Gesamtguts.** Der **Unterhaltsschuldner** wird, ist nur er und nicht auch sein Ehegatte unterhaltspflichtig (→ Rn. 11), so behandelt, „als ob das Gesamtgut ihm gehörte" (§ 1604 S. 1), und zwar ihm allein.[9] Die Vereinbarung der Gütergemeinschaft in der neuen Ehe kann den Unterhaltsanspruch verstärken oder erst begründen, etwa im Falle des § 1576 oder wenn das Gesamtgut überwiegend oder ganz vom neuen Ehegatten stammt. Doch kann die Haftung für alle Gesamtgutsverbindlichkeiten und der aus dem Gesamtgut zu deckende Bedarf des neuen Ehegatten (vgl. §§ 1420, 1437, 1459) die Leistungsfähigkeit des Verpflichteten (§ 1581) auch mindern. Sondergut (§ 1417) und Vorbehaltsgut (§ 1418) sind nur dem Ehegatten der Nachehe zuzurechnen, dem diese Gütermassen gehören, und erhöhen nur seine Leistungsfähigkeit.

11 Ist auch der **andere Ehegatte** der Nachehe gegenüber Verwandten oder einem früheren Ehegatten unterhaltspflichtig, führt § 1604 S. 2 zu einem Gleichrang nach den allgemeinen gesetzlichen Vorschriften,[10] weshalb das Gesamtgut je nach Umfang und Gewicht der Unterhaltspflichten (§§ 1582, 1609) **nicht notwendig gleichmäßig** für die jeweiligen Bedürftigen heranzuziehen ist.[11]

12 **b) Haftung.** Unterhaltsschulden sind **Gesamtgutsverbindlichkeiten,** wenn sie sich gegen den allein verwaltenden Ehegatten (§§ 1437 Abs. 1) oder bei gemeinschaftlicher Verwaltung durch die Ehegatten gegen einen von ihnen (§ 1459 Abs. 1) richten und während des Bestehens der Gütergemeinschaft oder der fortgesetzten Gütergemeinschaft entstanden sind.

13 Der **Unterhaltsschuldner** haftet zunächst mit seinem Sonder- (§ 1417) und Vorbehaltsgut (§ 1418) für seine Unterhaltsschulden. Zudem haftet er mit dem Gesamtgut, wenn er das Gesamtgut allein oder gemeinsam mit seinem Ehegatten verwaltet (§ 1437 Abs. 1, § 1459 Abs. 1).

14 Den **neuen Ehegatten** des Unterhaltsschuldners trifft die Haftung zunächst insoweit, als sich der Unterhaltsgläubiger (auch) aus dem **Gesamtgut** befriedigen kann. Zudem haftet der neue Ehegatte auch **persönlich** als Gesamtschuldner, mithin auch mit seinem Sonder- und Vorbehaltsgut, wenn er das Gesamtgut allein verwaltet (§ 1437 Abs. 2 S. 1) oder die Ehegatten das Gesamtgut gemeinschaftlich verwalten (§ 1459 Abs. 2 S. 1). Eine persönliche Haftung trifft ihn dagegen **nicht,** wenn der Unterhaltsschuldner das Gesamtgut allein verwaltet.

---

[6] Dazu BeckOGK/*Preisner,* 1.5.2019, § 1360 Rn. 118, 159, 162.

[7] Dazu BGHZ 111, 248 = NJW 1990, 2252 = FamRZ 1990, 851 (852); OLG Oldenburg NJW-RR 2009, 1596 = FamRZ 2010, 213 (214); zum Trennungsunterhalt auch eingehend BeckOGK/*Witt,* 1.2.2019, Rn. 27–40; BeckOGK/*Preisner,* 1.5.2019, § 1361 Rn. 78.

[8] BeckOGK/*Witt,* 1.2.2019, Rn. 8.

[9] BeckOGK/*Witt,* 1.2.2019, § 1604 Rn. 37–40.

[10] RGRK-BGB/*Cuny* Rn. 5.

[11] RGRK-BGB/*Cuny* Rn. 4; Soergel/*Häberle* Rn. 2; Johannsen/Henrich/*Hammermann* Rn. 2.

**3. Beendete Gütergemeinschaft. a) Beendigung der Gütergemeinschaft.** Die Gütergemeinschaft wird durch den **Tod** eines Ehegatten (§ 1483 Abs. 1 S. 1; zur **fortgesetzten Gütergemeinschaft** → Rn. 21, 22), durch einen familiengerichtlichen **Aufhebungsbeschluss** (§§ 1449, 1470; zur Wirksamkeit des Aufhebungsbeschlusses s. § 112 Nr. 2 FamFG, § 261 Abs. 1 FamFG, § 116 Abs. 3 FamFG) oder durch **Vereinbarung** der Ehegatten (§ 1408 Abs. 1) beendet. Die Beendigung wirkt ex nunc, sodass für bis dahin entstandene Gesamtgutsverbindlichkeiten das Gesamtgut weiter haftet, neu begründete Unterhaltsverpflichtungen sind dagegen keine Gesamtgutsverbindlichkeiten mehr. 15

**b) Erlöschen der Haftung.** Nach Beendigung der Gütergemeinschaft (→ Rn. 15) kommt § 1583, der eine bestehende Gütergemeinschaft voraussetzt, unabhängig vom Grund der Beendigung **ab** dem Zeitpunkt der Beendigung nicht mehr zur Anwendung. 16

Für den **Unterhaltschuldner** hat dies folgende Auswirkungen:

– Seine **persönliche Haftung** mit seinem ehemaligen Sonder- und Vorbehaltsgut bleibt in vollem Umfang bestehen. Für **bis** zur Beendigung der Gütergemeinschaft fällig gewordene Unterhaltsbeträge haftet weiter auch das **Gesamtgut.** Als Gesamtgutsverbindlichkeiten unterliegen sie der Auseinandersetzung des Gesamtguts (§ 1475 Abs. 1) und werden im Innenverhältnis der Ehegatten allein dem Unterhaltsschuldner zugerechnet, der von seinem Ehegatten die Berichtigung aus dem Gesamtgut nicht verlangen kann (§ 1475 Abs. 2), was an der Haftung des Gesamtguts im Außenverhältnis nichts ändert. Für **ab** der Beendigung begründete Unterhaltsschulden erlischt die Haftung des Gesamtguts. 17
– Nach seinem **Tod** richtet sich die Haftung seiner Erben nach § 1586b. Sein Anteil am Gesamtgut gehört zum Nachlass (§ 1482 S. 1) und bestimmt seine Leistungsfähigkeit. 18

Für den **neuen Ehegatten** gilt: 19

– Seine **persönliche Haftung** als Gesamtschuldner für die Unterhaltsschuld mit seinem Sonder- und Vorbehaltsgut erlischt sowohl dann, wenn er das Gesamtgut allein verwaltet (§ 1437 Abs. 2 S. 1), als auch bei gemeinschaftlicher Verwaltung der Ehegatten (§ 1459 Abs. 2 S. 1). Dagegen bleibt die Haftung des **Gesamtguts** im Außenverhältnis erhalten, die Berichtigung erfolgt im Innenverhältnis der Ehegatten der neuen Ehe (§ 1475 Abs. 1, 2).
– Verwaltet der **Unterhaltsschuldner** das Gesamtgut allein, bleibt es, nachdem der neue Ehegatte ohnehin nicht persönlich gehaftet hat, bei der Haftung des Gesamtguts.

**c) Auseinandersetzung des Gesamtguts.** Das Gesamtgut ist bei der Auseinandersetzung zunächst um die Unterhaltsschuld, soweit sie Gesamtgutsverbindlichkeit geworden ist (→ Rn. 12–14), zu berichtigen (§ 1475 Abs. 1 S. 2, aber auch Abs. 2). Der **Gesamtanteil** des unterhaltspflichtigen Ehegatten am Gesamtgut 20

**Beispiel:**
(Gesamtgut 20.000 EUR – Unterhalt 5.000 EUR) /2 = Haftungsmasse Gesamtgut 7.500 EUR + Unterhalt 5.000 EUR = 12.500 EUR

bestimmt seine **Leistungsfähigkeit** mit. Bei seinem Tod richtet sich die Haftung seiner Erben nach § 1586b; sein Anteil am Gesamtgut gehört zum Nachlass (§ 1482 S. 1) und bestimmt dessen Leistungsfähigkeit.

**4. Fortgesetzte Gütergemeinschaft.** Verstirbt der **neue Ehegatte** und setzt der Verpflichtete die Gütergemeinschaft mit gemeinschaftlichen Abkömmlingen fort, ist § 1583 entsprechend anzuwenden (§ 1483 Abs. 1). Auch in der fortgesetzten Gütergemeinschaft bestimmt sich die Haftung des Gesamtguts so, als ob es dem Unterhaltsschuldner – allein – gehörte (§ 1604 S. 1).[12] Es haftet deshalb es **in voller Höhe** für die Unterhaltsschuld. 21

Dagegen haftet das Gesamtgut für Unterhaltsverbindlichkeiten (§§ 1488, 1604) nicht, wenn der **Verpflichtete** verstirbt und der neue Ehegatte – der nach § 1489 auch persönlich haftet (§ 1489 Abs. 2), seine Haftung jedoch auf das Gesamtgut beschränken kann (Abs. 2) – die Gütergemeinschaft mit gemeinschaftlichen Abkömmlingen fortsetzt. Dann gilt § 1586b als lex specialis.[13] 22

## III. Andere Güterstände

Für die Zugewinngemeinschaft und die Gütertrennung gelten keine Besonderheiten. Das **Vermögen** der Ehegatten – auch nach der Auseinandersetzung des ehelichen Güterstands und des Vermögens – und dessen Erträgnisse (→ § 1577 Rn. 47–71, → § 1578 Rn. 575–634, 880–883, 23

12 BeckOGK/*Witt,* 1.2.2019, Rn. 11 mwN.
13 RGRK-BGB/*Cuny* Rn. 9; Soergel/*Häberle* Rn. 3; NK-BGB/*Sanders* Rn. 4; aA Erman/*Maier* Rn. 2.

→ § 1581 Rn. 100–105) können den Unterhaltsanspruch über die Bedürftigkeit des Unterhaltsgläubigers und die Leistungsfähigkeit des Unterhaltsschuldners beeinflussen.

24 Vermögen des Ehegatten einer **Nachehe** und seine Vermögenserträgnisse haben keine unmittelbaren Auswirkungen auf den nachehelichen Unterhaltsanspruch,[14] können mittelbar aber die Leistungsfähigkeit des Verpflichteten durch eine Verringerung seiner Verpflichtung zur Zahlung von **Familienunterhalt** erhöhen. Zudem kann der geschiedene, nicht oder nur eingeschränkt erwerbstätige Verpflichtete dadurch leistungsfähig werden, dass ihm sein Ehegatte eine **Erwerbstätigkeit** ermöglichen muss und sein eigener Bedarf zunächst durch seinen Unterhaltsanspruch gegenüber seinem Ehegatten gedeckt wird, sodass er eigene Einkünfte zur Bestreitung seiner Unterhaltsverpflichtung heranziehen kann („Hausmann-Rspr.", → § 1578 Rn. 688–695).[15]

## IV. Verfahren

25 **1. Antrag. a) Grundsatz.** Der **Leistungsantrag** auf Zahlung nachehelichen Unterhalts ist idR zunächst gegen den Unterhaltsschuldner zu richten. Ein ihn verpflichtender Beschluss ermöglicht stets den Zugriff auf sein **Sonder-** und **Vorbehaltsgut** (→ Rn. 29).

26 Zum Zugriff auf das Gesamtgut bedarf es grundsätzlich auch eines Titels gegen den **neuen Ehegatten** (→ Rn. 28–29). Dessen Verpflichtung beruht auf der **Haftung des Gesamtguts** (→ § 1437 Abs. 1, § 1459 Abs. 1, → Rn. 12–14), an dem er beteiligt ist (§ 1416 Abs. 1 S. 2), und ggf. seiner **persönlichen Haftung** als Gesamtschuldner für Gesamtgutsverbindlichkeiten (§ 1437 Abs. 2 S. 1, § 1459 Abs. 2 S. 1, → Rn. 14). Keines Titels gegen den neuen Ehegatten bedarf es jedoch dann, wenn der Unterhaltsschuldner das Gesamtgut allein verwaltet (→ Rn. 27).

Will der Unterhaltsgläubiger auch auf das **Gesamtgut** zugreifen, ist folglich zu unterscheiden (auch → Rn. 26): Steht das Gesamtgut in der

27 – **Alleinverwaltung des Unterhaltsschuldners,** bedarf es nur eines gegen ihn gerichteten gerichtlichen Verfahrens, weil ein gegen ihn gerichteter Titel auch zum Zugriff auf das Gesamtgut berechtigt (→ Rn. 33). Eines Titels gegen den anderen Ehegatten bedarf es nicht.

28 – **gemeinschaftlichen Verwaltung** der Ehegatten, bedarf es auch eines gegen den neuen Ehegatten gerichteten Titels, der sich auf dessen persönliche Haftung aus § 1459 Abs. 2 S. 1 stützt (→ Rn. 33).

29 – **Alleinverwaltung des neuen Ehegatten,** haftet dieser auch für die Unterhaltsverpflichtung des Unterhaltsschuldners persönlich (§ 1437 Abs. 2 S. 1). Ausreichend ist ein gegen den neuen Ehegatten gerichteter Titel, der den Zugriff auch auf dessen Sonder- und Vorbehaltsgut eröffne.

30 **b) Neuer Ehegatte.** Die Titel gegen den Unterhaltsschuldner und seinen neuen Ehegatten können auch in **getrennten Verfahren** erwirkt werden. Da es um die Haftung des Gesamtguts und um den Zugriff (→ Rn. 33–34) auf dieses geht, muss aber aus dem Titel gegen den neuen Ehegatten (auch) ersichtlich sein, dass es um denselben Schuldgrund, mithin die Haftung des Gesamtguts geht.[16] Ansonsten ist aufgrund seiner persönlichen Haftung nur die Vollstreckung in dessen Sonder- und Vorbehaltsgut zulässig.

31 **2. Darlegungs- und Beweislast.** Den Nachweis des **Bestehens einer Gütergemeinschaft** als Voraussetzung für die Haftung des Gesamtguts hat der Unterhaltsgläubiger zu führen, weil sie zur Erweiterung der Haftungsgrundlagen führt (→ Rn. 9). Da das Bestehen der Gütergemeinschaft jedoch der Sphäre des Unterhaltsschuldners zuzurechnen ist, obliegt es ihm, den Vortrag des Unterhaltsgläubigers – an dessen Substantiiertheit keine zu hohen Anforderungen zu stellen sind – für das Bestehen einer Gütergemeinschaft zu widerlegen.[17]

32 § 1583 verhält sich zur **Leistungsfähigkeit** des Unterhaltschuldners (→ Rn. 7). Für seine Leistungsunfähigkeit trägt grundsätzlich der Unterhaltsschuldner die Darlegungs- und Beweislast (→ § 1581 Rn. 106).[18] Da es vorliegend lediglich um die Haftung, also um die für die Bestreitung des Unterhalts nach den ehelichen Lebensverhältnissen verfügbaren finanziellen Mittel geht, hat er die Erträgnisse seines Sonder- und Vorbehaltsguts sowie die des Gesamtguts darzulegen und zu beweisen. Zu Letzteren

[14] Dies gilt jedenfalls nach der Verwerfung der „Dreiteilung" des BGH durch das BVerfGE 128, 193 = NJW 2011, 836 = FamRZ 2011, 437 (→ § 1578 Rn. 127–138).

[15] BGHZ 147, 19 = NJW 2001, 1488 = FamRZ 2001, 614; NJW 1996, 1815 = FamRZ 1996, 796; s. auch Erman/*Maier* Rn. 3.

[16] BGH BeckRS 2012, 5722 = FamRZ 1975, 405 (406); OLG Zweibrücken FGPrax 2009, 107 = FamRZ 2009, 1910 f.

[17] IErg ebenso BeckOGK/*Witt,* 1.2.2019, Rn. 22: Den Berechtigten trifft die sekundäre Darlegungslast, dass und warum von einer Gütergemeinschaft auszugehen ist. AA Erman/*Maier* Rn. 4: Darlegungs- und Beweislast bei dem Ehegatten, der sich auf Gütertrennung beruft.

[18] BeckOGK/*Witt,* 1.2.2019, Rn. 22.

zählen neben der Vermögenssubstanz des Gesamtguts und den Erträgnissen aus ihr sowohl die Einkünfte des Unterhaltsschuldners als auch die seines Ehegatten (§ 1416 Abs. 2 S. 2).

**3. Vollstreckung. a) Bestehende Gütergemeinschaft.** Zur Vollstreckung in das Sonder- und Vorbehaltsgut des **Unterhaltsschuldners** ist ein gegen den Unterhaltsschuldner gerichteter Titel erforderlich (§ 86 Abs. 1 Nr. 1, 2 FamFG). Zur Vollstreckung in das Gesamtgut reicht ein solcher dann aus, wenn der Unterhaltsschuldner das Gesamtgut allein verwaltet (§ 120 Abs. 1 FamFG, § 740 Abs. 1 ZPO). – Wird das Gesamtgut von beiden Ehegatten **gemeinschaftlich verwaltet,** ist ein gegen beide Ehegatten gerichteter Titel erforderlich (§ 120 Abs. 1 FamFG, § 740 Abs. 2 ZPO, → Rn. 28). – Ein Titel, der sich allein gegen den das Gesamtgut **nicht verwaltenden Unterhaltsschuldner** richtet, berechtigt nur zur Vollstreckung in dessen Sonder- und Vorbehaltsgut. 33

**b) Beendete Gütergemeinschaft.** Ist die Gütergemeinschaft des Unterhaltsschuldners mit seinem neuen Ehegatten beendet, bedarf es zur Vollstreckung in das Gesamtgut eines **Leistungstitels** gegen den Unterhaltsschuldner und eines Titels auf **Duldung der Zwangsvollstreckung** gegen den neuen Ehegatten (§ 120 Abs. 1 FamFG, § 743 ZPO), wenn nicht bereits Leistungstitel gegen beide Ehegatten bestehen. Auch diese Titel können in einem Verfahren oder auch in getrennten Verfahren erwirkt werden (auch → Rn. 30).[19] 34

## § 1584 Rangverhältnisse mehrerer Unterhaltsverpflichteter

**[1]Der unterhaltspflichtige geschiedene Ehegatte haftet vor den Verwandten des Berechtigten. [2]Soweit jedoch der Verpflichtete nicht leistungsfähig ist, haften die Verwandten vor dem geschiedenen Ehegatten. [3]§ 1607 Abs. 2 und 4 gilt entsprechend.**

**Schrifttum:** *Beckmann,* Kein Unterhaltsanspruch wegen „grober Unbilligkeit" (§ 1579 Abs. 1 BGB) – dann aber Unterhaltsanspruch gegen die Verwandten?, FamRZ 1983, 863; *Graba,* Bedarf und Dauer des Betreuungsunterhalts nach § 1615l BGB, NJW 2008, 3105; *Gutdeutsch,* Rangverhältnisse und Mangelfall, FuR 2008, 164; *Herpers,* Über den Nachteil des Gläubigers bei der Legalzession, AcP 166 (1966), 454; *Holzhauer,* Der Unterhaltsregreß, FS Wolf, 1985, 223; *Hoppenz,* Kindesunterhalt als verdeckter familienrechtlicher Ausgleich, FamRZ 1985, 437; *Kropholler,* Die Stellung des Unterhaltzweitschuldners, FamRZ 1965, 413; *Maurer,* Ersatzhaftung von Verwandten bei Ausschluss des Ehegattenunterhalts nach § 1579 BGB?, FPR 2005, 331; *Puls,* Der Betreuungsunterhalt der Mutter eines nichtehelichen Kindes, FamRZ 1998, 865.

**Übersicht**



### I. Allgemeines

**1. Normzweck.** § 1584 regelt in der Nachfolge des § 61 Abs. 1 S. 1 EheG Fälle der **Schuldnermehrheit** (vgl. dazu auch die Parallelvorschriften zum Verwandtenunterhalt in § 1606 Abs. 1 und 1

[19] Zum Ganzen Zöller/*Seibel* ZPO § 743 Rn. 3.

2, § 1607 Abs. 1 und 2, § 1608 Abs. 1). Danach steht es nicht im Belieben eines unterhaltsberechtigten Ehegatten, sich entweder an seinen geschiedenen Ehegatten oder an einen nach §§ 1601 ff. unterhaltspflichtigen Verwandten zu wenden. Vielmehr geht die Haftung des geschiedenen Ehegatten der Haftung der Verwandten grundsätzlich vor **(S. 1),** weil er dem Unterhaltsgläubiger nähersteht als die Verwandten (→ Rn. 7–9). – **S. 2** regelt die Haftung der Verwandten bei Leistungsunfähigkeit des Verpflichteten (→ Rn. 10–21).

2 Die Haftung des Verwandten tritt **neben** die des Ehegatten, wenn die Rechtsverfolgung gegen den vorrangig haftenden Ehegatten im Inland ausgeschlossen oder erheblich erschwert ist. Der Unterhaltsanspruch geht von Gesetzes wegen auf den nachrangig haftenden Verwandten, der Unterhalt leistet, über (**S. 3,** § 1607 Abs. 2, → Rn. 26–31).

3 **2. Rechtsnatur.** § 1584 steht zwar insoweit im direkten systematischen Zusammenhang mit § 1581, als er erst eingreifen kann, wenn der geschiedene Ehegatte nicht leistungsfähig ist. Er beinhaltet aber im Gegensatz zu § 1581, bei dem es sich um eine Einwendung handelt (→ § 1581 Rn. 9), ein die Unterhaltspflicht eines Verwandten begründendes **Tatbestandsmerkmal.**[1] Zu den Folgen für die **Darlegungs- und Beweislast** (→ Rn. 41–43).

4 Weder S. 1 noch S. 2 und S. 3 begründen eine Unterhaltspflicht des geschiedenen Ehegatten und der Verwandten des Unterhaltsgläubigers, vielmehr setzen sie diese voraus und bestimmen das **Verhältnis der verschiedenen Unterhaltspflichten** zueinander. Während sich die **Voraussetzungen** für die – vorrangige – Haftung des geschiedenen Ehegatten nach §§ 1569 ff. richtet, beruht die Haftung des Verwandten allein auf §§ 1601 ff. Bei aussichtsloser Rechtsverfolgung steht dem Verwandten der Rückgriff auf den **geschiedenen** Ehegatten aus übergegangenem Recht (S. 3, § 1607 Abs. 2 S. 2, → Rn. 26–31) auf der Grundlage des gegen diesen gerichteten Anspruchs aus §§ 1569 ff. offen.

5 **3. Anwendungsbereich.** § 1584 ist nur auf den **nachehelichen** und den **nachpartnerschaftlichen Unterhalt** (§ 16 S. 2 LPartG) anwendbar, auch soweit ihn die Ehegatten durch **Unterhaltsvereinbarungen** (§ 1585c) ausgestaltet haben (→ Rn. 34, 35). Nicht anwendbar ist er dagegen auf Vereinbarungen mit selbstständigem Schuldgrund (**Novation,** → Rn. 36).

6 Für den **Familienunterhalt** (§§ 1360, 1360a) und den **Trennungsunterhalt** (§ 1361) gilt § 1608. – Auch auf das Verhältnis der Haftung von geschiedenen (§ 1570) und **nicht verheirateten Eltern** (§ 1615l Abs. 2 S. 2, Abs. 5) ist § 1584 nicht anwendbar. Nach der Rspr. des BGH gilt § 1606 Abs. 3 S. 1 entsprechend.[2]

## II. Vorrangige Haftung des geschiedenen Ehegatten (S. 1)

7 Der Gesetzgeber des 1. EheRG verweist zu S. 1 (Parallelvorschrift zum Verwandtenunterhalt: § 1608 Abs. 1) für diese „primäre Haftung des unterhaltspflichtigen geschiedenen Ehegatten" zudem darauf, dass Ehegatten „anders als unterhaltspflichtige Verwandte nach Billigkeitsgrundsätzen notfalls auch dann [haften], wenn ihnen aufgrund der Unterhaltsleistung der eigene angemessene Unterhalt nicht mehr verbleibt" (auch → Rn. 14–19), und die „Unterhaltstatbestände jedenfalls überwiegend eine ehebedingte Bedürftigkeit voraussetzen".[3] Ist der geschiedene Ehegatte leistungsfähig, trifft ihn deshalb im Vergleich zu Verwandten eine **erhöhte Verantwortung,** weshalb er vor den Verwandten haftet **(„Vorranghaftung").**

8 Da die **Erbenhaftung** nach Versterben des geschiedenen Ehegatten an die Stelle seiner Haftung tritt (§ 1586b Abs. 1 S. 1, → § 1586b Rn. 5), nimmt sie denselben Rang wie die Ehegattenhaftung ein. Die Erben haften also wie der geschiedene Ehegatte vorrangig vor den Verwandten. Zwar kann sich auch der Erbe bzw. die Erbengemeinschaft auf Leistungsunfähigkeit berufen, nach dem Tod des geschiedenen Ehegatten aber nicht mehr wegen der Gefährdung des angemessenen Unterhalts (S. 2, § 1581), sondern allein wegen Erschöpfung des Nachlasses, beschränkt auf den fiktiven Pflichtteil des Unterhaltsgläubigers (§ 1586b Abs. 1 S. 3, → § 1586b Rn. 34, 35, 40–45).

9 Der geschiedene Ehegatte ist auch dann vorrangig zur Zahlung von Unterhalt verpflichtet, wenn die **Eltern des Unterhaltsgläubigers** wohlhabend und leistungsfähiger als der geschiedene

---

[1] Ebenso BeckOGK/*Witt,* 1.2.2019, Rn. 17; NK-BGB/*Sanders* Rn. 2.

[2] Dazu BGH NJW 2007, 2409 Rn. 24 = FamRZ 2007, 1303; NJW 2005, 502 = FamRZ 2005, 357 (358); NJW 1998, 1309 = FamRZ 1998, 541 (544); ebenso näher → § 1615l Rn. 58–64; BeckOGK/*Witt,* 1.2.2019, Rn. 10–15 mwN; BeckOGK/*Lugani,* 1.2.2019, § 1615l Rn. 100; *Puls* FamRZ 1998, 865 (875).

[3] BT-Drs. 7/650, 144. – Zur Kritik im Hinblick auf den idR nicht ehebedingten Alters- (§ 1571) und Krankheitsunterhalt (§ 1572) Staudinger/*Verschraegen,* 2014, Rn. 7; NK-BGB/*Sanders* Rn. 1 für die Fälle, dass die Bedürftigkeit nicht ehebedingt ist. Dies ändert jedoch nichts an der nachehelichen Solidarität sowie daran, dass der geschiedene Ehegatte dem Unterhaltsgläubiger „näher steht" (→ Rn. 1); iErg ebenso BeckOGK/*Witt,* 1.2.2019, Rn. 2.

Ehegatte sind,[4] und unabhängig davon, ob sie ihrer Pflicht, dem Berechtigten eine angemessene Ausbildung zu ermöglichen (§ 1610 Abs. 2), nachgekommen sind oder sich dieser aktuell noch in einer Ausbildung befindet (→ § 1574 Abs. 3, § 1575).[5] Eine Haftung der Verwandten des Bedürftigen besteht daneben nur unter den Voraussetzungen des § 1607 Abs. 2 (**„Ersatzhaftung"**, S. 3, → Rn. 26–31). Selbstverständlich kann die Haftung des geschiedenen Ehegatten für den Unterhalt seines bedürftigen Ehegatten nur so weit reichen, als ihn nach §§ 1570 ff. überhaupt eine Unterhaltsverpflichtung trifft.

### III. „Ausfallhaftung" der Verwandten (S. 2)

**1. Allgemeines. a) Zum Verständnis.** Die Verwandten des Unterhaltsgläubigers haften **„vor dem geschiedenen Ehegatten", „soweit"** dieser nicht leistungsfähig ist (S. 2). Dies drückt zum einen die Selbstverständlichkeit aus, dass die Haftung nachrangiger Verpflichteter dem Wesen der Rangverhältnisse nach erst eintreten kann, wenn und soweit der vorrangig Haftende, aus welchem Grund auch immer (Ausnahme: Haftungsausschluss nach § 1579, → Rn. 22), zu Unterhaltszahlungen nicht verpflichtet ist.[6] Zum anderen ist der Gesetzeswortlaut insoweit mindestens ungenau, als der geschiedene Ehegatte für den Unterhalt überhaupt nicht haftet, mithin auch nicht vorrangig (→ Rn. 24). 10

Deshalb kommt es – entgegen dem Wortlaut von S. 2 – auch nicht allein darauf an, dass der geschiedene Ehegatte (ggf. teilweise, → Rn. 12) nicht leistungsfähig (→ Rn. 14–18) ist. Ausschlaggebend ist vielmehr allein, dass er, unerheblich aus welchem **Rechtsgrund,** für den verlangten Unterhalt nicht haftet, mithin „ausfällt" (**„Ausfallhaftung"**, → Rn. 13),[7] etwa weil er 11

- bereits dem Grund nach nicht besteht, weil die Voraussetzungen aus §§ 1570, 1573, 1575, 1576 nicht erfüllt sind,
- für die Vergangenheit nicht verlangt werden kann (§ 1585b),
- zu begrenzen ist (§ 1578b),[8]
- verwirkt ist (§ 1579),[9]
- gegen den geschiedenen Ehegatten nach Wiederverheiratung erloschen und nicht wiederaufgelebt ist (§§ 1586, 1586a),
- aufgrund vertraglicher Regelung (§ 1585c) erloschen ist (auch → Rn. 34–36).

**b) Beginn.** Die Verwandten haften nicht erst dann originär vorrangig, wenn überhaupt kein, auch kein nach §§ 1581 S. 1, 1582, 1609 verringerter Anspruch gegen den Ehegatten besteht. Kann der Ehegatte wenigstens einen **Teil** des dem Unterhaltsgläubiger zustehenden Unterhalts ohne Gefährdung des eigenen Bedarfs erbringen, bleibt es insoweit bei seiner vorrangigen Haftung nach § 1584 S. 1.[10] Nur wegen des vom geschiedenen Ehegatten nicht geschuldeten Restes kann sich der Unterhaltsgläubiger an seine unterhaltspflichtigen Verwandten halten („soweit", → Rn. 10, 30). 12

**c) Ausfallhaftung.** Weil gegen den geschiedenen Ehegatten mangels Leistungsfähigkeit gerade kein Unterhaltsanspruch besteht, tritt auch die Ersatzhaftung aus S. 2 nicht ein.[11] Die Verwandten haften für den Unterhalt des Unterhaltsgläubigers dann nicht subsidiär (nachrangig), sondern **originär** aus §§ 1601 ff., der geschiedene Ehegatte haftet auch nicht subsidiär, sondern grundsätzlich gar nicht (zur Haftung nach **Billigkeit** → Rn. 15). Deshalb und weil den geschiedenen Ehegatten gar keine Unterhaltspflicht im Rahmen von S. 2 trifft (→ Rn. 10), ist insoweit – anders als nach S. 3 – § 1607 Abs. 2 S. 2 nicht entsprechend anwendbar.[12] Dem Verwandten ist also der **Rückgriff** auf den geschiedenen Ehegatten sowohl aus unterhaltsrechtlichen Gründen als auch nach den Grundsätzen des Gesamtschuldnerausgleichs, der Geschäftsführung ohne Auftrag und Bereicherungsrecht verwehrt.[13] In Betracht kommen kann bei kollusivem Zusammenwirken der Ehegatten im Einzelfall eine **deliktische Haftung** aus § 823 Abs. 2 iVm § 263 StGB, § 826. 13

---

4 Staudinger/*Verschraegen*, 2014, Rn. 7; jurisPK-BGB/*Schöttle* Rn. 5.

5 Dazu BeckOGK/*Witt*, 1.2.2019, Rn. 17 mwN.

6 BeckOGK/*Witt*, 1.2.2019, Rn. 21 („deklaratorisch"); *Holzhauer* FS Wolf, 1985, 223 (228).

7 Begriff von Staudinger/*Verschraegen*, 2014, Rn. 12. Nach der Terminologie in der Gesetzesüberschrift zu § 1607 handelt es sich um eine „Ersatzhaftung".

8 Insoweit ebenso BeckOGK/*Witt*, 1.2.2019, Rn. 21, 32.

9 BeckOGK/*Witt*, 1.2.2019, Rn. 21, 31.

10 BT-Drs. 7/650, 145.

11 BeckOGK/*Witt*, 1.2.2019, Rn. 22; Soergel/*Häberle* Rn. 3.

12 BT-Drs. 7/650, 145 [„4. Gesetzlicher Forderungsübergang"]: Eine entsprechende Regelung, die es auch im früheren Recht nicht gab, wurde absichtlich nicht ins neue Recht aufgenommen.

13 AllgM, vgl. lediglich BeckOGK/*Witt*, 1.2.2019, Rn. 18, 22 mwN.

14 **d) Leistungsunfähigkeit des geschiedenen Ehegatten. aa) Leistungsfähigkeit.** Der Unterhaltsschuldner ist leistungsunfähig iSd § 1584 S. 2, wenn und soweit sein „eigener angemessener Unterhalt" iSv § 1581 S. 1 Hs. 1 gefährdet ist (→ § 1581 Rn. 12–15).[14] Der „eigene angemessene Unterhalt" wiederum bestimmt sich grundsätzlich nach den ehelichen Lebensverhältnissen der geschiedenen Ehegatten (§ 1578 Abs. 1 S. 1).[15] Da zur Leistungsfähigkeit jedoch auf die Einkommens- und Vermögensverhältnisse des Unterhaltsschuldners insgesamt abzustellen ist, kann sich insbesondere bei die ehelichen Lebensverhältnisse nicht prägenden, im Rahmen der Leistungsfähigkeit aber zu berücksichtigenden Verbindlichkeiten der „angemessene Unterhalt" auf den angemessenen Selbstbehalt von derzeit 1.300 EUR[16] verringern.

15 Der geschiedene Ehegatte haftet für den Unterhalt des Unterhaltsgläubigers erst dann nach **Billigkeit** (§ 1581 S. 1 Hs. 2) bis zum billigen Selbstbehalt von zurzeit 1.200 EUR,[17] wenn und soweit auch der angemessene Unterhalt des Verwandten nicht gewahrt wird. Dabei handelt es sich nicht um eine Ausfallhaftung iSd § 1584 S. 2, sondern um eine originäre Haftung des geschiedenen Ehegatten, die erst dann eintreten kann, wenn und soweit Verwandte nicht haften. Dabei ist diese Nichthaftung der Verwandten nicht darauf beschränkt, dass deren angemessener Unterhalts iSv § 1603 Abs. 1 nicht gewahrt ist, sondern kann sich auch aus anderen Rechtsgründen, insbesondere aus der Verwirkung des Unterhaltsanspruchs (§ 1611)[18] ergeben.[19]

16 Die **Gegenmeinung**[20] stellt stets auf den billigen Selbstbehalt ab. Denn würde man dem geschiedenen Ehegatten den „angemessenen Unterhalt" zubilligen, könne diesem uU ein höherer Betrag verbleiben als etwa einem nach dessen Ausfall haftenden Elternteil, dessen angemessener Unterhalt mit derzeit 1800 EUR zzgl. der Hälfte des übersteigenden Einkommens bemessen wird.[21] Zudem gebiete die Rechtssicherheit die Anwendung fester Sätze.[22]

17 Letzteres ist schon deshalb nicht von besonderem Gewicht, weil sich die Parteien auch sonst Unsicherheiten ausgesetzt sehen und der Unterhaltsgläubiger, nimmt er einen Verwandten in Anspruch, den Ausfall des geschiedenen Ehegatten darlegen und beweisen muss (→ Rn. 40). Und nicht prägende, im Rahmen der Leistungsfähigkeit gleichwohl zu berücksichtigende Verbindlichkeiten bestehen in der Praxis meist in hinzugekommenen Unterhaltspflichten (zur „Dreiteilung" etwa → § 1581 Rn. 68–88) oder krankheits- bzw. altersbedingten Kosten, in Anbetracht derer es dann ohnehin nicht bei dem angemessenen Unterhalt nach der Halbteilung bleiben wird. Dann aber liegt die Haftungsgrenze für den geschiedenen Ehegatten bei 1.200 EUR und damit unterhalb der Haftungsgrenze der Verwandten von 1.800 EUR.

18 **bb) Einkünfte.** Wie stets bestimmen die einem geschiedenen Ehegatten zugerechneten **fiktiven** Einkünfte Bedarf und Bedürftigkeit des Unterhaltsgläubigers sowie die Leistungsfähigkeit des Unterhaltsschuldners (→ § 1578 Rn. 665).[23] Da der geschiedene Ehegatte aus unterhaltsrechtlicher Sicht leistungsfähig ist, wird der Verwandte dann nicht aufgrund der Ausfallhaftung (S. 2), sondern ggf. aufgrund der Ersatzhaftung wegen fehlender Vollstreckungsaussichten (S. 3) zur Unterhaltszahlung herangezogen. Dies hat für ihn den Vorteil, dass er infolge des Anspruchsübergangs (S. 3, § 1607 Abs. 2 S. 2) beim geschiedenen Ehegatten Regress nehmen kann (→ Rn. 23).

19 **e) Umfang. aa) Bedarf.** Die Verwandten schulden Unterhalt nach den §§ 1610 ff. und nicht nach §§ 1569 ff. Eine Verquickung findet jedoch insoweit statt, als sich der Bedarf des Unterhaltsgläubigers iSd § 1610 Abs. 1 nach seiner Lebensstellung richtet, die wiederum sich nach den ehelichen Lebensverhältnissen iSd § 1578 bestimmt, und nach § 1610 Abs. 2 den **gesamten Lebensbedarf** umfasst. Geschuldet wird danach **Elementarunterhalt,** als aktuell bestehender Mehrbedarf aber auch die Aufwendungen für **Krankheits-** und **Pflegevorsorge.**[24] Nicht geschuldet werden dagegen

---

[14] So das Verständnis des Gesetzgebers des 1. EheRG, BT-Drs. 7/650, 140 f., 145.
[15] BGHZ 109, 72 = NJW 1990, 1172 = FamRZ 1990, 260 (264).
[16] Düsseldorfer Tabelle A Anm. 2.5 Abs. 2.
[17] Düsseldorfer Tabelle B IV.
[18] Dazu *Maurer* FPR 2005, 331 (334).
[19] OLG Braunschweig 3.6.1981 – 1 UF 161/80, juris Rn. 23; Staudinger/*Verschraegen*, 2014, Rn. 12, 15;; Erman/*Maier* Rn. 7; jurisPK-BGB/*Schöttle* Rn. 7; NK-BGB/*Sanders* Rn. 15; *Gutdeutsch* in Wendl/Dose UnterhaltsR § 5 Rn. 176; *Borth* in Schwab ScheidungsR-HdB IV Rn. 1337, 1188.
[20] BeckOGK/*Witt*, 1.2.2019, Rn. 23; Soergel/*Häberle* Rn. 3; Palandt/*Brudermüller* Rn. 3; Johannsen/Henrich/*Hammermann* Rn. 12; Büte/Poppen/Menne/*Büte* Rn. 3; *Kodal* in Göppinger/Wax UnterhaltsR Rn. 1664 f.; *Wönne* in Wendl/Dose UnterhaltsR § 2 Rn. 906.
[21] Düsseldorfer Tabelle B VI. 1. c.
[22] BeckOGK/*Witt*, 1.2.2019, Rn. 23; *Kodal* in Göppinger/Wax UnterhaltsR Rn. 1664.
[23] BGH NJW 2006, 142 Rn. 39 = FamRZ 2006, 26 (zu § 1607).
[24] OLG Koblenz NJW-RR 2010, 654 = FamRZ 2010, 1457 f.; OLG Naumburg NJW-RR 2007, 728 = FamRZ 2007, 1116; dazu auch BeckOGK/*Witt*, 1.2.2019, Rn. 27; BeckOGK/*Wendtland*, 1.5.2019, § 1610 Rn. 66.

Aufwendungen für **Altersvorsorge, Erwerbsminderung** und **Berufsunfähigkeit,** weil der Verwandtenunterhalt nur der Deckung des aktuellen Lebensbedarfs und nicht auch erst künftig zu besorgender Bedürftigkeit dient.[25]

**bb) Bedürftigkeit.** Die Bedürftigkeit des Unterhaltsgläubigers bestimmt sich nach § 1602. Dies hat insbesondere Bedeutung für seine Obliegenheit, zur Deckung seines Lebensbedarfs vor einer Inanspruchnahme des Verwandten zunächst sein **Vermögen zu verwerten.**[26] Dabei ist die Privilegierung minderjähriger geschiedener Unterhaltsgläubiger (§ 1602 Abs. 2)[27] jedenfalls dann zu beachten, wenn ihre Eltern wohlhabend sind. 20

Auch die Haftung des Verwandten reicht nur so weit, als er leistungsfähig ist. Seine Leistungsfähigkeit bestimmt sich nach § 1603 Abs. 1. Da **minderjährige** geschiedene Kinder minderjährigen unverheirateten Kindern gleichgestellt sind (§ 1603 Abs. 2 S. 1),[28] haftet der Verwandte ihnen bis zur Grenze seines billigen Selbstbehalts in Höhe von zurzeit 880/1.080 EUR iSd § 1603 Abs. 1. Allerdings bleiben Ehen 16 und 17 Jahre alter Kinder bis zu ihrer Aufhebung ex nunc wirksam (§§ 1303 S. 2, § 1314 Abs. 1 Nr. 1), sodass der Verwandte diesen Kindern bis zur Scheidung der Ehe den angemessenen Selbstbehalt von 1.300 EUR entgegenhalten kann (§ 1603 Abs. 1). 21

**2. Verwirkung.** Hat sich ein geschiedener Ehegatte seines Unterhaltsanspruchs ganz oder teilweise nach § 1579 begeben, ist gleichwohl **§ 1611 Abs. 3** nicht entsprechend anwendbar.[29] Verwandte sollen nämlich nicht deshalb entlastet werden, weil ein Unterhaltsanspruch etwa wegen kurzer Ehedauer versagt worden ist. Der Gesetzgeber hat in Kenntnis der Problematik keine dem § 1611 Abs. 3 entsprechende Regelung getroffen, und auch aus verfassungsrechtlichen Gründen ist eine solche nicht geboten. Deshalb muss ein eigenständiger Grund zur Beschränkung des Unterhaltsanspruchs nach § 1611 Abs. 1 (auch) gegenüber dem nachrangig haftenden Verwandten bestehen.[30] 22

## IV. Entsprechende Anwendung von § 1607 Abs. 2, 4 (S. 3)

**1. Allgemeines.** Die Verwandten haften auch, wenn die Rechtsverfolgung im Inland ausgeschlossen oder erheblich erschwert ist (§ 1607 Abs. 2 S. 1). Im Gegensatz zu der Ausfallhaftung nach S. 2, die kein Rückgriffsrecht auslöst (→ Rn. 13), hat der ersatzweise leistende Verwandte einen **Erstattungsanspruch** gegen den geschiedenen Ehegatten, weil dessen Haftung neben der des Verwandten fortbesteht (S. 3, → Rn. 26–31). Zum Rechtsgrund der Haftung der Verwandten → Rn. 10, 11). 23

Der geschiedene Ehegatte und die Verwandten haften nicht als **Gesamtschuldner** iSd § 421, weil durch ihre Leistungen zwar dasselbe Interesse des Berechtigten – nämlich die Deckung seines Lebensbedarfs – abgedeckt und nur einmal befriedigt wird (→ § 421 Rn. 8)[31] und es auch auf die unterschiedlichen Haftungsgrundlagen nicht ankommt, es infolge der lediglich ersatzweisen Haftung des Verwandten jedoch an der erforderlichen Gleichstufigkeit der Verpflichtungen (auch → § 421 Rn. 12, 17)[32] fehlt (zu § 1586a → § 1586a Rn. 25).[33] Dies führt dazu, dass sich der Unterhaltsgläubiger seinen Schuldner nicht „aussuchen“ kann, sondern den Verwandten eben nur dann in Anspruch nehmen kann, wenn und soweit der vorrangig haftende geschiedene Ehegatte ausfällt. IErg hat dies – sieht man von der Darlegungs- und Beweislast ab (→ Rn. 41, 43) – im Fall des S. 3 wenig praktische Bedeutung, weil der „Rückgriff“ in beiden Fällen idR nicht erfolgreich sein wird, wenn der geschiedene Ehegatte nicht ins Inland zurückkehrt oder sich seine finanziellen Verhältnisse, etwa nach 24

---

25 BeckOGK/*Wendtland,* 1.5.2019, § 1610 Rn. 67; iErg ebenso Staudinger/*Verschraegen*, 2014, Rn. 14; jurisPK-BGB/*Schöttle* Rn. 8 (allerdings mit der unzutreffenden Begründung, insoweit handele es sich um einen ehebedingten Anspruch).

26 Ausführlich BeckOGK/*Selg,* 1.2.2019, § 1602 Rn. 98–101.

27 BeckOGK/*Selg,* 1.2.2019, § 1602 Rn. 102, 103.

28 Durch Art. 1 Nr. 10a, b des Gesetzes zur Bekämpfung von Kinderehen v. 17.7.2017 (BGBl. 2017 I 2429) wurde „unverheirateten“ mWv 22.7.2017 gestrichen.

29 BeckOGK/*Witt,* 1.2.2019, Rn. 31; Palandt/*Brudermüller* Rn. 5.

30 *Maurer* FPR 2005, 331 (334 f.); ebenso BeckOGK/*Witt,* 1.2.2019, Rn. 31; Büte/Poppen/Menne/*Büte* Rn. 5; Erman/*Maier* Rn. 7; Johannsen/Henrich/*Hammermann* Rn. 10; NK-BGB/*Sanders* Rn. 15; Palandt/*Brudermüller* Rn. 5; ähnlich Göppinger/*Wenz* UnterhaltsR, 4. Aufl. 1981, Rn. 1238, die eine Befreiung von der Unterhaltspflicht nur dann annehmen, wenn die Voraussetzungen des § 1611 Abs. 1 im Verhältnis zum Geschiedenen vorliegen. AA etwa Staudinger/*Verschraegen*, 2014, Rn. 26: *Wönne* in Wendl/Dose UnterhaltsR § 2 Rn. 911; *Beckmann* FamRZ 1983, 863; ähnlich *Borth* in Schwab ScheidungsR-HdB IV Rn. 1429; Soergel/*Häberle* Rn. 5, die jedoch eine Analogie im Falle des Nr. 2 ablehnen.

31 Staudinger/*Looschelders,* 2017, § 421 Rn. 17.

32 Ständige Rspr. des BGH, etwa BGHZ 137, 76 = NJW 1998, 537 = FamRZ 1998, 155 (157).

33 Staudinger/*Klinkhammer,* 2018, § 1607 Rn. 11 mwN; aA BeckOGK/*Witt,* 1.2.2019, Rn. 34 mwN.

Aufnahme einer Erwerbstätigkeit (zur **Zurechnung fiktiver Einkünfte** → Rn. 25) oder einer Erbschaft, nicht verbessert haben.

25 **2. Aussichtslosigkeit der Rechtsverfolgung.** Die Rechtsverfolgung ist **im Inland ausgeschlossen,** wenn die internationale Zuständigkeit mangels örtlicher Zuständigkeit nach der lex fori (dazu auch § 232 Abs. 3 FamFG, § 105 FamFG) fehlt oder die Zwangsvollstreckung im Inland unmöglich ist. Sie ist **erheblich erschwert,** wenn der Verpflichtete seinen Aufenthalt oder Arbeitsplatz ständig wechselt oder es unterlässt, eine bestehende Erwerbsmöglichkeit auszunutzen. Doch ist weder ein vergeblicher Unterhaltsantrag gegen den Verpflichteten noch eine fruchtlose Zwangsvollstreckung erforderlich, wenn die Erfolglosigkeit der Vollstreckung absehbar ist, etwa weil und soweit sich Leistungsfähigkeit des Unterhaltsschuldners nur aufgrund der Zurechnung **fiktiver Einkünfte** ergeben hat.[34] Eingehend → § 1607 Rn. 11–14.

26 **3. „Ersatzhaftung" (S. 3). a) Gesetzlicher Forderungsübergang.** Wird der Verwandte nach **S. 3,** § 1607 Abs. 2 S. 1 in Anspruch genommen, geht der Unterhaltsanspruch des Berechtigten auf ihn **von Gesetzes wegen** über, soweit er außer seiner eigenen dessen vorrangige Verpflichtung erfüllt hat (§ 1607 Abs. 2 S. 2). Da der Unterhaltsanspruch nur so übergehen kann, wie er **gegen den Verpflichteten bestanden** hat, kann dieser sich gegenüber dem Verwandten auf fehlende Bedürftigkeit des Berechtigten, Leistungsunfähigkeit (S. 2), Verwirkung (§ 1579), Begrenzung (§ 1578b) und Beschränkungen nach § 1585b (insbesondere nach Abs. 2, 3) sowie auf Verjährung berufen (ebenso → § 1607 Rn. 17, 26).[35]

27 Grundsätzlich ist **§ 412** auch auf die übergegangene Forderung anwendbar. Deshalb gehen mit dem Unterhaltsanspruch auch die ihn **sichernden Rechte** auf den Verwandten über (§ 401 Abs. 2).[36] Da dieser mit dem Übergang zwar nicht seine Rechtsnatur als Unterhaltsanspruch,[37] wohl aber seine eigentliche **Zweckbestimmung** – die Deckung des Lebensbedarfs des Unterhaltsgläubigers – verliert, war bis zu der Entscheidung des BGH v. 8.5.2013[38] wohl herrschende Auffassung, dass (zum Ganzen → § 1607 Rn. 14, 26)
– er als bloßer Ersatzanspruch abgetreten und ge- und verpfändet und gegen ihn aufgerechnet werden kann (§§ 399, 400, 406);
– das Pfändungsverbot des § 95 Abs. 1 Nr. 1 FamFG, § 850b ZPO ebenso wie das Pfändungsvorrecht des § 95 Abs. 1 Nr. 1 FamFG, § 850d ZPO[39] und das Vorrecht aus § 401 Abs. 2 in der Insolvenz des Verpflichteten (§§ 38, 39 InsO) entfällt;[40]
– für die Verjährung weiter §§ 197, 195 gelten (§ 404).

28 In seiner Entscheidung v. 8.5.2013 zu § 33 SGB II hat der BGH dem Unterhaltsschuldner die **Aufrechnung** mit dem auf einen Sozialleistungsträger übergegangenen Unterhaltsanspruch mit der Begründung versagt,

dass „angesichts des heutigen Umfangs der Sozialleistungssysteme … das Aufrechnungsverbot [Anm.: neben dem Schutz des Unterhaltsberechtigten] (zumindest) auch dem Schutz der öffentlichen Kassen, die für die Existenzsicherung des ursprünglichen Gläubigers einzustehen hätten[, dient]," und verweist hierzu auf frühe Entscheidungen des BGH und des RG. Zudem hat er darauf hingewiesen, dass dann, wenn das Aufrechnungsverbot nicht gelte, es „dem Unterhaltsschuldner in die Hand gegeben [wäre], den Unterhaltsberechtigten durch Nichtleistung des geschuldeten Unterhalts zur Inanspruchnahme von Sozialleistungen zu veranlassen, um anschließend private Forderungen gegen den Unterhaltsgläubiger zu Lasten der Allgemeinheit durchsetzen zu können. Für eine solche Besserstellung des säumigen Unterhaltsschuldners findet sich keine Rechtfertigung".[41]

29 Letzteres trifft zweifellos auch auf den auf einen Verwandten übergegangenen Unterhaltsanspruch zu. Dass das Aufrechnungsverbot aber auch den Schutz eines Verwandten bezweckt, kann jedenfalls nicht mit der Notwendigkeit des „Schutzes seiner Kasse" begründet werden. Gleichwohl bedeutet die Entscheidung des BGH insoweit eine grundlegende Abkehr von der bisherigen Sichtweise, als auf das zu missbilligende Verhalten des Unterhaltsgläubigers abgestellt wird. Betont man allein diesen Aspekt, wird damit letztlich der Sache nach nicht nur

---

[34] BGH NJW 2006, 142 Rn. 39 = FamRZ 2006, 26; OLG Hamm NJOZ 2005, 2073 (2074) = FamRZ 2005, 1926 Ls.; OLG Karlsruhe NJW-RR 1991, 903 = FamRZ 1991, 971 (973); OLG Koblenz BeckRS 2010, 26273 = FamRZ 1989, 307 (308); aA wohl OLG Oldenburg NJW-RR 1992, 261 = FamRZ 1991, 1090 (1091).

[35] Dazu RGRK-BGB/*Cuny* Rn. 9, 12, 13; aA *Stolterfoth* FamRZ 1971, 351; *Kropholler* FamRZ 1965, 413 (417).

[36] RGRK-BGB/*Cuny* Rn. 12.

[37] BGHZ 197, 326 = NJW 2013, 2592 Rn. 16 = FamRZ 2013, 1202.

[38] BGHZ 197, 326 = NJW 2013, 2592 = FamRZ 2013, 1202.

[39] RGRK-BGB/*Cuny* Rn. 13; *van Els* in Göppinger/Wax UnterhaltsR Rn. 1628; aA etwa BeckOGK/*Witt,* 1.2.2019, Rn. 43; Staudinger/*Klinkhammer,* 2018, § 1607 Rn. 37–39 mwN.

[40] RGRK-BGB/*Cuny* Rn. 12.

[41] BGHZ 197, 326 = NJW 2013, 2592 Rn. 21, 24 = FamRZ 2013, 1202.

auf den „Zweck des Aufrechnungsverbots“ abgestellt, sondern dem Unterhaltsschuldner die Berufung auf das Aufrechnungsverbot (§ 394) nach Treu und Glauben (§ 242) versagt. Gleichwohl muss bezweifelt werden, dass die Überlegungen des BGH – lässt man den stark betonten Gesichtspunkt des „Schutzes der öffentlichen Kassen“ beiseite – auch zu einem Aufrechnungsverbot gegenüber Verwandten führen.[42] Denn sie bedürfen dieses Schutzes nicht, weil ihnen ohnehin ein relativ hoher angemessener Selbstbehalt von 1.800 EUR zuzüglich der Hälfte der Differenz zwischen diesem Selbstbehaltssatz und dem einsetzbaren Einkommen zugestanden wird.[43] Deshalb sind die Verwandten auch nicht deshalb besonders schutzbedürftig, weil der aufrechnende geschiedene Ehegatte näher an der Haftung ist (→ Rn. 1, 9).

**b) Schutz des Bedürftigen.** Der Übergang kann nicht zum Nachteil des Unterhaltsgläubigers geltend gemacht werden (§ 1607 Abs. 4).[44] Erfüllt der Verwandte den gegen den geschiedenen Ehegatten bestehenden Unterhaltsanspruch **teilweise,** geht die Forderung des Berechtigten auch nur in Höhe dieses Teils über. Der beim Bedürftigen verbleibende Restanspruch geht einschließlich etwa konkurrierender Ansprüche (→ Rn. 31)[45] dem übergegangenen Teil bei der Befriedigung aus einer für den Unterhalt geleisteten Sicherheit im Rang vor. Obschon dies im Vollstreckungsverfahren von Amts wegen zu berücksichtigen ist (§ 850d Abs. 1 S. 2 ZPO, § 850c Abs. 1 S. 2 ZPO), empfiehlt der BGH,[46] den Vorbehalt, dass die Entscheidung „nur vollstreckt werden darf, wenn und soweit der Unterhaltsgläubiger bei der Durchsetzung seiner Unterhaltsforderung nicht benachteiligt wird,“ in den Tenor der Entscheidung aufzunehmen. 30

**c) Anspruchskonkurrenzen.** Neben dem übergegangenen Anspruch bestehen keine Ansprüche aus **Geschäftsführung ohne Auftrag** oder **ungerechtfertigter Bereicherung** (→ § 1607 Rn. 29).[47] Sie würden dem leistenden Verwandten auch keinen Vorteil bringen, weil der Forderungsübergang gerade nicht bewirkt, dass die Schuld erlischt. Zahlt dagegen ein **nicht Verpflichteter** Unterhalt an einen unterhaltsberechtigten geschiedenen Ehegatten, können ihm entsprechende Ersatzansprüche zustehen.[48] 31

## V. Haftungskonkurrenzen

Die Haftung des geschiedenen Ehegatten und die eines Verwandten des Unterhaltsgläubigers können nebeneinanderstehen. Denn lediglich „soweit“ der geschiedene Ehegatte nicht in der Lage – leistungsunfähig – ist, den Bedarf des Unterhaltsgläubigers (→ Rn. 19) zu decken, tritt die Haftung eines Verwandten ein (S. 2). Soweit also der geschiedene Ehegatte leistungsfähig ist, haftet er nach S. 1 vorrangig. Soweit er leistungsunfähig ist, haftet er gar nicht für den Bedarf seines Ehegatten, sieht man einmal von seiner nachrangigen Haftung für den Unterhalt nach Billigkeitsgesichtspunkten (§ 1581 S. 1 Hs. 2, → Rn. 15) ab. 32

Der Rang der Haftung **mehrerer Verwandter** richtet sich sowohl für die Ausfallhaftung (S. 2) als auch für die Ersatzhaftung (S. 3) nach §§ 1606, 1607 Abs. 1. Danach kann sich der Unterhaltsgläubiger nicht einen beliebigen Verwandten als Haftenden aussuchen, sondern muss die Rangverhältnisse aus § 1606 Abs. 1, 2 (näher → § 1606 Rn. 3–8) beachten.[49] Zur **Darlegungs- und Beweislast** → Rn. 41–43. 33

## VI. Unterhaltsvereinbarungen

§ 1584 findet auch auf Unterhaltsvereinbarungen Anwendung, die den **gesetzlichen Unterhaltsanspruch** näher ausgestaltet haben, nicht dagegen auf Vereinbarungen mit selbstständigem Schuldgrund (→ Rn. 5). Stets können sie eine Haftung der Verwandten jedoch nur dann begründen, wenn sie jedenfalls einer **Wirksamkeits- und Ausübungskontrolle** standhalten. Fällt der Berechtigte infolge der Vereinbarung, insbesondere wegen eines – ggf. auch teilweisen[50] – **Verzichtes,**[51] 34

---

42 AA BeckOGK/*Witt,* 1.2.2019, Rn. 42.

43 BGH NJW 2012, 2883 Rn. 16 = FamRZ 2012, 1553; NJW 2012, 926 Rn. 20 = FamRZ 2012, 530.

44 S. 3 geändert durch Art. 1 Nr. 2 KindUG, § 1607 Abs. 2 redaktionell geändert und Abs. 4 eingefügt durch Art. 1 Nr. 5 KindUG.

45 Dazu *van Els* in Göppinger/Wax UnterhaltsR Rn. 1642.

46 Zu § 7 Abs. 3 S. 2 UVG, § 1607 Abs. 4: BGH 2006, 3561 = FamRZ 2006, 1664 (1666).

47 BeckOGK/*Witt,* 1.2.2019, Rn. 47 mwN.

48 BeckOGK/*Witt,* 1.2.2019, Rn. 48, 52 mwN.

49 BeckOGK/*Witt,* 1.2.2019, Rn. 26, 38.

50 Ähnlich BeckOGK/*Witt,* 1.2.2019, Rn. 30.

51 AA OLG Frankfurt a. M. BeckRS 2010, 25824 = FamRZ 1984, 395 (396), das den Verzicht zwar zutreffend nur im Verhältnis der Vertragsparteien wirken lässt, jedoch übersieht, dass der Unterhaltsverzicht in diesem Sinne auch gegen den Verwandten wirkt, als der Unterhaltsgläubiger dadurch bedürftig wurde; ablehnend auch BeckOGK/*Witt,* 1.2.2019, Rn. 28; Staudinger/*Klinkhammer,* 2018, § 1611 Rn. 12.

zwangsläufig der Fürsorge seiner Verwandten anheim, kann sie wegen **Sittenwidrigkeit** (§ 138) nichtig sein, wenn nicht verständige Gründe für die Vereinbarung vorliegen;[52] solche fehlen stets bei **kollusivem** Zusammenwirken der Ehegatten zum Nachteil nachrangig Unterhaltsverpflichteter.[53]

35 Auch wenn Sittenwidrigkeit nicht vorliegt, kann sich der Unterhaltsgläubiger auf einen auch teilweisen Verzicht gegenüber nachrangig haftenden Verwandten nur dann berufen, wenn ihm seine dadurch eintretende Bedürftigkeit nicht bewusst ist. War sie ihm bewusst, hat er seinen Unterhaltsanspruch gegen den Verwandten idR nach § 1611 Abs. 1 S. 1 wegen eines sittlichen Verschuldens – Außerachtlassen anerkannter Gebote der Sittlichkeit[54] – **verwirkt,** weil er bei seinen unterhaltsrechtlichen Dispositionen auch die vermögensrechtlichen Belange seiner Verwandten zu beachten hat.[55] Es steht nichts entgegen, dafür, dass anerkannte Gebote der Sittlichkeit außer Acht gelassen wurden,[56] auf die Wertungen in § 1579 Nr. 4 zurückzugreifen, wonach Mutwilligkeit, die zu einer Beschränkung des Unterhaltsanspruchs führen kann, bei einem unterhaltsbezogen verantwortungslosen, mindestens leichtfertigen Verhalten vorliegt (→ § 1579 Rn. 91).[57]

36 Wird der Unterhaltsanspruch unabhängig vom gesetzlichen Unterhaltsanspruch allein auf **vertraglicher Grundlage** (selbstständiger Schuldgrund, **Novation**) geregelt (→ § 1585c Rn. 38–44), schließt der vertragliche Anspruch die **Bedürftigkeit** des Berechtigten aus, sodass insoweit kein Unterhaltsanspruch gegen den Verwandten besteht. Zahlt dieser gleichwohl, kann ein Unterhaltsanspruch auf ihn nicht übergehen; er ist auf Ansprüche aus Geschäftsführung ohne Auftrag oder ungerechtfertigter Bereicherung gegen den Unterhaltsschuldner verwiesen (→ Rn. 31).[58]

## VII. Verfahrensrecht

37 **1. Familiensachen.** Die gerichtlichen Verfahren des Unterhaltsgläubigers **gegen einen Verwandten** sind – wie die Verfahren gegen den Ehegatten (§ 231 Abs. 1 Nr. 2 FamFG) – als Unterhaltssachen (§ 231 Abs. 1 Nr. 2 FamFG) Familiensachen iSd § 111 Nr. 8 FamFG und Familienstreitsachen iSd § 112 Nr. 1 FamFG. Für sie sind im ersten Rechtszug die Amtsgerichte als Familiengerichte (§ 23a Abs. 1 S. 1 Nr. 1 GVG, § 23b GVG) und im Beschwerderechtszug die Oberlandesgerichte (§ 119 Abs. 1 Nr. 1a GVG) zuständig. – Nimmt der Verwandte den geschiedenen Ehegatten in **Regress** (S. 3, § 1607 Abs. 2 S. 2), handelt es sich gleichfalls um Familiensachen, da Grundlage dieses Verfahren der Unterhaltsanspruch des Unterhaltsgläubigers gegen seinen geschiedenen Ehegatten nach §§ 1569 ff. ist.

38 **2. Zuständigkeit. Örtlich zuständig** für Verfahren über die Ausfall- (S. 2) und Ersatzhaftung (S. 3, § 1607 Abs. 2 S. 1) des Verwandten ist das Familiengericht am Aufenthaltsort des auf Unterhalt in Anspruch genommenen Verwandten (§ 232 Abs. 3 S. 1 FamFG, § 13 ZPO). Die Zuständigkeit für ein „Vor"verfahren gegen den geschiedenen Ehegatten, das Verfahren gegen den Verwandten und das Regressverfahren des Verwandten gegen den geschiedenen Ehegatten (S. 3, § 1607 Abs. 2 S. 2) kann deshalb mit der Gefahr divergierender Entscheidungen auseinanderfallen.

39 **3. Antragsgegner.** Die Leistungsunfähigkeit des geschiedenen Ehegatten ist Voraussetzung für die Haftung der nachrangig Verpflichteten (→ Rn. 3). Der Bedürftige muss sie deshalb im Verfahren gegen den **nachrangig Verpflichteten** geltend machen (zur Darlegungs- und Beweislast → Rn. 41).

40 Nicht erforderlich ist, dass der Bedürftige zuvor ein Verfahren gegen den **geschiedenen Ehegatten** betrieben und eine rechtskräftige Abweisung seines Unterhaltsantrags erstritten hat. Betreibt er es, kann und sollte er, zeichnet sich dessen Leistungsunfähigkeit ab und will er in der Folge den nachrangig Verpflichteten in Anspruch nehmen, diesem wegen der Interventionswirkung den **Streit verkünden** (§ 113 Abs. 1 FamFG, §§ 72–74, 68 ZPO).

41 **4. Darlegungs- und Beweislast.** Nimmt der Unterhaltsgläubiger einen **Verwandten** auf Unterhalt in Anspruch, muss er die Leistungsunfähigkeit seines vorrangig haftenden geschiedenen Ehegatten iSd § 1581 (S. 2)[59] oder den Ausschluss bzw. die erhebliche Erschwernis der Rechtsverfol-

[52] Zur Sozialhilfe: BGH NJW 1992, 3164 = FamRZ 1992, 1403 ff.; BGHZ 86, 82 = NJW 1983, 1851 = FamRZ 83, 137 (138 f.); RGRK-BGB/*Cuny* § 1585c Rn. 63, 64.

[53] IdS auch OLG Hamm NJW-RR 1996, 67 = FamRZ 1996, 116 (117).

[54] BGHZ 93, 123 = NJW 1985, 806= FamRZ 1985, 273 (275).

[55] Das OLG Köln BeckRS 2010, 6758 = FamRZ 1983, 643 (644) verlangt auch insoweit das Vorliegen besonderer Umstände; allgemein aA Staudinger/*Klinhammer,* 2018, § 1611 Rn. 12.

[56] BGHZ 93, 123 = NJW 1985, 806= FamRZ 1985, 273 (275).

[57] Ähnlich BeckOGK/*Witt,* 1.2.2019, Rn. 31 mwN.

[58] RGRK-BGB/*Cuny* Rn. 15.

[59] OLG Schleswig BeckRS 1996, 8682 = SchlHA 1996, 245; OLG Hamm NJW-RR 1996, 67 = FamRZ 1996, 116 (117); auch BeckOGK/*Witt,* 1.2.2019, Rn. 51 mwN.

gung gegen diesen (S. 3, § 1607 Abs. 2 S. 1, → Rn. 25)[60] darlegen und ggf. beweisen. Beruft sich der in Anspruch genommene Verwandte demgegenüber darauf, dass der ehemalige Ehegatte seine Unterhaltspflicht erfüllt hat oder dass ein anderer Verpflichteter (geschiedener Ehegatte/Verwandter) vorrangig haftet, hat er dies zu beweisen.[61]

**Zwischen geschiedenen Ehegatten** hat der Verpflichtete seine Leistungsunfähigkeit iSd § 1581 darzulegen und zu beweisen. Beruft er sich auf den Haftungsvorrang eines Verwandten des Berechtigten, muss er beweisen, dass dieser vor ihm haftet, mithin dass es diesen Verwandten gibt und sein eigener eheangemessener Unterhalt ggf. unter Berücksichtigung seiner sonstigen Verpflichtungen gefährdet ist. Dagegen muss der Berechtigte den Ausschluss der Haftung seiner Verwandten wegen deren Leistungsunfähigkeit oder die Aussichtslosigkeit der Rechtsverfolgung gegen sie beweisen.[62] 42

Nimmt der Verwandte den geschiedenen Ehegatten aus übergegangenem Recht in **Regress** (S. 3, § 1607 Abs. 2 S. 2), hat er neben der ehemals bestehenden Aussichtslosigkeit der Rechtsverfolgung (S. 3, § 1607 Abs. 2 S. 1) alle Voraussetzungen für einen Anspruch des bedürftigen Ehegatten auf nachehelichen Unterhalt – Erfüllung eines Unterhaltstatbestands, Bedarf, Bedürftigkeit – sowie seine eigenen Unterhaltsleistungen darzulegen und zu beweisen.[63] Demgegenüber obliegt dem geschiedenen Ehegatten, die Voraussetzungen für eine Beschränkung des Unterhalts nach §§ 1579, 1578b sowie seine Leistungsunfähigkeit darzulegen und zu beweisen. 43

## Kapitel 4. Gestaltung des Unterhaltsanspruchs

## § 1585 Art der Unterhaltsgewährung

**(1) [1]Der laufende Unterhalt ist durch Zahlung einer Geldrente zu gewähren. [2]Die Rente ist monatlich im Voraus zu entrichten. [3]Der Verpflichtete schuldet den vollen Monatsbetrag auch dann, wenn der Unterhaltsanspruch im Laufe des Monats durch Wiederheirat oder Tod des Berechtigten erlischt.**

**(2) Statt der Rente kann der Berechtigte eine Abfindung in Kapital verlangen, wenn ein wichtiger Grund vorliegt und der Verpflichtete dadurch nicht unbillig belastet wird.**

**Schrifttum:** *Born,* Vergleich und Abfindungsvergleich über Unterhalt, NZFam 2014, 545; *Christl,* Streitiger Unterhalt als Darlehen?, NZFam 2017, 791; *Graba,* Darlehen statt Unterhalt, FamRZ 1985, 118; *ders.,* Das unterhaltsrechtliche Stichwort, FF 2011, 64; *Heiter,* Unterhalt durch Darlehen, FamRZ 2015, 1353; *Herrler,* Verstärkende Unterhaltsvereinbarungen nach der Reform und deren Bestandskraft bei Änderung der wirtschaftlichen Rahmenbedingungen, FPR 2009, 506; *Schmeiduch,* Ungekürzte Rente des Ausgleichsverpflichteten bei Abfindung von Unterhaltsansprüchen, AmtlMittLVA Rheinprovinz 1994, 235; *Spangenberg,* Nachehelicher Unterhalt und Verzug, FamRZ 1993, 23; *Spangenberg,* Mahnung und Verzug beim nachehelichen Unterhalt, FPR 2013, 525; *Weber,* Unterhaltspflicht und Erbfall – die verkannte Brisanz von Abfindungszahlungen, FPR 2005, 294; *Wohlfahrt,* Aufrechnung gegen Unterhaltsansprüche mit Rückzahlungsansprüchen aus Unterhaltsüberzahlungen, FamRZ 2001, 1185.

**Übersicht**



[60] BGH NJW 2006, 142 Rn. 40 = FamRZ 2006, 26.
[61] Staudinger/*Verschraegen*, 2014, Rn. 29; BeckOGK/*Witt,* 1.2.2019, Rn. 51.
[62] OLG Düsseldorf FamRZ 1982, 611 (613); dazu auch BeckOGK/*Witt,* 1.2.2019, Rn. 51 mwN.
[63] BeckOGK/*Witt,* 1.2.2019, Rn. 52 mwN.

## I. Normzweck

1 § 1585 ist die nahezu unveränderte Nachfolgeregelung zu § 62 EheG. Sie blieb seit ihrer Einführung durch das 1. EheRG unverändert. Zweck der Regelung ist die Sicherung des laufenden, dh des **monatlichen Lebensbedarfs** des Berechtigten.[1]

2 Die Leistung des laufenden Unterhalts durch eine im Voraus zu entrichtende monatliche **Geldrente** (Abs. 1 S. 1, 2; ebenso § 1612 Abs. 1 S. 1) ermöglicht dem Berechtigten die Bestreitung seines monatlichen Lebensbedarfs. Der Verpflichtete kann, ohne dass die Dispositionsbefugnis zu abweichenden **Vereinbarungen** beschnitten würde (§ 1585c), nicht die Gestattung einer anderen Form der Unterhaltsgewährung verlangen (anders § 1612 Abs. 1 S. 2).

3 Der Berechtigte kann eine **Abfindung** in Kapital verlangen (Abs. 2, ebenso § 62 Abs. 2 EheG), weil es zweckmäßig sein kann, die wirtschaftlichen Beziehungen der geschiedenen Ehegatten so bald wie möglich zu lösen, „damit jeder von ihnen unbelastet einen neuen Lebensweg beschreiten kann".[2] Gegen seinen Willen kann ihn der Verpflichtete aber nicht abfinden (→ Rn. 50).

## II. Anwendungsbereich

4 § 1585 umfasst nur den **nachehelichen** und den **nachpartnerschaftlichen** (§ 16 S. 2 LPartG) Unterhalt. Für den **Trennungsunterhalt** sehen § 1361 Abs. 4 S. 1, 2, § 12 S. 2 LPartG eigenständige Regelungen vor (→ § 1361 Rn. 77), zum **Familienunterhalt** verweisen § 1360a Abs. 2 S. 1, § 5 LPartG darauf, dass „der Unterhalt in der Weise zu leisten [ist], die durch die eheliche Lebensgemeinschaft geboten ist" (→ § 1360a Rn. 14). – Für die **schuldrechtliche Ausgleichsrente** und den **verlängerten schuldrechtlichen Ausgleichsanspruch** gelten Abs. 1 S. 2, 3 entsprechend (§ 20 Abs. 3 VersAusglG, § 25 Abs. 4 VersAusglG).

5 § 1585 trifft Regelungen lediglich für den **laufenden Unterhalt,** der sowohl der Deckung des **Elementarunterhalts** als auch des **Mehrbedarfs** dient. Zudem umfasst er einverständliche Regelungen, die den gesetzlichen Unterhaltsanspruch in einem Ehevertrag (§ 1408) oder einer Vereinbarung (§ 1585c)[3] ausgestalten. Dagegen erfasst er nicht auch den **Sonderbedarf** (§ 1585b Abs. 1, → § 1585b Rn. 26, 27, → § 1578 Rn. 360–376), auch soweit dem Verpflichteten ausnahmsweise ratenweise Erfüllung gestattet ist.

## III. Fälligkeit

6 **1. Bestehen der Unterhaltsforderung.** Das Bestehen von Unterhaltsforderungen setzt ihre Fälligkeit voraus. Fälligkeit tritt mit dem **Entstehen** der Unterhaltsforderung ein (§ 271 Abs. 1, → § 271 Rn. 6).[4] Für den **laufenden Unterhalt,** der den Elementarbedarf (→ § 1578 Rn. 150–178) und den Mehrbedarf (→ § 1578 Rn. 179–258, 259–352) umfasst, nicht aber auch für den **Sonderbedarf** regelt Abs. 1 S. 2 die Leistungszeit abweichend vom Eintritt der Bedürftigkeit (→ Rn. 21, 22). Die Fälligkeit tritt zum laufenden Unterhalt für jeden Monat, für den die Voraussetzungen des Unterhaltsanspruchs vorliegen, stets neu ein.

7 Die Unterhaltsrente ist **monatlich** im Voraus zum 1. eines jeden Kalendermonats zu entrichten (S. 2). Eine erst während eines laufenden Monats einsetzende Unterhaltsverpflichtung (§§ 1585b

---

1 BGHZ 123, 49 = NJW 1993, 2105 = FamRZ 1993, 1186 (1187).
2 BT-Drs. 7/650, 146.
3 BGH NJW 2012, 1356 Rn. 23 = FamRZ 2012, 699.
4 Staudinger/*Bittner*, 2014, § 271 Rn. 5; BeckOK BGB/*Lorenz,* 47. Ed. 1.8.2018, § 271 Rn. 5.

Abs. 2, 1613 Abs. 1 S. 2) ist mit Inverzugsetzung in voller Höhe, gerechnet ab Monatsbeginn, auszugleichen.[5] Der Verpflichtete hat seine finanziellen Dispositionen darauf einzurichten, dass er seine Unterhaltsverpflichtung zu Beginn eines jeden Monats erfüllen kann, und die erforderlichen finanziellen Mittel grundsätzlich vorzuhalten.[6] Doch können die Ehegatten **einvernehmlich** andere Regelungen zur Fälligkeit der monatlichen Unterhaltsrente treffen.

**2. Ausnahmen.** Auch im **gerichtlichen Verfahren** können grundsätzlich nur fällige Unterhaltsforderungen zugesprochen werden. Hiervon gibt es, durch die Gestaltung des gerichtlichen Verfahrens bedingt, folgende Ausnahmen (auch → § 1585b Rn. 79–84): 8

- Die Antragserhebung im **Verbund** mit der Scheidungssache (§ 137 FamFG) ist möglich, obwohl der nacheheliche Unterhalt wegen seiner Nichtidentität mit dem Trennungsunterhalt (→ § 1569 Rn. 25, 26) erst mit Eintritt der Rechtskraft der Scheidung entsteht. Dass der Verpflichtete deshalb auch nicht in Verzug gesetzt werden kann,[7] ist unerheblich, weil die Inverzugsetzung durch die Rechtshängigkeit ersetzt wird. 9
- Eine vor Rechtskraft der Scheidung während der Trennungszeit erlassene **einstweilige Anordnung** (§§ 246, 47 ff. FamFG) wirkt auch in die nacheheliche Zeit,[8] weil sie erst mit der Rechtskraft einer anderweitigen Regelung außer Kraft tritt (§ 56 Abs. 1 FamFG). Zugesprochen ist dadurch in der Sache nachehelicher Unterhalt, ohne dass Fälligkeit und Inverzugsetzung vorgelegen hätten. 10

## IV. Laufender Unterhalt

**1. Art der Unterhaltsgewährung (Abs. 1 S. 1). a) Zahlung.** Die Unterhaltsschuld ist eine Geldschuld. Der laufende Unterhalt ist deshalb als monatlich wiederkehrende **Geldrente** durch Zahlung an den Berechtigten zu gewähren (S. 1). Eine andere Art der Unterhaltsgewährung (etwa Überlassung einer Wohnung[9] oder Leistung von Naturalien, → Rn. 17, 74, 75, → Vor § 1569 Rn. 22, 23) kann zwar vereinbart (§ 1585c, → Rn. 32), grundsätzlich aber, von Abs. 2 (Abfindung, → Rn. 48–70) abgesehen, weder vom Berechtigten noch vom Verpflichteten verlangt werden.[10] 11

Grundsätzlich hat die Leistung durch **Barzahlung** mit der Übergabe des Betrags an den Berechtigten zu erfolgen. In der Mitteilung eines Bankkontos liegt regelmäßig das jedenfalls konkludente Einverständnis mit einer Zahlung durch **Überweisung;** Zahlung ist dann mit der Gutschrift des angewiesenen Betrags erfolgt (→ § 362 Rn. 24). Bei der Hingabe eines **Schecks** ist die Leistung mit der Barauszahlung oder Einlösung des Schecks durch die bezogene Bank erfolgt (→ § 362 Rn. 20). – Zur Annahme der Leistung **an Erfüllungs statt** → Rn. 30. 12

**b) Ausnahmen. aa) Darlehen.** Immer dann, wenn es zu einer **zeitlichen Phasenverschiebung** zwischen der Bedürftigkeit des Unterhaltsgläubigers und dem Zufluss bedarfsdeckender Mittel kommt, kann dies zu einer doppelten Belastung des Unterhaltsschuldners führen: Er muss den laufenden Unterhalt bedienen, ohne an den dem Unterhaltsgläubiger später zufließenden Mitteln partizipieren zu können.[11] Vornehmlich sind die Ansprüche auf Alters- (§ 1571) und Krankheitsunterhalt (§ 1572[12]) betroffen, wenn Antrag auf Gewährung einer **Altersrente** oder auf eine Rente wegen **Erwerbsminderung** bzw. **Berufsunfähigkeit** gestellt wurde, bis es letztlich zur Auszahlung der Rente auch für die Zeit ab Antragstellung kommt. Eine zeitliche Phasenverschiebung kann sich aber bspw. auch bei der Aufnahme einer Erwerbstätigkeit bis zur Auszahlung des ersten Gehalts ergeben, sofern sich der Unterhaltsgläubiger von seinem Arbeitgeber nicht einen Vorschuss ausbezahlen lassen kann. In diesen **Ausnahmefällen,** für den der Verpflichtete **beweispflichtig** ist,[13] kann dem Berechtigten die Entgegennahme seines Unterhalts als Darlehen **zumutbar** sein. 13

Hat der Berechtigte einen Rentenantrag gestellt oder bezieht er bereits eine Rente, kann ihm bis zur Entscheidung über den Rentenantrag oder Wirksamkeit des **Versorgungsausgleichs** und Auszahlung der Rente ein Unterhaltsanspruch aus §§ 1571, 1572 zustehen. Eine darlehens- oder vorschussweise Befriedigung kann er zwar **nicht verlangen,** doch muss er ein Angebot des Verpflichteten auf ein zins- und tilgungsfreies Darlehen unter Verzicht auf Rückzahlung bei Ablehnung des Rentenantrags zur Abwendung seiner Bedürftigkeit und sicherungsweisen Abtretung seines 14

---

5 AA Staudinger/*Verschraegen*, 2014, Rn. 8; RGRK-BGB/*Cuny* Rn. 3.
6 OLG Karlsruhe BeckRS 2004, 9241 = FamRZ 2005, 378 (379).
7 OLG Düsseldorf OLGR 1993, 40.
8 BGH NJW 1995, 2032 = FamRZ 1995, 725; NJW 1983, 2318 = FamRZ 1983, 352 (355).
9 Dazu OLG Karlsruhe NJW-RR 1995, 709 = FamRZ 1995, 1157 (1158); OLG Düsseldorf NJW-RR 1994, 326 = FamRZ 1994, 1049 (1052).
10 BeckOGK/*Ebert*, 1.5.2019, Rn. 9.
11 Eingehend zur Problematik *Heiter* FamRZ 2015, 1353 ff.; *Graba* FamRZ 1985, 118 ff.
12 Dazu auch BeckOGK/*Lettmaier*, 1.12.2018, § 1572 Rn. 68, 69.
13 AA *Graba* FamRZ 1985, 118 (119).

Rentenanspruchs (§ 53 Abs. 2 S. 1 SGB I) annehmen. Die Nichtannahme führt als Obliegenheitsverletzung zur Zurechnung fiktiver Mittel und zum Entfallen der Bedürftigkeit.[14] – Zur **Obliegenheit** des Berechtigten, seinen Bedarf durch die Aufnahme eines Darlehens zu bestreiten, → § 1578 Rn. 888, 889.

15 Bezieht der Berechtigte, insbesondere nach Durchführung des Versorgungsausgleichs, eine bedarfsdeckende Rente, kann der Unterhaltsanspruch für den Zeitraum, für den Rente bezahlt wird, auch **rückwirkend entfallen.** Gleichwohl geleisteter Unterhalt kann nach § 812 Abs. 1 S. 1 (Erfüllung einer Nichtschuld) **kondiziert** werden, ohne dass sich der Berechtigte auf Entreicherung durch Verbrauch berufen kann, weil er entsprechende Aufwendungen aus der Rente erspart hat. Die Kondiktion des bis zur Wirksamkeit des Versorgungsausgleichs geleisteten Unterhalts beschränkt sich auf den Vorteil aus dem Versorgungsausgleich.[15]

16 Wurde dem Berechtigten – mit oder ohne Versorgungsausgleich – **nachträglich** für Zeiträume, für die der Verpflichtete bereits Unterhalt bezahlt hat, eine Rente bewilligt und bezahlt, kann der Verpflichtete vom Berechtigten nach Treu und Glauben (§ 242) **Erstattung** seiner Unterhaltsleistungen aus der Rentennachzahlung in der Höhe verlangen, in der sich der Unterhaltsanspruch bei Bezug der Rente ermäßigt hätte.[16]

17 **bb) Naturalunterhalt.** Davon abweichend kann der Verpflichtete ausnahmsweise verlangen, dass ihm die Leistung von Naturalunterhalt nachgelassen wird. Da § 1585 keine § 1612 Abs. 1 S. 2 entsprechende Regelung enthält, reicht nicht aus, dass dafür besondere Gründe vorliegen. Erforderlich ist vielmehr, dass ansonsten Unterhalt gar nicht mehr geleistet werden könnte. So ist etwa **in Zeiten allgemeiner Not,** in denen lebenswichtige Verbrauchsgüter für Geld nicht oder nicht ohne weiteres zu erwerben sind, die Umwandlung in eine Naturalleistungspflicht nach Treu und Glauben (§ 242) denkbar.[17] Ebenso, wenn Überweisungen in Geld in einen **ausländischen Staat** devisenrechtlich oder tatsächlich unmöglich sind.[18] – Die Ehegatten können (teilweise) Naturalleistungen – etwa die kostenfreie Zurverfügungstellung von Wohnraum – statt einer Geldzahlung **vereinbaren** (§ 1585c).[19]

18 **c) Vorsorgeunterhalt.** Auch Vorsorgeunterhalt ist grundsätzlich durch Zahlung an den Berechtigten zu erfüllen. Lediglich ausnahmsweise, wenn das Begehren des Berechtigten auf Zahlung an ihn gegen Treu und Glauben verstößt, kann der Verpflichtete Zahlung an einen Versorgungsträger verlangen (zum Ganzen näher → § 1578 Rn. 292, 293, 864). Jedenfalls ist es den Ehegatten unbenommen, die Zahlung an einen Versorgungsträger zu vereinbaren.[20] – Zum **Vorsorgeunterhalt** auch → § 1578 Rn. 259–352, 860–866.

19 Die Nennung des Versorgungsträgers verlangen zu können und die Zahlung des Verpflichteten an ihn zuzulassen würde die Schwierigkeiten der Fiktion, wenn der Bedürftige den Vorsorgeunterhalt nicht dort eingezahlt hat, vermeiden. Warum dies „außerhalb der unterhaltsrechtlichen Zweckbindung liegen" würde,[21] ist nicht ersichtlich, noch sind schützenswerte Interessen des Unterhaltsgläubigers berührt.

20 **d) Geldwert.** Leben Gläubiger und Schuldner in **verschiedenen Währungsgebieten,** können sich besondere Probleme im Hinblick darauf ergeben, in welcher Währung der Unterhalt im Inland verlangt werden kann. Der Verpflichtete schuldet den zu zahlenden Unterhaltsbetrag, auch wenn sich der Unterhaltsgläubiger im Ausland aufhält, grundsätzlich in **inländischer** Währung. Allerdings kann der Verpflichtete wegen der gegenseitigen Pflicht zur Rücksichtnahme verlangen, dass er die Geldrente in **Fremdwährung** entrichten darf,[22] was allerdings voraussetzt, dass dies für

---

[14] BGH NJW 1990, 709 = FamRZ 1990, 269 (272); NJW 1989, 1990 = FamRZ 1989, 718 (719); NJW 1983, 1481 = FamRZ 1983, 574 (575); OLG Karlsruhe BeckRS 2010, 18281 = FamRZ 1981, 784 (785); OLG Köln NJW 1980, 2817 (2818).

[15] BGHZ 83, 278 = NJW 1982, 2826 = FamRZ 1982, 470 (471).

[16] BGH NJW 1990, 709 = FamRZ 1990, 269 (272); NJW 1989, 1990 = FamRZ 1989, 718 (719 f.); NJW 1983, 1481 = FamRZ 1983, 574 (575); auch OLG Zweibrücken BeckRS 1996, 9991 = FamRZ 1997, 504 (505); OLG Hamm BeckRS 2009, 28815 = FamRZ 1988, 732 (733); OLG Frankfurt a. M. FamRZ 1987, 1270 (1271).

[17] BeckOGK/*Ebert,* 1.5.2019, Rn. 10 mwN.

[18] BeckOGK/*Ebert,* 1.5.2019, Rn. 18, § 1612 Rn. 14; Staudinger/*Klinkhammer,* 2018, § 1612 Rn. 7.

[19] BGH NJW 1962, 2102 (2103) = FamRZ 1962, 360 (zum Trennungsunterhalt); OLG Karlsruhe NJW-RR 1995, 709 = FamRZ 1995, 1157 (1158); Jauernig/*Budzikiewicz* § 1612 Rn. 2 (Gewährung von Wohnraum, wenn Anmietung vergleichsweise teuer; für den nachehelichen Unterhalt ist dies jedoch fraglich, da es allein Sache des Berechtigten ist, wofür er den Unterhaltsbetrag einsetzt).

[20] BeckOGK/*Ebert,* 1.5.2019, Rn. 17.

[21] So BGH NJW 2007, 144 Rn. 24 = FamRZ 2007, 117.

[22] BGH NJW 2013, 2662 Rn. 96 = FamRZ 2013, 1366.

ihn wirtschaftlich günstiger ist – etwa weil er über Konten in Fremdwährung verfügt – und der Berechtigte dadurch keine finanziellen Nachteile erleidet. – Zur **Antragstellung** im gerichtlichen Verfahren → Rn. 94.

**2. Zeitpunkt (Abs. 1 S. 2). a) Rechtzeitigkeit.** Da die „Zeitgefahr" nicht unter § 270 Abs. 1 fällt, soll die Rente monatlich im Voraus entrichtet sein, wenn der Verpflichtete das Geld rechtzeitig, also am Monatsersten, **abgesandt** hat (Einzahlung bei der Post, Überweisungsauftrag an die Bank, Übergabe oder Absendung eines gedeckten Schecks), auch wenn das Geld erst später beim Berechtigten eintrifft.[23] Der Verpflichtete kann sich hierauf nach Treu und Glauben jedoch dann nicht berufen, wenn es wegen mangelnder Deckung seines Kontos zu einer verzögerten Überweisung kommt.[24] 21

Diese Rspr. ist schon im Allgemeinen **nicht mehr sachgerecht** (auch → § 270 Rn. 25),[25] für Unterhaltsforderungen ist sie es auf jeden Fall nicht. Dem Zweck des Unterhalts und dem Interesse des Berechtigten ist nicht damit geholfen, wenn der Verpflichtete seine Zahlungsanweisung am Monatsersten aufgegeben hat. Denn der Berechtigte hat seine Verpflichtungen, etwa seine Mietzinszahlungen, auch bereits im Voraus zum Monatsersten zu erbringen und muss auch seinen sonstigen Bedarf bereits ab dem Monatsersten decken. Im Voraus heißt deshalb: zum **Monatsersten.**[26] Etwas anderes gilt nur dann, wenn Zahlung zu einem späteren Zeitpunkt **verlangt** oder zwischen den Ehegatten **vereinbart** wurde (auch → § 1585c Rn. 74).[27] 22

**b) Verspätete Leistung.** Ist eine monatliche Unterhaltsrente fällig (→ Rn. 6, 7), begründet eine nicht rechtzeitige Zahlung die Verzinsungspflicht wegen **Verzugs** (§§ 287, 288, 246).[28] Im gerichtlichen Verfahren sind die Unterhaltsschulden stets ab **Rechtshängigkeit** zu verzinsen (§ 291),[29] werden allerdings nur auf Antrag zugesprochen. 23

**c) Vorauszahlungen.** Die praktische Bedeutung von Vorauszahlungen ist zum nachehelichen Unterhalt gering, wohl auch weil § 1585 Abs. 1 S. 2 – im Gegensatz zu § 1614 Abs. 2, § 760 Abs. 2, § 1360a Abs. 3, § 1361 Abs. 4 S. 4 – zwar die Vorauszahlung der Monatsrente (→ Rn. 21, 22), jedoch keine Vorauszahlung des Unterhalts für mehrere Monate vorsieht. Für sie gilt: 24

- Der Unterhaltsgläubiger ist nicht berechtigt, Vorauszahlungen zu fordern, und der Unterhaltsschuldner ist zu Vorauszahlungen nicht verpflichtet. Doch können die Ehegatten einvernehmlich **Vorauszahlungen** oder eine **Abfindung** (→ Rn. 48–70)[30] für einen bestimmten Zeitraum **vereinbaren.** Für den Unterhaltsschuldner bleibt dann das Risiko, dass er, gibt der Unterhaltsgläubiger die vorausgezahlten Beträge so aus, dass er seinen laufenden Lebensbedarf nicht mehr decken kann und sozialhilfebedürftig wird, vom Sozialleistungsträger „erneut" in Anspruch genommen wird (→ § 1585c Rn. 92–96). 25
- **§ 1614 Abs. 2** ist auf den nachehelichen Unterhalt weder direkt noch entsprechend anwendbar. Da er aber als besondere Regel auf § 760 Abs. 2, der § 271 Abs. 2 durch das Abstellen auf die „Beschaffenheit und den Zweck der Rente" konkretisiert, Bezug nimmt, gesteht der BGH[31] dem Verpflichteten unter Hinweis darauf, dass der geschiedene Ehegatte weniger schutzwürdig ist als etwa Kinder, zu, den Unterhalt für 6 Monate im Voraus wirksam zu entrichten, und geht von einer Verpflichtung des Berechtigten aus, diese Leistungen auch anzunehmen. 26

**3. Dauer.** Da der Unterhaltsanspruch nur besteht, solange der Berechtigte bedürftig ist, ist er grundsätzlich zeitlich zu beschränken. Ohne dass zu strenge Anforderungen zu stellen sind, muss der Berechtigte deshalb die Dauer seines Anspruchs darlegen und beweisen. Diese Befristung 27

---

[23] BGHZ 44, 178 = NJW 1966, 46; NJW 1964, 499; OLG Köln FamRZ 1995, 1216; BeckRS 1990, 31145707 = FamRZ 1990, 1243 (1244) mwN; ebenso noch → 6. Aufl. 2013, Rn. 6.

[24] S. auch AG Überlingen BeckRS 2010, 5533 = FamRZ 1985, 1143.

[25] Zur Richtlinie 2000/35/EG des Europäischen Parlaments und des Rates vom 29.6.2000 zur Bekämpfung von Zahlungsverzug im Geschäftsverkehr (ABl. EG 2000 L 200, 35) s. EuGH NJW 2008, 1935 (1936): Rechtzeitigkeit erst bei Zahlungseingang; iErg ebenso Palandt/*Grüneberg* § 270 Rn. 5; Staudinger/*Bittner*, 2014, § 270 Rn. 32; BeckOK BGB/*Lorenz*, 47. Ed. 1.8.2018, § 270 Rn. 16–18; jurisPK-BGB/*Kerwer* § 270 Rn. 11, 12; aA Erman/*Artz* § 270 Rn. 6–8.

[26] Ebenso BGHZ 103, 267 = NJW 1988, 2799 (2800) = FamRZ 1988, 604; NJW 1990, 709 (710) = FamRZ 1990, 269; AG Überlingen BeckRS 2010, 5533 = FamRZ 1985, 1143; BeckOGK/*Ebert*, 1.5.2019, Rn. 29, § 1612 Rn. 27–32; BeckOGK/*Hamberger*, 1.2.2019, § 1614 Rn. 109; Staudinger/*Klinhammer*, 2018, § 1612 Rn. 76; Erman/*Hammermann* § 1612 Rn. 41; NK-BGB/*Sanders* Rn. 8.

[27] Etwa OLG Naumburg BeckRS 2003, 30332589 = FamRZ 2004, 1975.

[28] AA – keine Kalenderfälligkeit – OLG Karlsruhe BeckRS 2010, 16025 = FamRZ 1981, 384 (385); wohl ebenfalls BeckOGK/*Winter*, 1.5.2019, § 1613 Rn. 92–104, offengelassen BeckOGK/*Ebert*, 1.2.2019, § 1585 Rn. 30.

[29] BGH NJW-RR 1987, 386 = FamRZ 1987, 352.

[30] BeckOGK/*Hamberger*, 1.2.2019, § 1614 Rn. 109, 110.

[31] BGHZ 123, 49 = NJW 1993, 2105 = FamRZ 1993, 1186 f.; ebenso BeckOGK/*Ebert*, 1.5.2019, Rn. 25.

bestimmt sich entweder nach dem **Unterhaltstatbestand** – Krankheitsunterhalt (§ 1572), so lange die Erwerbstätigkeit krankheitsbedingt eingeschränkt ist; Erwerbslosigkeitsunterhalt (§ 1573 Abs. 1), so lange die Erwerbslosigkeit fortbesteht; Ausbildungsunterhalt (§ 1575), so lange die Ausbildung etc andauert – und/oder nach der **Bedürftigkeit** (§ 1577) und ist unabhängig von einer Befristung nach §§ 1578b, 1579. Dagegen scheidet eine Befristung für den **Betreuungsunterhalt** (§ 1570) idR auch auf der Tatbestandsebene aus, weil die Betreuungsbedürftigkeit nicht vorausschauend beurteilt werden kann (→ § 1578b Rn. 238–248). Nur wenn konkret abzusehen ist, dass ab Vollendung des 3. Lebensjahres keine kind- und elternbezogenen Verlängerungsgründe mehr vorliegen, ist ein Anspruch auf Betreuungsunterhalt tatbestandsmäßig nicht (mehr) gegeben.[32] IdR gilt dies auch für die Unterhaltsansprüche aus §§ 1571, 1572, 1573 Abs. 2, § 1576, weil ein Wegfall der Bedürftigkeit des Berechtigten nicht zu erwarten ist oder nicht vorausschauend beurteilt werden kann (→ § 1578b Rn. 237, 249–257).[33] Der Verpflichtete ist dann auf die Geltendmachung seines Auskunfts- und Beleganspruchs sowie ggf. die Erhebung eines Abänderungsantrags verwiesen.

28 **4. Zurückbehaltungsrecht.** Der Verpflichtete kann dem Anspruch auf den **laufenden Unterhalt** nicht mit einem Zurückbehaltungsrecht aus § 273 Abs. 1 begegnen (→ § 273 Rn. 4).[34] Auch insoweit steht der auch für das Aufrechnungsverbot leitende Zweck des Unterhalts, die Deckung des Lebensbedarfs des Berechtigten zu gewährleisten, entgegen. Wie für das **Aufrechnungsverbot** (→ Rn. 37) gilt dies auch für den in einen Anspruch auf **Abfindung** umgestalteten Unterhaltsanspruch, weil allein die Umgestaltung des Anspruchs (→ Rn. 48, 49) ihr nicht die Zwecksetzung der Daseinsvorsorge nimmt.[35]

### V. Erlöschen des Unterhaltsanspruchs

29 **1. Erfüllung. a) Zahlung. aa) „Bewirken" der Leistung.** Die Forderung auf die monatliche Unterhaltsrente – nicht auch das Unterhaltsstammrecht – **erlischt,** wenn der Verpflichtete diese Leistung „bewirkt", sie also **erfüllt** hat (§ 362 Abs. 1). Bewirkt ist sie mit dem Eingang der Zahlung beim Berechtigten (→ Rn. 21, 22).

30 Nimmt der Berechtigte statt Geld eine andere Leistung an, liegt darin idR, ist dies nicht gar als ausdrückliche Abrede der Ehegatten zu verstehen, eine zumindest konkludente Annahme der anderen als der geschuldeten Leistung **an Erfüllungs statt** mit der Folge, dass Erfüllung eintritt (§ 364 Abs. 1).[36] Dies kann angenommen werden, wenn der Berechtigte über einen längeren Zeitraum Naturalleistungen und Überweisungen auf ein Bankkonto entgegengenommen hat. Schwierigkeiten können sich dann ergeben bei

31 – der Bewertung von **Naturalleistungen.** Doch kann dabei unter Zugrundelegung des beim nachehelichen Unterhalt anzulegenden objektiven Maßstabs (zum **Wohnwert** etwa → § 1578 Rn. 595–603) geschätzt werden (§ 113 Abs. 1 FamFG, § 287 ZPO).

32 – nicht verabredeten **Überweisungen** auf ein überzogenes Bankkonto, sodass mit den Unterhaltszahlungen zwar die Schulden des Berechtigten zurückgeführt, nicht jedoch sein Lebensbedarf gedeckt wird. Tritt mangels Annahme der Leistung keine Erfüllung der Unterhaltsforderung ein, soll – was abzulehnen ist – dem Verpflichteten auch kein Bereicherungsanspruch gegen den Berechtigten hinsichtlich des überwiesenen Betrags zustehen.[37]

33 **bb) Gefahr- und Kostentragung.** Der Verpflichtete hat seine Schuld durch Übermittlung der Geldrente auf seine Gefahr und seine Kosten am Wohnsitz des Berechtigten im Zweifel **in bar** zu erfüllen (§ 270 Abs. 1). Vielfach wird auf ein Konto überwiesen, was meist durch die Annahme einer stillschweigenden Vereinbarung durch Bekanntgabe der Kontonummer oder der widerspruchslosen Entgegennahme einer **Überweisung** gedeckt sein wird (→ § 362 Rn. 22, 23).

34 **cc) Leistung unter Vorbehalt.** Leistungen unter dem Vorbehalt der **Rückforderung** führen in aller Regel nicht zur Erfüllung, insbesondere wenn der Unterhaltsschuldner einen Rechtsstreit über den Unterhalt fortführt (→ § 362 Rn. 8). Ebenso wenig bewirken Zahlungen, die lediglich zur **Abwendung der Zwangsvollstreckung** erbracht werden, materiell die Erledigung des Unter-

---

[32] BGHZ 180, 170 = NJW 2009, 1876 Rn. 41 = FamRZ 2009, 770.

[33] Soergel/*Häberle* Rn. 6; NK-BGB/*Lier/Sanders,* 2. Aufl. 2010, Rn. 19.

[34] BeckOK BGB/*Lorenz,* 47. Ed. 1.8.2018, § 273 Rn. 28; allgemein BGH NJW 1987, 3254 (3255); BGHZ 38, 122 = NJW 1963, 244 (246); BGHZ 16, 37 = NJW 1955, 419 (420); aA *Klinkhammer* in Wendl/Dose UnterhaltsR § 2 Rn. 90.

[35] BGH NJW-RR 2002, 1513 = FamRZ 2002, 1179.

[36] Ebenso BeckOGK/*Ebert,* 1.5.2019, Rn. 12.

[37] OLG Hamm NJW 1988, 2115 = FamRZ 1988, 499 (501) m. abl. Anm. d. Red. und abl. Bspr. *Krause* JuS 1991, 103; BeckOGK/*Ebert,* 1.5.2019, Rn. 34.

haltsanspruchs (dazu auch § 717 Abs. 2 ZPO, → § 362 Rn. 40 mwN).[38] Zwar muss der Vorbehalt nicht ausdrücklich erklärt werden, doch muss er **erkennbar** sein, so etwa, wenn trotz der Zahlung der Rechtsstreit fortgeführt wird. Nach rechtskräftigem Abschluss des Erkenntnisverfahrens entfällt der Vorbehalt ohne weiteres.

**dd) Anrechnungsklausel.** Schließen der Berechtigte und der Verpflichtete im familiengericht- 35
lichen Verfahren **Vereinbarungen** zum Unterhalt (§ 1585c), wird der Unterhalt meist nicht nur für die Zukunft geregelt, sondern auch für die Vergangenheit ab Beginn des nach §§ 1585b, 1613 maßgeblichen Zeitpunkts (→ § 1585c Rn. 27–123). Hat der Verpflichtete in dieser Zeit bereits Zahlungen geleistet, hat er in deren Höhe den Unterhaltsanspruch erfüllt. Diese meist teilweisen Zahlungen sind in ihrer **konkreten Höhe** in die Vereinbarung aufzunehmen. **Blankettformulierungen** wie „abzüglich bezahlter Beträge" bzw. „abzüglich geleisteter Zahlungen" führen dazu, dass mangels ausreichender Bestimmtheit die für die Vergangenheit (noch) geschuldeten Beträge nicht aus diesem Titel vollstreckt werden können;[39] um die vereinbarten Unterhaltsbeträge durchsetzen zu können, muss ein neuer Titel geschaffen werden. Gegen Vollstreckungsversuche aus dem bestehenden Titel kann der Verpflichtete mit der Vollstreckungsgegenklage vorgehen,[40] für die Vergangenheit danach zu Unrecht beigetriebene Beträge sind nach den Grundsätzen der **ungerechtfertigten Bereicherung** zurückzuerstatten.[41] Etwas anderes gilt nur dann, wenn die Beteiligten in der Vereinbarung – am besten in einem gesonderten Absatz – hinreichend deutlich machen, dass die „Anrechnungsklausel lediglich einen (deklaratorischen) Vorbehalt darstellt, den Einwand der Erfüllung gegebenenfalls mit einer späteren Vollstreckungsgegenklage nach § 120 Abs. 1 FamFG, § 767 ZPO geltend zu machen".[42]

**b) Aufrechnung. aa) Unterhaltsschuldner. (1) Grundsatz: Aufrechnungsverbot.** Das 36
**Pfändungsverbot** aus § 850b Abs. 1 Nr. 2 ZPO führt nach § 394 S. 1 zu einem Aufrechnungsverbot, weil der Zweck des Unterhalts, den Lebensbedarf des Berechtigten zu decken, durch eine Aufrechnung unterlaufen würde. Es erfasst auch die Aufrechnung mit Ansprüchen auf **Rückzahlung** überzahlten Unterhalts (zu diesen → Rn. 76–81).[43] Zudem wirkt das Aufrechnungsverbot auch zugunsten **öffentlicher Sozialleistungsträger,** auf die Unterhaltsansprüche übergegangen sind (§ 33 SGB II, § 94 SGB XII, § 7 UVG), weil der übergegangene Anspruch seine Rechtsnatur als Unterhaltsanspruch beibehält und der Verpflichtete durch seine Nichtzahlung von Unterhalt nicht privilegiert werden darf.[44]

**(2) Ausnahmen.** Eine Aufrechnung gegen Unterhaltsansprüche findet ausnahmsweise statt,

- soweit dies unter Berücksichtigung des Zwecks des Unterhalts und seiner Höhe der Billigkeit 37
entspricht (**bedingte Pfändbarkeit,** § 850b Abs. 2 ZPO). Diese bedingte Pfändbarkeit kann nicht bereits im Erkenntnisverfahren ausgesprochen werden, sondern ist vom Vollstreckungsgericht im Vollstreckungsverfahren anzuordnen (§ 850b Abs. 3 ZPO).
- wenn die Ehegatten die Zulässigkeit der Aufrechnung **vereinbaren,** weil sich der Berechtigte 38
dieses Schutzes begeben kann.[45] Der Sache nach handelt es sich dabei zum nachehelichen Unterhalt um eine Vereinbarung nach § 1585c, die zu ihrer Wirksamkeit auch die Interessen Dritter, insbesondere die von Sozialleistungsträgern (→ § 1585c Rn. 92–96) zu beachten hat, und der Wirkung nach um einen Unterhaltsverzicht (zu diesem → § 1585c Rn. 77–107).
- Schadensersatz wegen einer im Rahmen des Unterhaltsrechtsverhältnisses begangenen **unerlaub- 39
ten Handlung** (etwa unterlassene Inkenntnissetzung über ihr gestiegenes Einkommen), weil der Verpflichtete dem Unterhaltsanspruch der Einwand des Rechtsmissbrauchs/der Arglist entgegengehalten werden kann. Allerdings ist die Aufrechnung begrenzt auf das Existenzminimum des Berechtigten, weil das arglistige Verhalten des Berechtigten es nicht rechtfertigt, Schadensersatzansprüche des Verpflichteten aus Mitteln der Allgemeinheit zu befriedigen.[46]

**(3) Umfang.** Das Aufrechnungsverbot umfasst alle Ansprüche, die **unterhaltsrechtlicher Natur** sind, mithin auch Ansprüche auf

---

38 BGH NJW 2011, 1135 Rn. 11 mwN.
39 BGHZ 165, 223 = NJW 2006, 695 Rn. 34–36 = FamRZ 2006, 261.
40 BGHZ 165, 223 = NJW 2006, 695 Rn. 21 = FamRZ 2006, 261; OLG Schleswig NJW 2017, 1970 Rn. 24–27 mBspr *Pfeil* NZFam 2017, 317.
41 BGHZ 83, 278 = NJW 1982, 1147 (1148) = FamRZ 1982, 470; OLG Schleswig NJW 2017, 1970 Rn. 28–30 mBspr *Pfeil* NZFam 2017, 317; OLG Brandenburg BeckRS 2012, 16745 = FamRZ 2012, 1223 (1224).
42 BGHZ 165, 223 = NJW 2006, 695 Rn. 34, 36 = FamRZ 2006, 261.
43 BGH NJW-RR 2003, 1155 = FamRZ 2003, 1086 (1087).
44 BGHZ 197, 326 = NJW 2013, 2592 Rn. 15 ff. = FamRZ 2013, 1202.
45 OLG Hamm NJOZ 2005, 931 = FamRZ 2005, 995; Palandt/*Grüneberg* § 387 Rn. 20.
46 BGHZ 123, 49 = NJW 1993, 2105 = FamRZ 1993, 1186 ff. mwN.

40 – **rückständigen Unterhalt,** um den Verpflichteten nicht dadurch zu privilegieren, dass er den rückständigen Unterhalt hat auflaufen lassen.[47]

41 – **Verfahrenskostenvorschuss** (§ 1360a Abs. 4) als Sonderbedarf (→ § 1578 Rn. 366–372), dessen Wirkung, die gerichtliche Geltendmachung des Unterhalsanspruchs zu ermöglichen, nicht durch eine Aufrechnung unterlaufen werden darf.[48]

42 – Ausgleich der steuerlichen Nachteile aus der Durchführung des **begrenzten Realsplittings,** weil sie unmittelbare Auswirkungen auf die dem Berechtigten zur Verfügung stehenden finanziellen Mittel und damit auf die Deckung seines Lebensbedarfs haben,[49]

43 – eine **Abfindung** aufgrund des Verlangens des Berechtigten (§ 1585 Abs. 2, → Rn. 48–70) oder aufgrund einer Vereinbarung der Ehegatten (→ § 1585c Rn. 43).[50]

44 – Rückzahlung **überzahlten Unterhalts,** es sei denn, die Ehegatten hätten sich hierauf verständigt.[51] Dies verwehrt es auch, ohne deren Einverständnis Zuvielzahlungen mit Zuwenigzahlungen zu verrechnen,[52] zumal der Berechtigte hinsichtlich der Überzahlungen ggf. Entreicherung einwenden kann (→ Rn. 78–80).

45 – **Verzugs**- und **Verfahrenszinsen.**[53]

46 **bb) Unterhaltsgläubiger.** Nach Eintritt der Fälligkeit der unpfändbaren Unterhaltsforderung ist die Aufrechnung durch den Unterhaltsgläubiger infolge eines **Aufrechnungsvertrags** oder auch kraft **einseitiger Erklärung** zulässig (→ § 394 Rn. 12).[54] Denn er ist dann nicht mehr schutzbedürftig, wenn er sich selbst des Schutzes durch das Aufrechnungsverbot begibt.

47 Zu beachten sind jedoch die Interessen Dritter, wenn sich der Berechtigte dadurch der Möglichkeit begibt, seinen Lebensbedarf abzudecken, und dadurch die nachrangige **Haftung Dritter** – Verwandter (§ 1584), Sozialleistungsträger nach dem SGB II/SGB XII – eingreift. Ihnen gegenüber kann sich der Verpflichtete jedenfalls dann nicht auf die Aufrechnung berufen (§ 242), wenn er eine fortbestehende Bedürftigkeit des Berechtigten gekannt hat oder hätte kennen können.

48 **2. Abfindung (Abs. 2). a) Rechtsnatur.** Mit wirksamer Festsetzung der Abfindung erlischt der Anspruch auf eine Unterhaltsrente **endgültig.** Zwar behält die Abfindung ihren Rechtscharakter als Unterhalt, doch führt sie zu einer Umwandlung einer „regelmäßig wiederkehrenden Leistung" zu einer Einmalzahlung und damit idR zur Schaffung eines selbstständigen Schuldgrundes (**Novation,** → § 1585c Rn. 38–44). Eine **Änderung** der für die Abfindung maßgebenden Verhältnisse bleibt grundsätzlich unbeachtlich, weil es gerade Sinn und Zweck der Abfindung ist, den Streit um den nachehelichen Unterhalt abschließend zu regeln (zu **Ausnahmen** → Rn. 70).

49 Ob mit einer gerichtlichen oder außergerichtlichen Vereinbarung einer Abfindung eine abschließende Regelung des Unterhalts, die den Anspruch auf den laufenden Unterhalt zum Erlöschen bringt, erfolgen sollte, ist ggf. durch **Auslegung** zu ermitteln ist.[55] Gegen eine abschließende Regelung spricht nicht allein die Vereinbarung von **Ratenzahlungen,** weil sie idR im Interesse des Verpflichteten sind, um ihm die Streckung seiner Zahlungen und/oder die maximale Ausschöpfung der Höchstbeträge des begrenzten Realsplittings (→ Rn. 87, 88) zu ermöglichen.[56] Andererseits kann der vereinbarte Kapitalbetrag auch nur einen beschränkten Zeitraum abdecken, auf den **Vorauszahlungen** zu erbringen sind, für die Zeit danach aber der Anspruch auf eine Unterhaltsrente fortbesteht.[57]

50 **b) „Verlangen".** Der **Berechtigte,** nicht aber auch der Verpflichtete,[58] kann statt der Unterhaltsrente eine Abfindung in Kapital verlangen,[59] wenn ein wichtiger Grund vorliegt und der Ver-

---

47 BGH NJW 1960, 572 (573) = FamRZ 1960, 110; OLG Hamm NJOZ 2005, 931 = FamRZ 2005, 995 (996).

48 OLG Köln NJW-RR 1993, 1030 = FamRZ 1993, 1462 f.

49 BGH NJW 1997, 1441 = FamRZ 1997, 544.

50 BGH NJW-RR 2002, 1513 = FamRZ 2002, 1179.

51 BGH NJW-RR 1986, 68 = FamRZ 1985, 908 (910).

52 AA wohl *Dose* in Wendl/Dose UnterhaltsR § 6 Rn. 311, 312.

53 OLG Hamm BeckRS 2010, 5867 = FamRZ 1988, 952.

54 Str., wie hier etwa Staudinger/*Gursky,* 2016 § 394 Rn. 12.

55 BGH NJW 2014, 2637 Rn. 17 = FamRZ 2014, 1622. Vom OLG Stuttgart Justiz 1978, 408 verneint für eine Vereinbarung über die Zuordnung von Vermögensgegenständen ohne die ausdrückliche Erklärung, dass dadurch auch der nacheheliche Unterhalt abschließend geregelt sein sollte.

56 BGH NJW 2014, 2637 Rn. 17 = FamRZ 2014, 1622; NJW 2005, 3282 = FamRZ 2005, 1662 (1663); OLG Bamberg BeckRS 2014, 15696 Rn. 45.

57 Zum Ganzen BGH NJW 2005, 3282 = FamRZ 2005, 1662 (1663); NJW 1985, 2706 = FamRZ 1985, 263.

58 BGH NJW-RR 1993, 1218 Ls. = FamRZ 1993, 1186 (1187 f.).

59 Zur gleichwohl verwehrten Kürzung nach § 5 Abs. 1 VAHRG aF (dazu auch §§ 33–38 VersAusglG) s. BGHZ 126, 202 = NJW 1994, 2481 = FamRZ 1994, 1171 (1172 f.); BSG NJW-RR 1995, 840 mit zust.

pflichtete dadurch nicht unbillig belastet wird. Mit seinem Verlangen als einseitiger empfangsbedürftiger Willenserklärung übt der Berechtigte sein **Gestaltungsrecht** aus (→ Rn. 52). Die Forderung richtet sich auf Zahlung eines idR einmaligen **Geldbetrages.** Die Übertragung eines **Vermögensgegenstandes** kann zwar nicht verlangt werden,[60] doch ist eine dahingehende vertragliche Regelung nach § 1585c möglich (→ § 1585c Rn. 36). In die Vereinbarung sollte, um künftige rechtliche Auseinandersetzungen zu vermeiden, der Wert des Vermögensgegenstands, mit dem er auf die Geldschuld angerechnet und diese erfüllt werden soll, festgelegt werden.[61]

Liegen die Voraussetzungen für eine Abfindung (Abs. 2) vor, wird der Anspruch auf laufenden Unterhalt mit **Zugang** des Abfindungsverlangens beim Verpflichteten in einen solchen auf eine Kapitalabfindung **umgestaltet** (§ 130 Abs. 1, → Rn. 28). Dadurch **erlischt** (→ Rn. 49)[62] der Anspruch auf künftige Zahlung einer Unterhaltsrente, ausgenommen auf den laufenden Monatsbetrag (→ Rn. 22),[63] nicht erst mit der Rechtskraft eines familiengerichtlichen Beschlusses,[64] dem Zustandekommen einer Vereinbarung der Ehegatten, dem einseitigen Einverständnis des Verpflichteten oder der Zahlung der Abfindung.[65] Bezieht sich das Abfindungsverlangen dagegen erst auf einen **späteren Zeitpunkt,** erlischt der Anspruch auf eine Unterhaltsrente erst ab diesem.[66] 51

Das Abfindungsverlangen muss jedoch **wirksam** gewesen sein. Dies erfordert, dass die Voraussetzungen des Abs. 2 – wichtiger Grund des Berechtigten (→ Rn. 54–56), keine unbillige Belastung des Verpflichteten (→ Rn. 57–62) – vorgelegen haben. Ansonsten ist das Verlangen unwirksam, sodass der Anspruch auf den laufenden Unterhalt bestehen bleibt.[67] Wird der Abfindungsantrag des Berechtigten durch das FamG **abgewiesen** und rechtskräftig festgestellt, dass das Abfindungsverlangen nicht begründet ist, war auch das Gestaltungsrecht auf Zahlung einer Abfindung nicht wirksam. 52

Das Abfindungsverlangen ist **nicht fristgebunden.** Es kann deshalb auch noch nach einem längeren Bezug von laufendem Unterhalt[68] und selbst dann erklärt werden, wenn die Unterhaltsrente gerichtlich oder durch Vereinbarung festgelegt worden ist. Ist die Unterhaltsrente zwar tituliert, der Unterhaltsanspruch aber als Folge des Abfindungsverlangens erloschen, ist die Feststellung der Unzulässigkeit der Zwangsvollstreckung aus dem Titel ggf. gerichtlich mittels eines **Vollstreckungsgegenantrags** (§ 120 Abs. 1 FamFG, § 767 ZPO) zu verfolgen. 53

**c) Wichtiger Grund.** Er wird meist beim **Berechtigten** und schon dann vorliegen, wenn er das Kapital zum Aufbau einer selbstständigen Lebensstellung benötigt, etwa zum Kauf oder zur Gründung eines Erwerbsgeschäfts, zur Beteiligung an einem Unternehmen, aber auch zur Bestreitung von Ausbildungs-, Fortbildungs- und Weiterbildungskosten (§ 1574 Abs. 3, § 1575),[69] oder wenn er auswandern will. Maßgebendes Kriterium wird sein, inwieweit der Berechtigte die von ihm aufzubringenden Kosten aus den laufenden Unterhaltszahlungen bestreiten kann oder auf einen größeren Geldbetrag angewiesen ist.[70] – Umstände, die, wie etwa die Wiederheirat des Berechtigten (§ 1586 Abs. 1), zu einem Wegfall des Unterhaltsanspruchs führen, scheiden als wichtiger Grund aus (→ § 1586 Rn. 11–19).[71] 54

Umstände aus der Sphäre des **Verpflichteten** rechtfertigen allgemein die Annahme eines wichtigen Grundes, etwa 55
- ständiger **Zahlungsverzug.**
- wenn der Verpflichtete Vermögen **verschleudert** oder beiseitegeschafft hat.[72]
- die Unfähigkeit zur **Sicherheitsleistung** (§ 1585a). Dass ein Anspruch auf Sicherheitsleistung besteht, rechtfertigt allein jedoch noch kein Verlangen auf Abfindung.[73]

---

Anm. *Schmeiduch* AmtlMittLVA Rheinprovinz 1994, 235; s. auch OVG Rheinland-Pfalz NJW 1989, 2831 = FamRZ 1990, 104 (105 f.).

60 AG Glückstadt BeckRS 1977, 54 = FamRZ 1978, 781.

61 BeckOGK/*Ebert,* 1.5.2019, Rn. 35.

62 AllgM, etwa NK-BGB/*Sanders* Rn. 13; *Bäumel* in Göppinger/Wax UnterhaltsR Rn. 1069.

63 Ebenso BeckOGK/*Ebert,* 1.5.2019, Rn. 60.

64 BeckOGK/*Ebert,* 1.5.2019, Rn. 60; aA – mit Ablauf des Monats, in dem Rechtskraft eintritt –Palandt/*Brudermüller* Rn. 7; Johannsen/Henrich/*Hammermann* Rn. 12; Erman/*Maier* Rn. 9.

65 *Borth* in Schwab ScheidungsR-HdB IV Rn. 1453.

66 RGRK-BGB/*Cuny* Rn. 5; BeckOGK/*Ebert,* 1.5.2019, Rn. 62.

67 BeckOGK/*Ebert,* 1.5.2019, Rn. 62.

68 BeckOGK/*Ebert,* 1.5.2019, Rn. 61 mwN.

69 BeckOGK/*Ebert,* 1.5.2019, Rn. 40; *Bäumel* in Göppinger/Wax UnterhaltsR Rn. 1066; *Borth* in Schwab ScheidungsR-HdB IV Rn. 1451.

70 BeckOGK/*Ebert,* 1.5.2019, Rn. 40.

71 BeckOGK/*Ebert,* 1.5.2019, Rn. 41; Soergel/*Häberle* Rn. 8; RGRK-BGB/*Cuny* Rn. 7; *Gernhuber/Coester-Waltjen* FamR § 30 Rn. 148.

72 BeckOGK/*Ebert,* 1.5.2019, Rn. 47; NK-BGB/*Sanders* Rn. 15.

73 BeckOGK/*Ebert,* 1.5.2019, Rn. 44; Soergel/*Häberle* Rn. 8.

– zu erwartende Schwierigkeiten bei der **Durchsetzung** der Unterhaltsansprüche infolge ständigen Wohnsitzwechsels oder eines ausländischen Wohnsitzes bzw. Auswanderungsabsichten.[74]
– die Beerbung durch **mehrere Erben,** die – ggf. teilweise – nur schwer erreichbar sind,[75]
– eine, auch beabsichtigte, **Wiederheirat** wegen des möglichen Vorrangs des neuen Ehegatten (§§ 1582, 1609 Nr. 2),[76]
– die **Geburt** eines Kindes aus einer neuen Ehe, eine **Annahme an Kindes statt,** die **Anerkennung der Vaterschaft** etc wegen dessen möglichen Vorrangs (§§ 1582, 1609 Nr. 1),[77]

56 **nicht** dagegen, dass
– dem Verpflichteten aufgrund seiner **Einkommens- und Vermögensverhältnisse** leichtfällt, den verlangten Abfindungsbetrag aufzubringen.[78] Dieser Umstand ist allein im Rahmen der Abwägung, ob die Belastung für den Verpflichteten unbillig ist, zu berücksichtigen.

57 **d) Unbillige Belastung. aa) Allgemeine Billigkeitsabwägung.** Zum Teil wird in der Lit. vertreten, dass im Rahmen einer **umfassenden** Billigkeitsabwägung die Interessen des Berechtigten und die des Verpflichteten gegeneinander abzuwägen seien.[79]

58 Dem ist zu widersprechen: Die Interessen des Berechtigten sind ausreichend dadurch gewahrt, dass vor der Prüfung der Billigkeit der Belastung des Verpflichteten geprüft werden muss, ob auf Seiten des Berechtigten ein **wichtiger Grund** (→ Rn. 54–56) für sein Abfindungsverlangen vorliegt. Die Unbilligkeit der Belastung des Verpflichteten durch die Abfindung kann sich deshalb nur auf Umstände stützen, die seiner Sphäre entstammen.

59 **bb) Unbillige Belastung des Verpflichteten.** Die Abfindung muss für den Verpflichteten **wirtschaftlich tragbar** sein.[80] Sie darf nicht zu einer Gefährdung
– seines eigenen eheangemessenen Unterhalts,
– seiner weiteren Unterhaltsverpflichtungen insbesondere gegenüber vorrangigen, aber auch gegenüber nachrangigen Berechtigten (§§ 1581, 1609),[81]
– seiner sonstigen ehebedingten Verpflichtungen etwa aus dem güterrechtlichen Ausgleich oder dem Versorgungsausgleich (§§ 23, 24 VersAusglG)

führen.

60 In die Beurteilung sind die **gesamten wirtschaftlichen Verhältnisse** des Verpflichteten einzubeziehen. Stets unerheblich ist aber, dass er die verlangte Abfindung unschwer erbringen könnte. Da dem Verpflichteten eine stärkere wirtschaftliche Beeinträchtigung nicht zumutbar ist, kommt eine Kapitalabfindung idR nur für vermögende Verpflichtete in Betracht;[82] dies erklärt auch ihre geringe praktische Bedeutung. – Nach den wirtschaftlichen Verhältnissen richtet sich insbesondere auch die Obliegenheit zur **Veräußerung** von Vermögensgegenständen und -bestandteilen, die jedenfalls dann nicht besteht, wenn deren Verwertung unwirtschaftlich wäre, weil sie nur erheblich unter Wert abgegeben werden könnten (auch → § 1581 Rn. 100–105).[83]

61 IdR kann der Verpflichtete nicht darauf verwiesen werden, sich die finanziellen Mittel für die Abfindung durch **Kreditaufnahme** zu beschaffen.[84] Doch liegt **keine unbillige Belastung** vor, wenn
– Zins und Tilgung den monatlichen Unterhaltsbetrag nicht übersteigen.
– Zins und Tilgung den monatlichen Unterhaltsbetrag zwar übersteigen, die Mehrbelastung aber in einem zumutbaren Verhältnis dazu steht, dass der Verpflichtete mit der Zahlung des Abfindungsbetrags seiner Verpflichtung zur Zahlung laufender Unterhaltsrenten ledig ist.[85]
– die Verwertung eines Vermögensgegenstands lediglich vorübergehend nicht verlangt werden kann, eine Verbesserung des Marktwerts aber zu erwarten ist, sodass mit dem (erwarteten) Veräußerungserlös die Kreditsumme einschließlich der Kosten abgedeckt werden können.

---

74 BeckOGK/*Ebert,* 1.5.2019, Rn. 42, der auf die Rspr. zu § 843 Abs. 3 verweist.
75 BeckOGK/*Ebert,* 1.5.2019, Rn. 42; RGRK-BGB/*Cuny* Rn. 7.
76 BeckOGK/*Ebert,* 1.5.2019, Rn. 43; RGRK-BGB/*Cuny* Rn. 7; aA die hM, vgl. RG DR 1939, 308; Soergel/*Häberle* Rn. 9; Erman/*Maier* Rn. 6; *Gernhuber/Coester-Waltjen* FamR § 30 Rn. 147.
77 BeckOGK/*Ebert,* 1.5.2019, Rn. 43; *Bäumel* in Göppinger/Wax UnterhaltsR Rn. 1067.
78 BeckOGK/*Ebert,* 1.5.2019, Rn. 44, 47 RGRK-BGB/*Cuny* Rn. 7; Staudinger/*Verschraegen,* 2014, Rn. 20; aA BT-Drs. 7/650, 146; Soergel/*Häberle* Rn. 10.
79 BeckOGK/*Ebert,* 1.5.2019, Rn. 46, 47; RGRK-BGB/*Cuny* Rn. 9; NK-BGB/*Sanders* Rn. 15.
80 Amtliche Begründung zu § 70 EheG 1938, DJ 1938, 1111.
81 BeckOGK/*Ebert,* 1.5.2019, Rn. 45.
82 RGRK-BGB/*Cuny* Rn. 8.
83 BeckOGK/*Ebert,* 1.5.2019, Rn. 46; Soergel/*Häberle* Rn. 10.
84 Vgl. BeckOGK/*Ebert,* 1.5.2019, Rn. 46; Soergel/*Häberle* Rn. 10; NK-BGB/*Sanders* Rn. 15.
85 Staudinger/*Verschraegen,* 2014, Rn. 20.

Würde eine Abfindung in der geforderten Höhe den Verpflichteten unbillig belasten, ist sie **insgesamt** abzulehnen und nicht lediglich der Betrag herabzusetzen;[86] der Anspruch auf den laufenden Unterhalt besteht dann fort.[87] 62

**e) Betrag.** In die Bemessung der Abfindung fließen neben
– der Höhe der Unterhaltsrente 63
alle für eine Änderung oder den Wegfall des Anspruchs maßgeblichen Gesichtspunkte ein, insbesondere 64
– die voraussichtliche Entwicklung des Bedarfs, der Bedürftigkeit und der Leistungsfähigkeit, 65
aber auch
– die Lebenserwartung des Berechtigten, ohne dass insoweit allerdings die Tabellen der Versicherungsgesellschaften, die allein auf die Lebenserwartung abstellen, ohne weiteres herangezogen werden können.[88] 66
– die Erwartung einer Wiederheirat des Berechtigten. Sie kann sich wegen dessen Eheschließungsfreiheit allerdings nur bei bereits konkreten Heiratsplänen die Abfindung mindernd auswirken (aber → Rn. 71).[89] 67
– die Wahrscheinlichkeit des Hinzutretens weiterer Unterhaltsberechtigter.[90] 68
– die Grundsätze der Kapitalisierung. Die zuvor aufgeführten Umstände sind bereits in den Ausgangsbetrag eingeflossen, der zu kapitalisieren ist.[91] 69

**f) Nachträgliche Änderungen.** Für Vereinbarungen über eine Abfindung gelten die Grundsätze über die **Änderung der Geschäftsgrundlage** nicht, weil auch das Erlöschen des Unterhaltsanspruchs infolge eines Verzichts auf die Berücksichtigung von Veränderungen wesentlicher Inhalt der Vereinbarung ist, auf deren Bestand sich beide Ehegatten verlassen können müssen.[92] Deshalb hat eine nachträgliche Änderung der der Abfindung zugrunde gelegten Verhältnisse grundsätzlich keine Auswirkungen auf die durch das Abfindungsverlangen bewirkte Umgestaltung, auch wenn die Voraussetzungen aus § 1579 nachträglich eintreten.[93] Hat der Berechtigte aber das Abfindungsverlangen **arglistig erschlichen,** etwa den Aufbau einer neuen Existenz vorgetäuscht, während der wahre Grund eine bevorstehende Wiederverheiratung (auch → § 1586 Rn. 20) war, kann ein Schadensersatzanspruch aus § 826 gegeben sein, bei vertraglichen Vereinbarungen auch ein Rückforderungsanspruch aus ungerechtfertigter Bereicherung.[94] – Wird diese abschließende Bindung nicht gewollt, dürfen der Berechtigte oder der Verpflichtete eine Vereinbarung lediglich unter dem **Vorbehalt späterer Abänderbarkeit** eingehen. 70

**3. Wiederheirat oder Tod des Berechtigten (Abs. 1 S. 3).** Der – auch vertraglich vereinbarte, soweit nicht ausdrücklich anderes einvernehmlich festgelegt wurde – Anspruch auf laufenden Unterhalt erlischt mit der **Wiederheirat,** Begründung einer eingetragenen **Lebenspartnerschaft** oder dem **Tod** des Berechtigten (§ 1586 Abs. 1, § 16 S. 2 LPartG, → Rn. 85). Der volle Monatsbetrag wird auch geschuldet, wenn der Berechtigte im Laufe eines Monats wieder heiratet, stirbt oder eine Abfindung verlangt (zum **Erlöschen des Unterhaltsanspruchs** → § 1586 Rn. 14–16). Ebenso entsprechend S. 3, wenn der Unterhaltsanspruch aus **anderen Gründen** entfällt, etwa die Betreuung eines Kindes endet oder der Berechtigte eine angemessene Erwerbstätigkeit aufnimmt, die seinen vollen Unterhalt deckt.[95] Nicht dagegen, wenn der Unterhaltsanspruch aus Gründen endet, die der Berechtigte zu vertreten hat (§ 1579).[96] 71

## VI. Abtretung

Die Abtretung der Unterhaltsforderung ist grundsätzlich **ausgeschlossen,** weil sie nicht der Pfändung unterworfen ist (§ 400, § 850b Abs. 1 Nr. 2 ZPO). 72

---

86 Soergel/*Häberle* Rn. 9; *Bäumel* in Göppinger/Wax UnterhaltsR Rn. 1070.
87 BeckOGK/*Ebert,* 1.5.2019, Rn. 48.
88 *Gernhuber/Coester-Waltjen* FamR § 30 Rn. 150.
89 Ebenso Staudinger/*Verschraegen,* 2014, Rn. 17; NK-BGB/*Sanders* Rn. 16; aA RGRK-BGB/*Cuny* Rn. 10; Soergel/*Häberle* Rn. 8; *Bäumel* in Göppinger/Wax UnterhaltsR Rn. 1070: Bereits Wiederverheiratungsaussichten des Berechtigten sind regelmäßig abfindungsmindernd zu berücksichtigen. Offengelassen von BeckOGK/*Ebert,* 1.5.2019, Rn. 50.
90 BeckOGK/*Ebert,* 1.5.2019, Rn. 50; NK-BGB/*Sanders* Rn. 16.
91 Nach BeckOGK/*Ebert,* 1.5.2019, Rn. 50 ist keine „reine" Kapitalisierung vorzunehmen.
92 BGH NJW 2005, 3282 = FamRZ 2005, 1662 (1663); BeckOGK/*Ebert,* 1.5.2019, Rn. 53.
93 BeckOGK/*Ebert,* 1.5.2019, Rn. 63; Staudinger/*Verschraegen,* 2014, Rn. 25; Soergel/*Häberle* Rn. 12.
94 Ganz allgemeine Meinung, s. lediglich RGZ 159, 166 = DR 1939, 308.
95 Soergel/*Häberle* Rn. 5; RGRK-BGB/*Cuny* Rn. 3; aA BeckOGK/*Ebert,* 1.5.2019, Rn. 75; Staudinger/*Verschraegen,* 2014, Rn. 2.
96 Zu Letzterem aA RGRK-BGB/*Cuny* Rn. 3; Soergel/*Häberle* Rn. 5.

73 **Ausnahmsweise** ist eine Abtretung jedoch zulässig, wenn
- der Zessionar dem unterhaltsberechtigten Zedenten den unpfändbaren Unterhaltsanspruch (§ 850b Abs. 1 Nr. 2 ZPO) in voller Höhe ausgeglichen hat.[97]
- der Unterhaltsanspruch teilweise gepfändet werden kann (§ 850b Abs. 2 ZPO) in Höhe des zulässigen pfändbaren Betrags (→ § 400 Rn. 4).

## VII. Vereinbarungen

74 Die Ehegatten können auch im Rahmen von § 1585 Vereinbarungen schließen. Auch sie unterfallen **§ 1585c,** weshalb sie zu ihrer Wirksamkeit der notariellen Beurkundung bedürfen, wenn sie vor Rechtskraft der Scheidung eingegangen werden (§ 1585c S. 2).

75 Inhaltlich können die Vereinbarungen
- den **Zeitpunkt** der Zahlung (→ Rn. 21–26). Einseitige Erklärungen des Verpflichteten in einer Jugendamts- oder notariellen Urkunde, die ihre Grundlage nicht in einer länger andauernden Übung der Ehegatten haben, reichen hierfür nicht aus (auch → Rn. 11),[98]
- den **Zeitraum** (**Vorauszahlungen** → Rn. 24–26),
- die **Zahlungsweise** (→ Rn. 11–20, Darlehen, → Rn. 13; Naturalunterhalt, → Rn. 17),
- die Art der **Erfüllung** (Aufrechnung, → Rn. 36–47),
- die **Abfindung** des Anspruchs auf nachehelichen Unterhalt (Abs. 3, → Rn. 48–70)

betreffen. Stets werden jedoch die **Interessen Dritter,** insbesondere auch die der Allgemeinheit wegen ihres möglichen Leistungseintritts durch Sozialhilfeleistungen, zu beachten sein.

## VIII. Rückforderung überzahlten Unterhalts

76 Geleisteter Unterhalt kann als Schadensersatz wegen **unerlaubter Handlung** zurückverlangt werden, wenn sich der Berechtigte die Unterhaltszahlungen durch unwahre Angaben insbesondere zu seinen Einkommens- und Vermögensverhältnissen erschlichen hat (§ 823 Abs. 2 iVm § 263 StGB, § 826). Schadensersatzansprüche nach § 945 ZPO aufgrund der Vollziehung einer **einstweiligen Anordnung** scheiden aus, da dessen Geltung für Unterhaltssachen als Familienstreitsachen nach § 112 Nr. 1 FamFG ausdrücklich ausgenommen ist (§ 119 Abs. 1 S. 2 FamFG).[99]

77 Unterhalt kann zudem wegen **ungerechtfertigter Bereicherung** zurückgefordert werden. Praktisch bedeutsam wird dies va dann, wenn
- Unterhalt aufgrund einer **einstweiligen Anordnung** geleistet wird und sich in der Hauptsache keine oder geringere Unterhaltsbeträge ergeben (zu **Schadensersatzansprüchen** → Rn. 76),
- ein **Abänderungsantrag** (§§ 238, 239 FamFG) zu geringeren als den im Ausgangstitel verbrieften Unterhaltsbeträgen führt,
- auf einen **unwirksamen Prozessvergleich** gezahlt wurde,[100]
- ein gezahlter **Verfahrenskostenvorschuss** zurückverlangt wird. Für den nachehelichen Unterhalt hat diese Fallgestaltung jedoch nur geringe Bedeutung, da Verfahrenskostenvorschuss insoweit nur verlangt werden kann, wenn der Unterhalt im Verbund mit der Scheidungssache anhängig gemacht wird.[101]

78 Das praktische Problem liegt für den Verpflichteten in der **„Entreicherung“** des Berechtigten (§ 818 Abs. 3), weil der Berechtigte den laufenden Unterhalt idR zur Bestreitung seines Lebensunterhalts benötigt und auch verwendet. Dem Einwand der Entreicherung kann der Verpflichtete nur damit begegnen, dass er

79 – sich auf die **verschärfte Haftung** des Berechtigten beruft und diese auch nachweist (§ 819 Abs. 1). IdR wird ihm dies nicht gelingen, weil sich der Berechtigte bis zur rechtskräftigen Entscheidung in einem Hauptverfahren noch auf die Ausgangsentscheidung stützen kann[102] und § 820 Abs. 1 (verschärfte Haftung bei „ungewissem Erfolgseintritt“) auf Unterhaltsansprüche nicht entsprechend anwendbar ist.[103]

---

[97] BGHZ 59, 109 = NJW 1972, 1703 (1705) mwN; OLG Bremen NJW-RR 2002, 361 = FamRZ 2002, 1189 mwN; Staudinger/*Busche,* 2017, § 400 Rn. 13.

[98] OLG Karlsruhe BeckRS 2004, 9241 = FamRZ 2005, 378 (379).

[99] Ebenso zum Rechtszustand vor Inkrafttreten des FamFG am 1.9.2009 BGHZ 143, 65 = NJW 2000, 740 = FamRZ 2000, 751 (752 ff.); NJW 1984, 2095 = FamRZ 1984, 767 (769).

[100] BGH NJW 2011, 2141 = FamRZ 2011, 1140 (zum Trennungsunterhalt).

[101] BGHZ 110, 247 = NJW 1990, 1476 = FamRZ 1990, 491; BGHZ 94, 316 = NJW 1985, 2263 = FamRZ 1985, 802 f.; BGHZ 56, 92 = NJW 1971, 1262 = FamRZ 1971, 360 (361).

[102] BGHZ 93, 183 = NJW 1985, 1074 = FamRZ 1985, 368 ff. für eine negative Feststellungsklage, gerichtet auf die Feststellung, keinen Unterhalt zu schulden.

[103] BGHZ 143, 65 = NJW 2000, 740 = FamRZ 2000, 751 f.; NJW 1998, 2433 = FamRZ 1998, 951 f.; NJW 1984, 2095 = FamRZ 1984, 767 (768).

– einen **Abänderungsantrag** erhebt (§ 818 Abs. 4). Insoweit hat § 241 FamFG für den Verpflichteten eine Erleichterung dahin gebracht, dass er im Abänderungsverfahren nicht mehr von Monat zu Monat Antrag auf Rückzahlung stellen muss, sondern den Ausgang des Abänderungsverfahrens abwarten kann.[104] 80

Hat der Verpflichtete **freiwillig** zu viel Unterhalt geleistet, kann er sich auf eine ungerechtfertigte Bereicherung des Berechtigten insbesondere dann nicht berufen, wenn er **positive Kenntnis** von seiner Nichtschuld oder von Einwendungen gegen die Schuld (etwa §§ 1578b, 1579) hat (§ 814). Gleichzustellen dürfte sein, dass dem Verpflichteten die konkrete Feststellung des Unterhaltsanspruchs **gleichgültig** war oder er auf diese **verzichtet** hat. Nicht ausreichend ist jedoch die bloße Kenntnis der Umstände, aus denen folgt, dass eine Unterhaltsverpflichtung nicht oder nicht in der tatsächlich geleisteten Höhe bestand, ohne dass mindestens auch eine entsprechende „Parallelwertung in der Laiensphäre" durchgeführt wurde.[105] IdR wird eine Rückforderung auch in diesen Fällen an der Entreicherung scheitern. 81

Zur **Aufrechnung** der Rückzahlungsforderung mit dem Unterhalt → Rn. 44. 82

## IX. Weitere Fragestellungen

**1. Versorgungsausgleich.** Zu § 5 VAHRG wurde dem Verpflichteten nach Zahlung einer **Abfindung** des Unterhaltsanspruchs – auch nach Durchführung des Versorgungsausgleichs – der Anspruch auf die ungekürzte Rente belassen.[106] Ob und inwieweit dies auch für § 33 VersAusglG gilt, ist streitig.[107] Der BGH hat ausdrücklich offengelassen, ob und unter welchen Voraussetzungen die Rspr. zu § 5 VAHRG auf § 33 VersAusglG übertragen werden kann, weil in den von ihm entschiedenen Fällen mit der Abfindung auch der Zugewinnausgleich abgegolten worden war und der den Unterhalt betreffende Abfindungsbetrag nicht feststand, sodass eine Aussetzung des Versorgungsausgleichs nicht in Betracht kam.[108] 83

§ 33 VersAusglG entspricht § 5 VAHRG deshalb nicht (ganz), weil die Kürzung einer laufenden Versorgung nunmehr nur noch in Höhe des tatsächlich geschuldeten Unterhalts ausgesetzt werden kann (§ 33 Abs. 3 VersAusglG). Deshalb ist für eine **Aussetzung des Versorgungsausgleichs** jedenfalls erforderlich, dass der auf den Unterhalt entfallende Abfindungsbetrag auf einzelne Unterhaltsmonate umgelegt werden kann, wozu der Umlegungsmaßstab, mithin der Abfindungsbetrag und der ihn maßgeblich bestimmende Zeitraum, bekannt sein müssen und ggf. auch eine Abzinsung wegen der vorschüssigen Zahlung der Abfindung zu berücksichtigen ist.[109] 84

**2. Erbrecht.** Stirbt der **Berechtigte,** erlischt der Anspruch auf eine künftige Unterhaltsrente (§ 1586 Abs. 1); er bleibt jedoch für bereits fällige, rückständige Monatsrenten bestehen (§ 1586 Abs. 2 S. 1). Anders dagegen für den Anspruch auf eine Kapitalabfindung nach § 1585 Abs. 2: Er bleibt, soweit er nicht bereits erfüllt ist, bestehen und wird zur Nachlassforderung (→ § 1586 Rn. 21). 85

Stirbt der **Verpflichtete,** kann der Berechtigte auch gegenüber den Erben eine Abfindung in Kapital verlangen. Stirbt er nach wirksamer Umgestaltung, müssen sich die Erben dies entgegenhalten lassen. Beide Ansprüche werden zu Nachlassverbindlichkeiten (→ § 1586b Rn. 16). 86

**3. Steuerrecht.** Der Verpflichtete kann durch die Geltendmachung seiner Zahlungen **laufenden Unterhalts** bis zu einem Betrag von 13.805 EUR im Wege des begrenzten Realsplittings steuerliche Vorteile generieren (§ 10 Abs. 1a Nr. 1 EStG). Die dem Berechtigten entstehenden steuerlichen Nachteile, die sich dadurch ergeben können, dass dieser die Unterhaltszahlungen als Einkommen versteuern muss, hat ihm der Verpflichtete zu erstatten (→ § 1569 Rn. 56). 87

Eine **Abfindung** (Abs. 2) kann steuerlich dagegen nur als außergewöhnliche Belastung nach § 33a EStG (nicht nach § 33 EStG[110]) bis zu einem Betrag von 9.168 EUR, ab 1.1.2020 von 88

[104] BT-Drs. 16/6308, 259. Zur Rechtslage bis 31.8.2009 s. BGHZ 177, 356 = NJW 2008, 3213 Rn. 68–71 = FamRZ 2008, 1911; BGHZ 175, 182 = NJW 2008, 1663 Rn. 62, 63 = FamRZ 2008, 968.

[105] Staudinger/*Lorenz,* 2007, § 814 Rn. 4 mwN.

[106] BGHZ 126, 202 = NJW 1994, 2481 = FamRZ 1994, 1171 (1172).

[107] Zum Streitstand s. die Nachw. bei BGH NJW-RR 2013, 1226 Rn. 15 = FamRZ 2013, 1640. Verneinend auch OLG Düsseldorf BeckRS 2013, 13748; KG BeckRS 2013, 12560; AG Neuss BeckRS 2013, 12566; Soergel/*Häberle* Rn. 7; BeckOK BGB/*Gutdeutsch,* VersAusglG § 33 Rn. 3.

[108] BGH NJW-RR 2013, 1226 Rn. 15–17 = FamRZ 2013, 1640; NJW-RR 2013, 1091 Rn. 18, 19 = FamRZ 2013, 1364.

[109] BGH NJW-RR 2013, 1226 Rn. 17 = FamRZ 2013, 1640; NJW-RR 2013, 1091 Rn. 18 = FamRZ 2013, 1364; ebenso Erman/*Norpoth* VersAusglG § 33 Rn. 5.

[110] Der nur auf „untypische Unterhaltsleistungen", mit denen ein besonderer und außergewöhnlicher Bedarf – wie die Übernahme von Krankheits- oder Pflegekosten, die der Berechtigte selbst zu tragen nicht in der Lage ist – abgedeckt wird, anzuwenden ist, BFH NJW 2009, 623 = FamRZ 2008, 2024 (2015).

9.408 EUR geltend gemacht werden.[111] – Abfindungen des nachehelichen Unterhalts für einen vor der Eheschließung eingegangenen Unterhaltsverzicht können als Schenkung unter Lebenden qualifiziert und als freigiebige Zuwendung nach § 7 Abs. 1 Nr. 1 ErbStG steuerbar sein.[112]

89 **4. Besoldungsrecht.** Die Zahlung laufenden Unterhalts erhält dem geschiedenen verbeamteten Verpflichteten den **Familienzuschlag** (§ 40 Abs. 1 Nr. 3 BBesG; s. auch § 41 Abs. 1 Nr. 4 BesG BW). Nach der Abfindung des Unterhaltsanspruchs entfällt das Recht auf den Familienzuschlag.[113]

### X. Verfahrensrecht

90 **1. Zuständigkeit.** Rechtsstreitigkeiten über den nachehelichen Unterhalt und dessen Abfindung sind **Familiensachen,** für die die FamG zuständig sind (näher → Vor § 1569 Rn. 57, 58).

91 **2. Rechtsschutzbedürfnis.** Zwar besteht weder eine einklagbare Pflicht noch eine Obliegenheit des Berechtigten, den Unterhaltsanspruch auch titulieren zu lassen.[114] Gleichwohl besteht auch dann ein Rechtsschutzbedürfnis für einen Antrag, wenn der Verpflichtete die geschuldete Unterhaltsrente stets freiwillig, vollständig und pünktlich bezahlt. Denn der Berechtigte kann die **Titulierung** verlangen, weil der Verpflichtete seine Zahlungen jederzeit einstellen könnte.[115] Anerkennt der Verpflichtete jedoch sofort, sind, weil er keinen Anlass zur Erhebung eines Antrags gegeben hat, dem Berechtigten die Kosten aufzuerlegen (§ 113 Abs. 1 FamFG, § 93 ZPO), und ihm ist Verfahrenskostenhilfe für einen Antrag mangels Erfolgsaussicht seiner Rechtsverfolgung zu versagen (§ 113 Abs. 1 FamFG, § 114 Abs. 1 ZPO).

92 **Veranlassung** zu einem gerichtlichen Antrag auf Titulierung des gesamten Unterhalts hat der Verpflichtete allerdings gegeben, wenn er
– den Unterhaltsanspruch lediglich teilweise freiwillig pünktlich befriedigt hat,[116]
– einem Begehren auf Titulierung nicht entsprochen hat,[117] obwohl sich der Berechtigte zur Übernahme der Kosten bereit erklärt hat.

93 Dem Berechtigten ist **Verfahrenskostenhilfe** zu gewähren, dem Verpflichteten ist sie mangels Erfolgsaussicht seiner Rechtsverteidigung zu versagen.[118]

94 **3. Fremdwährung.** Da eine Geldschuld auf inländische Währung nicht mit einer auf ausländische Währung gleichartig ist, kann im gerichtlichen Verfahren auf einen **Antrag** auf Unterhalt in inländischer Währung nicht auf Zahlung in ausländischer Währung erkannt werden[119] Der Verpflichtete muss ggf. die Zurückweisung des Antrags auf Zahlung in inländischer Währung beantragen und Widerantrag auf Verpflichtung zur Zahlung in ausländischer Währung erheben. Tut er dies nicht und wird er zur Zahlung in inländischer Währung verpflichtet, kann er den ggf. entstehenden Mehraufwand vom Berechtigten wegen Verletzung seiner Pflicht auf Rücksichtnahme als Schaden ersetzt verlangen, wenn und soweit ihn wegen der unterlassenen Antragsanpassung kein Mitverschulden trifft.

95 **4. Darlegungs- und Beweislast. Erfüllung** und damit das Erlöschen der Unterhaltsverpflichtung ist eine rechtsvernichtende Einwendung,[120] deren Bestehen im gerichtlichen Verfahren zwar von Amts wegen zu beachten, vom Verpflichteten ggf. aber darzulegen und zu beweisen ist.[121]

96 Verlangt der Berechtigte eine **Abfindung** (Abs. 2), obliegt ihm die Darlegungs- und Beweislast für das Vorliegen eines wichtigen Grundes und die Höhe der Abfindung, dem Verpflichteten für die Unbilligkeit seiner Belastung.[122]

97 **5. Vollstreckung.** Der Anspruch auf den **laufenden Unterhalt** kann nicht gepfändet werden (Pfändungsverbot des § 120 Abs. 1 FamFG, § 850b ZPO, → Rn. 36), und ihm kommt das Pfändungsvorrecht des § 120 Abs. 1 FamFG, § 850d ZPO zugute.

---

[111] Etwa FG Köln BeckRS 2004, 26018913; FG Nürnberg BeckRS 2003, 26014441.
[112] BFHE 218, 409 = NJW 2008, 943 = FamRZ 2008, 611.
[113] BVerwG NJW 2003, 1886 = FamRZ 2003, 1385 Ls. (zu § 5 VAHRG).
[114] AA OLG Karlsruhe NJW 2003, 2922 = FamRZ 2003, 1763 (1764).
[115] BGH NJW 2010, 238 Rn. 15 = FamRZ 2010, 195; NJW 1998, 3116 = FamRZ 1998, 1165.
[116] BGH NJW 2010, 238 Rn. 17–20 = FamRZ 2010, 195.
[117] Dazu auch BGH NJW 1998, 3116 = FamRZ 1998, 1165.
[118] Ebenso BeckOGK/*Ebert,* 1.5.2019, Rn. 77.
[119] BGH NJW 2013, 2662 Rn. 97–99 = FamRZ 2013, 1366.
[120] jurisPK-BGB/*Kerwer* § 362 Rn. 35; BeckOK BGB/*Dennhardt,* 47. Ed. 1.8.2018, § 362 Rn. 3.
[121] BGH NJW 2006, 300 Rn. 7; → § 363 Rn. 1 mwN; Staudinger/*Olzen,* 2011, § 362 Rn. 50, 52; auch BeckOGK/*Ebert,* 1.5.2019, Rn. 85.
[122] BeckOGK/*Ebert,* 1.5.2019, Rn. 73; Staudinger/*Verschraegen,* 2014, Rn. 30; jurisPK-BGB/*Weil* Rn. 28; Erman/*Maier* Rn. 12.

Da das auf Zahlung einer Abfindung gerichtete Verfahren zwar eine Unterhaltssache iSd § 231 Abs. 1 Nr. 2 FamFG,[123] der **Abfindungsanspruch** aber kein Unterhaltsanspruch im engeren Sinne ist (→ Rn. 48), sind auf ihn die Vorschriften über den Pfändungsschutz und das -vorrecht (§ 120 Abs. 1 FamFG, § 850d ZPO) nicht anwendbar,[124] und er ist abtretbar und pfändbar.[125] 98

Der Unterhaltsanspruch gehört einschließlich des Anspruchs auf Abfindung in der **Insolvenz** 99
- des Berechtigten zur Insolvenzmasse (§§ 35, 36 Abs. 1 InsO),
- des Verpflichteten zu den Insolvenzforderungen (§ 38 InsO), soweit er im Zeitpunkt der Insolvenzeröffnung bereits fällig war (→ Vor § 1569 Rn. 94).[126]

## § 1585a Sicherheitsleistung

**(1) [1]Der Verpflichtete hat auf Verlangen Sicherheit zu leisten. [2]Die Verpflichtung, Sicherheit zu leisten, entfällt, wenn kein Grund zu der Annahme besteht, dass die Unterhaltsleistung gefährdet ist oder wenn der Verpflichtete durch die Sicherheitsleistung unbillig belastet würde. [3]Der Betrag, für den Sicherheit zu leisten ist, soll den einfachen Jahresbetrag der Unterhaltsrente nicht übersteigen, sofern nicht nach den besonderen Umständen des Falles eine höhere Sicherheitsleistung angemessen erscheint.**

**(2) Die Art der Sicherheitsleistung bestimmt sich nach den Umständen; die Beschränkung des § 232 gilt nicht.**

**Schrifttum:** *Büte,* Die Sicherung- von Unterhalts- und Zugewinnausgleichsansprüchen, FuR 2013, 506; *Derleder, P.,* Zum Rechtsschutz gegen den Unterhaltspflichtigen bei Gefahr der Vermögensverschiebung, FuR 1994, 95; *Löhnig,* Die Sicherung künftiger familienrechtlicher Ansprüche – Zur Zweispurigkeit materiell-rechtlicher und prozessualer Sicherungsmittel, FamRZ 2004, 503; s. auch bei § 1569; *Menne,* Die Sicherung von Unterhaltsansprüchen durch dinglichen Arrest, FamRZ 2004, 6.

**Übersicht**



### I. Normzweck

1 Der Unterhaltsanspruch des geschiedenen Ehegatten, der zur Deckung seines Lebensbedarfs auf die regelmäßige und pünktliche Entrichtung des Unterhalts angewiesen ist, bedarf wegen dem der Scheidung immanenten Interesse des Verpflichteten, an seinen geschiedenen Ehegatten keinen Unterhalt mehr zahlen zu müssen, in besonderem Maße des Schutzes vor dessen Zahlungsunwilligkeit und planmäßiger Vereitelung des Unterhaltsanspruchs. Diesem Bedürfnis wurde durch § 62 Abs. 1 S. 3, 4 EheG (Gesetzestext → 7. Aufl. 2017, Anh. § 1586b Rn. 4), wonach Sicherheit zu leisten war, wenn die Gefahr bestand, dass sich der Verpflichtete seiner Unterhaltspflicht entziehen will, nicht ausreichend entsprochen, weil nicht ausgeschlossen werden konnte, dass sich entsprechende Bestrebungen des Verpflichteten der Kenntnis des Berechtigten entziehen und bei Kenntniserlangung die Durchsetzung einer Sicherheitsleistung oft nicht mehr möglich war.[1] Deshalb wird dem Berechtigten ein **materiellrechtlicher Anspruch** auf Sicherheitsleistung eingeräumt. Die Interessen des Verpflichteten werden durch Abs. 1 S. 2, 3 gewahrt.

123 MüKoFamFG/*Pasche* FamFG § 231 Rn. 10.
124 BeckOGK/*Ebert,* 1.5.2019, Rn. 70; Soergel/*Häberle* Rn. 13; jurisPK-BGB/*Weil* Rn. 23.
125 LG Bremen Rpfleger 1953, 585; BeckOGK/*Ebert,* 1.5.2019, Rn. 70; Soergel/*Häberle* Rn. 13.
126 Dazu auch BeckOGK/*Ebert,* 1.5.2019, Rn. 72; jurisPK-BGB/*Weil* Rn. 24.
1 BT-Drs. 7/650, 146.

## II. Anwendungsbereich

2 § 1585a ist auf den **nachehelichen** Unterhalt geschiedener verschieden[2]- und gleichgeschlechtlicher Ehegatten und **nachpartnerschaftlichen** Unterhalt eines Lebenspartners aus einer aufgehobenen Lebenspartnerschaft (§ 16 S. 2 LPartG) anwendbar.

3 **Vereinbarungen** zur Ausgestaltung des gesetzlichen Unterhaltsanspruchs (§ 1585c) fallen gleichfalls unter § 1585a.[3] Allerdings kann man grundsätzlich davon ausgehen, dass die Frage der Sicherheitsleistung dann bereits in der Vereinbarung mitgeregelt wird. Für eine „Anpassung" der Vereinbarung wegen einer Störung ihrer Geschäftsgrundlage ist nur bei nachträglichen Veränderungen der Einkommens- und Vermögensverhältnisse des Verpflichteten, die ohnehin zu einer Anpassung des vereinbarten Unterhaltsbetrags führen, Raum. – Regeln Vereinbarungen den Unterhalt losgelöst vom gesetzlichen Unterhaltsrecht und schaffen dadurch einen **selbstständigen Schuldgrund** (→ § 1585c Rn. 38–44), gilt § 1585a zwar nicht direkt, doch kann er inhaltlich durch **ergänzende Vertragsauslegung** zur Anwendung kommen (→ § 1585c Rn. 38).[4]

4 Dagegen ist § 1585a nicht, auch nicht entsprechend, auf den **Familienunterhalt** (§§ 1360, 1360a)[5] während noch bestehender ehelicher Lebensgemeinschaft, den **Trennungsunterhalt** (§ 1361)[6] und den **Verwandtenunterhalt** (§§ 1601 ff.; **Ausnahme:** Anordnung einer Sicherheitsleistung durch einstweilige Anordnung während der Anhängigkeit eines Verfahrens auf Feststellung der Vaterschaft, § 248 Abs. 4 FamFG) anwendbar,[7] weil Zahlungsunwilligkeit und Bestrebungen zur Anspruchsvereitelung des Verpflichteten während noch bestehender Ehe und zum Kindesunterhalt idR geringer ausgeprägt sind.

5 Zwar mag Letzteres für den Unterhalt **nicht verheirateter Eltern** (§ 1615l Abs. 2) nicht gelten. Gleichwohl sieht § 1615l Abs. 3 infolge der Verweisung auf die Anwendbarkeit der Vorschriften über die Unterhaltspflicht zwischen Verwandten insoweit keine Sicherungsmöglichkeit vor.

6 **Rechtspolitische Forderung:**
Letzteres sollte Anlass sein, die Erforderlichkeit von Sicherungsmöglichkeiten zu überdenken und auch insoweit nach einer **Angleichung** des Rechts des Unterhalts nicht verheirateter Eltern an das nacheheliche Unterhaltsrecht zu suchen. Zudem ist ein Bedürfnis für eine Angleichung auch zum Trennungs- und zum Verwandtenunterhalt gegeben, weil – wie die Erfahrung aus der Praxis zeigt – die Leistungsbereitschaft der nicht verheirateten Verpflichteten keineswegs höher als zum nachehelichen Unterhalt etc ist.

## III. Anspruch

7 **1. Aufbau der Norm. Abs. 1** ist nach dem **Regel-Ausnahme-Prinzip** aufgebaut:
- **S. 1** stellt, besteht eine Unterhaltsverpflichtung, **ohne weitere Voraussetzungen** fest, dass der Verpflichtete auf Verlangen des Berechtigten – das er nicht näher begründen, sondern lediglich vorbringen muss – **grundsätzlich** Sicherheit zu leisten hat (→ Rn. 8–10),
- **S. 3** regelt die Bemessung der **Höhe** der Sicherheit (→ Rn. 15–17),
- **Abs. 2** die **Art** der Sicherheit (→ Rn. 18, 19).

**Ausnahmsweise entfällt** die Verpflichtung zur Sicherheitsleistung nach **Abs. 1 S. 2** (→ Rn. 11–13).

8 **2. Voraussetzungen.** Der Anspruch des Berechtigten auf Sicherheitsleistung – der nur zur Sicherung und nicht auch zur Erfüllung des Unterhaltsanspruchs führen darf – hängt allein davon ab, dass ein Unterhaltsanspruch gegeben ist (Abs. 1 S. 1). Der Unterhalt muss nicht in einer gerichtlichen Entscheidung, einem Prozessvergleich oder einer notariellen Urkunde **tituliert** sein.[8]

9 Der Anspruch scheint sich auf eine **Geldrente** richten zu müssen (Abs. 1 S. 3: „Jahresbetrag der Unterhaltsrente").[9] Doch kann dasselbe Bedürfnis für eine Sicherheitsleistung auch bei einer **Abfindung** des Unterhalts nach § 1585 Abs. 2 bestehen. Denn zum einen muss der Berechtigte ja auch aus dieser seinen Lebensbedarf decken können, und zum anderen richtet sich die Höhe der Abfindung idR nach dem für einen bestimmten Zeitraum geschuldeten monatlichen Unterhaltsbetrag. Deshalb kann auch insoweit Sicherheit verlangt werden.

---

[2] Gesetz zur Einführung des Rechts auf Eheschließung für Personen gleichen Geschlechts v. 20.7.2017 (BGBl. 2017 I 2787) mWv 1.10.2017.

[3] BeckOGK/*Ebert,* 1.5.2019, Rn. 6.

[4] Ebenso BeckOGK/*Ebert,* 1.5.2019, Rn. 6; RGRK-BGB/*Cuny* Rn. 8.

[5] BeckOGK/*Ebert,* 1.5.2019, Rn. 5.

[6] OLG Düsseldorf FamRZ 1980, 1116.

[7] OLG Düsseldorf FamRZ 1981, 67 (68 f.).

[8] BeckOGK/*Ebert,* 1.5.2019, Rn. 7.

[9] So BeckOGK/*Ebert,* 1.5.2019, Rn. 7; RGRK-BGB/*Cuny* Rn. 2.

Der Berechtigte muss sein Verlangen auf Sicherheitsleistung nicht bereits **vor einer gerichtlichen Verpflichtung** zur Zahlung von Unterhalt erklärt haben. Zwar ist der Anspruch auf Sicherheitsleistung dem Anspruch auf Unterhalt insoweit akzessorisch, als er nur besteht, soweit auch eine Unterhaltsverpflichtung besteht. Doch sind die Voraussetzungen für das Verlangen von Sicherheiten iÜ unabhängig vom Unterhaltsanspruch, sodass es auch nach einer gerichtlichen Verpflichtung erklärt und nicht – entsprechend § 238 Abs. 1 S. 2 FamFG – von einer erheblichen Vermögensverschlechterung abhängig gemacht werden kann (zum **Nachforderungsantrag** → Rn. 24, 25).[10] 10

**3. Ausnahmen.** Die Anordnung einer Sicherheitsleistung kommt nur in Betracht, wenn ein **Sicherungsbedürfnis** besteht. Der Anspruch auf Sicherheitsleistung **entfällt** deshalb nur, wenn entweder kein Grund zu der Annahme besteht, dass die Unterhaltsleistung gefährdet ist, oder der Verpflichtete durch die Sicherheitsleistung unbillig belastet würde (Abs. 1 S. 2). Zur **Darlegungs- und Beweislast** → Rn. 29. 11

**a) Gefährdung der Unterhaltsleistung.** Eine Gefährdung der Unterhaltsleistung besteht etwa dann **nicht,** wenn der Verpflichtete seinen Unterhaltsverpflichtungen bisher stets pünktlich nachgekommen ist und über geordnete Einkommens- und Vermögensverhältnisse verfügt[11] bzw. nicht nachträglich eine Verschlechterung seiner Einkommens- und Vermögensverhältnisse eingetreten ist.[12] Sie kann aber **angenommen** werden,[13] wenn der Verpflichtete 12
– seine Unterhaltsleistungen nicht **regelmäßig** und **pünktlich** erbracht hat,
– androht, die Zahlungen künftig **einzustellen,**
– seinen **Arbeitsplatz** aufgibt oder verliert,
– erneut eine **Ehe** schließt,[14]
– einen seine Einkommensverhältnisse übersteigenden **Lebensstil** pflegt,
– sein **Vermögen verschleudert,**
– ins **Ausland** umzuziehen beabsichtigt; dabei ist unerheblich, dass ein Unterhaltstitel auch im Ausland vollstreckt werden könnte.[15]

Zur **Darlegungs-** und **Beweislast** → Rn. 29.

**b) Unbillige Belastung des Verpflichteten.** Eine unbillige Belastung des Verpflichteten kann unter Berücksichtigung der **Verhältnismäßigkeit**[16] etwa vorliegen 13
– nach **Verlust des Arbeitsplatzes** aus betriebsbedingten Gründen,
– wenn die **Kreditwürdigkeit** eines Selbstständigen durch eine Sicherheitsleistung so stark eingeschränkt würde, dass seine wirtschaftliche Existenz gefährdet wäre,[17]
– wenn dem Verpflichteten ein **Vermögensgegenstand,** auf dessen Gebrauch er, etwa aus berufsbedingten Gründen, angewiesen ist, nicht mehr zur Verfügung stünde,[18]
– die Veräußerung von Vermögensgegenständen mit einem **erheblichen wirtschaftlichen Verlust** verbunden wäre.[19]

**4. Sicherheit.** Das **FamG** setzt die Höhe der Sicherheitsleistung fest und bestimmt das Sicherungsmittel. 14

**a) Höhe.** Obwohl ein unbefristeter Unterhaltsanspruch abgesehen von seiner Veränderbarkeit zeitlich unbeschränkt gilt, sieht Abs. 1 S. 3 für den Regelfall eine Beschränkung der Höhe der Sicherheitsleistung auf den **einfachen Jahresbetrag** der monatlichen Unterhaltsrente vor. Dadurch soll dem FamG die betragsmäßige Festsetzung an einem objektivierten Maßstab erleichtert und zugleich dem Sicherungsbedürfnis des Berechtigten – dem idR mit einem Sicherungsbetrag, der nicht den gesamten Rentenbetrag erreicht, genügt wird – Rechnung getragen werden.[20] 15

---

10 IErg ebenso OLG Düsseldorf BeckRS 2009, 21242 = FamRZ 1981, 44 (45 f.); aA OLG Hamm BeckRS 2011, 7778 = FamRZ 2011, 569 f. mwN; BeckOGK/*Ebert,* 1.5.2019, Rn. 27.

11 BeckOGK/*Ebert,* 1.5.2019, Rn. 11 mwN.

12 OLG Hamm BeckRS 2011, 7778 = FamRZ 2011, 569 (570).

13 Zum Ganzen BeckOGK/*Ebert,* 1.5.2019, Rn. 13.

14 BeckOGK/*Ebert,* 1.5.2019, Rn. 12; Staudinger/*Verschraegen*, 2014, Rn. 3; aA Erman/*Maier* Rn. 2.

15 BeckOGK/*Ebert,* 1.5.2019, Rn. 13.

16 BeckOGK/*Ebert,* 1.5.2019, Rn. 4; NK-BGB/*Sanders* Rn. 8; Johannsen/Henrich/*Hammermann* Rn. 6.

17 BT-Drs. 7/650, 146 f. Doch wird diesem Umstand angesichts der Regelbeschränkung der Höhe der Sicherheitsleistung auf den Jahresbetrag der Unterhaltsrente (→ Rn. 15–17) nur geringe praktische Bedeutung zukommen.

18 RGRK-BGB/*Cuny* Rn. 4.

19 BeckOGK/*Ebert,* 1.5.2019, Rn. 14 mwN.

20 BT-Drs. 7/650, 146 f.

16 Die Sicherheit ist auf einen geringeren als den Jahresbetrag **herabzusetzen,** wenn sich die Unterhaltsverpflichtung absehbar – s. etwa Ausbildungsunterhalt etc (§ 1574 Abs. 3, § 1575) – auf einen kürzeren Zeitraum als 1 Jahr erstreckt. Sie ist **heraufzusetzen,** wenn konkrete Anhaltspunkte, etwa eine verschwenderische Lebensführung des Verpflichteten, für die Gefährdung der Erfüllung der Unterhaltspflicht sprechen, soll jedoch den **zweifachen Jahresbetrag** nicht übersteigen.[21] Dies schließt die Anordnung eines höheren Sicherungsbetrags zwar nicht aus, zwingt aber dazu, den Betrag unter Beachtung aller **Umstände des Einzelfalles** und der **Verhältnismäßigkeit** festzusetzen.[22]

17 **Beispiele aus der Rspr.:**
OLG Düsseldorf NJW-RR 1993, 1289 = FamRZ 1994, 111: Sicherheitsleistung für ein nichteheliches Kind in Höhe des monatlichen Regelunterhalts (jetzt: Mindestunterhalt, § 1612a) nach § 641d Abs. 1 S. 2 ZPO aF (jetzt: § 248 Abs. 4 FamFG). Für den nachehelichen Unterhalt wird man vom Mindestbedarf ausgehen können.
OLG Düsseldorf BeckRS 2009, 21242 = FamRZ 1981, 44 (45 f.): In einem Arrestverfahren wurde das Sicherungsbedürfnis für einen Unterhaltsanspruch über einen Zeitraum von bis zu 5 Jahren bejaht.

18 **b) Art.** Sie bestimmt sich nach den Umständen des Einzelfalles. An die in § 232 aufgeführten Arten der **Sicherheitsleistung** besteht zwar keine Bindung (Abs. 2), um dem FamG einen möglichst weiten Spielraum zu lassen, damit es den Umständen des Einzelfalls gerecht werden kann.[23] Doch bietet sich an, sich an dem Katalog des § 232 zu orientieren. Sicherheit kann deshalb erbracht werden etwa durch

- die Einräumung einer **Reallast** (§ 1105),
- die Abtretung von **Gehaltsansprüchen,** die aber vorab mit dem Arbeitgeber abgeklärt sein sollten,
- die **Verpfändung** von
  - Ansprüchen aus einer Lebensversicherung,
  - Wertpapieren,
  - Miet- und Pachtforderungen,[24]
  - Forderungen aus einer Bürgschaft,[25]
- **Sicherungsübereignungen,**
- Übernahme von **Bürgschaften** durch Dritte;[26] gerichtlich angeordnet werden kann sie jedoch nicht, zudem ist im Hinblick auf die Bonität des Bürgen Vorsicht und Zurückhaltung geboten.

19 Dagegen besteht kein Anspruch auf die Abtretung von **Gehaltsansprüchen,** weil sie die geschuldete Leistung vorwegnehmen würde.[27] Ein Ergebnis, das auch für künftig fällig werdende Beträge (**Vorratspfändung,** § 120 Abs. 1 FamFG, § 850d Abs. 3 ZPO) aber durch Pfändung und Überweisung der Lohn- und Gehaltsansprüche aus einem Zahlungstitel (§ 120 Abs. 1 FamFG, §§ 829, 835 ZPO) erreicht werden kann. Waren Vollstreckungsmaßnahmen erfolgreich, fehlt zwar für vergangene Zeiträume das Bedürfnis für eine Sicherung durch andere Maßnahmen,[28] nicht jedoch für die künftig fällig werdenden Ansprüche. Gleichwohl bedarf es idR auch insoweit aus Gründen der Verhältnismäßigkeit[29] keiner weiteren Sicherungsmittel, es sei denn, es bestünden Anhaltspunkte für die Aufgabe oder den Verlust des Arbeitsplatzes.

## IV. Verfahren

20 **1. Zuständigkeit.** Gerichtliche Verfahren um eine Sicherheitsleistung sind **Familiensachen,** für die die FamG zuständig sind (→ Vor § 1569 Rn. 57, 58). Als **Unterhaltssachen** (§§ 111 Nr. 8 FamFG) sind sie **Familienstreitsachen** (§ 112 Nr. 1 FamFG, § 239 Nr. 2 FamFG,[30] § 269 Abs. 1 Nr. 9 FamFG).

21 **2. Antragsverfahren.** Eine Sicherheitsleistung wird nur auf **Antrag** (§ 113 Abs. 1 FamFG, § 308 Abs. 1 ZPO), nicht auch von Amts wegen angeordnet.[31] Das FamG ist jedoch an die Anträge des Berechtigten **nicht gebunden** (§ 113 Abs. 1 FamFG, § 308 ZPO), soweit sie sich auf Höhe und

[21] BT-Drs. 7/650, 147.
[22] BeckOGK/*Ebert,* 1.5.2019, Rn. 4, 18.
[23] Dazu BT-Drs. 7/650, 147.
[24] Johannsen/Henrich/*Hammermann* Rn. 7.
[25] Zum Ganzen auch BeckOGK/*Ebert,* 1.5.2019, Rn. 19; Soergel/*Häberle* Rn. 3.
[26] BeckOGK/*Ebert,* 1.5.2019, Rn. 19.
[27] BT-Drs. 7/650, 147 f.
[28] BeckOGK/*Ebert,* 1.5.2019, Rn. 20 mwN.
[29] Staudinger/*Verschraegen,* 2014, Rn. 8.
[30] MüKoFamFG/*Pasche* FamFG § 231 Rn. 10; Keidel/*Weber* FamFG § 231 Rn. 9.
[31] BeckOGK/*Ebert,* 1.5.2019, Rn. 25; Staudinger/*Verschraegen,* 2014, Rn. 9.

Art der Sicherheitsleistung beziehen. Ansonsten könnte den Umständen des Einzelfalls und der Verhältnismäßigkeit (→ Rn. 16, 17) nicht entsprochen und auch die Sicherungsinteressen des Berechtigten nicht angemessen berücksichtigt werden.

Der Antrag kann durch objektive **Antragshäufung** zusammen mit dem Zahlungsantrag oder auch in einem selbstständigen Verfahren als **Nachforderungsantrag** (§ 113 Abs. 1 FamFG, § 324 ZPO, → Rn. 24, 25) gestellt werden. 22

Zudem kann der Antrag auch im **Verbund** mit einer Scheidungssache als Folgesache anhängig gemacht werden (§ 137 Abs. 2 S. 1 Nr. 2 FamFG, § 111 Nr. 8 FamFG, § 112 Nr. 1 FamFG, § 231 Abs. 1 Nr. 2 FamFG).[32] Da das wirksame Verlangen auf Sicherheitsleistung nicht davon abhängt, dass der Anspruch auf nachehelichen Unterhalt tituliert ist (→ Rn. 8), wird für die Zulässigkeit der Antragstellung im Verbund nicht vorausgesetzt, dass auch der Anspruch auf nachehelichen Unterhalt im Verbund verfolgt wird. Doch wird für eine „isolierte" Geltendmachung einer Sicherheitsleistung im Verbund nur dann ein Rechtsschutzbedürfnis bestehen, wenn die Ehegatten bereits eine wirksame Vereinbarung (§ 1585c) zum nachehelichen Unterhalt getroffen haben. Denn ansonsten müsste vor einer Festlegung einer Sicherheitsleistung der Unterhaltsanspruch nach Grund und Höhe „virtuell", jedoch ohne bindende Wirkung ermittelt werden. 23

**3. Nachforderung.** Das Nachforderungsverfahren dient der **erstmaligen Festsetzung** einer Sicherheitsleistung oder der **Heraufsetzung** einer bereits festgesetzten Sicherheitsleistung nach einer erheblichen Vermögensverschlechterung des Verpflichteten (§ 113 Abs. 1 FamFG, § 324 ZPO). Dabei ist „Vermögensverschlechterung" im vorliegenden Zusammenhang wie stets im Unterhaltsrecht (vgl. etwa § 1577 Abs. 1, § 1581 S. 1) iSe Einkommens- und Vermögensverschlechterung zu verstehen. Einen Nachforderungsantrag – und keinen Abänderungsantrag nach §§ 238, 239 FamFG – hat der Berechtigte auch dann zu stellen, wenn sein durch objektive Antragshäufung gestellter Antrag auf Sicherheitsleistung vom FamG **abgewiesen** worden war.[33] 24

Obgleich nach dem Wortlaut von § 324 ZPO vorausgesetzt wird, dass das Verlangen des Berechtigten auf eine **gerichtliche Entscheidung** folgt, ist das Nachforderungsverfahren auch auf einen vorausgehenden Prozessvergleich oder eine vollstreckbare Urkunde zulässig.[34] Der Unterschied liegt darin begründet, dass auf eine gerichtliche Entscheidung der Berechtigte sein Verlangen nur auf Umstände stützen kann, die nach dem Schluss der letzten Tatsachenverhandlung im Unterhaltsverfahren eingetreten sind (§ 238 Abs. 2 ZPO analog),[35] während iÜ diese Zeitgrenze nicht gilt.[36] 25

**4. Darlegungs- und Beweislast.** Obwohl das FamG die Sicherheitsleistung von Amts wegen festsetzt (→ Rn. 21, 30), gilt nicht der Amtsermittlungs-, sondern der **Beibringungsgrundsatz.** Die Ehegatten haben mithin alle ihnen günstigen Umstände vorzutragen und ggf. auch zu beweisen. 26

Den **Berechtigten** trifft die Darlegungs- und Beweislast zu Grund und Höhe seines Unterhaltsanspruchs, sofern dieser nicht bereits tituliert ist, sowie zur Höhe und ggf. zur Art der Sicherheitsleistung (→ Rn. 14–19). Da es sich bei dem einfachen Jahresbetrag (Abs. 1 S. 3, → Rn. 15–17) um einen Regelbetrag handelt, hat er auch die Umstände, die einen höheren Betrag rechtfertigen sollen, darzulegen und zu beweisen. 27

Macht der Berechtigte sein Verlangen nach Sicherheitsleistung oder die Erhöhung einer bereits festgesetzten Sicherheitsleistung in einem **Nachforderungsverfahren** (→ Rn. 24, 25) geltend, hat er auch darzulegen und zu beweisen, dass sich die Vermögensverhältnisse des Verpflichteten erheblich verschlechtert haben (§ 113 Abs. 1 FamFG, § 324 Hs. 1 ZPO). 28

Dem **Verpflichteten** obliegt dagegen die Darlegungs- und Beweislast dafür, dass die Voraussetzungen für das **Entfallen** der Pflicht zur Sicherheitsleistung als Ausnahmetatbestand (Abs. 1 S. 2, → Rn. 11–13) vorliegen.[37] Dieser Obliegenheit genügt er, wenn er die pünktliche Zahlung der Unterhaltsrente darlegt und belegt und weiter darlegt, dass auch für die Zukunft keine **Gefährdung** des Unterhaltsanspruchs zu befürchten ist.[38] 29

**5. Entscheidung.** Das FamG setzt **Höhe** und **Art** der Sicherheitsleistung von Amts wegen fest. Dies hindert den Berechtigten aber nicht daran – und ist auch zu empfehlen, weil das FamG so Kenntnis von werthaltigen Vermögensgegenständen erlangt –, die Anordnung einer bestimmten 30

---

32 BeckOGK/*Ebert*, 1.5.2019, Rn. 25.
33 BeckOGK/*Ebert*, 1.5.2019, Rn. 28; MüKoZPO/*Gottwald* ZPO § 324 Rn. 3.
34 MüKoZPO/*Gottwald* ZPO § 324 Rn. 4.
35 MüKoZPO/*Gottwald* ZPO § 324 Rn. 5.
36 MüKoFamFG/*Pasche* FamFG § 239 Rn. 8.
37 BT-Drs. 7/650, 146.
38 OLG Hamm BeckRS 2011, 7778 = FamRZ 2011, 569 (570).

Sicherheit zu beantragen. Wurde deren Anordnung durch das FamG unterlassen, kann der Verpflichtete die Sicherheit aus dem Katalog des § 232 frei auswählen.[39]

31 Sind die Voraussetzungen für eine Sicherheitsleistung nachträglich **entfallen,** kann der Verpflichtete mit einem Vollstreckungsgegenantrag (§ 95 FamFG, § 767 ZPO) die Aufhebung der Anordnung betreiben.[40]

32 **6. Vorläufige Sicherung.** Sucht der Berechtigte Sicherung durch einen **Arrest,** muss er, ist der Unterhalt noch nicht tituliert (→ Rn. 22, 27), neben der Höhe seines Unterhaltsanspruchs[41] auch den Arrestgrund – § 119 Abs. 2 S. 1 FamFG, § 917 ZPO: Vereitelung oder wesentliche Erschwerung der Vollstreckung eines Urteils (Abs. 1) oder Vollstreckung im Ausland (Abs. 2) – glaubhaft machen.[42]

## § 1585b Unterhalt für die Vergangenheit

**(1) Wegen eines Sonderbedarfs (§ 1613 Abs. 2) kann der Berechtigte Unterhalt für die Vergangenheit verlangen.**

**(2) Im Übrigen kann der Berechtigte für die Vergangenheit Erfüllung oder Schadensersatz wegen Nichterfüllung nur entsprechend § 1613 Abs. 1 fordern.**

**(3) Für eine mehr als ein Jahr vor der Rechtshängigkeit liegende Zeit kann Erfüllung oder Schadensersatz wegen Nichterfüllung nur verlangt werden, wenn anzunehmen ist, dass der Verpflichtete sich der Leistung absichtlich entzogen hat.**

**Schrifttum:** *Bentert,* Unterhalt für die Vergangenheit – Verzug nur durch Mahnung?, FamRZ 1993, 890; *Bergjan/Wermes,* Die Verjährung titulierter Unterhaltsrückstände bereits nach drei Jahren?, FamRZ 2004, 1087; *Bergschneider/Wolf,* Erste Schreiben an den Gegner, NZFam 2014, 159; *Bißmaier,* Der Prozeßkostenvorschuß in der familiengerichtlichen Praxis, FamRZ 2002, 863; *Born,* Mahnung und Verzug im Unterhaltsrecht, FPR 2013, 513; *Borth,* Altersvorsorgeunterhalt für die Vergangenheit ohne ausdrückliche Geltendmachung, FPR 2008, 86; *Budde,* Die Stufenmahnung beim nachehelichen Ehegattenunterhalt, FamRZ 2005, 1217; *Büte,* Die Neuregelung der §§ 1585b, 1585c, 1586a und die Übergangsvorschriften des § 36 EGZPO, FuR 2008, 177; *Büttner,* Schuldrechtsmodernisierung und Familienrecht, insbesondere Verjährung, Verwirkung und Verzug, FamRZ 2002, 361; *v. Creytz,* Verwirkung von gesetzlichem Minderjährigenunterhalt?, FPR 2008, 596; *Gießler,* Verzug mit der Unterhaltszahlungsschuld bei sog. unbestimmter Mahnung, FamRZ 1984, 954; *Graba,* Geltendmachen von Unterhalt für die Vergangenheit und die Zukunft, NZFam 2014, 6; *Keuter,* Zulässigkeit von Unterhaltnachforderungen für die Vergangenheit, FamRZ 2009, 1024; *Knoche,* Zuvielforderung und Verzug, FPR 2013, 520; *Kofler,* Die Verwirkung von Unterhaltsansprüchen, NJW 2011, 2470; *Krause,* Verzug ohne Mahnung, FPR 2013, 522; *Maurer,* Unterhaltsrückstand und Rang, FamRZ 2017, 2002; *Mertens,* Unterhaltsrückforderung und Vertrauensschutz, FamRZ 1994, 601; *Müller,* Der Übergang von Unterhaltsansprüchen und Rückgriff gegen Angehörige beim Bezug von Arbeitslosengeld II, FPR 2005, 428; *Sauer,* Kann das Auskunftsverlangen mangels ordnungsgemäßer Bevollmächtigung gem. § 174 S. 1 BGB zurückgewiesen werden ?, FamRZ 2010, 617; *Schmitz,* Zur Frage, wann eine Mahnung wegen eines künftigen Anspruchs auf nachehelichen Unterhalt auszusprechen ist, FamRZ 1988, 700; *Spangenberg,* Nachehelicher Unterhalt und Verzug, FamRZ 1993, 23; *Spangenberg,* Mahnung und Verzug beim nachehelichen Unterhalt, FPR 2013, 525; *Spangenberg,* Die Verwirkung von Unterhaltsrückständen, NZFam 2015, 107.

**Übersicht**



[39] Ebenso BeckOGK/*Ebert,* 1.5.2019, Rn. 21; Staudinger/*Verschraegen,* 2014, Rn. 7.

[40] Ebenso NK-BGB/*Sanders* Rn. 10; aA – für Nachforderungsantrag nach § 113 Abs. 1 FamFG, § 324 ZPO – Soergel/*Häberle* Rn. 4; MüKoZPO/*Gottwald* ZPO § 324 Rn. 10; für Abänderungsantrag BeckOGK/*Ebert,* 1.5.2019, Rn. 29, 29.1. Doch gilt es in diesen Fällen weder etwas nachzufordern noch etwas abzuändern iSd §§ 238, 239 FamFG.

[41] Wird lediglich die Abdeckung des Mindestbedarfs oder mangels Leistungsfähigkeit eines darunterliegenden Betrags erstrebt, bedarf es insoweit keiner Glaubhaftmachung, so OLG Düsseldorf NJW-RR 1993, 1289 = FamRZ 1994, 111 für den Regelunterhalt eines nichtehelichen Kindes (jetzt: Mindestunterhalt, § 1612a).

[42] OLG Düsseldorf BeckRS 1980, 3927 = FamRZ 1980, 1116 f.

# A. Allgemeines

## I. Normzweck

1 § 1585b ist die nahezu inhaltsgleiche Nachfolgeregelung zu § 64 EheG (Gesetzestext → 7. Aufl. 2017, Anh. § 1586b Rn. 4).

2 Für einen zurückliegenden Zeitraum ist die Befriedigung von Bedürfnissen nicht möglich, weshalb grundsätzlich keine Notwendigkeit besteht, Unterhaltsansprüche für diese Zeit fortdauern zu lassen (**in praeteritum non vivitur,**[1] auch → § 1613). Zudem soll der Verpflichtete gegen Härten geschützt werden, die sich aus der Inanspruchnahme auf zwar fällige Unterhaltsforderungen ergeben können, aber für eine Zeit, in der er mit dem Unterhaltsanspruch noch nicht rechnen musste (**Vertrauensschutz,** → Rn. 116).[2]

3 Die Interessen des Berechtigten fordern allerdings dann **Ausnahmen,** wenn er die Handlungen zur Geltendmachung seines Anspruchs vorgenommen hat, die von ihm erwartet werden konnten. So für den **Sonderbedarf** (Abs. 1; s. auch § 1613 Abs. 2 Nr. 1) und für den **laufenden Unterhalt** ab Auskunftsverlangen,[3] Verzug und Rechtshängigkeit (Abs. 2; auch → § 1613 Abs. 1), Letztere allerdings eingeschränkt durch Abs. 3, der als besondere Ausformung des Rechtsinstituts der Verwirkung an eine illoyal verspätete Geltendmachung des Rechts nachteilige Folgen knüpft.[4]

[1] BGHZ 103, 62 = NJW 1988, 1137 = FamRZ 1988, 370 (372).

[2] Dazu BGH NJW 2013, 161 Rn. 42 = FamRZ 2013, 109; OLG Schleswig FamRZ 1989, 1092 (1094).

[3] Eingefügt durch das UÄndG 2007 mit Wirkung ab 1.1.2008. Doch war § 1613 Abs. 1 wegen eines Redaktionsversehens des Gesetzgebers des KindUG (BT-Drs. 13/7338, 21 f.) bereits zuvor entsprechend anwendbar (→ 4. Aufl. 2000, Rn. 7).

[4] BGHZ 105, 250 = NJW 1989, 526 = FamRZ 1989, 150 (152); BGHZ 103, 62 = NJW 1988, 1137 = FamRZ 1988, 370 (372 f.); BGHZ 84, 280 = NJW 1982, 1999 = FamRZ 1982, 898.

## II. Anwendungsbereich

4 Der **persönliche** Anwendungsbereich der Vorschrift beschränkt sich auf die Unterhaltsansprüche von geschiedenen **Ehegatten** (§ 1569 S. 2) und kraft ausdrücklicher Verweisung (§ 16 S. 2 LPartG) auf die von „aufgehobenen" (§ 15 Abs. 1 LPartG) **Lebenspartnern.**

5 **Sachlich** umfasst § 1585b den gesetzlichen Anspruch
- auf **nachehelichen** und **nachpartnerschaftlichen** Unterhalt nach einer Scheidung (§§ 1569 ff.) oder Aufhebung der Ehe (§ 1318 Abs. 2) und nach Aufhebung der Lebenspartnerschaft (§ 16 S. 2 LPartG),
- auch, soweit er kraft Gesetzes auf einen **Sozialleistungsträger** übergegangen ist (auch → Rn. 7, 102–105), weil er dadurch nicht seine Rechtsnatur als Unterhaltspruch verliert,[5]
- auf schuldrechtliche Ansprüche aus **Geschäftsführung ohne Auftrag, ungerechtfertigter Bereicherung**[6] sowie
- entsprechend auf den **schuldrechtlichen Ausgleichsanspruch**[7] und den **verlängerten schuldrechtlichen Ausgleichsanspruch** (§§ 20 Abs. 3, 25 Abs. 4 VersAusglG).

6 Zum **Rang** des Anspruchs auf Unterhaltsrückstände nach § 1582 → § 1582 Rn. 5.

7 **Abs. 3** gilt nur für **nicht titulierte** Ansprüche auf den **laufenden Unterhalt** (Abs. 2) und auf **Sonderbedarf** (Abs. 1, → Rn. 3, 27, 137, 138; anders zum Verwandtenunterhalt § 1613 Abs. 2 Nr. 1 Hs. 2: auch 1 Jahr vor Inverzugsetzung).[8] Wie Abs. 2 (→ Rn. 106) ist er auch auf **Unterhaltsvereinbarungen,** die den gesetzlichen Unterhaltsanspruch ausgestalten,[9] und auf die Unterhaltsansprüche, die auf einen **Sozialleistungsträger** übergegangen sind, anzuwenden (→ Rn. 102–105).[10]

8 Direkt erfasst Abs. 3 nur den **nachehelichen Unterhalt.** Doch verkörpert er einen allgemeinen Rechtsgedanken,[11] sodass er entsprechend auch auf den Unterhalt **nicht verheirateter Eltern** (§ 1615l) Anwendung findet.

**Nicht anwendbar** ist § 1585b auf

9 – **Verwandten-, Familien-** und **Trennungsunterhalt** (→ § 1361 Rn. 78),[12] für die jeweils auf § 1613 verwiesen wird (§ 1360a Abs. 3, § 1361 Abs. 4 S. 4). Zu den **Ausnahmen** → Rn. 8.

10 – durch eine **Vereinbarung nach § 1585c** geregelte Unterhaltsansprüche, weil der Verpflichtete aufgrund der vertraglichen Regelungen seine Verpflichtungen sowohl ihrem Grund als auch ihrer Höhe nach kennt.[13]

11 – vom gesetzlichen Unterhaltsanspruch losgelöste vertragliche Vereinbarungen mit **selbstständigem Schuldgrund** (Novation, → § 1585c Rn. 38–44), die bereits nicht den nachehelichen Unterhalt iSd §§ 1569 ff. regeln, zudem hat der Verpflichtete Kenntnis von seiner Verpflichtung nach Grund und Höhe.

12 – Ansprüche aus **unerlaubter Handlung.**[14]

13 – durch gerichtliche Entscheidung **titulierte Unterhaltsansprüche** (→ Rn. 7, 8),[15] denn zum einen setzt die Titulierung gerade voraus, dass für den titulierten Zeitraum die Voraussetzungen aus § 1585b vorgelegen haben, und zum anderen vermittelt sie dem Verpflichteten die Kenntnis von seiner Verpflichtung.

---

5 BGH NJW-RR 1987, 1220 = FamRZ 1987, 1014 f.

6 BGH BeckRS 2004, 1755 = FamRZ 2004, 526 (VI. Zivilsenat); NJW 1984, 2158 = FamRZ 1984, 775 (777).

7 OLG Hamm NJW 2013, 547 = FamRZ 2013, 303; OLG Frankfurt a. M. BeckRS 2012, 20981 = FamRZ 2012, 1727 Ls.; zu § 1587k aF BGH NJW 1985, 2706 = FamRZ 1985, 263 (265); KG BeckRS 2009, 24433 = FamRZ 1987, 287 (289); OLG Köln BeckRS 2009, 87132 = FamRZ 1985, 403 Ls.

8 BeckOGK/*Winter,* 1.2.2019, Rn. 19; Soergel/*Häberle* Rn. 3.

9 BGHZ 105, 250 = NJW 1989, 526 = FamRZ 1989, 150 (153); OLG Köln NJW-RR 1997, 449 = FamRZ 1997, 426 (427).

10 BGH NJW-RR 1987, 1220 = FamRZ 1987, 1014 (1015).

11 BGH NJW 2007, 1273 Rn. 22 = FamRZ 2007, 453; NJW-RR 2004, 649 = FamRZ 2004, 531 (532).

12 OLG Schleswig BeckRS 1999, 14116 = FamRZ 2000, 1367 (zu Abs. 3); aA wohl OLG Karlsruhe BeckRS 2009, 86237 = FamRZ 2009, 1840; BeckOGK/*Ebert,* 1.5.2019, Rn. 16; nicht eindeutig BGHZ 103, 62 = NJW 1988, 1137 = FamRZ 1988, 370 (372).

13 BGHZ 105, 250 = NJW 1989, 526 = FamRZ 1989, 150 (152); NJW 1983, 2318 = FamRZ 1983, 352 (354) (zum Trennungsunterhalt); FamRZ 1982, 1983 = FamRZ 1982, 887 (890) (zum Trennungsunterhalt); BeckRS 2010, 19276 = FamRZ 1981, 866 (867) (zum Verwandtenunterhalt).

14 BGH BeckRS 2004, 01755 = FamRZ 2004, 526 (VI. Zivilsenat).

15 BGH NJW 1983, 2318 (2320) = FamRZ 1983, 352 (354) (zum Trennungsunterhalt); NJW 1982, 1983 = FamRZ 1982, 887 (890) (zum Trennungsunterhalt); BeckRS 2010, 19276 = FamRZ 1981, 866 (867) (zum Verwandtenunterhalt); OLG Schleswig 29.1.2013 – 15 UF 148/12, juris Rn. 10 = FamRB 2013, 215 Ls. (Verwandtenunterhalt).

– das originäre, nicht vom Berechtigten abgeleitete Recht eines **Sozialleistungsträgers** auf rückständigen Unterhalt nach einer Rechtswahrungsanzeige (→ Rn. 7, 8, 102–105). 14

– Ansprüche auf **Rückzahlung** zu Unrecht gezahlten Unterhalts nach rückwirkender Abänderung eines Prozessvergleichs oder eines einseitigen notariellen Schuldanerkenntnisses und nach negativem Feststellungsantrag gegen eine einstweilige Anordnung,[16] auch nicht auf Erstattung der nach Durchführung des **Versorgungsausgleichs** zu Unrecht an den Ehegatten gezahlter Versorgungsleistungen[17] wegen des ausreichenden Schutzes des Schuldners durch § 818 Abs. 3. 15

– Ansprüche auf Erstattung der Nachteile eines dem **begrenzten Realsplitting** zustimmenden Ehegatten (→ § 1569 Rn. 56)[18] und auf Freistellung von daraus erwachsenden Steuernachteilen.[19] 16

– über die Unterhaltsforderung hinausgehende Ansprüche auf Ersatz von **Verzugsschäden.**[20] 17

## III. Rechtsnatur

Systematisch bildet § 1585b Abs. 2 den **Grundsatz,** Abs. 1 und Abs. 3 regeln **Ausnahmen:**

– Der Anspruch auf den **laufenden Unterhalt** wird für jeden Zeitraum, für den seine Voraussetzungen vorgelegen haben, jeweils erneut fällig (→ Rn. 45–48). Ob der Anspruch tatsächlich für jeden Zeitraum, für den die Voraussetzungen aus Abs. 2, § 1613 Abs. 1 nicht (mehr) vorliegen, erlischt[21] und nur noch das Unterhaltsstammrecht (→ § 1569 Rn. 7) fortbesteht, oder ob der Anspruch lediglich nicht mehr geltend gemacht werden kann, kann dahinstehen. Auskunftsersuchen, Inverzugsetzung und Rechtshängigkeit sind jedenfalls als Voraussetzungen für die Durchsetzbarkeit des Unterhaltsanspruchs stets vom Berechtigten **vorzutragen** und vom FamG **von Amts wegen** zu beachten. Zur **Darlegungs- und Beweislast** → Rn. 146–148. 18

– Allerdings hat, was erlischt, **bestanden** und kann „lediglich" nicht mehr geltend gemacht werden. Erlöschen kann eine Forderung infolge Erfüllung, Hinterlegung, Aufrechnung und Erlass (§§ 362–397). Dazu passt die vorliegende Fallgestaltung nicht. Deshalb setzt bereits die Fälligkeit das Vorliegen der Voraussetzungen aus Abs. 2, § 1613 Abs. 1 voraus. 19

– **Sonderbedarf** kann ohne die Restriktionen aus Abs. 2 verlangt werden (**Abs. 1,** § 1613 Abs. 2). 20

– **Abs. 3** regelt einen Sonderfall der **Verwirkung** (→ Rn. 118; zur Verwirkung nach allgemeinen Grundsätzen → Rn. 129–144): 21

– Als **rechtsvernichtende Einwendung** sind die für sie maßgeblichen Umstände zwar von Amts wegen zu beachten,[22] ohne dass sich der Verpflichtete ausdrücklich auf Verwirkung berufen müsste, nicht aber auch von Amts wegen zu ermitteln, sondern vom Verpflichteten vorzutragen und unter Beweis zu stellen. Der Berechtigte kann der Verwirkung mit der **Replik** entgegentreten, dass „anzunehmen ist, dass der Verpflichtete sich der Leistung absichtlich entzogen hat". Zur **Darlegungs- und Beweislast** → Rn. 149–150. 22

– Bei der Einjahresfrist handelt es sich um eine **Ausschlussfrist,**[23] was verfahrensrechtliche Folgen hat (→ Rn. 149). 23

– Allerdings kann der **Verpflichtete** ausdrücklich erklären, dass er sich auf diese ihm günstige Regelung nicht berufen und von ihr auch nicht profitieren will. Abs. 3 bleibt dann im gerichtlichen Verfahren unbeachtet, weil es des Schutzes des Vertrauens des Verpflichteten, für den betreffenden Zeitraum keinen Unterhalt mehr bezahlen zu müssen, nicht mehr bedarf. 24

– § 1585b verweist nicht auch auf **§ 1613 Abs. 2 Nr. 2, Abs. 3.**[24] Dies ist Ausdruck der geringeren Schutzbedürftigkeit und nachehelichen Eigenverantwortung des geschiedenen Ehegatten (→ § 1569 Rn. 18, 19). 25

---

16 BGH NJW 1990, 3274 = FamRZ 1990, 989 (990); NJW-RR 1989, 709 = FamRZ 1989, 850, jeweils mwN auch zur abw. Auffassung; OLG Düsseldorf FamRZ 1995, 742 (743); *Mertens* FamRZ 1994, 601 ff.

17 AA OLG Hamm NJW-RR 1994, 1287 = FamRZ 1994, 704.

18 BGH NJW 1986, 254 = FamRZ 1985, 1232 (1233).

19 BGH NJW 2005, 2223 = FamRZ 2005, 1162 (1163 f.); auch OLG Saarbrücken NJW-RR 2009, 1520 = FamRZ 2009, 1905 (1906); aA etwa OLG Hamburg FamRZ 2000, 888 (889).

20 OLG Hamm FamRZ 1995, 613 (614).

21 So BGH NJW 1984, 2158 = FamRZ 1984, 775 (776); BGHZ 43, 1 = NJW 1965, 581 (583) = FamRZ 1965, 200 (202).

22 BeckOGK/*Winter,* 1.2.2019, Rn. 77.

23 OLG Hamm NJOZ 2008, 1881 = FamRZ 2007, 1468 (1469); OLG Düsseldorf BeckRS 2001, 30168786 = FamRZ 2002, 327; OLG Schleswig BeckRS 2009, 28790 = FamRZ 1988, 961 (963).

24 Dazu OLG Koblenz BeckRS 2015, 14282 = FamRZ 2015, 1401 f.

## B. Sonderbedarf

26 Da § 1585b Abs. 3 eine eigenständige, § 1613 Abs. 2 Nr. 2 verwandte Regelung zur Verwirkung rückständiger Unterhaltsbeträge ist, bezieht sich **Abs. 1** nur auf § 1613 Abs. 2 Nr. 1, beschränkt auf Hs. 1, und nicht auch dessen Nr. 2 (zum Ganzen → Rn. 137–142).

27 Sonderbedarf kann als Ausnahme zu Abs. 1 auch für die **Vergangenheit** verlangt werden (Abs. 2), weil es oft tatsächlich ausgeschlossen ist, den Verpflichteten vor dessen Entstehen in Verzug zu setzen oder einen gerichtlichen Antrag gegen ihn zu erheben (auch § 1578 Rn. 361). – Zu **Begriff** und **Einzelfällen** des Sonderbedarfs → § 1578 Rn. 360–376, zur **Fälligkeit** → § 1585 Rn. 6.

## C. Laufender Unterhalt (Abs. 2)

### I. Allgemeines

28 **Laufender Unterhalt** kann für die Vergangenheit, auch als Schadensersatz wegen Nichterfüllung, erst ab der Aufforderung, über seine Einkünfte und sein Vermögen Auskunft zu erteilen, ab Inverzugsetzung des Verpflichteten oder ab Rechtshängigkeit eines Unterhaltsantrags gefordert werden (Abs. 2), für die Zeit von 1 Jahr vor Rechtshängigkeit ebenso wie **Sonderbedarf** jedoch nur, wenn anzunehmen ist, dass der Verpflichtete sich der Leistung absichtlich entzogen hat (Abs. 3).

### II. Auskunftsverlangen

29 **1. Rechtsnatur.** Ein **außergerichtliches** Auskunftsbegehren steht nach Auffassung des BGH einer Aufforderung zur Zahlung von Unterhalt grundsätzlich nicht gleich[25] und führt deshalb nicht zur Inverzugsetzung.[26] Dies dürfte unter Berücksichtigung der – späteren – Rspr. zur **Stufenmahnung** (→ Rn. 54) jedenfalls dann fraglich sein, wenn, wie regelmäßig, aus dem Auskunftsersuchen deutlich wird, dass der sich aus der Auskunft ergebende Unterhalt ggf. auch gerichtlich geltend gemacht wird (auch → Rn. 32, → § 286 Rn. 35).[27]

30 Kommt der Verpflichtete mit der Erteilung der **Auskunft** in Verzug, kann er allerdings ab Verzugseintritt zur Zahlung des rückständigen Unterhalts als **Verzugsschaden** verpflichtet sein (§ 286 Abs. 1).[28] Doch wird insoweit meist ein „Mitverschulden" des Berechtigten durch Unterlassen eines Stufenantrags Bedeutung erlangen.[29]

31 **2. Aufforderung.** Nachehelicher Unterhalt kann bereits ab dem Zeitpunkt gefordert werden, zu dem der Berechtigte den Verpflichteten mit dem Ziel, seinen Unterhaltsanspruch geltend zu machen, zur Auskunftserteilung **außergerichtlich** aufgefordert hat (Abs. 2, § 1613 Abs. 1),[30] weil der Verpflichtete ab diesem Zeitpunkt mit seiner Inanspruchnahme rechnen musste[31] und der Berechtigte nunmehr nicht mehr „ins Blaue hinein" überhöhte Unterhaltsbeträge einfordern muss.[32] Kein Auskunftsverlangen in diesem Sinne ist die an den Verpflichteten gerichtete Aufforderung, Erwerbsbemühungen zu entfalten.[33]

32 Das Auskunftsverlangen muss dem Verpflichteten oder seinem Bevollmächtigten in der Unterhaltssache **zugegangen** sein. Die Bevollmächtigung in einer anderen Familiensache führt allein

---

25 BGH NJW 1985, 486 = FamRZ 1985, 155 (157).

26 BGH NJW 2008, 2710 Rn. 24 = FamRZ 2008, 1428; NJW 1984, 868 = FamRZ 1984, 163; dazu auch BeckOGK/*Winter*, 1.2.20189, § 1613 Rn. 43; anders scheinbar BGH NJW 2015, 334 Rn. 22 = FamRZ 2015, 309.

27 Ebenso OLG Naumburg BeckRS 2012, 5982 = FamRZ 2012, 1674 (1675).

28 BGH NJW 1985, 486 = FamRZ 1985, 155 (157); NJW 1984, 868 = FamRZ 1984, 163 (164).

29 OLG Bamberg NJW-RR 1990, 903 = FamRZ 1990, 1235 (1238); OLG Hamm BeckRS 1986, 31381426 = FamRZ 1986, 1111; OLG Frankfurt a. M. BeckRS 2009, 87137 = FamRZ 1985, 732 (733 f.).

30 Die Verweisung auf § 1613 Abs. 1 wurde durch Änderung des Abs. 2 durch das UÄndG 2007 mWv 1.1.2008 eingeführt (dazu BT-Drs. 16/1830, 21 f.). – Für die Zeit bis 31.12.2007 hat die wohl hM die entsprechende Anwendung von § 1613 Abs. 1 abgelehnt, vgl. lediglich BGH NJW 2007, 1273 = FamRZ 2007, 453 (455 f.) mwN (trotz der beabsichtigten Neuregelung in § 1585b Abs. 2 UÄndG 2007); OLG Saarbrücken NJW 2008, 304 = FamRZ 2008, 791; OLG Koblenz NJW-RR 2006, 151 (152) = FamRZ 2006, 704 Ls., jeweils mwN; s. aber auch BGH NJW 2007, 511 = FamRZ 2007, 193 (196): Ähnlich § 1613 Abs. 1 S. 1 kann rückständiger Unterhalt bereits ab dem Ersuchen um Auskunft verlangt werden.

31 BGH NJW 2015, 334 Rn. 22 = FamRZ 2015, 309; NJW 2007, 511 = FamRZ 2007, 193 (196).

32 BT-Drs. 13/7338, 31 zu Art. 1 Nr. 12 KindUG.

33 OLG Hamm BeckRS 2010, 4615 = FamRZ 2010, 383.

nicht zur Empfangsvollmacht in der Unterhaltssache; erst mit dem Zugang des Auskunftsverlangens beim Verpflichteten nach Weiterleitung durch seinen in der anderen Familiensache Bevollmächtigten ist dieser zu Unterhaltszahlungen verpflichtet (Abs. 2, § 1613 Abs. 1 S. 2).[34]

Doch setzt das Auskunftsverlangen allein nicht in **Verzug,** sodass es auch nicht zur Geltendmachung von Verzugsschäden berechtigt. Denn es allein beinhaltet nicht auch bereits ein Unterhaltsverlangen. Vielmehr tritt die Verzugswirkung erst mit der nachträglichen **Bezifferung** des eingeforderten Unterhalts (→ Rn. 38–40) oder aber aufgrund einer **Stufenmahnung** (→ Rn. 54) ein. 33

Voraussetzung ist allerdings stets, dass ein **Auskunftsanspruch** auch besteht. Ein Auskunftsersuchen setzt deshalb dann nicht in Verzug, wenn ein Auskunftsanspruch vor Ablauf von 2 Jahren seit der letzten Auskunftserteilung nicht besteht, weil der Berechtigte nicht glaubhaft gemacht hat oder glaubhaft machen kann, dass der Verpflichtete nach der letzten Auskunftserteilung wesentlich höhere Einkünfte erzielt oder (weiteres) Vermögen erworben hat (§§ 1580, 1605 Abs. 2, → § 1580 Rn. 45),[35] aber auch dann nicht, wenn der Berechtigte nur seine Neugier stillen und gar keinen Unterhalt geltend machen will (→ § 1580 Rn. 21–43). 34

**Unerheblich** ist, ob der Verpflichtete alle für die Unterhaltsbemessung erforderlichen Daten, insbesondere die Einkommens- und Vermögensverhältnisse des Berechtigten kannte,[36] weil dies auch bei einer bezifferten Mahnung nicht zu deren Unwirksamkeit führt (zur **Leistungsverweigerung** dagegen → Rn. 72–74). 35

**3. Verzug.** Kommt der Verpflichtete mit der **Auskunftserteilung** in Verzug, kann er ab Verzugseintritt zur Zahlung des rückständigen Unterhalts als **Verzugsschaden** verpflichtet sein (§ 286 Abs. 1).[37] In Verzug kommt er jedenfalls dann, wenn er eine ihm im Auskunftsverlangen gesetzte angemessene **Frist** zur Auskunftserteilung nicht eingehalten hat (§ 286 Abs. 2 Nr. 1). Ohne Fristsetzung bedarf es der gesonderten Inverzugsetzung durch Mahnung (§ 286 Abs. 1 S. 1), die in der dem Auskunftsverlangen nachfolgenden Aufforderung zur Auskunftserteilung liegen kann.[38] Meist wird insoweit jedoch ein „Mitverschulden" des Berechtigten durch Unterlassen eines gerichtlichen Stufenantrags maßgebende Bedeutung erlangen und der Geltendmachung eines Verzugsschadens vollumfänglich entgegenstehen.[39] 36

Im Allgemeinen wird die Aufforderung an den Verpflichteten, sich entsprechend seinen Obliegenheiten (→ § 1578 Rn. 697–731) um eine Erwerbstätigkeit zu bemühen und seine Bemühungen zu belegen, weder zum Verzug der Auskunftserteilung noch der Unterhaltszahlung führen.[40] Weiß der Berechtigte aber, was der Verpflichtete ehemals verdient hat, kann er Auskunft etwa über **Erwerbsbemühungen** verlangen, ggf. kann er – ohne dies zu müssen, weil dies nicht Sache des Auskunftsersuchens ist und dieses sich insoweit von der Inverzugsetzung unterscheidet – die Unterhaltshöhe nennen. Kennt er dieses ehemalige Einkommen nicht, kann er auch hierzu Auskunft verlangen. 37

**4. Bezifferung.** Nach Erteilung der Auskunft muss der Berechtigte seinen Unterhalt auch innerhalb einer **angemessenen Frist** beziffern, um sich die Wirkung des Auskunftsverlangens, ab diesem Zeitpunkt Unterhalt verlangen zu können, zu erhalten. Denn der Verpflichtete kann erwarten und darauf vertrauen, dass der Berechtigte nach Erhalt der für die Bezifferung erforderlichen Unterlagen mitteilt, was er an Unterhalt verlangt. Tut er dies nicht dadurch, dass er den Unterhalt außergerichtlich oder gerichtlich geltend macht,[41] kann das Auskunftsersuchen wegen **Verwirkung** (§ 242) seine anspruchsbegründende Wirkung verlieren.[42] Dies setzt allerdings voraus, dass nicht nur das Zeitmoment, sondern auch das Umstandsmoment erfüllt ist, der Verpflichtete aufgrund des Verhaltens des Berechtigten also davon ausgehen konnte, dass für die abgelaufenen Zeiträume kein Unterhalt (mehr) verlangt wird. 38

---

34 OLG Frankfurt a. M. BeckRS 2016, 124170 Rn. 23 = FamRZ 2017, 1136 Ls.; OLG Stuttgart BeckRS 2007, 65161 = FamRZ 2007, 1908 (1909); AG Nordhorn BeckRS 2012, 11754 = FamRZ 2012, 879.

35 OLG Düsseldorf NJW 1993, 1079 = FamRZ 1993, 591 (593); AG Herford BeckRS 2002, 12220 = FamRZ 2002, 1728 (1729); *Niepmann/Schwamb* Rspr. zur Höhe des Unterhalts Rn. 257.

36 AA KG FamRZ 1994, 1344.

37 BGH NJW 1985, 486 = FamRZ 1985, 155 (157); NJW 1984, 868 = FamRZ 1984, 163 (164).

38 OLG Karlsruhe FamRZ 1979, 170 (171): Infolge der Nichtmitteilung der Einkünfte an das Amt für Ausbildungsförderung wurde dem Berechtigten Ausbildungsförderung versagt.

39 OLG Bamberg NJW-RR 1990, 903 = FamRZ 1990, 1235 (1238); OLG Hamm BeckRS 1986, 31381426 = FamRZ 1986, 1111; OLG Frankfurt a. M. BeckRS 2009, 87137 = FamRZ 1985, 732 (733 f.); *Gießler* FamRZ 1984, 954 (956).

40 OLG Hamm BeckRS 2010, 4615 = FamRZ 2010, 383; auch BeckOGK/*Winter,* 1.2.2019, § 1613 Rn. 71.

41 OLG Hamm NJW 2013, 3314 = FamRZ 2014, 483.

42 BGH BeckRS 2009, 16549 = FamRZ 1988, 478 (480) (Mahnung); OLG Karlsruhe NJW-RR 2006, 872 = FamRZ 2006, 1605 (Auskunftsverlangen).

**Beispiel aus der Rspr.:**
OLG Karlsruhe NJW-RR 2006, 872 = FamRZ 2006, 1605: Bezifferung erst 2 Jahre nach Vorlage der Verdienstabrechnungen ohne Zurückgreifen auf das Auskunftsverlangen führt zur Verwirkung.

39 Die der Auskunftserteilung nachfolgende Bezifferung des Unterhalts verbraucht die Wirkung des Auskunftsersuchens für **nachträglich erhöhte Unterhaltsbeträge,** weil durch sie das Vertrauen des Verpflichteten, nicht mit höheren Beträgen in Anspruch genommen zu werden, geschützt wird, wenn sich der Berechtigte eine Erhöhung nicht zugleich vorbehalten hat (→ Rn. 117).[43] Der Berechtigte ist dann gehalten, den Verpflichteten über einen die ursprüngliche Bezifferung übersteigenden Betrag ausdrücklich zu mahnen. – Hat sich der Berechtigte eine Erhöhung des verlangten Betrages **vorbehalten,** kann der Verpflichtete dieser im gerichtlichen Verfahren mit einem **negativen Feststellungswiderantrag** begegnen.[44]

40 Dies gilt wegen der Einheitlichkeit des den ganzen Lebensbedarf umfassenden Unterhaltsanspruchs (→ § 1569 Rn. 7–14) auch für die nachträgliche Geltendmachung von **Vorsorgeunterhalt,** und zwar unabhängig davon, ob sich der Berechtigte bewusst war, Vorsorgeunterhalt verlangen zu können.[45] Da es keines Hinweises darauf bedarf, dass auch Vorsorgeunterhalt verlangt wird,[46] kann der Berechtigte den ursprünglich verlangten Betrag nachträglich in Elementar- und Vorsorgeunterhalt **aufteilen**[47] – und muss es im Hinblick auf die Rspr. des BGH zur fiktiven Zurechnung von Altersvorsorgeanrechten bei der Beurteilung **ehebedingter Nachteile** auch (→ § 1578 Rn. 855, → § 1578b Rn. 147–150). Dies gilt unabhängig davon, dass der Berechtigte im gerichtlichen Verfahren (auch) den Vorsorgeunterhalt, der nicht von Amts wegen zugesprochen wird, beziffern muss.

### III. Verzug

41 **1. Mahnung. a) Grundsätze. aa) Rechtsnatur.** Die Mahnung ist eine auf eine **empfangsbedürftige geschäftsähnliche Willensäußerung** gestützte Rechtshandlung, auf die die Vorschriften über Willenserklärungen sinngemäß anzuwenden sind (→ § 286 Rn. 49 mwN).[48] Sie ist eine **rechtsgestaltende** Erklärung, die, ist sie wirksam, den Verzug eintreten lässt und damit seine Rechtsfolgen auslöst.[49] – Zur **Zurücknahme** der Mahnung → Rn. 87, 88.

42 **bb) Regelungsbereich.** Zwischen den Ansprüchen auf Familienunterhalt, Trennungsunterhalt und nachehelichen Unterhalt besteht **keine Identität** (→ § 1569 Rn. 25, 26), weil sie nur unter voneinander abweichenden Voraussetzungen zustehen. Deshalb kann eine Mahnung nur für das Stadium der ehelichen Beziehungen der Ehegatten Verzug begründen, in dem sich ihre Ehe befindet und für das Unterhalt verlangt wurde (näher → Rn. 47).[50]

43 Auch eine unmittelbar vor Eintritt der **Rechtskraft der Scheidung** erklärte Mahnung wegen nachehelichen Unterhalts setzt mithin nicht in Verzug. Denn es ist nicht pflichtwidrig, die **Warnfunktion** einer Mahnung, die zu Zeiten noch nicht eingetretener Fälligkeit ausgesprochen wurde, unbeachtet zu lassen.[51] IdR wird dies zu einer zeitlichen Rechtsschutzlücke des Berechtigten führen, wenn er das eine sofortige Antragserhebung im Hinblick auf ein sofortiges Anerkenntnis des Verpflichteten in sich bergende Kostenrisiko (§ 113 Abs. 1 FamFG, § 93 ZPO) vermeiden will, zumal er meist auch nur zeitlich verzögert Kenntnis vom Eintritt der Rechtskraft der Scheidung erlangen wird. Helfen kann insoweit, den nachehelichen Unterhalt, ggf. als Stufenantrag, im **Verbund** mit der Scheidungssache rechtshängig und/oder den Unterhalt bereits

---

[43] BGH NJW 2013, 161 Rn. 42 = FamRZ 2013, 109; NJW-RR 2004, 1227 = FamRZ 2004, 1177; s. auch BGH NJW-RR 1990, 323 = FamRZ 1990, 283 (285); NJW 1982, 1983 = FamRZ 1982, 887 (890).

[44] BeckOGK/*Winter,* 1.2.2019, § 1613 Rn. 51.

[45] BGH NJW 2013, 161 Rn. 46 = FamRZ 2013, 109.

[46] Zum Altersvorsorgeunterhalt während der Trennungszeit nach §§ 1361 Abs. 4 S. 4, 1360a Abs. 3, 1613 Abs. 1 S. 1 BGH NJW 2007, 511 = FamRZ 2007, 193 (196); dazu – allgemein – auch *Borth* FPR 2008, 86 (87).

[47] BGH NJW 2013, 161 Rn. 46 = FamRZ 2013, 109; NJW 2007, 511 = FamRZ 2007, 193 (196); NJW-RR 2004, 1227 = FamRZ 2004, 1177; wohl nur scheinbar aA BeckOGK/*Winter,* 1.2.2019, § 1613 Rn. 47, 49; BeckOGK/*Witt,* 1.2.2019, § 1578 Rn. 681.

[48] BGH NJW 1987, 1546 = FamRZ 1987, 40 (41); BGHZ 37, 352 = NJW 1967, 1800 (1802) = FamRZ 1967, 389; Staudinger/*Löwisch/Feldmann,* 2014, § 286 Rn. 46.

[49] Staudinger/*Löwisch/Feldmann,* 2014, § 286 Rn. 54.

[50] Zur Mahnung wegen Trennungsunterhalts BGH NJW 1992, 1956 = FamRZ 1992, 920 (921) mwN auch zur abw. Auffassung; BGHZ 103, 62 = NJW 1988, 1137 = FamRZ 1988, 370 (371 f.); auch OLG Hamm BeckRS 1998, 3421 = FamRZ 1998, 1512; BeckRS 2007, 14250 = FamRZ 2007, 1468.

[51] BGH NJW 1992, 1956 = FamRZ 1992, 920 f. mwN auch zur abw. Auffassung; BGHZ 103, 62 = NJW 1988, 1137 = FamRZ 1988, 370 (371 f.).

während der Trennungszeit im Verfahren der **einstweiligen Anordnung** geltend zu machen (näher → Rn. 47).

**cc) Regelungsgegenstand.** Bei dem Anspruch auf nachehelichen Unterhalt handelt es sich sowohl hinsichtlich der Unterhaltstatbestände als auch des Anspruchsumfangs um einen **einheitlichen Anspruch** (→ Rn. 40, → § 1569 Rn. 7–14). Deshalb umfasst die Mahnung den Lebensbedarf sowohl bedarfs- als auch betragsmäßig stets vollumfänglich, dh sie bezieht neben dem Elementarunterhalt auch den Alters- und Krankenvorsorgeunterhalt ein. Daraus folgt: 44
- Die Mahnung braucht nicht nach den einzelnen **Bedarfen** zu differenzieren,[52] so sehr dies auch wünschenswert wäre.
- Der in der Mahnung aufgeführte Unterhaltsbetrag **begrenzt** den Unterhaltsanspruch unabhängig von den einzelnen Bedarfen.
- Die **Bezifferung** der einzelnen Bedarfe in der Mahnung ist unerheblich. Maßgeblich ist allein der Gesamtbetrag.[53]
- Auch ein **Auskunftsverlangen** (→ Rn. 29–40) braucht nicht entsprechend zu differenzieren.[54]
- Besteht der geforderte Unterhalt aus **mehreren Bestandteilen,** wie zB **Elementar-, Altersvorsorge-** und **Krankenvorsorgeunterhalt,** kommt es auf den geltend gemachten Gesamtbetrag an. Einer betragsmäßigen Aufteilung in die einzelnen Unterhaltsbestandteile bedarf es nicht.[55]

**b) Fälligkeit.** Damit die Verzugsfolgen eintreten, muss die Unterhaltsforderung, wegen der in Verzug gesetzt werden soll, **fällig** sein (§ 286 Abs. 1 S. 1: „die nach dem Eintritt der Fälligkeit erfolgt"; zur Fälligkeit → § 1585 Rn. 6–10). In diesem Zusammenhang ist zu differenzieren: 45
- Beim laufenden Unterhalt tritt Fälligkeit der einzelnen Unterhaltsrenten zwar von Monat zu Monat ein. Gleichwohl muss nicht monatlich stets von neuem gemahnt werden, ausreichend ist eine einmalige Inverzugsetzung, die gleichsam das **Unterhaltsstammrecht** (→ § 1569 Rn. 7) erfasst und ggf. eine Beschränkung nur in Bezug auf die Höhe der Unterhaltsrente herbeiführt. Lediglich für eine **Erhöhung** der Unterhaltsrente bedarf es dann einer erneuten Mahnung. 46
- Da der nacheheliche Unterhalt nicht identisch mit dem Trennungsunterhalt ist (→ § 1569 Rn. 25, 26), kann er auch erst ab Rechtskraft der Scheidung fällig und angemahnt werden. Zuvor ausgesprochene Mahnungen sind unwirksam.[56] Rechtsnachteilen, die durch eine zeitliche Lücke zwischen Rechtskraft der Scheidung und Mahnung entstehen können, kann der Berechtigte dadurch begegnen, dass er den nachehelichen Unterhalt im **Verbund** mit der Scheidungssache (§ 137 FamFG)[57] und/oder die Festsetzung von Unterhalt bereits während der Trennungszeit im Wege der **einstweiligen Anordnung** (§§ 246, 49 ff. FamFG), die über die Rechtskraft der Scheidung hinaus bis zum Wirksamwerden einer anderweitigen Regelung fortwirkt (§ 56 FamFG), betreibt[58] (zum Ganzen auch → Rn. 43). 47
- Vollstreckt der Berechtigte gleichwohl aus einem Titel in der Hauptsache zum Familien- oder Trennungsunterhalt in der nachehelichen Zeit, kann dem der Verpflichtete mit einem **Vollstreckungsabwehrantrag** (§ 120 Abs. 1 FamFG, § 767 ZPO) begegnen.[59] Zur Abwehr der Vollstreckung aus einer einstweiligen Anordnung in der nachehelichen Zeit durch eine **negative Feststellungsklage** fehlt ihm idR das Rechtsschutzinteresse (→ Vor § 1569 Rn. 82 mwN auch zur abweichenden Auffassung). 48

**c) Beteiligte. aa) Erklärender.** Mahnen muss grundsätzlich der Berechtigte als **Anspruchsinhaber** (auch → Rn. 61). Die Mahnung muss also insbesondere von einem geschäftsfähigen Berechtigten oder dessen bevollmächtigtem Vertreter (§ 174 S. 1 ist entsprechend anwendbar)[60] bzw., ist der Berechtigte geschäftsunfähig, von dessen Betreuer gegenüber dem Verpflichteten **abgegeben** worden sein. Ein noch minderjähriger und damit in der Geschäftsfähigkeit beschränkter geschiedener 49

---

52 BGH NJW 2008, 57 Rn. 52 = FamRZ 2007, 1532.
53 BGH NJW-RR 2004, 1227 = FamRZ 2004, 1177.
54 Ebenso BeckOGK/*Winter,* 1.2.2019, § 1613 Rn. 40.
55 BGH NJW 2015, 334 Rn. 22 = FamRZ 2015, 309; NJW 2007, 511 Rn. 44 = FamRZ 2007, 193.
56 BGH NJW 1992, 1956 = FamRZ 1992, 920 (921) mwN auch zur abw. Auffassung; BGHZ 103, 62 = NJW 1988, 1137 = FamRZ 1988, 370 (371 f.); auch OLG Brandenburg NJW-RR 2009, 1659 (1660); OLG Hamm NJW-RR 2001, 433 = FamRZ 2001, 482 Ls.
57 BGH NJW 1992, 1956 = FamRZ 1992, 920 (921).
58 BGH NJW 1995, 2032 = FamRZ 1995, 725; NJW 1983, 2318 = FamRZ 1983, 352 (355).
59 BeckOGK/*Schlünder,* 1.2.2019, § 1569 Rn. 13.1.
60 Zum Kindesunterhalt OLG Düsseldorf BeckRS 1999, 13086 = FamRZ 2000, 442 (443); BeckOGK/*Winter,* 1.2.2019, § 1613 Rn. 38, 37.1; *Sauer* FamRZ 2010, 617 (618); allgemein Staudinger/*Löwisch/Feldmann,* 2014, § 286 Rn. 49.

Ehegatte (dazu §§ 1303 Abs. 2, 1633) kann dagegen die Mahnung selbst erklären, da er durch sie lediglich einen rechtlichen Vorteil erlangt (§ 107 analog).

50 Wird in einer Erklärung Unterhalt für **mehrere Berechtigte** – etwa für den Ehegatten und Kinder – angemahnt, muss entsprechend den verfahrensrechtlichen Grundsätzen zur gerichtlichen Geltendmachung dieser Ansprüche aus der Mahnung ersichtlich sein, welcher Unterhaltsbetrag auf welcher Rechtsgrundlage für welchen Berechtigten begehrt wird.[61] Im Bereich von § 1585b wird die Rechtsgrundlage des Unterhaltsanspruchs in der Praxis meist unproblematisch sein, weil es idR eben um nachehelichen Unterhalt und ggf. um Unterhalt für die gemeinschaftlichen Kinder geht. – Zur **Kalenderfälligkeit** → Rn. 63, 76.

51 Hat der berechtigte Ehegatte Sozialleistungen bezogen und ist der Anspruch auf den **Sozialleistungsträger** übergegangen (§ 33 SGB II, § 94 SGB XII), ist nur noch dieser als Anspruchsinhaber zur Mahnung berechtigt. In Verzug setzen kann er allerdings nur für künftig entstehende und nicht auch für bereits vor der Mahnung fällig gewordene Unterhaltsrenten.[62] Doch streitet eine vom berechtigten Ehegatten für vergangene Zeiträume ausgesprochene Inverzugsetzung auch für ihn. Zur **Rechtswahrungsanzeige** → Rn. 102–105.

52 **bb) Erklärungsempfänger.** Als geschäftsähnliche Willensäußerung (→ Rn. 41) muss die Mahnung dem Verpflichteten **zugegangen** sein (§§ 130–132 analog). Der Verpflichtete muss also Kenntnis von der Mahnung erlangt haben. Zugang ist deshalb nicht erfolgt, wenn die Mahnung an eine unrichtige Anschrift gesandt wurde[63] und auch sonst nicht in den Geschäftsbereich des Verpflichteten gelangt ist. Die an einen **Vertreter** gerichtete Mahnung ist nur dann wirksam, wenn er Empfangsvollmacht hatte.[64] Zur **Darlegungs- und Beweislast** für den Zugang → Rn. 147.

53 **d) Erklärung.** Die Mahnung kann **formlos** erklärt werden.[65] Zwar kann sie auch **konkludent** geäußert werden, wegen der erforderlichen Bestimmtheit (→ Rn. 57) allerdings nur in eng begrenzten **Ausnahmefällen,** etwa wenn der Berechtigte dem Verpflichteten im Rechtsstreit über den Trennungsunterhalt nach Eintritt der Rechtskraft des Scheidungsausspruchs durch sein Verhalten deutlich macht, den für die Trennungszeit verlangten Unterhalt in dieser Höhe auch in der nachehelichen Zeit zu fordern.[66]

54 Eine **Stufenmahnung,** mit der Auskunft und Vorlage von Belegen oder sonstige Mitwirkungshandlungen und unbeziffert Unterhalt unter dem Vorbehalt der Bezifferung nach Auskunftserteilung verlangt wird, reicht für den Verzugseintritt dann aus, wenn aus einem Auskunftsersuchen deutlich wird, dass der Bedürftige den sich aus der begehrten Auskunft ergebenden Unterhaltsbetrag auch fordern und ggf. gerichtlich geltend machen wird.[67] Denn der Verpflichtete darf keinen Vorteil daraus ziehen, dass der Bedürftige seinen Anspruch (noch) nicht beziffern kann (§ 242).[68] Kein Auskunftsverlangen in diesem Sinne, die verzugsbegründende Wirkung haben könnte, ist jedoch die Aufforderung an den Verpflichteten, **Erwerbsbemühungen** zu entfalten.[69] – Ausreichend ist zudem ein **Stufenantrag,** der auch zur Rechtshängigkeit des noch unbezifferten Zahlungsantrags führt (→ Rn. 91).[70]

55 **e) Zeitpunkt.** IdR hat der Zeitpunkt der Mahnung lediglich für den **Eintritt der Verzugswirkungen** Bedeutung (→ Rn. 61–63; zur fehlenden Wirkung einer Mahnung zum Familien- oder Trennungsunterhalt für den nachehelichen Unterhalt → Rn. 42). **Fälligkeit** der Unterhaltsforderung wird – abgesehen davon, dass eine einmal erklärte Mahnung auch erst künftig fällig werdende Unterhaltsbeträge umfasst (→ Rn. 46) – nur dann **ausnahmsweise** nicht vorausgesetzt, wenn der nacheheliche Unterhalt für den Fall der Scheidung im **Verbund** mit der Scheidungssache geltend gemacht wird (§ 137 Abs. 2 Nr. 2 FamFG, → Rn. 43, 47; zur Wirkung einer **einstweiligen Anordnung** bis zur Rechtskraft der Scheidung → Rn. 84).

---

61 OLG Hamm FPR 1995, 231 = FamRZ 1995, 106 (107); auch BeckOGK/*Winter,* 1.2.2019, § 1613 Rn. 67.
62 BGH NJW 1988, 2239 = FamRZ 1988, 597 (598).
63 OLG Naumburg NJOZ 2008, 141 = FamRZ 2007, 2086.
64 BGH NJW 1980, 990 f.; auch BeckOGK/*Winter,* 1.2.2019, § 1613 Rn. 81.
65 BGH NJW 1993, 1974 = FamRZ 1993, 1055 (1056).
66 OLG Hamm NJW-RR 1995, 1157 = FamRZ 1995, 1276.
67 OLG Brandenburg BeckRS 2018, 31553 Rn. 28 = FamRZ 2019, 291.
68 Dazu BGH NJW 2007, 1273 Rn. 19 = FamRZ 2007, 453; NJW 2007, 511 Rn. 42 = FamRZ 2007, 193; BGHZ 109, 211 = NJW-RR 1990, 323 = FamRZ 1990, 283 (285); auch OLG München BeckRS 1993, 31130566 = FamRZ 1994, 1126 (1127); OLG Düsseldorf NJW 1993, 1079 = FamRZ 1993, 591 (592); OLG Braunschweig BeckRS 1994, 10934 = FamRZ 1995, 875 (876).
69 OLG Hamm BeckRS 2010, 4615 = FamRZ 2010, 383.
70 Dazu BGH NJW 2007, 1273 Rn. 19 = FamRZ 2007, 453; NJW 2007, 511 Rn. 42–44 = FamRZ 2007, 193.

Dass der **Übergang** des Unterhaltsanspruchs auf den **Sozialleistungsträger** für die Trennungszeit auch die nacheheliche Zeit umfasst (→ Vor § 1569 Rn. 29), macht eine neuerliche Mahnung nach Rechtskraft der Scheidung nicht entbehrlich, weil der Unterhaltsanspruch nur in der Höhe und dem Umfang übergehen kann, in der er nach materiellem Unterhaltsrecht auch besteht. 56

**f) Inhalt.** Die Mahnung muss die Aufforderung zur Zahlung von Unterhalt enthalten. Sie muss **bestimmt** und **eindeutig,**[71] sie muss jedoch nicht schlüssig sein. Deshalb muss zwar die **Höhe** des verlangten Unterhaltsbetrages entweder in der Mahnung beziffert oder aus dem Inhalt der Mahnung im Zusammenhang mit den Umständen des Einzelfalles ersichtlich sein.[72] Auch muss der Berechtigte darlegen, warum er, nimmt er nicht den geschiedenen Ehegatten in Anspruch, den betreffenden **Unterhaltsschuldner** in Haftung nimmt (vgl. § 1584). Doch sind weder die Darlegung der für den geforderten Unterhaltsbetrag maßgeblichen **Werte** noch eine **Unterhaltsberechnung** erforderlich, weil der Eintritt des Verzugs nur die Leistungsbestimmung erfordert.[73] Zur **Zuviel-** oder **Zuwenigforderung** → Rn. 64–68. – Wird aber der verlangte Unterhalt **nicht beziffert,** führt allein die Kenntnis des Verpflichteten von den für die Errechnung des Unterhaltsanspruchs maßgeblichen Umständen und seine Verweisung auf die Einholung fachkundigen Rats nicht zum Verzug.[74] 57

Die Mahnung muss weder den **Zeitpunkt,** ab dem Zahlung begehrt wird,[75] noch eine **Belehrung** über die Folgen der Nichterfüllung enthalten.[76] Wird ein Zeitpunkt nicht ausdrücklich genannt, tritt Verzug mit dem **Zugang** der Mahnung beim Verpflichteten (→ Rn. 61), bei Angabe eines späteren Zeitpunkts erst ab diesem ein. Insoweit kann auf die Parallele zur Rechtshängigkeit verwiesen werden: Wenn im Unterhaltsantrag kein ausdrücklicher Zeitpunkt genannt wird, wird Unterhalt ab Rechtshängigkeit, mithin ab Zustellung des Antrags beim Verpflichteten zugesprochen. 58

**g) Verschulden.** Der Eintritt des Verzugs nach § 286 Abs. 1 S. 1, Abs. 2 setzt voraus, dass der Verpflichtete infolge eines Umstandes nicht leistet, den er zu vertreten hat. Hierzu muss er seine Unterhaltspflicht dem Grunde und der Höhe nach **kennen**[77] oder bei Anwendung der erforderlichen Sorgfalt jedenfalls **kennen können**[78] und gleichwohl verschuldet nicht leisten (§ 286 Abs. 4; zur **Darlegungs- und Beweislast** → Rn. 148). Eigene Einkünfte hat der Berechtigte deshalb in der Mahnung mitzuteilen, um dem Verpflichteten die Beurteilung des Bedarfs und der Bedürftigkeit zu ermöglichen, sofern es nicht ausnahmsweise und unzweifelhaft unterhaltrechtlich nicht erheblich ist[79] oder der Verpflichtete bereits Kenntnis von ihnen hat. 59

Der Verpflichtete haftet für jegliche Art von Vorsatz und Fahrlässigkeit (§ 276), auch seines gesetzlichen Vertreters oder Rechtsvertreters (§ 278). **Rechtsunkenntnis** und **Rechtsirrtum** können ihn nur unter strengen Voraussetzungen entlasten kann, weil er sich grundsätzlich nicht des Risikos eines solchen Irrtums zu Lasten des Bedürftigen entledigen kann. Das Vertrauen auf eine in einer rechtskräftigen **obergerichtlichen Entscheidung** in der Hauptsache vertretene Rechtsauffassung reicht jedenfalls dann nicht aus, wenn mit abweichender Beurteilung anderer Gerichte gerechnet werden musste oder sich schon eine abweichende höchstrichterliche Rspr. herausgebildet hat, erst recht nicht das Vertrauen auf eine **einstweilige Anordnung.**[80] 60

**h) Eintritt des Verzugs.** Der Verpflichtete kommt „durch" die Mahnung des Berechtigten in Verzug (§ 286 Abs. 1 S. 1), also mit dem **Zugang** der Mahnung beim Verpflichteten. 61

Nicht anwendbar ist **§ 286 Abs. 3,** weil über Unterhaltsansprüche idR keine Rechnung oder Zahlungsaufstellung erteilt wird und deshalb die Übermittlung einer Zahlungsaufstellung auch nicht 62

[71] BGH NJW 1998, 2132 (2133).

[72] BGH NJW 1985, 486 = FamRZ 1985, 155 (157); NJW 1984, 868 = FamRZ 1984, 163; NJW 1983, 2318 = FamRZ 1983, 352 (354); FamRZ 1983, 51 (52); NJW 1982, 1983 (1985) = FamRZ 1982, 887.

[73] *Gerhardt* in Wendl/Dose UnterhaltsR § 6 Rn. 127; *Born* FPR 2013, 513 (515), wohl ebenso Staudinger/*Löwisch/Feldmann,* 2014, BGB § 286 Rn. 35.

[74] BGH NJW 1984, 868 = FamRZ 1984, 163; OLG Stuttgart BeckRS 2010, 3648 = FamRZ 1984, 1234; aA OLG Düsseldorf FamRZ 1982, 730 (731); OLG Frankfurt a. M. BeckRS 2009, 11778 = FamRZ 1980, 1149 f.

[75] OLG Bamberg BeckRS 1988, 3353 = FamRZ 1988, 1083 (1085); aA OLG Brandenburg BeckRS 2006, 10027 = FamRZ 2006, 1784 mwN; OLG Karlsruhe BeckRS 1997, 30945285 = FamRZ 1998, 742 (für eine „Anmeldung" der Unterhaltsansprüche in bezifferter Höhe); BeckOGK/*Winter,* 1.2.2019, Rn. 58, § 1613 Rn. 71 mwN.

[76] OLG Bamberg BeckRS 1988, 3353 = FamRZ 1988, 1083 (1085).

[77] BGH NJW 1984, 868 = FamRZ 1984, 163; NJW 1983, 2318 = FamRZ 1983, 352 (354); NJW 1982, 1983 = FamRZ 1982, 887 (890).

[78] OLG Hamburg FamRZ 1997, 621 (622).

[79] Insoweit wohl aA BeckOGK/*Winter,* 1.2.2019, § 1613 Rn. 68, 107.

[80] BGH NJW 1985, 486 = FamRZ 1985, 155 (158); NJW 1983, 2318 = FamRZ 1983, 352 (355).

zur Inverzugsetzung nach § 286 Abs. 1 führen kann.[81] Verlangt der Berechtigte in der Mahnung Unterhaltszahlungen erst ab einem späteren Zeitpunkt, tritt Verzug erst ab diesem ein.[82]

63 Die Verzugsfolgen treten mit **Beginn des Monats** ein, in den der Zugang der Mahnung beim Verpflichteten fällt (Abs. 2, § 1613 Abs. 1),[83] sodass der Unterhalt für diesen Monat nicht nach Tagen gequotelt wird. Dies setzt jedoch das Bestehen des Unterhaltsanspruchs – Tatbestandsmäßigkeit, Bedarf, Bedürftigkeit, Leistungsfähigkeit – einschließlich seiner Fälligkeit voraus. Treten diese Voraussetzungen erst im Laufe des Monats ein, etwa – aber nicht nur – weil der nacheheliche Unterhalt erst ab **Rechtskraft der Scheidung** fällig wird (→ Rn. 47), ist **taggenau** zu rechnen.[84] Die **„Vorwirkung"** von §§ 1585b Abs. 2, 1613 Abs. 1 S. 2 ist dann so umzusetzen, dass die Mahnung, wurde sie im selben Monat ausgesprochen, auf den Zeitpunkt vorzuverlegen ist, in dem die Anspruchsvoraussetzungen erfüllt waren (zum Ganzen auch → Rn. 76).

64 **i) Rechtsfolgen.** Verzug tritt aus Gründen des Vertrauensschutzes für den Verpflichteten grundsätzlich in Höhe des Unterhaltsbetrags ein, der in der Mahnung genannt wurde (zur **Zurücknahme der Mahnung** → Rn. 87). Daraus folgt:

65 – Wird in der Mahnung ein **zu geringer Betrag** gefordert, tritt Verzug auch nur in der geforderten Unterhaltshöhe ein.[85] Ggf. bedarf es einer erneuten Mahnung, der jedoch keine Rückwirkung zukommt.[86] – Beruht der zu gering bezifferte Betrag jedoch auf einem dem Verpflichteten erkennbaren **Berechnungsfehler,** ist mit dem sich aus der Berechnung ergebenden höheren Betrag in Verzug gesetzt,[87] weil es dann des Vertrauensschutzes des Verpflichteten nicht bedarf.

66 – Bei einer **Zuvielforderung** tritt Verzug naturgemäß nur in Höhe des tatsächlich geschuldeten Unterhaltes ein.[88] Im Allgemeinen führt eine **weit übersetzte** Forderung zur Unwirksamkeit der Mahnung,[89] sodass auf der Grundlage dieser Mahnung auch kein Verzug eingetreten sein kann, wenn dem Schuldner nach Treu und Glauben kein Schuldvorwurf daraus gemacht werden kann, dass er sich nicht als gemahnt ansieht.[90] Angesichts der praktischen Schwierigkeiten bei der **Unterhaltsfestsetzung** ist jedoch eine Zuvielforderung, die sich „in einem nicht außergewöhnlichen Rahmen bewegt", unschädlich,[91] zumal Unterhaltsgläubiger im Zweifel auch zur Annahme geringerer Beträge bereit sind.[92]

67 Letzterer Hinweis ist sicherlich verzichtbar, ist der Berechtigte idR doch zur Bestreitung seines Lebensbedarfs auf auch zu geringe Leistungen des Verpflichteten dringend **angewiesen.** Dafür, wann von einem „außergewöhnlichen Rahmen" auszugehen ist, fehlt es an festen Anhaltspunkten. Abgestellt werden kann darauf, dass die Mahnung ihre Funktion als Warnfunktion (→ Rn. 43) nur dann erfüllen kann, wenn ihr Inhalt vom Unterhaltsschuldner nach den ihm bekannten beiderseitigen Einkommens- und Vermögensverhältnissen auch **ernst genommen** werden kann (→ § 1613 Rn. 25),[93] und der angemahnte Betrag nicht gleichsam **„ins Blaue hinein"** gegriffen erscheint.[94]

68 **Beispiele aus der Rspr.:**
BGH BeckRS 2009, 16549 = FamRZ 1988, 478 (479): Unschädlich ist die Mahnung über einen monatlichen Unterhaltsbetrag von 3.000 DM bei einem tatsächlichen von 2.750 DM. – OLG Frankfurt a. M. BeckRS 2009, 25086 = FamRZ 1987, 1144 (1145): Schädlich ist die Anmahnung eines Unterhaltsbetrags von 1.000 DM bei einem tatsächlichen Unterhalt von 327 DM. – OLG Braunschweig BeckRS 1998,

---

[81] BeckOK BGB/*Lorenz,* 47. Ed. 1.8.2018, § 286 Rn. 41; iErg ebenso OLG Stuttgart NJW 2002, 1354 = FamRZ 2002, 1563 (1564).
[82] *Niepmann/Schwamb* Rspr. zur Höhe des Unterhalts Rn. 263.
[83] Dazu BT-Drs. 16/1830, 21 f. Zur Rechtslage vor Inkrafttreten des UÄndG 2007: Die Lücke in der gesetzlichen Regelung ist durch eine entsprechende Anwendung von § 1613 Abs. 1 S. 2 zu schließen (→ 4. Aufl. 2000, Rn. 11).
[84] Zum Ganzen auch BeckOGK/*Winter,* 1.2.2019, Rn. 58, 59.
[85] BGH NJW-RR 2004, 1227 (1228) = FamRZ 2004, 1177; BGHZ 109, 211 = NJW-RR 1990, 323 = FamRZ 1990, 283 (285); BeckRS 2009, 16549 = FamRZ 1988, 478 (479); NJW 1983, 2318 (2320) = FamRZ 1983, 352; NJW 1982, 1983 (1985) = FamRZ 1982, 887.
[86] BGHZ 109, 211 = NJW-RR 1990, 323 = FamRZ 1990, 283 (285).
[87] Offengelassen von OLG Hamm NJW 2013, 3314 (3315) = FamRZ 2014, 483.
[88] BGH NJW 1983, 2318 = FamRZ 1983, 352 (355); NJW 1982, 1983 = FamRZ 1982, 887 (890).
[89] Dazu auch OLG Braunschweig BeckRS 1998, 13396 = FamRZ 1999, 1453 (1454).
[90] Etwa BGH NJW 2006, 3271 Rn. 16; NJW 1991, 1286 (1288); vgl. auch BeckOK BGB/*Lorenz,* 47. Ed. 1.8.2018, § 286 Rn. 28 mwN aus der BGH-Rspr.
[91] BGH BeckRS 2009, 16549 = FamRZ 1988, 478 (479); dagegen MüKoBGB/*Born,* → 7. Aufl. 2017, § 1613 Rn. 29 Fn. 94 („führt in der Praxis nicht weiter").
[92] BGH NJW 1983, 2318 = FamRZ 1983, 352 (355).
[93] *Borth* in Schwab ScheidungsR-HdB IV Rn. 1210.
[94] OLG Frankfurt a. M. BeckRS 2009, 25086 = FamRZ 1987, 1144 (1145).

13396 = FamRZ 1999, 1453 (1454): Unschädlich ist eine Zuvielforderung, die auf einem erkennbaren Berechnungsfehler beruht.

**2. Mahnungsgleiche Handlungen. a) Verfahrenshandlungen.** Einer Mahnung steht die formlose Übersendung eines **Verfahrenskostenhilfegesuchs** durch das FamG[95] mit einer Antragsschrift oder einem Antragsentwurf – bei förmlicher Zustellung der Antragsschrift tritt Rechtshängigkeit ein (§ 113 Abs. 1 FamFG, § 253 Abs. 1 ZPO, § 261 Abs. 1 ZPO; → Rn. 93) – oder eines Antrags auf Erlass einer **einstweiligen Anordnung**[96] gleich. 69

Dagegen setzen **nicht** in Verzug

- die Antragserhebung im **Verbund** mit der Scheidungssache (→ Rn. 44, 47), weil der nacheheliche Unterhalt noch nicht fällig ist (→ Rn. 45–48).[97] IErg ist dies ohne Bedeutung, weil mit der Zulassung der Rechtshängigkeit des nachehelichen Unterhalts im Scheidungsverbund und dem Ausspruch der Unterhaltsverpflichtung ab Rechtskraft der Scheidung Fälligkeit und Einsatzzeitpunkt des Unterhaltsanspruchs zusammenfallen; der Berechtigte kann lediglich keinen Verzugsschaden verlangen, der aber ohnehin nicht vorliegen kann. 70
- die Anzeige und die Einleitung eines Strafverfahrens wegen **Unterhaltspflichtverletzung** (§ 170 StGB), weil sie keine Erklärung des Berechtigten beinhalten.[98] Zudem kann eine Unterhaltspflichtverletzung nur dann vorliegen, wenn der gesetzlich geschuldete Unterhalt nicht gewährt wird,[99] was jedenfalls hinsichtlich des nachehelichen Unterhalts auch die Inverzugsetzung etc voraussetzt. 71

**b) Leistungsverweigerung.** Eine Mahnung ist für zukünftige Unterhaltsbeträge **entbehrlich,** wenn die Leistung eindeutig und endgültig verweigert wird (§ 286 Abs. 2 Nr. 3).[100] Da die Leistungsverweigerung gleichsam das „letzte Wort" des Verpflichteten sein muss, sind an sie **strenge Anforderungen** zu stellen.[101] 72

Im Gegensatz zur Mahnung (→ Rn. 45–48) kann die Leistungsverweigerung auch bereits **vor Fälligkeit** der Unterhaltsforderung – Rechtskraft der Scheidung – ausgesprochen werden.[102] Sie kann sich aus einer **Erklärung** des Verpflichteten ergeben, kann aber auch in der **unvermittelten Einstellung** bislang regelmäßiger[103] (freiwilliger) Zahlungen[104] oder der Nichtaufnahme zugesagter Unterhaltsleistungen liegen.[105] Trennt sich der Verpflichtete von der Familie, ohne eine Anschrift, unter der er erreichbar ist, und ausreichende Barmittel zu hinterlassen,[106] kann darin nur eine Leistungsverweigerung liegen, wenn ihm Grund und Höhe des Unterhaltsanspruchs bekannt sind und sein Verhalten deshalb zumindest auch unterhaltsbezogen ist. 73

Verzug tritt bei Leistungsverweigerung – ohne Rückwirkung – zu dem **Zeitpunkt** ein, in dem die Weigerung erklärt[107] oder die Zahlung eingestellt wurde. Die **Nichtzahlung** (weiteren) Unterhalts reicht jedoch dann nicht aus, wenn der Berechtigte die für die Unterhaltsberechnung erforderlichen Auskünfte nicht erteilt.[108] 74

**c) „Selbstmahnung".** Die Erklärung des Verpflichteten, Unterhalt zahlen zu wollen, erübrigt eine Mahnung („Selbstmahnung").[109] Sie folgt als mahnungsersetzende Erklärung den Regeln über 75

---

95 BGH NJW-RR 2004, 1227 = FamRZ 2004, 1177; NJW 1992, 1956 = FamRZ 1992, 920 (921); BGHZ 109, 211 = NJW-RR 1990, 323 = FamRZ 1990, 283 (285); NJW 1983, 2200 = FamRZ 1983, 892 (894); OLG Brandenburg NJW-RR 2003, 1515 = FamRZ 2004, 560.

96 BGH NJW 1995, 2032 = FamRZ 1995, 725; NJW 1983, 2318 = FamRZ 1983, 352 (355).

97 OLG Düsseldorf OLGR 1993, 40.

98 BGH NJW 1987, 1549 = FamRZ 1987, 472 (475).

99 BGHSt 12, 166 = NJW 1959, 303 ff.; BGHSt 18, 376 = NJW 1963, 1627 (1628 f.); BeckOK StGB/*Heuchemer,* 39. Ed. 1.8.2018, StGB § 170 Rn. 9.

100 BGH NJW 1993, 1974 = FamRZ 1993, 1055 (1056); NJW 1992, 1956 = FamRZ 1992, 920 (921); NJW 1985, 486 = FamRZ 1985, 155 (157); NJW 1983, 2318 = FamRZ 1983, 352 (354); s. auch OLG Hamm FamRZ 1997, 1402.

101 BGH NJW 1986, 661 f.; OLG Brandenburg NJW-RR 2009, 1659 (1660).

102 Vgl. OLG Karlsruhe BeckRS 2010, 26602 = FamRZ 1990, 70 (71 f.); BeckOGK/*Winter,* 1.2.2019, § 1613 Rn. 96; offengelassen von BGH NJW 1992, 1956 = FamRZ 1992, 920 (921).

103 BGH NJW 1987, 1549 = FamRZ 1987, 472 (475).

104 BGH NJW 1983, 2318 = FamRZ 1983, 352 (354). Zur **Klageveranlassung** über den vollen Unterhaltsbetrag ohne vorherige (weitere) Aufforderung, wenn der Verpflichtete nur noch Teilleistungen auf nicht titulierten Unterhalt erbringt, s. BGH NJW 2010, 238 Rn. 17–20 = FamRZ 2010, 195.

105 OLG Köln NJW-RR 2000, 73 = FamRZ 2000, 443 (444).

106 OLG Köln NJW-RR 1999, 4 (5) = FamRZ 1999, 531 Ls.

107 BGH NJW 1985, 486 = FamRZ 1985, 155 (157).

108 OLG Hamm BeckRS 2014, 3193 = FamRZ 2001, 1616 f.

109 BeckOGK/*Winter,* 1.2.2019, Rn. 68, § 1613 Rn. 100, 101 mwN; allgemein etwa → § 286 Rn. 74; BeckOK BGB/*Lorenz,* 47. Ed. 1.8.2018, § 286 Rn. 38 mwN.

die Mahnung (→ Rn. 41–89). Als **rechtsgestaltende Erklärung** unterliegt sie deshalb insbesondere denselben Anforderungen an ihre **Bestimmtheit.** Deshalb reicht die Anzeige allgemeiner Bereitschaft für Unterhaltsleistungen nicht aus, vielmehr muss der Verpflichtete seine Leistungsbereitschaft in bestimmter Höhe erklärt haben.[110] Da die Rechtslage mit der wirksamen Erklärung der „Selbstmahnung" umgestaltet ist, ist der Verpflichtete an sie gebunden und kann sie – wie der Berechtigte eine Mahnung (→ Rn. 87, 88) – nicht mehr **zurücknehmen.**[111]

76 **3. Verzug ohne Mahnung. a) Kalenderfälligkeit.** Laufender Unterhalt ist monatlich im Voraus zu zahlen (§ 1585 Abs. 1 S. 2), mithin – **kalendermäßig bestimmt** iSd § 286 Abs. 2 Nr. 1 – zum 1. eines jeden Monats (→ § 1585 Rn. 7, 21, 22). Allerdings muss der Verpflichtete Grund und Höhe seiner Unterhaltsverpflichtung, etwa aufgrund Mahnung[112] oder vertraglicher Vereinbarung[113] oder nach gerichtlicher Verpflichtung[114] kennen[115] oder aber Unterhaltsleistungen eindeutig und endgültig, auch durch die Einstellung bislang erbrachter Zahlungen (**Leistungsverweigerung,** → Rn. 72–74), abgelehnt haben.

77 Werden Unterhaltsansprüche gleichzeitig für **mehrere Berechtigte** – Ehegatten- und Kindesunterhalt – geltend gemacht, soll anders als bei der Mahnung (→ Rn. 50) zur Erfüllung der Warnfunktion iSd Schuldnerschutzes (→ Rn. 43) ausreichen, den Gesamtbetrag zu nennen, ohne dass es einer bezifferten Aufteilung auf die einzelnen Berechtigten bedarf.[116]

78 Dies lässt jedoch **unbeachtet,** dass der Verpflichtete allein aufgrund der Kenntnis des Gesamtbetrags die einzelnen Ansprüche nicht zuordnen kann. Zudem sind keine Umstände ersichtlich, die eine andere Handhabung als bei der Mahnung rechtfertigen könnten. Deshalb kann auch bei Kalenderfälligkeit allein die Nennung eines Gesamtbetrags zum Verzugseintritt nicht ausreichen.

**b) Weitere Einzelfälle.** Eine Mahnung kann weiter **entbehrlich** sein

79 – nach **Treu und Glauben** (§ 242), wenn der Verpflichtete den Berechtigten von der Geltendmachung nachehelichen Unterhalts abgehalten hat.[117]

80 – wenn infolge einer **vertraglichen Regelung** der Vertragsschluss Mahnung und Rechtshängigkeit ersetzt.[118] Dazu reicht die vertragliche Festlegung des **Rechengangs** unabhängig davon aus, wie schwierig er sich gestaltet,[119] doch sind lediglich **Vergleichsverhandlungen,** ohne dass der begehrte Unterhaltsbetrag genannt wurde (auch → Rn. 57), nicht ausreichend.[120]

81 – wenn der Unterhalt **tituliert** ist,[121] zumal die ehemalige, zum Titel führende Mahnung grundsätzlich fortwirkt (→ Rn. 55, 86; zur **einstweiligen Anordnung** auch → Rn. 84).

82 – wenn im Rahmen der Billigkeitsabwägung nach § 745 Abs. 2 der Berechtigte, der das im Miteigentum beider Ehegatten stehende Wohneigentum nutzt, vom Verpflichteten keinen Unterhalt verlangt und sich **Nutzungswert** und Unterhalt der Höhe nach entsprechen.[122] Lediglich für einen den Nutzungswert übersteigenden Betrag müssen die Voraussetzungen aus §§ 1585b Abs. 2, 1613 Abs. 1 vorliegen.[123]

Dagegen wird eine Mahnung **nicht entbehrlich** durch

83 – die Einleitung eines Strafverfahrens wegen **Unterhaltspflichtverletzung** (auch → Rn. 71),[124]

---

110 OLG Zweibrücken NJW-RR 1988, 75 = FamRZ 1987, 1301 (1302).
111 Offengelassen OLG Köln NJW-RR 2000, 73 = FamRZ 2000, 443 (444).
112 BGH NJW 1982, 1983 = FamRZ 1982, 887 (890); BeckRS 2010, 19276 = FamRZ 1981, 866 (867).
113 BGHZ 105, 250 = NJW 1989, 526 = FamRZ 1989, 150 (152); NJW 1983, 2318 = FamRZ 1983, 352 (354).
114 BGH NJW 1983, 2318 = FamRZ 1983, 352 (354); NJW 1982, 1983 = FamRZ 1982, 887 (890).
115 BGH NJW 1982, 1983 = FamRZ 1982, 887 (890); BeckRS 2010, 19276 = FamRZ 1981, 866 (867); zum Ganzen auch BeckOK BGB/*Lorenz,* 47. Ed. 1.8.2018, § 286 Rn. 33.
116 OLG Zweibrücken NJW-RR 1988, 75 = FamRZ 1987, 1301 (1302).
117 OLG Hamm NJOZ 2008, 1881 = FamRZ 2007, 1468: Allerdings lag in diesem Fall eine Inverzugsetzung durch Mahnung vor, weil der Verpflichtete vom Berechtigten über die Unterhaltsforderung auch der Höhe nach in Kenntnis gesetzt war.
118 BGH NJOZ 2010, 235 Rn. 34 = FamRZ 2009, 2075; BGHZ 105, 250 = NJW 1989, 526 = FamRZ 1989, 150 (152).
119 OLG Hamburg OLGR 1996, 91.
120 OLG Düsseldorf OLGR 1993, 40.
121 Zum Prozessvergleich s. OLG München FamRZ 1995, 1293; zur einstweiligen Anordnung OLG Hamm BeckRS 1995, 3878 = FamRZ 1995, 1488; auch *Niepmann/Schwamb* Rspr. zur Höhe des Unterhalts Rn. 268; aber auch → Rn. 79–89.
122 OLG Frankfurt a. M. BeckRS 2012, 18679 = FamRZ 2013, 135; BeckOGK/*Winter,* 1.2.2019, Rn. 69, § 1613 Rn. 102–104; *Wever* FamRZ 2013, 741 (742).
123 BeckOGK/*Winter,* 1.2.2019, § 1613 Rn. 105; *Spangenberg* FPR 2013, 525 (527).
124 BGH NJW 1987, 1549 = FamRZ 1987, 472 (475).

– eine bis zur Rechtskraft der Scheidung ergangene **einstweilige Anordnung** (§ 246 FamFG) ohne ausdrückliche Mahnung zum nachehelichen Unterhalt, weil ihr materiellrechtlicher Gegenstand trotz der über den Eintritt der Rechtskraft fortdauernden Wirkung (§ 56 Abs. 1 FamFG) lediglich der Trennungsunterhalt ist (auch → Rn. 17, 60).[125] **84**

**4. Verzugswirkungen. a) Rechtsfolgen.** Ab wirksamer Inverzugsetzung hat der Verpflichtete **Unterhalt** – zum Verhältnis **Elementar-/Vorsorgeunterhalt** → Rn. 44 – in der verlangten Höhe zu zahlen, zudem ist er ab diesem Zeitpunkt dem Berechtigten zur Zahlung von **Verzugszinsen** (§ 288 Abs. 1)[126] und von **Schadensersatz wegen Nichterfüllung** (§ 288 Abs. 4) einschließlich vorgerichtlicher, nicht erst durch die Inverzugsetzung angefallener **Anwaltskosten** verpflichtet.[127] Da der Verpflichtete den Unterhalt infolge der Inverzugsetzung für die **Vergangenheit** schuldet, ist grundsätzlich unerheblich, wann der Berechtigte den Rechtsweg beschreitet (zur **Verwirkung** → Rn. 118–144). Für ab Rechtshängigkeit verlangte künftige Unterhaltsrenten (→ Rn. 90–100) ist Verzugseintritt ohnehin unerheblich. **85**

Die Verzugswirkungen erstrecken sich auch auf **künftig fällig** werdende Unterhaltsrenten (vgl. § 113 Abs. 1 FamFG, §§ 258–259 ZPO, → Rn. 55), solange die anspruchsbegründenden Voraussetzungen fortbestehen, sodass es einer ständigen Wiederholung der Mahnung grundsätzlich nicht bedarf.[128] Eine **erneute** Mahnung ist jedoch bei einem Wechsel des Unterhaltstatbestands sowie dann erforderlich, wenn mehr Unterhalt verlangt wird[129] oder der Verpflichtete auf ein ggf. teilweises Entfallen seiner Unterhaltsverpflichtung vertrauen durfte.[130] – Zum **Abänderungsantrag** → Rn. 151–152. **86**

**b) Beendigung.** In Betracht kommen können insbesondere folgende Fallgestaltungen (zur Verwirkung **rückständigen Unterhalts** → Rn. 118–144):

– Die Mahnung als rechtsgestaltende Handlung (→ Rn. 24) kann grundsätzlich nicht zurückgenommen werden. Die einseitige **Zurücknahme** einer Mahnung, auch in Form einer **Antragsrücknahme,**[131] beseitigt deshalb deren Wirkungen nicht rückwirkend,[132] sondern lediglich für die Zukunft.[133] Eine Rückwirkung erfordert stets einen ggf. durch schlüssiges Verhalten[134] abgeschlossenen **Erlassvertrag** (§ 397), durch den der Berechtigte auf seine Rechte aus der Mahnung verzichtet.[135] **87**
– Die Zurücknahme oder Abweisung[136] eines Antrags auf Erlass einer **einstweiligen Anordnung** führt wegen der lediglich summarischen Prüfung weder für die Vergangenheit noch für die Zukunft zum Verbrauch der Mahnung. **88**
– Der Berechtigte kann sein Recht aus einer Mahnung aus besonderen Gründen nach Treu und Glauben insbesondere **verwirken.**[137] Etwa wenn er sich nach Zurückweisung eines Antrags auf Erlass einer einstweiligen Anordnung oder eines **Verfahrenskostenhilfegesuchs,** aber auch nach **Erteilung der Auskunft,**[138] oder, ist die Auskunftsverpflichtung tituliert, mit deren **zwangsweisen Durchsetzung** mit einem Antrag zur Hauptsache ungebührlich lange Zeit lässt. Vor Ablauf der Sechsmonatsfrist aus § 204 Abs. 2 S. 1 kann dies aber nicht angenommen werden.[139] – Verwirkt **89**

---

125 AA OLG Hamm BeckRS 1995, 3878 = FamRZ 1995, 1488.
126 BGH NJW 1985, 486 = FamRZ 1985, 155 (158) aE.
127 Eingehend zum Ganzen BeckOGK/*Winter,* 1.2.2019, § 1613 Rn. 111–121.
128 BGHZ 103, 62 = NJW 1988, 1137 = FamRZ 1988, 370 (371) (unter 3.) mit krit. Anm. *Schmitz* FamRZ 1988, 700 f.; auch BGH BeckRS 2009, 16549 = FamRZ 1988, 478 (479); NJW 1987, 1546 = FamRZ 1987, 40 (41); NJW 1983, 2318 = FamRZ 1983, 352 (354); OLG Hamm BeckRS 2010, 7296 = FamRZ 1989, 634; OLG Schleswig FamRZ 1989, 1092; OLG Karlsruhe BeckRS 2010, 26602 = FamRZ 1990, 70; OLG Celle BeckRS 2011, 1913 = FamRZ 1991, 1202; aA etwa Staudinger/*Löwisch/Feldmann,* 2014, § 286 Rn. 41, 75, 89; *Derleder* EzFamR BGB § 286 Nr. 3 (Erneuerung nach 6 Monaten).
129 BGHZ 103, 62 = NJW 1988, 1137 = FamRZ 1988, 370 (371) (unter 3.).
130 OLG Bamberg NJW-RR 1990, 903 = FamRZ 1990, 1235 (1236).
131 BGH NJW 1987, 1546 = FamRZ 1987, 40 (42); NJW 1983, 2318 = FamRZ 1983, 352 (354).
132 Staudinger/*Löwisch/Feldmann,* 2014, § 286 Rn. 55.
133 OLG Hamm BeckRS 2007, 5305 = FamRZ 1989, 1303 (1304).
134 BGH BeckRS 2009, 16549 = FamRZ 1988, 478 (479); OLG Hamm FamRZ 1989, 310.
135 BGH NJW 1995, 2032 = FamRZ 1995, 725 (726); BeckRS 2009, 16549 = FamRZ 1988, 478 (479); NJW 1987, 1546 = FamRZ 1987, 40 (41 f.); auch OLG Koblenz NJW-RR 1998, 794 = FamRZ 1998, 1123 Ls. 2. Zum Ganzen auch Staudinger/*Löwisch/Feldmann,* 2014, § 286 Rn. 54.
136 BGH NJW 1995, 2032 = FamRZ 1995, 725 f.
137 BGH NJW 1995, 2032 = FamRZ 1995, 725 (726); BeckRS 2009, 16549 = FamRZ 1988, 478 (479); NJW 1987, 1546 = FamRZ 1987, 40 (42).
138 OLG Karlsruhe NJW-RR 2006, 872 = FamRZ 2006, 1605.
139 BGH NJW 1995, 2032 = FamRZ 1995, 725 (726); NJW 1983, 2318 = FamRZ 1983, 352 (355).

wird der Anspruch auf Unterhalt, wie er nach materiellem Recht besteht, sodass weder rückständiger noch künftiger Unterhalt verlangt werden kann.[140] Die Verzugswirkungen treten deshalb erst wieder mit einer **erneuten** Mahnung oder Antragserhebung ein.

## IV. Rechtshängigkeit

90 **1. Bedeutung.** Die Rechtshängigkeit hat eine **doppelte Bedeutung:** Zum einen dafür, **ab wann** ua der fällige Unterhalt verlangt werden kann **(Abs. 2).** Zum anderen für die **zeitliche Begrenzung** auf 1 Jahr ab Rechtshängigkeit fälliger Unterhaltsrenten **(Abs. 3,** → Rn. 118–125).

91 **2. Eintritt.** Rechtshängigkeit tritt mit der **Zustellung der Antragsschrift** (§ 113 Abs. 1 FamFG, § 166 ZPO; zu den Wirkungen der Zustellung s. §§ 261 Abs. 1, 253 Abs. 1 ZPO) – auch eines **Stufenantrags,** weil damit auch der unbezifferte Leistungsantrag bereits rechtshängig wird[141] –, mit einer, auch konkludenten,[142] **Antragserweiterung** in der mündlichen Verhandlung (§ 113 Abs. 1 FamFG, § 261 Abs. 2 ZPO) oder mit der Erklärung der **Aufrechnung** im Verfahren ein.[143]

92 Zur Erhaltung der rechtswahrenden Wirkung der Rechtshängigkeit reicht aus, wenn der Antrag **„demnächst"** zugestellt wird (§ 113 Abs. 1 FamFG, § 167 ZPO).[144] Die Jahresfrist bezieht sich dann auf die Einreichung des Antrags, dh die **Anhängigkeit** beim FamG.[145] – Zu den **Wirkungen der Rechtshängigkeit** s. § 113 Abs. 1, 2 FamFG, §§ 261, 498, 693 Abs. 3, 700 ZPO. Ab Rechtshängigkeit ist der Verpflichtete zudem zur Zahlung von **Verfahrenszinsen** verpflichtet (§ 291).[146]

93 Ein **Verfahrenskostenhilfegesuch** und seine Zuleitung an den Verpflichteten – auch durch förmliche Zustellung, wenn nicht zugleich die Antragsschrift in der Hauptsache zugestellt wurde, was ggf. vom FamG in seiner verfahrensleitenden Verfügung klarzustellen ist – führt zwar nicht zur Rechtshängigkeit,[147] selbst wenn es zusammen mit einem Antrag zur Hauptsache eingereicht wird,[148] wohl aber zur Inverzugsetzung (→ Rn. 69); § 390 S. 2 ist nicht entsprechend anwendbar.[149] Wird es allerdings vom FamG trotz zumutbarer Mahnungen des Berechtigten **verzögerlich** verbeschieden, tritt die Rechtshängigkeit auch bei einer Zustellung mit längerer Verzögerung noch „demnächst" iSd § 167 ZPO (→ Rn. 92) ein.[150] Zudem kann der Berechtigte die **sofortige Zustellung** der Antragsschrift ohne Einzahlung eines Verfahrenskostenvorschusses in Höhe einer Gebühr für das Verfahren im Allgemeinen (§§ 14 Abs. 3, 3 Abs. 2 FamGKG, FamGKG Anlage 1 Nr. 1220) erreichen, wenn seine „Rechtsverfolgung weder aussichtslos noch ihre Inanspruchnahme mutwillig erscheint und wenn" er oder der von ihm bevollmächtigte Rechtsanwalt glaubhaft macht, „dass [ihm] die alsbaldige Zahlung der Kosten mit Rücksicht auf seine Vermögenslage oder aus sonstigen Gründen Schwierigkeiten bereiten würde oder eine Verzögerung [ihm] einen nicht oder nur schwer zu ersetzenden Schaden bringen würde" (§ 15 Nr. 3 FamGKG).[151]

94 Auch die Erhebung eines **Vollstreckungsgegenantrags** durch den Verpflichteten genügt nicht,[152] weil er nichts über die Absichten des Berechtigten, deren Offenlegung gegenüber dem Verpflichteten allein Unterhaltspflichten für die Vergangenheit rechtfertigen kann, aussagt.

95 Rechtshängigkeit des – noch unbezifferten – Zahlungsantrags tritt auch bereits mit einem **Stufenantrag** ein.[153] **Erhöht** der Berechtigte nach einer Bezifferung des Zahlungsantrags den

[140] OLG Düsseldorf BeckRS 1997, 13214 = FamRZ 1999, 239 (240); OLG Hamburg FamRZ 1990, 1271 (1273); aA OLG Düsseldorf BeckRS 1988, 4507 = FamRZ 1989, 776 (777).
[141] OLG Schleswig OLGR 1997, 231 (232).
[142] Dazu OLG Hamm NJW-RR 1995, 1157 = FamRZ 1995, 1276.
[143] Zu Letzterem s. BGH NJWE-FER 1997, 15 = FamRZ 1996, 1067 (1068).
[144] Zu dem der Zustellung vorgeschalteten VKH-Prüfungsverfahren – vor dem Inkrafttreten des FamFG am 1.9.2009 – s. OLG Hamm BeckRS 2007, 14250 = FamRZ 2007, 1468 f.; OLG Düsseldorf BeckRS 2001, 30168786 = FamRZ 2002, 327; OLG Schleswig BeckRS 2009, 28790 = FamRZ 1988, 961 (962 f.); allgemein BGH NJW 1975, 39 (40).
[145] OLG Hamm BeckRS 2007, 14250 = FamRZ 2007, 1468 (1469); OLG Düsseldorf BeckRS 2001, 30168786 = FamRZ 2002, 327.
[146] BGH NJW-RR 1987, 386 = FamRZ 1987, 352; NJW 1985, 486 = FamRZ 1985, 155 (158).
[147] Zu Letzterem s. OLG Zweibrücken NJW-RR 2016, 1288 Rn. 19, 20 = FamRZ 2016, 2110; OLG Naumburg BeckRS 2005, 10093 = FamRZ 2006, 490; OLG Karlsruhe FPR 2002, 444 = FamRZ 2002, 1039 (1040); OLG Frankfurt a. M. BeckRS 2001, 30208976; OLG Schleswig BeckRS 2009, 28790 = FamRZ 1988, 961 (962 f.); AG Weilburg NJW-RR 1995, 3 = FamRZ 1995, 97 (98).
[148] *Vogel* in Göppinger/Wax UnterhaltsR Rn. 2829.
[149] AG Altötting FamRZ 1989, 289 (290).
[150] OLG Hamm BeckRS 2007, 14250 = FamRZ 2007, 1468 (1469).
[151] Dazu auch OLG Zweibrücken NJW-RR 2016, 1288 Rn. 20 = FamRZ 2016, 2110.
[152] AA OLG Karlsruhe BeckRS 2009, 28802 = FamRZ 1988, 400 (401).
[153] BGH NJW 2007, 1273 Rn. 19 = FamRZ 2007, 453; NJW 1992, 1956 = FamRZ 1992, 920; BGHZ 109, 211 = NJW-RR 1990, 323 = FamRZ 1990, 283 (285).

Unterhaltsbetrag, tritt hinsichtlich des Erhöhungsbetrags Rechtshängigkeit erst mit Zustellung der antragserhöhenden Antragsschrift ein.[154]

**3. Wirkungen. a) Umfang.** Die Rechtsfolgen der Rechtshängigkeit – Unterhalt und Schadensersatz wegen Nichterfüllung – treten wie beim Verzug (→ Rn. 42) nur für den von ihr erfassten **Verfahrensgegenstand** ein. Die Rechtshängigkeit zum Trennungsunterhalt zeitigt deshalb keine Rechtswirkungen zum nachehelichen Unterhalt. 96

Für die **Abtrennung** des nachehelichen Unterhalts aus dem Verbund nach § 140 Abs. 3 FamFG – zur Abtrennung wegen außergewöhnlicher Verzögerung des Scheidungsausspruchs s. § 140 Abs. 2 Nr. 5 FamFG – gilt:[155]

– Sie erfolgt nur im Zusammenhang mit der Abtrennung einer **Kindschaftsfolgesache** – idR Sorgerechtssache –, etwa wenn das Bestehen eines Unterhaltsanspruchs davon abhängt, bei welchem Elternteil das Kind seinen Aufenthalt haben wird (§ 1570). 97

– **Verfahrensgegenstand** der als selbstständige Familiensache weiterbetriebenen Unterhaltssache, die nicht mit der gleichfalls abgetrennten Kindschaftssache im Verbund steht (§ 137 Abs. 5 S. 2 FamFG), ist nicht der Trennungsunterhalt, sondern bleibt der nacheheliche Unterhalt als Folgesache (§ 137 Abs. 5 S. 1 Hs. 1, Abs. 1 S. 1 Nr. 2 FamFG). Eine Konkurrenz mit dem Trennungsunterhalt besteht nicht. 98

**b) Entfallen.** Die Rechtshängigkeit und mit ihr die Rechtshängigkeitssperre aus Abs. 3 entfällt, wenn der gerichtliche **Antrag zurückgenommen** wird (§ 113 Abs. 1 FamFG, § 269 Abs. 3 S. 1 Hs. 1 ZPO), und tritt erst wieder mit erneuter Antragstellung ein. Sie entfällt auch, wenn der Rechtsstreit infolge einer Vereinbarung der Ehegatten oder des Nichtbetreibens durch den Berechtigten in angemessener Frist zum **Stillstand** kommt (entsprechend § 204 Abs. 2 S. 2). Erklärt der Berechtigte nicht ausdrücklich, das Verfahren nicht betreiben zu wollen, ist an seine letzte Handlung im Verfahren, etwa die Einreichung eines Schriftsatzes oder Teilnahme an einem Verhandlungstermin, anzuknüpfen. 99

Hat der Berechtigte **Stufenantrag** erhoben, muss er zum Entfallen der Rechtshängigkeitssperre innerhalb angemessener Frist ohne triftigen Grund untätig geblieben sein.[156] So kann etwa das Betreiben der Zwangsvollstreckung aus einem Auskunftstitel ein triftiger Grund dafür sein, die Zahlungsstufe nicht durch Bezifferung des unbestimmten Zahlungsantrags anzurufen. 100

## V. Insbesondere: Krankheitskosten

Zum Bedarf und mithin zum laufenden Unterhalt zählen auch die Kosten einer angemessenen Versicherung für den Fall der **Krankheit** und der **Pflegebedürftigkeit** (§ 1578 Abs. 2 Alt. 1, → § 1578 Rn. 267–288). Zu berücksichtigen sind Aufwendungen ab Beginn der Unterhaltsverpflichtung, mithin ab Aufforderung des Verpflichteten zur Auskunftserteilung über seine Einkünfte und sein Vermögen, Inverzugsetzung oder Rechtshängigkeit des Unterhaltsanspruchs (§§ 1585b Abs. 2, 1613 Abs. 1 S. 1). Dies setzt allerdings voraus, dass dem Berechtigten ab diesem Zeitpunkt tatsächlich bereits entsprechende Aufwendungen entstanden sind und ihm auch **Versicherungsschutz** zugestanden hat.[157] Ist dies nicht der Fall, können etwa Krankheitskosten, fallen sie in unregelmäßiger außergewöhnlicher Höhe an, als Sonderbedarf (§§ 1585b Abs. 1, 1613 Abs. 2; → § 1578 Rn. 364), ansonsten als Mehrbedarf (→ § 1578 Rn. 234–237) – der jedoch nicht unter die Privilegierung des Sonderbedarfs nach § 1585b Abs. 1 fällt und deshalb nur unter den Voraussetzungen des § 1613 Abs. 1 S. 1, auf den § 1585b Abs. 2 verweist – verlangt werden. – Helfen kann dem Berechtigten ggf. eine **einstweilige Anordnung** (§ 49 FamFG); das erforderliche „dringende Bedürfnis“ für eine vorläufige Regelung dürfte jedenfalls für die Prämien einer Krankenversicherung gegeben sein. 101

## VI. Sozialrechtliche Rechtswahrung

**Kraft Gesetzes** auf den Sozialleistungsträger übergegangene Unterhaltsansprüche können für die Vergangenheit geltend gemacht werden, wenn die „Voraussetzungen des bürgerlichen Rechts“ vorliegen, oder ab **schriftlicher Mitteilung der Hilfegewährung** an den Verpflichteten (**ALG II,** § 33 Abs. 1, 3 SGB II; **Sozialhilfe,** § 94 Abs. 4 S. 1 SGB XII; s. auch **Unterhaltsvorschuss,** § 7 102

[154] OLG Hamburg FamRZ 1983, 602.

[155] Zu § 623 Abs. 2 S. 2, 3 ZPO aF s. BGH NJW 2009, 76 Rn. 11 ff. = FamRZ 2008, 2268; NJW 2008, 3562 Rn. 13 ff. = FamRZ 2008, 2193.

[156] OLG Schleswig OLGR 1997, 231 (232).

[157] AA OLG Köln BeckRS 2018, 21075 = FamRZ 2018, 1827 (1828) m. krit. Anm. der Red.

Abs. 2 UVG;[158] zum Kostenbeitrag bei Gewährung von **Jugendhilfe** s. § 92 Abs. 1 Nr. 4, Abs. 3 SGB VIII). Danach kann der Sozialleistungsträger die Mahnung selbst aussprechen, doch kommt ihm, entsprechend allgemeiner Rechtsgrundsätze (vgl. §§ 412, 398), sowohl für die zurückliegende als auch für künftige Zeiträume auch eine Mahnung des Bedürftigen zugute (→ Vor § 1569 Rn. 43).[159] – Die **Aufhebung** der Sozialhilfebewilligung beseitigt die verzugsbegründende Wirkung einer früheren Rechtswahrungsanzeige rückwirkend.[160]

103 Eine öffentlich-rechtliche **Rechtswahrungsanzeige** (§ 33 Abs. 3 SGB II, § 94 Abs. 4 S. 1 SGB XII), die an die Stelle der privatrechtlichen Mahnung tritt, kann **Verzug** nur begründen, wenn und soweit der Unterhaltsanspruch auch tatsächlich auf den Sozialleistungsträger übergegangen ist.[161] Sie umfasst wie die Mahnung auch zukünftige Unterhaltsansprüche und darüber hinaus, erging sie während der Trennungszeit der Ehegatten, entgegen der Nichtidentität des Trennungs- und des nachehelichen Unterhalts (→ § 1569 Rn. 25, 26) auch den nachehelichen Unterhalt.[162] Sie muss aber weder die Höhe der staatlichen Leistung an den Berechtigten noch den vom Verpflichteten verlangten Unterhaltsbetrag konkret bestimmen (anders zur **Mahnung** → Rn. 57, 58).[163]

104 Die Rechtswahrungsanzeige wirkt ab Beginn ihres **Zugangs** beim Verpflichteten; aus Gründen des Vertrauensschutzes des Verpflichteten (→ Rn. 2) nicht bereits ab Hilfegewährung zurück oder ab Erlass des Hilfebescheides.[164] Die bürgerliche Rechtsnatur[165] der Rechtswahrungsanzeige führt dazu, dass die Verzugsfolgen eintreten, ohne dass ein in sie aufgenommener zu geringer Betrag den auf den Sozialleistungsträger übergegangenen Teil des Unterhaltsanspruchs verkürzt, und der Sozialleistungsträger kann seine Rechtsposition nur nach bürgerlich-rechtlichen Grundsätzen verlieren.[166] Deshalb kann er den Unterhaltsanspruch auch in der Form und für die Zeit, für die er ihn erworben hat, wieder an den Berechtigten zurückübertragen (dazu § 94 Abs. 5 S. 1 SGB XII, s. auch § 7 Abs. 4 S. 2 UVG).

105 Der **Übergang** des Unterhaltsanspruchs auf den Sozialleistungsträger erfolgt in dem Umfang, wie er dem Bedürftigen zugestanden hat (→ Rn. 5).[167] **Kein** Übergang findet statt, wenn der Verpflichtete selbst Sozialhilfe bezieht oder zwar nicht bezieht, aber leistungsberechtigt wäre oder bei Erfüllung des Unterhaltsanspruchs leistungsberechtigt würde (§ 94 Abs. 3 S. 1 Nr. 1 SGB XII).

## VII. Vertragliche Unterhaltsregelung

106 Die **vertragliche Festlegung** des gesetzlich geschuldeten Unterhaltsbetrages führt sowohl zur Fälligkeit des Unterhaltsanspruchs (→ Rn. 44–48) als auch zum Verzug des Verpflichteten (→ Rn. 80),[168] weil er spätestens mit ihr Kenntnis vom geschuldeten Unterhalt erlangt (entsprechend Abs. 2).

## VIII. Bezifferung

**Schrifttum:** *Keuter,* Zulässigkeit von Unterhaltnachforderungen für die Vergangenheit, FamRZ 2009, 1024.

107 **1. Grundsätze.** Die Bezifferung des Unterhaltsanspruchs führt grundsätzlich (zu den **Ausnahmen** → Rn. 115, 117, 118) zur Konkretisierung des Unterhaltsanspruchs auf den **verlangten Betrag.** Wie bei gerichtlichen Leistungsanträgen und Entscheidungen ist nicht lediglich der genannte Betrag ausschlaggebend, sondern der Betrag, den der Berechtigte ersichtlich verlangen wollte. Erkennbar fehlerhafte Berechnungen oder Übertragungen sind deshalb unschädlich.

108 Einer bestimmten **Form** bedarf das Zahlungsverlangen nicht. Allerdings trägt der Berechtigte die **Darlegungs-** und **Beweislast** für seine Wirksamkeit, mithin für seinen Inhalt und den Zugang beim Verpflichteten.

---

158 Dazu OLG Hamm BeckRS 2015, 8163 = FamRZ 2015, 1402 f.
159 OLG Celle FamRZ 1993, 356 (357).
160 OLG Karlsruhe BeckRS 2010, 30297 = FamRZ 1991, 869 (870).
161 OLG Stuttgart NJW-RR 2007, 946 (947).
162 BGH NJW 1988, 1147 = FamRZ 1988, 375 (376 f.).
163 Zur Rechtswahrungsanzeige nach § 91 Abs. 3 S. 1 BSHG OLG Karlsruhe NJW-RR 2006, 361 (362); s. auch BGH NJW 2003, 1660 = FamRZ 2003, 860 (861).
164 OLG Schleswig BeckRS 2000, 30135343 = FamRZ 2001, 785; zu § 37 Abs. 4 BAföG auch BGHZ 74, 121 = NJW 1979, 1456 = FamRZ 1979, 475; OLG Oldenburg FamRZ 1994, 1557.
165 BGH NJW 1985, 2589 (2590) = FamRZ 1985, 586.
166 Zum Ganzen BGH NJW-RR 1988, 1410 = FamRZ 1988, 610 (611); NJW 1986, 724 = FamRZ 1985, 793 f.; NJW 1985, 2589 = FamRZ 1985, 586 f.; OLG Hamm NJW-RR 1990, 900 = FamRZ 1990, 307.
167 Dazu auch BeckOGK/*Winter,* 1.2.2019, Rn. 10, § 1613 Rn. 19, 20.
168 BGHZ 105, 250 = NJW 1989, 526 = FamRZ 1989, 150 (152).

Maßgeblicher **Zeitpunkt** ist idR der Zugang des Zahlungsverlangens beim Verpflichteten. Ausnahmsweise ist auf den vorgelagerten Zeitpunkt des Zugangs eines wirksamen Auskunftsverlangens des Berechtigten abzustellen (Abs. 2, § 1613 Abs. 1 S. 1). 109

Die Bezifferung des Unterhaltsanspruchs durch den Berechtigten bewirkt – ohne dass dies gesetzlich ausdrücklich geregelt wäre[169] –, dass sein Unterhaltsanspruch ab diesem Zeitpunkt auf diese Höhe festgeschrieben wird, sodass ihm Unterhalt (zunächst) höchstens in dieser Höhe zusteht. Für **vergangene Zeiträume** muss er sich deshalb zum Schutz des Verpflichteten vor dem Anwachsen von Unterhaltsrückständen, für die er keine Rückstellungen bilden kann,[170] grundsätzlich an der bisherigen Bezifferung festhalten lassen. Die Erhöhung des Unterhaltsbetrags wirkt jedoch ab Zugang beim Verpflichteten stets für die **Zukunft.**[171] 110

**2. Ausnahmen.** Auch für die **Vergangenheit** kann der Berechtigte einen höheren als den mit einer zwischenzeitlich erfolgten Bezifferung verlangten Unterhaltsbetrag geltend machen, wenn er sich im Hinblick auf noch nicht erfolgte Auskünfte eine **Erhöhung** für den Fall ausdrücklich **vorbehalten** hat (→ Rn. 38), dass weitere, bislang noch offene Auskünfte erteilt werden und sich aus diesen ein höherer Unterhalt ergibt.[172] 111

Der Verpflichtete ist auch dann nicht schutzwürdig (→ Rn. 116), wenn er den Berechtigten durch unvollständige oder unzutreffende Auskünfte zur Geltendmachung zu geringer Unterhaltsbeträge **veranlasst** hat. Deshalb kann der Berechtigte den von ihm bereits konkretisierten Unterhaltsbetrag auch **rückwirkend** erhöhen. Dies gilt unabhängig davon, ob die Auskunftserteilung bewusst oder unbewusst unvollständig oder unzutreffend war, weil die gesetzliche Regelung keine ausdrückliche entsprechende Beschränkung vorsieht und für eine einschränkende Auslegung von § 1613 Abs. 1 S. 1 aus Schuldnerschutzgesichtspunkten[173] deshalb kein Raum ist, weil diese Umstände allein der Sphäre des Verpflichteten zuzuordnen sind. 112

## D. Verjährung

Das **Unterhaltsstammrecht** (→ § 1569 Rn. 7) unterliegt nicht der Verjährung, sondern nur der zeitlich eingegrenzte, in der Vergangenheit liegende Teil des Unterhaltsanspruchs. Auch die in diesem Sinne **rückständigen Unterhaltsansprüche** verjähren innerhalb der regelmäßigen Verjährungsfrist von 3 Jahren (§ 197 Abs. 2, § 195), selbst wenn sie rechtskräftig gerichtlich festgestellt oder aufgrund eines Prozessvergleichs oder Urkunde oder durch Feststellung im Insolvenzverfahren vollstreckbar sind (§ 197 Abs. 2, Abs. 1 Nr. 3–5).[174] Dass sie in **einem Betrag** zusammengefasst sind, nimmt ihnen idR nicht den rechtlichen Charakter einer „regelmäßig wiederkehrenden Leistung".[175] In der Praxis wird so stets bei der Titulierung von Unterhaltsrückständen in einem gerichtlichen Vergleich verfahren, ggf. unter Berücksichtigung eines teilweisen Forderungsnachlasses. – Zur **Abfindung** → Rn. 117. 113

Die Verjährung **beginnt** mit dem Schluss des Jahres, in dem der Anspruch entstanden ist und der Berechtigte von den anspruchsbegründenden Umständen und der Person des Verpflichteten Kenntnis erlangt hat oder hätte ohne grobe Fahrlässigkeit erlangen müssen (§ 199 Abs. 1 Nr. 1, 2). Da Kenntnis des Berechtigten bei Ansprüchen auf nachehelichen Unterhalt in aller Regel vorliegen wird, beginnt der Lauf der Verjährungsfrist für rückständigen Unterhalt stets mit dem Schluss des Jahres, in dem die jeweiligen Monatsbeträge fällig geworden sind. 114

Für **festgestellte Ansprüche** iSd § 197 Abs. 1 Nr. 3–5 beginnt die Verjährung mit der Rechtskraft der Entscheidung, der Errichtung des vollstreckbaren Titels oder der Feststellung im Insolvenzverfahren, nicht jedoch vor der Entstehung des Anspruchs (§ 201). 115

Die Verjährung von Ansprüchen auf nachehelichen Unterhalt wird – im Gegensatz zum Verwandten- einschließlich Kindes-,[176] Familien- und Trennungsunterhalt – nicht aus familiären Grün- 116

---

[169] BGH NJW 2013, 161 Rn. 42 = FamRZ 2013, 109.
[170] BT-Drs. 13/7338, 31; auch BGH NJW 2013, 161 Rn. 42 = FamRZ 2013, 109; NJW 2007, 511 Rn. 42 = FamRZ 2016, 193; *Keuter* FamRZ 2009, 1024 (1026).
[171] Zum Ganzen BGH NJW 2013, 161 Rn. 42 = FamRZ 2013, 109; auch OLG Hamm NJW 2013, 3314 f. = FamRZ 2014, 483.
[172] BGH NJW 2013, 161 Rn. 42 = FamRZ 2013, 109.
[173] BGH NJW 2013, 161 Rn. 42 = FamRZ 2013, 109.
[174] Ebenso wohl BGH NJW 2014, 2637 Rn. 17 = FamRZ 2014, 1622.
[175] BGH NJW 2014, 2637 Rn. 15 = FamRZ 2014, 1622.
[176] Dazu BGH NJW 2006, 3561 Rn. 14 = FamRZ 2006, 1664; OLG Hamm BeckRS 2015, 14283 = FamRZ 2015, 1404.

den **gehemmt** (§ 207 S. 1; zur Hemmung des Anspruchs auf nachehelichen Unterhalt aus anderen Gründen → §§ 203, 204).

117 Wurde dem Berechtigten eine **Abfindung** zugesprochen (§ 1585 Abs. 2) oder haben sich die Ehegatten auf eine Abfindung einvernehmlich verständigt (§ 1585c), handelt es sich zwar nach wie vor um Unterhalt, doch ist die Leistung nicht mehr bestimmten zeitlichen Perioden zugeordnet und nicht mehr „regelmäßig wiederkehrend" zu erbringen. Deshalb richtet sich die Verjährung nach § 197 Abs. 1 und nicht nach Abs. 2. Im Hinblick auf den festen Abfindungsbetrag muss der Verpflichtete, der sich auf den von ihm konkret zu erbringenden Betrag einstellen kann und sich nicht einer über Jahre laufenden Verpflichtung ausgesetzt sieht, nicht durch eine kurze Verjährung geschützt werden.[177] Dies ist unabhängig davon, ob in der Abfindung ein selbstständiger Schuldgrund (**Novation,** → § 1585 Rn. 48) zu sehen ist.[178]

## E. Verwirkung

### I. Abs. 3

118 Abs. 3 regelt einen Sonderfall eines Verstoßes gegen **Treu und Glauben** (§ 242): Die Ansprüche, die länger als 1 Jahr vor Rechtshängigkeit zurückliegen, können weiter geltend gemacht werden, wenn der Verpflichtete die Berufung auf Abs. 3 **verwirkt** hat, weil er sich der Leistung **absichtlich entzogen** hat. Denn sie sind nicht erloschen, sie können nur nicht mehr geltend gemacht werden.[179] Die Ansprüche, die weniger als 1 Jahr vor Rechtshängigkeit zurückliegen, bleiben von Abs. 3 unberührt.

119 An die Feststellung der Umstände, die zu einer Verwirkung der Berufung auf Abs. 3 führen können (→ Rn. 126–138), sind keine zu strengen **Anforderungen** zu stellen, um nicht den Zweck, einem unredlichen Verpflichteten den Schutz der Einjahresfrist zu versagen, zu vereiteln.[180]

Für die Annahme, „dass der Verpflichtete sich der Leistung absichtlich entzogen hat",

120 – ist nicht erforderlich, dass die Unterhaltsansprüche vom Berechtigten tatsächlich bereits **geltend gemacht** worden waren.[181] Ausreichend ist ihre Fälligkeit (→ Rn. 45–48), doch wird es idR bereits an einem Auskunftsverlangen (→ Rn. 29–40) oder der Inverzugsetzung (→ Rn. 41–89) fehlen.

121 – bedarf es nicht der **sicheren Kenntnis** des Verpflichteten vom Unterhaltsanspruch. Es reicht aus, dass der Verpflichtete mit dessen Möglichkeit rechnete, sein Handeln auf die Hintertreibung der Erfüllung des Anspruchs aktiv oder durch Unterlassen ausrichtete[182] und damit die zeitnahe Geltendmachung des Unterhaltsanspruchs vereitelt oder zumindest wesentlich erschwert hat.[183]

122 – kann die Nichterfüllung der vom Schuldner in einem Vergleich übernommenen Verpflichtung, jede **Einkommensänderung** unaufgefordert anzuzeigen und die aus ihr folgende Unterhaltserhöhung von sich aus vorzunehmen, genügen, weil sie nach der Lebenserfahrung den Schluss zulässt, der Schuldner beabsichtige, um erhöhte Unterhaltszahlungen herumzukommen.[184]

123 – kann nicht allein auf eine **Zahlungseinstellung** abgestellt werden, weil dies die Rechtsverfolgung nicht erschwert.[185]

124 Die Berufung des Verpflichteten auf Abs. 3 kann auch aus **anderen Gründen** wegen eines Verstoßes gegen Treu und Glauben verwirkt sein, weil Abs. 3 nur einen Einzelfall regelt und die Anwendung von § 242 nicht ausschließt. Doch wird man eine Verwirkung insoweit nur vereinzelt dann annehmen können, wenn Umstände vorliegen, die in der Sphäre des Verpflichteten liegen und denen ähnliches Gewicht wie dem absichtlichen Entziehen der Leistung zukommt.[186]

---

[177] BGH NJW 2014, 2637 Rn. 17 = FamRZ 2014, 1622; OLG Bamberg BeckRS 2014, 15696 Rn. 45–47 (Vorinstanz zu BGH aaO).

[178] AA wohl BGH NJW 2014, 2637 Rn. 17 = FamRZ 2014, 1622.

[179] Dazu Staudinger/*Olzen/Looschelders*, 2015, § 242 Rn. 316.

[180] BeckOGK/*Winter,* 1.2.2019, Rn. 82; Staudinger/*Verschraegen*, 2014, Rn. 16.

[181] BeckOGK/*Winter,* 1.2.2019, Rn. 83.

[182] Ähnlich Soergel/*Häberle* Rn. 10.

[183] BeckOGK/*Winter,* 1.2.2019, Rn. 83.

[184] Zum Ganzen BGHZ 105, 250 = NJW 1989, 526 = FamRZ 1989, 150 (153); OLG Köln NJW-RR 1997, 449 = FamRZ 1997, 426 (427).

[185] OLG Köln NJW-RR 1997, 449 = FamRZ 1997, 426 (427).

[186] Vom OLG Hamburg BeckRS 1999, 14856 = FamRZ 2001, 1217 Ls. verneint, wenn der Berechtigte in der Hoffnung auf eine außergerichtliche Einigung versäumt, den Unterhalt innerhalb der Jahresfrist gerichtlich einzufordern.

Zum **Anwendungsbereich** von Abs. 3 → Rn. 7, 8,[187] zur **Rechtshängigkeit** → Rn. 90–112, zur **Darlegungs- und Beweislast** → Rn. 149, zum Verhältnis zu § **1579** → § 1579 Rn. 215, 235. 125

## II. Sonderbedarf

Neben Abs. 3, der auch für den Sonderbedarf gilt (→ Rn. 7; zum Anspruch auf Sonderbedarf **allgemein** → § 1578 Rn. 360–376) kommt nicht auch § 1613 Abs. 2 Nr. 1 Hs. 2 – der Anspruch kann nach Ablauf eines Jahres seit seiner Entstehung nur geltend gemacht werden, wenn zuvor der Verpflichtete in Verzug gekommen oder der Anspruch rechtshängig geworden ist – zur Anwendung. Die Verweisung auf § 1613 Abs. 2 in Abs. 1 drückt nur aus, dass zum nachehelichen Unterhalt von derselben Begrifflichkeit auszugehen ist wie zum Verwandtenunterhalt.[188] Der Anspruch auf Sonderbedarf setzt somit weder ein Auskunftsverlangen noch Inverzugsetzung oder Rechtshängigkeit voraus. Geschützt werden die Interessen des Verpflichteten lediglich dadurch, dass er für eine mehr als 1 Jahr vor Rechtshängigkeit liegende Zeit auf Sonderbedarf nur haftet, wenn er sich „der Leistung absichtlich entzogen hat" (→ Rn. 118–123). 126

Zu beachten ist insoweit auch die **verfahrensrechtliche Regelung** in § 113 Abs. 1 S. 2 FamFG, § 167 ZPO: Die Frist wird auch gewahrt, wenn der Leistungsantrag vor dem Ablauf der Jahresfrist beim FamG eingegangen ist und die Zustellung nach § 166 ZPO zwar erst nach ihrem Ablauf, aber „demnächst" erfolgt ist (näher → Rn. 92). 127

Die Neuregelung in **§ 1613 Abs. 2 Nr. 2** betrifft in Buchst. a die Geltendmachung von Kindesunterhalt nach Feststellung der Vaterschaft, erweitert in Buchst. b aber die Möglichkeiten, Verwandtenunterhalt für die Vergangenheit auch ohne Inverzugsetzung oder Rechtshängigkeit verlangen zu können, beträchtlich. Zwar treffen die dafür maßgeblichen Überlegungen[189] auch auf den Sonderbedarf in der nachehelichen Zeit zu, trotzdem bedarf es ihrer entsprechenden Anwendung nicht, weil die von ihr erfassten Fälle idR bereits unter Abs. 3 subsumiert werden können, der für den nachehelichen Unterhalt abschließender Ausdruck einer sachgerechten Interessenabwägung ist.[190] 128

## III. Treu und Glauben (§ 242)

**1. Allgemeines.** Auch wenn Ansprüche auf rückständigen Unterhalt bestehen, weil eine wirksame Inverzugsetzung vorgelegen hat, kann sich der Verpflichtete – entfallen die Verzugswirkungen nicht schon aufgrund einer Vereinbarung oder steht ihnen Abs. 3 entgegen – aus **besonderen Gründen** darauf berufen, nach Treu und Glauben (§ 242) nicht mehr auf Zahlung in Anspruch genommen werden zu können, was als **rechtsvernichtende Einwendung** von Amts wegen zu beachten ist. Dies kann auf vor Ablauf der Jahresfrist, ausnahmsweise aber auch für nach ihrem Ablauf fällig gewordene, von Abs. 3 aber nicht ausgeschlossene Ansprüche (→ Rn. 126–131) zutreffen, um zum **Schutz des Schuldners** das Anwachsen einer erdrückenden Schuldenlast zu verhindern, und wegen der für nicht titulierte Ansprüche **nach längerem Zeitablauf** erschwerten **Aufklärbarkeit** der für die Unterhaltsbemessung maßgebenden Verhältnisse. 129

Von der Verwirkung unberührt bleibt das **Unterhaltsstammrecht** (→ Rn. 46, → § 1569 Rn. 7).[191] 130

**2. Zeitmoment.**

- An das Zeitmoment sind keine strengen **Anforderungen** zu stellen, weil auch von einem Berechtigten erwartet werden kann, dass er seine Ansprüche zeitnah durchsetzt.[192] An die Sechsmonatsfrist des § 204 Abs. 2 kann nicht angeknüpft werden. IdR wird eine Verwirkung erst nach Ablauf einer Frist von **etwas mehr als 1 Jahr** in Betracht kommen.[193] 131

[187] S. auch § 64 EheG (Gesetzestext → 7. Aufl. 2017, Anh. § 1586b Rn. 4). Anders für Sonderbedarf zum Verwandtenunterhalt § 1613 Abs. 2 Nr. 1 Hs. 2: Auch 1 Jahr vor Inverzugsetzung.

[188] BeckOGK/*Winter,* 1.2.2019, Rn. 19; Soergel/*Häberle* Rn. 3.

[189] BT-Drs. 13/7338, 31 (wegen Auslandsaufenthalt des Verpflichteten fehlende oder nur zeitlich verzögert mögliche Geltendmachung von Unterhaltsansprüchen).

[190] IErg ebenso BeckOGK/*Winter,* 1.2.2019, Rn. 7.

[191] BGH NJW-RR 2004, 649 = FamRZ 2004, 531 (532); OLG Brandenburg BeckRS 2008, 9969 = FamRZ 2008, 906 (907).

[192] BGH NJW 2018, 1013 = NZFam 2018, 263 Rn. 13 mAnm *Graba* = FamRZ 2018, 589; NJW 2007, 1273 Rn. 22 = FamRZ 2007, 453; NJW-RR 2004, 649 = FamRZ 2004, 531 (532); BGHZ 152, 217 = NJW 2003, 128 = FamRZ 2002, 1698 f.; BGHZ 103, 62 = NJW 1988, 1137 = FamRZ 1988, 370 (372 f.).

[193] BGH NJW 2010, 3714 Rn. 23 = FamRZ 2010, 1888; NJW-RR 2004, 649 = FamRZ 2004, 531 (532); BGHZ 152, 217 = NJW 2003, 128 = FamRZ 2002, 1698 f.; NJW 1995, 2032 = FamRZ 1995, 725 (726); NJW 1983, 2318 = FamRZ 1983, 352 (355); auch OLG München NZFam 2017, 308 Rn. 9 mAnm *Wache.*

132 – Die Verzögerung muss nicht auf einem dem Berechtigten **zuzurechnenden Verhalten** beruhen. Maßgeblich ist allein das Vertrauen des Verpflichteten darauf, nicht mehr in Anspruch genommen zu werden. Dies gilt auch dann, wenn der Unterhaltsanspruch bereits rechtshängig ist und dem Verfahren vom FamG kein Fortgang gegeben wurde.[194]

133 – Für den **Beginn** des Fristlaufs sind neben der **Aufforderung zur Auskunftserteilung,** der **Bezifferung des Unterhaltsanspruchs** und der **Zahlungsaufforderung** an den Verpflichteten auch solche Handlungen erheblich, die zwar nicht der Durchsetzung, sondern der **Vorbereitung des Unterhaltsanspruchs** durch Aufklärung des maßgeblichen Sachverhalts dienen, wie etwa die Einräumung von Fristen zur Stellungnahme, die eine weitere Sachverhaltsaufklärung ermöglichen sollen.[195]

134 – Zum **Trennungsunterhalt** (§ 1361) kann für eine Verwirkung das Verstreichenlassen dieser Frist ausreichen, womit allerdings auch die äußerste Grenze erreicht ist.[196]

135 – Vor Eintritt der **Fälligkeit** kann der Unterhaltsanspruch nicht verwirkt werden. Deshalb sind die jeweiligen **Zeiträume** stets gesondert zu prüfen.[197]

136 – Die **Hemmung der Verjährung** des Unterhaltsanspruchs (§ 207) hindert seine Verwirkung nicht.[198]

**3. Umstandsmoment.** Es ist (auch dann) **erfüllt,**

137 – wenn der Verpflichtete darauf vertrauen durfte und sich darauf eingerichtet hat, der Berechtigte werde seine rückständigen Unterhaltsansprüche nicht weiter geltend machen.[199] Dies kann etwa dann angenommen werden, wenn der Berechtigte auf die ihm erteilten Auskünfte über die Einkommens- und Vermögensverhältnisse des Verpflichteten seinen Unterhaltsanspruch nicht beziffert oder eine nicht schlüssig begründete Kürzung der Unterhaltszahlungen ohne Weiteres hinnimmt,[200] aber auch dann, wenn er seine Ansprüche nicht gerichtlich verfolgt, obwohl sie von Anfang an umstritten gewesen sind.[201] Letzteres wird zwar für den Regelfall zutreffen, weil der Berechtigte für die Vergangenheit auf die Unterhaltszahlungen zur Deckung seines Lebensunterhalts idR nicht mehr angewiesen ist, aber auch, wenn der Berechtigte in der Vergangenheit **Sozialleistungen** erhalten hat (→ Rn. 143). – Das Vertrauen des Verpflichteten, auf Unterhalt nicht mehr in Anspruch genommen zu werden, ist auch dann geschützt, wenn er noch **keine finanziellen Dispositionen** („Vertrauensinvestitionen") vorgenommen hat oder ihm bislang keine **besonderen Nachteile** entstanden sind, sondern er lediglich seine **Lebensführung** an seine Einkommensverhältnisse ohne Unterhaltspflicht angepasst hat.[202]

– **nicht erfüllt,** wenn

138 – der **Berechtigte** ein **Darlehen** zur Bestreitung seines Lebensunterhalts aufgenommen hat und dies dem Verpflichteten bekannt war oder bekannt sein musste: Dann hat der Berechtigte in der Vergangenheit nicht nur gelebt, sondern er lebt in ihr infolge der von ihm zurückzuführenden Verbindlichkeiten weiter. Die Tilgung von seinen laufenden Unterhaltsansprüchen vorzunehmen ist ihm nicht zumutbar, weshalb allein auf die fehlende gerichtliche Geltendmachung nicht abgestellt werden kann. – In der Sache wird aber auch insoweit vornehmlich auf den **Zeitablauf** abgestellt,[203] der damit zum **Indiz** für das Vorliegen auch des Umstandsmoments wird. Dies hat zwar nicht rechtlich, weil damit die Beweislast nicht umgekehrt wird und der indizierte Umstand nur ein Mittel des Nachweises ist, wohl aber tatsächlich zur Folge, dass der Berechtigte sich rechtfertigen muss, warum er seinen Anspruch nicht bereits früher verfolgt hat.[204]

---

194 BGH NJW 2007, 1273 Rn. 24 = FamRZ 2007, 453; OLG Düsseldorf NJW 2018, 2805 Rn. 14 = FamRZ 2018, 1586 Ls. 2; *OLG Düsseldorf* BeckRS 1988, 4507 Rn. 15 = FamRZ 1989, 776.

195 BGH NJW 2010, 3714 Rn. 28 = FamRZ 2010, 1888.

196 BGHZ 103, 62 = NJW 1988, 1137 = FamRZ 1988, 370 (372) unter Hinweis auf die Jahresfristen in Abs. 3, § 1613 Abs. 2 Nr. 1 Hs. 2, § 1613 Abs. 3 S. 1.

197 BGHZ 103, 62 = NJW 1988, 1137 = FamRZ 1988, 370 (372).

198 BGH NJW 2018, 1013 = NZFam 2018, 263 Rn. 16, 17 mAnm *Graba* = FamRZ 2018, 589.

199 BGH NJW 2018, 1013 = NZFam 2018, 263 Rn. 14, 15 mAnm *Graba* = FamRZ 2018, 589; NJW 2007, 1273 Rn. 23 = FamRZ 2007, 453; NJW-RR 2004, 649 = FamRZ 2004, 531 (532); BGHZ 152, 217 = NJW 2003, 128 = FamRZ 2002, 1698 (1699); auch OLG Saarbrücken BeckRS 2015, 2981 = FamRZ 2015, 330 (331).

200 OLG Karlsruhe FPR 2002, 444 = FamRZ 2002, 1039 f.

201 BGHZ 103, 62 = NJW 1988, 1137 = FamRZ 1988, 370 (373).

202 BGH NJW 2010, 3714 Rn. 30 = FamRZ 2010, 1888; NJW 2007, 1273 Rn. 23 = FamRZ 2007, 453; BGHZ 152, 217 = NJW 2003, 128 = FamRZ 2002, 1698 (1699); OLG München NZFam 2017, 308 Rn. 10 mAnm *Wache.*

203 Ebenso *Büttner* FamRZ 2007, 457; *Klinkhammer* FamRZ 2002, 1702 (1704); vgl. auch OLG Koblenz BeckRS 2013, 10491 = FamRZ 2013, 971, das bei Titulierung der Unterhaltsforderung das Umstandsmoment für erfüllt ansieht, wenn der Berechtigte die Vollstreckung nicht durchgeführt hat, obwohl sie aussichtsreich gewesen wäre.

204 S. auch *Büttner* FamRZ 2003, 449 (450).

– wenn in einem gerichtlichen Verfahren die zeitlich beachtliche Verzögerung (→ Rn. 131–135) der Berechtigte seinen Unterhaltsanspruch erst mehr als 3 Jahre nach der letzten Auskunft des Verpflichteten zu seinen Einkommens- und Vermögensverhältnissen **beziffert** hat[205] oder die Verzögerung auf das **Verhalten des FamG** zurückzuführen ist, 139

**Beispiel aus der Rspr.:**
OLG Düsseldorf NJW 2018, 2805 Rn. 17 = FamRZ 2018, 1586 Ls. 2: Der Antrag war zwar zugestellt, über die nachgesuchte VKH nach Ablauf der maßgeblichen Zeit jedoch noch nicht entschieden worden, sodass nicht klar war, ob der Berechtigte zur Tragung des Kostenrisikos bereit war.

– der **Verpflichtete von sich aus** an den Berechtigten zur Klärung des Unterhaltsanspruchs herangetreten ist,[206] weil er dann selbst eine abschließende Klärung, ob ein Unterhaltsanspruch besteht, erstrebt. 140

**nicht** bereits dann erfüllt,

– wenn lediglich das **Zeitmoment** (→ Rn. 131–135) erfüllt ist und keine weiteren Umstände hinzutreten, aus denen für den Verpflichteten ersichtlich wird, der Berechtigte werde seine in der Vergangenheit liegenden Unterhaltsansprüche endgültig nicht mehr geltend machen.[207] 141

**4. Wirkungen. a) Materiellrechtliche Wirkungen.** Verwirkt wird der Unterhaltsanspruch für einen **bestimmten Zeitraum,** nicht lediglich die Berufung darauf, dass ein einzelnes **Tatbestandselement** nicht vorgelegen hat.[208] Deshalb kommt es für den Zeitablauf nicht auf den Zeitpunkt der Inverzugsetzung, sondern darauf an, für welchen Zeitraum der Unterhaltsanspruch jeweils geltend gemacht wird.[209] 142

Ist der Unterhaltsanspruch auf einen **Sozialleistungsträger** übergegangen (→ Vor § 1569 Rn. 28–43; zur **Abtretung** → § 1585 Rn. 72, 73), hat dieser für die Durchsetzung der übergegangenen Unterhaltsansprüche Sorge zu tragen. Er ist der Einwendung der Verwirkung in zweifacher Hinsicht ausgesetzt: Da der Unterhaltsanspruch in der Form und in dem Umfang übergeht, wie er in der Person des Bedürftigen bestanden hat, muss sich der Sozialleistungsträger zum einen auch die dem Bedürftigen gegenüber bestehenden verwirkungsbegründenden Umstände entgegenhalten lassen.[210] Zum anderen können auch Umstände aus der eigenen Sphäre die Verwirkung begründen.[211] 143

**b) Verfahrensrechtliche Wirkungen.** Verwirkung kann auch während eines **rechtshängigen,** über einen längeren Zeitraum nicht betriebenen Verfahrens eintreten,[212] was praktisch insbesondere in **Stufenverfahren** vorkommen kann.[213] Auch insoweit wird man von einem Zeitraum von 1 Jahr ausgehen können.[214] 144

Für **titulierte** Unterhaltsansprüche kommt eine Verwirkung nach einer um etwas mehr als 1 Jahr verzögerten Durchsetzung in Betracht, also weit vor Ablauf der regelmäßigen 3-jährigen Verjährungsfrist aus § 197 Abs. 1 Nr. 2, 3, Abs. 2, § 195, um den Schuldner vor einer erdrückenden Schuldenlast zu bewahren.[215] Maßgeblich kommt es im Einzelfall auf die Nachlässigkeit des Berechtigten an. IdR wird 145

---

205 BGH NJW 2007, 1273 Rn. 24 = FamRZ 2007, 453.
206 OLG Brandenburg BeckRS 2016, 117856 = FamRZ 2017, 1309 Ls.
207 BGH NJW-RR 2018, 579 Rn. 21, 22 mAnm *Pfeil* NZFam 2018, 369 = FamRZ 2018, 681; NJW 2018, 1013 = NZFam 2018, 263 Rn. 16, 17 mAnm *Graba* = FamRZ 2018, 589; NJW-RR 2014, 195 Rn. 11; BGHZ 152, 217 = FPR 2003, 149 mAnm *Hußmann* = FamRZ 2002, 1698 (1699) mAnm *Klinkhammer.*
208 BGH NJW 2007, 1273 Rn. 25, 26 = FamRZ 2007, 453; aA KG NJW-RR 2005, 1308 (1309) = FamRZ 2006, 1292 Ls.; OLG Oldenburg NJW-RR 2004, 1303 = FamRZ 2005, 722 (723 f.).
209 BGH NJW 2007, 1273 Rn. 28 = FamRZ 2007, 453.
210 Etwa – iErg wurde jeweils Verwirkung durch den Bedürftigen verneint – BGH NJW 2014, 1177 = FamRZ 2014, 541; NJW 2010, 3714 = FamRZ 2010, 1888.
211 Etwa OLG München NZFam 2017, 308 Rn. 10–14 mAnm *Wache*; OLG Brandenburg BeckRS 2016, 10084 = NJW-RR 2016, 1224 f.; AG München BeckRS 2016, 116353.
212 OLG Düsseldorf NJW 2018, 2805 Rn. 14 mBspr *Cirullies* NZFam 2018, 812 = FamRZ 2018, 1586 Ls. 2; KG NJW-RR 2005, 1308 (1309) = FamRZ 2006, 1292 Ls. (Stufenantrag); OLG Oldenburg NJW-RR 2004, 1303 = FamRZ 2005, 722 (723 f.); OLG Hamm BeckRS 1999, 14265 = FamRZ 2000, 1173 f.; OLG Schleswig NJWE-FER 2000, 27 = FamRZ 2000, 889 (890) (zurückliegender Zeitraum von etwas mehr als 1 Jahr); AG Steinfurt FamRZ 1999, 1531 f.
213 BGH NJW 2007, 1273 Rn. 24 = FamRZ 2007, 453.
214 BGHZ 152, 217 = NJW 2003, 128 = FamRZ 2002, 1698 f.; BGHZ 103, 62 = NJW 1988, 1137 = FamRZ 1988, 370 (372); OLG Naumburg BeckRS 2013, 14484 = FamRZ 2014, 133 f.
215 BGH NJW-RR 2004, 649 = FamRZ 2004, 531 (532); zum Kindesunterhalt s. auch BGH NJWE-FER 1999, 269 = FamRZ 1999, 1422; OLG Köln BeckRS 2016, 123726 mBspr *Pfeil* NZFam 2017, 761 = FamRZ 2017, 1833 f. (7 Jahre); OLG Brandenburg BeckRS 2012, 4777 = FamRZ 2012, 993 (994 f.); OLG München FamRZ 2002, 1039 Ls.

das Vertrauen des Verpflichteten auf seine Nicht-Inanspruchnahme nicht schutzwürdig sein, sodass Verwirkung nur in eng begrenzten Ausnahmefällen angenommen werden kann.[216]

## F. Verfahren

### I. Darlegungs- und Beweislast

146 **1. Laufender Unterhalt (Abs. 2).** Abs. 2 bildet den **Grundsatz** und Abs. 1 die **Ausnahme** (→ Rn. 18). Allerdings hat dies keine Folgen für die Darlegungs- und Beweislast, vielmehr entfällt für den Berechtigten bei Geltendmachung von Sonderbedarf (Abs. 1) lediglich das Erfordernis, Vortrag dazu zu halten, warum er für die Vergangenheit Unterhalt verlangen kann.

147 **Abs. 2** führt, Fälligkeit vorausgesetzt, zum Unterhaltsanspruch ab dem Zeitpunkt des Auskunftsverlangens, der Inverzugsetzung oder der Rechtshängigkeit; sie sind somit anspruchsbegründend. Als Anspruchsvoraussetzungen sind sie vom **Berechtigten** darzulegen und auch zu beweisen. Stützt er seinen Unterhaltsanspruch für die Vergangenheit auf **Verzug,** muss er folglich Fälligkeit und wirksame Mahnung (→ Rn. 53, 54) darlegen und beweisen.[217]

148 Dagegen obliegt dem **Verpflichteten** die Darlegungs- und Beweislast dafür, dass er den zum Verzug führenden Umstand nicht zu vertreten hat (§ 286 Abs. 4, zum Verschuldensmaßstab § 287),[218] er also die Bedürftigkeit des Berechtigten schuldlos nicht kannte (→ Rn. 59, 60).

149 **2. Verwirkung. a) Abs. 3.** Abs. 3 regelt eine rechtsvernichtende Einwendung (→ Rn. 22), die aus Gründen des Vertrauensschutzes zugunsten des Verpflichteten wirkt (→ Rn. 24), allerdings nur, „wenn anzunehmen ist, dass der Verpflichtete sich der Leistung absichtlich entzogen hat". Macht der Berechtigte **über die Einjahresfrist zurückreichende Ansprüche** geltend, hat er auch die Tatsachen vorzutragen und zu beweisen, die nach der Lebenserfahrung den Schluss zulassen, der Verpflichtete habe sich der Leistung absichtlich entzogen. Die daraus folgende Vermutung kann der Verpflichtete durch den Vortrag und den Beweis von Umständen, die diesen Schluss erschüttern, widerlegen.[219]

150 **b) § 242.** Zur Widerlegung der Vermutung, er habe sich der Leistung absichtlich entzogen, kann sich der Verpflichtete auch auf **Verwirkung** nach allgemeinen Grundsätzen (→ Rn. 129–144) berufen und trägt hierfür die Darlegungs- und Beweislast. Allerdings obliegt dem Berechtigten insoweit die **sekundäre Darlegungslast,** als er den Vortrag des Verpflichteten, der Berechtigte habe längere Zeit mit der Geltendmachung seines Unterhaltsanspruchs zugewartet, durch die Darlegung, wann und wie er seine Unterhaltsforderung geltend gemacht hat, substantiiert bestreiten muss.[220]

### II. Abänderungsantrag

151 Erhebt der **Berechtigte** einen Abänderungsantrag, mit dem er eine Erhöhung eines in einer Endentscheidung titulierten Unterhaltsbetrags erstrebt, kann er Abänderung nicht erst ab Zustellung des Antrags, sondern bereits ab Inverzugsetzung des Verpflichteten verlangen (§ 238 Abs. 3 S. 2 FamFG).

152 Der **Verpflichtete** kann Herabsetzung des titulierten Betrags ab seinem Auskunftsverlangen oder negativer Mahnung, zeitlich begrenzt auf 1 Jahr vor Rechtshängigkeit (§ 238 Abs. 3 S. 3, 4 FamFG), verlangen.

### § 1585c Vereinbarungen über den Unterhalt

**[1]Die Ehegatten können über die Unterhaltspflicht für die Zeit nach der Scheidung Vereinbarungen treffen. [2]Eine Vereinbarung, die vor der Rechtskraft der Scheidung getroffen wird, bedarf der notariellen Beurkundung. [3]§ 127a findet auch auf eine Vereinbarung Anwendung, die in einem Verfahren in Ehesachen vor dem Prozessgericht protokolliert wird.**

---

216 So – idR nicht vor Ablauf der Regelverjährungsfrist – OLG Hamburg BeckRS 2001, 30180152 = FamRZ 2002, 327 (328) (Vorinstanz zu BGH NJW-RR 2004, 649 = FamRZ 2004, 531); OLG Stuttgart BeckRS 2011, 5772 = FamRZ 1999, 859 f.; OLG Karlsruhe BeckRS 1992, 5009 = FamRZ 1993, 1456 (1457).

217 Zum Zugang der Mahnung OLG Koblenz BeckRS 2012, 20599 = FamRZ 2012, 1575 (insoweit nicht abgedruckt).

218 BeckOGK/*Winter,* 1.2.2019, Rn. 71; § 1613 Rn. 109 mwN.

219 BGHZ 105, 250 = NJW 1989, 526 = FamRZ 1989, 150 (153) mwN; s. auch OLG Köln NJW-RR 1997, 449 = FamRZ 1997, 426 (427); dazu auch BeckOGK/*Winter,* 1.2.2019, Rn. 84.

220 OLG Brandenburg BeckRS 2012, 16745 = FamRZ 2012, 1223 (1225).

**Schrifttum:** *Adam,* Die Unwirksamkeit von Ehevereinbarungen, BWNotZ 2006, 29; *Armasow,* Das Urteil des BVerfG vom 6. Februar 2001 – 1 BvR 12/92 – zum nachehelichen Unterhaltsverzicht und zur Freistellung von Unterhaltsansprüchen, RNotZ 2001, 196; *Baumann,* Steuerrechtliche Folgen von Vereinbarungen über Ehegattenunterhalt nach der Scheidung, RNotZ 2001, 193; *Bayer/Koch,* Scheidungsfolgenvereinbarungen, 2016; *Bergerfurth,* Unterhaltsverzicht und Kindeswohl, ZAP Fach 11, 301; *Bergschneider,* Zur Inhaltskontrolle bei Eheverträgen, FamRZ 2001, 1337; *Bergschneider,* Eheverträge und Scheidungsvereinbarungen – Wirksamkeit und richterliche Inhaltskontrolle – Überlegungen für die Praxis, FamRZ 2004, 1757; *Bergschneider,* Vereinbarungen im Vorfeld der Unterhaltsrechtsreform, FamRZ 2006, 153; *Bergschneider,* Zum Formerfordernis nach der Neuregelung des § 1585c BGB im Unterhaltsrechtsänderungsgesetz, FamRZ 2008, 17; FamRZ 2008, 748; *Bergschneider,* Richterliche Inhaltskontrolle von Eheverträgen und Scheidungsvereinbarungen, 2008; *Bergschneider,* Verträge in Familiensachen, 6. Aufl. 2018; *Bergschneider/Wolf,* Richterliche Inhaltskontrolle von Eheverträgen, NZFam 2018, 61; *Billhardt,* Zum Formerfordernis nach der Neuregelung des § 1585c BGB im Unterhaltsrechtsänderungsgesetz, FamRZ 2008, 748; *Born,* Vergleich und Abfindungsvergleich über Unterhalt, NZFam 2014, 545; *F. W. Bosch,* Zur Sittenwidrigkeit von vor der Eheschließung getroffener Vereinbarungen über den Ausschluß des Versorgungsausgleichs und den Verzicht auf Unterhalt, FamRZ 1982, 1216; *F. W. Bosch,* Unterhaltsverzichtsvereinbarungen, FS Habscheid, 1989, 23; *Bosch, R.,* Bewertungszeitpunkt bei der Inhaltskontrolle eines Ehevertrags, FamRZ 2016, 1026; *Brambring,* Teil- oder Gesamtnichtigkeit beim Ehevertrag, NJW 2007, 865; *Büte,* Die Neuregelung der §§ 1585b, 1585c, 1586a und die Übergangsvorschriften des § 36 EGZPO, FuR 2008, 177; *Büte,* Vereinbarungen zum Trennungsunterhalt: Was geht, was geht nicht?, FuR 2018, 394; *Büttner,* Grenzen ehevertraglicher Gestaltungsmöglichkeiten, Brühler Schriften zum Familienrecht, Band 10, S. 26 = FamRZ 1998, 1; *Dauner-Lieb,* Richterliche Überprüfung von Eheverträgen nach dem Urteil des BGH vom 11-2-2004 – XII ZR 265/02, FF 2004, 65; *Dauner-Lieb,* Reichweite und Grenzen der Privatautonomie im Ehevertragsrecht, AcP 201 (2001), 295; *Deisenhofer,* Unwirksamkeit des Ausschlusses des Versorgungsausgleichs bei Nichtigkeit des Ehevertrags, FPR 2007, 124; *Dorsel,* Zur Inhaltskontrolle von Eheverträgen – BGH fördert Rechtssicherheit für Eheverträge, RNotZ 2004, 496; *Finger,* Unterhaltsansprüche und § 5 VAHRG, JR 2000, 185; *Flieser-Hartl,* Sozialhilferechtliche Bedeutung der Unterhaltsverteilung im Mangelfall, FamRZ 2000, 335; *Frey,* Der Verzicht auf nachehelichen Unterhalt, 1988; *Gageik,* Wirksamkeits- und Ausübungskontrolle von Eheverträgen unter Berücksichtigung der aktuellen Rechtsprechung seit der Entscheidung des BGH vom 11.2.2004, FPR 2005, 122; *Giesing,* Gerichtlicher Vergleich in Unterhaltssachen, FamRZ 1980, 761; *Giesing,* Vereinbarungen über den nachehelichen Unterhalt in der Praxis, NJW 1982, 271; *Goebel,* In guten, nicht in schlechten Tagen? – Sechs Thesen zur richterlichen Kontrolle von Unterhaltsverzichten, FamRZ 2003, 1513; *Göhler-Schlicht,* Prozessvergleich über nachehelichen Unterhalt im Verfahren über Trennungsunterhalt, FF 2008, 143; *Göppinger,* Unterhaltsverzicht mit Ausnahme „in Fällen der Not", FamRZ 1970, 222; *Gomille,* Feststellungsklagen über die Nichtigkeit des Ehevertrags, NJW 2008, 274; *Graba,* Die Abänderung von Unterhaltsvergleich und Unterhaltsurteil, NJW 1988, 2343; *Graba,* Die Abänderung von Unterhaltstiteln und Unterhaltsvereinbarungen nach dem Inkrafttreten des UÄndG 2007, FF 2008, 63; *Graba,* Verzicht auf die Vollstreckung aus einem Unterhaltstitel als Abänderungsgrund, FamRZ 2017, 1649; *Grziwotz,* Das Ende der Ehevertragsfreiheit?, FamRZ 1997, 585; *Hahne,* Probleme der Abänderungsklage in Unterhaltssachen nach der Rechtsprechung des BGH, FamRZ 1983, 1189; *Hampel,* Unterhaltsverzicht unter Ehegatten bei bestehender oder später eintretender Hilfsbedürftigkeit der Frau, FamRZ 1960, 421; *Heiderhoff,* Der unterhaltserweiternde Vertrag als Antwort auf die aktuelle Rechtsprechung des BGH zum Betreuungsunterhalt, DNotZ 2012, 494; *Heilemann,* Unterhaltsverzicht und Witwen- oder Witwerrente nach dem vorletzten Ehegatten, SGb 1995, 600; *Heilemann,* Vereinbarungen über die Zahlung nachehelichen Unterhalts und § 5 VAHRG, SGb 1998, 463; *Heilemann,* Nochmals – Unterhaltsverzicht gegen Kapitalabfindung und § 5 VAHRG, SGb 1999, 553; *Henkel,* Regeln des BGH zur Inhaltskontrolle von Eheverträgen, JR 2005, 109; *Hepting,* Ehevereinbarungen – Die autonome Ausgestaltung der ehelichen Lebensgemeinschaft im Verhältnis zu Eherecht, Rechtsgeschäftslehre und Schuldrecht, 1984; *Hepting,* Zur Zulässigkeit einer durch die Stellung des Scheidungsantrags aufschiebend bedingten Scheidungsfolgenvereinbarung, JZ 1990, 547; *Herb,* Unzulässige Rechtsausübung durch Berufung auf einen nachehelichen Unterhaltsverzicht, NJW 1987, 1525; *Herb,* Vereinbarung des Schuldprinzips in Ehe- und Scheidungsverträgen?, FamRZ 1988, 123; *Herrler,* Verstärkende Unterhaltsvereinbarungen nach der Reform und deren Bestandskraft bei Änderungen der wirtschaftlichen Rahmenbedingungen, FPR 2009, 506; *Herrmann/Grobshäuser,* Steuerliche Aspekte bei Gestaltung von Eheverträgen und Scheidungsfolgenvereinbarungen, FPR 2005, 146; *Heß,* Nachehelicher Unterhalt zwischen Vertragsfreiheit und sozialrechtlichem Allgemeinvorbehalt, FamRZ 1996, 981; *Hoppenz,* Der ehebedingte Nachteil in der Ausübungskontrolle, FamRZ 2013, 758; *Horndasch,* Die Rechtsprechung zur Unwirksamkeit von Eheverträgen, jM 2016, 139; *Kanzleiter,* Formfreiheit der Vollmacht zum Abschluß eines Ehevertrags?, NJW 1999, 1612; *Kanzleiter/Wegmann,* Vereinbarungen unter Ehegatten, 7. Aufl. 2007; *Keilbach,* Sinn und Zweck von salvatorischen Klauseln in Eheverträgen und Scheidungsvereinbarungen, FamRZ 1992, 1118; *Koch, E.,* Verzicht auf nachehelichen Unterhalt, JR 1993, 197; *Kornexl,* Ehevertragsgestaltung als Störfallvorsorge, FamRZ 2004, 1609; *Krause,* Verzichtsmodifikationen beim Ehegattenunterhalt, notar 2012, 347; *Krause,* Vereinbarungen über den nachehelichen Unterhalt, FPR 2013, 295; *Krenzler,* Vereinbarungen bei Trennung und Scheidung, 5. Aufl. 2013; *Langenfeld,* Ehevertrag und Scheidungsvereinbarung, 12. Aufl. 2012; *Langenfeld,* Ehevertragsgestaltung nach Ehetypen, FamRZ 1987, 9; *Langenfeld,* Möglichkeiten und Grenzen notarieller Vertragsgestaltung bei Eheverträgen und Scheidungsvereinbarungen, 1985 (Sonderheft der DNotZ 1985, 167); *Langenfeld,* Vereinbarungen über den nachehelichen Unterhalt in der Praxis, NJW 1981, 2377; *Langenfeld,* Aktuelle Probleme der Scheidungsvereinbarung, MittRhNotK 1988, 111; *Langenfeld,* Zur Praxis des Ehevertrages, FamRZ 1994, 201; *Langenfeld,* Vereinbarungen zur zeitlichen und höhenmäßigen Begrenzung des Ehegattenunterhalts und des nachehelichen Unterhalts, FPR 2003, 155; *Langenfeld,* Zur gerichtlichen Kontrolle von Eheverträgen,

DNotZ 2001, 272; *Langenfeld,* Die notariell zu beurkundende Vereinbarung über den nachehelichen Unterhalt nach § 1585c BGB n.F., FPR 2008, 38; *Langenfeld,* Wandlungen des Ehevertrags, NJW 2011, 966; *Langenfeld/Milzer,* Handbuch der Eheverträge und Scheidungsvereinbarungen, 8. Aufl. 2019; *Löhnig/Preisner,* Zulässigkeit und Grenzen von Vereinbarungen zum Betreuungsunterhalt, NJW 2012, 1479; *Lotter,* Nacheheliche Unterhaltsvereinbarungen und die Grenzen der Privatautonomie, 2007; *Ludwig,* Geschiedenenunterhalt und Schuldprinzip aus kautelarjuristischer Sicht, DNotZ 1982, 651; *Meder,* Der Unterhaltsverzicht im Spannungsfeld von Privatautonomie und öffentlichem Interesse, FamRZ 1993, 12; *Milzer,* Die neue Disparitätsrechtsprechung des BGH – hat sich die Kernbereichslehre erledigt?, NZFam 2014, 773; *Münch,* Inhaltskontrolle von Eheverträgen, FamRZ 2005, 570; *Münch,* Inhaltskontrolle von Eheverträgen – Zurück auf festerem Boden – zur neuesten Rechtsprechung des BGH, DNotZ 2005, 819; *Münch,* Unterhaltsvereinbarungen nach der Reform, FamRZ 2009, 171; *Münch,* Unterhaltsverstärkende Vereinbarungen, MittBayNot 2012, 10; *Peters-Lange,* Notarhaftung für Unterhaltspflichten nach Scheidung, DNotZ 1997, 595; *Rakete-Dombeck,* Das Ehevertragsurteil des BGH – Oder: nach dem Urteil ist vor dem Urteil, NJW 2004, 1273; *Rau,* Unterhaltsvereinbarungen für die Zeit nach Beendigung der Ehe, MittRhNotK 1988, 187; *Rau,* Zur Zulässigkeit des Verzichts auf den nachehelichen Unterhalt, MittRhNotK 1991, 86; *Rauscher,* Ehevereinbarungen: Die Rückkehr der Rechtssicherheit, DNotZ 2004, 185; *Reinecke,* Rechtsprechungstendenzen zu Eheverträgen, FPR 1999, 291; *Reinhardt,* Die Zulässigkeit des Verzichts auf den nach Scheidung der Ehe gegebenen Unterhaltsanspruch, 1965; *Richter,* Zur Wirksamkeit eines Verzichts auf nachehelichen Unterhalt in einem Fall, in dem die Ehefrau nach bis dahin kinderloser Ehe später ein eheliches Kind geboren hat, JR 1986, 18; *Röthel,* Richterliche Inhaltskontrolle von Eheverträgen, NJW 2001, 1334; *Roßmann-Gläser/Roßmann,* Die neue Rechtsprechung des BGH zur Inhaltskontrolle von Eheverträgen, JuS 2005, 425; *Schlünder,* Gestaltungsspielräume im Unterhaltsrecht, FF 2017, 339; FF 2017, 391; *Schmitz,* Unterhaltsverstärkende Vereinbarungen, RNotZ 2011, 265; *Schubert,* Wirksamkeit von Unterhaltsverzichts- und -freistellungserklärungen, FamRZ 2001, 733; *Schumacher,* Rechtsgeschäfte zu Lasten der Sozialhilfe im Familien- und Erbrecht. Ein Vergleich von Unterhaltsverzicht und Behindertentestament, FamRZ 2001, 983; *Schwab, D.,* Ehe- und Scheidungsvereinbarungen in Zeiten wandelbaren Familienrechts, FamRZ 2015, 1661; *Schwab, M.,* Vertragsgestaltung im Eherecht aus notarieller und richterlicher Sicht, MittBayNot 2005, 212; *Schwenzer,* Vertragsfreiheit im Ehevermögens- und Scheidungsfolgenrecht, AcP 96 (1996), 88; *Siegler,* Rechtssicherer Ehevertrag und steter Wandel – ein unlösbarer Widerspruch?, MittBayNot 2012, 95; *Spangenberg,* Kriterien einer wirksamen Vereinbarung über Trennungsunterhalt, FF 2016, 152; *Steiniger,* Die Haftungsfalle des § 1585c BGB – Das Kreuz mit der richtigen Form versus das Damoklesschwert bei der Haftung, FamFR 2011, 529; *Steiniger/Viefhues,* Rechtliche Probleme bei der Auslegung der Formbedürftigkeit von Unterhaltsregelungen nach § 1585c BGB, FPR 2009, 114; *Stresow,* Die richterliche Inhaltskontrolle von Eheverträgen, 2006; *Thiele,* Die Regelung des Kindesunterhalts gemäß § 630 Abs. 1 Nr. 3 ZPO in der notariellen Praxis, MittBayNot 1990, 137; *Vortmann,* Zur Wirksamkeit des Unterhaltsverzichts von Ehegatten, JA 1986, 401; *Walter,* Schuldprinzip kraft Ehevertrags – Zur Gestaltungsfreiheit bei Unterhaltsvereinbarungen, NJW 1981, 1409; *Walter,* Nochmals: Schuldprinzip kraft Ehevertrags, FamRZ 1982, 7; *Weil,* Spannungsverhältnis zwischen Privatautonomie und gerichtlicher Kontrolle von Parteivereinbarungen, FPR 2010, 450; *Winkler,* Nochmals – Unterhaltsvereinbarungen gegen Kapitalabfindung und § 5 VAHRG, SGb 1999, 245; *Zenker,* Zur Vollstreckbarkeit von Unterhaltsvergleichen mit Anpassungsklausel, FamRZ 2006, 1248.

**Übersicht**

## A. Allgemeines

### I. Normzweck

1 Die Vorschrift[1] macht die gesetzlichen Regeln zum nachehelichen Unterhalt **disponibel** und ermöglicht Ehegatten, grundsätzlich unbeschränkt Vereinbarungen über den nachehelichen Unterhalt zu schließen. Sie dient einer möglichst frühzeitigen und endgültigen vertraglichen Regelung ihrer nachehelichen unterhaltsrechtlichen Beziehungen und kann eine Scheidung erleichtern oder gar erst ermöglichen.[2] Für Vereinbarungen zu den **sonstigen nachehelichen Rechtsverhältnissen** sind die dafür geltenden, die Privatautonomie der Ehegatten ausgestaltenden besonderen Vorschriften maßgebend (→ Rn. 6).

2 Durch das **UÄndG 2007** (→ Vor § 1569 Rn. 9) wurden S. 2 und 3 angefügt. – Das FamFG enthält keine § 630 Abs. 1 ZPO aF entsprechende Regelung für die **einverständliche Scheidung**

[1] Zur Entwicklung von § 72 EheG 1946 (Vorgängerregelung von § 1585c) s. RGZ 159, 162, zur Entstehung von § 1585c → 1. Aufl. 1978, Rn. 2–8.

[2] BT-Drs. 7/650, 149.

(§§ 1565 Abs. 1, 1566 Abs. 1) mehr.[3] – Zum **Übergangsrecht** → 7. Aufl. 2017, Anh. § 1586b Rn. 8 (1. EheRG), → 7. Aufl. 2017, Anh. § 1586b Rn. 11 (UÄndG 1986), → 7. Aufl. 2017, Anh. § 1586b Rn. 16–18, 41 (UÄndG 2007).

## II. Anwendungsbereich

3 **1. Sachlicher Anwendungsbereich. Sachlich** gilt § 1585c für Vereinbarungen über den Unterhalt nach **Scheidung einer Ehe** und **Aufhebung einer Lebenspartnerschaft** (§ 16 Abs. 2 S. 2 LPartG). Mit Einschränkungen ist er auch auf die **Aufhebung einer Ehe** (§ 1318 Abs. 1) anzuwenden, doch kann der gutgläubige Verpflichtete bereits nach § 1318 Abs. 2 S. 1 Nr. 1, 2 die vermögensrechtlichen Folgen für die Zukunft ausschließen. Dem bösgläubigen Verpflichteten ist dies verwehrt, selbst wenn auch der Berechtigte die Aufhebbarkeit der Ehe bei der Eheschließung kannte (§ 1318 Abs. 2 S. 1 Nr. 2).

4 Einer Vereinbarung sind grundsätzlich alle Ansprüche auf **nachehelichen Unterhalt** (§§ 1570–1573, 1575, 1576) zugänglich.[4] Wirksamkeit der Vereinbarung und Unbeachtlichkeit der Berufung auf sie unterliegen jedoch für jeden Unterhaltstatbestand unterschiedlichen Voraussetzungen (→ Rn. 48–164).[5]

5 Auf Vereinbarungen zum **Familienunterhalt** (→ § 1360 Rn. 21),[6] zum **Trennungsunterhalt** (→ § 1361 Rn. 51, 52)[7] und zum **Verwandtenunterhalt** einschließlich Kindesunterhalt (§ 1614, → § 1614 Rn. 6–16)[8] ist § 1585c nicht anwendbar.

6 Für **sonstige Scheidungsfolgen** gilt § 1585c nicht.[9] Zum **Güterrecht** → § 1408 Abs. 1 Halbs. 2, zum **Versorgungsausgleich** → § 1408 Abs. 2, §§ 6–8 VersAusglG, zu vor Eingehung der Ehe oder Lebenspartnerschaft geschlossene Vereinbarungen zum **Ehegattenunterhalt** → § 1408 Abs. 1 Halbs. 1 (auch → LPartG § 16 Rn. 10).

7 **2. Persönlicher Anwendungsbereich. Persönlich** gilt § 1585c nur für Unterhaltsverträge unter **Ehegatten/Lebenspartnern.** Auf Vereinbarungen zwischen Ehegatten/Lebenspartnern und **Dritten** ist er grundsätzlich nicht anwendbar, auch und gerade dann, wenn sie ohne oder gegen den Willen des anderen zur Durchführung des Scheidungsverfahrens und dessen Erleichterung getroffen werden. Eine Ausnahme gilt nur für Vereinbarungen mit den **Erben** des Verpflichteten, auf die dessen Unterhaltsverpflichtung übergegangen ist (§ 1586b Abs. 1 S. 1 → § 1586b Rn. 3).[10]

8 Wirkt eine Vereinbarung mit Dritten auf die **Entschlussfreiheit eines Ehegatten** ein, ohne dass die Voraussetzungen für ihre Anfechtbarkeit vorliegen (§ 123), ist sie idR nach § 138 nichtig. Ergänzen sie den Unterhaltsvertrag der Ehegatten oder bewirken sie eine Interzession des Dritten (zB durch Bürgschaft, Verpfändung, Schuldbeitritt oder Schuldübernahme), gilt § 1585c entsprechend,[11] insbesondere wenn sie mit dem zukünftigen Ehegatten geschlossen werden.[12]

## III. Rechtsnatur

9 **1. Grundsatz.** Die Vereinbarung kann den **gesetzlichen Unterhaltsanspruch** ausgestalten oder den Unterhalt selbstständig regeln **(selbstständiger Schuldgrund).**[13] Lässt sie „den Bestand [des gesetzlichen Unterhaltsanspruchs] unangetastet" und präzisiert ihn lediglich nach Höhe, Dauer und Modalitäten, ohne sein Wesen zu verändern, bleibt seine Eigenschaft als gesetzlicher

---

[3] BT-Drs. 16/6308, 228 f. [zu § 134].
[4] StRspr. des BGH, s. etwa BGH NJW 1995, 1148 = FamRZ 1995, 291; NJW 1985, 1835 = FamRZ 1985, 787; NJW 1985, 1833 = FamRZ 1985, 788 (789).
[5] Zur Auslegung einer Vereinbarung zum Trennungsunterhalt und zum – vom BGH verneinten – Wegfall der vertraglichen Verpflichtung, wenn sich die Erwartung des Verpflichteten auf den Fortbestand der Ehe nicht erfüllt hat, s. BGH NJW 2003, 1734 = FamRZ 2003, 741 (742).
[6] Dazu BeckOGK/*Preisner,* 1.5.2019, § 1360a Rn. 190–194.
[7] Dazu BeckOGK/*Preisner,* 1.5.2019, § 1361 Rn. 41, 42. Zur Wirksamkeit einer Vereinbarung zum Trennungsunterhalt s. auch BGH NJW 2015, 3715 = FamRZ 2015, 2131.
[8] Dazu BeckOGK/*Hamberger,* 1.2.2019, § 1614 Rn. 7–15.
[9] Ebenso BeckOGK/*Hamberger,* 1.2.2019, Rn. 19.
[10] Ebenso BeckOGK/*Hamberger,* 1.2.2019, Rn. 15.
[11] BGH NJW 1962, 1294 = FamRZ 1962, 366.
[12] Ähnlich BeckOGK/*Hamberger,* 1.2.2019, Rn. 15, in Rn. 16.1 auch näher zur Rspr. des BGH NJW 1962, 1294 = FamRZ 1962, 366 zu § 72 EheG (Gesetzestext → 7. Aufl. 2017, Anh. § 1586b Rn. 4).
[13] BGH NJW 1979, 2046 = FamRZ 1979, 910.

Unterhaltsanspruch unberührt.[14] Maßgeblich ist allein der vereinbarte **Inhalt;**[15] auf den ggf. auch in die Vereinbarung aufgenommenen **Willen** der Ehegatten, eine eigenständige, vom gesetzlichen Unterhaltsrecht losgelöste Regelung zu treffen, kommt es nicht ausschlaggebend an.[16]

10 Die Vereinbarung eines **selbstständigen Schuldgrunds** kann nur angenommen werden, wenn hierfür **besondere Umstände** sprechen (näher → Rn. 11–13). Deshalb ist **im Zweifel** eine unselbstständige vertragliche Ausgestaltung des gesetzlichen Unterhaltsanspruchs anzunehmen,[17] zu deren Auslegung die gesetzliche Regelung in §§ 1569 ff. heranzuziehen ist.[18] Die Vereinbarung relativ geringer **Unterhaltsbeträge** und die **Anpassung** des Unterhalts nach Wertsicherungsklauseln (→ Rn. 163, 164) statt nach der Entwicklung der maßgeblichen Einkünfte rechtfertigen zumal bei guten wirtschaftlichen Verhältnissen der Ehegatten (zur objektiven Bestimmung des ehebedingten Bedarfs in diesen Fällen → § 1578 Rn. 156, 157) nicht die Annahme eines eigenen Schuldgrunds.[19] Auch allein die Vereinbarung, dass bei Wiederheirat[20] § 1586 nicht anzuwenden ist, spricht etwa dann nicht gegen eine unselbstständige Vereinbarung, wenn ein Vorrang anderer Berechtigter (§§ 1582, 1609) in Betracht kommt.

11 **2. Novation.** Die Annahme eines Unterhaltsvertrags mit **selbstständigem Schuldgrund** durch Schuldumwandlung (Novation, → § 311 Rn. 15–17) setzt voraus, dass besondere Anhaltspunkte den Schluss auf eine von der gesetzlichen Unterhaltsregelung losgelöste Grundlage zulassen.[21] Hierfür reicht jedoch allein nicht aus, dass die Vereinbarung teilweise von der gesetzlichen Regelung abweicht.[22]

BGH NJW 2014, 1590 Rn. 25 = FamRZ 2014, 912: „Die in der Vereinbarung verwendete begriffliche Unterscheidung zwischen gesetzlichem und vertraglichem Unterhalt vermag eine rein vertragliche Natur des Unterhalts nicht zu begründen. Aus der Vereinbarung ergibt sich noch nicht, dass der Unterhalt nach den Vorstellungen der Vertragsparteien völlig unabhängig von den gesetzlichen Voraussetzungen zu gewähren sein sollte."

12 **Beispiele aus der Rspr.:**
BGH NJW 2012, 1209 Rn. 33 = FamRZ 2012, 525: Anrechnungsfreiheit von Erwerbseinkünften des Berechtigten.
BGH NJW 2014, 1590 Rn. 2, 26 = FamRZ 2014, 912: Vereinbarung einer von der Halbteilung abweichenden Quote und Festschreibung eines festen Unterhaltsbetrags.
BGH NJW 2015, 1242 Rn. 19 = FamRZ 2015, 734: Beschränkung der Möglichkeit zur Abänderung der Vereinbarung.

13 Eine Novation verlangt zudem eine Regelung, die auch für den Fall einer Änderung der gesetzlichen Unterhaltsregelung keine **Abänderung** der vertraglichen Regelung zulässt.[23] Eine solche kann etwa angenommen werden, wenn – losgelöst von der gesetzlichen Regelung und ohne rechtlichen

---

[14] BGH NJW 2012, 1209 Rn. 33 = FamRZ 2012, 525 (Anrechnungsfreiheit eigener Einkünfte); NJW 2012, 1356 Rn. 17–26 = FamRZ 2012, 699; NJW-RR 2009, 434 Rn. 11 = FamRZ 2009, 219; NJW-RR 1987, 1287 = FamRZ 1987, 1021.

[15] Unerheblich ist die Verwendung des Begriffs „Unterhaltsrente", BGH NJW 2012, 1356 Rn. 17–26 = FamRZ 2012, 699, weil auch Ehegattenunterhalt als Geldrente zu gewähren ist (§ 1361 Abs. 4 S. 1, 2, § 1585 Abs. 1 S. 1, 2, Abs. 2).

[16] BGH NJW-RR 2009, 434 Rn. 12 = FamRZ 2009, 219; anders wohl BGH NJW 2012, 1356 Rn. 19 = FamRZ 2012, 699.

[17] BGHZ 160, 186 = NJW 2004, 2896 = FamRZ 2004, 1546 (1547) mwN; NJW-RR 1988, 1026 = FamRZ 1988, 933 (935); NJW 1969, 919 = FamRZ 1969, 205 (206); BGHZ 31, 210 = NJW 1960, 572 (573) = FamRZ 1960, 110; KG BeckRS 2008, 26255 = FamRZ 2005, 1759; s. auch OLG Bamberg NJW-RR 1999, 1095 = FamRZ 1999, 1278 (1279).

[18] OLG Karlsruhe FPR 1999, 113 = FamRZ 1994, 104 (105).

[19] BGH NJW 2012, 1356 Rn. 25, 26 = FamRZ 2012, 699.

[20] Eine Unterhaltsvereinbarung aus der Zeit vor dem Inkrafttreten des 1. EheRG – auf die allein § 66 EheG (Gesetzestext → 7. Aufl. 2017, Anh. § 1586b Rn. 4) und nicht auch § 242 anzuwenden ist –, wonach Unterhalt bis zur Wiederverheiratung zu zahlen ist, führt grundsätzlich nicht auch zum Entfallen des Unterhaltsanspruchs bei Aufnahme einer nichtehelichen Lebensgemeinschaft, BGH NJW-RR 1991, 388 = FamRZ 1991, 673 (674 f.) mwN.

[21] BGH NJW 2015, 1242 Rn. 18 = FamRZ 2015, 734; NJW 2014, 1590 Rn. 24 = FamRZ 2014, 912 mit krit. Anm. *Maurer* notar 2014, 340; NJW 2012, 1356 Rn. 19 = FamRZ 2012, 699 mwN; NJW-RR 1991, 388 = FamRZ 1991, 673 (674); NJW 1985, 1470 = FamRZ 1985, 367 (368); NJW 1984, 2350 = FamRZ 1984, 874 (875). S. auch OLG Hamm NJOZ 2017, 1223 Rn. 40 mBspr *Ackermann-Sprenger* NZFam 2017, 29 = FamRZ 2017, 889.

[22] BGH NJW 2014, 1590 Rn. 25 = FamRZ 2014, 912; NJW 2012, 1209 Rn. 33 = FamRZ 2012, 525.

[23] BGH NJW 2012, 1356 Rn. 19 ff. = FamRZ 2012, 699; NJW 2012, 1209 Rn. 32 = FamRZ 2012, 525.

Zusammenhang mit Grund und/oder Höhe des gesetzlichen Unterhaltsanspruchs[24] – bei gleichzeitiger Vereinbarung eines Unterhaltsverzichts gesetzlich nicht geschuldete Zuwendungen zur Bestreitung des Lebensbedarfs zusagt werden.[25] – Abänderungen, die sich auf eine **beachtliche Veränderung** der vertraglichen Grundlagen stützen (§ 313), werden dadurch jedoch nicht ausgeschlossen.

### IV. Zeitpunkt

14 Die Vereinbarung kann sowohl vor als auch nach der **Scheidung** geschlossen werden und braucht nicht in zeitlichem Zusammenhang mit dem Scheidungsverfahren zu stehen.[26] Auf vor der **Eheschließung** geschlossene Vereinbarungen ist § 1585c nicht unmittelbar anwendbar („die Ehegatten"). Auch sie ist nach Maßgabe der allgemeinen Regeln zulässig (§ 1408 Abs. 1 Halbs. 1).[27]

15 Anlässlich eines **Scheidungsverfahrens** getroffene Vereinbarungen werden mit der Zurücknahme des Scheidungsantrags grundsätzlich nicht unwirksam.[28] Bei einer später doch noch erfolgten Scheidung kann sich aber das Bedürfnis für eine Anpassung ergeben oder die Berufung auf einen Verzicht als rechtsmissbräuchlich erweisen (→ Rn. 108–133).

### V. Form

16 **1. Grundsatz: Formfreiheit.** Grundsätzlich bedürfen Vereinbarungen über den nachehelichen Unterhalt **keiner Form.**[29] Sie können deshalb schriftlich, ausdrücklich durch mündliche Absprachen[30] oder auch konkludent eingegangen werden. Letzteres kommt etwa in Betracht, wenn der in einem Urteil oder einer Vereinbarung zum Trennungsunterhalt[31] oder in einer einstweiligen Anordnung (§ 119 Abs. 1 S. 1 FamFG, § 246 FamFG) titulierte Unterhalt nach Rechtskraft der Scheidung über einen längeren Zeitraum weitergezahlt wird.[32] Aus **Beweisgründen** empfiehlt sich eine schriftliche Niederlegung der Vereinbarung.

17 **2. Ausnahme: Notarielle Beurkundung. S. 2** sieht wegen der besonderen Schutzbedürftigkeit des „schwächeren" Ehegatten[33] die notarielle Beurkundung vor, wenn die Vereinbarung **vor Rechtskraft der Scheidung** geschlossen wird. Dies entspricht den Regelungen für ehevertragliche Vereinbarungen zum Güterrecht (§ 1408 Abs. 1 Halbs. 2), zum Zugewinnausgleich (§ 1378 Abs. 3 S. 2), zur Wahl-Zugewinngemeinschaft (§ 1519 iVm § 1410, Art. 1394 Abs. 1 FR_CC; Art. 12 HEhegüterÜ, WahlZugAbk-F Art. 3 Rn. 1)[34] und zum Versorgungsausgleich (§ 7 Abs. 1 VersAusglG; s. auch § 1587o Abs. 2 S. 1 aF, der noch weiterging: notarielle Beurkundung auch nach rechtskräftiger Scheidung).[35] Zu bis zum 31.12.2007 geschlossenen Vereinbarungen → 7. Aufl. 2017, Anh. § 1586b Rn. 37.

18 Darüber hinaus ist die notarielle Beurkundung einer Vereinbarung auch **nach Rechtskraft der Scheidung** erforderlich,[36] wenn sie
- ein **Schenkungsversprechen** (§ 518, → Rn. 40), eine **Leibrente** (§ 761) oder die Verpflichtung zur Übertragung oder zum Erwerb des **Eigentums an einem Grundstück** (§ 311b) zum Gegenstand hat, wegen ihrer Verflechtung zu einer rechtlichen Einheit,[37]
- die notarielle Beurkundung dem **Willen der Ehegatten** entspricht.[38]

---

24 BGH NJW 1979, 659 = FamRZ 1979, 217 (218); NJW 1978, 1924 = FamRZ 1978, 674.

25 *Hoffmann* in Göppinger/Wax UnterhaltsR Rn. 1682.

26 Zu Letzterem BGH NJW 1987, 2739 = FamRZ 1987, 691 (692).

27 Auch soweit auf einen künftigen Anspruch auf Betreuungsunterhalt (§ 1570) verzichtet werden soll, etwa BGH NJW-RR 1991, 132 = FamRZ 1991, 306 (307); NJW 1985, 1833 = FamRZ 1985, 788 (789); BGHZ 72, 182 = NJW 1979, 43 = FamRZ 1978, 873 (874).

28 OLG Hamburg BeckRS 2010, 18347 = FamRZ 1981, 968 (969).

29 Aus neuerer Zeit s. OLG Bamberg BeckRS 1996, 11056 = FamRZ 1998, 25 (27).

30 Dazu auch BT-Drs. 16/1830, 22.

31 Das OLG Hamm BeckRS 1998, 1423 = FamRZ 1998, 1520 verlangt insoweit für die Annahme eines Rechtsbindungswillens stets eine ausdrückliche Erklärung.

32 Dazu auch AG Brakel BeckRS 1998, 31146305 = FamRZ 1999, 880 (881), das einen Vertrag bereits infolge jahrelanger Zahlung der außergerichtlich verlangten Unterhaltsbeträge annimmt.

33 BT-Drs. 16/1830, 22.

34 Dazu BeckOGK/*Jäger*, 1.2.2019, WahlZugAbk-F Art. 3 Rn. 11; Palandt/*Brudermüller* Anh. § 1519 WahlZugAbk-F Art. 3 Rn. 6.

35 Zur – berechtigten – Kritik, dass nicht auch Vereinbarungen zum Verwandten-, Trennungs- und zum Unterhalt nichtehelicher Elternteile der notariell beurkundeten Form unterworfen werden, *Borth* FamRZ 2006, 813 (817).

36 Zur Vollstreckbarkeit scheidungserleichternder Vereinbarungen bis 31.8.2007 s. § 630 Abs. 3 ZPO aF.

37 BGH NJW-RR 2002, 1513 = FamRZ 2002, 1179 (1180).

38 Zu Letzterem OLG Karlsruhe BeckRS 2010, 6861 = FamRZ 1983, 174 f.

**3. Gerichtlicher Vergleich. a) Abschluss.** Ein gerichtlich protokollierter Vergleich (→ § 113 Abs. 1 FamFG, § 160 Abs. 3 Nr. 1, § 162 Abs. 1 S. 1 ZPO) oder eine im Verfahren einer **Ehesache** gerichtlich protokollierte Vereinbarung ersetzen die notarielle Beurkundung (**S. 3,** § 113 Abs. 1 FamFG, § 127a). 19

Durch diese vom RA-BT (BT-Drs. 16/6980, 9) eingefügte Regelung soll „sichergestellt werden, dass außer einem Prozessvergleich von den Parteien auch eine formwirksame Vereinbarung über den nachehelichen Unterhalt in Ehesachen im Wege der Protokollierung durch das Prozessgericht abgeschlossen werden kann. Damit soll Rechtssicherheit geschaffen werden für den in der forensischen Praxis nicht seltenen Fall, in dem die Ehegatten in einer Ehesache das Gericht um Protokollierung einer zuvor getroffenen Einigung, beispielsweise eines Unterhaltsverzichts, ersuchen, ohne dass eine Unterhaltssache anhängig ist oder dass Streit oder Ungewissheit über den Unterhalt durch gegenseitiges Nachgeben ausgeräumt wird." In dieser Hinsicht ist die Regelung allerdings entbehrlich. 20

Für ihren wirksamen Abschluss müssen beide Ehegatten **anwaltlich** vertreten sein (§ 114 Abs. 1, 2 FamFG, § 112 Nr. 1 FamFG, § 231 Abs. 1 Nr. 2 FamFG), ansonsten die Vereinbarung weder verfahrensrechtliche, insbesondere keine verfahrensbeendende und keine vollstreckungsrechtlichen noch materiellrechtlichen Wirkungen hat.[39] Einen **Anspruch auf Protokollierung** haben die Beteiligten jedoch nur, soweit ihre Einigung mit dem Verfahrensgegenstand identisch ist und diesen teilweise oder abschließend regelt.[40] 21

Anwendbar sind auch die Vorschriften über einen **gerichtlich bestätigten Vergleich** (§ 113 Abs. 1 S. 1 FamFG, § 278 Abs. 6 ZPO),[41] wenn die Ehegatten einen begründeten Vergleichsvorschlag des FamG annehmen; maßgebend ist die durch die Bestätigung dokumentiert Wirksamkeitsprüfung des FamG. Sie ist auch gewährleistet, wenn das FamG einen übereinstimmenden Vergleichsvorschlag der Ehegatten bestätigt, weil der Bestätigung eine Prüfung der Wirksamkeitsvoraussetzungen vorauszugehen hat.[42] 22

RA-BT BT-Drs. 15/3482, 17: „Im Zuge dessen obliegt dem Gericht die Prüfung, ob der unterbreitete Vergleich wirksam abgeschlossen worden ist, also insbesondere nicht gegen die guten Sitten oder ein gesetzliches Verbot verstößt. Da durch die Mitwirkung des Gerichts eine Gewähr dafür bestehen soll, dass der Vergleich nicht der öffentlichen Ordnung widerspricht, erstreckt sich die Prüfungskompetenz des Gerichts auch auf diesen Gesichtspunkt. Grundsätzlich bestehen im schriftlichen Vergleichsverfahren dieselben gerichtlichen Prüfungskompetenzen wie bei einem protokollierten Vergleich." 23

Sie fehlen beim **Anwaltsvergleich** (§ 120 Abs. 1 FamFG, § 796a ZPO), weshalb ihm keine formersetzende Wirkung iSd § 127a zukommt und § 1585c S. 3 auf ihn nicht entsprechend anwendbar ist (→ § 127a Rn. 5).[43]

**b) Verfahrensgegenstand.** S. 3 hat keine materiellrechtlichen **Wirkungen,** weil schon S. 2 iVm § 127a das Formerfordernis enthält und sich die Nichtigkeit einer formunwirksamen Vereinbarung bereits aus § 125 ergibt.[44] Er soll **Rechtsklarheit** und **Rechtssicherheit** dazu schaffen, dass in einem Verfahren in Ehesachen auch dann eine Vereinbarung zum nachehelichen Unterhalt geschlossen werden kann, wenn keine Unterhaltssache anhängig ist oder sonst Streit oder Ungewissheit über den Unterhalt besteht.[45] 24

Weil aber der BGH zutreffend einen **inneren** (→ § 127a Rn. 6 mwN)[46] oder **mittelbaren**[47] Zusammenhang des Vergleichsgegenstandes mit dem Gegenstand des Verfahrens fordert, in dem der 25

---

[39] Die Wirksamkeit bis zum 31.12.2007 geschlossener Vereinbarungen bleibt unberührt (BT-Drs. 16/6980, 9 f.). Sie entfalten zwar keine prozessualen, gleichwohl aber materiellrechtliche Wirkungen, wenn dies dem Willen der Ehegatten entspricht, BGH NJW 1985, 1962 = FamRZ 1985, 166 (167 f.).

[40] BGHZ 191, 1 = NJW 2011, 3451 Rn. 15 = FamRZ 2011, 1572.

[41] BGHZ 214, 45 = NJW 2017, 1946 mAnm *Koch,* mBspr *Schneider* NZFam 2017, 279 = FamRZ 2017, 603 mAnm *Bergschneider*; BeckOGK/*Hamberger,* 1.2.2019, Rn. 39; Palandt/*Brudermüller* Rn. 5; PWW/*Kleffmann* Rn. 2; iErg auch BeckOK BGB/*Wendtland,* 1.2.2019, § 127a Rn. 4; wohl auch Musielak/Voit/*Foerste* ZPO § 278 Rn. 17a; zweifelnd → 7. Aufl. 2015, BGB § 127a Rn. 4; aA *Steiniger* FamFR 2011, 529 (532).

[42] BeckOK ZPO/*Bacher,* 29. Ed. 1.7.2018, ZPO § 278 Rn. 37; MüKoZPO/*Prütting* ZPO § 278 Rn. 42.

[43] Wohl allgM, etwa Staudinger/*Baumann,* 2014, Rn. 540; BeckOGK/*Hamberger,* 1.2.2019, Rn. 39; Palandt/*Brudermüller* Rn. 5; Soergel/*Häberle* Rn. 9; BeckOK BGB/*Wendtland,* 1.2.2019, § 127a Rn. 4; MüKoZPO/*Wolfsteiner* ZPO § 796a Rn. 9; Musielak/Voit/*Voit* ZPO § 796a Rn. 1; Zöller/*Geimer* ZPO § 796a Rn. 8.

[44] *Billhardt* FamRZ 2008, 748: „überflüssig".

[45] RA-BT BT-Drs. 16/6980, 20.

[46] So BGHZ 84, 333 = NJW 1982, 2373 = FamRZ 1982, 991 (992) (Einigung der Ehegatten über die Beendigung der Gütergemeinschaft im Rechtsstreit über deren Auseinandersetzung); Palandt/*Ellenberger* § 127a Rn. 2.

[47] BGHZ 142, 84 = NJW 1999, 2806 (2807 f.) (Vergleich über die Veräußerung von Grundstücken im Verfahren auf Grundstücksverkehrsgenehmigung); aA MüKoZPO/*Wolfsteiner* ZPO § 794 Rn. 85 („das im

Vergleich geschlossen werden soll,[48] war mindestens zweifelhaft, ob der „innere“ Zusammenhang mit einer Ehesache bestehen würde. Dies wird durch die Einfügung von S. 3 durch das UÄndG 2007 klargestellt, ohne dass auf einen solchen Zusammenhang abgestellt würde.

26 Der „innere“ Zusammenhang ist jedenfalls auch dann gewahrt, wenn im Verfahren zum **Trennungsunterhalt** (auch) ein Vergleich zum nachehelichen Unterhalt (und umgekehrt) geschlossen werden soll.[49] Das FamG kann in diesen Fällen meist kraft eigener Kenntnisse vom Sachverhalt die „Aufklärungs- und Beratungsfunktion des Notars“[50] adäquat ersetzen. Ggf. hat es bei den Ehegatten ergänzend nachzufragen.

27 Ob die Erfüllung dieser Kontrollfunktionen auch in **anderen Verfahren** gewahrt ist, ist immerhin fraglich. Denn ohne einschlägige Kenntnisse der zu regelnden Materie kann das FamG und erst recht jedes andere Gericht eine Kontrollfunktion nicht ausüben. Deshalb sollte die Wahrung der Form nach § 127a verneint werden, wenn es um die Protokollierung „verfahrensfremder“ Regelungen geht.[51] Kommt das FamG gleichwohl dem Ansinnen der Ehegatten nach und protokolliert eine entsprechende Einigung, sollte es sich und die Anstellungskörperschaft von jeglicher **Haftung freistellen** lassen.

## B. Vertragsgestaltungen

### I. Gesetzlicher Unterhaltsanspruch

28 **1. Grundsätze.** Die §§ 1569 ff. bleiben grundsätzlich **unmittelbar** anwendbar.[52] Abdingbar ist aber jedenfalls das Recht auf **Abfindung in Kapital** (§ 1585 Abs. 2) und auf **rückständigen Unterhalt** (nur) nach Inverzugsetzung (§ 1585b). Auch andere Regelungen können abbedungen werden, ohne dass sich der Unterhaltsanspruch bereits dadurch in einen Anspruch aus einem selbstständigen Schuldgrund wandeln würde.

29 Der Unterhaltsanspruch bleibt nur **bedingt pfändbar** (§ 120 Abs. 1 FamFG, § 850b ZPO) und ist **bevorrechtigt** (§ 120 Abs. 1 FamFG, § 850d ZPO), §§ 38, 40 InsO und die gesetzlichen **Aufrechnungs-, Abtretungs- und Zurückbehaltungsverbote** (§§ 394, 400) bleiben anwendbar. – Zur **Abgrenzung** einer vertraglichen Ausgestaltung des gesetzlichen Unterhaltsanspruchs von einem selbstständigen Unterhaltsvertrag → Rn. 10–13.

30 **2. Inhalte.** Zum **Anspruchsgrund** können Vereinbarungen etwa dazu eingegangen werden, ab wann und in welchem Umfang sie trotz der Betreuung eines gemeinsamen Kindes von einer **Erwerbsobliegenheit** des betreuenden Elternteils ausgehen (§ 1570) oder was sie als **eheangemessene Erwerbstätigkeit** des Berechtigten ansehen (§ 1574 Abs. 2), ebenso zur **Ehebedingtheit einer Ausbildung** (§ 1575 Abs. 1, 2) und ihrer **Angemessenheit** (§ 1574 Abs. 3). Sie können eine **Befristung** nach § 1578b Abs. 2 einvernehmlich festlegen und Regelungen zur **Bedarfsbestimmung** nach § 1578b Abs. 1 sowie dazu treffen, wann von einer **Nachhaltigkeit** einer Erwerbstätigkeit des Berechtigten (§ 1573 Abs. 4) auszugehen ist.

Meist regeln Vereinbarungen, deren Inhalt wie bei ausschließlich vertraglichen Regelungen mit selbstständigem Schuldgrund ggf. durch **Auslegung** nach §§ 133, 137 zu ermitteln ist (zur **Anpassung** → Rn. 134–164):[53]

31 – Die **Höhe**[54] und die **Dauer** der Verpflichtung.

---

Vergleich beurkundete Rechtsgeschäft [muss nicht] den Streitgegenstand betreffen oder sonst in irgendeinem Zusammenhang mit dem Streitgegenstand stehen“).

[48] AA wohl BGH NJW 2014, 1231 Rn. 16 = FamRZ 2014, 728.

[49] BGH NJW 2014, 1231 Rn. 16 = FamRZ 2014, 728 Ls. (S. 1); *Wönne* in Wendl/Dose UnterhaltsR § 6 Rn. 633; *Borth* Praxis des UnterhaltsR Rn. 853; *Göhler-Schlicht* FF 2008, 143; aA etwa *Kleinwegener* FF 2008, 45; *Bergschneider* FamRZ 2008, 17 (18).

[50] Auf die der BGH NJW 2014, 1231 Rn. 22 = FamRZ 2014, 728 zutreffend abstellt.

[51] Anders der BGH NJW 2014, 1231 Rn. 24 = FamRZ 2014, 728, wonach ein Verzicht auf den Zugewinnausgleich im Verfahren zum Trennungsunterhalt wirksam zulässig ist.

[52] RGZ 166, 378 (380); RGZ 165, 26 (29).

[53] OLG Karlsruhe BeckRS 2014, 21366 Rn. 14–20 = FamRZ 2014, 1852 (1853); OLG Hamburg FamRZ 1996, 292 (293). Zur Verpflichtung der Zahlung von Krankenvorsorgeunterhalt s. OLG Köln BeckRS 2009, 28438 = FamRZ 1986, 577 (578).

[54] Auch als Prozentsatz vom Einkommen bzw. Gewinn des Verpflichteten, *Kilger/Pfeil* in Göppinger/Rakete-Dombek Ehescheidung 5. Teil Rn. 214–217, dann allerdings nicht in vollstreckbarer Form. – Von BGH NJW 2012, 1209 Rn. 35 = FamRZ 2012, 525 nicht beanstandet: 50% der bereinigten Einkünfte des Verpflichteten aus einer Praxis, nach Entfallen des Kindesunterhalts 40%.

– Punktuelle **wertbildende Faktoren** des Unterhaltsanspruchs, etwa zur Berücksichtigung bestimmter Positionen beim Bedarf, der Bedürftigkeit und der Leistungsfähigkeit.[55] 32

– Die **Anrechnungsfreiheit** von Einkünften und Einkommensbestandteilen insbesondere eines kinderbetreuenden Ehegatten, um ihm einen Erwerbsanreiz zu schaffen. Dem weiteren Gesichtspunkt, die Folgen der Anrechnung abzumildern, kommt nach der Surrogat-Rspr. des BGH praktische Bedeutung nur noch im Rahmen der Berücksichtigung überobligatorisch erzielter Einkünfte des Bedürftigen zu (→ § 1578 Rn. 472–500). 33

– Die Modalitäten der **Begrenzung** des Unterhalts nach **§ 1578b** (Herabsetzung oder Befristung). In Betracht kommt, unter Berücksichtigung der Betreuungsbedürftigkeit gemeinschaftlicher Kinder, insbesondere eine **zeitliche Staffelung** des Unterhalts, ggf. bis zum Erreichen des eigenen angemessenen Lebensbedarfs des Berechtigten aus einer Kombination von § 1578b Abs. 1 und 2 nach Abs. 3.[56] – Zur **Abänderbarkeit** einer Vereinbarung nach Inkrafttreten des UÄndG 2007 → Rn. 127, 143–145. 34

– Die Anwendbarkeit von **§ 1579** nach Grund und Maß der Beschränkung. Die Ehegatten können festlegen, wie die einzelnen Tatbestandsmerkmale der Nr. 1–8 zu bestimmen sind 35

**Beispiel aus der Rspr.:**
OLG Hamburg BeckRS 2017, 105423 Rn. 8 mBspr *Pfeil* NZFam 2017, 420 = FamRZ 2017, 1130: Zur Auslegung der Klausel in einer notariell beurkundeten Unterhaltsvereinbarung: „Lebt die Ehefrau über einen Zeitraum von mehr als zwei Jahren mit einem Partner in einem Haushalt zusammen, so kann der Ehemann verlangen, dass der Unterhaltsanspruch entsprechend angepasst wird bzw. entfällt“, dahin, ob darin – so das OLG Hamburg – eine abschließende Regelung zur „verfestigten Lebensgemeinschaft“ iSd Nr. 2 zu sehen ist, die dem Rückgriff auf die gesetzliche Regelung verwehrt.

oder Fallgruppen definieren, die zur **Verwirkung** des Unterhaltsanspruchs führen können.[57]

**Beispiel:**
Wegzug des Berechtigten ins Ausland.[58]

– Die **Leistungsart:** Statt einer Geldrente **Naturalleistungen** oder die Überlassung einer **Wohnung,**[59] allgemein die Überlassung eines **Vermögensgegenstands.** 36

– Vereinbart werden kann der Ausschluss eines Unterhaltsanspruchs für den Ehegatten, den das überwiegende **Verschulden** an der Auflösung der Ehe trifft.[60] Nachdem das Unterhaltsrecht des EheG für vor dem 1.7.1977 aufgelöste Ehen fortgilt (Art. 12 Nr. 3 Abs. 2 S. 1 1. EheRG, → 7. Aufl. 2017, Anh. § 1586b Rn. 6, 7), kann nicht davon ausgegangen werden, dass die Regelungen des EheG nach dem Übergang zum Zerrüttungsprinzip durch das 1. EheRG schlechthin unbillig und eine Vereinbarung deshalb wegen Verstoßes gegen § 138 nichtig sei.[61] Doch besteht für eine solche Vereinbarung kein rechtes Bedürfnis, nachdem grobe Unbilligkeiten von § 1579 erfasst werden und auch diese Vereinbarung der Überprüfung nach §§ 138, 242, 313 unterliegt. 37

## II. Unterhaltsverträge mit selbstständigem Schuldgrund

**1. Ergänzende Vertragsauslegung.** Auch auf selbstständige Unterhaltsverträge können die **§§ 1582–1586b** durch ergänzende Vertragsauslegung zur Feststellung des Parteiwillens herangezogen werden, soweit der Inhalt der Vereinbarung nicht entgegensteht. Doch ist eine **Begrenzung** dieser Ansprüche nach §§ 1578b, 1579 nur dann ausnahmsweise möglich, wenn dies nach den vertraglichen Vereinbarungen zulässig ist (näher → Rn. 35, 143–149).[62] – Soweit die vertraglichen Ansprüche über die gesetzlichen Ansprüche hinausgehen, sind § 120 Abs. 1 FamFG, §§ 850b, 850c ZPO, §§ 38, 40 S. 1 InsO in der **Insolvenz** des Verpflichteten nicht anzuwenden. – Zur **Abgrenzung** einer vertraglichen Ausgestaltung des gesetzlichen Unterhaltsanspruchs von einem selbstständigen Unterhaltsvertrag → Rn. 10. 38

---

55 Dazu etwa OLG Bamberg BeckRS 1996, 11056 = FamRZ 1998, 25 (27).

56 BeckOGK/*Hamberger,* 1.2.2019, Rn. 147; s. auch *Löhnig/Preisner* NJW 2012, 1479 (1481).

57 Zum Ganzen auch BeckOGK/*Hamberger,* 1.2.2019, Rn. 146, 147.

58 BeckOGK/*Hamberger,* 1.2.2019, Rn. 147.

59 BGH NJW 1962, 2102 = FamRZ 1962, 360.

60 Palandt/*Brudermüller* § 1569 Rn. 8; *Borth* in Schwab ScheidungsR-HdB IV Rn. 1466; *Frey,* Der Verzicht auf nachehelichen Unterhalt, 1988, 22 f.; *Ludwig* DNotZ 1982, 651 (652); *Walter* FamRZ 1982, 7 ff.; *Walter* NJW 1981, 1409 (1412 ff.). S. auch OLG Hamm OLGR 1998, 211 für eine güterrechtliche Vereinbarung.

61 AA insbesondere wegen den sich aus der Geltung der Dispositionsmaxime ergebenden Schwierigkeiten *Hepting,* Ehevereinbarungen – Die autonome Ausgestaltung der ehelichen Lebensgemeinschaft im Verhältnis zu Eherecht, Rechtsgeschäftslehre und Schuldrecht, 1984, 112, 115; *Herb* FamRZ 1988, 123 (126).

62 BGH NJW-RR 1995, 833 = FamRZ 1995, 726 (728).

**2. Einzelfälle.** Zu Verträgen, die einen selbstständigen Schuldgrund schaffen, zählen idR folgende Regelungen:

39 – **Leibrente** iSd §§ 759 ff., die das Schuldverhältnis durch Schaffung einer neuen Rechtsgrundlage dadurch umwandelt, dass sie dem Berechtigten Erträge aus regelmäßig wiederkehrenden gleichmäßigen Leistungen in Geld oder anderen vertretbaren Sachen auf Lebenszeit zuweisen.[63] Sie kann insbesondere in der Vereinbarung gleichbleibender Unterhaltsbeträge unabhängig von der Änderung der Verhältnisse und über den Tod des Verpflichteten hinaus vorkommen (aber → Rn. 44)[64] und wird nicht durch die Vereinbarung ausgeschlossen, dass die Rente bei Wiederheirat des Berechtigten erlischt.[65]

40 – **Schenkungen.** Von einer solchen wird aber kaum je ausgegangen werden können, da idR ein Entgegenkommen des Berechtigten vorliegen wird,[66] das schon in einem Verzicht auf den gesetzlich zustehenden Unterhalt gesehen werden kann (→ Rn. 82).

41 – Die vereinbarten Beträge sind **wesentlich höher** als die gesetzlich geschuldeten Leistungen.

42 – Unterhaltsansprüche, obwohl offenkundig die Voraussetzungen für eine **Verwirkung** (§ 1579) vorgelegen haben (näher → Rn. 35).[67]

43 – **Kapitalabfindung,** ohne dass die Voraussetzungen aus § 1585 Abs. 2 gegeben waren.[68] Ähnlich der Kapitalabfindung nach § 1585 Abs. 2 (→ § 1585 Rn. 51) erlischt der gesetzliche Unterhaltsanspruch idR bereits mit der Wirksamkeit der Vereinbarung, nicht erst mit Zahlung der Abfindung.

44 **Nicht** jedoch bei
– lediglich **geringfügigen Überschreitungen** der gesetzlich geschuldeten Leistung,
– einem selbst weitgehenden **Ausschluss der Abänderbarkeit** nach §§ 238, 239 FamFG (→ Rn. 141) durch die Vereinbarung gleichbleibender Unterhaltszahlungen (zur **Leibrente** → Rn. 39),[69] und
– der Vereinbarung von Unterhaltszahlungen über den **Tod des Verpflichteten** hinaus im Hinblick auf die Regelung in § 1586b.[70]

## C. Überprüfung von Verträgen

### I. Eheverträge

Seit dem Urteil des BGH v. 11.2.2004[71] zu § 1408 Abs. 1 und 2, § 1585c gilt:

45 **1. Grundsätze.** Die **Disponibilität** der Scheidungsfolgen als Ergänzung des Rechts der Ehegatten auf eigenverantwortliche Regelung ihrer Lebensverhältnisse (§ 1353, 1356)[72] ermöglicht nicht, den Schutzzweck der gesetzlichen Regelung beliebig zu unterlaufen. Vielmehr findet sie ihre Grenze dort, wo eine evident einseitige und durch die individuelle Gestaltung der ehelichen Lebensverhältnisse nicht gerechtfertigte Lastenverteilung entsteht, die hinzunehmen für den belasteten Ehegatten bei angemessener Berücksichtigung der Belange des begünstigten Ehegatten und seines Vertrauens in die Geltung der Vereinbarung bei verständiger Würdigung des Wesens der Ehe unzumutbar erscheint. Darauf ist jede Vereinbarung mittels einer **Gesamtschau aller Umstände und Motive** für die getroffenen Abreden, welche die Gründe und Umstände ihres Zustandekommens aufgrund der individuellen Verhältnisse beim Vertragsschluss und die beabsichtigte wie auch die verwirklichte Gestaltung des ehelichen Lebens berücksichtigt, zu überprüfen.[73] Näher → Rn. 39.

[63] Dazu → 7. Aufl. 2017, § 759 Rn. 3–19.

[64] BGH WM 1966, 248; BGHZ 24, 269 (278) = NJW 1957, 1362; RGZ 166, 40 (48); RGZ 150, 385 (390); OLG Schleswig BeckRS 1991, 3301 = FamRZ 1991, 1203; OLG Karlsruhe NJW 1962, 1774.

[65] RGRK-BGB/*Cuny* Rn. 16.

[66] Soergel/*Häberle* Rn. 9.

[67] Soergel/*Häberle* Rn. 6; RGRK-BGB/*Cuny* Rn. 13.

[68] RGRK-BGB/*Cuny* Rn. 15.

[69] BGH NJW-RR 1988, 1026 = FamRZ 1988, 933 (935).

[70] AA RGZ 166, 40 (49); RGZ 163, 91 (96) zum alten Recht.

[71] BGHZ 158, 81 = NJW 2004, 930 = FamRZ 2004, 601 ff. und danach ständig, etwa: BGH NJW 2014, 1101 Rn. 16 = FamRZ 2014, 629; NJW 2013, 380 Rn. 16, 22 = FamRZ 2013, 195; NJW 2008, 3426 Rn. 9–11, 17, 19 = FamRZ 2008, 2011; NJW 2008, 1080 Rn. 16–27 = FamRZ 2008, 582; NJW 2007, 2851 Rn. 14 = FamRZ 2007, 1310; NJW 2007, 2848 Rn. 17 = FamRZ 2007, 974; BGHZ 170, 77 = NJW 2007, 907 Rn. 13–18 = FamRZ 2007, 450; NJW 2006, 3142 Rn. 20–31 = FamRZ 2006, 1359; NJW 2005, 2386 = FamRZ 2005, 1444 (1446); NJW 2005, 139 = FamRZ 2005, 185 (187).

[72] BGHZ 178, 322 = NJW 2009, 842 Rn. 22 = FamRZ 2009, 198.

[73] Dass die Ehegatten im Falle der notariellen Beurkundung ihrer Vereinbarung vom Notar belehrt worden sind (zur Formbedürftigkeit → Rn. 17, 18), soll unberücksichtigt bleiben; aA etwa *Langenfeld* DNotZ 2001, 272 (279).

**2. Wertigkeit der Scheidungsfolgen.**

– Der BGH hat folgende **Wertigkeit** der einzelnen Scheidungsfolgen nach deren Wichtigkeit für den von einem Ausschluss bzw. einer Einschränkung betroffenen Ehegatten entwickelt: 46
  – **1. Rang – Kernbereich** der Scheidungsfolgen: **Betreuungs-** (§ 1570), **Krankheits-** (§ 1572) sowie **Altersunterhalt** (§ 1571)[74] und, als vorweggenommener und diesen jedenfalls auch ersetzenden Altersunterhalt, der **Versorgungsausgleich.**[75]
  – **2. Rang:** Diesen nachrangig ist der **Erwerbslosigkeitsunterhalt** (§ 1573 Abs. 1, 4).[76]
  – **3. Rang: Aufstockungs-** (§ 1573 Abs. 2, 3),[77] **Ausbildungs-** (§ 1575) und **Billigkeitsunterhalt** (§ 1576) haben das geringste Gewicht.
  – **4. Rang:** Der Disposition der Ehegatten am weitesten zugänglich ist der **Güterstand** und der **güterrechtliche Ausgleich,** weil die nacheheliche Solidarität keine wechselseitige Vermögensbeteiligung, die nicht an eine konkrete Bedarfslage anknüpft, erfordert.[78]

Als eine aktuelle Bedarfslage regelnd geht der **Elementarunterhalt** dem Kranken- und Altersvorsorgeunterhalt (§ 1578 Abs. 2 und 3) vor **(Vorrang im gleichen Rang).** Der Vorsorgeunterhalt teilt den Rang des Unterhaltsanspruchs, weil der Vorsorgeunterhalt unabhängig vom Unterhaltstatbestand nicht dessen Teil, sondern des (einheitlichen) Lebensbedarfs des Berechtigten ist (→ § 1578 Rn. 148).[79] Der BGH, der den Vorsorgeunterhalt zunächst noch eigenständig und untergeordnet in die Rangfolgenabstufung aufgenommen hatte,[80] führt diesen Nachrang dann nicht durch, wenn die Unterhaltspflicht ehebedingte Nachteile ausgleichen soll. Weil jedoch diese Differenzierung der Systematik des Unterhaltsrechts nicht gerecht wird, sollte die Frage, ob (auch) Vorsorgeunterhalt verlangt werden kann, im Rahmen der Anpassung der Vereinbarung beantwortet werden.[81] Dies wird in aller Regel dazu führen, dass dann, wenn die Ausübungskontrolle zu einem Unterhaltsanspruch führt, auch Vorsorgeunterhalt geschuldet wird (→ Rn. 131). 47

## II. Unterhaltsverträge

Die Wirksamkeit einer Vereinbarung zum nachehelichen Unterhalt hängt nicht von einer irgendwie gearteten Gegenleistung ab.[82] **Schranken** ergeben sich nur aus ihrer 48

– **Unwirksamkeit,** „wenn der nach dem Inhalt des Vertrags als feststehend zugrunde gelegte Sachverhalt der Wirklichkeit nicht entspricht und der Streit oder die Ungewissheit bei Kenntnis der Sachlage nicht entstanden sein würde" (§ 779 Abs. 1),[83]

**Beispiel:**
BGH NJW 2013, 1530 Rn. 17 = FamRZ 2013, 853: Die Änderung der Rspr. des BGH zur „Dreiteilung" auf der Bedarfsebene (→ § 1578 Rn. 127–138) ist kein Irrtum über den „als feststehend zugrunde gelegten Sachverhalt".

– **Widerruflichkeit,** die vorbehalten sein muss,[84]
– **Anfechtbarkeit** wegen Irrtums (§ 119)[85]

Von BGH NJW 2013, 1530 Rn. 18 = FamRZ 2013, 853 verneint für die Zugrundelegung der **„Dreiteilung"** (→ § 1578 Rn. 127–138), weil es sich um einen beiderseitigen Irrtum der Ehegatten handelt.

---

74 BGH NZFam 2017, 408 Rn. 31, 32 mAnm *Graba, Born* NJW 2017, 1886 = FamRZ 2017, 884 mAnm *Bergschneider;* NJW 2014, 1101 Rn. 35 = FamRZ 2014, 629; NJW 2013, 380 Rn. 18, 20 = FamRZ 2013, 195; NJW 2005, 2391 = FamRZ 2005, 1449 (1450); NJW 2005, 2386 = FamRZ 2005, 1444; NJW 2005, 1370 = FamRZ 2005, 691; BGHZ 158, 81 = NJW 2004, 930= FamRZ 2004, 601 (607).

75 BGH NZFam 2017, 408 Rn. 34 mAnm *Graba, Born* NJW 2017, 1886 = FamRZ 2017, 884 mAnm *Bergschneider;* NJW 2015, 52 Rn. 22 ff. = FamRZ 2014, 1978; NJW 2014, 1101 Rn. 18–31 = FamRZ 2014, 629; NJW 2005, 137 = FamRZ 2005, 26; NJW 2005, 139 = FamRZ 2005, 185.

76 BGH NJW 2014, 1101 Rn. 36 = FamRZ 2014, 629.

77 BGH NJW 2014, 1101 Rn. 36 = FamRZ 2014, 629.

78 BGH NZFam 2018, 891 Rn. 22 mAnm *Milzer; Braeuer* NJW 2018, 2876 = FamRZ 2018, 1415 mAnm *Bergschneider;* NJW 2018, 1015 Rn. 14 mAnm *Grziwotz* = NZFam 2018, 267 mAnm *Milzer* = FamRZ 2018, 577 mAnm *Bergschneider;* NJW 2015, 52 Rn. 35 = FamRZ 2014, 1978.

79 Zutr. *Bergschneider* FamRZ 2005, 1452 f.; ausdrücklich auch BGH NJW 2005, 2391 = FamRZ 2005, 1449 (1450).

80 BGHZ 158, 81 = NJW 2004, 930 = FamRZ 2004, 601 (605).

81 BGH NJW 2005, 2391 = FamRZ 2005, 1449 (1452).

82 BGH NJW 1995, 3251 = FamRZ 1995, 1482 (1484) (zum Versorgungsausgleich); NJW 1997, 192 = FamRZ 1997, 156 (157).

83 BGH NJW 2014, 1590 Rn. 29 = FamRZ 2014, 912; NJW 2013, 1530 Rn. 17 = FamRZ 2013, 853.

84 KG FamRZ 1999, 1277 (1278).

85 BGH NJW 2013, 1530 Rn. 18 = FamRZ 2013, 853.

und arglistiger Täuschung oder widerrechtlicher Drohung (§ 123);[86] Letzteres kommt mit der Folge eines Schadensersatzanspruchs aus § 826 insbesondere dann in Betracht, wenn der Berechtigte den Verpflichteten bei Vertragsschluss über seine Absicht, alsbald wieder zu heiraten, getäuscht hat;[87]
- **Gesetzwidrigkeit** (§ 134),[88]
- **Sittenwidrigkeit** (§ 138 Abs. 1;[89] § 138 Abs. 2 ist nicht anwendbar, weil es sich bei dem familienrechtlichen Unterhaltsanspruch nicht um ein Austauschgeschäft handelt[90]),
- aus dem Verstoß der Berufung auf die Vereinbarung gegen **Treu und Glauben** (§ 242, → Rn. 108–133) sowie
- **Anpassungsbedürftigkeit** (§ 313, → Rn. 134–164) und
- nach **gesetzlichem Forderungsübergang** (§ 398, § 94 Abs. 1 S. 1, 2 SGB XII, dazu allgemein → Vor § 1569 Rn. 28–43) mangels Rechtsinhaberschaft unabhängig davon, ob die Ehe bereits geschieden war, wenn und soweit der Sozialhilfeträger Leistungen an den Berechtigten erbracht hat.[91]

## D. Wirksamkeitskontrolle: Sittenwidrigkeit

### I. Grundsätze

49 **1. Stichtag.** Eine Vereinbarung verstößt gegen die guten Sitten, wenn sie dem Anstandsgefühl aller billig und gerecht Denkenden widerspricht. Dabei kann sich der Sittenverstoß, der sich in aller Regel gegen den Berechtigten richtet, zu Lasten beider **Vertragsparteien,** also auch des Verpflichteten auswirken.[92]

50 Die Vereinbarung muss bereits bei ihrem Zustandekommen, also im **Zeitpunkt des Vertragsschlusses,** offenkundig zu einer derart einseitigen Lastenverteilung für den Fall der Scheidung führen, dass ihr losgelöst von der künftigen Entwicklung der Ehegatten und ihrer Lebensverhältnisse die Anerkennung der Rechtsordnung ganz oder teilweise zu versagen ist und an ihre Stelle die gesetzliche Regelung tritt. Maßgeblich ist der **Gesamtcharakter der Vereinbarung,** der sich auf der Grundlage der individuellen Verhältnisse der Ehegatten nach ihrem Inhalt, Beweggrund und Zweck, aber auch ihrer zeitlichen Nähe zu einer zwar nicht beabsichtigten, aber für möglich erachteten Scheidung bestimmt. Einzubeziehen sind insbesondere die Einkommens- und Vermögensverhältnisse der Ehegatten, der geplante oder bereits verwirklichte Zuschnitt der Ehe sowie die jeweiligen konkreten Auswirkungen der vereinbarten Regelungen auf die Ehegatten und auf ihre Kinder.[93] Dies gilt für alle Unterhaltsansprüche, insbesondere auch für den auf Betreuungsunterhalt (§ 1570; zur grundsätzlichen Zulässigkeit von Vereinbarungen auch insoweit → Rn. 46, 130, allerdings unter gebührender Wahrung des Wohls des Kindes und seiner Interessen, → § 1570 Rn. 46–71).[94]

---

86 Dazu OLG Naumburg DNotZ 2002, 791 = FamRZ 2002, 456; OLG Brandenburg NJOZ 2003, 3104 = FamRZ 2003, 764 (766).

87 BGH NJW 2005, 3282 = FamRZ 2005, 1662 (1663).

88 Zur Nichtigkeit von Vereinbarungen, nach dem Tode des unterhaltspflichtigen Ehegatten auf eine Geschiedenen-Witwenrente nach § 46 Abs. 3 SGB VI zu verzichten, OLG Hamm FamRZ 1985, 385 (387 f.).

89 Die Sonderbestimmungen in § 72 S. 2, 3 EheG sind ersatzlos entfallen, BT-Drs. 7/650, 149.

90 BGH NJW-RR 1991, 132 = FamRZ 1991, 306 f.

91 BGHZ 20, 127 (132) = NJW 1956, 790 = FamRZ 1956, 144; OLG Hamm FamRZ 1980, 890 (892) zu § 90 BSHG aF.

92 BGHZ 178, 322 = NJW 2009, 842 Rn. 19 = FamRZ 2009, 198; OLG Karlsruhe RNotZ 2007, 216 = FamRZ 2007, 477; OLG Celle NJW-RR 2004, 1585 = FamRZ 2004, 1969.

93 BGH NJW 2018, 1015 Rn. 13 mAnm *Grziwotz* = NZFam 2018, 267 mAnm *Milzer* = FamRZ 2018, 577 mAnm *Bergschneider*; NJW 2015, 52 Rn. 20 = FamRZ 2014, 1978 (Versorgungsausgleich); NJW 2014, 1101 Rn. 17 = FamRZ 2014, 629; NJW 2013, 1359 Rn. 16 = FamRZ 2013, 770 (Versorgungsausgleich); NJW 2013, 457 Rn. 22 = FamRZ 2013, 269; NJW 2013, 380 Rn. 17, 22 = FamRZ 2013, 195; NJW 2009, 2124 Rn. 13 = FamRZ 2009, 1041; NJW 2008, 3426 Rn. 20, 21 = FamRZ 2008, 2011; NJW 2005, 2386 = FamRZ 2005, 1444 (1447); NJW 2005, 1370 = FamRZ 2005, 691 (693); NJW 2005, 137 = FamRZ 2005, 26 (27); BGHZ 158, 81 = NJW 2004, 930 = FamRZ 2004, 601 (606) (grundlegend); NJW-RR 1991, 132 = FamRZ 1991, 306 (307); NJW 1990, 703 = FamRZ 1990, 372 (373); NJW 1985, 1833 = FamRZ 1985, 788 (789).

94 BVerfGE 57, 363 = NJW 1981, 1711 = FamRZ 1981, 745 (749); s. dazu auch die Kritik von *F. W. Bosch* FS Habscheid, 1989, 23 (34 ff.); s. nunmehr BVerfGE 118, 45 = NJW 2007, 1735 Rn. 44 = FamRZ 2007, 965, dort auch zum Anspruch nicht verheirateter Eltern auf Betreuungsunterhalt nach § 1615l.

**2. Beachtliche Umstände. a) Grundlagen.** Der Nichtigkeit von Vereinbarungen über die Scheidungsfolgen sind enge Grenzen gesetzt. Allein der Umstand, dass sich die Vereinbarung allein oder überwiegend zu Lasten eines Ehegatten auswirkt, rechtfertigt nicht die Annahme der Sittenwidrigkeit mit der Begründung, eine Scheidung werde für diesen infolge seiner dann fehlenden wirtschaftlichen Absicherung unzulässig erschwert. Es gibt auch keine tatsächliche **Vermutung** für die Sittenwidrigkeit.[95] Ebenso wenig für das Zurückbleiben der vertraglich vereinbarten Unterhaltshöhe hinter dem Bedarf nach den ehelichen Lebensverhältnissen.[96] Vielmehr müssen **besondere,** außerhalb der Vertragsurkunde liegende **objektive** und/oder **subjektive Umstände** – etwa Ausnutzung einer Zwangslage, soziale oder wirtschaftliche Abhängigkeit, intellektuelle Unterlegenheit – hinzutreten, die eine **verwerfliche Gesinnung** offenbaren und dadurch das Unwerturteil im Einzelfall begründen.[97] Doch sind auch sie – etwa die **Schwangerschaft** der Frau bei Vertragsschluss – lediglich **Indizien** für eine schwächere Verhandlungsposition des Berechtigten und subjektive Imparität beim Vertragsabschluss, die die Annahme von Sittenwidrigkeit allein idR jedoch nicht rechtfertigen werden, sondern eine verstärkte richterliche Kontrolle anhand einer **Gesamtschau** und **-würdigung** aller maßgeblichen Umstände des Einzelfalles unter Einbeziehung aller objektiven und subjektiven Gegebenheiten **bei Vertragsschluss** (→ Rn. 50) fordert.[98] 51

**Beispiele aus der Rspr.:**
BGH NZFam 2017, 408 Rn. 38, 39 = FamRZ 2017, 884: Zur Gesamtwürdigung eines Ehevertrages in einer „Unternehmerehe", in der der nacheheliche Unterhalt, der Versorgungsausgleich und der güterrechtliche Ausgleich ohne ausreichende Kompensation ausgeschlossen wurde.
OLG Celle NJW 2018, 3462 Rn. 22 mAnm *Bergschneider* NZFam 2018, 950 = FamRZ 2019, 356: Sittenwidrigkeit der Begrenzung des nachehelichen Unterhalts auf das Existenzminimum, wenn bereits bei Vertragsschluss absehbar war, dass die beruflichen Einschränkungen des kinderbetreuenden Ehegatten diesen allein treffen würden.

Da auf den Zeitpunkt des Vertragsschlusses abzustellen ist (→ Rn. 50), kommt einer bestimmten Erwartung hinsichtlich der **Entwicklung einzelner Umstände** – etwa der Ertragssituation eines vom Berechtigten betriebenen Gewerbes – keine indizielle Bedeutung für die Sittenwidrigkeit zu.[99] Sie ist vielmehr im Rahmen der **Ausübungskontrolle** (→ Rn. 108–133) oder **Vertragsanpassung** (→ Rn. 114–164) zu berücksichtigen. 52

**b) Maßgebliche Umstände. aa) Objektive Umstände.** Als solche sind zu berücksichtigen: 53
- Umstände, die bereits objektiv eine **Zwangslage** des benachteiligten Ehegatten begründet oder ihn gehindert haben, auf Abschluss und Inhalt des Ehevertrags/Unterhaltsvereinbarung Einfluss zu nehmen. 54
- Der geplante und bereits verwirklichte **Zuschnitt der Ehe** sowie dessen Auswirkungen auf die Ehegatten und auf bereits vorhandene und geplante Kinder.[100] 55
- Die **Ehebedingtheit** der Unterhaltsbedürftigkeit (näher → Rn. 131–133).[101] Dies betrifft vornehmlich bereits vor der Ehe aufgetretene **Krankheiten** und **Ausbildungen,** die offenkundig keine Erwerbsgrundlage versprechen.[102] 56
- Die **individuellen Verhältnisse** der Ehegatten, insbesondere 57
  - ihre **Einkommens-** und **Vermögensverhältnisse,**
  - die **Erwerbschancen** des benachteiligten Ehegatten,

---

[95] BGH NJW 2013, 457 Rn. 27 = FamRZ 2013, 269; NJW 2013, 380 Rn. 24 = FamRZ 2013, 195; BGHZ 178, 322 = NJW 2009, 842 Rn. 32, 33 = FamRZ 2009, 198.

[96] BGH NJW 2013, 380 Rn. 24 = FamRZ 2013, 195; NJW 2008, 3426 Rn. 15 = FamRZ 2008, 2011; OLG Celle NJW-RR 2009, 1302, 1304 = FamRZ 2009, 1682 Ls.

[97] BGH NJW 2014, 1101 Rn. 39 = FamRZ 2014, 629; NJW 2013, 380 Rn. 24 = FamRZ 2013, 195; NJW 2008, 3426 Rn. 15 = FamRZ 2008, 2011; NJW 1997, 192 = FamRZ 1997, 156; NJW 1997, 126 = FamRZ 1996, 1536; NJW 1990, 703 = FamRZ 1990, 372 (373); OLG Celle NJW-RR 2009, 1302 (1304) = FamRZ 2009, 1682 Ls.

[98] BGH NZFam 2017, 408 Rn. 38, 39 mAnm *Graba, Born* NJW 2017, 1886 = FamRZ 2017, 884 mAnm *Bergschneider*; NJW 2014, 1101 Rn. 37, 38, 43 = FamRZ 2014, 629 (Sittenwidrigkeit eines Ehevertrags mit einem von der Ausweisung bedrohten Ausländer); NJW 2013, 380 Rn. 24 = FamRZ 2013, 195; NJW 2008, 3426 Rn. 20, 21, 23 = FamRZ 2008, 2011; NJW 2006, 3142 Rn. 21 = FamRZ 2006, 1359; NJW 2005, 1370 = FamRZ 2005, 691 (692).

[99] AA OLG Hamm FamRZ 1991, 88 f.; s. auch OLG Stuttgart FPR 2000, 280 = FamRZ 1998, 1296 (1297 f.) (Verpflichtung zu Unterhaltsleistungen in die Leistungsfähigkeit übersteigender Höhe).

[100] BGH NJW 2014, 1101 Rn. 17 = FamRZ 2014, 629.

[101] BGH NJW 2008, 3426 Rn. 15 = FamRZ 2008, 2011.

[102] BGH NJW 2007, 904 Rn. 20 = FamRZ 2007, 197.

– mögliche berufliche **Begünstigungen** des Bedürftigen.[103]

58 – Die finanzielle **Leistungsfähigkeit** des Verpflichteten und die Wahrung seines **Existenzminimums** (→ Rn. 89). Die Abweichung vom **Halbteilungsprinzip** allein ist jedoch unerheblich.[104]

**Beispiel aus der Rspr.:**
BGH NJW 2012, 1209 Rn. 33 = FamRZ 2012, 525: 50% der bereinigten Einkünfte des Verpflichteten aus einer Praxis, nach Entfallen des Kindesunterhalts 40%.

59 – **Angemessener Ausgleich** gegenläufiger finanzieller Interessen der Ehegatten („Kompensation"), der auch durch eine „besondere Großzügigkeit oder Nachgiebigkeit" eines Ehegatten nicht in Frage gestellt wird und auch nicht zu einer subjektiven Imparität (→ Rn. 85) führt.[105] Hierunter fällt auch der Verzicht auf **in der Ehe erlangte Rechtspositionen** ohne hinreichende Kompensation, wobei zwischen Vertragsschluss *vor* und *in* der Ehe zu differenzieren ist.[106]

**bb) Subjektive Umstände.** Insoweit sind heranzuziehen:

60 – Die von den Ehegatten mit der Vereinbarung verfolgten **Zwecke** und **sonstigen Beweggründe,** die den begünstigten Ehegatten zu seinem Verlangen nach der vertraglichen Gestaltung veranlasst und den benachteiligten Ehegatten bewogen hat, diesem Verlangen zu entsprechen.[107]

**Beispiele aus der Rspr.:**
BGH NJW 2014, 1101 Rn. 45, 46 = FamRZ 2014, 629: „Bestrafung" eines Ehegatten unter Umgehung von § 27 VersAusglG.
BGH NZFam 2017, 408 Rn. 45 = FamRZ 2017, 884: Der Schutz eines Unternehmens und die Übertragung von Geschäftsanteilen auf einen Ehegatten in Abhängigkeit vom Abschluss eines Ehevertrags **(„Unternehmerehe")** rechtfertigen allein keinen Unterhaltsverzicht.

61 – Die **subjektive Imparität** der Ehegatten als Folge einer **einseitigen Dominanz** eines Ehegatten aufgrund **unterlegener Verhandlungsposition,**[108] etwa
– durch das **Ausnutzen**
62 – einer **Zwangslage.** Dazu reicht die **Bedingung** des bevorteilten Ehegatten, die Ehe nur nach **Abschluss eines Ehevertrages** einzugehen, für sich genommen zum Schluss auf eine gestörte Vertragsparität nicht aus; vielmehr muss der benachteiligte Ehegatte erkennbar in einem besonderen Maße auf die Eheschließung angewiesen gewesen sein.[109]

**Beispiel aus der Rspr.:**
BGH NJW 2018, 1015 mAnm *Grziwotz* = NZFam 2018, 267 mAnm *Milzer* = FamRZ 2018, 577 mAnm *Bergschneider*: Sittenwidrigkeit eines Ehevertrags – durch den die Ehegatten „Gütertrennung vereinbarten, den Versorgungsausgleich ausschlossen und für den Fall der Scheidung gegenseitig und vollständig auf nachehelichen Unterhalt verzichteten" und regelten, „dass die etwaige Unwirksamkeit einer Bestimmung auf die Wirksamkeit des Vertrags im Übrigen keinen Einfluss haben sollte" – mit einem von der Ausweisung bedrohten Ausländer aufgrund einer Gesamtschau der zu den Scheidungsfolgen getroffenen Regelungen. Die Ehefrau mit ausländischer Staatsangehörigkeit ohne Aufenthaltserlaubnis war der deutschen Sprache nicht ausreichend mächtig; die Deutschkenntnisse des zum Vertragsschluss hinzugezogenen Dolmetschers sollen nicht ausreichend gewesen sein.

---

103 BGH NJW 2013, 380 Rn. 17 = FamRZ 2013, 195 (die Ehefrau trägt als Angehörige des öffentlichen Dienstes kein nennenswertes Arbeitsmarktrisiko).

104 BGH NJW 2015, 52 Rn. 21 = FamRZ 2014, 1978; NJW 2014, 1101 Rn. 28 = FamRZ 2014, 629; NJW 2013, 380 Rn. 17 = FamRZ 2013, 195; NJW 2012, 1209 Rn. 33 = FamRZ 2012, 525; NJW 2009, 2124 Rn. 13 = FamRZ 2009, 1041; BGHZ 178, 322 = NJW 2009, 842 Rn. 22–28 = FamRZ 2009, 198 (anders OLG Karlsruhe RNotZ 2007, 216 = FamRZ 2007, 477 f. als Vorinstanz); BGHZ 158, 81 = NJW 2004, 930 = FamRZ 2004, 601 (606).

105 BGH NJW 2015, 52 Rn. 31 = FamRZ 2014, 1978; NJW 2014, 1101 Rn. 44 = FamRZ 2014, 629 mwN.

106 BGH NZFam 2017, 408 Rn. 41 mAnm *Graba, Born* NJW 2017, 1886 = FamRZ 2017, 884 mAnm *Bergschneider.*

107 BGH NJW 2014, 1101 Rn. 17 = FamRZ 2014, 629.

108 BGH NZFam 2017, 408 Rn. 39, 42 mAnm *Graba, Born* NJW 2017, 1886 = FamRZ 2017, 884 mAnm *Bergschneider*; NJW 2014, 1101 Rn. 39 = FamRZ 2014, 629; NJW 2013, 457 Rn. 27 = FamRZ 2013, 269; NJW 2013, 380 Rn. 17, 24, 25 = FamRZ 2013, 195; NJW 2008, 3426 Rn. 19–24 = FamRZ 2008, 2011; NJW 2005, 1370 = FamRZ 2005, 691 (692).

109 BGH NJW 2018, 1015 Rn. 21 mAnm *Grziwotz* = NZFam 2018, 267 mAnm *Milzer* = FamRZ 2018, 577 mAnm *Bergschneider*; NJW 2014, 1101 Rn. 41 = NZFam 2014, 450 mAnm *Braeuer* = FamRZ 2014, 629; NJW 2013, 457 Rn. 28 = FamRZ 2013, 269; NJW 2009, 2124 Rn. 17 = FamRZ 2009, 1041.

– einer ausgeprägten **sozialen und wirtschaftlichen Abhängigkeit.**[110] 63

**Beispiele aus der Rspr.:**
BGH NJW 2005, 1370 = FamRZ 2005, 691 (692): Mitarbeit des bedürftigen Ehegatten in der Praxis des Verpflichteten.

BGH NJW 2014, 1101 Rn. 41 = FamRZ 2014, 629: Der Berechtigte war bei Abschluss des Ehevertrages „erkennbar in einem besonderen Maße auf die Eingehung oder Fortführung der Ehe angewiesen, weil er ohne den ökonomischen Rückhalt der Ehe einer ungesicherten wirtschaftlichen Zukunft entgegensehen würde".

Auch BGH NJW 2018, 1015 Rn. 21 mAnm *Grziwotz* = NZFam 2018, 267 mAnm *Milzer* = FamRZ 2018, 577 mAnm *Bergschneider*: Starkes Einkommens- und Vermögensgefälle zulasten der durch den Ehevertrag benachteiligten Ehefrau, die „erkennbar in einem besonderen Maße auf die Eheschließung angewiesen ist".

– einer **intellektuellen Unterlegenheit.** 64

**Beispiel aus der Rspr.:**
BGH NJW 2013, 380 Rn. 17, 24, 25 = FamRZ 2013, 195: Der Berechtigte war sich darüber im Klaren, dass der Verpflichtete nur heiraten wollte, wenn er ggf. keinen Unterhalt bezahlen müsse und seine Rente ihm voll verbleiben würde

– In **formeller Hinsicht** ist von Bedeutung,[111] wenn der benachteiligte Ehegatte 65
  – nicht in die **Vertragsverhandlungen** eingebunden wurde,
  – er keinen Einfluss auf den **Vertragsinhalt** nehmen konnte,
  – ihm der **Vertragsentwurf** vor Vertragsabschluss nicht vorgelegen hat,
  – ihm der Vertrag zwar **vorgelesen** wurde, er jedoch keine Möglichkeit gehabt hat, ihn selbst durchzulesen.

## II. Ehe-/Unterhaltsvertrag

**1. Vertragsschluss.** Vor und bei Vertragsschluss (→ Rn. 49, 50) ausgeübter **starker Druck** 66
durch einen Ehegatten kann nach dem Gesamtcharakter der Vereinbarung zu ihrer Sittenwidrigkeit führen.[112] Wurde die Vereinbarung vor der Eheschließung abgeschlossen, kommt Sittenwidrigkeit allerdings wohl nur in Ausnahmefällen in Betracht, weil die Eheschließung nicht erzwungen und eine Scheidung nach dem Zerrüttungsprinzip von keinem Ehegatten auf Dauer verhindert werden kann (§ 1568). Die danach noch verbleibenden, rechtlich erheblichen Fälle dürften idR bereits zur **Anfechtbarkeit wegen Drohung** (§ 123) führen.

**Beispiele aus der Rspr.:** 67
BGH NJW 1957, 1188 = FamRZ 1957, 298 f.: Verlangen eines Schuldanerkenntnisses von dem die Ehe störenden Ehegatten in seine Leistungsfähigkeit bei weitem übersteigender Höhe.

BGH NJW 1962, 1294 = FamRZ 1962, 366: Unter der Geltung des Zerrüttungsprinzips führt das Verlangen von Vermögensvorteilen als „Gegenleistung" für die Einwilligung in die Scheidung nicht mehr zur Sittenwidrigkeit.

BGH NJW 2018, 1015 mAnm *Grziwotz* = NZFam 2018, 267 mAnm *Milzer* = FamRZ 2018, 577 mAnm *Bergschneider*: Bedingung des Ehemannes für die Eheschließung mit einer der deutschen Sprache kaum mächtigen Ausländerin ohne gesicherten Aufenthaltsstatus, dass die Frau auf alle Rechte auf nachehelichen Unterhalt, güterrechtlichen Ausgleich und Versorgungsausgleich verzichtet.

OLG Düsseldorf FamRZ 1989, 635 (636): Die falsche „Beratung" durch den vom Berechtigten beauftragten Rechtsanwalt gegenüber dem Verpflichteten, trotz einer nur kurzen Ehezeit entspreche eine weitgehend unabänderliche Vereinbarung auf unbegrenzte Zeit der Rechtslage (anders § 1573 Abs. 5, § 1578 Abs. 1 S. 2 [UÄndG 1986], § 1578b Abs. 1, 2 [UÄndG 2007]), führt wegen Einseitigkeit zur Sittenwidrigkeit.

**2. Vertragsinhalt.** Sittenwidrig wird eine Vereinbarung idR nur dann sein, wenn Regelungen 68
aus dem **Kernbereich** (Betreuungs-, Krankheits-, Altersunterhalt und Versorgungsausgleich, → Rn. 46) ganz oder jedenfalls zu erheblichen Teilen in der erkennbaren Absicht, einen Ehegatten einseitig zu benachteiligen,[113] abbedungen werden, ohne dass dieser Nachteil durch anderweitige Vorteile gemildert **(„Kompensation")** oder durch die besonderen Verhältnisse der Ehegatten, den

---

[110] BGH NJW 2014, 1101 Rn. 41 = FamRZ 2014, 629; NJW 2013, 457 Rn. 28 = FamRZ 2013, 269; NJW 2009, 2124 Rn. 17 = FamRZ 2009, 1041.

[111] BGH NZFam 2017, 408 Rn. 42 mAnm *Graba*, *Born* NJW 2017, 1886 = FamRZ 2017, 884 mAnm *Bergschneider*.

[112] RGZ 166, 40 (42 f.); RGZ 159, 157 (166); RGZ 114, 338 (342).

[113] BGH NJW 2013, 380 Rn. 22 = FamRZ 2013, 195; NJW 2008, 3426 Rn. 20, 21 = FamRZ 2008, 2011; NJW 2005, 1370 = FamRZ 2005, 691 (693).

von ihnen angestrebten oder gelebten Ehetyp oder sonstige gewichtige Belange des begünstigten Ehegatten gerechtfertigt werden.[114]

69 Eine einseitige Lastenverteilung in einem **Ehevertrag** führt allein nicht zur – widerlegbaren – Vermutung einer verwerflichen Gesinnung des bevorteilten Ehegatten. Doch kann auch dann, wenn jede einzelne Regelung des Ehevertrags nicht sittenwidrig ist, eine **Gesamtschau** aller einen Ehegatten einseitig belastenden Umstände ergeben, dass ihr objektives Zusammenwirken dann zu einer verwerflichen Gesinnung des bevorteilten Ehegatten führt, wenn „sich in dem unausgewogenen Vertragsinhalt eine auf ungleichen Verhandlungspositionen basierende einseitige Dominanz eines Ehegatten und damit eine Störung der subjektiven Vertragsparität widerspiegelt." Hierzu bedarf es idR der Feststellung außerhalb der Vertragsurkunde liegenden „verstärkenden Umstände ..., die auf eine subjektive Imparität, insbesondere infolge der Ausnutzung einer Zwangslage, sozialer oder wirtschaftlicher Abhängigkeit oder intellektueller Unterlegenheit, hindeuten könnten."[115]

70 Vereinbarungen, die dem **gesetzlichen Unterhaltsrecht** entsprechen – die also einen Inhalt haben, der nicht nur abstrakt möglich ist, sondern nach den tatsächlichen Umständen auch gerichtlich konkret zugesprochen werden könnte – werden stets unabhängig von den subjektiven Umständen sittengemäß sein.[116]

71 Doch auch Inhalte, die über den **gesetzlichen Regelungsgehalt** hinausgehen, sind infolge der Dispositionsfreiheit der Ehegatten nicht stets sittenwidrig. Maßgeblich sind insoweit die subjektiven Umstände, die Sicherung des Lebensbedarfs beider Ehegatten und vor allem das Wohl gemeinsamer Kinder, aber auch die **Drittbezogenheit** des Regelungsinhalts (zum **Unterhaltsverzicht** → Rn. 91–99).

**Beispiele:**

72 **Vereinbarungen zu Lasten des Verpflichteten** (der vereinbarte Unterhaltsbetrag übersteigt den nach der gesetzlichen Regelung geschuldeten):
RGZ 145, 152 (153); RGZ 157, 161 (165 f.); RGZ 166, 40 (42, 49): Die einem Ehegatten versprochenen Vermögensvorteile übersteigen unter Berücksichtigung der wirtschaftlichen Verhältnisse des Verpflichteten – ohne die Unterhaltsverpflichtungen gegenüber einem zukünftigen, nachrangigen Ehegatten (nunmehr aber § 1582 [UÄndG 2007] iVm § 1609 Nr. 2 [UÄndG 2007], → § 1582 Rn. 16–29) – unter Anwendung eines strengen Maßstabs ganz erheblich die für seine Absicherung erforderlichen finanziellen Mittel.
OLG Karlsruhe NJWE-FER 1998, 147 = FamRZ 1998, 1436 (1437): Nicht sittenwidrig ist die Vereinbarung, Unterhalt werde auch im Falle der Arbeitslosigkeit oder Einkommensminderung in voller (bisheriger) Höhe bezahlt.
OLG Saarbrücken BeckRS 2003, 30329706: Dem Verpflichteten ist die Berufung auf einen vereinbarten Abänderungsausschluss sowohl bezogen auf die Sittenwidrigkeit als auch die Ausübungskontrolle verwehrt. Maßgeblich ist insoweit aber auf die Höhe des nicht abänderbaren Unterhaltsbetrags und den Bedarf des Berechtigten abzustellen.
OLG Karlsruhe MittBayNot 2007, 216 = FamRZ 2007, 477 ff.; aA BGHZ 178, 322 = NJW 2009, 842 Rn. 22 = FamRZ 2009, 198): Sittenwidrig ist ein Leibrentenversprechen zu Lasten des Verpflichteten unter Abweichung von der Halbteilung, ohne den notwendigen Eigenbedarf zu wahren, wegen Störung der Vertragsparität.
BGHZ 178, 322 = NJW 2009, 842 Rn. 19 = FamRZ 2009, 198: Die Grundsätze für die Inhaltskontrolle von Eheverträgen, „die einer evident einseitigen, durch die individuelle Gestaltung der ehelichen Lebensverhältnisse nicht gerechtfertigten und für den belasteten Ehegatten unzumutbaren Lastenverteilung begegnen sollen", gelten auch für den Verpflichteten.

73 **Vereinbarungen zu Lasten des Berechtigten:**
BGH NJW 1984, 1951 = FamRZ 1984, 778 (779 f.) (zur Freistellung von Kindesunterhalt): Verzicht auf Unterhalt als „Gegenleistung" für den Verzicht eines umgangsberechtigten und umgangsbereiten Elternteils auf den Umgang mit einem gemeinsamen Kind wegen unzulässiger „Kommerzialisierung" des Umgangsrechts (zur Pflicht eines jeden Elternteils zum Umgang, § 1684 Abs. 1). Dies gilt nicht nur für den Kindesunterhalt, sondern auch für den Ehegattenunterhalt, wenn der Verzicht auf das Umgangsrecht das alleinige Motiv für den Unterhaltsverzicht war.
BGH NJW 1990, 703 = FamRZ 1990, 372 (374): Nicht sittenwidrig ist das Versprechen zur Zahlung einer Abfindung bereits bei Einreichung des Scheidungsantrags beim FamG, wenn damit das Auskommen des

[114] BGH NJW 2014, 1101 Rn. 17 = FamRZ 2014, 629; NJW 2009, 2124 Rn. 14 = FamRZ 2009, 1041; NJW 2007, 2851 Rn. 15 = FamRZ 2007, 1310.

[115] BGH NJW 2018, 1015 Rn. 19 mAnm *Grziwotz* = NZFam 2018, 267 mAnm *Milzer* = FamRZ 2018, 577 mAnm *Bergschneider*; NJW 2017, 1883 Rn. 39 mAnm *Born* = NZFam 2017, 408 mAnm *Graba* = FamRZ 2017, 884; NJW 2014, 1101 Rn. 39 = NZFam 2014, 450 mAnm *Braeuer* = FamRZ 2014, 629; NJW 2013, 457 Rn. 27 = FamRZ 2013, 269; NJW 2013, 380 Rn. 24 = FamRZ 2013, 195.

[116] *Münch* FamRZ 2009, 171 mwN.

wirtschaftlich schwächeren Ehegatten gesichert werden soll und die Ehegatten die Vorstellung hatten, ein alsbald bevorstehender Scheidungsantrag werde auch zur Auflösung der Ehe führen.

BGH NJW 2007, 2851 Rn. 19 = FamRZ 2007, 1310 (aA die Vorinstanz OLG Celle BeckRS 2004, 30469849 = FamRZ 2004, 1489 (1492)): Wirksam ist die vor der Eheschließung vereinbarte Abfindung mit einem festen Betrag für jedes Ehejahr samt Wertsicherung.

BGH NJW 2018, 1015 = NZFam 2018, 267 = FamRZ 2018, 577: Sittenwidrigkeit eines Ehevertrags mit einer von der Ausweisung bedrohten Ausländerin aufgrund einer Gesamtschau der zu den Scheidungsfolgen getroffenen Regelungen – mangelnde Sprachkenntnisse sowohl der künftigen Ehefrau als auch des zur Beurkundung hinzugezogenen Dolmetscher (→ § 16 BeurkG).

OLG Zweibrücken NJOZ 2007, 3547 = FamRZ 2007, 2073 (2074): Die Beschränkung des Unterhalts auf den sozialhilferechtlichen Grundbetrag (damals 690 EUR) ist nicht zu beanstanden.

OLG Celle NJW 2018, 3462 Rn. 22 mAnm *Bergschneider* NZFam 2018, 950 = FamRZ 2019, 356: Sittenwidrigkeit der Begrenzung des nachehelichen Unterhalts auf das Existenzminimum, wenn bereits bei Vertragsschluss absehbar war, dass die beruflichen Einschränkungen des kinderbetreuenden Ehegatten diesen allein treffen würden.

**Drittbezogenheit:** 74

Die Vereinbarung der Ehegatten über die **Fälligkeit** des Unterhalts (auch → § 1585 Rn. 7, 74, 75) weicht durch Vorziehen oder Hinausschieben der Unterhaltsleistungen von § 1585 Abs. 1 S. 2 ab und berührt dadurch die Interessen eines Dritten (auch → Rn. 91–99).

Unwirksam sind Vereinbarungen der Ehegatten über den **Rang** des Unterhaltsberechtigten, soweit sie Dritte benachteiligen (→ § 1582 Rn. 33).

**3. Rechtsfolgen.** Führt die Gesamtwürdigung des Ehevertrages zu seiner Sittenwidrigkeit, ist der **ganze Vertrag** nichtig (§ 138 Abs. 1) und damit von Anfang an unwirksam. Sind lediglich **einzelne Regelungen** sittenwidrig, ist im Zweifel der gesamte Ehevertrag nichtig, wenn nicht anzunehmen ist, dass er auch ohne die nichtigen Bestimmungen geschlossen worden wäre.[117] Daran ändert auch eine **salvatorische Klausel** nichts, weil sie selbst Ausdruck der auf den ungleichen Verhandlungspositionen beruhenden Störung der Vertragsparität ist.[118] 75

Die Benachteiligungen eines Ehegatten haben umso größeres Gewicht, „je unmittelbarer die vertragliche Abbedingung gesetzlicher Regelungen in den Kernbereich des Scheidungsfolgenrechts eingreift."[119] Dass die isolierte Beurteilung der vertraglichen Regelung einzelner Scheidungsfolgen nicht zu deren Sittenwidrigkeit führt, steht der Sittenwidrigkeit aufgrund einer **Gesamtbetrachtung** dann nicht entgegen, wenn sich aus dem objektiven Zusammenwirken aller vertraglichen Regelungen die Absicht der einseitigen Benachteiligung eines Ehegatten ableiten lässt.[120] 76

## III. Insbesondere: Unterhaltsverzicht

**1. Grundsätze. a) Zulässigkeit.** Da die gesetzlichen Regeln zum nachehelichen Unterhalt disponibel sind (→ Rn. 1), kann auf den – auch künftigen – Geschiedenenunterhalt auch **vollständig** verzichtet werden (anders § 1360a Abs. 3, § 1361 Abs. 4 S. 4, § 1614 Abs. 1, § 1615l Abs. 3 S. 1[121]), auch soweit der Anspruch auf § 1570 gestützt werden könnte (aber → Rn. 46, 47, 50, 87–89, 102, 130).[122] Zur **Nichtigkeit** eines Unterhaltsverzichts → Rn. 100, zum Verstoß gegen **Treu und Glauben,** sich auf ihn zu berufen, → Rn. 108–112. 77

**b) Rechtsnatur.** Der Verzicht hat als abstrakter **Vertrag** iSd § 397 Abs. 1 wegen der Endgültigkeit der Vereinbarung idR nicht nur **gestaltenden,** sondern auch **verfügenden** Charakter (§ 779, 78

117 BGH NJW 2018, 1015 Rn. 15, 23 mAnm *Grziwotz* = NZFam 2018, 267 mAnm *Milzer* = FamRZ 2018, 577 mAnm *Bergschneider*; NJW 2013, 457 Rn. 31 = FamRZ 2013, 269; NJW 2005, 2386 = FamRZ 2005, 1444 (1447).

118 BGH NJW 2018, 1015 Rn. 23 mAnm *Grziwotz* = NZFam 2018, 267 mAnm *Milzer* = FamRZ 2018, 577 mAnm *Bergschneider*; NJW 2013, 457 Rn. 31 = FamRZ 2013, 269; NJW 20009, 2124 Rn. 17 = FamRZ 2009, 1041; dazu auch – geltungserhaltende Reduktion – OLG Celle NJW 2018, 3462 Rn. 27, 38 mAnm *Bergschneider.* NZFam 2018, 950 = FamRZ 2019, 356.

119 BGH NJW 2018, 1015 Rn. 12 mAnm *Grziwotz* = NZFam 2018, 267 mAnm *Milzer* = FamRZ 2018, 577 mAnm *Bergschneider*; NJW 2014, 1101 Rn. 16 = FamRZ 2014, 629; NJW 2013, 380 Rn. 16 = FamRZ 2013, 195 mwN.

120 BGH NJW 2018, 1015 Rn. 16, 19 mAnm *Grziwotz* = NZFam 2018, 267 mAnm *Milzer* = FamRZ 2018, 577 mAnm *Bergschneider*; NJW 2017, 1883 Rn. 38 mAnm *Born* = NZFam 2017, 408 mAnm *Graba* = FamRZ 2017, 884; NJW 2014, 1101 Rn. 38 = NZFam 2014, 450 mAnm *Braeuer* FamRZ 2014, 629; NJW 2013, 457 Rn. 26 = FamRZ 2013, 269; NJW 2013, 380 Rn. 22 = FamRZ 2013, 195.

121 OLG Celle BeckRS 2014, 11774 = FamRZ 2014, 1787 Ls.

122 Krit. *F. W. Bosch* FamRZ 1982, 1216; *F. W. Bosch* FS Habscheid, 1989, 35 f. mit dem Vorschlag, bei § 1570 grundsätzlich von der Unwirksamkeit eines Verzichts auszugehen und lediglich ausnahmsweise Wirksamkeit anzunehmen; ihm zust. *Büttner* FamRZ 1998, 1 (7) Fn. 44.

→ § 397 Rn. 6), sodass neben den Unterhaltsansprüchen auch das **Stammrecht** (→ § 1569 Rn. 7) erlischt.[123] Wegen ihrer einschneidenden Wirkungen muss die Vereinbarung eines Verzichts **klar** und **eindeutig** sein.

79 **Beispiele aus der Rspr.:**
BGH NJW-RR 1995, 833 = FamRZ 1995, 726 (728): Zur Auslegung eines Unterhaltsverzichts, der Unterhaltsansprüche bei Erwerbsbehinderung durch Kindesbetreuung offenlässt, wenn der Berechtigte in nichtehelicher Lebensgemeinschaft lebt, aus der ein Kind hervorgegangen ist, das ihn an der Aufnahme einer Erwerbstätigkeit hindert.
OLG Schleswig BeckRS 2001, 30153252 = SchlHA 2001, 118 f.: Die Vereinbarung eines unter dem gesetzlichen Unterhalt liegenden Betrages ist nur dann ein teilweiser Unterhaltsverzicht für die Zukunft, wenn auch dies dem Willen des Berechtigten entspricht.
OLG Koblenz NJW 2007, 2052 = FamRZ 2007, 479 (480): Die Formulierung „erlischt der Anspruch auf Unterhalt endgültig" ist eindeutig ein Unterhaltsverzicht.

Dies trifft auf Vereinbarungen, für den Fall der Scheidung in erster Linie zu eigener Arbeit verpflichtet zu sein und sich selbst zu unterhalten,[124] oder Ehegattenunterhalt wegen der Zahlung von Kindesunterhalt nicht geltend zu machen,[125] nicht zu.

80 Die Nichtgeltendmachung des Unterhaltsanspruchs über einen längeren Zeitraum rechtfertigt nicht die Annahme eines **stillschweigenden Vertragsschlusses,** wenn der Berechtigte keinen triftigen Grund für einen Verzicht hatte oder eine andere Erklärung für die unterlassene Rechtsausübung näherlag.[126]

81 Entfällt das für den Verzicht kausale Schuldverhältnis wegen **Unwirksamkeit,** bedarf es für das Wiederaufleben des gesetzlichen Unterhaltsanspruchs der Kondiktion des Verzichts.[127]

82 Bei gegenseitigem Verzicht sind **Schenkungen** (→ Rn. 21) nur schwer vorstellbar, weil beide Ehegatten Gläubiger und Schuldner eines nachehelichen Unterhaltsanspruchs werden können.

83 Zur Wirksamkeit eines Verzichts durch Ersetzung der Zustimmung des Unterhaltsgläubigers zum **Insolvenzplan** durch das Insolvenzgericht s. § 245 InsO.[128]

84 **c) „Auch für den Fall der Not".** Die auf den ehemaligen § 65 Abs. 1 EheG (Gesetzestext → 7. Aufl. 2017, Anh. § 1586b Rn. 4) zurückgehende, von der Praxis auch jetzt noch verwandte Wendung „auch für den Fall der Not" ist nach jetzigem Recht **entbehrlich** und hat lediglich deklaratorische Bedeutung.[129]

85 Mit Formulierungen wie „mit Ausnahme des Falles der Not" oder „ausgenommen den Falle etwaigen Notbedarfs"[130] wird der Verzicht unter die **auflösende Bedingung** des Eintritts der Notlage gestellt[131] und lässt den Unterhaltsanspruch in Höhe des notwendigen Bedarfs wieder entstehen.[132] Allerdings nur für die Zeit der Notlage, mit deren Entfallen der Verzicht wieder wirksam wird.

86 **„Notbedarf"** ist nicht „notdürftiger Unterhalt" iSd § 65 EheG, der noch unter dem „notwendigen Unterhalt" iSd § 120 Abs. 1 FamFG, § 850d Abs. 1 S. 2 ZPO liegt und nur die unabweisbaren elementaren Bedürfnisse sicherstellen soll,[133] sondern ist mit dem notwendigen Bedarf nach der Düsseldorfer Tabelle anzunehmen.

87 **2. Einzelfälle. a) Kindeswohl.** Den **Kindesbelangen** kommt wegen ihrer besonderen unterhaltsrechtlichen Bedeutung (s. §§ 1570, 1577 Abs. 4 S. 2, § 1578b Abs. 1, 2, § 1579 Nr. 1, §§ 1582, 1609 Abs. 1 S. 2, § 1586a Abs. 1 S. 1) auch bei der Beurteilung der Nichtigkeit einer Vereinbarung

[123] BGH NJW 1985, 1835 = FamRZ 1985, 787 (unter 3.); BGHZ 20, 127 = NJW 1956, 790 = FamRZ 1956, 144; RGZ 106, 396 (400); OLG Karlsruhe NJW 1995, 1561 = FamRZ 1995, 998 (999) (deshalb Unwirksamkeit eines Vorvertrags); abl. etwa *Heß* FamRZ 1996, 981 (983 f.) mwN.
[124] OLG Schleswig NJW-RR 1993, 836 = FamRZ 1993, 72 f.
[125] OLG Schleswig OLGR 1997, 231 (233).
[126] BGH BeckRS 1981, 31074817 = FamRZ 1981, 763.
[127] *Hoffmann* in Göppinger/Wax UnterhaltsR Rn. 1758; *Heß* FamRZ 1996, 981 (983); aA *Gernhuber/Coester-Waltjen* FamR § 30 Rn. 16.
[128] Dazu OLG Düsseldorf NZI 2008, 689 = FamRZ 2009, 123 (124).
[129] Dazu BSGE 74, 9 = NJW-RR 1994, 1346 (1347).
[130] Dazu BGH NJW 1981, 51 = FamRZ 1980, 1104 (1105) (unter aa).
[131] *Hoffmann* in Göppinger/Wax Rn. 1768 mwN; aA *Gernhuber/Coester-Waltjen* FamR, 4. Aufl. 1994, § 30 XII 8 Fn. 18. Ausdrücklich offengelassen BGH NJW 1981, 51 = FamRZ 1980, 1104 (1105) (unter bb). Allgemein → § 397 Rn. 6.
[132] BGH NJW 1981, 51 = FamRZ 1980, 1104 (1105) (unter bb).
[133] BGH NJW 1981, 51 = FamRZ 1980, 1104 (1105) (unter aa); ebenso OLG Karlsruhe MittBayNot 1986, 264 = FamRZ 1985, 1050.

zum nachehelichen Unterhalt besonderes Gewicht zu. Doch müssen auch insoweit **besondere Umstände** (→ Rn. 51–65) vorliegen.[134] Deshalb ist der vollständige Ausschluss der Unterhaltsansprüche sittengemäß, wenn die bei Vertragsschluss kinderlosen Ehegatten auch zukünftig **keine Kinder** geplant oder mit solchen aufgrund ihres Lebensalters nicht mehr gerechnet hatten.[135] Und selbst wenn Kinder vorhanden sind[136] oder nach Vertragsschluss geboren werden,[137] führt dies allein nicht zur Sittenwidrigkeit des Unterhaltsverzichts, wenn sich dadurch noch keine Tendenz zu einer **Alleinverdienerehe** abzeichnet, weil die Ehegatten von einer gleichgewichtigen Kinderbetreuung oder davon ausgingen, dass kein Ehegatte seine Erwerbstätigkeit in nennenswerter Weise einschränken muss.[138] Gegen Sittenwidrigkeit spricht auch, wenn der Anspruch auf Betreuungsunterhalt lediglich der Höhe nach eingeschränkt wurde, dem Berechtigten aber gleichwohl die persönliche Betreuung der Kinder im angemessenen Umfang ermöglicht wird.[139]

Auch eine bei Vertragsschluss bestehende **Schwangerschaft** und der Wunsch der Frau, das Kind solle ehelich zur Welt kommen, begründet allein nicht die Sittenwidrigkeit eines Unterhaltsverzichts, vielmehr müssen weitere, dem unterhaltsberechtigten Ehegatten nachteilige Umstände hinzukommen.[140] Immer aber ist die Schwangerschaft ein **Indiz** für eine sich aus struktureller Unterlegenheit, Unerfahrenheit oder wirtschaftlicher Bedrängnis ergebende ungleiche Verhandlungsposition **(vertragliche Imparität),** die Anlass für eine strengere richterliche Inhaltskontrolle gibt (→ Rn. 51).[141] IdR wird die Frau dem Mann in den Vertragsverhandlungen **strukturell unterlegen** gewesen sein, wenn sie sich aufgrund ihrer Vermögenslage, beruflichen Qualifikation und Perspektiven zu Recht zur Fortsetzung der Ehe „unter allen Umständen" genötigt sieht, um sich wirtschaftlich abzusichern. Deshalb greift der Mann, der über die Eingehung der Ehe oder die Stellung eines Scheidungsantrags bestimmen kann, grundrechtswidrig und nach § 138 beachtlich in die **Privatautonomie** der Frau ein,[142] die wirtschaftlich unselbstständig ist und sich ihre wirtschaftliche Absicherung in der Ehe durch den Verzicht auf nachehelichen Unterhalt „erkauft".[143] Von Nichtigkeit kann danach stets dann ausgegangen werden, wenn der betreuende Elternteil vorhersehbar eine Erwerbstätigkeit zu Lasten der Kinderbetreuung aufnehmen oder aber Sozialhilfe in Anspruch nehmen muss.[144] 88

Die Belange von Kindern werden neben ihrer Gesundheit und Entwicklung ganz maßgeblich auch von ihrem **Alter,** das ihre Betreuungsbedürftigkeit indiziert, geprägt. Zwar wird dieser Umstand bislang vornehmlich im Zusammenhang mit dem Bestehen einer Erwerbsobliegenheit und deren Umfang (§ 1570) erfasst. Nachdem §§ 1570, 1615l den Anspruch auf Betreuungsunterhalt grundsätzlich bis zum vollendeten **3. Lebensjahr** eines Kindes befristen (allgemein → § 1570 Rn. 36–42)[145] und auch im Zusammenhang mit der Verwirkung von Unterhaltsansprüchen nach § 1579 Nr. 7 die Erwerbsobliegenheiten durch das UÄndG 2007 verschärft wurden (→ § 1579 Rn. 197), muss auch bei der Wirksamkeits- und Ausübungskontrolle von Unterhaltsvereinbarungen das **vollendete 3. Lebensjahr** ein maßgebliches Kriterium sein,[146] zumal §§ 1570, 1615l hinsichtlich der zeitlichen Dauer des Betreuungsunterhalts grundsätzlich deckungsgleich gestaltet sind. 89

134 BGH NZFam 2017, 408 Rn. 31 mAnm *Graba, Born* NJW 2017, 1886 = FamRZ 2017, 884 mAnm *Bergschneider;* NJW 1997, 192 = FamRZ 1997, 156; NJW 1997, 126 = FamRZ 1996, 1536; NJW 1990, 703 = FamRZ 1990, 372 (373); auch OLG Stuttgart FPR 1999, 299 = FamRZ 1999, 24; OLG Bamberg NJW 1991, 2776 = FamRZ 1991, 1060 (1061 f.); aA OLG Hamm BeckRS 2003, 30470230 = FamRZ 2004, 1294 (1296) (Vorinstanz zu BGHZ 158, 81 = NJW 2004, 930 = FamRZ 2004, 601).

135 BGH NJW 2013, 380 Rn. 19 = FamRZ 2013, 195; NJW 2005, 1370 = FamRZ 2005, 691 (692); NJW 2005, 2391 = FamRZ 2005, 1449 (1450); s. auch OLG Brandenburg NJOZ 2003, 3104 = FamRZ 2003, 764 (766); OLG Bamberg BeckRS 2003, 30327283.

136 OLG Hamm NJW-RR 2003, 1659 = FamRZ 2004, 201 f.

137 OLG München MittBayNot 2003, 226 = FamRZ 2003, 376 (377).

138 BGH NJW 2013, 380 Rn. 19 = FamRZ 2013, 195; BGHZ 158, 81 = NJW 2004, 930 = FamRZ 2004, 601, (605).

139 BGH NZFam 2017, 408 Rn. 31 mAnm *Graba, Born* NJW 2017, 1886 = FamRZ 2017, 884 mAnm *Bergschneider.*

140 BGH NJW 2005, 2386 = FamRZ 2005, 1444 (1447); OLG Braunschweig BeckRS 2008, 26262 = FamRZ 2005, 2071 f.; OLG Hamm NJW 2006, 3719 = FamRZ 2006, 1034 (1035); anders wohl noch AG Warendorf BeckRS 2009, 4644 = FamRZ 2003, 609 f.

141 BVerfG NJW 2001, 2248 = FamRZ 2001, 985; BGH NJW 2005, 2386 = FamRZ 2005, 1444 (1447); OLG Hamm NJW 2006, 3719 = FamRZ 2006, 1034 (1035); abl. *Bergschneider* FamRZ 2005, 2072; *Bergschneider* FamRZ 2005, 1449.

142 Zu Bürgschaftsverträgen s. BVerfG NJW 1996, 2021; BVerfGE 89, 214 = NJW 1994, 36 = FamRZ 1994, 151.

143 So zutr. *Büttner* FamRZ 1998, 1 (4 f.); *Dethloff* JZ 1997, 414 (415).

144 BSGE 74, 9 = NJW-RR 1994, 1346 (1347); OLG Köln FamRZ 1990, 634 f.

145 Diese Befristung wurde von BVerfGE 118, 45 = NJW 2007, 1735 = FamRZ 2007, 965 zu § 1615l Abs. 2 S. 3 aF verfassungsrechtlich nicht beanstandet.

146 *Bergschneider* FamRZ 2007, 1312 (1313).

90 **b) Alters- und Krankheitsunterhalt. Versorgungsausgleich.** Obwohl auch diese zum Kernbereich der Scheidungsfolgen gehören (→ Rn. 46), führt allein der Ausschluss dieser Ansprüche idR auch insoweit nicht zur Sittenwidrigkeit, weil im Zeitpunkt der Vereinbarung des Verzichts noch nicht absehbar ist, ob, wann und unter welchen wirtschaftlichen Gegebenheiten ein Ehegatte wegen Alters oder Krankheit bedürftig werden könnte.[147]

91 **c) Drittbezogenheit.** Ein **ohne verständigen Grund** vereinbarter, auch teilweiser Unterhaltsverzicht ist nichtig, wenn er zur Leistungspflicht eines Dritten führt. Diese Fragestellung kann in Bezug auf **Sozialleistungsträger** oder **Sozialversicherungsträger,** aber auch im Verhältnis zu **nachrangig haftenden Verwandten** (§ 1584, näher → § 1584 Rn. 34–36) auftreten. Praktisch sind vornehmlich folgende Fälle betroffen:

**aa) Sozialleistungen.**

92 – Zwar gibt es keine Pflicht zur Begünstigung des **Sozialhilfeträgers,** weil die Vertragsfreiheit eine Anpassung der gesetzlichen Scheidungsfolgen an die individuelle Vorstellung der Ehegatten von der Gestaltung ihre ehelichen Zusammenlebens zulässt und auch die nacheheliche Solidarität dem nicht entgegensteht,[148] so ist eine Unterhaltsabrede doch sittenwidrig, „wenn die Ehegatten damit auf der Ehe beruhende Familienlasten objektiv zum Nachteil der Sozialhilfe geregelt haben“[149] und beide Ehegatten subjektiv „zumindest grob fahrlässig“ handeln.[150] So etwa, „wenn sich aus der Gestaltung der ehelichen Lebensverhältnisse, insbesondere aus der Verteilung von Erwerbs- und Familienarbeit, im Scheidungsfall Nachteile für einen Ehegatten ergeben, die an sich durch den nachehelichen Unterhalt ausgeglichen würden.“ Auch die Zuwendung von Vorteilen für den Unterhaltsverzicht hindert unter diesen Voraussetzungen die Sittenwidrigkeit nicht, wenn sie die Bedürftigkeit des Berechtigten nicht entfallen lassen.[151] Verzichtet ein erwerbs- und vermögensloser bedürftiger Ehegatte in einer Scheidungsvereinbarung trotz Leistungsfähigkeit des Verpflichteten ganz oder teilweise[152] auf nachehelichen Unterhalt und fällt er dadurch für ihn vorhersehbar zwangsläufig der Sozialhilfe anheim, kann die Vereinbarung deshalb auch ohne die Absicht der Ehegatten, den Sozialhilfeträger zu schädigen, nach ihrem sich aus Inhalt, Beweggrund und Zweck zu entnehmenden Gesamtcharakter (→ Rn. 49, 66) sittenwidrig sein.[153] Auch muss dem Verpflichteten stets das **Existenzminimum** verbleiben.[154]

---

[147] Zum **Alters-** und **Krankheitsunterhalt:** BGH NZFam 2017, 408 Rn. 32 mAnm *Graba, Born* NJW 2017, 1886 = FamRZ 2017, 884 mAnm *Bergschneider;* NJW 2013, 380 Rn. 20 = FamRZ 2013, 195 (Bei Vertragsschluss war die Ehefrau erwerbstätig und hat Beiträge in die gesetzliche Rentenversicherung sowie in ihre Zusatzversorgungseinrichtung einbezahlt. Es bestanden keine Anhaltspunkte dafür, dass sie nicht selbst Vorsorge für den Fall des Alters und der Krankheit treffen konnte); NJW 2008, 1080 Rn. 22 = FamRZ 2008, 582; NJW 2005, 1370 = FamRZ 2005, 691 (692). – Zum **Versorgungsausgleich:** BGH NZFam 2017, 408 Rn. 34 mAnm *Graba, Born* NJW 2017, 1886 = FamRZ 2017, 884 mAnm *Bergschneider;* NJW 2013, 1359 Rn. 17 = FamRZ 2013, 770; NJW 2013, 457 Rn. 22 = FamRZ 2013, 269; NJW 2013, 380 Rn. 19, 21 = FamRZ 2013, 195; NJW 2005, 139 = FamRZ 2005, 185 (186); NJW 2004, 930 = FamRZ 2004, 601 (606).

[148] So der BGH NJW 2007, 904 Rn. 21 = FamRZ 2007, 197. Die Rechtsfigur der Unwirksamkeit von Verträgen zu Lasten Dritter liegt in den vorliegenden Fällen zwar nicht rechtlich, wohl aber in ihren Auswirkungen tatsächlich vor.

[149] BGHZ 178, 322 = NJW 2009, 842 Rn. 36 = FamRZ 2009, 198; NJW 2007, 904 Rn. 22 = FamRZ 2007, 197; NJW 1985, 1833 = FamRZ 1985, 788 (790); s. auch BGHZ 86, 82 = NJW 1983, 1851 = FamRZ 1983, 137 (138 f.).

[150] BGHZ 178, 322 = NJW 2009, 842 Rn. 36 = FamRZ 2009, 198; s. auch Erman/*Maier* Rn. 20: „…, wenn sich den Ehegatten bei Abschluss des Vertrags aufdrängen musste, dass der Verzichtende selbst nicht in der Lage sein werde, für seinen künftigen notwendigen Bedarf selbst zu sorgen.“

[151] Zum Ganzen BGH NJW 2007, 904 Rn. 22 = FamRZ 2007, 197 (Wohnrecht).

[152] Dazu OLG Zweibrücken BeckRS 2010, 9483 = FamRZ 1983, 930 (931) (geringer Unterhalt wegen der Anrechnung eines zu hohen Schuldendienstes).

[153] BGHZ 86, 82 = NJW 1983, 1851 = FamRZ 1983, 137 (138 ff.) zu § 72 EheG; zuletzt BGH NJW 2007, 904 Rn. 19 = FamRZ 2007, 197; s. auch OLG Koblenz NJW-RR 2004, 937 = FamRZ 2004, 1495 f.; OLG Köln NJOZ 2004, 100 = FamRZ 2003, 767; OLG Naumburg DNotZ 2002, 791 = FamRZ 2002, 456 (457); OLG Karlsruhe RNotZ 2001, 223 = FamRZ 2001, 1217 Ls.; OLG Schleswig BeckRS 2000, 30151381. Zur früheren Rspr. zu § 72 EheG (Gesetzestext → 7. Aufl. 2017, Anh. § 1586b Rn. 4), die Schädigungsabsicht forderte, → 1. Aufl. 1978, Rn. 32. Zu § 1585c s. BGH NJW 1992, 3164 = FamRZ 1992, 1403 (1404 f.); NJW 1987, 1546 = FamRZ 1987, 40 (42 f.); s. auch OLG Köln NJWE-FER 1999, 141 = FamRZ 1999, 920; MittRhNotK 1995, 205 = FamRZ 1995, 929 (930). Das OLG Schleswig BeckRS 2013, 20266 verlangt, dass die Sozialhilfebedürftigkeit gewollt oder billigend in Kauf genommen wurde.

[154] Das auch durch die Pfändungsfreigrenzen nicht gewahrt ist, weil sie den Verpflichteten nicht vor der Verpflichtung zur Abgabe der eidesstattlichen Versicherung schützen und zudem zum Auflaufen von Zinsen führen kann, BGHZ 178, 322 = NJW 2009, 842 Rn. 37, 38 = FamRZ 2009, 198.

– Allein wegen Sozialhilfebezugs ist ein Verzicht aber nicht nichtig, wenn der Verpflichtete die **Eingehung der Ehe** von ihm abhängig gemacht[155] oder dieser der **Wiederherstellung** der ehelichen Lebensgemeinschaft und der Schaffung einer überschaubaren wirtschaftlichen Grundlage gedient hat.[156] Keine Verlagerung auf den Sozialhilfeträger liegt zudem vor, wenn beide Ehegatten bereits **bei Vertragsschluss** sozialhilfebedürftig waren.[157] 93

– Wurde die Ehe mit einem ausländischen Partner (auch) der **ausländerrechtlichen Vorteile** wegen eingegangen, kann sich, ist die Vereinbarung nicht aus anderen Gründen unwirksam, die Frage nach deren Sittenwidrigkeit dann stellen, wenn sie zu einer dauerhaften oder doch längerfristigen Inanspruchnahme des Sozialhilfeträgers führen würde.[158] 94

– Allein der **Übergang des Unterhaltsanspruchs** auf den Sozialleistungsträger nach § 94 Abs. 1 S. 1 SGB XII steht Unterhaltsvereinbarungen nicht entgegen, so lange der Verpflichtete keine Kenntnis von dem Übergang hat (§§ 412, 407 Abs. 1). Kenntnis hiervon vermittelt ihm insbesondere jedoch die schriftliche Mitteilung des Sozialhilfeträgers von der Erbringung der Leistung, die zudem neben einer Mahnung nach § 286 die Geltendmachung rückständiger Unterhaltsbeträge eröffnet (§ 94 Abs. 4 S. 1 SGB XII, zum ALG II § 33 Abs. 1, 3 SGB II; → § 1585b Rn. 102–105). 95

– Die Befugnis des Sozialhilfeträgers, auch künftige Unterhaltsansprüche dann bis zur Höhe der bisherigen Aufwendungen **gerichtlich geltend zu machen,** wenn die Leistung voraussichtlich auf längere Zeit erbracht werden muss (§ 94 Abs. 4 S. 2 SGB XII, § 33 Abs. 3 S. 2 SGB II), hindert die Disposition der Ehegatten über den künftigen Unterhalt nicht, weil der Ehegatte materiellrechtlich bis zur Leistung und zum Übergang Inhaber der Unterhaltsforderung bleibt und auch selbst aktivlegitimiert ist.[159] 96

**bb) Weitere Fragestellungen.**

– Der Unterhaltsverzicht dient allein[160] dazu, den Unterhaltsanspruch gegen den Ehegatten der **geschiedenen vorangehenden Ehe** (§ 1586a Abs. 1; in diesem Fall wird idR auch § 1579 Nr. 4, 5 verwirklicht sein, → § 1579 Rn. 85) oder eine den Unterhaltsansprüchen subsidiäre **Witwenrente** nach dem ersten Ehemann (§ 46 Abs. 3 SGB VI)[161] wieder aufleben zu lassen. 97

– Ein Anspruch auf die **große Witwenrente/Witwerrente** für vor dem 1.7.1977 geschiedene Ehegatten besteht nicht, wenn der Anspruchsteller auf Unterhalt verzichtet hat[162] oder dieser abgefunden wurde.[163] 98

– Vereinbarungen mit unzutreffendem Inhalt zu Lasten eines Versorgungsträgers, um der Kürzung einer Versorgung im Zuge der **Durchführung des Versorgungsausgleichs** nach §§ 33, 34 iVm § 32 VersAusglG (ehemals § 5 VAHRG) zu entgehen.[164] 99

**3. Rechtsfolgen.** Sittenwidrigkeit führt zur **Unwirksamkeit** der Vereinbarung, nicht nur zur Unwirksamkeit in der das zulässige Maß – ggf. den Mindestbedarf – übersteigenden Höhe (§ 139; zur **Teilnichtigkeit** hinsichtlich einzelner Vertragsgegenstände → Rn. 167, 168).[165] Sie ist vom Berechtigten darzulegen und zu **beweisen.**[166] 100

**Beispiele aus der Rspr.:**
**Globaler Unterhaltsverzicht:** 101
OLG Frankfurt a. M. BeckRS 2003, 30310650: Nicht sittenwidrig: Ehefrau ist bei Eheschließung 30 Jahre alt, verfügt über eine qualifizierte Ausbildung, Kinder waren nicht geplant und sind aus der Ehe auch nicht hervorgegangen.

---

155 OLG Köln FamRZ 1995, 997 f.
156 OLG Koblenz FamRZ 1995, 171 f.
157 BGH NJW 2007, 904 Rn. 21 = FamRZ 2007, 197.
158 Ebenso *Bergschneider* FamRZ 2007, 199 (200). Ausdrücklich offengelassen von BGHZ 170, 77 = NJW-RR 2007, 907 Rn. 19 = FamRZ 2007, 450 (die Vereinbarung war bereits aus anderen Gründen sittenwidrig); NJW 2007, 904 Rn. 23 = FamRZ 2007, 197 (weil bereits objektiv keine Unterhaltspflicht bestanden hat, auf die hätte verzichtet werden können).
159 Zum Ganzen auch Erman/*Maier* Rn. 21.
160 Zur sozialversicherungsrechtlichen Unbeachtlichkeit eines Verzichts, wenn er lediglich eine „leere Hülse" darstellt, s. BSGE 74, 9 = NJW-RR 1994, 1346 (1347 f.).
161 BSGE 54, 270 = NJW 1984, 326 = FamRZ 1983, 583 (584 f.); LSG Bln NJW 1985, 2287 = FamRZ 1985, 1139 (1140).
162 BayLSG BeckRS 2009, 64473.
163 LSG Hamburg BeckRS 2009, 57749.
164 BayVGH BeckRS 2015, 45005 = FamRZ 2016, 1169 mAnm *Borth* (zur Soldatenversorgung).
165 BGHZ 41, 166 = NJW 1964, 1073= FamRZ 1964, 245 (246); NJW 1957, 1188 = FamRZ 1957, 298 (299).
166 BGHZ 86, 82 = NJW 1983, 1851 = FamRZ 1983, 137 (140).

OLG Bamberg BeckRS 2003, 30327283: Nicht sittenwidrig: Beide Ehegatten sind bei Eheschließung und auch weiter berufstätig, Erwartung der Doppelverdienerehe hat sich erfüllt, deshalb lediglich Aufstockungsunterhalt (§ 1573 Abs. 2).

BGH NJW 2005, 2391 = FamRZ 2005, 1449 (1451): Unterhaltsverzicht vor der Eheschließung vereinbart, 2 Kinder während der Ehe geboren: Nicht sittenwidrig, auch soweit auf Betreuungsunterhalt verzichtet wurde. Aber: Ausübungskontrolle führt zu Betreuungsunterhalt. Dies ist im konkreten Fall immerhin fraglich, weil der den Ehevertrag beurkundende Notar ausdrücklich angeregt hatte, „den Unterhaltsverzicht unter eine auflösende Bedingung für den Fall zu stellen, dass Kinder aus der Ehe hervorgehen." Zu fragen ist deshalb weiter, warum es zur Aufnahme dieser Bedingung in den Vertrag nicht gekommen ist.

OLG Koblenz NJW-RR 2005, 1675 = FamRZ 2006, 1447 (1448 f.): Nicht sittenwidrig: Voreheliche Unterhaltsverzicht einer nicht schwangeren Ausländerin mit guten deutschen Sprachkenntnissen trotz vereinbarter Gütertrennung und Ausschluss des Versorgungsausgleichs.

OLG Koblenz BeckRS 2008, 24430 = FamRZ 2006, 420: Nicht sittenwidrig: Unterhaltsverzicht mangels Verflechtung der wirtschaftlichen Verhältnisse der Ehegatten.

OLG Koblenz BeckRS 2005, 14059 = FamRZ 2006, 428 (429 f.): Sittenwidrig ist Ehevertrag, durch den Gütertrennung vereinbart, der Versorgungsausgleich ausgeschlossen und auf nachehelichen Unterhalt verzichtet wurde, ausgenommen wegen Kinderbetreuung, Alter und Krankheit, allerdings beschränkt auf monatlich 1.300 DM mit Wertsicherungsklausel bei einem monatlichen Einkommen des Verpflichteten von 20.000 DM. Zudem war die Berechtigte bei Vertragsschluss schwer alkoholabhängig.

OLG München FamRZ 2006, 1449 (1450): Sittenwidrig: Unterhaltsverzicht für den Fall der Aufnahme einer eheähnlichen Beziehung und weil kein adäquater Ausgleich für ehebedingte Nachteile infolge der Kinderbetreuung erfolgte. Dies dürfte unzutr. sein, weil sich daraus kein Druck auf den Berechtigten ergibt. Das OLG macht denn auch Hilfserwägungen, auch die Ausübungskontrolle würde dazu führen, dass sich der Verpflichtete nicht auf die vertragliche Regelung berufen könne; dies dürfte gleichfalls unzutr. sein.

BGH NJW 2007, 904 Rn. 23 = FamRZ 2007, 197: Nicht sittenwidrig: Ehefrau war bereits vor der Eheschließung krankheitsbedingt nicht in der Lage, selbst für ihren Lebensunterhalt aufzukommen, und hat Sozialhilfe bezogen, der Ehemann hatte keine Arbeitserlaubnis und hat im auf die Eheschließung folgenden Monat Sozialhilfe beantragt.

BGHZ 170, 77 = NJW 2007, 907 Rn. 18 = FamRZ 2007, 450: Sittenwidrig: Ehevertrag mit globalem Unterhaltsverzicht, (entschädigungsloser) Gütertrennung und Ausschluss des Versorgungsausgleichs, wenn die ausländische (russische) Ehefrau (Klavierlehrerin) ohne deutsche Sprachkenntnisse und Erwerbsaussichten im Inland ihr Heimatland im Hinblick auf die Eheschließung endgültig verlässt, im Inland ansässig wird und bei ihr, nachdem bereits „Sensibilitätsstörungen" aufgetreten waren, in dem auf die Eheschließung folgenden Monat Multiple Sklerose festgestellt wird.

OLG Karlsruhe RNotZ 2007, 216 = FamRZ 2007, 477 ff.: Sittenwidrig: Leibrentenversprechen zu Lasten des Verpflichteten unter Abweichung von der Halbteilung, ohne den notwendigen Eigenbedarf zu wahren, wegen Störung der Vertragsparität (aA BGHZ 178, 322 = NJW 2009, 842 Rn. 22 = FamRZ 2009, 198).

OLG München BeckRS 2007, 12639 = FamRZ 2007, 1244 (1245): Sittenwidrig: Beschränkung des Unterhaltsanspruchs auf die Ehedauer von der Heirat bis zur Trennung und bis längstens zum vollendeten 9. Lebensjahr gemeinsamer Kinder.

OLG Jena NJOZ 2007, 3138 = FamRZ 2007, 2079 (2080 f.): Nicht sittenwidrig: Die Ehefrau hat angesichts des Gesundheitszustands des Ehemannes auf Durchführung des öffentlich-rechtlichen Versorgungsausgleichs verzichtet, der Ehemann hat zur Abgeltung des Trennungs- und nachehelichen Unterhalts sowie des Zugewinnausgleichs 30.000 DM erhalten, hat aber im Ausgangsverfahren nicht dargelegt, dass er „leistungsunfähig" sei.

OLG Hamm BeckRS 2009, 26591 = FamRZ 2009, 1678 ff.: Sittenwidrig ist Ehevertrag, durch den alle nachehelichen Rechte ohne abmildernde Regelungen zu Lasten des wegen seiner Arbeitslosigkeit unterlegenen Ehegatten ausgeschlossen wurden. Aus dieser Begründung allein ergibt sich jedoch keine strukturelle Unterlegenheit des verzichtenden Ehegatten.

OLG Celle NJW-RR 2009, 1302 (1303 ff.) = FamRZ 2009, 1682 Ls.: Keine Nichtigkeit trotz Vereinbarung kurz vor der Heirat, wenn keine subjektive Unterlegenheit des Ehegatten und keine Zwangslage ausgenutzt wurde.

AG Steinfurt BeckRS 2009, 24406 = FamRZ 2009, 1496 f.: In Kenntnis einer Mehrlingsschwangerschaft Verzicht vor der Heirat auf Versorgungsausgleich, Zugewinnausgleich und Unterhalt ab Vollendung des 6. Lebensjahres des jüngsten gemeinsamen Kindes: Sittenwidrigkeit.

102 **Teilweiser Unterhaltsverzicht:**

BGH NJW 2005, 1370 = FamRZ 2005, 691 (692): Nicht sittenwidrig: Die Berechtigte war zu sehr hohen Bezügen beim Ehemann angestellt und für eine Übergangszeit war eine Abfindung – für jedes vollendete Ehejahr 10.000 DM, jedoch nicht mehr als 80.000 DM – zu zahlen, womit ehebedingte Nachteile bereits weitgehend ausgeglichen waren.

BGH NJW 2005, 2386 = FamRZ 2005, 1444 (1447): Nicht sittenwidrig: Bindung der Erwerbsobliegenheit an niedrigere Altersgrenzen als von der Rspr. vorgegeben; ebenso niedrigerer Unterhalt als nach gesetzlicher Bemessung, wenn Existenzminimum gewahrt – 2.000 DM bis zum vollendeten 6. Lebensjahr des Kindes, danach 1.000 DM – und ehebedingte Nachteile ausgeglichen werden.

OLG Hamm NJW 2006, 3719 = FamRZ 2006, 1034 (1036 ff.): Nicht sittenwidrig und auch nicht im Wege der Ausübungskontrolle zu korrigieren: Grundsätzlicher Unterhaltsverzicht, ausgenommen Betreuungsunterhalt und Erwerbslosigkeitsunterhalt mit Befristung auf 5 Jahre, wenn Berechtigter in den letzten 5 Jahren vor der Ehe keiner Erwerbstätigkeit nachgegangen ist, begrenzt auf die Hälfte des halben Grundgehaltssatzes der Besoldungsgruppe A 7, 1. Dienstaltersstufe.

BGH NJW 2006, 3142 Rn. 28–31 = FamRZ 2006, 1359: Nicht sittenwidrig: Allein das Abweichen von den gesetzlichen Vorgaben bei der Bemessung des Unterhalts. Sittenwidrig ist aber, wenn die ehebedingten Nachteile der schwangeren Ehefrau, die entsprechend dem Lebensplan der Ehegatten ihren Beruf aufgegeben und sich der Kinderbetreuung gewidmet hat, im Ehevertrag nicht angemessen kompensiert sind. Die Entscheidung ist wohl auch davon getragen, dass die vereinbarten Unterhaltsbeträge, die auch nicht durch eine Wertsicherungsklausel abgesichert waren, angesichts der Fortentwicklung des Einkommens des Ehemannes bei weitem nicht adäquat waren. Statt des Verdikts der Sittenwidrigkeit hätte eine Vertragsanpassung wohl besser helfen können.

OLG Naumburg BeckRS 2006, 14063 = FamRZ 2007, 473 (475 f.): Unklare und widersprüchliche sowie sachlich unangemessene Unterhaltsregelung führt zur Ausübungskontrolle. Wendet man das Transparenzgebot des § 307 Abs. 1 S. 2 an, müsste von der Unwirksamkeit der Vereinbarung ausgegangen werden.

BGH NJW 2007, 2851 Rn. 19 = FamRZ 2007, 1310 (aA die Vorinstanz OLG Celle BeckRS 2004 30469849 = FamRZ 2004, 1489 (1492)): Nicht sittenwidrig: Ehevertrag mit Ausschluss des Zugewinn- und des Versorgungsausgleichs, Betreuungsunterhalt (§ 1570) bis zum vollendeten 6. Lebensjahres des jüngsten Kindes, danach – durch Wertsicherungsklausel abgesichert – für jedes angefangene Ehejahr bis zur rechtskräftigen Scheidung eine Unterhaltsabfindung von 3.000 DM, räumliche Nähe von Wohnung und Arbeitsplatz, Betreuungsbereitschaft der Großeltern. Ansonsten Ausschluss von Betreuungs-, Alters-, Krankheits- und Aufstockungsunterhalt.

OLG Zweibrücken NJOZ 2007, 3547 = FamRZ 2007, 2073 (2074): Nicht sittenwidrig: Die Beschränkung des Unterhalts auf den sozialhilferechtlichen Grundbetrag (2-facher Eckregelsatz, § 85 Abs. 1 Nr. 2 SGB XII, § 28 SGB XII).

OLG Jena NJOZ 2007, 3138 (3140 ff.) = FamRZ 2007, 2079: Nicht sittenwidrig: Abfindung von nachehelichem Unterhalt und Zugewinnausgleich mit 30.000 DM bei Erwerbsfähigkeit des Berechtigten ohne Anzeichen für eine Krankheit.

OLG München BeckRS 2007, 6958: Nicht sittenwidrig trotz Teilzeit der Berechtigten und erheblichem Einkommen des Verpflichteten, wenn trotz Belehrung des Notars kein Rücktrittsrecht oder Ausgleichszahlung vereinbart wurde, die Vereinbarung aber durch die Geburt eines weiteren gemeinsamen Kindes auflösend bedingt ist.

AG München BeckRS 2008, 5057 = FamRZ 2007, 1886 (1887): Nicht sittenwidrig: Unterhaltsverzicht nach Eheschließung mit 41 Jahre jüngerer Ehefrau ausländischer Staatsangehörigkeit.

BGH NJW 2008, 3426 Rn. 15 = FamRZ 2008, 2011: Sittenwidrigkeit trotz Vereinbarung von Betreuungsunterhalt, wenn die auf wirtschaftliche Sicherung angewiesene Berechtigte bei Vertragsschluss unmittelbar vor der Geburt eines gemeinsamen Kindes stand und keine reale Möglichkeit hatte, sich mit dem Ehevertrag krit. auseinander zu setzen.

**Altersunterhalt (§ 1571):** 103

BGH NJW 2005, 1370 = FamRZ 2005, 691 (692): Im konkreten Fall nicht sittenwidrig: Vertragsschluss in einem Alter der Ehegatten, in dem Altersvorsorge weitgehend abgeschlossen ist. Zudem konnte Ehefrau während der Ehe infolge der Anstellung beim Ehemann bei sehr guter Dotierung Altersvorsorge betreiben.

BGH NJW 2005, 2386 = FamRZ 2005, 1444 (1447 f.): Nicht sittenwidrig: Berechtigter war durch den vereinbarten Betreuungsunterhalt für eine Übergangszeit von 2 Jahren gegen Alter versichert. Zudem hatte sich der Verpflichtete im Ehevertrag zur Zahlung von Beiträgen in die gesetzliche Rentenversicherung verpflichtet.

BGH NJW 2007, 2851 Rn. 20 = FamRZ 2007, 1310 (ebenso die Vorinstanz OLG Celle BeckRS 2004, 30469849 = FamRZ 2004, 1489 (1492)): Im konkreten Fall nicht sittenwidrig: Die Lebensplanung der Ehegatten sah die Erwerbstätigkeit der Berechtigten trotz Kinderbetreuung vor; dem Nichteintritt dieser Erwartung ist nur über die Ausübungskontrolle Rechnung zu tragen. Sittenwidrigkeit nur, wenn die Ehegatten bei Vertragsschluss „einvernehmlich davon ausgegangen wären, dass die [Berechtigte] sich dauerhaft oder doch langfristig völlig aus dem Erwerbsleben zurückziehen und der Familienarbeit widmen sollte", weil ihr nur dann „der Aufbau einer eigenständigen Sicherung gegen die Risiken des Alters auf Dauer verwehrt [wäre] und eine stete Abhängigkeit vom [Verpflichteten] begründet [würde]".

**Krankheitsunterhalt (§ 1572):** 104

BGH NJW 2005, 1370 = FamRZ 2005, 691 (692): Im konkreten Fall nicht sittenwidrig, auch wegen einer Abfindungszahlung von 80.000 DM.

BGH NJW 2005, 2386 = FamRZ 2005, 1444 (1447 f.): Berechtigter war durch den vereinbarten Betreuungsunterhalt für eine Übergangszeit von 2 Jahren gegen Krankheit versichert.

BGHZ 170, 77 = NJW 2007, 907 Rn. 18 = FamRZ 2007, 450: Multiple Sklerose.

BGH NJW 2007, 2851 Rn. 20 = FamRZ 2007, 1310: Bereits vor der Eheschließung erkennbar gewordene Folgen eines Fahrradunfalls.

**Erwerbslosenunterhalt (§ 1573 Abs. 1, 4):** 105

BGH NJW 2005, 2386 = FamRZ 2005, 1444 (1448); NJW 2005, 1370 = FamRZ 2005, 691 (692); BGHZ 158, 81 = NJW 2004, 930 = FamRZ 2004, 601 (607): Verzicht (stets?) nicht sittenwidrig, weil das Arbeitsplatzrisiko auf den Berechtigten verlagert wird, sobald er einen nachhaltig gesicherten Arbeitsplatz gefunden hat (§ 1573 Abs. 4).

BGH NJW 2005, 1370 = FamRZ 2005, 691 (692): Zum Ausschluss des Anspruchs kann berücksichtigt werden, dass die unterhaltsberechtigte Ehefrau zu sehr hohen Bezügen beim Ehemann angestellt war und für eine Übergangszeit eine Abfindung – für jedes vollendete Lebensjahr 10.000 DM, jedoch nicht mehr als 80.000 DM – zu zahlen war, womit ehebedingte Nachteile bereits weitgehend ausgeglichen waren.
BGH NJW 2007, 2848 Rn. 18 = FamRZ 2007, 974: Nicht sittenwidrig, weil keine einseitige Lastenverteilung: Unterhaltszahlung in Höhe des Gehalts nach A 3, 10. Dienstaltersgruppe, Zuverdienst des Berechtigten in dieser Höhe bleibt bei der Unterhaltsberechnung außer Betracht.

**Aufstockungsunterhalt (§ 1573 Abs. 2):**

106 BGH NJW 2007, 2851 Rn. 22 = FamRZ 2007, 1310; NJW 2005, 2391 = FamRZ 2005, 1449 (1450); NJW 2005, 2386 = FamRZ 2005, 1444 (1448); NJW 2005, 1370 = FamRZ 2005, 691 (692); BGHZ 158, 81 = NJW 2004, 930 = FamRZ 2004, 601 (607): Verzicht stets bzw. regelmäßig nicht sittenwidrig.

**Billigkeitsunterhalt (§ 1576):**

107 BGH NJW 2005, 2391 = FamRZ 2005, 1449 (1450); NJW 2005, 2386 = FamRZ 2005, 1444 (1448); BGHZ 158, 81 = NJW 2004, 930 = FamRZ 2004, 601 (607); NJW 2005, 1370 = FamRZ 2005, 691 (692): Verzicht stets bzw. regelmäßig nicht sittenwidrig.

## E. Ausübungskontrolle: Rechtsmissbrauch

### I. Grundlagen

108 Die Anpassung einer Vereinbarung nach den Grundsätzen der Änderung der Geschäftsgrundlage (§ 313) setzt deren Wirksamkeit voraus. Deshalb ist zunächst an das Verhalten des durch sie begünstigten Ehegatten anzuknüpfen und, ist die Vereinbarung nicht sittenwidrig (→ Rn. 66–107) oder aus sonstigen Gründen unwirksam, danach zu prüfen, ob im Hinblick auf den **Ausgleich ehebedingter Nachteile** und ggf. inwieweit die Berufung des durch den Vertrag begünstigten Ehegatten auf den Vertragsinhalt **rechtsmissbräuchlich** ist (Ausübungskontrolle). Dafür muss sich aus dem vereinbarten Ausschluss der Scheidungsfolge im **Zeitpunkt** des Scheiterns der Ehe[167, 168] unter Berücksichtigung **aller Umstände** des Einzelfalls eine **evident einseitige Lastenverteilung** ergeben, die hinzunehmen für den belasteten Ehegatten auch bei angemessener Berücksichtigung der Belange des anderen Ehegatten und seines Vertrauens in die Geltung der Vereinbarung sowie bei verständiger Würdigung des Wesens der Ehe unzumutbar ist. Im Einzelnen ist insbesondere zu prüfen, ob die tatsächliche einverständliche Gestaltung der ehelichen Lebensverhältnisse unter Berücksichtigung der bestehenden Lebens-, Versorgungs- und Vermögenssituation der Ehegatten sowie ihrer Motive für den Vertragsschluss[169] von der ursprünglichen, dem Vertrag zugrundeliegenden Lebensplanung grundlegend abweicht und/oder der benachteiligte Ehegatte seinerseits die eheliche Solidarität verletzt hat.

109 Allerdings bewirkt nicht jede Abweichung die **Unzumutbarkeit** der vertraglichen Regelung, auch wenn sie zu einer einseitigen Lastenverteilung unter den Ehegatten führt. Vielmehr ist für eine Anpassung mit zu berücksichtigen:

110 – Die **Wertigkeit** der Scheidungsfolgen (→ Rn. 45–47): Je höherrangig die vertraglich ausgeschlossene Scheidungsfolge ist, um so schwerwiegender müssen die Gründe sein, die unter Berücksichtigung der zwischenzeitlich einvernehmlich gelebten tatsächlichen ehelichen Lebensverhältnisse für ihren Ausschluss sprechen.[170]

111 – Sind **ehebedingte Nachteile** „nicht vorhanden oder bereits vollständig kompensiert, dient die richterliche Ausübungskontrolle nicht dazu, dem durch den Ehevertrag belasteten Ehegatten zusätzlich entgangene **ehebedingte Vorteile** zu gewähren und ihn dadurch besser zu stellen, als

[167] BGH NJW 2015, 52 Rn. 22 = FamRZ 2014, 1978; NJW 2013, 380 Rn. 35 = FamRZ 2013, 195; NJW 2005, 2391 = FamRZ 2005, 1449 (1450 f.); NJW 2005, 2386 = FamRZ 2005, 1444 (1448); BGHZ 158, 81 = NJW 2004, 930 = FamRZ 2004, 601 (606). – S. auch OLG Jena NJOZ 2007, 3138 = FamRZ 2007, 2079 (2080 f.) für das Zusammenfallen von Scheidung und Scheidungsfolgenvereinbarung; die von *Bergschneider* FamRZ 2007, 2081 (2082) genannten Beispiele für eine Berücksichtigung späterer Veränderungen betreffen die Sittenwidrigkeit (entnervtem Ehegatten wird höchst nachteilige Regelung aufgedrängt) oder die Änderung der Geschäftsgrundlage (15 Jahre altes Kind erleidet Unfall).

[168] Der BGH NJW 2008, 1080 Rn. 33 = FamRZ 2008, 582; BGHZ 158, 81 = NJW 2004, 930 = FamRZ 2004, 601 (606): „Für diese Prüfung sind nicht nur die Verhältnisse im Zeitpunkt des Vertragsschlusses maßgebend" scheint damit *auch* auf die bei Vertragsschluss bestehenden Umstände abzustellen. Dies ist insoweit zutr., als die vormaligen Umstände „Vergleichsgröße" für die Maßgeblichkeit der Veränderungen sind.

[169] BGH NJW 2005, 137 = FamRZ 2005, 26 (27).

[170] BGH NZFam 2018, 891 Rn. 22 mAnm *Milzer, Braeuer* NJW 2018, 2876 = FamRZ 2018, 1415 mAnm *Bergerfurth*.

hätte es die Ehe und die mit der ehelichen Rollenverteilung einhergehenden Dispositionen über Art und Umfang seiner Erwerbstätigkeit nicht gegeben.[171]

- Auch dass ein Ehegatte ein erheblich höheres **Einkommen** erzielt als der andere kann eine Anpassung grundsätzlich nicht rechtfertigen, weil entsprechende Vereinbarungen gerade im Hinblick auf solche bestehende oder sich künftig ergebende Unterschiede in den wirtschaftlichen Verhältnissen geschlossen werden, es sei denn, in der Vereinbarung sei auf eine bestimmte – bestehende oder künftige – Einkommens- und Vermögensrelation abgestellt worden.[172] **112**

## II. Kriterien

Insbesondere folgende Umstände können zu einem Verstoß der Berufung auf einen Unterhaltsverzicht gegen Treu und Glauben führen:

- Die besondere Bedeutung der **Kindesinteressen** (→ Rn. 87–89), insbesondere wenn sich die zurzeit des Verzichts bestehenden oder erwarteten Verhältnisse nachträglich so entwickelt haben, dass überwiegende schutzwürdige Interessen gemeinschaftlicher Kinder der Geltendmachung des Verzichts entgegenstehen. **113**
- Der Bedürftige würde ohne Aufnahme einer Erwerbstätigkeit der **Sozialhilfe** (→ Rn. 92–96)[173] oder der Unterstützung durch **Verwandte**[174] anheimfallen.[175] Rechtsmissbrauch besteht jedoch nur insoweit, als durch den Verzicht der notwendige, nicht auch der eheangemessene[176] **Bedarf** des Bedürftigen nicht gewahrt bleibt, wenn nicht Gründe des Kindeswohls höhere Unterhaltszahlungen erfordern.[177] Der Rechtsmissbrauch währt nur **so lange,** als dem Bedürftigen eine Erwerbstätigkeit trotz der Betreuung der Kinder zumutbar ist (→ § 1570 Rn. 28–106).[178] Dies erfordert eine Prognose der künftigen Entwicklung der maßgebenden Verhältnisse,[179] soweit diese genügend sicher beurteilt werden kann.[180] **114**
- Auch die Einkommensverhältnisse eines nichtehelichen **Lebenspartners** und, trotz § 11 S. 4 BEEG, der Bezug von **Elterngeld** und die Höhe des bezogenen **Kindergelds.**[181] **115**

## III. Einzelfälle

Eine rechtsmissbräuchliche Berufung auf den Verzicht wurde in folgenden Einzelfällen angenommen:

- Die Aufnahme einer Erwerbstätigkeit ist mit dem **Betreuungsbedürfnis** der Kinder nicht in Einklang zu bringen, ohne dass aber auch auf die Belastung der Sozialhilfe abzustellen sein soll, **116**

---

[171] BGH NZFam 2018, 891 Rn. 31 mAnm *Milzer, Braeuer* NJW 2018, 2876 = FamRZ 2018, 1415 mAnm *Bergschneider;* NJW 2015, 52 Rn. 26 = FamRZ 2014, 1978; NJW 2013, 1359 Rn. 22 = FamRZ 2013, 770; NJW 2007, 2848 Rn. 28 = FamRZ 2007, 974.

[172] BGH NJW 2005, 2386 = FamRZ 2005, 1444 (1448); aA OLG Karlsruhe NJW 2004, 3431 = FamRZ 2004, 1789 (1791).

[173] BGH NJW 1992, 3164 = FamRZ 1992, 1403 (1404 f.); OLG Düsseldorf FamRZ 1996, 734 (735); OLG Hamm NJW-RR 1992, 583 = FamRZ 1992, 452 (454); OLG Celle NJW-RR 1992, 903 = FamRZ 1992, 447; NJW-RR 1989, 1413 = FamRZ 1989, 398 f.

[174] OLG Hamm NJW-RR 1992, 583 = FamRZ 1992, 452 (454); OLG Hamburg BeckRS 2011, 1935 = FamRZ 1991, 1317 (1318).

[175] Zur Berücksichtigung dieses Umstandes bei der Prüfung der Genehmigungsfähigkeit des Ausschlusses des Versorgungsausgleichs nach § 1587o s. OLG Oldenburg BeckRS 1994, 10630 = FamRZ 1995, 744 (745).

[176] BGH NJW 1995, 1148 = FamRZ 1995, 291 f. mwN; OLG Stuttgart FPR 1999, 299 = FamRZ 1999, 24; aA OLG Frankfurt a. M. OLGR 1994, 117 (118 f.) (Vorinstanz zu BGH NJW 1995, 1148 = FamRZ 1995, 291 f.).

[177] Zur Gewährung des eheangemessenen Unterhalts bei der Betreuung eines behinderten Kindes OLG Hamburg NJW-RR 1992, 1351 = FamRZ 1992, 444 (445); ebenso wohl BGH NJW 1995, 1148 = FamRZ 1995, 291. Zur angemessenen Erhöhung des Mindestbedarfs wegen des Wohnraumbedarfs der Kinder s. OLG Stuttgart FPR 1999, 299 = FamRZ 1999, 24 (25); zu berücksichtigen ist aber der durch den Barunterhalt für die Kinder abgedeckte Teil.

[178] BGH NJW 1995, 1148 = FamRZ 1995, 291 f.; NJW 1992, 3164 = FamRZ 1992, 1403 (1405); OLG Düsseldorf FamRZ 1996, 734 (736); OLG Bamberg NJW 1991, 2776 = FamRZ 1991, 1060 (1062); OLG Frankfurt a. M. FamRZ 1988, 289 (290); aA zum eheangemessenen Bedarf OLG Hamburg NJW-RR 1992, 1351 = FamRZ 1992, 444 (445), allerdings mit der Besonderheit der Betreuung eines behinderten Kindes.

[179] BGH NJW 1997, 1851 = FamRZ 1997, 671 (673); NJW 1995, 1148 = FamRZ 1995, 291 (292).

[180] BGH NJW-RR 1997, 897 = FamRZ 1997, 873 (876).

[181] OLG Zweibrücken BeckRS 1999, 30981265 = FamRZ 2001, 228 Ls.

wenn dieser Gesichtspunkt nicht zur Sittenwidrigkeit der Vereinbarung führt (→ Rn. 65–107).[182] Dabei soll unerheblich sein, wenn ein Unterhaltsverzicht nach der Scheidung vereinbart wurde.[183]

117 – Nach vereinbartem Verzicht wurde ein gemeinsames **Kind** geboren[184] oder pflegebedürftig,[185] oder es hat sich die Vorstellung der Ehegatten von der Regelung des Sorgerechts geändert.[186]

118 – Außergewöhnlich gute **Einkommensentwicklung** des Verpflichteten.[187] Solange der notwendige Lebensbedarf nicht berührt ist, dürfte Rechtsmissbrauch aber nicht vorliegen.[188]

119 – Nach wirksamer Vereinbarung eines Unterhaltsverzichts eintretende **verminderte Erwerbsfähigkeit** des Bedürftigen.[189] Da ihn dieses Risiko allerdings typischerweise trifft (vgl. etwa § 1573 Abs. 4, → § 1573 Rn. 43–55),[190] muss hinzukommen, dass er aufgrund der tatsächlichen ehelichen Rollenverteilung für den Fall krankheitsbedingter Erwerbsminderung nicht ausreichend vorsorgen konnte und die Nachteile durch den Versorgungsausgleich[191] nicht ausreichend, dh vollständig iSd Halbteilung ausgeglichen werden. Dem Bedürftigen steht hinsichtlich des nicht ausgeglichenen Teils ggf. ein Anspruch auf Krankheitsunterhalt (§ 1572) zu.[192] – Zur Beschränkung des Unterhalts nach § 1579 Nr. 4, wenn kein Rechtsmittel gegen die Entscheidung zum **Versorgungsausgleich** eingelegt wurde, → § 1579 Rn. 86. – Der durch den Versorgungsausgleich **nicht ausgeglichene Nachteil** ist durch Ermittlung der aus hypothetisch erzielten Erwerbseinkünften aus vollschichtiger Erwerbstätigkeit erworbenen Entgeltpunkte abzüglich der durch den Versorgungsausgleich hinzu erworbenen Entgeltpunkte, ggf. durch Schätzung (§ 113 Abs. 1 FamFG, § 287 ZPO) aufgrund tariflicher Regelwerke, festzustellen.[193]

120 – Entgegen ursprünglicher Erwartung kann der Bedürftige aus der **Vermögensauseinandersetzung** seinen Unterhalt nicht bestreiten und müsste deshalb die Betreuung der Kinder durch die Aufnahme einer Erwerbstätigkeit einschränken.[194] In diesem Zusammenhang kommt seinen Erwerbsobliegenheiten (§ 1570, → § 1570 Rn. 28–106) maßgebliche Bedeutung zu.

121 – Ein zur Vermögensauseinandersetzung auf den Bedürftigen übertragener, der Sicherung seines Unterhalts dienender **Vermögensgegenstand** geht unverschuldet unter.[195]

122 – Zur Behandlung von **Vermögenserträgen** des Bedürftigen → § 1578 Rn. 575–634.

123 – **Erkrankung** des Bedürftigen nach ihrer Art und Schwere und der durch sie bewirkten **Veränderung seiner Lebensumstände.**[196]

124 – Der Unterhaltsverzicht liegt zwar bereits 10 Jahre zurück, die Ehe hat aber insgesamt 30 Jahre gedauert und der Bedürftige steht kurz vor Erreichen des **Rentenalters.**[197]

125 – Nach langjähriger Ehe, aus der mehrere Kinder hervorgegangen sind, soll einschließlich Unterhaltsverzicht auf alle in der Ehe erworbenen Vermögenswerte in bedrängter Lage das Versprechen zu **künftiger ehelicher Treue** untermauert werden.[198]

126 – Der Unterhaltsverzicht wird mit der **Zurücknahme eines Scheidungsantrags** erkauft, gleichwohl aber sofort wieder Scheidungsantrag gestellt.[199]

---

[182] BGH NJW 1992, 3164 = FamRZ 1992, 1403 (1404 f.); noch BGH NJW-RR 1991, 132 = FamRZ 1991, 306 (307) hat auch auf die Sozialhilfebedürftigkeit des Berechtigten ohne die Unterhaltszahlungen abgestellt. Dazu auch OLG Koblenz NJW-RR 2005, 1675 = FamRZ 2006, 1447 (1449); OLG Düsseldorf FamRZ 1996, 734 (735).

[183] OLG München FamRZ 2005, 215 (216) (krit.).

[184] BGH NJW 1995, 1148 = FamRZ 1995, 291; NJW 1985, 1835 = FamRZ 1985, 787 f.; NJW 1985, 1833 = FamRZ 1985, 788 (789); OLG Hamm NJW-RR 2003, 1659 = FamRZ 2004, 201 f.

[185] OLG Hamburg NJW-RR 1992, 1351 = FamRZ 1992, 444 (445).

[186] OLG Frankfurt a. M. BeckRS 2010, 5765 = FamRZ 1983, 176 (177).

[187] OLG Karlsruhe NJW 2004, 3431 = FamRZ 2004, 1789 (1791).

[188] BGH NJW 2005, 2386 = FamRZ 2005, 1444 (1448); krit. auch *Bergschneider* FamRZ 2004, 1791 f.

[189] OLG Koblenz BeckRS 2008, 24430 = FamRZ 2006, 420 (421).

[190] Abl. auch *Bergschneider* FamRZ 2006, 421 f.

[191] BGH NJW 2013, 380 Rn. 37 = FamRZ 2013, 195; NJW 2011, 300 Rn. 16 = FamRZ 2011, 188; NJW 2010, 1598 Rn. 24 = FamRZ 2010, 629.

[192] BGH NJW 2013, 380 Rn. 38, 40, 44 = FamRZ 2013, 195.

[193] BGH NJW 2013, 380 Rn. 50, 51 = FamRZ 2013, 195; NJW 2012, 3434 Rn. 44 = FamRZ 2012, 1483; NJW 2010, 3653 Rn. 33 = FamRZ 2010, 2059.

[194] BGH NJW 1987, 776 = FamRZ 1987, 46 (47).

[195] OLG München BeckRS 2009, 88253 = FamRZ 1985, 1264 (1265 f.) (Betrieb).

[196] BGH NJW 2008, 1080 Rn. 36 = FamRZ 2008, 581. – S. auch OLG Koblenz BeckRS 2004, 18610: Bei Trennung der Ehegatten war der Berechtigte bereits an Multiple Sklerose erkrankt. Der BGH (BGHZ 170, 77 = NJW 2007, 907 = FamRZ 2007, 450 (451 f.)) hat auf seine Revision den Vertrag für sittenwidrig angesehen.

[197] BGH NJW 1987, 2739 = FamRZ 1987, 691 (692); OLG Hamm FamRZ 1986, 471 (472).

[198] OLG Zweibrücken MittRhNotK 1996, 412 = FamRZ 1996, 869 (870).

[199] AA OLG Hamburg BeckRS 2010, 18347 = FamRZ 1981, 968 (969).

## IV. Rechtsfolgen

**1. Grundsätze.** Hält die Vereinbarung der Ausübungskontrolle nicht stand, führt dies nicht auch zu ihrer Unwirksamkeit und deshalb nicht notwendig zur Anwendung des gesetzlichen Unterhaltsrechts. Vielmehr ordnet das FamG im Zuge der **Vertragsanpassung** die Rechtsfolge an, die dem berechtigten Anliegen beider Ehegatten in der nunmehr eingetretenen Situation **ausgewogen** Rechnung trägt.[200] Sie hat sich umso mehr an der gesetzlichen Regelung auszurichten, je zentraler sie dem Kernbereich des gesetzlichen Scheidungsfolgenrechts zuzuordnen ist, und auch die Änderungen durch das UÄndG 2007 mit zu erfassen.[201] 127

Die Anpassung soll nicht zu einer **Besserstellung** als nach dem gesetzlichen Unterhaltsrecht führen.[202] Dies mag idR zutreffen, wird aber den Fällen nicht gerecht, in denen bereits die Vereinbarung zu einer Besserstellung geführt hat und die Anpassung zugunsten des Verpflichteten erfolgen soll. 128

Zur Ausübungskontrolle gehört ggf. auch die Entscheidung zur **Dauer** der Versagung der Berufung auf einen (ggf. teilweisen) Verzicht: Wird etwa der Versorgungsausgleich durchgeführt und Zugewinnausgleich geleistet, kann es aufgrund einer **Gesamtschau** aller vertraglich geregelten Scheidungsfolgen[203] angemessen sein, **Altersunterhalt** zu mindern oder ihn ganz zu versagen. 129

Zum **Betreuungsunterhalt** (§ 1570) ist dessen Funktion, einem Ehegatten die Betreuung der gemeinsamen Kinder – die bei Abschluss des Ehevertrags nicht geplant waren – zu ermöglichen, maßgeblich (→ § 1570 Rn. 1).[204] 130

**2. Anpassung von Vereinbarungen. a) Maßstab.** Dem Ehegatten steht Unterhalt nur in Höhe seines **notwendigen Bedarfs** zu, der aber regelmäßig auch **Vorsorgeunterhalt** mitumfasst (zum eigenen „angemessenen Lebensbedarf" des Berechtigten nach § 1578b Abs. 1 → § 1578b Rn. 198–215).[205] – Die **Sicherstellung** des notwendigen Bedarfs führt nicht stets schon dazu, Sittenwidrigkeit zu verneinen, andererseits bewirkt die Unterschreitung des nach den ehelichen Lebensverhältnissen angemessenen Bedarfs nicht stets Sittenwidrigkeit. Zum **Altersvorsorgeunterhalt** (→ Rn. 47) ist ausschlaggebend, inwieweit der vertraglich vereinbarte Unterhaltsbetrag geeignet ist, die durch die Kinderbetreuung eingetretenen **ehebedingten Nachteile** auszugleichen.[206] 131

Die Vertragsanpassung ist auf den **konkreten Nachteil** beschränkt, der sich aus dem zeitweiligen, ggf. teilweisen Verzicht auf eine Erwerbstätigkeit ergibt. Deshalb darf der aufgrund der Anpassung Berechtigte durch diese nicht bessergestellt werden als er stünde, wenn der **ehebedingte** Nachteil nicht eingetreten und er seine vormalige Erwerbstätigkeit weiter ausgeübt hätte.[207] Es muss also **fiktiv** ermittelt werden, welche Einkünfte und Altersvorsorgeanrechte er bei Fortführung seiner Erwerbstätigkeit erworben hätte. Denkt man an eine mögliche **Fortentwicklung** der beruflichen Stellung, die nun nicht mehr realisiert werden kann, müssen auch die dadurch bedingten Nachteile in den Ausgleich einbezogen werden. An – oft spekulativen – Prognosen und Schätzungen wird man dabei nicht vorbeikommen. 132

**b) Diskussion: Ehebedingte Nachteile.**

Dass der „ehebedingte Nachteil" der richtige **Maßstab** für die Anpassung ist, ist zu Recht bezweifelt worden.[208] Dieser Gesichtspunkt ist § 1573 Abs. 5 [UÄndG 1986] bzw. § 1578b Abs. 1 S. 3 [UÄndG 2007] entnommen, wo er dazu dient, dem Berechtigten den Lebensstandard zu erhalten, den er sich ohne die Eheschließung erarbeitet hätte. Die Anpassung einer vertraglichen Vereinbarung (§ 313) dient aber gerade nicht dazu, den Berechtigten so zu stellen, wie er ohne die Ehe stünde, vielmehr soll sie durch die vertragliche Regelung eingetretene Änderungen auffangen, sofern und soweit durch sie ein für den Berechtigten unzumutbarer Zustand eingetreten ist. Danach kann dem ehebedingten Nachteil nur eine die Anpassung begrenzende Funktion zukommen, dh mehr als das, was der Berechtigte ohne die Ehe an finanziellen Mitteln zu Verfügung stehen würde, kann ihm als Unterhalt 133

[200] BGHZ 158, 81 = NJW 2004, 930 = FamRZ 2004, 601 (606); zuletzt BGH NJW 2013, 380 Rn. 35 = FamRZ 2013, 195; NJW 2011, 2969 Rn. 16 = FamRZ 2011, 1377.
[201] BGH NJW 2011, 2969 Rn. 28 = FamRZ 2011, 1377.
[202] BGH NJW 2011, 2969 Rn. 28 = FamRZ 2011, 1377.
[203] *Borth* FamRZ 2004, 609 (611).
[204] BGH NJW 2005, 2391 = FamRZ 2005, 1449 (1451).
[205] BGH NJW 2005, 2391 = FamRZ 2005, 1449 (1452) (unter III).
[206] Zum Ganzen BGH NJW 2005, 2386 = FamRZ 2005, 1444 (1447).
[207] BGH NJW 2015, 52 Rn. 26, 27 = FamRZ 2014, 1978 (Versorgungsausgleich); NJW 2013, 1359 = FamRZ 2013, 770 Rn. 22 mit abl. Bspr. *Hoppenz* FamRZ 2013, 758 (Versorgungsausgleich); NJW 2008, 1080 = FamRZ 2008, 581 Rn. 37, 38 (keine höhere Erwerbsunfähigkeitsrente ohne Eheschließung); NJW 2005, 2391 = FamRZ 2005, 1449 (1452).
[208] Dazu insbesondere *Hoppenz* FamRZ 2013, 758 ff.

nicht zustehen. Wohl aber – bis zur Grenze des notwendigen Bedarfs – weniger, eben weil er eine seinen Unterhalt beschränkende bestandskräftige vertragliche Regelung eingegangen war.

## F. Anpassung der vertraglichen Vereinbarung an geänderte Verhältnisse

### I. Allgemeines

134 Wirksame – weil nicht wirksam angefochtene und nicht sittenwidrige – Ehe- und Unterhaltsverträge sind auf ihre Anpassungsbedürftigkeit und -fähigkeit wegen **Störung der Geschäftsgrundlage** (§ 313) zu überprüfen.[209] Angesichts der vom BGH[210] vorgezogenen **Ausübungskontrolle** (→ Rn. 108–133) – weil es Sinn und Zweck einer vertraglichen Vereinbarung zum nachehelichen Unterhalt und damit dem Parteiwillen entspreche, unabhängig von der späteren Entwicklung der Ehe abschließende Regelungen zu treffen – dürfte einer Anpassung keine große praktische Bedeutung zukommen.

135 Systematisch überzeugt die Lösung über die Ausübungskontrolle deshalb nicht, weil sie nach § 242 genau die über § 313 zu erreichenden Regelungen herbeiführt und damit der **allgemeinen Norm** Vorrang vor der spezielleren einräumt. Bedenkt man die Vielzahl von Vereinbarungen, die zur Beendigung gerichtlicher Verfahren geschlossen werden und deren Anpassung mittels eines Abänderungsantrags (§ 239 Abs. 2 FamFG) nach § 313 zu betreiben ist, entspricht sie auch nicht den **rechtstatsächlichen Gegebenheiten.**

### II. Vertragliche Grundlagen

136 **1. Geschäftsgrundlage.** Sowohl die Anpassungsfähigkeit einer Vereinbarung als auch ihre Anpassung richten sich vorrangig nach dem **rechtsgeschäftlich beachtlichen Willen** der Ehegatten,[211] der durch Auslegung zu ermitteln ist.[212] Dies bezieht sich zunächst auf ihre aktuelle und nach ihrer Lebensplanung zukünftig beabsichtigte Gestaltung der **ehelichen Lebensverhältnisse** – Erwerbstätigkeit der Ehegatten, Kinderwunsch, Kinderbetreuung, Haushaltsführung, Eigenheim, Vermögensbildung etc – und wie diese tatsächlich umgesetzt wurde,[213] aber auch darauf, ob und nach welchen **Kriterien** eine Anpassung stattfinden soll.[214]

137 **Geschäftsgrundlage** sind die gemeinschaftlichen Vorstellungen der Ehegatten oder die für den anderen Ehegatten erkennbaren und nicht beanstandeten Vorstellungen eines Ehegatten, die selbst nicht Vertragsinhalt geworden sind. Sie umfassen bei in die Zukunft gerichteten Unterhaltsvereinbarungen neben den bestehenden auch die möglicherweise künftig eintretenden Umstände und regelmäßig auch die Erwartung vom Fortbestand der der Vereinbarung zugrundeliegenden Rechtslage.[215]

138 **2. Einzelne Regelungen.** Die Ehegatten können insbesondere eigene Kriterien für die Anpassung vereinbaren, etwa die Bindung an
– eine bestimmte oder an die jeweilige **Quote,**[216]
– ein bestimmtes **Einkommensniveau,**

**Beispiele aus der Rspr.:**
BGH NJW 2007, 2848 Rn. 2, 22 = FamRZ 2007, 974: Monatlicher „Unterhalt in Höhe des Gehalts eines Beamten der Besoldungsgruppe A 3, 10. Dienstaltersstufe – ohne Ortzuschlag".

---

[209] BGH NJW 2013, 380 Rn. 35 = FamRZ 2013, 195; NJW 2012, 1209 Rn. 39, 40 = FamRZ 2012, 525; NJW 2011, 2969 Rn. 16 = FamRZ 2011, 1377; FamRZ 2008, 386 Rn. 36 = FamRZ 2008, 386; NJW 2005, 2386 = FamRZ 2005, 1444 (1448). – BGHZ 158, 81 = NJW 2004, 930 = FamRZ 2004, 601 (606) erwägt diese Möglichkeit (noch) nicht.

[210] BGH NJW 2012, 1209 Rn. 39 = FamRZ 2012, 525. Ausdrücklich von „Anpassung" spricht aber BGH NJW 2007, 2848 Rn. 20–29 = FamRZ 2007, 974; NJW 2006, 3282 = FamRZ 2006, 1662 f.; NJW 2005, 2391 = FamRZ 2005, 1449 (1452); NJW 2005, 139 = FamRZ 2005, 185 (187). Wie der BGH *Borth* FamRZ 2004, 609 (611).

[211] Dazu BGH NJW 1994, 1530 = FamRZ 1994, 696 (698) mwN; NJW-RR 1987, 1284 = FamRZ 1988, 43 (44) mwN.

[212] BGH NJW 2015, 1242 Rn. 12 = FamRZ 2015, 734; NJW 2012, 1209 Rn. 28 = FamRZ 2012, 525.

[213] Dazu BGH NJW 2007, 2848 Rn. 23 ff. = FamRZ 2007, 974.

[214] BGH NJW 2015, 1242 Rn. 12 = FamRZ 2015, 734; NJW 2012, 1209 Rn. 28 = FamRZ 2012, 525; NJW 2012, 309 Rn. 15 = FamRZ 2012, 197; NJW 2010, 2349 Rn. 13 = FamRZ 2010, 1238.

[215] BGH NJW 2015, 1242 Rn. 17 = FamRZ 2015, 734 mwN.

[216] BGH NJW 1985, 1026 = FamRZ 1985, 161 (164).

BGH NJW 2015, 1380 Rn. 3 = FamRZ 2015, 824: 50% bzw. 40% der bereinigten Einnahmen aus einer Zahnarztpraxis.

- eine bestimmte **Berechnungsmethode,**

**Beispiel aus der Rspr.:**
BGH NJW 2015, 1380 Rn. 30 = FamRZ 2015, 824: Abbedingung der – zwischenzeitlich überholten – Anrechnungsmethode (→ § 1578 Rn. 28, 29) durch Vereinbarung der Anrechnungsfreiheit von Erwerbseinkünften des Berechtigten.

- aber auch eine Anpassung aufgrund einer **Neufestsetzung.**[217]
- festlegen, unter welchen Voraussetzungen und wie der Unterhalt soll **begrenzt** (§§ 1578b, 1579, → Rn. 35, 143–149) werden können.
- als Verzicht auf Unterhalt auch eine **Anpassung ausschließen.**[218]

**Beispiel aus der Rspr.:**
BGH NJW 2010, 440 Rn. 15 = FamRZ 2010, 192; NJW 2005, 3282 = FamRZ 2005, 1662 (1663): Mit einer Abfindung, die ggf. auch in Raten gezahlt werden kann, soll das Unterhaltsrechtsverhältnis endgültig geklärt sein.

**3. Feststellung der vertraglichen Grundlagen.** Um für eine spätere **Anpassung** (→ Rn. 161–164) die Prüfung zu ermöglichen, welche Umstände für die Bemessung des Unterhalts maßgeblich waren (vgl. § 238 Abs. 2 S. 1 FamFG, § 239 FamFG, § 313), sollte in der Vereinbarung stets nachvollziehbar niedergelegt werden, von welchen **persönlichen** und **wirtschaftlichen Verhältnissen** die Ehegatten ausgegangen sind.[219] Doch kann auch auf andere Weise – bei einem gerichtlichen Vergleich etwa durch Aufnahme ins Protokoll – ersichtlich werden, von welchen Berechnungsgrundlagen die Ehegatten ausgegangen sind. Erst wenn die Feststellung der Berechnungsgrundlagen nicht mehr möglich ist, kann eine von den bisherigen Grundlagen losgelöste **Neuberechnung** „wie bei einer Erstfestsetzung nach den gesetzlichen Vorschriften" erfolgen.[220] 139

### III. Störung der Geschäftsgrundlage

**1. Grundsätze.** IdR wird ein die **gesetzliche Unterhaltspflicht** ausgestaltender Vertrag in der Erwartung gleichbleibender Verhältnisse geschlossen.[221] Der durch eine **erhebliche** Änderung der Verhältnisse benachteiligte Ehegatte kann seine Anpassung nach **§ 313**[222] auf der Grundlage des **Parteiwillens,** welche die für die Unterhaltsbemessung maßgeblichen Umstände und ihre Bewertung bindend bestimmt und die deshalb zu wahren sind, verlangen.[223] Eine Bindung mit der Folge einer Neufestsetzung des Unterhalts entfällt nur bei einer **grundlegenden** Änderung, für deren Berücksichtigung dem Parteiwillen nichts entnommen werden kann.[224] 140

Die Ehegatten können eine Anpassung ausdrücklich oder konkludent **ausschließen** oder wesentlich **einschränken.**[225] Der Inhalt der vertraglichen Vereinbarung ist dabei zunächst durch eine gegenüber einer Anpassung wegen Störung der Geschäftsgrundlage vorrangige **Auslegung** zu ermitteln.[226] Inwieweit sie die Ehegatten bindet, richtet sich nach den vertraglichen Grundlagen und den damit verbundenen Erwartungen, auf die sich der jeweils andere Ehegatte redlicherweise einlassen muss. So kann etwa der vertragliche Ausschluss der Abänderbarkeit dort seine Grenze finden, wo die von den Ehegatten **subjektiv** vorgesehene Unterhaltssicherung beider Ehegatten 141

---

217 OLG Zweibrücken BeckRS 2001, 30186750 = FamRZ 1992, 839 (840).
218 BGH NJW 2010, 440 Rn. 15 = FamRZ 2010, 192.
219 Dazu BGH NJW 2010, 440 Rn. 14, 15 = FamRZ 2010, 192.
220 BGH NJW 2010, 440 Rn. 1 = FamRZ 2010, 192 4; NJW 2001, 2259 = FamRZ 2001, 1140 (1142) mwN; NJW-RR 1987, 516 = FamRZ 1987, 257 (259).
221 BGH BeckRS 2010, 53142 = FamRZ 1979, 210; NJW 1962, 2147.
222 BGH NJW 1994, 1530 = FamRZ 1994, 696 (698); NJW 1986, 2054 = FamRZ 1986, 790; BGHZ – GSZ – 85, 64 = NJW 1983, 228 = FamRZ 1983, 22; BeckRS 2010, 21768 = FamRZ 1980, 342 (344).
223 BGH NJW 2015, 1380 Rn. 29 = FamRZ 2015, 824 mAnm *Witt*; NJW 2012, 1209 Rn. 51 = FamRZ 2012, 525; NJW 1987, 58 = FamRZ 1986, 783 (784).
224 Zum Ganzen BGH NJW 2013, 380 Rn. 35, 36 = FamRZ 2013, 195; NJW 2007, 2848 Rn. 23, 25 = FamRZ 2007, 974; NJW 1994, 1530 = FamRZ 1994, 696 (698).
225 BGH NJW 2012, 1807 Rn. 18 = FamRZ 2012, 772; BGHZ 186, 1 = NJW 2010, 2349 Rn. 23 = FamRZ 2010, 1238.
226 BGH NJW 2012, 1209 Rn. 28 = FamRZ 2012, 525; NJW 2012, 309 Rn. 15 = FamRZ 2012, 197; BGHZ 186, 1 = NJW 2010, 2349 Rn. 13, 29 = FamRZ 2010, 1238.

nicht mehr gewährleistet wird.[227] **Objektiv** ist sie bei der Sozialhilfebedürftigkeit bzw. dem notwendigen Lebensbedarf der Ehegatten zu ziehen.

142 Die Anpassung der Vereinbarung setzt weiter voraus, dass einem Ehegatten insbesondere unter Berücksichtigung der vertraglichen Risikoverteilung das Festhalten an dem unveränderten Vertrag **nicht zugemutet** werden kann (§ 313 Abs. 1). Dem Ehegatten, der das vertragliche Risiko von Veränderungen der maßgeblichen Verhältnisse zu tragen hat, ist eine Berufung auf eine Änderung verwehrt.[228]

143 **2. Einzelfälle. a) Begrenzungen nach § 1578b. aa) Grundsätze.** Die Vereinbarung, der Unterhaltsanspruch solle **nicht** nach § 1578b begrenzt werden können, ist idR wirksam. Soll sie auch für die Zukunft bindende Wirkung entfalten und trotz der Veränderung maßgeblicher Umstände **unabänderbar** sein, muss dies **ausdrücklich** vereinbart[229] worden und der Vereinbarung klar und eindeutig zu entnehmen sein, dass bereits bei Vertragsschluss eine abschließende Bestimmung hinsichtlich der Begrenzung des Unterhaltsanspruchs getroffen werden sollte. Da die Entwicklung der insoweit maßgebenden Umstände idR nicht mit der erforderlichen Sicherheit vorauszusehen ist, ist grundsätzlich davon auszugehen, dass der Ausschluss der Begrenzung lediglich unter dem **Vorbehalt** der Weitergeltung der bestehenden und bekannten Sach- und Rechtslage steht und deshalb eine Abänderung der Vereinbarung bei einer Veränderung der maßgeblichen Umstände möglich ist. Insbesondere wird der Verpflichtete idR nicht auf den Befristungseinwand verzichten wollen, und auch der Berechtigte wird die Zahlungsbereitschaft des Verpflichteten nur in diesem Sinne verstehen können.[230] Allein dem Umstand, dass ein vor der Änderung der Rspr. des BGH zur Bedeutung der Ehedauer für eine Befristung des Unterhaltsanspruchs im Jahr 2006[231] und dem Übergang zum UÄndG 2007 abgeschlossener Vertrag keine Ausführungen zu einer Begrenzung enthält, kann deshalb dazu, dass eine Begrenzung abschließend ausgeschlossen sein soll, nichts entnommen werden.[232]

144 **Beispiele:**
Für die Annahme der Unabänderbarkeit **nicht ausreichend** ist die
- pauschale Unterhaltsbemessung ohne konkrete Berechnung auf der Grundlage der tatsächlichen Einkommensverhältnisse,[233]
- im Hinblick auf die bei Vertragsschluss geltende Rechtslage getroffene Verpflichtung zu lebenslänglichen Unterhaltszahlungen.[234]

145 Haben die Ehegatten wirksam die **Unabänderbarkeit** ihrer vertraglichen Regelungen vereinbart oder deren Abänderbarkeit auf **enumerativ aufgeführte Anpassungsgründe** beschränkt, scheidet wegen der dadurch vertraglich übernommenen Risiken eine Vertragsanpassung nach § 313 aus, weil danach der (teilweise) Ausschluss unbedingt und unabhängig von künftigen Änderungen gelten soll.[235] Dies gilt auch für eine **Änderung der höchstrichterlichen Rspr.** und des **gesetzlichen Unterhaltsrechts,** soweit die Rspr. des BGH zur deren Berücksichtigungsfähigkeit im Hinblick auf die Anpassung einer Unterhaltsvereinbarung allgemein anerkannt war und den Ehegatten bei deren Abschluss bewusst sein musste.[236]

146 **bb) Grenze: Zumutbarkeit.** Die Grenze für den Ausschluss einer Anpassung ist erreicht, wenn in Anlehnung an das sächliche **Existenzminimum** des **Verpflichteten** von 9.000 EUR/Jahr[237] sein notwendiger Selbstbehalt des Verpflichteten nicht mehr gewahrt ist[238] und dies ihm

---

227 OLG Zweibrücken BeckRS 2010, 14614 = FamRZ 1982, 302 (303); AG Köln BeckRS 2009, 29591 = FamRZ 1988, 1175 f.

228 BGH NJW 2015, 1242 Rn. 23 = FamRZ 2015, 734.

229 BGH NJW 2015, 1242 Rn. 24 = FamRZ 2015, 734; NJW 2010, 440 Rn. 29 = FamRZ 2010, 192.

230 BGH NJW 2015, 1242 Rn. 13 = FamRZ 2015, 734; BGHZ 186, 1 = NJW 2010, 2349 Rn. 23, 24 = FamRZ 2010, 1238.

231 BGH NJW 2006, 2401 Rn. 10–16 = FamRZ 2006, 1006; dazu auch BGH NJW 2015, 1242 Rn. 21 = FamRZ 2015, 734; NJW 2013, 866 Rn. 17 = FamRZ 2013, 534; NJW 2012, 2514 Rn. 18 = FamRZ 2012, 1284.

232 BGH NJW 2012, 1356 Rn. 31 = FamRZ 2012, 699; NJW 2012, 1209 Rn. 34 = FamRZ 2012, 525.

233 BGH NJW 2015, 1242 Rn. 24 = FamRZ 2015, 734; NJW 2010, 440 Rn. 27 ff. = FamRZ 2010, 192.

234 BGH NJW 2015, 1242 Rn. 24 = FamRZ 2015, 734; NJW 2012, 1209 Rn. 31 ff. = FamRZ 2012, 525. – Zur Abänderbarkeit einer unter der Geltung von § 1573 Abs. 5 aF, § 1578 Abs. 1 S. 2 aF zustande gekommenen Vereinbarung s. KG NJOZ 2015, 281 Rn. 8, 9 = FamRZ 2015, 419 (421 f.).

235 BGH NJW 2015, 1242 Rn. 25, 26 = FamRZ 2015, 734.

236 BGH NJW 2015, 1242 Rn. 25, 27 = FamRZ 2015, 734; auch OLG Hamm BeckRS 2012, 2316.

237 11. Existenzminimumsbericht der Bundesregierung für das Jahr 2018 vom 2.11.2016, BT-Drs. 18/10220, 9.

238 BGH NJW 2015, 1242 Rn. 27 = FamRZ 2015, 734; BGHZ 178, 322 = NJW 2009, 842 Rn. 22 = FamRZ 2009, 198; KG BeckRS 2016, 819 = FamRZ 2016, 1172 Ls.

nicht zum Vorwurf gemacht werden kann. Ob mit dem sächlichen Existenzminimum/notwendigen Selbstbehalt (zurzeit 880 EUR/Monat) der richtige Maßstab herangezogen wird, ist immerhin zweifehlhaft, weil dem Verpflichteten zum nachehelichen Unterhalt jedenfalls grundsätzlich der billige Selbstbehalt (zurzeit 1.080 EUR/Monat) zu verbleiben hat, und im Hinblick auf die vertraglich vereinbarte Unabänderbarkeit eher die Belassung des angemessenen Selbstbehalts (1.200 EUR/Monat) unter Billigkeitsgesichtspunkten angezeigt wäre.

Gleiches muss grundsätzlich auch für den **Berechtigten** gelten. Eine Einschränkung gilt allerdings dann, wenn die Ehegatten die Abänderbarkeit „auch für den Fall der Not" ausgeschlossen haben, weil sie dann die Unabänderbarkeit gerade auch im Hinblick auf den Eintritt einer wirtschaftlichen Notlage vereinbart haben, sodass, kommen nicht weitere Umstände hinzu, kein Grund für eine Anpassung nach Treu und Glauben besteht. 147

**cc) Insbesondere: Lebenslange Unterhaltspflicht.** Für die Änderung der Rspr. des BGH zur Bedeutung der Ehedauer für eine Befristung des Unterhaltsanspruchs im Jahr 2006[239] und den Übergang zum UÄndG 2007 ist zu berücksichtigen, dass zuvor idR von einer lebenslangen Unterhaltsverpflichtung auszugehen war. Dem Umstand, dass ein vor diesem Zeitpunkt abgeschlossener Vertrag **keine Vereinbarungen** zu einer Begrenzung enthält, kann deshalb zum abschließenden Ausschluss einer Begrenzung nichts entnommen werden.[240] 148

Auch wenn die Ehegatten eine Begrenzung des Unterhalts **vertraglich ausgeschlossen** haben, ist dem Verpflichteten eine Anpassung im Hinblick auf die durch das UÄndG 2007 eingetretenen Änderungen des gesetzlichen Unterhaltsrechts nicht grundsätzlich verwehrt. Doch wird die damit einhergehende Stärkung der nachehelichen Eigenverantwortung und der Verschärfung der Erwerbsobliegenheiten **allein** idR nicht zu einer Anpassung einer Unterhaltsvereinbarung führen. Denn meist wird sie den auf die Trennung und Scheidung abgestimmten Lebensplan der Ehegatten zum Ausdruck bringen, an dem festzuhalten auch für den Verpflichteten im Regelfall nicht unzumutbar sein wird, zumal die Vereinbarung auf der Grundlage des bis 31.12.2007 geltenden Rechts abgeschlossen wurde und den Ehegatten die Bedeutsamkeit späterer Änderungen der höchstrichterlichen Rspr. und des gesetzlichen Unterhaltsrechts bewusst sein musste.[241] 149

**b) Weitere anpassungserhebliche Umstände.** Haben die Ehegatten in ihrer Vereinbarung nichts bestimmt (auch → Rn. 136–140), kann sie insbesondere angepasst werden 150

- bei **Hinzutreten weiterer Berechtigter.** Dies wird vornehmlich hinzugekommene unterhaltsberechtigte **Kinder** betreffen, aber auch **Ehegatten** aus einer nachfolgenden Ehe[242] oder nicht verheiratete Elternteile (§ 1615l).
- bei nachträglicher, von den Ehegatten bei Vertragsschluss nicht bedachter Geburt gemeinschaftlicher Kinder und infolge der **Kinderbetreuung** eingeschränkter Erwerbstätigkeit des Bedürftigen.[243] 151
- bei nachträglichen[244] Veränderungen ihrer **wirtschaftlichen Verhältnisse.** Zur Anpassung können die vom BGH[245] für die Abänderbarkeit von **Prozessvergleichen** aufgestellten Kriterien – Richtwert: Abänderung des Unterhaltsbetrags um 10% – herangezogen werden (→ Rn. 187). 152

**Beispiel:**
BGH NJW 2005, 2386 = FamRZ 2005, 1444 (1448): Eine Anpassung kommt nur in Betracht, „wenn die Parteien bei Abschluss des Vertrages ausnahmsweise eine bestimmte Relation ihrer Einkommens- und Vermögensverhältnisse als auch künftig gewiss angesehen und ihre Vereinbarung darauf abgestellt haben." Doch kann dies im Einzelfall zu eng sein, weil eine Unterhaltsabrede ohne Wertsicherungsklausel die Zukunft nicht angemessen absichert.

- beim späteren Bezug einer **Rente,**[246] es sei denn, die Ehegatten hätten ihn bedacht – wovon ausgegangen werden kann, wenn er kurz bevorsteht –, gleichwohl aber den vereinbarten Unterhalt belassen wollen, 153

---

239 BGH NJW 2006, 2401 Rn. 11–16 = FamRZ 2006, 1006; dazu auch BGH NJW 2015, 1242 Rn. 21 = FamRZ 2015, 734; NJW 2013, 866 Rn. 17 = FamRZ 2013, 534; NJW 2012, 2514 Rn. 18 = FamRZ 2012, 1284.

240 BGH NJW 2012, 1356 Rn. 31 = FamRZ 2012, 699; NJW 2012, 1209 Rn. 34 = FamRZ 2012, 525.

241 BGH NJW 2015, 1242 Rn. 21 = FamRZ 2015, 734.

242 BGH NJW 2014, 1590 Rn. 29 ff. = FamRZ 2014, 912.

243 BGH NJW 2013, 380 Rn. 36 = FamRZ 2013, 195; NJW 2005, 139 = FamRZ 2005, 185 (187).

244 OLG Hamm EzFamR aktuell 1998, 106: Keine maßgebende Änderung bei gestiegener Erwerbsobliegenheit, wenn sie dem Berechtigten bereits bei Vertragsschluss hätte entgegengehalten werden können.

245 Etwa BGH NJW 1992, 1621 = FamRZ 1992, 539.

246 OLG Koblenz NJWE-FER 1998, 123 = FamRZ 1998, 765. Zur Gewährung von Unterhalt als Darlehen und zur Erstattung von Unterhaltsbeträgen bei Unkenntnis des Verpflichteten vom Rentenbezug → § 1569 Rn. 51, → § 1585 Rn. 13–16, 76–81.

154 – wenn die Ehegatten entgegen der späteren Entwicklung bei Vertragsschluss nur mit einer **kurzzeitigen Ehe** gerechnet haben.

155 Nicht angepasst werden kann die Vereinbarung aber dann, wenn die Ehegatten den nachehelichen Unterhalt rechtswirksam von der späteren Einkommensentwicklung **abgekoppelt** haben. – Zur Bindung an **Unterhaltsrichtlinien,** Tabellen, Verteilungsschlüssel und sonstige Berechnungsmethoden → Rn. 191.

156 **Beispiel aus der Rspr.:**
BGH NJW 2007, 2848 Rn. 22 ff. = FamRZ 2007, 974: Ausschluss einer Anpassung aufgrund von Einkommenssteigerungen des Verpflichteten, vielmehr Bindung der Unterhaltshöhe an die Besoldungsgruppe A 3, 10. Dienstaltersstufe, Zuverdienst in gleicher Höhe bleibt bei der Unterhaltsberechnung außer Betracht; die Ehegatten gingen bei Abschluss des Ehevertrags von einer Erwerbstätigkeit der (schwangeren) Ehefrau auch während der Ehe aus, wozu es allerdings dann nicht gekommen ist. Der BGH weist darauf hin, dass durch den Ehevertrag ehebedingte Nachteile ausgeglichen werden sollen, weshalb die durch eine Vorehe bedingten Nachteile nicht vom Ehegatten der Nachehe ausgeglichen werden müssten. Dies dürfte fraglich sein, weil – darum ging es im konkreten Fall – der zweite Ehegatte die Ehefrau in Anbetracht ihres Kindes aus erster Ehe und mit der sich daraus ergebenden Betreuungsbelastung geheiratet hat.

157 Auch der in einer Vereinbarung geregelte Unterhaltsanspruch eines geschiedenen Ehegatten erlischt mit der **Wiederverheiratung** des Berechtigten (→ § 1586 Rn. 10–12), es sei denn, die Ehegatten hätten den Fortbestand des Unterhaltsanspruchs auch für diesen Fall ausdrücklich vereinbart, wovon idR aber nur bei ausdrücklicher Regelung ausgegangen werden kann. – Dagegen erlischt der Anspruch nicht von Gesetzes wegen, wenn der Berechtigte in einer **verfestigten Lebensgemeinschaft** lebt. Davon unabhängig ist eine Begrenzung nach § 1579 Nr. 2 (→ § 1586 Rn. 10; zum Vorliegen der Voraussetzungen aus § 1579 → § 1579 Rn. 30–58).[247]

158 **c) Existenzgefährdung.** Die Anpassung sowohl selbstständiger als auch den gesetzlichen Unterhaltsanspruch ausgestaltender Verträge wegen nachträglich geänderter Verhältnisse ist idR verwehrt, wenn sie die Ehegatten auch für eine wesentliche Änderung der Verhältnisse **ausgeschlossen** haben. Erst dann, wenn die Änderung unter Anlegung eines strengen Maßstabs geeignet ist, die Geschäftsgrundlage zu erschüttern und den von den Ehegatten beabsichtigten **Endzweck** zu vereiteln oder die wirtschaftliche **Existenz** des Verpflichteten unter Berücksichtigung seiner Einkommens- und Vermögensverhältnisse einschließlich eines Anspruchs auf Familienunterhalt zu gefährden,[248] mithin sein eigener Unterhalt und der gegenüber ihm unterhaltsberechtigten Familienangehörigen nicht mehr gewährleistet ist, ist die Berufung des Berechtigten auf einen Anpassungsausschluss wegen Verstoßes gegen Treu und Glauben rechtsmissbräuchlich und die Vereinbarung einer Anpassung zugänglich.[249]

159 **d) Kapitalabfindung.** Sollen Unterhaltsansprüche in Kapital abgefunden werden, wird das Unterhaltsrechtsverhältnis **endgültig** erledigt, das Unterhaltsstammrecht erlischt (→ § 1569 Rn. 7). Der Fortbestand der unterhaltsrelevanten Umstände ist nicht Geschäftsgrundlage, sondern Inhalt der Vereinbarung, was eine nachträgliche Anpassung an veränderte Umstände – auch die Wiederheirat des abgefundenen Ehegatten – verwehrt (auch → § 1586 Rn. 21). Etwas anderes gilt aber, wenn durch die Kapitalisierung einer Unterhaltsrente lediglich der gesetzliche Unterhaltsanspruch **konkretisiert** und nicht auch iÜ auf nachehelichen Unterhalt verzichtet wurde.[250] – Mit der **Anfechtung** der Vereinbarung (§§ 119, 123) ist der Verpflichtete dagegen nicht ausgeschlossen.[251]

160 **e) Verzicht.** Wurde der Verzicht ohne den Vorbehalt, bei veränderten wirtschaftlichen Verhältnissen erneut Unterhalt verlangen zu wollen, erklärt,[252] ist das **Unterhaltsstammrecht** mit der Wirksamkeit des Verzichts erloschen, sodass der Verzichtende auch bei einer unvorhergesehenen Änderung keinen Unterhalt mehr verlangen kann.[253] Die Berufung auf den Verzicht kann allerdings **rechtsmissbräuchlich** sein (→ Rn. 108–133).

---

[247] OLG Düsseldorf NJW 1981, 463 = FamRZ 1981, 1077 mit krit. Anm. *Knütel.*

[248] RGZ 166, 40 (49); RGZ 164, 366 (370); RGZ 145, 119 f.; BSG BeckRS 1964, 228 = FamRZ 1965, 379.

[249] BGH NJW 2015, 1242 Rn. 27 = FamRZ 2015, 734; OLG Saarbrücken BeckRS 2003, 30329706; OLG Karlsruhe NJWE-FER 1998, 147 = FamRZ 1998, 1436 (1437); OLG Bamberg BeckRS 1997, 12424 = FamRZ 1998, 830 (831); OLG Köln FamRZ 1989, 637.

[250] BGH NJW 1985, 2706 = FamRZ 1985, 263; s. auch AG Flensburg BeckRS 2010, 6435 = FamRZ 2010, 1808 ff.

[251] Zum Ganzen auch BGH NJW 2005, 3282 = FamRZ 2005, 1662 (1663).

[252] Dazu OLG Hamm FamRZ 1993, 973.

[253] BayObLGSt 1967, 1 = NJW 1967, 1287; OLG Hamm FamRZ 1993, 973; OLG Düsseldorf MittBayNot 1984, 134 = FamRZ 1984, 171 (172 f); s. aber auch OLG Zweibrücken BeckRS 2008, 9343 = FamRZ 2008, 1453 (1454): Maßgebende Änderung, wenn Unterhaltsverzicht aus Anlass der Rückkehr eines ausländischen Ehegatten in sein Heimatland geschlossen wurde, dieser Ehegatte aber endgültig wieder nach Deutschland zurückkehrt.

**3. Anpassung. a) Vertragsgrundlagen.** Die Anpassung einer Unterhaltsvereinbarung richtet sich nach deren Grundlagen (→ Rn. 136–139), die so weit als möglich zu wahren sind. Deshalb führt ein berechtigtes Anpassungsverlangen (zur **Darlegungs-** und **Beweislast** → Rn. 192, 193) nicht stets zur (alleinigen) Anwendung des gesetzlichen Unterhaltsrechts. Für Vereinbarungen mit **selbstständigem Schuldgrund** folgt dies bereits daraus, dass die Unterhaltsverpflichtung losgelöst vom gesetzlichen Unterhaltsrecht bemessen und geschuldet ist. Ihre Anpassung richtet sich allein nach dem Geschäftswillen der Ehegatten unter Wahrung der vertraglichen Grundlagen und Intentionen. Vereinbarungen, die den **gesetzlichen Unterhalt** lediglich modifizieren, sind nach den gesetzlichen Bestimmungen unter Wahrung der vertraglichen Regelungen anzupassen.[254] 161

**Beispiel aus der Rspr.:** 162
BGH NJW 2014, 1590 Rn. 34 ff. = FamRZ 2014, 912: Nach dem Hinzutreten einer weiteren Unterhaltspflicht gegenüber einem Ehegatten aus einer nachfolgenden Ehe ist zur Leistungsfähigkeit grundsätzlich dessen Rang (§§ 1582, 1609) zu berücksichtigen und das Einkommen des Verpflichteten durch „Dreiteilung" (→ § 1581 Rn. 68–88) aufzuteilen.

**b) Wertsicherungsklauseln.** Für ab 1.1.1999 vereinbarte Wertsicherungsklauseln ist die Genehmigungspflicht durch die Aufhebung von § 3 WährG entfallen (Art. 16 S. 2 EuroG, Art. 9 § 1 EuroEG;[255] zu bis dahin vereinbarten Wertsicherungsklauseln → 4. Aufl. 2000, Rn. 10). Sie sind wirksam, „wenn der geschuldete Betrag durch die Änderung eines von dem Statistischen Bundesamt oder einem Statistischen Landesamt ermittelten Preisindexes für die Gesamtlebenshaltung oder eines vom Statistischen Amt der Europäischen Gemeinschaft ermittelten Verbraucherpreisindexes bestimmt werden soll" (§ 3 Abs. 1 Nr. 1 PreisklG[256]), oder wenn sie „wiederkehrende Zahlungen [beinhalten], die für die Lebenszeit, bis zum Erreichen der Erwerbsfähigkeit oder eines bestimmten Ausbildungszieles oder bis zum Beginn der Altersversorgung des Empfängers zu erbringen sind, …, wenn der geschuldete Betrag von der künftigen Einzel- oder Durchschnittsentwicklung von Löhnen, Gehältern, Ruhegehältern oder Renten abhängig [ist]" (§ 3 Abs. 2 PreisklG). – Wertsicherungsklauseln führen zu einer **automatischen** Anpassung des geschuldeten Unterhaltsbetrags, ohne dass es einer Umsetzung durch eine Vereinbarung oder gerichtliche Gestaltung bedürfte. 163

Richtet sich die Anpassung einer Unterhaltsvereinbarung allein nach einer Wertsicherungsklausel, kann sie auch ohne Auskunft betrieben werden, sodass auch kein **Auskunftsanspruch** (§ 1580) besteht.[257] – Vom *Statistischen Bundesamt* ermittelte Indizes, etwa der Preisindex für die Lebenshaltungskosten, sind leicht und zuverlässig feststellbar und damit offenkundig iSd § 113 Abs. 1 FamFG, § 291 ZPO. Deshalb kann aus Wertsicherungsklauseln, die auf sie abstellen, **vollstreckt** werden.[258] – Zur – von der Anpassung durch Sicherungsklauseln zu unterscheidenden – **Sicherung** von Unterhaltsansprüchen → § 1585a Rn. 14–19. 164

## G. Mehrere vermögensrechtliche Scheidungsfolgen

### I. Gesamtregelung

Vereinbarungen, die allein die nachehelichen Unterhaltsansprüche regeln, sind relativ selten und kommen idR nur in gerichtlichen Verfahren vor. Meist geht es um die Beurteilung von **Eheverträgen,** die neben der Gütertrennung und dem Ausschluss des Versorgungsausgleichs auch einen ggf. teilweisen Verzicht auf nachehelichen Unterhalt vorsehen (dazu auch § 1414 S. 2). Insbesondere wenn ein (künftiger) Ehegatte Unternehmer oder Inhaber einer Kanzlei oder Praxis ist, soll für den Fall des bei Scheitern der Ehe der Gefährdung ihres Bestands vorgebeugt werden. **Scheidungsfolgenvereinbarungen,** durch die ohne angemessene Gegenleistung neben dem Unterhalt auch auf den Zugewinn- und Versorgungsausgleich verzichtet wird, können unter Berücksichtigung aller Umstände des Einzelfalls, insbesondere der Dauer der Ehe und der Betreuung von gemeinsamen 165

---

[254] BGH NJW 2014, 1590 Rn. 33 = FamRZ 2014, 912; BeckRS 2010, 53142 = FamRZ 1979, 210.
[255] Gesetz zur Einführung des EUR (Euro-Einführungsgesetz – EuroG) vom 9.6.1998 (BGBl. 1998 I S. 1242).
[256] Gesetz über das Verbot der Verwendung von Preisklauseln bei der Bestimmung von Geldschulden (Preisklauselgesetz) vom 7.9.2007 (BGBl. 2007 I S. 2246), in Kraft getreten am 14.9.2007.
[257] OLG Zweibrücken BeckRS 2009, 5183 = FamRZ 2009, 235 f.; BeckOGK/*Hamberger,* 1.2.2019, Rn. 191.
[258] BGH NJW-RR 2004, 649 = FamRZ 2004, 532 f. mwN. – Zur Vollstreckbarkeit s. auch BGH NJW-RR 2006, 148 (149) = FamRZ 2006, 202 m. krit. Anm. *Zenker* FamRZ 2006, 1248.

Kindern,[259] sittenwidrig sein. Zur Berücksichtigung der **Kindesinteressen** und der infolge des Verzichts eintretenden **Sozialhilfebedürftigkeit** → Rn. 87–89.

166 Sind die Interessen des Bedürftigen durch eine Vereinbarung, die einen **Unterhaltsverzicht** und Regelungen zum **Versorgungsausgleich** beinhaltet, nicht gewahrt (**„Funktionsäquivalenz“**, → §§ 7, 8 VersAusglG), ist ihr versorgungsausgleichsrechtlicher Teil nicht genehmigungsfähig und damit nach § 139 idR auch ihr unterhaltsrechtlicher Teil unwirksam (→ Rn. 167, 168). Dagegen kann eine großzügige Regelung des nachehelichen Unterhalts oder anderer Scheidungsfolgen zur Wirksamkeit eines Verzichts auf den Versorgungsausgleich führen (→ VersAusglG § 6 Rn. 5–10, insbesondere Rn. 8).[260]

### II. Teilnichtigkeit

167 Die Sittenwidrigkeit einzelner Klauseln führt idR nicht lediglich zur Teilnichtigkeit des Ehevertrags, sondern zu dessen **vollständiger Nichtigkeit,** wenn nicht aufgrund anderweitiger Parteivereinbarungen ausnahmsweise anzunehmen ist, dass er auch ohne die nichtigen Klauseln geschlossen worden wäre (§ 139).[261]

168 Auch die Vereinbarung einer **salvatorischen Klausel** kann Ausdruck der strukturellen Überlegenheit des begünstigten Ehegatten sein, derentwegen eine andere Klausel gerade sittenwidrig ist. Deshalb ist im Rahmen einer **Gesamtwürdigung** zu prüfen, ob nicht auch die geltungserhaltende Klausel selbst sittenwidrig ist oder eine sittenwidrige Klausel in untrennbarem systematischen Zusammenhang zu einer sittengemäßen steht – etwa der Altersunterhalt zum Versorgungsausgleich –, sich deshalb die Sittenwidrigkeit der einen auf die andere Vertragsklausel erstrecken muss und dies nicht durch eine salvatorische Klausel abgewendet werden kann. So etwa, wenn der Inhalt einer Vereinbarung für einen Ehegatten ausnahmslos nachteilig ist und seine Einzelregelungen durch keine berechtigten Belange des anderen gerechtfertigt sind.[262]

## H. Abreden zu den Scheidungsvoraussetzungen

169 **Scheidungserschwerende Vereinbarungen** sind entsprechend der Tendenz des Gesetzes für die Aufrechterhaltung der Ehe zulässig: Die Ehe wird auf Lebenszeit geschlossen (§ 1353 Abs. 1 S. 1), das FamG darf im Scheidungsverfahren von den Beteiligten nicht vorgebrachte Tatsachen nur berücksichtigen, wenn und soweit sie der Aufrechterhaltung der Ehe dienen (§ 127 Abs. 2 FamFG). Allerdings darf eine Scheidung nicht **ausgeschlossen** werden und die Vereinbarung keinen Inhalt haben, der den Verpflichteten von der Erhebung eines Scheidungsantrags **abhalten** soll. Solche Vereinbarungen verstoßen gegen das Gesetz und sind nach § 134 nichtig.[263] Unterhaltsrechtliche Regelungen in solchen Vereinbarungen werden vom Verdikt der Unwirksamkeit miterfasst.

170 **Unwahre Angaben** der Ehegatten über das Vorliegen der Voraussetzungen für eine Scheidung führen, nachdem § 72 S. 3 Hs. 1 EheG (Gesetzestext → 7. Aufl. 2017, Anh. § 1586b Rn. 4) nicht übernommen wurde und die gesetzliche Regelung Vereinbarungen über die Scheidungsfolgen fördert (§ 1566 Abs. 1, § 630 ZPO aF, § 133 Abs. 1 Nr. 2 FamFG, aber → Rn. 1), idR nicht zur Nichtigkeit einer Vereinbarung zum nachehelichen Unterhalt,[264] die für den die Scheidung beantra-

---

[259] OLG Karlsruhe NJW-RR 1991, 452 = FamRZ 1991, 332 (333); OLG Köln DNotZ 1981, 444 ff. mit krit. Anm. *v. Hornhardt* = FamRZ 1981, 1087 Ls. (20-jährige Ehe mit Kindererziehung ohne Erwerbstätigkeit der Ehefrau).

[260] BGH FamRZ 2018, 1415 Rn. 24 = NZFam 2014, 1132 Rn. 30 mAnm *Braeuer* = FamRZ 2014, 1978. Zum Verzicht auf den Versorgungsausgleich vor der Eheschließung s. auch BGH NJW 1997, 126 = FamRZ 1996, 1536.

[261] BGH NJW 2005, 2386 = FamRZ 2005, 1444 (1447); aA scheinbar OLG Braunschweig BeckRS 2008, 26262 = FamRZ 2005, 2071 (2072). – Zur Teilnichtigkeit eines Verzichts auf Trennungs- und nachehelichen Unterhalt lediglich hinsichtlich ersterem OLG Koblenz NJW 2007, 2052 = FamRZ 2007, 479 (480), hinsichtlich letzterem s. OLG Frankfurt a. M. BeckRS 2007, 9841 = FamRZ 2007, 2082 (2083). – Zum teilweisen Verzicht auf Trennungsunterhalt auch OLG Hamm NJW 2006, 3012 = FamRZ 2007, 732 (733).

[262] IErg ebenso BGH FamRZ 2013, 269 Rn. 31 = NJW 2013, 457; NJW 2008, 3426 Rn. 24 = FamRZ 2008, 2011; NJW 2006, 2331 = FamRZ 2006, 1097 (1098); aA scheinbar noch BGH NJW 2005, 2386 = FamRZ 2005, 1444 (1447) und im Anschluss daran OLG Hamm NJW 2006, 3719 = FamRZ 2006, 1034 (1037).

[263] Zu Letzterem BGH NJW 1990, 703 = FamRZ 1990, 372 (373); OLG Oldenburg FamRZ 1994, 1454 (1455).

[264] RGRK-BGB/*Cuny* Rn. 40; *Hoffmann* in Göppinger/Wax UnterhaltsR Rn. 1425. Zu § 72 EheG auch die Darstellung → 3. Aufl. 1993, Rn. 47.

genden Ehegatten vielfach nur zur – erschlichenen – Scheidung „ohne Gegenleistung" führen würde. War aber die Ehe zur Zeit der letzten mündlichen Verhandlung im Scheidungsverfahren nicht gescheitert und wird deshalb der **Scheidungsantrag abgewiesen,** ist auch die im Zusammenhang mit diesem Scheidungsverfahren stehende Vereinbarung nichtig; ggf. müssen die Ehegatten bei Einleitung eines erneuten Scheidungsverfahrens eine neue Vereinbarung schließen.

## I. Steuer- und Besoldungsrecht

### I. Steuern

**1. Einkommensteuer.** Leistungen auf nachehelichen Unterhalt kann der Verpflichtete einkommensteuerrechtlich geltend machen als 171

- **Sonderausgaben** im Wege des Realsplittings mit Zustimmung des Berechtigten, der die empfangenen Unterhaltsleistungen zu versteuern hat (§§ 22 Nr. 1a, 46 Abs. 2 S. 1 EStG), bis zu von 13.805 EUR im Kalenderjahr (§ 10 Abs. 1a Nr. 1 EStG).
- **außergewöhnliche Belastung** bis zu einem Höchstbetrag 9.168 EUR im Kalenderjahr 2019 (§ 33a Abs. 1 S. 1 EStG, → § 1578 Rn. 827), der um eigene Einkünfte des Berechtigten und um die als Ausbildungshilfe aus öffentlichen Mitteln oder von Förderungseinrichtungen, die hierfür öffentliche Mittel erhalten, bezogenen Zuschüsse zu kürzen ist, soweit diese einen Betrag von 624 EUR im Kalenderjahr übersteigen (§ 33a Abs. 1 S. 5 EStG). 172

**Nicht abzugsfähige Aufwendungen** sind „freiwillige Zuwendungen, Zuwendungen auf Grund einer freiwillig begründeten Rechtspflicht und Zuwendungen an eine gegenüber dem Steuerpflichtigen oder seinem Ehegatten gesetzlich unterhaltsberechtigte Person oder deren Ehegatten, auch wenn diese Zuwendungen auf einer besonderen Vereinbarung beruhen" (§ 12 Nr. 2 EStG). Dh über das gesetzliche Maß hinaus geleisteter Unterhalt unterliegt stets dem Abzugsverbot. 173

Wird ganz oder teilweise auf Unterhalt **verzichtet,** entfällt mithin die einkommensteuerrechtliche Berücksichtigungsfähigkeit. – Wird der nacheheliche Unterhalt **abgefunden,** fällt die steuerliche Berücksichtigungsfähigkeit nach dem **Zufluss-/Abflussprinzip** (§ 11 Abs. 1 S. 1, Abs. 2 S. 1 EStG) in dem Jahr der Leistung an.[265] Zur optimalen Nutzung der steuerlichen Vorteile kann sich deshalb empfehlen, den Abfindungsbetrag in Jahreshöchstbeträgen von 1.3805 EUR zu entrichten und den dadurch eintretenden Zinsverlust entweder durch die Vereinbarung einer Verzinsung oder durch das Absehen von einer Abzinsung des Abfindungsbetrags auszugleichen. Die Inanspruchnahme steuerlicher Beratung ist angeraten. 174

**2. Schenkungsteuer.** Freigiebige Zuwendungen unter Lebenden zum Zwecke des **angemessenen Unterhalts** oder zur **Ausbildung** des Bedachten unterliegen nicht der Schenkungsteuer (§ 13 Abs. 1 Nr. 12 ErbStG). Zuwendungen aufgrund gesetzlicher Unterhaltspflicht sind insoweit keine Schenkungen iSd ErbStG, als sie tatsächlich geschuldet sind. Den gesetzlich geschuldeten Unterhalt und den Freibetrag – §§ 16 Abs. 1 Nr. 7, 15 Abs. 1 ErbStG: 20.000 EUR – übersteigende Beträge sind dagegen als freigiebige Zuwendung ebenso steuerpflichtig (§ 7 Abs. 1 Nr. 1 ErbStG)[266] wie ein zu Beginn der Ehe als Ausgleich für einen Teilverzicht auf nachehelichen Unterhalt gezahlter Geldbetrag, dessen Bereicherungsumfang nicht durch den Teilverzicht als Gegenleistung gemindert wird.[267] 175

### II. Besoldung

Vereinbart ein geschiedener Beamter einen Verzicht auf nachehelichen Unterhalt gegen dessen Kapitalabfindung, hat er mangels fortbestehender Unterhaltsverpflichtung keinen Anspruch auf den **Familienzuschlag** der Stufe 1 (etwa § 40 Abs. 1 Nr. 3 BBesG) mehr.[268] 176

**Beispiel zu landesrechtlichen Regelungen:** 177
Nr. 41.1.1.3 der Allgemeinen Verwaltungsvorschrift des Finanz- und Wirtschaftsministeriums zum Landesbesoldungsgesetz Baden-Württemberg (LBesGBW-VwV) vom 27.11.2014 – Az.: 1-0320.1-03/3 – (GABl. S. 934): Freiwillige Unterhaltsleistungen begründen keinen Anspruch auf den Familienzuschlag.

---

265 Dazu auch Staudinger/*Baumann*, 2014, Rn. 570.
266 BFHE 91, 104 = BStBl. II 1968, 239 = BeckRS 1967, 21005503 = NJW 1968, 1543 Ls.
267 BFHE 218, 409 = BStBl. II 2008, 256 = NJW 2008, 943 = FamRZ 2008, 611.
268 BVerwG NJW 2003, 1886 = FamRZ 2003, 1385 Ls.; auch BeckOGK/*Hamberger,* 1.2.2019, Rn. 400.

## J. Verfahren

### I. Familiensachen

178 Rechtsstreitigkeiten aus einer den **gesetzlichen Unterhaltsanspruch** ausfüllenden Vereinbarung sind Familiensachen, die in die Zuständigkeit der FamG fallen (→ Vor § 1569 Rn. 57, 58). Streitigkeiten aus einer den gesetzlichen Unterhaltsanspruch ablösenden Vereinbarung mit **selbstständigem Schuldgrund** zählen als Familienstreitsachen iSd § 266 Abs. 1 Nr. 2, 3 FamFG zu den Familiensachen (§ 112 Nr. 3 FamFG).[269]

### II. Anwaltszwang

179 In Unterhaltsstreitigkeiten besteht für beide Ehegatten stets Anwaltszwang, unabhängig davon, ob der Unterhalt im **Verbund** mit der Scheidungssache oder in einem **selbstständigen** Verfahren geltend gemacht wird (§§ 114, 111 Nr. 1 FamFG, § 137 Abs. 2 S. 1 Nr. 2 FamFG, § 112 Nr. 1 FamFG, § 111 Nr. 8 FamFG, § 231 Abs. 1 FamFG, § 269 Abs. 1 Nr. 8, 9 FamFG).

BT-Drs. 16/6308, 223 f.: „Das Unterhaltsverfahren soll wegen der erheblichen Auswirkungen und häufig existenziellen Folgen sowie der ständig zunehmenden Komplexität des materiellen Rechts nicht mehr allein durch die Beteiligten selbst geführt werden. Die Einführung des Zwangs zur anwaltlichen Vertretung bereits im erstinstanzlichen Verfahren dient auch dem Schutz des Beteiligten, insbesondere des Unterhaltsberechtigten, und zur Gewährleistung von Waffengleichheit."

180 Vereinbarungen, die danach als Verfahrenshandlung unwirksam sind, können bei entsprechendem mutmaßlichen Willen der Ehegatten als materiellrechtlicher Vertrag gleichwohl **wirksam** sein,[270] wegen des Erfordernisses der notariellen Beurkundung allerdings nur, wenn diese Willenserklärungen nach Rechtskraft der Scheidung abgegeben wurden (S. 2, → Rn. 16–18). Zwar hat eine solche Vereinbarung keine verfahrensbeendenden Wirkungen, doch muss sie das FamG seiner Entscheidung zugrunde legen.

### III. Gerichtliche Geltendmachung

181 **1. Antrag. Wesentliche Änderungen** einer Vereinbarung, die den Unterhalt **tituliert** – Prozessvergleiche, notariell beurkundete Verträge mit Unterwerfung unter die Zwangsvollstreckung, für vollstreckbar erklärte Anwaltsvergleiche (§ 796a ZPO) –, sind, gleich ob es sich um die Ausgestaltung des gesetzlichen Unterhaltsanspruchs oder um Vereinbarungen mit selbstständigem Schuldgrund handelt, mit einem Abänderungsantrag (§ 239 FamFG) geltend zu machen (→ Rn. 188–191).

182 Auf der Grundlage außergerichtlicher Vereinbarungen, die die Unterhaltsrente **nicht titulieren** und die Anpassung aufgrund eines Abänderungsantrags nicht ausdrücklich vorsehen (→ Rn. 189–191), kann **Leistungsantrag,**[271] auch als **Stufenantrag,** erhoben werden. Er beinhaltet „nicht nur die Geltendmachung des Anspruchs aus der Anpassung, sondern zugleich die Durchsetzung des Anspruchs auf Anpassung".[272] Bei bestehendem Feststellungsinteresse (§ 113 Abs. 1 FamFG, § 256 Abs. 1 ZPO) kann ggf. **Feststellungsantrag** oder **Zwischenfeststellungsantrag** erhoben werden. Auch für einen alternativen Antrag auf **Zustimmung zur Anpassung** der Unterhaltsvereinbarung wird das Rechtsschutzbedürfnis idR nicht fehlen (→ § 313 Rn. 127, 128).[273] – Stets mit einem Leistungsantrag ist höherer Unterhalt aufgrund einer zulässigen **Wertsicherungsklausel** (→ Rn. 163, 164) geltend zu machen, da die „Vertragsänderung" bereits aus der Betragsänderung folgt. Einer einvernehmlichen Anpassung bedarf es deshalb nicht.

---

[269] AllgM, etwa BeckOGK/*Hamberger,* 1.2.2019, Rn. 385; Staudinger/*Baumann,* 2014, Rn. 544; Prütting/Helms/*Bömelburg* FamFG § 231 Rn. 12; Bahrenfuss/*Schwedhelm* FamFG § 231 Rn. 8; Musielak/Borth/*Borth* FamFG § 266 Rn. 11; Keidel/*Weber* FamFG § 231 Rn. 9; Haußleiter/*Eickelmann* FamFG § 261 Rn. 10; *Wönne* in Wendl/Dose UnterhaltsR § 6 Rn. 609. – Nach dem bis zum 31.8.2009 geltenden Recht handelte es sich dabei nicht um Familiensachen. Für sie waren die Zivilgerichte zuständig, zuletzt BGH NJW-RR 2009, 434 Rn. 10, 11 = FamRZ 2009, 219.

[270] BGH NJW 1985, 1962 (1963 f.) = FamRZ 1985, 166; BeckOGK/*Hamberger,* 1.2.2019, Rn. 397; Palandt/*Brudermüller* Rn. 18.

[271] BT-Drs. 14/6040, 176; wohl hM, BGHZ 163, 42 = NJW 2005, 2069 = FamRZ 2005, 1071 (1072 f.) (allerdings nicht problembewusst); BeckOGK/*Martens,* 1.9.2018, BGB § 313 Rn. 157, 158; BeckOK BGB/*Lorenz,* 47. Ed. 1.8.2018, § 313 Rn. 84, 92; jurisPK-BGB/*Pfeiffer* § 313 Rn. 81.

[272] BGHZ 191, 139 = NJW 2012, 373 Rn. 34; wohl ebenso jurisPK-BGB/*Pfeiffer* § 313 Rn. 81; aA wohl BeckOGK/*Martens,* 1.9.2018, BGB § 313 Rn. 158.

[273] BGHZ 191, 139 = NJW 2012, 373 Rn. 34; zum Ganzen auch BeckOGK/*Martens,* 1.9.2018, BGB § 313 Rn. 158.

**2. Antragshäufung.** Sie ist für die Scheidungsfolgen Unterhalt und Güterrecht auch in einem selbstständigen, von einem Scheidungsverfahren unabhängigen Verfahren ohne weiteres als **objektive** Antragshäufung möglich (§ 113 Abs. 1 S. 2 FamFG, § 260 ZPO).[274] Da jedoch – Ausnahme: Verbund im Scheidungsverfahren – alle über die Antragshäufung verbundenen Verfahren derselben Verfahrensart angehören müssen,[275] scheidet sie für den Versorgungsausgleich, der nicht zu den Familienstreitsachen zählt (§ 112 FamFG), aus. Auch die entsprechende Anwendung von § 137 Abs. 5 S. 1 Hs. 2 FamFG (Restverbund nach Abtrennung mehrerer Scheidungsfolgesachen vom Scheidungsverfahren) und § 68 Abs. 3 S. 1 FamFG, § 137 Abs. 5 S. 1 Hs. 2 FamFG (Restverbund im Rechtsmittelrechtszug) ist verwehrt, weil sich dieser Restverbund aus dem Ziel des Scheidungsverbunds, möglichst alle Scheidungsfolgen mit zu regeln, ableitet. 183

**3. Insbesondere: Sittenwidrige Eheverträge.** Die Sittenwidrigkeit einer Vereinbarung oder die Rechtsmissbräuchlichkeit der Berufung auf sie kann idR mit einem **Leistungsantrag** auf Zahlung von Unterhalt geltend gemacht werden. Der in Anspruch genommene Ehegatte muss sich dann auf die Vereinbarung berufen mit der Folge, dass ihre Wirksamkeit geprüft und die Ausübungskontrolle durchgeführt wird. Der Ehegatte, der trotz des vertraglichen Ausschlusses Ansprüche geltend macht, muss alle die den Anspruch stützenden, ihm günstigen, einschließlich der die Sittenwidrigkeit oder die Ausübungskontrolle tragenden Umstände vortragen und ggf. beweisen. 184

Dies gilt auch für den **Versorgungsausgleich,** auch soweit er von Amts wegen durchzuführen ist. Der Berufung eines Ehegatten auf den vertraglichen Ausschluss des Versorgungsausgleichs begegnet der andere mit einem Verfahrensantrag auf seine Durchführung, also mit einem „Leistungsantrag".[276] 185

Ein **Zwischenfeststellungsantrag,** ggf. als Zwischenfeststellungswiderantrag im Verbund mit der Scheidungssache, ist zulässig, wenn zwar über den Versorgungsausgleich im Zwangsverbund zu entscheiden ist, der Ehevertrag aber auch andere Rechtsbeziehungen der Beteiligten regelt, für die es auf dessen Wirksamkeit und Inhalt ankommt.[277] – Für einen **selbstständigen Feststellungsantrag** ist mangels Feststellungsinteresses idR kein Raum,[278] weil der benachteiligte Ehegatte nicht gehindert ist, Leistungsantrag zu erheben. Hierzu reicht die gerichtliche Geltendmachung *eines* Anspruchs aus. Mit einem Zwischenfeststellungsantrag kann die Bindungswirkung auch für andere Ansprüche erreicht werden. – Für den **Verpflichteten** kann dagegen ein Feststellungsinteresse bestehen, wenn der vermeintlich Berechtigte sich zwar in einer Vereinbarung geregelter Ansprüche berühmt, diese jedoch nicht gerichtlich geltend macht. 186

Für **gerichtliche Vergleiche** gilt: Soll ihre **Sittenwidrigkeit** geltend gemacht werden, muss der ursprüngliche Zahlungs- oder Abänderungsantrag im ehemaligen Verfahren weiterverfolgt werden, da dieses bei Nichtigkeit des Vergleichs nicht beendet ist. Dagegen ist die **missbräuchliche Rechtsausübung** in einem selbstständigen Verfahren zu verfolgen. Zwar mag auch eine **prozessuale Verbindung** beider Rechtsbegehren dahin, dass die Fortführung des Ausgangsverfahren beantragt und hilfsweise Antrag wegen unzulässiger Rechtsausübung erhoben wird, trotz Bedingungsfeindlichkeit möglich sein, weil es sich insoweit um eine innerprozessuale Bedingung handelt.[279] Zeitlich und kostenmäßig bringt dies jedoch keinen Vorteil, weil bei Nichtfortsetzung des Ausgangsverfahrens ein Hilfsantrag abzutrennen und in einem neuen Verfahren als Hauptantrag zu behandeln ist. 187

## IV. Abänderungsantrag

Die Anpassung des in einem Prozessvergleich oder einer vollstreckbaren Urkunde **titulierten** Unterhalts ist mit einem **Abänderungsantrag** (§ 239 FamFG) zu verfolgen.[280] Beruht die einseitige vollstreckbare Verpflichtung in einer notariellen Urkunde auf einer Vereinbarung der Ehegatten, ist sie entsprechend den veränderten Umständen nach den materiellrechtlichen Regeln der **Änderung der Geschäftsgrundlage** (§ 313, § 239 Abs. 2 FamFG) und nicht im Wege eines Erstantrags auf- 188

274 S. auch Bork/Jacoby/Schwab/*Jacoby,* 2. Aufl. 2013, FamFG § 23 Rn. 11.

275 BGHZ 69, 328 = NJW 1978, 44.

276 Dazu auch *Bergschneider* FamRZ 2005, 693.

277 BGH NJW 2005, 1370 = FamRZ 2005, 691; aA wohl *Gomille* NJW 2008, 274 ff.

278 Ebenso OLG Frankfurt a. M. NJW-RR 2007, 289; BeckOGK/*Hamberger,* 1.2.2019, Rn. 390, 391; *Gomille* NJW 2008, 274 (277); aA *Borth* FamRZ 2004, 609 (612).

279 Dazu *Bergschneider* FamRZ 2007, 2081 (2082).

280 Abänderungsantrag und Vollstreckungsgegenantrag stehen in einem Ausschlussverhältnis zueinander, OLG München BeckRS 2011, 2382 = FamRZ 1992, 213 f. Doch können sie im Verfahren im Eventualverhältnis geltend gemacht werden, BGH NJW 1979, 1306 = FamRZ 1979, 573.

grund einer Neuberechnung und -festsetzung anzupassen,[281] wenn die Ehegatten nichts anderes vereinbart haben.

189 Auch die Anpassung eines vollstreckbaren **einseitigen Schuldanerkenntnisses,** das nicht auf einer Vereinbarung der Ehegatten beruht, ist mit einem Abänderungsantrag zu verfolgen.[282] Weder der Berechtigte noch der Verpflichtete[283] ist an die Tatsachengrundlagen des Anerkenntnisses gebunden, da es sich um ein Anerkenntnis ohne Vertragscharakter handelt, das § 781 nicht unterfällt. – Nur nachträgliche Änderungen der maßgeblichen Umstände können eine Anpassung rechtfertigen. Dagegen kann der Berechtigte ohne Bindung an das Schuldanerkenntnis einen höheren als den titulierten Unterhalt verlangen. – Trotz fehlender Vollstreckbarkeit gilt dies auch für **privatschriftliche Verträge,** wenn die Ehegatten die Anwendbarkeit von § 239 FamFG vereinbart haben.[284] – Zur **Darlegungs- und Beweislast** → Rn. 192.

190 Auf rechtsgeschäftlich errichtete Titel sind die **Präklusionen** (§ 238 Abs. 2, 3 FamFG) nicht anwendbar (§ 239 FamFG).[285] Mit einem Abänderungsantrag können mithin alle Einwendungen unabhängig davon erhoben werden, ob sie von Anfang an bestanden haben oder erst später entstanden sind. Einen gerechten Ausgleich der Interessen beider Ehegatten gewährleistet die Anpassung nach § 313, der Einwand der Entreicherung sowie § 1585b Abs. 1 hinsichtlich in der Vergangenheit liegender Unterhaltsbeträge (s. auch § 1613 Abs. 1).

191 An **Unterhaltsrichtlinien,** Tabellen, Verteilungsschlüssel und sonstige Berechnungsmethoden besteht, auch wenn die Ehegatten den vereinbarten Unterhaltsbetrag unter ihrer Anwendung errechnet haben, ohne ausdrückliche anders lautende Vereinbarung keine Bindung, weil es sich insoweit lediglich um eine konkrete Bedarfsermittlung ersetzende Hilfsmittel handelt.[286] Deshalb kommt eine Anpassung bei einer Änderung der Verteilungsquote in Betracht,[287] oder wenn sich die maßgeblichen Umstände so geändert haben, dass eine Fortschreibung der bisherigen Grundlagen nicht mehr möglich ist.[288]

## V. Darlegungs- und Beweislast

192 **1. Anpassung.** Wegen der Privatautonomie obliegt die Darlegungs- und Beweislast für die Unwirksamkeit der Vereinbarung, ihre Anpassungsbedürftigkeit bzw. die Rechtsmissbräuchlichkeit der Berufung auf den Ehevertrag dem dadurch benachteiligten Ehegatten, der sich im gerichtlichen Verfahren hierauf beruft.[289] Je nach dem Ausmaß der Einschränkungen der gesetzlichen Regelungen sind an den Vortrag des benachteiligten Ehegatten höhere oder geringere Anforderungen zu stellen, ohne dass allerdings wegen einer – nicht gegebenen[290] – widerlegbaren Vermutung für die Unwirksamkeit eine Umkehr der Beweislast anzunehmen ist.[291]

---

[281] BGH NJW 1979, 1656 = FamRZ 1979, 694 mit abl. Anm. *Mutschler* JR 1980, 25 und danach ständig. – Dazu auch BGH NJW 2012, 1356 Rn. 31 = FamRZ 2012, 699, doch ist das dort gefundene Ergebnis fraglich, weil sich hinsichtlich der 1979 geschlossenen Vereinbarung zwar durch das UÄndG 1986 und das UÄndG 2007 Änderungen der gesetzlichen Lage ergeben hatten, der Verpflichtete jedoch trotz der ab 1986 zulässigen Begrenzungen des Unterhaltsanspruchs in sogar erweitertem Umfang Unterhalt bezahlt hat.

[282] Zum Ganzen BGHZ 189, 284 = NJW 2011, 1874 Rn. 25, 26 = FamRZ 2011, 1041 zu Jugendamtsurkunden über Kindesunterhalt.

[283] Insoweit aA BGHZ 189, 284 = NJW 2011, 1874 Rn. 25, 26 = FamRZ 2011, 1041; wohl ebenso der kryptische Hinweis BT-Drs. 16/6308, 258: „Abs. 2 verweist wegen der übrigen Voraussetzungen und wegen des Umfangs der Abänderung auf die Regelungen des bürgerlichen Rechts. Zu nennen sind hierbei in erster Linie die Störung bzw. der Wegfall der Geschäftsgrundlage sowie die Grundsätze über das Schuldanerkenntnis."

[284] BGH BeckRS 2014, 8614 = FamRZ 1960, 60 (61); BayObLG DNotZ 1980, 94 (96) mwN; OLG Köln BeckRS 2009, 28586 = FamRZ 1986, 1018; OLG Braunschweig BeckRS 2010, 20408 = FamRZ 1979, 928 (929); Soergel/*Häberle* Rn. 38 aE; *Hoffmann* in Göppinger/Wax UnterhaltsR Rn. 1739.

[285] Dazu BT-Drs. 16/6308, 258. Zum bis 31.8.2009 geltenden Recht s. BGH NJW-RR 1991, 514 = FamRZ 1991, 542; NJW 1990, 3274 = FamRZ 1990, 989 f.; NJW 1987, 58 = FamRZ 1986, 790; NJW 1985, 64 = FamRZ 1984, 997 (998 f.); BGHZ -GSZ- 85, 64, 73 f. = NJW 1983, 228 = FamRZ 1983, 22 (24 f.).

[286] BGH NJW-RR 1994, 1155 = FamRZ 1994, 1100 (1102); NJW-RR 1990, 580 = FamRZ 1990, 981 (982); NJW-RR 1987, 516 = FamRZ 1987, 257 (258).

[287] BGH NJW 1984, 1458 = FamRZ 1984, 374 (375 f.).

[288] BGH NJW 1980, 2081 = FamRZ 1980, 771; OLG Düsseldorf FamRZ 1986, 1242 (1243).

[289] Zur Nichtigkeit wegen Sittenwidrigkeit BGH NJW 1985, 1833 = FamRZ 1985, 788 (789 ff.) (zu § 138 bzw. § 72 S. 3 Alt. 2 EheG (Gesetzestext → 7. Aufl. 2017, Anh. § 1586b Rn. 4)); BGHZ 86, 82 = NJW 1983, 1851 = FamRZ 1983, 137 (140); BGHZ 41, 166 = NJW 1964, 1073 (1075) (zu § 72 S. 3 Alt. 2 EheG). Zur Ausübungskontrolle auch Staudinger/*Baumann*, 2014, Rn. 541; BeckOGK/*Hamberger*, 1.2.2019, Rn. 342, 382–384.

[290] *Borth* FamRZ 2004, 609 (611); *D. Schwab* DNotZ 2001, 9 (15 ff.) sprechen von einer widerlegbaren Vermutung dafür, dass in den Kernbereich der Scheidungsfolgen eingegriffen werde. Doch bedarf es hierzu keiner

**2. Abänderung.** Die Darlegungs- und Beweislast für die Abänderung titulierter Unterhaltsansprüche (→ Rn. 181–187) obliegt dem Beteiligten, der maßgebliche **Änderungen** geltend macht.[292] Sind jedoch die Voraussetzungen des **Unterhaltstatbestandes,** der Grundlage der Vereinbarung war, entfallen, trägt der Unterhaltsgläubiger die Darlegungs- und Beweislast für die Tatsachen, die die Aufrechterhaltung des Titels nach anderen Unterhaltstatbeständen rechtfertigen.[293] 193

## Kapitel 5. Ende des Unterhaltsanspruchs

### § 1586 Wiederverheiratung, Begründung einer Lebenspartnerschaft oder Tod des Berechtigten

**(1) Der Unterhaltsanspruch erlischt mit der Wiederheirat, der Begründung einer Lebenspartnerschaft oder dem Tode des Berechtigten.**

**(2) [1]Ansprüche auf Erfüllung oder Schadensersatz wegen Nichterfüllung für die Vergangenheit bleiben bestehen. [2]Das Gleiche gilt für den Anspruch auf den zur Zeit der Wiederheirat, der Begründung einer Lebenspartnerschaft oder des Todes fälligen Monatsbetrag.**

**Schrifttum:** *Clauss-Hasper/Bauer,* Das Schicksal arbeitsrechtlicher Ansprüche bei Ehescheidung, NZA 2010, 601; *Hambitzer,* Die Bindungswirkung von Unterhaltsvereinbarungen gemäß § 1586 BGB gegenüber Erben, FamRZ 2001, 201; *Sarres,* Unterhaltspflichten und Erbfall – Sonderfall: Abfindungszahlung, FamRB 2002, 316; *Schilling,* § 1615l im Spiegel der höchstrichterlichen Rechtsprechung, FamRZ 2006, 1; *Schilling,* Der Wegfall des Betreuungsunterhalts nach § 1586 Abs. 1 BGB bei Wiederheirat, FF 2015, 59; *Weber,* Unterhaltspflicht und Erbfall – die verkannte Brisanz von Abfindungszahlungen, FPR 2005, 294.

**Übersicht**



## I. Allgemeines

**1. Normzweck.** Der nacheheliche Unterhalt soll dem Berechtigten die Aufrechterhaltung eines den Lebensverhältnissen in der geschiedenen Ehe entsprechenden **Lebensstandards** ermöglichen (§ 1578 Abs. 1 S. 1). Mit dem **Tod** des Berechtigten entfällt dieser Zweck, weil der Unterhaltsanspruch höchstpersönlicher Natur ist. Mit der **Wiederheirat**/Begründung einer Lebenspartnerschaft begibt sich der Berechtigte in andere, seine wirtschaftlichen Bedürfnisse prägenden Lebensverhältnisse und erhält zu deren Befriedigung einen Unterhaltsanspruch (§§ 1360 ff., 1361, §§ 5, 12 LPartG) gegen den neuen Ehegatten/Lebenspartner. Deshalb erlischt bei Wiederheirat und Tod des Berechtigten sein Anspruch auf nachehelichen Unterhalt (Abs. 1; vgl. §§ 67, 69 EheG, 1

Vermutung, weil diese Beurteilung sich allein danach richtet, welche Scheidungsfolgen tatsächlich geregelt worden sind.

291 Zu Vermutungsregeln und Beweiserleichterungen in Einzelfällen auch BeckOGK/*Hamberger,* 1.2.2019, Rn. 383.

292 BGH NJW 1995, 1891 = FamRZ 1995, 665 (666 f.) (Befristung durch neu in Kraft getretenen § 1573 Abs. 5 aF); NJW 1990, 2752 = FamRZ 1990, 496 (497); BGHZ 98, 353 = NJW 1987, 1201 = FamRZ 1987, 259 (260) OLG Hamm OLGR 1998, 326 (Verfestigung der Beziehung zu einem anderen Partner, § 1579 Nr. 2).

293 BGH NJW 1990, 2752 = FamRZ 1990, 496 (497).

Gesetzestext → 7. Aufl. 2017, Anh. § 1586b Rn. 4).[1] Beim Tod ist das Erlöschen naturgemäß endgültig, bei Wiederheirat/Begründung einer Lebenspartnerschaft ist ein **Wiederaufleben** ausnahmsweise möglich (§ 1586a).

2 **2. Anwendungsbereich. a) Geschiedene Ehegatten. Aufgehobene Lebenspartnerschaft.** § 1586 ist nur auf den **nachehelichen** und den nachpartnerschaftlichen Unterhalt anzuwenden. Denn vor einer Scheidung bzw. Aufhebung der Lebenspartnerschaft ist eine – wirksame – Wiederheirat bzw. Begründung einer neuen Lebenspartnerschaft nicht möglich (§ 1306, § 1 Abs. 3 Nr. 1 LPartG). – Zur entsprechenden Anwendung von § 1586 auf Unterhaltsansprüche nicht miteinander verheirateter Eltern → Rn. 3–5. – Der Tod des Berechtigten ist für den Familien-, Trennungs- und den Unterhalt nicht miteinander verheirateter Eltern zwar von gleicher Bedeutung, doch verweisen § 1360a Abs. 3, § 1361 Abs. 4 S. 4, § 1615l Abs. 3 S. 1 auf die Parallelvorschrift des § 1615 Abs. 1 zum Verwandtenunterhalt.

3 **b) Nicht miteinander verheiratete Eltern.** Zwar hat die nichteheliche Elternschaft, anders als Wiederheirat/Lebenspartnerschaft, zwischen den Eltern keine **statusrechtliche** Bedeutung, wohl aber in ihrem Verhältnis zum Kind. Dies und der Regelungszweck von Abs. 1 rechtfertigt es nach dem BGH, der der Verweisung in § 1615l Abs. 3 S. 1 auf die Vorschriften zum Verwandtenunterhalt und nicht auch auf den nachehelichen Unterhalt im vorliegenden Zusammenhang keine Bedeutung beimisst, den Verpflichteten wegen der anderweitigen **wirtschaftlichen Ausrichtung** und **Absicherung** des Berechtigten entsprechend § 1586 Abs. 1 zu entlasten (→ § 1615l Rn. 63).[2]

4 Dem steht jedoch entgegen, dass der BGH für das Verhältnis von Ansprüchen nach § 1570 und § 1615l davon ausgeht, dass sie entsprechend § 1606 Abs. 3 S. 1 nebeneinanderstehen und die Verpflichteten anteilig haften.[3] Warum dies vorliegend nicht so sein soll, ist nicht ersichtlich. Aber selbst wenn man dieser Auffassung von der anteiligen Haftung nicht folgt,[4] besteht keine Notwendigkeit für die entsprechende Anwendung von Abs. 1: Lediglich für eine verfestigte Lebensgemeinschaft iSd § 1579 Nr. 2 kann eine wirtschaftliche Neuausrichtung des Berechtigten und damit eine Vergleichbarkeit mit Wiederheirat/Lebenspartnerschaft angenommen werden, nicht jedoch dann, wenn eine solche nicht besteht. Die entsprechende Anwendung von Abs. 1 ist deshalb **abzulehnen.** Der geschiedene Ehegatte hat den Unterhalt nach den ehelichen Lebensverhältnissen zu leisten, soweit seine Unterhaltspflicht reicht, der nicht verheiratete Elternteil hat ggf. einen Mehrbedarf sowie jeden schwangerschafts- und geburtsbedingten Bedarf zu befriedigen.

5 Fraglich ist, ob mit der Eingehung einer Ehe vergleichbar und deshalb § 1586 entsprechend anzuwenden ist, wenn die verheiratete Mutter ein nichteheliches Kind **in ihre Ehe** hineingebiert, ohne dass es zur Scheidung der Ehe kommt, diese vielmehr fortgesetzt wird. Das Entfallen eines Unterhaltsanspruchs nach § 1586 rechtfertigt sich damit, dass sich der geschiedene Ehegatte, der erneut heiratet, seines Anspruchs auf nacheheliche Solidarität (→ § 1569 Rn. 21) begibt und in einer anderen Lebensgemeinschaft eheliche Bindung und Verantwortung eingeht (→ Rn. 1). Ist die entsprechende Anwendung von § 1586 bereits deshalb fraglich, wenn die nichteheliche Mutter heiratet (→ Rn. 4), ist sie erst recht abzulehnen, wenn sie eine bereits bestehende Ehe mit dem in die Familie aufgenommenen Kind fortsetzt. Der Anspruch auf Betreuungsunterhalt nach § 1615l Abs. 2 S. 2 BGB erlischt mithin nicht und tritt auch nicht im Rang hinter den Anspruch auf Familienunterhalt zurück.[5]

6 **c) Unterhaltsansprüche. aa) Unterhaltstatbestände.** § 1586 bezieht sich auf **alle** nachehelichen Unterhaltstatbestände der §§ 1570–1573, 1575, 1576. Der Gesetzgeber des 1. EheRG[6] geht

---

[1] BT-Drs. 7/650, 150.

[2] BGH NJW 2016, 1961 Rn. 16, 17 mAnm *Graba* NZFam 2016, 462 = FamRZ 2016, 892 mAnm *Born* (dort auch zur schadensersatzrechtlichen Kompensation des Verlustes des Unterhaltsanspruchs nach § 1615l Abs. 2 S. 2 durch den Anspruch auf Familienunterhalt nach § 1360); BGHZ 161, 124 = NJW 2005, 503 = FamRZ 2005, 347 (349 f.) mAnm – zust. – *Schilling,* – abl. – *Graba* (der gleichfalls einen Vergleich der Unterhaltsansprüche aus §§ 1615l, 1570 anstellt, aus ihm allerdings die entsprechende Anwendung von Abs. 1 herleitet); ebenso BeckOGK/*Siede,* 1.2.2019, Rn. 18; BeckOGK/*Lugani,* 1.2.2019, § 1615l Rn. 113; auch Staudinger/*Baumann,* 2014, Rn. 13–14; Soergel/*Häberle* Rn. 3; NK-BGB/*Schnitzler* Rn. 5; aA OLG Stuttgart NJW-RR 2002, 1441 = FamRZ 2003, 701 (702) (Vorinstanz zu BGHZ 161, 124) (das aus der schwächeren Qualifikation des Unterhaltsanspruchs aus § 1615l gegenüber dem aus § 1570 allerdings den Ausschluss der entsprechenden Anwendung von § 1586 Abs. 1 folgert); OLG München OLGR 2002, 144 ff.; OLG Schleswig FamRZ 2000, 637 f.

[3] BGH NJW 2005, 502 = FamRZ 2005, 357 (358); NJW 1998, 1309 = FamRZ 1998, 541 (543 f.).

[4] Abl. *Maurer* in Göppinger/Wax UnterhaltsR Rn. 1275.

[5] Ebenso OLG Stuttgart NJW 2016, 1104 = FamRZ 2016, 907 mit zweifelnder (?) Anm. *Borth* und zust. Anm. *Niepmann* NZFam 2016, 176; KG BeckRS 2015, 8500 Rn. 15, 16; auch BeckOGK/*Lugani,* 1.2.2019, BGB § 1615l Rn. 110; offengelassen OLG Bamberg BeckRS 2015, 9163 Rn. 45, 46 = FamRZ 2015, 882.

[6] Zur Rechtsentwicklung *Schilling* FF 2015, 59 f.

davon aus, dass der wiederverheiratete Ehegatte aufgrund seines Anspruchs auf Familienunterhalt (§§ 1360, 1361a) nicht mehr bedürftig ist, weil der Lebensunterhalt des Ehegatten in seiner neuen Ehe entsprechend den dortigen ehelichen Lebensverhältnissen wirtschaftlich gewährleistet ist. Zudem endet spätestens mit der Wiederheirat die nacheheliche Solidarität.[7]

Diese Begründung trägt für die Unterhaltstatbestände, die lediglich den wirtschaftlichen Interessen des geschiedenen Ehegatten dienen (§§ 1571–1573, §§ 1575–1576). Sie ist jedoch für den **Betreuungsunterhalt** aus **kindbezogenen Gründen** nach § 1570 Abs. 1 zu hinterfragen. Denn dieser wird allein im Interesse der betreuungsbedürftigen gemeinschaftlichen Kinder der geschiedenen Ehegatten gewährt. Insoweit könnte § 1586 Abs. 1 gegen Art. 6 Abs. 2 S. 1 iVm Art. 2 Abs. 1 GG und Art. 1 Abs. 1 GG verstoßen.[8] Andererseits dient der Betreuungsunterhalt aber auch nicht dazu, den neuen Ehegatten der nachfolgenden Ehe zu alimentieren. Deshalb müsste hypothetisch danach gefragt werden, welchen ungedeckten Bedarf der wiederverheiratete Ehegatte unter Berücksichtigung seiner Erwerbsobliegenheit im Lichte der Kinderbetreuung aus der geschiedenen Ehe hätte und inwieweit sein Bedarf in der nachfolgenden Ehe durch den neuen Ehegatten gedeckt werden kann. Mehr als den notwendigen Bedarf bräuchte bei Leistungsunfähigkeit seines neuen Ehegatten aber auch der geschiedene Verpflichtete nicht abdecken (s. dazu die Parallele zu § 1579, → § 1579 Rn. 187, 196–198, 211).[9] – Für den Betreuungsunterhalt aus **elternbezogenen Gründen** (§ 1570 Abs. 2) besteht dagegen keine Interessenkollision, weil dieser nicht „im Interesse des Kindeswohls wegen seiner Betreuung geschuldet wird".[10] 7

**bb) Rückständiger Unterhalt.** § 1586 erfasst nur die „künftig fällig werdenden wiederkehrenden" Unterhaltsbeträge. Die bei Wiederheirat/Begründung einer Lebenspartnerschaft oder Tod des Berechtigten bereits **bestehenden Ansprüche** auf Unterhalt und Schadensersatz wegen Nichterfüllung bleiben unberührt (Abs. 2 S. 1, → Rn. 14). – Zum **Verhältnis des erloschenen zum nach § 1586a Abs. 1 wiederaufgelebten Unterhaltsanspruch** → § 1586a Rn. 10. 8

**d) Beendigung der Unterhaltsverpflichtung aus anderen Gründen.** Von § 1586 unberührt bleiben andere Beendigungsgründe als Wiederheirat/Begründung einer Lebenspartnerschaft oder Tod, etwa dass die Tatbestandsvoraussetzungen für nachehelichen Unterhalt (§§ 1570–1573, §§ 1575–1576) entfallen sind oder der Unterhaltsanspruch infolge einer Begrenzung nach §§ 1578b, 1579 endet. 9

## II. Maßgebliche Beendigung der Unterhaltsverpflichtung

**1. Wiederheirat. a) Geltungsbereich.** Der Unterhaltsanspruch erlischt bei **Wiederheirat** des Berechtigten oder Begründung einer **Lebenspartnerschaft** (§ 16 Abs. 2 LPartG). Er erlischt aber nicht schon bei Eingehung einer **verfestigten Lebensgemeinschaft,**[11] selbst wenn eine Eheschließung absichtlich zur Erhaltung des Unterhaltsanspruchs unterlassen wird,[12] weil dem Berechtigten aus einer solchen zwar möglicherweise ein vertraglich geregelter, aber kein gesetzlicher Unterhaltsanspruch zuwächst (zur Ausnahme → Rn. 3–5). Sie findet über §§ 1577, 1579 Nr. 2 Berücksichtigung (→ § 1578 Rn. 546–558, 765–776, → § 1579 Rn. 30–58). – **Nicht entsprechend anwendbar** ist § 1586 Abs. 1, wenn ein Ehegatte während bestehender Ehe einen Unterhaltsanspruch nach § 1615l gegen den Vater ihres Kindes, mit dem er nicht verheiratet war, erwirbt.[13] 10

**b) Nachfolgende Ehe.** Die neue Ehe muss nach dem nach Art. 13 EGBGB anwendbaren Kollisions- und Sachrecht (für das inländische Recht s. §§ 11 ff. EheG, §§ 1303 ff.) wirksam geschlossen worden sein. Eine **hinkende Ehe** (→ EGBGB Art. 13 Rn. 31) reicht aus, um Doppelversorgungen zu Lasten des Verpflichteten auszuschließen.[14] 11

Eine sich aus §§ 16–21 EheG aF ergebende **Nichtigkeit** der neuen Ehe[15] kann erst geltend gemacht werden (§ 23 EheG aF), wenn sie durch rechtskräftiges Urteil festgestellt ist, sodass unterhaltsrechtliche Wirkungen nur für die Zukunft eintreten, weil vor Eintritt der Rechtskraft eine 12

---

[7] BT-Drs. 16/1830, 22.

[8] Eingehend *Schilling* FF 2015, 59 ff.; auch *Schilling* FamRZ 2006, 1 (4).

[9] Dazu auch BeckOGK/*Siede,* 1.2.2019, Rn. 18.

[10] BT-Drs. 16/6980, 9; s. auch BGH NJW 2009, 2593 Rn. 17 = FamRZ 2009, 1391: „… vor allen Dingen im Interesse der gemeinschaftlichen Kinder gewährt [wird], um deren Betreuung und Erziehung sicherzustellen".

[11] BGH NJW 1980, 124 = FamRZ 1980, 40 (41); dazu auch *F. W. Bosch* FamRZ 1977, 569 (577) Fn. 108. Entsprechende Reformüberlegungen sind nicht Gesetz geworden, *Eyrich* FamRZ 1984, 941 (943 f.).

[12] AllgM, etwa Johannsen/Henrich/*Hammermann* Rn. 8; Staudinger/*Baumann*, 2014, Rn. 19, 20; BeckOGK/*Siede,* 1.2.2019, Rn. 19, 20.

[13] KG BeckRS 2015, 8500 Rn. 15, 16 mBspr *Frauenknecht* NZFam 2015, 721.

[14] RGRK-BGB/*Cuny* Rn. 4.

[15] Das Rechtsinstitut der Ehenichtigkeit ist mit Wirkung ab 1.7.1998 **abgeschafft** worden (Art. 14 Nr. 1 EheschlRG), gilt aber für bis zum 30.6.1998 abgeschlossene Eheverfahren fort.

wirksame Inverzugsetzung (§ 1585b Abs. 2) nicht möglich ist (→ § 1585b Rn. 47). Unterhaltsrechtlich ist die Nichtigkeit aber nur dann beachtlich, wenn der aus der nichtigen Ehe Verpflichtete seine Unterhaltsverpflichtung wirksam ausgeschlossen hat (§ 26 Abs. 2 S. 1 EheG aF). Treten dagegen nach § 26 Abs. 1 EheG aF die Folgen der Scheidung ein, kann der Unterhaltsanspruch nur nach § 1586a wiederaufleben (allgM). – Zu den unterhaltsrechtlichen Folgen der **Eheaufhebung** nach § 1318 → § 1569 Rn. 3, → § 1318 Rn. 3–11.

13 **2. Tod.** Eine § 69 Abs. 2 EheG aF (Gesetzestext → 7. Aufl. 2017, Anh. § 1586b Rn. 4) entsprechende Regelung, wonach der Verpflichtete auch die **Bestattungskosten,**[16] die grundsätzlich dem Erben zur Last fallen (§ 1968), zu tragen hat, soweit dies der Billigkeit entspricht und sie nicht vom Erben zu erlangen sind, wurde bewusst nicht in § 1586 eingefügt,[17] weshalb auch eine entsprechende Anwendung von § 1615 Abs. 2 ausscheidet.[18] Auch die Beiträge für eine **Sterbeversicherung** hat der Verpflichtete nicht, auch nicht in entsprechender Anwendung der Ausnahmevorschrift in § 1578 Abs. 3 zum Vorsorgeunterhalt, zu tragen, weil eine solche Versicherung nicht zum laufenden Lebensbedarf gehört.[19]

14 **3. Zeitpunkt der Beendigung.** Der Anspruch auf Unterhalt als „regelmäßig wiederkehrende Leistung" **erlischt** mit dem Tag der Wiederheirat, der Begründung einer Lebensgemeinschaft oder des Todes **von Gesetzes wegen** (Abs. 1),[20] ohne dass es weiterer Erklärungen oder Regelungen bedarf.[21] Die vor Wiederheirat/Begründung einer Lebenspartnerschaft oder Tod des Berechtigten fällig gewordenen und rückständig gebliebenen Forderungen einschließlich solcher auf Schadensersatz wegen Nichterfüllung bleiben als **Nachlassforderungen** bestehen (Abs. 2 S. 1; → inhaltsgleich § 1615 Abs. 1 Hs. 2), was voraussetzt, dass sie unter Anwendung der §§ 1569–1585c bereits bestanden haben.

15 Zur Vermeidung einer taggenauen Unterhaltsberechnung bleibt der zur Zeit der Wiederheirat/Begründung der Lebenspartnerschaft oder des Todes fällige Monatsbetrag **in voller Höhe** bestehen (Abs. 2 S. 2; zum Tod des Berechtigten s. bereits § 62 Abs. 3 EheG, Gesetzestext → 7. Aufl. 2017, Anh. § 1586b Rn. 4).[22] Es kommt somit (auch) nicht darauf an, ob die fällige Monatsrente bei Eintritt des maßgebenden Ereignisses bereits **geleistet** war. Dies ist insoweit folgerichtig, als der laufende Unterhalt jeweils zum Monatsersten fällig wird und auch zu bezahlen ist (→ § 1585 Rn. 7, 21, 22).

16 Rechtspolitisch kann man sich durchaus fragen, warum und wodurch es gerechtfertigt sein soll, dass der neue Ehegatte/Lebenspartner des Berechtigten oder seine Erben noch von den Unterhaltszahlungen des Verpflichteten profitieren sollen.

17 **4. Fortbestand der Zahlungsverpflichtung.** § 1586 ist auch auf **Unterhaltsvereinbarungen** anwendbar, wenn und soweit sie den gesetzlichen Unterhaltsanspruch näher ausgestalten (→ § 1585c Rn. 28–37), durch ergänzende Vertragsauslegung aber auch auf Vereinbarungen mit selbstständigem Schuldgrund (**Novation,** → § 1585c Rn. 38–44).[23] Doch kann seine Geltung sowohl für den Fall einer **Wiederheirat**[24] als auch des **Todes** des Berechtigten durch eine klare und eindeutige vertragliche Regelung mit selbstständigem Schuldgrund[25] insbesondere bei der Betreuung gemeinsamer Kinder durch den bedürftigen Ehegatten mit der Folge des Fortbestands der Unterhaltsverpflichtung **abbedungen** werden. Bei Verschweigen einer unmittelbar bevorstehenden Wiederheirat kann die Vereinbarung nichtig (§ 138 Abs. 1) oder anfechtbar (§ 123) sein (→ § 1585c Rn. 48).[26]

---

[16] Dazu auch BGHZ 191, 325 = NJW 2012, 1648 = FamRZ 2012, 220.

[17] BT-Drs. 7/650, 150.

[18] Soergel/*Häberle* Rn. 7; Staudinger/*Baumann*, 2014, Rn. 29; RGRK-BGB/*Cuny* Rn. 13; Palandt/*Brudermüller* Rn. 2.

[19] HM, etwa Soergel/*Häberle* Rn. 7; Staudinger/*Baumann*, 2014, Rn. 30; RGRK-BGB/*Cuny* Rn. 13; anders BT-Drs. 7/650, 150.

[20] Ggf. ist, kann der Todeszeitpunkt nicht genau festgestellt werden, ein Todeszeitraum in das Sterberegister und die Sterbeurkunde einzutragen (Nr. 60.1 PStG-VwV). Maßgeblich ist dann das Ende des Zeitraums, BGHZ 9, 135 = NJW 1953, 784; aA – Beginn des Zeitraums – BeckOGK/*Siede*, 1.2.2019, Rn. 3.

[21] BeckOGK/*Siede*, 1.2.2019, Rn. 9.

[22] Dazu BT-Drs. 7/650, 150.

[23] OLG Bamberg NJW-RR 1999, 1095 = FamRZ 1999, 1278 (1279) (§ 1586 entsprechend); RGRK-BGB/*Cuny* Rn. 10.

[24] OLG Koblenz NJW-RR 2002, 797 = FamRZ 2002, 1040 f. (Verpflichtung zur Zahlung einer „Leibrente bis zu ihrem Tod").

[25] OLG Bamberg NJW-RR 1999, 1095 = FamRZ 1999, 1278 f.; auch AG Flensburg BeckRS 2010, 6435 = FamRZ 2010, 1808.

[26] Soergel/*Häberle* Rn. 2.

**5. Ungefragte Information.** Der **Berechtigte** muss den Verpflichteten von seiner Wiederheirat/Begründung einer Lebenspartnerschaft ungefragt in Kenntnis setzen (§ 242), auch wenn ihn dazu keine Auskunftspflicht nach § 1580 trifft (zur Pflicht zur **ungefragten Information** → § 1578 Rn. 658, → § 1580 Rn. 96–121). Nach dem Tod des Berechtigten besteht die Obliegenheit seiner **Erben,** den Verpflichteten von dessen Ableben zu informieren.[27] 18

**6. Überzahlungen.** Zur **Rückforderung** der Unterhaltsbeträge, die nach dem Erlöschen des Unterhaltsanspruchs bezahlt wurden (allgemein → § 1585 Rn. 76–81), ist zu beachten, dass jedenfalls nach unterhaltsrechtlichen Grundsätzen weder der Berechtigte noch seine Erben auf diese Zahlungen zur Deckung ihres Lebensbedarfs angewiesen sind. Da ihnen bewusst sein musste bzw. ist, dass sie keinen Anspruch auf die ihnen zugegangenen Leistungen (mehr) haben, und sie ggf. den Verpflichteten nicht von dem anspruchsbeendenden Ereignis in Kenntnis gesetzt haben (→ § 1580 Rn. 96–121), können sie sich idR auch nicht auf **Entreicherung** berufen (§ 819 Abs. 1, § 818 Abs. 4). Ggf. machen sie sich zudem schadensersatzpflichtig. 19

### III. Abfindungen

Da die Umgestaltung der Rechtslage dahin, dass der Anspruch auf den laufenden Unterhalt erlischt und der auf die Kapitalabfindung nach § 1585 Abs. 2 (allgemein → § 1585 Rn. 48–70) **fällig** wird, bereits mit dem Zugang des Abfindungsverlangens beim Verpflichteten eintritt (→ § 1585 Rn. 51), kann eine **Wiederheirat**/Begründung einer Lebenspartnerschaft den Abfindungsanspruch auch dann nicht zum Erlöschen bringen, wenn bei nachgelassenen Ratenzahlungen der Abfindungsbetrag noch nicht (vollständig) entrichtet ist.[28] Zu den Rechtsfolgen bei **arglistigem Verhalten** des Abfindungsgläubigers → § 1585 Rn. 70. 20

War der Anspruch auf eine Abfindung (zur Fälligkeit → Rn. 20) beim Tod des Berechtigten noch nicht (vollständig) erfüllt, steht er nunmehr den **Erben** als Nachlassforderung auch insoweit zu, als er infolge der Einräumung von Ratenzahlungen erst nach dem Tod des Berechtigten fällig wird. Dies gilt grundsätzlich auch für eine vertragliche Regelung der Abfindung, weil sie idR Ausdruck einer umfassenden Risikoabwägung und von künftigen Entwicklungen unabhängig ist.[29] 21

Haben die Ehegatten einen **Teil** des Unterhaltsanspruchs für die Vergangenheit und/oder auch für die Zukunft mit einer Abfindung abgegolten und es iÜ bei regelmäßig wiederkehrenden Unterhaltszahlungen, ggf. auch ohne die (befristete) Möglichkeit einer Abänderung, belassen, wird idR keine Vereinbarung mit selbstständigem Schuldgrund vorliegen, sondern eine Ausgestaltung des gesetzlichen Unterhaltsanspruchs. Dies hat zur Folge, dass die Verpflichtung aus der Vereinbarung mit der Wiederheirat oder dem Tod des Berechtigten auch insoweit erlischt, als mit ihr der Unterhalt für die Zeit nach der Wiederheirat oder dem Tod abgegolten werden sollte.[30] 22

Hat der Verpflichtete die Abfindungszahlung für die Zukunft bereits **vor Erlöschen der Unterhaltspflicht** geleistet, ist er auf die Rückforderung seiner Zahlungen nach schadensersatz- und bereicherungsrechtlichen Grundsätzen angewiesen (allgemein → § 1585 Rn. 76–81). 23

### IV. Verfahrensrecht

**1. Darlegungs- und Beweislast.** Das **Entfallen des Unterhaltsanspruchs** wegen Wiederheirat oder Tod des Berechtigten hat der Verpflichtete zu beweisen: Er trägt das Beweisrisiko für das Vorliegen der Voraussetzungen eines Vollstreckungsgegenantrags (→ Rn. 26). 24

**2. Titulierter Unterhalt.** Besteht zwischen den Ehegatten Einverständnis, dass die titulierten Ansprüche vollständig erfüllt und/oder entfallen sind, oder wurde dies auf einen Vollstreckungsgegen- bzw. Abänderungsantrag festgestellt, ist der Berechtigte entsprechend §§ 785, 797 zur **Herausgabe** des Titels an den Verpflichteten verpflichtet.[31] 25

---

[27] BeckOGK/*Siede,* 1.2.2019, Rn. 21.

[28] BGH NJW 2005, 3282 = FamRZ 2005, 1662 (1663) mwN; OLG Frankfurt a. M. BeckRS 2005, 6911 = FamRZ 2005, 1253 (Vorinstanz zum BGH NJW 2005, 3282 = FamRZ 2005, 1662 (1663)); OLG Koblenz NJW-RR 2002, 797 = FamRZ 2002, 1040; Soergel/*Häberle* Rn. 5; NK-BGB/*Schnitzler* Rn. 6; Johannsen/Henrich/*Hammermann* Rn. 9; *Borth* in Schwab ScheidungsR-HdB IV Rn. 1361; aA OLG Hamburg BeckRS 2001, 31054477 = FamRZ 2002, 234 (235 f.); LG Verden NdsRpfl. 1952, 10; RGRK-BGB/*Cuny* Rn. 7.

[29] BGH NJW 2005, 3282 = FamRZ 2005, 1662 (1663) mwN; OLG Frankfurt a. M. BeckRS 2005, 6911 = FamRZ 2005, 1253 (Vorinstanz zu BGH NJW 2005, 3282 = FamRZ 2005, 1662 (1663)).

[30] OLG Hamburg BeckRS 2001, 31054477 = FamRZ 2002, 234 (235 f.).

[31] Dazu auch OLG Nürnberg FuR 1992, 303 Ls. (keine Prozesskostenhilfe für Klage auf Herausgabe eines Unterhaltstitels, wenn der Verpflichtete nach der Wiederheirat seine Unterhaltszahlungen eingestellt hat und der Berechtigte nicht aus dem Titel vollstreckt).

26 Besteht ein Titel über den Unterhalt, ist der Eintritt der nach Abs. 1 beachtlichen Umstände nicht mit einem Abänderungsantrag geltend zu machen. Der Feststellung, dass eine Verpflichtung zur Zahlung von Unterhalt nicht mehr besteht, dient vielmehr ein **Vollstreckungsgegenantrag** (§ 120 Abs. 1 FamFG, § 767 ZPO), weil mit der Wiederheirat/Begründung einer Lebenspartnerschaft der Unterhaltsanspruch jedenfalls vorübergehend endgültig erlischt.[32]

27 Gehen titulierte Unterhaltsansprüche nach dem Tod des Berechtigten auf seine **Erben** über, müssen diese sich zur Zwangsvollstreckung eine titelübertragende Vollstreckungsklausel erteilen lassen (§ 120 Abs. 1 FamFG, § 727 ZPO). Ggf. haben sie die Erteilung der Vollstreckungsklausel im Erkenntnisverfahren zu betreiben (§ 731 ZPO). – Sachlich und örtlich ausschließlich **zuständig** ist das Gericht des ersten Rechtszugs (§ 120 Abs. 1 FamFG, §§ 731, 802 ZPO). Auch insoweit handelt es sich um Familienstreitsachen iSd § 231 Nr. 2 FamFG,[33] die in die Zuständigkeit der FamG fallen.

## § 1586a Wiederaufleben des Unterhaltsanspruchs

**(1) Geht ein geschiedener Ehegatte eine neue Ehe oder Lebenspartnerschaft ein und wird die Ehe oder Lebenspartnerschaft wieder aufgelöst, so kann er von dem früheren Ehegatten Unterhalt nach § 1570 verlangen, wenn er ein Kind aus der früheren Ehe oder Lebenspartnerschaft zu pflegen oder zu erziehen hat.**

**(2) [1]Der Ehegatte der später aufgelösten Ehe haftet vor dem Ehegatten der früher aufgelösten Ehe. [2]Satz 1 findet auf Lebenspartnerschaften entsprechende Anwendung.**

**Schrifttum:** *Brielmaier,* Wiederaufleben des Ehegattenunterhalts nach Beendigung der verfestigten Lebensgemeinschaft, FamRB 2011, 299; *Büte,* Die Neuregelung der §§ 1585b, 1585c, 1586a und die Übergangsvorschriften des § 36 EGZPO, FuR 2008, 177; *Kotzur,* Die Rechtsprechung zum Gesamtschuldnerausgleich zwischen Ehegatten, NJW 1989, 817; *Maurer,* Ersatzhaftung von Verwandten bei Ausschluss des Ehegattenunterhalts nach § 1579 BGB?, FPR 2005, 331.

**Übersicht**



## I. Normzweck

1 Dass der Anspruch auf nachehelichen Unterhalt mit der Wiederheirat **endgültig erlischt** (§ 1586 Abs. 1), gilt nicht ausnahmslos: Bei Pflege und Erziehung gemeinsamer Kinder aus der früheren Ehe durch den Bedürftigen lebt er als Anspruch auf **Betreuungsunterhalt** (§ 1570, → Rn. 11–13) wieder auf (Abs. 1), weil die gemeinsame Elternschaft die Verteilung der durch die Betreuung gemeinsamer Kinder entstehenden Kosten auch nach Auflösung der nachfolgenden Ehe erfordert. Die Haftung des Ehegatten der geschiedenen früheren Ehe ist gegenüber der Haftung des Ehegatten aus der geschiedenen nachfolgenden Ehe **subsidiär** (Abs. 2), weil die Lebensverhältnisse des geschiedenen Ehegatten idR durch die zuletzt aufgelöste Ehe stärker geprägt sind.

[32] Etwa OLG Naumburg BeckRS 2006, 6444 = FamRZ 2006, 1402.
[33] Musielak/Borth/*Borth* FamFG § 231 Rn. 2 (zu § 1586b).

**Abs. 1 S. 2 aF,** wonach der geschiedene Ehegatte nach Beendigung der Kinderbetreuung auch Alters-, Krankheits-, Erwerbslosigkeits- und Aufstockungsunterhalt (§§ 1571–1573, 1575) als Anschlussunterhalt verlangen konnte, wurde durch das UÄndG 2007 aufgehoben (näher → Rn. 24). 2

## II. Anwendungsbereich

Die Vorschrift gilt im Falle einer **Wiederheirat.** Für vor dem 1.7.1977 rechtskräftig geschiedene Ehegatten gilt weiter § 67 EheG (Gesetzestext → 7. Aufl. 2017, Anh. § 1586b Rn. 4). Danach ist der Unterhaltsanspruch mit der Wiederheirat endgültig erloschen. 3

Zudem gilt § 1586a nach Aufhebung einer **Lebenspartnerschaft** (§ 16 S. 2 LPartG), wenn ein Lebenspartner Kinder des anderen – auch im Wege der Sukzessivadoption[1] – adoptiert hat (§ 9 Abs. 7 LPartG). Gemeinsam können die Lebenspartner de lege lata kein Kind adoptieren.[2] Dabei ist, obwohl § 1586a Abs. 1 nur auf die Inanspruchnahme des früheren Ehegatten verweist, unerheblich, ob der kinderbetreuende Lebenspartner vor Begründung der Lebenspartnerschaft in einer Ehe oder in einer Lebenspartnerschaft gelebt hat. 4

BT-Drs. 15/3445, 16: „Durch Verweisung auf § 1586a BGB in Verbindung mit der gleichzeitigen Änderung dieser Vorschrift wird sichergestellt, dass der Unterhaltsanspruch des früheren Lebenspartners in allen denkbaren Konstellationen wieder auflebt."[3]

Wendet man mit dem BGH § 1586 auf den Unterhaltsanspruch **nicht miteinander verheirateter Eltern** aus § 1615l Abs. 2 S. 2–5 entsprechend an (→ § 1586 Rn. 3), ist es folgerichtig, auch § 1586a entsprechend anzuwenden, sodass auch dieser Anspruch nach Scheidung einer Ehe/Aufhebung einer Lebenspartnerschaft wiederauflebt. Doch auch dann, wenn man dem nicht folgen will (→ § 1586 Rn. 4), ist § 1586a entsprechend anzuwenden, weil allein Gründe des Kindeswohls das Wiederaufleben des Unterhaltsanspruchs rechtfertigen können.[4] 5

In keinem direkten sachlichen Zusammenhang mit § 1586a steht das Wiederaufleben eines wegen Eingehung und Bestehen einer **verfestigten Lebensgemeinschaft** iSd § 1579 Nr. 2 verwirkten Unterhaltsanspruchs (→ § 1579 Rn. 30–58), wohl aber in dem inhaltlichen Kontext, dass die Auflösung einer nachfolgenden Lebensgemeinschaft zum Wiederaufleben des Unterhaltsanspruchs aus der Ehe führen kann (→ § 1579 Rn. 224). Dazu, ob und ggf. inwieweit hierzu Erkenntnisse für die vorliegende Fallgestaltung gezogen werden können, → Rn. 19–21. 6

## III. Wiederaufleben des Unterhaltsanspruchs (Abs. 1)

**1. Voraussetzungen. a) Aufhebung der Ehe.** Die nachfolgende Ehe muss **geschieden** oder **aufgehoben** worden sein. Ob der Bedürftige die Aufhebbarkeit der nachfolgenden Ehe gekannt hat (§ 1314 Abs. 1 iVm §§ 1303, 1304, 1306, 1307, 1311, 1314 Abs. 2 Nr. 1, 2, 5[5]) oder die Täuschung oder Drohung von ihm oder mit seinem Wissen verübt worden ist (§ 1314 Abs. 2 Nr. 3, 4), ist für das Wiederaufleben grundsätzlich unerheblich. 7

Hat allerdings ein Ehegatte der bis 30.6.1998 aufgehobenen nachfolgenden Ehe von seinem Recht aus § 37 Abs. 2 EheG aF **Gebrauch gemacht** oder hat der Bedürftige gegen den Ehegatten der nach dem 1.7.1998 aufgehobenen Ehe **keinen Unterhaltsanspruch,** weil er die Aufhebbarkeit der Ehe gekannt oder bei ihrer Eingehung den anderen Ehegatten getäuscht oder bedroht hat (§ 1318 Abs. 2 Nr. 1; bei beiderseitiger Kenntnis der Aufhebbarkeit wegen Verstoßes gegen §§ 1306, 1307, 1311 s. aber auch § 1318 Abs. 2 Nr. 2), kann dies nach § 1579 Nr. 4 zu berücksichtigen sein (→ § 1579 Rn. 80–93). 8

**b) Nichtigkeit der Ehe.** Abs. 1 greift auch ein, wenn die nachfolgende Ehe bis 30.6.1998 nach §§ 16–21 EheG für nichtig erklärt wurde und die Scheidungsfolgen nach § 26 Abs. 1 EheG eintraten. Mit der Wirksamkeit einer Erklärung, durch die der Verpflichtete die Scheidungsfolgen für die Zukunft ausschließt (§ 26 Abs. 2 EheG), wird er jedoch unanwendbar. Die unterhaltsrechtlichen 9

---

1 Art. 2 des Gesetzes zur Umsetzung der Entscheidung des Bundesverfassungsgerichts zur Sukzessivadoption durch Lebenspartner v. 20.6.2014 (BGBl. 2014 I S. 786); dazu BVerfGE 133, 59 = NJW 2013, 847 = FamRZ 2013, 521.

2 Dies ist verfassungswidrig, MüKoBGB/*Maurer* → 7. Aufl. 2017, Vor § 1741 Rn. 70–74; vgl. auch BVerfG BeckRS 2014, 47866 Rn. 27 = FamRZ 2014, 537.

3 IErg – offensichtliches Redaktionsversehen – ebenso Staudinger/*Baumann*, 2014, Rn. 16, BeckOGK/*Siede*, 1.2.2019, Rn. 4.

4 BT-Drs. 6/750, 150 f. Dazu auch BT-Drs. 16/1830, 22, wo auf die fehlende innere Rechtfertigung für „Betreuungsanschlussunterhaltsansprüche" und die nacheheliche Eigenverantwortung hingewiesen wird.

5 IdF von Art. 1 Nr. 2 EheschlG.

Beziehungen zum geschiedenen Ehegatten aus der Erstehe werden dann so beurteilt, als sei die neue Ehe nicht geschlossen worden (allgM; zur Rechtslage ab 1.7.1998 → Rn. 8).[6]

10 **c) Tod des neuen Ehegatten.** Abs. 2 setzt das Fortleben des Ehegatten aus der nachfolgenden Ehe voraus, sodass lediglich die Rechtsfolgen der Auflösung der Ehe durch **gerichtliche Entscheidung** ausdrücklich geregelt werden.[7] Beim Tod des neuen Ehegatten ist § 1586a jedoch **entsprechend** anzuwenden, weil dieselbe Bedürfnislage besteht.[8] Zur **Konkurrenz** der Haftung des geschiedenen Verpflichteten und der Erben → § 1586b Rn. 5 aE.

11 **d) Betreuungsunterhalt.** Der Bedürftige muss ein Kind aus der früheren Ehe zu betreuen haben, weshalb von ihm **keine Erwerbstätigkeit** erwartet werden kann (§ 1570; zum selben Rechtsgedanken bei der Bedürftigkeit s. § 1577 Abs. 4 S. 2, → § 1577 Rn. 80, 81). Er muss den Verpflichteten nicht bereits früher auf nachehelichen Unterhalt in Anspruch genommen haben oder hätte nehmen können.[9]

12 Der Anspruch auf Betreuungsunterhalt muss allein aus Gründen des **Kindeswohls** entstehen oder wiederaufleben.[10] Zwar schließt der Wortlaut von Abs. 1 ein Wiederaufleben aus **elternbezogenen** Gründen (§ 1570 Abs. 2) nicht aus, doch liegt es nahe, es aufgrund teleologischer Reduktion auf den Anspruch aus **kindbezogenen** Gründen (§ 1570 Abs. 1) zu beschränken. Denn der Anspruch aus elternbezogenen Gründen rechtfertigt sich allein durch die einvernehmliche Gestaltung der ehelichen Lebensverhältnisse und hat seinen Grund in der nachehelichen Solidarität, die, nachdem sie vom Bedürftigen durch die Eingehung einer nachfolgenden Ehe endgültig aufgegeben wurde, ein Wiederaufleben des Unterhaltsanspruchs gerade nicht mehr tragen soll.[11] – Zur gleichen Problematik beim Einsatzzeitpunkt für den **Annexunterhalt** (§ 1570 Abs. 2) → § 1570 Rn. 26, beim **Wiederaufleben** des Unterhaltsanspruchs nach **Vermögensverfall** (§ 1577 Abs. 4 S. 2) → § 1577 Rn. 81, beim **Rang** des Unterhaltsanspruchs (§§ 1582, 1609 Nr. 2) → § 1582 Rn. 23, 24, zum Übergangsrecht nach dem UÄndG 2007 **§ 36 Nr. 1 EGZPO** → 7. Aufl. 2017, Anh. § 1586b Rn. 19.

13 Der Anspruch **entsteht** mit Eintritt der Betreuungsbedürftigkeit des gemeinsamen Kindes, frühestens jedoch mit der Auflösung der nachfolgenden Ehe.[12]

14 **e) Kinder aus verschiedenen Ehen.** Betreut der geschiedene Ehegatte Kinder aus der früheren wie der nachfolgenden Ehe und ist er lediglich durch letztere an einer Erwerbstätigkeit gehindert, haftet für den Betreuungsunterhalt (§ 1570) der Ehegatte der nachfolgenden Ehe, weil die Kinder aus der früheren Ehe nicht kausal für die Bedürftigkeit des Berechtigten sind.[13] Nach der Rspr. des BGH[14] zum Verhältnis nach §§ 1570, 1615l haftender Verpflichteter, auf das er § 1606 Abs. 3 S. 1 entsprechend anwendet (→ § 1586 Rn. 3, 4), kann davon ausgegangen werden, dass er dies im vorliegenden Fall wohl ebenso beurteilen würde.

15 Hindert erst die Betreuung von Kindern aus der nachfolgenden Ehe neben der gemeinschaftlicher Kinder eine Erwerbstätigkeit, ohne dass bei der Betreuung von Kindern aus nur einer Ehe ein Anspruch auf Betreuungsunterhalt (§ 1570) gegeben wäre, besteht nach Scheidung auch der Nachehe wegen des maßgeblichen Kindeswohls (§§ 1570, 1586a, s. auch § 1579) ein Unterhaltsanspruch gegen beide früheren Ehegatten jeweils in **voller Höhe,** nicht nur ein **Teilanspruch.**[15] Das Verhältnis dieser Ansprüche richtet sich im Innenverhältnis der Verpflichteten nach Abs. 2 (zum **internen Ausgleich** → Rn. 29–32).

---

6 Soergel/*Häberle* Rn. 3.

7 Insoweit aA OLG Saarbrücken BeckRS 2009, 27715 = FamRZ 1987, 1046.

8 IErg ebenso etwa OLG Saarbrücken BeckRS 2009, 27715 = FamRZ 1987, 1046; BeckOGK/*Siede,* 1.2.2019, Rn. 8; Staudinger/*Baumann*, 2014, Rn. 19; Soergel/*Häberle* Rn. 3; Johannsen/Henrich/*Hammermann* Rn. 6; BeckOK BGB/*Beutler,* 47. Ed. 1.8.2018, Rn. 2; Erman/*Maier* Rn. 3 (aber krit. wegen § 1586b); jurisPK-BGB/*Chr. Maurer* Rn. 5; *Gernhuber/Coester-Waltjen* FamR § 30 Rn. 191 Fn. 371; *Bosch* FamRZ 1980, 739 (746); aA *Dieckmann* FamRZ 1977, 161 (162).

9 So jedoch BT-Drs. 7/650, 151.

10 BT-Drs. 16/1830, 22.

11 *Maurer* FamRZ 2011, 1503; BeckOGK/*Siede,* 1.2.2019, Rn. 12; ohne Differenzierung zwischen Ansprüchen wegen kind- bzw. elternbezogener Umstände BGHZ 190, 251 = NJW 2011, 3089 Rn. 31 = FamRZ 2011, 1498.

12 Anders noch Abs. 1 S. 2 [1. EheRG]; dazu OLG Bremen 16.8.1988 – 5 WF 80/88, juris Rn. 2.

13 Soergel/*Häberle* Rn. 5; *Dieckmann* FamRZ 1977, 161 (167).

14 BGH NJW 2005, 502 = FamRZ 2005, 357 (358); NJW 1998, 1309 = FamRZ 1998, 541 (543 f.).

15 AG Landstuhl NJW-RR 1994, 1352; ebenso BeckOGK/*Siede,* 1.2.2019, Rn. 21 (weil die Annahme einer Gesamtschuld mit dem Gesetzestext nicht vereinbar ist); aA Soergel/*Häberle* Rn. 5; RGRK-BGB/*Cuny* Rn. 7; Staudinger/*Baumann,* 2104, Rn. 37 („praeter legem"); *Bäumel* in Göppinger/Wax UnterhaltsR Rn. 1132; *Borth* in Schwab ScheidungsR-HdB IV Rn. 1400; *Dieckmann* FamRZ 1977, 161 (167).

**2. Einsatzzeitpunkt.** Der Einsatzzeitpunkt für das Wiederaufleben des Anspruchs auf Betreuungsunterhalt setzt neben der Auflösung der Ehe die Betreuungsbedürftigkeit eines gemeinschaftlichen Kindes aus kindbezogenen Gründen („Basisunterhalt", § 1570 Abs. 1 → Rn. 11–13) voraus. Erst mit Bestehen bzw. **Eintreten** der Betreuungsbedürftigkeit des Kindes kann der Unterhaltsanspruch wiederaufleben.[16] 16

**3. Umfang. a) Bedarf.** Der wiederaufgelebte Anspruch richtet sich grundsätzlich nach den **ehelichen Lebensverhältnissen der früheren Ehe** und umfasst den gesamten Lebensbedarf einschließlich eines Mehrbedarfs (§ 1578 Abs. 1) und des Krankheits- und Altersvorsorgeunterhalts (§ 1578 Abs. 2, 3).[17] 17

Wirtschaftlich ungünstigere Verhältnisse in der **nachfolgenden Ehe,** die die Lebenssituation des Bedürftigen weit stärker oder wegen ihrer ggf. längeren Dauer nachhaltig geprägt haben (können), bleiben jedoch wegen der Subsidiarität des wiederaufgelebten Anspruchs nicht unberücksichtigt.[18] Denn der Betreuungsunterhalt wird allein im Interesse des Kindes und nicht auch des betreuenden Ehegatten gewährt. Sein Zweck erschöpft sich darin, die Betreuung des Kindes zu gewährleisten (→ § 1570 Rn. 1). Zudem hat das Kind bereits an den wirtschaftlich ungünstigeren Verhältnissen des betreuenden Elternteils in der nachfolgenden Ehe teilgenommen. Und auch die nacheheliche Solidarität des Verpflichteten aus der früheren Ehe gebietet im Hinblick auf die nacheheliche Eigenverantwortung des Berechtigten 18

BT-Drs. 16/1830, 22: „Der unterhaltsbedüftige Ehegatte löst sich mit der Eingehung einer neuen Ehe endgültig von der aus der früheren, geschiedenen Ehe abgeleiteten nachehelichen Solidarität; der Grundsatz der Eigenverantwortung des geschiedenen Ehegatten steht dem Wiederaufleben von Anschlussunterhaltsansprüchen entgegen."

nicht, ihm das wirtschaftliche Niveau aus der früheren Ehe nach Auflösung der nachfolgenden Ehe zu sichern. Deshalb ist es jedenfalls seit dem Inkrafttreten des UÄndG 2007 zum 1.1.2008 folgerichtig, den Bedarf des betreuenden Elternteils nach den Lebensverhältnissen der nachfolgenden Ehe zu bestimmen.[19]

**b) Gesetzliche Begrenzungen. aa) Frühere Ehe.** Dasselbe Ergebnis (→ Rn. 18) lässt sich nicht auch dadurch erreichen, dass der Lebensbedarf des betreuenden Elternteils nach § 1578b Abs. 1 auf den **„angemessenen Lebensbedarf"** begrenzt wird.[20] Denn Maßstab für die Höhe des nach § 1586a Abs. 1 wiederaufgelebten Anspruchs und seine Begrenzungen nach §§ 1578b, 1579 sind allein die auf die frühere Ehe bezogenen Umstände. 19

**bb) Nachfolgende Ehe.** Ergeben sich Begrenzungen des Unterhaltsanspruchs nach §§ 1578b, 1579 aber aus der **nachfolgenden Ehe,** beruht dies nicht auf Umständen, die mit der früheren Ehe zusammenhängen. Deshalb kann nicht ohne weiteres davon ausgegangen werden, dass sich solche Begrenzungen auch in dem wiederaufgelebten Unterhalt aus der früheren Ehe fortsetzen. Dies verwehrt es auch, die für die nachfolgende Ehe maßgeblichen Umstände über den Auffangtatbestand des § 1579 Nr. 8 in das Unterhaltsrechtsverhältnis nach der früheren Ehe einzuführen. Zudem sieht das nacheheliche Unterhaltsrecht eine § 1611 Abs. 3, der es dem Bedürftigen verwehrt, „wegen einer nach diesen Vorschriften (Anm.: § 1611 Abs. 1, 2) eintretenden Beschränkung seines Anspruchs … andere Unterhaltspflichtige in Anspruch [zu] nehmen",[21] entsprechende Regelung nicht vor. 20

Andererseits hat sich der Bedürftige durch die nachfolgende Eheschließung bewusst endgültig von der ehelichen Solidarität gelöst. Zudem wurde durch das UÄndG 2007 die nacheheliche Eigenverantwortung der Ehegatten gestärkt und deshalb Ansprüche auf Anschlussunterhalt nach Entfallen des (wiederaufgelebten) Anspruchs auf Betreuungsunterhalt verwehrt (→ Rn. 2, 24).[22] Dies rechtfertigt es, nach **Treu und Glauben** (§ 242) die Wertungen aus §§ 1578b, 1579 in auch die Interessen des betreuten Kindes angemessen berücksichtigender Weise in das Unterhaltsrechtsverhältnis aus der früheren Ehe einzuführen (→ § 1578b Rn. 269, → § 1579 Rn. 230). 21

---

16 BT-Drs. 7/650, 151.

17 BT-Drs. 7/650, 151.

18 So *Bäumel* in Göppinger/Wax UnterhaltsR Rn. 1132 aE; NK-BGB/*Schnitzler* Rn. 8; BeckOGK/*Siede,* 1.2.2019, Rn. 15; die wirtschaftlichen Verhältnisse der nachfolgenden Ehe gänzlich unberücksichtigt lassen Soergel/*Häberle* Rn. 6; Erman/*Maier* Rn. 7; RGRK-BGB/*Cuny* Rn. 4; *Borth* in Schwab ScheidungsR-HdB IV Rn. 1494.

19 So Staudinger/*Baumann,* 2014, Rn. 26; Palandt/*Brudermüller* Rn. 4; BeckOK BGB/*Beutler,* 47. Ed. 1.8.2018, Rn. 8; jurisPK-BGB/*Chr. Maurer* Rn. 16; offengelassen von BGH NJW 1988, 557 = FamRZ 1988, 46 f.

20 So BeckOGK/*Siede,* 1.2.2019, Rn. 15; Erman/*Maier* Rn. 7.

21 Zur entsprechenden Anwendbarkeit im nachehelichen Unterhaltsrecht eingehend *Maurer* FPR 2005, 331 ff.

22 BT-Drs. 16/1830, 22.

22 **c) Vertragliche Begrenzungen. Verzichtet** der Ehegatte – auch nur teilweise – auf bestehende Unterhaltsansprüche aus der nachfolgenden Ehe und wird er dadurch bedürftig, kann er diesen Verzicht wegen Sittenwidrigkeit (§ 138 Abs. 1) oder Rechtsmissbräuchlichkeit (§ 242) nicht dem früheren Ehegatten, zu dessen Lasten er wirkt, entgegenhalten (→ § 1585c Rn. 77–107; zu den Auswirkungen der Begrenzungen nach §§ 1578b, 1579 im Verhältnis zum nachfolgenden Ehegatten → Rn. 19–21). Dass er den früheren Ehegatten mit seinem Verzicht dadurch schädigt, dass er nun diesen statt des nachfolgenden Ehegatten auf Unterhalt in Anspruch nimmt, wird ihm stets bewusst sein. Dies kann seine Rechtfertigung auch nicht dadurch erfahren, dass der nachfolgende Ehegatte nicht die Kinder aus der früheren Ehe geheiratet habe, sondern deren betreuenden Elternteil.[23] Denn darum geht es nicht, sondern allein darum, dass auf einen bestehenden Unterhaltsanspruch verzichtet und stattdessen der nachrangig haftende Ehegatte in Anspruch genommen wird.[24]

23 **4. Konkurrenz.** Der ursprüngliche, durch die Eingehung der nachfolgenden Ehe erloschene Unterhaltsanspruch aus der früheren Ehe (§ 1586 Abs. 1) und der nach deren Auflösung wiederaufgelebte Unterhaltsanspruch sind wegen einer möglichen abweichenden Bedarfsbestimmung (§ 1578 Abs. 1, → Rn. 17, 18) und Begrenzungen sowie insbesondere wegen der Haftungsregelung (Abs. 2, → Rn. 25–32) **nicht identisch** (zur verfahrensrechtlichen Folge → Rn. 33–35).[25] Deshalb wirkt eine nach der Scheidung der früheren Ehe getroffene, den gesetzlichen Unterhaltsanspruch ausgestaltende **Vereinbarung,** die mit der Wiederheirat unwirksam wurde (→ § 1586 Rn. 17), ohne entsprechenden Parteiwillen nicht auch für die Zeit nach Scheidung der nachfolgenden Ehe.[26]

24 **5. Anschlussunterhalt.** Ein Anspruch auf Anschlussunterhalt als **Alters-, Krankheits-, Erwerbslosen,- Aufstockungs-** und **Ausbildungsunterhalt** (§§ 1571–1573, 1575) besteht nach Auflösung der nachfolgenden Ehe und nach Erlöschen des Anspruchs auf Betreuungsunterhalt nach Beendigung der Betreuung gemeinsamer Kinder aus der früheren Ehe nach der Neuregelung durch das UÄndG 2007 nicht (mehr).[27] Denn nach Beendigung der Kinderbetreuung gibt es im Hinblick auf die nacheheliche Eigenverantwortung (→ § 1569 Rn. 18) keinen Grund mehr,[28] den geschiedenen Ehegatten an den wirtschaftlichen Verhältnissen der früheren Ehe teilhaben zu lassen, nachdem er sich durch die Wiederheirat „endgültig von der aus der früheren, geschiedenen Ehe abgeleiteten nachehelichen Solidarität" gelöst[29] und in andere wirtschaftliche Verhältnisse begeben hat.

## IV. Rang der Haftung (Abs. 2)

25 **1. Allgemeines.** In ihrem Verhältnis zueinander haftet nur **einer** der ehemaligen Ehegatten. Zwischen diesen besteht mangels Gleichrangigkeit der Haftung keine Gesamtschuldnerschaft (§ 421, → § 421 Rn. 61),[30] weil der jeweils frühere Ehegatte nur subsidiär für die Unterhaltsverpflichtung einstehen muss (Abs. 2 S. 1; zu § 1584 → § 1584 Rn. 24).[31] Deshalb findet zwischen ihnen auch kein Gesamtschuldnerausgleich nach § 426 statt. Ggf. besteht jedoch ein familienrechtlicher **Ausgleichsanspruch** (zur entsprechenden Anwendung von §§ 426, 840 in dessen Rahmen → Rn. 29).[32]

26 **2. Vorrang.** Der Ehegatte der letzten aufgelösten nachfolgenden Ehe haftet vor den Ehegatten zuvor aufgelöster Ehen. Dieser Vorrang der **Primäransprüche** besteht unabhängig davon, ob auch aus der nachfolgenden Ehe Kinder hervorgegangen sind und ob der Ehegatte durch die Betreuung erstehelicher Kinder an der Aufnahme einer Erwerbstätigkeit gehindert wird,[33] oder ob der Ehegatte

---

[23] So Staudinger/*Baumann*, 2014, Rn. 36.

[24] IErg ebenso BeckOGK/*Siede*, 1.2.2019, Rn. 25.

[25] BGH NJW 1988, 557 = FamRZ 1988, 46 f.; OLG Karlsruhe NJW-RR 1989, 969 = FamRZ 1989, 184 (185).

[26] Zum Ganzen BGH NJW 1988, 557 = FamRZ 1988, 46 f.; aA die Vorinstanz OLG Zweibrücken BeckRS 2009, 86408 = FamRZ 1986, 907 (908).

[27] Zu Abs. 1 S. 2 [1. EheRG] s. OLG Hamm BeckRS 2003, 30336436 = FamRZ 2004, 1726 (1727); OLG Bremen 16.8.1998 – 5 WF 80/88, juris Rn. 2; → 4. Aufl. 2000, Rn. 4.

[28] Zum nicht erforderlichen Vertrauensschutz des geschiedenen Ehegatten s. auch BVerfG NJOZ 2007, 3656 = FamRZ 2007, 1630 f.: „Vor dem 1.7.1977 geschiedene Ehegatten, die noch zu Lebzeiten des früheren Ehepartners eine neue Ehe eingegangen sind, haben nach Auflösung der nachfolgenden Ehe keinen Anspruch auf Hinterbliebenenrente aus der Versicherung des vorletzten Ehegatten."

[29] BT-Drs. 16/1830, 22.

[30] Staudinger/*Looschelders*, 2017, § 421 Rn. 81.

[31] BGH NJW 2012, 1071 Rn. 18 mwN.

[32] BeckOGK/*Siede*, 1.2.2019, Rn. 19, 23; aA etwa Staudinger/*Baumann*, 2014, Rn. 30.

[33] Ebenso *Bäumel* in Göppinger/Wax UnterhaltsR Rn. 1132; aA *Dieckmann* FamRZ 1977, 161 (166).

der aufgelösten nachfolgenden Ehe „in diese Umstände" geheiratet hat und diese die Lebensbedingungen in der nachfolgenden Ehe geprägt haben.

Die Entscheidung des BGH[34] zur anteiligen Haftung des ehelichen und des **nicht verheirateten** Vaters für den Unterhalt der Mutter entsprechend § 1606 Abs. 3 S. 1 (→ § 1586 Rn. 3–4)[35] kann angesichts der ausdrücklichen Regelung in Abs. 2 auf den vorliegenden Sachverhalt nicht übertragen werden. Doch hätte dies dem BGH Gelegenheit geben können, seine Lösung anhand von Kausalitätsüberlegungen zu überdenken. 27

**3. Nachrang.** Um die nachrangige Haftung des geschiedenen Ehegatten der früheren Ehe auszulösen, ist grundsätzlich unerheblich (Abs. 2 S. 1), aus welchem Grunde der Ehegatte aus der nachfolgenden Ehe mit seiner Haftung für den Lebensbedarf des bedürftigen Ehegatten ausfällt. Er kann – ggf. auch teilweise[36] – **leistungsunfähig** sein, oder der Unterhaltsanspruch kann nach §§ 1578b, 1579 **begrenzt** sein.[37] Die Kindesbelange gebieten aber einen Anspruch gegen den Ehegatten aus der früheren Ehe entsprechend § 1607 Abs. 2 S. 2 schon dann, wenn der Anspruch aus der nachfolgenden Ehe **nicht durchgesetzt** werden kann.[38] 28

**4. Ausgleichsansprüche. a) Nachrang.** Der Ausgleich der Leistungen eines nachrangigen Verpflichteten ist nicht ausdrücklich gesetzlich geregelt. Der BGH hat die Entschädigung des Ehegatten, der neben der Betreuung auch für den Barunterhalt eines Kindes aufgekommen ist, weil der andere Ehegatte diesen zwar geschuldet, aber nicht geleistet hat, auf einen **familienrechtlichen Ausgleichsanspruch** gestützt (→ § 1606 Rn. 54–69). In Anlehnung daran und an die Regelung in § 1607 Abs. 2 S. 2 steht dem nachrangig haftenden Ehegatten gegen den vorrangig haftenden ein Ausgleichsanspruch zu,[39] der sich entsprechend §§ 426, 840 nur auf den Anteil beläuft, der unter Berücksichtigung aller Umstände, insbesondere der jeweiligen Betreuungspflichten und der Ehedauer, gerechtfertigt erscheint. 29

Ein Anspruch auf Ausgleich setzt jedoch stets voraus, dass der „vorrangig haftende" Ehegatte überhaupt gehaftet hat, dass also überhaupt ein Unterhaltsanspruch gegen ihn bestanden hat. Praktisch bedeutsam wird ein Ausgleichsanspruch deshalb nur dann, wenn sich der vorrangig haftende Ehegatte seiner Verpflichtung entzogen hat und der Bedürftige deshalb seinen Unterhaltsanspruch gegen ihn nicht durchsetzen (→ Rn. 28) kann. 30

Da ein Unterhaltsanspruch grundsätzlich nur gegen den Ehegatten der **aufgelösten nachfolgenden Ehe** besteht (→ Rn. 26), richten sich die maßgeblichen ehelichen Lebensverhältnisse nach dieser Ehe (→ Rn. 18). Nur sie können Maßstab für den Ausgleichsanspruch sein. Wer jedoch **Teilansprüche** gegen die Ehegatten aus früherer und nachfolgender Ehe bejaht (→ Rn. 15), wird an die jeweiligen ehelichen Lebensverhältnisse anknüpfen müssen. 31

**b) Vorrang.** Der Ehegatte aus der aufgelösten nachfolgenden Ehe haftet, besteht ein Unterhaltsanspruch nach § 1570 oder wegen der erstehelichen Kinder aus § 1576 (→ § 1576 Rn. 17, 18), vorrangig auf den vollen Unterhalt, selbst wenn der andere Ehegatte (auch) Kinder aus der früheren Ehe betreut (→ Rn. 14, 15). Eine gesetzliche Regelung dazu, ob und inwieweit er **Ausgleich** vom nachrangigen Verpflichteten dafür erlangen kann, dass er durch Unterhaltsleistungen an den Ehegatten dessen Betreuungsfähigkeit erhält, fehlt. Werden Teilansprüche bejaht (→ Rn. 31), stellt sich diese Frage nicht. Für eine Beteiligung des Ehegatten aus der früheren Ehe besteht kein unabweisbares Bedürfnis, weil es nicht dem Gerechtigkeitsempfinden widerspricht, allein den Ehegatten der aufgelösten nachfolgenden Ehe die Betreuung der erstehelichen Kinder sicherstellen zu lassen, denn er würde auch dann voll für den Unterhalt haften, wenn nicht auch Kinder aus der Erstehe betreut werden müssten. Ihm steht deshalb kein **Ausgleichsanspruch** in Anlehnung an den familienrechtlichen Ausgleichsanspruch und die Regelung in § 1607 Abs. 2 S. 2 zu. Bejaht man ihn doch, ist seine Höhe nach allen Umständen des Einzelfalles, insbesondere nach den jeweiligen Betreuungspflichten und der Ehedauer zu bemessen. 32

---

34 BGH NJW 1998, 1309 = FamRZ 1998, 541 (543 f.); ebenso *Puls* FamRZ 1998, 865 (875).

35 BGH NJW 1998, 1309 = FamRZ 1998, 541 (544); ebenso BeckOGK/*Lettmaier,* 1.12.2018, § 1570 Rn. 115–115.1.

36 Soergel/*Häberle* Rn. 9.

37 BeckOGK/*Siede,* 1.2.2019, Rn. 22.

38 Soergel/*Häberle* Rn. 9; Staudinger/*Baumann*, 2014, Rn. 29; Staudinger/*Looschelders,* 2017, § 421 Rn. 81; Palandt/*Brudermüller* Rn. 3; Erman/*Maier* Rn. 8; *Hahne* FF 1999, 99 (103), aA BeckOGK/*Siede,* 1.2.2019, Rn. 21.

39 Ebenso BeckOGK/*Siede,* 1.2.2019, Rn. 23 (ggf. auch Anspruch aus Geschäftsführung ohne Auftrag oder ungerechtfertigter Bereicherung); NK-BGB/*Schnitzler* Rn. 10; *Borth* in Schwab ScheidungsR-HdB IV Rn. 1399.

### V. Verfahren

33 **1. Verfahrensgegenstand.** Da die ursprünglichen und die wiederaufgelebten Ansprüche materiellrechtlich nicht identisch sind (→ Rn. 23), haben sie auch verfahrensrechtlich **verschiedene** Verfahrensgegenstände. Dies hat Auswirkungen auf die **Zulässigkeit**

34 – **gerichtlicher Anträge:** Auch wenn (noch) ein Unterhaltsanspruch für die Zeit bis zur Wiederheirat/Begründung einer Lebenspartnerschaft rechtshängig ist, kann der wiederaufgelebte Anspruch (auch) in einem **eigenständigen Verfahren** gerichtlich verfolgt werden, ohne dass diesem Antrag die anderweitige Rechtshängigkeit (§ 113 Abs. 1 FamFG, § 261 Abs. 3 Nr. 1 ZPO) entgegengehalten werden könnte. Zudem erfasst ein Vollstreckungstitel, der die Zeit bis zur Wiederheirat verbrieft, nicht auch die Zeit nach dem Wiederaufleben.

35 – der **Zwangsvollstreckung:** Einer gleichwohl betriebenen Vollstreckung aus dem ursprünglichen Titel auch für die Zeit nach Wiederaufleben des Unterhaltsanspruchs ist mit einem **Vollstreckungsgegenantrag** (§ 120 Abs. 1 FamFG, §§ 767, 794 Abs. 1 Nr. 1 ZPO) zu begegnen.[40]

36 **2. Antrag.** Der kinderbetreuende Elternteil verfolgt seinen Unterhaltsanspruch mit einem **Leistungsantrag,** ggf. zusammen mit seinem Auskunfts- und Belegspruch und seinem Anspruch auf Abgabe der eidesstattlichen Versicherung in Form eines **Stufenantrags** (näher → § 1580).

37 Ohne dass die konkrete Inanspruchnahme des Ehegatten aus der früheren Ehe nach Abs. 1 droht, besteht für diesen kein schützenswertes Interesse an der gerichtlichen **negativen Feststellung** (§ 113 Abs. 1 FamFG, § 256 Abs. 1 ZPO), der Unterhaltsanspruch gegen ihn sei ausgeschlossen und werde nicht wiederaufleben.[41] Soweit der geschiedene Ehegatte, etwa im Hinblick auf § 1579, Beweisschwierigkeiten befürchtet, kann er ein selbstständiges Beweisverfahren nach § 113 Abs. 1 FamFG, § 485 ZPO betreiben, wenn der Bedürftige zustimmt oder das Untergehen eines Beweismittels oder eine Erschwerung seiner Benutzung zu befürchten ist.

38 Vor der Inanspruchnahme des Ehegatten aus der früheren Ehe muss der Bedürftige nicht erst ein Verfahren gegen den Ehegatten aus der aufgelösten nachfolgenden Ehe betreiben. Allerdings setzt die **Schlüssigkeit** eines gegen den früheren Ehegatten gerichteten Leistungsantrags voraus, dass der Bedürftige nachvollziehbar darlegt, dass und warum der Ehegatte aus der nachfolgenden Ehe nicht vorrangig haftet (→ Rn. 25–32). Dessen Vorranghaftung kann im Verfahren gegen den Ehegatten aus der früheren Ehe **inzident** geprüft werden.[42]

39 Hat der Bedürftige zunächst seinen Ehegatten aus der nachfolgenden Ehe erfolglos in Anspruch genommen, hat dies keine bindenden **Wirkungen** zulasten des Ehegatten aus der früheren Ehe, es sei denn, er hat ihm den **Streit verkündet** (§ 113 Abs. 1, §§ 72, 73 ZPO). Ebenso kann er dem nachfolgenden Ehegatten im Rechtsstreit gegen den früheren den Streit verkünden, so lange das Unterhaltsrechtsverhältnis zu ersterem nicht rechtskräftig abgeschlossen ist.[43]

40 **3. Darlegungs- und Beweislast.** Sie trägt der Bedürftige für das Wiederaufleben seines Unterhaltsanspruchs gegen den Verpflichteten. Er muss also die Scheidung/Aufhebung der nachfolgenden Ehe/Aufhebung der Lebenspartnerschaft, das Vorliegen der Voraussetzungen eines Anspruchs auf Betreuungsunterhalt (§ 1570), seinen Bedarf (§ 1578, → § 1578 Rn. 11–41) und seine Bedürftigkeit (§ 1577) trotz des Haftungsvorrangs des Ehegatten der nachfolgenden Ehe substantiiert darlegen und beweisen, dh er muss auch dessen Leistungsfähigkeit ausräumen.

## § 1586b Kein Erlöschen bei Tod des Verpflichteten

**(1) [1]Mit dem Tode des Verpflichteten geht die Unterhaltspflicht auf den Erben als Nachlassverbindlichkeit über. [2]Die Beschränkungen nach § 1581 fallen weg. [3]Der Erbe haftet jedoch nicht über einen Betrag hinaus, der dem Pflichtteil entspricht, welcher dem Berechtigten zustände, wenn die Ehe nicht geschieden worden wäre.**

**(2) Für die Berechnung des Pflichtteils bleiben Besonderheiten auf Grund des Güterstands, in dem die geschiedenen Ehegatten gelebt haben, außer Betracht.**

**Schrifttum:** *Bartsch,* Unterhalt für die Zeit nach dem Tod des Unterhaltspflichtigen aus dem Nachlass (§ 1586b BGB), ZFE 2005, 391; *Bergschneider,* Der Tod des Unterhaltsverpflichteten. Praktische Anmerkungen zu § 1586b BGB, FamRZ 2003, 1049; *Bömelburg,* Das Schicksal von Unterhaltsansprüchen nach dem Tode des Unterhaltsschuldners unter Berücksichtigung der sich aus § 1586b BGB ergebenden Besonderheiten, FF 2008, 144; *Bosch,*

[40] BGH NJW 1988, 557 = FamRZ 1988, 46 (47).
[41] OLG Karlsruhe NJW-RR 1989, 969 = FamRZ 1989, 184 (185).
[42] BGH NJW 1988, 557 = FamRZ 1988, 46 (47); OLG Hamm FamRZ 1986, 364 (365).
[43] BeckOGK/*Siede,* 1.2.2019, Rn. 29.

*F. W.,* Die zweifache Rechtsposition der Geschiedenen-Witwe und der Einfluß des Unterhaltsverzichts auf Gewährung der Hinterbliebenenrente, FamRZ 1985, 288; *Brambring,* Teil- oder Gesamtnichtigkeit beim Ehevertrag, NJW 2007, 865; *Brocker,* Unterhalt und Erbrecht, NZFam 2014, 980; *Büttner,* Die erbrechtliche Unterhaltssicherung des ersten und zweiten Ehegatten: Ein ungeklärtes Problem des § 1586b BGB, ZEV 2001,179; *Dieckmann,* Die Unterhaltsansprüche geschiedener und getrenntlebender Ehegatten nach dem 1. EheRG vom 17. Juni 1976, FamRZ 1977, 170; *Dieckmann,* Zur Auswirkung eines Erb- oder Pflichtteilsverzichts auf die nachehelichen Unterhaltsansprüche eines (früheren) Ehegatten, NJW 1980, 2777; *Dieckmann,* Pflichtteilsverzicht und nachehelicher Unterhalt, FamRZ 1992, 633; *Dieckmann,* Kein nachehelicher Unterhaltsanspruch gegen den Erben nach Erb- oder Pflichtteilsverzicht, FamRZ 1999, 1029; *Dressler,* Zur Reichweite der Erbenhaftung für den Geschiedenenunterhalt nach § 1586b BGB, NJW 2003, 2430; *Frenz,* Zum Verhältnis von Pflichtteils- und Unterhaltsrecht bei Ehescheidung, MittRhNotK 1995, 227; *Frenz,* Erbrechtliche Gestaltung und Unterhaltsansprüche, ZEV 1997, 450; *Grziwotz,* Pflichtteilsverzicht und nachehelicher Unterhalt, FamRZ 1991, 1258; *Hambitzer,* Zur Bindungswirkung von Unterhaltsvereinbarungen gemäß § 1586b BGB gegenüber den Erben, FamRZ 2001, 201; *Hambitzer,* Die Vererblichkeit von Unterhaltsansprüchen gemäß § 1586b BGB und ihre vertragliche Abdingbarkeit, FPR 2003, 157; *Haußleiter,* Unterhaltsansprüche gegen den Nachlass, NJW-Spezial 2005, 535; *Heiß, B.,* Der Tod des Unterhaltspflichtigen, NZFam 2016, 485; *Horndasch,* Tod und Unterhalt, FuR 2011, 652; *Horndasch,* Tod und Unterhalt, NJW 2015, 2168; *Keim,* Erb- und pflichtteilsrechtliche Regelungen in Scheidungsfolgenvereinbarungen, FPR 2006, 145; *Keim,* Fallstricke bei Erb- und Pflichtteilsverzichten, RNotZ 2013, 411; *Klingelhöffer,* Das Testament des geschiedenen, unterhaltspflichtigen Ehegatten – Praktische Überlegungen zu § 1586b BGB, ZEV 1999, 13; *Klingelhöffer,* Die erbrechtliche Unterhaltssicherung des ersten und zweiten Ehegatten: Ein ungeklärtes Problem des § 1586b BGB, ZEV 2001, 179; *Kuchinke,* Unterhalt und Erb- oder Pflichtteilsverzicht, FPR 2006, 125; *Lauck,* Scheidungsvereinbarungen und erbrechtliche Verzichtserklärungen, NJ 2014, 1; *Mayer,* Unliebsame Folgen des Pflichtteilverzichts, ZEV 2007, 556; *Münch,* Infiziert der Ehevertrag erbrechtliche Verzichte oder Verfügungen?, ZEV 2008, 571; *Pentz,* Nachehelicher Unterhalt trotz Pflichtteilsverzichts, FamRZ 1998, 1344; *Probst,* Konkurrenz zwischen Unterhaltsberechtigten und Pflichtteilsberechtigten? – Zur Reichweite der Unterhaltspflicht des Erben für den geschiedenen Ehegatten des Erblassers nach § 1586b BGB, AcP 191 (1991), 138; *Reul,* Erbverzicht, Pflichtteilsverzicht, Zuwendungsverzicht, MittRhNotK 1997, 373; *Roessink,* Zur Berechtigung der Erbenhaftung für den Geschiedenenunterhalt gemäß § 1586 b, FamRZ 1990, 924; *Sarres,* Unterhaltspflichten und Erbfall. Die verkannte Brisanz des § 1586b BGB, FamRB 2003, 200; *Schindler,* Probleme der Vererblichkeit der Unterhaltspflicht nach § 1586b I S. 3 BGB, FamRZ 2004, 1527; *Schindler,* Erbrecht und Unterhalt – Probleme der §§ 1586b und 1579 Nr. 7 BGB, FPR 2006, 121; *Schindler,* § 1586b BGB im Unterhaltsrecht und Pflichtteilsrecht, ZFE 2007, 453; *Schmitz,* Kein nachehelicher Unterhaltsanspruch gegen den Erben nach Erb- oder Pflichtteilsverzicht, FamRZ 1999, 1569; *Schnitzler,* Umschreibung eines Unterhaltstitels auf den Erben des Unterhaltsschuldners, FF 2005, 52; *Schubel,* Ansprüche Unterhaltsberechtigter bei Tötung des Verpflichteten zwischen Delikts-, Familien- und Erbrecht, AcP 198 (1998), 1; *Strunz,* Konsequenzen des neuen Ehe- und Familienrechts für die Erbschaftssteuer, DVRdsch 1980, 88; *Sturm,* Pflichtteil und Unterhalt – Zur Unwirksamkeit drittbelastender Erbverzichts- und Pflichtteilsverzichtsvereinbarungen aus unterhaltsrechtlicher Sicht, Diss. FU Berlin 1995; *Weber,* Unterhaltspflicht und Erbfall – die verkannte Brisanz von Abfindungszahlungen, FPR 2005, 294; *Wilhelm-Lenz,* Verwirkungseinwand gegen Unterhaltsanspruch durch Erben, FPR 2005, 295; *Zacher-Röder/Grimm-Hanke,* Der Unterhaltsanspruch im Todesfall, FPR 2011, 264.

**Übersicht**

## I. Normzweck

1 Der geschiedene Ehegatte ist weder als gesetzlicher Erbe noch als Pflichtteilsberechtigter am Nachlass des anderen beteiligt (§ 1931 Abs. 1 S. 1, → § 1931 Rn. 7, → § 1933 Rn. 4, 21).[1] Weil die Fürsorge für den sozial Schwächeren, dessen Bedürftigkeit idR ehebedingt ist, als Nachwirkung der Ehe den Tod des Verpflichteten überdauert, **endet** die Unterhaltspflicht gegenüber einem geschiedenen Ehegatten nicht mit dem Tod des Verpflichteten (§ 1586b Abs. 1 S. 1; Nachfolgeregelung von § 70 EheG,[2] (Gesetzestext → 7. Aufl. 2017, Anh. § 1586b Rn. 4).

2 Die Haftung des Erben unterliegt nicht den Beschränkungen des § 1581 (Abs. 1 S. 2), weil die Leistungsfähigkeit des Verpflichteten mit seinem Tod nicht mehr von Bedeutung ist und die Interessen der Erben und Pflichtteilsberechtigten durch die Regelung in Abs. 1 S. 3 sowie die Möglichkeit, die Erbschaft auszuschlagen, gewahrt werden. Der Anspruch ist seiner Höhe nach durch den Wert des **fiktiven Pflichtteils** begrenzt (Abs. 1 S. 3). Die Beschränkung der Haftung durch den Erben nach Billigkeit (§ 70 Abs. 2 S. 2 EheG aF) wurde durch das 1. EheRG nicht übernommen.[3] Der **Güterstand,** in dem die Ehegatten gelebt haben, ist ohne Bedeutung (Abs. 2), weil auch der Unterhaltsanspruch unabhängig von ihm ist. – Zum Schicksal des Unterhaltsanspruchs, wenn der Verpflichtete noch während des Zusammenlebens oder während der Trennungszeit stirbt, → § 1360a Abs. 3, § 1361 Abs. 4 S. 4.

## II. Rechtsnatur

3 **1. Unterhaltsanspruch.** Der Anspruch gegen den Erben hat seinen Grund nicht im Erbrecht, sondern im Unterhaltsrecht, ist also weiter ein gesetzlicher **Unterhaltsanspruch** (zu seiner Rechtsnatur als **Familiensache** → Rn. 55).[4] Daran ändert auch nichts, dass
- es sich um eine **Nachlassverbindlichkeit** iSd § 1967 handelt (Abs. 1 S. 1),[5]
- mehrere Erben als **Gesamtschuldner** haften (§§ 2058 ff.),[6]
- der **Haftungsumfang** nach erbrechtlichen Bestimmungen begrenzt ist (Abs. 1 S. 3, §§ 1931, 1371, 2335, → Rn. 33–45; zur **Geltendmachung** der beschränkten Erbenhaftung im gerichtlichen Verfahren → Rn. 56–66) oder begrenzt (§§ 1975 ff.) oder
- bei **fortgesetzter Gütergemeinschaft** nach § 1489 beschränkt werden kann,
- der Unterhaltsanspruch der Höhe nach unabhängig von der **Leistungsfähigkeit** des/der Erben ist (Abs. 1 S. 2, → Rn. 31, 32),
- der Unterhaltsanspruch ggf. **vertraglich** geregelt ist, solange die Vereinbarung den gesetzlichen Unterhaltsanspruch ausgestaltet und es sich nicht um eine Vereinbarung mit selbstständigem Schuldgrund (→ § 1585c Rn. 38–44) handelt (→ Rn. 8).[7]

4 Diese Rechtsnatur bewirkt[8]
- **materiellrechtlich,** dass
  - Unterhalt durch Zahlung einer Geldrente im Voraus für den ganzen Monat auch bei Wiederheirat oder Tod des Berechtigten im Laufe eines Monats zu gewähren ist (§ 1585 Abs. 1),
  - er für die Vergangenheit nach § 1585b verlangt und
  - Sicherheitsleistung gefordert werden kann (§ 1585a),
  - er nicht abgetreten (§ 400) und
  - gegen ihn nicht aufgerechnet werden kann (§ 394),
  - Abfindung (§ 1585 Abs. 2) verlangt werden kann,

---

1 Dazu auch *Bergschneider* FamRZ 2003, 1049.

2 Zur historischen Entwicklung s. BGH BeckRS 2010, 5448 = FamRZ 1985, 164 (165 f.) (zu § 70 EheG aF).

3 Dazu BT-Drs. 7/650, 152 f.

4 *Bergschneider* FamRZ 2003, 1049 (1050).

5 Zu § 70 Abs. 2 S. 2 EheG aF im Nachlassvergleichsverfahren s. OLG Frankfurt a. M. BeckRS 2010, 46913 = FamRZ 1985, 938 (939).

6 Dazu Palandt/*Weidlich* §§ 2058, 259 Rn. 4; *Bömelburg* FF 2008, 144 (145).

7 Zum Ganzen *Bergschneider* FamRZ 2003, 1049 (1050).

8 Zum Ganzen *Bergschneider* FamRZ 2003, 1049 (1052).

– **vollstreckungsrechtlich,** dass er grundsätzlich nicht gepfändet werden kann (§ 120 FamFG, § 850b Abs. 1 Nr. 2 ZPO).

**2. Anspruchsübergang.** Nach Abs. 1 S. 1 „geht die Unterhaltspflicht auf den Erben als Nachlassverbindlichkeit über". Die amtliche Gesetzesüberschrift[9] sagt: „Kein Erlöschen [der Unterhaltspflicht] bei Tod des Verpflichteten". Und die Gesetzbegründung spricht von „passiver Vererblichkeit".[10] Dies alles ist missverständlich, weil die Unterhaltspflicht des Erblassers gerade nicht durch Gesamtrechtsnachfolge auf den Erben übergeht und deshalb **keine Identität** zwischen der Unterhaltsverpflichtung des verstorbenen Ehegatten und seines Erben besteht.[11] Vielmehr wird die Haftung des Erben originär begründet und führt erst und allein kraft ausdrücklicher Anordnung in Abs. 1 S. 1 zu einer Nachlassverbindlichkeit. Dh der Erbe tritt also gerade nicht persönlich in die Unterhaltsverpflichtung des verstorbenen Verpflichteten ein, sondern hat sie aus dem Nachlass zu befriedigen.[12] Praktische Bedeutung kann dies im Zusammenhang mit der Frage einer Titelumschreibung erlangen (→ Rn. 56, 57). 5

**3. Haftungsbegrenzung.** Die Beschränkung der Haftung (§ 1586b Abs. 1 S. 3, Abs. 2) bezieht sich entsprechend seiner Zielrichtung unmittelbar nur auf den **wertmäßigen** Haftungsumfang (→ Rn. 33–45). Mittelbar enthält sie jedoch insoweit auch eine **Zeitkomponente,** als die Unterhaltszahlungen nur solange geschuldet sind, bis der fiktive Pflichtteil aufgebraucht ist. Dies kann zu **Wertungswidersprüchen** mit dem Zweck der Unterhaltsschuld führen (→ Rn. 14). 6

## III. Anwendungsbereich

**1. Sachlicher Anwendungsbereich. a) Erfasste Unterhaltsansprüche.** Sachlich erfasst die Vorschrift alle **nachehelichen** und **nachpartnerschaftlichen** Unterhaltsansprüche nach §§ 1570 ff., § 16 LPartG, auch den aus § 1576, soweit er nicht nach Billigkeit auf die Lebenszeit des Verpflichteten zu begrenzen ist.[13] Die Höhe der Ansprüche bestimmt sich nach **Bedarf** (§ 1578; zur Fortschreibung der ehelichen Lebensverhältnisse (→ § 1578 Rn. 42–145) und **Bedürftigkeit** (§ 1577) des Berechtigten. Zur **Leistungsfähigkeit** des Verpflichteten nach § 1581 s. Abs. 1 S. 2 → Rn. 31, 32. – Abs. 1 S. 1 regelt auch die Fälle, dass der Berechtigte vom Erbrecht nach einem Scheidungs-/Aufhebungsantrag des Verpflichteten ausgeschlossen war (§ 1933 S. 3, → Rn. 49).[14] 7

Für **Vereinbarungen,**[15] die die gesetzliche Unterhaltspflicht näher ausgestalten (→ § 1585c Rn. 28–37), gilt Abs. 1 unmittelbar, sofern die Vertragsparteien nichts anderes vereinbart haben.[16] Auf Vereinbarungen mit **selbstständigem Schuldgrund** ist er nur dann entsprechend anzuwenden, wenn sie nach dem Willen der Vertragsschließenden über den Tod des Verpflichteten hinaus gelten sollten, was ggf. durch Auslegung zu ermitteln ist (→ § 1585c Rn. 10, 11–13).[17] Zur **Darlegungs-** und **Beweislast** → Rn. 67. 8

Haben aber die Voraussetzungen für eine **Scheidung** der Ehe vorgelegen und hat der Verpflichtete sie beantragt oder einem Scheidungsantrag des Berechtigten zugestimmt (vgl. § 1565 Abs. 1, § 1566 Abs. 1), oder haben die Voraussetzungen für eine **Aufhebung** der Ehe vorgelegen und hat der Verpflichtete sie beantragt, ist das Erbrecht des Berechtigten nach dem verstorbenen Verpflichteten von Gesetzes wegen ausgeschlossen (§ 1933 S. 1, 2). Als Ausgleich für den Verlust des Erb- 9

---

9 Eingefügt durch Art. 1 Abs. 2 S. 3 iVm Anlage zu Art. 1 Abs. 2 „Inhaltsübersicht" des Gesetzes zur Modernisierung des Schuldrechts v. 26.11.2001 (BGBl. 2001 I 3138).

10 BT-Drs. 7/650, 151.

11 BGHZ 160, 186 = NJW 2004, 2896 = FamRZ 2004, 1546 (1547) kann dies nicht eindeutig entnommen werden.

12 Dazu OLG Oldenburg BeckRS 2003, 15805 = FamRZ 2004, 1220; Staudinger/*Baumann*, 2014, Rn. 77; *Schindler* FPR 2006, 121.

13 Ganz hM, etwa Staudinger/*Baumann*, 2014, Rn. 22; *Brocker* NZFam 2014, 980 (981); aA etwa *Zacher-Röder/Grimm-Hanke* FPR 2011, 264 (266): Aufgrund teleologischer Reduktion beschränkt auf den Betreuungsunterhalt bzw. auf den durch die frühere Betreuung gemeinschaftlicher Kinder verursachten Unterhaltsbedarf.

14 LG Ravensburg ZEV 2008, 598 = FamRZ 2008, 1289 (1290 f.); aA scheinbar OLG Zweibrücken BeckRS 1996, 30845079 = FamRZ 1997, 683.

15 Dazu im Einzelnen *Hambitzer* FamRZ 2001, 201 ff.

16 OLG Koblenz NJW-RR 2010, 303 (304); OLG Karlsruhe BeckRS 2010, 236 = FamRZ 2010, 34 (36) mwN.

17 BGHZ 160, 186 = NJW 2004, 2896 = FamRZ 2004, 1546 (1547); OLG Düsseldorf BeckRS 2002, 30247734 = FamRZ 2003, 42 (44); OLG Köln BeckRS 2010, 7123 = FamRZ 1983, 1036; dazu auch Staudinger/*Baumann*, 2014, Rn. 29; *Bömelburg* FF 2008, 144 (145) mwN; *Bergschneider* FamRZ 2003, 1049 (1050) mwN; *Hambitzer* FamRZ 2001, 201 (202).

und Pflichtteilsrechts (→ § 1933 Rn. 21)[18] erlangt der Berechtigte einen Unterhaltsanspruch nach §§ 1569–1586b (§ 1933 S. 3, → Rn. 49).

10 Auch der Anspruch auf **Trennungsunterhalt**[19] erlischt grundsätzlich mit dem Tod des Verpflichteten (§ 1361 Abs. 4 S. 4, § 1360a Abs. 3, § 1615 Abs. 1). Der Berechtigte ist als Erbe oder Pflichtteilsberechtigter am Nachlass beteiligt. Waren allerdings zur Zeit des Todes des Erblassers die Voraussetzungen für die Scheidung gegeben und hat der verstorbene Verpflichtete Scheidungs- oder Eheaufhebungsantrag gestellt oder dem Scheidungsantrag des Berechtigten zugestimmt, ist das Erbrecht des Berechtigten ausgeschlossen (§ 1933 S. 1, 2). An die Stelle der Scheidung tritt nunmehr der Tod des Verpflichteten, sodass auch ihm nach § 1933 S. 3 Unterhaltsansprüche nach den §§ 1569–1586b zustehen.[20] – Für den **partnerschaftlichen** Trennungsunterhalt verweist § 12 S. 2 LPartG auf § 1361, sodass auch insoweit über § 10 Abs. 3 LPartG, § 16 LPartG die §§ 1570–1586b zur Anwendung kommen.[21]

11 **b) Insbesondere: Betreuungsunterhalt.** Auch der Anspruch des Berechtigten auf Betreuungsunterhalt nach § 1570 unterfällt der Haftungsbeschränkung (→ Rn. 7). Demgegenüber sieht § 1615l Abs. 3 S. 4, Abs. 4 S. 3 vor, dass der Anspruch nicht miteinander verheirateter Eltern auf Betreuungsunterhalt entgegen § 1615 Abs. 1 nicht mit dem Tod des unterhaltspflichtigen Elternteils endet.

12 Dies verwundert insofern, als für den nichtehelichen Elternteil bereits der Gedanke der (nach-)ehelichen Solidarität nicht streitet und ihm ggf. im Gegensatz zu ehelichen bereits keine gesetzlichen Erb- bzw. Pflichtteilsansprüche zugestanden haben. Die Haftungsbeschränkung aus § 1586b Abs. 1 S. 3 benachteiligt dadurch eheliche Kinder gegenüber nichtehelichen, dass er dem ein nichteheliches Kind betreuenden Elternteil ggf. einen länger dauernden, weil nicht durch den fiktiven Pflichtteil begrenzten Anspruch auf Betreuungsunterhalt zugesteht. Dies kann gegen Art. 6 Abs. 5 GG, Art. 3 GG verstoßen.[22]

13 Die Regelung in § 1615l Abs. 3 S. 4 wurde durch das Gesetz über die rechtliche Stellung nichtehelicher Kinder[23] als § 1615l Abs. 3 S. 5 eingefügt und damit begründet, dass die **nicht verheiratete Mutter**
„im Gegensatz zu der Ehefrau und zu Kindern des Erblassers weder durch eine gesetzliche Beteiligung an seinem Nachlaß noch durch Unterhaltsansprüche gegen Verwandte des Erblassers gesichert ist.“[24]

14 Dies ist vor dem Hintergrund zu sehen, dass bei Inkrafttreten des Nichtehelichen-Gesetzes am 1.7.1970 noch § 70 EheG aF (Gesetzestext → 7. Aufl. 2017, Anh. § 1586b Rn. 4) galt, der eine Haftungsbeschränkung des Erben für den nachehelichen Unterhalt auf den fiktiven Pflichtteil nicht vorsah, sondern lediglich die Möglichkeit, eine Herabsetzung des Unterhalts nach Billigkeit zu verlangen. Nach der Einführung der Haftungsbeschränkung auf den fiktiven Pflichtteil durch das 1. EheRG[25] für alle Unterhaltstatbestände (→ Rn. 7) ist immerhin fraglich, ob ein Bedürfnis für eine Differenzierung zwischen den Ansprüchen auf Betreuungsunterhalt nach § 1570 und § 1615l Abs. 2 besteht. Dies auch vor dem Hintergrund, dass der BGH eine Begrenzung des Anspruchs aus § 1570 durch Befristung jedenfalls grundsätzlich ablehnt (→ § 1578b Rn. 238–248), vorliegend jedoch jedenfalls mittelbar auch eine Befristung vorliegt (→ Rn. 6). Soweit § 1586b Abs. 1 S. 3 zu einer Begrenzung auch des Basisunterhalts aus kindbezogenen Gründen (§ 1570 Abs. 1) führt, ist die Schlechterbehandlung ehelicher Kinder verfassungswidrig, nicht jedoch die Begrenzung des Annexunterhalts aus elternbezogenen Gründen (§ 1570 Abs. 2; zur gleichgelagerten Problematik auch für den **Annexunterhalt** → § 1570 Rn. 26, beim **Wiederaufleben** des Unterhaltsanspruchs nach **Vermögensverfall** (§ 1577 Abs. 4 S. 2) → § 1577 Rn. 81, beim **Rang** → § 1582 Rn. 23, 24, beim **Wiederaufleben** des Unterhaltsanspruchs nach **Scheidung einer nachfolgenden Ehe** des Berechtigten → § 1586a Rn. 12.

15 **c) Nicht erfasste Unterhaltsansprüche.** Ausgeschlossen ist die Anwendung von § 1586b, wenn der Berechtigte vorbehaltlos auf das gesetzliche Erbrecht (§ 2346 Abs. 1) oder den Pflichtteil (§ 2346 Abs. 2) **verzichtet** hat, nicht jedoch bei einem Erbverzicht mit Pflichtteilsvorbehalt.[26]

---

18 Palandt/*Weidlich* § 1933 Rn. 10; *Bergschneider* FamRZ 2003, 1049 (1055).
19 Dazu *Bömelburg* FF 2008, 144 (145).
20 Staudinger/*Baumann*, 2014, Rn. 24 mwN; jurisPK-BGB/*Löffler* Rn. 10; *Bömelburg* in Wendl/Dose UnterhaltsR § 4 Rn. 84; *Bergschneider* FamRZ 2003, 1049 (1055).
21 IErg ebenso Staudinger/*Baumann*, 2014, Rn. 26; BeckOGK/*Siede,* 1.2.2019, Rn. 9.
22 So *Zacher-Röder/Grimm-Hanke* FPR 2011, 264 (267).
23 V. 19.8.1969 (BGBl. 1969 I S. 1243).
24 BT-Drs. V/2370, 57.
25 Zur Begründung s. BT-Drs. 7/650, 153.
26 HM, grundlegend *Dieckmann* FamRZ 1992, 633; *Dieckmann.* NJW 1980, 2777 (2778); ebenso RGRK-BGB/*Cuny* Rn. 8; Soergel/*Häberle* Rn. 8; Erman/*Maier* Rn. 11; Palandt/*Weidlich* § 1933 Rn. 9; ausführlich Staudinger/*Baumann*, 2014, Rn. 36–38; aA für den Pflichtteilsverzicht – weil dadurch nur die Erbfolge gesichert und nicht auch der Unterhalt ausgeschlossen werden soll – etwa BeckOGK/*Siede,* 1.2.2019, Rn. 24 (mwN in Rn. 19–22); Palandt/*Brudermüller* Rn. 8; NK-BGB/*Schnitzler* Rn. 19; *Bergschneider* FamRZ 2003, 1049 (1057); *Pentz* FamRZ 1998, 1344 ff.; *Grziwotz* FamRZ 1991, 1258 f.; offengelassen von *Bömelburg* FF 2008, 144 (149), die – wie *Schindler* FPR 2006, 121 (123) und *Bergschneider* FamRZ 2003, 1049 (1057) – insoweit eine ausdrückliche und eindeutige vertragliche Regelung empfiehlt.

Nicht erfasst wird der beim Tod des Verpflichteten bestehende Anspruch auf **rückständigen Unterhalt** einschließlich dem für den Sterbemonat – der mit Beginn eines Monats fällig wird (§ 1585 Abs. 1 S. 2, 3, § 1613 Abs. 1 S. 2) und deshalb jeweils im Voraus zu zahlen ist[27] – und der bereits in einen Anspruch auf **Kapitalabfindung** umgestaltete ehemalige Unterhaltsanspruch (§ 1585 Abs. 2, → Rn. 30).[28] Sie sind gewöhnliche Nachlassverbindlichkeiten (§ 1967) und unterfallen ggf. der beschränkten Erbenhaftung (§§ 1975, 1990).[29] 16

Auf Ansprüche auf **Familienunterhalt** ist § 1586b, der ohnehin eine Scheidung oder Aufhebung der Ehe voraussetzt, nicht anwendbar: Weil der in einer bestehenden Ehe mit dem verstorbenen Ehegatten zusammenlebende Ehegatte diesen beerbt oder ihm jedenfalls ein Pflichtteilsrecht zukommt,[30] bedarf es nicht seiner weiteren Beteiligung am Nachlass durch Ansprüche auf Familienunterhalt (§§ 1360, 1360a), die ohnehin nur auf den Wert seines Pflichtteils beschränkt wären (§ 1586b Abs. 1 S. 3). Daran ändert die Entziehung des Pflichtteils nach § 2335 nichts, zumal die dort erfassten Ausschlusstatbestände auch die Verwirkungstatbestände des § 1611 eintreten lassen (was allerdings nicht zu einem vollständigen Ausschluss der Unterhaltsverpflichtung zu führen braucht). Der Unterhaltsanspruch erlischt mit dem Tod des Verpflichteten (§ 1360a Abs. 3, § 1615 Abs. 1). 17

Auch die **„erbrechtlichen" Unterhaltsansprüche** aus § 1963 (Unterhalt der werdenden Mutter eines Erben) und § 1969 (Dreißigster) fallen nicht in den Anwendungsbereich des § 1586b. Auf den Anspruch aus § 1963 sind §§ 1601 ff. ggf. entsprechend anzuwenden.[31] Dagegen richtet sich der Umfang des Anspruchs aus § 1969 nach der tatsächlichen Übung, also danach, was und in welcher Form der Erblasser tatsächlich an Unterhalt bezahlt hat.[32] 18

**2. Persönlicher Anwendungsbereich.** Abs. 1 S. 1 richtet sich gegen alle **Erben,** gleich aus welchem Rechtsgrund sie in die Erbenstellung eingerückt sind, also gesetzliche, Testaments- und Vertragserben, auch als Mit- (§ 2058),[33] Vor- und Nacherben. Die Unterhaltspflicht geht auch auf den Erbes-Erben über, um dem Berechtigten bei fortdauernder Bedürftigkeit den Zugriff auf den Nachlass des Verpflichteten ohne Rücksicht auf die Zahl der Erbfälle zu erhalten.[34] – Erbe kann auch der Fiskus sein (§§ 1964–1966). – Der Bedachte muss das Erbe auch wirksam **angenommen,** darf es also nicht ausgeschlagen haben (§§ 1942 ff.). 19

Ist Erbe ein selbst noch **unterhaltsbedürftiges Kind,** erlischt sein Anspruch auf künftigen Unterhalt grundsätzlich mit dem Tod des Verpflichteten (§ 1615 Abs. 1), sodass es bei der Berechnung des Ehegattenunterhalts nicht mehr zu berücksichtigen ist. 20

## IV. Anspruchsübergang

**1. Stichtag.** Der Unterhaltsanspruch erlischt nicht bereits mit dem Tod des Verpflichteten. Vielmehr geht er als **Nachlassverbindlichkeit** (Abs. 1 S. 1, § 1967, → Rn. 3) mit dem Anfall der Erbschaft, also mit dem Tod des Verpflichteten von Gesetzes wegen auf den Erben als Unterhaltsschuldner über (§ 1942 Abs. 1).[35] Allerdings steht der Übergang unter dem Vorbehalt der Ausschlagung der Erbschaft durch den Erben (§§ 1942 ff.). 21

Maßgebend ist der **Wert des Nachlasses** zu diesem Zeitpunkt, spätere Wertverluste (etwa bei einem Kursverfall von Wertpapieren) bleiben unberücksichtigt (§ 2311 Abs. 1 S. 1).[36] Unerheblich ist sein fiktiver Wert im Zeitpunkt der Scheidung. Der Berechtigte nimmt damit unterhaltsrechtlich auch am nachehelich erworbenen Vermögen des Erblassers teil,[37] wodurch sich die Haftungssumme des Erben erhöhen kann (→ Rn. 40–45). 22

**2. Auskunfts- und Beleganspruch.** Auch der der Unterhaltspflicht akzessorische Auskunfts- und Beleganspruch des Erblassers gegen den Berechtigten (§§ 1580, 1605) geht auf den **Erben** über, dem dadurch die Überprüfung der Bedürftigkeit ermöglicht wird (→ § 1580 Rn. 12). Er ist **gegen-** 23

---

27 *Bäumel* in Göppinger/Wax UnterhaltsR Rn. 1060; *Bergschneider* FamRZ 2003, 1049 (1050).

28 Soergel/*Häberle* Rn. 6; Staudinger/*Baumann*, 2014, Rn. 66; *Bäumel* in Göppinger/Wax UnterhaltsR Rn. 1060; *Borth* in Schwab ScheidungsR-HdB IV Rn. 1498; *Bömelburg* FF 2008, 144 (145); *Bergschneider* FamRZ 2003, 1049 (1050).

29 *Bergschneider* FamRZ 2003, 1049 (1050).

30 *Bömelburg* FF 2008, 144.

31 → 7. Aufl. 2017, § 1963 Rn. 6; Staudinger/*Mešina,* 2017, § 1963 Rn. 6, 7.

32 → 7. Aufl. 2017, § 1969 Rn. 3; Staudinger/*Dutta,* 2016, § 1969 Rn. 9.

33 *Bömelburg* FF 2008, 144 (145).

34 Zu § 70 EheG aF BGH BeckRS 2010, 5448 = FamRZ 1985, 164 (165 f.); OLG Köln BeckRS 2010, 7123 = FamRZ 1983, 1036 (1037 f.).

35 BT-Drs. 7/650, 152.

36 BGHZ 146, 114 = NJW 2001, 828 = FamRZ 2001, 282 (283).

37 *Bömelburg* FF 2008, 144 (146); *Bergschneider* FamRZ 2003, 1049 (1053).

**standsgleich** mit dem Auskunfts- und Beleganspruch des Erblassers, weil es auch insoweit um den Bedarf und die Bedürftigkeit des Berechtigten geht. Er erstreckt sich auf die auf den Pflichtteil anzurechnenden **Zuwendungen** des verstorbenen Ehegatten an den Berechtigten (§ 2315).[38]

24 Dagegen ist er **nicht gegenstandsgleich** mit dem gegen den Erblasser gerichteten Auskunfts- und Beleganspruch,[39] weil sich die Anspruchsvoraussetzungen des Unterhaltsanspruchs geändert haben (zum Ganzen → Rn. 5). Da die Auskunfts- und Belegpflicht auch insoweit der Unterhaltspflicht akzessorisch ist, muss der Erbe dem Berechtigten die Ermittlung seines Bedarfs durch Erteilung von Auskünften zu den hierzu maßgeblichen Umständen ermöglichen. Deshalb steht dem Berechtigten gegenüber dem Erben zwar ein Auskunftsrecht zu den Einkommens- und Vermögensverhältnissen des Erblassers im Zeitpunkt seines Todes sowie über die Höhe des fiktiven **Pflichtteils** zu, nicht jedoch zu den Einkommens- und Vermögensverhältnissen des Erben, weil diese für die Unterhaltspflicht unerheblich sind (→ Rn. 2). Obwohl die beschränkte Erbenhaftung als Einwendung (→ Rn. 33) im Rechtsstreit vom Erben darzulegen ist, ist dem Berechtigten die Kenntnis aller seinen Unterhaltsanspruch bestimmender Umstände zu ermöglichen.

25 **3. Umfang.** Die Unterhaltsverpflichtung geht in dem Umfang **unverändert** – mit Einschränkungen lediglich für die **Leistungsfähigkeit** (→ Rn. 31, 32)[40] – so auf den Erben über, wie er gegen den Erblasser bestanden hat. Daraus ergibt sich insbesondere (auch → Rn. 3, 4):

26 – Der maßgebliche **Bedarf** richtet sich weiter nach den in der Ehe zwischen dem Berechtigten und dem verstorbenen Ehegatten bestehenden Lebensverhältnissen (§ 1578 Abs. 1) und umfasst neben dem eheangemessenen Elementarbedarf einschließlich Mehr- und Sonderbedarf auch den Kranken-, Pflege- und Altersvorsorgebedarf (§ 1578 Abs. 2, 3).[41] Nach dem Tod des Verpflichteten werden die ehelichen Lebensverhältnisse zwar fortgeschrieben,[42] doch bleiben hypothetische Veränderungen der Einkommens- und Vermögensverhältnisse des Erblassers außer Betracht.

27 – Der Berechtigte muss weiter **bedürftig** sein (§ 1577), darf also seinen Bedarf nicht durch eigene Einkünfte decken können. Seine Bedürftigkeit kann sich aufgrund des Todes des Verpflichteten erworbener öffentlich-rechtlicher oder privatrechtlicher Versorgungsansprüche mindern oder ganz entfallen.[43]

28 – **Leistungsfähigkeit** des verstorbenen Ehegatten (§ 1581) muss nicht bestehen (Abs. 1 S. 2, → Rn. 31).

29 Der Erbe kann sich wie der Erblasser oder auch erstmals auf die Verwirkung des Unterhaltsanspruchs nach **§ 1579,** insbesondere dessen Nr. 2, und dabei auch auf neue oder weiter fortgeschrittene Umstände berufen. Tut er dies, ist weiter zu prüfen, ob und ggf. inwieweit der Erblasser bereits auf die Geltendmachung der Einwendung ausdrücklich oder auch konkludent verzichtet hat.[44] Zudem kann sich der Erbe auf Umstände stützen, die ausschließlich sein Verhältnis zum Berechtigten und nicht auch das zum Erblasser betreffen.[45]

30 **4. Kapitalabfindung.** Da sich die Rechtsnatur des gesetzlichen Unterhaltsanspruchs durch den Übergang nicht ändert, kann der Berechtigte auch **vom Erben** Abfindung in Kapital (§ 1585 Abs. 2, → § 1585 Rn. 48–70) verlangen.[46] Die Prüfung der Billigkeit bezieht sich auf die Verhältnisse des/der Erben.[47]

31 **5. Leistungsunfähigkeit.** Die Beschränkung des Unterhaltsanspruchs auf die **Leistungsfähigkeit** des Verpflichteten (§ 1581) entfällt, weil mit seinem Tod sein angemessener Unterhalt nicht mehr gefährdet werden kann und zudem die übrigen Unterhaltsverpflichtungen erlöschen (vgl. § 1615 Abs. 1, § 1360a Abs. 3, § 1361 Abs. 4 S. 4).[48] Der angemessene Eigenbedarf des Verpflichteten

---

38 *Bömelburg* FF 2008, 144 (146).
39 Das AG Bad Homburg BeckRS 2008, 4942 = FamRZ 2007, 1771 stützt den Anspruch auf § 242.
40 BGHZ 157, 395 = NJW 2004, 1326 = FamRZ 2004, 614 (615).
41 *Bergschneider* FamRZ 2003, 1049 (1052).
42 *Bömelburg* FF 2008, 144 (146).
43 *Bäumel* in Göppinger/Wax UnterhaltsR Rn. 1063.
44 Zum Ganzen BGHZ 157, 395 = NJW 2004, 1326 = FamRZ 2004, 614 (615) (ebenso die Vorinstanz OLG Koblenz BeckRS 2001, 30206576 = FamRZ 2002, 1038 Ls.); NJW-RR 2003, 505 = FamRZ 2003, 521; zur Fortsetzung der Unterhaltszahlungen durch den Erblasser trotz Kenntnis einer Lebensgemeinschaft des Berechtigten s. auch OLG Celle BeckRS 2000, 30152214.
45 BGH NJW-RR 2003, 505 = FamRZ 2003, 521.
46 HM, Soergel/*Häberle* Rn. 6; Staudinger/*Baumann*, 2014, Rn. 65; RGRK-BGB/*Cuny* Rn. 5; *Borth* in Schwab ScheidungsR-HdB IV Rn. 1405.
47 Soergel/*Häberle* Rn. 6; RGRK-BGB/*Cuny* Rn. 5.
48 Missverständlich BGHZ 153, 372 = NJW 2003, 1796 = FamRZ 2003, 848 (854).

ist deshalb ohne Belang.[49] An die Stelle der Leistungsfähigkeit tritt der **Haftungsumfang des Nachlasses.** Unerheblich ist der Wegfall des Einkommens des unterhaltspflichtigen Erblassers, weil der Unterhaltsanspruch nunmehr nach Abs. 1 S. 2 gerade unabhängig von seinem wie des Erben Einkommen ist und sich seinem Umfang nach nur noch nach dem ehebedingten Bedarf des Berechtigten (§ 1578), dessen Bedürftigkeit (§ 1577) und dem Umfang seines fiktiven Pflichtteilsrechts richtet.[50] Dies bezieht sich auch auf den Vorrang bzw. Gleichrang weiterer Unterhaltsberechtigter (§§ 1582, 1609 Nr. 1–3),[51] die Bedeutung allein für die Leistungsfähigkeit und nicht auch für den Bedarf haben (→ § 1582 Rn. 7, 30).[52] – Der Unterhaltsanspruch kann sich auch wegen der lediglich **beschränkten Erbenhaftung** nach Abs. 1 S. 3 mindern (→ Rn. 25–29).

Ganz unproblematisch ist diese Regelung nicht, weil sich dadurch der Unterhaltsanspruch des Berechtigten erhöhen[53] und die ehemalige Leistungsfähigkeit des Verpflichteten auf den Haftungszeitraum der Erben und damit bezogen auf die verbleibende Lebenszeit des Berechtigten indirekt auch auf den Haftungsumfang auswirken könnte. 32

## V. Begrenzung der Haftung (Abs. 1 S. 3, Abs. 3)

**1. Eintritt.** Dem Erben ist es unbenommen, freiwillig auf eine Beschränkung des wertmäßigen Umfangs seiner Haftung zu verzichten. Deshalb ist die Haftungsbeschränkung aus § 1586b Abs. 1 S. 3 erst nach ihrer Geltendmachung durch einseitige empfangsbedürftige **Willenserklärung** des Erben gegenüber dem Berechtigten beachtlich. Sie kann mit für den Erben bindender Wirkung von den Ehegatten vertraglich abbedungen werden.[54] Im gerichtlichen Verfahren ist die – auch lediglich außergerichtliche – Berufung des Erben auf die Haftungsbeschränkung eine von Amts wegen zu beachtende **Einwendung.**[55] Dem Erben ist angesichts der uneinheitlichen Auffassungen zu empfehlen, sich gegenüber dem Unterhaltsverlangen des Berechtigten ausdrücklich auf die Haftungsbeschränkung zu berufen.[56] 33

**2. Anteil. a) Fiktiver Pflichtteil.** Der Berechtigte kann nicht den Pflichtteil, mit dem er ausgeschlossen ist (§ 1933), fordern, sondern lediglich Unterhalt, begrenzt durch den **Wert des Pflichtteils.** Die Haftung des Erben ist der Höhe nach auf den fiktiven Pflichtteil begrenzt (anders § 70 Abs. 2 S. 2 EheG aF),[57] unabhängig davon, ob dem Berechtigten Unterhalt in voller Höhe oder nur beschränkt zusteht.[58] Mit ihrem Erb- oder Pflichtteil einzubeziehen sind alle, auch nichtehelich geborene oder aus einer anderen Ehe stammende Abkömmlinge des Verpflichteten. Zu den Auswirkungen eines **Erb-** oder **Pflichtteilsverzichts** → Rn. 6 aE. 34

Der Pflichtteil wird nach § 2310 berechnet. Unberücksichtigt bleibt der Güterstand der ehemaligen Ehegatten (§ 1586b Abs. 2). Wer durch letztwillige Verfügung von der Erbfolge ausgeschlossen oder für erbunwürdig erklärt wurde oder die Erbschaft ausgeschlagen hat, wird mitgerechnet (§ 2310 S. 1), nicht aber, wer auf das Erbe verzichtet hat (§ 2310 S. 2).[59] Bezugsgröße ist der Pflichtteil, der dem überlebenden Ehegatten ohne Scheidung oder Aufhebung der Ehe zustehen würde. 35

**Beispiele:**
Neben
- Abkömmlingen als gesetzliche Erben 1. Ordnung (§ 1931 Abs. 1 S. 1, § 1924 Abs. 1, § 2303 Abs. 2, Abs. 1 S. 1): 1/4 / 2 = 1/8.
- gesetzlichen Erben 2. Ordnung (§ 1931 Abs. 1 S. 1, §§ 1925, 2303 Abs. 2, Abs. 1 S. 1): 1/2 / 2 = 1/4.
- Großeltern (§ 1931 Abs. 1 S. 1, §§ 1925, 2303 Abs. 2, Abs. 1 S. 1): 1/2 / 2 = 1/4 bis 1/2 3/8 = 4/8 + 3/8 / 2 = 7/16.

---

49 BeckOGK/*Siede*, 1.2.2019, Rn. 30, 31.

50 *Bömelburg* in Wendl/Dose UnterhaltsR § 4 Rn. 125; offengelassen von BGH NJW 1994, 935 = FamRZ 1994, 228 (230).

51 Palandt/*Brudermüller* Rn. 5; *Bömelburg* FF 2008, 144 (146); *Bergschneider* FamRZ 2003, 1049 (1053).

52 Etwa BGHZ 183, 197 = NJW 2010, 365 Rn. 36 = FamRZ 2010, 111.

53 *Bergschneider* FamRZ 2003, 1049 (1053).

54 OLG Celle BeckRS 2000, 30152214.

55 OLG Koblenz NJW-RR 2010, 303 (304); BeckOGK/*Siede*, 1.2.2019, Rn. 74; *Bergschneider* FamRZ 2003,1053; *Haußleiter* NJW-Spezial 2005, 535; aA Johannsen/Henrich/*Hammermann* Rn. 12; Staudinger/*Baumann*, 2014, Rn. 44 (der nicht zwischen Geltendmachung und Berücksichtigung unterscheidet, Rn. 74); wohl auch Erman/*Maier* Rn. 14; *Schindler* FPR 2006, 121 (123).

56 *Brocker* NZFam 2014, 980 (983); aA wohl jurisPK-BGB/*Löffler* Rn. 52: Einrede, dh der Verpflichtete muss sich im Verfahren ausdrücklich auf die Haftungsbeschränkung berufen.

57 OLG Bamberg BeckRS 2012, 18714 = FamRZ 2012, 1397 (1398); BeckRS 1997, 12426 = FamRZ 1998, 832 (833).

58 *Dieckmann* FamRZ 1977, 161 (169).

59 S. dazu die Berechnungsbsp. bei *Bergschneider* FamRZ 2003, 1049 (1053).

– weiteren Verwandten und durch letztwillige Verfügung eingesetzte Erben (§ 1931 Abs. 2, § 2303 Abs. 2, Abs. 1 S. 1): 1 / 2 = 1/2.[60]

Zur Einbeziehung fiktiver **Pflichtteilsergänzungsansprüche** → Rn. 41.[61]

36 **b) Güterrechtliche Auswirkungen.** Der fiktive Pflichtteil ist **unabhängig** vom Güterstand in der geschiedenen Ehe zu bestimmen (§ 1586b Abs. 2). Die Haftungsquote ist immer nach § 1931 Abs. 1, 2 festzulegen („kleiner Pflichtteil"), die für den überlebenden Ehegatten günstigeren Regelungen aus § 1371 Abs. 1, § 1931 Abs. 3 (Erhöhung des gesetzlichen Erbteils um ein Viertel) sowie § 1931 Abs. 4 bei Gütertrennung sind nicht anwendbar.[62] Unabhängig davon, ob bei der **Scheidung** ein güterrechtlicher Ausgleich stattgefunden hat, bestimmt sich der maßgebliche Pflichtteil allein nach den §§ 2311 ff.[63]

37 **Beispiele:**
Die Eheleute A und B werden geschieden, aus der Ehe sind keine Kinder hervorgegangen. A war B unterhaltspflichtig. A stirbt und wird von seinen ihn überlebenden Eltern C und D beerbt. Der gesetzliche Erbteil für B würde ½ betragen (§ 1931 Abs. 1), der fiktive Pflichtteil nach Abs. 1 S. 3 beläuft sich auf ¼.
Wie zuvor, doch hat A in zweiter Ehe E geheiratet, aus dieser Ehe ist das Kind F hervorgegangen. Der gesetzliche Erbteil von B würde ¼ betragen, der fiktive Pflichtteil beträgt ⅛.

38 Ehegatten aus einer **früheren Ehe** bleiben bei der Bestimmung des maßgeblichen Pflichtteils unberücksichtigt, weil sie nur Unterhalt und nicht auch den Pflichtteil verlangen können.[64]

39 Eine güterrechtliche Ausgleichsforderung des **überlebenden** Ehegatten ist dagegen in Abzug zu bringen.[65] Für den Zugewinnausgleich nach der erbrechtlichen Lösung über die Erhöhung des Erbteils (§ 1371 Abs. 1) folgt dies aus der Bestimmung des Pflichtteils nach dem gesetzlichen Erbteil. Für die güterrechtliche Lösung kann nichts anderes gelten, weil sich die Berücksichtigungsfähigkeit der Ausgleichsforderung nicht nach der Art ihrer Bemessung richten kann. Dass „der Erbe nicht über einen Betrag hinaus [haftet], der dem Pflichtteil entspricht, welcher dem Berechtigten zustünde, wenn die Ehe nicht geschieden worden wäre" (Abs. 1 S. 3), es bei einem Fortbestand der Ehe aber keine güterrechtliche Forderung aus einer nachfolgenden Ehe gäbe,[66] steht dem nicht entgegen, weil dies nur zu einer Haftungsbegrenzung führt und über die Ermittlung des Anteils nichts aussagt. Die Nicht-Berücksichtigung der güterrechtlichen Ausgleichsansprüche aus der nachfolgenden Ehe ließe auch die durch das UÄndG 2007 gestärkte nacheheliche Eigenverantwortung des Berechtigten (→ § 1569 Rn. 18) und den sich daraus ergebenden Schutz außer Betracht.

40 **3. Höhe der Haftung. a) Grundsätze.** Der **Wert des Pflichtteils** richtet sich nach dem tatsächlichen Wert des Nachlasses im Zeitpunkt des Erbfalles. Dieser bestimmt sich nach den Aktiva und den Passiva des Nachlasses zuzüglich der Ansprüche auf Pflichtteilsergänzung (→ Rn. 41–43). Da **Stichtag** für die Haftungssumme der Tod des Verpflichteten ist, nimmt der Berechtigte nicht nur am Vermögenszuwachs nach der Scheidung teil (→ Rn. 21, 22), sondern auch an Vermögen, das ihm güterrechtlich verschlossen ist (privilegierter Erwerb, § 1374 Abs. 2).[67] – Allgemein zur Berücksichtigung **güterrechtlicher** Ansprüche von Ehegatten → Rn. 36–39.

41 **b) Pflichtteilsergänzung.** Bei bewusster Kürzung des Nachlasses durch den Verpflichteten durch Weggabe von Vermögensgegenständen, auch durch Einsetzung des Erben als Bezugsberechtigten einer Lebensversicherung iSd §§ 328, 330,[68] ist der Pflichtteil **fiktiv zu ergänzen** (§ 2325 entsprechend), weil der Lebensunterhalt des Berechtigten durch die erbrechtlichen Ansprüche wie bei Fortbestand der Ehe sichergestellt werden soll.[69]

---

60 Staudinger/*Baumann*, 2014, Rn. 49; Erman/*Maier* Rn. 8; jurisPK-BGB/*Löffler* Rn. 30.

61 BGHZ 153, 372 = NJW 2003, 1796 = FamRZ 2003, 848 (854); BGHZ 146, 114 = NJW 2001, 828 = FamRZ 2001, 282 (283); s. auch OLG Koblenz NJW 2003, 439 = FamRZ 2003, 261 (263); aA etwa OLG Celle BeckRS 1994, 30885728.

62 OLG Celle BeckRS 1994, 30885728; *Bömelburg* FF 2008, 144 (146); *Bergschneider* FamRZ 2003, 1049 (1053).

63 *Bergschneider* FamRZ 2003, 1049 (1054).

64 *Dieckmann* FamRZ 1977, 161 (170).

65 Sehr str., so etwa Staudinger/*Baumann*, 2014, Rn. 54, 55; *Dieckmann* FamRZ 1977, 161 (170); aA *Bergschneider* FamRZ 2003, 1049 (1054).

66 So Palandt/*Brudermüller* Rn. 8; *Bömelburg* FF 2008, 144 (146); *Bergschneider* FamRZ 2003, 1049 (1053 f.).

67 Zu Recht krit. *Bömelburg* FF 2008, 144 (146 f.).

68 AA OLG Celle BeckRS 1994, 30885728.

69 BGH NJW 2007, 3207 Rn. 16 = FamRZ 2007, 1800; BGHZ 153, 372 = NJW 2003, 1796 = FamRZ 2003, 848 (854); BGHZ 146, 114 = NJW 2001, 828 = FamRZ 2001, 282 (283) mwN; OLG Koblenz

Die Pflichtteilsergänzung ist nicht auf das zu begrenzen, was dem selbst pflichtteilsberechtigten Erben zur Ergänzung seines Pflichtteils verbleiben muss, weil sich **§ 2328** auf die Konkurrenz von Pflichtteilsberechtigten beschränkt und nicht auch auf das Verhältnis des Berechtigten als Nachlassgläubiger zum (abstrakt) pflichtteilsberechtigten Erben anwendbar ist.[70] 42

Auch **§ 2329,** der im Gegensatz zu § 1586b keine Nachlassverbindlichkeit begründet, findet keine Anwendung, weil der Berechtigte nicht pflichtteilsberechtigt ist und nur dem Erben ein Anspruch gegen den Beschenkten eingeräumt wird.[71] Der Berechtigte ist auf Ansprüche nach § 826 gegen den Nachlass sowie gegen den begünstigten Dritten aus §§ 812, 138 und nach dem AnfG verwiesen.[72] 43

**c) Unterhaltsansprüche.** Unterhaltsansprüche bleiben bei der Bestimmung der Haftungssumme grundsätzlich außer Betracht, weil sie mit dem Tod des Verpflichteten erlöschen (§ 1360a Abs. 3, § 1361 Abs. 4 S. 4, § 1615 Abs. 1 Hs. 1). Ausnahmen hiervon gelten lediglich für Ansprüche eines **nicht verheirateten Elternteils** nach (§§ 1615l Abs. 3 S. 4, 1615m, 1615n), die als Nachlassverbindlichkeiten fortbestehen.[73] 44

Treffen die Unterhaltsansprüche **mehrerer Ehegatten** aus aufgelösten Ehen aufeinander, ist die Haftungssumme für den Ehegatten aus einer früher aufgelösten Ehe stets größer als für den Ehegatten aus der später aufgelösten, weil bei der Berechnung des Nachlasses (§ 2311) das abzuziehen ist, was jenem gemäß § 1932 Abs. 1 als Voraus zusteht.[74] 45

**4. Erbengemeinschaft.** Bei der Unterhaltsforderung handelt es sich um eine **Nachlassverbindlichkeit** iSd § 1967 (→ Rn. 3). Mehrere Erben haften für sie gesamtschuldnerisch (§ 2058). Der Berechtigte kann somit grundsätzlich jeden Erben auf den vollen Unterhaltsbetrag in Anspruch nehmen. Bis zur Teilung des Nachlasses kann jeder Erbe seine Haftung auf seinen Anteil am Nachlass durch Erhebung einer Einrede beschränken (§ 2059 Abs. 1 S. 1), solange der Nachlass noch nicht aufgeteilt ist und er nicht bereits unbeschränkt haftet (§ 2059 Abs. 1 S. 2, §§ 1975 ff.). 46

Der **Innenausgleich** zwischen den Erben bestimmt sich nach der Höhe ihres Erbanteils. Zur **Streitverkündung** (→ Rn. 61). 47

### VI. Entfallen des Anspruchs

Der Unterhaltsanspruch des geschiedenen Ehegatten gegen den Erben kann entfallen 48
- aus **unterhaltsrechtlichen** Gründen, wenn
  - die Tatbestandsmäßigkeit eines Unterhaltsanspruchs nach den §§ 1570–1573, 1575, 1576 entfällt,
  - die Bedürftigkeit des Berechtigten (§ 1577) wegen den Bedarf nach den ehelichen Lebensverhältnissen nicht prägender Einkünfte oder Vermögen oder dem Eintritt der Voraussetzungen für eine Vermögensverwertung (§ 1577 Abs. 3) entfällt,
  - der Unterhalt nach § 1578b begrenzt oder
  - verwirkt wird (§ 1579); dabei geht es um gegenüber dem Erben verwirklichte Verwirkungstatbestände, weil die gegen den Verstorbenen verwirklichten bereits dazu führen, dass der Unterhaltsanspruch nicht bzw. nur eingeschränkt übergegangen ist (→ Rn. 29);
  - der Berechtigte wieder heiratet, eine Lebenspartnerschaft eingeht oder stirbt (§ 1586 Abs. 1), es sei denn die Fortzahlung wird vereinbart.[75] Doch lebt der Anspruch gegen den Erben mit dem Wiederaufleben des Unterhaltsanspruchs (§§ 1586a, 1570) wieder auf.[76]
- aus **erbrechtlichen** Gründen, wenn der Erbe
  - die Erbschaft **ausgeschlagen** (§§ 1942 ff.)[77] oder die Annahme der Erbschaft wegen **Irrtums** über den Nachlassumfang angefochten hat (§ 119, § 1942 Rn. 11, → § 119 Rn. 140),

NJW 2003, 439 = FamRZ 2003, 261 (263); Staudinger/*Baumann*, 2014, Rn. 57; Erman/*Maier* Rn. 10; Johannsen/Henrich/*Hammermann* Rn. 17; aA OLG Celle BeckRS 1994, 30885728 mwN; AG Bottrop BeckRS 1989, 1889 = FamRZ 1989, 1009 f.; RGRK-BGB/*Cuny* Rn. 13 (weil der Berechtigte nicht den Pflichtteil, sondern nur Unterhalt verlangen und sich der Erbe auf die Dürftigkeit des Nachlasses nach § 1990 berufen kann); *Dieckmann* FamRZ 1977, 161 (170).

70 BGH NJW 2007, 3207 Rn. 18 = FamRZ 2007, 1800 mwN; OLG Karlsruhe NJOZ 2007, 2015 (2021); aA OLG Koblenz NJW 2003, 439 = FamRZ 2003, 261 (263).

71 BGH NJW 2007, 3207 Rn. 18 = FamRZ 2007, 1800; OLG Koblenz NJW 2003, 439 = FamRZ 2003, 261 (263 f.) mwN; OLG Celle BeckRS 1994, 30885728.

72 BGH NJW 2007, 3207 Rn. 18–21 = FamRZ 2007, 1800; OLG Koblenz NJW 2003, 439 = FamRZ 2003, 261 (264).

73 *Maurer* in Göppinger/Wax UnterhaltsR Rn. 1365.

74 *Dieckmann* FamRZ 1977, 161 (169); anders BT-Drs. 7/650, 153, wonach sich der Gesamtnachlass um die für den vorhergehenden Berechtigten zur Verfügung stehende Haftungsquote verringern soll.

75 *Bergschneider* FamRZ 2003, 1049 (1052).

76 *Bergschneider* FamRZ 2003, 1049 (1052).

77 *Brocker* NZFam 2014, 980 (982).

- seine **beschränkte Haftung** geltend macht
  - aufgrund Nachlassverwaltung und Nachlassinsolvenz (§§ 1975 ff.).
  - Dürftigkeit (§§ 1990 ff.). Dabei geht es nicht um die Beschränkung der Haftung auf den ggf. durch Zurechnungen (→ Rn. 41–43) erhöhten Wert des fiktiven Pflichtteils, sondern um die tatsächliche Dürftigkeit des Nachlasses, die auch infolge von Wertverringerungen nach dem Stichtag eintreten kann.[78]
- folgende **Einreden** erhoben hat:
  - die 3-Monats-Einrede (§ 2014);
  - die Einrede des Aufgebotsverfahrens der Nachlassgläubiger (§ 2015);
- der Höchstbetrag der Haftungssumme **ausgeschöpft** ist (§ 1586b Abs. 1 S. 3).[79]

### VII. Erbenhaftung vor Scheidung oder Aufhebung der Ehe

49 §§ 1569–1586b werden durch **§ 1933 S. 3** ergänzt: Ist zwar ein Scheidungs- oder Eheaufhebungsverfahren anhängig, die Ehe beim Tod des unterhaltspflichtigen Ehegatten aber noch nicht aufgelöst, gilt das Scheidungsverfahren als in der Hauptsache erledigt (§ 131 FamFG). Dem überlebenden Ehegatten stehen Ansprüche auf Unterhalt nach den §§ 1569–1586b gegen die Erben zu, wenn er nach § 1933 S. 1, 2 vom Erbrecht nach dem verstorbenen Ehegatten ausgeschlossen ist, weil die Voraussetzungen für eine Auflösung der Ehe gegeben waren und dieser die Scheidung oder Aufhebung beantragt oder dem Scheidungsantrag des überlebenden, unterhaltsberechtigten Ehegatten zugestimmt hatte.[80] Denn der überlebende Ehegatte soll nicht schlechter stehen, als wenn die Ehe geschieden worden wäre (zu den Einzelheiten → § 1933 Rn. 5–15).

### VIII. Steuer-, Sozialversicherungs- und Versorgungsrecht

50 **Einkommensteuerrechtlich** werden die Unterhaltsleistungen des Erben nicht
- als **Werbungskosten** (§ 9 Abs. 1 S. 1 EStG),[81]
- als Sonderausgaben im Wege des **Realsplittings** (§ 10 Abs. 1 Nr. 1 EStG),[82]

zu seinen Gunsten berücksichtigt. Ggf. können die Unterhaltsleistungen als **außergewöhnliche Belastung** bis zu einem Jahresbetrag von zurzeit 9.168 EUR (§ 33a Abs. 1 S. 1 EStG) steuerlich geltend gemacht werden, wenn die weiteren Voraussetzungen, insbesondere die Vermögensverhältnisse des Bedürftigen – „die unterhaltene Person kein oder nur ein geringes Vermögen besitzt" –, erfüllt sind.[83]

51 Die Unterhaltsverpflichtung des Erben mindert den Nachlass. Dies ist bei der Festsetzung der **Erbschaftsteuer** zu berücksichtigen (zur Bewertung s. § 12 Abs. 1 ErbStG, §§ 12, 13 BewG).[84]

52 Der **Krankenversicherungsbeitrag** eines Verpflichteten, der im Versorgungsausgleich nach der Scheidung sein Anrecht teilweise abgetreten hat, wird aus dem vollen Anrecht bemessen, weil § 25 VersAusglG „nur als eine besondere rechtstechnische Regelung des Ausgleichsanspruchs zu verstehen [ist], die der Fortgeltung eines Unterhaltsanspruchs nach dem Tode des Unterhaltsverpflichteten gegenüber dem Nachlass nach Maßgabe des 1586b BGB entspricht."[85]

53 Ein Anspruch auf **Geschiedenen-Witwenrente** (§ 243 SGB VI) besteht auch dann, wenn die Unterhaltspflicht des Versicherten auf dessen Erben übergegangen und ggf. eine Herabsetzung der Verbindlichkeit bzw. eine Haftungsbeschränkung des Erben zum Tragen kommt.[86]

54 Die Kürzung einer **beamtenrechtlichen Versorgung** aufgrund Versorgungsausgleichs ist nicht entsprechend § 33 VersAusglG auszusetzen, wenn und solange die Witwe des Ausgleichspflichtigen als dessen Erbin nach § 1586b zur Unterhaltsleistung an die frühere Ehefrau verpflichtet ist.[87]

---

78 *Bömelburg* FF 2008, 144 (148 f.); *Schindler* FPR 2006, 121 (124).

79 *Bömelburg* FF 2008, 144 (146); *Bergschneider* FamRZ 2003, 1049 (1054).

80 Für § 1586b scheinbar aA OLG Zweibrücken BeckRS 1996, 30845079 = FamRZ 1997, 683.

81 FG Rheinland-Pfalz BeckRS 1993, 9089 Rn. 26.

82 BFHE 184, 499 = NJW 1998, 1584 = FamRZ 1998, 738 Ls.; FG München BeckRS 2000, 21010956 = EFG 2001, 282; FG Rheinland-Pfalz BeckRS 1993, 9089 Rn. 27.

83 FG Rheinland-Pfalz BeckRS 1993, 9089.

84 Staudinger/*Baumann*, 2014, Rn. 69.

85 Zu § 3a VAHRG s. BSG NJWE-FER 1999, 316 = NZS 1999, 395 (396); dazu auch BSG NZS 1994, 221 ff.; SG Würzburg BeckRS 2009, 57086.

86 BSG NJWE-FER 2000, 300 (301 f.).

87 Zu § 5 VAHRG aF s. VGH Mannheim NJW 1989, 1876 = FamRZ 1990, 102 (103 f.).

## IX. Verfahren

**1. Zuständigkeit.** Auch bei einem Rechtsstreit um nachehelichen Unterhalt gegen den Erben handelt es sich um eine **Familiensache** (§ 23b Abs. 1 S. 2 Nr. 6 GVG, § 112 Nr. 1 FamFG, § 231 Abs. 1 Nr. 2 FamFG), für die das FamG zuständig ist.[88] 55

**2. Geltendmachung der Haftungsbeschränkung. a) Titelumschreibung.** Zwar besteht **keine Identität** zwischen den gegen den Ehegatten und seine Erben gerichteten Unterhaltsansprüchen (→ Rn. 5). Gleichwohl kann der Berechtigte nach ganz hM einen vor dem Tod des Ehegatten erstrittenen Titel gegen den Erben zur dauerhaften, auch nicht durch die Dauer eines Folgerechtstreits zwischen Berechtigtem und Erben unterbrochene Sicherung seines Lebensunterhalts und aus Gründen der Prozessökonomie umschreiben lassen;[89] §§ 727, 795 S. 1 ZPO sind insoweit entsprechend anzuwenden. Der Erbe kann gegen eine nach § 120 Abs. 1 FamFG, § 727 ZPO gegen ihn erteilte vollstreckbare Ausfertigung mit der Erinnerung (§ 120 Abs. 1 FamFG, § 732 ZPO) oder einem Antrag nach § 120 Abs. 1 FamFG, §§ 785, 781, 767 ZPO vorgehen. 56

Die Befugnis zur Umschreibung steht der Zulässigkeit eines erneuten **Leistungsantrags** des Berechtigten gegen den Erben entgegen, wenn für den Erben nicht ausnahmsweise ein verständiger Grund für einen Leistungsantrag besteht, etwa weil mit einem Abänderungs- oder Vollstreckungsgegenantrag des Erben zu rechnen ist.[90] Die Umschreibung des Titels gegen den Erben eröffnet die Vollstreckung auch in sein privates Vermögen, wenn er nicht zuvor die Haftungsbeschränkung oder die Abänderung des bestehenden Titels veranlasst hat. 57

**b) Erkenntnisverfahren. aa) Grundsätze.** Besteht noch kein Titel des Berechtigten gegen den verstorbenen Ehegatten, ist der Vorbehalt der beschränkten Erbenhaftung nach §§ 1975 ff., 1990 (→ Rn. 23) als **Einwendung** im Erkenntnisverfahren des Ausgangsrechtsstreits – Stufen- wie Zahlungsantrag – zwischen dem Berechtigten und dem Erben zu beachten (§ 120 FamFG, § 780 Abs. 1 ZPO, → Rn. 33). 58

Dagegen ist die betragsmäßige Festlegung des **Haftungsumfanges** grundsätzlich nicht Gegenstand des Unterhaltsrechtsstreits, weshalb in ihm nur die beschränkte Erbenhaftung samt dem fiktiven Pflichtteil vorzubehalten ist.[91] Der Erbe muss dann die beschränkte Erbenhaftung mit einem Vollstreckungsgegenantrag (§ 120 Abs. 1 FamFG, §§ 780, 785, 767 ZPO) geltend machen.[92] Ist oder wird die Haftungsbeschränkung bereits während des Unterhaltsrechtsstreits unstreitig, kann in ihm neben der Höhe des Unterhalts auch seine Laufzeit festgelegt werden.[93] Eine bereits während eines anhängigen Erkenntnisverfahrens mutmaßlich bestehende **Erschöpfung** des Haftungsbetrags muss der Erbe aber in den Unterhaltsrechtsstreit einführen, sodass dann ggf. auch die Haftungssumme in der Entscheidung festzulegen und der Antrag abzuweisen[94] ist. 59

**bb) Feststellung der beschränkten Erbenhaftung.** Der **Erbe** kann ein schützenswertes Interesse an der Feststellung haben, in welchem betragsmäßigen und zeitlichen Umfang er infolge der Beschränkung seiner Haftung nach Abs. 1 S. 3 für den Unterhalt aufzukommen hat. Denn er muss die Möglichkeit haben, Vorsorge für die Erfüllung der Unterhaltspflicht zu treffen und ggf. Nachlassinsolvenzantrag zu stellen. – Der **Berechtigte** wird idR ein schützenswertes Interesse an den entsprechenden Feststellungen haben, um Klarheit darüber zu erlangen, wie lange er mit den Unterhaltsleistungen[95] zur Bestreitung seines Lebensunterhalts rechnen kann. 60

---

88 AllgM, vgl. nur *Bömelburg* FF 2008, 144 (150); *Bergschneider* FamRZ 2003, 1049 (1054 f.); auch → Vor § 1569 Rn. 57, 58.

89 BGHZ 160, 186 = NJW 2004, 2896 = FamRZ 2004, 1546 (1547 f.), bestätigt durch BGH BeckRS 2005, 3250; auch BGH BeckRS 2010, 5448 = FamRZ 1985, 164 (165); OLG Zweibrücken BeckRS 2007, 11976 = FamRZ 2007, 1192 (1193); KG BeckRS 2008, 26255 = FamRZ 2005, 1759; OLG Stuttgart BeckRS 2004, 14126 = FamRZ 2004, 1220 (1221); OLG Koblenz BeckRS 2003, 31054273 = FamRZ 2004, 557 f.; OLG Frankfurt a. M. BeckRS 2002, 30279731 = FF 2003, 68; *Dressler* NJW 2003, 2430; auch BeckOK BGB/*Beutler,* 47. Ed. 1.8.2018, Rn. 6; Johannsen/Henrich/*Hammermann* Rn. 23; Staudinger/*Baumann*, 2014, Rn. 77 (wegen der Prozessökonomie „in jedem Fall sinnvoll und daher auch möglich"); *Horndasch* FuR 2011, 652 (653) aA etwa OLG Oldenburg BeckRS 2003, 15805 = FamRZ 2004, 1220; *Büttner* FamRZ 2004, 616 (617); *Bergschneider* FamRZ 2003, 1049 (1055). Anders zum Trennungsunterhalt OLG Düsseldorf BeckRS 2011, 18173 mwN.

90 KG BeckRS 2008, 26255 = FamRZ 2005, 1759; AG Tempelhof-Kreuzberg BeckRS 2004, 30987766 = FamRZ 2005, 914; aA *Bergschneider* FamRZ 2003, 1049 (1055) mwN.

91 AA OLG Schleswig BeckRS 1998, 10484 = SchlHA 1998, 236 (alternativ); wohl auch Staudinger/*Baumann*, 2014, Rn. 74.

92 OLG Koblenz NJW 2003, 439 = FamRZ 2003, 261 (263).

93 *Brocker* NZFam 2014, 980 (983).

94 OLG Schleswig SchlHA BeckRS 1998, 10484 = 1998, 236.

95 Zum Ganzen BeckOGK/*Siede,* 1.2.2019, Rn. 74.

61 **cc) Streitverkündung.** Der Wert des Pflichtteils eines Pflichtteilsberechtigten bestimmt sich nach dem Wert des Nachlasses (auch) nach Abzug der „vom Erblasser herrührenden Schulden" (§ 1967 Abs. 2, „Erblasserschulden") (§ 2311 Abs. 1, → § 2311 Rn. 15). Verbindlichkeiten auf wiederkehrende Leistungen sind als auch gegen den Nachlass gerichtete Unterhaltsforderungen zu kapitalisieren (→ § 2311 Rn. 37 mwN). Um bindende Feststellungen für weitere Rechtsstreitigkeiten zu ermöglichen, kann die Streitverkündung in doppelter Hinsicht geboten sein: Zum einen im Streit eines Pflichtteilsberechtigten mit den Erben, und zum anderen im Streit des Berechtigten gegen einen Erben, um auch im Verhältnis zu den anderen Erben die beschränkte Erbenhaftung festzuschreiben.[96]

62 **dd) Testamentsvollstreckung.** Ist Testamentsvollstreckung über das Nachlassvermögen angeordnet, kann der gegen den Nachlass gerichtete Unterhaltsanspruch sowohl gegen den Erben als auch gegen den Testamentsvollstrecker oder gegen beide gerichtlich geltend gemacht werden (§ 2213 Abs. 1 S. 1).[97] Macht der Berechtigte seinen Unterhaltsanspruch gegen den Erben geltend, kann er vom Testamentsvollstrecker zugleich die Duldung der Zwangsvollstreckung in die dessen Verwaltung unterliegenden Nachlassgegenstände verlangen (§ 2213 Abs. 3). Dies ist auch erforderlich, um die Bindung der Entscheidung auch im Verhältnis zum Testamentsvollstrecker herzustellen, ein Ergebnis, das sonst nur über die Nebenintervention bzw. Streitverkündung (§ 113 Abs. 1 FamFG, §§ 66, 72 ZPO) erreicht werden kann (→ § 2213 Rn. 15, 16).

63 **c) Vollstreckungsgegenantrag.** Konnte sich der unterhaltspflichtige Erbe **im Ausgangsverfahren nicht** auf seine Haftungsbeschränkung aus § 1586b Abs. 1 S. 3 mit der Folge ihres Vorbehalts berufen, kann er sie nunmehr mit einem Vollstreckungsgegenantrag gegen einen gegen den Erblasser oder den Erben erstrittenen Titel geltend machen. Hätte er seine Haftungsbeschränkung aber bereits in den Ausgangsrechtsstreit einführen können, ist er jetzt mit ihrer Geltendmachung **präkludiert** (§ 120 Abs. 1 FamFG, §§ 785, 781, 767 ZPO). – Mit einem Vollstreckungsgegenantrag ist auch das nachträgliche Entfallen der Unterhaltsverpflichtung wegen Erreichens der **Haftungssumme** geltend zu machen.[98]

64 **d) Abänderungsantrag.** Mit einem Abänderungsantrag (§§ 238, 239 FamFG) kann der **Erbe** die Veränderung der die **Bedürftigkeit** des Berechtigten bestimmenden Verhältnisse, etwa nach Bezug einer **Geschiedenen-Witwenrente** nach § 46 Abs. 3 SGB VI, gerichtlich verfolgen.[99]

65 Haben die Voraussetzungen des **§ 1579** bereits zum Zeitpunkt der letzten mündlichen Verhandlung im Ausgangsrechtsstreit vorgelegen, wurden sie jedoch nicht berücksichtigt, ist der Erbe mit ihnen präkludiert (§ 238 Abs. 3 FamFG, § 239 Abs. 2 FamFG iVm § 313).[100] Dies gilt sowohl für die Nicht-Darlegung der die Einwendung begründenden Umstände als auch für die Verneinung ihrer Voraussetzungen und für das Übergehen des Vortrags. Dies ist im Ausgangsverfahren, ggf. im Rechtsmittelrechtszug, geltend zu machen.

66 Wurde die Haftungsbegrenzung auf § 1579 Nr. 2 (verfestigte Lebensgemeinschaft) gestützt, kann der **Berechtigte** nach Beendigung der Lebensgemeinschaft und dem damit verbundenen Wiederaufleben des Unterhaltsanspruchs (→ § 1579 Rn. 224) Abänderungsantrag oder, wurde im Vorverfahren sein Unterhaltsantrag abgewiesen, Erstantrag erheben.

67 **3. Darlegungs- und Beweislast.** Sie trägt der zwar der Berechtigte für den **Übergang** seines Unterhaltsanspruchs auf den Erben.[101] Allerdings trägt sie der verpflichtete Erbe für seine **Haftungsbeschränkung** aus Abs. 1 S. 3 dem Grunde – bei selbstständigen vertraglichen Regelungen (→ Rn. 8) – und der Höhe nach.[102]

## Untertitel 3. Versorgungsausgleich

### § 1587 Verweis auf das Versorgungsausgleichsgesetz

**Nach Maßgabe des Versorgungsausgleichsgesetzes findet zwischen den geschiedenen Ehegatten ein Ausgleich von im In- oder Ausland bestehenden Anrechten statt, insbesondere**

96 Dazu auch BeckOGK/*Siede,* 1.2.2019, Rn. 75–78.

97 Zum Ganzen BeckOGK/*Siede,* 1.2.2019, Rn. 79; BeckOGK/*Suttmann,* 1.5.2018, § 2213 Rn. 4; Palandt/*Weidlich* § 2213 Rn. 2.

98 BeckOGK/*Siede,* 1.2.2019, Rn. 73 mwN; *Bergschneider* FamRZ 2003, 1049 (1055); offengelassen in BGHZ 160, 186 = NJW 2004, 2896 = FamRZ 2004, 1546 (II.1. c); BGHZ 146, 114 = NJW 2001, 828 f. (1.) = FamRZ 2001, 282.

99 Dazu BGHZ 160, 186 = NJW 2004, 2896 = FamRZ 2004, 1546 (1547); BGHZ 146, 114 = NJW 2001, 828 = FamRZ 2001, 282; OLG Zweibrücken BeckRS 2007, 11976 = FamRZ 2007, 1192 (1193); Soergel/*Häberle* Rn. 10; *Bömelburg* FF 2008, 144 (150); *Bosch, F. W.* FamRZ 1985, 388 (389 f.).

100 *Büttner* FamRZ 2004, 616 (617).

101 KG BeckRS 2008, 26255 = FamRZ 2005, 1759 (1760); *Bergschneider* FamRZ 2003, 1049 (1055).

102 KG BeckRS 2008, 26255 = FamRZ 2005, 1759 (1761); AG Tempelhof-Kreuzberg BeckRS 2004, 30987766 = FamRZ 2005, 914 (915); *Bergschneider* FamRZ 2003, 1049 (1055).

**aus der gesetzlichen Rentenversicherung, aus anderen Regelsicherungssystemen wie der Beamtenversorgung oder der berufsständischen Versorgung, aus der betrieblichen Altersversorgung oder aus der privaten Alters- und Invaliditätsvorsorge.**

**Schrifttum: Allgemeines:** *Bergmann,* Der reformierte Versorgungsausgleich und die Übergangsvorschriften, FuR 2009, 421; *Bergmann,* Härtegründe im Versorgungsausgleich, NZFam 2014, 1023; *Bergner,* Der reformierte Versorgungsausgleich – Die wichtigsten materiellen Neuerungen, NJW 2009, 1169; *Bergner,* Anwendung und Nichtanwendung der Bagatellklausel des § 18 VersAusglG, NJW 2010, 3269; *Bergner,* Rechtsänderung bei nicht ausgleichsreifen Anrechten i.S. des § 19 II Nr. 3 VersAusglG, FamFR 2010, 458; *Bergner,* Das Unterhaltsprivileg, FPR 2011, 483; *Bergner,* Ausgleich von Versorgungsanrechten bei nachehezeitlichen Veränderungen, NJW 2012, 1330; *Bergner,* Ausgleich unberücksichtigt gebliebener Versorgungsanrechte, NJW 2012, 3757; *Bergner,* Wertausgleich nach dem Tode eines geschiedenen Ehegatten, NZFam 2014, 1113; *Bergner,* Versorgungsausgleich-Tabellen für das erste Halbjahr 2016, NJW-Beil. 2016, 1; *Bergner/Borth,* Das Unterhaltsprivileg nach § 33 VersAusglG, FamRZ 2013, 589; *Bergschneider,* Der Beschlussvergleich gemäß § 278 Abs. 6 ZPO und das Problem der Form, FamRZ 2013, 260; *Bieber/Stegmann,* Versorgungsausgleich nach wie vor wichtig – Ergebnisse aus Daten der Rentenversicherung und einer Studie zum Alterseinkommen, FF 2010, 55; *Borth,* Aktuelle Probleme des reformierten Versorgungsausgleichs, FamRZ 2010, 1210; *Borth,* Ausgleich der im öffentlich-rechtlichen Versorgungsausgleich nicht erfassten Anwartschaftsdynamik einer Versorgung nach neuem Recht, FamRZ 2012, 601; *Borth,* Ausgleich eines zur Sicherheit abgetretenen Anrechts im reformierten Versorgungsausgleich, FamRZ 2013, 837; *Borth,* Der Begriff des verfestigten Anrechts gemäß § 19 II Nr. 1 VersAusglG, FamRZ 2014, 270; *Borth,* Durchführung eines Abänderungsverfahrens im Versorgungsausgleich nach Tod eines Ehegatten gemäß § 31 VersAusglG, FamRZ 2015, 719; *Breuers,* Steuerrechtliche Aspekte des neuen Versorgungsausgleichs, FPR 2011, 517; *Budde,* Die Korrektur des Versorgungsausgleichs wegen grober Unbilligkeit, FuR 2009, 428; *Carleton/Gutdeutsch,* Der Versorgungsausgleich nach der Scheidung als Auffangregel für die Fälle des verschwiegenen oder vergessenen Anrechts: ein Ruf nach dem Gesetzgeber, FamRZ 2015, 1446; *Dörr,* Die Abänderung von Entscheidungen über den Versorgungsausgleich, FPR 2011, 473; *Eichenhofer,* Zukünftiger Anwendungsbereich des schuldrechtlichen Versorgungsausgleichs (künftig: schuldrechtliche Ausgleichszahlungen), FPR 2009, 211; *Eulering/Viefhues,* Der reformierte Versorgungsausgleich – praktische Umsetzung durch die Familiengerichte, FamRZ 2009, 1368; *Glockner/Hoenes/Weil,* Der Versorgungsausgleich, 2. Aufl. 2013; *Götsche,* Der Versorgungsausgleich in den neuen Bundesländern nach der Strukturreform, FamRZ 2009, 2047; *Götsche,* Das Übergangsrecht zur Reform des Versorgungsausgleichs, ZFE 2010, 295; *Götsche,* Umstellung von Alt auf Neu: Die Abänderung der Versorgungsausgleichsentscheidung nach § 51 VersAusglG, ZFE 2010, 324; *Götsche,* Die kurze Ehe im neuen Versorgungsausgleich, FamRB 2011, 26; *Götsche,* Übergangsrecht: Der selbständige Versorgungsausgleich, FamRB 2011, 26; *Götsche,* Versorgungsausgleich: Kosten der internen Teilung, FamRB 2011, 318; *Götsche,* Versorgungsausgleich und Güterrecht: Manipulation des Stichtagsvermögens?, FamRB 2011, 380; *Gutdeutsch/Hoenes/Norpoth,* Die „Rentnerfalle" – nur falsche Rechtsanwendung?, FamRZ 2012, 73; *Gutdeutsch/Hoenes/Norpoth,* Zur Akzessorietät des Versorgungsausgleichs und deren Konsequenzen für Problemfälle, FamRZ 2013, 414; *Hahne,* Regelungsbefugnisse der Ehegatten nach der Strukturreform des Versorgungsausgleichs, FamRZ 2009, 2041; *Hauß,* Plausibilitätskontrolle von Versorgungsbewertungen im Versorgungsausgleich, FamRB 2011, 156; *Hauß/Bührer,* Versorgungsausgleich und Verfahren in der Praxis, 2. Aufl. 2014; *Häußermann,* Überlegungen des Familiengerichts zur Umsetzung der gesetzlichen Neuregelung des Versorgungsausgleichs – eine Mängelliste, BetrAV 2008, 428; *Häußermann,* Zehn Fallstricke des neuen Versorgungsausgleichs, FPR 2009, 223; *Holzwarth,* Die Übergangsbestimmungen in §§ 48–54 VersAusglG, FamRZ 2009, 1884; *Holzwarth,* Der Kapitalverzehr zwischen Ehezeitende und Vollzug des Versorgungsausgleichs bei kapitalgedeckten Anrechten, FamRZ 2013, 420, *Hoppenz,* Zur Gleichwertigkeit von Versorgungs- und Zugewinnausgleich bei der Inhaltskontrolle von Eheverträgen, FamRZ 2015, 630; *Kemper,* Die Übergangsregelungen des Gesetzes zur Strukturreform des Versorgungsausgleichs, FPR 2009, 227; *Kemper,* Die Abänderung von Altentscheidungen zum Versorgungsausgleich, FuR 2010, 189; *Kemper,* Versorgungsausgleich in der Praxis, 2011; *Kemper,* Die Einflussnahme auf Versorgungsanrechte durch Optionsausübung und ihre Grenzen, NZFam 2014, 343; *Kemper/Norpoth,* Abgetretene, verpfändete und gepfändete Anrechte im Versorgungsausgleich, FamRB 2011, 284; *Keuter,* Angemessene Kosten interner Teilung im Versorgungsausgleich, FamRZ 2012, 1914; *Lucius/Veit/Groß,* Ermittlung von Teilungskosten im Versorgungsausgleich, BetrAV 2011, 52; *Marian,* Ein Jahr Versorgungsausgleichskasse – eine erste Bestandsaufnahme, FamRZ 2011, 1265; *Münch,* Versorgungsausgleich und Besteuerung – BMF zum neuen Versorgungsausgleich, FamRB 2010, 284; *Ruland,* Die vorgesehene Strukturreform des Versorgungsausgleichs, NZS 2008, 225; *Ruland,* Der neue Versorgungsausgleich – eine kritische Analyse, NJW 2009, 2781; *Ruland,* Steuerrechtliche Folgen des Versorgungsausgleichs, FamRZ 2009, 1456; *Ruland,* Die Durchführung des Wertausgleichs, FPR 2011, 479; *Ruland,* Fondsgebundene Versicherungen – Externer Ausgleich und Wertveränderungen nach dem Ende der Ehezeit, FamFR 2013, 243; *Schmid/Bührer,* Versorgungsausgleich und Steuerrecht der Altersversorgung für die Praxis, FamRZ 2010, 1608; *Schmid/Eulering,* Der reformierte Versorgungsausgleich: Überblick, Hintergründe, FamRZ 2009, 1269; *Schürmann,* Alte Versorgungsausgleichssachen und neues Verfahrensrecht, FamRZ 2009, 1800; *Schwamb,* Rechtsprechung zum Versorgungsausgleich: Was bleibt für das neue Recht von Bedeutung, was ist überholt?, BetrAV 2010, 338; *Schwamb,* Wermutstropfen in den Entscheidungen des BGH zu § 18 VersAusglG: keine kumulative Prüfung der Abs. 1 und 2 bei gleichartigen Anrechten, FamRB 2012, 89; *Schwind,* Erfahrungen mit der Umsetzung des neuen Rechts zum Versorgungsausgleich, BetrAV 2010, 235; *Spieker,* Bestandsaufnahme der steuerrechtlichen Folgen des Versorgungsausgleichs nach dem VersAusglG unter Berücksichtigung des Entwurfs des Jahressteuergesetzes 2010, FamFR 2010, 505; *Triebs,* Grundsatz der internen Teilung nach dem Versorgungsausgleichsgesetz, FPR 2009, 202; *Wälzholz,* Versorgungsausgleich im Steuerrecht nach der Versorgungsausgleichsreform 2009, DStR 2010, 465; *Weil,* Die Abänderung von Altentscheidungen im Versorgungsausgleich, FF 2010, 195; *Wick,* Der Versorgungsausgleich nach der Strukturreform, FuR 2009, 482; *Wönne,* Abgrenzung von Zugewinnausgleich zu Hausratsverordnung und Versorgungsausgleich unter Berücksichtigung der Strukturreform, FPR 2009, 293.

**Beamtenversorgung:** *Borth,* Das Altersgeldgesetz des Bundes und dessen Umsetzung im Versorgungsausgleich, FamRZ 2013, 1788; *Borth,* Vereinbarungen zur Verrechnung von Anrechten der Beamtenversorgung im Versorgungsausgleich, FamRZ 2014, 1245; *Elden,* Die externe Teilung als Ausnahmefall im neuen Versorgungsausgleich, FPR 2009, 206; *Leppek,* Entwicklungen im Besoldungsrecht des Bundes nach der Föderalismusreform I: Die besoldungsrechtlichen Regelungen im Dienstrechtsneuordnungsgesetz zwischen Kontinuität und Veränderung, ZBR 2009, 325; *Müller-Tegethoff/Tegethoff,* Die Durchführung des Versorgungsausgleichs nach dem Bundesversorgungsteilungsgesetz, FamRZ 2012, 1353.

**Gesetzliche Rentenversicherung:** *Bachmann/Borth,* „Mütterrente" und Versorgungsausgleich aus dem Blickwinkel eines Trägers der gesetzlichen Rentenversicherung, FamRZ 2014, 1329; *Bachmann/Borth,* Mütterrente II und Versorgungsausgleich – Auswirkungen in der gesetzlichen Rentenversicherung, FamRZ 2019, 157; *Burschel,* Wegfall des Rentnerprivilegs, grobe Unbilligkeit und Aussetzung der Kürzung der laufenden Versorgung, NZFam 2014, 250; *Gutdeutsch,* Bagatellgrenze in der gesetzlichen Rentenversicherung, FamRZ 2010, 949; *Ruland,* Interne Teilung von Anrechten in der gesetzlichen Rentenversicherung, FamRZ 2013, 169; *Schuler-Harms,* Das Rentenversicherungs-Leistungsverbesserungsgesetz 2014, NZFam 2015, 152.

**Betriebliche Altersversorgung und Zusatzversorgung des öffentlichen Dienstes:** *Bergner,* Neue Wege zum Ausgleich von Anrechten der Zusatzversorgung oder weiterhin Vorrang versicherungsmathematischer Grundsätze?, NZFam 2014, 49; *Bergner,* Interne Teilung fondsgebundener Anrechte, NZFam 2014, 1021; *Bergner,* Die Verfassungswidrigkeit der externen Teilung, NZFam 2015, 147; *Bergner,* Ungleiche Teilung von Anrechten der Zusatzversorgung für den öffentlichen Dienst, NZFam 2015, 147; *Bergner,* Ausgleich von bereits laufenden kapitalgedeckten Versorgungen, NJW 2015, 2295; *Borth,* Zulässigkeit einer offenen Beschlussfassung beim Ausgleich von Anrechten der betrieblichen Altersversorgung und privaten Rentenversicherung, FamRZ 2011, 337; *Borth,* Unverbindlichkeit der Übergangsvorschriften der Zusatzversorgung des öffentlichen Dienstes – Auswirkungen auf den Versorgungsausgleich, FamRZ 2015, 548; *Borth,* Bestimmung des Ausgleichswerts einer kapitalgestützten Versorgung bei bereits laufenden Rentenleistungen, FamRZ 2016, 764; *Briel,* Neuregelungen Versorgungsausgleich, BetrAV 2011, 338; *Budinger/Krazeisen,* Strukturreform des Versorgungsausgleichs – Welche Entscheidungen sollten betriebliche Versorgungsträger jetzt treffen, BetrAV 2009, 489; *Budinger/Krazeisen,* Betriebsrenten im Versorgungsausgleich – Wertgleiche und aufwandsneutrale Teilung bei lange zurückliegendem Ende der Ehezeit, BetrAV 2010, 612; *Budinger/Krazeisen,* Verzinsung des Ausgleichswertes bei externer Teilung im Versorgungsausgleich, BetrAV 2011, 745; *Budinger/Wrobel,* Aktuelle Bewertungsfragen zur Teilung des Kapitalwerts betrieblicher Anrechte im Versorgungsausgleich, BetrAV 2013, 210; *Cisch/Hufer,* Umsetzungs- und Gestaltungsmöglichkeiten nach der Strukturreform des Versorgungsausgleichsrechts, BetrAV 2009, 500; *Elden,* Die externe Teilung als Ausnahmefall im neuen Versorgungsausgleich, FPR 2009, 206; *Engbroks,* Ermittlung des ehezeitbezogenen Ausgleichswertes, BetrAV 2008, 438; *Engbroks/Heubeck,* Aktuarielle Aspekte zum Übertragungswert und zum ehezeitbezogenen Ausgleichswert, BetrAV 2009, 16; *Hauß,* Ist § 17 VersAusglG verfassungswidrig, FS Brudermüller, 2014, 277; *Hügelschäffer,* Die Tarifeinigung im öffentlichen Dienst zu den Startgutschriften, BetrAV 2011, 613; *Jaeger,* Halbteilungsgrundsatz bei externer Teilung von Direktzusagen im Versorgungsausgleich verletzt, FamRZ 2010, 1714; *Krusche,* Die Neuregelung zu den Startgutschriften der rentenfernen Versicherten im öffentlichen Dienst, BetrAV 2012, 41; *Lange,* Ausgleich eines Anrechts auf eine Betriebsrente zugunsten eines beherrschenden Mitunternehmers, FamRZ 2014, 1599; *Lucius/Veit/Groß,* Ermittlung von Teilungskosten im Versorgungsausgleich, BetrAV 2011, 52; *Meindl/Tausch,* Betriebsrenten im Versorgungsausgleich – Berücksichtigung von laufenden Rentenzahlungen zwischen Ende der Ehezeit und Rechtskraft der Entscheidung, BetrAV 2012, 11; *Merten/Baumeister,* Der neue Versorgungsausgleich in der betrieblichen Altersversorgung, DB 2009, 957; *Mühlstädt,* Erfahrungen mit dem neuen Versorgungsausgleich und Verbesserungsvorschläge, BetrAV 2010, 425; *Ruland,* Das neue Versorgungsausgleichsrecht für Betriebsrenten, BetrAV 2010, 131 *Siede,* Ist § 17 VersAusglG verfassungsgemäß? – Verfassungsrechtliche Überlegungen zur Kritik an dieser Vorschrift, FamRB 2015, 70.

**Private Rentenversicherung:** *Bergner,* Interne Teilung fondsgebundener Anrechte, NZFam 2014, 1021; *Borth,* Zulässigkeit einer offenen Beschlussfassung beim Ausgleich von Anrechten der betrieblichen Altersversorgung und privaten Rentenversicherung, FamRZ 2011, 337; *Hoffmann/Raulf/Gerlach,* Berechnung des Ausgleichswertes von Lebensversicherungen, FamRZ 2011, 333; *Kemper/Norpoth,* Abgetretene, verpfändete und gepfändete Anrechte im Versorgungsausgleich, FamRB 2011, 284; *Kirchmeier,* Die private Altersvorsorge im Versorgungsausgleich nach der Strukturreform, VersR 2009, 1581.

**Auslandsbezug:** *Althammer,* Das europäische Scheidungskollisionsrecht der Rom III-VO unter Berücksichtigung aktueller deutscher Judikatur, NZFam 2015, 9; *Becker,* Die Vereinheitlichung von Kollisionsnormen im europäischen Familienrecht – Rom III, NJW 2011, 1543; *Eichenhofer,* Einwohnerrenten im öffentlich-rechtlichen Versorgungsausgleich, IPRax 2009, 60; *Finger,* Verstärkte Zusammenarbeit einzelner Mitgliedstaaten der europäischen Gesetzgebung für das Kollisionsrecht der Ehescheidung, FuR 2011, 61; *Finger,* Verstärkte Zusammenarbeit im

Scheidungskollisionsrecht, FuR 2011, 313; *Ganz,* Internationales Scheidungsrecht – Eine praktische Einführung, FuR 2011, 69; *Gümpel,* Ermittlung und Behandlung US-amerikanischer Anrechte im Versorgungsausgleich, FamRZ 1990, 226; *Gutdeutsch,* Ausgleich der niederländischen Volksrente im Versorgungsausgleich, FamRB 2003, 63; *Hau,* Zur Durchführung der Rom III-Verordnung in Deutschland, FamRZ 2013, 249; *Helms,* Reform des internationalen Scheidungsrechts durch die Rom III-Verordnung, FamRZ 2011, 1765; *Linke/Hau,* Internationales Zivilverfahrensrecht, 6. Aufl. 2015; *Nussbaum,* Versorgungsausgleich bei der Zusatzversorgung in der Schweiz, BetrAV 2010, 247; *Reinhard,* Ausländische Rentenanwartschaften im Versorgungsausgleich – Schwierigkeiten und Tücken ihrer Bewertung am Beispiel US-amerikanischer Anrechte –, FamRZ 1990, 1194; *Rieck,* Einbeziehung ausländischer Anrechte in den Versorgungsausgleich, FPR 2011, 498.

**Übersicht**



## I. Die Entwicklung des Versorgungsausgleichs

**1. Rechtszustand nach dem 1. EheRG.** Der Versorgungsausgleich wurde als Rechtsinstitut erstmals durch das 1. EheRG (vom 14.6.1976, BGBl. 1976 I 1421) zum 1.7.1977 eingeführt. Sein Ziel war es, dem Ausgleichsberechtigten eine eigenständige Sicherung zu verschaffen[1] und seine Alterssicherung vom Konzept des Unterhaltsersatzes zu lösen.[2] Zugrunde lag der Gedanke, dass die während der Ehe bestehende Unterhaltspflicht nicht nur den unmittelbaren Lebensbedarf erfasst, sondern auch die Alterssicherung des Berechtigten. Weil die Ehegatten in gleichberechtigter Partnerschaft[3] in ihrer auf Lebenszeit angelegten Gemeinschaft ihre persönliche und wirtschaftliche Lebensführung bestimmen, nach der sich auch Art und Höhe der späteren Versorgung richten,[4] war es für den Gesetzgeber ein Gebot der Gerechtigkeit, die als Ergebnis gemeinsamer Lebensleistung erworbenen und als wirtschaftliche Basis für den Lebensabend (und den Fall der Invalidität) gedachten Versorgungsanwartschaften im Falle der Scheidung der Ehe gleichmäßig zwischen den Eheleuten aufzuteilen,[5] so dass jeder Ehegatte die Hälfte der in der Ehezeit erworbenen Versorgungswerte auf den künftigen Lebensweg mitnimmt. Das BVerfG hat die verfassungsrechtliche Legitimation des Versorgungsausgleichs durch Art. 6 Abs. 1 GG iVm Art. 3 Abs. 2 GG bestätigt und hieraus einen in der Verfassung angelegten Anspruch auf gleichberechtigte Teilhabe an dem in der Ehe erworbenen Versorgungsvermögen hergeleitet.[6] 1

1 BT-Drs. 7/650, 155; BT-Drs. 7/4361, 18.
2 Vgl. Stellungnahme des BMJ in BVerfGE 53, 257 (282) = FamRZ 1980, 326 (330).
3 BVerfGE 42, 64 (77) = NJW 1976, 1391 (1392) = FamRZ 1976, 436 (439).
4 BVerfGE 53, 257 (296 f.) = NJW 1980, 692 (694) = FamRZ 1980, 326 (333).
5 Vgl. BT-Drs. 7/650, 155; BT-Drs. 7/4361, 18 f.
6 Vgl. BVerfGE 87, 348 (356 ff.) = NJW 1993, 1057 (1058) = FamRZ 1993, 161 (163); BVerfGE 105, 1 (12) = NJW 2002, 1185 (1186) = FamRZ 2002, 527 (529); BVerfG (Kammerbeschlüsse) NJW 2003, 2819 (2820) = FamRZ 2003, 1173; NJW 2006, 2175 (2176) = FamRZ 2006, 1000 f.; NJW 2006, 2177 (2178 f.) = FamRZ 2006, 1002 (1003) sowie zuletzt BVerfGE 136, 152 Rn. 40, 41 = NJW 2014, 2093.

2 Durch das am 1.1.2005 in Kraft getretene Gesetz zur Überarbeitung des Lebenspartnerschaftsrechts (vom 15.12.2004, BGBl. 2004 I 3396) ist der Versorgungsausgleich nach Maßgabe einer Übergangsregelung auch zwischen den Lebenspartnern nach Aufhebung der Lebenspartnerschaft eingeführt worden (§§ 20, 21 LPartG). Durch das Gesetz zur Einführung des Rechts auf Eheschließung für Personen gleichen Geschlechts („Eheöffnungsgesetz") vom 20.7.2017 (BGBl. 2017 I 2787) wurde auch für gleichgeschlechtliche Paare die Möglichkeit geschaffen, eine Ehe zu schließen. Das Gesetz ist am 1.10.2017 in Kraft getreten Seitdem kann keine Eingetragene Lebenspartnerschaft mehr begründet werden (Art. 3 Abs. 3 Eheöffnungsgesetz). Partner bestehender Lebenspartnerschaften haben die Möglichkeit, die Lebenspartnerschaft gem. § 20a LPartG durch beiderseitige Erklärung vor dem zuständigen Standesbeamten in eine Ehe umzuwandeln. Machen sie von dieser Möglichkeit Gebrauch, ist im Fall des Scheiterns der Ehe der Versorgungsausgleich durchzuführen (→ LPartG § 20a Rn. 27, 40). Machen sie von dieser Möglichkeit keinen Gebrauch, besteht die Lebenspartnerschaft weiter. Im Fall der Aufhebung der Lebenspartnerschaft ist dann der Versorgungsausgleich nach Maßgabe von § 20 LPartG durchzuführen (→ LPartG § 20a Rn. 40).

3 Von Anfang an wurden zwei Spielarten des Versorgungsausgleichs vorgesehen: Im **öffentlich-rechtlichen** Versorgungsausgleich, auch Wertausgleich genannt (heute: Wertausgleich bei der Scheidung), wurden dem Ausgleichsberechtigten eigenständige, in seiner Person bestehende Anrechte verschafft. Ergänzt wurde diese Regelung durch den als Auffangtatbestand[7] subsidiär eingreifenden **schuldrechtlichen** Versorgungsausgleich (heute: Ausgleichsansprüche nach der Scheidung), der dem Berechtigten nur einen laufenden Zahlungsanspruch gegen den Verpflichteten gibt. Dabei wurde der Wertausgleich in seiner ursprünglichen Konzeption dadurch vollzogen, dass zugunsten des Ausgleichsberechtigten, der am ehesten selbst bereits in der gesetzlichen Rentenversicherung versichert war, Anwartschaften in der gesetzlichen Rentenversicherung übertragen oder begründet wurden. Während Anrechte in der gesetzlichen Rentenversicherung durch Übertragung (sog. Splitting) und Anrechte gegenüber öffentlich-rechtlichen Versorgungsträgern durch Begründung von Rentenanwartschaften (sog. Quasi-Splitting) ausgeglichen werden konnten, bereitete der Ausgleich sonstiger Anrechte gegenüber privaten Versorgungsträgern Schwierigkeiten. Ursprünglich sollte der Ausgleichsverpflichtete solche Anrechte in der Weise ausgleichen, dass er für den Berechtigten durch Beitragszahlungen Rentenanwartschaften in der gesetzlichen Rentenversicherung begründete. Das BVerfG erklärte jedoch die ausnahmslose Beitragszahlungspflicht des § 1587b Abs. 3 S. 1 Hs. 1 aF für nichtig.[8]

4 **2. Nachbesserungen des Versorgungsausgleichs.** Das in diesem Zusammenhang geschaffene VAHRG vom 21.2.1983 (BGBl. 1983 I 105) führte als **Ersatz für die Ausgleichsform der Begründung von Rentenanwartschaften** durch Beitragsentrichtung die Möglichkeit der Realteilung ein und erweiterte die Anwendungsmöglichkeiten des Quasi-Splittings auf alle öffentlich-rechtlichen Versorgungsträger. Die für einen öffentlich-rechtlichen Ausgleich privater betrieblicher Altersversorgungen vorgesehene Realteilung wurde von diesen Versorgungsträgern jedoch nur in geringem Umfang eingeführt,[9] so dass diese unverfallbaren Anwartschaften nach § 2 VAHRG[10] nur schuldrechtlich ausgeglichen werden konnten. Seit dem 1.1.1987 ist mit dem VAWMG[11] der öffentlich-rechtliche Ausgleich durch das erweiterte Splitting, das erweiterte Quasi-Splitting, die erweiterte Realteilung nach § 3b Abs. 1 Nr. 1 VAHRG und die an strengere Zumutbarkeitskriterien gebundene Beitragszahlungspflicht nach § 3b Abs. 1 Nr. 2 VAHRG erweitert worden. Ferner ist der schuldrechtliche Ausgleich über den Tod des Verpflichteten hinaus unter bestimmten Voraussetzungen verlängert worden: Nach § 3a VAHRG konnte der Ausgleichsberechtigte die Ausgleichsrente vom Träger der auszugleichenden Versorgung über den Tod des geschiedenen Ehegatten hinaus erhalten, wenn ihm der Versorgungsträger ohne die Scheidung eine Hinterbliebenenrente gezahlt hätte.

5 **3. Bleibende Probleme des früher geltenden Rechts.** Nach dem früheren Recht gab es nur einen ausgleichspflichtigen und **nur einen ausgleichsberechtigten** Ehegatten. Für beide Ehegatten

---

7 Vgl. BVerfGE 71, 364 = NJW 1986, 1321 = FamRZ 1986, 543; BT-Drs. 10/6369, 17, 18; *Michaelis/Sander* DAngVers. 1987, 86; *Ruland* NJW 1987, 345; *Wagenitz* FamRZ 1987, 1.

8 BVerfGE 63, 88 = NJW 1983, 1417 = FamRZ 1983, 342.

9 Vgl. *Glockner* BetrAV 1985, 218; *Ellger* FamRZ 1986, 513 verweist auf eine geringe Zahl von Fällen; *Lohmann* DRV 1985, 577 (584) mit Hinweis auf den Fall einer Realteilung; vgl. dazu auch *Heubeck/Uebelhack* BetrAV 1988, 53 (62).

10 In der vom BVerfG für nichtig erklärten Fassung; vgl. BVerfGE 71, 364 = NJW 1986, 1321 = FamRZ 1986, 543.

11 Gesetz über weitere Maßnahmen auf dem Gebiet des Versorgungsausgleichs vom 8.12.1986, BGBl. 1986 I 2317.

musste die Summe der insgesamt erworbenen Anrechte ermittelt werden; sodann war die Hälfte des Wertunterschieds vom Ausgleichspflichtigen auszugleichen. Bei einer solchen Art des Ausgleichs war es erforderlich, dass man **Anrechte aus Versorgungssystemen,** die seit jeher in ihrer Finanzierung, Wertentwicklung und im Leistungsspektrum unterschiedlich ausgestaltet sind, **miteinander verglich,** um sie in der Versorgungsbilanz einander gegenüberstellen zu können. Dies geschah in der Weise, dass für Anrechte, deren Wert nicht in gleicher oder nahezu gleicher Weise wie derjenige der gesetzlichen Rentenversicherung oder der Beamtenversorgung stieg, das Deckungskapital zugrunde gelegt oder nach der **BarwertVO** ein Barwert gebildet und geprüft wurde, welche Rentenanwartschaft sich aus seiner Einzahlung in die gesetzliche Rentenversicherung ergeben würde (§ 1587a Abs. 3 aF). Dies führte – entgegen den mit der Einführung des Versorgungsausgleichs gehegten Erwartungen – zu dem Ergebnis, dass der Halbteilungsgrundsatz häufig zu Lasten des Ausgleichsberechtigten – meist der Ehefrau – verfehlt wurde (zu den Schwächen der BarwertVO → 5. Aufl. 2009, VAHRG § 10a Rn. 45 f.).[12] Der Verordnungsgeber hat zwar versucht, Schwächen der BarwertVO durch Veränderung der Tabellenwerte in der Zweiten und Dritten Verordnung zur Änderung der BarwertVO vom 26.5.2003 (BGBl. 2003 I 728) und vom 3.5.2006 (BGBl. 2006 I 1144) Rechnung zu tragen. Ungeachtet des Umstands, dass der BGH in mehreren Entscheidungen zum Ausdruck gebracht hatte, dass seinen Bedenken gegen die BarwertVO[13] durch diese Änderungsverordnungen Rechnung getragen sei,[14] hat der Gesetzgeber es für notwendig gehalten, durch eine Strukturreform des Versorgungsausgleichs eine gerechtere Teilhabe am Versorgungsvermögen der Ehegatten zu gewährleisten.

**4. Strukturreform des Versorgungsausgleichs.** Es ist daher ein zentrales Reformanliegen, den Grundsatz der **Halbteilung** in der Weise zu verwirklichen, dass **jedes einzelne Anrecht,** soweit es auf die Ehezeit entfällt, zwischen den geschiedenen Ehegatten **zu teilen ist.** Das bedeutet eine Abkehr von dem bisherigen Einmalausgleich und lässt – jedenfalls im Grundsatz[15] – die Notwendigkeit entfallen, Versorgungsanrechte unterschiedlicher Qualität miteinander zu vergleichen. Darüber hinaus soll jedes Anrecht im Regelfall systemintern geteilt werden, wie es bislang bei der Übertragung von Rentenanwartschaften nach § 1587b Abs. 1 aF („Splitting") der Fall gewesen ist, weil sich auf diese Weise für beide Ehegatten die Eigentümlichkeiten einer bestimmten Versorgung in gleicher Weise auswirken und nicht mehr an bestimmten Maßstabsversorgungen gemessen werden müssen. Um auf diesem Weg einen Schritt weiter zu gehen, hat der Bundesgesetzgeber im Rahmen seiner Gesetzgebungskompetenz für Beamtinnen und Beamte des Bundes die Möglichkeit einer systeminternen Teilung von Anrechten eingeführt (→ VersAusglG § 10 Rn. 47, 50 ff.). Vgl. das als Art. 5 VAStrRefG eingeführte Gesetz über die interne Teilung beamtenversorgungsrechtlicher Ansprüche von Bundesbeamtinnen und Bundesbeamten im Versorgungsausgleich (Bundesversorgungsteilungsgesetz – BVersTG). Zum anderen hat er ganz bewusst auch die nach früherem Recht idR nicht involvierten privaten Versorgungsträger in die Pflicht genommen, an der internen Teilung von Anrechten mitzuwirken, wobei er ihnen zugestanden hat, die bei der internen Teilung entstehenden Kosten, soweit sie angemessen sind, jeweils hälftig mit den Anrechten der Ehegatten zu verrechnen (§ 13 VersAusglG). Schließlich war es dem Gesetzgeber ein Anliegen, das neue Recht anwenderfreundlicher und verständlicher auszugestalten. Insoweit hat er es für zweckmäßig gehalten, die gesamte Materie in einem besonderen Gesetz zu ordnen, das durch seine Gliederung, möglichst kurze Vorschriften und eine verständliche Sprache den Anwender besser erreichen soll.[16] 6

## II. Bedeutung des § 1587

**1. Normzweck.** Durch das Gesetz zur Strukturreform des Versorgungsausgleichs (VAStrRefG) vom 3.4.2009 (BGBl. 2009 I 700) besteht der Untertitel 3 des BGB nur noch aus der Bestimmung des § 1587, die in einer **allgemeinen Verweisung** davon spricht, dass der Versorgungsausgleich zwischen den geschiedenen Ehegatten nach Maßgabe des Versorgungsausgleichsgesetzes **(VersAusglG)** stattfindet. Um den Gegenstand des Versorgungsausgleichs näher zu verdeutlichen, regelt sie darüber hinaus, welche Anrechte dem Versorgungsausgleich unterliegen. 7

**2. Versorgungsausgleich als Scheidungsfolge.** Ein Versorgungsausgleich kann **nur für geschiedene Ehegatten** durchgeführt werden. Gemäß § 1318 ist der Versorgungsausgleich grund- 8

[12] Zu den Mängeln des früheren Rechts vgl. BT-Drs. 16/10144, 32–35.

[13] Vgl. BGHZ 148, 351 = LM BGB § 1587a Nr. 133 mAnm *Hohloch* = NJW 2002, 296 = FamRZ 2001, 1695 mAnm *Kemnade.*

[14] BGHZ 156, 64 = NJW 2003, 3556 = FamRZ 2003, 1639; BGH NJW 2007, 375 Rn. 24 = FamRZ 2007, 23 (26 f.).

[15] Zu Ausnahmen bei der Anwendung der §§ 6, 18, 27 VersAusglG vgl. BT-Drs. 16/10144, 50.

[16] Vgl. BT-Drs. 16/10144, 39.

sätzlich ebenfalls im Fall der Aufhebung der Ehe durchzuführen, sofern dies nicht im Hinblick auf die Umstände bei der Eheschließung oder bei Verstoß gegen § 1306 im Hinblick auf die Belange der dritten Person grob unbillig wäre. Für die Annahme grober Unbilligkeit gilt ein strenger Maßstab (→ § 1318 Rn. 14). Ist demgegenüber die Ehe nichtig, kann der Versorgungsausgleich nicht durchgeführt werden. Im Fall der **Doppelehe** kann es dazu kommen, dass der Versorgungsausgleich für die zweite Ehe durchzuführen ist, wenn diese aufgehoben wird. Das kann dazu führen, dass ein Ehegatte durch den Versorgungsausgleich doppelt belastet wird, wenn auch die erste Ehe geschieden wird. In diesen Fällen ist eine Korrektur nach § 27 zu prüfen (→ VersAusglG § 27 Rn. 33).

9 Demgegenüber ist es **nicht möglich,** den Versorgungsausgleich als gewillkürte vermögensrechtliche Folge der Ehe auszugestalten. Ehegatten können daher nicht bei Fortbestand der Ehe die Durchführung des Versorgungsausgleichs vereinbaren, damit der andere Teil sozusagen peu à peu an den Anrechten des anderen teilhat. Ebenfalls können sie nicht die Einbeziehung von außerhalb der Ehezeit erworbenen Anrechten oder Teilen hiervon vereinbaren; denn dies wäre mit einem nicht gerechtfertigten Eingriff in die Rechtsstellung des Versorgungsträgers bzw. der hinter diesem stehenden Gemeinschaft der übrigen Versicherten verbunden.

10 Für Lebenspartner richtet sich die Durchführung des Versorgungsausgleichs nach den jeweils maßgeblichen **Stichtagen.** Insbesondere ist zu beachten, dass der Versorgungsausgleich nicht durchzuführen war, wenn die Lebenspartnerschaft **vor dem 1.1.2005** begründet worden war und die Lebenspartner nicht für die Durchführung des Versorgungsausgleichs optiert hatten. § 20a LPartG gibt ihnen insoweit eine zweite Chance.[17]

11 Wenn Lebenspartner nach **Geschlechtsumwandlung** eines Partners die Ehe geschlossen haben, wird nach hM die Lebenspartnerschaft in eine Ehe umgewandelt. Folge davon ist, dass der Versorgungsausgleich stattfindet, wenn die Ehe später geschieden wird. Wird die Geschlechtsumwandlung erst ab dem 1.10.2017 wirksam, dürfte dies nur gelten, wenn die (bisherigen) Lebenspartner die Umwandlung der Lebenspartnerschaft in eine Ehe erklären; ansonsten kann der Versorgungsausgleich nur für die ab Eheschließung erworbenen Anwartschaften durchgeführt werden.[18] Wenn Ehegatten **umgekehrt** nach Geschlechtsumwandlung eines Partners eine Lebenspartnerschaft begründet hatten, hatte dies auf die Durchführung des Versorgungsausgleichs keinen Einfluss. Allerdings bestand für diese Umwandlung durch Änderung von § 1 Abs. 3 Nr. 1 LPartG nur ein kurzes Zeitfenster: Die Begründung einer Lebenspartnerschaft war nur in der Zeit vom 26.11.2015 bis 30.9.2017 mit Ehegatten möglich. Die Rechtsfolgen einer solchen Verpartnerung waren nicht geregelt. Nach überwiegender Ansicht wird der Abschluss des Lebenspartnerschaftsvertrages als Umwandlung der Ehe angesehen mit der Folge, dass die gesamten während des Bestehens der Ehe und der Lebenspartnerschaft erworbenen Anrechte auszugleichen sind.[19]

12 **Ab 1.10.2017** können **keine neuen Lebenspartnerschaften** mehr begründet werden. Die Geschlechtsumwandlung eines Partners ist daher kein Grund mehr, eine Ehe in eine Lebenspartnerschaft umzuwandeln.

13 **3. Betroffene Versorgungsanrechte.** § 1587 zählt in Übereinstimmung mit § 2 Abs. 1 VersAusglG auf, welche Versorgungsanrechte dem Versorgungsausgleich unterliegen. Ausdrücklich werden im In- und Ausland bestehende Anrechte, insbesondere aus der gesetzlichen Rentenversicherung, aus anderen Regelsicherungssystemen wie der Beamtenversorgung oder der berufsständischen Versorgung, aus der betrieblichen Altersversorgung oder aus der privaten Alters- und Invaliditätsvorsorge genannt. Die Aufzählung ist nicht abschließend.[20] Es unterliegen daher auch beispielsweise Anrechte gegenüber ausländischen oder überstaatlichen Versorgungsträgern dem Versorgungsausgleich.

14 **4. Anwartschaften auf Versorgungen und Ansprüche auf Versorgungsleistungen.** Wie die Anrechte im Einzelnen beschaffen sein müssen, um in den Versorgungsausgleich einbezogen zu werden, ist in § 2 VersAusglG näher umschrieben (→ VersAusglG § 2 Rn. 2 ff.). Zunächst fällt terminologisch auf, dass die Neuregelung den bislang lediglich in der Praxis anzutreffenden **Begriff des „Anrechts"** verwendet, der nach der Legaldefinition in § 2 Abs. 1 VersAusglG Anwartschaften auf Versorgungen und Ansprüche auf laufende Versorgungsleistungen umfasst. Demgegenüber verzichtet das neue Recht auf den Begriff der Versorgungsaussicht, die nach dem früher geltenden Recht dahin verstanden wurde, dass sich aus ihr nach dem gewöhnlichen Lauf der Dinge ein Anspruch auf Versorgung entwickelte.[21] Unter Aufgabe des Begriffs der „Aussicht" wird durch § 2

[17] *Siede* FamRZ 2018, 1.
[18] *Siede* BetrAV 2018, 52.
[19] *Siede* BetrAV 2018, 52.
[20] Vgl. RegE, BT-Drs. 16/10144, 46.
[21] BGHZ 81, 100 (103) = NJW 1981, 2187 = FamRZ 1981, 856 mwN.

Abs. 3 VersAusglG pragmatisch entschieden, dass eine Anwartschaft im Sinne dieses Gesetzes auch dann vorliegt, wenn am Ende der Ehezeit eine für das Anrecht maßgebliche Wartezeit, Mindestbeschäftigungszeit, Mindestversicherungszeit oder ähnliche zeitliche Voraussetzung noch nicht erfüllt ist.

In **Übereinstimmung mit dem früheren Recht** sind Anrechte auszugleichen, die durch Arbeit oder Vermögen geschaffen oder aufrechterhalten worden sind, der Absicherung im Alter oder bei Invalidität, insbesondere wegen verminderter Erwerbsfähigkeit, Berufsunfähigkeit oder Dienstunfähigkeit, dienen und auf eine Rente gerichtet sind (zum früheren Recht → 5. Aufl. 2009, § 1587 Rn. 9–24); **neu** ist die Regelung in § 2 Abs. 2 Nr. 3 VersAusglG, wonach Anrechte iSd Betriebsrentengesetzes (BetrAVG) oder des Altersvorsorgeverträge-Zertifizierungsgesetzes (AltZertG) unabhängig von der Leistungsform auszugleichen sind, also auch wenn sie auf eine Kapitalleistung gerichtet sind. Wie im Einzelnen die dem Versorgungsausgleich unterliegenden Anrechte von anderen Leistungen abzugrenzen sind, wird zu § 2 VersAusglG näher erläutert (→ VersAusglG § 2 Rn. 9 ff.). 15

**5. Inkrafttreten der Neuregelung.** Gemäß Art. 23 VAStrRefG sind die mit der **Strukturreform** des Versorgungsausgleichs einhergehenden Rechtsänderungen zeitgleich mit dem Gesetz zur Reform des Verfahrens in Familiensachen und in den Angelegenheiten der freiwilligen Gerichtsbarkeit (FGG-RG) **am 1.9.2009 in Kraft getreten.** Gleichzeitig ist das **bisherige Recht** des Versorgungsausgleichs, wie es in den §§ 1587–1587p, im Gesetz zur Regelung von Härten im Versorgungsausgleich (VAHRG), im Versorgungsausgleich-Überleitungsgesetz (VAÜG) und in der Barwert-Verordnung geregelt war, **außer Kraft getreten.** (Gleiches gilt für die Bestimmung des Art. 4 § 4 VAwMG über die monatliche Bezugsgröße für die Zeit vor dem 1.7.1977, die aber nach § 54 VersAusglG weiterhin anwendbar bleibt.) Das bedeutet, dass für **Verfahren,** die **ab dem 1.9.2009 eingeleitet** worden sind, das **neue materielle Recht** des VersAusglG gilt und dass über den Versorgungsausgleich **nach dem neuen Verfahrensrecht** des Gesetzes über das Verfahren in Familiensachen und in den Angelegenheiten der freiwilligen Gerichtsbarkeit (FamFG) zu entscheiden ist. 16

In **Verfahren** über den Versorgungsausgleich, die **vor dem 1.9.2009 eingeleitet** worden sind, ist nach § 48 Abs. 1 VersAusglG das bis dahin geltende materielle Recht und Verfahrensrecht weiterhin anzuwenden (→ VersAusglG § 48 Rn. 6 ff.). Dies gilt jedoch **nicht ausnahmslos.** Trotz der Einleitung vor dem 1.9.2009 ist auf diejenigen Verfahren das neue materielle Recht und Verfahrensrecht anzuwenden, die zu diesem Zeitpunkt oder danach ausgesetzt waren oder zum Ruhen gebracht wurden (§ 48 Abs. 2 VersAusglG, Art. 111 Abs. 3 FGG-RG), etwa nach den §§ 246 ff., 251, 251a, 614 ZPO, § 53c FGG, oder – soweit es den Versorgungsausgleich betrifft – die zu diesem Zeitpunkt abgetrennt waren oder danach vom Verbund abgetrennt wurden (§ 48 Abs. 2 VersAusglG, Art. 111 Abs. 4 FGG-RG; → VersAusglG § 48 Rn. 9 f.) oder in denen bis zum 31.8.2010 im ersten Rechtszug noch keine Endentscheidung erlassen wurde (§ 48 Abs. 3 VersAusglG, Art. 111 Abs. 5 FGG-RG; → VersAusglG § 48 Rn. 11). Die Übergangsregelungen in Art. 111 FGG-RG und in § 48 VersAusglG sind daher in der Weise ausgestaltet, dass zeitgleich mit dem neuen Verfahrensrecht auch das neue materielle Recht zum Versorgungsausgleich anzuwenden ist (iE → VersAusglG § 48 Rn. 1 ff.). 17

### III. Erziehungsrente

Zeitgleich und in sachlichem Zusammenhang mit dem Versorgungsausgleich wurde die Erziehungsrente in der gesetzlichen Rentenversicherung[22] mit dem 1. EheRG eingeführt. Sie ist seit der Rentenreform 1992 in § 47 SGB VI geregelt und durch die Strukturreform des Versorgungsausgleichs nicht berührt worden. Ist die Ehe nach dem 30.6.1977 geschieden, für nichtig erklärt oder aufgehoben worden, steht dem Versicherten **nach dem Tod des früheren Ehegatten** (längstens) bis zum Erreichen der Regelaltersgrenze aus seinen eigenen Anwartschaften, zu denen auch solche aus dem Versorgungsausgleich gehören, ein Anspruch auf Erziehungsrente zu, wenn und solange er iSd § 46 Abs. 2 SGB VI **ein eigenes Kind oder ein Kind des früheren Ehegatten erzieht,** nicht wieder verheiratet ist und bis zum Tod seines früheren Ehegatten die Wartezeit von fünf Jahren erfüllt hat. Die Wartezeit kann auch mit den durch den Versorgungsausgleich erworbenen Anwartschaften erfüllt werden (§ 52 SGB VI). Die Erziehungsrente will die durch den Tod des früheren Ehegatten entstehende Unterhaltslücke schließen, die bei bis zum 30.6.1977 geschiedenen Ehen durch die Hinterbliebenenrente vermieden werden konnte (§ 243 SGB VI). Für einen geschiedenen Ehegatten, dessen Unterhaltsanspruch sich nach dem Recht des Beitrittsgebiets richtete, besteht ein Anspruch auf Erziehungsrente unter den genannten Voraussetzungen auch dann, wenn seine Ehe vor dem 1.7.1977 geschieden worden ist (§ 243a SGB VI). Einkommen des Berechtigten ist nach 18

[22] Vgl. *Udsching* SGb 1982, 226.

näherer Maßgabe des § 97 SGB VI auf die Erziehungsrente anzurechnen. Für einen Anspruch auf Erziehungsrente gelten nach § 47 Abs. 4 SGB VI als Scheidung einer Ehe auch die Aufhebung einer Lebenspartnerschaft, als geschiedener Ehegatte auch der frühere Lebenspartner, als Heirat auch die Begründung einer Lebenspartnerschaft, als verwitweter Ehegatte auch ein überlebender Lebenspartner und als Ehegatte auch der Lebenspartner.

### IV. Versorgungsausgleich im System der Scheidungsfolgen

19 **1. Unterhaltsrecht.** Die Auswirkungen des Versorgungsausgleichs sind im Hinblick auf die Berechnung des Bedarfs, der Bedürftigkeit und der Leistungsfähigkeit zu analysieren.

20 Hinsichtlich des **Bedarfs** ist von dem Grundsatz auszugehen, dass Renteneinkommen, das aufgrund des Versorgungsausgleichs erzielt wird, bedarfsprägendes Einkommen bildet; denn dieses Renteneinkommen beruht auf Anrechten, die in der Ehezeit erworben wurden. Der Versorgungsausgleich bewirkt lediglich, dass der Ehezeitanteil der Anrechte hälftig zwischen den Ehegatten aufgeteilt wird. Unabhängig davon wird bei der Ermittlung des Bedarfs aber jedes Renteneinkommen berücksichtigt, das Lohnersatzfunktion hinsichtlich der eheprägenden Einkünfte hat (→ § 1578 Rn. 60, 706). Dies gilt auch für Renteneinkommen, das aufgrund einer Tätigkeit, die ein **Surrogat** der bisherigen Haushaltsführung bildet, erzielt wird;[23] denn genauso wie das aus einer solchen Tätigkeit erzielte Einkommen bedarfsprägend zu berücksichtigen ist, ist dies auch hinsichtlich des Renteneinkommens, das aus einer solchen Tätigkeit erwirtschaftet wurde, der Fall.

21 Bedarfsprägend ist auch Renteneinkommen, das ein Ehegatte aus **Altersvorsorgeunterhalt** erzielt, der nach Rechtskraft der Scheidung geleistet wurde.[24] Zwar hat der BGH hierzu ausgeführt, dass es sich bei der Zahlung von Altersvorsorgeunterhalt um eine Scheidungsfolge handele, die die ehelichen Lebensverhältnisse nicht geprägt haben könne. Dem ist aber entgegen zu halten, dass auch für die Bemessung des Altersvorsorgeunterhalts das eheprägende Einkommen des Unterhaltspflichtigen maßgeblich ist. Beide Ehegatten tragen den Aufwand für Altersvorsorgeunterhalt hälftig, indem der Elementarunterhalt nur aus dem um den Altersvorsorgeunterhalt gekürzten Einkommen berechnet werden kann.[25] Hat der Unterhaltsberechtigte den Altersvorsorgeunterhalt pflichtwidrig nicht für Zwecke der Altersvorsorge, sondern anderweit verwendet, ist der Bedarf gleichwohl so zu berechnen, als würde der Unterhaltsberechtigte entsprechende Renteneinkünfte erzielen (→ § 1578 Rn. 747).

22 Die Durchführung des Versorgungsausgleichs kann dazu führen, dass ein **ehebedingter Nachteil** entfällt.[26] Ist das der Fall, kann der Unterhaltsanspruch gem. § 1578b zu befristen sein.

23 Hinsichtlich der **Bedürftigkeit** ist zu beachten, dass der Unterhaltsberechtigte grundsätzlich jedes Renteneinkommen zur Deckung seines Bedarfs einzusetzen hat. Dies gilt auch für Einkommen, das der Unterhaltsberechtigte aufgrund des Versorgungsausgleichs erzielen könnte. Der Versorgungsausgleich ist insoweit dem Unterhaltsrecht gegenüber vorrangig.[27] Der Unterhaltsberechtigte hat daher grundsätzlich durch Antragstellung oder ähnliches die verfahrensrechtlichen Voraussetzungen zu schaffen, damit er die im Versorgungsausgleich erworbenen Rentenanrechte realisieren kann.

24 Der Vorrang des Versorgungsausgleichs gilt auch für **Ausgleichsansprüche nach der Scheidung.** Der Ausgleichsberechtigte muss also vorrangig Ausgleichsansprüche gem. §§ 20 ff. VersAusglG gegen den Unterhaltspflichtigen geltend machen. Nur soweit er unter Berücksichtigung dieser Ansprüche bedürftig ist, kann er den Ausgleichspflichtigen auf Zahlung von Unterhalt in Anspruch nehmen.[28] Gemäß § 23 VersAusglG kann der Ausgleichsberechtigte statt schuldrechtlicher Ausgleichszahlungen die Zahlung einer **Abfindung** verlangen. Diese Abfindung ist zur Begründung oder zum Ausbau einer angemessenen Versorgung zu verwenden (§ 24 Abs. 2 VersAusglG). Versorgungsleistungen, die ein Ehegatte aus dem so erworbenen Anrecht erhält, sind ebenfalls bei der Ermittlung des Bedarfs und der Bedürftigkeit zu berücksichtigen.[29]

25 Die **Leistungsfähigkeit** des Unterhaltspflichtigen kann durch die Durchführung des Versorgungsausgleichs gemindert sein. Dies kommt insbesondere dann in Betracht, wenn der Ausgleichspflichtige älter ist als der Ausgleichsberechtigte und deshalb der Versorgungsausgleich dazu führt, dass die Versorgung des Ausgleichspflichtigen zu einem Zeitpunkt gekürzt werden, zu dem der Ausgleichsberechtigte aus dem im Versorgungsausgleich erworbenen Anrecht noch keine Versorgungsbezüge erhalten kann. Die Vorteile des Rentnerprivilegs sind entfallen, das Pensionistenprivileg

[23] BGH NJW 2003, 1796 = FamRZ 2003, 848.
[24] AA BGH NJW 2003, 1796 = FamRZ 2003, 848.
[25] IE ebenso Anm. *Hoppenz* zu BGH NJW 2003, 1796 = FamRZ 2003, 848.
[26] BGH NJW 2018, 2636 = FamRZ 2018, 1421.
[27] NK-BGB/*Götsche* Vor § 1587 Rn. 24.
[28] OLG Celle FamRZ 1982, 501.
[29] Hinsichtlich Bedürftigkeit ebenso NK-BGB/*Götsche* VersAusglG § 23 Rn. 31.

gilt nur noch vereinzelt in einigen wenigen Bundesländern. In einem solchen Fall besteht die unterhaltsrechtliche Obliegenheit, die **Anpassung** des Versorgungsausgleichs gem. § 33 VersAusglG zu beantragen (→ § 1578 Rn. 726). Der Unterhalt ist dann zu berechnen, als wäre die Kürzung des Versorgungsausgleichs gem. §§ 33, 34 VersAusglG (meist teilweise) ausgesetzt worden. In der Regel ist eine fiktive Unterhaltsberechnung in diesen Fällen aber nicht erforderlich, da auch der Ausgleichsberechtigte den Antrag stellen kann (§ 34 Abs. 2 VersAusglG).

Schließlich kann es zu Wertungswidersprüchen kommen, wenn ein Ehegatte Unterhalt leistet 26
und der andere Teil diesen **rückwirkend** auf Ausgleichszahlungen nach der Scheidung gem. § 20 VersAusglG in Anspruch nimmt. Soweit die Ausgleichszahlungen dazu führen, dass eine Unterhaltsüberzahlung vorliegt, ist die Unterhaltszahlung als Erfüllung zu werten. Rückwirkend können also trotz des Vorrangs des Versorgungsausgleichs nur Ausgleichszahlungen geltend gemacht werden, die zusammen mit dem verbleibenden Unterhaltsanspruch über den bereits geleisteten Unterhalt hinausgehen.[30]

**2. Zugewinnausgleich.** Zugewinnausgleich und Versorgungsausgleich schließen sich grund- 27
sätzlich aus (§ 2 Abs. 4 VersAusglG). Zu Überschneidungen kann es kommen, wenn über Zugewinnausgleich und Versorgungsausgleich zu unterschiedlichen Zeitpunkten zu entscheiden ist. Dies kommt insbesondere dann in Betracht, wenn ein Ehegatte nach Durchführung des Zugewinnausgleichs hinsichtlich eines bisher dem Versorgungsausgleich unterliegenden Anrechts ein Kapitalwahlrecht ausübt und dieses dadurch dem Ausgleich entzieht. Vorrangig ist in solchen Fällen ein güterrechtlicher Ausgleich zu suchen. Soweit dies nicht möglich ist, kommt der teilweise Ausschluss des Versorgungsausgleichs in Betracht.[31]

## V. Auslandsbezug

**1. Anwendbares Recht für die Scheidung.** Durch die **Rom III-VO**[32] sind zunächst für 14 28
Mitgliedstaaten der EU, darunter Deutschland,[33] die Kollisionsnormen für die genannten Gegenstände vereinheitlicht worden. Sie gelten in diesen Mitgliedstaaten für gerichtliche Verfahren und Rechtswahlvereinbarungen, die ab dem 21.6.2012 eingeleitet bzw. geschlossen worden sind (Art. 18 Abs. 1 S. 1 Rom III-VO); früher geschlossene Rechtswahlvereinbarungen können nach näherer Maßgabe des Art. 18 Abs. 1 S. 2 Rom III-VO zu beachten sein. Die Verordnung lässt nach Art. 18 Abs. 3 Rom III-VO Rechtswahlvereinbarungen unberührt, die nach dem Recht eines teilnehmenden Mitgliedstaats geschlossen wurden, dessen Gerichtsbarkeit vor dem genannten Stichtag angerufen wurde. Mit dem vorbeschriebenen Regelungsinhalt gilt die Rom III-VO seit dem 22.5.2014 auch für Litauen[34] und seit dem 29.7.2015 für Griechenland.[35] Demgegenüber gilt die Verordnung nicht unmittelbar für Privatscheidungen.[36] Allerdings ist die durch diese Entscheidung entstandene Lücke durch analoge Anwendung der Vorschriften in den Art. 5–8 Rom III-VO zu schließen, wie nunmehr durch Art. 17 Abs. 1 EGBGB idF des Gesetzes zum Internationalen Güterrecht und zur Änderung von Vorschriften des Internationalen Privatrechts vom 17.12.2018 (BGBl. 2018 I 2573) geregelt ist.[37] Das nach der Verordnung **berufene Recht gilt** in Fällen, die eine Verbindung zum Recht verschiedener Staaten aufweisen, nach Art. 4 **universell,** ist also auch dann anzuwenden, wenn es nicht das Recht eines teilnehmenden Mitgliedstaats oder überhaupt eines EU-Mitgliedstaats ist.[38] Eine Rück- oder Weiterverweisung durch das berufene Recht ist nach Art. 11 Rom III-VO ausgeschlossen.[39]

Durch das am 29.1.2013 in Kraft getretene Gesetz zur Anpassung der Vorschriften des Internati- 29
onalen Privatrechts an die Verordnung (EU) Nr. 1259/2010 und zur Änderung anderer Vorschriften des Internationalen Privatrechts vom 23.1.2013 (BGBl. 2013 I 101) ist das **deutsche IPR an die**

30 BGH NJW-RR 2014, 1090 Rn. 36 = FamRZ 2014, 1529.

31 BGH NJW-RR 2012, 769 = FamRZ 2012, 1039; NJW-RR 2014, 1217 = FamRZ 2014, 1613.

32 Vgl. hierzu näher *Hau* FamRZ 2013, 249; *Becker* NJW 2011, 1543; *Helms* FamRZ 2011, 1765; zu einer Entwurfsfassung *Finger* FuR 2011, 61 mit Ergänzung in FuR 2011, 313; zur Unterrichtung durch die Kommission vgl. BR-Drs. 184/10.

33 Teilnehmende Mitgliedstaaten sind Belgien, Bulgarien, Deutschland, Frankreich, Italien, Lettland, Luxemburg, Malta, Österreich, Portugal, Rumänien, Slowenien, Spanien und Ungarn.

34 Vgl. Art. 3 Beschluss der Kommission vom 21.11.2012 (2012/714/EU), ABl. EU 2012 L 323, 18.

35 Vgl. Art. 3 Beschluss der Kommission vom 27.1.2014 (2014/39/EU), ABl. EU 2014 L 23, 41.

36 EuGH NJW 2018, 447 = FamRZ 2018, 169.

37 *Mayer* in Anm. zu EuGH FamRZ 2018, 169; idS auch Art. 17 RefE des BMJV des Gesetzes zum Internationalen Güterrecht und zur Änderung von Vorschriften des Internationalen Privatrechts, RegE, BT-Drs. 19/4852.

38 Vgl. *Heiderhoff* FamRZ 2014, 863.

39 Krit. zu dieser Regelung → 7. Aufl. 2018, Rom III-VO Art. 11 Rn. 1; *Hau* FamRZ 2013, 249 (254).

**Rom III-VO angepasst** worden. Art. 3 Nr. 1 lit. d EGBGB verdeutlicht, dass das Internationale Scheidungsrecht, das bisher in Art. 17 Abs. 1 EGBGB aF geregelt war, der aber noch weiterhin in Verfahren anzuwenden ist, die vor dem 21.6.2012 eingeleitet worden sind (→ Rn. 28), durch die Rom III-VO bestimmt wird. Dem entspricht es, dass sich **Art. 17 Abs. 1 EGBGB nF** nur noch mit dem **Scheidungsfolgenrecht** befasst, dabei jedoch das nach der Rom III-VO auf die Scheidung anzuwendende Recht beruft, soweit sich die vermögensrechtlichen Scheidungsfolgen nicht nach Vorschriften des Dritten Abschnitts (Art. 13–24 EGBGB) richten, wie dies etwa für das Güterrecht (Art. 15 EGBGB) in Altfällen möglich ist (Art. 229 § 47 EGBGB). Art. 46d EGBGB sieht vor, dass eine Rechtswahlvereinbarung nach Art. 5 Rom III-VO notariell zu beurkunden ist und dass die Ehegatten diese Rechtswahl auch noch bis zum Schluss der mündlichen Verhandlung im ersten Rechtszug vornehmen können; insoweit gilt § 127a entsprechend.

30 Die Rom III-VO eröffnet den Ehegatten nach Maßgabe ihres Art. 5 die Möglichkeit, in bestimmten Grenzen das für die Scheidung oder Trennung ohne Auflösung des Ehebandes **anzuwendende Recht** durch **Vereinbarung** zu bestimmen (→ 7. Aufl. 2018, Rom III-VO Art. 5 Rn. 5 ff.). Im Unterschied zum früheren nationalen Recht bezieht sich die Rechtswahl nach Art. 5 Rom III-VO nur auf die Scheidung, während nach Art. 14 Abs. 3 EGBGB die Ehewirkungen lediglich insgesamt und unter iÜ engeren Voraussetzungen zum Gegenstand einer Rechtswahl gemacht werden können. Die Rechtswahl kann in Übereinstimmung mit Art. 5 Abs. 3 Rom III-VO auch noch nach Anrufung des Gerichts getroffen werden, und zwar nach Art. 46d Abs. 2 EGBGB bis zum Schluss der mündlichen Verhandlung im ersten Rechtszug; insoweit gilt § 127a entsprechend. Die Rechtswahlvereinbarung ist für die Gerichte der Teilnehmerstaaten der Rom III-VO verbindlich; sie kann deshalb unterlaufen werden, wenn ein anderes nach der Brüssel IIa-VO zuständiges Gericht (→ Rn. 38) angerufen werden kann.[40]

31 **Fehlt es an einer Rechtswahl,** was in der Praxis nicht selten der Fall sein wird, gilt nach **Art. 8 Rom III-VO** (→ 7. Aufl. 2018, Rom III-VO Art. 8 Rn. 3 ff.) in dieser Reihenfolge das Recht des Staates, in dem die Ehegatten im Zeitpunkt der Anrufung des Gerichts ihren – nicht notwendig gemeinsamen[41] – gewöhnlichen Aufenthalt haben (lit. a)[42] oder zuletzt hatten, sofern dieser nicht vor mehr als einem Jahr vor Anrufung des Gerichts endete und einer der Ehegatten dort noch seinen gewöhnlichen Aufenthalt hat (lit. b). Erst dann kommt es – wie früher nach Art. 17 Abs. 1 EGBGB aF iVm Art. 14 Abs. 1 Nr. 1 EGBGB – auf das Recht des Staates an, dessen Staatsangehörigkeit beide Ehegatten im Zeitpunkt der Anrufung des Gerichts besitzen (lit. c). Wollen die Ehegatten daher die Maßgeblichkeit ihres Heimatrechts – auch des Heimatsrechts eines Drittstaates außerhalb der EU[43] – vor einer Anwendung des Aufenthaltsstatuts sicherstellen, müssen sie eine entsprechende Rechtswahl treffen. Als Letztes ist das Recht des Staates des angerufenen Gerichts anzuwenden (lit. d).[44]

32 Wird auf das Recht eines Staates verwiesen, in dem **mehrere Teilrechtsordnungen** bestehen, wird das maßgebende interlokale und interpersonale Kollisionsrecht durch Art. 14, 15 Rom III-VO – unter Ausklammerung des Art. 4 Abs. 3 EGBGB – autonom bestimmt.[45] Art. 19 Abs. 1 Rom III-VO lässt die Anwendung **internationaler Übereinkommen unberührt,** denen ein teilnehmender Mitgliedstaat zum Zeitpunkt der Annahme der Verordnung angehört. Dies gilt in Bezug auf Deutschland für das **Deutsch-Iranische Niederlassungsabkommen** vom 17.2.1929, RGBl. 1930 II 1006, das nach dem Zweiten Weltkrieg mWv 4.11.1954 wieder in Kraft gesetzt worden ist (Bekanntmachung vom 15.8.1955, BGBl. 1955 II 829) und in Art. 8 Abs. 3 Dt.-Iran. Niederlassungsabkommen eine auch die Ehescheidung betreffende Regelung enthält. Nach dieser Bestimmung, die nicht für gemischt-nationale Ehen gilt,[46] bleiben „in Bezug auf das Personen-, Familien- und Erbrecht … die Angehörigen jedes der vertragschließenden Staaten im Gebiet des anderen Staates den Vorschriften ihrer heimischen Gesetze unterworfen."[47]

33 **2. Anwendbares Recht für den Versorgungsausgleich. a) Regelanknüpfung (Art. 17 Abs. 3 S. 1 EGBGB).** Nach Art. 17 Abs. 3 S. 1 EGBGB idF des Gesetzes zur Anpassung der

[40] Vgl. *Althammer* NZFam 2015, 9 (13).
[41] Vgl. *Hau* FamRZ 2013, 249 (253).
[42] Vgl. zur Anwendung deutschen Scheidungsrechts für in Deutschland lebende türkische Eheleute OLG München NJW 2014, 1893 (1894) = FamRZ 2014, 862 mAnm *Heiderhoff* FamRZ 2014, 863.
[43] Vgl. OLG Hamm BeckRS 2013, 02487 (zu II 1) = FamRZ 2013, 217.
[44] Vgl. zu einer deutsch-französischen Ehe OLG Zweibrücken NJW-RR 2015, 1157 Rn. 31–36 = FamRZ 2015, 2063 (2064 f.) mAnm *Hilbig-Lugani* NZFam 2015, 784.
[45] Vgl. *Hau* FamRZ 2013, 249 (254 f.).
[46] Vgl. BGH NJW-RR 1986, 1005 = FamRZ 1986, 345 (346); BGHZ 60, 68 (74 f.) = NJW 1973, 417 (418) = FamRZ 1973, 138 (140).
[47] Vgl. BGHZ 160, 332 (338) = NJW-RR 2005, 81 (82 f.) = FamRZ 2004, 1952 (1954) zu einer Inlandsscheidung iranischer Staatsangehöriger schiitischen Glaubens.

Vorschriften des Internationalen Privatrechts an die VO (EU) 1259/2010 (Rom III-VO) und zur Änderung anderer Vorschriften des Internationalen Privatrechts vom 23.1.2013 (BGBl. 2013 I 101), der auch auf vor dem 29.1.2013 eingeleitete Scheidungsverfahren anzuwenden ist (Art. 229 § 28 Abs. 2 EGBGB), unterliegt der Versorgungsausgleich dem **nach der Rom III-VO auf die Scheidung anzuwendenden Recht.** Diese Kollisionsnorm gilt allerdings nur für die Durchführung des Versorgungsausgleichs bei Scheidung einer Ehe von Mann und Frau. Geht es demgegenüber um die Scheidung einer gleichgeschlechtlichen Ehe, richtet sich das auf die Scheidung und den Versorgungsausgleich anwendbare Recht gem. Art. 17b Abs. 4 EGBGB danach, in welchem Staat die Ehe registriert wurde. Es gelten damit die Vorschriften, die auch auf die Aufhebung einer Lebenspartnerschaft anwendbar sind. Zweifelhaft ist, inwieweit diese Differenzierung mit Art. 3, 6 GG vereinbar ist.[48]

Handelt es sich um eine verschiedengeschlechtliche Ehe, ist der Versorgungsausgleich allerdings – bereits auf Grund der Änderung des Art. 17 EGBGB durch Art. 20 VAStrRefG – nur durchzuführen, wenn danach deutsches Recht anzuwenden ist und wenn ihn das Recht eines der Staaten kennt,[49] denen die Ehegatten im Zeitpunkt des Eintritts der Rechtshängigkeit des Scheidungsantrags angehören.[50] Ist die Ehe türkischer Eheleute, die zum Zeitpunkt der Anrufung des Gerichts ihren gewöhnlichen Aufenthalt in Deutschland haben, nach Art. 8 lit. a Rom III-VO nach deutschem Recht geschieden worden, kommt es nach Art. 17 Abs. 3 S. 1 EGBGB daher zu keiner Durchführung des Versorgungsausgleichs, weil das türkische Recht ihn nicht kennt (zur Anwendung des Art. 17 Abs. 3 S. 2 EGBGB → Rn. 35).[51] Dem Recht eines fremden Staates ist der Versorgungsausgleich im Sinne dieser Bestimmung dann bekannt, wenn der Kerngehalt des betreffenden Rechtsinstituts mit den wesentlichen Strukturmerkmalen des deutschen Versorgungsausgleichs vergleichbar ist; das ist dann der Fall, wenn das ausländische Recht einen mit dem schuldrechtlichen Versorgungsausgleich vergleichbaren Ausgleichsmechanismus vorsieht.[52] Zu weiteren Einzelheiten → 7. Aufl. 2018, EGBGB Art. 17 Rn. 84 ff. Ist die Ehe im Ausland geschieden, kann der Versorgungsausgleich in einem selbständigen Verfahren durchgeführt werden, wenn die Voraussetzungen des Art. 17 Abs. 3 S. 1 EGBGB gegeben sind. Da in dieser Vorschrift von dem auf die Scheidung „anzuwendenden" Recht gesprochen wird, ist für die entsprechende Einordnung nicht maßgebend, nach welchem Recht das ausländische Gericht die Ehe geschieden hat, sondern nach welchem Recht die Ehe aus deutscher Sicht hätte geschieden werden müssen (→ 7. Aufl. 2018, EGBGB Art. 17 Rn. 80).[53] Ist die Ehe im Ausland – etwa aufgrund einer Rechtswahl – nach einem durch die Rom III-Verordnung (→ Rn. 30) berufenen fremden Scheidungsrecht geschieden worden, kommt jedoch ein Versorgungsausgleich nur nach Art. 17 Abs. 3 S. 2 EGBGB in Betracht (→ Rn. 35). 34

[48] Vgl. BeckOK BGB/*Heiderhoff,* 1.11.2017, EGBGB Art. 17b Rn. 17; Erman/*Hohloch* EGBGB Art. 17b Rn. 38; *Kaiser* FamRZ 2017, 1889; *Löhnig* NZFam 2017, 1085: subsidiäre Anknüpfung an das Registrierungsstatut wäre ausreichend; Palandt/*Thorn* EGBGB Art. 13 Rn. 5: kaum zu rechtfertigende Diskriminierung; demgegenüber keine Bedenken bei BeckOGK/*Repasi* EGBGB Art. 17b Rn. 84; → 7. Aufl. 2018, EGBGB Art. 17b Rn. 12 *(Coester)*; auch das Gesetz zur Umsetzung des Gesetzes zur Einführung des Rechts auf Eheschließung für Personen gleichen Geschlechts vom 20.7.2018 (BGBl. 2018 I S. 2787) unterstellt gleichgeschlechtliche Ehen Art. 17b EGBGB.

[49] Zum Ausgleich von Versorgungsanrechten in Kanada vgl. *Nolte-Schwarting,* Der Versorgungsausgleich in Fällen mit Auslandsberührung, 1984, 2. Teil D II. 3b und 3. Teil A I. 3a; *Steinmeyer* FamRZ 1982, 335; *Reinhard* DAngVers. 1987, 183; zum Recht von Florida s. AG Heidelberg IPRax 1990, 126 mAnm *Jayme;* zum Vorsorgeausgleich bestimmter Anrechte der beruflichen Vorsorge in der Schweiz vgl. *Nussbaum* BetrAV 2010, 247; zur Ermittlung und Behandlung US-amerikanischer Anrechte s. *Gümpel* FamRZ 1990, 226; *Gümpel* FamRZ 1991, 138; *Reinhard* FamRZ 1990, 1194; die Streitfrage, ob bei einer Rückverweisung auf deutsches Recht der Versorgungsausgleich nur durchgeführt werden kann, wenn ihn das Recht des rückverweisenden Staates kennt (so OLG Bamberg BeckRS 2010, 23706 [zu II A 3] = FamRZ 1979, 930 [931]; OLG Oldenburg BeckRS 2010, 03119 = FamRZ 1984, 715 f.; *Jayme* NJW 1978, 2417 [2419]; aA OLG Stuttgart BeckRS 1984, 31138409 = FamRZ 1986, 687 f.), hat durch die jetzige Fassung an Bedeutung verloren; allg. hierzu *Lorenz* FamRZ 1987, 645 (649 f.).

[50] So zB bei Anwendung deutschen Scheidungsrechts in einer Ehe zwischen einem deutschen und einem ausländischen Ehegatten, OLG Jena NJW 2015, 2270 Rn. 16.

[51] Vgl. OLG München NJW 2014, 1893 (1894) = FamRZ 2014, 862 (863) mAnm *Heiderhoff* FamRZ 2014, 863.

[52] Vgl. BGH NJW-RR 2009, 795 Rn. 15 f. = FamRZ 2009, 677; NJOZ 2009, 1559 Rn. 12 = FamRZ 2009, 681.

[53] BGH NJW 1993, 2047 = FamRZ 1993, 798 = IPRax 1994, 131; OLG Zweibrücken NJWE-FER 2001, 143 (144); NJW 2000, 2432 = FamRZ 2001, 33; mit der umgekehrten Erwägung (nach österreichischem Scheidungsstatut wäre in Österreich ein Versorgungsausgleich nicht durchgeführt worden) hat das Landesgericht Innsbruck IPRax 1998, 371 (372) die Anerkennung einer deutschen Entscheidung über den schuldrechtlichen Versorgungsausgleich versagt; vgl. hierzu *Henrich* IPRax 1998, 396 f.

35 **b) Sonderanknüpfung (Art. 17 Abs. 3 S. 2 EGBGB).** Abweichend von der Grundregel ist der Versorgungsausgleich nach Art. 17 Abs. 3 S. 2 EGBGB **auf Antrag** eines Ehegatten **nach deutschem Recht** durchzuführen, wenn einer der Ehegatten in der Ehezeit ein Anrecht bei einem inländischen Versorgungsträger erworben hat.[54] Dabei spielt es keine Rolle, ob die Scheidung nach deutschem oder nach ausländischem Recht vorgenommen worden ist. Seine Durchführung darf jedoch insbesondere im Hinblick auf die beiderseitigen wirtschaftlichen Verhältnisse während der gesamten Ehezeit nicht der Billigkeit[55] widersprechen (→ Rn. 36);[56] zu den Einzelheiten der Durchführung des regelwidrigen Versorgungsausgleichs → 7. Aufl. 2018, EGBGB Art. 17 Rn. 103 ff. Vorrangige staatsvertragliche Sondervorschriften sind gem. Art. 3 Nr. 2 EGBGB zu beachten. Von Bedeutung ist insoweit derzeit lediglich das Deutsch-Iranische Niederlassungsabkommen[57] (Dt.-Iran. NiederlAbk). Auf der Grundlage von Art. 17 Abs. 3 S. 2 EGBGB findet der Versorgungsausgleich zwischen iranischen Ehegatten gemäß Art. 8 Abs. 3 Dt.-Iran. NiederlAbk[58] nicht statt.[59] Das verstößt nicht gegen Art. 8, 12 und 14 EMRK. Wird das Scheidungsverfahren vor einem deutschen Gericht betrieben, kann der in Art. 17 Abs. 3 S. 2 EGBGB vorgesehene **Antrag** im Verbund gestellt und beschieden werden; er kann aber auch noch nach der Rechtskraft der Scheidung gestellt werden.[60] Bei einem Scheidungsverfahren im Ausland kann der Antrag erst nach Rechtskraft der Scheidung gestellt werden, weil der Versorgungsausgleich nur zwischen geschiedenen Eheleuten stattfindet.[61]

36 Die **Billigkeitsklausel** des Art. 17 Abs. 3 S. 2 EGBGB dient nach den Vorstellungen des Gesetzgebers dazu, die wirtschaftlichen Verhältnisse der Eheleute zu berücksichtigen und internationalen Elementen des Eheverlaufs Rechnung zu tragen.[62] Mit ihrer Hilfe sollen insbesondere unbillige Ergebnisse vermieden werden, die sich bei einer schematischen Durchführung des Ausgleichs dadurch ergeben könnten, dass ein Ehegatte inländische Anwartschaften abgeben muss, während der andere Ehegatte bereits seiner Alterssicherung dienende Vermögenswerte im Ausland besitzt, an denen der ausgleichspflichtige Ehegatte nicht partizipieren kann.[63] Es wird daher eine den Belangen aller Beteiligten entsprechende gerechte Lösung in jedem Einzelfall angestrebt, in dem ein berechtigtes Bedürfnis nach einem Versorgungsausgleich hervortritt.[64] Das ist insbesondere dann zu bejahen, wenn die Ehegatten ausschließlich inländische Versorgungsanrechte erworben haben (zu weiteren Einzelheiten → 7. Aufl. 2018, EGBGB Art. 17 Rn. 96 ff.).[65] Die Anwendung der Billigkeitsklausel und die Würdigung des gefundenen Ergebnisses unter dem Gesichtspunkt der Billigkeit sind in erster Linie dem Tatrichter vorbehalten; im Verfahren der Rechtsbeschwerde ist die tatrichterliche Beurteilung – wie auch nach der allgemeinen Härteklausel (→ VersAusglG § 27 Rn. 74) – nur begrenzt nachprüfbar, insbesondere dahin, ob der Tatrichter die maßgeblichen Umstände ausrei-

---

54 Zur Annahme einer inländischen Versorgungsanwartschaft auf Grund des Deutsch-Polnischen Abkommens über Renten- und Unfallversicherungen (RUVersAbk DE/PL) vom 9.10.1975, BGBl. 1976 II S. 396 (401); für in Polen verbrachte Zeiten nach Übersiedlung in die Bundesrepublik vgl. OLG Hamm NJW-RR 1993, 1352 (1355) = FamRZ 1994, 573 (578).

55 Vgl. BT-Drs. 10/5632, 42 f.; OLG Braunschweig BeckRS 2008, 26261 = FamRZ 2005, 1683 (1684); OLG Frankfurt FamRZ 1990, 417; *Henrich* FamRZ 1986, 841 (852); *Lorenz* FamRZ 1987, 645 (650 ff.).

56 Vgl. BGH NJW 2007, 2477 Rn. 10 f. = FamRZ 2007, 996 für kroatische Staatsangehörige; NJW-RR 1994, 962 = FamRZ 1994, 825 (826) für italienische Staatsangehörige; OLG Bamberg NJW-RR 2002, 1153 = FamRZ 2002, 1120 für türkische Staatsangehörige; OLG Zweibrücken NJWE-FER 2001, 143 (144) für deutsch-italienische Ehe; OLG Düsseldorf NJW-RR 1993, 1414 (1415) für Ehe eines Italieners mit einer Spanierin; AG Rastatt IPRax 2001, 152 (153) für spanisch-tschechische Ehe; *Basedow* NJW 1986, 2971; *Jayme* IPRax 1986, 245.

57 Vgl. EGMR BeckRS 2011, 81080 = FamRZ 2011, 1037 f.

58 Niederlassungsabkommen zwischen dem Deutschen Reich und dem Kaiserreich Persien vom 17.2.1929, RGBl. 1930 II 1006; nach dem 2. Weltkrieg mWv 4.11.1954 durch Bek. vom 15.8.1955 wieder in Kraft gesetzt, BGBl. 1955 II 829.

59 Vgl. BGH NJW-RR 2005, 1449 f. = FamRZ 2005, 1666 f.; OLG Frankfurt BeckRS 2003, 30303310 = OLGR 2003, 303 f.; BeckRS 2011, 18167 = FamRZ 2011, 1065; OLG Köln FamRZ 2002, 613 f.; aA OLG Oldenburg BeckRS 1995, 08920 = FamRZ 1995, 1590.

60 OLG Karlsruhe BeckRS 2005, 33089 (zu II 3) = FamRZ 2006, 955 (956); vgl. auch OLG Düsseldorf BeckRS 1998, 13203 = FamRZ 1999, 1210 in einem Fall, in dem das Gericht im Scheidungsverfahren die Voraussetzungen des Art. 17 Abs. 1 S. 1 EGBGB verneint hatte.

61 Vgl. OLG Bremen BeckRS 2013, 18729 (zu II) = FamRZ 2014, 960 (961).

62 Vgl. Bericht und Beschlussempfehlung des Rechtsausschusses, BT-Drs. 10/5632, 42.

63 Vgl. BGH NJW 2014, 61 Rn. 14 = FamRZ 2014, 105; NJW 2007, 2477 Rn. 10 = FamRZ 2007, 996.

64 Vgl. BGH NJW-RR 2009, 795 Rn. 28 = FamRZ 2009, 677; NJOZ 2009, 1559 Rn. 18 = FamRZ 2009, 681; NJW-RR 1994, 962 = FamRZ 1994, 825 (826); OLG Celle FamRZ 2014, 42 (43).

65 Vgl. OLG Hamm BeckRS 2013, 17188 (zu II 1 a) = FamRZ 2014, 843 (844).

chend und umfassend in seine Abwägung einbezogen hat.[66] Steht die Billigkeitsklausel des Art. 17 Abs. 3 S. 2 EGBGB der Durchführung des Versorgungsausgleichs nach deutschem Recht nicht entgegen, ist bei der Entscheidung über den Versorgungsausgleich nach deutschem Recht zu prüfen, inwieweit § 19 Abs. 3 VersAusglG einem Teilausgleich bei der Scheidung entgegensteht und inwieweit die Durchführung des Ausgleichs gem. § 27 VersAusglG ausgeschlossen ist.[67]

**c) Versorgungsausgleich bei eingetragener Lebenspartnerschaft.** Eingetragene Lebenspartnerschaften werden nicht von der Rom III-VO erfasst.[68] Nach Art. 17b Abs. 1 S. 1 EGBGB unterliegt die Auflösung einer eingetragenen Lebenspartnerschaft den Sachvorschriften des das Register führenden Staates. Diesem Recht unterliegt nach der **Regelanknüpfung** in **Art. 17b Abs. 1 S. 3** auch der Versorgungsausgleich, der allerdings – wie bei der Ehescheidung nach Art. 17 Abs. 3 S. 1 EGBGB (→ Rn. 33) – nur durchzuführen ist, wenn danach deutsches Recht anzuwenden ist und das Recht eines der Staaten, denen die Lebenspartner im Zeitpunkt der Rechtshängigkeit des Antrags auf Aufhebung der Lebenspartnerschaft angehören, einen Versorgungsausgleich zwischen Lebenspartnern kennt. Durch das Eheöffnungsgesetz wurde diese Regelung auf die gleichgeschlechtliche Ehe erstreckt (Art. 17b Abs. 4 EGBGB; zur verfassungsrechtlichen Problematik → Rn. 33).[69] Im Übrigen ist der Versorgungsausgleich – vergleichbar mit der **Sonderanknüpfung** in Art. 17 Abs. 3 S. 2 EGBGB (→ Rn. 35 f.) – nach Art. 17b Abs. 1 S. 4 EGBGB **auf Antrag** eines Lebenspartners nach deutschem Recht durchzuführen, wenn einer der Lebenspartner während der Zeit der Lebenspartnerschaft ein Anrecht bei einem inländischen Versorgungsträger erworben hat, soweit die Durchführung des Versorgungsausgleichs insbesondere im Hinblick auf die beiderseitigen wirtschaftlichen Verhältnisse während der gesamten Zeit der Lebenspartnerschaft der Billigkeit nicht widerspricht. 37

**3. Internationale Zuständigkeit.** Die internationale Zuständigkeit der deutschen Gerichte ist für **Ehesachen** unabhängig von der örtlichen Zuständigkeit in § 98 FamFG geregelt. Unberührt bleiben jedoch – wie in § 97 Abs. 1 S. 2 FamFG ausdrücklich bestimmt ist – die vorrangigen[70] Regelungen in Rechtsakten der Europäischen Gemeinschaft. Insoweit gilt in Scheidungs- und Ehetrennungssachen für Entscheidungen von Gerichten der EU (außer Dänemark) in Verfahren, die seit dem 1.3.2005 eingeleitet worden sind, die Brüssel IIa-VO, die die für Entscheidungen von Gerichten der „alten" Mitgliedstaaten in seit dem 1.3.2001 eingeleiteten Verfahren anzuwendende Brüssel II-VO abgelöst hat.[71] Nach Art. 7 Abs. 1 Brüssel IIa-VO bestimmt sich die internationale Zuständigkeit in jedem Mitgliedstaat nach dem Recht dieses Staates, soweit sich aus den Art. 3, 4 und 5 Brüssel IIa-VO keine Zuständigkeit eines Gerichts eines (bestimmten) Mitgliedstaates ergibt. In der Regel wird sich die internationale Zuständigkeit aus Art. 3 Abs. 1 lit. a Brüssel IIa-VO ergeben, der in einer Stufenleiter an verschiedene Gestaltungen eines gewöhnlichen Aufenthaltes anknüpft.[72] Nachdem auch die Republik Malta zum 1.10.2011 die Ehescheidung eingeführt hat, besteht kein Anlass (mehr), bei einer nach der Brüssel IIa-VO gegebenen internationalen Zuständigkeit dieses Landes aus Gründen einer ansonsten eintretenden Rechtsverweigerung über eine Notzuständigkeit in einem anderen Mitgliedstaat nachzudenken und den EuGH insoweit anzurufen, um ihm Gelegenheit zu einer entsprechenden Rechtsfortbildung zu geben.[73] Werden bei **Gerichten mehrerer Mitgliedstaaten** Anträge auf Ehescheidung, Trennung ohne Auflösung des Ehebandes oder Ungültigerklärung der Ehe gestellt, setzt das später angerufene Gericht nach Art. 19 Abs. 1 Brüssel IIa-VO – mit Wirkung für die Folgesachen – das Verfahren, auch wenn die insoweit gestellten Anträge nicht übereinstimmen,[74] von Amts wegen aus, bis die Zuständigkeit des zuerst angegangenen Gerichts geklärt ist.[75] Dabei gilt ein Gericht zu dem Zeitpunkt als angerufen, zu dem das verfahrenseinleitende Schriftstück bei ihm eingereicht wurde, sofern der Antragsteller es in der Folgezeit nicht versäumt hat, die ihm obliegenden Maßnahmen zu treffen, um die Zustellung des Schriftstücks zu 38

[66] Vgl. BGH NJW 2014, 61 Rn. 15 = FamRZ 2014, 105.
[67] BGH FamRZ 1994, 825 Rn. 15 = NJW-RR 1994, 962; OLG Köln OLGR 2007, 314 = BeckRS 2007, 195 Rn. 20; *Borth* Versorgungsausgleich Kap. 10 Rn. 24 zu § 27 VersAusglG; in der Sache hinsichtlich § 19 Abs. 3 VersAusglG ebenso Johannsen/Henrich/*Henrich* EGBGB Art. 17 Rn. 23.
[68] → 7. Aufl. 2018, EGBGB Art. 17b Rn. 6; *Althammer* NZFam 2015, 9 (11); wohl auch *Hau* FamRZ 2013, 249 (250 f.).
[69] Vgl. hierzu *Löhnig* NZFam 2017, 1085.
[70] Vgl. eingehend *Ganz* FuR 2011, 69; zur Brüssel IIa-VO OLG Jena NJW 2015, 2270 Rn. 10.
[71] Einzelheiten bei *Linke/Hau,* Internationales Zivilverfahrensrecht, 6. Aufl. 2015, Rn. 4.51 f.
[72] Vgl. OLG Jena NJW 2015, 2270 Rn. 11; OLG Koblenz NJW-RR 2009, 1014 (1015) = FamRZ 2009, 611 (612).
[73] Vgl. BGH NJW-RR 2013, 641 Rn. 22 ff. = FamRZ 2013, 687.
[74] Vgl. EuGH NJW 2015, 3776 Rn. 33.
[75] Vgl. OLG Brandenburg BeckRS 2014, 10284 = FamRZ 2014, 860 mAnm *Heiter* FamRZ 2014, 861.

bewirken (Art. 16 Abs. 1 lit. a Brüssel IIa-VO).[76] Geklärt iSd Art. 19 Abs. 1 Brüssel IIa-VO ist die Zuständigkeit des zuerst angerufenen Gerichts bereits dann, wenn es sich nicht von Amts wegen für unzuständig erklärt hat und keine der Parteien den Mangel seiner Zuständigkeit vor oder mit der Stellungnahme geltend gemacht hat, die nach dem innerstaatlichen Recht als das erste Verteidigungsvorbringen vor diesem Gericht anzusehen ist.[77] Erledigt sich das Verfahren vor dem zuerst angerufenen Gericht, entfallen die Rechtshängigkeit und die Gefahr miteinander unvereinbarer Entscheidungen. Dann kann das Verfahren vor dem zuerst angerufenen Gericht in Bezug auf die Zuständigkeit für die Behandlung der bei dem Gericht eines anderen Mitgliedstaates anhängig gemachten Anträge keine Sperrwirkung mehr entfalten.[78]

39 Die internationale Zuständigkeit der auch für den **Versorgungsausgleich** zuständigen Familiengerichte ergibt sich bei Anhängigkeit einer Ehesache aus § 98 Abs. 3 FamFG. Demnach ist das für die Ehesache international zuständige Gericht auch für die im Verbund stehenden Folgesachen international zuständig (§ 98 Abs. 3 FamFG).[79]

40 Für eine isolierte Versorgungsausgleichssache folgt die internationale Zuständigkeit aus § 102 FamFG; sie ist gegeben, wenn der Antragsteller oder der Antragsgegner seinen gewöhnlichen Aufenthalt im Inland hat, über inländische Anrechte zu entscheiden ist oder ein deutsches Gericht die Ehe geschieden hat.[80]

## VI. Deutsch-deutsche Fragen

41 Im Zusammenhang mit dem Beitritt der DDR ist das Recht des Versorgungsausgleichs im Beitrittsgebiet mit dem grundsätzlichen Inkrafttreten der versicherungs- und rentenrechtlichen Vorschriften des SGB VI in Kraft gesetzt worden, gilt also – ohne Rücksicht auf den Zeitpunkt des Eintritts der Rechtshängigkeit des Scheidungsantrags – für **Ehescheidungen ab dem 1.1.1992** (→ 4. Aufl. 2006, EGBGB Art. 234 § 6 Rn. 13 ff.). Besonderheiten bestanden bislang nur noch während einer bis zur Herstellung einheitlicher Einkommensverhältnisse im Gebiet der Bundesrepublik dauernden Übergangszeit für die Wertermittlung und den Ausgleich von Anrechten, die im Beitrittsgebiet erworben worden sind. Diesen Besonderheiten trug das Gesetz zur Überleitung des Versorgungsausgleichs auf das Beitrittsgebiet – VAÜG[81] – Rechnung. Dieses Gesetz ist durch Art. 23 S. 2 Nr. 4 VAStrRefG aufgehoben worden, weil es wegen des Grundsatzes der internen Teilung eines jeden einzelnen Anrechts nicht mehr darauf ankommt, die in den neuen Bundesländern erworbenen Anrechte mit denen aus den alten Bundesländern zu vergleichen oder zu saldieren. Demgegenüber richtet sich nach dem gesetzlich nicht geregelten interlokalen Privatrecht der alten Bundesländer,[82] ob bei Ehescheidungen in deutsch-deutschen Fällen bis zum 31.12.1991 ein Versorgungsausgleich durchzuführen ist. Da Fälle dieser Art in der Praxis nur noch selten zu entscheiden sein werden, wird wegen der maßgebenden interlokalrechtlichen Grundsätze auf die Erläuterungen der 4. Aufl. (→ 4. Aufl. 2006, EGBGB Art. 234 § 6 Rn. 6 ff.) Bezug genommen.

## VII. Verjährung

42 Auch lange nach der Scheidung kann der Versorgungsausgleich durchzuführen sein. Dies kommt insbesondere hinsichtlich schuldrechtlicher Ausgleichsansprüche in Betracht; denn diese entstehen erst, wenn beiderseits der Versorgungsausfall eingetreten ist (§ 20 VersAusglG), bzw. im Fall der Teilhabe an der Hinterbliebenenversorgung, wenn der ausgleichspflichtige Ehegatte nach der Scheidung verstorben ist und auf Seiten des Ausgleichsberechtigten die Voraussetzungen für den Bezug einer Hinterbliebenenversorgung eingetreten sind (§§ 25, 20 Abs. 2 VersAusglG). Aber auch hinsichtlich des Versorgungsausgleichs bei der Scheidung kann ein langer Zeitraum zwischen Scheidung und Durchführung des Versorgungsausgleichs liegen. Zwar sieht § 137 Abs. 2 Nr. 1 FamFG vor, dass über den Versorgungsausgleich bei der Scheidung von Amts wegen im Verbund mit der Scheidung entschieden wird. Es gibt aber auch Fälle, in denen über den Ausgleich bei der Scheidung nicht im Verbund entschieden wird. Dies kommt insbesondere dann in Betracht, wenn Ehegatten im Ausland

[76] Vgl. EuGH NJW 2015, 3776 Rn. 32; OLG Zweibrücken NJW-RR 2015, 1157 Rn. 14 = FamRZ 2015, 2063 (2064) mAnm *Hilbig-Lugani* NZFam 2015, 784.

[77] Vgl. EuGH NJW 2015, 3776 Rn. 34.

[78] Vgl. EuGH NJW 2015, 3776 Rn. 37, 40.

[79] Vgl. Prütting/Helms/*Hau* FamFG § 98 Rn. 40.44; OLG Jena NJW 2015, 2270 Rn. 11.

[80] Keidel/*Engelhardt* FamFG § 102 Rn. 3 ff.

[81] Das VAÜG ist durch Art. 31 RÜG eingeführt worden; zu seinem Regelungsgegenstand insgesamt *Hahne* FamRZ 1991, 1392; *Klattenhoff* DAngVers. 1991, 352; Kommentierung zum VAÜG in → 5. Aufl. 2009, Anh. II §§ 1587–1587p.

[82] Nicht nach dem Rechtsanwendungsgesetz der DDR; vgl. BGHZ 124, 270 (273) = NJW 1994, 582 = FamRZ 1994, 304 (305); BGH DtZ 1994, 279 = FamRZ 1994, 884.

geschieden wurden. Dann ist nach Maßgabe von Art. 17 EGBGB von Amts wegen (regulärer Versorgungsausgleich) bzw. auf Antrag (irregulärer Versorgungsausgleich) der Versorgungsausgleich isoliert durchzuführen. Häufig werden solche Verfahren erst Jahre später in zeitlichem Zusammenhang mit der Verrentung eines Ehegatten geführt.

Hiervon zu unterscheiden ist die Verjährung einzelner Zahlungsansprüche. Für die Verjährung von Ansprüchen auf schuldrechtliche Ausgleichszahlungen gelten die Vorschriften des BGB. Weiterhin wird die rückwirkende Geltendmachung von Ansprüchen auf Zahlung einer Ausgleichsrente durch § 1585b beschränkt. 43

Für Ansprüche aus Ausgleich bei der Scheidung gelten die für das jeweilige Versorgungssystem maßgeblichen Regelungen (zB § 45 SGB I). 44

### VIII. Verfahrensrecht

Das Verfahren in Versorgungsausgleichssachen ist in §§ 217 ff. FamFG geregelt. Ein Antragserfordernis besteht nur in den in § 223 FamFG sowie in den in den Vorschriften des VersAusglG genannten Fällen, Daher hat das Familiengericht von Amts wegen über den Versorgungsausgleich bei der Scheidung zu entscheiden (zur Einbeziehung in den Verbund ausdrücklich geregelt in § 137 Abs. 2 S. 2 FamFG). Weiterhin ist bedeutsam, dass Entscheidungen zum Versorgungsausgleich erst mit Rechtskraft wirksam werden (§ 224 FamFG). Hinsichtlich der Einzelheiten des Verfahrensrechts wird auf die Kommentierung in MüKoFamFG/Stein FamFG §§ 217 ff. verwiesen. 45

## Titel 8. Kirchliche Verpflichtungen

### § 1588 [Kirchliche Verpflichtungen]

**Die kirchlichen Verpflichtungen in Ansehung der Ehe werden durch die Vorschriften dieses Abschnitts nicht berührt.**

**Schrifttum:** *Becker,* Der so genannte Kaiser-Paragraph (§ 1588 BGB), FS Dieter Schwab, 2005, 269; *Bosch/Hegnauer/Hoyer,* Ziviltrauung vor religiöser Trauung: sinnvoll oder überholt?, FamRZ 1997, 1313; *Pirson,* Staatliches und kirchliches Eherecht, in Listl/Pirson, Handbuch des Staatskirchenrechts, Bd. I, 1994, § 28; *Schwab,* Kirchliche Trauung ohne Standesamt – Die stille Beerdigung eines historischen Konflikts –, FamRZ 2008, 1121; *Schwab,* Neues im Familienrecht – Ein Zwischenbericht –, FamRZ 2009, 1; *Waldstein,* Ist der Zwang zur Trauung vor dem Standesbeamten grundrechtskonform? in Aus Österreichs Rechtsleben, FS Hellbling, 1981, 401. Weitere reiche Literaturhinweise zur obligatorischen Zivilehe bei *Gernhuber/Coester-Waltjen* FamR § 11 I. Weitere Lit. s. Anh. § 1302.

Durch den „Kaiser-Paragraphen" – so genannt nach seinem auf Vorschlag Kaiser Wilhelm I. ins Reichspersonenstandsgesetz von 1875 aufgenommenen Vorgänger (§ 82 Reichspersonenstandsgesetz)[1] – nimmt der konfessionsneutrale Staat zur Kenntnis,[2] dass die Ehe kirchliche Verpflichtungen erzeugen kann; um deren Einhaltung kümmert er sich allerdings nicht. Damit ist zugleich klargestellt, dass die BGB-Vorschriften über das Eherecht nur die „bürgerliche Ehe" betreffen.[3] Die praktische Bedeutung der Vorschrift ist gering.[4] Kirchliche Ehehindernisse beachtet der Standesbeamte nicht.[5] Nach § 67 PStG aF mussten die Verlobten vor einer kirchlichen Einsegnung nachweisen, dass sie standesamtlich getraut sind. Andernfalls beging der Religionsdiener eine (sanktionslose) Ordnungswidrigkeit,[6] außer bei lebensgefährlicher Erkrankung eines Verlobten oder anderem schweren sittli- 1

1 *Dölle* FamR I § 5 II 4 m. Fn. 61. Mit Math. 22, 21 („Gebet dem Kaiser, was des Kaisers ist …") hat die Bezeichnung entgegen *Schultz* MDR 1963, 962 nichts zu tun.

2 Östliche Staaten ignorierten demgegenüber oft bewusst die religiöse Seite der Ehe; vgl. *Dölle* FamR I § 16 III 2b (S. 190).

3 Vgl. *Mugdan* IV 1206 f., dort 1193 ff. ausf. Diskussion zum Für und Wider von Zivil- oder Kirchenehe; vgl. auch BAG AP § 616 Nr. 61 (Bl. 446) mAnm *Mayer-Maly:* tarifvertragliche Regelungen werden von § 1588 nicht berührt.

4 Nach *Becker* FS Schwab, 2005, 269 ff., hat sie eher symbolische Bedeutung.

5 Vgl. *Mugdan* IV 1207.

6 Nach *Gernhuber/Coester-Waltjen* FamR § 11 I 3 verstieß die Vorschrift gegen Art. 4 GG; dagegen *Pirson* in Listl/Pirson, Handbuch des Staatskirchenrechts, Bd. I, 1994, § 28, 806 f.; für unzeitgemäß hielt sie *Renck* NJW 1996, 907 (908); nach der rechtsvergleichenden Übersicht von *Bosch/Hegnauer/Hoyer* FamRZ 1997, 1313 sollte erwogen werden, das notwendige Zusammenwirken des Staates mit den Religionsgemeinschaften in Bezug auf die Eheschließung deutlich herauszustellen. Zu OLG Nürnberg vgl. *Bosch* FamRZ 1988, 1047 (1048 ff.). Für Wiedereinführung einer Geldbuße hingegen *Dölle* FamR I § 16 III 3.

chen Notstand. Das zum 1.1.2009 in Kraft getretene **neue Personenstandsgesetz**[7] enthielt ein dem bisherigen § 67 PStG aF entsprechendes „Verbot der kirchlichen Voraustrauung" nicht mehr.[8]

2 Mit Wirkung zum 22.7.2017 ist das Personenstandsgesetz **geändert** worden. § 11 Abs. 2 PStG regelt nunmehr, dass eine religiöse oder traditionelle Handlung, die darauf gerichtet ist, eine der Ehe vergleichbare dauerhafte Bindung zweier Personen zu begründen, von denen eine das 18. Lebensjahr noch nicht vollendet hat, verboten ist. Das Gleiche gilt für den Abschluss eines Vertrags, der nach den traditionellen oder religiösen Vorstellungen der Partner an die Stelle der Eheschließung tritt. Davon abgesehen stehen staatliche Eheschließung und kirchliche Trauung rechtlich nebeneinander;[9] Rechtsfolgen im zivilrechtlichen Bereich entfaltet indes nur die vor dem Standesbeamten geschlossene Ehe. – Die Verweigerung der kirchlichen Trauung durch einen Ehegatten war nie ein Scheidungsgrund.[10] Ein Glaubenswechsel eines Ehegatten kann auch nicht mehr wegen seiner verletzenden Form einen Aufhebungsgrund abgeben.[11] Über das staatliche Eheschließungs- und Scheidungsrecht können die Parteien nicht disponieren (→ § 1353 Rn. 4 aE).[12] Gläubige Katholiken können eine Scheidung nicht durch die Verabredung ausschließen, ganz nach kanonischem Eherecht leben zu wollen. Jüdische Eheleute können sich nicht zur rituellen Scheidung nach mosaischem Recht verpflichten.[13] Eine Täuschung über die Konfessionszugehörigkeit des Partners kann (theoretisch) einen Aufhebungsgrund nach § 1314 Abs. 2 Nr. 3 bilden. Im Übrigen hat die Freiheit der religiösen Überzeugung auch der Ehepartner zu achten (→ § 1353 Rn. 30). Die obligatorische Zivilehe gehört nicht zu den durch Art. 6 GG geschützten Verfassungsgrundsätzen.[14] Die Frage nach ihrer Ersetzung durch eine fakultative Kirchenehe ist zuweilen aufgeworfen worden.[15] Zur für Ausländer zulässigen Kirchenehe s. Art. 13 Abs. 3 EGBGB.

---

7 Gesetz zur Reform des Personenstandsrechts (Personenstandsrechtsreformgesetz) vom 19.2.2007, BGBl. 2007 I 122.

8 Eine Vorschrift zur Konkurrenz von staatlicher Eheschließung und kirchlicher Trauung wurde für entbehrlich gehalten. Die bisherige Regelung der §§ 67, 67a PStG habe heute – zumindest im Verhältnis zu den beiden großen Kirchen – keine praktische Bedeutung mehr. Die Aussage der Eheschließungsvorschrift in § 1310 lasse keinen Zweifel daran, dass nur die standesamtliche Eheschließung eine Ehe im Rechtssinne begründen könne und damit Vorrang vor einer kirchlichen Trauung oder sonstigen religiösen Eheschließungsfeierlichkeit habe, vgl. BT-Drs. 16/1831, 33. Zur Kritik *Schwab* FamRZ 2008, 1121 ff. Der Bundesrat hat der Verordnung zur Ausführung des PStG zugestimmt, dabei aber eine Entschließung gefasst, in der die Bundesregierung aufgefordert wird, einen Gesetzentwurf vorzulegen, mit dem die Streichung des Verbots der religiösen Vorausstrauung zurückgenommen wird, vgl. BR-Drs. 713/08, 30 f., bzgl. der Entschließung abgedruckt in FamRZ 2008, 2251 f. Vgl. hierzu auch *Schwab* FamRZ 2009, 1 (3 f.).

9 Von den christlichen Kirchen gehen allerdings Initiativen für einen für wünschenswert gehaltenen Gleichklang von religiöser und staatlicher Eheschließung aus; vgl. Ordnung für kirchliche Trauungen bei fehlender Zivileheschließung – Verordnung des Erzbischofs –, ABl. Erzdiözese Freiburg Nr. 33 v. 21.11.2008, abgedruckt in FamRZ 2009, 18.

10 Vgl. *Mugdan* IV 734 f.

11 Zum Übertritt zu den „Zeugen Jehovas" als Eheverfehlung nach § 43 EheG aF s. BGH NJW 1963, 761 = FamRZ 1963, 168; dazu *Müller-Freienfels* JZ 1964, 305 (344).

12 BGHZ 97, 304 (307) = NJW 1986, 2046; *Hattenhauer* ZRP 1985, 200; *Hattenhauer* FamRZ 1989, 225; *Kronisch* ZRP 1985, 312; *Knütel* FamRZ 1985, 1089 ff.

13 RGZ 57, 250 (255 f.).

14 HM, Staudinger/*Thiele,* 2004, Rn. 3.

15 Dafür *Waldstein* FS Hellbling, 1985, 401 ff.; vgl. *Pirson* in Listl/Pirson, Handbuch des Staatskirchenrechts, Bd. I, 1994, § 28, 807.

# Gesetz über den Versorgungsausgleich (Versorgungsausgleichsgesetz – VersAusglG)

vom 3. April 2009 (BGBl. 2009 I 700),
zuletzt geändert durch Gesetz vom 17. Juli 2017 (BGBl. 2017 I 2575)

## Teil 1. Der Versorgungsausgleich

## Kapitel 1. Allgemeiner Teil

### § 1 Halbteilung der Anrechte

**(1) Im Versorgungsausgleich sind die in der Ehezeit erworbenen Anteile von Anrechten (Ehezeitanteile) jeweils zur Hälfte zwischen den geschiedenen Ehegatten zu teilen.**

**(2) [1]Ausgleichspflichtige Person im Sinne dieses Gesetzes ist diejenige, die einen Ehezeitanteil erworben hat. [2]Der ausgleichsberechtigten Person steht die Hälfte des Werts des jeweiligen Ehezeitanteils (Ausgleichswert) zu.**

**Schrifttum:** S. § 1587 BGB.

**Übersicht**



#### I. Normzweck

1 § 1 ist die **Grundnorm** des Versorgungsausgleichs, die sowohl für den Wertausgleich bei der Scheidung (§§ 9–17) – den früheren öffentlich-rechtlichen Versorgungsausgleich – als auch für die Ausgleichsansprüche nach der Scheidung (§§ 20–26) – den früheren schuldrechtlichen Versorgungsausgleich – maßgebend ist.

2 **Abs. 1** formuliert ausdrücklich den Grundsatz der **Halbteilung,** der im Zuge der Rechtsentwicklung des Versorgungsausgleichs zunehmend verfassungsrechtliche Bedeutung erlangt hat,[1] und regelt zugleich als Gegenstand des Ausgleichs die in der Ehezeit erworbenen Anteile von Anrechten, die **Ehezeitanteile. Abs. 2** bestimmt, wer im Sinne dieses Gesetzes **ausgleichspflichtig** ist und was der ausgleichsberechtigten Person als **Ausgleichswert** zusteht.

#### II. Halbteilungsgrundsatz (Abs. 1)

3 **1. Ziel des Versorgungsausgleichs.** Ziel des mit dem 1. EheRG (vom 14.6.1976, BGBl. 1976 I 1421) zum 1.7.1977 eingeführten Versorgungsausgleichs war es, dem Ausgleichsberechtigten – im Regelfall der geschiedenen Ehefrau – eine **eigenständige Sicherung zu verschaffen**[2] und

[1] Vgl. BVerfGE 87, 348 (356 ff.) = NJW 1993, 1057 (1058) = FamRZ 1993, 161 (163); BVerfGE 105, 1 (12) = NJW 2002, 1185 (1186) = FamRZ 2002, 527 (529); BVerfG (Kammerbeschlüsse) NJW 2006, 2175 (2176) = FamRZ 2006, 1000 f.; NJW 2006, 2177 (2178 f.) = FamRZ 2006, 1002 (1003); BVerfGE 136, 152 = NJW 2014, 2093 = FamRZ 2014, 1259.

[2] BT-Drs. 7/650, 155; BT-Drs. 7/4361, 18.

die Alterssicherung vom Konzept des Unterhaltsersatzes zu lösen.[3] Die während der Ehe bestehende Unterhaltspflicht erfasst nicht nur den unmittelbaren Lebensbedarf, sondern auch die Alterssicherung des Berechtigten. Nach der Scheidung sollen die während der Ehe für eine Alterssicherung erworbenen Anrechte – unter Außerachtlassung ihrer formalen Zuordnung – **gleichmäßig auf beide Ehegatten verteilt** werden. Dabei knüpfte der Versorgungsausgleich nach dem früheren Recht an die Prinzipien des Zugewinnausgleichs an, indem im Wege einer Gesamtbilanzierung festzustellen war, wie viele Anrechte jeder Ehegatte insgesamt erworben hatte. Ausgleichspflichtig war dann der Ehegatte, der in der Ehezeit insgesamt die werthöheren Anrechte erworben hatte. Der Ausgleich vollzog sich daher nur in Richtung auf den Ausgleichsberechtigten und prinzipiell – um eine Bündelung seiner Wirkungen zu erreichen – durch Übertragung oder Begründung von Anrechten in der gesetzlichen Rentenversicherung. Durch das am 1.1.2005 in Kraft getretene Gesetz zur Überarbeitung des Lebenspartnerschaftsrechts (vom 15.12.2004, BGBl.2004 I 3396) ist der Versorgungsausgleich nach Maßgabe einer Übergangsregelung auch zwischen den Lebenspartnern nach Aufhebung der Lebenspartnerschaft eingeführt worden (§§ 20, 21 LPartG). Durch das am 1.10.2017 in Kraft getretene Gesetz zur Einführung des Rechts auf Eheschließung für Personen gleichen Geschlechts („Eheöffnungsgesetz") vom 20.7.2017 (BGBl. 2017 I 2787) können auch gleichgeschlechtliche Paare eine Ehe eingehen. Bereits bestehende Lebenspartnerschaften können gem. § 20a LPartG in eine Ehe überführt werden. Im Übrigen können ab 1.10.2017 keinen neuen eingetragenen Lebenspartnerschaften mehr begründet werden (Art. 3 Abs. 3 Eheöffnungsgesetz; zu den Wirkungen des Übergangsrechts → § 3 Rn. 16). Vom Versorgungsausgleich ist das durch das Altersvermögensergänzungsgesetz (vom 21.3.2001, BGBl. 2001 I S. 403) eingeführte **Rentensplitting** (§§ 120a ff. SGB VI) zu unterscheiden; es betrifft intakt gebliebene Ehen und gibt den Ehegatten die Möglichkeit, zwischen einer Aufteilung ihrer Rentenanwartschaften in der Splittingzeit oder der Hinterbliebenenrente zu wählen.[4] Das vergleichbare Rentensplitting unter Lebenspartnern ist durch das angeführte Gesetz vom 15.12.2004 eingeführt worden (§ 120e SGB VI).

4 **2. Rechtfertigung für den Versorgungsausgleich.** Der Versorgungsausgleich beruht auf dem **Grundgedanken,** dass die in der Ehe erworbenen Versorgungsanrechte das Ergebnis einer **partnerschaftlichen und gleichwertigen Lebensleistung** darstellen, selbst wenn vorwiegend nur einer der Ehegatten mit seiner Erwerbstätigkeit und dem daraus erzielten Arbeitsverdienst finanziell zum Familienunterhalt beigetragen hat.[5] Die Ehegatten bestimmen in gleichberechtigter Partnerschaft[6] in ihrer auf Lebenszeit angelegten Gemeinschaft ihre persönliche und wirtschaftliche Lebensführung, nach der sich auch Art und Höhe der späteren Versorgung richten.[7] Für den Gesetzgeber war es deshalb ein Gebot der Gerechtigkeit, die als Ergebnis gemeinsamer Lebensleistung erworbenen und als wirtschaftliche Basis für den Lebensabend (und für den Fall der Invalidität) gedachten Versorgungsanwartschaften im Falle der Scheidung der Ehe gleichmäßig zwischen den Eheleuten aufzuteilen,[8] sodass jeder Ehegatte die Hälfte der in der Ehezeit erworbenen Versorgungswerte auf den künftigen Lebensweg mitnimmt. Das BVerfG hat die verfassungsrechtliche Legitimation des Versorgungsausgleichs durch Art. 6 Abs. 1 GG iVm Art. 3 Abs. 2 GG bestätigt und hieraus einen in der Verfassung angelegten Anspruch auf gleichberechtigte Teilhabe an dem in der Ehe erworbenen Versorgungsvermögen hergeleitet.[9]

5 **3. Gründe für die Einführung des Einzelausgleichs.** Lag dem Versorgungsausgleich damit von vornherein die Vorstellung einer gleichberechtigten Teilhabe zugrunde, erwies sich bei der Rechtsanwendung zunehmend, dass die **Halbteilung** in vielen Fällen **verfehlt** wurde. Die Überlegung, die Wirkungen des Versorgungsausgleichs in Anwartschaften der gesetzlichen Rentenversicherung des Ausgleichsberechtigten zu bündeln, erforderte es, dass man Anrechte aus Versorgungssystemen, die seit jeher in ihrer Finanzierung, Wertentwicklung und im Leistungsspektrum unterschiedlich ausgestaltet sind, miteinander verglich, um sie in der Versorgungsbilanz einander gegenüberstellen zu können. Dieser Einmalausgleich führte zu dem Ergebnis, dass die Werte im

---

[3] Vgl. Stellungnahme des BMJ in BVerfGE 53, 257 (282) = FamRZ 1980, 326 (330).
[4] Vgl. *Ruland* NJW 2001, 3505 (3508 f.); *Löschau* rv 2012, 81.
[5] BT-Drs. 7/4361, 19; vgl. auch BVerfGE 71, 364 (386) = NJW 1986, 1321 (1322) = FamRZ 1986, 543 (547); ausf. zur Entstehungsgeschichte → 3. Aufl. 1993, BGB Vor § 1587 Rn. 10–16.
[6] BVerfGE 42, 64 (77) = NJW 1976, 1391 (1392) = FamRZ 1976, 436 (439).
[7] BVerfGE 53, 257 (296 f.) = NJW 1980, 692 (694) = FamRZ 1980, 326 (333).
[8] Vgl. BT-Drs. 7/650, 155; BT-Drs. 7/4361, 18 f.
[9] Vgl. BVerfGE 87, 348 (356 ff.) = NJW 1993, 1057 (1058) = FamRZ 1993, 161 (163); BVerfGE 105, 1 (12) = NJW 2002, 1185 (1186) = FamRZ 2002, 527 (529); BVerfG (Kammerbeschlüsse) NJW 2003, 2819 (2820) = FamRZ 2003, 1173; NJW 2006, 2175 (2176) = FamRZ 2006, 1000 f.; NJW 2006, 2177 (2178 f.) = FamRZ 2006, 1002 (1003); BVerfGE 136, 152 = NJW 2014, 2093 = FamRZ 2014, 1259.

Zeitpunkt des Versorgungsfalls, häufig zu Lasten der im allgemeinen ausgleichsberechtigten Ehefrauen, stark von dem abwichen, was dem ausgleichspflichtigen Ehegatten aus dem in den Ausgleich einbezogenen Anrecht verblieb (zu Einzelheiten → BGB § 1587 Rn. 5).[10] Es ist daher ein zentrales Reformanliegen, den Grundsatz der **Halbteilung** in der Weise zu verwirklichen, dass **jedes einzelne Anrecht,** soweit es auf die Ehezeit entfällt, zwischen den geschiedenen Ehegatten **zu teilen ist.** Das bedeutet eine Abkehr vom früheren Einmalausgleich und lässt – jedenfalls im Grundsatz[11] – die Notwendigkeit entfallen, Versorgungsanrechte unterschiedlicher Qualität miteinander zu vergleichen. Die Halbteilung ist Maßstab für das gesamte Recht des Versorgungsausgleichs und bei der Auslegung einzelner Vorschriften und bei Ermessensentscheidungen zu berücksichtigen.[12]

**4. In der Ehezeit erworbene Anrechte.** § 1 Abs. 1 bestimmt, dass die in der Ehezeit erworbenen Anteile von Anrechten zu teilen sind, und definiert diese zugleich als **Ehezeitanteile.** Ausgleichsfähig sind danach nur Versorgungsanrechte, wenn und soweit sie „in der Ehezeit" erworben worden sind. Die Beschränkung des Versorgungsausgleichs auf die Ehezeit, die in § 3 Abs. 1 bestimmt wird, rechtfertigt sich daraus, dass die Versorgungsgemeinschaft der Ehegatten[13] nur während der Ehezeit besteht; sie verwirklicht zudem einen Grundgedanken des Versorgungsausgleichs, Versorgungsanrechte als Ergebnis einer partnerschaftlichen Lebensleistung zwischen den Ehegatten aufzuteilen. Versorgungsanrechte, die ausschließlich außerhalb der Ehezeit iSv § 3 Abs. 1 erworben wurden – der Ehegatte hat zB nur bis zur Eheschließung gearbeitet oder erstmalig nach dem Ende der Ehezeit eine Tätigkeit aufgenommen bzw. einen privaten Rentenversicherungsvertrag abgeschlossen[14] –, fallen nicht in den Versorgungsausgleich – und dies auch dann nicht, wenn in der Ehezeit zurückgelegte Zeiten als Erweiterungszeit werterhöhend berücksichtigt werden.[15] Der Gesetzgeber hat in § 3 Abs. 2 noch einmal ausdrücklich geregelt, dass in den Versorgungsausgleich alle Anrechte einzubeziehen sind, die „in der Ehezeit erworben wurden". Was dies für die einzelnen Versorgungen bedeutet, wird zu § 3 Abs. 2 (→ § 3 Rn. 26 ff.) näher erläutert. Sind Versorgungsanrechte – wie häufig – teils während, teils außerhalb der Ehezeit erworben, unterliegen sie nur mit dem auf die Ehezeit entfallenden Anteil dem Versorgungsausgleich. Hierin zeigt sich deutlich der Unterschied zum Unterhaltsrecht: Während die Verrentung des Unterhaltspflichtigen dazu führt, dass anstelle des bisherigen Erwerbseinkommens grundsätzlich das gesamte Renteneinkommen bedarfsprägend zu berücksichtigen ist, partizipiert der Ausgleichsberechtigte über den Versorgungsausgleich lediglich hälftig an dem Ehezeitanteil des Anrechts – dies allerdings unabhängig davon inwieweit er bedürftig und der andere Teil leistungsfähig ist und sogar unabhängig von dem Risiko des Vorversterbens des anderen Teils. Wie der Ehezeitanteil zu berechnen ist, regelt § 5, wobei sich die Einzelheiten der Wertermittlung aus den §§ 39–47 ergeben. 6

Sind in der Ehezeit zunächst **Versorgungsanrechte** erworben worden, diese aber noch vor dem Ende der Ehezeit **weggefallen,** dann liegt kein Anrecht vor, das in den Ausgleich einzubeziehen ist. Das gleiche gilt, wenn zwar am Ende der Ehezeit das Versorgungsanrecht noch bestanden hat, aber bis zur letzten tatrichterlichen Entscheidung (zur Berücksichtigung im Verfahren der Rechtsbeschwerde eingetretener Umstände → 7. Aufl. 2017, FamFG Vor § 217 Rn. 17) weggefallen ist (→ § 5 Rn. 41),[16] etwa wegen der Kündigung einer privaten Rentenversicherung[17] oder wegen der Ausübung eines Kapitalwahlrechts einer privaten Lebensversicherung (→ § 2 Rn. 33);[18] nach Ausübung des Kapitalwahlrechts sind insoweit Ausgleichsansprüche nach der Scheidung selbst dann nicht gegeben, wenn bei Durchführung des Wertausgleichs bestimmt wurde, dass das betreffende 7

---

10 Zu den Mängeln des früheren Rechts vgl. BT-Drs. 16/10144, 32–35.

11 Zu Ausnahmen bei der Anwendung der §§ 6, 18, 27 vgl. BT-Drs. 16/10144, 50.

12 BT-Drs. 16/10144, 45; BGH NJW-RR 2017, 129 Rn. 11 = FamRZ 2017, 195.

13 Zur Versorgungsgemeinschaft als eigentliche Grundlage des Versorgungsausgleichs vgl. BGHZ 74, 38 (47) = NJW 1979, 1289 (1291) = FamRZ 1979, 477 (479 f.).

14 Zur Aufnahme einer Beschäftigung nach Ehezeitende in der betrieblichen Altersversorgung vgl. BGH NJW-RR 2011, 1297 Rn. 21 = FamRZ 2011, 1216.

15 BGH NJW 1984, 1612 = FamRZ 1984, 569.

16 Vgl. BGH NJW 2015, 1599 Rn. 10 = FamRZ 2015, 998; NJW-RR 2014, 323 Rn. 7 = FamRZ 2014, 104; gegen einen Wegfall bei einer Abfindung von Hinterbliebenenansprüchen nach § 57 VAP-Satzung OLG Karlsruhe BeckRS 2003, 10650 (zu II) = FamRZ 2004, 1039 (1040).

17 Vgl. OLG Bremen NJW 2016, 507 Rn. 6 = FamRZ 2016, 557 (558); OLG Schleswig NJW 2015, 1317 Rn. 19 = FamRZ 2015, 672 (673); OLG Nürnberg NJW-RR 2011, 1375 = FamRZ 2011, 1737 f.

18 Vgl. BGH NZFam 2014, 87 Rn. 12 = FamRZ 2014, 279; NJW-RR 2012, 769 Rn. 11 = FamRZ 2012, 1039; NJW-RR 2011, 1633 Rn. 13 f. = FamRZ 2011, 1931; BGHZ 153, 393 (397 f.) = NJW 2003, 1320 = FamRZ 2003, 664 (665); BGH NJW-RR 2003, 1153 (1154) = FamRZ 2003, 923; OLG Hamm BeckRS 2012, 21733 (zu II 1) = FamRZ 2013, 957 (958); KG BeckRS 2011, 25746 = FamRZ 2012, 375 Ls.; für eine Anwendung des § 162 Abs. 2 BGB in Fällen dolosen Verhaltens *Borth* FamRZ 2014, 280.

Anrecht dem schuldrechtlichen Ausgleich unterliegen solle.[19] Solche Anrechte können nicht ausgeglichen werden.[20] Das gilt auch dann, wenn der Versorgungsträger unter Verstoß gegen § 29 Zahlungen an den Versorgungsberechtigten erbracht hat,[21] die auf die Höhe des in den Versorgungsausgleich einzubeziehenden Anrechts Einfluss haben können.[22] Eine Einbeziehung des durch Erstattung erloschenen Anrechts in den Versorgungsausgleich kommt nur dann in Betracht, wenn der Versorgungsträger nach Rücknahme des unter Verstoß gegen § 29 erlassenen Beitragserstattungsbescheids den erstatteten Betrag mit Erfolg zurückgefordert hat.[23] Ein Verstoß des Versicherungsträgers gegen § 29 gibt dem ausgleichsberechtigten Ehegatten keinen Anspruch auf Aufhebung des Beitragserstattungsbescheids.[24] Bei der dem öffentlich-rechtlichen Versorgungsträger in § 29 auferlegten Verpflichtung handelt es sich allerdings um eine Amtspflicht, die ihm auch gegenüber dem Ehegatten des Versicherten obliegt und deren Verletzung Schadensersatzansprüche nach § 839 BGB iVm Art. 34 GG auslösen kann.[25] Werden nach der Erstentscheidung zu Unrecht gezahlte Beiträge zur gesetzlichen Rentenversicherung erstattet, ist dies, wenn die Erstentscheidung nach dem früheren Recht ergangen ist, unter den Voraussetzungen des § 51 und sonst unter den Voraussetzungen des § 225 FamFG zu berücksichtigen.[26] Einem Wegfall des Anrechts steht der Fall nicht gleich, dass dieses zur Sicherung eines Kredits an ein Kreditinstitut abgetreten ist, weil damit noch nicht feststeht, dass das entsprechende Anrecht aus dem Vermögen des betroffenen Ehegatten ausscheidet (→ § 2 Rn. 15).[27]

8 **Ob und in welcher Höhe in der Ehezeit ein Anrecht erworben wurde,** ist für die Bewertung grundsätzlich bezogen auf den **Zeitpunkt des Endes der Ehezeit** festzustellen. Der Zeitpunkt es Endes der Ehezeit ist in § 3 Abs. 1 VersAusglG legal definiert. Die Ehezeit endet damit am Ende des Monats vor Zustellung des Scheidungsantrags. Dadurch soll erreicht werden, dass für das Ende der Ehezeit ein einheitlicher Stichtag gilt, der nicht von den Unwägbarkeiten abhängig ist, wann die Entscheidung über den Versorgungsausgleich gem. §§ 224, 148 FamFG wirksam wird. Allerdings sind rechtliche oder tatsächliche Veränderungen nach dem Ende der Ehezeit, die auf den Ehezeitanteil zurückwirken, nach § 5 Abs. 2 S. 2 zu berücksichtigen. Was das im Einzelnen bedeutet und für welche Fallgestaltungen sich hieraus Folgerungen ergeben, → § 5 Rn. 25 ff.

### III. Ausgleichspflicht und Ausgleichswert (Abs. 2)

9 **1. Ausgleichspflichtiger Ehegatte.** Entsprechend dem Anliegen, den Grundsatz der Halbteilung möglichst vollkommen zu verwirklichen, knüpft die Ausgleichspflicht an **jedes einzelne Anrecht** an. Das bedeutet, dass jeder Ehegatte, der einen Ehezeitanteil erworben hat, insoweit zum Ausgleich verpflichtet ist. Haben beide Ehegatten Anrechte erworben, sind beide in der Rolle des Ausgleichsverpflichteten und des Ausgleichsberechtigten. Insoweit weicht das neue Recht vom früheren Rechtszustand ab, nach dem die Gesamtbilanz die Ausgleichsrichtung auf einen Ehegatten bestimmte und im Wege der Verrechnung nur ein einmaliger Ausgleich stattfand (§ 1587a Abs. 1 S. 2 BGB aF, § 1587b Abs. 3 S. 3 BGB aF).

10 **2. Ausgleichswert.** Abs. 2 S. 2 bestimmt, dass dem ausgleichsberechtigten Ehegatten die **Hälfte des Werts des** jeweiligen **Ehezeitanteils** zusteht, und definiert diese Ausgleichsberechtigung

[19] Vgl. OLG Hamm NJW 2013, 547 = FamRZ 2013, 303 (304).

[20] BGH NJW 1992, 312 (313) = FamRZ 1992, 45 f.; NJW 1989, 2811 = FamRZ 1989, 1058 (1059); NJW-RR 1987, 1346 (1347) = FamRZ 1987, 1016 f.; NJW-RR 1986, 1195 f. = FamRZ 1986, 892 (893); OLG Brandenburg NJW 2011, 539 = FamRZ 2011, 722; OLG Dresden FamRZ 2011, 40; OLG Karlsruhe NJW-RR 2004, 727 = FamRZ 2004, 1037 (1038) im Fall des Widerrufs einer unverfallbaren betrieblichen Altersversorgung; aA für den schuldrechtlichen Versorgungsausgleich OLG Karlsruhe BeckRS 1995, 31366133 = FamRZ 1996, 673 f.

[21] Zur inhaltsgleichen Vorschrift des früheren § 10d VAHRG vgl. *Schmeiduch/Krumnack* Amtl. Mitt. LVA Rheinpr. 1987, 493.

[22] Vgl. OLG Düsseldorf BeckRS 2014, 14390 Rn. 10 f. = FamRZ 2014, 1201 f.; zu § 10d VAHRG BGH NJW 1995, 135 = FamRZ 1995, 31 (32); aA die Vorinstanz OLG Hamburg FamRZ 1994, 899 (900).

[23] Vgl. BGH NJW 1995, 135 (136) = FamRZ 1995, 31 (32) zu § 10d VAHRG; BeckOGK/*Siede,* 1.8.2018, § 29 Rn. 71.

[24] Vgl. BSGE 90, 127 (134 ff.) = BeckRS 2003, 40334 zu § 10d VAHRG.

[25] Vgl. BGHZ 137, 11 (16) = NJW 1998, 138 (139) = FamRZ 1998, 89 (91); LG Aachen NJW 1983, 830 (831) = FamRZ 1983, 189 (190).

[26] Vgl. BGH NJW-RR 2006, 2 (3) = FamRZ 2005, 2055 (2056) zur Abänderung nach § 10a VAHRG.

[27] Vgl. AG Lüdenscheid NJOZ 2006, 1124 (1125 f.) = FamRZ 2005, 1754; allg. BGH NJW 2011, 1671 Rn. 11 f. = FamRZ 2011, 963 f.; zur internen Teilung einer zu Sicherungszwecken abgetretenen Renten-Lebensversicherung OLG Nürnberg NJW 2012, 1012 = FamRZ 2012, 1221; OLG Saarbrücken NJW-RR 2012, 1221 f.; zur Behandlung eines gepfändeten Anrechts einerseits OLG Nürnberg NJW 2017, 3606: interne Teilung; andererseits KG NJOZ 2012, 1392 (1393) = FamRZ 2012, 1218 (1219): fehlende Ausgleichsreife.

als **Ausgleichswert.** Dieser Wert entspricht nicht ohne weiteres der rechnerischen Hälfte des Ehezeitanteils in der Form der jeweiligen Bezugsgröße. Das beruht zum einen darauf, dass den Versorgungsträgern im Rahmen der internen Teilung gestattet ist, die bei der Teilung entstehenden Kosten jeweils hälftig mit den Anrechten beider Ehegatten zu verrechnen (§ 13). Zum anderen sind ihnen bei der Ausgestaltung der internen Teilung Spielräume überlassen, die in § 11 näher umrissen werden: Die Anforderung eines zum Anrecht der ausgleichspflichtigen Person vergleichbaren „Anrecht(s) in Höhe des Ausgleichswerts mit vergleichbarer Wertentwicklung" (§ 11 Abs. 1 S. 2 Nr. 2) kann prinzipiell auf unterschiedliche Art erfüllt werden (→ § 11 Rn. 14),[28] sodass es – ohne dass hierdurch der Grundsatz der Halbteilung verletzt wird[29] – zu Abweichungen von der rechnerischen Hälfte des Ehezeitanteils in der Form der jeweiligen Bezugsgröße kommen kann (→ § 5 Rn. 46 f.).[30]

Der Ausgleichswert umschreibt den Wert des zu teilenden Anrechts in einer dem jeweiligen 11 Versorgungssystem angepassten Weise und unterscheidet sich damit grundlegend von dem in Höhe des hälftigen Wertunterschieds nach früherem Recht ermittelten Ausgleichsbetrag, der auf einen reinen Rentenbetrag reduziert war. Nach § 5 Abs. 1 hat der Versorgungsträger den Ehezeitanteil des Anrechts **in Form der für das jeweilige Versorgungssystem maßgeblichen Bezugsgröße** zu berechnen. Das kann ein Rentenbetrag, ein Kapitalwert, ein Punktwert (Entgeltpunkt) oder eine sonstige Bezugsgröße sein. Das ist auch Grundlage für den nach § 5 Abs. 3 vorgesehenen Vorschlag des Versorgungsträgers, den Ausgleichswert und, sofern es sich hierbei um keinen Kapitalwert handelt, einen korrespondierenden Kapitalwert iSv § 47 zu bestimmen (→ § 5 Rn. 44 ff.). Wie die Bewertung zu erfolgen hat, ist in §§ 39–42 allgemein und in §§ 43–46 für besonders bedeutsame Versorgungssysteme speziell geregelt. Kommt es, wie in der Regel vorgesehen (§ 9 Abs. 2), zu einer internen Teilung, erhält der Ausgleichsberechtigte nach den Regelungen über das auszugleichende und das zu übertragende Anrecht ein Anrecht in Höhe des Ausgleichswerts beim Versorgungsträger des Ausgleichsverpflichteten (§ 10 Abs. 1, 3). Unter solchen Umständen sind Unterschiede in der Dynamik und im Leistungszuschnitt des Anrechts ohne Bedeutung, weil der auf das jeweilige Anrecht bezogene Ausgleich eine Teilhabe an der künftigen Wertentwicklung von vornherein gewährleistet. Da bei der internen Teilung die Rechnungsgrundlagen des ausgeglichenen Anrechts auch für das auf den Ausgleichsberechtigten übertragene Anrecht entsprechend gelten, ist gewährleistet, dass sich das ausgeglichene Anrecht und das übertragene Anrecht unter Berücksichtigung der unterschiedlichen individuellen Berechnungsfaktoren (hierzu zählt v.a. das Alter der Ehegatten) vergleichbar entwickeln. Neben der internen Teilung kennt das Gesetz als weitere Teilungsform in §§ 9, 14–16 die externe Teilung. Diese ist nur zulässig, wenn die Voraussetzungen gem. §§ 14, 16, 17 vorliegen. Schließlich ist subsidiär für Anrechte, die bei Erlass der Entscheidung noch nicht ausgleichsreif sind, der schuldrechtliche Ausgleich durch Ausgleichsansprüche nach der Scheidung (§§ 20–22), Abfindung (§§ 23, 24) und Teilhabe an der Hinterbliebenenversorgung (§§ 25, 26) vorgesehen.

Der Ausgleichswert von Anrechten hat auch **Bedeutung für** die Anwendung des **§ 18** über 12 das Unterbleiben eines Ausgleichs wegen Geringfügigkeit (→ § 18 Rn. 1, 32), für die Frage, ob der Versorgungsträger der ausgleichspflichtigen Person nach **§ 14 Abs. 2 Nr. 2, § 17** eine externe Teilung verlangen kann (→ § 14 Rn. 27, 33), für die Bestimmung des nach **§ 14 Abs. 4, § 47 Abs. 1, 2, § 222 Abs. 3 FamFG** hierfür notwendigen Transferbetrags (→ § 14 Rn. 37), für die Bestimmung des Werts eines Anrechts, das nach **§ 24** abgefunden werden soll (→ § 47 Rn. 4), und ob in Fällen, in denen wegen eingetretener Änderungen des Werts die Abänderung einer rechtskräftigen Entscheidung zum Wertausgleich begehrt wird, die hierfür maßgebenden Wertgrenzen **(§ 225 Abs. 3 FamFG)** erreicht sind (→ 7. Aufl. 2017, FamFG § 225 Rn. 19 ff.).

Die Vorteile, die sich aus dem Ausgleich jedes einzelnen Anrechts, namentlich in Fällen einer 13 internen Teilung, ergeben, sind nur zu erreichen, wenn auch die **privaten Versorgungsträger** in die Durchführung des Versorgungsausgleichs verbindlich einbezogen werden. Vor dem Hintergrund, dass die Teilhabe an der in der Ehe erwirtschafteten Vorsorge ein verfassungsrechtliches Gebot ist und der betrieblichen Altersversorgung und der privaten Vorsorge allgemein eine größere Bedeutung zugewachsen ist,[31] ist die Einbindung auch der privaten Versorgungsträger als Beteiligte (vgl. § 219 Nr. 2, 3 FamFG) unumgänglich und von ihnen verfassungsrechtlich hinzunehmen. Den besonderen Bedürfnissen der Träger der betrieblichen Altersversorgung trägt § 17 Rechnung. Im Übrigen soll § 13 gewährleisten, dass die Durchführung des Versorgungsausgleichs für den Versorgungsträger aufwandsneutral erfolgen kann.

[28] Vgl. OLG Köln BeckRS 2015, 01546 Rn. 9 = FamRZ 2015, 1108 f.; OLG Nürnberg NJW 2015, 1695 Rn. 12 f. = FamRZ 2015, 1106 (1107), jeweils unter Bezugnahme auf BT-Drs. 16/10144, 56.

[29] AA insoweit *Bergner* NZFam 2015, 289 (290 f.).

[30] Vgl. insbes. zur betrieblichen Altersversorgung *Cisch/Hufer* BetrAV 2009, 500 (503); *Ruland* BetrAV 2010, 131 (133).

[31] Vgl. BT-Drs. 16/10144, 42 f.

### § 2 Auszugleichende Anrechte

**(1) Anrechte im Sinne dieses Gesetzes sind im In- oder Ausland bestehende Anwartschaften auf Versorgungen und Ansprüche auf laufende Versorgungen, insbesondere aus der gesetzlichen Rentenversicherung, aus anderen Regelsicherungssystemen wie der Beamtenversorgung oder der berufsständischen Versorgung, aus der betrieblichen Altersversorgung oder aus der privaten Alters- und Invaliditätsvorsorge.**

**(2) Ein Anrecht ist auszugleichen, sofern es**
**1. durch Arbeit oder Vermögen geschaffen oder aufrechterhalten worden ist,**
**2. der Absicherung im Alter oder bei Invalidität, insbesondere wegen verminderter Erwerbsfähigkeit, Berufsunfähigkeit oder Dienstunfähigkeit, dient und**
**3. auf eine Rente gerichtet ist; ein Anrecht im Sinne des Betriebsrentengesetzes oder des Altersvorsorgeverträge-Zertifizierungsgesetzes ist unabhängig von der Leistungsform auszugleichen.**

**(3) Eine Anwartschaft im Sinne dieses Gesetzes liegt auch vor, wenn am Ende der Ehezeit eine für das Anrecht maßgebliche Wartezeit, Mindestbeschäftigungszeit, Mindestversicherungszeit oder ähnliche zeitliche Voraussetzung noch nicht erfüllt ist.**

**(4) Ein güterrechtlicher Ausgleich für Anrechte im Sinne dieses Gesetzes findet nicht statt.**

**Schrifttum:** S. § 1587 BGB.

**Übersicht**



## I. Normzweck

1 **§ 2 Abs. 1 und 2** umreißt die in den Versorgungsausgleich **einzubeziehenden Anrechte** und grenzt sie durch verschiedene Merkmale von anderen Vermögensgegenständen ab, die nicht dem Versorgungsausgleich unterliegen; gegenüber dem früheren Recht ist neu, dass Anrechte iSd Betriebsrentengesetzes (BetrAVG) und des Altersvorsorgeverträge-Zertifizierungsgesetzes (AltZertG) dem Versorgungsausgleich auch dann unterliegen, wenn sie auf einen Kapitalbetrag gerichtet sind. **Abs. 3** stellt klar, dass das Vorliegen einer Anwartschaft nicht davon abhängt, ob bestimmte zeitliche Voraussetzungen am Ende der Ehezeit bereits erfüllt sind. **Abs. 4** bestimmt, dass ein güterrechtlicher Ausgleich für Anrechte, die dem Versorgungsausgleich unterliegen, nicht stattfindet.

## II. Auszugleichende Anrechte (Abs. 1 und 2)

2 **1. Betroffene Versorgungsanrechte.** § 2 Abs. 1 zählt in Übereinstimmung mit **§ 1587 BGB** auf, welche Anrechte dem Versorgungsausgleich unterliegen. Ausdrücklich werden im In- und Ausland bestehende Anrechte, insbes. aus der gesetzlichen Rentenversicherung, aus anderen Regelsicherungssystemen wie der Beamtenversorgung oder der berufsständischen Versorgung, aus der betrieblichen Altersversorgung oder aus der privaten Alters- und Invaliditätsvorsorge genannt. Die Aufzählung ist nicht abschließend,[1] sondern nennt – in Anlehnung an das „Drei-Säulen-Modell" – nur besonders wichtige Beispiele, bei denen die in Abs. 2 genannten Merkmale vorliegen. Daher sind auch Anrechte aus der Alterssicherung der Landwirte und der Abgeordneten- und Ministerver-

[1] Vgl. RegE BT-Drs. 16/10144, 46; zum früheren Recht BGHZ 81, 100 (107 f.) = NJW 1981, 2187 (2188) = FamRZ 1981, 856 (857).

sorgung zu berücksichtigen (vgl. § 32).[2] Als Regelsicherungssystem ist auch das Altersgeld anzusehen, das nach näherer Maßgabe des AltGG vom 28.8.2013 (BGBl. 2013 I 3386) und ähnlicher landesrechtlicher Vorschriften[3] für bestimmte aus dem Dienst ausscheidende Beamte anstelle der sonst vorzunehmenden Nachversicherung auf Antrag gewährt werden kann.[4] Auch Anrechte gegenüber ausländischen oder überstaatlichen Versorgungsträgern unterliegen dem Versorgungsausgleich.

Anrechte sind ohne Rücksicht auf die **Rechtsform des Versorgungsträgers** auszugleichen. 3
Diese hat nur ausnahmsweise Bedeutung für die Frage, in welcher Form der Ausgleich zu vollziehen ist (interne oder externe Teilung, vgl. § 16).[5]

Schließlich spielt es für die Frage, ob ein Anrecht auszugleichen ist, auch keine Rolle, ob 4
dieses **hinreichend verfestigt** ist. Nicht hinreichend verfestigte Anrechte können aber nur durch Ausgleichsansprüche nach der Scheidung ausgeglichen werden (§§ 19, 20). Ein Anrecht kann nur ausgeglichen werden, wenn und soweit es bei Erlass der Entscheidung noch besteht (→ § 1 Rn. 7).[6] Andernfalls würde durch den Ausgleich der Versorgungsträger geschädigt.[7] Ein Anrecht kann daher nicht ausgeglichen werden, wenn es vor Erlass der Entscheidung durch Zahlung einer Abfindung oder Ausübung des Kapitalwahlrechts erloschen bzw. dem Versorgungsausgleich entzogen worden ist.[8] Handelt es sich um ein kapitalgedecktes Anrecht, das sich in der Leistungsphase befindet, kann es nur ausgeglichen werden, soweit es zum Zeitpunkt der voraussichtlichen Rechtskraft bzw. zu einem entscheidungsnahen Zeitpunkt noch vorhanden ist.[9]

Handelt es sich um ein Anrecht der betrieblichen Altersversorgung und ist der Versorgungsträ- 5
ger, der die Versorgung zugesagt hatte, **insolvent** geworden, tritt der **Pensionssicherungsverein** an die Stelle des Versorgungsträgers. Dann ist das bei dem Pensionssicherungsverein bestehende Anrecht zu teilen. Maßgeblich für die Teilung sind die Rechtsgrundlagen des Pensionssicherungsvereins. Diese sehen grundsätzlich nur die interne Teilung vor.[10]

Handelt es sich um ein Anrecht eines **Beamten auf Widerruf/Soldaten auf Zeit,** ist das 6
Anrecht grundsätzlich gem. § 16 in Höhe des Nachversicherungswerts extern zu **teilen** (→ § 16 Rn. 8 ff.). Wird dieser nach Ehezeitende, aber vor Erlass der Entscheidung nachversichert, ist einheitlich das in der gesetzlichen Rentenversicherung erworbene Anrecht intern zu teilen, auch soweit es auf die Nachversicherung entfällt. Dasselbe gilt, wenn bei Erlass der Entscheidung die Voraussetzungen für die Nachversicherung vorliegen.[11] Wird er demgegenüber in ein Beamtenverhältnis auf Probe oder Lebenszeit übernommen, ist die Anwartschaft aufgrund des Widerrufsbeamtenverhältnisses/der Beschäftigung als Soldat auf Zeit nach den Vorschr. der BVersTg oder im Wege der externen Teilung in Höhe des Nachversicherungswerts auszugleichen.[12] Durch die Begründung eines Beamtenverhältnisses auf Lebenszeit/Dienstverhältnisses als Berufssoldat erlischt dieses Anrecht also nicht.

Hinsichtlich des **Ruhens eines Anrechts** ist zu differenzieren wie folgt: Handelt es sich um 7
ein ruhendes Anrecht, für das ein anderer Versorgungsträger parallel die Leistungspflicht übernommen hat, ist dieses auszugleichen. Allerdings darf im Fall der externen Teilung der Träger der ruhenden Versorgung nicht verpflichtet werden, den Kapitalbetrag gem. § 14 Abs. 4, § 222 Abs. 3 FamFG an den Zielversorgungsträger zu leisten.[13] Demgegenüber führt die Anwendung von Ruhensvorschriften in der Versorgung des öffentlichen Dienstes dazu, dass insoweit das Anrecht des dort Beschäftigten nicht ausgeglichen werden kann, als der Ausgleichsberechtigte an dem Anrecht, das zum Ruhen der Beamtenversorgung führt, partizipiert (→ § 44 Rn. 73 ff.); denn insoweit hat der Ausgleichspflichtige aus diesem Anrecht auch keine Versorgungszahlungen zu erwarten.[14]

**2. Anwartschaften auf Versorgungen und Ansprüche auf Versorgungsleistungen.** Der 8
Begriff des Anrechts umfasst nach Abs. 1 **Anwartschaften auf Versorgungen** und **Ansprüche**

---

[2] *Wick* Versorgungsausgleich Rn. B 88.
[3] Vgl. §§ 84 ff. BWLBeamtVG, §§ 83 ff. BremBeamtVG, §§ 89a ff. HmbBeamtVG, §§ 76 f. HBeamtVG, §§ 81 ff. NBeamtVG, § 83a RhPfLBeamtVG (kommunale Wahlbeamte), §§ 92 ff. SächsBeamtVG.
[4] Vgl. zum AltGG näher *Borth* FamRZ 2013, 1788 ff.
[5] *Wick* Versorgungsausgleich Rn. B 89.
[6] BeckOGK/*Müller-Tegethoff,* 1.12.2017, Rn. 75.
[7] *Borth* Versorgungsausgleich Kap. 1 Rn. 70.
[8] BGH NJW-RR 2012, 769 = FamRZ 2012, 1039; NJW-RR 2014, 1217 = FamRZ 2014, 1613; NJW 2016, 558 = FamRZ 2016, 697.
[9] BGH NJW 2016, 1728 = FamRZ 2016, 775; NZFam 2016, 1186 = FamRZ 2016, 2000.
[10] OLG Düsseldorf FamRZ 2018, 96.
[11] *Borth* Versorgungsausgleich Kap. 1 Rn. 73.
[12] *Borth* Versorgungsausgeich Kap. 2 Rn. 58.
[13] BGH NZFam 2015, 63 = FamRZ 2015, 234.
[14] BeckOGK/*Müller-Tegethoff,* 1.2.2019, Rn. 76.

**auf laufende Versorgungsleistungen.** Unter einer **Anwartschaft** ist eine gesicherte Aussicht[15] zu verstehen, aus der durch Eintritt des Versicherungs- bzw. Versorgungsfalles der Versorgungsanspruch entsteht.[16] Das VersAusglG verzichtet auf den Begriff der Versorgungsaussicht, die nach dem früher geltenden Recht dahin verstanden wurde, dass sich aus ihr nach dem gewöhnlichen Lauf der Dinge ein Anspruch auf Versorgung entwickelte,[17] weil dem Gesetzgeber die Abgrenzung im Einzelnen und die damit verbundenen Rechtsfolgen nicht deutlich vor Augen standen.[18] In § 2 Abs. 3 ist bestimmt, dass eine Anwartschaft im Sinne dieses Gesetzes auch dann vorliegt, wenn am Ende der Ehezeit eine für das Anrecht maßgebliche Wartezeit, Mindestbeschäftigungszeit, Mindestversicherungszeit oder ähnliche zeitliche Voraussetzung noch nicht erfüllt ist.[19] Insoweit dürfte immer noch die Überlegung des Gesetzgebers des 1. EheRG maßgebend sein, der ganz überwiegende Teil aller Anwartschaften und Anrechte werde – einer allgemeinen Erfahrung folgend – zum Vollrecht erstarken.[20] Demgegenüber wird es weiterhin als eine nicht hinreichende Verfestigung des Anrechts angesehen, wenn es iSd BetrAVG dem Grunde oder der Höhe nach **noch verfallbar** ist. Unter diesen Umständen ist es nach § 19 Abs. 2 Nr. 1 nicht ausgleichsreif, so dass ein Wertausgleich nicht stattfindet. Tritt die Unverfallbarkeit erst nach rechtskräftigem Abschluss des Wertausgleichs ein, sind hinsichtlich eines solchen Anrechts nur noch Ausgleichsansprüche nach der Scheidung eröffnet (§ 19 Abs. 4 iVm §§ 20–26); eine nachträgliche Einbeziehung in den Wertausgleich im Wege eines Abänderungsverfahrens wie früher nach § 10a Abs. 1 Nr. 2 VAHRG ist nach § 51 (→ § 51 Rn. 3) und nach § 225 FamFG (→ 7. Aufl. 2017, FamFG § 225 Rn. 3, 5) nicht mehr möglich.

9 **3. Voraussetzungen für die Einbeziehung des Anrechts in den Versorgungsausgleich (Abs. 2).** In weitgehender Übereinstimmung mit der Regelung in § 1587 Abs. 1 BGB aF werden in Abs. 2 **qualitative Voraussetzungen** bestimmt, die insgesamt erfüllt sein müssen, damit ein Anrecht dem Versorgungsausgleich unterliegt.

10 **a) Anrechte durch Arbeit oder Vermögen geschaffen oder aufrechterhalten (Abs. 2 Nr. 1).** Nach Nr. 1 sind nur **„durch Arbeit oder Vermögen"** geschaffene oder aufrechterhaltene Anrechte auszugleichen. Auf andere Weise erworbene Versorgungsanrechte würden nicht auf einer gemeinsamen Lebensleistung der Ehegatten beruhen und damit nach einem Grundgedanken des Versorgungsausgleichs den Ausgleich nicht rechtfertigen.[21] Soweit es um das Merkmal **„durch Arbeit"** geht, genügt für die Einbeziehung in den Versorgungsausgleich, dass – unabhängig von der Finanzierung – ein Kausalitäts- und Zurechnungszusammenhang zwischen der Arbeitsleistung des Ehegatten und seinem Rentenanspruch besteht; unter diesen Voraussetzungen unterliegt ein Anrecht auch dann dem Versorgungsausgleich, wenn es allein aus Arbeitgeberbeiträgen oder aus Steuermitteln finanziert wird.[22] In diesem Sinne handelt es sich auch um ein durch Arbeit geschaffenes Anrecht, wenn durch Umwandlung einer **arbeitsrechtlichen Abfindung** eine betriebliche Altersversorgung begründet wird.[23] Wird in einem **Hofübergabevertrag** eine monatlich zu zahlende Rente versprochen, die nicht nur als Gegenleistung für die Hofübernahme im Sinne einer Bewirtschaftungsmöglichkeit,[24] sondern als Gegenleistung für den vom Ehegatten übertragenen Grundbesitz anzusehen ist, handelt es sich um ein Anrecht, das aus dem **Vermögen** dieses Ehegatten erworben ist und dem Versorgungsausgleich unterliegt, wenn es der Absicherung im Alter oder bei Invalidität dient. Dies ist dann anzunehmen, wenn der Beginn der zugesagten Rente an das altersbedingte Ausscheiden aus dem landwirtschaftlichen Betrieb anknüpft.[25]

11 Durch die Regelung der Nr. 1 sollen insbesondere Leistungen unberücksichtigt bleiben, die als **Entschädigung** gewährt werden.[26] Dazu gehören Leistungen aus der gesetzlichen **Unfallversicherung,**[27] nach dem **BEG, BVG** und **LAG,** nach § 17a **StrRehaG,**[28] die **Conterganrente**[29] sowie

---

15 BT-Drs. 7/650, 155 zum 1. EheRG.
16 Vgl. zum früheren Recht BGHZ 81, 100 (102) = NJW 1981, 2187 = FamRZ 1981, 856.
17 BGHZ 81, 100 (103) = NJW 1981, 2187 = FamRZ 1981, 856 mwN.
18 Vgl. BT-Drs. 16/10144, 45 f.
19 Vgl. zum früheren Recht BGH NJW 1982, 222 (223 f.) = FamRZ 1982, 31 (32 f.).
20 Vgl. BT-Drs. 7/650, 159; BT-Drs. 7/4361, 35 f.
21 Vgl. Bericht des BT-RA, BT-Drs. 7/4361, 36 zum 1. EheRG.
22 Vgl. BGH NJOZ 2013, 581 Rn. 14 = FamRZ 2013, 106.
23 Vgl. OLG Schleswig NJOZ 2013, 627 f. = FamRZ 2013, 218.
24 Zu einer solchen Gestaltung BGH NJW 1982, 2557 = FamRZ 1982, 909.
25 Vgl. BGH NJW-RR 2014, 129 Rn. 19 f. = FamRZ 2014, 282.
26 BT-Drs. 16/10144, 46.
27 Vgl. BGH NJW-RR 1993, 901 = FamRZ 1993, 682.
28 OLG Brandenburg NJW-RR 2010, 733 (734).
29 Vgl. BGH NJW-RR 2014, 1089 Rn. 9 = FamRZ 2014, 1619.

die Leistungen nach dem **KLG** für Mütter der Geburtsjahrgänge vor 1921[30] bzw. vor 1927, soweit diese am 18.5.1990 ihren gewöhnlichen Aufenthalt im Beitrittsgebiet hatten.[31] Auch unfallbedingte Erhöhungen einer Beamtenversorgung (vgl. §§ 30 ff. BeamtVG) bleiben außer Betracht. Der RegE spricht sich auch gegen die Einbeziehung einer privaten Unfallrente aus,[32] obwohl eine solche durch unmittelbaren Einsatz des Vermögens der Ehegatten erworben wird und bei ihr die Gefahrtragung durch den Versicherer die Gegenleistung für die Beitragszahlung ist.[33] Gegen ihre Einbeziehung spricht, dass sie für die Folgen des Unfalls eine Leistung[34] gewährt, die Ansprüche wegen Invalidität unberührt lässt. Ist die Versicherung indes so ausgestaltet, dass sie eine unfallbedingte Berufsunfähigkeit absichert oder maßgeblich im Interesse der Invaliditätsvorsorge abgeschlossen worden ist, ohne dass der Entschädigungscharakter im Vordergrund steht,[35] kann sie vom Versorgungsausgleich nicht ausgenommen sein, unterliegt aber den Einschränkungen des § 28 (→ § 28 Rn. 4).[36] Auch soweit für Pflegeleistungen nach § 44 Abs. 1 SGB XI Anwartschaften in der Altersversorgung begründet werden, liegt dem der Einsatz der Arbeitskraft des Angehörigen zugrunde, was die Einbeziehung in den Versorgungsausgleich rechtfertigt.[37] Auszugleichen sind auch Anrechte, die aufgrund als Schadensersatz gem. § 119 SGB X an die gesetzliche Rentenversicherung geleisteter Beiträge während der Ehezeit erworben wurden.[38] Das ist konsequent. Aufgrund des schädigenden Ereignisses erwirbt der Geschädigte gegen den Schädiger einen Anspruch auf Ersatz des Verdienstausfallschadens, der auch den Ersatz auf Erstattung von Beiträgen in der gesetzlichen Rentenversicherung zur Kompensation des Beitragsausfallschadens umfasst. Dieser Schadensersatzanspruch unterliegt nicht dem Versorgungsausgleich, weil er nicht durch Arbeit oder Vermögen des Geschädigten erworben wurde. Erwirbt der Geschädigte mithilfe des als Schadensersatz geleisteten Betrages ein Anrecht auf eine Altersversorgung, unterliegt dieses Anrecht dem Versorgungsausgleich, da es durch Vermögen des Geschädigten erworben wurde. Die Herkunft der Mittel spielt hierfür keine Rolle. Dies gilt entsprechend für Beiträge, die gem. § 119 SGB X auf den Träger der gesetzlichen Rentenversicherung übergegangen sind und durch diesen eingezogen werden; denn der Anspruchsübergang ändert nichts daran, dass es sich materiell-rechtlich um einen Teil des dem Vermögen des Geschädigten zuzurechnenden Schadensersatzanspruch handelt. Die Träger der gesetzlichen Rentenversicherung haben den Auftrag, diesen Anspruch treuhänderisch für den Geschädigten geltend zu machen. Im Übrigen vermeidet § 119 SGB X Folgeprobleme, die sonst auftreten könnten, weil der Geschädigte aufgrund des Unfalls kein beitragspflichtiges Einkommen erzielen kann, aus dem sich ein entsprechender Beitragsanspruch des Trägers der Rentenversicherung ergeben würde.[39] Demgegenüber unterliegen die überwiegend der Strukturverbesserung und marktordnungspolitischen Zwecken dienende **Landabgaberente**[40] und **Produktionsaufgaberente**[41] in der Alterssicherung für Landwirte nicht dem Versorgungsausgleich. Ähnlich ist das vom Bundesamt für Wirtschaft und Ausfuhrkontrolle gewährte **Anpassungsgeld** an Arbeitnehmer und Arbeitnehmerinnen des Steinkohlebergbaus, auf dessen Gewährung ein Rechtsanspruch nicht besteht, zu qualifizieren, weil es auf eine Subventionierung des Zwecks zurückgeht, die mit dem Steinkohlefinanzierungsgesetz v. 20.12.2007 beschlossene Beendigung des subventionierten Steinkohlebergbaus sozialverträglich zu flankieren.[42] Es ist deshalb nicht Gegenstand einer Entscheidung zum Versorgungsausgleich,[43] mögen die Zuwendungsrichtlini-

30 BGH NJW 1991, 1825 (1826) = FamRZ 1991, 675 f.

31 Vgl. OLG Jena BeckRS 1997, 13034 = FamRZ 1998, 1438.

32 Vgl. BT-Drs. 16/10144, 46; ebenso Johannsen/Henrich/*Holzwarth* Rn. 27; zur früheren Rechtslage bereits Soergel/*Lipp* BGB § 1587 Rn. 18; wohl auch *Maier* DAngVers. 1976, 435 (439) Fn. 51a; aA *Borth* Versorgungsausgleich Kap. 3 Rn. 168.

33 Daher für eine Einbeziehung *v. Maydell* FamRZ 1977, 172 (176) Fn. 39; ähnlich wohl Soergel/*Häußermann* Rn. 136.

34 Gegen die Annahme einer Entschädigungsleistung insoweit Erman/*Norpoth/Sasse* § 28 Rn. 3; für Entschädigungscharakter in Bezug auf den erlittenen Körperschaden HK-VersAusglR/*Götsche* § 28 Rn. 3; für eine fallweise Beurteilung *Wick* Versorgungsausgleich Rn. 347.

35 Etwa, wenn daneben noch eine Lebens- und/oder Berufsunfähigkeitsversicherung besteht, vgl. *Wick* Versorgungsausgleich Rn. 347.

36 Ausf. BeckOGK/*Siede,* 1.2.2018, § 28 Rn. 30 ff.; Johannsen/Henrich/*Holzwarth* Rn. 27.

37 Vgl. OLG Stuttgart BeckRS 2006, 00570 = FamRZ 2006, 1452; ähnlich KG NJOZ 2005, 4414 f. = FamRZ 2006, 210 zu § 2 LPflGG Bln idF vom 14.7.1986 (BlnGVBl. 1986 S. 1106).

38 BGH NJW 2018, 1876 = FamRZ 2018, 992.

39 BGH NJW 2018, 1876 = FamRZ 2018, 992.

40 BGH NJW-RR 1988, 580 f. = FamRZ 1988, 272 f.

41 Vgl. *Greßmann/Klattenhoff* FamRZ 1995, 577 (578).

42 Offen gelassen von BGH NJW-RR 2013, 1090 Rn. 15 f. = FamRZ 2013, 778.

43 Vgl. OLG Hamm BeckRS 2013, 19728 (zu II B 1 b) = FamRZ 2014, 841; BeckRS 2011, 20903 (zu II 1 a) = FamRZ 2011, 1951.

en[44] auch vorsehen, dass bei geschiedenen Antragstellern die Regelungen des Versorgungsausgleichs bei der Berechnung des Anpassungsgeldes anzuwenden sind. **Dagegen** sind in der gesetzlichen Rentenversicherung rentenrechtliche **Zeiten iSd § 54 Abs. 1 Nr. 2, 3 SGB VI,** darunter auch Zeiten ohne Beitragsentrichtung, die zum Teil in gewisser Weise ebenfalls Entschädigungscharakter haben, in den Versorgungsausgleich einzubeziehen.[45] Diese Zeiten, deren Bewertung sich an der Gesamtleistung des Versicherungslebens orientiert (§§ 71 ff. SGB VI), werden auf Grund der Annahme gewährt, dass der Versicherte in diesen Zeiten gearbeitet und somit Beiträge entrichtet hätte, wenn er daran nicht durch die gesetzlich näher bestimmten Umstände gehindert gewesen wäre. Zu solchen Zeiten rechnen ferner die **Zeiten der Kindererziehung** vor dem 1.1.1986. Diese Zeiten werden auch ohne Vorliegen von Pflichtbeitragszeiten berücksichtigt. Behinderte Menschen erzielen oft nur ein sehr geringes Entgelt, vor allem auch dann, wenn sie in einer geförderten Werkstätte tätig sind. Um diese Tätigkeit in rentenrechtlicher Hinsicht der Tätigkeit eines nicht Behinderten gleichzustellen, sieht § 162 Nr. 2 SGB VI vor, dass für diese Arbeit mindestens Anwartschaften erworben werden, die der Leistung von Beiträgen für ein Entgelt in Höhe von 80% der Bezugsgröße entsprechen. Anrechte, die hierauf beruhen, sind im Versorgungsausgleich in vollem Umfang zu berücksichtigen; denn ein ursächlicher Zusammenhang zwischen Arbeitsleistung und Erwerb des Anrechts reicht aus.[46] Mit Hilfe ihres Vermögens haben die Ehegatten ferner Versorgungsanrechte erworben, die auf freiwilligen Beiträgen zur gesetzlichen Rentenversicherung oder Prämien für eine private Rentenversicherung beruhen. Zu Anrechten aus einem gem. § 5 AltZertG zertifiziertem Vertrag, dessen Anrecht durch Übertragung des Kapitals aus einem anderen, ebenfalls zertifizierten Vertrag begründet wurde, → § 3 Rn. 34.

12 **Unterhaltsbeiträge,** die einem aus disziplinarischen Gründen unter Aberkennung seines Anspruchs auf ein Ruhegehalt entlassenen Beamten nach dem bis zum 31.12.2001 geltenden Rechtsstand nach § 77 BDO oder im Gnadenwege durch den Bundespräsidenten nach § 120 BDO gewährt wurden, unterliegen nicht dem Versorgungsausgleich. Der Unterhaltsbeitrag nach § 77 BDO hatte – anders als die Versorgung – nicht die Rechtsnatur einer Alimentation als Belohnung für geleistete Treue und Dienste, sondern ist eine reine Unterstützung, die ihren Grund allein in der in beschränktem Umfang noch fortwirkenden sozialen Fürsorge des Dienstherrn für den entlassenen Beamten hatte. Ähnliches galt für den im **Gnadenwege** gewährten Unterhaltsbeitrag, für dessen Gewährung es in der Praxis im Wesentlichen auf Würdigkeit und Bedürftigkeit ankam, nicht aber auf den nach Nr. 1 maßgebenden Gesichtspunkt des Erwerbs durch Arbeit.[47] Ein auf Grund einer Gnadenentscheidung des Bundespräsidenten unter dem Vorbehalt des jederzeitigen Widerrufs gewährter Unterhaltsbeitrag an einen aus dem Dienstverhältnis entlassenen Beamten unterlag dem Versorgungsausgleich nicht, da er nicht mit Hilfe des Vermögens oder durch Arbeit begründet worden war, sondern auf einem Gnadenerweis beruhte, dem kein Versorgungscharakter zukam.[48] In derselben Weise sind der Unterhaltsbeitrag und die Unterhaltsleistung nach §§ 79, 80 BDG einzuordnen. Auch Sozialhilfeleistungen oder Leistungen, die den Charakter **privater Sozialhilfe**[49] haben, unterliegen nicht dem Versorgungsausgleich.

13 Ob auch **ausländische Rentenanrechte,** denen der Gedanke der **„Volksrente"** zugrunde liegt, nach dem jedem Einwohner nach Erreichen eines bestimmten Lebensalters eine Rente zugebilligt wird, als nicht durch Arbeit oder Vermögen erworben anzusehen sind, bedarf einer näheren Prüfung. Bekanntlich ist dies im Schrifttum und in wenigen gerichtlichen Entscheidungen für die Volksrente der schwedischen[50] und dänischen Sozialversicherung und die Renten des australischen Sozialversicherungssystems verneint worden.[51] Ob auch die nach dem allgemeinen Altersgesetz der Niederlande gewährte **AOW-Pension**[52] eine allgemein staatlich finanzierte Volksrente ist, ist in der

---

44 Richtlinien zur Gewährung von Anpassungsgeld an Arbeitnehmer und Arbeitnehmerinnen des Steinkohlenbergbaus vom 12.12.2008, BAnz. 2008 Nr. 196 S. 4697.

45 Vgl. BT-Drs. 16/10144, 46.

46 BGH NJW-RR 2018, 769 = FamRZ 2018, 904.

47 BGH NJW-RR 1997, 257 (258) = FamRZ 1997, 158 (159); ebenso Vorinstanz OLG Köln FamRZ 1994, 1462 (1463).

48 Vgl. OLG Köln FamRZ 1994, 1462 (1463).

49 Vgl. KG BeckRS 2009, 20463 = FamRZ 2009, 1152 für die Leistungen der GEMA-Sozialkasse.

50 Vgl. OLG Bamberg BeckRS 2010, 22520 (zu 2 b) = FamRZ 1980, 62 (63); AG Lüneburg IPRspr. 1979 Nr. 63.

51 Vgl. *Nolte-Schwarting,* Der Versorgungsausgleich in Fällen mit Auslandsberührung, 1984, 3. Teil A I 1; *Hannemann/Kinzel* DAngVers. 1978, 369 (372); Soergel/*Hohloch* BGB § 1587a Rn. 293; Rolland/*Wagenitz,* Familienrecht, 1993, BGB § 1587 Rn. 33; Rahm/Künkel/*Paetzold,* Handbuch des Familiengerichtsverfahrens, Stand September 2008, Teil VIII Rn. 1073 f.

52 Zu ihrer Finanzierung vgl. *Bieber/Henzel,* Länderbericht Niederlande, in Rentenversicherung im internationalen Vergleich, DRV-Schriften Bd. 15, 1999, 131 (140).

obergerichtlichen Rspr. unterschiedlich beurteilt worden.[53] Der BGH hat sich für ihre Berücksichtigung ausgesprochen, weil sie auf einer gemeinsamen Lebensleistung beruhe, der Alterssicherung diene und auf sie – anders als bei einer nur subsidiär geschuldeten Sozialleistung – ein subjektiver Rechtsanspruch bestehe. Ihren Charakter als Grundversorgung verliere die AOW-Pension auch nicht dadurch, dass sie im Einzelfall allein auf die Dauer des Aufenthaltes in den Niederlanden zurückzuführen sei. Der BGH hat daher eine größere Nähe zu einer echten Altersversorgung gesehen, die auch nach deutschem Recht vielfach durch allgemeine Steuerleistungen finanziert würde, und die Vergleichbarkeit mit rein sozialstaatlichen oder Entschädigungsleistungen verneint.[54] Diese Überlegungen wird man auch für Alterssicherungssysteme anderer Staaten berücksichtigen müssen.[55] Beruht das Anrecht auf Beitragszahlungen, unterliegt es dem Versorgungsausgleich auch dann, wenn das Altersvorsorgesystem – wie die **US-amerikanische Social Security** – Elemente der Umverteilung enthält.[56] Anrechte der **irischen Sozialversicherung,** die auf Pflichtbeiträgen beruhen, die der Versicherte vor Vollendung des 66. Lebensjahres in Abhängigkeit von seinem Einkommen als Angestellter oder Selbständiger zu erbringen hat, unterliegen wie entsprechende deutsche Anrechte dem Versorgungsausgleich, ohne dass es entscheidend darauf ankommt, ob die Höhe des Rentenanspruchs mit der Höhe der erbrachten Beitragszahlungen korrespondiert.[57]

Grundsätzlich ist es **unerheblich, worauf das Vermögen** des Ehegatten **beruht,** mit dessen **14**
Hilfe Anwartschaften begründet oder aufrechterhalten werden,[58] oder ob das Vermögen schon bei Eheschließung vorhanden war.[59] Während nach § 1374 Abs. 2 BGB Schenkungen oder der Erwerb von Todes wegen im Zugewinnausgleich dem Anfangsvermögen zugerechnet werden und damit – in diesem Umfang – dem Ausgleich nicht unterliegen, wird eine solche Unterscheidung in § 2 Abs. 2 Nr. 1 nicht getroffen.[60] Es sind daher grundsätzlich auch Anrechte, die auf Grund von Todes wegen erworbenen Vermögens begründet werden, in den Versorgungsausgleich einzubeziehen. Eine Ausnahme von diesen Grundsätzen ist hinsichtlich solcher vorehelich erworbener Anrechte aus einem zertifizierten Altersvorsorgevertrag zu machen sein, die während der Ehezeit in einen anderen zertifizierten Altersvorsorgevertrag übertragen werden.[61] Hat ein Ehegatte mit Mitteln, die er durch den (vorzeitigen) Zugewinnausgleich oder die endgültige Vermögensauseinandersetzung erlangt hat, in der Ehezeit Versorgungsanrechte begründet, bleiben diese außer Betracht, weil es sich lediglich um eine Umschichtung von Vermögen handelt, das ihm nach der Zuordnung im Zugewinnausgleich[62] oder der Vermögensauseinandersetzung[63] zukommen soll. Hinsichtlich dieses Vermögens hat bereits ein Ausgleich stattgefunden. Bedenklich ist es aber, ein Anrecht auch dann nicht zu berücksichtigen, wenn sich die Ehegatten in einer notariellen Trennungsvereinbarung in der Weise auseinandergesetzt haben, dass sie Gütertrennung vereinbaren und für die Vergangenheit den Zugewinnausgleich ausschließen, und danach ein Ehegatte Anwartschaften in der privaten Rentenversicherung aus den Mitteln des ihm verbliebenen Vermögens erworben hat.[64] Das OLG Hamm möchte sogar generell in Fällen, in denen – unabhängig von einer Trennungssituation – Gütertrennung vereinbart ist und ein Ehegatte nachträglich aus seinem nicht ausgleichspflichtigen Vermögen Versor-

---

53 IdS OLG Hamm BeckRS 2000, 12123 = FamRZ 2001, 31; OLG Köln (27. Zivilsenat) FamRZ 2001, 31 (32); OLG Köln (26. Zivilsenat) FamRZ 2001, 1461 Ls.; OLG Düsseldorf FamRZ 2001, 1461; Rahm/Künkel/*Paetzold,* Handbuch des Familiengerichtsverfahrens, Stand September 2008, Teil VIII Rn. 989; Johannsen/Henrich/*Hahne,* 4. Aufl. 2003, BGB § 1587 Rn. 16; wohl auch *Borth* FamRZ 2003, 889; aA und daher für eine Einbeziehung in den Versorgungsausgleich OLG Köln (10. Zivilsenat) FamRZ 2001, 1460; OLG Oldenburg BeckRS 2001, 30230070 = FamRZ 2002, 961; OLG Naumburg BeckRS 2001, 30223772 (zu III 2 b); *Gutdeutsch* FamRB 2003, 63.

54 BGH NJW-RR 2008, 665 Rn. 34, 40 ff. = FamRZ 2008, 770 m. Bespr. *Eichenhofer* IPRax 2009, 60; zust. zu dieser Entscheidung RegE, BT-Drs. 16/10144, 46.

55 Für eine Einbeziehung der dänischen Volksrente vor diesem Hintergrund AG Flensburg FamRZ 2009, 1585 f.; ihm folgend OLG Schleswig BeckRS 2011, 24293; ohne Stellungnahme insoweit Soergel/*Häußermann* Rn. 137.

56 Vgl. OLG Hamm BeckRS 2006, 02969 = FamRZ 2002, 1568 (1569).

57 Vgl. BGH NJOZ 2013, 581 Rn. 14 = FamRZ 2013, 106.

58 Vgl. BGH NJW-RR 2012, 323 Rn. 8 = FamRZ 2012, 434; NJW-RR 2011, 799 Rn. 10 = FamRZ 2011, 877.

59 Vgl. BGH NJW-RR 2012, 323 Rn. 8 = FamRZ 2012, 434 m. krit. Anm. *Bergschneider* FamRZ 2012, 435 f.; NJW-RR 2011, 799 Rn. 10 = FamRZ 2011, 877; OLG Nürnberg NJOZ 2005, 2084 (2085) = FamRZ 2005, 1256; KG NJW-RR 1997, 324 (325) = FamRZ 1996, 1552 (1553).

60 Vgl. OLG Saarbrücken BeckRS 2010, 14967 = FamRZ 1982, 824 f. zu § 1587 Abs. 1 S. 2 BGB aF.

61 Vgl. BGH BeckRS 2018, 22564; OLG Stuttgart NJOZ 2016, 46 Rn. 23–25 = FamRZ 2016, 131 (132 f.).

62 BGH NJW-RR 2012, 323 Rn. 9 = FamRZ 2012, 434; NJW 1992, 1888 f. = FamRZ 1992, 790 f.

63 Vgl. OLG Köln FamRZ 1996, 1549 f.; anders im Fall der Finanzierung aus Mitteln aus Verkauf eines gemeinsamen Hauses OLG Köln NJW-RR 1999, 1162 = FamRZ 2000, 157 (158).

64 Vgl. KG FamRZ 2003, 39 f.

gungsanrechte erwirbt, hinsichtlich dieser Anrechte den Versorgungsausgleich nicht durchführen.[65] Das würde darauf hinauslaufen, dass bei vereinbarter Gütertrennung ein Erwerb von Versorgungsanrechten aus dem Vermögen im Versorgungsausgleich generell nicht zu berücksichtigen wäre. Das entspricht aber weder der Gesetzeslage noch lässt sich das Ergebnis mit dem aus § 1587 Abs. 3 BGB aF entwickelten Gedanken des Verbots der Doppelverwertung einer Vermögensposition, wie er jetzt § 2 Abs. 4 zugrunde liegt, hinreichend legitimieren.[66] In dem zuerst genannten Fall wäre das Ergebnis allenfalls im Weg ergänzender Auslegung der notariellen Trennungsvereinbarung zu begründen; denn ein Zugewinnausgleich fand hier gerade nicht statt. Aus dem Vermögen wird auch ein Anrecht erworben, wenn sich der Ehegatte die hierfür erforderlichen Mittel durch ein **Darlehen beschafft** hat.[67] Deswegen unterliegen eine private Rentenversicherung oder in die gesetzliche Rentenversicherung nachentrichtete Beiträge, die mit Darlehensmitteln finanziert worden sind, dem Versorgungsausgleich.[68] Ist das Darlehen am Ende der Ehezeit noch nicht zurückgeführt und vermag der mit dem Darlehen belastete Ehegatte hierfür in der güterrechtlichen Auseinandersetzung keinen Ausgleich zu finden, kommt wegen des Ausgleichs der darlehensfinanzierten Versorgungsanrechte eine Anwendung der Härteklausel in Betracht.[69]

15 **Nicht einzubeziehen** in den Versorgungsausgleich sind solche Anrechte, die wirtschaftlich nicht dem Ehegatten, sondern einem **Dritten** zustehen. Das kann bei einer privaten Lebensversicherung dann der Fall sein, wenn zugunsten des Dritten ein unwiderrufliches Bezugsrecht besteht.[70] Die Rechte aus einer Rentenversicherung gehören jedoch auch dann zum **Vermögen des Ehegatten,** wenn sie zur **Besicherung einer Darlehensschuld abgetreten** sind. Denn mit der Sicherungsabtretung allein begibt sich der Ehegatte seiner Rechte aus der Rentenversicherung nicht endgültig. Die mit dem Darlehensgeber getroffene Sicherungs- und Tilgungsabrede hindert den Darlehensnehmer nicht, das Darlehen auf andere Weise zu tilgen, auch nicht in Fällen, in denen mit der Ablaufleistung einer zur Kreditsicherung abgetretenen Lebensversicherung bestimmungsgemäß ein Baudarlehen eines Dritten bei dessen Endfälligkeit oder ein Policen-Darlehen des Versicherers[71] getilgt werden soll. Soweit die Darlehensschuld anderweit abgelöst wird, wird die zur Sicherheit abgetretene Lebensversicherung frei und steht wirtschaftlich dem Versicherungsnehmer zu.[72] Dementsprechend ist eine private Rentenversicherung mit Kapitalwahlrecht auch dann zu berücksichtigen, wenn diese zur Tilgung eines Finanzierungsdarlehens für den Erwerb einer Immobilie durch eine GbR abgeschlossen wurde, an der der Ausgleichspflichtige zu 50% beteiligt ist.[73] Das ist konsequent, da auch diese Versicherung zunächst der Absicherung im Alter dient, solange sie nicht tatsächlich zur Tilgung der Finanzierung herangezogen wurde und solange das Kapitalwahlrecht nicht ausgeübt wurde. Allerdings beschreibt diese Entscheidung auch die Grenze, bis zu der Finanzierungsinstrumente im Versorgungsausgleich berücksichtigt werden können. Der BGH[74] ist hinsichtlich zur Sicherung abgetretener Anrechte nicht der Auffassung gefolgt, dass das vertraglich begründete Rentenrecht durch die Sicherungsabtretung den Charakter eines Versorgungsanrechts verliert und sich in einen güterrechtlich auszugleichenden Rückgewährsanspruch gegen den Sicherungsnehmer auf Freigabe gemäß der Sicherungsabrede wandelt,[75] sondern idR nur dahin zu verstehen ist, dass die Rechtsposition des Versicherungsnehmers im Wege eines eingeschränkten Widerrufs des Bezugsrechts hinter die Position des vorrangig bezugsberechtigten Sicherungsnehmers zurücktritt,[76] bis der Ehegatte mit der nach Beendigung des Sicherungszwecks zu

---

65 OLG Hamm NJW-RR 2006, 652 (653 f.) = FamRZ 2006, 795 (796).

66 Ebenso BGH NJW-RR 2012, 323 Rn. 9 = FamRZ 2012, 434; *Brudermüller* NJW 2006, 3184 (3185); *Rehme* FamRZ 2006, 1451.

67 Vgl. OLG Celle FamRZ 1979, 826.

68 Vgl. OLG Koblenz NJWE-FER 2001, 282 = FamRZ 2001, 1221; aA OLG Nürnberg FPR 2002, 188 = FamRZ 2002, 1632, das unter – zweifelhafter – Bezugnahme auf BGH NJW 1992, 1888 f. = FamRZ 1992, 790 f. eine § 1587 Abs. 3 BGB aF widersprechende Vermischung von Versorgungsausgleich und Zugewinnausgleich befürchtet.

69 Vgl. *Borth* Versorgungsausgleich Kap. 1 Rn. 111.

70 Vgl. BGHZ 117, 70 (75) = NJW 1992, 1103 (1105) = FamRZ 1992, 411 (412); OLG Hamm BeckRS 2016, 08126 Rn. 7 = FamRZ 2016, 549 Ls.

71 Zu einer solchen Gestaltung OLG Hamm NJW-RR 2015, 200 Rn. 16 = FamRZ 2015, 583 (584).

72 Vgl. BGH NJW 2013, 3173 Rn. 8 = FamRZ 2013, 1715; NJW 2011, 1671 Rn. 8, 11 = FamRZ 2011, 963.

73 OLG Hamm NZFam 2015, 1017.

74 BGH NJW 2013, 3173 Rn. 9 = FamRZ 2013, 1715; ihm folgend OLG Hamm NZFam 2016, 509 = FamRZ 2016, 2015; NJW-RR 2015, 200 Rn. 14 = FamRZ 2015, 583; NJW-RR 2014, 900.

75 IdS *Kemper/Norpoth* FamRB 2011, 284 (285 f.); hiergegen auch OLG Hamm BeckRS 2013, 07418 (zu II 2) = FamRZ 2013, 1656 (1657); OLG Brandenburg BeckRS 2013, 03284 (zu III 2 a) = FamRZ 2013, 883 (884).

76 Vgl. hierzu allg. BGHZ 156, 350 (353 f.) = NJW 2004, 214.

bewirkenden Sicherheitenfreigabe seine frühere Rangstellung als primär Bezugsberechtigter zurückerhält.[77] Wird die Versicherungsleistung zur Auszahlung fällig, bevor der Sicherungszweck entfallen ist, gebührt dem Sicherungsnehmer das Bezugsrecht (nur) in der Höhe der gesicherten Forderung, während es hinsichtlich des überschießenden Betrags beim Bezugsrecht des Versicherungsnehmers bleibt;[78] es entsteht daher eine Teilgläubigerschaft.[79] Wird die zur Auszahlung fällige Versicherungsleistung freilich vollkommen zur Tilgung der gesicherten Forderung benötigt, verbleibt dem Versicherungsnehmer kein Recht mehr, das zugunsten des anderen Ehegatten ausgeglichen werden könnte.[80] Ist die gesicherte Verbindlichkeit zu tilgen und hat der Sicherungsnehmer deswegen bereits Maßnahmen ergriffen, um das zur Sicherheit abgetretene Anrecht einzuziehen, kann das Anrecht nicht (mehr) im Versorgungsausgleich berücksichtigt werden.[81] Liegt der Fälligkeitszeitpunkt erst in der Zukunft, ist jedoch von einem Versorgungsanrecht auszugehen, dessen Rechtsbeständigkeit nicht zu bezweifeln ist; es kann nicht im Hinblick auf die Sicherungsabtretung als nicht verfestigt und iSd § 19 Abs. 2 Nr. 1 als nicht ausgleichsreif angesehen werden.[82] Die interne Teilung eines solchen Anrechts ist möglich,[83] indem der ehezeitliche Anteil am nachrangigen Bezugsrecht auf den ausgleichsberechtigten Ehegatten übertragen wird, wozu auch gehört und in der Beschlussformel auszusprechen ist, dass der Anspruch auf Rückgewähr des Bezugsrechts auf beide Ehegatten als Mitgläubiger (§ 432 BGB) übertragen wird. Nur so wird für den Ausgleichsberechtigten ein eigenständiges und gesichertes Anrecht iSd § 11 Abs. 1 Nr. 1 geschaffen.[84] Einer Mitwirkung oder Beteiligung des Sicherungsnehmers am Verfahren bedarf es nicht, weil der Nachrang des übertragenen Anrechts gegenüber dem erstrangigen Bezugsrecht des Sicherungsnehmers von der Entscheidung zum Versorgungsausgleich nicht berührt wird.[85] Scheitert der spätere Rentenbezug des Ausgleichsberechtigten daran, dass das Versorgungsanrecht für den Sicherungszweck verwertet wird, kommt nach Auffassung des BGH ein Aufwendungsersatzanspruch analog §§ 670, 683 BGB gegen den Ausgleichsverpflichteten in Betracht,[86] was freilich voraussetzt, dass die in Rede stehende Verbindlichkeit allein den Ausgleichsverpflichteten trifft. Gegen dieses Ergebnis spricht zwar, dass der Ausgleichsberechtigte keine Vermögenseinbuße erleidet, sondern die von ihm erworbene Rechtsposition von vorneherein entsprechend beschränkt war. Allerdings ist es gleichwohl sachgerecht; denn nur so kann verhindert werden, dass der Ausgleichsberechtigte seiner Verbindlichkeit nicht nachkommt, sondern diese durch Inanspruchnahme der zur Sicherheit abgetretenen Rentenversicherung auch auf Kosten des Ausgleichsberechtigten getilgt wird.

Die **externe Teilung eines sicherungshalber abgetretenen Anrechts** kommt dagegen nicht 16
in Betracht. Mit der Zahlung des Ausgleichswerts als Kapitalbetrag an den Träger der Zielversorgung zulasten des sicherungshalber abgetretenen Anrechts würde gegen die Sicherungsabrede verstoßen, wenn damit die übliche Folge verbunden sein sollte, dass das Anrecht des Ausgleichspflichtigen entsprechend gekürzt wird.[87] Müsste man deshalb, wie es dem OLG Naumburg unter Hinweis auf § 14 Abs. 3 vorschwebt,[88] zugunsten des Ausgleichsberechtigten ein anteilig belastetes Versorgungs-

77 Vgl. BGH NJW 2013, 3173 Rn. 9 = FamRZ 2013, 1715.

78 Vgl. BGH NJW-RR 2002, 955 (956).

79 Vgl. BGH NJW 2013, 3173 Rn. 10 = FamRZ 2013, 1715.

80 Daher gegen eine interne Teilung, wenn die Verwertung der privaten Lebensversicherung unmittelbar bevorsteht und nur noch von der alsbaldigen, bereits geforderten Auszahlung der vollständigen Versicherungssumme an die Sicherungsnehmerin abhängig ist, OLG Karlsruhe NJW-RR 2016, 455 Rn. 13 = FamRZ 2016, 636 (637).

81 OLG Karlsruhe NJW-RR 2016, 455.

82 Vgl. BGH NJW 2013, 3173 Rn. 14 = FamRZ 2013, 1715; OLG Hamm BeckRS 2013, 07418 (zu II 2) = FamRZ 2013, 1656 (1658); OLG Brandenburg BeckRS 2013, 03284 (zu III 2 b) = FamRZ 2013, 883 (884); aA OLG Karlsruhe NJW 2013, 2128 (2129) = FamRZ 2013, 885 (886 f.); OLG Schleswig BeckRS 2012, 13626 = FamRZ 2012, 1220.

83 Hierfür auch OLG Brandenburg BeckRS 2013, 03284 (zu III 2 c) = FamRZ 2013, 883 (885); OLG Nürnberg NJW 2012, 1012 = FamRZ 2012, 1221; stattdessen für eine Anwendung des § 27, wenn die Inanspruchnahme der Sicherheit mit hoher Wahrscheinlichkeit zu erwarten ist, OLG Frankfurt BeckRS 2014, 09231 Rn. 2 = FamRZ 2014, 759 f.

84 Vgl. grdl. BGH NJW 2013, 3173 Rn. 17 = FamRZ 2013, 1715; nachfolgend BGH BeckRS 2013, 22645 Rn. 12 = FamRZ 2014, 635; ihm folgend OLG Hamm BeckRS 2016, 08122 Rn. 19; NJW-RR 2014, 900.

85 Vgl. BGH NJW 2013, 3173 Rn. 18 = FamRZ 2013, 1715; aA OLG Schleswig BeckRS 2012, 13626 = FamRZ 2012, 1220.

86 Vgl. BGH NJW 2013, 3173 Rn. 25 = FamRZ 2013, 1715.

87 Vgl. OLG Zweibrücken NJOZ 2018, 1534; OLG Oldenburg BeckRS 2014, 10420 (zu II) = FamRZ 2014, 1370 (1371); *Borth* FamRZ 2013, 837 (839).

88 Vgl. OLG Naumburg BeckRS 2013, 14501 = FamRZ 2013, 1894 f., bemerkenswerterweise für ein Anrecht der betrieblichen Altersversorgung, das eigentlich nur nach Maßgabe des § 4 BetrAVG übertragen werden darf.

anrecht beim Zielversorgungsträger schaffen, würde sich die Frage stellen, wie der zur Begründung eines solchen Anrechts erforderliche Kapitalbetrag bemessen werden sollte. Im Übrigen fehlt es dafür an einer Rechtsgrundlage, da das bei dem Zielversorgungsträger begründete Anrecht nicht von der Sicherungsabtretung erfasst ist.

17 Ist ein **Versorgungsanrecht gepfändet,** ist es gleichwohl unverändert ein Vermögensbestandteil des Ehegatten, so dass es prinzipiell dem Versorgungsausgleich unterliegt.[89] Ein solches Anrecht kann allerdings nur intern, nicht aber extern geteilt werden. Die interne Teilung ist durch die Belastung des Anrechts mit den Teilungskosten und durch das Hinzutreten eines weiteren Gläubigers des gepfändeten Anrechts für den Gläubiger zwar mit Nachteilen verbunden. Diese hat er aber hinzunehmen, da er im Weg der Pfändung des Anrechts nur in die Rechtsstellung einrücken kann, die der Schuldner zu diesem Zeitpunkt hatte. Dessen Rechtsstellung war aber dadurch geprägt, dass er im Fall der Scheidung den mit der internen Teilung verbundenen Eingriff in dieses Recht zu dulden hat. Weiterhin ist aber auch zu berücksichtigen, dass der Ausgleichsberechtigte bei vorrangiger Pfändung nur ein gepfändetes Teilanrecht erwirbt. Daher muss er auch die sich aus der Pfändung ergebenden Beschränkungen gegen sich gelten lassen. Schließlich stehen der internen Teilung § 829 ZPO, §§ 135, 136 BGB nicht entgegen; denn die interne Teilung wird nicht durch Verfügung des Drittschuldners über das gepfändete Anrecht vollzogen, sondern unmittelbar durch gerichtlichen Gestaltungsakt.[90] Demgegenüber kommt die externe Teilung eines gepfändeten Anrechts nicht in Betracht; denn diese würde dazu führen, dass der Gläubiger trotz Pfändungspfandrechts und Verstrickung in Höhe des Ausgleichswerts das gepfändete Anrecht verlieren würde.[91] Für einen solchen Eingriff in die Rechtsstellung des Gläubigers enthält das VersAusglG keine Rechtsgrundlage. Das führt allerdings nicht dazu, dass das Anrecht generell nicht ausgleichsreif wäre; denn auch in anderen Fällen hat es der Drittschuldner hinzunehmen, dass aus in der Person eines Ehegatten liegenden Gründen die externe Teilung nicht durchgeführt werden kann (vgl. den spiegelbildlichen Fall des § 14 Abs. 5).[92] Handelt es sich insoweit um ein Anrecht der betrieblichen Altersversorgung, besteht zwar nach § 2 Abs. 2 S. 4 BetrAVG iVm § 851 Abs. 1 ZPO ein Pfändungsverbot.[93] Der Anspruch auf Auszahlung im Versicherungsfall ist jedoch vor dessen Eintritt als zukünftige Forderung pfändbar.[94] Ob der Versorgungsausgleich immer dann in voller Höhe („belastungsfrei") durchzuführen ist, wenn die Pfändungen den bei dem Ausgleichspflichtigen verbleibenden Anteil nicht übersteigen,[95] erscheint zweifelhaft; denn eine solche Entscheidung würde unmittelbar in das Pfändungspfandrecht des Gläubigers eingreifen. In einem gewissen Wertungswiderspruch hierzu steht die Auffassung des OLG Brandenburg, die Eröffnung des Insolvenzverfahrens über das Vermögen des Ausgleichspflichtigen nach dem Ende der Ehezeit berühre die Möglichkeit, ein von ihm erworbenes Anrecht der betrieblichen Altersversorgung intern auszugleichen, nicht, da es sich bei der gerichtlichen Entscheidung nur um einen Vollzugsakt handele, der keinen Erwerb von Rechten zu Lasten der Insolvenzmasse iSd § 91 InsO darstelle.[96] Die Entscheidung stimmt aber mit der Rspr. des BGH überein, der bereits zur KO entschieden hatte, dass ein betriebliches Ruhegeld grundsätzlich nicht zur Masse gehört, wenn der Versorgungsfall erst nach der Konkurseröffnung eintritt, weil zwischen dem Rentenstammrecht und den einzelnen aus diesem Stammrecht erwachsenden Ruhegeldraten zu unterscheiden sei. Das Stammrecht als Quellrecht für nur zum Teil pfändbare, iÜ aber unpfändbare Ansprüche sei im ganzen unpfändbar und daher nicht konkursbeschlagsfähig, weil es sich nicht in einen pfändbaren und einen unpfändbaren Teil aufspalten lasse.[97] Die laufende Altersrente eines in der gesetzlichen Rentenversicherung versicherten Schuldners kann nach § 54 Abs. 4 SGB I in den Grenzen des § 850c ZPO wie Arbeitseinkommen gepfändet werden.[98] Das hat der BGH auch – trotz ihrer Unabtretbarkeit – für Ansprüche gegen einen öffentlich-rechtlichen Versorgungsträger angenommen.[99]

---

89 Vgl. OLG Nürnberg FamRZ 2018, 336 = NJW 2017, 3606.

90 AA → 7. Aufl. 2017, § 2 Rn. 12 *(Dörr)*; OLG Stuttgart BeckRS 2013, 18813 (zu 3.1) = FamRZ 2014, 391 (392); NJW 2013, 2125 (2126) = FamRZ 2013, 1658 (1659).

91 Generell für schuldrechtlichen Ausgleich gepfändeter Anrechte *Borth* Versorgungsausgleich Kap. 1 Rn. 143.

92 AA OLG Hamm NJW-RR 2014, 325 f. = FamRZ 2013, 1909; OLG Stuttgart BeckRS 2013, 18813 (zu 3.2) = FamRZ 2014, 391 (393); NJW 2013, 2125 (2128) = FamRZ 2013, 1658 (1660 f.); KG NJOZ 2012, 1392 (1393 f.) = FamRZ 2012, 1218 (1219); *Holzwarth* NZFam 2014, 89.

93 Vgl. OLG Hamm NJW-RR 2014, 325 f. = FamRZ 2013, 1909.

94 Vgl. BGH NJW-RR 2011, 283 Rn. 8 ff. = FamRZ 2011, 479.

95 So OLG Naumburg NJOZ 2012, 528 = FamRZ 2012, 1057.

96 Vgl. OLG Brandenburg NJW-RR 2015, 386 Rn. 14.

97 Vgl. BGH NJW-RR 1989, 286 (290); NJW 2003, 1457 (1458) = FamRZ 2003, 1010 (1011); ihm zu §§ 35, 36 InsO folgend OLG Frankfurt FamRZ 2004, 1043.

98 Vgl. BGHZ 92, 339 (341 ff.) = NJW 1985, 976 (977).

99 Vgl. BGHZ 160, 197 (200 ff.) = NJW 2004, 3770 (3771) zu Ansprüchen gegen das Versorgungswerk für Rechtsanwälte in Baden-Württemberg; BGH NJOZ 2007, 1970 Rn. 5 f. = FamRZ 2007, 1012 zu Ansprüchen gegen die Versorgungsanstalt der deutschen Bezirksschornsteinfegermeister.

**Zum Tenor:** Wird ein gepfändetes Anrecht intern geteilt, hat das OLG Nürnberg nachfolgenden Tenor vorgeschlagen: 18

„Im Wege der internen Teilung wird zu Lasten des Anrechts des Antragsgegners bei der A.L. … (Vers. Nr. …) zugunsten der Antragstellerin ein Anrecht in Höhe von 5.210,60 EUR nach Maßgabe der Teilungsordnung der A.L. …-AG in der Fassung vom 1.12.2012 sowie nach Maßgabe des Tarifs …, bezogen auf den 31.3.2016, übertragen. Die Übertragung erfolgt mit allen sich aus den Pfändungs- und Überweisungsbeschlüssen des Amtsgerichts Fürth vom 2.11.2016, Az. 751 M … und 29.3.2017, Az. 751 M … ergebenden Beschränkungen.“[100]

Ist das Versorgungsanrecht durch **Zuwendungen Dritter** erworben worden, muss differenziert werden. Außer Betracht bleiben solche Anrechte, die dadurch begründet worden sind, dass ein Dritter schenkweise für einen der Ehegatten freiwillige Beiträge zur gesetzlichen Rentenversicherung unmittelbar an den Versicherungsträger gezahlt hat.[101] Hat der Dritte dagegen die Geldmittel dem Ehegatten zur Verfügung gestellt und wurden sie von dem Ehegatten zum Erwerb von Versorgungsanrechten verwendet, unterliegen sie unabhängig von einer anderweitigen Zweckbindung grundsätzlich dem Versorgungsausgleich.[102] Eine Ausnahme gilt nur dann, wenn die Zuwendungen in der Weise gemacht worden sind, dass sie wirtschaftlich einer Direktleistung von Beiträgen an den Versicherungsträger durch den Dritten gleichzustellen sind,[103] was etwa bei einer Schenkung von Beitragsmarken anzunehmen sein konnte.[104] 19

Die auszugleichenden Versorgungsanrechte müssen in der Ehezeit **„geschaffen oder aufrechterhalten“** worden sein. Geschaffen bedeutet, dass das Versorgungsanrecht entstanden oder ausgebaut worden ist. Eine Anwartschaft ist in der Ehezeit aufrechterhalten worden, wenn die Bedingungen für die Versorgung bzw. künftige Versorgung auch während der Ehezeit erfüllt worden sind.[105] Das ist zB der Fall, wenn ein Beamter bereits bei Eheschließung 40 (nach früherem Recht 35) ruhegehaltfähige Dienstjahre zurückgelegt und damit den Höchstsatz für seine spätere Versorgung erreicht hatte. Die Ehejahre steigern seine Versorgung somit zwar nicht mehr, die spätere Versorgung wird ihm aber dennoch auch für den Dienst während der Ehezeit gewährt. Denn würde der Dienst vor Eintritt des Versorgungsfalles enden, so würde die Versorgungsanwartschaft entfallen. Der Beamte hält seine Versorgungsanwartschaft somit durch seinen Dienst in der Ehezeit aufrecht. Auszugleichen ist auch ein Anrecht, bei dem Leistungsansprüche ruhen, dem Grunde nach aber nicht erlöschen, wie dies etwa für Verpflichtungen der Versorgungsanstalt der Deutschen Bundespost gilt, soweit sie von ihren Leistungspflichten durch eine parallele Verpflichtung eines Nachfolgeunternehmens der Deutschen Bundespost freigestellt ist. In solchen Fällen sind beide Anrechte in den Ausgleich einzubeziehen, wobei im Rahmen der externen Teilung nur das Nachfolgeunternehmen verpflichtet ist, den zur Begründung eines Anrechts für den Ausgleichsberechtigten erforderlichen Kapitalbetrag zu zahlen.[106] 20

Wegen der mit der Ehezeit vorgegebenen zeitlichen Zäsur ist entscheidend, durch welchen konkreten Vorgang das Anrecht geschaffen bzw. – wie es in § 1 Abs. 1 heißt – erworben wurde. Bei der **Nachentrichtung von Beiträgen** der gesetzlichen Rentenversicherung ist die Einzahlung der Beiträge als maßgebender Akt der Begründung anzusehen (→ § 3 Rn. 28).[107] Um die Stichtage für den Versorgungsausgleich und den güterrechtlichen Ausgleich zu harmonisieren, unterliegen Anwartschaften auf Grund von nachentrichteten Beiträgen für die Ehezeit nicht dem Versorgungsausgleich, wenn die Beiträge nach dem Eintritt der Rechtshängigkeit des Scheidungsantrags gezahlt werden.[108] Denn dann unterliegt der hierfür erforderliche Geldbetrag aus dem Vermögen des Ehegatten dem Zugewinnausgleich. 21

---

[100] OLG Nürnberg FamRZ 2018, 336 = NJW 2017, 3606.

[101] BGH BeckRS 1982, 31071322 (zu II 2 d) = NJW 1983, 875 Ls. = FamRZ 1983, 262 (263); Soergel/*Häußermann* Rn. 148.

[102] So BGH BeckRS 1986, 31075423 (zu II 1 a) = FamRZ 1987, 48 (49); OLG Koblenz BeckRS 2005, 00348 = FamRZ 2005, 1255; Johannsen/Henrich/*Holzwarth* Rn. 20; aA zur Maßgeblichkeit der Zweckbindung der Zuwendung OLG Köln FamRZ 1984, 64 f.; Soergel/*Häußermann* Rn. 148; ähnlich wohl auch OLG Nürnberg NJW-RR 1997, 132 (133) = FamRZ 1996, 1550 (1551).

[103] Vgl. etwa OLG Nürnberg NJW-RR 1997, 132 (133) = FamRZ 1996, 1550 (1551).

[104] BGH NJW 1984, 1542 f. = FamRZ 1984, 570 (571 f.); vgl. *v. Einem* Amtl. Mitt. LVA Rheinpr. 1984, 464.

[105] BT-Drs. 7/650, 155.

[106] Vgl. BGH NJW-RR 2016, 772 Rn. 13 = FamRZ 2016, 1245; NZFam 2015, 63 Rn. 14 ff. = FamRZ 2015, 234; OLG Koblenz BeckRS 2015, 06560 Rn. 8 = FamRZ 2015, 1293 Ls.

[107] BGH NJW-RR 2015, 900 Rn. 9 = FamRZ 2015, 1279; BGHZ 81, 196 (200) = NJW 1982, 102 (103) = FamRZ 1981, 1169 (1170) mAnm *Maier* SGb 1982, 496 für freiwillige Beiträge; BGH NJW 1985, 2024 = FamRZ 1985, 687 für Pflichtbeiträge.

[108] BGHZ 81, 196 (208 f.) = NJW 1982, 102 (104 f.) = FamRZ 1981, 1169 (1172); s. auch Soergel/*Lipp* BGB § 1587 Rn. 30.

22 **b) Zur Absicherung im Alter oder bei Invalidität (Abs. 2 Nr. 2).** Das frühere Recht orientierte sich mit der „Versorgung wegen Alters oder verminderter Erwerbsfähigkeit" an der Begriffswelt der gesetzlichen Rentenversicherung, auf die zur Begriffsbestimmung zurückzugreifen war.[109] Es reicht aber nicht aus, dass der Ehegatte eine Vermögensposition mit der Zielsetzung erworben hat, seinen Lebensunterhalt im Alter oder bei Erwerbsminderung sicher zu stellen.[110] Beispielsweise handelt es sich nicht um eine auszugleichende Versorgung, wenn der Ehegatte mit dieser Zielsetzung ein Mietshaus erwirbt. Erforderlich ist vielmehr, dass die Bezüge regelmäßig geleistet werden und in unmittelbarem Zusammenhang mit dem abgedeckten Risiko stehen. Daran fehlt es in dem Beispiel des Mietshauses, da die Mieteinnahmen auch durch einen Dritten generiert werden können und da diese dem Berechtigten auch zustehen, wenn sich das Risiko noch nicht verwirklicht hat. Ohne inhaltlich hieran etwas ändern zu wollen,[111] verwendet das VersAusglG **anstelle der verminderten Erwerbsfähigkeit** den Begriff der **Invalidität,** der in vielen betrieblichen Versorgungsordnungen anzutreffen ist. War es bislang schon nicht erforderlich, dass die in den Versorgungsausgleich einzubeziehenden Versorgungsanrechte in allen Einzelheiten den rentenversicherungsrechtlichen Tatbestandsmerkmalen entsprachen, umschreibt der Begriff der Invalidität eine bei allen Versorgungen mögliche Einschränkung der Arbeits- oder Dienstfähigkeit vor dem Erreichen der Regelaltersgrenze. Beispielhaft werden verminderte Erwerbsfähigkeit, Berufsunfähigkeit und Dienstunfähigkeit genannt.

23 Eine Versorgung wegen **Alters** setzt voraus, dass eine Leistung wegen Erreichens eines bestimmten Lebensalters gewährt wird, um die Versorgung im Anschluss an die mögliche Beendigung des aktiven Arbeitslebens sicherzustellen;[112] dabei kommt es nicht auf die Leitbilder der öffentlich-rechtlichen Leistungssysteme an.[113] Keine Versorgung wegen Alters stellt eine private Rentenversicherung dar, die Leistungen schon lange vor Erreichen der allgemeinen Altersgrenze während des aktiven Erwerbslebens des Versicherten gewährt.[114] Eine solche Versicherung dient der Erzielung weitere Einnahmen und ist daher als reine Kapitalanlage anzusehen, die dem güterrechtlichen Ausgleich unterliegt. Hinsichtlich des Alters und der hierauf beruhenden Feststellung des Übertragungswerts einer betrieblichen Altersversorgung (§ 47 Abs. 3 iVm § 4 Abs. 5 BetrAVG) ist maßgeblich auf die einschlägige Versorgungsordnung abzustellen; unerheblich ist insoweit, wann durchschnittlich betrachtet ein Versorgungsfall eintritt.[115] Die zugesagte Leistung darf allerdings nicht nur eine reine Kompensationszahlung für den Verlust einer Beschäftigung darstellen. Übergangsgelder (§ 11 SVG) und Abfindungen für die Auflösung von Arbeits- und Dienstverhältnissen dienen nicht der Absicherung für das Alter.[116] Eine lebenslange Geldrente, die auf Grund einer Vereinbarung über die Übertragung von Gesellschaftsanteilen gewährt wird, kann Versorgungscharakter haben;[117] in dem entschiedenen Fall sprach gegen die bloße Annahme eines in Rentenform zu erbringenden Kaufpreises eine Wendung in der Vereinbarung, nach der auf die zu zahlenden Beträge kein Rechtsanspruch bestehe. Bei der Beurteilung der Zweckbestimmung einer Versorgungszusage können die von den Beteiligten verfolgten Motive und Ziele nur insoweit berücksichtigt werden, als sie in der Abrede ihren Ausdruck gefunden haben.[118] Entscheidend ist, dass die Zahlungen der Sicherung des Lebensbedarfs des Berechtigten im Anschluss an das aktive Erwerbsleben dienen sollen. Dies kann – wie der durch den Senat entschiedene Fall zeigt – auch bei einer wiederkehrenden Zahlung, die ab Vollendung des 50. Lebensjahres zu leisten ist, der Fall sein. Ist der Berechtigte noch jünger, wird der Charakter einer Zahlung als Altersversorgung aber nur unter ganz besonderen Umständen anzunehmen sein. Im Übrigen widerspricht es der Annahme einer Altersversorgung auch, wenn die Zahlungen mit fortschreitender Dauer abnehmen; denn dann ist naheliegend, dass sie einen vorübergehenden Einnahmeausfall aufgrund des Wegfalls eines Arbeitsplatzes oder einer vergleichbaren Position kompensieren sollen. Eine Altersversorgung würde demgegenüber tendenziell mit fortschreitender Dauer zunehmen, um das Versorgungsniveau zu erhalten. Diese Unterscheidung gilt

[109] Vgl. BGH NJW-RR 1988, 1090 (1092) = FamRZ 1988, 936 (938).
[110] *Borth* Versorgungsausgleich Kap. 1 Rn. 89.
[111] Vgl. BT-Drs. 16/10144, 46.
[112] Bejaht für die Sächsische Abgeordnetenversorgung BGH NJW-RR 2005, 730 (732) = FamRZ 2005, 696 (698); vgl. auch BGH NJW-RR 2007, 865 Rn. 13 = FamRZ 2007, 889 mAnm *Grziwotz* LMK 2007, 226253; NJW-RR 2001, 289 (290) = FamRZ 2001, 284 (285); NJW 2000, 3563 f. = FamRZ 2001, 27 (28); verneint für eine Rente ab 55 OLG Oldenburg BeckRS 2008, 23961 = FamRZ 2008, 2038.
[113] Vgl. BGH NJW-RR 1988, 1090 (1092) = FamRZ 1988, 936 (938).
[114] BGH FamRZ 2007, 889; *Borth* Versorgungsausgleich Kap. 1 Rn. 95.
[115] Vgl. OLG Köln NJW-RR 2015, 454 Rn. 23.
[116] *Borth* Versorgungsausgleich Kap. 1 Rn. 88.
[117] Vgl. BGH NJW-RR 1988, 1090 (1091 f.) = FamRZ 1988, 936 (938).
[118] Vgl. BGH NJW 1993, 1262 (1263) = FamRZ 1993, 684 (685).

im Übrigen auch dann, wenn die Zusage der Zahlungen abgesehen von der abnehmenden Höhe nach versorgungsrechtlichen Kriterien kalkuliert wird.

Ist die Versorgung (Versicherung) auf das Leben eines Dritten abgeschlossen, unterliegt sie dem Versorgungsausgleich auch dann nicht, wenn das Bezugsrecht dem Ehegatten zusteht und zu einem Zeitpunkt einsetzen soll, zu dem der Ehegatte aus dem Erwerbsleben ausgeschieden ist; denn es ist unter solchen Umständen zweifelhaft, ob die Versicherung der Absicherung im Alter oder bei Invalidität dient.[119] Daher unterliegen auch Versicherungen, die auf das Leben eines **Kindes** abgeschlossen sind, meist nicht dem Versorgungsausgleich. Typischerweise werden diese Versicherungen so abgeschlossen, dass die Versicherung als Rente mit Kapitalwahlrecht bei Vollendung des 18. Lebensjahrs des Kindes zur Zahlung fällig wird. Die Eltern werden meist nur widerruflich als Bezugsberechtigte bestimmt. An dem Charakter einer Altersversorgung fehlt es insbesondere dann, wenn die Rentenzusage so gering ist, dass sie nicht geeignet ist, Erwerbsminderungen der Eltern aufgrund Alters zu kompensieren, und wenn der Versicherungsfall zu einem Zeitpunkt eintritt, zu dem typischerweise nicht mit altersbedingten Erwerbseinbußen zu rechnen ist, weil der Bezugsberechtigte zu diesem Zeitpunkt die allgemeine Altersgrenze noch (lange) nicht erreicht haben wird.[120] Weiterhin fehlt es an dem Versorgungscharakter auch dann, wenn die Versicherung erst bei Erreichen des Rentenalters des Kindes zur Auszahlung kommen soll;[121] denn dann ist eine Absicherung des Kindes und nicht eine Absicherung des jeweiligen Ehegatten, der Versicherungsnehmer ist, gewollt. Ist die Versicherung auf das Leben eines Kindes abgeschlossen und das Kind unwiderruflich bezugsberechtigt, dient die Versicherung der Absicherung des Kindes, aber nicht eines Ehegatten. Ist das Kind demgegenüber nur widerruflich bezugsberechtigt, ist das Anrecht auszugleichen, da es weiterhin der Altersvermögenssphäre des versicherten Ehegatten zuzurechnen ist.[122] In diesem Fall ist allerdings aus den bereits genannten Gründen zu prüfen, inwieweit die Versicherung der Absicherung des versicherten Elternteils gegen Erwerbseinbußen, die altersbedingt oder bedingt durch Erwerbsminderung eintreten, dienen soll. 24

Eine isoliert zugesagte **Hinterbliebenenversorgung** unterliegt dem Versorgungsausgleich nicht.[123] Soweit sie jedoch zum Leistungsspektrum einer Alters- oder Invaliditätsversorgung gehört, soll ihr Wert nach der Vorstellung des Gesetzgebers, die freilich im Wortlaut des Abs. 2 Nr. 2 keinen Niederschlag gefunden hat und über die eigentliche Zwecksetzung des Versorgungsausgleichs hinausgeht, bei der Ermittlung des Ehezeitanteils und des Ausgleichswerts aus Praktikabilitätsgründen einbezogen werden, wie es für sie als unselbständige Annexleistung eines Anrechts aus den Regelsicherungssystemen auch nach früherem Recht der Fall war.[124] Das gilt auch dann, wenn die Leistung zugunsten des bei Erteilung der Zusage mit dem Versprechensempfänger verheirateten Ehegatten erbracht werden soll. Dies ergibt sich aus § 11 Abs. 1 Nr. 3. Ist der Wert der Hinterbliebenenversorgung bei der Berechnung des in der Ehezeit erworbenen Kapitalwerts berücksichtigt, ist dieser Wert auszugleichen. Sofern für das übertragene Anrecht keine Hinterbliebenenversorgung vorgesehen ist, ist dies bei der Bemessung der dem Kapital entsprechenden reinen Altersleistung zu berücksichtigen (→ § 11 Rn. 26 ff.). Eine Leistung nach dem KLG für Mütter der Geburtsjahrgänge vor 1921 ist kein Anrecht iSd § 2 Abs. 2 Nr. 2 (→ Rn. 11).[125] Gleiches gilt für entsprechende Leistungen an Mütter der Geburtsjahrgänge vor 1927, die am 18.5.1990 ihren gewöhnlichen Aufenthalt im Beitrittsgebiet hatten (§ 294a SGB VI).[126] Auch (nur zeitweise gewährte) Übergangsgelder der Abgeordnetenversorgung dienen nicht der Absicherung im Alter und bei Invalidität.[127] Der als Anerkennung für ehrenamtlich geleistete Dienste gezahlte Ehrensold für Ehrenbeamte wird ebenfalls nicht als (zusätzliche) Versorgungsleistung gewährt.[128] 25

---

119 Vgl. OLG Zweibrücken NJW-RR 2011, 803 f.; Johannsen/Henrich/*Holzwarth* Rn. 25; aA OLG Brandenburg NJW-RR 2015, 1221 Rn. 2 f. = FamRZ 2015, 1798 (1799), das zwar die Zuordnung des Anrechts, nicht aber seinen Absicherungszweck iSd § 2 Abs. 2 Nr. 2 behandelt; krit. insoweit auch *Poppen* NZFam 2015, 430.

120 OLG München FamRZ 2018, 255; OLG Hamm FamRZ 2017, 436.

121 OLG Hamm NZFam 2016, 1108.

122 OLG Hamm FamRZ 2016, 549; aA OLG Zweibrücken FamRZ 2011, 1228.

123 Vgl. BGH NJW-RR 1992, 194 (195) = FamRZ 1992, 165 (166); OLG Koblenz OLGR 2004, 435 (436); *Borth* Versorgungsausgleich Kap. 1 Rn. 85.

124 Vgl. BT-Drs. 16/10144, 46; dem folgend für eine betriebliche Altersversorgung OLG Frankfurt NJOZ 2015, 1353 Rn. 22 = FamRZ 2015, 1112 (1113).

125 Vgl. BGH NJW 1991, 1825 (1826) = FamRZ 1991, 675 f.

126 Vgl. OLG Jena FamRZ 1998, 1438.

127 Vgl. OLG Brandenburg NJW-RR 2002, 1012 (1014) = FamRZ 2002, 754 (755) zu § 1587 Abs. 1 BGB aF.

128 Vgl. für den Ehrensold nach dem rheinland-pfälzischen Ehrensoldgesetz (EhrsoldG) BGH NJW-RR 2011, 1369 Rn. 13–21 = FamRZ 2011, 1287; OLG Koblenz BeckRS 2009, 21917 = FamRZ 2010, 212 (213).

26 Eine Versorgung wegen **Invalidität** beruht auf einer Minderung der Erwerbsfähigkeit infolge von Krankheit oder anderen Gebrechen oder Schwäche der körperlichen oder geistigen Kräfte. Damit unterliegen zB Leistungen der Arbeitslosenversicherung nicht dem Versorgungsausgleich. Denn Grund ihrer Gewährung ist keine krankheitsbedingte Minderung der Erwerbsfähigkeit. Dem Versorgungsausgleich unterliegt demgegenüber die (häufige) Zusage einer Invalidenrente durch den Arbeitgeber, die bis zum Erreichen der allgemeinen Altersgrenze zu zahlen ist, sofern die Invalidität solange andauert.[129]

27 **Berufsunfähigkeitsversicherungen** oder mit Lebensversicherungen verbundene **Berufsunfähigkeits-Zusatzversicherungen** sind Risikoversicherungen, die – in der Regel[130] – mit dem jeweils letzten Beitrag aufrechterhalten werden und für die vor dem Versicherungsfall kein Deckungskapital gebildet wird.[131] Ob der Fall der Berufsunfähigkeit eintritt und ob die Prämien bis zum Eintritt eines solchen Versicherungsfalls gezahlt werden, ist ungewiss, wenn die Prämienzahlungspflicht über das Ehezeitende hinausgeht. Nach dem bis zum 31.8.2009 geltenden Recht unterlagen sie dem öffentlich-rechtlichen Versorgungsausgleich daher nur dann, wenn der Versicherungsfall bei Ehezeitende bereits eingetreten war.[132] Dies war bei einer Versorgungszusage für eine Invaliditätsrente anders zu beurteilen, wenn die Anwartschaft – etwa in der betrieblichen Altersversorgung – nicht von einer Prämienzahlung des Ehegatten abhing.[133] Nach neuem Recht unterliegen Anrechte der **Privatvorsorge wegen Invalidität** allgemein nicht mehr dem Wertausgleich und einer internen Teilung,[134] sondern unter den Voraussetzungen der **Sondervorschrift des § 28** dem schuldrechtlichen Ausgleich nach den §§ 20–22. Danach muss der Versicherungsfall in der Ehezeit eingetreten sein und die ausgleichsberechtigte Person muss am Ende der Ehezeit ebenfalls eine laufende Versorgung wegen Invalidität beziehen oder die gesundheitlichen Voraussetzungen hierfür erfüllen (iE § 28). Anders als nach § 223 FamFG, der für Ausgleichsansprüche nach der Scheidung (§§ 20–26) einen Antrag verlangt, ist für den Ausgleich einer Invaliditätsrente der Privatvorsorge – wie für den Wertausgleich bei der Scheidung – ein Antrag nicht erforderlich (§ 137 Abs. 2 S. 2 FamFG).

28 Wird im Rahmen der betrieblichen Altersversorgung eine Direktversicherung abgeschlossen, die einen Invaliditätsschutz enthält, gelten diese Beschränkungen nicht.[135] Allerdings kommt in diesem Fall eine Beschränkung des Ausgleichs gem. § 27 in Betracht, wenn der Ausgleichsberechtigte die Anforderungen für den Bezug einer Versorgung wegen Invalidität nicht erfüllt.

29 Ist in diesem Fall der Invaliditätsschutz darauf beschränkt, dass die Verpflichtung, Prämien für die Hauptversicherung zu zahlen (sog. BUZ) im Fall des Eintritts von Invalidität entfällt, liegt hinsichtlich der BUZ kein auszugleichendes Anrecht vor;[136] denn insoweit dient die BUZ dem Schutz des Arbeitgebers, der ansonsten trotz der Erwerbminderung die Beiträge zu zahlen hätte. Allerdings ist in diesem Fall hinsichtlich der Hauptversicherung der Ehezeitanteil unter der Annahme der Fortzahlung der Beiträge zu berechnen, auch wenn das Arbeitsverhältnis aufgrund der Erwerbsminderung vorzeitig aufgehoben werden sollte.

30 **c) Grundsätzlich auf eine Rente gerichtet (Abs. 2 Nr. 3).** Grundsätzlich muss ein Anrecht, soll es in den Versorgungsausgleich einbezogen werden, auf eine **Rente,** also eine **regelmäßig wiederkehrende Geldleistung,** gerichtet sein. Damit unterliegen **Sachleistungen** und Wohnrechte dem Versorgungsausgleich nicht.[137] Im Zusammenhang mit der Neuregelung in § 2 Abs. 2 Nr. 3, nach der ein Anrecht iSd **BetrAVG** oder des **AltZertG unabhängig von der Leistungsform** auszugleichen ist, ist indes vertreten worden, es müssten auch Sachleistungen der betrieblichen Altersversorgung, wie etwa ein Stromdeputat, ausgeglichen werden.[138] Dem ist der BGH nicht gefolgt.[139] Zwar ist in der Rspr. der Arbeitsgerichte anerkannt, dass der Leistungsbegriff des BetrAVG nicht nur Geldleistungen, sondern auch Sach- und Nutzungsleistungen, insbesondere Deputate,

---

[129] BGH FamRZ 2014, 1529; zum Ausgleich in der betrieblichen Altersversorgung BGH NJW-RR 2017, 1026.
[130] Zum Ausgleich einer von vornherein beitragsfrei ausgestalteten Berufsunfähigkeits-Zusatzversicherung vgl. BGH NJW-RR 1994, 130 (131) = FamRZ 1994, 559 (560).
[131] Vgl. BGH NJW-RR 2017, 1026; OLG Frankfurt BeckRS 2013, 21410 (zu II) = FamRZ 2014, 761 (763).
[132] BGH NJOZ 2005, 4380 (4381) = FamRZ 2005, 1530; NJW-RR 1993, 195 (197) = FamRZ 1993, 299 (301 f.); NJW 1986, 1344 (1345) = FamRZ 1986, 344 (345).
[133] AA wohl OLG Köln BeckRS 2007, 01965 = FamRZ 2007, 1741 f.; wie hier *Glockner* FamRZ 2007, 1742.
[134] Vgl. BT-Drs. 16/10144, 69 f.
[135] BGH NJW-RR 2017, 1026.
[136] OLG Koblenz FamRZ 2001, 995 Rn. 28; *Borth* Versorgungsausgleich Kap. 1 Rn. 107.
[137] Vgl. BGH LM BGB § 1587 Nr. 68 mAnm *Langenfeld* = NJW-RR 1993, 901 = FamRZ 1993, 682 (683) für entspr. ausbedungene Leistungen in einem Leibgedinge.
[138] Vgl. *Wick* BetrAV 2011, 131; *Hauß* FamRB 2010, 361 (362).
[139] Vgl. BGH NJW-RR 2014, 323 Rn. 15 ff. = FamRZ 2013, 1795.

erfassen kann.[140] Dem Gesetzgeber ging es indes vor allem darum, in diesem Bereich **Kapitalleistungen**[141] in den Versorgungsausgleich einzubeziehen.[142] Bekanntlich unterlagen nach dem bis zum 31.8.2009 geltenden Recht Anrechte aus Lebensversicherungen, die auf Zahlung eines Kapitalbetrages gerichtet waren, allgemein nicht dem Versorgungsausgleich.[143] Dies galt auch für solche Kapitallebensversicherungen, die zur Befreiung von der gesetzlichen Versicherungspflicht abgeschlossen worden waren[144] oder die im Rahmen einer betrieblichen Altersversorgung bestanden,[145] auch für ein vom Arbeitgeber als Einmalleistung zugesagtes „Alterskapital"[146] und auch für den Fall, dass zwischen den Ehegatten Gütertrennung vereinbart war (näher → 6. Aufl. 2013, Rn. 16).[147] Den güterrechtlichen Ausgleich hielt der Gesetzgeber insoweit nicht (mehr) für sachgerecht. Denn er war mit dem Nachteil verbunden, dass der ausgleichspflichtige Ehegatte die notwendige Liquidität für den Ausgleich aus seinem sonstigen Vermögen gewinnen musste; ferner war er in der Lage, das Anrecht durch Ausübung eines (bestehenden) Kapitalwahlrechts dem Versorgungsausgleich zu entziehen.[148] Das ist nach neuem Recht nicht mehr möglich,[149] auch nicht bei Fortführung einer nach Ausscheiden aus dem Arbeitsverhältnis begründeten Direktversicherung hinsichtlich der vom Arbeitgeber finanzierten betrieblichen Altersversorgung.[150] Für Anrechte nach dem AltZertG hat der Gesetzgeber erwogen, dass bei diesen Anlageformen eine reguläre Auszahlung vor Vollendung des 60. Lebensjahres grundsätzlich nicht möglich ist und nur Auszahlungsarten begünstigt sind, die dem Anleger oder der Anlegerin eine lebenslange Altersversorgung gewähren.[151]

Erwirbt ein Arbeitnehmer ein Anrecht durch Eigenbeiträge, für das der Arbeitgeber nicht 31
einstandspflichtig ist, oder führt er nach dem Ausscheiden aus dem Betrieb eine Versicherung durch Leistung von Eigenbeiträgen fort, ist das Anrecht insoweit nach § 46 zu bewerten. Ist das Anrecht auf Auszahlung eines Kapitals gerichtet, unterfällt es insoweit dem Versorgungsausgleich nicht, sondern ist güterrechtlich auszugleichen.[152]

Vor diesem Hintergrund vermochte der BGH der erweiterten Gesetzesfassung nicht zu entneh- 32
men, dass der Gesetzgeber auch **betrieblich zugesagte Sachleistungen** in den Versorgungsausgleich einbeziehen wollte.[153] Weitere Sachgründe sprechen gegen eine solche Einbeziehung. Die gesetzlichen Ausgleichsmechanismen setzen Anrechte voraus, die auf eine Geldleistung in der Form einer Rente oder eines Kapitalbetrags zielen. Dies gilt namentlich für den schuldrechtlichen Ausgleich, der nach § 20 Abs. 1 S. 1 auf Zahlung einer schuldrechtlichen Ausgleichsrente gerichtet ist und immer dann in Betracht kommt, wenn – wie es für Sachleistungen vielfach anzunehmen ist – es an einem bereits hinreichend verfestigten Anrecht im Zeitpunkt des Endes der Ehezeit fehlt.[154] Wegen des möglichen Wegfalls der Anspruchsvoraussetzungen für die Gewährung der Sachleistung lässt sich ein entsprechendes Recht auch nicht nach § 23 abfinden.[155] Haben Eheleute vor dem Inkrafttreten des VAStrRefG eine abschließende Regelung zu ihren güterrechtlichen und vermö-

[140] Vgl. BAGE 133, 289 Rn. 23 f. = NZA-RR 2011, 146 = FamRZ 2010, 1559 Ls.
[141] Vgl. zu solchen Konstellationen BGH NJW-RR 2014, 1217 Rn. 7 f. = FamRZ 2014, 1613; NJW-RR 2013, 388 Rn. 11 = FamRZ 2013, 207.
[142] Vgl. BT-Drs. 16/10144, 46.
[143] Vgl. OLG Bamberg NJW-RR 2001, 1085 = FamRZ 2001, 997 zur betrieblichen Altersversorgung der Robert Bosch GmbH; abl. *Glockner/Goering* FamRZ 2002, 282 (285) mit dem Hinweis, im Invaliditätsfall seien Rentenleistungen zugesagt; OLG Stuttgart BeckRS 2001, 30164392 (zu II 2) = FamRZ 2001, 998 f. zum Versorgungsguthaben der Deutschen Telekom AG.
[144] Vgl. BGHZ 88, 386 (389 ff.) = NJW 1984, 299 (300 f.) = FamRZ 1984, 156 (157) zur Befreiung nach Art. 2 § 1 AnVNG aF; OLG Frankfurt BeckRS 2010, 18661 = FamRZ 1981, 794; OLG Stuttgart BeckRS 2010, 09616 = FamRZ 1983, 815; aA *Friederici* NJW 1979, 2550 (2552).
[145] Vgl. BGHZ 88, 386 (394 ff.) = NJW 1984, 299 (301 f.) = FamRZ 1984, 156 (158 f.) in Bestätigung der Vorinstanz OLG München BeckRS 2010, 16129 (zu II 3) = FamRZ 1981, 277 f.; OLG Oldenburg FamRZ 2007, 53; OLG Saarbrücken NJW-RR 2000, 293; OLG Bamberg BeckRS 1980, 30984881 = FamRZ 1981, 279 f.; OLG Frankfurt BeckRS 2010, 18874 = FamRZ 1981, 280 f.
[146] Vgl. BGH FPR 2003, 23 = FamRZ 2003, 153; vgl. auch OLG Hamm NJW 2007, 1600 f. für das „OpelVersicherungsKonto" und OLG Hamburg BeckRS 2007, 08886 (zu II 3) = FamRZ 2007, 734 f. für das Kapitalleistungssystem der Airbus Deutschland GmbH.
[147] Vgl. BGH NJW-RR 2005, 1379 = FamRZ 2005, 1463.
[148] Vgl. BT-Drs. 16/10144, 46 unter Bezugnahme auf BGHZ 153, 393 (395 f.) = NJW 2003, 1320 = FamRZ 2003, 664; OLG Naumburg NJW-RR 2009, 870 = FamRZ 2009, 616.
[149] Vgl. BGH NJW-RR 2014, 1217 Rn. 7 f. = FamRZ 2014, 1613.
[150] Vgl. OLG Köln BeckRS 2015, 10248 Rn. 3 f. = FamRZ 2015, 1798.
[151] Vgl. BT-Drs. 16/10144, 47.
[152] *Borth* Versorgungsausgleich Kap. 1 Rn. 98.
[153] Vgl. BGH NJW-RR 2014, 323 Rn. 19 = FamRZ 2013, 1795.
[154] Vgl. BGH NJW-RR 2014, 323 Rn. 20 ff. = FamRZ 2013, 1795.
[155] Vgl. BGH NJW-RR 2014, 323 Rn. 23 = FamRZ 2013, 1795.

gensrechtlichen Verhältnissen getroffen, ist nach dessen Inkrafttreten ein auf eine Kapitalleistung gerichtetes Anrecht der betrieblichen Altersversorgung in den Versorgungsausgleich einzubeziehen, wenn sich nicht feststellen lässt, dass es im Rahmen der güterrechtlichen Vereinbarung ausgeglichen worden ist.[156]

33 Für die **übrigen Anrechte** bleibt es jedoch bei dem **Grundsatz,** dass sie auf eine Rente gerichtet sein müssen, um dem Versorgungsausgleich zu unterliegen.[157] Für eine Einbeziehung von Kapitalleistungen berufsständischer Versorgungsträger hat der Gesetzgeber kein praktisches Bedürfnis gesehen. Für private Kapital-Lebensversicherungen hat er erwogen, sie hätten strukturell nicht immer Vorsorgecharakter, sondern dienten teilweise der Finanzierung größerer Anschaffungen und dem Konsum und erlaubten in der Anwartschaftsphase Verfügungen über das angesparte Kapital. Daher sollen insoweit nur auf Rentenleistungen gerichtete Anrechte dem Versorgungsausgleich unterliegen.[158] Soll ein solcher Lebensversicherungsvertrag mit Rentenwahlrecht in den Versorgungsausgleich einbezogen werden, muss dieses – wegen der Abgrenzung, ob das Anrecht in den Versorgungsausgleich oder in den güterrechtlichen Ausgleich fällt – bis zum Eintritt der Rechtshängigkeit des Scheidungsantrags (vgl. § 1384 BGB) ausgeübt worden sein.[159] Zu beachten bleibt auch die Rspr., nach der die Ausübung eines Kapitalwahlrechts für eine private Rentenversicherung nach der Rechtshängigkeit des Scheidungsantrags dazu führt, dass es im Zeitpunkt der Entscheidung an einer ausgleichbaren Rentenanwartschaft fehlt; unter solchen Umständen bleibt für die nunmehr auf Kapitalleistung gerichtete Versorgung nur der güterrechtliche Ausgleich.[160] Das Gleiche gilt für ein betrieblich erworbenes Anrecht des Gesellschafter-Geschäftsführers einer GmbH, das noch vor dem Ende der Ehezeit in eine private Kapitalversicherung umgewandelt worden ist;[161] denn ein solches „betriebliches“ Anrecht unterliegt nicht dem BetrAVG und ist deshalb nur dann im Versorgungsausgleich auszugleichen, wenn es auf eine Rente gerichtet ist.[162]

34 Die Regelungen des **BetrAVG** sind nicht auf den Kreis der Arbeiter und Angestellten einschließlich der zu ihrer Berufsausbildung Beschäftigten beschränkt, sondern sie gelten nach § 17 Abs. 1 S. 2 BetrAVG entsprechend auch für andere Personen, wenn ihnen Leistungen der Alters-, Invaliditäts- oder Hinterbliebenenversorgung aus Anlass ihrer Tätigkeit für ein Unternehmen zugesagt worden sind. Die weite Fassung dieser Norm wird in der Rspr. des BGH – dem Grundcharakter des BetrAVG als eines hauptsächlich dem Schutz von Arbeitnehmern dienenden Gesetzes entsprechend – einschränkend dahin ausgelegt, dass die Geltung der §§ 1–16 BetrAVG auf **Personen** begrenzt bleibt, deren Lage im Falle einer Pensionsvereinbarung mit der eines **Arbeitnehmers annähernd vergleichbar** ist. Zwar fallen Organpersonen rechtsfähiger Gesellschaften nicht ohne weiteres aus dem Geltungsbereich des BetrAVG heraus.[163] Das Gesetz ist aber (mit seinen Regelungen zur Unverfallbarkeit)[164] nicht anzuwenden auf **Gesellschafter-Geschäftsführer,** die allein oder zusammen mit anderen Gesellschafter-Geschäftsführern eine Beteiligungsmehrheit halten und nach der Verkehrsanschauung ihr eigenes Unternehmen leiten.[165] Dabei sind Fallgestaltungen denkbar

156 Vgl. OLG Celle BeckRS 2011, 20124 = FamRZ 2011, 1228 f.

157 Vgl. OLG Brandenburg BeckRS 2014, 07025 (zu II 3) für eine Risikolebensversicherung; *Merten/Baumeister* DB 2009, 957 für Anrechte eines beherrschenden Gesellschafters-Geschäftsführers, auf die das BetrAVG nicht anwendbar ist.

158 Vgl. BT-Drs. 16/10144, 47; so auch BGH NJW-RR 2012, 769 Rn. 15–17 = FamRZ 2012, 1039; NJW-RR 2011, 1633 Rn. 18 = FamRZ 2011, 1931.

159 BGH NJW-RR 2005, 1379 = FamRZ 2005, 1463; BGHZ 153, 393 (395) = NJW 2003, 1320 = FamRZ 2003, 664; BGH NJW 1993, 1262 (1263) = FamRZ 1993, 684 (685); BGHZ 117, 70 (76) = NJW 1992, 1103 (1105) = FamRZ 1992, 411 (412); BGHZ 88, 386 (393) = NJW 1984, 299 (301) = FamRZ 1984, 156 (158); Soergel/*Häußermann* Rn. 120.

160 Vgl. BGH NJW-RR 2012, 769 Rn. 12 = FamRZ 2012, 1039; NJW-RR 2011, 1633 Rn. 21 = FamRZ 2011, 1931; OLG Hamm BeckRS 2012, 21733 (zu II 1) = FamRZ 2013, 957 (958); NJW 2013, 547 = FamRZ 2013, 303 (304); zum früheren Recht BGHZ 153, 393 (397 f.) = NJW 2003, 1320 f. = FamRZ 2003, 664 (665); abl. hierzu *Deisenhofer* FamRZ 2003, 745; anders auch OLG Celle BeckRS 1999, 31153394 (zu II 1) = FamRZ 1999, 1200 (1201 f.); zur (verneinten) Anwendung der Härteklausel in einem solchen Fall OLG Naumburg NJW-RR 2009, 870 f. = FamRZ 2009, 616 f.

161 Vgl. BGH NJW-RR 2014, 323 Rn. 9 = FamRZ 2014, 104.

162 Vgl. BGH NJW 2015, 1599 Rn. 12 = FamRZ 2015, 998; OLG Hamm BeckRS 2013, 22252 (zu II 1) = FamRZ 2014, 754.

163 Zur Einbeziehung eines Anrechts des Geschäftsführers einer GmbH OLG Hamm BeckRS 2013, 06312 (zu II 3) = FamRZ 2013, 1305 (1306).

164 Vgl. zu einem solchen Fall OLG Stuttgart BeckRS 2013, 12128 (zu II 2) = FamRZ 2013, 1908.

165 Vgl. BGH NJW 2015, 1599 Rn. 12 = FamRZ 2015, 998; NJW-RR 2014, 449 Rn. 9 = FamRZ 2014, 731; zur Insolvenzsicherung einer Geschäftsführerpension BGHZ 77, 94 (101 f.) = NJW 1980, 2254 (2255); BGHZ 77, 233 (237, 242) = NJW 1980, 2257 (2259 f.); OLG Hamm BeckRS 2013, 22252 (zu II 1) = FamRZ 2014, 754.

und anzutreffen, in denen ein Gesellschafter – je nach seiner Kapitalbeteiligung und Leitungsmacht – einem Einzelkaufmann oder einem Arbeitnehmer gleichzustellen ist. Bei einem Statuswechsel zwischen Unternehmereigenschaft und Arbeitnehmereigenschaft richtet sich die Einbeziehung eines Versorgungsanrechts als ein solches der betrieblichen Altersversorgung, für dessen Würdigung nicht statisch auf den Zeitpunkt der entsprechenden Zusage abzustellen ist, danach, inwieweit die versprochene Versorgung zeitanteilig auf die Gesamttätigkeit als – oder wie ein – Arbeitnehmer entfällt.[166] Insoweit hat der BGH dieselben Grundsätze herangezogen, die auch für den Insolvenzschutz von Versorgungszusagen an diesen Personenkreis gelten.[167] Bei einem Wechsel in die Arbeitnehmereigenschaft ist zu beachten, dass die Unverfallbarkeitsfristen nach dem BetrAVG erst mit diesem Zeitpunkt zu laufen beginnen.[168]

**4. Versorgungsausgleich mit Auslandsbezug.** Unter welchen Voraussetzungen in Fällen mit Berührung zum Ausland ein Versorgungsausgleich stattfindet, ist zu § 1587 BGB knapp zusammengefasst (→ BGB § 1587 Rn. 33–37) und zu Art. 17 Abs. 3 EGBGB näher ausgeführt (→ 7. Aufl. 2018, EGBGB Art. 17 Rn. 80 ff.). Sind hiernach die Regeln über den Versorgungsausgleich anzuwenden, sind nicht nur inländische, sondern – wie sich aus § 2 Abs. 1 ergibt – auch ausländische Versorgungsanrechte einzubeziehen,[169] die die Voraussetzungen des Abs. 2 erfüllen. In der Durchführung des Ausgleichs bestehen indes **wesentliche Unterschiede zur früheren Rechtslage.** Der Einmalausgleich nach früherem Recht führte zu besonderen Schwierigkeiten, wenn sich ausländische Anwartschaften nicht zuverlässig feststellen und bewerten ließen (näher → 6. Aufl. 2013, Rn. 18). 35

Demgegenüber erlaubt der **Einzelausgleich nach neuem Recht** eine Einzelbetrachtung des jeweils erworbenen Anrechts, so dass grundsätzlich kein Hindernis besteht, ermittelte Ehezeitanteile von Anrechten zu teilen. Allerdings sieht das neue Recht Anrechte, die bei einem ausländischen, zwischenstaatlichen oder überstaatlichen Versorgungsträger bestehen, nach § 19 Abs. 2 Nr. 4 als nicht ausgleichsreif an, so dass insoweit nur Ausgleichsansprüche nach der Scheidung in Betracht kommen.[170] Damit wird dem Umstand Rechnung getragen, dass ein ausländischer Versorgungsträger nicht durch deutsche Gerichte verpflichtet werden kann, die ausgleichsberechtigte Person in sein Versorgungssystem aufzunehmen oder das Anrecht extern auszugleichen.[171] Hat ein Ehegatte solche Anrechte erworben, so findet der prinzipiell für die sonstigen Anrechte mögliche Wertausgleich nach § 19 Abs. 3 dann nicht statt, wenn dies für den anderen Ehegatten unbillig wäre (→ § 9 Rn. 10; → § 19 Rn. 21 ff.). In solchen Fällen sollte überlegt werden, ob eine Vereinbarung geschlossen werden kann, bei der der eine Ehegatte seine ausländischen Anwartschaften ungeteilt behält und der Wertausgleich im Übrigen in einer entsprechend herabgesetzten Höhe durchgeführt wird. 36

Teilweise unterliegen Rentenleistungen an **im Ausland lebende Berechtigte** Sondervorschriften. In den §§ 110–114 SGB VI wird näher geregelt, inwieweit im Ausland lebende Berechtigte Leistungen der gesetzlichen Rentenversicherung beanspruchen können. Ein nur vorübergehender Aufenthalt im Ausland berührt die Leistungsansprüche überhaupt nicht (§ 110 Abs. 1 SGB VI). Berechtigte, die ihren gewöhnlichen Aufenthalt im Ausland haben, erhalten dorthin im Grundsatz ebenfalls die nach dem SGB VI begründeten Leistungen (vgl. § 110 Abs. 2 SGB VI). Einschränkungen ergeben sich für Rehabilitationsleistungen, den Krankenversicherungsschutz (§ 111 SGB VI) und die Renten wegen verminderter Erwerbsfähigkeit und wegen Berufsunfähigkeit (§ 112 SGB VI). Darüber hinaus bestehen Besonderheiten für die Ermittlung der persönlichen Entgeltpunkte (§§ 113, 114 SGB VI). Die Bestimmung des § 113 Abs. 3 SGB VI, nach der – vorbehaltlich besonderer Abkommen (vgl. § 110 Abs. 3 SGB VI)[172] – die persönlichen Entgeltpunkte von Berechtigten im Ausland, soweit diese nicht einem Staat angehören, in dem die VO (EWG) 1408/71 anzuwenden ist, nur zu 70 % berücksichtigt wurden,[173] ist durch Art. 3 Nr. 2 Gesetz zur Verbesserung der Rechte von international Schutzberechtigten und ausländischen Arbeitnehmern vom 29.8.2013 (BGBl. 2013 I 3484) mWv 1.10.2013 aufgehoben worden. Für die Bewertung der Anrechte im Versorgungsaus- 37

166 Vgl. BGH NJW-RR 2014, 449 Rn. 12 = FamRZ 2014, 731.

167 Vgl. hierzu BGHZ 77, 233 (245, 249) = NJW 1980, 2257 (2259 f.).

168 Vgl. BGH NJW-RR 2014, 449 Rn. 13 = FamRZ 2014, 731.

169 Vgl. zum früheren Recht BGHZ 75, 241 (247) = NJW 1980, 47 (48) = FamRZ 1980, 29 (30 f.); BGH NJW 1982, 1939 = FamRZ 1982, 473 (474).

170 Vgl. BGH NJOZ 2013, 581 Rn. 14 = FamRZ 2013, 106 zu Anrechten in der irischen Sozialversicherung.

171 Vgl. BT-Drs. 16/10144, 62.

172 Vgl. etwa das Abkommen zwischen der Bundesrepublik Deutschland und der Republik Türkei über Soziale Sicherheit vom 30.4.1964, BGBl. 1965 II S. 1170; hierzu BGH NJW-RR 2007, 361 Rn. 16 = FamRZ 2007, 366 (367).

173 Vgl. etwa BGH NJW-RR 2000, 595 = FamRZ 2000, 418 (419) = IPRax 2001, 138 (139).

gleich sind diese Sonderregelungen, die das Stammrecht unberührt lassen, jedoch ohne Bedeutung.[174]

38 Wird eine **Ehe im Ausland geschieden,** hängt die Durchführung eines nach deutschem Kollisionsrecht (→ BGB § 1587 Rn. 33) vorzunehmenden Versorgungsausgleichs von der Anerkennung jener Entscheidung ab. Im Anwendungsbereich der Brüssel IIa-VO, die für Entscheidungen von Gerichten der EU (außer Dänemark) in Verfahren gilt, die seit dem 1.3.2005 eingeleitet worden sind, bedarf die Anerkennung keines besonderen Verfahrens (Art. 21 Abs. 1 Brüssel IIa-VO; vgl. auch das IntFamRG). Dasselbe gilt nach Art. 14 Abs. 1 Brüssel II-VO für Entscheidungen von Gerichten der „alten" Mitgliedstaaten (außer Dänemark) aus Verfahren, die seit dem 1.3.2001 eingeleitet worden sind.[175] Insoweit ist die Anerkennung inzident im Verfahren über den Versorgungsausgleich zu prüfen. Außerhalb dieses Bereichs kann der Versorgungsausgleich durchgeführt werden, wenn die Landesjustizverwaltung im Verfahren nach § 107 FamFG (früher Art. 7 § 1 FamRÄndG) festgestellt hat, dass die Voraussetzungen für die Anerkennung vorliegen. Lediglich bei sog Heimatstaatentscheidungen bedarf es eines förmlichen Anerkennungsverfahrens nicht (vgl. § 107 Abs. 1 S. 2 FamFG). Der Versorgungsausgleich kann dann auf Antrag in einem isolierten Verfahren geregelt werden.

### III. Keine zeitlichen Voraussetzungen (Abs. 3)

39 Um **Leistungen** aus einer Versorgung beziehen zu können, kommt es im Allgemeinen darauf an, dass über eine bestimmte Zeit hinweg Beiträge entrichtet worden sind oder die Zugehörigkeit zu dem Versorgungssystem bestanden hat. So entsteht ein Anspruch auf Beamtenversorgung grundsätzlich nur, wenn der Beamte eine ruhegehaltfähige Dienstzeit von mindestens fünf Jahren abgeleistet hat (§ 4 Abs. 1 Nr. 1 BeamtVG), oder ein Anspruch aus der gesetzlichen Rentenversicherung, wenn die für die jeweilige Rente erforderliche Wartezeit erfüllt ist (§ 50 SGB VI). Weiterhin ist es nicht erforderlich, dass für eine in der Alterssicherung der Landwirtschaft versicherte Person die Wartezeit von 15 Jahren erfüllt ist[176] oder für einen Beamten der EU, der das 60. Lebensjahr noch nicht vollendet hat, die Mindestdienstzeit von zehn Jahren.[177] Auch für die Höhe einer zu gewährenden Versorgung kann es auf die Erfüllung bestimmter zeitlicher Voraussetzungen ankommen. Eine auszugleichende **Anwartschaft** im Sinne dieses Gesetzes liegt jedoch nach § 2 Abs. 3 auch dann vor, wenn am Ende der Ehezeit eine für das Anrecht maßgebliche Wartezeit, Mindestbeschäftigungszeit, Mindestversicherungszeit oder ähnliche zeitliche Voraussetzung noch nicht erfüllt ist. **Hiernach hängt der Ausgleich – dem Grunde wie der Höhe nach – grundsätzlich nicht von der Erfüllung zeitlicher Voraussetzungen ab.** Kann der Ehegatte hingegen die Mindestvoraussetzungen für Leistungen aus der Versorgung im Zeitpunkt der Entscheidung zweifelsfrei nicht mehr erfüllen, was sich im Allgemeinen erst kurz vor dem Ende des aktiven Erwerbslebens feststellen lassen wird, ist das entsprechende Anrecht nicht auszugleichen.[178] Stellt sich nachträglich heraus, dass sich aus einer ausgeglichenen Anwartschaft mangels Erfüllung der zeitlichen Voraussetzungen keine Versorgungsleistungen ergeben, kann dies nach Maßgabe des § 51 (→ § 51 Rn. 60) oder des § 225 FamFG in einem Abänderungsverfahren berücksichtigt werden.

40 Für den Bereich der **gesetzlichen Rentenversicherung** bedeutet dies, dass eine auszugleichende Rentenanwartschaft schon dann vorliegt, wenn nur ein Monat in der Ehezeit mit einer im Recht der gesetzlichen Rentenversicherung rechtserheblichen Zeit belegt ist, unabhängig davon, ob nach dem Berufsweg der ausgleichspflichtigen Person eine spätere Erfüllung der Wartezeit zu erwarten steht. Eine **Ausnahme** hiervon besteht allein für **besondere Wartezeiten,** die nach § 43 Abs. 3 nur dann **werterhöhend** zu berücksichtigen sind, wenn die hierfür erforderlichen Zeiten bereits erfüllt sind, also zum nach § 5 Abs. 2 maßgeblichen Zeitpunkt. Dies betrifft die Regelung über Mindestentgeltpunkte bei geringem Arbeitsentgelt mit rentenrechtlichen Zeiten von mindestens 35 Jahren (§ 262 SGB VI) und die in § 70 Abs. 3a SGB VI aufgeführten Tatbestände mit rentenrechtlichen Zeiten von mindestens 25 Jahren (→ § 43 Rn. 33). Ist für die **Ruhegehaltfähigkeit einer Stellenzulage** maßgebend, ob der Beamte in einer bestimmten Stellung während eines festgelegten Zeitraums verwendet worden ist, kommt es auf die Verhältnisse zum Ehezeitende an; insoweit geht es nicht um eine rein zeitliche Voraussetzung, wie sie in § 2 Abs. 3 angesprochen ist.[179]

---

[174] Vgl. Johannsen/Henrich/*Holzwarth* § 43 Rn. 5, allerdings ohne Berücksichtigung der Rechtsänderung zu § 113 Abs. 3 SGB VI; Soergel/*Schmeiduch* BGB § 1587a Rn. 101, 109.

[175] Einzelheiten bei *Linke/Hau,* Internationales Zivilverfahrensrecht, 6. Aufl. 2015, Rn. 12.54.

[176] *Borth* Versorgungsausgleich Kap. 1 Rn. 66.

[177] BGH NJW-RR 1996, 248 = FamRZ 1996, 98; BeckOGK/*Müller-Tegethoff,* 1.2.2019, Rn. 73.

[178] Vgl. zu § 1587a Abs. 7 S. 1 BGB aF BGH NJW-RR 1996, 248 (250 f.) = FamRZ 1996, 98 (101).

[179] Vgl. zu § 1587a Abs. 7 BGB aF BGH NJW-RR 1986, 1323 (1324) = FamRZ 1986, 975 (976) für eine Stellenzulage des fliegenden Personals.

Als Anwendungsfall für den Grundsatz, dass die **Nichterfüllung einer zeitlichen Voraussetzung** auch bei der Bemessung der **Höhe** des einzubeziehenden Anrechts unberücksichtigt bleibt, ist in der Beamtenversorgung die Bestimmung des § 5 Abs. 3 BeamtVG zu nennen. Nach dieser Vorschrift ist die Besoldungsgruppe eines Beförderungsamts dem Ruhegehalt erst nach zweijähriger[180] Zugehörigkeit zu diesem Amt zugrunde zu legen. Für die Höhe des dem Versorgungsausgleich zugrunde zu legenden Ruhegehalts ist aber von der Besoldung im Beförderungsamt auch dann auszugehen, wenn die fiktive Ehezeit vor Ablauf dieses Zeitraums seit der Beförderung endet.[181] Stellt sich nach der Entscheidung zum Wertausgleich heraus, dass der Beamte noch innerhalb dieser Sperrfrist in den Ruhestand tritt, ohne dass Ausnahmetatbestände für die Nichtanwendung des § 5 Abs. 3 BeamtVG vorliegen (vgl. § 5 Abs. 4 BeamtVG), ist dies ein Umstand, der in einem Abänderungsverfahren geltend gemacht werden kann (→ § 51 Rn. 42). 41

Eine **Besonderheit** besteht nach § 19 Abs. 2 Nr. 1 für nach Grund und Höhe **nicht hinreichend verfestigte Anrechte,** wofür als Regelbeispiel[182] ein noch verfallbares Anrecht iSd BetrAVG genannt wird. Für den Bereich der betrieblichen Altersversorgung hängt die Unverfallbarkeit nämlich vielfach davon ab, dass die in § 1b BetrAVG genannten zeitlichen Voraussetzungen für das entsprechende Anrecht erfüllt sind. In den Wertausgleich bei der Scheidung werden Anrechte der betrieblichen Altersversorgung nur dann einbezogen, wenn sie im Zeitpunkt der Entscheidung in der letzten Tatsacheninstanz[183] bereits unverfallbar sind, also in ihrem Wert durch die künftige berufliche oder betriebliche Entwicklung nicht mehr beeinträchtigt werden können.[184] Mit dieser Regelung, die nach neuem Recht auf alle dem Grund und der Höhe nach nicht hinreichend verfestigten Anrechte ausgedehnt worden ist, wollte der Gesetzgeber vermeiden, dass Anrechte in den Wertausgleich einbezogen werden, die aus der Sicht der ausgleichspflichtigen Person noch unsicher sind.[185] Wie der ausdrückliche Hinweis in § 19 Abs. 1 S. 2 auf die Regelung des § 5 Abs. 2 zeigt, ist es entsprechend der bisherigen Rspr. zu berücksichtigen, wenn die Unverfallbarkeit auf Grund rechtlicher oder tatsächlicher Umstände erst nach dem Ende der Ehezeit, aber vor der letzten tatrichterlichen Entscheidung des Erstverfahrens eintritt,[186] etwa infolge einer vorgenommenen Satzungsänderung.[187] Tritt die Unverfallbarkeit oder Verfestigung des Anrechts erst nach der Entscheidung in der letzten Tatsacheninstanz ein, sind hinsichtlich eines solchen Anrechts nur noch Ausgleichsansprüche nach der Scheidung eröffnet (§ 19 Abs. 4 iVm §§ 20–26); eine nachträgliche Einbeziehung in den Wertausgleich im Wege eines Abänderungsverfahrens ist weder nach § 51 (→ § 51 Rn. 3) noch nach § 225 FamFG (→ 7. Aufl. 2017, FamFG § 225 Rn. 3, 5) möglich. 42

### IV. Kein güterrechtlicher Ausgleich (Abs. 4)

Abs. 4 regelt die Abgrenzung des Versorgungsausgleichs zum Güterrecht. Sämtliche **Anrechte, die die Voraussetzungen von § 2 Abs. 1 und 2 erfüllen,** unterliegen unabhängig vom Güterstand der Ehegatten **ausschließlich** den Vorschriften über den **Versorgungsausgleich.**[188] Die Unabhängigkeit des Versorgungsausgleichs von den Regeln des Güterrechts hat der Gesetzgeber auch dadurch unterstrichen, dass er die frühere Auslegungsregel des § 1414 S. 2 BGB aF insoweit beseitigt hat, als hiernach beim vertraglichen Ausschluss des Versorgungsausgleichs Gütertrennung eintreten sollte.[189] Güterrechtliche Vorschriften finden deshalb auch dann keine Anwendung, wenn im Einzelfall der Versorgungsausgleich wegen der Kürze der Ehezeit (§ 3 Abs. 3), wegen Vorliegens der Voraussetzungen der Härteklausel des § 27 oder auf Grund eines wirksamen vertraglichen Ausschlusses (§ 6 Abs. 1 S. 2 Nr. 2) nicht stattfindet. Der Regelung kann ferner mittelbar der Sinn entnommen werden, dass ein Anrecht entweder dem Versorgungsausgleich oder dem Zugewinnausgleich unterliegt, niemals 43

---

180 § 5 Abs. 3 idF von Art. 4 Nr. 5 lit. b Dienstneuordnungsgesetz vom 5.2.2009 (BGBl. 2009 I S. 160); die Verlängerung des vorgesehenen Zeitraums seit dem 1.1.1999 auf drei Jahre (§ 5 Abs. 3 BeamtVG idF von Art. 6 Nr. 4 lit. b Versorgungsreformgesetz 1998 vom 29.6.1998, BGBl. 1998 I 1666) ist vom BVerfG für verfassungswidrig erklärt worden; vgl. BVerfGE 117, 372 = NVwZ 2007, 679 (681 f.).

181 Vgl. zu § 1587a Abs. 7 BGB aF BGH NJW 1982, 222 (224) = FamRZ 1982, 31 (32 f.); NJW 1982, 2377 (2378) = FamRZ 1982, 1003 für § 18 Abs. 1 S. 1 SVG.

182 Vgl. BGH NJW 2013, 3173 Rn. 12 = FamRZ 2013, 1715.

183 BGH NJW-RR 1986, 362 = FamRZ 1986, 247 (248).

184 BGH NJW-RR 1996, 385 (386) = FamRZ 1996, 157 (158).

185 Vgl. BT-Drs. 16/10144, 62.

186 Vgl. BT-Drs. 16/10144, 49.

187 BGH NJW 1983, 38 (39 f.) = FamRZ 1982, 1193 (1194).

188 Vgl. KG NJW-RR 1997, 324 = FamRZ 1996, 1552 zur Berücksichtigung nachentrichteter Beiträge mit Hilfe bei Eheschließung bereits vorhandenen Vermögens; *Wönne* FPR 2009, 293 (295).

189 Vgl. hierzu BT-Drs. 16/10144, 99.

aber beiden Ausgleichssystemen.[190] Aus diesem Verbot der **„Doppelverwertung"** folgt, dass Versorgungsanrechte, die ein Ehegatte mit Mitteln in der Ehezeit begründet, die er durch den (vorzeitigen) Zugewinnausgleich oder die endgültige Vermögensauseinandersetzung erlangt hat, außer Betracht bleiben, weil es sich insoweit lediglich um eine Umschichtung von Vermögen handelt, das ihm nach der Zuordnung im Zugewinnausgleich[191] oder der Vermögensauseinandersetzung[192] zukommen soll. Setzen sich die Ehegatten in einer notariellen Trennungsvereinbarung in der Weise auseinander, dass sie Gütertrennung vereinbaren und für die Vergangenheit den Zugewinnausgleich ausschließen, ist auch die sich daran anschließende Begründung von Anwartschaften in der privaten Rentenversicherung aus den Mitteln des dem Ehegatten verbliebenen Vermögens dem Versorgungsausgleich entzogen (zur Kritik: → Rn. 14).[193]

## § 3 Ehezeit, Ausschluss bei kurzer Ehezeit

**(1) Die Ehezeit im Sinne dieses Gesetzes beginnt mit dem ersten Tag des Monats, in dem die Ehe geschlossen worden ist; sie endet am letzten Tag des Monats vor Zustellung des Scheidungsantrags.**

**(2) In den Versorgungsausgleich sind alle Anrechte einzubeziehen, die in der Ehezeit erworben wurden.**

**(3) Bei einer Ehezeit von bis zu drei Jahren findet ein Versorgungsausgleich nur statt, wenn ein Ehegatte dies beantragt.**

**Schrifttum:** S. § 1587 BGB.

**Übersicht**



### I. Normzweck

1 **Abs. 1** bestimmt in sachlicher Übereinstimmung mit § 1587 Abs. 2 BGB aF für das VersAusglG als **Ehezeit** die Zeit vom Beginn des Monats der Eheschließung bis zum Ende des der Zustellung des Scheidungsantrags vorausgehenden Monats. Durch diese Fiktion steht bereits zu Beginn des Scheidungsverfahrens das Ende der Ehezeit fest. Das ermöglicht die Berechnung der Versorgungsanrechte während des Scheidungsverfahrens und damit den Verfahrensverbund von Scheidungssache und Versorgungsausgleich.[1]

2 **Abs. 2** regelt in Anknüpfung an § 1 Abs. 1, wann ein **Anrecht der Ehezeit zuzurechnen** ist.

[190] Vgl. BT-Drs. 16/10144, 47 unter Bezugnahme auf BGH NJW 1992, 1888 f. = FamRZ 1992, 790 f.
[191] BGH NJW-RR 2012, 323 Rn. 9 = FamRZ 2012, 434; NJW 1992, 1888 f. = FamRZ 1992, 790 f.
[192] Vgl. OLG Köln FamRZ 1996, 1549 f.; anders im Fall der Finanzierung aus Mitteln aus Verkauf eines gemeinsamen Hauses OLG Köln NJW-RR 1999, 1162 = FamRZ 2000, 157 (158).
[193] Vgl. KG FamRZ 2003, 39 f.
[1] *Wick* Versorgungsausgleich Rn. 128.

**Abs. 3** sieht die Möglichkeit vor, bei Ehen bis zu einer Dauer von **drei Jahren** von einem Ausgleich von Anrechten abzusehen. In diesen Fällen ist der Versorgungsausgleich nur auf Antrag eines Ehegatten durchzuführen. 3

## II. Ehezeit (Abs. 1)

**1. Grundsatz.** Die Bestimmung der Ehezeit gilt für das **gesamte Versorgungsausgleichsrecht.** Bei ihr handelt es sich um eine Fiktion, da die Ehezeit an sich die Zeit vom Tage der Eheschließung bis zum Eintritt der Rechtskraft der Entscheidung über die Scheidung wäre (§ 1564 S. 2 BGB). Da über den Versorgungsausgleich jedoch gem. § 137 Abs. 1 FamFG möglichst gleichzeitig und zusammen mit der Scheidungssache zu verhandeln und bei Ausspruch der Scheidung zu entscheiden ist, musste das Ende der Ehezeit auf einen früheren Zeitpunkt festgelegt werden.[2] Denn sonst ließe sich bei der Ungewissheit über den künftigen Zeitpunkt des Eintritts der Rechtskraft der richterlichen Entscheidung über die Scheidung und damit des eigentlichen Ehezeitendes während des Scheidungsverfahrens noch keine zuverlässige Feststellung und Berechnung der „in der Ehezeit" erworbenen Versorgungsanrechte treffen. Weil den Versorgungsträgern eine andere Berechnung als in monatlichen Zeitabschnitten erhebliche Schwierigkeiten bereiten würde, hat der Gesetzgeber davon abgesehen, hinsichtlich des Stichtags eine dem § 1384 BGB entsprechende Regelung zu treffen.[3] Das schließt es jedoch nicht aus, wegen der Frage, ob ein Anrecht dem Zugewinnausgleich oder dem Versorgungsausgleich unterliegt, auf das genaue Datum der Zustellung abzustellen. Wird hinsichtlich einer prinzipiell dem Zugewinnausgleich unterliegenden privaten Kapitallebensversicherung (→ § 2 Rn. 33) zu Monatsbeginn ein Rentenwahlrecht ausgeübt, so dass die Versicherung nunmehr dem Versorgungsausgleich unterliegt, und der Scheidungsantrag noch im selben Monat zugestellt, kann das Anrecht im Versorgungsausgleich ausgeglichen werden, obwohl es am Letzten des Vormonats noch im Zugewinnausgleich zu berücksichtigen gewesen wäre.[4] 4

**2. Ende der Ehezeit.** Als **Ende der Ehezeit** fingiert § 3 Abs. 1 Hs. 2 den letzten Tag des Monats vor Zustellung des Scheidungsantrags. Entsprechendes gilt nach § 20 Abs. 2 LPartG für das Ende der Lebenspartnerschaftszeit. Nach § 124 S. 1 FamFG wird das Verfahren in Ehesachen zwar durch Einreichung einer Antragsschrift anhängig. Nach § 124 S. 2 FamFG gelten jedoch die Vorschriften der ZPO über die Klageschrift entsprechend, so dass ein Scheidungsantrag erst mit der Zustellung der Antragsschrift beim Antragsgegner rechtshängig wird (§ 261 Abs. 1 ZPO, § 253 Abs. 1 ZPO).[5] In Ehesachen gelten unter weitgehender Verdrängung von Vorschriften des FamFG die allgemeinen Vorschriften der ZPO und die Vorschriften der ZPO über das Verfahren vor den Landgerichten entsprechend (§ 113 S. 2 FamFG). Daraus folgt, dass sich das Recht zur Auswirkung von etwaigen Zustellungsmängeln nicht verändert hat. Während Zustellungsmängel nach § 295 Abs. 1 ZPO im Allgemeinen durch rügelose Einlassung in der mündlichen Verhandlung geheilt werden können – bei erfolgter fehlerhafter Zustellung mit Wirkung ex tunc, bei unterbliebener Zustellung mit Wirkung ex nunc –, ist eine rückwirkende Heilung in Bezug auf die materiellrechtlichen Wirkungen des der Parteidisposition entzogenen § 3 Abs. 1 ausgeschlossen (vgl. § 295 Abs. 2 ZPO). Insoweit kann der Zustellungsmangel lediglich nach § 189 ZPO geheilt werden,[6] etwa durch Zugang des Scheidungsantrags beim Antragsgegner, durch erneute Zustellung oder durch Begründung der Rechtshängigkeit durch Stellung des Scheidungsantrags in der mündlichen Verhandlung (§ 261 Abs. 2 ZPO). Für das Ende der Ehezeit ist dann auf diesen Zeitpunkt abzustellen.[7] Lässt sich wegen Mängeln der Zustellungsurkunde das genaue Zustellungsdatum nicht mehr feststellen, wirkt sich dies zu Lasten des Ehegatten aus, der aus einer längeren Ehedauer einen höheren Ausgleichsanspruch für sich herleitet.[8] Die formlose Übersendung eines auf einen Scheidungsantrag bezogenen Verfahrenskostenhilfeantrags im Rahmen der Anhörung nach § 118 ZPO begründet keine Rechtshängigkeit und ist daher für die Bestimmung des Ehezeitendes nicht von Bedeutung.[9] Die nach 5

---

2 BT-Drs. 7/650, 156 zum 1. EheRG.

3 Vgl. BT-Drs. 16/10144, 47.

4 Ähnlich *Götsche* FamRB 2011, 380 (381 f.).

5 BGH NJW 1984, 926 = FamRZ 1984, 368; NJW 1985, 315 (317) = FamRZ 1985, 45 (47); NJW-RR 1992, 1346 = FamRZ 1992, 1405 (1406); zur Begründung der Rechtshängigkeit durch Stellung des Scheidungsantrags in der mündlichen Verhandlung vgl. OLG Brandenburg FamRZ 1998, 1439 f.

6 Vgl. BGH NJW 1984, 926 f. = FamRZ 1984, 368 (369 f.); OLG Brandenburg NJWE-FER 2001, 81 = FamRZ 2001, 1220, jeweils zu § 187 S. 1 ZPO idF bis 30.6.2002.

7 *Borth* Versorgungsausgleich Kap. 1 Rn. 146, 147.

8 BGH NJW 1989, 2811 = FamRZ 1989, 1058 (1059).

9 BGH FamRZ 1987, 362 (364), insoweit nicht abgedruckt in NJW-RR 1987, 324; FamRZ 1982, 1005, insoweit nicht abgedruckt in NJW 1982, 2379; zu den (früheren) Auswirkungen nach § 1408 Abs. 2 S. 2 BGB vgl. BGH NJW 1998, 3710 = FamRZ 1999, 155 f.

§ 134 Abs. 2 S. 1 FamFG bis zum Schluss der mündlichen Verhandlung widerrufliche Zustimmung des Gegners zum Scheidungsantrag ist auf die Bestimmung des Ehezeitendes gleichfalls ohne Einfluss.[10] Fehlt es an einer wirksamen Zustellung des Scheidungsantrags oder des Antrags auf Aufhebung der Ehe, endet die Ehezeit erst mit dem Monat, der der Rechtskraft der Scheidung vorausgegangen ist.[11]

6 Das Ende der Ehezeit markiert nicht nur die zeitliche Zäsur, bis zu der der Erwerb von Anrechten zu berücksichtigen ist. Um eine stichtagsgenaue Berechnung des in der Ehezeit erworbenen Vorsorgevermögens zu ermöglichen, ist auch fiktiv zu unterstellen, dass mit dem Ende der Ehezeit der Versorgungsfall eingetreten ist.[12] Für die gesetzliche Rentenversicherung ist dies ausdrücklich in § 109 Abs. 6 SGB VI geregelt. Dies gibt einen Anhaltspunkt, inwieweit Änderungen nach dem Ehezeitende berücksichtigt werden können (→ § 5 Rn. 18 ff.).

7 Die Bestimmung der Ehezeit in § 3 Abs. 1 ist der **Parteidisposition** entzogen.[13] Allerdings können Ehegatten vereinbaren, dass sich der Ausgleich ihrer Anrechte nur auf bestimmte Zeiträume innerhalb der Ehezeit erstrecken soll. In einem solchen Fall bleibt das gesetzliche Ehezeitende für die Bewertung der Anrechte – ähnlich wie bei einem Teilausschluss für bestimmte Zeiträume, etwa eine langdauernde Trennungszeit (→ § 27 Rn. 32) – maßgeblich;[14] die auf die gesamte Ehezeit entfallenden Anrechte sind aber um diejenigen zu bereinigen, die auf den Zeitraum entfallen, hinsichtlich dessen nach der Vereinbarung der Ehegatten ein Ausgleich nicht stattfinden soll. Dies geschieht grundsätzlich, indem in einem ersten Schritt die in er Ehezeit erworbenen Anwartschaften ohne Rücksicht auf den Teilausschluss berechnet werden. Sodann ist der Wert der Anwartschaften zu berechnen, die während des ausgeschlossenen Zeitraums erworben wurden. Dieser Wert ist von dem Wert der gesamten während der Ehezeit erworbenen Anwartschaften in Abzug zu bringen. Die Differenz entspricht dem zum Ausgleich zu bringenden Ehezeitanteil.[15] Handelt es sich um ein kapitalgedecktes Anrecht, ist darauf zu achten, dass aber auch der in der ausgeschlossenen Zeit erzielte Zinsgewinn sowie ggf. die Gewinne aufgrund der Beteiligung an Bewertungsreserven und Schlussüberschussanteilen für das vor dem vereinbarten Stichtag gebildete Kapital auszugleichen sind.[16] Ist es Zweck einer solchen Vereinbarung, eine Teilhabe an den Anrechten des anderen Ehegatten ab einem bestimmten, vor dem Ehezeitende liegenden Zeitpunkt zu beenden, ist eine Beförderung nach diesem Zeitpunkt bei der Bewertung des entsprechenden Anrechts außer Betracht zu lassen.[17] Haben die Ehegatten in einer Vereinbarung einen Endzeitpunkt für den Ausgleich ihrer Anrechte bestimmt, der nicht auf ein Monatsende fällt, ist eine Auslegung erforderlich, die – vorbehaltlich einer Präzisierung durch die Ehegatten – unter Rückgriff auf die Bestimmung des § 122 Abs. 1 SGB VI vorgenommen werden kann. Hiernach zählt ein Kalendermonat, der nur zum Teil mit rentenrechtlichen Zeiten belegt ist, als voller Monat.[18]

8 **3. Ehezeitende bei längerer Verfahrensdauer.** Für das Ehezeitende iSv § 3 ist die Zustellung des Scheidungsantrags **auch bei längerer Verfahrensdauer** maßgebend. Dies gilt selbst bei Aussetzung oder Stillstand des Verfahrens.[19] Dafür spricht neben dem eindeutigen Wortlaut des § 3 Abs. 1 Hs. 2 auch die Vorschrift des § 1361 Abs. 1 S. 2 BGB, nach der zum Unterhalt ab Rechtshängigkeit des Scheidungsantrags bei getrennt lebenden Ehegatten eine angemessene Versicherung für den Fall des Alters sowie der verminderten Erwerbsfähigkeit gehört. Diese Vorschrift soll die versorgungsrechtliche Lücke zwischen dem bis zur Rechtshängigkeit reichenden Versorgungsausgleich und der mit Rechtskraft der Scheidung beginnenden Regelung des § 1578 Abs. 3 BGB schließen.[20]

9 Problematisch sind die Fälle, in denen sich Ehegatten nach Zustellung des Scheidungsantrags ausgesöhnt und langfristig die eheliche Lebensgemeinschaft wieder hergestellt haben. In diesen Fällen

---

10 OLG Celle NJW-RR 1995, 518 (519) = FamRZ 1996, 297.

11 *Wick* Versorgungsausgleich Rn. 132; OLG Zweibrücken FamRZ 1999, 27; aA OLG Brandenburg FamRZ 2001, 1220: Zustellung des Scheidungsurteils.

12 *Borth* Versorgungsausgleich Kap. 1 Rn. 157.

13 *Wick* Versorgungsausgleich Rn. 129 mwN.

14 Vgl. OLG Stuttgart BeckRS 2014, 01586 (zu II 3 b) = FamRZ 2014, 1047 (1048); OLG Karlsruhe BeckRS 2013, 11708 (zu II 2) = FamRZ 2014, 208 (209); zu § 1587 Abs. 2 BGB aF BGH NJW 2004, 1245 = FamRZ 2004, 256 (257); NJW 2001, 3333 (3334) = FamRZ 2001, 1444 (1446).

15 OLG Saarbrücken NotBZ 2015, 71.

16 OLG Frankfurt BeckRS 2016, 110806 = FamRZ 2017, 881 mAnm *Borth*.

17 Vgl. OLG Karlsruhe BeckRS 2013, 11708 (zu II 3 b) = FamRZ 2014, 208 (210).

18 Vgl. OLG Karlsruhe BeckRS 2013, 11708 (zu II 2) = FamRZ 2014, 208 (209).

19 BGH NJW-RR 2006, 289 = FamRZ 2006, 260; NJW-RR 2004, 1297 = FamRZ 2004, 1364; NJW 1980, 1161 = FamRZ 1980, 552 (553); OLG Koblenz BeckRS 2011, 20883 (zu II 2 a) = FamRZ 2012, 709 (710); OLG Hamburg FamRZ 1979, 518 f.; OLG Oldenburg BeckRS 1979, 01747 Rn. 2 = FamRZ 1979, 519 f.; OLG Karlsruhe BeckRS 2010, 23870 = FamRZ 1979, 824 f.; OLG Köln FamRZ 1979, 1027.

20 BT-Drs. 7/4361, 27; *Diederichsen* NJW 1977, 218 (222).

hat der Ehegatte, der das geringere Einkommen erzielt, nicht die Möglichkeit, Vorsorgeunterhalt gem. § 1361 Abs. 1 S. 2 BGB geltend zu machen, um die ab Rechtshängigkeit des Scheidungsantrags bis zur Rechtskraft der Scheidung entstehende Versorgungslücke zu schließen. In der Regel ist es auch aus faktischen Gründen ausgeschlossen, dass dieser im Rahmen des Familienunterhalts gem. § 1360 einen Anspruch auf Einrichtung/Aufrechterhaltung einer Versorgung gegen den anderen Teil geltend macht, unabhängig von der Frage, ob ein solcher Anspruch ausnahmsweise bestehen würde, weil der insgesamt ausgleichsberechtigte Ehegatte an den in dieser Zeit durch den anderen Teil erworbenen Anrechten gem. § 2 nicht mehr partizipieren kann. Entsprechend der früheren Rspr. des BGH, die diese Möglichkeit ausdrücklich offen gelassen hatte, ist ursprünglich versucht worden, diese Lücke dadurch zu schließen, dass für die Durchführung des Versorgungsausgleichs ausnahmsweise auf das Ende des Monats, der dem Antrag auf Fortsetzung des Verfahrens vorausgegangen ist, anstelle des Monats der Zustellung des Scheidungsantrags abgestellt wird.[21] Dem ist der BGH[22] aber mit Rücksicht auf die ebenfalls betroffenen Interessen der Versorgungsträger entgegen getreten. Entsprechend der neueren Rspr. ist in diesen Fällen daher eine Korrektur des Versorgungsausgleichs gem. § 27 VersAusglG anzustreben. Dieser Weg versagt allerdings, wenn der andere Teil nicht in ausreichendem Umfang Anrechte erworben hat, die vom Ausgleich ausgenommen werden können. Die Voraussetzungen für diese Billigkeitskorrektur sind nicht gegeben, wenn sich die Dauer der (erneuten) Trennung in einem für Scheidungsverfahren üblichen Rahmen (vgl. § 1565 Abs. 2 BGB, § 1566 Abs. 1 BGB) hält.[23] Verbleibende Härten sind als Folge des Stichtagsprinzips hinzunehmen.

**4. Ehezeitende bei vorherigem gerichtlichem Trennungsverfahren und bei Scheidung im Ausland.** Ist dem Scheidungsverfahren ein **gerichtliches Trennungsverfahren** vorausgegangen, wie es etwa nach italienischem Recht vorgesehen ist, gilt nichts anderes. Auch in solchen Fällen ist nicht auf die Zustellung des Trennungsantrags abzustellen;[24] eine damit verbundene längere Trennungszeit kann allenfalls nach § 27 von Bedeutung sein (→ § 27 Rn. 32).[25] Ist die Ehe im Ausland geschieden worden, richtet es sich nach der (fremden) lex fori, zu welchem Zeitpunkt der Scheidungsantrag als zugestellt gilt.[26] 10

**5. Ehezeitende bei mehreren Scheidungsanträgen.** Sind mehrere Scheidungsanträge gestellt, kommt es auf die **Zustellung des (ersten) Antrags** an, der das schließlich **zur Scheidung führende Verfahren ausgelöst** hat.[27] Dies gilt auch, wenn dieser Antrag in der mündlichen Verhandlung nicht gestellt, die Ehe aber **in demselben Verfahren** auf den erst später eingebrachten Antrag des Gegners geschieden wird.[28] Das Ende der Ehezeit wird auch dann durch die Zustellung des Scheidungsantrags bestimmt, die das zur Scheidung führende Verfahren ausgelöst hat, wenn während dieses Verfahrens ein früher rechtshängig gewordenes Scheidungsverfahren anhängig ist, das ausgesetzt und nicht wieder aufgenommen worden war.[29] Insoweit ist daher formal darauf abzustellen, in welchem Verfahren es zum Scheidungsausspruch gekommen ist, mag diesem Verfahren an sich auch die Rechtshängigkeit des bereits anhängigen Verfahrens entgegengestanden haben. Wird der früher gestellte Antrag zurückgenommen, ist zunächst zu prüfen, ob die Rücknahme überhaupt wirksam ist. Ist über den Scheidungsantrag bereits verhandelt worden, ist die Rücknahme nach § 269 Abs. 1 ZPO nur mit Einwilligung des Gegners möglich.[30] Dabei ist darauf zu achten, dass auch für den Gegner gem. § 114 Abs. 1 FamFG Anwaltszwang gilt. Ist er lediglich zum Scheidungsantrag informatorisch gehört worden (§ 128 FamFG), liegt daher kein Verhandeln iSd § 269 11

21 BGH NJW 1986, 1040 (1041) = FamRZ 1986, 335 f. in Bestätigung der Vorinstanz OLG Nürnberg BeckRS 2010, 90799 (zu IV 2) = FamRZ 1982, 1080; BGH NJW 1986, 1169 (1170) = FamRZ 1986, 449; OLG Karlsruhe NJW-RR 2003, 363 = FamRZ 2003, 1566; *Borth* Versorgungsausgleich Kap. 1 Rn. 149.

22 BGH FamRZ 2017, 1914.

23 BGH NJW 1986, 1169 (1170) = FamRZ 1986, 449; NJW 1986, 1040 (1042) = FamRZ 1986, 335 (336).

24 BGH LM BGB § 1587 Nr. 70 mAnm *Hohloch* = NJW-RR 1994, 962 f. = FamRZ 1994, 825 (826); OLG Koblenz BeckRS 2011, 01938 = FamRZ 1991, 1323 (1324 f.); OLG Saarbrücken BeckRS 2005, 00470 = OLGR 2004, 606 (607).

25 Vgl. OLG Koblenz BeckRS 2011, 01938 = FamRZ 1991, 1323 (1325).

26 BGH FamRZ 1992, 1058 für Frankreich; OLG Frankfurt FamRZ 2009, 1586 für Türkei; *Wick* Versorgungsausgleich Rn. 134.

27 Vgl. BGH NJW-RR 2004, 1297 = FamRZ 2004, 1364.

28 BGH NJW 1982, 280 (281) = FamRZ 1982, 153 (154) unter Bezugnahme auf die verwandte Frage des Berechnungsstichtags für das Endvermögen im Zugewinnausgleich; BeckRS 2010, 12051 (zu II 2 b) = FamRZ 1983, 38 (39 f.).

29 BGH NJW 1991, 2490 = FamRZ 1991, 1042 f.; ähnlich NJW 1979, 2099 (2100) = FamRZ 1979, 905 f.

30 Zum „mündlichen Verhandeln" iSv § 269 Abs. 1 ZPO vgl. BGH NJW-RR 2004, 1297 (1298) = FamRZ 2004, 1364 f.

ZPO vor.[31] Nimmt der Antragsteller nach Anhörung den Scheidungsantrag zurück, entfällt die Rechtshängigkeit rückwirkend (§ 269 Abs. 3 S. 1 ZPO). Das gilt auch dann, wenn er später erneut einen Scheidungsantrag stellt. Daher kann für die Berechnung der Ehezeit nur auf die Zustellung des zweiten Antrags abgestellt werden. Entsprechendes gilt, wenn bei mehreren Scheidungsanträgen der zuerst gestellte Scheidungsantrag mit Zustimmung des Gegners zurückgenommen wird. Dass die an die Zustellung in § 3 Abs. 1 geknüpfte Wirkung entfällt (§ 262 ZPO), hat der BGH demgemäß – zu § 1587 Abs. 2 BGB aF – in einem Fall anerkannt, in dem ein Ehegatte zwei Scheidungsanträge gestellt und den früheren zurückgenommen hatte.[32] Ebenso hat er die materiellrechtlichen Wirkungen der Rechtshängigkeit im Zusammenhang mit der von ihm bejahten Frage betrachtet, ob der in einem Ehevertrag vereinbarte Ausschluss des Versorgungsausgleichs (§ 1408 Abs. 2 BGB aF) wirksam blieb, wenn der innerhalb eines Jahres nach Vertragsschluss gestellte Scheidungsantrag zurückgenommen wird.[33] Das ist sachgerecht, da in diesem Fall der Antragsteller bzw. die Ehegatten zu erkennen geben, dass dem ursprünglich gestellten Antrag keine Wirkung mehr zukommen soll. Demgegenüber hat der BGH wiederholt entschieden, eine erst nach Zustellung des späteren Scheidungsantrages des Gegners (einseitig) erklärte Rücknahme des früheren Scheidungsantrages berühre das Ehezeitende iSd § 1587 Abs. 2 BGB aF nicht.[34] Dies entspricht dem Aspekt, dass sich hier ein und dasselbe Verfahren bis zum Scheidungsausspruch fortsetzt;[35] weiterhin trägt diese Rspr. dem Gesichtspunkt Rechnung, dass durch die Erhebung des eigenen Scheidungsantrags der Gegner zu erkennen gibt, dass er die Scheidung nebst Folgesachen auf der Grundlage des anhängigen Verfahrens wünsche. Schließlich entspricht diese Rspr. auch dem Gedanken des § 141 Abs. 1 S. 2 FamFG. Demnach bleibt für die fortgeführte Folgesache (zB ein Verfahren wegen Zugewinnausgleichs) die Zustellung des Scheidungsantrags der maßgebliche Stichtag.[36]

12 **6. Ehezeitende bei vorangegangenem Aufhebungsverfahren.** Beantragt ein Ehegatte, der zunächst einen Antrag auf Aufhebung der Ehe gestellt hatte, im Verlauf des Verfahrens, ohne dass die Rechtshängigkeit beendet wird, statt dessen die Scheidung und wird die Ehe auf diesen Antrag geschieden, wird das Ehezeitende iSd § 3 Abs. 1 durch die **Rechtshängigkeit des Eheaufhebungsantrags** bestimmt.[37] Maßgebend ist hierfür zum einen die Erwägung, dass die Rechtsfolgen der Eheaufhebung mit den sich aus § 1318 Abs. 3 BGB ergebenden Einschränkungen denen der Scheidung gleichgestellt werden, was die entsprechende Anwendung des § 3 Abs. 1 für die Zustellung des Eheaufhebungsantrags rechtfertigt. Zum anderen können Ehesachen, die dieselbe Ehe betreffen, nach § 126 Abs. 1 FamFG – in weiterem Umfang, als dies nach § 610 Abs. 1 ZPO aF möglich war – miteinander verbunden werden, was auch die Möglichkeit einschließt, bis zum Schluss der mündlichen Verhandlung, auf die die Entscheidung ergeht, von dem Aufhebungsantrag zum Scheidungsantrag und umgekehrt im einheitlichen Verfahren überzugehen.[38]

13 **7. Beginn der Ehezeit.** Durch die Bestimmung des ersten Tages des Monats der Eheschließung als Beginn der Ehezeit – für den Beginn der Lebenspartnerschaftszeit gilt nach § 20 Abs. 2 LPartG dasselbe – und des letzten Tages des Monats, der der Zustellung des Scheidungsantrages vorausgeht, als fiktives Ende der Ehezeit bemisst sich die für den Versorgungsausgleich maßgebende Ehezeit stets in **vollen Kalendermonaten.** Das erleichtert die Berechnung des auf die Ehezeit entfallenden Anteils der Versorgungsanrechte. Weil den Versorgungsträgern eine andere Berechnung als in monatlichen Zeitabschnitten erhebliche Schwierigkeiten bereiten würde, hat der Gesetzgeber davon abgesehen, hinsichtlich des Stichtags eine dem § 1384 BGB entsprechende Regelung zu

---

31 *Borth* Versorgungsausgleich Kap. 1 Rn. 151.

32 BGH NJW-RR 1990, 66 (67) = FamRZ 1990, 384 (385).

33 Vgl. BGH NJW 1986, 2318 = FamRZ 1986, 788; für Unwirksamkeit des Ausschlusses bei einem durch Urteil zurückgewiesenen, verfrüht gestellten Scheidungsantrag OLG Hamm NJW 2006, 3072 f. = FamRZ 2006, 1682 f.; aA insoweit OLG Frankfurt NJW-RR 1990, 582 f.

34 BGH BeckRS 2010, 12051 (zu II 2 b) = FamRZ 1983, 38 (39 f.); NJW 1982, 280 (281) = FamRZ 1982, 153 (154); ebenso OLG Köln NJW-RR 1993, 4 = FamRZ 1992, 685 f.; OLG Hamm NJW-RR 1991, 1092 (1093) = FamRZ 1991, 844 (845); anders, wenn der frühere Scheidungsantrag vor der Zustellung des neuen zurückgenommen wird, BGH NJW-RR 2006, 289 (290) = FamRZ 2006, 260 f.

35 Vgl. BGH NJW-RR 2006, 289 (290) = FamRZ 2006, 260 f.; *Borth* Versorgungsausgleich Kap. 1 Rn. 153; krit. hierzu *Schröder* FamRZ 2006, 682 f.

36 OLG Köln FamRZ 2008, 2043; OLG Bamberg FamRZ 1997, 91; BeckOGK/*Siede*, 1.2.2019, BGB § 1384 Rn. 26.

37 *Borth* Versorgungsausgleich Kap. 1 Rn. 155; BeckOGK/*Müller-Tegethoff*, 1.2.2019, Rn. 15; vgl. zur früheren Aufhebungsklage nach den Bestimmungen des EheG BGH NJW-RR 1989, 72 f. = FamRZ 1989, 153; OLG Hamm BeckRS 2010, 16013 (zu III) = FamRZ 1981, 61 f.

38 BGH NJW-RR 1989, 72 (73) = FamRZ 1989, 153 (155).

treffen.[39] Diese Erleichterung im Hinblick auf den Beginn der Ehezeit ist wegen des engen zeitlichen Bezugs zum genauen Eheschließungsdatum und wegen der in der Regel verhältnismäßig geringen Höhe der in Frage stehenden Werte verfassungsrechtlich unbedenklich. **Anders** können die Dinge jedoch liegen, wenn etwa durch hohe freiwillige Beiträge im Eheschließungsmonat Anwartschaften begründet werden; sie unterliegen dem Versorgungsausgleich nur, wenn sie nach der Eheschließung begründet worden sind (zu einem ähnlichen Problem hinsichtlich des Endes der Ehezeit → Rn. 4).[40] Insoweit kommt es auf das exakte Datum an; die Vermutungen in § 6 S. 1 RV-Beitragszahlungsverordnung vom 30.10.1991 (BGBl. 1991 I 2057) – bei einer Einzelüberweisung zB am achten Tag vor dem Tag der Wertstellung auf dem Konto des Rentenversicherungsträgers – finden keine Anwendung. Um doppelte Belastungen oder doppelte Benachteiligungen beim Zugewinnausgleich und beim Versorgungsausgleich zu vermeiden, ist es unerlässlich, den Zeitpunkt der tatsächlichen Entrichtung des Beitrags zu ermitteln, der bei unbarer Zahlung jedenfalls nicht vor dem Zeitpunkt der Belastung des Kontos des Versicherten liegt.[41]

**8. Ehezeit bei Wiederheirat.** Haben Ehegatten einander mehrfach geheiratet, so kommt es auf die Ehedauer und die darauf entfallenden Versorgungsanrechte der letzten **Ehe** an, die geschieden werden soll. Frühere Ehezeiträume bleiben außer Betracht.[42] Daher erübrigt sich eine Entscheidung über den Versorgungsausgleich bei einer bereits rechtskräftigen Scheidung selbst dann nicht, wenn die Ehegatten einander inzwischen wieder geheiratet haben.[43] 14

**9. Ehezeit bei Doppelehe.** Nach dem bis zum 30.6.1998 geltenden Recht gab es für den Versorgungsausgleich im Fall einer **Doppelehe** im Grundsatz keine Besonderheiten. Da sich nach § 26 Abs. 1 EheG die vermögensrechtlichen Folgen der Nichtigkeit einer Ehe nach den Vorschriften über die Folgen der Scheidung bestimmten, musste der in doppelter Ehe lebende Ehegatte damit rechnen, von beiden Ehegatten so in Anspruch genommen zu werden, als ob es die jeweils andere Ehe nicht gegeben hätte. Härten, die sich daraus ergaben, dass ein Ehegatte ausgehend von seinen vollen Versorgungsanwartschaften zweimal ausgleichspflichtig war, ließen sich nur nach § 1587c Nr. 1 BGB berücksichtigen (→ § 27 Rn. 36),[44] es sei denn, dass vorrangig eine Herabsetzung des Ausgleichsbetrages nach Art. 12 Nr. 3 S. 6 und 7 1. EheRG (früher Art. 12 Nr. 3 Abs. 3 S. 3 und 4 1. EheRG) in Betracht kam (zum Wortlaut dieser Bestimmung → § 54 Rn. 2).[45] Nach dem durch das Gesetz zur Neuordnung des Eheschließungsrechts neu ausgestalteten Verfahren zur Eheaufhebung – die Nichtigkeitsklage ist beseitigt worden – finden die Vorschriften über den Versorgungsausgleich in der Doppelehe nur dann Anwendung, **soweit** dies **nicht** im Hinblick auf die Belange der dritten Person, des Ehegatten der ersten – gültigen – Ehe, **grob unbillig** wäre (§ 1318 Abs. 3 BGB). 15

**10. Ehezeit bei Umwandlung einer Lebenspartnerschaft.** Hinsichtlich der Einbeziehung der Lebenspartnerschaftszeit in die Ehezeit sind **verschiedene Fallgruppen** zu unterscheiden, die vor allem davon abhängen, wann die Lebenspartnerschaft begründet und in eine Ehe umgewandelt wird. Insoweit hat die Öffnung der Ehe auch für gleichgeschlechtliche Paare eine wichtige zeitliche Zäsur gebracht. Im Einzelnen sind folgende Fallgruppen zu bilden: 16

Die Lebenspartnerschaft wurde **zwischen dem 1.1.2005 und dem 30.9.2017** begründet. Die Ehegatten wandeln diese gem. § 20a LPartG in eine Ehe um. Für diese Fälle regelt Art. 3 Abs. 2 Gesetz zur Einführung des Rechts auf Eheschließung für Personen gleichen Geschlechts vom 20.7.2017 (BGBl. 2017 I 2787), dass die Ehegatten so zu stellen sind, als hätten sie die Ehe bereits zum Zeitpunkt der Begründung der Lebenspartnerschaft geschlossen. Gemäß § 20 LPartG ist für diese Lebenspartnerschaften der Versorgungsausgleich durchzuführen. Daraus folgt, dass nach Umwandlung der Lebenspartnerschaft in eine Ehe die Ehezeit unter Einbeziehung der Lebenspartnerschaftszeit zu berechnen ist. 17

Wurde die Lebenspartnerschaft in der Zeit **zwischen dem 1.8.2001 und dem 31.12.2004** begründet, war der Versorgungsausgleich nicht durchzuführen; denn dieser wurde erst durch das LPartÜG vom 20.12.2004 (BGBl. 2004 I 3396) eingeführt. Gemäß § 21 LPartG hatten Lebenspartner bereits bestehender Lebenspartnerschaften aber die Möglichkeit bis 31.12.2005 für die Durchführung des Versorgungsausgleichs zu optieren. Haben sie von dieser Möglichkeit Gebrauch gemacht, berechnet sich die Lebenspartnerschaftszeit (rückwirkend) von Beginn des Monats an, in dem die Lebens- 18

[39] Vgl. BT-Drs. 16/10144, 47.
[40] Vgl. BGH NJW-RR 1993, 194 f. = FamRZ 1993, 292 (293 f.); aA OLG Koblenz BeckRS 2011, 03520 = FamRZ 1992, 825 f.
[41] BGH NJW-RR 1997, 130 (132) = FamRZ 1996, 1538 (1539 f.).
[42] BGH NJW 1983, 37 = FamRZ 1982, 1193; BeckOGK/*Müller-Tegethoff*, 1.2.2019, Rn. 16.
[43] BGH NJW 1983, 1317 (1319) = FamRZ 1983, 461 (462).
[44] BGH NJW 1983, 176 (178) = FamRZ 1982, 475 (477).
[45] OLG Stuttgart BeckRS 2009, 29012 (zu II 2) = FamRZ 1986, 1006.

partnerschaft begründet wurde. Wird eine solche Lebenspartnerschaft in eine Ehe umgewandelt, entspricht die Ehezeit dem Zeitraum von Beginn des Monats, in dem die Lebenspartnerschaft begründet wurde bis zum Ende des Monats, der der Zustellung des Scheidungsantrags vorausgegangen ist.

19 Haben Lebenspartner die Option für die Durchführung des Versorgungsausgleichs nicht fristgerecht ausgeübt, erhalten sie durch das Gesetz zur Einführung des Rechts auf Eheschließung für Personen gleichen Geschlechts eine „zweite Chance". Wandeln sie gem. § 20a LPartG die Lebenspartnerschaft in eine Ehe um, ist im Fall der Scheidung für die Ehe der Versorgungsausgleich durchzuführen. Fraglich ist, wie in diesem Fall die Ehezeit zu berechnen ist. Der Intention des Gesetzes entspricht es am besten, dass auch in diesem Fall die Ehezeit mit Beginn des Monats der Begründung der Lebenspartnerschaft zu laufen beginnt. Insoweit war allerdings fraglich, ob aus Gründen der Aufwandsneutralität für den Versorgungsträger und aus verfassungsrechtlichen Gründen eine Begrenzung der Rückwirkung angezeigt erscheint, wenn die Lebenspartnerschaft nicht innerhalb angemessener Zeit ab dem Inkrafttreten des Gesetzes zur Öffnung der Ehe für gleichgeschlechtliche Partner am 1.10.2017 in eine Ehe umgewandelt wurde.[46] Das Gesetz zur Umsetzung des Gesetzes zur Einführung des Rechts auf Eheschließung für Personen gleichen Geschlechts[47] behandelt insoweit nun Partnerschaften die vor dem 1.1.2005 und ab diesem Datum geschlossen wurden in allen Fällen gleich: es ist jeweils auf den Tag der Begründung der Lebenspartnerschaft abzustellen.

20 **11. Feststellung der Ehezeit.** Das FamG hat im Rahmen seiner Ermittlungen zum Versorgungsausgleich die durch die gesetzliche Bestimmung des § 3 Abs. 1 festgelegte **Ehezeit konkret festzustellen** und insbesondere den Verfahrensbeteiligten und weiteren Auskunftsverpflichteten iSd § 220 FamFG bekannt zu geben, damit die richtigen Auskünfte erteilt werden können. Diese „Festlegung" der Ehezeit geschieht üblicherweise durch formlose Mitteilung. Unterlaufen dem Gericht hierbei Fehler, ist es zu einer jederzeitigen Korrektur seiner früheren Ehezeitbestimmung berechtigt, um eine der Vorschrift des § 3 Abs. 1 entsprechende Entscheidung über den Versorgungsausgleich sicherzustellen. Entsprechende Mitteilungen oder Verfügungen des Gerichts, die sich nur auf einzelne Berechnungsfaktoren im Rahmen der zum Versorgungsausgleich zu treffenden Entscheidung beziehen, stellen **keine Zwischenentscheidungen** über den Grund des Anspruchs oder über eine präjudizielle Vorfrage dar.[48] Nimmt das Gericht die Bestimmung der Ehezeit in der Form eines Beschlusses vor, hatte sich nach früherem Recht zur Anfechtbarkeit dieser Entscheidung keine einheitliche Auffassung herausgebildet. Die Zulässigkeit der Beschwerde wurde mit der Erwägung begründet, das Gericht dürfe eine Zwischenentscheidung durch förmlichen Beschluss nicht treffen, weil es sich aus den vorerwähnten Gründen um keine bindende Vorabentscheidung handeln könne.[49] Vorzugswürdig erscheint es demgegenüber, wegen der mangelnden Bindung eines solchen Beschlusses die für die Zulässigkeit der Beschwerde erforderliche Beeinträchtigung von Rechten der Beteiligten iSd § 59 Abs. 1 FamFG zu verneinen.[50] Ein Rechtsmittel gegen einen Beschluss, durch den mitgeteilt wird, von welcher Ehezeit bei der Berechnung des Ehezeitanteils eines Anrechts durch die Versorgungsträger auszugehen ist, ist daher nicht gegeben.[51] Statthaft ist allerdings auch, dass das Gericht in Zweifelsfällen eine endgültige und bindende Entscheidung trifft; diese ist dann auch mit dem Rechtsmittel der Beschwerde (ähnlich wie ein Zwischenurteil über den Grund) anfechtbar.

21 Bleibt unklar, wie lange die Ehezeit gedauert hat, trägt die Feststellungslast der jeweils Ausgleichsberechtigte; denn der mit der Teilung verbundene Eingriff in ein Anrecht ist nur gerechtfertigt, soweit nach Ausschöpfung aller Aufklärungsmöglichkeiten festgestellt werden kann, dass das Anrecht in der Ehezeit erworben wurde.

22 **12. Vereinbarungen über die Ehezeit.** Wie bereits erwähnt sind Vereinbarungen über die Dauer der Ehezeit nicht möglich.[52] Dies liegt daran, dass die für die Berechnung des Ehezeitanteils maßgeblichen Umrechnungsfaktoren des Versorgungsträgers an die Stichtage für den Beginn der Ehezeit und des Endes der Ehezeit anknüpfen.[53] Dies zeigt sich unmittelbar für die gesetzliche

[46] Zur Problematik Erman/*Kaiser* LPartG § 20a Rn. 20; *Kaiser* FamRZ 2017, 1985; *Siede* FamRZ 2018, 1; *Siede* BetrAV 2018, 52.
[47] BGBl. 2018 I 2639.
[48] Vgl. OLG Düsseldorf BeckRS 1978, 01275 Rn. 7 = FamRZ 1978, 515; OLG Hamburg FamRZ 1980, 1133.
[49] OLG Stuttgart NJW 1978, 1489; OLG Hamm FamRZ 1980, 897 f.; Johannsen/Henrich/*Hahne,* 4. Aufl. 2003, BGB § 1587 Rn. 34; Keidel/*Kahl,* 15. Aufl. 2003, FGG § 19 Rn. 10.
[50] Vgl. OLG Düsseldorf FamRZ 1994, 176 f.; OLG Frankfurt NJW-RR 1989, 1236 (1237); OLG Koblenz FamRZ 1979, 47 f.
[51] *Wick* Versorgungsausgleich Rn. 130; *Borth* Versorgungsausgleich Kap. 11 Rn. 132.
[52] Ganz hM, vgl. *Borth* Versorgungsausgleich Kap. 1 Rn. 159.
[53] BeckOGK/*Müller-Tegethoff,* 1.2.2019, Rn. 18.

Rentenversicherung. Hier regelt § 76 Abs. 4 SGB VI, dass für die Umrechnung von Kapitalwerten in Entgeltpunkte auf die bei Ehezeitende geltenden Umrechnungsfaktoren abzustellen ist. Aber auch in der betrieblichen Altersversorgung und der Privatversicherung ist der Barwert eines Anrechts bzw. das Deckungskapital anhand der zu den jeweiligen Stichtagen gültigen Rechnungszinsen und biometrischen Rechenfaktoren zu berechnen. Vereinbarungen über die Dauer der Ehezeit berühren daher notwendig auch die Rechtsstellung des Versorgungsträgers.

Demgegenüber sind Vereinbarungen möglich, durch die Anrechte, die in der Ehezeit erworben wurden, ganz oder teilweise vom Ausgleich ausgenommen werden.[54] Im Fall einer Vereinbarung, durch die Anrechte teilweise vom Ausgleich ausgenommen wurden, ist der Ausgleichswert zu berechnen wie folgt: 23

In der gesetzlichen Rentenversicherung ist die Differenz maßgeblich die sich ergibt, wenn in einem ersten Schritt der Versorgungsausgleich ohne Rücksicht auf die Vereinbarung der Ehegatten berechnet wird. In einem zweiten Schritt ist der Ausgleichswert des vom Ausgleich ausgenommenen Teils der Anwartschaft zu berechnen. Der durch das Gericht anzuordnende Ausgleich entspricht dann der Differenz aus beiden Werten.[55] 24

Handelt es sich um ein kapitalgedecktes Anrecht, ist das zu dem vereinbarten Stichtag gebildete (Deckungs-)kapital zu berechnen. Dieses ist zu dem für das Ende der Ehezeit maßgeblichen Stichtag um die durch Aufzinsung, Wegfall biometrischer Risiken, Beteiligung an Schlussüberschussanteilen und Bewertungsreserven anfallenden Beträge zu erhöhen. Demgegenüber darf die Wertsteigerung, die auf weiteren Beiträgen oder weiterer Arbeitsleistung beruht, nicht berücksichtigt werden.[56] 25

**Praxishinweis:**

In diesem Fall ist darauf zu achten, dass neben dem rechtsgestaltenden Teil der Entscheidung, durch den das Anrecht intern oder extern geteilt wird, der Tenor um folgenden Zusatz ergänzt wird: Im Übrigen findet der Ausgleich hinsichtlich dieser/einzelner Anrechte (wenn nur diese von der Vereinbarung betroffen sind) nicht statt.

### III. Erwerb in der Ehezeit (Abs. 2)

Bereits in der Grundnorm des § 1 Abs. 1 ist bestimmt, dass die „in der Ehezeit erworbenen Anteile von Anrechten" zu teilen sind. § 3 Abs. 2 nimmt diese Regelung auf und regelt noch einmal ausdrücklich, dass in den Versorgungsausgleich alle Anrechte einzubeziehen sind, die **in der Ehezeit erworben** wurden. Die Beschränkung des Versorgungsausgleichs auf die Ehezeit rechtfertigt sich daraus, dass die Versorgungsgemeinschaft der Ehegatten[57] nur während der Ehezeit besteht; sie verwirklicht zudem einen Grundgedanken des Versorgungsausgleichs, Versorgungsanrechte als Ergebnis einer partnerschaftlichen Lebensleistung zwischen den Ehegatten aufzuteilen. Versorgungsanrechte, die ausschließlich außerhalb der Ehezeit iSv § 3 Abs. 1 erworben wurden – der Ehegatte hat zB nur bis zur Eheschließung gearbeitet oder erstmalig nach dem Ende der Ehezeit eine Tätigkeit aufgenommen bzw. einen privaten Rentenversicherungsvertrag abgeschlossen –, fallen nicht in den Versorgungsausgleich. Sind Versorgungsanrechte – wie häufig – teils während, teils außerhalb der Ehezeit erworben, unterliegen sie nur mit dem auf die Ehezeit entfallenden Anteil dem Versorgungsausgleich. Wie der Ehezeitanteil zu berechnen ist, regelt § 5, wobei sich die Einzelheiten der Wertermittlung aus den §§ 39–47 ergeben. 26

Für die Zuordnung zur Ehezeit ist der Zeitpunkt des Erwerbs des Anrechts entscheidend. Wann ein solcher **Erwerb** anzunehmen ist, der nach § 2 Abs. 2 Nr. 1 durch Arbeit oder Vermögen „geschaffen oder aufrechterhalten" worden ist (→ § 2 Rn. 20 f.), richtet sich nach den Regelungen des jeweiligen Versorgungssystems. Der Versorgungsausgleich knüpft daher an diese Regelungen an und sieht von einem eigenständigen Erwerbsbegriff ab.[58] 27

**1. Gesetzliche Rentenversicherung.** In der gesetzlichen Rentenversicherung werden die Pflichtbeiträge der Arbeitnehmer normalerweise direkt aus dem Arbeitsentgelt entrichtet; insofern knüpft der Erwerbstatbestand unmittelbar an die erbrachte Arbeitsleistung an, mag es auch bei der Abführung der Beiträge im Einzelfall zu Verzögerungen kommen. Ist die Arbeitsleistung daher in der Ehezeit erbracht worden, wird auch der Erwerbstatbestand so betrachtet, als habe er sich in der Ehezeit verwirklicht. Dieser enge Zusammenhang zwischen Arbeitsleistung und Erwerb des Anrechts gilt aber nicht ausnahmslos. Handelt es sich etwa um **Beiträge von versicherungspflichtigen** 28

54 *Münch* Versorgungsausgleich S. 141 ff.; unscharf OLG Brandenburg BeckRS 2016, 20523.
55 OLG Saarbrücken FamRZ 2012, 232 = FamFR 2011, 467.
56 OLG Frankfurt FamRZ 2017, 881 = BeckRS 2016, 110806.
57 Zu diesem Gesichtspunkt als eigentliche Grundlage des Versorgungsausgleichs BGHZ 74, 38 (47) = NJW 1979, 1289 (1291) = FamRZ 1979, 477 (479 f.).
58 Vgl. BT-Drs. 16/10144, 47.

**Selbständigen** oder um **freiwillige Beiträge,** ist für die Begründung des Rentenanrechts entscheidend, wann der Beitrag tatsächlich gezahlt ist. Damit sind Anrechte vom Ausgleich ausgeschlossen, wenn die anrechenbare Zeit zwar in die Ehezeit fällt, diese aber erst nach der Ehezeit erworben wurden.[59] Umgekehrt unterliegen in der Ehezeit erworbene Anrechte dem Versorgungsausgleich, auch wenn die anrechenbare Zeit vor der Ehezeit liegt. Nach diesen Grundsätzen ist etwa der Fall zu beurteilen, dass in der Rentenversicherung durch Nachentrichtung von Beiträgen zurückliegende Zeiträume – etwa solche, für die Anwartschaften auf Grund einer Erstattung von Beiträgen im Zusammenhang mit der Eheschließung erloschen waren[60] – mit einer Beitragszeit belegt werden.[61] Bezieht ein Ehegatte eine Erwerbsminderungsrente, die erst nach dem Ende der Ehezeit bewilligt wurde, ist grundsätzlich darauf abzustellen, wann die Erwerbsminderung eingetreten ist, auch wenn der Antrag erst später gestellt wurde.[62] Dies wirkt sich auch auf die Berücksichtigung von Zurechnungszeiten aus (→ § 43 Rn. 54). Auch Anrechte, die auf einer Wiederauffüllung von Anwartschaften beruhen, die durch den Versorgungsausgleich aus einer früheren Ehe um einen Abschlag an Entgeltpunkten gemindert worden sind (vgl. § 187 Abs. 1 Nr. 1 SGB VI), sind in der neuen Ehe beim Versorgungsausgleich zu berücksichtigen, wenn sie während dieser Zeit erworben wurden.[63] Wird eine Nachentrichtung im Monat der Eheschließung, aber noch vor dem genauen Eheschließungsdatum, vorgenommen, kann es aus verfassungsrechtlichen Gründen geboten sein, ein in dieser Zeit erworbenes Anrecht beim Versorgungsausgleich außer Betracht zu lassen (→ Rn. 13).[64] Ändert sich der Wert von in die Ehezeit fallenden Beitragszeiten rückwirkend (zB weil sich die Gesamtleistungsbewertung nach dem Ende der Ehezeit ändert, die Annahmen über das vorläufige Durchschnittsentgelt sich als unzutreffend erweisen oder geringwertige Beitragszeiten gem. § 265a SGB VI bzw. Berücksichtigungszeiten für Kindererziehungszeiten gem. § 70 SGB VI anders zu bewerten sind, kann dies ein Abänderungsverfahren rechtfertigen.[65]

29 **2. Beamtenversorgung.** In der Beamtenversorgung kommt es für den Erwerb von Anrechten – wie für deren Aufrechterhaltung – maßgebend auf die **Dienstzeit** an. Da der Ehezeitanteil von Anrechten aus einem Beamtenverhältnis oder einem anderen öffentlich-rechtlichen Dienstverhältnis nach § 44 iVm § 40 zeitratierlich zu ermitteln ist, ergibt sich der Ehezeitanteil als Verhältniswert der in der Ehezeit verbrachten Dienstzeit zur insgesamt erreichten oder erreichbaren Dienstzeit. Mit der Systematik dieser Berechnung hängt es zusammen, dass Kürzungen auf Grund eines durchgeführten Versorgungsausgleichs (§ 57 BeamtVG) und zur Abwendung der Kürzung aufgebrachte Wiederauffüllbeträge (§ 58 BeamtVG), soweit diese während einer neuen Ehe erbracht wurden, keine Auswirkung auf die Ermittlung des Ehezeitanteils haben.[66] Wird ein öffentlich-rechtliches Dienstverhältnis erst nach dem Ende der Ehezeit begründet, unterliegen die in diesem erworbenen Anrechte auch dann nicht dem Versorgungsausgleich, wenn Erweiterungszeiten, die als ruhegehaltsfähige Dienstzeit berücksichtigt werden können, in der Ehezeit erworben wurden.[67] Umgekehrt sind aber auch Dienstzeiten zu berücksichtigen, die zu keiner Erhöhung des Ruhegehaltssatzes geführt haben.[68]

30 **3. Berufsständische Versorgung.** Eine Anknüpfung des Versorgungserwerbs unmittelbar an die **Arbeitsleistung,** insbesondere soweit es um Pflichtbeiträge geht, findet sich auch in anderen

[59] Vgl. BGH NJW 1985, 2024 = FamRZ 1985, 687 mAnm *Schmeiduch* SGb 1985, 580 für Pflichtbeiträge; OLG Jena OLG-NL 1999, 229 = FamRZ 2000, 234 für Pflichtbeiträge eines selbständigen Handwerkers; zur Anwendung dieses Gedankens auf Fälle, in denen ein Arbeitsverhältnis mit Beschäftigungs- und Freistellungszeiten vorzeitig beendet wird und ein für die Freistellungszeit angespartes Wertguthaben nicht mehr der Vereinbarung entsprechend verwendet werden kann, vgl. *Schmeiduch* FamRZ 1999, 1035 (1038).

[60] Vgl. BGH NJWE-FER 1999, 3; 1997, 73 = FamRZ 1997, 414; OLG Köln NJW-RR 1999, 1162 = FamRZ 2000, 157; FamRZ 1996, 1549; OLG Hamm FamRZ 1998, 297 f.; OLG Nürnberg NJW-RR 1997, 132 (133) = FamRZ 1996, 1550 (1551).

[61] BGHZ 81, 196 (200) = NJW 1982, 102 (103) = FamRZ 1981, 1169 (1170) mAnm *Maier* SGb 1982, 496 für freiwillige Beiträge; OLG Koblenz NJWE-FER 2001, 282 = FamRZ 2001, 1221; OLG Karlsruhe NJW-RR 1992, 652 = FamRZ 1992, 689.

[62] BGH NJW-RR 1989, 133 = FamRZ 1989, 33; BeckOGK/*Müller-Tegethoff*, 1.2.2019, Rn. 29.

[63] BGH NJW-RR 2007, 1446 Rn. 9 f. = FamRZ 2007, 1719 m. zust. Anm. *Borth* FamRZ 2007, 1720 (Vorinstanz OLG Zweibrücken BeckRS 2004, 05293 = FamRZ 2004, 1792); anders dagegen im Fall des § 58 BeamtVG BGH NJWE-FER 1998, 51 = FamRZ 1998, 419 (420).

[64] BGH NJW-RR 1993, 194 f. = FamRZ 1993, 292 (293 f.).

[65] BGH FamRZ 2016, 1649; 791; BeckOGK/*Müller-Tegethoff*, 1.2.2019, Rn. 30.

[66] Vgl. BGH NJW-RR 1998, 73 f. = FamRZ 1997, 1534 f.; NJWE-FER 1998, 51 = FamRZ 1998, 419 (420); BeckOGK/*Müller-Tegethoff*, 1.2.2019, Rn. 31.

[67] BGH NJW 1984, 1612 = FamRZ 1984, 569 (570); BeckOGK/*Müller-Tegethoff*, 1.2.2019, Rn. 32.

[68] BGH FamRZ 2018, 1500 = NZFam 2018, 855.

Versorgungssystemen, etwa der berufsständischen Versorgung Insoweit kommt es also darauf an, ob die geleistete Arbeit in die Ehezeit fällt. Abzugrenzen hiervon ist der Versorgungserwerb durch freiwillige Beiträge, für den es entscheidend auf den Zeitpunkt der jeweiligen Zahlung ankommt.[69]

**4. Betriebliche Altersversorgung.** In der betrieblichen Altersversorgung kommt es im Allgemeinen auf den **Zeitpunkt der Arbeitsleistung** an.[70] Schwierigkeiten bereiten im Rahmen einer **Flexibilisierung** der Arbeitszeit Fallgestaltungen, in denen ein Arbeitnehmer in einer bestimmten Zeit Arbeitsleistungen erbringt und in einer weiteren Zeit hiervon freigestellt ist, weil in der Freistellungszeit der Zufluss des Arbeitsentgelts und die dem Entgelt zu Grunde liegende tatsächliche Arbeitsleistung zeitlich auseinanderfallen. Das Brutto-Entgelt wird für diesen Teil der geleisteten Arbeit in Wertguthaben angesammelt (§ 7 Abs. 1a S. 1 SGB IV, § 7b SGB IV). Dieses Wertguthaben, das für sich genommen nicht der Absicherung im Alter oder bei Invalidität, sondern der Finanzierung der Freistellung dient, wird erst in einem Zeitraum fällig, für den der Arbeitnehmer sich von der Arbeit freistellen lässt. Erst wenn das Wertguthaben abgerufen wird, sind die darin auch enthaltenen Beiträge zur Rentenversicherung fällig und wirken sich dementsprechend auf den Versorgungsausgleich aus. Insoweit hat sich die Auffassung durchgesetzt, dass die die Freistellungszeit betreffenden Anrechte erst durch den Abruf in der Freistellungszeit erworben werden, so dass sie dem Versorgungsausgleich nur dann unterliegen, wenn die Freistellungszeit in die Ehezeit fällt.[71] Gewährt ein Arbeitgeber seinem Mitarbeiter auf Grund einer nach dem Ende der Ehezeit getroffenen Vereinbarung zum teilweisen Ausgleich eines versicherungsmathematischen Abschlags wegen des vorzeitigen Ruhestands eine neben der wiederkehrenden Rentenleistung zu zahlende zusätzliche Leistung, muss diese außer Betracht bleiben, weil der hinreichende ehezeitliche Bezug fehlt.[72] Gleiches gilt, wenn die Betriebszugehörigkeit infolge einer Vorruhestandsregelung nach dem Ende der Ehezeit endet und der Arbeitnehmer auf Grund einer nach dem Ende der Ehezeit getroffenen Vereinbarung einen Einkommensausgleich erhält, der die Zeit bis zum Bezug einer Rente der gesetzlichen Rentenversicherung überbrücken soll, mag er auch wie eine betriebliche Altersversorgung berechnet sein.[73] 31

Handelt es sich demgegenüber um ein Anrecht eines **Organmitglieds,** ist nicht die Aufnahme der Tätigkeit entscheidend, sondern das Datum, an dem die Versorgungszusage erteilt wurde.[74] Wurde sie erst nach dem Ende er Ehezeit erteilt, ist das Anrecht daher nicht zu berücksichtigen. 32

Ist ein Anrecht **zeitratierlich** zu bewerten, sind Vordienstzeiten aus anderen Beschäftigungszeiten auch dann zu berücksichtigen, wenn sie nicht zur Unverfallbarkeit des Anrechts führen, sofern sie ähnlich wie in der Beamtenversorgung nach den maßgeblichen Rechtsgrundlagen des Anrechts die Versorgung erhöhen. Soweit sie in die Ehezeit fallen, erhöhen sie den Ehezeitanteil.[75] 33

**5. Private Altersvorsorge.** Eine private Altersvorsorge wird durch Beitragszahlungen des Versicherten erworben, so dass es für die Einbeziehung in den Versorgungsausgleich entscheidend darauf ankommt, ob das Anrecht durch **Beitragszahlungen in der Ehezeit** begründet worden ist.[76] Handelt es sich um ein Anrecht iSd AltZertG, das nach Beginn der Ehezeit durch Übertragung des Kapitals für ein bereits vor Beginn der Ehezeit erworbenes Anrecht auf einen anderen Versorgungsträger begründet wurde, ist das Anrecht nicht in der Ehezeit erworben, soweit es auf der Übertragung des Kapitals beruht.[77] 34

## IV. Antrag bei kurzer Ehedauer (Abs. 3)

Der RegE sah bei einer Ehedauer bis zu zwei Jahren generell den Ausschluss des Versorgungsausgleichs vor, um Versorgungsträger und Familiengerichte zu entlasten und weil ein Regelungsbedarf 35

---

[69] BeckOGK/*Müller-Tegethoff,* 1.2.2019, Rn. 33.

[70] Vgl. BGH BeckRS 2009, 01773 = FamRZ 2009, 296; NJW-RR 2011, 1297 Rn. 21 = FamRZ 2011, 1216.

[71] OLG München FamRZ 2017, 1395 = BeckRS 2017, 123957; *Teslau/May* FamRZ 2014, 1831; vgl. zu „Zeit-Werten" OLG Celle BeckRS 2014, 19233 Rn. 22 = FamRZ 2014, 1699 (1700); *Schmeiduch* FamRZ 1999, 1035 (1037); Kommission „Strukturreform des Versorgungsausgleichs", Abschlussbericht, 2004, 93 f.; zust. BT-Drs. 16/10144, 48.

[72] AA OLG Köln BeckRS 2002, 05934 = FamRZ 2002, 1496; wie hier *Brudermüller* NJW 2003, 3166 (3169); *Hauß* FamRB 2002, 230 (231).

[73] Vgl. BGH NJW 2009, 3158 Rn. 15 = FamRZ 2009, 1735; NJOZ 2009, 497 Rn. 24–29 = FamRZ 2009, 296; OLG München BeckRS 2010, 21164 = FamRZ 1980, 462.

[74] OLG Stuttgart FamRZ 2017, 1923 Rn. 60 = NZFam 2017, 835; Erman/*Norpoth/Sasse* § 45 Rn. 9.

[75] Vgl. BGH FamRZ 2017, 705.

[76] BeckOGK/*Müller-Tegethoff,* 1.2.2019, Rn. 39.

[77] BGH NJW 2018, 3444; OLG Stuttgart FamRZ 2016, 131; OLG Bamberg NJW-RR 2017, 1031 = FamRZ 2017, 1211.

regelmäßig zu verneinen sei.[78] Der BR sprach sich für eine Verlängerung des Ausschlusstatbestandes auf drei Jahre aus, wollte diese Regelung aber – wie in § 1579 Nr. 1 BGB für den nachehelichen Unterhalt vorgesehen – um eine Billigkeitskontrolle erweitern.[79] Nach der Gesetz gewordenen Fassung des § 3 Abs. 3 findet künftig der Versorgungsausgleich bei einer **Ehezeit bis zu drei Jahren nur auf Antrag** eines Ehegatten statt. Die Regelung geht davon aus, dass bei kurzer Ehedauer üblicherweise nur unerhebliche Ausgleichsbeträge erworben werden und deshalb der Ausschluss des Versorgungsausgleichs den Gerechtigkeitsvorstellungen der Ehegatten entspreche. Andererseits soll verfassungsrechtlichen Bedenken Rechnung getragen werden, indem bei kurzer Ehedauer auf Antrag der Versorgungsausgleich durchgeführt werden muss. Den Antrag kann auch der anwaltlich nicht vertretene Ehegatte stellen (§ 114 Abs. 4 Nr. 7 FamFG).[80] Dabei kommt dem Antrag materiellrechtliche Bedeutung zu.[81] Aus dem systematischen Zusammenhang der Vorschrift folgt, dass die Kürze der Ehezeit wie nach Abs. 1 zu bestimmen ist.

**36** Damit ist die Durchführung des Versorgungsausgleichs bei kurzen Ehen **grundsätzlich zur Disposition der Ehegatten** gestellt. Ein Ehegatte, der ein Regelungsbedürfnis sieht, kann durch seine Antragstellung eine Ermittlung der Anrechte erreichen.[82] Ergibt sich hierbei, dass die Differenz der Ausgleichswerte beiderseitiger Anrechte gleicher Art nur gering ist (§ 18 Abs. 1) oder dass einzelne Anrechte nur einen geringen Ausgleichswert haben (§ 18 Abs. 2), soll nach diesen Bestimmungen ein Ausgleich unterbleiben. Gering ist der Wertunterschied nach § 18 Abs. 1 oder ein Ausgleichswert nach § 18 Abs. 2, wenn er am Ende der Ehezeit bei einem Rentenbetrag als maßgeblicher Bezugsgröße höchstens ein Prozent, in allen anderen Fällen als Kapitalwert höchstens 120% der monatlichen Bezugsgröße nach § 18 Abs. 1 SGB IV beträgt (§ 18 Abs. 3).[83]

**37** In **verfahrensrechtlicher Hinsicht** hat das FamG nach § 224 Abs. 3 FamFG in der Beschlussformel festzustellen, wenn ein Wertausgleich bei der Scheidung nach § 3 Abs. 3 nicht stattfindet. Daraus wird man schließen müssen, dass der Versorgungsausgleich, auch wenn seine Durchführung nach § 3 Abs. 3 von einem Antrag eines Ehegatten abhängt, nach § 137 Abs. 2 S. 2 FamFG – mit Konsequenzen für die anfallenden Gerichts- und Anwaltsgebühren (→ 7. Aufl. 2017, FamFG Vor § 217 Rn. 28)[84] und die Bewilligung von Verfahrenskostenhilfe – von Amts wegen zur Entscheidung des FamG im Verbund steht;[85] es kommt daher nicht darauf an, dass der Antrag des Ehegatten in der Frist des § 137 Abs. 2 S. 1 FamFG gestellt wird.[86] Da dem Gericht insoweit eine materielle Prüfung obliegt, ob die Voraussetzungen für einen Ausschluss des Versorgungsausgleichs vorliegen, erwächst seine Entscheidung in materielle Rechtskraft.[87] Da sich diese Entscheidung jedoch nur auf den **Wertausgleich** bei der Scheidung bezieht, ist es nicht ausgeschlossen, dass im Zeitpunkt der Scheidung noch nicht ausgleichsreife Anrechte später schuldrechtlich ausgeglichen werden. Die Auffassung, der Versorgungsausgleich müsse insgesamt ausgeschlossen werden,[88] beachtet den Regelungsinhalt des § 224 Abs. 3 FamFG nicht hinreichend, und lässt außer Betracht, dass ein Ehegatte – etwa bei Vorliegen ausländischer oder anderer nicht ausgleichsreifer Anrechte – keinen Anlass hat, sich im Rahmen des Scheidungsverfahrens über Ausgleichsansprüche nach der Scheidung zu erklären, wenn deren Fälligkeitsvoraussetzungen – wie in der Regel – noch nicht vorliegen und daher eine Entscheidung im Verbund ohnehin nicht möglich ist. Weiterhin wird dieser durch die Auffassung, gem. § 3 Abs. 3 würden auch Ausgleichsansprüche nach der Scheidung bezüglich noch nicht ausgleichsreifer Anrechte ausgeschlossen, veranlasst sein, einen Antrag auf Durchführung des Versorgungsausgleichs zu stellen, mögen auch die im Wertausgleich bei der Scheidung zu berücksichtigenden Anrechte geringwertig sein – ein Ergebnis, das dem Zweck des § 3 diametral entgegen steht.

---

78 Vgl. BT-Drs. 16/10144, 48.

79 Vgl. BT-Drs. 16/10144, 116 f.

80 Vgl. BT-Drs. 16/11903, 52 f.

81 Vgl. OLG Brandenburg NJW-RR 2011, 802 (803); OLG Dresden NJW-RR 2011, 154 (155) = FamRZ 2011, 483; ähnlich *Brudermüller* NJW 2010, 3198 (3202); *Hoppenz* FPR 2011, 23 (25).

82 Zum Beschwerderecht eines Versorgungsträgers, wenn das FamG zu Unrecht von einer kurzen Ehe ausgeht, OLG Koblenz BeckRS 2016, 06393 = FamRZ 2016, 467.

83 Der Grenzwert beträgt bei einem Ende der Ehezeit im Jahr 2019 31,15 EUR für einen Rentenbetrag und 3.738 EUR für einen Kapitalwert; zu den Grenzwerten seit 1977 → § 18 Rn. 35 und die Übersicht in NJW-Beil. 2019, 15 f.

84 *Wick* Versorgungsausgleich Rn. 77; *Bergmann* FuR 2009, 421 (423).

85 Vgl. OLG Karlsruhe NJW 2010, 2445 (2446).

86 Vgl. OLG Dresden NJW-RR 2011, 154 f. = FamRZ 2011, 483 mAnm *Schwamb* FamFR 2010, 467; OLG Brandenburg NJW-RR 2011, 802 f.; *Götsche* FamRB 2011, 26 (30).

87 Vgl. BT-Drs. 16/10144, 96; zum bisherigen Recht BGH NJW 2009, 677 Rn. 10–12 = FamRZ 2009, 215.

88 So *Götsche* FamRB 2011, 26 (28 f.); *Wick* Versorgungsausgleich Rn. 77.

## § 4 Auskunftsansprüche

**(1) Die Ehegatten, ihre Hinterbliebenen und Erben sind verpflichtet, einander die für den Versorgungsausgleich erforderlichen Auskünfte zu erteilen.**

**(2) Sofern ein Ehegatte, seine Hinterbliebenen oder Erben die erforderlichen Auskünfte von dem anderen Ehegatten, dessen Hinterbliebenen oder Erben nicht erhalten können, haben sie einen entsprechenden Auskunftsanspruch gegen die betroffenen Versorgungsträger.**

**(3) Versorgungsträger können die erforderlichen Auskünfte von den Ehegatten, deren Hinterbliebenen und Erben sowie von den anderen Versorgungsträgern verlangen.**

**(4) Für die Erteilung der Auskunft gilt § 1605 Abs. 1 Satz 2 und 3 des Bürgerlichen Gesetzbuchs entsprechend.**

**Schrifttum:** S. § 1587 BGB.

**Übersicht**



### I. Normzweck

1 § 4 regelt als **grundlegende Bestimmung,** die – wie schon die Stellung im Allgemeinen Teil des Gesetzes zum Ausdruck bringt – für **alle Formen des Versorgungsausgleichs** gilt, die vielfältigen gegenseitigen **materiellrechtlichen Auskunftsansprüche** und -pflichten der Beteiligten eines Versorgungsausgleichs über die auszugleichenden Versorgungen. Die Norm erfasst in den Abs. 1–4 die bisher in verschiedenen Bestimmungen geregelten Auskunftsansprüche und -pflichten (§ 1587e Abs. 1 BGB, § 1587k Abs. 1 BGB, § 3a Abs. 8 VAHRG, § 9 Abs. 4 VAHRG, § 10a Abs. 11 VAHRG) und fasst sie unter teilweiser Ergänzung in neuer Systematik zusammen.[1] Abs. 4 geht auf Inhalt und Form der zu erteilenden Auskunft ein.

2 Die Regelung will die Eheleute in die Lage versetzen, sich bereits **vor Anhängigkeit eines Scheidungsverfahrens** einen **Überblick** über ihre mit der Scheidung zu erwartende **Versorgungssituation** zu verschaffen,[2] und trägt der Tatsache Rechnung, dass ohne umfassende Auskünfte über die Anrechte der Eheleute vom Gericht eine – jedenfalls zutreffende – Entscheidung über den Versorgungsausgleich nicht getroffen werden kann. Weiterhin dient die Vorschrift dazu, dass sich Ehegatten wechselseitig die Informationen verschaffen können, die sie brauchen, um zu entscheiden, ob sie einen Antrag auf Abänderung oder Anpassung des Versorgungsausgleichs stellen.[3] Während der Anhängigkeit eines Scheidungs- und/oder Versorgungsausgleichsverfahrens mag die Bedeutung des materiellrechtlichen Auskunftsanspruchs nach § 4 wegen der **verfahrensrechtlichen Auskunftspflicht nach § 220 FamFG** (→ Rn. 12) in ihrer praktischen Bedeutung zurücktreten; für die Zeit vor Anhängigkeit eines diesbezüglichen Verfahrens sind die materiellrechtlichen Auskunftsansprüche und -pflichten aber unerlässlich, insbesondere wenn die vom Gesetzgeber ins Auge gefasste Stärkung der Regelung des Versorgungsausgleichs durch die Ehegatten selbst im Wege einer **Verein-**

1 Vgl. BT-Drs. 16/10144, 48; Soergel/*Häußermann* Rn. 1.
2 BeckOGK/*Müller-Tegethoff,* 1.2.2019, Rn. 3.
3 HK-FamR/*Hauß* Rn. 4.

**barung** (§§ 6 ff.) Erfolg versprechen soll.[4] Dass die vor Anhängigkeit eines Versorgungsausgleichsverfahrens erfragten Auskünfte in vielen Fällen – insbesondere in rechnerischer Hinsicht wegen zB fehlender Daten zum Ende der Ehezeit – kein endgültiges Ergebnis enthalten können, tut der Bedeutung der Auskunftsnorm keinen Abbruch.[5] Darüber hinaus kann ein Ehegatte in Antragsverfahren (Ausgleichsansprüche nach der Scheidung, Anpassung wegen Unterhaltes, Abänderungsverfahren) die Verfahrensrisiken nur abschätzen, wenn er sich vorher über die Entwicklung der eigenen Anwartschaften, aber auch über die des anderen Ehegatten informiert hat. Dies gilt v.a. für Altfälle, da hier eine Abänderung des Versorgungsausgleichs zu einer vollständigen Abänderung der Entscheidung führt: an die Stelle des Ausgleichs des Gesamtsaldos aller Anwartschaften tritt der Einzelausgleich. Vor allem für Landesbeamte kann dies gravierende Auswirkungen haben; da ihr Anrecht nicht mehr nur in Höhe der hälftigen Differenz des Saldos der beiderseits auszugleichenden Versorgungen sondern in Höhe der Hälfte des Ehezeitanteils geteilt wird, verlieren sie die Hälfte der in der Ehezeit erworbenen Anwartschaft auf eine Beamtenversorgung, werden in der Regel aber nur bei einem anderen Versorgungsträger – vorrangig in der gesetzlichen Rentenversicherung – zu Lasten des anderen Ehegatten Anrechte erwerben können (zur Totalrevision altrechtlicher Entscheidungen → § 51 Rn. 22).

## II. Auskunftsanspruch zwischen Ehegatten, ihren Hinterbliebenen und Erben (Abs. 1)

3 **1. Anspruchsinhaber und Anspruchsgegner.** Absatz 1 normiert nunmehr unter Einbeziehung der bisher in verschiedenen Bestimmungen geregelten Auskunftsansprüche (→ Rn. 1) einen **generellen wechselseitigen materiellrechtlichen Auskunftsanspruch der Ehegatten** bezüglich aller Formen des Versorgungsausgleichs. Beziehen sich Anspruch und Pflicht zunächst auf die Ehegatten, so gehen sie nach deren Tod auf die **Hinterbliebenen** und **Erben** über, wenn sich durch den Tod des Ehegatten der Versorgungsausgleich – sei es als Verfahren, sei es als noch offener Anspruch – nicht erledigt hat. Ferner haben aber auch Erben und Hinterbliebene in diesem Fall einen Auskunftsanspruch gegen den überlebenden Ehegatten. Erledigt hat sich die Durchführung des Versorgungsausgleichs im Falle des **Todes eines Ehegatten** vor Rechtskraft der Scheidung, denn das Scheidungsverfahren gilt gemäß § 131 FamFG als in der Hauptsache erledigt. Im Übrigen gilt für den Fall des Todes eines Ehegatten § 31. Stirbt ein Ehegatte nach Rechtskraft der Scheidung, aber vor Rechtskraft der Entscheidung über den Wertausgleich nach §§ 9–19, ist das Recht des überlebenden Ehegatten auf Wertausgleich gegen die Erben geltend zu machen (§ 31 Abs. 1). Entsprechendes gilt, wenn ein öffentlich-rechtlicher Versorgungsausgleich gem. § 51 abzuändern ist und ein Ehegatte zwischenzeitlich verstorben ist (§§ 31, 52; § 226 FamFG).[6] Gegen die Erben richtet sich daher auch ein etwaiger Auskunftsanspruch. Im Falle des Todes eines Ehegatten erlöschen allerdings Ausgleichsansprüche auf schuldrechtliche Ausgleichszahlungen und Abfindungen nach §§ 20–24; Ansprüche auf Teilhabe an der Hinterbliebenenversorgung nach §§ 25–26 bleiben aber unberührt (§ 31 Abs. 3). Hinsichtlich der **Hinterbliebenenversorgung** kommen daher Auskunftsansprüche gegen die Hinterbliebenen und Erben in Betracht.[7] Diese sind vorrangig vor dem Auskunftsanspruch gegen den Versorgungsträger, bei dem das auszugleichende Anrecht besteht, geltend zu machen.[8] Hinsichtlich des Abänderungsverfahrens – dem praktisch wichtigsten Fall, in dem der Versorgungsausgleich trotz Tod eines Ehegatten durchzuführen ist – sind folgende Fälle zu unterscheiden:

- Stirbt der Ehegatte, der den Abänderungsantrag gestellt hat, während des Abänderungsverfahrens, treten dessen Erben an seine Stelle, wenn ein anderer antragsberechtigter Beteiligter die Fortsetzung des Abänderungsverfahrens verlangt (§ 226 Abs. 3 FamFG).
- Stirbt der andere Ehegatte während des Abänderungsverfahrens, oder ist er bereits vorher verstorben, so treten ebenfalls die Erben an seine Stelle (§ 226 Abs. 5 S. 3 FamFG).
- Entsprechendes gilt, soweit es um die Abänderung eines Alttitels geht (§§ 51, 52 VersAusglG).

4 In diesen Fällen sind die Hinterbliebenen bzw. Erben auch gem. § 4 Abs. 1 VersAusglG zur Auskunft verpflichtet.[9]

5 Ist ein Anrecht zur **Sicherheit abgetreten** oder verpfändet, wirkt sich dies auf die Berechtigung bzw. Verpflichtung zur Auskunftserteilung nicht aus. Die Auskunftspflichten bzw. -ansprüche richten sich weiterhin gegen den Ehegatten, der Sicherungsgeber ist, bzw. stehen sie diesem zu. Der Siche-

[4] Vgl. BT-Drs. 16/10144, 50 f.
[5] Vgl. *Häußermann* BetrAV 2008, 428 (435) und FPR 2009, 223 (226).
[6] Vgl. hierzu grdl. BGH NJW-RR 2018, 1153 = FamRZ 2018, 1496; NJW-RR 2018, 833 = FamRZ 2018, 1238; NJW-RR 2013, 1153 = FamRZ 2013, 1287.
[7] Vgl. auch *Ruland* Versorgungsausgleich Rn. 1202; BeckOGK/*Müller-Tegethoff,* 1.2.2019, Rn. 5.
[8] BGH NJW-RR 2017, 837 = FamRZ 2017, 1210.
[9] *Borth* Versorgungsausgleich Kap. 11 Rn. 81.

rungsnehmer kann entsprechend dem der Sicherungsabrede zugrunde liegenden Rechtsverhältnis Auskunft von dem Sicherungsgeber, auch soweit sie im Rahmen der Durchführung des Versorgungsausgleichs erforderlich ist, verlangen.

Entsprechendes gilt im Fall der **Pfändung** eines Anrechts. In diesem Fall kommen aber ergänzende Auskunftsansprüche des Gläubigers gegen den Versorgungsträger gem. § 840 ZPO hinzu. 6

**2. Fälligkeit des Auskunftsanspruchs.** Der wechselseitige Anspruch der Ehegatten setzt **kein anhängiges Scheidungs- oder isoliertes Versorgungsausgleichsverfahren** voraus.[10] Gerade auch für die Zeit vor Anhängigkeit eines Scheidungsverfahrens besteht ein berechtigtes Interesse der Ehegatten, sich für den Fall der Scheidung über die dann eintretende Versorgungslage einen Überblick verschaffen zu können; nur so wird im Übrigen der Intention des Gesetzgebers Rechnung getragen, die **Dispositionsmöglichkeiten der Ehegatten bezüglich des Versorgungsausgleichs** zu fördern[11] (→ Rn. 2). Allerdings handelt es sich bei dem Versorgungsausgleich um eine scheidungsakzessorische Rechtsfolge der Ehe. Die Durchführung des Versorgungsausgleichs kann nicht vereinbart werden, wie etwa die vorzeitige Aufhebung der Zugewinngemeinschaft, sondern ist von der Scheidung der Ehe abhängig (§ 1587). Der Anspruch auf Auskunft entsteht deshalb, sobald die materiell-rechtlichen Voraussetzungen der Scheidung eingetreten sind, was auch schon vor Rechtshängigkeit des Scheidungsantrags der Fall sein kann.[12] Demgegenüber würde es dem Zweck der Vorschrift nicht gerecht, den Auskunftsanspruch bereits mit der Trennung der Ehegatten eintreten zu lassen.[13] Ist über den Versorgungsausgleich bei der Scheidung rechtskräftig entschieden, kommt die Geltendmachung eines Auskunftsanspruchs nicht mehr in Betracht.[14] Das gilt aber nicht, soweit die Auskunft benötigt wird im Hinblick auf Anrechte, die bei der Scheidung nicht ausgeglichen wurden, und deshalb noch durch Ausgleichsansprüche nach der Scheidung ausgeglichen werden können, soweit die Auskunft benötigt wird, um zu klären, ob ein Abänderungsverfahren durchgeführt werden soll,[15] und soweit die Auskunft ausnahmsweise für die Durchführung eines Anpassungsverfahrens erforderlich ist.[16] Im Fall der **Anpassung** gelten zwar besondere Informationsobliegenheiten (§ 34 Abs. 5, § 36 Abs. 4, § 38 Abs. 3). Soweit die Anpassung des Versorgungsausgleichs wegen Unterhalt geltend gemacht wird (§ 33) sind unterhaltsrechtliche Vorfragen zu klären. Hier ergeben sich wechselseitige Auskunftsansprüche aus dem Unterhaltsrecht (§§ 1580, 1605 BGB). Nach seiner systematischen Stellung ist § 4 jedoch auch auf Anpassungsverfahren anwendbar.[17] Allerdings stellen §§ 34, 36, 38 Spezialvorschriften dar. Diese enthalten aber nur spezielle Mitteilungspflichten eines Ehegatten gegenüber dem Versorgungsträger. Die Vorschriften werden daher durch die allgemeine wechselseitige Informationspflicht der Ehegatten ergänzt. Zum Teil kann ein Ehegatte die Mitteilungspflichten gegenüber dem Versorgungsträger nur erfüllen, wenn er zuvor den anderen Ehegatten auf Auskunft in Anspruch genommen hat. Dies betrifft vor allem den Fall, dass die ausgleichspflichtige Person den Versorgungsträger von dem Rentenbezug, der Wiederheirat oder dem Tod der ausgleichsberechtigten Person in Kenntnis zu setzen hat (§ 34 Abs. 5). Der Auskunftsanspruch, um zu klären, ob die Einleitung eines Abänderungsverfahrens gem. § 51, §§ 225 ff. FamFG erfolgversprechend ist, kann grundsätzlich 6 Monate, bevor voraussichtlich wenigstens in der Person eines Ehegatten die Voraussetzungen für den Bezug einer Versorgung eintreten, geltend gemacht werden (vgl. § 226 Abs. 2 FamFG).[18] 7

**3. Erforderlichkeit der Auskunft.** Nicht jede Auskunft ist zu erteilen, sondern nur die, die erforderlich ist. Sie ist erforderlich, wenn sie – so die amtliche Begründung[19] – zur Wahrnehmung der Rechte oder Interessen im Zusammenhang mit dem Versorgungsausgleich benötigt wird. Die Rechtslage hat sich insoweit im Ergebnis nicht geändert, da sich diese Anspruchsvoraussetzung nach bisher geltendem Recht aus dem Verweis in § 1587e Abs. 1 BGB, § 1587k Abs. 1 BGB auf § 1580 (→ Rn. 16) und dort auf § 1605 Abs. 1 S. 1 BGB ergab.[20] Das **Interesse an einer Auskunft** wird man entsprechend der Intention, Ehegatten ggf. bereits vor einem Scheidungsantrag die Möglichkeit zur Abschätzung ihrer zukünftigen Versorgungslage zu verschaffen, weit fassen müssen. Es genügt, 8

---

10 AllgM, vgl. nur *Borth* Versorgungsausgleich Kap. 11 Rn. 83.
11 Vgl. BT-Drs. 16/10144, 50.
12 *Borth* Versorgungsausgleich Kap. 11 Rn. 83.
13 So aber HK-FamR/*Hauß* Rn. 10.
14 BGH NJW 1982, 1646 = FamRZ 1982, 687; Soergel/*Häußermann* Rn. 4.
15 *Wick* Versorgungsausgleich Rn. 139.
16 BeckOGK/*Müller-Tegethoff*, 1.2.2019, Rn. 6.
17 Zweifelnd Soergel/*Häußermann* Rn. 7; wie hier NK-VersAusgl/*Götsche* Rn. 3.
18 NK-BGB/*Götsche* Rn. 2.
19 BT-Drs. 16/10144, 48.
20 Vgl. zum früheren Recht BGH FamRZ 1981, 533.

wenn bei der Aufforderung zur Auskunft ernsthaft zum Ausdruck gebracht wird, dass eine **Scheidung erwogen** wird. Bei **intakter Ehe** besteht ein Auskunftsanspruch nicht, auch nicht zur Vorbereitung eines Ehevertrages nach § 1408 Abs. 2 BGB. In diesen Fällen kann aber gem. § 1353 ein Auskunftsanspruch bestehen, der inhaltlich allerdings hinter § 4 zurückbleibt und nur einen allgemeinen Überblick über Bestand und Höhe der beiderseitigen Versorgungsanwartschaften geben soll.[21] Ebenso scheidet ein Auskunftsanspruch aus, wenn die Ehegatten den **Versorgungsausgleich durch Vereinbarung nach § 1408 Abs. 2 BGB, § 6 wirksam ausgeschlossen** haben,[22] es sei denn, die Parteien streiten gerade über die **Wirksamkeit des Ausschlusses.**[23] Der Auskunftsanspruch besteht deshalb auch dann, wenn ein Ehegatte geltend macht, dass der Versorgungsausgleich im Rahmen der Ausübungskontrolle ganz oder teilweise durchgeführt werden solle. Ein Streit über das Vorliegen der Scheidungsvoraussetzungen steht dem Auskunftsanspruch nicht entgegen.[24]

9 Während eines anhängigen Verfahrens in Versorgungsausgleichssachen sind die Auskünfte nicht „erforderlich", die Ehegatten gem. § 220 FamFG dem Gericht gegenüber erteilen müssen. Bestehen keine Anhaltspunkte, dass ein Ehegatte seiner Auskunftspflicht nicht gewissenhaft nachkommt, besteht daher grundsätzlich kein Anspruch.[25] Von der Norm sind nach wie vor nicht – auch nicht in analoger Anwendung – Auskunftsbegehren gedeckt, die etwa der **Durchsetzung eines Schadensersatzanspruchs** gegen den früheren Prozessbevollmächtigten wegen entgangener Versorgungsansprüche dienen sollen; hilfsweise kann jedoch ein Auskunftsanspruch nach §§ 1353 Abs. 1, 242 BGB wegen nachwirkender Treue- und Schutzpflichten in Betracht kommen.[26] Hat sich ein Ehegatte eine Anwartschaft auf eine Betriebsrente treuwidrig auszahlen lassen, soll demgegenüber ein Auskunftsanspruch gem. § 4 bestehen, um im Wege des Schadensersatzes eine Ausgleichsrente geltend zu machen.[27] Diese Ansicht ist abzulehnen, da § 4 nur einen Anspruch auf Erteilung der Auskünfte gewährt, die zur Durchführung des Versorgungsausgleichs erforderlich sind.[28] Ein nicht mehr bestehendes Anrecht kann aber auch nicht ausgeglichen werden. Allerdings kommt bei der vorzeitigen Auszahlung einer Betriebsrente als Kapital in Betracht, dass der andere Teil einen Ausgleich geltend machen kann, sobald in seiner Person die Voraussetzungen für den Bezug der Leistung eingetreten sind (§ 22). Um zu prüfen, ob dieser Anspruch besteht, besteht auch ein Auskunftsanspruch gem. § 4.

10 **4. Inhalt der Auskunft.** Die Auskunftspflicht ist **höchstpersönlicher Natur** und erstreckt sich auf alle Umstände, deren Kenntnis zur Ermittlung etwa auszugleichender Anrechte, deren Träger und Rechtsgrundlage und Höhe erforderlich sind. Dazu gehört auch die **Mitteilung der Berechnungsgrundlagen.** Hierzu gehören die Stammdaten jeder Versorgung (Versorgungsträger, Versicherungsnummer oder ähnliche Bezeichnung der Versorgung), Dauer des Versicherungsverhältnisses, Renteneintrittsalter, Umfang der Versorgung (Alters-, Erwerbsminderungs- und Hinterbliebenenversorgung), Dynamik, Pflicht- und freiwillige Beiträge, Ersatz- und Hinzurechnungszeiten in der gesetzlichen Rentenversicherung, ruhegehaltsfähiges Gehalt in der Beamtenversorgung, Kindererziehungszeiten sowie anzurechnende Versorgungen in der Beamtenversorgung, Dauer der Betriebszugehörigkeit, Warte-, Vordienstzeiten und wertbildende Faktoren in der betrieblichen Altersversorgung, Beitragszahlung, Zusage und Versicherungszeit in der privaten Rentenversicherung, um nur einige Beispiele zu nennen.[29] Der Verpflichtete muss sich die nötigen Informationen ggf. von seinem Dienstherrn oder privaten Arbeitgeber im Rahmen der bestehenden Auskunftsbestimmungen (→ Rn. 12) bzw. der diesen obliegenden allgemeinen – beamtenrechtlichen oder arbeitsrechtlichen – Fürsorgepflichten geben lassen, wenn er nicht selbst über sie verfügt. Eine eigene **Wertberechnung** schuldet der Verpflichtete aber grundsätzlich nicht.[30] Kann der Ehezeitanteil nicht ohne Kenntnis von **außerhalb der Ehezeit liegenden Umständen** – wie etwa anrechenbaren Zeiten oder Beiträgen im Rahmen einer Gesamtversorgung – ermittelt werden, so ist auch hierüber Auskunft zu erteilen. Dies gilt etwa auch für Umstände, die einen **Ausschluss des Versorgungsaus-**

---

21 *Borth* Versorgungsausgleich Kap. 11 Rn. 83.

22 So auch Johannsen/Henrich/*Holzwarth* Rn. 3; vgl. zum früher geltenden Rechtszustand ua BGH NJW 1984, 2040; Soergel/*Lipp* BGB § 1587e Rn. 3.

23 Vgl. OLG Hamm NJW-RR 2007, 580; *Cirullies* FamRZ 2012, 157 (158); Erman/*Norpoth/Sasse* Rn. 2.

24 HM; OLG Oldenburg FamRZ 2012, 55; vgl. dazu auch HK-VersAusglR/*Götsche* Rn. 5 f.

25 *Ruland* Versorgungsausgleich Rn. 1204.

26 Vgl. Johannsen/Henrich/*Holzwarth* Rn. 3; *Borth* Versorgungsausgleich Kap. 11 Rn. 81; vgl. aber zum Anspruch nach § 4 Abs. 1 bei treuwidriger Kapitalabfindung eines Ausgleichsanspruchs AG Böblingen FamRZ 2010, 1905.

27 AG Böblingen FamRZ 2010, 1905.

28 AA *Borth* FamRZ 2010, 1905; Erman/*Norpoth/Sasse* Rn. 3.

29 Johannsen/Henrich/*Holzwarth* Rn. 5; vgl. auch HK-FamR/*Hauß* Rn. 5.

30 Erman/*Norpoth/Sasse* Rn. 3.

**gleichs nach § 27** rechtfertigen können, so zB die wirtschaftlichen Verhältnisse des Berechtigten. Insoweit ändert sich gegenüber dem bisherigen Rechtszustand im Ergebnis nichts.[31]

Ist der an sich Auskunftspflichtige verstorben, so schulden zwar grundsätzlich die **Hinterbliebenen oder Erben** die Auskunft, diese brauchen aber entsprechend der höchstpersönlichen Natur des Anspruchs nur insoweit Auskunft zu erteilen, als sie über den Auskunftsgegenstand eigenes Wissen haben oder sich dieses in zumutbarer Weise verschaffen können.[32] Bezüglich der Vorlage von Belegen → Rn. 21 f. 11

**5. Auskunftspflicht der Ehegatten gegenüber dem Gericht nach § 220 FamFG.** Die **verfahrensrechtliche Auskunftspflicht** nach § 220 FamFG[33] schließt einen Auskunftsanspruch nach § 4 nicht aus. Solange ein Scheidungs- oder isoliertes Versorgungsausgleichsverfahren nicht anhängig ist, greift § 220 FamFG ohnehin nicht. Aber auch bei Anhängigkeit eines solchen Verfahrens ist der Anspruch nach § 4 nicht – etwa wegen fehlenden **Rechtsschutzinteresses** – von vornherein ausgeschlossen,[34] da ein Vorgehen des Gerichts nach § 220 FamFG nicht zwingend ist. Fordert allerdings das Familiengericht gem. § 220 FamFG Auskünfte an, fehlt nach hM das Rechtsschutzinteresse für einen Antrag nach § 4 Abs. 1, wenn nicht besondere Umstände – etwa eine trotz Aufforderung unzureichende Ausübung der Rechte nach § 220 FamFG durch das Gericht – geltend gemacht werden können.[35] Diese Auffassung dürfte zu eng sein. Zum einen ist im Rahmen der verfahrensrechtlichen Auskunft kein Ehegatte verpflichtet, an Eides statt zu versichern, dass seine Auskunft richtig und vollständig ist. Gerade im Hinblick darauf, dass Anrechte, die ausgleichsreif waren, jedoch bei der Entscheidung über den Versorgungsausgleich übersehen worden sind, nachträglich kaum noch ausgeglichen werden können,[36] besteht jedoch uU ein erhebliches Interesse daran, eine solche eidesstattliche Versicherung, die strafbewehrt ist, von einem Ehegatten abzufordern. Auch kann der Verstoß gegen den familienrechtlichen Anspruch, wahrheitsgemäß und vollständig Auskunft über die in der Ehezeit erworbenen Anrechte zu erteilen, Schadensersatzansprüche gem. § 280 BGB auslösen.[37] Dieser Schutz wird durch die verfahrensrechtliche Auskunftspflicht, die gegenüber dem Gericht besteht, nicht gewährt. Weiterhin ist streng zwischen Rechtsschutzbedürfnis und Begründetheit zu unterscheiden. Ein Rechtsschutzbedürfnis besteht für einen Anspruch auf Leistung, wenn der Verpflichtete der Leistungspflicht nicht nachkommt. Das Gericht hat aber nicht zu prüfen, ob der Inhaber des Anspruchs auf die Erfüllung des Anspruchs angewiesen ist. Nach § 4 besteht aber kein Anspruch auf Erteilung der Auskünfte, die für den Versorgungsausgleich „nicht erforderlich" sind. Macht ein Ehegatte einen Anspruch auf Erteilung solcher Auskünfte geltend, ist der Antrag unbegründet. 12

## III. Auskunftsanspruch eines Ehegatten, seiner Hinterbliebenen oder Erben gegen den Versorgungsträger (Abs. 2)

**1. Hilfsweiser Auskunftsanspruch.** Dem Ehegatten, seinen Hinterbliebenen oder Erben steht **hilfsweise** ein Auskunftsrecht gegen den Versorgungsträger des anderen Ehegatten zu, wenn die Auskunft von diesem, seinen Hinterbliebenen oder Erben nicht zu erlangen ist. Voraussetzung für den Anspruch ist, dass zunächst der andere Ehegatte – ggf. dessen Hinterbliebene oder Erben – erfolglos auf Auskunft über solche Informationen in Anspruch genommen worden ist, die dieser sich mangels eigener Kenntnis vom Versorgungsträger selbst besorgen muss. Die erfolglose oder jedenfalls teilweise **erfolglose Geltendmachung des Anspruchs** gegen den eigentlich Verpflichteten ist gegenüber dem hilfsweise in Anspruch genommenen Versorgungsträger darzulegen und ggf. zu belegen; in der Regel wird die Vorlage einer erfolglosen Aufforderung reichen.[38] Demgegenüber ist es nicht erforderlich, dass der auskunftsberechtigte Ehegatte den anderen erfolglos gerichtlich, ggf. auch im Wege der Zwangsvollstreckung, in Anspruch genommen hat.[39] 13

Der Grundsatz der Subsidiarität gilt auch, wenn der ausgleichsberechtigte Ehegatte im Wege der Teilhabe an der Hinterbliebenenversorgung gem. § 25 den Versorgungsträger auf Zahlung einer 14

---

31 Vgl. BT-Drs. 16/10144, 68; Johannsen/Henrich/*Holzwarth* Rn. 5; Palandt/Brudermüller Rn. 4; zum Ausschluss etwa nach § 1587c BGB ua OLG Karlsruhe FamRZ 2003, 1840.

32 Vgl. *Hahne/Holzwarth* in Schwab ScheidungsR-HdB VI Rn. 66; vgl. zu § 1587e Abs. 1 BGB BGH FamRZ 1986, 253 (254).

33 Vgl. hierzu MüKoFamFG/*Stein* FamFG § 220 Rn. 16 ff.

34 BT-Drs. 16/10144, 48; so auch Palandt/*Brudermüller* Rn. 9; Erman/*Norpoth/Sasse* Rn. 3; anders wohl *Häußermann* BetrAV 2008, 428 (435).

35 Vgl. BT-Drs. 16/10144, 49; so iErg auch Soergel/*Häußermann* Rn. 4.

36 BGH FamRZ 2013, 1642; 2013, 1548.

37 *Siede* FamRB 2013, 354.

38 BT-Drs. 16/10144, 48; *Bergmann* FuR 2009, 232; Johannsen/Henrich/*Holzwarth* Rn. 8.

39 Johannsen/Henrich/*Holzwarth* Rn. 8.

Ausgleichsrente in Anspruch nehmen will. Auch dann muss er sich vorab an die Erben bzw. Hinterbliebenen des verstorbenen Ehegatten halten. Nur wenn und soweit er von diesen keine Auskunft erhalten kann, kann er den Versorgungsträger des ausgleichspflichtigen Ehegatten auch auf Auskunft in Anspruch nehmen.[40]

15 Fraglich ist, ob ausländische Versorgungsträger direkt auf Auskunft in Anspruch genommen werden können. Zum Teil wird dies mit dem Argument verneint, diese unterlägen nicht der deutschen Jurisdiktion.[41] Gegen diese Auffassung spricht allerdings, dass das deutsche Recht keinen eigenen Auskunftsanspruch gegen einen ausländischen Versorgungsträger begründet. Vielmehr besteht der subsidiäre Direktanspruch nur, wenn und soweit der auskunftspflichtige Ehegatte einen Anspruch auf Auskunft gegen seinen (ausländischen) Versorgungsträger hat. Es verstößt nicht gegen den Territorialitätsgrundsatz, wenn durch ein deutsches Gericht dieser Anspruch im Rahmen seiner internationalen Zuständigkeit tituliert wird. Dies ist auch oft notwendig, da sonst ein Ehegatte, der mit einem ausländischen Ehegatten verheiratet war, schon aus praktischen Gründen den Versorgungsausgleich kaum geltend machen kann.

16 **2. Eigener unmittelbarer Auskunftsanspruch gegen den Versorgungsträger.** Weitere Voraussetzung für den lediglich hilfsweise gegebenen Anspruch ist, dass der auf Auskunft in Anspruch genommene Ehegatte überhaupt einen eigenen Anspruch auf Auskunft seines Versorgungsträgers auf die begehrten Informationen – bzw. Unterlagen – hat.[42] Ein solcher Anspruch kann sich aus den **allgemeinen dienst- und arbeitsrechtlichen Fürsorgepflichten** ergeben (→ Rn. 9), findet sich zudem in verschiedenen **Versorgungsregelungen.** So können Beamte und Richter des Bundes und Soldaten nach § 49 Abs. 10 BeamtVG bzw. § 46 Abs. 8 SVG auf Antrag Auskunft über die Höhe ihrer Versorgung erhalten. Die meisten Bundesländer haben entsprechende Vorschriften erlassen (vgl. zB Art. 102 BayBeamtenVG). Gegenüber dem Rentenversicherungsträger besteht die Möglichkeit, neben der jährlichen Renteninformation nach § 109 SBG VI und dem Versicherungsverlauf nach § 149 Abs. 3 SGB VI auf Antrag Auskunft über die Höhe der auf die Ehezeit entfallenden Rentenanwartschaft zu erlangen (§ 109 Abs. 5 S. 1 SGB VI). Der Direktanspruch für den Ehegatten des Auskunftspflichtigen ergibt sich aus §§ 109 Abs. 5 S. 2 SGB VI, 74 Nr. 2b SGB X. Entsprechendes gilt im Bereich der Alterssicherung der Landwirte nach § 40 Abs. 3 ALG. § 4a BetrAVG gibt einen Auskunftsanspruch im Bereich der betrieblichen Altersversorgung in Bezug auf die aus der unverfallbaren Anwartschaft zu erwartenden Versorgung und die Höhe des Übertragungswertes, wenn ein berechtigtes Interesse besteht. Es besteht aber kein Anspruch auf Berechnung des Ehezeitanteils einer Versorgung.[43] Ein entsprechender Anspruch ist nun auch für ausgeschiedene Arbeitnehmer und Hinterbliebene vorgesehen (§ 4a Abs. 3 BetrAVG). Dies hat für den geschiedenen Ehegatten besondere Bedeutung, da dieser einem ausgeschiedenen Arbeitnehmer gleich gestellt ist (§ 12). Im Bereich der privaten Rentenversicherung kann sich ein Auskunftsanspruch aus einer vertraglichen Nebenpflicht ergeben. Für Verträge gem. § 1 AltZertG ist sie gesetzlich geregelt. Ein Anspruch auf eine unterjährige Auskunft besteht demnach grundsätzlich nicht (vgl. §§ 7a, 7b AltZertG).[44]

17 **3. Erforderlichkeit der Auskunft.** Auch der hilfsweise Auskunftsanspruch steht unter der Voraussetzung der Erforderlichkeit der Auskunft (→ Rn. 8).

### IV. Auskunftsansprüche der Versorgungsträger (Abs. 3)

18 Nach Abs. 3 kann schließlich nunmehr auch ein Versorgungsträger **erforderliche Auskünfte** von den **Ehegatten,** deren **Hinterbliebenen** und **Erben** sowie von den **anderen Versorgungsträgern** verlangen. Letzteres betrifft insbesondere den Fall, dass ein Versorgungsträger die Höhe der auszugleichenden Versorgung nicht selbständig zu ermitteln vermag, weil diese von der Höhe einer anderen Versorgung abhängig ist, etwa bei einer Gesamtversorgung. Auch bei der Teilhabe an einer Hinterbliebenenversorgung kann eine solche Auskunft benötigt werden – schon im bisherigen Recht in § 3a Abs. 8 S. 3 VAHRG geregelt – wie bei einem Anpassungsverfahren nach §§ 32–36.[45] Der selbstständige materiellrechtliche Anspruch ist ggf. mit Hilfe des Familiengerichts zu verfolgen (→ Rn. 18).

19 Zu beachten ist, dass Versorgungsträger untereinander nur im Rahmen des datenschutzrechtlich Zulässigen Auskunft geben dürfen. Daher wäre es insbesondere unzulässig, wenn ein Versorgungsträ-

---

[40] BGH FamRZ 2017, 1210 = BeckRS 2017, 111829; BeckOK BGB/*Bergmann* Rn. 5.
[41] Johannsen/Henrich/*Holzwarth* Rn. 9.
[42] Erman/*Norpoth/Sasse* Rn. 4.
[43] Vgl. BT-Drs. 16/10144, 49; dazu auch *Ruland* Versorgungsausgleich Rn. 1207.
[44] Soergel/*Häußermann* Rn. 15.
[45] BT-Drs. 16/10144.

ger den anderen über den Gesundheitszustand seines Versicherungsnehmers informiert, weil dieser ihn um Auskunft gebeten hatte, um zwischen interner oder externer Teilung zu entscheiden.[46]

Rentenversicherungsträger haben das Sozialgeheimnis zu beachten, im Übrigen ergeben sich Pflichten zur Verschwiegenheit aus den Datenschutzgesetzen der Länder, der Fürsorgepflicht für Beamte sowie als vertragliche Nebenpflicht. 20

### V. Entsprechende Anwendung § 1605 Abs. 1 S. 2 und 3 BGB (Abs. 4)

Durch den Verweis in Abs. 4 wird § 1605 Abs. 1 S. 2 und 3 BGB für entsprechend anwendbar erklärt. Der Verweis auf § 1605 Abs. 1 S. 2 BGB stellt klar, dass nicht nur eine schlichte Mitteilung der nötigen Angaben der Auskunftspflicht genügt, sondern vielmehr die Angaben auf Verlangen durch **Unterlagen** zu belegen sind. Als Belege kommen zB Versicherungsnachweise, Versicherungsverläufe, Renten- und Pensionsfestsetzungsbescheide sowie Versicherungspolicen in Betracht (→ Rn. 9). Liegen mehrere Versorgungen vor, so wird durch Verweis in § 1605 Abs. 1 S. 3 auf § 260 Abs. 1 BGB sichergestellt, dass der Verpflichtete ggf. eine **Liste aller Versorgungsanrechte** vorzulegen hat. Besteht Anlass zu der Annahme, dass das Verzeichnis nicht mit der erforderlichen Sorgfalt aufgestellt worden ist, so ist die **eidesstattliche Versicherung** abzugeben, sofern nicht ein Fall geringer Bedeutung vorliegt (§ 1605 Abs. 1 S. 3 BGB, § 260 Abs. 2 und 3 BGB, § 259 Abs. 3 BGB, § 261 BGB). Einen Verweis auf § 1605 Abs. 2 BGB, wonach eine erneute Auskunft nur alle zwei Jahre verlangt werden kann, wenn sich nichts Wesentliches geändert hat, enthält das jetzige Recht nicht mehr. 21

Ein Anspruch auf **Vorlage oder Stellung eines Kontenklärungsantrags** oder auf **Ausfüllen und Vorlage gerichtlicher Vordrucke** bezüglich des Versorgungsausgleichs besteht im Verhältnis der Ehegatten bzw. deren Hinterbliebenen oder Erben nicht.[47] Vgl. aber nunmehr zur verfahrensrechtlichen Verpflichtung gegenüber dem Gericht § 220 Abs. 1 S. 2 FamFG iVm § 220 Abs. 2 FamFG. 22

### VI. Verfahren

Der Auskunftsanspruch ist ein vorbereitendes Nebenverfahren im Rahmen des Versorgungsausgleichs und damit den Verfahren in Familiensachen zuzuordnen (§§ 1, 111 ff., 217 ff. FamFG). Der Anspruch kann **isoliert** und, soweit ein **Scheidungsverbund-** oder isoliertes Versorgungsausgleichsverfahren anhängig ist, im Wege des **Stufenantrags** geltend gemacht werden. Während der Anhängigkeit eines Scheidungsantrages muss der Auskunftsanspruch im Verbund geltend gemacht werden;[48] über ihn ist sodann vorab durch Beschluss zu entscheiden.[49] Da über den Versorgungsausgleich selbst von Amts wegen zu entscheiden ist, braucht der Antragsteller ausnahmsweise keinen weitergehenden Antrag auf Durchführung des sich aus der Auskunft ergebenden Ausgleichs zu stellen.[50] Der Antrag unterliegt dem **Anwaltszwang,** wenn er im **Verbund** verfolgt wird (§ 114 Abs. 1 FamFG); für das isolierte Verfahren hat sich bezüglich des fehlenden Anwaltszwangs insoweit nichts geändert.[51] Die Vollstreckung von Beschlüssen erfolgt nach § 95 Abs. 1 Nr. 3, Abs. 4 FamFG iVm § 888 Abs. 1 ZPO. Es kann also Zwangsgeld und für den Fall, dass die Anordnung keinen Erfolg verspricht oder das Zwangsgeld nicht beigetrieben werden kann, Zwangshaft angeordnet werden.[52] 23

Der **Verfahrenswert** eines isolierten Auskunftsantrages beträgt 500 EUR (§ 50 Abs. 2 FamGKG).[53] Wird der Antrag im Verbund als Stufenantrag geltend gemacht, richtet sich der Verfahrenswert demgegenüber nach § 38 FamGKG.[54] 24

Bei Verletzung der Auskunftspflicht kommt ein Schadensersatzanspruch nach §§ 280 ff. BGB bzw. bei öffentlichen Versorgungsträgern nach § 839 BGB in Betracht.[55] Allerdings kann der ausgleichsberechtigte Ehegatte nicht den Arbeitgeber des ausgleichspflichtigen Ehegatten in Anspruch nehmen, 25

---

46 Soergel/*Häußermann* Rn. 17.
47 So auch *Ruland* Versorgungsausgleich Rn. 1205; *Hahne* in Schwab ScheidungsR-HdB VI Rn. 65.
48 OLG Hamm FamRZ 2013, 806 = BeckRS 2012, 23831; *Wick* Versorgungsausgleich Rn. 144.
49 *Borth* Versorgungsausgleich Kap. 11 Rn. 86.
50 HK-FamR/*Hauß* Rn. 16.
51 Vgl. Keidel/*Weber* FamFG § 114 Rn. 2.
52 HM, vgl. ua *Wick* FuR 2009, 482 (484); Johannsen/Henrich/*Holzwarth* Rn. 2, 14; Palandt/*Brudermüller* Rn. 10; *Borth* Versorgungsausgleich Kap. 11 Rn. 86.
53 BeckOK FamGKG/*Neumann* § 50 Rn. 88.
54 BeckOK FamGKG/*Neumann* § 50 Rn. 90.
55 Vgl. BGH FamRZ 1998, 89; Palandt/*Brudermüller* Rn. 8; BeckOK BGB/*Bergmann* Rn. 10; *Siede* FamRB 2015, 337.

wenn dessen Auskunft unzutreffend war.[56] Weiterhin ist der Träger der Versorgungslast aufgrund des öffentlich-rechtlichen Treueverhältnisses auch nicht verpflichtet, ungefragt dem Ausgleichspflichtigen den Tod des Ausgleichsberechtigten mitzuteilen, obwohl dieser noch nicht 36 Monate Leistungen aus dem im Versorgungsausgleich erworbenen Anrecht erhalten hatte.[57] Weitergehende Verpflichtungen sind aber für den Träger der gesetzlichen Rentenversicherung als Sozialleistungsträger vorgesehen.[58]

## § 5 Bestimmung von Ehezeitanteil und Ausgleichswert

**(1) Der Versorgungsträger berechnet den Ehezeitanteil des Anrechts in Form der für das jeweilige Versorgungssystem maßgeblichen Bezugsgröße, insbesondere also in Form von Entgeltpunkten, eines Rentenbetrags oder eines Kapitalwerts.**

**(2) [1]Maßgeblicher Zeitpunkt für die Bewertung ist das Ende der Ehezeit. [2]Rechtliche oder tatsächliche Veränderungen nach dem Ende der Ehezeit, die auf den Ehezeitanteil zurückwirken, sind zu berücksichtigen.**

**(3) Der Versorgungsträger unterbreitet dem Familiengericht einen Vorschlag für die Bestimmung des Ausgleichswerts und, falls es sich dabei nicht um einen Kapitalwert handelt, für einen korrespondierenden Kapitalwert nach § 47.**

**(4) [1]In Verfahren über Ausgleichsansprüche nach der Scheidung nach den §§ 20 und 21 oder den §§ 25 und 26 ist grundsätzlich nur der Rentenbetrag zu berechnen. [2]Allgemeine Wertanpassungen des Anrechts sind zu berücksichtigen.**

**(5) Die Einzelheiten der Wertermittlung ergeben sich aus den §§ 39 bis 47.**

**Schrifttum:** S. § 1587 BGB.

**Übersicht**



### I. Normzweck und Anwendungsbereich

1 § 5 regelt die grundlegenden Pflichten zur Ermittlung des Ehezeitanteils und des Ausgleichswerts der in den Versorgungsausgleich einzubeziehenden Anrechte. Die Vorschrift wird verfahrensrechtlich durch § 220 FamFG ergänzt und konkretisiert (MüKoFamFG/*Stein* FamFG § 220 Rn. 18 ff.). **Abs. 1** bestimmt, dass der Versorgungsträger den Ehezeitanteil in Form der jeweiligen Bezugsgröße zu berechnen hat. **Abs. 2** regelt, welcher Zeitpunkt der Wertermittlung zugrunde zu legen ist. Nach

[56] OLG Hamm FamRZ 1985, 718; OLG Karlsruhe NJW 1986, 854.
[57] BVerwG NVwZ-RR 2016, 6 = FamRZ 2016, 539; aA BeckOGK/*Müller-Tegethoff*, 1.2.2019, Rn. 21.1 ff.
[58] SG Lüneburg NZFam 2016, 760; einschr. für Altfälle SG Würzburg NZFam 2017, 767.

**Abs. 3** hat der Versorgungsträger einen Vorschlag zur Bestimmung des Ausgleichswerts und ggf. des korrespondierenden Kapitalwerts zu unterbreiten. Dabei kommt es auf den korrespondierenden Kapitalwert nur in bestimmten Fallkonstellationen an. **Abs. 4** enthält eine Sonderbestimmung für die Berechnung des Ausgleichswerts für Ausgleichsansprüche nach der Scheidung. **Abs. 5** weist auf die Wertermittlungsvorschriften (§§ 39–47) des VersAusglG hin.

Die Vorschrift gilt sowohl bei erstmaliger Durchführung des Versorgungsausgleichs als auch im Abänderungsverfahren. Handelt es sich um ein Abänderungsverfahren gem. §§ 51, 52, ist von allen Versorgungsträgern, soweit ein bei diesen bestehendes Anrecht in die abzuändernde Entscheidung einbezogen war, eine neue Auskunft zu erteilen, für die dieselben Anforderungen gelten wie im Ursprungsverfahren. Zusätzlich ist gem. § 52 der Ehezeitanteil auch als Rentenbetrag mitzuteilen. Handelt es sich um ein Abänderungsverfahren gem. §§ 225, 226 FamFG, ist grundsätzlich nur von dem Versorgungsträger, bei dem das Anrecht besteht, hinsichtlich dessen der Versorgungsausgleich geändert werden soll, eine neue Auskunft zu erteilen. Inwieweit weitere Versorgungsträger zur Auskunft verpflichtet sind, soweit eine Gesamtbetrachtung erforderlich ist (etwa nach §§ 18, 27),[1] ist differenziert zu betrachten; denn § 226 Abs. 3 FamFG erklärt § 27 auch im Abänderungsverfahren für anwendbar. Die Vorschrift ist dann aber bezogen auf das Abänderungsverfahren anzuwenden, dh es ist zu prüfen, ob der Versorgungsausgleich zu einem grob unbilligen Ergebnis führt, wenn die Abänderung für das betroffene Anrecht durchgeführt wird, soweit zulässig, und im Übrigen die Entscheidung aufrechterhalten wird.[2] § 226 Abs. 3 FamFG ermöglicht aber keine nachträgliche Totalrevision des Versorgungsausgleichs. Eine grobe Unbilligkeit kann sich daher vor allem aus der nachehezeitlichen Entwicklung von Anrechten ergeben,[3] für die auch die Versorgungsträger zur Auskunft verpflichtet sind, bei denen diese Anrechte bestehen, mögen sie auch nicht selbst der Abänderung unterliegen. 2

## II. Berechnung des Ehezeitanteils (Abs. 1)

**1. Allgemeine Grundsätze.** Gem. Abs. 1 sind die **Versorgungsträger verpflichtet,** den Ehezeitanteil zu berechnen. Dabei hat sich der Gesetzgeber von dem Gedanken leiten lassen, dass die Versorgungsträger mit ihren eigenen Versorgungsordnungen am besten vertraut und daher am ehesten in der Lage sind, den Wert der Versorgungsanrechte zu berechnen.[4] Entgegen dem Wortlaut von Abs. 3 ist allerdings weder die Berechnung des Ehezeitanteils noch des Ausgleichswerts für das Familiengericht verbindlich. Vielmehr hat die Auskunft des Versorgungsträgers rechtlich die Bedeutung eines Vorschlags, die durch das Familiengericht in vollem Umfang auf ihre Richtigkeit und Vollständigkeit zu überprüfen ist, bevor sie der Berechnung des Versorgungsausgleichs zugrunde gelegt werden kann.[5] 3

Da es im Hinblick auf den Ausgleich jedes einzelnen Anrechts (→ § 1 Rn. 5) nicht mehr notwendig ist, den Wert der Versorgungsanrechte in einer einheitlichen „Währung" zu ermitteln, ist der Ehezeitanteil nach der für das jeweilige Versorgungssystem **maßgeblichen Bezugsgröße** zu bestimmen. Die Vorschrift nimmt dabei einen Begriff auf, der auch im Rahmen der Grundsätze der unmittelbaren Bewertung nach § 39 von wesentlicher Bedeutung ist. Als maßgeblich ist diejenige Bezugsgröße anzusehen, die in der Anwartschaftsphase den individuellen Anwartschaftserwerb des Mitglieds verkörpert.[6] Dabei enthält weder § 5 Abs. 1 noch § 39 Abs. 2 eine abschließende Aufzählung der Bezugsgrößen, sodass dem Versorgungsträger grundsätzlich deren Bestimmung in seinem Versorgungssystem überlassen ist.[7] Deswegen schließt § 45 Abs. 1, der in der betrieblichen Altersversorgung den Wert des Anrechts als Rentenbetrag nach § 2 BetrAVG oder den Kapitalwert nach § 4 Abs. 5 BetrAVG für maßgeblich ansieht, nicht von vornherein die Berücksichtigung anderer Bezugsgrößen aus.[8] Bei dieser Bezugsgröße kann 4

---

1 Dafür BeckOGK/*Müller-Tegethoff,* 1.2.2019, Rn. 37.

2 BeckOK FamFG/*Hahne,* 1.4.2018, FamFG § 226 Rn. 3.

3 Prütting/Helms/*Wagner* FamFG § 226 Rn. 8.

4 Vgl. BT-Drs. 16/10144, 49.

5 Johannsen/Henrich/*Holzwarth* § 5 Rn. 5.

6 Vgl. BGH NJW-RR 2015, 129 Rn. 22 = FamRZ 2015, 313; NJW 2014, 3447 Rn. 17 = FamRZ 2014, 1982; BeckRS 2014, 22651 Rn. 18 = FamRZ 2015, 236 Ls.; NZFam 2014, 1040 Rn. 19 = FamRZ 2014, 1987 Ls.; BeckOGK/*Müller Tegethoff,* 1.2.2019, Rn. 7.2.

7 Vgl. BGH NJW-RR 2015, 129 Rn. 24 = FamRZ 2015, 313; NJW 2014, 3447 Rn. 21 = FamRZ 2014, 1983; BeckRS 2014, 22651 Rn. 22 = FamRZ 2015, 236 Ls.; NZFam 2014, 1040 Rn. 23 = FamRZ 2014, 1987 Ls.

8 Vgl. zu Fondsanteilen als Bezugsgröße BGH NJW 2017, 3148 = FamRZ 2017, 1655; NJW-RR 2015, 129 Rn. 25 = FamRZ 2015, 313; NJW 2014, 3447 Rn. 22 = FamRZ 2014, 1982; BeckRS 2014, 22651 Rn. 23 = FamRZ 2015, 236 Ls.; NZFam 2014, 1040 Rn. 24 = FamRZ 2014, 1987 Ls.; OLG Frankfurt FamRZ 2018 430; OLG Nürnberg NZFam 2018, 616; FamRZ 2018, 905; OLG München FamRZ 2018, 586.

es sich um einen Rentenbetrag[9] handeln. Es können aber auch andere Berechnungsgrößen sein, wie Entgeltpunkte in der gesetzlichen Rentenversicherung[10] und der hüttenknappschaftlichen Zusatzversicherung,[11] Versorgungspunkte in der Zusatzversorgung des öffentlichen oder kirchlichen Dienstes,[12] Steigerungszahlen wie in der Alterssicherung der Landwirte und der berufsständischen Versorgung, Rentenbausteine,[13] Fondsanteile[14] oder Anteile an einem Sicherungsvermögen[15] wie in Teilen der betrieblichen Altersversorgung, Punktwerte wie in Teilen der berufsständischen Versorgung[16] oder Kapitalwerte im Sinne eines Deckungskapitals wie in der privaten Lebensversicherung, bei betrieblichen Pensionskassen oder in anderen Versorgungssystemen. Da die Bezugsgröße den Ehezeitanteil und den Ausgleichswert bestimmt, kann an ihrer Stelle keine andere Größe zur Wertermittlung herangezogen werden,[17] auch nicht bei der Frage, ob eine Wertänderung iSd § 225 Abs. 3 FamFG wesentlich oder ein Ausgleichswert nach § 18 Abs. 3 gering ist.[18] Vielmehr ist in diesen Fällen anhand der für die jeweilige Bezugsgröße geltenden Umrechnungsfaktoren der Kapitalwert des Ausgleichswerts zu berechnen, sofern es sich bei der maßgeblichen Bezugsgröße nicht ausnahmsweise um einen Rentenwert handelt.[19] Die Berechnung der Bezugsgröße schließt es allerdings nicht aus, dass der Versorgungsträger auch weitere Informationen erteilt. So teilen die Träger der gesetzlichen Rentenversicherung neben der Berechnung der Entgeltpunkte als maßgeblicher Bezugsgröße auch einen hieraus für das Ehezeitende folgenden Rentenbetrag mit. Entscheidend für den Wertausgleich ist jedoch die Maßeinheit der jeweiligen Bezugsgröße,[20] in der gesetzlichen Rentenversicherung daher die Anzahl der erworbenen Entgeltpunkte (zur Tenorierung einer internen Teilung → § 10 Rn. 41 ff.). Eine Ausnahme besteht nach § 5 Abs. 4 bei Ausgleichsansprüchen nach der Scheidung, denen Versorgungsleistungen an den Verpflichteten zugrunde liegen und bei denen demzufolge grundsätzlich nur der Rentenbetrag zu berechnen ist. Weiterhin ist auch im Verfahren wegen Abänderung einer Altentscheidung der Ehezeitanteil als Rentenbetrag zu berechnen (§ 52 Abs. 2).[21]

**5** Die Auskunftspflicht erschöpft sich nicht darin, dass der Versorgungsträger den von ihm errechneten Ehezeitanteil und Ausgleichswert in der maßgeblichen Bezugsgröße mitteilt. Vielmehr hat er

---

9 Vgl. KG BeckRS 2011, 26413 = FamRZ 2012, 635 f. nach Rückrechnung aus einem Kapitalwert für ein Anrecht der Versorgungsanstalt der Deutschen Bühnen; zur Notwendigkeit der Abgrenzung von Anrechten aus einem Arbeitsverhältnis mit Anspruch auf Versorgungsleistungen nach beamtenrechtlichen Vorschriften oder Grundsätzen und solchen auf betriebliche Altersversorgung vgl. BGH NJW-RR 2016, 323 Rn. 20 ff. = FamRZ 2016, 617 mAnm *Borth* FamRZ 2016, 619 f.

10 Vgl. BGH NJW-RR 2012, 321 Rn. 15 = FamRZ 2012, 513; NJW-RR 2012, 194 Rn. 16 = FamRZ 2012, 277; NJW 2012, 312 Rn. 24 = FamRZ 2012, 192.

11 Vgl. OLG Saarbrücken BeckRS 2012, 11833 (zu II) = FamRZ 2012, 1717 Ls.; BeckRS 2011, 15558 = FamRZ 2011, 1868 Ls.

12 BGH NJW-RR 2017, 580 = FamRZ 2017, 872; NJW 2017, 2547 = FamRZ 2017, 863; NJOZ 2017, 816 = FamRZ 2017, 870; NZFam 2017, 396; vgl. zur Problematik des Bewertungsverfahrens *Mühlstädt* BetrAV 2010, 425 (426 f.), der es de lege ferenda für vorzugswürdig hält, im Sinne einer Gleichbehandlung mit der betrieblichen Altersversorgung den Ausgleichswert als Kapitalwert auszuweisen; zur Berechnung der Versorgungspunkte auf der Grundlage eines Kapitalwerts (Barwerts) mit der Konsequenz unterschiedlicher Versorgungspunkte für Mann und Frau vgl. OLG Oldenburg NJW-RR 2011, 804 f. = FamRZ 2011, 1148 f.

13 Zur gesonderten Behandlung verschiedener Bausteine einer betrieblichen Altersversorgung als jeweils einzelnes Anrecht vgl. BGH NJW-RR 2016, 772 Rn. 14; NJW 2012, 1281 Rn. 13 f. = FamRZ 2012, 610; NJW-RR 2012, 193 Rn. 13 = FamRZ 2012, 189.

14 Vgl. BGH NJW 2017, 3148 = FamRZ 2017, 1655; NJW 2014, 3447 Rn. 18 ff. = FamRZ 2014, 1982; BeckRS 2014, 22651 Rn. 19 ff. = FamRZ 2015, 236 Ls.; NZFam 2014, 1040 Rn. 20 ff. = FamRZ 2014, 1987 Ls.; OLG Frankfurt FamRZ 2018, 430; BeckRS 2013, 21410 (zu II) = FamRZ 2014, 761 (763); OLG Nürnberg NZFam 2018, 616; FamRZ 2018, 905 = BeckRS 2017, 142856; OLG München FamRZ 2018, 586 = BeckRS 2018, 5627.

15 Vgl. OLG Celle NJOZ 2013, 337 (338) = FamRZ 2013, 468 (469).

16 Vgl. OLG Karlsruhe BeckRS 2012, 22546 = FamRZ 2012, 1716 für die Bayerische Ärzteversorgung.

17 Zur Unzulässigkeit eines Tenors, in dem das zu begründende Anrecht mit einem Prozentsatz der Versorgung des Verpflichteten angegeben wird, vgl. OLG Stuttgart NJW-RR 2011, 806 (807) = FamRZ 2011, 979 mAnm *Hauß* FamRB 2011, 71.

18 Ähnlich *Gutdeutsch* FamRZ 2010, 949 (950); zur Heranziehung des Kapitalwerts in der gesetzlichen Rentenversicherung nach § 18 vgl. BGH NJW-RR 2012, 194 = FamRZ 2012, 277; OLG München BeckRS 2010, 22021 (zu II 2 c) = FamRZ 2010, 1664 (1665); *Borth* FamRZ 2010, 1210 (1211); ganz hM.

19 BGH NJW-RR 2012, 194 = FamRZ 2012, 277; aA noch die Vorinstanz OLG Stuttgart FamRZ 2010, 1805.

20 Zu Punktwerten in der Sächsischen Ärzteversorgung s. BGH NJW-RR 2012, 1217 Rn. 8 f. = FamRZ 2012, 1545.

21 Vgl. hierzu BGH FamRZ 2018, 176 = NZFam 2018, 24 mAnm *Schwamb*; *Siede* FamRZ 2018, 729.

auch die Grundlagen seiner Berechnung offen zu legen. Nur so kann das Familiengericht prüfen, ob die Bewertung entsprechend §§ 39–47 erfolgt ist.

Dies bedeutet, dass die Auskünfte mindestens Angaben über die zugrunde gelegte Ehezeit enthalten müssen. Im Übrigen richtet es sich nach den Bewertungsvorschriften für das jeweilige Anrecht, welche Angaben die Auskünfte des Versorgungsträgers enthalten müssen (vgl. § 5 Abs. 5). 6

**2. Inhalt der Auskünfte im Einzelnen.** Hieraus folgt im Einzelnen: 7

**a) Auskünfte der gesetzlichen Rentenversicherung.** Die Auskunft enthält den Ehezeitanteil und den Ausgleichswert. Beides wird in der Bezugsgröße Entgeltpunkte bzw. Entgeltpunkte (Ost) angegeben. Handelt es sich um ein Anrecht aus der knappschaftlichen Rentenversicherung wird das Anrecht ebenfalls in Entgeltpunkte bzw. Entgeltpunkten (Ost) bewertet. Allerdings gilt in der knappschaftlichen Rentenversicherung ein höherer Rentenartfaktor (1,3333, § 82 SGB VI). 8

Schließlich enthalten die Auskünfte als Basisinformation noch den korrespondierenden Kapitalwert. Die Auskünfte der gesetzlichen Rentenversicherung sind relativ umfangreich. Auch in der nunmehr verwendeten abgekürzten Form enthalten sie einen Versicherungsverlauf sowie die Zuordnung von Entgeltpunkten zu den jeweiligen rentenrechtlichen Zeiten. Insbesondere die Ehezeit, der Versicherungsverlauf, aber auch, ob die angefallenen Kindererziehungszeiten berücksichtigt sind, sollte durch den Rechtsanwender überprüft werden. 9

**b) Auskünfte der Beamtenversorgung und anderer Versorgungsträger, die eine Versorgung nach Grundsätzen für öffentlich-rechtliche Dienstverhältnisse erteilen.** Die Auskünfte enthalten eine **Dienstzeitberechnung** und die notwendigen Angaben für die Bestimmung des ruhegehaltsfähigen **Ruhegehalts.** Hieraus wird der Ruhegehaltssatz und damit letztlich der Ehezeitanteil und der Ausgleichswert des Ruhegehalts abgeleitet. Anhand der auch für die gesetzliche Rentenversicherung geltenden Umrechnungsfaktoren wird der korrespondierende Kapitalwert bestimmt. 10

Hat ein Ehegatte mehrere Anrechte auf eine Versorgung erworben, kommt die Anwendung von **Ruhensvorschriften** in Betracht. Die Auskünfte werden daher unter dem Vorbehalt erteilt, dass keine weiteren Anrechte erworben wurden. Ergibt sich, dass der betreffende Ehegatte weitere Anrechte erworben hat, ist dies dem Versorgungsträger, ggf. unter Beifügung der entsprechenden Auskunft, mitzuteilen. Erst wenn dieser bescheinigt, dass sich auch unter Berücksichtigung der weiteren Anrechte der von ihm ermittelte Ehezeitanteil ergibt, kann die Auskunft der Berechnung des Versorgungsausgleichs zugrunde gelegt werden. 11

Hat ein Ehegatte als **Beamter auf Widerruf** oder als **Zeitsoldat** Anrechte erworben, und besteht das Dienstverhältnis bei Erlass der Entscheidung noch, ist der fiktive Nachversicherungswert zu ermitteln und zum Ausgleich zu bringen. Dafür sind zwei Auskünfte erforderlich. Der Träger der Versorgungslast des Beamten auf Widerruf/Zeitsoldaten hat über die Dienstzeit und das in dieser erworbene Anrecht Auskunft zu geben. Diese Auskunft ist um eine Gehaltsbescheinigung zu ergänzen. Die Gehaltsbescheinigung ist dem Träger der gesetzlichen Rentenversicherung zur Berechnung des Ehezeitanteils und des Ausgleichswerts bei fiktiver Nachversicherung zur Verfügung zu stellen. Hat der betreffende Ehegatte auch ein Anrecht in der gesetzlichen Rentenversicherung erworben, ist darauf zu achten, dass das Anrecht aus der gesetzlichen Rentenversicherung und aus der fiktiven Nachversicherung gesondert beauskunftet werden. Dies kann geschehen, indem von dem Gesamtwert, der sich für die Ehezeit unter Berücksichtigung der fiktiven Nachversicherung ergibt, der Anteil abgezogen wird, der auf die fiktive Nachversicherung entfällt; denn diese kann insbesondere den Wert für beitragsfreie und beitragsgeminderte Zeiten, die in die Ehezeit, aber nicht in den Nachversicherungszeitraum fallen, verändern. 12

Weiter ist darauf zu achten, dass hier die Auskunft in zwei unterschiedlichen Bezugsgrößen zu erteilen ist. Der Ehezeitanteil und der Ausgleichswert des Anrechts aufgrund der Beschäftigung als Beamter auf Widerruf/Zeitsoldat sind als **Rentenbetrag** zu berechnen. Der maßgebliche Wert ergibt sich, indem der auf die fiktive Nachversicherung entfallende Wert in der für die gesetzliche Rentenversicherung maßgeblichen Bezugsgröße (Entgeltpunkte bzw. Entgeltpunkt (Ost)) mit dem aktuellen Rentenwert bei Ehezeitende multipliziert wird. Üblicherweise gibt die gesetzliche Rentenversicherung diesen Rentenbetrag in ihrer Auskunft, die unter Berücksichtigung der fiktiven Nachversicherung erteilt wird, an. Demgegenüber wird die Auskunft über die in der gesetzlichen Rentenversicherung erworbenen Anrechte in der Bezugsgröße Entgeltpunkte erteilt. 13

**c) Auskünfte der Träger der Zusatzversorgung des öffentlichen Dienstes.** Hier hat es der BGH[22] gebilligt, dass diese Auskünfte erteilt werden, indem der Ehezeitanteil des Ausgleichspflichtigen in der Bezugsgröße **Versorgungspunkte** berechnet wird. Hieraus ist anhand der für 14

22 BGH NJW 2017, 2547; NJOZ 2017, 816 = FamRZ 2017, 870; NZFam 2017, 396.

den Ausgleichspflichtigen geltenden Barwertfaktoren der Kapitalwert des Ehezeitanteils der Versorgung zu berechnen. Nach Abzug der Teilungskosten ist dieser zu halbieren. Der sich so ergebende Kapitalwert ist anhand der für den Ausgleichsberechtigten geltenden Barwertfaktoren in Versorgungspunkte umzurechnen. Dieser Betrag wird nur in den seltensten Fällen der Hälfte der in der Ehezeit erworbenen Versorgungspunkte des Ausgleichspflichtigen entsprechen. Die Barwertfaktoren sind offenzulegen und auf Verlangen zu erläutern. Dabei ist darauf zu achten, dass für Auskünfte ab 1.1.2013 nurmehr geschlechtsneutrale Barwertfaktoren verwendet werden dürfen. Weiterhin ist der korrespondierende Kapitalwert anzugeben.

15 **d) Auskünfte der Träger der betrieblichen Altersversorgung.** Gem. § 45 Abs. 1 kann der Versorgungsträger den Ehezeitanteil in der Bezugsgröße **Rente** oder in der Bezugsgröße **Kapital** berechnen. Maßgeblich ist der Rentenbetrag gem. § 2 BetrAVG bzw. der Kapitalwert gem. § 4 Abs. 5 BetrAVG. Der BGH[23] hat nun entschieden, dass der Versorgungsträger alternativ nur diese beiden Möglichkeiten hat. Es ist daher auch bei einer endgehaltsbezogenen Zusage im Leistungsstadium nicht zulässig, dass der Versorgungsträger zunächst den Kapitalwert des Ehezeitanteils des Ausgleichspflichtigen bestimmt, diesen hälftig teilt und anhand der für den Ausgleichsberechtigten geltenden Barwertfaktoren hieraus einen Ausgleichswert der Rente des Ausgleichsberechtigten bestimmt. Vielmehr entspricht der Ausgleichswert entweder der Hälfte des Ehezeitanteils der Rente des Ausgleichspflichtigen oder des Kapitalwerts des Ehezeitanteils der Rente des Ausgleichspflichtigen. Da § 45 Abs. 1 aber nicht für die Zusatzversorgung des öffentlichen Dienstes gilt, ist der Versorgungsträger in diesen Fällen weiterhin berechtigt, zunächst den Ehezeitanteil der Versorgung des Ausgleichspflichtigen zu bestimmen, diesen in einen Barwert umzurechnen, den um die Teilungskosten verminderten Barwert zu halbieren und aus diesem Wert den Ausgleichswert in der Bezugsgröße Versorgungspunkte zu berechnen.

16 Handelt es sich um ein Anrecht nach **beamtenrechtlichen Grundsätzen** (§ 44 Abs. 1 Nr. 2), ist als Bezugsgröße der Rentenwert zu wählen; zur Frage, inwieweit der Ehezeitanteil des Rentenbetrags hälftig zu teilen ist, bzw. ähnlich wie in der Zusatzversorgung des öffentlichen Dienstes eine Umrechnung in einen Kapitalwert und Teilung des Kapitalwerts und Rückrechnung in einen Rentenwert anhand der für den Ausgleichsberechtigten geltenden Umrechnungsfaktoren zulässig ist, → § 44 Rn. 13.[24]

17 **e) Auskünfte der Träger der Privatversicherung.** Hier gelten die obigen Ausführungen sinngemäß. Die Auskunft muss erkennen lassen, inwieweit der **Kapitalwert** auf das Deckungskapital, auf Schlussüberschussanteile und auf noch nicht zugeteilte Bewertungsreserven entfällt.

### III. Maßgeblicher Zeitpunkt (Abs. 2)

18 **1. Geltung des Stichtagsprinzips.** Maßgeblicher Zeitpunkt für die Bewertung, den der Versorgungsträger seiner Berechnung zugrunde zu legen hat und der ihm vom FamG mitgeteilt wird, ist das **Ende der Ehezeit,** also der nach § 3 Abs. 1 zu bestimmende Zeitpunkt des letzten Tages des Monats vor Zustellung des Scheidungsantrags (→ § 3 Rn. 5). Bis zu diesem Stichtag dauert die Legitimation fort, auf der Grundlage einer bestehenden Versorgungsgemeinschaft Versorgungsanrechte der Ehegatten zu teilen.[25] Das ist besonders deutlich für Anrechte, die erst nach diesem Stichtag begründet werden und daher keinen Bezug zur Ehezeit mehr aufweisen. Dies gilt aber nicht minder für Entwicklungen nach diesem Stichtag, die an ein bestehendes Anrecht anknüpfen oder sich auf dieses beziehen, aber wegen dieses zeitlichen Moments nicht mehr berücksichtigt werden können, wie etwa für eine Beförderung,[26] die Wiederwahl eines Kommunalbeamten, jedenfalls sofern sie nicht sicher vorhersehbar war,[27] oder einen Karrieresprung[28] nach dem Ende der Ehezeit. Weiterhin bleibt es auch dabei, dass das Anrecht eines Beamten auf Widerruf oder eines Zeitsoldaten auf der Grundlage des fiktiven Nachversicherungswerts extern zu teilen ist, wenn dieser nach dem Ende der Ehezeit in ein Beamtenverhältnis auf Probe oder auf Lebenszeit übernommen wird.[29] Umgekehrt ist aber der Nachversicherungswert maßgeblich,

---

23 BGH NJW-RR 2018, 1158.

24 BGH NJW-RR 2016, 323 = FamRZ 2016, 617.

25 BVerfGE 136, 152 Rn. 40, 41 = NJW 2014, 2093 = FamRZ 2014, 1259; ebenfalls bereits die Grundsatzentscheidung BVerfGE 53, 257 = NJW 1980, 692 = FamRZ 1980, 326.

26 Vgl. BGH NJW-RR 1999, 227 = FamRZ 1999, 157 (158).

27 OLG Stuttgart NJW-RR 2017, 458 = FamRZ 2017, 795; anders aber für den Fall, dass der kommunale Wahlbeamte kurz vor Ehezeitende ernannt wird OLG Düsseldorf FamRZ 2018, 256 = BeckRS 2017, 124396; vgl. auch BeckOGK/*Müller-Tegethoff,* 1.2.2019, Rn. 57.

28 Vgl. BGH NJW 2018, 1961 Rn. 18 = FamRZ 2018, 894; OLG Hamm BeckRS 2013, 09051 (zu II 1) = FamRZ 2013, 1895 (1896).

29 OLG Brandenburg FamRZ 2016, 821; BeckOGK/*Müller-Tegethoff,* 1.2.2019, Rn. 57.

wenn ein Beamter auf Probe nach dem Ende der Ehezeit aber vor Erlass der Entscheidung über den Versorgungsausgleich aus dem Beamtenverhältnis entlassen wird (→ § 44 Rn. 25). Grundsätzlich kommt es daher auf die **tatsächlichen Verhältnisse zum Ende der Ehezeit** an.[30] Entspr. diesem Grundsatz bleiben Anrechte, die durch ein erst nach der Ehezeit begründetes Beamtenverhältnis erworben werden, beim Versorgungsausgleich auch dann außer Betracht, wenn Zeiten eines in die Ehezeit fallenden privaten Beschäftigungsverhältnisses bei der Berechnung der ruhegehaltsfähigen Dienstzeit berücksichtigt werden.[31] Umgekehrt ist eine Invaliditätsrente, deren materiellrechtliche Voraussetzungen zum Ehezeitende vorliegen, die aber erst ab einem nach dem Ende der Ehezeit liegenden Zeitpunkt bewilligt worden ist, in den Wertausgleich einzubeziehen.[32] Der notwendige sachliche Bezug zur Ehezeit ist für die nach dem Ende der Ehezeit getroffene Entscheidung eines Ehegatten, unter Inkaufnahme eines Versorgungsabschlags eine vorgezogene Altersrente in Anspruch zu nehmen, zu verneinen.[33] Dies Ergebnis folgt nach neuem Recht bereits daraus, dass ein Anrecht aus der gesetzlichen Rentenversicherung in der Bezugsgröße Entgeltpunkte und nicht in der Bezugsgröße Rente zu teilen ist. Der Betrag der in der Ehezeit erworbenen Entgeltpunkte wird durch die vorgezogene Inanspruchnahme der Altersrente nicht verändert. Dies wirkt sich nur auf den Zugangsfaktor aus, der bei der Bewertung des Anrechts für den Versorgungsausgleich nicht berücksichtigt wird. Fraglich ist auch, inwieweit an diesem Grundsatz für zeitratierlich zu bewertende Anrechte festzuhalten ist (§ 41). Der BGH hat entschieden, dass die nachträgliche Entscheidung, die Dienstzeit zu verlängern, bei der Bildung des Zeit-Zeit-Verhältnisses gem. § 40 zu berücksichtigen ist.[34] Das wird auch auf den Fall der Verkürzung der Dienstzeit zu übertragen sein.[35] Dasselbe gilt für eine mit dem Versorgungsträger individuell getroffene Vereinbarung nach dem Ehezeitende, nach der die Altersgrenze für die Inanspruchnahme der Altersleistung heraufgesetzt wird,[36] während eine in diese Richtung gehende allgemeine Änderung der Versorgungsordnung zu berücksichtigen ist (→ Rn. 25 f., 41).

**2. Ausnahmen vom Stichtagsprinzip.** Es gibt allerdings Ausnahmen von diesem Grundsatz, 19
die zur Wahrung des Halbteilungsgrundsatzes geboten sind. Diese Ausnahmen sind darauf zurückzuführen, dass Abs. 2 auf das Ende der Ehezeit als maßgeblichen Bewertungsstichtag abstellt, Entscheidungen in Versorgungsausgleichssachen jedoch erst mit Rechtskraft wirksam werden (§ 224 FamFG). Verschärft stellt sich die Problematik in Abänderungsverfahren. Auch in diesen Verfahren ist der Stichtag für die Bewertung das Ende der Ehezeit. die Abänderung wirkt aber erst ab dem auf die Antragstellung folgenden Monat (§ 52 Abs. 1; § 226 Abs. 3 FamFG).

**a) Fondsgebundene Anrechte.** Die Problematik stellt sich beim Ausgleich fondsgebunde- 20
ner Anrechte. Hier hat der BGH zunächst für die externe Teilung die Auffassung vertreten, dass der nachehezeitliche Zuwachs im Wert einer fondsgebundenen privaten Rentenversicherung einen neu hinzugetretenen individuellen Umstand darstelle, der im Versorgungsausgleich nicht zu berücksichtigen sei; demgegenüber seien Wertminderungen beachtlich, weil im Versorgungsausgleich ein Anrecht nur insoweit geteilt werden könne, als es bei Wirksamwerden der Entscheidung noch vorhanden sei;[37] demgegenüber ist der BGH für den Ausgleich eines fondsgebundenen Anrechts im Weg der internen Teilung von jeher der Meinung gewesen, dass der Ausgleichsberechtigte im Zeitraum zwischen dem Ende der Ehezeit und dem Vollzug der internen Teilung in gleicher Weise wie der Ausgleichspflichtige an der Dynamik des Versorgungssystems partizipiere.[38] Das ist konsequent, da nur so erreicht wird, dass für den Ausgleichsberechtig-

30 BGH NJW-RR 1986, 1323 (1324) = FamRZ 1986, 975 (976); NJW 1986, 1934 (1935) = FamRZ 1886, 658 (660); Soergel/*Häußermann* Rn. 3; *Hahne* in Schwab ScheidungsR-HdB VI Rn. 52.

31 BGH NJW 1984, 1612 = FamRZ 1984, 569 (570); unzutr. OLG Koblenz FamRZ 1990, 760 (761).

32 BGH NJW-RR 1989, 133 = FamRZ 1989, 35 (36); BeckOGK/*Siede,* 1.2.2019, § 28 Rn. 68 ff.

33 Vgl. BGH NJW-RR 2012, 577 Rn. 16, 23 = FamRZ 2012, 851; NJW-RR 2012, 513 Rn. 14 = FamRZ 2012, 769; NJW-RR 2011, 1299 Rn. 15 = FamRZ 2011, 1214; OLG Koblenz BeckRS 2016, 01212 Rn. 15 f. = FamRZ 2016, 136 (137); aA OLG Stuttgart BeckRS 2010, 26404 (zu III) = FamRZ 2011, 378.

34 BGH NJW-RR 2018, 1156 = FamRZ 2018, 1500.

35 So OLG Koblenz FamRZ 2017, 99 = BeckRS 2016, 111834.

36 Vgl. OLG Nürnberg FamRZ 2018, 905 = BeckRS 2017, 142856; OLG Koblenz BeckRS 2013, 05182 (zu II 1) = FamRZ 2013, 462 (463).

37 Vgl. für eine externe Teilung BGH NJW 2012, 1287 Rn. 24, 26 = FamRZ 2012, 694; aA, aber nicht auf dem Boden des § 5 Abs. 2 S. 2, sondern im Hinblick auf den Halbteilungsgrundsatz, OLG Frankfurt NJW 2013, 2832 (2834) = FamRZ 2013, 1806 (1808); aA auch OLG Düsseldorf BeckRS 2015, 11992 Rn. 15 = FamRZ 2016,139 (140); NJOZ 2015, 1633 Rn. 13 f. = FamRZ 2015, 1805 f.; krit. auch *Ruland* FamFR 2013, 243 (247); *Bergner* NZFam 2014, 1021 (1022).

38 Vgl. BGH NJW-RR 2015, 129 Rn. 26 = FamRZ 2015, 313; NJW 2014, 3447 Rn. 24 = FamRZ 2014, 1983; BeckRS 2014, 22651 Rn. 25 = FamRZ 2015, 236 Ls.; NZFam 2014, 1040 Rn. 26 = FamRZ 2014, 1987 Ls.

ten ein Anrecht mit gleicher Wertentwicklung entsteht (§ 11 Abs. 1 Nr. 2). Dieses Ergebnis erscheint nicht frei von inneren Widersprüchen, weil es für die Bestimmung des Ausgleichswerts anhand der Bezugsgröße – etwa einer bestimmten Menge von Fondsanteilen – keine Rolle spielt, ob das Anrecht intern oder extern geteilt wird.[39] Der BGH hat zwischenzeitlich seine Rspr. geändert und auch für die externe Teilung zugelassen, dass das Anrecht in der Bezugsgröße „Fondsanteile" geteilt wird.[40] Auch im Fall der externen Teilung partizipiert der Ausgleichsberechtigte dementsprechend an der Wertsteigerung der zu teilenden Fondsanteile. Die Entscheidung des BGH betrifft einen Fonds, dessen Kurswert gem. § 170 KAGB veröffentlicht wurde. Die Entscheidung ist aber auch auf Anrechte aus Fondsbeteiligungen zu erstrecken, deren Kurswert nicht nach § 170 KAGB veröffentlicht wird. Hier ist lediglich streitig, ob bei externer Teilung im Tenor gem. § 222 FamFG ein zeitnah zur Entscheidung zu ermittelnder Kapitalwert als Ausgleichswert anzugeben ist, ob die Teilung in der Bezugsgröße Fondsanteile erfolgen kann oder ob „Zwischenlösungen" sachgerecht sind (→ § 14 Rn. 62, 77). Der BGH[41] hat sich dafür ausgesprochen, dass in diesem Fall jedenfalls die Zahlungsverpflichtung gem. § 14 Abs. 4; § 222 Abs. 3 FamFG als Kapitalbetrag tenoriert werden müsse. Umgekehrt sei aber auch die Wertentwicklung der Fondsanteile zwischen Ehezeitende und Rechtskraft zugunsten bzw. zulasten beider Ehegatten zu berücksichtigen. Dies erfolgt zweckmäßigerweise dadurch, dass zu einem entscheidungsnahen Zeitpunkt der Kurswert der auszugleichenden Fondsanteile erfragt wird. Es reicht dann aus, das Anrecht in der Bezugsgröße Kapital anhand des so ermittelten Kurswerts zu teilen. Wird auf den Betrag der auszugleichenden Fondsanteile als maßgeblicher Bezugsgröße abgestellt, liegt streng genommen keine Änderung vor; denn dadurch, dass sich der Kurswert der Fondsanteile erhöht oder verringert, ändert sich der Betrag der auszugleichenden Fondsanteile nicht.[42]

21 **b) Verzinsung kapitalgedeckter Anrechte.** Ein entsprechendes Problem stellt sich für Zinsgewinne im Rahmen der externen Teilung. Wird ein kapitalgedecktes Anrecht bezogen auf das Ende der Ehezeit geteilt, wird für den Ausgleichsberechtigten bei dem Zielversorgungsträger ein Anrecht in Höhe des Ausgleichswerts begründet. Da die Entscheidung erst mit Rechtskraft wirksam wird, nimmt der Ausgleichsberechtigte, von dem Sonderfall des § 76 Abs. 4 S. 2 SGB VI abgesehen, erst ab Rechtskraft der Entscheidung an der Wertentwicklung des Anrechts bei dem Zielversorgungsträger teil. Umgekehrt partizipiert allein der Ausgleichspflichtige an der Wertentwicklung des Anrechts zwischen Ehezeitende und Rechtskraft, wobei, unklar ist, ob er an der Aufzinsung des vollen Anrechts bis zur Rechtskraft teilhat oder nur, soweit es ihm bezogen auf das Ehezeitende, also gemindert um den Ausgleichswert, zusteht. In beiden Fällen verstößt das Ergebnis gegen den Halbteilungsgrundsatz. Der BGH hat deswegen entschieden, dass der Kapitalbetrag in Höhe des Ausgleichswerts mit dem für das auszugleichende Anrecht maßgeblichen Rechnungszins zu verzinsen ist. Hierbei entspricht es der Wertentwicklung des Anrechts des Ausgleichspflichtigen, den Kapitalbetrag in dem Zeitraum zwischen Ehezeitende und Rechtskraft aufzuzinsen, davon kann aber aus Praktikabilitätsgründen abgesehen werden, wenn der Zeitraum nicht erheblich oder der Ausgleichswert gering ist (→ § 14 Rn. 49). Für die interne Teilung stellt sich das Problem nicht, da hier an Zinsgewinnen, die aus dem zum Ehezeitende verfügbaren Deckungskapital entstehen, im Rahmen der internen Teilung mit Rücksicht auf § 11 Abs. 1 S. 2 Nr. 2 beide Ehegatten zu gleichen Teilen teilhaben[43] und auch im Übrigen durch die Teilungsordnung sicherzustellen ist, dass dem Ausgleichsberechtigten die zwischen Ende der Ehezeit und Rechtskraft der Entscheidung realisierten biometrischen Gewinne des Ausgleichspflichtigen zugute kommen.[44]

22 **c) Problem des „Werteverzehrs".** Umgekehrt sind auch Wertverluste zu berücksichtigen, die in der Übergangszeit zwischen Ende der Ehezeit und Rechtskraft der Entscheidung eintreten; denn ein Anrecht kann nur insoweit im Versorgungsausgleich ausgeglichen werden, als es bei Wirksamwerden der Entscheidung (noch) vorhanden ist. Dies hat besondere Bedeutung für die

---

39 IdS auch OLG Düsseldorf BeckRS 2015, 11992 Rn. 16 = FamRZ 2016, 139 (140); NJOZ 2015, 1633 Rn. 15 = FamRZ 2015, 1805 (1806).

40 BGH NJW 2017, 3148 = FamRZ 2017, 1655; ebenso OLG Frankfurt FamRZ 2018, 430 zur nachträglichen Umschichtung von Fondsanteilen; OLG München FamRZ 2018, 994; FamRB 2018, 222; OLG Nürnberg FamRZ 2018, 905; OLG Hamm NZFam 2018, 1152 = FamRZ 2019, 438.

41 BGH NJW 2018, 3247.

42 Palandt/*Brudermüller* Rn. 5.

43 Vgl. OLG Celle NJOZ 2014, 764 (766) = FamRZ 2014, 665 (667).

44 BGH FamRZ 2015, 1869 (DSF) = NJW 2015, 3306; OLG Frankfurt FamRZ 2018, 96 = BeckRS 2017, 126073.

Teilung kapitalgedeckter Anrechte nach Eintritt der Leistungsphase. Insoweit war umstritten, ob nach § 5 Abs. 2 S. 2 auch die **Verminderung des Deckungskapitals** einer kapitalgedeckten Versorgung **während** eines dem Leistungsverbot des § 29 nicht unterliegenden **Rentenbezugs**[45] durch den Ausgleichspflichtigen nach dem Ende der Ehezeit zu berücksichtigen ist.[46] Überwiegend wurde unter Bezugnahme auf Rspr. des BGH[47] angenommen, dass für die während des laufenden Leistungsbezugs verursachte Wertminderung eines Anrechts[48] nichts anderes gelten könne als für dessen nachträglichen vollständigen Verlust[49] (→ Rn. 33, → § 41 Rn. 3). Inzwischen hat der BGH entschieden, dass in dem nachehezeitlichen Bezug eines kapitalgedeckten Anrechts in der Leistungsphase keine auf den Ehezeitanteil zurückwirkende tatsächliche Veränderung iSd § 5 Abs. 2 S. 2 zu sehen ist,[50] weil der laufende Rentenbezug die auf das Ehezeitende bezogenen wertbildenden Faktoren nicht beeinflusst.[51] Vielmehr richtet sich der Barwert der noch offenen Leistungsverpflichtung danach, für welchen (Rest-)zeitraum die zugesagten Leistungen voraussichtlich noch zu erbringen sein werden. Soweit der Barwert der noch offenen Leistungsverpflichtung unter den Barwert des Anrechts bei Eintritt in die Leistungsphase sinkt, ist dies zu berücksichtigen, weil nur die im Zeitpunkt der letzten tatrichterlichen Entscheidung noch vorhandenen Anrechte in den Versorgungsausgleich einbezogen werden können.[52] Würde man diesen Umstand nicht berücksichtigen, ginge dies zulasten des Versorgungsträgers, der nach Durchführung des Versorgungsausgleichs aus dem an den Ausgleichsberechtigten übertragenen Anteil (später) Leistungen erbringen müsste, obwohl er hieraus bis zur Rechtskraft der Entscheidung über den Versorgungsausgleich schon Leistungen an den Ausgleichsverpflichteten erbracht hat.[53] Würde der Versorgungsausgleich nicht zulasten des Versorgungsträgers durchgeführt, würde der volle Ausgleich des zum Ehezeitende bestehenden Wertes gegen den Halbteilungsgrundsatz verstoßen, weil der Ausgleichspflichtige dann nicht nur eine Kürzung um den ehezeitlichen Ausgleichswert, sondern zusätzlich um den vollen Barwertverlust während seines zwischenzeitlichen Rentenbezugs hinnehmen müsste.[54] Der BGH hält es deshalb für angebracht, die zwischen Ehezeitende und Rechtskraft der Entscheidung über den Versorgungsausgleich eingetretene oder noch zu erwartende Barwertminderung des zu teilenden Anrechts grundsätzlich im Wege eines gleichmäßigen Abzugs auf beide Ehegatten zu verteilen, indem der Ausgleichswert anhand des noch vorhandenen „(Rest-)Kapitalwerts" zeitnah zur Entscheidung über den Versorgungsausgleich[55] oder voraus-

[45] Vgl. hierzu BGHZ 191, 36 Rn. 25 = NJW 2011, 3358 = FamRZ 2011, 1785; für eine Anwendung des § 29 auf Fälle der geschilderten Art *Meindl/Tausch* BetrAV 2012, 11 (16).

[46] Dafür OLG Koblenz NZFam 2016, 76 Rn. 20 = FamRZ 2015, 1968 Ls.; OLG München BeckRS 2015, 07264 Rn. 18, 22 = FamRZ 2015, 670 (671 f.); OLG Celle (10. Zivilsenat) NJOZ 2014, 764 (766) = FamRZ 2014, 665 (667); OLG Schleswig NJOZ 2014, 644 (645) = FamRZ 2014, 128 (129); OLG Hamm BeckRS 2013, 06312 (zu II 3 c bb) = FamRZ 2013, 1305 (1307) m. zust. Anm. *Bergmann* FamFR 2013, 351; OLG Köln (4. Zivilsenat) BeckRS 2013, 03947 (zu II 1.1.2 ff.) = FamRZ 2013, 1578 (1579); *Gutdeutsch/Hoenes/Norpoth* FamRZ 2012, 73 (74 ff.); *Bergner* NJW 2015, 2295 (2299), der allerdings im Regelfall mit einer Veränderung des Stichtages arbeiten will; *Wick* Versorgungsausgleich Rn. 122; *Budinger/Wrobel* BetrAV 2013, 210 (216 f.); möglicherweise auch Soergel/*Häußermann* Rn. 13b; dagegen – wegen mangelnder Rückwirkung auf das Ehezeitende – OLG Stuttgart BeckRS 2015, 16410 Rn. 32; OLG Celle (21. Zivilsenat) BeckRS 2016, 00042 Rn. 25 f. = FamRZ 2015, 2057 (2060); – OLG Köln (21. Zivilsenat) BeckRS 2014, 08276 (zu II 5) = FamRZ 2014, 668 (669); OLG Frankfurt BeckRS 2015, 07910 Rn. 11 = FamRZ 2015, 754 Ls.; BeckRS 2012, 10985 = FamRZ 2012, 1717 Ls.; AG Tempelhof-Kreuzberg BeckRS 2012, 04556 (zu 3) = FamRZ 2012, 1057 Ls.; wohl auch KG NJOZ 2013, 529 (530, 531) = FamRZ 2013, 464 (465, 466), das zwar davon spricht, es liege ein Fall des § 5 Abs. 2 S. 2 vor, den Werteverzehr aber nur im Verhältnis zum Rente beziehenden Ausgleichspflichtigen und ohne Auswirkung für den Ausgleichsberechtigten berücksichtigt, also der Sache nach für die Bestimmung des Ehezeitanteils § 5 Abs. 2 S. 2 nicht anwendet; *Holzwarth* FamRZ 2013, 420 (421).

[47] Vgl. BGH NJW 2012, 1287 Rn. 28 ff. = FamRZ 2012, 694.

[48] Vgl. OLG Koblenz NZFam 2016, 76 Rn. 20 = FamRZ 2015, 1968 Ls.; OLG München BeckRS 2015, 07264 Rn. 19 = FamRZ 2015, 670 (671).

[49] Vgl. BGH NJW-RR 2011, 1633 Rn. 14 = FamRZ 2011, 1931.

[50] Vgl. BGH NJW 2016, 1728 Rn. 28 ff. = FamRZ 2016, 775 mAnm *Dörr* NJW 2016, 1734; hierzu auch *Borth* FamRZ 2016, 764 ff.; BGH NJW 1980, 692 = FamRZ 2016, 2000.

[51] Vgl. BGH NJW 2016, 1728 Rn. 32 f. = FamRZ 2016, 775.

[52] Vgl. BGH NJW 2016, 1728 Rn. 42 f. = FamRZ 2016, 775 unter Bezugnahme auf BGH NJW 2015, 1599 Rn. 10 = FamRZ 2015, 998; NJW-RR 2012, 769 Rn. 11 = FamRZ 2012, 1039.

[53] Vgl. BGH NJW 2016, 1728 Rn. 47 ff. = FamRZ 2016, 775.

[54] Vgl. BGH NJW 2016, 1728 Rn. 51 ff. = FamRZ 2016, 775.

[55] Vgl. OLG Celle NJOZ 2014, 764 (766) = FamRZ 2014, 665 (667); OLG Schleswig NJOZ 2014, 644 (645) = FamRZ 2014, 128 (129).

schauend auf den Zeitpunkt der mutmaßlichen Rechtskraft[56] ermittelt wird.[57] Ausnahmsweise kann unter Berücksichtigung aller Umstände des Einzelfalls zu prüfen sein, ob die Durchführung des Versorgungsausgleichs durch Teilung des noch vorhandenen Kapitalwerts zu einer nicht nur unerheblichen Beeinträchtigung des Halbteilungsgrundsatzes führt, wie es etwa in Betracht kommt, wenn der Ausgleichsberechtigte – sei es über Trennungs- oder nachehelichen Unterhalt – keinen Anteil an den zwischenzeitlichen Rentenzahlungen hatte.[58] Dann kann es angezeigt sein, dass der in Gegenrichtung vorzunehmende Ausgleich der Anrechte des Ausgleichsberechtigten nach § 27 beschränkt wird. Allerdings führt der Leistungsbezug nicht zwingend dazu, dass sich der Barwert der noch zu erbringenden Leistungen tatsächlich verringert; denn der Barwert der noch zu erbringenden Leistungen ist unter Berücksichtigung aller zu einem entscheidungsnahen Zeitpunkt maßgeblichen versicherungsmathematischen Rechnungsgrundlagen zu ermitteln.[59] Neben der voraussichtlichen Restlaufzeit und der Höhe der zugesagten Versorgung sind dies auch der Rechnungszins sowie der Rententrend. Insbesondere ein Absinken des Rechnungszinses gegenüber dem Ende der Ehezeit kann dazu führen, dass sich der Kapitalwert des auszugleichenden Anrechts trotz Leistungsbezugs gegenüber dem Ende der Ehezeit erhöht. Es ist konsequent, dann auf den höheren Wert abzustellen. Hierdurch wird der Versorgungsträger nicht benachteiligt. Auszugehen ist von dem Inhalt der Versorgungszusage. Hat beispielsweise der Versorgungsträger dem Ausgleichspflichtigen eine Rente von 1.000 EUR zugesagt, von der auf die Ehezeit eine Anwartschaft von 800 EUR entfällt, hat der Versorgungsträger – unabhängig von der Durchführung des Versorgungsausgleichs – eine Rückstellung zu bilden, die voraussichtlich ausreichend sein wird, um während der Restlaufzeit die Versorgungszusage erfüllen zu können. Wird das zu einem entscheidungsnahen Zeitpunkt hierfür erforderliche Kapital zwischen den Ehegatten hälftig geteilt, ist dies für den Versorgungsträger aufwandsneutral. Demgegenüber wäre es nicht aufwandsneutral, das während der Anwartschaftsphase unter Zugrundelegung des höheren Zinses gebildete Kapital hälftig zu teilen, das erforderlich ist, um während der gesamten Leistungsphase die Versorgungszusage zu erfüllen, mag der hierfür erforderliche Barwert bei Ende der Ehezeit aufgrund des höheren Rechnungszinses auch geringer sein; denn dann würde der Ausgleichsberechtigte an dem hierfür erforderlichen Kapital zur Hälfte beteiligt, obwohl der Versorgungsträger die durch dieses Kapital abgedeckten Leistungen zum Teil schon erbracht hat, er würde insoweit also doppelt in Anspruch genommen. Der scheinbar geringere Barwert (Ausgleichswert) wird durch die Aufzinsung ab Ehezeitende, an der der Ausgleichsberechtigte in gleicher Weise wie der Ausgleichspflichtige teil hat (§ 11 Abs. 1 Nr. 2 bzw. Anordnung der Verzinsung bei externer Teilung), mehr als kompensiert.

23 **d) Versorgungsausgleich bei Tod eines Ehegatten.** Verstirbt ein Ehegatte, führt dies nach allgemeinen versicherungsmathematischen Kriterien dazu, dass die Anwartschaft auf eine Altersversorgung erlischt. Der Tod kann höchstens Ansprüche auf eine Hinterbliebenenversorgung auslösen, für die dann ein entsprechendes Deckungskapital zu bilden wäre. Im Übrigen stünde das Anrecht aber für den Ausgleich nicht mehr zur Verfügung. Von dem Grundsatz, dass ein nicht mehr bestehendes Anrecht auch nicht ausgeglichen werden kann, ist aber eine Ausnahme zu machen, wenn der Ausgleichspflichtige nach Rechtskraft der Scheidung, aber vor Rechtskraft der Entscheidung über den Versorgungsausgleich bzw. einer Abänderungsentscheidung verstirbt. Dann kann (und muss) gem. § 31 Abs. 2 nur noch der zugunsten des Längerlebenden bestehende Saldo der beiderseitigen Ausgleichswerte ausgeglichen werden (→ § 31 Rn. 8). Das Anrecht des Verstorbenen wird für diesen Zweck als fortbestehend **fingiert.**[60]

24 **e) Besonderheiten beim Ausgleich von Anrechten aus der gesetzlichen Rentenversicherung.** In der **gesetzlichen Rentenversicherung** sind aufgrund von § 109 Abs. 6 SGB VI Änderungen in der Bewertung beitragsfreier oder beitragsgeminderter Zeiten unter Berücksichtigung des nachehelichen Versorgungsverlaufs im Rahmen der **Gesamtleistungsbewertung** nach den §§ 71 ff. SGB VI während der Anwartschaftsphase nicht zu berücksichtigen, mögen sie bei Erlass

---

[56] Vgl. OLG Köln BeckRS 2013, 03947 (zu II 1.2.1) = FamRZ 2013, 1578 (1580); OLG Hamm BeckRS 2013, 06312 (zu II 3 c cc) = FamRZ 2013, 1305 (1307).

[57] Vgl. BGH NJW 2016, 1728 Rn. 55 = FamRZ 2016, 775; FamRZ 2016, 2000 = BeckRS 2016, 17769; NJOZ 2017, 1264 = FamRZ 2017, 1748.

[58] Vgl. BGH NJW 2016, 1728 Rn. 56 ff. = FamRZ 2016, 775.

[59] BGH NZFam 2016, 1186 = FamRZ 2016, 2000.

[60] Erman/*Norpoth/Sasse* § 31 Rn. 2; BeckOGK/*Siede*, 1.2.2019, § 31 Rn. 86; ebenso OLG Frankfurt FamRZ 2018, 179 = BeckRS 2017, 123024 für ein im modizierten Deckungsplanverfahren finanziertes Anrecht aus der berufsständischen Altersversorgung, das eine Hinterbliebenenversorgung vorsieht.

der Entscheidung über den Versorgungsausgleich auch bekannt sein.[61] Allerdings handelt es sich insoweit grundsätzlich um Änderungen, die auf den Ehezeitanteil zurückwirken und die im Rahmen eines Abänderungsverfahrens ab Erreichen der Altersgrenze zu berücksichtigen sind.[62] Zu einer rückwirkenden Änderung führt es auch, wenn im Nachhinein besondere Wartezeiten erfüllt werden, und deshalb Zuschläge an Entgeltpunkten, die auf die Ehezeit entfallen, zu berücksichtigen sind. Dies gilt für den Zuschlag an Entgeltpunkten für Zeiten, in denen nur ein geringfügiges Entgelt erzielt wurde, gem. § 262 SGB VI[63] und für Zuschläge an Entgeltpunkten gem. § 70 Abs. 3a SGB VI, wenn in die Ehezeit Berücksichtigungszeiten wegen Kindererziehung fallen.[64]

**3. Änderungen, die auf den Ehezeitanteil zurückwirken. a) Problemanalyse und Lösungsansätze.** Eine **Ausnahme** von dem Grundsatz, dass tatsächliche oder rechtliche Änderungen nach Ehezeitende nicht berücksichtigt werden dürfen, ist in § 5 Abs. 2 S. 2 bestimmt: Hiernach sind rechtliche oder tatsächliche Veränderungen nach diesem Stichtag zu berücksichtigen, sofern sie auf den Ehezeitanteil zurückwirken. Der Begriff des **„Zurückwirkens"** bedeutet, dass sich aufgrund der nachehezeitlichen rechtlichen oder tatsächlichen Veränderungen zum Ehezeitende ein anderer Ehezeitanteil und Ausgleichswert ergibt.[65] Diese Veränderungen sind – vorausgesetzt, sie weisen einen hinreichenden Sachbezug zur Ehezeit auf – zu berücksichtigen, weil nach § 5 im Erstverfahren und nach § 225 FamFG in einem Abänderungsverfahren nicht ein durch die Veränderungen überholter fiktiver Wert ausgeglichen werden soll, sondern nach Möglichkeit ein der tatsächlichen Versorgung angepasster Wert. Zu denken ist etwa an Fälle, in denen eine zeitratierliche Bewertung nach § 40 Abs. 1, 3, § 41 Abs. 2 vorzunehmen ist und nach dem Ehezeitende, aber vor der letzten tatrichterlichen Entscheidung Umstände eintreten, die den in § 40 Abs. 2 aufgeführten Verhältniswert berühren. Eine Rückwirkung wird man auch nicht verneinen können, wenn in der Ehezeit belegene Zeiträume durch Mindestentgeltpunkte (§ 262 Abs. 1 SGB VI) erhöht werden, weil die hierfür erforderliche besondere Wartezeit von 35 Jahren erst nach dem Ende der Ehezeit erfüllt worden ist.[66] Dies gilt auch für die in § 70 Abs. 3a SGB VI aufgeführten Tatbestände mit rentenrechtlichen Zeiten von mindestens 25 Jahren.[67] Insoweit war im Hinblick auf die frühere Rspr. des BGH zur Nichtberücksichtigung nachehelich erworbener Entgeltpunkte im Rahmen der Gesamtleistungsbewertung (→ Rn. 18) lediglich fraglich, ob die schlichte nacheheliche Erfüllung rentenrechtlicher Zeiträume als neu hinzugetretener individueller Umstand ohne hinreichenden Sachbezug zur Ehezeit anzusehen ist, der eine Berücksichtigung ausschließt (→ § 51 Rn. 61). Da nach der neueren Rspr. des BGH nach dem Beginn des Bezugs einer Vollrente wegen Alters der Ausgleichswert in der gesetzlichen Rentenversicherung allein aus den auf die Ehezeit entfallenden Entgeltpunkten der tatsächlich bezogenen Rente zu ermitteln ist,[68] ist auch die spätere Erfüllung der besonderen Wartezeit nach § 5 Abs. 2 S. 2 zu berücksichtigen. Die Pflicht des Versorgungsträgers, bei der externen Teilung den Ausgleichswert ab Ende der Ehezeit bis zur Rechtskraft der Entscheidung zu verzinsen (→ § 9 Rn. 18, → § 14 Rn. 49), hat der BGH zutreffend nicht unter Rückgriff auf § 5 Abs. 2 S. 2[69] entwickelt, sondern unmittelbar auf den Halbteilungsgrundsatz gestützt, da es hier um eine nachträgliche Veränderung des in der Ehezeit erworbenen Anrechts und nicht um eine Veränderung des Ehezeitanteils selbst geht (→ Rn. 21).[70] Bereits diese Beispiele zeigen, dass es schwierig ist, nachträgliche Änderungen rechtlicher oder tatsächlicher Art, die auf den Ehezeitanteil zurückwirken, von Änderungen zu unterscheiden, die nur für die Zukunft wirken und deshalb für den Versorgungsausgleich unerheblich sind, wenn sie nach dem Ende der Ehezeit eingetreten sind, sofern sie nicht aus anderen Gründen ausnahmsweise beachtlich sind. Rspr. und Lehre haben bisher kein allgemein anerkanntes Instrument entwickelt, das es erlauben würde, die Art dieser Änderungen zu unterscheiden. 25

[61] Vgl. BGH NJW 2012, 1000 Rn. 27–29 = FamRZ 2012, 509; NJW-RR 2012, 641 Rn. 19–22 = FamRZ 2012, 847; abl. hierzu *Bergner* NJW 2012, 1330; für das Abänderungsverfahren dem BGH folgend KG BeckRS 2015, 15357 Rn. 23 = FamRZ 2016, 308 (310); aA insoweit OLG Nürnberg BeckRS 2015, 12342 Rn. 30 ff. = FamRZ 2016, 372 (374).

[62] Vgl. BGH NJW 2016, 1233 Rn. 24 f. = FamRZ 2016, 791 mAnm *Bachmann* FamRZ 2016, 793.

[63] BGH NJW 2016, 3031.

[64] OLG Braunschweig FamRZ 2016, 546.

[65] Vgl. hierzu näher *Bergner* NJW 2015, 2295 (2296 f.).

[66] Für eine Berücksichtigung im Abänderungsverfahren BGH NJW 2016, 3031 = FamRZ 2016, 1649; OLG Dresden BeckRS 2015, 13604 Rn. 28 ff., 43 = NZFam 2015, 870.

[67] IdS auch OLG Braunschweig NZFam 2016, 502 Rn. 17 ff. = FamRZ 2016, 546 (548).

[68] Vgl. BGH NJW 2016, 1233 = FamRZ 2016, 791.

[69] Hierfür als sedes materiae Soergel/*Häußermann* Rn. 13c.

[70] Vgl. BGHZ 191, 36 Rn. 17 = NJW 2011, 3358 = FamRZ 2011, 1785; *Budinger/Krazeisen* BetrAV 2011, 745.

26 Eine Ansicht will danach unterscheiden, ob den Veränderungen bei wertender Betrachtung ein **Sachbezug zur Ehezeit** zukommt.[71] Diese Formel klingt zwar einfach. Im Einzelfall kann es aber durchaus zweifelhaft sein, ob eine Änderung auf Leistung oder sonstigen Umständen beruht, die einen hinreichenden Sachbezug zur Ehezeit aufweisen. Als Beispiel sei die Anwartschaftsdynamik endgehaltsbezogener Versorgungen genannt, bei denen sowohl vertreten wird, dass sie durch Arbeitsleistung während der Ehezeit erdient wurde, da die Dynamik bereits Bestandteil der in der Ehezeit erworbenen Anrechte sei,[72] als auch, dass sie zunächst verfallbar ist und letztlich durch Arbeitsleistung nach dem Ende der Ehezeit erworben wird.[73]

27 Nach aA soll primär auf die Rechtsfolge der Änderung abzustellen sein: Ändert sie den Wert des Ehezeitanteils der Versorgung rückwirkend oder wirkt sie nur ex nunc?[74] Eine rückwirkende Änderung liegt nach dieser Auffassung vor, wenn die Änderung bei Betrachtung ex post zum Zeitpunkt der Entscheidung zu einem abweichenden Wert des Ehezeitanteils führt. Unklar bleibt allerdings, wann eine Änderung bei **ex-post-Betrachtung** Rückwirkung hat und wann sie nur die Zukunft betrifft. Lässt sich beispielsweise der Ausgleichspflichtige nach dem Ende der Ehezeit vorzeitig in den Ruhestand versetzen, wirkt sich dies auf die Höhe des Ruhegehaltssatzes, aber auch auf den Ehezeitanteil aus. Der Ruhegehaltssatz sinkt, der Ehezeitanteil steigt aufgrund der kürzeren Gesamtzeit (→ § 44 Rn. 62). Kriterien, ob dies auf den Ehezeitanteil zurückwirkt, lassen sich dieser Auffassung nicht entnehmen. Beruht die vorzeitige Versetzung in den Ruhestand auf Dienstunfähigkeit, nimmt die hM Rückwirkung an, beruht sie auf einer freiwilligen Entscheidung des Ausgleichspflichtigen, wird sie verneint (→ § 44 Rn. 62 mwN).

28 Weiterhin ist versucht worden, Änderungen anhand folgender Merkmale zu kategorisieren: Veränderungen mit oder ohne Rückwirkung, Veränderungen mit oder ohne Ehezeitbezug und Veränderungen durch die sich der Wert des Anrechts erhöht oder verringert.[75] Aufgrund der Akzessorietät des Versorgungsausgleichs sind demnach negative Änderungen stets beachtlich; denn geteilt werden kann ein Anrecht nur, soweit es bei Erlass der Entscheidung noch vorhanden sind. Demgegenüber ist bei positiven Änderungen ein Ehezeitbezug erforderlich; dieser sei zu bejahen, soweit die Anrechtssteigerung bereits in der Ehezeit **angelegt, ersessen, erkauft oder erarbeitet** worden sei, demgegenüber zu verneinen, soweit dies erst nach dem Ende der Ehezeit geschehen sei.[76] Diese Ansicht kommt zu teilweise von der Rspr. abweichenden Ergebnissen. So wird ein auf den Ehezeitanteil zurückwirkendes Ereignis verneint für die Anwartschaftsdynamik eines endgehaltsbezogenen Anrechts, die auf die Zeit ab Ehezeitende entfällt,[77] oder für die nachträgliche Änderung der Gesamtleistungsbewertung[78] aufgrund von Beitragszeiten, die nach dem Ende der Ehezeit zurückgelegt wurden.[79]

29 Letztlich könnte man auf der Grundlage dieser Definition aber auch anders entscheiden; denn die Anwartschaftsdynamik eines endgehaltsbezogenen Anrechts wird bereits durch die Arbeitsleistung während der Ehezeit erdient. Sie ist lediglich gem. § 2 Abs. 5 BetrAVG aF nicht unverfallbar, so dass sie nicht bereits im Wertausgleich bei der Scheidung ausgeglichen werden kann. Und: auch hinsichtlich der Gesamtleistungsbewertung wird durch entsprechende beitragsfreie oder beitragsgeminderte Zeiten während der Ehezeit der Erwerb des Anrechts angelegt. Daher ist es konsequent, dass sowohl die bereits vorehelich zurückgelegten Beitragszeiten als auch Beitragszeiten, die erst nach dem Ende der Ehezeit zurückgelegt werden, herangezogen werden, um rückwirkend die in die Ehezeit fallenden beitragsfreien bzw. beitragsgeminderten Zeiten zu bewerten.

30 **b) Möglicher Lösungsansatz.** Die bereits geschilderten Ansätze liefern die wesentlichen Kriterien, die es zu ordnen gilt. Es erscheint für die Entwicklung eines Lösungsansatzes naheliegend, anhand der Strukturprinzipien des VersAusglG zu entscheiden, inwieweit Änderungen nach dem Ende der Ehezeit auf den Ehezeitanteil zurückwirken. Wie auch die zuletzt genannte Auffassung zutreffend hervorhebt, ist hierfür der Akzessorietätsgrundsatz entscheidend. Das VersAusglG betont mehrfach, dass für den Ausgleich die jeweiligen Regeln für das auszugleichende Anrecht maßgeblich sind (§ 5 Abs. 1, § 10 Abs. 3, § 14 Abs. 3). Ist ein Anrecht unmittelbar zu bewerten, ist also zu prüfen, ob sich der Ehezeitanteil in der für das Anrecht maßgeblichen Bezugsgröße aufgrund der nachträglich eingetretenen Veränderung erhöht oder vermindert. Ist dies der Fall, ist in einem zweiten Schritt zu prüfen, ob diese Veränderung ausnahmsweise ganz oder teilweise unberücksichtigt bleiben soll.

71 *Bergner* NJW 2012, 1330.
72 BeckOGK/*Siede,* 1.2.2019, § 40 Rn. 99.1; BGH NJW 2018, 1961 = FamRZ 2018, 894.
73 *Norpoth* NZFam 2016, 105.
74 Vgl. hierzu *Wick* Versorgungsausgleich Rn. 117; *Holzwarth* FamRZ 2013, 420.
75 *Norpoth* FamRZ 2016, 677; Erman/*Norpoth/Sasse* Rn. 5 ff.
76 Erman/*Norpoth/Sasse* Rn. 8.
77 AA BGH NJW 2018, 1961 = FamRZ 2018, 894.
78 AA BGH NJW 2016, 1233 = FamRZ 2016, 791.
79 Erman/*Norpoth/Sasse* Rn. 8.

Dies wird nach der Wertung des § 2 regelmäßig der Fall sein, wenn die Erhöhung des Werts des Anrechts auf Arbeitsleistung oder Einsatz von Kapital nach dem Ende der Ehezeit beruht.

Handelt es sich um zeitratierlich zu bewertende Anrechte (§ 40) sind Änderungen, die auf den Ehezeitanteil zurückwirken, unter zwei Aspekten denkbar: **31**
- zum einen kann sich das Zeit-Zeit-Verhältnis durch Verkürzung oder Verlängerung der Gesamtzeit ändern,
- zum anderen kann sich der Entgeltfaktor ändern.

Hinsichtlich der Änderung des Entgeltfaktors gelten die oben genannten Überlegungen entsprechend. Daher sind Erhöhungen des Entgeltfaktors, die auf einem Karrieresprung, einer Beförderung oder einer besonderen beruflichen Leistung beruhen, nicht berücksichtigungsfähig, allgemeine Gehaltserhöhungen schon.[80] Hinsichtlich des Zeit-Zeit-Verhältnisses zeigt § 41 Abs. 2 S. 2, dass die tatsächlichen Werte maßgeblich sind. Vermindert sich der Ehezeitanteil eines Anrechts aufgrund einer Entscheidung des Ausgleichspflichtigen nach dem Ende der Ehezeit, ist dies daher grundsätzlich beachtlich. Hier kommt lediglich eine Korrektur nach § 27 in Betracht; denn es kann im Einzelfall widersprüchlich sein, wenn der Ausgleichspflichtige auf einem vollen Ausgleich der bei Ehezeitende bestehenden Anrechte des anderen Ehegatten besteht, seinerseits aber auf von ihm auszugleichende Anrechte dahingehend einwirkt, dass sich deren Ausgleichswert verringert.[81] **32**

Anhand der vorstehend genannten Kriterien lässt sich die Rspr., in welchen Fällen eine rückwirkende Änderung vorliegt, weitestgehend erklären. **33**

Zuschläge an Entgeltpunkten sind, soweit sie auf die Ehezeit entfallen, als nachträgliche Wertänderung in der gesetzlichen Rentenversicherung zu berücksichtigen, sofern die dafür erforderlichen **Wartezeiten** erst nach Ende der Ehezeit erfüllt werden, (→ Rn. 24). Dasselbe gilt für Änderungen der im Rahmen der Gesamtleistungsbewertung auf die Ehezeit entfallenden Entgeltpunkte aufgrund von nach dem Ende der Ehezeit mit Pflichtbeiträgen belegten und sonstigen rentenrechtlichen Zeiten (→ Rn. 24). Der hier vertretenen Auffassung steht die Rspr. des BGH[82] zur Berücksichtigung von Änderungen betreffend die **Gesamtleistungsbewertung** in der gesetzlichen Rentenversicherung nicht entgegen. Insoweit hat der BGH zwar entschieden, dass während der Anwartschaftsphase Änderungen nach dem Ende der Ehezeit, die sich auf die Gesamtleistungsbewertung auswirken können, nicht berücksichtigt werden dürfen. Dies beruht jedoch auf der Vorschrift des § 109 Abs. 6 SGB VI. Demnach ist die Auskunft unter der Prämisse zu erteilen, dass zum jeweiligen Stichtag eine Vollrente wegen Alters gewährt wird. Änderungen, die sich auf die Gesamtleistungsbewertung auswirken, können dann nicht mehr eintreten. Deshalb können (und müssen) diese Änderungen nur im Rahmen eines Abänderungsverfahrens in zeitlichem Zusammenhang mit dem tatsächlichen Eintritt des Leistungsfalls (§ 226 Abs. 2 FamFG) berücksichtigt werden. Tritt der Leistungsfall nach dem Ende der Ehezeit aber vor Erlass der Entscheidung über den Versorgungsausgleich ein, ist die Gesamtleistungsbewertung bereits im Rahmen des Ursprungsverfahrens unter Berücksichtigung auch der nachehezeitlich erworbenen Entgeltpunkte durchzuführen. Eine Korrektur ist nicht erforderlich, da die Grundlage für die Berücksichtigung dieser Entgeltpunkte während der Ehezeit gelegt wurde. **34**

Zu einer Änderung führt ferner der Umstand, dass die persönlichen Entgeltpunkte für das Kalenderjahr der Zustellung des Scheidungsantrags und das davor liegende Kalenderjahr auf der Grundlage des **vorläufigen Durchschnittsentgelts** nach § 69 Abs. 2 S. 1 Nr. 2 SGB VI, § 70 Abs. 1 SGB VI ermittelt werden. Grund hierfür ist, dass im Zeitpunkt der Rentenberechnung sowie der Anwartschaftsberechnung für den Versorgungsausgleich das tatsächliche Durchschnittsentgelt noch nicht bekannt ist. Aus einer späteren Festsetzung des endgültigen Durchschnittsentgelts kann sich eine Änderung der (persönlichen) Entgeltpunkte ergeben, die sowohl für ein Abänderungsverfahren nach § 225 FamFG als auch nach § 5 Abs. 2 S. 2 von Bedeutung ist, weil sie nicht auf nachehelichen individuellen Umständen eines Ehegatten beruht, sondern auf einer allgemeingültigen Festsetzung des Durchschnittsentgelts.[83] Aus praktischen Gründen ist dieser – einem Wandel unterliegende – Umstand im Erstverfahren aber nur dann zu berücksichtigen, wenn das Verfahren zum Versorgungsausgleich über längere Zeit ausgesetzt war, nach der Wiederaufnahme ohnehin neue Auskünfte eingeholt werden und die endgültigen Durchschnittsentgelte für das Kalenderjahr der Zustellung des Scheidungsantrags und das vorangegangene Kalenderjahr bereits festgesetzt sind.[84] **35**

---

80 BGH NJW 2018, 1961 = FamRZ 2018, 894.

81 Vgl. zu solchen Fallgestaltungen ua BGH NJW 2016, 1166 = FamRZ 2016, 697.

82 BGH NJW 2016, 1233= FamRZ 2016, 791 unter Aufgabe der Entscheidungen NJW-RR 2012, 641 Rn. 16 ff. = FamRZ 2012, 847; NJW 2012, 1000 Rn. 22 ff. = FamRZ 2012, 509; für eine Berücksichtigung im Abänderungsverfahren auch OLG Nürnberg BeckRS 2015, 12342 Rn. 30 ff. = FamRZ 2016, 372 (374); BGH NJW 2016, 3031.

83 Vgl. BGH NJW 2012, 1000 Rn. 32–34 = FamRZ 2012, 509.

84 Vgl. BGH NJW-RR 2012, 641 Rn. 29 f. = FamRZ 2012, 847; NJW 2012, 1000 Rn. 36–39 = FamRZ 2012, 509.

36 Zu den nach § 5 Abs. 2 S. 2 zu berücksichtigenden Veränderungen gehört bei Anrechten aus **öffentlich-rechtlichen Dienstverhältnissen** auch eine nach dem Ehezeitende bewilligte Beurlaubung ohne Dienstbezüge, weil sie die erreichbare ruhegehaltfähige Gesamtzeit **bleibend** vermindert.[85] Ähnliches gilt für die Bewilligung von Teilzeitbeschäftigung, die nur zu dem Teil ruhegehaltfähig ist, der dem Verhältnis der ermäßigten zur regelmäßigen Arbeitszeit entspricht.[86] Erweist sich im Verfahren, dass ein Angehöriger des öffentlichen Dienstes, für den eine vorgezogene Altersgrenze gilt, über diese Grenze hinaus weiter im öffentlichen Dienst verwendet wird, ist dies ebenfalls zu berücksichtigen.[87] Entsprechendes gilt, wenn der Versorgungsträger nachträglich „Kannzeiten" gem. § 12 BeamtVG berücksichtigt. Dies gilt in beiden Fällen auch dann, wenn sich dadurch das Ruhegehalt des Beamten nicht mehr erhöht, weil auch ohne Berücksichtigung dieser Zeiten eine Dienstzeit von 40 Jahren erfüllt wäre; denn erdient ist das Ruhegehalt erst mit Erreichen der Altersgrenze.[88] Für den Ausgleichsberechtigten ist das nachteilig, weil die Verlängerung der Dienstzeit dazu führt, dass sich der Ehezeitanteil an der Versorgung verringert. Gleichwohl ist dieses Ergebnis konsequent, weil es dem Grundsatz des § 41 Abs. 2 entspricht, dass für die zeitratierliche Bewertung im Leistungsfall die tatsächlichen Verhältnisse maßgeblich sind. Grundsätzlich kann sich dies auch zugunsten des Ausgleichsberechtigten auswirken, wenn die Verlängerung der Dienstzeit und die Berücksichtigung von Kannzeiten erst dazu führen, dass die maximal mögliche berücksichtigungsfähige Dienstzeit von 40 Jahren erreicht wird. Umgekehrt ist auch eine bleibende Verkürzung der Gesamtzeit beachtlich, sei es, dass der Beamte wegen Dienstunfähigkeit vorzeitig in den Ruhestand tritt[89] oder versetzt wird,[90] sei es, dass er unter Verlust seiner Versorgungsbezüge aus dem Dienstverhältnis entlassen wird.[91] In diesem Fall ist der Ehezeitanteil der Nachversicherung auszugleichen (vgl. §§ 8, 184, 185 Abs. 1 SGB VI).

37 Gleiches gilt – in Fällen einer zeitratierlichen Bewertung[92] – für eine entsprechende Verkürzung der Gesamtzeit im Bereich der betrieblichen Altersversorgung[93] und für Wertveränderungen in der berufsständischen Versorgung,[94] auch solche, die auf einem nach Ehezeitende vorgenommenen Wechsel des Versorgungsträgers beruhen.[95] Auf den Ehezeitanteil wirkt auch die Änderung der zugrundegelegten Sterbetafeln zurück.[96] Entsprechendes wird zu gelten haben, wenn der Ehezeitanteil anhand der Heubeck'schen Richttafeln 2018 G anstelle der bisher verwendeten Tafeln (überwiegend Heubeck'sche Richttafeln 2005 G) zu ermitteln ist.[97] Weiterhin stellt es ein auf den Wert des Ehezeitanteils zurückwirkendes Ereignis dar, wenn eine bisher verfallbare Anwartschaftsdynamik aufgrund Eintritt des Leistungsfalls unverfallbar wird.[98] Entsprechendes wird zu gelten haben, wenn das Arbeitsverhältnis des Ausgleichspflichtigen endet; denn auch dann tritt Unverfallbarkeit der bisherigen Anwartschaftsdynamik ein. In beiden Fällen erhöht sich der auf die Ehezeit fallende Teil der Betriebsrente und der diesem Anteil entsprechende Bar- bzw. Kapitalwert der Versorgung.

38 Die spätere Ausübung eines **Kapitalwahlrechts** einer privaten Rentenversicherung wirkt streng genommen nicht auf das Ende der Ehezeit zurück, sondern führt zum nachträglichen Verlust des

---

[85] BGH NJW-RR 1988, 1028 (1029) = FamRZ 1988, 940 (941).

[86] BGH NJW-RR 1989, 902 = FamRZ 1989, 1060 (1061); NJW 1986, 1935 (1936) = FamRZ 1986, 563 (564); OLG Karlsruhe BeckRS 2010, 30105 (zu II 3) = FamRZ 1988, 70 (71 f.); anders in der betrieblichen Altersversorgung und in der Zusatzversorgung des öffentlichen Dienstes, in der der zeitliche Umfang der Beschäftigung ohne Einfluss auf die Dauer der Betriebszugehörigkeit ist, BGH NJW-RR 2010, 433 Rn. 17 = FamRZ 2009, 1986; NJW 2009, 3434 Rn. 22 = FamRZ 2009, 1738.

[87] BGH NJW-RR 2018, 1156 = FamRZ 2018, 1500; *Dörr* NJW 1990, 1768 (1773).

[88] BGH NJW-RR 2018, 1156 = FamRZ 2018, 1500.

[89] BGH NJW-RR 2008, 153 Rn. 7 = FamRZ 2007, 1802; NJW-RR 1989, 131 (132) = FamRZ 1989, 492 (493 f.); OLG Brandenburg BeckRS 2013, 20351 (zu II 2 a).

[90] Vgl. BGH NJW 2002, 220 = FamRZ 2002, 93; NJW-RR 1996, 449 (450) = FamRZ 1996, 215 f.; NJW 1992, 313 (314) = FamRZ 1991, 1415 (1416); OLG Hamm NJW-RR 1990, 1291 f.

[91] BGH NJW 1989, 2811 (2812) = FamRZ 1989, 1058 (1059); NJW 1989, 34 = FamRZ 1989, 44 (45); NJW 1989, 29 (31) = FamRZ 1988, 1148 (1150).

[92] Vgl. AG Sinsheim BeckRS 2012, 18529 (zu II 2) = FamRZ 2013, 889 (890).

[93] Vgl. BGH NJW-RR 2007, 1153 Rn. 10 = FamRZ 2007, 1084; NJW 2007, 2477 Rn. 13 = FamRZ 2007, 996; in einem Verfahren nach § 1587g BGB NJW 1990, 1480 (1481 f.) = FamRZ 1990, 605 (606); OLG Celle BeckRS 2013, 07830 Rn. 31 ff. = FamRZ 2014, 211 (214); zu einer einem Gesellschafter gewährten Zusatzversorgung BGH NJW 2007, 2483 Rn. 16 = FamRZ 2007, 891.

[94] Vgl. BGH NJW-RR 1989, 1477 zu den Auswirkungen einer Beitragsfreistellung.

[95] Vgl. OLG Nürnberg NJWE-FER 1996, 52.

[96] OLG Nürnberg FamRZ 2018, 905 = BeckRS 2017, 142856.

[97] *Borth* FamRZ 2018, 1488.

[98] BGH NJW 2018, 1961 = FamRZ 2018, 894.

Anrechts, weil sie das Anrecht dem Versorgungsausgleich ganz entzieht, (→ Rn. 22; → § 2 Rn. 33).[99] Dasselbe gilt für eine **Beitragserstattung** nach § 210 SGB VI, die durch die Bestimmung des § 29 vermieden werden soll.[100] Die **Pfändung** einer privaten Rentenversicherung nach dem Ende der Ehezeit ändert den Ehezeitanteil nicht, sondern lediglich die Rechtsstellung der Ehegatten. Hierbei ist nach zutr Ansicht der Ausgleich im Weg der internen Teilung dahingehend zu modifizieren, dass auch dem Ausgleichsberechtigten der Anspruch auf Rückgewähr des zur Sicherheit abgetretenen Rechts bzw. auf Freigabe des gepfändeten Rechts als Mitgläubiger in Höhe des Ehezeitanteils übertragen wird. Im Fall der externen Teilung entfällt rückwirkend die Ausgleichsreife (→ § 2 Rn. 17).

Nachehezeitliche Wertänderungen der **Fondsanteile** einer fondsgebundenen privaten Alters- 39
versorgung sind – sofern nach der Teilungsordnung ein Kapitalwert als Bezugsgröße heranzuziehen ist – nach neuerer Rspr. Umstände, die sich regelmäßig auf den Ehezeitanteil des Anrechts auswirken und nach § 5 Abs. 2 S. 2 berücksichtigt werden können.[101] Ist nach der maßgeblichen Teilungsordnung ein Kapitalwert Bezugsgröße, erfolgt dies, indem zeitnah zur Entscheidung der aktuelle Kurswert der Fondsanteile ermittelt wird.[102] Demgegenüber darf auch bei externer Teilung nicht auf den Kurswert zum Ehezeitende abgestellt werden,[103] da dann der Ausgleichsberechtigte von der Wertentwicklung der Fondsanteile während Ehezeitende und Rechtskraft der Entscheidung ausgeschlossen wird und so ein Ergebnis erzielt wird, das nicht dem Halbteilungsgrundsatz entspricht. Ist der Betrag der Fondsanteile Bezugsgröße, wirken sich Kurswertschwankungen auf den Ehezeitanteil nicht aus, da der Betrag der auszugleichenden Fondsanteile von deren Kurswert unabhängig ist.

Zu berücksichtigen ist auch der Entzug eines Anrechts infolge der **Verurteilung** eines Versor- 40
gungsberechtigten zu einer mehrjährigen Freiheitsstrafe wegen einer schweren Straftat, allerdings nicht als rückwirkende Wertänderung, sondern als nachträglicher Wegfall des Anrechts.[104]

Die Ausübung des in § 35a Abs. 4 S. 2 AbgG für dort näher bezeichnete Mitglieder des Bundes- 41
tags geregelten Wahlrechts, sich für die Anwendung des neuen Rechts für ihre Altersentschädigung zu entscheiden, ist zu berücksichtigen, weil sie auf das Ende der Ehezeit zurückwirkt.[105]

In allen genannten Fällen kommt es **grundsätzlich** darauf an, dass der für die Wertveränderung 42
bestimmende Umstand **vor dem für die letzte tatrichterliche Entscheidung maßgebenden Zeitpunkt** eingetreten ist, damit er im Verfahren berücksichtigt werden kann.[106] Nach der Rspr. des BGH können im Verfahren der Rechtsbeschwerde indes solche Umstände, die erst nach Erlass der angefochtenen Entscheidung eingetreten sind und deshalb vom Tatrichter nicht festgestellt werden konnten, bei der Entscheidung aus verfahrensökonomischen Gründen gleichwohl berücksichtigt werden, wenn schützenswerte Belange eines Beteiligten nicht entgegenstehen und wenn die zu Grunde liegenden Tatsachen als feststehend angesehen werden können, ohne dass eine weitere tatrichterliche Beurteilung erforderlich ist.[107]

**Änderungen des Rechts nach dem Ende der Ehezeit** sind zu berücksichtigen.[108] Dies gilt 43
sowohl für den Fall, dass die Gesetzesänderung für den fiktiven Versicherungsfall Ende der Ehezeit Bedeutung erlangt,[109] als auch für jene Fälle, in denen die Gesetzesänderung an sich nur für Versiche-

---

99 Vgl. BGH NZFam 2014, 87 Rn. 11 f. = FamRZ 2014, 279; NJW-RR 2012, 769 Rn. 11 f. = FamRZ 2012, 1039; NJW-RR 2011, 1633 Rn. 14 = FamRZ 2011, 1931; OLG Hamm BeckRS 2012, 21733 (zu II 1) = FamRZ 2013, 957 (958).

100 Vgl. OLG Düsseldorf BeckRS 2014, 14390 Rn. 10 ff. = FamRZ 2014, 1201 f.

101 Vgl. BGH NJW 2017, 3148 = FamRZ 2017, 1655 = NZFam 2017, 946; aA noch BGH NJW 2012, 1287 Rn. 28, 31 = FamRZ 2012, 694; aA OLG Frankfurt NJW 2013, 2832 (2834) = FamRZ 2013, 1806 (1808).

102 BGH NJW 2018, 3247; OLG Nürnberg BeckRS 2017, 142856 = FamRZ 2018, 905.

103 So aber OLG Nürnberg NZFam 2018, 616; OLG München FamRZ 2019, 108 = NZFam 2011, 277.

104 Vgl. für ein Anrecht der Zusatzversorgung des öffentlichen Dienstes OLG Hamm NJOZ 2013, 1656 (1657) = FamRZ 2013, 1044 (1045).

105 Vgl. BGH NJW 2013, 2967 Rn. 8 = FamRZ 2013, 1362.

106 BGH NJW 2012, 1287 Rn. 30 = FamRZ 2012, 694; NJW-RR 1988, 1028 = FamRZ 1988, 940; NJW-RR 1989, 131 (132) = FamRZ 1989, 492 (493 f.).

107 Vgl. BGH NZFam 2014, 87 Rn. 10 f. = FamRZ 2014, 279 zur Ausübung eines vereinbarten Kapitalwahlrechts in der privaten Rentenversicherung; NJW 2013, 2967 Rn. 12 = FamRZ 2013, 1362 zur Ausübung eines Wahlrechts hinsichtlich der Altersentschädigung nach § 35a Abs. 4 S. 1 AbgG; NJW 2002, 220 = FamRZ 2002, 93 f. zur Versetzung des Beamten in den vorzeitigen Ruhestand.

108 Vgl. zur Einführung der Mütterrente durch das am 1.7.2014 in Kraft getretene RV-Leistungsverbesserungsgesetz vom 23.6.2014 (BGBl. 2014 I S. 787) OLG Dresden BeckRS 2015, 13604 Rn. 27; OLG Brandenburg BeckRS 2015, 07230 Rn. 41 = FamRZ 2015, 1965 (1967); *Bachmann/Borth* FamRZ 2014, 1329; zum Inkrafttreten des RV-Leistungsverbesserungs- und Stabilisierungsgesetzes vom 28.11.2018 (BGBl. 2018 I 2016, „Mütterrente II") vgl. *Bachmann/Borth* FamRZ 2019, 157.

109 Grdl. BGHZ 90, 52 (58 ff.) = NJW 1984, 1544 (1545 f.) = FamRZ 1984, 565 (566 f.); BGH NJW 1985, 433 Ls. = FamRZ 1984, 992 (993); BeckRS 1985, 31072580 (zu II 1) = FamRZ 1985, 799 (800); OLG Saarbrücken BeckRS 1993, 31130427 = FamRZ 1994, 758.

rungsfälle Anwendung findet, die nach dem Ehezeitende eintreten.[110] Es ist daher das zur Zeit der Entscheidung geltende Recht anzuwenden, wenn es nach seinem zeitlichen Geltungswillen den in Frage stehenden Sachverhalt erfasst.[111] Einer Gesetzesänderung stehen Änderungen einer nicht gesetzlichen Versorgungsordnung gleich.[112] Die Rechtsänderungen sind auch noch im Verfahren der Rechtsbeschwerde zu berücksichtigen.[113] Die Gerichte sind allerdings nicht befugt, hinsichtlich der Bewertung von Anrechten Vorschriften heranzuziehen, die erst zu einem nach der Entscheidung liegenden Zeitpunkt in Kraft treten sollen.[114] Lässt sich das Verfahren nicht entsprechend strecken, ist das neue Recht nach seinem Inkrafttreten gegebenenfalls in einem Abänderungsverfahren zu berücksichtigen.

### IV. Vorschlag des Versorgungsträgers (Abs. 3)

44 Nach § 5 Abs. 3 unterbreitet der Versorgungsträger in seiner Auskunft, mit der er den Ehezeitanteil berechnet, zugleich einen **Vorschlag** für die **Bestimmung des Ausgleichswerts** und, falls es sich dabei nicht um einen Kapitalwert handelt, für einen **korrespondierenden Kapitalwert** nach § 47. Die Bestimmung ist weiterer Ausdruck der gestiegenen Verantwortung der Versorgungsträger für die Ermittlung der Ehezeitanteile und zugleich der sich hieraus ergebenden Folgen für die Durchführung des Versorgungsausgleichs, die ebenfalls in ihre Hände gelegt ist, soweit der Wertausgleich – wie idR vorgesehen (§ 9 Abs. 2) – durch eine interne Teilung des Anrechts verwirklicht werden soll. Bei seinem Vorschlag ist der Versorgungsträger an die maßgebliche Bezugsgröße seiner Versorgungsordnung gebunden.[115] Daraus folgt aber nicht, dass der Ausgleichswert notwendig der Hälfte des Betrags des in der maßgeblichen Bezugsgröße ausgedrückten Ehezeitanteils entsprechen muss.

45 Deshalb ist es zB in der **Zusatzversorgung des öffentlichen Dienstes** zulässig, dass der Versorgungsträger den dem Ehezeitanteil entsprechenden Kapitalwert (Barwert) der Versorgung unter Heranziehung der für den Ausgleichspflichtigen maßgeblichen versicherungsmathematischen Rechenfaktoren errechnet, diesen nach Abzug der Teilungskosten hälftig teilt und aus dem so ermittelten Kapitalwert unter Heranziehung der für den Ausgleichsberechtigten maßgeblichen versicherungsmathematischen Rechenfaktoren in der für das Anrecht geltenden Bezugsgröße (Versorgungspunkte) den Ausgleichswert errechnet. Dies führt dazu, dass dem Ausgleichspflichtigen immer die Hälfte des auf die Ehezeit entfallenden Betrags der Versorgungspunkte, gemindert um die hälftigen Teilungskosten verbleibt. Dem Ausgleichsberechtigten ist je nach den für diesen geltenden biometrischen Rechenfaktoren ein Anrecht in Höhe eines geringeren (vor allem wenn er älter als der Ausgleichspflichtige ist) oder auch eines höheren (va wenn er jünger ist) Betrags an Versorgungspunkten zu übertragen (→ § 39 Rn. 12).[116] Demgegenüber ist die Mindermeinung der Ansicht, dass in der Zusatzversorgung des öffentlichen Dienstes, in der Versorgungspunkte die maßgebende Bezugsgröße sind (vgl. § 32a Abs. 2 VBL-Satzung), – unter Berücksichtigung der Teilungskosten – die in der Ehezeit erworbenen Versorgungspunkte hälftig zu teilen seien,[117] womit es nicht zu vereinbaren sei, dass die Zusatzversorgungseinrichtungen den Kapital-

---

[110] BGH NJW 1986, 1169 (1170) = FamRZ 1986, 449 (450) zur Berücksichtigung von Kindererziehungszeiten; NJW-RR 1986, 490 = FamRZ 1986, 447 (448) zur Nichtberücksichtigung beitragsloser Zeiten in der gesetzlichen Rentenversicherung wegen gleichzeitiger Anrechnung bei der Beamtenversorgung.

[111] Vgl. zur Beamtenversorgung BGH BeckRS 2012, 08882 Rn. 5–7 = FamRZ 2012, 941; NJW 2004, 1245 (1246) = FamRZ 2004, 256 (258); FPR 2003, 124 (125) = FamRZ 2003, 437 (438 f.); BeckRS 2002, 09013 (zu II 1 b) = FamRZ 2003, 435 (436); NJW-RR 1993, 258 = FamRZ 1993, 414 (415); zur gesetzlichen Rentenversicherung BGH NJW 1993, 465 (466) = FamRZ 1993, 294 (295); zur betrieblichen Altersversorgung BGH BeckRS 2002, 02926 (zu II 4) = FamRZ 2002, 1401 (1402); zum 5. Änderungstarifvertrag in der Zusatzversorgung des öffentlichen Dienstes BGH BeckRS 2012, 11083 Rn. 10 f. = FamRZ 2012, 1130; zum Gesetz zur Wiedergewährung der Sonderzahlung vom 20.12.2011 (BGBl. 2011 I 2842) OLG Brandenburg BeckRS 2013, 14511 (zu II 3) = FamRZ 2014, 128 Ls.

[112] BGH NJW-RR 1986, 1322 (1323) = FamRZ 1986, 976 (978).

[113] So zur früheren weiteren Beschwerde BGH NJW-RR 1993, 258 = FamRZ 1993, 414 (415); NJW 1983, 2443 (2444) = FamRZ 1983, 1003 (1004).

[114] So aber OLG Koblenz FamRZ 1990, 760 (761); ähnlich OLG Celle BeckRS 2002, 30256979 (zu II 4 a cc) = FamRZ 2002, 823 (825); *Bergner* NJW 1993, 435; wie hier BGH NJW 2004, 1245 (1246) = FamRZ 2004, 256 (258); NJW-RR 1993, 258 = FamRZ 1993, 414 (415); OLG Celle FamRZ 1990, 1005 f.

[115] Vgl. BGH FamRZ 2018, 1574 = NJW-RR 2018, 1158; NJW 2014, 3447 Rn. 17 = FamRZ 2014, 1983; BeckRS 2014, 22651 Rn. 18 = FamRZ 2015, 236 Ls.; NZFam 2014, 1040 Rn. 19 = FamRZ 2014, 1987 Ls.; NJW-RR 2012, 1217 Rn. 7 ff. = FamRZ 2012, 1545; OLG Frankfurt BeckRS 2013, 20208 Rn. 11 = FamRZ 2014, 755 (756).

[116] BGH NJW-RR 2018, 1158; NJW 2017, 2547 = FamRZ 2017, 863; FamRZ 2017, 870; NZFam 2017, 396; NJW-RR 2017, 580 = FamRZ 2017, 872.

[117] Vgl. OLG Frankfurt (6. FamS) BeckRS 2013, 20208 Rn. 11 = FamRZ 2014, 755 (756 f.); zust. *Bergner* NZFam 2014, 49 (51); NZFam 2015, 289 (291 f.); wohl auch *Borth* FamRZ 2014, 758; aA aber bereits damals die ganz überwiegende Meinung: vgl. OLG Schleswig BeckRS 2016, 00497 Rn. 9 = FamRZ 2016, 371; OLG Köln BeckRS 2015, 01546 Rn. 9 = FamRZ 2015, 1108 f.; OLG Nürnberg NJW 2015, 1695

wert (Barwert) teilen, den die ehezeitlichen Versorgungspunkte des Ausgleichspflichtigen haben. Für die hM spricht aber der Grundsatz der Aufwandsneutralität für den Versorgungsträger. Dieser ist bei einem kapitalgedeckten Anrecht nur gewahrt, wenn der versicherungsmathematisch ermittelte Kapitalwert des Ehezeitanteils des Anrechts hälftig geteilt wird, demgegenüber wird er regelmäßig verfehlt, wenn die Rentenanwartschaft des Ausgleichspflichtigen geteilt wird, mag diese auch in der Bezugsgröße Versorgungspunkte und nicht als monatlicher Rentenbetrag bezeichnet sein. Daher sieht § 11 vor, dass der Versorgungsträger in der Teilungsordnung wählen kann, ob er den Ehezeitanteil des Rentenbetrags hälftig teilt oder den diesem zugrundeliegenden Kapitalwert (→ § 11 Rn. 14). Weiterhin wird hierdurch ein Gleichlauf zwischen externer und interner Teilung erreicht; denn auch im Fall der externen Teilung wird der dem Ehezeitanteil zugrundeliegende Kapitalwert ermittelt und bei dem Zielversorgungsträger ein diesem Kapitalwert entsprechendes Anrecht begründet. Diese für die Zusatzversorgung des öffentlichen Dienstes entwickelte Lösung wird in bestimmten Fällen auf die Teilung von Anrechten aus einem Arbeitsverhältnis, bei denen ein Anspruch auf eine Versorgung nach beamtenrechtlichen Vorschriften oder Grundsätzen besteht (§ 44 Abs. 1 Nr. 2), zu übertragen sein. Betroffen sind hiervon va Beschäftigte der Landesbanken, aber auch zahlreiche Angestellte von Stiftungen, hinter denen Juristische Personen des öffentlichen Rechts stehen. Nach der Rspr. des BGH kann für Anrechte aus solchen Beschäftigungsverhältnissen nicht wahlweise ein Rentenbetrag oder ein Kapitalwert geteilt werden; denn § 44 Abs. 1 Nr. 2 geht als Spezialregelung § 45 Abs. 1 vor.[118] Zum Teil sind die Versorgungsträger aber gehalten, auch für diese Anrechte Pensionsrückstellungen zu bilden. Dies gilt zB für die öffentlich-rechtlichen Banken seit Wegfall der Staatsgewährträgerschaft im Jahr 2002. Ein aufwandsneutrales Ergebnis kann dann nur erzielt werden, wenn auch in diesen Fällen der Barwert des Ehezeitanteils des Anrechts des Ausgleichspflichtigen nach versicherungsmathematischen Grundsätzen ermittelt, dieser um die Teilungskosten (bei interner Teilung) vermindert und sodann halbiert wird, und aus dem so ermittelten Barwert nach versicherungsmathematischen Grundsätzen unter Heranziehung der für den Ausgleichsberechtigten geltenden Rechenfaktoren eine monatliche Rentenanwartschaft als Ausgleichswert berechnet wird. Dem steht auch die neueste Rspr. des BGH[119] nicht entgegen; denn § 44 enthält nur Regelungen über das Bewertungsverfahren, aber – wie auch § 45 Abs. 3 – nicht zu der Frage, in welcher Bezugsgröße die Bewertung durchzuführen ist. Dass es sich nur um einen Vorschlag des Versorgungsträgers handelt, unterstreicht die Verantwortung des FamG, die Auskünfte zu prüfen und selbst die Ausgleichswerte festzusetzen. Die notwendige Handhabe hierfür ist ihm durch § 220 Abs. 4 FamFG gegeben, der die Anforderungen, die an eine entsprechende Auskunft der Versorgungsträger zu stellen sind, näher konkretisiert und das FamG in die Lage versetzt, sich ggf. auch die Einzelheiten der Wertermittlung durch den Versorgungsträger erläutern zu lassen.[120]

Ein Vorschlag für die Bestimmung des Ausgleichswerts ist deshalb erforderlich, weil der auszugleichende Wert – anders als dies § 1 Abs. 2 S. 2 auf den ersten Blick verheißt – nicht ohne weiteres der rechnerischen Hälfte des Ehezeitanteils in der Form der jeweiligen Bezugsgröße entspricht.[121] In diesem Zusammenhang ist an die Befugnis der Versorgungsträger zu denken, die **bei der internen Teilung entstehenden Kosten** jeweils hälftig mit den Anrechten beider Ehegatten zu verrechnen, soweit sie angemessen sind (§ 13). Auch insoweit kommt dem FamG die Prüfung zu, ob es die vom Versorgungsträger für die Durchführung der internen Teilung veranschlagten und bei dem vorgeschlagenen Ausgleichswert bereits berücksichtigten Kosten als angemessen billigt. Nicht jede interne Teilung ist mit solchen Abschlägen verbunden; in der gesetzlichen Rentenversicherung werden solche Teilungskosten nicht geltend gemacht, so dass dort der Ausgleichswert der Hälfte der in der Ehezeit erworbenen Entgeltpunkte entspricht. 46

Eine Abweichung von der numerischen Hälfte des Ehezeitanteils ist auch je nach der **Ausgestaltung der internen Teilung** möglich.[122] Neben der Halbteilung eines Deckungskapitals oder eines Barwerts, die wegen der unterschiedlichen Risiken der Ehegatten zu unterschiedlich hohen Anrech- 47

Rn. 12 = FamRZ 2015, 1106 (1107); OLG Naumburg BeckRS 2015, 02296 Rn. 5 = FamRZ 2015, 753; OLG Düsseldorf NJW 2014, 1541 (1542) = FamRZ 2014, 757 (758); OLG Celle BeckRS 2013, 18807 (zu II 2) = FamRZ 2014, 305 unter Berufung auf § 10 Abs. 3; OLG Frankfurt (5. FamS) BeckRS 2014, 00324; OLG Oldenburg NJW-RR 2011, 804 f. = FamRZ 2011, 1148; OLG Köln BeckRS 2014, 18521 Rn. 7 = FamRZ 2014, 1642 f.

118 BGH NJW-RR 2016, 323 = FamRZ 2016, 617 mAnm *Borth*.

119 BGH NJW-RR 2018, 1158.

120 Im Einzelnen MüKoFamFG/*Stein* FamFG § 220 Rn. 44–66. Zur Plausibilitätskontrolle anhand eines Berechnungsformulars vgl. *Hauß* FamRB 2011, 156.

121 Vgl. *Schmid/Eulering* FamRZ 2009, 1269 (1272); insbes. zur betrieblichen Altersversorgung *Cisch/Hufer* BetrAV 2009, 500 (503); *Ruland* BetrAV 2010, 131 (133).

122 Vgl. *Merten/Baumeister* DB 2009, 957 (959); *Cisch/Hufer* BetrAV 2009, 500 (503 f.); *Schmid/Eulering* FamRZ 2009, 1269 (1272).

ten führen können (→ Rn. 44),[123] kann die Halbteilung auch in der Weise vorgenommen werden, dass in Höhe der Hälfte der für die Ehezeit ermittelten Rentenbeträge oder Bezugsgrößen ein entsprechend hohes Anrecht begründet wird.[124] Ferner ist die Lösung denkbar, das Deckungskapital in der Weise aufzuteilen, dass für beide Ehegatten gleich hohe Rentenbeträge entstehen.[125] Schließlich ist auch an die Gestaltung zu denken, dass der Versorgungsträger den Risikoschutz für den ausgleichsberechtigten Ehegatten auf die Altersversorgung beschränkt und für das nicht abgesicherte Risiko der Invalidität, gegen das der verpflichtete Ehegatte geschützt ist,[126] einen zusätzlichen Ausgleich bei der Altersversorgung schafft (§ 11 Abs. 1 S. 2 Nr. 3).[127]

**48** Wird der Ausgleichswert in anderer Form als in einem Kapitalwert ermittelt, hat der Versorgungsträger auch einen Vorschlag für die **Bestimmung des korrespondierenden Kapitalwerts** nach § 47 zu unterbreiten. Dem liegt die Überlegung zugrunde, dem FamG und insbesondere den Ehegatten eine Vorstellung darüber zu vermitteln, welchen Kapitalwert die Anrechte, die sich oft erst Jahrzehnte später realisieren, im Zeitpunkt des Endes der Ehezeit haben. Mit diesen Werten soll es ermöglicht werden, die Anrechte in der Art einer Vorsorgevermögensbilanz einander gegenüberzustellen. Das kann für die Ehegatten hilfreich sein, wenn sie daran denken, eine Vereinbarung über den Versorgungsausgleich, ggf. unter Einbeziehung ihrer sonstigen güterrechtlichen oder vermögensrechtlichen Verhältnisse zu schließen, und für das FamG, wenn es näher prüfen möchte, ob und inwieweit die Anwendung der Härteklausel des § 27 in Betracht kommt (→ § 27 Rn. 22).[128] Wird der Ausgleichswert nicht als Kapitalwert bestimmt, ist der korrespondierende Kapitalwert auch für die Anwendung des § 18 und als Orientierungsgröße in bestimmten Fällen beim Wertausgleich nach dem Tod des ausgleichsverpflichteten Ehegatten (§ 31) heranzuziehen (→ § 47 Rn. 3). Ist der Ausgleichswert durch eine andere Bezugsgröße als einen Kapitalwert bestimmt, ist nur diese im Tenor der Entscheidung zu nennen; der korrespondierende Kapitalwert ist nicht in den Tenor aufzunehmen.[129]

**49** Die Bestimmung des korrespondierenden Kapitalwerts kann auch von Bedeutung sein, wenn nach § 14 Abs. 2 der Ausgleich durch eine **externe Teilung** vorgenommen werden soll und der Ausgleichswert des betroffenen Anrechts kein Kapitalwert ist. In Fällen dieser Art wird bei Anrechten iSd BetrAVG die Heranziehung des Übertragungswerts (§ 4 Abs. 5 BetrAVG)[130] und bei sonstigen Anrechten die Heranziehung eines nach versicherungsmathematischen Grundsätzen ermittelten Barwerts in Betracht kommen (→ § 47 Rn. 9 ff., 13 ff.).[131] Auch für die Höhe einer Abfindungszahlung nach § 24, die sich nach dem Zeitwert des Ausgleichswerts richtet, ist der Kapitalwert, hilfsweise der korrespondierende Kapitalwert Ausgangspunkt für die sich anschließende Aufzinsung (→ § 47 Rn. 2).[132]

**50** Der korrespondierende Kapitalwert ist, wie § 47 Abs. 1 ausdrücklich festhält, eine **Hilfsgröße** für ein Anrecht, dessen Ausgleichswert nicht bereits als Kapitalwert bestimmt ist (zu seiner Bestimmung iE → § 47). Als wichtig ist in diesem Zusammenhang hervorzuheben, dass die Ermittlung dieses Werts keinen einheitlichen Maßstäben folgt, sondern für Anrechte unterschiedlicher Art sehr verschieden ist, was sich auch auf die Ergebnisse auswirkt (→ § 47 Rn. 25 ff.).[133] Insofern müssen sich die Beteiligten darüber im Klaren sein, dass die Heranziehung korrespondierender Kapitalwerte für unterschiedliche Anrechte nicht ohne weiteres zu einem richtigen Teilungsergebnis führt, sondern dass auch weitere Faktoren der Anrechte zu berücksichtigen sind (→ § 47 Rn. 5). Dass das neue Recht auf den Einzelausgleich setzt und den Einmalausgleich des früheren Rechts abgelöst hat (→ § 1 Rn. 5), beruht ja gerade auf den Schwierigkeiten, alle Anrechte in einer Gesamtbilanz einander gegenüberzustellen. Die gesetzliche Einführung eines korrespondierenden

[123] Vgl. BGH NJW-RR 1989, 387 (388) = FamRZ 1988, 1254 (1255); OLG Nürnberg NJOZ 2005, 3003 (3004) = FamRZ 2005, 1486 (1487); OLG Bamberg BeckRS 2009, 29452 (zu II) = FamRZ 1985, 942 (943); zur Ausgestaltung in der Zusatzversorgung des öffentlichen und kirchlichen Dienstes vgl. OLG Oldenburg NJW-RR 2011, 804 f. = FamRZ 2011, 1148 f.; *Mühlstädt* BetrAV 2010, 425 (427); gegen die Anwendung verschiedener Barwertfaktoren für Mann und Frau OLG Celle BeckRS 2013, 18807 (zu II 3 e) = FamRZ 2014, 305 (307 f.).

[124] Vgl. OLG Frankfurt NJW-RR 1988, 1348 (1349) = FamRZ 1989, 70.

[125] Vgl. OLG Celle BeckRS 1985, 31137071 (zu III 3 c) = FamRZ 1985, 939 (942); dagegen aber nun BGH NJW-RR 2018, 1158.

[126] Zu einer solchen Fallgestaltung nach früherem Recht vgl. BGH NJW 1998, 3772 f. = FamRZ 1999, 158 f.

[127] Vgl. BT-Drs. 16/10144, 56.

[128] Vgl. *Ruland* BetrAV 2010, 131 (134).

[129] Vgl. OLG Karlsruhe BeckRS 2012, 22546 = FamRZ 2012, 1716 f.

[130] Vgl. OLG Nürnberg NJOZ 2011, 1273 (1274) = FuR 2011, 345 (346).

[131] Vgl. BT-Drs. 16/10144, 84.

[132] Vgl. BT-Drs. 16/10144, 65 f.

[133] Vgl. *Glockner/Hoenes/Weil,* Der Versorgungsausgleich, 2. Aufl. 2013, § 3 Rn. 54 ff.

Kapitalwerts, der nach uneinheitlichen Kriterien zu bestimmen ist, vermag diese Schwierigkeiten nicht zu beheben.

### V. Besonderheiten bei Ausgleichsansprüchen nach der Scheidung (Abs. 4)

Werden im Verfahren Ausgleichsansprüche nach der Scheidung nach den §§ 20 und 21 oder nach den §§ 25 und 26 geltend gemacht, geht es um eine **Teilhabe an einer** laufenden Versorgung der ausgleichspflichtigen Person oder nach deren Tod an einer Hinterbliebenenversorgung, die jeweils in der Form einer **Rente** gezahlt wird. Die Bezugsgrößen, nach denen Leistungen aus einer solchen Versorgung ausgezahlt werden, treten deshalb in den Hintergrund. Anknüpfungspunkt für den Ausgleichsanspruch ist vielmehr die gezahlte oder zu zahlende Rente. Abs. 4 S. 1 sieht daher vor, dass der Versorgungsträger in einem solchen Fall grundsätzlich nur den **Rentenbetrag** zu berechnen hat. Handelt es sich um den (schuldrechtlichen) Ausgleich einer Kapitalzahlung nach § 22, wie er nach § 2 Abs. 2 Nr. 3 bei Anrechten nach dem BetrAVG und dem AltZertG in Betracht kommt (→ § 2 Rn. 30), ist für die Berechnung des Ehezeitanteils § 5 Abs. 1 maßgebend. 51

Auch für die Berechnung der Ausgleichsansprüche nach der Scheidung kommt es nach **§ 5 Abs. 2** auf die Verhältnisse zum Ende der Ehezeit mit der weiteren Maßgabe an, dass rechtliche oder tatsächliche Veränderungen nach dem Ende der Ehezeit, die auf den Ehezeitanteil zurückwirken, zu berücksichtigen sind (→ Rn. 43). Das ist etwa bei einem Karrieresprung oder bei individuellen Umständen, die im Rahmen der betrieblichen Altersversorgung nach dem Ehezeitende zu einer besseren Einstufung in ein bestehendes Gehaltsgefüge führen, nicht der Fall.[134] Gleiches gilt für solche nicht dem Inflationsausgleich dienenden Erhöhungen eines der Versorgung zugrunde zu legenden Anmeldegehalts nach dem Ende der Ehezeit, die in Anlehnung an das Recht der Beamtenversorgung auf Antrag gewährt werden.[135] Speziell für die Ausgleichsansprüche nach der Scheidung stellt jedoch § 5 Abs. 4 S. 2 klar, dass **allgemeine Wertanpassungen** des Anrechts, die ihm am Ende der Ehezeit aufgrund der Rechtsgrundlagen der Versorgung bereits latent innewohnen,[136] zu berücksichtigen sind, wie dies für Anpassungen anzunehmen ist, die nach der anwendbaren Versorgungsordnung dem Inflationsausgleich dienen.[137] Bei endgehaltsbezogenen betrieblichen Versorgungsanrechten ist daher zu prüfen, in welchem Umfang das Anrecht bei Beibehaltung der beruflichen Stellung zum Ehezeitende aufgrund einer Einkommensanpassung bis zur Geltendmachung der Ausgleichsrente angestiegen wäre.[138] Diese Grundsätze entsprechen der Rspr. auch zum früheren Recht.[139] 52

### VI. Hinweis auf Wertermittlungsvorschriften (Abs. 5)

In § 5 Abs. 5 ist bestimmt, dass sich die Einzelheiten der **Wertermittlung** aus den §§ 39–47 ergeben. Das Gesetz verweist den Anwender insoweit auf den Teil 2 des VersAusglG, der sich mit den Einzelheiten der Wertermittlung beschäftigt.[140] Das VersAusglG kennt grundsätzlich nur zwei unterschiedliche Bewertungsmethoden: Nach § 39 findet eine unmittelbare Bewertung statt, wenn sich der Wert eines Anrechts nach einer Bezugsgröße richtet, die unmittelbar bestimmten Zeitabschnitten zugeordnet werden kann. Dies ist insbesondere der Fall, wenn sich die Höhe der laufenden Versorgung nach der Summe der Entgeltpunkte oder vergleichbarer Rechengrößen, der Höhe eines Deckungskapitals, der Summe der Rentenbausteine, der Summe der entrichteten Beiträge oder der Dauer der Zugehörigkeit zum Versorgungssystem richtet. Demgegenüber findet nach § 40 eine zeitratierliche Bewertung statt, wenn es an der vorbeschriebenen Zuordnungsmöglichkeit fehlt. Das ist insbesondere bei Versorgungszusagen nach beamtenrechtlichen Grundsätzen und bei endgehaltsbezogenen Versorgungen der Fall. Daneben kommt nach § 42 eine Bewertung nach Billigkeit in Betracht, wenn weder die unmittelbare noch die zeitratierliche Bewertung zu einem Ergebnis führt, das dem Grundsatz der Halbteilung entspricht. Diese Form der Bewertung hat aber keine praktische Bedeutung erlangt, da sich nahezu alle Versorgungszusagen unmittelbar oder zumindest zeitratierlich 53

---

[134] Vgl. BGH FamRZ 2018, 894 = NZFam 2018, 558; NJW 2016, 1315 Rn. 19 = FamRZ 2016, 442; NJW 2009, 3434 Rn. 28, 34 = FamRZ 2009, 1738; OLG Saarbrücken NJW 2015, 2819 Rn. 35 = FamRZ 2016, 59 (61); OLG Hamm BeckRS 2013, 09051 (zu II 1) = FamRZ 2013, 1895 (1896).

[135] Vgl. OLG Oldenburg BeckRS 2012, 06816 = FamRZ 2012, 1718 Ls.

[136] Vgl. BGH NJW 2016, 1315 Rn. 18 = FamRZ 2016, 442.

[137] Vgl. OLG Oldenburg BeckRS 2012, 06816 = FamRZ 2012, 1718 Ls.

[138] Vgl. BGH FamRZ 2018, 894 = NZFam 2018, 558; OLG Hamm BeckRS 2013, 09051 (zu II 1) = FamRZ 2013, 1895 (1897); OLG Bremen BeckRS 2012, 14695 (zu II 3 c aa) = FamRZ 2012, 1723 (1724).

[139] Vgl. BGH NJW 2009, 3434 Rn. 27 = FamRZ 2009, 1738; NJW 2009, 3158 Rn. 18 = FamRZ 2009, 1735; NJW 2009, 1604 Rn. 21 = FamRZ 2009, 205; NJW 2008, 3283 Rn. 13 = FamRZ 2008, 1512.

[140] BeckOGK/*Müller-Tegethoff*, 1.2.2019, Rn. 10.

bewerten lassen. Sondervorschriften sind für die Bewertung von Anrechten der gesetzlichen Rentenversicherung (§ 43), von Anrechten aus einem öffentlich-rechtlichen Dienstverhältnis (§ 44), von Anrechten nach dem BetrAVG (§ 45) und von Anrechten aus Privatversicherungen (§ 46) vorgesehen. Diese knüpfen an die grundsätzlichen Verfahren der unmittelbaren Bewertung bzw. der zeitratierlichen Bewertung an und enthalten Modifikationen und Spezialvorschriften, die auf die Eigenheiten des jeweiligen Versorgungssystems zugeschnitten sind. Insoweit wird an dieser Stelle auf die dortige Kommentierung Bezug genommen.

# Kapitel 2. Ausgleich

## Abschnitt 1. Vereinbarungen über den Versorgungsausgleich

### § 6 Regelungsbefugnisse der Ehegatten

**(1) [1]Die Ehegatten können Vereinbarungen über den Versorgungsausgleich schließen. [2]Sie können ihn insbesondere ganz oder teilweise**
**1. in die Regelung der ehelichen Vermögensverhältnisse einbeziehen,**
**2. ausschließen sowie**
**3. Ausgleichsansprüchen nach der Scheidung gemäß den §§ 20 bis 24 vorbehalten.**

**(2) Bestehen keine Wirksamkeits- und Durchsetzungshindernisse, ist das Familiengericht an die Vereinbarung gebunden.**

**Übersicht**



#### I. Normzweck

1 § 6 erlaubt den Ehegatten, den Versorgungsausgleich durch gesetzliche Teilung der Anrechte mittels eigener Vereinbarungen zu ersetzen und so eigenständig zu gestalten. Welche Möglichkeiten in Betracht kommen, deutet das Gesetz beispielhaft an: Einschluss des Versorgungsausgleichs in Regelungen güter- oder unterhaltsrechtlicher Scheidungsfolgen, Ausschluss oder Umwandlung in Ausgleichsansprüche nach §§ 20–24. Die Vereinbarungen können neben das Gesetz oder anstelle der gesetzlichen Teilung treten, je danach, ob ein vollständiger oder ein Teilausgleich durch Vereinbarung getroffen werden soll. Die privatautonom getroffene Vereinbarung bindet das Familiengericht, das seinerseits prüfen muss, ob und inwieweit der Vereinbarung „Wirksamkeits- und Durchsetzungshindernisse" entgegenstehen. Durchsetzungshindernisse rühren aus der Nichtbeachtung der Form (§ 7), erstere aus der Verletzung der materiellen Wirksamkeitserfordernisse (§ 8) einer solchen Vereinbarung.

#### II. Verwirklichung von Privatautonomie

2 Gemäß § 1408 Abs. 1 BGB können die Ehegatten ihre güterrechtlichen Verhältnisse durch Ehevertrag regeln; zu Einzelheiten → BGB § 1408 Rn. 6 ff. Schließen die Ehegatten in einem Ehevertrag Vereinbarungen über den Versorgungsausgleich, sind insoweit die §§ 6 und 8 anzuwenden. Dadurch wird der Vertragsfreiheit Raum gegeben. Die gesetzlichen Regelungen über nachehelichen Unterhalt, Zugewinn- und Versorgungsausgleich unterliegen grundsätzlich der vertraglichen Disposition der Ehegatten.[1] Insbes. die Zulässigkeit der Teilung des einzelnen Vorsorgerechts erweitert die Möglichkeiten vertraglicher Gestaltung. Allerdings hat das Familiengericht zu prüfen, ob und inwieweit eine Vereinbarung den förmlichen und materiellen Anforderungen des Gesetzes (§§ 7 f.) genügt. Das Gesetz begründet eine widerlegbare Vermutung für die Wirksamkeit der Vereinbarung.

3 Der Gesetzgeber sieht in den Vereinbarungen eine legitime und vorrangige Ausgleichsform. Dies folgt aus der systematischen Stellung der §§ 6–8, welche den Regeln über die gesetzliche Teilung (§§ 9 ff.) voraus- und damit auch sachlich vorangehen. Die gesetzliche Regelung erscheint ähnlich dem dispositiven Recht als Auffangregelung, falls die als vorrangig gedachten Vereinbarungen nicht

[1] BGH NJW 2018, 1015 Rn. 12 = FamRZ 2018, 577; NJW 2014, 1101 Rn. 16 = FamRZ 2014, 629; NJW 2013, 380 Rn. 16 = FamRZ 2013, 195.

geschlossen werden. Dementsprechend heißt es in der Gesetzesbegründung: „Vereinbarungen sind erwünscht".[2] Die in § 6 Abs. 1 S. 2 aufgeführten „Regelbeispiele"[3] sollen den Ehegatten wie rechtsberatenden Berufen Handlungsmöglichkeiten aufzeigen.[4]

### III. Vereinbarungsgegenstände (Abs. 1 S. 1)

4 Gegenstand der Vereinbarungen sind nahezu sämtliche Normen über den gesetzlichen Versorgungsausgleich, also sowohl der Wertausgleich durch interne oder externe Teilung als auch die schuldrechtlichen Ausgleichsansprüche. In persönlicher Hinsicht sind gegenwärtige und – grundsätzlich auch – frühere Ehegatten zum vertraglichen Ausgleich befugt, weil sie dem Versorgungsausgleich unterliegen können und daraus das Recht zur abweichenden autonomen Gestaltung erlangen. In zeitlicher Hinsicht sind Vereinbarungen vor, während und nach der Scheidung statthaft (zur Form einer Vereinbarung → § 7 Rn. 1 ff.). Im Rahmen einer Abänderung nach § 225 Abs. 1, 2 FamFG kann eine Vereinbarung nur auf der Grundlage des rechtskräftig abgeschlossenen Erstverfahrens erfolgen, also die bindende Regelung des Wertausgleichs nicht rückwirkend abändern, es sei denn, die Versorgungsträger stimmen einer abweichenden Regelung zu; der Wertausgleich bei der Scheidung ist endgültig und unumkehrbar.[5] Bei einer von den Eheleuten zu vereinbarenden externen Teilung kann der Notar auch die zu deren Durchführung notwendigen Erklärungen einholen. Das Recht aus einer Direktversicherung (§ 1 Abs. 2 BetrAVG) kann nicht durch Vereinbarung ausgeschlossen werden, weil es aus einem Vertrag zugunsten Dritter erwächst, auf den der Leistungsberechtigte nicht einwirken kann.[6] Die Vereinbarung hat sich auf die in der Ehezeit erworbenen Rechte zu beschränken.[7] Ein in den Versorgungsausgleich nicht einbezogenes Recht kann nachträglich durch Vereinbarung ausgeglichen werden.[8]

### IV. Regelbeispiele (Abs. 1 S. 2)

5 **1. Grundsatz.** Der Gesetzgeber führt in § 6 Abs. 1 S. 2 „Regelbeispiele" möglicher Gestaltungen auf. Durch das Wort „insbesondere" wird deutlich, dass die Aufzählung der drei Fallgruppen nicht abschließend ist. Vereinbarungen können „ganz oder teilweise" vom Gesetz abweichen. Die vertraglichen Vereinbarungen können das Gesetz also entweder ganz verdrängen oder mit diesem zusammen bestehen, weil die Vereinbarung die gesetzlichen Regeln nur teilweise modifiziert.[9]

6 Es kann – entsprechend dem Prinzip des Einzelausgleichs jedes Anrechts im Gegensatz zum früheren Gesamt- und Einmalausgleich (→ § 1 Rn. 5) – ein einziges Anrecht ausgeschlossen werden.[10] Möglicher Gegenstand der Gestaltung kann der Ehezeitanfang, nicht aber das Ehezeitende sein; dies scheitert an § 8 Abs. 2, weil maßgebliche Regelungen von Versorgungsträgern (aktueller Rentenwert in der gesetzlichen Rentenversicherung, Höhe der ruhegehaltsfähigen Bezüge in der Beamtenversorgung) bindend sind.[11] Wird – zulässigerweise[12] – ein Zeitraum aus dem Versorgungsausgleich ausgeschlossen, erfasst dies auch die Berechnungsfaktoren.[13] Das Verbot des Super-Splittings: die Übertragung eines Anrechts zu mehr als der Hälfte – entfällt jedenfalls grundsätzlich. Inwieweit eine solche Vereinbarung zulässig ist, folgt letztlich aus § 8 Abs. 2. Danach können die Versorgungsträger den von gesetzlichen Teilungsregeln abweichenden Vereinbarungen zustimmen. Dies sichert ihnen den Einfluss auf vertraglich getroffene Gestaltungen, wenn diese vom gesetzlichen Programm abweichen. Die Versorgungsträger müssen zu dieser Gestaltung allerdings selbst gesetzlich legitimiert sein.

7 **2. Einbeziehung in den Vermögensausgleich (Abs. 1 S. 2 Nr. 1).** Das Regelbeispiel in Abs. 1 S. 2 Nr. 1 strebt an, den Versorgungsausgleich mit dem Vermögensausgleich zu verbinden und so zu vereinheitlichen und zu vereinfachen, obwohl rechtstechnisch die jeweiligen Rechtsgebiete streng getrennt voneinander zu beurteilen sind. „Vermögensrechtlich" ist jeder Ausgleich, der die vermögensrechtlichen Folgen der Ehescheidung betrifft: Zugewinnausgleich, nachehelicher Unter-

---

[2] BT-Drs. 16/10144, 51.
[3] BT-Drs. 16/10144, 51.
[4] BT-Drs. 16/10144, 51.
[5] BGH NJW 2002, 3463 = FamRZ 2002, 1553; *Borth* Versorgungsausgleich Kap. 7 Rn. 11.
[6] OLG Celle NJW 2012, 3521.
[7] OLG Zweibrücken FamRZ 2014, 948.
[8] OLG Celle FamRZ 2013, 1900.
[9] OLG Karlsruhe FamRZ 2013, 315.
[10] BT-Drs. 16/10144, 51.
[11] BGH NJW 2016, 1315 Rn. 33 = FamRZ 2016, 442; *Borth* Versorgungsausgleich Kap. 7 Rn. 14.
[12] BGH NJW 1990, 1363 = FamRZ 1990, 273.
[13] OLG Karlsruhe FamRZ 2014, 208.

halt, Aufhebung einer Bruchteilsgemeinschaft (§§ 749, 752 BGB) – namentlich infolge der Aufteilung eines vormals in Miteigentum stehenden Grundstücks – oder ein gesamtschuldnerischer Ausgleich (§ 426 BGB). Durch einen Vermögenswert (Geld, Lebensversicherung, Grundstück, Wertpapier, Forderung, zB Sparguthaben, Riester-Vertrag oder Schuldverschreibung) ausgleichsfähig ist jedes Vermögensrecht – auch das unter ausländischem, europäischem oder internationalem Recht erworbene Versorgungsrecht –, welches in Form schuldrechtlicher Ausgleichsansprüche ausgeglichen wird.[14] Der Vergleich von Versorgungsrechten und Vermögenswerten wird erleichtert, wenn die Versorgungsträger nicht nur den Ausgleichswert nach § 5 Abs. 1, sondern auch den korrespondierenden Kapitalwert nach § 47 angeben. Die Verrechnung von Anrechten[15] vermindert die Zahl der Anrechte und lässt Teilungskosten entfallen. Der Vermögensausgleich statt des Versorgungsausgleichs kann steuerrechtlich unterschiedliche Folgen haben.[16]

**3. Teilweiser oder vollständiger Ausschluss (Abs. 1 S. 2 Nr. 2).** Ein völliger oder teilweiser Ausschluss des Versorgungsausgleichs kann in Vereinbarungen als Alternative zum gesetzlichen Versorgungsausgleich in Betracht kommen, wenn diese der Inhaltskontrolle (§ 8 Abs. 1) standhalten. Demgemäß ist der Ausschluss aufgrund des gewählten Ehemodells, namentlich bei Bestehen einer bereits hinreichend gesicherten eigenen Altersvorsorge grundsätzlich zulässig. Außerdem kann der Verzicht auf den Versorgungsausgleich bezüglich einzelner, der Ergänzung der Regelalters- und Invaliditätssicherung dienender Anrechte der betrieblichen oder privaten Altersvorsorge sinnvoll sein,[17] um so die im Scheidungsfall abträglichen Folgen des internen Ausgleichs dieser Anrechte abzuwenden, etwa durch Vermeidung von Teilungskosten nach § 13 oder des Ausschlusses geringfügiger Anrechte nach § 18. Auch kann die Anwendung der Härteklausel nach § 27 modifiziert werden. Sind aber einzelne, den Ausschluss rechtfertigende Gründe nicht zu erkennen, ist für den Ausschluss eine Gegenleistung zu erbringen.[18] 8

**4. Schuldrechtlicher Versorgungsausgleich (Abs. 1 S. 2 Nr. 3).** Ein vertraglicher Ersatz des gesetzlichen Versorgungsausgleichs durch schuldrechtliche Ausgleichsansprüche soll allerdings nur ausnahmsweise in Betracht kommen, weil regelmäßig ein Interesse besteht, die Angelegenheit schon bei der Scheidung zu regeln.[19] Ferner entfällt nach § 25 Abs. 2 die Hinterbliebenensicherung; im Hinblick darauf ist der schuldrechtliche Ausgleich im Regelfall auch die für den Ausgleichsberechtigten ungünstigere Alternative zum Wertausgleich. 9

## V. Sonstige vertragliche Regelungen

Weitere zulässige Gestaltungen sind etwa die Änderung der Anwendungsvoraussetzungen des Versorgungsausgleichs,[20] Beschränkungen auf einzelne Ausgleichsarten[21] (zB interne oder externe Teilung), Änderung der Berechnungsfaktoren, Bestimmung der Zielversorgung nach § 15 Abs. 1, Abänderung einer getroffenen Vereinbarung oder Rücktritt.[22] Auch eine Teilung unter Bedingungen ist erlaubt (zB Geburt eines gemeinsamen Kindes, Erwerbstätigkeit, Ehedauer); desgleichen sind Befristungen möglich (§ 163 BGB).[23] Ausgeschlossen ist allerdings die Erstreckung des Wertausgleiches auf ausländische Anrechte, soweit eine solche Teilung inländischer Verfügung entzogen ist (→ § 19 Rn. 18). 10

## VI. Bindung des Familiengerichts (Abs. 2)

Aus § 6 Abs. 2 folgt nicht nur die Bindung des Familiengerichts an die förmlich und sachlich wirksame Vereinbarung. Vielmehr hat das Familiengericht gemäß § 26 FamFG von Amts wegen zu prüfen,[24] ob die in §§ 7 f. aufgestellten Voraussetzungen erfüllt sind. Im Mittelpunkt der Inhaltskontrolle der Vereinbarungen durch das Familiengericht steht die Sittengemäßheit der Vereinbarung (→ § 8 Rn. 4 ff.). Ist ein Teil einer Vereinbarung unwirksam, so ist im Zweifel die gesamte Vereinba- 11

---

14 BT-Drs. 16/10144, 51.

15 Zu Zulässigkeit der Verrechnung und Beispiel einer Verrechnungsvereinbarung *Borth* Versorgungsausgleich Kap. 7 Rn. 17 ff.

16 *Bredthauer* FPR 2009, 500 (501).

17 BT-Drs. 16/10144, 51.

18 *Bredthauer* FPR 2009, 500 (502).

19 BT-Drs. 16/10144, 51.

20 *Reimann/Wiechmann* DRV 2009, 77 (89).

21 *Brethhauer* FPR 2009, 500 (502).

22 *Ruland* Versorgungsausgleich Rn. 948.

23 *Ruland* Versorgungsausgleich Rn. 934.

24 BT-Drs. 16/10144, 52.

rung unwirksam (§ 139 BGB).[25] Das Gericht muss einen unwirksamen Ausschluss durch eine wirksame Vereinbarung ersetzen.[26]

### VII. Entscheidung über den Versorgungsausgleich

12 Soweit ein Wertausgleich bei der Scheidung nach § 6 nicht stattfindet, hat das Familiengericht dies gemäß § 224 Abs. 3 FamFG in der Beschlussformel festzustellen. Damit ist gleichzeitig klargestellt, dass in diesem Fall immer eine materielle Prüfung des Gerichts vorauszugehen hat. Die Entscheidung nach § 224 Abs. 3 FamFG erwächst in Rechtskraft, und zwar mit den tragenden Gründen der Entscheidung.[27] Auch → § 8 Rn. 2.

## § 7 Besondere formelle Wirksamkeitsvoraussetzungen

**(1) Eine Vereinbarung über den Versorgungsausgleich, die vor Rechtskraft der Entscheidung über den Wertausgleich bei der Scheidung geschlossen wird, bedarf der notariellen Beurkundung.**

**(2) § 127a des Bürgerlichen Gesetzbuchs gilt entsprechend.**

**(3) Für eine Vereinbarung über den Versorgungsausgleich im Rahmen eines Ehevertrags gilt die in § 1410 des Bürgerlichen Gesetzbuchs bestimmte Form.**

### I. Normzweck

1 § 7 regelt die förmlichen Voraussetzungen einer Vereinbarung über den Versorgungsausgleich insbesondere in der Zeit vor Rechtskraft der Entscheidung über den Wertausgleich bei der Scheidung. Da eine solche Vereinbarung von den gesetzlichen Teilungsregeln abweicht, bedarf sie um der Klarstellung, des Übereilungsschutzes und der Gewährleistung einer sach- und fachgerechten Beratung (§ 17 BeurkG) willen einer notariellen Protokollierung oder einer dieser gleichstehenden gerichtlichen Protokollierung. Diese förmlichen Anforderungen sind auch zu wahren, falls die gesetzliche Teilung vertraglich abbedungen werden sollte, was vor Eintritt der Rechtskraft des Wertausgleiches möglich ist. Keiner besonderen Form unterliegen hingegen Vereinbarungen, welche nach der Rechtskraft der Entscheidung zum Versorgungsausgleich ergehen. Denn diese bedingen, anders als Verträge nach § 6, den gesetzlichen Versorgungsausgleich nicht vertraglich ab, sondern gestalten dessen Vollzug.

### II. Notarielle Beurkundung der Ausgleichsvereinbarung (Abs. 1)

2 Weil die nach § 6 geschlossenen Vereinbarungen über den Versorgungsausgleich die gesetzlichen Teilungsregeln modifizieren oder ausschließen, liegt in jeder Ausgleichsvereinbarung eine Disposition über das Gesetz mit regelmäßig großer Tragweite. Eine solche Vereinbarung muss in ihrem Inhalt klar sein, in ihren Folgen bedacht und auf hinreichender Informationsgrundlage abgeschlossen werden. Sie muss deshalb – anders als Unterhaltsvereinbarungen (§ 1585c S. 2 BGB) – vor der Rechtskraft der Entscheidung über den Versorgungsausgleich (§ 224 Abs. 1 FamFG) geschlossen werden. Dieses Ziel wird durch die Formvorschrift des § 7 erreicht. Sie sichert, dass die Vereinbarungen in ihrem Inhalt klar abgefasst und von den Parteien aufgrund sachhaltiger Informationen und dadurch erreichter Überlegung getroffen werden. Dies wird namentlich durch die notarielle Beurkundung gesichert, aufgrund derer der Notar zur Unterrichtung und Beratung der Parteien verpflichtet ist. Sie kann während des Scheidungsverfahrens – mit anderen Scheidungsfolgevereinbarungen oder getrennt für den Versorgungsausgleich – oder außerhalb des Scheidungsverfahrens geschlossen werden. Die Beurkundung nach § 7 Abs. 1 muss nicht bei gleichzeitiger Anwesenheit der Vertragspartner vorgenommen werden (§ 128 BGB). Auch eine Vertretung ist zulässig. Die Bevollmächtigung bedarf nicht der für das Geschäft vorgesehenen Form (§ 167 Abs. 2 BGB). Ein Ehegatte kann, ohne von § 181 BGB daran gehindert zu sein, im eigenen Namen und als Bevollmächtigter des anderen eine Vereinbarung schließen (zu Recht kritisch → BGB § 1410 Rn. 6). Die Vereinbarung bezweckt die Änderung der gesetzlichen Teilungsregelungen. Sie soll also verhindern, dass diese ganz oder teilweise angewendet werden. Sie schafft damit einen neuen Rechtsgrund für den Versorgungsausgleich. Er soll nur wirksam sein, wenn die hohen förmlichen Anforderungen des Gesetzes gewahrt sind. Die

---

25 OLG Celle NJW 2012, 3521.
26 BGHZ 158, 81 = NJW 2004, 930.
27 Näher Keidel/*Weber* FamFG § 224 Rn. 8 ff.

Wahrung der Form ermöglicht auch die nach § 8 Abs. 1 vorgesehene Wirksamkeits- und Ausübungskontrolle.[1]

### III. Gerichtliche Protokollierung (Abs. 2)

Abs. 2 zieht die Folgerungen aus § 127a BGB, wonach die gerichtliche Protokollierung der notariellen Beurkundung gleichsteht. Der Gesetzgeber wollte darüber hinaus klarstellen, dass Vereinbarungen über den Versorgungsausgleich auch dann, wenn sie nicht den Charakter eines Vergleichs haben, nach der in § 127a BGB bestimmten Form geschlossen werden können.[2] Darunter fällt auch der vertragliche Ausschluss des Versorgungsausgleichs; auch für diese Vereinbarung fällt die Einigungsgebühr an.[3] Die Regelung soll also nicht auf Vergleiche (§ 779 BGB) beschränkt sein,[4] sondern gleichzeitig alle protokollierten gerichtlichen Entscheidungen umfassen. Auf einen **gerichtlich festgestellten Vergleich** nach §§ 36 Abs. 3 FamFG, § 113 Abs. 1 S. 1 FamFG, § 278 Abs. 6 ZPO findet **§ 127a BGB entsprechende Anwendung;** die formersetzende Wirkung eines gerichtlichen Vergleichs setzt nicht voraus, dass im gerichtlichen Verfahren die für eine notarielle Beurkundung maßgeblichen Anforderungen eingehalten sind.[5] Allerdings besteht im Scheidungsverbundverfahren nach § 114 Abs. 1 und 2 FamFG Anwaltszwang,[6] so dass sich beide Ehegatten beim Abschluss des Vergleichs durch Rechtsanwälte vertreten lassen müssen. Dagegen genügt diesen Anforderungen ein Anwaltsvergleich (§ 796a ZPO)[7] oder Gütestellenvergleich (§ 794 Abs. 1 S. 1 ZPO) nicht. 3

### IV. Vereinbarung im Rahmen eines Ehevertrags (Abs. 3)

Der Ehevertrag ist ein besonderes Rechtsinstitut zur Regelung der güterrechtlichen Verhältnisse zwischen Ehegatten (§ 1408 Abs. 1 BGB; → BGB § 1408 Rn. 2). Schließen die Ehegatten in einem Ehevertrag Vereinbarungen über den Versorgungsausgleich, so sind insoweit gemäß § 1408 Abs. 2 BGB die §§ 6 und 8 anzuwenden. Die dabei einzuhaltende Form richtet sich nach § 7 (→ BGB § 1408 Rn. 22) mit der dortigen Verweisung auf § 1410 BGB, so dass § 7 Abs. 3 lediglich deklaratorische Bedeutung hat. Diese Bestimmung stellt klar, dass die in § 1410 BGB getroffenen Anforderungen an Eheverträge, welche die gleichzeitige Anwesenheit beider Teile als Wirksamkeitsvoraussetzung des Vertragsschlusses vorsehen, auch für vertragliche Regelungen des Versorgungsausgleichs gelten.[8] Die strengere Form wird jedoch in ihrer Wirkung entkräftet, wenn sich ein Ehegatte durch den anderen als Bevollmächtigten vertreten lassen kann (ebenfalls kritisch → BGB § 1410 Rn. 6). 4

### V. Formunwirksamkeit einer Vereinbarung

Wird eine der vorstehend genannten Formvorschriften nicht eingehalten, ist die Vereinbarung nach § 125 BGB nichtig, wobei auch § 139 BGB gilt. 5

### VI. Förmliche Absprachen und formfreie Verträge

Treffen die Ehegatten **nach Rechtskraft über die Entscheidung des Versorgungsausgleichs** Absprachen, unterliegen diese nicht der Form des § 7.[9] Denn diese Absprachen haben einen anderen Inhalt als die nach § 7 formbedürftigen Vereinbarungen. Während diese die gesetzlichen Teilungsregeln abbedingen, gestalten jene den Vollzug des Versorgungsausgleichs näher aus. Diese schaffen für die Teilung einen neuen Rechtsgrund, woraus deren Formbedürftigkeit erklärbar wird; jene regeln nur die Durchsetzung des Anspruchs, was formlos möglich ist und bleibt. Abänderungen von formbedürftigen Ausgleichsentscheidungen bedürfen derselben Form,[10] weil sie einen neuen Schuldgrund schaffen. Verträge, welche die Pflichten ganz aufheben, regeln deren Erlass und sind daher formfrei möglich.[11] 6

---

1 OLG Brandenburg FamRZ 2014, 390; BeckRS 2013, 14509.
2 BT-Drs. 16/10144, 52.
3 OLG Oldenburg FamRZ 2011, 1814.
4 *Wick* FuR 2010, 302.
5 BGH NJW 2017, 1946 = FamRZ 2017, 603.
6 Keidel/*Weber* FamFG § 114 Rn. 4 ff., 11.
7 BGH NJW 1993, 3141.
8 BT-Drs. 16/10144, 52.
9 BT-Drs. 16/10144, 52.
10 BGH NJW 1974, 271.
11 BGHZ 83, 395 (397) = NJW 1982, 1639; OLG Karlsruhe FamRZ 2004, 1972.

## § 8 Besondere materielle Wirksamkeitsvoraussetzungen

**(1) Die Vereinbarung über den Versorgungsausgleich muss einer Inhalts- und Ausübungskontrolle standhalten.**

**(2) Durch die Vereinbarung können Anrechte nur übertragen oder begründet werden, wenn die maßgeblichen Regelungen dies zulassen und die betroffenen Versorgungsträger zustimmen.**

Übersicht



### I. Normzweck

1 § 8 bestimmt, dass sämtliche Vereinbarungen über den Versorgungsausgleich einer materiellen Prüfung durch das Familiengericht zu unterziehen sind. Dieses hat festzustellen, ob und inwieweit die Vereinbarungen den von BVerfG und BGH entwickelten Grundsätzen über die Inhalts- und Ausübungskontrolle ehevertraglicher Vereinbarungen (→ Rn. 3) genügen. Die hierzu ergangene Rspr. wurde so in Gesetzesrecht aufgenommen, damit als verbindlich anerkannt und auf weitere, nicht in Eheverträgen niedergelegte, jedoch damit zusammenhängende Verträge erstreckt. Die **Inhaltskontrolle** bezieht sich auf die Vereinbarung und richtet sich an § 138 BGB aus. Die **Ausübungskontrolle** prüft die im Zeitpunkt der Scheidung getroffene Vereinbarung anhand der zwischenzeitlich eingetretenen Lebensumstände wie Einkommens- und Vermögensverhältnisse beider Ehegatten und misst sie an § 242 BGB. Danach kann es treuwidrig sein, wenn sich ein Ehegatte auf den vollständigen oder teilweise vertraglichen Ausschluss des Versorgungsausgleichs beruft.

### II. Verfahrensrechtliche Folgen

2 § 8 steht mit § 224 Abs. 3 FamFG in unmittelbarem Zusammenhang (→ § 6 Rn. 12). Das Familiengericht hat ausdrücklich in den tragenden Gründen seiner Entscheidung auszuführen, dass eine über den Versorgungsausgleich getroffene Vereinbarung den förmlichen (§ 7) und materiellen (§ 8) Voraussetzungen genügt. Das Familiengericht stellt dann in der Beschlussformel fest, dass ein Versorgungsausgleich aufgrund einer wirksamen Vereinbarung nicht stattfindet.[1] Ist eine Vereinbarung dagegen vollständig unwirksam, findet der Versorgungsausgleich nach den gesetzlichen Bestimmungen des VersAusglG statt. Hierzu ist ein Feststellungsantrag analog § 256 ZPO zulässig, auch im Rahmen des Scheidungsverbunds durch Zwischenfeststellungsantrag.[2] Entsprechendes gilt bei einer teilweisen Unwirksamkeit einer Vereinbarung.

### III. Materiellrechtliche Grundsätze

3 Die Regelung nimmt in Abs. 1 auf die von BVerfG[3] und BGH[4] entwickelte Rspr. zum Ausgleich „gestörter Vertragsparität“[5] Bezug, indem sie die Inhalts- und Ausübungskontrolle als rechtliche Gegebenheit voraussetzt, ohne deren Grundsätze und Regeln einzeln zu bestimmen. § 8 Abs. 2 sieht eine prinzipielle Disponibilität für die Anrechte zugunsten der Ehegatten vor, bindet aber die Wirksamkeit solcher Vereinbarungen an die das einzelne Vorsorgerecht ausformenden Gesetze, Versicherungs- oder Vertragsbedingungen und die Billigung der Vereinbarung durch die betroffenen Versorgungsträger. Das geltende Recht vereinheitlicht damit die gerichtliche Überprüfung von Vereinbarungen über den Versorgungsausgleich, indem es eine Verfügung über die Vorsorgerechte

[1] Keidel/*Weber* FamFG § 224 Rn. 8 f.
[2] BGH NJW 2005, 1370 = FamRZ 2005, 691.
[3] Grdl. BVerfGE 103, 89 = NJW 2001, 957.
[4] Grdl. BGHZ 158, 81 = NJW 2004, 930.
[5] *Hönn,* Kompensation gestörter Vertragsrechtsparität, 1982.

grundsätzlich zulässt, wenn und soweit das Recht des Versorgungsträgers dies erlaubt und dieser die Verfügung im Einzelfall genehmigt.

## IV. Einzelerläuterungen

**1. Allgemeines.** Die vom Gesetzgeber speziell erstrebte Ausweitung privater Befugnisse zur Ausgestaltung des Versorgungsausgleichs wird durch die in § 8 normierte Inhalts- und Ausübungskontrolle sowie die Genehmigungsrechte der Versorgungsträger flankiert und auf faire Ausgleichsentscheidungen begrenzt. Die Einräumung der Vertragsfreiheit wird also an die Wahrung materieller Anforderungen geknüpft. Rechtstechnisch wird dies durch den Einzelausgleich jedes einzelnen Anrechts (→ § 1 Rn. 5) begünstigt. Dieses Teilungsmodell eröffnet Gestaltungsspielräume und ist wegen seiner generellen Tendenz zur Vervielfachung der Vorsorgerechte[6] darauf angelegt, durch Vereinbarungen voll oder zum Teil abbedungen zu werden. 4

§ 8 Abs. 1 verpflichtet das Familiengericht zur Prüfung, ob die Vereinbarung über den Versorgungsausgleich den vom BVerfG[7] für Eheverträge generell postulierten und vom BGH[8] für das Eherecht spezifizierten und präzisierten Anforderungen an die Inhalts- und Ausübungskontrolle von Eheverträgen (→ BGB § 1408 Rn. 9 ff.) entspricht. Der Gesetzgeber umschreibt diesen Auftrag dahin, dass die Vereinbarung nicht zu einer „evident einseitigen Lastenverteilung" zum Nachteil des schwächeren Ehegatten führen darf.[9] Dem stehen Vereinbarungen gleich, welche zu Lasten der Allgemeinheit – namentlich der Träger der Grundsicherung im Alter und bei Erwerbsminderung – getroffen werden[10] oder mit den Regeln der Versorgungsträger unvereinbar wären. Ob eine Vereinbarung die Lasten einseitig verteilt oder auf die Allgemeinheit abwälzt, ist anhand der in Abs. 1 vorgesehenen Inhalts- und Ausübungskontrolle zu untersuchen; ob die Vereinbarung über das Vorsorgeanrecht zu billigen ist, wird nach Abs. 2 von den für diese Anrechte gültigen Regeln bestimmt und ist von den Versorgungsträgern zu entscheiden. Zu weiteren gesetzlichen Schranken → BGB § 1408 Rn. 23. 5

**2. Inhalts- und Ausübungskontrolle (Abs. 1). a) Maßstäbe.** Die in Abs. 1 vorgesehene Inhalts- und Ausübungskontrolle ist nicht Grenze der Privat- und Familienautonomie (Art. 2 Abs. 1, 6 Abs. 1 GG), sondern Mittel zu deren Verwirklichung. Die rechtlich verwirklichte Selbstbestimmung darf wegen „gestörter Vertragsparität" nicht zur Fremdbestimmung eines Vertragspartners werden.[11] Die Begriffe Inhalts- und Ausübungskontrolle sind der Rspr. des BGH[12] entnommen, die sich der Gesetzgeber damit zu Eigen macht. Inwieweit diese überzeugen, ist an anderer Stelle (→ BGB § 1408 Rn. 9 ff., 31, 62 ff.) zu würdigen; die Frage wird im Folgenden nicht behandelt. 6

Die **Inhaltskontrolle** geschieht nach § 138 BGB. Es ist folglich zu prüfen, ob die vertragliche Regelung in den „Kernbestand des Scheidungsfolgenrechts"[13] – namentlich im Hinblick auf die Alters- und Invaliditätsvorsorge[14] – eingreift (**Kernbereichslehre;** → BGB § 1408 Rn. 50 ff.). Der Versorgungsausgleich ist dem Kernbereich der Scheidungsfolgen zugeordnet und steht als vorweggenommener Altersunterhalt einer vertraglichen Gestaltung nur begrenzt offen. Die hochrangige Bedeutung des Versorgungsausgleichs innerhalb des Systems der Scheidungsfolgen rechtfertigt sich daraus, dass die Ansammlung von Vorsorgevermögen – gerade in den Regelsicherungssystemen – wirtschaftlichen Dispositionen der Ehegatten weitgehend entzogen und auch auf diese Weise sichergestellt ist, dass das gebildete Vermögen entsprechend seiner Zweckbestimmung für die Absicherung bei Alter oder Invalidität tatsächlich zur Verfügung steht.[15] 7

Ein Ausschluss des Versorgungsausgleichs ist nach § 138 Abs. 1 BGB schon für sich genommen unwirksam, wenn er dazu führt, dass ein Ehegatte aufgrund des bereits beim Vertragsschluss geplanten oder zu diesem Zeitpunkt schon verwirklichten Zuschnitts der Ehe über keine hinreichende Alterssicherung verfügt und dieses Ergebnis mit dem Gebot **ehelicher Solidarität** schlechthin unvereinbar erscheint.[16] Das ist namentlich dann der Fall, wenn sich ein Ehegatte, wie schon beim Vertragsschluss geplant oder verwirklicht, der Betreuung der gemeinsamen Kinder gewidmet und deshalb auf eine 8

6 *Eichenhofer* FamRZ 2008, 950 ff.
7 BVerfGE 103, 89 = NJW 2001, 957.
8 BGHZ 158, 81 = NJW 2004, 930 = FamRZ 2004, 601.
9 BT-Drs. 16/10144, 52.
10 BT-Drs. 16/10144, 53.
11 BVerfGE 3, 89 = NJW 1954, 21.
12 BGHZ 158, 81 (95, 98 f.) = NJW 2004, 930 = FamRZ 2004, 601 (605, 608).
13 BGH NJW 2017, 1883 Rn. 31, 36 = FamRZ 2017, 884; NJW 2005, 137 (139).
14 BGH NJW 2005, 2386 = FamRZ 2005, 1444; NJW 2013, 1359 = FamRZ 2013, 770; NJW 2014, 1101 = FamRZ 2014, 629.
15 BGH NJW 2014, 1101 Rn. 19 = FamRZ 2014, 629; NJW 2013, 457 Rn. 21 = FamRZ 2013, 269.
16 BGH NJW 2008, 3426 = FamRZ 2008, 2011.

versorgungsbegründende Erwerbstätigkeit in der Ehe verzichtet hat. In diesem Verzicht liegt ein Nachteil, den der Versorgungsausgleich gerade auf beide Ehegatten gleichmäßig verteilen will und der ohne Kompensation nicht einem Ehegatten allein angelastet werden kann, wenn die Ehe scheitert.[17]

9 Die Sittenwidrigkeit ergibt sich regelmäßig aber nicht bereits aus der **objektiven,** einseitig benachteiligenden Unausgewogenheit des Vertragsinhalts. Ein unausgewogener Vertragsinhalt mag zwar ein gewisses Indiz für eine unterlegene Verhandlungsposition des belasteten Ehegatten sein. Gleichwohl wird das Verdikt der Sittenwidrigkeit in der Regel nicht gerechtfertigt sein, wenn außerhalb der Vertragsurkunde keine verstärkenden Umstände zu erkennen sind, die auf eine **subjektive Imparität** hindeuten, insbesondere infolge der Ausnutzung einer Zwangslage, sozialer oder wirtschaftlicher Abhängigkeit oder intellektueller Unterlegenheit eines Vertragspartners (näher → Rn. 13).[18] Sind beide Partner wirtschaftlich selbständig, ist die Wirksamkeit zu vermuten; dominiert dagegen eine Seite die andere, ist die Vereinbarung im Zweifel sittenwidrig.[19] Unter den möglichen Regelungsgegenständen einer ehevertraglichen oder Scheidungsfolgenvereinbarung geht nach der **Kernbereichslehre** der Betreuungsunterhalt der Regelung über die Alters-, Erwerbsminderungs- und Krankenvorsorge vor; diese rangiert aber vor dem Vermögensausgleich. Selbst wenn die ehevertraglichen Einzelregelungen zu den Scheidungsfolgen (etwa: kein Zugewinnausgleich, kein Versorgungsausgleich, kein Unterhalt abgesehen von höhenmäßig gedeckeltem Betreuungsunterhalt, Erb- und Pflichtteilsverzicht) jeweils für sich genommen den Vorwurf der Sittenwidrigkeit nicht zu rechtfertigen vermögen, kann sich ein Ehevertrag im Rahmen einer **Gesamtwürdigung** als insgesamt sittenwidrig erweisen, wenn das Zusammenwirken aller in dem Vertrag enthaltenen Regelungen erkennbar auf die einseitige Benachteiligung eines Ehegatten abzielt.[20] Die Inhaltskontrolle hat die Vereinbarung unter zwei Leitfragen zu prüfen: Hat die vertragliche Regelung eine **subjektive Imparität** zum Nachteil des schwächeren Ehegatten zur Folge (→ Rn. 13 ff.) oder wird durch sie ein Träger der Grundsicherung belastet (→ Rn. 18 f.)? Dabei ist die tatrichterliche Kontrolle, ob durch eine Vereinbarung über den Versorgungsausgleich eine evident einseitige und unzumutbare Lastenverteilung entsteht, nur durchzuführen, wenn und soweit das Vorbringen der Beteiligten oder die Sachverhaltsumstände hierzu Veranlassung geben. Es besteht demgegenüber auch bei scheidungsnahen Vereinbarungen grundsätzlich keine Verpflichtung des Gerichts, bereits von Amts wegen umfassende Ermittlungen zu den wirtschaftlichen Folgen eines etwaigen Verzichts auf den Versorgungsausgleich durchzuführen, weil die sich aus den §§ 6 ff. ergebende gesetzliche Wertung bezweckt, Vereinbarungen über den Versorgungsausgleich möglichst zu erleichtern.[21]

10 Ergibt sich das Verdikt der Sittenwidrigkeit aus der Gesamtwürdigung eines einseitig belastenden Ehevertrags, erfasst die **Nichtigkeitsfolge** nach § 142 BGB den gesamten Vertrag, ohne dass eine salvatorische Klausel nach § 139 BGB hieran etwas ändert.[22] Nach § 139 BGB hat die Nichtigkeit eines Teils einer Vereinbarung im Zweifel deren Gesamtnichtigkeit zur Folge; die Zweifel sind aber widerlegbar. Im Falle der Nichtigkeit der Vereinbarung zum Versorgungsausgleich findet dieser nach den gesetzlichen Bestimmungen statt (→ Rn. 2).

11 Die **Ausübungskontrolle** folgt § 242 BGB oder § 313 BGB[23] (→ BGB § 1408 Rn. 43). Nach ihr ist bei einer nach § 138 BGB wirksamen Vereinbarung über den teilweisen oder vollständigen Ausschluss des Versorgungsausgleichs zu prüfen, ob im Zeitpunkt der Entscheidung die getroffene Vereinbarung mit Treu und Glauben (§ 242 BGB) zu vereinbaren ist. Dies ist nach der Rspr. zur Ausübungskontrolle[24] zu verneinen, wenn nach Abschluss der Vereinbarung unvorhergesehene Umstände eintreten, welche dem Vollzug der einem Ehegatten nachteiligen Vereinbarung entgegenstehen: Das einst kinderlose Paar bekommt unerwünscht und unerwartet ein Kind, ein wohlsituierter Ehegatte gerät in Vermögensverfall, ein Ehegatte wird vorzeitig erwerbsunfähig. Mittels der Ausübungskontrolle soll – allgemein – verhindert werden, dass ein Ehegatte Vorsorgenachteile aus einer vertraglichen Vereinbarung tragen muss, die nach Treu und Glauben die Ehegatten gemeinsam

17 BGH NJW 2014, 1101 Rn. 20 = FamRZ 2014, 629; NJW 2008, 3426 Rn. 17 = FamRZ 2008, 2011.
18 BGH NJW 2017, 1883 Rn. 39 = FamRZ 2017, 884; NJW 2014, 1101 Rn. 39 = FamRZ 2014, 629; NJW 2013, 457 Rn. 27 = FamRZ 2013, 269; NJW 2013, 380 Rn. 24 = FamRZ 2013, 195.
19 BGHZ 178, 322 = NJW 2009, 842 = FamRZ 2009, 198.
20 BGH NJW 2018, 1015 Rn. 13 = FamRZ 2018, 577; NJW 2017, 1883 Rn. 38 = FamRZ 2017, 884; NJW 2014, 1101 Rn. 38 = FamRZ 2014, 629; NJW 2008, 3426 Rn. 20 f. = FamRZ 2008, 2011; NJW 2005, 1370 = FamRZ 2005, 691 (693).
21 BGH NJW 2014, 1101 Rn. 21 = FamRZ 2014, 629.
22 BGH NJW 2018, 1015 Rn. 17 ff. = FamRZ 2018, 577.
23 BGH NJW 2015, 1242 = FamRZ 2015, 734.
24 BGH NJW 2015, 1242 = FamRZ 2015, 734; NJW 2013, 1240 = FamRZ 2013, 776; NJW 2012, 1209 = FamRZ 2012, 525; NJW 2011, 2969 = FamRZ 2011, 1377; NJW 2008, 1080 = FamRZ 2008, 582 (586); NJW 2005, 139 = FamRZ 2005, 185 (187); NJW 2005, 2386 = FamRZ 2005, 1444 (1448).

tragen sollten, und dem durch die Änderung der Verhältnisse belasteten Ehegatten unter Berücksichtigung aller Umstände des Einzelfalls, insbesondere der vertraglichen oder gesetzlichen Risikoverteilung, das Festhalten am unveränderten Vertrag **nicht zugemutet** werden kann. Die Ausübungskontrolle beschränkt sich auf den Ausgleich ehebedingter Nachteile, geht regelmäßig aber nicht darüber hinaus (→ Rn. 12; → BGB § 1408 Rn. 56).

Die Ausübungskontrolle steht konzeptionell der Störung der Geschäftsgrundlage nahe 12 (§ 313 BGB); deshalb ist wie dort die Vertragsanpassung der Nichtigkeit vorzuziehen. Die Inhaltskontrolle folgt zwar aus § 138 BGB. Die **Rechtsfolgen der** positiven **Ausübungskontrolle** führen zu einer gerichtlichen Entscheidung, die die berechtigten Belange beider Ehegatten in der eingetretenen Situation in ausgewogener Weise berücksichtigt (→ BGB § 1408 Rn. 43).[25] Regelmäßig ist der Ausgleich ehebedingter Nachteile unter Anknüpfung an die bei Abschluss der nach § 138 BGB wirksamen Vereinbarung bestehenden Konzeption der Ehe die Obergrenze der Ausübungskontrolle (→ BGB § 1408 Rn. 56).[26]

**b) Subjektive Imparität zum Nachteil des schwächeren Ehegatten.** Subjektive Imparität 13 ist insbesondere gegeben bei der Ausnutzung einer Not- oder Zwangslage (ungewollte Schwangerschaft, Krankheit, Abbruch einer Ausbildung, Arbeitslosigkeit oder Überrumpelung bei der Eheschließung), sozialer oder wirtschaftlicher Abhängigkeit (Ehefrau mit Baby gegenüber Unternehmerehemann und dessen Verwandten in unterlegener Verhandlungsposition)[27] oder intellektueller Unterlegenheit eines Vertragspartners. Dies gilt auch, wenn der schwächere Ehegatte erkennbar in einem besonderen Maße auf die Eheschließung angewiesen ist, etwa ein ausländischer, von der Ausweisung bedrohter Ehegatte.[28] Weiter → BGB § 1408 Rn. 58 ff.

Besondere Bedeutung kommt der **Funktionsäquivalenz von Versorgungs- und Zugewinnausgleich** für die Altersversorgung eines Ehegatten zu. Danach ist eine Vereinbarung unstatthaft, welche offensichtlich das Ziel eines Versorgungsausgleichs nach Art und Umfang verfehlt. Betroffen sind Fälle, in denen ein Haushalt führender Ehegatte, der zugunsten der Familienarbeit auf die Ausübung einer versorgungsbegründenden Erwerbstätigkeit verzichtet hat, im Falle der Scheidung im Versorgungsausgleich **keine Kompensation** für seine Nachteile beim Aufbau von Versorgungsvermögen erlangt, weil sein – selbstständig – erwerbstätiger Ehegatte aufgrund seiner individuellen Vorsorgestrategie keine nennenswerten Versorgungsanrechte erworben, sondern seine Altersvorsorge bei vereinbarter Gütertrennung allein auf die Bildung von Privatvermögen gerichtet hat. Dann kann es im Einzelfall geboten erscheinen, dem Haushalt führenden Ehegatten zum Ausgleich für die entgangenen Versorgungsanrechte einen modifizierten Zugewinnausgleich zu gewähren, der einerseits durch den zum Aufbau der entgangenen Versorgungsanrechte erforderlichen Betrag und andererseits durch die gesetzliche Höhe des Ausgleichsanspruchs beschränkt ist.[29] Auch kann die Berufung auf eine vereinbarte Gütertrennung dem Verdikt des **Rechtsmissbrauchs** ausgesetzt sein, wenn die Ehegatten bei ihrer Abrede von beiderseitiger, ökonomisch vergleichbar gewinnbringender Berufstätigkeit ausgegangen sind, diese Planung sich aber später aufgrund von Umständen, die dem gemeinsamen Risikobereich der Ehegatten zugehören, nicht verwirklichen lässt.[30] Im Übrigen ist bei der Prüfung der Frage, ob sich der (fiktiv) zur Zahlung eines Zugewinnausgleichs verpflichtete Antragsteller mit der Berufung auf die vereinbarte Gütertrennung rechtsmissbräuchlich verhalten würde, zu beachten, dass ehebedingte Defizite beim Vermögensaufbau eines Ehegatten nicht durch Anpassung ehevertraglicher Vereinbarungen zum Versorgungsausgleich, sondern systemgerecht im Güterrecht oder mit den Instrumenten des Unterhaltsrechts ausgeglichen werden können.[31] Näher → BGB § 1408 Rn. 68 ff. 14

**c) Zulässige Vereinbarungen.** § 6 Abs. 1 S. 2 Nr. 1–3 gibt grundsätzlich zulässige Inhalte von 15 Vereinbarungen vor. So können Vereinbarungen über den Versorgungsausgleich ihn insbesondere ganz oder teilweise in die Regelung der ehelichen Vermögensverhältnisse einbeziehen (→ § 6 Rn. 7), ausschließen (→ § 6 Rn. 8) sowie Ausgleichsansprüchen nach der Scheidung gemäß den

[25] BGHZ 158, 81 Rn. 67 = NJW 2004, 930 = FamRZ 2004, 601; NJW 2015, 52 Rn. 25 = FamRZ 2014, 1978.

[26] BGH NJW 2015, 52 Rn. 26 f. = FamRZ 2014, 1978; s. auch BGH NJW 2018, 2871 Rn. 20, 31 = FamRZ 2018, 1415.

[27] BGH NJW 2017, 1883 Rn. 43 = FamRZ 2017, 884.

[28] BGH NJW 2018, 1015 Rn. 21 = FamRZ 2018, 577; NJW 2014, 1101 Rn. 41 = FamRZ 2014, 629; NJW 2013, 457 Rn. 28 = FamRZ 2013, 269.

[29] BGH NJW 2015, 52 Rn. 31 = FamRZ 2014, 1978; s. auch BGH NJW 2018, 2871 Rn. 24 = FamRZ 2018, 1415.

[30] BGHZ 158, 81 (107 f.) = NJW 2004, 930 = FamRZ 2004, 601 (608); NJW 2008, 1076 Rn. 33 = FamRZ 2008, 386.

[31] BGH NJW 2015, 52 Rn. 35 = FamRZ 2014, 1978; s. auch BGH NJW 2018, 2871 = FamRZ 2018, 1415.

§§ 20–24 vorbehalten (→ § 6 Rn. 9). Ein vollständiger Ausschluss des Versorgungsausgleichs bei längerwährender Ehe ist daher nicht von vorneherein sittenwidrig, bedarf aber der hinreichenden Rechtfertigung, die sich aus dem Zuschnitt der Ehe als kinderlose, Doppelverdiener- oder Ehe unter gleich umfassend wirtschaftlich Aktiven, den Einkommens-, Vermögens- und Vorsorgeverhältnissen der Ehegatten oder der Art der Erwerbstätigkeit beider Ehegatten (zB beide sind freischaffende Künstler) ergeben kann. Ein teilweiser Ausschluss des Versorgungsausgleichs ist grundsätzlich statthaft, wenn und soweit die Gegenseitigkeit gewahrt und Unterschiede bei den Versorgungen vermögensrechtlich ausgeglichen werden. Regelmäßig unbedenklich sind Vereinbarungen, welche Vorsorgerechte durch gleichwertige Vermögensrechte austauschen, die interne Teilung der Vorsorgerechte beider Ehegatten abbedingen und im Gegenzug einen gleichwertigen Vermögensausgleich für bestehende Wertunterschiede vorsehen (etwa: Finanzierung einer privaten Kapitalversicherung; Übertragung einer Immobilie),[32] oder einen vom Gesetz abweichenden Ausgleich bestimmen, um dessen unwirtschaftliche Wirkungen zu vermeiden. Eine Ablösung des Versorgungsausgleichs durch einen Vermögensausgleich ist bei Gleichwertigkeit möglich, wenn sich der übertragene Vermögenswert zugleich zur Alters- und Erwerbsminderungsvorsorge eignet.[33] Die Durchlässigkeit der familienrechtlichen Ausgleichssysteme ist gesteigert, falls etwa Sparguthaben, Immobilien, Wertpapiere übertragen werden, dagegen nicht für Vermögenswerte mit schnellem Vermögensverfall (Auto, Computer, Luxusreise). Als Ersatz für den Wertausgleich bedenklich sind dagegen Unterhaltszahlungen und der schuldrechtliche Ausgleich, weil sie im Hinterbliebenenfall, anders als der Wertausgleich, keine Sicherung bieten und insofern nicht gleichwertig sind. Eine solche Vereinbarung wird dadurch erleichtert, dass für alle zum Ausgleich gelangenden Versorgungen ein korrespondierender Kapitalwert (§ 47) von den Trägern ermittelt wird, der im Rahmen der Vereinbarung nach §§ 6 f. – gegebenenfalls unter Berücksichtigung anderer Faktoren (zB atypische Lebenserwartung des Versicherten, atypische Zinsentwicklung der Anlage) – im Rahmen der vom Familiengericht nach § 47 Abs. 6 zu erstellenden „Vorsorgevermögensbilanz"[34] einen Vergleich mit den auszugleichenden Vermögenswerten ermöglicht.

16 Ein Anwendungsgebiet für Vereinbarungen folgt auch aus dem Wegfall des früheren Gesamt- und Einmalausgleichs und der Neugestaltung des Versorgungsausgleichs durch die primär interne, hilfsweise externe Teilung jedes Anrechts. Hierdurch werden Vereinbarungen möglich mit dem Ziel, die für die Ehegatten abträglichen Wirkungen der internen Teilung durch vertragliche Lösungen zu ersetzen, etwa zur Vermeidung von Teilungskosten des Versorgungsträgers nach § 13. So kann der vom Versorgungsausgleich intendierte Teilungseffekt durch Aufteilung jedes Anrechts und der damit einhergehenden hälftigen Beteiligung an jedem Vorsorgerecht durch elegantere, mit dem Erwerb einer geringeren Zahl von Vorsorgerechten verbundenen Vereinbarungen ersetzt werden. Diese sind statthaft, soweit sie die Gesamtheit der Rechte teilen, aber die Aufteilung der einzelnen Rechte ausschließen.

17 Möglich ist der wechselseitige Verzicht auf die interne Teilung durch beide Ehegatten hinsichtlich der betrieblichen und privaten Altersvorsorgerechte gegen einen Versorgungsträger (→ Rn. 20) und gleichzeitig die Kapitalabfindung in Höhe der Differenz der Vorsorgerechte zugunsten des ausgleichsberechtigten Ehegatten,[35] oder eine Vereinbarung zur Abfindung unwirtschaftlicher Teilungen. Denkbar ist die Herausnahme von Kindererziehungszeiten aus dem Ausgleich,[36] weil diese den Erziehenden ungeteilt zustehen sollen, und der Ausschluss anderer Versicherungszeiten (etwa Zeiten der Beschäftigung eines Ehegatten, aus deren Ertrag das Studium des anderen Ehegatten über längere Zeit finanziert worden ist), ferner die Vereinbarung über den Ersatz der internen durch die externe Teilung (§ 14 Abs. 2) und die in diesem Zusammenhang notwendige Vereinbarung der Zielversorgung (§ 15 Abs. 1). Dagegen liegt trotz des Hinweises in § 6 Abs. 1 S. 2 Nr. 3 regelmäßig keine angemessene Kompensation im Ersatz der externen oder internen Teilung durch einen schuldrechtlichen Ausgleich (→ § 6 Rn. 9).

18 **d) Vereinbarungen zu Lasten der Grundsicherung.** Der Gesetzgeber bezweckt mit § 8 Abs. 1, Vereinbarungen über den Versorgungsausgleich für unwirksam zu erklären, in deren Folge ein Ehegatte auf Leistungen der Grundsicherung im Alter und bei Erwerbsminderung angewiesen ist.[37] Dies ist auch dann zu berücksichtigen, wenn sich durch den Ausschluss das Ausmaß der Grundsicherungsabhängigkeit erhöht.[38] Dass Scheidungsfolgenregelungen, die im Ergebnis für einen

[32] BGH NJW 2014, 1101 = FamRZ 2014, 629.
[33] *Bredthauer* FPR 2009, 500 (501, 504).
[34] *Ruland* Versorgungsausgleich Rn. 989.
[35] *Ruland* Versorgungsausgleich Rn. 990.
[36] *Ruland* Versorgungsausgleich Rn. 989.
[37] BT-Drs. 16/10144, 53.
[38] OLG Karlsruhe FamRZ 2012, 1992.

anspruchsberechtigten Ehegatten die Sozialhilfebedürftigkeit nach sich ziehen, gemäß § 138 BGB sittenwidrig sind, hat der BGH für den vertraglichen Ausschluss von nachehelichem Unterhalt entschieden.[39] Diese Rspr. soll nach dem Willen des Gesetzgebers auch auf Vereinbarungen über den Versorgungsausgleich erstreckt werden.[40] Diese Erweiterung ist sachgerecht, weil die Vertragsfreiheit nicht zum Nachteil der Allgemeinheit gebraucht werden darf. Ein solcher Vertrag zu Lasten der Allgemeinheit läge indes vor, könnte ein Ehegatte durch den Verzicht auf den Versorgungsausgleich den Tatbestand der eigenen Grundsicherungsbedürftigkeit nach §§ 41 ff. SGB XII herbeiführen. Wäre die Vereinbarung wirksam, müsste die Allgemeinheit für die Alterssicherung von Personen aufkommen, die auf Grund des Versorgungsausgleichs Teilhabeansprüche am Vorsorgerecht des anderen erlangen sollten. Auch → BGB § 1408 Rn. 40.

Schließen aber Ehegatten in fortgeschrittenem Alter die für sie jeweils zweite Ehe und beabsichtigen sie, eine Doppelverdienerehe zu führen, bestehen gegen den Verzicht auf einen Versorgungsausgleich auch dann keine Bedenken, wenn der schwächere Ehegatte im Rentenfall Leistungen der Grundsicherung bedarf. Denn weder muss bei einer solchen Vereinbarung der Grundsatz der Halbteilung beachtet werden[41] noch ist sie wegen der Realisierung eines allgemeinen Lebensrisikos wie Krankheit oder Arbeitslosigkeit, also mangels ehebedingter Nachteile (→ Rn. 12),[42] im Rahmen der Ausübungskontrolle zu korrigieren.[43] 19

## V. Verfügungsbeschränkungen zugunsten der Versorgungsträger (Abs. 2)

Abs. 2 begrenzt die Vereinbarungen der Ehegatten über den Versorgungsausgleich durch die Rechte der Versorgungsträger. Vereinbarungen, nach denen ein Anrecht der gesetzlichen Rentenversicherung eines Ehegatten mit einem geringen Ausgleichswert übertragen werden sollen und gleichzeitig der Ausgleich von Anwartschaften des anderen Ehegatten in der gesetzlichen Rentenversicherung unterbleibt, sind mit § 8 Abs. 2 ebenso vereinbar[44] wie die Vereinbarung zweier bei demselben Dienstherrn versorgungsberechtigten Ehegatten, falls diese die beiderseitigen Beamtenversorgungsanwartschaften aus der Saldierung ausnehmen und den Wertausgleich auf die bei einem Ehegatten überschießende Wertdifferenz beschränken.[45] Aus der Bestimmung folgt zunächst, dass die Ehegatten über die Versorgungsrechte nur Verfügungen treffen können, welche die Versorgungsträger gestatten – und zwar generell wie individuell. Die vertragliche Gestattung muss also – anders formuliert – nach den für die Versorgungsträger maßgebenden gesetzlichen oder vertraglichen Regeln erlaubt sein und auch die Billigung der Versorgungsträger im Einzelfall finden. § 8 begrenzt für die Vertragsparteien also nicht nur gemäß Abs. 1 die Abschluss-, sondern auch gemäß Abs. 2 die Gestaltungsfreiheit. Für die Vereinbarung nach § 6 begründet § 8 Abs. 2 einen numerus clausus der vorsorgerechtlichen Gestaltungsformen. Nur die Vereinbarung ist statthaft, welche nach den für den Versorgungsträger geltenden Regeln erlaubt ist und dessen Zustimmung findet. 20

In der gesetzlichen Rentenversicherung (§§ 32, 46 SGB I)[46] und Beamtenversorgung (§ 3 BeamtVG) sind Verfügungen generell ausgeschlossen. Allerdings lässt § 187 Abs. 1 Nr. 2 lit. a und b SGB VI die Ablösung von Betriebsrenten durch die Begründung von Rechten der gesetzlichen Rentenversicherung zu. Nach der gesetzgeberischen Absicht ist die Öffnung des bisherigen generellen Verbots, das vorwiegend auf das öffentlich-rechtliche Versorgungssystem zugeschnitten war, vor allem für Ausgleichswerte aus privater Vorsorge von Bedeutung: Hier können sich die Eheleute im Rahmen einer Gesamt-Vermögensauseinandersetzung unter Einbeziehung der beteiligten Versorgungsträger darüber einigen, zugunsten der ausgleichsberechtigten Personen ein Anrecht in gewisser Höhe zu schaffen; sind die Versorgungsträger mit dieser Vereinbarung einverstanden, besteht kein Anlass, diese Vereinbarung für nichtig zu erklären.[47] Auch das „Super-Splitting" – Teilung in einem anderen Verhältnis als 1:1 – ist danach grundsätzlich möglich.[48] Die Versorgungsträger sind nicht nur durch gerichtliche Entscheidungen,[49] sondern auch durch vertragliche Vereinbarungen über 21

---

39 BGHZ 158, 81 = NJW 2004, 930 = FamRZ 2004, 601; BGH NJW 2007, 904 = FamRZ 2007, 197; NJW 2008, 3426 = FamRZ 2008, 2011; NJW 2009, 2124 = FamRZ 2009, 1041.
40 BT-Drs. 16/10144, 53.
41 BGH NJW 2014, 1101 Rn. 28 ff. = FamRZ 2014, 629.
42 BGH NJW 2015, 52 Rn. 26 f. = FamRZ 2014, 1978.
43 OLG Hamm FamRZ 2017, 1568.
44 OLG Saarbrücken NJW 2013, 1315.
45 BGH NJW 2014, 1882; NJW-RR 2014, 517 = FamRZ 2014, 643; OLG Schleswig FamRZ 2013, 887; *Borth* FamRZ 2014, 1245.
46 *Reimann/Wiechmann* DRV 2009, 77 (89 f.).
47 BT-Drs. 16/10144, 53.
48 *Ruland* Versorgungsausgleich Rn. 956.
49 BGH NJW-RR 2013, 388 = FamRZ 2013, 207.

den Versorgungsausgleich in ihren Rechten berührt. Insoweit erschließt das Gesetz den Versorgungsträgern Spielräume für eigene Rechtsetzung. Dies bedeutet praktisch, dass für viele Vereinbarungen über den Versorgungsausgleich ein Zusammenwirken von Versorgungsträgern und vertragsschließenden Ehegatten notwendig ist, die Privatautonomie der Parteien also nur in Kooperation mit den Versorgungsträgern verwirklicht werden kann.

22 Einzig das gegenseitige Absehen vom Versorgungsausgleich (→ Rn. 15) bezüglich einzelner auszugleichender Anrechte ist ohne Beteiligung der Versorgungsträger möglich. Denn durch diese Absprache wird nicht in ein bestehendes Versorgungsrecht eingegriffen, so dass sie von den Ehegatten abgeschlossen werden kann. Auch besteht kein Recht des Versorgungsträgers auf Durchführung des Versorgungsausgleichs.[50] Es ist daher davon auszugehen, dass der gegenseitige Verzicht auf ein einzelnes ergänzendes Anrecht der betrieblichen und privaten Altersversorgung und damit verbunden die vermögensrechtliche Abgeltung der Vorsorgedifferenz das zentrale Anwendungsfeld für Versorgungsausgleichsvereinbarungen ist, weil sie ohne Beteiligung des Versorgungsträgers abgeschlossen werden können.

## Abschnitt 2. Wertausgleich bei der Scheidung

## Unterabschnitt 1. Grundsätze des Wertausgleichs bei der Scheidung

### § 9 Rangfolge der Ausgleichsformen, Ausnahmen

**(1) Dem Wertausgleich bei der Scheidung unterfallen alle Anrechte, es sei denn, die Ehegatten haben den Ausgleich nach den §§ 6 bis 8 geregelt oder die Ausgleichsreife der Anrechte nach § 19 fehlt.**

**(2) Anrechte sind in der Regel nach den §§ 10 bis 13 intern zu teilen.**

**(3) Ein Anrecht ist nur dann nach den §§ 14 bis 17 extern zu teilen, wenn ein Fall des § 14 Abs. 2 oder des § 16 Abs. 1 oder Abs. 2 vorliegt.**

**(4) Ist die Differenz beiderseitiger Ausgleichswerte von Anrechten gleicher Art gering oder haben einzelne Anrechte einen geringen Ausgleichswert, ist § 18 anzuwenden.**

**Schrifttum:** S. § 1587 BGB.

**Übersicht**



## I. Normzweck

1 § 9 ist die **Grundnorm** des Abschnitts „Wertausgleich bei der Scheidung". Sie informiert **überblicksartig** über die Anrechte, die in den Wertausgleich einzubeziehen sind (Abs. 1), benennt die beiden Ausgleichsformen der vorrangig anzuwendenden internen Teilung (Abs. 2) sowie der in bestimmten Sonderfällen vorgesehenen externen Teilung (Abs. 3) und weist abschließend darauf hin, dass nach Maßgabe des § 18 eine geringfügige Differenz beiderseitiger Ausgleichswerte von Anrechten gleicher Art oder geringe Ausgleichswerte nicht ausgeglichen werden sollen (Abs. 4). Das bedeutet im Ergebnis, dass in der Ehezeit erworbene Anrechte ganz überwiegend dem Wertausgleich bei der Scheidung unterliegen. Für Ausgleichsansprüche nach der Scheidung bleibt nur ein geringer Anwendungsbereich. Abs. 4 verweist auf § 18. Durch diese Vorschrift soll einer zu starken Zersplitterung der Versorgungsanrechte und einer Entstehung von Kleinstrenten entgegengewirkt werden, die ansonsten Folge des durch das Gesetz zur Strukturreform des Versorgungsausgleichs eingeführten Einzelausgleichs jedes Anrechts wären.

[50] BGH NJW 2014, 1882 = FamRZ 2014, 1179 (1181).

## II. Gegenstand des Wertausgleichs bei der Scheidung (Abs. 1)

Das VersAusglG **regelt –** anders als das frühere Recht – die Ausgleichsformen auch für den Wertausgleich bei der Scheidung (früher öffentlich-rechtlicher Versorgungsausgleich) **abschließend.** Grundsätzlich sind danach Anrechte im Weg der **internen Teilung** auszugleichen. Diese Form der Teilung war strukturell auch dem alten Recht bekannt, allerdings nur für die Teilung von Anwartschaften aus der gesetzlichen Rentenversicherung und für Anrechte, die (ausnahmsweise) im Wege der Realteilung ausgeglichen werden konnten. Die interne Teilung wird aber prinzipiell auf alle Anrechte ausgedehnt, indem auch privatrechtliche Versorgungsträger in die Pflicht genommen werden. Diese haben eigene Rechtsgrundlagen zu entwickeln, damit die interne Teilung durchgeführt werden kann (§§ 10 Abs. 3, 11)Die Begründung von Rentenanwartschaften im Rahmen der **externen Teilung** ist weiterhin für den Ausgleich von Anrechten aus einem öffentlich-rechtlichen Dienst- oder Amtsverhältnis vorgesehen, solange der Versorgungsträger keine interne Teilung eingeführt hat (§ 16 Abs. 1). Dies betrifft Anrechte von Beamten, die sich nach den landesrechtlichen Vorschriften über die Beamtenversorgung richten (§ 16 Abs. 1), sowie in allen Fällen die Anrechte von Beamten auf Widerruf und Zeitsoldaten (§ 16 Abs. 2). Darüber hinaus ist die externe Teilung aber auch auf andere Fallgestaltungen ausgedehnt worden (§ 14 Abs. 2, § 17), wobei dem Berechtigten ein Wahlrecht zukommt, ob ein bestehendes Anrecht ausgebaut oder ein neues Anrecht begründet werden soll (§ 15 Abs. 1). Schließlich können Ehegatten Beitragszahlungen zur Begründung von Anwartschaften in der gesetzlichen Rentenversicherung vereinbaren (§ 187 Abs. 6 SGB VI),[1] allerdings führt dies im Unterschied zur externen Teilung nicht zu einer entsprechenden Kürzung des Anrechts des Ausgleichspflichtigen. Zulässig ist auch, dass die externe Teilung in einem dreiseitigen Vertrag zwischen Ausgleichsberechtigtem, Versorgungsträger des Ausgleichspflichtigen (§ 14 Abs. 2 Nr. 1) und dem Ausgleichspflichtigen vereinbart wird. Allerdings hat diese Möglichkeit in der Praxis keine Bedeutung erlangt. 2

**1. Grundsatz.** Nach § 9 Abs. 1 unterfallen dem **Wertausgleich bei der Scheidung** als einheitlichem Verfahrensgegenstand[2] im Grundsatz **alle Anrechte,** es sei denn, die Ehegatten haben den Ausgleich nach den §§ 6–8 abweichend geregelt oder die Ausgleichsreife der Anrechte nach § 19 fehlt. Nach dem früheren Recht wurde das Ziel, den Versorgungsausgleich im Wege des Wertausgleichs bereits bei der Scheidung durchzuführen, häufig verfehlt, weil die Möglichkeiten des erweiterten Ausgleichs nach § 3b Abs. 1 Nr. 1 VAHRG betragsmäßig begrenzt waren und eine Begründung von Anrechten durch Beitragszahlung nicht zumutbar oder nicht durchsetzbar war. Sie waren daher in weitem Umfang dem schuldrechtlichen Ausgleich vorbehalten. Der Grundsatz des Einzelausgleichs (→ § 1 Rn. 5) und vor allem die zusätzliche Inpflichtnahme der privaten Versorgungsträger für den Wertausgleich (→ § 1 Rn. 13) schaffen die Voraussetzungen dafür, dass der Wertausgleich nach neuem Recht – jedenfalls bei seiner erstmaligen Regelung – zu einer umfassenderen Teilung von Anrechten im Zusammenhang mit der Scheidung führt. Verfahrensrechtlich wird dies dadurch unterstützt, dass über den Versorgungsausgleich in den Fällen der §§ 6–19 und § 28, also namentlich über den Wertausgleich, ohne besondere Antragstellung im Verbund mit der Scheidung zu verhandeln und zu entscheiden ist (§ 137 Abs. 1, 2 S. 2 FamFG). Aber auch wenn eine Altentscheidung vorliegt, durch die die Anrechte bei der Scheidung nur teilweise ausgeglichen worden waren, kann über § 51 ein dem Wertausgleich bei der Scheidung entsprechendes Ergebnis unter Einbeziehung bisher dem schuldrechtlichen Ausgleich vorbehaltener Anrechte erzielt werden, wenn sich der Ausgleichswert eines in den Ausgleich einbezogenen Anrechts wesentlich geändert hat oder wenn die Dynamisierung zu einer wesentlichen Wertverzerrung geführt hat und die Abänderung nicht gem. § 51 Abs. 4 ausgeschlossen ist. 3

In der Vorschrift des § 9 Abs. 1 versucht der Gesetzgeber damit das Ziel umzusetzen, den Versorgungsausgleich **so weit wie möglich abschließend im Wertausgleich** bei der Scheidung durchzuführen und Verfahren betreffend schuldrechtliche Ausgleichsrenten (§§ 20 ff.) und Teilhabe an der Hinterbliebenenversorgung (§§ 25, 26) wegen der damit für den ausgleichsberechtigten Ehegatten verbundenen Nachteile so weit wie möglich entbehrlich zu machen.[3] § 9 Abs. 1 hat bei diesem Verständnis auch Bedeutung für die Frage, welche Anrechte als „noch nicht ausgeglichene Anrechte" iSd § 20 Abs. 1 Ausgleichsansprüchen nach der Scheidung unterliegen können. Dies gilt nach der Rspr. des BGH nur für solche Anrechte, für die die Ehegatten dies entsprechend vereinbart haben (→ Rn. 5) oder die nicht ausgleichsreif sind (→ Rn. 8 ff.), nicht aber – trotz des offenen Wortlauts in § 20 Abs. 1 – für solche Anrechte, die in den Wertausgleich gehören und dort übersehen, vergessen oder verschwiegen 4

[1] Vgl. BT-Drs. 16/10144, 53.
[2] Vgl. BGH NJW-RR 2014, 1094 Rn. 11 = FamRZ 2014, 1614.
[3] Vgl. BGHZ 198, 91 Rn. 24 = NJW-RR 2013, 1219 = FamRZ 2013, 1548 unter Bezugnahme auf BT-Drs. 16/10144, 63.

worden sind (→ § 20 Rn. 48).[4] Insoweit stellen sich die §§ 20 ff. nicht als Auffangregelung für nicht anderweit ausgeglichene Anrechte dar.[5] Vielmehr bilden den Verfahrensgegenstand des Ausgleichs bei der Scheidung alle Anrechte, die ausgleichsreif sind, sofern sie nicht durch Vereinbarung der Ehegatten dem Ausgleich bei der Scheidung entzogen sind. Über diese Anrechte wird rechtskräftig und abschließend entschieden, wie sie auszugleichen sind. Es würde die Rechtskraft der Entscheidung über den Wertausgleich bei der Scheidung verletzen, wenn ein Ehegatte hinsichtlich eines ausgleichsreifen Anrechts im Nachhinein geltend machen könnte, dieses sei bei der Entscheidung fälschlich nicht berücksichtigt worden und daher schuldrechtlich auszugleichen.[6] Vereinzelt wird auf der Grundlage einer Vereinbarung der Eheleute, die von den beteiligten Versorgungsträgern gebilligt wird (→ Rn. 5), die rechtliche Möglichkeit gesehen, den Wertausgleich von vergessenen oder übersehenen Anrechten bei der Scheidung durch externe Teilung noch nachträglich durchzuführen.[7] Diese Ansicht erscheint allerdings bedenklich. Grundlage für die Durchführung des Ausgleichs bei der Scheidung ist in diesem Fall die dreiseitige Vereinbarung zwischen den Ehegatten und dem Versorgungsträger. Soweit über den Ausgleich bei der Scheidung rechtskräftig entschieden ist, fehlt den Beteiligten aber die Dispositionsbefugnis über die vom Gesetz abweichende Regelung der Teilung der Anrechte. Für das Familiengericht bildet eine solche Vereinbarung daher keine rechtliche Grundlage, durch gestaltende Entscheidung in die Anrechte auf eine Versorgung einzugreifen. Es bleibt lediglich die Möglichkeit, einen schuldrechtlichen Ausgleich zu vereinbaren (allerdings ohne Abtretung gem. § 21), da hierdurch in die gestaltende Entscheidung des Familiengerichts nicht eingegriffen wird, sondern lediglich ein gegen den Ausgleichspflichtigen gerichteter Anspruch vergleichbar einem Unterhaltsanspruch geschaffen wird. Nicht als vergessen ist ein Anrecht zu betrachten, das im Verfahren über den Wertausgleich nach altem Recht ermittelt worden ist, trotz Ausgleichsreife bzw. Unverfallbarkeit aber nicht in den öffentlich-rechtlichen Ausgleich einbezogen werden konnte, weil der Ausgleich eines anderen Anrechts der betrieblichen Altersversorgung bereits den Grenzbetrag nach § 3b Abs. 1 Nr. 1 VAHRG aF ausschöpfte, so dass das Anrecht nach § 2 VAHRG aF, ohne dass das FamG es – anders als nach § 224 Abs. 4 FamFG – ausdrücklich benennen musste, dem schuldrechtlichen Versorgungsausgleich zu überlassen war.[8] In einem solchen Fall fehlt es an einer rechtskräftigen Entscheidung über ein solches Anrecht, zumal der betroffene Ehegatte auch auf Anfechtung kein besseres Ergebnis erzielen konnte, also nicht beschwerdebefugt war.[9] Entsprechendes gilt, wenn das Familiengericht das ihm zustehende Ermessen nicht dahin ausgeübt hat, ein solches Anrecht gem. § 3b Abs. 1 Nr. 1 VAHRG teilweise auszugleichen oder wenn das Familiengericht – fälschlich – ein Anrecht nicht ausgeglichen hat, weil es dieses nicht für ausgleichsreif hielt.[10] In beiden Fällen ist aber Voraussetzung, dass das Familiengericht das betroffene Anrecht zu Lasten des Ausgleichspflichtigen in die nach früherem Recht erforderliche Saldierung eingestellt hat.

5 **2. Vereinbarungen.** Der Wertausgleich **findet nicht statt,** soweit die Ehegatten den Ausgleich nach den §§ 6–8 durch **Vereinbarung** geregelt haben. § 6 Abs. 1 S. 1 erlegt den Ehegatten in inhaltlicher Hinsicht keine Einschränkung ihrer Dispositionsbefugnis auf.[11] Die Vorschrift enthält lediglich eine nicht abschließende Aufzählung von **Beispielen,** welchen Gegenstand Regelungen über den Versorgungsausgleich haben können. Nach der Bestimmung des § 6 **können die Ehegatten jede Art der Abweichung** von den gesetzlichen Regelungen des Versorgungsausgleichs vereinbaren, sofern dies nach den für das jeweilige Versorgungssystem geltenden Regelungen zulässig ist. Vor allem Vereinbarungen, die zu einer Modifikation des Ausgleichs in Bezug auf gesetzlich geregelte Versorgungssysteme führen sollen, unterliegen daher engen Einschränkungen (vgl. zB §§ 31, 32 SGB I, § 3 BeamtVG).[12] Nicht zulässig sind auch Vereinbarungen, durch die die Ehezeit abweichend von § 3 bestimmt werden soll (→ § 3 Rn. 22). Das durch eine solche Vereinbarung Gewollte kann aber meist auch dadurch erreicht werden, dass nur die bis zu einem bestimmten, vor dem Ende des der Zustellung des Scheidungsantrags vorangegangenen Monats erworbenen Anrechte ausgeglichen werden sollen. Daher ist es auch nicht zulässig, einen Ausgleich vorehelich erworbener Anrechte zu

[4] Vgl. BGHZ 198, 91 Rn. 24 = NJW-RR 2013, 1219 = FamRZ 2013, 1548; ebenso OLG Nürnberg BeckRS 2013, 08964 (zu II 2 c) = FamRZ 2013, 1583 (1585); OLG Oldenburg NJW 2012, 3795 (3796) = FamRZ 2013, 1042 (1044).

[5] Für einen schuldrechtlichen Ausgleich *Bergner* NJW 2012, 3757 (3758 f.); für ein entsprechendes Tätigwerden des Gesetzgebers *Carleton/Gutdeutsch* FamRZ 2015, 1446; für einen Wertausgleich vergessener Anrechte in einem neuen (Nachtrags-)Verfahren *Hoppenz* FamRZ 2013, 1553 f.

[6] BGH NJW-RR 2014, 1094 Rn. 11–13 = FamRZ 2014, 1614.

[7] Vgl. OLG Celle BeckRS 2013, 13091 (zu II) = FamRZ 2013, 1900 (1901).

[8] Vgl. OLG Celle BeckRS 2014, 20268 Rn. 27 ff. = FamRZ 2014, 1783 (1784 f.).

[9] Vgl. OLG Celle BeckRS 2014, 20268 Rn. 32 = FamRZ 2014, 1783 (1785).

[10] Zu letzterem Fall BGH FamRZ 2017, 197 = NZFam 2017, 20.

[11] Vgl. BGH NJW 2014, 1882 Rn. 13 = FamRZ 2014, 1179.

[12] BeckOGK/*Reetz,* 1.2.2019, § 8 Rn. 136 ff.

vereinbaren.[13] Mit Zustimmung des Versorgungsträgers ist es aber möglich, eine Erhöhung der Quote,[14] oder eine von der jeweiligen Versorgungsordnung abweichende Teilungsform[15] zu vereinbaren (§ 8 Abs. 2). Ehegatten können gem. § 6 beispielsweise den Versorgungsausgleich ganz[16] oder teilweise[17] ausschließen, den Versorgungsausgleich und den Zugewinnausgleich miteinander verrechnen, ihn in die Regelung der ehelichen Vermögensverhältnisse einbeziehen oder bestimmen, dass der Versorgungsausgleich den Ausgleichsansprüchen nach der Scheidung (§§ 20–24) vorbehalten bleibt. Der BGH hat hiernach eine auf einem Ausschluss und Teilausschluss beruhende Verrechnungsabrede von zwei im Landesdienst stehenden Beamten gebilligt, wonach die Ausgleichswerte ihrer beiderseitigen Anrechte auf Beamtenversorgung saldiert und nur das höherwertige Anrecht des einen Ehegatten in Höhe der Wertdifferenz durch Begründung von gesetzlichen Rentenanwartschaften extern geteilt wird, und befunden, dass hierdurch weder gegen das Drittbelastungsverbot des § 8 Abs. 2 noch gegen landesrechtliche Vorschriften verstoßen wird, die inhaltlich § 3 Abs. 2 BeamtVG entsprechen.[18] Zulässig ist auch eine Verrechnungsabrede unter Einbeziehung von Anrechten der gesetzlichen Rentenversicherung, wenn zulasten eines solchen Anrechts nicht mehr als der Ausgleichswert intern ausgeglichen wird, mag durch eine solche Vereinbarung eine bei gesetzlicher Durchführung des Wertausgleichs mögliche Verrechnung nach § 10 Abs. 2 auch verhindert werden.[19] Die Ehegatten können auch vereinbaren, dass Beiträge zur Begründung eines Anrechts in der gesetzlichen Rentenversicherung gezahlt werden (§ 187 Abs. 1 Nr. 2 lit. b SGB VI). Auch soweit sie eine ehevertragliche Regelung treffen, sind nach der Neuregelung des § 1408 Abs. 2 BGB die §§ 6–8 anzuwenden. Eine nach früherem Recht geschlossene Vereinbarung ist an den Anforderungen der §§ 6–8 zu messen, wenn nach den Maßstäben des § 48 neues Recht anzuwenden ist.[20] Daher ist die Möglichkeit weggefallen, durch die Stellung eines Scheidungsantrags innerhalb eines Jahres nach Abschluss des Ehevertrags (vgl. § 1408 Abs. 2 S. 2 BGB aF) die Unwirksamkeit eines Ausschlusses des Versorgungsausgleichs herbeizuführen (→ § 48 Rn. 7).[21]

Haben die Ehegatten beispielsweise den Versorgungsausgleich vollständig ausgeschlossen, bedeutet dies allerdings nicht, dass das FamG dies ohne weiteres zugrunde zu legen hätte. Nach § 137 Abs. 2 S. 2 FamFG ist über den Versorgungsausgleich **auch in den Fällen der §§ 6–8 von Amts wegen im Verbund** zu verhandeln und zu entscheiden. Das FamG hat daher zum einen zu prüfen, ob die in § 7 bestimmten formellen Wirksamkeitsvoraussetzungen erfüllt sind. Insoweit gilt im Rahmen eines Ehevertrags die in § 1410 BGB bestimmte Form. Im Übrigen bedarf eine Vereinbarung über den Versorgungsausgleich, die vor Rechtskraft der Entscheidung über den Wertausgleich bei der Scheidung geschlossen wird, der **notariellen Beurkundung,** die nach § 127a BGB bei einem gerichtlichen Vergleich durch die Aufnahme der Erklärungen in ein nach den Vorschriften der ZPO errichtetes Protokoll ersetzt wird. Dem ist es gleichgestellt, wenn die Parteien dem Gericht einen übereinstimmenden schriftlichen Vergleichsvorschlag unterbreiten oder einen gerichtlichen Vergleichsvorschlag durch Schriftsatz gegenüber dem Gericht annehmen und das Gericht das Zustandekommen und den Inhalt des Vergleichs durch Beschluss feststellt (→ § 7 Rn. 4).[22] Gegen diese Auffassung spricht zwar zunächst der Wortlaut des § 127a BGB, der ausdrücklich die Aufnahme der 6

---

13 Nur iE zutr. daher OLG Zweibrücken BeckRS 2013, 17063 = FamRZ 2014, 948; Grund ist, dass der Ausgleichspflichtige über vorehelich erworbene Anwartschaften in der gesetzlichen Rentenversicherung nicht verfügen kann, sondern in bestimmten Grenzen nur über die daraus folgenden Zahlungsansprüche (§§ 32–53 SGB I) sowie die Ehezeit gem. § 3 nicht disponibel ist; iE ebenso BeckOGK/*Reetz,* 1.2.2019, § 6 Rn. 125; *Münch,* Vereinbarungen zum Versorgungsausgleich, 2. Aufl. 2015, Rn. 170.

14 Vgl. BGH NJW 2014, 1882 Rn. 19 = FamRZ 2014, 1179.

15 Vgl. BGH NJW 2014, 1882 Rn. 20 = FamRZ 2014, 1179.

16 Zur Wirksamkeitskontrolle eines in der Ehekrise geschlossenen Vertrags mit vollständigem Ausschluss in einer Alleinverdienerehe vgl. BGH NJW 2014, 1101 = FamRZ 2014, 629 mAnm *Bergschneider* FamRZ 2014, 727.

17 Vgl. OLG Karlsruhe BeckRS 2013, 11708 (zu II 2) = FamRZ 2014, 208 (209).

18 Vgl. BGH NJW 2014, 1882 Rn. 23 ff. = FamRZ 2014, 1179 m. zust. Anm. *Ruland* NZFam 2014, 646 f.; ebenso OLG Schleswig BeckRS 2012, 23385 (zu II 4, 6) = FamRZ 2013, 887 (888 f.); OLG Celle NJW 2013, 241 (242) = FamRZ 2012, 1722; *Borth* FamRZ 2014, 1245; 2012, 1681 (1683 f.); aA OLG Schleswig NJW 2012, 1891 f. = FamRZ 2012, 1144 f.; *Eichenhofer* NJW 2012, 2078 (2080); zur Frage, ob und unter welchen Voraussetzungen ein Ehegate nach § 1353 Abs. 1 S. 2 BGB vom anderen den Abschluss einer Verrechnungsabrede verlangen kann, vgl. AG Oranienburg BeckRS 2015, 16639; abl. insoweit KG BeckRS 2016, 04848 Rn. 6.

19 Vgl. OLG Saarbrücken NJW 2013, 1315 f. = FamRZ 2013, 1741 (1742); *Münch,* Vereinbarungen zm Versorgungsausgleich, 2. Aufl. 2015, Rn. 40.

20 Vgl. OLG Brandenburg FamRZ 2012, 1719 (1720), insoweit nicht wiedergegeben in BeckRS 2012, 05205.

21 Vgl. OLG Brandenburg BeckRS 2012, 16681 (zu II 1, 2 b) = FamRZ 2012, 1729 f.

22 BGH FamRZ 2017, 603 = NJW 2017, 1946.

Erklärungen der Ehegatten in ein nach den Vorschriften der ZPO errichtetes Protokoll verlangt.[23] Demgegenüber wurde von einigen Stimmen angenommen, dass die notarielle Beurkundung in analoger Anwendung des § 127a BGB auch durch einen nach § 278 Abs. 6 ZPO zustande gekommenen Vergleich ersetzt wird.[24] Dieser Auffassung ist der BGH nun gefolgt, da § 278 Abs. 6 ZPO eine dem Abschluss eines Vergleichs in mündlicher Verhandlung völlig gleichwertige Form der vergleichsweisen Beilegung eines Rechtsstreits gewähren wolle. Allerdings genügt ein nach § 278 Abs. 6 ZPO festgestellter Vergleich nicht, wenn das Gesetz die gleichzeitige Anwesenheit beider Vertragsteile vorschreibt.[25] Insoweit ist die Entscheidung des BGH unergiebig, da sie zum Abschluss eines Vergleichs gem. § 1378 Abs. 3 BGB ergangen ist. Diese Vorschrift verlangt nicht die gleichzeitige Anwesenheit beider Teile. Nicht ganz überzeugend ist zwar das Argument, in diesem Fall könne ein Vergleich nur zu Protokoll in der mündlichen Verhandlung geschlossen werden, weil der Richter bei einer solchen Verfahrensweise die sonst den Notar treffende Belehrungspflicht nicht erfüllen könne;[26] denn die den Notar treffenden Belehrungspflichten des BeurkG können nicht ohne weiteres auf das Gericht übertragen werden. Entscheidendes Gewicht hat hier jedoch auch der Schutz vor Übereilung und die Funktion des Erfordernisses der beiderseitigen Anwesenheit, die Beteiligten auf die besondere Bedeutung des Vertrags hinzuweisen.[27] Wird in einem gerichtlichen Vergleich eine Regelung über den Versorgungsausgleich im Rahmen eines Ehevertrags getroffen, oder – häufiger – wird eine solche Regelung geändert oder aufgehoben, die Bestandteil eines Ehevertrags ist, ist dies nur möglich, wenn beide Ehegatten anwesend bzw. (anwaltlich) vertreten sind und die entsprechenden Erklärungen in ein gerichtliches Protokoll aufgenommen werden.

7 Zum anderen hat das FamG nach § 8 Abs. 1 zu prüfen, ob die Vereinbarung einer **Inhalts- und Ausübungskontrolle**[28] standhält (→ § 8 Rn. 6 ff.), was beim Ausschluss des Versorgungsausgleichs insbes. in Frage stehen kann, wenn der betroffene Ehegatte über keine Absicherung für seine Altersversorgung verfügt und die Vereinbarung (voraussehbar) zulasten der Grundsicherung geht[29] oder wenn Zeiten, in denen ein Ehegatte wegen Kindesbetreuung an einer Erwerbstätigkeit gehindert ist, nicht bedacht oder berücksichtigt sind.[30] Allgemein ist im Rahmen der Ausübungskontrolle (§ 242 BGB) zu prüfen, ob sich im Zeitpunkt des Scheiterns der Ehe aus dem vereinbarten Ausschluss der jeweiligen Scheidungsfolge eine evident einseitige und nach Treu und Glauben unzumutbare Lastenverteilung ergibt.[31] Das ist für den Ausschluss des Versorgungsausgleichs insbesondere dann anzunehmen, wenn ein Ehegatte aufgrund einvernehmlicher Änderung der gemeinsamen Lebensumstände über keine

---

[23] Daher die Formwirksamkeit des Beschlussvergleichs verneinend OLG Brandenburg (2. FamS) BeckRS 2008, 02399 = FamRZ 2008, 1192 (1193) zu § 1587o BGB; OLG Celle NJW 2013, 2979 f. zu § 2033 Abs. 1 S. 2 BGB; *Hahne* FamRZ 2009, 2041 (2043); *Ruland* Versorgungsausgleich Rn. 951.

[24] IdS OLG Nürnberg BeckRS 2014, 10948 (zu II 7); OLG Brandenburg (5. FamS) NJOZ 2014, 1442 (1443 f.) = FamRZ 2014, 1202 (1203 f.); OLG Frankfurt BeckRS 2012, 16081; 2016, 06295 Rn. 8 = FamRZ 2016, 548 Ls.; *Bergschneider* FamRZ 2013, 260 (262), der einen Analogieschluss nicht einmal für erforderlich hält; OLG München BeckRS 2010, 23468 = FamRZ 2011, 812 (813) mit der Einschränkung, dass der Vergleichsvorschlag vom Gericht ausgeht; hiergegen mit Recht *Bergschneider* FamRZ 2013, 260 (261); zur Ersetzung der gesetzlichen Schriftform BAGE 120, 251 Rn. 27 ff. = NJW 2007, 1831 im Zusammenhang mit Beendigungsvereinbarungen (§ 623 BGB, § 14 Abs. 4 TzBfG).

[25] Vgl. zum Ehevertrag (§ 7 Abs. 3 iVm § 1410 BGB) *Bergschneider* FamRZ 2013, 260 (263); zur Auflassung trotz der in § 925 Abs. 1 S. 3 BGB getroffenen Regelung OLG Hamm NJW-RR 2018, 915; OLG Düsseldorf NJW-RR 2006, 1609 (1610); Bamberger/Roth/*Wendtland* BGB § 127a Rn. 4.1; Staudinger/*Thiele*, 2018, BGB § 1410 Rn. 12.

[26] Vgl. Bamberger/Roth/*Wendtland* BGB § 127a Rn. 4; ähnlich wohl → 7. Aufl. 2015, BGB § 127a Rn. 4 *(Einsele)*; Gutachten DNotI-Report 2008, 75 (76).

[27] Erman/*Heinemann* § 1410 Rn. 1; ebenso mit etwas anderer Schwerpunktsetzung → BGB § 1410 Rn. 1, 2.

[28] Vgl. zur Wirksamkeits- und Ausübungskontrolle grdl. BGHZ 158, 81 = NJW 2004, 930 = FamRZ 2004, 601 mAnm *Borth* FamRZ 2004, 609; BGH NJW 2005, 137 = FamRZ 2005, 26 mAnm *Bergschneider* FamRZ 2005, 28; NJW 2005, 139 = FamRZ 2005, 185 mAnm *Bergschneider* FamRZ 2005, 188; NJW 2008, 3426 Rn. 16 ff. = FamRZ 2008, 2011 zu § 1408 Abs. 2 BGB mAnm *Bergschneider* FamRZ 2008, 2014; NJW 2009, 2124 Rn. 12 ff. = FamRZ 2009, 1041 mAnm *Bergschneider* FamRZ 2009, 1044; NJW 2013, 380 Rn. 35 ff. = FamRZ 2013, 195 mAnm *Bergschneider* FamRZ 2013, 201; NJW 2013, 1359 Rn. 15 ff. = FamRZ 2013, 770; NJW 2015, 52 Rn. 22 ff. = FamRZ 2014, 1978 mAnm *Bergschneider* FamRZ 2014, 1982; OLG Karlsruhe NJOZ 2010, 762 (764 f.) = FamRZ 2010, 34 (35) bei Kompensation durch Unterhaltsregelung; zur Nichtigkeit bei mangelnder Kompensation und Kindererziehung OLG Hamm BeckRS 2010, 28669 = FamRZ 2010, 1904 f.

[29] Vgl. in casu verneinend OLG Nürnberg FamRZ 2016, 980; OLG Hamm NJW 2013, 3253 (3255) = FamRZ 2013, 1311 (1313); bejahend OLG Karlsruhe BeckRS 2013, 00112 (zu II) = FamRZ 2012, 1942.

[30] Zur Wirksamkeit einer Vereinbarung, die diese Problemlage berücksichtigt, OLG Zweibrücken BeckRS 2013, 21266 (zu II 1.1 b) = FamRZ 2014, 1111 (1112).

[31] Vgl. BGH NJW 2015, 52 Rn. 22 = FamRZ 2014, 1978.

hinreichende Altersversorgung verfügt und dieses Ergebnis mit dem Gebot ehelicher Solidarität schlechthin unvereinbar erscheint.[32] Unter solchen Umständen ist bei Anpassung der vertraglichen Regelung allerdings zu beachten, dass der Ehegatte nicht besser gestellt wird, als er ohne die Ehe und die mit der ehelichen Rollenverteilung einhergehenden Dispositionen über Art und Umfang seiner Erwerbstätigkeit stünde.[33] Wenn keine Wirksamkeits- und Durchsetzungshindernisse bestehen, etwa dass die maßgebende Versorgungsordnung die von den Ehegatten intendierte Lösung nicht zulässt, ist das FamG an die Vereinbarung gebunden. Der Prüfungsprozess des FamG, der – nicht generell, aber je nach dem Vorbringen oder den zutage tretenden Sachumständen – Veranlassung geben kann, die Ehegatten näher über ihre Versorgungssituation zu befragen,[34] mündet in jedem Fall in eine gerichtliche Entscheidung. Erweist sich die Vereinbarung als nicht wirksam, ist der Wertausgleich durchzuführen. Dabei ist das Gericht allerdings verpflichtet, zuvor seine Bedenken zu erörtern (§ 221 Abs. 1 FamFG) und den Ehegatten im gegebenen Fall Gelegenheit zu geben, die Vereinbarung nachzubessern. Ist sie wirksam und verbindlich, legt sie das FamG seiner Entscheidung zugrunde (§ 6 Abs. 2). Findet nach ihr ein Wertausgleich nicht statt, stellt das FamG dies nach § 224 Abs. 3 FamFG in der Beschlussformel fest. Die Entscheidung erwächst in materielle Rechtskraft.[35]

**3. Fehlende Ausgleichsreife.** Dem Wertausgleich unterfallen weiter nach § 19 Abs. 1 Anrechte nicht, denen die **Ausgleichsreife nach § 19 fehlt.** Unter dem Begriff „fehlende Ausgleichsreife“ werden Fallgestaltungen zusammengefasst, in denen ein Wertausgleich bei der Scheidung aus rechtlichen oder tatsächlichen Gründen nicht möglich oder sachgerecht erscheint. In Bezug auf Anrechte, die bis zur letzten tatrichterlichen Entscheidung über den Wertausgleich nicht ausgleichsreif sind, sind nur Ausgleichsansprüche nach der Scheidung gem. den §§ 20–26 möglich (§ 19 Abs. 4). Zu den nicht ausgleichsreifen Anrechten gehören zunächst die Anrechte, die nach Grund oder Höhe nicht hinreichend **verfestigt** sind (§ 19 Abs. 2 Nr. 1). Die Problematik stellt sich vor allem bei verfallbaren Anrechten iSd BetrAVG,[36] die das Gesetz als Regelbeispiel erwähnt, kommt aber auch sonst vereinzelt vor.[37] Hinsichtlich der Anrechte aus der betrieblichen Altersversorgung ist zu beachten, dass die Anforderungen an die Unverfallbarkeit dem Grunde nach zum 1.1.2018 erneut gesenkt wurden (§§ 1b, 30f BetrAVG) und die Rechtsstellung ausgeschiedener Arbeitnehmer durch das Gesetz zur Umsetzung der Mobilitätsrichtlinie[38] verbessert wurde (geregelt in §§ 2a, 30g BetrAVG). Hinreichend verfestigt ist ein Anrecht insoweit, als der Versorgungswert dem Grund und der Höhe nach durch die künftige betriebliche oder berufliche Entwicklung des Arbeitnehmers nicht mehr beeinträchtigt werden kann und somit bereits endgültig gesichert ist.[39] Das ist nicht nur bei Eintritt der Unverfallbarkeitsvoraussetzungen des BetrAVG der Fall, sondern kann sich auch aufgrund in der Versorgungszusage enthaltener Bestimmungen ergeben,[40] etwa dann, wenn ein Arbeitnehmer nach seinem Ausscheiden aus dem Betrieb sein bei einer Pensionskasse erworbenes Anrecht durch freiwillige Weiterversicherung ausbaut und es in der Folge unverfallbar wird.[41] Ist eine zugesagte Versorgung auf eine dienstzeitabhängige Gesamtobergrenze unter Anrechnung bestimmter sonstiger Versorgungsleistungen limitiert **(limitierte endgehaltsbezogene Gesamtzusage),** lässt sich ihre Höhe nicht näher bestimmen. Ist eine solche Versorgung nicht mit der Zusage einer bestimmten Mindestrente verbunden, die im Wertausgleich bereits ausgeglichen werden könnte, ist sie daher insgesamt nicht ausgleichsreif. Dabei kommt es auf die Wahrscheinlichkeit, mit der der weitere Erwerb sonstiger, auf die Gesamtobergrenze anzurechnender Versorgungsleistungen zu erwarten ist, nicht an.[42] Nicht ausgleichreif ist auch ein in einem **Hofübergabevertrag** begründeter Rentenanspruch, wenn seine Abänderung bei einer wesentlichen Veränderung der Verhältnisse iSd § 323 ZPO vorbehalten ist, ohne dass diese Abänderungsmöglichkeit auf eine bestimmte Mindest- 8

32 Vgl. BGH NJW 2015, 52 Rn. 23 = FamRZ 2014, 1978.

33 Vgl. BGH NJW 2018, 2871 = FamRZ 2018, 1415; NJW 2015, 52 Rn. 26 = FamRZ 2014, 1978; NJW 2013, 1359 Rn. 22 = FamRZ 2013, 770; aA insoweit *Hoppenz* FamRZ 2015, 630 (631), der im Rahmen der Ausübungskontrolle nicht auf die ehebedingten, sondern nur auf die ehevertragsbedingten Nachteile abstellt.

34 Vgl. OLG Rostock BeckRS 2015, 03673 Rn. 12 = FamRZ 2015, 410 (411) mAnm *Bergmann* FamRZ 2015, 925; krit. hierzu *Borth* FamRZ 2015, 411 f.

35 MüKoFamFG/*Stein* FamFG § 224 Rn. 65.

36 Zur Unverfallbarkeit dem Grunde und der Höhe nach vgl. §§ 1b, 2 Abs. 5 BetrAVG.

37 Vgl. BGH NJW 2013, 3173 Rn. 12 = FamRZ 2013, 1715.

38 Art. 1 Nr. 3 Gesetz vom 21.12.2015, BGBl. 2015 I 2553 mWv 1.1.2018.

39 Vgl. BGH NJW-RR 2015, 1 Rn. 8 = FamRZ 2015, 124; NJW-RR 2013, 1089 Rn. 9 = FamRZ 2013, 1021 mwN.

40 Vgl. BGH NJW-RR 2015, 1 Rn. 9 = FamRZ 2015, 124.

41 Vgl. BGH NJW-RR 2015, 1 Rn. 11–13 = FamRZ 2015, 124.

42 Vgl. BGH NJW-RR 2013, 1089 Rn. 10, 12 = FamRZ 2013, 1021.

rente begrenzt wäre.[43] Die frühere Unterscheidung eines Anrechts der betrieblichen Altersversorgung zwischen der Unverfallbarkeit dem Grunde und der Höhe nach ist auch nach neuem Recht von Bedeutung, so dass – etwa bei einer endgehaltsbezogenen Versorgungsanwartschaft[44] – der in dem Anrecht enthaltene und der Höhe nach noch verfallbare Anteil Ausgleichsansprüchen nach der Scheidung vorbehalten ist, während bei Unverfallbarkeit dem Grunde nach im Übrigen der Wertausgleich durchgeführt werden kann.[45] Das Recht des Versorgungsträgers, die Pensionszusage eines Gesellschafter-Geschäftsführers wegen Unzumutbarkeit zu widerrufen, führt nicht dazu, dass dies verfallbar wäre;[46] denn ein solcher Widerruf ist nur unter außergewöhnlichen Umständen zulässig, die das wirtschaftliche Risiko, das diesen Zusagen innewohnt, abbilden. Dass in der Zusatzversorgung des öffentlichen Dienstes die Tarifvertragsparteien für die rentenfernen Jahrgänge noch keine verfassungsrechtlich unbedenkliche Lösung gefunden hatten, führt für sich genommen nicht zur mangelnden Ausgleichsreife des entsprechenden Anrechts; vielmehr waren die Verfahren insoweit nach § 21 FamFG auszusetzen.[47] Der Ausgleich konnte jedoch durchgeführt werden, wenn der Ausgleichsberechtigte das Rentenalter erreicht hat und absehbar ist, dass der auf die Startgutschrift entfallende Teil nur wirtschaftlich bedeutungslos sein wird.[48] Zwischenzeitlich hat sich das Problem dadurch erledigt, dass die Versorgungsträger der Zusatzversorgung des öffentlichen Dienstes den Änderungstarifvertrag, der den Vorgaben des BGH zur Ausgestaltung der Startgutschrift entspricht, in ihre Satzungen übernommen haben.[49] Die Ausgleichsreife eines hinreichend verfestigten Versorgungsanrechts der privaten Rentenversicherung wird nicht von dem Umstand berührt, dass es im Hinblick auf die Aufnahme eines Kredits zur Sicherheit abgetreten ist (→ § 2 Rn. 15).[50]

9 **Nicht ausgleichsreif** ist ferner ein Anrecht, das auf eine **abzuschmelzende Leistung** gerichtet ist (§ 19 Abs. 2 Nr. 2). Auf abzuschmelzende Leistungen gerichtete Anrechte kommen häufig im Zusammenhang mit Besitzstandsregelungen bei Verminderungen von Versorgungen[51] in Betracht, aber auch, wenn in der gesetzlichen Rentenversicherung eine Rente durch bestandskräftigen Bescheid zu hoch festgesetzt wurde.[52] Nicht ausgleichsreif sind weiterhin Anrechte, deren Ausgleich für die ausgleichsberechtigte Person **unwirtschaftlich** wäre (§ 19 Abs. 2 Nr. 3). Die Durchführung des Wertausgleichs zugunsten eines im Beamtenverhältnis stehenden Ehegatten durch Begründung von Anrechten in der gesetzlichen Rentenversicherung (§ 16 Abs. 1) ist nicht schon deshalb zweckverfehlt oder

---

[43] Vgl. BGH NJW-RR 2014, 129 Rn. 22 = FamRZ 2014, 282; allg. *Borth* FamRZ 2014, 270 ff.

[44] Vgl. hierzu BGH FamRZ 2018, 894 = NJW 2018, 1961; zum früheren Recht ebenso BGH NJWE-FER 2001, 89 (91) = FamRZ 2001, 477 (479); NJW 1989, 2812 f. = FamRZ 1989, 844 (845).

[45] Vgl. in einem Verfahren nach § 51 BGH NJW-RR 2015, 1217 Rn. 20 = FamRZ 2015, 1688 unter Bezugnahme auf BT-Drs. 16/10144, 63 f.

[46] OLG Stuttgart FamRZ 2017, 1923 = NZFam 2017, 835 Rn. 51; aA OLG Bamberg FamRZ 2014, 1637; abl. hierzu *Lange* FamRZ 2014, 1599 (1601).

[47] Vgl. zur Unwirksamkeit der Regelungen über die Startgutschrift aufgrund der bis zum Inkrafttreten des 5. Änderungstarifvertrags am 30.5.2011 OLG Düsseldorf BeckRS 2010, 29105 (zu II 2) = FamRZ 2011, 719; OLG Celle BeckRS 2010, 29662 (zu II) = FamRZ 2011, 720 Ls.; OLG Karlsruhe BeckRS 2011, 00133 (zu II 2, 3) = FamRZ 2011, 727; BeckRS 2011, 05361 = FamRZ 2011, 1233 f.; OLG Nürnberg NJW-RR 2011, 1636 (1637); *Borth* FamRZ 2011, 223; *Wick* Familienrecht kompakt 2011, 35 f.; aA OLG München BeckRS 2010, 21153 = FamRZ 2011, 222; OLG Köln NJOZ 2011, 584 f. = FamRZ 2011, 721 f.

[48] Für eine nach wie vor bestehende Ungleichbehandlung von Versicherten mit berufsnotwendig langen Ausbildungszeiten BGH NZA-RR 2016, 318 Rn. 21 ff.; OLG Karlsruhe BeckRS 2015, 00258 Rn. 47 ff. = FamRZ 2015, 590 Ls.; vgl. hierzu *Borth* FamRZ 2015, 548; zur Durchführung des Versorgungsausgleichs bei wirtschaftlicher Bedeutungslosigkeit des auf die Startgutschrift entfallenden Anteils BGH FamRZ 2017, 960 = NJW 2017, 3226 wenn sich die Anpassung der Regelungen über die Startgutschrift nur zu Lasten des Rechtsmittelführers auswirken kann und dieser auf einer Regelung besteht BGH FamRZ 2017, 1303 = NJW 2017, 3229.

[49] Vgl. zB Satzung der Zusatzversorgungskasse der bayerischen Gemeinden idF vom 11.4.2018, abrufbar unter http://portal.versorgungskammer.de/portal/pls/portal/!PORTAL.wwpob_page.show?_docname=11524987.PDF (zuletzt abgerufen am 13.11.2018).

[50] Vgl. BGH NJW 2013, 3173 Rn. 13 f. = FamRZ 2013, 1715.

[51] Vgl. etwa im Zusammenhang mit § 69e BeamtVG BGH NJW-RR 2011, 793 Rn. 32 ff. = FamRZ 2011, 706; zur Anwendung des schuldrechtlichen Versorgungsausgleichs nach früherem Recht OLG Celle BeckRS 2002, 30256979 (zu II 4 a cc) = FamRZ 2002, 823 (825); BeckRS 2005, 12501 (zu II 2 d) = FamRZ 2006, 422 (424); OLG Bremen BeckRS 2003, 30300142 (zu II 1) = FamRZ 2003, 929 (930); OLG München FamRZ 2003, 932; OLG Karlsruhe BeckRS 2003, 08218 (zu II) = FamRZ 2003, 1928 f.; OLG Koblenz BeckRS 2010, 25809 (zu II 1 a) = FamRZ 2005, 110 (111); OLG Stuttgart BeckRS 2007, 02926 (zu II) = FamRZ 2007, 1024; OLG Hamm NJW-RR 2008, 452 (453) = FamRZ 2008, 898 (899); *Deisenhofer* FamRZ 2002, 288.

[52] OLG Brandenburg FamRZ 2016, 1773 red. Ls.

unwirtschaftlich, weil sich aus diesen Anrechten idR kein Anspruch auf Zahlung einer Erwerbsminderungsrente realisieren lässt.[53] Das gilt auch dann, wenn der Beamte bereits bei Ehezeitende dienstunfähig war, kann aber anders zu beurteilen sein, wenn er noch jung ist und eine alsbaldige Dienstunfähigkeit zu erwarten ist.[54] Seit dem 11.8.2010 ist ein Wertausgleich für die Konstellation, dass ein Beamter, der aus eigener Versicherung keine Rentenanrechte erworben hat, im Wege der internen Teilung jedoch Anrechte aus der gesetzlichen Rentenversicherung seines Ehegatten erhält, mit denen die allgemeine Wartezeit (vgl. §§ 52, 50, 35 SGB VI) nicht zu erfüllen wäre, meist nicht mehr unwirtschaftlich.[55] Denn die frühere Bestimmung des § 7 Abs. 2 SGB VI, dass sich versicherungsfreie und von der Versicherungspflicht befreite Personen nur dann freiwillig versichern können, wenn sie die allgemeine Wartezeit erfüllt haben, besteht nicht mehr. Allerdings muss noch ausreichend Zeit vorhanden sein, um durch freiwillige Beitragszahlung die allgemeine Wartezeit zu erfüllen (§§ 55, 197 SGB VI). Die Möglichkeit der Nachentrichtung von Beiträgen für Personen, die bis zum Erreichen der Regelaltersgrenze die allgemeine Wartezeit nicht erfüllt haben und am 10.8.2010 nicht das Recht zur freiwilligen Versicherung hatten, ist zum 31.12.2015 ausgelaufen (§ 282 Abs. 2 SGB VI).[56] Unwirtschaftlich ist ein Ausgleich, wenn nach der maßgebenden Versorgungsordnung eine interne Teilung vorgesehen ist, sich aus dem begründeten Anrecht wegen einer nicht zu erfüllenden Beitragszeit aber keine Leistungsansprüche ergeben können.[57] Dies kommt zB in der berufsständischen Versorgung in Betracht.[58]

Allgemein sind auch Anrechte, die gegenüber einem **ausländischen, zwischenstaatlichen oder überstaatlichen Versorgungsträger** bestehen, nicht ausgleichsreif (§ 19 Abs. 2 Nr. 4) und können daher nur schuldrechtlich ausgeglichen werden.[59] Dafür reicht es aus, dass der Versorgungsträger nach einem fremden Gesellschaftsstatut errichtet wurde und im Inland keine selbständige Niederlassung hat, mag er dort auch werbend tätig sein.[60] Das gilt auch dann, wenn die fremde Rechtsordnung an sich die Teilung durch ein deutsches Gericht dem Grunde nach anerkennen und auf dieser Grundlage die Realteilung durchführen würde.[61] Die mangelnde Ausgleichsreife der letztgenannten Anrechte führt zu einer Sperre für den Wertausgleich anderer Anrechte dieser Eheleute, wenn und soweit dies für den anderen Ehegatten unbillig wäre (§ 19 Abs. 3). Das kommt vor allem in Betracht, wenn die ausländischen Anrechte zumindest so hoch sind wie die inländischen Anrechte des anderen Ehegatten,[62] aber auch dann, wenn sich die Höhe des ausländischen Anrechts nicht feststellen lässt[63] oder ein Ehegatte ausschließlich inländische Anrechte und der andere Ehegatte ausschließlich ausländische Anwartschaften erworben hat und anzunehmen ist, dass die ausländischen Anrechte nicht wesentlich weniger werthaltig sind als die inländischen.[64] Es kann auch daran zu denken sein, im Hinblick auf ein ausländisches Anrecht nur einen Teil der inländischen Anrechte des anderen Ehegatten in den Wertausgleich einzubeziehen.[65] Demgegenüber ist eine Sperre nicht veranlasst, wenn der Ehegatte, der über ausländische Anrechte verfügt, auch hinsichtlich der inländischen Anrechte per Saldo ausgleichspflichtig ist.[66] Aus Vorstehendem erhellt sich, dass vielfach der 10

[53] Vgl. noch zu § 1587b Abs. 4 BGB aF BGH NJW 2013, 2275 Rn. 19 ff. = FamRZ 2013, 1283.

[54] Vgl. BGH NJW 2013, 2275 Rn. 22 ff. = FamRZ 2013, 1283, der einen 47jährigen nicht idS für jung hält.

[55] Vgl. OLG Dresden BeckRS 2012, 12002 (zu II) = FamRZ 2013, 41 mAnm *Ruland* FamFR 2012, 325; dennoch für die Annahme einer Zweckverfehlung bei der denkbaren Übertragung eines Anrechts im Gegenwert von 0,33 EUR für eine Beamtin, die auf diesen Ausgleich verzichtet, OLG Brandenburg BeckRS 2015, 09023 Rn. 21 f. = FamRZ 2015, 1719 Ls. m. krit. Anm. *Burschel* NZFam 2015, 723.

[56] Vgl. hierzu mit näheren Rechenbeispielen *Bergner* FamFR 2010, 458.

[57] Vgl. OLG Brandenburg NJW 2013, 177 = FamRZ 2013, 1039 (1040 f.).

[58] OLG Celle FamRZ 2018, 1664 = BeckRS 2018, 27377 für den Fall, dass (auch) der Ausgleichspflichtige die Mindestwartezeit nicht mehr erfüllen kann, weil er aus dem Versorgungswerk ausgeschieden ist.

[59] Vgl. BGH NJOZ 2013, 581 Rn. 14 = FamRZ 2013, 106 zu Anrechten in der irischen Sozialversicherung.

[60] OLG Brandenburg NZFam 2017, 77 = FamRZ 2017, 795.

[61] Vgl. BGH FamRZ 2016, 1576 = NJW-RR 2016, 969(Schweizer Freizügigkeitsguthaben); zu den Änderungen des Schweizerichen Zivilgesetzbuchs sowie des Gesetzes über das Internationale Privatrecht zum Ausgleich von Vorsorgeansprüchen zwischen Ehegatten ab 1.1.2017 *Borth* FamRZ 2017, 95.

[62] Vgl. OLG Karlsruhe BeckRS 2015, 01830 Rn. 14–16 = FamRZ 2015, 754 (755); OLG Zweibrücken BeckRS 2013, 01019 (zu III 4) = FamRZ 2013, 1492 (1494); OLG Düsseldorf BeckRS 2011, 14148 (zu II) = FamRZ 2011, 1734 f.

[63] Vgl. OLG Frankfurt FamRZ 2018, 184; OLG Koblenz BeckRS 2011, 17474 = FamRZ 2011, 1870; AG Sinsheim FamRZ 2017, 1574.

[64] Vgl. OLG Zweibrücken NJW-RR 2015, 1157 Rn. 47 = FamRZ 2015, 2063 (2065) mAnm *Hilbig-Lugani* NZFam 2015, 784.

[65] Vgl. OLG Brandenburg BeckRS 2013, 09491 Rn. 31 f. = FamRZ 2014, 311 (312); OLG Celle NJW-RR 2011, 1571 (1573).

[66] Vgl. OLG Brandenburg BeckRS 2011, 16974 (zu II 7) = FamRZ 2012, 310 (311); aA KG BeckRS 2016, 04032 Rn. 11 f. = FamRZ 2016, 982 (983) m. abl. Anm. *Eichenhofer* NZFam 2016, 322 und *Borth* FamRZ 2016, 984; OLG Düsseldorf FamRZ 2019, 440 = BeckRS 2018, 23622.

Wert des ausländischen Anrechts ermittelt werden muss, damit näher beurteilt werden kann, ob und in welcher Höhe von der Ausgleichssperre Gebrauch zu machen ist.[67] In solchen Fällen sollte auch überlegt werden, ob eine Vereinbarung geschlossen werden kann, bei der der eine Ehegatte seine ausländischen Anwartschaften ungeteilt behält und der Wertausgleich im Übrigen in einer entsprechend herabgesetzten Höhe durchgeführt wird. Zweifelhaft erscheint allerdings, auch ohne Vereinbarung zu einem solchen Ergebnis zu gelangen.[68] Ist die Höhe des Ausgleichswerts des ausländischen Anrechts hinreichend sicher zu bestimmen, kommt uU auch die Anordnung einer Abfindung gem. § 23 in Betracht.[69]

11 **§ 1587f Nr. 1–3 BGB aF** sahen weitere Fälle vor, in denen (Rest-)anrechte schuldrechtlich auszugleichen waren. Diese Regelungen haben ihre Bedeutung verloren.[70]

### III. Interne Teilung als Regel (Abs. 2)

12 Nach § 9 Abs. 2 sind Anrechte **in der Regel** nach den §§ 10–13 intern zu teilen. Mit dieser Bestimmung wird nicht, wie nach der Überschrift vielleicht nahe gelegt sein könnte, eine feste Rangfolge der Ausgleichsformen festgelegt, sondern im Verhältnis zur externen Teilung ein Regel/Ausnahme-Verhältnis, dessen Bedeutung sich erst dann erschließt, wenn man die Ausnahmetatbestände, in denen eine externe Teilung vorzunehmen ist, näher betrachtet (→ Rn. 17 ff.).

13 Die interne Teilung ist in § 10 Abs. 1 dahin definiert, dass das FamG für die ausgleichsberechtigte Person zulasten des Anrechts der ausgleichspflichtigen Person ein Anrecht in Höhe des Ausgleichswerts bei dem Versorgungsträger überträgt, bei dem das Anrecht der ausgleichspflichtigen Person besteht. Auf diese Weise erhält **jeder Ehegatte die Hälfte jedes einzelnen ehezeitlichen Anrechts** des anderen Ehegatten bei dem jeweils betroffenen Versorgungsträger. Soweit nach der internen Teilung Anrechte gleicher Art bei demselben Versorgungsträger auszugleichen sind, vollzieht dieser (und nicht das FamG) nach § 10 Abs. 2 S. 1 den Ausgleich nur in Höhe des Wertunterschieds nach Verrechnung. Diese Regelung wird durch § 120f SGB VI ergänzt, nach der als Anrechte gleicher Art die in der gesetzlichen Rentenversicherung erworbenen Anrechte gelten. Das bedeutet, dass die gesetzliche Rentenversicherung insgesamt – ungeachtet des Umstands, dass für ihre Durchführung zwei Bundesträger und 14 Regionalträger zuständig sind – im Zusammenhang mit der internen Teilung von Anrechten als Einheit zu betrachten ist.[71] Lediglich West- und Ostanrechte (bis zur Herstellung einheitlicher Einkommensverhältnisse, die gem. § 120f Abs. 2 SGB VI am 30.6.2024 vorliegen wird) sowie Anrechte in der allgemeinen Rentenversicherung und in der knappschaftlichen Rentenversicherung gelten nicht als Anrechte gleicher Art. Eine Verrechnung wird im Übrigen bei der Vollziehung der Entscheidung nach § 10 Abs. 2 S. 2 auch dann vorgenommen, wenn verschiedene Versorgungsträger zuständig sind und Vereinbarungen zwischen ihnen eine Verrechnung vorsehen.

14 Die **Anforderungen** an die interne Teilung ergeben sich aus § 11. Sie richten sich insbesondere an die Versorgungsträger, die nach früherem Recht nicht in die Durchführung des Wertausgleichs eingebunden waren und deren Versorgungsordnungen darum nicht auf den Versorgungsausgleich eingerichtet sein mussten.[72] Die interne Teilung muss eine gleichwertige Teilhabe[73] der Ehegatten an den auszugleichenden Anrechten sicherstellen. Das für den Berechtigten entstehende Anrecht muss eigenständig sein,[74] darf also nicht vom Versorgungsschicksal der ausgleichspflichtigen Person abhängig sein.[75] Daher reicht es nicht aus, wenn in der Teilungsordnung vorgesehen ist, dass der Anspruch des Ausgleichspflichtigen auf Zahlung einer Versorgung in Höhe des Ausgleichswerts an den Ausgleichsberechtigten abgetreten wird. Darüber hinaus muss es hinsichtlich der Sicherstellung

[67] Vgl. OLG Zweibrücken NZFam 2016, 1197; OLG Stuttgart BeckRS 2015, 02980 Rn. 9 ff. = FamRZ 2015, 324 (325); OLG Frankfurt BeckRS 2014, 20155 Rn. 3; OLG Saarbrücken BeckRS 2014, 00089 (zu II) = FamRZ 2014, 41 (42); NJW-RR 2011, 1374 f. = FamRZ 2011, 1735 f.; OLG Karlsruhe BeckRS 2013, 00452 (zu II 2) = FamRZ 2013, 41 (42).

[68] So aber AG Traunstein BeckRS 2012, 15522 = FamRZ 2012, 1146 f.

[69] Vgl. hierzu BGH FamRZ 2016, 1576 = NJW-RR 2016, 969.

[70] Vgl. BT-Drs. 16/10144, 53 f.

[71] Vgl. *Ruland* FamRZ 2013, 169.

[72] Zum Gestaltungsspielraum der Versorgungsträger und zur Bestimmung des Werts des Anrechts vgl. *Budinger/Krazeisen* BetrAV 2009, 489 (491 ff.); *Cisch/Hufer* BetrAV 2009, 500 (502 ff.); *Ruland* BetrAV 2010, 131 (135, 139); *Schwind* BetrAV 2010, 235.

[73] Zur Ausgestaltung dieses Grundsatzes in der Zusatzversorgung des öffentlichen und kirchlichen Dienstes vgl. *Mühlstädt* BetrAV 2010, 425 (427).

[74] Vgl. BGH NJW 2014, 3447 Rn. 11 = FamRZ 2014, 1983; BeckRS 2014, 22651 Rn. 12 = FamRZ 2015, 236 Ls.; NZFam 2014, 1040 Rn. 13 = FamRZ 2014, 1987 Ls.

[75] Vgl. BGH NJW-RR 1989, 1026 (1028) = FamRZ 1989, 951 (953); NJW-RR 1989, 387 (388) = FamRZ 1988, 1254 f.; BeckRS 1985, 31072580 (zu II 1) = FamRZ 1985, 799 (800).

und der Wertentwicklung mit dem Anrecht des Pflichtigen vergleichbar sein[76] und den gleichen Risikoschutz gewähren.[77] Das FamG hat dies in seiner Entscheidung zur internen Teilung zu beachten. Geht es etwa um die interne Teilung einer sicherungshalber abgetretenen privaten Rentenversicherung, ist nicht nur der ehezeitliche Anteil am nachrangigen Bezugsrecht auf den ausgleichsberechtigten Ehegatten zu übertragen, sondern in der Beschlussformel auszusprechen, dass der Anspruch auf Rückgewähr des Bezugsrechts auf beide Ehegatten als Mitgläubiger (§ 432 BGB) übertragen wird, weil nur so für den Ausgleichsberechtigten ein eigenständiges und gesichertes Anrecht iSd § 11 Abs. 1 S. 1 Nr. 1 geschaffen werden kann (→ § 2 Rn. 15).[78] In der Teilungsordnung ist sicherzustellen, dass für den Ausgleichsberechtigten ein Anrecht entsteht, dessen Wert sich nach dem Ende der Ehezeit entsprechend den biometrischen Risikogewinnen unter Zugrundelegung der Sterbetafeln, die für den Ausgleichspflichtigen gelten, sowie der Aufzinsung in gleicher Weise entwickelt wie das geteilte Anrecht.[79] Ist für das auszugleichende Anrecht ein Garantiezins bestimmt, muss dem Ausgleichsberechtigten bei der internen Teilung derselbe Zins zugutekommen, was dem Versicherungsunternehmen durch § 2 Abs. 2 S. 2 DeckRV ermöglicht wird.[80] Eine Teilungsordnung, die dies nicht beachtet, ist insoweit nicht anzuwenden, sondern soweit möglich hinsichtlich der Mängel durch das Familiengericht zu modifizieren oder zu ergänzen.[81] Sieht die Versorgungsordnung vor, dass einer außenstehenden Person, hier dem berechtigten Ehegatten, ein Invaliditätsschutz nicht vermittelt werden kann, ist es nach § 11 Abs. 1 S. 2 Nr. 3 Hs. 2 zulässig, den Risikoschutz im Rahmen der Altersversorgung zu kompensieren[82] (→ § 11 Rn. 26); das ist im gegebenen Fall in der Auskunft des Versorgungsträgers nachvollziehbar darzustellen (→ 7. Aufl. 2017, FamFG § 220 Rn. 7), damit das FamG die Angemessenheit überprüfen kann.[83] § 11 Abs. 1 S. 2 Nr. 3 Hs. 2 legt nicht fest, dass die Teilungsordnung bereits im Einzelnen die Umrechnungsgrundlagen enthält, mit denen ein reduzierter Risikoschutz kompensiert werden soll.[84] Deswegen sieht es der BGH für ausreichend an, wenn der Versorgungsträger die Grundlagen für die Umrechnung im Zusammenhang mit seiner Auskunft nachvollziehbar darlegt.[85] Es genügt den Anforderungen des § 11 Abs. 1 S. 2 Nr. 3 aber auch, wenn der Ausgleichswert als Kapitalwert unter Berücksichtigung des vollen dem Ausgleichspflichtigen zugesagten Leistungsspektrums berechnet wird und auf dieser Grundlage für den Ausgleichsberechtigten eine reine Altersversorgung kalkuliert und zugesagt wird.[86] Beim Ausgleich eines Anrechts, das dem BetrAVG unterfällt, erlangt der Berechtigte nach § 12 die Stellung eines ausgeschiedenen Arbeitnehmers iSd BetrAVG, so dass für Rechtsstreitigkeiten zwischen dem Berechtigten und dem Versorgungsträger die Arbeitsgerichte zuständig sind. Außerdem folgt hieraus, dass er in den Grenzen von § 2 Abs. 5 BetrAVG aF an der Anwartschaftsdynamik eines endgehaltsbe-

---

[76] Zur Notwendigkeit, dass auch der Ausgleichswert des für den Ausgleichsberechtigten zu begründenden Anrechts auf den Zeitpunkt des Ehezeitendes bezogen ist und keinem geringeren Rechnungszins unterliegt, vgl. BGH NJW 2015, 3306 Rn. 19 ff. = FamRZ 2015, 1869; ähnlich OLG Stuttgart NJOZ 2015, 287 Rn. 20 ff. = FamRZ 2015, 584 (585).

[77] Vgl. BGH NJW 2015, 3306 Rn. 17 = FamRZ 2015, 1869; NJW 2014, 3447 Rn. 11 = FamRZ 2014, 1983; BeckRS 2014, 22651 Rn. 12 = FamRZ 2015, 236 Ls.; NZFam 2014, 1040 Rn. 13 = FamRZ 2014, 1987 Ls.

[78] Vgl. grdl. BGH NJW 2013, 3173 Rn. 17 = FamRZ 2013, 1715; nachfolgend BGH BeckRS 2013, 22645 Rn. 12 = FamRZ 2014, 635.

[79] BGH NJW 2015, 3306 = FamRZ 2015, 1869; OLG Frankfurt FamRZ 2018, 96; OLG Nürnberg FamRZ 2016, 819 (für eine Direktversicherung etwas großzügiger hinsichtlich biometrischer Gewinne und Sterbetafeln).

[80] Vgl. BGH NJW 2015, 3306 Rn. 30 = FamRZ 2015, 1869; OLG Nürnberg NJOZ 2016, 599 Rn. 32 f. = FamRZ 2016, 819 (820); OLG Schleswig FamRZ 2014, 1113 (1114); ihm folgend OLG Stuttgart NJOZ 2015, 287 Rn. 24 f. = FamRZ 2015, 584 (586); zu einer betrieblichen Altersversorgung OLG Saarbrücken BeckRS 2015, 16504 Rn. 17 f.; OLG Koblenz BeckRS 2016, 04358 Rn. 15 f. = FamRZ 2016, 375 (376).

[81] Vgl. BGH NJW 2015, 3306 Rn. 24 ff. = FamRZ 2015, 1869; für Nichtigkeit OLG Schleswig FamRZ 2014, 1113 (1114); ihm folgend OLG Stuttgart NJOZ 2015, 287 Rn. 26 = FamRZ 2015, 584 (586); *Kasenbacher* NJW-Spezial 2015, 452.

[82] Vgl. zu einer Erhöhung des Anrechts auf Altersrente um 9 % BGH NJW 2011, 1139 Rn. 20 = FamRZ 2011, 547; um 12 % OLG Karlsruhe BeckRS 2012, 20153 (zu II 2 b) = FamRZ 2013, 701 (702); um 5 % OLG Brandenburg NJOZ 2012, 281 (282 f.) = FamRZ 2012, 555 (556); um 3 % KG BeckRS 2011, 26413 (zu II) = FamRZ 2012, 635 (636).

[83] Vgl. OLG Bamberg BeckRS 2014, 19234 Rn. 12 = FamRZ 2014, 1701 (1702); OLG Karlsruhe BeckRS 2012, 20153 (zu II 2 b) = FamRZ 2013, 701 (702); OLG Hamm BeckRS 2012, 11812 (zu II) = FamRZ 2013, 380 (381); OLG Koblenz BeckRS 2011, 17475 = FamRZ 2012, 301 f.

[84] Hierfür jedoch (noch) OLG Bamberg BeckRS 2014, 19234 Rn. 12 = FamRZ 2014, 1701 (1702); OLG Koblenz BeckRS 2011, 17475 = FamRZ 2012, 301 f.

[85] Vgl. BGH NJW-RR 2015, 577 Rn. 17 f. = FamRZ 2015, 911.

[86] Vgl. OLG Karlsruhe NJW 2015, 1971 Rn. 15–19 = FamRZ 2015, 1291 (1292).

zogenen Anrechts nur teil hat, soweit diese auch dem Ausgleichspflichtigen zugute kommt.[87] Durch § 2a BetrAVG wurde für Beschäftigungszeiten ab dem 1.1.2018 (§ 30g BetrAVG) allerdings die Rechtsstellung ausgeschiedener Arbeitnehmer der der aktiven Arbeitnehmer angeglichen.

15 Ob den Anforderungen des § 11 Abs. 1 Rechnung getragen ist, hat das **FamG zu prüfen,** soweit untergesetzliche Versorgungsordnungen anzuwenden sind, die kraft Satzungsautonomie – etwa in der berufsständischen Versorgung – oder auf kollektiv- oder privatvertraglicher Grundlage – wie bei betrieblichen oder privaten Versorgungsträgern – geschaffen worden sind. Dabei sind die Versorgungsträger nach § 220 Abs. 4 FamFG verpflichtet, dem FamG die für diese Beurteilung notwendigen Informationen zu erteilen. Fehlt es an einer Regelung, die diesen Anforderungen gerecht wird, gelten nach der Auffangregelung des § 11 Abs. 2 die für das Anrecht der ausgleichspflichtigen Person maßgebenden Regelungen für das der ausgleichsberechtigten Person zu übertragende Anrecht entsprechend.[88] Ist eine in der Teilungsordnung getroffene Regelung unklar oder mehrdeutig oder verstößt sie nur in einzelnen Randaspekten gegen den Grundsatz der gleichmäßigen Teilhabe, muss indes vorrangig geprüft werden, ob sich der Kern der getroffenen Regelung im Zuge einer Anpassung an zwingende Vorgaben des Gesetzes aufrechterhalten lässt,[89] was im Rahmen einer Maßgabenanordnung in der familiengerichtlichen Entscheidung bestimmt werden kann. Dabei genügt es dem Halbteilungsgrundsatz, wenn der Ausgleichsberechtigte in der Zeit zwischen dem Ehezeitende und dem Eintritt der Rechtskraft der Entscheidung an der Entwicklung des Anrechts nach den biometrischen Rechnungsgrundlagen des Ausgleichspflichtigen teilhat.[90] Beruht die Ausgestaltung der Auswirkungen der internen Teilung auf gesetzlichen Vorschriften, wie dies in der gesetzlichen Rentenversicherung und bei der Teilung beamtenversorgungsrechtlicher Ansprüche von Bundesbeamtinnen und Bundesbeamten (vgl. das als Art. 5 VAStrRefG ergangene Bundesversorgungsteilungsgesetz) der Fall ist, kommt dem FamG eine entsprechende Kontrollbefugnis nicht zu.

16 Im Rahmen der internen Teilung sind die Versorgungsträger nach § 13 befugt, **die bei der Teilung entstehenden Kosten,** soweit sie angemessen sind, jeweils hälftig mit den Anrechten beider Ehegatten zu verrechnen. Die Regelung, die sich nicht auf die Kosten für die Ermittlung der Ehezeitanteile der Ehegatten bezieht,[91] erfasst nicht nur die mit der Einrichtung eines neuen Versicherungskontos entstehenden Kosten, sondern auch die im Rahmen der Kontenverwaltung für den Versorgungsberechtigten erwachsenden Mehrkosten,[92] die – weil sie erst in der Zukunft anfallen – als Barwert zu bestimmen sind.[93] Die Versorgungsträger haben insoweit bei ihrem Vorschlag für die Bestimmung des Ausgleichswerts nach § 220 Abs. 4 FamFG Angaben über den beabsichtigten Kostenabzug zu machen, dessen Angemessenheit der Kontrolle des FamG unterliegt (→ § 13 Rn. 10),[94] und diesen auf Verlangen im Einzelnen in Form einer genauen, nachvollziehbaren Kalkulation darzulegen.[95] Im Gesetzgebungsverfahren ist unter Bezugnahme auf die frühere Realteilung (§ 1 Abs. 2 VAHRG) darauf hingewiesen worden, dass eine Pauschalierung der Teilungskosten in einer Größenordnung von 2–3 % des Deckungskapitals[96] möglich sei,[97] zugleich aber betont worden, die Gerichte dürften sich hieran nicht schematisch ausrichten, sondern müssten darauf achten, dass

---

87 BGH FamRZ 2018, 894 = NJW 2018, 1961.

88 Vgl. OLG Stuttgart NJOZ 2015, 287 Rn. 26–30 = FamRZ 2015, 584 (586); OLG Hamm BeckRS 2012, 11812 (zu II) = FamRZ 2013, 380 (381); *Triebs* FPR 2009, 202 (204).

89 Vgl. BGH NJW 2015, 3306 Rn. 24, 26 = FamRZ 2015, 1869.

90 Vgl. BGH NJW 2015, 3306 Rn. 33 f. = FamRZ 2015, 1869.

91 Vgl. BGH NJW 2012, 1281 Rn. 37 = FamRZ 2012, 610; *Keuter* FamRZ 2012, 1914.

92 Vgl. BGH NJW-RR 2012, 1220 Rn. 21 = FamRZ 2012, 1549; NJW-RR 2012, 1218 Rn. 21 = FamRZ 2012, 1546; NJW-RR 2012, 643 Rn. 14 = FamRZ 2012, 942; NJW 2012, 1281 Rn. 40 = FamRZ 2012, 610; OLG Karlsruhe BeckRS 2012, 07940 Rn. 20 = FamRZ 2013, 38 (39); OLG Stuttgart BeckRS 2012, 11028 (zu II) = FamRZ 2012, 711 (712); OLG Celle BeckRS 2011, 13869 (zu II 2 b aa) = FamRZ 2011, 1946 Ls.; OLG Nürnberg NJOZ 2011, 1516 (1518) = FuR 2011, 535 (537); OLG Karlsruhe NJOZ 2012, 523 f. = FamRZ 2011, 1948 (1949); *Lucius/Veit/Groß* BetrAV 2011, 52 (53); aA OLG Oldenburg BeckRS 2011, 29485; OLG Stuttgart BeckRS 2011, 23349 (zu II 2) = FamRZ 2012, 34 (35).

93 Vgl. BGH NJW-RR 2015, 707 Rn. 13 = FamRZ 2015, 916 mAnm *Scholer* FamRZ 2015, 918.

94 Vgl. BT-Drs. 16/10144, 57; BGH NJW 2012, 1281 Rn. 44 = FamRZ 2012, 610; OLG Köln BeckRS 2011, 28702 (zu II 2) = FamRZ 2011, 1795 (1796 f.); OLG Düsseldorf NJW-RR 2011, 1635 (1636) = FamRZ 2011, 1947 (1948).

95 Vgl. BGH NJW 2012, 1281 Rn. 46 = FamRZ 2012, 610; OLG Celle BeckRS 2015, 09056 Rn. 10 ff. = FamRZ 2015, 1293 Ls.

96 Zu einer Gestaltung in der Zusatzversorgung des öffentlichen Dienstes der Freien und Hansestadt Hamburg, bei der die Teilungskosten, bezogen auf den Rentenbetrag, erst während des Auszahlungszeitraums abgezogen werden, vgl. OLG Hamburg BeckRS 2015, 00092 Rn. 9 = FamRZ 2015, 55 (56) m. krit. Anm. *Schwamb* NZFam 2015, 178.

97 BT-Drs. 16/10144, 57.

bei hohen Anrechten kein Abzug zugelassen werde, der das Anrecht empfindlich schmälere und außer Verhältnis zum Aufwand des Versorgungsträgers stehe.[98] Vor diesem Hintergrund bestehen keine grundsätzlichen Bedenken gegen die Pauschalierung von Teilungskosten, wenn sie durch einen Höchstbetrag begrenzt sind.[99] Dabei nimmt eine verbreitete Rspr. an, dass die Angemessenheit des Kostenabzugs bei einem Höchstbetrag von 500 EUR idR gewahrt ist, ohne dass der Versorgungsträger zu den Einzelheiten seiner Mischkalkulation näher vortragen muss.[100] Macht er geltend, dass ein Höchstbetrag von 500 EUR für seine Mischkalkulation nicht auskömmlich ist, hat sich die Angemessenheitsprüfung daran zu orientieren, bis zu welchem Höchstbetrag der Versorgungsträger höherwertige Anrechte belasten muss, damit seine Mischkalkulation – ggf. unter Berücksichtigung eines von ihm erhobenen Mindestbetrages – insgesamt aufgeht.[101] Insoweit hält der BGH eine Prüfung für erforderlich, die auf mögliche Besonderheiten des Einzelfalls Rücksicht nimmt, sodass er es verworfen hat, die Angemessenheit eines Höchstbetrages allgemein danach zu bestimmen, in welchem Umfang dieser von den durchschnittlichen Stückkosten der Teilung abweicht.[102] Haben die Gerichte gegen die Höhe der geltend gemachten Teilungskosten Bedenken, was nach den vorstehenden Grundsätzen idR bei Überschreitung eines Kostenbetrags von 500 EUR in Betracht kommt,[103] sind sie verpflichtet, den Versorgungsträger zu einer Erläuterung nach § 220 Abs. 4 FamFG aufzufordern[104] und sich mit den Argumenten auseinanderzusetzen, die dieser für die Angemessenheit der von ihm beanspruchten Teilungskosten anführt.[105] Gelangt das Gericht zu der Überzeugung, dass die geltend gemachten (pauschalen) Teilungskosten nicht (einmal) den tatsächlichen Aufwand des Versorgungsträgers decken, kann aus der Sicht der Ehegatten deren Angemessenheit schwerlich verneint werden.[106] Enthält die Teilungsordnung keine Festlegung eines Höchstbetrags, können im Einzelnen dargelegte Teilungskosten nur dann als unangemessen angesehen werden, wenn es durch sie im konkreten Fall zu einer unangemessenen Reduzierung des Anrechts kommt.[107] Handelt es sich um ein zur Sicherung eines Kredits abgetretenes Versorgungsanrecht, muss der Sicherungsnehmer die Verminderung des Sicherungsguts durch die bei der internen Teilung anfallenden Kosten hinnehmen; denn er hat die Risiken des Rechts zu tragen, die auch der Sicherungsgeber zu tragen hätte, wenn es nicht zur Sicherungsabtretung des Rechts gekommen wäre.[108]

### IV. Externe Teilung in Sonderfällen (Abs. 3)

**1. Externe Teilung nach § 16 Abs. 1 und Abs. 2.** Bei der externen Teilung wird – ähnlich dem bis 31.8.2009 geltenden Recht bekannten Quasisplitting gem. § 1587b Abs. 2 BGB, § 1 Abs. 3 VAHRG – zulasten des Anrechts der ausgleichspflichtigen Person ein Anrecht in Höhe des Ausgleichswerts bei einem **anderen Versorgungsträger** begründet (§ 14 Abs. 1). Wird ein Anrecht aus einem **öffentlich-rechtlichen Dienstverhältnis** gem. **§ 16 Abs. 1 und 2** auf diese Art ausgegli- 17

98 BT-Drs. 16/11903, 53.

99 Vgl. BGH NJW-RR 2012, 1218 Rn. 23 = FamRZ 2012, 1546; NJW-RR 2012, 643 Rn. 19 = FamRZ 2012, 942; NJW 2012, 1281 Rn. 50 = FamRZ 2012, 610.

100 Vgl. BGH NJW-RR 2015, 705 Rn. 14 = FamRZ 2015, 913; NJW-RR 2015, 707 Rn. 10 = FamRZ 2015, 916.

101 Vgl. BGH NJW-RR 2015, 705 Rn. 15 = FamRZ 2015, 913 zu einem Höchstbetrag von 1.000 EUR; NJW-RR 2015, 707 Rn. 10 = FamRZ 2015, 916 zu einem Höchstbetrag von 6.000 EUR.

102 Vgl. BGH NJW-RR 2015, 705 Rn. 15 = FamRZ 2015, 913 mAnm *Scholer* FamRZ 2015, 916 und *Keuter* NZFam 2015, 678; so aber erwogen von OLG Nürnberg BeckRS 2014, 10948 (zu II 6.3) = FamRZ 2014, 1703 (1706); OLG Düsseldorf BeckRS 2013, 04237 (zu II 2 a) = FamRZ 2013, 381 (382); OLG Stuttgart BeckRS 2012, 11028 (zu II) = FamRZ 2012, 711 (713); OLG Karlsruhe NJOZ 2012, 523 (525) = FamRZ 2011, 1948 (1951).

103 Vgl. OLG Koblenz BeckRS 2013, 21310 (zu II 3, 4) = FamRZ 2013, 1901 (1903); OLG Düsseldorf BeckRS 2012, 13693 (zu II 3 b) = FamRZ 2013, 40 Ls.; OLG Celle BeckRS 2011, 13869 (zu II 2 b bb) = FamRZ 2011, 1946 Ls.; OLG Stuttgart NJW-RR 2011, 155 = FamRZ 2010, 1906; zu Kosten von 6.000 EUR OLG Köln BeckRS 2011, 28702 = FamRZ 2011, 1795; grds. und allg. hierzu BGH NJW 2012, 1281 Rn. 45–52 = FamRZ 2012, 610; *Lucius/Veit/Groß* BetrAV 2011, 52; *Götsche* FamRB 2011, 318; *Wick* FuR 2011, 436 f.

104 Vgl. BGH NJW-RR 2015, 707 Rn. 12 = FamRZ 2015, 916; NJW-RR 2012, 643 Rn. 16, 25 = FamRZ 2012, 942; NJW 2012, 1281 Rn. 44 = FamRZ 2012, 610.

105 Vgl. BGH NJW-RR 2012, 1220 Rn. 24 = FamRZ 2012, 1549; NJW 2012, 1281 Rn. 57 f. = FamRZ 2012, 610.

106 Vgl. OLG München FamRZ 2018, 584 für pauschale Obergrenze in Höhe von 800 EUR in der berufsständischen Versorgung; OLG Koblenz NZFam 2016, 76 Rn. 23 = FamRZ 2015, 1968 Ls.; OLG Karlsruhe BeckRS 2012, 07940 Rn. 26 = FamRZ 2013, 38 (40).

107 Vgl. OLG Celle BeckRS 2014, 12647 (zu II 4) = FamRZ 2014, 1849 (1850).

108 Vgl. BGH NJW 2013, 3173 Rn. 20 ff. = FamRZ 2013, 1715.

chen, erhält der ausgleichsberechtigte Ehegatte infolge der Gestaltungswirkung der gerichtlichen Entscheidung Anrechte in der gesetzlichen Rentenversicherung, ohne dass es zur Zahlung bestimmter Beiträge kommen muss. Vielmehr ist der Versorgungsträger des Ausgleichspflichtigen gem. § 225 SGB VI lediglich verpflichtet, dem Rentenversicherungsträger die Aufwendungen zu erstatten, die diesem durch die – ohne Gegenwert – begründeten Anrechte entstehen.[109] § 16 Abs. 1 gilt nicht – mangels einer Regelungslücke auch nicht analog[110] – für den Ausgleich einer arbeitsvertraglich zugesagten Versorgung nach beamtenrechtlichen Vorschriften oder Grundsätzen, die grundsätzlich – soweit nicht die Voraussetzungen des § 14 Abs. 2 vorliegen (→ Rn. 18) – intern zu teilen ist.[111] Das Gleiche gilt für eine von einer Religionsgesellschaft arbeitsvertraglich zugesagte Versorgung nach beamtenrechtlichen Vorschriften oder Grundsätzen.[112] Für die in § 16 Abs. 2 genannten Anrechte ist nach § 44 Abs. 4 der Wert maßgeblich, der sich aus einer Nachversicherung in der gesetzlichen Rentenversicherung ergäbe.[113] Bei einer solchen Teilung hat das FamG nach § 16 Abs. 3 anzuordnen, dass der Ausgleichswert in Entgeltpunkte bzw. bei einem Anrecht im Beitrittsgebiet in Entgeltpunkte (Ost) umzurechnen ist,[114] soweit es sich – wie zur Vermeidung einer zu hohen Kürzung des Anrechts des Ausgleichsverpflichteten bei regeldynamischen Anrechten im Beitrittsgebiet zu ergänzen ist – um ein angleichungsdynamisches Anrecht iSd früheren Bestimmung des § 3 Abs. 1 Nr. 5 VAÜG handelt.[115] In Art. 5 VAStrRefG ist mit dem Gesetz über die interne Teilung beamtenversorgungsrechtlicher Ansprüche von Bundesbeamtinnen und Bundesbeamten im Versorgungsausgleich die Möglichkeit einer internen Teilung von Anrechten dieses Personenkreises geschaffen worden, so dass insoweit keine externe Teilung mehr stattfindet (→ § 10 Rn. 45 ff.).

18 **2. Externe Teilung nach § 14 Abs. 2.** Darüber hinaus sind in **§ 14 Abs. 2 zwei neue Fallgruppen** einer externen Teilung geschaffen worden, die mit der Pflicht des Versorgungsträgers der ausgleichspflichtigen Person verbunden sind, den **Ausgleichswert als Kapitalbetrag** an den Versorgungsträger der ausgleichsberechtigten Person zu zahlen (§ 14 Abs. 4). In diesen Fällen setzt das Gericht den zu zahlenden Kapitalbetrag, der bei Kapitalwerten dem Ausgleichswert[116] und bei sonstigen Bezugsgrößen dem korrespondierenden Kapitalwert iSd § 47[117] entspricht, in seiner Endentscheidung fest (§ 222 Abs. 3 FamFG). Handelt es sich um eine private Rentenversicherung, ist neben dem in der Ehezeit erworbenen Deckungskapital auch die Hälfte der während der Ehezeit bereits zugeteilten Überschussanteile, die Hälfte des für den Fall der Kündigung vorgesehenen Schlussüberschussanteils und ein Wert in Höhe der Hälfte der Bewertungsreserven (§ 153 Abs. 3 S. 2 VVG) anzusetzen.[118] Handelt es sich um ein fondsgebundenes Anrecht, kann auch der Ausgleichswert in Höhe des Betrags der Fondsanteile festgesetzt werden, wenn der Kurs der Fondsanteile gem. § 170 KAGB veröffentlicht wird.[119] Um dem Halbteilungsgrundsatz Genüge zu tun, ist der Kapitalbetrag grundsätzlich ab Ende der Ehezeit bis zur Rechtskraft der Entscheidung über den Versorgungsausgleich in Höhe des Rechnungszinses der auszugleichenden Versorgung zu verzinsen, wenn es sich um ein Anrecht handelt, dessen Kapitalwert anhand eines Rechnungszinses ermittelt wird,[120] und zwar auch dann, wenn die Ehegatten die externe Teilung durch Vereinbarung

[109] Vgl. OLG Hamm BeckRS 2013, 13658 = FamRZ 2014, 396 Ls.; zur anteiligen Heranziehung der Dienstherren, wenn ein Ehegatte sowohl Beamter auf Widerruf als auch Soldat auf Zeit war, OLG Nürnberg BeckRS 2013, 08351 (zu II 4) = FamRZ 2014, 40.

[110] Zur Nichtanwendung des § 1587b Abs. 2 BGB nach früherem Recht vgl. BGH NJW 1985, 2711 = FamRZ 1985, 794.

[111] Vgl. BGH NJW-RR 2013, 449 Rn. 13 ff. = FamRZ 2013, 608; für einen Dienstordnungsangestellten OLG Brandenburg BeckRS 2013, 10028 (zu 2) = FamRZ 2014, 39 f.

[112] Vgl. BGH NJW-RR 2013, 1025 Rn. 12, 14 f. = FamRZ 2013, 1361.

[113] BGH NJW 2003, 132 = FamRZ 2003, 29 (30); BGHZ 81, 100 (103 ff.) = NJW 1981, 2187 (2188) = FamRZ 1981, 856 (857); OLG Brandenburg BeckRS 2016, 02104 Rn. 2 = FamRZ 2016, 821 (822); NZS 2015, 546 Rn. 10 = FamRZ 2016, 55 (56).

[114] Vgl. OLG Brandenburg BeckRS 2010, 20523 = FamRZ 2011, 38.

[115] Für eine Umrechnung in Entgeltpunkte bei einem regeldynamischen Anrecht im Beitrittsgebiet OLG Dresden BeckRS 2011, 13152 = FamRZ 2011, 813; ähnlich OLG Rostock BeckRS 2011, 23899 = FamRZ 2011, 1593; OLG Jena BeckRS 2011, 25915; BeckRS 2011, 27540 = FamRZ 2012, 638 (639); OLG Brandenburg BeckRS 2012, 05275 = FamRZ 2012, 1646.

[116] Vgl. BGHZ 191, 36 Rn. 18 = NJW 2011, 3358 = FamRZ 2011, 1785.

[117] Vgl. OLG Schleswig NJOZ 2013, 627 (628) = FamRZ 2013, 218 (219).

[118] Vgl. OLG Nürnberg BeckRS 2013, 18129 (zu II) = FamRZ 2014, 394 (395); ihm folgend OLG Frankfurt BeckRS 2015, 17350 Rn. 6 = FamRZ 2015, 1799 (1800); *Hoffmann/Raulf/Gerlach* FamRZ 2011, 333 (335).

[119] BGH NJW 2017, 3148 = FamRZ 2017, 1655.

[120] Vgl. BGHZ 191, 36 Rn. 17 ff. = NJW 2011, 3358 = FamRZ 2011, 1785; OLG Frankfurt NJOZ 2015, 1353 Rn. 25 = FamRZ 2015, 1112 (1114); OLG Celle NJW-RR 2011, 1571 (1573); aA OLG Bamberg BeckRS 2011, 04738 (zu II 2) = FamRZ 2011, 1229 (1230 f.); zur Zugrundelegung des nach § 253 Abs. 2 HGB maßgebenden Zinssatzes vgl. OLG Bremen NJOZ 2012, 1626 = FamRZ 2012, 637 (638).

auf einen auszugleichenden Betrag beschränkt haben;[121] denn nur dadurch wird gewährleistet, dass Ausgleichsberechtigter und Ausgleichspflichtiger in der Zeit zwischen Ende der Ehezeit und Rechtskraft der Entscheidung in gleicher Weise an der Wertentwicklung partizipieren und so ein dem Halbteilungsgrundsatz entsprechendes Ergebnis erzielt wird. Maßgebend für die Höhe der Verzinsung ist – vorbehaltlich einer Prüfung der Angemessenheit[122] – grundsätzlich derjenige Rechnungszins, den der Versorgungsträger im Rahmen der versicherungsmathematischen Wertermittlung für die Abzinsung gewählt hat.[123] An die Stelle des Rechnungszinses tritt bei einer beitragsorientierten Leistungszusage mit einem bestimmten Zinsversprechen der vom Versorgungsträger zugesagte Zinssatz.[124] Der in den Transformationstabellen einkalkulierte Rechnungszins kann im Versorgungsausgleich jedoch nur dann als Diskontierungszinssatz für die Ermittlung des Barwerts der künftigen Versorgungsleistungen in Betracht gezogen werden, wenn der Arbeitgeber im Falle des tatsächlichen Ausscheidens seines Arbeitnehmers bei der Berechnung des Übertragungswerts in gleicher Weise verfahren würde.[125] Die Verzinsungspflicht ist in Fällen anders zu beurteilen, in denen sich der Ausgleichswert nach dem Ehezeitende nicht entsprechend weiter erhöht, weil der ausgleichspflichtige Ehegatte bereits Rente bezieht.[126] Vielmehr ist in diesem Fall zu einem entscheidungsnahen Zeitpunkt der Restbarwert der Versorgung zu ermitteln.[127] Eine Verzinsung kommt auch nicht in Betracht, soweit es sich bei der Versorgung um ein fondsgebundenes Anrecht handelt. Denn Wertsteigerungen – wie die gesamte Wertentwicklung – richten sich dieser Anlageform nicht nach einem Rechnungszins, sondern nach der Entwicklung des Kurswerts der Fondsanteile, der starken Schwankungen unterliegt.[128] Dasselbe gilt für die Bewertungsreserven und die nicht garantierten Schlussüberschussanteile einer extern geteilten privaten Rentenversicherung.[129] Statt dessen ist in diesen Fällen der Kapitalwert zu einem entscheidungsnahen Zeitpunkt zugrunde zu legen.[130]

Diese Art der externen Teilung, die vor allem für die betriebliche Altersversorgung von Bedeutung ist,[131] aber auch in der privaten Altersvorsorge vorkommt,[132] ist **nur zulässig, wenn** sie zwischen der ausgleichsberechtigten Person und dem Versorgungsträger der ausgleichspflichtigen Person **vereinbart** wird (§ 14 Abs. 2 Nr. 1; → § 14 Rn. 17 ff.) **oder auf Verlangen** des Versorgungsträgers der ausgleichspflichtigen Person **bei einem nur geringen Ausgleichswert** (§ 14 Abs. 2 Nr. 2); Voraussetzung hierfür ist, dass der Ausgleichswert am Ende der Ehezeit bei einem Rentenbetrag als maßgeblicher Bezugsgröße höchstens zwei Prozent, in allen anderen Fällen als Kapitalwert höchstens 240 Prozent der monatlichen Bezugsgröße nach § 18 Abs. 1 SGB IV beträgt.[133] Mit dieser Regelung sollen zum einen Kosten für die Verwaltung kleiner Anrechte 19

---

[121] Vgl. BGH NJW 2013, 1239 Rn. 12 = FamRZ 2013, 777.

[122] Zur Korrektur – schon bei der Berechnung des Ausgleichswerts – bei Überschreitung des aktuellen marktüblichen oder des von der Bundesbank nach § 253 Abs. 2 HGB bestimmten Zinssatzes vgl. OLG Frankfurt BeckRS 2013, 19402 (zu II) = FamRZ 2014, 760 f. und – in derselben Sache – BGH BeckRS 2016, 10446 Rn. 22 ff. = FamRZ 2016, 1247.

[123] Vgl. BGHZ 191, 36 Rn. 28 = NJW 2011, 3358 = FamRZ 2011, 1785; zur Prüfung am Maßstab des BilMoG-Zinssatzes OLG Düsseldorf BeckRS 2014, 10856 (zu II) = FamRZ 2014, 763 f.; OLG Frankfurt BeckRS 2013, 21410 (zu II) = FamRZ 2014, 761 (762).

[124] Vgl. BGH BeckRS 2016, 10446 Rn. 19 = FamRZ 2016, 1247; NJW 2013, 1240 Rn. 21 = FamRZ 2013, 773 mwN.

[125] Vgl. BGH BeckRS 2016, 10446 Rn. 20 = FamRZ 2016, 1247.

[126] Vgl. BGHZ 191, 36 Rn. 25 = NJW 2011, 3358 = FamRZ 2011, 1785; OLG Stuttgart BeckRS 2015, 16410 Rn. 33; OLG Frankfurt BeckRS 2012, 10985 = FamRZ 2012, 1717 Ls.; krit. hierzu *Budinger/Krazeisen* BetrAV 2011, 745 (746).

[127] BGH FamRZ 2016, 2000 = NZFam 2016, 1107; FamRZ 2016, 775 = NJW 2016, 1728.

[128] Vgl. BGH NJW 2017, 3148 = FamRZ 2017, 1655; iE ebenso BGH NJW 2013, 3028 Rn. 16 = FamRZ 2013, 1635; OLG Düsseldorf BeckRS 2015, 11992 Rn. 14 = FamRZ 2016, 139 (140); NJOZ 2015, 1633 Rn. 12 = FamRZ 2015, 1805: keine Verzinsung wegen mangelnder Vorhersehbarkeit der Kursentwicklung; OLG Saarbrücken BeckRS 2014, 17392 Rn. 7 = FamRZ 2015, 324 Ls.; OLG Bremen BeckRS 2014, 15097 = FamRZ 2015, 146 Ls.; OLG Hamburg NJW-RR 2013, 1227 (1228); OLG Bamberg BeckRS 2012, 18396 (zu IV 5 b) = FamRZ 2013, 220 (222); OLG Stuttgart BeckRS 2012, 23209 (zu II 2 a) = FamRZ 2012, 1718; aA – auf der Grundlage des Halbteilungsgrundsatzes – OLG Frankfurt NJOZ 2015, 1353 Rn. 29 = FamRZ 2015, 1112 (1114); NJW 2013, 2832 (2834) = FamRZ 2013, 1806 (1808); krit. auch *Ruland* FamFR 2013, 243 (247).

[129] Vgl. OLG Frankfurt BeckRS 2015, 17350 Rn. 7 = FamRZ 2015, 1799 (1800).

[130] BGH NJW 2018, 3247.

[131] Die Zusatzversorgung des öffentlichen und kirchlichen Dienstes macht von ihr jedoch keinen Gebrauch; vgl. hierzu *Mühlstädt* BetrAV 2010, 425.

[132] So die Konstellation in BGH NJW 2013, 1239 = FamRZ 2013, 777.

[133] Der Grenzwert beträgt bei einem Ende der Ehezeit im Jahr 2019 62,30 EUR für einen Rentenbetrag und 7.476 EUR für einen Kapitalwert; vgl. zu den Grenzwerten die Übersicht in NJW-Beil. 2019, 1, 26 f.

vermieden werden, zum anderen soll der Entstehung von Kleinstrenten entgegengewirkt werden, indem der vom Versorgungsträger zu zahlende Kapitalbetrag in eine andere Versorgung des Berechtigten fließt.[134]

**20** Für die Fallgruppe der externen Teilung auf Verlangen des Versorgungsträgers (§ 14 Abs. 2 Nr. 2) besteht in § 17 eine Sonderregelung, die für Anrechte iSd BetrAVG aus einer **Direktzusage** oder einer **Unterstützungskasse** in Anspruch genommen werden kann.[135] Insoweit gilt ein Grenzwert in Höhe der Beitragsbemessungsgrenze in der allgemeinen Rentenversicherung nach den §§ 159, 160 SGB VI.[136] Der Gesetzgeber hat für diese internen Durchführungswege der betrieblichen Altersversorgung diesen um mehr als das Zehnfache höheren Grenzwert für gerechtfertigt gehalten, weil der Arbeitgeber unmittelbar mit den Folgen einer internen Teilung konfrontiert wird und die Verwaltung der Ansprüche betriebsfremder Personen übernehmen müsste.[137] Die Regelung ist vom Gestaltungsspielraum des Gesetzgebers gedeckt.[138] Der BGH[139] hat in mehreren Entscheidungen verfassungsrechtliche Bedenken gegen die Bestimmung nicht geteilt, da sie der Teilungsgerechtigkeit entspreche. Es sei daher gerechtfertigt, den Ausgleichswert auch anhand des für das zu teilende Anrecht geltenden Rechnungszinses zu berechnen.

**21** In den Fällen des § 14 Abs. 2 steht der ausgleichsberechtigten Person ein **Wahlrecht** zu, ob sie durch die externe Teilung ein für sie bereits bestehendes Anrecht ausbauen lässt oder ob ein neues Anrecht begründet werden soll (§ 15 Abs. 1). Das Wahlrecht ist nach § 222 Abs. 1 FamFG binnen einer vom Gericht zu setzenden Frist auszuüben; insoweit bedarf es einer Vertretung durch einen Rechtsanwalt nicht (§ 114 Abs. 4 Nr. 7 FamFG). Nach § 222 Abs. 2 FamFG hat die ausgleichsberechtigte Person auch innerhalb der ihr vom Gericht gesetzten Frist nachzuweisen, dass der von ihr ausgewählte Versorgungsträger mit der vorgesehenen Teilung einverstanden ist. Das gilt auch für die gesetzliche Rentenversicherung als Zielversorgung, soweit es um den Ausgleich eines Anrechts iSd BetrAVG geht.[140] Die gewählte Zielversorgung muss nach § 15 Abs. 2 eine angemessene Versorgung gewährleisten[141] und darf nach § 15 Abs. 3 – ohne Zustimmung des Ausgleichspflichtigen – nicht zu steuerpflichtigen Einnahmen oder zu einer schädlichen Verwendung bei der ausgleichspflichtigen Person führen,[142] was nach § 15 Abs. 4 für ein Anrecht der gesetzlichen Rentenversicherung, bei einem Pensionsfonds, einer Pensionskasse oder einer Direktversicherung oder für ein Anrecht aus einem nach § 5 AltZertG zertifizierten Vertrag ohne weiteres anzunehmen ist (→ § 15 Rn. 24).[143] Wird das Wahlrecht nicht ausgeübt oder versagt der ausgesuchte Zielversorgungsträger seine Zustimmung,[144] wird ein Anrecht in der gesetzlichen Rentenversicherung oder, soweit es um den Ausgleich eines Anrechts iSd BetrAVG geht, in der Versorgungsausgleichskasse, einer Pensionskasse iSd § 118a VAG in der Rechtsform eines Versicherungsvereins auf Gegenseitigkeit,[145] begründet (§ 15 Abs. 5). Wird ein Anrecht der betrieblichen Altersversorgung vom Arbeitnehmer nach dem Ausscheiden aus dem Betrieb als private Versicherung fortgeführt, kann es bei einer externen Teilung nicht durch Begründung eines Anrechts bei der Versorgungsausgleichskasse ausgeglichen werden.[146] Die von der Versorgungsausgleichskasse durchgeführte Versicherung muss die Voraussetzungen des § 1 Abs. 1 S. 1

---

134 Vgl. BT-Drs. 16/10144, 58.

135 Krit. zu dieser Regelung wegen einer Verletzung des Halbteilungsgrundsatzes *Jaeger* FamRZ 2010, 1714 ff.; *Hauß* FS Brudermüller, 2014, 277.

136 Sie beträgt im Jahr 2019 80.400 EUR, vgl. die Übersicht in NJW-Beil. 2019, 1 (28).

137 Vgl. BT-Drs. 16/10144, 60.

138 *Siede* FamRB 2015, 70.

139 BGH NJW-RR 2016, 514 = FamRZ 2016, 781; NJW-RR 2016, 772 = FamRZ 2016, 1245; NJW-RR 2016, 769 = FamRZ 2016, 1247; NJW-RR 2016, 1281 = FamRZ 2016, 1654; NJW-RR 2016, 964 = FamRZ 2016, 1651; vgl. aber auch den Vorlagebeschluss des OLG Hamm BeckRS 2018, 27740.

140 Vgl. BGH NJW 2013, 1240 Rn. 19 = FamRZ 2013, 773; *Schmid/Bührer* FamRZ 2010, 1608 (1611) Fn. 17.

141 Zur Angemessenheit eines Basisrentenvertrags nach § 5a AltZertG („Rürup-Rentenversicherung") vgl. zur Prüfung am Maßstab der Rendite der Versorgungsausgleichskasse als Auffangversorgungsträger OLG Frankfurt BeckRS 2013, 21410 (zu II) = FamRZ 2014, 761 (762); OLG Schleswig NJOZ 2013, 627 (628 f.) = FamRZ 2013, 218 (219): Rendite der Basisrente steht nicht „außer Verhältnis".

142 Vgl. hierzu *Schmid/Bührer* FamRZ 2010, 1608 (1609 ff.); *Spieker* FamFR 2010, 505; *Münch* FamRB 2010, 284 (285 f.).

143 Zur Angemessenheitsprüfung bei einem Basisrentenvertrag iSd § 2 Abs. 1 AltZertG („Rürup-Rente") und zu den steuerrechtlichen Implikationen OLG Koblenz BeckRS 2013, 16275 (zu II 1 b) = FamRZ 2014, 309 f.

144 Vgl. OLG Brandenburg BeckRS 2011, 06410 = FamRZ 2011, 1231.

145 Eingerichtet auf Grund Art. 9e Gesetz zur Änderung des Vierten Buches Sozialgesetzbuch, zur Errichtung einer Versorgungsausgleichskasse und anderer Gesetze vom 15.7.2009, BGBl. 2009 I 1939.

146 Vgl. OLG Brandenburg BeckRS 2014, 12083 (zu 2) = FamRZ 2014, 1636 (1637).

Nr. 2 und 4 lit. a AltZertG erfüllen und daher eine lebenslange, nicht vor der Vollendung des 60. Lebensjahres zu zahlende Rente gewährleisten (§ 4 Abs. 1 VersAusglKassG). Nach § 5 Abs. 1 VersAusglKassG darf das Anrecht nicht übertragbar, nicht beleihbar und nicht veräußerbar sein und darf nicht vorzeitig verwertet werden. Allerdings darf die Versorgungsausgleichskasse nach § 5 Abs. 1 S. 3 VersAusglKassG idF des Gesetzes vom 22.12.2011 (BGBl. 2011 I 3057) ein Anrecht ohne Zustimmung der ausgleichsberechtigten Person bis zu der Wertgrenze in § 3 Abs. 2 S. 1 BetrAVG abfinden. Das ist dann der Fall, wenn der Monatsbetrag der aus der Anwartschaft resultierenden laufenden Leistung bei Erreichen der vorgesehenen Altersgrenze 1 %, bei Kapitalleistungen 120 % der monatlichen Bezugsgröße nach § 18 Abs. 4 SGB IV nicht übersteigen würde. Eine Fortsetzung der Versorgung durch eigene Beiträge ist nach § 5 Abs. 2 VersAusglKassG ausgeschlossen.

Eine externe Teilung ist **unzulässig,** wenn ein **Anrecht durch Beitragszahlung** nicht mehr 22
begründet werden kann (§ 14 Abs. 5). Das ist in der gesetzlichen Rentenversicherung nach bindender Bewilligung einer Vollrente wegen Alters der Fall (§ 187 Abs. 4 SGB VI). Dann bleibt als Regel die interne Teilung.[147] Dabei steht der internen Teilung eines nach dem AltZertG geförderten Anrechts nicht entgegen, dass sich die ausgleichsberechtigte Person in einem Alter befindet, in dem sie selbst einen entsprechenden Vertrag nicht mehr abschließen könnte. Denn der Vertrag gilt zu dem gleichen Zeitpunkt als abgeschlossen wie derjenige der ausgleichspflichtigen Person (§ 52 Abs. 28 EStG).[148] Weder die interne noch die externe Teilung führen zu einer schädlichen Verwendung. Vielmehr geht im Fall der internen Teilung der Vertrag mit allen Rechten und Pflichten anteilig auf den Ausgleichsberechtigten über (§ 93 Abs. 1a EStG). Nach den Vorstellungen des Gesetzgebers entsteht auch in den Fällen der externen Teilung nach § 14 durch die **Gestaltungswirkung** der rechtskräftigen Entscheidung das Versicherungsverhältnis des Berechtigten zum Träger der Zielversorgung. Das erfordert seine Beteiligung am Verfahren, die nach § 219 Nr. 3 FamFG vorgesehen und durch Hinzuziehung zu bewirken ist (vgl. § 7 Abs. 2 Nr. 1 FamFG), weil seine Zustimmungserklärung nach § 222 Abs. 2 FamFG hierfür allein nicht ausreichen wird.[149]

### V. Geringfügigkeit (Abs. 4)

Zu den Grundsätzen des Wertausgleichs gehört es schließlich, dass er in Fällen **unterbleiben** 23
soll, in denen es sich nach der näheren Regelung in § 18 um geringe Werte handelt (zur Anwendung der Regelung bei Ausgleichsansprüchen nach der Scheidung → § 20 Rn. 60). Dabei geht es um **zwei Fallgruppen:** Zum einen bezieht sich die Vorschrift auf Fälle, in denen die Differenz der Ausgleichswerte von beiderseitigen Anrechten gleicher Art gering ist (Abs. 1), zum anderen auf den Ausgleich eines einzelnen Anrechts mit geringem Ausgleichswert (Abs. 2). Nach Abs. 1 sind nur „Anrechte gleicher Art" iSd § 10 Abs. 2 einander gegenüberzustellen.[150] Nach den Vorstellungen des Gesetzgebers sind Anrechte gleicher Art Anrechte, die sich in Struktur und Wertentwicklung entsprechen, so dass ein Saldenausgleich nach Verrechnung im Wesentlichen zu demselben wirtschaftlichen Ergebnis führt wie ein Hin-und-her-Ausgleich. Eine Wertidentität ist nicht erforderlich, sondern es genügt eine strukturelle Übereinstimmung in den wesentlichen Fragen, insbesondere was das Leistungsspektrum, die Finanzierungsart sowie die Anpassung von Anwartschaften und laufenden Versorgungen angeht (→ § 10 Rn. 13 ff.).[151] Unter maßgebender Berücksichtigung der vorgenannten Kriterien hat der BGH die Gleichartigkeit von Anrechten der gesetzlichen Rentenversicherung und der Beamtenversorgung[152] sowie von Anrechten der gesetzlichen Rentenversicherung und des alternativ ausgestalteten Versorgungsanrechts eines Zeitsoldaten, das möglicherweise in einer Dienstzeitanrechnung eines öffentlich-rechtlichen Dienstverhältnisses münden wird,[153] verneint. In den Bestimmungen des § 16 Abs. 3 und des § 47 Abs. 3 hat der BGH kein tragfähiges Argument für eine Gleichartigkeit dieser Anrechte gesehen[154] und im Übrigen betont, dass bei der Beurteilung der Gleichartigkeit auf die jeweils zu belastenden Anrechte abzustellen ist[155] und nicht auf das

[147] Vgl. OLG Hamm NJW 2014, 3796 (3797) = FamRZ 2014, 1700 (1701); BT-Drs. 16/11903, 53.
[148] Vgl. OLG Hamm NJW 2014, 3796 (3797) = FamRZ 2014, 1700 (1701).
[149] Ähnlich *Häußermann* FPR 2009, 223 (224 f.).
[150] BT-Drs. 16/11903, 54.
[151] Vgl. RegE BT-Drs. 16/10144, 55.
[152] Vgl. BGH NJW-RR 2013, 1409 Rn. 14 ff. = FamRZ 2013, 1636; ebenso OLG Celle NJW 2012, 2668 (2669) = FamRZ 2012, 1058 (1060); aA in der Rspr. AG Hameln BeckRS 2012, 02108 (zu 2 c) = FamRZ 2012, 132 Ls.
[153] Vgl. BGH NJW-RR 2014, 836 Rn. 12 = FamRZ 2014, 549; NJW-RR 2016, 452 Rn. 14 = FamRZ 2016, 788.
[154] Vgl. BGH NJW-RR 2013, 1409 Rn. 29 f. = FamRZ 2013, 1636.
[155] Vgl. BGH NJW-RR 2014, 836 Rn. 11 = FamRZ 2014, 549; NJW-RR 2016, 452 Rn. 12 f. = FamRZ 2016, 788; ihm folgend OLG Stuttgart NJOZ 2015, 287 Rn. 16 = FamRZ 2015, 584 (585).

Anrecht, das durch eine externe Teilung nach § 16 Abs. 1, 2 zu begründen ist.[156] Ist die Nachversicherung in der gesetzlichen Rentenversicherung indes im Zeitpunkt der letzten tatrichterlichen Entscheidung bereits durchgeführt, besteht eine Gleichartigkeit mit Anrechten der gesetzlichen Rentenversicherung, wie auch im umgekehrten Fall, in dem das Dienstverhältnis des Zeitsoldaten in ein Dienstverhältnis als Berufssoldat oder Lebenszeitbeamter übergegangen ist, ein Vergleich mit einem beamtenrechtlichen Versorgungsanrecht des Ehegatten möglich ist.[157] Als Anrechte gleicher Art gelten insbesondere die in der gesetzlichen Rentenversicherung erworbenen Anrechte (§ 120f SGB VI).[158] Lediglich West- und Ostanrechte[159] (bis zur Herstellung einheitlicher Einkommensverhältnisse am 30.6.2024) sowie Anrechte in der allgemeinen Rentenversicherung und in der knappschaftlichen Rentenversicherung gelten – auch im Rahmen des § 18 Abs. 1 – nicht als Anrechte gleicher Art;[160] dasselbe ist für Anrechte der Hüttenknappschaftlichen Zusatzversorgung und solche der gesetzlichen Rentenversicherung anzunehmen.[161] Als Anrechte gleicher Art sind auch solche der Pflichtversicherung in der Zusatzversorgung des öffentlichen und des kirchlichen Dienstes anzusehen,[162] auch wenn sie nicht bei demselben Träger bestehen.[163] Demgegenüber ist die freiwillige Versicherung bei der VBL („VBL extra") mit der Pflichtversicherung („VBL klassik") nicht gleichartig, weil die Versorgungspunkte dort beitragsabhängig sind, die Versicherung den Ausschluss von Risiken der Erwerbsminderung und der Hinterbliebenenversorgung gestattet und Möglichkeiten einer staatlichen Förderung bietet, so dass hierfür eine eigenständige Kontoführung mit erheblichem Verwaltungsaufwand erforderlich ist.[164] Nicht gleichartig sind auch Anrechte der Zusatzversorgung des öffentlichen Dienstes und der betrieblichen Altersversorgung.[165] Demgegenüber hat das OLG Brandenburg die Gleichartigkeit von Anrechten eines Bundesbeamten und eines Beamten des Landes Brandenburg bejaht.[166] Da sich bei **Ausgleichsansprüchen nach der Scheidung** ggf. wechselseitige Ansprüche auf Zahlung des Ausgleichswerts als **Rente** gegenüberstehen, sind diese – für die Prüfung, ob nach § 20 Abs. 1 S. 3 die Bestimmung des § 18 Abs. 1 entsprechend anzuwenden ist – zu verrechnen und in Bezug auf die Differenz zu prüfen, ob der Grenzbetrag des § 18 Abs. 3 überschritten wird; dabei ist maßgebend auf den Zeitpunkt der Fälligkeit der Ausgleichsrente abzustellen.[167]

**24** Umstritten war das **Verhältnis von § 18 Abs. 1 zu Abs. 2.** Während sich ein Teil der Obergerichte im Hinblick auf den Wortlaut dafür ausgesprochen hatte, der Ausgleich eines einzelnen

---

[156] So aber OLG Schleswig BeckRS 2013, 12124 (zu 3 a) = FamRZ 2013, 1904 und iErg auch OLG Celle BeckRS 2014, 02294 (zu II 2) = FamRZ 2014, 764 Ls.

[157] Vgl. BGH NJW-RR 2016, 452 Rn. 15 f. = FamRZ 2016, 788.

[158] BGH NJW-RR 2012, 194 Rn. 13 f. = FamRZ 2012, 277; NJW-RR 2012, 321 Rn. 13 = FamRZ 2012, 513.

[159] Für eine zusammenfassende Betrachtung von West- und Ostanrechten im Rahmen des § 18 jedoch OLG Celle NJW 2010, 1975 (1976) = FamRZ 2010, 979 (980); OLG Oldenburg NJOZ 2011, 839 (840) = FamRZ 2011, 643 (644); NJW-RR 2011, 1087 (1088); aA OLG Brandenburg BeckRS 2011, 02247 (zu II) = FamRZ 2011, 1149 (1150).

[160] Vgl. BGH NJW-RR 2013, 385 Rn. 24 = FamRZ 2013, 612; NJW 2012, 312 Rn. 19 = FamRZ 2012, 192, allerdings mit Modifikationen bei der Anwendung von § 18 Abs. 2 (NJW 2012, 312 Rn. 42 = FamRZ 2012, 192); OLG Karlsruhe BeckRS 2012, 07415 (zu II 2 a) = FamRZ 2012, 1306 (1307); OLG Brandenburg BeckRS 2011, 26244 (zu II 2) = FamRZ 2012, 715 (716); OLG Rostock BeckRS 2011, 24079 = FamRZ 2012, 379; für eine Wertung als Anrechte gleicher Art im Rahmen des § 18 Abs. 1 *Bergner* NJW 2010, 3269 (3270, 3272); ähnlich OLG Dresden NJW 2010, 3309 = FamRZ 2010, 1804 f.; FamRZ 2011, 40; OLG Oldenburg NJOZ 2011, 839 (840) = FamRZ 2011, 643 (644); OLG München BeckRS 2010, 30327 = FamRZ 2011, 646 f.; OLG Schleswig BeckRS 2011, 24294 (zu II) = FamRZ 2012, 300; für ein Abstellen auf die zusammengezählten Kapitalwerte OLG Nürnberg NJW 2011, 620.

[161] Vgl. OLG Saarbrücken BeckRS 2013, 17497 (zu II) = FamRZ 2014, 1113 Ls.

[162] Vgl. OLG Koblenz BeckRS 2017, 145128; OLG Celle NJW-RR 2016, 260 Rn. 11 = FamRZ 2016, 987; OLG Brandenburg NVwZ-RR 2014, 771 (772) = FamRZ 2014, 1781 Ls.; BeckRS 2014, 07020 (zu II 3 b) = FamRZ 2014, 1302 Ls.; OLG Stuttgart BeckRS 2013, 01987 (zu II 3 b) = FamRZ 2013, 1742 (1743).

[163] Vgl. OLG Stuttgart BeckRS 2015, 15445 Rn. 11–14 = FamRZ 2015, 1502 (1503); OLG Brandenburg BeckRS 2015, 07132 Rn. 7 = FamRZ 2015, 929 Ls.; OLG Frankfurt BeckRS 2014, 16550 = FamRZ 2015, 505 (506); OLG Köln BeckRS 2012, 06527 = FamRZ 2012, 1806; zur Gleichartigkeit bei verschiedenen Abrechnungsverbänden der VBL vgl. KG BeckRS 2015, 09923 Rn. 9–12 = FamRZ 2015, 929 (930).

[164] Vgl. OLG Frankfurt BeckRS 2013, 16274 (zu II) = FamRZ 2014, 836 (837); hierzu auch BGH NJW-RR 2016, 449 Rn. 18 f., 21 = FamRZ 2015, 2125.

[165] Vgl. OLG Karlsruhe NJW-RR 2011, 809 (810) = FamRZ 2011, 641 (642).

[166] Vgl. OLG Brandenburg BeckRS 2015, 17578 Rn. 9 ff. = FamRZ 2016, 376 Ls.

[167] Vgl. OLG Zweibrücken BeckRS 2012, 15202 (zu II) = FamRZ 2013, 304 (305); für Saldierung schuldrechtlicher Ausgleichsrenten generell OLG Karlsruhe FamRZ 2017, 1395.

Anrechts gleicher Art könne nach Abs. 2 auch dann unterbleiben, wenn die Differenz der beiderseitigen Anrechte gleicher Art iSd Abs. 1 nicht gering sei,[168] hat sich der BGH[169] der Auffassung angeschlossen, dass in solchen Fällen Abs. 2 nicht anwendbar ist,[170] weil die Abweichung vom Halbteilungsgrundsatz weder mit der Vermeidung eines unverhältnismäßig hohen Verwaltungsaufwands noch mit dem Anliegen begründet werden könnte, Splitterversorgungen zu vermeiden.[171] Hiernach unterliegen daher nur solche einzelnen Anrechte der Bestimmung des § 18 Abs. 2, die nicht einem Anrecht des anderen Ehegatten gleichartig sind.[172] Ist mit dem Ausgleich, was im Wege einer Gesamtbetrachtung in den Blick zu nehmen ist,[173] kein unverhältnismäßig hoher Verwaltungsaufwand verbunden, wie dies regelmäßig bei Anrechten der gesetzlichen Rentenversicherung[174] der Fall ist, aber auch in der betrieblichen Altersversorgung vorkommt, wenn im Rahmen der internen Teilung mehrere Bausteine einer Versorgung auszugleichen sind, kann der Halbteilungsgrundsatz den Ausgleich eines einzelnen Anrechts mit geringem Ausgleichswert gebieten.[175] Ist – wie bei einer externen Teilung – die mit der Regelung des § 18 Abs. 2 bezweckte Verwaltungsvereinfachung nicht zu erreichen, gebührt dem Halbteilungsgrundsatz ebenfalls der Vorrang.[176]

**Gering** ist der Wertunterschied nach § 18 Abs. 1 oder ein Ausgleichswert nach § 18 Abs. 2, **25**
wenn er am Ende der Ehezeit bei einem Rentenbetrag als maßgeblicher Bezugsgröße höchstens ein Prozent, in allen anderen Fällen als Kapitalwert höchstens 120 % der monatlichen Bezugsgröße nach § 18 Abs. 1 SGB IV beträgt (§ 18 Abs. 3).[177] Dabei ist es im Hinblick auf eine einheitliche Behandlung unabhängig von der Form des Ausgleichs vorzugswürdig, den Ausgleichswert iSd § 1 Abs. 2 S. 2 vor der Berücksichtigung möglicher Teilungskosten in Bezug auf die angegebenen Grenzwerte

---

[168] IdS OLG Jena NJW-RR 2011, 1159 (1160 f.); NJW 2010, 3310 (3311); OLG Stuttgart NJW 2010, 3312 (3313) = FamRZ 2011, 41 (42); OLG Nürnberg BeckRS 2011, 02565 (zu II) = FamRZ 2011, 899 (900); OLG Düsseldorf NJW-RR 2011, 808 (809); OLG Brandenburg NJW-RR 2011, 1575 (1576).

[169] Vgl. BGH FamRZ 2016, 1654 = NJW-RR 2016, 1281; NJW 2012, 312 Rn. 29 ff. = FamRZ 2012, 192; NJW-RR 2012, 194 Rn. 19 ff. = FamRZ 2012, 277; NJW-RR 2012, 321 Rn. 17 ff. = FamRZ 2012, 513.

[170] Vgl. OLG Saarbrücken BeckRS 2012, 14125 (zu II) = FamRZ 2013, 307; OLG Brandenburg BeckRS 2011, 26244 (zu II 2) = FamRZ 2012, 715 (716); BeckRS 2011, 22620 (zu 2 b) = FamRZ 2012, 306; OLG Hamburg BeckRS 2011, 03268 (zu II 1) = FamRZ 2011, 1403 (1404); OLG München BeckRS 2010, 22021 (zu II 2 d) = FamRZ 2010, 1664 (1665); vgl. auch OLG Düsseldorf NJW-RR 2011, 1574; nur iErg ähnlich OLG Karlsruhe NJW-RR 2011, 807 f. = FamRZ 2011, 979 f., das idR eine Ermessensausübung für den Ausgleich für angezeigt hält; OLG Frankfurt BeckRS 2012, 09763 = FamRZ 2012, 714 (715).

[171] BGH NJW-RR 2012, 321 Rn. 24 f. = FamRZ 2012, 513; NJW-RR 2012, 194 Rn. 28–30 = FamRZ 2012, 277; NJW 2012, 312 Rn. 34–36 = FamRZ 2012, 192; NJW-RR 2012, 193 Rn. 19 f. = FamRZ 2012, 189.

[172] Krit. zu dieser Folge *Schwamb* FamRB 2012, 89 (91), der für eine flexiblere Lösung eintritt und die Auffassung vertritt, ein geringfügiges einzelnes Anrecht müsse unabhängig davon, ob es mit einem anderen Anrecht gleichartig sei und nicht nach § 18 Abs. 1 ausgeschlossen werden könne, nach § 18 Abs. 2 vom Ausgleich ausgeschlossen werden können, wenn der andere Ehegatte ein einzelnes, nicht gleichartiges geringfügiges Anrecht habe, das sonst allein nach § 18 Abs. 2 vom Ausgleich ausgeschlossen werde.

[173] Vgl. BGH NJW 2012, 1281 Rn. 24–29 = FamRZ 2012, 610.

[174] Vgl. OLG Düsseldorf NZS 2013, 738 (739) = FamRZ 2014, 132 Ls.; für eine Anwendung des § 18 Abs. 1 auch insoweit OLG Köln BeckRS 2014, 17773 Rn. 5 = FamRZ 2015, 146 f.; OLG Stuttgart BeckRS 2013, 01987 (zu II 3 a) = FamRZ 2013, 1742 (1743); für die der gesetzlichen Rentenversicherung zuzurechnende freiwillige Zusatzrentenversicherung OLG Brandenburg BeckRS 2014, 10926 (zu II 4) = FamRZ 2014, 1782 Ls.

[175] Vgl. BGH NJW-RR 2013, 1409 Rn. 35 = FamRZ 2013, 1636; NJW 2012, 1281 Rn. 21 f. = FamRZ 2012, 610; ebenso bei extern zu teilenden Bausteinen einer betrieblichen Altersversorgung OLG Bamberg BeckRS 2012, 18396 (zu IV 2) = FamRZ 2013, 220 (221).

[176] Vgl. BGH NJW-RR 2016, 967 = FamRZ 2016, 1658; NJW-RR 2013, 388 Rn. 17 = FamRZ 2013, 207; NJW 2012, 1287 Rn. 18 = FamRZ 2012, 694; NJW-RR 2012, 321 Rn. 25 = FamRZ 2012, 513; NJW-RR 2012, 193 Rn. 20, 22 = FamRZ 2012, 189; OLG Brandenburg BeckRS 2015, 07230 Rn. 30 ff. = FamRZ 2015, 1965 (1967); BeckRS 2015, 02259 (zu II 3) = FamRZ 2015, 928 f.; bei mehreren geringfügigen Anrechten OLG Schleswig NJW 2013, 2835 (2836) = FamRZ 2013, 1906 (1907); iErg ebenfalls OLG Karlsruhe NJOZ 2012, 329 = FuR 2011, 703 beim Ausgleich mehrerer Durchführungswege der betrieblichen Altersversorgung zu demselben Zielversorgungsträger; einschr. OLG Dresden NJOZ 2014, 1682 (1683) = FamRZ 2014, 1461 (1462), das keine grundlegenden Unterschiede des Verwaltungsaufwands bei interner und externer Teilung sieht; ähnlich OLG Köln BeckRS 2015, 01546 Rn. 6 = FamRZ 2015, 1108, das der Auffassung ist, allein der Wunsch des Versorgungsträgers nach einer externen Teilung könne keinen Anlass geben, § 18 grundsätzlich nicht anzuwenden.

[177] Der Grenzwert beträgt bei einem Ende der Ehezeit im Jahr 2019 31,15 EUR für einen Rentenbetrag und 3.738 EUR für einen Kapitalwert; zu den Grenzwerten seit 1977 → § 18 Rn. 35 und die Übersicht in NJW-Beil. 1/2019, 15 f.

zu überprüfen;[178] es wäre in der Sache nicht angebracht, Teilungskosten für ein Anrecht abzuziehen, das dann wegen Geringfügigkeit gar nicht ausgeglichen werden soll. Soweit zur Prüfung auf den korrespondierenden Kapitalwert abzustellen ist, ist hinsichtlich des in Rede stehenden Anrechts die Bestimmung des § 47 zu beachten. Wird der Grenzwert des § 18 Abs. 3 für ein Anrecht der Zusatzversorgung des öffentlichen Dienstes durch den nach versicherungsmathematischen Grundsätzen ermittelten Barwert nicht überschritten, kann eine Durchführung des Ausgleichs nicht mit der Überlegung gerechtfertigt werden, der Grenzwert werde überschritten, wenn man eine ähnlich hohe Rente in der gesetzlichen Rentenversicherung begründen wolle.[179]

**26** Nach § 18 soll das FamG vom Ausgleich geringer Werte absehen; das gilt – vorbehaltlich eines auszuübenden **Ermessens** (→ § 18 Rn. 21),[180] bei dem auch der **Halbteilungsgrundsatz** in die Abwägung einzubeziehen ist,[181] und des Gesichtspunkts, dass die genannten Zwecke der Bestimmung hierdurch erreicht werden – grundsätzlich auch dann, wenn die Summe mehrerer geringfügiger Ausgleichswerte den Grenzbetrag des § 18 Abs. 3 übersteigt.[182] Bei der Ermessensausübung kann jedoch eine **Gesamtbetrachtung** vorzunehmen sein, wenn mehrere Versorgungsanrechte – ungeachtet ihrer mangelnden Gleichartigkeit – eine wirtschaftliche Einheit bilden; für eine solche Einheit kann sprechen, dass im Versorgungsfall die Bestandteile zu einem Betrag zusammengefasst und ausgezahlt werden.[183] Dies ist etwa anzunehmen für verschiedene Bausteine der betrieblichen Altersversorgung eines privaten Arbeitgebers.[184] Für eine ungeschmälerte Durchführung des Versorgungsausgleichs spricht es auch, wenn beim Ausgleich mehrerer geringfügiger Ausgleichswerte im Rahmen der externen Teilung bei demselben Zielversorgungsträger ein Anrecht entsteht, das die Werte des § 18 Abs. 3 überschreitet.[185] Entsprechendes gilt, wenn ein geringwertiges Anrecht extern geteilt wird, indem für den Ausgleichsberechtigten eine bereits bestehende Versorgung in der gesetzlichen Rentenversicherung erweitert wird. Für die in der Zusatzversorgung des öffentlichen Dienstes bestehenden Versorgungsanrechte aus der Pflichtversicherung und der zusätzlichen freiwilligen Versicherung ist eine solche Gesamtbetrachtung hingegen nicht ohne weiteres angezeigt, da für beide Anrechte selbständige Versorgungskonten zu führen sind und die Anrechte im Leistungsfall unterschiedlichen Anpassungsregelungen unterliegen.[186] Dem FamG ist ferner ein Ermessen eingeräumt, trotz geringfügiger Werte den Wertausgleich durchzuführen, wenn die Umstände des Einzelfalls es erfordern[187] oder dies aufgrund besonderer Umstände zur Wahrung des Halbteilungsgrundsatzes geboten ist. Dabei muss das Gericht die hierfür tragenden Gründe in den Entscheidungsgründen darlegen.[188]

**27** Die Anwendung des § 18 beim **Tod des ausgleichspflichtigen Ehegatten** nach Rechtskraft der Scheidung war in der obergerichtlichen Rspr. umstritten. Überwiegend wurde vertreten, eine Anwendung des § 18 komme dann in Betracht, wenn sich bei der zur Beachtung des Besserstellungsverbots des überlebenden Ehegatten (§ 31 Abs. 2 S. 1) gebotenen Saldierung **aller** beiderseits erwor-

---

[178] Vgl. OLG Karlsruhe BeckRS 2016, 04320 Rn. 16 = FamRZ 2016, 1088; OLG Bremen NJW-RR 2016, 454 Rn. 2 = FamRZ 2016, 549 Ls.; OLG Dresden NJW-RR 2016, 456 Rn. 8 f. = FamRZ 2016, 549 f.; OLG Frankfurt BeckRS 2013, 02398 (zu II) = FamRZ 2013, 1804 (1805); *Wick* Versorgungsausgleich Rn. 415; Erman/*Norpoth/Sasse* § 18 Rn. 9; aA AG Biedenkopf BeckRS 2012, 81812 (zu II) = FamRZ 2012, 1387 Ls; Johannsen/Henrich/*Holzwarth* § 18 Rn. 18; HK-VersAusglR/*Götsche* § 18 Rn. 8.

[179] Vgl. OLG Brandenburg BeckRS 2013, 19105 (zu II) = FamRZ 2014, 840 f.

[180] Vgl. OLG Düsseldorf NJW-RR 2011, 811 = FamRZ 2011, 1404 (1405).

[181] Vgl. BGH NJW-RR 2012, 193 Rn. 20 = FamRZ 2012, 189.

[182] Vgl. OLG Karlsruhe BeckRS 2015, 06020 Rn. 17 f. = FamRZ 2015, 1500 (1501 f.); OLG Frankfurt BeckRS 2014, 16550 = FamRZ 2015, 505 (506); BeckRS 2012, 18547 (zu II) = FamRZ 2013, 551 (552); NJW 2012, 3316 (3317); OLG Hamm NJW-RR 2013, 1415 f.; OLG Schleswig NJOZ 2013, 627 (629) = FamRZ 2013, 218 (220); OLG Stuttgart NJW-RR 2011, 1088 (1089 f.); BeckRS 2011, 11194 (zu II 2) = FamRZ 2011, 1593 (1594 f.); KG NJW-RR 2011, 1372 (1373) = FamRZ 2011, 1733 Ls; für eine Durchführung der Teilung in einem solchen Fall OLG Hamm BeckRS 2012, 23769 = FamRZ 2012, 1808.

[183] Vgl. BGH NJW-RR 2016, 449 Rn. 26 = FamRZ 2015, 2125; NJW 2012, 1281 Rn. 27 f. = FamRZ 2012, 610.

[184] Vgl. BGH NJW 2012, 1281 Rn. 28 = FamRZ 2012, 610 zur betrieblichen Altersversorgung der Volkswagen AG; OLG Hamm BeckRS 2013, 10297 (zu II) = FamRZ 2014, 131 (132).

[185] Vgl. OLG Schleswig NJW 2013, 2835 (2836) = FamRZ 2013, 1906 (1907).

[186] Vgl. OLG Frankfurt BeckRS 2013, 16274 (zu II) = FamRZ 2014, 836 (837); OLG Koblenz BeckRS 2013, 14017 (zu II 3 c bb) = FamRZ 2014, 839 f.; aA OLG Schleswig NJW 2013, 3527 f. = FamRZ 2013, 1906 Ls.; einschr. hierzu auch BGH NJW-RR 2016, 449 Rn. 31 f. = FamRZ 2015, 2125, der dem Teilungsaufwand angesichts der Kompensationsmöglichkeit des § 13 keine entscheidende Bedeutung beimisst.

[187] Vgl. OLG Hamm BeckRS 2016, 08126 Rn. 8 ff. = FamRZ 2016, 549 Ls.; BeckRS 2012, 10986 = FamRZ 2012, 713 (714) bei beengten wirtschaftlichen Verhältnissen.

[188] Vgl. BGH NJW-RR 2015, 129 Rn. 30 = FamRZ 2015, 313.

benen Ausgleichswerte[189] auf der Grundlage der (korrespondierenden) Kapitalwerte nur eine geringe auszugleichende Differenz ergibt.[190] Da in § 18 indes gerade keine Gesamtsaldierung vorgesehen ist (→ Rn. 23), sind andere Stimmen der Auffassung, bei der Prüfung, dass der überlebende Ehegatte nicht besser gestellt werde, als wenn der Versorgungsausgleich durchgeführt worden wäre (Besserstellungsverbot), seien nur solche Ausgleichswerte in die Ausgleichsbilanz einzustellen, die im Fall einer fiktiven Durchführung des Wertausgleichs ohne den Tod des ausgleichsverpflichteten Ehegatten ausgeglichen worden wären.[191] Der BGH[192] hat nun den Meinungsstreit dahingehend entschieden, dass grundsätzlich alle Anrechte, also auch die geringfügigen, in die Gesamtsaldierung einzustellen seien. Hierbei sei auch noch kein Abzug für Teilungskosten vorzunehmen. Nur so werde ein Ergebnis erzielt, das dem Halbteilungsgrundsatz entspreche. § 18 wirke sich dann dahingehend aus, dass grundsätzlich davon abzusehen sei, einen iSv § 18 Abs. 3 geringwertigen Saldo auszugleichen. Weiterhin solle vermieden werden, in den Ausgleich gem. § 31 ein Anrecht einzubeziehen, dessen Ausgleichswert geringwertig iSv § 18 Abs. 3 sei.

Bei **Ausgleichsansprüchen nach der Scheidung,** für die § 18 entsprechend gilt (§ 20 Abs. 1 **28**
S. 3), ist die Prüfung der Geringfügigkeit bezogen auf den Fälligkeitszeitpunkt der Ausgleichsrente vorzunehmen, ohne dass zuvor Sozialversicherungsbeiträge oder vergleichbare Aufwendungen abgezogen werden.[193] Sieht das FamG vom Ausgleich geringer Werte ab, hat es dies nach § 224 Abs. 3 FamFG in der Beschlussformel seiner Entscheidung festzustellen (→ 7. Aufl. 2017, FamFG § 224 Rn. 12), und zwar auch dann, wenn es nur noch um den Wertausgleich des überlebenden Ehegatten geht.[194] Diese Entscheidung erwächst mit ihren tragenden Gründen in Rechtskraft,[195] was aber einem Wertausgleich nicht entgegensteht, wenn es sich bei dem nicht ausgeglichenen Anrecht um ein Anrecht der Regelversorgung handelt und wenn sich im Rahmen eines Abänderungsverfahrens eine wesentliche Wertänderung herausstellt.[196]

## Unterabschnitt 2. Interne Teilung

### § 10 Interne Teilung

**(1) Das Familiengericht überträgt für die ausgleichsberechtigte Person zulasten des Anrechts der ausgleichspflichtigen Person ein Anrecht in Höhe des Ausgleichswerts bei dem Versorgungsträger, bei dem das Anrecht der ausgleichspflichtigen Person besteht (interne Teilung).**

**(2) [1]Sofern nach der internen Teilung durch das Familiengericht für beide Ehegatten Anrechte gleicher Art bei demselben Versorgungsträger auszugleichen sind, vollzieht dieser den Ausgleich nur in Höhe des Wertunterschieds nach Verrechnung. [2]Satz 1 gilt entsprechend, wenn verschiedene Versorgungsträger zuständig sind und Vereinbarungen zwischen ihnen eine Verrechnung vorsehen.**

**(3) Maßgeblich sind die Regelungen über das auszugleichende und das zu übertragende Anrecht.**

**Schrifttum:** S. § 1587 BGB.

---

189 Vgl. OLG Koblenz BeckRS 2012, 10011 = FamRZ 2012, 1807; OLG Hamm NJW-RR 2011, 1376 = FamRZ 2011, 1733 Ls.; möglicherweise auch OLG Brandenburg BeckRS 2011, 04490 (zu II 2) = FamRZ 2011, 1299.

190 Vgl. etwa OLG Schleswig NJW 2014, 3522 Rn. 21 = FamRZ 2014, 1782 (1783), das allerdings bei seiner Berechnung unzutreffend die Hälfte der Wertdifferenz statt die volle Wertdifferenz an § 18 Abs. 3 misst; OLG Celle NJOZ 2013, 243 (245) = FamRZ 2013, 382 (385); OLG Hamm BeckRS 2014, 06508; Johannsen/Henrich/*Holzwarth* § 31 Rn. 6; Erman/*Norpoth/Sasse* § 31 Rn. 4a; *Borth* Versorgungsausgleich Kap. 3 Rn. 195; *Wick* Versorgungsausgleich Rn. 547.

191 Vgl. OLG Stuttgart NZFam 2014, 1140 Rn. 35–43 = FamRZ 2015, 507 (510); OLG Naumburg BeckRS 2012, 24098 (zu II) = FamRZ 2013, 1046 m. zust. Anm. *Holzwarth* FamFR 2013, 13; AG Ludwigslust BeckRS 2011, 08951 (zu II 2) = FamRZ 2011, 645 f.; HK-VersAusglR/*Götsche,* 2. Aufl. 2015, § 31 Rn. 20 f., 23 (aber wie hier HK-VersAusglR/*Götsche* § 31 Rn. 21); aA insoweit *Bergner* NZFam 2014, 1113 (1116).

192 BGH FamRZ 2017, 1303 = NJW 2017, 3229; FamRZ 2017, 960 = NJW 2017, 3226.

193 Vgl. OLG Celle NJW 2011, 1743 (1745) = FamRZ 2011, 728 (730).

194 Anders insoweit OLG Schleswig NJW 2014, 3522 Rn. 21 = FamRZ 2014, 1782 (1783), das nur eine Erledigung des Verfahrens feststellt.

195 Vgl. BT-Drs. 16/10144, 96.

196 MüKoFamFG/*Stein* FamFG § 225 Rn. 2.

**Übersicht**

## I. Normzweck

Der **Unterabschnitt 2 „Interne Teilung"** umfasst mit §§ 10–13 die im neuen Versorgungsausgleichsrecht **zentralen Ausgleichsbestimmungen.** Ihr Grundsatz ist die Teilung jedes Anrechts **innerhalb des jeweiligen Versorgungssystems (§ 10 Abs. 1).** Schon in § 9 Abs. 2 ist die interne Teilung als **Regelfall des Wertausgleichs** bezeichnet (→ § 9 Rn. 11 ff.). Es handelt sich bei ihr um die regelmäßig anzuwendende Ausgleichsform, soweit nicht von den Ehegatten eine wirksame **Vereinbarung nach §§ 6 ff.** getroffen worden ist, die den Versorgungsausgleich vollends oder jedenfalls teilweise auf anderem Weg erledigt. Dass der von einer internen Teilung betroffene Versorgungsträger ggf. „ungewollt" eine neue versicherte Person in seinen Reihen hat, ist verfassungsrechtlich unbedenklich, insbesondere ist der Eingriff in die wirtschaftliche Handlungsfreiheit (Art. 2 Abs. 1 GG) zumutbar,[1] denn es kommt nicht zu einem Abfluss von Finanzierungsmitteln; auch können die Ehegatten an den Kosten der Teilung beteiligt werden (vgl. § 13). Schließlich ist der Versorgungsträger dadurch davor geschützt, zusätzliche und für ihn unkalkulierbare Risiken absichern zu müssen, dass er den Risikoschutz für die ausgleichsberechtigte Person auf eine reine Altersversorgung beschränken kann (§ 11 Abs. 1 Nr. 3). Durch die interne Teilung soll der **gerechte Ausgleich** der Versorgungsanrechte beider Ehegatten bereits bei der Scheidung sichergestellt werden.[2] Die interne Teilung gewährleistet eine gerechte Teilhabe, weil die ausgleichsberechtigte Person an Chancen und Risiken des Versorgungssystems der ausgleichspflichtigen Person teilnimmt und unterschiedliche Wertentwicklungen und Leistungsspektren der verschiedenen Versorgungssysteme damit keine Bedeutung mehr haben.[3] Eine fehleranfällige Prognose über die Entwicklung des zu teilenden Anrechts wird vermieden. 1

Weiterer **Vorteil** des Einzelausgleichs von Anrechten im Weg der internen Teilung gegenüber dem bisherigen System des Einmalausgleichs ist es, dass dadurch das faktische Moratorium des **Versorgungsausgleichs-Überleitungsgesetzes (VAÜG)** bezüglich der angleichungs-dynamischen Anrechte in den neuen Bundesländern entfallen ist; so dass diese Anrechte nunmehr im Versorgungsausgleich ohne weiteres abschließend ausgeglichen werden können, obwohl die vollständige Angleichung der Renten im Beitrittsgebiet an die Renten im übrigen Bundesgebiet erst zum 30.6.2024 eintreten wird. Schließlich ermöglicht die im Grundsatz für den Versorgungsträger aufwands- und risikoneutrale Ausgestaltung der internen Teilung von betrieblichen und privaten Anrechten, dass der Anwendungsbereich des schuldrechtlichen Ausgleichs erheblich zurückgedrängt wird. Versorgungsrechtlich gehen die Ehegatten mit Rechtskraft der Scheidung „eigene Wege".[4] 2

Allerdings bietet die interne Teilung auch **Nachteile.** So haben es die Ehegatten mit deutlich **mehr beteiligten Versorgungsträgern** zu tun als bisher. Bei Teilung jeweils einer Hauptversorgung und Zusatzversorgung etwa in Form einer betrieblichen Altersversorgung, die bei unterschiedlichen Versorgungsträgern bestehen und der Zahl nach schon heute nicht mehr die Ausnahme darstellen – die Tendenz wird sich wegen neuer Zusatzversorgungen (vgl. ua die Riester-Rente) verstärken –, sind bereits vier Versorgungsträger zu beteiligen.[5] Die Aufsplitterung von Anrechten ist mit zusätzlichen Kosten der Verwaltung der Anrechte verbunden, die letztlich den Ehegatten auferlegt werden können und deren Versorgungsanwartschaften schmälern (§ 13; → § 13 Rn. 1 ff.). 3

Während § 10 Abs. 1 den Grundsatz des Ausgleichs im Wege der internen Teilung normiert (→ Rn. 5 ff.), regelt Abs. 2 den Sonderfall der internen Teilung von gleichen Anrechten beider Ehegatten bei demselben Versorgungsträger: Insoweit wird der Ausgleich vom Versorgungsträger nur in Höhe des Wertunterschiedes nach Verrechnung vollzogen (→ Rn. 12 ff.). Entsprechendes gilt, wenn verschiedene Versorgungsträger zuständig sind und zwischen ihnen Verrechnungs-Vereinbarungen bestehen (→ Rn. 16). Abs. 3 bestimmt schließlich, dass für die Einzelheiten des Vollzugs einer internen Teilung die Vorschriften des jeweiligen Versorgungssystems des auszugleichenden bzw. zu übertragenden Anrechts maßgeblich sind (→ Rn. 17). § 11 regelt die an die interne Teilung 4

---

1 BT-Drs. 16/10144, 42; vgl. Johannsen/Henrich/*Holzwarth* Rn. 5; vgl. auch BVerfG NJW 1986, 1321 Rn. 86–88.
2 BT-Drs. 16/10144, 54.
3 Vgl. BT-Drs. 16/10144, 37.
4 BT-Drs. 16/10144, 37; *Borth* Versorgungsausgleich Kap. 1 Rn. 12.
5 Vgl. dazu ua *Eichenhofer* BetrAV 2008, 115 (116); *Ruland* Versorgungsausgleich Rn. 69.

zu stellenden Anforderungen, § 12 bestimmt die Rechtsfolge der internen Teilung von Betriebsrenten (→ § 11 Rn. 1 ff.; → § 12 Rn. 1 ff.). Schließlich wird in § 13 die Möglichkeit der Verrechnung der Teilungskosten des Versorgungsträgers eröffnet (→ § 13 Rn. 1 ff.).

## II. Interne Teilung (Abs. 1)

5 **1. Grundsatz.** Gemäß Abs. 1 überträgt das Familiengericht für die ausgleichsberechtigte Person zulasten des Anrechts der ausgleichspflichtigen Person ein Anrecht in Höhe des Ausgleichswerts (→ Rn. 6) bei dem Versorgungsträger, bei dem das Anrecht der ausgleichspflichtigen Person besteht. Die interne Teilung stellt also eine **reale Teilung eines Anrechts innerhalb desselben Versicherungssystems** dar. Der Ausgleich geschieht durch **richterlichen Gestaltungsakt,**[6] der **mit Rechtskraft des familiengerichtlichen Beschlusses vollzogen ist** (§ 224 Abs. 1 FamFG). Durch ihn wird ein **Rechtsverhältnis** zwischen der ausgleichsberechtigten Person und dem Versorgungsträger der ausgleichspflichtigen Person begründet, sofern dieses nicht bereits besteht.[7] Die rechtsgestaltende Wirkung bedingt, dass der **Tenor der Entscheidung** das zu übertragende Anrecht genau bezeichnet, und zwar einschließlich des Versorgungsträgers und der der Entscheidung **zu Grunde liegenden Fassung der Versorgungsregelung,** wenn es sich nicht gerade um eine gesetzlich normierte handelt.[8] Der **Vollzug der richterlichen Entscheidung** im Einzelnen obliegt sodann den **jeweiligen Versorgungsträgern** nach ihren **jeweiligen Versorgungsregelungen** (in der gesetzlichen Rentenversicherung zB nach § 76 SGB VI).[9] Der Begriff Übertragung iSv § Abs. 1 bedeutet insbesondere, dass der Ausgleichsberechtigte ein eigenständiges vom Schicksal der Versorgung des Ausgleichspflichtigen unabhängiges Anrecht nach Maßgabe der für die Durchführung der internen Teilung in dem jeweiligen Versorgungssystem gesetzlichen Regelung bzw. der in den Tenor aufgenommenen untergesetzlichen Rechtsgrundlage erwirbt.[10] Aus der Übertragung des Anrechts auf die ausgleichsberechtigte Person zulasten des Anrechts der ausgleichspflichtigen Person folgt zugleich die Befugnis des Versorgungsträgers, dieses Anrecht entsprechend zu kürzen.[11] Auch insoweit wirkt die Rechtskraft der Entscheidung sowohl gegenüber dem Versorgungsträger als auch gegenüber dem Ausgleichspflichtigen. Allerdings ist umstr., inwieweit das Familiengericht die Angemessenheit untergesetzlicher Regelungen für die Durchführung des Versorgungsausgleichs in Bezug auf die Person des Ausgleichspflichtigen zu prüfen hat. Das BAG geht davon aus, dass auch insoweit durch Bezugnahme auf die maßgebliche Teilungsordnung die Entscheidung des Familiengerichts in Rechtskraft erwächst.[12] Unstr. keine Bindungswirkung für das Rechtsverhältnis zwischen Versorgungsträger und ausgleichspflichtigem Ehegatten hat eine Entscheidung des Familiengerichts, die von einem Ausgleich des Anrechts in der Annahme absieht, das Anrecht sei erloschen oder verwirkt.[13] Diese Auffassung entspricht den Grundsätzen des Prozessrechts. Eine Entscheidung, durch die das Versorgungsanrecht umgestaltet wird, ist dann gerade nicht ergangen. Die Gründe, warum das Familiengericht von einem Ausgleich des Anrechts absieht, nehmen an der Rechtskraft nicht teil.

6 **2. Ausgleichswert.** Nach § 1 Abs. 1 S. 2 ist der Ausgleichswert grundsätzlich die **Hälfte des Werts des ehezeitlichen Anteils** des auszugleichenden Anrechts. Allerdings muss das **nicht die mathematische Hälfte** sein, so können sich aufgrund der Versorgungsregelungen der Versorgungsträger Abweichungen ergeben.[14] § 11 Abs. 1 fordert nur eine **gleichwertige Teilhabe,** die allerdings

---

6 Johannsen/Henrich/*Holzwarth* Rn. 8.

7 BT-Drs. 16/10144, 54.

8 Vgl. BGH FamRZ 2013, 1546; NJW 2011, 1139 Rn. 24 ff. = FamRZ 2011, 547 zum Fall der internen Teilung einer berufsständischen Versorgung bei der Rechtsanwaltsversorgung Niedersachsen; OLG Celle FamRZ 2010, 379; BGH NZFam 2014, 1040; OLG München FamRZ 2012, 636 und OLG Düsseldorf NJW-RR 2011, 1378 zum Tenor bei Ausgleich von Fondsanteilen; OLG Karlsruhe NJW-RR 2011, 510 = FamRZ 2011, 894 zum Tenor bei Ausgleich einer betrieblichen Altersversorgung, die sich aus verschiedenen Bausteinen zusammensetzt (hier Daimler AG); dazu auch OLG Bremen FamRZ 2011, 895 und OLG Stuttgart FamRZ 2012, 711; OLG München FamRZ 2011, 376 und OLG Stuttgart FamRB 2011, 70 mAnm *Hauß* zur – unzulässigen – Tenorierung einer Quotierung der auszugleichenden Versorgung; vgl. dazu auch *Borth* FamRZ 2011, 337; *Holzwarth* FamRZ 2011, 933 (934); aA OLG Stuttgart FamRZ 2011, 381; OLG Karlsruhe FamRZ 2011, 381 (382).

9 Erman/*Norpoth/Sasse* Rn. 7.

10 *Borth* Versorgungsausgleich Kap. 3 Rn. 32.

11 BT-Drs. 16/10144, 54; Johannsen/Henrich/*Holzwarth* Rn. 9.

12 BAGE 153, 206 = NZA 2016, 304 = FamRZ 2016, 535; krit. hierzu BGH NJW 2018, 1961 = FamRZ 2018, 894.

13 BAG FamRZ 2018, 1576 = BeckRS 2018, 13459.

14 Vgl. Johannsen/Henrich/*Holzwarth* § 5 Rn. 19; Johannsen/Henrich/*Holzwarth* § 1 Rn. 8; *Triebs* FuR 2009, 202 (203); krit. ua *Häußermann* BetrAV 2008, 428; *Häußermann* FPR 2009, 223.

zu wahren ist, wenn der Ausgleich auf der Basis der Versorgungsregelung des Versorgungsträgers erfolgen soll (→ § 11 Rn. 5 ff.). Abweichungen können vor allem darauf beruhen, dass der Versorgungsträger ein gewisses Ermessen hat, ob er den Barwert oder die zu erwartende Rente als Teilungsmaßstab wählt (→ § 11 Rn. 14).[15] Weiterhin kann er für das übertragene Recht den Schutz auch auf eine reine Altersvorsorge beschränken, muss dann aber einen zusätzlichen Ausgleich schaffen (§ 11 Abs. 1 Nr. 3 VersAusglG; → § 11 Rn. 25 ff.). Die Ermittlung des Werts des auszugleichenden Anrechts sowie des ehezeitlichen Anteils erfolgt gemäß § 5 Abs. 1 (→ § 5 Rn. 3 f.) iVm §§ 39 ff. und der jeweiligen Versorgungsordnung durch den jeweiligen Versorgungsträger, und zwar in Form der für das jeweilige Versorgungssystem maßgeblichen Bezugsgröße, insbesondere also in Form eines – monatlichen – Rentenbetrages, eines Kapitalbetrages oder von Entgeltpunkten in der gesetzlichen Rentenversicherung. Umstritten war, ob ein Anrecht aus der Zusatzversorgung des öffentlichen Dienstes nach Umrechnung in einen Barwert oder unmittelbar durch Teilung der in der Ehezeit erworbenen Versorgungspunkte zu teilen ist (iE → § 39 Rn. 12).[16] Diesen Streit hat der BGH[17] dahingehend entschieden, dass die Praxis der Versorgungsträger, den Ehezeitanteil der Anwartschaft des Ausgleichspflichtigen anhand der für diesen geltenden Barwertfaktoren in einen Kapitalwert umzurechnen, diesen nach Abzug der Teilungskosten zu halbieren und daraus anhand der für den Ausgleichsberechtigten geltenden Barwertfaktoren und Umrechnung in Versorgungspunkte den Wert der monatlichen Anwartschaft des Ausgleichsberechtigten zu berechnen, nicht zu beanstanden ist. Es ist sachgerecht, in diesen Fällen den Ausgleichswert durch Teilung des Barwertes zu berechnen, da dieses Bewertungsverfahren dem Versicherungswert der Anwartschaft besser entspricht und für den Versorgungsträger aufwandsneutral ist. Aus § 5 Abs. 1 ergibt sich, dass der Ausgleichswert zwar in der für das jeweilige Anrecht maßgeblichen Bezugsgröße anzugeben ist. Dies bedeutet aber nicht, dass der Ausgleichswert (nur) ermittelt werden könnte, indem der Ehezeitanteil der maßgeblichen Bezugsgröße halbiert wird. Der versicherungsmathematische Barwert ist ein sachgerechter Maßstab, um den Wert des Ehezeitanteils und den Ausgleichswert zu berechnen. Dies gilt gerade auch im Fall der Zusatzversorgung des öffentlichen Dienstes. Aus der Satzung[18] ergibt sich, dass der jeweilige Pflichtbeitrag anhand eines für das Alter des Beschäftigten maßgeblichen Umrechnungsfaktors in eine jährliche Versorgungsanwartschaft umzurechnen ist. Diese Rechenfaktoren bilden nach versicherungsmathematischen Kriterien ermittelte Barwertfaktoren. Wird lediglich die Anzahl der in der Ehezeit erworbenen Versorgungspunkte hälftig (nach Abzug der Teilungskosten) geteilt, ist das Ergebnis nur aufwandsneutral, wenn für den Ausgleichsberechtigten dieselben Umrechnungsfaktoren gelten wie für den Ausgleichspflichtigen. Andernfalls erwirbt der Ausgleichsberechtigte durch die interne Teilung ein höheres Anrecht, als der Umrechnung der in der Ehezeit geleisteten Pflichtbeiträge entspricht (va dann, wenn er älter als der Ausgleichspflichtige ist) oder ein geringeres Anrecht. Weiterhin ist es konsequent, dass der BGH die Umrechnung des Barwerts in eine Versorgungsanwartschaft des Ausgleichsberechtigten anhand geschlechtsneutraler Barwertfaktoren verlangt (ab 2013); denn auch die monatliche Versorgungsanwartschaft des Ausgleichspflichtigen wird anhand geschlechtsneutraler Faktoren berechnet.

Den so ermittelten ehezeitlichen Anteil teilt der Versorgungsträger dem **Familiengericht** auf 7
dessen **Auskunftsersuchen (§ 220 FamFG)** mit und unterbreitet ihm zugleich gemäß § 5 Abs. 3 einen **Vorschlag zur Bestimmung des Ausgleichswerts,** sowie, falls es sich hierbei nicht um einen Kapitalwert handelt, auch zur Bestimmung des mit dem Ausgleichswert korrespondierenden Kapitalwertes. An den Vorschlag ist das Familiengericht allerdings nicht gebunden, er bedarf vielmehr der **Überprüfung durch das Gericht.**

Auch wenn die Eheleute Anrechte gleicher Art bei demselben Versorgungsträger haben und 8
deshalb eine **Verrechnung** nach Abs. 2 in Betracht kommt, hat das Familiengericht jedes Anrecht einzeln und für sich intern zu teilen. Ob eine Verrechnung der Anrechte gem. Abs. 2 möglich ist, ist keine Frage der Feststellung des ehezeitlichen Anteils der auszugleichenden Anrechte und der zu ermittelnden – und dem Familiengericht mitzuteilenden – Ausgleichswerte, sondern allein eine **Frage der Umsetzung der Entscheidung des Familiengerichts durch den Versorgungsträger** (→ Rn. 12 f.). Möchten Ehegatten, dass nur der Saldo verrechenbarer Anrechte ausgeglichen wird, können sie das nur dadurch erreichen, dass sie eine Vereinbarung gem. § 6 schließen, durch

---

15 Johannsen/Henrich/*Holzwarth* § 5 Rn. 19.

16 OLG Frankfurt FamRZ 2014, 755 (Teilung der Versorgungspunkte); OLG Celle FamRZ 2014, 305; OLG Köln NZFam 2015, 277; OLG Nürnberg NZFam 2015, 313; *Bergner* NZFam2014, 49 (Teilung des Barwertes); BeckOGK/*Siede,* 1.8.2018, § 39 Rn. 162 ff.

17 BGH NJW 2017, 3226 = FamRZ 2017, 960; NJW 2017, 2547 = FamRZ 2017, 863; FamRZ 2017, 870 = BeckRS 2017, 106294; NZFam 2017, 396.

18 Vgl. zB § 34 Abs. 3 Satzung idF vom 11.4.2018 der Bayerischen Versorgungskammer – Zusatzversorgungskasse der Bayerischen Gemeinden.

die das Familiengericht auf einen Restausgleich in Höhe des Saldos in Bezug auf Anrechte des insgesamt ausgleichspflichtigen Ehegatten beschränkt ist.

9 **3. Steuerliche Behandlung der internen Teilung.** Die Übertragung des Anrechts im Wege der internen Teilung hat weder für die ausgleichsberechtigte noch für die ausgleichspflichtige Person steuerlich belastende Konsequenzen. Der durch Art. 10 Nr. 1 VAStrRefG eingefügte § 3 Nr. 55a EStG stellt in S. 1 ausdrücklich klar, dass die Übertragung des Anrechts als solche für beide Personen **steuerneutral** ist. Die ausgleichsberechtigte Person erlangt bezüglich des für sie neu begründeten Anrechts steuerrechtlich die gleiche Stellung wie die ausgleichspflichtige Person. § 3 Nr. 55a S. 2 EStG stellt klar, dass Leistungen, die aus dem durch interne Teilung erworbenen Anrecht nunmehr zugunsten der ausgleichsberechtigten Person fließen, steuerlich so behandelt werden wie das Anrecht bei der ausgleichspflichtigen Person ohne Berücksichtigung der Teilung behandelt worden wäre; die Versorgungsleistungen können daher zu Einkünften aus nichtselbständiger Arbeit (§ 19 EStG), aus Kapitalvermögen (§ 20 EStG) oder zu sonstigen Einkünften (§ 22 EStG) führen.[19] Zugleich ergibt sich aus § 3 Nr. 55a S. 2 EStG, dass beim Ausgleichspflichtigen nur Leistungen aus dem gekürzten Anrecht zu versteuern sind.[20]

10 Die Teilung von Anrechten aus einem **privaten Versicherungsvertrag** stellt keinen Erlebensfall dar.[21] Der durch Teilung entstehende Vertrag gilt als zu demselben Zeitpunkt abgeschlossen wie der ursprüngliche Vertrag, wenn die aus dem Vertrag an die ausgleichspflichtige Person zu erbringenden Leistungen zu einer Steuerpflicht gem. § 22 S. 2 EStG führen (§ 22 Nr. 5 S. 12 EStG). Dadurch werden die steuerlichen Vorteile für vor dem 1.1.2005 abgeschlossene Versicherungsverträge auch für den Ausgleichsberechtigten erhalten (§ 20 Abs. 1 Nr. 6 EStG). Dies gilt auch, wenn der Risikoschutz auf eine reine Altersrente beschränkt wird.[22]

11 Weiterhin führt die interne Teilung auch nicht zu einer schädlichen Verwendung des nach dem AltZertG geförderten Altersvermögens **(Riesterrente).** Dies ergibt sich aus § 93 Abs. 1a EStG. Die auf das übertragene Anrecht entfallende steuerliche Förderung geht mit allen Rechten und Pflichten auf den ausgleichsberechtigten Ehegatten über (§ 93 Abs. 1a EStG). Soweit das Anrecht auf geförderten Beiträgen beruht, ist es nachgelagert zu versteuern, im Übrigen mit dem Ertragsanteil.[23]

### III. Vollzug der internen Teilung von Anrechten gleicher Art bei demselben Versorgungsträger durch Verrechnung (Abs. 2 S. 1)

12 **1. Grundsatz.** Der Vollzug der internen Teilung geschieht grundsätzlich nach der für die jeweilige Versorgung bestehenden Versorgungsordnung (→ Rn. 5). Sind allerdings nach der internen Teilung für beide Ehegatten Anrechte gleicher Art bei demselben Versorgungsträger auszugleichen, so bestimmt Abs. 2 S. 1 zwingend, dass der Versorgungsträger den **Ausgleich nur in Höhe des Wertunterschiedes** nach Verrechnung vollzieht. Damit wird sichergestellt, dass der Versorgungsträger bei der Umsetzung der gerichtlichen Entscheidung **keinen Hin-und-her-Ausgleich** durchführen muss, wenn beide Ehegatten über auszugleichende Anrechte gleicher Art bei demselben Versorgungsträger verfügen. Das Gesetz weist die **Verrechnung** aus Zweckmäßigkeitsgründen den **Versorgungsträgern** und nicht dem Familiengericht zu. Denn die Versorgungsträger müssen die Versorgungskonten ggf. neu einrichten und im Übrigen ohnehin bearbeiten; zudem wird eine mögliche Fehlerquelle des Familiengerichts beseitigt. Im Hinblick auf die Verrechnungsmöglichkeit nach Abs. 2 S. 2 kommt hinzu, dass das Familiengericht häufig **Verrechnungsvereinbarungen zwischen den zuständigen Versorgungsträgern** nicht kennt, während die Versorgungsträger über den Bestand solcher Vereinbarungen unterrichtet sind und damit wissen, ob eine Verrechnung durchzuführen ist.[24] Das Familiengericht kann sich daher auf die interne – reale – Teilung des jeweiligen Anrechts beschränken; im Vollzug der Entscheidung durch die Versorgungsträger erfolgt dann die Verrechnung. Geschieht dabei ein Fehler – etwa in Form eines schlichten Rechenfehlers oder der Verkennung der Voraussetzungen einer Verrechnung – und kommt es darüber zu einem

---

[19] BT-Drs. 16/10144, 108; vgl. zu den steuerrechtlichen Folgen des Versorgungsausgleichs *Ruland* Versorgungsausgleich Rn. 1304 ff.; *Ruland* FamRZ 2009, 1456 ff.; Johannsen/Henrich/*Holzwarth* Rn. 37 ff.; *Borth* Versorgungsausgleich Kap. 3 Rn. 210 ff.; *Schmid/Bührer* FamRZ 2010, 1608 ff.; *Münch* FamRB 2010, 284 ff.; *Spieker* FamFR 2010, 505 ff.; *Wälzholz* DStR 2010, 465 ff.

[20] *Ruland* Versorungsausgleich Rn. 1311.

[21] *Ruland* Versorungsausgleich Rn. 1349.

[22] Erman/*Norpoth/Sasse* Rn. 9.

[23] Johannsen/Henrich/*Holzwarth* Rn. 39; zu Verzerrungen bei Riesterrenten, insbesondere bei schädlicher Verwendung auch *Hauß/Bührer,* Versorgungsausgleich und Verfahren in der Praxis, 2. Aufl. 2014, Rn. 399.

[24] BT-Drs. 16/10144, 55; *Ruland* Versorgungsausgleich Rn. 600; Johannsen/Henrich/*Holzwarth* Rn. 16.

Rechtsstreit, so hat diesen das für den jeweiligen Versorgungsträger zuständige Fachgericht zu entscheiden, nicht das Familiengericht.[25]

**Verrechnungs-Beispiel:**[26]
Beide Ehegatten sind in der gesetzlichen Rentenversicherung pflichtversichert. Hat der Ehemann ein ehezeitliches Anrecht in Höhe von 20,0000 Entgeltpunkten auszugleichen, so überträgt das Familiengericht auf die Ehefrau einen Ausgleichswert in Höhe der Hälfte (vgl. § 1 Abs. 2), also in Höhe von 10,0000 Entgeltpunkten. Hat die Ehefrau ihrerseits ein ehezeitliches Anrecht in Höhe von 8,0000 Entgeltpunkten auszugleichen, so wird dem Ehemann ein Ausgleichswert in Höhe der Hälfte, also von 4,0000 Entgeltpunkten übertragen. Die Verrechnung erfolgt auf der Basis der familiengerichtlichen Entscheidung durch den Versorgungsträger, hier den Träger der gesetzlichen Rentenversicherung; nach Verrechnung wird der Ausgleich in Höhe von noch 6,0000 Entgeltpunkten – allein – zulasten des Ehemannes und zugunsten der Ehefrau vollzogen. Hat die Ehefrau zusätzlich ein ehezeitliches Anrecht in einer betrieblichen Altersversorgung in Höhe eines Kapitalwerts von 40.000 EUR erworben, mithin in Höhe eines Ausgleichswerts von 20.000 EUR auszugleichen, so überträgt das Familiengericht im Wege des internen Ausgleichs das Anrecht in Höhe dieses Ausgleichswerts zugunsten des Ehemannes bei ihrem Versorgungsträger (Abs. 1 S. 1). Die oben beschriebene Verrechnung wird nach dem Grundsatz des Hin-und-Her-Ausgleichs davon nicht berührt.

**2. Anrechte gleicher Art.** Anrechte gleicher Art sind nach der Gesetzesbegründung solche, 13
die sich in **Struktur und Wertentwicklung entsprechen,** so dass ein Saldoausgleich nach Verrechnung im Wesentlichen zu demselben wirtschaftlichen Ergebnis führt wie ein Hin-und-Her-Ausgleich. Eine Wertidentität ist nicht erforderlich, ausreichend ist eine **strukturelle Übereinstimmung in den wesentlichen – wertbildenden – Faktoren** wie zB Leistungsspektrum (ua Altersversorgung, Versorgung bei Invalidität, Schutz von Hinterbliebenen), Finanzierungsart (ua Umlageverfahren wie in der gesetzlichen Rentenversicherung, Abschnittsdeckungsverfahren in berufsständischen Versorgungen), Anpassung von Anwartschaften und laufenden Versorgungen (dynamische oder statische Versorgung), Insolvenzschutz und Teilkapitalisierungsrecht.[27] Nach den genannten Kriterien hat der Versorgungsträger die Gleichartigkeit der Anrechte zu prüfen, wobei er bezüglich folgender Anrechte von einer näheren Prüfung entlastet ist, weil sie schon generell der Gleichartigkeit bzw. Nicht-Gleichartigkeit zugeordnet werden können:

Als **gleichartige Anrechte** können ua angesehen werden Anrechte aus der **allgemeinen** 14
**Rentenversicherung.** Für sie enthält § 120f Abs. 1 SGB VI idF des Art. 4 Nr. 8 VAStrRefG bereits eine Vorschrift zur Anwendung von § 10 Abs. 2; dort ist – allerdings mit der Ausnahme des § 120f Abs. 2 SGB VI – geregelt, dass alle bei einem Träger der gesetzlichen Rentenversicherung erworbenen Anrechte als bei demselben Versorgungsträger erworbene Anrechte iSv § 10 Abs. 2 gelten. Als gleichartige Anrechte sind weiter anzusehen solche der **Beamtenversorgung und der beamtenähnlichen Versorgung,** der **Soldatenversorgung,** Anrechte aus den unterschiedlichen Zweigen der **Zusatzversorgung des öffentlichen Dienstes**[28] (aber nicht immer, wenn sie unterschiedlichen Verbänden angehören, bspw. West einerseits, Ost andererseits;[29] weiterhin sind auch Anrechte aus der Pflichtversicherung und der freiwilligen Versicherung (zB Riesterrente) der Zusatzversorgung nicht gleichartig)[30] und der **berufsständischen Versorgung,** soweit für sie Überleitungsabkommen bestehen, im Übrigen ist für diese Anrechte eine einzelfallbezogene Prüfung erforderlich.[31] Anrechte innerhalb des Essener- oder Bochumer Verbandes sind grundsätzlich gleichartig.[32] Gehören Anrechte unterschiedlichen Versorgungssystemen an, sind sie schon deshalb nicht gleichartig.

Als **nicht gleichartig** sind ua Anrechte in der gesetzlichen Rentenversicherung aus **Entgelt-** 15
**punkten** („West") einerseits und **Entgeltpunkten (Ost)** andererseits anzusehen, ebenso nicht Anrechte in der allgemeinen gesetzlichen Rentenversicherung („West" oder Ost) einerseits und der **knappschaftlichen Rentenversicherung** andererseits, was in § 120f Abs. 2 SGB VI idF Art. 4

25 *Ruland* Versorgungsausgleich Rn. 600.

26 Vgl. auch Beispiele BT-Drs. 16/10144, 54, *Ruland* Versorgungsausgleich Rn. 599 und *Triebs* FPR 2009, 202 (203).

27 Vgl. BT-Drs. 16/10144, 55 und BT-Drs. 16/11903, 112 zu § 47; Erman/*Norpoth/Sasse* Rn. 6; Johannsen/Henrich/*Holzwarth* Rn. 14; Johannsen/Henrich/*Holzwarth* § 18 Rn. 4.

28 OLG Koblenz BeckRS 2017, 145128; OLG Hamm Beschl. v. 21.8.2013 – II-8 UF 126/13; OLG Stuttgart Beschl. v. 30.3.2015 – 15 UF 48/15, BeckRS 2015, 15445.

29 KG FamRZ 2015, 929.

30 OLG Dresden NZFam 2015, 320; Soergel/*Häußermann* Rn. 2.

31 *Ruland* Versorgungsausgleich Rn. 578; weitergehend BeckOGK/*Ackermann-Sprenger,* 1.10.2016, Rn. 44, wonach Anrechte der berufsständischen Versorgung generell als untereinander gleichartig anzusehen seien.

32 *Ruland* Versorgungsausgleich Rn. 578.

Nr. 8 VAStrRefG klargestellt wird (→ Rn. 24).[33] Nicht gleichartig sind auch Anrechte aus der HZV und in der gesetzlichen Rentenversicherung.[34] Weiter kann von einer Gleichartigkeit nicht gesprochen werden, wenn eine **Altersversorgung** einerseits und eine **Alters-, Invaliditäts- und Hinterbliebenenversorgung** andererseits in Rede steht, ebenso nicht bei einem **dynamischen Anrecht** einerseits und einem **nichtdynamischen** andererseits. Dabei ist unerheblich, ob die von den Versorgungsträgern im Einzelfall mitgeteilten Renten- oder Kapitalwerte sich entsprechen, denn sie können grundlegende Strukturunterschiede nicht überbrücken.[35] Ob Anrechte aus der gesetzlichen Rentenversicherung einerseits und solche aus der Beamtenversorgung andererseits wegen der in § 47 Abs. 3 vorgesehenen generellen Gleichstellung bei der Ermittlung des korrespondierenden Kapitalwerts als gleichartig angesehen werden könnten,[36] kann dahinstehen, denn sie bestehen bei verschiedenen Versorgungsträgern, so dass es auf die unterschiedliche Ermittlung der Versorgung und die unterschiedliche Finanzierung und Besteuerung nicht ankommt. Demgegenüber kann die Frage der Gleichartigkeit in weitergehendem Umfang bei § 18 Bedeutung erlangen (→ § 18 Rn. 13 ff.).

### IV. Vollzug der internen Teilung bei Verrechnungs-Vereinbarung verschiedener zuständiger Versorgungsträger (Abs. 2 S. 2)

16 Ausnahmsweise kommt eine Verrechnung auch in Betracht, wenn Anrechte gleicher Art bei **verschiedenen zuständigen Versorgungsträgern** bestehen[37] und Vereinbarungen zwischen ihnen eine Verrechnung vorsehen. Bestehen solche Vereinbarungen, müssen wie im Fall des Abs. 2 S. 1 nicht zwei Vollzugsakte durch die Versorgungsträger zur Umsetzung der Entscheidung des FamG derart erfolgen, dass bei beiden Ehegatten das jeweilige Anrecht um den Ausgleichswert gekürzt und zugleich dem anderen Ehegatten gutgeschrieben wird. Vielmehr genügt es, dass nach Verrechnung der Saldo ausgeglichen wird. Der Gesetzgeber hat diese Regelung mit der Hoffnung verbunden, dass viele Versorgungsträger mit Einführung der obligatorischen internen Teilung solche Abkommen schließen[38] – bisher bestand dazu kein Anlass. Belastbare Untersuchungen, ob sich diese Hoffnung erfüllt hat, fehlen.

### V. Maßgeblichkeit der Regelungen über das auszugleichende und das zu übertragende Anrecht (Abs. 3)

17 Abs. 3 bestimmt, dass sich die **Einzelheiten des Vollzugs** einer internen Teilung nach den Regelungen über das auszugleichende und das zu übertragende Anrecht des jeweiligen Versorgungssystems bestimmen. Maßgeblich sind damit **gesetzliche Bestimmungen** wie etwa § 76, 120f SGB VI für die gesetzliche Rentenversicherung, die Bestimmungen des Bundesversorgungsteilungsgesetzes (BVersTG, Art. 5 VAStrRefG) für die Versorgung der Bundesbeamten- und -richter sowie der Soldaten und die Bestimmungen der Alterssicherung der Landwirte (§ 43 Abs. 1 und 2 ALG). Maßgeblich sind weiter **untergesetzliche Regelungen** in Versorgungsordnungen, Satzungen, vertraglichen Vereinbarungen oder vergleichbaren Regelungen.[39] Untergesetzliche Bestimmungen sind dabei daraufhin zu überprüfen, ob sie den Kriterien nach § 11 entsprechen und dem Ausgleich zugrunde gelegt werden können (→ § 11 Rn. 1 ff.). Ist für die interne Teilung eine untergesetzliche Norm maßgeblich, ist diese im Tenor anzugeben und genau zu bezeichnen; denn sonst ist der Tenor nicht hinreichend bestimmt. Dies gilt auch, wenn es sich bei dem Versorgungsträger um einen öffentlich rechtlichen Versorgungsträger, beispielsweise der berufsständischen Versorgung handelt.[40]

### VI. Interne Teilung von Anrechten in der gesetzlichen Rentenversicherung

18 **1. Anwendungsbereich und Rechtsgrundlagen.** Wie die interne Teilung für den Wertausgleich die zentrale Ausgleichsbestimmung ist (→ Rn. 1), so betrifft die interne Teilung von Anrechten in der gesetzlichen Rentenversicherung den zentralen und wichtigsten Bereich des deutschen

---

[33] Vgl. BT-Drs. 16/10144, 55; BGH NJW 2012, 312 Rn. 21 f. = FamRZ 2012, 280 zu § 18 Abs. 2; vgl. auch Johannsen/Henrich/*Holzwarth* Rn. 17; HK-VersAusglR/*Götsche* Rn. 31.
[34] OLG Saarbrücken BeckRS 2014, 11579; ebenso OLG Saarbrücken FamRZ 2014, 1113.
[35] Vgl. dazu auch *Ruland* Versorgungsausgleich Rn. 577.
[36] Dagegen zu Recht BGH NJW-RR 2013, 1409 = FamRZ 2013, 1636; *Borth* Versorgungsausgleich Kap. 3 Rn. 125.
[37] Zu unterschiedlichen Trägern der gesetzlichen Rentenversicherung → Rn. 15.
[38] BT-Drs. 16/10144, 54.
[39] BT-Drs. 16/10144, 55; vgl. auch *Wick* FuR 2009, 482 (489 f.).
[40] BGH NJW 2011, 1139.

Altersvorsorgesystems; denn der wesentliche Teil der erwerbstätigen Bevölkerung besitzt Anrechte in der gesetzlichen Rentenversicherung.

§ 10 Abs. 3 verweist bezüglich der Einzelheiten des Ausgleichs von der internen Teilung unterliegenden Anrechten auf die jeweiligen Reglungen über das auszugleichende und das zu übertragende Anrecht (→ Rn. 17). Das Recht der gesetzlichen Rentenversicherung findet sich im **Sechsten Buch Sozialgesetzbuch (SGB VI)** idF der Bekanntmachung vom 19.2.2002 (BGBl. 2002 I 754, berichtigt BGBl. 2002 I 1404, 3384). Im Bereich der internen Teilung anzuwendende Bestimmungen sind vornehmlich §§ 76 und 120f, 264a SGB VI. 19

Da **§ 10 den Wertausgleich bei der Scheidung regelt,** finden keine Berücksichtigung Anrechte der gesetzlichen Rentenversicherung, die nur im Wege der **schuldrechtlichen Ausgleichszahlung** ausgeglichen werden können. Das sind abschmelzende Anrechte (§ 120h SGB VI) wie der Auffüllbetrag nach § 315a SGB VI, der Rentenzuschlag nach § 319a SGB VI, der Übergangszuschlag nach § 319b SGB VI sowie Zahlungen iSv § 307b Abs. 6 SGB VI. Den abzuschmelzenden Anrechten stehen Anrechte gleich, die durch rechtswidrigen, aber nicht mehr abänderbaren Bescheid festgesetzt wurden, auf die aber Rentenerhöhungen anzurechnen sind.[41] Die auslaufenden – nichtdynamischen – Höherversicherungsanrechte nach § 269 SGB VI gehören nicht dazu, sie sind im Wege interner Teilung auszugleichen. 20

**2. Bewertung der Anrechte der gesetzlichen Rentenversicherung.** Dem Ausgleich nach § 10 hat die **Bewertung** des im Versorgungsausgleich auszugleichenden ehezeitlichen Anrechts vorauszugehen. Sie erfolgt nach **§ 43** (→ § 43 Rn. 1 ff.). Der Gesetzgeber hat sich für die vorrangige Nennung der Bestimmungen über den Ausgleich und seine Durchführung im Gesetzesaufbau des VersAusglG entschieden, um so die zentralen Vorschriften des neuen Rechts herauszustellen.[42] Für den Ausgleich sind die vom Ausgleichspflichtigen in der Ehezeit erworbenen **Entgeltpunkte** entscheidend (vgl. § 66 SGB VI, für den Versorgungsausgleich beträgt der Zugangsfaktor aber immer 1); dies ist die „Währungseinheit" der gesetzlichen Rentenversicherung (vgl. dazu iE § 43). 21

**3. Interne Teilung durch Verrechnung nach § 10 Abs. 2.** Entsprechend dem Verbreitungsgrad von Anrechten der gesetzlichen Rentenversicherung in der Bevölkerung kommt der **Verrechnungsbestimmung § 10 Abs. 2** (→ Rn. 12 ff.) in diesem Bereich erhebliche Bedeutung zu. Zu beachten ist allerdings, dass eine Verrechnung nur in Betracht kommt, wenn es sich um **gleichartige Anrechte** handelt. Das ist nicht der Fall, wenn sich Anrechte mit Entgeltpunkten und Entgeltpunkten (Ost) gegenüberstehen oder Entgeltpunkte der allgemeinen Rentenversicherung und solche der knappschaftlichen auszugleichen sind, wobei hinsichtlich der knappschaftlichen Rentenversicherung wiederum West- und Ost-Entgeltpunkte zu unterscheiden sind (§ 121f Abs. 2 Nr. 1 und 2 SGB VI idF Art. 4 VAStrRefG; → Rn. 15). Weiterhin nicht gleichartig sind Renten aus der Höherversicherung und Renten, die nach allgemeinen Vorschriften erworben wurden (vgl. § 269 SGB VI); denn die Renten aus der Höherversicherung werden als Steigerungsbetrag zur gesetzlichen Rente geleistet und sind nicht dynamisch, führen aber nicht zu einem Zuschlag an Entgeltpunkten. 22

**4. Vollzug der internen Teilung von Rentenanrechten.** Durchgeführt ist der Versorgungsausgleich, wie § 224 Abs. 1 FamFG und § 52 Abs. 1 S. 3 SGB VI klarstellen, mit Wirksamkeit dh mit Rechtskraft der Entscheidung des Familiengerichts. Die Entscheidung bedarf aber noch des Vollzuges. Gemäß § 76 Abs. 1 SGB VI wird ein zugunsten oder zulasten eines Versicherten durchgeführter Versorgungsausgleich durch einen **Zuschlag oder Abschlag an Entgeltpunkten** – ggf. (Ost) – berücksichtigt. Aus diesem Grund hat die familiengerichtliche Entscheidung auf das **Übertragen von Entgeltpunkten** zu lauten. Technisch erfolgt der Vollzug in der Weise, dass der Zuschlag (§ 76 Abs. 2 SGB VI) bzw. der Abschlag (§ 76 Abs. 3 SGB VI) auf dem beim Rentenversicherungsträger vorhandenen (§ 149 SGB VI) bzw. einzurichtenden Konto verbucht wird, und zwar getrennt nach Entgeltpunkten und Entgeltpunkten (Ost) (vgl. § 264a SGB VI) bzw. nach knappschaftlichen Entgeltpunkten (ggf. auch hier (Ost)). 23

Der Übertragung von Entgeltpunkte steht nicht entgegen, dass der Ausgleichsberechtigte bereits Rente bezieht, wobei es unerheblich ist, ob es sich um eine Altersrente oder Rente wegen verminderter Erwerbsfähigkeit handelt.[43] Obwohl für den Erwerb von Anrechten aufgrund versicherungspflichtiger Tätigkeit oder freiwilliger Versicherung die Beitragsbemessungsgrenze geblieben ist (§§ 159, 161 SGB VI), können im Wege des Versorgungsausgleich Entgeltpunkte auch über den Betrag hinaus erworben werden, der sich ergäbe, wenn Beiträge bis zur Höhe der Beitragsbemes- 24

41 OLG Brandenburg FamRZ 2016, 1773 red. Ls.
42 Vgl. BT-Drs. 16/10144, 45.
43 Ua BGH NJW 1980, 396 (397) = FamRZ 1980, 129 (130); NJW 1982, 229 = FamRZ 1982, 33.

sungsgrenze geleistet würden; die früher geltende Höchstbetragsregelung gem. § 76 Abs. 2 S. 3 SGB VI wurde durch Art. 4 Nr. 3a VAStrRefG aufgehoben. Die neue Regelung ermöglicht so den vollständigen Ausgleich von Anrechten auch dann, wenn der Ausgleichsberechtigte in der Ehezeit hohe Anwartschaften in der gesetzlichen Rentenversicherung erworben hat, oder wenn sich aufgrund interner und externer Teilung hohe Zuschläge an Entgeltpunkten gem. § 76 SGB VI ergeben.[44]

25 **5. Auswirkungen der internen Teilung für die ausgleichsberechtigte Person.** Ist die ausgleichsberechtigte Person bisher nicht in der gesetzlichen Rentenversicherung versichert, wird sie dies mit Übertragung der Entgeltpunkte (§ 8 Abs. 1 Nr. 2 SGB VI). Da sie bisher kein Versicherungskonto hat, ist zunächst die Deutsche Rentenversicherung Bund zuständig (§ 127 Abs. 1 S. 2 SGB VI), bis der ausgleichsberechtigten Person eine Versicherungsnummer mit dem dann zuständigen Rentenversicherungsträger zugeteilt wird (§ 127 Abs. 1 SGB VI).

26 **a) Zuschlag an Entgeltpunkten.** Der Zuschlag an Entgeltpunkten geht in die Summe der bereits vorhandenen Entgeltpunkte ein und ergibt multipliziert mit dem Zugangsfaktor die persönlichen Entgeltpunkte, nach denen die neue **Höhe der Monatsrente** berechnet wird (§§ 64, 66 Abs. 1 Nr. 4 SGB VI). Bezieht der Ausgleichsberechtigte bereits eine Altersrente oder eine Erwerbsminderungsrente, wird die Rente ab dem auf die Rechtskraft der Entscheidung folgenden Monat erhöht. Der ursprüngliche Rentenbescheid ist mit Wirkung ab diesem Zeitpunkt aufzuheben und die Rente durch neuen Bescheid festzusetzen (§ 101 Abs. 3 SGB VI). Die Rente wird – da auf Entgeltpunkten beruhend – dynamisiert. Weil die übertragene Rente das Schicksal der „Hauptrente" teilt, kommt ein **Ruhen der gesamten Rente** in Betracht, wenn etwa die Hinzuverdienstgrenze für Erwerbsminderungsrenten gem. § 96a SGB VI überschritten ist oder wegen Zusammentreffens mit einer Unfallrente nur diese zur Auszahlung kommt (§ 93 SGB VI). Demgegenüber ist die Rente, die aufgrund des Versorgungsausgleichs erworben wurde, nicht auf die Beamtenversorgung anzurechnen (§ 55 Abs. 1 S. 7 BeamtenVG bzw. entsprechende Regelungen der Länder).[45] Es kann daher sein, dass sich der Versorgungsausgleich nicht zugunsten des Ausgleichsberechtigten auswirkt, der **Wertausgleich daher unwirtschaftlich** ist und ein Ausgleich nur über die **schuldrechtliche Ausgleichszahlung** in Betracht kommt (§ 19 Abs. 2 Nr. 3).[46]

27 Der Zuschlag an Entgeltpunkten entfällt zu gleichen Teilen auf die in der Ehezeit liegenden Kalendermonate (§ 76 Abs. 6 SGB VI). Das hat Bedeutung ua für die Höhe der ins Ausland zu zahlenden Rente (vgl. § 113 Abs. 1 S. 1 Nr. 3, 4 SGB VI).

28 **b) Bedeutung der übertragenen Entgeltpunkte für die Wartezeit.** Die Bedeutung der übertragenen Entgeltpunkte für die Wartezeit, von deren Erfüllung der Erhalt einer Rente abhängt, darf nicht unterschätzt werden. Da die übertragenen Entgeltpunkte in Wartezeiten umzurechnen sind, kann selbst der Erwerb sehr geringer Beträge an Entgeltpunkten wegen der Rundungsregelung gem. § 122 Abs. 1 SGB VI – Rundung selbst geringster Beträge auf einen vollen Monat – im Versorgungsausgleich für den Ausgleichsberechtigten von großer Bedeutung für den Erhalt einer Rente sein. Die **Umrechnung in Wartezeitmonate** erfolgt, indem die erworbenen Entgeltpunkte durch 0, 0313 geteilt werden (§ 52 Abs. 1 S. 1 SGB VI idF Art. 4 Nr. 2 VAStrRefG). Das **auf die nächste volle Zahl aufgerundete** Ergebnis (vgl. § 122 Abs. 1 SGB VI) ist die Zahl der hinzuerworbenen Wartezeitmonate.

**Beispiel:**
Dem Ausgleichsberechtigten werden im Versorgungsausgleich 1,1000 Entgeltpunkte übertragen. Geteilt durch den Faktor 0,0313 ergibt das 35,1…, aufgerundet ergeben sich 36 Monate.

29 Allerdings können nicht mehr Monate erworben werden, als die Ehezeit Monate hatte; sind bereits Monate durch eigene Versicherungsbeiträge belegt, können nur so viele Monate hinzu erworben werden, wie noch nicht belegt sind (vgl. § 52 Abs. 1 S. 5 SGB VI). Anrechenbar sind die übertragenen Wartezeitmonate auf **alle in § 50 SGB VI genannten Wartezeiten,** so insbesondere auch auf die für **Rehabilitationsleistungen** (§ 11 Abs. 2 Nr. 2 SGB VI), jedoch nicht auf die Wartezeit von 45 Jahren (§ 50 Abs. 5 SGB VI, § 51 Abs. 3a S. 2 SGB VI); denn gem. § 51 Abs. 3a S. 2 SGB VI ist die Anrechnung von Wartezeiten aufgrund eines Versorgungsausgleichs ausdrücklich ausgeschlossen. Kommt es nach der Scheidung zu einer **Abänderung der Entscheidung** über den

---

[44] BT-Drs. 16/10144, 99; vgl. BGH NJW 2011, 361 = FamRZ 2011, 550 zur Berücksichtigung des Fortfalls der Höchstbetragsregelung ab 1.9.2009 auch in sog. Altfällen.
[45] *Ruland* Versorgungsausgleich Rn. 610.
[46] Vgl. *Ruland* Versorgungsausgleich Rn. 610.

Wertausgleich, so entfällt eine bereits von der ausgleichsberechtigten Person erfüllte Wartezeit nicht mehr (§ 52 Abs. 1 S. 4 SGB VI).[47]

Vorstehendes gilt nicht für den Anspruch auf die **Rente für besonders langjährige Versicherte iSv § 38 SGB VI** (§ 51 Abs. 3a S. 2 SGB VI). Erworbene Wartezeitmonate sind auch keine **Beitragszeiten iSv § 55 SGB VI.** Fordert das SGB VI für den Erhalt einer Rente – wie etwa die Erwerbsminderungsrente – **Pflichtbeitragszeiten** aus einer versicherten Beschäftigung (§ 43 Abs. 2 S. 1 Nr. 2), so können diese nicht durch erworbene Wartezeiten erfüllt werden. Daher sind Wartezeitmonate, die durch den Versorgungsausgleich erworben wurden, weder geeignet, die 3/5 Belegung gem. § 43 Abs. 2 Nr. 2 SGB VI zu erfüllen, noch zusätzliche Entgeltpunkte für Kindererziehungs- und Pflegezeiten gem. § 70 Abs. 3a SGB VI gutzuschreiben.[48] 30

Die Wartezeitmonate, die sich durch Umrechnung aufgrund des Versorgungsausgleichs ergeben, sind auf die allgemeine Wartezeit gem. § 50 Abs. 1 Nr. 1 SGB VI, § 35 Nr. 2 SGB VI für den Bezug einer Altersrente, sowie auf die Wartezeiten gem. § 50 Abs. 2–4 SGB VI anzurechnen.[49] Kann ein Beamte allein durch den Versorgungsausgleich die Wartezeit nicht erfüllen, kann er den Rest durch Beitragszahlung auffüllen (§§ 55, 51 Abs. 1 SGB VI). Hat er bereits die Regelaltersgrenze erreicht, war dies allerdings nur bis zum 31.12.2015 möglich (§ 282 Abs. 2 SGB VI).[50] Kann er durch den Versorgungsausgleich keine Altersrente in der gesetzlichen Rentenversicherung erhalten, weil er die allgemeine Wartezeit auch nach Umrechnung gem. § 52 SGB VI nicht erfüllt und diese im Übrigen auch durch Beitragszahlung nicht mehr erfüllen kann oder dies angesichts der wirtschaftlichen Verhältnisse nicht zu erwarten ist, ist der Versorgungsausgleich unwirtschaftlich (§ 19 Abs. 2 Nr. 3 VersAusglG). Daher wäre in diesem Fall das entsprechende Anrecht durch schuldrechtliche Ausgleichszahlungen auszugleichen. 31

Erfolgt bei der Durchführung der internen Teilung auf der Basis der familiengerichtlichen Entscheidung eine **Verrechnung,** so vollzieht der Rentenversicherungsträger den Ausgleich gemäß § 10 Abs. 2 nur in **Höhe des Wertunterschiedes.** Die **Umrechnung in Wartezeiten** beschränkt sich in diesem Fall gemäß § 52 Abs. 1 S. 2 SGB VI idF Art. 4 VAStrRefG auf den **Zuwachs (Saldo) an Entgeltpunkten.** Zweck dieser Bestimmung ist es zu verhindern, dass ggf. Wartezeiten für diejenigen ermittelt werden, die durch den Hin-und-her-Ausgleich per Saldo Anrechte abgeben müssen.[51] Die Umrechnung in Wartezeiten erfolgt auch dann, wenn der Ausgleichsberechtigte seine Rentenanwartschaft in der Ehezeit nur aufgrund beitragsloser Zeiten gesteigert hat. Eine Zurechnung der zusätzlichen Wartezeit zu bestimmten Kalendermonaten erfolgt nicht. Das hat zB zur Folge, dass bei Eintritt des **Leistungsfalls der vollen Erwerbsunfähigkeit** während der Ehezeit beim Ausgleichsberechtigten, der die Wartezeit von 60 Monaten noch nicht erfüllt, die übertragenen Wartezeitmonate nicht der **Zeit vor Eintritt des Leistungsfalles** zugerechnet werden können.[52] 32

**c) Beginn der Rente bzw. der Rentenerhöhung.** Der Beginn der Rente bzw. der Rentenerhöhung ist für Rentner der Beginn des Monats, der der Wirksamkeit dh der Rechtskraft der Entscheidung des Familiengerichts über den Versorgungsausgleich folgt (§ 224 Abs. 1 FamFG, § 101 Abs. 3 SGB VI). Das gilt insbesondere auch für Erwerbsminderungsrenten, und zwar auch dann, wenn die Ehezeit erst nach dem Eintritt des Leistungsfalls liegt.[53] Das gilt selbst dann, wenn – etwa wegen Abtrennung des Versorgungsausgleichsverfahrens vom Verbund – die Entscheidung über den Versorgungsausgleich erst lange Zeit nach der Scheidung erfolgt. Allerdings billigt § 30 (→ § 30 Rn. 1 ff.), auf den § 101 Abs. 3 S. 4 SGB VI verweist, dem Rentenversicherungsträger zu, für eine Übergangszeit noch befreiend an den bisherigen Berechtigten zu zahlen, wenn dieser bereits Rente bezieht. Die Übergangszeit dauert bis zum letzten Tag des Monats, der dem Monat folgt, in dem der Versorgungsträger von der Rechtskraft der Entscheidung des Familiengerichts Kenntnis erlangt hat (§ 30 Abs. 2). Der Ausgleichsberechtigte kann allerdings den zu viel gezahlten Betrag vom Ausgleichspflichtigen nach den Grundsätzen der ungerechtfertigten Bereicherung herausverlangen (§ 30 Abs. 3; → § 30 Rn. 15). Im Abänderungsverfahren wirkt die Entscheidung des Familiengerichts auf den der Antragstellung folgenden Monat zurück (§ 52; § 226 Abs. 4 FamFG; § 101 Abs. 3 SGB VI; → § 52 Rn. 11). 33

**6. Auswirkungen der internen Teilung für die ausgleichspflichtige Person. a) Abschlag an Entgeltpunkten.** Gemäß § 76 Abs. 3 SGB VI führt die Übertragung von Renten- 34

[47] BT-Drs. 16/10144, 99.
[48] *Ruland* Versorgungsausgleich Rn. 614.
[49] Hauck/Noftz/*Bachmann*, 7/14, SGB VI § 52 Rn. 22.
[50] *Ruland* Versorgungsausgleich Rn. 614.
[51] Vgl. BT-Drs. 16/10144, 99; vgl. dazu auch Johannsen/Henrich/*Holzwarth* Rn. 21.
[52] *Bergner* in KomGRV SGB VI § 52 Anm. 2.5.; *Ruland* Versorgungsausgleich Rn. 611.
[53] BSG FamRZ 1982, 1008.

anwartschaften zulasten des Ausgleichspflichtigen mit Rechtskraft der Entscheidung zu einem Abschlag an Entgeltpunkten. Der Kürzungsbetrag unterliegt der Dynamisierung. **Ruht die Rente** etwa wegen **Zusammentreffens mit einer Unfallrente** nach § 93 SGB VI, wirkt sich der Abschlag für den Ausgleichspflichtigen nicht aus. Auch wirkt sich der Abschlag nicht auf die **Versicherungs- und Wartezeiten** aus.[54] Hat der Ausgleichspflichtige sie erfüllt, bleibt es dabei. Will er allerdings – etwa wegen Nichterfüllung der Wartezeit – eine Beitragserstattung nach § 210 Abs. 4 S. 1 SGB VI geltend machen, vermindert der Abschlag seinen Anspruch.

35 **b) Streichung des sog Rentnerprivilegs.** Die Streichung des sog Rentnerprivilegs (§ 101 Abs. 3 SGB VI aF)[55] durch Art. 4 Nr. 3 VAStrRefG führt dazu, dass der Ausgleichspflichtige, der bereits Rente bezieht, nicht mehr seine ungeschmälerte Rente behält, bis auch der Ausgleichsberechtigte aus dem im Versorgungsausgleich erworbenen Anrecht Leistungen beziehen kann. Vielmehr ist die Rente ab dem auf die Rechtskraft der Entscheidung über den Versorgungsausgleich folgenden Monat um den Abschlag an Entgeltpunkten zu vermindern (§ 101 Abs. 3 S 1 SGBVI). Diese Regelung ist verfassungskonform.[56] Der Wegfall des „Rentnerprivilegs" rechtfertigt nicht die Korrektur des Versorgungsausgleichs gem. § 27 zu Lasten des anspruchsberechtigten Ehegatten.[57] Hier bleibt dem Ausgleichspflichtigen nur, eine **Anpassung nach § 33** zu beantragen, sofern und soweit die dort genannten Voraussetzungen erfüllt sind (→ § 33 Rn. 1 ff.). Das gilt nicht für Ausgleichspflichtige, für die die Übergangsregelung § 268a Abs. 2 SGB VI idF Art. 4 Nr. 15 VAStrRefG zur Anwendung kommt, dh wenn vor dem 1.9.2009 das Verfahren über den Versorgungsausgleich eingeleitet worden ist und die zu kürzende Rente auch bereits vor diesem Zeitpunkt begonnen hat. Wird in einem Abänderungsverfahren gem. § 51 VersAusglG die interne Teilung durchgeführt, wirkt sich dies genauso aus, als wäre das Verfahren erstmals eingeleitet. Daraus folgt, dass das „Rentnerprivileg" dem Ausgleichspflichtigen nicht zugute kommt, wenn das Abänderungsverfahren ab dem 1.9.2009 eingeleitet wird.[58] Durch Einleitung eines Abänderungsverfahrens kann er also uU den bisherigen Schutz durch das „Rentnerprivileg" verlieren.

36 **c) Die Abwendung der Kürzung der Rente durch Beitragszahlung (§ 187 Abs. 1 Nr. 1 SGB VI, § 281a Abs. 1 Nr. 1 SGB VI).** Der Ausgleichspflichtige kann die Kürzung seiner Rente durch eine Beitragszahlung nach den genannten Bestimmungen abwenden, allerdings **nur bis zur bindenden Bewilligung einer Vollrente wegen Alters** (§§ 187 Abs. 4, 281a Abs. 4 SGB VI). Welcher Betrag aufzuwenden ist, bestimmt sich nach § 187 Abs. 3 SGB VI: Für je einen Entgeltpunkt ist der Betrag zu zahlen, der sich ergibt, wenn der zum Zeitpunkt der Beitragszahlung geltende Beitragssatz auf das für das Kalenderjahr der Beitragszahlung bestimmte vorläufige Durchschnittsentgelt angewendet wird. Der Zahlbetrag wird nach den Rechengrößen zur Durchführung des Versorgungsausgleichs ermittelt, die das Bundesministerium für Arbeit und Soziales im Bundesgesetzblatt bekannt macht. Die Rechengrößen enthalten Faktoren zur Umrechnung von Entgeltpunkten in Beiträge und umgekehrt sowie zur Umrechnung von Kapitalwerten in Entgeltpunkte; dabei können Rundungsvorschriften der Berechnungsgrundsätze unberücksichtigt bleiben, um genauere Ergebnisse zu erzielen. Eine entsprechende Bestimmung findet sich in § 268a Abs. 3 SGB VI für Entgeltpunkte (Ost).

37 Nach der **Bekanntmachung der Umrechnungsfaktoren für den Versorgungsausgleich in der Rentenversicherung** vom 27.11.2018 (BGBl. 2018 I 2030; vgl. auch die jeweiligen jährlichen Zusammenstellungen der Rechengrößen zur Durchführung des Versorgungsausgleichs in der gesetzlichen Rentenversicherung)[59] ergeben sich für das Jahr 2019 als Zahlungszeitpunkt folgende Umrechnungsfaktoren:
– für die allgemeine Rentenversicherung 7235,5860
– für die knappschaftliche Rentenversicherung 9608,5470
– für die allgemeine Rentenversicherung (Ost) 6674,8948
– für die knappschaftliche Rentenversicherung (Ost) 8863,1732.

38 Für zB 1,0000 Entgeltpunkte in der allgemeinen Rentenversicherung ist daher im Jahr 2019 ein Beitrag von 7235,59 EUR aufzuwenden. Daraus ergibt sich für das 1. Halbjahr 2019 eine Rentenanwartschaft von monatlich 32,03 EUR, die allerdings dynamisch ist und grundsätzlich jedes Jahr

54 Vgl. *Ruland* Versorgungsausgleich Rn. 619.

55 Zum früheren Recht → 5. Aufl. 2009, BGB § 1587b Rn. 114 ff. *(Weber)*; dazu *Ruland* FPR 2011, 479 (480); OLG Saarbrücken FamRZ 2012, 449.

56 BVerfG NJW 2015, 686 zur Abschaffung des Pensionistenprivilegs.

57 BGH NZFam 2015, 670.

58 *Bachmann* ua, Versorgungsausgleich in der gesetzlichen Rentenversicherung, 13. Aufl. 2017, SGB VI § 268a Ziff. 4.1.

59 Vgl. dazu auch für 2019 die Umrechnungstabellen bei *Bergner/Bergmann* NJW-Beil. 1/2019, 10 ff.

erhöht wird. Ein Entgeltpunkt (Ost) erfordert einen Beitrag von 6674,89 EUR (jeweils gerundet, wenn nicht weitere Entgeltpunkte in Rede stehen) und ergibt eine Rente in Höhe von 30,69 EUR.

Gemäß § 187 Abs. 5 S. 1 SGB VI, § 281a Abs. 4 SGB VI gelten die Beiträge als zum Ende der Ehezeit – bzw. der Lebenspartnerschaftszeit – gezahlt, wenn sie bei Inländern binnen drei Kalendermonaten, bei im Ausland Lebenden binnen sechs Kalendermonaten nach Zugang der Mitteilung über die Rechtskraft der Entscheidung des Familiengerichts entrichtet werden. Dies ist insbesondere dann von Vorteil, wenn das Verfahren bis zur Rechtskraft der Entscheidung über den Versorgungsausgleich lange gedauert hat. Wurde die Mitteilung der Rechtskraft versehentlich zu früh ausgestellt, kann sie keine Wirksamkeit erlangen. Dann gilt der Zeitpunkt des Zugangs der inhaltlich zutreffenden Rechtskraftmitteilung. Solche Fälle können insbesondere dann auftreten, wenn die Entscheidung versehentlich einem zu beteiligenden Versorgungsträger nicht bekannt gemacht wurde; denn dann beginnt für den übersehenen Versorgungsträger die Rechtsmittelfrist erst mit Zustellung der Entscheidung zu laufen.[60] Wird die Frist nicht gewahrt, gelten nicht mehr die Werte zum Ende der Ehezeit, sondern die aktuellen zum Zahlungszeitpunkt. Es ist also zu raten, die Zahlungsfristen zu wahren. Die **Abwendung der Kürzung führt zur Zahlung der vollen Rente.** Das gilt allerdings nicht, wenn der Ausgleichspflichtige bereits eine **Rente wegen Erwerbsminderung** bezieht (§§ 76 Abs. 5, 75 Abs. 2 Nr. 2 SGB VI). Tritt die Erwerbsminderung erst nach dem Ende der Ehezeit ein, kann allerdings die Kürzung durch Beitragserstattung abgewendet werden, wenn diese innerhalb der Frist von drei bzw. sechs Monaten gem. § 187 Abs. 5 SGB VI geleitstet werden.[61] Kann die Kürzung der Erwerbsminderungsrente durch Beitragszahlung nicht abgewendet werden, wirkt sich die Abwendung der Kürzung erst für einen späteren Leistungsfall wie etwa den der Altersrente aus.[62] 39

**7. Auswirkungen der internen Teilung für die Hinterbliebenen.** Zuschlag und Abschlag von Entgeltpunkten wirken sich auch bei den Hinterbliebenen auf die Höhe ihrer Versorgung aus. So wird die Versorgung des **Hinterbliebenen des Ausgleichspflichtigen** nach dem gekürzten Anrecht berechnet, die des **Hinterbliebenen des Ausgleichberechtigten** nach dem erhöhten Anrecht (vgl. hierzu §§ 64, 66, 67 SGB VI). Diese Anwartschaft bleibt auch erhalten, wenn der Ausgleichsberechtigte verstirbt, und der Versorgungsausgleich deswegen gem. § 37 angepasst wird (§ 88 SGB VI).[63] Dies kann dazu führen, dass der Hinterbliebene an dem Anrecht doppelt partizipiert. Wird der Ausgleich (im Ergebnis) gem. § 37 rückgängig gemacht, ändert dies nichts daran, dass unter den Voraussetzungen des § 88 Abs. 2 SGB VI der Hinterbliebene (Kind) die Waisenrente aus dem um den Zuschlag an Entgeltpunkten erhöhten Anrecht des verstorbenen Ehegatten ableitet. Stirbt auch der andere Ehegatte, kann das Kind seine Waisenrente nach Durchführung der Anpassung aus dem ungekürzten Anrecht ableiten (→ § 37 Rn. 7).[64] Da es kein Rentnerprivileg mehr gibt (→ Rn. 34), berechnet sich die Versorgung des Hinterbliebenen des Ausgleichspflichtigen auch dann nach dem gekürzten Anrecht, wenn der Ausgleichsberechtigte noch keine Leistungen aus dem übertragenen Anrecht bezog. 40

**8. Tenor der Entscheidung bei interner Teilung von Anrechten der gesetzlichen Rentenversicherung.** Der Ausgleichswert ist in der für das jeweilige Versorgungssystem geltenden Bezugsgröße anzugeben. Dies bedeutet, dass in der gesetzlichen Rentenversicherung je nach Versorgungssystem der Ausgleichswert in EP bzw. EP der knappschaftlichen Rentenversicherung, EP (Ost) bzw. EP (Ost) der knappschaftlichen Rentenversicherung anzugeben sind. 41

Weiterhin ist das Ende der Ehezeit anzugeben. Dies ist auch in der gesetzlichen Rentenversicherung wichtig, weil zB die Beitragszahlung gem. § 187 Abs. 5 SGB VI, aber auch der korrespondierende Kapitalwert nach den für das Ende der Ehezeit maßgeblichen Umrechnungsfaktoren zu berechnen ist.[65] 42

Ist der Ausgleichsberechtigte bisher nicht in der gesetzlichen Rentenversicherung versichert, so kann der Tenor der familiengerichtlichen Entscheidung wie folgt lauten:[66] 43

„Im Weg der internen Teilung werden von dem Versicherungskonto Nr. … des/der … (Ausgleichspflichtiger: Ehemann oder Ehefrau; bei Lebenspartnern Antragsteller/in oder Antragsgegner/in) bei der Deutschen Renten-

---

60 BGH NJW-RR 2017, 970 = FamRZ 2017, 727.

61 *Ruland* Versorgungsausgleich Rn. 622.

62 *Ruland* Versorgungsausgleich Rn. 622.

63 BSG NZS 2014, 588; FamRZ 2013, 1574; zur Kritik *Stosberg, Strotmeyer* RVaktuell 2014, 17.

64 *Ruland* Versorgungsausgleich Rn. 1073.

65 IE ebenso Johannsen/Henrich/*Holzwarth* Rn. 25; Erman/*Norpoth/Sasse* Rn. 2; BGH NJW-RR 2012, 1217 = FamRZ 2012, 1545.

66 Vgl. zu den Tenorierungen allg. *Eulering/Viefhues* FamRZ 2009, 1368 (1369); Johannsen/Henrich/*Holzwarth* Rn. 30.

versicherung … (Bund oder zuständiger Regionalträger), bezogen auf den … (Ende der Ehezeit) … Entgeltpunkte (bzw. Entgeltpunkte (Ost)) auf ein für den/die … (Ausgleichsberechtigter: Ehemann oder Ehefrau; bei Lebenspartnern Antragsteller/in oder Antragsgegner/in) bei der Deutschen Rentenversicherung Bund einzurichtendes Versicherungskonto übertragen."

44 Hat der Ausgleichsberechtigte bereits ein Versicherungskonto, so lautet der Tenor:

„Im Weg der internen Teilung werden von dem Versicherungskonto Nr. … des/der … (Ausgleichspflichtiger: Ehemann oder Ehefrau; bei Lebenspartnern Antragsteller/in oder Antragsgegner/in) bei der Deutschen Rentenversicherung … (Bund oder zuständiger Regionalträger), bezogen auf den … (Ende der Ehezeit), … Entgeltpunkte (bzw. Entgeltpunkte (Ost)) auf das bestehende Versicherungskonto Nr. … der/des … (Ausgleichsberechtigter: Ehemann oder Ehefrau; bei Lebenspartnern Antragsteller/in oder Antragsgegner/in) bei der Deutschen Rentenversicherung … (Bund/Regionalträger) übertragen."

Das gilt auch, wenn der ausgleichsberechtigte Ehegatte bereits bei einem anderen Träger der deutschen Rentenversicherung ein Versicherungskonto hat als der ausgleichspflichtige Ehegatte. Gesetzliche Rentenansprüche sind dann immer auf dieses Konto zu übertragen;[67] denn für jeden Versicherten darf nur ein Konto geführt werden (§ 149 Abs. 1 SGB VI). Daher ist auf dieses Konto auch dann das Anrecht zu übertragen, wenn der Ausgleichsberechtigte während der Ehezeit keine Anrechte bei der gesetzlichen Rentenversicherung erworben hat.[68] Auch knappschaftliche Entgeltpunkte sind deshalb auf dieses Versicherungskonto zu übertragen, auch wenn es sich um ein Konto bei der (allgemeinen) Deutschen Rentenversicherung Bund oder einem Regionalträger handelt.[69] Ist der ausgleichsberechtigte Ehegatte umgekehrt in der knappschaftlichen Versicherung bei der Deutschen Rentenversicherung Knappschaft Bahn See versichert, werden auf das dort geführte Versicherungskonto aufgrund des Versorgungsausgleichs auch allgemein zu bewertende EP übertragen.[70]

## VII. Interne Teilung von Anrechten der (Bundes-)Beamten

45 **1. Anwendungsbereich der internen Teilung im Bereich der Beamtenversorgung.** Damit die interne Teilung im Bereich eines öffentlich-rechtlichen Dienst- und Amtsverhältnisses, insbesondere bezüglich einer Beamtenversorgung, zur Anwendung kommen kann, bedarf es entsprechender Regelungen, wie § 16 Abs. 1 zum Ausdruck bringt. Diese zu schaffen stellte und stellt sich für den Bundesgesetzgeber seit der Föderalismusreform (I) nicht mehr so einfach dar:

46 Das **Recht der Beamtenversorgung** beruhte bis zum Inkrafttreten des Föderalismusreformgesetzes (I) vom 28.8.2006 (BGBl. 2006 I 2034) am 1.9.2006 bezüglich aller Beamten des Bundes und der Länder, der Gemeinden und Gemeindeverbände sowie der sonstigen der Aufsicht eines Landes unterstehenden Körperschaften, Anstalten und Stiftungen des öffentlichen Rechts bundeseinheitlich auf dem **BeamtVG.** Seit Aufhebung von Art. 74a GG durch das **Föderalismusreformgesetz** mit Wirkung ab 1.9.2006 besitzt der Bund die **Gesetzgebungskompetenz** bezüglich der Regelung der Versorgung und Besoldung von Beamtinnen und Beamten der Länder und Kommunen nicht mehr. Es gilt insoweit gemäß Art. 125a Abs. 1 GG lediglich das bisherige Bundesrecht weiter, solange es nicht durch Landesrecht ersetzt worden ist. Zwischenzeitlich haben die Länder eigene Beamtenversorgungsgesetze erlassen, die zum Teil völlig eigenständig sind, teilweise aber auch mit Modifikationen das bisherige Bundesrecht in Landesrecht überführt haben. Für den **Bereich des Bundes** gilt das BeamtVG – nach Titeländerung durch Gesetz vom 29.7.2008 (BGBl. 2008 I 1582) – als **„Gesetz über die Versorgung der Beamten und Richter des Bundes" (BeamtVG)** idF der Neubekanntmachung vom 24.2.2010 (BGBl. 2010 I 150) unmittelbar weiter.

47 Im Bereich der beamtenrechtlichen Auswirkungen eines Versorgungsausgleichs fanden sich bis zum Inkrafttreten des VAStrRefG nur Bestimmungen zu den Kürzungen der Versorgung aufseiten des Ausgleichspflichtigen, vorrangig in § 57 BeamtVG, da für den Ausgleichsberechtigten in der gesetzlichen Rentenversicherung ein Anrecht begründet wurde und im übrigen subsidiär der schuldrechtliche Ausgleich durchzuführen war, beispielsweise bei Überschreiten der Höchstgrenze gem. § 1587b Abs. 5 BGB aF. Es bedurfte daher der Regelung der Auswirkungen für den Ausgleichsberechtigten. Wegen der eingeschränkten Gesetzgebungskompetenz hat der Bund diesbezüglich die **interne Teilung von Versorgungsanrechten** nur für die Beamten und Richter sowie Versorgungsempfänger des Bundes geregelt, und zwar durch das **BVersTG** (Art. 5 VAStrRefG; → Rn. 50 ff.). Das Gesetz gilt auch für die **Beamtinnen und Beamten der bundesunmittelbaren Körper-**

67 OLG Koblenz FamRZ 2014, 343; aA OLG Hamm FamRZ 2013, 222; wie hier auch *Ruland* FamRZ 2013, 169.

68 OLG Nürnberg FuR 2017, 627 = BeckRS 2017, 120827.

69 *Ruland* FamRZ 2013, 169.

70 Johannsen/Henrich/*Holzwarth* Rn. 20.

**schaften, Anstalten und Stiftungen des öffentlichen Rechts** (§ 1 Abs. 2 Nr. 1 BVersTG) sowie für **Personen, die in einem ausgleichspflichtigen Amtsverhältnis des Bundes stehen oder waren** (§ 1 Abs. 3 BVersTG). Für den entsprechenden **Bereich der Länder, Kommunen und Kommunalverbände** gilt die externe Teilung nach § 16, solange die Länder nicht ihrerseits die interne Teilung geregelt haben, was bisher nicht der Fall ist. Anrechte von **Beamten auf Widerruf** – auch solche des Bundes – **sowie einer Soldatin oder eines Soldaten auf Zeit** sind in jedem Fall durch die externe Teilung auszugleichen (§ 16 Abs. 2).

**2. Bewertung der auszugleichenden Anrechte eines Beamten.** Dem Ausgleich nach § 10 hat die Bewertung des im Versorgungsausgleich auszugleichenden ehezeitlichen Anrechts des Beamten vorauszugehen. Sie erfolgt nach **§ 44.** Der Gesetzgeber hat sich für die vorrangige Nennung der Bestimmungen über den Ausgleich und seine Durchführung in der Gesetzessystematik des VersAusglG entschieden, um so die zentralen Vorschriften des neuen Rechts – die Ausgleichssystematik – herauszustellen.[71] 48

**3. Vollzug der internen Teilung durch Verrechnung nach § 10 Abs. 2.** Handelt es sich bei Ausgleichspflichtigem und Ausgleichsberechtigtem um unmittelbare Beamte, Richter oder sonstige Amtsträger des Bundes, kommt eine **Verrechnung** ihrer gegenseitigen Anrechte in Höhe der jeweiligen Ausgleichswerte nach § 10 Abs. 2 in Betracht. Dass für ihre Versorgung verschiedene Behörden des Bundes zuständig sind, steht nicht entgegen.[72] Anders ist es allerdings, wenn Anrechte von **unmittelbaren und mittelbaren Beamten des Bundes** zusammentreffen, denn es handelt sich nicht um denselben Versorgungsträger.[73] 49

**4. Auswirkungen der internen Teilung für die ausgleichsberechtigte Person nach dem BVersTG.**

**§ 1 BVersTG Zweckbestimmung** 50

(1) Dieses Gesetz regelt die Ansprüche von ausgleichsberechtigten Personen und deren Hinterbliebenen gegenüber den Versorgungsträgern der ausgleichspflichtigen Personen, wenn nach § 10 Abs. 1 des Versorgungsausgleichsgesetzes Anrechte übertragen wurden.

(2) Es ist nur anzuwenden, wenn die ausgleichspflichtige Person
1. Beamtin oder Beamter des Bundes oder einer sonstigen bundesunmittelbaren Körperschaft, Anstalt oder Stiftung des öffentlichen Rechts,
2. Richterin oder Richter des Bundes ist,
3. Versorgungsempfängerin oder Versorgungsempfänger aus einem der in Nummer 1 oder Nummer 2 genannten Dienstverhältnisse ist, oder
4. Anspruch auf Leistungen nach dem Altersgeldgesetz vom 28. August 2013 (BGBl. I S. 3386) hat.

(3) Dieses Gesetz gilt entsprechend, wenn die ausgleichspflichtige Person in einem öffentlich-rechtlichen Amtsverhältnis des Bundes steht oder stand.

**§ 2 BVersTG Anspruch**

(1) Anspruchsberechtigt ist die Person, zu deren Gunsten ein Anrecht nach § 10 Abs. 1 des Versorgungsausgleichsgesetzes übertragen worden ist.

(2) [1]Mit dem Tod der ausgleichsberechtigten Person geht der Anspruch auf die Hinterbliebenen über. [2]Als Hinterbliebene nach diesem Gesetz gelten die nach den §§ 46 und 48 Abs. 1 bis 3 des Sechsten Buches Sozialgesetzbuch Leistungsberechtigten unter den dort für den Leistungsanspruch im Einzelnen bestimmten Voraussetzungen; die Erfüllung der allgemeinen Wartezeit ist unbeachtlich. [3]Nicht leistungsberechtigt sind Waisen, wenn das Kindschaftsverhältnis durch Annahme als Kind begründet wurde und die ausgleichsberechtigte Person zu diesem Zeitpunkt bereits das 65. Lebensjahr vollendet hatte.

(3) [1]Zahlungen aus dem übertragenen Anrecht werden von Beginn des Kalendermonats an geleistet, in dem die ausgleichsberechtigte Person Anspruch auf Leistungen wegen Alters oder wegen Dienst- oder Erwerbsunfähigkeit aus einem gesetzlichen Alterssicherungssystem hat oder, wenn sie einem solchen System nicht angehört, in der gesetzlichen Rentenversicherung gehabt hätte. [2]Zahlungen an Hinterbliebene beginnen mit dem Ablauf des Sterbemonats der ausgleichsberechtigten Person.

(4) [1]Der Anspruch ist schriftlich oder elektronisch geltend zu machen. [2]§ 49 Abs. 4 bis 8, 10 und § 62 Abs. 2 Satz 2 des Beamtenversorgungsgesetzes gelten entsprechend.

---

[71] Vgl. BT-Drs. 16/10144, 45.
[72] Vgl. *Ruland* Versorgungsausgleich Rn. 637; Johannsen/Henrich/*Holzwarth* Rn. 45.
[73] *Ruland* Versorgungsausgleich Rn. 637.

(5) [1]Der Anspruch der ausgleichsberechtigten Person endet spätestens mit Ablauf des Monats, in dem sie verstirbt. [2]Für Hinterbliebene gilt § 61 Abs. 1 Satz 1 Nr. 1 bis 3, Abs. 2 und 3 des Beamtenversorgungsgesetzes entsprechend.

**§ 3 BVersTG Anpassung**

(1) Der durch Entscheidung des Familiengerichts zugunsten der ausgleichsberechtigten Person festgesetzte monatliche Betrag erhöht oder vermindert sich um die Prozentsätze der nach dem Ende der Ehezeit bis zum Zeitpunkt des Eintritts der ausgleichspflichtigen Person in den Ruhestand eingetretenen Erhöhungen oder Verminderungen der Versorgungsbezüge nach dem Beamtenversorgungsgesetz, die in festen Beträgen festgesetzt sind.

(2) [1]Vom Zeitpunkt des Eintritts der ausgleichspflichtigen Person in den Ruhestand an oder, sofern sich die ausgleichspflichtige Person zum Zeitpunkt der Entscheidung des Familiengerichts bereits im Ruhestand befindet, vom ersten Tag des auf das Ende der Ehezeit folgenden Monats an erhöht oder vermindert sich der Betrag in dem Verhältnis, in dem sich das Ruhegehalt der ausgleichspflichtigen Person vor Anwendung von Ruhens-, Kürzungs- und Anrechnungsvorschriften durch Anpassung der Versorgungsbezüge erhöht oder vermindert. [2]Gleiches gilt für die Zeit ab dem ersten Tag des auf den Tod der ausgleichspflichtigen Person folgenden Monats.

(3) Handelt es sich um ein Anrecht nach dem Altersgeldgesetz, erhöht oder vermindert sich der Betrag nach den Absätzen 1 und 2 um die Prozentsätze, um die sich die altersgeldfähigen Dienstbezüge nach § 7 Abs. 4 des Altersgeldgesetzes erhöhen oder vermindern.

(4) Hinterbliebene nach § 2 Abs. 2 erhalten den Betrag nach den Absätzen 1 und 2 in entsprechender Anwendung der §§ 20, 24 und 25 Abs. 1 und 2 des Beamtenversorgungsgesetzes.

**§ 4 BVersTG Rückforderung**

Für die Rückforderung zu viel gezahlter Leistungen gilt § 52 Abs. 2 bis 4 des Beamtenversorgungsgesetzes entsprechend.

**§ 5 BVersTG Erstattung**

[1]Besteht das Dienstverhältnis der ausgleichspflichtigen Person zum Leistungszeitpunkt nach § 2 Abs. 3 oder zu einem späteren Zeitpunkt nicht mehr fort, hat der Dienstherr, gegen den sich der Anspruch richtet, seinerseits einen Anspruch gegen die gesetzliche Rentenversicherung oder gegen den zuständigen Träger der Versorgungslast auf Erstattung der geleisteten Zahlungen. [2]§ 2 der Versorgungsausgleichs-Erstattungsverordnung gilt entsprechend.

51 **a) Zweck des Bundesversorgungsteilungsgesetzes.** Zweck des Bundesversorgungsteilungsgesetzes (BVersTG) vom 3.4.2009 (Art. 5 VAStrRefG, BGBl. 2009 I 700, 716; → Rn. 47) ist die **Regelung der Ansprüche von ausgleichsberechtigten Personen und deren Hinterbliebenen** gegenüber dem Versorgungsträger der ausgleichspflichtigen Person (§ 1 Abs. 1 BVersTG). Es ergänzt die bereits für den Ausgleichspflichtigen bestehenden Regelungen in **§ 57 BeamtVG** und stellt durch die vom übrigen Beamtenrecht gesonderte Regelung klar, dass es bei den im Rahmen des Versorgungsausgleichs begründeten Anrechten nicht um aus Art. 33 Abs. 5 GG abgeleitete – also auch nicht unter dessen Schutz stehende – Ansprüche auf Alimentation geht, sondern ausschließlich um zivilrechtliche Ausgleichsansprüche.[74]

52 **b) Erfasster Personenkreis (§ 1 Abs. 1 und 3 BVersTG).** Erfasst sind ausgleichspflichtige Beamtinnen und Beamte des Bundes und einer sonstigen bundesunmittelbaren Körperschaft, Anstalt oder Stiftung des öffentlichen Rechts, Richterinnen und Richter des Bundes und Versorgungsempfänger aus den genannten Dienstverhältnissen; die Regelung gilt zudem für ausgleichspflichtige Personen, die in einem **öffentlich-rechtlichen Amtsverhältnis des Bundes** stehen oder standen (vgl. zum Dienst- und Amtsverhältnis → § 16 Rn. 5) sowie Personen, die Anspruch auf Leistungen nach dem Altersgeldgesetz vom 28.8.2013 (BGBl. 2013 I 3386) haben.[75] **Entsprechende Anwendung** findet das BVersTG kraft Verweis auf Anrechte von **Berufssoldaten** (§ 55e SVG) und **Abgeordnete des Bundes** (§ 25a Abs. 2 AbgG).

53 **c) Anspruchsberechtigte Person (§ 2 Abs. 1 und 2 BVersTG).** Anspruchsberechtigte Person ist diejenige, zu deren Gunsten ein Anrecht nach § 10 Abs. 1 VersAusglG durch das Familienge-

74 BT-Drs. 16/10144, 103; VG Freiburg NZFam 2017, 319; vgl. auch *Müller-Tegethoff/Tegethoff* FamRZ 2012, 1353; *Borth* Versorgungsausgleich Kap. 3 Rn. 64; Johannsen/Henrich/*Holzwarth* Rn. 44.

75 Vgl. dazu auch Johannsen/Henrich/*Holzwarth* Rn. 41; hinsichtlich der Auswirkungen des Altersgeldgesetzes *Borth* FamRZ 2013, 1788.

richt übertragen worden ist; die rechtskräftige Entscheidung des Familiengerichts (§ 224 Abs. 1 FamFG) bewirkt also, dass der anspruchsberechtigte Ehegatte, zu dessen Gunsten ein Anrecht begründet wurde, Ansprüche gegen den Versorgungsträger des ausgleichspflichtigen Ehegatten erwirbt und zugleich gem. § 57 BeamtVG die Versorgung dieses Ehegatten gekürzt wird. Haben beide Ehegatten bei demselben Versorgungsträger nach dem BVersTG auszugleichende Versorgungen, so kommt eine Verrechnung nach § 10 Abs. 2 S. 1 in Betracht.

§ 2 Abs. 2 BVersTG stellt klar, dass der Anspruch mit dem Tod der ausgleichsberechtigten Person auf die **Hinterbliebenen** übergeht. Wer Hinterbliebener ist, bestimmt sich nach §§ 46 und 48 Abs. 1–3 SGB VI (§ 2 Abs. 2 S. 2 BVersTG). Das sind Witwen und Witwer, solange sie nicht wieder geheiratet haben (§ 46 SGB VI), außerdem die Kinder, Stiefkinder und Pflegekinder sowie Enkel und Geschwister, die in den Haushalt des Verstorbenen aufgenommen waren und von ihm versorgt wurden. Die Erfüllung der allgemeinen Wartezeit ist nicht Voraussetzung. Adoptivkinder sind nach § 2 Abs. 2 S. 3 BVersTG unter bestimmten Voraussetzungen nicht anspruchsberechtigt. Mit der Bestimmung wird ein leistungsrechtlicher Gleichklang mit der Regelung § 23 Abs. 2 BeamtVG hergestellt.[76] Anders als diese Vorschrift stellt § 2 Abs. 2 S. 3 BVersTG aber nicht auf die allgemeine Altersgrenze, sondern die Vollendung des 65. Lebensjahres ab. 54

**d) Leistungsvoraussetzungen (§ 2 Abs. 3 BVersTG).** Die Leistungsvoraussetzungen für Zahlungen aus dem übertragenen Anrecht – so insbesondere auch der Zahlungsbeginn – bestimmen sich gemäß § 2 Abs. 3 BVersTG für die ausgleichsberechtigte Person nach dem **gesetzlichen Alterssicherungssystem, das ihr einen Anspruch auf Leistungen wegen Alters oder Dienst- oder Erwerbsunfähigkeit gewährt,** dem sie also angehört; gehört sie einem solchen System nicht an, gelten die Voraussetzungen eines solchen Anspruchs in der gesetzlichen **Rentenversicherung.** Mit dieser Regelung wird sichergestellt, dass ein möglichst weitgehender Gleichlauf unter den Versorgungen eines Ausgleichsberechtigten besteht.[77] ZB gelten für Mitglieder der gesetzlichen Rentenversicherung die Bestimmungen der gesetzlichen Rentenversicherung für Leistungsbeginn und Definition der Erwerbsminderung, für einen ausgleichsberechtigten Beamten die Bestimmungen seiner Beamtenversorgung. Unerheblich ist demgegenüber, ob Wartezeiten und sonstige rentenrechtliche Zeiten nach diesem System erfüllt sind.[78] Die **Höhe des Anspruchs** ergibt sich aber in jedem Fall aus dem Beamtenversorgungsrecht (vgl. § 3 Abs. 2 BVersTG). 55

Als **gesetzliches Alterssicherungssystem iSv § 2 Abs. 3 BVersTG** ist jede gesetzlich geregelte Alterssicherung anzusehen. Das kann ua die gesetzliche Rentenversicherung, eine Beamtenversorgung eines Landes, aber auch die Soldatenversorgung oder die Alterssicherung für Landwirte sein. Dazu gehören auch die aufgrund Gesetzes geregelten berufsständischen Systeme.[79] Die Leistungsvoraussetzungen nach diesen Systemen sind auch dann maßgeblich, wenn sie großzügiger sind als die Voraussetzungen in der gesetzlichen Rentenversicherung, zB weil sie im Fall der Erwerbsminderung auch einen Berufsschutz vorsehen.[80] 56

Hat der Anspruchsberechtigte bereits während des Verfahrens die Voraussetzungen für den Bezug einer Leistung erfüllt, steht ihm ein Anspruch auf Leistungen ab dem auf die Rechtskraft der Entscheidung folgenden Monat zu (§ 224 Abs. 1 FamFG). Allerdings wird der Versorgungsträger der ausgleichspflichtigen Person gem. § 30 VersAusglG geschützt. 57

Zusatzversorgungssysteme kommen demgegenüber nicht in Betracht; nach dem Normzweck der Bestimmung, die im Zweifel auf die gesetzliche Rentenversicherung verweist, und der amtlichen Begründung[81] begrenzt sich der Kreis der in Betracht kommenden gesetzlichen Alterssicherungen auf den des **primären Systems.** Ist der Ausgleichsberechtigte in mehreren gesetzlich geregelten Alterssicherungssystemen versichert, kommt das zum Zuge, das als erstes Leistungen gewährt.[82] 58

**e) Geltendmachung und weitere Einzelheiten des Anspruchs (§ 2 Abs. 4 und 5 BVersTG).** Die Geltendmachung und die weiteren Einzelheiten des Anspruchs bestimmen sich nach § 2 Abs. 4. Die Geltendmachung bedarf der **Schrift- oder elektronischen Form** (§ 2 Abs. 4 BVersTG). Durch den **Verweis auf § 49 Abs. 4–8 und 10 sowie auf § 62 BeamtVG** werden die Einzelheiten einer Versorgungsauskunft, der Zahlungen und der Auskunftspflicht des Ausgleichsbe- 59

---

76 BT-Drs. 16/10144, 103, vgl. auch *Müller-Tegethoff/Tegethoff* FamRZ 2012, 1353 (1354).
77 Vgl. BT-Drs. 16/10144, 103.
78 *Ruland* Versorgungsausgleich Rn. 639.
79 Vgl. auch *Ruland* Versorgungsausgleich Rn. 640; zum fraglichen Kreis vgl. auch HK-VersAusglR/*Rehbein* BVersTG § 2 Rn. 5.
80 *Ruland* Versorgungsausgleich Rn. 639.
81 BT-Drs. 16/10144, 103.
82 *Ruland* Versorgungsausgleich Rn. 642.

rechtigten bestimmt (§ 2 Abs. 4 S. 2 BVersTG). Das **Leistungsende** bestimmt § 2 Abs. 5 spätestens mit Ablauf des Monats, in dem der Ausgleichsberechtigte verstirbt.

60 Die Leistungen, die an den ausgleichsberechtigten Ehegatten zu erbringen sind, sind genauso zu versteuern, wie der ausgleichspflichtige Ehegatte die Versorgungsbezüge zu versteuern hätte (§ 3 Nr. 55a EStG). Verbunden mit Nachteilen bei der Bemessung des Krankenversicherungsbeitrages (§ 249a SGB V: nur für die Rente aus der gesetzlichen Rentenversicherung trägt der Versorgungsträger die Hälfte des allgemeinen Beitragssatzes) kann dies dafür sprechen, Vereinbarungen zu schließen, durch die der Ausgleich nach BVersTG begrenzt und dem ausgleichsberechtigten Ehegatten seine Anwartschaft auf eine gesetzliche Rentenversicherung möglichst ungeschmälert erhalten bleibt.

61 **f) Anpassung der Anrechte (§ 3 BVersTG).** Die Anpassung der Anrechte erfolgt gemäß § 3 BVersTG entsprechend der Versorgung des Ausgleichspflichtigen (Abs. 2). Erhält er noch keine Versorgungsbezüge, erfolgt die Anpassung entsprechend der allgemeinen Entwicklung der Versorgungsbezüge nach dem Beamtenversorgungsgesetz (Abs. 1).[83] Handelt es sich um ein Anrecht nach dem Altersgeldgesetz, erhöht oder vermindert sich der Betrag um die Prozentsätze, um die sich die altersgeldfähigen Dienstbezüge gem. § 7 Abs. 4 Altersgeldgesetz erhöhen oder vermindern (§ 3 Abs. 3 BVersTG).

62 **g) Rückforderung zu viel gezahlter Leistungen (§ 4 BVersTG).** Die Rückforderung zu viel gezahlter Leistungen richtet sich gemäß § 4 BVersTG nach § 52 Abs. 2–4 BeamtVG. Zweck der Bestimmung ist es, eine einheitliche Verfahrensweise für Rückforderungsansprüche gegen die ausgleichspflichtige und die ausgleichsberechtigte Person zu gewährleisten und zusätzlichen Verwaltungs- und Regelungsaufwand zu vermeiden.[84]

63 **h) Erstattung von Leistungen (§ 5 BVersTG).** Die Erstattung von Leistungen erfolgt gemäß § 5 BVersTG in entsprechender Anwendung von § 2 der **Versorgungslast-Erstattungsverordnung (VAErstV),**[85] wenn das Dienstverhältnis der ausgleichspflichtigen Person zum Leistungszeitpunkt nach § 2 Abs. 3 oder zu einem späteren Zeitpunkt nicht mehr fortbesteht, etwa weil der Ausgleichspflichtige den Dienstherrn gewechselt hat oder ganz aus dem Beamtenverhältnis ausgeschieden ist. Der Anspruch des Dienstherrn, der dem Ausgleichsberechtigten nach § 2 Abs. 1 BVersTG wegen der Selbständigkeit des im Versorgungsausgleich erworbenen Anrechts weiterhin aus diesem Anrecht Leistungen zu erbringen hat, richtet sich gegen den nunmehrigen Träger der Versorgungslast bzw. die gesetzliche Rentenversicherung.

**5. Auswirkungen der internen Teilung für die ausgleichspflichtige Person (§§ 57, 58 BeamtVG). a) Kürzung der Versorgung der ausgleichspflichtigen Person nach § 57 BeamtVG (und § 15 AltGG).**

64 **§ 57 BeamtVG Kürzung der Versorgungsbezüge nach der Ehescheidung**

(1) [1]Sind durch Entscheidung des Familiengerichts Anwartschaften in einer gesetzlichen Rentenversicherung nach § 1587b Absatz 2 des Bürgerlichen Gesetzbuchs in der bis zum 31. August 2009 geltenden Fassung oder Anrechte nach dem Versorgungsausgleichsgesetz vom 3. April 2009 (BGBl. I S. 700) übertragen oder begründet worden, werden nach Wirksamkeit dieser Entscheidung die Versorgungsbezüge der ausgleichspflichtigen Person und ihrer Hinterbliebenen nach Anwendung von Ruhens-, Kürzungs- und Anrechnungsvorschriften um den nach Absatz 2 oder Absatz 3 berechneten Betrag gekürzt. [2]Das Ruhegehalt, das der verpflichtete Ehegatte im Zeitpunkt der Wirksamkeit der Entscheidung des Familiengerichts über den Versorgungsausgleich erhält, wird erst gekürzt, wenn aus der Versicherung des berechtigten Ehegatten eine Rente zu gewähren ist; dies gilt nur, wenn der Anspruch auf Ruhegehalt vor dem 1. September 2009 entstanden und das Verfahren über den Versorgungsausgleich zu diesem Zeitpunkt eingeleitet worden ist. [3]Das einer Vollwaise zu gewährende Waisengeld wird nicht gekürzt, wenn nach dem Recht der gesetzlichen Rentenversicherungen die Voraussetzungen für die Gewährung einer Waisenrente aus der Versicherung des berechtigten Ehegatten nicht erfüllt sind.

(2) [1]Der Kürzungsbetrag für das Ruhegehalt berechnet sich aus dem Monatsbetrag der durch die Entscheidung des Familiengerichts begründeten Anwartschaften oder übertragenen Anrechte. [2]Dieser Monatsbetrag erhöht oder vermindert sich bei einem Beamten um die Vomhundertsätze der nach dem Ende der Ehezeit bis zum Zeitpunkt des Eintritts in den Ruhestand eingetretenen Erhöhungen oder Verminderungen der beamtenrechtlichen Versorgungsbezüge, die in festen Beträgen festgesetzt sind. [3]Vom Zeitpunkt des Eintritts in den Ruhestand an, bei einem Ruhestandsbeamten vom Tag nach dem Ende der Ehezeit an, erhöht oder vermindert sich der Kürzungsbetrag in dem Verhältnis, in dem sich

83 Vgl. auch Johannsen/Henrich/*Holzwarth* Rn. 49.
84 BT-Drs. 16/10144, 103.
85 Vom 9.12.2001, BGBl. 2001 I 2628; vgl. dazu auch HK-VersAusglR/*Rehbein* Rn. 3 f.

das Ruhegehalt vor Anwendung von Ruhens-, Kürzungs- und Anrechnungsvorschriften durch Anpassung der Versorgungsbezüge erhöht oder vermindert.

(3) Der Kürzungsbetrag für das Witwen- und Waisengeld berechnet sich aus dem Kürzungsbetrag nach Absatz 2 für das Ruhegehalt, das der Beamte erhalten hat oder hätte erhalten können, wenn er am Todestag in den Ruhestand getreten wäre, nach den Anteilssätzen des Witwen- oder Waisengeldes.

(4) Ein Unterhaltsbeitrag nach § 22 Absatz 2 oder 3 oder nach entsprechendem bisherigen Recht und eine Abfindungsrente nach bisherigem Recht werden nicht gekürzt.

(5) In den Fällen des Absatzes 1 Satz 2 und des § 5 des Gesetzes zur Regelung von Härten im Versorgungsausgleich vom 21. Februar 1983 in der bis zum 31. August 2009 geltenden Fassung steht die Zahlung des Ruhegehalts des verpflichteten Ehegatten für den Fall rückwirkender oder erst nachträglich bekanntwerdender Rentengewährung an den berechtigten Ehegatten unter dem Vorbehalt der Rückforderung.

**§ 15 AltGG Kürzung des Altersgelds nach Ehescheidung**

(1) [1]Sind durch Entscheidung des Familiengerichts
1. Anwartschaften in einer gesetzlichen Rentenversicherung nach § 1587b Absatz 2 des Bürgerlichen Gesetzbuchs in der bis zum 31. August 2009 geltenden Fassung oder
2. Anrechte nach dem Gesetz über den Versorgungsausgleich vom 3. April 2009 (BGBl. I S. 700)

übertragen oder begründet worden, werden nach Wirksamkeit dieser Entscheidung das Altersgeld der ausgleichspflichtigen Person und das Witwen- und Waisenaltersgeld ihrer Hinterbliebenen nach Anwendung von Ruhens-, Kürzungs- und Anrechnungsvorschriften um den nach Absatz 2 oder Absatz 3 berechneten Betrag gekürzt. [2]§ 57 Absatz 1 Satz 3 des Beamtenversorgungsgesetzes gilt entsprechend.

(2) [1]Der Kürzungsbetrag für das Altersgeld und für das Hinterbliebenenaltersgeld berechnet sich in sinngemäßer Anwendung des § 57 Absatz 2 und 3 des Beamtenversorgungsgesetzes. [2]An die Stelle des Eintritts in den Ruhestand tritt dabei der Zeitpunkt nach § 3 Absatz 3 Satz 1 oder Satz 2.

(3) [1]Die Kürzung des Altersgelds oder des Hinterbliebenenaltersgelds kann von den Berechtigten ganz oder teilweise durch Zahlung eines Kapitalbetrags an den Dienstherrn abgewendet werden. [2]§ 58 Absatz 2 bis 4 des Beamtenversorgungsgesetzes gilt entsprechend.

Die **Kürzungsbestimmung § 57 BeamtVG** ist durch Art. 6 Nr. 3 VAStrRefG an die neue Regelung des Versorgungsausgleichs angepasst worden und gilt nach wie vor auch bezüglich „Altfälle", dh bezüglich Verfahren, die bis zum 31.8.2009 rechtskräftig entschieden oder jedenfalls bis dahin anhängig gemacht worden sind. Sie ist auf die interne und die externe Teilung anwendbar. Die **interne Teilung** hat nach **§ 57 Abs. 1 S. 1 BeamtVG** erst dann **Auswirkungen für den Ausgleichspflichtigen, wenn er sein Ruhegehalt oder eine Versorgung wegen Dienstunfähigkeit bezieht.** Das gilt selbst dann, wenn der Ausgleichsberechtigte aus dem übertragenen Anrecht bereits eine Altersversorgung bezieht. Das ist konsequent, da durch die interne Teilung die Anrechte verselbständigt werden. Für Beamte des Bundes ist das sog **Pensionistenprivileg** entfallen, wie sich aus dem durch Art. 6 Nr. 3 lit. a bb VAStrRefG dem S. 2 von Abs. 1 hinzugefügten Hs. 2 ergibt,[86] das Privileg besteht nur noch für am 31.8.2009 bestehende Ausgleichsfälle oder bis zu diesem Tag – also nach altem Recht – eingeleitete Versorgungsausgleichsverfahren und für Landes- und Kommunalbeamte, bis die Bundesländer ggf. eine entsprechende Regelung geschaffen haben (Art. 125a Abs. 1 GG). Diese Regelung ist verfassungskonform.[87] Die Länder haben zwischenzeitlich eigene Regelungen zur Beamtenversorgung erlassen und in diesem Zusammenhang das Pensionärsprivileg überwiegend ebenfalls aufgehoben. Das Pensionärsprivileg gilt aber (noch bzw. wieder in modifizierter Form) im Saarland (§ 57 SBeamtVG), Hessen (§ 63 HBeamtVG) und Berlin (§ 57 BBeamtVG), im Übrigen sind unterschiedliche Übergangsvorschriften zu beachten. Die Kürzung erfolgt bei Ausgleichspflichtigen, die zum Ehezeitende bereits Ruhegeld beziehen, auch dann, wenn der Ausgleichsberechtigte noch keine Leistungen aus dem übertragenen Anrecht bezieht. Ist der **Ausgleichsberechtigte** in einem solchen Fall **unterhaltsberechtigt,** kommt ein Antrag auf **Anpassung nach §§ 33 f.** in Betracht, wenn die Voraussetzungen dafür vorliegen (vgl. dort). 65

Die **Berechnung des Kürzungsbetrages** erfolgt aus dem Monatsbetrag der übertragenen Anrechte **(§ 57 Abs. 2 S. 2 BeamtVG).** Ist der ausgleichspflichtige Ehegatte ein Beamter, dem noch eine Sonderzahlung gewährt wird, ist der Kürzungsbetrag zu vermindern (zB durch Multiplikation mit dem Faktor 12/13), wenn die Sonderzahlung bei der Berechnung des Ausgleichswertes des 66

[86] Vgl. BT-Drs. 16/10144, 105 und BT-Drs. 16/11903, 73 und 123; vgl. dazu ua *Ruland* Versorgungsausgleich Rn. 645; *Ruland* FuR 2011, 479 (481); OLG Saarbrücken FamRZ 2012, 449 (450).

[87] BVerfG NJW 2015, 686; BayVGH FamRZ 2014, 38.

Ausgleichsberechtigten nicht berücksichtigt wurde.[88] Vor der Kürzung sind auf die Versorgungsbezüge des Ausgleichspflichtigen die Ruhens-, Kürzungs- und Anrechnungsvorschriften anzuwenden (§ 57 Abs. 1 S. 1 BeamtVG). Das ist konsequent, da auch bei der Wertermittlung Ruhensvorschriften jedenfalls insoweit vorrangig zu beachten sind, als weitere Anrechte, die Ruhensvorschriften unterliegen, in der Ehezeit erworben wurden und ausgeglichen werden (§ 44 Abs. 2, 3; → § 44 Rn. 70 ff.). Weiterhin wäre der Ausgleich für den Versorgungsträger nicht aufwandsneutral,[89] wenn der Kürzungsbetrag aufgrund des Versorgungsausgleichs vorab abgezogen würde und dazu führt, dass Ruhensvorschriften nicht oder nur noch eingeschränkt berücksichtigt werden können; denn dann würde letztlich über den Wegfall des Ruhens der Ausgleich – ggf. teilweise – finanziert. Der Betrag unterliegt der Anpassung. Er erhöht oder vermindert sich um die Prozentsätze der nach Ende der Ehezeit bis zum Eintritt in den Ruhestand eingetretenen Erhöhungen oder Verminderungen der beamtenrechtlichen Versorgungsbezüge, die in festen Beträgen festgesetzt werden (§ 57 Abs. 2 S. 2 BeamtVG). Diese Beträge können jeweils aus den Besoldungs- und Versorgungsanpassungsgesetzen entnommen werden; sie werden dort jeweils gesondert ausgewiesen. Vom **Zeitpunkt des Eintritts in den Ruhestand** bzw. bei einem Beamten, der zum Ende der Ehezeit bereits **Ruhestandsbeamter** ist, vom **Tag nach Ende der Ehezeit** ab erhöht oder vermindert sich der Kürzungsbetrag in dem Verhältnis, in dem sich das Ruhegehalt durch Anpassung der Versorgungsbezüge erhöht oder vermindert (§ 57 Abs. 2 S. 3 BeamtVG).[90]

67 **Ruhensvorschriften** iSv § 57 Abs. 1 und 2 BeamtVG sind die **§§ 53–56 BeamtVG,** zu den **Kürzungsbestimmungen** gehören **§ 20 Abs. 2 BeamtVG** (Kürzung des Witwengeldes bei einem Altersunterschied von mehr als 20 Jahren), **§ 25 BeamtVG** (Kürzung des Witwen- und Waisengeldes, wenn es den Betrag des ihrer Berechnung zugrundeliegenden Ruhegehalts übersteigt), **§ 57 BeamtVG** (wenn bei einer vorausgegangenen Scheidung bereits eine Kürzung nach § 57 BeamtVG erfolgt ist). **Anrechnungsvorschriften** sind zB **§ 22 Abs. 1 BeamtVG** (Anrechnung von Einkünften der Witwe beim Unterhaltsbeitrag), § 55 BeamtVG (Zusammentreffen von Versorgungsbezügen mit Renten), **§ 61 Abs. 3 BeamtVG** (Anrechnung von Ansprüchen auf das wieder auflebende Witwengeld).

68 Die **Kürzung der Hinterbliebenenversorgung** – des Witwen- und Waisengeldes – erfolgt nach § 57 Abs. 3 BeamtVG. Die Kürzungsbeträge ergeben sich durch Anwendung der Anteilssätze des Witwen- und Waisengeldes auf den Kürzungsbetrag, der nach § 57 Abs. 2 BeamtVG für das Witwen- und Waisengeld jeweils zugrunde gelegt worden ist.

69 Eine **Kürzung des Unterhaltsbeitrags nach § 22 Abs. 2 oder 3 BeamtVG** an die frühere Ehefrau eines verstorbenen Beamten oder Ruhestandsbeamten – und eine Abfindungsrente nach früherem Recht an ausgeschiedene Beamtinnen – oder nach bisherigem Recht erfolgt nicht. Das stellt § 57 Abs. 4 BeamtVG klar.

### b) Abwendung der Kürzung der Versorgungsbezüge (§ 58 BeamtVG).

70 **§ 58 BeamtVG Abwendung der Kürzung der Versorgungsbezüge**

(1) Die Kürzung der Versorgungsbezüge nach § 57 kann von dem Beamten oder Ruhestandsbeamten ganz oder teilweise durch Zahlung eines Kapitalbetrages an den Dienstherrn abgewendet werden.

(2) [1]Als voller Kapitalbetrag wird der Betrag angesetzt, der aufgrund der Entscheidung des Familiengerichts zu leisten gewesen wäre, erhöht oder vermindert um die Hundertsätze der nach dem Ende der Ehezeit bis zum Tag der Zahlung des Kapitalbetrages eingetretenen Erhöhungen oder Verminderungen der beamtenrechtlichen Versorgungsbezüge, die in festen Beträgen festgesetzt sind. [2]Vom Zeitpunkt des Eintritts in den Ruhestand an, bei einem Ruhestandsbeamten vom Tage nach dem Ende der Ehezeit an erhöht oder vermindert sich der Kapitalbetrag in dem Verhältnis, in dem sich das Ruhegehalt vor Anwendung von Ruhens-, Kürzungs- und Anrechnungsvorschriften durch Anpassung der Versorgungsbezüge erhöht oder vermindert.

(3) Bei teilweiser Zahlung vermindert sich die Kürzung der Versorgungsbezüge in dem entsprechenden Verhältnis; der Betrag der teilweisen Zahlung soll den Monatsbetrag der Dienstbezüge des Beamten oder des Ruhegehalts des Ruhestandsbeamten nicht unterschreiten.

(4) Ergeht nach der Scheidung eine Entscheidung zur Abänderung des Wertausgleichs und sind Zahlungen nach Absatz 1 erfolgt, sind im Umfang der Abänderung zu viel gezahlte Beiträge unter Anrechnung der nach § 57 anteilig errechneten Kürzungsbeträge zurückzuzahlen.

---

[88] Ähnlich *Ruland* Versorgungsausgleich Rn. 645.

[89] Vgl. hierzu Johannsen/Henrich/*Holzwarth* § 44 Rn. 95.

[90] Zur Kürzung nach §§ 55 und 56 BeamtVG im Zusammenhang mit Versorgungsausgleich vgl. ua *Schmitz* FamRZ 1989, 123; *Ruland* ZBR 2008, 120; zur Berücksichtigung von Ruhens- und Anrechnungsvorschriften im Versorgungsausgleich vgl. auch *Ruland* Versorgungsausgleich Rn. 644.

Die **Abwendung der Kürzung der Versorgungsbezüge nach § 57 BeamtVG** ist in § 58 BeamtVG geregelt. Auch diese Bestimmung ist durch das VAStrRefG an die neue Reglung des Versorgungsausgleichs angepasst worden (Art. 6 Nr. 4 VAStrRefG)[91] und gilt nach wie vor auch bezüglich „Altfällen", dh bezüglich Verfahren, die bis zum 31.8.2009 rechtskräftig entschieden oder jedenfalls bis dahin anhängig gemacht worden sind. Wie der Ausgleichspflichtige in der gesetzlichen Rentenversicherung die Minderung seiner Rentenanwartschaften ganz oder teilweise durch Entrichtung von Beiträgen nach § 187 Abs. 1 Nr. 1 SGB VI, § 281a Abs. 1 Nr. 1 SGB VI ausgleichen kann, so hat der ausgleichspflichtige Beamte oder Ruhestandsbeamte nach § 58 Abs. 1 BeamtVG die **Möglichkeit, die Kürzung seiner Versorgungsbezüge durch Zahlung eines Kapitalbetrages (Abwendungsbetrages)** an seinen Dienstherrn **ganz oder teilweise abzuwenden.** Die aufgewandten Beträge sind steuerlich als sofort abziehbare Werbungskosten zu beurteilen. Als Sonderausgaben abziehbar sind Ausgleichzahlungen, die ein Ausgleichspflichtiger zur Vermeidung der Kürzung seiner Versorgungsbezüge an den Ausgleichsberechtigten leistet (§ 10 Abs. 1a Nr. 3 EStG), wenn dieser zustimmt, seinerseits die Ausgleichszahlungen zu versteuern.[92] Für Richter und Soldaten gilt Entsprechendes (§ 46 DRiG iVm § 1 Abs. 1 BeamtVG bzw. § 55d SVG). 71

Der für die **Abwendung der Kürzung zu zahlende Betrag (§ 58 Abs. 2 und 3 BeamtVG)** entspricht dem in der gesetzlichen Rentenversicherung zu leistenden. Durch die Streichung des in der früheren Fassung von § 58 Abs. 2 S. 1 enthaltenen Zusatzes, der auf den nach § 1587b Abs. 2 BGB zur Begründung von Anwartschaften auf eine Rente in der gesetzlichen Rentenversicherung erforderlichen Betrag verwies, hat sich inhaltlich keine Änderung ergeben.[93] Der Betrag erhöht sich in dem Verhältnis, in dem sich die Versorgungsbezüge ändern. Er kann sich auch auf eine **teilweise Abwendung der Kürzung** beschränken, aus ökonomischen Gründen soll der Betrag der teilweisen Zahlung den Monatsbetrag der Dienstbezüge oder des Ruhegehalts aber nicht unterschreiten (§ 58 Abs. 3 BeamtVG). Da § 58 Abs. 2 BeamtVG nF auf den Zeitpunkt des Ehezeitendes abstellt, trägt der Beamte das Risiko von Wertänderungen die sich ab diesem Zeitpunkt ergeben. 72

Zahlungen, die zur Abwendung einer Kürzung aufgrund des Versorgungsausgleichs geleistet worden waren, sind nach Abänderung des Wertausgleichs grundsätzlich zu erstatten, soweit die Kürzung aufgrund der Abänderungsentscheidung hinfällig geworden ist (§ 58 Abs. 4 BeamtVG). Der Erstattungsbetrag mindert sich um den Betrag, der zur Abwendung einer Kürzung aufgrund des Versorgungsausgleichs verbraucht worden ist, zB für den Zeitraum bis zum Monat der Antragstellung (vgl. § 226 Abs. 4 FamFG).[94] 73

Wird der ausgleichspflichtige Beamte nach der Durchführung des Versorgungsausgleichs nachversichert (zB weil er in ein privatrechtliches Dienstverhältnis wechselt), erfolgt die Berechnung der Nachversicherung zunächst auf der Grundlage der vollen Bezüge (§ 181 SGB VI). Mit der Nachversicherung gelten dann die dem Versorgungsausgleich entsprechenden Entgeltpunkte als übertragen, dies bedeutet, dass in dem Versicherungskonto des nachversicherten Beamten ein entsprechender Abschlag vorzusehen ist (§ 185 SGB VI). Die Zahl der Entgeltpunkte ist durch Umrechnung des Ausgleichswertes anhand der bei Ehezeitende geltenden Umrechnungsfaktoren zu ermitteln.[95] Die zugunsten des ausgleichsberechtigten Ehegatten bei dem Versorgungsträger des Ausgleichspflichtigen begründeten Anrechte bleiben auch in diesem Fall bestehen.[96] Das hat in der Regel zur Folge, dass dem Ausgleichspflichtigen deutlich weniger als die Hälfte des in der Ehezeit erworbenen und durch Nachversicherung umgewandelten Anrechts verbleibt; denn für die Nachversicherung wird das Gehalt des Ausgleichspflichtigen als Bruttogehalt fingiert. Ein dem Halbteilungsgrundsatz entsprechendes Ergebnis kann der Ausgleichspflichtige in diesen Fällen nur erreichen, indem er Abänderung des Versorgungsausgleichs gem. § 225 FamFG beantragt. 74

**6. Der Tenor der Entscheidung über die interne Teilung von (Bundes-)Beamtenanrechten.** Der Tenor der Entscheidung des Familiengerichts muss die Rechtsgrundlage der Teilung nicht nennen, da es sich um eine gesetzliche Vorschrift handelt. Aus dem an § 10 VersAusglG angelehnten Wortlaut, demzufolge eine Anwartschaft übertragen und nicht begründet wird, folgt, dass der Versorgungsausgleich im Wege der internen Teilung durchgeführt wurde. Ob eine Verrechnung nach § 10 Abs. 2 zu erfolgen hat, ist vom Versorgungsträger zu entscheiden; auf die Entscheidung des Familiengerichts hat das keinen Einfluss: 75

---

91 Vgl. BT-Drs. 16/10144, 105.

92 Vgl. BFHE 212, 514 = FamRZ 2006, 622; BFHE FamRZ 2006, 621; BFH FamRZ 2010, 1801 mAnm *Borth*; BFH FamRZ 2011, 1055.

93 Vgl. BT-Drs. 16/10144, 105.

94 Vgl. hierzu *Reich,* 2013, BeamtVG § 58 Rn. 8.

95 *Ruland* Versorgungsausgleich Rn. 647.

96 *Borth* Versorgungsausgleich Kap. 3 Rn. 64.

76 „Im Weg der internen Teilung wird zulasten des für den/die … (Ausgleichspflichtiger: Ehemann oder Ehefrau; bei Lebenspartnern Antragsteller oder Antragsgegner; Personalnummer) bei … (Träger der Versorgungslast) bestehenden Anrechts auf eine Versorgung zugunsten des/der … (Ausgleichsberechtigter: Ehemann oder Ehefrau; bei Lebenspartnern Antragsteller oder Antragsgegner) ein Anrecht in Höhe von … (Monats-Betrag in EUR) monatlich, bezogen auf den … (Datum des Endes der Ehezeit), übertragen."

## VIII. Interne Teilung von Anrechten der Bundestagsabgeordneten

77 Bundestagsabgeordnete erhalten eine **Altersentschädigung nach dem AbgG.** Wie § 25a Abs. 1 AbgG idF des Art. 7 VAStrRefG bezüglich des Versorgungsausgleichs bestimmt, werden die Anrechte auf eine Altersentschädigung **intern,** also **nach § 10, geteilt.** Die Bewertung der Anrechte erfolgt gemäß § 25a Abs. 3 AbgG nach § 39 (vgl. dort).[97] Gemäß § 25a Abs. 2 AbgG gilt für die **Durchführung** des Ausgleichs das Gesetz über die interne Teilung beamtenversorgungsrechtlicher Ansprüche von Bundesbeamtinnen und Bundesbeamten im Versorgungsausgleich (Bundesversorgungsteilungsgesetz – **BVersTG**) entsprechend. Es kann deshalb auf die Ausführungen zu diesem Gesetz im Rahmen der Abhandlung der Bundesbeamtenversorgung in → Rn. 50 ff. verwiesen werden.

78 Soweit ein Bundestagsabgeordneter noch keinen Anspruch auf Altersentschädigung nach den §§ 19 bis 22 AbgG erworben hat, erhält er eine **Versorgungsabfindung nach § 23 AbgG.** Es handelt sich um eine Kapitalabfindung, die versorgungsausgleichsrechtlich ohne Belang ist. Sie hat den Charakter eines Übergangsgeldes.[98] Die Anrechnung von Mandatszeiten im Rahmen der Beamtenversorgung sowie eine bereits erfolgte Nachversicherung in der gesetzlichen Rentenversicherung sind zwar versorgungsrechtlich relevant, der Ausgleich erfolgt aber nicht im Ausgleichssystem des AbgG, sondern in jenen Systemen. Liegen die Voraussetzungen für die Nachversicherung vor, ist diese aber noch nicht erfolgt, fehlt es entsprechend § 19 Abs. 2 an einer Ausgleichsreife; insoweit kommen schuldrechtliche Ausgleichszahlungen nach der Scheidung in Betracht.[99] Wird ein Antrag gem. § 23 AbgG gestellt, führt dieser dazu, dass sich rückwirkend der Ehezeitanteil einer Anwartschaft auf eine Beamtenversorgung oder in der gesetzlichen Rentenversicherung ändert; denn in der Beamtenversorgung ändert sich rückwirkend der zeitratierlich berechnete Ehezeitanteil, in der gesetzlichen Rentenversicherung sind die für die Ehezeit nachentrichteten Beiträge anwartschaftserhöhend zu berücksichtigen.[100] Das ist mit dem „In-Prinzip" vereinbar, da gem. § 185 Abs. 2 SGB VI die gezahlten Beiträge als rechtzeitig geleistete Pflichtbeiträge gelten. Stellt der ausgleichspflichtige Ehegatte einen Antrag gem. § 23 AbgG, kann gem. § 225 FamFG eine Abänderung des Versorgungsausgleichs erfolgen, wenn die weiteren Voraussetzungen vorliegen. Ausgleichsansprüche nach der Scheidung entfallen dann ab dem Zeitpunkt, ab dem die Abänderung wirksam wird (§ 226 Abs. 4 FamFG).

79 Abgeordnete, die bereits am 22.12.1995 dem Bundestag angehört haben, können uU gem. § 35 a AbgG wählen, nach welchen Vorschriften die Versorgung durchgeführt werden soll. Wählt ein Abgeordneter die Durchführung der Versorgung aufgrund von Regelungen, die für den anderen Teil ungünstig sind, kann dies für den ausgleichsberechtigten Ehegatten eine unzumutbare Härte darstellen (§ 27 VersAusglG).[101] Diese kann allerdings nicht fiktiv dadurch aufgehoben werden, dass der ausgleichspflichtige Ehegatte über die Hälfte des Ehezeitanteils seines Anrechts hinaus ausgleichen muss, sondern nur dadurch, dass Anrechte des ausgleichsberechtigten Ehegatten (ggf. teilweise) vom Ausgleich ausgenommen werden.[102]

## IX. Interne Teilung von Anrechten von Berufssoldaten

80 Auch die Versorgung der Soldaten unterliegt dem Versorgungsausgleich. Allerdings differenziert das VersAusglG: Die **Versorgung der Soldatinnen und Soldaten auf Zeit** erfolgt gemäß **§ 16 Abs. 2** stets durch Begründung eines Anrechts in der gesetzlichen Rentenversicherung durch externe Teilung. Im Übrigen – also bezüglich der **Berufssoldaten** – verweist § 55e **SVG** idF Art. 8 Nr. 5 VAStrRefG hinsichtlich der Ansprüche von ausgleichsberechtigten Personen und deren Hinterbliebenen aus dem Versorgungsausgleich gegenüber dem Träger der Soldatenversorgung als Versorgungsträger auf die **entsprechende Anwendung des Bundesversorgungsteilungsgesetzes – BVersTG** – vom 3.4.2009 (→ Rn. 50 ff.).[103] Der Anspruch ergibt sich daher aus § 2

[97] Vgl. dazu auch BT-Drs. 16/10144, 105.
[98] *Borth* Versorgungsausgleich Kap. 3 Rn. 74; Kap. 2 Rn. 69, 111 f.; OLG Brandenburg FamRZ 2002, 754.
[99] Vgl. BT-Drs. 16/10144, 106; *Borth* Versorgungsausgleich Kap. 2 Rn. 112.
[100] OLG München FamRZ 1979, 310; *Bergner* SozVers 1979, 92.
[101] BGH FamRZ 2013, 1362.
[102] BGH FamRZ 2013, 1362; *Borth* Versorgungsausgleich Kap. 2 Rn. 112, teilweise auch krit. zur Rspr. des BGH.
[103] Vgl. OLG Jena FamRZ 2011, 1590.

BVersTG. Die **Durchführung** und damit die Folgen des Ausgleichs ergeben sich – insbesondere im Hinblick auf die Kürzung der Versorgung des Ausgleichspflichtigen – aus **§ 55c SVG.** Auch der Soldat kann die **Kürzung** durch eine Kapitalzahlung nach **§ 55d SVG** abwenden. Auch § 55c Abs. 1 SVG sah ursprünglich vor, dass für Soldaten das Pensionistenprivileg nur noch für Altfälle gelten sollte. Diese Regelung trifft Soldaten besonders hart: Da diese meist mit Erreichen einer besonderen Altersgrenze in den Ruhestand versetzt werden (§ 45 SG), fällt der Ehezeitanteil prozentual gesehen besonders hoch aus. Weiterhin haben diese die Kürzung der Versorgung relativ lange hinzunehmen, ohne dass der Ehepartner, sofern dieser nicht ebenfalls Soldatin oder Soldat ist, entsprechend früh Rente erhalten kann. Daher sieht § 55c Abs. 1 S. 3 SVG idF des Gesetzes zur Steigerung der Attraktivität des Dienstes in der Bundeswehr (BwAttraktStG) vom 13.5.2015 (BGBl. 2015 I 706) vor, dass die Kürzung der Versorgungsbezüge aufgrund des Versorgungsausgleichs erst mit Erreichen der Altersgrenze für Polizeivollzugsbeamte des Bundes auf Lebenszeit (§ 5 BPolBG; derzeit 62 Jahre) wirksam werden soll. Bis dahin wird die Kürzung durch den Versorgungsträger ausgesetzt. Gemäß Art. 13 BwAttraktStG ist die Regelung am 1.6.2015 in Kraft getreten.[104] Die Aussetzung der Kürzung gilt nur, wenn ein Soldat wegen Erreichens einer für ihn geltenden besonderen Altersgrenze in den Ruhestand versetzt wurde, aber nicht, wenn dies mit seiner Zustimmung freiwillig vorzeitig geschah. Diese Differenzierung ist verfassungskonform.[105]

### X. Interne Teilung von Anrechten der Alterssicherung der Landwirte

**1. Grundlagen und Rechtsfolgen der internen Teilung.** Auch die Anrechte aus der Alters- 81
sicherung der Landwirte nach dem **ALG** unterliegen der **internen Teilung,** wie **§ 43 ALG** idF Art. 9 Nr. 6 VAStrRefG normiert. Der Ausgleich, der sich nach den Bestimmungen des VersAusglG und den ergänzenden Vorschriften des ALG richtet (§ 43 Abs. 1 ALG), erfolgt, indem zulasten der von der ausgleichspflichtigen Person nach dem ALG erworbenen Anrechte für die ausgleichsberechtigte Person Anrechte bei der landwirtschaftlichen Alterskasse übertragen werden; Anrechte aus Zeiten im Beitrittsgebiet und aus Zeiten im übrigen Bundesgebiet sind noch bis 30.6.2024 getrennt intern zu teilen (§ 43 Abs. 2 ALG).

Für den Ausgleichsberechtigten führt die Übertragung von Anrechten zu einem **Zuschlag zur** 82
**Steigerungszahl** (§ 23 Abs. 2 S. 2 ALG, § 24 Abs. 1 ALG) und erhöht die Altersversorgung. Auch das ALG kennt die Umrechnung der übertragenen Steigerungszahlen in **Wartezeitmonate** (§ 17 Abs. 3 S. 1, 2 ALG), und zwar durch Teilung der Steigerungszahlen durch 0,0157. War der Ausgleichsberechtigte mitarbeitender Familienangehöriger, wird die Steigerungszahl durch 0,0079 geteilt. Von den errechneten Monaten werden die in der Ehezeit zurückgelegten Monate abgezogen, soweit sie bereits – ohnehin – auf die Wartezeit anrechenbar sind (§ 17 Abs. 3 S. 3 ALG).

Die **Rente des Ausgleichspflichtigen wird um die übertragenen Steigerungszahlen** 83
**gemindert** (§ 23 Abs. 2 S. 2 ALG, § 24 Abs. 2 ALG). Er kann die **Minderung seiner Anrechte** durch die Zahlung von Beiträgen ganz oder teilweise **auffüllen** (§§ 72 Abs. 1, 116 ALG). Zur Höhe des Beitrags s. § 72 Abs. 2 ALG. Ergeht nach Scheidung eine Entscheidung zur Abänderung des Wertausgleichs, sind im Umfang der Abänderung zu viel gezahlte Beiträge unter Anrechnung gewährter Leistungen zurückzuzahlen (§ 72 Abs. 3 idF Art. 9 Nr. 14b) VAStrRefG).[106]

**2. Tenor.** Es gibt bundesweit nur noch einen Träger der Altersversorgung für Landwirte, 84
Forstwirte und Gärtner: die Sozialversicherung für Landwirtschaft, Forsten und Gartenbau. Für die Durchführung der Altersversorgung trägt sie die Bezeichnung: „Landwirtschaftliche Alterskasse" (§ 49 ALG). Die teilweise bis 2017 erforderliche Unterscheidung zwischen dem Träger, der die Versorgungsauskunft erteilt (Spitzenverband der landwirtschaftlichen Sozialversicherung) und dem Träger, bei dem das auszugleichende Anrecht besteht (Alterskasse bei der landwirtschaftlichen Berufsgenossenschaft), ist damit entfallen.

Der Tenor für die interne Teilung eines Anrechts bei der landwirtschaftlichen Alterskasse könnte 85
daher folgenden Wortlaut haben:

Im Weg der internen Teilung werden zu Lasten der/des … (ausgleichspflichtige Person) von dessen/deren Versicherungskonto Nr. … bei der landwirtschaftlichen Alterskasse zugunsten der/s … (ausgleichsberechtigte Person) auf ein für diese bei der landwirtschaftlichen Alterskasse einzurichtendes Versicherungskonto … Steigerungszahlen (Betrag der Steigerungszahlen), bezogen auf den … (Ende der Ehezeit), übertragen.

Hat (wie häufig) die ausgleichsberechtigte Person bei der landwirtschaftlichen Alterskasse bereits 86
ein Versicherungskonto, lautet der Tenor:

---

104 Vgl. BT-Drs. 18/3697.
105 OVG Münster FamRZ 2018, 1503 = BeckRS 2018, 1776.
106 Vgl. dazu auch *Ruland* Versorgungsausgleich Rn. 659.

Im Weg der internen Teilung werden zu Lasten der/des … (ausgleichspflichtige Person) von dessen/deren Versicherungskonto Nr. … bei der landwirtschaftlichen Alterskasse zugunsten der/s … (ausgleichsberechtigte Person) auf deren bei der landwirtschaftlichen Alterskasse bestehendes Versicherungskonto Nr. … … Steigerungszahlen (Betrag der Steigerungszahlen), bezogen auf den … (Ende der Ehezeit), übertragen.

### XI. Interne Teilung von Anrechten berufsständischer Versorgungen

87 Berufsständische Versorgungswerke regeln die Altersversorgung der bei ihnen versicherten Mitglieder autonom durch Satzung. Die Satzungen enthalten durchgehend auch Vorschriften zur Durchführung des Versorgungsausgleichs. Bereits in der Vergangenheit war bei vielen berufsständischen Versorgungsträgern die Realteilung (§ 1 Abs. 2 VAHRG aF) vorgesehen. Diese Regelungen wurden den Vorschriften für die interne Teilung angepasst.

88 Gemäß § 10 Abs. 3 sind für den Ausgleich die Regelungen über das auszugleichende und das zu übertragende Anrecht maßgeblich, hier also die Versorgungsregelungen der berufsständischen Versorgungswerke. Welche Anforderungen insoweit erfüllt sein müssen, bestimmt sich nach § 11 (vgl. dort iE). Man wird bei den öffentlich-rechtlichen Versorgungssystemen in der Regel davon ausgehen können, dass die Voraussetzungen von § 11 erfüllt sind.

89 Die meisten Versorgungswerke sehen als Regelfall die interne Teilung vor. Nur ausnahmsweise soll die externe Teilung durchgeführt werden, wenn der Ausgleichswert sehr gering ist.

90 Eine interne Verrechnung von auszugleichenden Versorgungsanwartschaften kommt nur in Betracht, wenn beide Ehegatten Mitglieder desselben Versorgungswerkes sind (§ 10 Abs. 2).[107]

91 Gem. § 13 können auch Versorgungswerke der berufsständischen Versorgung im Fall der internen Teilung die Ehegatten mit Teilungskosten belasten. Von dieser Möglichkeit machen sie aber nur zum Teil Gebrauch.[108]

92 **1. Folgen für den ausgleichsberechtigten Ehegatten.** Die interne Teilung führt dazu, dass der ausgleichsberechtigte Ehegatte einen unmittelbaren Versorgungsanspruch gegen den Versorgungsträger erwirbt. Ähnlich wie in der Beamtenversorgung handelt es sich aber nur um einen zivilrechtlichen Ausgleichsanspruch. Der ausgleichsberechtigte Ehegatte wird durch die interne Teilung deshalb nicht Mitglied des Versorgungswerkes.[109]

93 Die Voraussetzungen für den Bezug von Versorgungsleistungen richten sich grundsätzlich nach den Vorschriften des jeweiligen Versorgungswerkes. Dies bedeutet, dass die Altersgrenzen, die für dieses Versorgungswerk maßgeblich sind, auch für den ausgleichsberechtigten Ehegatten gelten. Er kann deshalb uU früher aus dem im Versorgungsausgleich erworbenen Anrecht eine Leistung erhalten, als dies in der gesetzlichen Rentenversicherung der Fall ist.[110]

94 Viele Versorgungsträger beschränken den Anspruch des ausgleichsberechtigten Ehegatten auf eine reine Altersvorsorge oder sehen zumindest Einschränkungen hinsichtlich der Versorgung wegen Erwerbsminderung vor – jedenfalls sofern der Ausgleichsberechtigte nicht auch Mitglied des Versorgungswerkes ist.[111] Hinsichtlich der Hinterbliebenenversorgung sind die Versorgungswerke zum Teil großzügiger.[112] Eine (teilweise) Beschränkung auf die Altersversorgung ist gem. § 11 zulässig, wenn dafür ein entsprechender Ausgleich in der Satzung vorgesehen ist.

95 **2. Folgen für den ausgleichspflichtigen Ehegatten.** Grundsätzlich wird die Anwartschaft des ausgleichspflichtigen Ehegatten bezogen auf das Ende der Ehezeit gekürzt. Bezieht dieser bereits ein Ruhegeld, wird die Kürzung nach den meisten Satzungsbestimmungen mit dem auf die Rechtskraft der Entscheidung folgenden Monat wirksam.[113] Auch hier gibt es also grundsätzlich kein Pensionistenprivileg.

96 Die meisten Satzungen sehen Bestimmungen vor, die es ähnlich wie in der gesetzlichen Rentenversicherung ermöglichen, dass der ausgleichspflichtige Ehegatte die Kürzung durch Kapitalzahlung abwendet. In der Regel ist dies nur möglich, bis der Leistungsfall eingetreten ist.[114]

97 **3. Wertänderungen ab dem Ende der Ehezeit.** Wird letztlich für Zwecke der Durchführung des Versorgungsausgleichs auf den Kapitalwert des Ehezeitanteils abgestellt, stellt sich das Pro-

---

107 *Ruland* Versorgungsausgleich Rn. 663; § 42 Abs. 2 S. 8 Satzung der Bayerischen Architektenversorgung.

108 Vgl. zB § 19a Nr. 3 Satzung des Versorgungswerkes der Architektenkammer NRW; zur Höhe OLG München FamRZ 2018, 584.

109 Vgl. zB § 42 Abs. 3 Satzung der Bayerischen Architektenversorgung.

110 Vgl. zB die abweichende Festsetzung der Altersgrenzen in § 10 Satzung des Versorgungswerkes der Architektenkammer NRW.

111 *Ruland* Versorgungsausgleich Rn. 663.

112 Vgl. zB § 42 Abs. 3 Satzung der Bayerischen Architektenversorgung.

113 Vgl. zB § 55 Abs. 5 Satzung der Bayerischen Ärzteversorgung.

114 Vgl. zB § 42 Abs. 4 Satzung der Bayerischen Architektenversorgung.

blem, wie es sich auswirkt, wenn sich das Anrecht bereits in der Leistungsphase befindet; denn dies führt dazu, dass das für die Versorgung des Ausgleichspflichtigen zu bildende Deckungskapital abnimmt, wenn die Rechenfaktoren im Übrigen gleich bleiben, weil nur noch für einen statistisch gesehen abnehmenden Zeitraum die Leistungen auszufinanzieren sind. Für kapitalgedeckte Anrechte der Privatvorsorge hat der **BGH** entschieden, dass der Kapitalwert des Ehezeitanteils vergleichend für das Ende der Ehezeit und für einen entscheidungsnahen Zeitpunkt bzw. den Zeitpunkt der voraussichtlichen Rechtskraft der Entscheidung zu berechnen ist. Der während des Leistungsbezugs eingetretene Wertverlust ist jeweils hälftig von den Ehegatten zu tragen.[115]

Soweit Entscheidungen zu dieser Frage veröffentlicht sind, haben sie[116] sich dagegen ausgespro- **98**
chen, die Rspr. des BGH zum „Werteverzehr" auf den Ausgleich einer berufsständischen Versorgung auszudehnen, wenn diese eine Hinterbliebenenversorgung vorsieht und der Ausgleichspflichtige vor Rechtskraft der Entscheidung über den Versorgungsausgleich verstorben sei; denn in diesem Fall sei aufgrund der Sondervorschrift des § 31 auch ein kapitalgedecktes Anrecht im Versorgungsausgleich zu berücksichtigen, mag auch das abgedeckte Risiko durch das Vorversterben allenfalls noch in Höhe der Hinterbliebenenversorgung bestehen. Diese Auffassung entspricht für den **Sonderfall des Vorversterbens** des ausgleichspflichtigen Ehegatten nach Rechtskraft der Scheidung aber vor Rechtskraft der Entscheidung über den Versorgungsausgleich der hM.[117] Nur sie wird auch, wenn es um den Ausgleich eines kapitalgedeckten Anrechts geht, der Bedeutung von § 31 gerecht.

Im Übrigen ist es aber nicht möglich, allgemeine Aussagen zu treffen. Handelt es sich um **99**
einen Versorgungsträger, der die Zusagen nach dem Kapitaldeckungsverfahren ausfinanziert, also ein Deckungskapital bildet, würde es an sich naheliegen, während des Leistungsbezugs Wertminderungen, die auf eine Änderung der biometrischen Risikofaktoren zurückzuführen sind (bei im Übrigen gleichbleibenden Bedingungen also zu einem Wertverlust führen) jeweils hälftig zu Lasten der Ehegatten zu berücksichtigen. Hierfür sind jedoch vorrangig die Satzungsbestimmungen zu beachten. Die bayerische Rechtsanwalts- und Steuerberaterversorgung sieht zwar zB eine kapitalgedeckte Versorgung vor, stellt aber auch im Fall der Verrentung für die Berechnung des Ehezeitanteils auf das Ende der Ehezeit und nicht auf die Rechtskraft der Entscheidung über den Versorgungsausgleich ab (§ 40 Satzung der Bayerischen Rechtsanwalts- und Steuerberaterversorgung).[118] Handelt es sich um Versorgungen, die im Wege des offenen Deckungsplanverfahrens oder des Anwartschaftsdeckungsverfahrens ausfinanziert werden, wird ein Wertverlust aufgrund Verrentung nach dem Ende der Ehezeit erst recht nicht zu berücksichtigen sein. Jedenfalls sehen die Satzungen der betroffenen Versorgungsträger, soweit ersichtlich, keine entsprechende Regelung vor.

**4. Tenor.** Berufsständische Versorgungswerke haben in ihren Satzungen Bestimmungen über **100**
die Durchführung des Versorgungsausgleichs getroffen.[119] Diese stellen untergesetzliche Normen dar, die im Tenor bei der internen Teilung anzugeben sind. Hierbei ist darauf zu achten, dass nicht nur die Satzung selbst angegeben wird, sondern auch, welche Fassung der Satzung der Entscheidung zugrunde gelegt wurde.[120] Dadurch tritt keine „Versteinerung" des übertragenen Anrechts ein: „Eine im Tenor konkret benannte Fassung der Versorgungsordnung oder ihr Datum konkretisiert deswegen lediglich die Art des geteilten Anrechts und verhindert nicht dessen Weiterentwicklung nach Maßgabe einer vorhandenen Dynamik oder späterer Veränderungen, die auf die Ehezeit zurückwirken. Zu Missverständnissen kann eine solche Tenorierung im Hinblick auf die gesetzlichen Regelungen nicht führen."[121] Die Angabe der untergesetzlichen Bestimmungen für die Teilung in der Beschlussformel zeigt, dass das Gericht auch die Vereinbarkeit der Regelung mit § 11 geprüft hat.[122] Weiterhin ist darauf zu achten, dass der Bezug auf das Ehezeitende aufgenommen wird. Dieser ist erforderlich für die Bestimmung der Grenzwerte gem. § 18, § 225 FamFG. Weiterhin wird dadurch bestimmt, welche Wertänderungen zu berücksichtigen waren und bei welchen Wertänderungen es sich um nachehezeitliche Wertänderungen handelt.[123] Schließlich wird dadurch zum Ausdruck gebracht, auf welchen Stichtag bezogen die Kürzung des Anrechts des Ausgleichspflichtigen zu berechnen ist.

---

115 BGH FamRZ 2016, 775 = NJW 2016, 1728; FamRZ 2016, 2000 = NZFam 2016, 1107.

116 OLG Frankfurt FamRZ 2018, 179 = BeckRS 2017, 123024.

117 Vgl. BeckOGK/*Siede,* 1.2.2019, § 31 Rn. 86; Erman/*Norpoth/Sasse* § 31 Rn. 2.

118 Vgl. hierzu § 40 Abs. 5 Satzung der Bayerischen Rechtsanwalts- und Steuerberaterversorgung idF vom 1.1.2018.

119 Vgl. zB § 55 Satzung der Bayerischen Ärzteversorgung.

120 BGH NJW 2011, 1139; NJW-RR 2012, 577.

121 BGH NJW 2011, 1139.

122 Johannsen/Henrich/*Holzwarth* Rn. 26.

123 BGH NJW-RR 2012, 1217 = FamRZ 2012, 1545.

101 Der Ausgleichswert ist in der für das jeweilige Versorgungssystem maßgeblichen Bezugsgröße anzugeben. Handelt es sich dabei um Punktewerte, sind diese auch im Tenor anzugeben.[124] Dies gilt auch dann, wenn die Rentenpunkte für den ausgleichsberechtigten Ehegatten ermittelt werden, indem die auszugleichende Anwartschaft zunächst in ein Deckungskapital umgerechnet wird.[125] Ist diese Form des Ausgleichs vorgesehen, wird sich der Ehezeitanteil des Ausgleichspflichtigen vermindert um die hälftigen Teilungskosten auf den hälftigen Betrag in der maßgeblichen Bezugsgröße vermindern. Das Anrecht, das auf den Ausgleichsberechtigten übertragen wird, wird sich in aller Regel deutlich davon unterscheiden. Ist er jünger als der Ausgleichspflichtige, wirkt sich dies tendenziell dahingehend aus, dass sich der dem Ausgleichswert entsprechende Betrag in der maßgeblichen Bezugsgröße gegenüber dem Betrag des Ausgleichspflichtigen erhöht, im umgekehrten Fall vermindert er sich.

102 Der **Tenor** könnte beispielsweise gefasst werden wie folgt:

„Im Wege der internen Teilung wird zulasten des Anrechts des Antragsgegners bei der Sächsischen Ärzteversorgung (Mitgliedsnummer …) zugunsten der Antragstellerin ein Anrecht iHv 0,4789 Punktwerten monatlich (= 189,57 EUR monatlich) nach Maßgabe der Satzung der Sächsischen Ärzteversorgung in der zum 1.9.2009 geltenden Fassung, bezogen auf den 30.4.2010, übertragen.“[126]

103 Es gibt aber auch Versorgungsträger, die auf die Jahresrente abstellen.[127] Dann ist der Tenor dahingehend zu modifizieren, dass er lautet: „ein Anrecht in Höhe von … Punktwerten jährlich …“.

## XII. Interne Teilung von Anrechten der betrieblichen Altersversorgung

104 **1. Allgemeines.** Auch die betriebliche Altersversorgung fällt grundsätzlich unter die interne Teilung. Allerdings können die Träger der betrieblichen Altersversorgung in weitergehendem Umfang als andere gem. § 14 Abs. 2 Nr. 2, § 17 die externe Teilung verlangen, wenn die betriebliche Altersversorgung in einem der unmittelbaren Durchführungswege (Direktzusage, Zusage einer Unterstützungskasse) erfolgt. Finanzstarke Unternehmen haben in der Vergangenheit von dieser Möglichkeit häufig Gebrauch gemacht.

105 Gemäß § 10 Abs. 3 sind auch für den Ausgleich betrieblicher Anrechte die Regelungen über das auszugleichende und das zu übertragende Anrecht maßgeblich. Welchen Anforderungen die Versorgungsregelungen genügen müssen, bestimmt § 11 (→ § 11 Rn. 1 ff.). Erfüllen die Versorgungsregelungen die Anforderungen nicht, so gelten die Grundsätze, wie sie in → § 11 Rn. 29 näher dargelegt worden sind. Betriebliche Versorgungsträger machen von der Möglichkeit der externen Teilung kraft Vereinbarung (§ 14 Abs. 2 Nr. 1) gelegentlich Gebrauch. Zu beachten ist, dass diese Vereinbarungen auch dann nicht dem Anwaltszwang unterliegen, wenn der Versorgungsausgleich Folgesache ist (§ 114 Abs. 4 Nr. 7 FamFG).[128] Für den Ausgleichsberechtigten ist das nicht ungefährlich; denn nicht selten handelt es sich bei der auszugleichenden Versorgung um einen Altvertrag, der einen Rechnungszins vorsieht, den der Ausgleichsberechtigte trotz freier Wahl der Zielversorgung nicht realisieren kann. Daher sollte der Mandant darauf hingewiesen werden, dass er sich sofort mit seinem Anwalt in Verbindung setzt, wenn ihm ein solches Angebot unterbreitet wird.

106 Weiterhin machen kapitalkräftige Versorgungsträger von der Möglichkeit, die externe Teilung gem. § 14 Abs. 2 Nr. 2, § 17 zu verlangen, Gebrauch, wenn der ausgleichsberechtigte Ehegatte nicht auch Mitglied des Versorgungswerkes ist.

107 Bei der betrieblichen Altersversorgung ist zwischen der Zusatzversorgung des öffentlichen oder kirchlichen Dienstes einerseits und den anderen Formen der betrieblichen Altersversorgung zu unterscheiden (vgl. § 45 Abs. 3). Die Bewertungsvorschriften gem. § 45 Abs. 1, 2 gelten für Anrechte aus der Zusatzversorgung des öffentlichen und des kirchlichen Dienstes nicht. Dem entspricht es, dass § 18 BetrAVG für die Pflichtversicherung der Zusatzversorgung des öffentlichen Dienstes zahlreiche Sondervorschriften vorsieht, die auch für den Inhalt der Anrechte Bedeutung haben. Diese Unterschiede wirken sich auch auf allgemeine Fragen der internen Teilung sowie die Tenorierung der Entscheidung aus.

108 Die wichtigsten Rechtsgrundlagen für die interne Teilung von Anrechten der betrieblichen Altersversorgung finden sich in §§ 12, 14, 17, 45. Gem. § 12 erlangt der ausgleichsberechtigte Ehe-

---

124 BGH NJW-RR 2012, 1217 zur Sächsischen Ärzteversorgung.

125 Vgl. zB § 42 Abs. 2 Satzung der Bayerischen Architektenversorgung, Stand 1.1.2018; § 40 Abs. 2 Satzung der Bayerischen Rechtsanwalts- und Steuerberaterversorgung, Stand 1.1.2018.

126 OLG Dresden BeckRS 2012, 16703.

127 Vgl. zB § 32 Abs. 1 Satzung der Bayerischen Rechtsanwalts- und Steuerberaterversorgung, Stand November 2017.

128 HK-VersAusglR/*Götsche* § 14 Rn. 30; HK-VersAusglR/*Götsche* FamFG § 222 Rn. 10.

gatte im Fall der internen Teilung die Stellung eines ausgeschiedenen Arbeitnehmers (näher → § 12 Rn. 1 ff.).

§ 17 lässt in den Fällen, in denen ein Anrecht auf eine betriebliche Altersversorgung im Wege der Direktzusage (klassische Betriebsrente) oder durch die Zusage einer Unterstützungskasse begründet wurde, in erweitertem Umfang die externe Teilung auf einseitiges Verlangen des Versorgungsträgers des ausgleichspflichtigen Ehegatten zu (dazu § 17). **109**

§ 45 enthält Sondervorschriften zur Bewertung des Ehezeitanteils einer Anwartschaft auf eine betriebliche Altersversorgung (iE → § 45 Rn. 1 ff.). **110**

Im Fall der **Insolvenz** des Trägers der betrieblichen Altersversorgung gehen gem. §§ 7, 9 BetrAVG die Pensionsverpflichtungen dieses Versorgungsträgers auf den Pensionssicherungsverein VVaG über. Daher ist im Fall Insolvenz das bei diesem bestehende Anrecht intern zu teilen. Maßgeblich ist die Teilungsordnung des Pensionssicherungsvereins.[129] **111**

**2. Verrechnung.** Gem. § 10 Abs. 2 kann der Ausgleich durch den Versorgungsträger durch Verrechnung vollzogen werden, wenn beide Ehegatten bei demselben Versorgungsträger eine auszugleichende Anwartschaft erworben haben und wenn die Anrechte gleicher Art sind, oder wenn zwischen den Versorgungsträgern eine Verrechnungsvereinbarung besteht und die Anrechte vergleichbar sind. Daher können insbesondere Anrechte verrechnet werden, die bei unterschiedlichen Trägern der Zusatzversorgung des öffentlichen Dienstes erworben wurden, wenn diese eine entsprechende Verrechnungsvereinbarung geschlossen haben.[130] Demgegenüber sind Anrechte nach dem Tarif klassik und dem Tarif extra, die bei der VBL begründet sind, nicht gleichartig.[131] Diese unterscheiden sich hinsichtlich der Finanzierung und der Wertentwicklung grundlegend. Dem Tarif „klassik" liegt eine Pflichtversicherung zugrunde. Der Arbeitgeber hat die dem Tarifvertrag entsprechenden Umlagen zu leisten. Hieraus ergeben sich die in der Satzung festgelegten Leistungen. Demgegenüber handelt es sich bei Anrechten im Tarif „extra" um Anrechte, die auch oder nur durch Arbeitnehmerbeiträge (ggf. auch im Weg der Gehaltsumwandlung) finanziert werden und Leistungen nach den Grundsätzen für private Rentenversicherungen, Riester- oder Rürup-Verträge vorsieht. Im Übrigen ist es eine Frage des Einzelfalles, ob Anrechte auf eine betriebliche Altersversorgung vergleichbar sind.[132] Die Versorgungsträger der betrieblichen Altersversorgung machen von der Möglichkeit der Verrechnung nur beschränkt Gebrauch. **112**

**3. Auswirkungen für die ausgleichsberechtigte Person.** Der ausgleichsberechtigte Ehegatte erwirbt im Fall der internen Teilung mit Rechtskraft der Entscheidung über den Versorgungsausgleich die Stellung eines ausgeschiedenen Arbeitnehmers (§ 12). Dies ist vor dem Hintergrund der Struktur der betrieblichen Altersversorgung gerechtfertigt: Die Betriebliche Altersversorgung ist durch das Dreiecksverhältnis zwischen Arbeitgeber, Arbeitnehmer und Versorgungsträger geprägt. Die Ausgestaltung ist im Einzelnen unterschiedlich. Der Ausgleichsberechtigte ist in dieses Dreiecksverhältnis nicht eingebunden. Durch die interne Teilung erwirbt er daher nur – ebenso wie der Ausgleichsberechtigte bei der internen Teilung von Anrechten aus einem öffentlich-rechtlichen Dienstverhältnis und aus der berufsständischen Versorgung – versorgungsrechtliche Ansprüche gegen den Träger der betrieblichen Altersversorgung, tritt zu diesem aber nicht in arbeitsrechtliche Rechtsbeziehungen. Er steht daher einem ausgeschiedenen Arbeitnehmer gleich, der ebenfalls unverfallbar gewordene versorgungsrechtliche Ansprüche gegen den Arbeitgeber bei seinem Ausscheiden behält, im Übrigen aber zu diesem mit Wirksamwerden des Ausscheidens aus dem Unternehmen nicht mehr in arbeitsrechtlicher Beziehung steht (→ § 12 Rn. 3 ff.). **113**

Das BetrAVG kennt fünf Durchführungswege: Direktzusage, Pensionskasse, Pensionsfonds, Unterstützungskasse und Direktversicherung (§ 1b BetrAVG). Die Direktzusage und die durch eine Unterstützungskasse gedeckte Zusage gehören zu den unmittelbaren Formen der Durchführung der betrieblichen Altersversorgung, Pensionskasse, Pensionsfonds und Direktversicherung zu den versicherungsförmigen Formen der Durchführung. Als besondere Form der versicherungsförmigen Durchführung der betrieblichen Altersversorgung ist die nur tarifvertraglich mögliche reine Beitragszusage hinzugekommen (§§ 21–25 BetrAVG). Für die interne Teilung hat diese Unterscheidung die Bedeutung, dass Versorgungsträger der Direktzusage der Arbeitgeber ist, in den Fällen der versicherungsförmigen Durchführung jedoch das Unternehmen, bei dem der Arbeitgeber für den Arbeitnehmer eine Versorgung eingerichtet hat. Auch bei der Unterstützungskasse ist Versorgungsträger die Unterstützungskasse, obwohl es sich streng genommen um eine unmittelbare Form der Durchführung der betrieblichen Altersversorgung handelt und der Arbeitnehmer keinen unmittelba- **114**

129 OLG Düsseldorf FamRZ 2018, 96 Ls. = BeckRS 2017, 124399.
130 OLG Hamm BeckRS 2014, 06511; OLG Stuttgart FamRZ 2015, 1502.
131 HK-VersAusglR/*Götsche* Rn. 32.
132 Vgl. die Übersicht bei *Hauß* FPR 2009, 214.

ren Leistungsanspruch gegen die Unterstützungskasse erwirbt. Durch die Rspr. des BAG wurde die Unterstützungskasse jedoch der versicherungsförmigen Durchführung so stark angenähert, dass es gerechtfertigt ist, diese – und nicht den subsidiär haftenden Arbeitgeber – als Versorgungsträger zu erfassen.[133]

**115** Im Rahmen von Umstrukturierungen kommt es vor, dass ein früher begründetes Anrecht bestehen bleibt, aber ruht. In diesem Fall ist im Rahmen der internen Teilung nicht nur das aktuelle Anrecht, sondern auch das ruhende Anrecht zu teilen. Besteht dieses bei einem anderen Versorgungsträger, ist daher auch dieser zum Verfahren hinzuzuziehen.

**116** Beispielsweise sind im Zusammenhang mit der Privatisierung der Post die bei der Versorgungsanstalt der Post begründeten Anrechte erhalten geblieben. Allerdings ruhen diese neben den Anrechten, die auf die Nachfolgegesellschaft der Post aufgrund des Tarifvertrages ZU Parallelverpflichtung übergegangen sind.[134] Entsprechende Regelungen gibt es aber auch für Konzerne, beispielsweise nach Verschmelzungen, Übernahmen oder einer Umstrukturierung der betrieblichen Altersversorgung.[135]

**117** Die Entscheidung über den Versorgungsausgleich wird wirksam, sobald die Entscheidung über den Versorgungsausgleich in Rechtskraft erwächst (§ 224 FamFG), im Fall der Scheidung jedoch frühestens mit Rechtskraft des Scheidungsausspruchs (§ 148 FamFG). Die Entscheidung hat gestaltende Wirkung. Dies bedeutet: mit Rechtskraft der Entscheidung entsteht zugunsten des ausgleichsberechtigten Ehegatten ein entsprechendes Anrecht. In der Regel wird die Teilung vollzogen, indem für den ausgleichsberechtigten Ehegatten ein eigenes Konto eingerichtet und diesem hierüber entsprechende Dokumente (zB Versicherungsschein) ausgehändigt werden, wenn er das entsprechende Angebot angenommen hat. Häufig stellt sich für diesen daher der Vollzug der Entscheidung des Familiengerichts wie der Abschluss eines Versicherungsvertrages dar. Kommt es zu Divergenzen zwischen dem durch das Gericht übertragenen Anrecht und dem Inhalt des Anrechts gem. dem zum Vollzug der gerichtlichen Entscheidung ausgefertigten Versicherungsschein, geht die gerichtliche Entscheidung vor, mag der Versicherungsschein auch der Erklärung des Ausgleichsberechtigten entsprechen; denn durch den Abschluss einer solchen Versicherung erfüllt der Versorgungsträger nicht die durch die interne Teilung entstandenen Ansprüche des Ausgleichsberechtigten (§ 362 Abs. 1 BGB).

**118** Durch den Versorgungsausgleich erwirbt der ausgleichsberechtigte Ehegatte ein eigenes Anrecht auf Leistungen aus der betrieblichen Altersversorgung. Dies bedeutet, dass er aus dem im Versorgungsausgleich erworbenen Anrecht auch dann schon Rentenleistungen erwerben kann, wenn in seiner Person die in der Versorgungsordnung dafür vorgesehenen Voraussetzungen eingetreten sind (zB die erforderliche Altersgrenze erreicht ist), mag auch der ausgleichspflichtige Ehegatte selbst noch keine Versorgung erhalten.

**119** Der Inhalt des durch interne Teilung zu begründenden Rechts richtet sich nach der Versorgungszusage, die dem geteilten Anrecht zugrunde liegt und den Vorschriften des Versorgungsträgers über die Teilung; grundsätzlich muss gewährleistet werden, dass der ausgleichsberechtigte Ehegatte eine **gleichwertige Teilhabe** erhält (§ 11; → Rn. 4 ff.). Der Versorgungsträger ist allerdings berechtigt, den Risikoschutz auf eine reine Altersversorgung zu beschränken (dazu näher → § 11 Rn. 5, 25–28).

**120** Gem. Abs. 3 richtet sich der Inhalt des auf den Ausgleichsberechtigten zu übertragenden Anrechts nach den Regeln des Versorgungsträgers über das zu übertragende Anrecht und die Durchführung der Teilung. Die meisten Versorgungsträger haben aber in ihrer Teilungsordnung keine Regelungen vorgesehen, wie die **Entwicklung von Anrechten** zwischen Ende der Ehezeit und Rechtskraft der Entscheidung bei der internen Teilung abzubilden ist. Typischerweise enthalten Teilungsordnungen nur die Bestimmung, dass bei Rechtskraft der Entscheidung für den Ausgleichsberechtigten ein Anrecht in Höhe des Ausgleichswerts und zu den dann gültigen allgemeinen Bedingungen und Rechnungsgrundlagen für entsprechende Anrechte einzurichten ist. Dies kann zu erheblichen Abweichungen von dem Halbteilungsgrundsatz führen, vor allem, wenn längere Zeit zwischen Ehezeitende und Rechtskraft der Entscheidung vergeht oder wenn das Anrecht überhaupt erstmals im Abänderungsverfahren gem. § 51 ausgeglichen wird.

**121** Daher ist in diesen Fällen durch das Gericht eine ergänzende Regelung erforderlich, durch die gewährleistet wird, dass während der Anwartschaftsphase der Ausgleichsberechtigte auch an der Wertentwicklung in dieser **Übergangsphase** teilhat[136] bzw. während der Leistungsphase der Versorgungsträger durch den Versorgungsausgleich nicht zusätzlich belastet wird. Entsprechend dem

---

[133] BGH NJW 2016, 1728 = FamRZ 2016, 775.

[134] Vgl. BGH NZFam 2015, 63 = FamRZ 2015, 234 für die externe Teilung; ebenso BGH NJW-RR 2016, 772 = FamRZ 2016, 1245; NJW-RR 2016, 1479 = FamRZ 2016, 2076.

[135] Vgl. hierzu den Sachverhalt, der der Entscheidung OLG Nürnberg FamRZ 2018, 905 = BeckRS 2017, 142856 zugrundeliegt.

[136] BGH FamRZ 2015, 1869 = NJW 2015, 3306; OLG Frankfurt FamRZ 2017, 878 = BeckRS 2016, 111422.

Rechtsgedanken des § 11 Abs. 2 sind hierbei die für das auszugleichende Anrecht geltenden Regelungen heranzuziehen.

Handelt es sich um ein Anrecht in der **Anwartschaftsphase** gilt Folgendes: 122

Für Direktzusagen und durch eine Unterstützungskasse gedeckte Zusagen, die die Zahlung einer monatlichen Rente zum Gegenstand haben, und die durch eine Pensionsrückstellung finanziert werden, ist regelmäßig der **Barwert** der Zusage entscheidend, da Versorgungsträger ganz überwiegend auf dieser Grundlage teilen (§ 45 Abs. 1; § 4 Abs. 5 BetrAVG). Die Höhe des Barwerts richtet sich nach dem Inhalt der Zusage, den biometrischen Daten des Berechtigten, dem anzuwendenden Rechnungszins und dem Rententrend. Für die Bestimmung des Ehezeitanteils kommt noch die Dauer der Ehezeit und die Dauer der Betriebszugehörigkeit hinzu. Demgegenüber spielt die Anwartschaftsdynamik meist keine Rolle, da diese einem ausgeschiedenen Arbeitnehmer (s. § 12) nur in den Fällen der § 2a Abs. 2 BetrAVG, § 30g BetrAVG zugute kommt.[137] 123

In der Phase zwischen Ende der Ehezeit und Rechtskraft der Entscheidung erhöht sich der Barwert der Zusage um den sog. **biometrischen Risikogewinn,** der darauf beruht, dass sich durch Zeitablauf gegenüber dem Ende der Ehezeit die Wahrscheinlichkeit, dass der Ausgleichspflichtige den Leistungsfall nicht erlebt, verringert. Der Wert verringert sich allerdings auch dadurch, dass die Wahrscheinlichkeit, Erwerbsminderungs- und Hinterbliebenenrenten aus der Zusage erfüllen zu müssen, entsprechend abnimmt. 124

Typischerweise wird die Entwicklung der biometrischen Risiken anhand von **Sterbetafeln** festgestellt. Hier ist darauf zu achten, dass die für den jeweiligen Zeitraum maßgeblichen Sterbetafeln benützt werden.[138] Entscheidend ist die für den Ausgleichspflichtigen geltende Sterbetafel; denn die Teilung des Anrechts wird erst mit Rechtskraft der Entscheidung wirksam. Bis dahin hat der Versorgungsträger nur, aber auch in vollem Umfang die Risiken des Ausgleichspflichtigen zu tragen. Nur dieses Risiko verändert sich im fraglichen Zeitraum. Typischerweise werden in der betrieblichen Altersversorgung die Heubeck'schen Sterbetafeln verwendet. Derzeit von der Finanzverwaltung anerkannt sind die Tafeln 2005 G. Allerdings wurden neue Tafeln 2018 G aufgelegt. Diese können der Bewertung im Versorgungsausgleich aber erst ab 1.1.2019 zugrunde gelegt werden.[139] 125

Schließlich kommt es in dieser Zeit zu einer **Aufzinsung** des Ehezeitanteils des Anrechts. Liegt zwischen Ende der Ehezeit und Rechtskraft der Entscheidung über den Versorgungsausgleich ein längerer Zeitraum, kann diese einen erheblichen Betrag ausmachen. Maßgeblich für den Zinssatz ist der sog. „BilMoG-Zins" (§ 253 Abs. 2 HGB). Vorgaben, wie dieser zu berechnen ist, enthält die RückAbzinsV. Die maßgeblichen Zinssätze werden von der Deutschen Bundesbank veröffentlicht.[140] 126

Der Ausgleichsberechtigte ist an der Hälfte der auf den Ehezeitanteil entfallenden Wertentwicklung zu beteiligen. Zu diesem Zweck ist der **Ausgleichswert** entsprechend dem Rechnungszins für das auszugleichende Anrecht aufzuzinsen und um die Gewinne aufgrund Veränderung des biometrischen Risikos des Ausgleichspflichtigen anhand der für diesen geltenden Sterbetafel zu erhöhen.[141] 127

Enthält die Teilungsordnung keine entsprechende Bestimmung, ist der Tenor entsprechend zu ergänzen (→ Rn. 169). 128

Schließlich ist darauf zu achten, dass ab Rechtskraft der Entscheidung für das Anrecht des Ausgleichsberechtigten dieselben **Rechnungsgrundlagen** verwendet werden, die auch für das Anrecht des Verpflichteten gelten. Der Versorgungsträger ist daher nicht verpflichtet, für das Anrecht des Ausgleichsberechtigten geschlechtsneutrale Sterbetafeln zugrunde zu legen, wenn diese nicht für die Bildung der Pensionsrückstellung für den Verpflichteten verwendet wurden. Die Entscheidungen des BGH vom 8.3.2017[142] zur Verwendung geschlechtsneutraler Sterbetafeln in der Zusatzversorgung des öffentlichen Dienstes beruhen darauf, dass dort auch für den Ausgleichspflichtigen geschlechtsunabhängige Rechenfaktoren verwendet wurden, um den Pflichtbeitrag in eine entsprechende monatliche Rentenanwartschaft in Versorgungspunkten umzurechnen. 129

Handelt es sich um ein Anrecht aus einem **versicherungsförmigen Durchführungsweg,** gelten diese Überlegungen entsprechend. Allerdings ist für den **Rechnungszins** auf den für den jeweiligen Versorgungsträger und die auszugleichende Versorgung maßgeblichen Rechnungszins abzustellen.[143] Dieser ist mindestens in Höhe des Garantiezinses gem. § 2 DeckRV anzusetzen. Weiterhin sind die für 130

---

[137] BGH FamRZ 2018, 894 = NJW 2018, 1961.

[138] OLG Frankfurt FamRZ 2018, 96 = BeckRS 2017, 126073.

[139] Vgl. hierzu *Borth* FamRZ 2018, 1488; zu Einzelheiten *Scholer/Aleksić*, FamRZ 2019, 334.

[140] Vgl. https://www.bundesbank.de/de/statistiken/geld--und-kapitalmaerkte/zinssaetze-und-renditen/abzinsungszinssaetze-739438 (zuletzt abgerufen am 13.11.2018).

[141] OLG Frankfurt FamRZ 2018, 96 = BeckRS 2017, 126073.

[142] BGH FamRZ 2017, 863 = NJW 2017, 2547; FamRZ 2017, 871 = NZFam 2017, 396; FamRZ 2017, 870 = NJOZ 2017, 816.

[143] OLG Frankfurt FamRZ 2017, 878 = BeckRS 2016, 111422.

den jeweiligen Versorgungsträger maßgeblichen Sterbetafeln heranzuziehen. Die aktuellen Ausgleichstarife des BVV genügen diesen Anforderungen.[144]

**131** Die **Teilungsordnung** dieser Versorgungsträger sieht häufig vor, dass ab Rechtskraft der Entscheidung für den Ausgleichsberechtigten auf der Grundlage der dann geltenden allgemeinen Rechnungsgrundlagen ein Anrecht in Höhe des Ausgleichswerts einzurichten ist. Dies kann zu einer Verletzung der Rechtsstellung des Ausgleichsberechtigten führen, wenn zwischen Ende der Ehezeit und Rechtskraft der Entscheidung der Garantiezins abgesunken ist. Im Tenor ist dann eine Modifikation vorzusehen, dass ein Anrecht entsprechend der Teilungsordnung mit der Maßgabe einzurichten ist, dass für das übertragene Anrecht der Garantiezins des geteilten Anrechts gilt.[145] Dies ist – entgegen den Hinweisen vieler Versorgungsträger, dass sie einen solchen Tarif für den Ausgleichsberechtigten nicht mehr anbieten könnten – zulässig. Das übertragene Anrecht für den Ausgleichsberechtigten entsteht mit Rechtskraft der Entscheidung über den Versorgungsausgleich zu den in der Entscheidung genannten Bedingungen, unabhängig davon, ob zur Umsetzung der Entscheidung ein Vertrag auf der Grundlage eines entsprechenden Tarifs geschlossen wird.[146] § 2 Abs. 2 DeckRV lässt ausdrücklich zu, dass für das übertragene Anrecht derselbe Garantiezins verwendet wird, der auch für das geteilte Anrecht anzuwenden ist, mag es sich auch um einen Altvertrag mit einem Garantiezins handeln, der nicht mehr angeboten werden darf.

**132** Besteht zwischen Ausgleichsberechtigtem und Ausgleichspflichtigem ein erheblicher Altersunterschied, hat es die Rspr. vereinzelt zugelassen,[147] dass das Anrecht für den Ausgleichsberechtigten anhand der aktuellen geschlechtsneutralen **Sterbetafeln** und nicht anhand der für den zu teilenden Vertrag geltenden Sterbetafeln eingerichtet wird. Das erscheint zutreffend, da die interne Teilung sonst für den Versorgungsträger nicht kostenneutral durchgeführt werden kann. Weiterhin hat sie sich dafür ausgesprochen, dass es in diesem Fall ausreiche, den Gewinn allein anhand der Aufzinsung des Kapitals in Höhe des Ausgleichswerts zwischen Ehezeitende und Rechtskraft zu berechnen, ohne den Gewinn aufgrund der Entwicklung des biometrischen Risikos in dieser Zeit zu berücksichtigen. Dem kann aber nur in Ausnahmefällen gefolgt werden, wenn absehbar ist, dass dieser Risikogewinn gering ist. Im Übrigen verstößt die Außerachtlassung des biometrischen Risikogewinns gegen den Halbteilungsgrundsatz.[148]

**133** Handelt es sich um ein **fondsgebundenes Anrecht,** ist darauf zu achten, dass der Ausgleichsberechtigte an der Wertentwicklung des Ehezeitanteils der Fondsanteile zwischen Ehezeitende und Rechtskraft der Entscheidung teilhat. Zinseffekte und biometrische Risiken spielen demgegenüber keine Rolle, da für fondsgebundene Anrechte in der Leistungsphase kein Deckungskapital gebildet wird.

**134** Am einfachsten ist es, wenn das Anrecht in der **Bezugsgröße „Fondsanteile"** geteilt wird. Dies ist zulässig.[149] Dann kann zwischen Ehezeitende und Rechtskraft der Entscheidung aufgrund der Wertentwicklung der Fondsanteile keine Änderung des Ausgleichswerts eintreten. Vielmehr nimmt der Ausgleichsberechtigte unmittelbar an der Kursentwicklung der Fondsanteile teil, mag dieser nun gestiegen oder gefallen sein.

**135** Wurden die Anteile **umgeschichtet,** stellt der Bezug auf das Ehezeitende klar, dass nachzuvollziehen ist, inwieweit die durch Umschichtung neu erworbenen Fondsanteile dem Ausgleichsberechtigten zuzuordnen sind.

**136** Schwieriger ist es, wenn ein fondsgebundenes Anrecht in der **Bezugsgröße Kapital** geteilt werden soll. Fondsgebundene Anrechte können bei Pensionsfonds bestehen. Möglich ist aber auch, dass im Wege der Direktzusage Beiträge verwendet werden, um – ggf. auch fiktive – Fondsanteile zu erwerben. Dann ist durch die Teilungsordnung sicherzustellen, dass der Ausgleichsberechtigte an Kurswertänderungen oder Änderungen durch Umschichtung partizipiert, nicht aber an Änderungen des Kapitalwerts des Fondsguthabens, die darauf beruhen, dass nach dem Ehezeitende weitere Fondsanteile erworben wurden.

**137** Die Rspr. hat hier eine Bestimmung in der **Teilungsordnung** gebilligt, die vorsieht, dass bezogen auf das Ende der Ehezeit der Ausgleichswert ins Verhältnis zum gesamten Vertragsvermögen gesetzt wird und sodann in einem zweiten Schritt für den auf die Mitteilung der Rechtskraft der Entscheidung folgenden ersten Markt- und Börsentag der Ausgleichswert berechnet wird, indem diese Quote auf den Wert des Vertragsvermögens zu diesem Zeitpunkt, bereinigt um nachträgliche

---

[144] OLG Frankfurt FamRZ 2017, 878 = BeckRS 2016, 111422 zum Tarif ARLEP-OGV.

[145] BGH FamRZ 2015, 1869 = NJW 2015, 3306.

[146] Johannsen/Henrich/*Holzwarth* FamFG § 224 Rn. 3.

[147] OLG Nürnberg FamRZ 2016, 819 = NJOZ 2016, 599.

[148] Vgl. BGH FamRZ 2015, 1869 = NJW 2015, 3306; OLG Frankfurt FamRZ 2018, 96 = BeckRS 2017, 126073.

[149] BGH FamRZ 2014, 1987 = NZFam 2014, 1040; FamRZ 2014, 1534 = NJW 2014, 2728.

Einzahlungen und Risikoentnahmen unter Berücksichtigung der Wertentwicklung der mithilfe dieser Zahlungen erworbenen Anteile angewandt wird.[150]

Schließlich werden auch **Kombinationsprodukte** angeboten. Diese zeichnen sich dadurch aus, dass mithilfe von Beiträgen ein fondsgebundenes Anrecht, mindestens aber eine Versorgung, die anhand eines Rentenbausteinmodells oder eines ähnlichen Verfahrens kalkuliert ist, begründet werden soll. In diesem Fall ist bei der internen Teilung darauf zu achten, dass zwei selbständig zu bewertende Anrechte vorliegen, die nur dadurch verbunden sind, dass das garantierte Anrecht zur Auszahlung kommt, wenn das fondsgebundene Anrecht hinsichtlich der Wertentwicklung hinter diesem zurück bleiben sollte. Daher ist der Ehezeitanteil beider Anrechte zu teilen und der Ausgleichswert auf den ausgleichsberechtigten Ehegatten zu übertragen. 138

Handelt es sich um ein Anrecht in der **Leistungsphase,** ist Folgendes zu beachten: Liegt zwischen Ehezeitende und Wirksamkeit der Entscheidung bei kapitalgedeckten Zusagen ein längerer Zeitraum und erhält der ausgleichspflichtige Ehegatte bereits Rentenzahlungen, führt dies in vielen Fällen dazu, dass sich der Barwert bzw. das Deckungskapital des Ehezeitanteils gegenüber dem Wert bei Ehezeitende vermindert. Da der Teilung des Ehezeitanteils einer Anwartschaft auf eine betriebliche Altersversorgung regelmäßig der Kapitalwert gem. § 45 Abs. 1 VersAusglG, § 4 Abs. 5 BetrAVG zugrunde gelegt wird, stellt sich dieses Problem bei der Teilung einer Anwartschaft auf eine betriebliche Altersversorgung regelmäßig und unabhängig davon, welcher Durchführungsweg für die betriebliche Altersversorgung gewählt wurde. Ähnlich liegt es bei fondsgebundenen Anrechten; denn mit Eintritt des Leistungsfalls wird in der Regel aus den Fondsanteilen ein Kapital gebildet. Auf der Grundlage dieses Kapitals wird die Versorgung des Berechtigten kalkuliert. 139

In dogmatischer Hinsicht ist streitig, ob die Wertminderung des Anrechts nach Eintritt des Leistungsfalls ein auf den Ehezeitanteil **zurückwirkendes** Ereignis darstellt. In der praktischen Konsequenz ist streitig, ob die Wertminderung dementsprechend durch den Ausgleichspflichtigen allein (ggf. durch eine Kürzung seiner Versorgung) zu tragen ist, oder ob sie beiden Ehegatten zur Last fällt.[151] Für die Praxis hat der BGH die Streitfrage dahingehend entschieden, dass die Wertminderung von den Ehegatten je hälftig zu tragen ist (→ Rn. 143). Offen ist aber noch die Frage, wie in Fällen zu entscheiden ist, in denen zwar die Änderung der biometrischen Risikofaktoren zu einer Minderung der Rückstellung gegenüber dem Ehezeitende bzw. dem Leistungsfall geführt hat, jedoch aufgrund der Minderung des Rechnungszinses gleichwohl per Saldo eine Erhöhung der Deckungsrückstellung bzw. des Deckungskapitals erforderlich ist (→ Rn. 144). 140

Nach früher vertretener Auffassung stellt der nachehezeitliche Wertverzehr keine Tatsache dar, die auf die Bewertung des Ehezeitanteils zurückwirkt.[152] Daher sei das Kapital, bezogen auf das Ende der Ehezeit ohne Berücksichtigung der bis zur Rechtskraft der Entscheidung erbrachten Zahlungen, hälftig zu teilen. Im Ergebnis wirkt sich dies so aus, dass der Kapitalwert der Zahlungen, die bei Teilung zum Ende der Ehezeit nicht mehr zu erbringen gewesen wären, von dem ausgleichspflichtigen Ehegatten zu tragen ist, indem nach Vollzug der Entscheidung seine Rente aus einem entsprechend geminderten Kapitalwert errechnet wird. 141

Die Gegenauffassung verweist darauf, dass bei Rechtskraft der Entscheidung über den Versorgungsausgleich eine in der Ehezeit erworbene Anwartschaft auf eine betriebliche Altersversorgung nur insoweit geteilt werden könne, als sie zu diesem Zeitpunkt noch vorhanden sei. Hieraus ergebe sich, dass nur der Ehezeitanteil der Anwartschaft auf eine betriebliche Altersversorgung, gemindert um den Kapitalverzehr, der bis zur Rechtskraft der Entscheidung eingetreten sei, hälftig zwischen den Ehegatten aufgeteilt werden könne.[153] Außerdem verstoße die einseitige Belastung des Anrechts des Ausgleichspflichtigen aufgrund des Kapitalverbrauchs gegen den Halbteilungsgrundsatz.[154] Schließlich folge aus dem Akzessorietätsgrundsatz, dass Wertänderungen durch Zeitablauf auf die Berechnung des Ehezeitanteils zurückwirkten.[155] 142

Der BGH hat diese Streitfrage dahingehend entschieden, dass die Barwertminderung aufgrund Zeitablaufs nach Ehezeitende hälftig von den Ehegatten zu tragen sei.[156] Er hat sich deshalb dafür 143

[150] BGH FamRZ 2014, 1534 = NJW 2014, 2728.

[151] Zu den versicherungsmathematisch möglichen Alternativen *Meindl/Tausch* BetrAV 2014, 724.

[152] OLG Frankfurt FamRZ 2015, 754; 2012, 1717; KG FamRZ 2013, 464; OLG Köln FamRZ 2014, 668; ebenso *Holzwarth* FamRZ 2013, 420; *Heidrich* FamRZ 2013, 227.

[153] OLG Schleswig FamRZ 2013, 1578; OLG Hamm FamRZ 2013, 1305; OLG Celle FamRZ 2014, 665; *Borth* Versorgungsausgleich Kap. 3 Rn. 49 ff.; so iErg auch *Bergner* NJW 2015, 2295, der auf das bei Erlass der Entscheidung vorhandene Kapital abstellt.

[154] *Borth* Versorgungsausgleich Kap. 3 Rn. 51.

[155] *Gutdeutsch/Hoenes/Norpoth* FamRZ 2013, 414.

[156] BGH FamRZ 2016, 775 = MDR 2016, 525 = NZFam 2016, 215; FamRZ 2016, 2000 = BeckRS 2016, 17769.

ausgesprochen, nur den Restausgleichswert zu teilen, der zeitnah zum Erlass der Entscheidung über den Versorgungsausgleich oder vorausschauend auf den Zeitpunkt der Rechtskraft der Entscheidung zu ermitteln sei.[157] Diese Bewertung hat unter Heranziehung der zu diesem Stichtag maßgeblichen Berechnungsgrundlagen zu erfolgen. Dies bedeutet, dass nicht nur die zu diesem Zeitpunkt maßgeblichen biometrischen Risikofaktoren, sondern auch der zu diesem Zeitpunkt maßgebliche Rechnungszins der Barwertermittlung zugrunde zu legen ist.[158] Der Rechnungszins ist gem. § 6 RückAbzinsV anhand des Durchschnitts der letzten sieben Jahre und nicht gem. § 6a RückAbzinsV anhand des Durchschnitts der letzten zehn Jahre zu berechnen.[159] Die Entscheidungen sind überzeugend begründet. Die vertragsgemäße Auszahlung der Rente stellt keine Tatsache dar, die auf die Bewertung des Ehezeitanteils zurückwirkt. Vielmehr beruht die Verringerung des Kapitalwertes der Versorgung, die erst nach dem Ende der Ehezeit (und zwar grundsätzlich unabhängig von der Zahlung allein durch Zeitablauf) eintritt, darauf, dass entsprechend dem fortschreitenden Lebensalter des Berechtigten statistisch gesehen nur noch für einen abnehmenden Zeitraum das Versorgungsversprechen auszufinanzieren ist. Dies war aber auch Gegenstand der versicherungsmathematischen Kalkulation des Anrechts zum Stichtag des Ehezeitendes. Weiterhin ist auch zu berücksichtigen, dass die auf das Ende der Ehezeit bezogene Bewertung des Anrechts von der Prämisse ausgehen muss, dass an jeden Ehegatten nach dem Ende der Ehezeit die der Teilung entsprechende Rente ausgezahlt wird. Diese entspricht für jeden Ehegatten dem Wert, der auf das hälftige Deckungskapital bzw. dem hälftigen Barwert des Ehezeitanteils der Versorgung entfällt. Tatsächlich hat der ausgleichspflichtige Ehegatte aber für den Zeitraum ab Verrentung bis zur Rechtskraft der Entscheidung mehr erhalten, nämlich die volle Rente. Es ist daher nicht zu beanstanden und stellt auch keinen Verstoß gegen den Halbteilungsgrundsatz dar, wenn dieser Umstand nach der Teilungsordnung für den maßgeblichen Versorgungsträger Berücksichtigung findet. Ein für den Versorgungsträger aufwands- und risikoneutrales Ergebnis lässt sich nur erzielen, indem bezogen auf einen entscheidungsnahen Zeitpunkt der Bar- bzw. Kapitalwert des Anrechts neu ermittelt und hälftig geteilt wird. Dann bezieht der Ausgleichspflichtige ab diesem Zeitpunkt eine Versorgung, die der Hälfte des Ehezeitanteils und im Übrigen der Versorgungszusage entspricht. Für den Ausgleichsberechtigten ist auf dieser Grundlage eine Versorgungszusage anhand der zu diesem Stichtag maßgeblichen biometrischen Risikofaktoren und Rechnungsgrundlagen zu kalkulieren.

**144** Der BGH setzt sich in den genannten Entscheidungen auch mit der Frage auseinander, ob der Ausgleichsberechtigte hierdurch unbillig benachteiligt wird. In vielen Fällen wird der Ausgleichsberechtigte über die Berechnung des Trennungsunterhalts an der vollen Rentenzahlung partizipiert haben. Eine grob unbillige Härte iSv § 27 entfällt dann. Hat der ausgleichsberechtigte Ehegatten (ausnahmsweise) nicht mittelbar an der vollen Rentenzahlung partizipiert, kommt eine Korrektur zu seinen Gunsten über § 27 in Betracht, wenn er entsprechend werthaltige Anrechte erworben hat. Auch das ist konsequent; denn strukturell entspricht die Konstellation den Fällen, in denen der Ausgleichspflichtige ein Kapitalwahlrecht ausübt oder die Versorgung abgefunden wird, er aber gleichwohl auf einem unbeschränkten Ausgleich der Anrechte des anderen Teils nach Maßgabe des Halbteilungsgrundsatzes besteht. Der BGH[160] hat hierin einen Unterfall des widersprüchlichen Verhaltens gesehen, der eine Kürzung des Ausgleichs von Anrechten des anderen Teils gem. § 27 rechtfertigt (→ § 27 Rn. 43). Verfügt der andere Teil nicht über ausreichend werthaltige Anrechte, kann ein dem Halbteilungsgrundsatz möglichst nahe kommendes Ergebnis gesucht werden, indem Ehegatten vereinbaren, das Anrecht durch schuldrechtliche Ausgleichsansprüche zu teilen. Dies ist allerdings mit dem Nachteil verbunden, dass der Hinterbliebenenschutz zugunsten des Ausgleichsberechtigten entfällt (§ 25 Abs. 1).

**145** Nicht geklärt ist die Frage, wie in Fällen zu entscheiden ist, in denen sich der Barwert bzw. der Kapitalwert des Ehezeitanteils trotz Leistungsbezugs nicht verringert, weil der Ansatz eines geringeren Rechnungszinses und vor dem Versicherungsfall eingetretene Biometriegewinne zu einem per Saldo höheren Barwert führen. Diese Fälle können vor allem dann auftreten, wenn der Rechnungszins seit Ehezeitende erheblich abgesunken ist – das ist aufgrund der ungewöhnlich langen Niedrigzinsphase trotz der Durchschnittsbildung über sieben Jahre nicht selten der Fall –, der Ausgleichspflichtige aber noch nicht lange aus dem auszugleichenden Anrecht Leistungen bezogen hat.

**146** Hier erscheint es konsequent, dann auch den höheren Bar- bzw. Kapitalwert des Ehezeitanteils, der zu einem entscheidungsnahen Zeitpunkt (noch) vorhanden ist, zu teilen. Diese Lösung entspricht dem Ansatz, in der Übergangsphase zwischen Ehezeitende und Rechtskraft der Entscheidung den

---

[157] BGH MDR 2016, 525 Rn. 55.
[158] BGH FamRZ 2016, 2000 = BeckRS 2016, 17769.
[159] BGH FamRZ 2016, 2000 = BeckRS 2016, 17769.
[160] BGH NJW 2016, 1166 = FamRZ 2016, 697.

Ausgleichsberechtigten an den Gewinnen aufgrund Verringerung der biometrischen Risiken für den Ausgleichspflichtigen zu beteiligen. Es ist dann auch gerecht, wenn dieser gegenläufig die mit Verrentung eintretenden Verluste zu tragen hat. Weiterhin führt auch hinsichtlich des Rechnungszinses nur diese Lösung zu einem für den Versorgungsträger aufwandsneutralen Ergebnis; denn andernfalls müsste er für den Ausgleichsberechtigten bei Rechtskraft der Entscheidung eine Versorgung mit einem Rechnungszins kalkulieren, der für das Versorgungssystem des Versorgungsträgers nicht mehr aktuell ist und daher in weiterem Umfang mit Kapital zu hinterlegen ist, als dies in der gerichtlichen Entscheidung zum Ausdruck kommt.

Gleichwohl ist die Entscheidung auch in diesem Fall auf das Ende der Ehezeit zu beziehen; **147** denn es ist sicherzustellen, dass Wertänderungen aufgrund nachehezeitlicher, im Versorgungsausgleich nicht berücksichtigungsfähiger Entwicklungen ausgeschlossen bleiben. Das betrifft zB die Erhöhung des Anrechts aufgrund der Zahlung von Beiträgen, die nach dem Ende der Ehezeit geleistet werden.

Zum Tenor → Rn. 168. **148**

**4. Auswirkungen für die ausgleichspflichtige Person.** Auch für den ausgleichspflichtigen **149** Ehegatten wird die Entscheidung über den Versorgungsausgleich mit Rechtskraft der Scheidung bzw. der Entscheidung über den Versorgungsausgleich wirksam (§ 224 FamFG). Die Rechtskraft erstreckt sich auch auf das Verhältnis zwischen Ausgleichspflichtigem und Versorgungsträger. Der Ausgleichspflichtige kann deshalb gegenüber dem Versorgungsträger nicht geltend machen, die Kürzung seines Anrechts sei unrechtmäßig, weil durch das Familiengericht der Ausgleichswert unzutreffend bestimmt worden sei.[161] Hat umgekehrt das Familiengericht von einem Ausgleich des Anrechts abgesehen, weil es der Meinung war, dass dieses bei Ehezeitende nicht (mehr) bestanden habe, ist der Ausgleichspflichtige nicht gehindert, bei Eintritt des Rentenalters im fachgerichtlichen Verfahren den ungekürzten Versorgungsanspruch gegen den Versorgungsträger geltend zu machen;[162] denn dann erschöpft sich die rechtskräftige Entscheidung darin, dass das Anrecht nicht geteilt wird. Im Übrigen beschränkt sich die Rechtskraft der Entscheidung aber auf die Durchführung der Teilung. Das Familiengericht hat nicht darüber zu entscheiden, wie sich die Teilung auf die Versorgung des Ausgleichspflichtigen auswirkt. Es ist berechtigt, aber nicht verpflichtet, die Teilungsordnung daraufhin zu überprüfen, ob diese für den Ausgleichspflichtigen zu einem angemessenen Ergebnis führt.[163] Verneint das Familiengericht dies und modifiziert es deshalb den Inhalt der Teilungsordnung (zB um einen mit der Verrentung eingetretenen „Werteverzehr" zu berücksichtigen) ist dies für den Ausgleichspflichtigen und den Versorgungsträger verbindlich. Im Übrigen bedeutet die Aufnahme der Teilungsordnung in den Tenor aber nur, dass das Gericht geprüft hat, dass für den Ausgleichsberechtigten ein den Vorgaben von § 11 entsprechendes Anrecht übertragen wird.[164] Dem Ausgleichspflichtigen ist es dann unbenommen, im fachgerichtlichen Verfahren einzuwenden, dass die Vorgaben der Teilungsordnung für die Auswirkungen des Versorgungsausgleichs auf die ihm zustehende Versorgung unwirksam sind.

Daraus folgt: Bezieht der ausgleichspflichtige Ehegatte bei Rechtskraft der Entscheidung über **150** den Versorgungsausgleich aus dem ausgeglichenen Anrecht bereits eine Versorgung, wird diese ab dem auf die Rechtskraft folgenden Monat gekürzt. Es besteht kein „Rentnerprivileg". Die laufende Versorgung des ausgleichspflichtigen Ehegatten ist daher auch dann zu kürzen, wenn der ausgleichsberechtigte Ehegatte aus dem im Versorgungsausgleich erworbenen Anrecht noch keine Versorgung erhalten kann.

Für Anrechte auf eine betriebliche Altersversorgung besteht nicht die Möglichkeit der Anpas- **151** sung gem. §§ 32 ff.; denn Anrechte auf eine betriebliche Altersversorgung gehören nicht zum Kreis der gem. § 32 anpassungsfähigen Anrechte aus der Regelversorgung. Dies gilt im Unterschied zur Vorgängerregelung der §§ 1 Abs. 3, 4 VAHRG auch dann, wenn es sich bei dem ausgeglichenen Anrecht um ein Anrecht aus der Zusatzversorgung des Öffentlichen Dienstes handelt. Die Beschränkung der Anpassung auf Anrechte aus der Regelversorgung ist verfassungsgemäß.[165]

Die Kürzung einer Versorgung aus einem Anrecht der betrieblichen Altersversorgung bleibt **152** deshalb auch dann erhalten, wenn der ausgleichsberechtigte Ehegatte aus dem im Versorgungsausgleich erworbenen Anrecht keine Versorgung erhalten hat oder nur für kurze Zeit eine Versorgung erhält, weil er vor dem ausgleichspflichtigen Ehegatten verstirbt. Weiterhin wird die Kürzung ab dem auf die Rechtskraft folgenden Monat auch dann in voller Höhe wirksam, wenn der ausgleichs-

161 BAG FamRZ 2016, 535 = NZA 2016, 304.
162 BAG NZFam 2018, 683.
163 BGH FamRZ 2018, 894 = NJW 2018, 1961.
164 Johannsen/Henrich/*Holzwarth* § 11 Rn. 21.
165 BVerfG FamRZ 2014, 470 = NJW 2014, 2093.

pflichtige Ehegatte dem ausgleichsberechtigten Ehegatten auch unterhaltspflichtig ist. Eine Anpassung gem. § 33 ist nicht möglich. Dies ist bei der Bemessung des nachehelichen Unterhaltes zu berücksichtigen.

153 Unter Umständen kann die Kürzung der Versorgung bzw. des Unterhaltes vermieden werden, wenn der Ausgleich bei der Scheidung ausgeschlossen wird und Ansprüche auf eine Ausgleichsrente nach der Scheidung vorbehalten werden (§ 6 Abs. 1 Nr. 3). Diese Lösung ist für den ausgleichsberechtigten Ehegatten allerdings mit den Nachteilen der schuldrechtlichen Ausgleichsrente gegenüber der Durchführung des Versorgungsausgleichs bei der Scheidung verbunden (dazu § 20). Weiterhin ist zu berücksichtigen, dass in diesen Fällen kein Hinterbliebenenschutz gem. § 25 besteht. Zur Vermeidung einer Kürzung der Versorgung des Ausgleichspflichtigen, der deutlich älter ist als der Ausgleichsberechtigte, sind solche Vereinbarungen also grundsätzlich nicht geeignet.

154 **5. Auswirkungen für Hinterbliebene.** Maßgeblich für die Frage, inwieweit auch Hinterbliebene aus dem im Versorgungsausgleich intern geteilten Anrecht auf eine betriebliche Altersversorgung Versorgungsbezüge erhalten können, sind die Versorgungszusage und die Teilungsordnung oder vergleichbare Bestimmungen für die betriebliche Altersversorgung.

155 Hinterbliebene des ausgleichsberechtigten Ehegatten (verwitweter neuer Ehegatte, Kinder) werden in vielen Fällen keinen Anspruch auf Hinterbliebenenversorgung haben: zum einen sehen in vielen Fällen die Versorgungsordnungen der Versorgungsträger Beschränkungen der Hinterbliebenenversorgung vor. Es ist aber auch zulässig, dass der Versorgungsträger durch die Teilungsordnung die Versorgung des ausgleichsberechtigten Ehegatten auf eine reine Altersvorsorge beschränkt (→ § 11 Rn. 5 ff.).

156 Für Hinterbliebene des ausgleichspflichtigen Ehegatten wird der Versorgungsausgleich in vollem Umfang wirksam: Diese können ihre Ansprüche nur aus der durch die Teilung verminderten Versorgung des Ausgleichspflichtigen ableiten.

157 **6. Tenor.** Der Ausgleich hat in der für das jeweilige Versorgungssystem maßgeblichen Bezugsgröße zu erfolgen.

158 Deshalb können Anwartschaften auf eine betriebliche Altersvorsorge grundsätzlich durch Teilung des Deckungskapitals geteilt werden.

159 Handelt es sich um einen Fonds, war lange Zeit umstritten, ob eine Anwartschaft durch Umrechnung in ein Deckungskapital oder einen Rentenbetrag[166] oder in der Bezugsgröße geteilt werden kann, in der zugunsten eines Arbeitnehmers der Erwerb von Fondsanteilen vorgesehen ist.[167] Der BGH hat es nun gebilligt, dass ein bei einem Pensionsfonds erworbenes Anrecht durch Teilung der Fondsanteile intern geteilt wird.[168] Dies ist aber nicht zwingend. Maßgeblich sind die Regelungen in der Teilungsordnung des Versorgungsträgers. Ist nach der Teilungsordnung vorgesehen, dass auch bei einer fondsgebundenen Versorgung der Kapitalwert des Anrechts als Bezugsgröße gilt, ist dies durch das Familiengericht bei der Ausgestaltung des Tenors zu beachten.[169]

160 Handelt es sich um ein Anrecht aus der Zusatzversorgung des öffentlichen Dienstes, ist unstr., dass der Ausgleichswert im Tenor in Versorgungspunkten anzugeben ist. Str. war hier allerdings, ob Gegenstand der Teilung die Summe der in der Ehezeit durch den ausgleichspflichtigen Ehegatten erworbenen Versorgungspunkte ist,[170] oder der Barwert dieser Anwartschaft ist, der nach hälftiger Teilung anhand der für den Ausgleichspflichtigen bzw. den Ausgleichsberechtigten geltenden Barwertfaktoren in Versorgungspunkte umzurechnen ist.[171] Die zuletzt genannte Auffassung hat der BGH[172] nun bestätigt (→ § 5 Rn. 7, 44).

161 Besteht ein Anrecht auf eine betriebliche Altersversorgung aus mehreren Bausteinen, sind die jeweiligen Bausteine im Tenor gesondert auszuweisen und zu teilen.[173]

---

166 So mit Unterschieden iE OLG Stuttgart BeckRS 2014, 01860; 2014, 01861; OLG Düsseldorf NJW-RR 2011, 1378.

167 So ua OLG Zweibrücken FamRZ 2012, 1717; OLG Celle FamRZ 2013, 468; OLG Frankfurt FamRZ 2014, 761; *Wick* Versorgungsausgleich Rn. 341, 455.

168 BGH FamRZ 2015, 236 = BeckRS 2014, 22651.

169 So iE auch OLG Nürnberg NZFam 2018, 616 zur externen Teilung mit nicht vertretbarer Bewertung des Ehezeitanteils des Anrechts.

170 So OLG Frankfurt FamRZ 2014, 755; *Bergner* NZFam 2015, 289.

171 So OLG Nürnberg NJW 2015, 1695; OLG Köln NZFam 2015, 277; OLG Celle FamRZ 2014, 305; OLG Düsseldorf FamRZ 2011, 719.

172 BGH NJW-RR 2018, 1158; NJW 2017, 2547 = FamRZ 2017, 863; NZFam 2017, 396; FamRZ 2017, 870; NJW-RR 2017, 580 = FamRZ 2017, 872.

173 BGH NJW 2012, 1281; OLG Stuttgart FamRZ 2012, 711; OLG Bremen NJOZ 2011, 534; OLG Karlsruhe BeckRS 2012, 11028.

162 Für Mitarbeiter der Deutschen Post AG bestehen zusätzlich zu ihrem aktuellen Anspruch aus Direktzusagen der Deutschen Post AG ruhende Anwartschaften bei der Versorgungsanstalt der Deutschen Bundespost. Im Fall der internen Teilung ist nicht nur das aktuelle Anrecht, aus dem grundsätzlich die Versorgungsleistungen zu erbringen sind, sondern auch das ruhende Anrecht zu teilen. Dies ist im Tenor zum Ausdruck zu bringen und der Versorgungsträger des ruhenden Anrechtes zu beteiligen.[174]

163 Fraglich ist, ob dies auch auf die Stellung des Arbeitgebers im Fall der betrieblichen Altersversorgung durch eine Unterstützungskasse zu übertragen ist; denn dieser haftet im Fall der Direktzusage unmittelbar, in den anderen Durchführungswegen der betrieblichen Altersversorgung zumindest subsidiär (§ 1 Abs. 1 S. 3 BetrAVG).[175] Tatsächlich ist dies nicht erforderlich, da die Rechtsstellung des Arbeitnehmers gegenüber der Unterstützungskasse durch die Rspr. soweit verfestigt wurde, dass diese als Versorgungsträger zu erfassen ist.[176]

164 Ist ein Anrecht zur Sicherheit abgetreten, steht dies der internen Teilung nicht entgegen. In diesem Fall ist in der Beschlussformel auszusprechen, dass der Anspruch aus der Sicherungsvereinbarung auf Rückgewähr des Bezugsrechts auf beide Ehegatten als Mitgläubiger übertragen wird.[177]

165 Wird demgegenüber der künftige Anspruch auf Versorgung aus einer Anwartschaft auf eine betriebliche Altersversorgung gepfändet, ist umstritten, ob das Anrecht intern geteilt werden kann oder schuldrechtlich auszugleichen ist. Zum Teil wird vertreten, dass das Anrecht schuldrechtlich auszugleichen sei,[178] da der Schuldner aufgrund der Pfändung über dieses nicht mehr verfügen dürfe. Teilweise wird allerdings auch für diesen Fall in entsprechender Anwendung der Entscheidung des BGH zur Sicherungsabtretung die interne Teilung für zulässig gehalten.[179] Diese Ansicht erscheint überzeugend, da die Pfändung nichts daran ändert, dass das Anrecht vorbehaltlich der Verwertung dem in der Ehezeit erworbenen Vorsorgevermögen des Schuldners zugeordnet bleibt und lediglich den sich aus dem Pfändungs- und Überweisungsbeschluss ergebenden Beschränkungen unterliegt.

166 Hierfür ist der folgende Tenor entwickelt worden:[180]

Im Wege der internen Teilung wird zu Lasten des Anrechts des Antragsgegners bei der A.L. … (Vers. Nr. …) zugunsten der Antragstellerin ein Anrecht in Höhe von 5.210,60 EUR nach Maßgabe der Teilungsordnung der A.L. … -AG in der Fassung vom 1.12.2012 sowie nach Maßgabe des Tarifs …, bezogen auf den 31.3.2016, übertragen. Die Übertragung erfolgt mit allen sich aus den Pfändungs- und Überweisungsbeschlüssen des Amtsgerichts Fürth vom 2.11.2016, Az. 751 M … und 29.3.2017, Az. 751 M … ergebenden Beschränkungen.

167 Wird nach Ende der Ehezeit über das Vermögen des ausgleichspflichtigen Ehegatten das Insolvenzverfahren eröffnet, steht dies der internen Teilung von Anwartschaften auf eine betriebliche Altersversorgung auch dann nicht entgegen, wenn diese auf eine Kapitalzahlung gerichtet ist; denn das Stammrecht ist grundsätzlich unpfändbar und daher nicht vom Insolvenzbeschlag erfasst.[181]

168 Der **Tenor einer Entscheidung** über den Ausgleich einer betrieblichen Altersversorgung nach § 10 könnte wie folgt lauten (→ Rn. 5 mwN):

„Im Weg der internen Teilung wird zu Lasten des Anrechts des Antragstellers bei der X-AG – Personal-Nr. … – auf eine betriebliche Altersversorgung nach … (genaue Bezeichnung des Anrechts)[182] auf die Antragsgegnerin von dem Deckungskapital dieses Anrechts … ein Betrag in Höhe von … EUR zur Begründung eines Anrechts auf Alterssicherung) nach Maßgabe der Teilungsordnung der X-AG in der Fassung vom … bezogen auf den … (Ende der Ehezeit) übertragen."

169 Ist der Ausgleichsberechtigte auch an der Entwicklung des Anrechts zwischen Ende der Ehezeit und Rechtskraft der Entscheidung zu beteiligen und enthält die Teilungsordnung dafür keine (wirksame) Regelung, können die Worte „nach Maßgabe der Teilungsordnung …" gestrichen und der Tenor um folgenden Zusatz ergänzt werden, wobei für das Beispiel als Ende der Ehezeit vom 31.10.2015 ausgegangen wird:[183]

„Die Teilung erfolgt auf der Grundlage der Teilungsordnung der X-AG vom … mit der Maßgabe,[184] dass

174 BGH NZFam 2015, 63 = FamRZ 2015, 234.
175 Vgl. hierzu *Norpoth* NZFam 2015, 448 mit Vorschlägen zur Tenorierung.
176 BGH NJW 2016, 1728 = FamRZ 2016, 775.
177 BGH NJW 2013, 3173 = FamRZ 2013, 1715.
178 OLG Stuttgart FamRZ 2014, 391; *Borth* FamRZ 2014, 393.
179 *Ruland* FamFR 2013, 562; OLG Nürnberg NJW 2017, 3606 = FamRZ 2018, 336.
180 OLG Nürnberg NJW 2017, 3606 = FamRZ 2018, 336.
181 OLG Brandenburg NJW-RR 2015, 386.
182 Vgl. zum Tenor BGH NJW 2011, 1139; zuvor OLG Celle FamRZ 2010, 379.
183 Vgl. BGH FamRZ 2015, 1869; OLG Frankfurt FamRZ 2018, 96.
184 Tenorierungsvorschlag gem. OLG Frankfurt FamRZ 2018, 96.

- Die Umrechnung des Ausgleichswerts in einen Versorgungsbaustein der Antragstellerin gemäß Ziffer 5.2.1 in Verbindung mit Ziffer 2.3.1.3. der Teilungsordnung erfolgt unter Verwendung eines Rechnungszinses von 4,00 Prozent p.a. und der für die Ermittlung des Ausgleichswerts herangezogenen Sterbe- bzw. Richttafeln.
- Der Ausgleichswert vor der Umrechnung in einen Versorgungsbaustein der Antragstellerin für den Zeitraum vom 1.11.2015 bis zum Eintritt der Rechtskraft der Entscheidung mit einem Zinssatz von 4,00 % p.a. aufgezinst wird.
- Der Ausgleichswert vor der Umrechnung in einen Versorgungsbaustein der Antragstellerin um die auf ihn entfallenden biometrischen Gewinne bzw. Verluste des auszugleichenden Anrechts des Antragsgegners im Zeitraum vom 1.11.2015 bis zum Eintritt der Rechtskraft der Entscheidung erhöht bzw. gemindert wird.
- Die Begründung des Anrechts der Antragstellerin erfolgt mit Wirkung ab dem Eintritt der Rechtskraft vorliegender Entscheidung.

170 Handelt es sich um ein fondsgebundenes Anrecht, das in der Bezugsgröße Fondsanteile geteilt wird, könnte der Tenor lauten:

„Im Wege der internen Teilung wird zu Lasten des für die Antragsgegnerin beim Telekom Pensionsfonds a.G. gemäß Pensionsplan 2001 (Stand: 11/2009) bestehenden Anrechts (Vorsorgedepot Nr. …) zugunsten des Antragstellers ein auf den 31.8.2011 bezogenes Anrecht in Höhe von 13,3874 Fondsanteilen der Abteilung A nach Maßgabe der Teilungsordnung zum Pensionsplan 2001 (Stand: 27.7.2011) bei Teilungskosten in Höhe von 200 EUR übertragen."[185]

171 Handelt es sich um ein Anrecht in der Leistungsphase, ergibt sich grundsätzlich nur aus den Gründen, dass der zeitnah zur Entscheidung ermittelte Bar- bzw. Kapitalwert geteilt wurde. Dies kann und muss allerdings durch eine modifizierte Bezugnahme auf das Ehezeitende verdeutlicht werden, um eine doppelte Dynamisierung des Anrechts zwischen Ehezeitende und Rechtskraft der Entscheidung zu vermeiden:[186]

Im Weg der internen Teilung wird zulasten des für den Antragsteller bei der X-AG – Personal-Nr. … – bestehenden Anrechts auf eine betriebliche Altersversorgung gem. … (genaue Bezeichnung der Versorgung) auf die Antragsgegnerin von dem Deckungskapital dieses Anrechts ein Betrag in Höhe von … EUR, bezogen auf den … (entscheidungsnaher Zeitpunkt) … zur Begründung eines Anrechts auf Alterssicherung übertragen.
Die Teilung erfolgt auf der Grundlage der Teilungsordnung des … (Versorgungsträger) vom … (Datum der aktuellen Teilungsordnung) mit der Maßgabe,
dass Wertänderungen zwischen dem Ende der Ehezeit und der Rechtskraft der Entscheidung berücksichtigt werden, soweit sie auf den Ausgleichswert entfallen,
… (s.o.).

## XIII. Interne Teilung von Anrechten aus Privatversicherungen

172 Für den Ausgleich von in der Privatversicherung erworbenen Anrechten gelten die Ausführungen zur internen Teilung von Anrechten der betrieblichen Altersversorgung, die in einem versicherungsförmigen Durchführungsweg erworben wurden, entsprechend. Ist das Anrecht sicherungsübereignet oder gepfändet, steht dies der internen Teilung nicht entgegen (→ § 2 Rn. 15–17). Maßgeblich sind für den Ausgleich auch diesbezüglich die jeweiligen Regelungen des Versorgungsträgers über das auszugleichende Anrecht und die Durchführung der Teilung (§ 10 Abs. 3). Die Teilungsordnungen sehen nahezu ausnahmslos vor, dass der Rückkaufswert des Ehezeitanteils der Versorgung ohne Stornoabzug bzw. das Deckungskapital bezogen auf das Ehezeitende hälftig geteilt wird.[187] Diese Form der Teilung ist für den Versorgungsträger aufwandsneutral, führt aber dazu, dass bezogen auf den hälftig geteilten Ehezeitanteil Ausgleichsberechtigter und Ausgleichspflichtiger unterschiedlich hohe Renten erhalten werden. Im Fall einer fondsgebundenen Rentenversicherung können auch Fondsanteile geteilt werden (→ Rn. 131, 159). Die Bewertung des Ehezeitanteils einer Anwartschaft richtet sich nach § 46. Auch im Bereich der Privatversicherung muss sich die Ausgleichsregelung zudem an § 11 messen lassen. Erfüllen die Versorgungsregelungen die Anforderungen nicht, so gelten die Grundsätze, wie sie in → § 11 Rn. 29 dargelegt werden. Die Teilungsordnung der meisten Versicherer sieht vor, dass für den Ausgleichsberechtigten bei Rechtskraft der Entscheidung ein Anrecht in Höhe des Ausgleichswerts begründet wird. Auch hier ist sicher zu stellen, dass der Ausgleichsberechtigte an der Wertentwicklung des Anrechts zwischen dem Ende der Ehezeit und der Rechtskraft der Entscheidung teil hat (→ Rn. 120 ff.). In dieser Hinsicht ist zwischen der Entwicklung des Anrechts aufgrund der biometrischen Risiken und der Aufzinsung sowie der Beteiligung an den noch nicht zugeteilten (Schluss-)überschussanteilen und den Bewertungsreserven zu unterscheiden. Letztere sind dem Anrecht des Ausgleichsberechtigten zuzuordnen,

---

185 Vgl. BGH NZFam 2014, 1040.
186 BGH NJW 2018, 3176; BeckRS 2018, 31078 = FamRZ 2019, 190.
187 *Ruland* Versorgungsausgleich Rn. 697.

soweit sie auf die Zeit ab Ende der Ehezeit entfallen, aber nicht zu verzinsen, da sie keiner regelmäßigen Verzinsung unterliegen, sondern insoweit eher Fondsanteilen vergleichbar sind.[188] Weiterhin ist typischerweise vorgesehen, dass für die Einrichtung des Anrechts die bei Rechtskraft der Entscheidung gültigen allgemeinen Berechnungsgrundlagen zur Anwendung kommen. Hier ist darauf zu achten, dass der Garantiezins, der für den zu teilenden Vertrag gilt, auch für das übertragene Anrecht zu Anwendung kommt (→ Rn. 130). Schließlich ist darauf zu achten, dass der Ausgleichsberechtigte in gleicher Weise wie der Ausgleichspflichtige ab Rechtskraft der Entscheidung an den (Schluss-)überschussanteilen und den Bewertungsreserven beteiligt wird.

## § 11 Anforderungen an die interne Teilung

**(1) [1]Die interne Teilung muss die gleichwertige Teilhabe der Ehegatten an den in der Ehezeit erworbenen Anrechten sicherstellen. [2]Dies ist gewährleistet, wenn im Vergleich zum Anrecht der ausgleichspflichtigen Person**
**1. für die ausgleichsberechtigte Person ein eigenständiges und entsprechend gesichertes Anrecht übertragen wird,**
**2. ein Anrecht in Höhe des Ausgleichswerts mit vergleichbarer Wertentwicklung entsteht und**
**3. der gleiche Risikoschutz gewährt wird; der Versorgungsträger kann den Risikoschutz auf eine Altersversorgung beschränken, wenn er für das nicht abgesicherte Risiko einen zusätzlichen Ausgleich bei der Altersversorgung schafft.**

**(2) Für das Anrecht der ausgleichsberechtigten Person gelten die Regelungen über das Anrecht der ausgleichspflichtigen Person entsprechend, soweit nicht besondere Regelungen für den Versorgungsausgleich bestehen.**

**Schrifttum:** S. § 1587 BGB.

**Übersicht**



### I. Normzweck

1 Während § 10 Abs. 3 für die interne Teilung den Grundsatz der Maßgeblichkeit der Regelungen über das auszugleichende und das zu übertragende Anrecht normiert, bestimmt **§ 11 Abs. 1 S. 1** den **Grundsatz der gleichwertigen Teilhabe** der Ehegatten an den in der Ehezeit erworbenen Anrechten. **S. 2** konkretisiert diesen Grundsatz; dort werden in den Nr. 1–3 die **Mindestanforderungen** genannt, denen die **untergesetzlichen Regelungen** iSv § 10 Abs. 3 genügen müssen. Auf gesetzliche Bestimmungen ist § 11 dagegen nicht anzuwenden (→ Rn. 3). Zweck von Abs. 1 ist es zum einen, dem **Gericht** einen **Maßstab** zu geben, nach dem es prüfen kann, ob die anzuwendenden untergesetzlichen Regelungen einen gerechten und gleichwertigen Versorgungsausgleich im Wege des internen Ausgleichs gewährleisten. In der Sache enthält Abs. 1 aber zugleich einen **Regelungsauftrag an die Versorgungsträger,** Bestimmungen über die interne Teilung von Anrechten

188 OLG Frankfurt FamRZ 2017, 881 = BeckRS 016, 110806 für den insoweit parallel gelagerten Fall der externen Teilung.

zu treffen, soweit sie noch nicht vorliegen.[1] Der Gesetzgeber hat zu Recht davon abgesehen, über § 11 hinaus selbst Regelungen für die Teilung von Anrechten aufzustellen, da diese notwendig sehr allgemein gehalten wären, oder aber angesichts der Vielfalt der einzelnen Versorgungen eine solche Regelung mit einem großen und fehleranfälligen Aufwand verbunden wäre und zudem die jeweiligen Versorgungssysteme ggf. unnötig einengen würde.[2]

2 Abs. 2 regelt den Fall, dass bezüglich des zu begründende Anrechts der ausgleichsberechtigten Person keine besonderen Regelungen bestehen. Vor allem kleinere Versorgungsträger, die für einen Gesellschafter-Geschäftsführer eine Versorgungszusage vorsehen, haben häufig keine Regelungen zur Durchführung des Versorgungsausgleichs aufgestellt. Es gelten dann die Regelungen über das Anrecht der ausgleichspflichtigen Person (→ Rn. 26 f.). Die Regelung des Abs. 2 stellt sich damit als **Auffangtatbestand** dar, der systemgerecht nicht staatliches Recht setzt, sondern sich private Rechtsordnungen nutzbar macht.[3] Diese Vorschrift ist auch anzuwenden, wenn die untergesetzlichen Vorschriften des Versorgungsträgers über die interne Teilung nicht den Vorgaben von § 11 Abs. 1 entsprechen und deshalb gem. § 134 BGB nichtig sind.[4]

## II. Anwendungsbereich

3 § 11 gilt insbesondere für Versorgungsträger, die ihre **Versorgungsordnungen** kraft **Satzungsautonomie** (so zB berufsständische Versorgungswerke; Zusatzversorgung des öffentlichen Dienstes) regeln oder auf **kollektiv- oder privatvertraglicher Basis** handeln (so zB betriebliche oder private Versorgungsträger).[5] Hier greift das **Prüfungsrecht und die -pflicht des Familiengerichts,** das sich mit den nach § 220 FamFG von den Versorgungsträgern zu erteilenden Versorgungsauskünften die jeweiligen **Versorgungsregelungen vorlegen** lassen wird.[6] Nach anderer Auffassung soll dem Familiengericht demgegenüber keine Prüfungskompetenz hinsichtlich der Satzungen berufsständischer Versorgungswerke zustehen, da diese aufsichtsrechtlich überprüft würden, sowie hinsichtlich betrieblicher Versorgungsordnungen, da diese gem. § 12 angemessen seien, wenn sie mit dem BetrAVG übereinstimmen.[7] Diese Auffassung ist unzutreffend: Die verwaltungsrechtliche Prüfung der Satzung einer berufsständischen Versorgungseinrichtung hat für das Familiengericht keine Bindungswirkung. Bindungswirkung kann allenfalls eine gerichtliche Entscheidung haben, die ergeht, wenn einer der Beteiligten die Satzung einer fachgerichtlichen Überprüfung unterzieht. Außerdem dient die aufsichtsrechtliche Kontrolle durch die BAFin dazu, die Zahlungsfähigkeit der Versorgungsträger zu gewährleisten. Die Angemessenheit von Versorgungsregelungen in Bezug auf den Versorgungsausgleich ist dagegen von dem aufsichtsrechtlichen Prüfungsmaßstab nicht umfasst. Der aufsichtsrechtlichen Genehmigung kommt daher allenfalls indizielle Bedeutung für die Angemessenheit zu.[8] Weiterhin kann auch eine Teilungsordnung, die Bestandteil einer betrieblichen Versorgungsordnung ist, der Prüfung durch das Familiengericht nicht entzogen sein – mag sie auch unter arbeitsrechtlichen Gesichtspunkten unbedenklich sein. Dies ergibt sich schon daraus, dass die Situation eines Arbeitnehmers nicht mit der Situation des ausgleichsberechtigten Ehegatten vergleichbar ist. Gem. § 4 Abs. 2 BetrAVG kann die Anwartschaft eines Arbeitnehmers auf einen neuen Arbeitgeber nur übertragen werden, wenn dieser damit einverstanden ist. Dies setzt unter anderem voraus, dass sie angemessen bewertet wurde. Demgegenüber ist die Teilung und Übertragung der Anwartschaft im Rahmen des Versorgungsausgleichs für die Beteiligten verpflichtend.

4 Nicht anwendbar sind die Regelungen auf **gesetzliche Bestimmungen** über den Versorgungsausgleich wie zB die interne Teilung von Beamtenversorgungen nach dem – mit dem VersAusglG in Kraft getretenen – Gesetz über die interne Teilung beamtenversorgungsrechtlicher Ansprüche von Bundesbeamtinnen und Bundesbeamten im Versorgungsausgleich vom 3.4.2009 (**Bundesversorgungsteilungsgesetz, BVersTG,** Art. 5 VAStrRefG, → § 10 Rn. 50 ff.) oder auf die leistungsrechtlichen Bestimmungen zur Umsetzung des Versorgungsausgleichs in der gesetzlichen Rentenversicherung **(SGB VI).** Diese müssen ohnehin den verfassungsrechtlichen Maßgaben für eine angemessene Teilhabe entsprechen.[9] Das Familiengericht hat insoweit zwar eine **Prüfungskompe-**

---

[1] BT-Drs. 16/10144, 55.
[2] BT-Drs. 16/10144, 55.
[3] BT-Drs. 16 710 144, 55 mit Verweis auf *Bachmann,* Private Ordnung: Grundlagen ziviler Regelsetzung, 2006, 359 ff., 375 f.
[4] NK-BGB/*Götsche* Rn. 2.
[5] HK-FamR/*Hauß* § 11 Rn. 1.
[6] Vgl. zur Notwendigkeit, die jeweilige Versorgungsordnung im Tenor der Entscheidung zu nennen, wenn es sich nicht um eine gesetzlich normierte handelt, BGH NJW 2011, 1139.
[7] Soergel/*Häußermann* Rn. 2.
[8] NK-BGB/*Götsche* Rn. 5.
[9] BT-Drs. 16/10144, 55; Erman/*Norpoth/Sasse* Rn. 1.

**tenz,** die sich sowohl auf die formelle wie die materielle Wirksamkeit der anzuwendenden gesetzlichen Bestimmungen bezieht. Es hat auch die Kompetenz, die Gültigkeit der gesetzlichen Normen – entweder ausdrücklich oder inzidenter durch Anwendung der Normen – zu bejahen. Es hat aber nicht die Befugnis, eine für verfassungswidrig erkannte gesetzliche Bestimmung nicht anzuwenden **(Verwerfungskompetenz).**[10] Das Entscheidungsmonopol liegt insoweit beim BVerfG, insbesondere wenn eine Grundgesetzwidrigkeit in Rede steht, bei den Landesverfassungsgerichten, wenn es um eine Verletzung der Landesverfassung geht (Art. 100 Abs. 1 S. 1 GG). Das Familiengericht kann daher im Falle der Annahme etwa einer Verfassungswidrigkeit wegen Grundgesetzwidrigkeit die Entscheidung in der Versorgungausgleichssache nur aussetzen und die Frage der Gültigkeit der Norm dem BVerfG zur Entscheidung vorlegen.[11]

### III. Sicherstellung gleichwertiger Teilhabe der Ehegatten (Abs. 1)

**1. Gleichwertige Teilhabe (Abs. 1 S. 1).** Nach Abs. 1 S. 1 muss die interne Teilung die gleichwertige Teilhabe der Ehegatten an den in der Ehezeit erworbenen Anrechten sicherstellen. Der Gesetzgeber geht damit vom **Grundsatz der Gestaltungsfreiheit** aus,[12] nennt aber in S. 1 wie auch konkreter in S. 2 **Kriterien, die zu wahren sind.** Mit S. 1 wird zum einen nochmals der **Halbteilungsgrundsatz** (§ 1 Abs. 1) aufgenommen, zum anderen klargestellt, dass es nicht um gleiche Teilhabe im Sinne einer weitestgehenden Identität der auszugleichenden und der zu begründenden Anrechte geht, sondern um eine **gleichwertige Teilhabe.**[13] Damit wird der nötige Gestaltungsspielraum beschrieben, den der Gesetzgeber den Versorgungsträgern bei der Ausgestaltung der untergesetzlichen Versorgungsregelungen wie Satzungen, Betriebsvereinbarungen, Einzelzusagen, Tarifverträgen oder Geschäftsplänen zubilligen will (→ Rn. 1). Schließlich wird nochmals herausgestellt, dass es allein um den Ausgleich der in der Ehezeit erworbenen Anrechte geht und gehen darf (§ 1 Abs. 1). 5

**2. Kriterien einer gleichwertigen Teilhabe (Abs. 1 S. 2).** Die in Abs. 1 S. 2 aufgeführten Kriterien normieren den Kernbestand, der eine gleichwertige Teilhabe bei der internen Teilung gewährleistet. Die Gleichwertigkeit ist gewährleistet, wenn im Vergleich zum Anrecht der ausgleichspflichtigen Person für den Berechtigten ein eigenständiges und entsprechend gesichertes Anrecht in Höhe des Ausgleichswerts mit vergleichbarer Wertentwicklung und grundsätzlich gleichem Risikoschutz übertragen wird.[14] Damit werden die **Mindestanforderungen** kodifiziert, die von der Rspr. – insbesondere vom BGH – zur **früheren Praxis der Realteilung** entwickelt worden sind.[15] In diesem Rahmen können die Versorgungsträger den eigenen Belangen gerecht werdende Regelungen entwickeln, die auch ihre Kosten iSv § 13 (→ § 13 Rn. 1 ff.) berücksichtigen. Sie können sich bei der eigenen Gestaltung der Ausgleichsregelungen an den in Abs. 2 S. 1 und 2 genannten Kriterien orientieren.[16] 6

Eine an versicherungsmathematischen Kriterien orientierte Durchführung der Teilung entspricht der Wahrung des Halbteilungsgrundsatzes. Sie kann in den Fällen der Unterhaltspflicht des ausgleichspflichtigen Ehegatten, der Invalidität, des vorzeitigen Rentenbezugs des Ausgleichspflichtigen und des Vorversterbens des Ausgleichsberechtigten zu Ergebnissen führen, die von den Beteiligten als hart empfunden werden. Eine Anpassung in diesen Fällen ist aber nur für die Anrechte gem. § 32 vorgesehen. Im Übrigen ist es Sache der Ehegatten, durch geeignete Vereinbarungen (§§ 6–8) nicht gewünschte Härten des Versorgungsausgleichs zu vermeiden. In extremen Fällen kann eine Korrektur gem. § 27 veranlasst sein (für Fälle der Invalidität → § 27 Rn. 27). 7

**3. Kriterium der Eigenständigkeit des zu übertragenden Anrechts (Abs. 1 S. 2 Nr. 1).** 8
Nach S. 2 Nr. 1 muss das für die ausgleichsberechtigte Person zu begründende Anrecht ein eigenständiges Anrecht darstellen. Das bedeutet, dass die ausgleichsberechtigte Person einen **selbständigen Anspruch** gegen den Versorgungsträger der ausgleichpflichtigen Person erlangt, der nicht an die Person des Ausgleichpflichtigen gebunden ist, also nicht etwa mit dessen Tod vermindert wird oder gar erlischt.[17] Daher reicht eine Regelung nicht, die lediglich eine Abtretung des Rechts des Aus-

---

10 Vgl. ua Maunz/Dürig/*Maunz* GG Art. 100 Rn. 1 ff.; v. Mangoldt/Klein/Starck/*Sieckmann* GG Art. 100 Rn. 7 f.; Sachs/*Sturm* GG Art. 100 Rn. 2.

11 NK-BGB/*Götsche* Rn. 6.

12 *Borth* Versorgungsausgleich Kap. 3 Rn. 31.

13 jurisPK-BGB/*Breuers* Rn. 6.

14 BGH NJW 2011, 1139.

15 Vgl. ua → 5. Aufl. 2009, VAHRG § 1 Rn. 48 ff. *(Gräper).*

16 BT-Drs. 16/710 144, 55 f.; vgl. zur Gestaltung bzw. Vorgehensweise auch *Wilhelm* BetrAV 2008, 735 (736).

17 BGH NJW-RR 1989, 1026 (1028) = FamRZ 1989, 951 (953) mAnm *Held* FamRZ 1989, 1281 ff.

gleichspflichtigen vorsieht.[18] Ist der Ausgleichsberechtigte Arbeitnehmer des Versorgungsträgers, so ist der Anspruch gegen den Versorgungsträger versorgungsrechtlicher, nicht arbeitsrechtlicher Art. Bezüglich auszugleichender Anrechte, für die das Betriebsrentengesetz gilt, stellt § 12 ausdrücklich klar, dass die ausgleichsberechtigte Person mit der Übertragung des Anrechts die Stellung eines ausgeschiedenen Arbeitnehmers iSd Betriebsrentengesetzes erlangt (→ § 12 Rn. 1 ff.). Bei privaten Lebensversicherungen und bei Direktversicherungen der betrieblichen Altersversorgung muss die ausgleichsberechtigte Person **selbst versicherte Person** sein,[19] ein unwiderrufliches Bezugsrecht reicht nicht.[20]

9 Handelt es sich um ein (zur Sicherheit) abgetretenes Anrecht, erhält die ausgleichsberechtigte Person nur dann ein eigenständiges Anrecht, wenn sie Mitgläubigerin hinsichtlich des Anspruchs auf Rückübertragung wird.[21] Dies ist im Tenor auszusprechen.[22] Demgegenüber ist bei gepfändeten Anrechten eine entsprechende Ergänzung des Tenors nicht erforderlich, da die Aufhebung des Pfändungs- und Überweisungsbeschlusses lediglich die mit der Pfändung verbundenen Beschränkungen entfallen lässt, nicht aber dazu führt, dass der Ausgleichspflichtige eine mit der Teilung des Anrechts nicht vereinbare Rechtsmacht erlangt.

10 Hat der Ausgleichspflichtige in der Ehezeit ein weiteres Anrecht erworben, aus dem aber nur subsidiär Leistungen zu erbringen sind, ist auch dieses Anrecht zu teilen und dem ausgleichsberechtigten Ehegatten ein entsprechendes Anrecht zu übertragen.[23]

11 Schließlich bedeutet der Grundsatz der internen Teilung, dass zugunsten des Ausgleichsberechtigten bei dem Versorgungsträger des ausgleichspflichtigen Ehegatten und nicht bei einem Dritten ein Anrecht zu begründen ist.[24]

12 **4. Kriterium der entsprechenden Sicherung (Abs. 1 S. 2 Nr. 1).** Nach S. 2 Nr. 1 muss das für die auszugleichende Person zu begründende Anrecht zudem entsprechend dem auszugleichenden Anrecht gesichert sein. Das ist in der Regel kein Problem, weil die meisten Versorgungssysteme **Sicherungsmechanismen** kennen, die für das übertragene Anrecht dieselbe Sicherheit bieten wie für das auszugleichende Anrecht. So gilt für betriebliche Anrechte wegen § 12 die **Insolvenzsicherung** nach §§ 7 ff. BetrAVG auch für die ausgleichsberechtigte Person; bezüglich privater Versorgungen greifen nach Durchführung der internen Teilung die Schutzmechanismen des **Versicherungsaufsichtsrechts** auch für den Ausgleichsberechtigten.[25]

13 Praktische Bedeutung kann die Frage der entsprechenden Sicherung bei betrieblichen Altersversorgungen erlangen, wenn etwa eine GmbH ihrem geschäftsführenden Alleingesellschafter eine Rente verspricht. Für Versorgungen dieser Art ist das Betriebsrentengesetz im Allgemeinen nicht anwendbar, wenn nicht ausnahmsweise § 17 BetrAVG greift.[26] Anrechte dieser Art sind insbesondere nicht zwingend gegen Insolvenz gesichert. Das hindert die interne Teilung aber nicht, denn Nr. 1 fordert nur eine entsprechende Sicherung, keine Besserstellung des Ausgleichsberechtigten; der Ausgleichsberechtigte trägt also in diesem Fall die Risiken, die auch der Ausgleichspflichtige zu tragen hat. Ist die Versorgung allerdings – etwa über eine von der GmbH abgeschlossene Lebensversicherung – rückgedeckt, so ist dem Ausgleichsberechtigten im Rahmen der internen Teilung eine entsprechende Sicherung zu verschaffen.[27] Dies ist nur erforderlich, wenn der Anspruch des Versorgungsträgers gegen die Rückdeckungsversicherung an den Geschäftsführer – wie meistens – verpfändet ist; denn nur dann trägt dieser im Umfang der Verpfändung das Risiko der Insolvenz des Versorgungsträgers nicht. Überwiegend sind Versorgungszusagen nur teilweise rückgedeckt. Dann muss auch für den Ausgleichsberechtigten nur ein teilweiser Insolvenzschutz vorgesehen werden. Wie dieser zu berechnen ist (sachgerecht ist es, die Quote heranzuziehen, die auch für die Zusage des Ausgleichspflichtigen gilt) und wie diese Sicherung im Tenor zum Ausdruck zu bringen ist, ist allerdings umstritten. Zum Teil wird vertreten, dass dem Ausgleichswert die Rückdeckungsversicherung in demselben Umfang zuzuordnen sei, wie sie auch das Anrecht des Ausgleichspflichtigen absichere. Sei der Anspruch aus der Rückdeckungsversicherung verpfändet, sei auch das Pfandrecht entsprechend dem Ausgleichswert zuzuordnen.[28] Dies ist aber problematisch. Vor allem deckt die

---

[18] BGH FamRZ 1985, 799 (800) betr. Norddeutsche Kraftwerke AG.
[19] BT-Drs. 16/710 144, 56 unter Hinweis auf *Frels* VersR 1983, 112 ff.; Johannsen/Henrich/*Holzwarth* Rn. 6.
[20] Johannsen/Henrich/*Holzwarth* Rn. 6 mwN.
[21] BGH NJW 2013, 3173; OLG Hamm NJW-RR 2014, 900; Johannsen/Henrich/*Holzwarth* Rn. 6.
[22] BGH NJW 2013, 3173; FamRZ 2014, 635.
[23] BGH NZFam 2015, 63 = FamRZ 2015, 234.
[24] HK-VersAusglR/*Götsche* Rn. 12.
[25] BT-Drs. 16/10144, 56; *Kirchmeier* VersR 2009, 1581; Johannsen/Henrich/*Holzwarth* Rn. 7.
[26] BT-Drs. 16/10144, 56; *Glockner/Uebelhack,* Die betriebliche Altersversorgung im Versorgungsausgleich, 1989, Rn. 84a.
[27] BT-Drs. 16/10144, 56; Johannsen/Henrich/*Holzwarth* Rn. 7.
[28] OLG Stuttgart FamRZ 2017, 1923 = NZFam 2017, 835; OLG Hamm FamRZ 2016, 139 = BeckRS 2015, 16343.

Rückdeckungsversicherung finanziell das Risiko ab, dass der Versorgungsträger bei Eintritt des Versorgungsfalls des Ausgleichspflichtigen die Leistungen erbringt. Demgegenüber ist für den Ausgleichsberechtigten eine Absicherung erforderlich, die gewährleistet, dass der Versorgungsträger die dem Ausgleichswert (ggf. teilweise) entsprechende Versorgungsleistung erbringt, wenn in der Person des Ausgleichsberechtigten der Versorgungsfall eintreten sollte. Daher wäre in geeigneten Fällen daran zu denken, dass der Versorgungsträger in dem Ausgleichswert entsprechenden Umfang die Rückdeckungsversicherung zurückkauft und daraus eine Rückdeckungsversicherung zur Abdeckung des Risikos der Versorgung des Ausgleichsberechtigten erwirbt und die entsprechenden Anrechte an diesen verpfändet. Allerdings wird dies zu keinem befriedigenden Schutz führen, wenn der Ausgleichsberechtigte schon älter ist. Vorzuziehen ist es deshalb, einfach zu tenorieren, dass das Anrecht des Ausgleichsberechtigten entsprechend dem Anrecht des Ausgleichspflichtigen gegen das Risiko der Insolvenz des Versorgungsträgers zu sichern ist.[29] Keinesfalls darf das Kapital oder die Versicherungszusage der Rückdeckungsversicherung geteilt werden, da diese nicht Versorgungsträger ist.[30]

**5. Kriterium des entsprechenden Ausgleichswerts (Abs. 1 S. 2 Nr. 2 Alt. 1).** Nr. 2 bestimmt zunächst, dass das zu übertragende Anrecht nach der internen Teilung dem beim Ausgleichspflichtigen verbleibenden Anrecht hinsichtlich des **Ausgleichswerts** entsprechen muss. Dem Versorgungsträger stehen dafür drei **Berechnungsmöglichkeiten** zur Verfügung, die zu unterschiedlichen Ergebnissen führen:[31] 14

**Berechnungsmöglichkeit 1:**
Die Teilung erfolgt auf der Grundlage des Ausgleichswerts in Form des **Deckungskapitals.** Dieses wird so geteilt, dass sich für beide Ehegatten die **gleiche Rente** ergibt. Da sich das für eine solche Rente zu entnehmende Kapital nach den individuellen Verhältnissen der zu versichernden Person richtet (Alter und Geschlecht), kann die Methode dazu führen, dass der Ausgleichspflichtige mehr als die Hälfte des in der Ehezeit gebildeten Deckungskapitals abgeben muss.[32] Der BGH hat nun zu erkennen gegeben, dass diese Form der Teilung für Anrechte der betrieblichen Altersversorgung mit § 45 nicht vereinbar sei.[33]

**Berechnungsmöglichkeit 2:**
Die Teilung erfolgt in Höhe der **nominellen Hälfte der ehezeitlichen Rentenbeträge oder Bezugsgrößen.** Da sich das dafür aufzubringende Kapital nach den individuellen Verhältnissen richtet (vgl. Beispiel 1), führt diese Methode in der Regel dazu, dass der Versorgungsträger für die Übertragung des Anrechts in Höhe des Ausgleichswerts einen Kapitalbetrag aufzuwenden hat, der die Hälfte des in der Ehezeit gebildeten Deckungskapitals übersteigt (va dann, wenn der Ausgleichsberechtigte älter als der Ausgleichspflichtige ist) oder der hinter der Hälfte des in der Ehezeit gebildeten Deckungskapitals zurückbleibt (vor allem wenn er jünger ist)[34] Ein für den Versorgungsträger aufwandsneutrales Ergebnis lässt sich in diesem Verfahren also nicht realisieren.

**Berechnungsmöglichkeit 3:**
Die **Teilung** erfolgt in **Höhe der Hälfte des Deckungskapitals.** Entsprechend den individuellen Verhältnissen (ua Alter und Geschlecht) können sich daraus für die Ehegatten Anrechte auf eine **unterschiedlich hohe Versorgung bei gleichem Kapitalwert** ergeben. Dennoch ist diese Methode vorzuziehen, weil sie dem wirklichen Wert des auszugleichenden Anrechts Rechnung trägt.[35] Auch behält der Ausgleichspflichtige in jedem Fall die Hälfte des Werts des auszugleichenden Anrechts. Diese Berechnungsmethode ist auch zulässig für die Teilung von Anwartschaften auf eine Versorgung aus der Zusatzversorgung des öffentlichen

---

29 Vgl. Förster/Cisch/Karst/*Hufer* Versorgungsausgleich Rn. 23.

30 Bedenklich daher die Lösung in *Hauß/Bührer,* Versorgungsausgleich und Verfahren in der Praxis, 2. Aufl. 2014, Rn. 374 Variante 1.

31 BT-Drs. 16/10144, 56; OLG Düsseldorf BeckRS 2014, 09397; OLG Düsseldorf FamRZ 2011, 719; OLG Brandenburg FamRZ 2012, 555; vgl. auch OLG Celle FamRZ 2011, 723 (726) zur Teilungsordnung der kirchlichen Zusatzversorgungskasse des Verbandes der Diözesen Deutschlands (KZVK); vgl. dazu auch Johannsen/Henrich/*Holzwarth* Rn. 9–11; *Ruland* Versorgungsausgleich Rn. 671 ff.; *Wick* FuR 2009, 482 (484); krit. *Häußermann* FuR 2009, 223 (224).

32 OLG Frankfurt FamRZ 1989, 70; OLG Celle FamRZ 1985, 939; OLG München FamRZ 1991, 576; OLG Braunschweig OLGR 1999, 238; vgl. auch *Ruland* Versorgungsausgleich Rn. 671.

33 BGH NJW-RR 2018, 1158.

34 Vgl. BT-Drs. 16/10144, 56; *Ruland* Versorgungsausgleich Rn. 671; Johannsen/Henrich/*Holzwarth* Rn. 10.

35 So OLG Karlsruhe OLGR 2005, 540; OLG Nürnberg NJW-RR 1989, 773 (774); FamRZ 2005, 1486; OLG Bamberg FamRZ 1985, 942 (943); OLG Celle FamRZ 1985, 939 (942); so auch Johannsen/Henrich/*Holzwarth* Rn. 9; HK-VersAusglR/*Götsche* Rn. 19; vgl. zur entsprechenden Regelung der Versorgungsanstalt der deutschen Bühnen OLG Brandenburg FamRZ 2012, 555 und KG FamRZ 2012, 635; OLG Düsseldorf FamRZ 2011, 1945 zu einer betrieblichen Versorgungsregelung.

Dienstes (→ § 5 Rn. 7, 44).[36] Die gegenteilige Auffassung des OLG Frankfurt[37] berücksichtigt nicht, dass der Versorgungsträger gem. § 11 Abs. 1 Nr. 2 grundsätzlich ein Ermessen hat, ob er den Kapitalwert eines Anrechts oder die in der Ehezeit erworbene Rente oder vergleichbare Bezugsgröße hälftig teilen will.

15 Problematische Ergebnisse können auftreten, wenn einer der Ehegatten bei Ehezeitende bereits invalide ist. Handelt es sich um den Ausgleichspflichtigen, kann dies dazu führen, dass sich das Deckungskapital mehr als verdoppelt;[38] denn bei Risikoversicherungen (zu denen Versicherungen zur Absicherung der Invalidität gehören) wird erst mit Eintritt der Invalidität ein eigenes Deckungskapital errechnet, aus dem diese Versorgung zu leisten ist.[39] Für den Ausgleichsberechtigten würde dies zu unangemessenen Vorteilen führen.[40] Daher ist gem. § 27 nur der Wert auszugleichen, der dem Kapitalwert der Versorgung entspricht, wenn eine Invalidität bis zum Ende der Ehezeit nicht eingetreten wäre.[41]

16 Umgekehrt kann die Rente für den Ausgleichsberechtigten sehr gering ausfallen, wenn aus dem Ausgleichswert die Erwerbsminderungsrente berechnet wird.[42] Dies Ergebnis ist aber nicht zu vermeiden, da dem Versorgungsträger aufgrund des Versorgungsausgleichs keine zusätzlichen Risiken aufgebürdet werden dürfen.

17 Gem. Abs. 1 S. 1 ist lediglich zu gewährleisten, dass für den Ausgleichsberechtigten ein Anrecht übertragen wird, das zu einer gleichwertigen Teilhabe führt. Daher soll es zulässig sein, dass ein fondsgebundenes Anrecht so geteilt wird, dass für den Ausgleichsberechtigten ein kapitalgedecktes Anrecht nach Maßgabe der allgemeinen Rechnungsgrundlagen in Form einer Rentenversicherung bei Rechtskraft der Entscheidung entsteht.[43] Gegen diese Auffassung spricht aber, dass zumindest die Wertentwicklung des fondsgebundenen Anrechts mit der Wertentwicklung einer kapitalgedeckten Rentenversicherung nicht vergleichbar ist.[44] Tatsächlich dürfte hier eine externe Teilung in dem Gewand der internen Teilung vorliegen.

18 **6. Kriterium der vergleichbaren Wertentwicklung (Abs. 1 S. 2 Nr. 2).** Nr. 2 bestimmt weiter, dass das zu übertragende Anrecht eine vergleichbare Wertentwicklung aufweisen muss. Dies betrifft die **Dynamisierung des Anrechts** und bedeutet, dass es unzulässig ist, das zu begründende Anrecht von der künftigen Anpassung im Anwartschafts- und/oder Leistungsstadium auszuschließen, wenn die am Ehezeitende gültige **Satzung** für das auszugleichende Anrecht **eine regelmäßige Anpassung vorsieht.** Das betrifft aber nicht Veränderungen von Satzungen und Bemessungsgrundlagen, die nach Ehezeitende eintreten (vgl. dazu auch § 5 Abs. 2 S. 2).[45] Ändert sich nachträglich der Garantiezins, ist dies für das durch Teilung entstehende Anrecht des ausgleichsberechtigten Ehegatten unerheblich: Die Teilungsordnung muss vorsehen, dass das für den Ausgleichsberechtigten entstehende Anrecht mit demselben Garantiezinssatz verzinst wird.[46] Diese Auffassung verstößt nicht gegen versicherungsaufsichtsrechtliche Bestimmungen; denn gem. § 2 Abs. 2 S. 2 DeckRV kann für das durch interne Teilung entstehende Anrecht auch der für den ursprünglichen, nunmehr geteilten Versicherungsvertrag geltende Garantiezins versprochen werden.[47] Allerdings ist es nicht zu beanstanden, wenn nach der Teilungsordnung für die Übergangsphase zwischen Ende der Ehezeit und Rechtskraft der Scheidung die für den ausgleichpflichtigen Ehegatten maßgeblichen biometrischen Rechnungsgrundlagen und nicht die für den ausgleichsberechtigten Ehegatten maßgeblichen Rechnungsgrundlagen heranzuziehen sind, da sonst der Grundsatz der Aufwandsneutralität beeinträchtigt würde.[48]

19 Ist bei dem Anrecht eine Rentendynamik zu berücksichtigen, muss auch für den Ausgleichsberechtigten ein Anrecht mit entsprechender Rentendynamik eingerichtet werden. Gegen diesen

---

[36] BGH NJW 2017, 2547 = FamRZ 2017, 863; OLG Nürnberg NJW 2015, 1695; OLG Köln NZFam 2015, 277; OLG Celle FamRZ 2014, 305 mit der Maßgabe, dass nur geschlechtsneutrale Barwertfaktoren verwendet werden dürften; ebenso *Bergner* NZFam 2014, 49.
[37] OLG Frankfurt FamRZ 2014, 755.
[38] *Budinger/Kratzeisen* BetrAV 2010, 612.
[39] BeckOGK/*Siede*, 1.2.2017, § 28 Rn. 2.
[40] *Ruland* Versorgungsausgleich Rn. 674.
[41] BGH NJW-RR 2017, 1026 = FamRZ 2017, 1749; NJW-RR 2017, 1347 = FamRZ 2017, 1914.
[42] *Ruland* Versorgungsausgleich Rn. 674.
[43] BGH NJW 2014, 2728 = FamRZ 2014, 1634; OLG Karlsruhe FamRZ 2017, 100.
[44] OLG Nürnberg, NZFam 2019, 184.
[45] BT-Drs. 16/10144, 56.
[46] BGH NZFam 2015, 1005 = FamRZ 2015, 1869; OLG Hamm NZFam 2018, 706; OLG Nürnberg FamRZ 2016, 819 = NJOZ 2016, 599; OLG Saarbrücken NZFam 2015, 1018; OLG Stuttgart BeckRS 2016, 18256 = FamRZ 2016, 1689; FamRZ 2015, 584; OLG Schleswig FamRZ 2014, 1113.
[47] OLG Schleswig FamRZ 2014, 1113.
[48] BGH NZFam 2015, 1005 = FamRZ 2015, 1869.

Grundsatz verstößt es, wenn für den Ausgleichsberechtigten ein Anrecht mit einer geringeren Dynamik vorgesehen ist, als diese für den Ausgleichspflichtigen maßgeblich ist.[49]

Umstritten ist, inwieweit der Versorgungsträger bei Begründung oder Erweiterung des Anrechts für den ausgleichsberechtigten Ehegatten im Wege der internen Teilung gehalten ist, nach den für Unisextarife geltenden Grundsätzen die Kalkulation durchzuführen, oder ob er die statistisch gesehen höhere Lebenserwartung von Frauen berücksichtigen kann.[50] Überzeugend ist folgende Differenzierung: Ist das auszugleichende Anrecht nach einem Unisextarif kalkuliert, sollte auch für den ausgleichsberechtigten Ehegatten ein nach einem Unisextarif kalkuliertes Anrecht begründet werden; denn in diesem Fall gehört es zu den Eigenschaften des auszugleichenden Anrechts, dass es geschlechtsneutral kalkuliert ist.[51] Ist das Anrecht demgegenüber nicht geschlechtsneutral kalkuliert, sollte der Versorgungsträger berechtigt sein, die für den ausgleichsberechtigten Ehegatten geltenden biometrischen Faktoren in die Berechnung einzustellen; denn es gilt: Es gibt keine sachliche Rechtfertigung, den Versorgungsträger mit individuellen scheidungsbedingten Versorgungslasten der Ehegatten zu belasten, für diesen soll der Versorgungsausgleich aufwandsneutral sein. Gegenstand der Teilung ist nicht ein geschlechtsneutral, sondern ein nach allgemeinen Regeln geschlechtsabhängig kalkuliertes Anrecht. Nur an einem solchen Anrecht kann der ausgleichsberechtigte Ehegatte über den Versorgungsausgleich partizipieren. 20

Fraglich ist weiterhin, ob der Versorgungsträger die gleichen Sterbetafeln zugrundezulegen hat, die er bei Ehezeitende auch für die Kalkulation des Anrechts des Ausgleichspflichtigen verwendet hat. Grundsätzlich entspricht es dem Postulat, dass für den Ausgleichsberechtigten eine vergleichbare Wertentwicklung realisiert werden muss wie für den Ausgleichspflichtigen, dass für diesen das Anrecht auch auf der Grundlage vergleichbarer Sterbetafeln kalkuliert wird.[52] 21

Besteht zwischen den Ehegatten allerdings ein erheblicher Altersunterschied, kann der Versorgungsträger für den Ausgleichsberechtigten das Anrecht auch anhand aktueller geschlechtsneutraler Sterbetafeln kalkulieren, wenn dies erforderlich ist, um den Ausgleich aufwandsneutral durchzuführen.[53] 22

Handelt es sich um ein fondsgebundenes Anrecht, ist das Anrecht des Ausgleichsberechtigten auch an der Dynamik des Versorgungssystems zwischen Ende der Ehezeit und Vollzug der internen Teilung zu beteiligen.[54] Im Fall der internen Teilung kommen dem Ausgleichsberechtigten daher auch die Wertsteigerungen der auf ihn übertragenen Fondsanteile zugute.[55] Das gilt auch, wenn ein fondsgebundenes Anrecht in der Bezugsgröße Kapital geteilt wird. Dann kann die Entwicklung des Anrechts dadurch abgebildet werden, dass das Kapital durch eine Beteiligungsquote an dem dem Wert des Fonds entsprechenden Kapital berechnet wird (→ § 10 Rn. 131). 23

Im Falle einer auch im Anwartschaftsstadium dynamischen **Betriebsrente nach dem BetrAVG** – betroffen sind vor allem endgehaltsbezogene Versorgungen – stellt sich ein besonderes Problem, weil die Anrechte eines ausgleichspflichtigen Arbeitnehmers, der aus dem Betrieb ausscheidet, grundsätzlich bis zum Beginn der Leistungsberechtigung nicht dynamisiert werden. Diese Tatsache greift auch zum Nachteil des Ausgleichberechtigten, wenn der Ausgleichspflichtige während der Ehe ausgeschieden ist. Ist der Ausgleichspflichtige allerdings zum Zeitpunkt der Entscheidung beschäftigt, stellt sich die Frage, ob das zu übertragende Anrecht des Ausgleichsberechtigten gemäß § 11 Abs. 1 Nr. 2 an der Dynamisierung teilnimmt, obwohl ihm § 12 die Stellung eines ausgeschiedenen Arbeitnehmers zuschreibt. Unter Hinweis auf diese Norm verneint das ein Teil der Literatur.[56] Bei einer solchen Differenzierung der Dynamisierung würde allerdings der Arbeitgeber/Versorgungsträger begünstigt werden, da er nur für die Dynamisierung des beim Ausgleichspflichtigen verbliebenen hälftigen Anrechts aufkommen müsste.[57] Weiterhin würde in diesem Fall der Halbteilungsgrundsatz verfehlt. Daher ist der Ausgleichsberechtigte auch an der nachehezeitlichen Anwartschaftsdynamik zu beteiligen. Diese ist während der Ehezeit erdient worden. Mit Eintritt des Leistungsfalls wird sie unverfallbar, so dass sie intern ausgeglichen werden kann.[58] Scheidet der 24

---

49 OLG Nürnberg FamRZ 2018, 905 = BeckRS 2017, 142856.

50 Krit. insoweit *Borth* Versorgungsausgleich Kap. 2 Rn. 427 ff.; dagegen für die Zusatzversorgung des öffentlichen Dienstes OLG Celle FamRZ 2014, 305; *Bergner* NZFam 2014, 49.

51 Ebenso Erman/*Norpoth/Sasse* Rn. 1; vgl. zur Verwendung geschlechtsneutraler Sterbetafeln bei gleichem Sachverhalt auch BGH NJW 2017, 2547 = FamRZ 2017, 863.

52 OLG Frankfurt FamRZ 2018, 96 = BeckRS 2017, 126073.

53 OLG Nürnberg FamRZ 2016, 819 = NJOZ 2016, 599.

54 BGH FamRZ 2014, 1040; FamRZ 2015, 236.

55 Vgl. BGH FamRZ 2014, 1040 Rn. 24; *Borth* Versorgungsausgleich Kap. 3 Rn. 25.

56 *Engbroks/Heubeck* BetrAV 2009, 16 (19).

57 *Ruland* Versorgungsausgleich Rn. 673.

58 BGH NJW 2018, 1961 = FamRZ 2018, 894.

Ausgleichspflichtige nach der Scheidung aus dem Betrieb aus, wird der Ausgleichsberechtigte bei dieser Lösung so behandelt wie auch der Ausgleichpflichtige. Dann ist die Anwartschaftsdynamik auszugleichen, soweit sie zwischen Ende der Ehezeit und Ausscheiden des Ausgleichspflichtigen aus dem Betrieb angefallen (und damit auch unverfallbar) geworden ist. Ist der Ausgleichspflichtige zum Zeitpunkt des Erlasses der Entscheidung über den Versorgungsausgleich noch beschäftigt, ist die Anwartschaftsdynamik allerdings noch nicht ausgleichsreif (§ 19 Abs. 2 Nr. 1), sofern nicht die Voraussetzungen von §§ 2a, 30g BetrAVG für ein unverfallbares Anrecht erfüllt sind. Käme es allein auf den Status zur Zeit des Endes der Ehe an und ist der Ausgleichspflichtige beschäftigt, so dass er weiterhin ein im Anwartschaftsstadium dynamisiertes Anrecht besitzt, würde der Ausgleichsberechtigte auch ein dynamisiertes Anrecht erwerben. Schiede der Ausgleichspflichtige allerdings nach dem Ende der Ehezeit und Erlass der Entscheidung aus dem Betrieb aus, so dass er nunmehr nicht mehr über ein dynamisiertes Anrecht verfügt, stände sich der Ausgleichberechtigte besser, weil sein Anrecht nach wie vor dynamisiert würde. Eine Korrektur über einen Abänderungsantrag nach § 225 FamFG kommt schon deshalb nicht in Betracht, da eine betriebliche Versorgung nicht unter die Anrechte iSd § 32 fällt (§ 225 Abs. 1 FamFG). Ein Teil der Literatur nimmt das hin und mutet dem Versorgungsträger des Ausgleichsberechtigten zu, das ggf. im Ergebnis zu Unrecht dynamisierte Anrecht des Ausgleichsberechtigten zu finanzieren.[59] Hiergegen spricht allerdings § 45 Abs. 1 S. 2, wonach die Beendigung der Betriebszugehörigkeit des Ausgleichspflichtigen fingiert wird mit der Folge, dass die Entwicklung eines zum Zeitpunkt der Scheidung an sich als dynamisch einzustufenden betrieblichen Anrechts hinsichtlich der Dynamik als noch „verfallbar" und damit als nicht ausgleichsreif iSv § 19 einzustufen ist.[60] Solche Anrechte können deshalb nur ausgeglichen werden, soweit sie bereits unverfallbar sind. Hinsichtlich der Dynamik sind sie noch verfallbar. Ein Ausgleich eines etwaigen dynamischen Anteils ist deshalb einem späteren Ausgleich nach Scheidung (§§ 20 ff.) vorbehalten.[61] Der Eintritt der Unverfallbarkeit durch Beendigung des Arbeitsverhältnisses bzw. Verrentung wirkt auf die Ehezeit zurück.[62]

25 **7. Kriterium des gleichen Risikoschutzes (Abs. 1 S. 2 Nr. 3).** Nach S. 2 Nr. 3 Hs. 1 muss das zu übertragende Anrecht grundsätzlich den gleichen Risikoschutz bieten wie das Anrecht der ausgleichspflichtigen Person, also das gleiche Risiko abdecken. So muss regelmäßig eine **lebenslange Altersversorgung** vorgesehen sein, und zwar mit dem **regelmäßigen Rentenzugangsalter;** sieht das auszugleichende Anrecht wegen besonderer beruflicher Anforderungen des Ausgleichspflichtigen eine besondere Altersgrenze vor, braucht sie beim zu übertragenen Anrecht nicht gegeben zu sein, es sei denn, der Ausgleichsberechtigte erfüllt die Voraussetzungen einer besonderen Altersgrenze auch.[63]

26 Zudem soll das zu übertragende Anrecht grundsätzlich eine **Invaliditätsabsicherung** umfassen, wenn diese durch das auszugleichende Anrecht gewährt wird;[64] wollte man das anders sehen, hätte es des Hs. 1 nicht bedurft. Allerdings kann es sein, dass im System des Anrechts des Ausgleichspflichtigen zB ein **Invaliditätsschutz nicht vermittelbar** ist;[65] so hängt die Versicherung einer Person in der Lebensversicherung in der Regel von einer **Risikoprüfung** ab, die den Abschluss einer solchen Versicherung ausschließen kann. Aber auch hinsichtlich des Hinterbliebenenschutzes ist bei kapitalgedeckten Anrechten das Risiko durch Übertragung des Anrechts in Höhe des Ausgleichwerts für den Versorgungsträger nicht kalkulierbar. Deshalb sieht Abs. 2 Nr. 3 Hs. 2 vor, dass der **Risikoschutz auf eine Altersversorgung beschränkt** werden kann, wenn der Versorgungsträger für das nicht abgesicherte Risiko einen zusätzlichen Ausgleich bei der Altersversorgung schafft.[66] In diesem Fall muss die Regelung aber nicht etwa zunächst die Feststellung des Nichtvorliegens einer – durch kostenintensive Untersuchungen festzustellenden – Erwerbsminderung vorsehen; vielmehr kann **von vornherein und grundsätzlich in der Teilungsordnung für alle Fälle der internen Teilung**

59 So *Ruland* Versorgungsausgleich Rn. 673 für den Ausnahmefall, dass Bezugsgröße für den Ausgleichswert eine Rente war.

60 So auch *Borth* Versorgungsausgleich Kap. 2 Rn. 342 ff.; *Triebs* FPR 2009, 202 (206); Johannsen/Henrich/*Holzwarth* § 19 Rn. 7; Johannsen/Henrich/*Holzwarth* § 20 Rn. 16; HK-FamR/*Hauß* § 19 Rn. 8 ff.

61 Krit. hierzu *Norpoth* NZFam 2016, 105.

62 BGH NJW 2018, 1961 = FamRZ 2018, 894; NJOZ 2018, 1525 = FamRZ 2018, 1233.

63 HK-VersAusglR/*Götsche* Rn. 24.

64 BT-Drs. 16/10144, 56; so auch *Ruland* Versorgungsausgleich Rn. 677; Johannsen/Henrich/*Holzwarth* Rn. 15; anders *Engbroks/Heubeck* BetrAV 2009, 16 (20), die den Versorgungsträger von vornherein von einer Risikoprüfung entlasten wollen.

65 BGH NJW 1998, 3772 (3773) = FamRZ 1999, 158 – Fall der Versorgungszusage einer GmbH.

66 Vgl. hierzu BGH NJW 2011, 1139 = FamRZ 2011, 547 zur internen Teilung von Anrechten aus der Rechtsanwaltsversorgung Niedersachsen; vgl. zur Vorinstanz OLG Celle 2010, 379; KG BeckRS 2011, 26413 = FamRZ 2012, 635.

**der Ausschluss einer Invaliditätsversicherung und Hinterbliebenenversorgung gegen eine entsprechende Erhöhung der Altersversorgung** vorgesehen sein. Die Entscheidung über die Beschränkung des Risikoschutzes trifft der Versorgungsträger. Da der Versorgungsträger in der Übergangszeit zwischen Ende der Ehezeit und Rechtskraft der Entscheidung das Risiko der Erwerbsminderung und des Todes des ausgleichspflichtigen Ehegatten voll trägt, reicht es aus, wenn der Wegfall des Risikos der Invalidität und der Verpflichtung, eine Hinterbliebenenversorgung leisten zu müssen, bei der Berechnung des (Anwartschafts-)barwertes für den ausgleichsberechtigten Ehegatten erst ab Rechtskraft der Entscheidung berücksichtigt wird.[67]

Der Versorgungsträger hat in seiner Auskunft nach § 220 Abs. 4 FamFG hierzu nachvollziehbare Angaben zu machen, insbesondere zum – nach versicherungsmathematischen Grundsätzen berechneten – finanziellen Ausgleich als Kompensation für den weggefallenen Risikoschutz.[68] Es ist nach Auffassung des BGH nicht erforderlich, dass in der Teilungsordnung allgemein festgelegt wird, wie sich der Zuschlag errechnet. Vielmehr reicht es aus, wenn der Versorgungsträger hierzu in der Auskunft Angaben macht.[69] Enthält der Ausgleichswert bereits einen auf die Invaliditätsversorgung entfallenden Barwertanteil, ist es ausreichend, wenn der Versorgungsträger hieraus die sich im Anschluss an die Teilung ergebende reine Altersversorgung anhand der für den Ausgleichsberechtigten geltenden Barwertfaktoren errechnet.[70] Gegen diese Auffassung spricht allerdings, dass gem. § 10 Abs. 3 der Versorgungsträger Regelungen zu erlassen hat, wie der Wert des zu übertragenden Anrechts gebildet wird. Beschränkt sich dieser auf eine reine Altersvorsorge, sind deshalb auch Regeln erforderlich, wie die Erhöhung dieser Versorgung aufgrund der Beschränkung des Risikos zu berechnen ist. Dies ist dann in der konkreten Auskunft, bezogen auf den Einzelfall auszuführen.[71] Am einfachsten ist es, wenn der Bar- bzw. Kapitalwert des auszugleichenden Anrechts unter Berücksichtigung des vollen Risikospektrums berechnet wird. Dann reicht es aus, wenn in der Teilungsordnung geregelt ist, dass in Höhe des Ausgleichswerts anhand der für den Ausgleichsberechtigten geltenden allgemeinen Umrechnungsfaktoren eine reine Altersversorgung gewährt wird.[72] Es ist dann Sache des Ausgleichsberechtigten, im fachgerichtlichen Verfahren zu überprüfen, ob die gewährte Altersversorgung diesen Vorgaben gerecht wird. Hat der Versorgungsträger für das zu übertragende Anrecht keine entsprechenden Regelungen vorgesehen, gelten gem. § 11 Abs. 2 die Regelungen für das auszugleichende Anrecht entsprechend – also der volle Risikoschutz. Hat das Anrecht bereits das Leistungsstadium erreicht, entfällt die Problematik der Kompensation für eine Begrenzung des Risikoschutzes auf eine reine Altersversorgung; denn ab diesem Zeitpunkt wird das Risiko der Erwerbsminderung nicht mehr abgesichert. 27

Im Hinblick auf eine mitversicherte **Hinterbliebenenversorgung** kommt gleichfalls eine Begrenzung des Risikoschutzes auf eine Altersversorgung – mit entsprechender Kompensation – in Betracht, zumal die Einbeziehung einer Hinterbliebenenversorgung in der Regel mit einer nur schwer einzuschätzenden Erweiterung des zu versichernden Risikos verbunden ist.[73] 28

### IV. Regelung des Anrechts der ausgleichsberechtigten Person (Abs. 2)

Nach Abs. 2 gelten für das Anrecht der ausgleichsberechtigten Person die Regelungen über das Anrecht der ausgleichspflichtigen Person entsprechend, soweit nicht besondere Regelungen für den Versorgungsausgleich bestehen. Damit wird zum einen klargestellt, dass es im **Ermessen der Versorgungsträger** des zu begründenden Anrechts steht, ob sie die für sie maßgebliche Rechtsordnung anpassen und gesonderte Regelungen erlassen oder dieselben Bestimmungen anwenden, die auch für das auszugleichende Anrecht gelten.[74] Es ist deshalb auch möglich, dass der Versorgungsträger in Höhe des Ausgleichswertes eine eigenständige Versorgung durch einen neuen Vertrag für den Ausgleichsberechtigten begründet. Der dem Vertrag zugrundeliegende Tarif muss dann aber den Vorgaben von Abs. 1 genügen. Zum anderen müssen die Bestimmungen, weil sie Teil der nach Abs. 1 S. 1 und 2 für die interne Teilung maßgeblichen Regelungen sind, ihrerseits die gleichwertige 29

---

67 BGH NZFam 2015, 1005 mAnm *Ruland.*

68 BT-Drs. 16/10144, 56; BGH FamRZ 2011, 547 (548) (Beschränkung auf reine Altersvorsorge; deren Erhöhung um 9 % als Ausgleich für Invaliditäts- und Hinterbliebenenversorgung akzeptabel); vgl. auch OLG Koblenz FamRZ 2012, 301 (Beschränkung des Risikoschutzes auf die reine Altersvorsorge); OLG Brandenburg FamRZ 2012, 555 (Nichtgewährung der Invaliditätsabsicherung und des Sterbegeldes); KG FamRZ 2012, 635 (Beschränkung auf reine Altersvorsorge); vgl. dazu auch *Wick* FuR 2011, 555 f.

69 BGH NJW-RR 2015, 577 = FamRZ 2015, 911.

70 BGH NJW-RR 2015, 577 = FamRZ 2015, 911; ebenso *Borth* FamRZ 2015, 912.

71 *Ruland* NZFam 2015, 557.

72 OLG Karlsruhe NJW 2015, 1971; aA Johannsen/Henrich/*Holzwarth* Rn. 17.

73 *Engbroks* BetrAV 2008, 438 (440); *Ruland* Versorgungsausgleich Rn. 596.

74 BT-Drs. 16/10144, 57.

Teilhabe der Ehegatten an den in der Ehezeit erworbenen Anrechten sicherstellen und damit den Anforderungen nach Abs. 1 S. 2 genügen.

30 Abs. 2 ist zudem dann anzuwenden, wenn zwar besondere Regelungen getroffen wurden, diese aber gegen die Grundsätze nach Abs. 1 verstoßen und deshalb gemäß § 134 BGB unwirksam sind[75] (→ Rn. 29). Ist eine Regelung in der Teilungsordnung unklar oder mehrdeutig oder verstößt diese nur hinsichtlich einzelner Aspekte gegen den Halbteilungsgrundsatz, hat das Gericht vorrangig zu prüfen, ob diese Mängel behoben werden können, indem der Kern der Regelung dadurch erhalten wird, dass diese an die zwingenden Vorgaben des Gesetzes angepasst wird.[76] Es ist dem Gericht aber nicht gestattet, die zu beanstandenden Regelungen durch andere Regelungen zu ersetzen, die es für angemessen hält.[77] Dagegen verstößt es aber nicht, wenn das Gericht unter Zugrundelegung der für die Teilung maßgeblichen untergesetzlichen Rechtsvorschriften die interne Teilung durchführt und ergänzende Bestimmungen in den Tenor aufnimmt, die sicherstellen sollen, dass der Ausgleichsberechtigte auch in der Übergangszeit zwischen Ende der Ehezeit und Rechtskraft der Entscheidung an der Entwicklung des Anrechts partizipiert.[78]

31 Indem das Gericht die Rechtsgrundlagen für die Teilung und das durch Übertragung entstehende Anrecht des Ausgleichsberechtigten in den Tenor aufnimmt, bringt es auch zum Ausdruck, dass es die Wirksamkeit dieser Rechtsgrundlagen überprüft hat.[79] Gleichzeitig wird dadurch auch geklärt, welche Fassung einer untergesetzlichen Rechtsnorm das Gericht der Teilung des Anrechts zugrunde gelegt hat.[80] Schließlich kann das Gericht auch prüfen, ob die untergesetzlichen Regelungen für die Teilung zu einem dem Halbteilungsgrundsatz entsprechenden Ergebnis für den Ausgleichspflichtigen führt.[81] Allerdings ist es hierzu nicht in allen Fällen und ohne konkreten Anlass verpflichtet. Folgt man dem, wird darin, dass das Gericht die Teilungsordnung im Tenor als Grundlage der internen Teilung nennt und unverändert übernimmt, nicht immer die Bestätigung zu sehen sein, dass das Gericht davon ausgeht, dass die Teilungsordnung zu einem dem Halbteilungsgrundsatz entsprechenden Ergebnis auch für den Ausgleichspflichtigen führt. Führt es eine solche Prüfung durch und modifiziert es die Teilungsordnung entsprechend, hat das auch für den Ausgleichspflichtigen und den Versorgungsträger Bindungswirkung (auch → § 10 Rn. 149).

Schließlich ist Abs. 2 auch dann anzuwenden, wenn der Versorgungsträger zwar an sich eine Teilungsordnung oder ähnliche Regelungen zur Durchführung der internen Teilung erlassen hat, es das Familiengericht jedoch verabsäumt hat, diese im Tenor zu benennen. Dies bedeutet, dass auch die in der Teilungsordnung vorgesehene Beschränkung auf eine reine Altersversorgung nicht wirksam wird.[82]

### V. Folge der Unwirksamkeit der Regelungen über das auszugleichende und das zu begründende Anrecht

32 Wird die **Regelung über das zu begründende Anrecht** den gesetzlichen Anforderungen nach Abs. 1 nicht gerecht, so ist sie gemäß § 134 BGB unwirksam und damit nicht anzuwenden; es gilt dann gemäß Abs. 2 die für das auszugleichende Anrecht bestehende Regelung entsprechend.[83] Dieser Auffangtatbestand gilt auch, wenn nicht die Regelungen über das für den ausgleichsberechtigten Ehegatten zu begründende Anrecht unwirksam sind, sondern die Regelungen über die Teilung des Anrechts des ausgleichspflichtigen Ehegatten.[84] Sind Regelungen für das auszugleichende Anrecht unwirksam, ist dieser Weg nicht erfolgversprechend. In diesem Fall sind die Lücken für das auszugleichende Anrecht vorab zu schließen.[85] Sind die Mängel so gravierend, dass eine wirksame Rechtsgrundlage für das auszugleichende Anrecht nicht vorliegt, wirkt sich dies auch für den ausgleichsberechtigten Ehegatten aus: In diesem Fall ist kein hinreichend verfestigtes Anrecht entstanden.

---

75 BT-Drs. 16/10144, 57; Johannsen/Henrich/*Holzwarth* Rn. 19.

76 BGH NJW 2015, 3306 = FamRZ 2015, 1869.

77 OLG Celle FamRZ 2014, 305.

78 BGH NJW 2015, 3306 = FamRZ 2015, 1869; OLG Frankfurt FamRZ 2018, 98 = BeckRS 2017, 126073 OLG Nürnberg FamRZ 2018, 905 = BeckRS 2017, 142856.

79 BGH NJW 2018, 1961 = FamRZ 2018, 894; NJW 2011, 1139 = FamRZ 2011, 547; Johannsen/Henrich/*Holzwarth* Rn. 21.

80 BGH NJW 2011, 1139 = FamRZ 2011, 547.

81 BGH NJW 2018, 1961 = FamRZ 2018, 894.

82 OLG Düsseldorf NZFam 2019, 278.

83 So auch Johannsen/Henrich/*Holzwarth* Rn. 19; vgl. auch OLG Celle FamRZ 2014, 305; OLG Frankfurt FamRZ 2013, 1308; OLG Hamm FamRZ 2013, 380.

84 Johannsen/Henrich/*Holzwarth* Rn. 19.

85 BGH NVwZ 2008, 455 = VersR 2008, 1625; NJW-RR 2009, 366 = FamRZ 2009, 211; NJW-RR 2009, 361 = FamRZ 2009, 303.

Kommt das Gericht zu dem Ergebnis, dass Bestimmungen über die Teilung oder das durch Teilung entstehende Anrecht rechtswidrig und damit unwirksam sind, sind im Tenor die für das auszugleichende Anrecht geltenden Bestimmungen zu nennen.[86] 33

## § 12 Rechtsfolge der internen Teilung von Betriebsrenten

**Gilt für das auszugleichende Anrecht das Betriebsrentengesetz, so erlangt die ausgleichsberechtigte Person mit der Übertragung des Anrechts die Stellung eines ausgeschiedenen Arbeitnehmers im Sinne des Betriebsrentengesetzes.**

### I. Normzweck

Nach § 10 Abs. 1 erfolgt die interne Teilung eines Anrechts durch Realteilung, indem das Familiengericht für den ausgleichsberechtigten Ehegatten bei dem Versorgungsträger, bei dem das Anrecht des Ausgleichspflichtigen besteht, ein Anrecht in Höhe des Ausgleichswerts überträgt, wobei nach § 10 Abs. 3 die Regelungen über das auszugleichende und das zu übertragende Anrecht maßgeblich sind. Diese Regelungen der Versorgungsträger der betrieblichen Altersversorgung müssen zwingend § 12 beachten, der konsequent die Realteilung von Anrechten der betrieblichen Altersversorgung vorgibt. § 12 bestimmt, dass durch die interne Teilung der Ausgleichsberechtigte die betriebsrentenrechtliche Stellung eines ausgeschiedenen Arbeitnehmers erlangt. Der Ausgleichsberechtigte wird aufgrund dieser Norm also wie ein Arbeitnehmer gestellt, und zwar als ein aus dem Arbeitsverhältnis ausgeschiedener Arbeitnehmer nach §§ 1 ff., 7 ff., 16 BetrAVG. 1

### II. Anwendungsbereich

§ 12 gilt für auszugleichende Anrechte, auf die das Betriebsrentengesetz genannte Gesetz zur Verbesserung der betrieblichen Altersversorgung **(BetrAVG)** anzuwenden ist. Eine betriebliche Altersversorgung (§ 1 Abs. 1 S. 1 BetrAVG) liegt vor, wenn bei Eintritt bestimmter biologischer Ereignisse Leistungen mit Versorgungscharakter erbracht werden. Diese sind das Erreichen eines bestimmten Lebensalters, Invalidität oder der Tod (näher → § 45 Rn. 7). Leistungsempfänger einer betrieblichen Versorgungszusage iSd § 1 Abs. 1 S. 1 BetrAVG ist ein **Arbeitnehmer;** dieser Begriff wird in § 17 Abs. 1 S. 1 BetrAVG definiert (näher → § 45 Rn. 13 f.). § 1 Abs. 1 S. 1 BetrAVG bestimmt den **Arbeitgeber** als Zusagenden eines betrieblichen Versorgungsversprechens; Arbeitgeber ist, wer einen Arbeitnehmer beschäftigt (näher → § 45 Rn. 15 ff.). § 12 betrifft alle fünf Gestaltungsformen der betrieblichen Altersversorgung (näher → § 45 Rn. 18 ff.). In diesen muss der Ausgleichsberechtigte ein eigenes Anrecht aufgrund der Teilung erhalten. 2

### III. Rechtsfolgen der internen Teilung von Betriebsrenten

§ 12 umschreibt die durch die interne Teilung bei dem Ausgleichsberechtigten ausgelöste vorsorgerechtliche Wirkung. Der Erwerber erlangt eine Rechtstellung, die der eines aus dem Arbeitsverhältnis ausgeschiedenen Arbeitnehmers entspricht. Durch Übertragung des Vorsorgerechts tritt der Erwerber jedoch nicht in die arbeitsrechtliche Stellung des Ausgleichspflichtigen ein; die Übertragung beschränkt sich auf die vorsorgerechtliche Stellung.[1] Die Übertragung verwirklicht die interne Teilung, die eine gleichberechtigte Teilhabe des Ehegatten am Vorsorgerecht zu gewährleisten hat,[2] aber nicht über das Ehezeitende fortdauert. Mittels der in § 12 enthaltenen Fiktion wird gewährleistet, dass der Erwerber die Stellung eines Ausgeschiedenen hat. 3

Aus § 12 folgt für den Erwerb von Betriebsrenten aufgrund interner Teilung im Einzelnen:[3] Das Recht auf Fortführung des Anrechts nach Zahlung eigener Beiträge (§ 1b Abs. 5 S. 1 Nr. 1 BetrAVG, § 2 Abs. 2 BetrAVG), die Abfindung unverfallbarer Anwartschaften (§ 3 BetrAVG), Übertragung (§ 4 Abs. 3 BetrAVG), Auskunftserteilung (§ 4 BetrAVG), vorzeitige Altersrente (§ 6 BetrAVG), Insolvenzsicherung (§§ 7 ff. BetrAVG) sowie Anpassung an Änderungen der Kaufkraftentwicklung (§ 16 BetrAVG). Für die Geltendmachung dieser Ansprüche vor dem Arbeitsgericht gilt der Ausgleichsberechtigte als Rechtsnachfolger des vor der Teilung berechtigten Arbeitnehmers (§ 3 ArbGG).[4] Im Falle der analogen Anwendung dieser Bestimmungen auf die interne Teilung anderer Anrechte gelten die für Betriebsrenten maßgebenden Grundsätze entsprechend, 4

---

86 BGH FamRZ 2015, 1869 = NJW 2015, 3306; *Borth* Versorgungsausgleich Kap. 3 Rn. 35.
1 BT-Drs. 16/10144, 57.
2 *Kemper* ZFE 2009, 204 (209).
3 BT-Drs. 16/10144, 57.
4 BT-Drs. 16/10144, 57.

dh der Erwerber erlangt infolge interner Teilung die einem ausgeschiedenen Berechtigten zustehenden Rechte aus dem Versorgungsverhältnis. Er ist ferner als Rechtsnachfolger befugt, die aus diesem Vorsorgeverhältnis geltend gemachten Rechte gerichtlich einzuklagen.

5 Die Regelung ist auf die dem BetrAVG unterliegenden, im Arbeitsverhältnis zwischen Arbeitgeber und Arbeitnehmer gegebenen Zusagen auf betriebliche Altersversorgung beschränkt (§ 1 BetrAVG; → § 45 Rn. 13 ff.).[5] Mangels vergleichbarer Regeln kann sie jedoch auf die durch die interne Teilung eintretenden Rechtsfolgen allgemein erstreckt werden. Sie lässt nämlich verallgemeinernd die Aussage zu: Die interne Teilung begründet für den Ausgleichsberechtigten eine dem Ausgleichspflichtigen gleichwertige Rechtstellung gegenüber dem Vorsorgeträger, lässt aber den Rechtsgrund für den Vorsorgerechtserwerb unberührt. Demgemäß führt auch die interne Teilung einer Versorgungszusage eines Organmitglieds einer juristischen Person (Geschäftsführer einer GmbH, Vorstandsmitglied einer AG oder Genossenschaft, → § 45 Rn. 14), obgleich das Anrecht nicht auf dem Arbeitsverhältnis beruht, zu einer entsprechenden Anwendung des § 12 und damit zu der Begründung eines dem Ausgleichspflichtigen für die Ehezeit zustehenden Anrechts zugunsten des Ausgleichsberechtigten.

## § 13 Teilungskosten des Versorgungsträgers

**Der Versorgungsträger kann die bei der internen Teilung entstehenden Kosten jeweils hälftig mit den Anrechten beider Ehegatten verrechnen, soweit sie angemessen sind.**

**Übersicht**



### I. Normzweck

1 § 13 erlaubt dem Versorgungsträger, die durch interne Teilung nach § 10 anfallenden angemessenen Kosten gegenüber den Ehegatten geltend zu machen. Diese haben die Kosten hälftig zu tragen und der Versorgungsträger darf sie durch Abzug vom Deckungskapital geltend machen („verrechnen"). Die Kosten müssen auf die Ehegatten hälftig aufgeteilt werden, dh. ein gleich hoher Betrag muss von Ausgleichspflichtigem und -berechtigtem abgezogen werden.[1] Eine andere Kostenregelung ist ungesetzlich. Diese Kostentragungspflicht ist auf die interne Teilung beschränkt, also nicht auf die externe Teilung zu erstrecken.[2] Das gesetzgeberische Motiv für die Regelung liegt in der Kompensation des durch den internen Ausgleich den Versorgungsträgern auferlegten „organisatorischen Mehraufwandes".[3] Die Regelung eröffnet dem Versorgungsträger ein Recht, das dieser wahrnehmen darf, aber nicht muss. Für öffentlich-rechtliche Träger ist die Erhebung von Teilungskosten von einer gesetzlichen Ermächtigung abhängig, die insbesondere für die gesetzliche Rentenversicherung, die Beamten- und Abgeordnetenversorgung und die Alterssicherung der Landwirte nicht eingeführt ist. Betriebliche und private Vorsorgeträger haben dagegen schon früher bei der „Realteilung" (= „interne Teilung") pauschalierend in Höhe von 2–3% des Deckungskapitals der zu teilenden Versorgung Kostenersatz geltend gemacht.[4] Das primäre Anliegen der Norm liegt in der Legalisierung dieser Praxis.[5] Das Gesetz akzeptiert damit auch die bisherige Rspr., welche ebenfalls den Kostenersatz bei interner Teilung billigte. Die Pflicht zur Kostentragung ist auf die durch den Teilungsvorgang ausgelösten Teilungs- und Folgekosten beschränkt. Nicht ausgleichspflichtig sind die im Vorfeld der Entscheidung bei der Ermittlung und in deren Nachgang beim Vollzug der Teilung konkret entstehenden Kosten.

5 BGH NJW-RR 2014, 449 = FamRZ 2014, 731.
1 BT-Drs. 16/10144, 57, 117; BT-Drs. 16/11903, 103.
2 BT-Drs. 16/10144, 57: „Für die externe Teilung besteht kein vergleichbares Bedürfnis".
3 BT-Drs. 16/10144, 57.
4 BGH NJW 2012, 1281 Rn. 47 = FamRZ 2012, 610.
5 BT-Drs. 16/10144, 57; vgl. OLG Düsseldorf FamRZ 2013, 381.

## II. Gerichtliche Prüfungspflicht

2 Die Angemessenheit der geltend gemachten Teilungskosten hat das Gericht von Amts wegen (§ 26 FamFG) zu prüfen. Dabei ist es gemäß § 220 Abs. 4 FamFG berechtigt und im Hinblick auf den Amtsermittlungsgrundsatz auch verpflichtet, sich die vom Versorgungsträger nach § 5 Abs. 3 (→ § 5 Rn. 44 ff.) mitgeteilten Werte näher erläutern zu lassen. Hält es diese unter Berücksichtigung aller wesentlichen Umstände für unangemessen, kann es einen geringeren als den vom Versorgungsträger beanspruchten Betrag verrechnen (→ Rn. 3, 5 ff.).[6]

## III. Die bei der internen Teilung entstehenden Kosten

3 Von § 13 werden alle durch die interne Teilung entstehenden Kosten erfasst. Dazu zählen die Kosten für die **Einrichtung eines neuen Kontos** zu Gunsten des Ausgleichsberechtigten[7] (Anlegung eines Stammdatensatzes mit Personal-, EDV-, Druck- und Versandkosten, deren Umfang entscheidend von der Komplexität der Versorgungszusage abhängig ist, insbesondere wenn die zugesagten Leistungen an Rückdeckungsversicherungen oder Fondsanlagen gekoppelt sind)[8] und die im Rahmen der **Kontenverwaltung** für den Versorgungsberechtigten erwachsenden Mehrkosten, etwa durch die regelmäßige Erfüllung von Auskunftspflichten gegenüber dem Berechtigten oder der Zahlung von Leistungen an den Berechtigten oder dessen Hinterbliebene. Dabei kommt dem **Alter des Versorgungsberechtigten** und einer **langen Zeitspanne der Verwaltung des Kontos** in der Anwartschafts- und Leistungsphase ebenso Bedeutung zu wie den Kosten einer **externen Verwaltung.** Gerade kleineren Arbeitgebern mit einer entsprechenden Betriebsstruktur muss die Möglichkeit offen stehen, etwa die Verwaltung der Versorgungskonten ihrer Arbeitnehmer oder auch erforderliche versicherungsmathematische Berechnungen von Dritten vornehmen zu lassen, insbesondere wenn dies der üblichen Praxis seit Jahren entspricht oder wenn die zusätzliche Einstellung von Verwaltungspersonal wirtschaftlich unangemessen wäre. Soweit bei der Ermittlung der Teilungskosten unangemessen hohe Gewinnmargen geltend gemacht werden, kann dies vom Familiengericht über die Angemessenheitsprüfung im Einzelfall korrigiert werden.[9] Der Versorgungsträger kann also mit den Teilungskosten den Aufwand ersetzt verlangen, der ihm durch die Aufnahme eines zusätzlichen Versorgungsberechtigten in sein Versorgungssystem entsteht.[10] Mit § 13 soll sichergestellt werden, dass der organisatorische Mehraufwand der Versorgungsträger vergütet wird und die interne Teilung für den Versorgungsträger kostenneutral erfolgt.[11]

4 Von § 13 **nicht** erfasst werden die die Versorgungsträger durch ihre Beteiligung an Versorgungsausgleichsverfahren nach § 219 Nr. 2 und 3 FamFG, § 220 Abs. 1 und 4 FamFG treffenden Aufwendungen, insbesondere die Kosten für die Ermittlung des Ehezeitanteils, des Ausgleichswertes und eines korrespondierenden Kapitalwertes. Diese Kosten tragen die Versorgungsträger gemäß § 150 Abs. 3 FamFG selbst.[12]

## IV. Angemessenheit der Kosten

5 Wonach sich die Angemessenheit im Einzelnen bestimmt, lässt das Gesetz unklar.[13] Aus dem Zweck der Vorschrift, die interne Teilung als Regelfall des Wertausgleichs bei der Scheidung für den Versorgungsträger kostenneutral zu gestalten, ergibt sich, dass grundsätzlich die tatsächlich entstehenden Teilungskosten verrechnet werden dürfen. Ob diese allerdings angemessen sind, muss der Versorgungsträger auf Verlangen des Familiengerichts (→ Rn. 2) im Einzelnen in Form einer genauen, nachvollziehbaren **Kalkulation darlegen.**[14] Die Möglichkeit zur Pauschalierung der Teilungskosten ersetzt auch in Fällen, in denen der Versorgungsträger **konkret höhere Teilungskosten darlegt,** nicht die Angemessenheitsprüfung durch das Gericht. Denn eine solche erfordert die Berücksichtigung der Besonderheiten des Einzelfalles und des gesamten Vorbringens des Versorgungsträgers. Bleiben dem Gericht dabei Zweifel, kann es den Versorgungsträger nach § 220 Abs. 4 S. 2 FamFG von Amts wegen oder auf Antrag eines Beteiligten auffordern, die Einzelheiten der Berechnung näher zu erläutern.[15] Ggf. sind die Teilungskosten an Hand der Besonderheiten der

---

6 BGH NJW-RR 2015, 707 Rn. 8 = FamRZ 2015, 916; NJW-RR 2012, 1220 Rn. 24 = FamRZ 2012, 1549.
7 BGH NJW-RR 2012, 643 Rn. 14 = FamRZ 2012, 942.
8 *Scholer* FamRZ 2012, 1549.
9 BGH NJW-RR 2012, 643 Rn. 24 = FamRZ 2012, 942.
10 BGH NJW 2012, 1281 Rn. 40 = FamRZ 2012, 610.
11 BT-Drs. 16/10144, 43, 57.
12 BT-Drs. 16/10144, 57.
13 BT-Drs. 16/11903, 53; BGH NJW-RR 2012, 643 Rn. 16 = FamRZ 2012, 942.
14 BGH NJW 2012, 1281 Rn. 46 = FamRZ 2012, 610.
15 BGH NJW-RR 2012, 643 Rn. 22 = FamRZ 2012, 942.

betroffenen betrieblichen Altersversorgung und der von dem Versorgungsträger konkret vorgetragenen Umstände der sonstigen Finanzierung der Verwaltungskosten mit sachverständiger Hilfe zu bewerten und in die tatrichterliche Angemessenheitsprüfung einzubeziehen.[16]

## V. Pauschalierung der Kosten

6 Weil eine konkrete Darlegung im Regelfall einen unverhältnismäßig hohen Aufwand verursacht, ist in der Gesetzesbegründung darauf hingewiesen, dass auch eine **Pauschalierung** der Teilungskosten möglich ist.[17] Werden die Teilungskosten pauschaliert berechnet, gebührt dem Versorgungsträger die Wahl der anzuwendenden Pauschalierungsmethode. Die gerichtliche Angemessenheitsprüfung stellt nur ein Korrektiv dar, das zu einer Begrenzung der Kosten führt, wenn der Kostenabzug die Ehegatten über Gebühr belastet.[18] Die Versorgungsträger sind im Bereich der betrieblichen Altersversorgung unterschiedlich aufgestellt; sie unterscheiden sich in der Größe der Versichertengemeinschaft, in der Finanzierungsform und in der Komplexität ihrer Zusagen erheblich.[19] Dem entspricht es, die jeweils anzuwendende Pauschalierung von der Art der einzelnen Versorgung abhängig zu machen und den vom Versorgungsträger in Bezug auf die individuelle Versorgungszusage geltend gemachten Pauschalbetrag gerichtlich allein darauf hin zu überprüfen, ob er die Ehegatten über Gebühr belastet und deshalb zu begrenzen ist.[20] Im Einzelnen:[21]

7 Bei den versicherungsförmigen Durchführungswegen Direktversicherung, Pensionskasse, Pensionsfonds und kongruent rückgedeckte Unterstützungskasse wird regelmäßig eine große Versichertengemeinschaft betreut mit einer erheblichen Standardisierung der Prozesse. Laufende Verwaltungskosten werden dem Deckungskapital der Versicherung entnommen. Die Einrichtungskosten bestehen – soweit sie nicht in den Tarif eingepreist sind – aus Personal-, EDV-, Druck- und Versandkosten.

8 Die Direktzusagen, bei denen der Arbeitgeber Versorgungsträger ist, unterscheiden sich ganz erheblich von den versicherungsförmigen Versorgungszusagen. Die Größe der Versichertengemeinschaft variiert hier bis hin zu mehreren Tausend Berechtigten. Dementsprechend unterschiedlich sind die Verwaltungsprozesse standardisiert; sie können dem Arbeitgeber erheblich mehr Aufwand bereiten, da Vorgänge im und für den Einzelfall neu angelegt werden müssen. Zudem existiert bei Arbeitgebern häufig eine Vielzahl von inhaltlich unterschiedlichen Versorgungsregelungen.

9 Eine **Pauschalierung der Teilungskosten** auf der Grundlage pauschaler Kostenabzüge in Höhe von 2–3 % des ehezeitbezogenen Kapitalwerts des auszugleichenden Anrechts ist grundsätzlich zulässig.[22] In diesem Fall sind die pauschalen Teilungskosten für jedes Anrecht allerdings durch einen **Höchstbetrag** zu begrenzen (→ Rn. 10). Macht der Versorgungsträger demgegenüber geltend, dass ein Höchstbetrag für seine Mischkalkulation nicht auskömmlich sei und trägt er in diesem Zusammenhang zu den durchschnittlich zu erwartenden Stückkosten der Teilung vor, kann eine absolute Obergrenze bei der Pauschalierung mit dem 1,5-Fachen des durchschnittlich zu erwartenden Aufwands in vielen Fällen zu einem angemessenen Ergebnis führen. Sie kann allerdings eine **weitergehende Angemessenheitsprüfung** nicht ersetzen, wenn die Besonderheiten des Einzelfalls oder das Vorbringen des Versorgungsträgers[23] hierzu Veranlassung geben. Liegt der Umlage von Teilungskosten ein pauschalierender Prozentsatz mit einer Obergrenze zugrunde, hat sich die Angemessenheitsprüfung im Ausgangspunkt daran zu orientieren, bis zu welchem Höchstbetrag der Versorgungsträger höherwertige Anrechte belasten muss, damit seine Mischkalkulation – gegebenenfalls unter Berücksichtigung eines von ihm erhobenen Mindestbetrages – insgesamt aufgeht. Diese Frage kann nicht ohne Rücksicht auf mögliche Besonderheiten des Einzelfalls schematisch danach beurteilt werden, in welchem Umfang der vom Versorgungsträger festgesetzte Höchstbetrag von den durchschnittlichen Stückkosten der Teilung abweicht. Denn die Höhe der anzusetzenden Obergrenze, die der Versorgungsträger für eine insgesamt auskömmliche Mischkalkulation benötigt, ist nicht allein von den tatsächlich anfallenden Kosten, sondern insbesondere auch davon abhängig, in welcher **Bandbreite sich die Anrechtshöhen** in dem betreffenden Versorgungssystem bewegen.[24] Dabei können **Teilungskostentabellen** verwandt werden, die den Barwert der zu erwartenden Verwaltungskosten über einen Fremdvergleich mit der Kostenstruktur externer

---

16 BGH NJW-RR 2012, 643 Rn. 26 = FamRZ 2012, 942; NJW 2012, 1281 Rn. 58 = FamRZ 2012, 610.

17 BT-Drs. 16/10144, 57; BT-Drs. 16/11903, 53.

18 BGH NJW-RR 2012, 1218 = FamRZ 2012, 1546.

19 BT-Drs. 16/10144, 125 f.

20 BGH-RR 2012, 1218 Rn. 25 = FamRZ 2012, 1546.

21 *Scholer* FamRZ 2012, 1549.

22 BGH NJW-RR 2015, 705 Rn. 12 = FamRZ 2015, 913; NJW 2012, 1281 Rn. 47 = FamRZ 2012, 610; NJW-RR 2012, 643 Rn. 17 = FamRZ 2012, 942.

23 Ausführlich OLG München BeckRS 2017, 145952 = FamRZ 2018, 584 (2 % des Deckungskapitals mit Höchstbetrag von 800 €).

24 BGH NJW-RR 2015, 705 Rn. 15 = FamRZ 2015, 913; *Cisch/Hufer/Karst* BB 2011, 1401 (1404 f.).

Anbieter oder Dienstleister bestimmen.[25] Die auf der Grundlage von Teilungskostentabellen ermittelten tatsächlich zu erwartenden Kosten bieten bei einem pauschalierenden Kostenansatz eine grundsätzlich geeignete Hilfestellung bei der Festlegung angemessener Obergrenzen (und Untergrenzen) für den Kostenabzug. Greift der Versorgungsträger für die Kostenkalkulation nicht auf externe Werte zurück, sondern legt seine Personal- und Sachkosten für die Einrichtung und Verwaltung des neuen Anrechts dar, sind die Kosten als Barwert anzugeben. Die barwertmäßige Betrachtung berücksichtigt, dass die Verwaltungskosten erst in der Zukunft anfallen. Die zu erwarteten Kosten sind dem Zeitpunkt zuzuordnen, zu dem sie anfallen, und auf den heutigen Tag abzuzinsen. Daneben kann eine Dynamik vorgesehen werden, um künftige Kostensteigerungen bei den Personal- und Sachkosten einzurechnen. Die über den erwarteten Verwaltungszeitraum jährlich anfallenden Kosten dürfen demnach nicht einfach aufsummiert werden.[26]

### VI. Begrenzung der Pauschalierung auf einen Höchstbetrag

Macht der Versorgungsträger von der Pauschalierung der Teilungskosten in Form eines Prozentsatzes des intern zu teilenden ehezeitlichen Kapitalwerts Gebrauch, ist eine Begrenzung auf einen Höchstbetrag erforderlich. In diesem Fall sind die pauschalen Teilungskosten für jedes Anrecht durch einen **Höchstbetrag** zu begrenzen, wobei ein Höchstbetrag von nicht mehr als **500 EUR** in der Regel[27] die Begrenzung auf einen angemessenen Kostenansatz gewährleistet.[28] Bedenken gegen eine grenzenlose prozentuale Berechnung der Teilungskosten sind deswegen begründet, weil der Kapitalwert des auszugleichenden Anrechts keinen Bezug zu dem durch den Ausgleich verursachten Verwaltungsaufwand hat. Der Kapitalwert des Anrechts lässt keinen Rückschluss auf die tatsächlich entstehenden Teilungskosten zu und dient damit lediglich als eine Pauschalierungsgrundlage, die ein ausgewogenes Verhältnis zwischen dem auszugleichenden Anrecht und den Teilungskosten und insoweit die Wahrung des Verhältnismäßigkeitsprinzips sicherstellen kann. Eine Pauschalierung auf dieser Grundlage geht zudem mit einer Mischkalkulation des Versorgungsträgers einher, nach der bei höherwertigen Anrechten höhere Teilungskosten umgelegt werden, als tatsächlich angefallen sind, damit im Gegenzug bei kleineren Anrechten auch niedrigere und den tatsächlichen Aufwand nicht deckende Teilungskosten erhoben werden können. Insoweit enthält die Mischkalkulation auch eine Komponente des sozialen Ausgleichs, weil bei der Verfolgung eines konsequenten Stückkostenansatzes das Risiko einer weitgehenden Aufzehrung kleinerer Anrechte durch die Teilungskosten in Kauf genommen werden müsste. Auch im Rahmen einer solchen Mischkalkulation wäre allerdings ein Kostenabzug unangemessen, der einerseits die Anrechte der Ehegatten empfindlich schmälern würde und andererseits außer Verhältnis zu dem tatsächlichen Aufwand des Versorgungsträgers stünde. Um dies zu vermeiden, ist es daher auch für diese Art der pauschalen Berechnung der Teilungskosten notwendig, die Teilungskosten für ein auszugleichendes Anrecht durch einen Höchstbetrag zu begrenzen.[29] 10

### VII. Verrechnung der Kosten

Der Abzug der Teilungskosten geschieht durch jeweils hälftige „Verrechnung", also Aufrechnung unter Schmälerung des Deckungskapitals der Anrechte von Ausgleichsberechtigtem und -pflichtigem. Dies privilegiert den Versorgungsträger bei der Durchsetzung der Kostenansprüche,[30] doch ergibt sich diese scheinbare Privilegierung aus der Aufrechnungslage. Die Anrechtsinhaber und -erwerber werden durch das Kontrollrecht des Familiengerichts bezüglich der Angemessenheit des Kostenabzugs hinreichend geschützt. Ein Ablöserecht durch direkte Zahlung der Teilungskosten von Ausgleichsberechtigtem und -pflichtigem an den Versorgungsträger erscheint zur Vermeidung einer Schmälerung der Altersvorsorge sinnvoll, ist aber – soweit ersichtlich – bislang nicht in Regelungen über das auszugleichende und das zu übertragene Anrecht realisiert. 11

### VIII. Keine Berücksichtigung fiktiver Teilungskosten

Werden geringfügige Anrechte als bloße Rechnungsposten in eine Gesamtsaldierung, etwa nach §§ 18, 31, eingestellt, bleiben fiktive Teilungskosten bei der Bemessung des Ausgleichswerts unberücksichtigt, wenn diese Anrechte selbst nicht zum Ausgleich herangezogen werden.[31] 12

[25] BGH NJW-RR 2015, 705 Rn. 17 = FamRZ 2015, 913; NJW-RR 2012, 643 Rn. 24 = FamRZ 2012, 942; *Lucius/Veit/Groß* BetrAV 2011, 52 (55).

[26] *Scholer* FamRZ 2015, 918; Anm. *Scholer* FamRZ 2015, 916 Rn. 13, 15.

[27] OLG München BeckRS 2017, 145952 = FamRZ 2018, 584 (800 €).

[28] BGH NJW-RR 2015, 707 Rn. 10 = FamRZ 2015, 916; NJW-RR 2015, 705 Rn. 14 = FamRZ 2015, 913.

[29] BGH-RR 2015, 707 Rn. 9 = FamRZ 2015, 916; NJW-RR 2015, 705 Rn. 13 = FamRZ 2015, 913; NJW 2012, 1281 Rn. 50 f. = FamRZ 2012, 610; NJW-RR 2012, 643 Rn. 19 f = FamRZ 2012, 942.

[30] *Häußermann* FPR 2009, 223 (226).

[31] BGH NJW 2017, 3229 Rn. 26 = FamRZ 2017, 1303; NJW 2017, 3226 Rn. 26, 29 = FamRZ 2017, 960.

## Unterabschnitt 3. Externe Teilung

### § 14 Externe Teilung

**(1) Das Familiengericht begründet für die ausgleichsberechtigte Person zulasten des Anrechts der ausgleichspflichtigen Person ein Anrecht in Höhe des Ausgleichswerts bei einem anderen Versorgungsträger als demjenigen, bei dem das Anrecht der ausgleichspflichtigen Person besteht (externe Teilung).**

**(2) Eine externe Teilung ist nur durchzuführen, wenn**
**1. die ausgleichsberechtigte Person und der Versorgungsträger der ausgleichspflichtigen Person eine externe Teilung vereinbaren oder**
**2. der Versorgungsträger der ausgleichspflichtigen Person eine externe Teilung verlangt und der Ausgleichswert am Ende der Ehezeit bei einem Rentenbetrag als maßgeblicher Bezugsgröße höchstens 2 Prozent, in allen anderen Fällen als Kapitalwert höchstens 240 Prozent der monatlichen Bezugsgröße nach § 18 Abs. 1 des Vierten Buches Sozialgesetzbuch beträgt.**

**(3) § 10 Abs. 3 gilt entsprechend.**

**(4) Der Versorgungsträger der ausgleichspflichtigen Person hat den Ausgleichswert als Kapitalbetrag an den Versorgungsträger der ausgleichsberechtigten Person zu zahlen.**

**(5) Eine externe Teilung ist unzulässig, wenn ein Anrecht durch Beitragszahlung nicht mehr begründet werden kann.**

**Schrifttum:** S. § 1587 BGB.

**Übersicht**



## I. Normzweck

1 Der **Unterabschnitt 3 „Externe Teilung"** enthält mit den §§ 14–17 die zweite Form des Wertausgleichs, die im Rahmen einer Scheidung zur Anwendung kommen kann. Sie ist durch den **Wertausgleich außerhalb des Versorgungssystems des auszugleichenden Anrechts** gekennzeichnet (§ 14 Abs. 1) und ist, wie § 9 Abs. 3 klarstellt, gegenüber der internen Teilung (§§ 10 ff.)

**nachrangig** und nur in den **vom Gesetz vorgesehen Fällen** zulässig, nämlich nach § 14 Abs. 2 und § 16 Abs. 1 sowie zwingend nach § 16 Abs. 2.[1] Nicht erfasst die Regelung als eine Form des Wertausgleichs **bei** Scheidung (§§ 9 ff.) **nicht ausgleichsreife Anrechte** (§ 19 Abs. 1 S. 1). Sie unterliegen allein dem **Ausgleich nach Scheidung** (§§ 20 ff.). Es bleibt insoweit nur der Weg über eine **Vereinbarung** der Eheleute (§§ 6 ff.), wenn sie mit der Scheidung eine abschließende Regelung des Versorgungsausgleichs und ggf. der gesamten Vermögensauseinandersetzung wünschen.

**Zweck der Bestimmungen zur externen Teilung** ist es, den besonderen Belangen der Beteiligten eines Versorgungsausgleichsverfahrens zu entsprechen.[2] Zwar geht der Gesetzgeber – zu Recht – davon aus, dass die interne Teilung grundsätzlich eine bestmögliche Teilhabe der Eheleute an den gemeinsam in der Ehe erwirtschafteten Anrechten gewährleistet.[3] Im Einzelfall kann es aber sinnvoller sein, einen Ausgleich in ein anderes Versorgungssystem zu wählen, etwa weil dort schon beträchtliche Anrechte für den Ausgleichsberechtigten bestehen (vgl. § 15 Abs. 1), die aufzufüllen sinnvoller erscheint als die Begründung neuer Anrechte beim Versorgungsträger des Ausgleichspflichtigen. Wünscht auch der Versorgungsträger der ausgleichspflichtigen Person die externe Teilung – etwa weil er den eigenen Verwaltungsaufwand bezüglich der für den Ausgleichberechtigten zu begründenden Anrechte oder das Langlebigkeitsrisiko des neuen Vorsorgemitglieds[4] scheut oder schlicht das berechtigte Interesse des Ausgleichsberechtigten akzeptiert und einwilligt –, so will **§ 14 Abs. 2 Nr. 1** diese **Teilung mittels Vereinbarung** ermöglichen (→ Rn. 12 ff.). Die Vorschrift dient damit der Stärkung der Privatautonomie.[5] Stehen nur geringe Ausgleichswerte in Rede, so kann das Interesse des Versorgungsträgers des auszugleichenden Anrechts dahin gehen, die externe Teilung zu wählen, etwa weil er – wie vor – den Verwaltungsaufwand scheut; in diesem Fall ermöglicht **§ 14 Abs. 2 Nr. 2** in den dort genannten Grenzen **die externe Teilung auch ohne Einverständnis der ausgleichsberechtigten Person** (→ Rn. 18 ff.). Die Möglichkeit der – einseitigen – **Wahl der externen Teilung durch den Versorgungsträger** erweitert § 17 für die internen Durchführungswege einer **betrieblichen Altersversorgung** (→ § 17 Rn. 1 ff.).[6] Im Übrigen ist durch das Erfordernis der Mitwirkung (§ 14 Abs. 2 Nr. 1) oder gar der Initiative des Versorgungsträgers (§ 14 Abs. 2 Nr. 2) gewährleistet, dass nicht gegen seinen Willen ein Abfluss von Finanzierungsmitteln aus dem Vorsorgesystem erfolgt. Er ist damit umfassend gegen die Durchführung einer externen Teilung gegen seinen Willen geschützt.[7] In den Fällen des § 16 ist die externe Teilung erforderlich, weil die interne Teilung für öffentlich-rechtliche Dienst- oder Amtsverhältnisse von Landes- und Kommunalbeamten erst möglich ist, wenn die Länder die notwendigen Regelungen für die Durchführung der internen Teilung erlassen haben – bisher wurde durch kein Bundesland die interne Teilung für öffentlich-rechtliche Dienst- oder Amtsverhältnisse für Beschäftigte der Länder eingeführt – bzw. weil die Besonderheiten des jeweiligen Dienst- bzw. Amtsverhältnisses diese Form der Teilung gebieten (§ 16 Abs. 2).[8] 2

Geschützt ist schließlich auch der Versorgungsträger der Zielversorgung. Mit Ausnahme der gesetzlichen Rentenversicherung (vgl. § 187 Abs. 1 Nr. 2 SGB VI – jedenfalls, soweit diese als subsidiärer Auffangversorgungsträger gem. § 15 Abs. 5 fungiert, → Rn. 23, 25) und der Versorgungsausgleichskasse (§ 15 Abs. 5) ist die externe Teilung nur mit Zustimmung des aufnehmenden Versorgungsträgers möglich (§ 222 Abs. 2 FamFG).[9] 3

Mit der in **§ 14 Abs. 3** vorgesehenen **entsprechenden Anwendung von § 10 Abs. 3** wird klargestellt, dass sich – wie bei der internen Teilung – die Regelungen für den **Vollzug der externen Teilung** aus dem **Recht der betroffenen Versorgungssysteme** ergeben (→ Rn. 22 ff.).[10] Der im Entwurf der Bundesregierung ursprünglich in Abs. 3 auch vorgesehene Verweis auf § 10 Abs. 2 – Möglichkeit der Verrechnung wie bei der internen Teilung[11] – ist demgegenüber als Redaktionsversehen auf Vorschlag des Rechtsausschusses des Deutschen Bundestages nicht Gesetz geworden.[12] Die entsprechende Anwendung ist auch bei Vorliegen der übrigen Voraussetzungen deshalb nicht zulässig (→ Rn. 42 f.). Der – erst auf Vorschlag des Rechtsausschusses eingefügte – **Abs. 4** stellt in 4

---

1 Johannsen/Henrich/*Holzwarth* Rn. 1.
2 BT-Drs. 16/10144, 57.
3 BT-Drs. 16/10144, 58.
4 Vgl. *Jaeger* FamRZ 2010, 1714 mwN.
5 HK-FamR/*Hauß* Rn. 3.
6 BT-Drs. 16/10144, 57.
7 Johannsen/Henrich/*Holzwarth* Rn. 7.
8 Johannsen/Henrich/*Holzwarth* Rn. 2.
9 Johannsen/Henrich/*Holzwarth* Rn. 7.
10 *Ruland* Versorgungsausgleich Rn. 709.
11 Dazu BT-Drs. 16/10144, 11 und 58.
12 BT-Drs. 16/11903, 103.

**Ergänzung zur verfahrensrechtlichen Bestimmung § 222 FamFG** auch materiellrechtlich klar, dass der abgebende Versorgungsträger der ausgleichspflichtigen Person bei einer externen Teilung den erforderlichen **Kapitalbetrag** an den aufnehmenden Versorgungsträger der ausgleichsberechtigten Person zu zahlen hat[13] (→ Rn. 45). **Abs. 5** stellt schließlich fest, dass eine externe Teilung unzulässig ist, wenn die Begründung eines Anrechts durch **Beitragsentrichtung** nicht mehr möglich ist (→ Rn. 73 ff.). Die Vorschrift gilt nicht bei der externen Teilung in den Fällen des § 16.[14]

5 **§ 15** regelt nähere **Einzelheiten des Wahlrechts nach § 14** bezüglich der **Zielversorgung** und der **Anforderungen,** denen sie in inhaltlicher und steuerlicher Hinsicht genügen muss (näher → § 15 Rn. 1 ff.). **§ 16** enthält besondere Regelungen bezüglich des **Ausgleichs von Anrechten aus einem öffentlich-rechtlichen Dienst und Amtsverhältnis** im Wege der externen Teilung. So gestattet § 16 Abs. 1 bezüglich des Ausgleichs solcher Anrechte die externe Teilung mit dem Weg in die gesetzliche Rentenversicherung, solange für öffentlich-rechtliche Anrechte noch keine Regelungen im Sinne einer internen Teilung geschaffen worden sind (→ § 16 Rn. 1 ff.).

## II. Externe Teilung (Abs. 1)

6 **1. Grundsatz.** Abs. 1 definiert den Grundsatz der externen Teilung: Das Familiengericht begründet für die ausgleichsberechtigte Person zulasten des Anrechts der ausgleichspflichtigen Person ein Anrecht in Höhe des Ausgleichswerts **bei einem anderen Versorgungsträger als demjenigen, dem das Anrecht der ausgleichspflichtigen Person angehört.** Der Ausgleich geschieht daher wie bei der internen Teilung durch **richterlichen Gestaltungsakt,**[15] nicht etwa schon durch die Vereinbarung. Durch ihn wird ein **Rechtsverhältnis** zwischen der **ausgleichsberechtigten Person** und **einem Versorgungsträger** hergestellt, der entweder der Wahl des Ausgleichsberechtigten entspricht oder bei Nichtausübung der Wahl durch den Ausgleichsberechtigten – so der Fall § 15 Abs. 5 (→ § 15 Rn. 1 ff.) – zur Begründung eines Anrechts in der gesetzlichen Rentenversicherung bzw. in der Versorgungsausgleichskasse bzw. im Fall des § 16 zwingend zur Begründung eines Anrechts in der gesetzlichen Rentenversicherung führt. Der Wahl der Zielversorgung bedarf nur im Falle von § 15 Abs. 3 der **Zustimmung der ausgleichspflichtigen Person;** denn im Übrigen wird die Rechtsstellung der ausgleichspflichtigen Person durch die externe Teilung nicht berührt. Meist ist sie für diese sogar günstiger, weil für die externe Teilung im Gegensatz zur internen Teilung durch den Versorgungsträger gem. § 13 keine Kosten erhoben werden dürfen (→ Rn. 14; → § 13 Rn. 1).

7 Zu teilen ist grundsätzlich jedes einzelne Anrecht. Besteht ein Anrecht aus mehreren Bausteinen, so ist die externe Teilung für jeden dieser Bausteine durchzuführen.[16] Zum Teil entstehen bei der Umgestaltung der betrieblichen Altersversorgung oder auch bei Umgestaltung des Versorgungsträgers ruhende Anrechte, die unter anderem der Wahrung des Besitzstandes dienen sollen. Dies ist zB bei den Nachfolgegesellschaften der Deutschen Bundespost der Fall.[17] In diesem Fall sind meist mindestens drei Anrechte zu teilen: bei der Nachfolgegesellschaft der Deutschen Bundespost (zB Telekom Technischer Service GmbH) ein laufendes Anrecht, das durch die Einzahlung von Beiträgen (nach dem Rentenbausteinmodell) wächst (TV „Kapitalkontenplan). Weiterhin hat diese Gesellschaft aus dem Tarifvertrag ZU Parallelverpflichtung für die Erfüllung der früher bei der Versorgungsanstalt der Deutschen Post (VAP) begründeten Anwartschaften einzustehen. Schließlich besteht bei der Versorgungsanstalt der Post ein entsprechendes Anrecht, das allerdings in der Regel ruht. Bei der externen Teilung ruhender Anrechte ist zu beachten, dass der Versorgungsträger entgegen Abs. 4, § 222 Abs. 3 FamFG nicht zur Zahlung des dem Ausgleichswert entsprechenden Kapitalbetrags an den Träger der Zielversorgung verpflichtet werden darf.

8 Abgetretene Anrechte sowie verpfändete und gepfändete Anrechte können nicht extern geteilt werden.[18] Schließen der Ausgleichsberechtigte und der Versorgungsträger, bei dem das Anrecht besteht, eine Vereinbarung, die die externe Teilung vorsieht, oder verlangt der Versorgungsträger, bei dem das auszugleichende Anrecht besteht, einseitig die externe Teilung, führt dies dazu, dass das Anrecht als nicht ausgleichsreif anzusehen ist.[19]

9 Die Begründung des neuen Anrechts auf der Grundlage der gerichtlichen Entscheidung erfolgt nach hM unabhängig von der Zahlung des Ausgleichswertes mit Rechtskraft der Entscheidung

---

[13] BT-Drs. 16/10144, 104; Erman/*Norpoth/Sasse* Rn. 8.
[14] Erman/*Norpoth/Sasse* Rn. 9.
[15] HK-VersAusglR/*Götsche* Rn. 13.
[16] Johannsen/Henrich/*Holzwarth* Rn. 5.
[17] BGH NJW-RR 2016, 772 = FamRZ 2016, 1245; NJW-RR 2016, 1479 = FamRZ 2016, 2076.
[18] OLG Zweibrücken NZFam 2018, 912; Johannsen/Henrich/*Holzwarth* Rn. 5.
[19] Palandt/*Brudermüller* § 19 Rn. 8; OLG Zweibrücken NZFam 2018, 912; OLG Oldenburg FamRZ 2014, 1370.

über den Versorgungsausgleich.[20] Fraglich ist, ob die Leistungspflicht durch den aufnehmenden Versorgungsträger von der Zahlung des Ausgleichswertes abhängig gemacht werden kann.[21] Eine entsprechende Regelung wäre dahingehend auszulegen, dass das Anrecht des Ausgleichsberechtigten entsprechend der gerichtlichen Entscheidung mit Rechtskraft entsteht und dynamisiert wird, der Versorgungsträger jedoch im Fall seiner Inanspruchnahme dem Ausgleichsberechtigten entgegenhalten kann, dass der dem Ausgleichswert entsprechende Kapitalbetrag nicht beizutreiben gewesen sei. Dann entsteht aber keine angemessene Versorgung für den Ausgleichsberechtigten; denn er hat regelmäßig keinen Einfluss darauf, wann und ob der Versorgungsträger des Ausgleichspflichtigen den Kapitalbetrag an den Zielversorgungsträger bezahlt. Außerdem wäre die durch das Gericht zum Vollzug der externen Teilung angeordnete Zahlungsverpflichtung nicht in vergleichbarer Weise gegen Insolvenz geschützt wie der Versorgungsanspruch des ausgleichspflichtigen Ehegatten. Der Ausgleichsberechtigte wäre in diesem Fall aber auch dadurch rechtlos gestellt, dass es für ihn keine Möglichkeit gibt, anderweit, etwa nach §§ 20 ff. den Ausgleichsanspruch noch geltend zu machen. Abgesehen davon, dass diese Vorschriften aus systematischen Gründen nicht anwendbar sind, wenn ein Anrecht nach den Vorschriften über den Wertausgleich bei der Scheidung geteilt werden kann, spricht hiergegen auch, dass der Ausgleichspflichtige nur aus dem geteilten Anrecht eine gekürzte Versorgung bezieht, die nicht erneut geteilt werden kann.

§ 120g SGB VI enthält für die gesetzliche Rentenversicherung als subsidiärer Auffangversorgungsträger eine Ausnahmebestimmung, dass das Anrecht des Ausgleichsberechtigten erst mit Zahlungseingang des dem Ausgleichswert entsprechenden Kapitals entsteht und mit den zu diesem Zeitpunkt geltenden Umrechnungsfaktoren in eine Anwartschaft auf eine gesetzliche Rente umzurechnen ist (→ § 15 Rn. 19 ff.). Diese Bestimmung stellt aber das oben gefundene Ergebnis nicht in Frage. § 120g SGB VI ist eine nicht verallgemeinerungsfähige Sonderregelung. Außerdem kann der Ausgleichsberechtigte das mit dieser Bestimmung verbundene Risiko vermeiden, indem er die gesetzliche Rentenversicherung als Zielversorgungsträger bestimmt. Allerdings zeigt diese Ausnahmebestimmung, dass es grundsätzlich richtig ist, für die Entstehung des Anrechts auf die mit Rechtskraft eintretende Gestaltungswirkung der gerichtlichen Entscheidung und nicht auf die Zahlung des Kapitalbetrags – sei es auch mittelbar in Form eines Leistungsverweigerungsrechts – abzustellen. Die Vorschrift hat ihre systematische Rechtfertigung dadurch, dass hier der gesetzlichen Rentenversicherung ein Anrecht unabhängig von ihrer Zustimmung aufgezwungen wird. Die Beschränkung auf das dem Zahlbetrag entsprechende Anrecht ist gerechtfertigt, weil auch die gesetzliche Rentenversicherung die Zustimmung zur externen Teilung verweigern kann, wenn Bedenken hinsichtlich der Bonität des Versorgungsträgers, bei dem das auszugleichende Anrecht besteht, veranlasst sind[22] (→ § 15 Rn. 7). Eine vergleichbare Regelung enthält auch §§ 4, 7 der Satzung der Versorgungsausgleichskasse, die ebenfalls als subsidiärer Auffangversorgungsträger fungiert (→ Rn. 85). 10

Mit Zahlung des vom Gericht festgesetzten Kapitalbetrages an den Versorgungsträger der ausgleichsberechtigten Person wird der Versorgungsträger der ausgleichspflichtigen Person insoweit von seiner Zahlungspflicht befreit. Das Anrecht des Ausgleichspflichtigen wird mit Rechtskraft der familiengerichtlichen Entscheidung gekürzt. Insoweit beschränken sich die Rechte und Pflichten des Versorgungsträgers des ausgleichspflichtigen Ehegatten gegenüber diesem auf den nach der Teilung verbleibenden Anteil. Für die betriebliche Altersversorgung ist damit zugleich klargestellt, dass die Zusage des Arbeitgebers der ausgleichpflichtigen Person insoweit erlischt.[23] Wie die Entscheidung umzusetzen ist, ergibt sich aus den Rechtsgrundlagen des Versorgungsträgers, bei dem das zu teilende Anrecht besteht. Die Entscheidung des Familiengerichts hat insoweit regelmäßig keine Bindungswirkung.[24] 11

**2. Anderer Versorgungsträger.** Der andere Versorgungsträger iSv Abs. 1 ist **jeder Versorgungsträger, nur nicht der der ausgleichspflichtigen Person.** Dies darf nicht zu eng verstanden werden: Eine externe Teilung liegt auch vor, wenn der Versorgungsträger der ausgleichspflichtigen Person für die ausgleichsberechtigte Person ein Anrecht begründet, das einem anderen Versorgungssystem angehört.[25] Demgegenüber wird teilweise[26] eine interne Teilung auch ange- 12

[20] BGH FamRZ 2016, 1144 = BeckRS 2016, 9156; NJW 2013, 1240 = FamRZ 2013, 773; Johannsen/Henrich/*Holzwarth* Rn. 25; vermittelnd Erman/*Norpoth/Sasse* Rn. 15; aA HK-BGB/*Kemper* Rn. 7: Eingang der Zahlung beim aufnehmenden Versorgungsträger maßgebend.

[21] Erman/*Norpoth/Sasse* Rn. 15.

[22] Hauck/Noftz/*Jenner,* 6/2015, SGB VI § 120g Rn. 4.

[23] BT-Drs. 16/10144, 58.

[24] BGH NJW 2018, 1961 Rn. 42 = FamRZ 2018, 894.

[25] OLG Brandenburg FamRZ 2016, 1276 = BeckRS 2016, 04438; FamRZ 2016, 821 = BeckRS 2016, 02104; Erman/*Norpoth/Sasse* Rn. 2.

[26] OLG Karlsruhe FamRZ 2017, 100.

nommen, wenn der Versorgungsträger das fondsgebundene bei ihm aus einer betrieblichen Altersversorgung bestehende Anrecht ausgleichen will, indem er für den Ausgleichsberechtigten bei einer Lebensversicherung ein Anrecht in Form einer klassischen Rentenversicherung begründet. Zwar hat der BGH[27] entschieden, dass es von dem Ermessen des Versorgungsträgers gem. § 11 gedeckt sei, in seiner Teilungsordnung vorzusehen, dass für den Ausgleichsberechtigten ein Anrecht nicht in dieselbe fondsgebundene Versorgung übertragen werde, wie sie für den Ausgleichspflichtigen vorgesehen sei, sondern dass ein Anrecht in eine Rentenversicherung übertragen werden solle, mit der Folge, dass Erträge nicht in den Erwerb von Fondsanteilen reinvestiert werden sollen, sondern unmittelbar die zu erwartende Ablaufleistung erhöhen. Allerdings betraf diese Entscheidung ein Anrecht, das nur teilweise fondsgebunden war. Im Übrigen spricht gegen eine derart weitgehende Änderung, dass für den Ausgleichsberechtigten kein Anrecht mit einer vergleichbaren Wertentwicklung mehr entsteht. Dies Verfahren wäre daher nur im Wege der externen Teilung möglich.[28] Hat der Ausgleichspflichtige Anrechte der betrieblichen Altersversorgung auszugleichen, so kann sich der Ausgleichsberechtigte für die Begründung eines Anrechts in einer Lebensversicherung entscheiden. Hier wird er aber – im Gegensatz zum Ausgleich durch interne Teilung (→ § 10 Rn. 9) – **steuerliche Fragen** zu beachten haben (→ § 15 Rn. 11). Auch muss die Versorgung des gewählten Versorgungsträgers (Zielversorgung) eine **angemessene Versorgung** gewährleisten (§ 15 Abs. 2, → § 15 Rn. 6 ff.).

13 **3. Ausgleichswert.** Wie bei der internen Teilung ist für die Höhe des zu begründenden Anrechts der Ausgleichswert entscheidend. Nach § 1 Abs. 1 ist das grundsätzlich die Hälfte des Werts des ehezeitlichen Anteils des auszugleichenden Anrechts, wobei das **nicht unbedingt die mathematische Hälfte** sein muss, es können sich aufgrund der Versorgungsregelungen, die für die Durchführung im Einzelnen (vgl. Abs. 3 iVm § 10 Abs. 3; → Rn. 23 f.) maßgeblich sind, Abweichungen ergeben. Im Einzelnen → § 10 Rn. 6). Der Ausgleichswert ist grundsätzlich in der Bezugsgröße zu bestimmen, die für das auszugleichende Anrecht gilt (§ 5 Abs. 1). Das können zB Fondsanteile, Steigerungszahlen, Punktwerte oder ähnliche Rechengrößen sein. An den Zielversorgungsträger ist allerdings der dem Ausgleichswert entsprechende Kapitalbetrag zu leisten (Abs. 4). Dieser wird grundsätzlich ermittelt, indem bezogen auf den maßgeblichen Stichtag der korrespondierende Kapitalwert des auszugleichenden Anrechts ermittelt wird, sofern nicht ohnehin ein Kapitalwert Bezugsgröße ist (→ Rn. 45 ff.). Weiterhin ist auch bei der externen Teilung die Wertentwicklung des Anrechts zwischen Ehezeitende und Rechtskraft der Entscheidung zu berücksichtigen (→ Rn. 45 ff.).

14 Keine Frage der Halbteilung ist die Wertentwicklung des Anrechtes bei dem aufnehmenden Versorgungsträger. Der Halbteilungsgrundsatz zielt nur darauf ab, dass der Ehezeitanteil des Anrechts des Ausgleichspflichtigen hälftig zwischen den Ehegatten aufgeteilt wird. Durch das Wahlrecht hat es der Ausgleichsberechtigte in der Hand, auf die Begründung eines Anrechts hinzuwirken, das sich hinsichtlich Umfang der abgedeckten Risiken, Wertentwicklung, aber auch steuer- und sozialversicherungsrechtlicher Behandlung im Leistungsfall von dem Anrecht des Ausgleichspflichtigen unterscheidet. Diese Versorgung muss nur „angemessen" sein (§ 15 Abs. 2), aber kein Anrecht erwarten lassen, das den strengen Vorgaben des Halbteilungsgrundsatzes bei der internen Teilung gem. § 11 entspricht.[29] Der BGH spricht insoweit davon, dass es von der Gestaltungsfreiheit des Gesetzgebers umfasst sei, zu entscheiden, ob eine dem Halbteilungsgrundsatz entsprechende Teilhabe an dem auszugleichenden Anrecht konzeptionell unter dem Gesichtspunkt einer auf den Zeitpunkt der künftigen Leistungserbringung bezogenen **Verteilungsgerechtigkeit** (bei interner Teilung) oder von einer auf den Zeitpunkt der Scheidung bezogenen **Tauschgerechtigkeit** (bei externer Teilung) erreicht werden soll.[30] Für die externe Teilung bedeutet dies, dass die Teilhabe an dem in der Ehe erworbenen Vorsorgevermögen dadurch verwirklicht wird, dass dem Ausgleichsberechtigten die Hälfte des nach versicherungsmathematischen Kriterien ermittelten Werts des ehezeitlich erworbenen Vorsorgevermögens zu dem relevanten Stichtag zugewiesen wird.[31] Umstritten ist, ob es sachlich gerechtfertigt ist, dass Anrechte im unmittelbaren Durchführungsweg der betrieblichen Altersversorgung bis zur Grenze des § 17 auf Verlangen des Versorgungsträgers extern zu teilen sind, während der Versorgungsträger dies sonst nur erzwingen kann, wenn die Grenze des Abs. 2 Nr. 2 nicht

[27] BGH NJW 2014, 2728 Rn. 12 = FamRZ 2014, 1534.
[28] Ebenso iE Erman/*Norpoth/Sasse* Rn. 2; OLG Nürnberg NZFam 2019, 184.
[29] Vgl. hierzu *Siede* FamRB 2015, 70; krit. dazu *Bergner* NZFam 2015, 147.
[30] BGH NJW-RR 2016, 961 = FamRZ 2016, 1435; NJW-RR 2016, 1479 = FamRZ 2016, 2076; NZFam 2016, 1186 = FamRZ 2016, 2000; FamRZ 2016, 1847 red. Ls. = BeckRS 2016, 14018; NJW-RR 2016, 1281 = FamRZ 2016, 1654.
[31] BGH NJW-RR 2016, 514 = FamRZ 2016, 781.

überschritten ist.[32] Zum Teil wird vertreten, die unterschiedliche Behandlung der Anrechte verstoße gegen Art. 3 GG.[33] Insoweit wird der Schutz des Interesses des Arbeitgebers, keine betriebsfremden Personen in sein Versorgungswerk aufnehmen zu müssen, aber einen sachlich gerechtfertigten Grund für die Differenzierung geben. Es ist nicht erforderlich, dass die unterschiedliche Behandlung der Anrechte zwingend geboten ist.[34]

Die durch die interne Teilung entstehenden **Kosten** können den Ehegatten je hälftig auferlegt werden (§ 13). Dies geschieht, indem der Ausgleichswert um die hälftigen Teilungskosten vermindert wird. Für die externe Teilung ist keine entsprechende Bestimmung vorgesehen. Dies bedeutet, dass der Versorgungsträger der auszugleichenden Versorgung den Ausgleichspflichtigen nicht mit Kosten des Versorgungsausgleichs belasten darf. Der Ausgleichsberechtigte trägt die Kosten der externen Teilung letztlich anteilig mit, indem die Verwaltungskosten des Zielversorgungsträgers in die Kalkulation der bei diesem bestehenden Anrechte ertragsschmälernd einzurechnen sind.[35] 15

## III. Externe Teilung kraft Vereinbarung oder einseitigen Verlangens des Versorgungsträgers (Abs. 2)

**1. Voraussetzungen der externen Teilung.** Abs. 2 nennt die näheren – einengenden – Voraussetzungen für die Zulässigkeit des **Ausnahmefalls** (→ Rn. 1) der externen Teilung. Sind die Voraussetzungen erfüllt, ist das Familiengericht an die Wahl der externen Teilung einschließlich der Wahl der Zielversorgung gebunden.[36] § 222 Abs. 1 FamFG ergänzt die Regelungen dadurch, dass das Familiengericht dem Versorgungsträger, bei dem das auszugleichende Anrecht besteht, und dem Ausgleichsberechtigten eine Frist setzen kann, innerhalb derer das Recht, die externe Teilung zu verlangen, ausgeübt werden muss, und dass das Familiengericht dem Ausgleichsberechtigten eine Frist setzen kann, innerhalb derer das Wahlrecht hinsichtlich der Zielversorgung auszuüben ist. Nach zutreffender Ansicht handelt es sich nicht um eine Ausschlussfrist (→ § 15 Rn. 26). Haben allerdings der Ausgleichsberechtigte und/oder der Versorgungsträger das Recht, die externe Teilung zu verlangen, versäumt, und ist im Übrigen die Sache entscheidungsreif, ist das Anrecht intern zu teilen. Übt der Ausgleichsberechtigte das Wahlrecht, einen Zielversorgungsträger zu benennen, nicht fristgerecht aus, greift § 15 Abs. 5 mit der Folge der Durchführung der externen Teilung in die gesetzliche Rentenversicherung bzw. in die Versorgungsausgleichskasse (→ § 15 Rn. 19 ff.). 16

**2. Externe Teilung kraft Vereinbarung zwischen der ausgleichsberechtigten Person und dem Versorgungsträger der ausgleichspflichtigen Person (Abs. 2 Nr. 1).** Die Bestimmung ermöglicht die externe Teilung, wenn die ausgleichsberechtigte Person und der Versorgungsträger der ausgleichpflichtigen Person sie vereinbaren. Die ausgleichsberechtigte Person wird die externe Teilung wählen, wenn sie eine bereits bei einem anderen Versorgungsträger bestehende Versorgung ausbauen will oder eine bestimmte neue Versorgung bei einem anderen Versorgungsträger begründen möchte, der Versorgungsträger wird der externen Teilung zustimmen, wenn er ein Interesse daran hat, die ausgleichsberechtigte Person nicht im eigenen Versorgungssystem aufzunehmen (→ Rn. 2) und hinreichend liquide ist[37] (→ Rn. 1). Die Bestimmung ermöglicht es der ausgleichsberechtigten Person und dem Versorgungsträger, selbst über **hohe Ausgleichswerte** Vereinbarungen zu treffen. Die ausgleichsberechtigte Person trägt dann allerdings die – in der Regel anders gelagerten – **Chancen und die Risiken,** die mit der gewählten Zielversorgung verbunden sind; das gilt es **abzuwägen.** 17

Die Vereinbarung iSv Abs. 2 Nr. 1 ist eine Abrede zwischen der ausgleichsberechtigten Person und dem Versorgungsträger der ausgleichspflichtigen Person. Sie hat lediglich die Durchführung der externen Teilung anstelle der internen Teilung zum Gegenstand.[38] Demgegenüber steht auch im Fall der Vereinbarung mit dem Versorgungsträger, bei dem das auszugleichende Anrecht besteht, dem ausgleichsberechtigten Ehegatten das Recht zu, den Versorgungsträger der Zielversorgung zu bestimmen.[39] Nach anderer Ansicht soll die Bestimmung des Trägers der Zielversorgung notwendiger Bestandteil einer Abrede über die externe Teilung zwischen Versorgungsträger des ausgleichs- 18

[32] Vgl. hierzu BGH NJW-RR 2016, 514 = FamRZ 2016, 781; *Siede* FamRB 2015, 70; aA *Hauß* FS Brudermüller, 2014, 277 ff.; *Bergner* NZFam 2015, 147; offengelassen von BVerfG NZFam 2016, 66 = FamRZ 2015, 2123; FamRZ 2017, 705 = BeckRS 2017, 108768.

[33] *Hauß* FS Brudermüller, 2014, 277 ff.; OLG Hamm BeckRS 2018, 27740 (Vorlagebeschluss).

[34] *Siede* FamRB 2015, 70.

[35] BGH NJW-RR 2016, 514 = FamRZ 2016, 781 Rn. 25; Erman/*Norpoth/Sasse* Rn. 7.

[36] BT-Drs. 16/10144, 58; *Borth* Versorgungsausgleich Kap. 3 Rn. 87.

[37] BT-Drs. 16/10144, 58.

[38] *Ruland* Versorgungsausgleich Rn. 725.

[39] HK-VersAusglR/*Götsche* Rn. 33; *Borth* Versorgungsausgleich Kap. 3 Rn. 93; Johannsen/Henrich/*Holzwarth* Rn. 8.

pflichtigen Ehegatten und ausgleichsberechtigtem Ehegatten sein.[40] Gegen diese Auffassung spricht aber, dass gem. § 15 Abs. 1, 2 der Ausgleichsberechtigte in allen Fällen der externen Teilung gem. § 14 den Zielversorgungsträger wählen kann und dass § 14 Abs. 2 Nr. 1 als Gegenstand der Vereinbarung nur die Teilungsform der externen Teilung erwähnt. Allerdings kann die Bestimmung des Versorgungsträgers, bei dem das Recht begründet werden soll, auch in die Vereinbarung aufgenommen werden. Ist die Bestimmung des Versorgungsträgers unwirksam (zB weil dieser der Begründung eines Anrechts für den ausgleichsberechtigten Ehegatten nicht zustimmt), ist es eine Frage des Einzelfalles, ob dadurch auch die Vereinbarung der externen Teilung gem. § 139 BGB unwirksam ist.[41] Dies kommt etwa in Betracht, wenn der Versorgungsträger des ausgleichspflichtigen Ehegatten die Zustimmung davon abhängig gemacht hat, dass die externe Teilung durch Begründung eines Anrechts in einem seiner Versorgungswerke vollzogen wird.

19 Einer besonderen **Form** bedarf die Vereinbarung nicht, insbesondere bedarf sie nicht der notariellen Beurkundung nach § 7 Abs. 1, da es nicht um eine Vereinbarung unter den Ehegatten (§§ 6 ff.) geht.[42]

20 Wird die Vereinbarung im Rahmen eines Scheidungsverfahrens geschlossen, gilt für sie nicht der **Anwaltszwang.**[43] Deshalb kann der Versorgungsträger des ausgleichspflichtigen Ehegatten dem ausgleichsberechtigten Ehegatten ein Angebot über die Durchführung der externen Teilung unterbreiten, ohne den Anwalt des ausgleichsberechtigten Ehegatten einzuschalten. Die ausgleichsberechtigte Person muss allerdings in der Lage sein, die Vereinbarung gegenüber dem Familiengericht gemäß § 222 Abs. 2 FamFG fristgemäß nachzuweisen; deshalb sollte sie in schriftliche Form erfolgen.[44]

21 Einer **Mitwirkung** – Zustimmung – des Ausgleichspflichtigen bedarf es nur im Ausnahmefall negativer steuerlicher Auswirkungen der externen Teilung für ihn (§ 15 Abs. 3; → § 15 Rn. 13).[45]

22 Allerdings muss die Zielversorgung iSv § 15 Abs. 2 geeignet sein (→ § 15 Rn. 6 ff.). Die Versorgungsregelung der Zielversorgung muss zudem die gewählte Art der externen Teilung zulassen. Daran fehlt es bei der Beamtenversorgung (§ 3 BeamtVG und die entsprechenden Regelungen der Länder). In der berufsständischen Versorgung ist es eine Frage der Satzung, unter welchen Bedingungen die externe Teilung zulässig ist.[46] Die Satzung der VBL sieht für die Zusatzversorgung des öffentlichen Dienstes den Erwerb von Anrechten im Wege der externen Teilung nicht vor.

23 Auch muss der Träger der Zielversorgung mit der Wahl einverstanden sein (§ 222 Abs. 2 FamFG). Fraglich ist, ob die externe Teilung nicht durchgeführt werden kann, oder aber in einen Auffangversorgungsträger gem. § 15 Abs. 5 durchzuführen ist, wenn der vom Ausgleichsberechtigten bestimmte Versorgungsträger nicht innerhalb einer vom Familiengericht bestimmten Frist der Durchführung der externen Teilung zustimmt. Hier sprechen die besseren Gründe dafür, dass dann die externe Teilung durch Begründung eines Anrechtes bei einem Auffangversorgungsträger durchzuführen ist; denn § 222 FamFG unterscheidet zwischen der Frist für die Ausübung des Wahlrechts für die externe Teilung und der Frist für die Bestimmung der Zielversorgung.[47] Die Zustimmung des aufnehmenden Versorgungsträgers ist nicht erforderlich, wenn die gesetzliche Rentenversicherung im Falle der Nichtausübung des Wahlrechts nach § 15 Abs. 1 oder 2 nach § 15 Abs. 5 als „Auffangversorgungsträger" dient; gemäß § 120g SGB VI werden in diesem Fall die begründeten Anrechte allerdings auch erst mit Zahlungseingang bei der gesetzlichen Rentenversicherung durch Umrechnung des Zahlungsbetrags anhand der dann geltenden Umrechnungsfaktoren erworben, nicht bereits mit Rechtskraft der Entscheidung des Familiengerichts (→ Rn. 85). Weiterhin ist im Fall des § 15 Abs. 5 S. 2 auch die Zustimmung der Versorgungsausgleichskasse nicht erforderlich. Unabhängig davon sind aber auch diese Auffangversorgungsträger als Beteiligte zum Verfahren hinzuzuziehen (§ 219 Nr. 3 FamFG) und rechtzeitig zu hören.[48]

24 In der gesetzlichen Rentenversicherung eröffnet der novellierte § 187 Abs. 1 Nr. 2 SGB VI iVm §§ 14 Abs. 2 Nr. 1, 15 Abs. 1 nunmehr die Möglichkeit, zB statt der internen Teilung von

---

40 *Ruland* Versorgungsausgleich Rn. 726.

41 Johannsen/Henrich/*Holzwarth* Rn. 9; *Borth* Versorgungsausgleich Kap. 3 Rn. 93; HK-VersAusglR/*Götsche* Rn. 33.

42 AA *Ruland* Versorgungsausgleich Rn. 723: Schriftform erforderlich.

43 HK-VersAusglR/*Götsche* Rn. 30.

44 So auch Johannsen/Henrich/*Holzwarth* Rn. 10.

45 HK-VersAusglR/*Götsche* § 15 Rn. 27; *Ruhland* Versorgungsausgleich Rn. 627.

46 In den Satzungen der unter der Bayerischen Versorgungskammer zusammengefassten berufsständischen Versorgung ist zB die Begründung eines Anrechts im Weg der externen Teilung für Nichtmitglieder nicht vorgesehen.

47 OLG Brandenburg FamRZ 2011, 1231.

48 BGH NJW-RR 2017, 970 = FamRZ 2017, 727; Prütting/Helms/*Wagner* FamFG § 219 Rn. 4, 15.

**Betriebsrenten** aufgrund einer **Vereinbarung zwischen der ausgleichberechtigten Person und dem Versorgungsträger der ausgleichspflichtigen Person** selbst hohe Beiträge zur Begründung einer Rentenanwartschaft in die **gesetzlichen Rentenversicherung** zu zahlen.[49] Andererseits kommt zB die Wahl der Beamtenversorgung als Zielversorgung nicht in Betracht, da § 3 Abs. 2 BeamtVG das nicht zulässt. Die **private Altersvorsorge** bietet sich ebenfalls als Zielversorgung an. Nach anfänglichem Zögern zeigen sich die Träger der privaten Altersvorsorge zunehmend bereit, im Wege der externen Teilung ein Anrecht zu begründen oder zu erweitern.

Im VersAusglG nicht ausdrücklich erwähnt ist die Möglichkeit der **Vereinbarung der externen Teilung durch die Ehegatten,** etwa durch eine vor Beginn des Scheidungsverfahrens getroffene notarielle Vereinbarung (§§ 6, 7 Abs. 1). Von der Möglichkeit einer solchen Vereinbarung geht selbst die Gesetzesbegründung aus.[50] So kann etwa – vorbehaltlich der Zustimmung des betroffenen Versorgungsträgers – der Ausgleich eines bestimmten Anrechts im Wege der externen Teilung in die gesetzliche Rentenversicherung vereinbart werden. Ein solcher Fall liegt allerdings nicht vor, wenn die Ehegatten gemäß Vereinbarung zB eine für den Ausgleichsverpflichteten bestehende betriebliche Altersversorgung im Versorgungsausgleich unangetastet lassen wollen und für den Ausgleichberechtigten zum Ausgleich **Beiträge in die gesetzliche Rentenversicherung** eingezahlt werden sollen[51] (vgl. § 187 Abs. 1 Nr. 2 SGB VI). In diesem Fall handelt es sich nicht um eine externe Teilung iSv § 14. Denn das beim Träger der Versorgung des Ausgleichspflichtigen bestehende Anrecht ist entsprechend der Intention der Ehegatten gar nicht berührt. Allerdings ist der Träger des Anrechts gleichwohl zu beteiligen, da er prüfen muss, ob das bei ihm bestehende Anrecht zu Recht vom Ausgleich ausgenommen wurde; denn die Rechtskraft der Entscheidung, dass hinsichtlich des bei ihm bestehenden Anrechts der Wertausgleich nicht stattfindet, wirkt auch für und gegen diesen (vgl. § 224 Abs. 3 FamFG). Natürlich bedarf auch die Realisierung einer solchen Vereinbarung der **Entscheidung des Familiengerichts.** Es hat entsprechend der Vereinbarung der Ehegatten den Versorgungsausgleich durch gestaltende Entscheidung durchzuführen und gleichzeitig festzustellen, dass hinsichtlich des Anrechts, das unangetastet bleiben soll, der Versorgungsausgleich nicht stattfindet (§ 224 FamFG). Das Familiengericht ist an die Vereinbarung aber gebunden, wenn keine Wirksamkeits- oder Durchsetzungshindernisse bestehen (§ 6 Abs. 2). Ist durch § 187 Abs. 1 Nr. 2 SGB VI schon generell die Möglichkeit einer solchen Regelung des Versorgungsausgleichs durch die Ehegatten gegeben, so bedarf es im Übrigen aber immer der **Zustimmung des aufnehmenden Versorgungsträgers** (§ 8 Abs. 2). 25

Wählen der Ausgleichsberechtigte und der Versorgungsträger des Ausgleichpflichtigen oder die Ehegatten eine **nach § 15 Abs. 2 ungeeignete Zielversorgung,** so wird das Familiengericht zu klären haben, ob dies zur Unwirksamkeit der Vereinbarung insgesamt führt **(§ 139 BGB)** – mit der Folge, dass die vom Gesetz als Regelfall vorgesehene interne Teilung durchzuführen ist – oder ob es bei der externen Teilung verbleibt und als Zielversorgung die gesetzliche Rentenversicherung oder, soweit es um den Ausgleich von Anrechten nach dem Betriebsrentengesetz geht, die Versorgungsausgleichskasse nach § 15 Abs. 5 zu bestimmen ist (→ § 15 Rn. 15 f.). 26

**3. Externe Teilung kraft einseitigen Verlangens des Versorgungsträgers der ausgleichspflichtigen Person (Abs. 2 Nr. 2).** Nach Abs. 2 Nr. 2 ist die externe Teilung auf – einseitiges – Verlangen des Versorgungsträgers der ausgleichspflichtigen Person durchzuführen. Dieses Wahlrecht des Versorgungsträgers ist **bedingungsfeindlich** (→ § 15 Rn. 4); denn es handelt sich um ein Gestaltungsrecht, das durch einseitige Willenserklärung gegenüber dem Familiengericht auszuüben ist.[52] Weiterhin ist die Ausübung des Wahlrechts deshalb auch unwiderruflich und bindend.[53] Der Versorgungsträger kann nur dann die externe Teilung fordern, wenn dies nach seinen – ggf. auch untergesetzlichen – Vorschriften für die Durchführung des Versorgungsausgleichs (Satzung, Teilungsordnung) vorgesehen ist. 27

Kann durch Kapitalzahlung kein Anrecht zugunsten des Ausgleichsberechtigten mehr begründet werden, ist die externe Teilung unzulässig (§ 14 Abs. 5). Dies kommt vor allem dann in Betracht, wenn für den Ausgleichsberechtigten bereits eine Vollrente wegen Alters bewilligt wurde und ein Anrecht im Weg der externen Teilung bei der gesetzlichen Rentenversicherung begründet werden soll (§ 187 Abs. 4 SGB VI).[54] Bezieht der Ausgleichsberechtigte bereits eine Erwerbsminderungsrente, kann zwar auch diese durch Beitragszahlung nicht mehr erhöht werden (§ 75 Abs. 2 S. 2 Nr. 2 SGB VI). Allerdings steht dies der externen Teilung nicht entgegen, weil durch Beitragszahlung 28

49 Vgl. auch *Ruland* Versorgungsausgleich Rn. 727.
50 BT-Drs. 16/10144, 53; Johannsen/Henrich/*Holzwarth* Rn. 11; Palandt/*Brudermüller* Rn. 2.
51 Vgl. BT-Drs. 16/10144, 53; so auch Johannsen/Henrich/*Holzwarth* Rn. 11.
52 BT-Drs. 16/10144, 59; Johannsen/Henrich/*Holzwarth* Rn. 14.
53 Johannsen/Henrich/*Holzwarth* Rn. 14; HK-VersAusglR/*Götsche* Rn. 50.
54 *Ruland* Versorgungsausgleich Rn. 743.

die Anwartschaft auf eine Altersrente noch erhöht werden kann.[55] Für die externe Teilung einer Anwartschaft aus einem öffentlich-rechtlichen Dienst- oder Amtsverhältnis gelten diese Einschränkungen nicht.[56] Weiterhin kann auch in der Versorgungsausgleichskasse nach Erreichen der Altersgrenze durch externe Teilung ein Anrecht begründet werden, aus dem ab dem auf die Rechtskraft der Entscheidung des Familiengerichts folgenden Monat eine Altersrente zu leisten ist.[57]

**29** Hat das Familiengericht gem. § 222 FamFG dem Versorgungsträger eine Frist für die Ausübung des Wahlrechts für die externe Teilung gesetzt, kann nach Fristablauf die externe Teilung nicht mehr verlangt werden, wenn das Verfahren im Übrigen entscheidungsreif ist. Das Recht, die externe Teilung zu verlangen, kann bis zu diesem Zeitpunkt aber auch nach Fristablauf und ggf. auch im Beschwerdeverfahren noch ausgeübt werden;[58] nach aA löst die Fristsetzung eine **Ausschlussfrist** aus.[59] Gegen diese Auffassung spricht aber, dass der Zweck des § 222 FamFG, das Verfahren effektiv zu führen, auch erreicht wird, wenn das Recht gem. Abs. 2 nach Ablauf der Frist, aber zu einem Zeitpunkt ausgeübt wird, zu dem das Verfahren noch nicht entscheidungsreif ist. Weiterhin ist es dem Gericht in vielen Fällen auch nicht möglich, wirksam eine Ausschlussfrist zu setzen. Insbesondere ist der Versorgungsträger berechtigt, das Verlangen der externen Teilung (bzw. die Vereinbarung) davon abhängig zu machen, dass ein bestimmter Zielversorgungsträger gewählt wird.[60] Dies hängt unter anderem davon ab, dass der Ausgleichsberechtigte innerhalb der ebenfalls durch das Gericht gem. § 222 FamFG zu setzenden Frist nachweist, dass der Zielversorgungsträger mit der Begründung eines entsprechenden Anrechts im Weg der externen Teilung einverstanden ist.

**30** Das Recht, durch Vereinbarung bzw. einseitig die externe Teilung zu verlangen und einen Zielversorgungsträger zu bestimmen, sind materiell-rechtliche **Gestaltungsrechte.** Sie sind daher für die Beteiligten grundsätzlich bindend, wenn sie wirksam ausgeübt wurden.[61] Daher ist es den Beteiligten grundsätzlich möglich, die Wahl der externen Teilung bzw. der Zielversorgung im Beschwerdeverfahren nachzuholen, wenn sie noch nicht wirksam ausgeübt wurden. Haben die Beteiligten das Wahlrecht aber wirksam ausgeübt, sind sie hieran auch im Beschwerdeverfahren gebunden.[62] Daher kann der Versorgungsträger im Beschwerdeverfahren nicht die externe Teilung verlangen, wenn er erstinstanzlich für die Durchführung der internen Teilung optiert hatte. Hat der Ausgleichsberechtigte wirksam eine Zielversorgung gewählt und hat der Träger der Zielversorgung zugestimmt, kann der Ausgleichsberechtigte im Beschwerdeverfahren nicht einen anderen Zielversorgungsträger benennen. Auch kann er keine Beschwerde mit der Begründung einlegen, er sei nun nicht mehr mit der externen Teilung einverstanden und wünsche die interne Teilung.

**31** Hat das Familiengericht **keine Frist** gesetzt, ist die einseitige Wahl der externen Teilung bis zum Erlass der Entscheidung des Familiengerichts möglich.

**32** **Formvorschriften** sind für die Ausübung des Wahlrechts nicht vorgesehen.[63] In der Regel erklärt sich der Versorgungsträger bei Erteilung der Auskunft.[64]

**33** Voraussetzung für die einseitige Wahl der externen Teilung durch den Versorgungsträger ist, dass der Ausgleichswert am Ende der Ehezeit bei einem Rentenbetrag als maßgeblicher Bezugsgröße höchstens 2 %, in allen anderen Fällen als Kapitalwert höchstens 240 % der monatlichen Bezugsgröße nach § 18 Abs. 1 des Vierten Buches Sozialgesetzbuch beträgt **(Wertgrenze).** Die Vorschrift will es dem Versorgungsträger der ausgleichspflichtigen Person ermöglichen, darauf hinzuwirken, dass **kleinere Ausgleichswerte** auch **ohne Zustimmung der ausgleichsberechtigten Person** extern geteilt werden. Dies ist im Interesse des Versorgungsträgers des Ausgleichspflichtigen gerechtfertigt, weil die Entstehung von Kleinstanrechten vermieden wird, die zu unverhältnismäßigen Verwaltungskosten führen;[65] letztlich handelt es sich insoweit aus der Sicht des Versorgungsträgers um eine Art Abfindung.[66] Das **Wahlrecht bezüglich der Zielversorgung** hat gemäß § 15 Abs. 1 die ausgleichsberechtigte Person; so ist gewährleistet, dass die externe Teilung letztlich auch aus ihrer Sicht hinnehmbar erscheint, weil entweder ein bestehendes Anrecht ausgebaut werden kann oder – hilfs-

---

55 Johannsen/Henrich/*Holzwarth* Rn. 23.
56 *Borth* Versorgungsausgleich Kap. 3 Rn. 91.
57 Versicherungsbedingungen Teil A – Baustein Altersvorsorge – SofortRente GV 434 (VAUSK), abrufbar unter https://www.va-kasse.de/images/Download/GV434_01_2017.pdf (zuletzt abgerufen am 13.11.2018).
58 Prütting/Helms/*Wagner* FamFG § 222 Rn. 10; Keidel/*Weber* FamFG § 222 Rn. 4, 5a.
59 HK-VersAusglR/*Götsche* FamFG § 222 Rn. 14.
60 Johannsen/Henrich/*Holzwarth* Rn. 8.
61 OLG Frankfurt NZFam 2017, 1064 = FamRZ 2018, 501.
62 OLG Frankfurt NZFam 2017, 1064 = FamRZ 2018, 501; KG FamRZ 2014, 1114.
63 HK-VersAusglR/*Götsche* Rn. 49.
64 Keidel/*Weber* FamFG § 222 Rn. 5.
65 Soergel/*Häußermann* Rn. 5.
66 BT-Drs. 16/10144, 58.

weise – der Ausgleichsbetrag jedenfalls – ggf. mit weiteren Ausgleichsbeträgen – in die gesetzliche Rentenversicherung bzw. die Versorgungsausgleichskasse fließen kann.

Bei allen Anrechten, deren Bezugsgröße nicht ein Rentenwert ist, ist der Ausgleichswert vor Abzug der Teilungskosten in einen **Kapitalwert** umzurechnen.[67] Bei Anrechten aus der betrieblichen Altersversorgung steht dem Versorgungsträger ein Wahlrecht zu, ob er den Rentenbetrag oder den Kapitalbetrag gem. § 4 BetrAVG als Bezugsgröße wählt (§ 45 Abs. 1). Für die Durchführung der externen Teilung ist wegen § 14 Abs. 4, § 222 Abs. 3 FamFG die Bestimmung des Ehezeitanteils und des Ausgleichswerts durch einen Kapitalwert zwingend.[68] Der BGH[69] hat mehrfach bestätigt, dass es nicht zu beanstanden ist, wenn Versorgungsträger der betrieblichen Altersversorgung, die in Form einer Direktzusage oder einer von einer Unterstützungskasse gedeckten Zusage gewährt wird, den Kapitalwert anhand des sog. „BilMoG-Zinssatzes" gem. § 253 Abs. 2 HGB berechnen (→ § 17 Rn. 15). Die gegen den Beschluss des BGH vom 9.3.2016[70] eingelegte Verfassungsbeschwerde der Ausgleichsberechtigten, mit der diese unter anderem einen Verstoß gegen den Halbteilungsgrundsatz aufgrund der Berechnung des Kapitalwerts anhand dieses Rechnungszinses gerügt hatte, wurde nicht zur Entscheidung angenommen.[71] Handelt es sich um ein versicherungsförmiges Anrecht, sind weder die noch nicht gutgeschriebenen Schlussüberschussanteile noch die Bewertungsreserven bei der Bemessung des Grenzwerts zu berücksichtigen.[72] Handelt es sich um ein fondsgebundenes Anrecht, ist der Zeitwert der Fondsanteile bei Ehezeitende entscheidend.[73] Weiterhin ist nach neuerer Rspr. die Wertentwicklung des Anrechts zwischen Ehezeitende und Rechtskraft zu berücksichtigen, soweit sie auf der Entwicklung des Ausgleichswerts bei Ehezeitende (Aufzinsung, Änderung der biometrischen Risiken) beruht. Auch diese Wertänderungen sind für die Frage, ob der Grenzwert gem. Abs. 2 Nr. 2 eingehalten ist, unerheblich.[74] 34

Handelt es sich um Anrechte, die **alternativ** eine Mindestversorgung und eine weitergehende fondsgebundene Versorgung vorsehen, ist die externe Teilung auf Verlangen des Versorgungsträgers nur zulässig, wenn der Kapitalwert des Ausgleichswerts für beide Alternativen den Grenzwert gem. § 14 Abs. 2 Nr. 2, § 17 einhält.[75] 35

Handelt es sich um ein Anrecht, das sich aus mehreren **Bausteinen** mit verschiedenen wertbildenden Faktoren zusammensetzt, ist jeder Baustein wie ein eigenständiges Anrecht zu teilen.[76] Dies bedeutet, dass auch für jeden einzelnen Baustein zu prüfen ist, ob die Wertgrenze gem. § 14 Abs. 2 Nr. 2, § 17 eingehalten ist. Weder mehrere Bausteine noch mehrere Anrechte dürfen bei der Frage, ob die Wertgrenze gem. § 14 Abs. 2 Nr. 2, § 17 überschritten ist, zusammengerechnet werden.[77] 36

Die in Abs. 2 Nr. 2 bestimmte **Wertgrenze** entspricht der in § 33 Abs. 2 (→ § 33 Rn. 15 f.) und ist doppelt so hoch wie die in § 18 Abs. 3 (→ § 18 Rn. 20), bis zu der der Versorgungsausgleich grundsätzlich nicht durchgeführt werden soll. Weiterhin ist sie auch doppelt so hoch wie die Wertgrenze in § 3 BetrAVG, § 5 Abs. 1 VersAusglKassG. Nach diesen Vorschriften ist der Versorgungsträger berechtigt, ein Anrecht durch Kapitalzahlung an den Berechtigten abzufinden, wenn diese Wertgrenze nicht überschritten ist. Durch den Bezug auf die monatliche Bezugsgrenze nach § 18 Abs. 1 SGB IV ist gewährleistet, dass sich der Betrag an die zukünftige wirtschaftliche Entwicklung anpasst, weil der Betrag nach § 18 Abs. 1 SGB IV seinerseits der regelmäßigen Anpassung unterliegt. Die Grenzwerte sind in sich nicht konsistent:[78] Aus einem Kapital von 7476 EUR lässt sich für 2019 eine Rente von 33,15 EUR, aber nicht in Höhe von 62,30 EUR in der gesetzlichen Rentenversicherung generieren. 37

Die **Grenzbeträge nach § 18 Abs. 1 SGB VI** belaufen sich für die Jahre ab 2002 auf folgende **Werte (in EUR):**[79] 38

---

67 Johannsen/Henrich/*Holzwarth* Rn. 13.

68 BGH NJW-RR 2017, 970 = FamRZ 2017, 727; Palandt/*Brudermüller* Rn. 8.

69 BGH NZFam 2016, 1107 = FamRZ 2016, 2000; NJW-RR 2016, 1281 = FamRZ 2016, 1654; NJW-RR 2016, 964 = FamRZ 2016, 1651; NJW-RR 2016, 769 = FamRZ 2016, 1247; NJW-RR 2016, 772 = FamRZ 2016, 1245; NJW-RR 2016, 514 = FamRZ 2016, 781.

70 BGH NJW-RR 2016, 514 = FamRZ 2016, 781; ebenso BGH NJW-RR 2016, 1281.

71 BVerfG FamRZ 2017, 705 = BeckRS 2017, 108768.

72 OLG Frankfurt FamRZ 2017, 881 = BeckRS 2016, 110806.

73 BGH NJW 2017, 3148 Rn. 16 = FamRZ 2017, 1655.

74 BGH NZFam 2016, 1186 Rn. 35, 36 = FamRZ 2016, 2000.

75 So iE BGH NJW 2017, 3148 Rn. 16 = FamRZ 2017, 1655.

76 BGH NJW-RR 2016, 772 = FamRZ 2016, 1245.

77 BGH BeckRS 2017, 115879.

78 *Ruland* Versorgungsausgleich Rn. 737.

79 Vgl. dazu für Bezugsgröße 2018 § 2 SV-ReGrV 2018; zu den weiter zurückliegenden Jahren vgl. auch die Tabellen in *Bergner/Bergmann* NJW Beil. 1/2019, 15 ff.; weitere Tabellen auch in FamRZ 2018, 241; 2018, 1062.

| Ende der Ehezeit (Jahr) | Bezugsgröße | 2 % der Bezugsgröße als Rentenbetrag | 240 % der Bezugsgröße als Kapitalwert |
|---|---|---|---|
| 2002 | 2345 | 46,90 | 5828 |
| 2003 | 2380 | 47,60 | 5712 |
| 2004 | 2415 | 48,30 | 5796 |
| 2005 | 2415 | 48,30 | 5796 |
| 2006 | 2450 | 49,00 | 5880 |
| 2007 | 2450 | 49,00 | 5880 |
| 2008 | 2485 | 49,70 | 5964 |
| 2009 | 2520 | 50,40 | 6048 |
| 2010 | 2555 | 51,10 | 6132 |
| 2011 | 2555 | 51,10 | 6132 |
| 2012 | 2625 | 52,50 | 6300 |
| 2013 | 2695 | 53,90 | 6498 |
| 2014 | 2765 | 55,30 | 6636 |
| 2015 | 2835 | 56,70 | 6804 |
| 2016 | 2905 | 58,10 | 6972 |
| 2017 | 2975 | 59,50 | 7140 |
| 2018 | 3045 | 60,90 | 7308 |
| 2019 | 3115 | 62,30 | 7476 |

**39** Bei einem Ende der Ehezeit im Jahre 2019 darf der Ausgleichswert am Ende der Ehezeit daher höchstens 62,30 EUR im Monat betragen, wenn die Bezugsgröße als Rentenbetrag anzugeben ist, ansonsten 7.476 EUR, wenn der Ausgleichswert als Kapitalbetrag oder in einer anderen Größe anzugeben ist.

**40** Für Anrechte aus den internen Durchführungswegen der betrieblichen Altersversorgung gilt abweichend davon nach § 17 (näher → § 17 Rn. 1 ff.) ein Grenzwert in Höhe der Beitragsbemessungsgrenze in der allgemeinen Rentenversicherung nach §§ 159 und 160 SGB VI; dieser Wert beläuft sich für 2019 auf 80.400 EUR (§ 3 Sozialversicherungs-Rechengrößenverordnung 2019).

### IV. Entsprechende Anwendung von § 10 Abs. 3 (Abs. 3)

**41** **1. Grundsatz.** Nach Abs. 3 gilt § 10 Abs. 3 entsprechend. Durch die den **Vollzug einer Entscheidung betreffende Regelung** wird klargestellt, dass sich – wie bei der internen Teilung – die **Regelungen für den Vollzug der externen Teilung** aus dem Recht des auszugleichenden Anrechts und – hier zusätzlich – aus dem Recht des „aufnehmenden“ Versorgungsträgers ergeben. Jedenfalls ist § 10 Abs. 3 im Rahmen der analogen Anwendung nach seinem Zweck, die Bestimmung der Modalitäten des Vollzuges den Versorgungsordnungen zu überlassen, so zu lesen.[80] Denn es liegt auf der Hand, dass sich die Verbuchung und weitere Verwaltung des im Wege der externen Teilung übertragenen bzw. begründeten Anrechts nur nach den Regelungen des „aufnehmenden“ Versorgungsträgers richten kann. Zum Vollzug → Rn. 76 ff.

**42** **2. Verrechnung bei externer Teilung (entsprechende Anwendung von § 10 Abs. 2).** Unklar ist, ob im Rahmen der externen Teilung eine **Verrechnung von Anrechten gleicher Art bei demselben Versorgungsträger** möglich ist. Der Gesetzentwurf der Bundesregierung hatte noch einen Verweis in § 14 Abs. 3 auf § 10 Abs. 2 enthalten,[81] der unter bestimmten Voraussetzungen eine Verrechnung von Anrechten zulässt (→ § 10 Rn. 12 ff., 16). Dieser Verweis ist aber in der Fassung der Beschlussempfehlung des Rechtsausschusses des Deutschen Bundestages vom 11.2.2009 – wie sie dann auch Gesetz geworden ist – nicht mehr enthalten, weil nach Ansicht des Rechtsausschusses ein Redaktionsversehen vorlag; eine Verrechnung von Anrechten bei der externen Teilung sei nicht möglich.[82]

**43** Diese Ansicht ist zutreffend; denn die externe Teilung zeichnet sich dadurch aus, dass die Versorgungsträger des ausgleichsberechtigten und des ausgleichspflichtigen Ehegatten notwendig verschieden sind. Auch wenn der Zielversorgungsträger letztlich das durch externe Teilung erworbene Anrecht mit den abzugebenden Anwartschaften saldiert, ändert dies nichts daran, dass der Versorgungsträger des ausgleichspflichtigen Ehegatten in voller Höhe den Ausgleichswert als Kapitalbetrag an diesen zu zahlen hat. Gleichwohl kann es zu verrechnungsähnlichen Konstellationen kommen. Dies ist zB der Fall, wenn A ein Anrecht aus der privaten Altersvorsorge auszugleichen hat, der Versorgungsträger von A die externe Teilung wählt und sich der Ehepartner B, der seinerseits

[80] So ersichtlich auch BT-Drs. 16/10144, 59; vgl. auch Johannsen/Henrich/*Holzwarth* Rn. 17.
[81] BT-Drs. 16/10144, 11 und 58.
[82] BT-Drs. 16/11903, 18 und 103.

Anrechte bei der gesetzlichen Rentenversicherung auszugleichen hat, für die gesetzliche Rentenversicherung als Zielversorgung entscheidet.[83] Hier muss entsprechend § 10 Abs. 2 in der Vollziehung der gerichtlichen Versorgungsausgleichs-Entscheidung, die die interne wie auch die externe Teilung jeweils gesondert anzuordnen hat, die Verrechnung möglich sein.[84] Die **analoge Anwendung von § 10 Abs. 2 ist zulässig,** weil – wie hier – eine vergleichbare Sachlage gegeben ist, für die das Gesetz keine Regelung enthält,[85] und der Normzweck von § 10 Abs. 2 greift. Für den Ausgleichsberechtigten ist die Verrechnung insbesondere dann günstig, wenn er eine Erwerbsminderungsrente bezieht, auf die sich die Beitragszahlung nicht rentenerhöhend auswirkt (§ 75 Abs. 2 S. 2 Nr. 2 SGB VI). Im Übrigen sieht § 52 Abs. 1 S. 2 SGB VI vor, dass auch bei einem Hin- und Her-Ausgleich Wartezeiten durch den Versorgungsausgleich nur in Höhe des Saldos zugunsten des ausgleichsberechtigten Ehegatten erfüllt werden können.

Ehegatten können bei dieser Konstellation die mit diesem Meinungsstreit verbundenen Probleme umgehen, indem sie vereinbaren, dass das Anrecht des B nur in Höhe des Saldos nach Verrechnung mit dem Ausgleichswert aus der privaten Rentenversicherung des A und Umrechnung in Entgeltpunkte ausgeglichen wird. 44

## V. Verpflichtung des Versorgungsträgers der ausgleichpflichtigen Person zur Zahlung des Kapitalbetrages (Abs. 4)

**1. Kapitalwert als Bezugsgröße und Gegenstand der Zahlungsverpflichtung.** Der erst durch den Rechtsauschuss des Deutschen Bundestages in den Gesetzesentwurf eingefügte Abs. 4[86] stellt – **korrespondierend zur verfahrensrechtlichen Regelung in § 222 Abs. 3 FamFG** – auch materiellrechtlich klar, dass der Versorgungsträger der ausgleichspflichtigen Person bei einer externen Teilung den Ausgleichswert als Kapitalbetrag an den Versorgungsträger der ausgleichsberechtigten Person zu zahlen hat. Denn die externe Teilung wird durch den Transfer des entsprechenden Vorsorgevermögens auf den Träger der Zielversorgung gekennzeichnet. Der nach § 222 Abs. 3 FamFG vom Gericht in seiner Entscheidung **festzusetzende Kapitalbetrag** entspricht dem Kapitalwert des Ausgleichswerts. Bei anderen Bezugsgrößen – wie zB Rentenbeträgen – war strittig, ob sich der Kapitalbetrag nach dem korrespondierenden Kapitalwert des Ausgleichswerts des auszugleichenden Anrechts[87] oder nach dem des zu begründenden richtet („Einkaufswert").[88] Der Kapitalwert kann sich nur nach dem korrespondierenden Kapitalwert des auszugleichenden Anrechts bemessen. Es ist Sache des Ausgleichsberechtigten, sich eine Zielversorgung zu wählen, die ihm möglichst viel für den Ausgleichswert bietet. Daher stellt die Rspr. und Literatur zwischenzeitlich ausnahmslos auf den (korrespondierenden) Kapitalwert des auszugleichenden Anrechts ab.[89] 45

Eine Ausnahme von dem Grundsatz, dass der an den Zielversorgungsträger zu bezahlende Betrag als Kapitalwert festzusetzen ist, gilt bei der externen Teilung **fondsgebundener Anrechte,** wenn der Kurswert der Fondsanteile gem. § 170 KAGB veröffentlicht wird. Dann kann auch der an den Zielversorgungsträger zu leistende Betrag in Fondsanteilen angegeben werden, weil deren Kurswert und damit der Zahlbetrag aus öffentlich zugänglichen Quellen ermittelt werden kann.[90] Fraglich ist, ob der Zahlbetrag auch dann in Fondsanteilen angegeben werden kann, wenn es sich um einen Fonds handelt, dessen Kurswert nicht gem. § 170 KAGB veröffentlicht wird, oder wenn es sich um fiktive Fondsanteile handelt. Für diese Lösung würde zwar sprechen, dass sie am besten gewährleistet, dass ein dem Halbteilungsgrundsatz entsprechendes Ergebnis erzielt wird.[91] Dagegen, auch in diesem Fall die externe Teilung in der Bezugsgröße „Fondsanteile" durchzuführen, ist aber einzuwenden, dass in diesem Fall durch das Vollstreckungsorgan der zu vollstreckende Betrag nicht aus dem Tenor entnommen werden kann. 46

Aufgrund der mangelnden Vollstreckbarkeit des Tenors hat sich der BGH[92] deshalb dagegen entschieden, dass auch in diesem Fall die externe Teilung in der Bezugsgröße „Fondsanteile" durchgeführt werden kann. Um ein dem Halbteilungsgrundsatz nahekommendes Ergebnis zu erzielen, 47

---

83 Vgl. auch das Beispiel in Johannsen/Henrich/*Holzwarth* Rn. 21.

84 So auch *Ruland* Versorgungsausgleich Rn. 710; Johannsen/Henrich/*Holzwarth* Rn. 32; anders HK-VersAusglR/*Götsche* Rn. 12; BeckOK BGB/*Bergmann* Rn. 8.

85 Vgl. zur analogen Anwendung ua BGHZ 46, 74 (76) = NJW 1967, 343; BGHZ 149, 165 (174) = GRUR 2002, 238; BAG NJW 2003, 1932; Palandt/*Sprau* Einl. Rn. 48 mwN.

86 BT-Drs. 16/11903, 18 und 105.

87 Vgl. BT-Drs. 16/10144, 95 zu § 222 Abs. 3 FamFG; BT-Drs. 16/11903, 104; Palandt/*Brudermüller* Rn. 8.

88 *Häußermann* BetrAV 2008, 428 (430); *Häußermann* FPR 2009, 223 (224).

89 Johannsen/Henrich/*Holzwarth* Rn. 20; BeckOK BGB/*Bergmann,* 1.5.2018, Rn. 6.

90 BGH NJW 2017, 3148 = FamRZ 2017, 1655.

91 Vgl. OLG München FamRZ 2018, 586; OLG Hamm FamRZ 2019, 438 = NZFam 2018, 1152.

92 BGH NJW 2018, 3247.

hat es der Senat gebilligt, zu einem entscheidungsnahen Zeitpunkt den Kapitalwert des Ausgleichswerts vom Versorgungsträger zu erfragen und als Kapitalwert in der Entscheidung festzusetzen.[93] In diesem Fall ist es am einfachsten, zwar die Wertentwicklung der Fondsanteile zwischen Ehezeitende und Stichtag zu berücksichtigen, jedoch nur den sich daraus ergebenden Kapitalwert auszugleichen. Die Fondsanteile erscheinen dann im Tenor nicht (→ Rn. 77).

**48** Handelt es sich um ein **parallelverpflichtendes** Anrecht, ist nur der Versorgungsträger zur Zahlung zu verpflichten, der die Pflichten aus der Versorgungszusage aktiv übernommen hat. Demgegenüber darf gegen den Versorgungsträger, bei dem das ruhende Anrecht besteht, keine Zahlungsverpflichtung ausgesprochen werden.[94]

**49** **2. Berücksichtigung der Wertentwicklung zwischen Ehezeitende und Rechtskraft der Entscheidung.** Auch bei der externen Teilung stellt sich das Problem, dass die Bewertung des Anrechts und die Berechnung des Ausgleichwerts bezogen auf das Ehezeitende erfolgen (§ 5 Abs. 2), die Entscheidung über den Versorgungsausgleich aber erst mit Rechtskraft wirksam und vollzogen wird (§ 224 Abs. 1 FamFG). Dem Halbteilungsgrundsatz entspricht es, dass der Ausgleichsberechtigte auch in dieser Zeit an Wertsteigerungen des Anrechts partizipiert, soweit sie auf den Ehezeitanteil (Ausgleichswert) entfallen. Umgekehrt ist die Teilung für den Versorgungsträger nur aufwandsneutral, wenn Wertverluste, die in dieser Zeit auftreten, sei es, weil aus dem Anrecht bereits Leistungen erbracht werden, sei es, weil der Wert von Bewertungsreserven oder Fondsanteilen fällt, von den Ehegatten je hälftig zu tragen sind.

**50** Hierbei sind folgende Fallgruppen zu unterscheiden:

**51** Handelt es sich um ein kapitalgedecktes Anrecht in der Anwartschaftsphase, kommt es zu Wertsteigerungen, weil der Ehezeitanteil in der Zeit zwischen Ende der Ehezeit und Rechtskraft der Entscheidung weiter aufgezinst wird.

**52** Daher entspricht es der Rspr., dass auch der dem Ausgleichswert entsprechende Kapitalwert entsprechend dem für den Ausgleichspflichtigen maßgeblichen Rechnungszins in der Zeit zwischen Ehezeitende und Rechtskraft der Entscheidung zu **verzinsen** ist.[95] Handelt es sich um ein Anrecht, das intern nach einer für die Bildung von Rentenbausteinen geltenden Transformationstabelle mit einem den Zinssatz gem. § 253 Abs. 2 HGB (sog. BilMoG-Zins) übersteigenden Zins kalkuliert wird, ist dieser für die Bestimmung des Kapitalwerts und die Verzinsung zwischen Ende der Ehezeit und Rechtskraft der Entscheidung nur maßgeblich, wenn der Versorgungsträger nachweist, dass er diesen Zins auch sonst im Fall des Ausscheidens des Arbeitnehmers zur Anwendung bringt.[96] Dies wird aber regelmäßig scheitern, weil der Arbeitnehmer der Portierung des anhand des hohen Zinses kalkulierten Kapitalwerts auf einen anderen Versorgungsträger nur zustimmen wird, wenn dieser das für jenen übertragene Anrecht mit einem vergleichbar hohen Zins kalkuliert (vgl. § 4 Abs. 5 BetrAVG). Wenn die Abweichung nur unerheblich ist, kann für die Kalkulierung des Kapitalwerts und die Aufzinsung auf den zum Bilanzstichtag geltenden Zins anstelle des Zinses bei Ehezeitende zurückgegriffen werden.[97]

**53** Über den Zeitpunkt der **Rechtskraft** der Entscheidung zum Versorgungsausgleich hinaus ist eine Verzinsung nicht veranlasst;[98] denn mit Rechtskraft der Entscheidung wird das Anrecht im Wege der externen Teilung aufgrund der gestaltenden Wirkung der gerichtlichen Entscheidung bei dem Zielversorgungsträger begründet und nimmt an der Dynamik des Zielversorgungsträgers teil. Leistet der Versorgungsträger, bei dem das auszugleichende Anrecht besteht, bei Fälligkeit nicht, steht dem Zielversorgungsträger gegen diesen ein Anspruch auf Ersatz des (Verzugs-)schadens zu, der diesem dadurch entsteht, dass er zugunsten des Ausgleichsberechtigten ein dem Ausgleichswert entsprechendes Anrecht abdecken muss, obwohl die Zahlung des Versorgungsträgers, bei dem das auszugleichende Anrecht besteht, nicht rechtzeitig eingegangen ist.

---

93 Ebenso OLG Nürnberg FamRZ 2018, 905 = BeckRS 2017, 142856.

94 BGH NZFam 2015, 63 = FamRZ 2015, 234; NJW-RR 2016, 772 = FamRZ 2016, 1245; NJW-RR 2016, 1479 = FamRZ 2016, 2076.

95 BGHZ 191, 36 = NJW 2011, 3358 = FamRZ 2011, 1785; OLG Celle FamRZ 2011, 278; 2011, 1797 = NJW-RR 2011, 1571 (1572); OLG Bremen FamRZ 2012, 637; so auch Bork/Jacoby/Schwab/*Borth* FamFG § 222 Rn. 6; *Borth* FamRZ 2011, 337; 338 f.; 2011, 1733; Johannsen/Henrich/*Holzwarth* Rn. 27 f.; Palandt/*Brudermüller* Rn. 8; *Schlünder* NZFam 2018, 348; *Wick* FuR 2011, 555 (559); *Hauß* FamRB 2011, 330 (331); aA OLG Bamberg FamRZ 2011, 1229.

96 BGH NJW-RR 2016, 1479 = FamRZ 2016, 2076; NJW-RR 2016, 323 = FamRZ 2016, 617.

97 BGH NJW-RR 2016, 964 = FamRZ 2016, 1651.

98 BGH FamRZ 2016, 1144 = BeckRS 2016, 09156; BGHZ 191, 36 = NJW 2011, 3358 = FamRZ 2011, 1785; NJW 2013, 1240 = FamRZ 2013, 773; NJW 2013, 3028 = FamRZ 2013, 1635; OLG Frankfurt, BeckRS 2015, 17350; HK-VersAusglR/*Götsche* Rn. 61; *Borth* Versorgungsausgleich Kap. 3 Rn. 13, 19, 97; *Hoffmann/Raulf/Gerlach* FamRZ 2011, 333.

Damit bleibt festzuhalten: Die Verzinsung beginnt am ersten Tag des Monats nach dem Ende der Ehezeit.[99] Sie endet mit dem Tag, an dem die Entscheidung über den Versorgungsausgleich Rechtskraft erlangt. **54**

Fraglich ist, ob die Tenorierung von Zinsen auch bedeutet, dass ein Anrecht versicherungsförmig mit Zinseszinsen **aufzuzinsen** ist.[100] Dies hängt davon ab, welche Dynamik für das zu teilende Anrecht vorgesehen ist: Ist dies mit Zins und Zinseszins für den Ausgleichspflichtigen aufzuzinsen – wie dies bei versicherungsförmig kalkulierten Anrechten regelmäßig der Fall ist –, gebietet der Grundsatz der Halbteilung, dies auch zugunsten des Ausgleichsberechtigten für die Zeit von Ehezeitende bis Rechtskraft der Entscheidung zu tun. Allerdings ist dies im Fall der Vollstreckung mit erheblichen Problemen verbunden; daher hat es der BGH[101] gebilligt, wenn das Anrecht nicht allzu werthaltig ist und nur ein kurzer Zeitraum betroffen ist, den Ausgleichswert „juristisch" zu verzinsen, um eine Barwertberechnung im Vollstreckungsverfahren zu vermeiden. **55**

Der Wert eines kapitalgedeckten Anrechts nimmt während der Anwartschaftsphase weiterhin um die **biometrischen Risikogewinne** des Ausgleichspflichtigen zu. Daher ist bei interner Teilung die Teilungsordnung daraufhin zu überprüfen, ob sie eine angemessene Teilhabe des Ausgleichsberechtigten an diesen Risikogewinnen vorsieht. Falls dies nicht der Fall ist, ist eine entsprechende ergänzende Regelung in die gerichtliche Entscheidung aufzunehmen (→ § 10 Rn. 120 ff.). Auch bei externer Teilung wird ein dem Halbteilungsgrundsatz entsprechendes Ergebnis nur erzielt, wenn der Ausgleichsberechtigte auch insoweit an der Wertentwicklung des Anrechts zwischen Ehezeitende und Rechtskraft der Entscheidung partizipiert. Soweit ersichtlich hat die Rspr. diese Konsequenz für Anrechte in der Anwartschaftsphase – anders als für Anrechte in der Leistungsphase, wo auch bei externer Teilung der „Kapitalverzehr" zu berücksichtigen ist – aber noch nicht gezogen. Letztlich wird sich ein Ergebnis, das auch die biometrischen Risikogewinne abbildet, nur erreichen lassen, wenn der Kapitalwert des Ehezeitanteils zu einem entscheidungsnahen Zeitpunkt neu berechnet wird.[102] **56**

Für unterstützungskassengedeckte Zusagen sowie Direktzusagen der betrieblichen Altersversorgung, die über Pensionsrückstellungen finanziert werden, gelten diese Grundsätze entsprechend.[103] **57**

Handelt es sich um eine versicherungsförmige Zusage, sind auch die auf den Ehezeitanteil entfallenden **Schlussüberschussanteile** und **Bewertungsreserven** zu teilen. Sie erhöhen den Ausgleichswert. Insofern darf aber keine Verzinsung angeordnet werden, da es sich um volatile Bestandteile des Anrechts handelt, für die keine annähernd wahrscheinliche Wertentwicklung vorhergesagt werden kann. Grundsätzlich sind sie mit dem Wert bei Ehezeitende auszugleichen. Allerdings sollten auch hier Wertänderungen zwischen Ehezeitende und Rechtskraft der Entscheidung berücksichtigt werden; denn die externe Teilung wird erst mit Rechtskraft der Entscheidung über den Versorgungsausgleich wirksam (§ 224 Abs. 1 FamFG). Die externe Teilung einer Lebensversicherung kommt einem Teilrückkauf des Anrechts gleich.[104] Daher ist der Zeitwert dieser Bewertungsgrundlagen zum Zeitpunkt der Rechtskraft entscheidend. Zur Verzinsung → Rn. 55. **58**

Bei **fondsgebundenen** Versorgungen besteht die Möglichkeit, den Ehezeitanteil in der Bezugsgröße Fondsanteile oder in der Bezugsgröße Kapital zu ermitteln. Wird der Ehezeitanteil eines fondsgebundenen Anrechts in der Bezugsgröße Kapital ermittelt, handelt es sich aber nicht um ein Deckungskapital wie bei einer kapitalgedeckten Zusage. Vielmehr entspricht der Kapitalwert des Ehezeitanteils einer fondsgebundenen Zusage dem Kurswert aller Fondsanteile, die der Ausgleichspflichtige in der Ehezeit erworben hat. Für die Wertentwicklung eines solchen Anrechts ist daher weder ein Rechnungszins noch die Entwicklung des biometrischen Risikos erheblich. Es zählt allein die Wertentwicklung der Fondsanteile. Daher kann der Wert des Ehezeitanteils eines solchen Anrechts während der Anwartschaftsphase zu-, anders als bei einem versicherungsförmig kalkulierten Anrecht aber auch abnehmen. **59**

Der Kurswert fondsgebundener Anrechte unterliegt starken Schwankungen. Wertsteigerungen rechtfertigten nach der früheren Rspr. des BGH im Fall der externen Teilung keine Änderung der Entscheidung, da diese nicht auf die Bewertung des Ehezeitanteils zurückwirken würden. Demge- **60**

---

99 BGH NJW-RR 2017, 970 = FamRZ 2017, 727.

100 Dafür OLG Frankfurt BeckRS 2015, 17350; *Hauß/Bührer,* Versorgungsausgleich und Verfahren in der Praxis, 2. Aufl. 2014, Rn. 465; aA OLG Celle FamRZ 2016, 1370 = BeckRS 2016, 05000, das sich auf das hier nicht einschlägige Zinseszinsverbot gem. § 248 BGB stützt; *Schlünder* NZFam 2018, 348.

101 BGH NJW 2017, 3148 = FamRZ 2017, 1655.

102 Vgl. zu dieser Lösung bei fondsgebundenen Anrechten OLG Nürnberg FamRZ 2018, 905 = BeckRS 2017 142856; *Breuers* FamRB 2018, 260.

103 Vgl. hierzu zu dem spiegelbildlichen Fall des Wertverlusts BGH NJW 2016, 1728 = FamRZ 2016, 775; FamRZ 2016, 2000 = NZFam 2016, 1186.

104 OLG Frankfurt FamRZ 2017, 881 = BeckRS 2016, 11080.

genüber hat der BGH schon immer anerkannt, dass sich der Versorgungsträger darauf berufen könne, dass der Ausgleichswert nachträglich wesentlich gefallen sei.[105]

61 Der Grundsatz: „Weniger geht immer, mehr nimmer" wurde aber auch als unbillig angesehen.[106]

62 Der BGH[107] hat die Differenzierung nun aufgegeben. Der Senat[108] fokussiert nun stärker auf die Entwicklung des auszugleichenden Anrechts. Dementsprechend werde der Halbteilungsgrundsatz nur gewahrt, wenn der Ausgleichsberechtigte in der Übergangszeit zwischen Ende der Ehezeit und Rechtskraft der Entscheidung an der **Kursentwicklung der Fondsanteile** – sowohl bei positiver wie auch bei negativer Entwicklung – partizipiere, soweit diese auf den Ausgleichswert entfalle. Fondsanteile seien daher bei fondsgebundenen Anrechten als Bezugsgröße heranzuziehen. Der Ausgleichswert sei lediglich wegen Abs. 4, § 222 Abs. 3 FamFG aus dem Kurswert der Fondsanteile bei Rechtskraft der Entscheidung als Kapitalwert abzuleiten, soweit der Kurswert der Fondsanteile nicht gem. § 170 KAGB veröffentlicht und daher aus allgemein zugänglichen Quellen zu berechnen sei. Wird der Betrag der Fondsanteile als Bezugsgröße gewählt, führen Schwankungen des Kurswerts zu keiner Wertänderung; denn der Betrag der auszugleichenden Fondsanteile bleibt hiervon unberührt.

63 Es gibt fondsgebundene Versorgungen, in denen vorgesehen ist, dass Erträge bereits vorhandener Fondsanteile in den Erwerb neuer Fondsanteile investiert werden. Soweit der Erwerb solcher Fondsanteile nach dem Ende der Ehezeit erfolgt, jedoch durch Erträge aus Fondsanteilen erwirtschaftet wurde, die während der Ehezeit erworben wurden, sind auch diese Fondsanteile bei der Berechnung des auszugleichenden Betrags zu berücksichtigen.[109] Ein Ausgleich kann auch hier erfolgen, indem der aktuelle Zeitwert zu einem entscheidungsnahen Zeitpunkt ermittelt wird (zum parallelen Problem bei fondsgebundenen Anrechten → Rn. 49).

64 Auch wenn ein fondsgebundenes Anrecht in der Bezugsgröße „Kapital" berechnet wird, sind **Wertschwankungen** zwischen Ehezeitende und Rechtskraft der Entscheidung beachtlich. Der BGH hat das in der Entscheidung vom 19.7.2017[110] gefundene Ergebnis allgemein damit begründet, dass der Ausgleichsberechtigte an den Wertschwankungen des Anrechts zwischen Ehezeitende und Rechtskraft der Entscheidung partizipieren müsse, wenn der Zielversorgungsträger keine auf den Zeitpunkt des Ehezeitendes zurückbezogene Anwartschaftsdynamik vorsehe. Dies hat er nun auch für fondsgebundene Anrechte, deren Kurswert nicht veröffentlicht wird, bestätigt.[111] Daher ist der Auffassung, dass in diesem Fall nur der bei Ehezeitende vorhandene Kapitalwert beachtlich sei und spätere Wertsteigerungen der Fondsanteile nicht berücksichtigt werden könnten,[112] nicht zu folgen.

65 Ebenso wie fondsgebundene Anrechte sind auch sog. „With Profit Products" auszugleichen.[113]

66 Ursprünglich war versucht worden, für fondsgebundene Anrechte ein dem Halbteilungsgrundsatz entsprechendes Ergebnis zu erzielen, indem, entgegen dem Wortlaut des § 222 FamFG für fondsgebundene Anrechte eine offene Tenorierung durch Benennung einer Quote zugelassen werden sollte.[114] Gem. § 222 Abs. 3 FamFG ist allerdings der als Ausgleich zu leistende Betrag als Kapitalwert anzugeben. Daher wurde auch eine quotale Tenorierung durch den BGH von jeher als kritisch gesehen.[115] Durch die neuere Rspr. des BGH (→ Rn. 62) ist das Bedürfnis für einen derartigen Lösungsansatz entfallen.

67 Handelt es sich um Anrechte, die bereits in der **Leistungsphase** sind, gilt Folgendes: Für kapitalgedeckte und rückstellungsfinanzierte Anrechte ist alternativ zum Wert bei Ehezeitende der Kapitalwert zum Zeitpunkt der voraussichtlichen Rechtskraft der Entscheidung bzw., wenn dies nicht hinreichend sicher kalkulierbar ist, zu einem entscheidungsnahen Zeitpunkt zu ermitteln (→ § 10 Rn. 139 ff.).[116] Maßgeblich sind die versicherungsmathematischen Rechnungsgrundlagen

---

105 BGH NJW 2017, 3148 = FamRZ 2012, 694; NJW 2013, 1240 = FamRZ 2013, 773; NJW 2014, 3447; Johannsen/Henrich/*Holzwarth* Rn. 35–37; *Borth* FamRZ 2012, 697.

106 Gegen den BGH deshalb OLG Düsseldorf FamRZ 2015, 1805; *Bergmann* FamFR 2013, 466; *Ruland* FamFR 2013, 243.

107 BGH NJW 2017, 3148 = FamRZ 2017, 1655.

108 BGH NJW 2017, 3148 = FamRZ 2017, 1655.

109 OLG Frankfurt FamRZ 2018, 430 = BeckRS 2017, 143837.

110 BGH NJW 2017, 3148 = FamRZ 2017, 1655.

111 BGH NJW 2018, 3247.

112 So aber OLG Nürnberg NZFam 2018, 616; OLG München FamRZ 2019, 108 = NZFam 2019, 277.

113 OLG Brandenburg FamRZ 2017, 1831.

114 Musielak/Borth/*Grandel* FamFG § 222 Rn. 14; *Hoffmann/Raulf/Gerlach* FamRZ 2011, 333; ähnlich OLG Frankfurt BeckRS 2012, 10317; OLG Düsseldorf FamRZ 2015, 1805.

115 BGH NJW 2012, 1287 = FamRZ 2012, 694; ebenso gegen offene Tenorierung BGH NJW 2017, 3148 = FamRZ 2017, 1655.

116 BGH NJW 2016, 1728 = FamRZ 2016, 775; FamRZ 2016, 2000 = NJOZ 2017, 714.

(dh vor allem die biometrischen Risikofaktoren und der Rechnungszins) zu diesem Zeitpunkt.[117] Hat der Kapitalwert gegenüber dem Ehezeitende abgenommen, ist der **Wertverlust** von den Ehegatten hälftig zu tragen.[118]

68 Trotz Leistungsbezugs kann allerdings auch das gegenteilige Ergebnis eintreten. Va wenn der Rechnungszins gesunken ist und der Leistungsbezug noch nicht allzu lange dauert, kann sich der Kapitalwert und der Ausgleichswert auch **erhöhen.** Fraglich ist, welcher Wert in diesem Fall zugrunde zu legen ist. Die Entscheidung des BGH vom 24.8.2000[119] spricht dafür, dass in diesem Fall der geringere Wert bei Ehezeitende maßgeblich sein soll. Das steht allerdings zu dem Ergebnis für die interne Teilung, wonach der Ausgleichsberechtigte in der Übergangsphase auch an den biometrischen Risikogewinnen zu beteiligen ist, sowie zur Berücksichtigung von Wertschwankungen bei fondsgebundenen Anrechten in einem gewissen Spannungsverhältnis. Als Ausgangspunkt für eine Lösung kann der Ehezeitanteil der Versorgungszusage gewählt werden. Der Versorgungsausgleich ist für den Versorgungsträger aufwandsneutral, wenn die Hälfte des dieser Zusage entsprechenden Kapitalwerts an den Zielversorgungsträger zur Begründung eines entsprechenden Anrechts gezahlt werden muss. Dann ist aber die Deckungsrückstellung bei Rechtskraft entscheidend, die sowohl durch den zu diesem Zeitpunkt geltenden Rechnungszins als auch die zu diesem Zeitpunkt geltenden biometrischen Risikofaktoren bestimmt wird (→ § 10 Rn. 144 ff.).

69 Keinesfalls darf zusätzlich eine **Verzinsung** des Kapitalwerts ab Ehezeitende angeordnet werden; in der Berechnung des Kapitalwerts des Ehezeitanteils bezogen auf einen entscheidungsnahen Stichtag ist die Verzinsung des Kapitals ebenso wie die Entwicklung der biometrischen Risiken berücksichtigt. Sie darf daher nicht zusätzlich im Tenor ausgewiesen werden. Die Rspr. des BGH, die bereits früher die Verzinsung des Kapitals in der Leistungsphase ausgeschlossen hatte,[120] hat sich insoweit also durch die neue Berechnungsmethode bestätigt.

70 Für **fondsgebundene** Anrechte gelten diese Überlegungen entsprechend. Typischerweise wird mit Eintritt des Versicherungsfalls aus dem Fondsvermögen ein Deckungskapital gebildet, um ab diesem Zeitpunkt eine Versorgungszusage zu kalkulieren und zu finanzieren. Die Wertveränderung des Ehezeitanteils des Fondsvermögens bzw. des Deckungskapitals kommt auch bei der externen Teilung hälftig dem Ausgleichsberechtigten und dem Ausgleichspflichtigen zugute.

71 Hieraus folgt für die Verzinsung: Der als Ausgleich zu zahlende Kapitalbetrag ist bei fondsgebundenen Anrechten nicht zu **verzinsen;**[121] denn dem zu teilenden Anrecht liegt keine Anwartschaft auf eine Wertsteigerung in Höhe einer bestimmten Verzinsung zugrunde.[122] Vielmehr trägt auch der Ausgleichspflichtige das volle Risiko von Wertverlusten, ebenso, wie ihm Kursgewinne zugutekommen. Weiterhin entfällt die Verzinsung auch, wenn es sich um eine Direktzusage handelt, die eine feststehende Leistung zum Gegenstand hat[123] oder wenn an den Ausgleichspflichtigen bereits laufende Leistungen erbracht werden.[124]

72 Handelt es sich um ein Anrecht aus einer **privaten Rentenversicherung,** sind bei der Bemessung des Kapitalwertes des Ausgleichswertes auch die Bewertungsreserven, bezogen auf das Ende der Ehezeit zu berücksichtigen (→ Rn. 55); denn im Ergebnis kommt die externe Teilung einem Teilrückkauf der Rentenversicherung gleich.[125] Zu verzinsen ist aber allein der dem hälftigen in der Ehezeit gebildeten Deckungskapital entsprechende Wert (→ Rn. 55).

## VI. Unzulässigkeit der externen Teilung (Abs. 5)

73 **1. Grundsatz.** Die durch die Einfügung des neuen Abs. 4 durch den Rechtsausschuss des Deutschen Bundestages in den Gesetzentwurf der Bundesregierung (→ Rn. 3) zu Abs. 5 gewordene Regelung bestimmt, dass eine externe Teilung unzulässig ist, wenn ein **Anrecht durch Beitragszahlung nicht mehr begründet werden kann.** In der Regel ist das der Fall, wenn bereits eine

[117] BGH FamRZ 2016, 2000 = NJOZ 2017, 714.
[118] BGH NJW 2016, 1728 = FamRZ 2016, 775; FamRZ 2016, 2000 = NJOZ 2017, 714; OLG Nürnberg FamRZ 2017, 873 = BeckRS 2016, 115279.
[119] BGH NZFam 2016, 1186 = FamRZ 2016, 2000; ebenso OLG Nürnberg FamRZ 2018, 905 = BeckRS 2017, 142856.
[120] BGH NJW 2013, 3028 = FamRZ 2013, 1635; ihm folgend OLG Stuttgart FamRZ 2016, 53 = NZFam 2015, 1069.
[121] BGH NJW 2013, 3028 = FamRZ 2013, 1635; OLG Saarbrücken BeckRS 2014, 17392 = FamRZ 2015, 324.
[122] *Borth* Versorgungsausgleich Kap. 3 Rn. 14.
[123] OLG Bremen FF 2014, 375; HK-VersAusglR/*Götsche* Rn. 62.
[124] BGHZ 191, 36 = NJW 2011, 3358 = FamRZ 2011, 1785.
[125] OLG Nürnberg FamRZ 2014, 394; OLG Frankfurt FamRZ 2015, 1799 = BeckRS 2015, 17350; FamRZ 2017, 881.

Altersrente bezogen wird oder die Regelaltersgrenze erreicht ist (→ Rn. 28). Sie gilt nur für die **externe Teilung nach §§ 14 und 15** – externe Teilung kraft Vereinbarung zwischen der ausgleichsberechtigten Person und dem Versorgungsträger des Ausgleichspflichtigen oder auf einseitiges Verlangen eben dieses Versorgungsträgers –, nicht aber für den gesetzlich bestimmten externen Ausgleich von Anrechten aus einem öffentlich-rechtlichen Dienst- oder Amtsverhältnis in die gesetzliche Rentenversicherung nach § 16 (insbesondere Ausgleich solcher Anrechte der Länder und Kommunen, für die bisher keine interne Teilung vorgesehen ist – § 16 Abs. 1 –, Ausgleich von Anrechten aus einem Beamtenverhältnis auf Widerruf sowie aus dem Dienstverhältnis von Soldatinnen und Soldaten auf Zeit – § 16 Abs. 2).[126] Denn andernfalls könnte in diesen Fällen ein eigenständiges Anrecht nach § 16 nicht mehr begründet werden, wenn der Ausgleichsberechtigte des betreffenden Personenkreises die Regelaltersgrenze bereits erreicht hat.

74 **2. Bedeutung für die Beitragsentrichtung in die gesetzliche Rentenversicherung.** Gemäß § 187 Abs. 4 SGB VI ist die Beitragsentrichtung zur Begründung von Rentenanwartschaften in die gesetzliche Rentenversicherung im Rahmen des Versorgungsausgleichs nicht mehr möglich, wenn eine **Bewilligung einer Vollrente wegen Alters** erfolgt ist; maßgeblich ist die **Zustellung des bindenden Bescheides über die Altersrente.**[127] Eine Entrichtung von Beiträgen ist dagegen auch nach Eintritt der **Erwerbsminderung** noch möglich, führt dann aber nur zu einer Erhöhung der Altersrente (§ 75 Abs. 1, 2 SGB VI);[128] das Erreichen der Regelaltersgrenze allein ist nicht hinderlich, wohl aber die bindende Bewilligung einer vorgezogenen Altersrente.[129] Wichtig ist, dass eine Beitragszahlung innerhalb der Fristen gem. § 187 Abs. 5 S. 1 SGB VI auf das Ende der Ehezeit zurückwirkt. Daher kann die externe Teilung auch noch durchgeführt werden, wenn die Rechtskraft der Entscheidung über den Versorgungsausgleich zwar nach Bestandskraft der Bewilligung einer Vollrente wegen Alters eintritt, das Ende der Ehezeit jedoch vor diesem Zeitpunkt liegt.[130] Unter Umständen kann es sich empfehlen, Rechtsmittel gegen den Bescheid über die Bewilligung der Altersrente einzulegen, um die externe Teilung durchführen zu können. Fraglich ist, ob es der Zulässigkeit der externen Teilung in die gesetzliche Rentenversicherung entgegensteht, wenn diese als Auffangversorgungsträger gem. § 15 Abs. 5 berufen ist und bei Rechtskraft der Entscheidung des Familiengerichts ein Anrecht in der gesetzlichen Rentenversicherung noch begründet werden konnte, bei Eingang der Zahlung aber bereits eine Altersrente rechtskräftig bewilligt war. Der Wortlaut der §§ 120g, 187 Abs. 4 SGB VI spricht dafür, dass in diesen Fällen durch Zahlung des Kapitalbetrags gem. Abs. 4 kein Anrecht in der gesetzlichen Rentenversicherung mehr begründet werden kann.[131] Dies wird aber dem Schutzzweck des § 120g SGB VI nicht gerecht, der die gesetzliche Rentenversicherung nur vor dem Insolvenzrisiko des Versorgungsträgers, bei dem das auszugleichende Anrecht besteht, schützen will (→ § 15 Rn. 7). Daher ist davon auszugehen, dass auch in diesem Fall die Altersrente noch um den Zuschlag an Entgeltpunkten aufgrund der Zahlung im Weg der externen Teilung zu erhöhen ist.[132] Weiterhin ist fraglich, wie der Fall zu bewerten ist, wenn bei Erlass der familiengerichtlichen Entscheidung für den Ausgleichsberechtigten eine Altersrente noch nicht bestandskräftig bewilligt war, dies jedoch vor Rechtskraft der Entscheidung und Zahlung des Kapitals erfolgt. Auch in diesem Fall ist zugunsten des Ausgleichsberechtigten ein entsprechender Zuschlag an Entgeltpunkten (§ 76 SGB VI) vorzusehen. Zwar kommt in diesem Fall hinzu, dass bei Bestandskraft der Bewilligung der Altersrente auch die gestaltende Wirkung der familiengerichtlichen Entscheidung zur Durchführung der externen Teilung noch nicht vorlag (§ 224 FamFG). Allerdings tritt diese nachträglich ein. Wünscht der Träger der gesetzlichen Rentenversicherung in einem solchen Fall die Begründung eines Anrechts für den Ausgleichsberechtigten nicht, kann er (Anschluss-)beschwerde einlegen, wenn vor Rechtskraft der Entscheidung über den Versorgungsausgleich der Bescheid zur Festsetzung der Altersrente für den Ausgleichsberechtigten bestandskräftig geworden ist. Im Übrigen wird dem Schutzzweck des § 120g SGB VI auch in diesem Fall dadurch entsprochen, dass der Zuschlag an Entgeltpunkten erst mit Zahlungseingang erfolgt.

75 **3. Folge der Unzulässigkeit einer gewählten externen Teilung.** Ist die gewählte externe Teilung nicht zulässig, so bleibt es bei der vom Gesetz **primär vorgesehen internen Teilung** des

---

[126] BT-Drs. 16/10144, 59; HK-FamR/*Hauß* Rn. 14; Johannsen/Henrich/*Holzwarth* Rn. 24.

[127] BGHZ 81, 152 = NJW 1981, 2689 = FamRZ 1981, 1051; BGH NJW-RR 1988, 1090 = FamRZ 1988, 936; vgl. auch *Ruland* Versorgungsausgleich Rn. 713.

[128] *Ruland* Versorgungsausgleich Rn. 713.

[129] Vgl. *Ruland* Versorgungsausgleich Rn. 713.

[130] Vgl. Soergel/*Häußermann* Rn. 15.

[131] HK-VersAusglR/*Rehbein* SGB VI § 120g Rn. 5.

[132] Ebenso Hauck/Noftz/*Jenner*, 6/15, SGB VI § 120g Rn. 6.

Anrechts.[133] Hat der Versorgungsträger bereits eine Kapitalzahlung an den aufnehmenden Versorgungsträger geleistet, die für die externe Teilung vorgesehen war, ist diese Zahlung zu erstatten (§ 26 Abs. 2 SGB IV).[134]

### VII. Durchführung und Vollzug der externen Teilung

**1. Durchführung und Tenor.** Wie bei der internen Teilung bedarf die externe Teilung der rechtsgestaltenden Entscheidung des Gerichts; das gilt auch für die externe Teilung kraft Vereinbarung iSv Abs. 2 Nr. 1 (→ Rn. 5).[135] Das Familiengericht hat in seiner Entscheidung den von dem Versorgungsträger des Ausgleichspflichtigen an den Träger der Zielversorgung zu zahlenden Kapitalbetrag (Abs. 4) festzusetzen (§ 222 Abs. 3 FamFG). In dem Tenor muss weder die Versorgungsordnung des Versorgungsträgers des ausgleichspflichtigen Ehegatten noch die Versorgungsordnung des Trägers, bei dem im Weg der externen Teilung ein Anrecht begründet werden soll, benannt werden.[136] Allerdings muss das zu begründende Anrecht durch den Tarif oder ähnliches näher bezeichnet werden, um zu verdeutlichen, für welches Anrecht das Gericht die Angemessenheitsprüfung gem. § 15 Abs. 2 positiv abgeschlossen hat, und damit hinreichend bestimmt ist, welches Anrecht durch die externe Teilung begründet wird, sofern der Ausgleich nicht in die Versorgungsausgleichskasse oder die gesetzliche Rentenversicherung erfolgt.[137] Handelt es sich um ein kapitalgedecktes Anrecht, aus dem laufende Versorgungsleistungen erbracht werden, tritt an die Stelle des Ehezeitendes der Bewertungsstichtag als Zeitpunkt, auf den die Entscheidung zu beziehen ist.[138] Diese Entscheidung steht allerdings in einem Spannungsverhältnis zu früheren Entscheidungen, in denen der BGH auch bei Anrechten im Leistungsbezug die Bezugnahme auf das Ehezeitende in den Tenor für sachgerecht gehalten hatte mit der Erwägung, dass dadurch ausgeschlossen wird, dass der Ausgleichsberechtigte an sonstigen Wertänderungen (v.a. aufgrund Kapitalzahlung oder Arbeitsleistung nach dem Stichtag) partizipiert.[139] Am eindeutigsten ist es, im Tenor bei Anrechten aus denen laufende Leistungen erbracht werden oder bei denen aus anderen Gründen für die Bewertung auf einen nach dem Ende der Ehezeit liegenden Stichtag abzustellen ist (Fondsgebundene Anrecht oder vergleichbare Produkte, die duch einen Kapitalwert als Bezugsgröße zu bewerten sind) auf den Bewertungsstichtag als Bezugspunkt abzustellen und in den Gründen auszuführen, inwieweit das Anrecht in der Ehezeit erworben wurde und dementsprechend auszugleichen ist (zB durch den Betrag der Fondsanteile). 76

Der Tenor einer Entscheidung im Wege externer Teilung könnte lauten:[140] 77

„Im Weg der externen Teilung wird zulasten des Anrechts des/Antragstellers bei … (Versorgungsträger des Ausgleichspflichtigen; Personal- und Vertragsnr.) zugunsten der Antragsgegnerin bei … (Träger der Zielversorgung) nach Maßgabe der Versorgungszusage vom … (oder gem. Tarif …) ein Versorgungsanrecht in Höhe eines Kapitalwertes von … EUR zuzüglich Zinsen in Höhe von …% für die Zeit von … (Tag, der auf das Ehezeitende folgt) bis zur Rechtskraft dieser Entscheidung, bezogen auf den … (Ende der Ehezeit) begründet.
Der/die … (Versorgungsträger des Ausgleichspflichtigen) hat hierfür bei Rechtskraft der Entscheidung einen Betrag in Höhe von … EUR zuzüglich Zinsen in Höhe von … % ab … (Tag, der auf das Ende der Ehezeit folgt) bis zur Rechtskraft dieser Entscheidung an … (Träger der Zielversorgung) zu entrichten."

Handelt es sich um ein Anrecht mit Parallelverpflichtung, könnte der Tenor wie folgt erweitert werden:[141] 78

„Im Wege der externen Teilung wird zulasten des Anrechts des Antragstellers bei der weiteren Beteiligten zu 2 (Deutsche Telekom AG) aus der ihm zugesagten ZU-Parallelverpflichtung (Vers.-Nr.: Rentennr. …) und zulasten seines parallelverpflichteten Anrechts bei der weiteren Beteiligten zu 1 (Versorgungsanstalt der Deutschen Bundespost) aus der Zusage nach VAP-Satzung (Vers.-Nr. …) zugunsten der Antragsgegnerin ein Anrecht in Höhe von … EUR zuzüglich Zinsen in Höhe von …%[142] für die Zeit ab 1.12.2018 bis zur Rechtskraft der Entscheidung bei der Versorgungsausgleichskasse bezogen auf den 30.11.2018 begründet.

---

133 Johannsen/Henrich/*Holzwarth* Rn. 23.
134 Soergel/*Häußermann* Rn. 16.
135 BT-Drs. 16/10144, 58 und 101; *Bergner* NJW 2009, 1169 (1171); *Häußermann* FPR 2009, 223 (225); *Wick* FuR 2009, 482 (492).
136 BGH NJW 2013, 869.
137 Johannsen/Henrich/*Holzwarth* Rn. 32.
138 BGH NJW 2018, 3176 für die interne Teilung.
139 BGH NJW 2017, 3148 = FamRZ 2017, 1655; NZFam 2016, 1107 = FamRZ 2016, 2000.
140 Vgl. Kroiss/Siede/*Siede* FamFG § 222 Rn. 23.
141 Vgl. BGH NZFam 2015, 63 = FamRZ 2015, 234.
142 Rechnungszins bei Ehezeitende.

Die weitere Beteiligte zu 2 (Deutsche Telekom AG) wird verpflichtet, diesen Betrag nebst x % Zinsen seit dem 1.12.2018 bis zur Rechtskraft dieser Entscheidung an die Versorgungsausgleichskasse zu zahlen."

**79** In diesem Fall ist darauf zu achten, dass auch das ruhende Anrecht zu teilen ist, der Versorgungsträger des ruhenden Anrechts (VAP) jedoch nicht zur Zahlung des Kapitalbetrags verpflichtet werden darf.[143] Dies ist in dem Muster berücksichtigt.

**80** Handelt es sich um ein fondsgebundenes Anrecht, bei dem der Kurswert der Fondsanteile nicht gem. § 170 KAGB veröffentlicht wird, könnte der Tenor gestaltet werden wie folgt (→ Rn. 49, 59):

„Im Weg der externen Teilung wird zu Lasten des Anrechts des Antragsgegners bei dem X-Pensionsfonds zugunsten der Antragstellerin bei der Versorgungsausgleichskasse ein Anrecht in Höhe von ... EUR begründet. Der X-Pensionsfonds wird verpflichtet, diesen Betrag bei Rechtskraft der Entscheidung an die Versorgungsausgleichskasse zu bezahlen. Die Entscheidung ist bezogen auf ... (Ende der Ehezeit)."

**81** Handelt es sich um ein Anrecht, das alternativ eine Versorgung auf der Grundlage einer garantierten Mindestverzinsung von Beiträgen, die während der Anwartschaftsphase an den Versorgungsträger geleistet werden, oder auf der Grundlage von Fondsanteilen vorsieht, und bei dem der Wert der Fondsanteile gem. § 170 KAGB veröffentlicht wird, könnte der Tenor ausgestaltet werden wie folgt:

„Im Wege der externen Teilung wird zu Lasten des Anrechts des Antragsgegners bei der DekaBank Deutsche Girozentrale (Personalnummer) in Höhe von 206,838 Anteilen des Deka-bAV-Fonds (ISIN DE ...) zugunsten der Antragstellerin ein Anrecht bei der weiteren Beteiligten zu 2 (Allianz Lebensversicherungs-AG) nach dem Vertragsangebot Nr. ...vom 16.6.2014 mit dem Wert der vorgenannten Anteile im Zeitpunkt der Rechtskraft dieser Entscheidung, mindestens jedoch in Höhe eines Kapitalbetrags von 4.917 EUR nebst Zinsen in Höhe von jährlich 4,91 Prozent seit dem 1.10.2013 bis zum Eintritt der Rechtskraft dieser Entscheidung begründet. Die DekaBank Deutsche Girozentrale wird verpflichtet, diesen Ausgleichswert als Kapitalbetrag bei Rechtskraft der Entscheidung an die Allianz Lebensversicherungs-AG zu zahlen. Die Entscheidung ist bezogen auf ... (Ende der Ehezeit)."[144]

**82** Erfolgt die externe Teilung an die **gesetzliche Rentenversicherung** als Zielversorgungsträger, ergibt sich die Verpflichtung, den Kapitalbeitrag in Entgeltpunkte umzurechnen, aus § 187 Abs. 2 SGB VI. Lediglich im Fall von § 16 Abs. 3 ist vorgeschrieben, dass das Familiengericht die Umrechnung des Ausgleichswerts in Entgeltpunkte anordnet. Gleichwohl wird es als zulässig angesehen, die Verpflichtung zur Umrechnung in Entgeltpunkte zur Verdeutlichung in den Tenor aufzunehmen.[145] Dieser Vorschlag hat sich in der Praxis aber nicht durchgesetzt, daher wird er auch in vorgehenden Beispielen nicht berücksichtigt.

**83** Weiterhin ist darauf zu achten, dass gem. § 76 Abs. 4 S. 1 SGB VI der aufgrund externer Teilung durch den abgebenden Versorgungsträger zu leistende Kapitalbetrag anhand der bei Ehezeitende geltenden Umrechnungsfaktoren in Entgeltpunkte umzurechnen ist. Die Ausnahme von § 76 Abs. 4 S. 3 SGB VI greift nicht, da der dem Ausgleichswert eines fondsgebundenen Anrechts entsprechende Kapitalbetrag nicht zu verzinsen ist. Im Fall der Teilung einer fondsgebundenen Versorgung würde dadurch das Anrecht des Ausgleichsberechtigten **doppelt dynamisiert:** über die Kursentwicklung der Fondsanteile und über die den Umrechnungsfaktoren zugrundeliegende Veränderung des aktuellen Rentenwerts. Daher ist in diesen Fällen darauf zu achten, dass der **Tenor** um folgenden **Zusatz ergänzt** wird (→ Rn. 90):[146]

„Der Ausgleichswert ist anhand der bei Rechtskraft der Entscheidung geltenden Umrechnungsfaktoren in Entgeltpunkte umzurechnen."

**84** Alternativ besteht die Möglichkeit, als Stichtag den auf das Ende der Ehezeit folgenden Tag für die Bewertung der Fondsanteile festzusetzen. Dann findet eine Dynamisierung anhand der Entwicklung des aktuellen Rentenwerts in der gesetzlichen Rentenversicherung statt.

**85** **2. Vollzug.** Mit Rechtskraft der Entscheidung (§ 224 Abs. 1 FamFG), die aber nicht vor Rechtskraft des Scheidungsausspruchs eintritt (§ 148 FamFG), ist der Versorgungsausgleich grundsätzlich rechtswirksam vollzogen. Wegen der in der Entscheidung festgesetzten Zahlung des Kapitalbetrages (§ 222 Abs. 3 FamFG) kann der Versorgungsträger der Zielversorgung ggf. gegen den zur

---

[143] BGH NJW-RR 2016, 1479 = FamRZ 2016, 2076.
[144] Tenor gem. BGH NJW 2017, 3148 = FamRZ 2017, 1655.
[145] *Ruland* Versorgungsausgleich Rn. 752 ff.
[146] BGH NJW 2018, 3247; OLG Frankfurt NJW 2013, 2832 = FamRZ 2013, 1806; BeckRS 2017, 143837 = FamRZ 2018, 430; OLG München FamRZ 2018, 994.

Zahlung verpflichteten Versorgungsträger vollstrecken.[147] Er trägt daher insoweit auch das (bisher nicht praktisch relevant gewordene) **Insolvenzrisiko.**

86 Mit Rechtskraft der Entscheidung des Familiengerichts wird für den Ausgleichsberechtigten das Recht bei dem Zielversorgungsträger begründet. Für die Kalkulation der Versorgung des Ausgleichsberechtigten ist nicht der tatsächliche Zahlungseingang, sondern der Zeitpunkt der Rechtskraft der Entscheidung des Familiengerichts maßgeblich.[148] Die Gegenauffassung will demgegenüber auf die Zahlung des Ausgleichswerts abstellen.[149] Dagegen spricht aber, dass die Begründung des Anrechts von der Zustimmung des Zielversorgungsträgers abhängig ist. Dieser hat sich vorab über die Insolvenzrisiken des Versorgungsträgers, bei dem das auszugleichende Anrecht besteht, zu informieren. Das Risiko, dass die gerichtliche Entscheidung vollzogen werden kann, kann daher nicht dem ausgleichsberechtigten Ehegatten auferlegt werden.

87 Anders ist die Situation, wenn der Ausgleich in die **Versorgungsausgleichskasse** als Auffangversorgungsträger erfolgt.[150] Dann sieht § 4 Abs. 1 der Satzung[151] der Versorgungsausgleichskasse zwar vor, dass das Anrecht für den Ausgleichsberechtigten mit Rechtskraft der Entscheidung des Familiengerichts entsteht. Gem. § 7 Abs. 2 der Satzung ist für den Umfang des Anrechts aber der tatsächlich erlangte Beitrag maßgeblich. Das ist sachgerecht, weil die Versorgungsausgleichskasse nicht durch Verweigerung der Zustimmung verhindern kann, dass bei ihr als gesetzlichem Auffangversorgungsträger ein Anrecht begründet wird (zum vergleichbaren Problem, wenn die gesetzliche Rentenversicherung als Auffangversorgungsträger berufen ist, → Rn. 93). Aufgrund des mit Rechtskraft der familiengerichtlichen Entscheidung ergangenen Titels ist die Versorgungsausgleichskasse gegenüber dem Ausgleichsberechtigten allerdings verpflichtet, alles zu unternehmen, um den Beitrag beizutreiben. Weiterhin hat sie im Fall der verspäteten Zahlung auch dafür zu sorgen, dass der Beitrag so hoch ausfällt (ggf. durch die Geltendmachung von Sekundäransprüchen), dass ein Anrecht im Umfang der familiengerichtlichen Entscheidung bei ihr begründet werden kann. Auch dieser Anspruch ist als Versorgungsausgleichssache kraft Sachzusammenhang zu qualifizieren.

88 Hat der Ausgleichsberechtigte bereits das **Rentenalter** erreicht, ist für diesen eine sofort fällige Versicherung einzurichten (zur Ausnahme in der gesetzlichen Rentenversicherung → Rn. 73 ff.). Ist das Anrecht in der Versorgungsausgleichskasse einzurichten, könnte sie nach ihrer Satzung grundsätzlich die Zahlung von Versorgungsleistungen von der Zahlung des Einmalbeitrags durch den verpflichteten Versorgungsträger abhängig machen. Nach Ziff. 1.1. der Versicherungsbedingungen der Versorgungsausgleichskasse[152] wird die Sofortrente allerdings ab dem auf die Rechtskraft der Entscheidung des Familiengerichts folgenden Monat ausgezahlt. Gem. Abs. 3 hat der Ausgleichsberechtigte hierauf einen Anspruch. Grundsätzlich würde § 7 Abs. 2 der Satzung allerdings eine Neuberechnung der Rente zulassen, wenn der tatsächlich gezahlte Beitrag von dem nach der familiengerichtlichen Entscheidung zu zahlenden Beitrag abweicht. Soweit ersichtlich, wird durch die Versorgungsausgleichskasse aber Ziff. 1.1. vorrangig angewandt und ggf. versucht, den durch das Familiengericht festgesetzten Kapitalbetrag im Weg der Zwangsvollstreckung beizutreiben.

89 Für den **Ausgleichspflichtigen** richtet sich die Rechtslage nach den für ihn maßgeblichen Versicherungsbedingungen und der familiengerichtlichen Entscheidung. Grundsätzlich gilt, dass das für ihn bestehende Anrecht ab Rechtskraft um den Ausgleichswert (ggf. zuzüglich der vom Familiengericht dem Ausgleichsberechtigten zugesprochenen Zinsen) zu vermindern ist. Sofern er bereits Versorgungsleistungen erhält, sind diese nach Maßgabe von § 30 ab dem Monat, der auf das Ende des Monats, in dem die Entscheidung rechtskräftig wird und der Versorgungsträger hiervon Kenntnis erlangt, folgt, zu kürzen.[153]

90 **3. Vollzug bei externer Teilung nach § 14 in die gesetzliche Rentenversicherung.** Erfolgt die externe Teilung nach § 14 in die gesetzliche Rentenversicherung, ist der bei ihr einzuzahlende Kapitalbetrag in Entgeltpunkte umzurechnen. Dazu lauten die durch Art. 4 Nr. 3b Gesetz vom 3.4.2009 (BGBl. 2009 I 700) an **§ 76 Abs. 4 S. 1 SGB VI angefügten S. 2 und S. 3:**

---

147 BT-Drs. 16/10144, 95; vgl. auch Palandt/*Brudermüller* Rn. 10; BeckOK BGB/*Bergmann* Rn. 6; NK-BGB/*Götsche* Rn. 59; *Bergner* NJW 2009, 1169 (1171).

148 BGH NZFam 2016, 662 = FamRZ 2016, 1144; NJW 2013, 1240 = FamRZ 2013, 773; Johannsen/Henrich/*Holzwarth* Rn. 25.

149 HK-BGB/*Kemper* Rn. 7.

150 Erman/*Norpoth/Sasse* Rn. 15.

151 Abrufbar unter https://www.va-kasse.de/images/Download/2017_09_01_Satzung_neue_Fassung_2017_genehmigt.pdf (zuletzt abgerufen am 13.11.2018).

152 Abrufbar unter https://www.va-kasse.de/images/Download/GV434_01_2017.pdf (zuletzt abgerufen am 13.11.2018).

153 Erman/*Norpoth/Sasse* Rn. 12; Johannsen/Henrich/*Holzwarth* Rn. 25.

91 **§ 76 SGB VI Zuschläge oder Abschläge beim Versorgungsausgleich**

(1)–(3) (nicht abgedruckt)

(4) [1]Die Entgeltpunkte werden in der Weise ermittelt, dass der Monatsbetrag der Rentenanwartschaften durch den aktuellen Rentenwert mit seinem Wert bei Ende der Ehezeit oder Lebenspartnerschaftszeit geteilt wird. [2]Entgeltpunkte aus einer Begründung durch externe Teilung nach § 14 des Versorgungsausgleichsgesetzes werden ermittelt, indem der vom Familiengericht nach § 222 Abs. 3 des Gesetzes über das Verfahren in Familiensachen und in den Angelegenheiten der freiwilligen Gerichtsbarkeit festgesetzte Kapitalbetrag mit dem zum Ende der Ehezeit maßgebenden Umrechnungsfaktor für die Ermittlung von Entgeltpunkten im Rahmen des Versorgungsausgleichs vervielfältigt wird. [3]An die Stelle des Endes der Ehezeit oder Lebenspartnerschaftszeit tritt in Fällen, in denen der Versorgungsausgleich nicht Folgesache im Sinne von § 137 Abs. 2 Satz 1 Nr. 1 des Gesetzes über das Verfahren in Familiensachen und in den Angelegenheiten der freiwilligen Gerichtsbarkeit ist oder im Abänderungsverfahren der Eingang des Antrags auf Durchführung oder Abänderung des Versorgungsausgleichs beim Familiengericht, in Fällen der Aussetzung des Verfahrens über den Versorgungsausgleich der Zeitpunkt der Wiederaufnahme des Verfahrens über den Versorgungsausgleich. [4]Ist nach der Entscheidung des Familiengerichts der Kapitalbetrag zu verzinsen, tritt an die Stelle der in den Sätzen 2 und 3 genannten Umrechnungszeitpunkte der Zeitpunkt, bis zu dem nach der Entscheidung des Familiengerichts Zinsen zu berechnen sind.

(5)–(7) (nicht abgedruckt)

92 Die Regelung war wegen der neu eingeführten externen Teilung durch Zahlung eines (Einmal-)Kapitalbetrages in die gesetzliche Rentenversicherung erforderlich; mit ihr wird die bereits nach § 76 Abs. 4 S. 1 SGB VI bestehende Regelung zur Umrechnung von Monatsbeträgen in Entgeltpunkte ergänzt.[154] Demgemäß erfolgt die Umrechnung des Kapitalbetrages in Entgeltpunkte mithilfe des Umrechnungsfaktors, der zum Zeitpunkt des Endes der Ehezeit – bzw. der entsprechenden Zeitpunkte – maßgebend ist. Bezüglich Entgeltpunkte (Ost) ist § 187 Abs. 3a SGB VI iVm § 187 Abs. 2 SGB VI zu beachten.

93 Für 2019 lauten die Umrechnungsfaktoren zu Ermittlung der Entgeltpunkte gemäß der Bekanntmachung der Umrechnungsfaktoren für den Versorgungsausgleich in der Rentenversicherung vom 18.12.2017 (BGBl. 2017 I 4013) wie folgt:[155]

| | |
|---|---|
| In der allgemeinen Rentenversicherung: | 0,0001382058 (in Entgeltpunkte) |
| | 0,0001498151 (in Entgeltpunkte (Ost)) |
| In der knappschaftlichen Rentenversicherung: | 0,0001040740 (in Entgeltpunkte) |
| | 0,0001128162 (in Entgeltpunkte (Ost)) |

94 Das Endergebnis der Vervielfältigung ist auf vier Dezimalstellen auszurechnen; die vierte Stelle ist dabei um 1 zu erhöhen, wenn in der fünften Stelle eine der Ziffern 5 bis 9 erscheinen würde (§ 121 Abs. 1 und 2 SGB VI).

**Beispiel:**
Es ist ein Kapitalbetrag von 10.000,00 EUR zu entrichten. Bei einem Ende der Ehezeit im Jahre 2019 ergibt sich folgende Berechnung: 10.000,00 EUR × 0,0001382058 = 1,382058 = gerundet 1,3821 EP. Daraus würde sich zum 1. Februar 2019 eine Rente ergeben in Höhe von 1,3821 EP*32,03 EUR/EP = 44,26 EUR.

95 Gem. § 52 Abs. 1 SGB VI ist die gerichtliche Entscheidung mit Rechtskraft vollzogen. Ab diesem Zeitpunkt sind die Zuschläge bzw. Abschläge an Entgeltpunkten im Versorgungskonto der beteiligten Ehegatten zu erfassen. Bezieht einer der Ehegatten bereits Versorgungsleistungen, ist der Rentenbescheid gem. § 101 Abs. 3 SGB VI zu ändern.

96 Werden für den Ausgleichsberechtigten in der **gesetzlichen Rentenversicherung** Anrechte nach § 15 Abs. 5 begründet, also bei Nichtausübung des Wahlrechts, erwirbt der Ausgleichsberechtigte seine Anrechte erst mit **Eingang der Zahlung beim Träger der gesetzlichen Rentenversicherung,** wie § 120g SGB VI ausdrücklich bestimmt.[156] Diese Bestimmung soll dem Schutz der gesetzlichen Rentenversicherung dienen, da in den Fällen, in denen die gesetzliche Rentenversicherung gleichsam als Auffangversorgungsträger dient, keine Zustimmung des aufnehmenden Versorgungsträgers – anders als bei der Ausübung des Wahlrechts nach § 15 Abs. 1 und 2 – erforderlich

[154] Bezüglich der zurückliegenden Jahre vgl. Tabellen von *Bergner/Bergmann* NJW-Beil. 1/2019, 11 ff.
[155] Bek. der Umrechnungsfaktoren für den Versorgungsausgleich in der Rentenversicherung vom 27.11.2018 (BGBl. 2018 I 2139 [2030]).
[156] Krit. *Häußermann* FPR 2009, 223 (224).

ist.[157] Die Berechtigung der Vorschrift ist umstritten. Gegen sie wird vorgebracht, die Umsetzung der gerichtlichen Entscheidung dürfe nicht nachträglich von der Bedingung der Zahlung abhängig gemacht werden.[158] Gem. § 187 Abs. 1 Nr. 2 SGB VI hat der Ausgleichsberechtigte ein Recht darauf, dass auf seinen Antrag in der gesetzlichen Rentenversicherung ein Anrecht im Weg der externen Teilung begründet wird. Der Träger der gesetzlichen Rentenversicherung kann dies durch Verweigerung der Zustimmung nur verhindern, wenn die rechtlichen Voraussetzungen für die Begründung eines Anrechts im Weg der externen Teilung nicht vorliegen, aber auch, wenn der Versorgungsträger des ausgleichspflichtigen Ehegatten insolvent ist.[159] Verweigert er die Zustimmung zu Recht – was ggf. aufgrund des engen Sachzusammenhangs im familiengerichtlichen Verfahren zu klären ist – kann das Anrecht nur intern geteilt werden. Dies berücksichtigt die Gegenauffassung,[160] die generell kein Zustimmungserfordernis der gesetzlichen Rentenversicherung sieht, nicht ausreichend. Der Rentenversicherer wird in diesem Fall davor geschützt, dass zu seinen Lasten ein Anrecht begründet wird, dem er gem. § 15 Abs. 1 wegen Insolvenz des abgebenden Versorgungsträgers nicht zugestimmt hätte. Der Nachteil für den Ausgleichsberechtigten besteht vor allem darin, dass das Anrecht erst mit Eingang der Zahlung entsteht. Dies kann er aber vermeiden, indem er rechtzeitig sein Wahlrecht zugunsten der gesetzlichen Rentenversicherung ausübt. Demgegenüber ist auch im Fall des § 15 Abs. 5, § 120g SGB VI der Zuschlag an Entgeltpunkten anhand der bei Ehezeitende geltenden Umrechnungsfaktoren zu berechnen, sofern nicht eine der Ausnahmen des § 76 Abs. 4 SGB VI vorliegt.[161] Wird allerdings der Kapitalbetrag in Höhe des Ausgleichswerts verzinst, tritt an die Stelle des Endes der Ehezeit der Zeitpunkt, bis zu dem der Kapitalbetrag zu verzinsen ist, also regelmäßig die Rechtskraft der Scheidung bzw. der Entscheidung über den Versorgungsausgleich (§ 76 Abs. 4 S. 4 SGB VI). Diese Regelung ist erforderlich, um eine doppelte Dynamisierung des Kapitals zu vermeiden.

Keine spezielle Regelung gibt es, wie die Umrechnung bei der Teilung fondsgebundener Anrechte zu erfolgen hat. Hier ist es sachgerecht, dem Versorgungsträger aufzugeben, dass der Ausgleichswert anhand der bei Rechtskraft geltenden Umrechnungsfaktoren in Entgeltpunkte umzurechnen ist, um eine doppelte Dynamisierung des als Ausgleich zu zahlenden Kapitalwerts zu vermeiden, wenn der Ausgleich anhand des bei Rechtskraft der Entscheidung bestehenden Kurswerts der auszugleichenden Fondsanteile berechnet wird (→ Rn. 82, 83).[162] 97

## VIII. Steuerliche Behandlung der externen Teilung

Bei der externen Teilung stellen sich die steuerlichen Folgen des Versorgungsausgleichs nicht so einfach wie bei der internen Teilung dar (→ § 10 Rn. 9). Grundsätzlich greifen bei der Übertragung des Anrechts im Wege der externen Teilung – mit dem Wechsel des Versorgungsträgers – bereits bei der Leistung des Ausgleichswerts und dem dadurch bewirkten Kapitalabfluss als „Auszahlung" an den Verpflichteten die allgemeinen steuerlichen Regeln. Dies würde dazu führen, dass der ausgleichspflichtigen Person steuerpflichtige Einkünfte nach §§ 19, 20 oder 22 EStG zugerechnet würden. Deshalb stellt der durch Art. 10 Nr. 1 VAStrRefG novellierte § 3 Nr. 55b EStG in S. 1 sicher, dass der Teil des Ausgleichswerts steuerfrei gestellt wird, der sonst zu steuerlichen Einkünften führen würde. Da es sich bei dieser Steuerfreistellung nicht um eine endgültige handelt, sondern nur um eine vorläufige für den Zeitpunkt des Versorgungsausgleichs mit einer Verschiebung des Besteuerungszeitpunkts auf die spätere Auszahlungsphase, dient die Begrenzung auch dazu, sicherzustellen, dass bei der ausgleichsberechtigten Person später nur die Leistungen der vollständigen Besteuerung unterliegen, die schon bei der ausgleichpflichtigen Person der Besteuerung unterlegen hätten.[163] 98

Allerdings ist die Steuerfreistellung nach S. 1 gemäß § 3 Nr. 55b S. 2 EStG ausgeschlossen, soweit Leistungen, die auf dem begründeten Anrecht beruhen, bei der ausgleichsberechtigten Person zu Einkünften nach § 20 Abs. 1 Nr. 6 oder § 22 Nr. 1 S. 3 lit. a Doppelbuchst. bb führen würden. Mit dieser Ausnahme soll eine **Besteuerungslücke** vermieden werden, die dadurch entstehen kann, dass Mittel aus der betrieblichen Altersversorgung oder der nach § 10a und Abschnitt XI des EStG geförderten Altersvorsorge auf Vorsorgeprodukte übertragen werden, deren daraus fließende Leistungen nach den oben genannten Bestimmungen der Besteuerung 99

[157] Vgl. BT-Drs. 16/10144, 100.
[158] *Häußermann* BetrAV 2008, 428.
[159] Hauck/Noftz/*Jenner,* 06/15, SGB VI § 120g Rn. 4.
[160] NK-BGB/*Götsche* § 15 Rn. 24.
[161] JurisPK-SGB VI/*Dankelmann,* 2. Aufl. 2013, SGB VI § 120g Rn. 20.
[162] BGH BeckRS 2018, 21222; OLG Frankfurt FamRZ 2013, 1806; 2018, 430; OLG München FamRZ 2018, 994.
[163] BT-Drs. 16/10144, 108.

unterliegen.[164] Das ist etwa der Fall, wenn das Anrecht des Ausgleichspflichtigen – etwa aus betrieblicher Altersversorgung, einer Unterstützungskasse, einem Pensionsfond oder einem „Rürup-Vertrag" – nachgelagert zu versteuern gewesen wäre, nach der Übertragung auf den Versorgungsträger des Ausgleichsberechtigten aber – etwa als „einfache" Lebensversicherung – nur mit dem Ertragsanteil zu versteuern ist. Die Steuerbefreiung entfällt dann mit der Folge, dass der Ausgleichspflichtige den Kapitalwert voll versteuern muss. Dieses Ergebnis gilt es daher zu vermeiden, indem zB als Zielversorgung eine nach § 1 AltZertG zertifizierte Altersversorgung gewählt wird (s. § 15 Abs. 4; → § 15 Rn. 17).[165]

**100** § 3 Nr. 55b S. 3 EStG stellt durch eine Informationspflicht sicher, dass der Versorgungsträger des Ausgleichspflichtigen dem Versorgungsträger des Ausgleichsberechtigten die für die Besteuerung der Leistungen erforderlichen Grundlagen mitteilt. Sind sie dem Versorgungsträger des Ausgleichberechtigten bereits bekannt, entfällt die Mitteilungspflicht, wenn die Kenntnis dem Versorgungsträger des Ausgleichspflichtigen mitgeteilt worden ist.[166]

## § 15 Wahlrecht hinsichtlich der Zielversorgung

**(1) Die ausgleichsberechtigte Person kann bei der externen Teilung wählen, ob ein für sie bestehendes Anrecht ausgebaut oder ein neues Anrecht begründet werden soll.**

**(2) Die gewählte Zielversorgung muss eine angemessene Versorgung gewährleisten.**

**(3) Die Zahlung des Kapitalbetrags nach § 14 Abs. 4 an die gewählte Zielversorgung darf nicht zu steuerpflichtigen Einnahmen oder zu einer schädlichen Verwendung bei der ausgleichspflichtigen Person führen, es sei denn, sie stimmt der Wahl der Zielversorgung zu.**

**(4) Ein Anrecht in der gesetzlichen Rentenversicherung, bei einem Pensionsfonds, einer Pensionskasse oder einer Direktversicherung oder aus einem Vertrag, der nach § 5 des Altersvorsorgeverträge-Zertifizierungsgesetzes zertifiziert ist, erfüllt stets die Anforderungen der Absätze 2 und 3.**

**(5) [1]Übt die ausgleichsberechtigte Person ihr Wahlrecht nicht aus, so erfolgt die externe Teilung durch Begründung eines Anrechts in der gesetzlichen Rentenversicherung. [2]Ist ein Anrecht im Sinne des Betriebsrentengesetzes auszugleichen, ist abweichend von Satz 1 ein Anrecht bei der Versorgungsausgleichskasse zu begründen.**

**Schrifttum:** S. § 1587 BGB.

**Übersicht**



[164] BT-Drs. 16/10144, 109; vgl. zu allem auch Johannsen/Henrich/*Holzwarth* Rn. 34 ff.

[165] Vgl. dazu auch näher *Ruland* Versorgungsausgleich Rn. 740 und 1312 ff.; *Elden* FPR 2009, 206 (207); *Schmid/Bührer* FamRZ 2010, 1608 ff.; *Borth* Versorgungsausgleich Kap. 3 Rn. 211 ff.; *Wälzholz* DStR 2010, 465 (467); *Breuers* FPR 2011, 517 (518); *Hauß/Bührer,* Versorgungsausgleich und Verfahren in der Praxis, 2. Aufl. 2014, Rn. 435 ff.

[166] BT-Drs. 16/10144, 109; s. hierzu auch *Ruland* Versorgungsausgleich Rn. 1319; *Borth* Versorgungsausgleich Kap. 3 Rn. 213.

## I. Normzweck

§ 15 erfasst verschiedene Bestimmungen, die **Einzelheiten des Rechts** zum Inhalt haben, im Rahmen der externen Teilung nach § 14 Abs. 2 den **Versorgungsträger zu bestimmen, bei dem ein Anrecht begründet oder ausgebaut werden soll** (Träger der **„Zielversorgung"** iSv Abs. 2). Die Bestimmung gilt nicht für die externe Teilung von Anrechten aus einen öffentlich-rechtlichen Dienst- oder Amtsverhältnis (§ 16 Abs. 1) bzw. von Anrechten von Beamten auf Widerruf und Soldaten auf Zeit (§ 16 Abs. 2); für diese ist **§ 16 Spezialnorm.**[1] Gemäß **Abs. 1** steht das **Wahlrecht der ausgleichsberechtigten Person** zu (→ Rn. 2), denn sie kann am besten beurteilen, welche Versorgung für sie die vorteilhafteste ist. **Abs. 2** nennt die **Voraussetzungen, die die gewählte Zielversorgung erfüllen muss,** um als Zielversorgung auch vom Familiengericht, das die externe Teilung letztlich durchzuführen hat, akzeptiert zu werden (→ Rn. 8 ff.). Der erst durch den Rechtsausschuss des Deutschen Bundestages in den Gesetzentwurf[2] gelangte und sodann Gesetz gewordene **Abs. 3** hat im Wesentlichen die Aufgabe, hinsichtlich der Wahl der Zielversorgung durch die ausgleichsberechtigte Person die **steuerlichen Interessen der ausgleichspflichtigen Person** zu wahren und schränkt deshalb das Wahlrecht dahin ein, dass die ausgleichspflichtige Person ggf. der Wahl der ausgleichsberechtigten Person zustimmen muss[3] (→ Rn. 17 ff.). **Abs. 4** stellt klar, **welche Anrechte stets die Anforderungen nach Abs. 2 und 3 erfüllen,** also als angemessene Zielversorgungen iSv Abs. 2 gelten, der Zustimmung des Ausgleichspflichtigen iSv Abs. 3 nicht bedürfen und ohne weitere Prüfung vom Familiengericht akzeptiert werden müssen; durch Jahressteuergesetz vom 8.12.2010 (BGBl. 2010 I 1768, 1801) hat diese Norm hinsichtlich des bisher allgemein genannten Anrechts „im Sinne des Betriebsrentengesetzes" eine nähere Konkretisierung erfahren (→ Rn. 24 f.). **Abs. 5** regelt schließlich den Fall, dass die ausgleichsberechtigte Person innerhalb der durch das Gericht gem. § 222 FamFG gesetzten Frist **ihr Wahlrecht nicht bzw. nicht wirksam ausübt;** der Ausgleich hat dann in die gesetzliche Rentenversicherung bzw. bei Anrechten gem. § 1 BetrAVG in die Versorgungsausgleichskasse zu erfolgen.[4] Die Vorschrift ist im Zusammenhang mit der in § 222 Abs. 1 FamFG vorgesehenen **Fristsetzung zur Ausübung des Wahlrechts** durch das Gericht zu sehen und will den zügigen Ausgleich bei der externen Teilung gewährleisten (→ Rn. 26 ff.).[5] 1

## II. Wahlrecht der ausgleichsberechtigten Person (Abs. 1)

**1. Grundsätze des Wahlrechts.** Gemäß Abs. 1 kann die ausgleichspflichtige Person bei der externen Teilung wählen, ob ein für sie bestehendes Anrecht ausgebaut oder ein neues Anrecht begründet wird. Das schließt die Wahl des Versorgungsträgers ein. Das Gesetz bezeichnet die gewählte Versorgung in Abs. 2 als **Zielversorgung.**[6] Das Wahlrecht gilt sowohl für die **externe Teilung kraft Vereinbarung nach § 14 Abs. 2 Nr. 1** als auch für die **externe Teilung kraft einseitigen Verlangens des Versorgungsträgers** der ausgleichspflichtigen Person nach Abs. 2 Nr. 2. Der ausgewählte Versorgungsträger muss allerdings in beiden Fällen mit der vorgesehenen Teilung **einverstanden** sein (§ 222 Abs. 2 FamFG), es sei denn, der Ausgleichsberechtigte entscheidet sich im Fall der Teilung eines zur betrieblichen Altersvorsorge gehörigen Anrechts für die Versorgungsausgleichskasse als Zielversorgungsträger;[7] denn in diesem Fall ist die Ausübung des Wahlrechts lediglich dahingehend zu verstehen, dass der Ausgleichsberechtigte sich damit einverstanden erklärt, dass die Versorgungsausgleichskasse als subsidiärer Zielversorgungsträger eintritt.[8] Gem. § 187 SGB VI ist auch der Ausgleich in die gesetzliche Rentenversicherung als Zielversorgung immer möglich. Daraus schließt eine breite Auffassung, dass auch deren Zustimmung nicht erforderlich 2

1 Johannsen/Henrich/*Holzwarth* § 16 Rn. 5; OLG Brandenburg FamRZ 2012, 1646.
2 Vgl. BT-Drs. 16/11903, 19 und 104.
3 BT-Drs. 16/11903, 104 f.; *Borth* Versorgungsausgleich Kap. 3 Rn. 108.
4 Johannsen/Henrich/*Holzwarth* Rn. 1.
5 BT-Drs. 16/10144, 95.
6 BT-Drs. 16/10144, 59.
7 HK-VersAusglR/*Götsche* Rn. 7, 39; OLG Dresden FamRZ 2014, 1461.
8 BGH NZFam 2018, 175 = FamRZ 2018, 429.

sei.[9] Dagegen spricht aber die Vorschrift des § 120g SGB VI. Diese setzt voraus, dass die gesetzliche Rentenversicherung nicht als Zielversorgungsträger mit ihrer Zustimmung benannt wurde. Aus § 187 SGB VI ist also nur mittelbar zu entnehmen, dass die gesetzliche Rentenversicherung der Begründung eines Anrechts im Weg der externen Teilung zustimmen muss, es sei denn, die gesetzlichen Voraussetzungen für die Begründung eines Anrechts im Weg der externen Teilung liegen nicht vor (beispielsweise, weil absehbar ist, dass bei Rechtskraft der Entscheidung für den Ausgleichsberechtigten eine Altersrente bestandskräftig bewilligt sein wird, § 187 Abs. 4 SGB VI) oder es bestehen erhebliche Bedenken gegen die Solvenz des Versorgungsträgers des zu teilenden Anrechts (→ § 14 Rn. 57).

3 Dass das Wahlrecht hinsichtlich der Zielversorgung grundsätzlich allein dem Ausgleichsberechtigten zusteht, hindert diesen Versorgungsträger und die ausgleichsberechtigte Person natürlich nicht, sich auch in diesem Fall mit dem Versorgungsträger der ausgleichspflichtigen Person **über die Zielversorgung zu verständigen.** Auch hindert das Bestimmungsrecht der ausgleichsberechtigten Person den Versorgungsträger der ausgleichspflichtigen Person nicht, **Vorschläge für die Zielversorgung** zu machen, etwa die Absicherung über eine Pensionskasse, die demselben Konzern angehört; gebunden ist die ausgleichsberechtigte Person daran aber nicht.

4 Bei der externen Teilung kraft Vereinbarung nach § 14 Abs. 2 Nr. 1 kann ein derartiger Vorschlag von dem Versorgungsträger der ausgleichspflichtigen Person auch als **Bedingung im Angebot** an die ausgleichsberechtigte Person gestellt werden.[10] Es ist zwar grundsätzlich Sache der ausgleichsberechtigten Person, die Zielversorgung zu wählen. Das kann aber den Versorgungsträger der ausgleichspflichtigen Person nicht hindern, eine Bedingung hinsichtlich der Zielversorgung zu stellen, denn er hätte es auch in der Hand, der Vereinbarung über die externe Teilung eine Absage zu erteilen. Es ist dann Sache der ausgleichsberechtigten Person, der Bedingung zuzustimmen oder mit ihrer Weigerung den Weg in die interne Teilung zu wählen. Die **einseitige Wahl** der externen Teilung nach § 10 Abs. 2 Nr. 2 selbst ist **bedingungsfeindlich.**[11]

5 Für die Ausübung des Wahlrechts ist keine Form vorgeschrieben. Sowohl das Wahlrecht als auch die Zustimmung des Zielversorgungsträgers können daher schriftlich, mündlich (zB im Rahmen der Verhandlung) oder auch telefonisch erklärt werden.[12] Allerdings hat der Ausgleichsberechtigte innerhalb einer gem. § 222 FamFG gesetzten Frist nachzuweisen, dass der Zielversorgungsträger der externen Teilung zustimmt: dieser Nachweis wird in der Regel nur durch Vorlage eines Dokumentes zu führen sein.[13]

6 Weiterhin gilt für die Wahl der Zielversorgung der Anwaltszwang nicht.[14] Daher kann der Ausgleichsberechtigte, der im Scheidungsverfahren anwaltlich nicht vertreten ist, gleichwohl wirksam eine Zielversorgung bestimmen.

7 **2. Verfahrensrechtliches.** Die Ausübung des Wahlrechts nach § 14 Abs. 2 und § 15 Abs. 1 hat, sofern sie sich nicht schon aus der vorgelegten Vereinbarung nach § 14 Abs. 2 Nr. 1 ergibt, gemäß § 222 Abs. 1 FamFG binnen einer vom Familiengericht zu setzenden Frist zu erfolgen. Gemäß § 222 Abs. 2 FamFG hat die ausgleichspflichtige Person binnen der gesetzten Frist das Ergebnis der **Wahl und das Einverständnis des Versorgungsträgers** der ausgleichsberechtigten Person dem Gericht nachzuweisen. Erfolgt der **Nachweis** nicht fristgerecht, kann dies uU nicht nachgeholt werden; es muss daher ggf. fristgerecht Fristverlängerung beantragt werden (→ Rn. 26). Spätestens mit dem Nachweis des gewählten Versorgungsträgers ist dieser zu beteiligen (§ 219 Nr. 3 FamFG). Es reicht nicht aus, diesem lediglich die Entscheidung zuzustellen. Vielmehr ist er unter Mitteilung des wesentlichen Ergebnisses des bisherigen Verfahrens und der beabsichtigten Entscheidung zu hören. Das gilt auch für die Versorgungsausgleichskasse und die gesetzliche Rentenversicherung, wenn diese als Auffangversorgungsträger gem. Abs. 5 berufen sind.[15] Das Einverständnis des Trägers der gesetzlichen Rentenversicherung kann nur verweigert werden, wenn die gesetzlichen Voraussetzungen für die Begründung eines Anrechts im Weg der externen Teilung bei der gesetzlichen Rentenversicherung als Zielversorgungsträger nicht vorliegen oder erhebliche Bedenken gegen die Solvenz des Versorgungsträgers, bei dem das auszugleichende Anrecht besteht, erhoben werden

[9] HK-VersAusglR/*Götsche* Rn. 34; *Ruland* Versorgungsausgleich Rn. 646; OLG Dresden FamRZ 2014, 1461; aA Erman/*Norpoth/Sasse* Rn. 3: Die gesetzliche Rentenversicherung dürfe ihre Zustimmung nicht grundlos verweigern.
[10] Johannsen/Henrich/*Holzwarth* § 14 Rn. 8; Erman/*Norpoth/Sasse* § 14 Rn. 4.
[11] BT-Drs. 16/10144, 59; *Borth* Versorgungsausgleich Kap. 3 Rn. 103; Johannsen/Henrich/*Holzwarth* § 14 Rn. 14.
[12] Johannsen/Henrich/*Holzwarth* Rn. 7.
[13] *Ruland* Versorgungsausgleich Rn. 726.
[14] *Borth* Versorgungsausgleich Kap. 3 Rn. 101.
[15] BGH NZFam 2018, 175 Rn. 17 = FamRZ 2018, 429.

(→ § 14 Rn. 9). Fehlt es daran, ist die verweigerte Zustimmung als unerheblich anzusehen. Dies kann auch durch das Familiengericht als Vorfrage der externen Teilung im Rahmen des Verfahrens über den Versorgungsausgleich aufgeklärt werden. Klagt der Ausgleichsberechtigte gegen den Träger der gesetzlichen Rentenversicherung auf Zustimmung, ist das Verfahren wegen des Versorgungsausgleichs gem. § 221 Abs. 2 FamFG analog auszusetzen. Nach aA bedarf es der Zustimmung des gesetzlichen Rentenversicherungsträgers nicht, da die Begründung eines Anrechts im Weg der externen Teilung gesetzlich garantiert sei (§ 187 Abs. 1 Nr. 2 SGB VI mit Verweis auf § 15 Abs. 1).[16] Diese Auffassung berücksichtigt aber nicht, dass der Träger der gesetzlichen Rentenversicherung (nur) unter den vorstehend genannten Bedingungen die Zustimmung zur Durchführung der externen Teilung verweigern kann und muss. Hierdurch wird auch die unbefriedigende Situation vermieden, die dadurch eintreten kann, dass das Familiengericht die externe Teilung anordnet, diese dann aber mangels Beitragszahlung gem. § 120g SGB VI oder wegen Bestandskraft der Festsetzung einer Altersrente nicht umgesetzt werden kann.

### III. Wahl einer angemessenen Zielversorgung (Abs. 2)

**1. Grundsatz.** Abs. 2 bestimmt, dass die gewählte **Zielversorgung** eine **angemessene Versorgung** gewährleisten muss.[17] Grundsätzlich kann es sich dabei nur um einen inländischen Versorgungsträger handeln, da durch ein deutsches Gericht nur bei einem inländischen Versorgungsträger mit gestaltender Wirkung ein Anrecht begründet oder ausgebaut werden kann.[18] Weiterhin ist bei der Ausübung des Wahlrechts zu beachten, dass nach den für die Zielversorgung maßgeblichen Rechtsgrundlagen die Begründung eines Anrechts im Weg der externen Teilung zulässig ist. Daran fehlt es in der Beamtenversorgung sowie bei den meisten berufsständischen Versorgungsträgern. 8

Zweck der Regelung ist es, im Rahmen der externen Teilung die Wahl einer Zielversorgung sicherzustellen, die **Mindestanforderungen** einer Versorgung genügt. Wie schon Abs. 1 zum Ausdruck bringt, ist dabei an den **Ausbau eines bereits bestehenden Anrechts** oder an die **Begründung eines neuen Anrechts** gedacht, nicht aber etwa an die Zahlung eines schlichten Abfindungsbetrages, mit dem nach Belieben verfügt wird. Durch diese Vorschrift soll sichergestellt werden, dass der Zweck des Versorgungsausgleichs auch erreicht wird: die Begründung einer eigenständigen Sicherung des ausgleichsberechtigten Ehegatten für den Fall des Alters.[19] Entsprechende Anforderungen gelten auch für das Anrecht, das durch eine **zweckgebundene Abfindung** im Rahmen der **schuldrechtlichen Ausgleichszahlung** nach Scheidung gemäß § 23 Abs. 1 begründet oder erweitert werden soll. 9

**2. Begriff der Angemessenheit.** Was als angemessene Versorgung zu verstehen ist, bestimmt sich zum einen nach **absoluten Kriterien, die jede Versorgung erfüllen sollte.** Das ist insbesondere die Begründung oder der Ausbau eines **eigenständigen Anrechts.** Im Übrigen gibt die Vermutung aus § 15 Abs. 4 Anhaltspunkte dafür, welchen Anforderungen die Zielversorgung entsprechen muss: Es muss sich um ein Anrecht handeln, das im Fall des Alters grundsätzlich eine lebenslange Absicherung gewährt.[20] Hieran fehlt es, wenn der Ausgleichsberechtigte ein **Zeitwertkonto** gem. §§ 7b, 7d SGB IV als Zielversorgung wählt; denn diese Konten dienen va dazu, Arbeitsentgelt steuer- und sozialabgabenfrei anzusparen, das in einer späteren Freistellungsphase steuer- und sozialabgabenwirksam entnommen werden kann. Aber auch wenn das Wertguthaben auf die Deutsche Rentenversicherung Bund übertragen wird, handelt es sich um treuhänderisch verwaltetes Arbeitseinkommen und nicht um eine Alterssicherung (§ 7f SGB IV). Zwar kann gem. § 23b Abs. 3a SGB IV vereinbart werden, dass das Wertguthaben als für Zwecke der betrieblichen Altersversorgung angespart gilt, wenn es wegen Erreichens der Altersgrenze nicht mehr zur Finanzierung einer Freistellungsphase verwendet werden kann (sog. „doppelfunktionales Wertguthaben"). Dies zeigt aber, dass als Zielversorgung nur die betriebliche Altersversorgung, die in diesem Fall mit dem Wertguthaben begründet werden soll, und nicht der Arbeitgeber bzw. die Deutsche Rentenversicherung, bei der das in dem Wertguthaben enthaltene Arbeitsentgelt (treuhänderisch) gehalten wird, in Betracht kommt.[21] Ein Wertguthaben kann für Zwecke der betrieblichen Altersversorgung nur vorgesehen werden, wenn in der Ansparphase davon auszugehen ist, dass dieses für eine Freistellungsphase verbraucht werden wird.[22] Diese Voraussetzung liegt in der Person des Ausgleichsberechtigten 10

---

[16] Vgl. *Ruland* Versorgungsausgleich Rn. 727; Johannsen/Henrich/*Holzwarth* Rn. 5.
[17] BT-Drs. 16/10144, 59.
[18] Erman/*Norpoth*/*Sasse* Rn. 3.
[19] Vgl. Johannsen/Henrich/*Holzwarth* Rn. 8.
[20] HK-VersAusglR/*Götsche* Rn. 14–15.
[21] OLG München FamRZ 2017, 1395 = BeckRS 2017, 123957.
[22] Hauck/Noftz/*Sehnert,* 09/05, § 23a SGB IV Rn. 38.

nicht vor, da dieser das dem Wertguthaben zuzuführende Kapital nicht als Arbeitsentgelt sondern im Weg des Kapitaltransfers gem. § 14 Abs. 4, § 222 Abs. 3 FamFG erhält. Weiterhin muss das Anrecht hinreichend sicher sein.[23] Schließlich darf die aus dem Anrecht zu erwartende Versorgung nicht außer Verhältnis zu dem eingesetzten Kapital stehen.[24] Allerdings ist bei der Beurteilung der Wirtschaftlichkeit der Zielversorgung ein großzügiger Maßstab anzuwenden.[25]

**11** Inwieweit die Möglichkeit der (teilweisen) Kapitalzahlung der Angemessenheit entgegensteht, ist eine Frage des Einzelfalles, die auch mit Rücksicht auf das ausgeglichene Anrecht beantwortet werden sollte.[26]

**12** Teilweise wird gefordert, dass das bei dem Zielversorgungsträger entstehende Anrecht eine vergleichbare Dynamisierung wie die gesetzliche Rentenversicherung aufweise.[27] Dies geht aber in dieser Allgemeinheit zu weit; denn in vielen Fällen weist auch das zu teilende Anrecht keine Dynamik im Anwartschaftsstadium auf. Daher sollte lediglich gefordert werden, dass die Zielversorgung eine vergleichbare Dynamik aufweist wie das zu teilende Anrecht,[28] und auch dies nur als ein Gesichtspunkt neben anderen. Eine fehlende Dynamik kann beispielsweise auch durch eine von vorneherein feststehende höhere Rentenleistung kompensiert werden.[29] Nicht erforderlich ist, dass das Anrecht bei der Zielversorgung auch einen Schutz gegen Erwerbsminderung und für Hinterbliebene vorsieht, selbst dann, wenn das auszugleichende Anrecht dies vorsieht.[30]

**13** Zu Recht enthält das Gesetz **keinen schlichten Verweis auf § 11 Abs. 1.** Denn die Interessenlage ist bei der externen Teilung eine andere als bei der internen Teilung und es bedarf daher eines anderen – **großzügigeren – Verständnisses der Angemessenheit der Zielversorgung** als es bei der internen Teilung bezüglich der Kriterien, die eine gleichwertige Teilhabe gewährleisten sollen und wollen, der Fall ist.[31] Denn im Fall der Vereinbarung der externen Teilung (§ 14 Abs. 2 Nr. 1) wählt der Ausgleichsberechtigte diese, weil der „normale“ Ausgleich im Wege der internen Teilung, die in jedem Fall einen gerechten Ausgleich gewährleisten soll und kann (→ § 10 Rn. 1), im konkreten Einzelfall nicht zu einem für ihn geeigneten Ergebnis führt. So kann es für eine ausgleichsberechtigte Person, die im Ruhestand lebt, vielleicht sinnvoll sein, eine „schlichte“ Zusatzrente gegen eine Einmalzahlung zu begründen, weil das Risiko der Invalidität, die beim auszugleichenden Anrecht mitversichert ist, für diese bedeutungslos ist. Aber auch im Fall, dass die externe Teilung auf einseitiges Verlangen des Versorgungsträgers durchzuführen ist, wäre der Maßstab des § 11 Abs. 1 sachfremd. Die interne Teilung geht von dem Prinzip aus, dass das Anrecht des Ausgleichpflichtigen zwar hälftig geteilt, aber inhaltlich nicht verändert werden soll, während die externe Teilung von dem Prinzip ausgeht, dass es der Ausgleichsberechtigte in der Hand hat, nach seiner Wahl eine Zielversorgung mit allen Vor- und Nachteilen zu wählen, die für ihn günstig ist, sich aber inhaltlich von dem zu teilenden Anrecht unterscheidet. Der Halbteilungsgrundsatz wird durch die hälftige Aufteilung des Ehezeitanteils gewahrt, die Verwendung des Vorsorgekapitals fällt demgegenüber ähnlich wie beim Zugewinnausgleich in die Risikosphäre des Ausgleichsberechtigten (→ § 14 Rn. 14, Teilungs-/Leistungsgerechtigkeit).[32]

**14** Was – abgesehen von besonderen Fallgestaltungen – grundsätzlich als angemessen anzusehen ist, erhellt sich im Rückschluss aus Abs. 4, der Anrechte nennt, die in jedem Fall als angemessen anzusehen sind: Das sind Anrechte in der gesetzlichen Rentenversicherung, aus einem Pensionsfonds, einer Pensionskasse oder einer Direktversicherung (→ Rn. 24) sowie aus einem Vertrag, der nach § 5 AltZertG zertifiziert ist (→ Rn. 24). Diese „optimalen“ Voraussetzungen müssen allerdings nicht erfüllt sein; entscheidend ist, dass der mit der externen Teilung verfolgte Zweck nicht verfehlt wird bzw. die gewählte Zielversorgung nicht außer Verhältnis zum Ausgleichswert des auszugleichenden Anrechts steht.[33]

**15** **3. Folge der Wahl einer unangemessenen Zielversorgung.** Genügt die vom Ausgleichsberechtigten und dem Versorgungsträger der ausgleichpflichtigen Person benannte oder vom Ausgleichsberechtigten auf der Basis der Vereinbarung allein gewählte Zielversorgung nicht den Anforderungen einer angemessenen Versorgung, so hat das Familiengericht zu klären, ob die Vereinbarung

---

[23] IErg so auch *Ruland* Versorgungsausgleich Rn. 729.
[24] OLG Schleswig FamRZ 2013, 218.
[25] HK-VersAusglR/*Götsche* Rn. 16; NK-BGB/*Götsche* Rn. 18.
[26] HK-VersAusglR/*Götsche* Rn. 15; ähnlich Erman/*Norpoth*/*Sasse* Rn. 4.
[27] HK-VersAusglR/*Götsche* Rn. 14.
[28] IdS *Ruland* Versorgungsausgleich Rn. 729.
[29] Erman/*Norpoth*/*Sasse* Rn. 4.
[30] Johannsen/Henrich/*Holzwarth* Rn. 8.
[31] Johannsen/Henrich/*Holzwarth* Rn. 8; Palandt/*Brudermüller* Rn. 4.
[32] Soergel/*Häußermann* Rn. 8.
[33] Vgl. HK-VersAusglR/*Götsche* Rn. 14; Johannsen/Henrich/*Holzwarth* Rn. 8.

gemäß § 139 BGB insgesamt unwirksam ist.[34] Wenn die **Vereinbarung insgesamt unwirksam** ist und der Mangel von den Beteiligten der Vereinbarung bzw. von der wahlberechtigten ausgleichsberechtigten Person nicht behoben wird, so kommt es zur an sich vom Gesetz ohnehin als vorrangig angesehenen internen Teilung.

Ist demgegenüber von einer **Teilnichtigkeit** auszugehen, die die gesamte Vereinbarung nicht erfasst, so erfolgt die externe Teilung entsprechend dem Gedanken des Abs. 5 in die gesetzliche Rentenversicherung bzw. in die Versorgungsausgleichskasse. Diese Lösung ist sachgerecht, wenn die externe Teilung nicht mit dem Ausgleich an die von den Beteiligten bestimmte Zielversorgung stehen und fallen soll.[35] Für eine die gesamte Vereinbarung nicht erfassende Teilnichtigkeit der Wahl der Zielversorgung iSv § 139 BGB kann sprechen, dass in der Vereinbarung eine bestimmte Zielversorgung nicht genannt wird, die Wahl also ersichtlich dem Ausgleichsberechtigten überlassen wurde. Umgekehrt spricht dafür, dass die Vereinbarung mit einer Begründung des Anrechts in der vertraglich bestimmten Zielversorgung stehen und fallen soll, wenn der Versorgungsträger des ausgleichspflichtigen Ehegatten hieran ein besonderes Interesse hat, beispielsweise, weil es sich um eine konzernangehörige Pensionskasse handelt. 16

## IV. Verbot des Entstehens steuerlicher Einnahmen oder einer schädlichen Verwendung bei der ausgleichspflichtigen Person ohne deren Zustimmung durch Zahlung des Kapitalbetrages nach § 14 Abs. 4 (Abs. 3)

**1. Verbot des Entstehens steuerlicher Einnahmen ohne Zustimmung des Ausgleichpflichtigen (Abs. 3 Alt. 1).** Gemäß Abs. 3 Alt. 1 darf die Zahlung des Kapitalbetrages nach § 14 Abs. 4 an die gewählte Zielversorgung nicht zu steuerlichen Einnahmen bei der ausgleichspflichtigen Person führen, es sei denn, sie stimmt der Wahl der Zielversorgung zu. Die Regelung, die im Regierungsentwurf nur mittelbar in dem in S. 2 des Abs. 2 enthaltenen Verweis auf die nach § 5 AltZertG zertifizierten Altersvorsorgeverträge enthalten war und erst auf Veranlassung des Rechtsausschusses des Deutschen Bundestages als Abs. 3 in das Gesetz Eingang gefunden hat, will vor allem **dem steuerlichen Interesse der ausgleichpflichtigen Person dienen** und schränkt deshalb das Wahlrecht der ausgleichsberechtigten Person ein. Zwar sind durch § 3 Nr. 55b EStG im Falle des Art. 10 Nr. 1 VAStrRefG viele Fälle der externen Teilung für die ausgleichspflichtige Person „steuerneutral" gestellt worden, das ist aus steuersystematischen Gründen aber nicht für alle Übertragungen im Wege der externen Teilung möglich.[36] Zu steuerpflichtigen Einnahmen für den Ausgleichspflichtigen kommt es insbesondere dann, wenn das zu teilende Anrecht der nachgelagerten Besteuerung unterliegt, während die Zielversorgung nur der Ertragsbesteuerung unterliegt.[37] Wählt zB die ausgleichsberechtigte Person eine **ungeförderte private Rentenversicherung** als Zielversorgung, so kann das zu einem Wechsel des Steuerregimes und damit dazu führen, dass die externe Teilung betrieblicher Anrechte bei der ausgleichspflichtigen Person zu steuerlichen Einkünften in Höhe des Ausgleichswerts – „Auszahlung" des kapitalisierten Anrechts – führt. Deshalb bedarf eine solche Wahl der Zielversorgung nach Abs. 3 der Zustimmung des Ausgleichspflichtigen.[38] Nicht zu steuerlichen Nachteilen führt es, wenn bei einem bis 31.12.2004 abgeschlossenen Lebensversicherungsvertrag die externe Teilung durchzuführen ist. Auch wenn der Ausgleichsberechtigte eine private Rentenversicherung als Zielversorgung nennt, bleibt es bei der besonderen steuerlichen Privilegierung der Beiträge des Ausgleichspflichtigen, da der durch externe Teilung begründete Vertrag als ab dem Zeitpunkt fortbestehend fingiert wird, in dem der Vertrag, aus dem sich das zu teilende Anrecht ergibt, abgeschlossen wurde (§ 22 Nr. 5 S. 12 EStG).[39] 17

In § 222 FamFG ist nicht gefordert, dass auch diese Zustimmung innerhalb der Frist gem. § 222 Abs. 2 FamFG nachzuweisen ist. Das Familiengericht hat daher während des laufenden Verfahrens den Ausgleichspflichtigen auf die Problematik hinzuweisen und diesen zu befragen, ob er die Zustimmung zur Begründung eines Anrechts in der vom Ausgleichsberechtigten gewählten Zielversorgung erteilt. Liegt die Zustimmung bei Erlass der Entscheidung nicht vor, hat der Ausgleich an den maßgeblichen Auffangzielversorgungsträger gem. Abs. 5 zu erfolgen.[40] 18

---

34 *Ruland* Versorgungsausgleich Rn. 729.

35 Erman/*Norpoth/Sasse* Rn. 13.

36 BT-Drs. 16/11903, 104; BT-Drs. 16/10144, 109.

37 Erman/*Norpoth/Sasse* Rn. 7; *Ruland* FamRZ 2009, 1456; *Ruland* Versorgungsausgleich Rn. 1251; *Borth* Versorgungsausgleich Kap. 3 Rn. 212; *Hauß/Bührer,* Versorgungsausgleich und Verfahren in der Praxis, 2. Aufl. 2014, Rn. 105 ff., 437.

38 Dazu *Schmid/Bührer* FamRZ 2010, 1608 (1611 ff.); *Münch* FamRB 2010, 284 ff.; *Ruland* FamRZ 2009, 1456 ff.; *Ruland* Versorgungsausgleich Rn. 1313 ff.

39 Erman/*Norpoth/Sasse* Rn. 9.

40 So iErg HK-VersAusglR/*Götsche* Rn. 29.

19 **2. Verbot einer schädlichen Verwendung des Kapitalbetrages ohne Zustimmung des Ausgleichspflichtigen (Abs. 3 Alt. 2).** Die durch Art. 9d Nr. 1 Gesetz zur Änderung des Vierten Buches Sozialgesetzbuch, zur Errichtung einer Versorgungsausgleichskasse und anderer Gesetzes vom 15.7.2009 (BGBl. 2009 I 1939, 1947) in das VersAusglG eingefügte Ergänzung bezweckt zum Schutz des Ausgleichspflichtigen die Beseitigung einer Lücke, die in Ansehung einer schädlichen Verwendung des Kapitalbetrages iSd § 93 EStG entstehen kann.[41] Dies kommt insbesondere dann in Betracht, wenn der Ausgleichspflichtige im Fall der externen Teilung Zulagen erstatten müsste. Hat der Ausgleichspflichtige Zulagen für eine Altersvorsorge erhalten, muss für den Ausgleichsberechtigten ein Anrecht in einem zertifizierten Altersvorsorgevertrag gem. § 5 AltZertG, in einem gem. § 82 Abs. 2 EStG begünstigten betrieblichen Altersvorsorgevertrag, in der Versorgungsausgleichskasse oder in der gesetzlichen Rentenversicherung begründet werden, damit der Ausgleichspflichtige nicht die Zulagen zurückerstatten muss.[42]

20 Demgegenüber kann eine Erstattungspflicht entstehen, wenn das auszugleichende Anrecht aus einem Riester-Vertrag gem. § 5 AltZertG stammt, der Ausgleich jedoch in einen Basisrenten („Rürup")-Vertrag gem. § 5a AltZertG erfolgen soll.[43]

21 **3. Folgen für den Ausgleichspflichtigen.** Stimmt die ausgleichspflichtige Person der „steuerschädlichen" Wahl der Zielversorgung zu,[44] hat das Familiengericht – sofern die Voraussetzungen auch im Übrigen vorliegen – die Begründung des Anrechts bei der gewählten Zielversorgung anzuordnen. Für den ausgleichspflichtigen Ehegatten bedeutet dies, dass dieser das zugeflossene Kapital voll zu versteuern hat. Im Fall einer schädlichen Verwendung trifft ihn die Verpflichtung, Zulagen und Steuervorteile zu erstatten.[45] Allerdings können Ehegatten im Vorfeld vereinbaren, dass der Ausgleichsberechtigte den Ausgleichspflichtigen von diesen Nachteilen freistellt. Das kann in besonderen Einzelfällen für beide Ehegatten finanziell attraktiv sein.[46]

22 Stimmt der Ausgleichspflichtige nicht zu, ist die Wahl unwirksam. In diesem Fall ist ein Anrecht bei einem Auffangversorgungsträger gem. Abs. 5 zu begründen, sofern der Ausgleichsberechtigte nicht fristgerecht eine andere Zielversorgung bestimmt.[47] Das Gericht hat den Ausgleichsberechtigten auf die Unwirksamkeit der Bestimmung einer Zielversorgung hinzuweisen und Gelegenheit zu geben, einen anderen Zielversorgungsträger zu benennen.

23 Nach § 114 Abs. 4 Nr. 7 FamFG unterliegt die Zustimmung des Ausgleichspflichtigen nicht dem Anwaltszwang. Sie kann deshalb auch im laufenden Scheidungsverfahren durch den Ausgleichspflichtigen, der anwaltlich nicht vertreten ist, wirksam erklärt werden.

### V. Anrechte, die stets die Anforderungen der Abs. 2 und 3 erfüllen (Abs. 4)

24 Nach Abs. 4 erfüllt ein Anrecht in der gesetzlichen Rentenversicherung, bei einem Pensionsfonds, einer Pensionskasse oder eine Direktversicherung oder aus einem Vertrag, der nach § 5 AltZertG zertifiziert ist, stets die Anforderungen der Abs. 2 und 3. Zweck der Vorschrift, die im Regierungsentwurf nur den Verweis auf Anrechte nach § 5 AltZertG (sog. Riester-Verträge) enthielt und erst auf Veranlassung des Rechtsausschuss des Deutschen Bundestages um die Anrechte in der gesetzlichen Rentenversicherung und – so die Fassung bis zur Novellierung durch Art. 25 Jahressteuergesetz 2010 – iSd Betriebsrentengesetzes erweitert wurde,[48] ist es, in der Praxis für eine Vielzahl von Fällen die Prüfung nach Abs. 2 – Angemessenheit der gewählten Zielversorgung – und Abs. 3 – keine steuerpflichtigen Einnahmen für die ausgleichspflichtige Person wegen der gewählten Zielversorgung ohne deren Zustimmung – durch das Familiengericht entbehrlich zu machen.[49] Zugleich stellt die Bestimmung deklaratorisch klar, dass die Wahl der genannten Zielversorgungen nicht zu steuerlichen Einnahmen der ausgleichpflichtigen Person iSv Abs. 3 führt; zwar ergibt sich das auch aus dem Steuerrecht, wird vom Gesetz aus Gründen der Klarheit aber nochmals herausgestellt, um die familiengerichtliche Praxis bei der Prüfung zu entlasten.[50] Im Sinne dieser Klarstellung ist auch die Novellierung des Abs. 4 durch Art. 25 Jahressteuergesetz 2010 vom 8.12.2010 (BGBl. 2010 I 1768, 1801) zu verstehen, durch die die bisherige Klassifizierung von Anrechten „im Sinne des

---

41 BT-Drs. 16/13424, 38; dazu auch *Wick* FuR 2009, 482 (491).
42 Erman/*Norpoth/Sasse* Rn. 8; jurisPK-BGB/*Breuers* Rn. 28.
43 JurisPK-BGB/*Breuers* Rn. 31; *Bührer* FuR 2012, 574.
44 *Stein* FamFR 2010, 313 (316) zum Haftungsrisiko.
45 Johannsen/Henrich/*Holzwarth* Rn. 11.
46 Vgl. hierzu *Götsche* FuR 2013, 8.
47 Erman/*Norpoth/Sasse* Rn. 12.
48 BT-Drs. 10/10144, 11 und 59; BT-Drs. 16/11903, 19 und 105 f.
49 BT-Drs. 16/10144, 59; BT-Drs. 16/11903, 105 f.
50 BT-Drs. 16/11903, 105.

Betriebsrentengesetzes" als den Anforderungen der Ansätze 2 und 3 genügend, ersetzt wurde durch den Verweis auf Anrechte aus einem Pensionsfonds, einer Pensionskasse oder einer Direktversicherung. Damit ist der sprachliche Gleichlauf mit steuerlichen Vorschriften (vgl. § 22 Nr. 5 EStG) hergestellt (vgl. auch §§ 1 ff. BetrAVG zu den genannten Formen einer Altersvorsorge). Handelt es sich bei der Zielversorgung um ein Anrecht aus einer Direktzusage oder einer unterstützungskassengedeckten Zusage, kann die Zahlung zu einer schädlichen Verwendung führen.[51] Handelt es sich bei der Zielversorgung um eine Versorgung gem. Abs. 4, darf das Familiengericht weder prüfen, ob diese Versorgung angemessen ist, noch darf es den Ausgleich von einer Zustimmung des ausgleichspflichtigen Ehegatten abhängig machen.[52] Im Hinblick auf Basis (Rürup)renten entsteht keine Schutzlücke: § 5a AltZertG wird in Abs. 4 nicht genannt.

Fällt die gewählte Zielversorgung nicht unter die in Abs. 4 aufgeführten Anrechte, hat das Familiengericht in jedem Einzelfall die steuerliche „Neutralität" iSv Abs. 3 zu prüfen. Ist sie nicht gegeben und liegt eine Zustimmung der ausgleichspflichtigen Person nicht vor, ist die Wahl der Zielversorgung unwirksam (→ Rn. 21 f.).[53] 25

### VI. Externe Teilung bei Nichtausübung des Wahlrechts (Abs. 5)

**1. Fristsetzung zur Ausübung des Wahlrechts (§ 222 Abs. 1 FamFG).** Bevor das Familiengericht wegen Nichtausübung des Wahlrechts nach Abs. 5 entscheidet, hat es gemäß § 222 Abs. 1 FamFG der ausgleichberechtigten Person eine Frist zur Ausübung des Wahlrechts iSd §§ 14 Abs. 2, 15 Abs. 1 zu setzen und die Vorlage der Zustimmung des Trägers der Zielversorgung einzufordern. Entsprechendes gilt für den Versorgungsträger, der nach § 14 Abs. 2 Nr. 2 die externe Teilung verlangen kann und dies auch beabsichtigt. Fraglich ist, ob die Erklärungen noch nachgeholt werden können, wenn die Frist versäumt wird. 26

Zum Teil wird vertreten, dies sei nicht möglich; denn es handele sich im Interesse einer zügigen Durchführung des Verfahrens um **Ausschlussfristen;**[54] darauf sei in der Fristsetzung hinzuweisen. Nach der Gegenauffassung können die Erklärungen nachgeholt werden, wenn dies nicht zu einer wesentlichen Verzögerung des Verfahrens führt.[55] Diese Auffassung erscheint vorzugswürdig: das Ziel der Vorschrift, dem Gericht ein Mittel an die Hand zu geben, um Versorgungsausgleichssachen effektiv zu führen, wird auch so erreicht. Diese Auffassung hat nun auch der BGH[56] indirekt bestätigt. Er führt in dieser Entscheidung aus, dass der Ausgleichsberechtigte das Wahlrecht gem. Abs. 1 auch noch ausüben könne, wenn er auf die Einhaltung der Frist gem. § 222 Abs. 1 FamFG verzichtet habe, solange das Gericht nicht entschieden habe, da nur so das rechtliche Gehör effektiv gewahrt und der Grundsatz des fair trial eingehalten werde. Dem ist der Fall gleich zu stellen, dass der Ausgleichsberechtigte das Wahlrecht ausübt, nachdem der vom Gericht für das Ende der Frist gesetzte Stichtag abgelaufen ist. In beiden Fällen wird das Wahlrecht nach Ablauf der vom Gericht gesetzten Frist ausgeübt. Hat der Ausgleichsberechtigte das Bestimmungsrecht in erster Instanz nicht oder nicht wirksam ausgeübt, kann er das in der Beschwerdeinstanz nachholen. Nach anderer Auffassung besteht in der Beschwerdeinstanz diese Möglichkeit nur, wenn die Frist zu knapp bemessen war oder aus anderen objektiven Gründen das Wahlrecht nicht innerhalb der Frist ausgeübt werden konnte,[57] sofern diese Möglichkeit nicht generell mit Verweis darauf, dass es sich um eine Ausschlussfrist handele, verneint wird.[58] Gegen diese Auffassungen spricht, dass § 222 FamFG für den Fall der Fristversäumnis keine Sanktion vorsieht.[59] Allerdings können dem Säumigen dann die Kosten des Beschwerdeverfahrens auferlegt werden, wenn die angefochtene Entscheidung im Übrigen nicht zu beanstanden war.[60] 27

Ohne Fristsetzung kann das Wahlrecht bis zur Entscheidung des Familiengerichts ausgeübt werden. Die Erklärung unterliegt nicht dem Anwaltszwang (§ 114 Abs. 4 Nr. 7 FamFG). 28

---

51 Erman/*Norpoth/Sasse* Rn. 1.

52 NK-BGB/*Götsche* Rn. 16.

53 Vgl. *Bührer* FuR 2012, 574 zur „Rürup-Rente" als Zielversorgung bei externer Teilung.

54 BT-Drs. 16/10144, 95; *Wick* FuR 2009, 482 (491); Horndasch/Viefhues/*Kemper* FamFG § 222 Rn. 6; HK-VersAusglR/*Götsche* FamFG § 222 Rn. 14–15; für großzügigere Handhabung der Fristsetzung MüKo-FamFG/*Stein* FamFG § 222 Rn. 23.

55 OLG Nürnberg FamRZ 2017, 873; OLG Karlsruhe FamRZ 2016, 1176; KG FamRZ 2014, 1114; Erman/*Norpoth/Sasse* Rn. 2; FachAnwK-FamR/*Wick* § 14 Rn. 20; Johannsen/Henrich/*Holzwarth* Rn. 6; Keidel/*Weber* FamFG § 222 Rn. 4: für Ermessen.

56 BGH NZFam 2018, 175 = FamRZ 2018, 429.

57 Bork/Jacoby/Schwab/*Borth* FamFG § 222 Rn. 4.

58 Bahrenfuss/*Schwedhelm* FamFG § 222 Rn. 3.

59 Bumiller/Harders/*Schwamb* FamFG § 222 Rn. 6.

60 Prütting/Helms/*Wagner* FamFG § 222 Rn. 10.

29 Hat der Ausgleichsberechtigte das Wahlrecht wirksam ausgeübt, ist er hieran gebunden. Er kann dann die Bestimmung der Zielversorgung auch in der Beschwerdeinstanz nicht mehr ändern.[61] Allerdings liegt in der Wahl der Versorgungsausgleichskasse als Auffangversorgungsträger der betrieblichen Altersversorgung nicht die Ausübung des Wahlrechts gem. Abs. 1, 5. Vielmehr ist in der Erklärung, der Ausgleich solle an die Versorgungsausgleichskasse erfolgen nur der konkludente Verzicht auf die Einhaltung der Frist gem. § 222 Abs. 1 FamFG zu sehen.[62] Daher kann der Ausgleichsberechtigte auch dann noch in der Beschwerdeinstanz eine Zielversorgung wählen, wenn er sich zunächst dafür ausgesprochen hatte, dass der Ausgleich an die Versorgungsausgleichskasse erfolgen solle. Das ist auch dann noch möglich, wenn der Ausgleichsberechtigte sich in der ersten Instanz für den Ausgleich an die Versorgungsausgleichskasse als Zielversorgungsträger ausgesprochen hatte und erst in zweiter Instanz eine andere Zielversorgung benennt, die den Anforderungen von Abs. 2 genügt.

30 **2. Begründung eines Anrechts in der gesetzlichen Rentenversicherung (Abs. 5 S. 1).** Übt die ausgleichberechtigte Person ihr Wahlrecht in der gesetzten Frist nicht aus, so erfolgt grundsätzlich gemäß Abs. 5 S. 1 – vorbehaltlich des besonderen Falles nach S. 2 – die externe Teilung durch Begründung eines Anrechts in der gesetzlichen Rentenversicherung.[63] Entsprechendes gilt, wenn die vom Ausgleichsberechtigten gewählte Zielversorgung ihre Zustimmung versagt und der Ausgleichsberechtigte darauf hin keine andere Zielversorgung wählt.[64] Mit dieser Präferenz trägt der Gesetzgeber der Tatsache Rechnung, dass die gesetzliche Rentenversicherung nach wie vor für die große Mehrheit der Bevölkerung die Basis der Altersversorgung ist und es so zu einer Bündelung der Anrechte in der gesetzlichen Rentenversicherung kommt.[65] Das Anrecht wird – entgegen dem sonst geltenden Grundsatz der rechtsgestaltenden Wirkung eines familiengerichtlichen Beschlusses in Versorgungsausgleichssachen – nicht mit Rechtskraft der Entscheidung begründet, sondern erst mit Einzahlung der vom Familiengericht nach § 14 Abs. 4 iVm § 222 Abs. 3 FamFG festgesetzten Beiträge (§ 120g SGB VI). Die Bestimmung dient dem Schutz der gesetzlichen Rentenversicherung, deren Zustimmung zu dieser Form des Ausgleichs nicht erforderlich ist (→ § 14 Rn. 57).[66] Erfolgt die Zahlung durch den verpflichteten Versorgungsträger nicht, kann der Ausgleichberechtigte den Betrag auch selbst leisten;[67] das ist insbesondere dann wichtig, wenn der Bezug einer Altersrente ansteht und der Verlust der Einzahlungsmöglichkeit droht (nach hM bleibt allerdings die Möglichkeit ein Anrecht im Weg der externen Teilung zu erwerben, erhalten, wenn dies bei Erlass der gerichtlichen Entscheidung noch möglich war und erst später ein bestandskräftiger Bescheid über die Bewilligung einer Altersrente ergeht; → § 14 Rn. 74)[68] Fraglich ist, ob im Fall des § 120g SGB VI der Ausgleichsberechtigte selbst wegen der Zahlung des Kapitalbetrages die Zwangsvollstreckung betreiben kann.[69] Dagegen spricht, dass Gläubiger der Forderung die deutsche Rentenversicherung und nicht der ausgleichsberechtigte Ehegatte ist. Auch wenn hier nicht allein durch die gerichtliche Entscheidung in der gesetzlichen Rentenversicherung als Zielversorgung ein Anrecht begründet wird, sprechen doch die besseren Gründe dafür, dem ausgleichsberechtigten Ehegatten für den Fall nicht fristgerechter Zahlung Schadensersatzansprüche einzuräumen: entweder wegen verspäteter Berücksichtigung des Zuschlags an Entgeltpunkten (§ 120g SGB VI) oder aber weil das durch externe Teilung zu begründende Anrecht gar nicht mehr entstehen kann.

31 **3. Begründung eines Anrechts in der Versorgungsausgleichskasse (Abs. 5 S. 2).** Ist ein Anrecht iSd Betriebsrentengesetzes auszugleichen, ist bei Nichtausübung des Wahlrechts durch die ausgleichsberechtige Person gemäß Abs. 5 S. 2 ein Anrecht in der Versorgungsausgleichskasse zu begründen.[70] Diese Bestimmung ist erst durch Art. 9d Nr. 2 Gesetz zur Änderung des Vierten Buches Sozialgesetzbuch, zur Errichtung einer Versorgungsausgleichskasse und anderer Gesetze vom

---

61 OLG Frankfurt NZFam 2017, 1064 = FamRZ 2018, 501.
62 BGH = NZFam 2018, 175 = FamRZ 2018, 429.
63 *Ruland* Versorgungsausgleich Rn. 742.
64 OLG Brandenburg FamRZ 2011, 1231, allerdings mit der Versorgungsausgleichskasse als Zielversorgung für den Ausgleich einer Anwartschaft auf eine betriebliche Altersversorgung; *Ruland* FPR 2011, 479 (482); *Wick* FuR 2011, 555 (558).
65 BT-Drs. 16/10144, 59; vgl. zur Bedeutung des Versorgungsausgleichs in der gesetzlichen Rentenversicherung auch *Bieber/Stegmann* FF 2010, 55 ff.
66 BT-Drs. 16/10144, 101; Johannsen/Henrich/*Holzwarth* Rn. 17; krit. zu dieser Regelung Soergel/*Häußermann* Rn. 26 f.
67 *Ruland* Versorgungsausgleich Rn. 742.
68 Vgl. Hauck/Noftz/*Jenner,* 6/2015, SGB VI § 120g Rn. 6; HK-VersAusglR/*Rehbein* SGB VI § 120g Rn. 5.
69 Dafür Soergel/*Häußermann* Rn. 31; jurisPK-BGB/*Breuers* Rn. 69.
70 BGHZ 191, 36 Rn. 12 = NJW 2011, 3358 = FamRZ 2011, 1785.

15.7.2009 (BGBl. 2009 I 1939, 1947) in das VersAusglG eingefügt worden. Es enthält zugleich in Art. 9e das **Gesetz über die Versorgungsausgleichskasse (VersAusglKassG)** (BGBl. 2009 I 1939, 1947 f.) und ist ausschließlich zum **Zwecke der Durchführung der externen Teilung bei Nichtausübung des Wahlrechts** durch die ausgleichsberechtigte Person hinsichtlich der Zielversorgung nach § 15 geschaffen worden (§ 1 VersAusglKassG). Zum Fall der unwirksamen Ausübung des Wahlrechts → Rn. 15. Damit soll gewährleistet werden, dass das Versorgungskapital zu ähnlichen wirtschaftlichen Bedingungen wie in der betrieblichen Altersversorgung verwaltet werden kann.[71] Die Versorgungsausgleichskasse kann aber nicht als Zielversorgungsträger gewählt werden. Bei der Kasse handelt es sich um eine von einem Konsortium von Versicherungsunternehmen neu gegründete und rückgedeckte Pensionskasse iSd § 118a VAG in der Rechtsform eines Versicherungsvereins auf Gegenseitigkeit (§ 2 VersAusglKassG).[72] Bei der Kasse werden für den Ausgleichsberechtigten Anrechte im Sinne eines Altersvorsorgevertrages nach dem AltZertG in Form einer lebenslangen Rente frühestens ab Vollendung des 62. Lebensjahres begründet (§ 4 Abs. 1 VersAusglKassG; § 1 Abs. 1 Nr. 2 AltZertG). Demgegenüber ist eine Erwerbsminderungsrente nicht vorgesehen. Daher besteht unterhaltsrechtlich für den Ausgleichsberechtigten die Obliegenheit, die gesetzliche Rentenversicherung als Zielversorgungsträger zu wählen, wenn er dort gem. § 43 SGB VI eine Erwerbsminderungsrente erhalten oder ausbauen kann.[73] Ein bei der Versorgungsausgleichskasse bestehendes **Anrecht ist nicht übertragbar, nicht beleihbar und nicht vorzeitig** – dh vor Rentenbeginn – **veräußerbar** (§ 5 Abs. 1 VerAusglKassG). Eine Fortsetzung der Versorgung mit eigenen Beiträgen ist nicht möglich (§ 5 Abs. 2 VersAusglKassG), das im Versorgungsausgleich erworbene Anrecht ist damit nicht ausbaufähig. Die Versorgungsausgleichskasse ist vergleichbar wie die gesetzliche Rentenversicherung geschützt. Bei ihr entsteht das Anrecht für den Ausgleichsberechtigten mit Rechtskraft der Entscheidung über den Versorgungsausgleich, jedoch nicht vor Rechtskraft der Scheidung. Hierfür spricht § 4 der Satzung der Versorgungsausgleichskasse. Demgegenüber ist nach § 7 der Satzung der Versorgungsausgleichskasse der Zahlbetrag für den Umfang des Anrechts maßgeblich (→ § 14 Rn. 85) Ein Anrecht kann in der Versorgungsausgleichskasse nur in Form des dem Ausgleichswert entsprechenden Kapitalbetrags begründet werden. Eine Begründung des Anrechts in Form eines Rentenbetrags ist nicht zulässig.[74] Dies hängt mit der Satzung der Versorgungsausgleichskasse zusammen. Es handelt sich um eine Pensionskasse. Diese kalkuliert aufgrund des Einmalbeitrags anhand der für sie geltenden Barwertfaktoren eine aufgeschobene oder sofort fällige Rentenversicherung des Ausgleichsberechtigten.

Gem. § 5 Abs. 1 VersAusglKassG kann diese geringwertige Anrechte durch Kapitalzahlung **32**
abfinden. Die Grenze ergibt sich aus § 3 Abs. 2 BetrAVG. Sie entspricht § 18 und liegt bei 1%, wenn der Ausgleichswert als Rentenbetrag anzugeben ist, im Übrigen bei 120% der monatlichen Bezugsgröße gem. § 18 SGB IV. Die Abfindung kann zur Erweiterung einer Anwartschaft in der gesetzlichen Rentenversicherung verwendet werden (§ 187b Abs. 1a SGB VI).[75]

***Fassung bis 30.6.2024***

### § 16 Externe Teilung von Anrechten aus einem öffentlich-rechtlichen Dienst- oder Amtsverhältnis

**(1) Solange der Träger einer Versorgung aus einem öffentlich-rechtlichen Dienst- oder Amtsverhältnis keine interne Teilung vorsieht, ist ein dort bestehendes Anrecht zu dessen Lasten durch Begründung eines Anrechts bei einem Träger der gesetzlichen Rentenversicherung auszugleichen.**

**(2) Anrechte aus einem Beamtenverhältnis auf Widerruf sowie aus einem Dienstverhältnis einer Soldatin oder eines Soldaten auf Zeit sind stets durch Begründung eines Anrechts in der gesetzlichen Rentenversicherung auszugleichen.**

**(3) [1]Das Familiengericht ordnet an, den Ausgleichswert in Entgeltpunkte umzurechnen. [2]Wurde das Anrecht im Beitrittsgebiet erworben, ist die Umrechnung in Entgeltpunkte (Ost) anzuordnen.**

---

71 BT-Drs. 16/13424, 39; vgl. auch *Wick* FuR 2009, 482 (492).
72 Vgl. dazu *Marian* FamRZ 2011, 1265 ff.; *Ruland* Versorgungsausgleich Rn. 741.
73 OLG Koblenz BeckRS 2016, 109980 = FamRZ 2017, 38.
74 BGH NJW-RR 2017, 970 = FamRZ 2017, 727.
75 *Hauß/Bührer,* Versorgungsausgleich und Verfahren in der Praxis, 2. Aufl. 2014, Rn. 150.

***Fassung ab 1.7.2024*** *(durch Art. 9 Rentenüberleitungs-Abschlussgesetz vom 17.7.2017 (BGBl. 2017 I 2575) wird § 16 Abs. 3 S. 2 mWv 1.7.2024 gestrichen):*

### § 16 Externe Teilung von Anrechten aus einem öffentlich-rechtlichen Dienst- oder Amtsverhältnis

**(1) Solange der Träger einer Versorgung aus einem öffentlich-rechtlichen Dienst- oder Amtsverhältnis keine interne Teilung vorsieht, ist ein dort bestehendes Anrecht zu dessen Lasten durch Begründung eines Anrechts bei einem Träger der gesetzlichen Rentenversicherung auszugleichen.**

**(2) Anrechte aus einem Beamtenverhältnis auf Widerruf sowie aus einem Dienstverhältnis einer Soldatin oder eines Soldaten auf Zeit sind stets durch Begründung eines Anrechts in der gesetzlichen Rentenversicherung auszugleichen.**

**(3) Das Familiengericht ordnet an, den Ausgleichswert in Entgeltpunkte umzurechnen.**

**Schrifttum:** S. § 1587 BGB.

**Übersicht**



## I. Normzweck

1 § 16 enthält den Ausnahmefall einer gesetzlich vorgesehenen externen Teilung. Aufgabe der Regelung ist es, den Weg des Ausgleichs von allen Anrechten aus einem öffentlich-rechtlichen Dienst- oder Amtsverhältnis in die externe Teilung mit der gesetzlichen Rentenversicherung als Zielversorgung zu ermöglichen, in denen eine interne Teilung wie beim Ausgleich von Anrechten von Beamtinnen und Beamten des Bundes oder sonstiger bundesunmittelbarer Körperschaften, Anstalten oder Stiftungen des öffentlichen Rechts sowie von Richterinnen und Richtern des Bundes nach dem durch Art. 5 VAStrRefG eingeführten Gesetz zur Teilung beamtenversorgungsrechtlicher Ansprüche von Bundesbeamtinnen und Bundesbeamten im Versorgungsausgleich (Bundesversorgungsteilungsgesetz – BVersTG) vom 3.4.2009 (BGBl. 2009 I 700 [716]; → § 10 Rn. 50 ff.) nicht möglich ist, weil die Träger der öffentlich-rechtlichen Dienst- oder Amtsverhältnisse der Länder und Kommunen die interne Teilung in ihren Versorgungsregelungen (bisher) nicht vorsehen.

2 Die Regelung ist nach der Vorstellung des Gesetzgebers eine **Notlösung;** er sieht es – zu Recht – als erstrebenswert an, bei allen Versorgungen aus einem öffentlich-rechtlichen Dienst- oder Amtsverhältnis den Grundsatz der internen Teilung jedes Anrechts umzusetzen.[1] Dafür ist aber ein **Tätigwerden der Ländergesetzgeber** erforderlich, da dem Bund mit Aufhebung von Art. 74a GG durch das **Föderalismusreform-Gesetz** vom 28.8.2006 (BGBl. 2006 I 2034) mit Wirkung ab 1.9.2006 die **Gesetzgebungskompetenz** bezüglich Regelung der Besoldung und Versorgung von

[1] BT-Drs. 16/10144, 59.

Beamtinnen und Beamten der Länder und Kommunen entzogen worden ist. Es gilt insoweit gemäß Art. 125a Abs. 1 GG lediglich das bisherige Bundesrecht weiter, solange es nicht durch Landesrecht ersetzt worden ist. Zwischenzeitlich haben die Bundesländer von dieser Gesetzgebungskompetenz Gebrauch gemacht. Bisher hat aber kein Bundesland den Weg in die interne Teilung von Anrechten aus öffentlich-rechtlichen Dienst- und Amtsverhältnissen eröffnet. Vielmehr haben die Länder, soweit sie die Beamtenversorgung eigenständig geregelt haben, den Grundsatz der externen Teilung bestätigt, indem sie auf die Regelung des § 16 Bezug nehmen.[2]

**Abs. 1** nennt den **Grundsatz der externen Teilung** der Anrechte von Versorgungen aus einem öffentlich-rechtlichen Dienst oder Amtsverhältnis, für die eine interne Teilung mangels Regelung nicht in Betracht kommt (→ Rn. 4 ff.). Die allgemeine Erstreckung der Norm auf alle Anrechte von Versorgungen aus öffentlich-rechtlichen Dienst- und Amtsverhältnissen (der Länder und Kommunen) geht auf einen Vorschlag des Bundesrates zurück.[3] **Abs. 2** sieht außerdem zwingend den Ausgleich über die gesetzliche Rentenversicherung für Anrechte von – allen – Beamtinnen und **Beamten auf Widerruf** sowie von Soldatinnen und **Soldaten auf Zeit** vor (→ Rn. 8 ff.). **Abs. 3** ordnet schließlich – wie der früher geltende § 1587b Abs. 6 BGB – die **Umrechnung des Ausgleichswerts in Entgeltpunkte** an (→ Rn. 13 ff.). 3

## II. Externe Teilung von Anrechten aus einem öffentlich-rechtlichen Dienst- oder Amtsverhältnis (Abs. 1)

**1. Grundsatz.** Gemäß Abs. 1 ist, solange der Träger einer Versorgung aus einem öffentlich-rechtlichen Dienst- oder Amtsverhältnis keine interne Teilung vorsieht, ein dort bestehendes Anrecht zu dessen Lasten – zwingend – durch **Begründung eines Anrechts in der gesetzlichen Rentenversicherung** auszugleichen. Die Norm, die in der Ausgleichsform dem früheren § 1587b Abs. 2 BGB entspricht, resultiert aus der Tatsache, dass der Bundesgesetzgeber es zwar als erstrebenswert angesehen hat, alle Versorgungen aus einem öffentlich-rechtlichen Dienst- oder Amtsverhältnis entsprechend der Regel im Wege der internen Teilung nach § 10 auszugleichen, dass er aber die Gesetzgebungskompetenz für die Regelung der Besoldung und Versorgung der Beamten der Länder und Kommunen seit dem Föderalismusreform-Gesetz nicht mehr besitzt, die Ländergesetzgeber aber bisher entsprechende Regelungen nicht erlassen haben (→ Rn. 1).[4] Eine interne Teilung von Versorgungsanrechten öffentlich-rechtlicher Dienst- und Amtsträger iSv Abs. 1 sieht bisher – neben der Regelung für entsprechende Personen des Bundes (§ 1 Abs. 2 BVersTG) sowie Soldaten (§ 55e SVG) – lediglich § 25a AbgG für Bundestagsabgeordnete vor. 4

**2. Erfasste Anrechte.** Erfasst sind von Abs. 1 alle Versorgungen – und Anrechte hierauf – aus einem öffentlich-rechtlichen Dienstverhältnis, die nicht unter das **Bundesversorgungsteilungsgesetz** (→ Rn. 1; → § 10 Rn. 50 ff.) fallen. Ein **öffentlich-rechtliches Dienst- und Amtsverhältnis** ist mehr als ein Beamtenverhältnis im engeren Sinne,[5] das durch ein öffentlich-rechtliches Dienst- und Treueverhältnis gekennzeichnet ist (vgl. § 3 Abs. 1 BeamtStG). Durch den weiteren Begriff erfährt die Norm eine Ausweitung. Betroffen sind damit alle Versorgungen – und Anrechte hierauf –, die aus einem solchen Dienst- und Amtsverhältnis in den einzelnen Bundesländern nach Länder- und Kommunalrecht resultieren. Hinsichtlich der Kommunalbeamten ergibt sich aus den landesgesetzlichen Vorschriften auch, wer jeweils Versorgungsträger des Kommunalbeamten ist. Abs. 1 gilt insbesondere für die Versorgung der Beamten, Richter, Hochschullehrer, Polizisten, Abgeordneten, Minister[6] und parlamentarischen Staatssekretäre der Länder, aber auch für die Versorgungen der Beamten der Gemeinden, der Gemeindeverbände und aller sonstigen Körperschaften, Anstalten oder Stiftungen des öffentlichen Rechts, soweit sie Länder- oder Kommunaleinrichtungen sind.[7] Dienstverhältnisse zu ausländischen, zwischenstaatlichen und überstaatlichen Rechtsträgern fallen nicht hierunter, für sie gilt § 19 Abs. 2 Nr. 4 mit dem Weg in die schuldrechtliche Ausgleichszahlung (→ § 9 Rn. 1 ff.). Hinsichtlich der Beschäftigten von **Kirchen** und **Religionsgemeinschaften** ist zu unterscheiden: Ist ein Ehegatte dort nach arbeitsrechtlichen Grundsätzen angestellt, ist die in der Ehezeit erdiente Anwartschaft auf eine Versorgung auch dann intern zu teilen, wenn ihr eine Zusage zugrunde liegt, dass sich die Versorgung nach beamtenrechtlichen Vorschriften und Grundsätzen 5

[2] Vgl. zB Art. 92 BayBeamtVG; § 68 HmbBeamtVG.

[3] BT-Drs. 16/11903, 106 mit Verweis auf die Stellungnahme des Bundesrates zum RegE und Stellungnahme der Bundesregierung dazu, BT-Drs. 16/10144, 117 und 126.

[4] Vgl. zur Teilung von Anrechten eines Landesbeamten nach § 16 Abs. 1 OLG Brandenburg FamRZ 2011, 38; OLG Saarbrücken FamRZ 2012, 1645.

[5] BT-Drs. 16/10144, 117 und 126.

[6] Vgl. BT-Drs. 16/10144, 117; *Borth* Versorgungsausgleich Kap. 3 Rn. 117.

[7] Vgl. zB die Bestimmung des Anwendungsbereichs in Art. 1 BayBG.

richten soll.[8] Umgekehrt kommt die externe Teilung gem. § 16 in Betracht für Mitarbeiter der Kirchen und Religionsgesellschaften, die zu diesen Gemeinschaften in einem öffentlich-rechtlichen Dienstverhältnis stehen (sog. „Kirchenbeamte" wie zB Pfarrer/innen und Priester/innen, Bischöfe/innen, Diakone/innen).[9]

6 **3. Ausgleich durch externe Teilung trotz Erreichens der Regelaltersgrenze.** Da es sich im Gegensatz zur externen Teilung kraft Vereinbarung bzw. einseitigen Verlangens nach § 14 und § 15 bei der nach § 16 um eine gesetzlich bestimmte Teilung handelt, steht dem Ausgleich nach Abs. 1 nicht entgegen, dass der Ausgleichsberechtigte bereits Rente bezieht; **§ 14 Abs. 5 gilt hier nicht.**[10] Andernfalls könnten für diese Berufsgruppen selbständige Anrechte nach § 16 in Fällen des Erreichens der Regelaltersgrenze nicht mehr begründet werden (→ § 14 Rn. 26).

7 **4. Ausgleich ohne Höchstbetragsbegrenzung. § 76 Abs. 2 S. 3 SGB VI aF** ist durch Art. 14 Nr. 3 lit. a VAStrRefG **aufgehoben** worden. Es gilt daher nicht mehr die nach dem früheren Versorgungsausgleichsrecht maßgebliche Begrenzung für das zu übertragende oder zu begründende Anrecht, die auch in § 1587b Abs. 5 BGB für den Ausgleich nach § 1587b Abs. 1, 2 und 3 BGB normiert war. Im Wege des Versorgungsausgleichs können daher nunmehr in der gesetzlichen Rentenversicherung Anrechte in einer Höhe erworben werden, die durch Beiträge nicht erreicht werden könnte (→ § 10 Rn. 24). Der Wegfall der Höchstbetragsregelung des § 76 Abs. 2 S. 3 SGB VI aF gilt im Übrigen auch für sog Altfälle, für die noch altes Recht Anwendung findet.[11] Durch den Versorgungsausgleich kann damit ein Ehegatte auch mehr als 2 Entgeltpunkte für ein in die Ehezeit fallendes Jahr erhalten.

### III. Externe Teilung von Anrechten aus einem Beamtenverhältnis auf Widerruf sowie aus einem Dienstverhältnis einer Soldatin oder eines Soldaten auf Zeit (Abs. 2)

8 **1. Grundsatz.** Gemäß Abs. 2 sind Anrechte aus einem **Beamtenverhältnis auf Widerruf** sowie aus einem Dienstverhältnis einer Soldatin oder eines **Soldaten auf Zeit** stets durch Begründung eines Anrechts in der gesetzlichen Rentenversicherung auszugleichen. Grund der Regelung ist die Tatsache, dass bezüglich des betroffenen ausgleichspflichtigen Personenkreises noch offen ist, ob – so bei Beamtinnen und Beamten auf Widerruf – eine Übernahme in ein Dienstverhältnis auf Lebenszeit erfolgt oder im Falle des Widerrufs des Dienstverhältnisses wie bei Soldatinnen und Soldaten auf Zeit bei Zeitablauf eine Nachversicherung nach § 8 Abs. 2 Nr. 1 SGB VI vorzunehmen ist. Deshalb soll in diesen Fällen ein Ausgleich über die gesetzliche Rentenversicherung erfolgen.[12]

9 **2. Maßgeblicher Personenkreis.** Das **Beamtenverhältnis auf Widerruf** kann begründet werden, wenn der Beamte einen Vorbereitungsdienst abzuleisten hat oder nebenbei oder vorübergehend hoheitliche Aufgaben wahrnehmen soll (§ 4 Abs. 4 BeamtStG, § 5 BBG). Ein **Beamtenverhältnis auf Zeit** dient der befristeten Wahrnehmung hoheitlicher Aufgaben (§ 4 Abs. 2 lit. a BeamtStG). Ein Beamtenverhältnis auf Zeit kann auch zur zunächst befristeten Übertragung eines Amtes mit leitender Funktion begründet werden (§ 4 Abs. 2 lit. b BeamtStG). In diesem Fall gilt § 16 aber nicht: mündet ein solches Amt nicht in ein dauerndes Beamtenverhältnis mit leitender Funktion, ist dem Beamten in der Regel sein ursprüngliches Amt wieder zu übertragen. Das Beamtenverhältnis eines Beamten auf Widerruf endet mit dem Ablegen der Prüfung oder aufgrund jederzeit möglicher Entlassung ohne Anspruch auf Versorgungsbezüge (§ 37 Abs. 1 BBG, § 39 Abs. 1 S. 1 BBG). Mit endgültigem Ausscheiden aus dem Dienstverhältnis wird der Beamte auf Widerruf in der gesetzlichen Rentenversicherung nachversichert (§ 8 Abs. 2 Nr. 1 SGB VI, § 181 SGB VI); bei Übernahme in ein Beamtenverhältnis auf Probe und dann auf Lebenszeit wird die Vorbereitungszeit als ruhegehaltfähige Dienstzeit angerechnet (§ 6 Abs. 1 S. 1 BeamtVG). Er besitzt daher eine **alternativ ausgestaltete Versorgungsaussicht,** wobei der **Anspruch auf Nachversicherung** Basis der Berechnung des Ausgleichswerts ist (§ 44 Abs. 4; → § 44 Rn. 1 ff.). Hat der ausgleichspflichtige Ehegatte in der Ehezeit sowohl Anrechte in der gesetzlichen Rentenversicherung als auch Anrechte aufgrund eines Beamtenverhältnisses auf Widerruf oder als Zeitsoldat erworben, ist der Ehezeitanteil der Anwartschaft aus der gesetzlichen Rentenversicherung im Wege einer **Differenzberechnung** zu bewerten. Der Träger der Versorgungslast hat dem Gericht – wie sonst auch –

---

8 BGH NJW-RR 2013, 1025 = FamRZ 2013, 1361.

9 Erman/*Norpoth/Sasse* Rn. 2.

10 BT-Drs. 16/10144, 59 zu § 14 „Abs. 4", jetzt Abs. 5; *Ruland* Versorgungsausgleich Rn. 712; Johannsen/Henrich/*Holzwarth* Rn. 7.

11 Vgl. BGH NJW 2011, 361 = FamRZ 2011, 550; OLG Schleswig FamRZ 2010, 1443; OLG Stuttgart FamRB 2010, 263 mAnm *Norpoth*.

12 BT-Drs. 16/10144, 59; *Ruland* Versorgungsausgleich Rn. 721.

eine Gehaltsbescheinigung über die in der Ehezeit erzielten Gehälter vorzulegen. Diese hat das Familiengericht an den zuständigen Träger der gesetzlichen Rentenversicherung weiterzuleiten. Dieser hat sodann die Rentenanwartschaft des Ausgleichspflichtigen unter Berücksichtigung der in der gesetzlichen Rentenversicherung bis zum Ehezeitende erworbenen Anwartschaften und unter Berücksichtigung der Durchführung der fiktiven Nachversicherung zu berechnen. In einem zweiten Schritt ist die Anwartschaft zu berechnen, die der Ausgleichpflichtige nach Maßgabe der Entgeltbescheinigung als fiktive Nachversicherung während der Ehe erworben hätte. Der Wert des Anrechts aus der gesetzlichen Rentenversicherung entspricht der Differenz der beiden Werte. Dieses Verfahren gewährleistet, dass die Auswirkungen der fiktiven Nachversicherung auf die Gesamtleistungsbewertung erfasst und ausgeglichen werden. Erfasst werden von Abs. 2 alle Beamtinnen und Beamte, also sowohl die des Bundes wie auch die der Länder und Kommunen.

**Soldatinnen und Soldaten auf Zeit** können höchstens bis zu fünfundzwanzig Jahre verpflichtet werden; sie erhalten nach ihrem Ausscheiden keine Versorgung, sondern nur Übergangsgebührnisse und Übergangsbeihilfe (§ 40 SG; §§ 11–13 SVG). Sie werden nach ihrem Ausscheiden wie Beamte auf Widerruf nachversichert (§ 8 Abs. 2 Nr. 1 SGB VI), wenn sie nicht in ein Beamtenverhältnis auf Lebenszeit übernommen werden. Der **Anspruch auf Nachversicherung** ist auch bei ihnen die Basis der Berechnung des Ausgleichswerts (§ 44 Abs. 4; → § 44 Rn. 1 ff.). 10

Da ein **Beamter auf Zeit,** bei dem wegen vorzeitigen Ausscheidens bis zum Ende der Amtszeit die **Wartezeit nicht erfüllt** ist oder werden kann, lediglich einen Anspruch auf Nachversicherung hat, ist Abs. 2 entsprechend anzuwenden.[13] Die Bestimmung gilt nicht – auch nicht entsprechend – für **Beamte auf Probe;** ihre Versorgungsanrechte sind bereits hinreichend verfestigt und fallen unter Abs. 1 (→ § 44 Rn. 21).[14] 11

**3. Maßgeblicher Zeitpunkt.** Während es für die **Wertberechnung** nach § 44 Abs. 4 ohne Bedeutung ist, ob das Beamtenverhältnis auf Widerruf oder das Dienstverhältnis als Zeitsoldat nach Ende der Ehezeit aber noch vor der letzten tatrichterlichen Entscheidung beendet worden und eine **Nachversicherung** erfolgt ist, hat diese Tatsache sehr wohl Bedeutung für **die Art des Ausgleichs.** Denn in letzterem Fall erfolgt eine interne Teilung des inzwischen durch Nachversicherung in der gesetzlichen Rentenversicherung begründeten Anrechts.[15] Maßgeblich ist dann auch der **tatsächliche Betrag der Nachversicherung,** nicht der fiktiv berechnete.[16] Diesen Änderungen ist – wie nach bisherigem Rechtszustand – zur Vermeidung unnötiger späterer Abänderungsverfahren bereits jetzt Rechnung zu tragen. Entsprechendes gilt für den Fall, dass ein Bundesbeamter auf Widerruf noch vor der letzten tatrichterlichen Entscheidung endgültig in ein Bundesbeamtenverhältnis übernommen worden ist. Dann erfolgt eine interne Teilung, allerdings nur zum Wert der – dann fiktiven – Nachversicherung.[17] 12

## IV. Anordnung der Umrechnung in Entgeltpunkte (Abs. 3)

Gemäß Abs. 3 S. 1 hat das Familiengericht in seiner Entscheidung anzuordnen, dass der von ihm festgesetzte Ausgleichswert in **Entgeltpunkte** umzurechnen ist, wobei gemäß Abs. 3 S. 2 eine **Umrechnung** in **Entgeltpunkte (Ost)** zu erfolgen hat, wenn das auszugleichende Anrecht im Beitrittsgebiet erworben wurde. Diese Regelung ist erforderlich, weil die nach Abs. 1 und Abs. 2 zu begründenden Anrechte in Höhe des Ausgleichswerts – im Gegensatz zum internen Ausgleich von Anrechten in der gesetzlichen Rentenversicherung auf der Basis von Entgeltpunkten (→ § 10 Rn. 21) – auf einen **monatlichen Rentenbetrag in Euro als Bezugsgröße** lauten, der Wert eines Anrechts in der gesetzlichen Rentenversicherung aber durch Entgeltpunkte bestimmt wird (vgl. §§ 63 ff., 109 Abs. 6 SGB VI). Die Bestimmung entspricht dem früheren § 1587b Abs. 6 BGB.[18] 13

Die **Umrechnung** erfolgt, indem der vom Familiengericht festgesetzte Monatsbetrag/Ausgleichswert durch den zum Ende der Ehezeit maßgeblichen aktuellen Rentenwert bzw. den aktuellen Rentenwert (Ost) geteilt wird (§ 76 Abs. 2 S. 1, Abs. 4 S. 1 SGB VI, § 264a Abs. 1 SGB VI). Die Berechnung erfolgt auf vier Dezimalstellen, wobei die letzte Dezimalstelle um 1 erhöht wird, wenn 14

---

13 BT-Drs. 16/10144, 59, 60 unter Hinweis auf *Wick* Versorgungsausgleich Rn. 119; Johannsen/Henrich/*Holzwarth* Rn. 18; Palandt/*Brudermüller* Rn. 3; zum früheren Recht BGH NJW 1992, 177 = FamRZ 1992, 46; NJW-RR 1995, 1153 = FamRZ 1995, 414; auch → 5. Aufl. 2009, BGB § 1587a Rn. 33 *(Gräper)*.

14 Johannsen/Henrich/*Holzwarth* Rn. 19; Erman/*Norpoth*/*Sasse* Rn. 3; zum bisherigen Recht BGH FamRZ 1982, 362 (364).

15 OLG Brandenburg FamRZ 2016, 55; zum früheren Recht so BGH NJW 1982, 379 = FamRZ 1982, 154 zum Fall eines Zeitsoldaten.

16 Vgl. BGH NJW 1982, 379 = FamRZ 1982, 154 (155); → 5. Aufl. 2009, BGB § 1587b Rn. 22 *(Dörr)*.

17 Vgl. BGH NJW 1982, 1754; *Ruland* Versorgungsausgleich Rn. 721.

18 BT-Drs. 16/10144, 60.

sich in der folgenden Dezimalstelle eine der Zahlen 5–9 ergeben würde (§ 121 Abs. 1 und 2 SGB VI; näher s. auch § 121 Abs. 3 und 4 SGB VI). Die **Bestimmung des jeweiligen aktuellen Rentenwerts** in der gesetzlichen Rentenversicherung erfolgt – auf der Grundlage der Verordnungsermächtigung § 69 Abs. 1 SGB VI – zum 1. Juli eines Jahres durch Rechtsverordnung der Bundesregierung.[19] Für das 2. Halbjahr 2017 und das 1. Halbjahr 2018 beläuft sich der aktuelle Rentenwert auf 31,03 EUR bzw. der aktuelle Rentenwert (Ost) auf 29,69 EUR, für das zweite Halbjahr 2018 und das erste Halbjahr 2019 auf 32,03 EUR bzw. 30,69 EUR. Wegen des Bezuges der Umrechnungsfaktoren auf das Ende der Ehezeit ist die Angabe desselben im Tenor unbedingt erforderlich.

**Beispiel:**
Hat das Familiengericht Rentenanrechte in Höhe von monatlich 1000 EUR, bezogen auf den 1.8.2018, begründet, so ergibt das 31,2207 Entgeltpunkte (1000 EUR: 32, 03 EUR/EP) bzw. 32,5839 Entgeltpunkte (Ost) (1000 EUR: 30,69 EUR/EP (Ost)).

15 Die Anordnung der Umrechnung in Entgeltpunkte (Ost) trägt der Tatsache Rechnung, dass das SGB VI zwar seit dem 1.1.1992 im gesamten Bundesgebiet gilt, also auch in den neuen Bundesländern, dass aber bis zur Einkommensangleichung in den alten und neuen Bundesländern ein unterschiedlicher aktueller Rentenwert gilt, der der tatsächlichen Lohnsituation entspricht. Daraus folgt die Notwendigkeit zwischen den Anrechten West und Ost zu unterscheiden; die in den alten Bundesländern erworbenen Anrechte werden in Entgeltpunkten, die in den neuen Bundesländern erworbenen in Entgeltpunkten (Ost) errechnet (vgl. § 76 Abs. 4 SGB VI, § 264a SGB VI). Durch die unterschiedliche Bewertung werden angleichungsbedingte Wertänderungen der Anrechte aufgefangen, ohne dass es insoweit einer abändernden Entscheidung über den Versorgungsausgleich bedarf.[20]

16 Entsprechend seinem Sinn und Zweck ist § 16 Abs. 3 S. 2 dahin zu verstehen, dass die Umrechnung in Entgeltpunkte (Ost) nur zu erfolgen hat, wenn der Ausgleich von Anrechten ansteht, die angleichungsdynamisch sind, also noch der Angleichung bedürfen.[21] Regeldynamische Anwartschaften, die im Beitrittsgebiet erworben wurden, sind dementsprechend in Entgeltpunkte umzurechnen wie Anwartschaften, die im übrigen Bundesgebiet erworben wurden.[22] Da die Absenkung für Besoldungs- und Versorgungsansprüche von Beamten im Beitrittsgebiet seit 1.1.2010 entfallen ist, hat die Umrechnung in Entgeltpunkte Ost gem. § 16 Abs. 3 nur noch Bedeutung. wenn die Ehezeit vor diesem Zeitpunkt geendet hat und die Entscheidung des Familiengerichts vor diesem Zeitpunkt wirksam geworden ist. Die Änderung des Versorgungsrechts kann dann ein Abänderungsverfahren rechtfertigen. Im Übrigen wirkt die Änderung des Versorgungsrechts zurück, so dass Anrechte auch dann in Entgeltpunkte (nicht Entgeltpunkte Ost) umzurechnen sind, wenn die Ehezeit vor dem 1.1.2010 geendet hat.[23]

17 Nach dem **bis zum 31.12.1991 geltenden Rentenrecht,** also bis zum Inkrafttreten des SGB VI, war nach Rechtskraft der Entscheidung des Familiengerichts der Monatsbetrag der begründeten Rentenanwartschaften in Werteinheiten umzurechnen (vgl. § 1587b Abs. 6 BGB aF, § 1304a Abs. 1 RVO, § 83a Abs. 1 AVG, § 96a Abs. 1 RKG). Zweck schon dieser Bestimmungen war, den Ausgleichsbetrag an den regelmäßigen Rentenanpassungen teilnehmen zu lassen. Für die Zeit bis zum 31.1.1991 entspricht der aktuelle Rentenwert dem Hundertfachen der Werte für das Umrechnen von Werteinheiten in eine Rentenanwartschaft der allgemeinen Rentenversicherung nach der Bekanntmachung der Rechengrößen zur Durchführung des Versorgungsausgleichs in der gesetzlichen Rentenversicherung.[24]

Die Streichung von § 16 Abs. 3 S. 2 ab 1.7.2024 trägt dem Umstand Rechnung, dass ab diesem Zeitpunkt die Unterscheidung von angleichungsdynamischen und regeldynamischen Anrechten entfällt.

### V. Gemeinsames der in Abs. 1 und Abs. 2 bestimmten Fälle der externen Teilung

18 **1. Durchführung der externen Teilung.** Das Familiengericht begründet in Höhe des Ausgleichswertes, der auf einen – bezogen auf das Ende der Ehezeit – monatlichen Eurobetrag lautet,

[19] Für das 2. Halbjahr 2014 und 1. Halbjahr 2015: Rentenwertbestimmungsverordnung 2014 – RWBestV 2014 – vom 16.6.2014, BGBl. 2014 I 746; vgl. auch FamRZ 2014, 1253; für das 2. Halbjahr 2015 und das erste Halbjahr 2016 RVBestV 2015 vom 12.6.2015, BGBl. 2015 I 965.

[20] Vgl. *Klattenhoff* DAngVers. 1991, 352 (360); → 5. Aufl. 2009, BGB § 1587b Rn. 61 *(Dörr).*

[21] OLG Dresden FamRZ 2011, 813; OLG Jena FamRZ 2012, 638; 2012, 638 = FamRB 2012, 77; OLG Brandenburg FamRZ 2012, 1646; so auch *Götsche* FamRZ 2009, 2047 (2050); NK-BGB/*Götsche* Rn. 18; *Holzwarth* FamRZ 2011, 933 (936) und FamRZ 2012, 1101 (1105); *Wick* FuR 2011, 555 (558); *Brudermüller* NJW 2012, 1266 (1268); Palandt/*Brudermüller* Rn. 6.

[22] Johannsen/Henrich/*Holzwarth* Rn. 20; OLG Jena FamRZ 2012, 638; OLG Dresden FamRZ 2011, 813.

[23] OLG Jena FamRZ 2012, 638.

[24] Vgl. BT-Drs. 11/4124, 176 zu § 67 SGB VI; → 5. Aufl. 2009, BGB § 1587b Rn. 61, 70 *(Dörr).*

zugunsten des Ausgleichsberechtigten und zulasten der Versorgung des Ausgleichspflichtigen, die wegen der Erstattungspflicht (→ Rn. 28) zu benennen ist, Rentenanrechte in der gesetzlichen Rentenversicherung. Die externe Teilung erfolgt dabei in die allgemeine Rentenversicherung, nicht in die knappschaftliche. Hat der Ausgleichsberechtigte bisher kein Versicherungskonto bei der allgemeinen Rentenversicherung, wird das zu begründende Anrecht auf ein bei der Deutschen Rentenversicherung Bund einzurichtendes Konto übertragen (§ 127 Abs. 1 S. 2 SGB VI). Das Familiengericht hat zugleich anzuordnen, dass der Ausgleichswert in Entgeltpunkte umzurechnen ist (Abs. 3; → Rn. 13 ff.). Die **Entscheidung des Familiengerichts hat rechtsgestaltende Wirkung;** die Begründung des Anrechts wird mit Rechtskraft der Entscheidung, aber nicht vor Rechtskraft der Scheidung (§ 148 FamFG) wirksam.

Anders als bei der externen Teilung gem. § 14 muss der Träger der Versorgungslast an die gesetzliche Rentenversicherung keinen Kapitalbetrag in Höhe des korrespondierenden Kapitalwerts leisten. Vielmehr hat er gem. § 225 SGB VI iVm der Verordnung über die Erstattung von Aufwendungen der Träger der Rentenversicherung im Rahmen des Versorgungsausgleichs (VAErstV, BGBl. 2001 I 2628) dem Träger der gesetzlichen Rentenversicherung die Aufwendungen zu erstatten, die dieser nach Verrentung des Ausgleichsberechtigten zu tragen hat. Nur im Fall des § 225 Abs. 3 SGB VI muss der Versorgungsträger an den Träger der gesetzlichen Rentenversicherung einen Kapitalbetrag leisten. Das ist dann der Fall, wenn der Ausgleichswert des Anrechts aus der Beamtenversorgung bei Ende der Ehezeit 1% der monatlichen Bezugsgröße gem. § 18 SGB IV nicht übersteigt. 19

Der **Tenor der Entscheidung** des Familiengerichts könnte im Falle, dass für den Ausgleichsberechtigten bisher kein Rentenversicherungskonto besteht, lauten: 20

„Im Weg der externen Teilung wird zulasten des Versorgungsanrechts des Antragstellers bei … (Träger der Versorgungslast, Personalnummer) auf einem für die Antragsgegnerin bei der Deutschen Rentenversicherung Bund einzurichtenden Versicherungskonto ein Rentenanrecht in Höhe von … monatlich (Monats-Betrag in EUR), bezogen auf den … (Datum des Endes der Ehezeit), begründet. Der Monatsbetrag des Rentenanrechts ist in Entgeltpunkte (bzw. Entgeltpunkte (Ost)) umzurechnen."

Hat der Ausgleichsberechtigte bereits bei der Deutschen Rentenversicherung ein Versicherungskonto, so kann der Tenor im zweiten Teil des oben genannten Tenors lauten: 21

Im Weg der externen Teilung wird zulasten des Versorgungsanrechts des Antragstellers bei … (Träger der Versorgungslast, Personalnummer) auf dem für die Antragsgegnerin bei der Deutschen Rentenversicherung Bund bestehenden Versicherungskonto Nr. …ein Rentenanrecht in Höhe von … monatlich (Monats-Betrag in EUR), bezogen auf den … (Datum des Endes der Ehezeit), begründet. Der Monatsbetrag des Rentenanrechts ist in Entgeltpunkte (bzw. Entgeltpunkte (Ost)) umzurechnen."

Handelt es sich um das Anrecht eines Zeitsoldaten oder eines Beamten auf Widerruf und besteht das Dienstverhältnis als Zeitsoldat oder als Beamter auf Widerruf bei Erlass der Entscheidung, ist der Wert der fiktiven Nachversicherung aus der Auskunft der Deutschen Rentenversicherung, die auf der Grundlage der Gehaltsbescheinigung erstellt wurde, zu entnehmen. Maßgeblich ist hierbei nicht der Wert des fiktiven Anrechts in der Bezugsgröße „Entgeltpunkte" sondern der Monatsbetrag der Rente. Dass es sich um ein fiktives Anrecht in der gesetzlichen Rentenversicherung handelt, kommt im Tenor nicht zum Ausdruck. 22

Der Tenor könnte etwa lauten, wenn der Ausgleichspflichtige eine Anwartschaft auf eine Nachversicherung mit einem fiktiven Nachversicherungswert von 150 EUR erworben hat: 23

Im Wege der externen Teilung wird zu Lasten des Anrechts des Antragsgegners bei der Bundesrepublik Deutschland, vertreten durch das Bundesverwaltungsamt, Personal-Nr. …, zugunsten der Antragstellerin ein Anrecht in Höhe von 75 EUR monatlich, bezogen auf den …, auf deren Konto bei der Deutschen Rentenversicherung Bund, Vers.-Nr. …, begründet. Der Monatsbetrag des Rentenanrechts ist in Entgeltpunkte umzurechnen."

Wurde zwischenzeitlich die Nachversicherung durchgeführt, richtet sich der Tenor nach den Grundsätzen der internen Teilung in der gesetzlichen Rentenversicherung (→ § 10 Rn. 43 ff.). Dass dem Ausgleich teilweise Anrechte gem. § 16 Abs. 2 zugrunde liegen, ergibt sich lediglich aus der Auskunft der gesetzlichen Rentenversicherung bzw. der Begründung der Entscheidung. Erfolgt die Nachversicherung nach dem Ende der Ehezeit, aber vor Erlass der Entscheidung, ist eine neue Auskunft des Trägers der gesetzlichen Rentenversicherung einzuholen. Das voraussichtliche Ende der Dienstzeit (und damit der Eintritt der Nachversicherung) ergibt sich aus der Auskunft des Trägers der Versorgungslast. 24

Wurde der Beamte nach dem Ende der Ehezeit, aber vor Erlass der Entscheidung in ein Beamtenverhältnis oder Soldatenverhältnis auf Lebenszeit bei der Bundesrepublik Deutschland oder einer bundesunmittelbaren Körperschaft, Anstalt oder Stiftung des öffentlichen Rechts, ist das Anrecht gleichwohl in Höhe des (fiktiven) Nachversicherungswerts (als Rentenbetrag in EUR) im Wege der internen Teilung nach den Vorschriften des BVersTG auszugleichen (→ § 10 Rn. 50 ff.). 25

26 Wurde demgegenüber ein anderes Beamtenverhältnis auf Lebenszeit iSv § 16 Abs. 1 begründet, ist das Anrecht in Höhe des (fiktiven) Nachversicherungswerts (als Rentenbetrag in EUR) im Wege der externen Teilung auszugleichen (→ Rn. 20, 21). Der Form nach erfolgt die Teilung für Beamtenverhältnisse von Landesbeamten und Beamten auf Widerruf/Soldaten auf Zeit also gleich, hinsichtlich der Bewertung unterscheiden sich diese Beamtenverhältnisse aber grundlegend, da bei letzteren der fiktive Nachversicherungswert und nicht eine zeitratierlich ermittelte Versorgungsanwartschaft zu teilen ist.

27 **2. Rechtsfolgen der Begründung von Anrechten im Wege der externen Teilung nach § 16. a) Rechtsfolgen für den Ausgleichsberechtigten.** Die Rechtsfolgen für den Ausgleichsberechtigten sind die gleichen wie bei der internen Teilung eines Anrechts in der gesetzlichen Rentenversicherung (→ § 10 Rn. 25 ff.). So können die für ihn begründeten Entgeltpunkte zur Erhöhung einer bereits bezogenen Rente führen; § 14 Abs. 5 gilt für die gesetzlichen Fälle einer externen Teilung nach § 16 nicht (→ Rn. 6). Auch werden die Entgeltpunkte in Wartezeiten umgerechnet, so dass ggf. mit ihnen zB die allgemeine Wartezeit erfüllt werden kann. Allerdings stehen sich Dienst- und Amtspersonen der Länder bei der externen Teilung insoweit schlechter als die des Bundes, als das BVersTG für diese einen Anspruch auf eine Versorgung wegen Alters sowie wegen Dienst- und Erwerbsunfähigkeit vorsieht, sofern ein solcher Versorgungsanspruch in der gesetzlichen Rentenversicherung besteht oder bestehen würde (§ 2 Abs. 3 BVersTG). Eine entsprechende Regelung besteht für Dienst- und Amtspersonen der Länder nicht, bei vorzeitigem Eintritt des Berechtigten in den Ruhestand oder bei Eintritt einer Dienst- oder Erwerbsunfähigkeit besteht damit die Gefahr, dass eine Leistung bis zum Erreichen der regelmäßigen Altersgrenze nicht gewährt wird, weil die gesetzliche Rentenversicherung die übrigen Voraussetzungen für eine Leistung nicht als erfüllt ansieht.[25] Für den Bezug einer Rente wegen Erwerbsminderung muss der Ausgleichsberechtigte insbesondere während der letzten fünf Jahre vor Eintritt der Erwerbsminderung für drei Jahre Pflichtbeiträge geleistet haben (§ 43 Abs. 1 Nr. 2 SGB VI). Diese Voraussetzung ist regelmäßig nicht erfüllt, wenn auch der Ausgleichsberechtigte in einem Beamtenverhältnis tätig war. Der Anspruchspflichtige kann dann eine Kürzung seiner Versorgung nur nach Maßgabe von § 35 vermeiden.[26]

28 Die externe Teilung kann für den Ausgleichsberechtigten also gegenüber der internen Teilung nachteilig sein. Gleichwohl besteht nach hM kein verfassungsrechtlicher Anspruch darauf, dass die Länder für Personen, die in einem öffentlich-rechtlichen Dienst- oder Amtsverhältnis auf Lebenszeit stehen, die interne Teilung einführen.[27] Ein solcher Anspruch kann insbesondere nicht aus dem Gleichheitssatz (Art. 3 GG) abgeleitet werden. Zwar besteht eine Ungleichbehandlung zwischen Bundes- und Landesbeamten insofern, als für Bundesbeamte die interne Teilung zulässig ist, für Landesbeamte nicht. Dies verstößt aber nicht gegen den Gleichheitssatz, da für die Versorgung von Bundesbeamten der Bund, für die der Landesbeamten das jeweilige Land die Gesetzgebungskompetenz hat. Bundes- und Landesbeamte werden damit nicht durch dieselbe gesetzgebende Körperschaft ungleich behandelt, sondern durch ungleiche Gesetzgebungskörperschaften werden die ihnen jeweils unterstehenden Beamten in versorgungsrechtlicher Hinsicht gleich behandelt.[28]

29 **b) Rechtsfolgen für den Ausgleichspflichtigen.** Die Rechtsfolgen für den Ausgleichspflichtigen hängen davon ab, wie sich sein weiteres versorgungsrechtliches Schicksal gestaltet. Bleibt er – etwa als Landesbeamter iSv Abs. 1 – **weiter Beamter** oder wird der **Beamte auf Widerruf endgültig Beamter,** so wird – wie bei der internen Teilung – seine Versorgung gemäß § 57 BeamtVG[29] gekürzt; wegen der Einzelheiten der weiteren Konsequenzen → § 10 Rn. 64 ff. Erfolgt für den Ausgleichspflichtigen – als Beamter oder als Beamter auf Widerruf oder als Soldat – eine **Nachversicherung,** so geschieht dies nach § 181 SGB VI in Höhe der ungekürzten Entgelte. Anderes gilt, wenn der Ausgleichspflichtige **Beiträge zur Abwendung der Kürzung** gezahlt hat; dann erhöhen sich die Beiträge zur Nachversicherung nach § 183 SGB VI. Mit der Nachversicherung endet die Erstattungspflicht des Dienstherrn nach § 225 Abs. 1 SGB VI. Die durch die Nachversicherung begründeten Rentenanrechte des Ausgleichspflichtigen werden um die Entgeltpunkte gemindert, die dem Ausgleichsberechtigten übertragen worden sind (§ 185 Abs. 2 S. 2 SGB VI).[30] Gem. § 185 Abs. 2 SGB VI wird fingiert, dass mit Zahlung der Beiträge das Anrecht des Ausgleichsberechtigten

[25] Vgl. dazu *Borth* FamRZ 2010, 1210 (1212 f.) mit einem Beispiel und einem Hinweis auf verfassungsrechtliche Bedenken; s. aber BVerfG FamRZ 2010, 1233 zu einem vergleichbaren Fall, in dem solche Bedenken verneint worden sind.

[26] Vgl. hierzu Erman/*Norpoth/Sasse* Rn. 9.

[27] BayVerfGH FamRZ 2014, 38.

[28] IdS auch BayVerfGH FamRZ 2014, 38.

[29] Bzw. nach Maßgabe der entsprechenden landesrechtlichen Vorschriften.

[30] Vgl. dazu auch *Ruland* Versorgungsausgleich Rn. 722.

als in der gesetzlichen Rentenversicherung übertragen gilt. Ein nach den Vorschriften des BVersTG übertragenes Anrecht bleibt erhalten und führt auf Seiten des Ausgleichspflichtigen zu einem entsprechenden Abschlag an Entgeltpunkten. Allein aufgrund der Nachversicherung ist daher ein Abänderungsverfahren nicht erforderlich. Allerdings führt die Durchführung der Nachversicherung in der Regel zu einem erheblichen Wertverlust gegenüber der Anwartschaft auf eine Beamtenversorgung. Unter diesem Aspekt ist die Durchführung eines Abänderungsverfahrens eröffnet; denn der Wertverlust aufgrund der Nachversicherung wirkt auf das Ehezeitende zurück.[31]

Für den Ausgleichspflichtigen bedeutet die externe Teilung ausnahmslos, dass er in Höhe des Ausgleichswerts das aus der Beamtenversorgung erworbene Anrecht verliert. Auch wenn der andere Teil in der gesetzlichen Rentenversicherung versichert ist, führt dies nicht zu einer Begrenzung des Ausgleichs. Vielmehr erwirbt er im Gegenzug in Höhe des Ausgleichswerts ein Anrecht in der gesetzlichen Rentenversicherung. Für den Ausgleichsberechtigten ist in diesen Fällen die Durchführung des Versorgungsausgleichs nicht vorteilhaft; denn er muss zu seinen Lasten einen Teil der in der gesetzlichen Rentenversicherung erworbenen Anrechte abgeben und erwirbt im Gegenzug ein Anrecht in der gesetzlichen Rentenversicherung durch externe Teilung. Dem Ausgleichspflichtigen könnte in diesem Fall das Anrecht aus der Beamtenversorgung erhalten werden, wenn er mit dem Ausgleichsberechtigten eine Vereinbarung schließt, durch die nur der Saldo der beiderseitigen Ausgleichswerte ausgeglichen wird. Auf den Abschluss einer solchen Vereinbarung besteht aber kein Anspruch.[32] 30

Sind beide Ehegatten Landesbeamte, führt der Versorgungsausgleich dazu, dass jeder Ehegatte in Höhe des Ausgleichswerts das von ihm erworbene Anrecht auf eine Beamtenversorgung verliert und im Gegenzug durch externe Teilung ein Anrecht in der gesetzlichen Rentenversicherung erwirbt. Auch hier kann durch eine Vereinbarung der Saldierung der Ausgleichswerte jedenfalls für den Ehegatten, der die geringeren Versorgungsanwartschaften erworben hat, vermieden werden, dass dieser einen Teil der Anwartschaften, die er aus der Beamtenversorgung erworben hat, durch die externe Teilung verliert. Für den Ehegatten, der die höheren Anwartschaften erworben hat, wird der Nachteil begrenzt. Eine solche Vereinbarung ist zulässig, soweit sie §§ 6–8 entspricht.[33] Eine solche Vereinbarung ist insbesondere dann zu empfehlen, wenn ein Ehegatte erwerbsgemindert ist, aber gem. § 43 SGB VI aus dem im Versorgungsausgleich erworbenen Anrecht in der gesetzlichen Rentenversicherung keine Erwerbsminderungsrente erhalten könnte. 31

Gelegentlich wird übersehen, dass Anrechte von Bundesbeamten und anderen in § 1 Abs. 2 BVersTG genannter Beamten intern zu teilen sind. Ist ein Ehegatte Landesbeamter, der andere Bundesbeamter und hat dieser das höherwertige Anrecht erworben, werden dann saldierende Vereinbarungen in der Form geschlossen, dass der Saldo des beiderseitigen Ausgleichswerts aus der Beamtenversorgung im Wege der externen Teilung ausgeglichen werden soll. Dieser Fehler kann häufig dadurch korrigiert werden, dass die Vereinbarung unter Berücksichtigung des Irrtums bei der Rechtsanwendung so ausgelegt wird, dass der überschießende Ausgleichswert des Anrechts aus der Tätigkeit als Bundesbeamter gleichwohl intern geteilt wird.[34] 32

**c) Erstattungspflicht nach § 225 Abs. 1 S. 1 SGB VI.** Die Erstattungspflicht nach § 225 Abs. 1 S. 1 SGB VI, die den zuständigen Träger der Versorgungslast des Ausgleichspflichtigen gegenüber dem Träger der gesetzlichen Rentenversicherung trifft, sorgt dafür, dass der Träger der gesetzlichen Rentenversicherung die Kosten ersetzt erhält, die ihm durch die aus dem begründeten Anrecht zu erbringenden Leistungen entstehen. Das Nähere über die Berechnung und Durchführung der Erstattung ergibt sich aus der **Versorgungsausgleichs-Erstattungsverordnung (VAErstV)** vom 9.10.2001 (BGBl. 2001 I 2628). Erstattet werden grundsätzlich alle Aufwendungen (§ 1 Abs. 1 VAErstV); zu ihnen gehören neben den laufenden Leistungen ua solche der Rehabilitation und an Hinterbliebene. Ist ein Beamter nach der Scheidung nachversichert worden, sind nur die bis dahin entstandenen Kosten zu erstatten (§ 225 Abs. 1 S. 2 SGB VI).[35] 33

## § 17 Besondere Fälle der externen Teilung von Betriebsrenten

**Ist ein Anrecht im Sinne des Betriebsrentengesetzes aus einer Direktzusage oder einer Unterstützungskasse auszugleichen, so darf im Fall des § 14 Abs. 2 Nr. 2 der Ausgleichswert als Kapitalwert am Ende der Ehezeit höchstens die Beitragsbemessungsgrenze in der**

---

[31] Erman/*Norpoth*/*Sasse* Anh. § 16 Rn. 8.
[32] OLG Brandenburg BeckRS 2016, 20506 = FamRZ 2017, 876; KG BeckRS 2016, 04848 = FamRZ 2016, 1166.
[33] BGH NJW 2014, 1882 = FamRZ 2014, 1179.
[34] OLG Brandenburg BeckRS 2018, 14076 = FamRZ 2018, 1581.
[35] *Ruland* Versorgungsausgleich Rn. 720.

**allgemeinen Rentenversicherung nach den §§ 159 und 160 des Sechsten Buches Sozialgesetzbuch erreichen.**

**Übersicht**



## I. Normzweck

1 § 17 ergänzt die Vorschriften über die externe Teilung von Anrechten nach § 14 und § 15 für Anrechte der betrieblichen Altersversorgung. Die externe Teilung ist gemäß § 9 Abs. 3 nachrangig gegenüber der internen Teilung nach §§ 10 ff. (→ § 14 Rn. 1) und nach § 14 Abs. 2 Nr. 1 nur mittels Vereinbarung oder nach § 14 Abs. 2 Nr. 2 in den dort genannten Grenzen möglich (→ § 14 Rn. 2). § 17 erweitert die Voraussetzungen des einseitigen Ablösungsrechts des Versorgungsträgers zu Lasten der internen und zu Gunsten der externen Teilung nach § 14 für die vom Arbeitgeber (→ § 45 Rn. 19) oder einer Unterstützungskasse (→ § 45 Rn. 20) zu realisierenden Betriebsrentenrechte über die in § 14 Abs. 2 Nr. 2 (→ § 14 Rn. 33 ff.) gesetzten Grenzen hinaus auf solche Anrechte, deren **Kapitalwert** sich auf ein Vielfaches des darin vorgesehenen Wertes belaufen, nämlich auf Beträge bis zur Höhe des Jahresbetrages der Beitragsbemessungsgrenze nach §§ 159 f. SGB VI (→ Rn. 13 f.). Der Gesetzgeber bezweckt damit, die für die Betriebsrente unmittelbar einstehenden Arbeitgeber und deren Unterstützungskassen gezielt zu bevorzugen, weil der Versorgungsträger hier, anders als bei Anrechten aus einem externen Durchführungsweg (Direktversicherung, Pensionskasse, Pensionsfonds; → § 45 Rn. 21 ff.) unmittelbar mit den Folgen einer internen Teilung konfrontiert ist, insbesondere der Verwaltung betriebsfremder Versorgungsempfänger und damit insbesondere des ausgleichsberechtigten Ehegatten.[1] Die anderen Durchführungswege der betrieblichen Altersversorgung sind nicht erfasst (§ 1b Abs. 2, 3 BetrAVG), weil bei ihnen nicht der Arbeitgeber oder eine rechtsfähige Versorgungseinrichtung des Arbeitgebers die Anrechte verwaltet und einsteht.

## II. Verlangen des Arbeitgebers (§ 14 Abs. 2 Nr. 2)

2 Die Ablösung der internen durch die externe Teilung ist eine vom Versorgungsträger zu treffende Entscheidung: ein ihm zustehendes Gestaltungsrecht. Die Erklärung ist gegenüber dem Familiengericht abzugeben (§ 222 FamFG). Näher → § 14 Rn. 27 ff.

3 Der Ausgleichsberechtigte wird grundsätzlich durch die Erweiterung der externen Teilung nach § 17 nicht beeinträchtigt. Im Gegenzug erhält der Ausgleichsberechtigte das Recht zur Bestimmung der Zielversorgung (→ § 15).[2] Auch ist der Jahresbetrag der Beitragsbemessungsgrenze in der gesetzlichen Rentenversicherung (§§ 159 f. SGB VI) hierfür nicht gering bemessen (→ Rn. 13 f.). Maßgebend ist die allgemeine Beitragsbemessungsgrenze, nicht diejenige für den Osten Deutschlands, auch wenn Rechte aus ostdeutschen Ländern betroffen sind. Problematisch ist allerdings die Bemessung des Ausgleichswerts als Kapitalwert (→ Rn. 15 f.).

## III. Auszugleichende Anrechte

4 Die Norm begünstigt nur Anrechte nach dem BetrAVG aus einer vom Arbeitgeber abgegebenen **Direktzusage** (§ 1 Abs. 1 S. 2 Alt. 1 BetrAVG; unmittelbare Versorgungszusage, → § 45 Rn. 19) oder aus einer von einer **Unterstützungskasse** des Arbeitgebers durchzuführenden betrieblichen Altersversorgung (§ 1b Abs. 4 BetrAVG; → § 45 Rn. 20). Hierbei handelt es sich um die internen Durchführungswege der betrieblichen Altersversorgung, da der Arbeitgeber in diesen Fällen der eigentliche Versorgungsträger ist (§ 1 Abs. 1 S. 3 BetrAVG) und der Arbeitgeber selbst unmittelbar bzw. mittelbar durch seine Unterstützungskasse die Anrechte betriebseigener und -fremder Versorgungsempfänger zu verwalten hat.

[1] BT-Drs. 16/10144, 60.
[2] BT-Drs. 16/10144, 60.

## IV. Ausgleichswert als Kapitalwert

Nach § 1 Abs. 2 S. 2 ist der Ausgleichswert als die Hälfte des Werts des jeweiligen Ehezeitanteils des auszugleichenden Versorgungsanrechts definiert (→ § 1 Rn. 10; → § 14 Rn. 13). In welcher Form der Ehezeitanteil des Anrechts zu berechnen ist, hängt nach § 5 Abs. 1 von der für das jeweilige Versorgungssystem maßgebenden Bezugsgröße ab (→ § 5 Rn. 4). Für die Anwendung des § 17 ist der Ausgleichswert als Kapitalwert maßgebend, den § 45 Abs. 1 S. 1 als den Kapitalwert nach § 4 Abs. 5 BetrAVG bestimmt (→ § 45 Rn. 47) und den der betriebliche Versorgungsträger bei einer von ihm angestrebten externen Teilung nach § 5 Abs. 1 und 3 anzugeben hat.[3] Dieser Kapitalwert gemäß§ 4 Abs. 5 BetrAVG ist der sog. **Übertragungswert des Anrechts** (→ § 45 Rn. 47), in dessen Höhe unverfallbare betriebliche Anwartschaften beim Ausscheiden des Arbeitnehmers aus dem Betrieb unter bestimmten Voraussetzungen von einem betrieblichen Versorgungsträger auf den anderen transferiert werden können (vgl. § 4 Abs. 1–4 BetrAVG). Bei einer unmittelbar über den Arbeitgeber oder über eine Unterstützungskasse durchgeführten betrieblichen Altersversorgung entspricht der Übertragungswert dem **Barwert** der nach § 2 BetrAVG bemessenen Versorgungsleistung im Zeitpunkt der Übertragung; dieser Bewertungsstichtag ist im Versorgungsausgleich mit dem Ende der Ehezeit zu fingieren (§ 45 Abs. 1 S. 2; → § 45 Rn. 50).[4] 5

## V. Barwert

**1. Berechnung des Barwerts.** Nach § 4 Abs. 5 S. 1 Hs. 2 BetrAVG sind für die Berechnung des Barwerts die Rechnungsgrundlagen sowie die anerkannten Regeln der Versicherungsmathematik maßgebend; darüber hinausgehende Festlegungen für die Ermittlung des Barwerts – insbesondere für den anzusetzenden Rechnungszins – lassen sich weder dem VersAusglG noch dem BetrAVG (→ § 45 Rn. 47) entnehmen. Die Wahl des Rechnungszinses hat der Gesetzgeber grundsätzlich den Versorgungsträgern überlassen, die einen möglichst realistischen und für das jeweilige Anrecht spezifischen Zins verwenden sollen (insbesondere → Rn. 10).[5] 6

Der Barwert wird dabei aus der Summe aller künftigen Zahlungen ermittelt, die anschließend mit ihrer tatsächlichen Eintrittswahrscheinlichkeit gewichtet und auf das Ende der Ehezeit als Bewertungsstichtag abgezinst werden. Die Höhe des Barwerts wird somit von verschiedenen Faktoren beeinflusst, zu denen neben den biometrischen Rechnungsgrundlagen für die Eintrittswahrscheinlichkeit insbesondere der Rechnungszins gehört, mit dem der kapitalisierte Wert der künftigen Leistungen auf den Bewertungsstichtag abzuzinsen ist. Je höher der Rechnungszins angesetzt wird, desto niedriger ist der am Bewertungsstichtag anzusetzende Barwert. Eine Veränderung des Rechnungszinses um 1 % wirkt sich bei einer Anwartschaft mit mindestens 10 % auf die Höhe des Barwerts aus, bei jüngeren Anwärtern sogar noch deutlich stärker.[6] Zu weiteren Einzelheiten → § 47 Rn. 13 ff. 7

Bei der **beitragsorientierten Leistungszusage** (→ § 45 Rn. 35) erfolgt die Umwandlung von Beiträgen in Renten- oder Kapitalbausteine mittels einer Transformationstabelle, wobei die Umrechnungsfaktoren unter anderem vom Alter des Arbeitnehmers, den verwendeten Sterbetafeln und dem einkalkulierten Rechnungszins abhängig sind. Hierbei werden für den Umrechnungsmodus Rechnungszinsen zwischen 1,25 % und 6 % verwendet. In solchen Fällen kann für die Abzinsung grundsätzlich der Zinssatz herangezogen werden, der als Zinsversprechen des Arbeitgebers auch den Transformationstabellen zugrunde gelegt worden ist.[7] Dies gilt jedenfalls dann, wenn der Arbeitgeber bei der Übertragung auf einen anderen Versorgungsträger im Falle des tatsächlichen Ausscheidens des Arbeitnehmers (→ § 45 Rn. 44) ebenso verfahren würde.[8] 8

Bei **kongruent rückgedeckten Versorgungszusagen** (→ § 45 Rn. 26) kommt für die Bewertung des Anrechts eine Heranziehung der Rechnungsgrundlagen der Rückdeckungsversicherung – und damit auch des dort verwendeten Rechnungszinses – in Betracht, wenn die Verpflichtung des Arbeitgebers aufgrund der Versorgungszusage zumindest in den regulären Leistungsfällen durch diese Versicherung gedeckt werden kann. 9

**Im Übrigen** können die Versorgungsträger für die Ermittlung des Barwerts eines Versorgungsanrechts diejenigen Bewertungsparameter wählen, die von dem verpflichteten Unternehmen auch bei der 10

---

3 Vgl. BGH NJW 2017, 2547 Rn. 17 = FamRZ 2017, 863.

4 BGH NJW-RR 2016, 514 Rn. 15 = FamRZ 2016, 781.

5 BT-Drs. 16/10144, 85; BGH NJW-RR 2016, 964 Rn. 8 = FamRZ 2016, 1651; NJW-RR 2016, 514 Rn. 16 = FamRZ 2016, 781; BGHZ 191, 36 Rn. 28 = NJW 2011, 3358 = FamRZ 2011, 1785.

6 BGH NJW-RR 2016, 514 Rn. 15 = FamRZ 2016, 781; konkrete Berechnungsbeispiele bei *Engbroks/Lucius/Oecking/Zimmermann,* Bewertung und Finanzierung von Versorgungsverpflichtungen, Sonderdruck, 2012, Rn. 91 f.

7 BGH NJW-RR 2016, 514 Rn. 18 = FamRZ 2016, 781; NJW 2013, 1240 Rn. 21 = FamRZ 2013, 773.

8 BGH NJW-RR 2016, 514 Rn. 18 = FamRZ 2016, 781.

handelsbilanziellen Bewertung ihrer Pensionsverpflichtung herangezogen werden. Daher findet als Rechnungszins zumeist der **handelsbilanzielle Zinssatz** des § 253 Abs. 2 S. 2 HGB (BilMoG-Zinssatz) Anwendung; dies entspricht der Vorstellung des Gesetzesgebers.[9] Die maßgeblichen **Abzinsungszinssätze** werden auf der Grundlage der Rechtsverordnung über die Ermittlung und Bekanntgabe der Sätze zur Abzinsung von Rückstellungen (RückAbzinsV)[10] von der Deutschen Bundesbank ermittelt und monatlich bekannt gegeben. Die Höhe der Abzinsungszinssätze orientiert sich an der Marktrendite von festverzinslichen, auf Euro lautenden Unternehmensanleihen mit hochklassigen Bonitätseinstufungen.[11] Trotz der Neufassung der Vorschriften für die handelsrechtliche Bewertung von Altersversorgungsverpflichtungen durch Art. 7 ff. Gesetz zur Umsetzung der Wohnimmobilienkreditrichtlinie und zur Änderung handelsrechtlicher Vorschriften vom 11.3.2016 (BGBl. 2016 I S. 396) ist im Versorgungsausgleich für die Ermittlung des Barwerts künftiger Leistungen aus einer **Direktzusage** auch für Bewertungsstichtage nach dem Inkrafttreten der Gesetzesänderung als Diskontierungszinssatz weiterhin der Abzinsungsfaktor nach § 1 Abs. 2 RückAbzinsV, § 6 RückAbzinsV heranzuziehen, der sich aus dem geglätteten durchschnittlichen Marktzinssatz in einem Betrachtungszeitraum von **sieben Jahren** ableitet; die handelsbilanziell zulässige Ausweitung des Betrachtungszeitraums auf zehn Jahre (§ 6a RückAbzinsV) bleibt außer Betracht, weil diese Neuregelung im Interesse der bilanzierenden Unternehmen allein der Abmilderung der Niedrigzinsphase dient und nicht dazu, das handelsrechtliche Vorsichtsprinzip oder die Fähigkeit der Unternehmen einzuschränken, die von ihnen eingegangenen Pensionsverpflichtungen erfüllen zu können;[12] gemäß § 253 Abs. 6 S. 2 HGB darf das bilanzierende Unternehmen solche Erträge, die ihm aus dem geringeren Ansatz der Pensionsrückstellungen aufgrund der Ausweitung des Betrachtungszeitraums nach der Neufassung des § 253 Abs. 2 S. 1 HGB entstehen (sog. Unterschiedsbetrag nach § 253 Abs. 6 S. 1 HGB), nicht ausschütten, sodass die jeweilige Entlastung beim Pensionsrückstellungsaufwand das Unternehmen nicht verlassen soll. Damit ist für die Ermittlung eines angemessenen Finanzbedarfs für die Pensionsverpflichtungen die bisherige Durchschnittsbildung über sieben Jahre weiterhin realitätsgerecht und angemessen.[13] Im Übrigen muss ein Versorgungsträger, der die mit der Absenkung des Rechnungszinses unter den – für ihn handelsbilanziell zulässigen – BilMoG-Zinssatz verbundenen Mehrbelastungen bei der externen Teilung nicht tragen will, die externe Teilung als Ausgleichsform nicht wählen.[14] Zudem → § 47 Rn. 14 ff.

11 Für die Barwertermittlung ist **monatsgenau derjenige Zinssatz** heranzuziehen, der sich für den Stichtag des Ehezeitendes aus den monatlich von der Deutschen Bundesbank bekannt gemachten Rechnungszinssätzen gemäß § 253 Abs. 2 HGB ergibt.[15]

12 **2. Zeitpunkt der Berechnung des Barwerts.** Der Wert des auszugleichenden Anrechts ist gemäß § 5 Abs. 2 S. 1 für das Ende der Ehezeit zu bestimmen (→ § 45 Rn. 50; → § 5 Rn. 18). Dies gilt auch grundsätzlich für die Berechnung des Barwerts. Wird aber der ausgleichspflichtigen Person seit dem Ende der Ehezeit eine ungekürzte Versorgung gewährt, liegt zwischen dem Ende der Ehezeit und der Entscheidung durch das Familiengericht ein längerer Zeitraum und macht der Versorgungsträger schon mit seiner ersten, auf das Ende der Ehezeit bezogenen Versorgungsauskunft geltend, dass sich der versicherungsmathematische Barwert des Anrechts bei laufendem Rentenbezug zwischenzeitlich deutlich vermindert hat, kann das Gericht den restlichen Barwert des Anrechts zu einem entscheidungsnahen Zeitpunkt neu ermitteln lassen. Der Ausgleichswert des Anrechts ist dann aus dem zeitnah zum Entscheidungszeitpunkt vorhandenen **Restbarwert** abzuleiten. Die zwischen Ehezeitende und Rechtskraft der Entscheidung über den Versorgungsausgleich eingetretene oder noch zu erwartende Barwertminderung des zu teilenden Anrechts ist grundsätzlich im Wege eines gleichmäßigen Abzugs auf beide Ehegatten zu verteilen.[16]

### VI. Beitragsbemessungsgrenze als Grenzwert

13 Anders als nach § 14 Abs. 2 Nr. 2, wonach nur Renten mit bescheidenen Werten von höchstens 2 % der monatlichen Bezugsgröße nach § 18 Abs. 1 SGB IV (2019: Renten bis 62,30 EUR monatlich) oder Kapitalwerte von höchstens 240 % der monatlichen Bezugsgröße nach § 18 Abs. 1 SGB IV (2019: bis 7.476 EUR) extern geteilt werden können (→ § 14 Rn. 38), erlaubt § 17 die externe

[9] BT-Drs. 16/10144, 56, 85; BGH NJW-RR 2016, 514 Rn. 20 = FamRZ 2016, 781.
[10] BGH NJW-RR 2016, 514 Rn. 23 = FamRZ 2016, 781.
[11] BT-Drs. 16/10067, 54.
[12] BT-Drs. 18/7584, 149.
[13] BGH NZFam 2016, 1186 Rn. 33 = FamRZ 2016, 2000; *Budinger/Wrobel* NZFam 2016, 420.
[14] BGH NZFam 2016, 1186 Rn. 34 = FamRZ 2016, 2000; NJW-RR 2016, 514 Rn. 46 = FamRZ 2016, 781.
[15] BT-Drs. 16/11903, 56; BGH NJW-RR 2016, 514 Rn. 60 = FamRZ 2016, 781.
[16] BGH NZFam 2016, 1186 Rn. 22 ff. = FamRZ 2016, 2000.

Teilung von Betriebsrenten im Werte von bis zu 80.400 EUR (2019; → Rn. 14). Übersteigt ein Anrecht auch diesen Grenzwert, findet eine externe Teilung nur nach § 14 Abs. 2 Nr. 1, dh im Einverständnis von Versorgungsträger und Ausgleichspflichtigem statt.

Der auf die allgemeine Beitragsbemessungsgrenze nach §§ 159 f. SGB VI, nicht diejenige für den Osten Deutschlands, auch wenn Rechte aus ostdeutschen Ländern betroffen sind,[17] bezogene Grenzwert beträgt:[18] 14

| **Jahr** | **Jährliche Beitragsbemessungsgrenze in der allgemeinen Rentenversicherung in Euro** | **Jahr** | **Jährliche Beitragsbemessungsgrenze in der allgemeinen Rentenversicherung in Euro** |
|---|---|---|---|
| 2002 | 54.000 | 2011 | 66.000 |
| 2003 | 61.200 | 2012 | 67.200 |
| 2004 | 61.800 | 2013 | 69.600 |
| 2005 | 62.400 | 2014 | 71.400 |
| 2006 | 63.000 | 2015 | 72.600 |
| 2007 | 63.000 | 2016 | 74.400 |
| 2008 | 63.600 | 2017 | 76.200 |
| 2009 | 64.800 | 2018 | 78.000 |
| 2010 | 66.000 | 2019 | 80.400 |

## VII. Problematik der Vorschrift des § 17

Die Regelung ist rechtspolitisch umstritten. Viele Stimmen halten sie für unangemessen oder wegen Verletzung des Halbteilungsgrundsatzes für verfassungswidrig.[19] Ein Entwurf eines Gesetzes zur Änderung des Versorgungsausgleichsgesetzes[20] zielt auf die ersatzlose Abschaffung des § 17. Die Rspr. des BGH hat sich diesem Verdikt verschlossen.[21] 15

Der BGH sieht, dass beide Ehegatten grundsätzlich Anspruch auf **gleiche Teilhabe** am gemeinsam Erwirtschafteten haben, das ihnen zu gleichen Teilen zuzuordnen ist. Die ehezeitbezogenen Versorgungswerte sind so gleichmäßig zwischen den Eheleuten aufzuteilen, dass jeder Ehegatte die Hälfte der in der Ehezeit erworbenen Vermögenswerte erhält.[22] Allerdings müsse der Versorgungsausgleich nicht dazu führen, dass die Ehegatten – bei unterstellt gleichen biometrischen Risiken (Alter, Geschlecht, Gesundheit) – aus dem ehezeitlichen Anrecht nach dem Eintritt des Versorgungsfalls auch eine gleich hohe Versorgung zu erwarten haben.[23] Bei der Teilung eines betrieblichen Anrechts im Wege der externen Teilung werde der Teilhabeanspruch des ausgleichsberechtigten Ehegatten dadurch verwirklicht, dass ihm – bezogen auf die Ehezeit – die Hälfte des nach versicherungsmathematischen Grundsätzen ermittelten Versorgungsvermögens zugewiesen wird. Das verfassungsrechtlich legitime Ziel des Versorgungsausgleichs, der ausgleichsberechtigten Person eine eigenständige Versorgung zu verschaffen, werde in diesen Fällen durch die Begründung eines Anrechts bei einer – von dem ausgleichsberechtigten Ehegatten im Rahmen des § 15 Abs. 2 frei wählbaren – Zielversorgung erreicht.[24] **Transferverluste,** die bei einer auf den Zeitpunkt der Leistungserbringung bezogenen Betrachtungsweise wegen einer unterschiedlichen Wertentwicklung der Anrechte nach Durchführung des Versorgungsausgleichs entstehen (signifikante Differenz zwischen dem BilMoG-Zinssatz nach § 253 Abs. 2 HGB, → Rn. 10, und den Renditeaussichten der ausgleichsberechtigten Person, die den Ausgleichsbetrag in eine versicherungsförmige Zielversorgung einzahlt), seien eine notwendige Konsequenz der auf Schaffung eigenständiger Anrechte gerichteten Grundkonzeption des öffentlich-rechtlichen Versorgungsausgleichs bei der Scheidung; denn die Versorgungsschicksale der beiden Ehegatten werden mit der Durchführung des Versorgungsausgleichs endgültig getrennt und sind von diesem Zeitpunkt an voneinander unabhängig zu 16

17 *Ruland* Versorgungsausgleich Rn. 614.

18 Versorgungsausgleich-Tabellen für das erste Halbjahr 2019 in Beilage 1/2019 (zu NJW Heft 4/2019), 16, III.

19 DAV FamRZ 2013, 928; *Bergner* NZFam 2015, 147; *Borth* Versorgungsausgleich Kap. 3 Rn. 111 ff.; Erman/*Norpoth/Sasse* Rn. 1; *Hauß* FS Brudermüller, 2014, 277; *Jäger* FamRZ 2010, 1714; *Ruland* Versorgungsausgleich Rn. 744 ff.; *Weil* FPR 2013, 254.

20 BT-Drs. 18/3210.

21 BGH NZFam 2016, 1186 = FamRZ 2016, 2000; NJW-RR 2016, 514 = FamRZ 2016, 781.

22 BGH NJW-RR 2016, 514 Rn. 36 = FamRZ 2016, 781; BVerfG NJW 2006, 2175 = FamRZ 2006, 1000; NJW 1993, 1057 = FamRZ 1993, 161.

23 BGH NJW-RR 2016, 514 Rn. 37 = FamRZ 2016, 781.

24 BGH NJW-RR 2016, 514 Rn. 38 = FamRZ 2016, 781.

betrachten,[25] sodass die geschiedenen Ehegatten die künftigen Chancen und Risiken ihrer jeweiligen Versorgungsverhältnisse selbst zu tragen haben.[26] Auch unter Berücksichtigung der verfassungsrechtlich geschützten Rechtspositionen des betrieblichen Versorgungsträgers[27] wäre es aber mit dem aus Art. 6 Abs. 1 GG iVm Art. 3 Abs. 2 GG hergeleiteten verfassungsrechtlichen Halbteilungsgrundsatz nicht zu vereinbaren, wenn der Versorgungsträger zur Ermittlung des stichtagsbezogenen Barwerts der gesamten, aus dem Anrecht der ausgleichspflichtigen Person künftig zu erbringenden Versorgungsleistungen einen **Diskontierungszinssatz** heranzieht, der zu einer strukturellen Unterbewertung des Anrechts und damit zu einer systematischen Benachteiligung der ausgleichsberechtigten Person führt, was bei einer Barwertermittlung unter Anwendung des BilMoG-Zinssatzes mit einem Abzinsungsfaktor nach § 1 Abs. 2 RückAbzinsV, § 6 RückAbzinsV, der sich aus dem geglätteten durchschnittlichen Marktzinssatz in einem Betrachtungszeitraum von **sieben Jahren** ableitet, indessen nicht der Fall sei.[28] Die dagegen eingelegte Verfassungsbeschwerde wurde vom BVerfG nicht zur Entscheidung angenommen.[29] Weiter → § 47 Rn. 17 ff.

## Unterabschnitt 4. Ausnahmen

### § 18 Geringfügigkeit

**(1) Das Familiengericht soll beiderseitige Anrechte gleicher Art nicht ausgleichen, wenn die Differenz ihrer Ausgleichswerte gering ist.**

**(2) Einzelne Anrechte mit einem geringen Ausgleichswert soll das Familiengericht nicht ausgleichen.**

**(3) Ein Wertunterschied nach Absatz 1 oder ein Ausgleichswert nach Absatz 2 ist gering, wenn er am Ende der Ehezeit bei einem Rentenbetrag als maßgeblicher Bezugsgröße höchstens 1 Prozent, in allen anderen Fällen als Kapitalwert höchstens 120 Prozent der monatlichen Bezugsgröße nach § 18 Abs. 1 des Vierten Buches Sozialgesetzbuch beträgt.**

**Schrifttum:** S. § 1587 BGB.

**Übersicht**



## I. Normzweck

1 Die Bestimmung § 18 bezweckt wie § 3 Abs. 3, der unter der Voraussetzung einer Ehezeit von bis zu 3 Jahren ein Absehen vom Versorgungsausgleich schlechthin vorsieht, wenn er nicht von

[25] BVerfG NJW 2014, 2093 Rn. 48 = FamRZ 2014, 1259; BGH NJW 2013, 226 Rn. 15 = FamRZ 2013, 189.

[26] BT-Drs. 16/10144, 58.

[27] BT-Drs. 16/10144, 42.

[28] BGH NZFam 2016, 1186 Rn. 30 ff. = FamRZ 2016, 2000; NJW-RR 2016, 514 Rn. 43 ff. = FamRZ 2016, 781.

[29] BVerfG NJW-RR 2017, 513 = FamRZ 2017, 705.

einem Ehegatten beantragt wird (→ § 3 Rn. 34 ff.), die **Vereinfachung des Wertausgleichs bei Scheidung in Bagatellfällen.** Die Bestimmung findet gleichermaßen Anwendung auf die **schuldrechtlichen Ausgleichszahlungen** (§ 20 Abs. 1 S. 3, § 24 Abs. 1 S. 2; näher → § 20 Rn. 1 ff.; → § 24 Rn. 1 ff.). Es soll vermieden werden, dass hinsichtlich geringer Ausgleichswerte – sei es bezüglich der Differenz auch hoher Anrechte gleicher Art (Abs. 1), sei es bezüglich einzelner Anrechte (Abs. 2) – ein **unverhältnismäßiger Aufwand bei den Versorgungsträgern** und Familiengerichten mit der Folge der **Splitterung der Versorgungsanrechte** betrieben werden muss, der letztlich auch für die Parteien nichts bringt.[1] Das gilt nicht zuletzt im Hinblick auf die wegen des Grundsatzes der internen Teilung jedes Anrechts und der geringen Durchschnittsdauer geschiedener Ehen drohende **Vielzahl von zu übertragenden Anrechten kleinerer Größenordnung,** die selbst nach Anwendung von § 3 Abs. 3 in Betracht kommt.[2] Abs. 1 regelt, dass ein Ausgleich grundsätzlich nicht erfolgen soll, wenn die **Differenz der Ausgleichswerte beiderseitiger Anrechte gleicher Art** gering ist (→ Rn. 12 ff.). Abs. 2 regelt demgegenüber das grundsätzliche Absehen vom Ausgleich geringer einzelner Anrechte (→ Rn. 18). Als Sollvorschriften stellen es aber letztlich beide Normen ins **Ermessen des Gerichts,** ob aus besonderen Gründen ein Ausgleich dennoch stattfindet. Abs. 3 enthält schließlich die **Maßstäbe,** nach denen sich der geringe Wertunterschied nach Abs. 1 und der geringe Ausgleichswert nach Abs. 2 bestimmen (→ Rn. 19 ff.).

## II. Entstehungsgeschichte und Anwendungsbereich

**1. Entstehungsgeschichte.** Eine **Bagatellklausel** gab es schon früher im Rahmen des bisher geltenden Rechts des Versorgungsausgleichs, und zwar in Form des vom 1.1.1987 bis 31.12.1991 geltenden **§ 3c VAHRG,** der durch das VAWMG vom 8.12.1986 (BGBl. 1986 I 2317) in das VAHRG eingefügt worden war. Zweck der damaligen Bestimmung war es, das Versorgungsausgleichsverfahren zu vereinfachen.[3] Nach ihr stand es im Ermessen des Familiengerichts, den Ausgleich eines Anrechts auszuschließen, dessen Wert 0,25 vom Hundert des auf einen Monat entfallenden Teils der am Ende der Ehezeit maßgeblichen Bezugsgröße nach § 18 des Vierten Buches Sozialgesetzbuch nicht übersteigt; das galt allerdings dann nicht, wenn der Ausschluss den Berechtigten bei der Erfüllung von Wartezeiten benachteiligte. Da sich die mit der Bestimmung verbundenen Erwartungen der Verfahrensvereinfachung nicht erfüllten, wurde sie durch Art. 30 Nr. 1, Art. 42 Abs. 1 RÜG vom 25.7.1991 wieder aufgehoben.[4] 2

Die jetzige Bestimmung geht auf eine **Empfehlung im Abschlussbericht der Kommission „Strukturreform des Versorgungsausgleichs"** von 27.10.2004 zurück. Diese hatte in ihrem Bericht auf der Grundlage des sog Zweigruppenmodells einen absoluten Ausschluss des Versorgungsausgleichs bei Unterschreiten eines Ausgleichsbetrags (Saldos) von einem halben Entgeltpunkt in Gruppe 1 bzw. eines entsprechenden Kapitalbetrags in Gruppe 2 vorgeschlagen.[5] Der **Gesetzentwurf des VAStrRefG der Bundesregierung** vom 20.8.2008 hat sodann ein Absehen vom Versorgungsausgleich bei einer geringen Differenz aller beiderseitigen Ausgleichswerte auf Kapitalwertbasis vorgesehen (§ 18 Abs. 1 VAStrRefGE, → Rn. 12); auch sollten einzelne Anrechte mit geringem Ausgleichswert nicht ausgeglichen werden (§ 18 Abs. 2 VAStrRefGE). In beiden Fällen sollte Anderes nur gelten, wenn ein Ausgleich dennoch geboten war (§ 18 Abs. 3 VAStrRefGE). Der geringe Wertunterschied bzw. der geringe Ausgleichswert ist dabei so bestimmt worden wie sodann Gesetz geworden (§ 18 Abs. 4 VAStrRefGE, jetzt § 18 Abs. 3; → Rn. 19 ff.).[6] 3

Auf Veranlassung des **Rechtsausschusses des Deutschen Bundestages** ist die Regelung des Regierungsentwurfs nach Anhörung von Sachverständigen, die die vorgeschlagene Regelung – insbesondere im Hinblick auf den Vergleich aller Anrechte auf Stichtagsbasis – deutlich kritisiert und auf ihre Gefahren verwiesen hatten, modifiziert worden, und zwar vor allem hinsichtlich der Einschränkung des Ausgleichsausschlusses bei geringer Differenz der Anrechte auf solche gleicher Art sowie hinsichtlich der deutlicher ein Ermessen des Familienrichters einräumenden Fassung als Sollvorschrift.[7] Auf der Basis der **Beschlussempfehlung des Rechtsausschusses** ist § 18 Gesetz geworden. Ob die mit der neuen Regelung verbundenen Erwartungen des Gesetzgebers sich im 4

---

1 BT-Drs. 16/10144, 60; BT-Drs. 16/11903, 106; vgl. auch BGH NJW 2012, 312 (314) = FamRZ 2012, 192 Rn. 34.

2 Krit. wegen der Tendenz zur Verschlechterung der sozialen Sicherung des ausgleichsberechtigten Ehegatten *Ruland* Versorgungsausgleich Rn. 560 und NZS 2008, 225 (237).

3 BT-Drs. 10/5447, 14; vgl. ua → 5. Aufl. 2009, VAHRG § 3c Rn. 1 *(Gräper).*

4 Vgl. BT-Drs. 12/405, 174; BT-Drs. 16/10144, 60; dazu auch *Ruland* Versorgungsausgleich Rn. 560.

5 BT-Drs. 16/10144, 60.

6 Vgl. BT-Drs. 16/10144, 11 und 60 f.

7 Vgl. *Hauß* FPR 2009, 214 (216); BT-Drs. 16/11903, 106.

Hinblick auf eine Vereinfachung des Verfahrens erfüllen werden, ist zweifelhaft.[8] Die Vielzahl der zwischenzeitlich veröffentlichten Entscheidungen und Abhandlungen gerade zu § 18 scheint die Zweifel zu bestärken. Allerdings hat die Rspr. zur Handhabung des Ermessens zwischenzeitlich eindeutige Kriterien herausgearbeitet, die auch der Bedeutung des Halbteilungsgrundsatzes Rechnung tragen (→ Rn. 22 ff.). Weiterhin ist davon auszugehen, dass in einer Vielzahl von eindeutigen Fällen durch die Bestimmung die Entstehung von Kleinstversorgungen und Splitteranrechten vermieden wurde. Empirische Untersuchungen, die belastbare Zahlen liefern würden, liegen hierzu allerdings nicht vor.

**5** Das dem Familienrichter bei der Anwendung von § 18 eingeräumte **Ermessen** (→ Rn. 15 und 18) beantwortet auch die verschiedentlich gestellte Frage nach der **Verfassungsmäßigkeit der Grenzwerte,**[9] bis zu denen die Bestimmung greift. Da mit dem eingeräumten Ermessen dem Halbteilungsgrundsatz Rechnung getragen werden kann und im Einzelfall Härtefälle vermieden werden können, bestehen jedenfalls keine durchgreifenden verfassungsrechtlichen Bedenken, die bei einer starren Regelung durchaus zum Tragen hätten kommen können.[10]

**6** **2. Anwendungsbereich.** Die Vorschrift ist schwerpunktmäßig auf den **Wertausgleich bei der Scheidung** anwendbar. Hier ist zunächst für jedes Anrecht zu prüfen, ob es gleichartig mit einem anderen ist und, sofern dies der Fall ist, ob die Differenz der Ausgleichswerte den Grenzwert gem. Abs. 3 übersteigt. Liegen diese Voraussetzungen hinsichtlich eines Anrechts nicht vor, ist zu prüfen, ob der Ausgleichswert dieses Anrechts den Grenzwert gem. Abs. 3 übersteigt. § 9 Abs. 4 stellt daher die Durchführung des Wertausgleichs bei der Scheidung unter den Vorbehalt, dass diese Voraussetzungen nicht vorliegen.

**7** Die Vorschrift ist aber auch auf **Ausgleichsansprüche nach der Scheidung** anwendbar (§ 20 Abs. 1 S. 3, § 22 S. 2, § 24 Abs. 1 S. 2). Für Ausgleichsansprüche nach der Scheidung ist grundsätzlich der Betrag der Ausgleichsrente entscheidend, es sei denn, es besteht gem. § 22 ein Anspruch auf Kapitalzahlung. Stehen den Ehegatten wechselseitig Ansprüche auf Zahlung einer schuldrechtlichen Ausgleichsrente gem. § 20 Abs. 1 S. 3 zu, ist der Saldo der beiderseitigen Zahlungsansprüche zu ermitteln und auf Geringwertigkeit überprüfen.[11]

**8** Im Fall der **Abfindung** zählt gem. § 24 Abs. 1 S. 2 nicht der Abfindungsbetrag, sondern der Ausgleichswert des abzufindenden Anrechts.[12] Hierbei ist immer auf den Kapitalwert abzustellen, da dieser Gegenstand der Abfindung ist.

**9** Hinsichtlich der Geltung der Vorschrift in **Abänderungsverfahren** ist zu differenzieren. Handelt es sich um die Abänderung einer Altentscheidung, eröffnet § 51 Abs. 1 die Totalrevision des Versorgungsausgleichs nach den Vorschriften über den Wertausgleich bei der Scheidung. In diesem Zusammenhang ist auch § 18 direkt anwendbar.

**10** Geht es demgegenüber um die Abänderung einer aufgrund des seit 1.9.2009 geltenden Rechts ergangenen Entscheidung zum Versorgungsausgleich, ist für § 18 kein praktischer Anwendungsbereich eröffnet, da diese Verfahren nur wegen der Wertänderung einzelner Anrechte zulässig sind und hier der Schwellenwert im Rahmen der Wertgrenze für die Abänderung zu prüfen ist (§ 225 Abs. 3 FamFG). Denkbar ist allenfalls, dass der Ausgleichswert eines Anrechts bzw. aufgrund einer wesentlichen Wertänderung soweit absinkt, dass die Bagatellgrenze des Abs. 3 nicht mehr überschritten wird.

**11** Weiterhin sind Besonderheiten zu beachten, wenn ein Ehegatte nach Rechtskraft der Scheidung, aber vor Rechtskraft der Entscheidung über den Versorgungsausgleich **verstorben** ist. In diesem Fall ist das Besserstellungsverbot zu beachten (§ 31 Abs. 2). Diese Regelung ist erforderlich, um die sonst mit dem Tod eines Ehegatten notwendig eintretende Systemwidrigkeit des Versorgungsausgleichs zu vermeiden; denn sobald ein Ehegatte verstorben ist, können auf diesen keine Anrechte mehr übertragen werden bzw. für diesen begründet werden. Dies hätte zur Folge, dass der überlebende Ehegatte seine in der Ehezeit erworbenen Anrechte ungeteilt behalten würde, umgekehrt aber jeweils in Höhe des Ausgleichswerts an den Anrechten des Verstorbenen partizipieren würde (→ § 31 Rn. 8). Daher ist der Ausgleich zugunsten des überlebenden Ehegatten auf den Saldo begrenzt, der sich ergibt, wenn die beiderseits während der Ehezeit erworbenen Anrechte in Höhe des Ausgleichswerts miteinander verrechnet werden (→ § 31 Rn. 8). Fraglich ist nun, wie geringwer-

---

[8] Sehr krit. *Ruland* Versorgungsausgleich Rn. 560; *Ruland* NJW 2009, 2781 (2783); *Wick* FuR 2011, 438; krit. im Hinblick auf die Ausgestaltung der Regelung auch Johannsen/Henrich/*Holzwarth* Rn. 3; positiv *Bergner* NJW 2010, 3269 (3274).

[9] Vgl. ua *Hauß* FPR 2009, 214 (216); zur Grenzwertregelung in § 10a Abs. 2 VAHRG → 5. Aufl. 2009, VAHRG § 10 Rn. 65 *(Dörr)*.

[10] Vgl. dazu BVerfGE 87, 348 (362) = NJW 1993, 1057 (1059) = FamRZ 1993, 161 (163); zu § 18 BGH NJW 2012, 312 (313) = FamRZ 2012, 192 Rn. 16.

[11] Johannsen/Henrich/*Holzwarth* § 20 Rn. 26.

[12] Erman/*Norpoth/Sasse* § 24 Rn. 3.

tige Anrechte iSd § 18 oder miteinander vergleichbare Anrechte, bei denen die Wertdifferenz gering ist, im Rahmen der Saldierung berücksichtigt werden können. Zum einen wird hierzu vertreten, dass solche Anrechte nicht in den Saldo gem. § 31 eingestellt werden dürfen, wenn sie gem. § 18 nicht ausgeglichen worden wären, wenn der insgesamt ausgleichspflichtige Ehegatte nicht vorverstorben wäre.[13] Nach aA ist § 18 nur auf die Frage anzuwenden, ob der nach Saldierung auszugleichende Wert geringfügig ist. Weiterhin sollen Anrechte, deren Ausgleichswert gering ist, nicht zum Ausgleich gem. § 31 Abs. 2 herangezogen werden.[14] Diese Auffassung wurde durch den BGH[15] bestätigt. Diese Ansicht überzeugt. Im Rahmen der Saldierung besteht kein Bedarf, geringfügige Anrechte nicht zu berücksichtigen; denn im Rahmen der Saldierung können die Nachteile, die durch § 18 vermieden werden sollen, nicht eintreten. Weder führt die Berücksichtigung geringfügiger Anrechte bei der Saldierung zur Entstehung von Splitterversorgungen noch wird ein Versorgungsträger hierdurch mit unverhältnismäßigem Verwaltungsaufwand belastet. Schließlich entstehen hierdurch für den Ausgleichspflichtigen auch keine (unverhältnismäßigen) Kosten. Demgegenüber gebietet der Halbteilungsgrundsatz die Berücksichtigung aller Anrechte, die die Ehegatten während der Ehezeit erworben haben, seien sie nun geringwertig oder nicht. Schließlich verstößt dieses Ergebnis auch nicht gegen das Besserstellungsverbot; denn dieses bezieht sich auf die Durchführung des Wertausgleichs bei der Scheidung, nicht aber auf die Frage, ob dieser ausnahmsweise unterbleiben soll. Der Zweck des § 18 gebietet es daher, zunächst alle Anrechte in die Saldierung einzustellen. Erst wenn das Ergebnis bekannt ist, ist zu prüfen, ob vom Ausgleich abzusehen ist, weil der Saldo insgesamt geringwertig iSd Abs. 3 ist oder weil zum Ausgleich nur Anrechte herangezogen werden können, deren Ausgleichswert gering ist; denn erst auf dieser Stufe kann geprüft werden, ob die Durchführung des Versorgungsausgleichs zu einer unerwünschten Splitterversorgung führt.

### III. Kein Ausgleich beiderseitiger Anrechte gleicher Art bei geringer Differenz ihrer Ausgleichswerte (Abs. 1)

**1. Grundsatz.** Gemäß **Abs. 1,** dessen Prüfung nach hM **Vorrang vor der Anwendung des Abs. 2** hat, so dass die Anwendung dieser Vorschrift ausgeschlossen wird[16] (→ Rn. 14, 27), soll das Familiengericht beiderseitige Anrechte gleicher Art nicht ausgleichen, wenn die Differenz ihrer Ausgleichswerte gering ist. Entscheidend ist danach die **Differenz der Ausgleichswerte der Anrechte gleicher Art,** nicht ihre absolute Höhe. Es können daher auch sehr hohe wechselseitige Anrechte gleicher Art von der Regelung erfasst sein, wenn sie nur in der Differenz ihrer Ausgleichswerte gering sind.[17] Die auf Veranlassung des Rechtsausschusses des Deutschen Bundestages in Abs. 1 gelangte Einschränkung des Nichtausgleichs auf Anrechte gleicher Art (→ Rn. 1) bringt zugleich zum Ausdruck, dass nicht etwa – wie aber im Regierungsentwurf zunächst vorgesehen (→ Rn. 4) – sämtliche Anrechte in einer Bilanz zu erfassen und sodann in eine Differenzrechnung einzustellen sind. Vielmehr beschränkt sich der Nichtausgleich ggf. auch auf einen Teil der Anrechte, eben soweit sie gleicher Art sind.[18] Insoweit muss die Differenzrechnung allerdings nach dem Normzweck des Grenzwertes alle Anrechte gleicher Art erfassen, es geht nicht an, einzelne Gruppen von Anrechten gleicher Art herauszunehmen und nach Abs. 1 zu behandeln, die anderen Anrechte gleicher Art aber rechnerisch unberücksichtigt zu lassen. Eine **Bilanzierung aller Anrechte** ist aber ggf. im Rahmen der **Ermessensausübung** nötig (→ Rn. 18 und 26). 12

**2. Begriff der „Anrechte gleicher Art".** Die Beschränkung auf Anrechte gleicher Art trägt der Tatsache Rechnung, dass sich die auszugleichenden Anrechte in ihren **wesentlichen wertbildenden Faktoren** erheblich unterscheiden können; so können annähernd vergleichbare kapitalisierte Stichtagswerte am Ende der Ehezeit für ein und dieselbe Person durchaus zu unterschiedlichen Versorgungsleistungen führen.[19] Der **Begriff der Anrechte gleicher Art** deckt sich mit dem in **§ 10 Abs. 2** im Rahmen der dortigen Verrechnungsbestimmung verwendeten:[20] Es sind Anrechte, die sich in **Struktur und Wertentwicklung** entsprechen, eine Wertidentität ist nicht erforderlich. 13

---

13 OLG Stuttgart FamRZ 2015, 507 = NZFam 2014, 1140; OLG Naumburg FamRZ 2013, 1046 = BeckRS 2012, 24098.

14 OLG Hamm NJW-RR 2011, 1376; HK-VersAusglR/*Götsche* § 31 Rn. 21.

15 BGH NJW 2017, 3226 = FamRZ 2017, 960; NJW 2017, 3229 = FamRZ 2017, 1303.

16 BGH FamRZ 2016, 1654 = NJW-RR 2016, 1281; 2012, 513; OLG Köln BeckRS 2013, 03950; aA OLG Frankfurt NZFam 2016, 562.

17 BT-Drs. 16/10144, 61.

18 BT-Drs. 16/11903, 106; *Borth* Versorgungsausgleich Kap. 3 Rn. 124.

19 BT-Drs. 16/11903, 106 f. und 111; BT-Drs. 16/10144, 32; vgl. auch BGH NJW 2012, 312 = FamRZ 2012, 280 Rn. 20.

20 BT-Drs. 16/11903, 107; BGH NJW 2012, 312 (313) = FamRZ 2012, 192 Rn. 22; NJW-RR 2012, 194 (195) = FamRZ 2012, 277 Rn. 14; NJW-RR 2013, 1409 = FamRZ 2013, 1636.

Ausreichend ist eine Übereinstimmung in den wesentlichen wertbildenden Faktoren wie insbesondere Leistungsspektrum, Finanzierungsart, Anpassung oder Nichtanpassung von Anwartschaften und laufenden Versorgungen, Insolvenzschutz und Teilkapitalisierungsrecht[21] (→ § 10 Rn. 13 f.). Wenn sich der Begriff des Anrechts gleicher Art auch mit dem in § 10 Abs. 2 deckt, so ist doch eine Verrechnungsmöglichkeit im Rahmen von § 18 nicht gefordert.[22] Fehlt die Verrechnungsmöglichkeit, entfällt allerdings die innere Rechtfertigung für den Vorrang von Abs. 1 gegenüber Abs. 2.[23] Erfasst sind von der Bestimmung daher zB Anrechte in der gesetzlichen Rentenversicherung, soweit es sich jeweils um regeldynamische bzw. angleichungsdynamische Anrechte handelt (§ 120f Abs. 1 SGB VI; demgegenüber sind regeldynamische mit angleichungsdynamischen Anrechten nicht vergleichbar),[24] in der Beamtenversorgung einerseits und der Soldatenversorgung oder der beamtenähnlichen Versorgung andererseits und in den berufsständischen Versorgungen, insbesondere soweit Überleitungsabkommen bestehen.[25] Nicht gleichartig sind nach ganz überwiegender Meinung zB regeldynamische Anrechte in der gesetzlichen Rentenversicherung (Entgeltpunkte) und angleichungsdynamische Anrechte (Entgeltpunkte (Ost)).[26] Zwar wurde die Ansicht vertreten, die Anrechte aus Entgeltpunkten West und Ost seien letztlich doch gleich iSv § 18, weil sie sich über kurz oder lang vereinheitlichen würden und daher als einheitliches Rentenanrecht bzw. als Einheit anzusehen seien.[27] Nunmehr steht sogar fest, dass die Angleichung bis 30.60.2024 vollzogen sein wird. Dieser Ansicht stehen allerdings gleichwohl die ausdrückliche Bestimmung des § 120f Abs. 2 Nr. 1 SGB VI sowie die Tatsache des unterschiedlichen Kapitalwerts gleicher West/Ost-EP-Werte entgegen. Die Angleichung des aktuellen Rentenwerts (Ost) bis 30.6.2024 ist in § 255a SGB VI idF vom 17.7.2017 vorgesehen. Ab diesem Zeitpunkt ist rentenrechtlich die Einheit hergestellt. Bis dahin bleibt es aber auch dabei, dass angleichungsdynamische und regeldynamische Anwartschaften nicht vergleichbar sind. Nicht gleichartig sind Anrechte der allgemeinen Rentenversicherung und solche aus der knappschaftlichen Rentenversicherung (vgl. § 120f Abs. 2 Nr. 2 SGB VI).[28] Dass die Anrechte bei verschiedenen Versorgungsträgern bestehen, ist im Rahmen von Abs. 1 unerheblich.

**14** Weiterhin sind Anrechte aus der gesetzlichen Rentenversicherung und der Beamtenversorgung nach der Rspr. des BGH nicht gleichartig.[29] Dies gilt auch für Anrechte von Landesbeamten, wenn der andere Teil eine Anwartschaft in der gesetzlichen Rentenversicherung erworben hat: für die Frage, ob Anrechte gleichartig sind, ist auf die auszugleichenden Anrechte abzustellen.[30] Demgegenüber ist unerheblich, ob das auszugleichende Anrecht und das Anrecht, das durch die Teilung entsteht oder erweitert wird, vergleichbar sind.[31]

**15** Daher sind auch Anrechte von **Zeitsoldaten** oder **Beamten auf Widerruf** und das Anrecht des anderen Teils auf eine Versorgung aus der gesetzlichen Rentenversicherung nicht gleichartig. Zwar wurde vertreten, diese Anrechte seien gleichartig, da beide nach den Grundsätzen für die Bewertung von Anrechten in der gesetzlichen Rentenversicherung zu bewerten seien, auch wenn die Nachversicherung noch nicht durchgeführt sei.[32] Dagegen spricht aber, dass es bei der Frage, ob Anrechte gleichartig sind, um die systematisch der Form des Ausgleichs vorgelagerte Frage der Qualifizierung und Bewertung der Anrechte geht. Demnach sind Anrechte von Zeitsoldaten und

---

[21] BT-Drs. 16/11903, 112; BGH NJW-RR 2013, 1409 = FamRZ 2013, 1636; OLG Brandenburg FamRZ 2014, 1302.

[22] Anders noch *Wick* FuR 2012, 230 (234); aber wie hier in *Wick* Versorgungsausgleich Rn. 413.

[23] *Wick* Versorgungsausgleich Rn. 413.

[24] BGH NJW 2012, 312 (313) = FamRZ 2012, 192 Rn. 21; *Ruland* Versorgungsausgleich Rn. 579; *Borth* Versorgungsausgleich Kap. 3 Rn. 125; Johannsen/Heinrich/*Holzwarth* Rn. 5; Palandt/*Brudermüller* Rn. 2; *Bergner* FamFR 2010, 221; *Bergner* NJW 2010, 3269 (3270); *Götsche* FamRB 2010, 344 (345); anders OLG Celle NJW 2012, 2668 = FamRZ 2012, 1058; *Wick* FuR 2012, 230 (234); FachAnwK-FamR/*Wick* Rn. 14.

[25] *Ruland* Versorgungsausgleich Rn. 578.

[26] BGH NJW 2012, 312 = FamRZ 2012, 280 Rn. 20; vgl. auch OLG Celle NJW 2010, 1975 = FamRZ 2010, 979 = ZFE 2010, 308 (309); *Ruland* Versorgungsausgleich Rn. 579; *Borth* FamRZ 2010, 1210 (1212); *Brudermüller* NJW 2010, 3198 (3201); *Eulering* ZFE 2011, 93 (94).

[27] OLG Oldenburg FamRZ 2011, 643; OLG Schleswig FamRZ 2011, 300; OLG Celle NJW 2010, 1975 = FamRZ 2010, 979 m. zust. Anm. *Borth;* OLG Dresden FamRZ 2011, 40; OLG Jena FamRZ 2011, 38 (39) = FuR 2010, 589 (590); AG Erfurt FamRZ 2010, 1665; *Bergner* NJW 2010, 3269 (3270), der iÜ § 18 gar nicht angewendet wissen will, wenn allein der Ausgleich von Anrechten aus der gesetzlichen Rentenversicherung in Rede steht, *Bergner* NJW 2010, 3269 (3271); anders und krit. dazu OLG Stuttgart FamRZ 2011, 41; AG Ludwigsburg FamRZ 2010, 1806; *Eulering* ZFE 2011, 93 (95); *Götsche* FamRB 2011, 41.

[28] OLG Karlsruhe FamRZ 2012, 1306; s. auch OLG Stuttgart FamRZ 2012, 303.

[29] BGH NJW-RR 2013, 1409 = FamRZ 2013, 1636; ebenso OLG Celle FamRZ 2012, 1058.

[30] BGH NJW-RR 2014, 836 = FamRZ 2014, 549.

[31] BGH NJW-RR 2014, 836 = FamRZ 2014, 549.

[32] OLG Celle FamRZ 2014, 764; OLG Schleswig FamRZ 2013, 1904.

von Beamten auf Widerruf bis zur Durchführung der Nachversicherung der Beamtenversorgung zuzuordnen. Wird demgegenüber darauf abgestellt, dass diese bei Durchführung der externen Teilung mit dem Nachversicherungswert zu bewerten seien, wird systemwidrig das erst durch externe Teilung entstehende Anrecht als Maßstabsversorgung für die Frage der Vergleichbarkeit herangezogen. Daher gilt auch in diesem Fall, dass das Anrecht von Zeitsoldaten oder Beamten auf Widerruf und das Anrecht des anderen Teils in der gesetzlichen Rentenversicherung nicht vergleichbar sind.[33]

Versorgungsanrechte von **Landesbeamten** und **Bundesbeamten** sowie von Landesbeamten, die bei verschiedenen Ländern als Versorgungsträgern Anrechte erworben haben, sind trotz der mit der Föderalismusreform entstandenen Unterschiede in der Beamtenversorgung vergleichbar;[34] denn der wesentliche Kern der Beamtenversorgung wird durch das umfassende Dienst- und Treueverhältnis zwischen Beamten und Dienstherr sowie die hergebrachten Grundsätze des Berufsbeamtentums vorgegeben. 16

Versorgungsanrechte, die bei unterschiedlichen Versorgungsträgern der **Zusatzversorgung** des öffentlichen Dienstes sowie bei den Trägern der kirchlichen Zusatzversorgung[35] erworben wurden, sind ebenfalls gleichartig.[36] Demgegenüber sind Anrechte der klassischen Zusatzversorgung des öffentlichen Dienstes und Anrechte aus der freiwilligen Zusatzversorgung des öffentlichen Dienstes nicht gleichartig.[37] 17

Arbeitgeberfinanzierte **Direktzusagen** sind dann nicht gleichartig, wenn sie sich hinsichtlich der Anpassung während der Anwartschaftsphase und während der Bezugsdauer deutlich unterscheiden.[38] Anrechte aus der **privaten Altersversorgung** sind nicht gleichartig, wenn sie sich hinsichtlich Finanzierung und Wertentwicklung deutlich unterscheiden. Dies trifft für Anrechte aus einer allgemeinen privaten Rentenversicherung und Anrechte aus einem „Riesterrenten"-Vertrag zu.[39] 18

### IV. Kein Ausgleich einzelner Anrechte mit geringem Ausgleichswert (Abs. 2)

Gemäß Abs. 2, der nach Abs. 1 zu prüfen ist (→ Rn. 12), soll das Familiengericht einzelne Anrechte mit einem geringen Ausgleichswert nicht ausgleichen. Entscheidend ist allein, ob die Wertgrenze nach Abs. 3 hinsichtlich eines einzelnen Anrechts unterschritten ist. Wie sprachlich zum Ausdruck gebracht ist, gilt das auch, wenn mehrere einzelne Anrechte nicht gleicher Art geringfügig sind. Jedes Anrecht ist dann für sich zu prüfen (aber → Rn. 19, 20). Strittig war, ob ein Anrecht nach Abs. 2 auch dann vom Ausgleich ausgenommen werden kann, wenn es sich um ein Anrecht mit geringem Ausgleichswert handelt, das als gleichartiges Anrecht bereits im Rahmen von Abs. 1 berücksichtigt wurde, nach dieser Vorschrift aber auszugleichen ist, weil die Differenz der beiderseitigen Ausgleichswerte nicht gering war.[40] Nach gefestigter Rspr. des BGH besteht zwischen Abs. 1 und Abs. 2 nicht nur ein **Rangverhältnis,** sondern ein **Ausschlussverhältnis:** Auf Anrechte gleicher Art iSv § 18 Abs. 1 findet § 18 Abs. 2 keine Anwendung, wie sich aus dem Wortlaut, der Gesetzessystematik sowie Sinn und Zweck der Norm ergibt.[41] Dieser Ansicht ist angesichts der klaren Struktur der Vorschrift zuzustimmen, mag sie auch in Fällen, in denen eine Verrechnung der beiderseitigen Anrechte gem. § 10 Abs. 2 nicht möglich ist, zur Entstehung eines Splitteranrechts führen.[42] Die Ehegatten haben es in der Hand, dies zu vermeiden, indem sie eine saldierende Vereinbarung schließen und hinsichtlich des höherwertigen Anrechts nur die überschießende Differenz der beiderseitigen Ausgleichswerte zum Ausgleich bringen. 19

---

33 BGH FamRZ 2016, 788 = NJW-RR 2016, 452; NJW-RR 2014, 836 = FamRZ 2014, 549.

34 OLG Brandenburg FamRZ 2016, 376.

35 OLG Saarbrücken NZFam 2018, 231.

36 OLG Koblenz BeckRS 2017, 145128; OLG Hamm NJW-RR 2016, 774; OLG Stuttgart FamRZ 2015, 1502 = BeckRS 2015, 15445; OLG Brandenburg FamRZ 2014, 1781.

37 BGH FamRZ 2015, 2125 = NJW-RR 2016, 449; OLG Brandenburg NZFam 2015, 320; OLG Brandenburg FamRZ 2014, 1781; OLG Frankfurt FamRZ 2014, 836.

38 OLG Brandenburg FamRZ 2014, 1301.

39 OLG Brandenburg FamRZ 2017, 32 = BeckRS 2016, 12981.

40 So ua *Brudermüller* NJW 2010, 3198 (3201); *Götsche* ZFE 2010, 407 (409); *Wick* FuR 2011, 437 (438); BeckOK BGB/*Bergmann* Rn. 3; OLG Karlsruhe FamRZ 2011, 979; OLG Nürnberg FamRZ 2011, 899; OLG Brandenburg NJW-RR 2011, 1575; aA OLG München FamRZ 2010, 1664 = FamRB 2010, 169 m. abl. Anm. *Norpoth; Ruland* Versorgungsausgleich Rn. 583, 586 zum Fall 6; OLG Hamburg FamRZ 2011, 1403; OLG Brandenburg FamRZ 2012, 306.

41 BGH FamRZ 2016, 1654 = NJW-RR 2016, 1281; NJW 2012, 312 (314) = FamRZ 2012, 192 Rn. 29 ff.; NJW-RR 2012, 194 (196) = FamRZ 2012, 277 Rn. 19 ff.; NJW-RR 2012, 321 = FamRZ 2012, 513 Rn. 11 ff.

42 Vgl. dazu Anm. *Holzwarth* FamRZ 2012, 280 zu BGH NJW 2012, 312 = FamRZ 2012, 192; der Ansicht des BGH treten aber entgegen OLG Frankfurt BeckRS 2012, 09840 (dazu *Norpoth* FamFR 2012, 254) und OLG Schleswig BeckRS 2012, 04672 (dazu *Bergner* FamFR 2012, 149).

20 Hat ein Ehegatte bei einem Versorgungsträger mehrere Anrechte erworben, die je für sich geringwertig sind, dürfen diese nicht addiert werden. Daher kann der Ausgleich gem. § 18 Abs. 2 auch ausgeschlossen werden, wenn die Summe der Ausgleichswerte dieser Anrechte die Geringfügigkeitsgrenze gem. § 18 Abs. 3 übersteigt.[43] Dies gilt grundsätzlich auch dann, wenn es sich um ein aus mehreren Bausteinen oder Teilen zusammengesetztes Anrecht handelt, was insbesondere in der betrieblichen Altersversorgung häufig vorkommt. Im Rahmen der Ermessensausübung, ob von der Durchführung des Versorgungsausgleichs abgesehen werden soll, ist dann eine Gesamtbetrachtung durchzuführen.[44]

### V. „Soll"-Vorschrift und Ermessensausübung (Abs. 1 und 2)

21 **1. Grundsatz.** Mit der Fassung der Bestimmung als Sollvorschrift wird deutlicher als im Regierungsentwurf, der in einem Abs. 3 die Durchführung des Ausgleichs entgegen dem Grundsatz vorsah, wenn das im Einzelfall geboten war (→ Rn. 4), klargestellt, dass dem Familienrichter im Hinblick auf die **Nichtdurchführung des Ausgleichs** ein **Ermessen eingeräumt** ist.[45] Allerdings ergibt sich aus der Formulierung „soll nicht ausgleichen", dass das Gesetz – wie im Regierungsentwurf – den **Nicht-Ausgleich als Regelfall** ansieht.[46] Die Vorschrift steht in einem Spannungsverhältnis zum Halbteilungsgrundsatz. Letzterer ist die eigentliche Rechtfertigung für den Versorgungsausgleich. Daraus entnimmt die Rspr. zu Recht, dass es bei der Teilung von Anrechten bleibt, wenn die Zwecke des § 18 nicht erreicht werden können. Dies ist zB der Fall, wenn ein Anrecht im Weg der externen Teilung auf einem bereits bestehenden Konto des Ausgleichsberechtigten in der gesetzlichen Rentenversicherung begründet wird;[47] denn dann tritt keine Zersplitterung der Anrechte, der die Vorschrift entgegenwirken will, ein. Weiterhin entsteht nach Verbuchung des Zuschlags der Entgeltpunkte und Überwachung des Zahlungseingangs gem. § 14 Abs. 4 kein zusätzlicher Verwaltungsaufwand für die gesetzliche Rentenversicherung als Zielversorgung. Entsprechendes gilt, wenn geringfügige Anrechte in der gesetzlichen Rentenversicherung intern auf bereits bestehende Konten ausgeglichen werden. Das ist auch dann der Fall, wenn ein geringfügiges anwartschaftsdynamisches oder ein entsprechendes Anrecht in der knappschaftlichen Rentenversicherung ausgeglichen wird; denn auch in diesem Fall wird die interne Teilung durchgeführt, indem ein entsprechender Zuschlag an Entgeltpunkten (Ost) bzw. knappschaftlichen Entgeltpunkten auf dem Versicherungskonto des Ausgleichsberechtigten erfasst wird. Grenze für die Durchführung des Versorgungsausgleichs bildet in diesem Fall die Entstehung wirtschaftlich bedeutungsloser Anrechte. Diese liegen vor, wenn die Durchführung des Versorgungsausgleichs eine Erhöhung der Rente für den Ausgleichsberechtigten in der Größenordnung von bis zu 1 EUR bewirkt (→ Rn. 24). Schließlich ergibt sich hieraus auch, dass im Fall des Ausgleichs gem. § 31 auch geringwertige Anrechte in die Gesamtsaldierung einzustellen sind, die erforderlich ist, um ein dem Besserstellungsverbot entsprechendes Ergebnis zu erzielen (→ Rn. 9); denn im Fall des § 31 werden die einzelnen in die Gesamtsaldierung eingestellten Anrechte der Ehegatten nicht zwangsläufig ausgeglichen; der Zweck des § 18 ist erst zu berücksichtigen, wenn der sich so ergebende Gesamtsaldo zugunsten des überlebenden Ausgleichsberechtigten gering iSv § 18 Abs. 3 ist, oder wenn nur Anrechte mit einem geringen Ausgleichswert zur Verfügung stehen, um den Ausgleich gem. § 31 durchzuführen (→ Rn. 9).[48] Da in vielen Fällen bei geschickter Wahl des Zielversorgungsträgers die negativen Konsequenzen des Einzelrechtsausgleichs vermieden werden können, setzt sich der Halbteilungsgrundsatz relativ häufig durch. Wenn das Gesetz davon ausgeht, dass in der Regel vom Ausgleich bei geringer Differenz vergleichbarer Anrechte bzw. bei geringem Ausgleichswert abzusehen ist, bezieht sich das auf die Fälle, in denen die negativen Folgen der Zersplitterung von Anrechten aufgrund des Grundsatzes des Einzelausgleichs eintreten können. Dies sind erhebliche Kosten für die Ehegatten, ein erheblicher Verwaltungsaufwand für den Träger der Zielversorgung bei geringem Ertrag für den Ausgleichsberechtigten sowie generell die Entstehung von Splitterversorgungen. In diesen Fällen müssen besondere Gründe vorliegen, die im Rahmen der Ermessensausübung für einen **„Dennoch-Ausgleich"** sprechen. Sie können vielgestaltig sein. Sind Gründe für den „Dennoch-

---

[43] OLG Brandenburg FamRZ 2014, 1781; OLG Frankfurt NJW 2012, 3316; OLG Köln FamRZ 2015, 1108; OLG Schleswig NJW 2013, 3527; aA für mehrere Bausteine einer betrieblichen Altersversorgung OLG Hamm FamRZ 2014, 131 bzw. wenn bei demselben Versorgungsträger mehrere Anwartschaften bestehen OLG Hamm FamFR 2013, 206.

[44] BGH FamRZ 2012, 610; Johannsen/Henrich/*Holzwarth* Rn. 36.

[45] BT-Drs. 16/11903, 107; vgl. zur Regelung des RegE BT-Drs. 16/10144, 61.

[46] *Ruland* Versorgungsausgleich Rn. 587.

[47] BGH NJW-RR 2016, 967 = FamRZ 2016, 1658 für eine externe Teilung mit der Versorgungsausgleichskasse als Zielversorgungsträger.

[48] BGH NJW 2017, 3226 = FamRZ 2017, 960; NJW 2017, 3229 = FamRZ 2017, 1303.

Ausgleich" gegeben, hat das Familiengericht entsprechend dem Normzweck der Regelung den Aspekt der **Verwaltungsökonomie** gegen die **Interessen des Ausgleichsberechtigten** an der Erlangung selbst geringer Anrechte abzuwägen. Dabei kommt dem Gesichtspunkt des **Halbteilungsgrundsatzes** allerdings erhebliches Gewicht zu.[49]

**2. Gründe für einen „Dennoch-Ausgleich".** Der wichtigste Grund für einen „Dennoch-Ausgleich" ist, wenn der Ausgleichsberechtigte dringend aus **rentenrechtlichen Gründen** selbst **auf Bagatellbeträge angewiesen** ist. Das ist zB der Fall, wenn er in der gesetzlichen Rentenversicherung die **allgemeine Wartezeit von 60 Monaten (vgl. § 50 Abs. 1 S. 1 Nr. 2 SGB VI) noch nicht erfüllt** und durch den internen oder externen Ausgleich Entgeltpunkte in der gesetzlichen Rentenversicherung hinzu erwerben würde.[50] Denn ein solcher Erwerb führt auch zum Erwerb von Wartezeiten (vgl. § 52 Abs. 2 S. 1 SGB VI). Gem. § 122 Abs. 1 SGB VI zählt dabei auch ein Monat, der nur zu einem geringen Bruchteil durch die Umrechnung von Entgeltpunkten in Wartezeiten als Wartezeit belegt ist, als voller Monat. Die Erfüllung der allgemeinen Wartezeit durch Entgeltpunkte in der gesetzlichen Rentenversicherung kann auch dann ein dringender Grund für den Ausgleich sein, wenn der Ausgleichsberechtigte in der Lage ist, durch eigene Erwerbstätigkeit weitere Entgeltpunkte zu erwerben. Für wie bedeutsam der Gesetzgeber den Aspekt der noch nicht erfüllten Wartezeit ansieht, wird aus § 225 Abs. 4 FamFG deutlich, wonach eine Abänderung des Wertausgleichs bei Scheidung auch möglich ist, wenn zwar die Wesentlichkeitsgrenze nach § 225 Abs. 2 und 3 FamFG nicht erfüllt ist, aber durch die Abänderung eine für die Versorgung der ausgleichsberechtigten Person maßgebende Wartezeit erfüllt wird. Die Frage der Erfüllung einer Wartezeit stellt sich gleichfalls im Hinblick auf die **Erfüllung besonderer Wartezeiten,** wenn die allgemeine Wartezeit von fünf Jahren bereits erfüllt ist, so etwa hinsichtlich einer vorzeitigen Altersrente in der gesetzlichen Rentenversicherung nach § 52 Abs. 3 SGB VI (25 bzw. 35 Jahre). Allein die Tatsache, dass die Erfüllung einer solchen Wartezeit theoretisch bedeutsam werden könnte, rechtfertigt es aber nicht, vom Nicht-Ausgleich abzusehen.[51] Deshalb kommen solche Wartezeiten nur dann als Grund für einen „Dennoch-Ausgleich" in Betracht, wenn sie durch den Ausgleich erfüllt werden[52] bzw. ihre Erfüllung jedenfalls in naher Zukunft bevorsteht. Ist der Ausgleichsberechtigte **Beamter,** gelten diese Grundsätze entsprechend. Verfügt dieser bereits – wie meistens – über ein Konto in der gesetzlichen Rentenversicherung, auf dem rentenrechtliche Zeiten gespeichert sind, entsteht durch die Erfassung eines, und sei es auch geringen Zuschlags, an Entgeltpunkten für den Rentenversicherungsträger kein wesentlicher Verwaltungsaufwand. Weiterhin hat es auch ein Beamter in der Hand, gem. § 7 SGB VI freiwillige Beiträge zu leisten, um die Wartezeit zu erfüllen. Daher wird ein Absehen von der Durchführung des Versorgungsausgleichs hinsichtlich eines solchen Anrechts nur in Betracht kommen, wenn der Ausgleichswert gering ist, noch kein Konto für den ausgleichsberechtigten Beamten in der gesetzlichen Rentenversicherung besteht und nicht zu erwarten ist, dass dieser durch Leistung freiwilliger Beiträge die Wartezeit erfüllen wird. An der früher vertretenen Auffassung, dass es in Bezug auf ausgleichsberechtigte Beamte auf die Erfüllung einer Wartezeit in der gesetzlichen Rentenversicherung in aller Regel nicht ankomme,[53] kann daher nicht festgehalten werden. 22

Ein gleichfalls wichtiger Grund für ein Absehen vom Nicht-Ausgleich ist gegeben, wenn der Ausgleichsberechtigte **wirtschaftlich dringend auf jeden Betrag** aus einer Versorgung oder einer Anwartschaft **angewiesen** ist,[54] etwa weil seine Anrechte bisher relativ gering sind und er sie durch **eigene Erwerbstätigkeit** nicht mehr ausbauen kann. Dass der Ausgleichsberechtigte die **Grundsicherung** in Anspruch nehmen kann oder wird in Anspruch nehmen können, steht dieser Einschätzung nicht entgegen, denn die Grundsicherung ist subsidiär.[55] Schließlich ist zu beachten, dass auch eine Vielzahl von relativ kleinen Differenzbeträgen – bzw. Einzelanrechten iSv Abs. 2 – in ihrer Summe einen erheblichen Betrag ergeben können. Wenn man auch die Obergrenze nach Abs. 3 nicht generell für die **Summe aller vom Ausschluss erfassten Ausgleichswerte des Ausgleichsberechtigten** gelten lassen darf[56] (→ Rn. 21) – dagegen spricht schon, dass entgegen dem Norm- 23

[49] Vgl. BGH NJW 2012, 312 (315) = FamRZ 2012, 192 Rn. 40; OLG Brandenburg FamRZ 2014, 1782.
[50] Vgl. BGH NJW-RR 1987, 1092 = FamRZ 1987, 918 (921); 1989, 1057 (1058).
[51] Vgl. BGH NJW 2012, 312 (315) = FamRZ 2012, 192 Rn. 43; *Ruland* Versorgungsausgleich Rn. 593.
[52] Vgl. BGH NJW-RR 1989, 70 = FamRZ 1989, 39 (40); *Ruland* Versorgungsausgleich Rn. 593 und NJW 1987, 345 (347).
[53] Vgl. BGH NJW-RR 1991, 450 = FamRZ 1991, 544 (545); *Ruland* Versorgungsausgleich Rn. 593.
[54] Vgl. BT-Drs. 16/10144, 61; BGH NJW 2012, 1281; 1989, 37 (39); OLG Celle FamRZ 2012, 308 (der notwendige Unterhalt ist kaum gedeckt); OLG Düsseldorf FamRB 2011, 333; OLG Hamm FamRZ 2016, 549 = NJW-RR 2016, 454; FamRZ 2014, 131; OLG Hamm FamRZ 2012, 713 (Existenzminimum voraussichtlich nicht gesichert).
[55] Vgl. *Ruland* Versorgungsausgleich Rn. 591.
[56] *Hauß* FPR 2009, 214 (219); so auch OLG Stuttgart NJW-RR 2011, 1088; OLG Köln FamRZ 2015, 1108; OLG Brandenburg FamRZ 2014, 1781.

zweck dann gerade bei einer Vielzahl von besonders geringfügigen Anrechten ein Absehen vom Grundsatz des Nicht-Ausgleichs greifen würde (vgl. Beispiel 3, → Rn. 25) –, so ist diesem Aspekt durchaus im Einzelfall im Rahmen der Ermessensausübung Gewicht beizumessen.[57] Insbesondere dann, wenn sich mehrere geringfügige Anrechte für die Ehegatten als Teile einer einheitlichen Versorgungszusage darstellen, wie das bei einer betrieblichen Altersversorgung, die sich aus mehreren Bausteinen zusammensetzt, der Fall sein kann, kommt ein Ausgleich auch geringwertiger Anrechte in Betracht.[58] Das gilt auch, wenn eine deutliche Verletzung des Halbteilungsgrundsatzes droht,[59] etwa durch den gesonderten Ausgleich von Anrechten in der gesetzlichen Rentenversicherung „West" und „Ost" (→ Rn. 13 und → Rn. 26 mit Beispiel 5). Liegen solche Fallgestaltungen nicht vor, ist es aber nicht ausgeschlossen, mehrere geringwertige Anrechte auch dann von dem Ausgleich auszuschließen, wenn deren kumulierter Wert geringfügig über der Grenze des Abs. 3 liegt.[60] Kein wichtiger Grund ist es demgegenüber, wenn der Ausgleichsberechtigte bisher zwar über relativ geringe Altersvorsorgeanrechte verfügt, aber noch relativ jung und erwerbstüchtig ist.[61]

24 Ein wichtiger Grund für einen Ausgleich trotz Geringwertigkeit des Anrechts liegt weiter vor, wenn der Ausgleich im Einzelfall nur mit einem **relativ geringen Verwaltungsaufwand des Versorgungsträgers** verbunden ist. Denn in einem solchen Fall ist der Normzweck der Bestimmung – Ersparung eines hohen Verwaltungsaufwands beim Ausgleich geringfügiger Anrechte (→ Rn. 1 und 15) – nicht erfüllt; die Nichtdurchführung des Ausgleichs liefe auf eine ungerechtfertigte Verletzung des Halbteilungsgrundsatzes hinaus.[62] Ein Fall geringen Verwaltungsaufwandes ist insbesondere gegeben, wenn wegen des Ausgleichs eines geringwertigen Anrechts kein neues Versicherungskonto eingerichtet werden muss. Das ist der Fall, wenn neben einem ohnehin zu erfolgenden Ausgleich von Anrechten des einen Ehegatten oder beider Ehegatten in der allgemeinen gesetzlichen Rentenversicherung zusätzlich geringfügige angleichungsdynamische Anrechte des anderen Ehegatten in der gesetzlichen Rentenversicherung (Ost) auszugleichen sind.[63] Denn es bedürfte nicht der Einrichtung eines neuen Rentenversicherungskontos. Führt allerdings der Ausgleich zur Begründung oder Übertragung von wirtschaftlich bedeutungslosen Anrechten oder ist die Differenz der beiderseitigen Ausgleichswerte so gering, dass der Ausgleich für den Berechtigten wirtschaftlich bedeutungslos ist, soll auch in einem solchen Fall vom Ausgleich abgesehen werden[64] (→ Rn. 21). Die Grenze liegt bei etwa 1 EUR zu erwartende Rentenanwartschaft pro Monat.[65] Werte von über 8 EUR sind keinesfalls bedeutungslos.[66]

25 Für den Ausgleich spricht es auch, wenn ein geringfügiges Anrecht aus einer privaten Lebensversicherung durch **externe Teilung** mit der Folge ausgeglichen werden soll, dass ein bereits bestehendes Anrecht in der gesetzlichen Rentenversicherung erweitert werden soll;[67] denn die externe Teilung führt für den Versorgungsträger, bei dem das auszugleichende Anrecht besteht, nicht zu erheblichem Verwaltungsaufwand. Entsprechendes gilt auch dann, wenn mehrere geringfügige Anrechte extern an dieselbe Zielversorgung ausgeglichen werden, sofern der Ausgleichsberechtigte auf den Ausgleich dringend angewiesen ist.[68] Aber auch wenn der Zielversorgungsträger die Möglichkeit hat, ein im Wege der externen Teilung bei ihm begründetes Anrecht durch einmalige Kapitalzahlung abzufinden (§ 3 BetrAVG, § 5 VersAusglKassG), führt dies nicht zu einem erheblichen Verwaltungsaufwand für diesen.[69] Allerdings zeigen diese Bestimmungen, dass solche Anrechte gerade nicht fortgeführt werden sollen. Daher sollte die Entstehung solcher Splitteranrechte auch im Wege der externen Teilung vermieden

[57] BT-Drs. 16/10144, 61; OLG Frankfurt FamRZ 2013, 551; Erman/*Norpoth/Sasse* Rn. 8; Johannsen/Henrich/*Holzwarth* Rn. 33; für eine großzügige Handhabung des Ermessens auch *Bergner* NJW 2010, 3261 (3274); noch weitergehend *Ruland* Versorgungsausgleich Rn. 590, wonach die Gesamtsumme der nach § 18 nicht auszugleichenden Anrechte die Grenzwerte des § 18 Abs. 3 nicht überschreiten dürfe.

[58] BGH NJW-RR 2016, 967 = FamRZ 2016, 1658; NJW-RR 2012, 193 = FamRZ 2012, 189.

[59] OLG Brandenburg FamRZ 2014, 1781; OLG Hamm FamRZ 2014, 131.

[60] Johannsen/Henrich/*Holzwarth* Rn. 33; OLG Stuttgart FamRZ 2011, 1593; OLG Schleswig FamRZ 2013, 1906; OLG Brandenburg FamRZ 2014, 1781.

[61] BGH FamRZ 1989, 1058.

[62] BGH NJW 2012, 312 (315) = FamRZ 2012, 192 Rn. 37 ff.

[63] BGH NJW 2012, 312 (315) = FamRZ 2012, 192 Rn. 37 ff.; OLG München FamRZ 2011, 646; 2011, 1062; OLG Celle NJW-RR 2011, 1571; OLG Brandenburg FamRZ 2012, 379; aA aber OLG Celle FamRZ 2016, 1370 = BeckRS 2016, 05000; OLG Hamm FamRZ 2016, 1372 = BeckRS 2016, 04799; OLG Rostock FamRZ 2012, 717; Beispiel → Rn. 26.

[64] BGH NJW-RR 2016, 1478 = FamRZ 2017, 97; NJW-RR 2016, 1476 = FamRZ 2016, 2081.

[65] OLG Bremen, FuR 2019, 92.

[66] BGH NJW-RR 2017, 129 = FamRZ 2017, 195.

[67] OLG Hamm FamFR 2013, 206.

[68] OLG Hamm NJW-RR 2016, 454 = FamRZ 2016, 549.

[69] BGH NJW-RR 2016, 967 = FamRZ 2016, 1658.

werden (→ Rn. 31). Gleichwohl hat der BGH auch in diesem Fall die Durchführung der externen Teilung durch das OLG mit dem Argument gebilligt, dass durch die Abfindung in der gesetzlichen Rentenversicherung ein Anrecht ausgebaut werden könne.[70]

Aus dem unbeschränkten Wortlaut von § 18 Abs. 2 ergibt sich, dass auch **Anrechte der gesetzlichen Rentenversicherung,** deren Ausgleichswert geringfügig ist, erfasst sind[71] Allerdings gebietet der Halbteilungsgrundsatz den Ausgleich solcher Anrechte, wenn der damit verbundene Verwaltungsaufwand gering ist. Davon kann ausgegangen werden, wenn der Ausgleich iSv § 120f SGB VI gleichwertiger, aber zum Teil geringwertiger Anrechte in Rede steht, die verrechnet werden können.[72] Bestehen in der gesetzlichen Rentenversicherung demgegenüber ausschließlich Anrechte, deren Ausgleichswert gering ist, wird vertreten, dass der Ausgleich unterbleiben solle.[73] Dagegen spricht aber, dass durch den Ausgleich der Verwaltungsaufwand nicht erhöht wird, und in aller Regel bis zum Eintritt des Rentenalters weitere Anwartschaften hinzu erworben werden. Ist dagegen davon auszugehen, dass der Ausgleichsberechtigte aus dem Anrecht keine Versorgung wird erhalten können, ist von dem Ausgleich eines solchen Anrechts abzusehen. 26

Für den Ausgleich spricht es, wenn bei einem Versorgungsträger mehrere betriebliche Anrechte intern auszugleichen sind, von denen jedenfalls eines die Geringwertigkeitsgrenze überschreitet, und daher ohnehin beim selben Versorgungsträger[74] oder – im Fall der externen Teilung – bei derselben Zielversorgung ein Konto einzurichten ist.[75] Allerdings kann in einem solchen Fall von dem Ausgleich eines geringwertigen Anrechts abgesehen werden, wenn dieses aufgrund der eigenen Bewertungsgrundsätze, die für dieses Anrecht gelten, auf einem eigenen Konto geführt werden muss und dessen Verwaltung daher mit zusätzlichen Kosten verbunden ist. Der BGH hat es deshalb gebilligt, dass ein nicht geringwertiges Anrecht aus der Pflichtversicherung der Zusatzversorgung des öffentlichen Dienstes geteilt, hinsichtlich des parallel durch den Ausgleichspflichtigen aus der freiwilligen Versicherung in der Zusatzversorgung des öffentlichen Dienstes („VBL-Extra“) erworbenen Anrechts jedoch von der internen Teilung abgesehen wird.[76] Kann demgegenüber der ausgleichsberechtigte Ehegatte aus einem geringfügigen Anrecht voraussichtlich keine Versorgung erlangen, sollte der Ausgleich für dieses Anrecht auch dann ausgeschlossen werden, wenn der Verwaltungsaufwand für den beteiligten Versorgungsträger gering wäre. 27

Nach aA ist eine **Gesamtbetrachtung** anzustellen, wenn ein Ehegatte bei einem Träger der Zusatzversorgung des öffentlichen Dienstes sowohl Versorgungsanrechte aus der Pflichtversicherung als auch aus einer zusätzlichen freiwilligen Versicherung erworben hat. Da die Leistungen aus diesen Anrechten in einer einheitlichen Rente auszuzahlen seien, werde das Ermessen oft dahingehend auszuüben zu sein, den Halbteilungsgrundsatz zu wahren und auch das geringfügige Anrecht auszugleichen.[77] Dieser Gesichtspunkt ist zwar von Bedeutung. Gleichwohl sind für beide Arten der Versorgung separate Konten mit entsprechendem Aufwand zu führen. Je höher der Wert der insgesamt auszugleichenden Anrechte ist, umso eher ist aber das Ermessen auch in dieser Konstellation dahingehend auszuüben, den Halbteilungsgrundsatz zu wahren, also die Rechte auszugleichen. 28

Dem **Willen** der Beteiligten kommt entscheidende Bedeutung zu: Daher ist der Ausgleich auch für geringfügige Anrechte durchzuführen, wenn die beteiligten Versorgungsträger die externe Teilung beantragen bzw. ihr zustimmen.[78] 29

Erklären demgegenüber die Ehegatten übereinstimmend, dass sie an der Durchführung des Versorgungsausgleichs für ein geringwertiges Anrecht nicht interessiert sind, hat der Ausgleich regelmäßig zu unterbleiben.[79] 30

Umstritten ist, ob im Fall der **externen Teilung** auch für geringwertige Anrechte der Ausgleich regelmäßig durchzuführen ist.[80] Tatsächlich wird hier zu unterscheiden sein: erfolgt der Ausgleich durch 31

---

70 BGH NJW-RR 2016, 967 = FamRZ 2016, 1658.

71 *Bergner* NJW 2010, 3269 (3272).

72 OLG Düsseldorf NJW-RR 2011, 1574.

73 OLG Köln FamRZ 2015, 146.

74 OLG Frankfurt FamRZ 2011, 980; 2012, 1308; OLG Saarbrücken FamRZ 2012, 306; vgl. auch OLG Brandenburg FamRZ 2012, 379; 2014, 1781; OLG Karlsruhe NJW-RR 2011, 807; vgl. auch BGH NJW 2012, 1281 (1282) = FamRZ 2012, 610 Rn. 19 ff. mit Hinweis auf die bei interner Teilung absetzbaren Kosten; fraglich OLG Oldenburg FamRZ 2011, 1063.

75 Vgl. OLG Karlsruhe FamRB 2012, 5; OLG Köln FamRZ 2012, 1306.

76 BGH NJW-RR 2016, 449 = FamRZ 2015, 2125.

77 OLG Schleswig NJW 2013, 3527.

78 OLG Brandenburg NZFam 2015, 563 (Ausgleich eines geringwertigen Anrechts aus einer privaten Rentenversicherung durch externe Teilung in ein bestehendes Anrecht bei der gesetzlichen Rentenversicherung).

79 OLG Brandenburg NZFam 2015, 430.

80 Dafür OLG Brandenburg FamRZ 2017, 1831; 2015, 928; krit. OLG Dresden FamRZ 2014, 1461; OLG Köln FamRZ 2015, 1108, die eine Differenzierung zwischen externer und interner Teilung bei der Ausübung des Ermessens ablehnen, da es sich um zwei gleichberechtigte Formen der Teilung handele.

Erweiterung einer bereits bestehenden Anwartschaft in der gesetzlichen Rentenversicherung, entsteht kein Splitteranrecht und kein zusätzlicher Verwaltungsaufwand. Dann ist es gerechtfertigt, dem Halbteilungsgrundsatz den Vorrang einzuräumen und das Anrecht auszugleichen. Erfolgt der Ausgleich in die Versorgungsausgleichskasse, wird der Ausgleich regelmäßig durchzuführen sein, wenn durch die externe Teilung mehrerer Anrechte insgesamt ein Kapital zur Begründung eines Anrechts eingezahlt wird, dass die Grenze des Abs. 3 übersteigt.[81] Dagegen sollte bei diesem Versorgungsträger auch durch externe Teilung kein Anrecht begründet werden, wenn dieses insgesamt nur geringfügig wäre; denn dann entsteht ein Splitteranrecht. Insoweit ist es auch unerheblich, dass Anrechte mit einem Wert bis zur Höhe von 1% der Bezugsgröße gem. § 18 SGB IV als laufende Leistung bzw. 120% als Kapital gem. § 5 Abs. 1 S. 3 VersAusglKassG, § 3 Abs. 1 S. 2 BetrAVG abgefunden werden können; denn hierbei handelt es sich um eine Erleichterung für die Versorgungsausgleichskasse um die Verwaltung von Splitteranrechten zu vermeiden, die nach § 18 gerade nicht begründet werden sollen. Demgegenüber hat der BGH das entscheidende Gewicht darauf gelegt, dass mithilfe einer solchen Abfindung ein Anrecht in der gesetzlichen Rentenversicherung erweitert werden kann.[82] Gegen diese Auffassung spricht aber, dass die Abfindungsregelungen zeigen, dass den Versorgungsträgern die Fortführung solcher Anrechte gerade nicht zugemutet werden soll. Wünscht der Ausgleichsberechtigte den Ausbau eines Anrechts in der gesetzlichen Rentenversicherung als Zielversorgung, kann er dies dadurch erreichen, dass er die gesetzliche Rentenversicherung als Zielversorgungsträger bestimmt (§ 15 Abs. 1, 2, § 187 Abs. 1 Nr. 2 SGB VI). Den Umweg über die Begründung und Abfindung eines Anrechts in der Versorgungsausgleichskasse muss er dann nicht gehen.

### VI. Geringfügigkeit des Wertunterschieds nach Abs. 1 bzw. des Ausgleichswerts nach Abs. 2 (Abs. 3)

32 **1. Grundsatz.** Abs. 3 regelt die **Geringfügigkeitsgrenze;** sie gilt sowohl für die geringe **Wertdifferenz nach Abs. 1** wie auch für **geringe Ausgleichswerte nach Abs. 2.** Danach soll das Familiengericht einen Ausgleich ausschließen, wenn die Differenz der Ausgleichswerte am Ende der Ehezeit bei einem **Rentenbetrag als maßgeblicher Bezugsgröße** höchstens 1 %, **in allen anderen Fällen** als **Kapitalwert** höchstens 120 % der monatlichen Bezugsgröße nach § 18 Abs. 1 des Vierten Buches Sozialgesetzbuch beträgt. Durch den Bezug auf die monatliche Bezugsgröße des § 18 Abs. 1 SGB IV ist gewährleistet, dass die Geringfügigkeitsgrenze der allgemeinen zukünftigen Entwicklung anpasst wird, weil § 18 Abs. 1 SGB IV seinerseits regelmäßig angepasst wird. Die Höhe der Wertgrenze entspricht zugleich § 3 Abs. 2 BetrAVG, § 5 VersAusglKassG und greift damit insbesondere eine Wertung des Betriebsrentengesetzes auf: Dort ist ein einseitiges Abfindungsrecht des betrieblichen Versorgungsträgers für Anwartschaften bis zu dieser Wertgrenze normiert. Es widerspräche diesem Rechtsgedanken, wenn der Versorgungsträger regelmäßig verpflichtet würde, Anwartschaften unterhalb dieser Wertgrenze zu übertragen oder zu begründen; dies ist nur in den Fällen hinzunehmen, in denen die Teilung von geringen Ausgleichswerten aus besonderen Gründen geboten ist.[83] Die Wertgrenze ist nur halb so hoch wie bei der Wertgrenze, die für das Zulassen der externen Teilung auf einseitigen Wunsch des Versorgungsträgers nach § 10 Abs. 2 Nr. 2 vorgesehen ist (→ § 10 Rn. 19 ff.); damit wird deutlich, welches Gewicht der Gesetzgeber der Durchführung des Wertausgleichs selbst bei relativ kleinen Beträgen zumisst. Abs. 3 stellt zugleich klar, dass – wie bei § 14 Abs. 2 Nr. 2 – jeweils nur eine Wertgrenze zu prüfen ist: Ist ein **monatlicher Rentenbetrag die maßgebliche Bezugsgröße,** so gilt die 1-Prozent-Wertgrenze der monatlichen Bezugsgröße nach § 18 Abs. 1 SGB IV, im Übrigen ist auf den Kapitalwert bzw. den korrespondierenden Kapitalwert des Ausgleichswerts abzustellen mit der 120-Prozent-Wertgrenze nach § 18 Abs. 1 SGB IV. Letzteres gilt für **Anrechte aus der gesetzlichen Rentenversicherung,** denn die Bezugsgröße iSv § 5 Abs. 1 sind Entgeltpunkte, nicht ein monatlicher Rentenbetrag.[84]

33 Fraglich ist, ob für die Frage, ob ein Anrecht geringwertig ist, auf den Ausgleichswert oder aber den Ausgleichswert nach Abzug der Teilungskosten abzustellen ist. Nach überwiegender Auffassung in der Rspr. ist der Ausgleichswert ohne Berücksichtigung der Teilungskosten maßgeblich.[85]

---

[81] BGH FamRZ 2012, 189; Johannsen/Henrich/*Holzwarth* Rn. 31.

[82] BGH NJW-RR 2016, 967 = FamRZ 2016, 1658.

[83] Vgl. BT-Drs. 10 144, 61.

[84] BGH NJW 2012, 312 = FamRZ 2012, 280 Rn. 24; NJW-RR 2012, 194 = FamRZ 2012, 277 Rn. 13; OLG Celle NJW 2010, 1975 = FamRZ 2010, 979 mAnm *Borth*; OLG Stuttgart FamRZ 2011, 41; OLG München FamRZ 2010, 1664; Palandt/*Brudermüller* Rn. 4; *Götsche* ZFE 2010, 407 (409); *Borth* FamRZ 2010, 1210 (1211); *Bergner* NJW 2010, 3269 (3271); *Gutdeutsch* FamRZ 2010, 949; *Ruland* FamRZ 2010, 981.

[85] OLG Hamm FamRZ 2018, 1749 = BeckRS 2018, 30850; OLG Dresden NJW-RR 2016, 456; OLG Bremen NJW-RR 2016, 454 = FamRZ 2016, 549; OLG Karlsruhe FamRZ 2016, 1088 = BeckRS 2016, 4320; OLG Frankfurt FamRZ 2013, 1804; HK-VersAusglR/*Götsche* Rn. 8.

Demgegenüber stellt ein Teil der Literatur auf den um die Teilungskosten verminderten Ausgleichswert ab, da entscheidend sei, welcher Wert sich zugunsten des Ausgleichsberechtigten auswirke.[86] Die zuerst genannte Auffassung erscheint vorzugswürdig; denn gem. § 1 Abs. 2 S. 2 ist der Ausgleichswert als die Hälfte des Ehezeitanteils definiert, ohne dass hiervon Teilungskosten abgezogen sind. Gem. § 13 dürfen diese vielmehr mit dem „Anrecht" (gemeint ist der Ausgleichswert des Anrechts) verrechnet werden. Weiterhin entspricht sie auch dem Zweck des § 18. Demnach ist auf der Tatbestandsebene zu prüfen, ob eine geringwertige Differenz der Ausgleichswerte vergleichbarer Anrechte oder aber ein Anrecht mit einem geringwertigen Ausgleichswert vorliegt. Ist der Tatbestand erfüllt, ist im Rahmen der Ausübung des Ermessens zu prüfen, ob unter anderem angesichts der mit der Teilung verbundenen Kosten von dem Ausgleich abgesehen werden soll. Die Gegenauffassung führt demgegenüber zu einer doppelten Berücksichtigung der Teilungskosten sowohl auf der Ebene des Ermessenstatbestandes als auch auf der Ebene der Ermessensausübung.[87]

Denkbar ist die **Kumulierung einer Mehrzahl von Anrechten mit geringen Ausgleichswerten.** Überschreitet die Summe aller betroffenen Differenz- und Ausgleichswerte den Grenzwert nach Abs. 3, so ist strittig, ob der Grenzwert auch hinsichtlich der Summe maßgeblich ist oder nur für die einzelnen Differenzbeträge bzw. die einzelnen Ausgleichswerte.[88] Letzterer Lösung ist der Vorzug zu geben, denn andernfalls käme es gerade bei einer Vielzahl von Anrechten mit geringem Ausgleichswert entgegen dem Normzweck des § 18 zu einer entsprechenden Vielzahl von Anrechtsbegründungen. Allerdings kann im Rahmen der Ermessensausübung eine Korrektur erfolgen: je weiter sich das Ergebnis insgesamt vom Halbteilungsgrundsatz entfernt, umso eher wird das Ermessen dahingehend auszuüben sein, auch geringwertige Anrechte auszugleichen (→ Rn. 18). 34

**2. Die Grenzbeträge nach Abs. 3.** Die Grenzbeträge belaufen sich unter Berücksichtigung von § 18 Abs. 1 SGB VI – bezogen auf das Ehezeitende – auf folgende Werte (bis 31.12.2001 in DM, ab 1.1.2002 in EUR; Umrechnungskurs: 1,95583):[89] 35

| Ende der Ehezeit (Jahr) | Bezugsgröße | 1 % der Bezugsgröße als Rentenbetrag | 120 % der Bezugsgröße als Kapitalwert |
|---|---|---|---|
| 1977 | 1.850 (DM) | 18,50 (DM) | 2.220 (DM) |
| 1978 | 1.950 | 19,50 | 2.340 |
| 1979 | 2.100 | 21,00 | 2.520 |
| 1980 | 2.200 | 22,00 | 2.640 |
| 1981 | 2.340 | 23,40 | 2.808 |
| 1982 | 2.460 | 24,60 | 2.952 |
| 1983 | 2.580 | 25,80 | 3.096 |
| 1984 | 2.730 | 27,30 | 3.276 |
| 1985 | 2.800 | 28,00 | 3.360 |
| 1986 | 2.870 | 28,70 | 3.444 |
| 1987 | 3.010 | 30,10 | 3.612 |
| 1988 | 3.080 | 30,80 | 3.696 |
| 1989 | 3.150 | 31,50 | 3.780 |
| 1990 | 3.290 | 32,90 | 3.948 |
| 1991 | 3.360 | 33,60 | 4.032 |
| 1992 | 3.360 | 35,00 | 4.200 |
| 1993 | 3.710 | 37,10 | 4.452 |
| 1994 | 3.920 | 39,20 | 4.704 |
| 1995 | 4.060 | 40,60 | 4.872 |
| 1996 | 4.130 | 41,30 | 4.956 |

86 Johannsen/Henrich/*Holzwarth* Rn. 18; *Holzwarth* in Schwab ScheidungsR-HdB VI Rn. 364; jurisPK-BGB/*Breuers* Rn. 30; *Wick* FuR 2012, 230.

87 IE ebenso OLG Karlsruhe FamRZ 2016, 1088; OLG Bremen NJW-RR 2016, 454 = FamRZ 2016, 549; OLG Dresden NZFam 2016, 178; Erman/*Norpoth*/*Sasse* Rn. 4.

88 Für Maßgeblichkeit der Einzelwerte ua Johannsen/Henrich/*Holzwarth* Rn. 33; *Götsche* ZFE 2010, 407 (409); *Hauß* FPR 2009, 214 (219); *Wick* FuR 2009, 482 (498); so auch OLG Stuttgart NJW-RR 2011, 1088; KG NJW-RR 2011, 1372; OLG Frankfurt NJW-RR 2012, 3316 OLG Karlsruhe NZFam 2015, 565; für Berücksichtigung der Summe der Einzelwerte im Rahmen der Ermessensausübung ua Palandt/*Brudermüller* Rn. 3 für Anrechte, die sich aus mehreren Bausteinen zusammensetzen; OLG Düsseldorf NJW-RR 2011, 811 (Ausgleich wenigstens eines Teils der geringfügigen Anrechte); OLG Hamm FamRZ 2012, 1808.

89 Vgl. dazu zuletzt *Bergner*/*Bergmann* NJW-Beil. 1/2019, 15 ff.; Sozialversicherungs-Rechengrößenverordnung 2019 (SV-ReGrV 2019) vom 27.11.2018 (BGBl. 2018 I 2024); vgl. auch *Ruland* Versorgungsausgleich Rn. 502 (Werte 1990 bis 2011).

| Ende der Ehezeit (Jahr) | Bezugsgröße | 1 % der Bezugsgröße als Rentenbetrag | 120 % der Bezugsgröße als Kapitalwert |
|---|---|---|---|
| 1997 | 4.270 | 42,70 | 5.124 |
| 1998 | 4.340 | 43,80 | 5.208 |
| 1999 | 4.410 | 44,10 | 5.292 |
| 2000 | 4.480 | 44,80 | 5.376 |
| 2001 | 4.480 | 44,80 | 5.376 |
| 2002 | 2.345 (EUR) | 23,45 (EUR) | 2.814 (EUR) |
| 2003 | 2.380 | 23,80 | 2.856 |
| 2004 | 2.415 | 24,15 | 2.898 |
| 2005 | 2.415 | 24,15 | 2.898 |
| 2006 | 2.450 | 24,50 | 2.940 |
| 2007 | 2.450 | 24,50 | 2.940 |
| 2008 | 2.485 | 24,85 | 2.982 |
| 2009 | 2.520 | 25,20 | 3.024 |
| 2010 | 2.555 | 25,55 | 3.066 |
| 2011 | 2.555 | 25,55 | 3.066 |
| 2012 | 2.625 | 26,25 | 3.150 |
| 2013 | 2.695 | 26,95 | 3.234 |
| 2014 | 2.765 | 27,65 | 3.318 |
| 2015 | 2.835 | 28,35 | 3.402 |
| 2016 | 2.905 | 29,05 | 3.486 |
| 2017 | 2.975 | 29,75 | 3.570 |
| 2018 | 3.045 | 30,45 | 3.654 |
| 2019 | 3.115 | 31,15 | 3.738 |

36 Bei einem Ende der Ehezeit im Jahre 2019 darf der Wertunterschied nach Abs. 1 oder der Ausgleichswert nach Abs. 2 am Ende der Ehezeit als Rentenbetrag höchstens 31,15 EUR und als Kapitalbetrag höchstens 3.738 EUR betragen.

**3. Beispiele.**

**Beispiel 1:**
Der Ehemann hat in der Ehezeit (Ehezeitende 2018) Anrechte in der gesetzlichen Rentenversicherung in Höhe von 0,6244 EP (multipliziert mit allg. Rentenwert – West – von 32,03 = monatlich 20 EUR), die Ehefrau hat keinerlei Anrechte erworben. Es müsste an sich ein interner Wertausgleich nach § 10 Abs. 1 in Höhe von 0,3122 EP zugunsten der Ehefrau erfolgen. Der korrespondierende Kapitalwert beträgt (0,3122 EP multipliziert mit 7.044,3780) 2.199, 25 EUR. Der Ausgleichswert liegt damit unter dem Grenzwert von 3.654 EUR, so dass nach § 18 Abs. 2 grundsätzlich ein Wertausgleich nicht stattfindet, wenn nicht das Familiengericht unter Ausübung des Ermessens dahin entscheidet, den Wertausgleich dennoch stattfinden zu lassen, weil etwa die Ehefrau auf jeden Beitrag angewiesen ist und aufgrund konkreter Umstände zu erwarten ist, dass sie nach Ehezeitende eine sozialversicherungspflichtige Erwerbstätigkeit beginnen wird und Aussicht besteht, dass sie diese Tätigkeit auch weiterhin ausüben wird (→ Rn. 18). Geht man davon aus, dass die Ehefrau wegen der aufgenommenen Erwerbstätigkeit inzwischen ein Versicherungskonto in der gesetzlichen Rentenversicherung besitzt und deshalb der Verwaltungsaufwand eines Ausgleichs gering ist, so hätte in Ermessensausübung ein „Dennoch-Ausgleich" zu erfolgen (→ Rn. 19).

**Beispiel 2:**
Der Ehemann hat (Ende der Ehezeit 2018) ehezeitliche Anrechte in Höhe von 0,6244 EP in der gesetzlichen Rentenversicherung, von monatlich 50 EUR in der Beamtenversorgung eines Bundeslandes, die Ehefrau keinerlei ehezeitliche Anrechte erworben. Die Ausgleichswerte der Anrechte liegen bei 0,3122 EP bezüglich der gesetzlichen Rentenversicherung und bei 25 EUR bezüglich der Beamtenversorgung, nach § 18 Abs. 2 findet daher grundsätzlich ein Wertausgleich bezüglich beider Anrechte nicht statt, da bei beiden Anrechten der Grenzwert nicht überschritten ist: Bezüglich der gesetzlichen Rentenversicherung beträgt der korrespondierende Kapitalwert 2.199,25 EUR (s. Beispiel 1, → Rn. 31), der Grenzwert beträgt 3.654 EUR, bezüglich der Beamtenversorgung beträgt der Grenzwert in Form des Rentenbetrags 30,45 EUR. Der Ausgleichswert beider Anrechte zusammen liegt jedoch deutlich über dem Grenzwert (korrespondierender Kapitalwert des Anrechts auf eine Beamtenversorgung (25 EUR/32,03 EUR) * 7.044, 378 EUR = 5498,27 EUR). Hierauf kommt es aber, da jedes Anrecht für sich nach § 18 Abs. 2 zu beurteilen ist, grundsätzlich nicht an (→ Rn. 21). Dennoch kann sich unter Berücksichtigung der Versorgungssituation der ausgleichsberechtigten Ehefrau das Familiengericht in Ermessensausübung für den Ausgleich entscheiden, wenn die Ehefrau zB auf jeden Betrag angewiesen ist. Darüber hinaus ist der Verwaltungsaufwand für den Träger der Versorgungslast auch nicht erheblich, da gem. § 225 Abs. 2 SGB VI die Erstattung an den Träger der gesetzlichen Rentenversicherung durch einmalige Zahlung abgefunden werden kann.

**Beispiel 3:**[90]
Der Ehemann hat in der Ehezeit (Ehezeitende 2018) Anrechte in der gesetzlichen Rentenversicherung von 9,3662 EP (entsprechend monatlich 300 EUR) mit einem Ausgleichswert von 4,6831 EP und dessen korrespondierenden Kapitalwert von 32.989,53 EUR sowie weitere 0,9123 EP (Ost) – entsprechend monatlich 28 EUR – mit einem Ausgleichswert von 0,4562 EP (Ost) und dessen korrespondierendem Kapitalwert von 2.856,77 EUR erworben. Die Ehefrau hat in der Ehezeit Anrechte in der gesetzlichen Rentenversicherung von 8,5545 EP (entsprechend monatlich gerundet 274 EUR) und einem Ausgleichswert von 4,2772 EP und deren korrespondierenden Kapitalwert von 30.130,50 EUR erworben. Geht man von einer Ungleichartigkeit der Anrechte West/Ost aus (→ Rn. 13), so ergibt sich hinsichtlich der Ausgleichswerte aus beiderseitigen Anrechten „West" eine Wertdifferenz von 2.859,03 EUR. Ein Ausgleich findet nach § 18 Abs. 1 an sich nicht statt, da der Grenzbetrag von 3.654 EUR unterschritten ist. Das gilt aber auch für den Ausgleich der Anrechte „Ost" nach § 18 Abs. 2, auch diesbezüglich ist der Grenzwert unterschritten. Im Rahmen der Ermessensausübung ist aber zu berücksichtigen, dass die Summe der Differenz der Ausgleichswerte der beiden regeldynamischen Anrechte sowie der korrespondierende Kapitalwert des angleichungsdynamischen Anrechts den Grenzwert gem. § 18 Abs. 3 deutlich übersteigen. Weiterhin können die durch interne Teilung zugunsten der Ehefrau übertragenen Anrechte auf einem Konto verwaltet werden. Daher sind trotz § 18 Abs. 1, 2 beide Anrechte auszugleichen.

## VII. Verfahrensfragen

**1. Prüfungsschema.** Es ist zunächst zu prüfen, ob Anrechte gleicher Art iSv Abs. 1 auszugleichen sind. Ist das der Fall, sind alle Anrechte gleicher Art zu saldieren (→ Rn. 12 f.). Im Folgenden ist festzustellen, ob die Differenz ihrer Ausgleichswerte gering ist, so dass an sich ein Ausgleich nicht stattfindet. Sodann sind nach Abs. 2 alle übrigen, nicht dem Ausgleich nach Abs. 1 unterliegenden Anrechte, für sich auf eine Geringfügigkeit zu untersuchen. Soweit der Ausgleichswert der einzelnen Anrechte gering ist, findet ein Ausgleich auch diesbezüglich grundsätzlich nicht statt. In einem dritten Schritt ist das Ermessen dahin auszuüben, ob aus besonderen Gründen zur Wahrung des Halbteilungsgrundsatzes ein Ausgleich bezüglich aller oder einzelner Anrechte zur Erfüllung einer Wartezeit, wegen Bedürftigkeit des Ausgleichsberechtigten (→ Rn. 18) oder geringen Verwaltungsaufwandes (→ Rn. 19) oder aus sonstigen Gründen stattzufinden hat. Dazu bedarf es ggf. der Erstellung einer Gesamtbilanz aller Ausgleichswerte auf Kapitalwertbasis, wobei auch ein geringer Unterschied in der Gesamtbilanz ausreichen kann, zB wenn der Ausgleichsberechtigte geltend macht, er sei auf jeden kleinen Ausgleichsbetrag angewiesen.[91] Das kann insbesondere geboten sein, wenn eine deutliche Verletzung des Halbteilungsgrundsatzes droht (→ Rn. 18). Der Gestaltungsspielraum des Gerichts ist dabei relativ groß. Es kann den Ausschluss auf besonders kleine Anrechte beschränken, wenn zB durch den übrigen Ausgleich an sich auch geringfügiger Anrechte die allgemeine Wartezeit erfüllt wird. 37

**2. Amtsermittlung und materielle Beweislast.** Nach der Formulierung der Bestimmungen der Abs. 1 und 2 als Sollvorschriften ist der Nicht-Ausgleich der Regelfall (→ Rn. 13, 18). Das Abweichen von der Regel, die ins Ermessen des Gerichts gestellt ist, bedarf daher besonderer Gründe. Wenn es dabei wegen des Amtsermittlungs-Grundsatzes (§ 26 FamFG) auch zunächst Sache des Gerichts ist, den für eine Durchführung des Versorgungsausgleichs aus der Akte ersichtlichen Anhaltspunkten für solche Gründe nachzugehen, so wird das Gericht in vielen Fällen Anhaltspunkte, die in der persönlichen Sphäre des Ausgleichsberechtigten liegen, nicht finden und hat dann auch keinen Anlass, alle denkbaren Konstellationen abzufragen, die für eine Durchführung des Versorgungsausgleichs entgegen der Regel des Gesetzes sprechen könnten.[92] Wäre es anders, liefe die beabsichtigte Verfahrensvereinfachung ins Leere. Es ist vielmehr Sache der ausgleichsberechtigten Person, im eigenen Interesse dem Gericht die Gründe zu unterbreiten, die aus ihrer Sicht für das Absehen vom Nicht-Ausgleich sprechen.[93] Daher ist darauf zu achten, gem. § 27 FamFG solche Gesichtspunkte möglichst früh, spätestens aber nach Zugang der vorläufigen Berechnung des Versorgungsausgleichs, dem Gericht zur Kenntnis zu bringen. Sind die Gründe nicht tragend, bleibt es beim Regelfall des Nicht-Ausgleichs. Entsprechendes gilt, wenn sich die geltend gemachten Gründe – etwa im Hinblick auf eine Erwerbsminderung als Begründung für das Angewiesensein auf jeden Bagatellbetrag – nicht hinreichend feststellen lassen; denn der Grundsatz der Amtsermitt- 38

---

90 Nachgebildet den Beispielen 1 und 2 von *Bergner* NJW 2010, 3269 (3271).

91 Vgl. BGH NJW 2012, 312 (316) = FamRZ 2012, 192 Rn. 44 mit Hinweis darauf, dass die Erstellung einer Gesamtbilanz nicht die Regel sein sollte, da vom Gesetzgeber nicht (mehr) gewollt.

92 Vgl. zB BGH NJW 1988, 1839 (1840) = FamRZ 1988, 709 (710); NJW 1992, 175 (176) = FamRZ 1992, 47 (48), jeweils zu den Gründen einer groben Unbilligkeit iSd § 1587c BGB.

93 Johannsen/Henrich/*Holzwarth* Rn. 2; *Wick* FuR 2009, 482 (487); Erman/*Norpoth*/*Sasse* Rn. 12.

lung lässt die Grundsätze der materiellen „Feststellungslast" unberührt.[94] Es wird deutlich, dass der Ermittlungsaufwand umfangreich sein kann.

39 **3. Entscheidung des Familiengerichts.** Das Familiengericht hat im Tenor[95] seiner Entscheidung im Einzelnen die nicht zum Ausgleich gebrachten Ausgleichswerte zu benennen (§ 224 Abs. 3 FamFG) und ggf. in den Gründen der Entscheidung im Einzelnen darzulegen, aus welchen Gründen es entgegen der Regel des Gesetzes den Ausgleich durchführt.[96] Das Absehen vom Ausgleich nach Abs. 1 oder Abs. 2 braucht als Regelfall nicht näher begründet zu werden, wenn nicht besondere Gründe für ein Abweichen von der Regel und eine Ermessensausübung geltend gemacht oder ersichtlich sind. Handelt es sich bei den nach § 18 Abs. 1 nicht ausgeglichenen Anrechten um die einzigen der Eheleute, kann der Entscheidungs-Tenor – unter näherer Erläuterung in den Gründen – lauten:

40 „Ein Versorgungsausgleich findet gemäß § 18 Abs. 1 VersAusglG nicht statt.[97]
Wird nur ein einzelnes Anrecht vom Ausgleich ausgeschlossen, kann der Tenor lauten:
„Im Übrigen findet ein Versorgungsausgleich hinsichtlich des Anrechts des Ehemannes bei … nach § 18 Abs. 2 VersAusglG nicht statt."

41 In beiden Fällen erscheint die Beschränkung gem. § 224 Abs. 3 FamFG, dass ein Wertausgleich bei der Scheidung nicht stattfindet, im Tenor nicht. Dies ist unbedenklich, da hinsichtlich eines ausgleichsreifen Anrechts der Ausgleich nach der Scheidung nicht zulässig ist (§ 9 Abs. 1; → § 9 Rn. 3). Wird dieses vom Ausgleich bei der Scheidung ausgeschlossen, steht damit fest, dass es endgültig nicht ausgeglichen wird.

42 Gegen die Entscheidung des Gerichts steht den Versorgungsträgern ein umfassendes Beschwerderecht zu.

43 Hat das Gericht zu Unrecht angenommen, dass ein Anrecht gem. § 18 Abs. 1 oder 2 nicht ausgeglichen werden müsse, kann sich dagegen auch jeder Versorgungsträger mit der Beschwerde wenden.[98]

44 Weiterhin kann sich ein Versorgungsträger auch dagegen wenden, dass ein Anrecht trotz Geringwertigkeit geteilt wurde.[99] Ebenfalls kann er sich dagegen wenden, dass zwei gleichartige Anrechte ausgeglichen wurden, obwohl die Differenz der Ausgleichswerte gering ist.[100] Dem Beschwerdegericht fallen dann beide Anrechte an, mögen sie auch bei unterschiedlichen Versorgungsträgern bestehen.[101] Umgekehrt kann aber der Versorgungsträger, bei dem ein nicht geringwertiges Anrecht besteht, mit der Beschwerde nicht geltend machen, das Familiengericht habe zu Unrecht gem. § 18 Abs. 2 vom Ausgleich eines anderen, gleichartigen Anrechts, das bei einem anderen Versorgungsträger besteht, abgesehen, weil die Differenz der Ausgleichswerte des bei ihm bestehenden Anrechts und des bei dem anderen Versorgungsträger bestehenden Anrechts nicht geringfügig sei.[102]

45 Schließlich kann der Versorgungsträger mit der Beschwerde auch geltend machen, dass ein an sich ausgleichsreifes Anrecht nicht berücksichtigt wurde, und zwar auch dann, wenn er erstrebt, dass eine Entscheidung ergeht, dass hinsichtlich dieses Anrechts der Ausgleich gem. § 18 nicht stattfindet.[103]

46 Unklar ist, ob der Versorgungsträger mit seinem Rechtsmittel auch gegen die für einen Ehegatten nachteilige Ausübung des Ermessens vorgehen kann, wenn das Gericht ein Anrecht gem. Abs. 1 oder 2 nicht ausgeglichen hat.[104] Dafür haben sich Teile der Rspr. ausgesprochen.[105] Folgt man dem

---

[94] Vgl. BGH NJW 1990, 1155 (1156) = FamRZ 1990, 1341 (1342); NJW-RR 1999, 585 (586), jeweils zu § 1587c BGB.
[95] Vgl. dazu auch *Ruland* Versorgungsausgleich Rn. 587.
[96] BGH NJW-RR 2015, 129 = FamRZ 2015, 313.
[97] Vgl. BT-Drs. 16/10144, 96; Johannsen/Henrich/*Holzwarth* Rn. 13; *Holzwarth* in Schwab ScheidungsR-HdB VI Rn. 359 f.; nach *Eulering/Viefhues* FamRZ 2009, 1368 (1371) soll sich der Ausschluss nur auf den „Wertausgleich bei Scheidung" erstrecken, er ist aber bezüglich der betroffenen und genannten Anrechte endgültig.
[98] BGH NJW-RR 2013, 385 = FamRZ 2013, 612; *Borth* FamRZ 2013, 614; einschr. aber OLG Nürnberg FamRZ 2016, 1090 = NJOZ 2017, 68.
[99] BGH NJW-RR 2013, 385 = FamRZ 2013, 612; OLG Bamberg FamRZ 2011, 1232; Johannsen/Henrich/*Holzwarth* Rn. 14.
[100] OLG Saarbrücken NZFam 2018, 231.
[101] OLG Frankfurt BeckRS 2017, 133679.
[102] BGH NZFam 2017, 162 = FamRZ 2017, 435.
[103] BGH NJW-RR 2016, 449 = FamRZ 2015, 2125.
[104] Dagegen OLG Nürnberg FamRZ 2016, 1090.
[105] OLG Karlsruhe FamRZ 2012, 1306; OLG Saarbrücken FamRZ 2012, 306; OLG Düsseldorf FamRZ 2011, 1332; offengelassen in BGH NJW-RR 2013, 385 = FamRZ 2013, 612.

Ansatz des BGH, dass der Versorgungsträger einen Anspruch auf einen gesetzeskonformen Vollzug des Versorgungsausgleichs habe, unabhängig davon, ob sich Fehler hinsichtlich der Höhe des Ausgleichswerts zu seinen Gunsten oder Lasten auswirken, ist es konsequent, dass dieser gerichtlich überprüfbare Fehler bei der Ausübung des Ermessens mithilfe eines Rechtsmittels genauso rügen kann wie Fehler hinsichtlich der Feststellung der Ermessensgrundlage.

Die **Ausübung des Ermessens** durch das Amtsgericht ist durch das Beschwerdegericht in vollem Umfang überprüfbar. Es hat als zweite Tatsacheninstanz eine eigene Ermessensentscheidung zu treffen, ob in den Fällen des § 18 vom Ausgleich abgesehen werden soll.[106] 47

## § 19 Fehlende Ausgleichsreife

**(1) [1]Ist ein Anrecht nicht ausgleichsreif, so findet insoweit ein Wertausgleich bei der Scheidung nicht statt. [2]§ 5 Abs. 2 gilt entsprechend.**

**(2) Ein Anrecht ist nicht ausgleichsreif,**
**1. wenn es dem Grund oder der Höhe nach nicht hinreichend verfestigt ist, insbesondere als noch verfallbares Anrecht im Sinne des Betriebsrentengesetzes,**
**2. soweit es auf eine abzuschmelzende Leistung gerichtet ist,**
**3. soweit sein Ausgleich für die ausgleichsberechtigte Person unwirtschaftlich wäre oder**
**4. wenn es bei einem ausländischen, zwischenstaatlichen oder überstaatlichen Versorgungsträger besteht.**

**(3) Hat ein Ehegatte nicht ausgleichsreife Anrechte nach Absatz 2 Nr. 4 erworben, so findet ein Wertausgleich bei der Scheidung auch in Bezug auf die sonstigen Anrechte der Ehegatten nicht statt, soweit dies für den anderen Ehegatten unbillig wäre.**

**(4) Ausgleichsansprüche nach der Scheidung gemäß den §§ 20 bis 26 bleiben unberührt.**

**Schrifttum:** S. § 1587 BGB.

**Übersicht**



### I. Normzweck

§ 19 regelt im Rahmen des Unterabschnitts 4 des **Wertausgleichs bei Scheidung** die zweite Ausnahme, die das Gesetz – neben der **Geringfügigkeit eines Anrechts nach § 18** – für das 1

[106] BGH NJW-RR 2016, 1478 = FamRZ 2017, 97.

Absehen von einer internen oder externen Teilung eines Anrechts vorsieht. Während Abs. 1 S. 1 die Rechtsfolge einer fehlenden Ausgleichsreife bestimmt (→ Rn. 3f.), nennt Abs. 2 statt einer Definition des Begriffs der fehlenden Ausgleichsreife die einzelnen Fälle einer solchen (→ Rn. 7ff.). Die Regelung nimmt Anrechte vom Wertausgleich bei Scheidung aus, bei denen die **Teilung zum Zeitpunkt der Scheidung** aus verschiedenen Gründen **nicht möglich** ist. Das betrifft Anrechte, bei denen ein Rechtsanspruch der ausgleichspflichtigen Person auf eine Leistung noch **nicht hinreichend verfestigt** ist (Abs. 2 Nr. 1, → Rn. 7f.), aber auch sog **Abschmelzungsbeträge** (Abs. 2 Nr. 2, → Rn. 10f.), Fälle der **Unwirtschaftlichkeit** (Abs. 2 Nr. 3, → Rn. 12) und Anrechte bei **ausländischen, zwischenstaatlichen und überstaatlichen Versorgungsträgern** (Abs. 2 Nr. 4, → Rn. 14ff.). Diese Anrechte sind zwar gemäß § 2 Abs. 2 grundsätzlich in den Versorgungsausgleich einzubeziehen (→ Rn. 3), Abs. 4 stellt insoweit aber klar, dass ein Ausgleich dieser Anrechte nicht etwa endgültig unterbleibt, sondern im Wege der – späteren – **schuldrechtlichen Ausgleichszahlungen** nach §§ 20ff. – also nach Scheidung – in Betracht kommt (→ Rn. 20), wenn dann die Voraussetzungen dafür vorliegen. Das ist auch sachgerecht, weil zum einen nicht unerhebliche Werte in Rede stehen können, die aber andererseits in Bestand und/oder Höhe nicht hinreichend gesichert sind oder hinsichtlich eines gesicherten Standes und/oder der Höhe nur unter großen Schwierigkeiten ermittelt werden könnten oder bei denen aus anderen Gründen bei der Scheidung die rechtlichen Voraussetzungen für einen Ausgleich nicht vorliegen.[1] Abs. 3 regelt den besonderen Fall, dass ein **Wertausgleich bei Scheidung** ausnahmsweise nicht stattfindet, wenn und soweit das wegen der Anrechte des einen Ehegatten iSv Abs. 2 Nr. 4 für den anderen Ehegatten **unbillig** wäre; es bleibt dann entweder insgesamt oder jedenfalls nur teilweise bei einem Ausgleich nach Scheidung im Wege der schuldrechtlichen Ausgleichszahlung (→ Rn. 17ff.).

2 Die Vorschrift ist **vorrangig** vor §§ 18, 27 anzuwenden.[2] Dies ergibt sich für Ausgleichsansprüche nach der Scheidung aus § 20 Abs. 1 S. 3, § 24 Abs. 1 S. 2. § 27 soll eine Korrektur ermöglichen, wenn die Anwendung der Vorschriften über die Durchführung des Ausgleichs zu einem grob unbilligen Ergebnis führen würde. In diesem Zusammenhang ist vorrangig zu prüfen, ob durch die Anordnung einer Ausgleichssperre gem. Abs. 3 (→ Rn. 21) ein solches Ergebnis vermieden werden kann.

### II. Kein Wertausgleich bei der Scheidung bei fehlender Ausgleichsreife (Abs. 1)

3 **1. Grundsatz.** Nach Abs. 1 S. 1 findet ein Wertausgleich bei Scheidung nicht statt, wenn ein Anrecht nicht ausgleichsreif ist. Die Regelung beginnt demnach mit der Rechtsfolge, um sodann in Abs. 2 den Begriff der fehlenden Ausgleichsreife durch einzelne Fälle abschließend auszufüllen. In S. 1 wird allerdings nur der eine Teil der vom Gesetz normierten Rechtsfolge beschrieben – das Nichtstattfinden des Wertausgleichs bei Scheidung –; der zweite Teil findet sich in Abs. 4, der auf den Vorbehalt des schuldrechtlichen Ausgleichs nach Scheidung verweist (→ Rn. 20). Damit dieser Vorbehalt den Ehegatten bei und nach der Scheidung bewusst bleibt, verpflichtet § 224 Abs. 4 FamFG das Familiengericht, noch nicht ausgleichsreife Anrechte in der Begründung der Entscheidung zu benennen; dieser Hinweis hat allerdings keine konstitutive Wirkung; ob und ggf. welche Werte tatsächlich noch auszugleichen sind, entscheidet sich erst bei Fälligkeit der schuldrechtlichen Ausgleichsrente.[3]

4 **2. Begriff der fehlenden Ausgleichsreife.** Der Begriff der fehlenden Ausgleichsreife wird durch das Fehlen bestimmter Merkmale der an sich nach § 2 Abs. 3 in den Versorgungsausgleich fallenden Anrechte beschrieben. Der Begriff ist neu und erfasst mehr als der im früheren Recht verwendete Begriff der **Verfallbarkeit;**[4] er umfasst neben der in Abs. 2 Nr. 1 aufgeführten Verfallbarkeit alle die Konstellationen, die in Abs. 2 als Fälle der fehlenden Ausgleichsreife aufgeführt werden, also Fälle einer unklaren Wertentwicklung, einer schwierigen bzw. unmöglichen Wertfeststellung und fehlenden rechtlichen Möglichkeit der Verpflichtung des Versorgungsträgers – so bei ausländischen Versorgungsträgern – im Sinne des internen oder externen Ausgleichs. Durch § 19 Abs. 2 Nr. 1–4 wird abschließend geregelt, unter welchen Bedingungen ein Anrecht iSd § 2 nicht ausgleichsreif ist.[5]

5 **3. Entsprechende Anwendung von § 5 Abs. 2 (Abs. 1 S. 2).** Mit der in Abs. 1 S. 2 angeordneten entsprechenden Anwendung von § 5 Abs. 2 wird klargestellt, dass für die Beurteilung, ob ein Anrecht ausgleichsreif ist, grundsätzlich der **Zeitpunkt des Endes der Ehezeit** maßgeblich

---

[1] BT-Drs. 16/10144, 62.
[2] Erman/*Norpoth/Sasse* Rn. 21.
[3] Vgl. BT-Drs. 16/10144, 62 und 96; BeckOGK/*Fricke,* 1.2.2019, Rn. 92.
[4] Johannsen/Henrich/*Holzwarth* Rn. 2.
[5] *Borth* Versorgungsausgleich Kap. 3 Rn. 139; Erman/*Norpoth/Sasse* Rn. 3.

ist (§ 5 Abs. 2 S. 1). Jedoch sind gemäß § 5 Abs. 2 S. 2 **nachträgliche Veränderungen bis zur Entscheidung in der letzten Tatsacheninstanz** zu berücksichtigen (im Einzelnen → § 5 Rn. 1 ff.). Hier ist zB an den Fall zu denken, dass ein Anrecht aus einer betrieblichen Altersversorgung nach dem Ende der Ehezeit, aber noch vor der Entscheidung des Familiengerichts über den Wertausgleich unverfallbar geworden ist und damit Ausgleichsreife erlangt hat.[6] Entsprechendes gilt für ein endgehaltsbezogenes Anrecht hinsichtlich der Anwartschaftsdynamik, wenn der Versorgungsfall eintritt oder das Beschäftigungsverhältnis endet.[7] Die Regelung entspricht der Rspr. des BGH zum früheren Recht für Fälle, in denen bis zur Entscheidung in letzter Tatsacheninstanz **Änderungen in tatsächlicher und/oder rechtlicher Hinsicht** auftreten, die rückwirkend die Höhe und den Ehezeitanteil eines Versorgungsanrechts – wie etwa bei Eintritt einer Dienstunfähigkeit – beeinflussen können.[8] Denkbar ist aber auch, dass rückwirkend einer der Gründe des Abs. 2 Nr. 1–4 zwischen Ehezeitende und Erlass der Entscheidung eintritt. Dann kann das Anrecht insoweit nicht bei der Scheidung ausgeglichen werden. Die Frage, ob ein Anrecht verfallbar ist, ist also zu dem Zeitpunkt der letzten tatrichterlichen Entscheidung zu beantworten.[9]

**4. Verfahrensrecht.** Gem. § 224 Abs. 4 FamFG sind nicht ausgleichsreife Anrechte, hinsichtlich deren der Wertausgleich bei der Scheidung nicht durchgeführt wurde, nicht im Tenor, sondern in den Gründen des Beschlusses zu benennen. Fraglich ist, ob der hinsichtlich dieser Anrechte Ausgleichsberechtigte mit der Beschwerde rügen kann, dass ein nicht ausgleichsreifes Anrecht weder in dem Tenor noch in den Gründen der Entscheidung über den Wertausgleich bei der Scheidung erwähnt wird. Für diese Auffassung wird vorgebracht, der Ausgleichsberechtigte sei beschwert, denn es könne der Rechtsschein entstehen, das Anrecht sei beim Ausgleich bei der Scheidung übersehen worden und könne daher gar nicht mehr ausgeglichen werden.[10] Die Gegenauffassung verweist darauf, dass sich die Rechtskraft des Ausgleichs bei der Scheidung nur auf die Anrechte erstrecke, die bei Erlass der Entscheidung ausgleichsreif waren.[11] Diese Auffassung überzeugt. Es entsteht für den Ausgleichsberechtigten keine Rechtsschutzlücke. Vielmehr kann er auf eine Ergänzung der Entscheidungsgründe hinwirken.[12] 6

### III. Fehlende Ausgleichsreife bei nicht hinreichender Verfestigung des Anrechts, insbesondere als noch verfallbares Anrecht nach dem Betriebsrentengesetz (Abs. 2 Nr. 1)

**1. Noch verfallbares Anrecht nach dem Betriebsrentengesetz.** Nach Abs. 2 Nr. 1 ist ein Anrecht nicht ausgleichsreif, wenn es dem **Grunde oder der Höhe** nach nicht hinreichend verfestigt ist, insbesondere als noch verfallbares Anrecht iSd Betriebsrentengesetzes gilt. Die Unverfallbarkeit von Ansprüchen nach dem BetrAVG bestimmt sich nach § 1b BetrAVG. Diese Vorschrift ist mehrfach geändert worden. Welche Fassung der Vorschrift anzuwenden ist, ist in § 30f BetrAVG geregelt. Nach der seit 1.1.2018 geltenden Fassung bleibt eine Anwartschaft insbesondere erhalten – dh ist unverfallbar –, wenn das Arbeitsverhältnis vor Eintritt des Versorgungsfalls, jedoch nach Vollendung des 21. Lebensjahres endet und die Versorgungszusage zu diesem Zeitpunkt mindestens drei Jahre bestanden hat (§ 1b Abs. 1 S. 1 BetrAVG). Soweit die betriebliche Altersversorgung durch Entgeltumwandlung erfolgt (§ 1a BetrAVG), behält der Arbeitnehmer in jedem Fall seine Anwartschaft, wenn sein Arbeitsverhältnis vor Eintritt des Versorgungsfalls endet (§ 1b Abs. 5 S. 1 BetrAVG). Zur Verfallbarkeit nach dem BetrAVG → § 45 Rn. 37 f. Für die Unverfallbarkeit ist aber auch der Inhalt der Versorgungszusage entscheidend. Eine Pensionszusage, nach der die Anwartschaft verfällt, wenn der Arbeitnehmer vor Vollendung seines 50. Lebensjahres aus der Firma ausscheidet, ist nicht hinreichend verfestigt, wenn der Ehegatte das 50. Lebensjahr noch nicht vollendet hat.[13] Hinreichend verfestigt ist demgegenüber ein Anrecht, dass ein Arbeitnehmer bei einer Pensionskasse durch freiwillige Weiterversicherung erworben hat, da ihm dieses nicht mehr einseitig durch den Versorgungsträger entzogen werden kann.[14] 7

---

6 BT-Drs. 16/10144, 62; Johannsen/Henrich/*Holzwarth* Rn. 3; *Borth* Versorgungsausgleich Kap. 3 Rn. 141 ff.; HK-VersAusglR/*Götsche* Rn. 7.

7 BGH NJW 2018, 1961 = FamRZ 2018, 894.

8 Vgl. BGH NJW 1989, 29 = FamRZ 1988, 1148; NJW-RR 1989, 131 = FamRZ 1989, 492 für den Fall des vorzeitigen Eintritts in den Ruhestand nach Ehezeitende.

9 HK-FamR/*Hauß* Rn. 2.

10 OLG Koblenz FamRZ 2017, 1213; *Borth* FamRZ 2016, 14.

11 OLG Stuttgart FamRZ 2016, 56 f. [m. Beitrag *Borth* FamRZ 2016, 14]; Schulte-Bunert/Weinreich/*Breuers* FamFG § 224 Rn. 9; Johannsen/Henrich/*Holzwarth* FamFG § 224 Rn. 8.

12 OLG Celle FamRZ 2018, 1581.

13 OLG Stuttgart FamRZ 2013, 1908.

14 BGH FamRZ 2015, 124.

8 Von den Fristen für den Eintritt der Unverfallbarkeit sind **Wartezeiten** zu unterscheiden. Diese können auch länger sein als die gesetzlichen bzw. tarifvertraglichen Unverfallbarkeitsfristen, allerdings kann dann die Wartezeit durch eine anderweitige Tätigkeit in einem anderen Betrieb noch erfüllt werden (§ 1b Abs. 1 S. 5 BetrAVG). Dass die Wartezeit noch nicht abgelaufen ist, führt nicht zur mangelnden Ausgleichsreife des Anrechts.[15]

9 **2. Nicht hinreichend verfestigte Anrechte.** Der erst auf Veranlassung des Rechtsausschusses des Deutschen Bundestages in den Gesetzesentwurf aufgenommene – und sodann Gesetz gewordene – Tatbestand[16] stellt sich letztlich als Auffangtatbestand dar. Er besagt zunächst, dass Anrechten nicht nur dann die Ausgleichsreife fehlt, wenn sie nach den gesetzlichen Bestimmungen des Betriebsrentengesetzes noch verfallbar sind, sondern dass dies auch bei einer **individual- oder tarifvertraglichen Verfallbarkeit** gilt. Daher sind zB die Anrechte aufgrund von Zusagen der ZVK Steine und Erden meist nicht ausgleichsreif, da von der Mindestwartezeit von 240 Monaten mindestens 60 Monate innerhalb der letzten sieben Jahre vor Verrentung bei einem Mitgliedsunternehmen belegt sein müssen, und da sich die Rentenanwartschaft aus einer garantierten Grundrente (die an sich, abgesehen von der Wartezeitproblematik unverfallbar wäre) und einem nicht garantierten und auch nicht durch Deckungskapital hinterlegten Überschussanteil zusammensetzt.[17] Darüber hinaus erstreckt der Tatbestand den Fall der fehlenden Ausgleichsreife auch auf **weitere vergleichbare Sachverhalte,** so zB auf Anwartschaften, bei denen die Höhe des unverfallbaren Anspruchs zum Zeitpunkt der Scheidung **noch nicht sicher bestimmt werden kann.**[18] Deshalb ist auch eine limitierte, endgehaltsbezogene Gesamtzusage nicht ausgleichsreif, soweit sie der Höhe nach noch verfallbar ist.[19] Dies ist der Fall im Hinblick auf die Dauer der Zugehörigkeit eines Ehegatten zu einer betrieblichen Altersversorgung iSd BetrAVG, deren Anwartschafts-Dynamik von der Tatsache der fortbestehenden Zugehörigkeit abhängt; diesbezüglich fingiert § 45 Abs. 1 S. 2 die **Beendigung der Betriebszugehörigkeit** mit dem Ende der Ehezeit mit der Folge der fehlenden Ausgleichsreife des dynamisierten Teils des Anrechts (→ § 11 Rn. 20). Zum anderen macht die geänderte Regelung deutlich, dass auch Anrechte, für die das Betriebsrentengesetz nicht gilt, Regelungen kennen, die den Verfallbarkeitsbestimmungen des Betriebsrentengesetzes entsprechen können und denen deshalb die Ausgleichsreife fehlt. Das soll nach der amtlichen Begründung etwa der Fall sein bei Versorgungszusagen für herrschende Gesellschafter-Geschäftsführer, die aufgrund vertraglicher Vereinbarung (Verfallbarkeitsklauseln, Widerrufsrecht, Bedingungen) ebenfalls noch nicht so hinreichend verfestigt sind, dass eine interne oder externe Teilung dieser Anrechte möglich wäre. In der Praxis kommen solche Zusagen allerdings nicht vor, weil ein Leistungsvorbehalt dazu führt, dass die Zuführung zur Pensionsrückstellung für diese Versorgung nicht als Betriebsaufwand geltend gemacht werden kann (§ 6a Abs. 1 Nr. 2 EStG). Steht die Zusage einer Betriebsrente für einen GmbH-Geschäftsführer für den Fall, dass sich die wirtschaftlichen Verhältnisse nachhaltig ändern, unter dem Vorbehalt, dass die GmbH diese kürzen oder widerrufen kann, ist das Anrecht gleichwohl hinreichend verfestigt; denn die Zusage kann dann nur bei einer erheblichen wirtschaftlichen Schieflage widerrufen oder beschränkt werden. Allein, dass der Gesellschafter-Geschäftsführer insoweit das Unternehmerrisiko trägt, führt aber nicht zur Verfallbarkeit des Anrechts. Die Gegenauffassung[20] ist daher abzulehnen. Atypische Verläufe wie Zahlungsschwierigkeiten des Versorgungsträgers oder ein Widerrufsvorbehalt bei schwerer Vertragsverletzung des Organmitglieds sind für die Verfallbarkeit unerheblich.[21] Die Zusage ist insbesondere dann hinreichend verfestigt, wenn zur Finanzierung eine Rückdeckungsversicherung abgeschlossen wurde, die zur Absicherung für den Fall der Insolvenz an das jeweilige Organmitglied verpfändet wurde.[22] Seit 1.1.2018 kann eine betriebliche Altersversorgung durch Arbeitgeber/Tarifvertragsparteien auch als reine Beitragszusage ausgestaltet werden. In einem solchen Fall erwirbt der Arbeitnehmer nur einen Anspruch auf Leistung der Beiträge, ggf. auch nach Gehaltsumwandlung, aber keinen Anspruch auf bestimmte Leistungen. Die Versorgung, die aus einer solchen Zusage generiert werden kann, ist unprognostizierbar.

---

[15] Erman/*Norpoth/Sasse* Rn. 14; *Ruland* Versorgungsausgleich Rn. 439.
[16] BT-Drs. 16/11903, 22 und 108 f.
[17] Vgl. die Information der Zusatzversorgungskasse der Steine und Erdenindustrie sowie des Betonsteinhandwerks VVaG, Stand 1.1.2018; abrufbar unter https://www.zvk-bayern.de/index.php?id=8&pid=0 (zuletzt abgerufen am 13.11.2018).
[18] BT-Drs. 16/11903, 108; vgl. auch Johannsen/Henrich/*Holzwarth* Rn. 11.
[19] BGH NJW-RR 2013, 1089 = FamRZ 2013, 1021.
[20] OLG Bamberg FamRZ 2014, 1637.
[21] OLG Stuttgart NZFam 2017, 835 = FamRZ 2017, 1923.
[22] Vgl. hierzu *Borth* Versorgungsausgleich Kap. 2 Rn. 274, 288, 368 ff.

Weiterhin besteht für die Versorgung auch kein Insolvenzschutz.[23] Gleichwohl ist eine solche Zusage nicht unverfallbar, da deren Wert anhand versicherungsmathematischer Kriterien zu dem maßgeblichen Stichtag kalkuliert werden kann (→ § 51 Rn. 65). **Kein Fall eines nicht hinreichend verfestigten oder nicht hinreichend bestimmbaren Anrechts** liegt vor, wenn die Feststellung der Höhe eines Anrechts infolge einer Unwirksamkeit der Regelung einer Versorgung – wie dies zB hinsichtlich der sog **Startgutschrift nach der VBL-Satzung** vor Abschluss des Änderungstarifvertrages Nr. 5 vom 30.5.2011 der Fall war[24] – zur Zeit nicht möglich, eine Klärung durch Neuregelung aber in Kürze zu erwarten ist. In einem solchen Fall ist das Verfahren auszusetzen (§ 21 FamFG), nicht etwa der Ausgleich der schuldrechtlichen Ausgleichszahlung nach §§ 20 ff. vorzubehalten.[25] Unabhängig von der Unwirksamkeit der Regelungen über die Startgutschrift konnten Anrechte aus der Zusatzversorgung des öffentlichen Dienstes unter bestimmten Bedingungen auch nach den allgemein gültigen Regelungen ausgeglichen werden. Das ist der Fall, wenn das Anrecht bereits im Leistungsbezug ist und die Auswirkungen aufgrund der Neufassung der Vorschriften über die Startgutschrift voraussichtlich nur geringfügig sein werden.[26] Durch die Anpassung des Tarifvertrags der Träger der Zusatzversorgung des öffentlichen Dienstes an die Anforderungen der Rspr. des BGH und die Übernahme dieses Tarifvertrags in die jeweils maßgebliche Satzung im Jahr 2018 ist die Problematik für die Zusatzversorgung des öffentlichen Dienstes entfallen; der Ansatz der Rspr. wird aber für andere Versorgungssysteme bedeutsam bleiben, in denen vorübergehend der Ausgleich nicht möglich ist, weil die dafür erforderliche Rechtsgrundlage fehlt.

Die **Pfändung** des auszugleichenden Anrechts führt bei interner Teilung nicht dazu, dass das Anrecht die Ausgleichsreife verliert. 10
Hinsichtlich eines gepfändeten Anrechts wird zwar vertreten, dieses sei nicht ausgleichsreif, weil der Versorgungsträger keine Leistungen an den Ausgleichspflichtigen erbringen dürfe.[27] Dagegen spricht aber, dass es sich nach wie vor um ein Anrecht handelt, das zum Vorsorgevermögen des Schuldners gehört und das unter Berücksichtigung der Pfändungsbeschränkungen auch geteilt werden kann.[28] Wurde ein Anrecht zur **Sicherheit** abgetreten bzw. verpfändet, das grundsätzlich dem Versorgungsausgleich unterliegt, berührt auch dies die Ausgleichsreife nicht. Das gilt jedenfalls für den Fall der internen Teilung des Anrechts; denn das für den Ausgleichsberechtigten begründete Teilanrecht ist wie das beim Ausgleichsverpflichteten verbliebene Teilanrecht mit der Sicherungsabrede bzw. dem Pfandrecht belastet und teilt dessen Schicksal.[29] Dementsprechend ist in der Beschlussformel auszusprechen, dass der Anspruch aus der Sicherungsvereinbarung auf Rückgewähr des Bezugsrechts auf beide Ehegatten als Mitgläubiger übertragen wird.[30] Dies gilt auch dann, wenn es sich um ein Anrecht auf eine private Rentenversicherung mit Kapitalwahlrecht handelt, und dieses Recht im Rahmen einer Baufinanzierung zur Sicherheit abgetreten wurde.[31] Hat demgegenüber der Versorgungsträger wirksam die externe Teilung verlangt oder haben Versorgungsträger und Ausgleichsberechtigter diese vereinbart, ist das Anrecht nicht ausgleichsreif, weil es nicht nach den Regeln über den Wertausgleich bei der Scheidung geteilt

23 Henssler/Willemsen/Kalb/*Schipp*, Arbeitsrecht, 8. Aufl. 2018, BetrAVG § 21 Rn. 3.

24 Vgl. zur Verfassungswidrigkeit der früheren Regelung BGH FamRZ 2008, 395; zum Änderungstarifvertrag Nr. 5 vom 30.5.2011 vgl. FamRZ 2011, 1923, zur darauf erfolgten 17. Satzungsänderung der VBL-Satzung vom 30.11.2011 vgl. BAnz. Nr. 14 v. 25.1.2012; zur Berücksichtigung der Änderung BGH BeckRS 2012, 10741 = FamRZ 2012, 1131.

25 So schon zum früheren Recht BGH NJW 2009, 361; FuR 2009, 396 = FamRZ 2009, 954 Rn. 20 ff.: Aussetzung entspr. § 148 ZPO; OLG Düsseldorf FamRZ 2011, 719; OLG Karlsruhe FamRZ 2011, 727; OLG Celle FamRZ 2011, 720; OLG Brandenburg FamRZ 2011, 981= ZEF 2011, 30 mAnm *Breuers;* anders OLG München FamRZ 2011, 222 = FamRF 2010, 466 = FamRB 2011, 39 m. krit. Anm. *Bergmann* FamFR 2010, 466, *Götsche* FamRB 2011, 40 und *Borth* FamRZ 2011, 223; vgl. auch OLG Stuttgart FamRB 2010, 233 mAnm *Norpoth*; OLG Köln FamRZ 2011, 721 m. krit. Anm. *Borth;* für die Aussetzung nach § 21 FamFG ua *Wick* FuR 2011, 363 (366) und *Holzwarth* FamRZ 2011, 933 (938); BeckOK BGB/*Gutdeutsch* Rn. 4b; zum Wegfall des Hindernisses durch Neuregelung vgl. BGH BeckRS 2012, 10741 = FamRZ 2012, 1131.

26 BGH NJW 2017, 3229 = FamRZ 2017, 1303.

27 OLG Stuttgart FamRZ 2013, 1658; OLG Hamm MDR 2013, 1229; Johannsen/Henrich/*Holzwarth* Rn. 13; *Borth* FamRZ 2014, 393.

28 OLG Nürnberg NJW 2017, 3606 = FamRZ 2018, 336.

29 Vgl. BGH NZFam 2014, 87 = FamRZ 2014, 279; NJW 2013, 3173 = FamRZ 2013, 1715; OLG Hamm FamRZ 2013, 1656; OLG Saarbrücken NJW-RR 2012, 1221 m. Bespr. *Voucko-Glockner*; OLG Nürnberg NJW 2012, 1012 = FamRZ 2012, 1221; aA OLG Schleswig FamRZ 2012, 1220; KG FamRZ 2012, 1218 = NJOZ 2012, 1392; OLG Karlsruhe FamRZ 2013, 885; *Breuers* FuR 2012, 577 (579).

30 BGH NJW 2013, 3173 = FamRZ 2013, 1715.

31 OLG Brandenburg FamRZ 2013, 883; dazu *Borth* FamRZ 2013 837.

werden kann; denn der Versorgungsträger des Verpflichteten kann das dem Ausgleichswert entsprechende Kapital nicht an den Versorgungsträger des Ausgleichsberechtigten zahlen ohne die Sicherheit des Gläubigers des Ausgleichspflichtigen zu beeinträchtigen. Daher entspricht es allgemein vertretener Auffassung, dass in dem Fall, dass ein Anrecht zur Sicherheit abgetreten oder verpfändet ist, und das Anrecht an sich im Wege der **externen Teilung** auszugleichen wäre, nur der Ausgleich nach der Scheidung gefordert werden kann; das Anrecht ist als nicht ausgleichsreif anzusehen, weil aus rechtlichen Gründen die externe Teilung nicht durchgeführt werden kann.[32]

11 Nicht hinreichend verfestigt sind Zusagen auf Zahlung einer Rente im Rahmen eines **Hofübergabevertrages,** wenn deren Höhe unter dem Vorbehalt einer wesentlichen Änderung der wirtschaftlichen Verhältnisse steht.[33]

12 **Fondsgebundene Versorgungszusagen** sind trotz der möglichen Wertschwankungen ausgleichsreif; denn diese sind bezogen auf den Stichtag Ende der Ehezeit hinreichend verfestigt.[34] Wird auf den Betrag der in der Ehezeit erworbenen Fondsanteile abgestellt, ändert sich der Ehezeitanteil und der Ausgleichswert nicht dadurch, dass der Kurswert der Fondsanteile steigt oder fällt. Werden Erträge aus der Verwaltung eines Fonds zum Erwerb neuer Fondsanteile verwendet, berührt dies die Ausgleichsreife ebenfalls nicht. Vielmehr ist dann im Fall der externen Teilung der Kapitalbetrag hälftig zwischen den Ehegatten aufzuteilen, der sich ergibt, wenn der Kurswert der unter Berücksichtigung der Umschichtung und des Neuerwerbs der der Ehezeit zuzuordnenden Fondsanteile zu einem entscheidungsnahen Zeitpunkt bzw. bei Rechtskraft zugrunde gelegt wird.[35] Nach früherer Rspr. des BGH bestand eine Ausnahme für den Fall der externen Teilung: hier war der BGH der Auffassung, dass im Fall der externen Teilung ein nachehezeitlicher Wertverlust auf die Bewertung des Ehezeitanteils zurückwirkt, ein nachehezeitlicher Wertzuwachs demgegenüber nicht.[36] Diese Rspr. hat der BGH[37] zwischenzeitlich geändert. Demnach gilt, dass auch im Fall der externen Teilung der Ausgleichsberechtigte an Wertschwankungen der Fondsanteile zwischen Ehezeitende und Rechtskraft der Entscheidung partizipiert. Weiterhin ist es zulässig, auch im Fall der externen Teilung ein Anrecht in der Bezugsgröße Fondsanteile zu teilen, wenn deren Kurs gem. § 170 KAGB veröffentlicht wird. Im Fall der internen Teilung entsprach es auch der früheren Rspr. des BGH, dass das übertragene Anrecht des Ausgleichsberechtigten sowohl an Wertsteigerungen als auch an Wertminderungen teilhat.[38] Diese Grundsätze gelten auch, wenn ein fondsgebundenes Anrecht in der Bezugsgröße Kapital geteilt wird. Der einzige Unterschied ist in diesem Fall, dass die Beteiligungsquote des Ausgleichspflichtigen an dem Fonds dann nicht unmittelbar dem Betrag der Fondsanteile entnommen werden kann, sondern dadurch zu ermitteln ist, dass der Kapitalwert des Ehezeitanteils zum Gesamtwert der Fondsanteile zu dem maßgeblichen Stichtag (Ende der Ehezeit) in Bezug gesetzt wird. Unter Berücksichtigung der Teilungskosten sowie der Beteiligungsveränderung an dem Fonds aufgrund der Realisierung von Kursgewinnen und des Wegfalls individueller Risikofaktoren ist diese Beteiligungsquote auf den Zeitpunkt der Rechtskraft fortzuschreiben. Es zeigt sich: in beiden Fällen ist das Anrecht aus einer fondsgebundenen Versorgung hinreichend verfestigt und damit ausgleichsreif.[39]

13 Bezieht ein Ehegatte zu dem maßgeblichen Stichtag eine **Erwerbsminderungsrente,** wirkt sich dies in der gesetzlichen Rentenversicherung nicht aus. Hier ist entscheidend, welche Anwartschaft auf eine Altersrente der Ausgleichspflichtige zum Ehezeitende hätte (§ 109 Abs. 6 SGB VI). Entsprechendes gilt, wenn ein Ehegatte eine Versorgung wegen vorzeitiger Versetzung in den Ruhestand wegen Dienstunfähigkeit bezieht; denn die Versetzung in den vorzeitigen Ruhestand ist nur zulässig, wenn der Beamte voraussichtlich dauernd dienstunfähig ist (§ 44 BBG). Demgegenüber werden in der berufsständischen Versorgung, der betrieblichen Altersversorgung und der privaten Versicherung Erwerbsminderungsrenten grundsätzlich zunächst befristet ausbezahlt. Ist der Fortbestand der Erwerbsminderung unsicher, kann ein entsprechendes Anrecht im Einzelfall noch verfallbar sein.[40] In der betrieblichen Altersversorgung ist allerdings von einem hinreichend verfestigten Anrecht auszugehen, wenn gem. § 27 lediglich der Kapitalwert, der dem Barwert bzw. Deckungskapital entspricht, das für eine reine Altersversorgung zu bilden wäre, ausgeglichen wird (→ § 27 Rn. 27).[41]

---

[32] OLG Zweibrücken NZFam 2018, 280 = FamRZ 2018, 912.
[33] BGH NJW-RR 2014, 129 = FamRZ 2014, 282.
[34] BGH NJW 2012, 1287; OLG Brandenburg BeckRS 2012, 25109; Johannsen/Henrich/*Holzwarth* Rn. 14.
[35] OLG Frankfurt FamRZ 2018, 430 = BeckRS 2017, 143837.
[36] BGH NJW 2012, 1287.
[37] BGH NJW 2017, 3148 = FamRZ 2017, 1655.
[38] BGH NZFam 2014, 1040 = FamRZ 2014, 1987.
[39] AllgM, ebenso zB BGH NJW 2018, 3247; Johannsen/Henrich/*Holzwarth* Rn. 14.
[40] Erman/*Norpoth/Sasse* Rn. 15.
[41] BGH NJW-RR 2017, 1347 = FamRZ 2017, 1914; NJW-RR 2017, 1026 = FamRZ 2017, 1749; OLG Frankfurt FamRZ 2018, 430 = BeckRS 2017, 143837.

## IV. Fehlende Ausgleichsreife eines Anrechts bezüglich abzuschmelzender Leistung (Abs. 2 Nr. 2)

Nach Abs. 2 Nr. 2 ist eine abzuschmelzende Leistung nicht ausgleichsreif. Es handelt sich dabei um eine Leistung bzw. um den Teil einer Leistung, auf die meist aus Gründen des **Bestandsschutzes** ein Anspruch besteht, auf die aber **spätere Anpassungen der Versorgung** angerechnet werden und die damit letztlich abgeschmolzen wird; das der späteren Anpassung unterliegende Anrecht wird daher auch als **degressive Leistung** bezeichnet. Diese Anrechte können im Wertausgleich bei der Scheidung nicht hinreichend sicher bewertet werden und bleiben der schuldrechtlichen Ausgleichszahlung vorbehalten. Die Regelung entspricht letztlich der bereits zum alten Recht entwickelten Rspr. des BGH.[42] Erfasst werden von der Regelung in der gesetzlichen Rentenversicherung zumeist **Rentenanrechte in den neuen Bundesländern** (§ 120h SGB VI), so der besitzgeschützte Zahlbetrag nach § 307b Abs. 6 SGB VI, der Auffüllbetrag nach 315a SGB VI, der Rentenzuschlag nach § 319a SGB VI und der Übergangszuschlag nach § 319b S. 2 SGB VI,[43] aber auch Rententeile nach § 4 Abs. 4 VAÜG (Anspruchs- und Anwartschaftsüberführungsgesetz) oder nach § 4 Abs. 1 ZVsG (Zusatzversorgungssystem-Gleichstellungsgesetz).[44] Gleich behandelt wird der Fall, dass die Rente durch Rentenbescheid rechtswidrig zu hoch festgesetzt wurde. Ist er bestandskräftig, können gem. § 48 Abs. 3 SGB X künftige Rentenerhöhungen mit dem zu hoch festgesetzten Betrag verrechnet werden, bis die Rente dem Betrag entspricht, der zutreffend festzusetzen gewesen wäre. Soweit die festgesetzte Rente also über die sich nach den gesetzlichen Vorschriften ergebende Rente hinausgeht, ist das Anrecht auf eine abzuschmelzende Leistung gerichtet.[45] 14

Erfasst wird von der Regelung in der **Beamtenversorgung** der sog **Abflachungsbetrag** nach § 69e BeamtVG (→ § 44 Rn. 55 ff.).[46] Dasselbe gilt für die Abflachungsbeträge der Soldatenversorgung nach dem SVG.[47] Auch **betriebliche Versorgungen** können Abflachungsbeträge enthalten, so bezüglich des Ausgleichsbetrages nach § 97c VBL-Satzung aF.[48] 15

## V. Fehlende Ausgleichsreife eines Anrechts bei Unwirtschaftlichkeit seines Ausgleichs (Abs. 2 Nr. 3)

Gemäß Abs. 2 Nr. 3 unterbleibt ein Ausgleich bei Scheidung weiter, wenn er **für die ausgleichsberechtigte Person unwirtschaftlich** wäre. Die Regelung ist dem früheren § 1587b Abs. 4 BGB nachgebildet; damit ist auch der bislang in § 1587b Abs. 4 aufgeführte weitere Fall erfasst, dass sich der Ausgleich **voraussichtlich nicht zu Gunsten des Ausgleichsberechtigten auswirken** wird.[49] Das war früher etwa der Fall, wenn ein Beamter auf Lebenszeit im Versorgungsausgleich im Wege des Quasisplittings Anrechte in der gesetzlichen Rentenversicherung erhielt, die allgemeine Wartezeit von 60 Monaten (§ 50 Abs. 1 SGB VI) durch die dadurch erworbenen Wartezeitmonate (§ 52 Abs. 1 SGB VI) und damit für den Bezug einer gesetzlichen Rente aller Voraussicht nach nicht mehr erfüllen konnte, weil er mit freiwilligen Beiträgen die ihm zu übertragenden Anrechte mangels der dazu erforderliche Wartezeit von fünf Jahren nicht auffüllen konnte (§ 7 Abs. 2 S. 1 SGB VI aF).[50] Diese Rechtslage hat sich durch die Aufhebung von § 7 Abs. 2 SGB VI durch Art. 2 Nr. 2a Drittes Gesetz zur Änderung des Vierten Buches Sozialgesetzbuch und anderer Gesetze vom 5.8.2010 (BGBl. 2010 I 1127, 1128) mit Wirkung ab 11.8.2010 geändert. Nunmehr kann jede versicherungsfreie oder – wie Beamte – von der Versicherung befreite Person die Erfüllung der allgemeinen Wartezeit durch freiwillige Beiträge erreichen.[51] Von einer Unwirtschaftlichkeit des Ausgleichs iSv § 19 Abs. 2 Nr. 3 kann daher in solchen Fällen nur noch gesprochen werden, wenn der Berechtigte – hier der Beamte – zur Entrichtung des freiwilligen Beitrags finanziell nicht in der Lage ist[52] oder keine ausreichende Zeit verbleibt, um durch freiwillige Beiträge die noch fehlende 16

---

42 BGH NJW 1991, 177; NJW-RR 2004, 1245 = FamRZ 2004, 256; vgl. auch *Wick* FuR 2009, 482 (488).

43 Vgl. dazu auch *Ruland* Versorgungsausgleich, 2. Aufl. 2009, Rn. 535.

44 BT-Drs. 16/10144, 62.

45 OLG Brandenburg FamRZ 2016, 1773; BeckOGK/*Fricke*, 1.2.2019, Rn. 60.

46 Vgl. zu den Abflachungsbeträgen ua BGH NJW 2004, 1245 = FamRZ 2004, 256; NJW 2004, 1248 = FamRZ 2004, 259; NJW-RR 2007, 1010 = FamRZ 2007, 994; → 5. Aufl. 2009, BGB § 1587a Rn. 96 ff. mwN *(Gräper)*.

47 Vgl. dazu BGH FamRZ 2005, 1529.

48 BGH FamRZ 1990, 276; *Ruland* Versorgungsausgleich Rn. 535.

49 BT-Drs. 16/10144, 62.

50 Vgl. BGH NJW 1984, 1549 (1550) = FamRZ 1984, 667 (668); OLG Karlsruhe FamRZ 1990, 888 (889); vgl. *Bergner* FamFR 2010, 458 (459); → 5. Aufl. 2009, BGB § 1587b Rn. 52 *(Dörr)*.

51 Vgl. dazu näher *Bergner* FamFR 2010, 458 mit Berechnungsbeispielen; OLG Hamm FamRZ 2012, 551 (554) (die allgemeine Wartezeit ist erfüllt).

52 OLG Dresden FamRZ 2013, 41.

Wartezeit zu erfüllen (vgl. § 55 Abs. 1 SGB, §§ 50, 51 SGB VI). Gem. § 232 Abs. 2 SGB VI kann nach bindender Bewilligung der Altersrente durch freiwillige Beitragszahlung keine Rentenanwartschaft mehr erworben werden. Eine Unwirtschaftlichkeit lässt sich auch nicht mit der beamtenversorgungsrechtlichen Anrechnungsvorschrift § 55 Abs. 1 BeamtVG begründen, wonach Versorgungsbezüge neben Renten der gesetzlichen Rentenversicherung nur bis zu einer Höchstgrenze gezahlt werden. Denn im Versorgungsausgleich erworbene Anrechte werden nach § 55 Abs. 1 S. 7 BeamtVG nicht angerechnet. Entsprechendes gilt für durch freiwillige Beiträge erworbene Anrechte (§ 55 Abs. 4 BeamtVG). Die Möglichkeit der Begründung von Anrechten durch freiwillige Beiträge war im Übrigen durch den durch das vorgenannte Gesetz eingefügten § 282 Abs. 2 SGB VI für „Altfälle" erweitert worden. Danach konnten Versicherte, die bis zum Erreichen der Regelaltersgrenze die allgemeine Wartezeit nicht erfüllt haben und am 10.8.2010 auf Grund § 7 Abs. 2 SGB VI in der bis dahin geltenden Fassung nicht das Recht zur freiwilligen Versicherung hatten, auf Antrag Beiträge für so viele Monate nachzahlen, wie zur Erfüllung der allgemeinen Wartezeit erforderlich waren. Der Antrag konnte allerdings nur bis zum 31.12.2015 gestellt werden. Diese Möglichkeit ist also weggefallen. Der Ausgleich ist für die ausgleichsberechtigte Person auch unwirtschaftlich, wenn diese mangels Erfüllung der Wartezeit in der berufsständischen Versorgung keine Versorgung erhalten kann.[53] Schließlich kann es auch unwirtschaftlich sein, wenn die Durchführung des Versorgungsausgleichs dazu führen würde, dass die dem Ausgleichsberechtigten zugesagte Gesamtversorgung in Höhe der Versorgung, die der Ausgleichsberechtigte aus dem Versorgungsausgleich erlangt, gekürzt würde.[54]

17 Umgekehrt liegt keine Unwirtschaftlichkeit vor, wenn der ausgleichsberechtigte Ehegatte wegen Dienstunfähigkeit ein Ruhegehalt bezieht, aus dem auszugleichenden Anrecht jedoch mangels Erfüllung der Pflichtbeitragszeit gem. § 43 Abs. 1 SGB VI keine Erwerbsminderungsrente erhalten kann.[55] Weiterhin führt es nicht zur Unwirtschaftlichkeit, wenn der Ausgleichsberechtigte voraussichtlich seinen gewöhnlichen Aufenthalt im Ausland nehmen wird; denn durch Gesetz vom 29.08.2013, BGBl I S. 3484 wurde § 113 Abs. 3 SGB VI aufgehoben und damit die Diskriminierung ausländischer Rentenempfänger aufgehoben.[56]

### VI. Fehlende Ausgleichsreife eines Anrechts bei einem ausländischen, zwischenstaatlichen oder überstaatlichen Versorgungsträger (Abs. 2 Nr. 4)

18 **1. Grundsatz.** Abs. 2 Nr. 4 bestimmt, dass bei einem ausländischen, zwischenstaatlichen oder überstaatlichen Versorgungsträger bestehende Anrechte bei Scheidung nicht ausgeglichen werden; vielmehr erfolgt auch diesbezüglich ein Ausgleich ggf. im Wege der schuldrechtlichen Ausgleichszahlung. Dies berücksichtigt, dass ein ausländischer Versorgungsträger nicht der **deutschen Gerichtsbarkeit** unterliegt und daher auch nicht durch Familiengerichte verpflichtet werden kann, die ausgleichsberechtigte Person im Wege der internen Teilung in sein Versorgungssystem aufzunehmen oder das Anrecht extern zu teilen. Das gilt auch dann, wenn das ausländische Recht an sich die Teilung eines bei einem ausländischen Versorgungsträger bestehenden Anrechts aufgrund einer Entscheidung der deutschen Gerichte ermöglichen würde; denn Abs. 2 Nr. 4 nimmt pauschal alle Anrechte, die bei einem ausländischen, zwischenstaatlichen oder überstaatlichen Versorgungsträger bestehen, aus Gründen des Territorialitätsprinzips vom Ausgleich aus.[57] Zudem sind ausländische Anrechte oft – wenn überhaupt – nur schwer im Anwartschaftsstadium aufzuklären. Die Regelung trägt damit den Praxisproblemen Rechnung, zu denen das frühere geltende Recht bei auszugleichenden ausländischen Anrechten oft führte (→ § 2 Rn. 27 ff.).[58]

19 **2. Beispiele.** Die Bestimmung gilt sowohl für deutsche wie ausländische ausgleichspflichtige Staatsangehörige, für die Letzteren natürlich nur, soweit überhaupt ein Versorgungsausgleich stattfindet (Art. 17 Abs. 3 EGBGB idF Art. 20 VAStrRefG, Art. 17b EGBGB).[59] Sie gilt nicht für deutsche Europaabgeordnete, weil diese eine inländische Versorgung beziehen (§ 10b EUAbgG); es findet daher insoweit ein Wertausgleich bei Scheidung statt.[60] Im Versorgungsausgleich zu berücksichtigen

---

[53] OLG Celle FamRZ 2018, 1664 = BeckRS 2018, 27377; OLG Brandenburg FamRZ 2013, 1039.
[54] Erman/*Norpoth/Sasse* Rn. 17.
[55] BGH NJW 2013, 2275 = FamRZ 2013, 1283; OLG Düsseldorf FamFR 2012, 374; Johannsen/Henrich/*Holzwarth* Rn. 23.
[56] IE ebenso *Borth* Versorgungsausgleich Kap. 3 Rn. 149; Johannsen/Henrich/*Holzwarth* Rn. 24.
[57] BGH NJW-RR 2016, 969 = FamRZ 2016, 1576 zum Schweizer Freizügigkeitsguthaben.
[58] BT-Drs. 16/10144, 62; vgl. BGH NJW-RR 2009, 219 = FamRZ 2008, 2263.
[59] Vgl. dazu *Eichenhofer* FPR 2009, 211 (212 f.); Johannsen/Henrich/*Henrich* EGBGB Art. 17 Rn. 7 ff.
[60] EuGH FamRZ 2000, 83 zur Zulässigkeit des Versorgungsausgleichs bei EU-Beamten; *Ruland* Versorgungsausgleich, Rn. 539.

sind alle ausländischen Anrechte, soweit sie die Voraussetzungen nach § 2 Abs. 2 erfüllen, also insbesondere durch Arbeit oder Vermögen geschaffen oder aufrechterhalten worden sind (§ 2 Abs. 2 Nr. 1). Das ist der Fall ua bei den Sozialversicherungsrenten Belgiens,[61] Frankreichs,[62] Großbritanniens,[63] Italiens,[64] Luxemburgs,[65] Norwegens,[66] Österreichs,[67] Polens,[68] Rumäniens,[69] der Schweiz,[70] der Türkei[71] und der USA.[72] Ob und inwieweit das bei steuerfinanzierten Volks- und Grundrenten wie in Dänemark[73] und Schweden[74] (insoweit vor der Reform) der Fall ist, ist inzwischen strittig. So hat der BGH die niederländische AOW-Pension nach dem Allgemeinen Alterssicherungsgesetz (Algemene ouderdomswert, AOW) als zu berücksichtigendes Anrecht anerkannt.[75] Sie ist zwar eine auch steuerfinanzierte Grundversorgung für alle Personen, die in den Niederlanden ihren Wohnsitz haben und nicht gleichzeitig in einem anderen Staat beschäftigt sind, wobei es nicht auf die Staatsangehörigkeit oder das Einkommen der Person ankommt (sog Volksrente mit Pflichtmitgliedschaft); auch ist die Leistungsgewährung jedenfalls für in den Niederlanden lebende Personen weder dem Grunde noch der Höhe nach unbedingt von einer Beitragszahlung abhängig; die Höhe der Leistung hängt allerdings von den individuellen Versicherungsjahren ab, auch müssen Erwerbstätige einen Mindestbeitrag entrichten.[76] Die Entscheidungen des BGH sind auf Zustimmung gestoßen,[77] zumal bei strenger Auslegung des § 2 Abs. 2 das eigenartige Ergebnis nicht zu leugnen ist, dass der in den Genuss einer Volksrente kommende Ausgleichsberechtigte nichts abzugeben hätte, während er zugleich in den Genuss des hälftigen Anrechts des Ausgleichspflichtigen käme.[78] Die Lösung kann nur darin liegen, die Kriterien des § 2 Abs. 2 sehr weit auszulegen (→ § 2 Rn. 12). Die Entscheidungen des BGH haben dazu geführt, dass auch die dänische Volksrente (folkepension) als zu berücksichtigendes Anrecht eingestuft worden ist.[79] Zu berücksichtigen sind unstreitig weiter ua ausländische Soldatenversorgungen, soweit sie die Voraussetzungen nach § 2 Abs. 2 erfüllen; das ist ua bezüglich der französischen Militärrente für Berufssoldaten der Fall.[80]

**3. Verfahrensfragen.** Obwohl die Ermittlung der ausländischen Anrechte im Einzelfall sehr schwierig sein kann, hat das Familiengericht sie grundsätzlich im Rahmen der Amtsermittlung (§ 26 FamFG) zu ermitteln und nach § 224 Abs. 4 FamFG – wie die Anrechte bei zwischenstaatlichen und überstaatlichen Versorgungsträgern – in der Begründung seiner Entscheidung zu benennen.[81] Die Aufklärung der Höhe des Ehezeitanteils der im Ausland erworbenen Anrechte ist ua deshalb erforderlich, da es von der Höhe der im Ausland erworbenen Anrechte abhängt, ob eine Ausgleichssperre gem. Abs. 3 angeordnet wird. Ausnahmsweise kann von der genauen Aufklärung des Werts der Anrechte abgesehen werden, wenn ersichtlich ist, dass der Wert der ausländischen Versorgung einen Bagatellbetrag nicht übersteigen wird, oder wenn bekannt ist, dass ein Ehegatte einen Großteil der Ehezeit im Ausland verbracht hat und dort werthaltige Anwartschaften erworben hat, während der andere Teil im Wesentlichen im Inland dem Wertausgleich bei der Scheidung unterliegende 20

[61] OLG Köln FamRZ 2002, 1632; OLG Aachen FamRZ 2002, 1362 f.

[62] „Sécurité Sociale", BGH NJW-RR 2001, 289 = FamRZ 2001, 284; OLG Karlsruhe FamRZ 2002, 962; 2006, 1848.

[63] „Basic pension", OLG Karlsruhe FPR 2002, 299.

[64] OLG Köln FamRZ 1986, 689; OLG Düsseldorf FamRZ 1994, 903.

[65] BGH NJW-RR 1988, 578 = FamRZ 1988, 273 mAnm *Bergner* IPRax 1988, 281.

[66] AG Hamburg FamRZ 1979, 54.

[67] Rente der Pensionsversicherungsanstalt (PVA), BGH NJW 2006, 577 = FamRZ 2006, 321.

[68] BGH NJW 1989, 1997 = FamRZ 1989, 949; OLG Celle FamRZ 2001, 1562.

[69] OLG Zweibrücken FamRZ 2013, 1492.

[70] OLG Karlsruhe IPRax 1982, 245; OLG Hamm FamRZ 1989, 759 (760); KG FamRZ 1990, 1257; zu den Anrechten in der Schweiz und zum dortigen Versorgungsausgleich *Reusser* FamRZ 2001, 595 (599 ff.).

[71] OLG Köln FamRZ 2014, 844.

[72] „US Social Security" bzw. Employees' Retirement System (FERS); OLG Frankfurt FamRZ 2018, 1661 = NJOZ 2019, 325; OLG Zweibrücken FamRZ 2001, 497; OLG Hamm FamRZ 2002, 1568; dazu auch *Reinhard* FamRZ 1990, 1194 ff.; *Gümpel* FamRZ 1990, 226 ff.

[73] „Folkepension", vgl. dazu *Hannemann/Kinzel* DAngVers 1978, 369 (372).

[74] OLG Hamm FamRZ 2001, 31; zur Reform *Peter A. Köhler* FS Ruland, 2007, 691 ff.

[75] BGH NJW-RR 2009, 795 (799); 2009, 219 = FamRZ 2008, 2263; NJW-RR 2008, 665 = FamRZ 2008, 770 (771).

[76] Vgl. dazu BGH NJW-RR 2009, 795 (799 f.).

[77] *Eichenhofer* IPRax 2009, 60.

[78] Vgl. *Eichenhofer* IPRax 2009, 60 (63).

[79] AG Flensburg FamRZ 2009, 1585.

[80] OLG Karlsruhe FamRZ 2016, 1591 = BeckRS 2016, 104807; OLG Stuttgart FamRZ 1989, 760; AG Kelheim IPRax 1985, 109.

[81] Johannsen/Henrich/*Holzwarth* Rn. 27.

Anrechte erworben hat, denn dann liegt auf der Hand, dass eine Ausgleichssperre gem. Abs. 3 anzuordnen ist.[82] Demgegenüber ist es nicht erforderlich, die nicht ausgeglichenen Anrechte auch im Tenor zu benennen.[83] Umstritten ist, ob das auch für die **Ausgleichssperre** (Abs. 3; → Rn. 21) gilt. Nach einer weit verbreiteten Auffassung muss die Ausgleichssperre nicht in den Tenor aufgenommen werden.[84] Gegen diese Auffassung spricht aber, dass die Entscheidung zumindest feststellende Wirkung hinsichtlich der an sich ausgleichsreifen Anrechte hat, die aufgrund der Ausgleichssperre gem. Abs. 3 bei der Scheidung nicht ausgeglichen werden sollen. Daher wird zu Recht verstärkt vertreten, dass auch im Tenor die von der Ausgleichssperre betroffenen Anrechte genannt werden müssen.[85] Das Gericht muss aber auch, wenn die hinreichend genaue Ermittlung des Ausgleichswerts eines ausländischen Anrechts ausnahmsweise unterbleiben kann, die Anrechte wenigstens dem Grunde nach feststellen; der Höhe nach würde die Benennung ohnehin nicht binden. Die Ermittlung der Höhe ist erforderlich, wenn ein Fall des schuldrechtlichen Ausgleichs in Rede steht oder soweit dies von Bedeutung für die Frage ist, ob der Ausgleich insgesamt unbillig wäre (Ausgleichssperre; → Rn. 21).[86] Daher sind uU auch Anwartschaften zu ermitteln, die ein Ehegatte durch eine mehrjährige Tätigkeit im Bereich der früheren UdSSR erworben hat.[87] In diesem Zusammenhang kann es auch von Bedeutung sein, wenn nur ein Ehegatte den Status eines Spätaussiedlers hat (mit der Folge, dass er nach dem FRG zu bewertende Anwartschaften erworben hat) während dies hinsichtlich des anderen Ehegatten nicht der Fall ist.[88] Bei Fälligkeit der schuldrechtlichen Ausgleichszahlung wird die Aufklärung ggf. unter Hinzuziehung eines Sachverständigen meist einfacher sein, da dann zumindest der Bescheid des jeweiligen Versorgungsträgers für die Bewilligung einer Altersversorgung vorliegen sollte. Auskünfte können im Übrigen neben der Deutschen Rentenversicherung Bund auch die Verbindungsstellen der Deutschen Rentenversicherung erteilen, und zwar auch bezüglich sog Abkommenstaaten (Aufstellung → § 43 Rn. 126).[89] Auskünfte zur Höhe des Ehezeitanteils sind vor Beginn der Leistungsphase in der Regel nicht zu erlangen.

### VII. Kein Wertausgleich bei Scheidung wegen Unbilligkeit bei nicht ausgleichsreifen Anrechten nach Abs. 2 Nr. 4 (Abs. 3)

21 **1. Grundsatz.** Nach Abs. 3 findet ein Wertausgleich bei Scheidung auch in Bezug auf die sonstigen Anrechte der Ehegatten nicht statt, wenn ein Ehegatte nicht ausgleichsreife Anrechte nach Abs. 2 Nr. 4 erworben hat und der Ausgleich für den anderen Ehegatten deshalb unbillig wäre. Die fehlende Ausgleichsreife eines oder mehrerer Anrechte kann sich damit gleichsam als **Ausgleichssperre für den gesamten Wertausgleich bei Scheidung**[90] für alle übrigen Anrechte der Ehegatten auswirken, obwohl sie an sich im Wertausgleich bei Scheidung ausgeglichen werden könnten. Sinn der Vorschrift ist es, Ungerechtigkeiten zu vermeiden, die durch den **Grundsatz der Teilung jedes Anrechts** entstehen könnten. So kann es sein, dass ein Ehegatte in der Ehezeit erhebliche Anrechte bei einem ausländischen Versorgungsträger erworben hat, die iSv Abs. 2 Nr. 4 nicht ausgleichsreif sind. Hat der andere Ehegatte in erheblichem Umfang Anrechte in der deutschen gesetzlichen Rentenversicherung erworben, wären diese Anrechte an sich entsprechend dem Grundsatz der Teilung jedes Anrechts im Wertausgleich bei Scheidung auszugleichen, während er hinsichtlich der Anrechte des anderen Ehegatten auf die spätere und zudem schwächere schuldrechtliche Ausgleichszahlung verwiesen wäre. Deshalb eröffnet Abs. 4 in solchen Fällen die Möglichkeit, von dem Wertausgleich bei Scheidung **völlig abzusehen.**[91] Zur Berücksichtigung im Tenor → Rn. 20.

22 **2. Begriff der „Unbilligkeit" des Wertausgleichs bei Scheidung.** Die Ausgleichssperre nach Abs. 3 greift allerdings nur, wenn der Wertausgleich bei Scheidung für den Ehegatten unbillig ist, dessen Anrechte bereits bei Scheidung geteilt werden. Ob eine Unbilligkeit gegeben ist, hat der Familienrichter im Einzelfall nach tatrichterlichem Ermessen festzustellen.[92] Die tatrichterliche

---

[82] KG FuR 2016, 415 = FamRZ 2016, 982.
[83] OLG Karlsruhe FamRZ 2015, 756 mAnm *Borth*; OLG Jena BeckRS 2013, 02328; Johannsen/Henrich/*Holzwarth* Rn. 27, 35.
[84] Vgl. zB OLG Karlsruhe FamRZ 2015, 754.
[85] *Borth* Versorgungsausgleich Kap. 3 Rn. 157; Erman/*Norpoth/Sasse* Rn. 22; HK-FamR/*Hauß* § 19 VersAusglG Rn. 25.
[86] OLG Frankfurt NZFam 2014, 1107; OLG Saarbrücken FamRZ 2014, 41; OLG Karlsruhe FamRZ 2013, 41.
[87] OLG Stuttgart BeckRS 2015, 02980 = FamRZ 2015, 324.
[88] OLG Stuttgart BeckRS 2015, 02980 = FamRZ 2015, 324.
[89] *Ruland* Versorgungsausgleich Rn. 102.
[90] BT-Drs. 16/10144, 62 f.
[91] Zu Beispielen bei voller oder teilweiser Ausgleichssperre vgl. *Borth* Versorgungsausgleich Kap. 3 Rn. 155 ff.
[92] BT-Drs. 16/10144, 63; schon BGH NJW 1979, 1289 (1293) zur groben Unbilligkeit iSd § 1587c BGB.

Entscheidung ist im Verfahren der Rechtsbeschwerde nur begrenzt nachprüfbar, demgegenüber hat das Beschwerdegericht als letzte Tatsacheninstanz eine eigene Ermessenentscheidung zu treffen und darf sich nicht darauf beschränken, zu prüfen, ob das Familiengericht das ihm zustehende Ermessen rechtmäßig ausgeübt hat.[93] Bei besonderen Schwierigkeiten kann von Ermittlungen ausnahmsweise völlig abgesehen werden.[94] Die Anordnung einer Ausgleichssperre kommt daher insbesondere auch dann in Betracht, wenn zwar feststeht, dass ein Ehegatte im Ausland nicht unwesentliche Anrechte erworben hat, der Ehegatte jedoch an der Aufklärung dieser Anrechte nicht mitwirkt.[95] Eine Unbilligkeit ist gegeben, wenn sich der Wertausgleich ohne das Anrecht nach Abs. 2 Nr. 4 unter Berücksichtigung aller Umstände als Verstoß gegen den **Grundgedanken des Wertausgleichs bei Scheidung** und damit als Verstoß gegen den **Grundsatz von Treu und Glauben** (§ 242 BGB) darstellen würde. Das ist ein geringerer Maßstab als er bei der Frage der groben Unbilligkeit iSd § 27 anzulegen ist.[96] An einer Unbilligkeit fehlt es beispielweise, wenn die Anrechte iSd Abs. 2 Nr. 4 nur einen geringen Ausgleichswert haben und im Übrigen größere Werte auszugleichen sind, sie ist aber gegeben, wenn die im Ausland erworbenen Anrechte des einen Ehegatten mehr oder zumindest in etwa gleich viel wert sind wie die, die der andere im Inland erworben hat.[97] Weiterhin kann eine Unbilligkeit entfallen, wenn es möglich ist, das im Ausland erworbene Anrecht durch eine Abfindung nach § 23 auszugleichen.[98]

**3. Das Wort „soweit".** Auch ist denkbar, dass der Ehegatte, der nicht ausgleichsreife Anrechte iSd Abs. 2 Nr. 4 erworben hat, zugleich über ausgleichsreife Anrechte in einem inländischen Regelsicherungssystem verfügt. In diesem Fall entspricht es dem Grundgedanken des Versorgungsausgleichs, der vom **Grundsatz der Teilung bei Scheidung** ausgeht, und dem **Interesse des anderen Ehegatten,** dieses Anrecht bereits bei Scheidung zu teilen. Das Familiengericht wird dann nur insoweit vom Wertausgleich absehen und den Ausgleich auf die Ausgleichszahlung nach Scheidung beschränken, als der andere Ehegatte nicht ebenfalls über auszugleichende Anrechte verfügt. Abs. 3 lässt also mit dem **Wort „soweit"** auch eine **vermittelnde Lösung** zu.[99] Die Vorschrift dient nur dazu, den Ehegatten, der nach §§ 10–17 auszugleichende Anrechte im Inland erworben hat, während der andere Teil werthaltige Anrechte im Ausland erworben hat, davor zu schützen, dass diese Anrechte ausgeglichen werden, während er an den im Ausland erworbenen Anrechten nur mit allen Schwächen des schuldrechtlichen Ausgleichs partizipieren kann. Diesem Zweck wird es nicht gerecht, eine Ausgleichssperre auch dann vorzusehen, wenn ein Ehegatte sowohl im Inland als auch im Ausland höhere Anrechte erworben hat als der andere Teil.[100] Die vermittelnde Lösung kann insbesondere deshalb von Bedeutung sein, weil im schuldrechtlichen Ausgleich nach § 25 Abs. 2 Ansprüche auf eine Hinterbliebenenversorgung bezüglich solcher Anrechte ausgeschlossen sind, soweit ein Anrecht ua nach Abs. 3 vom Wertausgleich bei Scheidung ausgenommen worden ist (→ § 25 Rn. 1 ff.; → Rn. 20). Zu beachten ist aber, dass die Ermittlung der Höhe einer ausländischen Versorgung oft nur schwer möglich ist; das ist ja ua ein entscheidender Grund für den Verweis solcher Anrechte in die schuldrechtliche Ausgleichszahlung. Hier wird eine Teil-Lösung in der Regel nur nach Einholung des Gutachtens eines Sachverständigen möglich sein (zur Möglichkeit der Auskunftserlangung → Rn. 16). 23

## VIII. Ausgleichsansprüche nach Scheidung gemäß §§ 20–26 (Abs. 4)

Abs. 4 stellt klar, dass Ausgleichsansprüche nach der Scheidung nach §§ 20–26 unberührt bleiben. Nach den Maßgaben dieser Bestimmungen bleibt also ein Ausgleich im Wege der schuldrechtli- 24

[93] Vgl. hierzu grdl. BGH NJW-RR 2016, 1478 = FamRZ 2017, 97.

[94] BT-Drs. 16/10144, 62; dazu restriktiv *Rieck* FPR 2011, 498 (502), der auf den Auskunftsanspruch unter Eheleuten nach § 4 Abs. 1 verweist.

[95] OLG Frankfurt FamRZ 2018, 184 = BeckRS 2017, 140683.

[96] *Borth* Versorgungsausgleich Kap. 3 Rn. 155, 156; Johannsen/Henrich/*Holzwarth* Rn. 32; Erman/*Norpoth/Sasse* Rn. 19.

[97] OLG Zweibrücken NJW-RR 2015, 1157; OLG Brandenburg FamRZ 2014, 311; OLG Zweibrücken FamRZ 2013, 1492; OLG Karlsruhe FamRZ 2013, 41; OLG Düsseldorf FamRZ 2011, 1734; vgl. auch OLG Brandenburg FamRZ 2012, 310, das von einer Anwendung des Abs. 3 zu Recht abgesehen hat; vgl. auch OLG Saarbrücken FamRZ 2011, 1735 und OLG Koblenz FamRZ 2011, 1870.

[98] BGH NJW-RR 2016, 969 = FamRZ 2016, 1576; *Borth* Versorgungsausgleich Kap. 3 Rn. 160 Erman/*Norpoth/Sasse* Rn. 19.

[99] Vgl. BT-Drs. 16/10144, 63; OLG Brandenburg FamRZ 2014, 311; OLG Köln BeckRS 2014, 02088; vgl. dazu Beispiele bei *Borth* Versorgungsausgleich Kap. 3 Rn. 734, 736.; s. dazu AG Traunstein FamRZ 2012, 1146, das im Rahmen der Billigkeitsentscheidung nach § 19 Abs. 3 zur Verrechnung eines nicht ausgleichsreifen ausländischen Anrechts mit Anrechten aus der gesetzlichen Rentenversicherung kommt.

[100] So aber KG FamRZ 2016, 982 = NJOZ 2017, 69; OLG Düsseldorf FamRZ 2019, 440 = BeckRS 2018, 23622.

chen Ausgleichszahlung, einer Abfindung oder einer Teilhabe an der Hinterbliebenenversorgung möglich, wenn und soweit der Ausgleich bei Scheidung nicht erfolgt ist.[101] Nach Maßgabe der Bestimmungen der schuldrechtlichen Ausgleichszahlung ist allerdings zu beachten, dass ein Anspruch auf Hinterbliebenenversorgung ausgeschlossen ist, soweit ein Anrecht nach § 19 Abs. 2 Nr. 2, Nr. 3 oder Abs. 3 vom Wertausgleich bei Scheidung ausgenommen worden ist (§§ 25 Abs. 2, 26 Abs. 2). Es bedarf daher der sorgfältigen Abwägung unter Berücksichtigung auch dieses Aspekts durch das Familiengericht, ob und inwieweit es den Wertausgleich bei Scheidung – insbesondere völlig – ausschließt.

## Abschnitt 3. Ausgleichsansprüche nach der Scheidung

### Unterabschnitt 1. Schuldrechtliche Ausgleichszahlungen

### § 20 Anspruch auf schuldrechtliche Ausgleichsrente

**(1) [1]Bezieht die ausgleichspflichtige Person eine laufende Versorgung aus einem noch nicht ausgeglichenen Anrecht, so kann die ausgleichsberechtigte Person von ihr den Ausgleichswert als Rente (schuldrechtliche Ausgleichsrente) verlangen. [2]Die auf den Ausgleichswert entfallenden Sozialversicherungsbeiträge oder vergleichbaren Aufwendungen sind abzuziehen. [3]§ 18 gilt entsprechend.**

**(2) Der Anspruch ist fällig, sobald die ausgleichsberechtigte Person**
**1. eine eigene laufende Versorgung im Sinne des § 2 bezieht,**
**2. die Regelaltersgrenze der gesetzlichen Rentenversicherung erreicht hat oder**
**3. die gesundheitlichen Voraussetzungen für eine laufende Versorgung wegen Invalidität erfüllt.**

**(3) Für die schuldrechtliche Ausgleichsrente gelten § 1585 Abs. 1 Satz 2 und 3 sowie § 1585b Abs. 2 und 3 des Bürgerlichen Gesetzbuchs entsprechend.**

**Übersicht**



[101] BT-Drs. 16/10144, 63.

## I. Normzweck

Die Bestimmung des § 20 regelt die Art des Ausgleichs derjenigen Anrechte, die vom Wertausgleich nicht erfasst werden oder nicht erfasst werden können[1] und die deshalb **schuldrechtlich auszugleichen sind.** Bei mehreren schuldrechtlich auszugleichenden Versorgungen steht dem Ausgleichsberechtigten ein einheitlicher Zahlungsanspruch gegen den Ausgleichspflichtigen zu, der jedoch im Fall einer Abtretung und bei der Prüfung von Ansprüchen gemäß § 25 Abs. 1 gegen den Versorgungsträger wieder hinsichtlich der einzelnen Leistungsbeziehungen differenziert werden muss.[2] 1

Der Ausgleichsrentenanspruch einer schuldrechtlichen Ausgleichsrente hat einen **unterhaltsähnlichen Charakter,**[3] er unterscheidet sich von einem Unterhaltsanspruch des geschiedenen Ehegatten aber insbesondere in drei Punkten: Zum einen fällt der Ausgleichsrentenanspruch bei einer Wiederheirat des Ausgleichsberechtigten nicht wie der Unterhaltsanspruch des früheren Ehegatten weg. Zum anderen geht die Verpflichtung zur Zahlung der Ausgleichsrente beim Tod des Ausgleichspflichtigen nicht als Nachlassverbindlichkeit auf die Erben des Verpflichteten über. Stattdessen kommt unter den in § 25 genannten Voraussetzungen einen Inanspruchnahme des Trägers der schuldrechtlich auszugleichenden Versorgung in Betracht soweit bei Fortbestehen der Ehe eine Hinterbliebenenversorgung gezahlt worden wäre. Schließlich besteht der schuldrechtliche Anspruch auf Zahlung einer Ausgleichsrente im Gegensatz zu einem Unterhaltsanspruch unabhängig vom Vorliegen der Bedürftigkeit des berechtigten Ehegatten und der Leistungsfähigkeit des verpflichteten Ehegatten.[4] Dieser kann allenfalls bei der Härtefallprüfung gemäß § 27 Bedeutung zukommen. 2

Leistete der Ausgleichspflichtige Unterhalt während eines Zeitraums, für den verzugsbedingt der schuldrechtliche Versorgungsausgleich auch Zeiträume in der Vergangenheit umfasst, kommt ein auf Treu und Glauben basierender Anspruch auf Erstattung eines teil der Rentennachzahlung im schuldrechtlichen Versorgungsausgleich in Betracht, der von einem Unterhaltsabänderungsverfahren unabhängig ist.[5] 3

Der Anspruch auf die Zahlung einer schuldrechtlichen Ausgleichsrente **schließt einen etwaigen Unterhaltsanspruch des berechtigten – streng genommen auch des pflichtigen – Ehegatten nicht aus.** Der Anspruch ist lediglich im Rahmen der vorzunehmenden Prüfung der Bedürftigkeit des Unterhaltsberechtigten und der gleichfalls vorzunehmenden Prüfung der Leistungsfähigkeit des Unterhaltsverpflichteten zu beachten, der Ausgleichsanspruch auf Zahlung einer schuldrechtlichen Ausgleichsrente geht daher den Unterhaltsansprüchen im Rang vor. Die praktische Durchsetzung des Rentenanspruchs ist ua wegen der Regelung des § 21 beabsichtigt einfacher und erfolgversprechender als die Vollstreckung von Unterhaltsansprüchen. 4

Neben der als Regelfall vorgesehenen Zahlung einer monatlichen Geldrente kann ein gesicherter **Ausgleichsanspruch des Berechtigten,** soweit dies dem Verpflichteten wirtschaftlich zumutbar ist, auch im Wege der Abfindung (§ 23) oder Abtretung (§ 21) der schuldrechtlich auszugleichenden Ansprüche durch unmittelbar an den Ausgleichsberechtigten als Abtretungsempfänger erfolgende Leistung des Versorgungsträgers erfüllt werden.[6] 5

## II. Grundsätzliche Unterschiede zwischen öffentlich-rechtlichem und schuldrechtlichem Ausgleich

Der schuldrechtliche Versorgungsausgleich unterscheidet sich von einem öffentlich-rechtlichen Ausgleich nach neuem Recht grundsätzlich. Beim öffentlich-rechtlichen Ausgleich nach neuem 6

1 *Ruland* Versorgungsausgleich Rn. 461 ff.
2 *Borth* Versorgungausgleich Rn. 834.
3 BT-Drs. 7/4361, 47; *Borth* Versorgungsausgleich Rn. 831.
4 BGH NJW 1985, 2706 = FamRZ 1985, 263.
5 OLG Koblenz BeckRS 2017, 136343 = FamRZ 2017, 2013 mAnm *Borth.*
6 Johannsen/Henrich/*Holzwarth* Rn. 8.

Recht handelt es sich vorrangig um einen Kapitalausgleich. Der schuldrechtliche Ausgleich bezieht sich hingegen auch nach neuem Recht gemäß § 5 Abs. 4 auf den Ausgleich von Renten, also den anlässlich der Teilung fließenden Leistungen. Ein Ausgleich von Kapitalbeträgen kommt beim schuldrechtlichen Ausgleich lediglich dann in Betracht, wenn es sich um einen auszugleichenden Kapitalbetrag eines betrieblichen Anrechts oder eines Anrechts nach dem Altersvorsorge-Zertifizierungsgesetz handelt, die Kapitalzahlung also die Leistung darstellt. Abgesehen von diesem grundsätzlichen Unterschied sind die übrigen Regelungen des öffentlich-rechtlichen Ausgleichs, soweit sie die zu berücksichtigenden Anrechte betreffen, auch beim schuldrechtlichen Ausgleich zu beachten.

## III. Die Voraussetzungen für die Geltendmachung einer schuldrechtlichen Ausgleichsrente

7 Die Zahlung einer schuldrechtlichen Ausgleichsrente bedingt, dass der **sog. „doppelte Rentenfall"** eingetreten ist: Der ausgleichspflichtige Ehegatte muss die schuldrechtlich auszugleichende Versorgung beziehen (Abs. 1 S. 1), der ausgleichsberechtigte Ehegatte muss entweder gleichfalls Bezieher einer Versorgung sein oder die Voraussetzungen erfüllen, die für den Bezug einer Versorgung erforderlich sind (Abs. 2).[7]

8 Der schuldrechtliche Ausgleichsanspruch ist ein selbständiger Anspruch der mit Antrag geltend zu machen ist.[8] Eine Bezifferung des Antrags ist regelmäßig weder nötig noch sinnvoll, da das Familiengericht bei Berücksichtigung des Vorschlags des Trägers der schuldrechtlich auszugleichenden Versorgung gemäß § 5 Abs. 3 die Höhe der schuldrechtlich auszugleichenden Versorgung zu bestimmen hat.

9 **1. Voraussetzungen beim ausgleichspflichtigen Ehegatten.** Der verpflichtete Ehegatte muss diejenige Versorgung, die Gegenstand des schuldrechtlichen Ausgleichs ist, **tatsächlich beziehen.**[9] Vorschüsse und vorläufige Zahlungen sollen den Ausgleichsanspruch noch nicht auslösen,[10] was jedenfalls dann zutreffen wird, wenn solche Leistungen unter Rückforderungsvorbehalt erbracht werden.

10 Der ausgleichsberechtigte Ehegatte kann sich nicht darauf berufen, dass ein Versorgungsbezug nach den Versorgungsregelungen möglich ist, wenn die Zahlung der Versorgung aus vertretbaren Gründen aufgeschoben wurde. Ein Schadensersatzanspruch ist nur vorstellbar, wenn der Ausgleichspflichtige aus treuwidrigen Gründen einen Antrag nicht stellt,[11] nicht jedoch wenn etwa eine Altersrente nicht schon zum frühestmöglichen Zeitpunkt beantragt wird.[12] Gleichfalls ist es unerheblich, dass der Verpflichtete bereits eine anderweitige Rente bezieht, die vom schuldrechtlichen Ausgleich nicht erfasst wird, es sei denn diese überlagert bzw. ersetzt die eigentlich auszugleichende Versorgung, deren Leistungsvoraussetzungen vorlägen. Dies kann etwa beim Bezug einer nicht ausgleichspflichtigen gesetzlichen Unfallrente der Fall sein.[13]

11 Der tatsächliche Bezug einer Versorgung liegt auch dann vor, wenn eine betriebliche Kapitalleistung oder eine Kapitalleistung nach dem AltZertG an den verpflichteten Ehegatten ausgezahlt wurde (§ 22).[14] Dabei ist im Gesetz nicht geregelt wie der berechtigte Ehegatte einen später entstehenden Anspruch auf eine schuldrechtlich auszugleichende Kapitalleistung durchsetzen kann, wenn das gesamte früher ausgezahlte Kapital vom Verpflichteten zwischenzeitlich verbraucht wurde. Der Bezug von Sachleistungen zB eines Waren- bzw. Stromdeputats stellt keine auszugleichende Versorgung dar.[15]

12 Die **Pfändung** eines Anrechts steht dem schuldrechtlichen Ausgleich nicht entgegen.[16] Gleiches gilt für eine **Sicherheitsabtretung** des Anrechts.[17]

13 Aufgrund der **Versetzung in den Vorruhestand** werden teilweise betriebliche Versorgungsleistungen schon vor Erreichen der Regelaltersgrenze bezahlt. Bei solchen Versorgungsleistungen ist insbesondere bei einer Zahlung vor der Altersgrenze 60 zu prüfen, ob es sich um Leistungen der betrieblichen Altersversorgung handelt, die nach den jeweiligen Regelungen der maßgebenden Versorgungsordnung bezahlt werden. Wenn dies nicht der Fall ist, handelt es sich bei den vorgezogenen Leistungen um Übergangszahlungen die vom Versorgungsausgleich nicht erfasst werden.

---

[7] § 1587g Abs. 1 BGB aF; BT-Drs. 16/10144 zu § 20.
[8] *Glockner/Hoenes/Weil* Versorgungsausgleich Rn. 19; Johannsen/Henrich/*Holzwarth* Rn. 49.
[9] *Ruland* Versorgungsausgleich Rn. 638.
[10] BGH NJW 2000, 3563 = FamRZ 2001, 27 (28); Soergel/*Ahrens* Rn. 5.
[11] Erman/*Norpoth* Rn. 6.
[12] Soergel/*Ahrens* Rn. 5.
[13] Erman/*Norpoth* Rn. 6.
[14] Johannsen/Henrich/*Holzwarth* Rn. 26.
[15] BGH NJW-RR 2014, 323.
[16] OLG Stuttgart BeckRS 2013, 18813; OLG Hamm NJW-RR 2014, 325.
[17] OLG Karlsruhe BeckRS 2013, 01394.

**2. Voraussetzungen beim berechtigten Ehegatten.** Ein vorzeitiger Antrag auf Durchführung des schuldrechtlichen Versorgungsausgleichs vor Eintritt des Rentenbezuges des Ausgleichsberechtigten ist unzulässig.[18] Hinsichtlich der Voraussetzungen zur Zahlung einer schuldrechtlichen Ausgleichsrente ist beim berechtigten Ehegatten im Einzelnen folgendes zu berücksichtigen: 14

**a) Bezug einer Versorgung wegen Alters.** Die Voraussetzungen zur Geltendmachung einer schuldrechtlichen Ausgleichsrente sind auf Seiten des **berechtigten Ehegatten erfüllt, wenn dieser eine Altersrente bezieht.** Dabei gilt als Altersrente auch eine Rente wegen Frühpensionierung nach Vollendung des 50. Lebensjahrs.[19] Weiterhin sind die Voraussetzungen auch dann erfüllt, wenn dem berechtigten Ehegatten altershalber eine betriebliche Kapitalleistung oder eine Kapitalzahlung nach dem AltZertG ausgezahlt wurde[20] Erfüllt der Ausgleichsberechtigte die Rentenvoraussetzungen eines ausländischen Anrechts, reicht dies für die Fälligkeit auch dann aus, wenn die Rentenbezugsvoraussetzungen nach deutschem Recht etwa wegen einer höheren Altersgrenze noch nicht vorliegen oder dieses ausländische Anrecht keinen Ehezeitanteil aufweist.[21] 15

**b) Bezug einer Versorgung wegen Invalidität.** Der berechtigte Ehegatte erfüllt die Voraussetzungen zum Bezug einer schuldrechtlichen Ausgleichsrente auch dann, wenn er seinerseits **eine Rente wegen Invalidität** bezieht. Dabei ist eine Rente wegen Invalidität als Oberbegriff von Renten wegen Erwerbsunfähigkeit, Berufsunfähigkeit oder Dienstunfähigkeit zu verstehen.[22] Unberücksichtigt bleiben lediglich Invaliditätsrenten, die Entschädigungscharakter haben (→ Rn. 6). Die Voraussetzungen zum Bezug einer schuldrechtlichen Ausgleichsrente sind beim berechtigten Ehegatten auch dann erfüllt, wenn die Invaliditätsrente befristet ist.[23] 16

**c) Fiktiver Rentenfall des berechtigten Ehegatten.** Der berechtigte Ehegatte muss eine Rente **wegen Alters oder Invalidität nicht tatsächlich beziehen,** es genügt vielmehr dass er die Voraussetzungen für den Bezug erfüllt. Der **fiktive Bezug einer Altersrente** liegt dann vor, wenn die Regelaltersgrenze in der gesetzlichen Rentenversicherung erreicht ist.[24] Diese Regelaltersgrenze wird nach dem RV-Altersgrenzenanpassungsgesetz stufenweise vom Alter 65 auf das Alter 67 angehoben. Für jedes Geburtsjahr, das vor 1946 liegt, erhöht sich das Rentenalter um ein Monat, exemplarisch also wie folgt: 17

| Geburtsjahr | Anhebung um ... | Regelaltersgrenze |
|---|---|---|
| 1946 und früher | – | 65. LJ |
| 1947 | 1 | 65 LJ + 1 Monat |
| 1948 | 2 | 65 LJ + 2 Monate |
| 1949 | 3 | 65 LJ + 3 Monate |
| 1950 | 4 | 65 LJ + 4 Monate |
| 1951 | 5 | 65 LJ + 5 Monate |
| 1952 | 6 | 65 LJ + 6 Monate |
| 1953 | 7 | 65 LJ + 7 Monate |
| 1954 | 8 | 65 LJ + 8 Monate |
| 1955 | 9 | 65 LJ + 9 Monate |
| 1956 | 10 | 65 LJ + 10 Monate |
| 1957 | 11 | 65 LJ + 11 Monate |
| 1958 | 12 | 66 LJ |
| 1959 | 14 | 66 LJ + 2 Monate |
| 1960 | 16 | 66 LJ + 4 Monate |
| 1961 | 18 | 66 LJ + 6 Monate |
| 1962 | 20 | 66 LJ + 8 Monate |
| 1963 | 22 | 66 LJ + 10 Monate |
| 1964 und später | 24 | 67. LJ |

Die Annahme einer **fiktiven Rente wegen Invalidität** ist gegeben, wenn amtsärztlich die Voraussetzungen zum Bezug einer gesetzlichen Rente wegen verminderter Erwerbsfähigkeit bescheinigt werden, wobei der Unterschied zwischen voller oder eingeschränkter Erwerbsunfähigkeit 18

[18] OLG Bremen NJW 2013, 947.
[19] BGH NJW 2000, 3563 = FamRZ 2001, 27.
[20] Johannsen/Henrich/*Holzwarth* Rn. 29.
[21] BGH NJW-RR 2001, 289 = FamRZ 2001, 284; *Wick* Versorgungsausgleich Rn. 657.
[22] BT-Drs. 16/10144 zu § 2 Abs. 2 Nr. 2.
[23] OLG Düsseldorf FamRZ 2007, 218; *Borth* Versorgungsausgleich Rn. 839.
[24] BT-Drs. 16/10144 zu § 20 Abs. 2 Nr. 2.

bedeutungslos ist.[25] Dabei bietet es sich an, auf die zu § 43 Abs. 1, 2 SGB VI entwickelten Grundsätze abzustellen, also ob das Ende der Gesundheitsbeeinträchtigung nicht absehbar ist oder die Krankheit bereits sechs Monate andauert.[26]

### IV. Rechtliche Grundlagen des Ausgleichsanspruchs nach früherem Recht

19 Während bei der Durchführung des öffentlich-rechtlichen Ausgleichs die Anwendung des früheren Rechts gemäß § 48 nicht mehr in Betracht kommt, haben die Ausgleichsentscheidungen zum schuldrechtlichen Ausgleich nach den früheren Bestimmungen der § 1587f BGB aF und § 2 VAHRG aF **noch weitere Jahrzehnte Relevanz.** Die diesen Bestimmungen entsprechenden Voraussetzungen haben sich zwischen dem 1.7.1977 und dem Inkrafttreten des neuen Rechts mehrfach geändert.

20 **1. Arten des schuldrechtlichen Ausgleichs.** Die Bestimmungen des am 1.7.1977 in Kraft getretenen § 1587f BGB aF kannte fünf verschiedene Arten des schuldrechtlichen Ausgleichs.

21 **a) § 1587f Nr. 1 BGB aF.** Die Bestimmung des § 1587f Nr. 1 BGB aF bezog sich auf diejenigen Fälle in denen das Familiengericht eine Beitragszahlung der ausgleichspflichtigen Person zur gesetzlichen Rentenversicherung anordnen konnte (§ 1587b Abs. 3 BGB aF; § 3b Abs. 1 Nr. 2 VAHRG aF). Eine solche Beitragszahlung war **nach Altersrentenbeginn des Berechtigten ausgeschlossen,** so dass danach anstelle des öffentlich-rechtlichen Wertausgleichs die Anordnung des schuldrechtlichen Ausgleichs in Betracht kam.

22 **b) § 1587f Nr. 2 BGB aF.** Nach der Regelung des § 1587b Abs. 5 BGB aF war die Begründung gesetzlicher Rentenanwartschaften auf denjenigen Wert beschränkt, der näherungsweise der Beitragsbemessungsgrenze in der gesetzlichen Rentenversicherung entsprach, das war eine Begründung von maximal zwei Entgeltpunkten pro Jahr. Ein auszugleichendes Anrecht, das diesen Höchstbetrag überschritten hatte, blieb gemäß § 1587f Nr. 2 BGB aF dem schuldrechtlichen Versorgungsausgleich vorbehalten. Ein schuldrechtlicher Ausgleich **wegen Überschreitens des Höchstbetrags** kam insbesondere beim Ausgleich beamtenrechtlicher Anrechte ab Besoldungsgruppe A 13 bzw. beim Ausgleich berufsständischer Anrechte in Betracht.

23 **c) § 1587f Nr. 3 BGB aF.** Bis zu der nach der Entscheidung des BVerfG vom 27.1.1983[27] als nichtig erklärten Beitragszahlung gemäß § 1587b Abs. 3 BGB aF wurden alle Anrechte außerhalb der gesetzlichen Rentenversicherung und der Beamtenversorgung dadurch ausgeglichen, dass der Ausgleichspflichtige eine dem auszugleichenden Anrecht entsprechende Rente **durch Beitragszahlung in der gesetzlichen Rentenversicherung** begründen musste. Nachdem aufgrund der vorgenannten Entscheidung des BVerfG zunächst Beitragszahlungen des Ausgleichspflichtigen entfielen, kam mit Inkrafttreten des VAHRG idF vom 8.12.1986 eine Beitragszahlung beim Ausgleich einer betrieblichen oder bei einem Versicherungsunternehmen bestehenden Rentenversicherung dann in Betracht, wenn es sich nicht um einen öffentlich-rechtlichen Versorgungsträger handelte, eine Realteilung ausgeschlossen war und dem Verpflichteten die Beitragszahlung wirtschaftlich zumutbar war (§ 3b Abs. 1 Nr. 2 VAHRG aF). Falls eine solche gerichtlich angeordnete Beitragszahlung nicht erfolgt ist, kann der Berechtigte nach § 1587f Nr. 3 BGB aF einen schuldrechtlichen Ausgleichsanspruch geltend machen.

24 **d) § 1587f Nr. 4 BGB aF.** Die Regelung des § 1587f Nr. 4 BGB aF hat auch nach neuem Recht weiterhin Geltung: Sie betrifft die zum Zeitpunkt der Entscheidung nach den Bestimmungen des BetrAVG **verfallbaren betrieblichen Versorgungsanwartschaften,** wobei sowohl die Verfallbarkeit dem Grunde als auch der Höhe nach[28] zu beachten ist.

25 **e) § 1587f Nr. 5 BGB aF.** Schließlich war gemäß § 1587f Nr. 5 BGB aF – ähnlich wie bei Anwendung des neuen Rechts – ein Anrecht dann schuldrechtlich auszugleichen, wenn die Beteiligten den schuldrechtlichen Ausgleich vereinbart hatten oder das Familiengericht im Falle der Unwirtschaftlichkeit des öffentlich-rechtlichen Ausgleichs den schuldrechtlichen Ausgleich angeordnet hatte.

26 **2. § 2 VAHRG aF.** Durch das am 21.2.1983 in Kraft getretene Gesetz zur Regelung von Härten im Versorgungsausgleich (VAHRG aF) kam es gemäß **§ 2 VAHRG aF** zu einer weiteren Regelung hinsichtlich der Anordnung des schuldrechtlichen Ausgleichs. Dabei sind zwei Zeiträume von Bedeutung:
- Im Zeitraum vom 21.2.1983 bis zum 7.12.1986 blieben alle Anrechte, soweit sie nicht in der gesetzlichen Rentenversicherung noch in der Beamtenversorgung noch bei einem öffentlich-

---

[25] Johannsen/Henrich/*Holzwarth* Rn. 31.
[26] *Borth* Versorgungsausgleich Kap. 4 Rn. 29.
[27] BVerfGE 63, 88 = NJW 1983, 1417 = FamRZ 1983, 342 mAnm *Ruland* FamRZ 1983, 566.
[28] BGH NJW 1989, 2812 = FamRZ 1989, 844.

rechtlichen Versorgungsträger bestanden, und auch nicht durch Realteilung ausgeglichen werden konnten, dem schuldrechtlichen Ausgleich vorbehalten. In aller Regel haben die Familiengerichte hinsichtlich dieser Anrechte **keine Auskünfte eingeholt,** so dass die bei einer privaten betrieblichen Versorgung bestehenden Anrechte weder in den Gründen noch im Tenor genannt wurden.
– Bei Entscheidungen nach dem 7.12.1986 kam ein schuldrechtlicher Ausgleich gemäß § 2 VAHRG aF nur noch dann in Betracht, wenn die vorrangigen Regelungen der Bestimmungen des § 3b Abs. 1 Nr. 1 VAHRG aF bzw. des § 3b Abs. 1 Nr. 2 VAHRG aF ausgeschöpft waren.

### V. Ausgleichsansprüche nach neuem Recht

Gegenüber dem früheren Recht haben sich die Fälle des schuldrechtlichen Ausgleichs wesentlich vermindert. Dies entsprach dem Ziel, den Ausgleich bei Scheidung zu stärken und damit den schuldrechtlichen Ausgleich als nachrangige Ausgleichsform zurück zu drängen.[29] 27

**1. Ausgleichsansprüche wegen fehlender Ausgleichsreife.** Zu den dem schuldrechtlichen Ausgleich überlassenen Anrechten gehören zunächst diejenigen Anrechte die gemäß § 19 wegen fehlender Ausgleichsreife dem öffentlich-rechtlichen Wertausgleich entzogen waren. Es handelte sich dabei im Einzelnen gemäß § 19 Abs. 2 um nach § 1b BetrAVG bzw. nach § 2 Abs. 5 BetrAVG **verfallbare betriebliche Anrechte,** um Anrechte die auf eine **abzuschmelzende Leistung** gerichtet waren, um Anrechte deren öffentlich-rechtlicher Ausgleich **unwirtschaftlich** war und um Anrechte die bei einem **ausländischen, überstaatlichen oder zwischenstaatlichen Versorgungsträger** bestanden (→ Rn. 11). Bei ausländischen Anrechten ist zu berücksichtigen, dass auch die fehlende Ausgleichsreife nicht dazu führen sollte, diese nicht aufzuklären, da eine Billigkeitsprüfung gemäß § 19 Abs. 3 geboten ist, die zu einem Ausschluss des Ausgleichs von anderen Anrechten des Ausgleichsberechtigten führen kann.[30] Hier kann bereits ausreichen, wenn der Ausgleichsberechtigte gleichhohe inländische Anrechte hat.[31] Besteht Unsicherheit darüber, ob ein ausländisches Anrecht in einem gesonderten ausländischen Verfahren ausgeglichen werden kann, kommt die Aussetzung des Verfahrens zum Versorgungsausgleich entsprechend § 221 FamFG in Betracht.[32] Dies gilt auch deshalb, weil die mögliche dingliche Teilung eines ausländischen Anrechts maßgeblich für die gemäß § 23 durchzuführende Abwägung ist.[33] 28

**2. Ausgleichsansprüche aufgrund von Vereinbarungen.** Die Eheleute können gemäß § 6 hinsichtlich aller bestehenden Anrechte oder hinsichtlich eines bestimmten Anrechts den **Vorbehalt des schuldrechtlichen Ausgleichs** bestimmen. Vielfach wirkt sich allerdings eine solche Vereinbarung zu Ungunsten des berechtigten Ehegatten aus, so dass bei einer solchen Vereinbarung regelmäßig zu prüfen ist, ob sie der **Inhalts- und Ausübungskontrolle** nach § 8 Abs. 1 standhält. Dabei ist insbesondere der Wegfall von Ansprüchen gegen den betrieblichen Versorgungsträger bei Vorversterben des Ausgleichspflichtigen gemäß § 25 Abs. 2 zu beachten, der eine spürbare Versorgungslücke entstehen lassen kann. 29

**3. Ausgleichsansprüche aufgrund von Verrechnungen.** Nach § 19 Abs. 3 soll vermieden werden, dass ein Ehegatte innerdeutsche Anrechte öffentlich-rechtlich ausgleichen muss, während nicht-deutsche Anrechte des anderen Ehegatten wegen fehlender Ausgleichsreife dem schuldrechtlichen Ausgleich vorbehalten bleiben. Die innerdeutschen Anrechte bleiben in diesem Fall in Höhe der schuldrechtlich auszugleichenden nicht-deutschen Anrechte dem schuldrechtlichen Ausgleich überlassen. 30

### VI. Der Ausgleichswert einer schuldrechtlichen Ausgleichsrente

Gleichermaßen wie beim öffentlich-rechtlichen Wertausgleich errechnet sich beim Einzelausgleich die Höhe einer schuldrechtlichen Ausgleichsrente **vorrangig im Wege der unmittelbaren Bewertung** und nur nachrangig im Wege der zeitratierlichen Bewertung. Dabei sind beim schuldrechtlichen Ausgleich, da es sich um eine bereits gezahlte Rente handelt, die hierfür maßgebenden Bestimmungen des § 41 Abs. 1 und 2 in Ansatz zu bringen. 31

Die Durchführung des schuldrechtlichen Ausgleichs in Form des Einzelausgleichs jedes schuldrechtlich auszugleichenden Anrechts ergibt sich aus der beim gesamten Ausgleich maßgebenden Regelung des § 1. Allerdings liegen beim schuldrechtlichen Ausgleich die Voraussetzungen für eine Verrechnung aufgrund einer Vereinbarung häufiger vor als beim öffentlich-rechtlichen Ausgleich, weil es sich bei laufenden Versorgungen eher um Anrechte gleicher Art handelt. Zu weit geht jedoch auch wegen 32

---
[29] BT-Drs. 16/10144, 31.
[30] OLG Stuttgart BeckRS 2015, 02980.
[31] OLG Zweibrücken BeckRS 2013, 01019.
[32] OLG Karlsruhe BeckRS 2017, 128203 für Schweizer Betriebsrente.
[33] OLG Karlsruhe BeckRS 2017, 103594 = FamRZ 2017, 1125.

der möglichen unterschiedlichen Anpassungen gemäß § 16 Abs. 1 BetrAVG die Annahme, alle schuldrechtlichen Ausgleichsansprüche seien grundsätzlich der Verrechnung zugänglich.[34] Eine Verrechnungsvereinbarung beschränkt auf die jeweils sich ergebenden Zahlbeträge kann demgegenüber sinnvoll sein.[35]

33 Wie beim Wertausgleich ist auch beim schuldrechtlichen Ausgleich **von der Anwendung der Grundnorm des § 5** auszugehen. Danach muss ein deutscher Versorgungsträger aufgrund der ihm zur Verfügung stehenden Rechnungsgrundlagen dem Familiengericht einen Vorschlag zur Bestimmung des Ausgleichswerts der schuldrechtlich auszugleichenden Rente unterbreiten.

34 Im Unterschied zum Wertausgleich kommt allerdings dabei eine Berechnung unter Zugrundelegung einer **von einem Rentenbetrag abweichenden Bezugsgröße** nicht in Betracht. Gemäß § 5 Abs. 4 ist beim schuldrechtlichen Ausgleich ein korrespondierender Kapitalwert grundsätzlich ebenso wenig anzugeben wie eine Bezugsgröße in Form von Entgeltpunkten, Leistungszahlen oder eines Deckungskapitals. Die Bestimmung schließt allerdings nicht aus, dass in Einzelfällen die Angabe eines Kapitalwerts durch den Versorgungsträger verlangt werden kann. Sinnvoll ist die Mitteilung grundsätzlich in jedem Fall. Dies gilt insbesondere bei beabsichtigten Vereinbarungen zum schuldrechtlichen Ausgleich oder bei der Abfindung einer schuldrechtlichen Ausgleichsrente[36] (→ § 5 Rn. 43 ff.), die häufig durch die Kenntnis des Kapitalwertes inspiriert oder erleichtert werden. Die Bestimmung der Ausgleichsrente in Form eines prozentualen Anteils der gezahlten Rente ist unzulässig, da kein einer Dynamisierung zugänglicher Zahlungsanspruch besteht.[37] Möglich und ratsam ist jedoch eine Vereinbarung über eine anteilige Zahlung des Versorgungsträgers an den Ausgleichsberechtigten,[38] soweit die Satzung des Versorgungsträgers eine solche Abtretung zulässt.

35 **1. Ausgleichswert bei Entscheidungen nach früherem Recht.** Bei einem Vorbehalt des schuldrechtlichen Ausgleichs nach den früheren Regelungen des § 1587f BGB aF bzw. des § 2 VAHRG aF **errechnet sich der schuldrechtliche Versorgungsausgleich in zwei Schritten:** Zunächst ist der **auf das Ende der Ehezeit bezogene Nominalbetrag** der schuldrechtlichen Ausgleichsrente zu ermitteln.[39] Während nach der früheren Regelung des § 1587g Abs. 2 auf die Anwendung des § 1587a BGB aF verwiesen wurde, konnte nach dem neuen Recht eine solche Verweisung entfallen, weil § 41 die für den schuldrechtlichen Ausgleich maßgebende Bewertung einer laufenden Versorgung bei entsprechender Anwendung der Bestimmungen der §§ 39 und 40 durch unmittelbare Bewertung oder zeitratierliche Bewertung vorschreibt. Die Möglichkeit der unmittelbaren Bewertung erleichtert die Berechnung einer schuldrechtlichen Ausgleichsrente. Der im ersten Berechnungsschritt ermittelte, auf das Ende der Ehezeit bezogene Ausgleichsbetrag ist gegebenenfalls in einem zweiten Berechnungsschritt **unter Berücksichtigung nachehelicher Anpassungen und zeitlicher Änderungen** zu aktualisieren (§ 5 Abs. 2 S. 2; Abs. 4 S. 2; → § 5 Rn. 48).[40]

36 **a) Öffentlich-rechtlicher Teilausgleich nach früherem Recht.** Insbesondere beim Ausgleich betrieblicher Anrechte erfolgte nach der früheren Regelung des § 3b Abs. 1 Nr. 1 VAHRG aF mehrheitlich ein öffentlich-rechtlicher Teilausgleich im Wege des erweiterten Splittings während der darüber hinausgehende Ausgleichsbetrag dem schuldrechtlichen Ausgleich vorbehalten blieb. **Der in der Erstentscheidung bestimmte öffentlich-rechtliche Ausgleichsbetrag** ist bei der Durchführung des schuldrechtlichen Ausgleichs entsprechend dem vorgenannten zweiten Berechnungsschritt zu aktualisieren. Diese Aktualisierung erfolgt gemäß § 53 unter Zugrundelegung der Entwicklung des aktuellen Rentenwerts in der gesetzlichen Rentenversicherung. Gleiches gilt wenn ein Teilausgleich durch Beitragszahlung gemäß § 3b Abs. 1 Nr. 2 VAHRG aF erfolgt ist.

**Beispiel:**

| | | |
|---|---|---|
| Ende der Ehezeit | : | 31.8.1995 |
| Öffentlich-rechtlich ausgeglichenes Anrecht | : | 81,20 DM |
| Aktueller Rentenwert 2. Halbjahr 1995 | : | 46,23 DM |
| Ausgeglichene Entgeltpunkte | : | 81,20 DM : 46,23 DM |
| | : | 1,7564 EP |
| Aktueller Rentenwert 2. Halbjahr 2009 | : | 27,20 EUR |
| Aktualisiertes Anrecht | : | 1,7564 EP × 27,20 EUR |
| | : | 47,77 EUR |

[34] OLG Celle NJW 2011, 1743 = FamRZ 2011, 729 (730).
[35] *Borth* Versorgungsausgleich Rn. 833.
[36] Johannsen/Henrich/*Holzwarth* Rn. 3.
[37] BGH NJW 2008, 153 = FamRZ 2007, 2055.
[38] *Borth* Versorgungsausgleich Rn. 852; OLG Stuttgart FamRZ 2003, 455 (457 f.).
[39] BGH NJW 2008, 3283 = FamRZ 2008, 1512 (1513).
[40] BGH NJW 2005, 2775 = FamRZ 2005, 1464.

Lösung: Bei einem angenommenen Ausgleichswert der insgesamt auszugleichenden Versorgung von 100 EUR unterfallen dem schuldrechtlichen Ausgleich noch 100 EUR ./. 47,77 EUR = 52,23 EUR.

Hier ist bei der Antragstellung zu differenzieren: Ist eine Betriebsrente bei einer Entscheidung nach altem Recht gemäß § 3b Abs. 1 Nr. 1 VAHRG aF nur zum Teil ausgeglichen worden, wird der nicht ausgeglichene Teil bei Durchführung des schuldrechtlichen Versorgungsausgleichs gemäß §§ 20 ff. betrachtet. Es handelt sich nicht um ein Abänderungsverfahren gemäß § 51.[41] Da der Antrag auf Abänderung ein Aliud zu dem Antrag auf (erstmalige) Durchführung des schuldrechtlichen Versorgungsausgleichs darstellt, kann das Abänderungsverlangen keine verzugsbegründende Wirkung hinsichtlich des schuldrechtlichen Ausgleichsanspruchs entfalten.[42] Auch weil beide Anträge nebeneinander gestellt und im selben Verfahren entschieden werden können, ist zumindest eine Hilfsantragstellung im Zweifelsfall zu erwägen.

Erst nach Anrechnung des erfolgten Teilausgleiches gemäß § 3b Abs. 1 Nr. 1 VAHRG aF sind gemäß § 20 Abs. 1 S. 2 die anteiligen Sozialversicherungsbeiträge abzuziehen.[43] Die Einhaltung dieser Reihenfolge ist notwendig, um zu gewährleisten, dass der Abzug ausschließlich mit dem auf die Ausgleichsrente entfallenden Teil erfolgt.

**b) Nacheheliche Einkommensdynamik.** Im Falle einer nachehelichen Einkommensdynamik eines betrieblichen Anrechts ist zu unterscheiden, ob das gesamte Anrecht bzw. ein Teil des gesamten Anrechts oder nur der nacheheliche dynamische Wert dem schuldrechtlichen Ausgleich vorbehalten blieb. Wenn **das gesamte Anrecht schuldrechtlich auszugleichen ist,** ist der auf das Ende der Ehezeit bezogene Wert bei Außerachtlassung eines nachehezeitlichen beruflichen Aufstiegs (→ Rn. 40) zu aktualisieren (zur Art der Aktualisierung → Rn. 35). Bei einer in der Erstentscheidung öffentlich-rechtlich ausgeglichenen (Teil-) Rente errechnet sich der Ausgleichswert der schuldrechtlichen Ausgleichsrente durch Aktualisierung der gesamten auf das Ende der Ehezeit bezogenen auszugleichenden Rente abzüglich der öffentlich-rechtlich ausgeglichenen Rente. Wenn hingegen nur der Wert der zum Ende der Ehezeit verfallbaren nachehezeitlichen Dynamik dem schuldrechtlichen Ausgleich überlassen blieb, entspricht die schuldrechtliche **Ausgleichsrente dem Differenzbetrag** zwischen dem zu berücksichtigenden Ausgleichswert der gezahlten Rente und der bereits ausgeglichenen aktualisierten Rente. 37

**c) Private Rentenversicherung.** Wenn einem schuldrechtlich auszugleichenden Anrecht aufgrund einer privaten Rentenversicherung **ein Deckungskapital zugrunde liegt,** ist bei der Berechnung der schuldrechtlichen Ausgleichsrente die Neuregelung des § 153 VVG idF vom 1.1.2008 zu beachten. Danach ist die nachehezeitliche Veränderung der auf das Ende der Ehezeit bezogenen Überschussanteile ebenso zu berücksichtigen wie die Teilhabe an den Bewertungsreserven. 38

**2. Ausgleichswert bei Entscheidungen zum Versorgungsausgleich nach neuem Recht.** Die Höhe einer schuldrechtlichen Ausgleichsrente nach neuem Recht bestimmt sich im Zusammenhang mit dem entsprechenden Vorschlag des Versorgungsträgers unter Zugrundelegung der Wertverhältnisse zum Ende der Ehezeit, wobei gemäß § 5 Abs. 2 zusätzlich rechtliche oder tatsächliche nacheheliche Veränderungen zu berücksichtigen sind, soweit diese auf das Ende der Ehezeit zurückwirken (→ § 5 Rn. 25). 39

**a) Bezug zur Ehezeit.** Einen Bezug zur Ehezeit haben die nachehezeitlichen Änderungen der auf das Ende der Ehezeit bezogenen für die Versorgung maßgebenden Bemessungsgrundlagen. Diese entspricht im Regelfall der nachehelichen Regelentwicklung des versorgungsfähigen Einkommens. Hierzu gehört auch die Regelentwicklung des die Höhe einer betrieblichen Versorgung bestimmenden Versicherungsbestands eines Versicherungsvertreters.[44] Berücksichtigungsfähig ist etwa der Eintritt vorzeitiger Invalidität[45] oder vorgezogener Ruhestand,[46] die Vereinbarung eines vorzeitigen Ausscheidens ohne oder mit kompensiertem Versorgungsabschlag[47] sowie die Veränderung der Behandlung von Anrechnungszeiten, die zu einer Veränderung der Anspruchshöhe bei gleichzeitiger Verschiebung des Ehezeitanteils führen können.[48] 40

**b) Kein Bezug zur Ehezeit.** Kein Bezug zur Ehezeit ergibt sich dagegen sowohl aufgrund eines nachehezeitlichen beruflichen Aufstiegs (Karrieresprung)[49] als auch bei einer nachehezeitlichen 41

---

41 BGH BeckRS 2015, 08851; NJW-RR 2013, 1219; 2014, 1094.

42 OLG Saarbrücken BeckRS 2015, 11167.

43 OLG Hamm NJW-RR 2014, 964; OLG Hamm FamRZ 2013, 1895.

44 BGH NJW 1997, 863 = FamRZ 1997, 285 (286).

45 BGH NJW-RR 2000, 289 = FamRZ 2000, 89 (90).

46 BGH NJW 2008, 3283 = FamRZ 2008, 1512 (1514); NJW 2008, 3063 = FamRZ 2008, 1834.

47 BGH NJW 2007, 2483 = FamRZ 2007, 891 (892); aA OLG Hamm FamRZ 2005, 810 (811).

48 *Wick* Versorgungsausgleich Rn. 663.

49 BGH NJW 2009, 1604 = FamRZ 2009, 205 (207); NJW 2009, 3434 = FamRZ 2009, 1738 (1742); OLG Zweibrücken FamR 2010, 1668 (1669); OLG Hamm BeckRS 2013, 09051.

dienstzeitabhängigen Einkommenserhöhung wie beispielsweise der Erhöhung der Dienstaltersstufe einer beamtenrechtlichen Versorgung.[50] Gleiches gilt für eine vollständige Neuregelung der Versorgungszusage nach Ehezeitende aufgrund individueller Aushandlung durch den Ausgleichspflichtigen mit dem Versorgungsträger.[51]

**42** Die gebotene Außerachtlassung eines nachehezeitlichen beruflichen Aufstiegs[52] ist bei der Berechnung des Ehezeitanteils nur bei Anwendung der zeitratierlichen Berechnungsmethode des § 40 von Bedeutung. Bei Anwendung der unmittelbaren Berechnungsmethode des § 39 wirkt sich eine nachehezeitliche Veränderung nicht aus, da der Wert der in der Ehezeit erworbenen Versorgung schon feststeht.

**43** Die Feststellung einer fiktiven schuldrechtlichen Ausgleichsrente im Falle eines nachehezeitlichen beruflichen Aufstiegs ist möglich, wenn bei einem nachfolgenden Betriebsangehörigen Beschäftigungsmerkmale vorliegen die der zum Ende der Ehezeit ausgeübten Tätigkeit des Ausgleichspflichtigen entsprechen. In einem solchen Fall ist von der vergleichbaren betrieblichen Versorgung des Nachfolgers auszugehen. Wenn eine solche Berechnung nicht in Betracht kommt, kann bei der Berechnung einer dynamischen Fiktivrente derjenige Wert in Ansatz gebracht werden, welcher mit der Entwicklung des Durchschnittsentgelts in der gesetzlichen Rentenversicherung vergleichbar ist.

**Beispiel:**

| | | |
|---|---|---|
| Ende der Ehezeit | : | 31.10.1990 |
| schuldrechtliche Ausgleichsrente, bezogen auf das Ende der Ehezeit | : | 1.000,00 DM |
| | : | 511,29 EUR |
| durchschnittliches Entgelt in der gesetzlichen Rentenversicherung zum Ende der Ehezeit | : | 41.946,00 DM |
| | : | 21.446,65 EUR |
| Zahlungsbeginn der schuldrechtlichen Ausgleichsrente | : | 1.8.2007 |
| Durchschnittsentgelt 2007 | : | 29.951,00 EUR |
| durchschnittliche Einkommensdynamik zwischen dem Ende der Ehezeit und dem 1.8.2007 | : | 29.951,00 EUR |
| | : | 21.446,65 EUR |
| | : | 39,65 % |

**44** **c) Der Vorschlag privatrechtlicher Versorgungsträger.** Privatrechtliche Versorgungsträger waren nach früherem Recht am Verfahren nicht beteiligt, sodass ihnen im Regelfall der vom Familiengericht im Wege des Einmalausgleichs ermittelte, auf das Ende der Ehezeit bezogene Ausgleichsbetrag nicht bekannt war. Aus Gründen der Praktikabilität ist beim Vorschlag privatrechtlicher Versorgungsträger gegenüber dem Familiengericht **vom Ehezeitanteil der tatsächlich bezogenen Versorgung** auszugehen, der um den dem Versorgungsträger bekannten nachehezeitlichen beruflichen Aufstieg oder vergleichbare Veränderungen zu bereinigen ist.

**45** **d) Der Vorschlag öffentlich-rechtlicher Versorgungsträger.** Öffentlich-rechtliche Versorgungsträger waren auch nach früherem Recht am Verfahren zum Versorgungsausgleich beteiligt, sodass ihnen die rechtskräftige Entscheidung des Familiengerichts bekannt ist. Unter Zugrundelegung der nachehelichen Wertentwicklung der sich nach dieser Entscheidung ergebenden schuldrechtlichen Rente ist dem Familiengericht **ein Vorschlag zur Durchführung des schuldrechtlichen Ausgleichs** zu unterbreiten. Ein etwaiges öffentlich-rechtliches Teilanrecht ist mit dem nach § 53 aktualisierten Wert anzurechnen.

**46** **e) Auskünfte nicht-deutscher Versorgungsträger.** Ausländische, überstaatliche und zwischenstaatliche Versorgungsträger, deren Versorgungen schuldrechtlich auszugleichen sind, können zu Auskünften nach § 220 FamFG (bzw. nach den sonstigen Vorschriften des VersAusglG) nicht verpflichtet werden. Den Familiengerichten stehen mehrheitlich nur die Satzungen oder sonstige Versorgungsregelungen verbunden mit allgemeinen individuellen Berechnungsgrundlagen zur Verfügung. Zur Berechnung der tatsächlichen oder – im Falle einer Abfindung – der zukünftigen schuldrechtlichen Ausgleichsrente beauftragt das Familiengericht regelmäßig Sachverständige, deren Aufgabe es sein wird, **neben der schuldrechtlichen Ausgleichsrente zusätzlich einen korrespondieren-**

[50] BGH NJW-RR 2009, 577 = FamRZ 2009, 586.
[51] BGH NJW 2008, 3283 = FamRZ 2008, 1512 (1514).
[52] BGH NJW 2008, 3283 = FamRZ 2008, 1512 (1513).

**den Kapitalwert** nach § 47 zu ermitteln, wenn die Angabe eines solchen Kapitalbetrags ausnahmsweise erforderlich ist. Es besteht insoweit eine grundsätzliche **Aufklärungsverpflichtung** im Rahmen der Amtsermittlung.[53]

**f) Schuldrechtlicher Ausgleich durch Vereinbarung.** Im Falle einer Vereinbarung, wonach der Versorgungsausgleich schuldrechtlich durchzuführen ist, entfällt ein Vorschlag eines Versorgungsträgers. Die Eheleute müssen selbst im Zusammenhang mit einer Vereinbarung einen entsprechenden Vorschlag unterbreiten. 47

**g) Beim Wertausgleich „vergessene" oder bisher nicht auszugleichende Anrechte.** Nach altem Recht konnte gemäß § 10a VAHRG aF im Rahmen eines Abänderungsverfahrens eine vollständig **neue Ausgleichsbilanz** erstellt werden, in die auch solche Anrechte neu eingebracht werden mussten, die in der Ausgangsentscheidung übersehen oder sonst nicht angesetzt wurden.[54] Diese Möglichkeit sehen die Abänderungsverfahren nach neuem Recht gemäß §§ 51, 52 VersAusglG und §§ 225, 226 FamFG nicht mehr vor.[55] Der schuldrechtliche Versorgungsausgleich ist nicht als Auffangregelung bestimmt, die insbesondere auch für den Ausgleich vergessener oder verschwiegener Anrechte und zur Behandlung von Rechtsanwendungsfehlern in der Ausgangsentscheidung heranzuziehen wäre.[56] Die Einbeziehung solcher Anrechte in den schuldrechtlichen Versorgungausgleich hätte zwar den Vorteil einer faktisch jederzeit noch möglichen Korrekturmöglichkeit, gibt den Bestimmungen zum schuldrechtlichen Versorgungsausgleich jedoch einen generalklauselartigen Anwendungsbereich bei, der nicht vorgesehen ist. Voraussetzung für den schuldrechtlichen Versorgungsausgleich ist vielmehr, dass ein Anrecht bei der Ausgangsentscheidung zwar gesehen wurde, aber wegen der Voraussetzungen gemäß § 19, einer Vereinbarung oder nach der Anwendung des alten Rechts nicht ausgeglichen werden konnte. Dies entspricht auch der Behandlung von nach altem Recht nicht dem Versorgungsausgleich unterfallenden Anrechten, die ebenfalls nicht schuldrechtlich ausgeglichen werden können.[57] Der Ausgleichsberechtigte ist in diesen Fällen auf die engen Voraussetzungen eines Wiederaufnahmeverfahrens gemäß § 48 Abs. 2 FamFG iVm §§ 579, 580 ZPO oder auf die Geltendmachung eines Schadensersatzanspruchs gemäß § 823 Abs. 2 iVm § 263 StGB gerichtet auf Leistung des für die Begründung des verlorenen auszugleichenden Anrechts erforderlichen Betrages verwiesen.[58] 48

Erfolgt jedoch nach Ehezeitende eine Neuregelung in einem **Aufhebungsvertrag,** die zu ehezeitbezogenen Altersvorsorgeanrechten führt, kann ein schuldrechtlicher Ausgleich erfolgen.[59] 49

Behandelt eine Entscheidung zum öffentlich-rechtlichen Versorgungsausgleich bei der Scheidung ein Anrecht aus betrieblicher Altersvorsorge zu Unrecht als nicht ausgleichsreif, steht die Rechtskraft dieser Entscheidung einem späteren schuldrechtlichen Versorgungsausgleich nach der Scheidung nicht entgegen.[60] Dies gilt, obwohl dem schuldrechtlichen Versorgungsausgleich **keine** generelle **Auffangfunktion** zukommt, weil in diesem Fall gerade keine den schuldrechtlichen Versorgungsausgleich ausschließende Rechtskraft vorliegt. Es ist also bei Prüfung der Ausgleichssperre darauf zu achten, wie weit der Vorbehalt des schuldrechtlichen Versorgungsausgleichs in der Ursprungsentscheidung reichte, also welche Anrechte davon umfasst sein können. Wird die in der Praxis häufige Formulierung tenoriert, dass „im übrigen" der schuldrechtliche Versorgungsausgleich vorbehalten bleibt, wird dies wohl dennoch nicht zur späteren Berücksichtigung von „vergessenen" Anrechten führen können, die noch nicht einmal Gegenstand der Auskünfte waren. Konsequenterweise verlangt deshalb § 224 Abs. 3 FamFG im Tenor der Entscheidung die Feststellung, dass ein Wertausgleich bei Scheidung generell oder in Bezug auf ein einzelnes Anrecht nicht stattfindet, womit dann auch der Wertausgleich nach Scheidung gemäß §§ 20 ff. ausgeschlossen ist.[61] Fehlt die Feststellung des Vorbehalts des schuldrechtlichen Versorgungsausgleichs im Tenor, besteht für die dagegen gerichtete Beschwerde Rechtsschutzbedürfnis, obwohl der Benennung des Anrechts keine konstitutive Wirkung zukommen soll.[62] 50

---

[53] OLG Stuttgart BeckRS 2015, 02980.

[54] BGH NJW 1993, 1650 = FamRZ 1993, 796.

[55] *Wick* Versorgungausgleich Rn. 646.

[56] BGH NJW-RR 2013, 1219; *Kemper* FamFR 2013, 445; *Bergner* NJW 2012, 3757; Soergel/*Ahrens* Rn. 17 ff.; *Borth* Versorgungsausgleich Rn. 856; aA Erman/*Norpoth* Rn. 2; *Wick* Versorgungausgleich Rn. 650.

[57] OLG Stuttgart NJW-RR 2015, 453.

[58] *Borth* Versorgungsausgleich Rn. 857; *Borth* FamRZ 2013, 1185.

[59] OLG Schleswig BeckRS 2013, 14222.

[60] BGH NJOZ 2017, 1543 mit Verweis auf BGHZ 198, 91 = NJW-RR 2013, 1219 = FamRZ 2013, 1548.

[61] AG Erfurt FamRZ 2018, 433 Ls. mAnm *Borth*; OLG Naumburg BeckRS 2016, 116076 = FamRZ 2017, 365 mAnm *Borth*.

[62] OLG Koblenz NJW-RR 2107, 710 = NZFam 2017, 318 mAnm *Keuter*; aA OLG Stuttgart BeckRS 2016, 00080: keine Zulässigkeit der Beschwerde mangels Rechtsbeeinträchtigung.

### VII. Berücksichtigung nachehezeitlicher Wertveränderungen

51 Bei den zu berücksichtigenden nachehezeitlich eingetretenen Wertveränderungen der auf das Ende der Ehezeit bezogenen schuldrechtlichen Ausgleichsrente ist zwischen **gesetzlichen und satzungsbezogenen Wertveränderungen** einerseits und den gemäß → Rn. 38 ff. unter 2) zu berücksichtigenden individuellen Wertveränderungen andererseits zu unterscheiden. Aufgrund des in vielen Fällen langen Zeitraums zwischen dem Ende der Ehezeit und dem Zeitpunkt des Zahlungsbeginns des schuldrechtlichen Ausgleichs haben sich nachehezeitlich vielfach die der auszugleichenden Rente entsprechenden satzungsbezogenen oder gesetzlichen Bestimmungen geändert. Dies gilt zB bei betrieblichen Versorgungen für den Übergang vom Leistungsprimat zum Beitragsprimat. Solche nachehezeitlichen Wertveränderungen sind beim schuldrechtlichen Versorgungsausgleich grundsätzlich zu berücksichtigen.

52 **1. Verminderung aufgrund anzurechnender Sozialversicherungsbeiträge.** Nach § 20 Abs. 1 S. 1 sind die auf das auszugleichende Anrecht entfallenden Sozialversicherungsbeiträge vom Ausgleichswert des ehezeitlichen Anrechts zu subtrahieren.[63] Es handelt sich dabei um die Beiträge, die bei einer bestehenden Versicherungspflicht zur gesetzlichen **Krankenversicherung der Rentner und zur Pflegeversicherung** zu entrichten sind.[64] Dabei ist zunächst von dem Bruttobetrag der auszugleichenden Versorgung auszugehen und der Ehezeitanteil zu ermitteln und zur Berechnung der schuldrechtlichen Bruttoausgleichsrente der Hälfteanteil unter Berücksichtigung etwaiger anrechenbarer Teilausgleichswerte zu berechnen. Erst von der so errechneten schuldrechtlichen Bruttoausgleichsrente sind die anteiligen Sozialversicherungsbeiträge abzuziehen.[65]

53 Wenn die der Versicherungspflicht unterfallenden insgesamt auszugleichenden Renten **mit ihrem Brutto-Betrag die Beitragsbemessungsgrenze in der gesetzlichen Krankenversicherung überschreiten,** wird ein Teil der gezahlten Renten von der Beitragszahlung nicht erfasst. Dieser Umstand wirkt sich hinsichtlich der Höhe der beim schuldrechtlichen Ausgleich zu berücksichtigenden Sozialversicherungsrente gleichermaßen aus. Das Überschreiten der Bemessungsgrenze steht der Abzugsfähigkeit der Sozialversicherungsbeiträge nicht entgegen,[66] da der Ausgleichsberechtigte von der Höhe der Gesamtversorgung dadurch profitiert, dass der auf die Ausgleichsrente entfallende Anteil sich verringert. Deshalb ist bei der Ermittlung des abzugsfähigen Sozialversicherungsbeitrages die Summe der Einkünfte ins Verhältnis zu dem Ausgleichswert zu setzen.[67] Erforderlich kann also bei mehreren Versorgungen und Überschreiten der Bemessungsgrundlage gemäß § 240 SGB V und § 57 Abs. 4 SGB XI eine mehrfache Bildung der Verhältniswerte sein.[68]

54 Die Sozialversicherungsabgaben sind auch in Altfällen und dort auch dann abzuziehen, wenn rückständige Ausgleichsansprüche für einen Zeitraum vor Inkrafttreten der Neuregelung ermittelt werden,[69] wenn der schuldrechtliche Ausgleich erstmals durchgeführt oder in einem Abänderungsverfahren behandelt wird.[70]

55 **2. Vergleichbare anzurechnende Beiträge.** Neben den Sozialversicherungsbeiträgen sind die mit diesen Beiträgen vergleichbaren Aufwendungen bei der Berechnung einer schuldrechtlichen Ausgleichsrente zu berücksichtigen. Dies betrifft vorrangig **Beiträge zur privaten Krankenversicherung von Personen,** die eine betriebliche Versorgung beziehen ohne entsprechend in der gesetzlichen Krankenversicherung versichert zu sein. In Betracht kommen weiterhin Beiträge von Beamten, die nach der früheren Regelung des § 1587b Abs. 5 BGB aF schuldrechtlich ausgleichspflichtig sind, wenn diese Beiträge zu einer privaten zusätzlichen Krankenversicherung entrichtet werden. Schließlich sind bei ausländischen oder überstaatlichen Anrechten die zu subtrahierenden Beiträge zu einer Krankenversicherung teilweise gesondert ausgewiesen. Die Höhe der vergleichbar anzurechnenden Beiträge errechnet sich unter Zugrundelegung desjenigen Beitrags der zur gesetzlichen Krankenversicherung oder für einen äquivalenten Versicherungsschutz zu entrichtenden Leistungen zu zahlen wäre. Die Berücksichtigung des tatsächlichen Beitrags kommt wegen der unterschiedlichen Leistungen nicht in Betracht.[71] Allerdings kann auch nicht grundsätzlich davon ausgegangen werden, dass die Leistungen der privaten Krankenversicherung stets höherwertiger sind, als die der gesetzlichen Versicherung und lediglich daraus eine höhere, nicht überwälzbare Beitragslast begründet würde. Vielmehr kann der ggf.

---

63 BT-Drs. 16/10144 zu § 20 Abs. 1.
64 Johannsen/Henrich/*Holzwarth* Rn. 32.
65 BGH NJW-RR 2014, 1090.
66 OLG Hamm BeckRS 2013, 09051; aA OLG Stuttgart FamRZ 2011, 1870 (1871).
67 OLG Oldenburg BeckRS 2012, 06816.
68 *Borth* Versorgungsausgleich Rn. 860.
69 BGH NJW-RR 2014, 1090; OLG Zweibrücken BeckRS 2010, 11970.
70 Soergel/*Ahrens* Rn. 27.
71 OLG Frankfurt BeckRS 2012, 20981.

auch **unfreiwillige Verbleib** in der privaten Krankenversicherung dazu führen, dass der Ausgleichspflichtige im Alter für gleiche oder schlechtere Leistungen höhere Beiträge zu zahlen hat, als in der gesetzlichen Krankenversicherung. Um hier einen angemessenen Ausgleich zu erreichen, kann der zu verteilende Beitrag zwar in einem ersten Schritt auf den fiktiven Beitrag in der gesetzlichen Krankenversicherung beschränkt werden, muss aber dem Ausgleichpflichtigen vorbehalten bleiben, den Aufwand für den Erhalt des Leistungsumfanges der gesetzlichen Krankenversicherung **konkret dazulegen.**

**3. Anrechnung von steuerlichen Abzügen.** Bei ausgleichspflichtigen Personen, deren Ver- 56
sorgungsbezüge vom deutschen Einkommensteuerrecht erfasst werden, kommt die Anrechnung der zu zahlenden Einkommensteuer bei der Berechnung einer schuldrechtlichen auszugleichenden Versorgung nicht in Betracht. Dies ist darauf zurückzuführen, dass der Ausgleichspflichtige die zu zahlende Ausgleichsrente gemäß § 10 Abs. 1a Nr. 4 EStG steuerlich geltend machen kann, während der Ausgleichsberechtigte seinerseits die Ausgleichsrente gemäß § 22 Nr. 1a) bb) EStG versteuern muss.[72] Die nach früherem Recht mögliche Erstattungsverpflichtung der auf den Ausgleichsbetrag entrichteten Steuer an den Ausgleichspflichtigen gemäß § 242 BGB entfällt,[73] die Privilegien einer nachgelagerten oder auf den Ertragsanteil beschränkten Besteuerung gilt für Ausgleichspflichtigen und Ausgleichsberechtigten gleichermaßen.[74] Die unterschiedliche progressionsbedingte Steuerlast rechtfertigt dabei keine abweichende Betrachtung.[75]

Etwas anderes kann jedoch gelten, wenn es sich um **Anrechte handelt, die nicht der deut- 57
schen Steuerpflicht** unterliegen. Bei solchen Anrechten ist zu prüfen ob und inwieweit nach dem anzuwendenden Steuerrecht eine Abzugsfähigkeit der schuldrechtlichen Ausgleichsrente in Betracht kommt. Wenn eine Abzugsfähigkeit entfällt, sollte sich die schuldrechtliche Ausgleichsrente um die darauf entfallende Steuer entsprechend der Berücksichtigung von sonstigen, mit Sozialversicherungsbeiträgen vergleichbaren Aufwendungen (§ 20 Abs. 1 S. 2) vermindern,[76] wobei einen gesetzlichen Anknüpfungspunkt wohl nur § 27 liefern kann.[77] Im Fall der Abtretung eines Teils des Anspruchs aus betrieblicher Altersvorsorge an den ausgleichsberechtigten, nicht unbeschränkt steuerpflichtigen Ehegatten wurde jedoch ein Abzug als negativer Arbeitslohn, Werbungskosten, Sonderausgaben oder außergewöhnliche Belastungen verneint. Auch eine sachliche Unbilligkeit, die eine abweichende Steuerfestsetzung gemäß § 163 AO rechtfertigen könnte, wurde in diesem Fall abgelehnt.[78] Weil die fehlende Unbilligkeit damit begründet wird, die Ehegatten hätten es bei Abschluss der Vereinbarung in der Hand gehabt, der steuerlichen Behandlung und des zu erwartenden Nettozuflusses Rechnung zu tragen, ist bereits bei der Ermittlung der für den schuldrechtlichen Ausgleich vorgesehenen Anrechte auf eine Nachsteuerbetrachtung zu achten.

**4. Tod eines Ehegatten.** Mit dem Tod des ausgleichsberechtigten Ehegatten erlischt der 58
Anspruch auf Zahlung einer schuldrechtlichen Ausgleichsrente.[79] Der Anspruch fällt an den ausgleichspflichtigen Ehegatten zurück. Gleichermaßen erlischt der Ausgleichanspruch des berechtigten Ehegatten mit dem Tod des Verpflichteten. Der Berechtigte kann allerdings in einem solchen Fall bei Vorliegen der insbesondere satzungsmäßigen Voraussetzungen einen selbständigen Anspruch gegenüber dem Träger der Versorgung des verstorbenen Ehegatten geltend machen (→ § 25 Rn. 1). Bei nachschüssig fälligen Rentenzahlungen wird die schuldrechtliche Ausgleichsrente für den Sterbemonat noch an den Ausgleichsberechtigten geleistet,[80] wobei sich der Anspruch gegen die Rechtsnachfolger richten kann.

## VIII. Änderungen nach Zahlungsbeginn

Anders als in der früheren Regelung des § 1587g Abs. 3 BGB aF wird in der Neuregelung des 59
§ 20 die **Berücksichtigung nachehezeitlicher Wertveränderungen** einer laufenden schuldrechtlichen Ausgleichsrente nicht genannt. Gleichwohl ergibt sich bei Anwendung des Prinzips der Halbteilung der Anspruch der berechtigten Person auf Teilhabe an den Anpassungen der eingewiesenen schuldrechtlichen Rente. Wie nach früherem Recht ist dabei ein Antrag erforderlich. Nacheheliche Wertveränderungen sind aber andererseits auch zu berücksichtigen, wenn die Rente des Ver-

72 Schreiben des BMF vom 9.4.2010, Dok. 2010/0267-359; *Borth* Versorgungsausgleich Rn. 800, 827.
73 *Borth* Versorgungausgleich Rn. 800; OLG Hamburg FamRZ 2010, 1082.
74 *Borth* Versorgungsausgleich Rn. 800; BFH NJW-RR 2004, 508.
75 OLG Stuttgart NJW-RR 2015, 453.
76 AA OLG Bremen BeckRS 2012, 14695.
77 OLG Koblenz BeckRS 2017, 136343 = FamRZ 2017, 2013 mAnm *Borth*: keine automatische Berücksichtigung resultierender steuerlicher Nachteile.
78 FG Hamburg BeckRS 2015, 95332 = FamRZ 2016, 674 Ls.
79 BGH NJW-RR 1989, 963 = FamRZ 1989, 950.
80 *Borth* Versorgungsausgleich Rn. 831, 870.

pflichteten, von der die schuldrechtliche Ausgleichsrente abgeleitet ist, sich vermindert oder etwa aufgrund einer befristeten Leistungspflicht des Versorgungsträgers entfällt oder wieder auflebt.[81] Dies ergibt sich aus § 227 Abs. 1 FamFG iVm § 48 FamFG. Der Anpassungsantrag ist an das Familiengericht und anders als in Fällen des § 25 Abs. 1 nicht an die für die Versorgung zuständige Fachgerichtsbarkeit – zB ein Arbeitsgericht – zu adressieren.

### IX. Anwendung sonstiger gesetzlicher Bestimmungen

60 **1. Berücksichtigung der Geringfügigkeit.** Gemäß § 20 Abs. 1 S. 3 sind die Regelungen des § 18 bei einem Antrag auf Durchführung des schuldrechtlichen Ausgleichs entsprechend anzuwenden. Es handelt sich dabei um den Ausschluss des Ausgleichs wegen Geringfügigkeit in Übereinstimmung mit dem entsprechenden Ausschluss bei Durchführung des Wertausgleichs. Wie beim Wertausgleich kommt der Ausschluss wegen Geringfügigkeit dann in Betracht, wenn der Rentenbetrag höchstens 2 % der monatlichen Bezugsgröße nach § 18 Abs. 1 SGB IV beträgt. Dabei ist auf den Zeitpunkt der Fälligkeit des Ausgleichsanspruchs und nicht auf das Ehezeitende abzustellen,[82] jedoch Wertänderungen bis zur Entscheidung grundsätzlich noch zu berücksichtigen.[83] Nach zutreffender Auffassung ist dabei auf den nach Abzug der Sozialversicherungsbeiträge verbleibenden Zahlbetrag und nicht die Bruttoleistung abzustellen, wobei wie stets bei Anwendung von § 18 Abs. 3 im Rahmen der Ermessensausübung der Ausgleich dennoch angeordnet werden kann.[84]

61 **2. Berücksichtigung von Bestimmungen des BGB.** Nach § 20 Abs. 3 sind die Bestimmungen des § 1585 Abs. 1 S. 2 und 3 BGB sowie des § 1585b Abs. 2 und 3 BGB aF für die schuldrechtliche Ausgleichsrente entsprechend anzuwenden. Danach ist die schuldrechtliche Ausgleichsrente selbst dann **im Voraus zu entrichten,** wenn die Rente des Verpflichteten selbst am Ende des Monats zur Auszahlung gelangt. Für den Anspruch gegen den Versorgungsträger gem. § 25 Abs. 1 soll dies nicht gelten.[85] Weiterhin wird die volle Ausgleichsrente für den Monat des Todes des Berechtigten geschuldet. Schließlich kann der Berechtigte für die **Vergangenheit Erfüllung oder Schadenersatz** geltend machen, wenn der Ausgleichspflichtige in **Verzug** geraten ist oder der Ausgleichsanspruch rechtshängig wurde.[86] Dies gilt für einen Zeitraum von mehr als einem Jahr allerdings nur dann, wenn sich der Pflichtige der Leistung absichtlich entzogen hat. Eine Stufenmahnung reicht aus.[87]

62 Bestehen wechselseitige Ansprüche aus schuldrechtlichem Versorgungsausgleich, ist eine Verrechnung schon aus Gründen der Verfahrensökonomie zulässig.[88]

63 Die Aufrechnung mit Forderungen, deren Durchsetzung sich gemäß § 113 Abs. 1 FamFG, § 112 Nr. 3 FamFG, § 266 FamFG nach ZPO-Vorschriften richten würde, kann im Verfahren auf Regelung des schuldrechtlichen Versorgungsausgleichs nicht erklärt werden. Dies gilt etwa für Ansprüche aus Gesamtschuldnerausgleich, Schadensersatz oder Vermögensauseinandersetzung.[89] Berücksichtigungsfähig kann jedoch die Zahlung von Unterhalt sein, wenn der Unterhaltsanspruch sich durch die schuldrechtliche Ausgleichsrente – ggf. auch rückwirkend – verändern würde.[90]

## § 21 Abtretung von Versorgungsansprüchen

**(1) Die ausgleichsberechtigte Person kann von der ausgleichspflichtigen Person verlangen, ihr den Anspruch gegen den Versorgungsträger in Höhe der Ausgleichsrente abzutreten.**

**(2) Für rückständige Ansprüche auf eine schuldrechtliche Ausgleichsrente kann keine Abtretung verlangt werden.**

**(3) Eine Abtretung nach Absatz 1 ist auch dann wirksam, wenn andere Vorschriften die Übertragung oder Pfändung des Versorgungsanspruchs ausschließen.**

**(4) Verstirbt die ausgleichsberechtigte Person, so geht der nach Absatz 1 abgetretene Anspruch gegen den Versorgungsträger wieder auf die ausgleichspflichtige Person über.**

[81] *Borth* Versorgungsausgleich Rn. 837.
[82] OLG Celle FamRZ 2011, 728; Soergel/*Ahrens* Rn. 29.
[83] *Borth* Versorgungsausgleich Rn. 828.
[84] *Borth* Versorgungsausgleich Rn. 828.
[85] OLG Hamm BeckRS 2019, 16164.
[86] Soergel/*Ahrens* Rn. 37.
[87] BGH NJW 2008, 2710 = FamRZ 2008, 1428 (1430); OLG Bremen BeckRS 2012, 14695.
[88] OLG Zweibrücken BeckRS 2012, 15202.
[89] OLG Frankfurt BeckRS 2015, 11022.
[90] BGH NJW-RR 2014, 1090 = FamRZ 2014, 1529; BGHZ 163, 187 = NJW 2005, 2313; BGH NJW-RR 2011, 793 = FamRZ 2011, 706; OLG Frankfurt BeckRS 2015, 11022.

## I. Normzweck

§ 21 gibt dem Ausgleichsberechtigten einen Anspruch auf Abtretung des dem Ausgleichspflichtigen zustehenden Anspruchs gegen den Versorgungsträger in Höhe der geschuldeten Ausgleichsrente. Dadurch erlangt der Berechtigte einen unmittelbaren Zugriff auf das auszugleichende Recht, ohne danach von dem Ausgleichspflichtigen bei Geltendmachung der ihm zukommenden Versorgungsrechte noch abzuhängen. Der Übertragungsanspruch ist auf künftige Versorgungsansprüche beschränkt. Der Abtretung an den Berechtigten stehen Pfändungsverbote und Übertragungshindernisse nicht entgegen, weshalb die Abtretung der zwangsweisen Durchsetzung des titulierten Ausgleichsanspruchs vorzuziehen ist. Verstirbt der Berechtigte, geht der übertragene Anspruch auf den Ausgleichspflichtigen über. Die Abtretung kann vertraglich geregelt werden (§ 6 Abs. 1 S. 2 Nr. 3; näher → § 6 Rn. 9 ff.). 1

## II. Anspruch auf Abtretung von Versorgungsansprüchen (Abs. 1)

Der in Abs. 1 formulierte Anspruch befähigt den Ausgleichsberechtigten, ein eigenes Vorsorgerecht gegen den – inner-, überstaatlichen oder ausländischen[1] – Versorgungsträger zu erlangen. Nach der Intention des Gesetzgebers soll die Abtretung des Versorgungsanspruchs zeitlich begrenzt eine Realteilung nachholen.[2] Damit vermag der Ausgleichsberechtigte nach der Abtretung ohne Vermittlung des Ausgleichspflichtigen am auszugleichenden Vorsorgerecht unmittelbar teilzuhaben. Ein Sicherungsbedürfnis des Ausgleichsberechtigten ist nicht Voraussetzung der Abtretung, kann aber Anlass für eine einstweilige Anordnung nach § 49 Abs. 1 FamFG sein. Der Abtretungsanspruch ist gegen den Ausgleichspflichtigen als Anspruchsinhaber zu richten; er muss nach § 223 FamFG im familiengerichtlichen Verfahren beantragt werden. Der Antrag auf Abtretung bedarf, da dieses Verfahren vom Amtsermittlungsgrundsatz beherrscht wird,[3] keiner Bezifferung, im Gegensatz dazu aber der gerichtliche oder außergerichtliche Vollstreckungstitel, und zwar in Höhe eines statischen Betrags, nicht einer dynamischen Ausgleichsrente, die in einem Vomhundertsatz des jeweiligen Zahlbetrags der aktuell geschuldeten Ausgleichsrente ausgedrückt werden könnte.[4] Regelmäßig wird der Abtretungsanspruch mit dem Anspruch auf ausstehenden schuldrechtlichen Ausgleich nach § 20 verknüpft werden.[5] Die Abtretung lässt den Ausgleichsanspruch unberührt. Wird nicht freiwillig abgetreten, ersetzt der familiengerichtliche Beschluss die fehlende Abtretung (§ 95 Abs. 1 Nr. 5 FamFG, § 894 Abs. 1 S. 1 ZPO). 2

Der Abtretungsanspruch ist auf den Ausgleichswert des jeweiligen Anrechts beschränkt.[6] Bei mehreren Anrechten gegenüber mehreren Versorgungsträgern kann die Abtretung jedes einzelnen Anrechts in seiner jeweiligen Höhe begehrt werden, nicht die Abtretung gegen nur einen Versorgungsträger[7] über den bei ihm bestehenden Ausgleichswert hinaus.[8] 3

## III. Rechtswirkungen der Abtretung

Die bloße Abtretung des Ausgleichsanspruches ist mangels einer abweichenden Vereinbarung keine Leistung an Erfüllung Statt (§ 364 Abs. 2 BGB) und führt daher nicht zum Erlöschen des Ausgleichsanspruchs (§ 364 Abs. 1 BGB). Erst mit Erfüllung der abgetretenen Forderung durch den Versorgungsträger geht auch der Ausgleichsanspruch unter. Der Ausgleichsberechtigte kann frei entscheiden, ob er zur Befriedigung seines titulierten Ausgleichsanspruchs anstelle der Geltendmachung des Abfindungsanspruchs die Pfändung in das Vermögen und nach §§ 829 ff. ZPO auch in die Versorgungsansprüche des Ausgleichspflichtigen betreiben will. Hat er sich jedoch bereits in Höhe der laufenden Ausgleichsrente Versorgungsansprüche abtreten lassen, so ist er nach Treu und Glauben verpflichtet, zunächst mit verkehrsüblicher Sorgfalt zu versuchen, sich aus der abgetretenen Versorgung zu befriedigen. 4

Die Rechtswirkungen der Abtretung richten sich nach §§ 398 ff. BGB, so dass die Versorgungsträger als Schuldner der abgetretenen Versorgungsansprüche nach Erlangung der Kenntnis von der Vornahme der Abtretung nur noch an den Ausgleichsberechtigten schuldbefreiend leisten können (§ 407 BGB). 5

---

1 Erman/*Norpoth/Sasse* Rn. 2.
2 BT-Drs. 7/650, 168.
3 Keidel/*Weber* FamFG § 217 Rn. 8.
4 BGH NJW-RR 2008, 1531 = FamRZ 2008, 1841; NJW 2008, 153 = FamRZ 2007, 2055.
5 OLG Köln FamRZ 2004, 1728.
6 Erman/*Norpoth/Sasse* Rn. 2.
7 So *Borth* Versorgungsausgleich Kap. 4 Rn. 66: Wahlrecht des Berechtigten.
8 Erman/*Norpoth/Sasse* Rn. 2.

### IV. Beschränkung auf künftige Ansprüche (Abs. 2)

6 Der Anspruch auf Abtretung ist auf künftige, dh. nach Geltendmachung erstmals entstehende monatliche Rentenansprüche gerichtet und beschränkt. Wird der abzutretende Versorgungsanspruch vom Versorgungsträger durch Zahlung an den Ausgleichspflichtigen bedient, geht der Abtretungsanspruch ins Leere.[9] Die Abtretung von Ansprüchen auf rückständige Zahlungen des Versorgungsträgers an den Ausgleichspflichtigen seit Rechtshängigkeit in Höhe des monatlichen Ausgleichswerts bleibt jedoch möglich, wenn und soweit diese Ansprüche vom Versorgungsträger noch nicht erfüllt worden sind, wobei die Zeitidentität von Zahlungs- und Abtretungsanspruch zu beachten ist.[10]

### V. Anspruch auf Abtretung und Übertragungs- und Pfändungshindernisse (Abs. 3)

7 Die zur Sicherung des Ausgleichspflichtigen gesetzlich, satzungsrechtlich, vertraglich oder sonst begründeten Abtretungs-, Übertragungs- und Pfändungsverbote (§ 400 BGB iVm § 850 Abs. 2, 3b ZPO, §§ 850a–850i ZPO, §§ 53 f. SGB I, § 51 BeamtVG, § 2 Abs. 2 S. 4 BetrAVG, § 48 Abs. 1 SVG, § 49 VBL-Satzung) gelten ebenso wenig wie die Pfändungsgrenzen.[11] Denn der Ausgleichsberechtigte hat kein geringeres Anrecht auf den Ertrag des Versorgungsanrechtes als der Ausgleichspflichtige. Sind beide aber im Hinblick auf das Versorgungsanrecht gleichberechtigt, können die einzig den Schutz des Ausgleichspflichtigen bezweckenden Übertragungs- und Pfändungshindernisse nicht gelten. Die Anwendung des § 27 ist aber nicht ausgeschlossen.

### VI. Rückfall des Anspruchs auf den Ausgleichspflichtigen nach dem Tod des Ausgleichsberechtigten (Abs. 4)

8 Da nach § 31 Abs. 3 S. 1 Ausgleichsansprüche nach der Scheidung gemäß §§ 20–24 mit dem Tod des Ausgleichsberechtigten erlöschen, lässt Abs. 4 kraft Gesetzes bei Tod des Ausgleichsberechtigten den abgetretenen Versorgungsanspruch gegen den Versorgungsträger auf den Ausgleichspflichtigen zurückfallen, soweit dieser noch lebt. Der abgetretene Anspruch entfällt also – anders als bei der internen Teilung – nicht mit dem Ableben des Zessionars, sondern fällt an den ausgleichspflichtigen Zedenten zurück. Darin liegt ein – selten wahrgenommener – Vorteil des schuldrechtlichen Ausgleichs im Verhältnis zum Wertausgleich der internen Teilung. Allerdings ist der Versorgungsträger, dem auch die Schutzwirkung des § 30 zugute kommt, vom Tod des Ausgleichsberechtigten unverzüglich zu informieren, um die befreiende Leistungswirkung nach §§ 412, 407 BGB entfallen zu lassen.

### VII. Änderungen in den Verhältnissen

9 Ändern sich nach der Entscheidung des Familiengerichts über die Abtretungspflicht der Bestand oder der Wert der in den schuldrechtlichen Ausgleich einbezogenen Versorgungsanrechte wesentlich, kann gemäß § 227 Abs. 1 FamFG, § 48 Abs. 1 FamFG nicht nur die Ausgleichsrente angepasst, sondern auch die Entscheidung über die Abtretungsverpflichtung aufgehoben oder geändert werden.

## § 22 Anspruch auf Ausgleich von Kapitalzahlungen

**[1]Erhält die ausgleichspflichtige Person Kapitalzahlungen aus einem noch nicht ausgeglichenen Anrecht, so kann die ausgleichsberechtigte Person von ihr die Zahlung des Ausgleichswerts verlangen. [2]Im Übrigen sind die §§ 20 und 21 entsprechend anzuwenden.**

**Übersicht**



[9] OLG Hamm FamRZ 1987, 290 (292).
[10] *Eichenhofer* FPR 2009, 211 (213); Erman/*Norpoth/Sasse* Rn. 3; OLG Frankfurt BeckRS 2017, 126074.
[11] BGH NJW 2008, 153 = FamRZ 2007, 2055 (2057); BT-Drs. 7/5361, 47.

## I. Normzweck

1 Während nach früherem Recht über den Versorgungsausgleich regelmäßig ausschließlich Anrechte auf Rentenbasis erfasst wurden, sind nach neuem Recht gemäß § 2 Abs. 2 Nr. 3 auch Anrechte in Form von Kapitalzahlungen bei der Durchführung des Versorgungsausgleichs zu berücksichtigen, wenn es sich um Anrechte der betrieblichen Altersversorgung oder um Anrechte nach dem AltZertG oder sonst bei Scheidung nicht ausgleichsreife Anrechte handelt. Von § 22 erfasst werden Versorgungsanrechte, die aufgrund fehlender Ausgleichsreife nicht dem Wertausgleich bei der Scheidung unterliegen, sondern dem schuldrechtlichen Versorgungsausgleich vorbehalten bleiben, später jedoch in Kapitalanrechte umgewandelt werden.[1] Dabei soll nicht erforderlich sein, dass das Anrecht bis zum Zeitpunkt der tatrichterlichen Entscheidung noch fortbesteht.[2] Die Einbeziehung dieser Anrechte in den Versorgungsausgleich machte die zusätzliche Ausgleichsregelung des § 22 erforderlich, weil sich die Regelungen der §§ 20 und 21 nur auf den Ausgleich von Renten beziehen. Gem. § 22 Abs. 2 finden diese Vorschriften entsprechende Anwendung. Dabei ist zu prüfen, ob der Regelungsinhalt für Kapitalzahlungen passt. So wird etwa eine **Abtretung** gemäß § 21 namentlich bei der Auszahlung eines Versorgungskapitals in mehreren Teilraten in Betracht kommen, was nach den betrieblichen Versorgungssatzungen häufig vorgesehen ist. Das Instrument der Abtretung ist bedeutsam, weil der Versorgungsträger gemäß § 31 Abs. 3 durch die Leistung an den Ausgleichpflichtigen grundsätzlich frei wird. Auf Seiten beider Beteiligten ist die **Sozialversicherungspflichtigkeit** der Leistungen gemäß § 20 Abs. 1 S. 2 zu berücksichtigen.

2 Von der Bestimmung des § 22 werden nicht nur die dem schuldrechtlichen Ausgleich vorbehaltenen betrieblichen und AltZertG-Leistungen erfasst. Vielmehr ist die Regelung des § 22 auch auf Anrechte anzuwenden, die nach den früheren Regelungen des § 1587f BGB aF oder des § 2 VAHRG aF bzw. den Neuregelungen des § 20 als zukünftige Rente oder Teilrente dem schuldrechtlichen Ausgleich gemäß § 19 Abs. 2 überlassen oder nach einer Vereinbarung gemäß § 6 vorbehalten blieben, wenn diese nicht ausgeglichenen (Teil)Renten kapitalisiert wurden. Typisch hierfür sind Renten aus privaten Versicherungsverträgen, die mit einem Kapitalwahlrecht ausgestattet sind, wenn das nachrangige Kapitalwahlrecht nachehezeitlich ausgeübt wurde. Nach der bisherigen Rechtsprechung des BGH konnte eine solche kapitalisierte Rente in aller Regel weder vom Versorgungsausgleich noch vom Zugewinnausgleich erfasst werden.[3] Nach geltendem Recht kann eine ähnliche Situation eintreten, wenn eine überstaatliche Versorgung zum Teil als Kapital ausgezahlt wird. Zwar sind die vorgenannten Fälle von der Regelung des § 22 nach der entsprechenden Begründung nicht direkt betroffen, der Anwendungsbereich jedoch eröffnet.

3 Obwohl § 20 einen Abgabenabzug bei **ausländischen** Anrechten nicht zulässt, diskutiert der BGH zuletzt einen Ausgleich auf **Nettoauszahlungsbasis.**[4] Tritt jedoch ein Steuerpflichtiger einen Teil seines Anspruchs aus einer betrieblichen Altersversorgung aufgrund eines schuldrechtlichen Versorgungsausgleichs an den nicht unbeschränkt steuerpflichtigen Ausgleichsberechtigten ab, hat er die Versorgungsleistungen grundsätzlich in voller Höhe zu versteuern. Ein Abzug der aufgrund der Abtretung unmittelbar an des Ausgleichsberechtigten geleisteten Zahlungen als negativer Arbeitslohn, Werbungskosten, Sonderausgaben oder außergewöhnliche Belastungen soll ebenso wenig nicht in Betracht wie sich daraus eine abweichende Steuerfestsetzung nach § 163 AO rechtfertigende sachliche Unbilligkeit ergeben soll.[5] Die Behandlung ist insgesamt kritisch am **Halbteilungsgrundsatz** zu messen.[6]

---

1 BGH BeckRS 2018, 28311 = FamRZ 2019, 103.

2 BGH BeckRS 2018, 28311 = FamRZ 2019, 103.

3 BGH BeckRS 2002, 13960 = FamRZ 2003, 684 mAnm *Deisenhofer* FamRZ 2003, 745; vgl. auch *Ruland* Versorgungsausgleich Rn. 681.

4 BGH BeckRS 2018, 28311 = FamRZ 2019, 103 = FuR 2019, 148 mAnm *Schwamb*; gegen den Abgabenabzug bei ausländischen Anrechten beim Ausgleich gemäß § 20 jedoch OLG Karlsruhe FamRZ 2016, 1591; OLG Bremen FamRZ 2012, 1723 m. aber insoweit krit. Anm. *Borth* FamRZ 2012, 1726.

5 FG Hamburg FamRZ 2016, 674.

6 Krit. zu den sich hier verschärft darstellenden Transferverlusten grds. *Többens* NZFam 2017, 93 mit Beispielrechnungen.

## II. Voraussetzung für die Fälligkeit des Ausgleichs

4 Für die Fälligkeit des Ausgleichs von zu berücksichtigenden Kapitalleistungen gelten die Regelungen des § 20 Abs. 1 und 2 entsprechend.

5 **1. Doppelter Rentenfall; rückwirkende Geltendmachung; Abtretung; Anspruch gegen Hinterbliebene.** Dem verpflichteten Ehegatten muss das **versicherte Kapital ausgezahlt** worden sein, wobei eine Auszahlung an einen pfändenden Gläubiger unschädlich ist.[7] Der berechtigte Ehegatte muss entweder eine Rente wegen Alters oder Invalidität beziehen oder die Voraussetzungen für einen solchen Rentenbezug erfüllen. Auch bei der Kapitalzahlung muss folglich der sog. **doppelte Rentenfall** vorliegen. Dies ist bei einer Leistung von Teilraten für jeden Leistungsfall zu berücksichtigen, dh mit einer Rate kann nicht der Ausgleich der weiteren, noch nicht fälligen Teilraten verlangt werden.[8] Der **Versorgungsbedarf** des Ausgleichsberechtigten aus dem doppelten Rentenfall kann sich aus dem Bezug einer eigenen laufenden Rentenleistung gemäß § 20 Abs. 2 Nr. 1, dem Erreichen der Regelaltersgrenze der gesetzlichen Rentenversicherung gemäß § 20 Abs. 2 Nr. 2 oder den gesundheitlichen Voraussetzungen für eine Leistung wegen Invalidität gemäß § 20 Abs. 2 Nr. 3 ergeben. Der Bezug einer sonstigen Renten- oder Kapitalleistung, zB aus einer betrieblichen oder privaten Versorgung mit niedrigeren Zugangsschwellen reicht nicht aus.[9] Auch der Bezug einer Kapitalleistung mit Versorgungscharakter steht als **singuläre Zahlung** einem dauerhaften Versorgungsbezug **nicht** gleich.[10]

6 Insbesondere in Fällen, in denen die Kapitalauszahlung deutlich vor Eintritt des zweiten Rentenfalles erfolgt, kommt eine **rückwirkende Geltendmachung** in Betracht, wenn bei dem Ausgleichsberechtigten der Rentenfall ebenfalls eingetreten ist. Eine Inverzugsetzung durch den Ausgleichsberechtigten ist dazu nicht erforderlich.[11] Dem Ausgleichsverpflichteten ist zum Zeitpunkt der Auszahlung des Versorgungskapitals bekannt, dass dem Ausgleichsberechtigten zu einem späteren Zeitpunkt ein Anspruch auf die Zahlung eines schuldrechtlich auszugleichenden Kapitals zusteht, er muss sich **auf diese Zahlung einrichten.**[12] Dies soll ihm anderes als im Fall der Zahlung einer laufenden Rente – die verbraucht werden darf und rückwirkend nicht mehr ausgeglichen werden muss – zumutbar sein, da die Leistung einer Kapitalzahlung regelmäßig nicht in der Erwartung des unmittelbaren Verbrauchs für den Lebensunterhalt entgegen genommen wird.[13] In diesem Fall sollte jedoch von dem Ausgleichsberechtigten bevorzugt eine **Abtretung** gemäß § 21 oder eine Abfindung gemäß § 23 beantragt werden, die jedoch zweckgebunden eingesetzt werden muss. Im Fall des Vorversterbens des Ausgleichsberechtigten ist der Anspruch gegen seine Erben als **Rechtsnachfolger,** nicht jedoch gegen gemäß § 25 gegen den Versorgungsträger zurichten, der seine Zahlungsverpflichtung aus dem Anrecht bereits erfüllt hat.[14] In geeigneten Fällen und bei Vorliegen eines dringenden Sicherungsbedürfnisses kann sich der Ausgleichsberechtigte bis zum Eintritt des eigenen Versorgungsfalles durch eine Sicherungsanordnung gemäß § 49 Abs. 1 FamFG schützen.[15]

7 Der Anspruch auf **Abtretung** gemäß § 21 kann den doppelten Rentenfall nicht voraussetzen, so dass die Verweisung in § 20 S. 2 auf § 21 als **Rechtsfolgenverweisung** zu behandeln ist. Die Abtretung soll dem Zweck dienen, den künftigen Anspruch zu sichern. Dies ist nach einer Auszahlung im ersten Rentenfall auf Seiten den Ausgleichspflichtigen nicht mehr möglich, da dann kein abtretbarer Anspruch gegen den Versorgungsträger mehr besteht.[16] Ist der Anspruch bereits durch Erfüllung erloschen, geht das Abtretungsverlangen ins Leere.[17] Den Abtretungsanspruch davon abhängig zu machen, dass auf Seiten des Ausgleichsberechtigten der – frühere – Rentenfall eingetreten ist, überzeugt deshalb ebenso wenig.[18] Dabei ist der Ausgleichsberechtigte schutzwürdig, weil er das Risiko eines Verbrauchs der Kapitalleistung und des Wegfalls der Leistungsfähigkeit zwischen dem Zeitpunkt der Auszahlung an den Ausgleichspflichtigen und dem Eintritt des zweiten Rentenfalls trägt. Die Annahme eines regelmäßigen Auskunftsanspruchs gegen den Versorgungsträger über

---

7 BRHP/*Gutdeutsch* Rn. 12; Erman/*Norpoth* Rn. 4.
8 BT-Drs. 16/10144, 65; *Borth* Versorgungsausgleich Kap. 4 Rn. 13; Johannsen/Henrich/*Holzwarth* Rn. 3 f.
9 Johannsen/Henrich/*Holzwarth* Rn. 6.
10 Soergel/*Ahrens* Rn. 8.
11 *Wick* Versorgungsausgleich Rn. 689.
12 *Borth* Versorgungsausgleich Rn. 878.
13 BT-Drs. 16/10144, 65.
14 *Borth* FamRZ 2014, 7121 zu ArbG Stuttgart FamRZ 2014, 766.
15 *Borth* Versorgungsausgleich Rn. 878.
16 BRHP/*Gutdeutsch* Rn. 8.
17 Erman/*Norpoth* Rn. 12.
18 So HK-VersAusglR/*Götsche*/*Breuers* Rn. 20.

etwa anstehende Auszahlungen,[19] ist dabei auch nur bedingt hilfreich, wenn der Ausgleichsberechtigte seine spätere Teilhabe nicht über eine Abtretung sichern lassen kann.

Ist der Ausgleichspflichtige bei Eintritt des zweiten Rentenfalles bereits verstorben, richtet sich der Ausgleichsanspruch bei betrieblichen Anrechten gemäß § 25 Abs. 1 gegen den Versorgungsträger, der das Anrecht der **Hinterbliebenen** gemäß § 25 Abs. 5 entsprechend kürzt. Dies kann wegen der Anrechnung des vollen hälftigen Ehezeitanteils dazu führen, dass der Witwe bei einem hohen (Erst-) Ehezeitanteil der Versorgung deutlich weniger als die Hälfte des Kapitalbetrages zusteht. **8**

**2. Leistungspflicht; Leistung mit schuldbefreiender Wirkung.** Ist der zweite Rentenfall noch nicht eingetreten, der Anspruch aus der Hinterbliebenenversorgung – also regelmäßig ein an die Witwe auszuzahlender Kapitalbetrag – jedoch bereits fällig, kann der Versorgungsträger berechtigt sein, den erwarteten Ausgleichsanspruch bis zum zweiten Rentenfall einzubehalten. Eine darauf gerichtete Verpflichtung des Versorgungsträgers wird jedoch schon wegen § 31 Abs. 2 (sog. **Besserstellungsverbot**) – gegen den Ausgleichspflichtigen bestand noch kein Anspruch – nicht angenommen werden können, wohl aber ein Recht.[20] Es bleibt mithin im Verantwortungsbereich des Ausgleichsberechtigten, zB eine Abfindung gemäß § 23 oder eine Abtretung gemäß § 21 zu beantragen. § 30 Abs. 1 gibt dem Versorgungsträger einen Schutz vor doppelter Inanspruchnahme, auch wenn er sich entscheidet, die gesamte fällige Hinterbliebenenversorgung auszubezahlen. **9**

**3. Antragserfordernis.** Der Ausgleich einer Kapitalleistung durch den Verpflichteten setzt einen Antrag des Berechtigten voraus. Der berechtigte Ehegatte kann nach § 4 verlangen, dass der verpflichtete Ehegatte Auskunft über eine zu berücksichtigende Kapitalleistung bei deren Fälligkeit erteilt.[21] **10**

**4. Entfallen der Ausgleichsmöglichkeit: vergessenes oder verheimlichtes Anrecht; Kapitalwahlrecht; Beitragserstattung.** Die Kapitalzahlung muss sich auf ein dem Versorgungsausgleich unterfallendes, jedoch noch nicht ausgeglichenes Anrecht beziehen. Die Berücksichtigung einer Kapitalleistung beim Versorgungsausgleich entfällt, wenn das entsprechende Anrecht beim güterrechtlichen Ausgleich in Ansatz gekommen ist. Gleiches gilt jedoch auch, wenn das Anrecht zwar dem Versorgungsausgleich unterfallen wäre, jedoch nicht berücksichtigt wurde, weil es **vergessen** oder **verschwiegen**[22] oder zwischen Ehezeitende und Entscheidung über den Ausgleichsanspruch durch **Kündigung** und **Auszahlung** oder **Abfindung** insbesondere eines Anrechts aus einer privaten Altersversorgung untergegangen ist. Anrechte, die dem Ausgleich bei Scheidung unterfallen oder unterfallen wären, können nicht nachträglich über den schuldrechtlichen Versorgungsausgleich erfasst werden, da diesem **keine generelle Auffangfunktion** für vergessene, verschwiegene oder insbesondere auch rechtsirrtümlich übersehene Anrechte zukommt.[23] Die nachträgliche Ausübung eines Kapitalwahlrechts steht dem Ausgleich jedoch bei einer ausgleichspflichtigen betrieblichen Versorgung gemäß § 2 Abs. 2 Nr. 3 nicht entgegen. § 22 erfasst also vorrangig Anrechte, die ursprünglich auf eine Rentenzahlung gerichtet waren, an deren Stelle jedoch eine Kapitalzahlung aufgrund einer Kapitalumwandlung oder als Abfindung getreten ist.[24] War eine Versorgung nach altem Recht nicht versorgungsausgleichspflichtig – was etwa bei einem auf Kapitalzahlung gerichteten betrieblichen Anrecht der Fall war – kann § 22 nicht zu einer Teilhabe im späteren Leistungsfall führen.[25] Werden während der Ehezeit erworbene Anrechte in der gesetzlichen Rentenversicherung gemäß § 210 SGB VI an den Ausgleichspflichtigen erstattet, kann ein Ausgleich gemäß § 22 selbst dann nicht mehr stattfinden, wenn die Erstattung nach Ehezeitende, aber vor der Entscheidung über den Versorgungsausgleich erfolgt.[26] **11**

Im **Ergebnis** kommt § 22 also zur Anwendung, wenn das Anrecht bei der Entscheidung über den Versorgungsausgleich ausgleichspflichtig war, aber nicht ausgeglichen wurde bzw. werden konnte. Nicht anwendbar ist § 22 jedoch, wenn das Anrecht erst durch eine **spätere Bewertung oder Maßnahme** des Ausgleichspflichtigen **ausgleichspflichtig wurde.** Die Ausgleichspflicht besteht dagegen, wenn bei einer Entscheidung zum Zeitpunkt der Fälligkeit wegen der bereits erfolgten Kapitalauszahlung keine Ausgleichspflicht mehr bestünde, weil der Anspruch durch Erfüllung gegenüber dem Ausgleichspflichtigen untergegangen ist. **12**

---

19 Erman/*Norpoth* Rn. 13.
20 ArbG Stuttgart FamRZ 2014, 766 mAnm *Borth*.
21 BT-Drs. 16/10144, 65.
22 BGH NJW-RR 2013, 1219; OLG Hamm FamRZ 2013, 303; Johannsen/Henrich/*Holzwarth* Rn. 4.
23 BGH NJW-RR 2013, 1219.
24 HK-VersAusglR/*Götsche/Breuers* Rn. 9.
25 OLG Stuttgart NJW-RR 2015, 453; KG BeckRS 2011, 25746.
26 OLG Düsseldorf BeckRS 2014, 14390.

13 § 22 kommt **keine** generelle **Auffangfunktion** zu, die es dem Ausgleichsberechtigten ermöglichen würde, im Rentenfall nochmals alle Altersvorsorgeleistungen auf eine mögliche Teilhabe hin zu untersuchen.[27] Es handelt sich nicht um ein Korrektiv allgemeiner Art außerhalb oder neben dem Beschwerderecht.[28] Auch für die in Form einer **Totalrevision** durchzuführende Abänderung gemäß § 51, 52 gilt nichts anderes.[29] Dies erhöht die Bedeutung, alle Anrechte zu erfassen und ggf. im Zugewinnausgleich zu berücksichtigen, soweit dies noch möglich ist.

14 Demgegenüber führt der Vorrang des schuldrechtlichen Versorgungsausgleichs gegenüber der Totalrevision nach § 51 Abs. 3 zur Erfassung auch derjenigen Fälle, bei denen wegen der Verfallbarkeit des Anrechts der Höhe nach bei der Ausgangsentscheidung lediglich ein Teilausgleich durchgeführt werden konnte.[30] Die Abänderung des öffentlich-rechtlichen Versorgungsausgleichs bleibt gemäß § 51 Abs. 4 ausgeschlossen, wenn für ein Anrecht nach einem Teilausgleich gemäß § 3b Abs. 1 Nr. 1 VAHRG aF noch Ausgleichansprüche nach der Scheidung gemäß §§ 20–26 geltend gemacht werden können.[31] Damit liegt ein nicht ausgleichsreifes Anrecht gemäß § 20 Abs. 1 S. 1 insbesondere auch dann vor, wenn zum Zeitpunkt der Ausgangsentscheidung eine noch verfallbare Einkommensdynamik wie zB bei einer endgehaltsbezogenen Versorgungszusage vorliegt.[32]

### III. Höhe des Ausgleichsanspruchs; Verzinsung; Verjährung

15 Die Höhe des Ausgleichsanspruchs aufgrund einer nach § 22 auszugleichenden Kapitalleistung errechnet sich regelmäßig in Form der unmittelbaren Bewertung des § 29, da einer solchen Kapital-Leistung nahezu immer **ein Deckungskapital oder eine vergleichbare Deckungsrücklage** zugrunde liegt. Das zum Ende der Ehezeit vorhandene Deckungskapital abzüglich des zum Beginn der Ehe vorhandenen Deckungskapitals zuzüglich der hierauf entfallenden Gewinnanteile ergibt den ehezeitlichen Brutto-Betrag des Deckungskapitals. Regelmäßig ist auf den Auszahlungsbetrag abzustellen, der dem Ausgleichspflichtigen zufließt.[33] Aus diesem ist der Ehezeitanteil vorrangig unmittelbar gemäß § 41 Abs. 1, § 39, alternativ zeitanteilig gemäß § 41 Abs. 1, § 40 zu ermitteln. Von diesem Brutto-Betrag sind aufgrund der Verweisung auf § 20 die darauf entfallenden Sozialversicherungsbeiträge sowie die Ausgleichskosten zur Ermittlung des Netto-Betrags zu subtrahieren.[34] Dabei sind zunächst die Sozialversicherungsbeiträge abzuziehen, die auf dem Kapitalzahlungsanspruch lasten und erst von dem so errechneten bereinigten Betrag der Ausgleichsanspruch zu errechnen.[35] Von dem Netto-Betrag steht dem berechtigten Ehegatten die Hälfte zu. Der Anteil ist im Fall der Abtretung gemäß § 21 unmittelbar an den Ausgleichsberechtigten auszuzahlen, ein Leistungsanspruch gegen den Ausgleichspflichtigen besteht daneben nicht mehr.[36] Wenn im Erstverfahren ein öffentlich-rechtlicher Teilausgleich gemäß § 3b Abs. 1 Nr. 1 VAHRG aF erfolgt ist und ein verbleibender, dem schuldrechtlichen Ausgleich überlassener Ausgleichsbetrag aufgrund einer Änderung der Versorgungsregelung in Form einer Kapitalzahlung besteht, vermindert sich der schuldrechtlich auszugleichende Kapitalbetrag um den nach der geänderten Regelung zu ermittelnden Ausgleichswert des öffentlich-rechtlichen Teilausgleichs. Bei einer Auszahlung in Raten wird der Ausgleichsanspruch im **Verhältnis der Rate zur Gesamtleistung** fällig. Dies ist bei der Antragstellung bzw. Titulierung zu beachten, da die Titulierung eines Prozentwertes ausscheidet.

16 Ein Anspruch auf **Verzinsung** des Ausgleichsbetrages besteht erst ab Verzugseintritt gemäß §§ 286, 288 BGB, also ab Zugang zumindest einer Stufenmahnung bzw. spätestens ab Rechtshängigkeit.[37] Eine Verzinsung ab einem früheren Zeitpunkt, zB bereits ab Ehezeitende wie bei Durchführung der externen Teilung gemäß § 14 ginge fehl, weil der Ausgleichspflichtige bis zur Auszahlung noch anteilig an der Wertsteigerung des Versorgungskapitals partizipiert. Für die Höhe der Verzinsung kommt es deshalb auch nicht auf den Rechnungszins sondern den **gesetzlichen Zinssatz** an.[38] Auch die Annahme einer automatischen Verzinsung ab dem Zeitpunkt der Auszahlung des Kapitals an den Ausgleichspflichtigen erscheint unangemessen, da es sich um einen rein schuldrechtli-

---

27 BGHZ 198, 91 = NJW-RR 2013, 1219 = FamRZ 2013, 1548.
28 Soergel/*Ahrens* Rn. 7.
29 *Borth* FamRZ 2011, 1737; für die Eröffnung des Anwendungsbereiches AG Groß-Gerau FamRZ 2011, 1736; zust. BRHP/*Gutdeutsch* Rn. 2.
30 BGH NJOZ 2018, 1525.
31 BGH NJW-RR 2015, 1217 = FamRZ 2015, 1688.
32 BGH NJOZ 2018, 1525; NJW-RR 2015, 1217 = FamRZ 2015, 1688.
33 BT-Drs. 16/10144, 65; Johannsen/Henrich/*Holzwarth* Rn. 9.
34 BRHP/*Gutdeutsch* Rn. 5.
35 *Borth* Versorgungsausgleich Rn. 877.
36 Soergel/*Ahrens* Rn. 9.
37 OLG Stuttgart BeckRS 2015, 00277; OLG Celle BeckRS 2014, 20268 = FamRZ 2014, 1783.
38 OLG Celle FamRZ 2014, 1783; BRHP/*Gutdeutsch* Rn. 5a.

chen Anspruch handelt und es deshalb grundsätzlich Aufgabe des Ausgleichsberechtigten bleibt, sich um die Durchsetzung seines Anspruchs rechtzeitig zu bemühen. Auch die Fälligkeit erst mit Eintritt des zweiten Rentenfalles beim Ausgleichsberechtigten steht der Annahme einer früheren Verzinsungspflicht entgegen.

Der Ausgleichsanspruch **verjährt** gemäß § 195, 199 Abs. 1, 4 BGB in drei Jahren nach Kenntnis, 17
spätestens nach zehn Jahren. Dabei kommt es auf die Kenntnis aller leistungsrelevanten Umstände an, namentlich also auf den Eintritt des doppelten Rentenfalls.

### IV. Anwendung sonstiger Bestimmungen

**1. Geringfügigkeit des Ausgleichsanspruchs.** Bei entsprechender Anwendung des § 18 18
Abs. 2 soll der Ausgleich einer Kapitalleistung nach § 20 entfallen, wenn der Kapitalbetrag des auszugleichenden Anrechts oder gemäß § 18 Abs. 3 die Differenz gleichartiger ausgleichspflichtiger Anrechte gemäß § 18 Abs. 3 weniger als 120 % der monatlichen Bezugsgröße nach § 18 Abs. 1 SGB VI beträgt (2019: 3.738 EUR). Ansprüche auf Kapitalleistung und auf Rentenzahlung sind nicht gleichartig, so dass eine Gesamtsaldierung in diesem Fall ausscheidet,[39] auch wenn es sich auf beiden Seiten um betriebliche Anrechte handelt. Abzustellen ist auf die Bagatellgrenze zum Zeitpunkt der Fälligkeit des Anspruchs gemäß § 22.[40] In begründeten Ausnahmefällen kann das Gericht den Ausgleich trotz Vorliegens der Voraussetzungen gemäß § 18 Abs. 2 oder 3 dennoch durchführen. Es sollte deshalb vorsorglich zu den abwägungsrelevanten Gesamtumständen vorgetragen werden.

**2. Leistungsverbot bis zum Abschluss des Verfahrens.** Das Leistungsverbot des Versor- 19
gungsträgers bis zum wirksamen Abschluss des Verfahrens gemäß § 29 hat für den Ausgleich einer Kapitalzahlung nach § 20 nur dann Bedeutung, wenn der Ausgleich zum Zeitpunkt der Kapitalzahlung bereits geltend gemacht werden kann. In einem solchen Fall kommt allerdings eine Kenntnis des Versorgungsträgers von dem Verfahren erst dann in Betracht, wenn er vom Familiengericht zur Auskunftserteilung aufgefordert wird, es sei denn, **der Berechtigte hätte den Versorgungsträger auf das eingeleitete Verfahren** hingewiesen.

## Unterabschnitt 2. Abfindung

## § 23 Anspruch auf Abfindung, Zumutbarkeit

**(1) [1]Die ausgleichsberechtigte Person kann für ein noch nicht ausgeglichenes Anrecht von der ausgleichspflichtigen Person eine zweckgebundene Abfindung verlangen. [2]Die Abfindung ist an den Versorgungsträger zu zahlen, bei dem ein bestehendes Anrecht ausgebaut oder ein neues Anrecht begründet werden soll.**

**(2) Der Anspruch nach Absatz 1 besteht nur, wenn die Zahlung der Abfindung für die ausgleichspflichtige Person zumutbar ist.**

**(3) Würde eine Einmalzahlung die ausgleichspflichtige Person unbillig belasten, so kann sie Ratenzahlung verlangen.**

**Übersicht**



### I. Normzweck

Nach § 23 hat der ausgleichsberechtigte Ehegatte das Recht, sich wegen seiner zukünftigen, 1
nach § 20 **entstehenden Ausgleichsansprüche abfinden zu lassen.** Der Anspruch auf Abfindung besteht im Unterschied zur früheren Regelung des § 1587l Nr. 1 BGB aF hinsichtlich aller Anrechte, die nicht intern oder extern ausgeglichen wurden. Von dem Anspruch auf Abfindung werden sowohl die dem schuldrechtlichen Ausgleich überlassenen ausländischen, zwischenstaatlichen und

[39] BRHP/*Gutdeutsch* Rn. 7.
[40] BRHP/*Gutdeutsch* Rn. 6.

überstaatlichen Anrechte erfasst, als auch Anrechte, die aus anderen Gründen, beispielsweise aufgrund Vereinbarungen dem internen oder externen Ausgleich entzogen wurden. Insbesondere bei denjenigen Anrechten, welche die Versorgung des berechtigten Ehegatten bei einem Vorversterben des verpflichteten Ehegatten nicht sicherstellen, bei denen also weder ein Anspruch gegenüber dem Versorgungsträger nach § 25 noch ein Anspruch gegen eine Witwe/einen Witwer nach § 26 geltend gemacht werden kann, eröffnet die Regelung des § 23 die Möglichkeit, durch eine Abfindung eine eigenständige Versorgung zu begründen.

2 Die Abfindung trennt die Versorgungschicksale bei entsprechender Antragstellung schon bei Scheidung, obwohl eine interne oder externe Teilung gemäß §§ 9–18 nicht in Betracht kommt. Folglich erlöschen mit dem Ausgleichsanspruch durch die Erfüllung mit der Abfindung auch etwaige **Ansprüche gegen den Versorgungsträger** oder Hinterbliebene gemäß **§ 25.**[1] Dann ist jedoch bei der Berechnung des Abfindungsbetrages auf den voraussichtlichen Rentenbezug des Ausgleichsberechtigten abzustellen, der gegebenenfalls über die Lebenserwartung des Ausgleichspflichtigen hinausreicht, wenn die Versorgung Ansprüche gemäß § 25 durch eine Hinterbliebenenversorgungszusage ermöglicht.[2] Dieses Leistungsspektrum ist bei der Berechnung des Ausgleichswertes zu berücksichtigen und fließt in die Berechnung der Abfindung ein.[3] Ist die Abfindung lediglich auf das Leben des Ausgleichspflichtigen berechnet worden, soll der Anspruch gegen den Versorgungsträger nicht abgefunden sein und daher fortbestehen.[4] Da die Abgrenzung im Nachhinein problematisch sein dürfte, ist jedenfalls eine Klarstellung zu empfehlen, ob auch der Anspruch gemäß § 25 von der Abfindung umfasst ist.

3 Der Abfindungsanspruch steht zum schuldrechtlichen Ausgleich gemäß § 20 im Verhältnis einer **Wahlschuld** gemäß § 262 BGB. Die Zahlung der Abfindung erfolgt **an Erfüllung statt** gemäß § 364 BGB und führt dazu, dass auch der Anspruch auf Abtretung gemäß 21 oder Kapitalzahlung gemäß § 22 wegfallen.[5] Der Abfindungsanspruch geht solchen Ansprüchen also vor.

4 Im **Ergebnis** schafft § 23 eine Möglichkeit, die externe Teilung eines ursprünglich noch nicht teilungsreifen Anrechts mit Wahl einer Zielversorgung nachzuholen.

## II. Voraussetzungen für die Zahlung einer Abfindung

5 Der Ausgleichsberechtigte kann die Zahlung einer Abfindung verlangen, wenn ein noch nicht ausgeglichenes Anrecht besteht, die Abfindung zweckgebunden eingesetzt wird und die Zahlung der Abfindung dem Ausgleichspflichtigen zumutbar ist.

6 **1. Nicht ausgeglichenes Anrecht.** Auf Seiten des Ausgleichspflichtigen muss **eine Rentenanwartschaft oder eine bereits laufende Rente** bestehen, deren Ehezeitanteil weder intern noch extern ausgeglichen wurde, die also dem schuldrechtlichen Versorgungsausgleich unterliegt. Dabei muss es sich um gesicherte Ansprüche handeln. Dem Grunde oder der Höhe nach gemäß § 1b BetrAVG bzw. gemäß § 2 Abs. 5 BetrAVG verfallbare betriebliche Anrechte können erst abgefunden werden, wenn **Unverfallbarkeit** eingetreten ist.[6] Bei einem **teilverfallbaren Anrecht** ist der bereits unverfallbare Teil einer Abfindung zugänglich. Eine **abzuschmelzende Versorgung** gemäß § 19 Abs. 2 Nr. 3 ist erst in der Leistungsphase abzufinden, da vorher nicht absehbar ist, in welcher Höhe der Leistungsanspruch entsteht.[7] Sehen ausländische Versorgungen eine Geschiedenenrente vor, kann dies dem Abfindungsanspruch wegen der Möglichkeit einer doppelten Inanspruchnahme entgegenstehen.[8] Die fehlende Ausgleichsreife eines Anrechts wegen **Unwirtschaftlichkeit** gemäß § 19 Abs. 2 Nr. 3 oder als **ausländisches Anrecht** gemäß § 19 Abs. 2 Nr. 4 steht einem Abfindungsanspruch nicht entgegen.[9] Besteht Unsicherheit, ob ein ausländisches Anrecht in einem gesonderten ausländischen Verfahrens ausgeglichen werden kann, kann das Verfahren entsprechend § 221 FamFG ausgesetzt werden.[10]

---

1 Soergel/*Ahrens* § 25 Rn. 6; Johannsen/Henrich/*Holzwarth* § 25 Rn. 2; aA wohl *Ruland* Versorgungsausgleich Rn. 739.

2 *Borth* Versorgungsausgleich Rn. 881.

3 Erman/*Norpoth* Rn. 6.

4 *Borth* Versorgungsausgleich Rn. 881.

5 Soergel/*Ahrens* Rn. 11.

6 BGH NJW-RR 2013, 1089 = FamRZ 2013, 1021.

7 Johannsen/Henrich/*Holzwarth* Rn. 5.

8 OLG Hamm FamRZ 2002, 1568 (1569 f.); Erman/*Norpoth* Rn. 2.

9 OLG Brandenburg NJW 2013, 177 = FamRZ 2013, 1039 zur Abfindung eines Anrechts, für das die interne Teilung wegen Verfehlung der satzungsgemäß geforderten Beitragszeit nicht möglich ist; Johannsen/Henrich/*Holzwarth* Rn. 5.

10 OLG Karlsruhe BeckRS 2017, 128203 = FamRZ 2017, 1666 Ls.; OLG Karlsruhe FamRZ 2017, 1125 = FF 2017, 456 für Anrecht in Schweizer Pensionskasse.

Ansprüche auf **Sachleistungen** können nicht abgefunden werden.[11] Unerheblich ist, ob der Ausgleichspflichtige bereits Leistungen aus der abzufindenden Versorgung bezieht oder der Ausgleichsberechtigte aus der auszugleichenden Versorgung schon eine schuldrechtliche Ausgleichsrente erhält.[12] 7

Nachdem der **Zeitwert** der Versorgung bei Leistung der Abfindung auszugleichen ist, trägt der Ausgleichsberechtigte einen etwaigen **Wertverzehr** mit.[13] Unschädlich ist, dass das auszugleichende Anrecht nicht mehr existiert, weil der Ausgleichspflichtige dieses nach der Entscheidung über den Versorgungsausgleich bereits vollständig ausbezahlt erhalten hat.[14] Der Abfindungsanspruch besteht also sowohl in der Anwartschafts- als auch in der Leistungsphase und unabhängig von dem Versorgungsstatus des Ausgleichsberechtigten. Der Abfindungsanspruch kann deshalb für ein dem schuldrechtlichen Ausgleich unterliegendes Anrecht schon im Scheidungsverfahren geltend gemacht werden,[15] um der externen Teilung möglichst nahe zu kommen. Eine Abfindung vergessener oder verschwiegener Anrechte scheidet dagegen wegen des fehlenden Auffangcharakters der Bestimmungen zum schuldrechtlichen Ausgleich, zu denen auch § 23 gehört, aus. 8

**2. Zweckgebundene Verwendung der Abfindungszahlung.** Die Zahlung der Abfindung bedingt, dass der ausgleichsberechtigte Ehegatte einen **Versorgungsträger benennt,** an den die Abfindung zu entrichten ist. Anders als im Fall der externen Teilung ist der Zielversorgungsträger nicht am Verfahren zu beteiligen.[16] Eine Abfindungszahlung an die berechtigte Person kommt auch dann nicht in Betracht, wenn diese sich verpflichtet, den Abfindungsbetrag an einen Versorgungsträger weiterzuleiten, es sei denn die Beteiligten treffen eine **Vereinbarung** gemäß § 6.[17] Erfolgt dennoch eine Auszahlung an den Ausgleichsberechtigten selbst, hätte dies grundsätzlich keine Erfüllungswirkung. Der Auszahlungsbetrag kann dann einem bereicherungsrechtlichen Rückforderungsanspruch gemäß § 812 Abs. 1 S. 1 Alt. 1 BGB unterliegen,[18] wobei jedoch bei Leistung und Entgegennahme eine konkludente Vereinbarung gemäß § 6 zwischen Ausgleichsberechtigten und -verpflichteten über einen Teilausschluss des Versorgungsausgleichs gegen Abfindung zumindest naheliegt. Die Vereinbarung unterliegt nach einer Entscheidung zum Versorgungsausgleich auch nicht mehr dem Formerfordernis des § 7. 9

Es muss sich bei der aufnehmenden Versorgung um eine **angemessene Zielversorgung** gemäß § 24 iVm 15 handeln. Dies ist regelmäßig der Fall, wenn Zielversorgung die gesetzliche Rentenversicherung oder eine nach dem **AltZertG** zertifizierte Versorgung ist. 10

Obwohl der **Rentenbezug** des Ausgleichsberechtigten dem Abfindungsverlangen nicht entgegensteht, ist eine Zielversorgung nicht angemessen, wenn die Begründung oder der Ausbau eines Anrechts für den Ausgleichsberechtigten nicht mehr möglich ist. Dies ist gemäß § 187 Abs. 4 SGB VI in der gesetzlichen Rentenversicherung der Fall, wenn der Ausgleichsberechtigte bereits eine Altersvollrente bezieht oder ihm diese bewilligt ist. Der Bezug einer Invaliditätsversorgung steht der Beitragszahlung nicht entgegen.[19] Eine freiwillige Betragsentrichtung ist innerhalb der Grenzen gemäß § 159 SGB VI (Beitragshöchstgrenze) und § 197 SGB VI (Frist) möglich. § 187 Abs. 1 Nr. 2 lit. a SGB VI ist über die Fälle einer Vereinbarung gemäß § 6 hinaus auch auf Abfindungsleistungen gemäß § 23 anzuwenden.[20] Bei Bezug von Altersrente ist die Abfindung trotz des Wegfalls der Möglichkeit der Beitragsentrichtung in der gesetzlichen Rentenversicherung noch nicht ausgeschlossen, wenn sich noch ein privater Rentenversicherungsträger findet, der bereit ist, die Abfindung aufzunehmen.[21] 11

**3. Zumutbarkeit der Abfindungszahlung.** Der Abfindungsanspruch besteht nur dann, wenn dem verpflichteten Ehegatten **die Zahlung der Abfindung wirtschaftlich zumutbar** ist.[22] Mit der gebotenen Prüfung der wirtschaftlichen Zumutbarkeit soll eine unverhältnismäßige Belastung des verpflichteten Ehegatten vermieden werden, insoweit muss das Interesse des berechtigten Ehegatten an einer eigenständigen Sicherung zurücktreten. Insbesondere ist zu beachten, dass an die 12

---

11 BGH NJW-RR 2014, 323 = FamRZ 2013, 1795.
12 BT-Drs. 16/10144, 65; Johannsen/Henrich/*Holzwarth* Rn. 6.
13 BT-Drs. 16/10144, 66; Johannsen/Henrich/*Holzwarth* Rn. 6.
14 HK-VersAusglR/*Götsche/Breuers* Rn. 10; aA OLG Düsseldorf FamRZ 2014, 1201.
15 Soergel/*Ahrens* Rn. 6.
16 Erman/*Norpoth* Rn. 1.
17 HK-VersAusglR/*Götsche/Breuers* Rn. 15.
18 Soergel/*Ahrens* Rn. 9.
19 *Borth* Versorgungsausgleich Rn. 885.
20 BRHP/*Gutdeutsch* Rn. 4; *Wick* Versorgungsausgleich Rn. 708.
21 *Borth* Versorgungsausgleich Rn. 884.
22 *Ruland* Versorgungsausgleich Rn. 694.

Zahlung einer Abfindung keine geringen Anforderungen[23] zu stellen sind. Gegenüber der Vorgängerregelung gemäß § 1587l Abs. 1 BGB aF sollte eine spürbare **Anhebung der Opfergrenze** erfolgen.[24]

**13** Zur Beurteilung der wirtschaftlichen Zumutbarkeit einer Abfindungszahlung kann auf die zahlreiche Rechtsprechung **zur vergleichbaren Zumutbarkeit einer Beitragszahlung** nach der früheren Regelung des § 3b Abs. 1 Nr. 2 VAHRG aF zurückgegriffen werden. Die Zumutbarkeit ist nach tatrichterlichem Ermessen und unter Berücksichtigung des Amtsermittlungsgrundsatzes gemäß § 26 FamFG zu prüfen.[25] Eine Abfindungszahlung kann etwa ausgeschlossen sein, wenn der Ausgleichspflichtige hierfür den ihm zustehenden Teil einer Veräußerung des gemeinsamen Eigenheims verwenden muss,[26] die Finanzierung eines **Eigenheims**[27] oder die Erfüllung von Unterhaltspflichten – auch gegenüber dem Ausgleichsberechtigten – gefährdet[28] oder der angemessene Selbstbedarf des Ausgleichspflichtigen tangiert würde.[29] Die **Verwertung des Vermögensstammes** zur Leistung der Abfindung ist grundsätzlich ebenso möglich wie die Finanzierung durch Kreditaufnahme,[30] wenn sich dadurch kein unzumutbarer Einschnitt in die Lebensverhältnisse des Ausgleichspflichtigen ergibt.[31] Dabei muss das einzusetzende Vermögen in einem angemessenen Verhältnis zum verbleibenden stehen. Dies soll bei einem Vermögenseinsatz von 70% jedenfalls nicht mehr der Fall sein.[32] Die Auflösung eigenen **Altersvorsorgevermögens** des Ausgleichspflichtigen soll regelmäßig unzumutbar sein.[33] Die Forderung, dass die Zahlung der Abfindung der Abfindung wirtschaftlich nahezu nicht spürbar sein muss,[34] geht zu weit. Erforderlich bleibt vielmehr eine **Gesamtabwägung** der Interessen des Ausgleichsberechtigten an der Abfindung und des Ausgleichsberechtigten an der Schonung seiner Einkommens- und Vermögensverhältnisse unter Berücksichtigung aller Einzelfallumstände. Erfolgt die Anordnung der Abfindungszahlung im Ehescheidungsverbund, sind die Belastungen durch die weiteren Scheidungsfolgen in die Abwägung einzubeziehen.[35] Sieht eine betriebliche Altersversorgung keine Leistungen an Hinterbliebene vor und scheidet deshalb ein Anspruch gemäß **§ 25 Abs. 1** bei Vorversterben des Ausgleichspflichtigen aus, ist dies als Interesse des Ausgleichsberechtigten an der Abfindung und zur Meidung einer **Versorgungslücke** – insbesondere bei einem erheblichen Altersunterschied der Beteiligten und wesentlicher Bedeutung des abzufindenden Anrechts im Rahmen der ehezeitlichen Vorsorgevermögensbildung[36] – zu berücksichtigen,[37] während umgekehrt das satzungsmäßige Bestehen einer Hinterbliebenenversorgung ein Abwägungsargument zulasten der Zumutbarkeit der Abfindung für den Ausgleichspflichtigen sein kann.[38]

**14** Dabei geht der **Unterhaltsanspruch** des Ausgleichsberechtigten der Angemessenheitsprüfung vor, da insbesondere – vergleichbar mit einer Ratenstundung des Zugewinnausgleichsanspruchs – nicht etwa die Belastung durch Ratenzahlungen die unterhaltsrechtliche Leistungsfähigkeit beeinflussen kann. Umgekehrt ist das Alterseinkommen auf Seiten des Ausgleichsberechtigten, das sich aus der zweckgebundenen Verwendung ergibt oder ergeben würde, bei der Ermittlung einer Bedürftigkeit auf Altersunterhalt zu berücksichtigen.[39] Der Ausgleichsberechtigte hat sich jedenfalls den Betrag anrechnen zu lassen, den er ohne die Abfindung aus der ausgeglichenen Versorgung als Ausgleichs-

---

23 Johannsen/Henrich/*Holzwarth* Rn. 7.

24 *Borth* Versorgungsausgleich Rn. 886.

25 Johannsen/Henrich/*Holzwarth* Rn. 9.

26 BGH NJW-RR 1997, 195 = FamRZ 1997, 166 (169); aA OLG Schleswig OLGR 2006, 88 (89) = BeckRS 2005, 30366350 für Erlös aus Teilungsversteigerung oder Zugewinnausgleich.

27 OLG Karlsruhe FamRZ 2004, 1972.

28 *Wick* Versorgungsausgleich Rn. 790; OLG Hamm FamRZ 1989, 400.

29 BRHP/*Gutdeutsch* Rn. 6; *Wick* Versorgungsausgleich Rn. 711: Maßstab kann wie beim Elternunterhalt der Freibetrag zzgl. 50% des diesen übersteigenden Einkommens sein.

30 OLG Brandenburg NJW 2013, 177 = FamRZ 2013, 1039.

31 Verneinend OLG Hamm FamRZ 2005, 988 für die Auflösung einer Lebensversicherung bzw. eines Bausparvertrages; OLG Karlsruhe FamRZ 2004, 1972 für den Verkauf nicht selbstgenutzten Grundeigentums.

32 BGH NJW-RR 1997, 195 = FamRZ 1997, 166 (169); Soergel/*Ahrens* Rn. 16.

33 OLG Schleswig SchlHA 2011, 295.

34 OLG Oldenburg FamRZ 2003, 768 (769); weitgehend BGH NJW-RR 1997, 195 = FamRZ 1997, 166; KG FamRZ 2002, 467 für den Verbleib von mehr als der Hälfte des Vermögens des Ausgleichspflichtigen; HK-VersAusglR/*Götsche*/*Breuers* Rn. 18: keine Zumutbarkeit bei Einsatz unverwertbaren, dh gemäß §§ 811, 812 ZPO unpfändbarem Vermögen.

35 Johannsen/Henrich/*Holzwarth* Rn. 10.

36 *Borth* Versorgungsausgleich Kap. 4 Rn. 85.

37 HK-VersAusglR/*Götsche*/*Breuers* Rn. 19.

38 BGH NJW-RR 1997, 195 = FamRZ 1997, 166 (168 f.); Erman/*Norpoth* Rn. 4.

39 *Kroiß*/*Seiler* FamFG § 228 Rn. 68 f.

rente gemäß § 20 erhielte.[40] Dabei kann dahinstehen, ob man in der zweckwidrigen Verwendung der Abfindung einen Verwirkungsgrund gemäß § 1579 Nr. 4 BGB[41] oder einen Fall der Vermögensminderung gemäß § 1577 Abs. 4 BGB annimmt.[42]

Die Erfüllung des Abfindungsanspruchs durch **Ratenzahlungen** kann die Zumutbarkeit für den Ausgleichsberechtigten herstellen, wobei die Angemessenheit für jede Teilrate zu prüfen ist. Kann die Abfindung nur in niedrigen Raten aufgebracht werden, ist die Zumutbarkeit grundsätzlich zu hinterfragen, da dem Prinzip der Entflechtung der Versorgungsschicksale eine Zahlungsverpflichtung entgegensteht, die den Ausgleichspflichtigen zum „Dauerschuldner"[43] macht. Die Ratenhöhe an dem Maßstab eines verbleibenden Einkommens in Höhe der Selbstbehalte nach der Düsseldorfer Tabelle zu orientieren, erscheint zumindest ambitioniert.[44] Da weitgehende Einschnitte in die wirtschaftliche und berufliche Ausgangssituation des Ausgleichspflichtigen vermieden werden sollen, ist vielmehr bei höheren Einkünften ein angemessen erhöhtes zu verbleibendes Einkommen anzusetzen.[45] Auf Seiten des Ausgleichsberechtigten sind die Voraussetzungen der gesetzlichen Rentenversicherung für die Aufnahme von Beiträgen gemäß § 187 Abs. 5 Nr. 1 und 2 SGB VI zu beachten, die eine Einzahlung innerhalb einer Frist von drei Monaten nach Rechtskraft der Entscheidung zum Versorgungsausgleich privilegieren und der Höhe nach begrenzen.[46] 15

Die nachträgliche **Abänderung** angeordneter Raten bei Änderung der persönlichen und wirtschaftlichen Verhältnis ist gemäß § 227 Abs. 1 FamFG, § 48 Abs. 1 FamFG möglich.[47] Dabei wird die Berücksichtigung neu hinzugetretener Unterhaltsansprüche regelmäßig ohne Prüfung der fiktiven Rangverhältnisse in die Abwägung einfließen können, weil die Veränderung der Ratenhöhe an dem feststehenden Umfang der wirtschaftlichen Teilhabe nach dem Halbteilungsgrundsatz nichts mehr ändert. Bei der Festsetzung und Anpassung der Raten ist jedoch zu beachten, dass diese nach dem Zeitwert der auszugleichenden Versorgung zum Zeitpunkt der Entscheidung über die Abfindung ermittelt wurden. Die Ratenzahlung sollte also eine angemessene **Verzinsung** beinhalten, die sich an dem bei der Ermittlung des Zeitwerts herangezogenen **Rechnungszins** orientieren kann. Wird nachträglich festgesetzt, dass eine Ratenzahlung künftig endgültig unzumutbar ist, bleibt hinsichtlich des nicht abgefundenen Teils des auszugleichenden Anrechts weiterhin der schuldrechtliche Ausgleich eröffnet. 16

Die **Zumutbarkeitsschranke gemäß** § 23 Abs. 2 wirkt auch dahin, dass ein Anrecht, dessen vollständige Abfindung für den Ausgleichspflichtigen unzumutbar ist, bis zur Zumutbarkeitsgrenze **teilweise** abgefunden werden kann.[48] Möglich ist deshalb im Rahmen der Zumutbarkeitsprüfung die Anordnung einer **Teilabfindung**[49] und einer Kombination aus einer Einmalzahlung und Raten. In diesen Fällen erlischt der schuldrechtliche Anspruch durch die Leistung der Abfindung an Erfüllung statt gemäß § 363 Abs. 1 BGB teilweise und besteht im Übrigen einschließlich der weiteren Ansprüche gemäß §§ 20 ff., insbesondere auch § 25, fort, da das nicht abgefundene Anrecht weiterhin dem Ausgleichspflichtigen zusteht.[50] Daneben ist für den nicht abgefundenen Teil des Anrechts noch die Abwägung gemäß § 19 Abs. 1 Nr. 4 maßgeblich.[51] 17

Ein **Sonderfall der Zumutbarkeit einer Beitragszahlung** bei gleichzeitiger Sicherung des Ausgleichsanspruchs des berechtigten Ehegatten kommt im Falle des Ausgleichs von Kapitalleistungen nach § 22 in Betracht. Da das auszugleichende Anrecht selbst in Form eines Kapitalbetrags besteht, liegt regelmäßig die Zumutbarkeit einer Abfindungszahlung vor. Der hinsichtlich einer schuldrechtlich auszugleichenden Kapitalleistung ausgleichberechtigte Ehegatte kann die Realisierung seines Ausgleichsanspruchs sicherstellen, indem er zunächst gemäß § 4 Auskunft über die 18

---

40 *Wick* Versorgungsausgleich Rn. 723.

41 BGH NJW 1987, 2229 = FamRZ 1987, 684; OLG Koblenz FamRZ 2003, 762 f.

42 Erman/*Norpoth* Rn. 9.

43 Erman/*Norpoth* Rn. 5; OLG München 1998, 679; OLG Hamm NJWE-FER1996, 28.

44 Soergel/*Ahrens* Rn. 17.

45 *Borth* Versorgungsausgleich Rn. 888 mit dem Vorschlag, auf den Selbstbehalt beim Elternunterhalt (derzeit 1.600 EUR) abzustellen.

46 Johannsen/Henrich/*Holzwarth* Rn. 11.

47 Soergel/*Ahrens* Rn. 20; *Wick* Versorgungsausgleich Rn. 722.

48 BGH NJW-RR 2016, 969 für ein Anrecht aus einer Schweizer Pensionskasse unter Beanstandung der Belassung eines Schonvermögens von 28.000 EUR und einer Befristung der zu leistenden Abfindungsraten auf einen Zeitpunkt vor Renteneintritt; aA Vorinstanz OLG Karlsruhe NZFam 2016, 36 mAnm *Reetz*: Möglichkeit der Ratenzahlung darf nicht zu langjähriger Erbringung monatlicher Zahlungen aus Einkommen führen.

49 OLG Celle BeckRS 2009, 04740 = OLGR 2009, 302 (303).

50 OLG Karlsruhe BeckRS 2013, 452 = FamRZ 2013, 41.

51 BGH NJW-RR 2016, 969.

Auszahlung des Kapitals verlangt und anschließend eine Abfindung der entsprechenden schuldrechtlichen Ausgleichsrente sowie eine Abtretung gemäß § 21 beantragt.

19 Die Zumutbarkeitsprüfung hat **von Amts wegen** zu erfolgen. Dabei hat das Gericht im Wege der Amtsermittlung die für die Zumutbarkeitsprüfung relevanten Umstände aufzuklären, ohne an den Vortrag der Beteiligten gebunden zu sein.[52]

20 Mit dem **Tod** des Ausgleichsberechtigten oder des Ausgleichspflichtigen erlischt der Abfindungsanspruch gemäß § 31 Abs. 3 S. 1 iVm § 1586 Abs. 2 S. 1 BGB. Ist die Abfindung in Raten zu leisten, entfällt die Zahlungsverpflichtung erst mit dem Tod des Beteiligten. Bis dahin aufgelaufene **Rückstände** können deshalb noch geltend gemacht werden und müssen von den Erben des Ausgleichspflichtigen als Nachlassverbindlichkeiten erfüllt werden.[53] Der noch nicht durch Abfindung erloschene Teil der Versorgung kann dann gegenüber dem Versorgungsträger gemäß § 25 fortbestehen. Für ein Anrecht bei einem ausländischen Versorgungsträger gilt dies jedoch nicht, da kein verlängerter schuldrechtlicher Ausgleich gegen diesen angeordnet werden kann, sondern allenfalls gegen die Hinterbliebenen des Ausgleichspflichtigen. Die sich daraus ergebende wesentliche Sicherungslücke ist ihrerseits wieder bei der Abwägung zur Zumutbarkeit der Abfindung einzustellen.[54]

21 Kommt der Ausgleichspflichtige mit der Zahlung in **Verzug,** kann der Verzugsschadensersatzanspruch auch den durch die erforderliche höhere Beitragsleistung insbesondere in die gesetzliche Rentenversicherung begründeten Schaden umfassen.[55]

22 Eine **Verjährung** des Abfindungsanspruchs kommt nicht in Betracht, da die Abfindung bis zum vollständigen schuldrechtlichen Ausgleich des Anrechts verlangt werden kann.[56]

23 **4. Verfahren.** Die Zahlung der Abfindung kann von der ausgleichspflichtigen Person zwar angeboten, aber nicht verlangt werden. Sie wird nur auf **Antrag** des Ausgleichsberechtigten angeordnet. Dabei muss der Ausgleichsberechtigte die gewählte Zielversorgung angeben, aber die Abfindungshöhe noch **nicht beziffern.**[57] Nachdem die **Zustimmungserklärung** der Zielversorgung sich jedoch auf die konkrete aufzunehmende Abfindungshöhe beziehen muss, wird der Ausgleichsberechtigte berechtigt sein, die Zustimmungserklärung nachträglich vorzulegen, wenn die Abfindungshöhe feststeht. Das Abfindungsverlangen kann bereits als Verbundantrag im Ehescheidungsverfahren anhängig gemacht werden.[58] Das Recht zur Antragstellung hängt insbesondere nicht von einem Rentenbezug ab.[59]

24 Anlässlich der **Vollstreckung** des Abfindungsanspruchs kann eine Zwangshypothek an Grundbesitz des Ausgleichspflichtigen eingetragen werden, obwohl die Zahlung nicht an den Ausgleichsberechtigten, sondern die Zielversorgung zu leisten ist.[60]

25 **5. Steuerliche Behandlung der Abfindung.** Die Zahlung der Abfindung soll für den Ausgleichspflichtigen **keine Sonderausgaben** gemäß § 10 Abs. 1a Nr. 4 EStG nF oder Werbungskosten gemäß § 9 Abs. 1 S. 1 EStG[61] oder außergewöhnliche Belastungen gemäß § 33 EStG darstellen.[62] Dies erscheint wegen der Ungleichbehandlung mit gemäß § 6 vereinbarten Abfindungszahlungen und der ggf. abhängig von der Anlageform der Zielversorgung beim Ausgleichsberechtigten entstehenden Steuerpflicht gemäß § 19, 20 oder 22 EStG[63] nicht überzeugend. Nach zutreffender Auffassung[64] ist deshalb aufgrund der wirtschaftlichen Belastung des Ausgleichspflichtigen die Wahl einer steuerschädlichen Verwendung der Abfindung in der Zielversorgung gemäß § 15 Abs. 3 von seiner

---

52 BGH NJW-RR 1999, 227 = FamRZ 1999, 158 (159); *Wick* Versorgungsausgleich Rn. 717.

53 Johannsen/Henrich/*Holzwarth* Rn. 17; aA wohl HK-VersAusglR/*Götsche/Breuers* Rn. 42, der eine Absicherung der Raten über den Tod des Ausgleichspflichtigen hinaus empfiehlt.

54 BGH NJW-RR 2016, 969 (973).

55 HK-VersAusglR/*Götsche/Breuers* Rn. 30.

56 Soergel/*Ahrens* Rn. 12.

57 OLG Brandenburg NJW 2013, 177 = FamRZ 2013, 1039; HK-VersAusglR/*Götsche/Breuers* Rn. 13; aA BRHP/*Gutdeutsch* Rn. 9: noch keine Benennung der Zielversorgung bei Antragstellung.

58 BGH NJW-RR 2013, 1089 = FamRZ 2013, 1021.

59 BGH NJW 2013, 177 = FamRZ 2013, 1039.

60 OLG München BeckRS 2011, 21791.

61 FG Münster BeckRS 2016, 95087: Abfindung steuerlich nur berücksichtigungsfähig, falls für auszugleichendes Anrecht auch in zeitlicher Hinsicht interne Teilung gemäß § 10 ff. eröffnet (zugelassene Revision wurde durch BFH BeckRS 2017, 94267 aus formalen Gründen als unzulässig verworfen).

62 BFH FamRZ 2010, 1800 mAnm *Borth*; FG Hamburg FamRZ 2014, 1328; BMF-Schreiben v. 9.4.2010, BStBl. 2010, 323; *Wälzholz* DStR 2010, 465 (471); HK-VersAusglR/*Götsche/Breuers* Rn. 43 f.; Johannsen/Henrich/*Holzwarth* Rn. 3.

63 HK-VersAusglR/*Götsche/Breuers* Rn. 44.

64 *Wick* Versorgungsausgleich Rn. 715.

Zustimmung abhängig zu machen und die steuerlichen Folgen bei der Zumutbarkeitsprüfung zu berücksichtigen.

## § 24 Höhe der Abfindung, Zweckbindung

**(1) [1]Für die Höhe der Abfindung ist der Zeitwert des Ausgleichswerts maßgeblich. [2]§ 18 gilt entsprechend.**

**(2) Für das Wahlrecht hinsichtlich der Zielversorgung gilt § 15 entsprechend.**

**Übersicht**



### I. Normzweck

1 Während die Bestimmung des § 23 die Grundlagen und die Voraussetzungen für die Zahlung einer Abfindung beschreibt, bestimmt § 24 die Berechnung der Höhe und der Form der Abfindung.

### II. Die Höhe des Abfindungsanspruchs

2 Nach § 24 Abs. 1 bestimmt sich die Höhe einer Abfindung nach dem **Zeitwert des Ausgleichswerts.** Dabei ist nach der Begründung zu dieser Bestimmung zunächst von demjenigen Zeitwert auszugehen, der sich nach der gemäß § 5 erteilten Auskunft des jeweiligen Versorgungsträgers als tatsächlicher Kapitalbetrag oder als korrespondierender **Kapitalwert** gemäß § 47 zum Ende der Ehezeit ergibt.[1] Ausgehend von dem ursprünglichen Kapitalwert ist unter Berücksichtigung aller nachehelicher Wertanpassungen der **Zeitwert** der Versorgung zu ermitteln. Voraussetzung für die Ermittlung des Kapitalwertes und die Berechnung der Abfindung ist die hinreichende Verfestigung des Anrechts,[2] die eine Wertermittlung überhaupt ermöglicht.

3 **1. Kapitalwert.** Als Ausgangspunkt für die Bewertung des Abfindungsanspruchs ist zunächst auf den bezogen auf das Ehezeitende ermittelten Kapitalwert des auszugleichenden Anrechts abzustellen. Weist die Versorgung kein Deckungskapital als Bezugsgröße aus, ist der korrespondierende Kapitalwert gemäß § 47 heranzuziehen.

4 **2. Zeitwert.** Für die Berechnung der Abfindung ist auf der Basis des Kapitalwertes der Zeitwert zu ermitteln. Dazu sind bewertungsrelevante Umstände nach Ehezeitende gemäß § 5 Abs. 2 zu berücksichtigen, soweit sie **Ehezeitbezug** aufweisen. Dies ist etwa bei allgemeinen Wertanpassungen wie nach dem **BetrAVG** oder der Gutschrift von Überschüssen der Fall, dagegen nicht, wenn sich die Wertveränderung aus einer nicht in der Ehezeit angelegten beruflichen Entwicklung (Karrieresprung) ergibt.[3] Sind ursprünglich verfallbare Anrechtsbestandteile seit dem Ehezeitende **unverfallbar** geworden, sind diese in die Berechnung des Zeitwertes einzubeziehen.[4] Wird der Zeitwert eines Rentenanrechts ermittelt, ist sowohl eine dynamische Anpassung als auch der Rechnungszins bei der Berechnung des Abfindungswertes herzuziehen.[5]

5 Erfolgt ein **Wertverzehr** insbesondere durch Eintritt des Rentenfalls wegen Alters oder Invalidität, ist dieser ebenfalls mit den versicherungsmathematisch zu ermittelnden Abschlägen zu berück-

1 Johannsen/Henrich/*Holzwarth* Rn. 1.
2 BGH NJW-RR 2013, 1089.
3 BT-Drs. 16/10144, 66; OLG Brandenburg NJW 2013, 177 = FamRZ 2013, 1039 (1041); Johannsen/Henrich/*Holzwarth* Rn. 3.
4 *Borth* Versorgungausgleich Rn. 894.
5 *Borth* Versorgungausgleich Rn. 894.

sichtigen.[6] Dies muss unabhängig davon gelten, ob der Ausgleichsberechtigte von den Folgen des Wertverzehrs durch Unterhalts- oder schuldrechtliche Ausgleichsrentenzahlungen profitiert hat, da Bezugspunkt für die Wertermittlung der Zeitwert des zu teilenden Anrechts des Ausgleichspflichtigen ist. Dass der Ausgleichsberechtigte bei Durchführung des schuldrechtlichen Versorgungsausgleichs von den vor Eintritt des eigenen Rentenfalls eintretenden Rentenleistungen an den Ausgleichspflichtigen nicht bzw. allenfalls mittelbar über die Sicherung eines Unterhaltsanspruchs profitiert, liegt in der Natur des nachrangigen schuldrechtlichen Ausgleichs und kann über die Abfindungslösung nicht korrigiert werden.

6 Nicht in Betracht kommt deshalb nach der Begründung zu § 24 die Bestimmung des Zeitwerts einer Abfindung unter Berücksichtigung der Rechnungsgrundlagen für zwei verbundene Leben.[7] Eine Berechnung des Zeitwerts in Abhängigkeit individueller Rechnungsgrundlagen – beispielsweise entsprechend den tatsächlichen gesundheitlichen Voraussetzungen der Eheleute – ist ebenfalls unzulässig. Es ist vielmehr auf den **Zeitwert** des auszugleichenden Anrechts auf Seiten des Ausgleichspflichtigen unter Heranziehung seiner versicherungsmathematischen Daten abzustellen,[8] nicht jedoch auf den „Einkaufswert", den der Ausgleichsberechtigte einsetzen müsste, um ein gleichhohes Rentenanrecht in der gewählten Zielversorgung zu erwerben. Insoweit ergibt sich kein Unterschied zur Behandlung des Ausgleichs bei Scheidung.[9]

7 Fehlt bisher eine Auskunft zu dem abzufindenden Anrecht ganz, ist diese neu einzuholen, für die Wertermittlung **ausländischer** Anrechte kann die Einholung eines Sachverständigengutachtens erforderlich sein.[10] Bei ausländischen Anrechten ist kritisch zu prüfen, wie unter Berücksichtigung von Transferverlusten der **Halbteilungsgrundsatz** zu wahren ist.[11]

8 Der **Zeitpunkt,** auf den der Zeitwert zu ermitteln ist, soll möglichst nah zu dem Zeitpunkt der Entscheidung liegen.[12] Dies kann bei einer Entscheidung im Ehescheidungsverbund mit langer Verfahrensdauer seit dem Ehezeitende dazu führen, dass nicht mehr der Kapitalwert sondern der im Rahmen einer neuen Auskunft gemäß § 220 Abs. 4 FamFG anzufordernde aktualisierte Zeitwert herzuziehen ist. Wegen der Auswirkungen des Wertverzehrs ist daher auch ein Zuwarten mit der Abfindungsforderung jedenfalls bei Leistungsbezug des Ausgleichspflichtigen selten empfehlenswert, es sei denn, es ist mit berücksichtigungsfähigen Wertentwicklungen gemäß § 5 Abs. 2 zu rechnen.

9 **3. Abgabenabzug.** Bei der Ermittlung des Abfindungswertes ist der Abzug der Sozialversicherungsabgaben anders als bei § 20 Abs. 1 S. 2 oder § 22 **nicht vorgesehen.**[13] Sieht man die Begründung für den Ausschluss des Abgabenabzugs in der fehlenden Vorhersehbarkeit des Umfangs der anfallenden Abgaben, lässt sich eine abweichende Behandlung rechtfertigen, wenn die Abfindung erst im Leistungsfall berechnet wird.[14] Unterliegt die dem Ausgleichspflichtigen verbleibende Versorgung der Einkommensteuer- und Sozialversicherungspflicht, kann die Berechnung der Abfindung auf Bruttobasis zu einer **unbilligen Härte** insbesondere dann führen, wenn der Ausgleichsberechtigte mit dem Abfindungsbetrag einen nicht steuer- oder sozialversicherungspflichtigen Leistungsanspruch erwirbt. In diesem Fall kann der Einwand gemäß § 27 gerechtfertigt erscheinen.

10 **4. Altersabhängige Bezugsgrößen einer Anwartschaft.** Nach der Begründung zu § 24 ist der auf das Ende der Ehezeit bezogene Kapitalbetrag wegen der nachehezeitlichen Überschüsse aufzuzinsen, wenn dem auszugleichenden Anrecht ein Deckungskapital zugrunde liegt. Diese Begründung vermag nicht zu überzeugen.[15] Das **Deckungskapital** einer **Anwartschaft auf künftige Versorgungsleistungen** zu einem bestimmten Zeitpunkt t errechnet sich aus dem Barwert dieser Leistungen abzüglich dem Barwert der ab dem Zeitpunkt t gezahlten Beiträge. Diese nach versicherungsmathematischen Rechnungsgrundlagen zu bestimmenden Beiträge beinhalten nicht nur den Zins, sondern auch die nach dem Ende der Ehezeit eintretenden Änderungen der biometrischen Rechnungsgrundlagen. Die nachehezeitliche Veränderung des auf das Ende der Ehezeit bezogenen Kapitalwerts einer deckungskapitalbezogenen Anwartschaft bestimmt sich durch deren Multiplikation mit einem Faktor, der sowohl die nachehezeitliche Verzinsung, als auch die veränderten biometrischen Rechnungsgrundlagen berücksichtigt. Die Heranziehung des BilMoG-Zinssatzes

---

6 Johannsen/Henrich/*Holzwarth* Rn. 3 mwN.
7 So aber *Bergner/Schneider* FamRZ 2004, 1766; *Bergner/Schneider* FamRZ 2004, 1838.
8 *Wick* Versorgungsausgleich Rn. 720.
9 Erman/*Norpoth* Rn. 1.
10 OLG Karlsruhe BeckRS 2013, 452 = FamRZ 2013, 41.
11 Krit. insbes. zur Heranziehung des BilMoG-Zinssatzes *Többens* NZFam 2017, 93.
12 BT-Drs. 16/10144, 66; OLG Brandenburg NJW 2013, 177.
13 Johannsen/Henrich/*Holzwarth* Rn. 2.
14 *Wick* Versorgungsausgleich Rn. 719.
15 BT-Drs. 16/10144 zu § 24.

gemäß § 253 Abs. 2 HGB als Rechnungszins für die Ermittlung des Kapitalwertes ist zulässig, bei einer Dynamisierung des Anrechts ist eine angemessene Absenkung des Rechnungszinssatzes geboten.[16]

**5. Einkommensabhängige Bezugsgrößen einer Anwartschaft.** Bei einkommensabhängigen Anwartschaften ist zur Berechnung einer Abfindung zunächst der auf das Ende der Ehezeit bezogene Kapitalwert unter Zugrundelegung der unverfallbaren **nachehelichen** Einkommensentwicklung anzupassen,[17] wobei lediglich die Regelentwicklung zu berücksichtigen ist. Außergewöhnliche Anpassungen aufgrund eines nachehezeitlichen beruflichen Aufstiegs bleiben außer Ansatz. Zusätzlich sind wie bei altersabhängigen Bezugsgrößen die veränderten biometrischen Rechnungsgrundlagen in Ansatz zu bringen. 11

**6. Altersunabhängige Bezugsgrößen einer Anwartschaft.** Die Höhe einer gesetzlichen Rentenanwartschaft bzw. einer vergleichbaren Versorgungsanwartschaft errechnet sich altersunabhängig: Die Zahlung eines bestimmten Beitrags ergibt unabhängig vom Alters des Versicherten den gleichen Rentenbetrag eines ehezeitlichen Anrechts. Bei Berücksichtigung der Rechnungsgrundlagen eines altersunabhängigen Anrechts ist der auf das Ende der Ehezeit bezogene Wert bei einem **Aufschub der Abfindungszahlung dadurch zu aktualisieren,** indem dieser Wert mit dem gegenüber dem Ende der Ehezeit geänderten aktuellen Rentenwert bzw. einer vergleichbaren Größe angepasst wird. 12

**7. Die Abfindung laufender Leistungen.** Unterschiedlich zu der früheren Bestimmung des § 1587l BGB aF kann nach dem Wortlaut der Bestimmungen der §§ 23 und 24 eine Abfindung auch dann verlangt werden, wenn 13

- der Verpflichtete bereits eine Rente aufgrund des auszugleichenden Anrechts bezieht oder
- der Berechtigte Teil-Leistungen in Form der Zahlung einer Ausgleichsrente durch den Verpflichteten bezogen hat.

In beiden Fällen errechnet sich der Abfindungsbetrag wie bei einer bestehenden Anwartschaft auf zukünftige Leistungen, wobei allerdings die aufgrund des Rentenbezugs verbrauchten Werte abfindungsmindernd zu berücksichtigen sind. 14

**8. Die Abfindung von Ansprüchen gemäß §§ 25 und 26.** Wie schon bei Anwendung des früheren Rechts ist nach neuem Recht nicht eindeutig geregelt, ob aufgrund der Abfindung einer Rente, die noch nicht ausgeglichen wurde, auch die Ansprüche gegen den Versorgungsträger nach § 25 bzw. die Ansprüche gegen einen nachgeheirateten Ehegatten nach § 26 erfasst werden. Lediglich aus dem Bezug auf den Kapitalwert bzw. den korrespondierenden Kapitalwert als Ausgangsgröße für die Berechnung der Abfindung ist zu schließen, dass die Ansprüche nach §§ 25, 26 unabhängig von der Zahlung einer Abfindung zusätzlich auszugleichen sind, wenn der (korrespondierende) Kapitalwert **den Wert einer Hinterbliebenenversorgung nicht erfasst.** Ob der Anspruch aus § 25 mitabgefunden ist, richtet sich also danach, ob Grundlage der Abfindungsberechnung der Kapitalwert der Rentenleistung bis zum Tod des Ausgleichsberechtigten war.[18] 15

**9. Tod der Beteiligten.** Wie sonst im Fall des schuldrechtlichen Ausgleichsanspruchs erlischt der Abfindungsanspruch mit dem Tod der Beteiligten. Verstirbt der Ausgleichsberechtigte, kann die Abfindung nicht mehr zweckbestimmungsgemäß für den Aufbau einer Versorgung des Ausgleichsberechtigten in der gewählten Zielversorgung eingesetzt werden. Der Anspruch geht deshalb nicht auf die Erben des Ausgleichsberechtigten über,[19] es sei denn, der Ausgleichsberechtigte hat die Zahlung an die Zielversorgung schon vor Eingang der Abfindung vorab geleistet, um etwa Verzugsschäden abzuwenden.[20] Wurde ein Anrecht gemäß § 32 Nr. 1–5 aus den sog. Regelsicherungssystemen abgefunden, kann die Abfindung in Fällen des § 37 Abs. 1, 2 zurückverlangt werden.[21] 16

Stirbt der Ausgleichspflichtige vor vollständiger Erfüllung des Abfindungsanspruchs, müssen seine Rechtsnachfolger die Zahlung wegen § 31 Abs. 3 nicht mehr leisten.[22] Bestehen dann Ansprüche gegen den Versorgungsträger gemäß § 25 Abs. 1, ist zu untersuchen, zu welchem Teil der Anspruch durch eine etwaige Teilabfindung bereits erledigt und untergegangen ist. 17

---

16 *Wick* Versorgungsausgleich Rn. 720.
17 *Ruland* Versorgungsausgleich Rn. 703.
18 *Borth* Versorgungsausgleich Rn. 893 f.
19 BT-Drs. 7/650, 170.
20 *Borth* Versorgungsausgleich Rn. 899.
21 *Borth* Versorgungsausgleich Rn. 899, 1120.
22 *Borth* Versorgungsausgleich Rn. 900.

### III. Wahl der Zielversorgung

18 Der ausgleichsberechtigte Ehegatte muss dem verpflichteten Ehegatten die nach § 15 gewählte Versorgung benennen, zu der die Abfindung zu bezahlen ist. In Betracht kommt grundsätzlich **jede Versorgung, die eine angemessene Versorgung gewährleistet.** Dies ist gemäß § 15 Abs. 4 grundsätzlich der Fall wenn es sich um ein Anrecht aus der gesetzlichen Rentenversicherung, um ein Anrecht aus einem Pensionsfonds, einer Pensionskasse oder einer Direktversicherung[23] oder um ein Anrecht aufgrund eines Vertrags nach dem AltZertG oder um ein bei der Versorgungsausgleichskasse zu begründendes Anrecht handelt.[24] Auch die Einzahlung der Abfindung in einen Bausparvertrag zur späteren Finanzierung eines Eigenheims ist möglich.[25] Die Vorgaben zu Zweckbindung gemäß § 15 gelten entsprechend. Die **Versorgungsausgleichskasse** ist gemäß § 15 Abs. 5 S. 2 **Auffangversorgungsträgerin,** wenn keine Zielversorgung benannt ist oder gefunden werden kann. Nachdem eine Zustimmungserklärung der aufnehmenden Zielversorgung spätestens bis zur Entscheidung bzw. innerhalb einer gesetzten Frist vorzulegen ist, die den Abfindungsbetrag als aufzunehmenden Wert ausweisen muss, erscheint es wenig hilfreich, bereits bei Antragstellung die Mitteilung der gewählten Zielversorgung zu verlangen, bevor der Abfindungswert feststeht.[26]

19 Wenn die Abfindung anders als bei der externen Teilung nicht aus dem Vorsorgevermögen selbst sondern dem sonstigen Vermögen oder Einkommen des Ausgleichspflichtigen zu entrichten ist, stellt sich die Frage einer **steuerschädlichen Verwendung** nicht, so dass die Wahl der Zielversorgung grundsätzlich nicht von der Zustimmung des Ausgleichspflichtigen abhängen muss. Die evtl. steuerlich nachteiligen Folgen, die sich aus der Finanzierung der Abfindung aus steuerverstrickten zB Altersvorsorgesparvermögen ergeben, sind bei der Prüfung der Zumutbarkeit zu berücksichtigen.[27] Die Wahl einer steuerschädlichen Zielversorgung hängt gemäß § 15 Abs. 3 nach zutreffender Auffassung von der Zustimmung des Ausgleichspflichtigen ab,[28] wenn erst durch diese Verwendung eine Steuermehrbelastung auf Seiten des Ausgleichpflichtigen eintritt oder droht.

### IV. Geringfügigkeit des abzufindenden Anrechts

20 Auch im Zusammenhang mit dem Verlangen des Berechtigten zur Zahlung einer Abfindung ist die Geringfügigkeit eines Anrechts entsprechend den Regelungen des § 18 zu beachten. Da der Kapitalbetrag bzw. der korrespondierende Kapitalwert als Ausgangsgröße für die Höhe der Abfindung in Ansatz kommt, ist die Wesentlichkeitsgrenze für die Annahme der Geringfügigkeit nach demjenigen Kapitalbetrag zu bestimmen, der als Abfindung zu bezahlen ist. Wenn also der Abfindungsbetrag den Wert von **120 % der Bezugsgröße nach § 18 SGB IV** unterschreitet, soll die Zahlung der Abfindung entfallen.

## Unterabschnitt 3. Teilhabe an der Hinterbliebenenversorgung

## § 25 Anspruch gegen den Versorgungsträger

**(1) Stirbt die ausgleichspflichtige Person und besteht ein noch nicht ausgeglichenes Anrecht, so kann die ausgleichsberechtigte Person vom Versorgungsträger die Hinterbliebenenversorgung verlangen, die sie erhielte, wenn die Ehe bis zum Tod der ausgleichspflichtigen Person fortbestanden hätte.**

**(2) Der Anspruch ist ausgeschlossen, wenn das Anrecht wegen einer Vereinbarung der Ehegatten nach den §§ 6 bis 8 oder wegen fehlender Ausgleichsreife nach § 19 Abs. 2 Nr. 2 oder Nr. 3 oder Abs. 3 vom Wertausgleich bei der Scheidung ausgenommen worden war.**

**(3) [1]Die Höhe des Anspruchs ist auf den Betrag beschränkt, den die ausgleichsberechtigte Person als schuldrechtliche Ausgleichsrente verlangen könnte. [2]Leistungen, die sie von dem Versorgungsträger als Hinterbliebene erhält, sind anzurechnen.**

**(4) § 20 Abs. 2 und 3 gilt entsprechend.**

**(5) Eine Hinterbliebenenversorgung, die der Versorgungsträger an die Witwe oder den Witwer der ausgleichspflichtigen Person zahlt, ist um den nach den Absätzen 1 und 3 Satz 1 errechneten Betrag zu kürzen.**

---

23 Jahressteuergesetz 2010 (JStG 2010); BT-Drs. 17/2249.
24 *Ruland* Versorgungsausgleich Rn. 699.
25 OLG Brandenburg NJW 2013, 177 = FamRZ 2013, 1039.
26 AA BRHP/*Gutdeutsch* Rn. 8, wenn nicht die gesetzliche Rentenversicherung Zielversorgungsträgerin sein soll.
27 HK-VersAusglR/*Götsche/Breuers* Rn. 18.
28 Soergel/*Ahrens* Rn. 6; aA BRHP/*Gutdeutsch* Rn. 9.

**Übersicht**



## I. Normzweck

Die Regelung des § 25 entspricht der früheren Bestimmung des § 3a VAHRG aF,[1] wobei die Bezeichnung „verlängerte schuldrechtliche Ausgleichsrente“ durch die zutreffendere Bestimmung des Anspruchs gegenüber dem Versorgungsträger ersetzt wurde. Bei Beachtung des neuen Rechts sind die Fälle des Anspruchs gegenüber einem Versorgungsträger im Wesentlichen **auf die verfallbare nacheheliche Dynamik eines einkommensabhängigen betrieblichen Anrechts beschränkt,** weil die weiteren Regelungen zum schuldrechtlichen gemäß § 1587f Nr. 1–3 BGB aF ebenso entfallen sind wie die häufige Anwendung des § 2 VAHRG aF. § 25 schließt die Versorgungslücke,[2] die bei Vorversterben des Ausgleichspflichtigen entstehen kann, mit dem der Ausgleichsanspruch grundsätzlich gemäß § 31 Abs. 3 entfällt. Es entsteht ein eigenständiger Anspruch des Ausgleichsberechtigten gegen den Versorgungsträger, wenn dieser in seiner Versorgungssatzung eine Hinterbliebenenversorgung vorsieht. Anderenfalls kann ein Anspruch gegen die Hinterbliebenen selbst gemäß § 26 bestehen. Die größte praktische Bedeutung wird § 25 für Fälle behalten, bei denen der Ausgleich nach altem Recht durchgeführt und deshalb werthaltigere Anrechte der betrieblichen Altersversorgung lediglich schuldrechtlich ausgeglichen wurden. Bei einem Ausgleich nach neuem Recht werden diese Anrechte ausgenommen im Fall fehlender Ausgleichsreife gemäß § 19 Abs. 2 intern oder extern anlässlich der Scheidung ausgeglichen und der Ausgleichsberechtigte erhält ein eigenes Anrecht, dessen Versorgungsschicksal von dem der Ausgleichspflichtigen unabhängig ist. 1

## II. Die Voraussetzungen zur Geltendmachung eines Anspruchs

**1. Noch nicht ausgeglichenes Anrecht.** Ein Anspruch gegenüber einem Versorgungsträger setzt bei Anwendung des neuen Rechts voraus, dass bei diesem Versorgungsträger ein Anrecht besteht, das nach § 20 Abs. 1 dem schuldrechtlichen Ausgleich überlassen wurde, weil ein Ausgleich im Wege der internen oder externen Teilung nicht erfolgt ist.[3] Das Anrecht muss zum Zeitpunkt des Todes des Ausgleichspflichtigen bestanden haben und ausgleichsreif sein. Nicht erforderlich ist, dass der Ausgleichspflichtige vor seinem Tod eine Versorgung tatsächlich bezogen hat. Der Tod des Ausgleichspflichtigen vor dem Eintritt seines Rentenbezuges oder Rentenberechtigung des Ausgleichsberechtigten ist daher unschädlich.[4] Ein bis zum Tod noch verfallbares Anrecht muss nicht ausgeglichen werden, wobei der Tod des Ausgleichspflichtigen als Fälligkeitszeitpunkt für den Eintritt der Unverfallbarkeit ausreichen kann.[5] Ein nicht ausgleichsreifes Anrecht liegt vor bei degressiven Leistungsbestandteilen, bei Anrechten, deren Ausgleich unwirtschaftlich wäre sowie Anrechten, die der Ausgleichssperre gemäß § 19 Abs. 3 unterliegen.[6] Sozialleistungen sind die im SGB vorgesehenen 2

1 BT-Drs. 16/10144 zu § 25; *Ruland* Versorgungsausgleich Rn. 707.
2 HK-VersAusglR/*Götsche* Rn. 4.
3 BT-Drs. 16/10144 zu § 25 Abs. 1.
4 BT-Drs. 16/10144, 66.
5 BGH NJW-RR 1986, 1199 = FamRZ 1986, 894; Johannsen/Henrich/*Holzwarth* Rn. 4.
6 *Wick* Versorgungsausgleich Rn. 737.

Dienst-, Sach- und Geldleistungen. § 25 gibt zwar einen eigenen Anspruch, dieser bezieht sich jedoch ausdrücklich auf die Hinterbliebenenversorgung, die eine Sozialleistung in diesem Sinne darstellt, so dass ein übergangsfähiger Anspruch auch dann ausscheidet, wenn die Ausgangsentscheidung – ohne Bindungswirkung – einen schuldrechtlichen Ausgleich unzutreffend annahm.[7]

3 Bei fortdauernder Anwendung von Entscheidungen nach altem Recht kann es sich aber auch um Anrechte handeln,
- die den Höchstbetrag des § 1587b Abs. 5 BGB aF überschritten haben
- die sich einer Beitragszahlung nach § 3b Abs. 1 Nr. 2 VAHRG aF entzogen haben, weil eine gesetzliche Altersrente bezahlt wurde
- die gemäß § 1587 Nr. 4 BGB aF bzw. § 2 VAHRG aF dem schuldrechtlichen Ausgleich vorbehalten blieben
- deren angeordnete Beitragszahlung nicht erfolgt ist
- deren Wert die Höhe des erweiterten Ausgleichs gemäß § 3b Abs. 1 Nr. 1 VAHRG aF überschritten hatte und die gemäß § 2 VAHRG aF dem schuldrechtlichen Ausgleich überlassen blieben.

4 Setzt sich eine Versorgungszusage aus mehreren Komponenten zusammen und werden nur einzelne davon abgefunden, hat eine anteilige Berücksichtigung bei der Hinterbliebenenversorgung zu erfolgen.[8] Gegenüber ausländischen, zwischen- und überstaatlichen Versorgungsträgern besteht kein unmittelbarer Anspruch gemäß § 25, da diese nicht der deutschen Gerichtsbarkeit unterliegen.[9] Der Ausgleichsberechtigte ist in diesen Fällen auf Ansprüche gegen die Hinterbliebenen gemäß § 26 beschränkt.

5 **2. Tod des Ausgleichspflichtigen.** Der Anspruch gegenüber einem Versorgungsträger kann erst geltend gemacht werden, wenn der hinsichtlich der in → Rn. 2 ff. genannten Anrechte ausgleichspflichtige Ehegatte verstorben ist.[10] Ein Ausgleichsanspruch gegenüber dem Versorgungsträger kommt insoweit zu Lebzeiten des verpflichteten Ehegatten nach § 25 nicht in Betracht. Der Tod des Ausgleichspflichtigen ersetzt dabei den sog. doppelten Rentenfall: Der Ausgleichsberechtigte muss also nicht – wie zu Lebzeiten des Ausgleichspflichtigen – den Zeitpunkt abwarten, bis der Ausgleichspflichtige Versorgungsleistungen hätte beziehen können.

6 **3. Versorgungsberechtigung des berechtigten Ehegatten.** Entsprechend den Voraussetzungen für die Zahlung einer schuldrechtlichen Ausgleichsrente kann auch der Anspruch gegenüber dem Träger der Versorgung des verstorbenen ausgleichspflichtigen Ehegatten nur geltend gemacht werden, wenn der berechtigte Ehegatte **entweder eine Rente wegen Alters oder Invalidität bezieht** oder die Voraussetzungen für einen solchen Rentenbezug erfüllt. Wenn allerdings diese Voraussetzungen in der Person des berechtigten Ehegatten erfüllt sind, ist es nicht erforderlich, dass auch die vergleichbaren Voraussetzungen in der Person des verstorbenen ausgleichspflichtigen Ehegatten bestanden haben oder fiktiv bestehen würden.[11] Der Anspruch gegenüber dem Versorgungsträger kann also auch dann geltend gemacht werden, wenn bei Weiterleben des pflichtigen Ehegatten ein Ausgleichsanspruch noch nicht bestanden hätte. Es besteht beispielsweise ein Anspruch einer berufsunfähigen 45-jährigen geschiedenen Ehefrau gegenüber dem Träger der betrieblichen Versorgung des geschiedenen Ehemanns, wenn dieser aufgrund eines Unfalls im Alter von 48 Jahren verstirbt.

7 **4. Bestehen einer Hinterbliebenenversorgung für Witwer oder Witwe.** Der Anspruch gegenüber einem Versorgungsträger setzt voraus, dass dem (geschiedenen) Ehegatten **bei Fortbestehen der Ehe eine Hinterbliebenenrente** aus der Versorgungszusage dieses Versorgungsträgers zugestanden hätte. Anderenfalls kann dem Versorgungsträger ein Leistungspflichtrisiko, das über die Lebenserwartung des Versorgungsberechtigten hinausreicht, nicht überbürdet werden. Es wird also fingiert, dass der Tod des ausgleichspflichtigen Ehegatten die Zahlung einer Hinterbliebenenrente bei Fortführung der intakten Ehe ausgelöst hätte. Ohne Bedeutung für die Geltendmachung des Anspruchs gegenüber einem Versorgungsträger ist also eine in der Versorgungsregelung enthaltene Beschränkung der Zahlung einer Hinterbliebenenrente auf nicht getrennt lebende Eheleute.

8 Fraglich ist, wie mit einer **nachehezeitlichen Änderung einer Versorgungszusage** umzugehen ist: Bleibt nach dem gebotenen Besitzstandsschutz der Anspruch des ausgleichsberechtigten Ehegatten gegenüber dem Versorgungsträger unverändert auch dann bestehen, wenn die Änderung dazu führt, dass die Zahlung von Hinterbliebenenrenten entfällt? Kann umgekehrt der hinterbliebene Ehegatte keinen Anspruch geltend machen, wenn nachehezeitlich eine vorher nicht geregelte Hinterbliebenenversorgung eingerichtet wird? Nach zutreffender Auffassung ist hier die Satzungsautonomie des Versor-

---

[7] AG Ansbach FamRZ 2018, 1073 mAnm *Borth.*

[8] Soergel/*Ahrens* Rn. 6.

[9] *Wick* Versorgungsausgleich Rn. 731.

[10] BeckOK SozR/*v. Koch* § 8 Rn. 2.

[11] Johannsen/Henrich/*Holzwarth* Rn. 13.

gungsträgers zu beachten und auf den Zeitpunkt der Entscheidung über den Anspruch gemäß § 25 Abs. 2 abzustellen: Enthält die Versorgungszusage dann noch eine Hinterbliebenenversorgungszusage und sind die dort etwa bestehenden Einschränkungen zB in Form einer **Wiederverheiratungszusage** nicht einschlägig, besteht ein Anspruch. Sind nachträglich diese Voraussetzungen durch Satzungsänderungen weggefallen, wirkt sich dies auf den Anspruch des Ausgleichsberechtigten aus. Hierbei handelt es sich nicht um eine Frage des Bestandsschutzes, da dieser allenfalls den Ausgleichspflichtigen betroffen hätte. Zwischen dem Ausgleichsberechtigten und dem Versorgungsträger ist in Fällen des schuldrechtlichen Ausgleichs bis zum Tod des Ausgleichspflichtigten noch keine Rechtsbeziehung entstanden. Anknüpfungspunkt für eine anders gerichtete Argumentation könnte allenfalls § 5 Abs. 2 sein. Allerdings erscheint es auch unter diesem Blickwinkel nicht vertretbar, in die **Satzungsautonomie**[12] des Versorgungsträgers einzugreifen. Der generelle satzungsmäßige Ausschluss von Ansprüchen gemäß § 25 Abs. 1[13] oder die einvernehmliche Aufhebung einer Hinterbliebenenversorgungszusage in kollusivem Zusammenwirken mit dem Ausgleichspflichtigen ist demgegenüber stets unwirksam.[14] Gleiches gilt für Umgehungsregelungen, durch die die Gewährung von Hinterbliebenenversorgung vom Bestand der Ehe im Zeitpunkt des Todes abhängig gemacht wird.[15] Dem Versorgungsträger steht es jedoch frei, jegliche Witwen- oder Witwerversorgung abzuschaffen mit der Folge, dass auch der Anspruch gegen den Versorgungsträger gemäß § 25 Abs. 2 untergeht.[16]

Zutreffend spielt die Änderung der Leistungsform der Hinterbliebenenversorgung – zB bei 9
Leistung einer Kapital- statt einer Rentenzahlung – keine Rolle.[17] Wegen des sog. „Besserstellungsverbotes" gemäß § 25 Abs. 3, der den Anspruch auf die Hinterbliebenenversorgung beschränkt, die der Ausgleichsberechtigte bei Fortbestand der Ehe erhalten hätte, gilt die Neuregelung der Leistungsart auch für ihn. Dies unterstreicht die Berücksichtigungsfähigkeit nachehezeitlicher Satzungsänderungen generell. Als **Prüfungsmaßstab** bietet sich daher an, dass durch den Anspruch gemäß § 25 Abs. 1 die ursprüngliche Leistungspflicht des Versorgungsträgers nur verlagert, zB zwischen mehreren Hinterbliebenenversorgungsberechtigte aufgeteilt, jedoch nicht erweitert werden darf.

In einer Versorgungsregelung enthaltene **Einschränkungen hinsichtlich der Fälligkeit** einer 10
Witwen/Witwer-Rente für einen zum Zeitpunkt des Todes eines Versicherten verheirateten Ehegatten sind auch beim Ausgleichsanspruch eines geschiedenen Ehegatten gegenüber einem Versorgungsträger nach § 25 Abs. 1 zu beachten.[18] In Betracht kommen beispielsweise zeitliche Einschränkungen im Hinblick auf die Dauer einer Ehe oder altersbedingte Einschränkungen wonach – relativ häufig – die Zahlung von Hinterbliebenenrenten entfällt, wenn die Ehe nach dem altersbedingten Ausscheiden aus dem aktiven Dienst geschlossen wird.

**5. Wegfall des Anspruchs bei Wiederheirat, sonstige Ausschlusstatbestände der Hin-** 11
**terbliebenenversorgung.** Eine Vielzahl der bei der Durchführung des Versorgungsausgleichs zu berücksichtigenden Versorgungsregelungen enthält eine sogenannte Wiederverheiratungsklausel wonach die Zahlung einer Hinterbliebenenrente **erlischt, wenn der hinterbliebene Ehegatte eine neue Ehe eingeht.** Eine solche Bestimmung ist auch bei einem Anspruch eines geschiedenen Ehegatten gegenüber einem Versorgungsträger maßgebend: der Anspruch entfällt bei Wiederheirat des ausgleichsberechtigten geschiedenen Ehegatten,[19] er lebt auch bei einer erneuten Scheidung oder beim Tod des nachgeheirateten Ehegatten nicht wieder auf, es sei denn die Satzung des Versorgungsträgers sähe ein solches Wiederaufleben vor.[20] In diesem Fall ruht der Anspruch während der Dauer der später geschlossenen Ehe lediglich.[21]

**Die Zahlung einer Abfindung bei der Wiederheirat** einer Witwe nach der jeweiligen 12
Satzungsregelung ist im Falle der Wiederheirat eines geschiedenen Ehegatten entsprechend anzuwenden, wenn die Wiederheirat nach dem Beginn der Zahlung der Rente durch den Versorgungsträger erfolgt ist.[22] Verheiratet sich der Ausgleichsberechtigte dagegen bereits zu Lebzeiten des Ausgleichspflichtigen wieder, kann der Anspruch gegen den Versorgungsträger gemäß § 25 Abs. 2 beim Tod

12 HK-VersAusglR/*Götsche* Rn. 8.
13 BGH NJW-RR 2011, 801 = FamRZ 2011, 961; OLG Karlsruhe FamRZ 1988, 1290.
14 OLG Hamm FamRZ 2008, 2124.
15 BGH NJW-RR 2006, 433 = FamRZ 2006, 326 (327); OLG Stuttgart NJW-RR 1996, 259 (260); OLG Karlsruhe FamRZ 1988, 1290.
16 BGH NJW-RR 2006, 433 = FamRZ 2006, 326 (327); *Borth* Versorgungsausgleich Rn. 915; Erman/*Norpoth* Rn. 5.
17 Johannsen/Henrich/*Holzwarth* Rn. 15.
18 Vgl. iE *Ruland* Versorgungsausgleich Rn. 716.
19 BGH NJW 2011, 1671 = FamRZ 2011, 963; NJW-RR 2005, 227 = FamRZ 2005, 189 (190).
20 *Borth* Versorgungsausgleich Rn. 916.
21 BGH FamRZ 2000, 326 (327).
22 BGH NJW-RR 2005, 227 = FamRZ 2005, 189.

des Ausgleichspflichtigen nicht entstehen, da dem die Wiederverheiratungsklausel entgegensteht, die für diesen Fall die Hinterbliebenenversorgung ausschließt.[23] Ist die Ehe des Ausgleichsberechtigten bei Eintritt des Rentenfalls jedoch bereits wieder geschieden und sieht die Versorgungssatzung dann ein Wiederaufleben der Witwenrente vor, soll dies nicht gelten.[24]

13 Enthält die Versorgungssatzung eine ggf. durch Kinderlosigkeit bedingte **Mindestehedauer,** kann dies dem Anspruch gemäß § 25 Abs. 1 ebenso entgegenstehen,[25] wie die Einschlägigkeit einer **Altersgrenzenklausel,** soweit diese einer arbeitsgerichtlichen Wirksamkeitsprüfung[26] standhalten würde.[27] Für eine **Altersabstandsklausel** gilt entsprechendes.[28] Eine sog. **Spätehenklausel** ist regelmäßig wirksam[29] und kann deshalb dazu führen, dass ein Anspruch auf Hinterbliebenenversorgung und damit gemäß § 25 Abs. 1 gar nicht erst entsteht, wenn der Ausgleichspflichtige die Ehe erst nach Eintritt des Rentenfalls eingegangen ist.[30] Schließt die Versorgungssatzung eine Hinterbliebenenversorgung im Fall der **Selbsttötung** im Hinblick auf § 105 SGB VI wirksam aus, entfällt auch der Anspruch gemäß § 25 Abs. 1.[31] Auch hier gilt, dass der Anspruch gemäß § 25 Abs. die Leistungsverpflichtung des Versorgungsträgers nicht erweitern darf, der Ausgleichsberechtigte also alle Leistungsverweigerungsgründe gegen sich gelten lassen muss, die der Versorgungsträger ihm oder dem verstorbenen Ausgleichspflichtigen entgegenhalten dürfte.

14 **6. Anspruch auf Zahlung einer Kapitalleistung.** Die Bestimmung des § 22 enthält keine Regelung für den Fall, dass ausnahmsweise eine dem Versorgungsausgleich zuzuordnende **Kapitalleistung vom schuldrechtlichen Versorgungsausgleich** erfasst wird. Bei einer solchen Konstellation ist der maßgebende Versorgungsträger darauf hinzuweisen, dass ein Anspruch des geschiedenen Ehegatten in Betracht kommt. Der Versorgungsträger kann sich darauf einstellen, indem er einem nachgeheirateten Ehegatten beim Tod des verpflichteten Ehegatten nur dasjenige Kapital auszahlt, das sich aufgrund einer entsprechenden Kürzung ergibt. Der berechtigte geschiedene Ehegatte kann den ihm zustehenden Kapitalbetrag geltend machen, wenn er eine Rente bezieht oder die Voraussetzungen für den Bezug erfüllt. Wenn allerdings die beim Versorgungsausgleich zu berücksichtigende Kapitalleistung mit einer Todesfall-Versicherung ausgestattet ist, löst der Todesfall des verpflichteten Ehegatten den Anspruch gegenüber dem Versorgungsträger aus. Der Versorgungsträger ist berechtigt – aber nicht verpflichtet – bei Kenntnis des bestehenden Ausgleichsanspruchs eines geschiedenen Ehegatten nur die um die entsprechende schuldrechtliche Ausgleichsrente geminderte Todesfall-Leistung auszahlen.[32]

15 **7. Beschränkung der zu berücksichtigenden Anrechte gemäß § 25 Abs. 2: keine Vereinbarung.** Haben die beteiligten Ehegatten zu dem auszugleichenden Anrecht eine Vereinbarung gemäß § 6 getroffen, schließt diese grundsätzlich einen Anspruch gegen den Versorgungsträger gemäß § 25 Abs. 2 aus. Dies wird mit dem allgemeinen Verbot eines **Vertrages zulasten Dritter** begründet.[33] § 25 Abs. 2 dient insoweit dem **Schutz des Versorgungsträgers,** der auf die zwischen den Ehegatten zu treffende Vereinbarung keinen Einfluss nehmen kann und soll verhindern, dass der Ausgleichspflichtige vom Versorgungsträger seine Rente ungeschmälert erhält, der Ausgleichsberechtigte aber im Fall seines Längerlebens in den Genuss des vollen verlängerten schuldrechtlichen Versorgungsausgleichs gelangt.[34] In diesen Fällen sind die Ansprüche auf solche gemäß §§ 20–24 gegen den Ausgleichspflichtigen beschränkt, was namentlich die Abfindungsmöglichkeit in den Vordergrund rückt.

16 Zutreffend steht § 25 Abs. 2 dem Anspruch gegen den Versorgungsträger dann nicht entgegen, wenn die Vereinbarung des schuldrechtlichen Ausgleichs **lediglich deklaratorischen Charakter** hat, weil etwa nach altem Recht ohnehin lediglich ein schuldrechtlicher Ausgleich möglich gewesen wäre.[35]

---

23 *Borth* Versorgungsausgleich Kap. 5 Rn. 7.

24 BGH NJW-RR 2006, 433 = FamRZ 2006, 326 (327); NJW-RR 2011, 801 = FamRZ 2011, 961 mAnm *Holzwarth* FamRZ 2011, 1136.

25 OLG Karlsruhe FamRZ 2009, 885.

26 BAG NZA 2015, 1447 = FamRZ 2016, 223 mit Hinweis auf EuGH NVwZ 2013, 1401.

27 Dazu bisher BVerwG NJW 2009, 3316 = FamRZ 2009, 1826; vgl. auch Diskussion bei *Borth* Versorgungsausgleich Rn. 8.

28 Dazu BAG DB 1972, 2067; zur unzulässigen Diskriminierung wegen Alters EuGH NZA 2008, 1119; BAG NZA 2015, 1447 = FamRZ 2016, 223.

29 BVerfG NVwZ-RR 2010, 505 = FamRZ 2010, 1233; BAG NZA 2014, 1203 = FamRZ 2014, 660.

30 Zutr. bereits des Entstehen eines Ehezeitanteils verneinend deshalb *Borth* Versorgungsausgleich Rn. 8.

31 *Borth* Versorgungsausgleich Rn. 8.

32 ArbG Stuttgart FamRZ 2014, 766 mAnm *Borth.*

33 Johannsen/Henrich/*Holzwarth* Rn. 6.

34 OLG Frankfurt BeckRS 2016, 123424.

35 *Wick* Versorgungsausgleich Rn. 738; OLG Frankfurt BeckRS 2016, 123424: keine Kausalität der Vereinbarung, wenn bereits kraft Gesetzes der öffentlich-rechtliche Wertausgleich bei Scheidung nicht in Betracht kam; OLG Hamm FamRZ 2013, 789; AG Bayreuth FamRZ 2012, 1726.

§ 25 Abs. 2 führt also nur dann zu einem Ausschluss des Anspruchs gegen den Versorgungsträger, wenn erst durch die Vereinbarung ein sonst bei Scheidung zu teilendes Anrecht dem schuldrechtlichen Versorgungausgleich vorbehalten bliebe, d.h. der verlängerte Ausgleich in einem Fall eröffnet werden soll, der den Versorgungsträger sonst nicht mehr verpflichtet hätte. Haben die Beteiligten eine Vereinbarung über ein – ohnehin – schuldrechtlich auszugleichendes Anrecht getroffen, steht dies dem Anspruch gegen den Versorgungsträger gemäß § 25 Abs. 2 nicht entgegen.[36] § 25 Abs. 2 ist ebenfalls nicht einschlägig, wenn der Versorgungsträger an der Vereinbarung des schuldrechtlichen Ausgleichs beteiligt würde.

Fraglich ist, ob der Ausschluss gemäß § 25 Abs. 2 auch für den Fall der Vereinbarung einer **Abfindung** gemäß § 23 gelten kann, wenn die Vereinbarung sich ausschließlich auf die Erfüllung des schuldrechtlichen Anspruchs durch den Ausgleichspflichtigen zB durch Verrechnung oder Einsatz von Vermögen beschränkt. Hier käme es nicht zu einer Belastung des Versorgungsträgers, wenn diesem lediglich die Pflichten blieben, die er auch ohne die Vereinbarung hätte. Nach zutreffender Auffassung ist deshalb bei Abfindungsfällen gemäß § 23 dahingehend zu differenzieren, ob der abgefundene Ausgleichswert auf die voraussichtliche Bezugszeit des Ausgleichsberechtigten oder auf die Lebenszeit des Ausgleichsverpflichteten abstellt. Im zuletzt genannten Fall geht der Anspruch gegen den Versorgungsträger nicht unter.[37] 17

An der nach § 25 Abs. 2 Alt. 1 erforderlichen **Kausalität** zwischen der Vereinbarung über den Verweis von Ausgleichsansprüchen in den schuldrechtlichen Versorgungsausgleich und daraus erwachsenden schuldrechtlichen Teilhabeansprüchen fehlt es nicht, wenn bei der Scheidung das analoge Quasisplitting gemäß § 1 Abs. 3 VAHRG aF möglich war.[38] 18

Nach § 25 Abs. 2 ist ein Anspruch gegen den Versorgungsträger ferner in den Fällen der **fehlenden Ausgleichsreife** nach § 19 Abs. 2 Nr. 2 oder Nr. 3 oder Abs. 3 ausgeschlossen. Bei den unter die Bestimmung des § 19 Abs. 2 Nr. 2 fallenden Anrechten handelt es sich um zeitlich begrenzte abzuschmelzende Anrechte die absehbar den Wert Null annehmen. Die Geltendmachung eines entsprechenden Anspruchs gegenüber einem Versorgungsträger wäre unwirtschaftlich. 19

Die Regelung des § 19 Abs. 2 Nr. 3 erfasst gleichfalls Versorgungen deren Ausgleich durch den verpflichteten Ehegatten **unwirtschaftlich** ist. Gleichermaßen ist auch ein Ausgleich durch den Versorgungsträger regelmäßig unwirtschaftlich. 20

Bei entsprechender Anwendung des § 19 Abs. 3 ist auch bei der Geltendmachung eines Anspruchs gegenüber einem Versorgungsträger zu prüfen, ob der antragstellende Ehegatte seinerseits Anrechte bei einem ausländischen, zwischenstaatlichen oder überstaatlichen Versorgungsträger erworben hat, die von der Regelung des § 25 nicht erfasst werden. Aufgrund des Einzelausgleichs kann in einem solchen Fall die Realisierung eines Anspruchs gegenüber dem Versorgungsträger des verstorbenen Ehegatten zu einem grob unbilligen Ergebnis führen.[39] 21

### III. Höhe des Anspruchs gegen den Versorgungsträger

**1. Höhe des ungekürzten Anspruchs.** Die Höhe des Anspruchs gegenüber dem Versorgungsträger richtet sich gemäß § 25 Abs. 3 nach der Höhe der Ausgleichsrente, die der berechtigte Ehegatte vom verpflichteten Ehegatten hätte verlangen können, wenn der Todesfall nicht eingetreten wäre.[40] Anders als bei der Berechnung der schuldrechtlichen Ausgleichsrente gemäß § 20 Abs. 1 sind Sozialversicherungsabgaben nicht zu berücksichtigen, da diese vom dem Ausgleichsberechtigten selbst zu entrichten sind.[41] 22

Es ist nur diejenige Rente zu berücksichtigen, die den Bestimmungen der unmittelbaren Bewertung oder der zeitratierlichen Bewertung nach §§ 39–41 entspricht. **Eine zwischen den Eheleuten vereinbarte höhere Ausgleichsrente** ist für den Anspruch gegenüber dem Versorgungsträger bedeutungslos.[42] Ebenso wenig sind Wert- oder Bestandsveränderungen zu berücksichtigten, die keinen Ehezeitbezug gemäß § 5 Abs. 2 haben. Die häufigsten Fällen betreffen dabei sog. **Karrieresprünge** nach Ehezeitende, durch die sich die Altersversorgung deutlich erhöht hat, insbesondere, wenn diese an das zuletzt erzielte und durch eine außerordentliche Beförderung erhöhte Einkommen des Ausgleichspflichtigen anknüpft. 23

---

36 OLG Frankfurt BeckRS 2017, 116036 = FamRZ 2017, 1754; OLG Stuttgart BeckRS 2015, 17611 = FamRZ 2016, 554; OLG Hamm BeckRS 2012, 19340 = FamRZ 2013, 789.

37 *Borth* Versorgungsausgleich Rn. 881, 935.

38 OLG Frankfurt BeckRS 2016, 123424.

39 BT-Drs. 16/10144 zu § 19 Abs. 2 Nr. 4.

40 *Glockner/Hoenes/Weil* Versorgungsausgleich § 10 Rn. 48.

41 BT-Drs. 16/10144, 67.

42 BT-Drs. 16/10144 zu § 25 Abs. 2.

24 Haben die Beteiligten den Anspruch auf schuldrechtliche Ausgleichsrente **durch Vereinbarung** jedoch **herabgesetzt,** so begrenzt die vereinbarte Höhe nach dem Tod des Ausgleichspflichtigen grundsätzlich auch den Anspruch des Ausgleichsberechtigten gegen den Versorgungsträger auf Teilhabe an der Hinterbliebenenversorgung.[43] Wurde in der Vereinbarung die schuldrechtliche Ausgleichsrente als **Nettobetrag** festgelegt, so ist der Teilhabeanspruch in eine Bruttorente umzurechnen, die dem Berechtigten den vereinbarten Nettobetrag sichert.[44] Nachdem hier – anders als im Fall der originären Vereinbarung der Durchführung des schuldrechtlichen Versorgungsausgleichs – die Rechtsposition des Versorgungsträgers nicht negativ tangiert werden kann, ist die Vereinbarung zumindest sorgfältig auf anderweitige kompensatorische Vereinbarung wie z.B. mit Unterhaltsbezug zu untersuchen, um eine Schlechterstellung des Ausgleichsberechtigten zu vermeiden.

25 Der Anspruch ist grundsätzlich neu zu berechnen, wobei dem Versorgungsträger alle **Einwände** einschließlich des Vorliegens eines Härtefalles gemäß **§ 27** unabhängig davon offenstehen, ob der Ausgleichspflichtige diese geltend gemacht hat. Auch Fehler bei der Berechnung der Höhe des schuldrechtlichen Ausgleichs oder der ursprünglichen Rente des Ausgleichspflichtigen können korrigiert werden, weil die Entscheidung **keine Rechtskrafterstreckung**[45] gegenüber dem Versorgungsträger entfaltet, wenn sie ausschließlich zur Regelung des schuldrechtlichen Ausgleichsanspruchs gegen den Ausgleichspflichtigen ergangen ist.[46] Abzustellen ist deshalb nicht auf die Höhe der Zahlung, die der Ausgleichsberechtigte zB wegen fehlerhafter Berechnung oder einem unterlassenem Anpassungsverlangen bei dynamischen Versorgungen zuletzt erhalten hat, sondern die er bei korrekter Berechnung hätte erhalten müssen.

26 **2. Begrenzung auf die Höhe der fiktiven Hinterbliebenenversorgung.** Die Höhe des Anspruchs gegenüber dem Versorgungsträger des verstorbenen verpflichteten Ehegatten ist nach § 25 Abs. 1 S. 2 auf den Anspruch beschränkt, den der Ausgleichsberechtigte bei Fortbestand der Ehe als Witwe oder Witwer hätte. Die Höhe der Witwen- oder Witwerrente ist daher zu ermitteln und mit der Höhe des schuldrechtlichen Ausgleichsanspruchs zu vergleichen. Dabei ist der Anspruch auf Teilhabe an der Hinterbliebenenversorgung nicht auf den Prozentsatz begrenzt, der für die Witwenversorgung vorgesehen ist, also nicht exemplarisch auf 60% der zu Lebzeiten des Ausgleichspflichtigen zuletzt geleisteten schuldrechtlichen Ausgleichsrente beschränkt, sondern auf die Höhe der zu Lebzeiten des Ausgleichspflichtigen zu erzielenden schuldrechtlichen Ausgleichsrente.[47] Die Begrenzung hat geringe praktische Bedeutung, weil die Höhe der Witwenversorgung satzungsmäßig häufig auf 60% beschränkt wird und der schuldrechtliche Ausgleichsanspruch bei einem voll in der Ehezeit erworbenen Anrecht maximal 50% der zuletzt geleisteten Rente an den Ausgleichspflichtigen betragen kann. Relevant kann die Beschränkung jedoch dann werden, wenn satzungsmäßig auf die Witwenrente eigene anderweitige Versorgungsleistungen **Anrechnung** finden. Die dann verbleibende fiktive Witwenrente definiert die Höchstgrenze für den Anspruch gegen den Versorgungsträger gemäß § 25 Abs. 1.

27 Soweit eine Begrenzung auf den Betrag erfolgt, den der Ausgleichsberechtigte verlangen könnte, wenn der Ausgleichspflichtige nicht verstorben wäre, muss es nicht auf den Eintritt der Unverfallbarkeit der Versorgungszusage erst nach Ehezeitende ankommen und es können vorbetriebliche gleichgestellte Zeiten Berücksichtigung finden, solange die Voraussetzungen gemäß § 5 Abs. 2 S. 2 vorliegen.[48]

28 Erhält der Ausgleichsberechtigte eigene Leistungen des Versorgungsträgers als Hinterbliebener, sind diese auf den Ausgleichsanspruch gemäß § 25 Abs. 3 S. 2 anzurechnen. Dies gilt unabhängig von der Leistungsform auch bei einer Abfindung oder Teilabfindung des Anspruchs durch den Versorgungsträger. Erfasst werden insbesondere die seltenen Fälle, dass die Versorgungssatzung eine sog. Geschiedenenwitwenrente vorsieht oder solche eines Unterhaltsbeitrages gemäß § 22 Abs. 2 BeamtVG.[49]

29 Sozialversicherungsbeiträge oder vergleichbare Aufwendungen sind bei der Ermittlung der Höchstgrenzen nicht abzuziehen, es ist vielmehr auf den Bruttowert abzustellen, aus dem der Ausgleichsberechtigte dann gemäß § 229 SGB V die Beiträge abführen muss.[50]

30 Hat bei einer Entscheidung nach altem Recht ein **Teilausgleich** durch erweitertes Splitting gemäß § 3b Abs. 1 VAHRG aF stattgefunden, ist der ausgeglichene Teilbetrag von der Ausgleichs-

---

[43] BGH NJW-RR 2017, 1029 = FamRZ 2017, 1660.

[44] BGH NJW-RR 2017, 1029 = FamRZ 2017, 1660; vgl. auch *Götsche* NZFam 2018, 447 (450) mit Berechnungsbeispiel.

[45] OLG Hamm BeckRS 2013, 14366 = FamRZ 2013, 1985.

[46] OLG Hamm BeckRS 2013, 14366 = FamRZ 2013, 1985.

[47] OLG Karlsruhe NJW-Spezial 2018, 293.

[48] OLG Nürnberg NJOZ 2016, 403 (407).

[49] OLG Koblenz FamRZ 2007, 483 (484); OLG Düsseldorf FamRZ 2000, 829.

[50] BGH NJW-RR 2017, 1029; OLG Karlsruhe NJW-Spezial 2018, 293; BT-Drs. 16/10144, 67; *Borth* Versorgungsausgleich Rn. 927; *Wick* Versorgungsausgleich Rn. 740.

rente gemäß § 25 Abs. 1 abzuziehen, wie dies auch zu Lebzeiten des Ausgleichspflichtigen erfolgt ist. Dazu ist gemäß § 53 der bei Ehezeitende ermittelte Rentenwert in der gesetzlichen Rentenversicherung auf den aktuellen Rentenwert zum Zeitpunkt der Geltendmachung des Anspruchs gemäß § 25 Abs. 1 anzupassen.

### IV. Kürzung der Hinterbliebenenversorgung gemäß § 25 Abs. 5

**1. Grundsatz.** § 25 Abs. 5 dient dem **Schutz** des Versorgungsträgers **vor** einer **doppelten Inanspruchnahme.** Er soll nicht schlechter stehen als bei einer vollständigen Erfüllung seiner satzungsgemäßen Verpflichtung zur Leistung einer Hinterbliebenenversorgung. Erfasst sind diejenigen Fälle, in denen der **Ausgleichspflichtige wieder geheiratet hat,** sodass neben dem geschiedenen ausgleichsberechtigten Ehegatten eine Witwe oder ein Witwer vorhanden ist. Bei dieser Konstellation ist die Zahlung der Hinterbliebenenversorgung um den vollen Ausgleichsbetrag zu kürzen, den der Versorgungsträger dem geschiedenen Ehegatten bezahlen muss.[51] Maßgebend ist dabei der gesetzlich geschuldete Betrag. Eine höhere vereinbarte Ausgleichsrente der geschiedenen Eheleute, die aufgrund der Zustimmung des Versorgungsträgers zu der Vereinbarung gezahlt wird, ist kein Gegenstand der Kürzung. Dabei ist der an den geschiedenen Ehegatten zu leistende Betrag auf die Witwenversorgung in voller Höhe und nicht etwa begrenzt auf den Faktor für die Berechnung der Witwenrente abzuziehen. Dies kann bei einem hohen Ehezeitanteil dazu führen, dass die Witwenrente fast ganz entfällt. Beträgt der Ehezeitanteil einer Rente von 1.000 100% und damit der Ausgleichsanspruch davon die Hälfte, also 500, ist auf die Witwenrente von 60%, also 600, der volle Betrag von 500 anzurechnen und es verbleibt 100. 31

**2. Beginn und Dauer der Kürzung.** § 30 schützt den Versorgungsträger auch bei einer Inanspruchnahme auf Teilhabe an der Hinterbliebenenversorgung gemäß § 25, soweit er innerhalb einer bestehenden Leistungspflicht an Witwe oder Witwer des Ausgleichspflichtigen leistet.[52] Weil § 25 Abs. 1 einen von dem schuldrechtlichen Anspruch gemäß §§ 20 ff. unabhängigen und eigenständigen Anspruch gewährt, führt auch eine Abtretung gemäß § 21 während der Durchführung des schuldrechtlichen Versorgungsausgleichs zu Lebzeiten des Ausgleichspflichtigen zu keiner anderen Bewertung.[53] Die Kürzung der Hinterbliebenenrente eines nachgeheirateten Ehegatten beginnt mit der Erfüllung des Anspruchs des geschiedenen Ehegatten durch den in Betracht kommenden Versorgungsträger. Dabei ist auf die erstmalige Erfüllung der Zahlungsverpflichtung ggf. nach Ablauf der Übergangsfrist gemäß § 30 Abs. 1 abzustellen, nicht jedoch auf die Rechtskraft der Entscheidung oder die rückwirkende Anordnung des Anspruchs ab Antragstellung oder Inverzugsetzung auch durch eine Stufenmahnung, wobei eine fehlerhafte Antragstellung bzw. -rücknahme der Inverzugsetzung nicht entgegen steht.[54] Die früheren Zeitpunkte können jedoch für die Geltendmachung bereicherungsrechtlicher Ansprüche gegen die Witwe oder den Witwer relevant sein. § 30 Abs. 1 gibt dem Versorgungsträger lediglich das Recht, zur Entlastung seiner internen Zahlungsorganisation die Zahlungen bis zum übernächsten des auf die Kenntnis der Rechtskraft der Entscheidung folgenden Monats noch an die Witwe zu erbringen, es steht ihm jedoch frei, dies schon früher zu tun.[55] In diesem Fall greift § 30 Abs. 1 nicht ein und die Leistung gegenüber dem materiell rechtlich Berechtigten hat erfüllende Wirkung.[56] 32

Die Tenorierung des Eintritts der Leistungsverpflichtung des Versorgungsträgers ist dergestalt möglich, dass die Zahlungsverpflichtung vom Beginn des zweiten Monats nach Ablauf des Monats beginnen soll, in den der Versorgungsträger von der Rechtskraft der Entscheidung Kenntnis erlangt. Dabei ist zusätzlich die Feststellung zu treffen, dass der Versorgungsträger auch für den zurückliegenden Zeitraum seit Anspruchsbeginn zu leisten hat, wenn er nicht mit befreiender Wirkung an Witwe oder Witwer geleistet hat.[57] 33

Besteht die Versorgung in einer Kapitalleistung, kann der Versorgungsträger berechtigt sein, den auf den Ausgleichsberechtigten entfallenen Teil einzubehalten, bis der Anspruch für diesen gemäß § 20 Abs. 2 fällig wird.[58] Dies erscheint zur Meidung eines zwischenzeitlichen Verbrauchs des Versorgungskapitals und Gefährdung bereicherungsrechtlicher Ansprüche des Ausgleichsberechtigten gegen den Hinterbliebenen sachgerecht und durch den Sonderfall der Kapital- statt Rentenleistung begründet. 34

---

51 BT-Drs. 16/10144, 60.
52 BGH NZFam 2017, 1058 = FamRZ 2017, 1919.
53 BGH NZFam 2017, 1058 = FamRZ 2017, 1919.
54 OLG Frankfurt BeckRS 2012, 07349.
55 BT-Drs. 16/10144, 70.
56 OLG Nürnberg NJOZ 202016, 403 (410).
57 BGH NZFam 2017, 1058 = FamRZ 2017, 1919; NJW-RR 2001, 289 = FamRZ 2001, 284 (286).
58 ArbG Stuttgart FamRZ 2014, 766 mAnm *Borth.*

35 Die Kürzung hat ab diesem Zeitpunkt der Zahlung **Bestand,** ein Rückfall wegen kurzer Dauer des Versorgungsbezugs des geschiedenen Ehegatten entsprechend der früheren Regelung des § 3a Abs. 4 S. 3 VAHRG aF ist nicht mehr vorgesehen. § 25 Abs. 5 sieht zwar die Kürzung nur für die Dauer der Zahlung an den Ausgleichsberechtigten vor. Dies entspricht auch der Regelung in § 26, die den verwitweten nachgeheirateten Ehegatten auch nur soweit und solange zur Zahlung verpflichtet, wie der Ausgleichsberechtigte Ansprüche geltend machen kann. Nach zutreffender Auffassung ist die Kürzung gemäß § 25 Abs. 5 jedoch dauerhaft und entfällt nicht wegen des Todes des Ausgleichsberechtigten,[59] da dies auch bei Durchführung des Wertausgleiches bei Scheidung im Wege der internen oder externen Teilung bedeutungslos wäre.[60] Hier ist zu berücksichtigen, dass § 25 Abs. 5 die Entlastung des Versorgungsträgers vor einer doppelten Inanspruchnahme zum Ziel hat. Wenn der Rentenanspruch des verwitweten Ehegatten also in voller Höhe wieder aufleben würde, verlängerte sich die volle Leistungsverpflichtung des Versorgungsträgers bis zum Tod des zuletzt versterbenden der konkurrierenden Berechtigten. Eine solche Ausweitung des Versicherungsrisikos ist in den Regelungen zum schuldrechtlichen Ausgleichsanspruch nicht angelegt und nicht gerechtfertigt.

## V. Berücksichtigung sonstiger gesetzlicher Regelungen

36 Bei der Geltendmachung des Anspruchs gegenüber einem Versorgungsträger nach § 25 ist zunächst zu beachten, dass **die Geringfügigkeitsregelung des § 18** entsprechend anzuwenden ist: Der Anspruch gegenüber einem Versorgungsträger soll regelmäßig entfallen, wenn er als Rentenbetrag höchstens 1 % und als Kapitalbetrag höchstens 120 % der Bezugsgröße nach § 18 Abs. 1 SGB IV beträgt. Für die Geringfügigkeitsprüfung ist auf die Bruttobeträge ohne Abzug der Sozialversicherungslast abzustellen.[61]

37 Bestehen **Gegenanrechte,** die gemäß § 31 Abs. 2 nicht auszugleichen sind, ist insoweit auch der Anspruch gemäß § 25 Abs. 1 zu begrenzen, weil durch das Auseinanderfallen der wechselseitigen Ausgleichsansprüche mit dem Tod des Ausgleichspflichteten kein einseitiger Vorteil zulasten des Versorgungsträgers entstehen soll.[62]

38 Weiterhin ist nach § 25 Abs. 4 die Bestimmung des § 20 Abs. 3 zur Art der monatlichen Zahlung sowie zum Ende der Zahlungsverpflichtung entsprechend anzuwenden. Dies kann jedoch nicht gelten, wenn die Versorgungssatzung eine **nachschüssige Fälligkeit** vorsieht. Nachdem in diesem Fall der Ausgleichsberechtigte auch bei Fortbestand der Ehe lediglich eine nachschüssige Zahlung verlangen könnte, steht einer Vorverlegung der Fälligkeit das sog. Besserstellungsverbot gemäß § 25 Abs. 1 entgegen.[63] Bleibt es bei der satzungsmäßigen nachschüssigen Fälligkeit, kommt es auch nicht zu einer faktischen Doppelzahlung im Sterbemonat, in dem noch der Anspruch gegen den Ausgleichspflichtigen bestand, aber schon der Anspruch gegen den Versorgungsträger entstanden ist. Würde man den pauschalen Verweis in § 25 Abs. 4 über § 20 Abs. 3 auf § 1585 Abs. 1 S. 2 BGB so verstehen, dass zwingend eine vorschüssige Zahlung zu erfolgen hat, könnten dem Versorgungsträger durch die unterschiedlichen Fälligkeitsregelungen Mehrkosten entstehen, die nicht über § 13 als Teilungskosten abgebildet werden können.[64]

39 Schließlich kann der ausgleichsberechtigte Ehegatte für die Vergangenheit Erfüllung oder Schadensersatz wegen Nichterfüllung ab Schuldnerverzug oder Rechtshängigkeit, in der Regel für ein Jahr vor diesem Zeitpunkt, verlangen.

## VI. Auskunftsansprüche

40 § 4 erstreckt die wechselseitigen Auskunftsansprüche der Beteiligten auf alle Informationen, die zur Klärung des Teilhabeanspruchs erforderlich sind.[65] Dabei ist der Auskunftsanspruch gegen den Erben bzw. die Hinterbliebenen grundsätzlich **vorrangig** gegenüber der Inanspruchnahme des Versorgungsträgers gemäß § 4 Abs. 2. Der **subsidiäre Auskunftsanspruch** gegen den **Versorgungsträger** entsteht erst, wenn und soweit der Auskunftsberechtigte von Erben und Hinterbliebenen eine Auskunft

---

59 *Borth* Versorgungsausgleich Rn. 937; aA *Wick* Versorgungsausgleich Rn. 747.

60 *Borth* Versorgungsausgleich Rn. 937.

61 Soergel/*Ahrens* Rn. 17.

62 OLG Stuttgart BeckRS 2014, 22486 = FamRZ 2015, 507; NJW 2015, 1254 = FamRZ 2015, 759; *Borth* Versorgungsausgleich Rn. 743.

63 OLG Hamm BeckRS 2019, 16164; OLG Frankfurt FamRZ 2012, 640; aA *Wick* Versorgungsausgleich Rn. 745, 679; OLG Stuttgart FamRZ 2003, 455.

64 *Noe/Steffens* NZFam 2018, 150 erblicken darin auch einen Verstoß gegen die Kostenneutralität des Versorgungsausgleichs für den Versorgungsträger.

65 BT-Drs. 16/10144, 48.

nicht erhalten kann.[66] Regelmäßig kann der Ausgleichsberechtigte von den Hinterbliebenen jedoch allenfalls Auskunft zum grundsätzlichen Bestehen einer Hinterbliebenenversorgung und ggf. zur Höhe der zuletzt bezahlten Gesamtrente erhalten. Den Ehezeitanteil kann dagegen nur der Versorgungsträger selbst ermitteln. Dieser hat gemäß § 4 Abs. 3 umgekehrt einen Auskunftsanspruch gegen den Ausgleichsberechtigten zu allen anspruchsrelevanten Inhalten wie etwa einer möglichen Wiederverheiratung, der Ausgangsberechnung des Versorgungsausgleiches bei Scheidung oder der weiteren Versorgungsbiographie. Anderenfalls kann er die Einschlägigkeit von § 27 nicht beurteilen. Wegen der Wirkung der Stufenmahnung durch das Auskunftsverlangen ist diese von dem Ausgleichsberechtigten stets an den Hinterbliebenen und den Versorgungsträger gleichzeitig zu adressieren.

### VII. Verfahren; Kosten

Weil der Anspruch aus § 25 gegen den Versorgungsträger originär erst bei Eintritt der gesetzlichen Voraussetzungen entsteht, ist er dem Grund und der Höhe nach unabhängig vom Ausgang eines früheren Verfahrens über schuldrechtliche Ausgleichszahlungen gemäß § 20 ff. Eine fehlerhafte Ausgleichsentscheidung entfaltet daher **keine Bindungswirkung** für die Prüfung der Voraussetzungen gemäß § 25.[67] **41**

Die Regelung des Anspruchs gemäß § 25 Abs. 1 ist grundsätzlich zwischen den Beteiligten, also Ausgleichsberechtigtem, Hinterbliebenem und Versorgungsträger, einvernehmlich und außergerichtlich möglich. Zutreffend ist der Versorgungsträger jedoch berechtigt, eine gerichtliche Entscheidung herbeizuführen, die für die Beteiligten, insbesondere die Witwe oder den Witwer, bindend ist. Auch § 30 Abs. 2 setzt als Schuldnerschutzvorschrift das Bestehen einer gerichtlichen Entscheidung voraus. Dem Versorgungsträger sind also namentlich nicht die Kosten für die Durchführung eines Verfahrens aufzuerlegen, wenn er auf eine gerichtliche Klärung besteht.[68] Zu Lebzeiten des Ausgleichspflichtigen soll **kein Feststellungsinteresse** hinsichtlich der Klärung von Ansprüchen gegen den Versorgungsträger bestehen.[69] Dies soll auch dann gelten, wenn der Ausgleichspflichtige schon tot, aber der Ausgleichsberechtigte die Fälligkeitsvoraussetzungen, also den eigenen Rentenbezug noch nicht erfüllt.[70] Dies erscheint bei kapitalisierten Versorgungen, die eine Auszahlung an die Hinterbliebenen unmittelbar im Todesfall vorsehen, nicht unproblematisch. In diesem Fall fließt ohne eine gerichtliche Klärung der gesamte Betrag von dem Versorgungsträger an den Hinterbliebenen und der Ausgleichsberechtigte ist ausschließlich auf bereicherungsrechtliche Ansprüche verwiesen. Geht man zutreffend von einer Möglichkeit des Einbehalts durch den Versorgungsträger aus,[71] erscheint der Verweis auf die Geltendmachung im Rahmen der Arbeitsgerichtsbarkeit bedingt sachgerecht.[72] **42**

## § 26 Anspruch gegen die Witwe oder den Witwer

**(1) Besteht ein noch nicht ausgeglichenes Anrecht bei einem ausländischen, zwischenstaatlichen oder überstaatlichen Versorgungsträger, so richtet sich der Anspruch nach § 25 Abs. 1 gegen die Witwe oder den Witwer der ausgleichspflichtigen Person, soweit der Versorgungsträger an die Witwe oder den Witwer eine Hinterbliebenenversorgung leistet.**

**(2) § 25 Abs. 2 bis 4 gilt entsprechend.**

**Übersicht**



66 BGH NJW-RR 2017, 837, wobei dort dahinstehen konnte, ob eine vorherige gerichtliche Geltendmachung erforderlich sein soll (so *Borth* Versorgungsausgleich Rn. 1275) oder eine erfolglose Aufforderung und Mahnung ausreicht (so Johannsen/Henrich/*Holzwarth* § 4 Rn. 8; vgl. auch BT-Drs. 16/10144, 48).

67 AG Ansbach BeckRS 2017, 149759 = FamRZ 2017, 1073.

68 OLG Frankfurt FamRZ 2014, 1303 (1304).

69 BGH NJW-RR 1997, 67 = FamRZ 1996, 1465.

70 Johannsen/Henrich/*Holzwarth* Rn. 38; aA BRHP/*Gutdeutsch* Rn. 17; *Borth* Versorgungsausgleich Rn. 754.

71 ArbG Stuttgart FamRZ 2014, 766 mAnm *Borth.*

72 So jedoch AG Böblingen 10.7.2012 – 15 F 982/12, nv gegen die Zulässigkeit eines Feststellungsantrages des Versorgungsträgers.

## I. Normzweck

1 Der schuldrechtliche Ausgleichsanspruch aufgrund eines bei **einem ausländischen, zwischenstaatlichen oder überstaatlichen Versorgungsträger bestehenden Anrechts erlischt** zumindest in voller Höhe regelmäßig mit dem Tod des ausgleichspflichtigen Ehegatten gemäß § 31 Abs. 3. Ein ausländischer Versorgungsträger kann nicht zu Ausgleichszahlungen an den Ausgleichsberechtigten verpflichtet werden. Deshalb ist das Anrecht nicht teilungsreif und es scheiden auch Ansprüche aus verlängertem schuldrechtlichen Versorgungsausgleich gemäß § 25 Abs. 1 aus. § 26 verpflichtet deshalb entsprechend der Vorgängernorm des § 3a Abs. 5 S. 1 VAHRG aF[1] die Witwe oder den Witwer im Fall des Bezugs einer Hinterbliebenenrente zum Ausgleich gegenüber dem Ausgleichsberechtigten.[2] Der Anspruch tritt an die Stelle des mit dem Tod des Ausgleichspflichtigen gemäß § 31 Abs. 3 untergegangenen schuldrechtlichen Ausgleichsanspruchs.

## II. Grundsätze des Anspruchs

2 **1. Anspruchsvoraussetzungen.** Wie im Fall des verlängerten schulrechtlichen Versorgungsausgleichs gemäß § 25 Abs. 1 ist Voraussetzung für die Geltendmachung eines Anspruchs des Ausgleichsberechtigten, dass die Versorgung satzungsmäßig eine Hinterbliebenenversorgung vorsieht und diese auch **gewährt** wird. Werden keine Leistungen an den Hinterbliebenen erbracht, kann der Ausgleichsberechtigte keine Ansprüche geltend machen.[3] Dies wird auch dann gelten müssen, wenn die Hinterbliebenenversorgung nicht mehr erbracht wird, zB weil der Anspruch schon zu Lebzeiten des Ausgleichspflichtigen abgefunden, namentlich kapitalisiert wurde. Hat der Ausgleichsberechtigte dann die Geltendmachung einer Abfindung gemäß § 22 versäumt, erhält er nichts. Bezieht der verwitwete Ehegatte keine Leistungen, obwohl die Anspruchsvoraussetzungen vorlägen, besteht ebenfalls kein Anspruch gemäß § 26.[4]

3 **Vereinbarungen,** die die Durchführung des schuldrechtlichen Ausgleichs erst herbeiführen, bewirken wegen des Verweises auf § 25 Abs. 2 den Verlust auch des Anspruchs gemäß § 26.[5] Dies gilt nicht, wenn ein öffentlich-rechtlicher Ausgleich nicht oder nicht vollständig möglich gewesen wäre.[6]

4 Der Anspruch richtet sich nach dem Wortlaut ausschließlich gegen eine Witwe oder einen Witwer des Ausgleichsberechtigten, nicht an sonstige Hinterbliebene wie Waisen.[7] Eine **analoge Anwendung** bei Gewährung einer Hinterbliebenenversorgung an einen Lebenspartner liegt zumindest nahe, während der Ausschluss von Ansprüchen gegen Waisen als gewollt angesehen werden kann, weil die Waisenrente prozentual bezogen auf die letzte Rente des Ausgleichspflichtigen regelmäßig deutlich geringer ist, als eine Witwenrente und mit der Belastung durch Ansprüche gemäß § 26 betragsmäßig ausgehöhlt würde.

5 Gemäß § 26 Abs. 1 iVm § 25 Abs. 1 kann der Ausgleichsberechtigte die Versorgung verlangen, die ihm bei Fortbestand der Ehe zugestanden hätte, höchstens jedoch, was ihm zu Lebzeiten des verstorbenen Ausgleichspflichtigen als schuldrechtliche Ausgleichsrente zustand. Der verwitwete Ehegatte kann keiner Zahlungsverpflichtung ausgesetzt sein, die unter Berücksichtigung devisenrechtlicher Rahmenbedingungen die von ihm tatsächlich bezogene Rente übersteigt.[8] Erhält der Ausgleichsberechtigte selbst Leistungen von dem Versorgungsträger als Hinterbliebener, sind diese anzurechnen.

6 Mit dem **Tod** eines Beteiligten erlischt der Anspruch.[9] Dies folgt zwar nicht unmittelbar aus dem Wortlaut von § 31 Abs. 3, jedoch fehlt beim Tod des verwitweten Ehegatten der Anspruchsgegner und beim Tod des Ausgleichsberechtigten entfällt wie in § 31 Abs. 3 angenommen das Versorgungsbedürfnis. Der Anspruch des verwitweten Ehegatten gegen den Versorgungsträger kann keine weitergehende Kürzung erfahren, da der Versorgungsträger gar nicht an dem Verfahren beteiligt wurde[10] und keinem weiteren Anspruchsteller – nicht einmal durch Abtretungsanordnung gemäß § 21 – ausgesetzt werden konnte.

7 Die **Fälligkeit** der laufenden Zahlungen richtet sich nach § 25 Abs. 6 iVm § 20 Abs. 2 und 3 und sieht grundsätzlich eine Fälligkeit monatlich im Voraus vor. Etwas anderes kann sich jedoch

---

1 Erman/*Norpoth* Rn. 1.
2 *Glockner/Hoenes/Weil* Versorgungsausgleich § 10 Rn. 50.
3 Johannsen/Henrich/*Holzwarth* Rn. 1.
4 Soergel/*Ahrens* Rn. 4.
5 Zuletzt dazu BGH NJW-RR 2017, 1029 = FamRZ 2017, 1660.
6 BGH NJW-Spezial 2017, 518 = NZFam 2017, 766 mAnm *Schwamb* = FamRZ 2017, 1754.
7 HK-VersAusglR/*Götsche/Breuers* Rn. 3; Soergel/*Ahrens* Rn. 2.
8 *Borth* Versorgungsausgleich Rn. 946.
9 Soergel/*Ahrens* Rn. 2.
10 *Borth* Versorgungsausgleich Rn. 947.

wegen § 25 Abs. 3 aus einer abweichenden, zB nachschüssigen, satzungsmäßigen Fälligkeit ergeben.[11] Ansprüche für zurückliegende Zeiträume können entsprechend § 20 Abs. 3 nur ab Inverzugsetzung geltend gemacht werden,[12] wobei auch hier eine Stufenmahnung genügen muss. Teilhabe an der Hinterbliebenenversorgung für die Vergangenheit kann folglich ab dem Monat verlangt werden, in dem der Versorgungsträger zur Auskunftserteilung zwecks Bezifferung der Teilhabeleistung aufgefordert wurde.[13]

Eine **Abfindung** gemäß § 23 auch allein des Ausgleichsanspruchs gemäß § 26 ist mangels 8 ausschließender Bestimmungen möglich.[14]

**2. Verfahren.** Das Verfahren auf Festsetzung des Ausgleichsanspruchs gemäß § 26 wird durch 9 Antrag des Ausgleichsberechtigten gemäß § 223 FamFG eingeleitet. Der Gerichtsstand richtet sich gemäß § 218 FamFG nach dem Wohnsitz des Hinterbliebenen, es sei denn der Ausgleichsberechtigte wohnt noch am letzten gewöhnlichen Aufenthaltsort der früheren Ehegatten. Lebt der verwitwete Ehegatte jedoch im Ausland, kann der Ausgleichsberechtigte seine Ansprüche jedenfalls im Rahmen der **Auffangzuständigkeit** gemäß § 218 Nr. 5 FamFG im Inland geltend machen, wobei die internationale Zuständigkeit aus § 102 FamFG folgt.[15] Der ausländische Versorgungsträger soll nicht zu beteiligen sein,[16] was zumindest mit Blick auf die Möglichkeit der Geltendmachung einer Abtretung und der notwendigen Auskünfte zweifelhaft erscheint.

Eine zu Lebzeiten des Ausgleichspflichtigen ergangene Entscheidung über die schuldrechtliche 10 Ausgleichsrente entfaltet wie für Ansprüche gegen den Versorgungsträger gemäß § 25 Abs. 1 keine **Bindungswirkung** gegenüber dem Hinterbliebenen.[17]

Für einen Feststellungsantrag zum Umfang des Anspruchs gemäß § 26 zu Lebzeiten des Aus- 11 gleichspflichtigen **fehlt** das **Feststellungsinteresse,**[18] was naheliegend erscheint, da nicht absehbar ist, ob der Anspruch bis zum Tod des Ausgleichspflichtigen nicht durch Vorversterben des Ausgleichsberechtigten untergeht. Der Hinterbliebene kann vielmehr sämtliche Einwendungen gegen den Anspruch, insbesondere auch aus § 27, geltend machen.[19]

**3. Steuerliche Folgen.** Der Zahlungsverpflichtete kann die Leistungen an den Ausgleichsberech- 12 tigten gemäß § 26 als Sonderausgabe gemäß § 10 Abs. 1a Nr. 4 EStG geltend machen. Der Ausgleichsberechtigte muss die Einkünfte gemäß § 22 Nr. 1a EStG versteuern. Wegen des einkommensteuerlichen Korrespondenzprinzips setzt dies die unbeschränkte Steuerpflicht des Ausgleichsberechtigten voraus.[20] Insoweit ergibt sich kein Unterschied zu der Behandlung der zu Lebzeiten des Ausgleichspflichtigen geleisteten Zahlungen.[21]

## Abschnitt 4. Härtefälle

### § 27 Beschränkung oder Wegfall des Versorgungsausgleichs

**[1]Ein Versorgungsausgleich findet ausnahmsweise nicht statt, soweit er grob unbillig wäre. [2]Dies ist nur der Fall, wenn die gesamten Umstände des Einzelfalls es rechtfertigen, von der Halbteilung abzuweichen.**

**Schrifttum:** S. § 1587 BGB.

**Übersicht**



11 OLG Frankfurt BeckRS 2012, 08575.
12 Soergel/*Ahrens* Rn. 7.
13 OLG Nürnberg NJOZ 2016, 403 (409); OLG Köln BeckRS 2012, 07349 = FamRZ 2012, 1943.
14 HK-VersAusglR/*Götsche/Breuers* Rn. 11 f.; *Kemper* FPR 2011, 494 (497).
15 *Borth* Versorgungsausgleich Rn. 946.
16 BGH NJW 1989, 1859 (1860) = FamRZ 1989, 602.
17 OLG Hamm FamRZ 2013, 1985; Soergel/*Ahrens* § 25 Rn. 3.
18 BGH NJW-RR 1997, 67 = FamRZ 1996, 1465.
19 Johannsen/Henrich/*Holzwarth* Rn. 4.
20 Nieders FG DStRE 2014, 707 (709).
21 HK-VersAusglR/*Götsche/Breuers* Rn. 14.

## I. Normzweck

1 In Härtefällen kann es geboten sein, dass der Versorgungsausgleich ganz oder teilweise nicht stattfindet. Dies war nach früherem Recht für den Wertausgleich in § 1587c BGB, für den schuldrechtlichen Ausgleich in § 1587h BGB und für den verlängerten schuldrechtlichen Ausgleich in § 3a Abs. 6 VAHRG geregelt. Nunmehr ist den Härtefällen ein eigener Abschnitt gewidmet, in dem in einer einzigen Norm, die gleichermaßen für den Wertausgleich bei der Scheidung (§§ 9–19) wie für die Ausgleichsansprüche nach der Scheidung (§§ 20–26) und das Abänderungsverfahren (§ 226 Abs. 3 FamFG) gilt, in einer Generalklausel umschrieben wird, dass der Versorgungsausgleich **bei grober Unbilligkeit nicht stattfindet.** Das ist nur dann der Fall, wenn die gesamten Umstände des Einzelfalls es rechtfertigen, von der Halbteilung abzusehen. Für das Abänderungsverfahren ist zusätzlich die Rechtskraft der abzuändernden Entscheidung zu beachten. Daher kann die Abänderung des Ausgleichs nur teilweise oder vollständig zugunsten des Ausgleichspflichtigen ausgeschlossen werden, soweit die Abänderung für diesen zu einem grob unbilligen Ergebnis führt. Es reicht demgegenüber nicht, dass bereits der ursprünglich durchgeführte Ausgleich für diesen grob unbillig gewesen wäre.[1] Fungierte bereits die frühere Regelung des § 1587c Nr. 1 BGB als Generalklausel, neben der die besonderen Tatbestände in § 1587c Nr. 2, 3 BGB sowie in § 1587h Nr. 2, 3 BGB eine wesentlich geringere praktische Bedeutung hatten, ist § 27 noch allgemeiner gefasst. Mit dieser Regelung soll ermöglicht werden, auf die bisherige Rspr. zu den ausdrücklich geregelten Härtefällen und zu den darüber hinaus entwickelten Fallgruppen zurückzugreifen, ohne dass mit der sprachlichen Neufassung der Norm auf Tatbestandsseite eine Änderung der materiellen Rechtslage verbunden sein soll.[2] Diese Kontinuität wird dadurch verdeutlicht, dass die Gesetzesbegründung an Grundprinzipien anknüpft, die sich aus den Materialien zum 1. EheRG[3] und frühen grundlegenden Entscheidungen des BVerfG[4] und des BGH[5] ergeben.

2 Eine Härteklausel ist daher weiterhin als **Gerechtigkeitskorrektiv** in Fällen erforderlich, in denen die starre – rein schematische – Durchführung des Versorgungsausgleichs unter den besonderen Gegebenheiten des konkreten Falles seinem Grundgedanken in unerträglicher Weise widersprechen würde.[6] Das kann insbes. der Fall sein, wenn die Durchführung des Versorgungsausgleichs nicht zu einer ausgewogenen sozialen Sicherheit beider Ehegatten, sondern im Gegenteil zu einer unangemessenen Übersicherung des (insgesamt) Ausgleichsberechtigten (→ Rn. 22) führen würde[7]

[1] OLG Hamm NJW-RR 2017, 1415; MüKoFamFG/*Stein* FamFG § 226 Rn. 11.
[2] Vgl. BT-Drs. 16/10144, 68; OLG Hamburg NJW-RR 2010, 1084 (1085) = FamRZ 2010, 1440 (1441).
[3] BT-Drs. 16/10144, 67 unter Hinweis auf BT-Drs. 7/650, 162.
[4] BVerfGE 53, 257 = NJW 1980, 692 = FamRZ 1980, 326; vgl. auch BVerfG (Kammerbeschluss) NJW 2003, 2819 = FamRZ 2003, 1173.
[5] BGHZ 74, 38 = NJW 1979, 1289 = FamRZ 1979, 477.
[6] Vgl. BGH NJW-RR 2012, 323 Rn. 10 = FamRZ 2012, 434; NJW-RR 2011, 799 Rn. 11 = FamRZ 2011, 877.
[7] BT-Drs. 7/650, 162; BGH NJW 1981, 394 (396) = FamRZ 1981, 130 (132).

oder wenn eine Lebens- und Versorgungsgemeinschaft der Ehegatten als rechtfertigende Grundlage für die Durchführung des Versorgungsausgleichs bei wertender Betrachtung nicht bestanden hat.[8] Eine Herabsetzung oder gar ein Entfallen der Ausgleichspflicht soll aber nicht schon bei jeder einfachen Verletzung des Grundgedankens des Versorgungsausgleichs, sondern nur bei besonders groben Verstößen in Betracht kommen.[9]

§ 27 ermöglicht – wie die Vorgängernorm des § 1587c BGB für den Wertausgleich – eine am Gerechtigkeitsgedanken orientierte Entscheidung auch in Fällen, in denen die schematische Durchführung des Versorgungsausgleichs zu einer „Prämierung" eines pflichtwidrigen Verhaltens des (jeweils) Ausgleichsberechtigten[10] oder zu Ergebnissen führen würde, die mit seinen tragenden Prinzipien deutlich in Widerspruch stünden.[11] Dabei sind sämtliche Umstände des Einzelfalles – auch im Hinblick auf den in den Grundrechten aus Art. 6 Abs. 1 iVm Art. 3 Abs. 2 GG enthaltenen Grundsatz der Halbteilung[12] – zu würdigen; eine schematische Anwendung des § 27 durch bloßes Einordnen des jeweiligen Sachverhalts in bestimmte Fallgruppen kann der **Aufgabe der Härteklausel,** im Einzelfall besondere Härten und grundrechtswidrige Auswirkungen zu vermeiden, nicht gerecht werden.[13] Mit der gebotenen Würdigung sämtlicher Umstände des Einzelfalls ist es unvereinbar, im Wege einer Teilentscheidung vorab oder, wenn ein Wertausgleich mit Rücksicht auf § 19 Abs. 3 nicht stattfindet, bereits in diesem Verfahren[14] über die Anwendung der Härteklausel zu befinden.[15] 3

Nach § 27 findet der Versorgungsausgleich nicht statt, soweit er grob unbillig wäre. Ging nach früherem Recht der Versorgungsausgleich im Wege des Einmalausgleichs nur in eine Richtung und war demzufolge nur ein Ehegatte ausgleichsberechtigt, an dessen Person verhaltensbedingte Ausschlussgründe angeknüpft werden konnten, kann bei der jetzigen anrechtsbezogenen Betrachtung, bei der jeder Ehegatte in der Rolle des Berechtigten und des Verpflichteten ist, auch das **treuwidrige Einwirken des Verpflichteten** auf seine Anrechte oder der Entzug seines Anrechts infolge der Verurteilung zu einer mehrjährigen Freiheitsstrafe wegen einer schweren Straftat zum Nachteil des gemeinsamen Kindes[16] berücksichtigt werden. Bezogen auf ein einzelnes Anrecht darf zwar nicht mehr als der Ausgleichswert übertragen werden. Der Ehegatte, der seine eigenen Anrechte treuwidrig verkürzt hat, muss sich aber unter Umständen eine Kürzung seiner Teilhabe an Anrechten des anderen Ehegatten gefallen lassen (→ Rn. 69 f.).[17] 4

Nach früherem Recht wurde der Umstand, dass die Durchführung des Versorgungsausgleichs – zB wegen einer nur **kurzen Dauer der Ehe** oder wegen eines nur **geringfügigen Unterschiedes** in den Einkommensverhältnissen der beiden Ehegatten – nur zu einem geringen und für die soziale Sicherung des Ausgleichsberechtigten unerheblichen Ausgleichsbetrag führte, im Allgemeinen selbst dann nicht als Härtefall angesehen, wenn zur Bewertung der auszugleichenden Versorgungsrechte umfangreiche Ermittlungen erforderlich waren (zB bei Einbeziehung von im Ausland erworbenen Anwartschaften) und der Aufwand in keinem Verhältnis zu dem Erfolg zu stehen schien.[18] Hieran ist auch für das neue Recht festzuhalten, da die angesprochenen Fallgestaltungen in § 3 Abs. 3 und § 18 eine besondere Regelung erfahren haben. Ist nach diesen Vorschriften der Versorgungsausgleich durchzuführen, können die Ehedauer[19] und die Geringfügigkeit des Ausgleichsbetrags für sich genommen schwerlich als Härtegründe angesehen werden (→ Rn. 15).[20] 5

Die **Anforderungen** an eine Kürzung des Versorgungsausgleichs gehen – ebenso wie nach § 1381 BGB für den Zugewinnausgleich – deutlich über die Voraussetzungen hinaus, die für eine 6

8 BGH NJW 1983, 176 (178) = FamRZ 1982, 475 (477).
9 BGH NJW 1981, 1733 (1734) = FamRZ 1981, 756.
10 BVerfGE 53, 257 (298) = NJW 1980, 692 (694) = FamRZ 1980, 326 (334).
11 Vgl. BVerfGE 66, 324 (331) = NJW 1984, 2147 = FamRZ 1984, 653 (654); BVerfG (Kammerbeschluss) NJW 1993, 1059 f. = FamRZ 1993, 405 (406).
12 Vgl. BVerfGE 87, 348 (356 ff.) = NJW 1993, 1057 (1058) = FamRZ 1993, 161 (163); BVerfGE 105, 1 (12) = NJW 2002, 1185 (1186) = FamRZ 2002, 527 (529); BVerfG (Kammerbeschlüsse) NJW 2003, 2819 (2820) = FamRZ 2003, 1173; NJW 2006, 2175 (2176) = FamRZ 2006, 1000 f.; NJW 2006, 2177 (2178 f.) = FamRZ 2006, 1002 (1003).
13 Vgl. BGHZ 74, 38 (57 f.) = NJW 1979, 1289 (1293) = FamRZ 1979, 477 (482).
14 Vgl. OLG Koblenz BeckRS 2016, 06394 Rn. 2, 8 f. = FamRZ 2016, 468.
15 Vgl. OLG Oldenburg NJW-RR 1992, 712 f. = FamRZ 1992, 458.
16 Vgl. OLG Hamm NJOZ 2013, 1656 (1657 f.) = FamRZ 2013, 1044 (1045).
17 Vgl. BT-Drs. 16/10144, 68.
18 Vgl. OLG Köln BeckRS 2010, 00336 = FamRZ 1986, 689 (690); Soergel/*Lipp* BGB § 1587c Rn. 16; aA wohl OLG Bamberg NJW 1979, 497 (500) = FamRZ 1979, 239 (242); OLG Brandenburg BeckRS 2002, 30298272 (zu 1) = FamRZ 2003, 1754 f.; NJWE-FER 2000, 107; OLG Oldenburg BeckRS 2008, 21455 = FamRZ 2008, 1866, wenn zugleich keine Versorgungsgemeinschaft bestanden hat.
19 Ähnlich OLG Jena NJW-RR 2011, 1159 (1161) = FamRZ 2011, 1590 (1591); Soergel/*Ahrens* Rn. 10.
20 Zust. *Bergmann* NZFam 2014, 1023 (1025), die insoweit von Sonderregelungen spricht.

Beschränkung des Unterhaltsanspruchs nach § 1579 BGB genügen, weil der Versorgungsausgleich der rechtlichen Abwicklung eines in der Vergangenheit liegenden Lebenssachverhalts dient und seine Beschränkung letztlich auf eine Rückgewähr eines Teils des erbrachten Unterhalts hinausläuft.[21] Verwirkung oder unzulässige Rechtsausübung können als eigenständige Einwände (§ 242 BGB) nicht der Durchführung des Versorgungsausgleichs entgegengehalten werden.[22]

7 Durch den **Tod eines Ehegatten** nach Rechtskraft der Scheidung wird das Recht des überlebenden Ehegatten auf Wertausgleich nicht berührt; es ist nach § 31 Abs. 1 S. 1 gegen die Erben geltend zu machen, die dieselben sachlich-rechtlichen Einwendungen geltend machen können wie der Verstorbene, auch in Bezug auf die Anwendung der Härteregelung.[23] Allerdings darf der überlebende Ehegatte durch den Wertausgleich nicht besser gestellt werden, als wenn der Versorgungsausgleich durchgeführt worden wäre (§ 31 Abs. 2 S. 1); diese Prüfung ist angesichts des Einzelausgleichs im Hinblick darauf notwendig, dass den Erben ein Anspruch auf den Wertausgleich versagt ist (§ 31 Abs. 1 S. 2). Wenn auch die Anwendung der Härteklausel durch den Tod eines Ehegatten grundsätzlich nicht beeinflusst wird, ist es nicht von Rechts wegen ausgeschlossen, bei der **erforderlichen umfassenden Abwägung der Härtegründe zugunsten des Berechtigten die durch den** Tod des Verpflichteten entstandene Lage zu berücksichtigen.[24] Dies wird insbesondere in Betracht kommen, wenn Belange des Verstorbenen und seiner gesetzlichen Erben von der Durchführung des Versorgungsausgleichs nicht berührt werden.[25] Belange des belasteten Versorgungsträgers sind im Rahmen des § 27 ohnehin nicht zu berücksichtigen.[26] Bei der Teilhabe an der Hinterbliebenenversorgung nach den §§ 25, 26 ist freilich zu beachten, dass die Höhe des Anspruchs nach § 25 Abs. 3 auf den Betrag beschränkt ist, den die ausgleichsberechtigte Person – unter Berücksichtigung der Härteregelung – als schuldrechtliche Ausgleichsrente verlangen könnte. Auch der Versorgungsträger kann geltend machen, dass diese gem. § 27 gemindert wäre.[27]

8 § 27 ist auch bei der Durchführung einer **Abänderung** des Wertausgleichs nach neuem Recht (§ 226 Abs. 3 FamFG) und einer Abänderung einer nach bisherigem Recht ergangenen Erstentscheidung nach der Übergangsregelung (§§ 51, 52 Abs. 1 iVm § 226 Abs. 3 FamFG) – vergleichbar mit der Regelung in § 10a Abs. 3 VAHRG – entsprechend anzuwenden,[28] wobei der Härtefallprüfung nur die Umstände unterliegen, die nach der Erstentscheidung entstanden sind.[29] In **verfahrensrechtlicher Hinsicht** hat das FamG nach § 224 Abs. 3 FamFG in der Beschlussformel festzustellen, wenn ein Wertausgleich bei der Scheidung nach § 27 nicht stattfindet. Da dem Gericht insoweit eine materielle Prüfung obliegt, ob die Voraussetzungen für einen Ausschluss des Versorgungsausgleichs vorliegen, erwächst seine Entscheidung in materielle Rechtskraft.[30]

## II. Grundvoraussetzungen der Norm

9 Der Normtext spricht allgemein davon, dass der Versorgungsausgleich ausnahmsweise nicht stattfindet, soweit er **grob unbillig** wäre. Dies soll der Fall sein, wenn die gesamten Umstände des Einzelfalls es rechtfertigen, von der Halbteilung abzuweichen. Der Normanwender wird damit auf eine umfassende Prüfung von **„Umständen"** hingewiesen, die nicht näher benannt werden, die aber ein so starkes Gewicht haben müssen, dass der in § 1 bestimmte Grundsatz der Halbteilung – auch unter Würdigung des von der Verfassung geschützten Rechts auf Teilhabe – zurückzutreten hat. Gäbe es auf diesem Gebiet keine Erfahrungen, wäre der Normanwender mit diesen Merkmalen allein gelassen. Im Gesetzgebungsverfahren ist jedoch zum Ausdruck gebracht worden, dass die Fassung der Vorschrift ermöglichen soll, auf die bisherige Rspr. zu den – nach früherem Recht ausdrücklich geregelten – Härtefällen und zu den darüber hinaus entwickelten Fallgruppen zurückzu-

---

21 Vgl. BT-Drs. 7/4361, 19, 43; BGH NJW 1983, 117 (119) = FamRZ 1983, 32 (34); OLG Brandenburg NJW-RR 2009, 76 (77).

22 BGH NJW 2007, 2477 Rn. 26 = FamRZ 2007, 996; NJW 1992, 3293 (3295) = FamRZ 1993, 176 (178).

23 Vgl. BGH NJW 1984, 2829 (2830) = FamRZ 1984, 467 (468); OLG Brandenburg NJW-RR 1998, 7 = FamRZ 1998, 682 (683).

24 Vgl. BGH NJW 1984, 2829 (2831) = FamRZ 1984, 467 (470); OLG Zweibrücken BeckRS 2015, 03674 (zu II 5) = FamRZ 2015, 412 (413 f.).

25 Vgl. OLG Frankfurt FamRZ 1995, 299, das die Anwendung der Härteklausel aber offenbar noch weiter einschränken will.

26 Vgl. OLG Frankfurt FamRZ 1995, 299 zu § 1587c BGB.

27 Palandt/*Brudermüller* § 25 Rn. 9.

28 Vgl. BGH NJW 2016, 1166 Rn. 12 ff. = FamRZ 2016, 697 in einem Fall, in dem ein in den Ausgleich einbezogenes Anrecht inzwischen abgefunden worden war.

29 OLG Hamm NJW-RR 2017, 1415 = FamRZ 2018, 257; BeckOGK/*Müller-Tegethoff*, 1.3.2018, § 51 Rn. 86.

30 Keidel/*Weber* FamFG § 224 Rn. 8.

greifen.[31] Zu den wesentlichen Umständen, die den äußeren Rahmen für die gebotene Beurteilung bilden, gehören daher die **beiderseitigen Verhältnisse** der Ehegatten, insbesondere in wirtschaftlicher Hinsicht, wie sie in § 1587c Nr. 1 BGB angesprochen waren.

**1. Beiderseitige Verhältnisse der Ehegatten.** Für die Beurteilung der groben Unbilligkeit 10
einer Inanspruchnahme des Ausgleichspflichtigen (iSd Härtefallregelung → Rn. 22) sind die **beiderseitigen Verhältnisse** der Ehegatten von erheblicher Bedeutung, hinsichtlich derer den Ehegatten ein Auskunftsanspruch (→ § 4 Rn. 10) zustehen kann.[32] Hierzu gehören neben dem Vermögenserwerb sämtliche Umstände, die für den gegenwärtigen oder zukünftigen wirtschaftlichen Stand der Ehegatten von Bedeutung sind.[33] Da der Versorgungsausgleich letztlich die wirtschaftliche Absicherung der Ehegatten für den Fall des Alters oder der Invalidität bezweckt, sind all die Lebensumstände heranzuziehen, die Einfluss auf die **wirtschaftliche Situation der Ehegatten im Rentenalter** erlangen werden.[34] Daher sind nicht nur die im Zeitpunkt der Entscheidung über den Versorgungsausgleich bereits eingetretenen Umstände erheblich; auch künftig eintretende Verhältnisse sind im Rahmen der Billigkeitsprüfung nicht außer Betracht zu lassen;[35] Zurückhaltung ist jedoch bei der Annahme ungewisser künftiger Entwicklungen geboten, etwa der Ausgleichsberechtigte werde auf Grund eigener Erwerbstätigkeit (noch) eine angemessene Altersversorgung erlangen und sei daher nicht auf den Versorgungsausgleich angewiesen[36] oder ein Berufssoldat werde nach seiner Frühpensionierung keine Versorgungsanwartschaften mehr erwerben.[37] Die zu fordernde Prognosesicherheit hält der BGH erst dann für gegeben, wenn beide Ehegatten bereits eine Versorgung beziehen oder eine abweichende Entwicklung nicht mehr eintreten kann.[38]

Bei Würdigung der beiderseitigen Verhältnisse erlangt der jeweilige **Vermögenserwerb** der 11
Ehegatten regelmäßig eine besondere Bedeutung. Als Vermögensgegenstände kommen insbes. Grundstücke,[39] Kapitalanlagen,[40] Wertpapiere und – nicht dem Versorgungsausgleich unterliegende (→ § 2 Rn. 30, 33) – Kapitallebensversicherungen in Betracht, soweit sie dem Ehegatten auch nach Durchführung eines etwaigen Zugewinnausgleichs verbleiben werden.[41] Zu berücksichtigen sind ferner die nach Durchführung des Versorgungsausgleichs vorhandenen Anrechte auf Versorgungsleistungen; hierzu zählen auch die Versorgungsanrechte, die weder mit Hilfe des Vermögens noch durch Arbeit der Ehegatten begründet oder aufrechterhalten worden sind und daher nach § 2 Abs. 2 Nr. 1 nicht vom Versorgungsausgleich erfasst werden, wie zB Renten nach dem BVG und dem BEG, nach § 17a StrRehaG,[42] Renten aus der gesetzlichen Unfallversicherung,[43] in einem Leibgedinge ausbedungene Sachleistungen,[44] Leistungen aus der Arbeitslosenversicherung und die Landabgabenrente für Landwirte. Gleiches ist für ausländische Rentenanrechte anzunehmen, denen der Gedanke der „Volksrente“ zugrunde liegt, soweit sie nicht ohnehin dem Versorgungsausgleich unterliegen (→ § 2 Rn. 13; → § 19 Rn. 19).[45] Allerdings kann der Versorgungsausgleich zugunsten eines con-

---

[31] Vgl. BT-Drs. 16/10144, 68.

[32] Vgl. OLG Karlsruhe NJW-RR 2004, 78 = FamRZ 2003, 1840 (1841).

[33] BGH NJW-RR 2013, 898 = FamRZ 2013, 1200; NJW 1983, 176 (178) = FamRZ 1982, 475 (477); NJW 1982, 1940 (1942) = FamRZ 1982, 795 (798).

[34] Vgl. *Budde* FuR 2009, 428 (432), der die Regelung auf Härtegründe mit wirtschaftlicher Auswirkung beschränkt sehen möchte.

[35] Vgl. BGH NJW-RR 1988, 1028 (1029) = FamRZ 1988, 940 (941); OLG Karlsruhe BeckRS 1993, 31366109 (zu II 6) = FamRZ 1994, 904 (905); aA OLG Stuttgart BeckRS 2010, 23679 (zu II 2 a) = FamRZ 1979, 831 (832).

[36] Vgl. BGH NJW-RR 2013, 898 Rn. 21 = FamRZ 2013, 1200; NJW-RR 1999, 585 (586) = FamRZ 1999, 499 (500); NJW-RR 1990, 1155 (1156) = FamRZ 1990, 1341 (1342); OLG Koblenz BeckRS 2009, 06876 = FamRZ 2009, 1071 (1072); BeckRS 1995, 31128658 = FamRZ 1996, 555; OLG Hamm BeckRS 2004, 11507 (zu II 3 b) = FamRZ 1999, 933 (934); OLG Frankfurt NJW-RR 1989, 582 (583) = FamRZ 1989, 757 (758).

[37] Vgl. OLG Hamm NJW-RR 2007, 801 = FamRZ 2007, 224 (225).

[38] Vgl. BGH NJW-RR 2013, 898 Rn. 24 = FamRZ 2013, 1200.

[39] Vgl. KG NJW-RR 2007, 939 (940 f.); OLG Hamm FamRZ 1988, 627 f.; NJW-RR 1987, 711 (712) = FamRZ 1987, 951 f.

[40] Vgl. BGH BeckRS 1987, 31072263 (zu II 2 b) = FamRZ 1988, 47 (48).

[41] Vgl. BGH NJW 1992, 175 (176) = FamRZ 1992, 47 (48).

[42] Vgl. OLG Brandenburg NJW-RR 2010, 733 (734 f.).

[43] Vgl. OLG Celle BeckRS 1989, 31136928 (zu II 3) = FamRZ 1989, 1098 (1099).

[44] BGH NJW 1982, 2557 (2558) = FamRZ 1982, 909 (910); zur Einbeziehung von Rentenleistungen eines Leibgedinges in den Versorgungsausgleich vgl. BGH LM BGB § 1587 Nr. 68 mAnm *Langenfeld* = NJW-RR 1993, 901 = FamRZ 1993, 682 (683).

[45] Vgl. hierzu Rolland/*Wagenitz,* Familienrecht, 1993, BGB § 1587 Rn. 33; Rahm/Künkel/*Paetzold,* Handbuch des Familiengerichtsverfahrens, Stand September 2008, Teil VIII Rn. 1073 f.; OLG Köln (27. Zivilsenat) FamRZ 2001, 31 (32); allg. für eine Berücksichtigung der niederländischen AOW-Pension im Versorgungsausgleich BGH NJW-RR 2008, 665 Rn. 34, 40 ff. = FamRZ 2008, 770.

tergangeschädigten Ehegatten nicht mit der Begründung ausgeschlossen werden, der Ausgleichsberechtigte sei wegen seiner **Conterganrente** nicht auf die Durchführung des Versorgungsausgleichs angewiesen. Das beruht maßgebend auf § 18 Abs. 1 ContStifG, wonach bei der Ermittlung oder Anrechnung von Einkommen, sonstigen Einnahmen und Vermögen nach anderen Gesetzen, insbesondere dem SGB II, SGB III, SGB V und SGB XII sowie dem BGB, Leistungen nach diesem Gesetz außer Betracht bleiben. Die vorgenannte, nur beispielhafte Aufzählung von Einkommen nach anderen Gesetzen schließt auch Ansprüche nach dem VersAusglG ein. Darüber hinaus verdeutlicht § 18 Abs. 2 S. 1 ContStifG, dass Verpflichtungen Anderer, insbesondere Unterhaltspflichtiger und der Träger der Sozialhilfe oder anderer Sozialleistungen, durch dieses Gesetz nicht berührt werden.[46] Daraus folgt für die Anwendung des § 27, dass die Teilhabe an den Versorgungsanrechten des anderen Ehegatten nicht mit der Begründung versagt werden kann, der Contergangeschädigte benötige diese Teilhabe mit Rücksicht auf seine Conterganrente nicht. Entsprechendes gilt für eine Versorgung nach dem HIV-Hilfegesetz (§ 17 HIVHG).[47]

12 Zum **Vermögenserwerb während der Ehe** ist auch der während einer längeren Trennungszeit eintretende Vermögenszuwachs zu rechnen. Darüber hinaus ist ein Vermögenserwerb im Zusammenhang mit der Scheidung zu berücksichtigen, so dass auch anlässlich der Scheidung getroffene Unterhaltsvereinbarungen, Abfindungsverpflichtungen und der Ausgleich des Zugewinns zu beachten sind. Hat der ausgleichspflichtige Ehegatte nach dem Ende der Ehezeit durch Nachentrichtung freiwilliger Beiträge Rentenanwartschaften für den anderen Ehegatten begründet und unterliegt der einbezahlte Betrag keinem güterrechtlichen Ausgleich zu seinen Gunsten, kann der Versorgungsausgleich in einer Weise herabgesetzt werden, wie wenn die nachträglich begründeten Rentenanwartschaften in der Ehezeit mit zu berücksichtigen wären.[48] Werden von einem Ehegatten nach längerer Trennungszeit aufgrund Scheinselbständigkeit Rentenversicherungsbeiträge für die Zeit vor und nach der Trennung nacherhoben, ist es gerechtfertigt, für die Zeit ab der Trennung bis zum Ende der Ehezeit die daraus resultierenden Rentenanwartschaften auszugleichen, nicht aber für die Zeit vor der Trennung, weil der durch das Unterlassen der Beitragszahlung erhöhte Lebensstandard beiden Ehegatten je hälftig zugute gekommen ist.[49] Auch das **vor der Ehe**[50] oder – bei Entscheidung über den Versorgungsausgleich im abgetrennten Verfahren – **nach Scheidung** der Ehe erworbene Vermögen der Ehegatten ist erheblich.[51] Ein im Zeitpunkt der Entscheidung über den Versorgungsausgleich noch nicht eingetretener Vermögenserwerb kann allerdings nur berücksichtigt werden, wenn sich die Vermögens- und Versorgungserwartungen zu diesem Zeitpunkt bereits konkretisieren lassen und der zukünftige Vermögenserwerb in hohem Maße wahrscheinlich ist;[52] die bloße Aussicht für den Ausgleichsberechtigten, seine Vermögensverhältnisse durch eine Erbschaft[53] oder durch Unterhalts- bzw. Versorgungsansprüche aus einer Zweitehe[54] erheblich zu verbessern, genügt diesen Anforderungen nicht.

13 Bei der Billigkeitsprüfung sind neben dem ausdrücklich genannten Vermögenserwerb **sämtliche Verhältnisse der Ehegatten** zu berücksichtigen, wenn sie sich – zumindest mittelbar – auf die wirtschaftlichen Verhältnisse der Ehegatten im Rentenalter auswirken können; dies wird insbes. bei solchen Umständen zu bejahen sein, die Einfluss auf die Verdienstmöglichkeiten und den weiteren Aufbau einer Altersversorgung haben werden. So kann zB eine Krankheit oder eine Erwerbsminderung[55] die Versorgungserwartungen beeinträchtigen, während der erfolgreiche Abschluss einer Ausbildung oder eine berufliche Qualifizierung geeignet sind, die Versorgungslage zu verbessern.[56] Eine in den Versorgungssystemen begründete Besserstellung rechtfertigt für sich genommen die Anwendung der Härteklausel nicht.[57] Dies gilt etwa in einem Fall, in dem ein Ehegatte deshalb über

---

[46] Vgl. BGH NJW-RR 2014, 1089 Rn. 11–13 = FamRZ 2014, 1619.

[47] BGH BeckRS 2018, 17004.

[48] Vgl. BGH NJW-RR 1987, 322 = FamRZ 1987, 364 (365).

[49] OLG Düsseldorf FamRZ 2019, 26.

[50] Vgl. BGH NJW 1982, 989 (990) = FamRZ 1982, 258 (259).

[51] Vgl. BGH NJW-RR 1988, 1028 (1029) = FamRZ 1988, 940 (941); NJW 1981, 394 (396) = FamRZ 1981, 130 (132).

[52] Vgl. BGH NJW-RR 1988, 1028 (1029) = FamRZ 1988, 940 (941).

[53] OLG Stuttgart BeckRS 2010, 23679 (zu II 2 a) = FamRZ 1979, 831 (832).

[54] BGH NJW 1983, 165 (166) = FamRZ 1983, 35 (36); ähnlich BGH NJW 1982, 1463 (1464) = FamRZ 1982, 471 (473) im Zusammenhang mit der Genehmigungsfähigkeit einer Vereinbarung nach § 1587o BGB.

[55] BGH NJW 1981, 1733 (1734) = FamRZ 1981, 756 (757); verneint für die Schwerbehinderung eines Beamten OLG Köln BeckRS 2011, 23320 = FamRZ 2012, 313 (314).

[56] BGH NJW-RR 1989, 902 f. = FamRZ 1989, 1060 (1061); NJW-RR 1988, 709 f. = FamRZ 1988, 600; NJW 1984, 302 (303) = FamRZ 1983, 1217 (1218); OLG Hamm NJW-RR 1986, 232 (233) = FamRZ 1986, 72.

[57] Vgl. BGH FamRZ 1989, 1062 (1063), insoweit nicht abgedruckt in NJW-RR 1989, 1026; OLG Düsseldorf FamRZ 2018, 256 = BeckRS 2017, 124399.

werthöhere Anwartschaften verfügt, weil er vom Angestelltenverhältnis in das Beamtenverhältnis übernommen wurde und deshalb Zeiten, die bereits in der Rentenversicherung mit Beiträgen belegt sind, als ruhegehaltfähige Dienstzeit anerkannt werden.[58] Eine Korrektur des Versorgungsausgleichs ist daher nicht veranlasst, wenn dem Ausgleichspflichtigen für eine Tätigkeit in leitender Funktion eine Versorgung zugesagt wird, die so hoch ist, dass daneben die anderen während der Ehezeit erworbenen Versorgungsanrechte ruhen, mag im Ergebnis der Versorgungsausgleich aufgrund der kurzen Ausübung dieser Tätigkeit dazu führen, dass nach Teilung des Anrechts dem Ausgleichspflichtigen eine Versorgung geleistet wird, die geringer ist, als wenn der Versorgungsausgleich aus den ruhenden Anrechten berechnet worden wäre.[59] Erheblich kann hingegen sein, inwieweit die Ehegatten ihre – im Rahmen der ehelichen Arbeitsteilung übernommenen – Pflichten zur Gestaltung der ehelichen Lebens- und Versorgungsgemeinschaft erfüllt haben.[60] Das persönliche Fehlverhalten eines Ehegatten kann, selbst wenn es keine unmittelbaren wirtschaftlichen Auswirkungen hat,[61] ebenso berücksichtigt werden wie der Umstand, dass der Ausgleichsberechtigte die deutsche Staatsangehörigkeit erst kurze Zeit vor der Entscheidung über den Versorgungsausgleich erworben hat[62] (allgemein zur Durchführung des Versorgungsausgleichs in Verfahren mit Auslandsbezug → BGB § 1587 Rn. 33 ff.; → 7. Aufl. 2018, EGBGB Art. 17 Rn. 1 ff.; → 7. Aufl. 2018, EGBGB Art. 17b Rn. 1 ff.).

Bei der Billigkeitsprüfung können auch Umstände berücksichtigt werden, die **zum Scheitern** 14
**der Ehe** geführt haben. Allerdings ist der Versorgungsausgleich, wie sich früher aus § 1587c Nr. 1 Hs. 2 BGB ergab, ohne Rücksicht auf ein etwaiges Verschulden eines Ehegatten am Scheitern der Ehe durchzuführen.[63]

**2. Grobe Unbilligkeit.** Ein Ausschluss oder eine Herabsetzung des Versorgungsausgleichs nach 15
§ 27 setzt voraus, dass die Inanspruchnahme des Ausgleichspflichtigen grob unbillig ist. Grobe Unbilligkeit kommt in Betracht, wenn auf Grund besonderer Verhältnisse die starre Durchführung des Ausgleichs dem **Grundgedanken des Versorgungsausgleichs in unerträglicher Weise widersprechen** würde.[64] Bei dieser Entscheidung sind strengere Maßstäbe als bei der Prüfung eines Verstoßes gegen Treu und Glauben (§ 242 BGB) anzulegen, da eine Teilhabe an Vermögenswerten in Frage steht, die die Ehegatten in der zurückliegenden Ehezeit gemeinsam erwirtschaftet haben.[65] Die Verhältnisse müssen daher so liegen, dass die Ehe als Versorgungsgemeinschaft ihre Legitimation für die Durchführung des Versorgungsausgleichs verloren hat.[66] In Fällen, in denen die Ehe vor Inkrafttreten des 1. EheRG geschlossen wurde, ist besondere Rücksicht auf das Vertrauen des an sich ausgleichspflichtigen Ehegatten zu nehmen; es ist daher möglich, dass Lebenssachverhalte bei diesen sog Alt-Ehen zur Anwendung der Härteklausel führen, die im Falle einer nach Inkrafttreten des 1. EheRG geschlossenen Ehe einen Ausschluss des Versorgungsausgleichs nicht bewirken könnten.[67] Dies ist bei der Auswertung älterer Rspr. zu berücksichtigen. Bagatellbeträge unter dem Gesichtspunkt grober Unbilligkeit vom Ausgleich auszuschließen, bietet § 27 keine Handhabe;[68] der Ausschluss geringfügiger Ausgleichswerte unterliegt der Sonderregelung des § 18, die es dem Ermessen des FamG in Ausnahmefällen überlässt, geringe Wertunterschiede oder Ausgleichswerte auszugleichen. Allerdings kann bei der Frage des Maßes einer Kürzung des Versorgungsausgleichs berück-

---

58 Vgl. OLG Düsseldorf FamRZ 1991, 199 (200) bei einem Übergang vom Angestellten- ins Beamtenverhältnis.

59 OLG Koblenz FamRZ 2019, 195 = BeckRS 2018, 37176.

60 Vgl. OLG Köln BeckRS 1989, 31145781 (zu 2) = FamRZ 1989, 1197 (1198); NJW 1981, 995 Ls. = FamRZ 1981, 574 (575); KG BeckRS 2010, 14260 = FamRZ 1982, 78 f.

61 BGH NJW 1984, 2358 (2361) = FamRZ 1984, 662 (665); NJW 1983, 117 f. = FamRZ 1983, 32 f. mwN; zurückhaltend *Budde* FuR 2009, 428.

62 BGH NJW 1982, 1940 (1943) = FamRZ 1982, 795 (798); OLG Stuttgart BeckRS 2010, 04210 (zu II) = FamRZ 1984, 291 (292).

63 BGH NJW 1983, 117 (118) = FamRZ 1983, 32 (33) zu § 1587c Nr. 1 Hs. 2 BGB.

64 BGH FamRZ 2013, 1200 = NJW-RR 2013, 898; NJW 2005, 2455 = FamRZ 2005, 1238 (1239); NJW 1984, 302 (303) = FamRZ 1983, 1217 (1218) mwN; aufgenommen von BT-Drs. 16/10144, 67 („in nicht erträglicher Weise").

65 BGH NJW-RR 1987, 324 = FamRZ 1987, 362 (364); NJW 1981, 1733 (1734) = FamRZ 1981, 756 (757); KG BeckRS 2010, 14293 = FamRZ 1982, 1025 (1026); Erman/*Norpoth*/*Sasse* Rn. 5; Johannsen/Henrich/*Holzwarth* Rn. 1.

66 Vgl. zu diesem Gesichtspunkt im Rahmen einer nach Fallgruppen strukturierten Gesamtwürdigung *Rehme* FPR 2005, 356 ff.

67 BGHZ 74, 38 (84) = NJW 1979, 1289 (1299) = FamRZ 1979, 477 (489); BGH NJW-RR 1987, 325 (326) = FamRZ 1987, 255 (256 f.); OLG Stuttgart NJW 1982, 241 f. = FamRZ 1982, 309 f.

68 OLG Brandenburg BeckRS 2011, 08304; Erman/*Norpoth*/*Sasse* § 18 Rn. 11; NK-BGB/*Götsche* Rn. 11; aA jedoch OLG Brandenburg BeckRS 2002, 30298272 (zu 1) = FamRZ 2003, 1754 f.; NJWE-FER 2000, 107.

sichtigt werden, ob der Ausgleich geringfügiger Ausgleichswerte oder Differenzen bereits unterblieben ist. Ob der Ausgleich nach § 27 zu kürzen ist, ist daher erst dann zu entscheiden, wenn zuvor über die Anwendung des § 18 befunden ist.[69] Haben die Ehegatten daher nur sehr kurz zusammengelebt und in dieser Zeit nur geringwertige Anrechte erworben, jedoch während einer langen Trennungszeit weitere Anrechte erworben, so dass der Ausgleichswert der einzelnen Anrechte nicht mehr geringwertig ist, ist anhand von § 27 zu entscheiden, ob vom Ausgleich der betroffenen Anrechte insgesamt abzusehen ist.

16 Die Anwendung der Härteklausel kommt insbes. in Betracht, wenn die unbeschränkte Durchführung des Versorgungsausgleichs mit dem Grundgedanken des Versorgungsausgleichs nicht vereinbar wäre. **Grundgedanke** des Versorgungsausgleichs ist es, die während der Ehe erworbenen Versorgungsanrechte bei Scheidung der Ehe – der gemeinsamen Lebensführung und dem ursprünglich gemeinsamen Zweck der beiderseitigen Alterssicherung entsprechend – unter Außerachtlassung der formalen Zuordnung der Anrechte auf beide Ehegatten zu verteilen.[70] Dieser Grundgedanke trägt auch, wenn ein Ehegatte während der Ehe ein behindertes Kind betreut hat und während dieser Zeit eine Riesterrente angespart hat, hinsichtlich deren sich die Ehegatten darüber einig waren, dass diese dem das Kind betreuenden Ehegatten im Alter zugute kommen soll. Soll ein solches Anrecht vom Ausgleich ausgenommen werden, erfordert dies eine Vereinbarung gem. §§ 6–8 VersAusglG.[71] Daher fehlt für den Vollzug des Versorgungsausgleichs die eigentlich rechtfertigende Grundlage, wenn eine Lebens- und Versorgungsgemeinschaft – zB wegen Getrenntlebens der Ehegatten oder wegen grober Vernachlässigung der Pflichten im Rahmen der gemeinschaftlichen Lebensführung – als nicht bestehend anzusehen ist. Dies kommt zB bei einem nur sehr kurzen Zusammenleben in Betracht.[72] Ähnliches kann gelten, wenn der Ausgleichsberechtigte eine für die Altersversorgung vorgesehene Lebensversicherung nach der Trennung kündigt, den Auszahlungsbetrag dem güterrechtlichen Ausgleich entzieht und der andere Ehegatte durch Berufstätigkeit, Haushaltsführung und Kindererziehung einer dreifachen Belastung ausgesetzt war.[73] Grob unbillig kann es auch sein, wenn der Ausgleichsberechtigte, der die Durchführung des Versorgungsausgleichs beansprucht, durch illoyales Verhalten den güterrechtlichen Ausgleich zugunsten des anderen Ehegatten verhindert.[74] Grob unbillig ist der Versorgungsausgleich selbst in diesen Fällen aber nur, wenn die Verletzung des Grundgedankens des Versorgungsausgleichs so erheblich ist, dass die unbeschränkte Durchführung des Versorgungsausgleichs zu nicht erträglichen Ergebnissen führen würde.[75]

17 Eine derart unerträgliche Verletzung des Grundgedankens des Versorgungsausgleichs wird regelmäßig vorliegen, wenn der Ausgleichsberechtigte (iSd Härteklausel → Rn. 22) in schwerwiegender Weise seine im Rahmen der ehelichen Arbeitsteilung übernommenen Pflichten zur Gestaltung der ehelichen Lebens- und Versorgungsgemeinschaft, insbes. im Bereich des Familienunterhalts, verletzt oder beharrlich während einer längeren Zeitspanne überhaupt nicht erfüllt hat.[76] Dass der ausgleichsberechtigte Ehegatte beruflich gescheitert und auf Grund seiner augenblicklichen Situation nicht in der Lage ist, die gemeinsamen Verbindlichkeiten mit zu tilgen und sich am Unterhalt der Kinder zu beteiligen, genügt ohne weitere Umstände für eine Anwendung der Härteklausel jedoch nicht, weil die Ehe infolge der auf Lebenszeit angelegten Gemeinschaft eine ihr Scheitern überdauernde Versorgungsgemeinschaft ist.[77] In Fällen einer erheblichen Störung des – von den Ehegatten vereinbarten – Leistungsgleichgewichts innerhalb der Ehegemeinschaft[78] kann die unbeschränkte Durchführung des Versorgungsausgleichs im Ergebnis aber zu einer „**Prämierung des pflichtwidrigen Verhaltens** des ausgleichsberechtigten Ehegatten" führen; dies wäre mit dem Wesen der Ehe nicht vereinbar und ist daher durch verfassungskonforme Anwendung der Härteklausel zu vermeiden.[79] Ein solches pflichtwidriges Verhalten kann nicht darin gesehen werden, dass der ausgleichsberechtigte Ehegatte mit Wissen des anderen über Jahre eine Tätigkeit für das Ministerium für Staatssicherheit

[69] Ähnlich *Hoppenz* FamRZ 2010, 1342; iErg anders AG Kerpen NJW-RR 2010, 1450 (1451) = FamRZ 2010, 981 (982) m. zust. Anm. *Borth* FamRZ 2010, 982 f.
[70] BGHZ 74, 38 (47) = NJW 1979, 1289 (1291) = FamRZ 1979, 477 (479 f.).
[71] OLG Köln FamRZ 2018, 1501 = BeckRS 2018, 21067.
[72] *Borth* Versorgungsausgleich Kap. 6 Rn. 17.
[73] Vgl. OLG Köln BeckRS 2006, 11217 = FamRZ 2006, 1042 f.
[74] Vgl. OLG Köln BeckRS 2014, 12632 (zu II) = FamRZ 2014, 1021 (1022) zur treuwidrigen Vereitelung der Vollstreckung einer titulierten Zugewinnausgleichsforderung.
[75] BGH NJW 1983, 176 (178) = FamRZ 1982, 475 (477); NJW 1981, 1733 (1734) = FamRZ 1981, 756 (757); OLG Hamm NJWE-FER 1999, 226 = FamRZ 2000, 160 (161).
[76] Vgl. KG BeckRS 2010, 14260 = FamRZ 1982, 78 (79); vgl. auch BT-Drs. 16/10144, 67.
[77] Vgl. OLG Schleswig FamRZ 1999, 865 (866).
[78] Vgl. OLG Köln FamRZ 1986, 580 (581); NJW 1981, 995 Ls. = FamRZ 1981, 574 (575).
[79] BVerfGE 53, 257 (298) = NJW 1980, 692 (694) = FamRZ 1980, 326 (334); BGHZ 74, 38 (56 f.) = NJW 1979, 1289 (1293) = FamRZ 1979, 477 (482).

der ehem. DDR ausgeübt hat und Teile seines Einkommens deshalb nicht der rentenrechtlichen Berechnung zugrunde gelegt werden; dies ist ein Umstand, der von den Eheleuten auch nach der Scheidung gemeinsam zu tragen ist.[80]

Dass auch Anwartschaften aus **Kindererziehungszeiten** in den Versorgungsausgleich einzubeziehen sind (→ § 2 Rn. 11), ist nicht weiter umstritten.[81] Da es ua ihr Ziel ist, einen Ausgleich für die aus der Kindererziehung folgenden Einkommenseinbußen und das damit verbundene Versorgungsdefizit zu schaffen, unterliegen sie im Versorgungsausgleich, auch soweit es um die Anwendung der Härteklausel geht, grundsätzlich keiner Sonderbehandlung.[82] Es besteht daher im Ansatz kein Anlass, die Durchführung des Versorgungsausgleichs zu beschränken, weil die Ausgleichspflicht des einen Ehegatten entscheidend darauf beruht, dass bei ihm Kindererziehungszeiten berücksichtigt sind.[83] Das OLG Nürnberg hat dies, was die Beschränkung des Versorgungsausgleichs für sich allein nicht rechtfertigen dürfte, in einem Fall anders gesehen, in dem die ausgleichspflichtige Ehefrau, die noch auf Jahre hinaus an einer vollzeitigen Erwerbstätigkeit durch Kindesbetreuung gehindert war, ausschließlich Kindererziehungszeiten erworben hatte, während der selbständig berufstätige Ehemann nur ganz geringfügige Beiträge entrichtet hatte.[84] Den Gesichtspunkt, dass der ausgleichspflichtige Ehegatte über die Ehezeit hinaus durch die Betreuung der aus der Ehe hervorgegangenen Kinder an der Ausübung der Erwerbstätigkeit gehindert ist, hat auch das OLG Stuttgart als Härtegrund ausreichen lassen, wenn der an sich ausgleichsberechtigte Ehegatte durch die Ehe keinerlei Versorgungsnachteile erlitten hatte und eine Prognose erwarten ließ, dass er bis zum Zeitpunkt des Wiedereintritts des anderen in das Berufsleben dessen Versorgungsniveau übertreffen würde.[85] Zu beachten ist freilich der allgemeine Gesichtspunkt, dass eine einvernehmliche Gestaltung des ehelichen Zusammenlebens, die einen Ehegatten bei dem Erwerb einer Altersversorgung bevorzugt oder benachteiligt, etwa seine Karrierechancen während einer Zeit der Kindesbetreuung beeinträchtigt,[86] grundsätzlich hinzunehmen und nicht im Wege allgemeiner Billigkeitserwägungen bei der Durchführung des Versorgungsausgleichs zu korrigieren ist.[87] Entscheidend für die Anwendung der Härteklausel ist es daher nicht, dass die Kindererziehungszeiten die Ausgleichspflicht (mit) ausgelöst haben, sondern ob sich aus der Gestaltung der jeweiligen Ehe Umstände ergeben, die eine grobe Unbilligkeit gegenüber dem ausgleichspflichtigen Ehegatten – in diesem Zusammenhang typischerweise der Ehefrau – begründen.[88] Der Umstand allein, dass die ausgleichspflichtige Ehefrau ausschließlich oder vorwiegend durch Kindererziehungszeiten Versorgungsanwartschaften erworben hat, lässt nicht auf ein pflichtwidriges Verhalten des anderen Ehegatten schließen, das zu einer Beschränkung des Versorgungsausgleichs führen müsste.[89] Entsprechendes gilt für den Erwerb von Anrechten, die auf einer geförderten Tätigkeit gem. § 162 Nr. 2 SGB VI in einer Behindertenwerkstätte beruhen.[90] Schließlich ist eine Korrektur gem. § 27 auch nicht veranlasst, wenn ein Ehegatte unfallbedingt keine Beiträge mehr leisten kann und die Beitragslast durch den Schädiger gem. § 119 SGB X getragen wird.[91] Dies ist konsequent; denn die als Schadensersatz geleisteten Beiträge sind Surrogat der 18

---

80 Vgl. OLG Naumburg BeckRS 2016, 01993 Rn. 23 = FamRZ 2016, 822 Ls.; OLG Dresden NJW-RR 1998, 1619 f. = FamRZ 1998, 1375.

81 Vgl. OLG Bremen BeckRS 2001, 31152982 = FamRZ 2002, 466; OLG Zweibrücken BeckRS 1998, 13731 = FamRZ 2000, 890 f.; OLG Nürnberg FamRZ 2000, 891; OLG Brandenburg FamRZ 2000, 891 f., insoweit nicht abgedruckt in NJW-RR 2000, 1025.

82 Vgl. BGH NJW-RR 2008, 84 Rn. 13 = FamRZ 2007, 1966 mAnm *Borth* FamRZ 2007, 1967; OLG München FamRZ 2004, 1580 (1581); OLG Köln BeckRS 2004, 03023 = OLGR 2004, 223.

83 Vgl. BGH NJW-RR 2008, 84 Rn. 13 = FamRZ 2007, 1966; OLG Stuttgart BeckRS 2011, 23311 (zu II 2 b bb) = FamRZ 2012, 311 (312); OLG Karlsruhe BeckRS 2005, 03345 = FamRZ 2005, 1839 (1840); OLG Zweibrücken BeckRS 1998, 13731 = FamRZ 2000, 890 f.; OLG Brandenburg FamRZ 2000, 891 (892), insoweit nicht abgedruckt in NJW-RR 2000, 1025.

84 Vgl. OLG Nürnberg FamRZ 2000, 891; zu einer ähnlichen Konstellation mit zusätzlichen Argumenten OLG Stuttgart BeckRS 2011, 23311 (zu II 2 b bb, cc) = FamRZ 2012, 311 (312 f.).

85 OLG Stuttgart BeckRS 1999, 13268 (zu II 2) = FamRZ 2000, 894 f.

86 Vgl. OLG Brandenburg NZFam 2015, 316 Rn. 6 = FamRZ 2015, 930 (931).

87 Vgl. OLG München BeckRS 2001, 31148234 (zu 2 d) = FamRZ 2002, 757 (758); OLG Bamberg FamRZ 2000, 892 f. im Fall eines gemeinsamen Betriebs eines Friseurgeschäfts.

88 Vgl. OLG Stuttgart BeckRS 2011, 23311 (zu II 2 b bb, cc) = FamRZ 2012, 311 (312 f.); OLG Köln BeckRS 2004, 03023 = OLGR 2004, 223 f.; OLG München FamRZ 2004, 1580 (1581); ähnlich OLG Karlsruhe BeckRS 2005, 03345 = FamRZ 2005, 1839 (1840); AG Frankfurt a. M. NJWE-FER 2001, 309 = FamRZ 2002, 755 (756).

89 Vgl. BGH NJW-RR 2008, 84 Rn. 13 = FamRZ 2007, 1966 und die Vorinstanz OLG Karlsruhe BeckRS 2005, 03345 = FamRZ 2005, 1839 (1840); OLG Bremen BeckRS 2001, 31152982 = FamRZ 2002, 466 f.; OLG Köln BeckRS 2004, 03023 = OLGR 2004, 223; OLG München FamRZ 2004, 1580 (1581).

90 BGH NJW-RR 2018, 769 = FamRZ 2018, 904.

91 BGH NJW 2018, 1876 = FamRZ 2018, 992.

eigentlich durch den Ehegatten aufgrund arbeitsteiligen Zusammenwirkens während der Ehe aufzubringenden Beiträge.

19 Der Grundgedanke des Versorgungsausgleichs kann auch im Hinblick auf die zu erwartende Versorgungssituation der beiden Ehegatten seiner unbeschränkten Durchführung entgegenstehen. Das wird regelmäßig nicht der Fall sein, wenn die Ausgleichsberechtigung des einen Ehegatten maßgebend auf dem Umstand beruht, dass er aus gesundheitlichen Gründen keiner Erwerbstätigkeit mehr nachgehen konnte, mag auch der andere Ehegatte auf Grund dieser Situation während der Ehe in höherem Maße die Lasten und Aufgaben übernommen haben.[92] Besitzt der Ausgleichsberechtigte hingegen im Zeitpunkt der Entscheidung über den Versorgungsausgleich bereits eine ausreichende und angemessene Alterssicherung oder ist eine solche bei Erreichen der Altersgrenze mit hinreichender Sicherheit zu erwarten, könnte man das Ziel des Versorgungsausgleichs, für beide Ehegatten nach der Scheidung den Grundstock zu einer eigenständigen Alterssicherung zu legen und dadurch auch dem bedürftigeren Teil von ihnen zur wirtschaftlichen Selbständigkeit zu verhelfen, auch ohne seine Durchführung als erreicht ansehen. Zu beachten ist jedoch auch hier, dass der Versorgungsausgleich idR durch die eheliche Lebensgemeinschaft als Versorgungsgemeinschaft gerechtfertigt wird. Grob unbillig ist die Durchführung des Versorgungsausgleichs zugunsten des bereits hinreichend gesicherten Ausgleichsberechtigten daher nur in Fällen eines **wirtschaftlichen Ungleichgewichts,**[93] etwa wenn im Zeitpunkt der Entscheidung über den Versorgungsausgleich bereits **klar abzusehen**[94] ist, dass der Ausgleichsberechtigte bei Erreichen der Altersgrenze eine im Verhältnis zum Ausgleichspflichtigen unverhältnismäßig hohe Rente erzielen kann,[95] wenn die zu erwartende Versorgung des Ausgleichsberechtigten die des Ausgleichspflichtigen erheblich übersteigt,[96] wenn die ungekürzte Durchführung des Versorgungsausgleichs zur Begründung oder Verstärkung einer Unterhaltsabhängigkeit des Ausgleichspflichtigen vom Ausgleichsberechtigten führt[97] oder der Ausgleichspflichtige auf die von ihm während der Ehe erworbenen Versorgungsanrechte zur Sicherung seines Unterhalts dringend angewiesen ist, während der Ausgleichsberechtigte hinreichend gesichert ist.[98] An letzteres wird insbes. zu denken sein, wenn der Ausgleichspflichtige vorzeitig erwerbsunfähig wird und seine Versorgungsanwartschaften später nicht mehr ausbauen kann.[99] In diesem Zusammenhang ist es auch zu berücksichtigen, wenn die Bewilligung der Erwerbsminderungsrente zur Bildung eines übermäßig hohen Deckungskapitals führt, das bei normalem Verlauf der Dinge weder dem Ausgleichspflichtigen noch dem Ausgleichsberechtigten zur Bildung einer Altersversorgung zur

---

92 Vgl. OLG Koblenz BeckRS 2015, 19979 Rn. 15 f. = FamRZ 2015, 2065 (2066); OLG Köln NJWE-FER 1996, 4; OLG München BeckRS 1996, 31154455 (zu II 1) = FamRZ 1997, 752 (753) im Fall eines an Aids erkrankten Ehegatten.

93 Vgl. BT-Drs. 16/10144, 68; hierzu auch BGH NJW 2006, 1967 Rn. 15 = FamRZ 2006, 769 (771); NJWE-FER 1999, 105 (106) = FamRZ 1999, 497 (498); NJW-RR 1999, 585 (587); NJW 1992, 175 (176) = FamRZ 1992, 47 (48); OLG Hamm BeckRS 2004, 06325 (zu II 2 b aa) = FamRZ 2005, 38 (39); BeckRS 2006, 13171 (zu II 2) = FamRZ 2001, 1223 (1224 f.) in einem Fall ungewöhnlicher Häufung von Härtegründen; OLG Karlsruhe FamRZ 2001, 1223; KG FamRZ 1998, 1373 (1374); OLG Köln NJW-RR 1992, 1155 (1156) = FamRZ 1992, 322 (323).

94 Vgl. zur Tragfähigkeit der Prognose BGH BeckRS 2015, 08542 Rn. 11 = FamRZ 2015, 1004; NJW-RR 2015, 708 Rn. 23 ff. = FamRZ 2015, 1001.

95 Vgl. BGH NJW 1986, 1935 (1936) = FamRZ 1986, 563; NJW 1982, 2557 (2558) = FamRZ 1982, 909 (910); BGHZ 82, 66 (80) = NJW 1982, 224 (229) = FamRZ 1982, 36 (41); OLG Köln NJWE-FER 1998, 76 = FamRZ 1998, 483 (484); OLG Karlsruhe NJWE-FER 1998, 3 = FamRZ 1998, 300 (301); OLG Brandenburg NJWE-FER 1997, 148 = FamRZ 1998, 299; OLG Bamberg BeckRS 1996, 31332964 (zu II) = FamRZ 1997, 29; OLG Düsseldorf FamRZ 1985, 77 (78); OLG Hamburg BeckRS 2010, 01404 (zu II 2) = FamRZ 1984, 396 (397).

96 Vgl. OLG Brandenburg NJW-RR 2010, 731 (732); OLG Köln NJW-RR 1992, 1155 (1156) = FamRZ 1992, 322 (323).

97 Vgl. BGH NJW-RR 2005, 730 (733) = FamRZ 2005, 696 (699); NJW-RR 1987, 325 (326) = FamRZ 1987, 255 (256); NJW 1981, 1733 (1735) = FamRZ 1981, 756 (758); OLG Stuttgart BeckRS 2014, 12631 (zu II 2) = FamRZ 2014, 1020 (1021).

98 Vgl. BGH BeckRS 2015, 08542 Rn. 11 = FamRZ 2015, 1004; NJW 2005, 2455 = FamRZ 2005, 1238 (1239); NJW-RR 1999, 801 (802) = FamRZ 1999, 714 (715); NJW-RR 1995, 451 (452) = FamRZ 1995, 413 (414); NJW-RR 1989, 134 = FamRZ 1989, 491 (492); NJW-RR 1988, 322 = FamRZ 1988, 489 (490); NJW-RR 1987, 901 = FamRZ 1987, 923; NJW 1983, 165 (166) = FamRZ 1983, 35 (36) mwN; NJW 1981, 394 (396) = FamRZ 1981, 130 (132); OLG Zweibrücken BeckRS 2015, 03674 (zu II 5) = FamRZ 2015, 412 (413); BeckRS 2007, 10051 (zu II 2) = FamRZ 2007, 1746 (1747); OLG Frankfurt BeckRS 2013, 15219 (zu II) = FamRZ 2014, 132 Ls.; OLG Schleswig BeckRS 2002, 30258662 = SchlHA 2002, 235; OLG Hamburg BeckRS 2001, 30212250 = FamRZ 2002, 1257 f.; OLG Hamm FamRZ 1997, 27 f.; OLG Karlsruhe NJW-RR 1992, 652 (653) = FamRZ 1992, 689 (690).

99 Vgl. OLG Naumburg BeckRS 2010, 13782 (zu II); OLG Hamm FamRZ 1997, 27 f.

Verfügung gestanden hätte und dessen Teilung die Erwerbsminderungsrente entsprechend erheblich schmälern würde.[100] In diesen Fällen kann der Ausgleich auf den Kapitalbetrag beschränkt werden, der bei gewöhnlichem Verlauf der Dinge als Deckungskapital oder Rückstellung für die Altersversorgung gebildet worden wäre. Dass der ausgleichsberechtigte Ehegatte im Alter eine höhere Versorgung als der Ausgleichspflichtige haben wird,[101] dass der Ausgleichspflichtige öffentliche Hilfe in Anspruch zu nehmen hat[102] oder mit der Tilgung gemeinsamer Verbindlichkeiten belastet ist,[103] genügt für die Annahme eines Versorgungsungleichgewichts jeweils alleine noch nicht. Auch bei beiderseits eher bescheidenen Verhältnissen können mietfreies Wohnen im eigenen Haus und – unter Einschluss des Versorgungserwerbs vor der Ehe – etwas höhere Anwartschaften des Ausgleichsberechtigten den Ausschlag für eine Beschränkung des Versorgungsausgleichs geben.[104]

Der Umstand, dass der Ausgleichsberechtigte **keine ehebedingten Nachteile** in der Ausübung einer Erwerbstätigkeit und beim Aufbau seiner Altersversorgung erlitten hat, vermag für sich allein die Anwendung der Härteregelung nicht zu rechtfertigen. Denn trotz Fehlens ehebedingter Einbußen des Ausgleichsberechtigten ist die Inanspruchnahme des Ausgleichspflichtigen im Hinblick auf die Lebens- und Versorgungsgemeinschaft der Ehegatten grundsätzlich gerechtfertigt.[105] 20

**3. Anwendung der Härteklausel und Einzelausgleich.** Für das Verständnis der aufgrund des bis 31.8.2009 geltenden Rechts ergangenen Entscheidungen muss man beachten, dass nach **früherem Recht** der Versorgungsausgleich im Wege des Einmalausgleichs **nur in eine Richtung** ging. Ausgleichspflichtig war nur ein Ehegatte, der im Rahmen der nach § 1587a Abs. 1 BGB vorzunehmenden Gesamtbilanzierung die werthöheren Anrechte erworben hatte; ausgleichsberechtigt – in Höhe der Hälfte des Wertunterschieds – war nur der andere Ehegatte. Demzufolge war auch im Rahmen der Härteklausel nur in einer Richtung zu prüfen, ob der Versorgungsausgleich – zulasten des Berechtigten – zu beschränken war. Dabei ging es immer um den Ausschluss oder die Kürzung eines bestimmten Rentenbetrags, der nach einer zwingend vorgegebenen Rangfolge (§ 1587b BGB, §§ 1, 3b VAHRG) auszugleichen war. Eine Erhöhung dieses Ausgleichsbetrags aus Billigkeitsgründen kam nicht in Betracht.[106] 21

Bei der nach § 1 Abs. 1 gebotenen Teilung eines jeden Anrechts im Wege des **Einzelausgleichs** ist jeder Ehegatte, der ein Anrecht erworben hat, ausgleichsverpflichtet und demzufolge der andere Ehegatte ausgleichsberechtigt (→ § 1 Rn. 5, 9). § 27 spricht – anders als die Vorgängernorm des § 1587c BGB – nicht vom Verpflichteten oder Berechtigten, sondern nur davon, dass der Versorgungsausgleich nicht stattfindet, soweit er grob unbillig ist. Da hierzu die Feststellung aller bedeutsamen Umstände gehört, ist im Allgemeinen eine **Gesamtbetrachtung und Gegenüberstellung der Versorgungssituation beider Ehegatten** in den Blick zu nehmen. Denn es soll ja weiterhin dabei bleiben, dass in Fällen, in denen die Halbteilung der Anrechte nicht legitimiert ist, der Versorgungsausgleich beschränkt wird, was sinnvoll nur beantwortet werden kann, wenn man sich darüber im Klaren ist, welcher Ehegatte unter Berücksichtigung aller Einzelausgleichsschritte insgesamt verpflichtet und welcher insgesamt berechtigt ist. Da der Einzelausgleich nach der für das jeweilige Versorgungssystem maßgebenden Bezugsgröße vorzunehmen ist (→ § 5 Rn. 4), also nicht mehr durchgängig wie nach früherem Recht in der Form eines Rentenbetrags, muss das FamG die Kapitalwerte oder die korrespondierenden Kapitalwerte (§ 47) der Anrechte, die ihm die beteiligten Versorgungsträger nach § 5 Abs. 3 mitzuteilen haben, einander gegenüberstellen, um den insgesamt verpflichteten Ehegatten zu ermitteln.[107] In Fällen, in denen es um die treuwidrige Einwirkung eines Ehegatten auf seine eigenen Anrechte geht, um eine Teilhabe des anderen zu verhindern oder 22

---

[100] BGH FamRZ 2017, 1749 = NJW-RR 2017, 1026; FamRZ 2017, 1914 = NJW-RR 2017, 1347.

[101] BGH NJW-RR 2009, 361 Rn. 36 = FamRZ 2009, 303; NJW 1986, 1935 (1936) = FamRZ 1986, 563; KG FamRZ 1998, 1373 (1374); OLG Bamberg BeckRS 1996, 31332964 (zu II) = FamRZ 1997, 29; OLG Düsseldorf FamRZ 1994, 1470 (1471); OLG München NJW-RR 1993, 778 (779) = FamRZ 1993, 1320 (1321).

[102] Vgl. OLG Karlsruhe BeckRS 2001, 30191103 (zu II 2) = FamRZ 2002, 1633 (1634); OLG Hamburg BeckRS 2001, 30212250 = FamRZ 2002, 1257.

[103] Vgl. BGH FPR 2003, 124 (125) = FamRZ 2003, 437 (438).

[104] Vgl. OLG München FamRZ 1995, 299 f.

[105] BGH NJW 2005, 3572 (3573) = FamRZ 2005, 2052 (2053); NJW-RR 1989, 131 (132) = FamRZ 1989, 492 (493); NJW 1988, 1839 = FamRZ 1988, 709; OLG Düsseldorf FamRZ 1987, 162 (163); KG BeckRS 2010, 14260 = FamRZ 1982, 78 (79).

[106] Vgl. BGH BeckRS 1986, 31075423 (zu II 2) = FamRZ 1987, 48 (49); NJW 1983, 37 = FamRZ 1982, 1193; OLG Stuttgart BeckRS 2006, 00570 = FamRZ 2006, 1452 (1453); KG NJOZ 2005, 4414 (4415) = FamRZ 2006, 210; der Ausgleichsberechtigte war durch eine Nichtanwendung der Härteklausel nicht beschwert, BGH NJW 1992, 3299 (3300) = FamRZ 1993, 175 (176).

[107] *Borth* Versorgungsausgleich Kap. 6 Rn. 19; Johannsen/Henrich/*Holzwarth* Rn. 19.

zu schmälern, ist es unter Billigkeitsgesichtspunkten nicht mehr ausgeschlossen, die Härteklausel gegenüber beiden Ehegatten anzuwenden (→ Rn. 69 f.).

### III. Einzelne Fallgruppen

23 Bei Anwendung der Härteregelung des § 27 sind sämtliche **Umstände des Einzelfalls** zu würdigen; es ist insbes. Aufgabe des Tatrichters, im Einzelfall eine den schutzwürdigen Interessen aller Beteiligten gerecht werdende Entscheidung zu treffen. Dies schließt eine schematische Anwendung des § 27 durch bloßes Einordnen eines Sachverhalts in bestimmte Fallgruppen aus.[108] Dessen ungeachtet lassen sich **typische Lebenssachverhalte** beschreiben, in denen die Anwendung der Härteregelung in besonderem Maße in Betracht zu ziehen ist. Insoweit ist im Gesetzgebungsverfahren gebilligt worden, auf die von der Rspr. entwickelten Fallgruppen zurückzugreifen.[109]

24 **1. Finanzierung der Ausbildung.** Der Grundgedanke, mit dem Versorgungsausgleich vornehmlich die soziale Lage des geschiedenen Ehegatten zu verbessern, der wegen in der Ehe übernommener anderer Aufgaben Einschränkungen in seiner Erwerbstätigkeit auf sich genommen und dadurch ehebedingte Nachteile in seiner versorgungsrechtlichen Lage erlitten hat, trifft in Fällen nicht zu, in denen der **Verzicht auf eine versicherungspflichtige Erwerbstätigkeit nicht auf** einer zwischen den Ehegatten vereinbarten **Verteilung der ehelichen Aufgabenbereiche,** sondern darauf beruht, dass der nichterwerbstätige Ehegatte seine Arbeitskraft auf eine (Hochschul-)Ausbildung verwendet, die ihn daran hindert, sich anderen neben einer Erwerbstätigkeit zu erfüllenden ehelichen Aufgaben zu widmen, während der andere Ehegatte die Finanzierung der Ausbildung übernimmt. An letzterem kann es etwa fehlen, wenn der ausgleichsberechtigte Ehegatte seinen Unterhalt weitgehend selbst sicherstellt, und sei es durch BAföG-Leistungen.[110] Ein Ausschluss oder eine Kürzung des Versorgungsausgleichs kommen in Betracht, wenn die Ehe während oder kurz nach Abschluss – etwa – eines Studiums scheitert, der andere Ehegatte das Studium durch seine Erwerbstätigkeit im Wesentlichen finanziell und durch überobligationsmäßige Erfüllung ehelicher Aufgaben ermöglicht hat und nun wegen der unerwartet kurz gebliebenen Ehe nicht mehr in den – der ursprünglichen gemeinsamen Lebensplanung entsprechenden – Genuss gelangt, dass sich die Verbesserung der späteren Erwerbschancen und der sozialen Lage des Partners günstig für ihn auswirkt.[111] Dabei ist der Erfolg des Studiums ebenso unerheblich[112] wie die Frage, ob der Ausgleichspflichtige dringend auf die von ihm während der Ehe erworbenen, an sich auszugleichenden Versorgungsanrechte angewiesen ist.[113] In der Lebenswirklichkeit treten vielfältige Abweichungen von diesem Grundmuster auf. Fällt nur ein Teil des Studiums in die Ehezeit und währt die Ehe nach Abschluss des Studiums über viele Jahre, ohne dass der Ausgleichsberechtigte von der erworbenen beruflichen Qualifikation Gebrauch macht, ist es eine Frage des Einzelfalls, ob von einer groben Unbilligkeit gesprochen werden kann, wenn der Versorgungsausgleich durchgeführt wird.[114]

25 **2. Doppelverdienerehe.** Im Fall der sog. Doppelverdienerehe ist der Versorgungsausgleich **nicht generell auszuschließen,** denn auch bei beiderseitiger Erwerbstätigkeit ist die Inanspruchnahme des Ausgleichspflichtigen im Hinblick auf die Lebens- und Versorgungsgemeinschaft der

---

[108] BGHZ 74, 38 (57 f.) = NJW 1979, 1289 (1293) = FamRZ 1979, 477 (482).

[109] Vgl. BT-Drs. 16/10144, 68; Johannsen/Henrich/*Holzwarth* Rn. 23.

[110] Vgl. OLG Hamm NJW-RR 1994, 837 = FamRZ 1994, 1472.

[111] Vgl. BGH NJW-RR 2004, 1009 (1010) = FamRZ 2004, 862 (863); NJW-RR 1989, 902 (903) = FamRZ 1989, 1060 (1061); NJW-RR 1988, 709 f. = FamRZ 1988, 600; NJW 1984, 302 (303) = FamRZ 1983, 1217 (1218); OLG Hamm BeckRS 2007, 02286 (zu I 1) = FamRZ 2006, 1457; NJW-RR 1986, 232 (233) = FamRZ 1986, 72; OLG Köln BeckRS 2003, 30322665 (zu I) = FamRZ 2004, 884 (885); NJW-RR 1995, 262 = FamRZ 1994, 1473 f.; BeckRS 1989, 31145781 (zu 2) = FamRZ 1989, 1197 (1198 f.); OLG Schleswig BeckRS 2001, 30227938 = SchlHA 2002, 133 (134); OLG Koblenz NJW 1986, 1762 (1763); OLG Frankfurt BeckRS 2010, 15065 = FamRZ 1982, 1088 (1089); OLG Celle FamRZ 1979, 595 (596); zurückhaltend OLG Karlsruhe BeckRS 2010, 30105 (zu II 2 b) = FamRZ 1988, 70 (71).

[112] BGH NJW-RR 1987, 578 (579) mwN; OLG Hamm FamRZ 1998, 684; ähnlich bei langjähriger Ermöglichung einer nicht abgeschlossenen Promotion OLG Hamm NJW-RR 1992, 323; aA OLG Karlsruhe BeckRS 2011, 05698 (zu 2 a) = FamRZ 1997, 30, wenn der Ehegatte wegen Betreuung eines Kindes aus einer Zweitehe auf Jahre hinaus keinen Nutzen aus seinem absolvierten Studium ziehen kann; krit. hierzu *Krause* FamRZ 1997, 567.

[113] BGH NJW-RR 1988, 709 (710) = FamRZ 1988, 600.

[114] Vgl. gegen eine Anwendung der Härteklausel OLG Hamburg FamRZ 2010, 1440; OLG Düsseldorf FamRZ 1994, 906 bei anschließender Aufnahme einer Hilfsarbeitertätigkeit aus politischer Überzeugung; für deren Anwendung OLG Köln NJW-RR 1994, 1028 f. bei anschließender Aufnahme einer selbständigen Tätigkeit ohne hinreichende Gewinnerwartung.

Ehegatten im Ausgangspunkt gerechtfertigt.[115] Dies gilt grundsätzlich auch dann, wenn die Ehe nur von kurzer Dauer war, keine erheblichen Einkommensunterschiede vorlagen und der Ausgleichsberechtigte ehebedingte Nachteile beim Aufbau seiner Altersversorgung nicht erlitten hat.[116] Allerdings findet der Versorgungsausgleich nach § 3 Abs. 3 bei einer Ehezeit von bis zu drei Jahren nur statt, wenn ein Ehegatte dies beantragt (→ § 3 Rn. 35 f.). Darüber hinaus sieht § 18 vor, dass der Ausgleich idR unterbleibt, wenn die Differenz der Ausgleichswerte beiderseitiger Anrechte gleicher Art nur gering ist (Abs. 1) oder einzelne Anrechte nur einen geringen Ausgleichswert haben (Abs. 2). Gering ist der Wertunterschied nach § 18 Abs. 1 oder ein Ausgleichswert nach § 18 Abs. 2, wenn er am Ende der Ehezeit bei einem Rentenbetrag als maßgeblicher Bezugsgröße höchstens ein Prozent, in allen anderen Fällen als Kapitalwert höchstens 120 Prozent der monatlichen Bezugsgröße nach § 18 Abs. 1 SGB IV beträgt (§ 18 Abs. 3).[117] Werden diese Grenzwerte überschritten, mag es in einer Doppelverdienerehe an einem besonderen sozialen Sicherungsbedürfnis des Ausgleichsberechtigten in den meisten Fällen fehlen; dennoch kann die Vornahme des Versorgungsausgleichs nur dann grob unbillig sein, wenn der Berechtigte in schwerwiegender Weise seine – im Rahmen ehelicher Arbeitsteilung – übernommenen Pflichten zum Erwerb von Vermögens- und Versorgungsanrechten während einer längeren Zeitspanne beharrlich nicht erfüllt hat oder wenn die zu erwartende Versorgungssituation des Ausgleichsberechtigten unverhältnismäßig günstiger als die des Ausgleichspflichtigen ist. Im Übrigen ist die Durchführung des Versorgungsausgleichs in diesen Fällen durch seinen Grundgedanken, die während der Ehe erworbenen Versorgungsanrechte unabhängig von der formalen Zuordnung zwischen den Ehegatten hälftig aufzuteilen, gerechtfertigt.

**3. Phasenverschobene Ehe.** Bei der sog. phasenverschobenen Ehe, dh der **Ehe des rentenbe- 26
ziehenden Ausgleichsberechtigten,** der während der Ehezeit keine zusätzlichen Versorgungsanrechte erworben hat, mit dem berufstätigen Ausgleichspflichtigen, kommt grobe Unbilligkeit vor allem in Betracht, wenn der Berechtigte die ihm im Rahmen der ehelichen Arbeitsteilung zugewiesenen Aufgaben zur Gestaltung der Lebens- und Versorgungsgemeinschaft der Ehegatten nicht erfüllt hat, so dass der Ausgleichspflichtige real einer Doppelbelastung ausgesetzt war.[118] Darüber hinaus kann die Anwendung der Härteklausel geboten sein, wenn der Berechtigte durch seine Rente hinreichend gesichert ist, während die zu erwartende Versorgungssituation des Verpflichteten, bei der in der gesetzlichen Rentenversicherung auch eine Zurechnungszeit zu berücksichtigen ist,[119] bei unbeschränkter Durchführung des Versorgungsausgleichs erheblich schlechter ist.[120] Eine grobe Unbilligkeit kann sich auch daraus ergeben, dass die Eheleute während der Rentenbezugszeit des Ausgleichsberechtigten getrennt lebten.[121] Ist der **Ausgleichspflichtige älter,** muss er bei Eintritt des Versorgungsfalls – von dem Fall der §§ 33, 34 abgesehen – grundsätzlich eine Kürzung seiner Versorgung hinnehmen, auch wenn der andere Ehegatte aus den übertragenen oder begründeten Anwartschaften noch keine Leistungen bezieht. § 27 erlaubt insoweit keinen Eingriff in die gesetzliche Regelung, nach der zB der Träger der Versorgungslast bei einer externen Teilung durch Kürzung des Ruhegehalts seines Bediensteten einen pauschalen Ausgleich für seine Pflicht zur Erstattung von Aufwendungen der gesetzlichen Rentenversicherung im Rahmen der für den Ehegatten begründeten Rentenanwartschaften erlangt.[122] Auch eine Asymmetrie der Versicherungsverläufe kann für eine Beschränkung des Versorgungsausgleichs sprechen, etwa wenn der ausgleichsberechtigte Ehegatte während der Ehe eine höhere Qualifikation erlangt, aufgrund derer seine Versorgung gesichert ist, während der andere stets berufstätige Ehegatte seine Erwerbstätigkeit nach der Trennung krankheitsbedingt einschränken muss.[123]

---

115 BGH NJW 1986, 1935 (1936) = FamRZ 1986, 563; KG FamRZ 1998, 1373 (1374); OLG Hamburg NJW 1982, 242; zu einem Sonderfall des Versorgungsausgleichs zwischen zwei Beamten vgl. BVerfG (Kammerbeschluss) NJW 1993, 1059 f. = FamRZ 1993, 405 (406); zu einem durch Teilzeittätigkeit einer Beamtin geprägten Fall vgl. OLG Zweibrücken FamRZ 1996, 491 (492).

116 BGH NJW-RR 1989, 131 (132) = FamRZ 1989, 492 (493) zu den beiden zuletzt genannten Gestaltungen.

117 Der Grenzwert beträgt bei einem Ende der Ehezeit im Jahr 2019 31,15 EUR für einen Rentenbetrag und 3.738 EUR für einen Kapitalwert; vgl. zu den Grenzwerten seit 1977 § 18 Rn. 29 und die Übersicht in NJW-Beil. I 2019, 15 f.

118 OLG Hamm BeckRS 2010, 00197 (zu II) = FamRZ 2004, 885 (886).

119 Vgl. BGH NJW-RR 1988, 322 (323) = FamRZ 1988, 489 (491); NJW-RR 1986, 491 (492) = FamRZ 1986, 337.

120 Vgl. OLG Düsseldorf FamRZ 2016, 637 (638); OLG Celle FamRZ 2006, 1459 f.; BeckRS 2010, 18363 (zu 2 b) = FamRZ 1981, 1083 (1084); OLG Hamm BeckRS 2010, 00197 (zu II) = FamRZ 2004, 885 (886); OLG Köln FamRZ 1988, 849; AG Wuppertal BeckRS 2006, 07711 (zu II) = FamRZ 2005, 39 (40).

121 Vgl. BGH NJW 2008, 296 Rn. 14 = FamRZ 2007, 1964 mAnm *Borth* FamRZ 2007, 1965 f.; NJW-RR 2004, 1231 (1232 f.) = FamRZ 2004, 1181 (1182 f.).

122 Vgl. BGH NJW-RR 1989, 965.

123 Vgl. OLG Frankfurt FamRZ 1994, 1472 (1473).

27 **4. Rentenbezug.** Die Durchführung des Versorgungsausgleichs ist im Falle eines **beiderseitigen Rentenbezugs** der Ehegatten nicht bereits deshalb grob unbillig, weil der Ausgleichsberechtigte eine höhere Rente erhält, als sie dem Ausgleichspflichtigen verbleibt.[124] Die günstigere Altersversorgung des Ausgleichsberechtigten wird regelmäßig auf vorehelich erworbenen Versorgungsanrechten beruhen und daher grundsätzlich gerechtfertigt sein.[125] Trifft diese Annahme im Einzelfall nicht zu, besteht jedoch zur Prüfung Anlass, ob die Anwendung der Härteregelung aus verfassungsrechtlichen Gründen geboten ist.[126] Eine Kürzung oder ein Ausschluss des Versorgungsausgleichs ist in Betracht zu ziehen, wenn der Versorgungsausgleich nicht zu einer ausgewogenen sozialen Sicherheit beider Ehegatten beiträgt, sondern zu einer Einkommensverteilung führt, aus der sich ein Unterhaltsanspruch des Ausgleichspflichtigen gegen den Ausgleichsberechtigten[127] oder ein wirtschaftliches Ungleichgewicht (→ Rn. 19)[128] ergibt. In Fällen dieser Art liegt es nahe, bei der Abwägung die Grundsätze des § 1610a BGB und notwendige unterhaltsrechtliche Mehraufwendungen zu berücksichtigen.[129] Bezieht der Ausgleichspflichtige wegen Erwerbs- oder Dienstunfähigkeit vorzeitig eine Rente oder Versorgung und ist er zu einem Ausbau seiner Versorgungsanwartschaften nicht mehr in der Lage, wird vielfach die Anwendung der Härteklausel nahe liegen, wenn er auf seine Versorgung dringend angewiesen ist, der Berechtigte aber die ungekürzte Durchführung des Versorgungsausgleichs entbehren kann.[130] In Fällen der geschilderten Art konnten nach früherem Recht Härten für den Ausgleichspflichtigen häufig bereits dadurch gemildert werden, dass seine Versorgung nach § 57 Abs. 1 S. 2 BeamtVG aF oder nach § 101 Abs. 3 SGB VI aF erst gekürzt wurde, wenn aus der Versicherung des berechtigten Ehegatten eine Rente zu gewähren war (zur weiteren Anwendung des Pensionistenprivilegs im Beamtenversorgungsrecht einiger Länder → 7. Aufl. 2017, FamFG § 226 Rn. 22 f.).[131] Diese Möglichkeit besteht nach der – verfassungsrechtlich unbedenklichen[132] – Abschaffung des bisherigen Rentner- und Pensionistenprivilegs durch das VAStrRefG nur noch, wenn vor dem 1.9.2009 das Verfahren über den Versorgungsausgleich eingeleitet worden ist und die auf Grund des Versorgungsausgleichs zu kürzende Rente begonnen hat (§ 268a Abs. 2 SGB VI, § 57 Abs. 1 S. 2 BeamtVG, § 55c Abs. 1 S. 2 SVG) oder nach Landesrecht eine entsprechende Aussetzung der Kürzung der Versorgung des ausgleichspflichtigen Beamten vorgesehen ist.[133] Für Soldaten ist hingegen mWv 1.6.2015 nach Maßgabe des § 55c Abs. 1 S. 3, 4 SVG idF von Art. 10 Nr. 8 Bundeswehr-Attraktivitätssteigerungsgesetz v. 13.5.2015 (BGBl. 2015 I 706) wieder ein Pensionistenprivileg eingeführt worden. Der Härteklausel kann daher für Rentenbezieher im Ausgangspunkt eine größere Bedeutung als nach dem früheren Rechtszustand zukommen. Der Wegfall des Privilegs rechtfertigt für sich genommen die Anwendung der Härteklausel jedoch nicht,[134] da es sich insoweit um eine versicherungsfremde Sozialleistung handelte, die den ausgleichspflichtigen Ehegatten über den Halbteilungsgrundsatz hinaus begünstigte und die der Gesetzgeber für neue Fälle entschädigungslos beseitigen durfte.[135] Eine unterschiedslose Anwendung des § 27 in allen Fällen des Wegfalls des Rentner- und Pensionistenprivilegs stünde im Übrigen auch nicht mit der Bestimmung des § 35

[124] BGH NJW-RR 1987, 901 = FamRZ 1987, 923; OLG Hamburg BeckRS 2010, 01404 (zu II 2) = FamRZ 1984, 396 (397); Soergel/*Ahrens* Rn. 18; aA OLG Bremen FamRZ 1980, 1129 (1131).

[125] Vgl. BGH NJW 2007, 1202 Rn. 17 = FamRZ 2007, 363 (364); NJW 2006, 366 Rn. 15 = FamRZ 2006, 323 (325).

[126] Vgl. BVerfGE 66, 324 (331) = NJW 1984, 2147 = FamRZ 1984, 653 (654).

[127] BGH NJW-RR 2005, 730 (733) = FamRZ 2005, 696 (699); NJW-RR 1987, 325 (326) = FamRZ 1987, 255 (256).

[128] Vgl. BGH BeckRS 2015, 08542 Rn. 10 f. = FamRZ 2015, 1004; NJW-RR 2015, 708 Rn. 20 f. = FamRZ 2015, 1001; OLG Düsseldorf BeckRS 2014, 10594 (zu II 2 a) = FamRZ 2014, 1463 (1464 f.).

[129] Vgl. OLG Düsseldorf FamRZ 1995, 1277 f.; vgl. auch – insoweit weniger deutlich – OLG Hamm FamRZ 1995, 1363 f.

[130] OLG Karlsruhe BeckRS 1993, 31366109 (zu II 6) = FamRZ 1994, 904 (905).

[131] Vgl. OLG Hamm BeckRS 2004, 11507 (zu II 3 a) = FamRZ 1999, 933 (934); zur Nichtanwendung der Härteklausel während des Schutzes durch das Pensionistenprivileg s. auch OLG Koblenz BeckRS 2009, 06876 = FamRZ 2009, 1071 (1072); OLG München NJW-RR 1999, 1163 = FamRZ 1999, 1430.

[132] Vgl. BVerfG (Kammerbeschluss) NJW 2015, 686 Rn. 21 = FamRZ 2015, 389.

[133] Zu einem solchen Fall OLG Brandenburg BeckRS 2013, 20351 (zu II 2 b) = FamRZ 2014, 1706 Ls.

[134] Vgl. BGH BeckRS 2015, 08542 Rn. 10 = FamRZ 2015, 1004; NJW-RR 2015, 708 Rn. 15 ff. = FamRZ 2015, 1001; OLG Saarbrücken BeckRS 2015, 11169 Rn. 14 ff. mAnm *Hauß* NZFam 2015, 768; BeckRS 2011, 24198 (zu II) = FamRZ 2012, 449 (451); OLG Düsseldorf BeckRS 2014, 10594 (zu II 2 a) = FamRZ 2014, 1463 (1464); OLG Brandenburg BeckRS 2013, 20353 (zu II 2) = FamRZ 2014, 1020 Ls.; OLG Koblenz NJW 2013, 3251 (3252) = FamRZ 2013, 1661 (1662); OLG Stuttgart BeckRS 2011, 05111 (zu II) = FamRZ 2011, 982 Ls.

[135] Vgl. BVerfG (Kammerbeschluss) NJW 2015, 686 Rn. 21 = FamRZ 2015, 389; BGH NJW-RR 2015, 708 Rn. 16 = FamRZ 2015, 1001; NJW-RR 2014, 321 Rn. 17 = FamRZ 2014, 461; NJW-RR 2013, 515 Rn. 20 = FamRZ 2013, 690.

in Einklang, nach der eine zeitweilige Aussetzung der Kürzung der laufenden Versorgung nur in Betracht kommt, wenn die ausgleichspflichtige Person eine laufende Versorgung wegen Invalidität oder Erreichens einer besonderen Altersgrenze erhält und sie aus dem im Versorgungsausgleich erworbenen Anrecht der Regelversorgung keine Leistung beziehen kann.[136] § 27, der in Fällen grober Unbilligkeit eine Abweichung von der grundsätzlich gebotenen Halbteilung ermöglicht, gibt bei einer solchen Fallgestaltung auch keine Grundlage dafür, die Ehegatten, (nur) um einen zeitlichen Aufschub zu erreichen, auf den schuldrechtlichen Versorgungsausgleich zu verweisen[137] oder das Verfahren solange auszusetzen oder zum Ruhen zu bringen, bis auch der Ausgleichsberechtigte eine Versorgung erlangen könnte.[138] Denn Aufgabe der Härteklausel ist es nicht, systembedingte Belastungen, die in dem beabsichtigten sofortigen und endgültigen Vollzug des Wertausgleichs begründet sind, allgemein zugunsten des Ausgleichspflichtigen zu korrigieren, sofern keine sonstigen Härte- oder Herabsetzungsgründe bestehen.[139] Ergibt sich wegen vorzeitigen Bezugs einer Versorgung auf Grund der zeitratierlichen Methode (vgl. § 41 Abs. 2 S. 2 iVm § 40) ein höherer Ehezeitanteil und kann der Ausgleichsberechtigte hierdurch im Verhältnis zum Ausgleichspflichtigen eine unverhältnismäßig hohe Rente erzielen, ist im Einzelfall daran zu denken, den Versorgungsausgleich auf den Betrag zu beschränken, der ohne den vorzeitigen Eintritt der Invalidität geschuldet gewesen wäre.[140] Aus der Verkürzung der Gesamtzeit allein ergibt sich jedoch nicht zwingend ein idS überhöhter Ausgleichswert, da in der Regel auch die Höhe der ruhegehaltsfähigen Bezüge geringer ausfällt.[141] Entsprechendes gilt, wenn aufgrund der vorzeitigen Bewilligung einer Betriebsrente wegen Erwerbsminderung ein höheres Deckungskapital oder eine höhere Rückstellung zu bilden ist.[142] Auch soweit ein Ausgleichspflichtiger in der gesetzlichen Rentenversicherung eine Erwerbsminderungsrente bezieht, bewirken die ihm gutgebrachten rentenrechtlichen Zurechnungszeiten regelmäßig keine Besserstellung gegenüber einer Fortdauer der Erwerbstätigkeit, die im Verhältnis zum Ausgleichsberechtigten eine Anwendung der Härteklausel rechtfertigen könnte.[143] Der Bezug einer Rente mit vermindertem Zugangsfaktor (dieser dient der Korrektur des vorzeitigen Rentenbezugs, § 63 Abs. 5 SGB VI, § 77 SGB VI) rechtfertigt hingegen für sich genommen keine Beschränkung des Ausgleichs, wohl aber uU dann, wenn der andere Teil von dem vorgezogenen Bezug des Ruhegehalts unterhaltsrechtlich profitiert hat.[144]

**5. Besteuerung.** Der öffentlich-rechtliche Versorgungsausgleich wurde nach dem früheren Recht ohne Berücksichtigung der steuerlichen Situation nach Bruttowerten der Rentenanwartschaften berechnet. Das gilt prinzipiell auch für den Versorgungsausgleich nach neuem Recht, wobei die Übertragung von Rentenbeträgen nur eine Form des Ausgleichs darstellt. Das kann insbesondere beim Ausgleich von Anrechten der Beamtenversorgung, die auch nach neuem Recht – bis zur Einführung einer internen Teilung – durch Begründung von Anrechten der gesetzlichen Rentenversicherung extern geteilt werden (vgl. § 16), zu Ungleichgewichten führen. Nach der Rechtslage bis zum 31.12.2004 führte dies in der Leistungsphase zu einer den ausgleichspflichtigen Beamten benachteiligenden **steuerlichen Ungleichbehandlung** von Beamtenpensionen, die als Einkünfte 28

136 Vgl. BGH NJW-RR 2013, 515 Rn. 21 = FamRZ 2013, 690; zu einer solchen Konstellation vgl. BGH BeckRS 2015, 08542 Rn. 12 = FamRZ 2015, 1004; OLG Düsseldorf BeckRS 2014, 10594 (zu II 2 b) = FamRZ 2014, 1463 (1465).

137 Vgl. BGH NJW-RR 2014, 321 Rn. 15 f. = FamRZ 2014, 461 m. Bespr. *Burschel* NZFam 2014, 250.

138 Allgemein zur Unzulässigkeit einer Ruhensanordnung in entsprechender Anwendung des § 251 ZPO OLG Koblenz NJW 2013, 3251 = FamRZ 2013, 1661.

139 Vgl. BGH BeckRS 2015, 08542 Rn. 10 = FamRZ 2015, 1004; OLG Koblenz FamRZ 2019, 195 = BeckRS 2018, 37176.

140 BGH FamRZ 2017, 1749 = NJW-RR 2017, 1026; FamRZ 2017, 1914 =NJW-RR 2017, 1347; BeckRS 2015, 08542 Rn. 7 f. = FamRZ 2015, 1004; NJW-RR 2015, 708 Rn. 27 = FamRZ 2015, 1001; NJW-RR 1999, 585 (586) = FamRZ 1999, 499 (500); NJWE-FER 1999, 105 (106) = FamRZ 1999, 497 (498); NJW-RR 1990, 1155 (1156) = FamRZ 1990, 1341 (1342); grdl. BGHZ 82, 66 (80) = NJW 1982, 224 (229) = FamRZ 1982, 36 (41); BVerfG NJWE-FER 2001, 169 = FamRZ 2001, 277; OLG Düsseldorf BeckRS 2014, 10594 (zu II 3) = FamRZ 2014, 1463 (1465); FamRZ 1993, 1322 (1323); OLG Zweibrücken NJOZ 2014, 1215 (1216) = FamRZ 2014, 768 (769); KG BeckRS 2003, 13808 = FamRZ 2004, 119; AG Weilburg NJWE-FER 1999, 28 = FamRZ 1999, 934 f.; zur Anwendung der Härteklausel bei Teilzeittätigkeit einer Beamtin vgl. OLG Zweibrücken FamRZ 1996, 491 (492).

141 Vgl. exemplarisch BGH NJW-RR 2013, 898 Rn. 18 = FamRZ 2013, 1200 in einem Fall der Soldatenversorgung, in dem die Vorinstanz bei Zugrundelegung der fiktiven Altersgrenze ein höheres Anrecht festgestellt hatte.

142 BGH NJW-RR 2017, 1026 = FamRZ 2017 1749; NJW-RR 2017, 1347 = FamRZ 2017, 1914; KG FamRZ 2013, 472 für ein Anrecht bei der VBL.

143 Vgl. BGH NJW-RR 2015, 708 Rn. 28 = FamRZ 2015, 1001.

144 Vgl. BGH NJW-RR 2016, 898 Rn. 20 = FamRZ 2016, 1343.

aus nichtselbständiger Arbeit voll zu versteuern waren, und Renten der gesetzlichen Rentenversicherung, die nur mit ihrem Ertragsanteil der Einkommensteuer unterlagen. In ständiger Rspr. berücksichtigte der BGH diesen Umstand nicht, wenn – wie idR – der Versorgungsfall beiderseits noch nicht oder nur auf einer Seite[145] eingetreten war, weil er – unter Bezugnahme auf verfassungsgerichtliche Entscheidungen[146] – die Auffassung vertrat, es sei Sache des Steuergesetzgebers, Abhilfe zu schaffen.[147] War der Versorgungsfall hingegen vor der Entscheidung über den Versorgungsausgleich eingetreten, musste der Tatrichter zur Vermeidung grob unbilliger Folgen durch angemessene Kürzung des Ausgleichs ein Ergebnis zu erreichen versuchen, das im Rahmen des Möglichen dem Grundsatz der Halbteilung am nächsten kommt, ohne dass die Benachteiligung des Ausgleichspflichtigen in eine Benachteiligung des Ausgleichsberechtigten umschlägt.[148] Dies verlangte keine Centgenaue Nettobewertung, die angesichts der Komplexität steuerlicher Verhältnisse – zB individuelle Steuervergünstigungen – auch schwerlich zu erreichen wäre; vielmehr war nach § 1587c Nr. 1 BGB eine Korrektur nur erforderlich, wenn die unterschiedliche Besteuerung zum Nachteil des Ausgleichspflichtigen zu einer erheblichen Differenz der Nettobezüge führte und die Abweichung auch im Verhältnis zur Höhe der beiderseitigen Versorgung genügend schwer wog.[149] Aufgrund der Entscheidung des BVerfG vom 6.3.2002 – 2 BvL 17/99[150] wurde die Besteuerung von Beamtenpensionen und Sozialversicherungsrenten durch das am 1.1.2005 in Kraft getretene Alterseinkünftegesetz vom 5.7.2004 (BGBl. 2004 I 1427) grundlegend neu geregelt.[151] Durch diese Neuregelung wird die steuerliche Behandlung aller Alterseinkünfte bis zum Jahr 2040 in ein System der nachgelagerten Besteuerung überführt. Dabei wird der einer Besteuerung unterliegende Teil einer Sozialversicherungsrente, der für die im Jahr 2005 im Ruhestand befindlichen oder in den Ruhestand eintretenden Arbeitnehmer zunächst 50 % beträgt, bis zur vollen Versteuerung im Jahr 2040 jahrgangsweise schrittweise erhöht, wobei er sich für die Angehörigen eines bestimmten Renteneintrittsjahrgangs für die gesamte Laufzeit der Rente nicht mehr verändert. Auf Seiten der Beamten werden in der Übergangszeit bis zum Jahr 2040 der Versorgungsfreibetrag und der als Ausgleich für die Absenkung des Arbeitnehmerpauschbetrages für Versorgungsbezüge eingeführte Zuschlag zum Versorgungsfreibetrag nach Maßgabe der Tabelle zu § 19 Abs. 2 S. 3 EStG schrittweise abgeschafft. Aus dieser Neuregelung folgt, dass die steuerliche Ungleichbehandlung in der Übergangszeit bis 2040 nicht vollständig beseitigt wird. Der Anwendung der Härteklausel ist daher nicht ohne weiteres die Grundlage entzogen. Allerdings dürfte auch künftig in der Anwartschaftsphase noch nicht ausreichend sicher zu beurteilen sein, ob die Anwendung der Härteklausel geboten ist, um eine grob unbillige Benachteiligung des Ausgleichspflichtigen zu vermeiden.[152] Vielmehr wird sich regelmäßig erst in der Leistungsphase eine hinreichende Prognosesicherheit ergeben,[153] wobei bei der gebotenen Billigkeitsabwägung die gesamte Versorgungslage der Ehegatten zu berücksichtigen ist.[154] Wenn der Versorgungsfall erst nach ungekürzter Durchführung des Versorgungsausgleichs eintritt, kann einer Verletzung des Halbteilungsgrundsatzes (bezogen auf den Bezug der Nettoversorgung) durch Einleitung eines Abänderungsverfahrens gem. § 225 FamFG nur begegnet werden, wenn sich auch der Ausgleichswert des Anrechts auf eine Beamtenversorgung rückwirkend wesentlich geändert hat. Bei Versetzung in den vorzeitigen Ruhestand kommt dies in Betracht, weil dies dazu führt, dass sich auch der Ehezeitanteil der Versorgung ändert. Weiterhin kommt die Anwendung von § 27 in Betracht, wenn der Ausgleichspflichtige im Ausland den gesamten Versorgungsbezug zu versteuern hat, im Inland insoweit aber aus dem um die den Sozialversicherungsbeiträgen vergleichbaren Aufwendungen gekürzten Versorgungsbezug ohne Berücksichtigung der Steuer gem. § 20 die Ausgleichsrente berechnet wurde.[155]

---

145 BGH NJW 1993, 588 (589) = FamRZ 1993, 302 (303).

146 BVerfGE 53, 257 (308) = NJW 1980, 692 (696) = FamRZ 1980, 326 (336); BVerfGE 54, 11 (39) = NJW 1980, 2569 (2572); s. in neuerer Zeit jedoch BVerfGE 86, 369 = NJW 1993, 121.

147 StRspr seit BGHZ 74, 86 (101 f.) = NJW 1979, 1300 (1303) = FamRZ 1979, 490 (494 f.); zuletzt BGH NJW 1989, 2814 (2815) = FamRZ 1989, 1163 (1164) mwN.

148 BGH NJW 1989, 2814 (2815) = FamRZ 1989, 1163 (1165); ähnlich OLG Saarbrücken BeckRS 2011, 03672 (zu II 1 d) = FamRZ 1992, 1313 (1315); OLG München NJW-RR 1999, 1601 = FamRZ 2000, 161; OLG Celle NJW 1986, 1818 = FamRZ 1985, 717 (718) mAnm *Bartsch* NJW 1986, 1819.

149 BGH NJW 1989, 2814 (2816) = FamRZ 1989, 1163 (1165).

150 BVerfGE 105, 73 = NJW 2002, 1103.

151 Vgl. hierzu *Risthaus* DB 2004, 1329; zur Verfassungsmäßigkeit des Alterseinkünftegesetzes vgl. BVerfG DStR 2015, 2757 = FamRZ 2016, 113 Ls.

152 Vgl. BGH NJW-RR 2007, 651 Rn. 12 = FamRZ 2007, 627 (629).

153 BGH NJW-RR 2007, 651 Rn. 13 = FamRZ 2007, 627 (629).

154 BGH NJW-RR 2007, 651 Rn. 14 = FamRZ 2007, 627 (629); OLG Celle BeckRS 2009, 01284 = FamRZ 2008, 2282.

155 BGH FamRZ 2019, 103 = NJW-RR 2019, 335; im konreten Fall verneinend OLG Koblenz FamRZ 2017, 2013 = BeckRS 2017, 136343.

**6. Mindestbedarf des Ausgleichspflichtigen.** Die Durchführung des Versorgungsausgleichs ist nicht allein deshalb grob unbillig, weil die dem Ausgleichspflichtigen verbleibende Altersversorgung den **unterhaltsrechtlichen Mindestselbstbehalt,** die **Pfändungsfreigrenzen** oder gar den **sozialhilferechtlichen Mindestbedarf** unterschreitet und bis zum Erreichen der Altersgrenze nicht mehr wesentlich erhöht werden kann.[156] Unterhaltsrechtlich erhebliche Selbstbehaltsgrenzen bestehen beim Versorgungsausgleich nicht (zur Anwendung der Härteklausel bei Ausgleichsansprüchen nach der Scheidung → Rn. 61).[157] Die Härteklausel kann in diesen Fällen nur zur Anwendung kommen, wenn der Ausgleichsberechtigte nach Vollzug des Versorgungsausgleichs eine ungleich günstigere Alterssicherung als der Verpflichtete hätte und auch ohne Durchführung des Versorgungsausgleichs für den Fall des Alters und der Invalidität hinreichend versorgt wäre.[158] In einem Sonderfall hat der BGH eine grobe Unbilligkeit auch dann angenommen, wenn der Ausgleichspflichtige infolge des Verlustes von Rentenansprüchen zur Deckung seines Lebensunterhalts Leistungen zur Grundsicherung in Anspruch nehmen müsste, während sich die Versorgungslage des Berechtigten nicht verbessern würde, weil eine wiederaufgelebte Witwenrente nach dem ersten Ehegatten entsprechend gekürzt würde;[159] die Entscheidung lässt den Gedanken der Subsidiarität der wiederauflebenden Rente ausnahmsweise in den Hintergrund treten.[160] 29

**7. Güterstand der Gütertrennung.** Der Umstand, dass die Ehegatten im Güterstand der Gütertrennung gelebt haben, kann **für sich allein die Anwendung der Härteklausel nicht begründen** (zu § 2 Abs. 4 → § 2 Rn. 43);[161] das gilt grundsätzlich auch dann, wenn der Ausgleichsberechtigte ohne die Vereinbarung der Gütertrennung beim Ausgleich des Zugewinns zur Zahlung nach § 1378 verpflichtet gewesen wäre. Grobe Unbilligkeit kann aber in Betracht kommen, wenn der Ausgleichsberechtigte vor oder in der Ehe, selbst nach der Trennung und Scheidung, Vermögenswerte erworben hat, die seine Versorgung als ausreichend gesichert erscheinen lassen[162] oder wenn die Altersversorgung vereinbarungsgemäß so gestaltet wird, dass der eine Ehegatte Versorgungsanwartschaften iSd Versorgungsausgleichs erwirbt, während der andere sie auf Vermögenswerte gründet, die wegen des vereinbarten Güterstands keinem Ausgleich unterliegen.[163] Allerdings liegt in diesen Fällen die Durchführung eines modifizierte Zugewinnausgleichs unter dem Gesichtspunkt der Funktionsäquivalenz näher (→ § 1408 Rn. 68), sofern der Ausgleichspflichtige nicht auch im Versorgungsausgleich zu berücksichtigende Anwartschaften erworben hat, die nicht nur ganz geringfügig sind.[164] Soll eine Lösung über § 27 gesucht werden, kommt es auf das Risiko der nicht voraussehbaren künftigen Entwicklung des Vermögens nicht an, da dieser Umstand dem allgemeinen Lebensrisiko des Berechtigten zuzuordnen ist.[165] 30

**8. Keine Lebens- und Versorgungsgemeinschaft.** Grob unbillig kann die Vornahme des Versorgungsausgleichs sein, wenn die Ehegatten während der Ehezeit **keine Lebens- und Versorgungsgemeinschaft** begründet haben.[166] Angesichts des Fehlens jedweder gemeinsamer Lebensführung ist eine rechtfertigende Grundlage für die Durchführung des Versorgungsausgleichs zB nicht erkennbar, wenn die Eheschließung lediglich der Form halber vorgenommen wurde, eine Lebens- und Versorgungsgemeinschaft aber nie hergestellt wurde,[167] etwa um für den ausländischen Ehegatten 31

---

156 Vgl. OLG Karlsruhe NJWE-FER 1998, 3; OLG Oldenburg BeckRS 2010, 14790 (zu II) = FamRZ 1982, 499 (500); OLG Stuttgart NJW 1979, 48.

157 BGH NJW-RR 2013, 898 Rn. 19 = FamRZ 2013, 1200; NJW 2007, 2477 Rn. 28 = FamRZ 2007, 996; NJW-RR 2007, 361 Rn. 19 = FamRZ 2007, 366 (368).

158 BGH NJW 2006, 1967 Rn. 15 = FamRZ 2006, 769 (771); NJW-RR 1988, 322 = FamRZ 1988, 489 (490); NJW-RR 1986, 368 = FamRZ 1986, 252 f.; NJW 1982, 989 (990) = FamRZ 1982, 258 (259); NJW 1981, 1733 (1735) = FamRZ 1981, 756 (757); OLG Hamburg BeckRS 2001, 30212250 = FamRZ 2002, 1257 f.; OLG Bamberg BeckRS 1996, 31332964 (zu II) = FamRZ 1997, 29.

159 BGH NJW 1989, 1998 = FamRZ 1989, 46 (47).

160 Anders zB OLG Frankfurt NJW-RR 1990, 262 zu subsidiären Leistungen nach dem Opferentschädigungsgesetz.

161 Vgl. BGH NJW 2005, 2454 (2455) = FamRZ 2005, 1238 (1239) zu § 1587 Abs. 3 Hs. 2 BGB aF.

162 BGH NJW-RR 1988, 1028 (1029) = FamRZ 1988, 940 (941); BeckRS 1987, 31072263 (zu II 2 b, c) = FamRZ 1988, 47 (48); NJW 1981, 394 (396) = FamRZ 1981, 130 (132); KG FamRZ 1997, 28; OLG Köln NJW-RR 1992, 1155 (1156) = FamRZ 1992, 322 (323); OLG Hamm FamRZ 1988, 627; OLG München FamRZ 1985, 79 (80); OLG Koblenz BeckRS 2010, 10874 = FamRZ 1983, 508 (509).

163 Vgl. OLG Köln BeckRS 2012, 24684 (zu II) = FamRZ 2012, 1881 Ls.; OLG Bamberg NJWE-FER 2000, 275 (276) = FamRZ 2001, 162.

164 BGH FamRZ 2018, 1415 = BeckRS 2018, 16247.

165 Vgl. BGH BeckRS 1987, 31072263 (zu II 2 c) = FamRZ 1988, 47 (48).

166 *Borth* Versorgungsausgleich Kap. 6 Rn. 35.

167 Erman/*Norpoth*/*Sasse* Rn. 19.

einen Anspruch auf Einbürgerung gem. § 9 StAG zu begründen oder den Erwerb oder die Verlängerung der Aufenthaltserlaubnis zu erwirken (§§ 5, 28, 30 AufenthG).[168] In besonderen Ausnahmefällen kann die Anwendung der Härteklausel auch wegen der ungewöhnlich kurzen Dauer der Ehe in Betracht kommen, wenn das Zusammenleben der Ehegatten nur wenige Tage gedauert hat.[169] Im Regelfall wird allerdings trotz einer Ehedauer von nur wenigen Monaten eine Lebensgemeinschaft entstanden sein, so dass die kurze Dauer einer Ehe für sich allein keine Anwendung der Härteklausel begründen kann, zumal die wirtschaftliche Belastung des Verpflichteten in diesen Fällen wegen der nur in geringem Umfang erworbenen Versorgungsanrechte ohnehin nicht erheblich ist.[170] § 3 Abs. 3 zeigt, dass die Kürze der Ehedauer allein für den Ausschluss des Versorgungsausgleichs nicht ausreicht, da in diesem Fall die Durchführung des Versorgungsausgleichs davon abhängig ist, dass ein Ehegatte diese beantragt. Das Zustandekommen einer Lebens- und Versorgungsgemeinschaft ist auch nicht ausgeschlossen, wenn die eheliche Gemeinschaft auf die Wochenenden beschränkt ist und jeder Ehegatte einen eigenen Hausstand führt.[171]

32 **9. Getrenntleben der Ehegatten.** Die Anwendung der Härteregelung kann auch für Zeiten in Betracht kommen, in denen die Ehegatten getrennt, insbes. **wirtschaftlich verselbständigt, gelebt haben** und damit eine Lebensgemeinschaft als die eigentlich rechtfertigende Grundlage für den Versorgungsausgleich aufgehoben war.[172] Wenn das Gesetz als Ehezeit im Versorgungsausgleich die Zeit bis zum letzten Tag des Monats vor Zustellung des Scheidungsantrags (§ 3 Abs. 1) ansieht, zugleich für die Scheidung im Regelfall Mindesttrennungszeiten verlangt, ist dem jedoch die Wertung zu entnehmen, dass eine Trennungszeit, wie sie einer Scheidung im Allgemeinen vorausgeht, kein Anlass für die Anwendung der Härteklausel ist.[173] Bei einer langandauernden Trennung mit wirtschaftlicher Entflechtung und Verselbständigung[174] kann es daher angezeigt sein, die Durchführung des Ausgleichs auf die Anrechte zu beschränken, die – unter Berücksichtigung der notwendigen Trennungsfrist (§ 1566 BGB) – bis zum Zeitpunkt der frühestmöglichen Einleitung des Scheidungsverfahrens erworben worden sind.[175] Das kommt insbesondere dann in Betracht, wenn der Ausgleichsberechtigte während der langen Trennungszeit nicht oder nur eingeschränkt erwerbstätig ist und dadurch auch nachhaltig gegen die Verpflichtung, zum Unterhalt des gemeinsamen Kindes und des anderen, das Kind betreuenden Elternteils beizutragen, verstößt.[176] Dies ist aber nur zulässig, wenn **kumulativ** die Ehegatten lange getrennt gelebt haben und eine wirtschaftliche Verselbständigung der Ehegatten eingetreten ist;[177] denn solange es zu keiner wirtschaftlichen Verselbständigung der Ehegatten kommt, ist der Grundgedanke des Versorgungsausgleichs, dass die Ehegatten unabhängig von der formalen Zuordnung an den in der Ehezeit erworbenen Anrechten hälftig partizipieren

---

[168] OLG Schleswig BeckRS 2001, 30227938 = SchlHA 2002, 133; AG Charlottenburg BeckRS 2009, 13102 = FamRZ 1978, 38 (39).

[169] Vgl. BGH BeckRS 2010, 15735 (zu II) = FamRZ 1981, 944 (945) bei einer Ehedauer von sechs Wochen bis zur Rechtshängigkeit des Scheidungsantrags; zurückhaltend hierzu *v. Hornhardt* FamRZ 1982, 30 f.; KG FamRZ 1982, 1090; OLG Schleswig BeckRS 2001, 30227938 = SchlHA 2002, 133 f.; OLG Saarbrücken BeckRS 2002, 30289778 (zu II) (bei 17 Monaten aber verneint).

[170] Vgl. OLG Hamm BeckRS 2006, 11331 = FamRZ 1985, 78 f.; KG FamRZ 1982, 1090; *v. Hornhardt* FamRZ 1982, 30 (31).

[171] OLG München NJW-RR 1987, 390 = FamRZ 1986, 1116.

[172] BGH NJW-RR 2008, 4 Rn. 16 = FamRZ 2007, 1805 bei längerer Dauer der Trennung als des Zusammenlebens; NJW 2008, 296 Rn. 12 = FamRZ 2007, 1964; NJW 2005, 3572 (3573) = FamRZ 2005, 2052 (2053); NJW-RR 2004, 1231 (1232) = FamRZ 2004, 1181 (1182 f.); NJW 1985, 1283 (1284) = FamRZ 1985, 280 (281); NJW 1984, 2829 (2831) = FamRZ 1984, 467 (469) mwN; OLG Saarbrücken FPR 2008, 395 = FamRZ 2008, 1865; OLG Hamm NJW-RR 2007, 868 (869); 2006, 654 f.; NJWE-FER 2000, 225; OLG Koblenz BeckRS 2003, 15942 = FamRZ 2004, 1580 Ls.; OLG Brandenburg BeckRS 2013, 19106 (zu II 1) = FamRZ 2014, 396 Ls.; NJW-RR 2002, 217 = FamRZ 2002, 756; NJW-RR 1998, 7 (8) = FamRZ 1998, 682 (683); OLG Karlsruhe FamRZ 2001, 1223; OLG Celle BeckRS 2000, 30124106 (zu II 2 a) = FamRZ 2001, 163 (164 f.); BeckRS 1992, 31366248 (zu II 4 e) = FamRZ 1993, 208 (210); OLG Köln FamRZ 1998, 301 (302) bei einer Ehedauer von nur 14 Monaten; OLG Hamburg NZFam 2018, 1043; OLG Jena FamRZ 1997, 751 (752); KG BeckRS 2011, 05700 = FamRZ 1997, 31 (32); bei nach dem 1.7.1977 geschlossenen Ehen abl. AG Tempelhof-Kreuzberg NJOZ 2004, 4484 = FamRZ 2005, 985; ähnlich *Erk/Deisenhofer* FamRZ 2003, 134 ff.

[173] Vgl. BGH NJW 1985, 315 (317) = FamRZ 1985, 45 (47); NJW 1983, 165 (166) = FamRZ 1983, 35 (36); OLG Koblenz BeckRS 2003, 15942 = FamRZ 2004, 1580 Ls.

[174] Vgl. OLG Koblenz BeckRS 2015, 11715 Rn. 30 = FamRZ 2015, 1116 (1117).

[175] Vgl. OLG Hamburg BeckRS 2016, 07340 Rn. 3; OLG Jena BeckRS 2014, 05419 (zu II) = FamRZ 2014, 1199 (1201); OLG Hamm NJW-RR 2006, 654 (655).

[176] OLG Düsseldorf NZFam 2018, 900; OLG Hamburg NZFam 2018, 1043.

[177] KG FuR 2016, 300 = BeckRS 2016, 04848; Erman/*Norpoth/Sasse* Rn. 17; zu wenig beachtet durch OLG Hamburg NJW-RR 2016, 776.

sollen, weiter anwendbar. Für eine Kürzung des Versorgungsausgleichs spricht es in diesen Fällen, wenn der andere Teil während des Getrenntlebens keine Anwartschaften mehr erworben hat, weil er inzwischen das Rentenalter erreicht hat. Dann entsteht eine Differenz der beiderseits auszugleichenden Anrechte, die nicht durch die Ehe, sondern durch die Verrentung des anderen Teils bedingt ist.[178] An der erforderlichen wirtschaftlichen Verselbständigung fehlt es, wenn dem Ausgleichsberechtigten eine Verletzung der – im Rahmen der ehelichen Arbeitsteilung – übernommenen Pflichten nicht vorzuwerfen ist und er zudem seit der Trennung die Erziehung der gemeinschaftlichen Kinder übernommen[179] oder wenn er während der Trennungszeit in erheblichem Umfang gemeinsam eingegangene Verbindlichkeiten für das vom ausgleichspflichtigen Ehegatten allein genutzte gemeinsame Eigenheim bei einem nur verhältnismäßig geringem Versorgungsgefälle zurückgeführt hat.[180] Entsprechendes gilt, wenn die Ehegatten das gemeinsame Konto beibehalten und eine steuerliche Zusammenveranlagung durchgeführt wird.[181] Ein Vertrauen in die Sicherung durch den Versorgungsausgleich kann sich auch aus freiwilligen Unterhaltszahlungen an den ausgleichsberechtigten Ehegatten ergeben, aus denen er den wesentlichen Lebensunterhalt bestreiten kann.[182] Die Durchführung des Ausgleichs muss trotz einer langen Trennungsdauer auch dann keine unbillige Härte sein, wenn zugunsten des gem. § 20 Ausgleichspflichtigen Anwartschaften des anderen Ehegatten aus der Trennungszeit bereits durch interne oder externe Teilung ausgeglichen worden sind,[183] wenn die persönlichen und wirtschaftlichen Beziehungen nie vollständig aufgehoben waren[184] oder es nach längerer Trennungszeit zu einer Versöhnung (und erneuter Trennung) gekommen ist.[185] Keine unbillige Härte liegt vor, wenn kurz vor Zustellung des Scheidungsantrags der ausgleichspflichtige Ehegatte als berufsmäßiger Bürgermeister ernannt wird und dadurch eine erhebliche Versorgungsanwartschaft erwirbt, die nicht unerheblich auf während der Ehe zurückgelegte Vordienstzeiten zurückzuführen ist.[186] Entsprechendes gilt, wenn der Ausgleichspflichtige ein Anrecht aufgrund einer leitenden Tätigkeit für eine Behörde erwirbt, das dazu führt, dass die bisher während der Ehezeit erworbenen Anrechte aus der Beamtenversorgung vollständig ruhen, mag die Durchführung des Versorgungsausgleichs aufgrund des hohen Ehezeitanteils dieser Versorgung auch dazu führen, dass dem Ausgleichspfichtigen eine geringere Versorgung ausgezahlt wird als er erhielte, wenn die ruhenden Anrechte im Versorgungsausgleich geteilt worden wären.[187]

Eine unbillige Härte entfällt prinzipiell auch in den Fällen, in denen dem Scheidungsverfahren nach ausländischem Recht ein Trennungsverfahren mit einer länger dauernden Trennung vorausgeht, da es gerade Sinn der vorgeschriebenen gerichtlich festzusetzenden Trennungszeit ist, den anderen Ehegatten vor einer Scheidung zu schützen, so dass sein Vertrauen in den Fortbestand der Ehe und die damit verbundene Versorgung grundsätzlich schutzwürdig ist.[188] Das – nach früherem Recht gerechtfertigte – Vertrauen des Ausgleichsberechtigten auf den Fortbestand der Ehe war aus denselben Gründen angemessen zu berücksichtigen.[189] 33

Trotz (lange dauernden) Getrenntlebens der Ehegatten und wirtschaftlicher Verselbständigung kann die unbeschränkte Durchführung des Versorgungsausgleichs angezeigt sein, wenn der Ausgleichs- 34

---

178 BGH NJW-RR 2016, 321 = FamRZ 2016, 35.

179 Vgl. KG NJW 2013, 1014 (1015); OLG Karlsruhe BeckRS 2010, 16009 (zu 1) = FamRZ 1981, 572 (573); OLG Koblenz BeckRS 2010, 20088 (zu I) = FamRZ 1980, 589 (590); zu dem letzteren Gesichtspunkt auch BGH NJW 2008, 3429 Rn. 13 = FamRZ 2008, 1836; NJW 2005, 3572 (3573) = FamRZ 2005, 2052 (2053); OLG Stuttgart BeckRS 2012, 24685 (zu II) = FamRZ 2012, 1882 Ls.; NJW-RR 2008, 457 (458) = FamRZ 2008, 1759 (1760); OLG Brandenburg NJW-RR 2003, 723 = FamRZ 2004, 118; OLG Naumburg BeckRS 2011, 05716 = FamRZ 1997, 567 Ls.; anders in einem Ausnahmefall – die Ehegatten gingen 15 Jahre irrig von der Wirksamkeit einer Verstoßungserklärung aus – OLG Köln BeckRS 1999, 13999 Rn. 7 = FamRZ 2000, 895 f.

180 Vgl. OLG Zweibrücken BeckRS 2014, 19907 Rn. 2, 4 = FamRZ 2015, 412 Ls.

181 OLG Zweibrücken NZFam 2016, 899.

182 Vgl. BGH NJW-RR 2011, 793 Rn. 59, 62 = FamRZ 2011, 706; NJW 2006, 1967 Rn. 14 = FamRZ 2006, 769 (771); OLG Köln BeckRS 2013, 21128 (zu 1.2) = FamRZ 2014, 1020 Ls.

183 Vgl. BGH NJOZ 2013, 581 Rn. 20 = FamRZ 2013, 106 zum schuldrechtlichen Ausgleich nach einem vorangegangenen öffentlich-rechtlichen Ausgleich.

184 Vgl. OLG Brandenburg BeckRS 2014, 12630 (zu II 2) = FamRZ 2014, 1018 (1019 f.).

185 Vgl. OLG Brandenburg BeckRS 2014, 14881 (zu II) = FamRZ 2014, 1786 Ls.

186 OLG Düsseldorf FamRZ 2018, 256 = BeckRS 2017, 124396.

187 OLG Koblenz FamRZ 2019, 195 = BeckRS 2018, 37176.

188 BGH LM BGB § 1587 Nr. 70 mAnm *Hohloch* = NJW-RR 1994, 962 (963 f.) = FamRZ 1994, 825 (826 f.); OLG Hamm FamRZ 1997, 1215; OLG Düsseldorf NJW-RR 1993, 1414 (1415); OLG Koblenz BeckRS 2011, 01938 (zu II) = FamRZ 1991, 1323 (1324 f.).

189 BGH NJW 1993, 588 f. = FamRZ 1993, 302 (303); NJW 1984, 2829 (2831) = FamRZ 1984, 467 (469) mwN.

berechtigte auf den Versorgungsausgleich angewiesen ist.[190] Es bedarf daher auch bei einer langen Trennungsdauer einer Gesamtabwägung der wirtschaftlichen, sozialen und persönlichen Verhältnisse beider Ehegatten.[191] Ähnlich wie bei den Altehen nach Inkrafttreten des 1. EheRG konnten an die Anwendung der Härteklausel geringere Anforderungen gestellt werden, wenn die Ehegatten in der ehem. DDR viele Jahre lang in wirtschaftlicher Selbständigkeit getrennt voneinander gelebt haben, ohne auf die Teilhabe an der Altersversorgung des anderen zu vertrauen.[192] Da gem. Art. 234 § 6 EGBGB auch auf im Beitrittsgebiet geschlossene Ehen der Versorgungsausgleich anzuwenden ist, wird dieser Grundsatz aber nicht mehr gelten, soweit Ehegatten, die eine solche Ehe geschlossen hatten, nach wie vor getrennt leben. Allerdings kommt in diesem Fall nach allgemeinen Regelungen wegen langen Getrenntlebens ein (Teil-)ausschluss des Versorgungsausgleichs in Betracht, wenn die Ehegatten wirtschaftlich verselbständigt gelebt haben und sich dementsprechend darauf eingerichtet haben, dass ein Ausgleich an den beiderseits erworbenen Versorgungsanwartschaften nicht stattfinden soll.

35 Soll ein Teil der Ehezeit aus Billigkeitsgründen vom Ausgleich ausgeschlossen sein, ändert dies jedoch nichts daran, dass die Bewertung auf das **Ehezeitende** vorzunehmen ist und etwaige auf auszuschließende Zeiten entfallende Anwartschaften von den auf die gesamte Ehezeit entfallenden Anwartschaften abzuziehen sind.[193] Weiterhin kommt ein teilweiser Ausschluss des Versorgungsausgleichs für die Dauer des Zusammenlebens der Ehegatten in Betracht, wenn ein Ehegatte aufgrund Scheinselbständigkeit Beiträge für Beitragszeiten nachzuentrichten hat, die teilweise auf das Zusammenleben der Ehegatten, teilweise aber auch auf die Dauer des Getrenntlebens entfallen.[194]

36 **10. Doppelehe.** Nach dem bis zum 30.6.1998 geltenden Recht bestanden bei Eingehung einer Doppelehe die Ausgleichsansprüche der Ehegatten der Erst- und Zweitehe grundsätzlich unabhängig voneinander. § 26 Abs. 3 EheG bestimmte lediglich, dass die Ansprüche des Ehegatten der Erstehe nicht durch Ansprüche des Ehegatten der Zweitehe beeinträchtigt werden dürfen, der die Nichtigkeit der Ehe bei Eheschließung gekannt hat. Ein „Versorgungsausgleich zu dritt" mit einer entsprechenden Aufteilung der Versorgungsanwartschaften entsprach daher nicht der gesetzlichen Regelung.[195] Der Partner beider Ehen musste deshalb grundsätzlich hinnehmen, dass die Ansprüche seiner beiden Ehegatten unabhängig voneinander berechnet wurden, so dass ihm nicht mehr die Hälfte seiner in der Ehezeit erworbenen Anwartschaften verblieb.[196] Die damit verbundene Belastung konnte jedoch im Rahmen des § 1587c Nr. 1 BGB berücksichtigt werden, wobei selbstverschuldete Lebenserschwernisse einer Kürzung des Versorgungsausgleichs nicht schlechthin entgegenstanden. Die Entscheidung hatte sich vielmehr in erster Linie an den wirtschaftlichen Verhältnissen zu orientieren, wobei in der Regel auch längere Trennungszeiten eine Rolle bei der vorzunehmenden umfassenden Abwägung spielen konnten.[197] Nach dem durch das Gesetz zur Neuordnung des Eheschließungsrechts neu ausgestalteten Verfahren zur Eheaufhebung – die Nichtigkeitsklage ist beseitigt worden – finden die Vorschriften über den Versorgungsausgleich **in der Doppelehe nur dann** keine Anwendung, wenn dies **im Hinblick auf die Belange** der dritten Person, also **des Partners der gültigen Erstehe, grob unbillig wäre** (§ 1318 Abs. 3 BGB). Danach hat der Partner der Erstehe grundsätzlich Anspruch auf ungeschmälerte Durchführung des Versorgungsausgleichs, soweit sich nicht bezogen auf seine Person oder seine wirtschaftlichen Verhältnisse Härtegründe (anderer Art) ergeben. Sind dessen Belange gewahrt, ist es im Wesentlichen eine Frage der Billigkeit, inwieweit zwischen den Partnern der Doppelehe ein Versorgungsausgleich stattfindet. Dabei kann in ihrem Verhältnis zueinander entscheidend sein, ob der Partner der Zweitehe gewusst hat, dass ein Eheverbot bestand (→ BGB § 1318 Rn. 13 f.).[198]

---

[190] Vgl. OLG Hamm BeckRS 2010, 28992; NJWE-FER 1999, 226 = FamRZ 2000, 160 (161); zur Nichtanwendung der Härteklausel bei einem relativ geringfügigen Ausgleichsbetrag OLG Naumburg NJW-RR 2008, 742.

[191] Vgl. BGH NJW-RR 2008, 4 Rn. 16 = FamRZ 2007, 1805; NJW 2006, 1967 Rn. 12 = FamRZ 2006, 769 (770); OLG Hamm BeckRS 2010, 28992.

[192] Vgl. OLG Brandenburg BeckRS 2001, 30167277 (zu II) = FamRZ 2002, 1190 (1192) (Teilausschluss); NJW-RR 1998, 7 (8) = FamRZ 1998, 682 (683); OLG Jena FamRZ 1997, 751 (752).

[193] BGH NJW 2006, 1967 Rn. 17 = FamRZ 2006, 769 (771); OLG Brandenburg BeckRS 2013, 19106 (zu II 2) = FamRZ 2014, 396 Ls.; OLG Zweibrücken BeckRS 2000, 30125063 = FamRZ 2001, 165 Ls.; zur Berechnung einer Anwartschaft der Zusatzversorgung des öffentlichen Dienstes, wenn die Ehegatten einen Teilausschluss vereinbaren, der auch die Zeit vor dem 1.1.2002 erfasst, vgl. OLG Karlsruhe BeckRS 2006, 01662 = FamRZ 2006, 1607 (1608 f.).

[194] OLG Düsseldorf FamRZ 2019, 26 = BeckRS 2018, 36084.

[195] Unzutreffend daher im Ansatz OLG Koblenz BeckRS 2010, 20088 (zu I) = FamRZ 1980, 589 (590).

[196] BGH NJW 1983, 176 (177 f.) = FamRZ 1982, 475 (476).

[197] Vgl. BGH NJW 1983, 176 (178) = FamRZ 1982, 475 (477); OLG Stuttgart BeckRS 2009, 29012 (zu II 1) = FamRZ 1986, 1006.

[198] Zum Ausschluss eines Ausgleichs zugunsten des Ehegatten, der noch in erster Ehe verheiratet war, vgl. OLG Karlsruhe NJW-RR 2004, 1514 f. = FamRZ 2005, 370 (371 f.).

**11. Strafhaft des Ausgleichsberechtigten.** An einer Rechtfertigung für die Durchführung des Versorgungsausgleichs kann es auch fehlen, wenn der Ausgleichsberechtigte während der Ehe eine **Freiheitsstrafe** verbüßt hat.[199] Häufig wird in diesen Fällen zwar trotz der räumlichen Trennung eine Lebens- und Versorgungsgemeinschaft bestanden haben, wenn nicht einer der Ehegatten durch sein Verhalten dem anderen gegenüber deutlich zu verstehen gegeben hat, dass er die eheliche Lebensgemeinschaft nicht fortsetzen will.[200] Die grobe Unbilligkeit des Ausgleichs kann sich aber aus dem Umstand ergeben, dass der Ausgleichsberechtigte in schwerwiegendem Maße die ihm **im Rahmen der ehelichen Arbeitsteilung zugewiesenen Pflichten** zur Gestaltung der Lebens- und Versorgungsgemeinschaft **verletzt hat** oder bei einer langjährigen Strafe keinerlei Beiträge zum Unterhalt mehr leistet.[201] Das setzt aber voraus, dass das Verhalten unterhaltsrechtlich gesehen leichtfertig ist.[202] Daran fehlt es bei einer schuldlosen Inhaftierung.[203] Hat eine schwerwiegende Straftat zu einem Verlust von Pensionsanwartschaften als Beamter geführt, kann ein Ausgleich grob unbillig sein, wenn der andere Ehegatte zusätzlich für die wirtschaftlichen Schäden der Straftat aufkommen muss, ohne einen entsprechenden Ausgleich für den ihm obliegenden Schuldendienst erhalten zu können.[204] 37

**12. Persönliches Fehlverhalten des Ausgleichsberechtigten. Persönliches Fehlverhalten** des Ausgleichsberechtigten ist aus dem Kreis der Umstände, die eine Anwendung der Härteklausel rechtfertigen können, nicht schlechthin auszunehmen, selbst wenn es ohne wirtschaftliche Relevanz ist.[205] Eine Herabsetzung des Versorgungsausgleichs wegen ehelichen Fehlverhaltens ist jedoch nur dann gerechtfertigt, wenn es wegen seiner Auswirkungen auf den Ehepartner ganz besonders ins Gewicht fällt,[206] etwa weil die Pflichten gegenüber dem anderen Ehegatten über lange Zeit – vgl. die Wertungen im früheren § 1587c Nr. 3 BGB – nachhaltig verletzt worden sind,[207] so dass die Durchführung des Versorgungsausgleichs unerträglich erscheint.[208] Bei einer Ehe, die nur knapp länger als drei Jahre gedauert hat, kann die unberechtigte Abhebung und Verwendung eines dem Ausgleichspflichtigen gehörenden Geldbetrages, der den Ausgleichswert der von ihm erworbenen Anrechte übersteigt, einen Ausschluss des Versorgungsausgleichs rechtfertigen.[209] Allgemein gilt, dass die Anforderungen an eine Kürzung des Versorgungsausgleichs – ebenso wie nach § 1381 BGB für den Zugewinnausgleich – deutlich über die Voraussetzungen hinausgehen, die für eine Beschränkung des Unterhaltsanspruchs nach § 1579 BGB vorliegen müssen. Dies legt insgesamt eine nur zurückhaltende Anwendung der Härteklausel nahe.[210] Mit der Berücksichtigung von Eheverfeh- 38

---

199 Vgl. OLG Stuttgart BeckRS 2011, 23311 (zu II 2 b cc) = FamRZ 2012, 311 (312); OLG Köln NJW-RR 1992, 67.

200 KG BeckRS 2010, 16470 = FamRZ 1981, 680 (681); OLG Celle BeckRS 2010, 20105 = FamRZ 1980, 1032 f.

201 Vgl. OLG Stuttgart BeckRS 2011, 23311 (zu II 2 b cc) = FamRZ 2012, 311 (313); OLG Nürnberg NJW-RR 2003, 939 (940) = FamRZ 2004, 116 (117); OLG Hamm BeckRS 2002, 31160448 (zu II 2) = FamRZ 2002, 1633 Ls.

202 Vgl. *Borth* Versorgungsausgleich Kap. 6 Rn. 54.

203 Vgl. OLG Koblenz NJWE-FER 1998, 170 f. = FamRZ 1998, 1599 f. bei der Inhaftierung eines früheren Offiziers in einem Umerziehungslager in Südvietnam.

204 Vgl. OLG Brandenburg BeckRS 2015, 16637 Rn. 19 f.

205 *Borth* Versorgungsausgleich Kap. 6 Rn. 44.

206 BGH NJOZ 2009, 2857 Rn. 31 = FamRZ 2009, 1312 (verneint für das Verschweigen einer beträchtlichen Erbschaft im Zusammenhang mit der Regelung des nachehelichen Unterhalts); NJW 2005, 3572 (3573) = FamRZ 2005, 2052 (2054); OLG Koblenz BeckRS 2016, 04361 Rn. 14 ff. = FamRZ 2016, 377 f. (bejaht für einen in Tateinheit mit Körperverletzung begangenen gefährlichen Eingriff in den Straßenverkehr); verneint etwa beim Verkauf eines Miteigentumsanteils am Haus an einen Dritten, OLG Hamburg FamRZ 2000, 893; bei einer nur unbedeutenden finanziellen Belastung OLG Hamm NJW-RR 2009, 145 f.= FamRZ 2009, 1072 ff.

207 Vgl. BGH NJW 1983, 117 (118 f.) = FamRZ 1983, 32 (33 f.) unter Bezugnahme auf BVerfGE 53, 257 (298) = NJW 1980, 692 (694 f.) = FamRZ 1980, 326 (334); OLG Bamberg BeckRS 2005, 09474 (zu II 2 b) = FamRZ 2006, 210 Ls.; OLG Celle BeckRS 2007, 13641 = FamRZ 2007, 1333 und OLG Zweibrücken BeckRS 2010, 11969 (zu II 2) bei wiederholten Straftaten gegen den Verpflichteten; verneint für eine Obliegenheitsverletzung mit kurzer Auswirkungsdauer OLG Celle BeckRS 2009, 01284 = FamRZ 2008, 2282.

208 BGH NJW-RR 1987, 324 = FamRZ 1987, 362 (363); NJW 1984, 2358 (2361) = FamRZ 1984, 662 (665); OLG Nürnberg FamRZ 1986, 580 bei einer Kreditaufnahme zu Lasten des Verpflichteten unter Fälschung dessen Unterschrift.

209 Vgl. AG Köln BeckRS 2014, 18424 (zu II).

210 Allg. BVerfG (Kammerbeschluss) NJW 2003, 2819 (2820 f.) = FamRZ 2003, 1173 f.; zu Einzelfällen OLG Hamm BeckRS 2008, 02176 (zu II 4 b) = FamRZ 1997, 566 (567), das die weitgehend folgenlos gebliebene Anschwärzung beim Arbeitgeber und beim Finanzamt nicht für eine Kürzung hat ausreichen lassen; ebenso OLG Bamberg BeckRS 1998, 31153742 = FamRZ 1998, 1376 bei möglicherweise unrichtigen Angaben im Unterhaltsrechtsstreit; BeckRS 1997, 31139861 = FamRZ 1999, 932 bei einmaliger Körperverletzung;

lungen im Rahmen des § 27 können verfassungswidrige Ergebnisse in Fällen vermieden werden, in denen der Versorgungsausgleich zu einer „Prämierung“ des pflichtwidrigen Verhaltens des Ausgleichsberechtigten führen würde.[211]

39 Eine derart schwerwiegende Beeinträchtigung der Grundlage der Ehegemeinschaft kann vorliegen, wenn die Ausgleichsberechtigte den Ausgleichspflichtigen in den irrigen Glauben versetzt hat, **Vater ihres Kindes** zu sein,[212] insbesondere wenn sie ihn dadurch zur Fortsetzung der Ehe veranlasst hat;[213] vor einer Berücksichtigung nach § 27 muss nicht nach § 1599 Abs. 1 BGB auf Grund einer Anfechtung festgestellt werden, dass der Mann nicht Vater des Kindes ist.[214] Vielmehr kommen Ausnahmen von der Rechtsausübungssperre in Betracht, wenn die Nichtabstammung des Kindes vom rechtlichen Vater zwischen den Beteiligten unstreitig ist[215] oder wenn der Ausschluss der leiblichen Vaterschaft des Ehemannes in zulässiger Weise (vgl. § 1598a BGB) festgestellt worden ist oder festgestellt werden kann.[216] Dagegen, hier die Durchführung des Verfahrens wegen Anfechtung der Vaterschaft zu verlangen, spricht, dass dieses Verfahren primär die statusrechtliche und damit mittelbar auch die persönliche Beziehung des Vaters zum Kind tangiert. Demgegenüber geht es bei der Frage, ob die Durchführung des Versorgungsausgleichs grob unbillig ist, um das Vertrauensverhältnis zwischen Mutter und statusrechtlichem Vater. Dieses ist dadurch zerstört, dass die Mutter die mögliche nichteheliche Abstammung des Kindes nicht offengelegt hat. Ist ein Antrag wegen Anfechtung der Vaterschaft erhoben, kommt eine Aussetzung des Versorgungsausgleichsverfahrens nach § 21 Abs. 1 FamFG in Betracht, wenn hierauf eine Beschränkung des Versorgungsausgleichs gestützt wird. Ist die Ehefrau davon ausgegangen, das Kind stamme mit hoher Wahrscheinlichkeit von ihrem Ehemann ab, muss der Versorgungsausgleich trotz der Belastung des Ehemannes mit dem Unterhalt des Kindes nicht ohne weiteres als grob unbillig angesehen werden, wenn dieser das Bestehen einer außerehelichen Beziehung der Ausgleichsberechtigten in zeitlichem Zusammenhang mit der möglichen Empfängnis des Kindes für wahrscheinlich hielt.[217] Auch muss die Ehezeit insgesamt betrachtet werden, weil es um eine Teilhabe an Vermögenswerten geht, die beide Ehegatten in der zurückliegenden Zeit gemeinsam erwirtschaftet haben.[218]

40 Mit dem Vorwurf des **Ehebruchs** kann hingegen die Anwendung des § 27 regelmäßig nicht begründet werden.[219] Dies gilt grundsätzlich auch, wenn der Ausgleichsberechtigte die Ehewohnung verlässt und sich einem anderen Partner zuwendet;[220] in diesen Fällen kommt eine Herabsetzung des Versorgungsausgleichs für die vor der Trennung der Ehegatten liegende Zeit regelmäßig nur in Betracht, soweit der Ausgleichsberechtigte die ihm im Rahmen der ehelichen Arbeitsteilung obliegenden Pflichten zur Gestaltung der Lebens- und Versorgungsgemeinschaft gröblichst verletzt hat.[221] Eine langjährige **ehewidrige Beziehung** muss selbst dann nicht zwingend zu einer Versagung des Versorgungsausgleichs führen, wenn der Ausgleichsberechtigte zusätzlich weder eigene Altersvorsorge betrieben noch zum Familienunterhalt beigetragen hat.[222] Es ist immer eine Entscheidung unter Beachtung und Gewichtung aller Umstände des Einzelfalls erforderlich. Für Zeiten, in denen der Ausgleichsberechtigte – zB durch Führung des Haushalts und Erziehung der gemeinschaftlichen Kinder – seinen Beitrag zur ehelichen Lebensgemeinschaft geleistet hat, ist für die Anwendung der

---

anders – trotz elfjähriger Ehe – OLG Bamberg NJW 1998, 1084 (1085) = FamRZ 1998, 1369 bei breit angelegtem Schriftverkehr mit Sexualpartnerinnen aus dem Prostitutionsbereich während eines Jahres; zu einem Teilausschluss wegen und für die Dauer der Prostitution OLG Bremen NJW 2009, 3172 f. = FamRZ 2009, 2007 f.

211 BVerfGE 53, 257 (298) = NJW 1980, 692 (694 f.) = FamRZ 1980, 326 (334).

212 BGH FamRZ 2012, 845 = NJW 2012, 1446; Erman/*Norpoth/Sasse* Rn. 9.

213 BGH NJW 1985, 2266 (2268) = FamRZ 1985, 267 (269); NJW 1983, 117 (119) = FamRZ 1983, 32 (34); OLG Köln BeckRS 2013, 07495 = FamRZ 2013, 1910 Ls.; OLG Karlsruhe FamRZ 1994, 1474 (1475); vgl. auch OLG Hamm NJW-RR 2015, 1480 (1481); 2008, 1031 (1032); ähnlich bei Verschweigen erheblicher Zweifel an der tatsächlich nicht bestehenden Vaterschaft des Ehemannes OLG Hamm NJW 1992, 1515 = FamRZ 1992, 72; OLG Brandenburg FamRZ 1999, 932 f.

214 Zur vergleichbaren Rechtslage nach § 1593 BGB in der bis zum 30.6.1998 geltenden Fassung vgl. BGH NJW 1983, 824 (825 f.) = FamRZ 1983, 267 (268).

215 BGH NJW 2008, 3429 Rn. 14–28 = FamRZ 2008, 1836 zu OLG Oldenburg BeckRS 2006, 10644 = FamRZ 2007, 222 (223).

216 Vgl. BGH NJW 2012, 1446 Rn. 17 f. = FamRZ 2012, 845; aA *Borth* Versorgungsausgleich Kap. 6 Rn. 44.

217 Vgl. BGH NJW-RR 1987, 324 = FamRZ 1987, 362 (364).

218 Vgl. OLG Karlsruhe NJWE-FER 1999, 225 f. = FamRZ 2000, 159; FamRZ 1994, 1474 (1475).

219 BGH NJW 1983, 824 (826) = FamRZ 1983, 267 (269); OLG Schleswig BeckRS 2010, 28253.

220 BGH NJW 1984, 2358 (2361) = FamRZ 1984, 662 (665); NJW 1983, 165 (166) = FamRZ 1983, 35 (36); OLG Karlsruhe BeckRS 2010, 14956 (zu II B 2) = FamRZ 1982, 79 (80).

221 Vgl. auch BGH NJW 1984, 2358 (2361) = FamRZ 1984, 662 (665).

222 OLG Brandenburg FamRZ 2016, 2017 = BeckRS 2016, 12958.

Härteregelung des § 27 grundsätzlich kein Raum.[223] Auch wenn die Ausgleichsberechtigte gegen den Willen, aber mit Kenntnis des Ausgleichspflichtigen für längere Zeit der Prostitution nachgeht, ist der Ausgleich für diese Zeit nicht ausgeschlossen.[224] Verbale Attacken und handgreifliches Verhalten im Rahmen von Auseinandersetzungen, die zur Trennung geführt haben, rechtfertigen, soweit ihnen nicht über eine lange Zeit wirkendes Fehlverhalten oder besonders kränkende Begleitumstände zugrunde liegen,[225] die Anwendung der Härteklausel nicht. Anders dürfte es zu beurteilen sein, wenn Fehlverhalten des Berechtigten nach der Trennung mit gravierenden wirtschaftlichen Nachteilen des Ausgleichsverpflichteten verbunden ist, wenn etwa der Berechtigte das bisher von den Ehegatten gemeinsam betriebene Geschäft seiner neuen Partnerin in die Hände spielt und dem Verpflichteten damit die wirtschaftliche Existenz entzieht.[226]

Hat das Fehlverhalten keinen Einfluss mehr auf den Fortbestand der Ehe, kommt ein Ausschluss oder eine Kürzung des Versorgungsausgleichs idR[227] nur bei **Verbrechen und schweren vorsätzlichen Vergehen** gegen den Verpflichteten oder einen nahen Angehörigen[228] in Betracht.[229] Dies ist in der Rspr. in Fällen angenommen worden, in denen der ausgleichsberechtigte Ehegatte das gemeinsame Kind getötet,[230] gegen den anderen Ehegatten einen Tötungsversuch unternommen hat,[231] nicht aber, wenn er hierfür ein völlig ungeeignetes Mittel verwendet,[232] wenn er sich an der Vorbereitung eines Tötungsversuchs beteiligt hat,[233] zum Nachteil des anderen wegen gefährlichen Eingriffs in den Straßenverkehr, Nötigung und Körperverletzung verurteilt wurde,[234] oder wenn er das gemeinsame Haus angezündet und ein gemeinsames Kind erheblich verletzt[235] oder über längere Zeit ein gemeinsames Kind oder ein Kind seines Ehepartners[236] sexuell missbraucht hatte.[237] Auch mehrere erhebliche Körperverletzungsdelikte gegenüber dem Ausgleichspflichtigen innerhalb kurzer Zeit können ausreichen.[238] Weiterhin ist der Ausschluss des Versorgungsausgleichs berechtigt, wenn der Ausgleichsberechtigte die Ausgleichspflichtige mehrfach vorsätzlich, teilweise auch schwer, körperlich verletzt sowie diese mit einem Tötungsdelikt bedroht hat.[239] Lässt sich nicht ausschließen, dass der Ausgleichsberechtigte ohne Schuld (§ 20 StGB) gehandelt hat, ist die Anwendung der 41

[223] OLG Karlsruhe BeckRS 2010, 14956 (zu II B 2) = FamRZ 1982, 79 (80); vgl. auch BGH NJW 1983, 117 (119) = FamRZ 1983, 32 (34).

[224] OLG Zweibrücken NZFam 2016, 996 = NJW 2016, 3314; OLG Brandenburg NJW-RR 2019, 330 für einen Fall, in dem sich der Ehemann weniger gegen die Ausübung der Prostitution als dagegen verwahrte, dass er an den aus dieser Tätigkeit erzielten Einnahmen nicht partizipierte.

[225] BGH NJW-RR 1986, 623 (625 f.) = FamRZ 1985, 1236 (1239 f.); vgl. auch BGH FamRZ 1989, 1062 (1063), insoweit nicht abgedruckt in NJW-RR 1989, 1026; OLG Hamm BeckRS 2013, 13597 (zu II 3 a) = FamRZ 2014, 211 Ls.

[226] Vgl. OLG Karlsruhe NJW-RR 1990, 3 f. = FamRZ 1990, 527 f.

[227] Bei einer Straftat gegenüber einer dritten, der Familie nahestehenden Person und weiteren Unbilligkeitsgründen vgl. OLG Hamm NJW-RR 2003, 1087 (1088 f.) = FamRZ 2003, 1295 (1296 f.); verneint bei Straftat gegen einen nicht nahestehenden Angehörigen OLG Celle BeckRS 2003, 30303289 (zu II 3 b) = FamRZ 2003, 1291 (1294).

[228] Vgl. BGH NJW 2007, 433 Tz. 17 = FamRZ 2007, 360 (362); OLG Brandenburg NJW-RR 2000, 1025; OLG Hamm BeckRS 2010, 18883 = FamRZ 1981, 473 f.

[229] Verneint für ein unter einem Pseudonym geschriebenes Buch der Ehefrau mit unterstellt wahrheitswidrigen Angaben über Misshandlungen und Vergewaltigungen in ihrer Ehe von OLG Hamburg BeckRS 2013, 20122 (zu II 2), gebilligt von BGH NJW 2014, 61 Rn. 29 ff. = FamRZ 2014, 105.

[230] Vgl. OLG Nürnberg BeckRS 2010, 15394 (zu II) = FamRZ 1982, 308 f.; OLG Hamburg NJW 1982, 1823.

[231] Vgl. OLG Frankfurt NJW-RR 1991, 772 f. = FamRZ 1990, 1259 f. unter Beschränkung des Versorgungsausgleichs auf die Verschaffung einer Mindestsicherung des Berechtigten in der gesetzlichen Rentenversicherung („kleine Wartezeit"); OLG Bamberg NJW-RR 2008, 225 = FamRZ 2007, 1748 f. bei langjähriger körperlicher Misshandlung der Ausgleichspflichtigen.

[232] OLG Brandenburg NJW-RR 2017, 1477 (zweifelhaft).

[233] OLG Zweibrücken NJW-RR 1987, 389; zur Körperverletzung mit einem gefährlichen Werkzeug vgl. KG BeckRS 2006, 12228 = FamRZ 2007, 564 Ls.

[234] OLG Koblenz FamRZ 2016, 377 = BeckRS 2016, 04361.

[235] Vgl. KG FamRZ 2004, 643 f.; OLG Karlsruhe NJW-RR 2000, 372.

[236] Vgl. OLG Brandenburg BeckRS 2015, 17574 Rn. 5 f. = FamRZ 2016, 377 Ls.

[237] BGH NJW 2007, 433 Rn. 17 = FamRZ 2007, 360 (362); OLG Hamm NJOZ 2013, 1656 (1657 f.) = FamRZ 2013, 1044 (1045) mit damit verbundenem Verlust der Versorgungsansprüche; OLG Brandenburg FPR 2002, 562 = FamRZ 2003, 384 (385); zur sexuellen Nötigung, gefährlichen Körperverletzung und Freiheitsberaubung vgl. AG Straubing FamRZ 1999, 932 Ls.; zu einer langdauernden erniedrigenden Erziehungsweise vgl. OLG Köln BeckRS 2008, 12779 = FamRZ 2008, 2285 f.

[238] AG Hamburg-Bergedorf Fur 2016, 602 = BeckRS 2016, 04831.

[239] OLG Oldenburg BeckRS 2017, 108506 = FamRZ 2017, 1929 Ls.

Härteklausel des § 27 jedoch nicht gerechtfertigt.[240] Zurückhaltung erscheint geboten, zur Ausfüllung des § 27 auf die in § 2335 BGB geregelten Fallgruppen zurückzugreifen. Der BGH hat die Frage offen gelassen, jedoch insoweit auf Bedenken aufmerksam gemacht, als dem überlebenden Ehegatten im gesetzlichen Güterstand trotz der Entziehung des Pflichtteils durch den Erblasser nicht automatisch der Anspruch auf Zugewinnausgleich verloren geht (§ 1371 Abs. 2 BGB), so dass eine zusätzliche Prüfung nach § 1381 BGB geboten ist. Für die Anwendung des § 27 liegt Entsprechendes nahe, da es wie beim Zugewinnausgleich um die Teilhabe an Vermögenswerten geht, die die Ehegatten in guten Tagen gemeinsam erwirtschaftet haben, während der Erbe oder Pflichtteilsberechtigte zum Bestand des Nachlasses gewöhnlich nichts beigetragen hat.[241]

42 Im Einzelfall kann ein Ausschluss des Versorgungsausgleichs auch bei drittgerichtetem Fehlverhalten veranlasst sein. Dies kommt etwa in Betracht, wenn ein Beamter eine schwere Straftat verübt hat, durch die er nicht nur seine Versorgung verloren hat, sondern die dazu führt, dass der andere Teil auch für den Schaden des Beamten aufzukommen hat.[242]

43 **13. Einwirken durch Handeln oder Unterlassen, Verkürzung der Dienstzeit sowie „Werteverzehr".** Entsprechend der früheren Regelung in § 1587c Nr. 2 BGB findet der Versorgungsausgleich auch dann nicht statt, wenn der Ausgleichsberechtigte durch aktives Tun oder Unterlassen einer an sich gebotenen Handlung treuwidrig[243] das Entstehen von auszugleichenden Versorgungsanrechten verhindert oder den Untergang solcher Anrechte herbeiführt und so eine **Ausgleichsberechtigung begründet oder zumindest erhöht.** Bei Anwendung dieser Fallgruppe können sämtliche willensgesteuerten Einwirkungen auf den Bestand der in den Versorgungsausgleich einzubeziehenden Anrechte Bedeutung erlangen. Der BGH hat insoweit gegenüber der früheren Rspr. allerdings den Schwerpunkt dahingehend verschoben, dass die Treuwidrigkeit nicht in der – an sich zulässigen – Einwirkung auf das auszugleichende Anrecht durch Kündigung oder Vereinbarung einer Abfindung gesehen wird, sondern darin, dass der Ausgleichspflichtige auf einem vollen Ausgleich der Anrechte des anderen Teils besteht, obwohl das eigene Anrecht nicht mehr in vollem Umfang der Teilung unterliegt.[244] Da es insoweit nicht mehr zwingend auf eine willentliche oder gar treuwidrige Einwirkung auf das Anrecht durch ein Tun oder Unterlassen ankommt, ist diese Fallgruppe nunmehr auch anwendbar, wenn aus anderen Gründen ein Anrecht des Ausgleichspflichtigen nicht mehr vollständig für den Ausgleich zur Verfügung steht. Dies kommt etwa in Betracht, wenn sich ein kapitalgedecktes Anrecht in der Leistungsphase befindet. Dann kann es treuwidrig sein, wenn der Ausgleichspflichtige die in der Zeit zwischen Ehezeitende und Rechtskraft der (Abänderungs-)Entscheidung über den Versorgungsausgleich fließende Rente in vollem Umfang für sich vereinnahmt hat, aber gleichwohl auf einem vollen Ausgleich des Ehezeitanteils der Anrechte des anderen Teils besteht.[245] Bei Anrechten, die durch Ausgleichsansprüche nach der Scheidung ausgeglichen werden, stellt sich diese Problematik nicht, da hier der Ausgleichswert auf der Grundlage des durch die fortlaufende Zahlung unveränderten Ehezeitanteils der laufenden Rente zu berechnen ist.[246] Die Anwendung von § 27 ist deshalb naheliegend, wenn der Ausgleichspflichtige eine Abfindung für ein noch nicht ausgeglichenes Anrecht entgegennimmt.[247] Dies gilt entsprechend für Ausgleichsansprüche nach der Scheidung, wenn ein bei einem überstaatlichen Träger bestehendes Anrecht durch Abfindung erlischt.[248]

44 Durch **aktives Tun** handelt der Ehegatte zB, wenn er einen Rentenversicherungsvertrag kündigt,[249] in einen – dem Versorgungsausgleich nicht unterliegenden (→ § 2 Rn. 30, 33) – Kapitalver-

---

240 BGH NJW 1990, 2745 (2746) = FamRZ 1990, 985 (986); OLG Düsseldorf BeckRS 2015, 11714 (zu II 2 a) = FamRZ 2015, 1115 (paranoide Psychose aus dem schizophrenen Formenkreis); OLG Hamm BeckRS 2013, 13597 (zu II 3 a) = FamRZ 2014, 211 Ls.; OLG Saarbrücken NJW 2009, 2830 (2831); zur Anwendung der Härteklausel bei verminderter Schuldfähigkeit vgl. OLG Stuttgart BeckRS 2009, 26453 (zu II) = FamRZ 2010, 38 f.

241 BGH NJW 1990, 2745 (2746) = FamRZ 1990, 985 (986 f.).

242 OLG Brandenburg NZFam 2015, 1068 zur Steuerhinterziehung durch Finanzbeamten.

243 BGH NJW 1986, 1934 (1935) = FamRZ 1986, 658 (659); OLG Karlsruhe BeckRS 2010, 10448 (zu II 1 b cc) = FamRZ 1983, 818 (819); ähnlich Soergel/*Ahrens* Rn. 42.

244 BGH NJW 2016, 558 = FamRZ 2016, 697; ebenso OLG Köln BeckRS 2016, 10379; demgegenüber weiterhin treuwidriges Verhalten fordernd OLG Brandenburg NZFam 2016, 415.

245 BGH FamRZ 2016, 2000 = NZFam 2016, 1107; FamRZ 2016, 775 = NJW 2016, 1728; NJOZ 2018, 1525 = FamRZ 2018, 1233.

246 OLG Saarbrücken FamRZ 2016, 59 = BeckRS 2016, 00081.

247 BGH FamRZ 2017, 26 = NJW 2016, 3722; FamRZ 2016, 697 = NJW 2016, 1166.

248 BGH FamRZ 2017, 192 = NJOZ 2017, 298.

249 Vgl. OLG Bremen NJW 2016, 507; OLG Köln FamRZ 2016, 2015 = BeckRS 2016, 11093; BeckRS 2013, 08927 = FamRZ 2014, 210 (211); OLG Brandenburg NZFam 2014, 220 (222); NJW 2011, 539 = FamRZ 2011, 722 (723); OLG Nürnberg NJW-RR 2011, 1375 = FamRZ 2011, 1737 f.

sicherungsvertrag umwandelt[250] oder zur Sicherheit wegen einer Kreditverbindlichkeit abtritt, wenn eine hohe Wahrscheinlichkeit für deren Inanspruchnahme besteht,[251] oder auf eine Anwartschaft aus der betrieblichen Altersversorgung verzichtet, wobei hier zu beachten ist, dass dies nur in engen Grenzen zulässig ist. Verlangt ein Ehegatte eine Beitragserstattung in der gesetzlichen Rentenversicherung nach § 210 SGB VI,[252] ist vorrangig zu prüfen, ob der Versorgungsträger gegen das Verbot gem. § 29 verstoßen hat. Ist dies nicht der Fall, liegt gleichwohl in der Regel keine grobe Unbilligkeit vor, wenn der Vermögenszuwachs zumindest mittelbar güterrechtlich ausgeglichen wird. In extremen Ausnahmefällen kann die Anwendung von § 27 geboten sein, wenn ein Ehegatte vor Durchführung des Versorgungsausgleichs seinen Arbeitsplatz aufgibt oder sich als Beamter ohne Dienstbezüge beurlauben lässt.[253] Hier ist allerdings derselbe Maßstab anzulegen wie bei unterhaltsrechtlicher Leichtfertigkeit.

Eine Einwirkung durch **Unterlassen** ist zB gegeben, wenn der Ausgleichsberechtigte von einer 45
freiwilligen Zahlung von Beiträgen zu einer privaten oder gesetzlichen Rentenversicherung illoyal und grob leichtfertig absieht[254] oder einer Beitragszahlungspflicht nicht nachkommt.[255] Derartige Einwirkungen des Ausgleichsberechtigten können jedoch nur dann zu einem Ausschluss oder zu einer Herabsetzung der Ausgleichsverpflichtung führen, wenn sie **in Erwartung oder nach der Scheidung** vorgenommen werden.[256] Die Besonderheit des Einzelausgleichs nach neuem Recht, bei der jeder Ehegatte in der Rolle der ausgleichspflichtigen und ausgleichsberechtigten Person sein kann, ermöglicht für diesen Härtegrund auch die Beurteilung des Verhaltens des Ausgleichspflichtigen (→ Rn. 68 f.).[257]

**In Erwartung der Scheidung** handelt der Ausgleichsberechtigte frühestens von dem Zeit- 46
punkt an, zu dem einer der beiden Ehegatten zur Beendigung der Ehe fest entschlossen ist;[258] in der Praxis wird es auch erforderlich sein, dass die Scheidungsabsicht in irgendeiner Weise nach außen wahrnehmbar geworden ist, da es dem Ausgleichspflichtigen sonst schwerlich möglich sein wird, dem Ausgleichsberechtigten illoyales Verhalten nachzuweisen. Neben dieser zeitlichen Beschränkung folgt aus dem Erfordernis des Handelns in Erwartung der Scheidung zugleich, dass nur solche Einwirkungen des Ausgleichsberechtigten zum Ausschluss oder zu einer Herabsetzung der Ausgleichsverpflichtung führen können, die in bewusstem Zusammenhang mit der Scheidung stehen[259] und sich als **treuwidrige Einflussnahme auf die anstehende Versorgungsausgleichsentscheidung** darstellen,[260] weil sie nicht zur Verfolgung sonstiger berechtigter Interessen des Ausgleichsberechtigten erforderlich sind.[261] Berechtigt in diesem Sinne ist das Interesse des Ausgleichsberechtigten an dem Einwirken auf seine Versorgungsanrechte insbesondere, wenn er entweder auch bei Fortbestehen der Ehe so gehandelt hätte oder wenn es für sein Verhalten billigenswerte persönliche oder wirtschaftliche Gründe gibt.[262] Das ist zB dann der Fall, wenn nach § 15 FRG iVm dem Deutsch-polnischen Abkommen über Renten- und Unfallversicherung vom 9.10.1975 (BGBl. 1976 II 393) berechnete Anrechte gem. § 22 Abs. 4 FRG abgesenkt werden, weil der Ehegatte von seinem Recht Gebrauch gemacht hat, seinen Wohnsitz wieder in sein Herkunftsland zu verlegen.[263] Die Anwendung des § 27 wird daher bei einem Unterlassen der freiwilligen Beitragszahlung zur gesetzlichen Rentenversicherung nur dann in Betracht kommen, wenn das Unterlassen der Zahlung illoyal

---

[250] Vgl. BGH FamRZ 2017, 26 = NJW 2016, 3722; NJW 2015, 1599 = FamRZ 2015, 998; OLG Hamm BeckRS 2013, 22252 (zu II 2 a) = FamRZ 2014, 754 (755); OLG Stuttgart BeckRS 2012, 24683 (zu I 3) = FamRZ 2012, 1880 (1881); zu einem Fall, in dem beiden Ehegatten ein treuwidriges Verhalten zur Last fällt, OLG Hamm BeckRS 2014, 02229 (zu II 2) = FamRZ 2014, 838.

[251] Vgl. OLG Frankfurt BeckRS 2014, 09231 Rn. 2 = FamRZ 2014, 759 f.

[252] OLG Bamberg NJW-RR 2007, 1157; nach § 29 (früher § 10d VAHRG) hat der Versorgungsträger allerdings Zahlungen an die ausgleichspflichtige Person bis zum wirksamen Abschluss eines Verfahrens über den Versorgungsausgleich zu unterlassen; vgl. auch BGH NJW 1986, 1932 (1933 f.) = FamRZ 1986, 657 (658).

[253] Vgl. (im konkreten Fall verneinend) BGH NJW 1986, 1934 = FamRZ 1986, 658 (659) zur Vorinstanz OLG Karlsruhe BeckRS 2010, 10448 = FamRZ 1983, 818.

[254] Vgl. OLG Stuttgart BeckRS 2011, 23311 (zu II 2 b aa) = FamRZ 2012, 311 (312).

[255] Offengelassen in BGH NJW 1985, 2024 (2025) = FamRZ 1985, 687 (688).

[256] Erman/*Norpoth*//*Sasse* Rn. 10.

[257] Vgl. *Bergmann* NZFam 2014, 1023 (1025).

[258] Vgl. zum früheren Recht Soergel/*Lipp* BGB § 1587c Rn. 28.

[259] BT-Drs. 7/4361, 44; BGH NJW 1984, 2829 (2831) = FamRZ 1984, 467 (469); OLG Brandenburg BeckRS 2010, 29869 (zu II 2 a aa) = FamRZ 2011, 902 f.; OLG Zweibrücken FamRZ 1983, 600 (601).

[260] BGH NJW 1986, 1934 = FamRZ 1986, 658 (659); *Borth* Versorgungsausgleich Kap. 6 Rn. 49.

[261] Vgl. OLG Hamm BeckRS 2013, 22252 (zu II 2 a) = FamRZ 2014, 754 (755); zum früheren Recht BGH NJW 1988, 1839 = FamRZ 1988, 709 (710).

[262] Vgl. OLG Schleswig NJW 2015, 1317 Rn. 22 ff. = FamRZ 2015, 672 (673).

[263] Vgl. OLG Köln BeckRS 2015, 05648 Rn. 15 = FamRZ 2015, 2062 (2063).

und grob leichtfertig ist.[264] Kein Anwendungsfall des § 27 liegt vor, wenn zwar die Anwartschaft auf eine private Rentenversicherung aufgelöst wird, der ausgezahlte Kapitalbetrag aber für einen gemeinsamen Zweck, wie zB die Begleichung ehelicher Schulden, verbraucht oder vom Zugewinnausgleich erfasst wird. Auch der Umstand, dass der Ehegatte für eine private Rentenversicherung ein Kapitalwahlrecht ausübt, führt nicht ohne weiteres zur Annahme eines Härtegrundes.[265] Allerdings bedarf es insoweit keiner treuwidrigen Einflussnahme;[266] denn hieran wird es regelmäßig fehlen, weil der Versicherungsnehmer, der das Kapitalwahlrecht ausübt, damit von einer ihm nach dem Vertrag zustehenden Regelungsbefugnis Gebrauch macht. Wird das eigene Anrecht durch Ausübung eines Kapitalwahlrechts dem Versorgungsausgleich entzogen und unterliegt es auch keinem anderen Ausgleichssystem, ist jedoch die Erwartung des Ehegatten, gleichwohl in unverminderter Höhe an den Anrechten des anderen Ehegatten teilzuhaben, unbillig und treuwidrig (→ Rn. 43).[267] In einem solchen Fall ist zur Anwendung der Härteklausel nicht zusätzlich erforderlich, dass der Ausgleichsberechtigte ausreichend abgesichert und der Pflichtige besonders stark auf das Behalten seiner Anrechte angewiesen ist.[268] Der Verlust eines hohen Kapitalbetrags aufgrund einer spekulativen Anlage kann nicht als illoyales Verhalten angesehen werden, das die Anwendung der Härteklausel rechtfertigen würde.[269] Vielmehr verwirklicht sich hierin das besondere Risiko solcher renditeträchtigen Anlagen.

47 Ein Handeln **„nach der Scheidung"** kann im Rahmen des § 27 erheblich sein, wenn der Versorgungsausgleich nicht im Verbund mit der Ehescheidung vorgenommen wird, sondern nach Abschluss des Scheidungsverfahrens in einem abgetrennten Verfahren stattfindet (vgl. § 140 Abs. 2 FamFG) oder eine Verbundentscheidung nur hinsichtlich der Folgesache Versorgungsausgleich beim Beschwerdegericht anfällt. Neben dem zeitlichen Moment ist entscheidend, dass es sich um ein illoyales Verhalten in Bezug auf die Verminderung von Anrechten handelt. Besondere Bedeutung hat dies für Abänderungsverfahren gem. § 51. Daher kommt eine Kürzung des Ausgleichs gem. § 27 in Betracht, wenn der andere Teil nach Rechtskraft der Scheidung nach dem bis zum 31.8.2009 geltenden Recht eine Abfindung für ein in den ursprünglichen Ausgleich einbezogenes Anrecht erhalten hat, das durch Zahlung der Abfindung erloschen ist[270] oder wenn ein Ehegatte in dieser Zeit aus einem kapitalgedeckten Anrecht Leistungen bezogen hat, an denen der andere Teil nicht partizipiert hat und sich während des Leistungsbezugs das Kapital entsprechend dem gesunkenen biometrischen Risiko verringert hat.[271]

48 **14. Verletzung der Unterhaltspflicht.** Entsprechend der früheren Regelung in § 1587c Nr. 3 BGB, auf die ebenfalls zurückgegriffen werden kann,[272] findet der Versorgungsausgleich ferner nicht statt, soweit der Ausgleichsberechtigte längere Zeit hindurch seine Verpflichtung, zum Familienunterhalt beizutragen, gröblich verletzt hat.[273] Hiervon werden nicht nur Verletzungen der **Familienunterhaltspflicht** iSd §§ 1360, 1360a BGB, sondern auch die Unterhaltsverpflichtungen gegenüber dem **getrennt lebenden Ehegatten** (§ 1361 BGB) und den **gemeinschaftlichen Kindern** (§§ 1601 ff. BGB)[274] erfasst. Verletzungen der Unterhaltspflicht gegenüber sonstigen Unterhaltsberechtigten, zB den Eltern des Ausgleichsberechtigten, waren für die Anwendung des § 1587c Nr. 3 BGB selbst dann ohne Bedeutung, wenn der Ausgleichspflichtige diese Personen in Erfüllung einer moralischen Verpflichtung unterstützt hat. Das wird man für die Anwendung des § 27 im Ansatz genauso sehen müssen; denn die Vorschrift dient der Sanktionierung der Verletzung des unterhaltsrechtlichen Leistungsgleichgewichts während der Ehe.[275]

---

[264] Zur Anwendung der Härteklausel in einem Fall grob leichtfertiger und illoyaler Vernachlässigung der Altersvorsorge vgl. OLG Karlsruhe BeckRS 2006, 06211 (zu II 1 a) = FamRZ 2006, 1457 (1458 f.).

[265] Vgl. OLG Naumburg NJW-RR 2009, 870 f. = FamRZ 2009, 616.

[266] AA OLG Stuttgart BeckRS 2012, 24683 (zu I 3) = FamRZ 2012, 1880 (1881).

[267] Vgl. BGH NJW 2015, 1599 Rn. 23 = FamRZ 2015, 998 mAnm *Hoppenz* FamRZ 2015, 1000, der hierin zutreffend eine Abkehr von der bisherigen Praxis sieht, nach der nur ein „treuwidriges" oder „illoyales", im Zusammenhang mit der Scheidung stehendes Verhalten die Anwendung der Härteklausel begründen kann; OLG Bremen NJW 2016, 507 Rn. 14 = FamRZ 2016, 557 (558).

[268] Vgl. BGH NJW 2015, 1599 Rn. 24 = FamRZ 2015, 998; zu einer solchen Konstellation auch *Kemper* NZFam 2014, 343 (348).

[269] Vgl. OLG Frankfurt BeckRS 2011, 15175 = FamRZ 2011, 901.

[270] BGH FamRZ 2016, 697 = NJW 2016, 1166.

[271] BGH FamRZ 2016, 775 = NJW 2016, 1728; FamRZ 2016, 2000 = NZFam 2016, 1186.

[272] Vgl. BT-Drs. 16/10144, 68.

[273] Vgl. näher hierzu *Bergmann* NZFam 2014, 1023 (1025).

[274] Vgl. OLG Bamberg BeckRS 2015, 09924 Rn. 21 = FamRZ 2015, 932 mAnm *v. Eymeren* NZFam 2015, 769; offen gelassen in BGH NJW-RR 1989, 902 = FamRZ 1989, 1060 (1061); NJW 1986, 1934 (1935) = FamRZ 1986, 658 (660); zu einer Verletzung der Unterhaltspflicht wegen einer erniedrigenden Erziehungsweise vgl. OLG Köln BeckRS 2008, 12779 = FamRZ 2008, 2285 f.

[275] Erman/*Norpoth/Sasse* Rn. 11; Johannsen/Henrich/*Holzwarth* Rn. 46.

Dem Leitbild der Ehe als Partnerschaft entsprechend sind die Ehegatten gleichermaßen verpflichtet, durch Arbeit und mit ihrem Vermögen zum **angemessenen Familienunterhalt** beizutragen (§ 1360 BGB). Der Ehegatte, dem im gegenseitigen Einvernehmen der Ehepartner die Haushaltsführung überlassen worden ist, erfüllt seine Unterhaltspflicht idR durch die Führung des Haushalts. Die Verletzung der Unterhaltsverpflichtung des § 1360 BGB kann daher nur bei einem Verstoß eines Ehegatten gegen die beiderseitige Vereinbarung über die Verteilung der Pflichten in Betracht kommen.[276] Der Umfang der Unterhaltspflicht des § 1360 BGB bestimmt sich nach § 1360a BGB. 49

Soweit der Ausgleichsanspruch auf Versorgungsanrechte zurückzuführen ist, die vor dem 1.7.1977 erworben sind, beurteilt sich der Ausschluss des Ausgleichs unter Zugrundelegung des **vor dem 1.7.1977 geltenden Unterhaltsrechts.** Danach war eine Frau in erster Linie zur Haushaltsführung verpflichtet und zur Ausübung einer Erwerbstätigkeit nur gehalten, wenn der Mann die für den Familienunterhalt erforderlichen Einkünfte nicht erzielen konnte (§ 1360 BGB aF). Eine Verletzung der Unterhaltspflicht nach altem Recht ist daher schon dann zu bejahen, wenn die Ehegatten keine vom Leitbild der sog Hausfrauenehe abweichende Vereinbarung über die Verteilung der Pflichten getroffen hatten und die Frau die Haushaltsführung oder der Mann die Ausübung einer Erwerbstätigkeit vernachlässigt haben.[277] 50

Die Unterhaltspflichtverletzung muss **„während der Ehe"** geschehen sein; eine Pflichtverletzung in Zeiten vor der Ehe oder nach Scheidung der Ehe ist daher für die Anwendung der Härteklausel unbeachtlich. Darüber hinaus entfällt die Anwendung des § 27 bei einer Verletzung der Unterhaltspflicht in der Zeit zwischen dem Ende der Ehezeit iSd § 3 Abs. 1 und der Scheidung der Ehe, da nur ehezeitbezogene Versorgungsanrechte vom Versorgungsausgleich erfasst werden und nur insoweit eine „Korrektur" durch Anwendung der Härteklausel geboten ist.[278] 51

Die Unterhaltspflicht muss während einer längeren Zeitspanne und gröblich verletzt worden sein.[279] Ob die Verletzung „längere" Zeit gedauert hat und „gröblich" war, ist nach den gesamten Umständen des Einzelfalls und unter besonderer Beachtung der durch die Verletzung bewirkten wirtschaftlichen **Beeinträchtigung des Ausgleichspflichtigen** zu entscheiden.[280] Sieht ein Ehegatte, dem bislang die Betreuung der Kinder obgelegen hat, im Alter von 62 Jahren von der Aufnahme einer versicherungspflichtigen Tätigkeit ab, kann von einer entsprechenden Verletzung der Unterhaltspflicht nicht gesprochen werden.[281] 52

Die Verletzung der Unterhaltspflicht muss **„längere Zeit"** gedauert haben, dh sie darf nicht nur vorübergehend oder gelegentlich gewesen sein.[282] Ob eine Pflichtverletzung des Ausgleichsberechtigten diese zeitliche Voraussetzung erfüllt, ist insbes. unter Einbeziehung der gesamten Dauer der Ehe zu beurteilen; je länger die Ehe gedauert hat, desto eher sind Zeiten der Unterhaltspflichtverletzung als nur gelegentlich anzusehen.[283] Eine Anwendung des § 27 scheidet aber auch bei einer kurzen Dauer der Ehe regelmäßig aus, wenn die Unterhaltspflichtverletzung nicht mindestens einen Monat gedauert hat.[284] 53

Die Unterhaltspflicht muss **„gröblich"**, dh in besonderem Maße rücksichtslos **verletzt** worden sein. Hierfür genügt nicht, dass die Unterhaltsbeiträge des berechtigten Ehegatten hinter denen des anderen zurückbleiben.[285] Vielmehr kann eine Verletzung der Unterhaltspflicht als gröblich in diesem Sinne erst bezeichnet werden, wenn über die Nichterfüllung der geschuldeten Unterhaltsleistung hinaus weitere objektive Merkmale vorliegen, die dem pflichtwidrigen Verhalten des Ausgleichsberechtigten ein besonderes Gewicht verleihen,[286] zB wenn der Ausgleichspflichtige durch das Ausbleiben der Beiträge des Ausgleichsberechtigten zum Familienunterhalt in ernste Schwierigkeiten bei der Beschaffung seines Lebensbedarfs geraten ist oder zu einer 54

276 BGH NJW-RR 1987, 578.

277 Vgl. BGH BeckRS 1986, 31075431 (zu III 1 a) = FamRZ 1987, 49 (50).

278 Vgl. OLG Bamberg BeckRS 2015, 09924 Rn. 25 = FamRZ 2015, 932 mAnm *v. Eymeren* NZFam 2015, 769; OLG Brandenburg NJWE-FER 1997, 148 = FamRZ 1998, 299 (300); OLG Karlsruhe BeckRS 2015, 19084 Rn. 20 = FamRZ 2015, 1968 (1969); BeckRS 2010, 10448 (zu II 2 b) = FamRZ 1983, 818 (819); ähnlich Soergel/*Ahrens* Rn. 52.

279 Vgl. zu § 1587c Nr. 3 BGB aF OLG Karlsruhe BeckRS 2010, 30105 (zu II 2 a) = FamRZ 1988, 70 (71).

280 Vgl. OLG Brandenburg NJWE-FER 1997, 148 = FamRZ 1998, 299 (300).

281 Vgl. OLG Naumburg BeckRS 2011, 05716 = FamRZ 1997, 567 Ls.

282 OLG Brandenburg NJWE-FER 1997, 148 (149) = FamRZ 1998, 299 (300).

283 Vgl. OLG Celle BeckRS 2010, 18897 = FamRZ 1981, 576; OLG Bamberg BeckRS 2010, 22925 = FamRZ 1979, 522.

284 Vgl. Soergel/*Lipp* BGB § 1587c Rn. 36, der einen deutlich längeren Zeitraum als Mindestdauer ansieht.

285 BGH FPR 2002, 86; OLG Naumburg BeckRS 2008, 08350 (zu II 1 a) = FamRZ 2008, 2284.

286 Vgl. OLG Köln BeckRS 2007, 15131 = FamRZ 2008, 791 f. zur Beibehaltung einer selbständigen Erwerbstätigkeit; für ein Abstellen auf „rücksichtsloses" Verhalten Soergel/*Ahrens* Rn. 52.

überobligatorischen Tätigkeit genötigt wurde.[287] Konnte der Ausgleichspflichtige seine Familie durch Aufnahme einer Erwerbstätigkeit vor existenziellen Schwierigkeiten bewahren, so ist die Unterhaltspflichtverletzung gleichwohl als gröblich anzusehen, wenn der Ausgleichsberechtigte sich nicht um eine angemessene Erwerbstätigkeit bemüht hat und der Ausgleichspflichtige die Erwerbstätigkeit neben der Haushaltsführung und der Kinderbetreuung ausüben musste.[288] Ob mangelnde Bemühungen um eine Erwerbstätigkeit als gröbliche Pflichtverletzung anzusehen sind, hängt auch davon ab, ob der Berechtigte nach seiner Vorbildung, seinem beruflichen Werdegang, seinem Alter und seiner gesundheitlichen Verfassung unschwer in der Lage wäre, eine Erwerbstätigkeit zu finden.[289] Bei Beurteilung der „Gröblichkeit" einer Unterhaltspflichtverletzung des Ausgleichsberechtigten kann auch erheblich sein, inwieweit der Ausgleichspflichtige seinerseits den von ihm zu erbringenden Beitrag zum Familienunterhalt geleistet hat;[290] hat zB der Ausgleichspflichtige seit der Trennung der Parteien nicht mehr zum Unterhalt der Familie beigetragen und seine gesamten Einkünfte für sich selbst verbraucht, kann eine Unterhaltspflichtverletzung des Ausgleichsberechtigten regelmäßig nicht als gröblich bezeichnet werden.[291] An einer gröblichen Unterhaltspflichtverletzung des Ausgleichsberechtigten hinsichtlich des Kindesunterhalts kann es auch fehlen, wenn die ausgleichspflichtige Person ihrerseits ihrer Pflicht zur Erfüllung des Ehegattenunterhalts nicht nachgekommen ist.[292] Eine gröbliche Verletzung der Unterhaltspflicht setzt ein rücksichtsloses Verhalten voraus.[293] Hieran fehlt es, wenn der Ausgleichsberechtigte aus psychischer Überforderung[294] oder anderen gesundheitlichen Gründen[295] oder unter dem Eindruck eines sich allmählich verfestigenden Zerrüttungsprozesses seinen Aufgaben nicht mehr in vollem Umfang nachkommt.[296] Kann ein Ehegatte wegen der Verbüßung einer langjährigen Haftstrafe (→ Rn. 37) nicht zum Familienunterhalt beitragen, ist die Härteklausel nur bei einem unterhaltsbezogenen Fehlverhalten in Bezug auf die zur Verurteilung führende Tat anzuwenden.[297]

### IV. Besonderheiten bei Ausgleichsansprüchen nach der Scheidung

55 **Ausgleichsansprüche nach der Scheidung** kommen, von den Fällen einer Vereinbarung nach § 6 Abs. 1 Nr. 3 und Altfällen (§ 51 Abs. 4) abgesehen, für solche Anrechte in Betracht, die im Zeitpunkt der Durchführung des Scheidungsverfahrens nicht ausgleichsreif iSd § 19 sind. Dies sind hauptsächlich noch verfallbare Anrechte iSd BetrAVG und ausnahmslos Anrechte, die bei einem ausländischen, zwischenstaatlichen oder überstaatlichen Versorgungsträger bestehen. Im letzteren Fall kann es die Billigkeit nach § 19 Abs. 3 gebieten, auch sonstige, an sich ausgleichsreife Anrechte des anderen Ehegatten erst nach der Scheidung auszugleichen (→ § 19 Rn. 21 ff.). Im Allgemeinen geht der Anspruch der ausgleichsberechtigten Person auf Zahlung des Ausgleichswerts als Rente (§ 20), ausnahmsweise aber auch auf Auszahlung eines Kapitals (§ 22). Mit dem jeweiligen Zeitpunkt der Durchführung des Versorgungsausgleichs hängt es zusammen, dass die **wirtschaftlichen Verhältnisse** der früheren Ehegatten bei den Ausgleichsansprüchen nach der Scheidung wegen des notwendigen Eintritts der beiderseitigen Versorgungssituation (vgl. § 20 Abs. 2) erst **im Zeitpunkt der jeweiligen Fälligkeit der einzelnen Ausgleichsansprüche** genauer gewürdigt werden kön-

---

287 BGH FPR 2003, 124 (125) = FamRZ 2003, 437 (438); NJW-RR 1987, 578; NJW 1986, 1934 (1935) = FamRZ 1986, 658 (660); OLG Brandenburg NZFam 2014, 220 (221); BeckRS 2010, 29869 (zu II 2 a dd) = FamRZ 2011, 902 (903); OLG Schleswig NJW-RR 2009, 302 (303) = FamRZ 2009, 1414; OLG Hamm FamRZ 1999, 1068 (1069); BeckRS 2008, 02176 (zu II 4 a) = FamRZ 1997, 566; OLG Celle BeckRS 2010, 18897 = FamRZ 1981, 576 (577); *Borth* Versorgungsausgleich Kap. 6 Rn. 53; Erman/*Norpoth/Sasse* Rn. 11.

288 BGH BeckRS 1986, 31075431 (zu III 1 a) = FamRZ 1987, 49 (50); OLG Hamburg BeckRS 2010, 02966 = FamRZ 1984, 712 (713).

289 Vgl. OLG Hamm BeckRS 2013, 13031 (zu II) = FamRZ 2014, 210 Ls.; OLG Brandenburg NJWE-FER 1997, 148 (149) = FamRZ 1998, 299 (300).

290 Vgl. Soergel/*Lipp* BGB § 1587c Rn. 39; Rolland/*Rolland*, Familienrecht, 1994, BGB § 1587c Rn. 57.

291 BGH 22.9.1982 – IV b ZB 579/80, nv.

292 OLG Frankfurt BeckRS 2013, 15219 (zu II) = FamRZ 2014, 132 Ls.

293 Ähnlich wohl Soergel/*Ahrens* Rn. 52; für mindestens grob fahrlässiges Verhalten OLG Celle BeckRS 2010, 18897 = FamRZ 1981, 576 (577).

294 OLG Düsseldorf FamRZ 2000, 162 (163) hält es für die Anwendung der Härteklausel für ausreichend, dass sich der Ehegatte wegen einer neurotischen Störung nicht konsequent hat ärztlich behandeln lassen.

295 ZB wegen Trunksucht, OLG Celle BeckRS 2010, 18897 = FamRZ 1981, 576 (577) und OLG Köln NJW-RR 2004, 653 f. = FamRZ 2004, 1581, oder hirnorganischer Wesensveränderungen, OLG Stuttgart BeckRS 2010, 19075 (zu 2 a) = FamRZ 1981, 1193.

296 Vgl. OLG Bamberg BeckRS 2010, 22925 = FamRZ 1979, 522.

297 Vgl. OLG Hamm NJWE-FER 2000, 307 = FamRZ 2001, 165 Ls; ohne diese Einschränkung Johannsen/Henrich/*Holzwarth* Rn. 48.

nen.[298] Daher darf bezüglich dieser Anrechte nicht bereits im Verfahren wegen des Versorgungsausgleichs bei der Scheidung über einen Ausschluss gem. § 27 entschieden werden.[299]

Ausgleichsansprüche nach der Scheidung wirken sich unmittelbar auf den Bedarf der Beteiligten 56 aus. Gleichwohl ist darauf Bedacht zu nehmen, dass es bei Anwendung der Härteklausel auch bei Ausgleichsansprüchen nach der Scheidung um eine Betrachtung geht, in deren Mittelpunkt die Ehezeit stehen muss. Das frühere Recht sah in § 1587h Nr. 1 BGB als Ausgangspunkt für eine Beschränkung oder einen Ausschluss des Ausgleichsanspruchs vor, dass der Berechtigte den nach seinen Lebensverhältnissen angemessenen Unterhalt aus seinen Einkünften und seinem Vermögen bestreiten konnte. Die Neuregelung verzichtet insoweit auf eine eigenständige Normierung, weil diese Voraussetzung bei Würdigung der wirtschaftlichen Verhältnisse ohnehin ein entscheidendes Kriterium ist.[300] Auf sie kommt es daher weiterhin an.[301]

Danach entfällt die Pflicht zur Zahlung der schuldrechtlichen Ausgleichsrente iSd § 20 insoweit, 57 als der Ausgleichsberechtigte nicht unterhaltsbedürftig ist **und zugleich** die Erfüllung des Anspruchs eine unbillige Härte für den Ausgleichspflichtigen darstellen würde. Das ist insbesondere dann der Fall, wenn ihm bei der Erfüllung des Ausgleichsanspruchs der eigene notwendige Lebensbedarf nicht verbleibt.[302] Ist nach § 20 die Bedürftigkeit des Berechtigten zwar nicht Voraussetzung des Ausgleichsrentenanspruchs und führt ihr Fehlen demgemäß für sich allein nicht zu dessen Ausschluss,[303] so ist die Bedürftigkeitsprüfung im Rahmen des § 27 doch Ausgangspunkt für die Frage, ob eine Herabsetzung der Ausgleichspflicht wegen einer unbilligen Härte für den Ausgleichspflichtigen in Betracht kommt.[304]

**1. Fehlen der Unterhaltsbedürftigkeit des Ausgleichsberechtigten.** Unterhaltsbedürftigkeit besteht nicht, wenn der **Ausgleichsberechtigte seinen angemessenen Unterhalt** aus seinen Einkünften und seinem Vermögen bestreiten kann. Unter **Einkünften** ist nach rein wirtschaftlicher Betrachtungsweise grundsätzlich jeder regelmäßige Zufluss von Vermögenswerten zu verstehen. Einkünfte aus einer nicht angemessenen Erwerbstätigkeit, die mit Rücksicht auf die Anspruchsvoraussetzungen des § 20 Abs. 2 auf Seiten des Berechtigten nur selten in Betracht kommen wird, sind allerdings nicht anzurechnen; eine Obliegenheit des Berechtigten, durch eine Erwerbstätigkeit einer Bedürfnislage abzuhelfen, darf hierbei nicht nach strengeren Maßstäben beurteilt werden, als sie für den Anspruch auf nachehelichen Unterhalt gelten.[305] 58

Aus dem **Vorrang des schuldrechtlichen Ausgleichsanspruchs gegenüber dem Unterhaltsanspruch** folgt, dass Unterhaltsleistungen des Ausgleichspflichtigen nicht als Einkünfte des Ausgleichsberechtigten zu berücksichtigen sind.[306] Insoweit mindert der Ausgleichsrentenanspruch die Bedürftigkeit und ggf. auch den Bedarf für einen etwaigen Unterhaltsanspruch, was der aus einem Unterhaltstitel Verpflichtete im Streitfall im Wege des Vollstreckungsabwehr- oder Abänderungsantrags geltend machen kann.[307] Es kommt nach Treu und Glauben auch ein Anspruch auf Erstattung eines Teils der Rentennachzahlung in Betracht, wenn der Ausgleichspflichtige Unterhalt für eine Zeit gezahlt hat, für die dem Unterhaltsberechtigten nachträglich eine Ausgleichsrente 59

[298] Vgl. BGH NJW 1985, 2706 (2708) = FamRZ 1985, 263 (265); NJW 1984, 610 (611) = FamRZ 1984, 251 (253); OLG Hamm BeckRS 2009, 26234 (zu II 3) = FamRZ 1987, 290 (291); OLG Celle BeckRS 2010, 14630 (zu II 3 a) = FamRZ 1982, 501 (502).

[299] OLG Koblenz FamRZ 2016, 468 = BeckRS 2016, 06394.

[300] Vgl. BT-Drs. 16/10144, 68.

[301] *Borth* Versorgungsausgleich Kap. 6 Rn. 67.

[302] Vgl. BGH NJW-RR 2014, 1473 Rn. 17 = FamRZ 2015, 37; NJW-RR 2011, 793 Rn. 65 = FamRZ 2011, 706.

[303] Vgl. BGH NJW 1985, 2706 (2708) = FamRZ 1985, 263 (265); OLG Hamm BeckRS 2009, 26234 (zu II 3) = FamRZ 1987, 290 (291).

[304] Krit. zum Aspekt der Bedürftigkeitsprüfung beim schuldrechtlichen Ausgleich, der die erwünschte eigenständige Sicherung des wirtschaftlich schwächeren Ehegatten verfehlt, BVerfGE 71, 364 (387) = NJW 1986, 1321 (1322) = FamRZ 1986, 543 (547).

[305] Vgl. zum bis 31.8.2009 geltenden Recht Soergel/*Lipp* BGB § 1587h Rn. 4; Johannsen/Henrich/*Hahne,* 4. Aufl. 2003, BGB § 1587h Rn. 6.

[306] Vgl. OLG Hamm BeckRS 2009, 26234 (zu II 3) = FamRZ 1987, 290 (291); OLG Celle BeckRS 2010, 14630 (zu II 3 a) = FamRZ 1982, 501 (503); aA möglicherweise BGH NJW 2012, 1446 Rn. 14 = FamRZ 2012, 845, der bei der Frage, ob der Bedarf des Berechtigten gedeckt ist, auch einen Unterhaltsanspruch berücksichtigt.

[307] Grdl. BGH NJW-RR 1989, 322 (323) = FamRZ 1989, 159 (160 f.) zum Einfluss einer Rente aus dem öffentlich-rechtlichen Versorgungsausgleich; zur Bereicherungsklage s. BGHZ 83, 278 (280 f.) = NJW 1982, 1147 (1148) = FamRZ 1982, 470 f.; zum schuldrechtlichen Versorgungsausgleich OLG Celle BeckRS 2010, 14630 (zu II 3 a) = FamRZ 1982, 501 (503); Soergel/*Lipp* BGB § 1587h Rn. 5.

zugesprochen wird.[308] Hingegen können Unterhaltsleistungen Dritter, insbes. eines zweiten Ehegatten, die Bedürftigkeit mindern.[309] Denn im Rahmen einer vorwiegend an wirtschaftlichen Gegebenheiten orientierten Billigkeitsvorschrift, die den Verpflichteten vor einer übermäßigen Belastung schützen will, können Unterhaltsleistungen Dritter nicht schlechthin außer Betracht bleiben. Die Regelung des § 1584 S. 1 BGB, die sich unmittelbar nur auf das Verhältnis zwischen nachehelichem und Verwandtenunterhalt bezieht, zwingt zu keinem anderen Verständnis.

60 Die **Angemessenheit des Unterhalts** bestimmt sich nach den Lebensverhältnissen des Berechtigten im Zeitpunkt der Geltendmachung der Ausgleichsrente.[310] Ob damit die nach dem früheren Wortlaut des § 1587h Nr. 1 BGB nicht in Bezug genommenen ehelichen Lebensverhältnisse iSd § 1578 BGB gemeint sind,[311] ist umstritten. Die Frage hat nach der bisher hierzu bekannt gewordenen Rspr. offenbar nur eine geringe praktische Bedeutung gehabt. Dies dürfte damit in Zusammenhang stehen, dass der sozial schwächere Ehegatte idR kaum in der Lage sein wird, aus eigenen Kräften eine Altersversorgung aufzubauen, die ihm den bisherigen Lebensstandard sichert, was nicht zuletzt mit darauf beruht, dass die Altersversorgungssysteme – mit mehr oder weniger großen Abweichungen – einer erbrachten Lebensleistung Rechnung tragen Für eine Orientierung an den ehelichen Lebensverhältnissen könnte sprechen, dass allein dieser Maßstab die gemeinsamen Verhältnisse der Eheleute zu beleuchten geeignet ist. Dann wäre allerdings auch zu berücksichtigen, dass der beiderseitige Lebensstandard im Fall der Verrentung absinkt (→ BGB § 1578 Rn. 60). Das beiderseitige Renteneinkommen, das bei Fortbestehen der Ehe erzielt würde, wäre dann die Obergrenze, aus der der Bedarf des Ausgleichsberechtigten zu berechnen ist. Gegen diese Auffassung spricht aber, dass es im Versorgungsausgleich primär nicht um die Deckung des Bedarfs nach den ehelichen Lebensverhältnissen im Alter geht (das gilt vor allem dann, wenn die Ehe geraume Zeit vor der Verrentung geschieden wurde, weil diese dann die Lebensverhältnisse im Alter nicht prägt), sondern um den (restlichen) Ausgleich des Ehezeitanteils der in der Ehe erworbenen Versorgungsanwartschaften. Diese sind Teil des Lebensbedarfs des Ausgleichsberechtigten bzw. Ausgleichspflichtigen im Alter. Daher sind Änderungen zwischen Ehezeitende und Verrentung auch zu berücksichtigen, soweit sie nicht eheprägend sind. Die ehelichen Lebensverhältnisse bilden daher nur eine Orientierung, wenn sich der Lebensstandard des Ausgleichsberechtigten nach dem Ende der Ehe erheblich verbessert hat. Die Frage, ob der Ausgleichsberechtigte auch ohne die (vollständige) Zahlung der Ausgleichsrente seinen Lebensbedarf decken kann, ist anhand einer umfassenden Interessenabwägung unter Berücksichtigung der ehelichen Lebensverhältnisse aber auch der beiderseitigen Einkünfte und des beiderseitigen Vermögens im Versorgungsfall zu beantworten.[312] Auch wenn man in den ehelichen Lebensverhältnissen ein entscheidendes bedarfsbestimmendes Kriterium sieht, ist zu beachten, dass auf beiden Seiten in der nachehelichen Entwicklung erhebliche Änderungen eingetreten sein können, die mit diesem auf das Unterhaltsrecht zugeschnittenen Maßstab nur schwer zu erfassen sind. Berücksichtigt man, dass auch der schuldrechtliche Ausgleich ein auf die Ehezeit bezogenes Versorgungsgefälle ausgleichen soll und sich damit im Wesentlichen auf einen in der Vergangenheit abgeschlossenen Sachverhalt bezieht, muss die Anwendung der Härteregelung hinreichenden Raum für diesen Ausgangspunkt lassen.[313] Tragende Grundlage auch des Ausgleichs nach der Scheidung ist der Halbteilungsgrundsatz. Eine Durchbrechung dieses Grundsatzes darf nur auf der Grundlage einer umfassenden Bewertung der beiderseitigen wirtschaftlichen Verhältnisse und unter Berücksichtigung der weiter erreichten versorgungsrechtlichen Absicherung beider Ehegatten vorgenommen werden, ohne dass sich nacheheliche Entwicklungen, die über das in der Ehe erreichte Niveau hinausgehen, allein deshalb zu Lasten des Berechtigten auswirken, weil ein – gemessen an seiner Lebensleistung – zu enger Maßstab zur Beurteilung herangezogen wird.

61 **2. Unbillige Härte für den Ausgleichspflichtigen.** Bei der Prüfung, ob die Verpflichtung zur Zahlung einer Ausgleichsrente für den Ausgleichspflichtigen eine unbillige Härte iSd § 27 darstellt, ist hauptsächlich auf die **wirtschaftlichen Verhältnisse** der beiden früheren Ehegatten abzustellen. Den Billigkeitserwägungen sind sämtliche Umstände zugrunde zu legen, die Bedeutung für

[308] Vgl. BGH NJW-RR 2011, 793 Rn. 75, 79 = FamRZ 2011, 706.

[309] Vgl. Soergel/*Lipp* BGB § 1587h Rn. 5; Johannsen/Henrich/*Hahne,* 4. Aufl. 2003, BGB § 1587h Rn. 7.

[310] Vgl. BGH NJW-RR 2011, 793 Rn. 66 = FamRZ 2011, 706; NJW 2009, 1604 Rn. 34 = FamRZ 2009, 205; NJW 1984, 610 (611) = FamRZ 1984, 251 (253); OLG Karlsruhe BeckRS 2008, 26162 (zu II 3 b) = FamRZ 2005, 628 (629).

[311] So OLG Celle BeckRS 2010, 14630 (zu II 3 a) = FamRZ 1982, 501 (502 f.); unentschieden OLG Hamm BeckRS 2009, 26234 (zu II 3) = FamRZ 1987, 290 (291); iS einer Obergrenze Johannsen/Henrich/*Hahne,* 4. Aufl. 2003, BGB § 1587h Rn. 5; aA BGH NJW 2009, 1604 Rn. 34 = FamRZ 2009, 205 (208); Soergel/*Lipp* BGB § 1587h Rn. 3; Rolland/*Rolland,* Familienrecht, 1994, BGB § 1587h Rn. 4.

[312] *Borth* Versorgungsausgleich Kap. 6 Rn. 67.

[313] Vgl. BGH NJW 2009, 1604 Rn. 30, 35 = FamRZ 2009, 205.

die finanzielle Situation der Parteien erlangen, so dass im Rahmen der Billigkeitsprüfung auch etwaige Unterhaltszahlungen von dritter Seite Beachtung finden können. Eine unbillige Härte liegt nach Auffassung des BGH insbesondere dann vor, wenn dem Ausgleichspflichtigen bei Erfüllung des Ausgleichsanspruchs nicht der eigene notwendige Selbstbehalt verbleiben würde.[314] Weiterhin kommt ein Teilausschluss des Versorgungsausgleichs in Betracht, wenn die Versorgungsbezüge des Ausgleichspflichtigen gepfändet sind und die Ausgleichsrente aus dem unpfändbaren Teil der Versorgungsbezüge aufgebracht werden muss.[315] Eine unbillige Härte liegt ferner dann vor, wenn die wirtschaftlichen Verhältnisse des Ausgleichsberechtigten im Vergleich zu denen des Ausgleichspflichtigen so erheblich günstiger sind, dass die Ausgleichsrentenzahlung dem Grundgedanken des Versorgungsausgleichs in unerträglicher Weise widersprechen würde.[316] Das kann zB dann der Fall sein, wenn der Berechtigte – auch ohne die Ausgleichsrente – wirtschaftlich gesichert lebt, während der angemessene Unterhalt des ausgleichspflichtigen Ehegatten sowie der seiner Unterhaltsgläubiger bei der Bezahlung der Ausgleichsrente gefährdet wäre.[317] Solange indes der Berechtigte die Ausgleichsrente ganz oder zum Teil zu seinem angemessenen Unterhalt benötigt, ist die Inanspruchnahme des Verpflichteten bis zur Grenze seines notwendigen Lebensbedarfs keine unbillige Härte.[318] Auch eine Unterschreitung dieser Grenze kann in Betracht kommen, wenn die beiderseitigen wirtschaftlichen Verhältnisse entsprechend dürftig sind.[319] Eine Ungleichbehandlung im Verhältnis zum Berechtigten kann hierin nicht gesehen werden, weil der Verpflichtete mit einer nachwirkenden Pflicht aus der Ehe in der Schuld steht, für die der Halbteilungsgrundsatz die verfassungsrechtliche Rechtfertigung bildet. Diesem Grundsatz entspricht es, dass der Ausgleich weitgehend unabhängig von der späteren Entwicklung der Lebensverhältnisse der Ehegatten durchgeführt werden soll. Daher kann der Ausgleichsberechtigte die Ausgleichszahlung auch dann verlangen, wenn unterhaltsrechtlich sein Bedarf gedeckt ist und muss der Ausgleichspflichtige die Ausgleichsrente uU auch dann leisten, wenn ihm nicht der angemessene, sondern nur der notwendige Bedarf verbleibt. Das sind „zwei Seiten derselben Medaille".

Da nach § 20 Abs. 1 S. 2 die auf den Ausgleichswert entfallenden **Sozialversicherungsbeiträge** oder vergleichbare Aufwendungen – anders als nach früherem Recht – abzuziehen sind, wird es künftig nicht mehr zu den unbefriedigenden, verfassungsrechtlich aber noch hingenommenen[320] Ergebnissen kommen, dass der Verpflichtete auch für den Teil seiner Versorgung, der im Ergebnis dem anderen Ehegatten gebührte, den Beitrag zur Kranken- und Pflegeversicherung zu entrichten hat;[321] insoweit ist daher eine Korrektur durch Anwendung der Härteklausel[322] nicht mehr erforderlich. Soweit in einem Altverfahren die Anwendung von § 1587g unterblieben ist, kommt eine Abänderung dieser Entscheidung nach § 227 FamFG in Betracht, weil der Übergang zum Nettoprinzip in diesem Bereich als eine wesentliche Änderung der Rechtslage iSd § 48 Abs. 1 FamFG anzusehen ist.[323] Das gilt jedenfalls dann, wenn die Entscheidung vor dem 2.2.2011 ergangen ist; denn erst durch Beschluss vom 2.2.2011 hat der der BGH[324] seine Rspr. dahingehend geändert, dass die Ausgleichsrente grundsätzlich aus dem Nettobetrag der Versorgung zu errechnen ist, um eine grobe Unbilligkeit zu vermeiden. Soweit nach diesem Zeitpunkt aufgrund des bis 31.8.2009 geltenden Rechts eine Ausgleichsrente zugesprochen wurde, dürfte einer Abänderung demgegenüber entgegenstehen, dass § 1587g Abs. 1 BGB aF entgegen der Rspr. des BGH nicht berücksichtigt wurde. 62

---

314 Vgl. BGH NJW-RR 2014, 1473 Rn. 17 = FamRZ 2015, 37; NJW 2009, 1604 Rn. 33 = FamRZ 2009, 205; NJW-RR 2007, 1444 Rn. 18 = FamRZ 2007, 1545; NJW 2007, 1202 Rn. 17 = FamRZ 2007, 363 (364); ebenso OLG Hamm BeckRS 2009, 06022 (zu II 3) = FamRZ 2009, 233 (234).

315 BGH BeckRS 2019, 4006 = FamRB 2019, 179.

316 Vgl. BGH NJW 2009, 1604 Rn. 37 = FamRZ 2009, 205 bei einer „extremen Diskrepanz"; OLG Karlsruhe NJW-RR 2004, 78 bei hohem Vermögen des Ausgleichsberechtigten.

317 Vgl. BGH NJW 2009, 1604 Rn. 33 = FamRZ 2009, 205; NJW 2007, 1202 Rn. 17 = FamRZ 2007, 363 (364); NJW 2006, 366 Rn. 15 = FamRZ 2006, 323 (325); OLG Hamm NJW 1991, 184 = FamRZ 1990, 889 (890); OLG Celle BeckRS 2010, 14630 (zu II 3 b) = FamRZ 1982, 501 (503); s. auch BGH NJW 1985, 2706 (2708) = FamRZ 1985, 263 (265); Johannsen/Henrich/*Holzwarth* Rn. 25; *Borth* Versorgungsausgleich Kap. 6 Rn. 68.

318 Vgl. RegE BT-Drs. 7/650, 166; aA OLG Karlsruhe BeckRS 2008, 26162 (zu II 3 c) = FamRZ 2005, 628 (629), das auf den angemessenen Selbstbehalt des Verpflichteten iSd § 1581 S. 1 BGB als Grenze für eine noch billige Belastung abstellt.

319 Vgl. OLG Hamm NJW 1991, 184 = FamRZ 1990, 889 (890).

320 Vgl. BVerfG (Kammerbeschluss) BeckRS 2001, 22909 Rn. 6 ff. = FamRZ 2002, 311 f. auf Verfassungsbeschwerde gegen BSG NJWE-FER 1999, 316.

321 Vgl. BSG NJWE-FER 1999, 316.

322 So zum früheren Recht BGH NJW-RR 2007, 1444 Rn. 20 = FamRZ 2007, 1545 mwN.

323 Vgl. *Borth* FamRZ 2010, 1210 (1215).

324 BGH NJW-RR 2011, 793 = FamRZ 2011, 706.

Es liegt dann keine Änderung der Rspr. vor, die eine Abänderung der Entscheidung rechtfertigt, sondern ein Rechtsanwendungsfehler, der grundsätzlich nicht geeignet ist, ein Abänderungsverfahren zu eröffnen. Insoweit hat auch die Neuregelung des § 20 Abs. 1 S. 2 keine Änderung bewirkt, weil diese Regelung aufgrund des ab 2.2.2011 geltenden Richterrechts für Altverfahren bereits anwendbar war. Die **steuerlichen Auswirkungen** werden ihre Anwendung idR ebenfalls nicht rechtfertigen. Zwar muss der Verpflichtete die auszugleichende Versorgung in vollem Umfang versteuern. Andererseits kann er jedoch die schuldrechtliche Ausgleichsrente als dauernde Last gem. § 10 Abs. 1a Nr. 4 EStG steuerlich absetzen,[325] während der Berechtigte diese Rente nach § 22 Nr. 1a EStG zu versteuern hat.[326] Liegt der Ausgleichsrente eine nur mit dem Ertragsanteil steuerbare Leibrente zugrunde, gilt dies auch für den Sonderausgabenabzug nach § 10 Abs. 1a Nr. 4a EStG und für die Besteuerung nach § 22 Nr. 1a EStG.[327] Dies folgt daraus, dass Sonderausgabenabzug und dem korrespondierend steuerpflichtige Einnahmen des Ausgleichsberechtigten nur vorliegen, soweit die den gem. § 20 festzusetzenden Ausgleichszahlungen zugrundeliegenden Einnahmen bei der ausgleichspflichtigen Person der Besteuerung unterliegen (§ 10 Abs. 1a Nr. 4 EStG). Anders können die Dinge in Bezug auf die Anwendung der Härteklausel liegen, wenn ausländisches Steuerrecht anzuwenden ist.[328] Für den Fall des Ausgleichs einer Kapitalzahlung gemäß § 22 hat der BGH den Vorwegabzug einer ausländischen Steuerlast gebilligt, wenn im Ausland kein Ausgleichsmechanismus entsprechend § 10 Abs. 1a Nr. 4 EStG, § 22 Nr. 1a EStG zur Verfügung stehe.[329] Die Argumentation ist auf Versorgungen aus bei aus-, über oder zwischenstaatlichen Versorgungsträgern bestehenden Anrechten, aus denen laufende Renten geleistet werden, übertragbar. Folgt man diesem Ansatz, ist der Steuerabzug bereits bei der Berechnung der laufenden Ausgleichsrente gemäß § 20 analog zu berücksichtigen, die Korrektur über § 27 ist dann entbehrlich.

63 **3. Entsprechende Anwendung des § 1577 Abs. 3 BGB.** Im Rahmen des § 1587h Nr. 1 BGB war die entsprechende Anwendung des § 1577 Abs. 3 BGB vorgesehen. Durch diese Verweisung wurde klargestellt, dass sowohl bei der Feststellung der fehlenden Bedürftigkeit des Berechtigten als auch der wirtschaftlichen Härte für den Verpflichteten der **Stamm des jeweiligen Vermögens** insoweit nicht zu berücksichtigen ist, als dessen Verwertung unwirtschaftlich ist oder eine unbillige Härte darstellen würde (→ BGB § 1577 Rn. 30 ff.). Diese ebenfalls weitgehend auf Billigkeitsüberlegungen beruhende Vorschrift hat auch im Rahmen der nach § 27 erforderlichen umfassenden Würdigung der gesamten Umstände des Einzelfalls ihren Platz.

## V. Rechtsfolgen

64 **1. Grundsätzliches.** Aus der Überschrift des § 27 und dem Wort „soweit" folgt, dass nicht nur ein völliger Ausschluss der Durchführung des Versorgungsausgleichs **(„Wegfall")**, sondern auch eine Herabsetzung der Ausgleichsverpflichtung **(„Beschränkung")** zulässig ist. In den meisten Fällen wird wegen des Ausnahmecharakters des § 27 nur die Anordnung eines Teilausschlusses geboten sein.[330] Dies kann nach Lage des Falles auch eine zeitlich befristete Herabsetzung sein, wenn die ungekürzte Durchführung des Versorgungsausgleichs nur für einen vorübergehenden Zeitraum grob unbillig wäre.[331] In welchem Umfang eine Kürzung des Versorgungsausgleichs vorzunehmen ist, richtet sich nach dem unter Berücksichtigung aller Umstände zu beurteilenden Grad der Unbilligkeit[332] und ist daher in erster Linie Gegenstand der Würdigung des Tatrichters, dessen Beurteilung

[325] Vgl. OLG Saarbrücken NJW 2015, 2819 Rn. 40 = FamRZ 2016, 59 (62); jeweils zu § 10 Abs. 1 Nr. 1a EStG aF BFHE 239, 203 Rn. 26 ff., 46 = NJW 2013, 894 = FamRZ 2013, 455; BFHE 203, 337 = NJW-RR 2004, 508; BFH BeckRS 2003, 25002903 (zu B I); OLG Stuttgart NJW-RR 2006, 1014 (1016) = FamRZ 2006, 1610 (1611).

[326] Vgl. OLG Hamburg BeckRS 2010, 16366 = FamRZ 2010, 1082; zum früheren Rechtszustand OLG Stuttgart NJW-RR 2006, 1014 (1016) = FamRZ 2006, 1610 (1611); OLG Düsseldorf BeckRS 2009, 22462 (zu B 4) = FamRZ 1997, 677 (678); OLG Celle BeckRS 1994, 31136863 (zu III 6 b cc) = FamRZ 1995, 812 (814).

[327] Vgl. BR-Drs. 544/07, 67; BFHE 239, 203 Rn. 46 = NJW 2013, 894 = FamRZ 2013, 455; so schon zu den Vorgängerregelungen des § 10 Abs. 1 Nr. 1a S. 2 und des § 22 Nr. 1 S. 1 EStG BFHE 203, 337 (350 ff.) = NJW-RR 2004, 508 (512); BeckRS 2003, 25002903 (zu B II 2).

[328] Vgl. OLG Koblenz FamRZ 2017, 2013 mAnm *Borth*; – aber in casu abl. – OLG Bremen BeckRS 2012, 14695 (zu II 3 c cc) = FamRZ 2012, 1723 (1725) mAnm *Borth* FamRZ 2012, 1726.

[329] BGH BeckRS 2018, 28311.

[330] Zur Wahrung des Existenzminimums als möglicher Maßstab für eine Kürzung vgl. OLG Hamm NJW-RR 2015, 1480 (1482).

[331] Vgl. BGH NJW-RR 2005, 730 (732 f.) = FamRZ 2005, 696 (699) unter Bezugnahme auf BGH NJWE-FER 1999, 105 (106) = FamRZ 1999, 497 (498).

[332] BGH NJW 1983, 117 (119) = FamRZ 1983, 32 (35).

das Rechtsbeschwerdegericht nur darauf prüfen kann, ob die wesentlichen Umstände berücksichtigt sind und das Ermessen in einer dem Gesetzeszweck entsprechenden Weise ausgeübt worden ist.[333]

Für die Anwendung des § 1587c Nr. 1 BGB war es geklärt, dass nur eine Herabsetzung oder ein völliger Ausschluss des Versorgungsausgleichs herbeigeführt werden konnte; nicht möglich war es, den Ausgleichsanspruch zur Vermeidung einer ungerechtfertigten Härte für den Ausgleichsberechtigten zu erhöhen.[334] Auf Seiten des Ausgleichsberechtigten konnten daher Versorgungsanrechte selbst dann nicht unberücksichtigt bleiben, wenn ihre Einbeziehung in den öffentlich-rechtlichen Wertausgleich grob unbillig gewesen wäre.[335] Im Grundsatz gilt auch für § 27, dass die in S. 2 vorgesehene **Abweichung von der Halbteilung** nur in die Richtung der Beschränkung und des Ausschlusses führt, **nicht** aber **zur Erhöhung der Teilhabe.** Für eine Teilung von Anrechten, die dem betroffenen Ehegatten mehr als die Hälfte nimmt, fehlt es an der verfassungsrechtlichen Legitimation. Dies kommt prinzipiell auch dem Inhaber eines Anrechts zugute, der es verkürzt hat, um die Ausgleichsansprüche seines Ehegatten zu schmälern. Deswegen ist auch bei einem solchermaßen verkürzten Anrecht höchstens dessen Ausgleichswert, also die Hälfte des Werts des betreffenden Ehezeitanteils, auszugleichen (vgl. aber → Rn. 69 f.).[336] 65

**2. Einzelfälle.** Kommt das Gericht zu dem Ergebnis, der Versorgungsausgleich sei insgesamt auszuschließen, darf die Entscheidung nicht dahin gehen, dass im Wege des Einzelausgleichs die Anrechte des insgesamt Ausgleichsberechtigten geteilt werden, während die Anrechte des insgesamt Ausgleichsverpflichteten nach § 27 unausgeglichen bleiben, weil dies darauf hinausliefe, dass der Ehegatte mit den insgesamt höheren Anrechten noch zusätzliche Anrechte erhielte. Auch wenn das Gericht zum Ergebnis kommt, aus besonderen Härtegründen sei **nur die Hälfte** des jeweiligen Ausgleichswerts auszugleichen, muss diese Entscheidung so umgesetzt werden, dass dieses Ergebnis auch wirtschaftlich erreicht wird. Das kann in der Weise geschehen, dass bei jedem Einzelausgleich zwischen den Ehegatten nur die Hälfte des Ausgleichswerts ausgeglichen wird, eine Lösung, die sich insofern anbietet, als sie eine Gesamtbilanz entbehrlich macht und den in ihrer Finanzierung, Wertentwicklung und im Leistungsspektrum unterschiedlich ausgestalteten Anrechten Rechnung trägt. Denkbar ist aber auch, dass das Gericht im Wege einer Gesamtbilanz (→ Rn. 22) ermittelt, in welcher Größenordnung Anrechte vom insgesamt Verpflichteten auf den insgesamt Berechtigten übertragen werden müssten, um zu einem Ausgleich von einer Hälfte des Ausgleichswerts zu gelangen. Lässt sich dies unter Beachtung des Grundsatzes, dass nicht mehr als der Ausgleichswert eines Anrechts übertragen werden kann, durch die Heranziehung bestimmter Anrechte verwirklichen, ist es nicht ausgeschlossen, die anderen Anrechte vom Ausgleich insgesamt auszunehmen. Da der Gesetzgeber **nicht näher geregelt** hat, **in welcher Rangfolge der Versorgungsausgleich zu beschränken ist,** ist dem FamG ein entsprechendes **Ermessen** eingeräumt, das zum Beispiel dahin gehen kann, Anrechte, deren interne Teilung für beide Ehegatten nach § 13 zu gewissen Einbußen führt, im Rahmen des rechtlich Möglichen vom Ausgleich auszunehmen. Während nach früherem Recht der Ausgleichsanspruch nicht über die sich bei Einbeziehung aller in der Ehezeit erworbenen Anrechte ergebende gesetzliche Höhe hinausgehen durfte,[337] was geschehen konnte, wenn man einzelne Anrechte – insbes. des Ausgleichsberechtigten – nicht berücksichtigte, spielen diese Überlegungen im Hinblick auf den Einzelausgleich jedes einzelnen Anrechts keine Rolle mehr. Konnte früher ein Rentenversicherungsträger beanstanden, dass eine zu hohe Rentenanwartschaft übertragen worden sei, weil ein Anrecht des Ausgleichsberechtigten in der betrieblichen Altersversorgung nicht berücksichtigt war, kommt es jetzt nur noch darauf an, dass beim Ausgleich eines einzelnen Anrechts nicht der Ausgleichswert überschritten wird. 66

Soweit bestimmte Teile der Ehezeit – etwa **Zeiten einer Trennung – einer isolierten Betrachtung** unterzogen werden, weil sich Härtegründe nur auf sie beziehen, ist zu beachten, dass es bei der Maßgeblichkeit des Ehezeitendes für die Bewertung der Anrechte und die Durchführung 67

---

333 BGH NJW-RR 2013, 898 Rn. 17 = FamRZ 2013, 1200; NJW-RR 1999, 585 (586) = FamRZ 1999, 499 (500); NJW-RR 1990, 1155 (1156) = FamRZ 1990, 1341 (1342); NJW-RR 1987, 324 (325) = FamRZ 1987, 362 (364).

334 BGH NJW 1992, 3299 (3300) = FamRZ 1993, 175 (176); NJW 1983, 37 = FamRZ 1982, 1193; BGHZ 82, 66 (80) = NJW 1982, 224 (229) = FamRZ 1982, 36 (41); OLG Köln FamRZ 1979, 935 (936).

335 BGH BeckRS 1986, 31075423 (zu II 2) = FamRZ 1987, 48 (49); OLG Hamm BeckRS 2010, 18289 = FamRZ 1981, 973.

336 Vgl. BGH NJW 2013, 2967 Rn. 10 = FamRZ 2013, 1362; OLG Oldenburg BeckRS 2012, 13599 (zu II 5 a) = FamRZ 2012, 1945 Ls.; *Ruland* Versorgungsausgleich Rn. 869.

337 BGH NJW 2001, 3333 (3335) = FamRZ 2001, 1444 (1445, 1447) bei vereinbartem Teilausschluss nach § 1408 Abs. 2 BGB; OLG Zweibrücken BeckRS 2000, 30125063 = FamRZ 2001, 165 Ls.; OLG Köln BeckRS 2000, 30150717 = FamRZ 2001, 1462 Ls.; AG Königswinter BeckRS 2005, 06517 = FamRZ 2002, 169.

des Versorgungsausgleichs bleibt;[338] dass ein solcher Ausgleich nicht über das Maß hinausgehen dürfte, wie es bei einer ungekürzten Durchführung des Versorgungsausgleichs zu verzeichnen wäre,[339] dürfte nicht mehr der Rechtslage entsprechen, weil es nur darauf ankommt, dass beim Ausgleich eines einzelnen Anrechts nicht der Ausgleichswert überschritten wird (→ Rn. 66). Gleichwohl wird man in einem solchen Fall die Kontrollüberlegung anstellen müssen, ob die Abweichung von der Halbteilung wirklich gerechtfertigt ist.

68 Geht es um den **Härtegrund der mutwilligen Verkürzung der eigenen Anrechte** (→ Rn. 43–47), wurde nach früherem Recht, das nur einen Ausgleichsberechtigten kannte, der Versorgungsausgleich auf den Betrag gekürzt, der sich ergeben hätte, wenn die treuwidrig nicht erworbenen Anrechte des Ausgleichsberechtigten bei Durchführung des Versorgungsausgleichs berücksichtigt worden wären. Das war im Grundsatz einfach zu handhaben, weil man nur die mutwillig nicht begründeten Anrechte des Ausgleichsberechtigten in die Gesamtbilanz einstellen musste, so dass sich dann ein entsprechend geringerer Wertunterschied ergab. Allerdings war dies mit dem Nachteil verbunden, dass ein entsprechend treuwidriges Verhalten des Ausgleichsverpflichteten folgenlos blieb, weil § 1587c BGB keine Erhöhung des Versorgungsausgleichs erlaubte.[340]

69 Nach dem neuen Recht gilt **derselbe Maßstab;** es ist die Aufgabe der Härteklausel in den angesprochenen Fällen, dem manipulativen Einwirken auf das Entstehen von Anrechten in der Weise entgegenzuwirken, dass rechnerisch zumindest eine Lage hergestellt wird, die derjenigen entspricht, wenn die in Frage stehenden Anrechte begründet worden wären. Haben beide Ehegatten Anrechte erworben, sind beide im Hinblick auf den durchzuführenden Einzelausgleich bezüglich ihrer eigenen Anrechte ausgleichsverpflichtet und in Bezug auf die Anrechte des anderen ausgleichsberechtigt. Daraus ergibt sich, dass ihre jeweilige Ausgleichsberechtigung nach Maßgabe des § 27 gekürzt werden kann. Das geschieht in der Weise, dass die Teilhabe eines Ehegatten, der auf seine eigenen Anrechte in manipulativer Weise eingewirkt hat oder für ihren Verlust verantwortlich ist,[341] an Anrechten des anderen Ehegatten entsprechend beschränkt wird.[342] Demgegenüber bleibt es dabei, dass die jeweils erworbenen Anrechte nur bis zur Höhe des Ausgleichswerts ausgeglichen werden können.[343] Insoweit bietet auch § 27 keine Handhabe, die Teilhabe an einem Anrecht, auf das manipulativ eingewirkt worden ist, über die Halbteilung hinaus zu erhöhen (→ Rn. 65 aE).[344]

70 In Fällen der in → Rn. 69 geschilderten Art ist es wegen des Einzelausgleichs, der – je nach dem Versorgungssystem des Anrechts – nach § 5 Abs. 1 in Form von Entgeltpunkten, eines Rentenbetrags oder eines Kapitalwerts vorzunehmen ist, erforderlich, eine **Gesamtbilanz** nach den Kapitalwerten oder den korrespondierenden Kapitalwerten der Anrechte aufzustellen, um berechnen zu können, in welcher Höhe die Teilhabe an den Anrechten des anderen Ehegatten zu beschränken ist. Hat zum Beispiel der Ehemann ein Anrecht mit einem Kapitalwert von 100.000 EUR und die Ehefrau ein solches von 60.000 EUR erworben, führt der ungekürzte Einzelausgleich zu einem Transfer von 50.000 EUR zur Ehefrau und von 30.000 EUR zum Ehemann. Im Ergebnis verfügen nach dem Ausgleich beide Ehegatten über Anrechte mit einem Kapitalwert von 80.000 EUR. Nimmt man jetzt an, der Ehemann habe seine Anrechte mutwillig um 20.000 EUR verkürzt, ergibt sich folgendes: Ohne die Verkürzung stünden insgesamt Anrechte von 120.000 EUR und 60.000 EUR zum Ausgleich, so dass bei einer Teilung jeder Ehegatte über Anrechte von 90.000 EUR verfügen würde. Die Anwendung der Billigkeitsklausel darf daher auf keinen Fall dazu führen, dass die Ehefrau nach Durchführung des Ausgleichs über Anrechte von mehr als 90.000 EUR verfügen würde. Für den Einzelausgleich des Anrechts des Ehemannes bleibt es bei einem Transfer von 50.000 EUR zugunsten der Ehefrau. Beim Ausgleich ihres Anrechts von 60.000 EUR kann aber berücksichtigt werden, dass der Ehemann seine Anrechte um 20.000 EUR verkürzt hat. Der

---

338 BGH NJW 2006, 1967 Rn. 17 = FamRZ 2006, 769 (771).

339 So zum früheren Recht BGH NJW 2001, 3333 (3335) = FamRZ 2001, 1444 (1445, 1447) bei vereinbartem Teilausschluss nach § 1408 Abs. 2; OLG Zweibrücken BeckRS 2000, 30125063 = FamRZ 2001, 165 Ls.; OLG Köln BeckRS 2000, 30150717 = FamRZ 2001, 1462 Ls.; AG Königswinter BeckRS 2005, 06517 = FamRZ 2002, 169.

340 BGH NJW 1985, 2024 (2025) = FamRZ 1985, 687 (688); NJW 1983, 37 = FamRZ 1982, 1193; Erman/*Norpoth/Sasse* Rn. 1; *Ruland* Versorgungsausgleich Rn. 868; vgl. auch Soergel/*Lipp* BGB § 1587c Rn. 26, 32; aA OLG Karlsruhe BeckRS 1986, 00228 (zu IV 2) = FamRZ 1986, 917 (918); Rolland/*Rolland,* Familienrecht, 1994, BGB § 1587c Rn. 48.

341 Vgl. zum Entzug eines Anrechts infolge der Verurteilung zu einer mehrjährigen Freiheitsstrafe wegen einer schweren Straftat zum Nachteil des gemeinsamen Kindes OLG Hamm NJOZ 2013, 1656 (1657 f.) = FamRZ 2013, 1044 (1045).

342 Vgl. OLG Hamm BeckRS 2013, 22252 (zu II 2 a) = FamRZ 2014, 754 (755); Erman/*Norpoth* Rn. 24.

343 Ähnlich *Kirchmeier* VersR 2009, 1581 (1582).

344 Vgl. BGH NJW 2013, 2967 Rn. 10 = FamRZ 2013, 1362; OLG Oldenburg BeckRS 2012, 13599 (zu II 5 a) = FamRZ 2012, 1945 Ls.

Transfer von 30.000 EUR zum Ehemann kann daher um die Hälfte des verkürzten Betrags, also um 10.000 EUR auf 20.000 EUR beschränkt werden. In diesem Fall verfügt der Ehemann nach Durchführung des Ausgleichs über Anrechte im Kapitalwert von 70.000 EUR und die Ehefrau über solche von 90.000 EUR. Hat in weiterer Abwandlung des Beispiels auch die Ehefrau ihre Anrechte um 30.000 EUR verkürzt, muss sie sich die Hälfte dieses Betrags, nämlich 15.000 EUR auf ihren Ausgleichsanspruch in Höhe von 50.000 EUR anrechnen lassen, so dass dieser nach § 27 auf 35.000 EUR gekürzt wird. Beim Anspruch des Ehemanns bleibt es dabei, dass er wegen der Verkürzung seiner Anrechte keinen Ausgleich von 30.000 EUR, sondern lediglich von 20.000 EUR verlangen kann. Bei dieser angenommenen Verkürzung der Anrechte durch beide Ehegatten verfügt der Ehemann nach Durchführung des Ausgleichs über Anrechte im Kapitalwert von 85.000 EUR und die Ehefrau über solche von 75.000 EUR. Nach früherem Recht hätte lediglich die Verkürzung der Anrechte der ausgleichsberechtigten Ehefrau berücksichtigt werden können.

In den Fällen einer **Unterhaltspflichtverletzung** (→ Rn. 48–54) wird die Anwendung der Härteklausel idR nicht zu einem gänzlichen Ausschluss, sondern nur zu einer **Herabsetzung des Versorgungsausgleichs** führen; dabei sind für den Umfang der Kürzung in erster Linie Grad und Dauer der Unterhaltspflichtverletzung des Ausgleichsberechtigten maßgebend. Das OLG Düsseldorf[345] hat allerdings den vollständigen Ausschluss des Versorgungsausgleichs gebilligt, wenn der Ausgleichsberechtigte während einer langen Trennungszeit nachhaltig gegen die Verpflichtung zum Kindes- und Ehegattenunterhalt beizutragen, verstoßen hat. Dadurch wurde auch der Ausgleich für die Zeit vor der Trennung, in der ein solcher Vorwurf nicht erhoben werden konnte, allerdings der Ehemann gleichwohl auch ausgleichsberechtigt war, ausgeschlossen. Eine mögliche Kürzung des Versorgungsausgleichs beschränkt sich nicht auf die Betrachtung der Anwartschaften, die in der Zeit der Unterhaltspflichtverletzung begründet worden sind.[346] Es bliebe dann nämlich sanktionslos, wenn ein Ehegatte in der Zeit seiner Pflichtverletzung gleichwohl die werthöheren Anwartschaften erworben hätte. 71

Nach § 1587c Nr. 3 BGB war es nicht möglich, den Ausgleichsanspruch mit der Begründung zu erhöhen, der Ausgleichspflichtige habe seinen Beitrag zum Familienunterhalt nicht geleistet. Dies galt selbst dann, wenn der Ausgleichsberechtigte wegen der **Pflichtverletzung des Ausgleichspflichtigen** in erhöhtem Maße Mittel zum Familienunterhalt beigesteuert hatte, die er anderenfalls zum Aufbau einer besseren Versorgung hätte verwenden können.[347] Nach neuem Recht können im Rahmen des Einzelausgleichs auch Pflichtverletzungen des Ausgleichspflichtigen in der Weise berücksichtigt werden, dass seine Teilhabe an den Anrechten des anderen Ehegatten entsprechend gekürzt wird (Beispiele → Rn. 70).[348] 72

## VI. Verfahren

Im Versorgungsausgleichsverfahren gilt der **Grundsatz der Amtsermittlung** (§ 26 FamFG); die für die Anwendung der Härteregelung des § 27 erheblichen Tatsachen sind daher von Amts wegen zu berücksichtigen;[349] liegen Hinweise auf eine ungleichgewichtige Verteilung des in der Ehe Erworbenen vor, hat das Gericht den Sachverhalt auch insoweit von Amts wegen aufzuklären.[350] Das bedeutet jedoch nicht, dass der Tatrichter nach Umständen zu forschen hätte, die Anlass zur Anwendung der Härteklausel geben könnten; es ist vielmehr Sache des Ausgleichspflichtigen,[351] Umstände vorzutragen, mit denen er eine erstrebte Herabsetzung des Ausgleichs begründen will.[352] Der Grundsatz der Amtsermittlung gilt auch im Rechtsmittelverfahren; allerdings ist das Verbot der Schlechterstellung des Rechtsmittelführers zu beachten.[353] Die Grundsätze der materiellen Feststel- 73

345 OLG Düsseldorf NZFam 2018, 900 m. krit Anm. *Norpoth*.
346 Vgl. BGH BeckRS 1986, 31075431 (zu III 1 c) = FamRZ 1987, 49 (51).
347 BGH NJW 1983, 37 = FamRZ 1982, 1193.
348 *Borth* Versorgungsausgleich Kap. 6 Rn. 55.
349 Vgl. BGH NJW 1985, 2266 (2267) = FamRZ 1985, 267 (269).
350 Vgl. zum Maß notwendiger Substantiierung OLG Frankfurt BeckRS 2003, 30313747 = FamRZ 2004, 884 Ls., das es für erforderlich hält, die Erkenntnisse eines anhängigen güterrechtlichen Verfahrens der Ehegatten mit einzubeziehen.
351 Zu den Pflichten des ihn beratenden Rechtsanwalts vgl. BGH BeckRS 2010, 26827 Rn. 9 = FamRZ 2010, 2067.
352 BGH BeckRS 2016, 11579 Rn. 19; NJW-RR 2007, 361 Rn. 13 = FamRZ 2007, 366 (367); NJW 1988, 1839 (1840) = FamRZ 1988, 709 (710); NJW 1992, 175 (176) = FamRZ 1992, 47 (48); OLG Brandenburg NJOZ 2007, 1339 (1340 f.) = FamRZ 2007, 1331 (1332); OLG Bamberg BeckRS 2000, 13993 = FamRZ 2001, 1222; OLG Karlsruhe NJW-RR 1992, 652 = FamRZ 1992, 689.
353 BGH NJW 1985, 2266 (2267) = FamRZ 1985, 267 (269) unter Hinweis auf BGHZ 92, 5 (12) = NJW 1984, 2879 (2881) = FamRZ 1984, 990 (992); *Borth* Versorgungsausgleich Kap. 6 Rn. 59.

lungslast bleiben hiervon unberührt, so dass es zu Lasten des Ausgleichspflichtigen geht, wenn sich die Voraussetzungen der Härteklausel nicht feststellen lassen.[354] Der Versorgungsträger ist durch eine Anwendung der Härteklausel nicht beschwert; insoweit steht ihm kein Beschwerderecht zu.[355] Allerdings ist auch er am Beschwerdeverfahren zu beteiligen, weil sich das Beschwerdegericht nicht auf die Überprüfung der Anwendung der Härteregelung beschränken darf.[356] Greift ein Ehegatte eine Entscheidung mit der Begründung an, der Versorgungsausgleich dürfe nach § 27 nicht durchgeführt werden, ist das Beschwerdegericht in den Grenzen, die sich aus dem Verbot der Schlechterstellung ergeben, daher zu einer anderweitigen Regelung des Ausgleichs auch dann befugt, wenn es die geltend gemachten Härtegründe verneint.[357] Das FamG hat nach § 224 Abs. 3 FamFG in der Beschlussformel festzustellen, wenn ein Wertausgleich bei der Scheidung nach § 27 nicht stattfindet. Da dem Gericht insoweit eine materielle Prüfung obliegt, ob die Voraussetzungen für einen Ausschluss des Versorgungsausgleichs vorliegen, erwächst seine Entscheidung in materielle Rechtskraft.[358]

74 Die Entscheidung über die Anwendung des § 27 ist in erster Linie Gegenstand der **tatrichterlichen Würdigung,** die mit der Rechtsbeschwerde nur darauf überprüft werden kann, ob die wesentlichen Umstände berücksichtigt sind und das Ermessen in einer dem Gesetzeszweck entsprechenden Weise ausgeübt worden ist.[359] Gemeinsame Vorstellungen der Parteien über die Anwendung der Härteregelungen sind für das Gericht nur verbindlich, wenn der Parteiwille in den gesetzlich vorgeschriebenen Formen (vgl. § 7) geäußert worden ist.[360]

75 Bei Durchführung des Verfahrens über **Ausgleichsansprüche nach der Scheidung,** das nach § 223 FamFG nur auf Antrag eingeleitet wird, hat das FamG die Härteklausel des § 27 **von Amts wegen** zu beachten. Treten die Voraussetzungen für eine Beschränkung des Ausgleichs erst nach Zubilligung einer Ausgleichsrente iSd § 20 ein, kann die Entscheidung auf Antrag nach § 227 Abs. 1 FamFG unter den Voraussetzungen des § 48 Abs. 1 FamFG abgeändert werden. Hierfür ist erforderlich, dass sich die zugrunde liegende Sach- und Rechtslage nachträglich wesentlich geändert hat, was – anders als bei § 225 FamFG – auch der Fall sein kann, wenn nachträglich Umstände eingetreten sind, die eine unbillige Härte bedeuten, da diese dazu führen, dass sich der Anspruch auf Zahlung einer Ausgleichsrente unmittelbar erhöht oder vermindert.[361]

---

354 Vgl. BGH NJW 2014, 61 Rn. 18 = FamRZ 2014, 105, auch zu Art. 17 Abs. 3 S. 2 EGBGB; NJW-RR 2013, 898 Rn. 16 = FamRZ 2013, 1200; NJW-RR 1999, 585 (586) = FamRZ 1999, 499 (500); NJW-RR 1990, 1155 (1156) = FamRZ 1990, 1341 (1342); OLG Karlsruhe BeckRS 2015, 19084 Rn. 18 = FamRZ 2015, 1968 (1969); OLG Köln FamRZ 1998, 1370 (1371), insoweit nicht abgedruckt in NJWE-FER 1998, 194.

355 Vgl. BGH NJW 1998, 2679 (2680) = FamRZ 1998, 1024 (1025); NJW 1981, 1274 (1275) = FamRZ 1981, 132 (134); OLG Frankfurt FamRZ 1995, 299; OLG Hamm BeckRS 2010, 05890 = FamRZ 1988, 1070; OLG München BeckRS 2010, 15285 (zu II) = FamRZ 1982, 1029 (1030).

356 Vgl. hierzu BGH NJW 1998, 2679 (2680) = FamRZ 1998, 1024 (1025), allerdings ohne abschließende Stellungnahme; OLG Brandenburg BeckRS 2015, 07230 Rn. 24 f. = FamRZ 2015, 1965 (1967).

357 Vgl. OLG Brandenburg BeckRS 2015, 07230 Rn. 24 f. = FamRZ 2015, 1965 (1967); BeckRS 2015, 01188 Rn. 18 f., 26 f. = FamRZ 2015, 1033 (1034 f.).

358 Keidel/*Weber* FamFG § 224 Rn. 8; zum bisherigen Recht BGH NJW 2009, 677 Rn. 10–12 = FamRZ 2009, 215.

359 Vgl. BGH FamRZ 2017, 1914 = NJW-RR 2017, 1347; NJW 2014, 61 Rn. 23 = FamRZ 2014, 105; NJW-RR 2013, 515 Rn. 13 = FamRZ 2013, 690; NJOZ 2013, 581 Rn. 16 = FamRZ 2013, 106 mwN.

360 BGH NJW 1985, 315 (318) = FamRZ 1985, 45 (47).

361 Zur Berücksichtigung der Härteklausel im Abänderungsverfahren Musielak/Borth/*Grandel* FamFG § 227 Rn. 11.

# Kapitel 3. Ergänzende Vorschriften

## § 28 Ausgleich eines Anrechts der Privatvorsorge wegen Invalidität

**(1) Ein Anrecht der Privatvorsorge wegen Invalidität ist nur auszugleichen, wenn der Versicherungsfall in der Ehezeit eingetreten ist und die ausgleichsberechtigte Person am Ende der Ehezeit eine laufende Versorgung wegen Invalidität bezieht oder die gesundheitlichen Voraussetzungen dafür erfüllt.**

**(2) Das Anrecht gilt in vollem Umfang als in der Ehezeit erworben.**

**(3) Für die Durchführung des Ausgleichs gelten die §§ 20 bis 22 entsprechend.**

**Schrifttum:** S. § 1587.

**Übersicht**



### I. Normzweck

1 Das Kapitel 3 des 1. Teils des VersAusglG enthält einige ergänzende Vorschriften, die zwar für den Versorgungsausgleich allgemein gelten, vom Gesetzgeber aber wegen ihrer „nachrangigen praktischen Bedeutung" nicht in den Allgemeinen Teil (Kapitel 1, §§ 1–5) eingestellt worden sind.[1] Dabei enthält § 28 eine **Sonderregelung für den Ausgleich eines Anrechts der Privatvorsorge wegen Invalidität.** Diese Sonderregelung entzieht Anrechte der genannten Art dem Wertausgleich bei der Scheidung und beschränkt auch Ausgleichsansprüche nach der Scheidung auf ein sonst dem VersAusglG fremdes Maß, so dass der Gesetzgeber die praktische Bedeutung dieser Anrechte in der Tat beschnitten hat.

### II. Voraussetzungen für den Ausgleich (Abs. 1)

2 **1. Gegenstand der Vorschrift.** Nach § 2 Abs. 2 Nr. 2 ist ein Anrecht auszugleichen, sofern es der Absicherung im Alter oder bei Invalidität, insbesondere wegen verminderter Erwerbsfähigkeit, Berufsunfähigkeit oder Dienstunfähigkeit, dient und die weiteren in § 2 Abs. 2 genannten Voraussetzungen erfüllt sind (→ § 2 Rn. 22 ff.). Dabei umschreibt der Begriff der **Invalidität** eine bei allen Versorgungen mögliche Einschränkung der Arbeits- oder Dienstfähigkeit vor dem Erreichen der Regelaltersgrenze. Besonderheiten bei der Vorsorge wegen Invalidität bestehen im Versorgungsausgleich in zweierlei Hinsicht. Zum einen ist im Rahmen der Anforderungen an eine interne Teilung in § 11 Abs. 1 S. 2 Nr. 3 vorgesehen, dass der Versorgungsträger den Risikoschutz auf eine Altersversorgung beschränken – also den Fall der Invalidität ausnehmen – kann, wenn er für das nicht abgesicherte Risiko – also beispielsweise die Invalidität – einen zusätzlichen Ausgleich bei der Altersversorgung schafft. Die andere Besonderheit ist Gegenstand der Regelung des § 28. Diese betrifft nicht Anrechte wegen Invalidität allgemein, sondern nur solche **im Rahmen der Privatvorsorge,** also auf der Grundlage eines privaten Versicherungsvertrags.[2] Dabei gibt es private Berufsunfähigkeitsversicherungen sowohl als selbständige als auch – mehrheitlich – als Berufsunfähigkeits-Zusatzversicherungen,[3] bei denen sich die versicherte Berufsunfähigkeitsrente auf einen bestimmten Prozentsatz der Kapitalversicherung beläuft.

3 Dem Ausgleich steht auch nicht entgegen, dass das Anrecht aufgrund von Direktleistungen von Beiträgen durch **Dritte** gemäß § 19 Abs. 1 SGB X erworben wurde, denn auch dieses Anrecht ist während der Ehe durch Vermögen – dazu gehört der Schadensersatzanspruch des Ausgleichpflichti-

---

1 Vgl. BT-Drs. 16/10144, 69.

2 Zur Berufsunfähigkeitsvorsorge im Versorgungswerk der Presse vgl. OLG Köln BeckRS 2014, 09230 zu II 2 = FamRZ 2014, 755 Ls.

3 Vgl. eingehend hierzu Soergel/*Koch* Rn. 13 ff.

gen – geschaffen und aufrechterhalten worden.[4] Wird das Anrecht durch einen Dritten **schenkweise** finanziert, soll es auf die Zweckbestimmung oder Direktleistung ankommen.[5] Nicht ausgleichpflichtig seien demgegenüber Unfallrenten, da diese Entschädigungscharakter haben.[6]

4 Setzt sich eine Versorgung aus **mehreren Bausteinen** oder Bestandteilen zusammen, ist für jeden von ihnen zu prüfen, ob er in Anwendung der in § 2 genannten Kriterien dem Versorgungsausgleich oder – wie bei einer privaten Kapitalversicherung – dem güterrechtlichen Ausgleich unterliegt.[7] Soweit ein Baustein die private Berufsunfähigkeitsvorsorge betrifft und auf eine Rentenzahlung gerichtet ist, bleibt für ihn die Bestimmung des § 28 anwendbar. Nicht in den Anwendungsbereich der Vorschrift gehören daher Direktversicherungen und andere Durchführungswege[8] der **betrieblichen Altersversorgung** – hier ist allenfalls eine Korrektur über § 27 denkbar[9] –, die einen ähnlichen zusätzlichen Risikoschutz gewährleisten, und die Absicherung von Invalidität **in anderen Versorgungssystemen;**[10] mangels einer Regelungslücke kommt insoweit auch nicht eine analoge Anwendung in Betracht, auch nicht als „Ausgleich" für den Ausschluss von Anrechten der betrieblichen Altersversorgung von der Anpassung für Unterhalt und Invalidität nach den §§ 32–36.[11] Ob auch Renten der **privaten Unfallversicherung** dem Versorgungsausgleich unterliegen, ist umstritten (→ § 2 Rn. 11). Während sich der RegE gegen die Einbeziehung einer privaten Unfallrente in den Versorgungsausgleich ausspricht, weil Leistungen mit Entschädigungscharakter von ihm ausgenommen seien,[12] wird man nicht außer Betracht lassen dürfen, dass im Rahmen eines privaten Versicherungsverhältnisses Gestaltungen anzutreffen sein können, in denen – etwa bei einer selbständigen Berufstätigkeit mit bestimmten Unfallrisiken – eine unfallbedingte Berufsunfähigkeit abgesichert wird, ohne dass der Entschädigungscharakter der Leistung im Vordergrund steht.[13] Demgegenüber unterliegt eine private Krankenversicherung in ihrer Zielsetzung nicht dem Versorgungsausgleich, mag sie auch – etwa in der Form einer Krankentagegeldversicherung – die Folgen einer (allerdings nur vorübergehenden) Arbeitsunfähigkeit absichern.[14]

5 **2. Rechtslage nach dem früheren Recht.** Berufsunfähigkeitsversicherungen oder mit Lebensversicherungen verbundene Berufsunfähigkeits-Zusatzversicherungen sind **Risikoversicherungen,** die – in der Regel[15] – mit dem jeweils letzten Beitrag aufrechterhalten werden und für die **vor dem Versicherungsfall kein Deckungskapital** gebildet wird. Ob der Fall der Berufsunfähigkeit eintritt und ob die Prämien bis zum Eintritt eines solchen Versicherungsfalls gezahlt werden, ist ungewiss, wenn die Prämienzahlungspflicht über das Ehezeitende hinausgeht. Nach dem bis zum 31.8.2009 geltenden Recht unterlagen sie dem öffentlich-rechtlichen Versorgungsausgleich daher nur dann, wenn der Versicherungsfall bei Ehezeitende bereits eingetreten war (→ 6. Aufl. 2013, Rn. 3 mzN). Dies war bei einer Versorgungszusage für eine Invaliditätsrente anders zu beurteilen, wenn die Anwartschaft – etwa in der betrieblichen Altersversorgung – nicht von einer Prämienzahlung des Ehegatten abhing.[16] Ob ein nach dem Ende der Ehezeit eingetretener Versicherungsfall zu

---

4 BGH NZFam 2018, 577 mAnm *Bergmann.*

5 BGH BeckRS 1986, 31075423 = FamRZ 1987, 48; krit. zu Recht *Bergmann* NZFam 2018, 577 (578).

6 BGH NZFam 2018, 577 mAnm *Bergmann,* die zu Recht die Abgrenzbarkeit hinterfragt; zu Dienstunfallfürsorge verneint *Ruland* Versorgungsausgleich Rn. 161 eine Ausgleichspflicht.

7 Vgl. OLG Köln BeckRS 2014, 09230 zu II 2 = FamRZ 2014, 755 Ls.

8 Vgl. zum Telekom Pensionsfonds a.G. Abteilung B BGH NJW 2014, 3447 Rn. 9 = FamRZ 2014, 1983; BeckRS 2014, 22651 Rn. 10 = FamRZ 2015, 236 Ls.; NZFam 2014, 1040 Rn. 11 = FamRZ 2014, 1987 Ls.

9 BGH NZFam 2017, 952 mAnm *Schwamb* = FamRZ 2017, 1749 mAnm *Borth.*

10 Vgl. zur betrieblichen Altersversorgung Johannsen/Henrich/*Holzwarth* Rn. 3; HK-VersAusglR/*Götsche* Rn. 4; *Wick* Versorgungsausgleich Rn. 348; Erman/*Norpoth* Rn. 3a; aA Palandt/*Brudermüller* Rn. 2; zur mangelnden Vergleichbarkeit mit der Versorgung in den öffentlich-rechtlichen Grundversorgungssystemen OLG Düsseldorf BeckRS 2014, 10594 zu II 1 c = FamRZ 2014, 1463.

11 Vgl. OLG Frankfurt BeckRS 2014, 20943 Rn. 20.

12 Vgl. BT-Drs. 16/10144, 46; idS wohl auch in Bezug auf den erlittenen Körperschaden HK-VersAusglR/*Götsche* Rn. 3; aA *Borth* Versorgungsausgleich Rn. 745; *Borth* FamRZ 2001, 889 (890); Soergel/*Koch* Rn. 19 ff.

13 Gegen die Annahme einer Entschädigungsleistung insoweit und für die Einbeziehung einer privaten Unfallrente Erman/*Norpoth* Rn. 3; Soergel/*Koch* Rn. 2, 5, 19 ff.; für eine eher fallweise Beurteilung *Wick* Versorgungsausgleich Rn. 347; eher abl. Johannsen/Henrich/*Holzwarth* Rn. 3, aber unter Hinweis auf mögliche Überschneidungen in Johannsen/Henrich/*Holzwarth* § 2 Rn. 27; ohne Entscheidung OLG Brandenburg BeckRS 2003, 06700 = FamRZ 2004, 27 Ls.

14 Vgl. Soergel/*Koch* Rn. 7.

15 Zum Ausgleich einer von vornherein beitragsfrei ausgestalteten Berufsunfähigkeits-Zusatzversicherung im Rahmen eines privaten Versicherungsvertrags nach den Regeln der Realteilung vgl. BGH NJW-RR 1994, 130 (131) = FamRZ 1994, 559 (560).

16 AA wohl OLG Köln BeckRS 2007, 01965 zu 2 = FamRZ 2007, 1741 f.; wie hier *Glockner* FamRZ 2007, 1742.

einer schuldrechtlichen Ausgleichsrente führen konnte, wenn auch der Berechtigte die Voraussetzungen hierfür nach § 1587g Abs. 1 S. 2 BGB aF erfüllte, ist – soweit ersichtlich – höchstrichterlich nicht entschieden worden.[17] Soweit die entsprechenden Versorgungsleistungen öffentlich-rechtlich auszugleichen waren, war dies – auf Seiten des Berechtigten – durch Verrechnung oder – auf Seiten des Verpflichteten – ggf. nach § 3b VAHRG aF, im Fall der Versicherbarkeit des Risikos des Berechtigten auch nach § 1 Abs. 2 VAHRG aF möglich.[18]

**3. Rechtslage nach neuem Recht.** Das neue Recht knüpft insofern an die Rechtsprechung des BGH zum früheren Recht an, als es einen Ausgleich nur dann eröffnet, wenn der **Versicherungsfall** bereits **in der Ehezeit** eingetreten ist. Dies wird im Wesentlichen mit der besonderen Struktur dieser Risikoversicherungen und ihrer versicherungsmathematischen Kalkulation begründet, bei der in der Anwartschaftsphase – wenn überhaupt – nur ein geringfügiges Deckungskapital aufgebaut wird, so dass es an einer für den Versorgungsausgleich geeigneten Ausgleichsmasse fehlt.[19] Daraus folgt, dass ein nach dem Ehezeitende, aber noch vor der Entscheidung über den Versorgungsausgleich eingetretener Versicherungsfall nicht zu berücksichtigen ist.[20] Denn insoweit fehlt es an dem notwendigen Bezug zur Ehezeit;[21] ein Fall des § 5 Abs. 2 S. 2 liegt nicht vor. Ob dem Ausgleichspflichtigen bereits eine Invaliditätsrente bewilligt ist oder er überhaupt einen Rentenantrag gestellt hat, ist demgegenüber nicht entscheidend.[22] Abweichend vom früheren Recht werden jedoch Anrechte der Privatvorsorge wegen Invalidität dem **Wertausgleich ganz entzogen.**[23] Dies folgt aus § 28 Abs. 3, nach dem die §§ 20–22 über schuldrechtliche Ausgleichszahlungen für die Durchführung des Ausgleichs entsprechend gelten. 6

Im Gesetzgebungsverfahren ist erwogen worden, Berufsunfähigkeitsversicherungen **intern zu teilen.** Es ist daran gedacht worden, dass ein Verzicht auf eine interne Teilung mit einer Versorgungslücke verbunden sein könnte, wenn die ausgleichspflichtige Person deutlich älter ist als die ausgleichsberechtigte Person. Gleichwohl hat sich der Gesetzgeber hiergegen ausgesprochen, weil auch bei einer internen Teilung nicht sicher sei, dass bei der ausgleichsberechtigten Person, die beispielsweise Erziehungsaufgaben übernommen habe, die Voraussetzungen für die Erwerbs- oder Berufsunfähigkeit erfüllt (oder erfüllbar) wären oder dass im Hinblick auf gesundheitliche Risiken Invaliditätsabsicherungen oftmals ausgeschlossen wären.[24] Dementsprechend genügt es, wenn der ausgleichsberechtigte Ehegatte die gesundheitlichen Voraussetzungen für eine Invaliditätsrente seiner eigenen Versorgung[25] oder für eine Erwerbsminderungsrente aus der gesetzlichen Rentenversicherung erfüllt.[26] Der Verzicht auf einen Wertausgleich wirkt sich auch insofern positiv aus, als er nicht mit einer Kürzung der Invaliditätsversorgung des ausgleichspflichtigen Ehegatten verbunden ist.[27] Tritt der Versicherungsfall in der Ehezeit nicht ein, unterliegt das Anrecht aus einer privaten Berufsunfähigkeitsversicherung nicht dem Versorgungsausgleich.[28] Für unselbstständige Berufsunfähigkeits-Zusatzversicherungen gilt dies entsprechend, da das Anrecht ebenfalls von einer fortlaufenden Beitragsentrichtung abhängt, ohne dass es darauf ankäme, ob diese im Zusammenhang mit einer Zusage auf betriebliche Altersversorgung abgeschlossen wurde.[29] 7

---

[17] Vgl. die in BGH FamRZ 1986, 344 (345) aE angeführten Stimmen in der Lit., insoweit nicht abgedruckt in NJW 1986, 1344.

[18] Vgl. BGH NJW-RR 2010, 361 Rn. 20–26 = FamRZ 2009, 1901; OLG Koblenz NJWE-FER 2001, 199 (200) = FamRZ 2001, 995 (996 f.).

[19] Vgl. BT-Drs. 16/10144, 69.

[20] Ebenso Johannsen/Henrich/*Holzwarth* Rn. 4, 7; *Wick* Versorgungsausgleich Rn. 352; Erman/*Norpoth* Rn. 4; für ein Abstellen auf das genaue Datum der Zustellung des Scheidungsantrags HK-VersAusglR/*Götsche* Rn. 6.

[21] AA insoweit Soergel/*Koch* Rn. 23, der einen nach Ehezeitende, aber in einer noch innerhalb der Ehezeit finanzierten Versicherungsperiode eingetretenen Versicherungsfall berücksichtigen will.

[22] Vgl. BGH NJW-RR 1989, 133 = FamRZ 1989, 35 (36); Johannsen/Henrich/*Holzwarth* Rn. 4; Erman/*Norpoth* Rn. 4; HK-VersAusglR/*Götsche* Rn. 5.

[23] Zu einem Regressanspruch gegen den Rechtsanwalt wegen unterlassener Stellung eines eigenen Scheidungsantrags rechtzeitig vor Inkrafttreten der Neuregelung und einer hierauf beruhenden Anwendung des neuen Rechts vgl. OLG Düsseldorf NJOZ 2013, 1646 = FamRZ 2013, 42 Ls.

[24] Vgl. BT-Drs. 16/10144, 70.

[25] Zur Berücksichtigung einer versicherungsvertraglich vereinbarten Leistung bei teilweiser Erwerbsminderung vgl. OLG Karlsruhe FamRZ 2016, 984 (985).

[26] Vgl. *Wick* Versorgungsausgleich Rn. 351; ähnlich Johannsen/Henrich/*Holzwarth* Rn. 5; Erman/*Norpoth* Rn. 5.

[27] Zu Gerechtigkeitsproblemen im Wertausgleich geteilter laufender Invaliditätsversorgungen vgl. die Initiativstellungnahme des DAV FamRZ 2013, 928 (930 f.).

[28] BGH BeckRS 2005, 09416 = FamRZ 2005, 1530; *Borth* Versorgungsausgleich Kap. 3 Rn. 168.

[29] BGH NJW 2014, 2728 = FamRZ 2014, 1534; *Borth* Versorgungsausgleich Kap. 3 Rn. 171.

8 Eine weitere bedeutsame Einschränkung des Ausgleichs, die auf andere Anrechte außerhalb der Privatvorsorge nicht übertragen werden kann,[30] besteht darin, dass auch die ausgleichsberechtigte Person bereits **am Ende der Ehezeit** eine laufende Versorgung wegen Invalidität bezieht oder die gesundheitlichen Voraussetzungen dafür erfüllt. Im Gesetzgebungsverfahren ist hierfür angeführt worden, da der Eintritt des Versicherungsfalls in der Ehezeit erst die Ausgleichspflicht auslöse, sei es gerechtfertigt, dies spiegelbildlich auch bei der ausgleichsberechtigten Person als Voraussetzung für die Teilhabe zu verlangen. Nur in diesen Fällen bestehe – in Abwägung mit den für die ausgleichspflichtige Person verbundenen Folgen der Kürzung – ein Bedarf für die Teilhabe der ausgleichsberechtigten Person.[31] Die Folgen der Kürzung sprechen zwar dafür, insoweit auf einen Wertausgleich des Anrechts zu verzichten (→ Rn. 7) und Ausgleichsansprüche des anderen Ehegatten nur unter den Voraussetzungen der §§ 20 ff. zu gewähren. Es ist jedoch kaum nachzuvollziehen, weshalb beim ausgleichsberechtigten Ehegatten diese Voraussetzungen schon am Ende der Ehezeit erfüllt sein müssen.[32]

9 Tritt bei der ausgleichsberechtigten Person der Versicherungsfall erst später ein, bezieht aber der Ehegatte am Ende der Ehezeit eine laufende Invaliditätsversorgung, lässt sich der Bedarf für eine Teilhabe der ausgleichsberechtigten Person schwerlich leugnen. Es ist zwingende Folge jedes Ausgleichsanspruchs nach der Scheidung, dass der Verpflichtete die Rente mit der ausgleichsberechtigten Person teilen muss. Ist dies mit einer unzumutbaren Härte für ihn verbunden, kann dem mit der Härteklausel des § 27 begegnet werden. An ihre Anwendung wäre im Übrigen auch dann zu denken, wenn die ausgleichsberechtigte Person auf Grund eines nach dem Ehezeitende eingetretenen Versicherungsfalls selbst eine Berufsunfähigkeitsversicherung bezöge.

10 Eine analoge Anwendung von § 28 auf **betriebliche Invaliditätsversorgungen** wie eine Berufsunfähigkeitsrente aus einer betrieblichen Direktversicherung ist ausgeschlossen.[33] Eine Einbeziehung einer laufenden Invaliditätsrente aus betrieblicher Altersversorgung in den Versorgungsausgleich kann jedoch **grundsätzlich unbillig** sein, wenn und soweit der Ausgleich dazu führt, dass dem Ausgleichsberechtigten bei fortbestehender Erwerbsfähigkeit der gesamte Ausgleichswert zur Altersvorsorge zur Verfügung steht, während der Ausgleichspflichtige das auszugleichende Anrecht auch für die Zeit seiner Invalidität bis zum Erreichen der Altersgrenze einsetzen muss.[34] Ist der Kapitalwert der betrieblichen Versorgung durch den Invaliditätsfall signifikant gestiegen, kann auf den fiktiven Anwartschaftswert abgestellt werden, der sich ohne den Eintritt des Versorgungsfalles ergeben hätte.[35] § 28 lässt sich ein allgemeiner und über den Bereich der Privatvorsorge hinausgreifender Rechtsgedanke ableiten, dass die Einbeziehung einer laufenden Versorgung unbillig erscheint, wenn und soweit der Ausgleich dazu führt, dass dem Ausgleichberechtigten anderes als dem Ausgleichspflichtigen das Anrecht vollständig zur Altersvorsorge verbleibt. Dabei spricht für die ungekürzte Durchführung des Versorgungsausgleichs nicht schon, dass der Ausgleichspflichtige auf die ungekürzte Invaliditätsrente nicht dringend angewiesen ist, während die Altersvorsorge des Ausgleichsberechtigten noch nicht gesichert ist[36]

## III. Wertermittlung (Abs. 2)

11 Nach § 28 Abs. 2 gilt das Anrecht, soweit der Versicherungsfall in der Ehezeit eingetreten ist, **in vollem Umfang als in der Ehezeit erworben.** Dies beruht auf der Besonderheit der Finanzierung (→ Rn. 5 f.). Erst bei Eintritt des Versicherungsfalls wird ein Deckungskapital unter Zugrundelegung der hierfür vorhandenen Schadensreserve gebildet. Anknüpfungstatbestand für die zu gewährende Leistung ist nicht die Zahl der in der Ehezeit gezahlten Beiträge oder das angesammelte Deckungskapital; vielmehr ist entscheidend, dass der Versicherungsfall in der Ehezeit eintritt und der letzte Beitrag in der Ehezeit geleistet wird. Für eine Bewertung nach § 39 oder nach § 40 fehlt daher die Grundlage. Dementsprechend hilft das Gesetz mit der Fiktion, dass das gesamte Anrecht in der Ehezeit erworben wurde. Für den Ausgleich ist daher von der gezahlten Rente auszugehen.

## IV. Durchführung des Ausgleichs (Abs. 3)

12 Für die Durchführung des Ausgleichs gelten die §§ 20–22 entsprechend. Hieraus folgt, dass ein Wertausgleich, sei es in der Form interner oder externer Teilung, nicht stattfindet, soweit es um die

[30] Vgl. OLG Frankfurt BeckRS 2014, 20943 Rn. 20; OLG Düsseldorf BeckRS 2014, 10594 zu II 1 c = FamRZ 2014, 1463.
[31] Vgl. BT-Drs. 16/10144, 69.
[32] Krit. hierzu auch Erman/*Norpoth* Rn. 5.
[33] BGH NZFam 2017, 952 mAnm *Schwamb*, der die Heranziehung des Rechtsgedankens des § 28 für die Abwägung als weitere Fallgruppe bei § 27 hinterfragt.
[34] BGH NJW-RR 2017, 1347.
[35] BGH NJW-RR 2017, 1026 Rn. 25 f.
[36] BGH NJW-RR 2017, 1347 (1349 f.); NZFam 2017, 952 mAnm *Schwamb*.

Absicherung der Invalidität geht, sondern dass der **Ausgleich schuldrechtlich** vorzunehmen ist. Das bedeutet auf der anderen Seite, dass bei einer Berufsunfähigkeits-Zusatzversicherung das primäre Anrecht auf eine Altersversorgung dem Wertausgleich nach den allgemeinen Bestimmungen unterliegt. Die ausgleichsberechtigte Person kann daher bei Vorliegen der Voraussetzungen nach § 28 Abs. 1 eine schuldrechtliche Ausgleichsrente nach § 20 und die Abtretung der Versorgungsansprüche nach § 21 verlangen. Sieht der Versicherungsvertrag eine Kapitalzahlung vor, ist diese regelmäßig güterrechtlich auszugleichen.[37] Kapitalzahlungen unterliegen zwar dann dem Versorgungsausgleich, soweit sie aufgrund eines Anrechts iSd AltZertG geschuldet sind. Das kommt aber regelmäßig wegen der Regelungen in § 1 Abs. 1 S. 1 Nr. 2 und Nr. 4 lit. a AltZertG[38] und in § 2 Abs. 1, 1a AltZertG iVm § 10 Abs. 1 Nr. 2 lit. b EStG nicht in Betracht.

Der Umstand, dass eine Berufsunfähigkeitsrente nur befristet gezahlt wird, wirkt sich auf den Ausgleichsanspruch nur in der Weise aus, dass auch dieser derselben **Befristung** unterliegt. Steht die Befristung von vornherein fest, ist auch der Titel über die Ausgleichsrente entsprechend zu befristen. Kommt es wegen Wiedererlangung der Berufsfähigkeit zu einem Ende des Leistungsbezugs, kann dies nach Maßgabe des § 227 Abs. 1 FamFG berücksichtigt werden. Lebt der Anspruch auf die Berufsunfähigkeitsrente wieder auf, wird zu prüfen sein, ob die Leistungspflicht auf dem in der Ehezeit eingetretenen Versicherungsfall beruht oder auf einem neuen. Im letzteren Fall kommt wegen des mangelnden Bezugs zur Ehezeit eine Teilhabe in Form einer Ausgleichsrente nicht in Betracht. Besteht eine **Dynamik** der Versorgung, ist diese ebenfalls im Wege der Abänderung gemäß § 227 Abs. 1 FamFG geltend zu machen. 13

Haben **beide Ehegatten** in der Ehezeit eine **Berufsunfähigkeitsrente** erlangt, ist es von Rechts wegen nicht ausgeschlossen, die wechselseitigen Teilhabeansprüche miteinander zu verrechnen und nur in Höhe der Differenz der Ausgleichswerte einen Ausgleichsanspruch des insoweit insgesamt Berechtigten zu titulieren.[39] Ist jedoch absehbar, dass die Renten unterschiedlichen Laufzeiten unterliegen, was insbesondere in Betracht kommen kann, wenn eine der Renten befristet ist oder das Alter der Ehegatten erheblich voneinander abweicht, kann es zweckmäßig sein, die wechselseitigen Ausgleichsansprüche gesondert zu titulieren. 14

Während über Ausgleichsansprüche nach der Scheidung grundsätzlich nur auf Antrag (§ 223 FamFG) zu entscheiden ist, ist für den Ausgleich nach § 28 ein **Antrag nicht erforderlich** (§ 137 Abs. 2 S. 2 FamFG).[40] Damit wird der besonderen Situation Rechnung getragen, dass der Ausgleich nach § 28 an die Stelle des Wertausgleichs tritt und dass es hier um liquide Ansprüche geht, über die ohne weiteres im Verbund mitentschieden werden kann, weil die Voraussetzungen des Anspruchs so formuliert sind, dass sie im Zeitpunkt der Scheidung bereits erfüllt sein müssen. Das ist bei den anderen Ausgleichsansprüchen nach der Scheidung in aller Regel anders. Das FamG hat daher die Anspruchsvoraussetzungen von Amts wegen zu ermitteln, was nicht weiter problematisch ist, wenn beide Ehegatten bereits Leistungen aus einer Berufsunfähigkeitsversicherung beziehen. Geht es darum, ob auf Seiten des Ausgleichsberechtigten die gesundheitlichen Voraussetzungen für den Bezug einer Invaliditätsrente vorliegen, wird sich das Gericht sachverständiger Hilfe bedienen müssen.[41] 15

Der Anspruch **entsteht mit Rechtskraft** der Entscheidung zum Versorgungsausgleich. Wie grundsätzlich im schuldrechtlichen Versorgungsausgleich unterliegt das Anrecht beim Ausgleichspflichtigen gemäß § 20 Abs. 1 S. 2 der Kranken- und Pflegeversicherungspflicht im Wege des Direktabzuges,[42] während die Einkommensteuerlast unberücksichtigt bleibt und der Ausgleichspflichtige auf den Sonderausgabenabzug gemäß § 10 Abs. 1a Nr. 3 EStG verwiesen ist. Zum Schutz des Versorgungsträgers ist § 30 einschlägig. 16

## § 29 Leistungsverbot bis zum Abschluss des Verfahrens

**Bis zum wirksamen Abschluss eines Verfahrens über den Versorgungsausgleich ist der Versorgungsträger verpflichtet, Zahlungen an die ausgleichspflichtige Person zu unterlassen, die sich auf die Höhe des Ausgleichswerts auswirken können.**

37 Vgl. *Borth* Versorgungsausgleich Rn. 745; weitergehend Erman/*Norpoth* Rn. 3, 7, der meint, ein solcher Vertrag unterfalle dem AltZertG generell nicht, und deshalb von einem Redaktionsversehen des Gesetzgebers spricht.

38 Vgl. *Baroch Castellví,* 1. Aufl. 2012, AltZertG § 1 Rn. 8.

39 Vgl. BGH NJW 2009, 3158 Rn. 6, 32 = FamRZ 2009, 1735.

40 Vgl. OLG Karlsruhe BeckRS 2016, 11193 = FamRZ 2016, 984 (985).

41 Vgl. Soergel/*Koch* Rn. 32.

42 OLG Karlsruhe BeckRS 2016, 11193 = FamRZ 2016, 984 (985 f.).

**Schrifttum:** S. § 1587 BGB.

**Übersicht**



## I. Normzweck

1 Mit der Regelung soll verhindert werden, dass dem Versorgungsausgleich die Basis entzogen wird, weil sich der ausgleichspflichtige Ehegatte noch im Laufe des Ausgleichsverfahrens und vor dessen wirksamem Abschluss auszugleichende Anrechte ganz oder teilweise auszahlen lässt und damit für diese einen Versorgungsausgleich ganz oder teilweise unmöglich macht. Die Vorschrift entspricht dem durch das Gesetz über weitere Maßnahmen auf dem Gebiet des Versorgungsausgleichs (VAwMG) vom 8.12.1986 (BGBl. 1986 I S. 2317) in das Recht des Versorgungsausgleichs eingefügten früheren § 10d VAHRG aF; die Bestimmung wurde lediglich sprachlich an das neue Recht angepasst; inhaltliche Änderungen sind damit nicht verbunden.[1] Die Vorschrift begründet damit für sämtliche betroffenen Anrechte ein zeitlich begrenztes Leistungsverbot (→ Rn. 9) im Hinblick auf solche Leistungen, die die Höhe des Ausgleichswert beeinflussen können. Das Zahlungsverbot gilt bis zum Abschluss des Verfahrens, dh besteht auch im Fall eines Ruhens fort. Ist das Verfahren jedoch abgeschlossen, entfällt das Zahlungsverbot auch dann, wenn das Anrecht in der Entscheidung dem schuldrechtlichen Versorgungsausgleich vorbehalten blieb. Es ist dann Sache des Ausgleichsberechtigten zB durch die Geltendmachung eines Abtretungs- (§ 21) oder Abfindungsanspruchs (§ 24) dafür Sorge zu tragen, dass zum Zeitpunkt des schuldrechtlichen Versorgungsausgleichsanspruchs das ausgleichspflichtige Anrecht noch zur Verfügung steht.

## II. Einzelfragen

2 **1. Betroffene Versorgungsträger.** Das Leistungsverbot § 29 gilt für **sämtliche Versorgungsträger,** bei denen Versorgungsanrechte eines ausgleichspflichtigen Ehegatten bestehen. Es ist gleich, ob es sich um öffentlich-rechtliche oder private Versorgungsträger handelt. Auch Anrechte, die dem schulrechtlichen Versorgungsausgleich nach Scheidung gemäß § 20, 22 vorbehalten blieben, unterfallen dem Anwendungsbereich.[2]

3 **2. Betroffene Versorgungsanrechte.** Für das Leistungsverbot ist die versorgungsrechtliche Qualität des Anrechts und dessen Höhe ohne Bedeutung. So sind öffentlich-rechtlich wie schuldrechtlich ausgleichsfähige Anrechte gleichermaßen betroffen. Das Anrecht muss aber noch **dem Versorgungsausgleich unterliegen,** was nicht der Fall ist, wenn das Anrecht durch Antragstellung oder aus anderen Gründen untergegangen und ein Aufleben ausgeschlossen ist, ohne dass dies auf einem Akt des Versorgungsträgers beruht.[3] Das war etwa bei der Beitragserstattung nach dem bis zum 31.12.1994 geltenden Fassung des § 27a ALG im Bereich der Altershilfe für Landwirte der Fall, weil die Anrechte bereits mit der Entstehung des Erstattungsanspruchs entfielen.[4]

4 Erfasst sind alle Versorgungsanrechte, in deren Rechtsgrundlage eine Erstattung vorgesehen ist, wie etwa die Beitragserstattung in der gesetzlichen Rentenversicherung nach § 210 SGB VI oder Abfindungen betrieblicher Anrechte gemäß § 3 BetrAVG.

5 Ob das Anrecht von der **Geringfügigkeitsgrenze** des § 18 Abs. 2 und 3 erfasst wird, ist unerheblich, da die Prüfung der Geringfügigkeitsbestimmung des § 18 Abs. 1 vorrangig ist und jedes auszugleichende Anrecht zunächst bei der Saldierung nach § 18 Abs. 1 zu berücksichtigen ist.

6 **3. Gegenstand des Zahlungsverbots.** Aus dem Wortlaut ergibt sich, dass sich das Zahlungsverbot nach § 29 auf diejenigen Leistungen beschränkt, die ein vorhandenes auszugleichendes Anrecht beeinflussen, dh mindern oder vollständig beseitigen. Ein relatives Verfügungsverbot gemäß

1 BT-Drs. 16/10144, 70; zu § 10d VAHRG aF vgl. BT-Drs. 10/6369, 23; → 5. Aufl. 2010, VAHRG § 10d Rn. 1 *(Gräper)*.

2 *Borth* Versorgungsausgleich Kap. 3 Rn. 178 mit Hinweis auf AG Böblingen FamRZ 2010, 1905 mAnm Borth bei Abfindung eines dem schuldrechtlichen Ausgleich unterliegenden betrieblichen Anrechts.

3 Vgl. zum entsprechenden § 10d VAHRG aF BGH NJW 1986, 1932 = FamRZ 1986, 657.

4 Vgl. BGH NJW-RR 1986, 1195.

§ 135 BGB begründet § 29 nicht.[5] In der gesetzlichen Rentenversicherung ist dies die **Beitragserstattung** nach § 210 SGB VI, die zum vollständigen Erlöschen der Rentenanwartschaft führt. Erfolgt diese, kann das Anrecht auch dann nicht mehr ausgeglichen werden, wenn die Beitragserstattung erst nach Ehezeitende stattfand. Kann der Versorgungsträger die erstatteten Beiträge wieder einziehen, ist das wieder aufgelebte Anrecht auszugleichen.[6] Der Wegfall des Anrechts steht dann auch einer **Abfindung** als schuldrechtlich auszugleichendes Anrecht entgegen.[7] § 29 ist insbesondere dann nicht einschlägig, wenn der Versorgungsträger nicht gleich mit Rechtshängigkeit des VA-Verfahrens zur Auskunftserteilung aufgefordert wird, namentlich weil der Versorgungsausgleich nur auf Antrag durchgeführt und dieser Antrag erst später gestellt wird. In den anderen Versorgungssystemen sind diejenigen Leistungen betroffen, die vergleichbare Rechtswirkung entfalten. So ist im seit dem 1.1.1995 geltenden Recht der Alterssicherung der Landwirte die Beitragserstattung in Anlehnung an § 210 SGB VI in §§ 75, 76, 117 ALG geregelt.[8] Dabei kommt es auf die Ausgestaltung der Leistung und ihre tatsächliche Bezeichnung nicht an; neben der Beitragserstattung werden daher auch **Versorgungsabfindungen** und **kapitalisierende Leistungen** vom Zahlungsverbot erfasst. § 29 ist auch einschlägig und begründet ein Leistungsverweigerungsrecht des Versorgungsträgers gegenüber dem Ausgleichsberechtigten, wenn der Ausgleichspflichtige ein vertraglich vorgesehenes **Kapitalwahlrecht** wirksam ausüben **oder** das **Vertragsverhältnis kündigen** kann, wobei mit der Kündigung nicht gleichzeitig das Kapitalwahlrecht ausgeübt wird. Obwohl dann ggf. ein güterrechtlicher Ausgleich zu erfolgen hat, hängt die abschließende Bewertung von der familiengerichtlichen Entscheidung zum Versorgungsausgleich ab. Einstweilen bleibt § 29 anwendbar.[9] Dies bewirkt, dass zwar das Kapitalwahlrecht wirksam ausgeübt werden kann, weil die Verfügung kein Verstoß gegen das Leistungsverbot gemäß § 29 begründet, sondern lediglich die Ausübung eines vertraglichen Rechts des Ausgleichspflichtigen. Die Auszahlung des Kapitals nach Ausübung des Wahlrechts oder einer Kündigung scheitert dann jedoch solange an § 29 wie keine rechtskräftige Entscheidung vorliegt, auch wenn diese feststellen sollte, dass das Anrecht dem Versorgungsausgleich nicht (mehr) unterfällt.

Vom Zahlungsverbot nicht erfasst werden **laufende Renten- und Versorgungszahlungen.**[10] **7**
In diesen Zahlungen drückt sich das von der Rechtsgrundlage vorgesehene – aktivierte – Anrecht aus; es wird von den laufenden Zahlungen nicht berührt. Nachdem § 29 kein Verfügungsverbot für laufende Rentenzahlungen begründet und der damit verbundene **Kapitalverzehr** gemäß § 5 Abs. 2 Berücksichtigung findet, ist der zeitnah zur erwarteten Entscheidung aktuell zu ermittelnde Restwert auszugleichen.[11] Selbst wenn dieser zwischenzeitlich auf Null gesunken sein sollte, ist § 29 nicht anwendbar.[12]

Eine Erstattung (Kapitalisierung, Abfindung oÄ) beeinflusst das Anrecht iSv § 29, wenn sie das **8**
nach den versorgungsausgleichsrechtlichen Bestimmungen vorgesehene rechnerische Ergebnis zur Feststellung der auf die Ehezeit bezogenen Versorgung bzw. Versorgungsanwartschaft verändert. Unter diesen Voraussetzungen läuft ein arbeitnehmerseitiges Abfindungs- oder Kapitalisierungsverlangen an die betriebliche Versorgungsträgerin ins Leere.[13] Kann dagegen das auf die Ehezeit bezogene Anrecht durch eine Erstattung nicht beeinflusst werden, wenn es nach den Beitragsleistungen während der Ehezeit bestimmt wird, die erstattungsfähigen Zeiten aber allein vor der Ehezeit liegen, soll § 29 nicht einschlägig sein.[14] Eine Teilabfindung solcher vorehelich erworbener Anrechte ist deshalb ebenso zulässig wie die der dem Ausgleichspflichtigen verbleibenden Hälfte. Der Versorgungsträger ist jedoch berechtigt, die Abfindung bis zum Abschluss des Ausgleichs zurückzustellen.[15]

Ist ein Anrecht bereits durch einen Drittgläubiger **gepfändet,** unterliegt es dem Verfügungsver- **9**
bot gemäß § 829 Abs. 1 S. 2 ZPO. § 29 ist nicht einschlägig und kann insbesondere die Ausübung

---

5 BGH NJW 2003, 1320 = FamRZ 2003, 664; NJW 1995, 135 = FamRZ 1995, 31; *Borth* Versorgungsausgleich Kap. 3 Rn. 179 mit Hinweis auf mögliche Sicherungsmaßnahmen gemäß § 49 Abs. 2 FamFG.

6 *Borth* Versorgungsausgleich Kap. 3 Rn. 178.

7 OLG Düsseldorf BeckRS 2014, 14390.

8 Gesetz über die Alterssicherung der Landwirte (ALG) vom 29.7.1994, BGBl. 1994 I S. 1890; Neufassung des § 76 Abs. 3 ALG durch Art. 1 Nr. 17 ASRG-ÄnderungsG vom 15.12.1995, BGBl. 1995 I S. 1814.

9 OLG Brandenburg NZFam 2014, 743 mAnm *Sarres.*

10 BGH NJW 2011, 3358 = FamRZ 2011, 1785; OLG Frankfurt FamRZ 2012, 1717; *Borth* Versorgungsausgleich Rn. 580; einschr. Erman/*Norpoth* Rn. 2: laufende Rentenzahlungen sind zu unterlassen, wenn das danach verbleibende Deckungskapital den Ausgleichswert unterschreitet.

11 *Gutdeutsch/Hoenes/Norpoth* FamRZ 2012, 73; aA OLG Frankfurt BeckRS 2012, 10985.

12 OLG Köln BeckRS 2013, 03947.

13 *Walthierer* BB 2014, 2363 (2366).

14 Vgl. BSGE 90, 127 (132) = BeckRS 2003, 40334 zum früheren § 1587a Abs. 2 Nr. 4 lit. c BGB aF; *Borth* Versorgungsausgleich Rn. 668.

15 Johannsen/Henrich/*Holzwarth* Rn. 2.

des Kapitalwahlrechts oder die Kündigung durch den Pfändungsgläubiger nicht verhindern, da vom Schutzbereich lediglich Zahlungen an den Ausgleichspflichtigen erfasst werden und § 29 kein relatives Verfügungsverbot begründet und somit keine Unpfändbarkeit gemäß § 851 Abs. 1 ZPO bewirkt.[16]

10 **4. Beginn und Dauer des Zahlungsverbots: Kenntnis des Versorgungsträgers.** Das Zahlungsverbot nach § 29 gilt zeitlich begrenzt von dem Zeitpunkt an, zu dem der Versorgungsträger gemäß § 217 FamFG Kenntnis von einem Versorgungsausgleichsverfahren erhält, bis zu dem Zeitpunkt, in dem das Verfahren wirksam abgeschlossen, die Entscheidung also **rechtskräftig** wird und der Versorgungsträger durch Zugang der **Rechtskraftmitteilung** davon **Kenntnis erlangt.**[17] Die Beteiligung des Versorgungsträgers erfolgt in der Regel durch Zusendung des Auskunftsersuchens gemäß § 220 FamFG.[18]

11 Das Leistungsverbot kann nach der Erstentscheidung neu entstehen, wenn später ein Abänderungsverfahren eingeleitet wird.[19] Eine Aussetzung oder ein Ruhen des Verfahrens lässt das Leistungsverbot nicht entfallen.[20] In der Zeit zwischen Ehezeitende und Rechtshängigkeit entfaltet § 29 keinen Schutz. Erfolgt dann ein Ausgleich des Anrechts, kann dieses erlöschen und dem Ausgleich endgültig entzogen werden. Der Versorgungsträger wird gemäß § 407 BGB von seiner Leistungspflicht frei. Kenntnis von dem Verfahren erhält der Versorgungsträger spätestens durch die Aufforderung des FamG zur Auskunft über die Versorgungsanrechte. Aber auch eine Unterrichtung in anderer Art und Weise kann dem Versorgungsträger Kenntnis iSd Regelung geben.[21] Der Ausgleichsberechtigte kann das Leistungsverbot auch auslösen, indem er den Versorgungsträger selbst über das anhängige Verfahren informiert.[22] Nach Kenntnis von einem anhängigen Verfahren darf der Versorgungsträger einen Bescheid über Zahlungen iSv § 29 daher nicht mehr erteilen. Als verfahrensmäßige Sicherung des Leistungsverbotes kommt ein Antrag auf Erlass einer einstweiligen Anordnung gemäß § 49 sowie ein Antrag auf Arrest gemäß §§ 916, 919 ZPO insbesondere für den Fall in Betracht, dass der Anspruch auf einen Ausgleich von Kapitalzahlungen umgestellt werden muss.[23]

12 Entzieht der Ausgleichspflichtige das Anrecht gezielt dem Versorgungsausgleich, kann es dem **Zugewinnausgleich** unterfallen, ohne dass § 2 Abs. 4 entgegensteht.[24] Durch die Verfügung über das Anrecht hat der Auspflichtige selbst die Voraussetzungen gemäß § 2 Abs. 4 ausgeschlossen. Der Kapitalwert des Anrechts ist deshalb im Endvermögen einzustellen, um zu gewährleisten, dass das Anrecht nicht sowohl dem Versorgungsausgleich als auch dem Zugewinnausgleich entzogen wird. Dabei kann es nicht darauf ankommen, ob die Abfindung zum Stichtag bereits zugeflossen ist. Der Wert des Anrechts muss allerdings zum Stichtag noch im Endvermögen des Ausgleichspflichtigen vorhanden sein.[25] Ein Verbrauch kann sich am Maßstab einer illoyalen Vermögensverschiebung gemäß § 1374 Abs. 2 BGB messen lassen müssen.

13 Veranlasst der Ausgleichspflichtige die Auszahlung des Anrechts in der Absicht, den Ausgleichsberechtigten beim Versorgungsausgleich zu benachteiligen, kann dies **Schadensersatzansprüche** gemäß § 826 BGB oder einen Härtegrund gemäß § 27 begründen.[26] Dies wird dann in Betracht kommen, wenn ein güterrechtlicher Ausgleich nicht mehr erfolgen kann, weil etwa der Zugewinnausgleichsanspruch bereits abschließend geregelt oder verjährt ist, wenn sich die Verfügung über das Anrecht zeigt.

14 **5. Verletzung des Zahlungsverbots.** § 29 enthält ein zeitlich begrenztes Leistungsverbot, das **kein relatives Verfügungsverbot** iSv § 135 BGB[27] oder die Unpfändbarkeit gemäß § 851 Abs. 1

---

16 OLG Stuttgart BeckRS 2013, 01984; aA OLG Naumburg FamRZ 2012, 1057.

17 BeckOK BGB/*Bergmann* Rn. 3.

18 *Campbell* NJW-Spezial 2018, 516 mit der zutr. Empfehlung an den Ausgleichsberechtigten, bei Verzögerung der Auskunft und Gefahr einer Verfügung des Ausgleichspflichtigen den Versorgungsträger unmittelbar über das Verfahren in Kenntnis zu setzen.

19 Erman/*Norpoth* Rn. 4.

20 Erman/*Norpoth* Rn. 4.

21 Vgl. Soergel/*Hohloch/Schmeiduch* VAHRG § 10d Rn. 3.

22 *Borth* Versorgungsausgleich Rn. 752.

23 *Borth* Versorgungsausgleich Rn. 753 f.

24 Johannsen/Henrich/*Holzwarth* Rn. 5.

25 Johannsen/Henrich/*Holzwarth* Rn. 5.

26 BGH NJW 2013, 2967 = FamRZ 2013, 1362; AG Tempelhof-Kreuzberg FamRZ 2012, 1057.

27 Vgl. Johannsen/Henrich/*Holzwart* Rn. 4; zum entsprechenden § 10d VAHRG aF vgl. BGH NJW 1995, 135 = FamRZ 1995, 31; BGH NJW 2003, 1320 = FamRZ 2003, 664; BSGE 90, 127 (133) = BeckRS 2003, 40334; → 5. Aufl. 2010, VAHRG § 10d Rn. 10 *(Gräper)*; Staudinger/*Rehme,* 2004, VAHRG § 10d Rn. 10; aA OLG Hamburg FamRZ 1994, 899.

ZPO,[28] sondern eine **Unterlassungspflicht des Versorgungsträgers** begründet.[29] Bei einem schuldhaften Verstoß kommen Schadensersatzansprüche nach allgemeinen Vorschriften, insbesondere nach § 839 BGB iVm Art. 34 GG und gemäß § 823 Abs. 2 BGB für private Versorgungsträger[30] in Betracht. Dabei spielt es keine Rolle, ob das Anrecht lediglich dem schuldrechtlichen Versorgungsausgleich unterliegt.[31] Die Verpflichtung eines ausländischen Versorgungsträgers aus § 29 ist jedoch wohl schon deshalb kaum zu begründen, da keine Beteiligung am Verfahren mangels Mitwirkungsverpflichtung vorgesehen ist.[32]

Ist das Scheidungsverfahren anhängig, hat der Versorgungsträger aber noch keine Kenntnis davon, so kommt der Erlass einer einstweiligen Anordnung nach § 49 FamFG in Betracht, wobei der Versorgungsträger auch auf diese Weise unmittelbar über die Anhängigkeit informiert werden kann.[33] 15

Für die Annahme eines Verschuldens genügt **Fahrlässigkeit,** insbesondere auch **fahrlässige Unkenntnis.**[34] Eine Verpflichtung zur Nachfrage nach dem Familienstand und einem etwa anhängigen Verfahren vor der Auszahlung besteht nicht.[35] Ist allerdings die Erstattung in **Unkenntnis des Versorgungsträgers** vom Verfahren erfolgt, so ist er grundsätzlich von seiner Leistungspflicht frei (§ 407 BGB). Eine Berücksichtigung des Erstattungsbetrags kommt dann allein im Verhältnis des Berechtigten und des Verpflichteten in Betracht. 16

Der Schadensersatzanspruch gemäß §§ 249 ff. BGB ist grundsätzlich auf eine **Naturalrestitution** gerichtet. Wenn auch die Erstattung eines **öffentlich-rechtlichen Versorgungsträgers** einen begünstigenden Verwaltungsakt darstellt, dessen Rücknahme sich nach § 45 SGB X richtet, so wird doch der durch den Bescheid Begünstigte idR kein schutzwürdiges Vertrauen in den Bestand des Verwaltungsakts haben. Ein unter Verstoß gegen § 29 erlassener Erstattungsbescheid ist in diesem Fall zurückzunehmen und der geleistete Betrag zurückzufordern (§ 50 SGB X).[36] Solange allerdings die Neubegründung des ausgleichspflichtigen Anrechts nicht erfolgt oder nicht mehr möglich ist, kommt ein Ausgleich zugunsten des Ausgleichsberechtigten nicht in Betracht.[37] Zu denken ist in einem solchen Fall an einen – ggf. teilweisen – Ausschluss des übrigen Versorgungsausgleichs nach § 27 bzw. an einen **schuldrechtlichen Ausgleich** nach § 19 Abs. 1 und 2 Nr. 1 iVm § 20, sofern es später doch noch zur Wiederbegründung des Anrechts kommt.[38] In diesem Fall kann ein Anspruch auf Abfindung gemäß § 23 oder auf Ausgleich einer Kapitalleistung gemäß § 22 bestehen,[39] den der Ausgleichsberechtigte schadensmindernd geltend machen muss. Im Übrigen ist der Ausgleichsberechtigte gemäß § 251 Abs. 1 ggf. so zu stellen, wie er ohne den Verstoß gegen das Leistungsverbot stünde. 17

## § 30 Schutz des Versorgungsträgers

**(1) [1]Entscheidet das Familiengericht rechtskräftig über den Ausgleich und leistet der Versorgungsträger innerhalb einer bisher bestehenden Leistungspflicht an die bisher berechtigte Person, so ist er für eine Übergangszeit gegenüber der nunmehr auch berechtigten Person von der Leistungspflicht befreit. [2]Satz 1 gilt für Leistungen des Versorgungsträgers an die Witwe oder den Witwer entsprechend.**

[28] OLG Frankfurt FamRZ 2012, 1717.

[29] BGH NJW 1995, 135 = FamRZ 1995, 31; → 5. Aufl. 2010, VAHRG § 10d Rn. 10 *(Gräper)*; Palandt/*Brudermüller* Rn. 4; Staudinger/*Rehme,* 2004, VAHRG § 10d Rn. 11; Soergel/*Hohloch/Schmeiduch* VAHRG § 10d Rn. 3.

[30] Soergel/*Ahrens* Rn. 16 f.

[31] Soergel/*Ahrens* Rn. 11.

[32] Soergel/*Ahrens* Rn. 12.

[33] *Campbell* NJW-Spezial 2018, 516, die dies auch bei Einleitung des Scheidungsverfahrens über einen VKH-Antrag empfiehlt.

[34] Johannsen/Henrich/*Holzwarth* Rn. 6; Erman/*Norpoth* Rn. 3.

[35] Erman/*Norpoth* Rn. 3.

[36] Vgl. Soergel/*Hohloch/Schmeiduch* Rn. 3; zur Drittanfechtung eines unter Missachtung des Zahlungsverbots erlassenen Beitragserstattungsbescheides BSGE 90, 127 = BeckRS 2003, 40334.

[37] Johannsen/Henrich/*Hahne* Rn. 2; *Hahne/Holzwarth* in Schwab ScheidungsR-HdB Rn. 83; *Borth* Versorgungsausgleich Rn. 670; vgl. auch Palandt/*Brudermüller* Rn. 4; OLG Dresden FamRZ 2011, 40; zum bisherigen Recht vgl. BGH NJW 2003, 1320 = FamRZ 2003, 664; → 5. Aufl. 2010, VAHRG § 10d Rn. 10 *(Gräper)*; aA OLG Karlsruhe FamRZ 1996, 674; OLG Celle FamRZ 1999, 1800; OLG Düsseldorf FamRZ 1999, 1208.

[38] Vgl. *Borth* Versorgungsausgleich Rn. 610; zur ähnlichen Problematik im Rahmen des früheren § 10d VAHRG aF → 5. Aufl. 2010, VAHRG § 10d Rn. 10 *(Gräper)*.

[39] Soergel/*Ahrens* Rn. 19.

**(2) Die Übergangszeit dauert bis zum letzten Tag des Monats, der dem Monat folgt, in dem der Versorgungsträger von der Rechtskraft der Entscheidung Kenntnis erlangt hat.**

**(3) Bereicherungsansprüche zwischen der nunmehr auch berechtigten Person und der bisher berechtigten Person sowie der Witwe oder dem Witwer bleiben unberührt.**

**Schrifttum:** S. § 1587 BGB.

**Übersicht**



## I. Normzweck

1 § 30 dient dem **Schutz des Versorgungsträgers vor doppelter Inanspruchnahme.** Zu ihr kann es kommen, wenn nach Durchführung des Versorgungsausgleichs eine bereits laufende Leistung des Versorgungsträgers an den **bisher Berechtigten** aufgrund einer rechtskräftigen Entscheidung des Familiengerichts zu kürzen ist, dies aber aus technischen Gründen nicht sofort umgesetzt werden kann, während der aufgrund des rechtskräftig entschiedenen Versorgungsausgleichs **nunmehr Berechtigte** bereits Anspruch auf die Leistungen hat.[1] Während Abs. 1 S. 1 nur allgemein den Schutz für eine Übergangszeit vorsieht, innerhalb derer der Versorgungsträger noch mit befreiender Wirkung an den bisher Berechtigten leisten kann und der nunmehr Berechtigte die Leistung gegen sich gelten lassen muss (→ Rn. 2–8), ist die Zeit in Abs. 2 genauer bestimmt (→ Rn. 11–14). Abs. 1 S. 2 regelt die entsprechende Anwendung von S. 1 für Leistungen des Versorgungsträgers an **Witwen und Witwer der ausgleichspflichtigen Person** (→ Rn. 9, 10). Auch diese Leistungen haben innerhalb der in Abs. 2 bestimmten Frist befreiende Wirkung. Die Regelung erfolgt damit generalisierend in Anlehnung an das bisherige Recht, das einen Schutz des Versorgungsträgers für den öffentlich-rechtlichen und schuldrechtlichen Versorgungsausgleich – insoweit nur für den gesetzlichen Rentenversicherungsträger – in § 1587p BGB, für den verlängerten schuldrechtlichen Versorgungsausgleich in § 3a Abs. 7 VAHRG aF sowie für das Abänderungsverfahren in § 10a Abs. 7 VAHRG aF vorsah. Abs. 3 dient schließlich der Klarstellung, dass es – entsprechend dem ausschließlichen Schutzcharakter von § 30 für den Versorgungsträger – bezüglich der Rechtsbeziehungen zwischen der bisher berechtigten Person und der nunmehr berechtigten Person – bzw. der Witwe oder des Witwers in den Fällen der §§ 25 und 26 – bei den allgemeinen bereicherungsrechtlichen Vorschriften der §§ 812 ff. BGB bleibt (→ Rn. 15).

## II. Leistungsbefreiung des Versorgungsträgers für eine Übergangszeit (Abs. 1 S. 1)

2 **1. Anwendungsbereich.** Abs. 1 S. 1 bestimmt Voraussetzungen und Rechtsfolge einer Leistungsbefreiung des Versorgungsträgers in allgemeiner Form. Entscheidet das Familiengericht rechtskräftig über den Versorgungsausgleich, so greift es rechtsgestaltend sowohl in die Rechtsbeziehung der ausgleichspflichtigen wie auch der ausgleichberechtigten Person zu den jeweils beteiligten Versorgungsträgern ein. Bezieht der Ausgleichspflichtige im Zeitpunkt der Rechtskraft der Versorgungsausgleichsentscheidung bereits Leistungen, so billigt das Gesetz dem Versorgungsträger nach rechtskräftiger Entscheidung des Familiengerichts eine Übergangszeit zur Umsetzung der Entscheidung zu, innerhalb der er weiter befreiend an den bisherigen Berechtigten leisten kann.

3 Bei Weiterleistung an die bisher berechtigte Witwe oder den Witwer steht dem Versorgungsträger folglich Schuldnerschutz mit der Folge der Befreiung von der (nochmaligen) Leistungspflicht bis zum letzten Tag des Monats zu, der auf dem Monat folgt, in dem der Versorgungsträger von der

[1] Vgl. zur Regelung BT-Drs. 16/10144, 70.

Rechtskraft der Entscheidung Kenntnis erlangt hat.[2] Weil der Ausgleichsberechtigte in diesem Fall auf Bereicherungsansprüche gegen die ursprünglich Berechtigten verwiesen wird,[3] ist eine Beratung[4] – ggf. auch ein gerichtlicher Hinweis – sachgerecht.

Bezieht der Ausgleichspflichtige noch keine Leistungen, ist die Übergangsfrist nicht einschlägig, da die Gefahr einer **doppelten Inanspruchnahme** von vorn herein nicht besteht und auch bereicherungsrechtliche Ansprüche gegen den Ausgleichspflichtigen ausscheiden, da er keine Leistungen erhalten hat, die er herausgeben könnte.[5] Auf die Höhe der Zahlung an den Ausgleichspflichtigen kommt es nicht an, so dass die Übergangsfrist dem Versorgungsträger auch dann zugute kommt, wenn im Rahmen einer **Anpassung gemäß § 51 oder Abänderung gemäß § 225 FamFG**[6] der Entstehung des höheren Anspruchs bei dem Ausgleichsberechtigten keine oder eine geringere Kürzung auf Seiten des Ausgleichspflichtigen gegenübersteht, wie dies insbesondere in Fällen des Teilausgleiches nach früherem Recht eintreten kann. Der Schutzumfang gemäß § 30 Abs. 1 ist daher nicht auf den Kürzungsbetrag beschränkt, der sich an der Versorgung des Ausgleichpflichtigen nach Durchführung der Entscheidung ergibt.[7] Allerdings ist in Abänderungsfällen die Rechtskraft des nicht angegriffenen Teils der Ausgangsentscheidung zu beachten, dh der dort bereits bestimmte Teil der Rentenleistung an den jeweils Berechtigten weiter zu entrichten.[8] 4

Die Übergangsfrist ist nicht nur dann von Bedeutung, wenn die nunmehr berechtigte Person ihr im Versorgungsausgleich erworbenes Versorgungsanrecht als bereits Versorgungsberechtigte sogleich mit Rechtskraft der Entscheidung geltend machen kann, sondern auch dann, wenn der Leistungsanspruch zu einem **späteren Zeitpunkt,** aber vor Ablauf der Schutzfrist von § 30 Abs. 2 entsteht, wie das etwa in der gesetzlichen Rentenversicherung gemäß § 101 Abs. 3 der Fall ist (Leistungsanspruch mit Ablauf des Monats, in dem der Versorgungsausgleich durchgeführt worden ist). Die § 407 BGB nachempfundene Regelung stellt eine Schutzvorschrift für den Versorgungsträger dar und soll den Bedürfnissen der **Massenverwaltung** Rechnung tragen.[9] Folgerichtig hat der Versorgungsträger aus Gründen der Rechtssicherheit auch ohne Kostennachteile einen Anspruch auf eine gerichtliche Entscheidung über Ansprüche gemäß § 25 Abs. 1 und keine Verpflichtung zur Mitwirkung an einer außergerichtlichen Regelung.[10] 5

Die befreienden Wirkung gemäß Abs. 1 S. 1 kommt sowohl in Betracht, wenn nach **erstmaliger Entscheidung des Familiengerichts** über den Versorgungsausgleich eine Leistungskürzung an die bisher berechtigte Person ansteht (so zuvor ähnlich in § 1587p BGB aF geregelt), als auch dann, wenn eine **Leistungskürzung nach Anpassung** (§§ 32 ff.) oder aufgrund **neuer Entscheidung des Familiengerichts** erfolgt (zuvor in § 10a Abs. 7 S. 2 VAHRG aF geregelt).[11] Zur entsprechenden Anwendung der Bestimmung bei Leistungen des Versorgungsträgers an die Witwe oder den Witwer des bisher Berechtigten (Abs. 1 S. 2) → Rn. 9, 10. 6

**2. Erfasste Versorgungsträger.** In den Schutzbereich von Abs. 1 fallen alle Versorgungsträger, die Leistungen an eine bisher berechtigte Person zu erbringen haben und deren Leistungspflicht durch die Entscheidung des Familiengerichts zugunsten einer neuen berechtigten Person ganz oder teilweise geändert worden ist. Abs. 1 S. 1 hat damit die bisher in verschiedenen Normen geregelten Schutzatbestände zugunsten aller in Betracht kommenden Versorgungsträger **generalisiert** (→ Rn. 1).[12] 7

**3. Erfasste Leistungen.** Erfasst sind allein diejenigen Leistungen, die von der Entscheidung des Familiengerichts rechtsgestaltend erfasst sind, dh in ihrem Bestand mit Auswirkung auf Leistungsart bzw. Leistungsumfang verändert werden. 8

**4. Leistungsbefreiung.** Die Befreiung von der Leistungspflicht für die Übergangszeit bezieht sich allein auf die Leistungen, die aufgrund des Versorgungsausgleichs rechtsgestaltend geändert worden sind (→ Rn. 7). Nicht berührt ist daher der Versorgungsanspruch dem Grunde nach und damit zB nicht der Rentenbeginn in der gesetzlichen Rentenversicherung. Liegen im Zeitpunkt 9

---

2 BGH NZFam 2017, 1058 = FamRZ 2017, 1919.
3 BGH NZFam 2017, 1058 = FamRZ 2017, 1919; OLG Nürnberg FamRZ 2016, 550; OLG Frankfurt FamRZ 2014, 1303.
4 *Götsche* FuR 2018, 99.
5 VG Stuttgart BeckRS 2012, 53339.
6 *Borth* Versorgungsausgleich Rn. 755.
7 VG Regensburg BeckRS 2014, 55829; aA VG Würzburg BeckRS 2015, 40224.
8 *Borth* Versorgungsausgleich Rn. 757.
9 OLG Dresden BeckRS 2014, 14394; HK-VersAusglR/*Rehbein* Rn. 2.
10 OLG Frankfurt BeckRS 2014, 15456.
11 Vgl. BT-Drs. 16/10144, 70; vgl. auch Palandt/*Brudermüller* Rn. 2.
12 Zur bisherigen Rechtsgestaltung und Kasuistik ua → 5. Aufl. 2010, BGB § 1587p Rn. 3 ff. *(Weber)*.

der Rechtskraft der Entscheidung die Voraussetzungen für einen Rentenbezug aus der gesetzlichen Rentenversicherung nur unter Berücksichtigung der im Wege der internen Teilung (§ 10) erworbenen Anrechte vor und hat der bisher Berechtigte Leistungen aus dem übertragenen Anrecht erhalten, die dem Schutz nach § 30 unterliegen, so beginnt die Rente des Berechtigten dennoch nach § 101 Abs. 3 SGB VI mit Ablauf des Monats, zu dessen Beginn der Versorgungsausgleich – rechtskräftig – durchgeführt worden ist[13] (vgl. zum Fall einer Anpassung nach § 33 aber § 101 Abs. 3a SGB VI). Bezüglich der Rentenhöhe ergeben sich Einschränkungen allein in Ansehung des unter die Schutzfrist fallenden Leistungsteils. Erbringt der Versorgungsträger Leistungen, die unter die Schutzfrist fallen, bereits vor deren Ablauf, erfolgt dies nach Ablauf der Frist des § 101 Abs. 3 SGB VI bzw. § 101 Abs. 3a SGB VI auf der Grundlage des bereits bestehenden – durch den Versorgungsausgleich erhöhten – Anspruchs dem Grunde nach und ist Rechtsgrund für das Behaltendürfen.

**10** Nachdem insbesondere in Fällen des Zusammentreffens von Ansprüchen gemäß § 25 Abs. 1 mit solchen des verwitweten Ehegatten auf Hinterbliebenenversorgung teilweise längere **Rückstandzeiträume** geltend gemacht und auch entsprechende Ansprüche tituliert werden können, empfiehlt es sich für den Versorgungsträger, bereits bei der Tenorierung darauf hinzuwirken, dass an den bisherigen Berechtigten geleistete Zahlungen angerechnet werden. Demgegenüber sollte der Ausgleichsberechtigte im Wege der **Antragserweiterung** die Herausgabe der etwa an den bisherigen Berechtigten bzw. den verwitweten Ehegatten geflossenen und zur Leistungsbefreiung gemäß § 30 Abs. 1 führenden Überzahlungen gemäß § 30 Abs. 3 geltend machen. Eine entsprechende Antragstellung ist zulässig.[14]

**11** § 30 berechtigt den Versorgungsträger, sich auf die Leistungsbefreiung während der Übergangsfrist zu berufen und stellt eine **Privilegierung** gemäß § 407 BGB dar. Der Versorgungsträger ist jedoch **nicht verpflichtet,** während der Übergangsfrist an den ursprünglichen Berechtigten zu leisten.[15] Entscheidet er sich, direkt an den Ausgleichsberechtigten zu leisten und kommt es dabei zB für Rückstandszeiträume zu Doppelzahlungen, steht dies der Rückforderung der überzahlten Beträge von dem Ausgleichspflichtigen bzw. seinen Hinterbliebenen nicht entgegen, da § 30 keine Anspruchsgrundlage und keinen Rechtsgrund zum Behaltendürfen iSv § 812 Abs. 1 BGB gegenüber dem Versorgungsträger liefert.

**12** Eine Differenzierung nach der **Höhe** der Leistungen nimmt die Norm nicht vor. Vielmehr lässt die Leistung an den bisher Berechtigten – unabhängig von deren konkreter Höhe – die Leistungspflicht an den neuen Berechtigten – soweit sie durch die familiengerichtliche Entscheidung neu gestaltet worden ist – vollständig entfallen.[16] Das BVerwG[17] hat jedoch klargestellt, dass die aus § 30 Abs. 1 S. 1 folgende Befreiung eines berufsständischen Versorgungswerks von der Leistungspflicht nur im Umfang von Leistungen besteht, die es bisher an die berechtigte Person erbracht hat. Dies gilt nicht für einen Zuschlag im Rahmen einer Risikoumwandlung gemäß § 11 Abs. 1 S. 2 Nr. 3.[18]

### III. Leistungsbefreiung gegenüber Witwen und Witwern (Abs. 1 S. 2)

**13** Abs. 1 S. 2 erklärt S. 1 bezüglich Leistungen, die der Versorgungsträger nach Durchführung des Versorgungsausgleichs an Witwen oder Witwer – im Rahmen der Hinterbliebenenversorgung nach § 25 und § 26 – zu erbringen hat, für entsprechend anwendbar. Damit ist auch in diesem Bereich sichergestellt, dass es nicht zu einer Doppelbelastung des Versorgungsträgers kommen kann, wenn er nach Rechtskraft der Entscheidung und vor Ablauf der Übergangsfrist nach Abs. 1 S. 1, Abs. 2 an die bisher berechtigte Person geleistet hat. Die Regelung entspricht § 3a Abs. 7 Nr. 1 VAHRG aF des bisher geltenden Rechts.

**14** Eine Übernahme der in § 3a Abs. 7 Nr. 2 und 3 VAHRG aF enthaltenen Bestimmungen ins neue Recht hat der Gesetzgeber als entbehrlich angesehen, zumal die praktische Bedeutung der § 25 und § 26 mit dem Grundsatz der Teilung aller Anrechte weiter abnehmen werde.[19] In der Tat wird man sich insoweit mit einer entsprechenden Anwendung des Abs. 1 S. 2 behelfen können. § 3a Abs. 7 Nr. 2 VAHRG aF betraf den Fall der Leistung an den Berechtigten mit befreiende Wirkung gegenüber der Witwe oder Witwer, und zwar beim Vorliegen eines Titels des Berechtigten gegen den – zwischenzeitlich – verstorbenen Ausgleichspflichtigen über den schuldrechtlichen Ausgleichbetrag nach dem früheren § 1587g BGB aF (Abs. 7 Nr. 2) bzw. beim Vorliegen einer Abtretung

[13] → 5. Aufl. 2010, BGB § 1587p Rn. 21 mwN *(Weber)*.
[14] OLG Düsseldorf 11.2.2011 – II-34 F 89/10, nv.
[15] Erman/*Norpoth* Rn. 4.
[16] VG Regensburg FamRZ 2015, 414 mAnm *Borth*.
[17] BVerwG BeckRS 2017, 117492 = FamRZ 2017, 1566.
[18] *Kilger/Prossliner* NJW 2018, 3149.
[19] BT-Drs. 16/10144, 70.

desselben zugunsten des Berechtigten über den schuldrechtlichen Ausgleichsbetrag nach dem früheren § 1587i Abs. 1 BGB aF (jetzt § 21).[20]

## IV. Dauer der Übergangzeit (Abs. 2)

**1. Beginn der Frist.** Die Übergangszeit dauert gemäß Abs. 2 bis zum Ende des Monats, der dem Monat folgt, in dem der Versorgungsträger **Kenntnis von der Rechtskraft der Entscheidung** (§ 224 Abs. 1 FamFG idF Art. 2 Nr. 5 VAStrRefG, § 148 FamFG) hat. Die Frist endet mit dem letzten Tag des übernächsten auf den Zeitpunkt der Kenntniserlangung folgenden Monats und beträgt daher mindestens einen Monat und einen Tag, höchstens zwei Monate minus einem Tag.[21] Fristbeginn ist danach der Zeitpunkt der Kenntnis von der Rechtskraft. Eine solche Kenntnis ist in der Regel erst mit der Mitteilung des Gerichts von Rechtskraft der Entscheidung gegeben.[22] Erlangt der Versorgungsträger im Einzelfall verlässlich Kenntnis auf anderem Weg – etwa durch die Übersendung eines **Rechtskraftzeugnisses** gemäß § 46 FamFG durch den nunmehr Berechtigten –, so beginnt die Frist bereits mit diesem Zeitpunkt; auf die Mitteilung der Rechtskraft durch das Gericht kommt es dann nicht mehr an.[23] Kenntnis von der Rechtskraft hat der Versorgungsträger demgegenüber nicht schon mit der **Zustellung der Entscheidung,** und zwar auch nicht durch die Zustellung einer zweitinstanzlichen Entscheidung des Oberlandesgerichts, das eine Rechtsbeschwerde nicht zugelassen hat. Zwar ist eine Rechtsbeschwerde nur bei Zulassung nach § 70 FamFG zulässig. Aber auch bei einer solchen Entscheidung steht erst durch die Mitteilung des Familiengerichts fest, dass die Entscheidung des Oberlandesgerichts rechtskräftig ist, da selbst eine nicht zulässige Rechtsbeschwerde ein Hinausschieben der Wirksamkeit und Rechtskraft bis zur **Verwerfungsentscheidung** des Bundesgerichtshofs zur Folge hat.[24] 15

Im **Ausnahmefall** steht ein **Kennenmüssen der Rechtskraft der Entscheidung** der Kenntnis derselben gleich. Das ist der Fall, wenn den Versorgungsträger eine Verpflichtung trifft, darauf hinzuwirken, dass der Berechtigte die ihm zustehende Leistung umfassend und schnell erhält, wie etwa § 17 SGB VI im Hinblick auf den Erhalt von Sozialleistungen, zu denen auch die Leistungen der gesetzlichen Rentenversicherung zählen, normiert. So ist der Rentenversicherungsträger verpflichtet, sich innerhalb einer angemessenen Frist darüber zu informieren, ob und wann die Entscheidung über den Versorgungsausgleich rechtskräftig geworden ist. Kommt der Rentenversicherungsträger dieser Pflicht nicht nach, steht das Kennenmüssen der Rechtskraft ihrer Kenntnis iSv Abs. 2 gleich.[25] Der Zeitpunkt des Beginns der Frist ist in einem solchen Fall unter Berücksichtigung des Zeitraums der unangemessenen Verzögerung der Kenntniserlangung zu bestimmen.[26] 16

**2. Ende der Frist.** Die dem Versorgungsträger gewährte Schutzfrist endet gemäß Abs. 2 mit dem Ablauf des Monats, der dem Monat der Kenntniserlangung folgt. 17

Die Dauer der Übergangsfrist kann **tenoriert** werden und die Berücksichtigung ist einer isolierten Beschwerde allein im Hinblick auf diese Frist zugänglich.[27] Für den davorliegenden Zeitraum ist festzustellen, dass der Versorgungsträger die Ausgleichsrente auch bis zu dem Monat zu zahlen hat, der auf die Kenntnis der Rechtskraft der Entscheidung folgt, sofern der Versorgungsträger in dieser Zeit nicht mit befreiender Wirkung an die Witwe/den Witwer des Ausgleichspflichtigen geleistet hat.[28] 18

Ein Sonderproblem kann sich aus der satzungsmäßig **nachschüssigen Fälligkeit** einer Zahlung ergeben: Nachdem die Zahlung hier am letzten Tag des Monats fällig ist, für den sie gewährt wird, erfasst die Übergangsfrist auch noch dieses Fälligkeitsdatum. Dies führt etwa dazu, dass bei Kenntnis der Rechtskraft der Entscheidung über den Versorgungsausgleich am 2.1. die Übergangsfrist erst am 28.2. abläuft, die Rente für Februar also noch an den bisherigen Berechtigten geleistet werden kann. Erst die März-Rente, fällig am 31.3., muss mit dem der Teilung entsprechenden Anteil an 19

---

20 Zum früheren Recht → 5. Aufl. 2010, VAHRG § 3a Rn. 35 ff. *(Glockner).*

21 Johannsen/Henrich/*Holzwarth* Rn. 3.

22 Vgl. Johannsen/Henrich/*Hahne* Rn. 3; vgl. zur entspr. Auslegung des bisherigen Rechts, das in § 1587p BGB aF dem Wortlaut nach auf die Zustellung der Entscheidung abstellte, BSGE 54, 87 = FamRZ 1983, 389.

23 Vgl. zum bisherigen Recht BSGE 54, 266 = FamRZ 1983, 699 = BeckRS 2010, 69487; → 5. Aufl. 2010, BGB § 1587p Rn. 16 *(Weber).*

24 Vgl. zum bisherigen Recht GemSOBG BGHZ 88, 353 = NJW 1984, 1027 = FamRZ 1984, 975; Johannsen/Henrich/*Hahne* Rn. 3.

25 BSGE 54, 266 = FamRZ 1983, 699 zum bisherigen Recht; vgl. auch Palandt/*Brudermüller* Rn. 4; BRHP/*Bergmann* Rn. 4.

26 → 5. Aufl. 2010, BGB § 1587p Rn. 17 *(Weber)*; so auch NK-BGB/*Götsche* Rn. 15.

27 BGH NZFam 2017, 1058 = FamRZ 2017, 1919 mAnm *Siede.*

28 *Siede/Brudermüller* NJW 2018, 1297 (1300).

den neuen Berechtigten geleistet werden. Dieser erhält also die erste Leistung Anfang April für den Monat März. Die satzungsmäßig nachschüssige Fälligkeit ist zu berücksichtigen.[29]

20 Nach dem Ende der Übergangsfrist kann der Ausgleichsberechtigte die Leistung an ihn verlangen, auch wenn der Versorgungsträger weiterhin an den Ausgleichspflichtigen bezahlt hat. Allerdings kann der Versorgungsträger in diesem Fall der zulässigen doppelten Inanspruchnahme die Überzahlung von dem Ausgleichspflichtigen zurückfordern, der sich nach Kenntnis des Inhalts der VA-Entscheidung nicht auf Entreicherung wird berufen können.[30]

### V. Ansprüche zwischen der nunmehr berechtigten Person und der bisher berechtigten Person sowie der Witwe oder dem Witwer (Abs. 3)

21 Entsprechend dem ausschließlichen Schutzcharakter von Abs. 1 und 2 zugunsten des Versorgungsträgers (→ Rn. 1) stellt Abs. 3 klar, dass es **ab Rechtskraft der Versorgungsausgleichsentscheidung** für die **Rechtsbeziehungen** zwischen der – auch – berechtigten Person und der bisher berechtigten Person (bzw. der Witwe oder dem Witwer in den Fällen von § 25 und § 26) bei den **allgemeinen bereicherungsrechtlichen Regelungen von §§ 812 ff. BGB** bleibt.[31] In Fällen des verlängerten schuldrechtlichen Versorgungsausgleichs kann sich der von dem Bereicherungsanspruch umfasste Zeitraum der Leistungen an die Hinterbliebenen deutlich ausdehnen und die Zeit ab Antragstellung zuzüglich etwaiger Verzugszeiträume erfassen, statt erst ab dem Zeitpunkt der Entscheidung einzusetzen. Das Bestehen solcher bereicherungsrechtlicher Ansprüche wird auch zur Begründung der Berücksichtigungsfähigkeit des **Wertverzehrs** zwischen Ehezeitende und Entscheidung zum Versorgungsausgleich gemäß § 5 Abs. 2 herangezogen.[32] Soweit der Versorgungsträger nach Abs. 1 und 2 mit befreiender Wirkung Leistungen an den bisher Berechtigten erbringt, kann der nunmehr Berechtigte vom bisher Berechtigten die (Zuviel-) Leistungen nach den Grundsätzen der ungerechtfertigten Bereicherung (§ 816 Abs. 2 BGB) herausfordern.

22 Dem Bereicherungsanspruch kann der **Entreicherungseinwand** (§ 818 Abs. 3 BGB) entgegen gehalten werden,[33] der allerdings bei Kenntnis und Beteiligung am Verfahren an einer verschärften Haftung gemäß § 818 Abs. 4 BGB scheitern wird. Der Ausgleichberechtigte kann dem Entreicherungseinwand entgegenwirken, indem er einen Antrag auf Rückforderung gemäß § 266 Abs. 1 Nr. 3 FamFG stellt, um die verschärfte Haftung entsprechend § 241 FamFG eintreten zu lassen.[34] Die ordnungsgemäße und vollständige Beteiligung der von der erwarteten Entscheidung Tangierten ist deshalb insbesondere bei einem Zusammentreffen mit Hinterbliebenen im Fall von § 25 Abs. 4 zu beachten. Der Herausgabeanspruch reduziert sich jedoch um Sozialversicherungsabgaben und Steuern, in deren Höhe der Ausgleichspflichtige die Leistung nicht erhalten hat.[35]

23 Bestand zu Lebzeiten des Ausgleichspflichtigen eine **Abtretungsanordnung** gemäß § 21 oder ein Titel, der gemäß §§ 20, 22 die Teilhabe des Ausgleichsberechtigten an der Versorgung des Ausgleichspflichtigen regelt, könnte dies die Leistungsbefreiung des Versorgungsträgers gemäß § 30 Abs. 3 in Frage stellen. Dem steht jedoch entgegen, dass der Anspruch, der Gegenstand des Titels bzw. der Abtretung war, mit dem Tod des Ausgleichpflichtigen gemäß § 31 Abs. 3 S. 1 untergegangen ist und der Anspruch gegen den Versorgungsträger gemäß § 25 Abs. 1 nach anderen Voraussetzungen geprüft werden muss. Folglich kann weder aus dem ursprünglichen Titel gegen den Ausgleichspflichtigen vollstreckt noch die Abtretung geltend gemacht werden, da diese den neu entstandenen Anspruch gemäß § 25 Abs. 1 nicht erfasst.[36] Etwas anderes gilt auch nicht für den Fall einer von dem Ausgleichsberechtigten selbst ausgesprochenen Abtretung, die nicht gemäß § 21 gerichtlich angeordnet wurde, wobei deren Wirksamkeit schon an den häufig in Satzungen betrieblicher Versorgungsträger enthaltenden Abtretungsverboten scheitern kann.

## § 31 Tod eines Ehegatten

**(1) [1]Stirbt ein Ehegatte nach Rechtskraft der Scheidung, aber vor Rechtskraft der Entscheidung über den Wertausgleich nach den §§ 9 bis 19, so ist das Recht des überlebenden**

---

29 OLG Hamm BeckRS 2019, 16164.

30 BeckOK BGB/*Bergmann* Rn. 6.

31 Vgl. BT-Drs. 16/10144, 70; OLG Dresden BeckRS 2014, 14394; OLG Hamm FamRZ 1990, 528.

32 KG NJOZ 2013, 529.

33 Vgl. zum bisherigen Recht OLG Celle FamRZ 2008, 2131 (2132); *Hahne* FamRZ 1987, 217 (230); → 5. Aufl. 2010, VAHRG § 10a Rn. 90 *(Dörr)*; zweifelnd im Hinblick auf den Entreicherungseinwand NK-BGB/*Götsche* Rn. 21.

34 *Borth* Versorgungsausgleich Kap. 3 Rn. 187.

35 VG Regensburg BeckRS 2014, 55829.

36 So iErg *Borth* Versorgungsausgleich Rn. 761.

**Ehegatten auf Wertausgleich gegen die Erben geltend zu machen. [2]Die Erben haben kein Recht auf Wertausgleich.**

**(2) [1]Der überlebende Ehegatte darf durch den Wertausgleich nicht bessergestellt werden, als wenn der Versorgungsausgleich durchgeführt worden wäre. [2]Sind mehrere Anrechte auszugleichen, ist nach billigem Ermessen zu entscheiden, welche Anrechte zum Ausgleich herangezogen werden.**

**(3) [1]Ausgleichsansprüche nach der Scheidung gemäß den §§ 20 bis 24 erlöschen mit dem Tod eines Ehegatten. [2]Ansprüche auf Teilhabe an der Hinterbliebenenversorgung nach den §§ 25 und 26 bleiben unberührt. [3]§ 1586 Abs. 2 Satz 1 des Bürgerlichen Gesetzbuchs gilt entsprechend.**

**Schrifttum:** S. § 1587 BGB.

**Übersicht**



## I. Normzweck

Die Vorschrift dient der Regelung der **Folgen des Todes eines Ehegatten für den Versorgungsausgleich** und nimmt dabei Bestimmungen auf, die im bisherigen Recht an verschiedenen Stellen – § 1587e Abs. 2–4 BGB aF, § 1587k Abs. 2 BGB aF, § 1587m BGB aF, § 3a Abs. 6 VAHRG aF – zu finden waren.[1] Keiner Regelung bedarf der Fall, dass ein Ehegatte **vor Rechtskraft der Scheidung** stirbt; das Verfahren gilt gemäß § 131 FamFG als in der Hauptsache **erledigt;** zu einer rechtsverbindlichen Regelung des Versorgungsausgleichs kommt es mangels Scheidung nicht.[2] Dafür ist auch kein Bedarf, weil der überlebende Ehegatte die Leistungen aus der Hinterbliebenenversorgung – zB die Witwen- bzw. Witwerrente aus der gesetzlichen Rentenversicherung nach § 46 SGB VI – in Anspruch nehmen kann. Eine klarstellende Entscheidung über die Erledigung ist zwar nicht erforderlich, aber zulässig.[3] Der Regelung bedarf es für die **Zeit ab Rechtskraft der Scheidung,** wenn danach der Tod eines Ehegatten eingetreten ist, bis dahin aber über den Versorgungsausgleich noch nicht rechtskräftig entschieden worden ist, sei es dass der zwar anhängige Versorgungsausgleich vom Scheidungsverbund abgetrennt (§ 140 Abs. 2 FamFG, § 221 FamFG) oder erst nach der Scheidung – im selbstständigen isolierten Verfahren – geltend gemacht worden ist, sei es dass beim Tod des Ehegatten überhaupt noch kein entsprechendes Ausgleichsverfahren anhängig war oder bei einer erst nach der Scheidung eingetretenen Ausgleichsreife (§ 19 FamFG). § 31 findet auch bei einer Auslandsscheidung, bei der ein Versorgungsausgleich nicht stattgefunden hat, Anwendung.[4] 1

§ 31 unterscheidet hinsichtlich der Rechtsfolgen des Todes eines Ehegatten nach Rechtskraft der Scheidung zunächst danach, ob es um einen **Wertausgleich nach §§ 9–19** geht (geregelt in Abs. 1 und 2, → Rn. 5–14) oder um einen **schuldrechtlichen Ausgleichsanspruch nach §§ 20–24** – „Ausgleichsansprüche nach Scheidung" – (geregelt in Abs. 3, → Rn. 17–24). Zum anderen 2

1 Vgl. dazu BT-Drs. 16/10144, 70 f.
2 Vgl. BGH NJW 1984, 2829 = FamRZ 1984, 467 (468).
3 OLG Brandenburg BeckRS 2013, 09278; OLG München FamRZ 2012, 1387: die Klarstellung ist geboten.
4 OLG Saarbrücken BeckRS 2018, 1983.

wird hinsichtlich der genannten Ausgleichsformen – jedenfalls teilweise – danach differenziert, ob es um den **Tod des Ausgleichsberechtigten** oder **Tod des Ausgleichspflichtigen** geht.

3 § 31 findet auch im **Abänderungsverfahren gemäß § 51** uneingeschränkt Anwendung.[5] § 51 eröffnet eine **Totalrevision** des Ausgleichs, die sich vollständig nach neuem Recht richtet und damit sowohl die **Gesamtsaldierung** gemäß § 31[6] als auch die Bagatellprüfung gemäß § 18 beinhaltet.[7] Die Prüfung insbesondere des Besserstellungsverbotes kann von Amts wegen geboten sein[8] und dazu führen, dass der Ausgleichspflichtige sein gekürztes Anrecht auch dann noch zurückerhält, wenn die Voraussetzungen gemäß § 37 Abs. 2 nicht vorliegen und der verstorbene Ausgleichsberechtigte aus dem Anrecht Leistungen länger als 36 Monate bezogen hat.[9] Voraussetzung ist jedoch die Prüfung der **Gesamtbilanz,** da anderenfalls jeder Todesfall einen Abänderungsgrund für den Überlebenden begründen würde.[10]

4 Strengt der nach der Gesamtbilanz insgesamt Ausgleichsberechtigte nach eingetretener Wertänderung ein Abänderungsverfahren an, muss § 31 Abs. 1 S. 2 dazu führen, dass der Überlebende sein Anrecht insgesamt zurück erhält: Die damit verbundene Besserstellung ist die Folge der Totalrevision sowie der Unmöglichkeit der Neubegründung von Versorgungsanrechten für Verstorbene. Auch ein Wertungswiderspruch zu §§ 36, 37 besteht nicht.[11]

## II. Tod eines Ehegatten nach Rechtskraft der Scheidung, aber vor Rechtskraft der Entscheidung über den Versorgungsausgleich nach §§ 9–19 (Abs. 1)

5 **1. Tod des verpflichteten Ehegatten (Abs. 1 S. 1).** Nach Abs. 1 S. 1 erlischt der Anspruch des – berechtigten – Ehegatten auf Wertausgleich im Falle des Todes des anderen – verpflichteten – Ehegatten nicht. Der Anspruch ist – in den Grenzen des Absatzes 2 (→ Rn. 8) – gegen die Erben als **Prozessstandschafter** geltend zu machen (Abs. 1 S. 2), die nicht notwendig mit den Hinterbliebenen identisch sein müssen. Bereitet die Feststellung der Erben Probleme, kann das Verfahren gemäß § 21 Abs. 1 FamFG oder § 246 Abs. 1 ZPO **ausgesetzt** werden. Erforderlichenfalls kann gemäß § 1960 BGB ein **Nachlasspfleger** für die noch unbekannten Erben bestellt werden, der überlebende Ehegatte ist antragsberechtigt gemäß § 1961 BGB. Ist der Verstorbene anwaltlich vertreten, kann das Verfahren gemäß § 246 Abs. 1 ZPO fortgeführt werden.[12] Die Hinterbliebenen sind in jedem Fall Beteiligte (§ 219 Nr. 4 FamFG). Die Erben können alle Einreden geltend machen, die auch dem Verstorbenen zugestanden hätten, so ua die Härteregelung nach § 27.[13] Von einer Kostentragung befreit werden können die Erben lediglich, wenn die Kosten nach § 81 Abs. 1, 2 FamFG allein dem überlebenden Ehegatten aufzuerlegen sind.

6 Hinsichtlich des Ausgleichsanspruchs gemäß § 31 kann weder Verjährung noch grundsätzlich Verwirkung eintreten.[14]

7 **2. Tod des Berechtigten (Abs. 1 S. 2).** Stirbt der Wertausgleichsberechtigte, so geht das **Recht auf Wertausgleich** gemäß Abs. 1 S. 2 nicht auf seine Erben über, das Recht **erlischt** vielmehr, und zwar selbst dann, wenn es in einem abgetrennten oder isolierten Versorgungsausgleichsverfahren rechtshängig ist. Ziel des Versorgungsausgleichs ist es, eine eigenständige Versorgung für den ausgleichsberechtigten Ehegatten zu schaffen.[15] Die Notwendigkeit hierfür entfällt mit dem Tod des Berechtigten. Daher lässt der Tod des Berechtigten den Ausgleichsanspruch erlöschen, soweit er zu diesem Zeitpunkt noch nicht verwirklicht ist.[16] Die Regelung entspricht damit der bisherigen in § 1587e Abs. 2 BGB.[17] Soweit allerdings über den Wertausgleich nach §§ 9–19 bereits rechtskräftig entschieden worden ist, wird diese Entscheidung vom Tod des Berechtigten grundsätzlich nicht

---

5 BGH NJW-RR 2018, 1153.
6 OLG Koblenz BeckRS 2015, 10690.
7 BGH NJW-RR 2013, 1153 (1155); KG BeckRS 2012, 24181; *Borth* Versorgungsausgleich, 7. Aufl. 2014, Rn. 767 f.; FamRZ 2012, 37; *Schwamb* FamFR 2011, 349.
8 BGH BeckRS 2013, 11315.
9 OLG Stuttgart NZFam 2015, 314.
10 OLG Schleswig BeckRS 2015, 08466; *Borth* Versorgungsausgleich, 7. Aufl. 2014, Rn. 771; *Bergner* NZFam 2014, 539 (544).
11 BGH NJW-RR 20118, 1153 (1155).
12 *Wick* Versorgungsausgleich Rn. 544; OLG Karlsruhe FamRZ 2004, 1039.
13 Vgl. BGH NJW 1982, 1939 = FamRZ 1982, 473 (474); NJW 1984, 2829 = FamRZ 1984, 467 (468).
14 OLG Saarbrücken BeckRS 2018, 1983.
15 Vgl. BT-Drs. 16/10144, 30.
16 OLG Brandenburg BeckRS 2011, 04490.
17 Zum bisherigen Recht die gleiche Begr. BGH NJW 2008, 154 (155) = FamRZ 2007, 1804; → 5. Aufl. 2010, BGB § 1587e Rn. 10 *(Gräper).*

berührt; dem verpflichteten überlebenden Ehegatten bleibt allerdings die Möglichkeit, eine Anpassung der Entscheidung nach §§ 37, 38 zu beantragen.

### III. Verbot der Besserstellung des überlebenden Ehegatten durch den Wertausgleich nach §§ 9–19 (Abs. 2)

**1. Bilanz der beiderseitigen Ausgleichswerte.** Das Fortbestehen der Ansprüche des berechtigten überlebenden Ehegatten auf Wertausgleich nach Abs. 1 S. 1 bei Tod des verpflichteten Ehegatten und das gleichzeitige Erlöschen der Ansprüche aufseiten des verstorbenen Ehegatten nach Abs. 1 S. 2 könnten dazu führen, dass der überlebende Ehegatte bei Durchführung des Versorgungsausgleichs besser stehen würde als er stünde, wenn der andere Ehegatte noch leben würde und der Versorgungsausgleichs durchgeführt worden wäre. Diese Folge schließt Abs. 2 S. 1 aus **(Besserstellungsverbot).**[18] Deshalb bedarf es, wenn der überlebende Ehegatte gemäß Abs. 1 S. 1 sein Recht auf Wertausgleich gegen die Erben geltend macht, der Feststellung, ob und inwieweit es zu einer Besserstellung des überlebenden Ehegatten kommen würde. Zu diesem Zweck ist mithilfe des vom Versorgungsträger nach § 5 Abs. 3 und 4, § 47 mitzuteilenden – vom Gericht aber in jedem Fall zu prüfenden – Kapital-, Renten- oder korrespondierenden Kapitalwerts in Abweichung von dem Prinzip des Hin- und Herausgleichs[19] eine **Gesamtsaldierung der beiderseitigen Ausgleichswerte,** bei unterschiedlichen Bezugsgrößen auf der Basis der korrespondierenden Kapitalwerte[20] zu erstellen. Ist die Summe der an sich auszugleichenden eigenen Anrechte des überlebenden Ehegatten höher als die des verstorbenen Ehegatten, so schließt Abs. 2 S. 1 einen Ausgleich aus, der Anspruch nach Abs. 1 S. 1 geht ins Leere.[21] Ergibt die nach Abs. 2 S. 1 zu erstellende Bilanz, dass die an sich auszugleichenden eigenen Anrechte des überlebenden Ehegatten geringer sind als die des verstorbenen Ehegatten, so besteht nach Abs. 1 S. 1 ein **Anspruch auf Wertausgleich in Höhe der Wertdifferenz der beiderseitig ermittelten Ausgleichswerte.**[22] 8

Bei der Erstellung der Gesamtbilanz findet zunächst weder eine Bagatellprüfung statt noch werden fiktive Teilungskosten[23] einbezogen: Zunächst werden als (1) auch geringfügige Anrechte eingestellt. Ergibt sich eine geringfügige Ausgleichswertdifferenz, kann (2) bei Ermessensausübung nach § 18 vom Ausgleich insgesamt abgesehen werden. Wird ein Ausgleich gemäß § 31 grundsätzlich bejaht, kann schließlich (3) die Heranziehung eines geringfügigen Anrechts gemäß § 18 doch noch unterbleiben.[24] 9

Im Rahmen der Gesamtsaldierung nach § 31 Abs. 2 S. 1 ist eine **Geringfügigkeit iSv § 18 Abs. 2 S. 1** also zunächst nicht zu prüfen, da es hier nicht um den Vollzug des Ausgleichs geht.[25] In die Gesamtsaldierung fließen also zunächst auch geringwertige Anrechte gemäß § 18 Abs. 2 und 3 sowie gleichartige Anrechte mit geringer Wertdifferenz gemäß § 18 Abs. 1 und 3 ein.[26] **Nicht ausgleichsreife Anrechte** gemäß § 19 Abs. 2 werden nicht in die Gesamtbilanz einbezogen.[27] Dies erscheint konsequent, da die nicht ausgleichsreifen Anrechte des verstorbenen Ehegatten nicht mehr erstarken können und es daher allein zu Lasten des Überlebenden ginge, auf seiner Seite die nicht ausgleichsreifen Anrechte in die Gesamtbilanz einzustellen. Der Anwendung von § 19 Nr. 3 bei Vorliegen ausländischer Anrechte steht dies jedoch nicht entgegen.[28] 10

**Regel- und angleichungsdynamische Anrechte** können grundsätzlich ohne Umrechnung eingestellt werden,[29] wobei ungeachtet des fehlenden Verweises in § 47 Abs. 6 auf § 31[30] die Einbe- 11

18 Vgl. BT-Drs. 16/10144, 71.

19 OLG Schleswig BeckRS 2015, 08466.

20 OLG Dresden BeckRS 2014, 05805; OLG Brandenburg FamRZ 2011, 1299; OLG Saarbrücken FamRZ 2012, 380.

21 Vgl. dazu OLG München FamRZ 2012, 1387.

22 Vgl. Berechnungsbeispiele bei *Borth* Versorgungsausgleich Rn. 683 f.; vgl. zur Prüfung des Besserstellungsverbots bei Vorliegen regeldynamischer Anrechte des einen Ehegatten und ausgleichsdynamischer Anrechte des anderen AG Erfurt FamRZ 2012, 876 mAnm *Borth.*

23 BGH NJW 2017, 3229 = FamRZ 2017, 1303.

24 BGH NJW 2017, 3229 = FamRZ 2017, 1303; NZFam 2017, 461 = FamRZ 2017, 960; ausf. *Götsche* NZFam 2018, 447 (449), der das Vorgehen zurecht als zu aufwändig hinterfragt.

25 So wohl auch OLG Hamm NJW-RR 2011, 1376; OLG Brandenburg FamRZ 2011, 1299; *Borth* Versorgungsausgleich Rn. 682; aA AG Ludwigslust FamRZ 2011, 645; NK-VersAuslgR/*Götsche* Rn. 21.

26 OLG Koblenz FamRZ 2012, 1807.

27 OLG München FamRZ 2012, 1387; Johannsen/Henrich/*Holzwarth* Rn. 6; *Wick* Versorgungsausgleich Rn. 545; aA wohl Erman/*Norpoth* Rn. 5.

28 *Wick* Versorgungsausgleich Rn. 545.

29 OLG Dresden BeckRS 2014, 05805.

30 OLG Dresden BeckRS 2014, 05805; aA *Wick* Versorgungsausgleich Rn. 546; *Bergner* FamRZ 2014, 539 (540), der ein gesetzgeberisches Versehen annimmt.

ziehung der Angleichung nach dem **Angleichungsfaktor** gemäß § 3 Abs. 2 Nr. 1a VAÜG bei der Erstellung der Gesamtbilanz zu dem gerechteren Verteilungsergebnis auch unter dem Gesichtspunkt des **Besserstellungsverbotes** führen wird,[31] da der Kapitalwert eine bloße Hilfsgröße darstellt.[32] Die Berücksichtigung angleichungsdynamischer Anwartschaften in der gesetzlichen Rentenversicherung auf der Basis allein des Kapitalwerts ohne Korrekturfaktor wird vertreten.[33] Ist nach einem rechtskräftigen Teilausgleich nach dem Tod eines Ehegatten noch über die bisher noch nicht ausgeglichenen Anrecht zu entscheiden, kommt es bei der Gesamtbilanz nur auf die noch nicht ausgeglichenen Anrechte an.[34] Dies ist konsequent, da der Überlebende die bereits rechtskräftig ausgeglichenen Anrechte nicht mehr zurückerhält, so dass deren Einbeziehung in die Gesamtbilanz nicht gerechtfertigt erscheint.

12 Kommt es nach Gesamtsaldierung zu einem Wertausgleich, findet § 18 allerdings Anwendung,[35] wenn auch der nach § 31 Abs. 2 S. 2 mögliche „Einmalausgleich" in vielen Fällen eine Anwendung von § 18 erübrigen dürfte. § 18 Abs. 2 und 3 steht dem Ausgleich jedoch auch im Rahmen von § 31 entgegen, wenn die zum Ausgleich anstehenden Anrechte bei Durchführung des Versorgungsausgleiches gemäß §§ 9 ff. zu Lebzeiten beider Ehegatten ebenfalls nicht ausgeglichen worden wären.[36] Die Bagatellprüfung ist mithin bezogen auf die **Gesamtausgleichswertdifferenz** durchzuführen.[37]

13 Wird wegen der für den Überlebenden positiven Ausgleichswertdifferenz zunächst kein Ausgleich durchgeführt, kommt es später jedoch aufgrund einer wesentlichen Wertveränderung aufseiten des Verstorbenen zu einer Umkehr der Wertdifferenz, kann der überlebende Ehegatte eine Abänderung der Entscheidung gemäß § 225 Abs. 1, 2 FamFG beantragen.[38]

14 **2. Billiges Ermessen des Gerichts beim Ausgleich mehrerer auszugleichender Anrechte (Abs. 2 S. 2).** Hat der überlebende Ehegatte gemäß Abs. 1 S. 1 einen Anspruch auf Wertausgleich und bestehen aufseiten des Verstobenen mehrere auszugleichende Anrechte, so hat das Familiengericht gemäß Abs. 2 S. 2 nach billigem Ermessen zu entscheiden, welche Anrechte zum Ausgleich herangezogen werden. Möglich ist der Ausgleich eines oder mehrerer Anrechte, in geeigneten Fällen bei Meidung von Splitteranrechten auch **quotal.**[39] Es wird sich, soweit nicht besondere Gründe – etwa ein begründeter Wunsch des Berechtigten – entgegenstehen, für den Ausgleich durch Heranziehung möglichst nur eines Anrechts des Verstorbenen und insoweit vorrangig eines staatlichen Sicherungssystems wie das der gesetzlichen Rentenversicherung entscheiden, allerdings unter Beachtung des Halbteilungsgrundsatzes, also höchstens bis zur Hälfte des jeweiligen Anrechts.[40]

15 Die sich aus der Ermessensausübung ergebende **asymmetrische Belastung einzelner** aus mehreren Versorgungsträgern des Ausgleichspflichtigen ist hinzunehmen, da der belastete Versorgungsträger insoweit keinen besonderen Schutz verdient, als er maximal mit 50% des Anrechts belastet wird, für das er Vorsorge hat treffen müssen. Aufgrund der Halbteilung ist die Belastung regelmäßig geringer als durch die Hinterbliebenenversorgung, für die ebenfalls Vorsorge getroffen werden musste.[41] Auch ein rückstellungsfinanziertes Anrecht kann daher jedenfalls dann auszugleichen sein, wenn es eine Hinterbliebenenversorgung enthält.[42] In einem solchen Fall seien allerdings vorrangig umlagefinanzierte Anrechte gemäß § 31 Abs. 2 zum Ausgleich heranzuziehen

16 Unbeachtlich bleibt auch, ob ein Versorgungsträger bereits Leistungen aus dem Anrecht erbracht hat.[43]

---

[31] OLG Stuttgart BeckRS 2014, 22486; OLG Jena FamRZ 2013, 382; OLG Celle BeckRS 2012, 14879; AG Erfurt BeckRS 2012, 11753.

[32] OLG Stuttgart BeckRS 2014, 22486.

[33] OLG Bamberg BeckRS 2017, 124997 m. Bespr. *Frauenknecht* NZFam 2017, 1156; krit. dazu *Siede/Brudermüller* NJW 2018, 1297 (1301), der die ua durch das OLG Stuttgart NZFam 2014, 1140 und OLG Celle NJOZ 2013, 243 = FamRZ 2013, 382 vertretene Gegenauffassung als überzeugender ansieht.

[34] OLG Nürnberg BeckRS 2013, 02075; *Borth* Versorgungsausgleich Rn. 767.

[35] *Borth* Versorgungsausgleich Rn. 683.

[36] OLG Stuttgart BeckRS 2014, 22486 = FamRZ 2015, 507; OLG Naumburg BeckRS 2012, 24090; *Holzwarth* FamFR 2013, 13; aA OLG Schleswig BeckRS 2014, 05805; OLG Celle BeckRS 2012, 14879; OLG Koblenz 2012, 100111.

[37] *Wick* Versorgungsausgleich Rn. 547.

[38] *Borth* Versorgungsausgleich Rn. 767.

[39] BT-Drs. 16/10144, 71; Johannsen/Henrich/*Holzwarth* Rn. 8.

[40] Vgl. auch *Ruland* Versorgungsausgleich Rn. 476; Johannsen/Henrich/*Hahne* Rn. 4.

[41] OLG Frankfurt FamRZ 2018, 179.

[42] OLG Frankfurt FamRZ 2018, 179 mit der Einschränkung, dass vorrangig umlagefinanzierte Anrechte gemäß § 31 Abs. 2 heranzuziehen seien.

[43] Krit. zu BGH NJW-RR 2013, 1153 = FamRZ 2013, 1287; *Borth* Versorgungsausgleich Kap. 3 Rn. 197.

### IV. Tod eines Ehegatten in Ansehung von Ausgleichsansprüchen nach Scheidung gemäß §§ 20–24 (Abs. 3)

**1. Erlöschen der Ausgleichsansprüche iSv §§ 20–24 (Abs. 3 S. 1).** Abs. 3 S. 1 regelt die Rechtsfolgen für Ausgleichsansprüche nach der Scheidung im Sinne von §§ 20–24. Gemäß Abs. 3 S. 1 erlöschen solche Ansprüche sowohl mit dem Tod des Berechtigten wie auch des Verpflichteten. Die Vorschrift greift insoweit hinsichtlich des Todes des Ausgleichberechtigten die Regelungen von § 1587k Abs. 2 S. 1 BGB aF, § 1587m BGB aF sowie § 3a Abs. 6 VAHRG aF auf. Hinsichtlich des Todes des Verpflichteten enthielt das bisher geltende Recht zwar keine entsprechende ausdrückliche Regelung, diese Rechtsfolge ergab sich aber in Auslegung des bisher geltenden Rechts.[44] 17

Unter den Voraussetzungen der §§ 37, 38 kann der länger lebende Ausgleichspflichtige bei Vorversterben des Ausgleichsberechtigten eine Abänderung gemäß §§ 225, 226 FamFG beantragen, um wieder in den Bezug der ausgeglichenen Anrechte zu gelangen.[45] Dies gilt jedoch lediglich für Anrechte aus dem Bereich der Regelsicherungssysteme gemäß § 32 Nr. 1–5. 18

Das Erlöschen der Ansprüche erfolgt unabhängig davon, ob sie bereits – ggf. in einem abgetrennten oder isolierten Versorgungsausgleichsverfahren oder außerhalb – geltend gemacht waren oder nicht. Waren sie bereits geltend gemacht, kommen allerdings **Erfüllungsansprüche und Schadensersatzansprüche wegen Nichterfüllung für die Vergangenheit** nach Abs. 3 S. 3 iVm § 1586 Abs. 2 S. 1 BGB bis zum Tod des Ehegatten in Betracht und können von den Erben verfolgt werden (→ Rn. 22 ff.). Zu den fortbestehenden **Ansprüchen auf Hinterbliebenenversorgung** → Rn. 21. 19

Klarstellend ist darauf hinzuweisen, dass die **Wiederheirat des Ausgleichsberechtigten** – oder die **Begründung einer Lebenspartnerschaft** durch ihn – den Ausgleichsanspruch nicht berührt; von einer entsprechenden Anwendung des § 1586 Abs. 1 BGB, der den Wegfall des Unterhaltsanspruchs bei Wiederheirat oder Begründung einer Lebenspartnerschaft des anspruchsberechtigten Ehegatten oder Partners vorsieht, hat der Gesetzgeber – so bereits im Rahmen der Regelung von § 1587k Abs. 2 BGB aF – bewusst abgesehen, denn der – schuldrechtliche – Ausgleichsanspruch soll eine Versorgungslücke schließen, die während der ersten Ehe entstanden ist und sich unabhängig von der Wiederheirat des Berechtigten im Versorgungsfall nachteilig auswirkt.[46] 20

**2. Fortbestehen der Ansprüche auf Teilhabe an der Hinterbliebenenversorgung nach §§ 25–26 (Abs. 3 S. 2).** Schuldrechtliche Ausgleichsansprüche erlöschen mit dem Tod des Ausgleichspflichtigen und richten sich insbesondere nicht gegen die Hinterbliebenen oder Rechtsnachfolger.[47] Abs. 3 S. 2 stellt jedoch klar, dass der Tod eines Ehegatten nicht dazu führt, dass der Anspruch auf Teilhabe an der Hinterbliebenenversorgung erlischt. Dieser Anspruch tritt vielmehr an die Stelle des erloschenen Anspruchs auf die schuldrechtliche Ausgleichsrente nach §§ 20–24. Der überlebende Ehegatte kann daher ein noch nicht ausgeglichenes Anrecht nach den §§ 25–26 (→ § 25 Rn. 1 ff.; → § 26 Rn. 1 ff.) vom Versorgungsträger bzw. von der Witwe oder dem Witwer des ausgleichpflichtigen Gatten beanspruchen.[48] Der Untergang des schuldrechtlichen Anspruchs gegen den Ausgleichspflichtigen mit dessen Tod und die neue Entstehung des Ausgleichsanspruchs gegen Hinterbliebene bzw. Versorgungsträger sind bei Fragen der Inverzugsetzung und Fälligkeit sowie Berücksichtigungsfähigkeit einer zur Lebzeiten des Ausgleichspflichtigen angeordneten Abtretung zu beachten. Auch insoweit kann der Versorgungsträger bzw. die Hinterbliebenen überprüfen lassen, ob der Längerlebende durch die Durchführung des verlängerten Ausgleichs gemäß § 25 Abs. 1 bzw. § 26 besser steht, als er ohne den Tod des Ausgleichspflichtigen stünde. Dies kann dann der Fall sein, wenn der Längerlebende ebenfalls noch schuldrechtlich auszugleichende Anrechte hat, die er aufgrund des Todes des anderen Ehegatten wegen § 31 Abs. 3 S. 1 ungeteilt behält. Der Einwand eines Verstoßes gegen das Besserstellungsverbot muss also auch dem Versorgungsträger möglich sein.[49] Die Feststellung des Nichtbestehens von Ansprüchen des Längerlebenden wegen Verstoßes gegen das **Besserstellungsverbot** ist ohne Beteiligung der Erben oder Hinterbliebenen möglich.[50] 21

---

44 Vgl. BT-Drs. 16/10144, 71; zum bisherigen Rechtszustand vgl. BGH NJW-RR 1989, 963; 1989, 963 = FamRZ 1989, 950; → 5. Aufl. 2010, BGB § 1587k Rn. 8 *(Gräper)*; Staudinger/*Rehme*, 2004, BGB § 1587k Rn. 8; Johannsen/Henrich/*Hahne*, 4. Aufl. 2003, Rn. 5; RGRK-BGB/*Wick* Rn. 11.

45 Johannsen/Henrich/*Holzwarth* Rn. 10.

46 Vgl. zum bisherigen Recht BT-Drs. 7/650, 168; → 5. Aufl. 2010, BGB § 1587k Rn. 10 *(Gräper)*; so auch *Ruland* Versorgungsausgleich Rn. 679.

47 Johannsen/Henrich/*Holzwarth* Rn. 12.

48 Vgl. BT-Drs. 16/10144, 71.

49 *Borth* Versorgungsausgleich Rn. 775.

50 AG Ludwigslust BeckRS 2012, 18709.

22 **3. Nichterlöschen von Erfüllungs- und Schadensersatzansprüchen wegen Nichterfüllung (Abs. 3 S. 3 iVm § 1586 Abs. 2 S. 1 BGB).** Abs. 3 S. 3 stellt durch den Verweis auf § 1586 Abs. 2 S. 1 BGB klar, dass die Erlöschensvorschrift Abs. 3 S. 1 nicht für Erfüllungs- und Schadensersatzansprüche gilt, gleich ob sie in der Person des Ausgleichsberechtigten oder des Ausgleichspflichtigen entstanden sind. Bezüglich solcher Ansprüche des Ausgleichsberechtigten fand sich eine entsprechende Vorschrift früher in § 1587k Abs. 2 S. 1 Hs. 2 BGB aF; hinsichtlich solcher Ansprüche des Ausgleichspflichtigen bestand im bisher geltenden Recht keine ausdrückliche Regelung, das Fortbestehen von Erfüllungs- und Schadensersatzansprüchen ergab sich aber nach hM unter Auslegung des bisherigen Rechts.[51]

23 Erfüllungs- und Schadensersatzansprüche wegen Nichterfüllung sind gegen die **Erben als Prozessstandschafter** geltend zu machen. Die Ansprüche können erst von dem Zeitpunkt an verlangt werden, in dem der Ausgleichspflichtige mit seiner Leistung in **Verzug** gekommen oder der **Ausgleichanspruch rechtshängig** geworden ist. Das Vorliegen des Verzugs richtet sich nach den Regelungen des allgemeinen Schuldrechts (§§ 286 ff. BGB). An die **Mahnung** sind keine strengen Anforderungen zu stellen; insbesondere ist keine Bezifferung erforderlich, da der Berechtigte den Ausgleichsanspruch auch im gerichtlichen Verfahren nicht beziffern muss.[52] Die stufenweise erhobene Mahnung reicht (vgl. § 20 Abs. 3 iVm § 1585b Abs. 2 BGB, § 1613 Abs. 1 BGB).

24 Begründete Erfüllungs- und Schadensersatzansprüche wegen Nichterfüllung werden – wie die Ausgleichsrente selbst – einschließlich des vollen **Sterbemonats** geschuldet (vgl. § 20 Abs. 3 iVm § 1585 Abs. 1 S. 3 BGB).[53] Für eine mehr als ein Jahr vor der Rechtshängigkeit liegende Zeit können solche Ansprüche aber nur verlangt werden, wenn anzunehmen ist, dass der Verpflichtete sich der Leistung absichtlich entzogen hat (vgl. § 20 Abs. 3 iVm § 1585b Abs. 3 BGB). Wegen des etwaigen Fortbestehens von Erfüllungs- und Schadensersatzansprüchen wegen Nichterfüllung kann ein Rechtsschutzinteresse der Erben des Verpflichteten an der Feststellung gegeben sein, dass Ausgleichsansprüche nicht mehr bestehen.[54]

---

51 Vgl. BT-Drs. 16/10144, 71; OLG Koblenz FamRZ 2007, 483 (484); Staudinger/*Rehme*, 2004, BGB § 1587k Rn. 8.

52 Vgl. BGH NJW-RR 1989, 963 = FamRZ 1989, 950 (951); Johannsen/Henrich/*Hahne* Rn. 7; OLG Oldenburg FamRZ 2001, 1528; → 5. Aufl. 2010, BGB § 1587k Rn. 5 *(Gräper)*.

53 Vgl. Johannsen/Henrich/*Hahne* Rn. 7; *Borth* Versorgungsausgleich Rn. 689.

54 Vgl. *Ruland* Versorgungsausgleich Rn. 679; zum bisherigen Recht vgl. OLG Frankfurt FamRZ 1990, 296 (297); *Götsche* FamRZ 2006, 513 (516); → 5. Aufl. 2010, § 1587e Rn. 12 *(Gräper)*.

# Kapitel 4. Anpassung nach Rechtskraft

## § 32 Anpassungsfähige Anrechte

**Die §§ 33 bis 38 gelten für Anrechte aus**

**1. der gesetzlichen Rentenversicherung einschließlich der Höherversicherung,**

**2. der Beamtenversorgung oder einer anderen Versorgung, die zur Versicherungsfreiheit nach § 5 Abs. 1 des Sechsten Buches Sozialgesetzbuch führt,**

**3. einer berufsständischen oder einer anderen Versorgung, die nach § 6 Abs. 1 Nr. 1 oder Nr. 2 des Sechsten Buches Sozialgesetzbuch zu einer Befreiung von der Sozialversicherungspflicht führen kann,**

**4. der Alterssicherung der Landwirte,**

**5. den Versorgungssystemen der Abgeordneten und der Regierungsmitglieder im Bund und in den Ländern.**

**Schrifttum:** S. § 1587 BGB.

**Übersicht**



### I. Normzweck

1 Die Bestimmungen der §§ 32–38 über die Anpassung nach Rechtskraft knüpfen an die im **VAHRG** getroffenen Regelungen in den §§ 4–10 VAHRG an.[1] Mit ihnen sollten Härten beseitigt werden, die sich nach der ursprünglichen Gestaltung des Versorgungsausgleichs nach dessen Durchführung ergeben konnten, wenn der Ausgleichspflichtige infolge des Versorgungsausgleichs eine spürbare Kürzung seiner Anrechte hinnehmen musste, ohne dass dem Ausgleichsberechtigten aus dem erworbenen Anrecht angemessene Leistungen zuflossen. Der Gesetzgeber hatte damit auf die **Grundsatzentscheidung des BVerfG vom 28.2.1980**[2] geantwortet, in der der Versorgungsausgleich zwar grundsätzlich für verfassungsgemäß erklärt, dem Gesetzgeber aber aufgegeben worden war, für Fälle eine Korrektur zu schaffen, in denen der Versorgungsausgleich nach damaliger Meinung des BVerfG durch nachträglich eingetretene Ereignisse zu Ergebnissen führte, die mit dem Grundgesetz nicht vereinbar waren. Das konnte der Fall sein bei Vorversterben des Ausgleichsberechtigten nach keinem oder nur geringem Bezug von Leistungen, aber auch dann, wenn bei dem Ausgleichspflichtigen vor dem Ausgleichsberechtigten ein Versicherungsfall eintrat und der dem Ausgleichsberechtigten geschuldete Unterhalt mangels Leistungsfähigkeit des Ausgleichspflichtigen infolge des durchgeführten Versorgungsausgleichs gefährdet war. Das VAHRG sah daraufhin in §§ 4, 7 und 8 eine Härteregelung bei Vorversterben des Aus-

[1] BT-Drs. 16/10144, 71; *Ruland* Versorgungsausgleich Rn. 1009 ff.; *Bergner* NJW 2009, 1169 (1174 ff.); zum bisherigen Recht → 5. Aufl. 2009, VAHRG § 4 Rn. 1; zur Vorgeschichte → 5. Aufl. 2009, VAHRG Vor § 1 Rn. 1 ff. *(Gräper)*.

[2] BVerfGE 53, 257 = NJW 1980, 692.

gleichsberechtigten sowie in §§ 5 und 6 wegen Unterhaltsgefährdung vor. Durch Beschluss vom 6.5.2014 hat das BVerfG die im Beschluss vom 28.2.1980 aufgestellten Grundsätze teilweise modifiziert und dem Gesetzgeber einen größeren Gestaltungsspielraum eingeräumt (→ Rn. 5).[3]

2 In Anlehnung hieran regelt das VersAusglG in §§ 33 und 34 eine **Anpassung wegen Unterhaltes** und in §§ 37 und 38 eine solche wegen **Vorversterbens der ausgleichsberechtigten Person.** Mit §§ 35 und 36 sind darüber hinaus zwei weitere Tatbestände eingefügt worden, um etwaige Härten abzumildern, die durch das neue Teilungssystem entstehen können, und zwar den der **Invalidität der ausgleichspflichtigen Person** und den einer für sie geltenden **besonderen Altersgrenze;** der Tatbestand der Anpassung bei Invalidität beruht auf der Anregung der Deutschen Rentenversicherung Bund,[4] der Tatbestand der Anpassung bei Verrentung nach Erreichen einer besonderen Altersgrenze auf der Initiative des Rechtsausschusses des Deutschen Bundestages.[5] Schließlich hat die Vorschrift auch Bedeutung für die Abänderung des Versorgungsausgleichs. Wurde der Wertausgleich bei der Scheidung durchgeführt, kann eine Abänderung wegen nachträglicher rückwirkender Veränderungen des Ausgleichswertes nur erfolgen, soweit Anrechte der Regelversorgung gem. § 32 betroffen sind (§ 225 Abs. 1 FamFG). § 32 nennt in **abschließender Aufzählung**[6] die Anrechte, die der Anpassung nach §§ 33 ff. unterliegen (→ Rn. 11–18). Die Aufzählung, die lediglich die **Versorgungen der Regelsicherungssysteme** erfasst – und zudem nicht für die schuldrechtliche Ausgleichszahlung nach §§ 20 ff. greift –,[7] ist auf **verfassungsrechtliche Bedenken** gestoßen (→ Rn. 5 f.).

### II. Gemeinsame Grundsätze

3 **1. Beschränkung der Geltung der §§ 32 ff. auf die Regelsicherungssysteme.** Der Gesetzgeber hat in Anlehnung an die bereits im Abschlussbericht der Kommission „Strukturreform des Versorgungsausgleichs" vom 27.10.2004 generell vorgeschlagene Einschränkung der Abänderbarkeit einer rechtskräftigen Versorgungsausgleichsentscheidung trotz vielfacher Kritik die Anpassung nach §§ 32 ff. – wie auch die Abänderung nach § 225 FamFG (→ Rn. 8) – bewusst auf Anrechte des **Regelsicherungssystems,** dh der **öffentlich-rechtlichen Versorgungsträger ohne die der ergänzenden Altersvorsorge** beschränkt.[8] Erfasst sind Anrechte der gesetzlichen Rentenversicherung einschließlich der Höherversicherung (§ 32 Nr. 1, → Rn. 13), der Beamtenversorgung bzw. einer anderen Versorgung, die zur Versicherungsfreiheit nach § 5 Abs. 1 SGB VI führt (§ 32 Nr. 2, → Rn. 14–16), einer berufsständischen bzw. einer anderen Versorgung, die nach § 6 Abs. 1 Nr. 1 oder 3 SGB VI zur Befreiung von der Sozialversicherungspflicht führen kann (§ 32 Nr. 3, → Rn. 17), der Alterssicherung der Landwirte (§ 32 Nr. 4, → Rn. 18) und der Versorgungssysteme der Abgeordneten und Regierungsmitglieder im Bund und in den Ländern (§ 32 Nr. 5, → Rn. 19). Die Aufzählung ist abschließend (→ Rn. 20).

4 Gemäß **amtlicher Begründung**[9] ist die **Beschränkung der Anpassungsmöglichkeit** – wie auch der Abänderungsmöglichkeit nach §§ 225 f. FamFG – auf die Regelsicherungssysteme erfolgt, um so einerseits dem **Versicherungsprinzip** hinsichtlich der durch die Entscheidung des Familiengerichts geschaffenen getrennten Versorgungsschicksale, andererseits dem Gebot des BVerfG in der Entscheidung vom 28.2.1980 (→ Rn. 1) zur Vermeidung verfassungswidriger Härten gerecht zu werden. Die Begründung hat darauf verwiesen, dass es insoweit bei dem bisherigen Rechtszustand bleibe, weil schon nach bisherigem Recht eine unmittelbare Anwendung der §§ 4–9 VAHRG auf die Realteilung privater Versorgungen nach § 1 Abs. 2 VAHRG ausgenommen sei. Alle betrieblichen und privaten Altersversorgungen sind damit von einer Anpassung ausgeschlossen. Das ist auf **verfassungsrechtliche Bedenken** gestoßen.[10]

---

[3] BVerfGE 136, 152 = NJW 2014, 2093 = FamRZ 2014, 1259.

[4] BT-Drs. 16/10144, 71.

[5] BT-Drs. 16/11903, 110.

[6] *Ruland* Versorgungsausgleich Rn. 1020.

[7] BT-Drs. 16/10155, 71; *Ruland* Versorgungsausgleich Rn. 1017.

[8] BT-Drs. 16/10144, 71.

[9] BT-Drs. 16/10144, 71 f.

[10] Vgl. dazu Vorlagebeschluss OLG Schleswig FamRZ 2012, 1388 = NJW 2012, 2992 (Tenor) = BeckRS 2012, 12880; *Bergner* NJW 2009, 1169 (1174) und ZRP 2008, 211 (213); *Ruland* Versorgungsausgleich, 3. Aufl. 2011, Rn. 930 ff.; *Ruland* NZS 2008, 225 (237); *Rehme* FuR 2008, 474; vgl. auch *Häußermann* FuR 2009, 227 (225) und BetrAV 2008, 428 (432); *Götsche* ZFE 2010, 407 (408); *Bergner/Borth* FamRZ 2013, 589; anders BGH NJW 2013, 226 = FamRZ 2013, 189; BVerwG FamRZ 2012, 1565, zuvor schon BayVGH FamRZ 2012, 1311 (Tenor); OLG Stuttgart FamRZ 2011, 1798; OLG Köln FamRZ 2012, 1569; Johannsen/Henrich/*Hahne,* 5. Aufl. 2010, Rn. 3 unter Betonung des Versicherungsprinzips und der fehlenden Drittwirkung der Grundrechte für private Rechtspersonen; ebenso FA-FamR/*Gutdeutsch,* 9. Aufl. 2013, 954; HK-VersAusglR/*Götsche* Rn. 10; BeckOK BGB/*Gutdeutsch* Rn. 4.

Das BVerfG hat sich diesen Bedenken nicht angeschlossen. Vielmehr hat es in seiner Entscheidung vom 6.5.2014 ausgeführt, dass vom Gestaltungsspielraum des Gesetzgebers die Entscheidung gedeckt ist, ob er für Fälle des Unterhaltes und des Vorversterbens des Ausgleichsberechtigten Möglichkeiten der Anpassung des Versorgungsausgleichs vorsehe. Dementsprechend sei es insbesondere von der Gestaltungsfreiheit des Gesetzgebers gedeckt, wenn er diese Möglichkeiten auf Anrechte der Regelsicherungssysteme beschränke. Der Gesetzgeber sei daher auch befugt gewesen, die Zusatzversorgung des öffentlichen Dienstes entgegen der bis 31.8.2009 geltenden Rechtslage aus dem Kreis der anpassungsfähigen Versorgungen herauszunehmen.[11] Das BVerfG billigt das Ziel des Gesetzgebers, bereits bei der Scheidung die in der Ehezeit erworbenen Anwartschaften auf eine Versorgung wegen Alters oder Invalidität hälftig zwischen den Ehegatten aufzuteilen, ausdrücklich. Daraus folgt aber auch, dass bereits mit dieser Entscheidung das Versorgungsschicksal der Ehegatten endgültig und dauerhaft getrennt wird. Es hängt nur noch von der Person des jeweiligen Ehegatten ab, ob, ab wann und wie lange er aus dem im Versorgungsausgleich erworbenen Anrecht eine Versorgung beziehen kann. Der ausgleichsberechtigte Ehegatte kann deshalb im Einzelfall eher oder später, kürzer oder länger aus dem geteilten Anrecht eine Versorgung beziehen, als dies ohne Teilung im Hinblick auf die Person des ausgleichspflichtigen Ehegatten der Fall gewesen wäre. Dies ist Ausdruck des Versicherungsprinzips. Das Ziel des Versorgungsausgleichs – die Begründung eigenständiger Anwartschaften zugunsten des jeweils ausgleichsberechtigten Ehegatten nach dem Halbteilungsgrundsatz – wird dadurch nicht in Frage gestellt. Da sich dementsprechend spätere Entwicklungen in der Person des ausgleichsberechtigten Ehegatten auf die verfassungsrechtliche Rechtsstellung des ausgleichspflichtigen Ehegatten nicht auswirken, steht dem Gesetzgeber ein weiter Gestaltungsspielraum zu, ob er Korrekturmöglichkeiten vorsehen möchte, wenn das Ziel des Versorgungsausgleichs aus Sicht der betroffenen Ehegatten wirtschaftlich nicht erreicht wird, weil der ausgleichsberechtigte Ehegatte verstirbt, bevor er aus dem im Versorgungsausgleich erworbenen Anrecht Leistungen erhalten hat, oder wenn dies nur kurze Zeit der Fall war. Von der Gestaltungsfreiheit des Gesetzgebers ist es deshalb auch gedeckt, wenn er solche Korrekturmöglichkeiten nur für Anrechte der Regelsicherungssysteme vorsieht.[12] Er könnte von solchen Korrekturmöglichkeiten aber auch gänzlich absehen. 5

Auch wenn der Ausgleichspflichtige gegenüber dem Ausgleichsberechtigten unterhaltsverpflichtet ist und der Unterhalt aus der fortlaufenden Versorgung erbracht werden muss, ist nach dieser Rspr. eine Anpassung des Versorgungsausgleichs verfassungsrechtlich nicht zwingend geboten. Dass die laufende Versorgung des Unterhaltspflichtigen aufgrund des Versorgungsausgleichs gekürzt wird, wenn und soweit dieser ausgleichspflichtig ist, ist die Folge des legitimen Ziels des Versorgungsausgleichs, bereits mit der Scheidung die in der Ehezeit erworbenen Anwartschaften auf eine Versorgung wegen Alters oder Invalidität hälftig zwischen den Ehegatten aufzuteilen. Das Unterhaltsrecht nimmt auf die mit der Durchführung des Versorgungsausgleichs verbundene Einkommensverminderung Rücksicht. Aber auch der Unterhaltsberechtigte wird hierdurch nicht unzumutbar belastet, da er im Gegenzug ja eine eigenständige Anwartschaft auf eine Versorgung für das Alter bzw. im Fall der Invalidität erwirbt. Ein zusätzlicher Eingriff in grundrechtlich geschützte Rechtspositionen der Beteiligten aufgrund des Versorgungsausgleichs liegt also nicht vor, wenn der Versorgungsausgleich im Einzelfall zu einer Kürzung des Unterhaltsanspruchs führt. Der Gesetzgeber hat deshalb auch insoweit einen weiten Gestaltungsspielraum, ob und wenn ja in welchem Umfang er in solchen Fällen eine Korrektur vorsieht. Hierbei ist zu berücksichtigen, dass die zeitweilige Aussetzung der Kürzung des Anrechts aufgrund des Versorgungsausgleichs dazu führt, dass die individuelle Unterhaltslast aufgrund der Ehe partiell auf die Allgemeinheit bzw. die Gemeinschaft der Versicherten verlagert wird. Dass BVerfG hat es deshalb nicht beanstandet, dass auch diese Korrekturmöglichkeit auf Anrechte der Regelsicherungssysteme beschränkt wurde.[13] 6

Das BVerfG hat nicht darüber entschieden, ob es mit der Verfassung vereinbar ist, dass auch eine Anpassung wegen Erreichens einer besonderen Altersgrenze oder Invalidität nur in Fällen erfolgen kann, in denen der Ausgleich eines zum Regelsicherungssystem gehörenden Anrechts betroffen ist. Dies ist allerdings Folge des Grundprinzips des Versorgungsausgleichs, das auch das BVerfG gebilligt hat: indem bereits bei der Scheidung die in der Ehezeit erworbenen Anwartschaften auf eine Versorgung wegen Alters oder Invalidität hälftig zwischen den Ehegatten aufgeteilt werden, reduziert sich das Anrecht des ausgleichspflichtigen Ehegatten entsprechend. Umgekehrt erwirbt der ausgleichsberechtigte Ehegatte ein entsprechendes Anrecht, wie sich aus § 11 ergibt. Erwirbt der 7

---

11 BVerfGE 136, 152 = NJW 2014, 2093 = FamRZ 2014, 1259; vgl. zu dieser Entscheidung *Triebs* BetrAV 2015, 97; *Bergner* NZFam 2015, 147; *Borth* FamRZ 2014, 1264; *Weil/Voucko-Glockner* FF 2014, 281; Betonung des Versicherungsprinzips bestätigt durch BVerfG NJW 2015, 686 = FamRZ 2015, 389.

12 BVerfGE 136, 152 Rn. 45 ff. = NJW 2014, 2093.

13 BVerfGE 136, 152 Rn. 60 ff. = NJW 2014, 2093.

ausgleichspflichtige Ehegatte vorzeitig einen Anspruch auf Versorgung wegen Invalidität oder Erreichens einer besonderen Altersgrenze, begründet also auch die Kürzung der Versorgung aus diesem Anrecht aufgrund des Versorgungsausgleichs keinen weiteren grundrechtlich relevanten Eingriff. Auch insoweit ist also dem Gesetzgeber ein weiter Ermessensspielraum zuzubilligen. Es ist daher nicht zu beanstanden, wenn er sein Ermessen dahingehend ausübt, dass nur für Anrechte der Regelsicherungssysteme die Kürzung teilweise ausgesetzt wird, weil diese gerade im Fall der Erwerbsminderung meist von entscheidender Bedeutung für die Versorgung des Ausgleichspflichtigen sind und der Ausgleichspflichtige in vielen Fällen aufgrund der im Versorgungsausgleich im Gegenzug erworbenen Anrechte in diesen Fällen (noch) keine Versorgung erhalten kann.[14]

8 Das BVerfG hat weiter nicht darüber entschieden, ob es mit Art. 3, 6, 14 GG vereinbar ist, dass eine Abänderung des Wertausgleichs bei der Scheidung nur für Anrechte iSd § 32 zulässig ist. Insoweit sind Zweifel angebracht. Das BVerfG hat die Möglichkeit einer Abänderung des Versorgungsausgleichs gefordert, wenn sich rückwirkend der Wert eines Ehezeitanteils ändert; denn der Eingriff in die Rechtsposition des ausgleichspflichtigen Ehegatten in Bezug auf während der Ehezeit erworbene Anwartschaften ist nur gerechtfertigt, wenn der ausgleichsberechtigte Ehegatte entsprechend dem Halbteilungsgrundsatz ein eigenständiges Anrecht auf eine Sicherung wegen Alters oder Invalidität erwirbt. Diese Rechtfertigung entfällt aber, wenn sich nachträglich der Wert eines in den Versorgungsausgleich einbezogenen Anrechts ändert. Daher ist es grundsätzlich nur zulässig, von einer Korrektur abzusehen, wenn die Auswirkungen nur geringfügig sind.[15] Einer nachträglichen Korrektur der Entscheidung steht weder der Systemwechsel im Recht des Versorgungsausgleiches zum Einzelausgleich noch die Tatsache entgegen, dass einzelne der auszugleichenden Anrechte nach versicherungsmathematischen Grundsätzen bewertet sein mögen; denn ohne Teilung sind rückwirkende Änderungen auch zugunsten bzw. zulasten der ausgleichspflichtigen Person zu berücksichtigen. Nur im Fall der externen Teilung ist eine nachträgliche Korrektur mit erheblichen Schwierigkeiten verbunden, wenn sich der Wert des ausgeglichenen Anrechts nachträglich rückwirkend verringert. In der Regel wird hier – wohl durch Gewährung einer schuldrechtlichen Ausgleichsrente – eine Korrektur des Ausgleichs nur möglich sein, wenn sich der Ausgleichswert nachträglich erhöht. Dieses Risiko geht der Versorgungsträger der ausgleichspflichtigen Person aber ein, indem er die externe Teilung wählt;[16] denn dies steht einer teilweisen Abfindung des Anrechts aus Sicht des Versorgungsträgers der ausgleichspflichtigen Person nahe.

9 **2. Vorliegen einer rechtskräftigen Entscheidung.** Die Anwendung der Vorschriften über die Anpassung setzt grundsätzlich das Bestehen einer rechtskräftigen Entscheidung des Familiengerichts voraus (vgl. aber zur Anpassung wegen Unterhalts, wenn ihre Voraussetzungen bereits während des Scheidungsverfahrens vorliegen, § 34 Rn. 3). Wie bisher bei Anwendung der Härtevorschriften wird die bestehende rechtskräftige Entscheidung des Familiengerichts selbst nicht geändert, ihre **Gestaltungswirkung** bleibt – im Gegensatz zur abändernden Entscheidung des Familiengerichts nach § 225 FamFG (→ Rn. 8) – bestehen;[17] lediglich ihre **Rechtsfolgen** werden – ganz oder zum Teil – beseitigt. Zwar sieht § 37 Abs. 2 für den Fall des Wirksamwerdens der gerichtlichen Anpassung der Leistungen wegen Todes des Berechtigten vor, dass Anrechte, die der Ausgleichsverpflichtete iSv § 32 von dem Berechtigten erworben hat, erlöschen. Das geschieht aber kraft Gesetzes; eines rechtsgestaltenden Ausspruchs des Familiengerichts bedarf es dazu nicht.

10 **3. Anpassung erst ab dem ersten Tag des Folgemonats nach Antragstellung.** Entgegen den von Rspr. und Literatur zu den Anpassungsvorschriften des VAHRG entwickelten Grundsätzen wirkt die Anpassung nicht zurück auf den Zeitpunkt des Wirksamwerdens der anzupassenden Entscheidung des Familiengerichts (so im Falle des § 4 VAHRG)[18] bzw. auf den Zeitpunkt des Vorliegens aller Voraussetzungen für eine Änderung (so im Falle des § 5 VAHRG[19]), sondern beginnt erst mit

[14] Krit. zur Beschränkung auf Anrechte des Regelsicherungssystems Erman/*Norpoth/Sasse* § 35 Rn. 10.

[15] BVerfGE 87, 348 = NJW 1993, 1057.

[16] Bedenken gegen die Beschränkung der Änderung des Versorgungsausgleichs auf Anrechte der Regelsicherungssysteme auch bei *Borth* FamRZ 2014, 1264; Musielak/Borth/*Borth* FamFG § 225 Rn. 3; Kritik auch bei Bumiller/Harders/*Schwamb* FamFG § 225 Rn. 4; demgegenüber halten die Regelung für verfassungsgemäß BGH FamRZ 2013, 189; OLG Köln FamRZ 2014, 764; BeckOK FamFG/*Hahne* FamFG§ 225 Rn. 6; Haußleiter/*Fest* FamFG § 225 Rn. 7; teilweise wird auch ein Bedarf für eine Erweiterung der Vorschrift verneint; so Johannsen/Henrich/*Holzwarth* FamFG § 225 Rn. 7; MüKoFamFG/*Stein* FamFG § 225 Rn. 13.

[17] *Borth* Versorgungsausgleich Kap. 8 Rn. 10; Johannsen/Henrich/*Holzwarth* Rn. 4; anders *Bergner* NJW 2009, 1169 (1174) im Hinblick auf § 37 Abs. 2.

[18] Zu § 4 VAHRG BSG SozR 1300 § 48 SGB X Nr. 36 = DAngVers. 1988, 324; SozR 5795 § 4 VAHRG Nr. 5; weiter ua → 5. Aufl. 2009, VAHRG § 4 Rn. 23 ff. *(Gräper)*.

[19] Zu § 5 VAHRG vgl. ua → 5. Aufl. 2009, VAHRG § 5 Rn. 34 ff. *(Gräper)*.

dem ersten Tag des auf die Antragstellung folgenden Monats (vgl. § 34 Abs. 3; § 36 Abs. 3 und § 38 Abs. 2, jeweils iVm § 34 Abs. 3).

**4. Anpassung bei Vereinbarung der Eheleute iSv § 6.** Einer Anpassung nach §§ 32 ff. steht nicht entgegen, dass der anzupassenden Entscheidung des Familiengerichts eine Vereinbarung der Ehegatten iSv § 6 zugrunde lag.[20] 11

**5. Abgrenzung gegen die Abänderung einer Versorgungsausgleichsentscheidung nach §§ 225 f. FamFG.** Während die Anpassungsbestimmungen gem. §§ 32 ff. Ereignisse zum Gegenstand haben, die nicht auf die **Bewertung** zum Zeitpunkt der Entscheidung des Familiengerichts zurückwirken, kommt eine Abänderung gemäß § 225 Abs. 2 FamFG in Betracht, wenn es sich um rechtliche oder tatsächliche Veränderungen nach dem Ende der Ehezeit handelt, die auf den Ausgleichswert eines Anrechts zum Entscheidungszeitpunkt zurückwirken und zu einer **wesentlichen Wertänderung** führen bzw. bewirken, dass eine für die Versorgung der ausgleichsberechtigten Person maßgebende **Wartezeit** erfüllt wird (§ 225 Abs. 4 FamFG). 12

### III. Erfasste Anrechte

**1. Anrechte aus der gesetzlichen Rentenversicherung einschließlich der Höherversicherung (§ 32 Nr. 1).** Betroffen sind die Deutsche Rentenversicherung Bund und die Regionalträger der Deutschen Rentenversicherung sowie die Deutsche Rentenversicherung Knappschaft-Bahn-See (§ 125 SGB VI); demgegenüber ist die **hüttenknappschaftliche Zusatzversicherung** zur betrieblichen Altersvorsorge zu zählen, da es sich um eine spezielle ursprünglich umlagefinanzierte und nun nach dem Kapitaldeckungsprinzip arbeitende Zusatzversorgung handelt.[21] Die Höherversicherung ist in §§ 269, 280 SGB VI geregelt.[22] 13

**2. Anrechte aus der Beamtenversorgung oder einer anderen, nach § 5 Abs. 1 SGB VI zur Versicherungsfreiheit führenden Versorgung (§ 32 Nr. 2).** Betroffen sind alle Anrechte auf Versorgungen, die zur Versicherungsfreiheit nach § 5 Abs. 1 SGB VI[23] führen. Das sind nach § 5 Abs. 1 Nr. 1 SGB VI die der Beamten – in § 32 Nr. 1 ausdrücklich aufgeführt – und Richter, und zwar gleich ob auf Lebenszeit, auf Zeit oder auf Probe, der Berufssoldaten und Soldaten auf Zeit sowie der Beamten auf Widerruf im Vorbereitungsdienst. Letztere sind klarstellend aufgeführt; erfasst sind als Beamte alle unmittelbaren und mittelbaren des Bundes, der Länder, der Gemeinden und der Gemeindeverbände. Auch das Altersgeld, das Bundesbeamte sowie einige Landesbeamte erhalten, gehört zu den Anrechten gem. § 32 Nr. 2 AltGG.[24] 14

Erfasst sind weiter nach § 5 Abs. 1 Nr. 2 SGB VI alle Anrechte von beamtenähnlich Beschäftigten, wenn ihnen von Körperschaften, Anstalten oder Stiftungen des öffentlichen Rechts und deren Verbänden einschließlich der Spitzenverbände oder ihrer Arbeitsgemeinschaften nach beamtenrechtlichen Vorschriften oder Grundsätzen eine Anwartschaft auf Versorgung bei verminderter Erwerbsfähigkeit und im Alter sowie auf Hinterbliebenenversorgung gewährt wird und die Erfüllung gesichert ist. Generell handelt es sich bei den beamtenähnlich Beschäftigten iSv § 5 Abs. 1 Nr. 2 SGB VI um solche, deren Arbeitsverhältnis auf privatrechtlichen Verträgen beruht, in denen eine Versorgung nach beamtenähnlichen Grundsätzen vereinbart ist. Mit den genannten Einrichtungen können auch solche erfasst sein, die selbst privatrechtlich organisiert sind, wie etwa der Spitzenverband der gesetzlichen Krankenkassen (vgl. § 212 Abs. 1 S. 1 SGB V) oder der gesetzlichen Unfallversicherung (vgl. § 14 Abs. 4 SGB VII).[25] 15

Erfasst sind schließlich über § 5 Abs. 1 Nr. 3 SGB VI alle Anrechte von Beschäftigten iSv § 5 Abs. 1 Nr. 2 SGB VI, wenn ihnen nach kirchenrechtlichen Regelungen eine Anwartschaft iSv § 5 Abs. 1 Nr. 2 SGB VI gewährleistet und die Erfüllung der Gewährleistung gesichert ist, sowie von satzungsmäßigen Mitgliedern geistlicher Genossenschaften, Diakonissen und Angehörigen ähnlicher Gemeinschaften, wenn ihnen nach den Regeln der Gemeinschaft Anwartschaften auf die in der Gemeinschaft übliche Versorgung bei verminderter Erwerbsfähigkeit und im Alter gewährleistet und die Erfüllung der Gewährleistung gesichert ist (vgl. dazu näher § 5 Abs. 1 Nr. 2 und Nr. 3).[26] 16

---

20 *Ruland* Versorgungsausgleich Rn. 1018; *Borth* Versorgungsausgleich Kap. 8 Rn. 4.

21 OLG Saarbrücken BeckRS 2014, 11579; OLG Saarbrücken FamRZ 2014, 1113; *Ruland* Versorgungsausgleich Rn. 1022; HK-VersAusglR/*Rehbein* Rn. 3; aA Johannsen/Henrich/*Holzwarth* Rn. 6 (ohne Begr.) und, soweit die HkZV noch umlagefinanziert ist, jurisPK-BGB/*Breuers* Rn. 9.

22 Ursprünglich war sie bis zum RRG 1999 in § 234 SGB VI enthalten; vgl. hierzu *Grintsch* DRV 1998, 88.

23 Allg. BeckOK SozR/*v. Koch* SGB VI § 5 Rn. 4 ff.

24 *Borth* FamRZ 2013, 1788; Erman/*Norpoth*/*Sasse* Rn. 6.

25 Vgl. *Ruland* Versorgungsausgleich Rn. 1021.

26 Erman/*Norpoth*/*Sasse* Rn. 6.

17 **3. Anrechte aus einer berufsständischen oder anderen, nach § 6 Abs. 1 Nr. 1 oder Nr. 2 SGB VI zur Befreiung von der Sozialversicherungspflicht führenden Versorgung (§ 32 Nr. 3).** Betroffen sind alle Anrechte, die zur Versicherungsfreiheit in der gesetzlichen Rentenversicherung nach § 6 Abs. 1 Nr. 1 und Nr. 2 SGB VI führen können. Das sind nach § 6 Abs. 1 Nr. 1 SGB VI insbesondere die der berufsständischen Versorgungen; erfasst sind daher alle Anrechte dieser Beschäftigten und selbständig Tätigen, soweit sie von der Versicherungspflicht befreit sind (ua Mitglieder in Versorgungswerken der Apotheker, Architekten, Ärzte, Notare, Rechtsanwälte, Seelotsen, Steuerberater, Wirtschaftsprüfer). Nach § 6 Abs. 1 Nr. 2 SGB VI sind schließlich von der Versicherung befreit Lehrer und Erzieher an nichtöffentlichen – privaten – Schulen, wenn ihnen nach beamtenrechtlichen Grundsätzen oder entsprechenden kirchenrechtlichen Regelungen Anwartschaften auf Versorgung bei verminderter Erwerbsfähigkeit oder wegen des Alters sowie auf Hinterbliebenenversorgung gewährleistet und die Erfüllung der Gewährleistung gesichert ist (vgl. dazu näher § 6 Abs. 1 Nr. 1 und 2 SGB VI).[27]

18 **4. Anrechte aus der Alterssicherung der Landwirte (§ 32 Nr. 4).** Erfasst sind damit Anrechte nach dem ALG.

19 **5. Anrechte aus den Versorgungssystemen der Abgeordneten und der Regierungsmitglieder im Bund und in den Ländern (§ 32 Nr. 5).** Erfasst sind sämtliche Abgeordneten und Regierungsmitglieder, soweit sie im Bund oder in den Ländern ihre Funktion ausüben oder ausgeübt haben. Hierzu gehören auch Parlamentarische Staatssekretäre, Senatoren und Europaabgeordnete.[28]

20 **6. Entsprechende Anwendung von § 32.** Der **enumerative Charakter** der nach § 32 einer Anpassung zugänglichen Anrechte schließt grundsätzlich eine Erstreckung auf weitere Anrechte aus.[29] Es wird allerdings erwogen, ob nicht jedenfalls dort eine Ausnahme zu machen ist, wo ein öffentlich-rechtliches Versorgungssystem wie die in der amtlichen Begründung selbst aufgeführte hüttenknappschaftliche Zusatzversorgung in Rede steht, die allgemein der betrieblichen Altersversorgung zugerechnet wird.[30] Das gilt etwa für die Zusatzversorgung für die Land- und Forstwirtschaft,[31] die Seemannskasse[32] und die Schornsteinfegerversorgung,[33] nicht aber zB für die Versorgungsanstalt des Bundes und der Länder, die privatrechtlich organisiert ist.[34] Dem ist nicht beizupflichten, denn der Zusatzversorgungscharakter dieser Versorgungen steht dem vom Gesetzgeber gewollten Ziel des Gesetzes entgegen, nur für die **Grund- und Hauptversorgungen** und nicht für die ergänzende Altersvorsorge eine Anpassung nach §§ 32 ff. zu eröffnen (→ Rn. 3).[35] Daher fällt auch das Anpassungsgeld für Arbeitnehmerinnen und Arbeitnehmer des Steinkohlebergbaus nicht unter die Regelsicherungssysteme gem. § 32.[36]

## § 33 Anpassung wegen Unterhalt

**(1) Solange die ausgleichsberechtigte Person aus einem im Versorgungsausgleich erworbenen Anrecht keine laufende Versorgung erhalten kann und sie gegen die ausgleichspflichtige Person ohne die Kürzung durch den Versorgungsausgleich einen gesetzlichen Unterhaltsanspruch hätte, wird die Kürzung der laufenden Versorgung der ausgleichspflichtigen Person auf Antrag ausgesetzt.**

**(2) Die Anpassung nach Absatz 1 findet nur statt, wenn die Kürzung am Ende der Ehezeit bei einem Rentenbetrag als maßgeblicher Bezugsgröße mindestens 2 Prozent, in allen anderen Fällen als Kapitalwert mindestens 240 Prozent der monatlichen Bezugsgröße nach § 18 Abs. 1 des Vierten Buches Sozialgesetzbuch betragen hat.**

---

27 BeckOK SozR/*v. Koch* SGB VI § 6 Rn. 4 ff.
28 Erman/*Norpoth/Sasse* Rn. 9; *Ruland* Versorgungsausgleich Rn. 1021.
29 So auch BGH NZFam 2019, 183; OLG Schleswig FamRZ 2012, 1388 (1390) zu Anrechten bei der VBL; so auch Johannsen/Henrich/*Holzwarth* Rn. 6; Palandt/*Brudermüller* Rn. 1; BeckOK BGB/*Gutdeutsch* Rn. 3.
30 *Ruland* Versorgungsausgleich Rn. 1022; Erman/*Norpoth/Sasse* Rn. 10.
31 Gesetz über die Errichtung einer Zusatzversorgungskasse in der Land- und Forstwirtschaft vom 31.7.1974 (BGBl. 1974 I 1660); *Ruland* Versorgungsausgleich Rn. 1022; *Borth* Versorgungsausgleich Kap. 8 Rn. 5.
32 Vgl. §§ 137a ff. SGB VI; *Borth* Versorgungsausgleich Kap. 8 Rn. 5; *Ruland* Versorgungsausgleich Rn. 1022.
33 *Ruland* Versorgungsausgleich Rn. 1022; *Borth* Versorgungsausgleich Kap. 8 Rn. 5.
34 BGH NZS 2013, 588 = FamRZ 2013, 852.
35 Ebenso jurisPK-BGB/*Breuers* Rn. 15; HK-VersAusglR/*Götsche* Rn. 8; Soergel/*Schmeiduch* Rn. 12; Johannsen/Henrich/*Holzwarth* Rn. 6 f.
36 BGH NJW-RR 2013, 1090 = FamRZ 2013, 778.

**(3) Die Kürzung ist in Höhe des Unterhaltsanspruchs auszusetzen, höchstens jedoch in Höhe der Differenz der beiderseitigen Ausgleichswerte aus denjenigen Anrechten im Sinne des § 32, aus denen die ausgleichspflichtige Person eine laufende Versorgung bezieht.**

**(4) Fließen der ausgleichspflichtigen Person mehrere Versorgungen zu, ist nach billigem Ermessen zu entscheiden, welche Kürzung ausgesetzt wird.**

**Schrifttum:** S. § 1587 BGB.

**Übersicht**



## I. Normzweck

1 §§ 33 und 34 regeln die **Anpassung einer rechtskräftigen Entscheidung über den Versorgungsausgleich** wegen **Unterhaltsgefährdung.** § 33 regelt die materiellrechtlichen Voraussetzungen und die Rechtsfolgen der Anpassung wegen Unterhaltes, § 34 das Verfahren. Zweck der Vorschriften ist es, Härten zu vermeiden, die dadurch entstehen können, dass die Anrechte des Ausgleichspflichtigen aufgrund des Versorgungsausgleichs gekürzt werden, ohne dass dem Ausgleichsberechtigten aus dem erworbenen Anrecht bereits angemessene Leistungen zufließen und sein Unterhaltsanspruch gegen den Ausgleichspflichtigen ganz oder teilweise daran scheitert, dass der Ausgleichspflichtige infolge des Versorgungsausgleichs nicht hinreichend leistungsfähig ist[1] (§ 1581 BGB; → § 32 Rn. 1).

2 Die Regelung erfolgt in Anlehnung an die früheren Bestimmungen §§ 5 und 6 VAHRG und vollzieht den **Gedanken des Erhalts der wirtschaftlichen Leistungsfähigkeit des Ausgleichspflichtigen,** wie er im früher geltenden Recht vor Einfügung der Härteregelungen der §§ 4 ff. VAHRG nur galt, wenn der Ausgleichspflichtige bei Eintritt der Rechtskraft der Entscheidung über den Versorgungsausgleich eine Versorgung aus der gesetzlichen Rentenversicherung (**sog Rentnerprivileg** nach § 101 Abs. 3 SGB VI) oder der Beamtenversorgung (**sog Beamten- bzw. Pensionistenprivileg** nach § 57 Abs. 1 S. 2 BeamtVG) bezog.[2] Die Privilegien sind mit Art. 4 Nr. 5 bzw. Art. 6 Nr. 3 VAStrRefG entfallen (→ Rn. 35; dort auch zu Ausnahmen).[3] Die jetzige Regelung in Abs. 1 greift allerdings nur bei einer **Mindestkürzung** der Versorgung der ausgleichspflichtigen Person (Abs. 2, → Rn. 15 ff.) und begrenzt die Anpassung – im Gegensatz zum bisherigen Recht, das selbst bei geringen Unterhaltsleistungen eine völlige Aussetzung vorsah – nach Maßgabe von Abs. 3 auf die **Höhe der durch den Versorgungsausgleich bedingten Minderung des Unterhaltsanspruchs** (Abs. 3, → Rn. 25 ff.), und insoweit auch nur – anders das bisherige Recht, das eine rückwirkende Änderung zuließ – **ab Antrag-**

1 Vgl. BT-Drs. 16/10144, 71.
2 Vgl. ua → 5. Aufl. 2009, VAHRG § 5 Rn. 3 *(Gräper).*
3 Vgl. BT-Drs. 16/10144, 100 und 105.

**stellung** (§ 34 Abs. 1; → § 34 Rn. 11). Die zum bisherigen Recht von Rspr. und Literatur entwickelten Grundsätze sind daher nur insoweit anzuwenden, als sie den neuen Bestimmungen Rechnung tragen. In Abs. 4 ist der Fall geregelt, dass der ausgleichspflichtigen Person **mehrere Versorgungen** zufließen (→ Rn. 33 f.). Die **Durchführung** der Anpassung ist im Einzelnen in § 34 normiert.

3 Die Vorschrift gilt auch in **Altfällen,** in denen der Versorgungsausgleich aufgrund des bis zum 31.8.2009 geltenden Rechts durchgeführt worden war, der Antrag auf Anpassung wegen Unterhaltes aber erst nach diesem Zeitpunkt gestellt wird.[4]

4 Es handelt sich um eine Ausnahmevorschrift zum Schutz der Ehegatten. Die Vorschrift ist daher **disponibel.**[5] Da sie regelmäßig beiden Ehegatten zugutekommt, ist es allerdings nicht sinnvoll, die Anwendung dieser Vorschrift abzubedingen.

5 Die Vorschrift ist nur anwendbar, wenn die **allgemeinen Voraussetzungen** für eine Anpassung gem. § 32 vorliegen. Die Anpassung muss also wegen des Ausgleichs eines zum Regelsicherungssystem gehörenden Anrechts beantragt werden. Weiterhin muss über den Versorgungsausgleich rechtskräftig entschieden sein (→ § 32 Rn. 7).[6] Deswegen kann über den Antrag auf Anpassung wegen Unterhaltes nicht im Verbund entschieden werden (str.; → § 34 Rn. 5).

### II. Voraussetzungen der Anpassung wegen Unterhalts (Abs. 1)

6 **1. Der Ausgleichsberechtigte kann aus „einem im Versorgungsausgleich erworbenen Anrecht“ keine laufende Versorgung erhalten.** Klargestellt ist damit zunächst, dass es nur auf Versorgungen des Berechtigten ankommt, die im Rahmen des Versorgungsausgleichs durch interne oder externe Teilung oder aufgrund einer Entscheidung zum Versorgungsausgleich, die aufgrund des bis 31.8.2009 geltenden Rechts ergangen ist, erworben wurden. Unerheblich ist, ob der Ausgleichsberechtigte ein oder mehrere Anrechte – etwa in der gesetzlichen Rentenversicherung und in der Beamtenversorgung – erworben hat; es genügt, dass er aus einem der erworbenen Anrechte noch keine laufende Leistung erhalten kann, wenn die Voraussetzungen nach Abs. 1 im Übrigen erfüllt sind. Dieses Anrecht muss nicht zwingend zu den in § 32 genannten Anrechten des Regelsicherungssystems gehören. Die Möglichkeit der Anpassung wegen Unterhaltes entfällt also auch dann, wenn der Ausgleichsberechtigte aus einem anderen im Versorgungsausgleich erworbenen Anrecht eine Versorgung erhält oder erhalten kann.[7] Wurden dem Berechtigten mehrere Anrechte im Weg der internen oder externen Teilung übertragen und kann er aus einzelnen dieser Anrechte noch keine Versorgung erlangen, besteht die Möglichkeit der Anpassung gem. § 33;[8] denn die Anpassung ist bereits dann eröffnet, wenn und solange der Ausgleichsberechtigte aus „einem“ im Versorgungsausgleich erworbenen Anrecht keine Versorgung erhalten kann.[9] Die Vorschrift ist aber trotz des klaren Wortlauts insoweit einschränkend auszulegen; denn würde es in jedem Fall ausreichen, dass der Ausgleichsberechtigte aus einem im Versorgungsausgleich erworbenen Anrecht keine Versorgung erhalten kann, wäre es zB möglich, dass die Kürzung der Versorgung des Ausgleichspflichtigen aus der berufsständischen Versorgung ausgesetzt wird, obwohl der Ausgleichsberechtigte aus diesem im Wege der internen Teilung erworbenen Anrecht eine Versorgung erhält, weil für ein anderes Recht eine höhere Altersgrenze gilt und er aus diesem Anrecht noch keine Versorgung erhalten kann. Die Anpassung ist daher nicht möglich, wenn der Ausgleichsberechtigte aus dem Anrecht, hinsichtlich dessen die Anpassung verlangt wird, eine Versorgung bezieht.[10]

7 **2. Der Ausgleichsberechtigte „kann keine laufende Versorgung“ erhalten.** Entscheidend ist nach dem klaren Wortlaut nicht, ob der Ausgleichsberechtigte eine laufende Leistung aus einem übertragenen Anrecht erhält oder nicht, sondern ob er eine solche Leistung bekommen kann oder nicht. Damit wird der Möglichkeit vorgebeugt, durch das Unterlassen eines Antrags auf Auszahlung der Versorgung die Voraussetzungen einer Anpassung manipulativ herbeizuführen. Das heißt aber nicht, dass der Berechtigte in jedem Fall einen Antrag stellen muss, wenn er die Voraussetzungen für irgendeine Rente erfüllt. Die Voraussetzung der Möglichkeit eines – erfolgreichen – Rentenantrags gilt dem Normzweck nach **für den Fall,** dass es der Ausgleichsberechtigte **grundlos** unterlässt, die Auszahlung einer Regelaltersrente zu beantragen, wenn die Voraussetzungen dafür

---

4 HK-VersAusglR/*Götsche* Rn. 3.
5 HK-VersAusglR/*Götsche* Rn. 3.
6 OLG Stuttgart FamRZ 2014, 1304; OLG Celle FamRZ 2013, 1313; Erman/*Norpoth/Sasse* Rn. 4; aA OLG Schleswig FamFR 2013, 155, das auch schon vor Rechtskraft eine Entscheidung über die Aussetzung der Kürzung mit Wirkung ab Rechtskraft (hier wäre zutreffender aber auf den auf die Rechtskraft folgenden Monat abzustellen) zulässt, m. abl. Anm. *Norpoth* FamFR 2013, 155.
7 HK-VersAusglR/*Götsche* Rn. 12; *Ruland* Versorgungsausgleich Rn. 1026; aA Soeregel/*Schmeiduch* § 33 Rn. 13.
8 Johannnsen/Henrich/*Holzwarth* Rn. 7.
9 *Ruland* Versorgungsausgleich Rn. 1026.
10 Ebenso wohl auch HK-VersAusglR/*Götsche* Rn. 12.

erfüllt sind. Im Übrigen ist zu differenzieren.[11] Erfüllt der Berechtigte die Voraussetzungen eines **vorgezogenen Altersruhegeldes/einer vorgezogenen Altersrente,** stellt er aber keinen Antrag, so schließt das die Anwendung von § 33 nicht aus; denn der vorzeitige Bezug ist nach § 14 Abs. 2 BeamtVG, § 77 Abs. 2 lit. a SGB VI mit Abschlägen verbunden; auch ist die grundsätzliche **Entscheidungsfreiheit des Berechtigten,** wann er Rente beziehen will, zu respektieren. Entsprechendes gilt für die Möglichkeit des Bezuges einer **Rente wegen verminderter Erwerbsfähigkeit;**[12] auch diese ist mit Abschlägen verbunden (§ 77 Abs. 2 Nr. 3 SGB VI). Weiterhin ist es dem Ausgleichsberechtigten nicht vorzuwerfen, wenn er wegen Überschreitens der Hinzuverdienstgrenze gem. § 34 SGB VI keinen Rentenantrag stellt.[13]

Dass der Berechtigte **bereits eine Rente bezogen** hat, diese aber **wieder weggefallen** ist, 8
steht der Anwendung des § 33 ab Wegfall der Rente nicht entgegen.[14] Soweit die Rente des Ausgleichsberechtigten wegen Zusammentreffens mit anderen Leistungen – zB wegen Zusammentreffens mit einer gesetzlichen Unfallrente (§ 93 SGB VI) oder wegen Eigeneinkommens (§ 34 SGB VI) – ruht, ist eine Anpassung nicht möglich. Der **Ersatzcharakter der anderen Leistungen** bzw. das **Eigeneinkommen** berührt das Stammrecht auf die Rente nicht.[15] Leistungen der medizinischen oder beruflichen Rehabilitation stehen dem Rentenbezug aber nicht gleich.[16]

Soweit die Rente des Ausgleichsberechtigten von anderen Stellen oder Personen in Anspruch 9
genommen wird, sei es im Rahmen einer **abgetrennten Zahlung** zur Sicherung des Unterhalts an Unterhaltsberechtigte (vgl. §§ 48, 49 SGB I), einer **Abtretung** (vgl. § 53 SGB I), einer **Pfändung** (vgl. § 54 SGB I) oder einer **Verrechnung** (vgl. § 52 SGB I iVm § 51 SGB I), berührt das das Stammrecht der Rente nicht; die Anwendung von § 33 ist ausgeschlossen.[17]

Durch **Verzicht auf die eigene Rente** kann die Anpassung nicht erreicht werden; ein solcher 10
im Ergebnis zulasten der Versicherungsgemeinschaft gehender Verzicht ist nach den Grundsätzen von § 46 Abs. 2 SGB I unzulässig. Wurde der Rentenanspruch des Ausgleichsberechtigten **abgefunden,** kommt eine Anpassung gleichfalls nicht in Betracht. Soweit eine Rente – wegen fehlender Mitwirkung – nach § 66 SGB I zu versagen ist, gilt das Gleiche.

**3. Bezug keiner „laufenden Versorgung" durch den Ausgleichsberechtigten.** Als „lau- 11
fende" Versorgung sind nur **regelmäßig wiederkehrende Leistungen** für einen begrenzten oder unbegrenzten Zeitraum wie die Altersrente oder die Rente wegen Erwerbsminderung zu verstehen. Dies trifft auch für die Rente auf Zeit (§ 102 Abs. 1 SGB VI) zu. Umstritten ist, ob die Zahlung von Übergangsgeld gem. §§ 20, 21 SGB VI eine laufende Versorgung gem. § 33 darstellt. Dafür wird vorgebracht, dass es sich auch hierbei um eine laufende Leistung gem. § 118 Abs. 1 SGB VI handele.[18] Dagegen spricht aber, dass das Übergangsgeld einen Einnahmenausfall von Arbeitseinkommen oder Entgeltersatzleistungen des Ausgleichsberechtigten kompensieren soll. Es ist daher zu zahlen, solange ein Rentenbezug nicht möglich ist. Daraus folgt, dass der Bezug von Übergangsgeld durch den Ausgleichsberechtigten der Anpassung gem. § 33 nicht entgegensteht.[19] Mit **Beginn des Versorgungsbezuges des Berechtigten** endet die Aussetzung der Kürzung, gleich ob er noch unterhaltsberechtigt ist oder nicht. (→ § 34 Rn. 13)

**4. Bezug einer Versorgung durch den Ausgleichspflichtigen.** Es ist nur eine solche Ver- 12
sorgung des Verpflichteten iSv § 32 erfasst, die durch den Versorgungsausgleich gekürzt wurde.[20] Aus der gekürzten Versorgung muss der Ausgleichpflichtige zudem bereits eine Versorgung beziehen. Das ist auch dann der Fall, wenn die Rente abgetreten (§ 53 SGB I) oder gepfändet (§ 54 SGB I) ist, nicht aber, wenn sie insgesamt ruht (§§ 93 ff. SGB VI).[21]

---

11 HM, *Ruland* Versorgungsausgleich Rn. 1027; Johannsen/Henrich/*Holzwarth* Rn. 7; *Borth* Versorgungsausgleich Kap. 8 Rn. 19; Palandt/*Brudermüller* Rn. 4; BeckOK BGB/*Gutdeutsch* Rn. 5.

12 Erman/*Norpoth/Sasse* Rn. 4; *Ruland* Versorgungsausgleich Rn. 1027.

13 BVerwG FamRZ 2005, 709; *Borth* Versorgungsausgleich Kap. 8 Rn. 19.

14 BayVGH DÖD 1997, 202; HK-VersAusglR/*Götsche* Rn. 13.

15 BVerwG NVwZ 2005, 830 zum Fall des Zusammentreffens mit Einkommen; so auch *Ruland* Versorgungsausgleich Rn. 942; Erman/*Norpoth/Sasse* Rn. 4; anders HK-VersAusglR/*Götsche* Rn. 13.

16 So auch Johannsen/Henrich/*Holzwarth* Rn. 6 Rn. 3.

17 HK-VersAusglR/*Götsche* Rn. 13.

18 *Ruland* Versorgungsausgleich Rn. 1028; *Michaelis/Sander* DAngVers 1983, 104; tendenziell auch Erman/*Norpoth/Sasse* Rn. 4.

19 Ebenso *Bergner* DRV 1983, 215 (239); *Borth* Versorgungsausgleich Kap. 8 Rn. 19; Johannsen/Henrich/*Holzwarth* Rn. 5 für den Bezug von Übergangsgeld durch den Ausgleichspflichtigen; hier stellt sich das Problem aber nicht, da dieses nicht aufgrund des Versorgungsausgleichs gekürzt wird.

20 OLG Hamm FamRZ 2011, 1951; HK-VersAusglR/*Götsche* Rn. 10.

21 Zum Ruhensfall vgl. auch *Bergner* KomGRV VAHRG § 5 Anm. 4; *Ruland* Versorgungsausgleich Rn. 1029; iErg wird sich der Streit nicht auswirken, weil die Unterhaltsberechnung nicht beeinflusst wird.

13 Die Anpassung erfolgt nur bei einer Kürzung der Versorgung des Ausgleichspflichtigen selber, nicht jedoch bei **Hinterbliebenenrenten** des verstorbenen Ausgleichspflichtigen, auch wenn eine Unterhaltspflicht nach § 1586b BGB auf die Hinterbliebenen als – gleichzeitige – **Erben** übergegangen ist (bezüglich der Erbenstellung vgl. aber § 34 Abs. 4; zur Problematik → § 34 Rn. 10). Insoweit hat sich gegenüber dem bisherigen Recht nichts geändert.[22]

14 **5. Gesetzlicher Unterhaltsanspruch des Ausgleichsberechtigten, der ohne die durch den Versorgungsausgleich bedingte Kürzung gegeben wäre.** Als gesetzlicher Unterhaltsanspruch kommt der **Anspruch auf den gesetzlichen nachehelichen Unterhalt** nach §§ 1570 ff. BGB, aber auch nach **ausländischem Recht** in Betracht, wenn ein Versorgungsausgleich nach deutschem Recht durchgeführt worden ist (Art. 17 Abs. 3, 17b Abs. 1 EGBGB). Im Falle der **Wiederheirat von Ausgleichsberechtigtem** und Ausgleichspflichtigem kann sich ausnahmsweise der gesetzliche Unterhaltsanspruch auch aus § 1361 BGB ergeben,[23] nicht aber wenn der Ausgleichsberechtigte eine andere Person heiratet, weil dann der Unterhaltsanspruch gegen den Ausgleichpflichtigen nach § 1586 Abs. 1 BGB erlischt. Wird diese Ehe aufgelöst, kommt allerdings bei Wiederaufleben des Unterhaltsanspruchs gegen den Ausgleichspflichtigen nach § 1586a BGB eine Anpassung in Betracht.[24]

15 Der Anwendung von § 33 steht nicht entgegen, dass die Parteien über den Unterhalt eine **Vereinbarung** getroffen haben, soweit damit – etwa nach § 1585c BGB – dem gesetzlichen Unterhaltsanspruch Rechnung getragen wurde.[25] Auch im Fall einer Vereinbarung bildet der gesetzlich geschuldete Unterhalt aber die Obergrenze, bis zu der eine Anpassung erfolgen kann.[26] Wurde **rechtswirksam auf Unterhalt ohne Abfindung verzichtet,** ist § 33 mangels Unterhaltsanspruchs nicht anwendbar.[27] Ist in Verbindung mit dem Verzicht eine **Abfindung** vereinbart worden und ist diese an die Stelle des gesetzlichen Anspruchs getreten, so kommt eine Anpassung nach § 33 in Betracht.[28] Dies setzt aber voraus, dass die Abfindung in bestimmter Höhe auf die Monate umgerechnet werden kann, für die eine Anpassung des Versorgungsausgleichs geltend gemacht wird. Daran fehlt es, wenn auf Unterhalt und Zugewinn ein einheitlicher Betrag geleistet wird, der nicht näher zugeordnet werden kann.[29] Haben die Parteien dabei einer **zeitlichen Begrenzung des Anspruchs** Rechnung getragen, ist auch diese zu berücksichtigen; kommt eine Anpassung nur für die Zeit nach Ablauf der berücksichtigten Unterhaltszeit in Betracht, scheitert eine Anpassung schon am Fehlen eines noch bestehenden Unterhaltsanspruchs.[30]

16 Bleibt der wirksam vereinbarte Unterhalt hinter dem gesetzlich geschuldeten Unterhalt (zur Berechnung → Rn. 32) zurück, bildet der vereinbarte Unterhalt die Obergrenze, bis zu der die Kürzung der Versorgung des Ausgleichspflichtigen aufgrund des Versorgungsausgleichs ausgesetzt werden kann.[31] Hierbei ist besonders auf die Grundlage des Vergleichs zu achten. Haben die Beteiligten den Vergleich auf der Grundlage der ungekürzten Versorgung des Ausgleichspflichtigen abgeschlossen, gilt der vereinbarte Unterhalt unmittelbar als Obergrenze. Wurde der Vergleich im Vorfeld auf der Grundlage des vor Eintritt des Versorgungsfalls erzielten Erwerbseinkommens der Ehegatten abgeschlossen, ist zu prüfen, ob und inwieweit dieser gem. § 239 FamFG anzupassen ist; uU bildet der sich im Wege der Anpassung ergebende geschuldete Unterhalt die Obergrenze für den gesetzlichen Unterhaltsanspruch, wenn dieser hinter dem sich auf der Grundlage der ungekürzten Nettoversorgung errechnenden Unterhalt zurückbleibt. Wurde der Vergleich demgegenüber unter Antizipation

---

[22] Vgl. so zum bisherigen Recht ua VGH BW NJW 1989, 1876 = FamRZ 1990, 102; → 5. Aufl. 2009, VAHRG § 5 Rn. 13 *(Gräper)*; aA Johannsen/Henrich/*Hahne,* 4. Aufl. 2003, VAHRG § 5 Rn. 5; *Borth* Versorgungsausgleich, 4. Aufl. 2008, Rn. 579.

[23] Vgl. zum bisherigen Recht BGH NJW 1983, 1317 (1319) = FamRZ 1983, 461 (462); OVG NRW FamRZ 2008, 2128 (2129 f.); *Heilemann* FamRZ 1999, 1039.

[24] Vgl. *Ruland* Versorgungsausgleich Rn. 1034; zum bisherigen Recht OVG NRW FamRZ 2001, 1151 (1152).

[25] Vgl. OLG Oldenburg FamRZ 2012, 1569 mAnm *Borth,* zum Spielraum, der den Parteien bei der vergleichsweisen Ausgestaltung des gesetzlichen Unterhalts zuzubilligen ist; OVG Koblenz FamRZ 2014, 1306.

[26] BGH NJW 2013, 226 = FamRZ 2013, 189; Johannsen/Henrich/*Holzwarth* Rn. 10.

[27] HK-VersAusglR/*Götsche* Rn. 18; Johannsen/Henrich/*Holzwarth* Rn. 11; Vgl. zum bisherigen Recht BGHZ 126, 202 = NJW 1994, 2481 (2482) = FamRZ 1994, 1171 (1172).

[28] OLG Oldenburg FamRZ 2019, 284 für einen Unterhaltsanspruch, der an sich gemäß § 1579 Nr. 2 BGB verwirkt war; AG Euskirchen FamRZ 2017, 707 = BeckRS 2017, 114395; zu § 5 VAHRG BGHZ 126, 202 = NJW 1994, 2481 = FamRZ 1994, 1171; BSG NJW 1994, 2374 = SozR 3–5795 § 5 VAHRG Nr. 1; BVerwGE 109, 231 = NJW-RR 2000, 145; BVerwG NJW-RR 2003, 1868; NJW 1975, 1976; OVG NRW FamRZ 2009, 617.

[29] Vgl. BGH FamRZ 2013, 1364; Johannsen/Henrich/*Holzwarth* Rn. 11; HK-VersAusglR/*Götsche* Rn. 18; NK-BGB/*Götsche* Rn. 15; generell gegen Anpassung bei Vereinbarung einer Abfindung KG BeckRS 2013, 12560; OLG Düsseldorf BeckRS 2013, 13748; BeckOK BGB/*Gutdeutsch* Rn. 3.

[30] BGHZ 126, 202 = NJW 1994, 2481; → 5. Aufl. 2009, VAHRG § 5 Rn. 31 mwN *(Gräper).*

[31] BGH FamRZ 2016, 1438 = NJW 2016, 2321; NJW 2012, 1661 = FamRZ 2012, 853.

der aufgrund des Versorgungsausgleichs zu erwartenden Kürzung der Versorgung und der Auswirkungen der Anpassung gem. § 33 abgeschlossen, darf nicht auf den nominalen Unterhaltsbetrag als Obergrenze für die Aussetzung der Kürzung abgestellt werden. Vielmehr ist in diesem Fall entscheidend, von welchem Unterhaltsanspruch die Ehegatten vor Kürzung der Versorgung des Ausgleichspflichtigen aufgrund des Versorgungsausgleichs ausgegangen sind.[32]

Das Vorliegen eines **Unterhaltstitels** ist nicht erforderlich, das Bestehen eines gesetzlichen Unterhaltsanspruchs genügt. 17

Im Übrigen sind folgende Fälle zu unterscheiden: 18

Haben die Beteiligten einen **Vergleich** oder eine **Vereinbarung** geschlossen, ist die Anpassung ausgeschlossen, wenn und soweit durch diese ein Anspruch auf nachehelichen Unterhalt ausgeschlossen ist. Ein Ausschluss liegt nicht vor, wenn aufgrund der geschlossenen Vereinbarung der Anspruch auf nachehelichen Unterhalt mit Rentenbezug des Ehemannes entfallen soll, sofern die Kürzung der Rente aufgrund des Versorgungsausgleichs nicht unterbleibe.[33] Im Übrigen ist der Anspruch auf Anpassung durch den Anspruch auf den gesetzlichen nachehelichen Unterhalt begrenzt, der sich ergeben würde, wenn die Versorgung des Ausgleichspflichtigen nicht aufgrund des Versorgungsausgleichs gekürzt würde (zur Berechnung → Rn. 32). 19

Liegt ein **gerichtlicher** Titel über den gesetzlichen **Unterhaltsanspruch** vor, der ohne Berücksichtigung der aufgrund des Versorgungsausgleichs zu erwartenden Kürzung der Versorgung des Ausgleichspflichtigen ergangen ist, so beweist er zunächst das Bestehen eines Anspruchs. Bestehen Anhaltspunkte dafür, dass der titulierte Anspruch nicht mehr – oder nicht mehr in bisheriger Höhe (vgl. Abs. 3; → Rn. 24 ff.) – besteht und daher der Titel nach §§ 238 f. FamFG abzuändern wäre, so bedarf der Unterhaltsanspruch der **Prüfung im Anpassungsverfahren.** Die Überprüfung des Titels ist aber nicht an die strengen Vorgaben, die für das Anpassungsverfahren gem. § 238, 239 FamFG gelten, gebunden; denn ein im Unterhaltsverfahren von einem Ehegatten erwirkter Titel hat für den Versorgungsträger und das Familiengericht im Anpassungsverfahren keine Rechtskraftwirkung. Hiervon abweichend wird zwar die Auffassung vertreten, die Rechtskraft des Unterhaltstitels binde das FamG auch im Rahmen dieser Vorfrage für die Aussetzung.[34] Gegen diese Auffassung spricht aber, dass der Versorgungsträger an einem solchen Verfahren nicht beteiligt ist. Er wird daher von den subjektiven Grenzen der Rechtskraft nicht erfasst. Weiterhin spricht hiergegen auch, dass die Verfahren nicht vergleichbar sind. Im Verfahren gem. §§ 33, 34 wird der Unterhaltsanspruch durch das Familiengericht im Wege der Amtsaufklärung gem. § 26 FamFG ermittelt. Demgegenüber gilt für Unterhaltssachen gem. § 112 Nr. 1 FamFG, § 113 Abs. 1 FamFG der Beibringungsgrundsatz und die Dispositionsmaxime. Das Merkmal „gesetzlicher Unterhaltsanspruch" ist also so zu verstehen, dass das Familiengericht im Anpassungsverfahren stets zu ermitteln hat, ob und in welcher Höhe dem Ausgleichsberechtigten nach den §§ 1570–1586b BGB ein Anspruch auf nachehelichen Unterhalt ohne die Kürzung der Versorgung des Ausgleichspflichtigen aufgrund des Versorgungsausgleichs zustünde. Erst auf einer zweiten Stufe wirkt sich das Bestehen eines Unterhaltstitels aus. Bleibt dieser hinter dem durch das Familiengericht festgestellten gesetzlichen Unterhaltsanspruch zurück, beschränkt sich die Anpassung auf den titulierten Anspruch, da dann kein höherer Unterhalt durch den Ausgleichsberechtigten mehr geltend gemacht werden kann, es sei denn, es besteht die Möglichkeit, den Titel gem. § 238 FamFG abzuändern. Geht dieser über den gesetzlichen im Anpassungsverfahren ermittelten Unterhaltsanspruch hinaus, bildet der im Anpassungsverfahren ermittelte Unterhalt die Obergrenze. 20

Letztlich wirkt sich dieser Meinungsstreit praktisch aber nicht aus; denn auch nach der Auffassung, die in weiterem Umfang eine Rechtskraftwirkung annimmt, ist die Intention des Gesetzgebers zu beachten, Manipulationen der Ehegatten durch kollusives Zusammenwirken zu verhindern.[35] Daher kommt auch diese Auffassung zu dem Ergebnis, dass der Unterhaltsanspruch durch das Familiengericht im Anpassungsverfahren eigenständig festzustellen ist. 21

Ist der Titel unter **Vorwegnahme** der aufgrund des Versorgungsausgleichs zu erwartenden **Kürzung** der Versorgung des Ausgleichspflichtigen errichtet worden,[36] hat er von vorneherein keine Rechtskraftwirkung für das Anpassungsverfahren; denn für das Anpassungsverfahren bildet der 22

---

32 OLG Frankfurt BeckRS 2018, 16575; OLG Nürnberg FamRZ 2016, 559 = NJOZ 2016, 1080; OLG Düsseldorf FamRZ 2017, 105 = BeckRS 2016, 19451 = FuR 2016, 661; OLG Koblenz FamRZ 2015, 1721.

33 KG FamRZ 2018, 1749 = BeckRS 2018, 29586.

34 BGH NJW 2012, 1661 = FamRZ 2012, 853; OLG Hamm FamRZ 2016, 1773 = BeckRS 2016, 16755; *Borth,* Versorgungsausgleich Kap. 8 Rn. 26.

35 BGH NJW 2012, 1661 Rn. 25 f.; OLG Hamm NJW 2011, 1681 = FamRZ 2011, 815 (816); Johannsen/Henrich/*Holzwarth* Rn. 23; ausf. zur Prüfungskompetenz des Gerichts bei Bestehen eines rechtskräftigen Unterhaltstitels *Borth* Versorgungsausgleich Kap. 8 Rn. 26.

36 Vgl. hierzu OLG Nürnberg NZFam 2015, 1157 = FamRZ 2016, 559.

gesetzliche Unterhaltsanspruch, der sich ohne Berücksichtigung der Kürzung ergeben würde, die Obergrenze für die Anpassung.

23 Weiterhin hat auch ein **Alttitel,** der auf der Grundlage des vor Eintritt des Versorgungsfalls erzielten Erwerbseinkommens der Ehegatten ergangen ist, unstreitig keine Bindungswirkung.[37] Daher ist in diesem Fall der Unterhaltsanspruch, der sich ohne Kürzung der Versorgung nach Eintritt des Versorgungsfalls gegen den Ausgleichspflichtigen ergeben würde, durch das Familiengericht eigenständig festzustellen.

24 Voraussetzung für eine Anpassung ist nach dem Wortlaut der Vorschrift, dass sich die Kürzung der Versorgung des Ausgleichspflichtigen auf den **Unterhaltsanspruch des Ausgleichsberechtigten** dergestalt auswirkt, dass er **nicht oder jedenfalls teilweise nicht besteht.** Der Wortlaut ist allerdings zu weit gefasst. § 33 soll den Ausgleichspflichtigen vor der Doppelbelastung der Kürzung der Versorgung und der Verpflichtung, Unterhalt zu zahlen, schützen.[38] § 32 ist daher auch anwendbar, wenn sich durch die Kürzung der Versorgung des Ausgleichspflichtigen der Unterhaltsanspruch des Ausgleichsberechtigten nicht ändert. Nur wenn der Ausgleichspflichtige auch dann nicht zum Unterhalt verpflichtet wäre, wenn es nicht zur Kürzung der Versorgung gekommen wäre, zB wegen mangelnder Leistungsfähigkeit, kann keine Anpassung des Versorgungsausgleichs gem. § 33 erfolgen. Es ist daher durch eine **fiktive Unterhaltsberechnung** festzustellen, wie sich der Pflichtige stünde, wenn die Kürzung nicht erfolgt wäre.[39] Ergibt sich, dass er unter Berücksichtigung seines Selbstbehalts auch ohne Kürzung seiner Versorgung nicht zur Leistung von Unterhalt verpflichtet wäre, kann eine Anpassung nicht erfolgen.[40] Umgekehrt ist die Anpassung aber auch dann zulässig, wenn der Ausgleichs- und Unterhaltspflichtige trotz der Kürzung durch den Versorgungsausgleich den vollen Unterhalt leisten kann, sich die Kürzung also nicht auf die Höhe des Unterhaltes auswirkt. Gegen diese Auffassung spricht zwar eindeutig der Wortlaut der Vorschrift.[41] Sie wird jedoch aus einer verfassungskonformen Auslegung der Vorschrift abgeleitet.[42]

25 Maßgeblich für die Frage, ob ohne die versorgungsausgleichsbedingte Kürzung ein Unterhaltsanspruch bestünde, sind die fiktiven Nettobezüge des Ausgleichspflichtigen vor Kürzung der Versorgung durch den Versorgungsausgleich.[43] Soweit der Ausgleichspflichtige auch eine Versorgung aus durch den Versorgungsausgleich gekürzten Anrechten erhält, die nicht zur Regelversorgung gem. § 32 gehören (zB eine Betriebsrente aus betrieblicher Altersversorgung), darf in die fiktive Unterhaltsberechnung nur der gekürzte Versorgungsbetrag eingestellt werden.[44] Die Versorgungsbezüge, die er aufgrund der Durchführung des Versorgungsausgleichs erhält, dürfen bei der Berechnung des Unterhaltsanspruchs dagegen nicht berücksichtigt werden. Im Einzelfall kann es schwierig sein, die **Nettoversorgung des Ausgleichspflichtigen** mit Kürzung (bei bevorstehendem Ruhestand) bzw. ohne dieselbe (bei schon vorliegendem Rentenbezug) zu ermitteln. Hier kann das Familiengericht ggf. die **Auskunft des Versorgungsträgers nach** § 220 FamFG einholen.

26 **6. Antrag.** Das Anpassungsverfahren setzt – wie nach früherem Recht (vgl. § 9 Abs. 1 VAHRG) – schließlich voraus, dass ein Antrag gestellt wird (Abs. 1). Wer **Antragberechtigt** ist, ist in § 34 Abs. 2 geregelt (→ § 34 Rn. 8 f.). Der Antrag ist an das **Familiengericht** zu richten (§ 34 Abs. 1, → § 34 Rn. 2 f.). Der Antrag soll begründet werden (§ 23 FamFG), braucht aber nicht beziffert zu werden. Zu weiteren Einzelheiten des Verfahrens → § 34 Rn. 5.

### III. Anpassung nur bei einer Mindestkürzung (Abs. 2)

27 Nach § 33 Abs. 2 findet eine Anpassung nach Abs. 1 nur statt, wenn die Kürzung am Ende der Ehezeit bei einem **Rentenbetrag mindestens 2 %** und in allen anderen Fällen als **Kapitalwert mindestens 240 % der monatlichen Bezugsgröße nach § 18 Abs. 1 SGB IV** betragen hat. Zweck der Bestimmung ist es, das Familiengericht von Fällen geringerer Bedeutung zu entlasten.[45] Da die gesetzliche Rentenversicherung den Ausgleichswert nicht als Rente, sondern in Entgeltpunkten angibt, gilt für diese der Kapitalwert.[46] Ob dies auch gilt, wenn das Ende der Ehezeit vor dem

---

[37] BGH NJW-RR 2017, 1409 = FamRZ 2017, 1662.
[38] BGH NJW-RR 2013, 1155 = FamRZ 2013, 1547; NJW 2013, 226 = FamRZ 2013, 189; OLG Hamm FamRZ 2016, 1773 = BeckRS 2016, 16755; Erman/*Norpoth/Sasse* Rn. 5.
[39] BGH NJW 2012, 1661 Rn. 23 f.
[40] BT-Drs. 16/10144; Johannsen/Henrich/*Holzwarth* Rn. 13; *Ruland* Versorgungsausgleich Rn. 1036.
[41] Gegen diese Auffassung deshalb *Bergner/Borth* FamRZ 2013, 589; *Ruland* Versorgungsausgleich Rn. 1036.
[42] BGH NJW 2013, 226 = FamRZ 2013, 189; OLG Karlsruhe FamRZ 2012, 452; OLG Frankfurt FamRZ 2011, 1595.
[43] Soergel/*Schmeiduch* Rn. 22.
[44] OLG Hamm FamRZ 2016, 1773 = BeckRS 2016, 16755; Erman/*Norpoth/Sasse* Rn. 7.
[45] BT-Drs. 16/10144, 72.
[46] Johannsen/Henrich/*Holzwarth* § 18 Rn. 16.

1. September 2009 liegt, ist umstritten.[47] Die besseren Gründe sprechen dafür, mit Einführung des Entgeltpunktesystems in der gesetzlichen Rentenversicherung auch bei Altentscheidungen auf den Kapitalwert abzustellen. Dadurch wird die Einheitlichkeit der Entscheidungen hergestellt und dem Umstand Rechnung getragen, dass aufgrund der zwingenden Umrechnung des Ausgleichs in Entgeltpunkte auch nach „altem Recht" diese für die Bewertung prägend waren.[48] Aus dem Beschluss des BGH vom 8.11.2017[49] folgt nichts Gegenteiliges. Zwar hat der BGH hier entschieden, dass für Abänderungsverfahren gem. § 51 für die Frage, ob eine wesentliche Wertänderung iSv § 51 Abs. 2, § 225 Abs. 3 FamFG vorliege, allein auf die Rente als Bezugsgröße abgestellt werden dürfe. Dies rechtfertigt sich aber aufgrund der besonderen Regelung des § 52 für das Abänderungsverfahren. Zweck ist es, die Voraussetzungen für das Abänderungsverfahren unabhängig von der Umwertung und Dynamisierung von Anrechten feststellen zu können. Für das Verfahren wegen Anpassung des Versorgungsausgleichs bestehen vergleichbare Probleme nicht. Daher kennt dies Verfahren auch keine § 52 vergleichbare Sonderregelung.

Wurden zulasten des unterhaltspflichtigen Ehegatten mehrere Anrechte iSd § 32 gekürzt, deren Ausgleichswert je für sich geringwertig ist, die jedoch in der Summe der Ausgleichswerte die Geringfügigkeitsgrenze übersteigen, sollte zur Vermeidung von unbilligen Härten der Ausgleich jedenfalls dann zugelassen werden, wenn es sich um mehrere selbständig zu bewertende Teile einer Versorgung bei demselben Versorgungsträger handelt.[50] In diesen Fällen hat das Familiengericht in seiner Ausgangsentscheidung das ihm gem. § 18 zustehende Ermessen in der Regel dahingehend ausgeübt, auch geringwertige Anrechte auszugleichen, obwohl dadurch Splitteranrechte entstehen (können). Dies ist auch für die Anpassung zu respektieren, zumal hier die Entstehung von Splitteranrechten nicht zu besorgen ist. Weiterhin spricht hierfür auch, dass es um die Vermeidung von Härten aufgrund der Zahlung von Unterhalt geht, der aus der Gesamtheit der Anrechte aufzubringen ist. 28

Die **Grenzbeträge** belaufen sich für die Jahre ab 2002 auf folgende Werte (in EUR):[51] 29

| Ende der Ehezeit (Jahr) | Bezugsgröße | 2 % der Bezugsgröße als Rentenbetrag | 240 % der Bezugsgröße als Kapitalbetrag |
|---|---|---|---|
| 2002 | 2.345,00 | 46,90 | 5.628,00 |
| 2003 | 2.380,00 | 47,60 | 5.712,00 |
| 2004 | 2.415,00 | 48,30 | 5.796,00 |
| 2005 | 2.415,00 | 48,30 | 5.796,00 |
| 2006 | 2.450,00 | 49,00 | 5.880,00 |
| 2007 | 2.450,00 | 49,00 | 5.880,00 |
| 2008 | 2.485,00 | 49,70 | 5.964,00 |
| 2009 | 2.520,00 | 50,40 | 6.048,00 |
| 2010 | 2.555,00 | 51,10 | 6.132,00 |
| 2011 | 2.555,00 | 51,10 | 6.132,00 |
| 2012 | 2.625,00 | 52,50 | 6.300,00 |
| 2013 | 2.695,00 | 53,90 | 6.468,00 |
| 2014 | 2.765,00 | 55,30 | 6.636,00 |
| 2015 | 2.835,00 | 56,70 | 6.804,00 |
| 2016 | 2.905,00 | 58,10 | 6.972,00 |
| 2017 | 2.975,00 | 59,50 | 7.140,00 |
| 2018 | 3.045,00 | 60,90 | 7.308,00 |
| 2019 | 3.115,00 | 62,90 | 7.476,00 |

Bei einem Ende der Ehezeit im Jahr 2018 muss die Kürzung einer Rente daher mindestens 62,90 EUR im Monat und in den übrigen Fällen als Kapitalwert mindestens 7.476 EUR betragen, um eine Anpassung zu ermöglichen. Maßgeblich sind die **Werte am Ende der Ehezeit,** nicht die aktuellen bei Antragstellung auf Anpassung.[52] Dies ist sachgerecht, weil auch der Ausgleichswert bezogen auf das Ende der Ehezeit berechnet wird. Dieser entspricht dem Kürzungsbetrag.[53] Ist bei Durchführung des Versorgungsausgleichs eine **Verrechnung beiderseitiger Anrechte** iSv § 10 Abs. 2 erfolgt, ist 30

47 Vgl. hierzu HK-VersAusglR/*Götsche* Rn. 24.

48 IErg ebenso OLG Frankfurt NJW-RR 2014, 450; BGH NJW-RR 2013, 1153 = FamRZ 2013, 1287 für bei der VBL erworbene Anrechte.

49 BGH NJW-RR 2018, 65 = FamRZ 2018, 176.

50 Erman/*Norpoth*/*Sasse* Rn. 6; FachAnwK-FamR/*Wick* Rn. 10; aA HK-VersAusglR/*Götsche* Rn. 25.

51 Vgl. für Bezugsgröße 2018 § 2 SV-ReGrV 2018; zu den zurückliegenden Jahren ab 1977 s. *Bergner*/*Bergmann* NJW-Beil. 2018, 59 ff.; HK-VersAusglR/*Götsche* Rn. 24 (Jahre 1977–2015).

52 BT-Drs. 16/10144, 72.

53 Erman/*Norpoth*/*Sasse* Rn. 6; HK-VersAusglR/*Götsche* Rn. 22; aA *Ruland* Versorgungsausgleich Rn. 1032.

gleichfalls der Ausgleichswert und nicht der Saldo nach Verrechnung maßgeblich.[54] Dies ergibt sich daraus, dass durch den Systemwechsel zum Einzelausgleich durch die Entscheidung des Familiengerichts das Anrecht des Ausgleichspflichtigen in Höhe des Ausgleichswertes gekürzt wird, und dies auch dann, wenn beide Ehegatten gleichartige Anrechte bei demselben Versorgungsträger erworben haben. Für die Frage, ob ein Unterhaltsanspruch besteht, ist die ungekürzte Nettoversorgung des Ausgleichspflichtigen entscheidend. Würde auf die Kürzung nach Verrechnung durch den Versorgungsträger abgestellt, würden aber im Ergebnis auch Versorgungsbezüge berücksichtigt, die der Ausgleichspflichtige aufgrund der Entscheidung des Familiengerichts erhält. Nur der Versorgungsträger kann den Ausgleich nach Verrechnung in Höhe des Wertunterschiedes vollziehen. Diese Möglichkeit ist aber ausgeschlossen, wenn das Familiengericht die Kürzung des Anrechts des Ausgleichspflichtigen aussetzt: dieses Anrecht steht dann (vorübergehend) zur Verrechnung nicht zur Verfügung. Der Verrechnung geht die Befugnis des Familiengerichts, die Anwartschaften im Versorgungsausgleich zu teilen und die Kürzung der Teilung auszusetzen, vor.[55] Dies zeigt auch das Abänderungsverfahren: Auch wenn der Versorgungsausgleich durch Verrechnung vollzogen wurde, ist Gegenstand des Abänderungsverfahrens gleichwohl die Entscheidung des Familiengerichts über das jeweilige Anrecht.

### IV. Begrenzung der Höhe der Kürzungsaussetzung (Abs. 3)

31 **1. Grundsatz.** Entgegen der bisherigen Regelung in § 5 VAHRG, wonach es nicht auf die Höhe des Unterhaltsanspruchs des Ausgleichsberechtigten ankam, also eine Kürzung selbst bei geringen Unterhaltsverpflichtungen in voller Höhe unterblieb, ist die **Aussetzung der Kürzung nunmehr der Höhe nach begrenzt,** damit die Ehegatten aus der Anpassung keine ungerechtfertigten Vorteile ziehen.[56] Während nach früherem Recht auch das Bestehen nur eines geringen Anspruch auf nachehelichen Unterhalt zur Aussetzung der Kürzung der Versorgung aufgrund des Versorgungsausgleichs in voller Höhe führte,[57] ist nunmehr sorgfältig zu prüfen, ob, und wenn ja, in welcher Höhe ein gesetzlicher Anspruch auf nachehelichen Unterhalt bestünde, wenn die Versorgung des Ausgleichspflichtigen aufgrund des Versorgungsausgleichs nicht gekürzt würde, und dies auch dann, wenn für den Unterhalt ein Titel besteht (→ Rn. 17). Denn eine **Kürzung** kommt **allenfalls in Höhe des Unterhaltsbetrages** (Abs. 3 Hs. 1, → Rn. 32 ff.) in Betracht, höchstens aber in Höhe der **Differenz der beiderseitigen Ausgleichswerte** aus denjenigen Ausgleichswerten iSv § 32, aus denen die ausgleichspflichtige Person eine laufende Versorgung bezieht (Abs. 3 Hs. 2, → Rn. 37 ff.).

32 **2. Aussetzung der Kürzung höchstens in Höhe des Unterhaltsanspruchs (Abs. 3 Hs. 1).** Die Kürzung ist durch Abs. 3 Hs. 1 nunmehr auf die Höhe des fiktiven, sich ohne Kürzung ergebenden Unterhaltsanspruchs begrenzt. Dieser ist ausschließlich auf der Grundlage zu berechnen, dass auf Seiten des Ausgleichspflichtigen der nicht durch den Versorgungsausgleich gekürzte Versorgungsanspruch zugrunde gelegt wird, also der Rechtszustand vor Durchführung des Versorgungsausgleichs angenommen wird (zu den Einzelheiten der Berechnung: → Rn. 15 ff.).[58] Zugrundezulegen ist das unterhaltsrechtliche Einkommen, das der Ausgleichspflichtige erzielen würde, wenn seine Versorgung nicht gekürzt würde. Maßgeblich ist insoweit der Nettobetrag der ungekürzten Rente. Bezieht der Ausgleichspflichtige eine Versorgung aus der gesetzlichen Rentenversicherung oder eine andere Versorgung iSd § 32 und eine Versorgung aus der betrieblichen Altersversorgung, ist hinsichtlich der Versorgungen gem. § 32 auf den Nettobetrag der Rente abzustellen, der sich ohne die Kürzung der Versorgung aufgrund des Versorgungsausgleichs ergäbe, im Übrigen auf den durch den Versorgungsausgleich gekürzten Nettobetrag der Versorgung[59] Nach aA soll demgegenüber generell das (fiktive) Einkommen aus der ungekürzten Versorgung maßgeblich sein.[60] Dies ist zum Teil von der Rspr. dahingehend verstanden worden, dass auch das Renteneinkommen aus nicht der Anpassung unterliegenden Versorgungen iSd § 32 vor der Kürzung der Berechnung des Unterhaltsanspruchs zugrundezulegen sei.[61] Gegen diese Auffassung spricht aber, dass Obergrenze der Anpassung der gesetzliche Unterhaltsanspruch ist, der sich ohne Kürzung der anpassungsfähigen Anrechte aufgrund des Versorgungsausgleichs ergeben würde; denn hinsichtlich der nicht anpassungsfähigen Anrechte

---

54 Erman/*Norpoth/Sasse* Rn. 6; *Bergner* FPR 2011, 483; HK-VersAusglR/*Götsche* Rn. 23.
55 AA Soergel/*Schmeiduch* Rn. 23.
56 BT-Drs. 16/10144, 73.
57 Vgl. ua → 5. Aufl. 2009, VAHRG § 5 Rn. 31 mwN *(Gräper).*
58 Vgl. hierzu die Berechnungen in *Ruland* Versorgungsausgleich Rn. 1037; Erman/*Norpoth/Sasse* Rn. 7, 8; *Borth* Versorgungsausgleich Kap. 8 Rn. 36 ff.
59 HK-FamR/*Hauß* Rn. 10.
60 BeckOK BGB/*Gutdeutsch,* 1.5.2018, Rn. 9–9c; Johannsen/Henrich/*Holzwarth* Rn. 19.
61 OLG Hamm FamRZ 2016, 1773 = BeckRS 2016, 16755 (Berücksichtigung der ungekürzten Versorgung aus der Zusatzversorgung des öffentlichen Dienstes).

kann auch durch ein Anpassungsverfahren kein höheres Einkommen generiert werden. Würde auch hinsichtlich dieser Anrechte fiktiv das ungekürzte Nettoeinkommen in die Unterhaltsberechnung eingestellt, würde dies dazu führen, dass die Gemeinschaft der Versicherten, bei der das anpassungsbedürftige Anrecht besteht, über § 33 einen Teil des Unterhaltsbedarfs der Ehegatten, der auf das nicht anpassungsfähige Anrecht entfällt, mittragen müsste. Diese würde zu einer weiteren Verletzung des Grundsatzes, dass der Versorgungsausgleich für den Versorgungsträger aufwandsneutral sein muss, und dass die durch die Ehe bedingten Unterhalts- und Versorgungslasten nicht auf die Gemeinschaft der Versicherten übertragen werden dürfen, führen, die über den mit der Vorschrift gewollten Härteausgleich hinausgeht. Weiterhin dürfen bei der Berechnung des fiktiven Unterhaltsanspruchs die im Gegenzug im Versorgungsausgleich zu Lasten des Unterhaltsberechtigen erworbenen Anrechte nicht berücksichtigt werden, und dies auch dann nicht, wenn der Ausgleichspflichtige aus diesen bereits Versorgungsleistungen erhält. Diese Anrechte spielen nur für die zweite Obergrenze (Differenz der Ausgleichswerte) eine Rolle (→ Rn. 37).[62] Die Aussetzung ist zu befristen oder für künftige Zahlungszeiträume gestaffelt zu kürzen, wenn bereits bei Entscheidung über die Anpassung feststeht, dass der Unterhalt aufgrund der gesetzlichen Vorschriften (§ 1578b BGB) oder einer Vereinbarung der beteiligten Ehegatten nur befristet oder der Höhe nach gestaffelt bestehen wird.[63]

**Beispiel 1:**[64]

Berechnung des fiktiven Unterhaltsanspruchs:

| | |
|---|---|
| Rente des Verpflichteten aus Anrecht iSv § 32 ohne Kürzung | 2750,00 EUR |
| Bereinigte Einkünfte des Berechtigten | 1600,00 EUR |
| Fiktiver Unterhaltsanspruch (2750 – 1600 = 1150 : 2) | 575,00 EUR |

Wird die Rente des Ausgleichspflichtigen nach Durchführung des Versorgungsausgleichs um 750 EUR gekürzt, so wird wegen des – fiktiven – Unterhaltsanspruchs in Höhe von 575 EUR die Kürzung gemäß Abs. 3 Hs. 1 nur in Höhe dieses Betrages ausgesetzt. Andernfalls würde sich der Unterhalt des Unterhaltsberechtigten auf ½ * (2000 EUR – 1600 EUR) = 200 EUR vermindern.

Dies ist aber nicht etwa der Betrag, den der Berechtigte als Unterhalt erhält, vielmehr ist nunmehr der tatsächliche Unterhaltsanspruch anhand des tatsächlichen Renteneinkommens des Verpflichteten aus der zwar gekürzten, aber durch die teilweise Aussetzung der Kürzung wieder erhöhten Rente von 2575 EUR (2750 – 750 + 575) zu ermitteln:

| | |
|---|---|
| Nach Abs. 3 Hs. 1 gekürzte Rente des Verpflichteten | 2575,00 EUR |
| Bereinigte Einkünfte des Berechtigten | 1600,00 EUR |
| Unterhaltsanspruch des Berechtigten (2575 EUR – 1600 EUR = 975 EUR : 2) | **487,50 EUR, aufgerundet 488 EUR** |

Die Berechnung zeigt, dass die Härteregelung von § 33 Abs. 3 Hs. 1 zu einem geringeren Unterhaltsanspruch des Ausgleichsberechtigten führt, als er ohne Kürzung der Versorgung – dh ohne volle Aussetzung der Kürzung – bestünde. Diese Tatsache allein vermag allerdings **verfassungsrechtliche Bedenken** nicht zu begründen; denn im Rahmen der Härteregelung erscheint es verfassungsrechtlich nicht geboten, eine völlige Gleichstellung der Situationen mit und ohne Versorgungsausgleich herbeizuführen; immerhin geht es um die Schaffung einer **eigenständigen Versorgung,** die dem **Versicherungsprinzip** unterliegt. Demgegenüber erscheint es nicht gerechtfertigt, dass der Ausgleichspflichtige durch die Anpassung des Versorgungsausgleichs besser gestellt wird, als er stünde, wenn er nicht zum Unterhalt verpflichtet wäre und deshalb keine Anpassung verlangen könnte. Dies gilt insbesondere dann, wenn ein relativ hoher Teil einer mäßigen Versorgung in den Versorgungsausgleich fällt und bei der Unterhaltsberechnung der Selbstbehalt zum Tragen kommt. Dazu das Beispiel 2, aber auch Beispiel 3. Für verfassungsrechtlich bedenklich werden die Ergebnisse gehalten, wenn die Minderung des Anspruchs in Verbindung mit dem Ausschluss der betrieblichen und privaten Versorgungen von der Anpassung (§ 32) gesehen wird[65] (→ § 32 Rn. 2, 5). Auch wenn man aus unterschiedlichen Gründen andere Regelungen für zweckmäßiger halten mag, ist die Beschränkung der Anpassung wegen Unterhaltes auf Anrechte des Regelsicherungssystems jedenfalls von der Gestaltungsfreiheit des Gesetzgebers gedeckt, da auch in Unterhaltsfällen kein grundrechtsrelevanter Eingriff in geschützte Rechtspositionen des Ausgleichspflichtigen erfolgt.[66] **33**

---

62 AA Soergel/*Schmeiduch* Rn. 23: Berücksichtigung aller laufenden Versorgungen.

63 BGH NJW 2016, 2321 = FamRZ 2016, 1438; aA OLG Stuttgart NZFam 2019, 284; *Borth* Versorgungsausgleich Kap. 8 Rn. 29: Berücksichtigung von § 1578b BGB im Anpassungsverfahren nur, wenn sich der ausgleichs- und unterhaltspflichtige Ehegatte auf diese Vorschrift beruft.

64 Vgl. Berechnungsbeispiel in BT-Drs. 16/10144, 72.

65 Zu Bedenken vgl. *Ruland* Versorgungsausgleich Rn. 1038; de lege ferenda Erman/*Norpoth/Sasse* Rn. 13.

66 BVerfGE 136, 152 = NJW 2014, 2093.

**Beispiel 2:**

Berechnung der fiktiven Unterhaltsanspruchs:

| | |
|---|---|
| Rente des Pflichtigen aus Anrechten iSv § 32 | 1800,00 EUR |
| Bereinigte Einkünfte des Berechtigten | — |
| Fiktiver Unterhaltsanspruch des Berechtigten (1800 : 2 = 900, aber Selbstbehalt 1200) | 600,00 EUR |
| Versorgungsausgleich in Höhe der Hälfte | 900,00 EUR |
| Gekürzte Rente des Pflichtigen (1800 – 900) | 900,00 EUR |
| Rente nach Anpassung nach Abs. 3 Hs. 1 (900 + 600) | 1500,00 EUR |
| Unterhaltsanspruch (1500 : 2 = 750, aber Selbstbehalt 1200) | 300,00 EUR |

34 Reduziert sich die Rente des Ausgleichspflichtigen nach Durchführung des Versorgungsausgleichs auf 1250 EUR, so würde sich die Rente bei Anpassung auf (1250 + 100) 1350 EUR belaufen. Damit hätte der Ausgleichspflichtige weniger zur Verfügung als der Ausgleichsberechtigte (1400 EUR, → Rn. 33), ein Unterhaltsanspruch wäre selbst unter Berücksichtigung des Anpassungsbetrages nicht gegeben, eine Anpassung kann daher nicht erfolgen (→ Rn. 24).

**Beispiel 3:**[67]

Berechnung des fiktiven Unterhaltsanspruchs:

| | |
|---|---|
| Rente des Pflichtigen aus Anrecht iSv § 32 ohne Kürzung | 1600,00 EUR |
| Bereinigte Einkünfte des Berechtigten | 1400,00 EUR |
| Fiktiver Unterhaltsanspruch des Berechtigten (16000 – 1400 : 2) | 100,00 EUR |

35 Der **Anpassungsbetrag** ist im **Tenor der familiengerichtlichen Entscheidung** unter Bezeichnung des gekürzten Anrechts, des Versorgungsträgers und der Entscheidung des Familiengerichts, auf der die Begründung des Anrechts beruhte, auszuweisen.[68] Der Betrag wird aber nicht in jedem Fall mit dem Betrag identisch sein, der sich schließlich als Rentenzahlung ergibt, da die gesamte Rentenzahlung nach Anpassung aufgrund Unterhaltes Bemessungsgrundlage für die gesetzlichen Abzüge (Steuer; Sozialversicherungsbeitrag) ist.[69]

36 Der Tenor könnte zB folgenden Wortlaut haben (→ § 34 Rn. 5):[70]

„Die durch Beschluss des Amtsgerichts – Familiengericht – … Az. … vom … erfolgte Kürzung des Anrechts des Ausgleichspflichtigen bei …, Vers.-Nr. … wird mit Wirkung ab … in Höhe eines Betrages von … ausgesetzt."

37 **3. Aussetzung der Kürzung höchstens in Höhe der Differenz der beiderseitigen Ausgleichswerte (Abs. 3 Hs. 2).** Mit Abs. 3 Hs. 2 soll sichergestellt werden, dass die ausgleichpflichtige Person aus der Anpassung **keinen ungerechtfertigten Vorteil** zieht.[71] Dieser Vorteil könnte gegeben sein, weil nach jetziger Ausgleichssystematik in der Regel keine Saldierung der einzelnen auszugleichenden Versorgungen mehr erfolgt, sondern ein Hin-und-her-Ausgleich, der dazu führen kann, dass die Versorgung des Ausgleichspflichtigen infolge des Versorgungsausgleichs eine Kürzung erfährt, deren Aussetzung aber nach Abs. 3 Hs. 1 beantragt werden kann, er aber gleichzeitig im Versorgungsausgleich eine Versorgung des Ausgleichsberechtigten erhält, die ihm ungeschmälert zugutekommt. Deshalb sieht Hs. 2 vor, dass die Kürzung höchstens in Höhe der Differenz der beiderseitigen Ausgleichswerte aus denjenigen Anrechten iSd § 32 ausgesetzt wird, aus denen die ausgleichspflichtige Person eine laufende Leistung bezieht.[72]

38 Handelt es sich um eine Entscheidung aufgrund des bis 31.8.2009 geltenden Rechts, kann auf den Betrag abgestellt werden, in dessen Höhe im Wege des Splittings zulasten der Versorgung des ausgleichspflichtigen Ehegatten zugunsten des ausgleichsberechtigten Ehegatten ein Anrecht übertragen oder begründet wurde.[73] Das gilt aber nicht, wenn auch im Wege des Supersplittings gem. § 3b VAHRG zulasten der Versorgung des Ausgleichspflichtigen ein Anrecht zugunsten des Ausgleichsberechtigten übertragen wurde; denn insoweit ist der Ausgleich nicht für ein Anrecht des Regelsicherungssystems erfolgt. Daher ist dieser Teil vor der Anpassung aus dem Betrag, in dessen Höhe zulasten der Versorgung des Ausgleichspflichtigen ein Anrecht begründet wurde,

67 Vgl. Beispiel BT-Drs. 16/10144, 72 f.; die Zahlen wurden entsprechend der Entwicklung des Selbstbehaltes modifiziert.

68 Vgl. Tenorierungsbeispiele *Johannsen/Henrich/Holzwarth* Rn. 28; *Ruland* Versorgungsausgleich Rn. 1051; *Borth* Versorgungsausgleich Kap. 8 Rn. 40.

69 Vgl. BT-Drs. 16/10144, 72; *Ruland* Versorgungsausgleich Rn. 1043.

70 Johannsen/Henrich/*Holzwarth* Rn. 28.

71 BT-Drs. 16/10144, 73; vgl. dazu jetzt BGH NJW 2012, 1661 Rn. 18.

72 *Glockner/Hoenes/Weil,* Der Versorgungsausgleich, 2. Aufl. 2013, § 11 Rn. 23.

73 BGH NJW-RR 2017, 1409 = FamRZ 2017, 1662; NJW 2012, 1661 = FamRZ 2012, 853; jurisPK-BGB/*Breuers* Rn. 71.

herauszurechnen.[74] Entsprechendes gilt, wenn im Wege der externen Teilung Anrechte in der gesetzlichen Rentenversicherung begründet wurden (§ 15).[75]

39 Problematisch ist es, wenn der Ausgleichswert der zu saldierenden Anrechte nach unterschiedlichen Maßstäben zu berechnen ist. In diesem Fall dürfte es sich anbieten, von der Zielsetzung des § 33 Absatz 3 auszugehen: Es soll vermieden werden, dass die Anpassung aufgrund des Unterhaltes zu einem ungerechtfertigten Vorteil für den Ausgleichspflichtigen führt. Zielperspektive ist dabei der Unterhalt: Die Rentenkürzung soll insoweit ausgesetzt werden, als sie sich auf die Höhe des Unterhaltes auswirkt. Daher empfiehlt es sich, wenn mehrere Versorgungen im Raum stehen, zunächst anhand der für die jeweilige Versorgung maßgeblichen Regelungen den Ausgleichswert in eine Rente umzurechnen, die Differenz der so ermittelten beiderseitigen Renten zu bilden, und dann die Kürzung der Rente in Höhe dieser Differenz auszusetzen.[76]

**Beispiel 4:**[77]

| | |
|---|---|
| Rente des Pflichtigen aus Anrechten iSv § 32 | 2000,00 EUR |
| Bereinigte Einkünfte des Berechtigten | 800,00 EUR |
| Fiktiver Unterhaltsanspruch (2000 – 800 : 2) EUR | 600,00 EUR |

40 Wird die Rente des Pflichtigen nach Durchführung des Versorgungsausgleichs um 800 EUR gekürzt, so könnte nach Abs. 3 Hs. 1 die Kürzung in Höhe des fiktiven Unterhaltsbetrages von 600 EUR ausgesetzt werden. Erhält der Pflichtige nun seinerseits im Versorgungsausgleich vom Berechtigten eine Versorgung in Höhe von 400 EUR, so würde er bei Aussetzung der Kürzung in Höhe von 600 EUR über insgesamt (2000 – 800 + 600 + 400 = 2200 EUR verfügen. Dabei bliebe aber unberücksichtigt, dass der Pflichtige im Versorgungsausgleich per Saldo nur (800 – 400) 400 EUR verliert. Auf diesen Betrag ist die Aussetzung zu beschränken. Der Unterhalt ist damit aus einer Bruttorente – ggf. auch der Summe der Bruttorenten – des Verpflichteten in Höhe von (2000 – 800 + 400 (gekappter Aussetzungsbetrag) + 400 (im VA erworbenes Anrecht) = 2.000 EUR zu berechnen.

41 **Zusammenfassend** ist nochmals deutlich zu machen, dass bei der Begrenzung der Kürzungsaussetzung nach Abs. 3 Hs. 2 nur Versorgungen berücksichtigt werden können, die unter § 32 fallen, dem Verpflichteten im Versorgungsausgleich übertragen geworden sind und bei ihm bereits zu einer laufenden Leistung führen. Das Beispiel zeigt weiter, dass der fiktive Unterhalt allein aus dem (fiktiven) Einkommen des Ausgleichspflichtigen ohne Berücksichtigung einer Kürzung seiner zum Regelsicherungssystem gehörenden Anrechte aufgrund des Versorgungsausgleichs und ohne Berücksichtigung der im Versorgungsausgleich erworbenen Anrechte zu berechnen ist.[78]

### V. Aussetzung der Kürzung bei mehreren Versorgungen des Ausgleichspflichtigen (Abs. 4)

42 **1. Mehrere Versorgungen.** Hat der Ausgleichspflichtige mehrere Versorgungen, so kann das Gericht gemäß Abs. 4 nach **billigem Ermessen** darüber entscheiden, bei welcher Versorgung oder welchen Versorgungen die Kürzung ausgesetzt wird. Wegen der Begrenzung der Anpassung nach § 32 auf die Regelsicherungssysteme wird der Fall nicht allzu häufig sein, am ehesten noch bei Zusammentreffen von gesetzlicher Rente und Beamtenversorgung oder berufsständischer Versorgung.[79] Für die Ermessensausübung ist nur dort Raum, wo die mehreren Versorgungen auch tatsächlich **aufgrund des Versorgungsausgleichs gekürzt** wurden. Die Aussetzung kann im Einzelfall entweder bei mehreren Versorgungen **anteilsmäßig** erfolgen oder **nur bei einer** oder **nur bei bestimmten der mehreren Versorgungen.**[80]

43 **2. Billiges Ermessen des Gerichts.** Das billige Ermessen ist ein **weites, aber immer pflichtgemäßes Ermessen.** Dem Gericht kommt hier ein wertendes Ermessen zu, welche Aufteilung am sachgerechtesten erscheint.[81] Es kann im Interesse des Ausgleichspflichtigen auf die Qualität der gekürzten Anrechte – höhere Dynamik zB – abgestellt werden.[82] Dies kommt auch in Betracht,

---

74 BGH NJW 2013, 226 = FamRZ 2013, 189; Johannsen/Henrich/*Holzwarth* Rn. 27.
75 Soergel/*Schmeiduch* Rn. 23.
76 Vgl. OLG Hamm FamRZ 2013, 1905; Soergel/*Schmeiduch* Rn. 28.
77 Vgl. Berechnungsbeispiel in BT-Drs. 16/10144, 73; vgl. auch *Borth* Versorgungsausgleich Kap. 8 Rn. 39.
78 Noch einmal statt aller Erman/*Norpoth*/*Sasse* Rn. 7–8.
79 Vgl. auch *Ruland* Versorgungsausgleich Rn. 1040.
80 BT-Drs. 16/10144, 73; *Borth* Versorgungsausgleich Kap. 8 Rn. 43.
81 Zum Beurteilungsermessen Keidel/*Meyer-Holz* FamFG § 72 Rn. 15.
82 Vgl. Palandt/*Brudermüller* Rn. 7; *Götsche* ZEP 2010, 407 (413).

wenn ein Anrecht im Vergleich zu den anderen deutlich überwiegt.[83] Im Übrigen kommt im Zweifel eine anteilsmäßige Aussetzung der Kürzung in Frage.[84]

### VI. Fortfall des sog Rentner- und Beamtenprivilegs (Art. 4 Nr. 5, Art. 6 Nr. 3 VAStrRefG)

44 Nach früherem Recht wurde eine Rente des Ausgleichpflichtigen, die bei Wirksamwerden der Entscheidung des Familiengerichts über den Versorgungsausgleich bereits gewährt wurde, gemäß § 101 Abs. 3 SGB VI erst dann gekürzt, wenn der Ausgleichsberechtigte aufgrund des im Versorgungsausgleich erworbenen Anrechts Leistungen bezog; Entsprechendes galt gemäß § 57 Abs. 1 S. 2 BeamtVG für Pensionisten (sog **Rentner- bzw. Pensionistenprivileg;** vgl. weiter zur Soldatenversorgung § 55c Abs. 1 S. 2 SVG). Diese Privilegien konnten in Anbetracht der neuen Struktur des Versorgungsausgleichs nicht aufrechterhalten bleiben[85] und sind deshalb ab 1.9.2009 durch Regelungen ersetzt worden, die bei Durchführung des Versorgungsausgleichs nach Beginn der Rente/Versorgung vorsehen, dass die Rente/Versorgung des Leistungsberechtigten von dem Monat an verändert wird, zu dessen Beginn der Versorgungsausgleich – wirksam – durchgeführt worden ist (Art. 4 Nr. 5 VAStrRefG mit Neufassung von § 101 Abs. 3 SGB VI; Art. 6 Nr. 3 VAStrRefG mit Neufassung von § 57 Abs. 1 S. 1 BeamtVG; Art. 8 Nr. 3 VAStrRefG mit Neufassung von § 55c Abs. 1 S. 2 SVG; beachte aber auch § 55c Abs. 1 S. 3 SVG idF von Art. 10 Nr. 8 lit. a Gesetz vom 13.5.2015, BGBl. 2015 I 706 mWv 1.6.2015). Eine Kürzung der Rente/Versorgung kann daher – abgesehen von dem Sonderfall gem. § 55c Abs. 1 S. 3 SVG – nur noch im Wege des **Anpassungsverfahrens** nach § 33 bzw. § 35 vermieden werden. Für Soldatinnen und Soldaten wurde die Kürzung der Versorgung aufgrund des Versorgungsausgleichs bis zum Erreichen des 62. Lebensjahres (derzeitige Altersgrenze für Polizeivollzugsbeamte des Bundes) aufgeschoben, wenn sie wegen Erreichens einer besonderen Altersgrenze in den Ruhestand versetzt wurden (§ 55c SVG).

45 Allerdings war gemäß **Übergangsvorschrift** § 268a Abs. 2 SGB VI die Bestimmung § 101 Abs. 3 SGB VI in der früher geltenden Fassung weiter anzuwenden, wenn das Versorgungsausgleichsverfahren vor dem 1.9.2009 eingeleitet worden war und die zu kürzende Rente vor dem 1.9.2009 begonnenen hat. Entsprechendes gilt für die Beamten- und Soldatenversorgung (Art. 6 Nr. 3 VAStrRefG mit Neufassung § 57 Abs. 1 S. 2 und Art. 8 Nr. 3 VAStrRefG mit Neufassung von § 55c Abs. 1 S. 2 SVG).[86] Die versorgungsausgleichsrechtliche Übergangsbestimmung § 48 Abs. 3 betrifft die genannten leistungsrechtlichen Bestimmungen nicht, sodass das Privileg selbst nach Abtrennung, Ruhen oder Aussetzung des Verfahrens anzuwenden ist.[87] Weiter Bestand hatte das **Pensionistenprivileg** im Übrigen für **Landes- und Kommunalbeamte,** solange die insoweit zuständigen Bundesländer kein eigenes Beamtenversorgungsrecht geschaffen hatten und daher gemäß Art. 125a Abs. 1 GG, § 108 Abs. 1 BeamtVG das BeamtVG in der bis zum 31.8.2006 geltenden Fassung mit dem Privileg des § 57 Abs. 1 S. 2 BeamtVG weiter galt.[88] Teilweise stellen die Länder auf abweichende Stichtage ab.[89] Einige Bundesländer haben das Pensionistenprivileg wieder eingeführt bzw. beibehalten.[90]

## § 34 Durchführung einer Anpassung wegen Unterhalt

**(1) Über die Anpassung und deren Abänderung entscheidet das Familiengericht.**

**(2) [1]Antragsberechtigt sind die ausgleichspflichtige und die ausgleichsberechtigte Person. [2]Die Abänderung einer Anpassung kann auch von dem Versorgungsträger verlangt werden.**

**(3) Die Anpassung wirkt ab dem ersten Tag des Monats, der auf den Monat der Antragstellung folgt.**

**(4) Der Anspruch auf Anpassung geht auf die Erben über, wenn der Erblasser den Antrag nach § 33 Abs. 1 gestellt hatte.**

---

83 *Borth* Versorgungsausgleich Kap. 8 Rn. 43.
84 Vgl. *Ruland* Versorgungsausgleich Rn. 1040; Johannsen/Henrich/*Holzwarth* Rn. 33.
85 BT-Drs. 16/10144, 100 und 105.
86 Vgl. auch *Bergner* NJW 2009, 1169 (1174 f.); *Borth* FamRZ 2009, 562 (566); *Wick* FuR 2009, 482 (490).
87 Vgl. *Ruland* FamRB 2009, 37 (38); *Borth* FamRZ 2010, 1213; *Göhde* FamRB 2010, 555.
88 *Ruland* FamRB 2009, 37 (38); *Borth* FamRZ 2010, 1210 (1213); *Hauß* FamRB 2010, 251 (252); *Voucko-Glockner* FamRZ 2010, 951; *Götsche* ZEF 2010, 407.
89 Vgl. zB Art. 102 BayBeamtenVG.
90 Vgl. zB für Hessen § 63 HBeamtenVG; für Berlin: § 57 BlnBeamtenVG; für das Saarland § 57 BeamtVG SL.

**(5) Die ausgleichspflichtige Person hat den Versorgungsträger, bei dem die Kürzung ausgesetzt ist, unverzüglich über den Wegfall oder Änderungen seiner Unterhaltszahlungen, über den Bezug einer laufenden Versorgung aus einem Anrecht nach § 32 sowie über den Rentenbezug, die Wiederheirat oder den Tod der ausgleichsberechtigten Person zu unterrichten.**

**(6) [1]Über die Beendigung der Aussetzung aus den in Absatz 5 genannten Gründen entscheidet der Versorgungsträger. [2]Dies gilt nicht für den Fall der Änderung von Unterhaltszahlungen.**

**Schrifttum:** S. § 1587 BGB.

Übersicht



## I. Regelungsgegenstand und Normzweck

1 § 34 regelt verschiedene **Fragen der Durchführung der Anpassung** wegen Unterhalt.[1] In Abs. 1 geht es um die **gerichtliche Zuständigkeit** (→ Rn. 2). Über den Antrag auf Anpassung und deren Änderung entscheidet nicht mehr wie bislang der Versorgungsträger, sondern das **Familiengericht.** Zweck der Änderung ist die Entlastung des Versorgungsträgers von schwierigen familienrechtlichen Prüfungen (→ Rn. 2). Darum ist dem Familiengericht in den Fällen des Absatzes 6 Satz 2 auch die Entscheidung über die Aufhebung der Aussetzung zugewiesen. In Abs. 2 ist die – gegenüber dem bisherigen Recht erweiterte – **Antragsberechtigung** geregelt (→ Rn. 8 f.). Abs. 3 bestimmt den **Zeitpunkt der Aussetzung der Versorgungskürzung** neu, und zwar entsprechend allgemeinen verfahrensrechtlichen Grundsätzen erst für die Zeit ab Antragstellung (ex nunc), und zwar ab dem Monat, der der Antragstellung folgt (→ Rn. 11 ff.). Nach früherem Recht konnte eine Aussetzung der Kürzung auch ex tunc erfolgen. Abs. 4 befasst sich mit dem **Übergang des Anspruchs auf Anpassung auf die Erben** (→ Rn. 15). In Abs. 5 sind **Unterrichtungspflichten** an den Versorgungsträger geregelt, bei dem eine Versorgungskürzung ausgesetzt worden ist (→ Rn. 16 ff.). Die Bestimmung bezweckt die rechtzeitige Information des Versorgungsträgers über solche Tatsachen, die für einen etwaigen Wegfall oder die Änderung der Aussetzung der Kürzung von Bedeutung sind, damit er – im Falle der Änderung der Aussetzungshöhe – von seinem Antragsrecht nach Abs. 2 Gebrauch machen kann bzw. im Falle, dass die Aussetzung zu beenden ist, selbst nach Abs. 6 entscheiden kann (→ Rn. 18).

## II. Zuständigkeit des Familiengerichts (Abs. 1)

2 **1. Zuständigkeit des Familiengerichts.** Über den Antrag auf Anpassung und deren Änderung entscheidet gemäß Abs. 1 künftig nicht mehr wie bislang der Versorgungsträger (§ 9 Abs. 1 VAHRG), sondern das Familiengericht. Es liegt eine Versorgungsausgleichssache vor (§§ 111 Nr. 7, 217 FamFG).[2] Funktionell zuständig ist dort der Richter.[3] Bisher hatten die Versorgungsträger das Bestehen gesetzlicher nachehelicher Unterhaltsansprüche der ausgleichsberechtigten Person zu prüfen und in der Folge ggf. die Kürzung der Versorgung der ausgleichsverpflichteten Person auszusetzen. Dadurch, dass nunmehr auch die Höhe des Unterhalts ohne Kürzung aufgrund des Versorgungsausgleichs festzustellen ist, würden dem Versorgungsträger und ggf. den für sie zuständigen

[1] BT-Drs. 16/10144, 73 f.
[2] MüKoFamFG/*Stein* FamFG § 217 Rn. 8.
[3] JurisPK-BGB/*Breuers* Rn. 7.

Fachgerichten schwierige familienrechtliche Prüfungen des materiellen Unterhaltsrechts aufgebürdet; hiervon sollen sie – nicht zuletzt auf Wunsch der Versorgungsträger – entlastet werden.[4] Daher ist das Verfahren betreffend Anpassung wegen Unterhalts – anders als die anderen Verfahren wegen Anpassung des Versorgungsausgleichs – den Familiengerichten zugewiesen. Der **Versorgungsträger** hat allerdings nach wie vor gemäß Abs. 6 über die Beendigung der Aussetzung aus den Gründen des Abs. 5 zu entscheiden (→ Rn. 18). In diesem Fall ist bei Streit über die Berechtigung der Beendigung der Aussetzung nicht das Familiengericht zuständig, sondern das **jeweilige Fachgericht,** so zB das Sozialgericht bei Entscheidung des Rentenversicherungsträgers und bei Entscheidung des Beamtenversorgungsträgers oder des Trägers einer berufsständischen Versorgung das Verwaltungsgericht.[5] Geht es demgegenüber um eine Reduzierung des Unterhalts auf 0 (zB gem. § 1578b BGB), ist das Familiengericht zuständig. Das Fachgericht wird einen entsprechenden Bescheid darauf hin überprüfen, ob die Zuständigkeit des Versorgungsträgers oder des Familiengerichts für die Aufhebung der Anpassung vorlag. Hätte das Familiengericht entscheiden müssen, ist der Bescheid des Versorgungsträgers mangels Rechtsgrundlage aufzuheben.[6] Die **örtliche Zuständigkeit** richtet sich bei Zuständigkeit des Familiengerichts nach § 218 FamFG.[7] Hat einer der Ehegatten den Antrag auf Anpassung wegen Unterhaltes gestellt, ist der Versorgungsträger Antragsgegner. Dies kann zur örtlichen Zuständigkeit gem. § 218 Nr. 3 FamFG führen.[8] Wenn im Verbund nachehelicher Unterhalt geltend gemacht wird, sind auch die wirtschaftlichen Folgen des Versorgungsausgleichs zu berücksichtigen.[9] Eine Abtrennung der Unterhaltsfolgesache wird allerdings kaum in Betracht kommen, da Unterhaltssachen in § 140 Abs. 2 Nr. 1 FamFG nicht genannt sind.

3 Während der Anhängigkeit der Ehesache ist das Gericht der Ehesache ausschließlich auch für den Unterhalt zuständig (§ 232 Abs. 1 Nr. 1 FamFG). Dadurch ist gewährleistet, dass über den Versorgungsausgleich und den Unterhalt durch das gleiche Gericht entschieden wird. In der Regel wird der nacheheliche Unterhalt dann auch im Verbund geltend zu machen zu sein (§ 137 Abs. 2 Nr. 2 FamFG). Im Verfahren wegen Unterhalts kann zwar die Kürzung einer Versorgung aufgrund des Versorgungsausgleichs, nicht aber die teilweise Aussetzung der Kürzung aufgrund der Anpassung des Versorgungsausgleichs antizipiert werden.

4 Erst nach Rechtskraft und Wirksamkeit der Entscheidung über den Versorgungsausgleich (§§ 148, 224 FamFG) kann über die Anpassung des Versorgungsausgleichs entschieden werden. Unterhalt und Anpassung des Versorgungsausgleichs beeinflussen sich. Letztlich hängt die Höhe des geschuldeten Unterhalts davon ab, in welchem Umfang ein Antrag auf Anpassung des Versorgungsausgleichs Erfolg hat. Daher ist es sinnvoll, dass über beide Gegenstände durch dasselbe Gericht entschieden wird. Fallen die Zuständigkeit für das Anpassungsverfahren und das Unterhaltsverfahren auseinander, kommt eine Abgabe der Unterhaltssache an das für den Versorgungsausgleich zuständige Gericht meist nicht in Betracht, da § 4 FamFG für Familienstreitsachen nicht gilt (§ 113 Abs. 1 FamFG, § 112 Nr. 1 FamFG). Demgegenüber kann das Versorgungsausgleichsverfahren an das Gericht der Unterhaltssache abgegeben werden.[10] Das ist vor allem dann sinnvoll, wenn dieses bei dem für den Versorgungsträger örtlich zuständigen Gericht anhängig gemacht wurde. Ist dies nicht möglich, kommt eine Aussetzung des Unterhaltsverfahrens bis zur Entscheidung über den Antrag auf Anpassung des Versorgungsausgleichs in Betracht.[11]

5 **2. Verfahrensfragen.** Gemäß § 33 Abs. 1 setzt das Anpassungsverfahren einen **Antrag** voraus. Der Antrag soll begründet werden, braucht aber nicht beziffert zu werden.[12] Die Anpassung wegen Unterhalts kann auch dann **nicht** im **Verbund mit der Scheidung** beantragt werden, wenn der Ausgleichspflichtige bereits eine Versorgung bezieht, die der Anpassung unterliegt, weil die Anpassung eine rechtskräftige Entscheidung zum Versorgungsausgleich voraussetzt. Allein mit der Rechts-

---

[4] Vgl. BT-Drs. 16/10144, 73; zum bisherigen Recht ua → 5. Aufl. 2009, VAHRG § 9 Rn. 1 ff. *(Gräper).*

[5] HK-VersAusglR/*Götsche* Rn. 17.

[6] Ähnlich Erman/*Norpoth/Sasse* Rn. 13.

[7] OLG Frankfurt NJW-RR 2010, 1449 = FamRZ 2010, 916 mAnm *Borth; Borth* FamRZ 2010, 1210 (1214); *Götsche* ZEF 2010, 407 (413); Johannsen/Henrich/*Holzwarth* Rn. 2; Palandt/*Brudermüller* Rn. 3, 10; BeckOK BGB/*Gutdeutsch* Rn. 15.

[8] BGH NJW 2016, 2321 = FamRZ 2016, 1438.

[9] Zur Berücksichtigung der Kürzung der Versorgung eines Ehegatten im Rahmen des nachehelichen Unterhaltes vgl. BGH NJW 2014, 2192 = FamRZ 2014, 1276; hierzu *Graba* FF 2014, 438; *Witt* FamRZ 2014, 1280.

[10] Ebenso Erman/*Norpoth/Sasse* Rn. 2.

[11] HK-VersAusglR/*Götsche* Rn. 20.

[12] Zu den Anforderungen an die Begründung des Antrags vgl. auch MüKoFamFG/*Ulrici* FamFG § 23 Rn. 28–37.

kraft der Scheidung tritt diese Bedingung nicht ein (§ 137 Abs. 2 S. 1 FamFG).[13] **Beteiligte** sind die ausgleichpflichtige und die ausgleichsberechtigte Person sowie die Versorgungsträger, bei denen die anpassungsfähigen Versorgungen bestehen (§ 219 FamFG).[14] Allerdings widerspricht es gleichwohl in der Regel billigem Ermessen, diesem gem. § 81 FamFG einen Teil der Verfahrenskosten aufzuerlegen, da das Verfahren im Interesse der Ehegatten geführt wird.[15] Die Anpassung kann sich aber auch auf den Kindesunterhalt auswirken. Ist dies der Fall (das kommt vor allem bei einer Herabsetzung des Anpassungsbetrages in Betracht), sind gem. § 7 Abs. 2 Nr. 1 FamFG auch die unterhaltsberechtigten Kinder zum Verfahren als Beteiligte hinzuzuziehen. Im isolierten Anpassungsverfahren besteht – mit Ausnahme vor dem BGH – kein **Anwaltszwang** (§ 10 Abs. 4 FamFG, § 114 Abs. 1 FamFG).[16]

Die Titulierung der Anpassung hat den Versorgungsträger, die Versorgung, die konkrete Höhe des Aussetzungsbetrages und den Beginn der Aussetzung zu nennen. Eine „dynamische Titulierung" (zB in Höhe von Entgeltpunkten bis zu einer bestimmten Obergrenze) ist unzulässig.[17] Allerdings wird vorgeschlagen, zur Vermeidung von Abänderungsverfahren bei Anpassung des Versorgungsausgleichs wegen der Kürzung einer Versorgung aus der gesetzlichen Rentenversicherung folgenden Tenor zu verwenden, wenn der Kürzungsbetrag hinter dem fiktiven Unterhaltsbetrag zurückbleibt:[18] 6

„Die Kürzung der Versorgung des … aus dem bei … (Träger der gesetzlichen Rentenversicherung), Vers.-Nr. … bestehenden Anrecht aufgrund des Versorgungsausgleichs gem. Beschluss … wird in Höhe von … Entgeltpunkten, multipliziert mit dem jeweils aktuellen Rentenwert und dem maßgeblichen Zugangsfaktor, höchstens jedoch in Höhe eines Unterhaltsbetrags in Höhe von Y EUR mit Wirkung ab … ausgesetzt."

Gegen die Verwendung dieses Tenors spricht allerdings, dass er durch das Bedürfnis, eine Doppelbelastung wegen Unterhalts zu vermeiden, nicht gerechtfertigt ist; denn bei steigender Rente aufgrund der Dynamik des aktuellen Rentenwerts verringert sich die Belastung für den Unterhaltspflichtigen. Der Unterhaltsberechtigte partizipiert an diesen Änderungen grundsätzlich erst, wenn sie dazu führen, dass der Unterhalt unter dem Gesichtspunkt des Wegfalls der Geschäftsgrundlage bzw. gem. § 238 FamFG anzupassen ist. Ist eine derart gewichtige Änderung eingetreten, liegen allerdings auch die Voraussetzungen für eine Änderung der Anpassungsentscheidung vor. 7

### III. Antragsberechtigung (Abs. 2)

Das Anpassungsverfahren – erstmalige Anpassung und deren Änderung – setzt einen **Antrag** voraus (§ 33 Abs. 1). **Antragsberechtigt** sind nach Abs. 2 S. 1 die **ausgleichspflichtige** und die **ausgleichsberechtigte Person.** So hat es insbesondere der Ausgleichs- und Unterhaltsberechtigte in der Hand, durch einen eigenen Antrag für eine Leistungsfähigkeit des Ausgleichs- und Unterhaltspflichtigen zu sorgen, wenn dieser den Anpassungsantrag – etwa wegen Unwissenheit oder Gehässigkeit – unterlässt. Die Abänderung der Anpassung kann auch vom **Versorgungsträger** verlangt werden (Abs. 2 S. 2); dieser kann zwar nicht die Aussetzung der Kürzung beantragen – daran wird er jedenfalls in aller Regel kein Interesse haben –, wohl aber deren Änderung. Zweck diese Regelung ist es, den Versorgungsträger davon unabhängig zu machen, ob Ausgleichsberechtigter und Ausgleichspflichtiger einen entsprechenden Antrag stellen, für den bei ihnen für den Fall, dass der Aussetzungsbetrag – etwa wegen höheren Einkommens – herabzusetzen ist, häufig kein Interesse bestehen wird.[19] 8

Gem. § 48 FamFG kann die Entscheidung über die Anpassung des Versorgungsausgleichs auf Antrag des Versorgungsträgers geändert werden, wenn sich der ohne die Kürzung geschuldete, fiktive Unterhalt **wesentlich** verringert hat. Eine wesentliche Änderung gem. § 48 FamFG liegt nicht vor, 9

[13] OLG Stuttgart FamRZ 2014, 1304; OLG Celle FamRZ 2013, 1313; KG FamRZ 2013, 137; Erman/*Norpoth/Sasse* Rn. 2a; Johannsen/Henrich/*Holzwarth* Rn. 5; ausf. *Borth* Versorgungsausgleich Kap. 8 Rn. 16; aA OLG Zweibrücken FamRZ 2012, 1814; OLG Köln FamRZ 2012, 21; HK-VersAusglR/*Götsche* Rn. 4; *Ruland* Versorgungsausgleich Rn. 1056; Palandt/*Brudermüller* Rn. 10; *Gutdeutsch* FamRZ 2010, 1140; *Götsche* ZEF 2010, 407 (413).

[14] BGH NJW 2012, 1661 = FamRZ 2012, 853; *Borth* FamRZ 2010, 1214.

[15] *Borth* Versorgungsausgleich Kap. 8 Rn. 40.

[16] Johannsen/Henrich/*Holzwarth* Rn. 5.

[17] BGH NJW 2012, 1661 (1663) = FamRZ 2012, 853 Rn. 27 ff.: keine Aussetzung in Höhe des „vollen Kürzungsbetrages"; OLG Hamm FamRZ 2011, 814; 2011, 815; Johannsen/Henrich/*Holzwarth* § 33 Rn. 29; aA OLG Frankfurt FamRZ 2013, 43; OLG Düsseldorf FamRB 2011, 209, das zu Unrecht bei einer vollen Aussetzung von einer Bezifferung absieht; vgl. auch *Borth* Versorgungsausgleich Kap. 8 Rn. 40.

[18] Erman/*Norpoth/Sasse* Rn. 2a; OLG Frankfurt FamRZ 2013, 43.

[19] JurisPK-BGB/*Breuers* Rn. 17.

wenn sich der fiktive Unterhaltsanspruch ohne die Kürzung lediglich um bis zu 10% gegenüber den Verhältnissen bei Erlass der abzuändernden Entscheidung vermindern würde.[20]

10 Anders als im bisherigen Recht (§ 9 Abs. 2 VAHRG) haben die **Hinterbliebenen,** die von einer Kürzung betroffen sind, **kein eigenes Antragsrecht.** Der Gesetzgeber hat bewusst davon abgesehen, eine entsprechende Regelung zu übernehmen.[21]

### IV. Beginn der Anpassung (Abs. 3)

11 **1. Beginn der Anpassung ex nunc.** Gemäß Abs. 3 wirkt die Anpassung ab dem **ersten Tag des Monats, der auf den Monat der Antragstellung folgt.** Das Abstellen des Beginns der Anpassung auf den Zeitpunkt der Antragstellung (ex nunc) – aus rententechnischen Gründen auf den nächsten Monatsersten bezogen – entspricht allgemeinen verfahrensrechtlichen Grundsätzen (→ Rn. 1).[22] Maßgeblich ist der Zeitpunkt des Eingangs des Antrags bei Gericht.[23] Der mit dem VAStrRefG novellierte § 226 Abs. 4 FamFG hat diesen Grundsatz auch für das Abänderungsverfahren übernommen. So ist insgesamt ein **Gleichklang des maßgeblichen Zeitpunkts** für die Anpassung nach Rechtskraft gemäß §§ 32 ff. und für das **Abänderungsverfahren nach §§ 225 und 226 FamFG** hergestellt worden.[24] Teilweise wird vertreten, Abs. 3 gelte entsprechend für Abänderungen durch den Versorgungsträger in eigener Zuständigkeit gem. Abs. 6; maßgeblicher Zeitpunkt sei hier der Erste des Monats, der auf die Mitteilung an den Berechtigten über die Aufnahme des Abänderungsverfahrens folge.[25] Dieser Auffassung ist jedoch nur zu folgen, soweit nicht besondere Vorschriften der jeweiligen Versorgungsträger bestehen, zu welchem Zeitpunkt die Aussetzung der Kürzung rückgängig gemacht werden kann. Eine solche Regelung ist zB in § 101 Abs. 3b SGB VI enthalten. Danach ist der Rentenbescheid rückwirkend ab Beginn des Monats aufzuheben, in dem der Ausgleichsberechtigte oder der Ausgleichspflichtige Leistungen aus im Versorgungsausgleich erworbenen Anrechten erhalten.

12 Weiterhin ist auch die Aussetzung der Kürzung einer Beamtenversorgung rückwirkend aufzuheben, wenn dem Ausgleichsberechtigten rückwirkend eine Rente aus dem im Versorgungsausgleich erworbenen Anrecht bewilligt wird (§ 57 Abs. 5 BeamtVG). Dies kann erhebliche Erstattungsansprüche an den Träger der Versorgungslast zu Lasten des ausgleichspflichtigen Ehegatten auslösen.[26]

13 **2. Ende der Anpassung.** Das Ende der Anpassung ergibt sich aus dem Wegfall der die Anpassung rechtfertigenden Gründe: Rentenbezug des Ausgleichsberechtigten, Wegfall des Unterhaltsanspruchs, Wiederheirat oder Tod des Ausgleichsberechtigten. Entfällt eine dieser Anspruchsvoraussetzungen, so endet der Anspruch jeweils entsprechend der jeweiligen Versorgungsordnung, so in der gesetzlichen Rentenversicherung mit dem Anfang des Monats, zu dessen Beginn die Anspruchsvoraussetzung nicht mehr vorgelegen haben; in beamtenrechtlichen oder beamtenähnlichen Versorgungssystemen kann sich das Ende tageweise berechnen.[27]

14 **3. Nachzahlungsbeträge.** Ergeben sich wegen der Verfahrensdauer Nachzahlungen, so sind diese in voller Höhe an den **Ausgleichspflichtigen** als den Inhaber der Rechte aus der Versorgung zu leisten.[28] Die **materiellrechtlichen Unterhaltsansprüche** sind von der nach **rein formalen Gesichtspunkten** erfolgten Auszahlung nicht berührt. Soweit die Nachzahlung einen Zeitraum betrifft, für den wegen der Möglichkeit der Aussetzung der Kürzung – ggf. höherer – Unterhalt geltend gemacht worden ist, kann der Ausgleichsberechtigte wegen des sich unter Berücksichtigung des geringeren Kürzungsbetrages ergebenden höheren Unterhaltsbetrages eine Auszahlung bzw. Abtretung eines entsprechenden Teils der Nachzahlung an sich verlangen bzw. sie insoweit pfänden (vgl. §§ 53 und 54 SGB I).[29]

---

20 OLG Düsseldorf FuR 2016, 661.

21 Vgl. BT-Drs. 16/10144, 73; vgl. auch Johannsen/Henrich/*Holzwarth* Rn. 3; BeckOK BGB/*Gutdeutsch* Rn. 3; krit. hierzu *Ruland* Versorgungsausgleich Rn. 1044.

22 BT-Drs. 16/10144, 73; BGH NJW 2012, 1661 Rn. 14 f.: Vorschrift lässt keinen Raum für abw. Ermessensausübung; OLG Hamm FamRZ 2011, 815; vgl. auch *Schwamb* NJW 2011, 1648 (1649).

23 BGH NJW 2012, 1661 = FamRZ 2012, 853; OLG Frankfurt FamRZ 2011, 1595; HK-VersAusglR/*Götsche* Rn. 10; *Schwamb* NJW 2011, 1648.

24 BT-Drs. 16/10144, 73.

25 Johannsen/Henrich/*Holzwarth* Rn. 7.

26 Vgl. hierzu die Konstellation VG Aachen BeckRS 2016, 40737: Erstattung für sechs Jahre.

27 Vgl. auch Johannsen/Henrich/*Holzwarth* § 33 Rn. 34; *Ruland* Versorgungsausgleich Rn. 1046–1048.

28 Vgl. auch *Ruland* Versorgungsausgleich Rn. 1042.

29 Vgl. auch *Ruland* Versorgungsausgleich Rn. 1042.

## V. Übergang des Anspruchs auf Anpassung auf die Erben (Abs. 4)

Die Erben haben – wie bisher – **keinen eigenen Anspruch auf Anpassung,** können dieses Recht gemäß Abs. 4 vielmehr nur dann geltend machen, wenn es auf sie übergegangen ist. Das ist nur dann der Fall, wenn der Erblasser **zu Lebzeiten den Antrag nach § 33 Abs. 1 gestellt** hatte. Voraussetzung für den Anspruchsübergang ist neben dem Antrag, dass der Anspruch bereits zu Lebzeiten des Erblassers bestanden hat. Erblasser kann sowohl der ausgleichspflichtige als auch der ausgleichsberechtigte Ehegatte sein.[30] Von Bedeutung ist dies allerdings nur, soweit für den Zeitraum ab Antragstellung ein Unterhaltsanspruch des Erblassers auf die Erben übergegangen ist (§ 1585 Abs. 1 S. 2 BGB, § 1585b BGB, § 1586 Abs. 2 BGB) bzw. soweit der Anspruch auf Nachzahlung der Rente auf die Erben gem. § 34 Abs. 3; § 1922 BGB übergegangen ist. Zu der nach altem Recht strittige Frage, ob die **Hinterbliebenen** hinsichtlich der Unterhaltsfälle entsprechend §§ 5 und 9 Abs. 2 VAHRG ein eigenes Antragsrecht haben, zumal wenn sie zugleich Erben sind, → Rn. 10. 15

## VI. Unterrichtungspflichten der ausgleichspflichtigen Person gegenüber dem Versorgungsträger (Abs. 5)

Abs. 5 regelt die Unterrichtungspflicht der durch die Anpassung des Versorgungsausgleichs begünstigten, ausgleichspflichtigen Person. Der Ausgleichspflichtige hat den Versorgungsträger, bei dem die Kürzung ausgesetzt ist, unverzüglich über diejenigen Tatsachen zu informieren, die zur Beendigung der Aussetzung bzw. zu einer Änderung der Anpassung führen können. Das sind nach der Bestimmung der Wegfall oder die Änderung der Unterhaltszahlungen, der Bezug einer laufenden Versorgung aus einem Anrecht nach § 32 sowie der Rentenbezug, die Wiederheirat oder der Tod der ausgleichsberechtigten Person. Der Versorgungsträger soll damit in die Lage versetzt werden, zu prüfen, ob er einen Antrag auf Abänderung der Anpassung stellt[31] oder selbst nach Abs. 6 über die Beendigung der Aussetzung entscheidet (→ Rn. 1 und 18). Mitzuteilen ist insbesondere der Bezug einer laufenden – weiteren – Versorgung des Ausgleichspflichtigen nach § 32, weil sich dieser gemäß § 33 Abs. 3 Hs. 2 auf den Anpassungsbetrag auswirken kann. 16

Ist der Ausgleichspflichtige bezüglich der dem Versorgungsträger zu machenden Mitteilungen auf die Mitwirkung des Ausgleichsberechtigten angewiesen, hat er gegen diesen den **Auskunftsanspruch nach § 4 Abs. 1;** kommt der Ausgleichsberechtigte seiner Auskunftspflicht nicht nach, kann der Verpflichtete sich direkt an den Versorgungsträger des Ausgleichsberechtigten wenden (§ 4 Abs. 2). Auch kann der Versorgungsträger des Verpflichteten sich nach § 4 Abs. 3 direkt an den Versorgungsträger des Ausgleichsberechtigten wenden. Dies ist von besonderer Bedeutung im Hinblick auf Ereignisse, die in der Person des ausgleichsberechtigten Ehegatten eintreten können, wie Leistungsbezug, Wiederheirat oder Tod. Es gibt umfangreiche Vorschriften und Vereinbarungen zwischen Leistungserbringern zur gegenseitigen Information in solchen Fällen. Im Übrigen kommt bei Verletzung der Unterrichtungspflicht ein Anspruch des Versorgungsträgers nach § 50 SGB X auf Rückzahlung zu viel erbrachter Leistungen bzw. § 823 Abs. 2 BGB, § 34 Abs. 5 VersAusglG in Betracht.[32] 17

## VII. Entscheidungsbefugnis des Versorgungsträgers über die Beendigung der Aussetzung der Kürzung (Abs. 6)

Die Entscheidung über die Beendigung der Aussetzung der Kürzung aus den in Abs. 5 genannten Fällen hat nach Abs. 6 der **Versorgungsträger** zu treffen, wenn es nicht gerade um den **Fall der Änderung der Unterhaltszahlungen** geht. Zweck der Regelung ist es, in relativ einfach zu beurteilenden Fallgestaltungen – zB völliger Fortfall der Unterhaltszahlungen, Wiederheirat oder Tod des Ausgleichsberechtigten – die Entscheidungsbefugnis beim Versorgungsträger zu belassen. Von einer derart klaren Lage kann in der Regel nicht gesprochen werden, wenn es um eine Änderung der Unterhaltszahlungen – etwa wegen Änderung der Einkommensverhältnisse – geht.[33] Letztlich gilt hier derselbe Maßstab, der auch für die Abgrenzung zwischen Abänderungsanträgen nach §§ 238, 239 FamFG (dann Entscheidung des Familiengerichts) und der Erhebung eines Vollstreckungsgegenantrags (dann Entscheidung des Versorgungsträgers) heranzuziehen ist. Dementsprechend ist die Frage, ob die Anpassung wegen einer Begrenzung oder Befristung des nachehelichen Unterhaltes gem. § 1578b BGB einzuschränken oder aufzuhe- 18

---

30 Johannsen/Henrich/*Holzwarth* Rn. 8.

31 BT-Drs. 16/10144, 74.

32 Vgl. auch *Ruland* Versorgungsausgleich Rn. 1048; *Borth* Versorgungsausgleich Kap. 8 Rn. 47.

33 BT-Drs. 16/10144, 74; Palandt/*Brudermüller* Rn. 4.

ben ist, jedenfalls durch das Familiengericht zu entscheiden.[34] Dies gilt auch, wenn ursprünglich die Verwaltungsbehörde über die Aussetzung der Kürzung gem. §§ 5, 9 VAHRG entschieden hatte.[35] Problematisch ist in diesem Zusammenhang insbesondere die Frage, wer über die Einschränkung oder den Wegfall des Unterhaltes wegen Unbilligkeit (§ 1579 BGB) zu entscheiden hat. Für den Fall einer Altentscheidung, in der der Versorgungsträger über die Aussetzung der Kürzung entschieden hatte, hat die Rspr. diese Entscheidung vereinzelt dem Versorgungsträger zugewiesen.[36] Gegen diese Auffassung spricht aber, dass gerade Fragen der Unbilligkeit gem. § 1579 BGB schwierige unterhaltsrechtliche Probleme aufwerfen. Nach weit verbreiteter Ansicht sind auch diese Fragen im Rahmen eines Abänderungsverfahrens zu klären, sofern die Umstände, die zur Unbilligkeit führen, erst nach der Entscheidung über den nachehelichen Unterhalt entstanden sind bzw. zum Wegfall der Geschäftsgrundlage führen können.[37] In Zweifelsfällen kann der Versorgungsträger doppelgleisig fahren, indem er zur Wahrung der Frist des § 34 Abs. 3 jedenfalls einen Antrag auf Abänderung bei dem zuständigen Familiengericht stellt und gleichzeitig einen Bescheid erlässt, durch den die Aussetzung der Kürzung aufgehoben wird. Dadurch können die frühestmöglichen Änderungszeitpunkte gem. § 101 Abs. 3a bzw. 3b SGB VI gewahrt werden. In diesen Fällen bleibt nach Abs. 6 S. 2 das **Familiengericht** zuständig, das die Auswirkung der Änderung der Unterhaltszahlungen zu beurteilen und ggf. die Anpassung zu ändern oder die Aussetzung der Kürzung ganz aufzuheben hat. Soweit der Versorgungsträger nicht selbst entscheiden kann, bleibt es bei seinem Antragsrecht nach Abs. 2 S. 2 (→ Rn. 8). Kommt das Familiengericht zu dem Ergebnis, dass kein Fall des Abs. 6 S. 2 vorliege, erwächst auch im Verhältnis zu den Ehegatten die Entscheidung in Rechtskraft, dass der Abänderungsantrag unzulässig sei, weil der Versorgungsträger selbst durch Bescheid die Aussetzung des Versorgungsausgleichs aufheben könne.

19 Entscheidet der Versorgungsträger selbst – sei es auf Antrag eines der geschiedenen Ehegatten, sei es aufgrund eigener Informationen – nach **Anhörung** (§§ 1, 24 SGB X), so ändert er den bisher bestehenden **Leistungsbescheid** entsprechend den Grundsätzen, die in der jeweiligen Versorgungsordnung geregelt sind. So ist in der gesetzlichen Rentenversicherung der dem Ausgleichsverpflichteten erteilte – um die Aussetzung der Kürzung erhöhte – Rentenbescheid aufzuheben und ggf. neu zu erlassen (vgl. § 101 Abs. 3b SGB VI; s. dort auch die Zeitpunkte des Wirksamwerdens).[38] Das gilt auch für den Fall, dass das Familiengericht selbst über eine Änderung oder Aufhebung der Anpassung nach § 33 entschieden hat (§ 101 Abs. 3a SGB VI); in diesem Fall wird die rechtsgestaltende Entscheidung des Familiengerichts allerdings lediglich umgesetzt.

## § 35 Anpassung wegen Invalidität der ausgleichspflichtigen Person oder einer für sie geltenden besonderen Altersgrenze

**(1) Solange die ausgleichspflichtige Person eine laufende Versorgung wegen Invalidität oder Erreichens einer besonderen Altersgrenze erhält und sie aus einem im Versorgungsausgleich erworbenen Anrecht keine Leistung beziehen kann, wird die Kürzung der laufenden Versorgung auf Grund des Versorgungsausgleichs auf Antrag ausgesetzt.**

**(2) § 33 Abs. 2 gilt entsprechend.**

**(3) Die Kürzung ist höchstens in Höhe der Ausgleichswerte aus denjenigen Anrechten im Sinne des § 32 auszusetzen, aus denen die ausgleichspflichtige Person keine Leistung bezieht.**

**(4) Fließen der ausgleichspflichtigen Person mehrere Versorgungen zu, so ist jede Versorgung nur insoweit nicht zu kürzen, als dies dem Verhältnis ihrer Ausgleichswerte entspricht.**

**Schrifttum:** S. § 1587 BGB.

[34] VGH Mannheim BeckRS 2015, 45522; bestätigt durch BVerwG BeckRS 2016, 113691 = NZFam 2017, 274.
[35] BVerwG BeckRS 2016, 113691 = NZFam 2017, 274.
[36] OVG Koblenz FamRZ 2014, 1306.
[37] Vgl. hierzu Musielak/*Borth* FamFG § 238 Rn. 11.
[38] Vgl. auch *Ruland* Versorgungsausgleich Rn. 1047.

**Übersicht**



## I. Normzweck

Die Anpassung wegen Invalidität der ausgleichspflichtigen Person oder einer für sie geltenden besonderen Altersgrenze nach §§ 35 und 36 fand sich im bisherigen Recht nicht. Die **Aussetzung der Kürzung wegen Invalidität** (§ 35 Abs. 1 Alt. 1) beruht auf einem Vorschlag von Experten der Deutsche Rentenversicherung Bund[1] und soll etwaige leistungsrechtliche Nachteile mildern, die sich aufgrund des **neuen Ausgleichskonzepts des Versorgungsausgleichs** in Form der isolierten Aufteilung jedes Anrechts ergeben können; es soll vermieden werden, dass die Ehegatten sich nach der **Strukturreform des Versorgungsausgleichs** schlechter stehen als nach bisherigem Recht, das durch den Einmalausgleich mit Saldierung geprägt war.[2] Die Nachteile können dann entstehen, wenn die ausgleichspflichtige Person vor Erreichen der Altersgrenze invalide wird und zB aus der gesetzlichen Rentenversicherung eine um den Ausgleichsbetrag gekürzte Rente wegen Erwerbsminderung erhält, nicht jedoch aus einem durch den Versorgungsausgleich erworbenen Anrecht bei einem anderen Versorgungsträger, zB einer berufsständischen Versorgung, weil diese eine Leistung für den Fall der Erwerbsminderung nicht vorsieht oder an Voraussetzungen anknüpft, die bei der ausgleichspflichtigen Person nicht vorliegen. Eine Schlechterstellung gegenüber dem bisherigen Recht ergäbe sich daraus, dass sich bisher die Rente des Ausgleichspflichtigen wegen Erwerbsminderung nur um den hälftigen Saldo aus den Versorgungen beider Eheleute reduzierte (Beispiel → Rn. 16). 1

Ein entsprechender Nachteilsausgleich gilt für den Fall, dass die ausgleichspflichtige Person eine laufende **Versorgung wegen Erreichens einer besonderen – vorgezogenen – Altersgrenze** erhält (Abs. 1 Alt. 2). Die im Gesetzentwurf der Bundesregierung nicht enthaltene Ergänzung beruht auf einer Initiative des Rechtsausschusses des Bundestages.[3] Die Problematik der Versorgung bei vorgezogener Altersgrenze entspricht der oben beschriebenen; sie tritt auf, wenn der Ausgleichspflichtige – bedingt durch den Versorgungsausgleich – eine gekürzte Altersrente bezieht, aus den ihm selbst übertragenen Anrechten aber keine entsprechenden Leistungen erhält, weil die Versorgungsordnung eine vorgezogene Altersgrenze nicht kennt oder weitere Voraussetzungen für den Bezug einer Versorgung nicht erfüllt sind. In diesen Fällen steht sich die ausgleichspflichtige Person schlechter als nach bisherigem Ausgleichssystem, das auf der Saldierung der Ehezeitanteile beruhte.[4] 2

Die Regelung greift gemäß Abs. 2 iVm § 33 Abs. 2 nur bei einer **Mindestkürzung der Versorgung** der ausgleichspflichtigen Person (→ Rn. 13 f.) und begrenzt die Kürzung – ähnlich wie § 33 Abs. 3 – auf die **Höhe der Ausgleichswerte aus denjenigen Anrechten iSv § 32, aus denen die ausgleichspflichtige Person keine Leistung bezieht** (Abs. 3, → Rn. 15 ff.). Zweck der 3

[1] Diskussionsentwurf für ein Gesetz zur Strukturreform des Versorgungsausgleichs (VAStrRefG) des BMJ vom 29.8.2007, 140.
[2] Vgl. zur amtlichen Begr. BT-Drs. 16/10144, 74.
[3] Vgl. BT-Drs. 16/11903, 110.
[4] BT-Drs. 16/11903, 110.

einschränkenden Bestimmungen ist es wie bei § 33 Abs. 2, die hier gemäß § 36 Abs. 1 (→ § 36 Rn. 2 ff.) mit der Durchführung der Anpassung wegen Invalidität und besonderer Altersgrenzen beauftragten Versorgungsträger bei geringen Kürzungen von den verwaltungstechnisch aufwendigen zeitweisen Aussetzungen zu entlasten (→ Rn. 13). Abs. 3 soll die **Besserstellungen der ausgleichspflichtigen Person** gegenüber dem bisherigen Versorgungsausgleichsrecht vermeiden[5] (→ Rn. 15 ff.). Abs. 4 regelt schließlich die Aussetzung der Kürzung in Fällen, in denen die ausgleichspflichtige Person **mehrere gekürzte Versorgungen** bezieht (→ Rn. 18 f.). **Einzelheiten der Durchführung** der Anpassung nach § 35 sind in § 36 geregelt (→ § 36 Rn. 1 ff.).

4 Kann der Ausgleichspflichtige sowohl gem. § 33 als auch gem. § 35 Aussetzung der Kürzung seiner Versorgung verlangen, **geht** § 35 **vor.**[6] Nur soweit gem. § 33 noch eine weitergehende Aussetzung der Kürzung erreicht werden kann, ist ein solcher Antrag beim Familiengericht zu stellen. Dies ergibt sich daraus, dass hier die Aussetzung der Kürzung in Höhe des Gesamtsaldos ohne Beschränkung auf Unterhaltsansprüche vorgesehen ist.[7]

5 Die Vorschrift ist auf Altfälle, in denen zu Lasten des ausgleichspflichtigen Ehegatten nach dem bis 31.8.2009 geltenden Recht der hälftige Gesamtsaldo der Anwartschaften ausgeglichen wurde, nicht anwendbar. Wird ein Beamter dienstunfähig, zu dessen Lasten noch nach altem Recht der Versorgungsausgleich durchgeführt worden war, bleibt es deshalb bei der Kürzung seiner Ruhegehaltsversorgung wegen Dienstunfähigkeit.[8]

### II. Voraussetzungen für die Anpassung wegen Invalidität (Abs. 1 Alt. 1)

6 **1. Laufende Versorgung der ausgleichspflichtigen Person wegen Invalidität.** Unabdingbare Voraussetzung für einen Antrag auf Aussetzung der Kürzung ist, dass bei der ausgleichspflichtigen Person der Leistungsfall wegen Invalidität aus einem Anrecht iSv § 32[9] eingetreten ist und – bedingt durch den Versorgungsausgleich – die Kürzung einer laufenden Versorgung ansteht oder schon erfolgt ist. Als laufende Leistung sind nur solche wiederkehrenden Leistungen zu verstehen, die für einen begrenzten oder unbegrenzten Zeitraum erbracht werden, aber nicht nur ganz vorübergehender Natur sind (→ § 33 Rn. 7). Zu den laufenden Versorgungen zählt auch das Ruhegehalt, das ein kommunaler Wahlbeamter nach einer ruhegehaltsfähigen Dienstzeit von mindestens 10 Jahren erhält.[10] Anders als es beim Rentner- und Pensionistenprivileg der Fall war, kann die versorgungsausgleichsbedingte Kürzung auch ausgesetzt werden, wenn der Leistungsbezug erst nach Rechtskraft der Entscheidung über den Versorgungsausgleich einsetzt.

7 **2. Im Versorgungsausgleich erworbenes Anrecht, aus dem die ausgleichspflichtige Person keine Leistung beziehen kann.** Die ausgleichpflichtige Person muss im Versorgungsausgleich ein Anrecht iSv § 32 erworben haben, aus dem sie noch keine Leistungen beziehen kann. Das **Wort „kann"** besagt, dass es nicht darauf ankommt, ob die Leistung auch tatsächlich bezogen wird; entscheidend ist, ob sie **auf Antrag bezogen** werden könnte, weil die Voraussetzungen dafür vorliegen.[11] Der Grund, aus dem eine Leistung – noch – nicht bezogen werden kann, kann vielfältig sein. So kann eine Leistung für den Fall der Invalidität in der Versorgungsordnung gar nicht vorgesehen sein. Auch können die Voraussetzungen für den Bezug einer Leistung bei der ausgleichspflichtigen Person nicht erfüllt sein, etwa wegen Nichterreichens der Altersgrenze oder – in der gesetzlichen Rentenversicherung – bezüglich der Rente wegen Erwerbsminderung, weil der Ausgleichspflichtige noch auf den allgemeinen Arbeitsmarkt verwiesen werden kann oder – der häufigste Fall – während der letzten fünf Jahre vor Eintritt der Erwerbsminderung nicht mindestens drei Jahre mit Pflichtbeiträgen belegen kann (§ 43 SGB VI).[12] (→ Rn. 1). Es entspricht dem Normzweck, dass die Kürzung der Versorgung eines Beamten im vorzeitigen Ruhestand auch dann ausgesetzt wird, wenn dieser im Versorgungsausgleich eine Anwartschaft in der gesetzlichen Rentenversicherung erworben hat, aus der er noch keine Versorgung erhält und wenn er die allgemeine Wartezeit gem. § 34 SGB VI noch nicht erfüllt hat[13] Kann er allerdings endgültig die Wartezeit nicht mehr erfüllen, scheidet die

[5] Vgl. BT-Drs. 16/10144, 75.
[6] Johannsen/Henrich/*Holzwarth* Rn. 2.
[7] *Borth* Versorgungsausgleich Kap. 8 Rn. 55; aA HK-VersAusglR/*Rehbein* § 36 Rn. 12; gegen die hier vertretene Auffassung, dass der Ausgleichspflichtige ein Wahlrecht habe, von welcher Anpassungsmöglichkeit er Gebrauch machen wolle, spricht aber, dass für den Antrag auf Aussetzung wegen Unterhaltes das Rechtsschutzbedürfnis fehlen dürfte, soweit ein Antrag auf § 35 gestützt werden kann.
[8] BayVGH BeckRS 2015, 43794.
[9] Vgl. BT-Drs. 16/10144, 74.
[10] VG Düsseldorf 13.1.2014 – 23 K 2480/12.
[11] Johannsen/Henrich/*Holzwarth* Rn. 6.
[12] *Ruland* Versorgungsausgleich Rn. 1053; HK-VersAusglGR/*Rehbein* Rn. 3.
[13] OVG Münster NZFam 2016, 979; genauso VG Düsseldorf FamRZ 2016, 324.

Anpassung gem. § 35 aus; denn dann ist nicht der vorübergehende Nachteil zu kompensieren, der durch die unterschiedlichen Einsatzpunkte der Versorgung entsteht. Vielmehr ist in einem solchen Fall der Versorgungsausgleich bei der Scheidung unwirtschaftlich (§ 19 Abs. 1 Nr. 3) und hat daher zu unterbleiben. Weiterhin reicht es nicht aus, dass die ausgleichspflichtige Person aus einem Anrecht keine Versorgung erhalten kann, weil dieses dem schuldrechtlichen Ausgleich vorbehalten wurde; denn insoweit ist der Schutzzweck des § 35 nicht eröffnet, weil hier kein Nachteil aufgrund des Systems des Einzelausgleichs eingetreten ist und aus dem Anrecht unabhängig von Invalidität bzw. Erreichen einer vorgezogenen Altersgrenze keine Leistungen bezogen werden können.[14]

Hat die ausgleichspflichtige Person mehrere Anrechte iSd § 32 erworben, und kann sie nur hinsichtlich einzelner dieser Anrechte wegen Invalidität bzw. Erreichens einer besonderen Altersgrenze noch keine Versorgung erhalten, kann wegen dieser Anrechte die Aussetzung der Kürzung verlangt werden.[15] 8

**3. Antrag.** Das Anpassungsverfahren setzt schließlich voraus, dass ein Antrag gestellt wird (Abs. 1). **Antragsberechtigt** ist die ausgleichspflichtige Person (§ 36 Abs. 2, → § 36 Rn. 1 ff.). Der Antrag ist an den Versorgungsträger zu richten (§ 36 Abs. 1, → § 36 Rn. 1 ff.).[16] 9

## III. Voraussetzungen für die Anpassung wegen Erreichens einer besonderer Altersgrenze (Abs. 1 Alt. 2)

**1. Bezug einer Altersrente durch die ausgleichspflichtige Person.** Die Möglichkeit der Anpassung bei Kürzung einer laufenden Altersversorgung wegen Erreichens einer besonderen Altersgrenze geht auf eine Initiative des Rechtsausschusses des Bundestages zurück und bezweckt die Vermeidung von Härten, die durch die neue Versorgungsausgleichssystematik gegenüber dem bisherigen Rechtszustand bei Vorliegen besonderer – vorgezogener – Altersgrenzen zum Tragen kommen können (→ Rn. 2). Voraussetzung für die Anpassung ist, dass die ausgleichspflichtige Person eine **Altersversorgung aus einer Regelversorgung** iSv § 32 (→ § 32 Rn. 1 ff.) bezieht. 10

**2. Besondere Altersgrenze.** Erfasst sind alle Anrechte iSv § 32, die eine Altersrente aufgrund **besonderer – vorgezogener – Altersgrenzen,** also vor Erreichen der – allgemeinen – Regelaltersgrenze, gewähren. Als besondere Altersgrenzen sind ua die **besonderer Berufsgruppen** wie bestimmter Beamter (zB Polizeibeamter) und Soldaten zu sehen.[17] Fraglich ist demgegenüber, ob auch Versorgungen aufgrund einer Altersteilzeitregelung oder aufgrund der gesetzlich geregelten Wahl eines vorzeitigen Rentenbezuges, ggf. unter Inkaufnahme eines Versorgungsabschlages erfasst sind.[18] Der Wortlaut der Vorschrift ist insoweit nicht eindeutig. Der Terminus der besonderen Altersgrenze ist nur für das Beamtenrecht gebräuchlich, auf das sich der Anwendungsbereich der Vorschrift nicht beschränkt. Auch der amtlichen Begründung des Gesetzentwurfs lässt sich insoweit keine Einschränkung entnehmen.[19] Lediglich die Begründung des Rechtsausschusses differenziert zwischen der gesetzlichen Rentenversicherung und Beamtinnen/Beamten bzw. Soldatinnen/Soldaten, indem für Mitglieder der gesetzlichen Rentenversicherung jeder Bezug einer Altersrente vor Erreichen der Regelaltersgrenze ausreichen soll, für Beamte und Beamtinnen bzw. Soldaten und Soldatinnen nur der Bezug einer Versorgung nach Erreichen einer besonderen Altersgrenze.[20] Dem sind der BGH[21] in einem obiter dictum sowie ein Teil der Literatur[22] gefolgt. Einen sachlichen Grund gibt es für diese Differenzierung jedoch nicht. Dem Zweck der Vorschrift entspricht es, jede gesetzlich mögliche vorgezogene Altersversorgung zu erfassen.[23] Dementsprechend ist auch in der berufsständischen Versorgung eine Versorgungskürzung auszusetzen, wenn der Ausgleichspflichtige ein vorgezogenes Ruhegeld bezieht, aus dem in der gesetzlichen Rentenversicherung erworbenen Anrecht mangels Erreichen der Altersgrenze aber noch keine Versorgung erhalten kann.[24] Hierfür 11

---

14 HK-VersAusglR/*Rehbein* Rn. 13; Erman/*Norpoth/Sasse* Rn. 3; aA VG Aachen FamRZ 2012, 1727.

15 Erman/*Norpoth/Sasse* Rn. 3.

16 Johannsen/Henrich/*Holzwarth* Rn. 7.

17 Vgl. BT-Drs. 16/11903, 110; Übersicht bei *Borth* Versorgungsausgleich Kap. 8 Rn. 53, 54; vgl. auch *Ruland* Versorgungsausgleich Rn. 1054; *Borth* FamRZ 2009, 562 (565); vgl. VG Aachen FamRZ 2012, 1727 zum Fall eines Berufssoldaten.

18 Verneinend BGH NJW-RR 2013, 515 = FamRZ 2013, 690; *Borth* Versorgungsausgleich Kap. 8 Rn. 54; Johannsen/Henrich/*Holzwarth* Rn. 4; bejahend *Ruland* Versorgungsausgleich Rn. 1054.

19 BT-Drs. 16/10144, 74.

20 BT-Drs. 16/11903, 55.

21 BGH NJW-RR 2013, 515 Rn. 21 = FamRZ 2013, 690.

22 *Bergmann* FamRB 2015, 314; *Borth* FamRZ 2014, 1245; Johannsen/Henrich/*Holzwarth* Rn. 4.

23 IErg ebenso Erman/*Norpoth/Sasse* Rn. 2; *Wick* Versorgungsausgleich Rn. 893.

24 VGH Mannheim BeckRS 2017, 135074 = NZFam 2018, 87.

reicht es aus, dass dem Ausgleichspflichtigen die vorgezogene Inanspruchnahme der im Versorgungsausgleich erworbenen Versorgung nicht zumutbar ist. Dies kommt beispielsweise in Betracht, wenn die Inanspruchnahme der Versorgung mit entsprechenden Abschlägen verbunden wäre (→ § 33 Rn. 7).[25] Zu den Fällen, dass die ausgleichspflichtige Person ein Anrecht erworben hat, das nur schuldrechtlich ausgeglichen werden kann und dass sie nicht aus allen Anrechten iSd § 32 eine vorgezogene Altersvorsorge erhalten kann, → Rn. 5.

12 **3. Antrag.** Auch hier wird erst aufgrund Antrags durch den Versorgungsträger (§ 36 Abs. 1) entschieden (→ Rn. 6).

### IV. Entsprechende Anwendung von § 33 Abs. 2 (Abs. 2)

13 **1. Grundsatz.** Abs. 2 lässt durch den **Verweis auf die Wertgrenzen in § 33 Abs. 2** eine Anpassung auch in Fällen des Bezuges einer laufenden Versorgung wegen Invalidität oder Erreichens einer besonderen Altersgrenze nur bei einer Mindestkürzung zu. Zweck der Vorschrift ist es, die Versorgungsträger von verwaltungstechnisch aufwendigen Aussetzungen der Kürzungen bei nur geringen Kürzungsbeträgen zu entlasten (→ Rn. 1).

14 **2. Vorliegen einer Mindestkürzung.** Die Anpassung nach Abs. 1 findet gemäß Abs. 2 iVm § 33 Abs. 2 nur statt, wenn die Kürzung am Ende der Ehezeit bei einem **Rentenbetrag als maßgeblicher Bezugsgröße mindestens 2 %,** in allen anderen Fällen als **Kapitalwert mindestens 240 % der monatlichen Bezugsgröße nach § 18 Abs. 1 SGB IV** betragen hat. Bei einem Ende der Ehezeit im Jahre 2019 muss die Kürzung der Rente danach mindestens 62,90 EUR im Monat und in den übrigen Fällen als Kapitalwert mindestens 7.476 EUR betragen. Wegen der Werte und der Berechnung → § 33 Rn. 27–30. Hat der Ausgleichspflichtige mehrere Versorgungen erworben, bei denen sich die Kürzung nur geringfügig auswirken würde, findet keine Zusammenrechnung statt; denn dann steht der mit der Aussetzung verbundene Aufwand zu dem Vorteil für den Ausgleichspflichtigen für den jeweiligen Versorgungsträger außer Verhältnis. Umgekehrt findet eine Zusammenrechnung statt, wenn die Kürzung eines Anrechts den Schwellenwert übersteigt, jedoch die im Versorgungsausgleich erworbenen Anrechte je für sich geringfügig wären.[26] Hat der Versorgungsträger beiderseitige Anrechte gem. § 10 Abs. 2 verrechnet, ist auf den Verrechnungsbetrag abzustellen. Dies ist sachgerecht, da in Höhe des in den Saldo einbezogenen Wertes das im Versorgungsausgleich erworbene Anrecht dem ausgleichspflichtigen Ehegatten auch zugutekommt, wenn er eine vorgezogene Altersversorgung oder eine Versorgung wegen Erwerbsminderung bezieht.[27]

### V. Begrenzung der Höhe der Aussetzung der Kürzung (Abs. 3)

15 **1. Grundsatz.** Gemäß Abs. 3 ist die Kürzung höchstens in Höhe der Ausgleichswerte aus denjenigen Anrechten iSd § 32 auszusetzen, aus denen die ausgleichspflichtige Person keine Leistung bezieht. **Zweck der Bestimmung** ist es, die ausgleichsverpflichtete Person durch die neu eingeführte Anpassungsbestimmung nicht besser zu stellen als nach bisherigem Versorgungsausgleichsrecht **(Besserstellungsverbot).** Denn auch nach bisheriger Rechtslage war eine Kürzung in Höhe des Saldos im Falle der Invalidität hinzunehmen. Ausgeglichen werden soll daher nur der Nachteil, der durch die **neue Ausgleichssystematik** dadurch auftreten kann, dass ein Einmalausgleich mit Saldierung nicht mehr stattfindet.[28] Liegen die Leistungsvoraussetzungen für ein aufgrund des Versorgungsausgleichs erworbenes Anrecht anders als beim eigenen Anrecht nicht vor, so besteht der Nachteil gegenüber dem bisherigen Recht darin, dass aus dem erworbenen Anrecht keine Leistung fließt, während das Anrecht, aus dem der Verpflichtete eine Versorgung bezieht, in voller Höhe und nicht nur in Höhe des Gesamtsaldos der beiderseits auszugleichenden Anrechte gekürzt wird. Nur in Höhe dieses Nachteils – beschränkt auf die beiderseitigen Anrechte aus der Regelversorgung gem. § 32 – kommt eine Aussetzung der Kürzung nach Abs. 3 in Betracht.

16 **Beispiel 1:**
Der Ausgleichspflichtige hat auszugleichende – Ehezeit bezogene – Anrechte aus Beamtenversorgung in Höhe von 1400 EUR, der andere Ehegatte solche aus der gesetzlichen Rentenversicherung in Höhe von 200 EUR. Nach Durchführung des Versorgungsausgleich hätte der Ausgleichspflichtige nach früherem Versorgungsausgleichsrecht per Saldo auszugleichen einen Betrag von (1400 – 200 : 2) 600 EUR. Der Ausgleich wäre gemäß § 1587b Abs. 2 BGB in Höhe von 600 EUR zu Lasten der Beamtenversorgung durchgeführt worden. Tritt nach Wirksamwerden des Versorgungsausgleichs beim Ausgleichspflichtigen eine Erwerbsunfä-

25 VGH Mannheim BeckRS 2017, 135074 = NZFam 2018, 87.
26 Johannsen/Henrich/*Holzwarth* Rn. 5; Erman/*Norpoth/Sasse* Rn. 4.
27 Erman/*Norpoth/Sasse* Rn. 4.
28 Vgl. BT-Drs. 16/10144, 75.

higkeit ein, so würde er aus der Beamtenversorgung eine Rente von noch (1400 – 600) 800 EUR erhalten.[29] Nach jetzigem Recht erhält er aus der Beamtenversorgung nach Durchführung des Versorgungsausgleichs (1400 : 2) 700 EUR. Aus der gesetzlichen Rentenversicherung, in der für ihn zum Ausgleich der Anrechte des anderen Ehegatten Entgeltpunkte mit einem Gegenwert von monatlich 100 EUR begründet worden sind, bekommt er nichts, weil er die Leistungsvoraussetzungen nicht erfüllt (§ 43 Abs. 2 Nr. 2 SGB VI). Der Nachteil besteht in Höhe von 100 EUR; in dieser Höhe ist die Kürzung der Beamtenversorgung auszusetzen.[30] Wird die Kürzung in Höhe des Ausgleichswertes des Anrechts der Ausgleichsberechtigten von 200 : 2 = 100 ausgesetzt, ergibt sich dies aus folgender Berechnung: 1400 – (700 – 100) = 800. Das Ergebnis stimmt also mit dem nach altem Recht überein.

**2. Anrechte, aus denen keine Leistungen bezogen werden.** Wie Abs. 3 ausdrücklich normiert, kommen als im Versorgungsausgleich erworbene Anrechte des Ausgleichpflichtigen, aus denen er keine Leistung bezieht, nur solche iSv § 32 in Betracht.[31] Es kann sich um eines oder mehrere handeln.[32] Wurde ein Anrecht durch externe Teilung eines nicht zum System der Regelsicherung gehörenden Anrechts erworben, ist dies für die Anwendung von § 35 unerheblich, auch wenn in der gesetzlichen Rentenversicherung ein Anrecht begründet wurde; denn maßgeblich ist, welches Anrecht ausgeglichen wurde, nicht wie der Ausgleich durchgeführt wurde.[33] 17

## VI. Anpassung bei mehreren Versorgungen der ausgleichspflichtigen Person, die der Kürzung unterliegen (Abs. 4)

**1. Grundsatz.** Abs. 4 regelt die Aussetzung der Kürzung, wenn die ausgleichspflichtige Person **mehrere Versorgungen iSv § 32** bezieht, die der Kürzung unterliegen. Das kann auch bei Zusammentreffen einer vorzeitigen Altersrente mit einer Invaliditätsrente eines anderen Versorgungsträgers der Fall sein.[34] Die Bestimmung lässt eine Aussetzung der Kürzung jeder Versorgung nur insoweit zu, als dies dem **Verhältnis ihrer Ausgleichswerte** entspricht. Die Regelung wählt damit eine andere Lösung für die Fälle der Anpassung wegen Invalidität oder besonderer Altersgrenze als sie in § 33 Abs. 4 für Fälle der Aussetzung der Kürzung im Unterhaltsfall bei mehreren Versorgungen des Ausgleichspflichtigen vorgesehen ist; denn dort ist bezüglich der Wahl der für eine Aussetzung infrage kommenden gekürzten Anrechte die Ermessensentscheidung des Familiengerichts maßgeblich (→ § 33 Rn. 27 f.). Diese Regelung lässt sich aber nicht auf die in § 35 geregelte Anpassung übertragen, weil nicht das Familiengericht zu entscheiden hat, sondern der jeweilige Versorgungsträger.[35] Dieser ist nur mit dem bei ihm bestehenden Anrecht befasst und kann nur diesbezüglich entscheiden. 18

**Beispiel 2**[36] 19
(in Ergänzung des Beispiels 1, → Rn. 16) Hat der Ausgleichspflichtige neben dem auszugleichenden Anrecht in der Beamtenversorgung von 1400 EUR ein weiteres bei einer – beamtenähnlichen – berufsständischen Regelversorgung von 200 EUR, so hätte er nach bisherigem Recht per Saldo 700 EUR auszugleichen (1400 + 200 = 1600 – 200 = 1400 : 2). Bei Invalidität hätte er eine Versorgung von 900 EUR erhalten (Voraussetzungen wie in → Rn. 16). Nach jetzigem Recht steht er sich um 100 EUR schlechter, wenn er aus dem ihm übertragenen Anrecht des anderen Ehepartners von 100 EUR keine Versorgung wegen Invalidität erhält. Denn er erhält nach Kürzung 700 EUR aus Beamtenversorgung und 100 EUR aus berufsständischer Versorgung. Dieser Nachteil ist durch Aussetzung der Kürzung auszugleichen. Gemäß Abs. 4 erfolgt die Aussetzung der Kürzung im Verhältnis der Ausgleichswerte der von der Kürzung betroffenen Versorgungen, hier im Verhältnis 700 EUR : 100 EUR, also im Verhältnis 7 : 1. Die Aussetzung der Kürzung der Versorgung aus Beamtenversorgung (700 EUR) erfolgt daher in Höhe von 87,50 EUR und die aus berufsständischer Versorgung in Höhe von 12,50 EUR.

**2. Verhältnis der Ausgleichswerte.** Wie in vorstehender Berechnung berücksichtigt, ist **Ausgleichswert** iSv Abs. 4 entsprechend der Definition in § 1 Abs. 1 S. 2 der Wert, der der ausgleichsbe- 20

---

29 Dabei soll unterstellt werden, dass der Ehezeitanteil der Beamtenversorgung dem für die Berechnung der Versorgungsbezüge im Fall vorzeitiger Dienstunfähigkeit zugrundezulegenden Wert entspricht („Jedes Beispiel hinkt").

30 Vgl. auch Beispiele BT-Drs. 16/10144, 74, *Ruland* Versorgungsausgleich Rn. 1055 und *Borth* Versorgungsausgleich Kap. 8 Rn. 52.

31 Zu den Folgen vgl. Beispiel bei *Borth* FamRZ 2010, 1210 (1213) mit Vorschlag einer Vereinbarung nach §§ 6 ff.

32 Erman/*Norpoth/Sasse* Rn. 3.

33 Ebenso *Borth* Versorgungsausgleich Kap. 8 Rn. 51; Erman/*Norpoth/Sasse* Rn. 6.

34 Vgl. *Ruland* Versorgungsausgleich Rn. 1055.

35 Vgl. BT-Drs. 16/10144, 75.

36 Vgl. auch Berechungsbeispiel in BT-Drs. 16/10144, 75; *Borth* Versorgungsausgleich Kap. 8 Rn. 52; *Hahne/Holzwarth* in Schwab ScheidungsR-HdB Kap. VI Rn. 519.

rechtigten Person von dem im Versorgungsausgleich auszugleichenden ehezeitlichen Anrecht der ausgleichsberechtigten Person zu übertragen ist; das ist die Hälfte des Werts des Anrechts, nicht der Betrag des ungeteilten Anrechts.[37] Im Ergebnis berührt die Frage – halber oder ganzer Wert – das Ergebnis aber nicht.

21 Das Verhältnis sollte ausschließlich anhand des Ehezeitanteils der zu kürzenden Rente erfolgen. Dadurch können Wertverzerrungen neutralisiert werden, die durch unterschiedliche Ermittlung des Ausgleichswertes entstehen können.[38]

22 Ob auf den durch Aufteilung entstandenen Wert § 35 Abs. 2 anzuwenden ist, ein Ausgleich also wegen Geringfügigkeit unterbleiben kann, ist noch nicht entschieden, wäre aber konsequent.

23 **3. Ermittlung des Versorgungsträgers.** Damit der Versorgungsträger, der mit einer Anpassung der Kürzung befasst ist, beurteilen kann, ob der Ausgleichspflichtige weitere Anrechte besitzt, deren Kürzung anzupassen bzw. auszusetzen ist, und in welchem Verhältnis alle Ausgleichswerte stehen, hat der Ausgleichspflichtige auf Anfrage des Versorgungsträgers solche Anrechte nach § 4 Abs. 3 mitzuteilen. Ggf. kann der Versorgungsträger sodann weitere Informationen beim anderen zuständigen Versorgungsträger einholen.[39]

## § 36 Durchführung einer Anpassung wegen Invalidität der ausgleichspflichtigen Person oder einer für sie geltenden besonderen Altersgrenze

**(1) Über die Anpassung, deren Abänderung und Aufhebung entscheidet der Versorgungsträger, bei dem das auf Grund des Versorgungsausgleichs gekürzte Anrecht besteht.**

**(2) Antragsberechtigt ist die ausgleichspflichtige Person.**

**(3) § 34 Abs. 3 und 4 gilt entsprechend.**

**(4) Sobald die ausgleichspflichtige Person aus einem im Versorgungsausgleich erworbenen Anrecht eine Leistung im Sinne des § 35 Abs. 1 beziehen kann, hat sie den Versorgungsträger, der die Kürzung ausgesetzt hat, unverzüglich darüber zu unterrichten.**

**Schrifttum:** S. § 1587 BGB.

**Übersicht**



### I. Normzweck

1 § 36 regelt verschiedene **Fragen der Durchführung der Anpassung** wegen Invalidität oder einer besonderen Altersgrenze. In Abs. 1 wird die **Zuständigkeit der Versorgungsträger** für die Entscheidung über die Anpassung (→ Rn. 2 f.) bestimmt. Der Gesetzgeber hat damit der Tatsache Rechnung getragen, dass die Entscheidung des Versorgungsträgers keine typisch unterhaltsrechtlichen Fragen berührt, vielmehr wegen der Nähe der Versorgungsträger zum Leistungsrecht eher von diesen getroffen werden kann. Die Regelung von Abs. 1 folgt damit letztlich den Erwägungen, die bei § 34 Abs. 6 zur Bestimmung der Entscheidungszuständigkeit der Versorgungsträger in den Fällen

[37] So ersichtlich auch *Ruland* Versorgungsausgleich Rn. 1055 im Beispiel; anders Beispiel BT-Drs. 16/10144, 75.

[38] Erman/*Norpoth/Sasse* Rn. 9.

[39] Vgl. BT-Drs. 16/10144, 75.

geführt hat, in denen die Entscheidung nach relativ einfachen Kriterien zu treffen ist (→ § 34 Rn. 18). Abs. 2 regelt die **Antragsbefugnis der ausgleichspflichtigen Person** (→ Rn. 4 f.). Durch Verweis in Abs. 3 auf § 34 Abs. 3 wird der **Wirkungseintritt der Anpassung** wegen Invalidität oder besonderer Altersgrenze bestimmt (→ Rn. 6). Zugleich wird durch den Verweis in Abs. 3 auf § 34 Abs. 4 für den Fall der **Erbfolge** der Übergang des Anspruchs auf Anpassung geregelt (→ Rn. 7). Abs. 4 normiert schließlich die **Unterrichtungspflicht der ausgleichspflichtigen Person** gegenüber dem Versorgungsträger, durch den eine aufgrund Versorgungsausgleichs gekürzte Versorgung angepasst ist, für den Fall, dass der Ausgleichspflichtige aus einem im Versorgungsausgleich erworbenen Anrecht – nunmehr – eine Leistung beziehen kann (→ Rn. 8 ff.). Abs. 4 will damit sicherstellen, dass der Versorgungsträger Kenntnis davon bekommt, wenn sich eine entscheidende Voraussetzung für die Aussetzung der Kürzung ändert.[1]

## II. Zuständigkeit des Versorgungsträgers (Abs. 1)

**1. Grundsatz.** Nach Abs. 1 entscheidet über die Anpassung, deren Abänderung und Aufhebung im Falle der Invalidität oder besonderen Altersgrenze (§ 35) der **Versorgungsträger,** nicht das Familiengericht. Grund für diese Regelung ist die Nähe der zu entscheidenden Kriterien für eine Anpassung, deren Änderung oder Aufhebung zum Leistungsrecht der Versorgungsträger und das Fehlen der Notwendigkeit, typisch unterhaltsrechtliche Fragen zu beantworten (→ Rn. 1). Kommt es zum Streit über die Richtigkeit der Entscheidung eines Versorgungsträgers, hat hierüber das jeweilige **Fachgericht** zu entscheiden, so zB in Fällen des Bezuges einer Rente der gesetzlichen Rentenversicherung das Sozialgericht und bei Bezug einer beamtenrechtlichen Pension das Verwaltungsgericht.[2] 2

Denkbar ist, dass eine Anpassung wegen Invalidität oder besonderer Altersgrenze nach § 35 mit einer Anpassung wegen Unterhalts nach § 33 zusammentrifft. Das berührt nicht die Frage der Zuständigkeit, wohl aber die Frage einer folgerichtigen Erledigung der Verfahren beim Versorgungsträger bezüglich der Entscheidung nach § 35 und der beim Familiengericht nach § 33. Sinnvoll ist es, dass erst das Verfahren beim Versorgungsträger erledigt wird, weil die Entscheidung des Familiengerichts, bei der es um die Anpassung wegen Unterhaltsgefährdung geht, vom Ergebnis der Anpassung nach § 35 abhängt; denn die Anpassung gem. § 35 ist vorrangig gegenüber der Anpassung gem. § 33 (→ § 35 Rn. 4). Das Familiengericht wird daher das bei ihm anhängige Verfahren aussetzen.[3] 3

**2. Zuständiger Versorgungsträger.** Zur Entscheidung über die Anpassung, deren Änderung oder Aufhebung im Falle der Invalidität ist nach Abs. 1 derjenige Versorgungsträger berufen, bei dem das aufgrund des Versorgungsausgleichs gekürzte Anrecht besteht. Das ist bei der gesetzlichen Rentenversicherung der jeweils **zuständige Rentenversicherungsträger,** bei der Beamtenversorgung der jeweilige **Dienstherr** und bei den übrigen Anrechten iSv § 32 derjenige Versorgungsträger, der die Leistungen gewährt. Wird ein Antrag bei einem unzuständigen Versorgungsträger gestellt (zB bei einem unzuständigen Träger der berufsständischen Versorgung) ist dieser grundsätzlich nicht verpflichtet, den Antrag an den zuständigen Versorgungsträger weiterzuleiten oder diesen gar zu ermitteln.[4] Verzögerungen aufgrund der Antragstellung bei dem unzuständigen Versorgungsträger gehen zu Lasten des Ausgleichspflichtigen.[5] Dies gilt allerdings nicht, wenn der Antrag bei einem unzuständigen Leistungsträger gem. § 16 Abs. 2 SGB I gestellt wurde In diesem Fall wahrt die Antragstellung auch die Frist gem. §§ 36 Abs. 3, 34 Abs. 3 (§ 16 Abs. 2 S. 2 SGB I).[6] Die Kürzung der Versorgung ist in diesen Fällen unabhängig davon, wann der Antrag bei dem zuständigen Versorgungsträger eingeht, ab dem auf die Antragstellung folgenden Monat auszusetzen. Wegen der Beschaffung der für die Entscheidung nötigen Informationen → Rn. 8. 4

## III. Antragsberechtigung der ausgleichspflichtigen Person (Abs. 2)

**1. Antrag.** Die Anpassung nach Abs. 1 setzt **einen Antrag** voraus, der aber nicht beziffert werden muss.[7] Allgemein wird die **Antragstellung auch schon während des Scheidungsverbundverfahrens** – dann aber auch beim Versorgungsträger (→ Rn. 2) und nicht beim Familienge- 5

1 BT-Drs. 16/10144, 75.
2 VG Düsseldorf BeckRS 2014, 48251.
3 Vgl. *Ruland* Versorgungsausgleich Rn. 1059; *Borth* Versorgungsausgleich Kap. 8 Rn. 33; jurisPK-BGB/*Breuers* Rn. 7.
4 HK-VersAusglR/*Rehbein* Rn. 3.
5 HK-VersAusgR/*Rehbein* Rn. 3.
6 Vgl. Palandt/*Brudermüller* Rn. 3.
7 Johannsen/Henrich/*Holzwarth* Rn. 2; HK-VersAusglR/*Rehbein* Rn. 2.

richt – für zulässig gehalten, wenn die ausgleichspflichtige Person bereits eine laufende Versorgung wegen Invalidität oder Erreichens einer besonderen Altersgrenze erhält, obwohl in diesem Fall noch keine rechtskräftige Entscheidung über den Ausgleich eines Anrechts iSv § 32 vorliegt,[8] im Übrigen sobald die **Voraussetzungen für eine solche Versorgung erfüllt** sind und sie beantragt ist. Die Entscheidung des Versorgungsträgers setzt aber eine rechtskräftige Entscheidung des Familiengerichts voraus (→ § 32 Rn. 9). Der Verwaltungsakt, durch den die Kürzung der Versorgung aufgrund des Versorgungsausgleichs ausgesetzt wird, darf in diesem Fall also erst ergehen, wenn die Scheidung und die Regelung des Versorgungsausgleichs rechtskräftig sind (§§ 116, 148 FamFG). Treten die Voraussetzungen für den Bezug einer zu kürzenden Leistung der gesetzlichen Rentenversicherung erst später ein, liegt in dem Antrag auf Bewilligung der Versorgungsleistung auch der Antrag auf Aussetzung der Kürzung.[9] Wird die Rente gem. § 99 SGB VI allerdings teilweise auch rückwirkend gewährt, kann die Kürzung gleichwohl erst ab dem auf die Antragstellung folgenden Monat ausgesetzt werden.[10]

6 Handelt es sich um eine Versorgung aus der gesetzlichen Rentenversicherung, ist der Versorgungsträger verpflichtet, den ausgleichspflichtigen Ehegatten darauf hinzuweisen, dass er die Aussetzung der Kürzung beantragen kann (§ 14 SGB I).[11] Die Verpflichtung kann sich auch aus § 115 Abs. 6 SGB VI ergeben. Diese Vorschrift bildet für die gesetzliche Rentenversicherung eine spezielle Regelung gegenüber der allgemeinen Verpflichtung zur Beratung. Sie sieht eine anlassbezogene und darüber hinaus auch eine allgemeine Beratungspflicht vor, ohne dass ein konkretes (Beratungs-)Ersuchen an den Träger der gesetzlichen Rentenversicherung herangetragen wurde.[12]

7 **2. Antragsberechtigung.** Abs. 2 regelt die Antragsbefugnis der **ausgleichspflichtigen Person.** Entscheidend ist also, ob sie hinsichtlich des Anrechts, das von der Kürzung betroffen ist, ausgleichspflichtig ist.[13] Nicht antragsberechtigt ist die ausgleichsberechtigte Person, die an der Aussetzung gleichermaßen ein Interesse haben kann, beispielsweise wenn sie auch unterhaltsberechtigt ist. Der ausgleichspflichtigen Person kann es aber unter **unterhaltsrechtlichen Gesichtspunkten** obliegen, den Antrag zu stellen, um ihre Leistungsfähigkeit zu erhöhen.[14] Weiterhin kann der unterhaltsberechtigte Ehegatte im Wege der Hilfspfändung wegen eines Unterhaltsanspruchs auch den Anspruch auf Anpassung geltend machen und einen entsprechenden Antrag für den Unterhaltsschuldner stellen. Ggf. ist er hierzu durch das Vollstreckungsgericht zu ermächtigen.[15]

8 Kein Antragsrecht haben Erben und Hinterbliebene.[16]

### IV. Verweis auf § 34 Abs. 3 und 4 (Abs. 3)

9 **1. Verweis auf § 34 Abs. 3, Wirkungseintritt der Entscheidung.** Durch den Verweis in Abs. 3 auf § 34 Abs. 3 wird der Wirkungseintritt der Entscheidung des Versorgungsträgers geregelt. Die Anpassung wirkt ab dem **ersten Tag des Monats, der auf den Monat der Antragstellung folgt** (→ § 34 Rn. 11). Voraussetzung für die Aussetzung der Kürzung ist neben der Antragstellung, dass der Anpassungsanspruch entstanden ist und die zu kürzende laufende Versorgung zu zahlen ist. Stellt der Ausgleichspflichtige bis zu dem Monat der Rechtskraft der Entscheidung über den Versorgungsausgleich einen Aussetzungsantrag hinsichtlich einer Versorgung aus der gesetzlichen Rentenversicherung, fallen daher Leistungsbezug, Kürzung und Aussetzung der Kürzung zusammen (§ 101 Abs. 3 SGB VI).[17]

10 Der Versorgungsträger kann ohne Antrag die Entscheidung über die Aussetzung der Kürzung abändern oder aufheben, wenn der Ausgleichspflichtige hinsichtlich eines Rechts iSd § 35 Abs. 1 Leistungen beziehen kann (→ Rn. 13). In der gesetzlichen Rentenversicherung kann dann der Rentenbescheid rückwirkend geändert werden (§ 101 Abs. 3b Nr. 2 SGB VI). Entsprechendes gilt

---

[8] Erman/*Norpoth/Sasse* Rn. 3; Soergel/*Schmeiduch* Rn. 13; offengelassen bei jurisPK-BGB/*Breuers* Rn. 10; HK-VersAuglR/*Rehbein* Rn. 5: „spätestens bei Rechtskraft der Scheidung"; dieser Zeitpunkt ist für den Ausgleichspflichtigen vor Erteilung des Rechtskraftzeugnisses aber kaum feststellbar.

[9] Erman/*Norpoth/Sasse* Rn. 3; *Bachmann* ua, Versorgungsausgleich in der gesetzlichen Rentenversicherung, 13. Aufl. 2017, 460.

[10] Soergel/*Schmeiduch* Rn. 16.

[11] Soergel/*Schmeiduch* Rn. 11; HK-VersAusglR/*Rehbein* Rn. 11.

[12] LSG Nordrhein-Westfalen BeckRS 2013, 71529.

[13] BT-Drs. 16/10144, 75.

[14] Vgl. auch *Ruland* Versorgungsausgleich Rn. 1057; Johannsen/Henrich/*Holzwarth* Rn. 2; HK-VersAusglR/*Rehbein* Rn. 4.

[15] Vgl. die Beispiele in BLAH/*Hartmann* ZPO § 835 Rn. 10: „Rente".

[16] Johannsen/Henrich/*Holzwarth* Rn. 2; HK-VersAusglR/*Rehbein* Rn. 4.

[17] Soergel/*Schmeiduch* Rn. 14.

für die Alterssicherung der Landwirte gem. § 30 ALG.[18] Entgegen dem Wortlaut von § 101 Abs. 3b Nr. 2 SGB VI gilt dies auch dann, wenn sie tatsächlich keine Leistung bezieht, eine solche jedoch beantragen könnte.[19] Hinsichtlich Anrechten aus der Beamtenversorgung ist danach zu differenzieren, ob Bundes- oder Landesbeamte betroffen sind. Gem. § 52 Abs. 2–4 BeamtVG richtet sich für Bundesbeamte die Möglichkeit, bereits ausgezahlte Versorgungsbezüge zurückzufordern, nach Bereicherungsrecht,[20] für Landesbeame bestehen überwiegend Sondervorschriften.

**2. Verweis auf § 34 Abs. 4, Vererblichkeit des Anpassungsanspruchs.** Durch den Verweis in Abs. 3 auf § 34 Abs. 4 wird bewirkt, dass der Anspruch auf Anpassung auf die Erben des Ausgleichspflichtigen übergeht, wenn der Erblasser den **Anpassungsantrag zu Lebzeiten** gestellt hat; nur in diesem Fall fällt der Anspruch in den Nachlass. Voraussetzung für den Anspruchsübergang ist im Übrigen auch hier, dass der **Anspruch auf Anpassung bereits zu Lebzeiten** des Erblassers bestanden hat (→ § 34 Rn. 15).[21] **11**

### V. Unterrichtungspflicht der ausgleichspflichtigen Person (Abs. 4)

**1. Grundsatz.** Gemäß Abs. 4 hat die ausgleichspflichtige Person den Versorgungsträger **unverzüglich zu unterrichten,** sobald sie aus einem im Versorgungsausgleich erworbene Anrecht iSv § 35 Abs. 1 eine Leistung beziehen **kann.** Mit der Unterrichtungspflicht soll sichergestellt werden, dass der Versorgungsträger die Aussetzung der Kürzung der Versorgung wieder aufheben kann, wenn der Grund hierfür entfallen ist. Das ist der Fall, wenn die ausgleichspflichtige Person aus einem von ihr im Versorgungsausgleich erworbenen Anrecht nunmehr Leistungen erhalten kann, etwa weil sie wegen Veränderung ihres Gesundheitszustandes jetzt auch die Voraussetzungen für den Bezug einer Leistung wegen Invalidität aus dem erworbenen Anrecht erfüllt.[22] Daneben hat der Versorgungsträger nach § 4 Abs. 3 die Möglichkeit, wegen der nötigen Informationen selbst an die ausgleichspflichtige Person heranzutreten oder sich an den anderen Versorgungsträger zu wenden. Durch diese Möglichkeit wird der Ausgleichspflichtige aber von seiner eigenen Pflicht nach Abs. 4 nicht entlastet. **12**

**2. Leistungen beziehen „kann".** Entscheidend für die Unterrichtungspflicht nach Abs. 4 ist nicht, ob die Leistung bezogen wird, sondern ob die Voraussetzungen für den Bezug erfüllt sind. Die Interessenlage entspricht damit der, die § 33 Abs. 1 im Hinblick auf die Voraussetzungen für die Anpassung wegen Unterhaltsgefährdung nennt; die Anpassung greift nur, wenn aus dem erworbenen Anrecht keine Leistung bezogen werden kann, auf den tatsächlichen Bezug kommt es nicht an (→ § 33 Rn. 6). Das bedeutet allerdings im Falle der Anpassung wegen besonderer Altersgrenze in besonderen Berufsgruppen – etwa Polizeibeamten oder Soldaten – nicht, dass die ausgleichsberechtigte Person in jedem Fall etwa einen Antrag auf vorzeitige Altersrente in der gesetzlichen Rentenversicherung stellen muss, wenn sie nunmehr die Voraussetzungen für den Bezug einer solchen Altersrente erfüllt. Auch hier muss es dem Normzweck nach dem Ausgleichpflichtigen vorbehalten bleiben, ob er eine solche – mit Abschlägen verbundene – Rente beantragt (→ § 33 Rn. 7). **13**

**3. Unverzügliche Unterrichtung.** Die Unterrichtung nach Abs. 4 muss unverzüglich erfolgen. Unverzüglich bedeutet nach der in § 121 Abs. 1 S. 1 BGB enthaltenen Legaldefinition, die für das gesamte Privatrecht (zB § 377 Abs. 1 und 3 HGB) wie auch das öffentliche Recht (zB § 216 Abs. 2 ZPO und § Abs. 60 Abs. 1 Nr. 2 SGB I) gilt,[23] **ohne schuldhaftes Zögern.** Die Unterrichtung muss danach nicht sofort, also nicht etwa in jedem Fall am folgenden Tag nach dem Beginn der Möglichkeit des Erhalts von Leistungen, sondern innerhalb einer nach den Umständen des Einzelfalles zu bemessenden **Prüfungs- und Überlegungsfrist** erfolgen.[24] Ggf. ist auch die Zeit für die Hinzuziehung anwaltlichen Rats zuzubilligen. **14**

## § 37 Anpassung wegen Tod der ausgleichsberechtigten Person

**(1) [1]Ist die ausgleichsberechtigte Person gestorben, so wird ein Anrecht der ausgleichspflichtigen Person auf Antrag nicht länger auf Grund des Versorgungsausgleichs gekürzt. [2]Beiträge, die zur Abwendung der Kürzung oder zur Begründung von Anrechten zuguns-**

[18] Erman/*Norpoth/Sasse* Rn. 4; HK-VersAusglR/*Rehbein* Rn. 8–9.
[19] KassKomm/*Kater* SGB VI § 101 Rn. 27.
[20] Erman/*Norpoth/Sasse* Rn. 4.
[21] Johannsen/Henrich/*Holzwarth* Rn. 5.
[22] Vgl. BT-Drs. 16/10144, 75.
[23] Vgl. ua Palandt/*Ellenberger* BGB § 121 Rn. 3 mwN.
[24] Vgl. BGH NJW 2005, 1869.

**ten der ausgleichsberechtigten Person gezahlt wurden, sind unter Anrechnung der gewährten Leistung an die ausgleichspflichtige Person zurückzuzahlen.**

**(2) Die Anpassung nach Absatz 1 findet nur statt, wenn die ausgleichsberechtigte Person die Versorgung aus dem im Versorgungsausgleich erworbenen Anrecht nicht länger als 36 Monate bezogen hat.**

**(3) Hat die ausgleichspflichtige Person im Versorgungsausgleich Anrechte im Sinne des § 32 von der verstorbenen ausgleichsberechtigten Person erworben, so erlöschen diese, sobald die Anpassung wirksam wird.**

**Schrifttum:** S. § 1587 BGB.

**Übersicht**



## I. Normzweck

1 §§ 37 und 38 regeln die **Anpassung einer rechtskräftigen Entscheidung** über den Versorgungsausgleich wegen **Tod der ausgleichsberechtigten Person.** Zweck der Vorschrift ist es, **Härten** zu vermeiden, die dadurch entstehen können, dass Anrechte des Ausgleichspflichtigen aufgrund des Versorgungsausgleichs dauerhaft gekürzt werden, ohne dass dem Ausgleichsberechtigten aus dem erworbenen Anrecht angemessene Leistungen zugeflossen sind. Die Regelung erfolgt in Anlehnung an die frühere Bestimmung gem. §§ 4, 7, 8 VAHRG. Zu betonen ist, dass von der Regelung nur **Versorgungen der Regelsicherungssysteme** (§ 32) erfasst sind. Eine entsprechende Anpassungsbestimmung für den Fall des **Todes der ausgleichspflichtigen Person** gibt es nicht; es bleibt insoweit bei dem Grundsatz des Versorgungsausgleichs, dass es gerade sein Ziel ist, für die berechtigte Person eine eigenständige Versorgung zu schaffen, die vom Schicksal des Verpflichteten unabhängig ist. Das Anrecht, das der Ausgleichsberechtigte aufgrund des Versorgungsausgleichs erhalten hat, bleibt also auch dann bestehen, wenn der Ausgleichspflichtige vor Erreichen der Altersgrenze verstirbt und deshalb aus dem geteilten Anrecht selbst keine Leistungen erhalten kann. Zur **verfassungsrechtlichen Problematik** der Durchbrechung des Versicherungsprinzips bei Tod der berechtigten Person, Begrenzung der Durchbrechung aber auf Anrechte iSv § 32, → § 32 Rn. 3 ff.

2 Die jetzige Regelung übernimmt das frühere Recht allerdings nicht in jedem Punkt, sondern weicht von ihm verschiedentlich ab. Es bleibt beim **Grundsatz,** dass die Versorgung der ausgleichspflichtigen Person bei Tod der ausgleichsberechtigten Person nicht mehr gekürzt wird (Abs. 1 S. 1,

→ Rn. 3 ff.), wenn weitere Voraussetzungen erfüllt sind.[1] Auch sind **Beiträge, die zur Abwendung der Kürzung oder zur Begründung von Anrechten gezahlt wurden,** nach näherer Maßgabe zurückzuzahlen (Abs. 1 S. 2, → Rn. 13 ff.). Die Anpassung – und damit hier die **Aufhebung der Kürzung**[2] – erfolgt aber im Gegensatz zum früheren Recht nicht rückwirkend, sondern erst **für die Zukunft** (→ Rn. 5); auch ist der **Umfang der Leistungen,** der nicht überschritten sein darf, um einer Anpassung entgegenzustehen, neu bestimmt worden: Es kommt nicht mehr auf die – zum Teil schwer zu bestimmende – Höhe der bezogenen Leistungen an, sondern nur darauf, dass eine **Versorgung nicht länger als 36 Monate bezogen** worden ist (Abs. 2, → Rn. 11 ff.). Mit dem in Abs. 3 vorgesehenen **Erlöschen der von der ausgleichspflichtigen Person im Versorgungsausgleich von der ausgleichsberechtigten Person erworbenen Anrechte** iSv § 32 (→ Rn. 20 f.) soll sichergestellt werden, dass die ausgleichspflichtige Person aufgrund der neuen Ausgleichssystematik des Hin-und-Her-Ausgleichs nicht besser gestellt wird als vor Durchführung des Versorgungsausgleichs, was aber der Fall wäre, wenn die Kürzung ihrer Versorgung entfiele, ihr die Leistungen aus den ihr im Versorgungsausgleich übertragenen Anrechten aber ungeschmälert weiter zuflössen.[3] Für die Hinterbliebenen des Ausgleichspflichtigen ist das nicht unproblematisch; denn – abgesehen von § 88 SGB VI – kommt die Aussetzung der Kürzung nur dem Ausgleichspflichtigen zugute, für die Hinterbliebenen bleibt es bei der Teilung des Anrechts aufgrund des Versorgungsausgleichs. Umgekehrt können sie aber auch aus den Anrechten des Ausgleichsberechtigten keine Hinterbliebenenversorgung ableiten, da diese Anrechte mit Wirksamwerden der Anpassung erlöschen (→ Rn. 20). Dies betrifft vor allem die Hinterbliebenen eines Ausgleichspflichtigen wegen eines Anrechts aus einem öffentlich-rechtlichen Dienstverhältnis, dessen Kürzung ausgesetzt worden war.

## II. Aufheben der Kürzung bei Tod der ausgleichsberechtigten Person (Abs. 1 S. 1)

**1. Grundsatz.** Bei Tod der ausgleichsberechtigten Person wird ein Anrecht der ausgleichspflichtigen Person auf Antrag nicht länger aufgrund des Versorgungsausgleichs gekürzt, sofern auch im Übrigen die Voraussetzungen dafür vorliegen. Erfasst sind damit alle **Anrechte der ausgleichspflichtigen Person iSv § 32,** denn die Härtevorschriften der §§ 32 ff. gelten, wie § 32 deutlich macht, nur für diese. Zur verfassungsrechtlichen Problematik → Rn. 1; → § 32 Rn. 3 ff. Daher kann die Kürzung eines Anrechtes aus der Zusatzversorgung des öffentlichen Dienstes nicht aufgehoben werden, es sei denn, der Versorgungsträger sieht in seiner Satzung eine solche Möglichkeit vor.[4] Dies gilt auch für Altfälle.[5] Hat die ausgleichspflichtige Person **mehrere gekürzte Anrechte** iSv § 32, so ist bezüglich jedes Anrechts das Vorliegen der Voraussetzungen für eine Anpassung, insbesondere das Nichtüberschreiten der Leistungsgrenze nach Abs. 2, zu prüfen. Unerheblich ist, ob die ausgleichsberechtigte Person das Anrecht im Wege der internen oder der externen Teilung erworben hat.[6] Wurde das Anrecht auf Antrag der ausgleichsberechtigten Person abgefunden, scheidet eine Anpassung nach § 37 aus.[7] Weiterhin muss die Entscheidung über den Versorgungsausgleich rechtskräftig sein.[8] 3

**2. Tod der ausgleichsberechtigten Person.** Voraussetzung ist zunächst, dass die ausgleichsberechtigte Person verstorben ist. Nach allgemeinem Rechtsgedanken kann sich der Ausgleichpflichtige allerdings auf deren Tod nicht berufen, wenn er den Tod des Ausgleichsberechtigten vorsätzlich herbeigeführt hat (vgl. § 162 Abs. 2 BGB; s. auch § 105 SGB VI).[9] 4

**3. Das Anrecht wird „nicht länger gekürzt“.** Mit dieser Formulierung bringt das Gesetz zum Ausdruck, dass es – wie aber nach früherem Recht – keine rückwirkende **Anpassung** gibt, sondern nur eine solche **ex nunc;** § 38 Abs. 2 iVm § 34 Abs. 3 bestimmt den Zeitpunkt der Anpassung näher mit dem Ersten des Folgemonats nach Antragstellung (→ § 38 Rn. 6).[10] Informiert der Träger der gesetzlichen Rentenversicherung den Ausgleichspflichtigen erst verspätet über das Ableben des Ausgleichsberechtigten, kann dieser auch rückwirkend die Aussetzung der Kürzung der 5

[1] BT-Drs. 16/10144, 75.
[2] Vgl. BT-Drs. 16/10144, 76; *Ruland* Versorgungsausgleich Rn. 1061.
[3] Vgl. BT-Drs. 16/10144, 76.
[4] HK-VersAusglR/*Rehbein* Rn. 6 unter unzutreffendem Verweis auf die Entscheidung VG München BeckRS 2010, 33038, die einen Fall der berufsständischen Versorgung betrifft.
[5] BGH NJW-RR 2015, 711 = FamRZ 2015, 1104; NZFam 2014, 1038 = FamRZ 2015, 50.
[6] Erman/*Norpoth/Sasse* Rn. 2.
[7] Johannsen/Henrich/*Holzwarth* Rn. 3; *Ruland* Versorgungsausgleich Rn. 1066.
[8] Johannsen/Henrich/*Holzwarth* Rn. 2.
[9] Vgl. *Ruland* Versorgungsausgleich Rn. 1063; *Borth* Versorgungsausgleich Kap. 8 Rn. 57.
[10] *Borth* Versorgungsausgleich Kap. 8 Rn. 56.

Rente aus der gesetzlichen Rentenversicherung aufgrund des Versorgungsausgleichs verlangen.[11] Diese Entscheidung beruht auf der besonderen Informationspflicht der Träger der gesetzlichen Rentenversicherung (§ 14 SGB I, § 115 SGB VI). Auf andere Versorgungsträger ist sie nicht zu übertragen.[12] Aus der Formulierung ist weiter zu entnehmen, dass es nicht darum geht, die Entscheidung des Familiengerichts abzuändern; es wird allein die **Kürzung angepasst,** und zwar durch endgültige **Aufhebung** derselben, nicht etwa nur durch Fortbestehenlassen der Aussetzung der Kürzung.[13] Ab dem auf die Antragstellung folgenden Monat erhält der Ausgleichspflichtige also wieder die ungekürzte Versorgung.

6 Die Vorschrift ist nicht analog anwendbar auf den Anspruch auf Beitragserstattung gem. § 210 SGB VI.[14] Es handelt sich um eine Sondervorschrift, die unbillige Härten beim Bezug einer Leistung durch den Ausgleichspflichtigen vermeiden soll. Die Beitragserstattung ist demgegenüber zum Ausgleich in Fällen vorgesehen, in denen der Versicherte keine Versorgung aus dem in der gesetzlichen Rentenversicherung erworbenen Anrecht zu erwarten hat oder in denen diese für die Versorgungslage des Versicherten unerheblich ist. Hier kann es nicht zu unbilligen Härten aufgrund einer versorgungsausgleichsbedingten Kürzung des Anrechts kommen. Schließlich knüpft § 37 an der Kürzung der Versorgung aufgrund des Versorgungsausgleichs an. Eine Erstattung von Beiträgen ist nur im Fall von § 37 Abs. 1 S. 2 vorgesehen.

7 **4. Keine Aufhebung der Kürzung zum Vorteil von Hinterbliebenen der ausgleichspflichtigen Person.** Entgegen der früheren Regelung in § 4 Abs. 1 VAHRG ist eine Anpassung wegen Tod der ausgleichberechtigten Person nicht vorgesehen, wenn nur die **Hinterbliebenen der ausgleichspflichtigen Person** davon profitieren würden. Dies ergibt sich daraus, dass diese die Anpassung des Versorgungsausgleichs nicht beantragen können (§ 38 Abs. 1 S. 2). Nach amtlicher Begründung haben diese kein schutzwürdiges Interesse an der Rückgängigmachung der Versorgungskürzung; denn die Witwe oder der Witwer des Ausgleichspflichtigen konnten und mussten damit rechnen, dass die Hinterbliebenenversorgung des Ausgleichpflichtigen um den für den Versorgungsausgleich abgezogenen Betrag reduziert war; Kinder aus zweiter Ehe des Verpflichteten könnten ihren noch lebenden Elternteil versorgungsrechtlich in Anspruch nehmen.[15]

### III. Anpassung nur bei Leistungsbezug von nicht länger als 36 Monaten (Abs. 2)

8 **1. Grundsatz.** Abs. 2 normiert die **Voraussetzungen für die Aufhebung** der Versorgungskürzung. Die Anpassung nach Abs. 1 findet nur statt, wenn die ausgleichsberechtigte Person die Versorgung aus dem im Versorgungsausgleich erworbenen Anrecht nicht länger als 36 Monate bezogen hat. Auf die Höhe der in dieser Zeit bezogenen Versorgung kommt es im Gegensatz zum bisherigen Recht nicht mehr an; es zählt allein die **Dauer des Leistungsbezuges** (→ Rn. 11). Entscheidend ist lediglich, ob die ausgleichsberechtigte Person selbst Leistungen aus dem im Versorgungsausgleich erworbenen Anrecht erworben hat. Daher steht der Leistungsbezug durch Hinterbliebene der Anpassung nicht entgegen (→ Rn. 10).[16]

9 **2. Begriff der Versorgung.** Das Gesetz stellt nicht mehr auf den Bezug irgendeiner Leistung aufgrund des im Versorgungsausgleich erworbenen Anrechts ab, sondern nur auf den Bezug einer Versorgung für 36 Monate. Das sind die **Altersversorgung** und die **Versorgung wegen Invalidität.** Zu berücksichtigen sind auch Leistungen, die der Rentenversicherer mit schuldbefreiender Wirkung vorübergehend noch an den Ausgleichspflichtigen erbracht hat (§ 30).[17] Nicht zur Altersversorgung oder Versorgung wegen Invalidität gehören zB medizinische, berufsfördernde, ergänzende und sonstige Maßnahmen der Rehabilitation iSv § 9 SGB VI. Auch das Übergangsgeld – § 20 SGB VI, § 47 BeamtVG – gehört nicht zur Versorgung iSv Abs. 2.[18] Ob die Versorgung als Teilrente oder wegen Greifens von Ruhensbestimmungen (ua § 93 SGB VI und § 55 BeamtVG) nur teilweise gewährt wird, ist unerheblich.[19] Entfällt die Zahlung der Versorgung allerdings völlig, so liegt kein Bezug iSv Abs. 2 vor. Das ist etwa der Fall bei völligem Ruhen der Versorgung oder bei Beitragserstattung nach § 210 SGB VI. Eine **Abtretung** oder **Pfändung** steht dem Bezug der Versorgung

[11] SG Lüneburg NZFam 2016, 760; einschr. für Altfälle SG Würzburg NZFam 2017, 767.
[12] OVG Lüneburg NVwZ-RR 2013, 850.
[13] Vgl. BT-Drs. 16/10144, 76; HK-VersAusglR/*Rehbein* Rn. 8.
[14] LSG Bayern NZFam 2018, 617.
[15] BT-Drs. 16/10144, 75.
[16] BT-Drs. 16/10144, 76; vgl. Johannsen/Henrich/*Holzwarth* Rn. 4.
[17] BSG BeckRS 2015, 69403 = FamRZ 2016, 49; *Ruland* Versorgungsausgleich Rn. 983; HK-VersAusglR/*Rehbein* Rn. 19.
[18] Johannsen/Henrich/*Holzwarth* Rn. 8.
[19] *Ruland* Versorgungsausgleich Rn. 1066.

gleich, wenn sie zum Bezug der Leistung durch den Gläubiger geführt hat.[20] Wurden zugunsten des Ausgleichsberechtigten mehrere Anrechte ausgeglichen, ist für jedes Anrecht gesondert zu ermitteln, ob der 36-Monats-Zeitraum überschritten ist.[21]

**3. Bezug der Versorgung durch die ausgleichsberechtigte Person.** Maßgeblich für das Vorliegen des Zeitraums von 36 Monaten ist allein der Bezug einer Versorgung durch die ausgleichberechtigte Person selbst, wie Abs. 2 deutlich macht. Eine Anpassung ist also auch dann möglich, wenn aus dem Anrecht eine Hinterbliebenenversorgung fließt (→ Rn. 7);[22] auf sie kommt es nicht an. 10

**4. Bezug der Versorgung nicht länger als 36 Monate.** Die Anpassung nach Abs. 2 setzt voraus, dass die ausgleichberechtigte Person die Versorgung aus dem im Versorgungsausgleich erworbenen Anrecht nicht länger als 36 Monate bezogen hat. Entscheidend für die Anpassung wegen Tod der ausgleichberechtigten Person ist also allein die **Zeit des Versorgungsbezuges** bis zu deren Tod. Hat sie gar keine Leistung bezogen, kann die Anpassung noch nach vielen Jahren erfolgen. Hat die berechtigte Person erst nach vielen Jahren mit dem Versorgungsbezug begonnen, beginnt der Zeitraum von 36 Monaten, nach dessen Ablauf eine Anpassung nicht mehr in Betracht kommt, erst mit dem Beginn des Versorgungsbezuges. Denkbar sind auch **Unterbrechungen,** wenn etwa eine Rente wegen eingeschränkter Erwerbsfähigkeit wieder entfällt, und später eine Altersrente bezogen wird. Wann der Bezug der Versorgung begann, ergibt sich aus dem Leistungsbescheid, entsprechendes gilt für das Ende der Leistung, die häufig noch für den gesamten Monat erfolgt, in dem der Tod der berechtigten Person eingetreten ist. Auch Leistungen, die an sich dem Ausgleichsberechtigten zustehen, jedoch gem. § 30 mit schuldbefreiender Wirkung noch an den Ausgleichspflichtigen erbracht wurden, sind zu berücksichtigen (→ Rn. 9). Weiterhin zählt auch der Monat mit, in dem die ausgleichsberechtigte Person verstorben ist, sofern für diesen Monat ein Anspruch auf die Rente besteht (§ 102 Abs. 5 SGB VI). Wird dem Ausgleichsberechtigten rückwirkend eine Rente bewilligt, sind auch die Zeiten, für die diese Leistungen bewilligt werden, in den 36-Monats-Zeitraum einzurechnen.[23] Das gilt aber nicht, wenn der Versorgungsträger erst nach dem Tod des Ausgleichspflichtigen feststellt, dass die Erhöhung der Versorgung aufgrund des Versorgungsausgleichs bei der Festsetzung seiner Rente unberücksichtigt geblieben ist und wenn er dann rückwirkend gegenüber den Hinterbliebenen des Ausgleichsberechtigten die Rente neu festsetzt; denn diese sind nicht Gesamtrechtsnachfolger des Ausgleichsberechtigten, so dass ihnen gegenüber auch nicht mit befreiender Wirkung eine Nachzahlung erfolgen kann.[24] 11

Berücksichtigt werden dürfen nur Renten, die zumindest teilweise aufgrund der im Versorgungsausgleich erworbenen Anrechte erhöht sind. Das ist nicht der Fall, soweit Renten aufgrund von Art. 2 RÜG, ausschließlich aufgrund freiwilliger Beiträge gem. § 315b SGB VI geleistet wurden, oder wegen der Anrechnung von Einkommen vollständig ruhten (§§ 89 ff. SGB VI).[25] 12

## IV. Rückzahlung von zur Abwendung der Kürzung oder zur Begründung von Anrechten zugunsten der ausgleichberechtigten Person gezahlten Beiträgen (Abs. 1 S. 2)

**1. Grundsatz.** Abs. 1 S. 2 regelt für den Fall des Todes der ausgleichsberechtigten Person zum einen die Rückabwicklung der Zahlung von Beiträgen, die die ausgleichspflichtige Person an ihren Versorgungsträger zur Abwendung der erfolgten Kürzung geleistet hat (→ Rn. 14), und zum anderen die Rückzahlung von Beiträgen, die die ausgleichspflichtige Person zur Begründung von Anrechten zugunsten der ausgleichberechtigten Person gezahlt hat (→ Rn. 15). Die Regelungen wurden aus der Rspr. zu § 8 VAHRG – Rückzahlung von Beiträgen, die freiwillig zur Abwendung der Kürzung entrichtet wurden – bzw. § 7 VAHRG – Rückzahlung von Beiträgen, die aufgrund Anordnung des Familiengerichts im Versorgungsausgleich an die gesetzliche Rentenversicherung zu entrichten waren – entwickelt.[26] Zweck der gesetzlichen Regelung ist es, die Rückabwicklung zu ermöglichen, wenn bis zum Tod der ausgleichsberechtigten Person keine oder jedenfalls keine angemessenen Leistungen aufgrund der Beiträge geflossen sind. Die Rückzahlung erfolgt jeweils unter Anrechnung gewährter Leistungen (→ Rn. 15 f.). 13

---

20 Vgl. dazu auch *Ruland* Versorgungsausgleich Rn. 1066; Johannsen/Henrich/*Holzwarth* Rn. 4; *Borth* Versorgungsausgleich Kap. 8 Rn. 59.
21 *Ruland* Versorgungsausgleich Rn. 1066.
22 BT-Drs. 16/10144, 76; Johannsen/Henrich/*Holzwarth* Rn. 4.
23 LSG Baden-Württemberg BeckRS 2017, 116514 = NZFam 2017, 715.
24 OVG Nordrhein-Westfalen FamRZ 2018, 1076 = BeckRS 2017, 149760.
25 HK-VersAusglR/*Rehbein* Rn. 21.
26 Vgl. BT-Drs. 16/10144, 76.

14 **2. Rückzahlung von zur Abwendung der Kürzung gezahlten Beiträgen (Abs. 1 S. 2 Alt. 1).** Liegen die Voraussetzungen für eine Anpassung wegen Todes der ausgleichsberechtigten Person vor, sind gemäß Abs. 1 S. 1 Alt. 1 Beiträge, die zur Abwendung der Kürzung gezahlt worden sind, zurückzuzahlen. Damit sind insbesondere Zahlungen nach § 187 Abs. 1 Nr. 1 SGB VI und nach § 58 Abs. 1 BeamtVG, § 55d SVG erfasst.[27] (Zur Anrechnung gewährter Leistungen → Rn. 18 f.).

15 Die Erstattung von Zahlungen, die zur Vermeidung einer Rentenkürzung gem. § 187 Abs. 1 Nr. 1 SGB VI geleistet worden waren, führt nicht zu steuerpflichtigen Einnahmen.[28] Hinsichtlich der Beiträge, die ein Beamter geleistet hat, ist demgegenüber zu unterscheiden: Soweit die Beiträge bis zum Veranlagungszeitraum 2014 geleistet wurde, lagen negative Werbungskosten vor, da hier der Beitrag zur Wiederauffüllung der Rentenanwartschaft auch als Werbungskosten abgezogen werden konnte.[29] Daher waren diese Rückzahlungen einkünfteerhöhend zu berücksichtigen. Ab dem Veranlagungszeitraum 2015 geleistete Beiträge können nur noch als Sonderausgaben abgezogen werden (§ 10 Abs. 1a Nr. 3 EStG). Eine Erstattung dieser Beiträge wirkt sich steuerrechtlich nicht aus.[30]

16 **3. Rückzahlung von Beiträgen, die zur Begründung von Anrechten für die ausgleichsberechtigte Person gezahlt wurden (Abs. 1 S. 2 Alt. 2).** Gleichfalls sind nach Abs. 1 S. 1 Alt. 2 bei Anpassung wegen Tod der ausgleichberechtigten Person Beiträge, die aufgrund einer Entscheidung des Familiengerichts zur Begründung von Anrechten für die ausgleichsberechtigte Person gezahlt wurden, zurückzuzahlen. Die Vorschrift hat vor allem Bedeutung für Anpassungsfälle, bei denen der Ausgleich durch **Beitragsentrichtung nach früherem Versorgungsausgleichsrecht oder aufgrund einer Vereinbarung** erfolgt ist. Das war etwa bei Beitragsentrichtung nach § 3b Abs. 1 Nr. 2 VAHRG oder nach § 1587l Abs. 3 BGB (ggf. iVm § 2 VAHRG) der Fall, aber auch nach dem vom BVerfG durch Beschluss vom 27.1.1983[31] für nichtig erklärten § 1587b Abs. 3 S. 1 BGB. Zwar waren Beiträge, die von den erfolgreichen Verfassungsbeschwerdeführern ggf. zuvor entrichtet worden waren, zurückzuzahlen bzw. gar nicht mehr zu entrichten. Im Übrigen berührte und berührt der Beschluss des BVerfG die rechtskräftigen Entscheidungen des Familiengerichts aber nicht, so dass aufgrund einer solchen Entscheidung entrichtete Beiträge nicht zurückgefordert werden konnten und können.[32] Schließlich konnte eine Beitragsentrichtung zur Begründung von Anrechten aufgrund einer vom Familiengericht genehmigten Vereinbarung der Eheleute nach § 1587o Abs. 2 BGB erfolgen.[33] Die Möglichkeit, aufgrund Vereinbarung gem. § 6 Anrechte für die ausgleichsberechtigte Person durch Beitragsentrichtung zu begründen, besteht auch nach geltendem Recht noch (§ 187 Abs. 1 Nr. 2b SGB VI). Alle diese Beitragsentrichtungsfälle kommen für eine Anpassung nach Abs. 1 S. 1 Alt. 2 in Betracht.

17 Ob zu erstattende Beiträge zu verzinsen sind, richtet sich nach dem für die jeweilige Versorgung maßgeblichen Recht. § 44 SGB I sieht Zinsen in Höhe von 4% ab Fälligkeit des Rückgewähranspruchs vor.[34]

18 **4. Anrechnung gewährter Leistungen.** Die Rückzahlung nach Abs. 1 S. 2 erfolgt unter Anrechnung der gewährten Leistungen. Das Gesetz sagt nicht, an **wen** die zu berücksichtigenden Leistungen erbracht worden sein müssen. Hier ist zu **differenzieren** wie folgt: Im Falle der Beitragsentrichtung zur Begründung von Anrechten für die ausgleichberechtigte Person sind Leistungen anzurechnen, die aufgrund der Beitragsentrichtung an die ausgleichsberechtigte Person erbracht wurden; denn aus dem vom Ausgleichspflichtigen für sie begründeten Anrecht sind Leistungen allein an sie geflossen. Bezüglich der Leistungen, die bei Aufhebung der Kürzung zu verrechnen sind, ist es umgekehrt. Hier sind die Leistungen anzurechnen, die der Ausgleichspflichtige aufgrund der Zahlung zur Abwendung der Kürzung aufgrund des Versorgungsausgleichs erhalten hat. Diese Zahlungen sind durch die Anpassung sinnlos geworden, haben sich jedoch in der Vergangenheit uU zugunsten des Ausgleichspflichtigen ausgewirkt.[35]

---

[27] Vgl. BT-Drs. 16/10144, 76; Erman/*Norpoth/Sasse* Rn. 4.

[28] *Ruland* Versorgungsausgleich Rn. 1328.

[29] *Ruland* Versorgungsausgleich Rn. 1339.

[30] *Ruland* Versorgungsausgleich Rn. 1328, 1339.

[31] BVerfGE 63, 88 = NJW 1983, 1417 = FamRZ 1983, 342.

[32] → 5. Aufl. 2009, VAHRG § 7 Rn. 2 *(Gräper)*; *Borth* Versorgungsausgleich, 4. Aufl. 2008, Rn. 588.

[33] → 5. Aufl. 2009, VAHRG § 7 Rn. 3 mwN *(Gräper)*.

[34] *Borth* Versorgungsausgleich Kap. 8 Rn. 61; Erman/*Norpoth/Sasse* Rn. 4; für § 52 Abs. 3 auch BGH FamRZ 2018, 1233 = NJOZ 2018, 1525 Rn. 31.

[35] Ebenso HK-VersAusglR/*Rehbein* Rn. 16; Johannsen/Henrich/*Holzwarth* Rn. 7; aA *Ruland* Versorgungsausgleich Rn. 1069: auch hier seien die an den verstorbenen Ausgleichsberechtigten erbrachten Leistungen zu berücksichtigen; dieser werden aufgrund der Zahlung zur Abwendung der Kürzung aber keine Leistungen erbracht.

Als **Leistungen** sind – im Gegensatz zu dem enger zu verstehenden Begriff der „Versorgung" iSv Abs. 2 (→ Rn. 9) – alle Leistungen zu verstehen, die aufgrund des durch Beitragsentrichtung begründeten Anrechts erbracht worden sind. Damit kann im Rahmen der Anpassung von Beitragsentrichtungsfällen nach Abs. 1 S. 2 auf die Rspr. zu §§ 7 und 8 VAHRG zurückgegriffen werden, die gleichfalls die – aufwendige und zum Teil komplizierte – Anrechnung von gewährten Leistungen zum Gegenstand hatten. Erfasst sind vom Leistungsbegriff daher zB auch Rehabilitationsleistungen und Leistungen an Hinterbliebene, soweit sie auf der Zahlung von Beiträgen zur Vermeidung einer Kürzung der Versorgung oder zur Begründung eines Anrechts auf eine Versorgung beruhen.[36] Hat das im Versorgungsausgleich von der Ausgleichsberechtigten erworbene Anrecht zusammen mit einem eigenen Anrecht zur Leistung geführt, ist der Wert der aufgrund des im Versorgungsausgleich erworbenen Anrechts erbrachten Leistung nach Maßgabe der in § 1 Versorgungsausgleichs-Erstattungsverordnung vom 9.12.2001 (BGBl. 2001 I 2628) vorgesehenen **Anteilsrechnung** festzustellen.[37] Die Anrechnung ist immer nur möglich, soweit die Leistung bis zu dem in § 38 Abs. 2 genannten Zeitpunkt – also dem Ende des Monats der Antragstellung – erbracht wurde.[38] 19

### V. Rechtsfolgen einer Anpassung wegen Tod

**1. Erlöschen von Anrechten, die die ausgleichspflichtige Person im Versorgungsausgleich von der ausgleichsberechtigten Person erworben hat (Abs. 3).** Sind die Voraussetzungen für die Anpassung wegen Tod der ausgleichsberechtigten Person erfüllt und wird deshalb auf Antrag des Ausgleichspflichtigen die Aufhebung der Kürzung durch den Versorgungsträger verfügt, erlöschen gemäß Abs. 3 mit Wirksamwerden der Verfügung – ohne dass es eines weiteren Aktes des Versorgungsträgers bedarf[39] – diejenigen Anrechte iSv § 32, die die ausgleichspflichtige Person im Versorgungsausgleich von der verstorbenen ausgleichsberechtigten Person erworben hat. Sinn der Vorschrift ist es, eine Besserstellung des Verpflichteten zu vermeiden (→ Rn. 2). Folge ist, dass ein aufgrund eines solchen Anrechts erlassener Bescheid aufzuheben ist. Da gem. § 37 Abs. 3, § 38 Abs. 3, § 34 Abs. 3 die Entscheidung mit Wirkung ab dem auf die Antragstellung folgenden Monat wirksam wird, wird es in der Regel zu Überzahlungen aus der im Versorgungsausgleich von der verstorbenen Person erworbenen Versorgung kommen. Handelt es sich um eine Rente aus der gesetzlichen Rentenversicherung, ist der Rentenbescheid rückwirkend auf diesen Zeitpunkt aufzuheben und die Überzahlung zu erstatten (§ 101 Abs. 3b Nr. 3 SGB VI). Im Übrigen gelten die allgemeinen Regelungen über die Erstattung, soweit nicht Sondervorschriften vorgesehen sind.[40] 20

**2. Rechtsfolgen für Hinterbliebene des ausgleichsberechtigten und des ausgleichspflichtigen Ehegatten.** Die Hinterbliebenen des **Ausgleichsberechtigten** können auch nach Anpassung gem. § 37 aus dem übertragenen Anrecht eine Hinterbliebenenversorgung erhalten.[41] Die Anpassung durch den Versorgungsträger ändert an der rechtsgestaltenden Entscheidung des Familiengerichts nichts. Folge ist, dass hinterbliebene **Kinder** aus der geschiedenen Ehe unter Umständen einen Anspruch auf Hinterbliebenenrente aus dem im Versorgungsausgleich dem Ausgleichberechtigten übertragenen Anrecht haben, und zwar neben dem Anspruch auf Hinterbliebenenrente aus der – nun wieder – ungekürzten Versorgung des Ausgleichpflichtigen. Demgegenüber sind die Kinder aus zweiter Ehe des Ausgleichspflichtigen allein auf die – allerdings wieder ungekürzte – Hinterbliebenenversorgung nach dem Ausgleichspflichtigen verwiesen, da die vom Ausgleichspflichtigen im Versorgungsausgleich von der Ausgleichsberechtigten erworbenen Anrechte erlöschen und für eine Versorgung nicht zur Verfügung stehen, was allerdings auch für die Kinder aus der geschiedenen Ehe gilt. Die Beschränkung der Hinterbliebenenversorgung bezüglich der Witwe oder dem Witwer aus zweiter Ehe mag hingenommen werden, obwohl eher entscheidend sein dürfte, dass der Gesetzgeber eine Durchbrechung des Versicherungsprinzips erkannt und die Durchbrechung auf einen engen Personenbereich begrenzen wollte (vgl. die Begründung zur ex-tunc-Wirkung der Anpassung in § 38, → § 38 Rn. 3). Bezüglich der unterschiedlichen Folgen der Anpassung wegen Tod der ausgleichsberechtigten Person für die Kinder aus der geschiedenen Ehe 21

36 Vgl. BSG SozR 3–5795 § 4 Nr. 6; VGH Kassel NJW 1997, 1323; *Ruland* Versorgungsausgleich Rn. 985; näher *Borth* Versorgungsausgleich Kap. 8 Rn. 61.

37 → 5. Aufl. 2008, VAHRG § 7 Rn. 10 *(Gräper)*.

38 Erman/*Norpoth/Sasse* Rn. 4.

39 Vgl. Palandt/*Brudermüller* Rn. 5.

40 Vgl. zB die Haftung nach Bereicherungsrecht gem. Art. 7 BayBeamtenVG; die verschärfte Haftung ist nur in den Fällen der §§ 33, 34 vorgesehen gem. Art. 92 BayBeamtenVG.

41 *Bachmann* ua, Versorgungsausgleich in der gesetzlichen Rentenversicherung, 13. Aufl. 2017, 487; *Ruland,* Versorgungsausgleich Rn. 1071; Erman/*Norpoth/Sasse* Rn. 1.

und der zweiten Ehe bleibt festzustellen, dass die Regelung jedenfalls ungereimt erscheint und zu einer Überkompensation bei Tod des Ausgleichsberechtigten führt.[42]

22 Hinsichtlich des **Ehegatten** des **Ausgleichsberechtigten** führt die Anpassung ebenfalls nicht zu einer Kürzung seiner Hinterbliebenenversorgung. Vielmehr bleibt die gerichtliche Regelung des Versorgungsausgleichs für die Hinterbliebenen des ausgleichsberechtigten Ehegatten unabhängig von der Anpassung durch den Versorgungsträger wirksam. Dies bedeutet, dass der verwitwete Ehegatte des Ausgleichsberechtigten weiterhin die Hinterbliebenenversorgung aus dem um den Versorgungsausgleich gekürzten Anrecht des Ausgleichsberechtigten sowie dem im Versorgungsausgleich erworbenen Anrecht des Ausgleichsberechtigten berechnet und ableitet.

23 Hinsichtlich des **Ehegatten** des **Ausgleichspflichtigen** gilt, dass die Aussetzung der Kürzung aufgrund des Versorgungsausgleichs grundsätzlich nur das Anrecht des Ausgleichspflichtigen selbst betrifft. Die Folgerente des (neuen) Ehegatten des verstorbenen ausgleichspflichtigen Ehegatten wird hiervon nicht betroffen. Diese ist also aus der um den Versorgungsausgleich gekürzten Versorgung des Ausgleichspflichtigen zu berechnen. Erschwerend kommt hinzu, dass gem. § 37 Abs. 3 die im Versorgungsausgleich erworbenen Anrechte des Ausgleichspflichtigen im Fall der Anpassung erlöschen. Hieraus kann also auch keine Hinterbliebenenversorgung abgeleitet werden.

24 Handelt es sich um ein Anrecht aus der gesetzlichen Rentenversicherung, kann der Ehegatte des Ausgleichspflichtigen uU durch die Besitzstandsregelung des § 88 SGB VI geschützt sein. Liegen die – zeitlichen – Voraussetzungen dieser Vorschrift vor, wird die Hinterbliebenenrente aus den besitzstandsgeschützten persönlichen Entgeltpunkten des Ausgleichspflichtigen berechnet, zu denen auch die im Fall des Rückausgleichs gem. § 37 Abs. 1 erworbenen Entgeltpunkte gehören.[43] Bei Anrechten aus einem öffentlich-rechtlichen Dienstverhältnis ist demgegenüber anerkannt, dass die Aussetzung der Kürzung nicht über den Tod des Ausgleichspflichtigen hinaus wirkt.[44] Dies bedeutet, dass eine Hinterbliebenenversorgung nach dem Ausgleichspflichtigen auf der Grundlage des durch den Versorgungsausgleich gekürzten Anrechts zu berechnen ist.[45] Da Anrechte, die der Ausgleichspflichtige aufgrund des Versorgungsausgleichs erworben hat, gem. Abs. 3 erlöschen, kann der Hinterbliebene des Ausgleichspflichtigen aber auch aus diesen keine Versorgung erhalten.

25 Damit der Versorgungsträger dem Erlöschen der Anrechte der ausgleichpflichtigen Person iSv Abs. 3 Rechnung tragen und ggf. einen Aufhebungsbescheid erlassen kann, sieht § 38 Abs. 3 S. 1 eine **Unterrichtungspflicht** des Ausgleichspflichtigen (→ § 38 Rn. 8) und der beteiligten anderen Versorgungsträger (→ § 38 Rn. 9) vor.

## § 38 Durchführung einer Anpassung wegen Tod der ausgleichsberechtigten Person

**(1) [1]Über die Anpassung entscheidet der Versorgungsträger, bei dem das auf Grund eines Versorgungsausgleichs gekürzte Anrecht besteht. [2]Antragsberechtigt ist die ausgleichspflichtige Person.**

**(2) § 34 Abs. 3 und 4 gilt entsprechend.**

**(3) [1]Die ausgleichspflichtige Person hat die anderen Versorgungsträger, bei denen sie Anrechte der verstorbenen ausgleichsberechtigten Person auf Grund des Versorgungsausgleichs erworben hat, unverzüglich über die Antragstellung zu unterrichten. [2]Der zuständige Versorgungsträger unterrichtet die anderen Versorgungsträger über den Eingang des Antrags und seine Entscheidung.**

**Schrifttum:** S. § 1587 BGB.

**Übersicht**



[42] Vgl. *Ruland* Versorgungsausgleich Rn. 1073.

[43] Vgl. hierzu BSG FamRZ 2014, 1631; 2013, 1574; HK-VersAusglR/*Rehbein* Rn. 23; krit. dazu *Stosberg/Strotmeyer* RVAktuell 1/2014, 17; dies gilt aber nicht in der Altersversorgung der Landwirtschaft, da hier keine § 88 SGB VI entsprechende Regelung vorgesehen ist.

[44] BayVGH DÖD 2017, 320 = FamRZ 2018, 98 Ls.

[45] BayVGH DÖD 2017, 320 = FamRZ 2018, 98 Ls.; VG Ansbach NZFam 2017, 76 = BeckRS 2016, 56038.

## I. Normzweck

§ 38 regelt verschiedene **Fragen der Durchführung der Anpassung** wegen Tod der ausgleichsberechtigten Person. In Abs. 1 S. 1 wird die **Zuständigkeit des Versorgungsträgers** für die Entscheidung über die Anpassung bestimmt (→ Rn. 2). Der Gesetzgeber hat damit – wie bei der Zuständigkeit der Versorgungsträger nach § 36 für die Entscheidung über die Anpassung in Fällen der Invalidität und besonderer Altersgrenzen (→ § 36 Rn. 1; zu § 34 Abs. 6 → § 34 Rn. 1) – berücksichtigt, dass die Prüfung der Voraussetzungen betreffend eine Entscheidung über die Anpassung des Versorgungsausgleichs bei Tod der ausgleichsberechtigten Person keine schwierigen familienrechtliche Fragen – wie etwa zum Unterhalt – zum Gegenstand hat, vielmehr wegen der Nähe zum Leistungsrecht eher von den Versorgungsträgern getroffen werden kann und sollte. Abs. 1 S. 2 bestimmt die ausgleichspflichtige Person – als überlebenden Ehegatten – zum **Antragsberechtigten** (→ Rn. 3). Durch Verweis in Abs. 2 auf § 34 Abs. 3 wird der **Wirkungseintritt einer Anpassung** wegen Tod der ausgleichberechtigten Person (→ Rn. 6), durch den Verweis in Abs. 2 auf § 34 Abs. 4 der **Übergang des Anspruchs** auf Anpassung wegen Tod der ausgleichberechtigten Person auf die **Erben** des – später auch – verstorbenen Ausgleichspflichtigen (→ Rn. 10) geregelt. Abs. 3 bestimmt schließlich **Unterrichtungspflichten,** und zwar zum einen der **ausgleichpflichtigen Person** gegenüber den Versorgungsträgern, bei denen er im Versorgungsausgleich Anrechte der ausgleichsberechtigten Person erworben hat (Abs. 3 S. 1, → Rn. 11), zum anderen **des zuständigen Versorgungsträgers** gegenüber den anderen Versorgungsträgern über den Eingang des Anpassungsantrags und der Entscheidung darüber (Abs. 3 S. 2, → Rn. 12). Zweck der Unterrichtungspflicht des Ausgleichspflichtigen ist es, den Versorgungsträgern zu ermöglichen, ihre Leistungen an die ausgleichspflichtige Person rechtzeitig einzustellen.[1] Die Unterrichtungspflicht des Versorgungsträgers, bei dem ein Anpassungsantrag gestellt wurde, dient dem Zweck, den weiteren Versorgungsträgern von der Tatsache und dem Zeitpunkt der Stellung des Antrags verlässlich Kenntnis zu geben sowie zu gewährleisten, dass diese mit Wirksamkeit seiner Entscheidung über die Anpassung ggf. die Versorgungszahlung an den Ausgleichspflichtigen einstellen und ohne Rechtsgrund geleistete Zahlungen zurückfordern können.[2] 1

## II. Zuständigkeit des Versorgungsträgers (Abs. 1 S. 1)

Abs. 1 S. 1 regelt in Übereinstimmung mit dem bisherigen Recht – dem früheren § 9 Abs. 1 VAHRG –, dass der **Versorgungsträger** über den Antrag auf Anpassung wegen Tod der ausgleichsberechtigten Person nach § 37 Abs. 1 entscheidet, und zwar derjenige, bei dem das aufgrund des Versorgungsausgleichs **gekürzte Anrecht** besteht bzw. an den **Beiträge zur Abwendung der Kürzung geleistet worden waren. Hat der Ausgleichspflichtige Beiträge zur Begründung von Anrechten** iSv § 37 Abs. 1 S. 2 gezahlt, kommt es nicht zur Kürzung seines Anrechts. Zuständig ist dann der Versorgungsträger, an den diese Beiträge geleistet wurden. In Abs. 3 S. 2 ist der Versorgungsträger, bei dem ein solcher Antrag gestellt wurde, kurz als **„zuständiger Versorgungsträger"** bezeichnet (→ Rn. 12). Hat die ausgleichspflichtige Person **mehrere solcher Anrechte** iSv § 32 bei verschiedenen Versorgungsträgern, ist ggf. bei jedem ein gesonderter Antrag zu stellen. Bei Streit über die Richtigkeit der vom Versorgungsträger getroffenen Entscheidung ist – wie bisher – der **Rechtsweg** zu den **jeweiligen Fachgerichten** gegeben, also ua bezüglich der Träger der gesetzlichen Rentenversicherung zu den Sozialgerichten und bezüglich der Beamtenversorgungsträger zu den Verwaltungsgerichten (→ § 34 Rn. 19; § 36 Rn. 2).[3] 2

## III. Antragsberechtigung der ausgleichpflichtigen Person (Abs. 1 S. 2)

Nach Abs. 1 S. 2 ist die **ausgleichspflichtige Person** als überlebender Ehegatte berechtigt, 3
den Antrag auf Anpassung wegen Tod der ausgleichsberechtigten Person zu stellen. Die **Hinterbliebenen des Ausgleichspflichtigen** sind im Gegensatz zu § 9 Abs. 2 Alt. 2 VAHRG nicht mehr

1 Vgl. BT-Drs. 16/10144, 76.
2 Vgl. BT-Drs. 16/10144, 76.
3 *Ruland* Versorgungsausgleich Rn. 1067.

antragsberechtigt.[4] weil entgegen der früheren Regelung in § 4 Abs. 1 VAHRG eine Anpassung zugunsten von Hinterbliebenen des Ausgleichpflichtigen bei Tod der ausgleichberechtigten Person nicht mehr vorgesehen ist (→ § 37 Rn. 7); sie bedürfen daher auch nicht eines eigenen Antragsrechts.

4 Wurde nach § 4 VAHRG ein Antrag abgelehnt, weil die ausgleichsberechtigte Person verstorben ist, weil sie eine insgesamt zwei Jahresbeträge übersteigende Rente bezogen hatte, liegen jedoch die Voraussetzungen gem. § 37 für eine Anpassung des Versorgungsausgleichs vor, weil der ausgleichsberechtigte Ehegatte noch keine 36 Monate aus dem ausgeglichenen Anrecht Versorgungsleistungen bezogen hat, kann ein neuer Antrag gestellt werden.

5 Dem Antrag sollte eine Sterbeurkunde der ausgleichsberechtigten Person, eine Kopie des Scheidungsurteils oder -beschlusses, dem sämtliche beteiligten Versorgungsträger zu entnehmen sind, und der Nachweis der erfolgten Information nach Abs. 3 S. 1 beigefügt werden.[5]

## IV. Verweis auf § 34 Abs. 3 und 4 (Abs. 2)

6 **1. Verweis auf § 34 Abs. 3, Wirkungseintritt der Entscheidung.** Durch Verweis in Abs. 2 auf § 34 Abs. 3 wird der Eintritt der Wirkung der Entscheidung des Versorgungsträgers im Gleichlauf mit den übrigen Anpassungstatbeständen der § 33 ff. geregelt. Die Anpassung wegen Tod der ausgleichpflichtigen Person wirkt ab dem ersten Tag des Monats, der auf den Monat der Antragstellung folgt, also im Grundsatz **ex nunc.** Es gibt daher **keine Rückwirkung** mehr, wie sie – ohne dass das ausdrücklich im VAHRG geregelt war – von der Rspr. und der überwiegenden Literatur zu § 4 VAHRG dahin angenommen wurde, dass der Fortfall der Kürzung ab Beginn der gekürzten Rentenleistung – **ex tunc** – eintrat.[6] Mit der jetzigen Regelung werden die Versorgungsträger vor weiteren Rückabwicklungen geschützt; sie trägt zudem dem Umstand Rechnung, dass mit der nachträglichen Anpassung gemäß §§ 33 ff. zulasten der Versichertengemeinschaft das **Versicherungsprinzip** durchbrochen wird.[7] Der Antrag sollte daher möglichst rechtzeitig gestellt werden, um finanzielle Verluste durch eine verspätete Antragstellung zu vermeiden. Wird der Tod der Ausgleichsberechtigten dem antragsberechtigten Ausgleichpflichtigen erst geraume Zeit nach dem Todesdatum bekannt, ändert das in Anbetracht des klaren Wortlauts an der Wirkung des Antrags ex nunc nichts. Vielmehr entspricht es dem Willen des Gesetzgebers, dass die Anpassung wegen Vorversterbens des Berechtigten nicht mehr rückwirkend, sondern erst ab dem auf die Antragstellung folgenden Monat eintritt.[8] Da § 38 Abs. 2, § 34 Abs. 3 einen Anspruch auf Zahlung der ungekürzten Versorgung unter anderem an die vorangegangene Antragstellung des Ausgleichspflichtigen knüpfen, kommt auch eine rückwirkende Aussetzung der Kürzung unter dem Gesichtspunkt der Wiedereinsetzung in den vorigen Stand nicht in Betracht.[9] Eine **Analogie zu § 99 Abs. 1 SGB VI** mit der dort vorgesehenen Rückwirkung eines Rentenantrags ist nicht zulässig.[10] Diese Beschränkung der Anpassung auf die ab dem auf die Antragstellung folgenden Monat fälligen Versorgungsleistungen ist verfassungsrechtlich unbedenklich.[11] Der ausgleichsberechtigte Ehegatte muss sich deshalb spätestens ab Versorgungsbezug darüber informieren, ob die Möglichkeit der Anpassung besteht. Dies ist ihm auch unter verfassungsrechtlichen Aspekten zumutbar.[12]

7 Ist der ausgleichspflichtige Ehegatte in der gesetzlichen Rentenversicherung versichert, kommt ein Hinweis des Versorgungsträgers gem. der Arbeitsanweisung R 7.1 zu den §§ 37, 38 in Betracht (vgl. auch § 115 Abs. 6 SGB VI; → § 37 Rn. 5). Dies setzt voraus, dass die maßgeblichen Daten zur Dauer des Rentenbezugs in dem Konto des Ausgleichspflichtigen gespeichert sind. Ist dies nicht der Fall, kann eine unterlassene Mitteilung auch gegenüber einem Mitglied der Deutschen Rentenversicherung keinen sozialen Herstellungsanspruch oder Schadensersatzanspruch auslösen.[13]

---

4 *Borth* Versorgungsausgleich Kap. 8 Rn. 56 und *Ruland* Versorgungsausgleich Rn. 1067; HK-VersAusglR/*Rehbein* Rn. 5 und § 37 Rn. 23.

5 BT-Drs. 16/10144, 76 f.

6 Vgl. ua BSG SozR 1300 § 48 Abs. 10 Nr. 36 = DAngVers. 1988, 324; SozR 5795 § 4 VAHRG Nr. 5; FamRZ 2007, 815; → 5. Aufl. 2009, VAHRG § 4 Rn. 23 mwN *(Gräper)*.

7 BT-Drs. 16/10144, 76.

8 BVerwG BeckRS 2016, 41468 Rn. 12; OVG Münster NZFam 2017, 179 = BeckRS 2017, 100491.

9 BVerwG BeckRS 2016, 41356.

10 Vgl. *Ruland* Versorgungsausgleich Rn. 1061.

11 BVerwG BeckRS 2016, 41468; BeckRS 2016, 41356; VGH Mannheim BeckRS 2014, 46686; BayLSG BeckRS 2014, 65261; VG Neustadt (Weinstraße) BeckRS 2014, 49365; krit. dagegen *Hauß/Bührer*, Versorgungsausgleich und Verfahren in der Praxis, 2. Aufl. 2014, Rn. 727; krit. auch Soergel/*Schmeiduch* Rn. 9.

12 BVerwG BeckRS 2016, 41356.

13 LSG Nordrhein Westfalen BeckRS 2013, 71529; SG Würzburg BeckRS 2016, 116978 = NZFam 2017, 767.

Bezieht dieser von einem anderen Versorgungsträger eine Versorgung, besteht diesem gegenüber unter keinem rechtlichen Gesichtspunkt eine Hinweispflicht der gesetzlichen Rentenversicherung.[14]

Ein Träger der Beamtenversorgung ist wohl nur in Ausnahmefällen verpflichtet, den Ruhestandsbeamten darauf hinzuweisen, dass dieser durch einen Antrag die Kürzung seiner Versorgung wegen Vorversterbens des Ausgleichsberechtigten rückgängig machen könne.[15] **8**

Hatte der Ausgleichspflichtige Beiträge zur Abwendung der Kürzung geleistet, wirkt sich der Zeitpunkt der Antragstellung demgegenüber allenfalls auf zu leistende Zinsen auf den Erstattungsbetrag aus.[16] **9**

**2. Verweis auf § 34 Abs. 4, Vererblichkeit des Anpassungsanspruchs.** Durch Verweis in Abs. 2 auf § 34 Abs. 4 wird geregelt, dass der Anspruch auf Anpassung wegen Tod der ausgleichsberechtigten Person – nur dann – auf die Erben des Ausgleichspflichtigen übergeht, wenn der **Erblasser** den **Anpassungsantrag zu seinen Lebzeiten** gestellt hatte. Einen originären eigenen Anspruch haben sie nicht. Die Bestimmung entspricht dem früheren § 9 Abs. 3 VAHRG. **10**

### V. Unterrichtungspflicht der ausgleichspflichtigen Person (Abs. 3 S. 1)

Abs. 3 S. 1 bestimmt, dass die ausgleichspflichtige Person diejenigen **Versorgungsträger** unverzüglich über die Antragstellung zu unterrichten hat, bei denen sie **Anrechte von der verstorbenen ausgleichsberechtigten Person erworben** hat. Damit soll sichergestellt werden, dass diese Versorgungsträger ihre Leistungen an die ausgleichspflichtige Person rechtzeitig einstellen können (→ Rn. 1). Die Unterrichtung hat nach S. 1 **unverzüglich** zu erfolgen. Unverzüglich bedeutet nach der in § 121 Abs. 1 S. 1 BGB enthaltenen Legaldefinition, die für das gesamte Privat- wie auch öffentliche Recht gilt, **ohne schuldhaftes Zögern,** was nicht sofort bedeuten muss (→ § 36 Rn. 14). Da die Anpassung zu einem Erlöschen der Versorgungsansprüche führt, die der ausgleichspflichtige Ehegatte von dem ausgleichsberechtigten Ehegatten erworben hat, sollte sich dieser genau überlegen, ob sich ein Antrag auf Anpassung für ihn rechnet. **11**

### VI. Unterrichtungspflicht des zuständigen Versorgungsträgers (Abs. 3 S. 2)

Nach Abs. 3 S. 2 hat der zuständige Versorgungsträger die anderen Versorgungsträger über den Eingang des Antrags und seine Entscheidung zu unterrichten. Wer **zuständiger Versorgungsträger** ist, ergibt sich aus Abs. 3 S. 1; es ist der Versorgungsträger, der zuvor über die Aussetzung der Kürzung oder die Entrichtung von Beiträgen zur Abwendung der Kürzung (→ Rn. 2) entschieden hat. Mit dieser Pflicht wird sichergestellt, dass diese Versorgungsträger verlässlich **Kenntnis vom Zeitpunkt der Antragstellung** und der darauf ergehenden **Entscheidung des zuständigen Versorgungsträgers** haben (→ Rn. 1).[17] **12**

---

14 OLG Hamm FamRZ 2014, 1640 für Versterben des Ausgleichsberechtigten vor dem 1.9.2009.

15 Vgl. hierzu OVG Lüneburg NVwZ-RR 2013, 850; VGH Mannheim BeckRS 2014, 46686; VG München BeckRS 2014, 47512.

16 Soergel/*Schmeiduch* Rn. 15.

17 BT-Drs. 16/10144, 76.

# Teil 2. Wertermittlung

## Kapitel 1. Allgemeine Wertermittlungsvorschriften

### § 39 Unmittelbare Bewertung einer Anwartschaft

**(1) Befindet sich ein Anrecht in der Anwartschaftsphase und richtet sich sein Wert nach einer Bezugsgröße, die unmittelbar bestimmten Zeitabschnitten zugeordnet werden kann, so entspricht der Wert des Ehezeitanteils dem Umfang der auf die Ehezeit entfallenden Bezugsgröße (unmittelbare Bewertung).**

**(2) Die unmittelbare Bewertung ist insbesondere bei Anrechten anzuwenden, bei denen für die Höhe der laufenden Versorgung Folgendes bestimmend ist:**
**1. die Summe der Entgeltpunkte oder vergleichbarer Rechengrößen wie Versorgungspunkten oder Leistungszahlen,**
**2. die Höhe eines Deckungskapitals,**
**3. die Summe der Rentenbausteine,**
**4. die Summe der entrichteten Beiträge oder**
**5. die Dauer der Zugehörigkeit zum Versorgungssystem.**

Übersicht



#### I. Normzweck

Teil 2 des Gesetzes regelt die Wertermittlung. Dabei bilden die vorrangige unmittelbare Bewertung und die nachrangige zeitratierliche Bewertung des § 40 die grundlegenden Methoden zur Wertermittlung der ehezeitlich erworbenen Anrechte in der **Anwartschaftsphase,** also dem Zeitraum, in dem noch kein Anspruch auf Versorgung besteht. Für laufende Leistungen ist gemäß § 41 gleichfalls die unmittelbare vor der zeitratierlichen Bewertung anzuwenden. Führen die beiden Methoden nicht zu einem angemessenen Ergebnis, greift die Billigkeitsbewertung (§ 42). Die allgemeinen Wertermittlungsvorschriften der §§ 39–42 werden ergänzt durch Vorschriften für bestimmte Versorgungsträger (§§ 43–46) und die Ermittlung des korrespondierenden Kapitalwerts (§ 47) als Hilfsgröße für die Anrechte, die nicht als Kapitalwert mitgeteilt werden. 1

Die Vorschrift ist im Zusammenhang mit § 5 zu sehen, der festlegt, dass die Bestimmung des Ehezeitanteils durch die Versorgungsträger in einer systemspezifischen Bezugsgröße bezogen auf das Ende der Ehezeit erfolgt. Als Stichtag für die Bewertung ist somit das Ehezeitende festgelegt. In der Festlegung von Bewertungsmethoden zeigt sich die Abkehr von der früher geltenden versorgungssystemspezifischen Einordnung zur Ermittlung des Ehezeitanteils (§ 1587a BGB aF). Die Ermittlung des Ehezeitanteils richtet sich nun nicht mehr nach der Zuordnung eines Anrechts zu einem bestimmten System wie etwa der gesetzlichen Rentenversicherung, der Beamtenversorgung, der berufsständischen Versorgung oder der betrieblichen Altersversorgung, sondern es gelten für alle Anrechte aus jedwedem System die **vorrangige unmittelbare Bewertungsmethode** und hilfsweise die zeitratierliche Bewertungsmethode. Die früher geltenden versorgungssystemspezifischen Bewertungsvorschriften lassen sich jeweils auf eine der beiden Methoden zurückführen. Die 2

Beschränkung auf die beiden Methoden ist gegenüber der versorgungssystemorientierten Bewertung übersichtlicher und ist gleichzeitig offen für neue Versorgungssysteme.

3 Entfallen konnte mit der nunmehr geltenden anrechtsbezogenen Aufteilung auf der Grundlage der für das jeweilige Versorgungssystem maßgebenden Bezugsgröße die früher notwendige **Vergleichbarmachung der Anrechte.** Die Vergleichbarmachung ist nur in Einzelfällen erforderlich und bedient sich hierzu der korrespondierenden Kapitalwerte nach § 47.[1]

## II. Grundsatz und Technik der unmittelbaren Bewertung

4 Eine unmittelbare Bewertung einer Anwartschaft ist nach § 39 Abs. 1 dann möglich, wenn die **systemspezifische Bezugsgröße** bestimmten Zeitabschnitten **direkt zugeordnet** werden kann. Die Höhe der Versorgung muss sich aus der ehezeitlich erworbenen Bezugsgröße ableiten lassen. Außerhalb der Ehezeit liegende Berechnungsfaktoren dürfen den Wert nicht beeinflussen.[2] Der Wert des Ehezeitanteils entspricht dann dem Umfang der auf die Ehezeit entfallenden Bezugsgröße. Die unmittelbare Bewertung sieht der Gesetzgeber als die genauere und daher vorrangig anzuwendende Bewertungsmethode an, denn sie bezieht ausschließlich retrospektiv in der Ehezeit liegende Vorgänge in die Bewertung ein.[3] Der Wert steht zum Ehezeitende unveränderlich fest. Eine Projektion zur Bestimmung der bei Erreichen der Altersgrenze zu erwartenden Bezugsgröße wie bei der zeitratierlichen Methode des § 40 ist nicht erforderlich (→ § 40 Rn. 2, 10).

5 Ein Anrecht kann sich aus **unmittelbar und zeitratierlich** zu bewertenden **Elementen** zusammensetzen. In diesem Fall ist eine differenzierte Bewertung notwendig, wobei der Vorrang der unmittelbaren Bewertung zu berücksichtigen ist und nur der Teil zeitratierlich bewertet werden darf, der nicht unmittelbar bewertet werden kann.[4] Beispielhaft nennt die Gesetzesbegründung hier berufsständische Versorgungen, bei denen neben den unmittelbar zuzuordnenden Steigerungszahlen noch Zuschläge hinzukommen, die keinen Zeitbezug aufweisen.[5] Auch bei der Zusatzversorgung des öffentlichen Dienstes ist eine unmittelbare Bewertung der Versorgungspunkte für Dienstzeiten nach dem 31.12.2001 vorzunehmen (→ Rn. 11 f.). Dagegen ist die Startgutschrift für die vor 2002 liegende Dienstzeit zeitratierlich zu bewerten (→ § 40 Rn. 18). Bei einer jährlichen Zuteilung der Bezugsgröße erfolgt zu Beginn und zum Ende der Ehezeit eine zeitratierliche Bewertung. So kann beispielsweise bei jährlich zugewiesenen Rentenbausteinen der Baustein zu Beginn und zum Ende der Ehezeit zeitratierlich auf Monatsbasis ermittelt werden (→ § 40 Rn. 20).

## III. Beispiele für die unmittelbare Bewertung

6 § 39 Abs. 2 enthält eine beispielhafte aber nicht abschließende Aufzählung von Fällen, die der unmittelbaren Bewertung unterliegen.

7 **1. Summe der Entgeltpunkte und den Entgeltpunkten vergleichbare Rechengrößen. a) Summe der Entgeltpunkte.** Die Summe der Entgeltpunkte bestimmt den Wert einer Anwartschaft aus der gesetzlichen Rentenversicherung. Maßgebend sind gemäß § 109 Abs. 6 SGB VI die Entgeltpunkte aus der Berechnung einer Vollrente wegen Erreichens der Regelaltersgrenze. Der Ehezeitanteil ergibt sich aus der **Summe der ehezeitlich erworbenen Entgeltpunkte.**[6] Die dem Ausgleich zugrunde liegenden Entgeltpunkte sind Teilungsgegenstand und in der Entscheidung zum Versorgungsausgleich direkt zu nennen (zur Tenorierung → 7. Aufl. 2017, FamFG § 224 Rn. 17). Die Höhe der ehezeitlich erworbenen Anwartschaft ergibt sich durch Multiplikation der Entgeltpunkte mit dem aktuellen Rentenwert zum Ende der Ehezeit. Die vier Entgeltpunktearten (Entgeltpunkte in der allgemeinen Rentenversicherung, Entgeltpunkte (Ost) in der allgemeinen Rentenversicherung, Entgeltpunkte in der knappschaftlichen Rentenversicherung, und Entgeltpunkte (Ost) in der knappschaftlichen Rentenversicherung) sind getrennt zu ermitteln und getrennt auszugleichen.[7] Die ehezeitlich erworbenen Entgeltpunkte aus der Berechnung einer Vollrente wegen Erreichens der Regelaltersgrenze sind Teilungsgegenstand, nicht aber die mit dem individuellen Zugangsfaktor

---

1 BT-Drs. 16/10144, 77; Johannsen/Henrich/*Holzwarth* Rn. 6; Erman/*Norpoth/Sasse* Vor § 39 Rn. 4; BeckOGK/*Siede* Rn. 32.

2 *Borth* Versorgungsausgleich Kap. 2 Rn. 8; BeckOGK/*Siede* Rn. 1.

3 BT-Drs. 16/10144, 79; BeckOGK/*Siede* Rn. 1, 62.

4 BT-Drs. 16/10144, 78; Johannsen/Henrich/*Holzwarth* Rn. 14.

5 BT-Drs. 16/10144, 78; Johannsen/Henrich/*Holzwarth* Rn. 14; BeckOGK/*Siede* Rn. 68.

6 Zu den anzurechnenden Entgeltpunkten ausf. Deutsche Rentenversicherung Bund, Versorgungsausgleich in der gesetzlichen Rentenversicherung, § 39 Ziff. 4.4.

7 Deutsche Rentenversicherung Bund, Versorgungsausgleich in der gesetzlichen Rentenversicherung, § 39 Ziff. 4.8.

des Ausgleichspflichtigen multiplizierten persönlichen Entgeltpunkte.[8] Die Spezialvorschrift des § 43 bestimmt in Abs. 1 die Anwendung der unmittelbaren Bewertungsmethode für die Anrechte der gesetzlichen Rentenversicherung. Einzelheiten zur Bewertung von Anrechten der gesetzlichen Rentenversicherung → § 43 Rn. 1 ff.

**b) Den Entgeltpunkten vergleichbare Rechengrößen.** Bei den Entgeltpunkten vergleichbaren Rechengrößen handelt es sich insbesondere um: 8

**aa) Leistungszahlen, Steigerungszahlen oder Punktzahlen.** Diese Bezugsgrößen finden sich häufig bei den berufsständischen Versorgungswerken. Hierbei handelt es sich um Sondersysteme, die für die kammerfähigen Freien Berufe (Ärzte, Apotheker, Architekten, Notare, Rechtsanwälte, Steuerberater, Tierärzte, Wirtschaftsprüfer und vereidigte Buchprüfer, Zahnärzte) die Pflichtversorgung bezüglich der Alters-, Invaliditäts- und Hinterbliebenenversorgung sicherstellen. Die 89 berufsständischen Versorgungswerke mit mehr als 900.000 Mitgliedern sind in der **Arbeitsgemeinschaft berufsständischer Versorgungswerke (ABV)** zusammengeschlossen.[9] Die Ermittlung der Rente ist in den Versorgungswerken sehr unterschiedlich, so dass grundsätzlich die Berechnung anhand der jeweiligen Satzung nachzuvollziehen ist. Die bei diesen Versorgungswerken bestehenden Anrechte gelten, wenn sie gemäß § 6 Abs. 1 Nr. 1 lit. a SGB VI vor dem 1.1.1995 zu einer Befreiung von der Versicherungspflicht in der gesetzlichen Rentenversicherung geführt hatten bzw. hätten, als Grundversorgungen iSd § 32. 9

Die Finanzierung der Leistungen der berufsständischen Versorgungswerke erfolgt überwiegend im Wege des offenen Deckungsplanverfahrens.[10] Bei dem umlageähnlichen abschnittsgedeckten offenen Deckungsplanverfahren werden vergleichbar zu den Entgeltpunkten in der gesetzlichen Rentenversicherung Leistungszahlen, Steigerungszahlen, Beitragsquotienten oder Punktzahlen aufgrund eines unterschiedlich definierten Verhältniswerts von eigener Beitragszahlung zu durchschnittlicher Beitragszahlung gebildet. Die Summe der ehezeitlich erworbenen Leistungs-, Steigerungs-, Punktzahlen oder Beitragsquotienten sind unmittelbar zu bewerten. Die Höhe der ehezeitlich erworbenen Leistung ergibt sich durch Multiplikation mit der zum Ende der Ehezeit maßgebenden Bemessungsgrundlage.[11] Sind neben den Leistungs-, Steigerungs-, Punktzahlen oder Beitragsquotienten zeitunabhängige Bestandteile wie etwa Zuschläge zu berücksichtigen, sind diese zeitratierlich zu bewerten (→ § 40 Rn. 22). 10

**bb) Versorgungspunkte bei einer Zusatzversorgung des öffentlichen Dienstes.** Bei der Zusatzversorgung handelt es sich um die im öffentlichen Dienst gewährte betriebliche Altersversorgung, die dazu dient die „Ungleichbehandlung" zwischen Beamten und nichtbeamteten Bediensteten hinsichtlich der Altersversorgung auszugleichen. So war die Zusatzversorgung bis zum 31.12.2001 ein an der Beamtenversorgung orientiertes Gesamtversorgungssystem. Die bis zu diesem Zeitpunkt erworbenen Anwartschaften wurden bei der Systemumstellung in eine **Startgutschrift** umgerechnet, die nicht der unmittelbaren Bewertung unterliegt. Träger der Zusatzversorgung sind die Versorgungsanstalt des Bundes und der Länder (VBL) sowie weitere kommunale und kirchliche Zusatzversorgungskassen. Obwohl es sich bei der Zusatzversorgung des öffentlichen Dienstes um betriebliche Altersversorgung handelt, ist gemäß § 45 Abs. 3 die Sondervorschrift für die Anrechte der betrieblichen Altersversorgung nicht anwendbar. Für die Zusatzversorgung des öffentlichen Dienstes gelten die allgemeinen Regeln der §§ 39–41.[12] 11

Seit dem Jahr 2002 gilt auf Grundlage des Tarifvertrags über die betriebliche Altersvorsorge der Beschäftigten des öffentlichen Dienstes (ATV für Bund/Länder; ATV-K Altersvorsorge-TV-Kommunal für die Kommunen) das **Punktemodell,** das der unmittelbaren Bewertung unterliegt.[13] Es handelt sich um eine beitragsorientierte Leistungszusage (→ Rn. 19). Dabei wird 1/12 des zusatzversorgungspflichtigen Jahresentgelts ins Verhältnis zum Referenzentgelt von 1.000 EUR gesetzt. Das Ergebnis wird mit einem altersabhängigen Faktor multipliziert und so die jeweiligen Versorgungspunkte festgestellt. Des Weiteren werden Versorgungspunkte auch für soziale Komponenten gewährt (Kindererziehung, Zurechnungszeiten) und ggf. Bonuspunkte für Überschüsse gutgeschrieben. Der Ehezeitanteil ergibt sich aus der Summe der ehezeitlich erworbenen Versorgungspunkte. Die Höhe des ehezeitlich erworbenen Anrechts ergibt sich durch Multiplikation der 12

8 BGH BeckRS 2016, 11579 = FamRZ 2016, 1343.

9 Die ABV verweist auf ihrer Homepage (www.abv.de) auf die jeweiligen Internetseiten der einzelnen Versorgungswerke, denen weiterführende Hinweise zur Anwartschaftsermittlung entnommen werden können.

10 *Glockner/Hoenes/Weil,* Versorgungsausgleich, 2. Aufl. 2013, § 7 Rn. 7.

11 Beispiele für unmittelbar zu bewertende berufsständische Versorgungswerke bei *Ruland* Versorgungsausgleich Rn. 426.

12 BT-Drs. 16/10144, 83; Johannsen/Henrich/*Holzwarth* § 45 Rn. 92.

13 BT-Drs. 16/10144, 78; BeckOGK/*Siede* Rn. 164; Erman/*Norpoth/Sasse* Rn. 6.

Versorgungspunkte mit dem Messbetrag von 4 EUR. Die Teilung selbst wird seitens der Versorgungsträger allerdings nicht auf Basis der Versorgungspunkte, sondern auf Basis eines versicherungsmathematisch ermittelten Barwerts des ehezeitlichen Anrechts durchgeführt, der dann wiederum mit den Daten der ausgleichsberechtigten Person in Versorgungspunkte umgerechnet wird.[14] Die Vorgehensweise war umstritten (→ § 5 Rn. 45).[15] Der BGH hat die Teilung auf Basis des die Versorgungspunkte widerspiegelnden Barwerts – insbesondere auch zur Wahrung der Kostenneutralität beim Versorgungsträger – grundsätzlich gebilligt.[16] Dem ist zuzustimmen, denn die Bewertung des Anrechts in Form ehezeitlich erworbener Versorgungspunkte bleibt der Vorschrift des § 39 entsprechend unmittelbar. Die weiteren Schritte (Umrechnung in einen Barwert und Rückrechnung in Versorgungspunkte für den Ausgleichsberechtigten) dient der kostenneutralen Teilung des Anrechts. Allerdings lässt der BGH die Verwendung von geschlechtsspezifisch unterschiedlichen Barwertfaktoren für Männer und Frauen bei der Umrechnung bzw. Rückrechnung von Versorgungspunkten für Auskünfte ab 1.1.2013 nicht mehr zu, Er sieht in der Verwendung geschlechtsspezifischer Faktoren eine mit Art. 3 Abs. 3 S. 1 GG nicht zu vereinbarenden Ungleichbehandlung von ausgleichsberechtigten Personen männlichen und weiblichen Geschlechts. Bei der Bewertung des Sachverhalts betont der BGH jedoch, dass die VBL als Anstalt des öffentlichen Rechts eine öffentliche Aufgabe lediglich in privatrechtlicher Form wahrnimmt, so dass die Satzung der VBL insbesondere an die Beachtung des Gleichheitsgrundrechts gebunden ist. Eine Übertragbarkeit auf andere Versorgungsträger ist damit nicht ohne Weiteres gegeben. Zur zeitratierlichen Bewertung der bis zum 31.12.2001 erworbenen Anrechte aus einer Zusatzversorgung des öffentlichen Dienstes → § 40 Rn. 18).

13 **cc) Steigerungszahlen bei der Alterssicherung der Landwirte.** In der Alterssicherung für Landwirte (ASdL) sind alle Unternehmer der Land- und Forstwirtschaft einschließlich des Garten- und Weinbaues, der Fischzucht und der Teichwirtschaft sowie deren mitarbeitende Familienangehörige pflichtversichert, wenn der Betrieb eine gewisse Mindestgröße gemäß § 1 Abs. 5 ALG erreicht. Träger ist die Sozialversicherung für Landwirtschaft, Forsten und Gartenbau (SVLFG), in der zum 1.1.2013 die bisherigen Alterskassen eingegliedert wurden. In den Angelegenheiten der Alterssicherung der Landwirte führt sie jedoch die Bezeichnung landwirtschaftliche Alterskasse (§ 49 S. 2 ALG).

14 Für die Zeiten der Versicherung werden **Steigerungszahlen** erworben, aus denen sich die Rente durch Multiplikation mit dem aktuellen Rentenwert ergibt. Die Steigerungszahl errechnet sich, aus der Anzahl der Kalendermonate mit Beitragszeiten, Zurechnungszeiten oder Zeiten des Bezugs einer mit einer Zurechnungszeit zusammentreffenden Erwerbsminderungsrente multipliziert mit einem Faktor. Der Faktor beträgt 0,0833 für den Unternehmer und 0,0417 für dessen selbstständig versicherten Ehegatten. Der Ehezeitanteil des Anrechts ist unmittelbar durch die ehezeitlich erworbenen Steigerungszahlen bestimmt. Die Höhe des ehezeitlich erworbenen Anrechts aus der ASdL ergibt sich durch Multiplikation der ehezeitlichen Steigerungszahl mit dem allgemeinen Rentenwert zum Ende der Ehezeit.

15 **2. Das Deckungskapital als Bezugsgröße.** Die klassische Art der Finanzierung von Renten gleich welcher Art erfolgt mithilfe von Deckungsrückstellungen. Es wird dasjenige Deckungskapital angespart, das bei Beachtung der anerkannten Regeln der Versicherungsmathematik und den zugrundeliegenden Rechnungsgrundlagen zur Finanzierung der zugesagten Leistung erforderlich ist. Das Deckungskapital setzt sich aus den eingezahlten Beiträgen, den Zinsen und den gutgeschriebenen Überschüssen zusammen, wovon jedoch noch die Risikoprämien und die Verwaltungs- und sonstigen Kosten in Abzug zu bringen sind.[17] Das **Deckungskapital,** das einer **ehezeitlichen Anwartschaft zuzuordnen** ist, errechnet sich – vergleichbar der Differenz von End- und Anfangsvermögen beim Zugewinnausgleich – aus der Differenz des Deckungskapitals am Ende und am Beginn der Ehezeit.

16 **a) Private Versicherungsverträge.** Private Versicherungen werden sowohl **als Rentenversicherungen als auch als Kapitalversicherungen** unter Zugrundelegung eines Anwartschaftsdeckungsverfahrens finanziert. Das Gesetz enthält für die Anrechte der Privatversicherung in § 46 Sondervorschriften. Danach ist der Rückkaufswert ohne Stornoabzug maßgebend (→ § 46). Dies gilt nicht für die sog. Rürup-Renten. Bei dieser Form der privaten Altersvorsorge existiert kein Rückkaufswert, da die Verträge nicht kapitalisierbar sein dürfen (→ § 46 Rn. 2). Hier erfolgt die Bewertung unmittelbar nach § 39 aus der Differenz des Deckungskapitals zum Ende und zum Beginn der Ehezeit.

---

[14] Vgl. hierzu zB § 32a VBL-Satzung idF der 24. Satzungsänderung vom April 2018.

[15] Dafür OLG Nürnberg NZFam 2015, 313 = FamRZ 2015, 1106; OLG Celle FamRZ 2014, 305; dagegen OLG Frankfurt FamRZ 2014, 755; *Bergner* NZFam 2015, 289 zu OLG Nürnberg.

[16] BGH BeckRS 2017, 106301 = FamRZ 2017, 871.

[17] BT-Drs. 16/10144, 78; Erman/*Norpoth/Sasse* Rn. 7; *Ruland* Versorgungsausgleich Rn. 347.

**b) Deckungskapitalbezogene berufsständische Versorgungsanrechte.** Neben dem offenen Deckungsplanverfahren erfolgt die Finanzierung einiger berufsständischer Versorgungswerke nach einem modifizierten Anwartschaftsdeckungsverfahren. Diese Finanzierungsform entspricht – bis auf eine Gesundheitsprüfung – derjenigen einer privaten Rentenversicherung. Hier ist demnach der Ehezeitanteil aus der Differenz des Deckungskapitals zum Ende und zu Beginn der Ehezeit zu ermitteln. Die Höhe der Renten, denen das mitgeteilte Deckungskapital zuzuordnen ist, ergibt sich jeweils aus einer der Satzung beigefügten Tabelle. 17

**c) Betriebliche Anrechte aus Direktversicherungen, Pensionskassen oder Pensionsfonds.** Anrechten der betrieblichen Altersversorgung kann in den Durchführungswegen Direktversicherung, Pensionskasse oder Pensionsfonds ein Deckungskapital zugrunde liegen. Hier gilt ergänzend die Spezialvorschrift des § 45. Danach ist gleichfalls die **unmittelbare Bewertung vorrangig** und wird bei diesen Durchführungswegen regelmäßig zum Tragen kommen. Der Ehezeitanteil wird nach der § 45 Abs. 1 S. 1 **Alt. 2** ganz überwiegend als Kapitalwert bestimmt (→ § 45 Rn. 48). Dabei ist der Übertragungswert nach § 4 Abs. 5 BetrAVG maßgebend, der bei einer über einen Pensionsfonds, eine Pensionskasse oder eine Direktversicherung durchgeführten betrieblichen Altersversorgung dem gebildeten Kapital entspricht. Dies ist bei Direktversicherungen das Deckungskapital. Auch bei Pensionskassen ist der Versorgung regelmäßig ein Deckungskapital zugeordnet. Bei einem Pensionsfonds ist der Marktwert der Fondsanteile zugrunde zu legen.[18] 18

**3. Summe der Rentenbausteine betrieblicher Anrechte.** Für die Anrechte der betrieblichen Altersversorgung gilt § 45, wonach der Wert des Anrechts als Rentenbetrag oder Kapitalwert nach den Regelungen des BetrAVG zu bestimmen ist. Der Ehezeitanteil des Anrechts ist dann wiederum vorrangig unmittelbar und hilfsweise zeitratierlich zu bewerten. Mit dem Gesetz zur Reform der gesetzlichen Rentenversicherung und zur Förderung eines kapitalgedeckten Altersvorsorgevermögens (Altersvermögensgesetz – AVmG) vom 26.6.2001 (BGBl. 2001 I 1310) wurde die beitragsorientierte Leistungszusage im Betriebsrentengesetz definiert. Nach § 1 Abs. 2 Nr. 1 BetrAVG liegt eine beitragsorientierte Leistungszusage vor, wenn sich der Arbeitgeber verpflichtet, bestimmte Beiträge in eine Anwartschaft auf Versorgungsleistungen umzuwandeln. Derartige Zusagen werden regelmäßig im Wege des **Bausteinprinzips** umgesetzt. Hierzu wird ein jährlicher Versorgungsaufwand definiert, der mittels einer Transformationstabelle in einen Renten- oder Kapitalbaustein umgerechnet wird. Die Faktoren einer solchen Tabelle sind abhängig von der eingerechneten Verzinsung, den berücksichtigten Sterbetafeln, dem zugesagten Leistungsspektrum (Alters-, Invaliden-, Hinterbliebenenleistung) und dem Rententrend. 19

Folgendes **Beispiel** zeigt die Ermittlung der ehezeitlichen Rentenbausteine für einen Mitarbeiter, der im Alter 30 geheiratet hat, mit der Vollendung des 40. Lebensjahres bei seinem Arbeitgeber eintritt und eine beitragsorientierte Leistungszusage erhält. Mit Vollendung des 50. Lebensjahres lässt sich der Mitarbeiter scheiden. Der vom Arbeitgeber zugesagte jährliche Versorgungsbeitrag soll 2.500 EUR betragen und der Verrentungsfaktor soll sich nach folgender Tabelle bestimmen:

| Alter | Faktor | Alter | Faktor | Alter | Faktor | Alter | Faktor |
|---|---|---|---|---|---|---|---|
| 20 | 0,4831 | 32 | 0,2772 | 44 | 0,1645 | 56 | 0,0997 |
| 21 | 0,4604 | 33 | 0,2651 | 45 | 0,1576 | 57 | 0,0959 |
| 22 | 0,4390 | 34 | 0,2535 | 46 | 0,1510 | 58 | 0,0923 |
| 23 | 0,4187 | 35 | 0,2425 | 47 | 0,1447 | 59 | 0,0889 |
| 24 | 0,3995 | 36 | 0,2321 | 48 | 0,1387 | 60 | 0,0856 |
| 25 | 0,3814 | 37 | 0,2222 | 49 | 0,1329 | 61 | 0,0825 |
| 26 | 0,3642 | 38 | 0,2128 | 50 | 0,1274 | 62 | 0,0795 |
| 27 | 0,3478 | 39 | 0,2038 | 51 | 0,1222 | 63 | 0,0765 |
| 28 | 0,3322 | 40 | 0,1952 | 52 | 0,1172 | 64 | 0,0735 |
| 29 | 0,3174 | 41 | 0,1870 | 53 | 0,1125 | 65 | 0,0704 |
| 30 | 0,3034 | 42 | 0,1792 | 54 | 0,1080 | 66 | 0,0672 |
| 31 | 0,2900 | 43 | 0,1717 | 55 | 0,1038 | 67 | 0,0639 |

Die ehezeitlich erworbenen Rentenbausteine sind dann wie folgt zu bestimmen:

| Alter | Versorgungsbeitrag in EUR | Verrentungsfaktor | Jährlicher Rentenbaustein in EUR | Aufsummierte Rentenbausteine in EUR |
|---|---|---|---|---|
| 40 | 2.500 | 0,1952 | 488,00 | 488,00 |
| 41 | 2.500 | 0,1870 | 467,50 | 955,50 |
| 42 | 2.500 | 0,1792 | 448,00 | 1.403,50 |
| 43 | 2.500 | 0,1717 | 429,25 | 1.832,75 |

[18] Blomeyer/Rolfs/Otto/*Rolfs* BetrAVG § 4 Rn. 171.

| Alter | Versorgungsbeitrag in EUR | Verrentungsfaktor | Jährlicher Rentenbaustein in EUR | Aufsummierte Rentenbausteine in EUR |
|---|---|---|---|---|
| 44 | 2.500 | 0,1645 | 411,25 | 2.244,00 |
| 45 | 2.500 | 0,1576 | 394,00 | 2.638,00 |
| 46 | 2.500 | 0,1510 | 377,50 | 3.015,50 |
| 47 | 2.500 | 0,1447 | 361,75 | 3.377,25 |
| 48 | 2.500 | 0,1387 | 346,75 | 3.724,00 |
| 49 | 2.500 | 0,1329 | 332,25 | 4.056,25 |
| 50 | 2.500 | 0,1274 | 318,50 | 4.374,75 |

Addiert man die in der Ehezeit erworbenen Rentenbausteine auf, so ergibt sich ein ehezeitlich erworbenes Anrecht von 4.374,75 EUR jährlich bzw. 364,56 EUR monatlich.

20 Solche Versorgungssysteme sind regelmäßig unmittelbar zu bewerten.[19] Der Ehezeitanteil ergibt sich aus der Summe der ehezeitlich erworbenen Bausteine, wobei auch hier bei jährlicher Zuteilung die Bewertung des ersten und letzten Bausteins jeweils zeitanteilig erfolgt (→ § 40 Rn. 20).

21 **4. Summe der entrichteten Beiträge – beitragsabhängige Anwartschaften.** Die unmittelbare Bewertung des Ehezeitanteils von ausschließlich beitragsabhängigen Anwartschaften entspricht der früheren Regelung des § 1587a Abs. 2 Nr. 4 lit. c BGB aF.[20] In diesen Fällen bestimmt sich der Ehezeitanteil eines Anrechts nach der **Summe der entrichteten Beiträge.** Derartige Versorgungen, bei denen sich die Leistung aus einem festen Prozentsatz des entrichteten Beitrags ergibt, finden sich etwa bei berufsständischen Versorgungen. Der Prozentsatz kann auch in Altersklassen gestuft sein, wie beispielsweise im Versorgungswerk der Architektenkammer Baden-Württemberg (§ 30 Abs. 4 VwdA-Satzung). Ebenso bestimmen sich die Steigerungsbeträge der gesetzlichen Rentenversicherung nach § 269 SGB VI für die Höherversicherung und für Zeiten der freiwilligen Versicherung vor dem 1.1.1991 nach der Summe der entrichteten Beiträge. Die Höhe des Ehezeitanteils des Anrechts entspricht dem Beitrag multipliziert mit dem nach der jeweiligen Versorgung maßgebenden Prozentsatz bzw. Faktor.

**Beispiel:**

| | |
|---|---|
| Summe der ehezeitlichen Beiträge: | 17.500 EUR |
| Verrentungsprozentsatz: | 20 % |
| ehezeitliche Rente (20 % × 17.500 EUR): | 3.500 EUR |

22 **5. Dauer der Zugehörigkeit zum Versorgungssystem – zeitabhängige Anwartschaften.** Die unmittelbare Bewertung ausschließlich **zeitabhängiger Anwartschaften** ist dann möglich, wenn die Höhe der Versorgung ausschließlich von der Dauer der Zugehörigkeit zum Versorgungssystem abhängig ist. Der Erwerb der Anwartschaft muss linear über die gesamte Zeitdauer erfolgen, ohne dass es einen Sockelbetrag bei Aufnahme in das Versorgungssystem gibt oder eine Höchstgrenze für die zeitabhängigen Zuwächse (beispielsweise es werden nur 30 Jahre berücksichtigt). Sockelbeträge oder Dienstzeitbegrenzungen, die eine unmittelbare Bewertung ausschließen, finden sich häufig in betrieblichen Versorgungswerken. Für die Altersentschädigung der Bundestagsabgeordneten sieht § 25a Abs. 3 AbgG die unmittelbare Bewertung explizit vor, obwohl die Altersentschädigung, die pro Jahr der Mitgliedschaft zum Bundestag 2,5 % der Abgeordnetenentschädigung beträgt, auf 67,5 % der Bemessungsgrundlage begrenzt ist. Allerdings wird bei Erreichen der Versorgungshöchstgrenze auch stets die Altersgrenze erreicht (vgl. § 19 Abs. 3 S. 2 AbgG wonach die Altersgrenze vom 8. bis zum 18. Jahr der Mitgliedschaft im Bundestag jeweils um ein Jahr sinkt).

**Beispiel:**

| | |
|---|---|
| Rente pro Jahr der Zugehörigkeit zum System: | 20 EUR |
| ehezeitliche Dauer der Zugehörigkeit zum System: | 22 Jahre |
| ehezeitliches Anrecht (22 Jahre × 20 EUR): | 440 EUR |

## § 40 Zeitratierliche Bewertung einer Anwartschaft

**(1) Befindet sich ein Anrecht in der Anwartschaftsphase und richtet sich der Wert des Anrechts nicht nach den Grundsätzen der unmittelbaren Bewertung gemäß § 39, so ist der Wert des Ehezeitanteils auf der Grundlage eines Zeit-Zeit-Verhältnisses zu berechnen (zeitratierliche Bewertung).**

[19] Zu den Ausnahmen BeckOGK/*Scholer* § 45 Rn. 99 ff.
[20] BT-Drs. 16/10144, 78.

**(2) [1]Zu ermitteln ist die Zeitdauer, die bis zu der für das Anrecht maßgeblichen Altersgrenze höchstens erreicht werden kann (n). [2]Zudem ist der Teil dieser Zeitdauer zu ermitteln, der mit der Ehezeit übereinstimmt (m). [3]Der Wert des Ehezeitanteils ergibt sich, wenn das Verhältnis der in die Ehezeit fallenden Zeitdauer und der höchstens erreichbaren Zeitdauer (m/n) mit der zu erwartenden Versorgung (R) multipliziert wird (m/n × R).**

**(3) [1]Bei der Ermittlung der zu erwartenden Versorgung ist von den zum Ende der Ehezeit geltenden Bemessungsgrundlagen auszugehen. [2]§ 5 Abs. 2 Satz 2 bleibt unberührt.**

**(4) Die zeitratierliche Bewertung ist insbesondere bei Anrechten anzuwenden, bei denen die Höhe der Versorgung von dem Entgelt abhängt, das bei Eintritt des Versorgungsfalls gezahlt werden würde.**

**(5) Familienbezogene Bestandteile des Ehezeitanteils, die die Ehegatten nur auf Grund einer bestehenden Ehe oder für Kinder erhalten, dürfen nicht berücksichtigt werden.**

**Übersicht**



## I. Normzweck

Die Vorschrift gilt für Anrechte in der **Anwartschaftsphase** und bestimmt in Abs. 1 zunächst, dass ihre Anwendung nur nachrangig erfolgen darf, wenn die unmittelbare Bewertung des Anrechts nicht möglich ist. Der Berechnungsgang einer zeitratierlichen Bewertung wird in Abs. 2 beschrieben. Für die Berechnung sind die Bemessungsgrundlagen zum Ende der Ehezeit festzuschreiben (Abs. 3) und familienbezogene Bestandteile zu eliminieren (Abs. 5). Jedoch sind auf die Ehezeit zurückwirkende nachehezeitliche Veränderungen zu berücksichtigen (Abs. 3). Als beispielhafter Anwendungsbereich der zeitratierlichen Bewertung werden endgehaltsabhängige Versorgungen aufgeführt (Abs. 4). 1

Bei der zeitratierlichen Bewertung eines Anrechts wird die erwartete Versorgung ermittelt und ins Verhältnis der ehezeitlichen zur maximal erreichbaren Zeitdauer im Versorgungssystem gesetzt. Die **zeitratierliche Bewertung** kommt **nachrangig** dann zur Anwendung, wenn die unmittelbare Bewertung nicht möglich ist, weil kein direkter Zusammenhang zwischen der Bezugsgröße aus der Ehezeit und der Höhe der Versorgung besteht.[1] Da bei der zeitratierlichen Bewertung kein unmittelbarer Bezug zur Ehezeit besteht, erfordert das Verfahren eine Projektion der erreichbaren Versorgung. Es ist demnach **keine retrospektive Betrachtung** auf die zurückliegende Ehezeit mit ihrem feststehenden Anwartschaftserwerb möglich. Für die in die Zukunft gerichtete Betrachtung des Anwartschaftsverlaufs sind notwendigerweise Annahmen zu treffen, die mit entsprechenden Unsicherheiten hinsichtlich des tatsächlichen Verlaufs verbunden sind. Daher sieht der Gesetzgeber die zeitratierliche Bewertung als ungenauer an.[2] 2

## II. Die Formel der zeitratierlichen Bewertung

Die zeitratierliche Bewertungsmethode führt zu einer **Linearisierung des Erwerbs** einer Anwartschaft. Es wird unterstellt, dass das Anrecht im Laufe der Zeit des Versorgungsaufbaus **gleichmäßig** erworben wird. Bei betrieblichen Anrechten, die als Leistungszusage erteilt werden, geht die mit § 40 vergleichbare gesetzliche Regelung des § 2 Abs. 1 BetrAVG zur Ermittlung der Höhe 3

1 BT-Drs. 16/10144, 79; BeckOGK/*Siede* Rn. 12; Johannsen/Henrich/*Holzwarth* Rn. 1.

2 BT-Drs. 16/10144, 79; Johannsen/Henrich/*Holzwarth* Rn. 2.

der unverfallbaren Anwartschaft davon aus, dass das Anrecht gleichmäßig über die gesamte Betriebszugehörigkeit erworben wird.[3] Hierbei wird ein durch Sockelbeträge ungleichmäßiger Erwerb eines Anrechts linearisiert bzw. es werden Zeiträume, die durch Höchstbeträge oder Dienstzeitbegrenzungen nicht direkt mit Steigerungsbeträgen belegt sind, für den Erwerb des Anrechts berücksichtigt. Auch bei der Zusage eines dienstzeitunabhängigen Festbetrages erfolgt durch die zeitratierliche Betrachtung eine Verteilung des Erwerbs auf die gesamte Betriebszugehörigkeit.

4 Eine unmittelbare Bewertung ist beispielsweise bei betrieblichen Leistungszusagen zwar grundsätzlich durch Zuordnung der maßgeblichen Bezugsgröße (bspw. Rentenbeträge) möglich, sie spiegelt aber nicht den Erwerb des Anrechts, das sogenannte **Erdienen,** wider. Würde die Bewertung und Aufteilung bei solchen Zusagen unmittelbar erfolgen, würde dies dazu führen, dass je nach Fallgestaltung mehr als die Hälfte der Anwartschaft abgegeben wird, was sich bei einem vorzeitigen Ausscheiden vor Erreichen der Altersgrenze zeigen würde.

**Beispiel:**
Die Versorgungsordnung eines betrieblichen Versorgungsträgers sieht für die ersten zehn Jahre der Beschäftigung die Gewährung einer monatlichen Altersrente ab Vollendung des 65. Lebensjahres in Höhe von 20 EUR pro Dienstjahre vor. Für jedes weitere Dienstjahr steigt die Altersrente um 10 EUR monatlich bis auf maximal 400 EUR nach 30 anrechnungsfähigen Dienstjahren an.
Vereinfacht lässt sich die jährliche Steigerung wie folgt ermitteln:

| | |
|---|---|
| erreichbare Dienstzeit bis zur Altersgrenze: | 40 Jahre |
| zugesagte Betriebsrente für die ersten 10 Dienstjahre: | 20 EUR pro Jahr |
| zugesagte Betriebsrente für die nächsten 20 Dienstjahre: | 10 EUR pro Jahr |
| zugesagte Betriebsrente ab dem 30. Dienstjahr: | keine Rentenerhöhung |
| maximal erreichbare Versorgung bei Rentenbeginn: | [20 EUR × 10] + [10 EUR × 20] = 400 EUR |
| angenommene gleichmäßige Verteilung der erreichbaren Versorgung auf die erreichbare Dienstzeit: | 400 EUR : 40 Jahre = 10 EUR pro Jahr |
| anzurechnende Versorgung für eine Ehezeit von 7 Jahren: | 7 Jahre × 10 EUR = 70 EUR[4] |

Die Bestimmung des Ehezeitanteils entsprechend einer unmittelbaren Zuordnung der Ehezeit zu einem bestimmten Dienstzeit würde dazu führen, dass der Ehezeitanteil bei einer auf die ersten zehn Dienstjahre entfallenden siebenjährigen Ehezeit 140 EUR betragen würde. Die Linearisierung ist notwendig, weil eine unmittelbare Zuordnung im Falle des Ausscheidens vor Erreichen der Altersgrenze dazu führen würde, dass ein Anrecht aufgeteilt wird, dass noch nicht erdient ist. Denn der Mitarbeiter behält beim Ausscheiden nicht den erreichten Anspruch wie er sich bei einer unmittelbaren Zuordnung ergibt, sondern nur den gemäß § 2 Abs. 1 BetrAVG zeitanteilig erdienten Anspruch. Im vorstehenden Beispiel würde dieser Betrag bei einem Ausscheiden nach sieben Dienstjahren also nicht 140 EUR (sieben Jahre mal 20 EUR) betragen, sondern sich auf 70 EUR (400 EUR erreichbare Versorgung mal sieben tatsächliche Dienstjahre/40 mögliche Dienstjahre) belaufen.

5 Entsprechendes gilt für die **Beamtenversorgung,** die nach 40 Dienstjahren den Höchstanspruch von 71,75 % der ruhegeldfähigen Dienstbezüge erreicht. Für die Beamtenversorgung ist in § 44 explizit eine zeitratierliche Bewertung vorgesehen.

6 Die Formel der zeitratierlichen Bewertung wird auch als **m/n-tel Methode** bezeichnet und ist Abs. 2 zu entnehmen. Der Quotient aus der in die Ehezeit fallenden Zeitdauer m und Gesamtzeitdauer n ist mit der erreichbaren Versorgung R zu multiplizieren. Hierzu sind zunächst die beiden Zeiträume m und n zu bestimmen. Die Zeit ist nach Tagen, Monaten oder Jahren zu bemessen.[5] Hierbei kann auf die Bestimmungen des jeweiligen Versorgungssystems zurückgegriffen werden. Im Zweifel sollte eine taggenaue Bemessung erfolgen, da sie am genauesten ist. Die teilweise favorisierte monatsweise Bemessung in Anlehnung an die Bestimmung zur Ehezeit in § 3 Abs. 1[6] wird im Ergebnis hiervon jedoch nur geringfügig abweichen.

7 Nach Abs. 2 S. 1 ist zunächst die **Zeitdauer n der Zugehörigkeit zum Versorgungssystem** zu bestimmen, die bis zu der für das betreffende Versorgungssystem **maßgeblichen Altersgrenze** maximal erreicht werden kann (Gesamtzeit). Die Altersgrenze ist nach dem jeweiligen Versorgungssystem zu bestimmen. Nachträgliche Änderungen der Altersgrenze der Versorgung sind nicht zu berücksichtigen, wenn sie auf einer individuellen Vereinbarung des Ausgleichspflichtigen mit dem

---

3 Blomeyer/Rolfs/Otto/*Rolfs* BetrAVG § 2 Rn. 24.

4 Im Rahmen des § 45 hat jedoch eine exakte Bewertung unter Berücksichtigung des fiktiven Ausscheidens entsprechend § 2 Abs. 1 BetrAVG mit einer tag- oder zumindest monatsgenau ermittelten Unverfallbarkeitsquote zu erfolgen.

5 BT-Drs. 16/10144, 79.

6 Johannsen/Henrich/*Holzwarth* Rn. 9.

Versorgungsträger beruhen.[7] Dagegen hat der BGH in einem Abänderungsverfahren eine nachehezeitlich vereinbarte Dienstzeitverlängerung eines Beamten bei der Ermittlung der Gesamtzeit berücksichtigt.[8] Auch eine auf Gesetz, Satzung, Tarifvertrag oder Betriebsvereinbarung beruhende allgemeingültige Anhebung der Altersgrenzen ist zu berücksichtigen.[9] Im Bereich der betrieblichen Altersversorgung geht das BAG davon aus, dass eine Festlegung der festen Altersgrenze auf die Vollendung des 65. Lebensjahres eine dynamische Verweisung auf die Regelaltersgrenze in der gesetzlichen Rentenversicherung darstellt, wenn die Versorgungsregelung vor Inkrafttreten des Gesetz zur Anpassung der Regelaltersgrenze an die demografische Entwicklung und zur Stärkung der Finanzierungsgrundlagen der Rentenversicherung (RV-Altersgrenzenanpassungsgesetz) vom 20.4.2007 (BGBl. 2007 I 554) geschaffen wurde. Die feste Altersgrenze wandert also in diesen Fällen mit der Regelaltersgrenze mit und erhöht sich für Geburtsjahrgänge ab 1947 schrittweise von der Vollendung des 65. Lebensjahres auf die Vollendung des 67. Lebensjahres. Sofern der betriebliche Versorgungsträger keine Bestätigung der Altersgrenze 65 vorgenommen hat, ist bei derartigen Versorgungssystemen auf die Regelaltersgrenze als feste Altersgrenze abzustellen. Bei Soldaten ist die Zeitdauer derzeit noch bis zur besonderen Altersgrenze des § 45 Abs. 2 SG (abhängig von Dienstgrad und Einsatz liegt die besondere Altersgrenze zwischen der Vollendung des 40. und 62. Lebensjahres) zu bemessen und nicht bis zur allgemeinen Altersgrenze 62 bzw. 65 nach § 45 Abs. 1 SG, da es langjährig geübte Verwaltungspraxis ist, dass der Dienstherr von der Versetzung in den Ruhestand zum Zeitpunkt der besonderen Altersgrenze Gebrauch macht.[10]

Statt der festen Altersgrenze können auch andere Stichtage als Endzeitpunkt der Gesamtzeit n 8
in Betracht kommen. Beispielsweise gilt dies für **Systemumstellungszeitpunkte** wie etwa die Ablösung der Gesamtversorgung durch eine beitragsorientierte Leistungszusage in der öffentlich rechtlichen Zusatzversorgung zum 31.12.2001.[11] Auch in der sonstigen betrieblichen Altersversorgung sind derartige Ablösungen von Leistungszusagen durch beitragsorientierte Leistungszusagen möglich. Dabei ist der Teil der Zusage bis zum Umstellungsstichtag zeitratierlich zu bewerten, wobei die Gesamtzeiten auf den Umstellungsstichtag zu begrenzen ist. Die vom BGH als zwingend angesehene unmittelbare Bewertung von beitragsorientierten Leistungszusagen[12] ist für aus Systemumstellungen resultierenden beitragsorientierten Leistungszusagen für den Teil des Anrechts abzulehnen, der vor dem Umstellungszeitpunkt erworben wurde.[13]

In einem zweiten Schritt ist der **Teil m der Gesamtzeit** zu bestimmen, der auf die Ehezeit 9
entfällt. Die Ehezeit ist durch § 3 Abs. 1 festgelegt und beginnt am Monatsersten des Monats der Eheschließung und endet am Monatsletzten vor Zustellung des Scheidungsantrags. Die Ermittlung von m nach Tagen, Monaten oder Jahren orientiert sich an der für die Gesamtzeit n maßgebenden Einheit.

Zudem ist die **zu erwartende Versorgung R** zu ermitteln. Maßgebend ist grundsätzlich die 10
bei Erreichen der Altersgrenze – also dem Endzeitpunkt der Gesamtzeit n – erreichbare Versorgung. Ist für die Bestimmung des Gesamtzeitraums ein anderer Stichtag als Endzeitpunkt vorzusehen (→ Rn. 8), so ist die zu diesem Stichtag erreichte Versorgung anzusetzen. Die Versorgung ist nach den jeweils für das Versorgungssystem geltenden Gesetzen, Satzungen, Betriebsvereinbarungen etc zu ermitteln.

### III. Festschreibung der Bemessungsgrundlagen

Bei der Ermittlung der zu erwartenden Versorgung R sind die **variablen Bemessungsgrund-** 11
**lagen** einzufrieren. Dies ergibt sich bereits aus § 5 Abs. 1 S. 1, wird aber nochmals zur Klarstellung in Abs. 3 aufgeführt. Maßgebend sind zur Ermittlung endgehaltsabhängiger Versorgungen damit die bei Ehezeitende gewährten ruhegeldfähigen Bezüge. Bei einer Beamtenversorgung ist von der zum Ehezeitende erreichten Besoldungsstufe auszugehen.[14] Der Verweis auf § 5 Abs. 1 S. 2 verdeutlicht, dass aber tatsächliche oder rechtliche Veränderungen zwischen Ehezeitende und Entscheidung zu berücksichtigen sind. Dies gilt beispielsweise für die durch den nachehezeitlich eingetretenen Versor-

7 OLG Koblenz BeckRS 2013, 05182 sub II.1. = FamRZ 2013, 462 (463) für die individuell vereinbarte Anhebung der Altersgrenze einer betrieblichen Altersversorgung von 62 auf 67 Jahre.

8 BGH BeckRS 2018, 16727 = FamRZ 2018, 1500.

9 BGH BeckRS 2012, 08882 = FamRZ 2012, 941 für die Anhebung der Altersgrenze ab 1.1.2012 in der Beamtenversorgung.

10 BGH NJW-RR 2013, 258 = FamRZ 2013, 435.

11 BT Drs. 16/10144, 79; BeckOGK/*Siede* Rn. 56; Johannsen/Henrich/*Holzwarth* Rn. 7.

12 BGH NJW 2013, 1240 = FamRZ 2013, 773.

13 Beispiel in BeckOGK/*Scholer* § 45 Rn. 100.1.

14 Johannsen/Henrich/*Holzwarth* Rn. 10.

gungsfall unverfallbar gewordene Gehaltsdynamik, soweit sie nicht auf einem Karrieresprung beruht.[15] Zu den weiteren zu berücksichtigenden Veränderungen → § 5 Rn. 25 ff.

### IV. Beispiele der zeitratierlichen Bewertung

12 **1. Ehezeitanteil einer Anwartschaft aus einem öffentlich-rechtlichen Dienstverhältnis.** Gemäß § 44 ist die zeitratierliche Berechnung des Ehezeitanteils bei allen Anwartschaften aus einem öffentlich-rechtlichen Dienstverhältnis anzuwenden (→ § 44 Rn. 3 ff.).

13 **2. Ehezeitanteil betrieblicher Anwartschaften.** Die zeitratierliche Berechnung des Ehezeitanteils einer betrieblichen Versorgungsanwartschaft wird von der Art der Berechnung der unverfallbaren Anwartschaft bestimmt. Während die Unverfallbarkeitsregelungen des § 2 Abs. 2 S. 2 ff. und Abs. 3 S. 2 ff. sowie des § 2 Abs. 5 und 6 BetrAVG eine unmittelbare Bewertung zur Folge haben, führt die für **Leistungszusagen** anzuwendende zeitratierliche Berechnung des § 2 Abs. 1 BetrAVG zu einer gleichfalls zeitratierlichen Berechnung des Ehezeitanteils. Bei Anrechten, deren Höhe ausschließlich von der Dauer der Betriebszugehörigkeit abhängt und bei denen eine lineare Steigerung der Anwartschaft während der Betriebszugehörigkeit vorgesehen ist, kommt dagegen eine unmittelbare Bewertung in Betracht, die aber bis auf Rundungsdifferenzen zum gleichen Ergebnis wie eine zeitratierliche Bewertung derartiger Anrechte führt.[16] Ein Indiz für die Anwendung der zeitratierlichen Bewertung ist regelmäßig die **Abhängigkeit einer betrieblichen Versorgung von einer veränderlichen Bezugsgröße,** dh also bspw. von der Einkommensentwicklung. Bei betrieblichen Versorgungsanwartschaften, die unter die Geltung des BetrAVG fallen, ist entsprechend § 45 Abs. 2 S. 3 zur Ermittlung der Ehezeitquote auf die Betriebszugehörigkeit abzustellen.

14 Der persönliche Geltungsbereich des BetrAVG umfasst gemäß § 17 Abs. 1 S. 1 und 2 BetrAVG Arbeitnehmer und arbeitnehmerähnliche Personen, die für ein fremdes Unternehmen tätig sind und denen aus Anlass ihrer Tätigkeit Leistungen der Alters-, Invaliden- oder Hinterbliebenenversorgung zugesagt werden. Dies sind beispielsweise auch Organe von Kapitalgesellschaften (Vorstände, Geschäftsführer) oder freie Mitarbeiter. Dagegen wird die betriebliche Versorgungsanwartschaft von **Personen mit Unternehmereigenschaft** nicht von den Bestimmungen des BetrAVG erfasst. Dies sind etwa unbeschränkt persönlich haftende Gesellschafter wie Komplementäre einer OHG oder KG.[17] Auch ein beherrschender Gesellschafter-Geschäftsführer einer GmbH, der entweder mehr als 50 % der Anteile hält[18] oder zusammen mit anderen am Unternehmen beteiligten Gesellschafter-Geschäftsführern eine solche Mehrheit erreicht,[19] gilt als Unternehmer. Für diesen Personenkreis gelten demnach beispielsweise nicht die Regelungen zur Unverfallbarkeit dem Grunde und der Höhe nach gemäß den §§ 1b, 2, 30f BetrAVG. Regelmäßig enthalten die Versorgungszusagen an diese Personengruppe jedoch vergleichbare vertragliche Regelungen. Hinsichtlich der Bestimmung der Unverfallbarkeit dem Grunde und der Höhe nach oder bezüglich etwaiger Widerrufs- oder Verfallklauseln ist in jedem Fall eine sorgfältige Prüfung der erteilten Versorgungszusage erforderlich um festzustellen, ob das Anrecht hinreichend verfestigt und damit ausgleichsreif ist.

15 Die dem Unternehmer zugesagte Altersversorgung ist häufig als **Festbetragszusage** (feststehender Rentenbetrag in Höhe eines bestimmten Eurobetrags ggf. mit einer Anpassungsklausel) oder als **endgehaltsabhängige Leistungszusage** (Rente in Höhe eines Prozentsatzes des zuletzt bezogenen versorgungsfähigen Einkommens) ausgestaltet. In beiden Fällen erfolgt eine zeitratierliche Bewertung, da kein direkter Zusammenhang zwischen einer Bezugsgröße aus der Ehezeit und der Höhe der Versorgung besteht. Wenn die Unternehmereigenschaft zum Zeitpunkt der Erteilung der Zusage bereits bestanden hat, ist zu beachten, dass aus steuerlichen Gründen für den Beginn des Erwerbs des Anrechts regelmäßig der Zeitpunkt der Erteilung der Versorgungszusage festgelegt sein wird und nicht wie bei der Anwendbarkeit des BetrAVG die Betriebszugehörigkeit maßgebend ist. Dies ist bei der Bestimmung der Gesamtzeit n und des hiervon in die Ehezeit fallenden Zeitraum m zu berücksichtigen. Maßgebend ist aber jeweils der in der Versorgungszusage tatsächlich festgelegte Erdienensverlauf.[20] Auch ein sogenannter Statuswechsel, also der Wechsel von Unternehmer- und Arbeitnehmerstellung, kann Einfluss haben. Ist die Zusage an eine Person erteilt, die ursprünglich Unternehmer war und später die beherrschende Stellung verloren hat, so kommen ab dem Statuswechsel die Vorschriften des BetrAVG zur Anwendung und die Unverfallbarkeitsfristen beginnen zu laufen.[21] Für die in Arbeitnehmerstellung erworbene Anwart-

---

[15] BGH BeckRS 2018, 5984 = FamRZ 2018, 894.
[16] Beispiel bei BeckOGK/*Scholer* § 45 Rn. 106.1.
[17] BGHZ 77, 233 = NJW 1980, 2257 f. sub I.1.c.
[18] BAG NZA 1998, 939 = NJW 1998, 3796.
[19] BGH AP BetrAVG § 17 Nr. 4.
[20] OLG Stuttgart BeckRS 2017, 120598 = FamRZ 2017, 1923.
[21] BGH NJW-RR 2014, 449 = FamRZ 2014, 731.

schaft ist dann entsprechend der Erdienensvorschrift des § 2 Abs. 1 BetrAVG die Zeit ab Beginn der Betriebszugehörigkeit maßgebend, soweit es sich um Arbeitnehmerzeiten handelt.

Daneben kann ein Unternehmer aber auch eine Versorgungszusage in Form einer **beitragsorientierten Leistungszusage** nach dem Bausteinprinzip erhalten. Eine solche Versorgungszusage ist unmittelbar zu bewerten (→ § 39 Rn. 19). Gleiches gilt für **Zusagen aus Entgeltumwandlungen** eines Unternehmers. 16

Von der grundsätzlichen Bewertungstechnik unterscheidet sich eine dem Unternehmer erteilte Versorgungszusage nicht von den durch das BetrAVG geschützten Versorgungszusagen. Daher kann für die Bewertung auf die ergänzenden **Bestimmungen des § 45 zurückgegriffen** werden. Denn auch die betriebliche Altersversorgung eines Unternehmers, dem nicht die Arbeitnehmerschutzrechte des BetrAVG gewährt werden, wird in einem der fünf Durchführungswege des BetrAVG (Direktzusage, Unterstützungskasse, Direktversicherung, Pensionskasse oder Pensionsfonds) umgesetzt. Je nach gewähltem Durchführungsweg ist der Arbeitgeber, die Unterstützungskasse, das Lebensversicherungsunternehmen, die Pensionskasse oder der Pensionsfonds der mit der Auskunft und Teilung des Anrechts befasste Versorgungsträger. Der jeweilige Versorgungsträger kann sich bei einer Anlehnung an § 45 in dem ihm bekannten System bewegen und einen erdienten Teil des Anrechts als Renten- bzw. Kapitalbetrag oder den Übertragungswert als Kapitalwert ermitteln. Ob entsprechend § 45 Abs. 2 S. 1 eine unmittelbare Bewertung oder entsprechend § 45 Abs. 2 S. 2 eine zeitratierliche zum Tragen kommt, richtet sich nach der Ausgestaltung der Versorgungszusage. Bei der zeitratierlichen Bewertung ist jedoch der Erdienensverlauf der Zusage zu berücksichtigen und ggf. abweichend von § 45 Abs. 2 S. 3 nicht auf die Betriebszugehörigkeit sondern auf die Zusageerteilung abzustellen (→ Rn. 15). 17

**3. Ehezeitanteil einer Start-/Initialgutschrift.** Bei der Umstellung einer Anwartschaft von einer Leistungszusage auf eine beitragsorientierte Leistungszusage (Bausteinprinzip) ist der Wert der bis zur Umstellung erreichten besitzstandsgeschützten unverfallbaren Anwartschaft regelmäßig zeitratierlich zu bestimmen. Dieser besitzstandsgeschützte Wert wird als sogenannte Start- oder Initialgutschrift für den Zeitraum vom Beginn der Betriebszugehörigkeit bis zum Umstellungszeitpunkt gutgebracht. Eine Feststellung, welcher Teil dieser Gutschrift auf einen bestimmten, zeitlich abgrenzbaren Teil des für die Gutschrift maßgebenden Zeitraums entfällt, ist direkt nicht möglich. Der Ehezeitanteil einer besitzstandsgeschützten Startgutschrift ist deshalb zB bei einer Zusatzversorgung des öffentlichen Dienstes nach der zeitratierlichen Methode[22] wie folgt zu bestimmen: 18

**Beispiel:**

| | |
|---|---|
| Besitzstandsrente zum 31.12.2001: | 250 EUR |
| Messbetrag pro Versorgungspunkt (VP): | 4 EUR |
| der Besitzstandsrente entsprechende VP: | 62,5 VP |
| Bis zum 31.12.2001 anrechnungsfähige Versicherungsmonate: | 310 Monate |
| davon ehezeitlich: | 195 Monate |
| Ehezeitquote (195 Monate : 310 Monate): | 62,90 % |
| ehezeitlich erworbenen VP (0,6290 x 62,5 VP): | 39,31 VP |

Da die vor dem 31.12.2001 erworbenen Versorgungspunkte zeitlich nicht unmittelbar zugeordnet werden können, müssen die ehezeitlich erworbenen Versorgungspunkte zeitratierlich entsprechend dem Verhältnis der ehezeitlichen zu den gesamten Versicherungsmonaten bis zum Umstellungsstichtag ermittelt werden. 19

**4. Ehezeitanteil eines jährlich zugeteilten Bausteins.** Die nach dem Bausteinprinzip gutgeschriebenen Bausteine beziehen sich regelmäßig auf den dem Baustein zugrundeliegende Jahresbeitrag. Der Zeitpunkt des Beginns und des Endes der Ehezeit bestimmt sich hingegen mehrheitlich unterjährig. Aufgrund dieser unterschiedlichen Berechnungsansätze ist auch die Höhe eines ehezeitlichen Bausteins im Beginn- und Schlussjahr als Ehezeitanteil regelmäßig zeitratierlich zu bestimmen. Die Gesetzesbegründung schlägt eine zeitanteilige Berechnung auf Monatsbasis für das erste und letzte Jahr der Ehezeit vor.[23] 20

**Beispiel:**

| | |
|---|---|
| Ende der Ehezeit: | 30.4.2019 |
| Jahresbaustein 2019: | 800 EUR |
| ehezeitlicher Teilbaustein 2019 (4 Monate : 12 Monate × 800 EUR): | 266,67 EUR |

22 BGH NJW-RR 2007, 1153 = FamRZ 2007, 1084.

23 BT-Drs. 16/10144, 78; Erman/*Norpoth/Sasse* § 39 Rn. 8; Johannsen/Henrich/*Holzwarth* § 39 Rn. 25.

21 Steht der letzte Baustein der Höhe nach noch nicht fest, kann er durch **Extrapolation** ermittelt werden.[24] Dieses Verfahren bietet sich jedoch nur dann an, wenn die Entwicklung der Bausteine verhältnismäßig gleichmäßig und vorhersehbar ist. Im Bereich der Geschäftsführerversorgung und der Versorgung von sonstigen Führungskräften werden dagegen auch jährliche Entgeltumwandlung von Tantiemen oder sonstigen der Höhe nach stark schwankenden Sonderzahlungen vorgenommen. Teilweise kann die Zuteilung der Bausteine aus der Entgeltumwandlung zeitlich erst stark verzögert nach Feststellung des Jahresergebnisses des Unternehmens erfolgen, obwohl die Arbeitsleistung – die für die Zuordnung zur Ehezeit maßgebend ist[25] – längst erbracht ist. Eine Prognose des letzten Bausteins lässt sich in diesen Fällen nicht zuverlässig aus den zuvor zugeteilten Bausteinen ableiten. Im Zweifel sollte der Versorgungsträger in der Auskunft einen Hinweis auf den der Höhe nach noch nicht feststehenden letzten Baustein aufnehmen und die Auskunft während des Verfahrens nach Feststellung des Bausteins ergänzen. Ist dies nicht rechtzeitig vor Abschluss des Verfahrens möglich, so ist im Hinblick auf das Anrecht von der fehlenden Ausgleichsreife dieses Bausteins auszugehen, da er iSd § 19 der Höhe nach noch nicht feststeht. Die bisher erworbenen Bausteine stehen dagegen dem Grunde und der Höhe nach fest und können bereits im Verfahren ausgeglichen werden.

### V. Mischformen von unmittelbarer und zeitratierlicher Bewertung

22 **1. Berufsständische Anwartschaften.** Bei berufsständischen Anwartschaften auf Leistungen, die im Wege des offenen Deckungsplanverfahrens finanziert werden (→ § 39 Rn. 10), wird zum Teil eine Leistung zugesagt, die sich zeitlich nicht zuordnen lässt.[26] Dies ist etwa dann der Fall, wenn zusätzlich zu den unmittelbar bewertbaren Steigerungszahlen noch Zuschläge gewährt werden, die sich aus den durchschnittlich erworbenen Steigerungszahlen ermitteln. In die Ermittlung des Zuschlags fließen auch Steigerungszahlen ein, die außerhalb der Ehezeit erworben wurden, so dass dieser Teil des Anrechts nur zeitratierlich ermittelt werden kann. Dieser Zuschlag ist zeitratierlich im Verhältnis der in die Ehezeit fallenden Zeitdauer zur Gesamtzeit zu berücksichtigen.

23 **2. Betriebliche Gesamtversorgungen.** Eine betriebliche Altersversorgung kann in Form **einer Gesamtversorgung oder einer limitierten Versorgung** zugesagt sein. Eine Gesamtversorgung sieht für den Versorgungsberechtigten ein bestimmtes Versorgungsniveau unter Anrechnung der Rente aus der gesetzlichen Rentenversicherung oder von anderen Versorgungssystemen vor. Bei einer limitierten Versorgung kommt es hingegen nur dann zu einer Kürzung der zugesagten Leistung, wenn diese bei Anrechnung einer sonstigen Versorgung die in der Versorgungszusage definierte Höchstgrenze überschreitet. Sowohl bei einer Gesamtversorgung als auch bei einer limitierten Versorgung errechnet sich der Ehezeitanteil der Leistung nach der zeitratierlichen Methode, da es sich regelmäßig um endgehaltsbezogenene Leistungszusagen handelt. Der Ehezeitanteil der anzurechnenden Versorgung kann – soweit sie selbst dem Ausgleich unterliegt – unmittelbar zu bewerten sein.

24 Betriebliche Gesamtversorgungssysteme sehen häufig die Anrechnung der Rente aus der gesetzlichen Rentenversicherung vor. Hier ist gemäß § 45 Abs. 1 und 2 der Ehezeitanteil des betrieblichen Anrechts unter Zugrundelegung der nach § 2 Abs. 5 BetrAVG zu errechnenden unverfallbaren Anwartschaft zeitratierlich entsprechend § 40 zu bestimmen. Hierzu ist zunächst die erreichbare Versorgung zu ermitteln. Zur Ermittlung der fiktiven Vollrente sind alle in der Versorgungsordnung vorgegebenen Berechnungsschritte durchzuführen und eine in der Versorgungsordnung enthaltene Gesamtversorgungsobergrenze ist bereits bei der Ermittlung der fiktiven Vollrente zu berücksichtigen.[27] Die **anzurechnende Rente aus der gesetzlichen Rentenversicherung** ist demnach gleichfalls auf die feste Altersgrenze **hochzurechnen.** Dies erfolgt gemäß § 2a Abs. 3 S. 1 BetrAVG mittels der im Zeitpunkt des Ausscheidens nachgewiesenen Entgeltpunkte oder mittels des steuerlichen Näherungsverfahrens. Da bei der Durchführung des Wertausgleichs der Nachweis der Entgeltpunkte aufgrund der Auskunft des Trägers der gesetzlichen Rentenversicherung ohnehin vorliegt, kann der betriebliche Versorgungsträger die Hochrechnung auf Basis der erreichten Entgeltpunkte vornehmen. Sodann ist die erreichbare Versorgung wegen des zu unterstellenden Ausscheidens gemäß § 45 Abs. 1 S. 2 mit dem Unverfallbarkeitsquotienten aus der tatsächlichen Betriebszugehörigkeit im Verhältnis zur bis zur festen Altersgrenze möglichen Betriebszugehörigkeit gemäß § 2 Abs. 1 BetrAVG zu multiplizieren. Anschließend ist durch die Multiplikation mit der Ehezeitquote aus ehezeitlicher Betriebszugehörigkeit zur gesamten

[24] BT-Drs. 16/10144, 78; Johannsen/Henrich/*Holzwarth* § 39 Rn. 25.
[25] BT-Drs. 16/10144, 48.
[26] BT-Drs. 16/10144, 78; Erman/*Norpoth/Sasse* § 39 Rn. 13.
[27] BAG BeckRS 2015, 70801, sofern die Versorgungsordnung keine für den Arbeitnehmer günstigere Berechnung vorsieht.

Betriebszugehörigkeit bis zum Ehezeitende gemäß §§ 40, 45 Abs. 2 S. 3 der Ehezeitanteil der Gesamtversorgung zu errechnen. Dabei können der Unverfallbarkeitsquotient und der Ehezeitquotient auch zusammengefasst werden.[28]

Unter dem bis zum 31.8.2009 geltenden Rechtszustand lehnte der BGH die Hochrechnung der gesetzlichen Rentenversicherung bei Gesamtversorgungssystemen noch ab und gab der VBL-Methode den Vorzug.[29] Nach der VBL-Methode wäre zunächst die unverfallbare Anwartschaft aufgrund der erreichbaren Versorgung ohne Anrechnung der gesetzlichen Rente (ungekürzte Versorgung) zeitratierlich unter Bezugnahme auf das Ende der Ehezeit zu ermitteln. In einem zweiten Schritt wird die unverfallbare Anwartschaft auf die ungekürzte Versorgung um die bis zum Ehezeitende erworbenen Entgeltpunkte gemindert. Dabei werden die während der Betriebszugehörigkeit erworbenen Entgeltpunkte mit dem vollen Wert und die vor der Betriebszugehörigkeit erworbenen Entgeltpunkte mit dem Verhältniswert der unverfallbaren Anwartschaft in Abzug gebracht. Die VBL-Methode sieht somit eine unmittelbare Bewertung der gesetzlichen Rente vor, ohne diese wie in § 45 Abs. 1 S. 2 iVm § 2 Abs. 1 BetrAVG, § 2a Abs. 3 BetrAVG vorgeschrieben, auf Basis der nachgewiesenen Entgeltpunkte oder mit dem Näherungsverfahren hochzurechnen. Da die Konzeption des neuen Versorgungsausgleichs vom systembezogenen Ausgleich jedes einzelnen Anrechts ausgeht und die Ermittlung der unverfallbaren Anwartschaft des betrieblichen Anrechts durch das fiktive Ausscheiden gemäß § 45 Abs. 1. S. 2 explizit vorsieht, ist das betriebliche Anrecht selbst zeitratierlich unter Einbeziehung der anzurechnenden Versorgung systemspezifisch zu bewerten. Dies gilt auch dann, wenn die anzurechnende Versorgung für ihren eigenen Ausgleich der unmittelbaren Bewertung unterliegt. Denn es geht um die **Feststellung des ehezeitlich erworbenen betrieblichen Anrechts** und zu dessen Bestimmung können die arbeitsrechtlich anzuwendenden Regeln nicht außer Betracht bleiben. Andernfalls bestünde die Gefahr, dass der Mitarbeiter tatsächlich unmittelbar nach dem Ende der Ehezeit ausscheidet und das der Teilung unterworfene betriebliche Anrecht wegen der unmittelbaren Bewertung der ehezeitlich erworbenen anzurechnenden Versorgung nicht mit dem unverfallbaren Anspruch übereinstimmt. Insofern ist es hinzunehmen, dass der Ehezeitanteil der gesetzlichen Rente für ihren eigenen Ausgleich unmittelbar zu bewerten ist, im Zuge der Ermittlung des ehezeitlichen betrieblichen Anrechts dagegen hochzurechnen und in die zeitratierliche Bewertung einzubeziehen ist.[30] **25**

### VI. Ausschluss familienbezogener Bestandteile der Versorgung

Der Ausschluss familienbezogener Bestandteile bei der Bestimmung der Versorgung stellt sicher, dass nur temporär gewährte, an die Ehe anknüpfende Versorgungsbestandteile nicht in die Bewertung einfließen und damit nicht dem Ausgleich unterworfen werden.[31] Abs. 5 gilt nicht für solche Bestandteile der Versorgung, die dauerhaft erhalten bleiben. Dies sind etwa der Kindererziehungs- und Kindererziehungsergänzungszuschlag gemäß §§ 50a, 50b BeamtVG.[32] **26**

## § 41 Bewertung einer laufenden Versorgung

**(1) Befindet sich ein Anrecht in der Leistungsphase und wäre für die Anwartschaftsphase die unmittelbare Bewertung maßgeblich, so gilt § 39 Abs. 1 entsprechend.**

**(2) [1]Befindet sich ein Anrecht in der Leistungsphase und wäre für die Anwartschaftsphase die zeitratierliche Bewertung maßgeblich, so gilt § 40 Abs. 1 bis 3 entsprechend. [2]Hierbei sind die Annahmen für die höchstens erreichbare Zeitdauer und für die zu erwartende Versorgung durch die tatsächlichen Werte zu ersetzen.**

**Übersicht**



28 BeckOGK/*Scholer* § 45 Rn. 107.
29 BGH NJW-RR 1992, 130 = FamRZ 1991, 1416; NJW-RR 1992, 133 = FamRZ 1991, 1421.
30 AA → 6. Aufl. 2013, Rn. 13 *(Dörr)*.
31 BT-Drs. 16/10144, 79; BeckOGK/*Siede* Rn. 98; Johannsen/Henrich/*Holzwarth* Rn. 14.
32 Johannsen/Henrich/*Holzwarth* Rn. 15.

## I. Normzweck

1 Die Bestimmung regelt die Bewertung einer **laufenden Versorgung.** Das Bewertungsverfahren ändert sich durch den tatsächlichen Rentenbezug nicht und orientiert sich an dem Verfahren, das in der Anwartschaftsphase anzuwenden gewesen wäre. Hierzu verweist Abs. 1 auf die Bestimmungen des § 39 für die unmittelbare Bewertung und Abs. 2 nimmt § 40 für die zeitratierliche Bewertung in Bezug. Es gilt demnach auch bei der laufenden Versorgung der Vorrang der unmittelbaren vor der zeitratierlichen Bewertung.[1]

## II. Unmittelbare Bewertung in der Leistungsphase

2 Ein Anrecht in der Leistungsphase ist wie ein Anrecht in der Anwartschaftsphase dann unmittelbar zu bewerten, wenn eine **systemspezifische Bezugsgröße** bestimmten Zeitabschnitten **direkt zugeordnet** werden kann. Die Höhe der Versorgung muss sich aus der ehezeitlich erworbenen Bezugsgröße unmittelbar ableiten lassen. Bei der unmittelbaren Bewertung in der Leistungsphase ist demnach ebenso wie in der Anwartschaftsphase die auf die Ehezeit entfallende Bezugsgröße zu bestimmen. § 39 Abs. 2 enthält eine beispielhafte aber nicht abschließende Aufzählung von Fällen, die der unmittelbaren Bewertung in der Anwartschaftsphase unterliegen und somit auch in der Leistungsphase unmittelbar bewertet werden (zu den Beispielen → § 39 Rn. 6 ff.). Die unmittelbar zu bewertenden Bezugsgrößen verändern sich nach Eintritt des Versorgungsfalls regelmäßig nicht mehr, denn der Erwerb von Entgeltpunkten, Steigerungszahlen oder Versorgungspunkten ist ebenso wie die Beitragszahlung mit Eintritt in die Leistungsphase abgeschlossen.[2] Es ist demnach die vom Beginn der Ehezeit bis zum Eintritt des Versorgungsfalls erworbene Bezugsgröße zu ermitteln und zu teilen.

3 Kommt es dagegen nach Eintritt des Versorgungsfalls zu einer Veränderung der Bezugsgröße, so ist dies zu berücksichtigen, soweit sich dadurch der Wert des Anrechts aufgrund von geleisteten Rentenzahlungen verringert. Dies ist bei Versorgungen der Fall, deren Bezugsgröße ein Deckungskapital ist.[3] Maßgebend ist hier das zum Ende der Ehezeit noch vorhandene ehezeitlich erworbene Deckungskapital. Das bereits **verbrauchte Deckungskapital** kann nicht mehr ausgeglichen werden. Beträgt beispielsweise der versicherungsmathematische Barwert einer laufenden Rente von 100 EUR zu Beginn des Rentenbezugs mit Vollendung des 65. Lebensjahres 19.600 EUR, so verbleibt bei einem Ehezeitende im Alter 70 nach fünf Jahren Rentenbezug noch ein versicherungsmathematisch ermittelter Barwert von 16.200 EUR. Nur dieser Betrag steht noch als Teilungsgegenstand zur Verfügung, der Verbrauch des Kapitals ist zu berücksichtigen.[4] Darüber hinaus ist aber auch der weitere Werteverzehr nach dem Ehezeitende zu berücksichtigen, sofern die laufende Leistung während des Verfahrens in voller Höhe weitergezahlt wird. Dann kann Teilungsgegenstand nur noch der zum Zeitpunkt der Rechtskraft der Entscheidung vorhandene Barwert sein.[5]

## III. Zeitratierliche Bewertung in der Leistungsphase

4 Wäre in der Anwartschaftsphase die zeitratierliche Bewertung maßgebend, weil kein direkter Zusammenhang zwischen der Bezugsgröße aus der Ehezeit und der Höhe der Versorgung besteht, so gilt dieses Bewertungsfahren auch, wenn das Anrecht die Leistungsphase erreicht hat. § 40 ist entsprechend anzuwenden. Dabei sind in zwei Punkten Modifikationen durch den nun feststehenden Leistungsbezug vorzunehmen. Da die tatsächlichen Leistungen feststehen, ist **keine Projektion** der zu erwartenden Versorgung mehr erforderlich. Die Bewertung hat entsprechend § 41 Abs. 2 S. 2 auf Basis der **tatsächlichen Versorgung** zu erfolgen. Gleichzeitig ist auch keine Ermittlung der erwarte-

1 BT-Drs. 16/10144, 79; Johannsen/Henrich/*Holzwarth* Rn. 1; BeckOGK/*Siede* Rn. 3.
2 BT-Drs. 16/10144, 79.
3 BT-Drs. 16/10144, 79.
4 BT-Drs. 16/10144, 79.
5 BGH NJW 2016, 1728 = FamRZ 2016, 775; OLG Köln BeckRS 2013, 03947; OLG Schleswig NJOZ 2014, 644 = FamRZ 2014, 128; OLG Hamm BeckRS 2013, 06312.

ten Gesamtzeitdauer n mehr vorzunehmen, sondern es ist die **tatsächliche Zeitdauer** anzusetzen. Die **Formel** der zeitratierlichen Bewertung in der Leistungsphase ändert sich demnach gegenüber der Formel der Bewertung in der Anwartschaftsphase:

$$\text{Ehezeitliche Rente} = \frac{\text{ehezeitliche Zeitdauer}}{\text{tatsächliche Zeitdauer}} \times \text{tatsächliche Versorgung}$$

Ein tatsächlicher Rentenbezug ist Voraussetzung dafür, dass die erwartete durch die tatsächliche Zeitdauer sowie die projizierte durch die tatsächliche Versorgung ersetzt wird. Ein zu erwartender Rentenbezug aufgrund einer **Altersteilzeitvereinbarung** reicht hierzu nicht aus.[6] Das Anrecht befindet sich in diesen Fällen unverändert in der Anwartschaftsphase und Änderungen der Verhältnisse – beispielsweise in Form sog. Störfälle – sind weiterhin möglich. Erst wenn im Laufe des Verfahrens ein Rentenbezug einsetzt, hat eine Bewertung als laufende Versorgung zu erfolgen. Maßgebend ist, ob im Zeitpunkt der Entscheidung ein laufendes Anrecht vorliegt, da es sich beim Einsetzen des Leistungsbezugs um eine nach § 5 Abs. 2 zu berücksichtigende Veränderung handelt.[7] 5

Für die Bewertung einer laufenden Leistung gilt gemäß § 41 Abs. 2, § 40 Abs. 3 S. 2, § 5 Abs. 2 unverändert das Stichtagsprinzip, so dass von den Bemessungsgrundlagen zum Ende der Ehezeit auszugehen ist.[8] Da es sich bereits um einen laufenden Bezug handelt und der Anwartschaftserwerb abgeschlossen ist, kommen bei einem **Wertausgleich bei der Scheidung** keine Erhöhungen etwa durch Aufstieg in der Besoldungsstufe, sonstige berufliche Beförderungen, Entgeltsteigerungen etc in Betracht. Nach § 41 ist auch ein Anrecht zu bewerten, das zum Ehezeitende noch im Anwartschaftsstadium war, bei dem aber im laufenden Verfahren der Versorgungsfall eintritt. Mit dem nachehezeitlich eingetretenen Versorgungsfall steht eine zuvor noch nicht sichere Einkommensdynamik endgültig fest und wird unverfallbar. Sie ist richtigerweise beim Ausgleich zu berücksichtigen.[9] 6

## IV. Fallgestaltungen der Bewertung in der Leistungsphase

**1. Vorgezogene und aufgeschobene Inanspruchnahme einer Altersrente aus der gesetzlichen Rentenversicherung.** Bei einer Rente aus der gesetzlichen Rentenversicherung ist eine vorgezogen in Anspruch genommene Altersrente durch den Zugangsfaktor nach § 77 Abs. 2 Nr. 2 lit. a SGB VI wegen der früheren und längeren Bezugsdauer gemindert. Der Abschlag beträgt 0,3 % pro Kalendermonat der gegenüber dem Erreichen der Regelaltersgrenze vorgezogenen Inanspruchnahme. Eine aufgeschoben in Anspruch genommene Altersrente erhöht sich dagegen gemäß § 77 Abs. 2 Nr. 2 lit. b SGB VI um 0,5 % pro Kalendermonat der gegenüber dem Erreichen der Regelaltersgrenze aufgeschobenen Inanspruchnahme. Diese Minderung oder Erhöhung wirkt sich nicht auf den Ausgleichswert aus, da Teilungsgegenstand nunmehr die Summe der ehezeitlich erworbenen Entgeltpunkte ist, die **durch den Zugangsfaktor unbeeinflusst** sind. Dies war auch nach altem Recht (§ 1587a Abs. 2 Nr. 2 BGB aF) der Fall. Jedoch fand aufgrund der Rspr. des BGH,[10] wonach ein Abschlag zu berücksichtigen sei, wenn die vorgezogene Inanspruchnahme in der Ehezeit erfolgte, der Zugangsfaktor teilweise Berücksichtigung. Diese Rspr. findet im neuen Recht durch die Änderung des Teilungsgegenstands von Rentenbeträgen zu Entgeltpunkten keine Grundlage mehr.[11] 7

**2. Vorgezogene Inanspruchnahme einer zeitratierlich zu bewertenden Beamtenversorgung.** Bei zeitratierlich zu bewertenden Versorgungen ist gemäß § 41 Abs. 2 S. 2 die tatsächlich gezahlte und somit um Zu- und Abschläge erhöhte oder verminderte Versorgung anzusetzen. Daher ist bei einer vorgezogen in Anspruch genommenen Beamtenversorgung die **tatsächlich bezogene Pension** der Bewertung zugrunde zu legen.[12] Hier ist die aufgrund der kürzeren Dienstzeit und dem Versorgungsabschlag nach § 14 Abs. 3 BeamtVG verminderte Pension Bemessungsgrundlage, jedoch ergibt sich aufgrund des vorzeitigen Bezugs gleichzeitig eine Veränderung im Zeit-Zeit-Verhältnis. Die in die Ehezeit fallende Zeitdauer ist nicht mehr ins Verhältnis zur erreichbaren Gesamtzeitdauer zu setzen, sondern ins Verhältnis zur (kürzeren) tatsächlichen Zeitdauer. Die Verringerung der nun feststehenden Gesamtzeit bewirkt somit eine Erhöhung des Ehezeitanteils. Die Motivation für eine in der Ehezeit liegende vorgezogene oder aufgeschobene Inanspruchnahme der Versorgung spielt keine Rolle, da eine Feststellung, ob die Entscheidung jeweils vom gemeinsamen 8

6 So aber OLG Hamm BeckRS 2012, 05115 = FamRZ 2012, 1306.
7 Johannsen/Henrich/*Holzwarth* Rn. 1.
8 BT-Drs. 16/10144, 80.
9 BGH NZFam 2018, 558 mit Anm. *Norpoth* = FamRZ 2018, 894 mit Anm. *Borth*.
10 BGH NJW-RR 2008, 81 = FamRZ 2007, 1542.
11 BGH NJW-RR 2016, 321 = FamRZ 2016, 35 mAnm *Holzwarth*.
12 BT-Drs. 16/10144, 80.; BGH NJW-RR 2018, 1156 = FamRZ 2018, 1500.

Willen der Ehegatten getragen war, nicht praktikabel ist.[13] Im Einzelfall kann eine Korrektur gemäß § 27 erfolgen, wenn die Berücksichtigung eines Zugangsfaktors zu einem grob unbilligen Ergebnis führen würde.[14]

9 **3. Bewertung einer laufenden Erwerbsminderungsrente aus der gesetzlichen Rentenversicherung.** Bezieht ein Ehegatte eine **Erwerbsminderungsrente aus der gesetzlichen Rentenversicherung,** ist danach zu unterscheiden, ob mit ihrem Wegfall bzw. Entzug zu rechnen ist oder nicht. Bei einem befristeten Rentenbezug wegen Erwerbsminderung, wie er nach § 102 Abs. 2 SGB VI den Regelfall darstellt, sind die ehezeitlichen Entgeltpunkte aus der fiktiven Regelaltersrente gemäß § 109 Abs. 6 SGB VI zu ermitteln. Ist dagegen mit einem Entzug der Rente nicht mehr zu rechnen, so sind die der laufenden Erwerbsminderungsrente zugrundeliegenden persönlichen Entgeltpunkte zur Berechnung heranzuziehen, wenn die Altersrente niedriger wäre. Denn gemäß § 88 Abs. 1 S. 2 SGB VI sind die Entgeltpunkte besitzstandsgeschützt, wenn die Altersrente spätestens 24 Kalendermonate nach dem Wegfall der Erwerbsminderungsrente beginnt. Dies entspricht der früheren Rspr. des BGH,[15] wonach in diesen Fällen die höheren Entgeltpunkte einer zum Ende der Ehezeit gezahlten Rente wegen verminderter Erwerbsfähigkeit der Berechnung des Ehezeitanteils zugrunde zu legen sind. Der Besitzstandsschutz ist im Anschluss an die Rspr. des BGH,[16] die ausweislich der Gesetzesbegründung[17] durch die Neuregelung unberührt bleiben soll, bei der Berechnung der ehezeitlichen Entgeltpunkte zu berücksichtigen.[18]

10 **4. Bewertung einer laufenden privaten Invalidenrente.** Für Invalidenrenten der Privatvorsorge gelten Besonderheiten hinsichtlich des Ausgleichs und der Bewertung. Eine private Berufsunfähigkeitsrente ist gemäß § 28 Abs. 3 schuldrechtlich auszugleichen. Bei diesen Risikoversicherungen findet der Ausgleich jedoch nur dann statt, wenn der Versicherungsfall in der Ehezeit eingetreten ist und auch der Ausgleichsberechtigte zum Ende der Ehezeit die Voraussetzungen des Bezugs einer Invalidenleistung erfüllt. Liegen diese Voraussetzungen vor, so gilt die **besondere Bewertungsvorschrift** des § 28 Abs. 2. Die private Invalidenrente gilt danach stets als **vollumfänglich ehezeitlich** erworben.

11 **5. Bewertung einer laufenden betrieblichen Invalidenrente.** Die Bewertung einer laufenden betrieblichen Invalidenrente folgt der Bewertungsmethode der Anwartschaft. Wäre die Anwartschaft zeitratierlich zu bewerten, so ergibt sich der Ehezeitanteil der Invalidenrente (IR) aus der **Formel:**

$$\text{Ehezeitl. IR} = \frac{\text{ehezeitliche Zeitdauer}}{\text{tatsächliche Zeitdauer}} \times \text{IR}$$

12 Resultiert die Invalidenrente aus einer unmittelbar zu bewertenden Anwartschaft beispielsweise einer beitragsorientierten Leistungszusage nach dem Bausteinprinzip, so sind die ehezeitlich erworbenen Invalidenrentenbausteine unmittelbar zu bewerten und auszugleichen. Enthält die beitragsorientierte Leistungszusage für die Invalidenrente eine **Zurechnungszeit** in Form von zusätzlichen Bausteinen, so ist die aus der Zurechnungszeit resultierende Invalidenrente zeitratierlich zu bewerten. Eine unmittelbare Zuordnung zu einem bestimmten Zeitabschnitt ist in diesen Fällen nicht möglich. Neben den ehezeitlich erworbenen Invalidenrentenbausteinen ist der Anteil des Anrechts aus der Zurechnungszeit entsprechend dem Verhältnis der ehezeitlichen Zeitdauer zur tatsächlichen Gesamtzeitdauer zu berücksichtigen. Es ergibt sich folgende **Formel:**

$$\text{Ehezeitl. IR} = \text{ehezeitl. Bausteine} + \frac{\text{ehezeitliche Zeitdauer}}{\text{tatsächliche Zeitdauer}} \times \begin{array}{l}\text{IR aus zugerechneten}\\ \text{Bausteinen}\end{array}$$

13 Zur Aufteilung betrieblicher Invalidenrenten wird – anders als bei der privaten Invaliditätsversorgung – nicht verlangt, dass auch bei der ausgleichsberechtigten Person zum Ehezeitende die Voraussetzungen für den Bezug einer Invalidenrente vorliegen. Wird beispielsweise der Wert der betrieblichen Invalidenrente als Kapitalwert entsprechend § 45 Abs. 1 angegeben, ist zu bedenken, dass sich bei einer in jungen Jahren eintretenden Invalidität ein verhältnismäßig hoher Kapitalwert aus einer unbefristet gewährten Invalidenrente ergibt. Wird dieser Kapitalwert hälftig aufgeteilt, ergibt sich

[13] BT-Drs. 16/10144, 80.
[14] Johannsen/Henrich/*Holzwarth* Rn. 15.
[15] BGH NJW 1989, 1995 = FamRZ 1989, 723.
[16] BGH NJW 1997, 315 = FamRZ 1997, 160.
[17] BT-Drs. 16/10144, 79 f.
[18] AA *Bergner* NJW 2009, 1169 (1170); Soergel/*Borchert* Rn. 9.

für den ausgleichsberechtigten (nicht invaliden) Ehegatten eine unverhältnismäßig hohe Altersversorgung aus diesem Anrecht.

**Beispiel:**

| | |
|---|---|
| M + F: | geboren 15.1.1979 |
| Ende der Ehezeitende: | 31.3.2014 |
| monatliche ehezeitlich erworbene Invalidenrente des M: | 1.000,00 EUR |
| Barwert der Invalidenrente (§ 4 Abs. 5 BetrAVG): | 243.660,00 EUR |
| Ausgleichswert: | 121.830,00 EUR |
| monatliche Altersrente für F: | 2.638,39 EUR |
| monatliche Invalidenrente des M nach VA: | 500,00 EUR |

Der BGH hat entschieden, dass der Ausgleich gemäß § 27 zu beschränken und statt auf die **laufende Invalidenrente** auf **fiktive Anwartschaftswerte** abzustellen ist, die sich ergeben hätten, wenn kein Versorgungsfall eingetreten wäre.[19] Bei der Abwägung nach § 27 ist in besonderen Maße der § 28 zu entnehmende Rechtsgedanke zu berücksichtigen, dass die Einbeziehung einer laufenden Invaliditätsrente in den Versorgungsausgleich grundsätzlich unbillig erscheint, wenn und soweit der ungekürzte Ausgleich dazu führt, dass dem ausgleichsberechtigten Ehegatten bei eigener fortbestehender Erwerbsfähigkeit der gesamte Ausgleichswert vollständig für die Altersversorgung zur Verfügung steht, während das bei der ausgleichspflichtigen Person verbleibende Anrecht (auch) die Zeit seiner Invalidität bis zum Erreichen der Altersgrenze mit abdecken muss. Bei befristet gewährten Invalidenrenten ist bis zum Ablauf der Befristung eine laufende Invalidenrente und anschließend eine Anwartschaft auf Alters- und Invaliden- und ggf. Hinterbliebenenrente zu bewerten.[20] 14

## § 42 Bewertung nach Billigkeit

**Führt weder die unmittelbare Bewertung noch die zeitratierliche Bewertung zu einem Ergebnis, das dem Grundsatz der Halbteilung entspricht, so ist der Wert nach billigem Ermessen zu ermitteln.**

### I. Normzweck

Die Vorschrift ermöglicht als **Auffangbestimmung**[1] eine Bewertung nach billigem Ermessen, 1
wenn die beiden gesetzlichen Bewertungsmethoden der unmittelbaren oder zeitratierlichen Bewertung nicht zu einem angemessenen, dh dem Grundsatz der Halbteilung entsprechenden, Ergebnis führen. Zudem werden von § 42 **atypische Anrechte** erfasst, deren Ehezeitanteil weder nach § 39 unmittelbar, noch nach § 40 zeitratierlich bestimmt werden kann.

### II. Anwendungsbereich

Die Bewertung nach billigem Ermessen ist dann vorzunehmen, wenn weder die unmittelbare 2
noch die zeitratierliche Bewertung zu einem angemessenen Ergebnis führt.[2] Damit sind zwei Fallgestaltungen zu unterscheiden. Zum einen diejenige, dass sich der Ehezeitanteil eines Anrechts weder nach der unmittelbaren noch nach der zeitratierlichen Methode ermitteln lässt **(Bewertung nicht möglich).** Zum anderen ist eine Bewertung nach billigem Ermessen vorzunehmen, wenn eine Bewertung nach der unmittelbaren oder zeitratierlichen Methode zwar möglich ist, die so durchgeführte Bestimmung des Ehezeitanteils aber nicht dem Grundsatz der Halbteilung entspricht **(unangemessenes Ergebnis).**

Der **praktische Anwendungsbereich** ist **gering.**[3] Zwar entspricht die Bestimmung in der 3
Sache der früheren Regelung des § 1587a Abs. 5 BGB aF.[4] Die Wertermittlung im neuen Recht ist jedoch nicht mehr an Versorgungssystemen orientiert, sondern sie ist durch die Festlegung von Bewertungsmethoden offener (→ § 39 Rn. 2). So war nach altem Recht eine Bewertung nach Billigkeit vorzunehmen, wenn eine Einordnung in die gesetzlich vorgegebenen Versorgungssysteme nicht möglich war. Die Anwendung des § 1587a Abs. 5 BGB aF konnte dann jedoch auch zu einer

---

[19] BGH BeckRS 2017, 120254 = FamRZ 2017, 1749; OLG Zweibrücken NJOZ 2014, 1215 = FamRZ 2014, 768.

[20] BeckOGK/*Scholer* § 45 Rn. 102.

[1] BT-Drs. 16/10144, 77; Johannsen/Henrich/*Holzwarth* Rn. 1.

[2] BT-Drs. 16/10144, 80; *Ruland* Versorgungsausgleich Rn. 361.

[3] Johannsen/Henrich/*Holzwarth* Rn. 3.

[4] BT-Drs. 16/10144, 80; Erman/*Norpoth/Sasse* Rn. 1.

zeitratierlichen oder unmittelbaren Bewertung führen,[5] so dass diese Fallgestaltungen[6] nun durch die §§ 39, 40, ggf. ergänzt um die Vorschriften für bestimmte Versorgungsträger, direkt aufgefangen werden. Fälle, in denen eine Bewertung nach der unmittelbaren oder zeitratierlichen Methode nicht möglich ist, sind schwer denkbar, da stets eine erreichte (unmittelbar zu bewertende) oder eine erreichbare (zeitratierlich zu bewertenden) Versorgung entsprechend den einschlägigen Versorgungsregelungen bestimmbar sein sollte. Dies dürfte auch für Anrechte bei ausländischen Versorgungsträgern gelten.[7] Soweit ein Anrecht zumindest teilweise unmittelbar oder zeitratierlich bewertet werden kann, darf sich eine Bewertung nach billigem Ermessen nur auf den Teil erstrecken, der sich nicht nach diesen Bewertungsmethoden erfassen lässt.[8]

4 Eine **Korrektur des Rechnungszinses** bei der Ermittlung des Ehezeitanteils eines betrieblichen Anrechts in Form der Direktzusage ist kein Anwendungsfall des § 42.[9] Der Rechnungszins ist unabhängig von der Frage der unmittelbaren und zeitratierlichen Bewertung, er stellt vielmehr einen Bewertungsparameter dar. Die (vermeintliche) Verfehlung der Halbteilung liegt in dem durch § 17 zugelassenen Systemwechsel begründet. Dies zeigt sich auch darin, dass bei einer internen Teilung keine Korrektur des Rechnungszinses erfolgen würde und der Ausgleichswert in der berechneten Weise der internen Teilung zugeführt würde. Der Ausgleichswert kann sich jedoch nicht nach der Teilungsform richten.

5 Die Anwendung der Bestimmung des **§ 42 ist abzugrenzen von der Anwendung der Regelung des § 27.** Die Billigkeitsregel des § 42 bezieht sich auf das einzelne Anrecht[10] und betrifft das Bewertungsergebnis. Dagegen zielt § 27 umfassend auf eine mögliche Unbilligkeit der Durchführung des Versorgungsausgleichs ab und soll somit im Einzelfall besondere Härten und grundrechtswidrige Auswirkungen vermeiden (→ § 27 Rn. 3). § 42 schließt folglich eine Anwendung des § 27 nicht aus.[11]

### III. Bewertung nach billigem Ermessen

6 Die **Art der Berechnung des Ehezeitanteils** eines nach § 42 zu bewertenden Anrechts muss sich an versicherungsmathematischen Grundsätzen orientieren.[12] Damit ist eine freie Schätzung des Werts nicht zulässig.

---

[5] Johannsen/Henrich/*Holzwarth* Rn. 2.
[6] Beispiele bei *Ruland* Rn. 527 und *Borth* Versorgungsausgleich Kap. 2 Rn. 25.
[7] Johannsen/Henrich/*Holzwarth* Rn. 3.
[8] BT-Drs. 16/10144, 80 Erman/*Norpoth*/*Sasse* Rn. 1.
[9] So aber OLG Hamm BeckRS 2012, 05115 = FamRZ 2012, 1306; dagegen *Borth* Versorgungsausgleich Kap. 2 Rn. 26; Johannsen/Henrich/*Holzwarth* Rn. 5.
[10] NK-BGB/*Rehbein* Rn. 4, 6; Johannsen/Henrich/*Holzwarth* Rn. 4; *Ruland* Versorgungsausgleich Rn. 525.
[11] Johannsen/Henrich/*Holzwarth* Rn. 4.
[12] BT-Drs. 16/10144, 80; Johannsen/Henrich/*Holzwarth* Rn. 6.

# Kapitel 2. Sondervorschriften für bestimmte Versorgungsträger

## § 43 Sondervorschriften für Anrechte aus der gesetzlichen Rentenversicherung

**(1) Für Anrechte aus der gesetzlichen Rentenversicherung gelten die Grundsätze der unmittelbaren Bewertung.**

**(2) Soweit das Anrecht auf eine abzuschmelzende Leistung nach § 19 Abs. 2 Nr. 2 gerichtet ist, ist der Ehezeitanteil für Ausgleichsansprüche nach der Scheidung nach dem Verhältnis der auf die Ehezeit entfallenden Entgeltpunkte *[bis 30.6.2024:* (Ost)] zu den gesamten Entgeltpunkten *[bis 30.6.2024:* (Ost)] zu bestimmen.**

**(3) Besondere Wartezeiten sind nur dann werterhöhend zu berücksichtigen, wenn die hierfür erforderlichen Zeiten bereits erfüllt sind.**

**Übersicht**



### I. Normzweck

1 § 43 enthält Sondervorschriften für die Wertermittlung der Anrechte aus der gesetzlichen Rentenversicherung, die die allgemeinen Bewertungsmethoden der §§ 39–42 ergänzen. § 43 geht diesen allgemeinen Bewertungsvorschriften vor.[1]

[1] BT-Drs. 16/10144, 80.

## II. Grundzüge

2 Für die **Ermittlung des Ausgleichswertes** nach § 1 Abs. 2 S. 2 sind nach § 2 Abs. 1 auch die Anwartschaften auf Versorgungen und Ansprüche auf laufende Versorgungen aus der gesetzlichen Rentenversicherung zugrunde zu legen. Deren Vorschriften sind für die Berechnung dieser Anrechte maßgebend, wobei § 39 Abs. 2 Nr. 1 (→ § 39 Rn. 7), § 43 Abs. 1 den **Grundsatz der unmittelbaren Bewertung** vorgeben.[2] Die Regelungen des Versorgungsausgleichs nach dem VersAusglG und der gesetzlichen Rentenversicherung nach dem SGB VI sind aufeinander abgestimmt. Im Falle der internen Teilung sind nach § 10 Abs. 3 maßgeblich die Regelungen über das auszugleichende und das zu übertragende Anrecht, das sind hier vornehmlich diejenigen der §§ 76, 120f, 264a SGB VI (→ § 10 Rn. 19, 23 ff.). Auszugleichen sind gemäß § 109 Abs. 6 SGB VI die Entgeltpunkte aus der Berechnung einer Vollrente der gesetzlichen Rentenversicherung wegen Erreichens der Regelaltersgrenze (→ Rn. 11 ff.).

3 Das **Recht der gesetzlichen Rentenversicherung** ist in einem Gesetzbuch, dem SGB VI, zusammengefasst. Kennzeichnend für die gesetzliche Rentenversicherung ist ein einheitlicher Versichertenbegriff, der Arbeiter und Angestellte im Rahmen der allgemeinen Rentenversicherung erfasst (→ Rn. 7). Daneben besteht die knappschaftliche Rentenversicherung mit materiell-rechtlichen Besonderheiten; ihre Durchführung ist organisatorisch der Deutschen Rentenversicherung Knappschaft-Bahn-See zugeordnet (→ Rn. 123).

4 Ihrer **Art** nach grundsätzlich zu unterscheiden sind – hinsichtlich der Entgeltpunkte (Ost)bis 30.6.2024 – gemäß § 120f Abs. 1, Abs. 2 Nr. 1 und 2 SGB VI, § 120h SGB VI, § 19 Abs. 2 Nr. 2 VersAusglG bei den Anrechten aus der gesetzlichen Rentenversicherung

- Anrechte aus der **allgemeinen Rentenversicherung,** denen **Entgeltpunkte** nach §§ 70 ff., 256, 256b ff. SGB VI zugrunde liegen (→ Rn. 11 ff.);
- Anrechte aus der **knappschaftlichen Rentenversicherung,** denen **Entgeltpunkte** nach §§ 70 ff., 256, 256b ff. SGB VI zugrunde liegen (→ Rn. 31);
- Anrechte aus der **allgemeinen Rentenversicherung,** denen **Entgeltpunkte (Ost)** nach §§ 256a, 259b SGB VI zugrunde liegen (→ Rn. 83 ff., 98);
- Anrechte aus der **knappschaftlichen Rentenversicherung,** denen **Entgeltpunkte (Ost)** nach §§ 256a, 259b SGB VI zugrunde liegen (entsprechend → Rn. 31, 90 ff.);
- Anrechte aus der (auslaufenden) **Höherversicherung** nach § 269 SGB VI (→ Rn. 71);
- Anrechte, die auf eine **abzuschmelzende Leistung** nach § 120h Nr. 1–4 SGB VI gerichtet sind (→ Rn. 113 ff. und zu weiteren Einzelheiten § 10 Abs. 1 und 2).

5 Ab 1.7.2024 gilt in Deutschland aufgrund des Rentenüberleitungs-Abschlussgesetzes vom 17.7.2017 (BGBl. 2017 I S. 2575) ein einheitlicher aktueller Rentenwert. Die zurzeit für die neuen Bundesländer geltenden besonderen Rechengrößen (→ Rn. 17, 84, 87) entfallen dann. Ab dem Jahr 2025 gelten im gesamten Bundesgebiet einheitliche Rechengrößen, bei denen es sich um die Westwerte handelt, die für die Zeit ab dem Jahr 2025 auf der Grundlage der gesamtdeutschen Lohnentwicklung fortgeschrieben werden (→ Rn. 85).[3]

6 Zu Anrechten, die bei ausländischen Rentenversicherungsträgern erworben wurden, s. § 19 Abs. 2 Nr. 4, zu im Ausland zurückgelegten Versicherungszeiten, die den Wert des deutschen Rentenanrechts verändern können, → Rn. 128.

7 Den Kreis der in der gesetzlichen Rentenversicherung versicherten Personen geben §§ 1–8, 229 ff. SGB VI vor:

- kraft Gesetzes Pflichtversicherte nach §§ 1–3 SGB VI, das sind Arbeitnehmer, behinderte Menschen in bestimmten Einrichtungen, Personen in Einrichtungen der Jugendhilfe, Auszubildende in außerbetrieblichen Einrichtungen, selbständig Tätige mit arbeitnehmerähnlichem Status und sonstige Versicherte während Kindererziehungs-, Pflege-, Wehr- oder Zivildienstzeiten und Empfänger einer Entgeltersatzleistung.
- auf Antrag Pflichtversicherte nach § 4 SGB VI, das sind insbesondere selbständig Erwerbstätige, Entwicklungshelfer, Empfänger bestimmter Entgeltersatzleistungen und bestimmte Ausländer.
- freiwillig Versicherte nach § 7 SGB VI, das sind nicht versicherungspflichtige Deutsche oder Ausländer vom 16. Lebensjahr an.
- Nachversicherte nach §§ 8, 181 ff. SGB VI, insbesondere ausscheidende Beamte (→ § 16 Rn. 8 ff.).
- aufgrund des Versorgungsausgleichs oder Rentensplittings Begünstigte nach § 8 Abs. 1 S. 2 Nr. 2 SGB VI.

8 Versicherungsfrei sind geringfügig Beschäftigte, die aber einen Zuschlag an Entgeltpunkten erwerben können (§ 172 Abs. 3 SGB VI), Beamte und die übrigen in § 5 SGB VI genannten Personen.

---

[2] BGH NJW-RR 2016, 321 Rn. 10 = FamRZ 2016, 35.
[3] BT-Drs.18/11923, 22.

Von der Versicherungspflicht befreit werden die in § 6 SGB VI genannten Personen, insbesondere Mitglieder einer berufsständischen Kammer (→ § 39 Rn. 9 f.). Zur Alterssicherung der Landwirte → § 39 Rn. 13 f. 9

Die Rentenversicherungsträger haben im Rahmen des § 220 FamFG dem FamG die notwendigen Auskünfte zu erteilen. Die Vorschriften zum Schutz der Sozialdaten (§ 35 SGB I, §§ 67 ff. SGB X), die abschließenden Charakter haben, sehen in § 74 Nr. 1 lit. b SGB X ausdrücklich die **Befugnis zur Übermittlung der erforderlichen personenbezogenen Daten im Verfahren über den Versorgungsausgleich** vor. Hierzu gehört zum einen die Auskunft über die auf die Ehezeit entfallenden Entgeltpunkte nach § 5 Abs. 1 und zum anderen die Unterbreitung des Ausgleichswerts nach § 5 Abs. 3 (→ § 109 Abs. 6 SGB VI). 10

### III. Unmittelbare Bewertung der auf die Ehezeit entfallenden Vollrente wegen Alters (Abs. 1)

Die **Ermittlung der auf die Ehezeit entfallenden Entgeltpunkte** aus der Berechnung einer Vollrente wegen Erreichens der Regelaltersgrenze richtet sich nach § 39 Abs. 2 Nr. 1, § 43 Abs. 1 VersAusglG, § 109 Abs. 6 SGB VI (→ § 39 Rn. 7).[4] Danach sind für den Versorgungsausgleich maßgebend die am Ende der Ehezeit nach § 3 Abs. 1 auf die Ehezeit entfallenden Entgeltpunkte ohne Berücksichtigung des Zugangsfaktors nach § 77 SGB VI (→ Rn. 29) als Vollrente wegen Alters. Die notwendigen Einzelschritte, die zur Ermittlung dieser Vollrente wegen Alters erforderlich sind, richten sich nach den maßgebenden Vorschriften der gesetzlichen Rentenversicherung im SGB VI. Maßgeblich für den Versorgungsausgleich ist das in der Ehezeit tatsächlich erworbene Anrecht, dessen Bezugsgröße nach § 5 Abs. 1 die während der Ehezeit erworbenen Entgeltpunkte sind; weder der Rentenbetrag noch weitere für seine Berechnung maßgebende Faktoren bilden eine den Ehezeitanteil prägende Bezugsgröße.[5] 11

**1. Grundsatz der Berechnung.** Die auf die Ehezeit entfallende Vollrente wegen Alters macht zwei Berechnungsgänge notwendig. **Im ersten Rechengang** sind die Entgeltpunkte einer Vollrente wegen Alters ohne Berücksichtigung des Zugangsfaktors nach § 77 SGB VI (→ Rn. 29 f.) aus allen bis zum Ende der Ehezeit zurückgelegten rechtserheblichen Zeiten, für die nach §§ 70 ff. SGB VI Entgeltpunkte anfallen, zu berechnen. Dabei ist es unerheblich, ob die Zeiten in der Ehe oder außerhalb, also vor der Ehe zurückgelegt sind (→ Rn. 22; zur Gesamtleistungsbewertung aber → Rn. 21, 63). Bezieht ein Ehegatte hingegen bereits die gesetzliche Rente, sind auch nacheheliche Zeiten zu berücksichtigen (→ Rn. 100). Beiträge, die nach dem Zeitpunkt der Rechtshängigkeit des Scheidungsantrags für Zeiten vorher entrichtet wurden, sind beim Erstverfahren über den Versorgungsausgleich nicht in die Berechnung der Vollrente wegen Alters mit einzubeziehen.[6] Hat ein ausgleichspflichtiger Ehegatte nach der Rechtshängigkeit des Scheidungsantrags Beiträge für den ausgleichsberechtigten Ehegatten eingezahlt, ist aber eine Herabsetzung des Ausgleichsanspruchs in Betracht zu ziehen.[7] Zur Frage der Einbeziehung von Zeiten, wenn vor dem wirksamen Abschluss des Verfahrens ein Antrag auf Beitragserstattung gestellt wurde, → § 29 Rn. 6 ff. 12

Sind die Entgeltpunkte der Vollrente wegen Alters aus allen bis zum Ende der Ehezeit zurückgelegten rechtserheblichen Zeiten berechnet, erfolgt **der zweite Berechnungsgang,** nämlich die Feststellung des auf die Ehezeit entfallenden Teils. Hierfür werden **allein die auf die Ehezeit entfallenden Entgeltpunkte** berücksichtigt. Der sich danach ergebende Teilbetrag ist für die Ermittlung des Ausgleichswerts nach § 1 Abs. 2 S. 2 maßgebend. 13

Trotz des Grundsatzes der unmittelbaren Bewertung (→ Rn. 2) **ist es daher nicht zulässig, die Berechnung nur auf die Ehezeit abzustellen,** also die vor der Ehezeit zurückgelegten rechtserheblichen Zeiten von vornherein nicht mit einzubeziehen. Denn die auf die Ehezeit entfallenden Entgeltpunkte können grundsätzlich erst bestimmt werden, wenn das gesamte Rentenanrecht aus den bis zum Ende der Ehezeit zurückgelegten rechtserheblichen Zeiten vorab ermittelt worden ist (→ Rn. 12). 14

**a) Rentenformel.** Die Rentenformel nach dem Recht des SGB VI setzt sich aus **drei Faktoren** zusammen (§ 64 SGB VI). Werden die einzelnen Faktoren miteinander vervielfältigt, so ergibt sich der **Monatsbetrag der Altersrente.** Bei den drei Faktoren handelt es sich um 15
– die Summe der persönlichen Entgeltpunkte
– den Rentenartfaktor und
– den aktuellen Rentenwert.

---

4 BGH NJW-RR 2016, 321 Rn. 13 = FamRZ 2016, 35.
5 BGH NJW-RR 2016, 321 Rn. 11 = FamRZ 2016, 35.
6 BGHZ 81, 196 = NJW 1982, 102 für freiwillige Beiträge; BGH NJW 1985, 2024 für Pflichtbeiträge von versicherungspflichtigen Selbständigen.
7 BGH NJW-RR 1987, 322.

16 In einer **Formel** ausgedrückt:
Monatsrente = persönliche Entgeltpunkte × Rentenartfaktor × aktueller Rentenwert

17 Die **Rentenformel** und damit die Höhe der Rente orientiert sich vor allem an dem individuellen Arbeitsverdienst des einzelnen Versicherten und damit seiner Beitragsleistung im Verhältnis zum Durchschnittsverdienst aller Versicherten mit deren Beitragsleistung während des gesamten Versicherungslebens (§ 63 Abs. 1 SGB VI). Der kalenderjährliche Durchschnittsverdienst aller Versicherten ergibt einen vollen **Entgeltpunkt** (§ 63 Abs. 2 S. 2 SGB VI, §§ 70 ff. SGB VI) bzw. gemäß § 256a SGB VI einen vollen Entgeltpunkt (Ost). Ein Entgeltpunkt entspricht also 100 % des Durchschnittsentgelts aller Versicherten in einem Kalenderjahr (→ Rn. 18, 37 ff.). Das jährliche Durchschnittsentgelt ist in Anlage 1 des SGB VI festgestellt; die Werte zur Umrechnung des vollen Entgeltpunkts (Ost) sind aus Anlage 10 des SGB VI ersichtlich. Für weitere besondere Sachverhalte, wie beitragsfreie Zeiten, werden ebenfalls Entgeltpunkte zugerechnet (→ Rn. 18, 41 ff.).

18 Der erste Faktor der Rentenformel sind **die persönlichen Entgeltpunkte** (§ 66 SGB VI); sie ergeben sich nach der Vervielfältigung der Summe aller persönlichen Entgeltpunkte mit dem Zugangsfaktor (§ 77 SGB VI), der Vorteile oder Nachteile einer unterschiedlichen Rentenbezugsdauer vermeidet (§ 63 Abs. 5 SGB VI), aber im Rahmen des Versorgungsausgleichs außer Betracht bleibt (→ Rn. 29). Die persönlichen Entgeltpunkte spiegeln die individuellen Lebensverhältnisse des einzelnen Versicherten wider, ausgedrückt durch das erzielte Arbeitsentgelt oder Arbeitseinkommen und die hierfür während des gesamten Versicherungslebens zur gesetzlichen Rentenversicherung entrichteten Beiträge (→ Rn. 17). Wurde zB ein Arbeitsentgelt oder Arbeitseinkommen in Höhe des Durchschnittsentgelts aller Versicherten eines Kalenderjahres versichert, ergibt dies einen vollen Entgeltpunkt (→ Rn. 17). War das versicherte Entgelt oder Einkommen höher oder niedriger als das Durchschnittsentgelt, ist der Entgeltpunktewert aus den Beiträgen entspr. höher oder niedriger als ein voller Entgeltpunkt. Darüber hinaus werden Entgeltpunkte auch für beitragsfreie Zeiten angerechnet, deren Höhe von der Höhe der in der übrigen Zeit versicherten Arbeitsentgelte und Arbeitseinkommen abhängig ist (§ 63 Abs. 1 SGB VI, → Rn. 52 ff.). Zudem entstehen Entgeltpunkte durch Zuschläge, etwa für beitragsgeminderte Zeiten (§ 66 Abs. 1 Nr. 3–7 SGB VI, → Rn. 64 ff.). Die Summe der Entgeltpunkte bestimmt im Wesentlichen die Rentenhöhe. Je höher die Summe aller Entgeltpunkte des Versicherten ist, desto höher ist seine Rente. Die persönlichen Entgeltpunkte sind auf vier Dezimalstellen auszurechnen (§ 121 Abs. 1 SGB VI), wobei die letzte Dezimalstelle um 1 zu erhöhen ist, wenn sich in der folgenden Dezimalstelle eine der Zahlen 5–9 ergeben würde (§ 121 Abs. 2 SGB VI).

19 Die beiden weiteren Faktoren der Rentenformel haben für alle Versicherten grundsätzlich den gleichen Wert. So hängt **der Rentenartfaktor** nur von der Art der zu berechnenden Rente ab. Da der Versorgungsausgleich auf der Grundlage einer Vollrente wegen Alters berechnet wird, ist der maßgebende Rentenartfaktor in der allgemeinen Rentenversicherung 1,0 (§ 67 SGB VI). Er kann daher in diesem Versicherungszweig bei der Ermittlung des auf die Ehezeit entfallenden Rentenanrechts vernachlässigt werden. In der knappschaftlichen Rentenversicherung dagegen beträgt der Rentenartfaktor für die Vollrente wegen Alters 1,3333 (§ 82 SGB VI). Dieser Wert ist bei der Ermittlung des ehezeitlichen Rentenanrechts aus der knappschaftlichen Rentenversicherung zu berücksichtigen.

20 Der **aktuelle Rentenwert** als dritter Faktor der Rentenformel hat die Funktion, die in den persönlichen Entgeltpunkten ausgedrückte individuell erworbene Rentenhöhe, abgestellt auf die aktuellen Einkommensverhältnisse der Versichertengemeinschaft, in einen Euro-Betrag umzuwandeln (§ 68 SGB VI, → Rn. 72 f.). Der aktuelle Rentenwert ist für den jeweiligen Geltungszeitraum für alle Betroffenen gleich hoch (aber → Rn. 84). Er ist damit gleichzeitig das Instrument, die Renten im Rahmen der regelmäßigen Anpassungen an die zeitnahen Einkommensverhältnisse anzugleichen (§ 65 SGB VI).

21 Problematisch für den Versorgungsausgleich ist **die Bewertung der beitragsfreien** Zeiten (§ 54 Abs. 4 SGB VI, → Rn. 57 ff.). Sie ist abhängig von der Anzahl und Höhe der von dem einzelnen Versicherten während seines gesamten Versicherungslebens entrichteten Beiträge (Gesamtleistungsbewertung nach §§ 71–74, 263 SGB VI). Lücken in der Versicherungsbiographie wirken sich auf die Bewertung negativ aus. Hieraus folgt für den Leistungsfall, dass die Bewertung der in der Ehezeit liegenden beitragsfreien Zeiten auch von der Anzahl und Höhe der nach dem Ende der Ehezeit zurückgelegten Beitragszeiten abhängt. Die Bewertung der beitragsfreien Zeiten kann daher dazu führen, dass sich die auf die Ehezeit entfallende Rentenanwartschaft nach der Entscheidung über den Versorgungsausgleich erhöht oder vermindert, je nachdem in welcher Anzahl und in welcher Höhe nach dem Ende der Ehezeit noch weitere Beiträge entrichtet werden.[8] Im Gegensatz

[8] BGH NJW 2016, 1233 Rn. 25 = FamRZ 2016, 791.

hierzu hat der BGH[9] entschieden, dass die Gesamtleistungsbewertung beitragsfreier Zeiten in der gesetzlichen Rentenversicherung nach den §§ 71 ff. SGB VI im Versorgungsausgleich für die Bewertung eines Anrechts in der Anwartschaftsphase stets allein auf der Grundlage der ehezeitlichen Anrechte und ohne Berücksichtigung nachehelich erzielter Entgeltpunkte durchzuführen ist (→ Rn. 63). Vorstehendes gilt auch für die Zuschläge an Entgeltpunkten aus beitragsgeminderten Zeiten (§ 54 Abs. 3 SGB VI; → Rn. 64 f.).

Bei der Vorbereitung der Entscheidung über den Versorgungsausgleich taucht immer wieder die Frage auf, ob **es ausreicht, nur die auf die Ehezeit entfallenden Zeiten zu ermitteln,** dh darauf zu verzichten, zunächst die Vollrente wegen Alters aus allen Zeiten, also auch den Zeiten vor der Eheschließung zu berechnen. Dies hätte den Vorteil, zeitraubende Ermittlungen über die Klärung des Versicherungsverlaufs vor Beginn der Ehe zu unterlassen und dem FamG durch die Rentenversicherungsträger die erforderlichen Auskünfte schneller erteilen zu können. Hierfür könnte der Wortlaut des § 43 Abs. 1 sprechen, nach dem bei den Anrechten aus der gesetzlichen Rentenversicherung die Grundsätze der unmittelbaren Bewertung (→ Rn. 14) gelten, also der Betrag maßgebend ist, der sich aus den – wie es § 1587a Abs. 2 Nr. 2 BGB aF früher formulierte – „auf die Ehezeit entfallenden Entgeltpunkten" als Vollrente wegen Alters ergäbe. Trotz dieses Wortlauts ist es grundsätzlich nicht möglich, den auf die Ehezeit entfallenden Rententeil isoliert nur aus den auf die Ehezeit entfallenden Entgeltpunkten zu errechnen (§ 124 Abs. 2 SGB VI).[10] Zwar lässt sich aus den Entgeltpunkten in der Ehezeit eine auf die Ehezeit entfallende Rentenanwartschaft ermitteln. Die Schwierigkeiten ergeben sich jedoch im Detail, und zwar insbesondere, wenn die auf die Ehezeit entfallenden Entgeltpunkte durch außerhalb der Ehezeit liegende Zeiten beeinflusst werden. Dies gilt nach der Rspr. des BGH[11] aber nicht für die Bewertung der beitragsfreien und beitragsgeminderten Zeiten im Rahmen der Gesamtleistungsbewertung in der Anwartschaftsphase eines Anrechts (→ Rn. 21, 57 ff.). 22

Dagegen sind Fälle denkbar, in denen sich die Entgeltpunkte für die Ehezeit ohne Kenntnis sämtlicher von dem Versicherten zurückgelegten Zeiten nicht genau bestimmen lassen. Solche Fälle sind zB die besondere Bewertung der Pflichtbeiträge von Berufsanfängern. Ist nicht bekannt, in welchen Zeiten Pflichtbeiträge für eine Berufsausbildung iSv § 54 Abs. 3 S. 2 SGB VI entrichtet wurden, können diese Zeiten auch nicht richtig bewertet werden. Ähnliches gilt für die Bewertung mit Mindestentgeltpunkten bei geringem Arbeitsentgelt (→ Rn. 50 f.). Hier ist ua Voraussetzung, dass mindestens 35 Jahre mit rentenrechtlichen Zeiten vorhanden sind. Um diese Voraussetzung prüfen zu können, ist es ebenfalls erforderlich, **das gesamte Versicherungsleben vollständig aufzuklären.** 23

Die **Vorschriften der gesetzlichen Rentenversicherung lassen es regelmäßig nicht zu,** eine Berechnung der auf die Ehezeit entfallenden Rentenanwartschaften allein aus den während der Ehe zurückgelegten Zeiten durchzuführen. Dies folgt auch aus den Berechnungsgrundsätzen des § 124 Abs. 2 SGB VI. Hiernach ergibt sich die Rente oder Rentenanwartschaft, die auf einen Zeitabschnitt entfällt, wenn nach der Ermittlung der Entgeltpunkte für alle rentenrechtlichen Zeiten die Rente oder Rentenanwartschaft aus den Entgeltpunkten berechnet wird, die auf diesen Zeitabschnitt entfallen. Da die Rentenversicherungsträger Massentatbestände zu regeln haben, ist es ihnen nicht zumutbar, zu prüfen und im Einzelfall zu differenzieren, ob der Mitteilung an das FamG uU nur die während der Ehe zurückgelegten Zeiten zugrunde gelegt werden können, wenn die Bewertung dieser Monate exakt feststeht und durch außerhalb der Ehe liegende Zeiten nicht beeinflusst wird. Eine längere Bearbeitungszeit zwecks Vervollständigung des Versicherungsverlaufs bei dem Versicherungsträger ist daher in Kauf zu nehmen, auch wenn nicht auszuschließen ist, dass im Einzelfall eine Auskunft allein unter Berücksichtigung der Zeiten während der Ehe zum gleichen Ergebnis führt. Wirkt ein Betroffener bei der Klärung seines Versicherungsverlaufs nicht mit, ist dem FamG hiervon Kenntnis zu geben. Auf ausdrückliche Anforderung des FamG erteilt der Rentenversicherungsträger allerdings auch eine Auskunft aus einem ungeklärten Versicherungskonto. 24

**b) Vollrente wegen Alters.** § 109 Abs. 6 SGB VI bestimmt, dass für die Auskunft der Rentenversicherungsträger an das Familiengericht nach § 220 Abs. 4 FamFG die Entgeltpunkte maßgebend sind, die sich aus der Berechnung einer **Vollrente wegen Erreichens der Regelaltersgrenze** (§ 35 S. 2 SGB VI mit der Übergangsregelung in § 235 SGB VI) ergeben. Eine Altersrente gibt es nach den Vorschriften der gesetzlichen Rentenversicherung (§ 36 S. 2 SGB VI mit der Übergangsregelung 25

9 BGH NJW 2016, 1233 Rn. 24 = FamRZ 2016, 791; NJW-RR 2012, 641 Rn. 16 ff. = FamRZ 2012, 847; NJW 2012, 1000 = FamRZ 2012, 509.

10 Erman/*Norpoth/Sasse* Rn. 10; *Michaelis/Sander* DAngVers. 1997, 281 (288).

11 BGH NJW 2016, 1233 Rn. 24 = FamRZ 2016, 791; NJW-RR 2012, 641 Rn. 16 ff. = FamRZ 2012, 847; NJW 2012, 1000 = FamRZ 2012, 509.

in § 236 SGB VI für langjährig Versicherte, § 37 S. 2 SGB VI mit der Übergangsregelung in § 236a SGB VI für schwerbehinderte Menschen, § 38 SGB VI für besonders langjährig Versicherte, § 40 SGB VI für langjährig unter Tage beschäftigte Bergleute) frühestens einige Zeit nach der Vollendung des 60. Lebensjahres. Die betroffenen Ehegatten erfüllen jedoch nach den statistischen Daten über das Lebensalter der Parteien bei Scheidung regelmäßig diese altersmäßige Voraussetzung nicht. Daher hat der Begriff der Altersrente nur die Bedeutung, dass lediglich die für eine Altersrente maßgebenden Berechnungsvorschriften heranzuziehen sind. Die Gewährung einer Altersrente setzt auch die Erfüllung einer Wartezeit von fünf Jahren voraus (§ 50 Abs. 1 S. 1 Nr. 1 SGB VI). Hierauf kommt es bei der im Rahmen des Versorgungsausgleichs zu berechnenden Altersrente jedoch nicht an. Das folgt aus § 2 Abs. 3, wonach eine auszugleichende Anwartschaft auch vorliegt, wenn eine für das Anrecht maßgebliche Wartezeit im Zeitpunkt des Eintritts der Rechtshängigkeit des Scheidungsantrages noch nicht erfüllt ist (zu den besonderen Wartezeiten gemäß § 43 Abs. 3 aber → Rn. 33).

26 Nach dem SGB VI kann die Altersrente in voller Höhe (Vollrente) oder als Teilrente in Anspruch genommen werden (§ 42 SGB VI). Sinn und Zweck dieser Regelung ist es, dem Versicherten einen gleitenden Übergang vom Arbeitsleben in den Ruhestand zu ermöglichen. Je nachdem in welchem Umfang neben der Altersrente noch gearbeitet und Arbeitsverdienst erzielt werden soll, kann die Altersrente in Höhe von einem Drittel der Vollrente, in Höhe der Hälfte der Vollrente oder in Höhe von zwei Dritteln der Vollrente in Anspruch genommen werden. Berechnungstechnisch wird dies dadurch gelöst, dass der Monatsbetrag der Teilrente nur aus dem Teil der Entgeltpunkte ermittelt wird, der dem Anteil der Teilrente an der Vollrente entspricht (§ 66 Abs. 3 SGB VI; → Rn. 103). Für den Versorgungsausgleich ist in § 109 Abs. 6 SGB VI klargestellt, dass die **Berechnung der auf die Ehezeit entfallenden Rente oder Rentenanwartschaft stets auf der Grundlage einer Vollrente wegen Erreichens der Regelaltersgrenze** erfolgen soll.

27 **c) Bewertungsstichtag für den Versorgungsausgleich „Ende der Ehezeit".** Das Recht der gesetzlichen Rentenversicherung im SGB VI wird von dem Rentenbeginnprinzip beherrscht. Bei den Altersrenten hängt der Rentenbeginn ua von der Vollendung eines bestimmten Lebensalters ab. Da die maßgebende Altersgrenze für eine Altersrente bei einer Scheidung regelmäßig nicht erreicht ist, sieht das VersAusglG einen besonderen **Bewertungsstichtag** mit den Worten „das Ende der Ehezeit" für die Berechnung der Altersrente vor. Es ist dies fiktiv der Zeitpunkt, in dem die Ehezeit nach § 5 Abs. 2 S. 1, § 3 Abs. 1 Hs. 2 endet (→ § 5 Rn. 18).[12] Das ist der letzte Tag des Monats, der dem Eintritt der Rechtshängigkeit (Zustellung) des Scheidungsantrags vorausgeht. Das bedeutet: Für die Berechnung der auf die Ehezeit entfallenden Vollrente wegen Alters ist nicht das tatsächliche Ende der Ehe, sondern ein früherer Zeitpunkt vorgesehen. Dies ist erforderlich, damit entsprechend § 137 FamFG über den Versorgungsausgleich im Regelfall zugleich mit der Scheidungssache entschieden werden kann; denn die Auskunft über die in der Ehe erworbene Rente oder Rentenanwartschaft muss bereits während des laufenden Scheidungsverfahrens vorliegen, damit sie vom FamG gewürdigt werden kann. Zum In-Prinzip → Rn. 82.

28 Der Zeitpunkt des Rentenbeginns hat in der gesetzlichen Rentenversicherung Bedeutung für die Frage, **welches Recht anzuwenden ist.** So gilt der Grundsatz, dass es bei einer erstmaligen Feststellung der Rente stets auf das im Zeitpunkt des Rentenbeginns maßgebende Recht ankommt. Dieser Grundsatz kann für die Berechnung der fiktiven Vollrente wegen Alters mit dem unterstellten Rentenbeginn, der vom Ende der Ehezeit abhängig ist, nicht übernommen werden. Vielmehr sind sämtliche Rechtsänderungen zu berücksichtigen, die in der Zeit zwischen dem Ende der Ehezeit und dem Datum der Entscheidung durch das FamG wirksam geworden sind und sich damit später auf die Rente des Betroffenen auswirken können.[13] Veränderungen, die rückwirkend betrachtet auf der Grundlage der individuellen Verhältnisse bei Ehezeitende einen anderen Ehezeitanteil des Versorgungsanrechts ergeben, können somit bei der Entscheidung über den Versorgungsausgleich grundsätzlich auch dann berücksichtigt werden, wenn sie erst nach Ehezeitende eingetreten sind (→ § 5 Rn. 25 ff.). Unberücksichtigt bleiben hingegen nachehezeitliche Veränderungen, soweit sie auf **neu hinzugetretenen individuellen Umständen,** wie etwa einem späteren beruflichen Aufstieg des Versicherten oder einem zusätzlichen persönlichen Einsatz, beruhen;[14] es handelt sich dabei um personenbezogene, nicht anrechtsbezogene Umstände.[15]

29 **d) Keine Berücksichtigung des Zugangsfaktors.** Nach dem Wortlaut des § 1587a Abs. 2 Nr. 2 BGB war für den Versorgungsausgleich eine Vollrente wegen Alters **ohne Berücksichtigung des Zugangsfaktors** zu berechnen. Auch wenn in das VersAusglG dieser ausdrückliche Hinweis

---

[12] BGH NJW 2012, 1000 = FamRZ 2012, 509.
[13] BGH NJW 2012, 1000 = FamRZ 2012, 509; NJW BeckRS 2002, 9013 = FamRZ 2003, 435.
[14] BGH NJW 2012, 1000 = FamRZ 2012, 509.
[15] BGH NJW-RR 2016, 321 Rn. 15 = FamRZ 2016, 35.

nicht aufgenommen wurde, bleibt der Zugangsfaktor weiterhin außer Betracht. Der Zugangsfaktor hat in der Rentenberechnung die Bedeutung, Vor- und Nachteile einer unterschiedlichen Bezugsdauer der Altersrente zu vermeiden (§ 63 Abs. 5 SGB VI). So kann es bei der vorzeitigen Inanspruchnahme einer Altersrente zu einer Rentenminderung kommen, während bei einer späteren Inanspruchnahme der Altersrente erst nach der Regelaltersgrenze, die nach § 35 S. 2 SGB VI und der Übergangsregelung des § 235 SGB VI zu bestimmen ist, eine Rentenerhöhung eintritt. Diese Minderung oder Erhöhung wird erreicht, indem die Summe der Entgeltpunkte mit dem Zugangsfaktor vervielfältigt wird und so die persönlichen Entgeltpunkte (§ 66 SGB VI) ergeben, aus denen dann die Altersrente zu berechnen ist. Für den Versorgungsausgleich hat der Zugangsfaktor aber grundsätzlich keine Bedeutung, weil durch einen vorzeitigen Rentenbezug das Rentenanrecht als Stammrecht nicht berührt wird. Deshalb wird beim Versorgungsausgleich die Altersrente berechnungstechnisch so behandelt, als würde der Betroffene seine Altersrente mit der Regelaltersgrenze nach § 35 S. 2 SGB VI, § 235 SGB VI in Anspruch nehmen. Somit ist die Summe der festgestellten Entgeltpunkte im Versorgungsausgleich zugleich die Summe der persönlichen Entgeltpunkte. Damit errechnet sich die beim Versorgungsausgleich zu berücksichtigende Vollrente wegen Alters aus folgenden Faktoren:
– den bis zum Bewertungsstichtag „Ende der Ehezeit“ errechneten Entgeltpunkten,
– dem Rentenartfaktor, der in der allgemeinen Rentenversicherung den Wert 1,0 hat und in der knappschaftlichen Rentenversicherung 1,3333 beträgt (→ Rn. 19),
– dem aktuellen Rentenwert.

30 Da der Wert 1,0 keine Auswirkungen hat, errechnet sich in der allgemeinen Rentenversicherung die Vollrente wegen Alters, aus der letztlich das auf die Ehezeit entfallende Rentenanrecht zu ermitteln ist, nach der **Formel:**

Monatsrente = persönliche Entgeltpunkte × aktueller Rentenwert.

31 Zum aktuellen Rentenwert → Rn. 72 f. Entgeltpunkte der knappschaftlichen Rentenversicherung sind vorab mit dem Rentenartfaktor 1,3333 zu vervielfältigen. Wird das auf die Ehezeit entfallende Rentenanrecht im Rahmen eines Verfahrens zur Abänderung einer rechtskräftigen Entscheidung über den Versorgungsausgleich ermittelt, so tritt an die Stelle des Bewertungsstichtages „Ende der Ehezeit“ ein späterer Zeitpunkt, der dem Zeitpunkt des Erlasses der Abänderungsentscheidung möglichst nahe kommt (→ Rn. 28; → 7. Aufl. 2017, FamFG § 225 Rn. 15 ff.).

32 Seine Auffassung,[16] dass bei einer bereits **während der Ehe erfolgten vorzeitigen Inanspruchnahme** einer Altersrente aus der gesetzlichen Rentenversicherung der dadurch verursachte Versorgungsabschlag bei der Ermittlung der auf die Ehezeit entfallenden Rente zu berücksichtigen ist, um einen Verstoß gegen den Halbteilungsgrundsatz zu vermeiden, hat der BGH aufgegeben.[17] Dass nach dem VersAusglG der Zugangsfaktor unberücksichtigt zu bleiben hat, folgt aus dem neuen Teilungsmodus des neuen Versorgungsausgleichsrechts: Maßgeblich für die Teilung von Anrechten aus der gesetzlichen Rentenversicherung ist die für das Versorgungssystem der gesetzlichen Rentenversicherung maßgebliche Bezugsgröße, also der Entgeltpunkt (→ § 5 Rn. 4). Nach § 41 Abs. 1, § 39 Abs. 1, Abs. 2 Nr. 1 VersAusglG, § 109 Abs. 6 SGB VI ergeben sich die zu ermittelnden Entgeltpunkte aus der Berechnung einer Vollrente wegen Erreichens der Regelaltersgrenze. Die Umrechnung der Versorgung in Rentenbeträge ist nicht mehr erforderlich, so dass der mit dem Zugangsfaktor verbundene Effekt nicht mehr auftritt.[18] Hierdurch wird der **Halbteilungsgrundsatz** nicht verletzt. Das während der Ehezeit erworbene Stammrecht in Form der erworbenen Entgeltpunkte wird hälftig geteilt. Ob der Ausgleichspflichtige aus dem bei ihm verbleibenden Teil dieselbe Rente wie der Ausgleichsberechtigte bezieht oder der Rentenbetrag wegen der vorzeitigen Inanspruchnahme und der daraus folgenden längeren Rentendauer durch einen geänderten Zugangsfaktor gemindert wird, hängt von seiner eigenen Entscheidung und individuellen Umständen ab. Es handelt sich dabei um **personenbezogene, nicht anrechtsbezogene Umstände,** die im Versorgungsausgleich nicht zu berücksichtigen sind.[19]

33 **e) Berücksichtigung besonderer Wartezeiten (Abs. 3).** Besondere Wartezeiten der gesetzlichen Rentenversicherung sind die zeitlichen Voraussetzungen einer Rente nach § 70 Abs. 3a SGB VI (Höherbewertung als Berücksichtigungszeit bei 25 Jahren Pflichtversicherung und Kindererziehungszeiten bzw. Zeiten der Pflege eines pflegebedürftigen Kindes bis zur Vollendung des 18. Lebensjahres; → Rn. 45) und einer Rente nach Mindesteinkommen (Höherbewertung bei 35 Jahren gemäß § 262 SGB VI; → Rn. 50 f.). Da die Berechnung der Altersrente in der Anwartschaftsphase für den Versorgungsausgleich aber gemäß§ 5 Abs. 2 S. 1 auf das Ende der Ehezeit abzu-

16 BGH NJW-RR 2008, 81 = FamRZ 2007, 1542; dagegen mit ausf. Berechnungen *Bergner* NJW 2008, 271.
17 BGH NJW-RR 2016, 321 = FamRZ 2016, 35.
18 BT-Drs. 16/10144 80; BGH NJW-RR 2016, 321 Rn. 15 = FamRZ 2016, 35.
19 BGH NJW-RR 2016, 321 Rn. 16 = FamRZ 2016, 35.

stellen ist, sind diese rentenerhöhenden besonderen Wartezeiten grundsätzlich **nur dann werterhöhend** zu berücksichtigen, wenn sie in dem nach § 5 Abs. 2 S. 1 maßgeblichen Zeitpunkt, dem Ende der Ehezeit als fiktivem Rentenbeginn, **bereits erfüllt** sind (zum gleichgelagerten Fall der Gesamtleistungsbewertung näher → Rn. 63).[20] Damit normiert § 43 Abs. 2 eine Ausnahme zu § 2 Abs. 3 VersAusglG, nach dem es grundsätzlich auf die Erfüllung zeitlicher Voraussetzungen nicht ankommt (→ § 2 Rn. 40). Zur Berechnung der Altersrente ab Leistungsbezug aber → Rn. 100. Zur normalen Wartezeit von fünf Jahren → Rn. 25 aE.

34 **2. Berechnung der Vollrente wegen Alters.** Die Berechnung der fiktiven Vollrente wegen Alters richtet sich im Einzelnen nach den Vorschriften der gesetzlichen Rentenversicherung. Diese werden im Wesentlichen vom **Rentenbeginnprinzip** beherrscht. So bestimmt der Rentenbeginn, bis zu welchem Zeitpunkt zurückgelegte rentenrechtliche Zeiten bei der Berechnung der Vollrente wegen Alters mit zu berücksichtigen sind. Da es beim Versorgungsausgleich auf die Vollrente wegen Alters am Ende der Ehezeit ankommt, bedeutet dies für den Versorgungsausgleich, dass ein fiktiver Rentenbeginn bestimmt werden muss, der am ersten Tag nach dem Ende der Ehezeit (→ Rn. 27) liegt. Nur so können alle bis zum Ende der Ehezeit zurückgelegten rentenrechtlichen Zeiten bei der Berechnung der Vollrente wegen Alters berücksichtigt werden.

**Beispiel:**

| | |
|---|---|
| Ende der Ehezeit | 31.7.2015 |

**Lösung:**

| | |
|---|---|
| Als fiktiver Rentenbeginn ist der | 1.8.2015 |

zu bestimmen; damit können alle bis zum 31.7.2015 zurückgelegten rentenrechtlichen Zeiten bei der Berechnung der Vollrente wegen Alters berücksichtigt werden.

35 Zur Besonderheit, wenn es um die **Bestimmung des** für die Berechnung der Vollrente wegen Alters **maßgebenden aktuellen Rentenwerts** geht, → Rn. 72.

36 Das Schwierigste bei der Berechnung der Vollrente wegen Alters ist die **Ermittlung der persönlichen Entgeltpunkte.** Sie gibt es gemäß § 66 Abs. 1 SGB VI für

- Beitragszeiten,
- beitragsfreie Zeiten,
- Zuschläge für beitragsgeminderte Zeiten,
- Zuschläge oder Abschläge aus einem durchgeführten Versorgungsausgleich oder Rentensplitting,
- Zuschläge aus Zahlung von Beiträgen bei vorzeitiger Inanspruchnahme einer Rente wegen Alters oder bei Abfindung von Anwartschaften auf betriebliche Altersversorgung oder von Anrechten bei der Versorgungsausgleichskasse,
- Zuschläge an Entgeltpunkten für Arbeitsentgelt aus geringfügiger Beschäftigung,
- Arbeitsentgelt von flexiblen Arbeitszeitregelungen[21] aus nach § 23b Abs. 2 S. 1–4 SGB IV aufgelösten Wertguthaben,
- Zuschläge an Entgeltpunkten aus Beiträgen nach Beginn einer Rente wegen Alters,
- Zuschläge an Entgeltpunkten für Zeiten einer besonderen Auslandverwendung,
- Zuschläge an Entgeltpunkten für nachversicherte Soldaten auf Zeit.

37 **a) Entgeltpunkte für Beitragszeiten.** Entgeltpunkte für Beitragszeiten gibt es für Pflicht- und freiwillige Beiträge. Ihre Ermittlung richtet sich nach § 70 SGB VI. Dabei kommt es nicht auf die Beitragshöhe an, sondern entscheidend ist das dem gezahlten Beitrag zugrunde liegende Entgelt oder Arbeitseinkommen; gemäß § 203 Abs. 1 SGB VI kann die Glaubhaftmachung der Beitragszahlung für die Anerkennung einer Beschäftigungszeit als Beitragszeit ausreichen. Dieses individuelle Einkommen des einzelnen Versicherten wird Kalenderjahr für Kalenderjahr durch das Durchschnittsentgelt aller Versicherten (Anlage 1 zum SGB VI) für dasselbe Kalenderjahr geteilt. Hat ein Versicherter in einem Kalenderjahr den gleichen Arbeitsverdienst erzielt und hierfür Beiträge gezahlt wie der Durchschnitt aller Versicherten, so erhält er einen Entgeltpunkt. Ist der versicherte Arbeitsverdienst höher als der Durchschnittsverdienst aller Versicherten, ergibt sich entspr. mehr als ein Entgeltpunkt; ist der versicherte Arbeitsverdienst geringer, gibt es entspr. weniger. Die Errechnung der Entgeltpunkte erfolgt auf vier Dezimalstellen, dabei ist die vierte Stelle um eins zu erhöhen, wenn in der fünften Stelle eine der Zahlen fünf bis neun erscheint (§ 121 Abs. 1 und 2 SGB VI). Zum In-Prinzip der Beitragszahlung → Rn. 82.

---

20 BGH NJW 2016, 1233 Rn. 24 = FamRZ 2016, 791 zur fiktiven Bewertung eines Anrechts, das sich noch in der Anwartschaftsphase befindet; Johannsen/Henrich/*Holzwarth* Rn. 36.

21 Ausf. *Schmeiduch* FamRZ 1999, 1035.

Bei den pflichtversicherten Arbeitnehmern werden von den Arbeitgebern regelmäßig nur die versicherten Arbeitsverdienste gemeldet. Diese speichert der Rentenversicherungsträger im Konto des Versicherten ab. Bei den freiwillig Versicherten und den pflichtversicherten Selbständigen, die ihre Beiträge beim Rentenversicherungsträger selbst einzahlen, wird aus dem Beitrag zunächst ein **versicherter Arbeitsverdienst** errechnet. Anschließend werden aus dem Arbeitsverdienst die entspr. Entgeltpunkte ermittelt. 38

Bei der Berechnung einer Rente sind die Durchschnittsentgelte aller Versicherten, mit deren Hilfe die Entgeltpunkte ermittelt werden, im Jahr des Rentenbeginns und in dem Jahr zuvor regelmäßig noch nicht bekannt. Aus diesem Grund ist in § 70 Abs. 1 S. 2 SGB VI bestimmt, dass für das Kalenderjahr des Rentenbeginns und für das davor liegende Kalenderjahr der Ermittlung der Entgeltpunkte ein **vorläufiges Durchschnittsentgelt** zugrunde zu legen ist, das die voraussichtliche Entwicklung des zuletzt bestimmten Durchschnittsentgelts berücksichtigt.[22] Die maßgebenden Werte werden von der Bundesregierung mit Zustimmung des Bundesrates durch Rechtsverordnung bestimmt (§ 69 Abs. 2 SGB VI). Der Zeitpunkt des Eintritts des Versicherungsfalls bestimmt danach neben der Bemessungsgrundlage auch das Vergleichsentgelt für die letzten beiden Kalenderjahre.[23] 39

Die Bestimmung von vorläufigen Durchschnittsentgelten für die Ermittlung der Entgeltpunkte hat auch für die Berechnung der Altersrente für den Versorgungsausgleich Bedeutung. Dieser Altersrente liegt als fiktiver Rentenbeginn der Tag nach dem Ende der Ehezeit zugrunde. Liegt das **Ende der Ehezeit am 31.12. eines Jahres,** zB am 31.12.2015, dann ist der fiktive Rentenbeginn für die Vollrente wegen Alters der 1.1. des Folgejahres, in dem Beispiel also der 1.1.2016. Bei dieser Konstellation kann nur ein vorläufiges Durchschnittsentgelt aller Versicherten, nämlich für das Kalenderjahr vor dem fiktiven Rentenbeginn, die Berechnung der Altersrente beeinflussen. Denn bei einer am 1.1. eines Jahres beginnenden Vollrente wegen Alters können im Jahr des Rentenbeginns keine rentenrechtlichen Zeiten mehr zu berücksichtigen sein, aus denen Entgeltpunkte zu errechnen wären. Wird die Vollrente wegen Alters für den Versorgungsausgleich erst zu einem späteren Zeitpunkt berechnet, zu dem die endgültigen Durchschnittsentgelte aller Versicherten bereits feststehen, so sind dennoch im Erstverfahren über den Versorgungsausgleich für das Kalenderjahr des Rentenbeginns und für das davor liegende Kalenderjahr nur die vorläufigen Durchschnittsentgelte der Berechnung zugrunde zu legen.[24] Ist eine Auskunft an das FamG im Rahmen eines Abänderungsverfahrens nach § 225 FamFG zu erteilen, so bestimmen sich die Durchschnittsentgelte ausgehend von dem für diese Auskunft maßgebenden Berechnungszeitpunkt. Für das Kalenderjahr, in dem das Ende der Ehezeit liegt und für das vorangegangene Jahr sind dann die endgültigen Durchschnittsentgelte der Ermittlung der Entgeltpunkte zugrunde zu legen.[25] 40

**Für die Ermittlung der Entgeltpunkte aus Beitragszeiten gibt es eine Reihe von Ausnahmen,** bei denen die Grundregel, dass die Entgeltpunkte aus dem individuellen versicherten Entgelt und dem Durchschnittsverdienst aller Versicherten im Wege der Division zu ermitteln sind (→ Rn. 37), keine Anwendung findet. Die wichtigsten Ausnahmen sind: 41

**aa) Beiträge nach Lohn-, Beitrags- oder Gehaltsklassen.** Zeiten, für die Beiträge nach Lohn-, Beitrags- oder Gehaltsklassen nach dem vor dem 1.3.1957 geltenden Recht gezahlt worden sind, erhalten Entgeltpunkte nach der Anlage 3 zum SGB VI. Wurden die Beiträge nach dem in der Zeit vom 1.3.1957 bis 31.12.1976 geltenden Recht gezahlt, werden für jeden Kalendermonat Entgeltpunkte auf der Grundlage der in der Anlage 4 zum SGB VI angegebenen Beitragsbemessungsgrundlage ermittelt (§ 256 Abs. 5 SGB VI). 42

**bb) Zeiten einer beruflichen Ausbildung.** Zeiten einer beruflichen Ausbildung vom 1.6.1945 bis 30.6.1965, in denen Personen als Lehrling oder sonst zu ihrer Berufsausbildung grundsätzlich versicherungspflichtig beschäftigt waren, ohne dass eine Zahlung von Pflichtbeiträgen für diese Zeiten erfolgte (§ 247 Abs. 2a SGB VI), erhalten für jeden Kalendermonat 0,025 Entgeltpunkte (§ 256 Abs. 1 SGB VI). 43

**cc) Wehrdienst- und Zivildienstleistende.** Wehrdienst- und Zivildienstleistende, für die bis zum 31.12.1991 Pflichtbeiträge gezahlt worden sind, erhalten für jedes volle Kalenderjahr 0,75 bzw. 1,0 Entgeltpunkte je nach dem Zeitraum, in dem Dienst geleistet wurde, für jeden Teilzeitraum wird der entsprechende Entgeltpunktewert berücksichtigt (§ 256 Abs. 3 SGB VI). Ab 1.1.1992 ist bei diesen Personen von einer beitragspflichtigen Einnahme von 80 vH der Bezugsgröße (§ 18 SGB IV), für die Zeit ab 1.1.2000 von 60 vH auszugehen; bei Personen, die eine Verdienstausfallent- 44

[22] Ebenso BGH NJW 2012, 1000 = FamRZ 2012, 509.
[23] BGH NJW-RR 1991, 199 = FamRZ 1991, 173 f.; NJW 2012, 1000 = FamRZ 2012, 509.
[24] Entspr. BGH NJW-RR 1991, 199.
[25] BGH NJW 2012, 1000 = FamRZ 2012, 509; *Schmeiduch* FamRZ 1991, 377 (386).

schädigung nach dem Unterhaltssicherungsgesetz erhalten haben, ist für die Ermittlung der Entgeltpunkte das dieser Leistung zugrunde liegende Arbeitsentgelt vor Abzug von Steuern und Beitragsanteilen maßgebend (§ 166 Abs. 1 Nr. 1 SGB VI).

45 **dd) Kindererziehungszeiten.** Kindererziehungszeiten zählen ebenfalls zu den Beitragszeiten (§§ 56 f. SGB VI); Rentenanrechte, die auf Kindererziehungszeiten beruhen, unterliegen dem Versorgungsausgleich in derselben Weise wie solche Rentenanrechte, die auf Beitragszahlungen beruhen und im Zusammenhang mit einer Erwerbstätigkeit erworben worden sind.[26] Für jeden Kalendermonat an Kindererziehungszeit werden 0,0833 Entgeltpunkte angerechnet (§ 70 Abs. 2 S. 1 SGB VI). Wurden zeitgleich Beitragszeiten zurückgelegt, sind die diesen Zeiten zugrunde liegenden Entgeltpunkte um die Entgeltpunkte für die Kindererziehungszeiten zu erhöhen, höchstens jedoch um die Entgeltpunkte bis zum Erreichen der jeweiligen Höchstwerte von rund 2 Entgeltpunkten nach der Anlage 2b zum SGB VI (§ 70 Abs. 2 S. 2 SGB VI). Zur Qualifikation der Kindererziehungszeit als Berücksichtigungszeit → Rn. 58, 33.

46 Die mit dem Gesetz über Leistungsverbesserungen in der gesetzlichen Rentenversicherung vom 23.6.2014 (BGBl. 2014 I S. 787) eingeführte sog. **Mütterrente I** führt mWv 1.7.2014 regelmäßig zu einer erhöhten Bewertung von Erziehungszeiten für vor dem 1.1.1992 geborene Kinder.[27] Gemäß § 249 Abs. 1 SGB VI wird für Eltern, die ab dem 1.7.2014 in Rente gehen, die berücksichtigungsfähige Kindererziehungszeit für vor 1992 geborene Kinder um bis zu 12 Kalendermonate auf 24 Kalendermonate nach Ablauf des Geburtsmonats verlängert. Für Bestandsrentner am 30.6.2014 wird stattdessen gemäß § 307d SGB VI die Rente pauschal um einen Zuschlag in Höhe eines persönlichen Entgeltpunkts bzw. eines persönlichen Entgeltpunkts (Ost) aufgestockt. Die Regelung wirkt als rechtliche Veränderung auf das Ende der Ehezeit zurück (§ 5 Abs. 2 S. 2).[28] Seit 1.1.2019 gibt es mit dem RV-Leistungsverbesserungs- und -stabilitätsgesetz vom 28.11.2018 (BGBl. 2018 I 2016) durch die mit ihm eingeführte **Mütterrente II** eine weitere Höherbewertung der Kindererziehung.[29]

47 **ee) Lohnersatzleistungen.** Ab dem 1.1.1992 sind für die Zeiten des Bezuges von Lohnersatzleistungen wie Krankengeld, Verletztengeld, Versorgungskrankengeld, Übergangsgeld, Unterhaltsgeld, Arbeitslosengeld und Pflegeunterstützungsgeld unter bestimmten Voraussetzungen Pflichtbeiträge zu zahlen (§§ 3 S. 1 Nr. 3, 4 Abs. 3 Nr. 1 SGB VI). Grundsätzlich aus einem Betrag in Höhe von 80 vH des der Lohnersatzleistung zugrunde liegenden Arbeitsentgelts oder Arbeitseinkommens (s. zu Einschränkungen § 166 Abs. 1 Nr. 2 SGB VI) sind ab 1.1.1995 Entgeltpunkte zu errechnen. In der Zeit vom 1.1.1992 bis 31.12.1994 ist der Zahlbetrag der Lohnersatzleistung für die Ermittlung der Entgeltpunkte maßgebend (§ 276 Abs. 1 SGB VI). Bei Personen, die Arbeitslosengeld II beziehen, gilt der Betrag von 205 EUR als beitragspflichtige Einnahme (§ 166 Abs. 1 Nr. 2a SGB VI). Vom 1.1.1983 bzw. vom 1.1.1984 bis zum 31.12.1997 zurückgelegte Zeiten des Bezuges von Sozialleistungen, für die Pflichtbeiträge oder Beiträge für Anrechnungszeiten gezahlt wurden, sind auch Anrechnungszeiten (§ 252 Abs. 2 SGB VI), so dass auch ein Zuschlag an Entgeltpunkten aus der Gesamtleistungsbewertung (§§ 71–74, 263 SGB VI) möglich ist (→ Rn. 57 ff.). Die vom 1.1.1984 bis 31.12.1991 liegenden Zeiten des Bezuges von Lohnersatzleistungen sind Beitragszeiten, wenn hierfür Beiträge gezahlt worden sind und der Versicherte diese ganz oder teilweise getragen hat (§ 247 Abs. 1 SGB VI); sie sind außerdem noch Anrechnungszeiten (§ 252 Abs. 2 SGB VI; → Rn. 53 ff.). Beitragsbemessungsgrundlage und damit Ausgangswert für die Errechnung der Entgeltpunkte für Zeiten vor dem 1.1.1992 ist der Betrag, der sich ergibt, wenn der vom Versicherten ganz oder teilweise gezahlte Beitrag mit 100 vervielfacht und das Ergebnis anschließend durch den für die jeweilige Zeit maßgebenden Beitragssatz geteilt wird (§ 256 Abs. 2 SGB VI). Mindestens sind die Zeiten vom 1.1.1984 bis 31.12.1997 aber mit dem sich aus der Gesamtleistungsbewertung ergebenden Wert zu berücksichtigen, da diese Zeiten auch Anrechnungszeiten sind (→ Rn. 53 ff.).

48 Entgeltpunkte aus Beitragszeiten werden auch für solche Lohnersatzleistungen gewährt, für die die **Bundesagentur für Arbeit** in der Zeit vom 1.7.1978 bis zum 31.12.1982 **oder ein anderer Leistungsträger** in der Zeit vom 1.10.1974 bis zum 31.12.1983 wegen des Bezugs von Sozialleistungen Pflichtbeiträge gezahlt hat (§ 247 Abs. 2 SGB VI).

49 **ff) Neben Barbezügen im wesentlichen Umfang Sachbezüge.** Hat der Versicherte vor dem 1.1.1957 während mindestens fünf Jahren einer versicherungspflichtigen Beschäftigung neben

---

26 BGH NJW-RR 2008, 84 = FamRZ 2007, 1966; OLG Karlsruhe FamRZ 2005, 1839.
27 Zu Einzelheiten *Bachmann/Borth* FamRZ 2014, 1329.
28 BGH NJW 2016, 3031 Rn. 19 = FamRZ 2016, 1649.
29 Näher *Bachmann/Borth* FamRZ 2019, 157.

Barbezügen im wesentlichen Umfang Sachbezüge erhalten, sind mindestens die Entgeltpunkte zu berücksichtigen, die sich aus der Anwendung der Anlage 8 zum SGB VI ergeben (§ 259 SGB VI).

**gg) Mindestentgeltpunkte bei geringem Arbeitsentgelt.** Mindestentgeltpunkte bei geringem Arbeitsentgelt sind zu berücksichtigen, wenn mindestens 35 Jahre mit rentenrechtlichen Zeiten zurückgelegt sind (besondere Wartezeit nach Abs. 3, näher → Rn. 33). Ein geringer Arbeitsverdienst idS liegt vor, wenn der Durchschnittswert aus allen Kalendermonaten mit vollwertigen Pflichtbeiträgen und der Durchschnittswert aus den bis zum 31.12.1991 zurückgelegten vollwertigen Pflichtbeiträgen jeweils unter dem Wert von 0,0625 Entgeltpunkten liegt. Sind diese Voraussetzungen erfüllt, werden die Entgeltpunkte aus den vollwertigen Pflichtbeiträgen bis 31.12.1991 um zusätzliche Entgeltpunkte so erhöht, dass sich ein Durchschnittswert in Höhe des 1,5-fachen des tatsächlichen Durchschnittswertes ergibt. Höchstens darf ein Durchschnittswert von 0,0625 Entgeltpunkten erreicht werden (§ 262 Abs. 1 SGB VI).[30] 50

Die Regelung über die Mindestentgeltpunkte bei geringem Arbeitsentgelt enthält eine **Aufteilungsregel,** die für den Versorgungsausgleich von Bedeutung ist. Danach sind die zusätzlichen Entgeltpunkte den Kalendermonaten mit vollwertigen Pflichtbeiträgen bis zum 31.12.1991 zu gleichen Teilen zuzuordnen. Das bedeutet im Ergebnis, dass alle vollwertigen Pflichtbeiträge bis 1991 zusätzliche Entgeltpunkte erhalten, also auch dann, wenn sie selbst den Wert von 0,0625 überschreiten. 51

**b) Entgeltpunkte für beitragsfreie Zeiten.** Bei der Rentenberechnung gibt es auch Entgeltpunkte für beitragsfreie Zeiten (§ 63 Abs. 3 SGB VI). Das sind Kalendermonate, die mit Anrechnungszeiten, mit einer Zurechnungszeit oder mit Ersatzzeiten belegt sind. Außerdem ist Voraussetzung, dass für diese Zeiten keine Beiträge gezahlt wurden (§ 54 Abs. 4 SGB VI). Für die Anrechnung der beitragsfreien Zeiten ist es nicht erforderlich, dass eine bestimmte Anzahl von Pflichtbeiträgen zurückgelegt ist. 52

§ 58 SGB VI bestimmt, welche Zeiten als **Anrechnungszeiten** bei der Berechnung einer Rente aus der gesetzlichen Rentenversicherung zu berücksichtigen sind. Das können Zeiten der Krankheit einschließlich der Rehabilitation, der Schwangerschaft oder Mutterschaft, Zeiten der Arbeitslosigkeit oder Ausbildungszeiten an einer allgemeinbildenden Schule, Fach- oder Hochschule sein, wenn die weiteren Voraussetzungen für die Wertung als Anrechnungszeit vorliegen. Zu den Anrechnungszeiten gehören auch Zeiten, in denen der Versicherte eine Rente bezogen hat, soweit diese Zeiten als Zurechnungszeit in der Rente berücksichtigt waren, und die vor dem Beginn dieser Rente liegende Zurechnungszeit. Außerdem gehören zu den Anrechnungszeiten bestimmte in §§ 252, 252a SGB VI genannte Tatbestände. 53

Eine **Zurechnungszeit** (§ 59 SGB VI) kommt bei der Berechnung der Vollrente wegen Alters für den Versorgungsausgleich nicht in Betracht, da bei einer Altersrente diese Zeit grundsätzlich nicht zu berücksichtigen ist (§ 58 Abs. 5 SGB VI). Eine Ausnahme besteht nur dann, wenn der betreffende Ehegatte bereits Rentenbezieher war, insbesondere einer Rente wegen verminderter Erwerbsfähigkeit. In diesem Fall ist eine in der gezahlten Rente enthaltene Zurechnungszeit bei der Berechnung der Altersrente nach § 58 Abs. 1 Nr. 5 SGB VI als Anrechnungszeit zu berücksichtigen. 54

Die **Ersatzzeiten** sind vor dem 1.1.1992 zurückgelegte Zeiten, in denen der Versicherte infolge staatlicher Zwangsmaßnahmen an einer Beitragsleistung gehindert war. Zu nennen sind insbesondere die Zeiten des Kriegsdienstes oder der Kriegsgefangenschaft, der Verfolgung und der Vertreibung (§ 250 SGB VI). 55

Treffen beitragsfreie Zeiten mit Zeiten zusammen, die bei **einer Versorgung aus einem öffentlich-rechtlichen Dienstverhältnis** oder einem Arbeitsverhältnis mit Anspruch auf Versorgung nach beamtenrechtlichen Vorschriften oder Grundsätzen als ruhegehaltsfähig zu berücksichtigen sind, so werden diesen Zeiten keine Entgeltpunkte zugeordnet, sie bleiben bei der Gesamtleistungsbewertung (→ Rn. 57 ff.) unberücksichtigt (§ 71 Abs. 4 SGB VI). 56

**c) Bewertung der beitragsfreien Zeiten. Die Bewertung der beitragsfreien Zeiten** im Rahmen der Rentenberechnung richtet sich nach §§ 71–74 SGB VI (sog. Gesamtleistungsbewertung). Jeder Monat einer beitragsfreien Zeit wird mit einem individuellen Durchschnittswert an Entgeltpunkten bewertet. Dieser Durchschnittswert bemisst sich nach der Beitragsleistung des Versicherten während seines gesamten Versicherungslebens und wird Gesamtleistungsbewertung genannt. Um den maßgebenden Durchschnittswert aus der **Gesamtleistungsbewertung** zu ermitteln, müssen 3 Rechenschritte durchlaufen werden. Diese heißen: Grundbewertung, Vergleichsbewertung und begrenzte Gesamtleistungsbewertung. 57

---

30 BGH NJW 2016, 3031 Rn. 21 = FamRZ 2016, 1649.

58 **aa) Grundbewertung.** Bei der Grundbewertung wird ein monatlicher Durchschnittswert an Entgeltpunkten ermittelt, indem die Summe der Entgeltpunkte für sämtliche Beitragszeiten und Berücksichtigungszeiten durch die Anzahl der belegungsfähigen Monate geteilt wird (§ 72 Abs. 1 SGB VI). Bei den Berücksichtigungszeiten handelt es sich um die Zeiten der Erziehung eines Kindes bis zu dessen vollendetem 10. Lebensjahr (§ 57 SGB VI) und um die Zeiten der nicht erwerbsmäßigen Pflege eines Pflegebedürftigen in der Zeit vom 1.1.1992 bis 31.3.1995, letztere jedoch nur, wenn spätestens bis zum 30.6.1995 ein besonderer Antrag auf Anerkennung dieser Zeiten als Berücksichtigungszeit gestellt ist (§ 249b SGB VI). Jedem Kalendermonat an Berücksichtigungszeit wegen Kindererziehung werden bei der Gesamtleistungsbewertung grundsätzlich die Entgeltpunkte zugeordnet, die sich ergeben würden, wenn diese Zeiten Kindererziehungszeiten wären (§ 71 Abs. 3 S. 1 Nr. 1 SGB VI; → Rn. 45). Wurde während der Berücksichtigungszeiten eine selbstständige Tätigkeit ausgeübt, die mehr als geringfügig war, werden diesen Zeiten Entgeltpunkte nur zugeordnet, soweit für diese Zeiten Pflichtbeiträge gezahlt sind (§ 71 Abs. 3 SGB VI). Für die Gesamtleistungsbewertung werden jedem Kalendermonat an Berücksichtigungszeit wegen Pflege 0,0625 Entgeltpunkte zugeordnet, es sei denn, dass er als Beitragszeit einen höheren Wert hat (§ 263 Abs. 1 SGB VI). Die Formel für die Errechnung des Durchschnittswertes nach der Grundbewertung lautet danach:

$$\frac{\text{Summe der Entgeltpunkte aus Beitrags- und Berücksichtigungszeiten}}{\text{Zahl der belegungsfähigen Kalendermonate}} = \text{Monatsdurchschnitt nach Grundbewertung}$$

59 Die **Zahl der belegungsfähigen Kalendermonate** richtet sich nach der Regelung über den belegungsfähigen Gesamtzeitraum in § 72 Abs. 2 SGB VI. Danach wird der Gesamtzeitraum auf der einen Seite von der Vollendung des 17. Lebensjahres begrenzt. Sind vor der Vollendung des 17. Lebensjahres rentenrechtliche Zeiten vorhanden, so verschiebt sich der Beginn des Gesamtzeitraums nach vorn um die Anzahl dieser Kalendermonate mit rentenrechtlichen Zeiten. Auf der anderen Seite wird das Ende des Gesamtzeitraums je nach der Rentenart durch den Rentenbeginn bzw. durch den Eintritt des Leistungsfalles bestimmt. So ist bei der Berechnung der Vollrente wegen Alters für den Versorgungsausgleich der Endzeitpunkt des Gesamtzeitraums das Ende des Kalendermonats vor dem Beginn der Altersrente, das ist der Zeitpunkt, zu dem die Ehezeit endet.

60 Der **belegungsfähige Gesamtzeitraum verkürzt sich** noch um die nichtbelegungsfähigen Kalendermonate. Das sind die Monate mit beitragsfreien Zeiten, die nicht auch Berücksichtigungszeiten sind und die Zeiten des Bezuges einer Versichertenrente, soweit keine Beitrags- oder Berücksichtigungszeiten darin enthalten sind (§ 72 Abs. 3 SGB VI). Im Ergebnis verkleinern diese Zeiten den Nenner der in → Rn. 58 beschriebenen Formel. Sind die beitragsfreien Zeiten bzw. die Zeiten des Bezuges einer Versichertenrente dagegen auch Beitrags- oder Berücksichtigungszeiten, so sind für sie im Zähler der Formel Entgeltpunkte zugeordnet, so dass sie auch im Nenner verbleiben müssen.

61 **bb) Vergleichsbewertung.** Für die Feststellung, mit welchem Wert die beitragsfreien Zeiten bei der Berechnung der Altersrente zu berücksichtigen sind, ist im Anschluss an die Grundbewertung eine Vergleichsbewertung (§ 73 SGB VI) durchzuführen. Dabei wird ebenfalls ein Durchschnittswert an Entgeltpunkten ermittelt. Jedoch bleiben bei dieser Berechnung die beitragsgeminderten Zeiten sowie die Berücksichtigungszeiten aus der Grundbewertung, die auch beitragsfreie Zeiten sind, unberücksichtigt. Das gleiche gilt für Beitrags- oder Berücksichtigungszeiten, die mit Zeiten des Bezuges einer Versichertenrente zusammentreffen. Durch die Vergleichsbewertung soll erreicht werden, dass die beitragsgeminderten Zeiten sich nicht nachteilig auf die Bewertung der beitragsfreien Zeiten auswirken. Anschließend ist der Durchschnittswert aus der Vergleichsbewertung mit dem Durchschnittswert aus der Grundbewertung zu vergleichen. Der höhere Wert ist für alle beitragsfreien Zeiten, ggf. unter Beachtung der Begrenzung (→ Rn. 62) für die Gesamtleistungsbewertung maßgebend.

62 **cc) Begrenzte Gesamtleistungsbewertung.** Grundlage für die begrenzte Gesamtleistungsbewertung (§ 74 SGB VI) ist der höhere Wert aus der Grundbewertung (→ Rn. 58–60) oder der Vergleichsbewertung (→ Rn. 61) als der maßgebende Gesamtleistungswert. Dieser Wert wird für jeden Kalendermonat mit Zeiten einer beruflichen oder schulischen Ausbildung (vgl. § 58 Abs. 1 Nr. 4 SGB VI) auf 75 vH begrenzt. Der begrenzte Gesamtleistungswert für Zeiten beruflicher oder schulischer Ausbildung darf außerdem für einen Kalendermonat den Wert von 0,0625 Entgeltpunkten nicht übersteigen. Anderenfalls wird er auf diesen Wert begrenzt (§ 74 S. 1–3 SGB VI). Zeiten einer Schul- oder Hochschulausbildung werden nicht mehr bewertet (§ 74 S. 4 SGB VI).

63 Die Bewertung der beitragsfreien Zeiten nach den Regeln der **Gesamtleistungsbewertung** ist für den Versorgungsausgleich **problematisch.** Der Grund hierfür ist, dass der Wert der beitrags-

freien Zeiten auch von der Entwicklung des Versicherungslebens und insbesondere dessen Einkommensentwicklung nach dem Bewertungsstichtag beeinflusst wird. Dabei kann die Beeinflussung darin bestehen, dass nach dem Bewertungsstichtag rentenrechtliche Zeiten (zB Beitragszeiten) zurückgelegt werden oder Lücken im Versicherungsleben entstehen. Während der Anwartschaftsphase können sich somit die Parameter für die Gesamtleistungsbewertung monatlich laufend ändern und im weiteren nachehelichen Versicherungsverlauf gegenüber der Ehezeit umgekehrte Tendenzen annehmen.[31] Da die Berechnung der Altersrente in der Anwartschaftsphase für den Versorgungsausgleich aber gemäß § 5 Abs. 2 S. 1 VersAusglG auf das Ende der Ehezeit abzustellen ist, ist die Gesamtleistungsbewertung beitragsfreier und beitragsgeminderter Zeiten in der gesetzlichen Rentenversicherung nach den §§ 71 ff. SGB VI im Versorgungsausgleich stets allein auf der Grundlage der ehezeitlichen Anrechte und ohne Berücksichtigung nachehelich erzielter Entgeltpunkte durchzuführen. Eine Berücksichtigung solcher individueller nachehelicher Einkommensentwicklungen würde gegen das Stichtagsprinzip des § 5 Abs. 2 S. 1 VersAusglG verstoßen (zu Ausnahmen → Rn. 41 f.).[32] Zur Berechnung der Altersrente ab Leistungsbezug aber → Rn. 101.

**d) Zuschlag für beitragsgeminderte Zeiten.** Entgeltpunkte für die Ermittlung des Monatsbetrags der Rente gibt es auch als Zuschlag für beitragsgeminderte Zeiten. Bei den beitragsgeminderten Zeiten handelt es sich um Kalendermonate, die sowohl mit Beitragszeiten als auch mit einer Anrechnungszeit, einer Zurechnungszeit oder Ersatzzeit belegt sind. Als beitragsgeminderte Zeiten gelten außerdem Kalendermonate mit Pflichtbeiträgen für Zeiten einer beruflichen Ausbildung (§ 54 Abs. 3 SGB VI; für eine Übergangszeit vom 1.1.2005 bis 31.12.2008 s. § 246 SGB VI). 64

Die beitragsgeminderten Zeiten werden einmal als Beitragszeit bewertet. Daneben ist zu prüfen, ob ihre Bewertung allein als beitragsfreie Zeit günstiger ist. Voraussetzung ist aber, dass der Gesamtleistungswert aus der Vergleichsbewertung höher ist als aus der Grundbewertung oder beide Werte gleich hoch sind. Die Prüfung, ob die Bewertung als beitragsfreie Zeit günstiger ist, ist nicht für jeden einzelnen Kalendermonat der beitragsgeminderten Zeiten vorzunehmen. Vielmehr ist ein **Summenvergleich** anzustellen, ob die Bewertung dieser Zeiten als Beitragszeiten oder als beitragsfreie Zeiten günstiger ist. Der Summenvergleich ist jeweils getrennt für die Anrechnungszeiten wegen Krankheit und Arbeitslosigkeit oder wegen einer schulischen Ausbildung und für Zeiten wegen einer beruflichen Ausbildung oder für sonstige beitragsfreie Zeiten durchzuführen. Erreicht die Summe der Entgeltpunkte für die beitragsgeminderten Zeiten einer Gruppe (zB Krankheit und Arbeitslosigkeit) bei einer Bewertung dieser Zeiten als Beitragszeit nicht die Summe der Entgeltpunkte, die sich bei einer Bewertung als beitragsfreie Zeit der Gruppe ergeben würde, so ist die Summe der Entgeltpunkte aus den Beitragszeiten der Gruppe um einen Zuschlag in Höhe der Differenz an Entgeltpunkten zu erhöhen. Die zusätzlichen Entgeltpunkte werden den jeweiligen Kalendermonaten mit beitragsgeminderten Zeiten einer Gruppe zu gleichen Teilen zugeordnet (§ 71 Abs. 2 SGB VI). Die Gesamtleistungsbewertung beitragsgeminderter Zeiten in der gesetzlichen Rentenversicherung nach den §§ 71 ff. SGB VI ist im Versorgungsausgleich aber stets allein auf der Grundlage der ehezeitlichen Anrechte und ohne Berücksichtigung nachehelich erzielter Entgeltpunkte durchzuführen. Eine Berücksichtigung solcher individueller nachehelicher Einkommensentwicklungen würde gegen das Stichtagsprinzip des § 5 Abs. 2 S. 1 verstoßen[33] (→ Rn. 63). 65

**e) Zu- oder Abschläge an Entgeltpunkten aus einem durchgeführten Versorgungsausgleich (§ 76 SGB VI).** Bei der Berechnung der Vollrente wegen Alters sind auch die Zu- oder Abschläge an Entgeltpunkten aus einem durchgeführten Versorgungsausgleich für eine vorangegangene Ehe nicht außer Betracht zu lassen. Diese Entgeltpunkte aus dem Versorgungsausgleich beeinflussen zwar nicht als vorehelicher Erwerb die Höhe des auf die Ehezeit entfallenden Rentenanrechts der nunmehr zu scheidenden Ehe. Die Kenntnis von der Höhe der Gesamtrente kann aber für das FamG von Bedeutung sein, wenn es zB darum geht, dass die Härteregelung des § 27 Anwendung finden soll. 66

**f) Zuschläge an Entgeltpunkten aus Zahlung von Beiträgen bei vorzeitiger Inanspruchnahme einer Rente wegen Alters oder bei Abfindung von Anwartschaften auf betriebliche Altersversorgung oder von Anrechten bei der Versorgungsausgleichskasse.** Zuschläge an Entgeltpunkten aus Zahlung von Beiträgen bei vorzeitiger Inanspruchnahme einer Rente wegen Alters oder bei Abfindung von Anwartschaften auf betriebliche Altersversorgung **oder von Anrechten bei der Versorgungsausgleichskasse** gehen in die Berechnung der Vollrente 67

[31] BGH NJW 2016, 1233 = FamRZ 2016, 791 Rn. 25.
[32] BGH NJW 2016, 1233 Rn. 23 f. = FamRZ 2016, 791; NJW-RR 2012, 641 = FamRZ 2012, 847; NJW 2012, 1000 = FamRZ 2012, 509; krit. *Bergner* NJW 2012, 1330 (1332).
[33] BGH NJW 2012, 1000 = FamRZ 2012, 509.

wegen Alters mit ein (§ 76a SGB VI). Das gilt aber nur, wenn die Beiträge (§§ 187a, 187b SGB VI) bis zum Ende der Ehezeit bzw. bis zum Tag der Rechtshängigkeit des Scheidungsantrags einschließlich gezahlt wurden (§ 76a Abs. 3 SGB VI). Die Entgeltpunkte werden ermittelt, indem gezahlte Beiträge mit dem im Zeitpunkt der Zahlung maßgebenden Umrechnungsfaktor für die Ermittlung von Entgeltpunkten im Rahmen des Versorgungsausgleichs vervielfältigt werden (§ 76a Abs. 1 und 2 SGB VI).

68 **g) Zuschläge an Entgeltpunkten aus geringfügiger versicherungsfreier Beschäftigung.** Zuschläge an Entgeltpunkten aus geringfügiger versicherungsfreier Beschäftigung, für die nur der Arbeitgeber einen Beitragsanteil zu tragen hat, nehmen an der Berechnung der Vollrente wegen Alters für den Versorgungsausgleich ebenfalls teil, soweit die geringfügige versicherungsfreie Beschäftigung bis zum Ende der Ehezeit ausgeübt worden ist. Dabei gilt für die Ermittlung der Entgeltpunkte eine Besonderheit: Nachdem das Arbeitsentgelt, das aus der geringfügigen versicherungsfreien Beschäftigung für ein Kalenderjahr erzielt wurde, durch das Durchschnittsentgelt aller Versicherten desselben Kalenderjahres geteilt worden ist, ist das Ergebnis noch mit dem Verhältnis zu vervielfältigen, das dem vom Arbeitgeber gezahlten Beitragsanteil und dem Beitrag entspricht, der zu zahlen wäre, wenn das Arbeitsentgelt in vollem Umfang (zB 2016 = 8,7 vH) beitragspflichtig wäre (§ 76b Abs. 2 SGB VI).

69 **h) Pflegetätigkeit nach § 44 SGB XI.** Pflichtversicherungsbeiträge für Pflegetätigkeit nach § 44 SGB XI, die von der Pflegekasse zu Gunsten der Pflegeperson entrichtet werden (§ 3 S. 1 Nr. 1a S. 2 SGB VI, § 166 Abs. 2 SGB VI, § 170 Abs. 1 Nr. 6 SGB VI), sind in den Versorgungsausgleich einzubeziehen.[34]

70 **i) Nach Ehezeitende für Zeiten davor entrichtete Beiträge.** In die Berechnung der Altersrente für den Versorgungsausgleich im Rahmen eines Erstverfahrens sind die nach dem Ende der Ehezeit für Zeiten davor entrichteten Beiträge nicht mit einzubeziehen (→ Rn. 12). Wegen der Harmonisierung der Versorgungs- und der Zugewinnausgleichsregelung ist dabei eine Besonderheit zu beachten. Der Stichtag für den Zugewinnausgleich ist der Zeitpunkt der Rechtshängigkeit des Scheidungsantrages (§ 1384 BGB). Für den Versorgungsausgleich dagegen ist Stichtag der letzte Tag des Monats, der dem Monat der Rechtshängigkeit des Scheidungsantrages vorausgeht (§ 3 Abs. 1). Bei strenger Beachtung der Stichtage würden Beiträge, die in der Zeit zwischen den Stichtagen entrichtet wurden, sowohl beim Versorgungsausgleich als auch beim Zugewinnausgleich unberücksichtigt bleiben. Um dieses Ergebnis zu vermeiden, sind die in der genannten Zwischenzeit begründeten Anrechte in den Versorgungsausgleich mit einzubeziehen.[35] Bei der **Berechnung der Altersrente im Rahmen eines Abänderungsverfahrens nach § 225 FamFG** sind – anders als beim Erstverfahren – auch die nach dem Ende der Ehezeit bzw. nach der Rechtshängigkeit des Scheidungsantrags entrichteten Beiträge mit zu berücksichtigen. Das auf die Ehezeit entfallende Rentenanrecht ist aber auch hier nur aus den auf die Ehezeit entfallenden Entgeltpunkten zu errechnen.

71 **j) Leistungen aus der Höherversicherung.** Die Leistungen aus der Höherversicherung (§ 269 SGB VI) sind bei der Berechnung der Altersrente nicht zu berücksichtigen, weil unter § 39 Abs. 2 Nr. 1, § 43 Abs. 1 VersAusglG, § 109 Abs. 6 SGB VI nur Rentenanrechte fallen, die mit Entgeltpunkten zu bewerten sind (→ Rn. 11, 18) und damit den gesetzlichen Rentenanpassungen unterliegen (→ Rn. 73). Leistungen aus der Höherversicherung werden nicht mit Entgeltpunkten bewertet, unterliegen damit nicht den gesetzlichen Rentenanpassungen, sind also statisch. Gemäß § 269 Abs. 1 S. 1 und 2 SGB VI sind für diese Leistungen die Rentenmonatsbeträge maßgebend (§ 5 Abs. 1; → § 5 Rn. 4). Für derartige statische Rentenanrechte findet eine gesonderte interne Teilung nach § 10 Abs. 1 und 3 statt. Die Bewertung richtet sich nach dem Betrag, der sich aus den für die Ehezeit entrichteten Beiträgen ergäbe, wenn bei Eintritt der Rechtshängigkeit des Scheidungsantrages der Versorgungsfall eingetreten wäre (§ 39 Abs. 2 Nr. 4; näher → § 39 Rn. 21). Die dabei zu berücksichtigenden monatlichen Steigerungsbeträge dieser Leistungen ergeben sich aus § 269 Abs. 1 SGB VI.

72 **k) Aktueller Rentenwert.** Der aktuelle Rentenwert (§ 68 SGB VI) wandelt innerhalb der Rentenformel die von dem Versicherten während seines gesamten Versicherungslebens erworbenen Rentenanrechte – ausgedrückt in persönlichen Entgeltpunkten – in einen der allgemeinen Lohnentwicklung angepassten zeitnahen Wert um. Dabei entspricht der aktuelle Rentenwert dem Monatsbetrag einer Altersrente, wenn für ein Kalenderjahr Beiträge nach dem Durchschnittsentgelt aller Versicherten gezahlt worden sind (§ 68 Abs. 1 S. 1 SGB VI). Der erste aktuelle Rentenwert, der für

[34] OLG Stuttgart FamRZ 2006, 1452.
[35] BGHZ 81, 196 = NJW 1982, 102; BGH NJW 1985, 2024.

die Zeit vom 1.1.1992 bis 30.6.1992 bestimmt wurde, entspricht dem Monatsbetrag einer Rente wegen Alters im Dezember 1991, unterstellt, dass für ein Kalenderjahr Beiträge aufgrund des Durchschnittsentgelts aller Versicherten gezahlt worden sind. Der aktuelle Rentenwert für das erste Halbjahr 1992 ist nach folgender **Formel** berechnet worden:

33.149 DM (Allgemeine Bemessungsgrundlage 1991) x $^{1,5}/_{100}$ x $^{1}/_{12}$ = 41,44 DM

**73** Die **Anpassung der Renten** geschieht über die Veränderung des aktuellen Rentenwerts (§ 65 SGB VI). Dabei verändert sich der aktuelle Rentenwert zum 1.7. eines jeden Jahres, indem der bisherige Wert mit drei Faktoren vervielfältigt wird (§ 68 Abs. 1 S. 3 Nr. 1–3 SGB VI). Diese Faktoren sind der Faktor für die Veränderung der Bruttolöhne und -gehälter je Arbeitnehmer, der Faktor für die Veränderung des Beitragssatzes zur allgemeinen Rentenversicherung und der Nachhaltigkeitsfaktor, der die Rentendynamik dämpfen und dem sich umkehrenden Verhältnis zwischen Beitragszahlern und Rentnern Rechnung tragen soll. Die Dynamik des aktuellen Rentenwerts wird zudem durch den Altersvorsorgeanteil nach § 255e SGB VI beeinflusst. Der aktuelle Rentenwert wird durch Rechtsverordnung der BReg. mit Zustimmung des BR bestimmt (§ 69 Abs. 1 SGB VI). Zur Höhe des aktuellen Rentenwerts → Rn. 77.

**74** Bei der Berechnung der Vollrente wegen Alters sind im Erstverfahren sämtliche bis zum Ende der Ehezeit zurückgelegten rentenrechtlichen Zeiten zu berücksichtigen. Damit dies berechnungstechnisch umgesetzt werden kann, wird nach dem in der gesetzlichen Rentenversicherung geltenden **Rentenbeginnprinzip** davon ausgegangen, dass die fiktive Altersrente am Tage nach dem Ende der Ehezeit beginnt. Das gilt grundsätzlich auch für die Bestimmung, welcher aktuelle Rentenwert der Berechnung der Altersrente zugrunde zu legen ist. Nach § 64 Nr. 3 SGB VI ist dies der aktuelle Rentenwert mit seinem Wert bei Rentenbeginn.

**75** **Beispiel:**
Endet die Ehezeit am 31.5.2009, gilt als fiktiver Rentenbeginn der 1.6.2009. Der Berechnung der fiktiven Altersrente ist der für die Zeit vom 1.7.2009 bis 30.6.2010 maßgebende aktuelle Rentenwert zu Grunde zu legen. Zur Höhe des aktuellen Rentenwerts → Rn. 77.

**76** Von der Regel, dass bei der Bestimmung des maßgebenden aktuellen Rentenwerts vom Tag nach dem Ende der Ehezeit auszugehen ist, muss eine Ausnahme gemacht werden. Diese betrifft den Fall, dass als **Ende der Ehezeit (§ 5 Abs. 2 S. 1) der 30.6. eines Jahres** gilt. In diesem Fall müsste bei der aufgestellten Grundregel von einem fiktiven Rentenbeginn am 1.7. ausgegangen werden, mit der Folge, dass der für die Zeit vom 1.7. bis 30.6. des Folgejahres maßgebende und bereits angepasste aktuelle Rentenwert der Berechnung der fiktiven Altersrente zugrunde zu legen wäre. Dieses Ergebnis wäre aber mit dem Wortlaut des § 5 Abs. 2 S. 1 nicht zu vereinbaren, wonach es auf den Betrag des Rentenanrechts ankommt, der sich zum Ende der Ehezeit, also in dem Beispielsfall am 30.6. ergibt. Bei einem Ende der Ehezeit am 30.6. wird deshalb der zu diesem Zeitpunkt maßgebende aktuelle Rentenwert der Berechnung der Altersrente zugrunde gelegt. Im Ergebnis kommt es damit bei der Vollrente wegen Alters für den Versorgungsausgleich stets auf den aktuellen Rentenwert zum Ende der Ehezeit an.

**77** Die **Höhe** des aktuellen Rentenwerts beträgt seit 1.7.2009[36] bei einem Ende der Ehezeit in der Zeit

| | |
|---|---|
| vom 2. Halbjahr 2009 bis zum 1. Halbjahr 2011 | 27,20 EUR |
| vom 2. Halbjahr 2011 bis zum 1. Halbjahr 2012 | 27,47 EUR |
| vom 2. Halbjahr 2012 bis zum 1. Halbjahr 2013 | 28,07 EUR |
| vom 2. Halbjahr 2013 bis zum 1. Halbjahr 2014 | 28,14 EUR |
| vom 2. Halbjahr 2014 bis zum 1. Halbjahr 2015 | 28,61 EUR |
| vom 2. Halbjahr 2015 bis zum 1. Halbjahr 2016 | 29,21 EUR |
| vom 2. Halbjahr 2016 bis zum 1. Halbjahr 2017 | 30,45 EUR |
| vom 2. Halbjahr 2017 bis zum 1. Halbjahr 2018 | 31,03 EUR |
| vom 2. Halbjahr 2018 bis zum 1. Halbjahr 2019 | 32,03 EUR[37] |

**78** **l) Berechnung des Monatsbetrages.** Für die Berechnung des Monatsbetrages der Vollrente wegen Alters sind die ermittelten Entgeltpunkte (→ Rn. 36 ff.) mit dem aktuellen Rentenwert zum Ende der Ehezeit (→ Rn. 72–76) zu vervielfältigen. Das Ergebnis sollte dem FamG in der Auskunft des Rentenversicherungsträgers – neben den auf die Ehezeit entfallenden Entgeltpunkten (→ Rn. 11) – mitgeteilt werden. Außerdem sollte der Rentenversicherungsträger dem FamG auch die Höhe des auf

[36] Für die Zeit vor dem 1.7.2009 s. Versorgungsausgleich-Tabellen für das erste Halbjahr 2016, Beilage 1/2016 zu NJW Heft 6/2016; FamRZ 2016, 188.

[37] Zur Höhe des aktuellen Rentenwerts s. Versorgungsausgleich-Tabellen für das erste Halbjahr 2019, Beilage 1/2019 zu NJW Heft 4/2019; FamRZ 2019, 173.

die Ehezeit entfallenden Monatsbetrags des Rentenanrechts errechnen (→ Rn. 79 ff.) und die Höhe des korrespondierenden Kapitalwerts des Rentenanrechts mitteilen (→ § 47 Rn. 7).

79 **3. Ermittlung des Ehezeitanteils des Monatsbetrags der Vollrente wegen Alters.** Nachdem die fiktive Vollrente wegen Alters aus allen Zeiten bis zum Ende der Ehezeit im Erstverfahren bzw. bei einem Abänderungsverfahren nach § 225 FamFG aus allen Zeiten bis zu dem Zeitpunkt, der dem Zeitpunkt des Erlasses der Abänderungsentscheidung nahe kommt (→ Rn. 70), berechnet ist, ist hiervon der auf die Ehezeit entfallende Teil zu ermitteln. Das geschieht, indem die auf die Ehezeit entfallenden Entgeltpunkte mit dem aktuellen Rentenwert zum Ende der Ehezeit vervielfältigt werden.

80 **a) Ermittlung der auf die Ehezeit entfallenden Entgeltpunkte.** Für die Ermittlung der auf die Ehezeit entfallenden Entgeltpunkte bedurfte es einer Regelung für das Jahr der Eheschließung und das Jahr, in dem die Ehezeit endet. Denn in den Versicherungsunterlagen der gesetzlichen Rentenversicherung sind die Entgelte, nach denen die Beiträge entrichtet wurden, regelmäßig für ein Kalenderjahr vom Arbeitgeber bescheinigt worden, ohne dass daraus erkennbar ist, welches Entgelt der Versicherte in jedem einzelnen Monat bezogen hat. Um die Entgeltpunkte für die Ehezeit feststellen zu können, ist es ggf. erforderlich, das in den Versicherungsunterlagen bescheinigte Entgelt auf Zeiten in der Ehe und außerhalb der Ehe aufzuteilen. § 123 Abs. 3 SGB VI ermöglicht hierfür eine pauschale Aufteilung des bescheinigten Entgelts. Fallen danach Ehezeiten in einen Zeitraum, für den ein Entgelt bescheinigt worden ist, so bestimmt sich das Entgelt für die Ehezeit nach dem Anteil der Ehezeit zur Gesamtzeit dieses Zeitraumes. Diese rechnerische Aufteilung nach einem pro-rata-temporis-Verfahren gilt auch dann, wenn sich die genauen Entgelte vor und während der Ehezeit durch Bescheinigungen nachweisen lassen. Im Interesse der Rechtssicherheit sollen durch die Pauschalierung Rechtsstreitigkeiten zwischen den Eheleuten von vornherein vermieden werden. Bei der rechnerischen Aufteilung des Entgelts sind voll belegte Monate mit 30 Tagen zu rechnen und angebrochene Monate mit ihrer Tageszahl. Dabei ist der zeitlich zuerst liegende Teil des Entgelts zunächst durch die pro-rata-temporis-Berechnung festzustellen und der restliche Teil des Entgelts durch eine Subtraktion zu ermitteln.

**Beispiel:**

| | |
|---|---|
| In einer Versicherungskarte ist ein Entgelt vom | 15.7.2006 bis 31.12.2006 |
| in Höhe von | 2.518 EUR |
| bescheinigt. | |
| Die Ehe wurde geschlossen am | 15.9.2006 |
| Damit beginnt die Ehezeit iSd § 5 Abs. 2 S. 1 am | 1.9.2006 |

Zuerst ist der Anteil des Entgelts vor der Ehezeit, also vom 15.7. bis 31.8.2006 (Juli 17 Tage, August 30 Tage, da voll belegt) festzustellen:

$$\frac{2.518\text{ EUR} \times 47\text{ Tage (außerhalb der Ehezeit)}}{167\text{ Tage (Gesamtzeit der Entgeltbescheinigung)}} = 709\text{ EUR}$$

Das ist das Entgelt, das auf die Zeit außerhalb der Ehezeit, also vom 15.7. bis 31.8.2006 entfällt. Auf die Ehezeit vom 1.9. bis 31.12.2006 entfallen damit:
2.518 EUR – 709 EUR = 1.809 EUR

81 Der dargestellte Berechnungsweg zur Aufteilung des Entgelts gilt prinzipiell auch für das Ende der Ehezeit. Jedoch wird sich bei einem Erstverfahren hier die Aufteilungsfrage nur in Ausnahmefällen stellen, nämlich dann, wenn eine Auskunft zu einem so späten Zeitpunkt erteilt wird, dass die Jahresmeldung für das Jahr, in dem die Ehezeit endet, bereits vorliegt. Um den Ersuchen der FamG auf Auskunftserteilung nach § 220 FamFG umgehend entsprechen zu können, ist es jedoch angezeigt, dass der Rentenversicherungsträger nicht abwartet, bis der Arbeitgeber die Jahresmeldung nach § 10 DEÜV[38] zu erstatten hat. Vielmehr sollte eine **besondere Entgeltbescheinigung außerhalb des üblichen Meldeverfahrens** vom Arbeitgeber angefordert und dabei bereits darauf hingewiesen werden, dass nur die Entgelte bis zum Ende der Ehezeit (Ende des Vormonats der Rechtshängigkeit des Scheidungsantrages) anzugeben sind.

82 **b) „In-Prinzip".** Dieses Prinzip ist nach § 1 Abs. 1, § 3 Abs. 2 (→ § 1 Rn. 6 ff.; → § 3 Rn. 26 f., 28) maßgebend, wenn es um die Beurteilung geht, welche Beiträge und damit Entgeltpunkte auf die Ehezeit entfallen. Beiträge, die in der Ehezeit bzw. bis zum Tag der Rechtshängigkeit des Scheidungsantrages entrichtet wurden, sind stets in die Berechnung des Ehezeitanteils einzubezie-

[38] Datenerfassungs- und -übermittlungsverordnung idF der Bek. vom 23.1.2006 (BGBl. 2006 I S. 152); s. auch BGBl. 2008 I S. 2933.

hen,[39] also auch dann, wenn sie für Zeiten vor der Ehe gelten.[40] Nach der Rechtshängigkeit des Scheidungsantrages von einem selbstständig Erwerbstätigen entrichtete Beiträge unterfallen dem Versorgungsausgleich auch dann nicht, wenn damit belegte Versicherungszeiten in die Ehezeit fallen.[41] Gleiches gilt für die Nachentrichtung freiwilliger Beiträge.[42] Die Zuschläge an Entgeltpunkten nach §§ 76a, 76b SGB VI sind nach dem In-Prinzip der Ehezeit insoweit zuzuordnen, als die den Zuschlägen zugrunde liegenden Beiträge in der Ehezeit bzw. bis zum Tag der Rechtshängigkeit des Scheidungsantrags gezahlt worden sind. Wiederauffüllungsbeiträge nach § 187 Abs. 1 Nr. 1 SGB VI, die in einer Ehe zum Ausgleich der Rentenkürzung wegen des Versorgungsausgleichs einer früheren Ehe gezahlt werden, unterliegen nach dem „In-Prinzip" dem bei Scheidung der neuen Ehe durchzuführenden Versorgungsausgleich; werden gemäß der Härteklausel des § 37 die im Rahmen des Versorgungsausgleichs der früheren Ehe ausgeglichenen Anrechte auf den Ausgleichspflichtigen zurückübertragen und zugleich die freiwillig erbrachten Wiederauffüllungsbeträge erstattet, kann über die Billigkeitsklausel nach § 226 Abs. 3 FamFG, § 27 der Schutz des Vertrauens des ausgleichsberechtigten neuen Ehegatten berücksichtigt werden, indem der Wegfall des Anrechts im Abänderungsverfahren nach § 32 Nr. 1 VersAusglG, § 225 Abs. 1 FamFG außer Betracht bleibt.[43] Beitragszahlungen, die zwar in der Ehezeit, aber noch vor der Eheschließung erfolgten, fließen nicht in den Ehezeitanteil ein.[44] Nach dem Ende der Ehezeit erfolgte Nachversicherungen für in der Ehe erworbene Anrechte (→ Rn. 7) unterfallen dem Versorgungsausgleich (→ Rn. 7).[45]

**4. Berechnung der Vollrente wegen Alters mit Zeiten im Beitrittsgebiet.** Das SGB VI gilt als Rechtsgrundlage der gesetzlichen Rentenversicherung auch für Versicherte, die rentenrechtliche Zeiten im Beitrittsgebiet zurückgelegt haben. Das SGB VI bedurfte einer Vielzahl von Sonderregelungen,[46] die zum einen den unterschiedlichen Einkommensverhältnissen im Beitrittsgebiet und in den alten Bundesländern bei der Wertermittlung der Rentenanrechte Rechnung tragen, und die zum anderen berücksichtigen, dass das frühere Rentenrecht der DDR anders ausgestaltet war als das Recht in den alten Bundesländern. 83

Die zwischen dem Beitrittsgebiet und den alten Bundesländern bestehende unterschiedliche Einkommenssituation wirkt sich infolge der Abhängigkeit der Renten von den Einkommen auch auf die Höhe der Renten aus. Deshalb bestehen bis zu dem Zeitpunkt, zu dem die Einkommensangleichung erreicht ist, dem 1.7.2024 (→ Rn. 5), **unterschiedlich hohe Rechengrößen im Beitrittsgebiet und in den alten Bundesländern für die Berechnung der Renten.** Gesteuert wird dies über die Entgeltpunkte (Ost). Soweit rentenrechtliche Zeiten im Beitrittsgebiet erworben wurden, sind die errechneten Entgeltpunkte grundsätzlich als Entgeltpunkte (Ost) der Berechnung der Rente zugrunde zu legen (vgl. § 254d Abs. 1 SGB VI). Diese werden mit einem besonderen aktuellen Rentenwert (Ost)[47] vervielfältigt (§ 255a SGB VI), der die Einkommensverhältnisse in diesem Gebiet berücksichtigt.[48] Handelt es sich um rentenrechtliche Zeiten aus den alten Bundesländern, so erfolgt die Berechnung der Rente mit Hilfe des aktuellen Rentenwerts auf der Grundlage der Einkommensverhältnisse in den alten Bundesländern. Vergleicht man beide Werte in Zahlen, so werden die unterschiedliche Einkommenssituation und damit das unterschiedliche Rentenniveau deutlich. So beträgt der **aktuelle Rentenwert (Ost)** im zweiten Halbjahr 1999 und im ersten Halbjahr 2000 42,01 DM und seit 2007 24,13 EUR, während der **aktuelle Rentenwert** (West) für die rentenrechtlichen Zeiten in den alten Bundesländern 48,29 DM bzw. 27,20 EUR beträgt. Ist die Einkommensangleichung am 1.7.2024 erreicht (→ Rn. 5), ist nur noch ein einziger einheitlicher aktueller Rentenwert für die Berechnung der Rentenanrechte maßgebend, der aktuelle Rentenwert (West). Anfangs stieg der aktuelle Rentenwert (Ost) in stärkerer Weise als der aktuelle Rentenwert (West). Diese Problematik wird gelöst durch den getrennten Ausgleich gemäß § 120f Abs. 2 Nr. 1 SGB VI. Für die **Ermittlung des Monatsbetrages der Rente,** der sich zum Ende der Ehezeit ergibt, sind sowohl für den Rentenstamm (West) als auch für den Rentenstamm (Ost) die Entgelt- 84

[39] BGH NJWE-FER 1997, 73 = FamRZ 1997, 414 für die Nachentrichtung von Beiträgen auf Grund einer Heiratserstattung.

[40] BGH NJWE-FER 1999, 3.

[41] BGH NJW 1985, 2024 = FamRZ 1985, 687; OLG Jena FamRZ 2000, 234.

[42] BGH NJW-RR 1993, 194 = FamRZ 1993, 292.

[43] BGH NJW-RR 2007, 1446 = FamRZ 2007, 1719 mAnm*Borth* zu § 1587 Abs. 1 S. 1, § 1587b Abs. 1 S. 1 BGB aF.

[44] BGH NJW-RR 1993, 194.

[45] BGH NJW 1982, 379 = FamRZ 1982, 154; NJW 1982, 1754 = FamRZ 1982, 362.

[46] *Michaelis* DAngVers. 1992, 165.

[47] *Klattenhoff* DAngVers. 1992, 57 (61).

[48] Zur Höhe des aktuellen Rentenwerts (Ost) s. Versorgungsausgleich-Tabellen für das erste Halbjahr 2019, Beilage 1/2019 zu NJW Heft 4/2019; FamRZ 2019, 173.

punkte zu ermitteln und besonders zu kennzeichnen (§ 254b SGB VI). Die von dem Versicherten in dem jeweiligen Rentenstamm erreichte Rentenhöhe wird von der im Laufe des Versicherungslebens erworbenen Anzahl an Entgeltpunkten bestimmt. Je mehr Entgeltpunkte erworben wurden, um so höher fällt das jeweils erreichte Rentenanrecht aus. Auch hier gilt für jeden Rentenstamm die **Formel:**

Entgeltpunkte × aktueller Rentenwert = Monatsrente

85 Dabei kommt es für den Rentenstamm (Ost) auf die Entgeltpunkte (Ost) und den aktuellen Rentenwert (Ost) an. Ab 1.7.2018 wurde der aktuelle Rentenwert (Ost) auf 95,8% des Westwerts angehoben (§ 255a Abs. 1 SGB VI). In weiteren Schritten wird der Verhältniswert zwischen aktuellem Rentenwert (Ost) und dem Westwert jedes Jahr um 0,7 Prozentpunkte angehoben, bis der aktuelle Rentenwert (Ost) zum 1.7.2024 100% des Westwerts erreicht haben wird. Damit wird in ganz Deutschland ab dem 1.7.2024 ein einheitlicher aktueller Rentenwert gelten (→ Rn. 5).[49]

86 **a) Ermittlung der Entgeltpunkte (Ost) für Beitragszeiten.** Die Ermittlung der Entgeltpunkte (Ost) für Beitragszeiten im Beitrittsgebiet geschieht grundsätzlich ebenso wie für Beitragszeiten aus den alten Bundesländern, dh die beitragspflichtigen Verdienste werden Kalenderjahr für Kalenderjahr ins Verhältnis gesetzt zum Durchschnittsverdienst aller Versicherten. Ein Entgeltpunkt ergibt sich, wenn der individuelle Verdienst dem Durchschnittsverdienst aller Versicherten in dem maßgebenden Kalenderjahr entspricht. War der Verdienst des Versicherten höher, erhält er mehr, war der Verdienst geringer, erhält er weniger als einen Entgeltpunkt.

87 Für die **Ermittlung der Entgeltpunkte aus im Beitrittsgebiet zurückgelegten Beitragszeiten** musste auf das bis zur Einkommensangleichung dort bestehende niedrigere Einkommensniveau Rücksicht genommen werden. Würde man nämlich an dem üblichen Berechnungsgang für die Ermittlung der Entgeltpunkte

$$\frac{\text{Individueller Arbeitsverdienst}}{\text{Durchschnittsverdienst aller Versicherten}} = \text{Entgeltpunkte}$$

auch für die im Beitrittsgebiet zurückgelegten Beitragszeiten festhalten, so würde sich im Hinblick auf die gegenüber den alten Bundesländern niedrigeren Verdienste auch ein niedrigerer Entgeltpunktewert ergeben. Die Konsequenz hieraus wäre, dass die im Beitrittsgebiet erworbenen Rentenanrechte auch dann generell niedriger wären, wenn die Renten nach der Einkommensangleichung mit einem einheitlichen aktuellen Rentenwert zu berechnen wären. Um dies zu vermeiden, werden die im Beitrittsgebiet erzielten individuellen Verdienste vor der Ermittlung der Entgeltpunkte auf das Niveau von Verdiensten aus den alten Bundesländern angehoben. Das geschieht, indem die individuellen Verdienste mit einem von Kalenderjahr zu Kalenderjahr unterschiedlichen Umrechnungswert vervielfältigt werden (§ 256a Abs. 1 SGB VI iVm Anlage 10 zum SGB VI). Der so auf das Niveau eines Verdienstes aus den alten Bundesländern hochgerechnete individuelle Verdienst des Versicherten aus dem Beitrittsgebiet wird anschließend durch den maßgebenden Durchschnittsverdienst aller Versicherten geteilt, wobei es dann eines besonderen Durchschnittsverdienstes (Ost) der Versicherten aus dem Beitrittsgebiet nicht bedarf. Die sich ergebenden Entgeltpunkte sind endgültige Werte, dh sie können der Berechnung der Rente unverändert sowohl vor als auch nach der Einkommensangleichung zugrunde gelegt werden. Allerdings gilt die Besonderheit, dass die so hochgewerteten Entgeltpunkte grundsätzlich als Entgeltpunkte (Ost) gekennzeichnet werden müssen (§ 254d SGB VI). Der Grund hierfür ist, dass diese Entgeltpunkte (Ost) bei der Berechnung bis zur Herstellung einheitlicher Einkommensverhältnisse mit dem aktuellen Rentenwert (Ost) zu vervielfältigen sind.[50]

88 Zu **Entgeltpunkten (Ost)** an die Stelle von Entgeltpunkten **führen in erster Linie die im Beitrittsgebiet zurückgelegten rentenrechtlichen Zeiten** (§ 254d SGB VI). Hierbei handelt es sich insbesondere um die Zeiten mit Beiträgen für eine Beschäftigung oder selbständige Tätigkeit, Pflichtbeitragszeiten aufgrund gesetzlicher Wehrpflicht und die Zeiten der Erziehung eines Kindes. Einbezogen sind auch die vor 1945 im Beitrittsgebiet zurückgelegten Beitragszeiten. Darüber hinaus kommt es zu Entgeltpunkten (Ost) auch für Beitragszeiten, die im jeweiligen Geltungsbereich der Reichsversicherungsgesetze außerhalb der Bundesrepublik Deutschland entrichtet sind, das sind die sog. Reichsgebiets-Beitragszeiten. Eine besondere Regelung besteht für die Versicherten, die bereits am 18.5.1990 ihren gewöhnlichen Aufenthalt in den alten Bundesländern genommen hatten. Bei diesen Versicherten sind die für Zeiten bis 18.5.1990 ermittelten Entgeltpunkte aus Gründen des

---

49 BT-Drs. 18/11923, 3.

50 *Michaelis* DAngVers. 1992, 165 (173).

Vertrauensschutzes Entgeltpunkte und nicht Entgeltpunkte (Ost).[51] Bei Versicherten, die vor dem 1.1.1937 geboren sind und sich an dem genannten Stichtag gewöhnlich in den alten Bundesländern aufgehalten haben, ist zusätzlich zu beachten, dass an die Stelle der tatsächlich erzielten Arbeitsverdienste die Tabellenwerte der Anlagen 1–16 FRG der Rentenberechnung zugrunde zu legen sind (§ 259a SGB VI). Ein Umzug aus den alten Bundesländern in das Beitrittsgebiet nach dem 18.5.1990 ist unschädlich, eine Umwandlung der Entgeltpunkte in Entgeltpunkte (Ost) erfolgt in einem solchen Fall nicht.

**Ausgangswert für die Ermittlung der Entgeltpunkte** aus den im Beitrittsgebiet erworbenen Beitragszeiten ist grundsätzlich der beitragspflichtige Arbeitsverdienst des Versicherten. Dabei ist zu beachten, dass ein Verdienst, der bis zum 30.6.1990 den Betrag von 600 M im Monat überstieg, nicht beitragspflichtig war. Allerdings konnte ab 1.3.1971 das über 600 M liegende monatliche Einkommen im Rahmen einer Freiwilligen Zusatzrentenversicherung versichert werden. Diese Möglichkeit bestand, wenn der Betreffende der Freiwilligen Zusatzrentenversicherung beitrat. Nach dem 30.6.1990 war eine freiwillige Zusatzrentenversicherung nicht mehr möglich. Machte der Versicherte von der Möglichkeit der Beitragszahlung zur Freiwilligen Zusatzrentenversicherung Gebrauch, so ist auch der insoweit versicherte Verdienst der Errechnung der Entgeltpunkte mit zugrunde zu legen.[52] Aber auch für die Zeit vor der Einführung der freiwilligen Zusatzrentenversicherung am 1.3.1971 kann ein über der Beitragsbemessungsgrenze von monatlich 600 M liegender tatsächlicher Arbeitsverdienst der Ermittlung der Entgeltpunkte mit zugrunde gelegt werden (§ 256a Abs. 3 SGB VI). Das gilt allerdings nur insoweit, als dieses Arbeitsentgelt nach der Hochwertung auf das Niveau eines in den alten Bundesländern erzielten Verdienstes die dort maßgebende Beitragsbemessungsgrenze nicht überschreitet.[53] 89

**b) Entgeltpunkte (Ost) für beitragsfreie und beitragsgeminderte Zeiten.** Bei der Berechnung der Rente sind auch Entgeltpunkte (Ost) für beitragsfreie und beitragsgeminderte Zeiten möglich. Die Bewertung dieser Zeiten geschieht auch dann über die Gesamtleistungsbewertung nach den §§ 71–74, 263 SGB VI (→ Rn. 57 ff.), wenn Beitragszeiten oder Berücksichtigungszeiten im Beitrittsgebiet zurückgelegt sind. Die für diese Zeiten errechneten Entgeltpunkte (Ost)[54] sind bei der Gesamtleistungsbewertung ebenso zu berücksichtigen wie die Entgeltpunkte für Beitrags- und Berücksichtigungszeiten aus den alten Bundesländern. Werden im Rahmen der Gesamtleistungsbewertung die Entgeltpunkte für beitragsfreie Zeiten und beitragsgeminderte Zeiten festgestellt, muss anschließend bestimmt werden, wie viele der errechneten Entgeltpunkte als Entgeltpunkte bzw. als Entgeltpunkte (Ost) zu berücksichtigen sind. Das geschieht nach der in § 263a SGB VI festgelegten Berechnungsformel. Danach werden die über die Gesamtleistungsbewertung ermittelten Entgeltpunkte für beitragsfreie und beitragsgeminderte Zeiten in dem Verhältnis als Entgeltpunkte (Ost) berücksichtigt, in dem die bei der Errechnung der Gesamtleistungsbewertung zugrunde gelegten Entgeltpunkte (Ost) zu allen der Gesamtleistungsbewertung zugrunde gelegten Entgeltpunkten stehen. Das Ergebnis ist die Summe der Entgeltpunkte (Ost) für beitragsfreie und beitragsgeminderte Zeiten. 90

Bei der **Ermittlung der Entgeltpunkte (Ost) für beitragsfreie und beitragsgeminderte Zeiten** kommt es also nicht darauf an, ob diese Zeiten im Beitrittsgebiet oder in den alten Bundesländern zurückgelegt sind. Hieraus folgt für den Versorgungsausgleich, dass für in der Ehezeit liegende beitragsfreie und beitragsgeminderte Zeiten eine Anrechnung in Entgeltpunkten (Ost) auch dann in Betracht kommen kann, wenn die mit Entgeltpunkten (Ost) bewerteten Beitragszeiten nur außerhalb der Ehezeit liegen.[55] 91

**c) Zeiten der Zugehörigkeit zu einem Zusatz- oder Sonderversorgungssystem.** Neben der Sozialpflichtversicherung und der freiwilligen Zusatzrentenversicherung gab es **in der früheren DDR** für bestimmte Personengruppen Zusatz- oder Sonderversorgungssysteme. Deren Leistungen waren regelmäßig erheblich höher als die Leistungen der Rentenversicherung in der DDR. Für diese Versorgungssysteme enthielt der Staatsvertrag zwischen der Bundesrepublik Deutschland und der DDR vom 18.5.1990 (BGBl. 1990 II S. 537) die grundsätzliche Festlegung, dass sie zum 1.7.1990 zu schließen und die Ansprüche und Anwartschaften in die gesetzliche Rentenversicherung zu überführen seien. Diese sog. „Systementscheidung" ist verfassungsrechtlich nicht zu beanstanden.[56] Zu den dabei entstandenen abzuschmelzenden Leistungen → Rn. 113 ff. 92

---

51 *Heller/Langen* DAngVers. 1991, 428 (432).
52 *Heller/Langen* DAngVers. 1991, 428 (430).
53 *Michaelis* DAngVers. 1992, 165 (173).
54 *Heller/Langen* DAngVers. 1991, 428 (432).
55 AG Tempelhof-Kreuzberg FamRZ 1997, 427.
56 BVerfG NJW 1999, 2493.

93 **Die Zuständigkeit der Rentenversicherungsträger** bestimmt sich auch bei einer Überführung von Ansprüchen und Anwartschaften aus den Zusatz- und Sonderversorgungssystemen des Beitrittsgebiets nach den §§ 125 ff. SGB VI. Das bedeutet, dass die Auskunftsersuchen der Familiengerichte nach § 225 FamFG an den Rentenversicherungsträger zu richten sind, der nach den unter → Rn. 122 ff. wiedergegebenen Grundsätzen zuständig ist.

94 **d) Ermittlung der Entgeltpunkte und des Monatsbetrages für den Versorgungsausgleich.** Bei der Ermittlung der Entgeltpunkte und des Monatsbetrages für den Versorgungsausgleich sind die in der Ehezeit erworbenen Anrechte der gesetzlichen Rentenversicherung des Beitrittsgebiets einschließlich der in die gesetzliche Rentenversicherung überführten Anrechte aufgrund der Zugehörigkeit zu einem Zusatz- oder Sonderversorgungssystem, das sind die Rentenanrechte (Ost), zu berücksichtigen. Zusätzlich sollten dem FamG auch die gesamten in der fiktiven Vollrente wegen Alters enthaltenen Rentenanrechte (Ost), bezogen auf das Ende der Ehezeit, mitgeteilt werden. Diese **Gesamtrente** wird errechnet, indem alle Entgeltpunkte (Ost) mit dem aktuellen Rentenwert (Ost) zum Ende der Ehezeit vervielfältigt werden. Der auf die Ehezeit entfallende Teil des Rentenstamms (Ost) ergibt sich nach der Vervielfältigung der auf die Ehezeit entfallenden Entgeltpunkte (Ost) mit dem aktuellen Rentenwert (Ost) zum Ende der Ehezeit.

95 Sind neben Entgeltpunkten (Ost) bei der Rente auch Entgeltpunkte (West) zu berücksichtigen, so sind sowohl bei der Gesamtrente als auch bei der Ermittlung des auf die Ehezeit entfallenden Monatsbetrages Rententeilbeträge zu ermitteln, wobei die Summe aus dem Monatsteilbetrag (Ost) und dem Monatsteilbetrag (West) den jeweiligen Gesamtmonatsbetrag ergibt (§ 254b SGB VI). Die jeweiligen **Monatsteilbeträge (Ost) und (West)** werden dem FamG mitgeteilt, damit es die Anordnung treffen kann, ob Rentenanrechte aus den alten Bundesländern und aus dem Beitrittsgebiet – je getrennt – für die Durchführung des internen Teilungsausgleichs herangezogen werden. Zur Durchführung der internen Teilung bei im Beitrittsgebiet erworbenen Anrechten der gesetzlichen Rentenversicherung → § 10 Rn. 23 ff.

96 **5. Wertermittlung bei Rentenbeziehern.** Nach dem Wortlaut des § 2 Abs. 1 sind sowohl Anwartschaften aus der gesetzlichen Rentenversicherung als auch Ansprüche auf laufende Renten[57] in den Versorgungsausgleich einzubeziehen. Bezieht ein Versicherter am Ende der Ehezeit bereits Rente, so kann die fiktiv berechnete Vollrente wegen Alters erheblich von der zum Ende der Ehezeit tatsächlich bezogenen Rente abweichen. Der Grund hierfür ist, dass diese **Renten auf einen unterschiedlichen Stichtag berechnet** worden sind, nämlich die tatsächlich bezogene Rente abgestellt auf den eingetretenen Leistungsfall und die fiktiv berechnete Altersrente abgestellt auf das Ende der Ehezeit im Erstverfahren oder abgestellt auf den Zeitpunkt, der dem Zeitpunkt des Erlasses der Abänderungsentscheidung nach §§ 225 f. FamFG möglichst nahe kommt. Der Berechnungsstichtag hat für die Berechnung der Rente erhebliche Bedeutung. So können sich nach dem maßgebenden Stichtag für die Berechnung der tatsächlich bezogenen Rente Rechtsänderungen ergeben haben, die bei der fiktiv zu berechnenden Rente wegen Alters erstmals zu berücksichtigen sind.

97 Es stellt sich die Frage, ob beim Versorgungsausgleich von der tatsächlichen bezogenen Rente oder von der fiktiv berechneten Vollrente wegen Alters auszugehen ist. Diese Frage hat der BGH dahingehend beantwortet, dass es aus der Sicht des Versorgungsausgleichs erforderlich sein kann, anstelle der fiktiv berechneten Altersrente die tatsächlich bezogene Rente der Ermittlung der auszugleichenden Anrechte zugrunde zu legen. Denn in den Versorgungsausgleich sollen die ehezeitbezogenen Versorgungsanrechte aus der gesetzlichen Rentenversicherung einbezogen werden, die nach Eintritt des Leistungsfalls des Alters von den Ehegatten auch tatsächlich bezogen werden. **Zur Lösung dieser Problematik gelten folgende Grundsätze:**

- Bezieht der Ehegatte eine Altersrente wegen Erreichens der Regelaltersgrenze, so ist diese Altersrente für den Versorgungsausgleich heranzuziehen.[58]
- Bezieht der Ehegatte eine Rente wegen Erwerbsminderung oder Erziehung, mit deren Entziehung nicht mehr zu rechnen ist, so ist diese Rente für den Versorgungsausgleich heranzuziehen, wenn sie die fiktiv berechnete Altersrente übersteigt.[59] Dabei besteht ein Besitzstand der Entgeltpunkte (§ 88 Abs. 1 Abs. 2 SGB VI). Daher teilen die Rentenversicherungsträger bei Bezug einer nicht mehr entziehbaren Rente wegen Erwerbsminderung dem FamG in der Auskunft nach § 220 FamFG nicht den Zahlbetrag der tatsächlich bezogenen Rente zum Ende der Ehezeit mit, sondern die bis zum Ende der Ehezeit erworbenen Entgeltpunkte.

98 Diese Grundsätze gelten entsprechend auch für die **Bestandsrenten des Beitrittsgebiets,** die nach §§ 307a und 307b SGB VI in persönliche Entgeltpunkte (Ost) umgewertet bzw. neu berechnet

57 Vgl. auch BGH NJW 1980, 396.
58 BGH NJW 1982, 229; BeckRS 1984, 3405 = FamRZ 1984, 673.
59 BGH BeckRS 1984, 3405 = FamRZ 1984, 673.

worden sind. Allerdings bedurfte es ua wegen der unterschiedlichen Einkommensverhältnisse im Beitrittsgebiet und in den alten Bundesländern berechnungstechnisch bedingter Besonderheiten, wenn es um die Ermittlung der auf die Ehezeit entfallenden Rente geht. Daneben können diese Renten auch abzuschmelzende Leistungen enthalten, die nicht im öffentlich-rechtlichen Versorgungsausgleich, sondern nur schuldrechtlich ausgeglichen werden können. Das Nähere hierzu ergibt sich aus → Rn. 113 ff.

Für die Beurteilung der Frage, ob der **Ehezeitanteil aus der fiktiv berechneten Vollrente wegen Alters oder aus der tatsächlich bezogenen Rente für den Versorgungsausgleich heranzuziehen ist,** sind folgende Fallgruppen zu unterscheiden: 99

**a) Bezug einer Vollrente wegen Alters.** Bezieht der Ehegatte eine Regelaltersrente (§ 35 SGB VI), so ist von einer endgültigen Versorgung auszugehen, vorausgesetzt, dass diese Rente als Vollrente (§ 42 Abs. 1 SGB VI) gezahlt wird. Bei dieser Altersrente ist zu erwarten, dass sie – von Rentenanpassungen abgesehen – nicht mehr erhöht wird. Gesetzlich festgelegter Endzeitpunkt für die Ermittlung der Rente und des belegungsfähigen Gesamtzeitraums im Rahmen der Gesamtleistungsbewertung ist im Leistungsfall nicht das Ende der Ehezeit, sondern der Kalendermonat vor Beginn der Rente (§ 72 Abs. 2 SGB VI). Die endgültige gesetzliche Fixierung des Berechnungszeitpunkts der Rente auf diesen Monat stellt, auch wenn der Rentenbeginn nach dem Ende der Ehezeit liegt, eine rechtliche und tatsächliche Änderung dar, die gemäß § 5 Abs. 2 S. 2 zu berücksichtigen ist. Auf diese Weise werden die ehezeitlich erworbenen **beitragsfreien** (→ Rn. 57) und **-geminderten** (→ Rn. 64) **Zeiten** zwar über die Durchschnittsberechnung der Gesamtleistungsbewertung nach den §§ 71 ff. SGB VI auch durch Beitragszeiten beeinflusst, die nach dem Ende der Ehezeit bis zum Rentenbeginn erdient wurden. Das führt aber nicht dazu, dass die nachehelich erdienten Entgeltpunkte entgegen § 5 Abs. 2 S. 1 in die Ehezeit übertragen werden. Die für die Rentenbemessung durchzuführende Durchschnittsberechnung aller rentenrelevanter Beiträge wirkt lediglich als Reflex iSv § 5 Abs. 2 S. 2 auf die in der Ehezeit liegenden beitragsfreien und -geminderten Zeiten zurück. Dieses Berechnungsverfahren gewährleistet, dass der dem Wertausgleich zugrunde gelegte Anwartschaftsbetrag für die Ehejahre mit dem tatsächlich in der Rente enthaltenen Anteil übereinstimmt.[60] In der gleichen Weise zu berücksichtigen sind diejenigen Werterhöhungen für Beitragszeiten, die sich gemäß § 262 SGBVI infolge einer nachträglich vorgenommenen **Mindestbewertung von Pflichtbeiträgen** in der gesetzlichen Rentenversicherung (→ Rn. 50) ergeben.[61] Der auf die Ehezeit entfallende, in den Versorgungsausgleich einzustellende Monatsbetrag ist in diesen Fällen gemäß § 41 Abs. 1, § 39 Abs. 1 allein aus den auf die Ehezeit entfallenden Entgeltpunkten der tatsächlich bezogenen Altersrente zu ermitteln.[62] Der Berechnung einer fiktiven Vollrente wegen Alters bedarf es unter diesen Umständen nicht.[63] Diese Grundsätze gelten auch in den Fällen einer Abänderung nach § 51 VersAusglG, § 225 FamFG.[64] Ebenso ist zu verfahren, wenn der Beginn dieser Vollrente wegen Alters nach dem Ende der Ehezeit liegt. Ist die Altersrente nach dem bis zum 31.12.1991 geltenden Recht (RVO, AVG, RKG) berechnet worden, ist der Ehezeitanteil aus den auf die Ehezeit entfallenden Werteinheiten, die nach § 264 SGB VI in ehezeitliche Entgeltpunkte umzurechnen sind,[65] zu errechnen. Werteinheiten für eine pauschale Anrechnungszeit sind entsprechend der in § 253 Abs. 2 SGB VI vorgesehenen Regelung auf die Zeit vor und in der Ehe aufzuteilen.[66] Die Aufteilungsregelung des § 262 Abs. 2 SGB VI ist für die Werteinheiten bzw. den Zuschlag an persönlichen Entgeltpunkten anzuwenden, die aufgrund der Mindestrentenregelungen in der Rente zusätzlich enthalten sind. Zur Nichtberücksichtigung des Zugangsfaktors → Rn. 29 f. 100

Bezieht der **Ehegatte** eine Rente **wegen Alters vor Vollendung der Regelaltersgrenze** (zB nach §§ 237, 237a SGB VI), die als Vollrente gezahlt wird, so können die beim regulären Altersrentenbezieher angewandten Grundsätze entspr. berücksichtigt werden. Zwar hat der Bezieher einer solchen Altersrente die Möglichkeit, eine rangmäßig höhere Altersrente, zB nach Vollendung der Regelaltersgrenze die Regelaltersrente (§ 35 SGB VI), zu beantragen; denn die Ansprüche auf die Altersrenten können nebeneinander bestehen, wobei allerdings nur die höchste Altersrente gezahlt wird (§ 89 101

[60] BGH NJW 2016, 1233 Rn. 28 = FamRZ 2016, 791.
[61] BGH NJW 2016, 3031 Rn. 21 = FamRZ 2016, 1649.
[62] BGH NJW 2016, 3031 Rn. 25 = FamRZ 2016, 1649; NJW 2016, 1233 Rn. 30 = FamRZ 2016, 791.
[63] BGH NJW 2016, 1233 Rn. 26, 28 = FamRZ 2016, 791; NJW 1982, 229; BeckRS 1984, 3405 = FamRZ 1984, 673.
[64] BGH NJW 2016, 1233 = FamRZ 2016, 791.
[65] Werteinheiten geteilt durch 100 = Entgeltpunkte; knappschaftliche Werteinheiten sind vor der Division durch 100 mit der allgemeinen Bemessungsgrundlage der KnV für das Jahr 1991 (= 33.499 DM) zu vervielfältigen und durch die allgemeine Bemessungsgrundlage der ArV/AV für das Jahr 1991 (= 33.149 DM) zu teilen.
[66] BGH NJW 1996, 1344.

SGB VI). Die Praxis hat aber gezeigt, dass die Bezieher einer Vollrente wegen Alters vor Vollendung der Regelaltersgrenze regelmäßig keine höherrangige Altersrente beantragen, weil in vielen Fällen diese zu keinem höheren Zahlbetrag führt. Aus diesem Grund ist es bei den Beziehern einer Altersvollrente aus einem Leistungsfall vor Vollendung der Regelaltersgrenze grundsätzlich entbehrlich, eine zusätzliche Auskunft auf der Grundlage einer fiktiven Vollrente wegen Alters zu erteilen. Der Ehezeitanteil ist vielmehr bei diesen Renten allein aus den auf die Ehezeit entfallenden Entgeltpunkten der tatsächlich bezogenen Rente zu ermitteln. Nur wenn im Einzelfall erkennbar ist, dass die höherrangige Altersrente höher sein wird als die tatsächlich bezogene Vollrente wegen Alters, hat der Rentenversicherungsträger den Ehegatten im Rahmen seiner Beratungspflichten (§ 14 SGB I) auf die Möglichkeit hinzuweisen, dass er bei der Beantragung einer höherrangigen Altersrente eine im Zahlbetrag höhere Rente erhalten kann. Bei einer solchen Fallgestaltung wird der Rentenversicherungsträger von Amts wegen dem Familiengericht auch eine Auskunft über eine fiktive Vollrente wegen Alters geben. Daneben ist der Rentenversicherungsträger verpflichtet, eine zusätzliche Auskunft auf der Grundlage einer fiktiven Vollrente wegen Alters zu erteilen, wenn dies vom FamG ausdrücklich verlangt wird.

102 Im übrigen sind bei einem Versicherten, der eine Rente wegen Alters bezogen hat, bei einer späteren Rente mindestens die Entgeltpunkte wieder zu berücksichtigen, die bereits in der vorangegangenen Altersrente enthalten waren (§ 88 Abs. 1 S. 1 SGB VI). Das gleiche gilt, wenn einer Rente wegen Erwerbsminderung oder einer Erziehungsrente innerhalb von 24 Kalendermonaten eine Altersrente folgt (§ 88 Abs. 1 S. 2 SGB VI). Kommt es in diesen Fällen zu einem **Besitzstand der Entgeltpunkte,** so ist bei der Berechnung des auf die Ehezeit entfallenden Monatsbetrages von den auf die Ehezeit entfallenden Entgeltpunkten in der vorangegangenen Rente auszugehen, bei der sich insgesamt die höhere Anzahl von Entgeltpunkten ergab. Diese vorangegangene Rente ist nach den aufgestellten Grundsätzen als endgültige Rente für den Versorgungsausgleich zu berücksichtigen und damit auch für die Ermittlung des Ehezeitanteils heranzuziehen.[67]

103 **b) Bezug einer Teilrente wegen Alters.** Bezieht der Ehegatte bei Ende der Ehezeit eine Rente wegen Alters, die als Teilrente (§ 42 SGB VI) gezahlt wird, so kann während der Zeit des Teilrentenbezuges gearbeitet und es können Beiträge zur gesetzlichen Rentenversicherung entrichtet werden.[68] Aus diesem Grund kann diese Altersrente nicht als endgültige Rente angesehen werden, die allein dem Versorgungsausgleich zugrunde zu legen ist. In diesem Fall muss daher eine fiktive Vollrente wegen Alters berechnet werden. Für Bezieher einer Teilrente wegen Alters werden Zuschläge an Entgeltpunkten aus Beiträgen nach dem Rentenbeginn gewährt (§ 76d SGB VI). Es gelten hierbei die Regelungen zur Ermittlung von Entgeltpunkten für Beitragszeiten und von Zuschlägen für Arbeitsentgelt aus geringfügiger versicherungsfreier Beschäftigung entsprechend.[69] Die Zuschläge wirken nicht unmittelbar rentensteigernd (§ 66 Abs. 3 S. 2 SGB VI), sondern erst beim Bezug der späteren Vollrente wegen Alters. Sie sind für die fiktive Vollrente nach §§ 76d, 76b Abs. 3 SGB VI, § 124 Abs. 2 SGB VI ehezeitanteilig zu ermitteln. Da ein Wechsel von einer vorzeitigen Altersrente in eine Regelaltersrente nicht möglich ist (§ 34 Abs. 4 SGB VI), sind Teilrente und fiktive Vollrente nicht auf ihre Höhe hin zu vergleichen. Allerdings ist bei dem Versorgungsausgleich zu beachten, dass bei der bezogenen Teilrente von den gegebenenfalls gegenüber der fiktiven Rente höheren Entgeltpunkten auszugehen ist, die der Teilrente zu Grunde liegen, gegebenenfalls erhöht um Zuschläge nach § 76d SGB VI. Denn die in dieser Rente enthaltenen vollen Entgeltpunkte sind bei der Berechnung einer späteren Vollrente wegen Alters mindestens als Besitzstand der Berechnung zugrunde zu legen (§ 88 SGB VI).

104 **c) Bezug einer Rente wegen verminderter Erwerbsfähigkeit.** Bezieht der Ehegatte zum Ende der Ehezeit oder im Zeitpunkt des für das Abänderungsverfahren maßgebenden Berechnungszeitpunktes der letzten mündlichen Verhandlung eine Rente wegen verminderter Erwerbsfähigkeit (§§ 43, 44 SGB VI), so sind für den Versorgungsausgleich zunächst stets die Entgeltpunkte einer fiktiven Vollrente wegen Alters zu berechnen. Bei dieser Berechnung ist eine in der tatsächlich bezogenen Rente berücksichtigte Zurechnungszeit (→ Rn. 54) oder eine Rentenbezugszeit vor Vollendung des 55. Lebensjahres als Anrechnungszeit zu berücksichtigen (§ 58 Abs. 1 Nr. 5 SGB VI, § 252 Abs. 1 Nr. 4 SGB VI, § 252a SGB VI). Diese Anrechnungszeit ist bei einem Erstverfahren über den Versorgungsausgleich auf das Ende der Ehezeit zu begrenzen, sofern sie über diesen Zeitpunkt hinausreicht. Bei einem Abänderungsverfahren nach § 225 FamFG muss die Begrenzung auf den maßgebenden Berechnungszeitpunkt vorgenommen werden (→ 7. Aufl. 2017, FamFG § 225 Rn. 16, 18).

105 Eine weitergehende Bedeutung kommt der tatsächlich bezogenen Rente wegen verminderter Erwerbsfähigkeit zu, wenn es sich um eine auf Dauer angelegte Rentenzahlung handelt, dh **eine**

[67] Entspr. BGH BeckRS 2010, 05537 = FamRZ 1985, 688.

[68] Nach § 5 Abs. 4 Nr. 1 SGB VI, § 7 Abs. 3 SGB VI sind nur Bezieher einer Vollrente wegen Alters versicherungsfrei bzw. von der freiwilligen Versicherung ausgeschlossen.

[69] *Stahl* DAngVers. 2004, 384.

**Entziehung dieser Rente bis zur Vollendung der Regelaltersgrenze nicht zu erwarten** ist. Um diese Entscheidung treffen zu können, bedarf es grundsätzlich der Feststellung, dass die vorhandene Einschränkung der Erwerbsfähigkeit bis zur Vollendung der Regelaltersgrenze erhalten bleibt. Diese Feststellung hat das FamG von Amts wegen zu treffen. Maßgebend sind die Umstände des Einzelfalls, nicht das Überschreiten einer Altersgrenze.[70]

Fraglich ist, inwieweit der Rentenversicherungsträger, der nach § 220 FamFG verpflichtet ist, **106** dem Auskunftsersuchen des FamG nach Grund und Höhe der Rentenanwartschaften Folge zu leisten, anhand der vorliegenden medizinischen Gutachten Auskunft über den Gesundheitszustand des Betroffenen erteilen kann. Diese Frage kann der Rentenversicherungsträger nur nach den für ihn geltenden Vorschriften beantworten, nämlich ob er neben der Verpflichtung, Auskunft zu erteilen, auch befugt ist, die notwendigen Daten für die Beurteilung des Gesundheitszustandes dem FamG zu übermitteln. Eine solche Befugnis kann sich ohne Einwilligung des Betroffenen nur aus den Vorschriften über den **Schutz der Sozialdaten** (§ 67b SGB X iVm §§ 67d–77 SGB X) ergeben. Entscheidend ist in diesem Zusammenhang, dass § 76 SGB X eine sich an §§ 69 ff. SGB X orientierende und danach für zulässig erachtete Übermittlung von Sozialdaten einschränkt, wenn es sich ua um medizinische Daten handelt. Nach § 76 Abs. 1 SGB X ist die Übermittlung personenbezogener Daten, die dem Rentenversicherungsträger von einem Arzt zugänglich gemacht worden sind, nur unter den Voraussetzungen zulässig, unter denen der Arzt selbst übermittlungsbefugt wäre. Ärzte unterliegen der ärztlichen Schweigepflicht und dürfen Daten grundsätzlich nur dann Dritten bekannt geben, wenn sie von ihrer ärztlichen Schweigepflicht entbunden worden sind. Diese ärztliche Schweigepflicht ist über § 76 Abs. 1 SGB X auf den Rentenversicherungsträger übergegangen. Soweit der Rentenversicherungsträger danach medizinische Daten nicht zulässig übermitteln darf, besteht **keine Zeugnispflicht** und keine Pflicht zur Vorlegung oder Auslieferung von Schriftstücken, Akten, Dateien und sonstigen Datenträgern (§ 35 Abs. 3 SGB I). Das bedeutet im Ergebnis: Der Rentenversicherungsträger darf nur dann medizinische Daten dem FamG übermitteln, wenn der Betroffene den Rentenversicherungsträger ausdrücklich von der auf diesen übergegangenen ärztlichen Schweigepflicht entbunden hat.

Kommt das FamG zu dem Ergebnis, dass **mit der Entziehung der Rente wegen verminderter Erwerbsfähigkeit bis zur Vollendung der Regelaltersgrenze nicht mehr zu rechnen** ist, **107** gilt folgendes Verfahren: Es ist, abgestellt auf das Ende der Ehezeit im Erstverfahren bzw. auf den für das Abänderungsverfahren maßgebenden Berechnungszeitpunkt, die Zahl der Entgeltpunkte in der fiktiven Vollrente wegen Alters mit der Anzahl der in der tatsächlich bezogenen Rente bis zu dem genannten Stichtag vorhandenen Entgeltpunkte zu vergleichen. Ist in der tatsächlich bezogenen Rente wegen verminderter Erwerbsfähigkeit eine Zurechnungszeit enthalten, die über den maßgebenden Stichtag hinausreicht, so sind für den Vergleich, in welcher der beiden Renten die höhere Anzahl an Entgeltpunkten enthalten ist, die Entgeltpunkte für die nach dem Stichtag liegende Zurechnungszeit von der Summe der Entgeltpunkte aus der gezahlten Rente abzuziehen.[71] Aus der Rente mit der höheren Anzahl an Entgeltpunkten ist der auf die Ehezeit entfallende Rententeil für den Versorgungsausgleich zu errechnen. Ist nach dem Vergleich die Anzahl der Entgeltpunkte in der tatsächlich gezahlten Rente wegen verminderter Erwerbsfähigkeit höher, ergibt sich der Ehezeitanteil aus den ehezeitlichen Entgeltpunkten der gezahlten Rente, da die in dieser Rente enthaltenen Entgeltpunkte nach § 88 SGB VI besitzgeschützt sind.[72] Das gilt auch, wenn die auf die Ehezeit entfallenden Entgeltpunkte der tatsächlich bezogenen Rente geringer sind als die auf die Ehezeit entfallenden Entgeltpunkte der fiktiven Vollrente wegen Alters.[73]

Ist nach vorstehenden Grundsätzen der Ehezeitanteil aus den auf die Ehezeit entfallenden **108** Entgeltpunkten der gezahlten Rente zu errechnen, so geschieht dies unabhängig von der Rentenart nach folgender Formel:

| | | | | | |
|---|---|---|---|---|---|
| Ehezeitanteil in EUR = | ehezeitliche Entgeltpunkte aus gezahlter Rente | × | Rentenartfaktor für Altersrente | × | aktueller Rentenwert zum Ende der Ehezeit |

Da nach § 2 Abs. 1 eine Vollrente wegen Alters zu errechnen ist, beträgt der Rentenartfaktor **109** immer 1, auch wenn tatsächlich nur eine Rente wegen Berufsunfähigkeit gezahlt wird; für knappschaftliche Entgeltpunkte gilt der Rentenartfaktor 1,3333 (→ Rn. 19).

70 BGH NJW 1989, 1995; NJW BeckRS 2005, 08738 = FamRZ 2005, 1461.
71 Entspr. BGH NJW 1989, 1994.
72 Entspr. BGH BeckRS 2010, 05537 = FamRZ 1985, 688; NJW 1989, 1995; 1997, 315.
73 BGH NJW 1997, 315; *Schmeiduch* FamRZ 1998, 594.

110 **6. Besonderheiten bei der Außerachtlassung bestimmter Anwartschaften.** Es gibt Sachverhalte, in denen es für die Durchführung des Versorgungsausgleichs nicht ausreicht, lediglich die auf die Ehezeit entfallenden Entgeltpunkte einer Vollrente wegen Alters zu errechnen. Das ist insbesondere dann der Fall, wenn der Versorgungsausgleich

- nach § 1408 BGB, §§ 6 ff. oder § 27 für einen bestimmten Zeitraum ganz oder teilweise nicht stattfindet oder
- nach Art. 12 Nr. 3 Abs. 3 S. 3 und 4 1. EheRG herabzusetzen ist[74] oder
- nach § 2 Abs. 2 Nr. 1 insoweit außer Betracht bleibt, als eine freiwillige Beitragsentrichtung weder mit Hilfe des Vermögens noch durch Arbeit der Ehegatten begründet wurde (zB Beitragszahlung durch Eltern des Versicherten).

111 Hier ist neben den auf die Ehezeit entfallenden Entgeltpunkten einer Vollrente wegen Alters noch der Teil der Entgeltpunkte einer Altersrente für die Zeit zu errechnen, auf die eine der genannten Vorschriften anzuwenden ist. Bei dieser Berechnung der Außerachtlassung bestimmter Anrechte- oder -teilen ist von der Auskunft des Versorgungsträgers nach § 220 FamFG auszugehen, in der auch die von den vorstehenden Vorschriften betroffenen rentenrechtlichen Zeiten berücksichtigt sind. Ist eine derartige Auskunft noch nicht erteilt worden, so ist dies nachzuholen. Mit Hilfe dieser Auskunft sind die Entgeltpunkte eines Rentenanrechts zu errechnen, die auf den Zeitraum entfallen, für den der Ausgleichsanspruch ganz oder teilweise ausgeschlossen werden soll. Für den Monatsbetrag des Rentenanrechts geschieht dies in der Weise, dass die auf diesen Zeitraum entfallenden Entgeltpunkte mit dem zum Ende der Ehezeit geltenden aktuellen Rentenwert vervielfältigt werden; knappschaftliche Entgeltpunkte sind vorab mit dem Rentenartfaktor 1,3333 zu vervielfältigen (→ Rn. 109). Die Berechnung des monatlichen Geldbetrags ist auf zwei Dezimalstellen durchzuführen (§ 123 Abs. 1 SGB VI), wobei die zweite Dezimalstelle um 1 zu erhöhen ist, wenn sich in der dritten Dezimalstelle eine der Zahlen 5–9 ergeben würde (§ 121 Abs. 2 SGB VI). Diese **Berechnungsweise entspricht den Berechnungsgrundsätzen des SGB VI.** Denn nach § 124 Abs. 2 SGB VI ergibt sich das Rentenanrecht, das auf einen Zeitabschnitt entfällt, wenn nach der Ermittlung der Entgeltpunkte für alle rentenrechtlichen Zeiten das Teilrentenanrecht aus den Entgeltpunkten berechnet wird, die auf diesen Zeitabschnitt entfallen. Es ist also nicht zulässig, bei der Berechnung eines Rentenanrechts die außer Acht zu lassenden Zeiten für die Auskunftserteilung von vornherein nicht zu berücksichtigen.

112 Der **Teilausschluss des Versorgungsausgleichs aufgrund eines Vertrages der Ehegatten** darf nicht zur Folge haben, dass für den Ausgleichsberechtigten mehr Anrechte der gesetzlichen Rentenversicherung übertragen oder begründet werden, als ihm nach der gesetzlichen Regelung zustehen. § 8 Abs. 2 stellt die Vereinbarung der Ehegatten unter den Vorbehalt der Zulässigkeit nach den maßgebenden Regelungen der betroffenen Anwartschaften und der Zustimmung der betroffenen Versorgungsträger. Gemäß §§ 32, 46 Abs. 2 SGB I ist es den Ehegatten verwehrt, über Anrechte aus der gesetzlichen Rentenversicherung vom Gesetz nicht zugelassene Vereinbarungen zu schließen. Zu weiteren Einzelheiten → § 8 Rn. 18, 20 ff.

113 **7. Bewertung abzuschmelzender Leistungen (Abs. 2).** § 120h SGB VI benennt die Anrechte in der gesetzlichen Rentenversicherung, die nach § 19 Abs. 2 Nr. 2 auf eine abzuschmelzende Leistung gerichtet sind (→ Rn. 114), damit nicht ausgleichsreif und nach den §§ 20 ff. schuldrechtlich auszugleichen sind. § 43 Abs. 2 regelt, dass der Ehezeitanteil bei den abzuschmelzenden Leistungen nicht mittels der unmittelbaren Bewertung nach § 39 zu bestimmen ist, sondern nach einer zeitratierlichen Methode zu erfolgen hat. Ab 1.7.2024 gilt in Deutschland aufgrund des Rentenüberleitungs-Abschlussgesetzes vom 17.7.2017 (BGBl. 2017 I S. 2575) ein einheitlicher aktueller Rentenwert; Entgeltpunkte Ost entfallen ab diesem Zeitpunkt (→ Rn. 5).

114 **a) Abzuschmelzende Leistungen.** Bei den abzuschmelzenden Auffüll-, Renten- und Übergangszuschlag- sowie Besitzschutzbeträgen nach §§ 315a, 319a, 319b, 307b Abs. 6 SGB VI, die zu den allgemein nach dem SGB VI berechneten Renten (→ Rn. 83 ff.) im Beitrittsgebiet übergangsweise noch zu zahlen sind und nicht dynamische Leistungen vorsehen, ist eine streng ehezeitbezogene Zuordnung nicht möglich (näher → Rn. 119).

115 **b) Gesonderter schuldrechtlicher Ausgleich bei abzuschmelzenden Leistungen.** Für diese Leistungen wird ein bestimmter **Besitzstand** garantiert, wenn die allgemeinen Umwertungs- bzw. Berechnungsvorschriften des SGB VI eine niedrigere Leistung ergeben würden. Dieser Besitzstandsbetrag ergibt sich aus der Differenz zwischen der nach den Rechtsvorschriften des Beitrittsgebiets bzw. des Übergangsrechts (Art. 2 RÜG vom 25.7.1991, BGBl. 1991 I 1606) errechneten Rente und der nach dem SGB VI umgewerteten bzw. berechneten anpassungsfähigen Rente. Diese im Wege des Besitzstandes neben der anpassungsfähigen Rente gezahlten Differenzbeträge sind nicht

---

[74] Entspr. BGH NJW-RR 1986, 368.

dynamisch und werden mit der Zeit nach und nach abgebaut. Sie können daher im Rahmen des öffentlich-rechtlichen Versorgungsausgleichs gemäß § 19 Abs. 1 S. 1 nicht berücksichtigt werden, sondern sind nach § 19 Abs. 2 Nr. 2, Abs. 4, §§ 20 ff. schuldrechtlich auszugleichen.[75]

Bei einer am 31.12.1991 gezahlten Bestandsrente, die zum 1.1.1992 nach § 307a Abs. 1 SGB VI umgewertet wurde, ist die Differenz zwischen der nach den Vorschriften des Beitrittsgebiets gezahlten Rente und der nach den Vorschriften des SGB VI umgewerteten anpassungsfähigen Rente als **Auffüllbetrag** zu zahlen (§ 315a SGB VI). Dieser Auffüllbetrag blieb bei den Rentenanpassungen bis zum 31.12.1995 unverändert und wird bei den Rentenanpassungen ab 1.1.1996 nach Maßgabe des § 315a SGB VI abgeschmolzen. Die insoweit noch zu zahlenden Auffüllbeträge werden nur beim schuldrechtlichen Versorgungsausgleich berücksichtigt. 116

Eine Vergleichsrente nach Art. 2 § 1 Abs. 1 Nr. 3 RÜG kommt nur bei einem Rentenbeginn in den Jahren 1992 bis 1996 in Betracht. Der schuldrechtlich auszugleichende Rententeil errechnet sich aus der Differenz zwischen der Vergleichsrente und der nach den Vorschriften des SGB VI berechneten anpassungsfähigen Rente. Beginnt die Vergleichsrente in den Jahren 1992 und 1993, wird der Differenzbetrag als **Rentenzuschlag** bezeichnet, der nach Maßgabe des § 319a SGB VI ab 1.1.1996 mit jeder Rentenanpassung abgeschmolzen wird. Bei dem Differenzbetrag kann es sich aber neben dem Rentenzuschlag auch um einen **Übergangszuschlag** nach § 319b SGB VI handeln, der sich sofort bei jeder Rentenanpassung vermindert. Beginnt die Rente in den Jahren 1994 bis 1996, wird die Differenz zwischen der Vergleichsrente und der nach den Vorschriften des SGB VI berechneten anpassungsfähigen Rente allein als Übergangszuschlag geleistet. 117

Erhält der Ehegatte neben der anpassungsfähigen Rente einen nichtdynamischen Rententeil (Auffüllbetrag, Renten-, Übergangszuschlag), der schuldrechtlich auszugleichen ist, weist der Rentenversicherungsträger das FamG auf diese Tatsache hin. Damit hat das FamG die Möglichkeit, wenn auch bei dem anderen Ehegatten die **Voraussetzungen für den schuldrechtlichen Versorgungsausgleich** nach § 20 VersAusglG vorliegen, sich vom Rentenversicherungsträger den auf die Ehezeit entfallenden Teil berechnen zu lassen. Wie der auf die Ehezeit entfallende Teil des schuldrechtlich auszugleichenden Betrags zu berechnen ist, ergibt sich aus Abs. 2 (näher → Rn. 119). 118

Die Berechnung des Ehezeitanteils hat in der Weise zu geschehen, dass der schuldrechtlich auszugleichende Teil der Rente, das ist der Rententeil, der in § 19 Abs. 2 Nr. 2 als nicht ausgleichsreif bezeichnet ist, mit einem Verhältniswert zu vervielfältigen ist. Dieser Verhältniswert ergibt sich, indem die auf die Ehezeit entfallenden Entgeltpunkte (Ost) durch die Anzahl der der Rente zugrunde liegenden Gesamtentgeltpunkte (Ost) geteilt werden. Die Formel lautet: 119

$$\frac{\text{Schuldrechtlich auszugleichender Rententeil} \times \text{Entgeltpunkte (Ost)}}{\text{Gesamtentgeltpunkte (Ost)}} = \text{auf die Ehezeit entfallender schuldrechtlich auszugleichender Rententeil}$$

## IV. Rechtliche Einordnung der Auskunft des Rentenversicherungsträgers

Die Frage, welchen Charakter die nach § 220 FamFG (→ 7. Aufl. 2017, FamFG § 220 Rn. 2 ff.) erteilte **Auskunft des Rentenversicherungsträgers** (zum Inhalt der Auskunft → Rn. 78) hat, ist durch den BGH zum früheren Recht beantwortet worden.[76] Sie ist danach **kein Verwaltungsakt,** sondern ein Unterfall der in § 273 Abs. 2 Nr. 2 ZPO, § 358a S. 2 Nr. 2 ZPO (s. dazu § 30 FamFG, insbesondere dessen Abs. 1 mit Verweisung auf die ZPO) vorgesehenen amtlichen Auskunft einer Behörde. Die Auskunft ist damit ein Beweismittel, das die Zeugenvernehmung des in Frage kommenden Sachbearbeiters über die tatsächlichen Grundlagen eines Versorgungsanrechts ersetzt. Sie enthält weiterhin eine rechtsgutachtliche Äußerung darüber, wie nach den maßgebenden rentenrechtlichen Vorschriften das ehezeitlich erworbene Versorgungsanrecht zu berechnen ist. Die Auskunft stellt somit einen Zeugen- und Sachverständigenbeweis dar. Zugleich erfüllt der Rentenversicherungsträger mit der Auskunft an das FamG die ihm gegenüber dem Versicherten und seinem Ehegatten obliegende Amtspflicht.[77] 120

Stellt sich heraus, dass **die Auskunft des Rentenversicherungsträgers unvollständig oder fehlerhaft** ist, hat dieser dem FamG hiervon Mitteilung zu geben, solange noch keine rechtskräftige Entscheidung vorliegt. Liegt dagegen eine rechtskräftige Entscheidung nach § 224 Abs. 1 FamFG bereits vor, so ist eine Korrektur der Erstentscheidung im Rahmen einer Abänderungsentscheidung nach §§ 225 ff. FamFG regelmäßig möglich (→ 7. Aufl. 2017, FamFG § 225 Rn. 14).[78] Unter 121

---

75 Zum früheren Recht vgl. BGH NJW 2004, 1248 = FamRZ 2004, 259; *Michaelis/Sander* DAngVers. 1997, 281 (315).

76 BGHZ 89, 114 = NJW 1984, 438; vgl. auch OLG Koblenz FamRZ 1986, 193.

77 BGHZ 137, 11 = NJW 1998, 138.

78 Näher Keidel/*Weber* FamFG § 225 Rn. 3, 10 f.

bestimmten Voraussetzungen kann eine fehlerhafte Auskunft des Rentenversicherungsträgers einen Schadensersatzanspruch begründen.[79]

## V. Zuständiger Rentenversicherungsträger

122 **1. Normzweck.** Der öffentlich-rechtliche Versorgungsausgleich von Rentenanrechten aus der gesetzlichen Rentenversicherung durch interne Teilung nach § 10 ff. und die externe Teilung nach §§ 14 ff. in der gesetzlichen Rentenversicherung vollzieht sich nach den Vorschriften der gesetzlichen Rentenversicherung. Da die gesetzliche Rentenversicherung von einer größeren Anzahl von Versicherungsträgern durchgeführt wird, muss geregelt werden, welcher Versicherungsträger im Verfahren über den Versorgungsausgleich im Einzelfall zuständig ist. Dies ergibt sich aus den allgemeinen Zuständigkeitsregelungen des Rentenrechts (§§ 125 ff. SGB VI).

123 Auf Grund Art. 1 Gesetz zur Organisationsreform in der gesetzlichen Rentenversicherung vom 9.12.2004 (BGBl. 2004 I S. 3242 (3243)] gliedert sich die gesetzliche Rentenversicherung nicht mehr wie früher in drei Versicherungszweige: Rentenversicherung der Angestellten und der Arbeiter sowie die knappschaftliche Rentenversicherung. Die Angestellten- und Arbeiterrentenversicherung ist unter dem Namen „Deutsche Rentenversicherung" zur allgemeinen Rentenversicherung zusammengefasst. Die knappschaftliche Rentenversicherung (bisher: Bundesknappschaft) und die Versicherungen der Bahnversicherungsanstalt und der Seekasse sind bei der Deutschen Rentenversicherung Knappschaft-Bahn-See konzentriert. Bundesträger sind die Deutsche Rentenversicherung Bund, die auch die Grundsatz- und Querschnittsaufgaben der gesetzlichen Rentenversicherung und die gemeinsamen Angelegenheiten aller Rentenversicherungsträger wahrnimmt, und die Deutsche Rentenversicherung Knappschaft-Bahn-See. Die Landesversicherungsanstalten bleiben als Regionalträger in reduzierter Zahl erhalten; der Name der Regionalträger ändert sich in die Bezeichnung „Deutsche Rentenversicherung" und einem Zusatz für ihre jeweilige regionale Zuständigkeit (→ Rn. 128). Die Zuordnung der Versicherten erfolgt im Rahmen der Vergabe der Versicherungsnummer im Verhältnis von 55 % (Regionalträger) zu 40 % (Deutsche Rentenversicherung Bund) und zu 5 % (Deutsche Rentenversicherung Knappschaft-Bahn-See). Branchenbezogen ist lediglich die Deutsche Rentenversicherung Knappschaft-Bahn-See (§§ 129 f., 133 ff. SGB VI); sie ist aber auch infolge der Quotenzuweisung von 5 % für die allgemeine Rentenversicherung zuständig.

124 Die nach §§ 125 ff. SGB VI zuständigen Rentenversicherungsträger haben dem FamG die Auskunft über die auszugleichenden Rentenanrechte aus der gesetzlichen Rentenversicherung nach § 220 FamFG zu erteilen. **Der zuständige Rentenversicherungsträger ist** nach § 219 Nr. 2 und 3 FamFG **Verfahrensbeteiligter im Versorgungsausgleichsverfahren.** Insbesondere ist ihm die Entscheidung über den Versorgungsausgleich zur Ausführung zuzustellen, und er ist zur Einlegung von Rechtsmitteln befugt, sofern er in seinen Rechten verletzt ist. Auf eine finanzielle Mehrbelastung des Rentenversicherungsträgers kommt es nicht an.[80]

125 **2. Die Zuständigkeit beim Versorgungsausgleich.** Das Recht des SGB VI kennt keine besonderen Regelungen für die Zuständigkeit im Versorgungsausgleich. Daher finden die allgemeinen Vorschriften über die Zuständigkeit der Rentenversicherungsträger im Leistungsfall Anwendung mit der Besonderheit, dass an die Stelle des Leistungsantrages das Auskunftsersuchen des FamG nach § 220 FamFG tritt. Die Zuständigkeit des Rentenversicherungsträgers richtet sich grundsätzlich nach der Versicherungsnummer des versicherten Ehegatten (§ 127 Abs. 1 S. 1 SGB VI) bei Eingang des Auskunftsersuchens. Ist eine Versicherungsnummer noch nicht vergeben, ist bis zur Vergabe der Versicherungsnummer die Deutsche Rentenversicherung Bund zuständig (§ 127 Abs. 1 S. 2 SGB VI). Im Übrigen bestimmt sich die Zuständigkeit nach dem letzten Pflichtbeitrag (§ 127 Abs. 3 SGB VI). Diese **Zuständigkeit bleibt für die gesamte Dauer des Verfahrens über den Versorgungsausgleich erhalten.** Tritt nach Eingang des Auskunftsersuchens des FamG durch eine weitere Beitragsentrichtung ein Wechsel in der Zuständigkeit des Rentenversicherungsträgers ein, so hat das für das anhängige Verfahren über den Versorgungsausgleich keine Bedeutung (entsprechend § 127 Abs. 3 S. 2 SGB VI). Der zuerst angegangene und zuständige Rentenversicherungsträger hat das Rentenkonto zu klären, die Auskunft über die Höhe des erworbenen Rentenanrechts an das FamG zu erteilen, die Entscheidung über den Versorgungsausgleich zu prüfen und ggf. Beschwerde einzulegen.

126 **Bezieht der Ehegatte** im Zeitpunkt des Eingangs des Auskunftsersuchens beim Rentenversicherungsträger bereits eine **Rente oder ist ein Rentenantrag gestellt,** so ist der Rentenversicherungsträger für die Erteilung der Auskunft an das FamG zuständig, der für die Feststellung und Zahlung der Rente zuständig ist.

[79] BGHZ 137, 11 = NJW 1998, 138.
[80] BGH NJW 1981, 1274 zum früheren Recht.

**Sonderzuständigkeiten** können sich ergeben, wenn Beiträge zur Deutschen Rentenversicherung Knappschaft-Bahn-See entrichtet sind (§ 130 SGB VI) oder wenn der zuständige Versicherungsträger in zwischen- oder überstaatlichen Rechtsvorschriften als Verbindungsstelle bestimmt worden ist. **127**

Sind Versicherungszeiten im **Ausland** zurückgelegt, können sie, etwa auch im Rahmen des FRG,[81] den Wert des deutschen Rentenanrechts verändern. Im Rahmen über- und zwischenstaatlichen Rechts in der Rentenversicherung sind nach Maßgabe der §§ 128 Abs. 3, 128a Abs. 1 SGB VI folgende Regionalträger als sog. **Verbindungsstellen** zuständig:[82] **128**

**Überstaatliches Recht** (VO (EG) 883/2004 und VO (EG) 987/2009):

| | |
|---|---|
| Belgien | Deutsche Rentenversicherung Rheinland |
| Dänemark | Deutsche Rentenversicherung Nord |
| Estland | Deutsche Rentenversicherung Nord |
| Finnland | Deutsche Rentenversicherung Nord |
| Frankreich | Deutsche Rentenversicherung Rheinland-Pfalz bzw. Saarland |
| Griechenland | Deutsche Rentenversicherung Baden-Württemberg |
| Großbritannien | Deutsche Rentenversicherung Nord |
| Irland | Deutsche Rentenversicherung Nord |
| Island | Deutsche Rentenversicherung Westfalen |
| Italien | Deutsche Rentenversicherung Schwaben bzw. Saarland |
| Kosovo | Deutsche Rentenversicherung Bayern-Süd |
| Lettland | Deutsche Rentenversicherung Nord |
| Liechtenstein | Deutsche Rentenversicherung Baden-Württemberg |
| Litauen | Deutsche Rentenversicherung Nord |
| Luxemburg | Deutsche Rentenversicherung Rheinland-Pfalz bzw. Saarland |
| Malta | Deutsche Rentenversicherung Schwaben |
| Montenegro | Deutsche Rentenversicherung Bayern-Süd |
| Niederlande | Deutsche Rentenversicherung Westfalen |
| Norwegen | Deutsche Rentenversicherung Nord |
| Österreich | Deutsche Rentenversicherung Bayern-Süd |
| Polen | Deutsche Rentenversicherung Berlin-Brandenburg |
| Portugal | Deutsche Rentenversicherung Nordbayern |
| Rumänien | Deutsche Rentenversicherung Nordbayern |
| Schweden | Deutsche Rentenversicherung Nord |
| Serbien | Deutsche Rentenversicherung Bayern-Süd |
| Slowakei | Deutsche Rentenversicherung Bayern-Süd |
| Slowenien | Deutsche Rentenversicherung Bayern-Süd |
| Spanien | Deutsche Rentenversicherung Rheinland |
| Tschechien | Deutsche Rentenversicherung Bayern-Süd |
| Ungarn | Deutsche Rentenversicherung Mitteldeutschland |
| Zypern | Deutsche Rentenversicherung Baden-Württemberg |

**Zwischenstaatliches Recht**
(Sozialversicherungsabkommen):

| | |
|---|---|
| Australien | Deutsche Rentenversicherung Oldenburg-Bremen |
| Bosnien und Herzegowina | Deutsche Rentenversicherung Bayern-Süd |
| Bulgarien | Deutsche Rentenversicherung Mitteldeutschland |
| Chile | Deutsche Rentenversicherung Rheinland |
| Israel | Deutsche Rentenversicherung Rheinland |
| Japan | Deutsche Rentenversicherung Braunschweig-Hannover |
| Kanada | Deutsche Rentenversicherung Nord |
| Kroatien | Deutsche Rentenversicherung Bayern-Süd |
| Marokko | Deutsche Rentenversicherung Schwaben |
| Mazedonien | Deutsche Rentenversicherung Bayern-Süd |
| Schweiz | Deutsche Rentenversicherung Baden-Württemberg |
| Südkorea | Deutsche Rentenversicherung Braunschweig-Hannover |
| Türkei | Deutsche Rentenversicherung Nordbayern |
| Tunesien | Deutsche Rentenversicherung Schwaben |
| USA | Deutsche Rentenversicherung Nord |
| Rheinschifferabkommen | Deutsche Rentenversicherung Rheinland |

81 Fremdrentengesetz vom 25.2.1960 (BGBl. 1960 I S. 93).

82 S. auch www.deutsche-rentenversicherung-bund.de unter Rente & Reha/Rente/Allgemeines/Rente & Ausland/Verbindungsstellen (zuletzt abgerufen am 12.5.2019).

129 Ist nach den innerstaatlichen Regelungen die Zuständigkeit eines der vorstehenden Versorgungsträger gegeben, so bleibt dessen Zuständigkeit auch in den Fällen des über- oder zwischenstaatlichen Rechts erhalten.

## § 44 Sondervorschriften für Anrechte aus einem öffentlich-rechtlichen Dienstverhältnis

**(1) Für Anrechte**
**1. aus einem Beamtenverhältnis oder einem anderen öffentlich-rechtlichen Dienstverhältnis und**
**2. aus einem Arbeitsverhältnis, bei dem ein Anspruch auf eine Versorgung nach beamtenrechtlichen Vorschriften oder Grundsätzen besteht,**
**sind die Grundsätze der zeitratierlichen Bewertung anzuwenden.**

**(2) Stehen der ausgleichspflichtigen Person mehrere Anrechte im Sinne des Absatzes 1 zu, so ist für die Wertberechnung von den gesamten Versorgungsbezügen, die sich nach Anwendung der Ruhensvorschriften ergeben, und von der gesamten in die Ehezeit fallenden ruhegehaltfähigen Dienstzeit auszugehen.**

**(3) [1]Stehen der ausgleichspflichtigen Person neben einem Anrecht im Sinne des Absatzes 1 weitere Anrechte aus anderen Versorgungssystemen zu, die Ruhens- oder Anrechnungsvorschriften unterliegen, so gilt Absatz 2 sinngemäß. [2]Dabei sind die Ruhens- oder Anrechnungsbeträge nur insoweit zu berücksichtigen, als das nach Satz 1 berücksichtigte Anrecht in der Ehezeit erworben wurde und die ausgleichsberechtigte Person an diesem Anrecht im Versorgungsausgleich teilhat.**

**(4) Bei einem Anrecht aus einem Beamtenverhältnis auf Widerruf oder aus einem Dienstverhältnis einer Soldatin oder eines Soldaten auf Zeit ist der Wert maßgeblich, der sich bei einer Nachversicherung in der gesetzlichen Rentenversicherung ergäbe.**

**Schrifttum:** S. § 1587 BGB.

**Übersicht**

## I. Normzweck

§ 44 Abs. 1 weist die Anrechte aus öffentlich-rechtlichen Dienstverhältnissen sowie aus Arbeitsverhältnissen mit Anspruch auf Versorgung nach beamtenrechtlichen Vorschriften der **zeitratierlichen Bewertung** zu. Die zeitratierliche Methode, deren **Grundsätze für Anwartschaften in § 40** (→ § 40 Rn. 1 ff.) und deren **Grundsätze für laufende Versorgungen in § 41 Abs. 2** (Verweis insbesondere auf die Anwendung von § 40 Abs. 1–3) festgelegt sind (→ § 40 Rn. 1 ff.), ist neben der **unmittelbaren Bewertung** nach § 39 die zweite grundlegende Bewertungsmethode für Anrechte.[1] Das Gesetz trägt mit der Zuordnung zur zeitratierlichen Methode der Tatsache Rechnung, dass eine unmittelbare Bewertung von Anwartschaften aus öffentlich-rechtlichen Dienstverhältnissen und aus Arbeitsverhältnissen auf eine Versorgung nach beamtenrechtlichen Vorschriften nicht möglich ist, weil kein direkter Zusammenhang zwischen einer Bezugsgröße aus der Ehezeit und der Höhe der Versorgung besteht (→ Rn. 3).[2] 1

**Abs. 1** enthält den **Grundsatz der Anwendbarkeit der zeitratierlichen Bewertung** für Anrechte aus einem öffentlich-rechtlichen Dienstverhältnis sowie aus einem Arbeitsverhältnis mit einer Versorgung nach beamtenrechtlichen Vorschriften oder Grundsätzen (→ Rn. 3 ff.). **Abs. 2** entspricht dem früheren § 1587a Abs. 6 Hs. 1 BGB und betrifft den Fall, dass ein Ausgleichspflichtiger mehrere Versorgungen iSv Abs. 1 hat und **Ruhensvorschriften** zur Anwendung kommen (→ Rn. 70 f.). **Abs. 3** regelt den Fall, dass dem Ausgleichspflichtigen neben einem Anrecht nach Abs. 1 weitere Anrechte aus anderen Versorgungssystemen zustehen, die Ruhens- und Anrechnungsvorschriften unterliegen (→ Rn. 73 ff.). **Abs. 4** befasst sich schließlich in Ergänzung von § 16 Abs. 2 mit der Bewertung von Anrechten von Beamtinnen oder Beamten auf **Widerruf** bzw. einer Soldatin oder eines Soldaten auf Zeit (→ Rn. 83). 2

## II. Grundsatz der zeitratierlichen Bewertung von Anrechten aus einem öffentlich-rechtlichen Dienstverhältnis und aus einem Arbeitsverhältnis mit einer Versorgung nach beamtenrechtlichen Vorschriften oder Grundsätzen (Abs. 1)

**1. Grundsatz.** Gemäß Abs. 1 unterliegen Anrechte aus einem Beamtenverhältnis oder einem anderen öffentlich-rechtlichen Dienstverhältnis sowie aus einem Arbeitsverhältnis mit Anspruch auf eine Versorgung nach beamtenrechtlichen Vorschriften oder Grundsätzen der **zeitratierlichen Bewertung.** Die Bestimmung entspricht dem früheren § 1587a Abs. 2 Nr. 1 BGB; ihr Regelungsinhalt ist weitgehend unverändert, jedoch wurde sie im Hinblick auf die neu eingeführte **allgemeine Wertermittlungsvorschrift** gem. § 40 umformuliert.[3] Im Unterschied zur unmittelbaren Bewertung nach §§ 39, 41 Abs. 1 geht die zeitratierliche Bewertung davon aus, dass ein Versorgungsanrecht im Laufe der Zeit gleichmäßig aufgebaut wird, ohne dass eine unmittelbare Zuordnung von Wertbestandteilen zur Ehezeit möglich wäre; auch ist, soweit nicht bereits eine Versorgung gewährt wird, mit einem fiktiven Ende der Versicherungszeit zu rechnen, es handelt sich daher insgesamt um eine fiktive Berechnung. Deswegen ist diese Methode ungenauer als die unmittelbare Bewertung und nur nachrangig anzuwenden.[4] 3

**2. Anrechte aus einem Beamtenverhältnis oder einem anderen öffentlich-rechtlichen Dienstverhältnis (Abs. 1 Nr. 1).** Die Regelung erfasst alle Anrechte aus einem öffentlich-rechtlichen Dienstverhältnis. Das **Beamtenverhältnis** ist als Teil desselben beispielhaft herausgestellt (→ Rn. 16 ff.). 4

**Unter Nr. 1 fallen Personen,** die zu ihrem Dienstherrn in einem öffentlich-rechtlichen Dienst- und Treueverhältnis stehen (vgl. § 4 BBG, § 3 Abs. 1 BeamtStG). Ein solches kann zu den in § 2 BeamtStG genannten Körperschaften begründet werden. 5

Unter Nr. 1 fallen damit zunächst die **Bundesbeamtinnen und Bundesbeamten.** Dazu gehören ua auch die Beamten des Bundestags, des Bundesrats und des Bundesverfassungsgerichts (§ 129 Abs. 1 BBG), die Mitglieder des Bundesrechnungshofes (§ 3 Abs. 2 BRHG), die Beamten der Deutschen Bahn AG (§ 7 Abs. 1 S. 2 ENeuOG)[5] und der deutschen Post AG (§ 2 Abs. 3 S. 1 und 2 BPostPersG) sowie die Beamten der deutschen Bundesbank (§ 31 Abs. 3 S. 2 BBankG).[6] 6

Weiter gehören dazu die **Beamtinnen und Beamten der Länder, der Gemeinden und der Gemeindeverbände** sowie der sonstigen **Körperschaften, Anstalten und Stiftungen des öffentlichen Rechts (§ 3 BeamtStG),** die **Berufsrichterinnen und Berufsrichter des Bundes** 7

[1] Zur Systematik vgl. BT-Drs. 16/10144, 77.
[2] BT-Drs. 16/10144, 79.
[3] BT-Drs. 16/10144, 81.
[4] Vgl. BT-Drs. 16/10144, 79; Johannsen/Henrich/*Holzwarth* Rn. 1.
[5] Vgl. dazu OVG NRW NVwZ-RR 2007, 400.
[6] *Borth* Versorgungsausgleich Kap. 2 Rn. 49.

**(§ 1 Absatz 2 BeamtVG) und der Länder,** die **Polizeibeamtinnen und Polizeibeamten** des Bundes (§ 2 BPolG) und der Länder und die **Berufssoldatinnen und Berufssoldaten (§§ 1, 15 SVG).** Erfasst ist auch das **wissenschaftliche und leitende Personal der Hochschulen** des Bundes (§ 130 BBG) wie auch der Länder. Erfasst sind dabei insbesondere auch diejenigen Professoren, die nach dem bis zur Neuordnung des Dienstrechts des Hochschulpersonals im Jahre 1976 geltenden Recht nach ihrer Emeritierung ihre vollen Bezüge behielten.[7]

8 Nr. 1 betraf bis zum 1.1.1992 nur öffentlich-rechtliche Dienstverhältnisse zu einem Dienstherrn in den alten Bundesländern. Seit der am 1.1.1992 wirksam gewordenen Überleitung des Versorgungsausgleichs auf das **Beitrittsgebiet** durch das VÜAG (Art. 31 RÜG vom 25.7.1991, BGBl. 1991 I 1606, 1702) sind entsprechende Anrechte, die im **Beitrittsgebiet** erworben worden sind, in den Versorgungsausgleich einzubeziehen.[8] Während die Bewertung in allen diesen Fällen nach § 44 Abs. 1 Nr. 1 erfolgt, findet der Wertausgleich bezüglich aller der Personen, die unter das Gesetz über die interne Teilung von beamtenversorgungsrechtlichen Ansprüchen von Bundesbeamtinnen und Bundesbeamten im Versorgungsausgleich **(Bundesversorgungsteilungsgesetz – BVersTG)** vom 3.4.2009, Art. 5 VAStrRefG, BGBl. 2009 I 700, 716) fallen (→ § 10 Rn. 50 ff.), im Wege der internen Teilung statt, im Übrigen im Wege der externen Teilung nach § 16 Abs. 1 (→ § 16 Rn. 5), solange nicht der jeweilige Versorgungsträger eine interne Teilung vorsieht.

9 **Nicht unter Nr. 1 fallen Beamtenverhältnisse auf Widerruf oder Dienstverhältnisse von Soldatinnen und Soldaten auf Zeit;** für sie schreibt § 44 Abs. 4 eine Bewertung nach Nachversicherungsgrundsätzen vor (→ Rn. 83).

10 **Nicht unter Nr. 1 fallen weiter Personen,** die in einem Dienstverhältnis zu einer **ausländischen oder zwischenstaatlichen oder überstaatlichen Einrichtung** stehen. Je nach Versorgungsordnung sind diese Anrechte nach §§ 39, 40 oder § 42 zu bewerten. Weiterhin kommt bei diesen Anrechten ein Wertausgleich im Wege des internen oder externen Ausgleichs nicht in Betracht, wohl aber ein Ausgleich im Wege der schuldrechtlichen Ausgleichszahlung nach §§ 20 ff. (→ § 19 Rn. 18 ff.). Unter Nr. 1 fallen auch nicht Personen, die in einem (besonderen) **öffentlich-rechtlichen Amtsverhältnis** stehen, zB die **Bundes- und Landesminister** und die **parlamentarischen Staatssekretäre.**[9] Die Anrechte der Bundesminister sind allerdings gleichfalls zeitratierlich nach § 40 zu bewerten, da sie ähnlich wie eine Beamtenversorgung berechnet werden (§§ 13 ff., 15 Abs. 3 S. 2 BMinG) und das BeamtVG gemäß § 13 Abs. 5 BMinG entsprechend anwendbar ist. Entsprechendes gilt für parlamentarische Staatssekretäre des Bundes, deren Versorgung sich gemäß § 6 ParlStG nach dem BMinG richtet.[10] Der Ausgleich erfolgt nach § 1 Abs. 3 BVersTG. Bezüglich der Länderminister und parlamentarischen Staatssekretäre gilt im Zweifel § 42, der Ausgleich hat nach § 16 zu erfolgen, solange deren Versorgungsregelungen einen internen Ausgleich nach § 10 nicht vorsehen (→ § 16 Rn. 5). Auch die **Abgeordneten** des Deutschen Bundestages und der Länderparlamente werden von Nr. 1 nicht erfasst. Für die Bewertung der Abgeordnetenversorgung des Bundes gilt die Sondervorschrift § 25a Abs. 3 AbgG idF Art. 7 VAStrRefG, mit der die Bewertung nach § 39 bestimmt ist. Der Ausgleich erfolgt gemäß § 25a Abs. 1 und 2 AbgG im Wege der internen Teilung; es gilt das BVersTG.[11] Hat das Mitglied des Bundestages keinen Anspruch auf Altersversorgung, weil es vor Ablauf von 8 Jahren ausgeschieden ist (bis 31.12.2007) bzw. vor Ablauf eines Jahres ausgeschieden ist (ab 1.1.2008; vgl. § 19 AbgG), so erhält das ausgeschiedene Mitglied eine Kapitalabfindung (§ 23 AbgG), die nicht dem Versorgungsausgleich unterfällt. Entscheidet es sich demgegenüber für die fakultativ mögliche Nachversicherung, ist diese im Versorgungsausgleich zu berücksichtigen.[12] Ist diese bei Erlass der Entscheidung noch nicht durchgeführt, ist das Anrecht schuldrechtlich auszugleichen.[13] Gehörte ein Mitglied des Bundestages zum Zeitpunkt des Endes der Ehezeit dem Bundestag noch nicht ein Jahr an, ist dies jedoch der Fall, wenn die Entscheidung über den Versorgungsausgleich erlassen werden soll, ist das Anrecht ausgleichsreif und intern zu teilen. Dies gilt aber dann nicht, wenn der Ausgleichspflichtige die Wartezeit von einem Jahr erfüllt, weil er nach dem Ende der Ehezeit erneut in den Bundestag gewählt wird. Dann erwirbt er lediglich einen, im Versorgungsausgleich nicht zu berücksichtigenden Anspruch auf Abfindung bzw. einen Anspruch auf Nachversicherung, der mit dem Nachversicherungswert zu erfassen ist. Die Bewertung der Abgeordnetenversorgung der Länder erfolgt im Zweifel nach § 42; der Wertausgleich geschieht nach § 16 Abs. 1 im

---

7 Vgl. BT-Drs. 16/10144, 81; → 5. Aufl. 2009, BGB § 1587a Rn. 18 *(Gräper)*.

8 *Borth* Versorgungsausgleich Kap. 2 Rn. 50.

9 HK-VersAusglR/*Rehbein* Rn. 7.

10 Vgl. auch Johannsen/Henrich/*Holzwarth* Rn. 13; HK-VerAusglR/*Rehbein* Rn. 7; aA *Borth* Versorgungsausgleich Kap. 2 Rn. 56 (Bewertung nach Billigkeit).

11 Johannsen/Henrich/*Holzwarth* Rn. 14.

12 Johannsen/Henrich/*Holzwarth* Rn. 14; *Ruland* Versorgungsausgleich Rn. 288.

13 Johannsen/Henrich/*Holzwarth* Rn. 14.

Wege der externen Teilung, solange nicht die Versorgungsträger der Länder eine interne Teilung vorsehen.[14] Erhöht sich der Steigerungssatz für jedes Jahr der Zugehörigkeit zum Landtag, kann das Anrecht unmittelbar bewertet werden.[15]

**3. Anrechte aus einem Arbeitsverhältnis mit einem Anspruch auf eine Versorgung nach beamtenrechtlichen Vorschriften oder Grundsätzen (Abs. 1 Nr. 2).** Erfasst sind auf **privatrechtlicher Basis beruhende Arbeitsverhältnisse,** in denen durch Vertrag zwischen Arbeitgeber und Arbeitnehmer eine **Versorgung beamtenähnlicher Art,** dh nach beamtenrechtlichen Vorschriften oder Grundsätzen, vereinbart ist. Aus der Nähe zum Arbeitsvertrag mit betrieblicher Altersversorgung können Abgrenzungsprobleme entstehen; denn die Rechtsform des Versorgungsträgers ist nicht maßgeblich, er kann privatrechtlich oder öffentlich-rechtlich organisiert sein. Die Frage der Bewertung ist im Übrigen strikt von der Frage der Ausgleichsform zu trennen. Die externe Teilung gem. § 16 ist daher für solche Versorgungsanwartschaften nicht zulässig.[16] **Wichtiges Indiz** für das Vorliegen einer beamtenähnlichen Versorgung ist die **Versicherungsfreiheit** oder **Befreiung von der Versicherungspflicht in der gesetzlichen Rentenversicherung** nach § 5 Abs. 1 Nr. 2 SGB VI oder die Befreiung von der Versicherungspflicht auf Antrag des Arbeitgebers nach § 6 Abs. 1 Nr. 2, Abs. 2 SGB VI;[17] es handelt sich aber eben nur um ein – wenn auch wichtiges Indiz –, zwingend ist die Befreiung für die Einordnung nicht.[18] Umgekehrt liegt regelmäßig keine Versorgungszusage nach beamtenrechtlichen Grundsätzen vor, soweit für einen Ehegatten Pflichtbeitragszeiten in der gesetzlichen Rentenversicherung erfasst wurden.[19] 11

**Eine Versorgung nach beamtenrechtlichen Vorschriften** liegt vor, wenn sie sich vollinhaltlich nach beamtenrechtlichen Vorschriften richtet.[20] Es reicht aber auch aus, wenn die zugesagte Versorgung einer Beamtenversorgung in den wesentlichen Grundzügen gleichkommt.[21] Zum Personenkreis gehören insbesondere dienstordnungsmäßige Angestellte der Orts- und Innungskrankenkassen und von Berufsgenossenschaften. Eine Versorgung nach beamtenrechtlichen Vorschriften – zumindest aber nach beamtenrechtlichen Grundsätzen – kann bei Pfarrern und sonstigen Bediensteten der als öffentlich-rechtliche Körperschaften anerkannten Religionsgemeinschaften vorliegen[22] und liegt auch bei Versorgungszusagen vor, welche die Max-Planck-Gesellschaft den wissenschaftlichen Mitgliedern und den Mitarbeitern des wissenschaftlichen Mittelbaus der Max-Planck-Institute gewährt.[23] Aber auch Professoren staatlich anerkannter privater Fachhochschulen und Lehrer an privaten Schulen erhalten oft eine Versorgungszusage nach beamtenrechtlichen Grundsätzen.[24] Weiterhin kommen Versorgungszusagen für Mitarbeiter der Landesbanken und Sparkassen bzw. Sparkassenverbände in Betracht.[25] Hier ist allerdings die Versorgungszusage genau zu untersuchen. Auch wenn ein Ehegatte aufgrund eines privatrechtlichen Arbeitsverhältnisses tätig ist, in dem ihm eine Versorgung nach beamtenrechtlichen Grundsätzen zugesagt ist, darf diese Versorgung ausschließlich nach § 44 bewertet werden. Es ist daher nicht zulässig, gem. § 45 den Ausgleichswert als Kapitalwert zu berechnen.[26] 12

Fraglich ist allerdings, ob in diesen Fällen der Ehezeitanteil der Versorgung genau hälftig zu teilen ist, oder ob es zulässig ist, wie in der Zusatzversorgung des öffentlichen Dienstes den Ehezeitanteil der Rente in einen Barwert umzurechnen, diesen Barwert zu teilen und hieraus anhand der für den Ausgleichsberechtigten geltenden Barwertfaktoren eine Rente als Ausgleichswert zu berechnen. Für letztere Berechnungsmethode spricht, dass nur diese Berechnungsmethode für einen Versorgungsträger, der entsprechende Rückstellungen zu bilden hat, aufwandsneutral durchführbar ist. Dies ist seit 13

14 Vgl. zur externen Teilung von Anrechten ua der Länderabgeordneten Johannsen/Henrich/*Holzwarth* Rn. 14.
15 HK-VersAusglR/*Rehbein* Rn. 8.
16 BGH NJW-RR 2013, 1025 = FamRZ 2013, 1361 (Religionsgesellschaft).
17 BGH NJW-RR 1994, 124 (125) = FamRZ 1994, 232 (233) zur Westdeutschen Landesbank; *Borth* Versorgungsausgleich Kap. 2 Rn. 60.
18 Vgl. OLG Düsseldorf FamRZ 1991, 1205; OLG München FamRZ 1984, 908 (909) mwN.
19 Johannsen/Henrich/*Holzwarth* Rn. 9.
20 BGH NJW-RR 1994, 194 (195) = FamRZ 1994, 232 (233).
21 *Ruland* Versorgungsausgleich Rn. 391; Johannsen/Henrich/*Holzwarth* Rn. 9; vgl. BGH NJW NJW-RR 1994, 194 = FamRZ 1994, 322.
22 BGH NJW-RR 2011, 1301 = FamRZ 2011, 1558 zur Versorgung nach der Ruhegeldordnung der Landesbank Baden-Württemberg; OLG Nürnberg FamRZ 1995, 98 zur Versorgung der Pfarrer und Pfarrerinnen bzw. Kirchenbeamten der Evangelisch-Lutherischen Kirche in Bayern; OLG Frankfurt FamRZ 1987, 719; OLG Celle 1983, 191.
23 → 5. Aufl. 2009, BGB § 1587a Rn. 21 f. *(Gräper)*.
24 Johannsen/Henrich/*Holzwarth* Rn. 9.
25 Johannsen/Henrich/*Holzwarth* Rn. 9; BGH FamRZ 1994, 232; vgl. auch BGH NJW 1985, 2711 und OLG Köln FamRZ 1983, 78 zu Lehrern an Privatschulen.
26 BGH FamRZ 2016, 617.

2002 auch für Beschäftigte der Landesbanken und Giroverbände zu berücksichtigen, da aus EU-rechtlichen Gründen die Staatsgewährträgerschaft für diese Kreditinstitute entfallen ist.[27] Dementsprechend sehen die betroffenen Banken in ihrer Teilungsordnung auch vor, dass die Versorgung in einen Kapitalwert umzurechnen und dieser zu teilen sei. Dieses Ergebnis ist mit der neuesten Rspr. des BGH[28] zum Ausgleich von Betriebsrenten vereinbar. Der BGH hat insoweit zwar entschieden, dass der Versorgungsträger nur alternativ die Möglichkeit habe, den Ehezeitanteil eines Anrechts entweder als Rentenbetrag oder als Kapitalbetrag zu berechnen; je nachdem sei der Rentenbetrag oder der Kapitalbetrag hälftig zu teilen. Der BGH hat diese Rspr. aber ausdrücklich auf den Ausgleich von Anrechten auf eine betriebliche Altersversorgung iSv § 45 Abs. 1 beschränkt. Daher sei es weiter zulässig, dass die Versorgungsträger der Zusatzversorgung des öffentlichen Dienstes die bei ihnen in der Ehezeit erworbenen Anrechte zunächst anhand der für den Ausgleichspflichtigen geltenden Barwertfaktoren in einen Kapitalwert umrechnen, diesen nach Abzug der Teilungskosten hälftig teilen und sodann anhand der für den Ausgleichsberechtigten geltenden Barwertfaktoren eine Rente (ausgedrückt in der Bezugsgröße Versorgungspunkte) errechnen. Dies wird auf Beschäftigte, die ein nach beamtenrechtlichen Grundsätzen strukturiertes Anrecht aufgrund eines Arbeitsverhältnisses erworben haben, auszudehnen sein; denn auch in diesem Fall ergibt sich die Bewertung des Anrechts nicht aus § 45 Abs. 1, sondern aus § 44 Abs. 1 Nr. 2.

14 **Eine Versorgung nach beamtenrechtlichen Grundsätzen** ist in Anlehnung an die gesetzliche Definition dieses Begriffes in § 52 Abs. 2 S. 2 des Gesetzes zu Art. 131 GG anzunehmen, wenn dem Arbeitnehmer vom Arbeitgeber oder Dienstherrn durch Vertrag, Satzung, Dienstordnung, Ruhelohnordnung oder Statut eine lebenslängliche Versorgung auf der Grundlage des Arbeitsentgelts und der Dauer der Dienstzeit gewährt wird, wobei es ausreicht, wenn die zugesagte Versorgung einer Beamtenversorgung in den wesentlichen Grundzügen gleichkommt.[29]

15 Entscheidend ist, dass der **Arbeitgeber/Dienstherr** die **Versorgung selbst gewährt** und damit ihr **Risiko trägt.**[30] **Zusatzversorgungskassen** – sog Versorgungsstöcke – mit Leistungen nach Versicherungsprinzipien aufgrund eingezahlter Beiträge – etwa die **Versorgungsanstalt des Bundes und der Länder (VBL)**[31] – erfüllen diese Voraussetzungen nicht.[32]

16 **4. Insbesondere Bewertung von Anrechten aus einem Beamtenverhältnis oder einem anderen öffentlich-rechtlichen Dienstverhältnis des Bundes (Abs. 1). a) Rechtsgrundlagen der (Bundes-)Beamtenversorgung.** Bei der Bewertung von Anrechten aus einem (Bundes-)Beamtenverhältnis sind als Grundlage der Berechnungsfaktoren vorrangig das **Recht der Beamtenversorgung,** das **Besoldungsrecht** wie auch das eigentliche **Beamtenrecht** zu beachten. Das Recht der Beamtenversorgung ist Teil des – in seinem Kern durch Art. 33 Abs. 5 GG geschützten – **Beamtenrechts.** Die Beamtenversorgung fußt auf der Fürsorgepflicht des Dienstherrn (§ 78 BBG); er ist deshalb zugleich der Versorgungsträger. Die Beamtenversorgung ist ein Sondersystem sozialer Sicherung.[33] Sie wird dem Beamten gewährt, ohne dass er für sie im Grundsatz Beiträge zu entrichten hat. Vielmehr ist die Versorgung mit dem Dienst des Beamten erdient. Seine Tätigkeit ist versicherungsfrei (§ 5 Abs. 1 S. 1 Nr. 1 SGB VI). Nur wenn der Beamte ohne Anspruch auf eine Versorgung aus dem Dienst ausscheidet, ist er entweder in der gesetzlichen Rentenversicherung (§ 8 Abs. 2 S. 1 Nr. 1 SGB VI) oder auf Antrag in einem berufsständischen Versorgungswerk (§ 186 SGB VI) nachzuversichern; eine Nachversicherung in einer Zusatzversorgung erfolgt nicht.[34]

17 Das **Recht der Beamtenversorgung** beruhte bis zum Inkrafttreten des **Föderalismusreformgesetzes** (I) vom 28.8.2006 (BGBl. 2006 I 2034) am 1.9.2006 bezüglich aller Beamten des Bundes und der Länder, der Gemeinden und Gemeindeverbände sowie der sonstigen der Aufsicht eines Landes unterstehenden Körperschaften, Anstalten und Stiftungen des öffentlichen Rechts

---

27 *Borth* FamRZ 2016, 619.

28 BGH FamRZ 2018, 1574 = NJW-RR 2018, 1158.

29 *Ruland* Versorgungsausgleich Rn. 391; *Borth* Versorgungsausgleich Kap. 2 Rn. 62; vgl. BGH NJW NJW-RR 1994, 194 = FamRZ 1994, 322 bezüglich eines Versorgungsvertrages der Westdeutschen Landesbank; NJW-FER 1999, 25 (26) bezüglich der Gesamtversorgung der Landesbank Schleswig-Holstein; OLG München FamRZ 1991, 576 bezüglich des Gesamtversorgungssystems der Bayerischen Landesbank; aber OLG Celle FamRZ 2011, 901: Keine beamtenähnliche, sondern eine betriebliche Altersversorgung stellt der „Versorgungszuschuss" dar, der den Betriebsangehörigen der Norddeutschen Landesbank aufgrund Betriebsvereinbarung zusteht.

30 Johannsen/Henrich/*Holzwarth* Rn. 12.

31 BGH FamRZ 1994, 232 (233).

32 Johannsen/Henrich/*Holzwarth* Rn. 12.

33 Vgl. hierzu, insbes. zur Bifunktionalität des Sondersystems sozialer Sicherung, *Ruland* Versorgungsausgleich Rn. 245 mwN.

34 Zur Verfassungsmäßigkeit vgl. BVerfG NVwZ 2000, 1036.

bundeseinheitlich auf dem **BeamtVG** vom 22.3.1999 (BGBl. 1999 I 321). Wie bereits in § 10 (→ Rn. 44 ff.) und § 16 (→ Rn. 2) dargelegt, besitzt der Bund seit Aufhebung von Art. 74a GG durch das Föderalismusreformgesetz (I) vom 28.8.2006 mit Wirkung ab 1.9.2006 die **Gesetzgebungskompetenz** bezüglich der Regelung der Versorgung und Besoldung von Beamtinnen und Beamten der Länder und Kommunen nicht mehr. Es gilt insoweit gemäß Art. 125a Abs. 1 GG lediglich das bisherige Bundesrecht weiter, solange es nicht durch Landesrecht ersetzt worden ist. Die Länder haben zwischenzeitlich die Kompetenz genutzt und eigene Beamtenversorgungsgesetze erlassen. Für den Bereich des Bundes gilt das Beamtenversorgungsgesetz (BeamtVG) – nach der Titeländerung durch Gesetz vom 29.7.2008 (BGBl. 2008 I 1582) – als **„Gesetz über die Versorgung der Beamten und Richter des Bundes“** (BeamtVG) unmittelbar weiter.

Bezüglich der **Besoldung** sind die jeweiligen **Besoldungsgesetze des Bundes und der Länder** zu beachten. Bezüglich des Bundes gelten das **BBesG.** Das BBesG gilt für alle Beamten und Richter des Bundes, die Berufssoldaten und die Soldaten auf Zeit (§ 1 Abs. 1 BBesG). Auf das BBesG wird vornehmlich in den folgenden Ausführungen abgestellt, wenn nicht ausdrücklich auf Länderrecht abgestellt wird. 18

Bezüglich des **Beamtenrechts** selbst gilt: Durch die **Föderalismusrefom** (I) ist auch die Rahmengesetzgebung des Bundes nach Art. 75 Abs. 1 Nr. 1 GG entfallen; an seine Stelle ist die konkurrierende Gesetzgebungskompetenz des Bundes nach Art. 74 Abs. 1 Nr. 27 GG getreten. Das aufgrund dieser Kompetenznorm erlassene **BeamtStG** regelt mWv 1.4.2009 das **Statusrecht der Beamtinnen und Beamten der Länder, Gemeinden und Gemeindeverbände** sowie der **sonstigen der Aufsicht eines Landes unterstellten Körperschaften, Anstalten und Stiftungen des öffentlichen Rechts** (§ 1 BeamtStG); das Recht der Laufbahnen, Besoldung und Versorgung ist davon nicht berührt. Es ersetzt gemäß § 63 BeamtStG in weitem Umfang das bis dahin geltende BRRG. Das Recht der Bundesbeamten selbst ist mWv 12.2.2009 durch das in Art. 1 Gesetz zur Neuordnung und Modernisierung des Bundesdienstrechts (Dienstrechtsneuordnungsgesetz – DNeuG) vom 5.2.2009 (BGBl. 2009 I 160)[35] enthaltene **BBG** neu geregelt worden. Die folgenden Ausführungen stellen weitgehend auf dessen Bestimmungen ab; es ist aber zu beachten, dass bezüglich des Bereichs der Länder das jeweilige Landesrecht gilt. 19

**b) Status des Beamten und gleichgestellter Dienstverhältnisse.** Für die Zumessung einer Versorgung und damit für die Bewertung nach Abs. 1 Nr. 1 ist zunächst der Status der jeweiligen Person maßgeblich. 20

**aa) Beamter auf Lebenszeit.** Er wird bis zum Erreichen der Altersgrenze verwendet (§ 6 Abs. 1 BBG, § 4 Abs. 1 BeamtStG). Ein Anspruch auf Ruhegehalt entsteht gemäß § 4 Abs. 1 Nr. 1 BeamtVG zwar erst nach einer Dienstzeit von fünf Jahren, hierauf kommt es insbesondere für die Berechnung der Versorgung aber nicht an (§ 2 Abs. 3; § 6 BeamtVG). Bezieht der Beamte Altersgeld, weil er auf seinen Wunsch vorzeitig aus dem Beamtenverhältnis ausgeschieden ist, ist auch dies nach beamtenrechtlichen Grundsätzen auszugleichen.[36] Besteht die Möglichkeit, Altersgeld zu beziehen, nicht, und wechselt der Beamte in ein privates Anstellungsverhältnis, ist er nachzuversichern. Dies gilt auch, wenn er in das europäische Ausland umzieht. Der Nachversicherungswert ist deutlich niedriger als die Anwartschaft, die der Beamte bei Fortbestehen des Beamtenverhältnisses hätte. In der Regel wird er auch hinter dem Altersgeld zurückbleiben. Für den Fall des Umzugs eines Beamten in das europäische Ausland hat der EuGH hierin einen Verstoß gegen die Mobilitätsrichtlinie gesehen.[37] Fraglich ist, inwieweit dies generell zu einer Reform des Rechts der Nachversicherung nötigt.[38] Grundsätzlich gilt, dass Teil des gegenseitigen Treueprinzips ist, dass der Beamte auf Lebenszeit in einem Dienstverhältnis zu seinem Dienstherrn steht und dafür im Alter eine beitragsfreie Versorgung erhält. Löst er dieses Dienst- und Treueverhältnis vorzeitig auf, ist es daher nicht zu beanstanden, wenn dies mit gewissen Nachteilen für seine Versorgung verbunden ist. Das Ziel der Mobilitätsrichtlinie, die Arbeitnehmerfreizügigkeit nicht zu beeinträchtigen, wirkt sich nur bei grenzüberschreitenden Sachverhalten innerhalb des Binnenmarktes aus und auch nur dann, wenn es um Tätigkeiten geht, die zumindest auch im Rahmen eines privatrechtlichen Anstellungsverhältnisses erbracht werden können (in dem durch den EuGH entschiedenen Fall stand eine Lehrtätigkeit im Raum). Sofern nach dem maßgeblichen Dienstrecht die Möglichkeit besteht, statt der Nachversicherung ein Altersgeld zu wählen, liegt jedenfalls auch kein Verstoß gegen Art. 45 AEUV vor. Weiterhin betrifft die Problematik nicht 21

---

[35] Vgl. dazu ua *Battis* NVwZ 2009, 409; *Wolff* ZBR 2009, 73; *Leppek* ZBR 2009, 325.

[36] HK-VersAusglR/*Rehbein* Rn. 14.

[37] EuGH NVwZ 2016, 1465 = FamRZ 2016, 1737.

[38] Vgl. hierzu ua *Bokeloh* DÖV 2017, 378; *Borth* FamRZ 2016, 1737; *Ruland* FamRZ 2016, 1831; NVwZ 2017, 422.

Beamte auf Zeit und Beamte auf Widerruf sowie Zeitsoldaten, da hier die Nachversicherung zwingend ist, sofern der Beamte oder Zeitsoldat nicht in ein Beamtenverhältnis auf Lebenszeit übernommen wird. Sie beeinträchtigt damit die Freizügigkeit nicht, sondern ist unabhängig von einem Umzug ins Ausland bei Beendigung des Dienstverhältnisses durchzuführen, sofern der Betreffende nicht in ein Beamtenverhältnis auf Lebenszeit übernommen wird.

22 **bb) Beamter auf Zeit.** Seine Verwendung ist von vornherein zeitlich begrenzt (§ 6 Abs. 2 BBG; § 4 Abs. 2 BeamtStG). Er ist gemäß § 66 Abs. 1 BeamtVG versorgungsrechtlich den Lebenszeitbeamten grundsätzlich gleichgestellt, § 66 Abs. 2 BeamtVG sieht aber eine abweichende Staffelung des Ruhegehaltssatzes vor. Hierzu zählen insbesondere **Wahlbeamte.** Weiterhin fallen hierunter Juniorprofessoren, beamtete Hochschuldozenten und wissenschaftliche Mitarbeiter, soweit sie verbeamtet sind.[39] Erfüllt der Beamte auf Zeit bei **vorzeitigem Ausscheiden aus dem Dienst** nicht die erforderliche **Wartezeit,** so ist er gemäß § 8 Abs. 1 S. 1 Nr. 1 SGB VI in der gesetzlichen Rentenversicherung nachzuversichern (zur Problematik des Verlustes von Anwartschaften → Rn. 21).[40] Der Ausgleich erfolgt dann entsprechend § 16 Abs. 2 (→ § 16 Rn. 11). Erfüllt ein kommunaler Wahlbeamter durch Neuwahl erst nach dem Ende der Ehezeit die Wartezeit, ist der Ehezeitanteil der Anwartschaft gleichwohl nur mit dem Nachversicherungswert zu erfassen.[41] Das gilt auch, wenn die Wiederwahl wahrscheinlich war.[42] Die Wiederwahl ist kein auf die Ehezeit zurückwirkendes Ereignis. Vielmehr begründet sie ein neues Beamtenverhältnis.

23 Hiervon zu unterscheiden ist die Frage, wie sich die **Wiederwahl eines kommunalen Wahlbeamten** auf die Berechnung der ruhegehaltsfähigen Dienstzeit auswirkt. Für die Berechnung des Ehezeitanteils ist von dem Grundsatz auszugehen, dass die höchstens erreichbare Dienstzeit (Gesamtzeit) mit dem Ende der Wahlperiode erreicht ist. Insoweit kommt es nicht darauf an, ob eine Wiederwahl des Ehegatten wahrscheinlich ist. Entscheidender Stichtag ist der Zeitpunkt, zu dem eine Entscheidung über den Versorgungsausgleich ergeht. Wird der Beamte später wieder gewählt, kann dies eine Abänderung des Versorgungsausgleichs rechtfertigen.[43] Teilweise wird vertreten, dass auch Dienstzeiten, die nach dem Ehezeitende zurückgelegt wurden und auf der Wiederwahl des Ausgleichspflichtigen beruhen, zu berücksichtigen sind (→ § 51 Rn. 2).[44] Die Gegenauffassung[45] geht davon aus, hinsichtlich der Berücksichtigung der Dienstzeit gelte dasselbe wie für die Frage, ob in der Ehezeit ein statusrechtliches Beamtenverhältnis begründet worden sei, das zu auszugleichenden Anwartschaften geführt habe. Daher seien die Anrechte eines kommunalen Wahlbeamten nicht auszugleichen, soweit sie auf die Wiederwahl entfallen. Eine vermittelnde Ansicht meint, die auf der Wiederwahl beruhende Dienstzeit dürfe nur berücksichtigt werden, wenn die Wiederwahl zum Ende der Ehezeit wahrscheinlich war.[46]

24 Überzeugend ist die Ansicht, dass auch die aufgrund Wiederwahl zurückgelegten Zeiten zu berücksichtigen sind.[47] Entscheidend für den Ausgleich ist, dass das Beamtenverhältnis statusrechtlich in der Ehezeit begründet wurde. Ist dies der Fall, werden bei der zeitratierlichen Bewertung aber auch Dienstzeiten eingestellt, die außerhalb der Ehezeit zurückgelegt wurden. Weiterhin führt dies auch zu einer Änderung des Ruhegehaltssatzes. Es gibt keinen sachlichen Grund, hiervon Dienstzeiten auszunehmen, die auf Wiederwahl des kommunalen Wahlbeamten beruhen. Vielmehr ist diese einer Dienstzeitverlängerung gleichzustellen, die auf einem Antrag des betroffenen Beamten, der nach dem Ende der Ehezeit gestellt wurde, beruht.[48] Dementsprechend sind auch für einen kommunalen Wahlbeamten, der kurz vor dem Ende der Ehezeit ernannt worden war, bei der Berechnung der Gesamtzeit Dienstzeiten zu berücksichtigen, die – zwar während der

---

39 *Borth* Versorgungsausgleich Kap. 2 Rn. 64.

40 Vgl. dazu BGH NJW 1992, 177 = FamRZ 1992, 46; NJW-RR 1995, 1153 = FamRZ 1995, 414; NJW 2007, 73 = FamRZ 2007, 30 m. krit. Anm. *Bergner* FamRZ 2007, 533 (534); OLG Frankfurt FamRZ 1984, 182.

41 BGH NJW 2007, 73 = FamRZ 2007, 30; zur Kritik *Bergner* FamRZ 2007, 533: Wiederwahl kein auf den Wert des Ehezeitanteils zurückwirkendes Ereignis; *Borth* FamRZ 2008, 2069: Wertungswiderspruch zur Berücksichtigung von Anrechten aus der betrieblichen Altersversorgung, die auch dann auszugleichen seien, wenn sie nach Ehezeitende, aber vor Erlass der Entscheidung unverfallbar werden.

42 *Bergmann* FamRB 2018, 71.

43 BGH FamRZ 2019, 191 = NJW-RR 2019, 388.

44 So grds. BeckOGK/*Müller-Tegethoff,* 1.2.2019, § 51 Rn. 40.1; OLG Frankfurt BeckRS 2018, 20839; FamRZ 2019, 131 NJW-RR 2019, 989.

45 *Borth,* Versorgungsausgleich, 7. Aufl. 2014, Kap. 1 Rn. 60, Kap. 2 Rn. 270.

46 OLG Stuttgart NJW-RR 2017, 458 Rn. 45 ff. = FamRZ 2017, 795; BeckOK BGB/*Bergmann,* 1.8.2018, Rn. 24.

47 Ebenso Erman/*Norpoth/Sasse* Rn. 17.

48 Vgl. hierzu BGH NJW-RR 2018, 1156; dementsprechend für den Fall der Wiederwahl ein Abänderungsverfahren zulassend BGH FamRZ 2019, 191 = NJW-RR 2019, 388.

Ehezeit – aber lange vor der Ernennung des Beamten zurückgelegt wurden, was zu erheblichen Anrechten führen kann.[49]

**cc) Beamter auf Probe.** Er hat eine Probezeit abzuleisten, um Beamter auf Lebenszeit zu werden (§ 6 Abs. 3 BBG; § 4 Abs. 3 BeamtStG). Spätestens nach fünf Jahren besteht ein Anspruch auf Übernahme als Beamter auf Lebenszeit (§ 11 Abs. 2 BBG). Der Status als Lebenszeitbeamter ist zwar noch nicht gesichert, aber bereits so verfestigt, dass von einer zu berücksichtigenden Versorgungsanwartschaft iSv § 2 Abs. 3 auszugehen ist.[50] Wird das Rechtsverhältnis später nicht in eines auf Lebenszeit umgewandelt, so kommt eine Abänderung nach § 225 FamFG in Betracht.[51] Eine beamtenrechtliche Versorgung erhält der Beamte auf Probe im Übrigen vor Übernahme auf Lebenszeit, wenn er aus bestimmten Gründen dienstunfähig geworden ist und in den Ruhestand versetzt wird (§ 49 BBG; § 4 BeamtVG; § 28 BeamtStG iVm Landesrecht). Wird er entlassen, so kann er einen **Unterhaltsbeitrag** (§§ 2 Nr. 1 15 Abs. 2 BeamtVG) erhalten, der nur dann im Versorgungsausgleich zu berücksichtigen ist, wenn er vorbehaltlos bewilligt wurde.[52] Im Übrigen ist der Wert des Nachversicherungsanspruchs zu berücksichtigen, wenn vor Erlass der Entscheidung feststeht, dass der Beamte nicht in das Beamtenverhältnis auf Lebenszeit übernommen wird (zur Problematik der Bewertung → Rn. 21).[53] Wurde der Versorgungsausgleich bereits nach beamtenrechtlichen Grundsätzen durchgeführt, kann dies eine Abänderung des Versorgungsausgleichs rechtfertigen.[54] 25

Gem. § 24 BBG dürfen Führungsämter zunächst nur auf Probe übertragen werden. Ist einem Ehegatten ein solches Amt übertragen worden, ist für den Versorgungsausgleich davon auszugehen, dass ihm dieses Amt auch auf Lebenszeit übertragen werden wird. Steht demgegenüber bei Erlass der Entscheidung fest, dass dem Beamten das Beförderungsamt nicht auf Lebenszeit übertragen werden wird, sind für den Versorgungsausgleich die versorgungsrechtlichen Grundlagen heranzuziehen, die sich aus dem früher bekleideten Amt ergeben.[55] 26

**dd) Beamter auf Widerruf.** Das Beamtenverhältnis auf Widerruf kann begründet werden, wenn der Beamte einen Vorbereitungsdienst abzuleisten hat oder nebenbei oder vorübergehend hoheitliche Aufgaben wahrnehmen soll (§ 6 Abs. 4 BBG; § 4 Abs. 4 BeamtStG). Das Beamtenverhältnis auf Widerruf endet mit der Ablegung der Prüfung oder aufgrund jederzeit möglicher Entlassung ohne Anspruch auf Versorgungsbezüge (§ 37 BBG); es wird lediglich Dienstunfallfürsorge gewährt (§§ 30 ff. BeamtVG). Da der Beamte auf Widerruf mit endgültigem Ausscheiden aus dem Dienstverhältnis in der gesetzlichen Rentenversicherung nachversichert wird (§ 181 SGB VI) bzw. bei Übernahme in ein Beamtenverhältnis auf Probe und sodann auf Lebenszeit die Vorbereitungszeit als ruhegehaltfähige Dienstzeit angerechnet erhält (§ 6 Abs. 1 S. 1 BeamtVG), verfügt er über ein atypisches, alternativ ausgestaltetes Versorgungsanrecht. Da im Zweifel nur von einer Nachversicherung ausgegangen werden kann, sieht § 16 Abs. 2 vor, dass nur der Nachversicherungswert auszugleichen ist (→ § 16 Rn. 9 f.). Der Wertberechnung ist daher der **Wert der Nachversicherung** zugrunde zu legen (zur Problematik der Bewertung → Rn. 21). Auf die Wertberechnung ist im Übrigen ohne Einfluss, ob der Widerrufsbeamte nach Ehezeitende aber vor der Entscheidung in letzter Tatsacheninstanz in ein Beamtenverhältnis übernommen worden ist.[56] Ist er vor diesem Zeitpunkt bereits nachversichert worden, so ist der tatsächliche Nachversicherungsbetrag – und nicht der fiktiv berechnete – der Wertberechnung zugrunde zu legen (→ § 16 Rn. 12). Entsprechende Regelungen gelten für Soldaten auf Zeit.[57] 27

**ee) Politischer Beamter.** Der politische Beamte (vgl. §§ 36 BBG, 30 BeamtStG) ist, soweit er nicht in einem öffentlich-rechtlichen Amtsverhältnis steht (→ Rn. 10), Lebenszeitbeamter mit Anspruch auf Versorgung, kann aber entsprechend seiner Funktion jederzeit in den einstweiligen Ruhestand versetzt werden.[58] Das erhöhte Ruhegehalt während der ersten drei Jahre nach der Entlassung ist im Versorgungsausgleich nicht zu berücksichtigen.[59] 28

---

49 OLG Düsseldorf FamRZ 2018, 256 = BeckRS 2017, 124396.

50 Vgl. BGHZ 81, 100 = NJW 1981, 2187 = FamRZ 1981, 856; BGH NJW 1982, 1754 = FamRZ 1982, 362.

51 Vgl. Johannsen/Henrich/*Holzwarth* Rn. 5.

52 *Borth* Versorgungsausgleich Kap. 2 Rn. 68; Johannsen/Henrich/*Holzwarth* Rn. 16.

53 *Ruland* Versorgungsausgleich Rn. 394.

54 Johannsen/Henrich/*Holzwarth* Rn. 5.

55 *Ruland* Versorgungsausgleich Rn. 394.

56 BGH NJW 1982, 379 = FamRZ 1982, 154 betr. Zeitsoldaten; OLG Frankfurt BeckRS 2012, 10319.

57 Erman/*Norpoth*/*Sasse* Rn. 10.

58 Johannsen/Henrich/*Holzwarth* Rn. 5.

59 *Borth* Versorgungsausgleich Kap. 2 Rn. 68.

29 **ff) Ehrenbeamter.** Keine Versorgungsanwartschaften iSv § 2 Abs. 2 hat der Ehrenbeamte, da er sein Amt unentgeltlich wahrnimmt (§ 6 Abs. 5 BBG, § 5 Abs. 1 BeamtStG). Ihm kann unter bestimmten Voraussetzungen ein Ehrensold oder Unterhaltsbeitrag bewilligt werden, der aber mangels Versorgungscharakters nicht auszugleichen ist.[60]

30 **c) Bemessungsgrundlagen der Versorgung.** Die Bemessungsgrundlagen der Versorgung ergeben sich aus den für den jeweiligen Personenkreis geltenden versorgungsrechtlichen Bestimmungen, hinsichtlich der Beamten und Richter des Bundes also aus dem BeamtVG (§§ 1 Abs. 1 und 2 BeamtVG). Bemessungsgrundlage für deren Versorgung sind – wie im Übrigen durchweg für alle Beamten – die **ruhegehaltfähige Dienstzeit** (§§ 6 ff. BeamtVG, → Rn. 31 ff.) und die **ruhegehaltfähigen Dienstbezüge** (§ 5 BeamtVG, → Rn. 46 ff.). Im Rahmen des Versorgungsausgleichs bemisst sich die Dienstzeit bei noch **im aktiven Dienst stehenden Beamten** nicht allein nach der bisher zurückgelegten Dienstzeit, sondern nach der **gesamten bis zum Erreichen der maßgeblichen Altersgrenze zu erreichenden Dienstzeit** – sog **Gesamtzeit** – (→ Rn. 34 und § 40 Abs. 2). Die Gesamtzeit ermöglicht die Feststellung des bis zur Altersgrenze insgesamt zu erreichenden **Ruhegehaltssatzes;** diese Art der Berechnung trägt dem Umstand Rechnung, dass die Versorgung erst mit Erreichen der Altersgrenze erdient ist, und gewährleistet, dass der Ausgleichsberechtigte im Versorgungsausgleich einen durchschnittlich hohen Anteil erhält ungeachtet der Tatsache, dass die Ehe evtl. zu einer Zeit bestand, in der der Ruhegehaltssatz besonders stieg – so für die Zeit vor Inkrafttreten der Bestimmungen des Versorgungsänderungsgesetzes 2001 vom 20.12.2001 – oder der Höchstsatz bereits erreicht war. Demgegenüber werden die **ruhegehaltfähigen Dienstbezüge** mit den **am Ende der Ehezeit maßgeblichen Bemessungsgrundlagen** – vorbehaltlich § 5 Abs. 2 S. 2 – festgeschrieben (§ 40 Abs. 3). Die Festschreibung der Dienstbezüge gewährleistet, dass der Ausgleichsberechtigte nicht an nachehezeitlichen Veränderungen wie Beförderungen beteiligt wird. In einem letzten Schritt ist die mit Hilfe des **Ruhegehaltssatzes** ermittelte fiktive Versorgung in ihrem auf die Ehezeit entfallenden Anteil durch **Bildung des Verhältniswertes aus der in die Ehezeit fallenden Dienstzeit zur Gesamtzeit** zu ermitteln (§ 40 Abs. 2; → Rn. 68). Die fiktive Berechnung erübrigt sich, wenn bereits eine Versorgung gewährt wird, wobei es gleich ist, ob wegen Alters oder Dienstunfähigkeit (§ 41 Abs. 2). Der Ausgleichswert ist sodann als Hälfte des Ehezeitanteils des Anrechts (§ 2 Abs. 2) zu ermitteln (→ Rn. 69).

31 **d) Ruhegehaltfähige Dienstzeit.** Die ruhegehaltfähige Dienstzeit, die nach Jahren und Tagen der verschiedenen Monate berechnet wird, bestimmt den Ruhegehaltssatz (Vomhundertsatz), der auf die ruhegehaltfähigen Dienstbezüge anzuwenden ist. Daraus ergibt sich die Höhe des Ruhegehalts, dh der Versorgung (§ 14 BeamtVG). Welche Zeiten ruhegehaltfähig sind – oder nicht sind –, bestimmen §§ 6–13 BeamtVG. Es wird zwischen der regelmäßigen ruhegehaltfähigen Dienstzeit (§ 6 BeamtVG), Muss-Anrechnungszeiten (§§ 7–9 BeamtVG), Soll-Anrechnungszeiten (§ 10 BeamtVG) und Kann-Anrechnungszeiten (§§ 11, 12 BeamtVG) unterschieden; hinzu können Zurechnungszeiten kommen. Darüber hinaus sind bestimmte Zeiten nur teilweise oder gar nicht zu berücksichtigen.

32 **aa) Regelmäßige ruhegehaltfähige Dienstzeit.** Regelmäßige ruhegehaltfähige Dienstzeit ist die Dienstzeit, die der Beamte – frühestens ab Vollendung des 17. Lebensjahres – seit Berufung in das Beamtenverhältnis bis zum Eintritt in den Ruhestand zurückgelegt hat (§ 6 Abs. 1 S. 1 BeamtVG). Auch wenn ein Beamter zunächst erhebliche Dienstzeiten ab Berufung in das Beamtenverhältnis zurückgelegt hat, später aber nachversichert wurde, gehen diese Dienstzeiten nicht verloren. Wird er später als kommunaler Wahlbeamter ernannt und erwirbt er aus dieser Tätigkeit ein Anrecht auf eine Versorgung als Beamter auf Zeit, werden diese Zeiten berücksichtigt. Dies ist auch dann nicht unbillig, wenn er erst kurz vor dem Ende der Ehezeit als berufsmäßiger Bürgermeister ernannt wird und dadurch eine erhebliche Versorgungsanwartschaft aufgrund der früher während der Ehezeit erworbenen Dienstzeiten erlangt.[61] Bestimmte Zeiten gelten nicht als ruhegehaltfähig (§ 6 Abs. 1 S. 2 BeamtVG), so ua Zeiten der Ehrenamtstätigkeit oder Zeiten, in denen ein Beamter ohne Fortzahlung von Dienstbezügen beurlaubt worden ist,[62] bzw. sind nicht ruhegehaltfähig (§ 6 Abs. 2 BeamtVG). Letzteres gilt auch für Tätigkeiten für das Ministerium für Staatssicherheit oder das Amt für Nationale Sicherheit und Zeiten einer Tätigkeit, die als Angehöriger der Grenztruppen oder aufgrund einer besonderen Nähe zum System der ehemaligen DDR ausgeübt wurde (§ 12a BeamtVG). Andere Zeiten werden nur zum Teil als ruhegehaltfähig berücksichtigt, so **Zeiten einer**

[60] Zum Ehrensold nach dem rheinland-pfälzischen Ehrensoldgesetz BGH NJW 2011, 1369 = FamRZ 2011, 1287; OLG Koblenz FamRZ 2010, 212; vgl. auch *Brudermüller* NJW 2010, 3200; *Stegmüller/Schmalhofer/Bauer* BeamtVG § 68 Rn. 1; jurisPK-BGB/*Lange* Rn. 14.

[61] OLG Düsseldorf FamRZ 2018, 256 = BeckRS 2017, 124396.

[62] Zur Beurlaubung wegen Kindererziehung vgl. *Reich* BeamtVG § 6 Rn. 9–10.

**Teilzeitbeschäftigung** (§ 6 Abs. 1 S. 3–5 BeamtVG) oder eingeschränkter Verwendung wegen begrenzter Dienstfähigkeit (§ 6 Abs. 1 S. 6 BeamtVG). Zeiten einer Altersteilzeit gem. § 93 BBG sind zu neun Zehnteln der Arbeitszeit ruhegehaltfähig, die der Bemessung der ermäßigten Arbeitszeit während der Altersteilzeit zugrunde gelegt worden ist (§ 6 Abs. 1 S. 3 Hs. 2 BeamtVG).[63] Die dadurch eintretende Verringerung des Ruhegehaltssatzes kann allerdings durch die Verkürzung der Gesamtzeit und die dadurch bedingte Erhöhung des Ehezeitanteils mehr als kompensiert werden. Der im Beamtenverhältnis zurückgelegten Dienstzeit stehen bestimmte Zeiten gleich (§ 6 Abs. 3 BeamtVG), so ua die im Richterdienst, nach dem 8.5.1945 als Mitglied der Bundesregierung oder einer Landesregierung, als Parlamentarischer Staatsekretär eines Bundes- oder Landesministers oder im zwischenstaatlichen Dienst oder in einer überstaatlichen Einrichtung zurückgelegte Dienstzeiten. Entsprechendes gilt für Mitglieder des Deutschen Bundestages oder der Länderparlamente auf Antrag (§ 23 Abs. 5 AbgG).

Ist der Beamte bereits **Ruhegehaltsempfänger,** so ergibt sich die ruhegehaltfähige Dienstzeit – 33
zugleich im Sinne der versorgungsausgleichsrechtlichen Gesamtzeit – aus der **tatsächlich zurückgelegten Dienstzeit** einschließlich aller zu berücksichtigenden sonstigen Zeiten aus dem Ruhegeldbescheid. Dies gilt auch dann, wenn die Dienstzeit auf Antrag des Beamten nach dem Ende der Ehezeit verlängert wurde, und dies auch dann, wenn sich hierdurch der Ruhegehaltssatz nicht erhöht, weil auch ohne Verlängerung der Dienstzeit die ruhegehaltsfähige Dienstzeit von 40 Jahren erfüllt wäre. Hat der Versorgungsträger bei der Berechnung in einem solchen Fall auch Kannzeiten berücksichtigt (§§ 11, 12 BeamtVG), ist auch dies durch den Ausgleichsberechtigten hinzunehmen.[64] Es bedarf keiner fiktiven Berechnung der Gesamtzeit unter Einbeziehung von Erweiterungszeiten,[65] und zwar auch nicht bei einem vorzeitigen Ruhestand wegen Dienstunfähigkeit.[66] Gegen den sich aus der Verkürzung der Gesamtzeit ergebenden höheren Ehezeitanteil – mit entsprechend höherem Ausgleich – bestehen keine verfassungsrechtlichen Bedenken.[67] Unter Umständen kommt aber eine Korrektur nach § 27 in Betracht (→ § 27 Rn. 43). Führt das vorzeitige Ausscheiden aus dem Dienst zur Berücksichtigung einer Zurechnungszeit, wirkt sich dies nur auf die Berechnung des Ruhegehaltssatzes aus, nicht aber auf die anhand der tatsächlichen Dienstzeit durchzuführende Berechnung des Ehezeitanteils.[68] Wird er demgegenüber voraussichtlich nur vorübergehend in den vorläufigen Ruhestand versetzt, bleibt es dabei, dass die Gesamtzeit bis zum Erreichen der regulären Altersgrenze anzusetzen ist – allerdings ohne die Zeit des vorläufigen Ruhestands. Scheidet der Beamte auf Antrag nach § 52 BBG vorzeitig aus dem Dienst aus, ist die dadurch bedingte Verkürzung der Gesamtzeit unstreitig zu berücksichtigen, sofern sie auf einem vor Ehezeitende gestellten Antrag beruht. Dies gilt auch für den Bezug von Altersgeld.[69] Erfolgt der Eintritt in den vorzeitigen Ruhestand auf Grund eines nach Ehezeitende gestellten Antrags, hat dies nach der zum früheren Recht ergangenen Rspr. zur Ehezeit keinen Bezug und muss deshalb bei der Bewertung des Anrechts unberücksichtigt bleiben.[70] Gegen diese Auffassung spricht aber, dass ab Leistungsbezug auf die tatsächlichen Verhältnisse abzustellen ist (§ 41 Abs. 2).[71] Dies hat der BGH[72] nun auch für die nachträgliche Entscheidung des Beamten, die Dienstzeit zu verlängern, anerkannt. Es ist dann aber nur konsequent, auch für die Fälle, in denen der Beamte aufgrund der Inanspruchnahme von Altersteilzeit oder aus anderen Gründen nach dem Ehezeitende vorzeitig in den Ruhestand versetzt wird, generell auf die tatsächliche Gesamtzeit abzustellen. Dementsprechend ist auch vereinzelt durch die Instanzgerichte[73] die Entscheidung des ausgleichspflichtigen Ehegatten, Altersteilzeit in Anspruch zu nehmen, für beachtlich gehalten, mag sie auch erst nach dem Ende der Ehezeit getroffen worden sein. Scheidet der Beamte vorzeitig aus dem Dienst aufgrund einer nach dem Ehezeitende getroffenen Entscheidung aus und nimmt er Altersgeld nach § 3 AltGG in Anspruch, kann nur ein angemessenes Ergebnis erreicht werden, wenn das vorzeitige Ausscheiden aus dem Dienst berücksichtigt wird. Für den Ausgleichsberechtigten kann sich dies positiv oder negativ auswirken: der durch das vorzeitige Aus-

63 *Bergmann* FamRB 2018, 71.
64 BGH NJW-RR 2018, 1156 = FamRZ 2018, 1500.
65 BGHZ 82, 66 = NJW 1982, 227 = FamRZ 1982, 36 (40).
66 BGH NJW-RR 1990, 1155 = FamRZ 1990, 1341; OLG Celle FamRZ 1980, 801; OLG Stuttgart FamRZ 1979, 1030.
67 BVerfG NJWE-FER 2001, 169 = FamRZ 2001, 277.
68 *Bergmann* FamRB 2018, 71.
69 Vgl. das Rechenbeispiel in *Borth* FamRZ 2013, 1788.
70 BGH NJW-RR 2012, 513 = FamRZ 2012, 769; NJW-RR 2011, 1299 Rn. 13 ff. = FamRZ 2011, 1214 (1215); anders ua OLG Stuttgart FamRZ 2011, 378 = FamRB 2010, 535 zum Fall einer zeitratierlich zu bewertenden berufsständischen Versorgung.
71 Krit. hierzu Erman/*Norpoth/Sasse* § 41 Rn. 7, 8; Erman/*Norpoth/Sasse* § 5 Rn. 11.
72 BGH NJW-RR 2018, 1156 = FamRZ 2018, 1500.
73 OLG Koblenz FamRZ 2019, 692 = BeckRS 2018, 35587; 2017, 99 = BeckRS 2016, 111834.

scheiden aus dem Dienst folgenden Erhöhung des Ehezeitanteils stehen die Verringerung des Ruhegehaltssatzes sowie der Abschlag gem. § 7 Abs. 1 AltGG von 15% gegenüber. Letztlich zeigt sich hier die Schwäche der zeitratierlichen Bewertung: aufgrund der Akzessorietät des Versorgungsausgleichs kann der Ehezeitanteil eines Anrechts nur ausgeglichen werden, soweit er tatsächlich entsteht.[74] Inwieweit dies der Fall ist, kann erst bei Eintritt der Verrentung festgestellt werden, weil bis zu diesem Zeitpunkt mit fiktiven Größen gerechnet wird.

34 Ist der Beamte noch im Dienst, ist die **Gesamt-Dienstzeit** unter **hypothetischer Annahme einer Weiterbeschäftigung** bis zur Altersgrenze fiktiv zu berechnen, die tatsächliche Dienstzeit also um die sog **Erweiterungszeit** zu ergänzen. Der Berechnung sind dafür die **regelmäßigen Altersgrenzen** zugrunde zu legen. Die regelmäßige Altersgrenze des Bundesbeamten ist derzeit noch das Ende des Monats, in dem der Beamte das 65. Lebensjahr vollendet; es ist aber eine schrittweise Anhebung der Regelaltersgrenze bis zum 67. Lebensjahr vorgesehen (§ 51 Abs. 1 und 2 BBG; § 69h BeamtVG). Für Richter gilt Entsprechendes (§ 48 DRiG). Vergleichbare Regelungen zeichnen sich auch für verschiedene Bundesländer ab. Für Beamte im Feuerwehrdienst der Bundeswehr ist zurzeit noch regelmäßige Altersgrenze das 60. Lebensjahr mit schrittweiser Anhebung bis zum 62. Lebensjahr (§ 51 Abs. 3 BBG). **Besondere – kürzere – Altersgrenzen** können für einzelne Berufsgruppen gelten. So werden Berufssoldaten im Grundsatz mit dem 60. Lebensjahr pensioniert (§ 45 Abs. 1 Nr. 2 SG), Berufsoffiziere entsprechend ihrem Dienstgrad und Aufgabenbereich auch früher (§ 45 Abs. 2 SG). Die abweichenden Altersgrenzen sind schon dann zu beachten, wenn von ihnen in der Regel Gebrauch gemacht wird, wie etwa bei Berufssoldaten, bei denen der Dienstherr bei Erreichen der besonderen Altersgrenze von der Möglichkeit der Versetzung in den Ruhestand regelmäßig Gebrauch macht.[75] Besondere Altersgrenzen gelten ua auch für Polizei- und Justizvollzugsbeamte des Bundes (62. Lebensjahr, § 5 BPolBG). In besonderen Ausnahmefällen kann der Eintritt in den Ruhestand auch über die reguläre Altersgrenze hinweg hinausgeschoben werden, so auf Antrag des Beamten bei einem dienstlichen Interesse sowie bei dringendem Bedürfnis an der Fortführung der Dienste (§ 53 Abs. 1 und 2 BBG). Bezüglich Professoren kann der Eintritt in den Ruhestand auf Antrag sogar bis zum 75. Lebensjahr hinausgeschoben werden, wenn dies wegen besonderer wissenschaftlicher Leistungen im Einzelfall im dienstlichen Interesse liegt (§ 132 Abs. 7 BBG).

35 **bb) Muss-Anrechnungszeiten.** Muss-Anrechnungszeiten (§§ 6–9 BeamtVG) sind ua Zeiten des berufsmäßigen oder nichtberufsmäßigen Wehrdienstes in der Bundeswehr, der Nationalen Volksarmee und der früheren Wehrmacht, ebenso Zeiten der Kriegsgefangenschaft und der politischen Verfolgung sowie des Polizeivollzugsdienstes. Sie sind zu berücksichtigen.[76]

36 **cc) Soll-Anrechnungszeiten.** Soll-Anrechnungszeiten (§ 10 BeamtVG) sind ua bestimmte Vordienstzeiten im privatrechtlichen Arbeitsverhältnis im öffentlichen Dienst. Sie sind zu berücksichtigen.[77] Das gilt aber dann nicht, wenn das Beamtenverhältnis erst nach dem Ende der Ehezeit begründet wurde. Dann sind nur die aus dieser privatrechtlichen Beschäftigung erworbenen Anwartschaften im Versorgungsausgleich zu berücksichtigen, soweit sie in der Ehezeit erworben wurden.[78]

37 **dd) Kann-Anrechnungszeiten.** Kann-Anrechnungszeiten (§§ 11 und 12 BeamtVG) sind bestimmte Zeiten, die als ruhegehaltfähige **Vordienstzeiten** Berücksichtigung finden können. Hierzu gehören sonstige Zeiten einer hauptberuflichen Tätigkeit außerhalb des öffentlichen Dienstes zB als Rechtsanwalt oder Notar oder im Dienst der Fraktionen des Deutschen Bundestages oder der Landtage, im Kirchendienst, im privaten Schuldienst und im Dienst kommunaler Spitzenverbände, aber auch im wissenschaftlichen, künstlerischen, technischen oder wirtschaftlichen Bereich (§ 11 BeamtVG). Die Zeiten sind zu berücksichtigen, auch wenn kein Antrag gestellt ist.[79] Das gilt aber dann nicht, wenn der Versorgungsträger zu erkennen gibt, dass er von der Berücksichtigung dieser Zeiten absehen wird. Durch das Familiengericht ist aufzuklären, wie der Versorgungsträger voraussichtlich sein Ermessen ausüben wird.[80] Hat sie der Versorgungsträger

---

[74] Erman/*Norpoth/Sasse* § 5 Rn. 11.

[75] BGH NJW-RR 2013, 258 = FamRZ 2013, 435; NJOZ 2013, 583 = FamRZ 2013, 121; NJOZ 2012, 1385 = FamRZ 2012, 944 zur besonderen Altersgrenze des § 45 Abs. 2 Nr. 1 SG; früher schon BGH NJW 1982, 2374 = FamRZ 1982, 999; NJW-RR 2009, 361 = FamRZ 2009, 303; OLG Stuttgart FamRB 2010, 73; OLG Celle FamRZ 2010, 37; OLG Zweibrücken FamRZ 2010, 977; Palandt/*Brudermüller* Rn. 10; *Brudermüller* NJW 2010, 3198 (3200).

[76] Johannsen/Henrich/*Holzwarth* Rn. 44.

[77] Johannsen/Henrich/*Holzwarth* Rn. 45.

[78] BGH NJW 1984, 1612 = FamRZ 1984, 569; vgl. dazu auch *Dörr* NJW 1990, 1768 (1772); *Borth* Versorgungsausgleich Kap. 2 Rn. 94.

[79] Vgl. BGH NJW 1984, 1548 = FamRZ 1983, 999.

[80] Johannsen/Henrich/*Holzwarth* Rn. 46.

berücksichtigt, ist das auch für den Versorgungsausgleich bei der Berechnung des Zeit-Zeit-Anteils verbindlich.[81]

Als ruhegehaltfähig können auch bestimmte **Ausbildungszeiten** (zB Fachschul-, Hochschul- und praktische Ausbildung, Vorbereitungsdienst) berücksichtigt werden. Diese Kann-Zeiten sind bei der Berechnung der ruhegehaltfähigen Dienstzeit einzubeziehen, soweit sie in § 12 BeamtVG aufgeführt sind. Nicht erforderlich ist, dass die beamtenrechtlich vorgeschriebene Entscheidung der zuständigen Behörde ergangen oder auch nur ein Antrag gestellt ist. Das setzt allerdings voraus, dass das Familiengericht eine entsprechende Entscheidung zu treffen vermag. Soweit die Frage – wie bei der Berücksichtigung von Ausbildungszeiten – vom pflichtgemäßen Ermessen abhängt, darf das Familiengericht nach allgemeinen Grundsätzen dem Ermessen der zuständigen Behörde nicht vorgreifen (§ 49 Abs. 2 BeamtVG); ggf. ist – etwa durch Einholung einer Auskunft – zu klären, wie die Behörde ihr Ermessen ausüben wird bzw. ausüben würde.[82] Ist – wie bei Studienzeiten – die Anrechnung der Ausbildungszeit zeitlich begrenzt, so erfolgt die Zuordnung der Zeiten im Rahmen der Gesamtzeit entsprechend den etwa dazu erlassenen Verwaltungsvorschriften, wenn die Studienzeit länger war und ein Teil außerhalb der Ehezeit liegt.[83] 38

Durch die Beamtenversorgungsgesetze wurden die berücksichtigungsfähigen Ausbildungszeiten verkürzt. Um Härten zu vermeiden, wurden Übergangsvorschriften geschaffen und sog. „Ausgleichszulagen" gewährt. Auch diese sind zeitratierlich zu bewerten, wobei die berücksichtigungsfähige Gesamtdienstzeit um die in den Übergangsvorschriften enthaltenen Zeiträume zu verlängern ist.[84] 39

**ee) Zurechnungszeiten bei vorzeitigem Ruhestand.** Zurechnungszeiten bei vorzeitigem Ruhestand sind Zeiten, die beim Eintritt in den vorzeitigen Ruhestand seit dem 1.1.2000 als fiktive Nachdienstzeiten der ruhegehaltfähigen Dienstzeit zu zwei Dritteln hinzugerechnet werden; es handelt sich um die Zeit seit dem Eintritt in den Ruhestand bis zum Ablauf des Monats der Vollendung des 60. Lebensjahres (§ 13 BeamtVG, für Berufssoldaten § 25 SVG). Für die Zeit vor dem 1.1.2000 wurde ein Drittel hinzugerechnet.[85] Bei der Zurechnungszeit handelt es sich um einen Erhöhungstatbestand des Ruhegehalts, der – als Berechnungsfaktor der vollen Versorgung – auch dann erhalten bleibt, wenn der Zurechnungszeitraum über das Ende der Ehezeit hinausreicht; denn die Versorgung ist bereits mit der Versetzung in den vorzeitigen Ruhestand zur Gänze erdient, und zwar unabhängig davon, ob der Beamte den Zeitpunkt der Vollendung des 60. Lebensjahres erleben wird. Bei Fortbestehen der Ehe hätte im Übrigen der andere Ehegatte an diesem Teil der bereits ehezeitlich erdienten Versorgung partizipiert. Bei der Berechnung des Ehezeitanteils der vollen Versorgung bleiben die Zurechnungszeiten deshalb außer Betracht.[86] Sie wirken sich nicht auf das Zeit-Zeit-Verhältnis bei der zeitratierlichen Bewertung aus, sondern erhöhen lediglich den Ruhegehaltssatz und damit mittelbar das zu erwartende Ruhegehalt.[87] 40

Die gemäß § 3 BeamtVÜV[88] vorgesehene **Verdopplung der Dienstzeiten** bei Beamten, die in die neuen Bundesländer abgeordnet wurden, wirkt sich im Versorgungsausgleich nur in der Erhöhung des Ruhegehaltssatzes aus; bei der Ermittlung des Ehezeitanteils findet die Erhöhung keine Berücksichtigung.[89] Entsprechendes gilt für die Zurechnungszeit eines **Soldaten,** der gem. § 25 Abs. 1 SVG in den vorzeitigen Ruhestand versetzt wird.[90] 41

**ff) Zeiten der Kindererziehung.** Zeiten der Kindererziehung wirken sich – wie in der gesetzlichen Rentenversicherung – auf das Ruhegehalt aus. Gemäß § 50a Abs. 1 S. 1, Abs. 2 BeamtVG, der die zuvor im Kindererziehungszuschlagsgesetz (KEZG) geregelte Materie übernommen hat, erhöht sich das Ruhegehalt des Beamten für jeden Monat einer ihm zuzuordnenden Kindererziehungszeit um einen **Kindererziehungszuschlag,** wenn er ein nach dem 31.12.1991 geborenes Kind erzogen hat. Die Zeit beginnt mit Ablauf des Monats der Geburt des Kindes und endet nach 36 Kalendermonaten, spätestens 42

---

[81] BGH NJW-RR 2018, 1156 = FamRZ 2018, 1500.

[82] BGH NJW 1981, 1506 (1507); 1984, 1584 = FamRZ 1983, 999; vgl. auch BGH NJW-RR 2005, 1377 = FamRZ 2005, 1531; *Bergmann* FamRB 2018, 71.

[83] OLG Bremen FamRZ 2003, 929.

[84] OLG Karlsruhe FamRZ 2015, 586.

[85] → 5. Aufl. 2009, BGB § 1587a Rn. 76 *(Gräper).*

[86] BGHZ 82, 66 = NJW 1982, 224 = FamRZ 1982, 36; vgl. auch *Borth* Versorgungsausgleich Kap. 2 Rn. 98; Johannsen/Henrich/*Holzwarth* Rn. 47.

[87] *Bergmann* FamRB 2018, 71.

[88] Beamtenversorgungs-Übergangsverordnung idF der Bek. vom 19.3.1993 (BGBl. 1993 I 369).

[89] BGH NJW-RR 1995, 66 = FamRZ 1995, 28; OLG Hamm FamRZ 1994, 710; vgl. auch zu im Ruhestand geleisteten Dienstzeiten BGH FamRZ 1995, 28.

[90] BGH NJW-RR 1996, 449 = FamRZ 1996, 215; OLG Celle FamRZ 1995, 810; *Borth* Versorgungsausgleich Kap. 2 Rn. 99.

aber mit Ablauf des Monats, in dem die Erziehung endet (§ 50a Abs. 1 und 2 BeamtVG).[91] Der Zuschlag wird allerdings nicht gewährt, wenn der Beamte in der gesetzlichen Rentenversicherung versicherungspflichtig war und die allgemeine Wartezeit erfüllt (§ 50a Abs. 1 S. 2 BeamtVG). Ergänzende Bestimmungen regeln den **Kindererziehungsergänzungszuschlag** (§ 50b BeamtVG), der aber subsidiär ist und nur in Betracht kommt, wenn kein Kindererziehungszuschlag gewährt wird (§ 50b Abs. 1 S. 2 BeamtVG). Klarzustellen ist, dass es sich bei den genannten Zuschlägen nicht um familienbezogene Bestandteile iSv § 40 Abs. 5 handelt (→ Rn. 51), sie also zu berücksichtigen sind. Ihre Berücksichtigung erfolgt allerdings nicht nach der zeitratierlichen Methode nach § 44 Abs. 1, vielmehr sind sie unmittelbar den Zeiten zuzuordnen, in die die Zeiten fallen.[92]

43 **gg) Zeiten einer Teilzeitbeschäftigung.** Zeiten einer Teilzeitbeschäftigung (§ 6 Abs. 1 S. 3 BeamtVG) sind nur zu dem Teil ruhegehaltfähig, der dem Verhältnis der ermäßigten zur regelmäßigen Arbeitszeit entspricht, also bei halber Stundenzahl nur zu 50 %.[93] Dabei ist im Versorgungsausgleich davon auszugehen, dass die teilweise Berücksichtigung sich nicht nur auf die bereits zurückgelegte Dienstzeit bezieht, sondern auch auf die fiktive Gesamtzeit, also auch auf die Zukunft, sofern die Teilzeit für die Zukunft bewilligt ist. Die Bewilligung ist selbst dann zu berücksichtigen, wenn sie nach Ehezeitende aber vor der letzten tatrichterlichen Entscheidung erfolgt.[94] Wurde die Teilzeit nicht über das Ehezeitende hinaus bewilligt, ist davon auszugehen, dass der Beamte mit Ende der Ehezeit wieder einer Vollbeschäftigung nachgeht.[95] Wird eine Teilzeit- in eine Vollzeitbeschäftigung umgewandelt, ändert sich rückwirkend der Ehezeitanteil, wenn bei der Regelung des Versorgungsausgleichs davon ausgegangen wurde, der Ehegatte werde weiterhin einer Teilzeitbeschäftigung nachgehen. In der Regel wird dies zu einer Verringerung des Ehezeitanteils durch Verlängerung der Gesamtzeit führen, die aber durch eine Erhöhung des Ruhegehaltssatzes kompensiert wird.[96]

44 Eine **begrenzte Berücksichtigung von Zeiten** gibt es insbesondere auch im Bereich der Kann-Anrechnungszeiten, so zB bei der Berücksichtigung von Studienzeiten (§§ 11 und 12 BeamtVG; vgl. auch § 12b BeamtVG).

45 **hh) Zeiten der Beurlaubung ohne Dienstbezüge.** Zeiten der Beurlaubung ohne Dienstbezüge sind regelmäßig keine ruhegehaltfähigen Dienstzeiten (§ 6 Abs. 1 S. 2 Nr. 5 BeamtVG). Eine solche Beurlaubung ist auch bei der Berechnung der Gesamtzeit zu berücksichtigen,[97] soweit sie bereits während der Ehezeit bestand und auch für die Zukunft bewilligt worden ist.[98]

46 **e) Ruhegehaltfähige Dienstbezüge.** Die ruhegehaltfähigen Dienstbezüge sind neben der ruhegehaltfähigen Dienstzeit und dem darauf fußenden Ruhegehaltssatz (→ Rn. 30 ff.; 56 ff.) der zweite Faktor, der für die Bestimmung des Ruhegehalts und damit des im Versorgungsausgleich zu berücksichtigenden Anrechts maßgeblich ist. Die ruhegehaltfähigen Dienstbezüge bestimmen sich bezüglich der Beamten, Richter und Soldaten nach dem **BBesG** (→ Rn. 16). Seit dem am 1.7.1997 in Kraft getretenen Gesetz zur Reform des öffentlichen Dienstrechts vom 24.2.1997 (Reformgesetz, BGBl.1997 I 322) setzt sich die **Struktur der Besoldung der Beamten** aus dem **Grundgehalt** (§§ 18 ff. BBesG), dem **Familienzuschlag** (§§ 39 ff. BBesG) und den **Amts- und Stellenzulagen** (§§ 42 BBesG) zusammen. Als ruhegehaltfähig sind hiervon zu berücksichtigen das Grundgehalt und der Familienzuschlag; die Zulagen sind nur ruhegehaltfähig, wenn sie im Besoldungsrecht ausdrücklich als solche bezeichnet sind (§ 5 Abs. 1 S. 1 BeamtVG). Wegen der häufigen Änderungen im Besoldungs- und Versorgungsrecht ist hervorzuheben, dass nach § 5 Abs. 2 S. 2 das zum Zeitpunkt der Entscheidung geltende Recht – nach Maßgabe etwaiger Besitzstandsklauseln – anzuwenden ist.[99] Daher sind auch Besoldungserhöhungen zwischen dem Ende der Ehezeit und dem Erlass der

91 Zum Ausgleich nach früherem Recht vgl. OLG Celle FamRZ 1999, 862.

92 HM, OLG Celle NJW-RR 1998, 1618 = FamRZ 1999, 861; NJW-RR 2011, 1377 = FamRZ 2011, 132; *Ruland* Versorgungsausgleich Rn. 338; Johannsen/Henrich/*Holzwarth* Rn. 73; *Wick* FuR 2011, 363 (368); BeckOK BGB/*Bergmann* Rn. 17; Palandt/*Brudermüller* Rn. 7; *Borth* Versorgungsausgleich Kap. 2 Rn. 118; HK-VersAusglR/*Rehbein* Rn. 31.

93 Für Teilzeitbeamte, deren Dienstverhältnis bereits am 31.12.1991 bestand und deren Versorgungsbezüge aufgrund des BeamtVG idF vom 16.3.1999 berechnet wurden, vgl. BVerfG FamRZ 2008, 1598 mAnm *Borth*.

94 BGH NJW-RR 1989, 902 = FamRZ 1989, 1060; OLG Karlsruhe FamRZ 1988, 70 (71); HK-VersAusglR/*Rehbein* Rn. 26.

95 Johannsen/Henrich/*Holzwarth* Rn. 67.

96 OLG Koblenz FamRZ 2019, 447 = LSK 2018, 39780.

97 BGH NJW 1986, 1934 = FamRZ 1986, 658; OLG Celle FamRZ 1985, 716.

98 BGH NJW-RR 1988, 1028 = FamRZ 1988, 940.

99 BGHZ 90, 52 (58) = NJW 1984, 1544 (1545) = FamRZ 1984, 565 (566); BGH FamRZ 2012, 941 (Angleichung der thüringischen Beamtenversorgung an das West-Niveau).

Entscheidung zu berücksichtigen.[100] Aufgrund der Föderalismusreform (Föderalismusreformgesetz vom 28.8.2006, BGBl. 2006 I 2034) ist für Beamte und Richter der Länder und Kommunen jeweils aufgrund des maßgeblichen Landesrechts festzustellen, wie die ruhegehaltsfähigen Dienstbezüge zu berechnen sind rechnen (→ Rn. 17 ff.).

**aa) Grundgehalt.** Das Grundgehalt richtet sich nach dem dem Beamten (Richter oder Soldaten) verliehenen Amt und der daraus resultierenden Besoldungsgruppe. Die Ämter der Beamten und Soldaten und ihre Besoldungsgruppen sind in Bundesbesoldungsordnungen – bezüglich der Beamten der Länder in Länderbesoldungsordnungen – geregelt. Bezüglich Beamten (und Soldaten) gelten die Besoldungsordnungen A und B (§ 20 BBesG mit Anlage I zum BBesG), bezüglich Professoren die Besoldungsgruppe W (§ 32 mit Anlage II zum BBesG) und bezüglich Richter und Staatsanwälte die Besoldungsordnung R (§ 38 mit Anlage III zum BBesG). Bei der Ermittlung der Versorgung am Ende der Ehezeit ist von der tatsächlich erreichten Besoldungsgruppe auszugehen (§ 5 Abs. 2). Die Sperrfrist des § 5 Abs. 3 S. 1 BeamtVG, wonach eine niedrigere Besoldungsgruppe zugrunde zu legen ist, wenn der Beamte sich in einem Beförderungsamt befindet und die Dienstbezüge aus diesem Amt nicht mindestens zwei Jahre erhalten hat, bleibt für den Versorgungsausgleich außer Betracht (§ 5 Abs. 3 BeamtVG).[101] Sie ist eine „ähnliche zeitliche Voraussetzung" iSd § 2 Abs. 3. 47

Ein besonderes Problem ergab sich für den Versorgungsausgleich aus der Tatsache, dass das BBesG idF der Bekanntmachung vom 19.6.2009 (BGBl. 2009 I 1434) zwei Grundgehalttabellen vorsah, und zwar eine für die Zeit ab 1.9.2009 und eine mit höheren Werten ab 1.1.2011. Diese Problematik hat sich für laufende Verfahren durch Zeitablauf erledigt. Für bereits vor dem 1.1.2011 auf der Basis der niedrigeren Werte ergangene rechtskräftige Entscheidungen ist uU die spätere Abänderung nach § 225 FamFG eröffnet. 48

Sehen Besoldungsgruppen keine festen Gehälter vor, so bemaß sich das Grundgehalt in der entsprechenden Besoldungsgruppe nach Lebensaltersstufen (§§ 27, 38 BBesG aF). Seit dem 1.7.2009 kommt es auf das Erreichen bestimmter Dienstzeiten an, in denen anforderungsgerechte Leistungen erbracht wurden (sog **Erfahrungszeiten,** § 27 Abs. 1 BBesG, § 38 Abs. 1 BBesG). Maßgeblich ist die bei Ehezeitende erreichte Erfahrungsstufe.[102] 49

Bei **Teilzeitbeschäftigung** oder **ermäßigter Arbeitszeit** eines Beamten oder Richters werden nur entsprechend gekürzte Dienstbezüge gewährt. Gemäß § 5 Abs. 1 S. 2 BeamtVG werden aber als Bemessungsgrundlage die dem letzten Amt entsprechenden vollen ruhegehaltfähigen Dienstbezüge zugrunde gelegt. Der Teilzeit wird allein über eine entsprechende Kürzung der ruhegehaltfähigen Dienstzeit Rechnung getragen (→ Rn. 43). 50

**bb) Familienzuschlag.** Der Familienzuschlag (§§ 39 ff. BBesG, § 50 BeamtVG), der seit dem am 1.7.1997 in Kraft getretenen Dienstrechtsreformgesetz vom 24.2.1997 (BGBl. 1997 I S. 322) die sog familienbezogenen Bestandteile der Dienstbezüge wie den **Familien- und Kinderzuschlag** enthält, ist zwar Bestandteil der Dienstbezüge, er ist aber gemäß § 40 Abs. 5 im Versorgungsausgleich nicht zu berücksichtigen.[103] Zu berücksichtigen sind unabhängig davon der **Kindererziehungs- und der Kindererziehungsergänzungszuschlag** nach §§ 50a, 50b BeamtVG, denn es handelt sich bei diesen um unveränderliche Bestandteile einer Versorgung, während § 40 Abs. 5 nur Leistungen betrifft, die vorübergehend für die Dauer der Ehe oder einer Kinderbetreuung gewährt werden.[104] 51

**cc) Sonstige Dienstbezüge.** Sonstige Dienstbezüge sind Zulagen, Zuschläge und sonstige Zuwendungen, die jeweils daraufhin zu überprüfen sind, ob und inwieweit sie ruhegehaltfähig sind und im Versorgungsausgleich Berücksichtigung finden können. Gemäß § 5 Abs. 1 S. 1 Nr. 3 BeamtVG sind sonstige Leistungsbezüge ruhegehaltfähig, soweit sie im Besoldungsrecht ausdrücklich als ruhegehaltfähig bezeichnet sind. 52

Zu den Zulagen gehören insbesondere **Amts- und Stellenzulagen** nach §§ 42 ff. BBesG. Die **Amtszulagen** sind gemäß § 42 Abs. 2 BBesG unwiderruflich und ruhegehaltfähig und gelten als Bestandteil des Grundgehalts. Die **Stellenzulagen** sind gemäß § 42 Abs. 4 BBesG widerruflich und ruhegehaltfähig, soweit dies gesetzlich bestimmt ist. Kommt es hinsichtlich der Einordnung als 53

---

100 Erman/*Norpoth/Sasse* Rn. 13.

101 IdF der Bek. vom 16.3.1999 (BGBl. 1999 I 322) mWv 13.4.2007 idF Art. 17 Abs. 2 DNeuG; BVerfG NVwZ 2007, 679 hatte die Fassung mit einer Dreijahresfrist für verfassungswidrig erklärt; *Borth* Versorgungsausgleich Kap. 2 Rn. 79.

102 *Ruland* Versorgungsausgleich Rn. 398; *Borth* Versorgungsausgleich Kap. 2 Rn. 75.

103 *Ruland* Versorgungsausgleich Rn. 402; Erman/*Norpoth/Sasse* Rn. 13.

104 HM, OLG Celle NJW-RR 2011, 1377 = FamRZ 2011, 132; NJW-RR 1998, 1618 = FamRZ 1999, 861; vgl. auch Johannsen/Henrich/*Holzwarth* Rn. 10.

ruhegehaltfähig zu einer gesetzlichen Änderung, so ist diese selbst dann zu berücksichtigen, wenn sie erst nach Ende der Ehezeit angeordnet wird, sofern der Beamte die individuellen Voraussetzungen für die Ruhegehaltfähigkeit erfüllt.[105] Die Prämien und Leistungen für besondere Leistungen (§ 42a BBesG) sind gemäß § 42a Abs. 2 S. 4 BBesG nicht ruhegehaltfähig. Sie dürfen im Versorgungsausgleich nicht berücksichtigt werden.[106]

54 Die **jährliche Sonderzuwendung** ist seit dem 1.7.2009 durch das Dienstrechtsneuordnungsgesetz (DNeuG) vom 5.2.2009 (→ Rn. 19) in die Grundgehaltstabellen eingearbeitet und bedarf daher seitdem keiner gesonderten Berücksichtigung mehr. Sie beruhte bis dahin auf dem Bundessonderzahlungsgesetz (BSZG) und war Bestandteil der Besoldung. Sie wurde aber schon seit längerem nicht mehr in Höhe der jeweils laufenden Bezüge für den Monat Dezember gewährt, sondern hinsichtlich ihrer Bemessungsgrundlage auf den Stand der Bezüge vom Dezember 1993 eingefroren. Obwohl die Sonderzuwendung damit faktisch statisch geworden war, unterlag sie dennoch als Teil der einheitlichen Beamtenversorgung der Bewertung nach dem früheren § 1587a Abs. 1 Nr. 1 BGB aF; die dadurch bedingte Verringerung der Dynamik der gesamten Beamtenversorgung änderte an deren Einordnung als dynamische Versorgung nichts.[107] Mit Wirkung zum 1.1.2011 ist das BSZG aufgehoben worden (Art. 17 Abs. 50 Nr. 4 DNeuG).[108] Soweit die Länder vereinzelt noch eine Sonderzahlung gewähren, ist diese anteilig zu berücksichtigen.[109]

55 **dd) Abzug für Pflegeleistungen von den Versorgungsbezügen.** Der Abzug für Pflegeleistungen von den Versorgungsbezügen in Höhe des – ggf. begrenzten – hälftigen Vomhundertsatzes nach § 55 Abs. 1 S. 1 SGB XI (§ 50f BeamtVG) findet nach hM im Wertausgleich bei der Scheidung Berücksichtigung. Es kann also nur der um den hälftigen Vomhundertsatz bereinigte Wert gem. § 50f BeamtVG bei der Berechnung der ruhegehaltfähigen Bezüge im Rahmen des Versorgungsausgleichs berücksichtigt werden.[110] Die Auskünfte werden durch die Träger der Versorgungslast ausnahmslos auf dieser Grundlage erteilt.

56 **f) Ruhegehaltssatz.** Der Ruhegehaltssatz bestimmt die **Höhe des Ruhegehalts.** Er ist ein Vomhundertsatz der letzten ruhegehaltsfähigen Dienstbezüge. Das im Versorgungsausgleich zu berücksichtigende Ruhegehalt ergibt sich unter Anwendung des Ruhegehaltssatzes auf die am Ende der Ehezeit maßgeblichen Dienstbezüge.

57 **aa) Höhe des Ruhegehaltssatzes.** Die Höhe des Ruhegehaltssatzes hängt von der Höhe der ruhegehaltfähigen Dienstzeit ab und beträgt für Beamte und Richter seit dem Inkrafttreten des Versorgungsänderungsgesetzes 2001 vom 20.12.2001 (VersÄndG, BGBl. 2001 I 3926) am 1.1.2003 für jedes Jahr ruhegehaltfähiger Dienstzeit 1,79375 % der ruhegehaltfähigen Dienstbezüge, insgesamt höchstens 71,75 % (Art. 20 Abs. 2 Nr. 1 VersÄndG; § 14 Abs. 1 S. 1 BeamtVG). Entsprechendes gilt grundsätzlich auch für Soldaten (§ 26 Abs. 1 SVG, allerdings mit höheren Sätzen, wenn Soldaten nach Erreichen einer besonderen Altersgrenze in den Ruhestand versetzt werden). Der Höchstsatz ist also nach 40 Jahren erreicht. Obwohl eine weitere Steigerung nicht möglich ist, ist der Höchstsatz allerdings erst mit dem Erreichen der Altersgrenze „erdient", so dass der Ermittlung des Ehezeitanteils die bis zur Altersgrenze reichende – ggf. länger als 40 Jahre währende – tatsächliche Gesamtzeit zugrunde zu legen ist.[111] Dies gilt auch, wenn die Dienstzeit auf Antrag des ausgleichspflichtigen Ehegatten nach dem Ende der Ehezeit verlängert wird, sich der Ruhegehaltssatz aber nicht erhöht, weil die Dienstzeit von 40 Jahren auch ohne Verlängerung erfüllt wäre. Weiterhin sind auch in diesem Fall Kannzeiten zu berücksichtigen, die der Versorgungsträger bei der Berechnung des Ruhegehalts berücksichtigt hat. Die damit verbundene Schmälerung des Ehezeitanteils hat der Ausgleichsberechtigte hinzunehmen.[112]

58 Die Mindestversorgung beträgt 35 % der ruhegehaltfähigen Dienstbezüge und, wenn dies günstiger ist, 65 % der ruhegehaltfähigen Dienstbezüge aus der Endstufe der Besoldungsgruppe A4 zuzüglich eines Zuschlags (§ 14 Abs. 4 BeamtVG). Der Ruhegehaltsatz ist auf zwei Dezimalstellen

---

[105] BGH NJW-RR 1995, 65 = FamRZ 1995, 27 zur Stellenzulage eines Polizeivollzugsbeamten, die erst durch das 5. BesÄndG vom 28.5.1990 (BGBl. 1990 I 957) ruhegehaltfähig geworden war.

[106] *Borth* Versorgungsausgleich Kap. 2 Rn. 73.

[107] BGH NJW-RR 1999, 802 = FamRZ 1999, 713; FamRZ 2003, 437 (438); 2004, 1181 (1182); zur Verminderung der Sonderzahlung nach § 4a BSZG im Versorgungsausgleich bei teilweisem Ruhen der Versorgung vgl. BGH FamBR 2009, 2.

[108] Vgl. dazu auch Johannsen/Henrich/*Holzwarth* Rn. 26.

[109] *Ruland* Versorgungsausgleich Rn. 400.

[110] BGH NJW-RR 2009, 366 = FamRZ 2009, 211; NJW-RR 2008, 1529 = FamRZ 2008, 1833; Erman/*Norpoth/Sasse* Rn. 15; *Ruland* Versorgungsausgleich Rn. 401; Johannsen/Henrich/*Holzwarth* Rn. 34.

[111] Vgl. BT-Drs. 7/650, 155.

[112] BGH NJW-RR 2018, 1156 = FamRZ 2018, 1500.

zu runden; verbleibende Tage sind ggf., unter Benutzung des Nenners dreihundertfünfundsechzig in Jahre umzurechnen (§ 14 Abs. 1 S. 3 und 4 BeamtVG).

**bb) Anpassung des Ruhegehaltssatzes nach § 69e BeamtVG.** Die Anpassung des Ruhegehaltssatzes nach der Übergangsbestimmung des § 69e BeamtVG berücksichtigt, dass der maßgebliche Ruhegehaltssatz nach § 14 Abs. 1 BeamtVG vor dem Inkrafttreten des VersÄndG vom 21.12.2001 am 1.1.2003 (→ Rn. 57) höher war. Nach dem bis zu 31.12.2002 geltenden Recht betrug der jährliche Ruhegehaltssatz 1,875 %, der Höchstbetrag belief sich auf 75 % (§ 14 Abs. 1 BeamtVG idF der Bekanntmachung vom 16.12.1994, BGBl. 1994 I 3858). Die Übergangsregelung besagt – vereinfacht –, dass für das Rechtsverhältnis der am 1.1.2002 vorhandenen Ruhestandsbeamten das am 31.12.2001 geltende Recht mit der Maßgabe anzuwenden ist, dass die Regelungen des § 69e Abs. 3 und 4 BeamtVG über die Verminderung der ruhegehaltfähigen Dienstbezüge mit einem Anpassungsfaktor anzuwenden sind (§ 69e Abs. 1 BeamtVG). Bei nach dem 31.12.2001 eintretenden Versorgungsfällen gilt § 14 Abs. 1 BeamtVG in der bis zum 31.12.2001 maßgeblichen Fassung (§ 69e Abs. 2 S. 1 BeamtVG), allerdings nur bis zum Inkrafttreten der 7. Anpassung nach 2002, also nicht mehr für die 8. Anpassung (§ 69e Abs. 2 S. 3 BeamtVG). Auch wenn das in § 69e Abs. 2 BeamtVG nicht ausdrücklich gesagt ist, gelten die Regelungen des § 69 Abs. 3 und 4 BeamtVG auch hier.[113] 59

In der Zeit von der 1. bis zur 7. Anpassung der Versorgungsbezüge nach 2002 wurden die der Berechnung des Ruhegehalts zugrunde liegenden ruhegehaltfähigen Dienstbezüge nach Maßgabe der in § 69e Abs. 3 S. 1 BeamtVG enthaltenen Tabelle durch einen Anpassungsfaktor vermindert. Für Versorgungsbezüge, die zB mit der 7. – auf den 31.12.2002 folgenden – Anpassung der Versorgungsbezüge fällig werden, wird der den Versorgungsbezügen zugrunde liegende Ruhegehaltssatz mit dem Faktor 0,96 208 vervielfältigt. Für Versorgungsbezüge, die vor der 8. Anpassung der Versorgungsbezüge eintreten, wird sodann der den Versorgungsbezügen zugrunde liegende Ruhegehaltssatz mit dem Inkrafttreten und dem Vollzug der 8. Anpassung mit dem Faktor 0,95 667 vervielfältigt. Der so verminderte Ruhegehaltssatz ist ab dem Tag der 8. Anpassung der Berechnung der Versorgungsbezüge zugrunde zu legen (§ 69e Abs. 4 BeamtVG), dh es gelten die Bemessungsfaktoren 1,79 375 und der Höchstbetrag von 71,75 %. Diese Werte sind von vornherein der Berechnung zugrunde zu legen, wenn der Versorgungsfall erst nach der letzten Anpassung ansteht. 60

Die in der **Anpassungsphase** gegebenen sog **Abflachungsbeträge** konnten nach hM nicht im öffentlich-rechtlichen Versorgungsausgleich, sondern nur im schuldrechtlichen ausgeglichen werden.[114] Das gilt entsprechend auch für das neue Recht; der Ausgleich der Abflachungsbeträge erfolgte nicht durch Wertausgleich, sondern durch die schuldrechtliche Ausgleichszahlung (→ § 19 Rn. 11.[115] Die Abflachungsbeträge waren daher getrennt zu bewerten.[116] 61

**g) Versorgungsabschlag nach § 14 Abs. 3 BeamtVG.** Der Versorgungsabschlag nach § 14 Abs. 3 BeamtVG, den ein Beamter von seiner Versorgung in Höhe von 3,6 % für jedes Jahr – insgesamt höchstens 10,8 % – erfährt, wenn er nach Vollendung seines 63. Lebensjahres (§ 52 Abs. 3 BBG) und vor Vollendung seines 65. Lebensjahres bzw. der für ihn geltenden Altersgrenze vorzeitig in den Ruhestand geht, wirkt sich unterschiedlich aus. Geht der Beamte erst nach Ehezeitende in den vorzeitigen Ruhestand, wirkt sich der Abschlag nach hM nicht aus. Es handele sich um eine persönliche Entscheidung, die keinen Einfluss auf die auszugleichende Versorgung habe.[117] Weiterhin wird argumentiert, dass sich der Ehezeitanteil nicht ändere, da die geringere Versorgung länger bezahlt werden müsse.[118] Geht der Beamte dagegen vor Ehezeitende vorzeitig in den Ruhestand, ist die Verkürzung der Pension unstreitig immer beachtlich; denn § 41 Abs. 2 stellt bei zeitratierlicher Bewertung einer **bei Ehezeitende bereits laufenden Versorgung** grundsätzlich – ohne jede Differenzierung – auf den tatsächlichen Wert ab, damit also auch auf die um den Versorgungsabschlag verkürzte Pension.[119] 62

Tritt der **vorzeitige Ruhestand nach Ehezeitende, aber vor Entscheidung** in letzter Tatsacheninstanz oder gar **nach rechtskräftiger Scheidung** ein, ist dies für die Berechnung des Ehezeitan- 63

---

113 Vgl. *Bergner* FamRZ 2002, 1229.

114 Vgl. ua BGH NJW 2004, 1245 = FamRZ 2004, 256; NJW 2004, 1248 = FamRZ 2004, 259; FamRZ 2005, 1529 zur Soldatenversorgung; NJW 2007, 1010 = FamRZ 2007, 994.

115 So numehr zum sog. Abflachungsbetrag nach § 69e BeamtVG BGH NJW-RR 2011, 793 Rn. 30 ff. = FamRZ 2011, 706 (708) mAnm *Borth*; dazu auch Johannsen/Henrich/*Holzwarth* Rn. 8.

116 Erman/*Norpoth/Sasse* Rn. 21.

117 BGH NJW-RR 2012, 513 = FamRZ 2012, 769; OLG Koblenz NJW 2007, 3731 = FamRZ 2007, 1248; Staudinger/*Rehme,* 2004, BGB § 1587a Rn. 186; *Bergmann* FuR 2007, 549 (551); krit. hierzu Palandt/*Brudermüller* § 5 Rn. 6; *Borth* Versorgungsausgleich Kap. 2 Rn. 124; *Ruland* Versorgungsausgleich Rn. 416.

118 *Borth* Versorgungsausgleich Kap. 2 Rn. 125.

119 Vgl. BT-Drs. 16/10144, 80; Johannsen/Henrich/*Holzwarth* Rn. 65; *Borth* Versorgungsausgleich Kap. 2 Rn. 125; *Götsche,* FF 2016, 15.

teils und des Ausgleichswertes nach hM unerheblich. Es liege eine nach Ehezeitende getroffene individuelle Entscheidung des Ausgleichspflichtigen vor, die in Ansehung des Stichtagsprinzips keinen unmittelbaren Bezug zur Ehezeit mehr hat und daher für die Bewertung der Versorgung außer Betrachtung zu bleiben hat. Der BGH hat dies damit begründet, dass das Stichtagsprinzip, das in § 1587a Abs. 2 Nr. 2 BGB aF seinen Ausdruck gefunden habe, Ausdruck eines allgemeinen Bewertungsprinzips sei, welches ebenso für die Bewertung anderer Versorgungen gelte.[120] Demgegenüber ist eine vorzeitige Versetzung in den Ruhestand aufgrund Dienstunfähigkeit auch in diesem Fall beachtlich, weil es an einer entsprechenden Entscheidung des ausgleichspflichtigen Ehegatten fehlt.[121]

64 Weiterhin wird vertreten, den Versorgungsabschlag aufgrund vorzeitiger Inanspruchnahme des Ruhegehalts bei der Berechnung des Versorgungsausgleichs generell unberücksichtigt zu lassen;[122] für diese Auffassung spricht, dass der Versorgungsabschlag die Kompensation dafür ist, dass der Ausgleichspflichtige die laufende Pension länger in Anspruch nimmt. Dies gilt unabhängig davon, ob der Ausgleichspflichtige vor oder nach Ehezeitende vorzeitig in Ruhestand geht. Weiterhin wird damit eine Gleichbehandlung zur gesetzlichen Rente hergestellt, in der die Verringerung des Zugangsfaktors aufgrund vorzeitiger Inanspruchnahme der Rente ebenfalls unberücksichtigt bleibt.

65 Letztlich ist auch hinsichtlich dieser Frage eine Lösung über den Teilungsgegenstand und das Akzessorietätsprinzip zu suchen.[123] Gegenstand der Teilung ist bei einer Beamtenversorgung das Anrecht des Beamten auf Zahlung eines monatlichen Ruhegehalts nach Maßgabe der bei Eintritt des Ruhestandes gegebenen, für die Bemessung der Pension relevanten tatsächlichen Umstände. Ausgeglichen werden kann das Anrecht nur, soweit es zu diesem Zeitpunkt noch vorhanden ist. Wird es vorzeitig in Anspruch genommen, ist es nur in um den Versorgungsabschlag gem. § 14 Abs. 3 BeamtVG gekürzter Höhe vorhanden.

66 Weiterhin entspricht dieses Ergebnis der Systematik des BeamtVG. Gem. § 57 Abs. 1 BeamtVG wird die Versorgung des Ausgleichspflichtigen nach Berücksichtigung von Kürzungsbeträgen um den Betrag gekürzt, der nach Maßgabe von § 57 Abs. 2, 3 BeamtVG dem Betrag der durch das Familiengericht im Wege des Versorgungsausgleichs übertragenen oder begründeten Anrechte entspricht. Wird der Versorgungsabschlag nicht berücksichtigt, bewirkt dies, dass das Anrecht des Ausgleichspflichtigen um den aus dem ungekürzten Anrecht berechneten Versorgungsabschlag und den ohne Berücksichtigung der Kürzung berechneten Ausgleichswert gekürzt wird, obwohl der Ausgleichspflichtige von vorneherein nur aus dem um den Ausgleichswert gekürzten Anrecht vorzeitig eine Versorgung in Anspruch nehmen kann. Wird das Anrecht intern geteilt und wird an den Ausgleichsberechtigte aus dem dadurch erworbenen Anrecht vorzeitig eine Versorgung geleistet, kann der Versorgungsträger den auf den Ausgleichswert entfallenden Kürzungsbetrag dreifach erheben: soweit die Versorgung auf den dem Ausgleichspflichtigen bleibenden Ausgleichswert entfällt (zu Recht), soweit die Versorgung auf den dem Ausgleichsberechtigten zu übertragenden Ausgleichswert entfällt (zu Unrecht) und der Versorgungsträger des Ausgleichsberechtigten, soweit dessen Versorgung auf den Ausgleichswert entfällt (zu Recht). Oder umgekehrt: Der Ausgleichspflichtige wird dadurch doppelt belastet, dass der Versorgungsabschlag so berechnet wird, als würde die Versorgung in vollem Umfang vorzeitig bezogen, und der Ausgleichswert so berechnet wird, als würde die Versorgung insgesamt nicht vorzeitig in Anspruch genommen. Dies käme einseitig dem Versorgungsträger zugute, weil die Versorgung auch insoweit um den Versorgungsabschlag zu kürzen ist, als sie nicht vorzeitig in Anspruch genommen wird. Das ist von § 57 Abs. 1 S. 2 BeamtVG aber nicht gewollt. Diese Vorschrift geht vielmehr von dem Kalkül aus, dass das bei Eintritt in den Ruhestand bestehende Versorgungsanrecht unter Berücksichtigung aller maßgeblichen Umstände einschließlich der Kürzungsbeträge zu berechnen ist und nur der Ehezeitanteil der auf diese Weise berechneten Versorgung hälftig zwischen den Ehegatten geteilt werden kann.

67 Die hier vertretene Lösung entspricht auch dem Halbteilungsgrundsatz am besten. Werden sowohl die Verkürzung der Gesamtzeit als auch die Kürzung der Versorgung durch den Versorgungsabschlag berücksichtigt, erhält der Ausgleichsberechtigte genau die Hälfte der tatsächlichen Versorgung des Ausgleichspflichtigen, die anteilig auf die Ehezeit entfällt. Er profitiert von der Erhöhung des Ehezeitanteils durch Verkürzung der Gesamtzeit, hat aber auch den Nachteil eines uU geringeren Ruhegehaltssatzes und des Versorgungsabschlags zu tragen. Hätte die Ehe bis zur Verrentung fortbestanden, würde er über den Familienunterhalt genau im selben Umfang an der Versorgung partizipieren.

---

[120] BGH NJW-RR 2011, 1299 Rn. 13 ff. = FamRZ 2011, 1214 (1215); NJW-RR 2012, 513 Rn. 14 f. = FamRZ 2012, 769; NJW-RR 2012, 577 Rn. 20 ff. = FamRZ 2012, 851; so auch Johannsen/Henrich/*Holzwarth* § 41 Rn. 12; Johannsen/Henrich/*Holzwarth* § 44 Rn. 66; *Holzwarth* FamRZ 2011, 933 (941); vgl. auch *Ruland* Versorgungsausgleich Rn. 415 ff.; vgl. auch *Bergner* NJW 2012, 1330 (1331 f.).

[121] BGH NZFam 2015, 722 = FamRZ 2015, 1004; HK-FamR/*Hauß* § 41 Rn. 11.

[122] HK-VersAusglR/*Rehbein* § 41 Rn. 19.

[123] Vgl. Erman/*Norpoth/Sasse* § 5 Rn. 11.

**h) Ehezeitanteil des erworbenen Ruhegehalts.** Der Ehezeitanteil des erworbenen Ruhegehalts ist im Wege der zeitratierlichen Methode nach dem Verhältnis der in die Ehezeit fallenden ruhegehaltfähigen Dienstzeit zur Gesamtzeit zu bestimmen (§ 40 für Anwartschaften; § 41 Abs. 2 bezüglich laufender Versorgungen). Der sich aus dem Zeit-Zeit-Verhältnis ergebende Verhältniswert ist auf die fiktive oder bereits bezogene Versorgung am Ende der Ehezeit anzuwenden. Werden Zeiten der Teilzeitbeschäftigung bei der Berechnung der Gesamtzeit nur mit der Teilzeitquote berücksichtigt (§ 6 Abs. 1 S. 3 BeamtVG), gilt dies auch für die Berechnung des Ehezeitanteils, wenn die Teilzeit in diesen Zeitraum fällt.[124] Kindererziehungszuschläge und Kindererziehungsergänzungszuschläge, die unmittelbar zu bewerten sind, sind dem Ehezeitanteil hinzuzurechnen.[125] Unfallbedingte Erhöhungen des Ruhegehalts sind nicht auszugleichen.[126] 68

**i) Ausgleichswert (§ 2 Abs. 2 S. 2).** Der Ausgleichswert (§ 2 Abs. 2 S. 2) des Ruhegehalts ist die Hälfte des im Wege der zeitratierlichen Berechnungsweise ermittelten ehezeitlichen fiktiven oder bereits gezahlten Ruhegehalts (→ Rn. 68). Der korrespondierende Kapitalwert berechnet sich nach § 47 Abs. 3. 69

### III. Bewertung bei mehreren Anrechten der ausgleichspflichtigen Person iSv Abs. 1 (Abs. 2)

Beamte und andere Personen können über mehrere Anrechte iSv § 44 Abs. 1 verfügen, so zB ein Soldat, der nach Erreichen seiner Altersgrenze aus dem Dienst als Soldat ausscheidet und in ein neues Beamtenverhältnis mit einem weiteren Anspruch auf Versorgung eintritt. In diesem Fall sind zur Ermittlung der Versorgung zB eines (Bundes-) Beamten die **Ruhensvorschriften** nach § 54 BeamtVG zu beachten (bezüglich Soldaten nach § 55 SVG). Wie im Falle des Zusammentreffens solcher Versorgungen im Versorgungsausgleich zu verfahren ist, bestimmt § 44 Abs. 2. Danach ist für die Wertberechnung von den gesamten Versorgungsbezügen, die sich nach Anwendung der Ruhensvorschriften ergeben, und von der gesamten in die Ehezeit fallenden ruhegehaltfähigen Dienstzeit auszugehen. Die Bestimmung nimmt damit inhaltlich die Regelung von § 1587a Abs. 6 Hs. 1 BGB auf, wenn auch sprachlich verständlicher gefasst.[127] 70

Erhält demgemäß ein Ruhestandsbeamter aus einem neuen öffentlich-rechtlichen Dienstverhältnis ein Ruhegehalt oder eine entsprechende Versorgung iSv Abs. 1 Nr. 1, so sind neben den neuen Versorgungsbezügen die früher erworbenen nur bis zum Erreichen der in § 54 Abs. 2 BeamtVG (bzw. § 55 Abs. 2 SVG) bezeichneten **Höchstgrenze** zu zahlen; die **Gesamtversorgung** darf dabei allerdings nicht hinter der früheren zurückbleiben. Als Höchstgrenze gilt dabei das Ruhegehalt, das sich unter Zugrundelegung der gesamten ruhegehaltsfähigen Dienstzeit und den ruhegehaltsfähigen Dienstbezügen aus der Endstufe der Besoldungsgruppe, aus der sich das frühere Ruhegehalt errechnet, ergibt. Praktisch erfolgt das in der Weise, dass bezüglich beider – zeitratierlich zu bewertender – Anrechte gesondert und ohne Berücksichtigung von Ruhensvorschriften der Monatsbetrag der Versorgung errechnet wird. Sodann ist der Höchstbetrag nach § 54 Abs. 2 (bzw. § 55 Abs. 2 SVG) unter Berücksichtigung der Bemessungsgrundlagen der früheren Versorgung zu ermitteln, bis zu der beide Versorgungen sich addieren dürfen. Übersteigen beide Versorgungen den Höchstbetrag, so ist die frühere um den übersteigenden Spitzenbetrag zu kürzen. Aus den sich daraus ergebenden Beträgen sind zeitratierlich die jeweiligen Ehezeitanteile zu berechnen, die sodann in die Versorgungsausgleichsberechnung einzustellen sind.[128] 71

Treffen Anrechte der Abgeordnetenversorgung mit Anwartschaften für Anrechte aus einem öffentlich-rechtlichen Dienstverhältnis zusammen, ruhen gem. § 29 AbgG die Anrechte aus der Abgeordnetenversorgung. Daher ist vorrangig der Ehezeitanteil der Anrechte aus dem öffentlich-rechtlichen Dienstverhältnis auszugleichen.[129] 72

### IV. Bewertung, sofern der ausgleichspflichtigen Person neben einem Anrecht iSv Abs. 1 weitere Anrechte aus anderen Versorgungssystemen zustehen, die Ruhens- oder Anrechnungsvorschriften unterliegen (Abs. 3)

**1. Zusammentreffen von Versorgungsbezügen mit Renten.** Beamte und andere gleichgestellte Personen können neben einem Anrecht iSv § 44 Abs. 1 über weitere **Anrechte aus ande-** 73

[124] Erman/*Norpoth* § 41 Rn. 4: übersehen in dem Rechenbeispiel von *Hauß/Bührer*, Versorgungsausgleich und Verfahren in der Praxis, 2. Aufl. 2014, Rn. 926.
[125] HK-VersAusglR/*Rehbein* Rn. 39.
[126] *Bergmann* FamRB 2018, 71.
[127] BT-Drs. 16/10144, 81.
[128] Vgl. BGH FamRZ 1996, 98 (102); vgl. auch *Ruland* Versorgungsausgleich Rn. 420.
[129] HK-VersAusglR/*Rehbein* Rn. 43.

**ren Versorgungssystemen** verfügen, die Ruhens- oder Anrechnungsvorschriften unterliegen. So kann das – zeitratierlich zu berechnende – Anrecht eines Beamten mit einer – unmittelbar zu bewertenden – Rente zusammentreffen, wenn der spätere Beamte zunächst rentenversicherungspflichtig tätig war und sodann Beamter geworden ist. Diesen Fall regelt versorgungsrechtlich für (Bundes-) Beamte **§ 55 BeamtVG** (bezüglich Soldaten § 55a SVG). Nach § 55 Abs. 1 S. 1 BeamtVG (§ 55a Abs. 1 S. 1 SVG) werden Versorgungsbezüge neben Renten nur bis zum Erreichen des **Höchstbetrages** nach Abs. 2 dieser Bestimmung gezahlt.

74 **Was als Rente gilt,** besagt § 55 Abs. 1 S. 2 BeamtVG. Als Renten gelten
- Renten aus gesetzlichen Rentenversicherungen,
- Renten aus einer zusätzlichen Alters- oder Hinterbliebenenversorgung für Angehörige des öffentlichen Dienstes,
- Renten aus der gesetzlichen Unfallversicherung, wobei für den Ruhegehaltempfänger ein dem Unfallausgleich (§ 35 BeamtVG) entsprechender Betrag unberücksichtigt bleibt; bei einer Minderung der Erwerbsfähigkeit um 20 vom Hundert bleiben zwei Drittel der Mindestgrundrente nach dem Bundesversorgungsgesetz, bei einer Minderung derselben um 10 vom Hundert ein Drittel der Mindestgrundrente nach dem Bundesversorgungsgesetz unberücksichtigt,
- Leistungen aus einer berufsständischen Versorgungseinrichtung oder aus einer befreienden Lebensversicherung, zu der der Arbeitgeber aufgrund eines Beschäftigungsverhältnisses im öffentlichen Dienst mindestens die Hälfte der Beiträge oder Zuschüsse in dieser Höhe geleistet hat. Nicht dazu rechnet der Kinderzuschuss (Abs. 1 S. 6).

75 **Gleichgestellt sind diesen Renten** gemäß § 55 Abs. 8 BeamtVG entsprechende wiederkehrende Geldleistungen, die aufgrund Zugehörigkeit zu Zusatz- oder Sonderversorgungssystemen der ehemaligen Deutschen Demokratischen Republik geleistet werden oder die von einem ausländischen Versicherungsträger nach einem für die Bundesrepublik Deutschland wirksamen zwischen- oder überstaatlichen Abkommen gewährt werden.

76 Gemäß § 55 Abs. 1 S. 3 und S. 4 ist **bei einem Verzicht, einer Kapitalleistung, Beitragserstattung oder Abfindung** der sich bei einer Verrentung zu zahlende Betrag zugrunde zu legen, es erfolgt keine Anrechnung. Renten, Rentenerhöhungen und Rentenminderungen, die auf einem früheren **Versorgungsausgleich** nach § 1587b BGB, § 1 VAHRG oder dem VersAusglG beruhen, sowie **Zuschläge oder Abschläge beim Rentensplitting unter Ehegatten** nach § 76c SGB VI bleiben gleichfalls unberücksichtigt (§ 55 Abs. 1 S. 7 BeamtVG; vgl. dazu auch Abs. S. 8 und 9 BeamtVG).

77 Sind in einer Rente iSv § 55 Abs. 1 BeamtVG **freiwillige Beiträge** enthalten, so bleibt nach § 55 Abs. 4 BeamtVG bei Anwendung von § 55 Abs. 1 und Abs. 2 BeamtVG der Teil der Rente außer Ansatz, der auf **freiwilliger Versicherung und Höherversicherung** beruht. Rechnerisch geschieht dies, sofern sich die Rente – wie in der gesetzlichen Rentenversicherung – nach Entgeltpunkten bestimmt, in der Weise (§ 55 Abs. 4 S. 1 Nr. 1 und 2 BeamtVG), dass der Teil der Rente außer Ansatz bleibt, der dem Verhältnis der Entgeltpunkte für freiwillige Beiträge zur Summe der Entgeltpunkte für freiwillige Beiträge, Pflichtbeiträge, Ersatzzeiten und Anrechnungszeiten entspricht; errechnet sich die Rente nach Werteinheiten, so ist für den außer Ansatz zu lassenden Rententeil das Verhältnis der Werteinheiten aus freiwilligen Beiträgen zur Summe der Werteinheiten aus freiwilligen Beiträgen, Pflichtbeiträgen, Ersatzzeiten und Ausfallzeiten maßgeblich; im Übrigen gilt das Verhältnis der Versicherungsjahre aufgrund freiwilliger Weiterversicherung oder Selbstversicherung zu den gesamten Versicherungsjahren. Hat der Arbeitgeber mindestens die Hälfte der Beiträge zu einer freiwilligen Versicherung oder Zuschüsse in dieser Höhe geleistet, so sind die Beiträge nicht als freiwillige sondern als Pflichtbeiträge zu behandeln (vgl. § 55 Abs. 4 S. 2).[130]

78 Wie im Fall des **Zusammentreffens solcher Versorgungen** im Versorgungsausgleich zu verfahren ist, bestimmt **§ 44 Abs. 3.** Danach ist Abs. 2 sinngemäß anzuwenden (Abs. 3 S. 1), wobei Ruhens- und Anrechnungsvorschriften nur insoweit zu berücksichtigen sind, als das nach S. 1 berücksichtigte **Anrecht in der Ehezeit erworben** wurde und die ausgleichsberechtigte Person an diesem Anrecht im Versorgungsausgleich teilhat (Abs. 3 S. 2). Die jetzige Bestimmung mit Abs. 3 S. 2 entspricht der Rspr. des BGH zu § 1587a Abs. 6 Hs. 2 BGB, wonach sich die ausgleichsberechtigte Person den ermittelten Kürzungsbetrag nur dann entgegenhalten lassen muss, wenn die angerechnete Versorgung in der Ehezeit erworben wurde und die ausgleichsberechtigte Person hieran im Versorgungsausgleich teilhat.[131] Die ausgleichsberechtigte Person muss die Kürzung des Versorgungsausgleichs aufgrund der Anwendung von Ruhensvorschriften aber auch dann gegen sich gelten lassen, wenn das in der Ehezeit erworbene Anrecht nicht zu ihren

---

130 Vgl. hierzu iE *Reich* BeamtVG § 55 Rn. 28–32.

131 BGH NJW-RR 2000, 953 = FamRZ 2000, 746; 2005, 511; 2006, 397.

Gunsten ausgeglichen wird, weil der Ausgleichswert des für die Kürzung ursächlichen Anrechts geringwertig iSd § 18 ist.[132]

Praktisch geschieht die **Berechnung des Ruhensbetrages**[133] entsprechend der vom BGH entwickelten Methode[134] in der Weise, dass zunächst die fiktive Gesamtversorgung nach § 55 Abs. 2 BeamtVG zu errechnen ist. Dabei ist die Höchstgrenze nach § 55 Abs. 2 BeamtVG nach der Endstufe der Besoldungsgruppe,[135] nicht nach der am Ende der Ehezeit erworbenen Dienstaltersstufe bzw. Erfahrungsstufe zu bestimmen. Ob die Höchstgrenze überschritten ist, ist nach der ungekürzten Beamtenversorgung und aller vorehelich und ehelich erworbenen anrechnungsfähigen Rentenanwartschaften zu beurteilen. Diese sind zu addieren und mit dem Höchstbetrag zu vergleichen. Übersteigen sie den Höchstbetrag, ergibt sich in Höhe der Differenz der Ruhensbetrag. Ergibt sich so ein **Ruhensbetrag,** so ist von ihm nur der Teil zu berücksichtigen, der durch solche Rentenanwartschaften verursacht wird, die in der Ehezeit erworben worden sind (vgl. Abs. 3 S. 2). Dieser Teil bestimmt sich bei einem Anrecht aus der gesetzlichen Rentenversicherung nach dem Verhältnis der in der Ehezeit erworbenen Entgeltpunkte zu den insgesamt erworbenen. Dieser Quotient ist also mit dem Ruhensbetrag zu multiplizieren. Dies ergibt den Ehezeitanteil des Ruhensbetrages. Bei der Berechnung des Ruhensbetrages stellt sich das Problem der Sonderzahlungen nicht mehr, weil sie inzwischen in das Gehalt eingerechnet sind (→ Rn. 54). Der Ehezeitanteil der gekürzten Versorgung nach beamtenrechtlichen Grundsätzen errechnet sich, indem von dem Ehezeitanteil der ungekürzten Versorgung der Ehezeitanteil des Ruhensbetrages abgezogen wird. Die verbleibende Anwartschaft auf eine Versorgung nach beamtenrechtlichen Grundsätzen ist auszugleichen. Dass ggf. in beiden auszugleichenden Anrechten Ausbildungs- und Studienzeiten berücksichtigt sind, steht ihrem Ausgleich nicht entgegen.[136] 79

Diese Grundsätze gelten für den Fall, dass eine Anwartschaft aus einem öffentlich-rechtlichen Dienstverhältnis (ggf. zusätzlich) mit einer Anwartschaft aus der Zusatzversorgung des öffentlichen Dienstes zusammentrifft, entsprechend.[137] 80

**2. Zusammentreffen von Versorgungsbezügen mit Versorgung aus zwischen-staatlicher oder überstaatlicher Verwendung.** Beamte und gleichgestellte Personen können neben einem Anrecht iSv § 44 Abs. 1 über weitere Anrechte aus zwischenstaatlicher oder überstaatlicher Verwendung verfügen, die **Ruhens- und Anrechnungsvorschriften** unterliegen. Das ist für (Bundes-)Beamte nach § 56 BeamtVG (bzw. § 55b SVG) bezüglich Versorgungen aus zwischenstaatlicher und überstaatlicher Verwendung im öffentlichen Dienst der Fall. Zwar fallen zwischenstaatliche und überstaatliche Versorgungen wegen fehlender Ausgleichsreife nach § 19 Abs. 2 Nr. 4 nicht unter den Wertausgleich, werden vielmehr nur im Wege der schuldrechtlichen Ausgleichszahlung ausgeglichen. Dennoch sind sie bei Anwendung der Ruhens- und Anrechnungsvorschriften zu berücksichtigen; die Einzelheiten regelt § 56 BeamtVG. Danach ist entsprechend § 54 Abs. 2 BeamtVG ein fiktives deutsches Ruhegehalt unter Einbeziehung der Zeiten der Verwendung im öffentlichen Dienst einer zwischenstaatlichen oder überstaatlichen Einrichtung als ruhegehaltfähige Dienstzeit und auf der Grundlage der ruhegehaltfähigen Dienstbezüge aus der Endstufe der nächsthöheren Besoldungsgruppe zu ermitteln (§ 56 Abs. 2 BeamtVG). Dem ermittelten Höchstbetrag ist die Summe der deutschen und der zwischenstaatlichen oder überstaatlichen Versorgungen gegenüberzustellen. Soweit die Summe den Höchstbetrag übersteigt, ruht im Grundsatz die deutsche Versorgung (iE § 56 Abs. 1 BeamtVG). 81

Im Versorgungsausgleich ist beim Zusammentreffen von Versorgungsbezügen mit Versorgungen aus zwischenstaatlicher oder überstaatlicher Verwendung gleichfalls § 44 Abs. 3 S. 1 zu beachten, der bei einem Versorgungsausgleich sicherstellen will, dass nur solche **Kürzungen** berücksichtigt werden, die auf **Anrechten** beruhen, die in der **Ehezeit** erworben wurden. Daher ist beim Zusammentreffen von Anrechten auf eine Beamtenversorgung mit Anrechten bei einem über- oder zwischenstaatlichen Träger, die zum (teilweisen) Ruhen des Versorgungsanspruchs gem. § 56 BeamtVG führen, grundsätzlich für die Durchführung des Versorgungsausgleichs auf das ungekürzte Stammrecht des ausgleichspflichtigen Ehegatten bei dem Träger der Beamtenversorgung abzustellen. Partizipiert der ausgleichsberechtigte Ehegatte allerdings an den bei dem zwischen- oder überstaatlichen Träger erworbenen Anrechten über den Versorgungsausgleich, weil auch diese während der Ehezeit 82

132 OLG Celle NJW-RR 2016, 260.

133 Vgl. Beispiel bei *Ruland* Versorgungsausgleich Rn. 421.

134 BGH NJW-RR 2000, 953 = FamRZ 2000, 746; NJW-RR 2005, 585 = FamRZ 2005, 511; best. durch BGH FamRZ 2017, 192 = NJOZ 2017, 298; OLG Celle FamRZ 2016, 987 = NJW-RR 2016, 260; vgl. dazu auch *Ruland* Versorgungsausgleich Rn. 393; → 5. Aufl. 2009, BGB § 1587a Rn. 494 ff. *(Glockner)*.

135 BGH NJW-RR 2000, 953 = FamRZ 2000, 746; FamRZ 2005, 511; Erman/*Norpoth* § 44 Rn. 28.

136 BGH NJW-RR 2000, 953 = FamRZ 2000, 746.

137 *Borth* Versorgungsausgleich Kap. 2 Rn. 131, 144; Erman/*Norpoth*/*Sasse* Rn. 29.

erworben wurden, ist insoweit das Ruhen der Versorgungsansprüche des Ausgleichspflichtigen Ehegatten beachtlich.[138] Allerdings können Anrechte bei zwischen- und überstaatlichen Versorgungsträgern in der Regel nicht unmittelbar bewertet werden. Deshalb ist auch hier der Kürzungsbetrag nur in dem Verhältnis zu berücksichtigen, in dem die in der Ehezeit zurückgelegten zwischenstaatlichen oder überstaatlichen Dienstzeiten zu den Gesamtzeiten – einschließlich zwischenstaatlicher oder überstaatlicher Dienstzeiten – stehen.[139] Dass diese Anrechte nur schuldrechtlich ausgeglichen werden können (§ 19 Abs. 2 Nr. 4) steht der Berücksichtigung im Rahmen der Ruhensberechnung nicht entgegen.

### V. Bewertung von Anrechten aus einem Beamtenverhältnis auf Widerruf oder aus einem Dienstverhältnis einer Soldatin oder eines Soldaten auf Zeit (Abs. 4)

83 Abs. 4 enthält in **Ergänzung zur Regelung des § 16 Abs. 2,** der bezüglich Beamtenverhältnissen auf Widerruf sowie Dienstverhältnissen von Soldatinnen und Soldaten auf Zeit den zwingenden Wertausgleich in die gesetzliche Rentenversicherung vorschreibt, die für diesen Personenkreis maßgebliche Bewertungsvorschrift. Sie fußt – wie die Regelung des § 16 Abs. 2 (→ § 16 Rn. 7) – auf der Tatsache, dass sich der Status dieser Personen noch nicht hinreichend verfestigt hat.[140] Da unklar ist, ob der Beamte auf Widerruf unter Anrechnung seiner Dienstzeit ins Beamtenverhältnis übernommen wird oder eine Nachversicherung nach § 8 Abs. 2 Nr. 1 SGB VI zu erfolgen hat, besitzt er ein atypisches, alternativ ausgestaltetes Versorgungsanrecht, für das Abs. 4 in Übereinstimmung mit dem bisherigen Recht klarstellt, dass in diesen Fällen der **Wert** maßgeblich ist, der sich bei einer **Nachversicherung** in der gesetzlichen Rentenversicherung ergäbe (→ Rn. 21).[141] Dies gilt auch dann, wenn der Beamte nach dem Ende der Ehezeit in ein Beamtenverhältnis auf Probe übernommen wird.[142] Entsprechendes gilt für das Soldatenverhältnis auf Zeit; auch diesbezüglich ist unklar, ob es zur Nachversicherung kommt (§ 8 Abs. 2 Nr. 1 SGB VI) oder der Soldat in ein Beamtenverhältnis eintritt.[143] Das Anrecht ist auch dann mit dem Nachversicherungswert auszugleichen, wenn der Soldat nach dem Ende der Ehezeit, aber vor Erlass der Entscheidung in ein Soldatenverhältnis oder Beamtenverhältnis übernommen wird. Es ist dann extern zu teilen, wenn es sich um ein Beamtenverhältnis iSv § 16 Abs. 1 handelt, intern, wenn die Vorschriften des BVersTG anwendbar sind.[144] Wurde das Anrecht im Beitrittsgebiet erworben, ist weiterhin anzuordnen, dass der Ausgleichswert in Entgeltpunkte (Ost) umzurechnen ist.[145] Dies ist für Dienstzeiten ab 2010 entfallen.[146] Hat der ausgleichspflichtige Ehegatte in der Ehezeit mehrere Anrechte gem. § 44 Abs. 4 erworben, sind die beteiligten Dienstherren anteilig heranzuziehen.[147]

## § 45 Sondervorschriften für Anrechte nach dem Betriebsrentengesetz

**(1) [1]Bei einem Anrecht im Sinne des Betriebsrentengesetzes ist der Wert des Anrechts als Rentenbetrag nach § 2 des Betriebsrentengesetzes oder der Kapitalwert nach § 4 Abs. 5 des Betriebsrentengesetzes maßgeblich. [2]Hierbei ist anzunehmen, dass die Betriebszugehörigkeit der ausgleichspflichtigen Person spätestens zum Ehezeitende beendet ist.**

**(2) [1]Der Wert des Ehezeitanteils ist nach den Grundsätzen der unmittelbaren Bewertung zu ermitteln. [2]Ist dies nicht möglich, so ist eine zeitratierliche Bewertung durchzuführen. [3]Hierzu ist der nach Absatz 1 ermittelte Wert des Anrechts mit dem Quotienten zu multiplizieren, der aus der ehezeitlichen Betriebszugehörigkeit und der gesamten Betriebszugehörigkeit bis zum Ehezeitende zu bilden ist.**

**(3) Die Absätze 1 und 2 gelten nicht für ein Anrecht, das bei einem Träger einer Zusatzversorgung des öffentlichen oder kirchlichen Dienstes besteht.**

---

[138] BGH NZFam 2017, 65 = FamRZ 2017, 192.
[139] Vgl. auch *Ruland* Versorgungsausgleich Rn. 422; *Borth* Versorgungsausgleich Kap. 2 Rn. 144.
[140] BT-Drs. 16/10144, 81.
[141] Vgl. BGH NJW 1982, 1754 zur entspr. Wertbestimmung über § 1587a Abs. 5 BGB aF.
[142] OLG Frankfurt BeckRS 2012, 10319.
[143] OLG Naumburg BeckRS 2014, 23397.
[144] OLG Brandenburg FamRZ 2016, 55 = NZS 2015, 546.
[145] OLG Naumburg BeckRS 2014, 23397; OLG Hamm FamRZ 2014, 396.
[146] OLG Jena FamRZ 2012, 638 = BeckRS 2011, 27540.
[147] OLG Nürnberg FamRZ 2014, 40.

**Übersicht**



## I. Normzweck

§ 45 regelt als Sonderbestimmung[1] die Bewertung von im Zeitpunkt des Ausgleichs unverfallbaren Anrechten aus der betrieblichen Altersversorgung, die in dem Betriebsrentengesetz genannten Gesetz zur Verbesserung der betrieblichen Altersversorgung **(BetrAVG)** gesetzlich normiert ist. § 5 Abs. 5 bestimmt, dass sich die Einzelheiten der Wertermittlung von Anrechten aus §§ 39–47, und damit auch aus § 45, ergeben. Für die Anrechte nach dem BetrAVG verweist § 45 Abs. 1 S. 1 auf Vorschriften dieses Gesetzes und erklärt in Konkretisierung von § 5 Abs. 1 als Bezugsgrößen den Rentenbetrag nach § 2 BetrAVG oder den Kapitalwert nach § 4 Abs. 5 BetrAVG für maßgeblich. § 45 Abs. 1 S. 2 führt zu einem Gleichlauf von Ehezeitende nach § 5 Abs. 2 S. 1 und Ende der Betriebszugehörigkeit der ausgleichspflichtigen Person: Für die Bewertung des Ehezeitanteils des betrieblichen Anrechts ist anzunehmen, dass die Betriebszugehörigkeit spätestens zum Ehezeitende beendet ist. § 45 Abs. 2 S. 1 und 2 wiederholt den Vorrang der unmittelbaren Bewertung nach § 39 vor der zeitratierlichen Bewertung nach § 40 Abs. 2 S. 1. § 45 Abs. 2 S. 3 geht als Sondervorschrift für betriebliche Anrechte der allgemeinen Vorschrift für die zeitratierliche Bewertung einer Anwartschaft des § 40 Abs. 2 vor. 1

## II. Anwendungsbereich

**1. Anrechte im Anwartschaftsstadium.** Von § 45 grundsätzlich **nicht erfasst** sind im Zeitpunkt des Ausgleichs **bereits laufende Anrechte,** die Leistungen aus der betrieblichen Altersversorgung erbringen, weil sich deren Bewertung nach der allgemeinen Vorschrift des § 41 richtet (näher 2

[1] BGH NJW-RR 2018, 1158 Rn. 8 = FamRZ 2018, 1574.

→ § 41 Rn. 1 ff.).[2] § 45 ist mithin grundsätzlich auf Anrechte beschränkt, die sich zum Zeitpunkt der Entscheidung über den Versorgungsausgleich im Anwartschaftsstadium befinden (aber → Rn. 3). Deren Bewertung geschieht durch den weitgehenden Anschluss an die in §§ 2, 4 Abs. 5 BetrAVG getroffenen Regelungen. Der nach § 4 Abs. 5 BetrAVG zu bestimmende Kapitalwert entspricht dem von § 47 geforderten korrespondierenden Kapitalwert. Der nach § 2 BetrAVG zu ermittelnde Rentenbetrag entspricht dem in § 5 Abs. 3 genannten, von § 47 abweichenden Ausgleichswert.

3 **2. Wahlrecht des Versorgungsträgers nach §§ 2, 4 Abs. 5 BetrAVG.** Den Versorgungsträgern steht das Wahlrecht (→ Rn. 40) zwischen der Bezugsgröße des Rentenbetrags nach § 2 BetrAVG (→ Rn. 43 ff.) und der Bezugsgröße des Kapitalwerts nach § 4 Abs. 5 BetrAVG (→ Rn. 47 f.) zu. Dies gilt sowohl für Anrechte im Anwartschaftsstadium als auch für laufende Versorgungen.[3] Zur Bindung des Versorgungsträgers an die Wahl einer Bezugsgröße (→ Rn. 41)

4 **3. Ausschluss der Zusatzversorgungen des öffentlichen und kirchlichen Dienstes (Abs. 3).** Bei den Zusatzversorgungen des öffentlichen und kirchlichen Dienstes (→ Rn. 10) kommen die Bewertungsregeln des § 45 Abs. 1 und 2 nicht in Betracht. Denn beide Versorgungen werden durch das Umlageverfahren finanziert, wogegen die Betriebsrenten in der Privatwirtschaft durch das Kapitaldeckungsverfahren bestimmt werden. Die in § 45 Abs. 1, 2 beschriebenen Bewertungsverfahren sind auf diese Forderungsrechte zugeschnitten und deshalb nicht auf Versorgungssysteme zu erstrecken, die wie die öffentlich-rechtliche Altersversorgung finanziert sind. Für diese gelten die allgemeinen Bewertungsvorschriften der §§ 39–41.

5 **4. Abgrenzung zu anderen Versorgungsarten.** Hat ein Versorgungsträger eine Versorgungsleistung zugesagt, die sowohl nach **beamtenrechtlichen Vorschriften** oder Grundsätzen ausgestaltet ist als auch die Anforderungen an eine betriebliche Altersversorgung erfüllt, so ist das Anrecht nach dem gegenüber § 45 spezielleren § 44 zu bewerten. Ein gewichtiges Indiz dafür, dass eine Versorgung nach beamtenrechtlichen Vorschriften oder Grundsätzen zugesagt worden ist, liegt in der Befreiung von der gesetzlichen Rentenversicherungspflicht während der Dauer der Betriebszugehörigkeit (§ 5 Abs. 1 S. 1 Nr. 2 SGB VI).[4]

### III. Systematik der Anrechte nach dem BetrAVG

6 § 45 knüpft hinsichtlich der auszugleichenden Anrechte an § 2 an, dessen Abs. 1 Anwartschaften auf Versorgungen aus der betrieblichen Altersversorgung als auszugleichende Anrechte nach dem VersAusglG qualifiziert, dessen Abs. 2 die maßgebenden Merkmale für die Ausgleichsfähigkeit eines Anrechts normiert und dessen Abs. 3 zeitliche Voraussetzungen des Anrechts für grundsätzlich unmaßgeblich erklärt. Allerdings bleiben nach § 19 Abs. 2 Nr. 1 dem Grunde oder der Höhe noch verfallbare betriebliche Versorgungsanwartschaften im Wertausgleich bei der Scheidung außer Betracht (→ § 19 Rn. 7 ff.); insoweit kommt ein schuldrechtlicher Ausgleich nach der Scheidung gemäß §§ 20–26 in Betracht (§ 19 Abs. 4). Bei der Scheidung ist dagegen auszugleichen ein bei Ehezeitende – ganz oder teilweise – noch verfallbares und deshalb zu diesem Zeitpunkt nicht ausgleichsreifes Anrecht, das aber zwischen dem Ende der Ehezeit und der Entscheidung über den Wertausgleich unverfallbar wird.[5]

7 **1. Betriebliche Altersversorgung. a) Leistungsbegriff.** Eine betriebliche Altersversorgung (§ 1 Abs. 1 S. 1 BetrAVG) liegt vor, wenn bei Eintritt bestimmter biologischer Ereignisse Leistungen mit Versorgungscharakter erbracht werden. Diese sind das Erreichen eines bestimmten Lebensalters, Invalidität oder Tod. Der Begriff der betrieblichen Altersversorgung nach dem BetrAVG geht weiter als die Regelungen im Versorgungsausgleich. Umfassen jene auch die Hinterbliebenenversorgung, sind diese auf Versorgungsanrechte wegen Alters oder Erwerbsminderung beschränkt; eine reine Hinterbliebenenversorgung ist vom Versorgungsausgleich nicht erfasst, hingegen aber eine solche, die mit einer Alters- oder Invaliditätsversorgung kombiniert ist.[6] Es kommt also zum Ausschluss der „isolierten": nicht mit Alters- und Invaliditätsvorsorge verbundenen Rente. Regelmäßig werden betriebliche Versorgungen als wiederkehrende Geldzahlungen in Form einer **Rente** (§ 2 Abs. 2 Nr. 3 Hs. 1) gewährt. Auch **Kapitalzahlungen** bei Alter und Invalidität, die grundsätzlich güterrechtlich auszugleichen sind, unterfallen dem Versorgungsausgleich, wenn sie auf Anrechten nach dem

---

[2] BT-Drs. 16/10144, 82; BGH NJW 2018, 1961 Rn. 13 = FamRZ 2018, 894.
[3] BGH NJW-RR 2018, 1158 Rn. 8 = FamRZ 2018, 1574.
[4] BGH NJW-RR 2016, 323 Rn. 22, 24 = FamRZ 2016, 617.
[5] BGH NJW 2018, 1961 Rn. 19 = FamRZ 2018, 894.
[6] BT-Drs. 16/10144, 46.

BetrAVG oder dem Altersvorsorgeverträge-Zertifizierungsgesetz beruhen (§ 2 Abs. 2 Nr. 3 Hs. 2), einschließlich der damit verbundenen Leistungen zur Hinterbliebenenversorgung für den Ehegatten.[7]

Auch Nutzungsrechte und Sachleistungen können eine **betriebliche Altersversorgung** darstellen, falls der Bezug an biologische Ereignisse geknüpft ist[8] und auch bei vorzeitigem Ausscheiden weiterhin Leistungsansprüche bestehen (vgl. § 1b BetrAVG), weshalb Kohledeputate (einschließlich deren Barabgeltung),[9] Wohnrechte in Werkswohnungen[10] oder Altenteilverträge in der Landwirtschaft[11] die Merkmale der betrieblichen Altersversorgung erfüllen können. Weihnachtsgelder des Arbeitgebers an Ruhegeldempfänger sind ebenfalls als betriebliche Altersversorgung zu qualifizieren,[12] ebenso durch biologische Ereignisse ausgelöste Treueprämien.[13] Gewinnbeteiligungen (Boni) und Tantiemen sind regelmäßig Gegenleistung für einen vom Arbeitnehmer in einem vorgegebenen Zeitablauf erbrachten Beitrag zum Unternehmenserfolg und daher grundsätzlich nicht Leistungen der betrieblichen Altersversorgung, es sei denn dass sie – statt während der Beschäftigung – erst bei Erreichen einer Altersgrenze, Invalidität oder Tod ausgezahlt werden.[14] **Dem Versorgungsausgleich unterfallen** diese Leistungen der betrieblichen Altersversorgung aber **nur,** wenn sie auf eine Geldleistung entweder in Form einer Rente oder als Kapitalbetrag gerichtet sind.[15] Die Einbeziehung betrieblich zugesagter Sachleistungen fügt sich nicht in das System des Versorgungsausgleichs ein, dessen gesetzliche Ausgleichsmechanismen Anrechte voraussetzen, die auf eine Geldleistung entweder in Form einer Rente oder als Kapitalbetrag zielen.[16] Näher → § 2 Rn. 30 ff. 8

**Nicht zur betrieblichen Altersversorgung** zählen Leistungen zur Vermögensbildung.[17] Überbrückungszahlungen oder Gnadengehälter sollen regelmäßig Einkommensverluste nach Beendigung der Tätigkeit für einen Arbeitgeber ausgleichen; der Zahlungsanspruch ist jedoch nicht mit einem biologischen Ereignis verknüpft und damit keine Leistung der betrieblichen Altersversorgung.[18] Übergangsgelder[19] stellen wegen fehlender Bindung an biologische Ereignisse keine betriebliche Altersversorgung dar, desgleichen Leibrenten, Kaufpreisrenten und Ausgleichsansprüche von Handelsvertretern gemäß § 89b HGB.[20] Altersteilzeit-[21] und Vorruhestandsleistungen fingieren ein ruhendes Arbeitsverhältnis, so dass betriebliche Versorgungszahlungen erst vom Zeitpunkt des Abrufs der Altersrente an entstehen. 9

Auch die im BetrAVG eigenständig geregelte **Zusatzversorgung des öffentlichen Dienstes** (§ 18 BetrAVG) erfüllt die Merkmale der betrieblichen Altersversorgung. Es handelt sich weit überwiegend um öffentlich-rechtlich organisierte Pensionskassen, deren Rechtsgrundlage Tarifverträge sind. Die Rechtsbeziehungen zwischen den Versorgungsträgern und den Arbeitnehmern des öffentlichen Dienstes unterliegen dem Privatrecht.[22] Zu Einzelheiten → § 39 Rn. 11 f. Die Zusatzversorgungen des öffentlichen und kirchlichen Dienstes sind nach **§ 45 Abs. 3** aus den Regelungskomplexen des § 45 Abs. 1 und 2 **ausgenommen** (→ Rn. 4). 10

**b) Leistungsinhalte.** Die betriebliche Altersversorgung bezweckt die Versorgung im Alter, bei Erwerbsminderung oder nach dem Tod für Hinterbliebene. Dafür ist nicht entscheidend, ob das Versorgungsversprechen alle Leistungsarten enthält; allerdings müssen die Ansprüche erst mit Eintritt des Versorgungsfalles entstehen. Für die Altersversorgung bedeutet dies, dass das Versorgungsversprechen an ein Lebensalter geknüpft sein muss, das nach der Verkehrsanschauung dem üblichen Pensionierungsalter entspricht. Der Verkehrsanschauung entsprechen alle Altersgrenzen, welche die gesetzliche Rentenversicherung vorsieht. Nach geltendem Recht besteht damit die Möglichkeit, vom 62. 11

---

7 BT-Drs. 16/10144, 46.
8 BGH NJW-RR 2014, 323 Rn. 17 = FamRZ 2013, 1795.
9 BAG NZA-RR 2011, 155 = FamRZ 2010, 1559; NJW 1982, 957; zur Barabgeltung BAG DB 1987, 1492.
10 Blomeyer/Rolfs/Otto/*Rolfs* BetrAVG § 1 Rn. 9.
11 *Schaub* NWB 1986, 2149.
12 BAG AP BGB § 611 Nr. 26 Gratifikation; AP BetrAVG § 16 Nr. 13; BetrAVG § 1 Ablösung Nr. 38 = NZA 2004, 98; Blomeyer/Rolfs/Otto/*Rolfs* BetrAVG § 1 Rn. 82; zur Einbeziehung von Weihnachts- und Treuegeld in den Versorgungsausgleich vgl. OLG Hamm NJW-RR 1997, 1298 (1299) = FamRZ 1998, 628.
13 Blomeyer/Rolfs/Otto/*Rolfs* BetrAVG § 1 Rn. 66.
14 BAG AP BetrAVG § 1 Nr. 4; Blomeyer/Rolfs/Otto/*Rolfs* BetrAVG § 1 Rn. 65.
15 BGH NJW-RR 2014, 323 Rn. 19 = FamRZ 2013, 1795.
16 BGH NJW-RR 2014, 323 Rn. 20 = FamRZ 2013, 1795.
17 Blomeyer/Rolfs/Otto/*Rolfs* BetrAVG § 1 Rn. 71.
18 BGH NJW 2000, 3563 = FamRZ 2001, 27.
19 BGH NJW-RR 2005, 730 = FamRZ 2005, 696; Blomeyer/Rolfs/Otto/*Rolfs* BetrAVG § 1 Rn. 68.
20 Diff. Blomeyer/Rolfs/Otto/*Rolfs* BetrAVG § 1 Rn. 54; zu Erlösen aus privatärztlicher Liquidation, BAG AP BetrAVG BetrAVG § 1 Zusatzversorgungskasse Nr. 59.
21 Blomeyer/Rolfs/Otto/*Rolfs* BetrAVG § 1 Rn. 51.
22 BGH NJW 1981, 2684; BGHZ 84, 158 = NJW 1982, 1989.

bis zum 67. Lebensjahr die Rente zu beziehen.[23] Vertragliche Altersgrenzen, die unterhalb derer der gesetzlichen Rentenversicherung liegen, beseitigen nicht die Eigenschaft „betriebliche Altersversorgung"; es muss aber ein sachlicher Grund für die Abweichung von der Verkehrsanschauung gegeben sein (→ Rn. 12; zur Abgrenzung zum Übergangsgeld → Rn. 9).

**12** Setzen altersgebundene Versorgungszahlungen bereits vor Vollendung des 60. Lebensjahres ein, so wird es sich regelmäßig um Überbrückungszahlungen handeln, die nicht einer betrieblichen Altersversorgung entsprechen.[24] Für die Wertermittlung im Versorgungsausgleich folgt daraus, dass bei Ehezeitende bereits laufende Leistungen erst ab dem Zeitpunkt in den Versorgungsausgleich einzubeziehen sind, in dem der Versorgungsberechtigte das nach der Verkehrsanschauung niedrigste Ruhestandsalter erreicht hat. Eine Ausnahme besteht, falls aufgrund hoher beruflicher Anforderungen, beispielsweise bei Piloten, ein Pensionierungsalter unterhalb der üblichen Altersgrenzen notwendig erscheint.[25] Hier handelt es sich um eine Mischung zwischen einem Altersruhegeld und einer Berufsunfähigkeitsversorgung. Grundsätzlich ist damit für den Versorgungsausgleich die Vollendung des gesetzlichen Rentenalters maßgebend.

**13** c) **Versorgungsgläubiger.** Leistungsempfänger einer betrieblichen Versorgungszusage iSd § 1 Abs. 1 S. 1 BetrAVG ist ein **Arbeitnehmer;** dieser Begriff wird in § 17 Abs. 1 S. 1 BetrAVG definiert. Wie im Arbeitsvertragsrecht ist das maßgebliche Kriterium für den Arbeitnehmer die persönliche Abhängigkeit, die sich im Weisungsrecht des Arbeitgebers bezüglich Inhalt, Durchführung, Zeit, Dauer und Ort der Tätigkeit zeigt.[26] Die Pflicht zur Arbeitsleistung muss ferner auf privatrechtlichem Vertrag beruhen. Werden Leistungen aufgrund eines öffentlich-rechtlichen Dienstverhältnisses als Beamter, Richter sowie Soldat erbracht, fehlt die Arbeitnehmereigenschaft. Entsprechendes gilt für Zivildienstleistende und Entwicklungshelfer.[27] Strafgefangene, selbst Freigänger, und überwiegend aus religiösen oder karitativen Gründen tätige Personen erbringen ihre Arbeit nicht aufgrund privatrechtlicher Vereinbarung. Ausdrücklich den Arbeitnehmern zugeordnet sind die zu ihrer Berufsausbildung Beschäftigten (§ 17 Abs. 1 S. 1 BetrAVG), desgleichen ein Berufsausbildungsverhältnis nach dem BBiG.

**14** Nach § 17 Abs. 1 S. 2 BetrAVG gelten die arbeitsrechtlichen Bestimmungen des BetrAVG auch für **Nicht-Arbeitnehmer,** wenn ihnen Leistungen der Alters-, Invaliditäts- oder Hinterbliebenenversorgung „aus Anlass" ihrer Tätigkeit für ein Unternehmen zugesagt worden sind. Der Gesetzgeber wollte damit Personen in den Schutzbereich betrieblicher Altersversorgung einbeziehen, die auf zusätzliche Versorgungsleistungen angewiesen sind und ähnlich Arbeitnehmern keinen oder nur einen geringen Einfluss auf die inhaltliche Ausgestaltung der Versorgungszusage nehmen können, also insoweit Arbeitnehmern als gleichstehend anzusehen sind.[28] Lit. und Instanzgerichte hatten sich zunächst allein am Kriterium der Vertragsimparität orientiert. Der BGH[29] hat schließlich die Nicht-Arbeitnehmereigenschaft (§ 17 Abs. 1 S. 2 BetrAVG) stets als gegeben angesehen, wenn eine Versorgungszusage als Gegenleistung für die Arbeit für ein fremdes Unternehmen zu bestimmen ist.[30] Vorauszusetzen ist danach eine vertragliche Bindung;[31] dass jemand aus einer Betätigung lediglich einen wirtschaftlichen Vorteil zieht, genügt nicht.[32] Damit hat die Rspr. den Geltungsbereich des § 17 Abs. 1 S. 2 BetrAVG jedoch weit gefasst. Erfasst sind Hausgewerbetreibende, Ein-Firmen-Handelsvertreter gemäß § 5 ArbGG, auch Angehörige freier Berufe (zB Rechtsanwälte oder Steuerberater), freie Mitarbeiter der Medien, freischaffende Künstler, Schriftsteller und Journalisten.[33] Organe von Personen- und Kapitalgesellschaften, soweit sie nicht an der Gesellschaft beteiligt sind, wie Komplementäre bei lediglich geringfügiger Kapitalbeteiligung[34] und Minderheitsgesellschafter von Kapitalgesellschaften gelten ebenfalls als Nicht-Arbeitnehmer (§ 17 Abs. 1 S. 2 BetrAVG).[35] Ist

[23] Blomeyer/Rolfs/Otto/*Rolfs* BetrAVG § 1 Rn. 22.
[24] Vgl. dazu auch OLG Karlsruhe NJW-FER 1998, 99 = FamRZ 1998, 629.
[25] BAG AP BGB § 620 Nr. 9 Bedingung; AP BGB § 620 Nr. 1 Altersgrenze.
[26] BAG AP BGB § 611 Nr. 125 Abhängigkeit = NZA 2013, 903; Blomeyer/Rolfs/Otto/*Rolfs* BetrAVG § 17 Rn. 20.
[27] BAG AP BGB § 611 Nr. 1 Entwicklungshelfer.
[28] BT-Drs. 7/1281, 30.
[29] BGH NJW 2006, 3638 (3639); BGHZ 77, 94 (98) = NJW 1980, 2254.
[30] Vgl. zu der Entwicklung des Meinungsstandes in der Lit. und der Rspr. die Darstellung bei Blomeyer/Rolfs/Otto/*Rolfs* BetrAVG § 17 Rn. 43 ff.
[31] Blomeyer/Rolfs/Otto/*Rolfs* BetrAVG § 17 Rn. 63.
[32] BAG AP BetrAVG § 17 Nr. 33.
[33] Vgl. dazu Blomeyer/Rolfs/Otto/*Rolfs* BetrAVG § 17 Rn. 74 ff.
[34] BGH ZIP 2014, 191 = BeckRS 2014, 762; NJW 2006, 3638 (3639); BGHZ 77, 94 (98) = NJW 1980, 2254.
[35] BGHZ 77, 94 (103) = NJW 1980, 2254; BGH AP BetrAVG § 1 Nr. 38.

der Minderheitsgesellschafter jedoch mit 11,86 % und mehr am Kapital beteiligt und verfügt er zusammen mit anderen geschäftsführenden Gesellschaftern über die Kapital- und/oder Stimmenmehrheit, so fallen die Minderheitsgesellschafter nicht unter den persönlichen Geltungsbereich des § 17 Abs. 1 S. 2 BetrAVG.[36] Ausgeschlossen bleiben damit nur Personen, die aufgrund Vermögenseinsatzes und/oder unternehmerischen Einflusses letztlich für ihr eigenes Unternehmen arbeiten, wie Gesellschafter-Geschäftsführer, die allein oder zusammen mit anderen Gesellschafter-Geschäftsführern eine Beteiligungsmehrheit halten und nach der Verkehrsanschauung ihr eigenes Unternehmen leiten.[37] Bei einem Statuswechsel zwischen Unternehmereigenschaft und Arbeitnehmereigenschaft richtet sich die Einbeziehung der betrieblichen Altersversorgung in den Versorgungsausgleich danach, inwieweit die versprochene Versorgung zeitanteilig auf die Tätigkeit als Arbeitnehmer entfällt; mit dem Wechsel in die Arbeitnehmereigenschaft beginnen die Unverfallbarkeitsfristen nach dem Betriebsrentengesetz zu laufen.[38]

**d) Versorgungsschuldner.** § 1 Abs. 1 S. 1 BetrAVG bestimmt den Arbeitgeber als Zusagenden eines betrieblichen Versorgungsversprechens. Arbeitgeber ist, wer einen Arbeitnehmer beschäftigt. Der Arbeitgeber kann in jeder erlaubten Rechtsform organisiert sein. Gemäß § 1 Abs. 1 S. 3 BetrAVG steht der Arbeitgeber für die Erfüllung der von ihm zugesagten Leistungen auch dann ein, wenn die Durchführung nicht unmittelbar über ihn, sondern in den in → Rn. 18 ff. aufgeführten Gestaltungsformen erfolgt. 15

Bei einer durch das Gesetz zur Stärkung der betrieblichen Altersversorgung vom 17.8.2017 (BGBl. 2017 I S. 3214) eingeführten **reinen Beitragszusage** beschränkt sich die Zusage des Arbeitgebers allerdings auf die Zahlung der Beiträge (§ 1 Abs. 2 Nr. 2a Hs. 2 BetrAVG). Die Leistungsansprüche der Arbeitnehmer richten sich ausschließlich gegen den Pensionsfonds, die Pensionskasse oder die Direktversicherung.[39] 16

Die Zusage muss auf Grund oder „aus Anlass" eines Arbeits- oder Dienstverhältnisses (vgl. § 1 Abs. 1 BetrAVG) gegeben werden. Zwischen der Zusage und Tätigkeit muss damit ein Zusammenhang bestehen. Unter „Zusage" fallen alle Versorgungsvereinbarungen zwischen Arbeitgeber und Arbeitnehmer unabhängig von ihrer Begründung und Durchführungsform.[40] Auch falls der Arbeitnehmer wirtschaftlich die Kosten für die ihm versprochene Altersversorgung trägt (Entgeltumwandlung iSd § 1 Abs. 2 Nr. 3 BetrAVG, § 1a BetrAVG, § 1b Abs. 5 BetrAVG), liegt eine Versorgungszusage des Arbeitgebers vor. Versorgungszusagen können auch durch Betriebsvereinbarungen oder für leitende Angestellte durch eine mit dem Sprecherausschuss vereinbarte Richtlinie begründet werden.[41] Regelungstatbestand von Betriebsvereinbarungen sind alle Inhalte des Arbeitsverhältnisses.[42] Nach § 1 Abs. 2 Nr. 2a Hs. 1 BetrAVG verpflichtet sich der Arbeitgeber im Fall der reinen Beitragszusage (→ Rn. 16) durch Tarifvertrag oder auf Grund eines Tarifvertrages in einer Betriebs- oder Dienstvereinbarung. 17

**2. Gestaltungsformen der betrieblichen Altersversorgung.** Das BetrAVG trifft Regelungen für die unmittelbare Versorgungszusage (= Direktzusage), Direktversicherung, Pensionskasse, Unterstützungskasse und den Pensionsfonds. Von den gesetzlich geregelten Gestaltungsformen (vgl. insbesondere § 1b Abs. 2–4 BetrAVG) kommt der Direktzusage die größte Bedeutung zu,[43] gefolgt von der Unterstützungskasse, Direktversicherung und der Pensionskasse. 18

**a) Unmittelbare Versorgungszusage (= Direktzusage).** Bei der unmittelbaren Versorgungszusage verspricht der Arbeitgeber dem Arbeitnehmer Versorgungsleistungen. Sie werden aus dem Betriebsvermögen im Leistungszeitraum finanziert. Die Deckungsmittel stammen aus Pensionsrückstellungen (rückstellungsfinanzierte Direktzusage).[44] Der Arbeitnehmer erhält einen Rechtsanspruch auf Leistungen. Der Arbeitgeber kann sein Risiko durch eine Rückdeckungsversicherung abwälzen (kapitalgedecktes Versorgungssystem).[45] Tritt ein Versorgungsfall ein, kann der Arbeitgeber die aus der Versicherung fließenden Mittel zur Begleichung seiner Versorgungspflichten an die Versorgungsberechtigten verwenden. Verspricht der Arbeitgeber dem Arbeitnehmer die Versorgung 19

36 BGH NJW 1981, 2410; BGHZ 77, 233 (241) = NJW 1980, 2257; AP BetrAVG § 17 Nr. 4.
37 BGH NJW-RR 2014, 449 = FamRZ 2014, 731; NJW-RR 1993, 1285 = FamRZ 1993, 1303 (1304); NJW 1993, 1262 = FamRZ 1993, 684 (686); BGHZ 77, 233 (236, 242) = NJW 1980, 2257.
38 BGH NJW-RR 2014, 449 = FamRZ 2014, 731.
39 BT-Drs.18/11286, 32.
40 Blomeyer/Rolfs/Otto/*Rolfs* BetrAVG § 1 Rn. 36 ff.
41 Blomeyer/Rolfs/Otto/*Rolfs* BetrAVG § 1 Rn. 38.
42 Blomeyer/Rolfs/Otto/*Rolfs* BetrAVG § 1 Rn. 169.
43 *Uebelhack*, Betriebliche Altersversorgung, 2. Aufl. 2011, Rn. 391–450.
44 BGH NZFam 2016, 1186 Rn. 17 = FamRZ 2016, 2000.
45 BGH NJW 2016, 1728 Rn. 36 ff. = FamRZ 2016, 775.

aus dem Unternehmensertrag, liegt eine unmittelbare Versorgungszusage auch vor, wenn der Anspruch auf Entgeltumwandlung beruht (§ 1a BetrAVG).

20 **b) Unterstützungskasse.** Unterstützungskassen sind rechtsfähige Versorgungseinrichtungen, auf deren Leistungen kein Rechtsanspruch besteht (§ 1b Abs. 4 S. 1 BetrAVG) und die als eingetragener Verein, GmbH oder seltener als Stiftung betrieben werden. Die Versorgung kann gewährt werden, der Arbeitnehmer hat darauf aber keinen Rechtsanspruch (§ 1b Abs. 4 S. 1 BetrAVG). Durch die Rspr. von BVerfG und BAG ist diese Regel relativiert worden. Das BAG – vom BVerfG bestätigt[46] – versteht den Ausschluss des Rechtsanspruchs nur als gebundenes Widerrufsrecht, so dass die begünstigten Arbeitnehmer „Quasi-Ansprüche" auf die zugesagten Leistungen haben,[47] die es rechtfertigen, die Unterstützungskasse im Verfahren über den Versorgungsausgleich als einen Versorgungsträger anzusehen und gemäß § 219 Nr. 3 FamFG zu beteiligen,[48] obwohl Rechtsbeziehungen grundsätzlich nur bestehen zwischen der Unterstützungskasse, deren Widerrufsrecht durch den Vertrauensschutz begrenzt wird,[49] und dem zusagenden Arbeitgeber.[50] Stellt der Arbeitgeber eine ausreichende Dotierung nicht sicher, hat er gegenüber dem Arbeitnehmer für die Leistungen ersatzweise einzustehen (§ 1 Abs. 1 S. 3 BetrAVG).[51] Letztlich besteht damit zwischen Arbeitgeber und der Unterstützungskasse ein Auftragsverhältnis (§ 662 BGB).[52] Trägerunternehmen einer Unterstützungskasse können ein Arbeitgeber, ein Konzern (Konzernunterstützungskasse) oder mehrere voneinander unabhängige Unternehmen (Gruppenunterstützungskasse) sein.[53]

21 **c) Direktversicherung.** Als Direktversicherung bezeichnet das BetrAVG eine Versicherung auf das Leben des Arbeitnehmers mit direkter Bezugsberechtigung für ihn oder seine Hinterbliebenen (§ 1b Abs. 2 S. 1 BetrAVG). Dies unterscheidet die Direkt- von der Rückdeckungsversicherung. Die abgeschlossene Versicherung muss Versorgungscharakter haben, die Leistungen müssen also an biologische Ereignisse geknüpft sein. Eine Eigenbeteiligung des Arbeitnehmers ist grundsätzlich zulässig (§§ 1a f. BetrAVG). Auch vom Arbeitnehmer getragene Gehaltsverwendungsversicherungen erfüllen die Voraussetzungen der betrieblichen Altersversorgung.[54] Damit gelten für sie der gesetzliche Insolvenzschutz und die Anpassungsüberprüfungspflicht des Arbeitgebers gemäß § 16 Abs. 1 BetrAVG. Da derartige Versicherungen regelmäßig auf Kapitalbasis abgeschlossen werden, sehen die vertraglichen Regelungen ein sofortiges unwiderrufliches Bezugsrecht für den Arbeitnehmer vor. Es besteht ein Dreiecksverhältnis zwischen Arbeitgeber und Versicherer, Versicherer und Arbeitnehmer und Arbeitgeber und Arbeitnehmer. Die Verhältnisse sind in ihrem rechtlichen Bestand voneinander jeweils unabhängig. Voraussetzung für den Abschluss einer Lebensversicherung ist die schriftliche Einwilligung des versicherten Arbeitnehmers nach Maßgabe des § 150 Abs. 1 und 2 VVG. Im Rahmen des Leistungsverhältnisses steht es im Belieben des Arbeitgebers, die Bezugsberechtigung widerruflich oder unwiderruflich auszugestalten. Nach Eintritt der Unverfallbarkeitsvoraussetzungen ist der versicherungsrechtliche Widerruf der Bezugsberechtigung arbeitsrechtlich unwirksam.

22 Auch Kapitalzahlungen bei Alter und Invalidität, die grundsätzlich güterrechtlich auszugleichen sind, unterfallen hier dem Versorgungsausgleich, da sie auf Anrechten nach dem BetrAVG beruhen (→ § 2 Abs. 2 Nr. 3 Hs. 2). Der Direktversicherung liegt häufig ein Deckungskapital zu Grunde, für das zur Bestimmung des Ehezeitanteils regelmäßig die unmittelbare Bewertung (→ Rn. 19) zum Tragen kommt (→ § 39 Rn. 18). Dabei ist überwiegend der Übertragungswert als Kapitalwert nach § 4 Abs. 5 BetrAVG maßgebend (→ Rn. 25, 47), der bei einer Direktversicherung dem gebildeten Kapital entspricht; dies ist das Deckungskapital (→ § 39 Rn. 18).

23 **d) Pensionskasse.** Die Pensionskasse ist eine rechtsfähige, dem Arbeitnehmer oder seinen Hinterbliebenen einen Rechtsanspruch auf Leistungen gewährende Versorgungseinrichtung (§ 1b Abs. 3 S. 1 BetrAVG). Soweit sie nicht dem öffentlichen Dienst zuzurechnen sind (Zusatzversorgungseinrichtungen, VBL), unterliegen Pensionskassen der Versicherungsaufsicht. Vorherrschend

---

[46] BVerfGE 74, 129 (153 f.) = NZA 1987, 347 = AP BetrAVG § 1 Unterstützungskassen Nr. 11; BVerfGE 65, 196 (210 ff.)= NJW 1984, 476 = AP BetrAVG § 1 Unterstützungskassen Nr. 2.

[47] BAG NZA 2009, 1341; NJW 1980, 79 = AP § 242 Nr. 6 Ruhegehalt – Unterstützungskassen Nr. 9.

[48] BGH NJW 2016, 1728 Rn. 64 = FamRZ 2016, 775.

[49] BVerfGE 65, 196 (210 ff.) = NJW 1984, 476 = AP BetrAVG § 1 Nr. 2; BAG AP BGB § 242 Ruhegehalt – Unterstützungskassen Nr. 3.

[50] BAG AP BetrAVG § 1 Unterstützungskassen Nr. 17.

[51] BGH NJW 2016, 1728 Rn. 66 = FamRZ 2016, 775 – BVV Versorgungskasse des Bankgewerbes eV.

[52] Vgl. zur dogmatischen Begr. BVerfGE74, 129 (153 f.) =NZA 1987, 347 = AP BetrAVG § 1 Unterstützungskassen Nr. 11, BAG AP BGB § 242 Ruhegehalt – Unterstützungskassen Nr. 8; vgl. auch Blomeyer/Rolfs/Otto/*Rolfs* BetrAVG Anh. § 1 Rn. 968.

[53] Dazu die Darstellung der Möglichkeiten bei *Förster* BetrAV 1989, 158 ff.

[54] BAG NZA 1994, 507; DB 1990, 2475; Blomeyer/Rolfs/Otto/*Rolfs* BetrAVG § 1 Rn. 73.

war die Rechtsform des VVaG, jedoch werden nun auch Aktiengesellschaften gegründet. Die Rechtsbeziehungen zwischen den Beteiligten entsprechen zwar denen der Direktversicherung; im Unterschied zu dieser sind die Arbeitnehmer aber selbst Versicherungsnehmer. Träger der Pensionskasse ist der Arbeitgeber, ein Konzern (Konzernpensionskasse) oder eine Gruppe rechtlich selbständiger Unternehmen (Gruppenpensionskasse). Der Arbeitgeber ist gegenüber der Pensionskasse zu Beiträgen verpflichtet; die Beitragspflicht folgt entweder aus einem Vertrag oder der Mitgliedschaft des Arbeitgebers in der Pensionskasse.[55]

Der Arbeitnehmer ist im Verhältnis zur regulierten Pensionskasse sowohl Versicherter als auch 24 Versicherungsnehmer,[56] im Verhältnis zur deregulierten Pensionskasse nur Versicherter;[57] ihm steht in beiden Fällen das Bezugsrecht auf die Leistungen zu. Wie bei der Direktversicherung kann der Arbeitnehmer auch zu eigenen Beiträgen verpflichtet sein. Das Versicherungs- und Mitgliedschaftsrecht der Arbeitnehmer richtet sich nach dem VVG, VAG, BGB und der entsprechenden Satzung. Endet das Arbeitsverhältnis vor Eintritt eines Versorgungsfalles und vor Erfüllung der Unverfallbarkeitsvoraussetzungen, enden regelmäßig Versicherungs- und Mitgliedschaftsverhältnis. War der Arbeitnehmer zu eigenen Beiträgen verpflichtet, erfolgt eine Beitragsrückgewähr gemäß der satzungsrechtlich vorgegebenen Verzinsung. Scheidet der Mitarbeiter vor Eintritt eines Versorgungsfalles, aber nach Erfüllung der Unverfallbarkeitsvoraussetzungen aus, bleiben Versicherungs- und Mitgliedschaftsverhältnisse aufrechterhalten. Die Mitgliedschaft wandelt sich jedoch in eine beitragsfreie Mitgliedschaft (§ 165 Abs. 1 VVG) um; eine Rückgewähr der Arbeitnehmerbeiträge ist damit regelmäßig ausgeschlossen. Erfüllt der Arbeitgeber seine arbeitsvertragliche Pflicht zur regelmäßigen Beitragszahlung nicht, so macht er sich gegenüber dem Arbeitnehmer schadensersatzpflichtig.[58]

Anrechte bei Pensionskassen, die Kapitalzahlungen bei Alter und Invalidität gewähren, die 25 grundsätzlich güterrechtlich auszugleichen sind, unterfallen dem Versorgungsausgleich, da sie auf Anrechten nach dem BetrAVG beruhen (§ 2 Abs. 2 Nr. 3 Hs. 2). Diesen Anrechten liegt häufig ein Deckungskapital zu Grunde, für das zur Bestimmung des Ehezeitanteils regelmäßig die unmittelbare Bewertung zum Tragen kommt (→ § 39 Rn. 18).[59] Dabei ist überwiegend der Übertragungswert als Kapitalwert nach § 4 Abs. 5 BetrAVG maßgebend (→ Rn. 46), der hier dem gebildeten Kapital entspricht; dies ist das angesparte Deckungskapital (→ § 39 Rn. 18),[60] das zum Ende der Ehezeit durch den versicherungsmathematischen Barwert ausgedrückt wird, wobei Barwert und Deckungskapital gleichbedeutend sind.[61] Ggf. sind auch Überschussanteile (Schlussüberschüsse und Bewertungsreserven) einzubeziehen.[62]

Ist das Anrecht durch ein Deckungsverfahren **kapitalgedeckt,** erfolgt die Ansammlung der 26 benötigten Deckungsmittel vor oder spätestens zum Eintritt des Versicherungsfalls; zum Zeitpunkt des Eintritts des Versorgungsfalls muss das Deckungskapital einschließlich der noch entstehenden Zinsüberschüsse nach versicherungsmathematischen Grundsätzen ausreichen, um alle künftigen Leistungen zu decken, so dass versicherungsmathematisch erforderlich ist dasjenige Deckungskapital, das bei einer großen Anzahl gleichartiger Verpflichtungen dazu ausreicht, die im Einzelfall von noch unbestimmten Faktoren wie der Lebensdauer abhängenden und deshalb noch ungewissen Einzelverpflichtungen im arithmetischen Mittel tatsächlich erfüllen zu können.[63] Der als Deckungskapital erforderliche Betrag entspricht dem Barwert der Rentenzahlungsverpflichtung bei Eintritt des Versorgungsfalles (näher → § 17 Rn. 6 ff.).[64] Zum Versorgungsausgleich bei Rentenbezug, der nicht in den Anwendungsbereich des § 45 fällt (→ Rn. 2).

**e) Pensionsfonds.** Durch Art. 7 AVmG[65] ist der Pensionsfonds als fünfter Durchführungsweg 27 in das BetrAV eingeführt worden. Ein Pensionsfonds ist eine rechtsfähige Versorgungseinrichtung (§ 1b Abs. 3 S. 1BetrAV), die im Kapitaldeckungsverfahren Leistungen betrieblicher Altersversorgung zugunsten von Arbeitnehmern für einen oder mehrere Auftraggeber erbringt (§ 112 Abs. 1 VAG).

---

55 Vgl. grds. zur Pensionskasse *Bischoff,* Handbuch der betrieblichen Altersversorgung, 1985, PK 58 ff.
56 Blomeyer/Rolfs/Otto/*Rolfs* BetrAVG Anh. § 1 Rn. 837.
57 Blomeyer/Rolfs/Otto/*Rolfs* BetrAVG Anh. § 1 Rn. 838b.
58 BAG AP BGB § 242 Nr. 7.
59 BGH NJW 2016, 1728 Rn. 32 = FamRZ 2016, 775 – Pensionskasse BVV Versicherungsverein des Bankgewerbes aG.
60 BGH NJW 2016, 1728 Rn. 19, 33 = FamRZ 2016, 775 – Pensionskasse BVV Versicherungsverein des Bankgewerbes aG.
61 BGH NJW 2016, 1728 Rn. 33 = FamRZ 2016, 775.
62 BGH NJW 2016, 1728 Rn. 19 = FamRZ 2016, 775.
63 BGH NJW 2016, 1728 Rn. 37 = FamRZ 2016, 775.
64 BGH NJW 2016, 1728 Rn. 38 = FamRZ 2016, 775.
65 Altersvermögensgesetz vom 26.6.2001 (BGBl. 2001 I S. 1310); vgl. dazu Blomeyer/Rolfs/Otto/*Rolfs* BetrAVG Einl. Rn. 16; dazu eingehend *Reineke* NJW 2001, 3511.

Die Leistungen sind als Altersrente oder in Form eines Auszahlungsplanes mit Kapitalverrentung zu erbringen (§ 1 Abs. 1 S. 1 Nr. 4 AltZertG). Das Betriebsrentenversprechen wird zwischen Arbeitgeber und Arbeitnehmer erteilt (Pensionsfondszusage). Arbeitgeber und Pensionsfonds schließen einen Vertrag, aufgrund dessen der Arbeitnehmer einen gegen den Fonds gerichteten Leistungsanspruch erlangt (§ 328 BGB).[66]

28 Anrechte bei Pensionsfonds, die Kapitalzahlungen bei Alter und Invalidität gewähren, die grundsätzlich güterrechtlich auszugleichen sind, unterfallen dem Versorgungsausgleich, da sie auf Anrechten nach dem BetrAVG oder dem Altersvorsorgeverträge-Zertifizierungsgesetz beruhen (§ 2 Abs. 2 Nr. 3 Hs. 2). Diesen Anrechten liegt häufig ein Deckungskapital zu Grunde, für das zur Bestimmung des Ehezeitanteils regelmäßig die unmittelbare Bewertung zum Tragen kommt (→ § 39 Rn. 18). Dabei ist überwiegend der Übertragungswert als Kapitalwert nach § 4 Abs. 5 BetrAVG maßgebend, der hier dem gebildeten Kapital entspricht; dies ist der Marktwert der Fondsanteile (→ § 39 Rn. 18).

29 **f) Kombination von Gestaltungsformen.** In der Praxis finden sich häufig unterschiedliche Gestaltungsformen verknüpfende betriebliche Versorgungsregelungen. Werden Leistungen einer Direktversicherung oder Pensionskasse auf direkte Versorgungszusagen des Arbeitgebers entsprechend angerechnet, ist die Einbeziehung in den Versorgungsausgleich für jeden Leistungsteil getrennt vorzunehmen. Kapitalleistungen bleiben dem Zugewinnausgleich vorbehalten; um einen „Doppelausgleich“ zu vermeiden, ist ihr Wert jedoch bei der Ermittlung des im Versorgungsausgleich ausgleichspflichtigen Anrechts abzusetzen.

30 **3. Versorgungsmodelle.** Die betriebliche Altersversorgung war – von den wenigen tarifvertraglich geregelten Versorgungswerken abgesehen – eine freiwillige Sozialleistung der Arbeitgeber.[67] Dem Arbeitgeber stand es frei, ein betriebliches Versorgungswerk einzuführen und dessen Voraussetzungen und Ausgestaltung zu bestimmen.[68] Seit Einführung der Entgeltumwandlung (§ 1a BetrAVG) ist der Arbeitgeber zur Begründung betrieblicher Vorsorgerechte verpflichtet. Dessen ungeachtet bleibt die Durchführung der betrieblichen Altersversorgung nach wie vor dem Arbeitgeber überlassen.[69]

31 **a) Gesamtversorgungssysteme.** Die Gesamtversorgungssysteme garantieren – ähnlich der Beamtenversorgung – unter Einbeziehung der ges. Rente oder anderen Ruhestandseinkünften einen bestimmten Prozentsatz des vor dem Ausscheiden verdienten ruhegeldfähigen Einkommens. Sie waren in der Vergangenheit weit verbreitet. Sie sollten den Beschäftigten eine der Beamtenversorgung angenäherte Altersversorgung schaffen. Gesamtversorgungssysteme finden sich im öffentlichen Dienst und den diesem nahen Wirtschaftszweigen (Sparkassen, Versicherungen, Montanindustrie). Heute üblicher ist eine Kombination mit der leistungsorientierten Versorgung durch eine eingeschränkte Gesamtversorgung, bei der die betrieblichen Rente zunächst autonom berechnet, dann den anderweitigen Ruhestandseinkünften hinzugerechnet und schließlich gekürzt wird, falls diese zusammen mit der betrieblichen Rente eine durch eine Höchstbegrenzungsklausel[70] bestimmte Obergrenze übersteigen. Näher → § 40 Rn. 23 ff.

32 **b) Bezügeabhängige Versorgungsregelungen.** Sie sind in der Regel als **Endgehaltspläne** konzipiert. Sie gewähren einen vorgegebenen Prozentsatz des versorgungsfähigen Einkommens bei Eintritt in den Ruhestand als betriebliche Versorgungsleistung. Der Versorgungsprozentsatz hängt von der verbrachten Betriebszugehörigkeit ab. Viele betriebliche Versorgungswerke sehen Steigerungsbeträge zwischen 0,3 und 0,7 % des versorgungsfähigen Einkommens für jedes Jahr der Betriebszugehörigkeit vor.[71] Die Mehrzahl der Versorgungswerke begrenzt jedoch die Anzahl der versorgungsfähigen Dienstjahre (in der Regel auf 30 oder 40 Dienstjahre). Insbes. in der Anwartschaftsphase (→ Rn. 2) unterliegen diese Anrechte einer Einkommensdynamik;[72] zu deren Behandlung im Versorgungsausgleich → Rn. 55. Im Leistungsstadium sind künftige Versorgungsanpassungen (Rententrend) nach § 16 BetrAVG zu beachten (Leistungsdynamik).[73]

33 **c) Festbetragsversorgungsregelungen.** Bei ihnen werden den Mitarbeitern feste Geldbeträge als betriebliche Versorgungsleistung zugesagt. Häufig finden sich Variationen dahin, dass die Festbeträge abhängig von der erbrachten Dienstzeit, Einkommenshöhe oder der entsprechenden Tarif-

---

66 Blomeyer/Rolfs/Otto/*Rolfs* BetrAVG Anh. § 1 Rn. 904.
67 Blomeyer/Rolfs/Otto/*Rolfs* BetrAVG § 1a Rn. 2.
68 BAG AP BGB § 242 Nr. 156 Ruhegehalt.
69 Blomeyer/Rolfs/Otto/*Rolfs* BetrAVG § 1 Rn. 217.
70 Blomeyer/Rolfs/Otto/*Rolfs* BetrAVG Anh. § 1 Rn. 235.
71 BGH NJW 2018, 1961 Rn. 15 = FamRZ 2018, 894 – IBM Deutschland GmbH.
72 BGH NJW 2018, 1961 Rn. 20 = FamRZ 2018, 894.
73 BGH NJW 2018, 1961 Rn. 48 ff. = FamRZ 2018, 894.

gruppe zu bemessen sind. Festbetragsmodelle sind nicht als dynamische Modelle in der Anwartschaftszeit einzuordnen. Eine dynamische Entwicklung der festgesetzten Rentenbeträge nach Eintritt des Versorgungsfalles kommt in der Praxis nicht vor.

**d) Karrieredurchschnittspläne.** Unter Karrieredurchschnittsplänen versteht man Rentenbausteinsysteme, die für jedes Jahr der Betriebszugehörigkeit einen Steigerungssatz vorsehen. Dieser wird jedoch auf das ruhegeldfähige Einkommen des jeweiligen Kalenderjahres und nicht auf deren Summe bei Eintritt des Versorgungsfalles bezogen. Karrieredurchschnittspläne stellen damit eine Mischung zwischen bezügeabhängigen und Festbetragssystemen dar. Der im jeweiligen Jahr der Betriebszugehörigkeit verdiente Rentenbaustein wird damit bezogen auf das ruhegeldfähige Einkommen bei Eintritt in den Ruhestand mit jeder nachfolgenden Einkommenserhöhung entwertet. Der Wert eines Bausteins beträgt bei einer Einkommensdynamik von jährlich 5 % nach 15 Jahren beispielsweise nur noch die Hälfte des ruhegeldfähigen Einkommens zum Zeitpunkt des Rentenbeginns. 34

**e) Beitragsabhängige Versorgungsregelungen.** Bei beitragsabhängigen Leistungszusagen[74] wird dem Berechtigten für jedes Jahr der Betriebszugehörigkeit ein vorgegebener Beitrag abhängig von der Höhe des ruhegeldfähigen Einkommens in diesem Kalenderjahr zugesagt. Diese Beiträge werden dann entweder in eine Direktversicherung, Pensionskasse oder einen Pensionsfonds eingezahlt oder bei einer Direktzusage des Arbeitgebers in Rentenbausteine (beitragsorientierte Leistungszusage iSd § 1 Abs. 2 Nr. 1 BetrAVG) umgerechnet. Die Rentenbausteine entwerten sich dann gemessen an dem versorgungsfähigen Einkommen zum Zeitpunkt der Pensionierung in Abhängigkeit von den noch ausstehenden Jahren und der auf diese Jahre entfallenden Lohn- oder Gehaltsdynamik. Eine gesetzliche Form der beitragsabhängigen Versorgungsregelung stellt die mit dem AVmG in das Betriebsrentenrecht aufgenommene Beitragszusage mit Mindestleistung dar (§ 1 Abs. 2 Nr. 2 BetrAVG). Sie bietet sich für die Entgeltumwandlung an (§ 1a BetrAVG). Verpflichtet sich der Arbeitgeber, diese aus mehreren Zusagen bestehenden Leistungen jährlich um wenigstens 1 % anzupassen, so ist der Arbeitgeber von anderweitigen Anpassungen ausgenommen (§ 16 Abs. 3 Nr. 1 BetrAVG). Die beitragsabhängigen Versorgungszusagen (engl. defined contribution plans) treten in der betrieblichen Praxis zunehmend an die Stelle der vormals üblichen leistungsabhängigen Zusagen (engl. defined benefit plans). Damit verändert sich die Risikostruktur des Anrechts. Während bei leistungsabhängigen Zusagen den Arbeitgeber eine Erfolgshaftung trifft, trägt bei beitragsabhängigen Zusagen der Arbeitnehmer das Kapitalmarktrisiko. Bei Beitragszusagen mit Mindestleistung ist das dem Arbeitnehmer auferlegte Kapitalmarktrisiko auf den Nominalbetrag der eingezahlten Beiträge beschränkt. 35

Zum Bausteinprinzip beitragsabhängiger Zusagen näher → § 39 Rn. 19 f. 36

**f) Ergebnisabhängige Versorgungsregelungen.** Bei ergebnisabhängigen Versorgungsregelungen handelt es sich um ein Gewinnbeteiligungsmodell des Arbeitgebers, wobei die Leistungsvoraussetzungen an Invalidität, Tod oder Erreichen der Altersgrenze geknüpft sind. Damit handelt es sich um betriebliche Altersversorgung. 37

**4. Unverfallbarkeit iSd Betriebsrentenrechts.** Das BetrAVG regelt die Aufrechterhaltung der Versorgungsanwartschaften bei Ausscheiden vor Eintritt eines Versorgungsfalles. Nach § 1b Abs. 1 S. 1 BetrAVG tritt für Zusagen, die ab 1.1.2018 erteilt werden, die Unverfallbarkeit ein, wenn der Arbeitnehmer bei seinem Ausscheiden nach Vollendung des 21. Lebensjahres drei Jahre im Besitz einer Versorgungszusage gewesen ist. Für früher erteilte Zusagen gelten die Übergangsregelungen des § 30f BetrAVG. 38

Die Unverfallbarkeitsfrist beginnt mit Erteilung der Versorgungszusage. Bei Versorgungsrechten auf Grund betrieblicher Übung (§ 1b Abs. 1 S. 4 BetrAVG)beginnt die Frist mit der die Übung begründenden Voraussetzung – zB Aufnahme in den Kreis der Führungskräfte – oder aber bei Gewährung von Versorgungsleistungen nach Eintritt des Versorgungsfalles ohne rechtliche Verpflichtung mit dem Eintritt des Arbeitnehmers in den Betrieb – also dem Zeitpunkt, zu welchem die Erteilung der Zusage in Aussicht gestellt wurde.[75] Bei Ansprüchen aus dem Grundsatz der Gleichbehandlung (§ 1b Abs. 1 S. 4 BetrAVG)beginnt die Unverfallbarkeitsfrist mit dem Zeitpunkt, zu dem die Versorgungszusage den anderen Arbeitnehmern erteilt wird.[76] Stets unverfallbar sind alle auf Entgeltumwandlung begründeten Anrechte (§ 1b Abs. 5 BetrAVG). 39

---

74 BGH NJW-RR 2016, 514 = FamRZ 2016, 781.
75 BAG AP BetrAVG § 2 Nr. 45.
76 Blomeyer/Rolfs/Otto/*Rolfs* BetrAVG § 1b Rn. 324.

### IV. Betriebliche Anrechte im Versorgungsausgleich

40 **1. Rechtsstellung des Versorgungsträgers und des Familiengerichts.** Die Berechnung des Ehezeitanteils des Anrechts nimmt gemäß § 5 Abs. 1 der Träger der betrieblichen Altersversorgung in Form der für das jeweilige Versorgungssystem maßgeblichen Bezugsgröße vor (→ Rn. 3, → § 5 Rn. 3 ff.) und unterbreitet dem Familiengericht nach § 5 Abs. 3 einen **Vorschlag für den Ausgleichswert,** der nach § 1 Abs. 2 S. 2 die Hälfte des auszugleichenden Ehezeitanteils des Versorgungsanrechts darstellt (→ § 5 Rn. 44 ff.). Dabei haben betriebliche Versorgungsträger gemäß § 5 Abs. 5, § 45 Abs. 1 S. 1 ein **Wahlrecht,** ob sie bei der Bestimmung des Ehezeitanteils von dem Wert des betrieblichen Anrechts als Rentenbetrag in Höhe der unverfallbaren Anwartschaften nach § 2 BetrAVG oder als Kapitalwert nach § 4 Abs. 5 BetrAVG ausgehen wollen.[77] Weil der Versorgungsträger nach § 47 den korrespondierenden Kapitalwert in jedem Fall zu ermitteln hat, geht die gesetzliche Vermutung dahin, dass die Versorgungsträger regelmäßig auch die Festsetzung des Kapitalwerts vorlegen werden. Den Trägern ist unbenommen, danach die Bewertung vorzunehmen. Stellen sie diese fest, dürfte daraus regelmäßig folgen, dass neben dem korrespondierenden Kapitalwert nach § 47 (§ 4 Abs. 5 BetrAVG) ein nach § 5 Abs. 3 zu bildender und von diesem abweichender Ausgleichswert ermittelt wird.[78] Zur Bindung des Versorgungsträgers an die für die jeweilige Bezugsgröße festgelegte Berechnungsweise → Rn. 41.

41 Wählt der Versorgungsträger als Bezugsgröße den Rentenbetrag nach § 2 BetrAVG oder den Kapitalwert nach § 4 Abs. 5 BetrAVG ist er an die für die jeweilige Bezugsgröße festgelegte **Berechnungsweise gebunden.**[79] Bei dem Ausgleich eines Rentenbetrags nach § 2 BetrAVG und dem eines Kapitalwerts nach § 4 Abs. 5 BetrAVG handelt es sich um jeweils unterschiedliche Berechnungsmethoden und Wertermittlungsansätze (→ Rn. 46; → Rn. 47).[80]

42 Wegen der rechtsgestaltenden Wirkung der familiengerichtlich ausgesprochenen internen Teilung von Anrechten hat das Familiengericht gemäß § 26 FamFG die Aufgabe, die rechtliche **Vereinbarkeit der Versorgungs- und Teilungsregelungen** des Versorgungsträgers **mit höherrangigem Recht** zu überprüfen,[81] insbesondere ob diese Regelungen am Maßstab des § 11 Abs. 1 eine gleichmäßige Teilhabe der ausgleichsberechtigten Personen gewährleisten. Durch die obligatorische Bezugnahme auf die maßgeblichen Versorgungs- und Teilungsregelungen in der Beschlussformel bringt das Familiengericht zum Ausdruck, dass es die Anforderungen des § 11 Abs. 1 geprüft hat und für erfüllt hält.[82] Der **Halbteilungsgrundsatz** gebietet es aber nicht nur, dass die ausgleichsberechtigte Person die Hälfte des in der Ehezeit erworbenen Anrechts abzüglich der anteiligen Kosten der Teilung erhält, sondern ebenso, dass der ausgleichspflichtigen Person die Hälfte des von ihr erworbenen Anrechts abzüglich der anteiligen Teilungskosten verbleibt.[83] Dabei ist zu berücksichtigen, dass nach der Rspr. des BAG[84] eine rechtskräftige Entscheidung über die interne Teilung eines betrieblichen Anrechts auf der Grundlage einer vom Familiengericht herangezogenen und rechtlich überprüften Teilungsordnung für das nachfolgende arbeitsgerichtliche Verfahren zwischen dem Ausgleichspflichtigen und dem Versorgungsträger Bindungswirkung zu der sich nach der Teilungsordnung ergebenden Berechnungsmethode für den Kürzungsbetrag entfaltet. Durch die Annahme einer solchen Bindungswirkung wird dem Familiengericht und dem ausgleichspflichtigen Beteiligten im familiengerichtlichen Verfahren bei der Prüfung der Teilungsordnung eine erhöhte Verantwortung auferlegt. Eine verfahrensrechtliche Auskunftspflicht des Versorgungsträgers nach § 220 Abs. 4 S. 1 FamFG zur Höhe des voraussichtlichen Kürzungsbetrags besteht nach Auffassung des BGH[85] zwar nicht. Das Familiengericht ist aber verpflichtet, die maßgebliche Teilungsordnung auf eine mögliche Benachteiligung des Ausgleichspflichtigen zu überprüfen, da das gesamte Teilungssystem des Versorgungsträgers den Anforderungen des höherrangigen Rechts genügen muss.[86] Daher kann das Familiengericht bei einer unklaren Kürzungsregelung in der Teilungsordnung gemäß § 26 FamFG vom Versorgungsträger jedenfalls die Darlegung der maßgeblichen Kriterien der vorzunehmenden Kürzung verlangen, um ggf. durch ein Sachverständigengutachten diese Frage klären zu lassen.[87]

---

[77] BGH NJW 2016, 1728 Rn. 17 = FamRZ 2016, 775; NJW-RR 2016, 514 Rn. 13 = FamRZ 2016, 781.
[78] BT-Drs. 16/10144, 82; *Rolfs/Schlüter* ZfA 2010, 161.
[79] BGH NJW-RR 2018, 1158 Rn. 9 = FamRZ 2018, 1574 für den Rentenbetrag.
[80] BGH NJW-RR 2018, 1158 Rn. 18 = FamRZ 2018, 1574.
[81] BGH NJW 2018, 1961 Rn. 39 = FamRZ 2018, 894; NJW-RR 2015, 577 Rn. 11 = FamRZ 2015, 911.
[82] BGH NJW 2018, 1961 Rn. 39 = FamRZ 2018, 894; NJW 2011, 1139 Rn. 25 = FamRZ 2011, 547.
[83] BGH NJW 2018, 1961 Rn. 44 = FamRZ 2018, 894.
[84] BAG FamRZ 2016, 535 Rn. 19 f.; s. auchBAG NZFam 2018, 683 = FamRZ 2018, 1576.
[85] BGH NJW 2018, 1961 Rn. 40 = FamRZ 2018, 894 m. krit. Anm. *Borth* FamRZ 2018, 903; BT-Drs. 16/10144, 94.
[86] BGH NJW 2018, 1961 Rn. 43 = FamRZ 2018, 894.
[87] *Borth* FamRZ 2018, 902 (903).

**2. Rentenbetrag nach § 2 BetrAVG als maßgeblicher Wert (Abs. 1 S. 1).** § 45 Abs. 1 S. 1 bestimmt den Rentenbetrag nach § 2 BetrAVG – ebenso wie den Kapitalwert nach § 4 Abs. 5 BetrAVG (→ Rn. 47) – zur maßgeblichen Bezugsgröße für die Bewertung von Anrechten der betrieblichen Altersversorgung. 43

§ 2 BetrAVG regelt die Höhe der unverfallbaren Anwartschaft, wenn ein Arbeitnehmer vor Eintritt eines Versorgungsfalles mit einer gesetzlich unverfallbaren Anwartschaft aus dem Arbeitsverhältnis ausgeschieden ist. Die Vorschrift ordnet eine zeitratierliche Berechnung an, nämlich das Verhältnis der tatsächlich zurückgelegten Betriebszugehörigkeit zu der für den Erwerb des Vollrechts erforderlichen Betriebszugehörigkeit: 44

V x m/n
V = fiktive volle Versorgungsleistungen ohne vorheriges Ausscheiden
m = tatsächliche Dauer der Betriebszugehörigkeit
n = bis zur Altersgrenze mögliche Dauer der Betriebszugehörigkeit

**Rechenbeispiel:**[88]
Zusage von 0,5% pro Jahr der letzten Bezüge von 3000 EUR bei 165 Monaten tatsächlicher Betriebszugehörigkeit und 456 Monaten (= 38 Jahre) möglicher Dauer der Betriebszugehörigkeit
38 x 0,5% x 3000 EUR = 570 EUR x 165 : 456 = 206,25

Fragen der Dynamisierung behandelt § 2a Abs. 2 BetrAVG. 45

Wählt der Versorgungsträger als Bezugsgröße den Rentenbetrag nach § 2 BetrAVG ist er an die für die jeweilige Bezugsgröße festgelegte **Berechnungsweise gebunden.**[89] Der Ausgleichswert ist als monatlicher Rentenbetrag auf den Ausgleichsberechtigten zu übertragen. In derselben Höhe ist der monatliche Rentenanspruch des Ausgleichspflichtigen zu kürzen. Beides vollzieht sich ohne biometrische Umrechnung und ist deshalb – anders als der Ausgleich über einen Kapitalwert nach § 4 Abs. 5 BetrAVG – für den Versorgungsträger regelmäßig nicht wertgleich und aufwandsneutral. Die Halbteilung von Rentenbeträgen führt zur Bildung unterschiedlich hohen Deckungskapitals und damit zu einer Belastung des Versorgungsträgers, wenn die ausgleichsberechtigte Person versicherungsmathematisch eine ungünstigere Risikostruktur als die ausgleichspflichtige Person aufweist.[90] Rentenbetrag ist somit stets eine für beide Ehegatten gleich hohe Monatsrente aus dem Ehezeitanteil, und zwar in hälftiger Höhe des vom Ausgleichspflichtigen ehezeitlich erworbenen Rentenanspruchs gemäß § 2 BetrAVG, abzüglich umgerechneter Teilungskosten.[91] Eine Umrechnung des Rentenbetrages in einen als Teilungsgegenstand maßgeblichen Kapitalwert, der anschließend nach voneinander abweichenden Faktoren in unterschiedliche Renten rückgerechnet wird, ist unzulässig.[92] 46

**3. Kapitalwert nach § 4 Abs. 5 BetrAVG (Abs. 1 S. 1).** § 4 Abs. 5 BetrAVG bestimmt, dass der Wert unverfallbarer Anwartschaften und laufender Leistungen bei deren Übertragung von einem Arbeitgeber auf einen anderen dem Barwert der nach § 2 BetrAVG bemessenen künftigen Versorgungsleistung im Zeitpunkt der Übertragung entspricht. Bei der Barwertberechnung sind die Rechnungsgrundlagen sowie die anerkannten Regeln der Versicherungsmathematik maßgebend. Nach § 4 Abs. 2 Nr. 2 BetrAVG kann eine Übertragung nur in allseitigem Einverständnis erfolgen; deshalb musste der Gesetzgeber nicht die Höhe des zu verwendenden Rechnungszinses bestimmen, für den die handelsrechtliche Bewertung nach § 253 HGB einen Anhaltspunkt gibt. Zum Ausgleichswert als Kapitalwert bei externer Teilung → § 17 Rn. 5, zur Berechnung des Barwerts → § 17 Rn. 6 ff. 47

Der Übertragungswert nach § 4 Abs. 5 BetrAVG entspricht dem gebildeten Kapital. Dies ist regelmäßig, insbesondere bei Direktversicherungen und Pensionskassen, das Deckungskapital. Bei einem Pensionsfonds ist der Marktwert der Fondsanteile zugrunde zu legen. Näher → § 39 Rn. 18. 48

**4. Weitere maßgebliche Bezugsgrößen.** Für Anrechte der betrieblichen Altersversorgung bestimmt die Bewertungsvorschrift des § 45 Abs. 1 S. 1 zwar, dass der Versorgungsträger bei der Berechnung des Ehezeitanteils wahlweise vom Wert des Anrechts als Rentenbetrag gemäß § 2 BetrAVG oder als Kapitalbetrag gemäß § 4 Abs. 5 BetrAVG ausgehen kann. Mit dieser Regelung ist allerdings keine Beschränkung der maßgeblichen Bezugsgrößen im Rahmen der betrieblichen Altersversorgung bezweckt. Denn der sich aus den allgemeinen Bestimmungen des § 5 Abs. 1, 3 (→ § 5 Rn. 4) und § 39 Abs. 2 (→ § 39 Rn. 4) ergebende Grundsatz, dass der Ausgleichswert in 49

[88] S. auch die Berechnung des BGH NJW 2018, 1961 Rn. 20 = FamRZ 2018, 894.
[89] BGH NJW-RR 2018, 1158 Rn. 9 = FamRZ 2018, 1574 für den Rentenbetrag.
[90] BT-Drs. 16/10144, 56; BGH NJW-RR 2018, 1158 Rn. 11 = FamRZ 2018, 1574.
[91] BGH NJW-RR 2018, 1158 Rn. 12 = FamRZ 2018, 1574.
[92] BGH NJW-RR 2018, 1158 Rn. 13 = FamRZ 2018, 1574.

der im jeweiligen Versorgungssystem verwendeten Bezugsgröße zu bestimmen ist, beansprucht für alle Versorgungsträger und damit auch für die Träger der betrieblichen Altersversorgung gleichermaßen Geltung. Das dem Versorgungsträger durch § 45 Abs. 1 eingeräumte Wahlrecht schließt daher die Berücksichtigung anderer Bezugsgrößen für Anrechte der betrieblichen Altersversorgung, wie Fondsanteile, nicht aus.[93]

### V. Berechnung des für den Versorgungsausgleich maßgebenden Wertes der betrieblichen Versorgungsanrechte

50 **1. Ehezeitende als Ende der Betriebszugehörigkeit (Abs. 1 S. 2).** Der Wert des auszugleichenden betrieblichen Versorgungsanrechts ist für das Ende der Ehezeit zu bestimmen. Der Ehezeitanteil beginnt nach § 3 Abs. 1 mit dem ersten Tag des Monats der Eheschließung und endet am letzten Tag des Monats vor Zustellung des Scheidungsantrags. Für die Bewertung des für den Versorgungsausgleich maßgebenden Wertes der betrieblichen Versorgungsanrechte ist entsprechend § 4a BetrAVG zu fingieren, dass das Ende der Betriebszugehörigkeit und der Ehe auf denselben Zeitpunkt fallen.

51 **2. Nachehezeitliche Veränderungen der Anrechte.** Wegen des Stichtagsprinzips nach § 3 Abs. 1 bleiben solche nachehezeitlichen Veränderungen **außer Betracht,** die keinen Bezug zum ehezeitlichen Erwerb aufweisen und nach Maßgabe der zum Ehezeitende bestehenden individuellen Bemessungsgrundlagen keinen Einfluss auf den Ehezeitanteil der Versorgung haben.[94] Dies betrifft insbesondere nachehezeitliche Veränderungen, die auf einem späteren beruflichen Aufstieg oder einem zusätzlichen persönlichen Einsatz beruhen,[95] aber auch ein fortschreitendes Lebensalter, so dass eine damit einhergehende fortlaufende Barwertminderung nicht auf den Ehezeitanteil des Anrechts zurückwirkt.[96]

52 Gemäß § 5 Abs. 2 S. 2 sind aber rechtliche oder tatsächliche Veränderungen nach Ehezeitende, die auf den Ehezeitanteil zurückwirken, **zu berücksichtigen.** Das gilt für nachehezeitliche Veränderungen, wenn sie einen Bezug zum ehezeitlichen Erwerb aufweisen und rückwirkend betrachtet auf der Grundlage der individuellen, zum Bewertungsstichtag bestehenden Verhältnisse den ehezeitbezogenen Wert ändern, wie sie insbesondere bei zum Ehezeitende ganz oder teilweise noch verfallbaren und deshalb zu diesem Zeitpunkt nicht ausgleichsreifen Versorgungsanrechten gegeben sind (→ Rn. 54 f.).[97] Ebenso sind eine verfallbare Einkommensdynamik[98] und ein Rententrend im Leistungsstadium[99] zu beachten.

53 **3. Unverfallbarkeit iSd Versorgungsausgleichs.** Bei Anrechten der betrieblichen Altersversorgung ist zu unterscheiden zwischen der Unverfallbarkeit einer Anwartschaft dem Grunde und der Höhe nach. Ein Versorgungsanrecht kann sowohl unverfallbare als auch verfallbare Bestandteile enthalten.[100]

54 **a) Unverfallbarkeit dem Grunde nach.** Im Wertausgleich bei der Ehescheidung bleiben dem Grunde nach noch **verfallbare** betriebliche Versorgungsanrechte außer Betracht.[101] § 19 Abs. 2 Nr. 1 (→ § 19 Rn. 7 f.), in dem der Tatbestand fehlender Ausgleichsreife insbesondere aus Gründen der Verfallbarkeit nach dem Betriebsrentengesetz (→ Rn. 38 f.) beschrieben wird, erweitert den Tatbestand fehlender Ausgleichsreife auf die in vertraglichen Verfallsregeln enthaltenen Bestimmungen und legitimiert damit die in der bisherigen Rspr. getroffene begriffliche Differenzierung zwischen der Unverfallbarkeit im Betriebsrenten- und Versorgungsausgleichsrecht. Beruhen Betriebsrentenrechte auf Entgeltumwandlung (§ 1 Abs. 3 BetrAVG; § 1a BetrAVG), so sind diese stets **unverfallbar** (§ 1b Abs. 5 S. 1 BetrAVG).

55 **b) Unverfallbarkeit der Höhe nach.** Nachehezeitliche Wertsteigerungen des ehezeitlichen Anrechts aufgrund einer späteren Einkommensdynamik endgehaltsbezogener Anrechte stellen einen der Höhe nach noch verfallbaren Vermögensbestandteil nach § 19 Abs. 2 Nr. 1 dar. Tritt die Unverfallbarkeit der Anwartschaftsdynamik mit dem nachehezeitlichen Versorgungsfall ein, wirkt diese tatsächli-

---

[93] BGH NJW-RR 2015, 129 Rn. 25 = FamRZ 2015, 313; NJW 2014, 3447 Rn. 22 = FamRZ 2014, 1983; BT-Drs. 16/10144, 49.

[94] BGH NJW 2018, 1961 Rn. 18 = FamRZ 2018, 894; NJW-RR 2009, 1297 Rn. 18 = FamRZ 2009, 1309.

[95] BGH NJW 2018, 1961 Rn. 18 = FamRZ 2018, 894; NJW 2012, 1287 Rn. 24 = FamRZ 2012, 694; NJW 2012, 1000 Rn. 23 f. = FamRZ 2012, 509.

[96] BGH NJW 2016, 1728 Rn. 34 = FamRZ 2016, 775.

[97] BGH NJW 2018, 1961 Rn. 19 = FamRZ 2018, 894; NJW-RR 2009, 1297 Rn. 18 = FamRZ 2009, 1309.

[98] BGH NJW 2018, 1961 Rn. 23 = FamRZ 2018, 894.

[99] BGH NJW 2018, 1961 Rn. 48 ff., 55 = FamRZ 2018, 894.

[100] BGH NJW 2018, 1961 Rn. 21 = FamRZ 2018, 894.

[101] BGH NJW 2018, 1961 Rn. 21 = FamRZ 2018, 894.

che Änderung auf den Ehezeitanteil zurück (§ 19 Abs. 1 S. 2, § 5 Abs. 2 S. 2) und ist im Zeitpunkt der letzten Tatsachenentscheidung über den Wertausgleich bei der Scheidung zu berücksichtigen.[102]

## VI. Unmittelbare oder zeitratierliche Bewertung des ehezeitlichen Anrechts (Abs. 2)

Ergibt sich ein Kapitalwert als Ausgleichswert, ist dieser der Teilung zu Grunde zu legen (= unmittelbare Bewertung, § 39 Abs. 2 Nr. 2 und 3; näher → § 39 Rn. 18 ff.). Solche Bewertungen sind insbesondere bei Anrechten möglich, welche ein Deckungskapital oder Rentenbausteine aufweisen. Kann dagegen nicht unmittelbar ein Wert ermittelt werden, weil die Rentenrechte etwa von einem in diesem Zeitpunkt nicht absehbaren Endgehalt abhängen, so ist nachrangig zeitratierlich zu bewerten (§ 40 Abs. 4). Der Vorrang der unmittelbaren vor der zeitratierlichen Bewertung folgt zwar nicht der Systematik des Betriebsrentenrechts,[103] wahrt aber die Einheitlichkeit des Versorgungsausgleichsrechts auch im Hinblick auf die Bewertung von Betriebsrentenanwartschaften. 56

**1. Unmittelbare Bewertung (Abs. 2 S. 1).** Die in § 39 normierte unmittelbare Bewertung[104] (→ § 39 Rn. 4 ff.) wird nach § 45 Abs. 2 S. 1 in der Weise durch Sondervorschrift für Betriebsrentenanwartschaften konkretisiert und spezifiziert, dass Abs. 1 die Bewertungsvorschriften der § 2 BetrAVG (→ Rn. 43 ff.) und § 4 Abs. 5 BetrAVG (→ Rn. 47 f.) auch im Versorgungsausgleich für anwendbar erklärt. Die unmittelbare Bewertung erfolgt, wenn ein direkter Zusammenhang zwischen der Höhe der Versorgung und einer direkt der Ehezeit zuzuordnenden Bezugsgröße besteht (vgl. § 39 Abs. 1).[105] Dies geschieht zunächst aus Praktikabilitätserwägungen; die Träger der betrieblichen Altersversorgung sollen die ihnen vertrauten Bewertungsvorschriften auch im Versorgungsausgleich anwenden,[106] aber auch das Recht des Versorgungsausgleichs mit den Grundsätzen des Betriebsrentenrechts verbinden, um damit auf Neuerungen des Betriebsrentenrechts zu reagieren.[107] 57

Unmittelbar zu bewerten sind alle Versorgungsanrechte, bei denen ein unmittelbarer und erkennbarer Zusammenhang zwischen einer Bezugsgröße und der Ehezeit besteht (Einzelheiten → § 39 Rn. 4 ff.).[108] Die Bezugsgröße kann ein Entgeltbetrag (Kapitalwert nach § 4 Abs. 5 BetrAVG,[109] → Rn. 47, Deckungskapital, → Rn. 48, Beitragssumme, Mindestbetrag) oder eine eigene Rechengröße in einem Versorgungssystem (Entgeltpunkt, Rentenbaustein, → § 39 Rn. 19 f.), aber auch ein auf dem Kapitalmarkt zu bewertendes Wertpapier sein (Fondsanteil, → Rn. 48, Aktie).[110] Unter den Anrechten sind namentlich die beitragsabhängigen, auf Entgeltumwandlung und auf Mindestzusage beruhenden Betriebsrentenversprechen (§ 1 Abs. 2 Nr. 1 BetrAVG, § 1a BetrAVG, § 2 Abs. 5 und 6 BetrAVG) der unmittelbaren Bewertung zugänglich.[111] Der als Kapitalbetrag der externen Teilung zu errechnende Ausgleichswert einer betrieblichen Altersversorgung ist für den Zeitraum zwischen Ehezeitende und Rechtskraft der Ausgleichsentscheidung zu verzinsen.[112] Diese Regel gilt aber nicht für fondsgebundene Anlagen,[113] falls Wertveränderungen nicht zu verzeichnen sind. 58

Ist der Kapitalwert nach § 4 Abs. 5 BetrAVG maßgebend (→ Rn. 47), entspricht er dem Barwert der künftigen Versorgungsleistung (näher → § 17 Rn. 5). Zur Barwertberechnung näher → § 17 Rn. 6; zur Problematik der Barwertermittlung näher → § 17 Rn. 16. 59

**2. Zeitratierliche Bewertung (Abs. 2 S. 2). a) Betroffene Versorgungsanrechte.** Kommt eine unmittelbare Bewertung bei der leistungsabhängigen Zulage nicht in Betracht, ist das Recht zeitratierlich zu bewerten. Dazu gehören Gesamtversorgungszusagen, progressive Versorgungszusagen, Systeme ohne Grund-, Mindest- oder Sockelgarantie oder Systeme, die sich nach der Anzahl der anrechenbaren Dienstjahre[114] oder dem anrechenbaren Einkommen im Versicherungsfall richten (§ 40 Abs. 4) oder die Leistungs- und Pensionskassen, bei denen die Leistungshöhe vom Kapitalzufluss 60

---

102 BGH NJW 2018, 1961 Rn. 23 = FamRZ 2018, 894.
103 *Ruland* Versorgungsausgleich Rn. 446.
104 *Ruland* BetrAV 2010, 133 ff.; *Uebelhack,* Betriebliche Altersversorgung, 2. Aufl. 2011, Rn. 833–944.
105 BGH NJW 2016, 1315 Rn. 28 = FamRZ 2016, 442; NJW-RR 2017, 513 Rn. 11 = FamRZ 2017, 705; NJW 2018, 1961 Rn. 15 = FamRZ 2018, 894.
106 BT-Drs. 16/10144, 82.
107 BT-Drs. 16/10144, 81.
108 *Engbrocks* BetrAV 2008, 438 (439); *Ruland* Versorgungsausgleich Rn. 452.
109 BGH NJW 2016, 1728 Rn. 17 = FamRZ 2016, 775.
110 *Ruland* Versorgungsausgleich Rn. 452 ff.
111 *Ruland* Versorgungsausgleich 457.
112 BGHZ 191, 36 = NJW 2011, 3358 = FamRZ 2011, 1785; BGH NJW 2013, 1240 = FamRZ 2013, 773.
113 BGH NJW 2013, 306.
114 BGH NJW 2018, 1961 Rn. 15 = FamRZ 2018, 894 – IBM Deutschland GmbH.

unabhängig zu bestimmen ist.[115] Auch Beitragszusagen des Arbeitgebers mit Anspruch auf Mindestleistung (§ 1 Abs. 2 Nr. 2 BetrAVG) sind zeitratierlich zu bewerten.[116]

61 **b) Betriebszugehörigkeit (Abs. 2 S. 3).** Dabei ist grundsätzlich auf die **tatsächliche Betriebszugehörigkeit** abzustellen.[117] Zudem sind bei der Betriebszugehörigkeit **arbeitsvertraglich gleichgestellte Zeiten,** insbesondere Vordienstzeiten, zu berücksichtigen. Maßgebend hierfür sind aber nicht arbeitsrechtliche Grundsätze, die verschiedene Bedeutungen haben können: Sie können sonst übliche Wartezeiten für eine Versorgungszusage abkürzen oder entfallen lassen, die Höhe der zugesagten Leistungen beeinflussen oder eine Anwartschaft früher unverfallbar werden lassen, wobei auch mehrere dieser Bedeutungen zusammentreffen können.[118] Denn **versorgungsausgleichsrechtlich** geht die zeitratierliche Aufteilung der Betriebsrentenanwartschaft davon aus, dass der Rentenanspruch während der gesamten Dauer der Betriebszugehörigkeit nach Grund und Höhe gleichmäßig erdient wird. Daher muss eine fragliche Zeit für ihre versorgungsausgleichsrechtliche Anerkennung als „gleichgestellte Zeit" wegen der verlängerten Erwerbsdauer auch für die Höhe der Versorgung Bedeutung haben.[119] Tragen Vordienstzeiten nicht in voller Höhe zum Anrechtserwerb bei, sind zwei Berechnungsschritte erforderlich.[120]

62 Für die Ermittlung der betriebsrentenrechtlichen Zeiten sind nicht nur die durch Einkommen belegten Zeiten heranzuziehen, sondern auch all diejenigen Zeiten, die aufgrund einer Unterbrechung der Arbeitsleistung und Entgeltzahlung eintreten, die aber der Arbeitsleistung kraft Gesetzes gleichgestellt werden, etwa aus Gründen der Mutterschaft (§ 10 Abs. 2 MuSchG), Wehrdienst (§ 6 ArbPlSchG), Wehrübungen (§ 6 WPflG), Zivildienst (§ 78 Abs. 2 ZDG) oder Wahrnehmung eines Abgeordnetenmandats (§ 4 AbgG).[121]

63 **c) Durchführung der zeitratierlichen Bewertung.** Für die Bewertung des für den Versorgungsausgleich maßgeblichen Ehezeitanteils ist eine doppelte Verhältnisgleichung vorzunehmen. So wird die „betriebsrentenrechtliche" und „versorgungsausgleichsrechtliche" Verhältnisgleichung unterschieden.[122] Es ist zunächst durch eine Verhältnisgleichung der Anteil zu ermitteln, zu dem die Betriebsrentenanwartschaft in die Ausgleichsbilanz einzustellen ist. Dafür ist die Laufzeit zwischen dem Beginn des Betriebsrentenrechts (nb) und die Zeit zwischen Betriebseintritt und Ehezeitende (mb) zu ermitteln. Steht der Betrag R als Rentenbetrag dem Betreffenden zu, so kommt die Rente in Höhe von mb/nb * R als Basis für die Ausgleichsbilanz in Betracht. Aus diesem Recht ist aber nur der auf die Ehezeit entfallende Anteil zu teilen und der Ehezeitanteil auf dieser Basis zu berechnen. Dieser folgt aus der Ehezeit (me) durch die Zeit vom Betriebseintritt bis zum Ehezeitende (ne).

$$\text{Der Ausgleichsbetrag (A)} \quad = \tfrac{1}{2} \quad \frac{me}{ne} \times \frac{mb}{nb} \times R$$

## § 46 Sondervorschriften für Anrechte aus Privatversicherungen

**[1]Für die Bewertung eines Anrechts aus einem privaten Versicherungsvertrag sind die Bestimmungen des Versicherungsvertragsgesetzes über Rückkaufswerte anzuwenden. [2]Stornokosten sind nicht abzuziehen.**

**Übersicht**



[115] *Ruland* Versorgungsausgleich Rn. 478.
[116] *Ruland* Versorgungsausgleich Rn. 479.
[117] BGH NJW-RR 2017, 513 Rn. 13 = FamRZ 2017, 705 – Helaba; NJW-RR 2011, 1297 Rn. 21 = FamRZ 2011, 1216; BeckRS 2009, 01773 Rn. 29 = FamRZ 2009, 296.
[118] BGH NJW-RR 1986, 365 = FamRZ 1986, 338 (340).
[119] BGH NJW-RR 2017, 513 Rn. 14 ff. = FamRZ 2017, 705; NJW 2009, 3158 Rn. 26 = FamRZ 2009, 1735; BeckRS 2009, 01773 Rn. 31 = FamRZ 2009, 296.
[120] BGH NJW-RR 2017, 513 Rn. 19 f. = FamRZ 2017, 705.
[121] *Ruland* Versorgungsausgleich Rn. 486.
[122] Vgl. auch BT-Drs. 16/10144, 82 ff., wo unschön zwischen „betriebsrentenrechtlichem/n" und „versorgungsausgleichsrechtlichem/n" getrennt wird.

## I. Normzweck

1 Die Sondervorschrift regelt die Bewertung von laufenden Renten und Rentenanwartschaften aus einer privaten Rentenversicherung. Für diese Anrechte ist zur Bewertung auf die Bestimmungen über den Rückkaufswert nach § 169 VVG zurückzugreifen. S. 2 legt fest, dass bei der Bewertung der Abzug von Stornokosten zu unterbleiben hat. Ein entsprechend § 169 Abs. 5 VVG vereinbarter, bezifferter und angemessener Betrag darf bei der Bewertung im Versorgungsausgleich demnach nicht in Abzug gebracht werden. Da nach § 5 keine Ermittlung von Rentenbeträgen mehr erforderlich ist, bedarf es keines Rückgriffs auf die prämienfreie Versicherung und den fiktiven Eintritt eines Versicherungsfalls zur Ermittlung eines Rentenbetrags wie nach dem früher geltenden § 1587a Abs. 2 Nr. 5 BGB aF.[1] Durch die Bezugnahme auf den Rückkaufswert orientiert sich die Bewertung auch im Fall der privaten Rentenversicherungen an den für diesen Versorgungszweig spezifischen und bekannten Regeln des VVG.[2] Die Bewertung privater Versicherungsverträge erfolgt **unmittelbar** durch die Bestimmung des der Ehezeit zuzuordnenden Rückkaufswerts.

## II. Anwendungsbereich

2 **1. Dem Ausgleich unterworfenen Versicherungsverträge.** Die Bestimmung gilt für die Anrechte aus einem **privaten Versicherungsvertrag.** Für die im Rahmen der betrieblichen Altersversorgung bestehenden Anrechte aus Direktversicherungen erfolgt die Bewertung nach § 45. Bei einer Direktversicherung schließt der Arbeitgeber eine Lebensversicherung auf das Leben des Arbeitnehmers ab und der Arbeitnehmer oder seine Hinterbliebenen sind ganz oder teilweise bezugsberechtigt hinsichtlich der Leistungen des Versicherers (§ 1b Abs. 2 BetrAVG). Der nach § 45 maßgebende Übertragungswert nach § 4 Abs. 5 BetrAVG stimmt bei versicherungsförmigen Durchführungswegen jedoch regelmäßig mit dem Rückkaufswert ohne Stornoabzug überein.[3] Die Basis- oder **Rürup-Renten** dürfen nicht kapitalisierbar sein, weshalb ein Rückkaufswert nicht existiert.[4] Die Bewertung dieser privaten Versicherungsverträge erfolgt deshalb unmittelbar nach § 39 anhand der Differenz des Deckungskapitals zum Ende und zu Beginn der Ehezeit (→ § 39 Rn. 15 f.).[5]

3 Welche Anrechte grundsätzlich dem Ausgleich unterliegen bestimmt sich nach § 2. Einzubeziehen sind danach private Versicherungen, die auf eine **Versorgung wegen Alters** oder verminderter Erwerbsfähigkeit gerichtet sind. Damit entfallen solche Versorgungen, bei denen schon ein erheblicher Teil der Leistungen während des Erwerbslebens gezahlt wird.[6] Sie dienen nicht der Altersversorgung und sichern nicht die Erwerbsunfähigkeit ab.

4 Die Auszahlung der Versorgung muss in Form von **laufenden Rentenzahlungen** vorgesehen sein. Auf andere Auszahlungsformen gerichtete Verträge sind nur dann einzubeziehen, wenn es Anrechte iSd Altersvorsorgeverträge-Zertifizierungsgesetzes (AltZertG) sind (§ 2 Abs. 2 Nr. 3). Hierbei handelt es sich um die steuerlich geförderten Altersvorsorgeverträge (Riester-Rente), bei diesen können bis zu 30 % der Leistung als Kapitalzahlung erfolgen oder es können Auszahlungspläne mit Restverrentung gewählt werden. Die gleichfalls steuerlich geförderten Basisrentenverträge (Rürup-Renten) sind stets auf eine Rentenzahlung gerichtet. Im Hinblick auf bestehende **Wahlrechte hinsichtlich der Auszahlungsform** ist entscheidend, ob und wie diese bis zum Zeitpunkt der letzten tatrichterlichen Entscheidung ausgeübt wurden. Kapitallebensversicherungen unterfallen – mit Ausnahme der betrieblichen Direktversicherung und denen in Teilen kapitalisierbaren Versorgungen nach dem AltZertG – nicht dem Versorgungsausgleich, sondern dem Zugewinnausgleich.[7] Besteht für die Kapitallebensversicherung jedoch ein Rentenwahlrecht und ist dieses ausgeübt wor-

---

1 BT-Drs. 16/10144, 83; Erman/*Norpoth/Sasse* Rn. 1.

2 BT-Drs. 16/10144, 84; *Ruland* Versorgungsausgleich Rn. 518.

3 *Hoffmann/Raulf/Gerlach* FamRZ 2011, 333 f.

4 BT-Drs. 16/10144, 84; *Ruland* Versorgungsausgleich Rn. 518; Johannsen/Henrich/*Holzwarth* Rn. 10.

5 AA *Ruland* Versorgungsausgleich Rn. 518 und Johannsen/Henrich/*Holzwarth* Rn. 10, die die Bewertung anhand der Summe der entrichteten Beiträge vornehmen möchte.

6 BGH NJW-RR 2007, 865 = FamRZ 2007, 889; OLG Oldenburg FamRZ 2008, 2038 = BeckRS 2008, 23961.

7 Johannsen/Henrich/*Holzwarth* Rn. 6.

den, so unterfällt die Versorgung dem Versorgungsausgleich. Umgekehrt ist eine private Rentenversicherung, bei der ein eingeräumtes Kapitalwahlrecht ausgeübt wird, dem Versorgungausgleich entzogen. Dies gilt selbst dann, wenn das Kapitalwahlrecht erst nach Ende der Ehezeit aber noch vor der letzten tatrichterlichen Entscheidung ausgeübt wird.[8] Die Ausübung des Kapitalwahlrechts kann im Rahmen der Härtefallklausel des § 27 berücksichtigt werden, wenn der Ehegatte nicht über ein anderes Ausgleichssystem an der Versorgung teilhaben kann.[9] Hier kann der Ausgleich der vom anderen Ehegatten erworbenen Anrechte in entsprechender Höhe beschränkt werden.

5 Für private Anrechte auf eine **Versorgung wegen Invalidität** gilt die besondere Vorschrift des § 28. Diese Anrechte werden nur dann ausgeglichen, wenn bei beiden Ehegatten die Voraussetzungen für den Bezug einer Invalidenversorgung zum Ende der Ehezeit tatsächlich vorliegen. Hier erfolgt der Ausgleich gemäß § 28 Abs. 3 schuldrechtlich und die Versorgung gilt als vollumfänglich in der Ehezeit erworben. Insofern kommt eine Bewertung entsprechend § 46 nicht in Betracht. Für Anrechte auf eine Invaliditätsversorgung aus einer betrieblichen Altersversorgung gilt § 45.

6 **2. Zuordnung der Versorgung zu einem Ehegatten.** Die Zuordnung einer privaten Versicherung zu einem Ehegatten bei der Durchführung des Versorgungsausgleichs ist von dessen Anspruchsberechtigung bei Eintritt des Versicherungsfalls abhängig. Bei einer privaten Versicherung ist **zwischen Versicherungsnehmer und Bezugsberechtigtem zu unterscheiden.** Der Versicherungsnehmer als Vertragspartner des Versicherungsunternehmens bestimmt die Vertragsgestaltung während der gesamten Laufzeit des Vertrags und ist zur Beitragszahlung verpflichtet. Bezugsberechtigt ist diejenige Person, die die vereinbarte Leistung bei Eintritt des versicherten Risikos erhält, wobei auch eine geteilte Bezugsberechtigung in Betracht kommt (zB bezugsberechtigt bei Tod des Ehemanns die Ehefrau, bezugsberechtigt bei Erleben der Ehemann). Beim Bezugsrecht wird zwischen einem widerruflichen und einem unwiderruflichen Bezugsrecht unterschieden. Beim widerruflichen Bezugsrecht kann der Versicherungsnehmer die bezugsberechtigte Person bis zur Fälligkeit der Versorgungsleistung jederzeit ändern kann. Hier verbleibt es bei der Zuordnung der Versicherung zum Versicherungsnehmer.[10] Besteht hingegen ein unwiderrufliches Bezugsrecht gemäß § 159 Abs. 3 VVG, so ist die Versorgung dem unwiderruflich Bezugsberechtigten zuzuordnen, denn die Leistungen aus der Versicherung können ihm nur noch mit seinem Einverständnis entzogen werden.

7 Ist ein Anrecht **zur Sicherheit abgetreten,** unterliegt es unverändert dem Versorgungsausgleich, da der Ehegatte mit der Sicherungsabtretung allein noch nicht seine Rechte aus der Versicherung verloren hat.[11] Eine Bewertung des Anrechts nach § 46 ist unverändert möglich, da die Sicherungsabtretung keinen Einfluss auf den hiernach maßgebenden Rückkaufswert hat. Für die Wertberechnung im Versorgungsausgleich ist zu unterstellen, dass der Sicherungsfall nicht eintritt, sondern die Schuldverpflichtung erfüllt wird, so dass der Rückkaufswert unabhängig von der Sicherungsabtretung zu Grunde zu legen ist.[12]

### III. Auf die Ehezeit entfallender Rückkaufswert

8 Der Ehezeitanteil einer Versorgung einer privaten Rentenversicherung bestimmt sich nach dem der Ehezeit zuzuordnenden Rückkaufswert. Der Rückkaufswert ist der im Fall der vorzeitigen Beendigung des Vertrages vom Versicherer zu zahlende Kapitalwert. Die Bezugnahme auf diesen Kapitalwert ermöglicht eine unmittelbare Bewertung des Ehezeitanteils einer privaten Rentenversicherung.[13] Dieser ergibt sich aus der Differenz der Rückkaufswerte zum Beginn und zum Ende der Ehezeit.[14] Aufgrund der Änderung der Bestimmungen zur Ermittlung des Rückkaufswerts kommt es für dessen Ermittlung auf den Zeitpunkt des Vertragsabschlusses an. Gemäß Art. 4 Abs. 2 EGVVG gilt § 169 VVG nur für Verträge, die nach dem 31.12.2007 geschlossen wurden. Für Altverträge (Art. 1 Abs. 1 EGVVG) sind die Bestimmungen des § 176 VVG aF anzuwenden. Wird aus dem Vertrag bereits eine laufende Leistung bezogen, so ist Teilungsgegenstand der zum Zeitpunkt der Rechtskraft noch vorhandene ehezeitlich erworbene Kapitalwert.

9 **1. Nach dem 31.12.2007 abgeschlossene Verträge.** Für nach dem 31.12.2007 abgeschlossene Verträge bestimmt sich der Rückkaufswert entsprechend § 169 Abs. 3 VVG. Danach entspricht der Rückkaufswert dem **Deckungskapital der Versicherung.** Dieses ist nach den anerkannten Regeln der Versicherungsmathematik mit den Rechnungsgrundlagen der Prämienkalkulation zum

8 BGH NJW-RR 2012, 769 = FamRZ 2012, 1039.
9 BGH NJW 2015, 1599 = FamRZ 2015, 998 mAnm *Hoppenz.*
10 Johannsen/Henrich/*Holzwarth* Rn. 2.
11 BGH NJW 2013, 3173 mAnm *Ruland* = FamRZ 2013, 1715.
12 BGH NJW 2013, 3173 mAnm *Ruland* = FamRZ 2013, 1715.
13 BT-Drs. 16/10144, 84.
14 *Hoffmann/Raulf/Gerlach* FamRZ 2011, 333 (334).

Schluss der laufenden Versicherungsperiode zu berechnen. Es ist jedoch mindestens der Betrag des Deckungskapitals anzusetzen, der sich bei gleichmäßiger Verteilung der angesetzten Abschluss- und Vertriebskosten auf die ersten fünf Vertragsjahre ergibt. Ein Versicherer mit Sitz in einem anderen Mitgliedstaat der EU oder einem anderen Vertragsstaat des Abkommens über den EWR, kann für die Berechnung des Rückkaufswertes an Stelle des Deckungskapitals den in diesem Staat vergleichbaren anderen Bezugswert zu Grunde legen. Bei fondsgebundenen Versicherungen ist der Rückkaufswert nach anerkannten Regeln der Versicherungsmathematik als Zeitwert der Versicherung zu berechnen, soweit nicht der Versicherer eine bestimmte Leistung garantiert (§ 169 Abs. 4 VVG). Hinsichtlich dieser garantierten Leistungen ist wiederum auf § 169 Abs. 3 abzustellen.[15]

**2. Vor dem 1.1.2008 abgeschlossene Verträge.** Für vor dem 1.1.2008 abgeschlossene Versi- 10
cherungsverträge ist zur Ermittlung des Rückkaufswerts auf die bis Ende 2007 geltenden Regelungen zurückzugreifen. Maßgebend ist die Bestimmung des § 176 Abs. 3 VVG aF. Danach ist der Rückkaufswert nach den anerkannten Regeln der Versicherungsmathematik für den Schluss der laufenden Versicherungsperiode als Zeitwert der Versicherung zu berechnen. Dabei wurden häufig die zu berücksichtigenden Abschluss- und Vertriebskosten einer privaten Versicherung nach dem sogenannten Zillmer-Verfahren mit den ersten Prämien verrechnet, so dass nach Abschluss der Versicherung zunächst ein negatives Deckungskapital vorhanden war. Nach der hierzu ergangenen Rspr. des BGH[16] darf der Rückkaufswert aber einen Mindestbetrag in Höhe des hälftigen, mit den Rechnungsgrundlagen der Prämienkalkulation berechneten ungezillmerten Deckungskapitals nicht unterschreiten. Dies ist auch bei der Wertermittlung zum Versorgungsausgleich zu berücksichtigen.[17]

**3. Überschüsse und Bewertungsreserven.** Der ausgleichsberechtigten Person steht neben 11
der Garantieleistung auch eine Beteiligung an den in der Ehezeit zugeteilten Überschüssen, bestehend aus Schlussüberschüssen und Bewertungsreserven, zu.[18] Die zu berücksichtigenden Überschüsse ergeben sich aus überrechnungsmäßigen Zinsen, die den **Höchstrechnungszins** gemäß § 2 Abs. 1 DeckRV, den sog. Garantiezins, von 0,9 % (für Vertragsschlüsse ab 1.1.2017) übersteigen, sowie aus Risikogewinnen und ersparten Kosten. Daneben sind Bewertungsreserven zu berücksichtigen. Bewertungsreserven (auch stille Reserven genannt) entstehen, wenn die Summe der Zeitwerte aller Kapitalanlagen der Versicherung, auch derjenigen mit stillen Lasten, die Summe der Anschaffungswerte (bzw. die in der Bilanz ausgewiesenen fortgeführten Anschaffungskosten) dieser Kapitalanlagen übersteigt.[19] Eine stille Reserve besteht dann, wenn der in der Bilanz ausgewiesene Wert der Kapitalanlage unter dem tatsächlichen aktuellen Wert der Kapitalanlage liegt. Damit unterliegen Bewertungsreserven den Schwankungen des Kapitalmarktes und sind entsprechend volatil. Gemäß § 153 VVG steht dem Versicherungsnehmer eine Beteiligung sowohl an den überrechnungsmäßigen Erträgen als auch an den bestehenden Bewertungsreserven **(Überschussbeteiligung)** zu, sofern dies nicht durch ausdrückliche Vereinbarung ausgeschlossen ist. Dabei ist die Beteiligung am Überschuss nach einem verursachungsorientierten Verfahren durchzuführen (§ 153 Abs. 2 VVG). Bezüglich der Bewertungsreserven bestimmt § 153 Abs. 3 VVG, dass der Versicherer diese jährlich neu zu ermitteln und gleichfalls nach einem verursachungsorientierten Verfahren rechnerisch zuzuordnen hat. Bei der Beendigung des Vertrags wird der für diesen Zeitpunkt zu ermittelnde Betrag zur Hälfte zugeteilt und an den Versicherungsnehmer ausgezahlt. Dabei sind jedoch aufsichtsrechtliche Regelungen zur Sicherstellung der dauernden Erfüllbarkeit der Verpflichtungen aus den Versicherungen zu berücksichtigen.

Die Beteiligung an den Schlussüberschüssen und Bewertungsreserven steht dem Versicherungs- 12
nehmer erst bei Vertragsablauf oder bei einer Kündigung des Vertrags zu. Erst dann stehen sie endgültig fest. Bei einer **externen Teilung,** die einem Teilrückkauf gleichkommt, sind die Überschussanteile und Bewertungsreserven dem Ausgleichswert unzweifelhaft zuzurechnen.[20] Das Familiengericht hat bei einer externen Teilung gemäß § 222 Abs. 3 FamFG einen bestimmten Betrag festzusetzen, der an die Zielversorgung zu zahlen ist.

Bei der **internen Teilung** nach § 10 Abs. 1 ist eine vergleichbare Wertentwicklung des neu 13
begründeten Anrechts erforderlich (§ 11 Abs. 1 Nr. 2). Für eine vergleichbare Wertentwicklung ist insbesondere auf die Beibehaltung des dem Ausgangsvertrag zugrundeliegenden Rechnungszins zu achten.[21] Hier kann im Bereich der Privatversicherung nichts anderes gelten, als bei vergleichbaren

15 Soergel/*Koch* Rn. 47; OLG Frankfurt NJW 2013, 2832 = FamRZ 2013, 1806.
16 BGH NJW 2005, 3559 (3565).
17 BGH NJW 2012, 1287 (1288) = FamRZ 2012, 694 (696).
18 BGH NJW 2016, 1728 = FamRZ 2016, 775; BT-Drs. 16/10144, 84.
19 Prölls/Martin/*Reif*, 30. Aufl. 2018, VVG § 153 Rn. 22.
20 OLG Nürnberg BeckRS 2013, 18129 = FamRZ 2014, 394.
21 OLG Stuttgart BeckRS 2014, 21881 = FamRZ 2015, 584; OLG Hamm BeckRS 2018, 13341.

Teilungen von Direktzusagen auf Kapitalwertbasis, wo nach der Rspr. des BGH[22] bei der Ermittlung der Ausgleichsrente des Berechtigten kein geringerer Rechnungszins verwendet werden darf, als bei der Berechnung des Ausgleichswerts. Dies ist auch flankiert durch die Bestimmung in § 2 Abs. 2 S. 1 DeckRV, wonach bei einem Versicherungsvertrag, der bei einer internen Teilung nach § 10 zugunsten der ausgleichsberechtigten Person abgeschlossen wird, auch der dem ursprünglichen Versicherungsvertrag der ausgleichspflichtigen Person zugrunde liegende Rechnungszins verwendet werden kann. Da bei der internen Teilung anders als bei der externen Teilung kein Teilrückkauf stattfindet, sondern eine Aufteilung des Anrechts mit entsprechender Fortführung beim Versorgungsträger, kann eine Beteiligung an den nicht zugeteilten Überschüssen und Bewertungsreserven dergestalt erfolgen, dass die Schlussüberschussanteile und Bewertungsreserven dem neu zu begründenden Anrecht hälftig entsprechend der ehezeitlichen Bezugsgröße für Schlussüberschussanteile und Bewertungsreserven zuzuordnen sind.[23]

14 **4. Besonderheiten bei fondsgebundenen Versorgungen.** Bei fondsgebundenen Versorgungen trägt der Versicherungsnehmer ganz oder teilweise das Risiko der Kapitalanlage. Es wird kein Deckungskapital im eigentlichen Sinn gebildet. Der bezogen auf das Ende der Ehezeit zu ermittelnde Rückkaufswert bestimmt sich bei diesen Verträgen gemäß § 169 Abs. 4 VVG als nach anerkannten Regeln der Versicherungsmathematik berechneter **Zeitwert der Versicherung,** soweit der Versicherer nicht eine bestimmte Leistung garantiert. Wird für das betreffende Anrecht jedoch eine Mindestleistung garantiert, so ist hinsichtlich dieses Teils zur Ermittlung des Ehezeitanteils auf § 169 Abs. 3 VVG zurückzugreifen und das ehezeitlich zuzuordnende Deckungskapital zu bestimmen (→ Rn. 8 ff.).[24] Problematisch ist bei fondsgebundenen Versorgungen, dass sie wegen ihrer Kapitalmarktorientierung naturgemäß Schwankungen unterliegen und sich in Bezug auf die Veränderungen nach dem **Bewertungsstichtag (Ende der Ehezeit)** die Frage des Umgangs mit derartigen Wertveränderungen stellt.

15 Bei der **internen Teilung** ergeben sich aus der **Volatilität des Anrechts** keine Probleme, da der Ausgleich auf der Basis des Werts der in der Ehezeit erworbenen Fondsanteile hälftig vorgenommen werden kann.[25] Das Nachzeichnen der Wertveränderungen ist über die in § 11 Abs. 1 Nr. 2 geforderte vergleichbare Wertentwicklung des neu zu begründenden Anrechts der internen Teilung systemimmanent. Das Anrecht kann sowohl Wertverluste als auch Wertsteigerungen erfahren.

16 Bei einer **externen Teilung** nimmt das neu zu begründende Anrecht nicht mehr an der Wertentwicklung der Ausgangsversorgung teil und wird von dieser abgekoppelt. Zunächst ging der BGH[26] davon aus, dass der Wertzuwachs einer fondsgebundenen privaten Rentenversicherung nicht zu berücksichtigen sei, wohingegen ein **nachehezeitlicher Wertverlust** der fondsgebundenen Versorgung eine tatsächliche nachehezeitliche Veränderung (§ 5 Abs. 2 S. 2) darstellt, die auf den Ehezeitanteil zurückwirkt und damit zu berücksichtigen ist. Es kann mithin nur der Wert der Teilung unterworfen werden, der noch vorhanden ist. Dagegen verbleiben Wertsteigerungen beim Ausgleichspflichtigen. Eine Verzinsung des Ausgleichswerts mit dem Rechnungszins der auszugleichenden Versorgung vom Ende der Ehezeit bis zur Rechtskraft der Entscheidung kommt bei fondsgebundenen Versorgungen nicht in Betracht.[27] Dies gilt nicht im Hinblick auf den aus einer garantierten Mindestleistung resultierenden Kapitalbetrag.[28] Nunmehr hat der BGH unter Aufgabe seiner früheren Rspr. die Teilung auf Basis von Fondsanteilen als Bezugsgröße auch bei der externen Teilung einer fondsgebundenen betrieblichen Altersversorgung zugelassen.[29] In Folge dessen kann für die ausgleichsberechtigte Person ein Anrecht beim Zielversorgungsträger in Höhe des hälftigen Werts der Fondsanteile im Zeitpunkt der Rechtskraft der Entscheidung über den Versorgungsausgleich begründet werden. Anders als nach der früheren Rspr. wird damit die ausgleichsberechtigte Person auch an den Wertsteigerungen der Fondsanteile zwischen Ende der Ehezeit und Rechtskraft der Entscheidung beteiligt. Die vergleichbare Wertentwicklung entspricht bis zur Rechtskraft somit derjenigen der abgebenden Versorgung. Erst ab der Rechtskraft erfolgt dann die Teilnahme an der Dynamik der Zielversorgung. Im Hinblick darauf, dass bei der überwiegenden Zahl der möglichen

---

22 BGH NJW 2015, 3306 = FamRZ 2015, 1869.

23 OLG München NJW-RR 2011, 806 = FamRZ 2011, 978.

24 Soergel/*Koch* Rn. 47; OLG Frankfurt NJW 2013, 2832 = FamRZ 2013, 1806.

25 OLG Saarbrücken BeckRS 2012, 14155 = FamRZ 2012, 1717 Ls. für ein fondsgebundenes Anrecht der betrieblichen Altersversorgung.

26 BGH NJW 2012, 1287 = FamRZ 2012, 694 mAnm *Borth*; aA OLG Frankfurt NJW 2013, 2832 = FamRZ 2013, 1806, das auch Wertzuwächse bis zur Rechtskraft durch die Teilung von Fondsanteilen berücksichtigen möchte und eine Festsetzung eines Kapitalwerts für entbehrlich hält.

27 BGH NJW 2013, 3028 = FamRZ 2013, 1635.

28 OLG Frankfurt NJW 2013, 2832 = FamRZ 2013, 1806.

29 BGH NJW 2017, 3148 = FamRZ 2017, 1655.

Zielversorgungen eine Begründung des Anrechts erst mit Wirkung ab der Rechtskraft der Entscheidung erfolgen kann, werden somit mögliche Dynamikverluste verhindert. Bei den Anrechten mit einer garantierten Verzinsung wird die Teilhabe an der Dynamik durch die Anordnung der Verzinsung bis zur Rechtskraft der Entscheidung mit dem Zinssatz der Ausgangsversorgung sichergestellt.[30]

**5. Kein Abzug von Stornokosten.** S. 2 bestimmt, dass der Versorgungsträger keine Stornokosten bei der Bewertung des Anrechts berücksichtigen darf. Stornokosten dürfen bei Auszahlung des Rückkaufswerts einer Versicherung zur Kompensation von dabei entstehenden Kosten berücksichtigt werden, wenn sie vereinbart, beziffert und angemessen sind (§ 169 Abs. 5 VVG). Bei der internen Teilung findet keine Auszahlung des Rückkaufswerts statt, so dass der Abzug von Stornokosten nicht Betracht kommt. Im Fall der vom Versorgungsträger gewählten externen Teilung hat er die mit dem dann stattfindenden Kapitalabfluss verbundenen Kosten zu tragen.[31] 17

30 BGHZ 191, 36 = NJW 2011, 3358 = FamRZ 2011, 1785.
31 BT-Drs. 16/10144, 84; Erman/*Norpoth/Sasse* Rn. 10.

## Kapitel 3. Korrespondierender Kapitalwert als Hilfsgröße

### § 47 Berechnung des korrespondierenden Kapitalwerts

**(1) Der korrespondierende Kapitalwert ist eine Hilfsgröße für ein Anrecht, dessen Ausgleichswert nach § 5 Abs. 3 nicht bereits als Kapitalwert bestimmt ist.**

**(2) Der korrespondierende Kapitalwert entspricht dem Betrag, der zum Ende der Ehezeit aufzubringen wäre, um beim Versorgungsträger der ausgleichspflichtigen Person für sie ein Anrecht in Höhe des Ausgleichswerts zu begründen.**

**(3) Für Anrechte im Sinne des § 44 Abs. 1 sind bei der Ermittlung des korrespondierenden Kapitalwerts die Berechnungsgrundlagen der gesetzlichen Rentenversicherung entsprechend anzuwenden.**

**(4) [1]Für ein Anrecht im Sinne des Betriebsrentengesetzes gilt der Übertragungswert nach § 4 Abs. 5 des Betriebsrentengesetzes als korrespondierender Kapitalwert. [2]Für ein Anrecht, das bei einem Träger einer Zusatzversorgung des öffentlichen oder kirchlichen Dienstes besteht, ist als korrespondierender Kapitalwert der Barwert im Sinne des Absatzes 5 zu ermitteln.**

**(5) Kann ein korrespondierender Kapitalwert nach den Absätzen 2 bis 4 nicht ermittelt werden, so ist ein nach versicherungsmathematischen Grundsätzen ermittelter Barwert maßgeblich.**

**(6) Bei einem Wertvergleich in den Fällen der §§ 6 bis 8, 18 Abs. 1 und § 27 sind nicht nur die Kapitalwerte und korrespondierenden Kapitalwerte, sondern auch die weiteren Faktoren der Anrechte zu berücksichtigen, die sich auf die Versorgung auswirken.**

**Schrifttum:** S. § 1587 BGB.

**Übersicht**



### I. Normzweck

1 Die Vorschrift schließt in einem eigenen Kapitel den der Wertermittlung gewidmeten Teil 2 des VersAusglG ab. Sie führt den Begriff des korrespondierenden Kapitalwerts für Anrechte ein, deren Ausgleichswert nicht bereits als Kapitalwert bestimmt ist. Der **korrespondierende Kapitalwert,** für dessen Bestimmung die Versorgungsträger nach § 5 Abs. 3 einen Vorschlag zu unterbreiten haben, dient dem Zweck, unterschiedliche Anrechte, soweit dies nach dem neuen Recht noch erforderlich ist, miteinander zu vergleichen. Dabei warnt der Gesetzgeber vor einer unreflektierten Anwendung, indem er in der Kapitelüberschrift und in Abs. 1 hervorhebt, dass es sich (nur) um eine **Hilfsgröße** handelt, und in Abs. 6 dazu anhält, auch die weiteren Faktoren der Anrechte zu berücksichtigen, die sich auf die Versorgung auswirken.

### II. Anwendungsbereich (Abs. 1, 6)

2 Nach dem früheren System des **Einmalausgleichs** musste für beide Ehegatten die Summe der insgesamt erworbenen Anrechte ermittelt werden; die Hälfte des Wertunterschieds war sodann vom Ausgleichspflichtigen auszugleichen. Bei einer solchen Art des Ausgleichs war es erforderlich,

Anrechte aus verschiedenen Versorgungssystemen miteinander zu vergleichen, um sie mit **Rentenbeträgen** in die Versorgungsbilanz einstellen zu können. Dabei wurde für Anrechte, deren Wert nicht in gleicher oder nahezu gleicher Weise wie derjenige der ges. Rentenversicherung oder der Beamtenversorgung stieg, das Deckungskapital oder ein nach der BarwertV gebildeter Barwert zugrunde gelegt und geprüft, welcher Rentenbetrag sich hieraus bei einer Einzahlung in die ges. Rentenversicherung ergeben würde. Die Mängel dieses Systems, das bei der Einbeziehung solcher nicht volldynamischer Anrechte häufig die Halbteilung verfehlte,[1] waren ein wesentlicher Grund für die Strukturreform und die Einführung des **Einzelausgleichs** (§ 1 Abs. 1), bei dem grundsätzlich ein **Vergleich** von Anrechten **nicht erforderlich** ist.

Ungeachtet dessen gibt es aber auch nach neuem Recht Konstellationen, in denen ein solcher **Vergleich nützlich oder geboten** ist. Sie sind – allerdings nicht vollständig – in Abs. 6 aufgeführt. Im Rahmen von **Vereinbarungen** über den Versorgungsausgleich ist eine Bilanz des Vorsorgevermögens nützlich, vor allem wenn die Ehegatten daran denken, den Ausgleich ihres Vorsorgevermögens in die allgemeine Vermögens- oder güterrechtliche Auseinandersetzung einzubetten. Unter solchen Umständen bietet es sich an, anstelle von Rentenbeträgen die Kapitalwerte der Versorgungen zum Stichtag des Ehezeitendes einer solchen Vereinbarung zugrunde zu legen. Auch die Tätigkeit des FamG im Rahmen der von ihm wahrzunehmenden Wirksamkeits- und Ausübungskontrolle wird erleichtert, wenn Kapitalwerte zur Verfügung stehen, die eine nähere Einordnung der wirtschaftlichen Auswirkungen einer getroffenen Vereinbarung erlauben. In Fällen, in denen eine **Anwendung der Härteklausel** in Betracht kommt,[2] kann eine Vorsorgevermögensbilanz helfen, die wirtschaftliche Situation der Ehegatten in den Blick zu nehmen, den insgesamt Berechtigten zu ermitteln und die Rechtsfolgen einer Anwendung der Härteklausel genauer zu dosieren, sie möglicherweise auf einzelne Anrechte zu beschränken (→ § 27 Rn. 22, 66). Auch die Frage, ob der Wertausgleich nach **§ 18 Abs. 1** zu unterbleiben hat, weil beiderseitige Anrechte gleicher Art nur eine geringe Differenz der Ausgleichswerte aufweisen, kann einen Wertvergleich dieser Anrechte erfordern. Nicht in Abs. 6 erwähnt ist die Fallgestaltung des **Wertausgleichs nach dem Tod eines Ehegatten,** bei dem der überlebende Ehegatte nicht besser gestellt werden darf, als wenn der Versorgungsausgleich durchgeführt worden wäre (§ 31 Abs. 2 S. 1). Diese Prüfung macht es erforderlich, dass das FamG – in der Art einer Ausgleichsbilanz – feststellt, ob der überlebende Ehegatte der im Gesamtergebnis Ausgleichsberechtigte ist und in welcher sich hiernach ergebenden Höhe Anrechte für ihn zu begründen sind (→ § 31 Rn. 8). Dabei sind – insbesondere bei unterschiedlichen Bezugsgrößen – Gestaltungen denkbar, in denen auf den korrespondierenden Kapitalwert zurückzugreifen ist.[3] 3

Von den in Abs. 6 aufgeführten Fällen abgesehen kann der korrespondierende Kapitalwert auch bei Anrechten, deren Ausgleichswert nicht bereits als Kapitalwert bestimmt ist, von Bedeutung sein, wenn nach § 14 Abs. 2, § 17 eine **externe Teilung** vorgenommen werden soll und das FamG nach § 222 Abs. 3 FamFG den nach § 14 Abs. 4 erforderlichen Kapitalbetrag in seiner Entscheidung festzusetzen hat[4] oder wenn es auf seiner Grundlage um die Bestimmung des Zeitwerts eines Ausgleichswerts geht, der nach § 24 **abgefunden** werden soll.[5] In diesen Fällen geht es nicht darum, unterschiedliche Anrechte miteinander zu vergleichen, sondern für die Zwecke des Ausgleichs des konkret betroffenen Anrechts einen Wert zur Verfügung zu stellen, wenn die maßgebliche Bezugsgröße kein Kapitalwert ist. 4

Im Gesetzgebungsverfahren ist es für notwendig gehalten worden, dem Anwender gewissermaßen **„Warnhinweise"** zu geben, wenn er mit dem korrespondierenden Kapitalwert zum Zwecke des Wertvergleichs von Anrechten arbeitet. Der Rechtsausschuss hat gegenüber dem Regierungsentwurf sowohl in der Kapitelüberschrift als auch im Gesetz gewordenen Abs. 1 ausdrücklich hervorgehoben, dass es sich hierbei um eine **Hilfsgröße** handelt, die mit Bedacht anzuwenden sei (→ Rn. 25 ff.).[6] Das beruht darauf, wie nachfolgend in der Kommentierung der Einzelbestimmungen näher erläutert 5

1 Vgl. BT-Drs. 16/10144, 34 f.

2 Vgl. BGH BeckRS 2016, 04383 Rn. 7 f. = FamRZ 2016, 697.

3 Vgl. OLG Nürnberg NJW-RR 2013, 451 (452) = FamRZ 2013, 1046 (1047); zur Gegenüberstellung von regeldynamischen und angleichungsdynamischen Anrechten unter Heranziehung nicht des korrespondierenden Kapitalwerts, sondern des Angleichungsfaktors iSd § 3 Abs. 2 Nr. 1 lit. a VAÜG aF im Fall des § 31 Abs. 2 OLG Stuttgart NZFam 2014, 1140 Rn. 18 ff. = FamRZ 2015, 507 (508 f.); OLG Hamm BeckRS 2014, 06508; OLG Celle NJOZ 2013, 243 (245) = FamRZ 2013, 382 (384); OLG Jena BeckRS 2012, 18548 sub 2. = FamRZ 2013, 382 Ls.; hiergegen aus Gründen der Praktikabilität und Vereinfachung des Rechenwegs und wegen nicht ins Gewicht fallender Unterschiede OLG Dresden BeckRS 2014, 05805 sub II. = FamRZ 2014, 1639 f.

4 Vgl. BT-Drs. 16/10144, 84; OLG Nürnberg NJOZ 2011, 1273 (1274) = FuR 2011, 345 (346).

5 Vgl. OLG Brandenburg NJW 2013, 177 (178) = FamRZ 2013, 1039 (1041); BT-Drs. 16/10144, 65 f.

6 Vgl. BT-Drs. 16/11903, 56 unter Bezugnahme auf BT-Drs. 16/10144, 84.

wird, dass seine Ermittlung keinen einheitlichen Maßstäben folgt, so dass man – ähnlich wie nach dem früheren Recht, dem man vorgeworfen hat, es vergleiche Äpfel mit Birnen – nicht durch eine reine Rechenoperation zu einem zutreffenden Teilungsergebnis gelangt.[7] Deswegen wird in Abs. 6 näher umschrieben, dass bei einem Wertvergleich auch andere wertbildende Faktoren zu berücksichtigen sind, die sich auf die zu erwartende oder die tatsächlich gezahlte Versorgung auswirken. Das betrifft vor allem Fragen des Leistungsspektrums, des Finanzierungsverfahrens und der Anpassung. Deswegen ist es sachgerecht, bei einer Gegenüberstellung nicht gleichartiger regeldynamischer und angleichungsdynamischer Anrechte im Hinblick auf die stärkere Dynamisierung von Ostanrechten nicht den korrespondierenden Kapitalwert, sondern den Angleichungsfaktor iSd § 3 Abs. 2 Nr. 1 lit. a VAÜG aF heranzuziehen.[8]

## III. Einkaufswert als korrespondierender Kapitalwert (Abs. 2)

6 Wenn sich beim Versorgungsträger des Ausgleichspflichtigen ein Anrecht durch **Beitragszahlung** begründen lässt, entspricht der korrespondierende Kapitalwert nach § 47 Abs. 2 dem Betrag, der zum Ende der Ehezeit aufzubringen wäre, um beim Versorgungsträger des Ausgleichspflichtigen ein Anrecht in Höhe des Ausgleichswerts zu begründen. Diese Berechnungsform ist vorrangig und gilt, von Ausnahmen in Abs. 4 abgesehen, prinzipiell in allen Versorgungssystemen, in denen durch Beitragsleistungen Anrechte begründet werden können. Es sind vorwiegend praktische Gründe, die den Gesetzgeber veranlasst haben, auf den Einkaufswert abzustellen. Er hat erwogen, dass ein solcher Wert in vielen Versorgungssystemen verfügbar ist und ein akzeptables Wertäquivalent für Anrechte darstellt, die in Rentenbeträgen oder anderen Bezugsgrößen dargestellt werden.[9]

7 Demgegenüber ist jedoch hervorzuheben, dass **Beiträge** zu verschiedenen Versorgungssystemen **unterschiedlich kalkuliert** werden und dementsprechend ganz unterschiedliche Leistungen hervorbringen können. In der ges. Rentenversicherung kommt es beispielsweise weder auf das Alter zum Ende der Ehezeit noch auf das Geschlecht des zu Versichernden an, während in anderen Versorgungssystemen der Beitrag für eine Anwartschaft auf eine bestimmte Rente umso höher ist, je älter die zu versichernde Person ist.[10] Wenn daher auch nicht zu verkennen ist, dass der Beitrag für das jeweils betroffene Versorgungssystem ein Äquivalent für die zu erwartende Versorgungsleistung ist, ist ein Vergleich mit anderen Versorgungen nur bedingt möglich und setzt voraus, dass dort die Beiträge in ähnlicher Weise ermittelt werden. In der ges. Rentenversicherung ist der Beitragsaufwand einfach zu ermitteln, indem die Entgeltpunkte mit dem für das Ende der Ehezeit maßgebenden Umrechnungsfaktor multipliziert werden (→ 7. Aufl. 2017, FamFG § 225 Rn. 22 Beispiel 2 mwN). Dies geschieht im Hinblick auf § 187 Abs. 3 SGB VI auf der Grundlage der vom Bundesministerium für Arbeit und Soziales mitgeteilten vorläufigen Durchschnittsentgelte.[11]

## IV. Korrespondierender Kapitalwert bei Anrechten aus einem öffentlich-rechtlichen Dienstverhältnis (Abs. 3)

8 Für die Beamtenversorgung ist der Alimentationsgrundsatz von wesentlicher Bedeutung. Eine Begründung von Anrechten durch freiwillige Beitragszahlungen ist grundsätzlich nicht vorgesehen. Insoweit sieht Abs. 3 vor, dass der korrespondierende Kapitalwert eines Anrechts iSd § 44 Abs. 1 nach den **Berechnungsgrundlagen der ges. Rentenversicherung** festgestellt wird. Der als Rentenbetrag ermittelte Ausgleichswert kann durch Division mit dem aktuellen Rentenwert zum Ehezeitende in Entgeltpunkte umgerechnet werden, die dann mit dem für das Ehezeitende maßgebenden Umrechnungsfaktor zu multiplizieren sind (→ Rn. 7). Der Gesetzgeber hat die Heranziehung dieser Berechnungsgrundlagen für angemessen gehalten, weil die beiden Versorgungen vergleichbar sind und Wert- und Strukturveränderungen in der ges. Rentenversicherung idR auch in der Beamtenversorgung nachvollzogen werden.[12] Diese Berechnungsgrundlagen entsprechen iÜ auch den Grundsätzen, die im Zusammenhang mit der Abwendung einer Kürzung der Versorgungsbezüge nach § 58 BeamtVG anzuwenden sind.

---

7 Vgl. *Weil/Voucko-Glockner* NZFam 2015, 406 (408 f.) mit instruktivem Bsp. 2; *Ruland* BetrAV 2010, 131 (132), der insoweit auf „bekannte Probleme der Bewertung und Bilanzierung der verschiedenen Ausgleichswerte" hinweist.

8 Vgl. OLG Stuttgart NZFam 2014, 1140 Rn. 18 ff., 25 = FamRZ 2015, 507 (508 f.); OLG Hamm BeckRS 2014, 06508; OLG Celle NJOZ 2013, 243 (244 f.) = FamRZ 2013, 382 (384).

9 Vgl. BT-Drs. 16/10144, 84.

10 Vgl. *Glockner/Hoenes/Weil* Versorgungsausgleich, 2. Aufl. 2013, § 3 Rn. 58 ff. mit instruktiven Zahlenbeispielen.

11 Vgl. OLG Saarbrücken BeckRS 2011, 16201 = FamRZ 2012, 38.

12 Vgl. BT-Drs. 16/10144, 85.

## V. Korrespondierender Kapitalwert bei Betriebsrenten und in der Zusatzversorgung des öffentlichen Dienstes (Abs. 4)

**1. Betriebliche Altersversorgung.** In der betrieblichen Altersversorgung richtet sich der korrespondierende Kapitalwert nicht nach dem Einkaufswert iSd Abs. 2, sondern allgemein nach dem **Übertragungswert,** den § 4 Abs. 5 BetrAVG für die Übertragung von unverfallbaren Anwartschaften auf einen neuen Arbeitgeber vorsieht (zur Berücksichtigung eines Rententrends → Rn. 30).[13] Dabei nimmt § 4 Abs. 5 BetrAVG, der auch nach § 45 Abs. 1 für die Bewertung eines Anrechts der betrieblichen Altersversorgung von Bedeutung ist, Differenzierungen nach dem Durchführungsweg der betrieblichen Altersversorgung vor. 9

Handelt es sich um eine unmittelbar über den Arbeitgeber **(Direktzusage)** oder über eine **Unterstützungskasse** durchgeführte betriebliche Altersversorgung,[14] entspricht der Übertragungswert dem Barwert der nach § 2 BetrAVG bemessenen künftigen Versorgungsleistung im Zeitpunkt der Übertragung; bei der Berechnung sind die Rechnungsgrundlagen sowie die anerkannten Regeln der Versicherungsmathematik maßgebend.[15] Der Barwert entspricht der Summe aller möglichen künftigen Renten- bzw. Kapitalzahlungen (Alters- und ggf. Invaliden- und Todesfallleistungen), die mit ihrer jeweiligen Eintrittswahrscheinlichkeit gewichtet und auf das Ende der Ehezeit abgezinst werden. Mit dem Hinweis auf die Rechnungsgrundlagen und anerkannten Regeln der Versicherungsmathematik sind Verfahren, die biometrische Belange nicht berücksichtigen, unzulässig.[16] Da wie nach Abs. 5 ein Barwert zu ermitteln ist, kann hinsichtlich der Rechnungsgrundlagen und der Festlegung der einzelnen Bewertungsparameter auf die Kommentierung zu Abs. 5 verwiesen werden (→ Rn. 13 ff.). 10

Wird die betriebliche Altersversorgung über einen **Pensionsfonds,** eine **Pensionskasse** oder eine **Direktversicherung** durchgeführt, entspricht der Übertragungswert dem gebildeten Kapital im Zeitpunkt der Übertragung; das ist – wie auch sonst im Versorgungsausgleich – der Zeitpunkt des Endes der Ehezeit. Lediglich beim Bezug einer laufenden Leistung ist zur Vermeidung einer Kostenbelastung des Versorgungsträgers auf den Wert zum Zeitpunkt der Rechtskraft abzustellen. Unter dem gebildeten Kapital sind die Deckungsmittel zu verstehen, die bei der Lebensversicherung, der Pensionskasse bzw. dem Pensionsfonds im maßgebenden Zeitpunkt angesammelt sind.[17] Die Höhe des gebildeten Kapitals bestimmt sich aus den eingezahlten Beiträgen, den erzielten Zinsgewinnen und den ggf. zugeteilten Überschuss- oder Schlussüberschussanteilen. Davon sind die Kosten für die Risikotragung in Abzug zu bringen. Besteht für eine Versicherung ein Rückkaufswert gemäß § 169 Abs. 3 VVG, entspricht dieser dem maßgebenden Wert. Bei fondsgebundenen Anrechten ist als Übertragungswert der Marktwert der Fondsanteile, der sog. Zeitwert, anzusetzen (§ 169 Abs. 4 VVG).[18] Storno- und Verwaltungskosten sind nicht zu berücksichtigen.[19] 11

**2. Zusatzversorgung des öffentlichen Dienstes.** Für ein Anrecht der Zusatzversorgung des öffentlichen oder kirchlichen Dienstes, die grundsätzlich der betrieblichen Altersversorgung zuzurechnen ist (vgl. § 18 BetrAVG), ist als korrespondierender Kapitalwert – wie nach der Auffangregelung des Abs. 5 – ein **nach versicherungsmathematischen Grundsätzen ermittelter Barwert** maßgeblich (→ Rn. 13 ff.).[20] Insoweit unterliegen diese Anrechte – wie auch nach § 45 Abs. 3 – gegenüber den anderen Anrechten der betrieblichen Altersversorgung einer Sonderbehandlung. Das beruht darauf, dass die Zusatzversorgungen des öffentlichen oder kirchlichen Dienstes überwiegend umlagefinanziert sind, so dass die Kapitaldeckung des Anrechts kein geeigneter Maßstab für die Ermittlung des Ehezeitanteils und des Ausgleichswerts ist.[21] Auch eine Wertermittlung nach Abs. 2 ist im Gesetzgebungsverfahren als problematisch angesehen worden, weil sich die arbeitgeberfinanzierten Zusatzversorgungskassen bei gleicher Leistung durch erheblich voneinander abweichende Umlagesätze auszeichnen und es zu Wertverzerrungen käme, wenn auf die fiktive Einzahlung dieser Beiträge abgestellt würde.[22] 12

---

13 Vgl. OLG Nürnberg NJOZ 2011, 1273 (1274) = FuR 2011, 345 (346).

14 Für diese beiden Durchführungswege gilt auch die Sondervorschrift des § 17 über die erweiterte Möglichkeit des Versorgungsträgers, die externe Teilung zu verlangen.

15 Vgl. *Merten/Baumeister* DB 2009, 957 (958).

16 Höfer/Reinhard/Reich/*Höfer* BetrAVG § 4 Rn. 132.

17 Höfer/Reinhard/Reich/*Höfer* BetrAVG § 4 Rn. 137.

18 Höfer/Reinhard/Reich/*Höfer* BetrAVG § 4 Rn. 143.

19 *Ruland* Versorgungsausgleich Rn. 465; zu Stornokosten bei der internen Teilung einer Lebensversicherung BGH NJW 2013, 3173 Rn. 23 = FamRZ 2013, 1715; bei der externen Teilung einer fondsgebundenen Rentenversicherung BGH NJW 2012, 1287 Rn. 22 = FamRZ 2012, 694.

20 Vgl. BGH NJW 2016, 1166 Rn. 19 = FamRZ 2016, 697.

21 Vgl. BT-Drs. 16/10144, 83.

22 Vgl. BT-Drs. 16/10144, 85.

### VI. Nach versicherungsmathematischen Grundsätzen ermittelter Barwert (Abs. 5)

13 Lässt sich nach den Abs. 2–4 ein korrespondierender Kapitalwert nicht ermitteln, ist nach der Auffangregelung des Abs. 5 ein **Barwert nach versicherungsmathematischen Grundsätzen** zu ermitteln. Die Auffangregelung des Abs. 5 gilt nach Abs. 4 S. 2 auch für die Zusatzversorgung des öffentlichen oder kirchlichen Dienstes, so dass der nach versicherungsmathematischen Grundsätzen zu ermittelnde Barwert den korrespondierenden Kapitalwert darstellt. Die Anrechte einer betrieblichen Altersversorgung aus einer Direktzusage oder Unterstützungskassenzusage unterfallen nicht Abs. 5. Im Ergebnis ist aber auch hier gemäß § 47 Abs. 4 iVm § 4 Abs. 5 S. 1 BetrAVG die Ermittlung eines Barwerts festgelegt (→ Rn. 10). Die Ermittlung eines Barwerts als Summe aller wahrscheinlichen und auf den Bewertungsstichtag abgezinsten Zahlungen ist im Ausgangspunkt ähnlich wie bei der Barwertbildung nach der durch Art. 23 S. 2 Nr. 1 VAStrRefG außer Kraft getretenen BarwertV. Dort war eine Bewertung anzustellen, die auf das Alter des Versicherten und – jedenfalls im Groben – auf das Leistungsspektrum der Versorgung und ihre Anpassung in einer typisierenden Weise Rücksicht nahm; allerdings war der Richter, der diese Berechnung vorzunehmen hatte, nach § 1 Abs. 3 BarwertV an die Tabellen der BarwertV, in denen ein bestimmter Rechnungszins eingearbeitet war, gebunden,[23] ohne weitere Besonderheiten des in Rede stehenden Anrechts berücksichtigen zu können.[24]

14 Demgegenüber enthält § 47 Abs. 5 keine näheren Maßgaben über den **Rechnungszins** und will den Versorgungsträgern überlassen, ihn möglichst realistisch und für das jeweilige Anrecht spezifisch zu bestimmen. Allerdings wird als Maßstab auf die bilanzielle Bewertung der entsprechenden Pensionsrückstellungen nach dem am 29.5.2009 in Kraft getretenen § 253 Abs. 2 S. 1 und 2 HGB idF des Gesetzes zur Modernisierung des Bilanzrechts vom 25.5.2009 (BGBl. 2009 I 1102) hingewiesen,[25] der eine Abzinsung nach einem durchschnittlichen Marktzinssatz vorsieht. Nach § 253 Abs. 2 S. 4 HGB wird der hiernach anzuwendende Abzinsungszinssatz von der Deutschen Bundesbank nach Maßgabe der RückAbzinsV vom 18.11.2009 (BGBl. 2009 I 3790) ermittelt und monatlich bekannt gegeben.[26] Als „spezifisch" erscheint diese Art der Zinsfestlegung insbes. bei Direktzusagen und Zusagen von Unterstützungskassen, während bei Lebensversicherungen, berufsständischen Versorgungseinrichtungen und Pensionskassen als spezifischer Zins der Garantiezins in Betracht kommt, der maßgebend auf den Zeitpunkt des Vertragsabschlusses abstellt und so gewählt wird, dass er durch den Versorgungsträger auf jeden Fall erwirtschaftet werden kann.[27]

15 Insofern besteht zwischen den Anforderungen an einen realistischen und an einen spezifischen Zinssatz ein schwer zu überwindendes Spannungsverhältnis, das in der Rechtsanwendung darauf hinaus laufen könnte, dass das FamG dem Vorschlag des Versorgungsträgers weitgehend folgen wird. Das mag im Rahmen der internen Teilung hinzunehmen sein, weil sich die geteilten Anrechte in der Folgezeit in derselben Weise entwickeln werden, unabhängig davon, wie realistisch der zugrunde gelegte Rechnungszins gewesen ist. Im Rahmen der externen Teilung kann hieraus jedoch ein Problem werden, weil der Barwert bei einem vorsichtig kalkulierten niedrigen Zins höher ist als bei einem der Realität näheren höheren Marktzinssatz, so dass die Halbteilung verfehlt werden kann, ohne dass für solche Fallkonstellationen nach neuem Recht eine Abänderungsmöglichkeit zur Verfügung stünde (→ 7. Aufl. 2017, FamFG § 225 Rn. 10).

16 Die obergerichtliche Rspr. sieht mit Rücksicht auf die im Gesetzgebungsverfahren angestellten Überlegungen[28] (→ Rn. 14) **überwiegend keine Bedenken,** den **BilMoG-Zinssatz** bei der Ermittlung des Ausgleichswerts zugrunde zu legen.[29] Hervorgehoben wird das Interesse des Versorgungsträgers an einem langfristig zu bemessenden pauschalen Zinssatz, der einer Lösung vorzuziehen sei, durch konkrete sachverständige Berechnungen einen im Einzelfall nicht minder mit Unsicherhei-

---

[23] Vgl. BGH NJW-RR 1991, 322 (324) = FamRZ 1991, 310 (313); NJW-RR 1986, 618 (619) = FamRZ 1985, 1119 (1120).

[24] Zum früheren Recht → 5. Aufl. 2009, BGB § 1587a Rn. 454 ff. *(Dörr).*

[25] Vgl. BT-Drs. 16/10144, 85; BT-Drs. 16/11903, 56.

[26] Zur Anwendung des steuerlichen Rechnungszinses von 6 % nach § 6a EStG für einen Zeitraum, für den ein BilMoG-Zinssatz noch nicht veröffentlicht wurde, OLG Bamberg BeckRS 2013, 23048 Rn. 38 ff. = FamRZ 2013, 1581 (1582); zur Absenkung auf den niedrigeren BilMoG-Zinssatz nach dessen erstmaliger Veröffentlichung vgl. BGH BeckRS 2016, 10446 Rn. 22 ff. = FamRZ 2016, 1247 mAnm *Scholer* FamRZ 2016, 1250.

[27] Vgl. hierzu näher *Glockner/Hoenes/Weil,* Der neue Versorgungsausgleich, 2009, § 3 Rn. 36 f.

[28] Vgl. namentlich in BT-Drs. 16/10144, 85; BT-Drs. 16/11903, 56.

[29] Vgl. OLG Frankfurt NJOZ 2015, 1353 Rn. 19 = FamRZ 2015, 1112 (1113) mAnm *Kemper* NZFam 2015, 679; BeckRS 2013, 21410 sub II. = FamRZ 2014, 761 (762); OLG Stuttgart BeckRS 2015, 00276 Rn. 16, 21 = FamRZ 2015, 1109 (1110 f.); OLG Karlsruhe BeckRS 2014, 16442 Rn. 33 = FamRZ 2014, 1368 (1370); OLG Hamm (2. FamS) BeckRS 2014, 02550 sub II.4.b bb = FamRZ 2014, 1018 Ls.; OLG Koblenz

ten behafteten Rechnungszins ermitteln zu wollen[30] oder einen im Zeitpunkt der Entscheidung gerade aktuellen Marktzins zugrunde zu legen.[31] Dem hat sich der BGH im Ergebnis angeschlossen.[32] Das Anliegen des Gesetzgebers ist deutlich, der Praxis – sowohl den Versorgungsträgern als auch den Gerichten – einen klar definierten Rechnungszins zur Verfügung zu stellen.[33] Das ist nicht nur aus Praktikabilitätserwägungen wünschenswert, sondern für die Versorgungsträger auch von erheblicher wirtschaftlicher Bedeutung. Wie den Gesetzesmaterialien in unterschiedlichen Zusammenhängen zu entnehmen ist, soll den Versorgungsträgern aufgrund des Versorgungsausgleichs keine zusätzliche Kostenbelastung entstehen.[34] Eine Abweichung von dem handelsbilanziellen Wertansatz ist aber für den Versorgungsträger mit zusätzlichen Kosten verbunden, soweit es um Fälle geht, in denen er eine externe Teilung des Anrechts verlangen kann und den Ausgleichswert als Kapitalbetrag an den Zielversorgungsträger zu zahlen hat. Aus Sicht des Versorgungsträgers ist es nicht hinnehmbar, dass ihm bei der gesetzlich eröffneten Wahl der externen Teilung durch das Abweichen vom handelsbilanziellen Wertansatz Kosten aufgebürdet werden, die sich unmittelbar in seiner Gewinn- und Verlustrechnung niederschlagen.

**17** Wenn angesichts der auf der Hand liegenden Vorteile für die unternehmerische und gerichtliche Praxis, der Bewertung im Versorgungsausgleich den BilMoG-Zinssatz zugrunde zu legen, gleichwohl in Teilen der Literatur und der Rspr.[35] nach anderen Lösungen gesucht wird, beruht dies auf dem Umstand, dass in Fällen einer externen Teilung, namentlich im Zusammenhang mit § 17, eine **gerechte Halbteilung in Frage** steht.

**18** Stellt man auf den Zeitpunkt der Entscheidung ab,[36] kann von einer Verletzung des Halbteilungsgrundsatzes freilich nicht die Rede sein, weil die Teilung nach einem (ggf. korrespondierenden) Kapitalwert vorgenommen wird und bei dieser Sichtweise nicht mehr von Bedeutung ist, welche Rentenberechtigung sich für die ausgleichsberechtigte Person aus dem für sie bei dem Zielversorgungsträger begründeten Anrecht ergibt. Insoweit wäre es ein Systembruch, wenn man verlangen wollte, dass der ausgleichsberechtigte Ehegatte nach der Teilung ein gleich hohes Rentenanrecht hat.[37] Hält man hingegen – was nach der Zielsetzung des Versorgungsausgleichs, den Eheleuten im Alter und bei Invalidität eine gleichberechtigte Teilhabe an den erworbenen Anrechten zu verschaffen, näher liegt[38] – den Versorgungsfall für erheblich,[39] wird die Halbteilung bei der externen Teilung regelmäßig und im Zusammenhang mit § 17 in einer erheblichen Größenordnung verfehlt.[40] Der Gesetzgeber hat diese Probleme gesehen, aber möglicherweise in ihrer Größenordnung nicht richtig eingeschätzt. Eine generelle externe Teilung hat er abgelehnt, weil dies regelmäßig zu ungleichen Ergebnissen im Versorgungsfall führen würde.[41] Dem Interesse der Versorgungsträger hat er großes Gewicht beigemessen. Weil mit einer exter-

---

BeckRS 2013, 05182 sub II.2. = FamRZ 2013, 462 (463); OLG Bremen NJOZ 2012, 1626 = FamRZ 2012, 637 (638); OLG München NJOZ 2012, 1049 (1050) = FamRZ 2012, 130 (131); aA – für eine Korrektur zur Wahrung der Halbteilung – OLG Hamm (12. FamS) BeckRS 2012, 05115 sub II.2.c, d = FamRZ 2012, 1306 Ls.; für eine Korrektur des BilMoG-Zinssatzes um den Aufschlag nach § 1 S. 2, § 6 RückAbzinsV OLG Nürnberg NJOZ 2014, 930 (934 f.) = FamRZ 2014, 1023 (1025 f.); BeckRS 2014, 10948 sub II.6.1. = FamRZ 2014, 1703 (1705); ihm jetzt folgend OLG Koblenz BeckRS 2015, 02416 Rn. 28 ff. = FamRZ 2015, 925 (927 f.) unter Aufgabe seiner früheren Auffassung.

30 Vgl. OLG Düsseldorf BeckRS 2014, 10856 sub II. = FamRZ 2014, 763 (764); für eine solche Lösung aber OLG Hamm (12. FamS) BeckRS 2012, 05115 sub II.2.c, d = FamRZ 2012, 1306 Ls.

31 Vgl. OLG Frankfurt BeckRS 2013, 19402 sub II. = FamRZ 2014, 760 (761).

32 Vgl. BGH NJW-RR 2016, 514 = FamRZ 2016, 781.

33 Vgl. eingehend und nachdrücklich hierzu OLG Nürnberg NJOZ 2014, 930 (931 f.) = FamRZ 2014, 1023 (1024) mwN.

34 Vgl. beispielsweise BT-Drs. 16/10144, 2, 3, 43 oder 44.

35 Vgl. OLG Hamm (12. FamS) BeckRS 2012, 05115 sub II.2.c, d = FamRZ 2012, 1306 Ls.; für eine Korrektur des BilMoG-Zinssatzes um den Aufschlag nach § 1 S. 2, § 6 RückAbzinsV OLG Nürnberg NJOZ 2014, 930 (934 f.) = FamRZ 2014, 1023 (1025 f.); BeckRS 2014, 10948 sub II.6.1. = FamRZ 2014, 1703 (1705); ihm jetzt folgend OLG Koblenz BeckRS 2015, 02416 Rn. 28 ff. = FamRZ 2015, 925 (927 f.) unter Aufgabe seiner früheren Auffassung.

36 Hierfür das Eckpunktepapier des BMJ FPR 2007, 108 sub I.2. und V.8.

37 Daher gegen eine Verletzung des Halbteilungsgrundsatzes OLG Koblenz BeckRS 2013, 05182 (zu II 2) = FamRZ 2013, 462 (463).

38 Jedoch für einen entsprechenden Gestaltungsspielraum des Gesetzgebers BGH NJW-RR 2016, 514 Rn. 37 = FamRZ 2016, 781 unter Bezugnahme auf BVerfGE 71, 364 (394 f.) = NJW 1986, 1321 (1323) = FamRZ 1986, 543 (549).

39 Vgl. BT-Drs. 16/10144, 1, 29; BT-Drs. 16/11903, 1; vgl. hierzu auch BVerfGE 87, 348 (357) = NJW 1993, 1057 (1058) = FamRZ 1993, 161 (162); Johannsen/Henrich/*Holzwarth* § 1 Rn. 3.

40 Vgl. hierzu *Jaeger* FamRZ 2010, 1714; DAV-Stellungnahme FamRZ 2013, 928; Versorgungsausgleichskommission des DFGT FamRZ 2013, 1277; 2014, 357 f.; *Hauß* FS Brudermüller, 2014, 277 (284 f.); zu unterschiedlichen Bewertungsmaßstäben bei externer Teilung *Budinger* BetrAV 2015, 104.

41 Vgl. BT-Drs. 16/10144, 43.

nen Teilung der Abfluss von Finanzierungsmitteln verbunden ist, hat er sie prinzipiell nur bei kleinen Ausgleichswerten (§ 14 Abs. 2 Nr. 2) vorgesehen und ausgeführt, das Interesse der Eheleute an einer optimalen Teilhabe habe gegenüber Praktikabilitätserwägungen zurückzustehen.[42] Das ist gut nachzuvollziehen.

19 In den Fällen des § 17 hat er eine höhere Wertgrenze als in § 14 Abs. 2 Nr. 2 mit Rücksicht auf die Belange der Arbeitgeber vorgesehen und ausgeführt, das mögliche Interesse der ausgleichsberechtigten Person an der systeminternen Teilhabe müsse in diesen Fällen zurückstehen, bleibe aber insoweit gewahrt, als sie nach § 15 über die Zielversorgung entscheide, die durchaus auch bessere Bedingungen bieten könne als das zu teilende betriebliche Anrecht.[43] In dieser letzteren Hinsicht dürfte seine Einschätzung jedoch nicht den tatsächlichen Verhältnissen entsprechen.[44] Obwohl der Gesetzgeber gesehen hat, dass es nach dem früheren Rechtszustand, insbesondere bei Anwendung der BarwertV, auf Dauer nicht möglich war, in den einer externen Teilung vergleichbaren Fällen eines Ausgleichs von Anwartschaften über die gesetzliche Rentenversicherung dem Grundsatz der Halbteilung hinreichend gerecht zu werden,[45] hat er – vor allem im Bereich der internen Durchführungswege der betrieblichen Altersversorgung (§ 17) – den Versorgungsträgern eine Gestaltungsmöglichkeit eröffnet, die zu ähnlichen Ergebnissen wie das frühere Recht führt. Aus der Sicht einer ausgleichsberechtigten Person ist es schwer vermittelbar, weshalb sie durch eine externe Teilung bei Ausgleichswerten bis zur Beitragsbemessungsgrenze der gesetzlichen Rentenversicherung Transferverluste[46] in erheblicher Größenordnung hinzunehmen hat, die bei einer internen Teilung zu vermeiden wären.

20 Ob insoweit **verfassungsrechtliche Grenzen überschritten** sind,[47] mag offenbleiben. Im Rahmen der Prüfung einer möglichen Vorlage nach Art. 100 GG müsste jedenfalls geprüft werden, ob sich verfassungswidrige Ergebnisse auf andere Weise vermeiden ließen. Deswegen waren die Versuche erklärbar, über Korrekturen des BilMoG-Zinssatzes, den der Gesetzgeber nur empfohlen, aber nicht zwingend vorgeschrieben hat,[48] zu Lösungen zu gelangen, die dem Grundsatz der Halbteilung in Fällen externer Teilung im Versorgungsfall besser Rechnung tragen. Dieser Weg ist nach dem Beschluss des BGH vom 9.3.2016 indes nicht mehr gangbar, weil der BGH trotz einer auf die aktuelle Marktsituation bezogenen Unterbewertung der Versorgungsverpflichtung und der für sie gebotenen Rückstellungen an dem BilMoG-Zinssatz festhält und eine strukturelle und systematische Benachteiligung des ausgleichsberechtigten Ehegatten verneint.[49] Die Probleme mögen künftig – allerdings ohne Auswirkungen für die Vergangenheit – geringer werden, weil der über einen Durchschnitt von sieben Jahren gebildete BilMoG-Zins aufgrund der anhaltenden Niedrigzinsphase weiter stark absinkt. Der prognostizierte Rechnungszins zum 31.12.2019 beträgt beispielsweise nur noch 2,08 %[50] per annum.[51] Der Gesetzgeber hat durch das Gesetz zur Umsetzung der Wohnimmobilienkreditrichtlinie und zur Änderung handelsrechtlicher Vorschriften vom 11.3.2016 (BGBl. 2016 I 396) die Ergebnisbelastungen für die Unternehmen aus dem sinkenden Rechnungszins durch Ausdehnung des für die Durchschnittsbildung maßgebenden Zeitraums von sieben auf zehn Jahre abgemildert. Gemäß § 253 Abs. 2 HGB nF sind Rückstellungen für Altersversorgungsverpflichtungen für Geschäftsjahre, die nach dem 31.12.2015 enden, mit dem Marktzins aus den vergangenen zehn Geschäftsjahren abzuzinsen. Der prognostizierte Rechnungszins zum 31.12.2019 liegt für diesen Durchschnittszeitraum bei 2,79 % per annum.[52] Die Glättung über zehn Jahre führt zu einer stärker verzögerten Wirkung des sinkenden aber auch eines steigenden Zinsniveaus.[53]

---

42 Vgl. BT-Drs. 16/10144, 43.

43 Vgl. BT-Drs. 16/10144, 60.

44 Vgl. *Hauß*, FS Brudermüller, 2014, 277 (286 f.); für eine höhere Sicherheit eines versicherungsförmigen Anrechts im Fall einer Insolvenz des Arbeitgebers jedoch BGH NJW-RR 2016, 514 Rn. 39 = FamRZ 2016, 781.

45 Vgl. BT-Drs. 16/10144, 2, 30 f., 33 f.

46 Vgl. hierzu die Gegenüberstellung des BilMoG-Zinssatzes und der Verzinsung deutscher Lebensversicherer in BGH NJW-RR 2016, 514 Rn. 26 = FamRZ 2016, 781.

47 Dagegen BGH NJW-RR 2016, 514 Rn. 35 ff. = FamRZ 2016, 781; *Siede* FamRB 2015, 70, 73 ff.; idS *Bergner* NZFam 2015, 147; *Hauß* FS Brudermüller, 2014, S. 277; wohl auch *Ruland* FamRZ 2016, 867.

48 OLG Nürnberg NJOZ 2014, 930 (932 f.) = FamRZ 2014, 1023 (1025); ihm folgend OLG Koblenz BeckRS 2015, 02416 Rn. 28 f. = FamRZ 2015, 925 (927); so auch *Siede* FamRB 2015, 70 (73); *Hauß* FS Brudermüller, 2014, 277 (280 f.).

49 BGH NJW-RR 2016, 514 Rn. 49 ff. = FamRZ 2016, 781.

50 S. http://www.kmkoll.de/TabelleHGBZins.aspx (zuletzt abgerufen am 28.11.2018).

51 Bei seiner Einführung zum 31.12.2009 betrug der BilMoG-Zins 5,25 % per annum.

52 S. http://www.kmkoll.de/TabelleHGBZins.aspx (zuletzt abgerufen am 28.11.2018).

53 So auch für den Sieben-Jahres-Durchschnitt BGH NJW-RR 2016, 514 Rn. 49 ff. = FamRZ 2016, 781; näher hierzu *Scholer* FamRZ 2016, 1250 (1251); krit. zu einer Übernahme des Zehn-Jahres-Durchschnitts auf den Versorgungsausgleich wegen der gegenwärtig damit verbundenen Erhöhung der Transferverluste zu Lasten des Ausgleichsberechtigten *Kirchmeier* FamRZ 2016, 956 (958).

Der BGH hat mit Beschluss vom 24.8.2016 entschieden, dass die Ausweitung dieses Betrachtungszeitraums für die Bewertung rückstellungsfinanzierter Anrechte im Versorgungsausgleich nicht berücksichtigt werden darf, sondern dass es insoweit bei den von der Bundesbank weiterhin veröffentlichten Abzinsungszinssätzen für den Siebenjahreszeitraum (vgl. § 6 RückAbzinsV) auch für Bewertungsstichtage nach dem Inkrafttreten der Gesetzesänderung bleibt.[54] Die angesprochene Gesetzesänderung, die zu einer nicht unerheblichen Erhöhung des aktuellen handelsbilanziellen Abzinsungsfaktors führt, will zwar im Interesse der bilanzierenden Unternehmen die Niedrigzinsphase abmildern. Die Neuregelung soll jedoch nach Auffassung des BGH die bisherige, als realitätsgerecht betrachtete Bewertung von Pensionsverpflichtungen über einen Siebenjahreszeitraum nicht in Frage stellen und will das handelsrechtliche Vorsichtsprinzip oder die Fähigkeit der Unternehmen, die von ihnen eingegangenen Pensionsverpflichtungen erfüllen zu können, nicht einschränken.[55] Dem entspricht es, dass das bilanzierende Unternehmen solche Erträge, die ihm aus dem geringeren Ansatz der Pensionsrückstellungen aufgrund der Ausweitung des Betrachtungszeitraums entstehen, gemäß § 253 Abs. 6 S. 2 HGB nicht ausschütten darf. Diesen Zusammenhängen entnimmt der BGH, dass der Gesetzgeber für die Ermittlung eines angemessenen Finanzbedarfs für die Pensionsverpflichtungen die bisherige Durchschnittsbildung über sieben Jahre weiterhin für realitätsgerecht und angemessen hält. Dem ist jedoch entgegenzuhalten, dass für bestimmte Unternehmensformen wie Kapitalgesellschaften zwar ausschüttungsgesperrte Beträge zu ermitteln sind, maßgebend für den in die Gewinn- und Verlustrechnung eingehenden **Aufwand** ist bei allen Unternehmensformen jedoch allein der Zehn-Jahres-Durchschnittszins. Weiterhin verfängt die Argumentation des BGH für Personengesellschaften nicht, da hier die Ausschüttungssperre des § 253 Abs. 6 S. 2 HGB nicht greift. Des Weiteren sind selbst bei Kapitalgesellschaften nicht notwendig Beträge vorhanden, die der Ausschüttungssperre unterliegen. Die vom Gesetzgeber vorgesehene Kostenneutralität wird mit dem vom BGH vorgegebenen Weg nicht gewährleistet. Es wird bei der externen Teilung auf Basis des Sieben-Jahres-Durchschnittszinses ein Aufwand bei den Unternehmen erzeugt, dem lediglich eine niedrigere Auflösung der Pensionsrückstellung in der Handelsbilanz auf Basis des Zehn-Jahres-Durchschnittszinses gegenübersteht. 21

Wesentlich für den versicherungsmathematischen Barwert sind auch die **biometrischen Rechnungsgrundlagen,** das heißt die Annahmen ua über die Lebenserwartung und den Eintritt von Invalidität, weil diese den Umfang der künftig zu erbringenden Leistungen bestimmen. Das Gesetz verzichtet auch insoweit auf Vorgaben und überlässt den Versorgungsträgern die Heranziehung von Maßstäben, die für ihr Versorgungssystem von Bedeutung sind. So arbeiten beispielsweise berufsständische Versorgungswerke für Ärzte und Rechtsanwälte, bei denen die Wahrscheinlichkeit, invalide zu werden, deutlich geringer als bei gewerblich Beschäftigten ist, mit Rechnungsgrundlagen, die auf den mehr oder minder homogenen Personenkreis ihrer Mitglieder zugeschnitten sind.[56] Für die Bewertung von Pensionsverpflichtungen werden vielfach die Heubeck-Richttafeln 2005 G verwendet, die zugänglich sind und den Gerichten bzw. Sachverständigen eine Überprüfung von Bewertungen erlauben (→ Rn. 25). Dabei handelt es sich um eine Richttafel in der Form einer Generationentafel, die die einzelnen Wahrscheinlichkeiten nicht nur nach Alter und Geschlecht differenzierend, sondern auch nach dem Geburtsjahr gestaffelt wiedergibt und berücksichtigt, dass ein jüngerer Geburtsjahrgang eine höhere Lebenserwartung hat. Am 20.7.2018 sind die neuen Heubeck-Richttafeln 2018 G veröffentlicht worden, die jedoch aufgrund eines seitens der Heubeck Richttafeln GmbH festgestellten Nachbesserungsbedarfs wiederholt (zuletzt am 2.10.2018) aktualisiert wurden. Aufgrund der zwischenzeitlichen Anerkennung durch das Bundesministerium der Finanzen[57] und das Institut der Wirtschaftsprüfer (IDW)[58] ist künftig von der Verwendung dieser aktualisierten Tafeln in der Praxis auszugehen. Die Anwendung im Versorgungsausgleich sollten sich an der Übernahme in der handelsbilanziellen Bewertung orientieren. Danach wären die Richttafeln 2018 G erstmals für Verfahren anzuwenden, deren Ehezeitende nach dem Tag liegt (oder mit diesem zusammenfällt), an dem das Unternehmen die Handelsbilanz unter Zugrundelegung der neuen Richttafeln aufstellt. 22

Im Anschluss an das Urteil des EuGH vom 1.3.2011[59] ist eine Differenzierung nach dem Geschlecht im Bereich der privaten Versicherung nicht mehr hinzunehmen. Entsprechend den 23

[54] BGH NZFam 2016, 1186 Rn. 31 ff. = FamRZ 2016, 2000 mAnm *Budinger/Wrobel* NZFam 2016, 1107 und mAnm *Holzwarth* FamRZ 2016, 2079.

[55] BGH NZFam 2016, 1186 = FamRZ 2016, 2000 unter Verweis auf BT-Drs. 18/7584, 149.

[56] Vgl. *Glockner/Hoenes/Weil,* Der Versorgungsausgleich, § 16 Rn. 28 f.

[57] Vgl. BMF-Schreiben Steuerliche Gewinnermittlung; Bewertung von Pensionsrückstellungen nach § 6a EStG, Übergang auf die „Heubeck-Richttafeln 2018 G" vom 19.10.2018.

[58] S. https://www.idw.de/idw/idw-aktuell/idw-zur-anwendung-der-heubeck-richttafeln/110900 (zuletzt abgerufen am 28.10.2018).

[59] Vgl. EuGH Slg. 2011, I-773 = NJW 2011, 907 = FamRZ 2011, 1127 Ls.

Leitlinien der Europäischen Kommission zur Anwendung der RL 2004/113/EG auf das Versicherungswesen[60] soll die Entscheidung des EuGH aber keine unmittelbaren Auswirkungen auf die betriebliche Altersversorgung haben, so dass eine Berücksichtigung der nachgewiesenen unterschiedlichen Lebenserwartung von Männern und Frauen bei sonstigen Versorgungssystemen möglich sein sollte.[61] Zwischenzeitlich hat der BGH durch Beschluss vom 8.3.2017 für die Zusatzversorgung des öffentlichen Dienstes entschieden, dass die Verwendung von geschlechtsspezifisch unterschiedlichen Barwertfaktoren für Männer und Frauen bei der Umrechnung bzw. Rückrechnung von versicherungsmathematischen Barwerten zu einer mit Art. 3 Abs. 3 S. 1 GG nicht zu vereinbarenden Ungleichbehandlung von ausgleichsberechtigten Personen männlichen und weiblichen Geschlechts führt. Dabei betont er jedoch auch die besondere Stellung der VBL, die als Anstalt des öffentlichen Rechts eine öffentliche Aufgabe lediglich in privatrechtlicher Form wahrnehme, so dass die Satzung der VBL insbesondere an die Beachtung des Gleichheitsgrundrechts gebunden sei. Der BGH bezieht sich in seiner Begründung auf Rspr. des BVerfG, nach der an das Geschlecht anknüpfende Regelungen mit Art. 3 Abs. 3 S. 1 GG nur dann vereinbar sind, wenn und soweit sie zur Lösung von Problemen, die „ihrer Natur nach" entweder nur bei Männern oder nur bei Frauen auftreten können, zwingend erforderlich sind. Der BGH lässt offen, ob die für die höhere Lebenserwartung von Frauen angeführten genetischen und hormonellen sowie soziokulturellen Faktoren eine Differenzierung nach dem Geschlecht erlauben könnten; jedenfalls verneint er die Zulässigkeit einer entsprechenden Differenzierung, weil er keine zwingenden Gründe hierfür sieht. Denn er weist darauf hin, dass die Kostenneutralität des Versorgungsausgleichs auch durch die Verwendung geschlechtsneutraler Rechnungsgrundlagen sichergestellt werden kann. Der BGH hält mit Rücksicht auf eine geordnete Finanzplanung zwar die Gewährung einer Übergangsfrist für geboten; er will die Verwendung geschlechtsspezifischer Barwertfaktoren jedoch für Versorgungsauskünfte der VBL nicht mehr hinnehmen, die seit dem 1.1.2013 erteilt worden sind. Dabei orientiert sich der BGH an dem Urteil des EuGH vom 1.3.2011,[62] der ausgesprochen hat, dass Art. 5 Abs. 2 RL 2004/113/EG (Unisex-RL), der noch bis zum 21.12.2007 unter bestimmten Voraussetzungen nationale Regelungen zur Zulässigkeit proportionaler Unterschiede bei Prämien und Leistungen privater Versicherungsverträge erlaubte, zum 21.12.2012 seine Gültigkeit verliert. Der BGH meint, dass die zitierte Entscheidung des EuGH wegen der Vergleichbarkeit der Sachverhalte insbesondere bei den versicherungsförmigen Durchführungswegen der betrieblichen Altersversorgung präjudizielle Bedeutung für die Beurteilung einer möglichen Unionswidrigkeit von Art. 9 Abs. 1 lit. h RL 2006/54/EG (Gleichbehandlungs-RL) hat. Deshalb muss man der Entscheidung des BGH über den eigentlichen Entscheidungsgegenstand hinaus wohl entnehmen, dass er die Verwendung geschlechtsspezifischer Barwertfaktoren im Bereich der **versicherungsförmigen Durchführungswege** der betrieblichen Altersversorgung (Direktversicherung, Pensionskasse und Pensionsfonds) insgesamt – anders als die Europäische Kommission – für Versorgungsauskünfte ab dem 1.1.2013 nicht mehr für zulässig hält. Der BGH beschränkt dies jedoch auf versicherungsförmige Altersversorgung[63] und stellt explizit auf die die im Rahmen der betrieblichen Altersversorgung nach dem 21.12.2012 neu abgeschlossenen Versicherungen ab – von einer Übertragbarkeit auf die Durchführungswege Direktzusage und Unterstützungskasse ist nicht auszugehen.

**24** Angesichts des Umstandes, dass den Versorgungsträgern keine eindeutigen Vorgaben gemacht werden, wie sie einen versicherungsmathematischen Barwert für die bei ihnen bestehenden Anrechte zu bestimmen haben, sind der **gerichtlichen Überprüfung,** die nach § 5 Abs. 3 geboten ist, naturgemäß Grenzen gesetzt. Das neue Recht ist in der Feststellung und Beurteilung dieser Fragen sicher nicht leichter geworden. Im Ausgangspunkt ist im Gesetzgebungsverfahren zwar betont worden, das Gericht könne sich die maßgeblichen Rechnungsgrundlagen und Regelungen darstellen lassen,[64] wozu auch die Benennung des angewandten versicherungsmathematischen Berechnungsverfahrens sowie der grundlegenden Annahmen der Berechnung, insbes. Zinssatz und angewandte Sterbetafeln, gehörten. Andererseits ist hervorgehoben worden, der Versorgungsträger sei zur Offenlegung von Geschäftsgeheimnissen, etwa spezifische geschäftsinterne Kalkulationen, nicht verpflichtet.[65] Da es zu den sonstigen Pflichtangaben von Unternehmen nach § 285 Nr. 24 HGB gehört, im

[60] Vgl. die Leitlinien Nr. 21, 23, ABl. EU C 11, 1.

[61] IdS OLG Köln BeckRS 2015, 01546 Rn. 11 ff. = FamRZ 2015, 1108 (1109); OLG Oldenburg NJW-RR 2011, 804 f. = FamRZ 2011, 1148 f.; ohne nähere Begr. OLG Naumburg BeckRS 2015, 02296 Rn. 5 = FamRZ 2015, 753; dagegen OLG Celle BeckRS 2013, 18807 sub II.3.e = FamRZ 2014, 305 (307 f.) mit dem Argument, es stelle eine unzulässige Differenzierung nach dem Geschlecht dar, dass Frauen aus gleichen Kapitalwerten geringere Renten als Männer erhielten; zweifelnd auch *Borth* Versorgungsausgleich Rn. 203.

[62] EuGH Slg. 2011, I-773 Rn. 19 ff. = NJW 2011, 907.

[63] BGH NJW 2017, 3226 = FamRZ 2017, 960.

[64] Vgl. BT-Drs. 16/10144, 50.

[65] Vgl. BT-Drs. 16/10144, 94.

Rahmen ihrer bilanzrechtlichen Informationspflicht zu den Rückstellungen für Pensionen und ähnliche Verpflichtungen das angewandte versicherungsmathematische Berechnungsverfahren sowie die grundlegenden Annahmen der Berechnung, wie Zinssatz, erwartete Lohn- und Gehaltssteigerungen und zugrunde gelegte Sterbetafeln, Angaben zu machen, ist eine entsprechende Verpflichtung auch gegenüber dem FamG anzunehmen (→ 7. Aufl. 2017, FamFG § 220 Rn. 7). Inwieweit dieses sich selbst dabei sachverständiger Hilfe bedienen muss, hängt entscheidend von seinen Kenntnissen dieser Zusammenhänge ab.

## VII. Die Vergleichbarkeit von Kapitalwerten und die Berücksichtigung wertbildender Faktoren

Die **Aussagekraft** von Kapitalwerten im Hinblick auf die daraus resultierende Versorgung ist sehr **begrenzt.** Die Warnung des Gesetzgebers, dass nicht deren Höhe allein maßgebend sei, sondern auch weitere wertbildende Faktoren in die Betrachtung einzubeziehen seien,[66] ist zwar begründet, umfasst die Problematik aber nicht vollumfänglich. Allein innerhalb eines Versorgungszweigs wie der betrieblichen Altersversorgung können sich erhebliche Differenzen bei den Kapitalwerten in Abhängigkeit vom jeweiligen Durchführungsweg ergeben, ohne dass sich die vom Gesetzgeber genannten wertbildenden Faktoren Leistungsspektrum, Anpassung, Finanzierungsverfahren oder Insolvenzschutz unterscheiden. Dies zeigt beispielsweise der Vergleich eines Übertragungswerts nach § 4 Abs. 5 BetrAVG von einer Direktzusage mit dem Übertragungswert einer Direktversicherung. 25

**Beispiel:**
Der 45jährige M1 hat eine ehezeitlich erworbene Anwartschaft auf eine reine statische Altersrente in Höhe von 100 EUR im Durchführungsweg Direktzusage. Der 45jährige M2 hat eine ehezeitlich erworbene Anwartschaft auf eine reine statische Altersrente in Höhe von 100 EUR im Durchführungsweg Direktversicherung. Es ergeben sich die folgenden korrespondierenden Kapitalwerte:
M1: 7.266 EUR[67]
M2: 23.969 EUR[68]

Im Beispiel sind Leistungsspektrum (nur Altersrente), Anpassung (keine Anpassung) und Finanzierungsverfahren (Rückstellungen bzw. Deckungskapital) identisch. Jedoch unterscheiden sich die **Rechnungsgrundlagen** und der **Rechnungszins.** Bei einer Direktzusage werden die Richttafeln 2005 G von Klaus Heubeck bzw. 2018 G (zur erstmaligen Anwendbarkeit → Rn. 22) zugrunde gelegt. Sie sind – beruhend auf Datenmaterial für Versicherte der gesetzlichen Rentenversicherung – zur Bewertung von Pensionsverpflichtungen in Deutschland geschaffen worden und berücksichtigen als sog. Generationentafeln bereits die zu erwartende Verlängerung der Lebenserwartung.[69] Sie berücksichtigen auch die statistisch nachgewiesene unterschiedliche Lebenserwartung von Männern und Frauen. Bei einer Direktversicherung kommen dagegen die DAV Sterbetafeln 2004 R der Deutschen Aktuarvereinigung zur Anwendung, die für die Kalkulation von Versicherungstarifen von privaten Rentenversicherungen entwickelt wurden. Diese Tafeln beziehen sich auf andere Personenkreise, sogenannte Kollektive, und beinhalten Sicherheits- und Risikozuschläge. Zudem berücksichtigen sie Selektionseffekte, da sich der Versicherte in der privaten Rentenversicherung kurz vor Rentenbeginn zwischen der Auszahlung in Form der Rente oder einer Einmalkapitalauszahlung entscheiden kann. Vorerkrankte Personen wählen verstärkt die Kapitalzahlung, sodass als Kollektiv in der Rentenphase Personen mit überdurchschnittlicher Lebenserwartung verbleiben. Des Weiteren liegen den Werten im Beispiel unterschiedliche Rechnungszinssätze zugrunde. Zum 31.8.2015 lag der in der Handelsbilanz anzusetzende Rechnungszins für eine Direktzusage bei 4,12 % per annum, wohingegen eine Direktversicherung einen Zinssatz von 1,25 % (für Vertragsschlüsse seit 1.1.2017 0,9 %) per annum zugrunde legt. Jedoch kommen bei dem vorsichtig kalkulierten Rechnungszins der Direktversicherung (→ Rn. 14) noch Erhöhungen der Rente durch Überschüsse hinzu. Dies wirkt sich insbesondere bei einer langen Laufzeit noch aus. 26

Aber auch innerhalb eines Versorgungssystems bzw. Durchführungswegs gilt es weitere wertbildende Faktoren zu beachten und in die Betrachtung einzubeziehen, wie etwa das **Alter des Versorgungsberechtigten,** das in kapitalgedeckten bzw. rückstellungsfinanzierten Systemen den Kapitalwert beeinflusst. Je jünger der Versorgungsberechtigte ist, desto länger ist der Finanzierungszeitraum, um die zugesagte Versorgung aufzubauen. Je höher der einkalkulierte Zins ist, desto stärker wirkt 27

[66] Vgl. BT-Drs. 16/11903, 56.
[67] Berechnet mit den Richttafeln 2005 G von Klaus Heubeck mit einem Rechnungszinsfuß von 4,12 %.
[68] Der Wert ist beispielhaft von einem Lebensversicherungsunternehmen zum Stichtag 1.9.2015 berechnet und berücksichtigt einen Gruppentarif; es kommen noch Überschussanteile hinzu; die vom Versicherer prognostizierte Rente beträgt 158 EUR.
[69] Vgl. *Engbroks/Heubeck* BetrAV 2009, 16 (17) zu den Richttafeln 2005 G.

sich auch das Alter auf den Kapitalwert aus. Der Kapitalwert für einen 25jährigen Mann beträgt in dem vorstehenden Beispiel (→ Rn. 25) 3.189 EUR im Durchführungsweg Direktzusage und 20.379 EUR[70] im Durchführungsweg Direktversicherung. Im Alter 65 betragen die Werte 17.699 EUR und 27.569 EUR. Dagegen spiegelt sich das Alter des Versorgungsberechtigten bei einem Anrecht aus der umlagefinanzierten ges. Rentenversicherung nicht im korrespondierenden Kapitalwert wider. Eine Vorsorgevermögensbilanz von Ehegatten mit einem nicht unerheblichen Altersunterschied muss entsprechend differenziert betrachtet werden, sofern Anrechte eingestellt sind, bei denen das Alter in die Ermittlung des korrespondierenden Kapitalwerts einfließt.

28 Das der Versorgungszusage zugrundeliegende **Leistungsspektrum** fließt in den Kapitalwert ein. Neben der Altersrente kann eine Hinterbliebenen- und Invaliditätsversorgung im zu bewertenden Anrecht eingeschlossen sein. Deren Wert kann wiederum von Alter und Geschlecht der begünstigten Person abhängig sein. Folgende Erhöhung des Barwerts nach § 4 Abs. 5 BetrAVG kann sich bei einer Versorgungszusage aus der **Anwartschaft auf Hinterbliebenenrente** in Höhe von 60 % der Altersrente ergeben:[71]

| Alter | Mann | Frau |
|---|---|---|
| 35 | 25,73 % | 13,25 % |
| 45 | 29,89 % | 10,68 % |
| 55 | 24,15 % | 5,23 % |
| 65 | 19,26 % | 2,18 % |
| 75 | 28,06 % | 2,10 % |
| 85 | 33,61 % | 1,24 % |

29 Der Wert der Hinterbliebenenrentenanwartschaft hat bei Frauen einen geringeren Anteil am Gesamtbarwert für die Alters-, Invaliden- und Hinterbliebenenrentenversorgung. Dies liegt zum einen an ihrer höheren Lebenserwartung und zum anderen daran, dass der Ehemann statistisch älter ist als die hinterlassene Ehefrau. Im Gegenzug ist der Anteil des Altersrentenbarwerts bei Frauen höher. Sind alle Leistungsarten zugesagt, unterscheiden sich die Gesamtbarwerte für Männer und Frauen nur geringfügig. Weiterhin hat Einfluss auf den Wert der Hinterbliebenenrentenanwartschaft, ob sie nach der kollektiven Methode, die eine Verheiratungswahrscheinlichkeit und einen durchschnittlichen Altersunterschied zwischen den Ehegatten berücksichtigt, oder nach der individuellen Methode bewertet wird, die auf den tatsächlichen Altersunterschied abstellt.[72] Bei einer Bewertung nach der individuellen Methode hat die bevorstehende Scheidung unberücksichtigt zu bleiben, da sonst der Wert der Hinterbliebenenrentenanwartschaft null wäre.

30 Ein weiterer wertbildender Faktor ist der Rententrend, also die **Anpassung** des Anrechts in der **Leistungsphase.** Diese Dynamik hat einen erheblichen Wert. Die Auswirkungen sind auch hier altersabhängig. Als grobe Richtgröße kann man annehmen, dass eine unterstellte jährliche Anhebung der Rente um 1 % den Kapitalwert um ca. 10 % erhöht.

31 Die Einbeziehung einer Anpassung in der Leistungsphase in den Kapitalwert ist umstritten.[73] Für die betriebliche Altersversorgung muss eine gemäß § 16 Abs. 3 Nr. 1 BetrAVG garantiert zugesagte Anpassung von 1 % per annum in die Ermittlung des Kapitalwerts einfließen. Im Rahmen der alle drei Jahre stattfindenden Anpassungsprüfung nach § 16 Abs. 1 BetrAVG darf der Arbeitgeber dagegen die Anpassung ablehnen, wenn es ihm mit einiger Wahrscheinlichkeit nicht möglich sein wird, den Teuerungsausgleich aus den Unternehmenserträgen und den verfügbaren Wertzuwächsen des Unternehmensvermögens in der Zeit nach dem Anpassungsstichtag aufzubringen.[74] Diese Anpassung ist demnach dem Grunde nach ungewiss. Der Höhe nach orientiert sie sich am Verbraucherpreisindex für Deutschland oder den Nettolöhnen vergleichbarer Arbeitnehmergruppen des Unternehmens

70 Der Wert ist beispielhaft von einem Lebensversicherungsunternehmen zum Stichtag 1.9.2015 berechnet und berücksichtigt einen Gruppentarif; es kommen noch Überschussanteile hinzu; die vom Versicherer prognostizierte Rente beträgt 234 EUR.

71 Berechnet mit den Richttafeln 2005 G von Klaus Heubeck, Rechnungszinsfuß: 4,9 %, Rententrend 1,5 % per annum bei kollektiver Bewertung des Hinterbliebenenrisikos, eine Invalidenrentenanwartschaft ist in Höhe der Altersrentenanwartschaft berücksichtigt.

72 Für eine Bewertung nach der kollektiven Methode OLG Hamm BeckRS 2013, 06312 sub II.3.b = FamRZ 2013, 1305 (1306); zur Möglichkeit der individuellen Bewertung bei entsprechendem Ansatz in der Handelsbilanz: Fachgrundsatz der Deutschen Aktuarvereinigung e.V. und des Instituts der Versicherungsmathematischen Sachverständigen für Altersversorgung e.V. – Aktuarielle Aspekte des VersAusglG im Hinblick auf die betriebliche Altersversorgung vom 4.12.2013, 8.

73 Gegen eine Berücksichtigung: OLG Frankfurt BeckRS 2013, 02537; *Hufer/Karst* DB 2012, 2576 f.; für eine Berücksichtigung: OLG München NJOZ 2012, 1049 (1050) = FamRZ 2012, 130 (131); zu einem Anrecht bei der VBL KG BeckRS 2015, 15358 Rn. 26 = FamRZ 2016, 133 (135).

74 BAGE 105, 72 (77) = BeckRS 2003, 41495 = AP BetrAVG § 16 Nr. 53 sub II.2.a.

(§ 16 Abs. 2 BetrAVG). Die Berücksichtigung des Rententrends wird daher mit der Begründung abgelehnt, die Anpassung stehe zum Ehezeitende nicht sicher fest.[75] Da der korrespondierende Kapitalwert entsprechend § 4 Abs. 5 BetrAVG zu ermitteln ist, kommt die überzeugende Gegenmeinung[76] zu einer **Einbeziehung des Rententrends,** da der maßgebende Übertragungswert nach § 4 Abs. 5 BetrAVG auch die auf den erdienten Anteil des Anrechts entfallenden Anpassungen einschließt. Der Versorgungsträger hat in der Handelsbilanz bereits Mittel für die künftige Rentenanpassung reserviert. Bei einer internen Teilung sind diese der ausgleichsberechtigten Person zuzuordnen, bei der externen Teilung sind diese Mittel an den Zielversorgungsträger weiter zu geben. Würden die in der Handelsbilanz für die Anpassung reservierten Mittel nicht weitergegeben, verbliebe ein Gewinn beim Versorgungsträger. Dem ist nun auch der BGH gefolgt und verlangt eine Berücksichtigung des Rententrends bei der Ermittlung des Barwerts nach § 4 Abs. 5 BetrAVG.[77] Die Höhe des anzusetzenden Rententrends kann sich an den in der letzten vor dem Ehezeitende **testierten Handelsbilanz** angesetzten Rententrend anlehnen. Diesem Wert liegt eine realistische Prognose des Unternehmens über die künftigen Anpassungen zugrunde.

Die zahlreichen Faktoren, die einen Kapitalwert beeinflussen, erfordern daher einen wertenden 32
Umgang mit einer Vorsorgevermögensbilanz. Die Einflussfaktoren müssen gesehen und ihre durchaus unterschiedlichen bzw. gegenläufigen Auswirkungen bedacht werden. Eine **Vorsorgevermögensbilanz** ist kritisch zu hinterfragen, insbesondere, wenn zwischen den Ehegatten ein großer Altersunterschied besteht, umlagefinanzierte Anrechte neben kapitalgedeckten Anrechten eingestellt werden und Anrechte mit vollem Leistungsspektrum solchen gegenübergestellt werden, die ausschließlich eine Altersleistung vorsehen. Auch sind die Kapitalwerte von statischen Anrechten nicht vergleichbar mit Anrechten, die einer Anpassung unterliegen. Ebenso wenig können Anrechte, deren Kapitalwerte mit „normalen" Wahrscheinlichkeiten kalkuliert werden, solchen Anrechten gegenübergestellt werden, deren Kapitalwerte mit sehr vorsichtigen Wahrscheinlichkeiten berechnet werden. Eine Bilanz mit einem verlässlichen Saldo kann nur dann erwartet werden, wenn die eingestellten Positionen in Form der Kapitalwerte mit vergleichbaren Berechnungsannahmen bzw. Bewertungsparametern ermittelt werden. Fehlt es hieran, ist eine Umrechnung in einen einheitlich bestimmten bzw. bestimmbaren Vergleichsmaßstab erforderlich. Die Probleme einer Umrechnung in einen Vergleichsmaßstab sind jedoch hinlänglich aus dem früheren Recht bekannt.[78]

Soweit man sich nun der korrespondierenden Kapitalwerte als Hilfsgröße bedienen möchte 33
oder muss, ist es daher unerlässlich, sich die jeweiligen Einflussfaktoren der Kapitalwertermittlung zu vergegenwärtigen und diese entsprechend einzuordnen. Es handelt sich beim korrespondierenden Kapitalwert um eine Hilfsgröße, die jeweils nur **bezogen auf das einzelne Anrecht** mit seinem jeweiligen Leistungsspektrum im konkreten Versorgungssystem dessen **Wert** widerspiegelt. Ungeachtet dessen hat der BGH ausgesprochen, dass das FamG grundsätzlich von den korrespondierenden Kapitalwerten ausgehen darf und zu weitergehenden Ermittlungen nur verpflichtet ist, wenn im konkreten Fall – etwa wegen Unterschieden im Leistungsumfang, in der Dynamik oder der Insolvenzsicherung – Anhaltspunkte für von den korrespondierenden Kapitalwerten abweichende Werte der miteinander verglichenen Anrechte bestehen.[79] Insoweit ist es daher im Ergebnis Sache der Beteiligten und ihrer Anwälte, auf solche – eine weitere Ermittlungspflicht des Gerichts auslösende – Umstände hinzuweisen.

---

75 *Hufer/Karst* DB 2012, 2576 f. unter Bezugnahme auf § 19 Abs. 2 Nr. 1 Hs. 2.

76 Mit eingehender Begr. *Budinger/Wrobel* BetrAV 2013, 210 (212); ebenso Höfer/de Groot/Küpper/Reich/*Höfer* BetrAVG Kap. 14 Rn. 162; *Wick* BetrAV 2013, 92 (94); *Ruland* Versorgungsausgleich Rn. 463; wohl auch *Glockner/Hoenes/Weil,* Versorgungsausgleich, 2. Aufl. 2013, § 6 Rn. 35; aus der Rspr. eingehend OLG Nürnberg BeckRS 2014, 10948 sub II.6.2. = FamRZ 2014, 1703 (1705); ihm folgend KG BeckRS 2015, 15358 Rn. 26 = FamRZ 2016, 133 (135); OLG Koblenz BeckRS 2015, 02416 Rn. 21, 34 = FamRZ 2015, 925 (926, 928); OLG Stuttgart BeckRS 2015, 00276 Rn. 13, 16 = FamRZ 2015, 1109 (1110 f.); ebenso OLG Karlsruhe BeckRS 2014, 16442 Rn. 28 = FamRZ 2014, 1368 (1370); OLG Hamm (2. FamS) BeckRS 2014, 02550 sub II.4.a = FamRZ 2014, 1018 Ls.; OLG München NJOZ 2012, 1049 (1050) = FamRZ 2012, 130 (131).

77 BGH NZFam 2018, 558 = FamRZ 2018, 894.

78 Vgl. etwa BT-Drs. 16/10144, 30, 32 ff.

79 Vgl. BGH NJW 2016, 1166 Rn. 20 = FamRZ 2016, 697.

# Teil 3. Übergangsvorschriften

## § 48 Allgemeine Übergangsvorschrift

**(1) In Verfahren über den Versorgungsausgleich, die vor dem 1. September 2009 eingeleitet worden sind, ist das bis dahin geltende materielle Recht und Verfahrensrecht weiterhin anzuwenden.**

**(2) Abweichend von Absatz 1 ist das ab dem 1. September 2009 geltende materielle Recht und Verfahrensrecht anzuwenden in Verfahren, die**
**1. am 1. September 2009 abgetrennt oder ausgesetzt sind oder deren Ruhen angeordnet ist oder**
**2. nach dem 1. September 2009 abgetrennt oder ausgesetzt werden oder deren Ruhen angeordnet wird.**

**(3) Abweichend von Absatz 1 ist in Verfahren, in denen am 31. August 2010 im ersten Rechtszug noch keine Endentscheidung erlassen wurde, ab dem 1. September 2010 das ab dem 1. September 2009 geltende materielle Recht und Verfahrensrecht anzuwenden.**

**Schrifttum:** S. § 1587 BGB.

**Übersicht**



### I. Normzweck

Die Norm leitet Teil 3 des VersAusglG, der sich mit Übergangsvorschriften aus Anlass des neuen Rechts beschäftigt, mit einer **allgemeinen Übergangsbestimmung** ein. Sie enthält den Grundsatz, dass bis zum Inkrafttreten der Neuregelung eingeleitete Verfahren noch nach dem bisherigen materiellen Recht zu entscheiden sind (Abs. 1). Hiervon macht sie in den Abs. 2 und 3 zwei Ausnahmen, bei denen wegen einer bestimmten verfahrensrechtlichen Konstellation oder eines bestimmten zeitlichen Ablaufs das neue materielle Recht angewendet werden soll. Darüber hinaus enthält die Vorschrift in Übereinstimmung mit Art. 111 FGG-RG[1] die Aussage, dass dieselben Kriterien auch für die Anwendung des bisherigen oder des neuen Verfahrensrechts gelten sollen. 1

Die Übergangsvorschriften zielen darauf ab, ein Nebeneinander von altem und neuem Recht möglichst zu vermeiden. Daher sieht § 48 kurze Übergangsfristen vor. Es ist davon auszugehen, dass es keine Verfahren mehr gibt, die aufgrund des bis 31.8.2009 geltenden Rechts zu entscheiden sind. 2

**Art. 111 FGG-RG Übergangsvorschrift** 3

(1) [1]Auf Verfahren, die bis zum Inkrafttreten des Gesetzes zur Reform des Verfahrens in Familiensachen und in den Angelegenheiten der freiwilligen Gerichtsbarkeit eingeleitet worden sind oder deren Einleitung bis zum Inkrafttreten des Gesetzes zur Reform des Verfahrens in Familiensachen und in den Angelegenheiten der freiwilligen Gerichtsbarkeit beantragt wurde, sind weiter die vor Inkrafttreten des Gesetzes zur Reform des Verfahrens in Familiensachen und in den Angelegenheiten der freiwilligen Gerichtsbarkeit geltenden Vorschriften anzuwenden. [2]Auf Abänderungs-, Verlängerungs- und Aufhebungsverfahren finden die vor Inkrafttreten des Gesetzes zur Reform des Verfahrens in Familiensachen und in den Angelegenheiten der freiwilligen Gerichtsbarkeit geltenden Vorschriften Anwendung, wenn die Abänderungs-, Verlängerungs- und Aufhebungsverfahren bis zum Inkrafttreten des Gesetzes zur Reform des Verfahrens in Familiensachen und in den Angelegenheiten der freiwilligen Gerichtsbarkeit eingeleitet worden sind oder deren Einleitung bis zum Inkrafttreten des Gesetzes zur Reform des Verfahrens in Familiensachen und in den Angelegenheiten der freiwilligen Gerichtsbarkeit beantragt wurde.

1 IdF von Art. 22 VAStrRefG vom 3.4.2009, BGBl. 2009 I 700.

(2) Jedes gerichtliche Verfahren, das mit einer Endentscheidung abgeschlossen wird, ist ein selbständiges Verfahren im Sinne des Absatzes 1 Satz 1.

(3) Abweichend von Absatz 1 Satz 1 sind auf Verfahren in Familiensachen, die am 1. September 2009 ausgesetzt sind oder nach dem 1. September 2009 ausgesetzt werden oder deren Ruhen am 1. September 2009 angeordnet ist oder nach dem 1. September 2009 angeordnet wird, die nach Inkrafttreten des Gesetzes zur Reform des Verfahrens in Familiensachen und in den Angelegenheiten der freiwilligen Gerichtsbarkeit geltenden Vorschriften anzuwenden.

(4) [1]Abweichend von Absatz 1 Satz 1 sind auf Verfahren über den Versorgungsausgleich, die am 1. September 2009 vom Verbund abgetrennt sind oder nach dem 1. September 2009 abgetrennt werden, die nach Inkrafttreten des Gesetzes zur Reform des Verfahrens in Familiensachen und in den Angelegenheiten der freiwilligen Gerichtsbarkeit geltenden Vorschriften anzuwenden. [2]Alle vom Verbund abgetrennten Folgesachen werden im Fall des Satzes 1 als selbständige Familiensachen fortgeführt.

(5) Abweichend von Absatz 1 Satz 1 sind auf Verfahren über den Versorgungsausgleich, in denen am 31. August 2010 im ersten Rechtszug noch keine Endentscheidung erlassen wurde, sowie auf die mit solchen Verfahren im Verbund stehenden Scheidungs- und Folgesachen ab dem 1. September 2010 die nach Inkrafttreten des Gesetzes zur Reform des Verfahrens in Familiensachen und in den Angelegenheiten der freiwilligen Gerichtsbarkeit geltenden Vorschriften anzuwenden.

## II. Einzelerläuterungen

4 **1. Inkrafttreten der Neuregelung.** Nach Art. 23 VAStrRefG treten die mit der **Strukturreform** des Versorgungsausgleichs einhergehenden Rechtsänderungen zeitgleich mit dem Gesetz zur Reform des Verfahrens in Familiensachen und in den Angelegenheiten der freiwilligen Gerichtsbarkeit (FGG-RG) **am 1.9.2009 in Kraft.** Gleichzeitig tritt das **frühere Recht** des Versorgungsausgleichs, wie es in den §§ 1587–1587p BGB, im Gesetz zur Regelung von Härten im Versorgungsausgleich (VAHRG), im Versorgungsausgleichs-Überleitungsgesetz (VAÜG) und in der BarwertVO geregelt war, **außer Kraft.**[2]

5 Das bedeutet, ohne dass es hierfür einer besonderen Regelung bedarf, dass für **Verfahren,** die **ab dem 1.9.2009 eingeleitet** werden, das **neue materielle Recht** des VersAusglG gilt und dass über den Versorgungsausgleich **nach dem neuen Verfahrensrecht** des nach Art. 112 Abs. 1 FGG-RG ebenfalls am 1.9.2009 in Kraft getretenen Gesetzes über das Verfahren in Familiensachen und in den Angelegenheiten der freiwilligen Gerichtsbarkeit (FamFG) zu entscheiden ist.

6 **2. Anwendung des früher geltenden Rechts (Abs. 1).** In **Verfahren** über den Versorgungsausgleich, die **vor dem 1.9.2009 eingeleitet** worden sind, ist nach § 48 Abs. 1 das bis dahin geltende materielle Recht und Verfahrensrecht weiterhin anzuwenden. Das beruht zum einen auf Gründen des Vertrauensschutzes für die Ehegatten, die noch unter dem früher geltenden Recht das Verfahren zum Versorgungsausgleich, namentlich das Scheidungsverfahren eingeleitet haben, in dessen Verbund auch nach dem früheren Recht der öffentlich-rechtliche Versorgungsausgleich durchzuführen war (§ 623 Abs. 1 S. 3 ZPO aF). Sehr schwer wiegt dieser Vertrauensschutz indes nicht, weil die Reform im Wesentlichen die Form des Ausgleichs bestimmt hat und auch nach früherem Recht Abänderungsmöglichkeiten bestanden.[3] Vor allem sprechen aber Gründe der Praktikabilität für eine solche Lösung, weil es bei normalem Verlauf entbehrlich ist, dass die bereits eingeschalteten Versorgungsträger neue Auskünfte erteilen müssen, die den Maßstäben des § 5 entsprechen, oder dass überhaupt bestimmte private Versorgungsträger zum Verfahren hinzugezogen werden müssen, die nach bisherigem Recht vom Ausgleich nicht unmittelbar betroffen waren. Die Vorschrift korrespondiert mit Art. 111 Abs. 1 S. 1 FGG-RG (→ Rn. 3), die ebenfalls bestimmt, dass auf Verfahren, die vor dem 1.9.2009 eingeleitet werden, das bisherige Verfahrensrecht – einschließlich eines etwaigen Rechtsmittelzugs[4] und des anwendbaren Kostenrechts[5] – anzuwenden ist. Das ist unabweisbar, weil insbesondere die verfahrensrechtlichen Sonderbestimmungen zum Versorgungsausgleich auf Besonderheiten zugeschnitten sind, die sich aus dem materiellen Recht ergeben. So sind etwa nach früherem Recht § 1587b Abs. 1, 2 BGB auf § 53b Abs. 2 FGG, § 1587b Abs. 3 BGB, § 3b Abs. 1 Nr. 2

[2] Gleiches gilt für die Bestimmung des Art. 4 § 4 VAwMG über die monatliche Bezugsgröße für die Zeit vor dem 1.7.1977, die aber nach § 54 weiterhin anwendbar bleibt.

[3] Vgl. *Holzwarth* FamRZ 2009, 1884.

[4] Vgl. BT-Drs. 16/6308, 359; BGH NJW 2011, 386 Rn. 9 f. = FamRZ 2011, 100; NJW 2010, 1351 Rn. 18 = FamRZ 2010, 720; NJW 2010, 937 Rn. 7 = FamRZ 2010, 357; NJW 2010, 440 Rn. 5 = FamRZ 2010, 192; NJW 2009, 3658 Rn. 2 = FamRZ 2009, 1994; OLG Köln NJW 2010, 1009 f. = FamRZ 2009, 1852 f.; OLG Schleswig NJW 2010, 242 f.; *Götz* NJW 2010, 897; vgl. auch *Kemper* FPR 2010, 69 (74); *Klein* FuR 2010, 121.

[5] Vgl. *Keske* FuR 2010, 554 (558).

VAHRG auf § 53e FGG und § 1587o BGB auf § 53d FGG bezogen, während nach neuem Recht der Einzelausgleich eine weitergehende Beteiligung erfordert (§ 219 Nr. 2, 3 FamFG) und die Regelungen über die externe Teilung durch § 222 FamFG verfahrensrechtlich ergänzt werden. Die Anwendung neuen Rechts kann nicht Gegenstand einer wirksamen Vereinbarung sein.[6] Soweit nach früherem Recht zum Ausgleich eines Anrechts der Beamtenversorgung ein Quasi-Splitting vorzunehmen ist, gibt es für die Regelung des § 1587b Abs. 5 BGB aF wegen Wegfalls der Höchstbetragsbegrenzung des § 76 Abs. 3 S. 3 SGB VI keinen Anwendungsbereich mehr, so dass der Versorgungsausgleich in vollem Umfang durchzuführen ist.[7]

Haben die Ehegatten vor dem 1.9.2009 den Versorgungsausgleich in einem Ehevertrag ausgeschlossen, konnte die Wirksamkeit des Ausschlusses auf der Grundlage des **§ 1408 Abs. 2 S. 2 BGB aF** nur dann beseitigt werden, wenn – neben der Zustellung des Scheidungsantrags innerhalb der Jahresfrist[8] – das (Scheidungs-)Verfahren bis zum 31.8.2009 eingeleitet wurde.[9] Denn bei einer späteren Verfahrenseinleitung gilt das neue Recht, das an die Stelle der starren Regelung des § 1408 Abs. 2 S. 2 BGB aF, die ohne eigenständige Übergangsregelung ersatzlos entfallen ist, eine Überprüfung der Vereinbarung am Maßstab der §§ 6–8 gesetzt hat.[10] 7

**Eingeleitet** iSv Abs. 1 ist das Verfahren, wenn der Scheidungsantrag bei Gericht anhängig gemacht worden ist und über den Versorgungsausgleich von Amts wegen im Verbund zu entscheiden ist.[11] Bei isolierten Verfahren, in denen der Versorgungsausgleich auf Antrag durchzuführen ist, muss der Antrag bei Gericht eingereicht worden sein. Eine Zustellung vor Inkrafttreten des Gesetzes ist nicht erforderlich.[12] Insofern hatten die Ehegatten einen gewissen Spielraum, auf das anzuwendende Recht Einfluss zu nehmen. Wird lediglich ein Prozesskostenhilfeantrag eingereicht, ohne dass daneben das Verfahren zur Hauptsache anhängig gemacht wird, genügt dies für eine Einleitung iSv Abs. 1 nicht.[13] Bei Einreichung eines Antrags vor dem 1.9.2009, der nur unter der ausdrücklichen Bedingung der Bewilligung von Prozesskostenhilfe zugestellt werden soll, wird man auf das Datum der Bewilligung abzustellen haben, weil es von ihr abhängt, ob das eingeleitete Verfahren auch tatsächlich durchgeführt werden soll.[14] 8

**3. Neues Recht bei vor dem 1.9.2009 eingeleiteten Verfahren.** Der Grundsatz, dass vor dem 1.9.2009 eingeleitete Verfahren nach früherem Recht zu behandeln sind, gilt jedoch **nicht ausnahmslos.** Grundlage hierfür ist die Überlegung gewesen, das neue materielle Recht möglichst schnell und weitgehend zur Anwendung zu bringen, um mit dem früheren Recht verbundene Probleme wie die Anwendung der BarwertVO endgültig zu überwinden und die Praxis nicht allzu lange mit der Anwendung verschiedener Rechtsordnungen zu belasten.[15] Vor allem sollte auch verhindert werden, dass der bloße Nichtbetrieb eines vor dem 1.9.2009 eingeleiteten Scheidungsverfahrens auf Jahre hinaus die Anwendung des früheren Rechts nach sich ziehen würde. Gegen eine möglichst schnelle Überleitung haben auch Gründe des Vertrauensschutzes nur ein relativ geringes Gewicht, da der neue Versorgungsausgleich zu einer gerechteren Teilhabe der erworbenen Versorgungsanrechte führen soll. 9

**a) Abs. 2.** Trotz der Einleitung vor dem 1.9.2009 ist auf diejenigen Verfahren das neue materielle Recht und Verfahrensrecht[16] anzuwenden, die zu diesem Zeitpunkt ausgesetzt[17] oder zum Ruhen gebracht waren oder die danach ausgesetzt oder zum Ruhen gebracht werden; ein lediglich faktisches Nichtbetreiben des Verfahrens, das einer gerichtlichen Anordnung über das 10

---

6 Vgl. OLG Stuttgart NJOZ 2010, 1814 (1815) = FamRZ 2010, 1671.

7 Vgl. BGH NJW-RR 2011, 361 Rn. 16–21 = FamRZ 2011, 550; OLG Schleswig BeckRS 2010, 21692 = FamRZ 2010, 1443 (1444); aA OLG Stuttgart BeckRS 2010, 12999 (zu II 2 a) = FamRZ 2010, 1442 f.

8 Vgl. hierzu BGH NJW 1998, 3710 = FamRZ 1999, 155; NJW 1985, 315 (316 f.) = FamRZ 1985, 45 (46 f.).

9 Vgl. OLG Brandenburg BeckRS 2012, 16681 (zu II 1, 2 b) = FamRZ 2012, 1729 f.

10 Vgl. zu Letzterem OLG Brandenburg FamRZ 2012, 1719 (1720), insoweit nicht wiedergegeben in BeckRS 2012, 05205.

11 BT-Drs. 16/10144, 87.

12 Vgl. *Kemper* ZFE 2008, 164 (165); *Kemper* FPR 2009, 227 (228); wohl auch *Holzwarth* FamRZ 2009, 1884 (1885).

13 Vgl. BGH NJW-RR 2012, 753 Rn. 19 ff. = FamRZ 2012, 783 zu Art. 111 Abs. 1 FGG-RG; *Kemper* FPR 2010, 69 (70); aA *Holzwarth* FamRZ 2009, 1884 (1885); *Bergmann* FuR 2009, 421 (426 f.).

14 Vgl. *Breuers* ZFE 2010, 84 (unter Bezugnahme auf eine Bund-Länder-Besprechung über erste Praxiserfahrungen mit dem FamFG).

15 Vgl. BT-Drs. 16/10144, 119, BT-Drs. 10/11903, 56 f.

16 Einschließlich Kostenrecht; vgl. *Keske* FuR 2010, 554 (558).

17 Hierzu gehören auch Fälle, in denen die Aufhebung einer Aussetzung zum 31.8.2009 noch nicht wirksam war; vgl. BGH NJW 2012, 391 Rn. 11 = FamRZ 2012, 98 f.

Ruhen des Verfahrens nicht gleichsteht, genügt hierfür nicht.[18] Allerdings wird man die Bestimmung entsprechend anwenden können, wenn die Voraussetzungen für eine Aussetzung vorliegen, die Beteiligten hierzu angehört worden sind und das Verfahren nicht schlicht weggelegt, sondern weiterhin regelmäßig auf das Fortbestehen der Aussetzungsgründe überprüft worden ist, sodass es nur an einem förmlichen Aussetzungsbeschluss fehlte.[19] Wegen der in der Vorschrift angelegten Anknüpfung an formale Vorgänge hat es der BGH für möglich gehalten, dass die Ehegatten durch übereinstimmende Anträge (selbst im Beschwerdeverfahren) eine Ruhensanordnung herbeiführen und das Verfahren alsbald wieder aufnehmen, um auf diese Weise die Anwendung des neuen Rechts herbeizuführen,[20] das sich dann – auch bei einer Teilanfechtung – auf die **Durchführung des Versorgungsausgleichs insgesamt** zu erstrecken hat.[21] Für die Auslegung der verfahrensrechtlichen Überleitungsvorschrift des Art. 111 Abs. 3 FGG-RG gilt dasselbe. Zu denken ist etwa an Fälle der §§ 246 ff., 251, 251a, 614 ZPO, die das Scheidungsverfahren selbst erfassen, und an die den Versorgungsausgleich betreffenden Bestimmungen des § 53c FGG[22] und des § 2 Abs. 1 S. 2 VAÜG. Abs. 2 gilt ferner für die nicht seltenen Fälle, in denen – speziell – das Verfahren zum Versorgungsausgleich zu diesem Zeitpunkt – allein oder mit anderen Folgesachen – vom Verbundverfahren abgetrennt ist oder danach abgetrennt wird. Auch dies ist in Art. 111 Abs. 4 FGG-RG für den Versorgungsausgleich entsprechend geregelt. In S. 2 dieser Vorschrift[23] ist auch bestimmt, dass alle vom Verbund abgetrennten Folgesachen als selbständige Familiensachen fortgeführt werden, also keine Folgesachen mehr sind.[24] Das bedeutet, dass die Erstreckung der Prozesskostenhilfe aus dem Scheidungsverbund gemäß § 624 Abs. 2 ZPO aF beendet ist und gegebenenfalls über die Gewährung von Verfahrenskostenhilfe neu zu entscheiden ist.[25] Dabei wird wegen der Schwierigkeit der Sach- und Rechtslage nach § 78 Abs. 2 FamFG regelmäßig die Beiordnung eines Rechtsanwalts erforderlich sein.[26] Zu denken ist schließlich an Fälle, in denen – auch – in der Rechtsmittelinstanz Verfahren am 1.9.2009 ausgesetzt sind oder danach ausgesetzt werden,[27] etwa um eine Neuregelung der Übergangsbestimmungen für rentenferne Jahrgänge in §§ 78, 79 Abs. 1 S. 1 VBL-Satzung abzuwarten (→ § 51 Rn. 75).[28] In einem vor oder nach dem 1.9.2009 abgetrennten Verfahren ist daher das neue Recht anzuwenden, wenn die Entscheidung nach dem 1.9.2009 getroffen wird.[29] Ist ein abgetrenntes Verfahren noch vor dem 1.9.2009 erstinstanzlich (nach altem Recht) entschieden worden, bleibt es jedoch auch in der Rechtsmittel-

---

18 Vgl. BGH NJW-RR 2013, 515 Rn. 6 f. = FamRZ 2013, 615; OLG Celle BeckRS 2010, 28232 (zu II 1) = FamRZ 2011, 587.

19 IdS OLG Brandenburg BeckRS 2013, 11555 (zu II 1 b cc) = FamRZ 2013, 1833 (1834).

20 Vgl. BGH NJW 2014, 463 Rn. 10 = FamRZ 2014, 280.

21 Vgl. BGH NJW 2014, 463 Rn. 21 f. = FamRZ 2014, 280; aA noch OLG Celle BeckRS 2013, 02857 = FamRZ 2013, 1911 Ls., das im Fall der Teilanfechtung einer nach altem Recht ergangenen Entscheidung auch nach einer Aussetzung und Wiederaufnahme im Beschwerdeverfahren das alte Recht im Wege einer teleologischen Reduktion des § 48 Abs. 2 für anwendbar hält; für eine Anwendung neuen Rechts beschränkt auf die von der Teilanfechtung betroffenen Anrechte OLG Braunschweig BeckRS 2013, 15467 (zu II 2) = FamRZ 2014, 948 (949).

22 Vgl. zu einer solchen Fallgestaltung OLG Dresden BeckRS 2013, 21313 (zu II 1) = FamRZ 2013, 1911 (1912).

23 Vgl. allg. zu ihrer Reichweite *Borth* FamRZ 2010, 1210 (1211); *Götsche* FamRB 2011, 123 (124 ff.).

24 Vgl. BGH BeckRS 2011, 16129 Rn. 7 = FamRZ 2011, 1219; NJW 2011, 1141 Rn. 16 ff. = FamRZ 2011, 635; ebenso zuvor bereits OLG Dresden BeckRS 2010, 25742 (zu II) = FamRZ 2011, 662 Ls.; OLG Jena NJW-RR 2011, 225 f. = FamRZ 2011, 585 f.; BeckRS 2011, 01480 (zu II) = FamRZ 2011, 1060 (1061); AG Vechta FamRZ 2011, 238; *Götsche* ZFE 2010, 295 (296); aA – für eine weitere Behandlung als Folgesache – KG BeckRS 2010, 21459 (zu II) = FamRZ 2011, 319 f.; OLG Rostock BeckRS 2010, 21668 (zu II 1 a) = FamRZ 2011, 57 f.; OLG Naumburg BeckRS 2010, 23943; OLG Brandenburg BeckRS 2010, 19863 (zu II) = FamRZ 2011, 53 f.; OLG Celle NJW 2010, 3791 f. = FamRZ 2011, 240 f.; *Schael* FamRZ 2010, 2042 f.; *Vogel* FPR 2011, 31 ff.

25 Vgl. BGH BeckRS 2011, 16129 Rn. 7 = FamRZ 2011, 1219; NJW 2011, 1141 Rn. 28 = FamRZ 2011, 635; OLG Jena BeckRS 2011, 01480 (zu II) = FamRZ 2011, 1060 (1061); OLG Naumburg BeckRS 2010, 21656 (zu II 2 b) = FamRZ 2011, 391 (392).

26 Vgl. BGHZ 186, 70 Rn. 13 ff. = NJW 2010, 3029 = FamRZ 2010, 1427; OLG Jena BeckRS 2013, 01870 (zu II) = FamRZ 2013, 1595 f.

27 Vgl. BGH NJW-RR 2010, 361 Rn. 30 = FamRZ 2009, 1901; *Schürmann* FamRZ 2009, 1800 (1801); *Borth* FamRZ 2009, 1965 (1966); aA bei einer Aussetzung nach Zurückverweisung, wenn die angefochtene Entscheidung nach altem Recht ergangen war, OLG Naumburg BeckRS 2010, 10658 (zu II 2 aE) = FamRZ 2010, 1444 (1445).

28 Zur Unwirksamkeit dieser Übergangsregelung vgl. BGHZ 174, 127 Rn. 128 ff. = NVwZ 2008, 455 = FamRZ 2008, 395 Ls.

29 Vgl. OLG Jena NJW 2010, 3310; BeckRS 2010, 14327 = FamRZ 2010, 1666 (1667).

instanz bei der Anwendung alten Rechts,[30] sofern das Verfahren dort nicht erneut ausgesetzt und wieder aufgenommen wird. Dies bedeutet gegenüber dem Wortlaut der Bestimmung eine teleologische Reduktion, die auf dem Grundsatz beruht, ein bereits in erster Instanz nach dem früheren Recht abgeschlossenes Verfahren auch in den Rechtsmittelzügen nach diesem Recht fortzuführen.[31]

**b) Abs. 3.** Allgemein ist in „Altfällen" das neue materielle Recht und Verfahrensrecht anzuwenden, wenn über den Versorgungsausgleich **bis zum 31.8.2010** im ersten Rechtszug noch **keine Endentscheidung** erlassen wurde; das ist in Art. 111 Abs. 5 FGG-RG für das Verfahrensrecht entsprechend geregelt. Das gilt auch für ein vor dem 1.9.2009 eingeleitetes **Abänderungsverfahren** nach § 10a VAHRG, das unter diesen Voraussetzungen in ein Verfahren nach § 51 „übergeleitet" wird.[32] Art. 111 Abs. 5 FGG-RG erstreckt die Anwendung des neuen Verfahrensrechts in solchen Fällen mit Wirkung ab dem 1.9.2010 auch auf die im Verbund stehenden Scheidungs- und Folgesachen: Das bis zu diesem Zeitpunkt einheitlich im Verbund geführte Verfahren soll dann auch nach diesem Zeitpunkt nach einem einheitlichen Verfahrensrecht betrieben werden. Das bedeutet, dass unter den Voraussetzungen des Art. 111 Abs. 5 FGG-RG auch ein Rechtsmittelverfahren nach neuem Verfahrensrecht zu führen ist, selbst wenn die angefochtene – nicht den Versorgungsausgleich betreffende – Entscheidung noch vor dem 1.9.2010 zu Recht nach altem Verfahrensrecht ergangen ist.[33] Gegen diese stichtagsbezogene Übergangsregelung bestehen keine verfassungsrechtlichen Bedenken.[34] 11

## § 49 Übergangsvorschrift für Auswirkungen des Versorgungsausgleichs in besonderen Fällen

**Für Verfahren nach den §§ 4 bis 10 des Gesetzes zur Regelung von Härten im Versorgungsausgleich, in denen der Antrag beim Versorgungsträger vor dem 1. September 2009 eingegangen ist, ist das bis dahin geltende Recht weiterhin anzuwenden.**

**Schrifttum:** S. § 1587 BGB.

### I. Normzweck

Entsprechend dem das gesamte **Übergangsrecht prägenden Ziel des Gesetzgebers,** das neue Recht des Versorgungsausgleichs möglichst weitgehend und möglichst schnell zur Anwendung kommen zu lassen,[1] ist Zweck der Regelung von § 49, auch die Verfahren nach den **Härtebestimmungen §§ 4–10 VAHRG** möglichst weitgehend und bald dem neuen Recht zu unterstellen.[2] Im Einklang insbesondere mit der allgemeinen Übergangsvorschrift § 48 ist Stichtag für die Anwendung der neuen Bestimmungen des VersAusglG über die Anpassung von Entscheidungen des Familiengerichts nach deren Rechtskraft (§§ 32–38) der 1.9.2009. **Sollte das alte Recht zur Anwendung kommen,** war daher ein **Eingang des Abänderungsantrags nach §§ 4–10 VAHRG** beim zuständigen Versorgungsträger **bis zum 31.8.2009** erforderlich. 1

### II. Inhalt der Regelung

**1. Grundsatz.** Gemäß § 49 ist in Verfahren nach §§ 4–10 VAHRG, in denen der Antrag beim Versorgungsträger vor dem 1.9.2009 eingegangen ist, das bis dahin geltende Recht weiterhin anzuwenden. Das bedeutet insbesondere, dass bei Eingang eines Antrags nach §§ 4–10 VAHRG beim **Versorgungsträger** bis zum 31.8.2009 dieser und nicht – wie aber nunmehr im Regelfall der Anpassung in Unterhaltsfällen nach § 32 f. – das **Familiengericht** für die Behandlung und 2

30 Vgl. BGH NJW 2012, 1508 Rn. 18 ff. = FamRZ 2012, 856; OLG Schleswig BeckRS 2011, 24293 = FamRZ 2012, 132 Ls.; OLG Jena BeckRS 2010, 14327 = FamRZ 2010, 1666 (1667); OLG Oldenburg BeckRS 2010, 03484 (zu II 1) = FamRZ 2010, 983 f.; OLG Naumburg BeckRS 2010, 10659 (zu II 1) = FuR 2010, 415; *Götsche* ZFE 2010, 295 (296); aA OLG Hamburg NJW-RR 2010, 1084 (1085) = FamRZ 2010, 1440 (1441) m. zust. Anm. *Schwamb* FamFR 2010, 252; OLG Zweibrücken BeckRS 2010, 30338 (zu I) = FamRZ 2011, 731; *Schwamb* BetrAV 2010, 338 (339).

31 Vgl. BGH NJW 2012, 1508 Rn. 24 = FamRZ 2012, 856.

32 Vgl. BGH NJW-RR 2015, 2 Rn. 7, 20 = FamRZ 2015, 125.

33 Vgl. BGHZ 194, 245 Rn. 10 f. = NJW 2012, 3635 = FamRZ 2012, 1785; OLG Saarbrücken BeckRS 2011, 07788 (zu II) = FamRZ 2011, 1890 (1891).

34 Vgl. OLG München BeckRS 2011, 25089 (zu II) = FamRZ 2012, 454 f.

1 BT-Drs. 16/10144, 85.

2 OLG Hamm BeckRS 2013, 17189.

Entscheidung des Antrags zuständig ist.[3] Hinsichtlich der Anpassung wegen Invalidität (§§ 35 f.) käme ein Verfahren nach §§ 4 ff. VAHRG ohnehin nicht in Betracht, weil das bisherige Recht eine Anpassung wegen Invalidität nicht kannte.

3 **2. Einzelfragen.** Der **Antrag** muss beim **zuständigen Versorgungsträger** eingegangen sein, dh bei dem, bei dem die Kürzung des Anrechts erfolgt ist. Maßgeblich ist der Zeitpunkt des Eingangs des Antrags bei dem jeweiligen Versorgungsträger.[4] Bei Eingang bei einem **unzuständigen Versorgungsträger** gilt allerdings § 16 Abs. 2 SGB I, wonach auch der bei einem unzuständigen Leistungsträger eingereichte Antrag die Frist wahrt, sofern es sich um einen Leistungsträger gem. § 16 SGB I handelt.[5] Unter Umständen kann auch in der Einlegung eines Widerspruchs gegen die Kürzung der Versorgung ein konkludenter Antrag liegen.[6] Ist das Abänderungsverfahren inzwischen bei einem Fachgericht anhängig, ist es auch dort nach dem bisher geltenden Recht fortzuführen. Hat dieses allerdings eine Anpassung des Versorgungsausgleichs wegen Unterhalts zum Gegenstand, und verstirbt der ausgleichsberechtigte Ehegatte später, muss der ausgleichspflichtige Ehegatte einen neuen Antrag bei dem Versorgungsträger, durch den die Versorgung gekürzt wird, stellen, wenn er nunmehr eine Anpassung des Versorgungsausgleichs nach § 37 erstrebt.[7]

4 Hinterbliebene des Ausgleichspflichtigen können mit Wirkung ab 1.9.2009 nicht mehr beantragen, dass die Kürzung des Versorgungsausgleichs wegen Vorversterbens des ausgleichsberechtigten Ehegatten ausgesetzt wird.[8]

5 Auch wenn ein Versorgungsträger gem. § 5 VAHRG die Kürzung eines Anrechts wegen Unterhaltes ausgesetzt hatte, ist gem. § 34 Abs. 6 S. 2 die Entscheidung des Familiengerichts herbeizuführen, wenn der Versorgungsträger nach dem 1.9.2009 eine Abänderung oder Aussetzung der Kürzung erstrebt, weil der Unterhaltsanspruch des geschiedenen Ehegatten geringer geworden oder gem. § 1578b BGB entfallen ist.[9] Dies gilt nach zutreffender Auffassung auch, wenn der Versorgungsträger eine Abänderung erstrebt mit der Begründung, der Unterhaltsanspruch sei wegen grober Unbilligkeit ganz oder teilweise entfallen (→ § 34 Rn. 18).[10]

6 Hat das Gericht den Versorgungsausgleich aufgrund des bis zum 31.8.2009 geltenden Rechts durchgeführt, kann der ausgleichspflichtige Ehegatte keinen Antrag auf Anpassung wegen Invalidität stellen, wenn er nach diesem Zeitpunkt dienstunfähig wird und um den Versorgungsausgleich gekürzte Versorgungsbezüge (Ruhegehalt wegen Dienstunfähigkeit) bezieht; denn § 35 dient dazu, die Nachteile zu vermeiden, die durch das System des Einzelausgleichs auftreten können.[11]

7 Die Vorschrift enthält eine materielle Ausschlussfrist. Daher kann kein Antrag auf Wiedereinsetzung in den vorigen Stand gestellt werden, wenn der Ausgleichspflichtige eine rückwirkende Anpassung des Versorgungsausgleichs erstrebt, weil der ausgleichsberechtigte Ehegatte vor dem 1.9.2009 verstorben ist, den Antrag auf Anpassung jedoch erst nach diesem Zeitpunkt stellt. Das gilt auch dann, wenn er erst geraume Zeit nach dem 1.9.2009 von dem Tod des ausgleichsberechtigten Ehegatten Kenntnis erlangt.[12]

8 § 49 enthält keine dem **§ 48 Abs. 2 entsprechende Bestimmung,** wonach das ab dem 1.9.2009 geltende materielle Recht und Verfahrensrecht in **Verfahren** anzuwenden ist, **die am 1.9.2009 abgetrennt oder ausgesetzt waren oder deren Ruhen angeordnet war** (§ 48 Abs. 2 Nr. 1) oder die **nach dem 1.9.2009 abgetrennt oder ausgesetzt werden** oder deren **Ruhen angeordnet wird.** Der Gesetzgeber hat bewusst davon abgesehen, die hinsichtlich ausgesetzter oder ruhender Verfahren erst aufgrund der Stellungnahme des Bundesrates vom 4.7.2008 erweiterte Vorschrift[13] für Verfahren nach §§ 4–10 VAHRG zu übernehmen, weil das für die ganz überwiegende Zahl der Abänderungsfälle – wegen Unterhalts – in der Regel einen Wechsel der Zuständigkeit vom

---

[3] OLG Hamm FamRZ 2010, 1807.
[4] OLG Hamm FamRZ 2010, 1807.
[5] Vgl. *Ruland* Versorgungsausgleich Rn. 140; *Götsche* ZFE 2010, 295; Johannsen/Henrich/*Holzwarth* Rn. 3.
[6] BayVGH BeckRS 2013, 22915.
[7] LSG Stuttgart BeckRS 2014, 71403.
[8] BSG NZS 2014, 588.
[9] BVerwG BeckRS 2016, 113691; ebenso als Vorinstanz VGH Mannheim, BeckRS 2015, 45522; aA VG München BeckRS 2014, 52226.
[10] AA OVG Koblenz FamRZ 2014, 1306.
[11] BayVGH BeckRS 2015, 43794.
[12] BVerwG FamRZ 2016, 539 = NVwZ-RR 2016, 467; VGH Mannheim VBlBW 2015, 162; VG Neustadt (Weinstraße) BeckRS 2014, 49365; VG München BeckRS 2014, 47512; VG München FamRZ 2013, 792; LSG Saarbrücken BeckRS 2012, 72479; VG München FamRZ 2012, 1310 (Ausschluss der Zusatzversorgung des öffentlichen Dienstes von der Anpassung).
[13] BT-Drs. 10/10144, 119 f.; BT-Drs. 16/11903, 113.

Versorgungsträger zum Familiengericht während der Anhängigkeit des Verfahrens bedeutet hätte; das wollte der Gesetzgeber vermeiden.[14]

§ 49 enthält zudem keine dem **§ 48 Abs. 3 entsprechende Bestimmung,** wonach ab dem 1.9.2010 das seit diesem Stichtag geltende materielle Recht und Verfahrensrecht anzuwenden ist, wenn **bis zum 31.8.2009 im ersten Rechtszug noch keine Endentscheidung erlassen** worden ist. Auch diese – auf einen Vorschlag des Bundesrates in seiner Stellungnahme vom 4.7.2008 zurückgehende, im Entwurf der Bundesregierung nicht enthaltene – Bestimmung[15] dient der möglichst baldigen und möglichst weitgehenden Anwendung des neuen Rechts. Jedoch hat auch diesbezüglich der Gesetzgeber – zu Recht – davon abgesehen, eine entsprechende Regelung für Verfahren nach §§ 4–10 VAHRG zu treffen. Das geschah zwar nicht ausdrücklich, die Begründung des Gesetzesentwurfs der Bundesregierung für die gesonderte Behandlung der Verfahren nach §§ 4–10 VAHRG erfasst aber ersichtlich auch diesen Gesichtspunkt.[16] So sind insbesondere Verfahren bei den Versorgungsträgern ohnehin nicht von der Einführung des FamFG betroffen. § 48 Abs. 3 ist – wie dessen Abs. 2 – daher weder direkt noch entsprechend auf Verfahren nach §§ 4–10 VAHRG anzuwenden. 9

Ist das **neue Recht** dem Antragsteller günstiger und das durch einen vor dem 1.9.2009 beim Versorgungsträger eingegangenen Antrag eingeleitete Härteverfahren nach §§ 4 ff. VAHRG noch nicht rechtsbeständig entschieden, kann der Antrag zurückgenommen und nach neuem Recht neu gestellt werden.[17] Dadurch kann der Ausgleichspflichtige beispielsweise eine Rentenkürzung vermeiden, wenn der Ausgleichsberechtigte vorverstorben ist, bevor er länger als 36 Monate aus dem im Versorgungsausgleich erworbenen Anrecht Leistungen erhalten hat, jedoch an diesen oder seine Hinterbliebenen Leistungen gewährt worden sind, die den Betrag von zwei Jahresbeträgen übersteigen (§ 4 VAHRG). 10

## § 50 Wiederaufnahme von ausgesetzten Verfahren nach dem Versorgungsausgleichs-Überleitungsgesetz

**(1) Ein nach § 2 Abs. 1 Satz 2 des Versorgungsausgleichs-Überleitungsgesetzes ausgesetzter Versorgungsausgleich**

**1. ist auf Antrag eines Ehegatten oder eines Versorgungsträgers wieder aufzunehmen, wenn aus einem im Versorgungsausgleich zu berücksichtigenden Anrecht Leistungen zu erbringen oder zu kürzen wären;**

**2. soll von Amts wegen spätestens bis zum 1. September 2014 wieder aufgenommen werden.**

**(2) Der Antrag nach Absatz 1 Nr. 1 ist frühestens sechs Monate vor dem Zeitpunkt zulässig, ab dem auf Grund des Versorgungsausgleichs voraussichtlich Leistungen zu erbringen oder zu kürzen wären.**

### I. Normzweck

Die Vorschrift regelt, zu welchem Zeitpunkt die nach § 2 Abs. 1 S. 2 VAÜG **ausgesetzten Versorgungsausgleichsverfahren**[1] wieder **aufzunehmen** und nach dem neuen Recht des VersAusglG zu entscheiden sind. Die Vorschrift greift dabei die Grundgedanken des bislang geltenden Rechts auf: Nach § 2 Abs. 2 VAÜG iVm § 2 Abs. 1 S. 1 Nr. 2 VAÜG war der Versorgungsausgleich vor der Angleichung der Einkommen in den neuen Bundesländern an die Einkommen im Bundesgebiet auf Antrag eines Ehegatten, eines betroffenen Versorgungsträgers und auch eines Hinterbliebenen wieder aufzunehmen, wenn aus einem im Versorgungsausgleich zu berücksichtigenden Anrecht auf Grund des Versorgungsausgleichs Leistungen zu erbringen oder zu kürzen gewesen wären. Der Fall der Wiederaufnahme auf Antrag ist nunmehr in § 50 Abs. 1 Nr. 1 geregelt. 1

In § 2 Abs. 3 S. 2 VAÜG war eine Wiederaufnahme der ausgesetzten Verfahren von Amts wegen spätestens fünf Jahre nach der Einkommensangleichung vorgesehen. Da nach § 10 VersAusglG auf Grund der Teilung jedes Anrechts ein Wertausgleich bereits vor der Angleichung der Ost- und Westeinkommen durchgeführt werden kann, sieht die neue Regelung in § 50 Abs. 1 Nr. 2 nunmehr eine Wiederaufnahme von Amts wegen spätestens fünf Jahre nach dem Inkrafttreten der Reform 2

---

[14] Vgl. BT-Drs. 10/10144, 87; Johannsen/Henrich/*Holzwarth* Rn. 5; Erman/*Norpoth/Sasse* Rn. 5; dazu auch *Holzwarth* FamRZ 2008, 2168 (2171) und FamRZ 2009, 1884 (1886); *Kemper* FPR 2010, 69.

[15] Vgl. hierzu BT-Drs. 16/11903, 57.

[16] Vgl. auch Palandt/*Brudermüller,* 76. Aufl 2017, Rn. 1; Johannsen/Henrich/*Holzwarth* Rn. 3 f.; *Götsche* ZFE 2010, 295.

[17] Vgl. Palandt/*Brudermüller,* 76. Aufl. 2017, Rn. 2.

[1] Näher Sonderband Versorgungsausgleich idF vor dem 1.9.2009, → 5. Aufl. 2009, VAÜG § 2 Rn. 11 f.

vor. Diese Frist lässt den Gerichten ausreichend Zeit, die nach § 2 Abs. 2 VAÜG ausgesetzten Verfahren zu erledigen. Sowohl im Fall des § 48 S. 2 Nr. 1 (→ Rn. 3 ff.) als auch im Fall des § 48 S. 2 Nr. 2 (→ Rn. 8) ist bei Wiederaufnahme des Verfahrens nach neuem Recht zu entscheiden.[2] Die Aussetzung nach § 2 VAÜG löste für die frühere Scheidungsfolgesache Versorgungsausgleich den Scheidungsverbund auf.

### II. Wiederaufnahme auf Antrag (Abs. 1 Nr. 1)

3 Nach Abs. 1 Nr. 1 ist ein nach § 2 Abs. 1 S. 2 VAÜG ausgesetzter Versorgungsausgleich auf Antrag wieder aufzunehmen, wenn aus einem im Versorgungsausgleich zu berücksichtigenden Anrecht Leistungen zu erbringen oder kürzen wären. Dies ist dann der Fall, wenn bei einem Ehegatten der Leistungsfall eintritt, zB bei Erreichen der Regelaltersgrenze. Da der Versorgungsausgleich in diesen Fällen bereits direkte Auswirkungen auf die Höhe der laufenden Versorgungen hat, sollen die Ehegatten wie auch nach § 2 Abs. 2 S. 1 VAÜG iVm § 2 Abs. 1 S. 2 VAÜG nicht darauf warten müssen, dass das Gericht nach dem Recht des VersAusglG (→ Rn. 1) tätig wird.

4 **Antragsberechtigt** sind wie nach § 2 Abs. 2 S. 2 VAÜG die **Ehegatten** und die **Versorgungsträger.** Kein Antragsrecht besteht für Hinterbliebene. Diesem Antragsrecht würde keine materielle Berechtigung entsprechen, da gemäß § 31 mit dem Tod eines Ehegatten sein Recht auf Wertausgleich erlischt. Dies galt bereits im früheren Recht nach § 1587e BGB aF, der auch dann anzuwenden war, wenn der Versorgungsausgleich nach § 628 ZPO aF abgetrennt bzw. nach § 53c FGG oder § 2 Abs. 1 S. 2 VAÜG ausgesetzt war.[3] Vor diesem Hintergrund schien es dem Gesetzgeber nicht sinnvoll, Hinterbliebenen weiterhin ein Recht auf Wiederaufnahme eines ausgesetzten Verfahrens einzuräumen.[4]

5 Den **frühest zulässigen Zeitpunkt der Antragstellung** bestimmt Abs. 2 und enthält damit eine Sonderbestimmung zu Abs. 1 Nr. 1: Anders als nach dem bisherigen § 2 Abs. 2 S. 1 VAÜG kann der Antrag nach Abs. 1 Nr. 1 in Anlehnung an § 120d Abs. 1 SGB VI, § 120a SGB VI (Erklärung der Eheleute zum Rentensplitting) nun bereits bis zu sechs Monate vor dem Zeitpunkt gestellt werden, zu dem auf Grund des Versorgungsausgleichs voraussichtlich Leistungen zu erbringen oder zu kürzen wären. So kann das Wiederaufnahmeverfahren bereits vor Erreichen der Regelaltersgrenze eingeleitet und die gerichtliche Entscheidung über den Versorgungsausgleich unter Umständen schon bei der Festsetzung der Rente berücksichtigt werden. Andernfalls könnte ein längerer Zeitraum vergehen, in dem die ausgleichsberechtigte Person bereits Rente bezieht, ohne dass die Entscheidung über den Versorgungsausgleich zu ihren Gunsten wirksam wird.

6 Im Fall einer Invaliditätsrente ist der früheste zulässige Zeitpunkt für den Antrag nach Abs. 1 Nr. 1 der Zeitpunkt des Antrags auf Invaliditätsrente, denn hier ist, anders als bei der Altersrente, der Leistungsfall nicht längere Zeit im Voraus absehbar.[5]

### III. Wiederaufnahme von Amts wegen (Abs. 1 Nr. 2)

7 Abs. 1 Nr. 2 regelt die Verpflichtung der Gerichte, die nach § 2 Abs. 1 S. 2 VAÜG ausgesetzten Verfahren spätestens fünf Jahre nach Inkrafttreten des VersAusglG, also bis zum 1.9.2014, wieder aufzunehmen. Nach dem materiellen Recht des VersAusglG ist nun eine Durchführung des Ausgleichs möglich (→ Rn. 1), da „Westanrechte" und „Ostanrechte" nicht mehr vergleichbar gemacht und saldiert werden müssen, sondern jedes Anrecht einzeln ausgeglichen wird.

8 In einer **Übergangszeit nach dem Inkrafttreten des VersAusglG** kann – insbesondere in den Monaten kurz danach – folgende Situation eintreten: Der Versorgungsausgleich ist gemäß § 48 Abs. 1 noch nach dem bisherigen Recht der §§ 1587a ff. BGB aF durchzuführen, weil das Verfahren vor dem Inkrafttreten eingeleitet worden ist. Gemäß § 2 Abs. 1 S. 2 VAÜG ist das Verfahren auszusetzen. **Nach Aussetzung tritt sogleich die Pflicht des Familiengerichtes nach § 50 Abs. 1 Nr. 2 ein, den Versorgungsausgleich spätestens binnen fünf Jahren wieder aufzunehmen.** In diesen Fällen hat das Familiengericht die Möglichkeit, im Scheidungstermin eine Aussetzung des Versorgungsausgleichsverfahrens zu beschließen und **im Anschluss sogleich** eine **Wiederaufnahme des Verfahrens** mit der Folge der Anwendung des Rechts des VersAusglG (→ Rn. 2 aE) anzuordnen. Kann auf Grundlage der eingeholten Auskünfte der Versorgungsträger bereits zum Scheidungstermin nach neuem Recht über den Versorgungsausgleich entschieden werden, können sowohl die Scheidung als auch die Folgesache bereits in diesem Termin abgeschlossen werden. Dies ist insbesondere dann der Fall, wenn die Eheleute nur Anwartschaften in der gesetzlichen

---

2 BT-Drs. 16/10144, 87.
3 BGH NJW-RR 2008, 154 = FamRZ 2007, 1804.
4 BT-Drs. 16/10144, 88.
5 BT-Drs. 16/10144, 88.

Rentenversicherung erworben haben, da die Auskünfte der Versorgungsträger nach bisherigem Recht in diesen Fällen in der Regel auch eine Entscheidung nach neuem Recht ermöglichen. Müssen hingegen, etwa bei Vorliegen einer zusätzlichen betrieblichen Anwartschaft, noch neue Auskünfte der Versorgungsträger eingeholt werden, so kann das Familiengericht das Versorgungsausgleichsverfahren im Scheidungstermin nach § 2 Abs. 1 S. 2 VAÜG aussetzen und abtrennen und dem Scheidungsantrag vorab nach § 628 ZPO aF stattgeben. Die Entscheidung über den Versorgungsausgleich kann das Familiengericht mit Zustimmung beider Parteien dann anschließend im schriftlichen Verfahren treffen. So ist kein weiterer Verhandlungstermin erforderlich.[6]

### IV. Fortführung als selbständige Familiensache

Da die Aussetzung nach § 2 VAÜG für die frühere Scheidungsfolgesache Versorgungsausgleich 9
den Scheidungsverbund auflöste, ist sie als selbständige Familiensache fortzuführen. Die familiengerichtliche Zuständigkeit bleibt unverändert.[7] Die früher bewilligte Prozesskostenhilfe nimmt einem Antrag auf Bewilligung von Verfahrenskostenhilfe für die nun selbständige Familiensache nicht das Rechtsschutzbedürfnis. Gebührenrechtlich ist die selbstständige Familiensache als neue Angelegenheit zu behandeln mit gesonderten Gebühren gemäß § 150 Abs. 5 S. 2 FamFG, auf die eine im Scheidungsverbund für die Folgesache Versorgungsausgleich verdiente und abgerechnete Vergütung nach § 15 Abs. 2 S. 1 RVG in der neuen selbständigen Familiensache anzurechnen ist.[8]

## § 51 Zulässigkeit einer Abänderung des öffentlich-rechtlichen Versorgungsausgleichs

**(1) Eine Entscheidung über einen öffentlich-rechtlichen Versorgungsausgleich, die nach dem Recht getroffen worden ist, das bis zum 31. August 2009 gegolten hat, ändert das Gericht bei einer wesentlichen Wertänderung auf Antrag ab, indem es die in den Ausgleich einbezogenen Anrechte nach den §§ 9 bis 19 teilt.**

**(2) Die Wertänderung ist wesentlich, wenn die Voraussetzungen des § 225 Abs. 2 und 3 des Gesetzes über das Verfahren in Familiensachen und in den Angelegenheiten der freiwilligen Gerichtsbarkeit vorliegen, wobei es genügt, dass sich der Ausgleichswert nur eines Anrechts geändert hat.**

**(3) [1]Eine Abänderung nach Absatz 1 ist auch dann zulässig, wenn sich bei Anrechten der berufsständischen, betrieblichen oder privaten Altersvorsorge (§ 1587a Abs. 3 oder 4 des Bürgerlichen Gesetzbuchs in der bis zum 31. August 2009 geltenden Fassung) der vor der Umrechnung ermittelte Wert des Ehezeitanteils wesentlich von dem dynamisierten und aktualisierten Wert unterscheidet. [2]Die Aktualisierung erfolgt mithilfe der aktuellen Rentenwerte der gesetzlichen Rentenversicherung. [3]Der Wertunterschied nach Satz 1 ist wesentlich, wenn er mindestens 2 Prozent der zum Zeitpunkt der Antragstellung maßgeblichen monatlichen Bezugsgröße nach § 18 Abs. 1 des Vierten Buches Sozialgesetzbuch beträgt.**

**(4) Eine Abänderung nach Absatz 3 ist ausgeschlossen, wenn für das Anrecht nach einem Teilausgleich gemäß § 3b Abs. 1 Nr. 1 des Gesetzes zur Regelung von Härten im Versorgungsausgleich noch Ausgleichsansprüche nach der Scheidung gemäß den §§ 20 bis 26 geltend gemacht werden können.**

**(5) § 225 Abs. 4 und 5 des Gesetzes über das Verfahren in Familiensachen und in den Angelegenheiten der freiwilligen Gerichtsbarkeit gilt entsprechend.**

**Schrifttum:** S. § 1587 BGB.

**Übersicht**



[6] BT-Drs. 16/10144, 88.

[7] OLG Frankfurt FamRZ 2011, 1233; OLG Brandenburg FamRZ 2011, 1656.

[8] BGH NJW 2011, 1141 = FamRZ 2011, 635.

## I. Normzweck

1 § 51 regelt zusammen mit § 52, unter welchen Voraussetzungen eine nach dem bis zum 31.8.2009 geltenden Recht ergangene rechtskräftige Entscheidung über den öffentlich-rechtlichen Versorgungsausgleich abgeändert werden kann. Beide Vorschriften haben daher im Ausgangspunkt denselben Regelungsgegenstand wie § 10a VAHRG. Ihr Zweck geht dahin, bei einer wesentlichen Wertänderung eine Abänderungsentscheidung auf der Grundlage des neuen Rechts über den Wertausgleich (§§ 9–19) zu treffen. Damit soll zugleich verhindert werden, dass über mehrere Jahrzehnte zwei Rechtsordnungen nebeneinander bestehen bleiben.[1]

2 **Abs. 1** enthält den vorbeschriebenen Grundsatz der Überleitung einer Entscheidung über den öffentlich-rechtlichen Versorgungsausgleich in den Wertausgleich neuen Rechts und bestimmt, dass Gegenstand der Regelung die in den Ausgleich einbezogenen Anrechte der Erstentscheidung sind. **Abs. 2** knüpft an die Voraussetzungen des § 225 Abs. 2 und 3 FamFG an, die für eine Abänderung nach neuem Recht erforderlich sind: Abänderungsgrund sind hiernach nach dem Ende der Ehezeit eingetretene rechtliche oder tatsächliche Veränderungen eines Anrechts, die auf seinen Ausgleichswert zurückwirken und zu einer wesentlichen Wertänderung führen. Dabei ist die relative Grenze gegenüber § 10a Abs. 2 S. 2 VAHRG herabgesetzt und die absolute erhöht worden. **Abs. 3** bestimmt einen weiteren Abänderungsgrund, der in Fällen eingreift, in denen Anrechte der berufsständischen, betrieblichen oder privaten Altersversorgung nach § 1587a Abs. 3 oder 4 BGB unter Umrechnung in ein dynamisches Anrecht ausgeglichen worden sind und die Dynamik der Wertentwicklung, gemessen an den aktuellen Rentenwerten zum Ehezeitende einerseits und zum Zeitpunkt des Abänderungsverfahrens andererseits, wesentlich hinter dem tatsächlichen, undynamisierten Wert des Anrechts im Zeitpunkt des Erstverfahrens zurückgeblieben ist. **Abs. 4** nimmt Anrechte von einer Abänderung nach Abs. 3 aus, wenn für sie nach einem Teilausgleich nach § 3b Abs. 1 Nr. 1 VAHRG in der Erstentscheidung noch Ausgleichsansprüche nach der Scheidung geltend gemacht werden können. **Abs. 5** erklärt die Regelungen in § 225 Abs. 4 und 5 FamFG für entsprechend anwendbar: Dort ist bestimmt, dass eine Abänderung auch dann zulässig ist, wenn für die Versorgung der ausgleichsberechtigten Person eine maßgebende Wartezeit erfüllt wird und dass sich die Abänderung zugunsten eines Ehegatten oder seiner Hinterbliebenen auswirken muss.

3 Während nach früherem Recht der als Ergebnis einer Gesamtsaldierung gebotene Einmalausgleich zwingend zu einer vollständigen Überprüfung der früheren Entscheidung führte, weil die Prüfung einer wesentlichen Änderung des Wertunterschieds die Ermittlung und Feststellung aller Anrechte wie im Erstverfahren erforderte, kommt es bei dem Einzelausgleich nach § 1 Abs. 1 nur darauf an, dass **bei einem bestimmten Anrecht** eine wesentliche **Wertänderung** vorliegt. Anders als bei Abänderung einer Entscheidung zum Wertausgleich nach neuem Recht, die zu einer auf dieses Anrecht beschränkten Abänderungsentscheidung führt (→ 7. Aufl. 2017, FamFG § 225 Rn. 3), kommt es bei der Abänderungsentscheidung nach § 51 insofern zu einer beschränkten **Totalrevision,** als alle Anrechte, die in der Erstentscheidung ausgeglichen wurden, auch unabhängig von einer Wertänderung in den Wertausgleich des neuen Rechts einbezogen werden.[2] Das bedeutet, dass bei Zulässigkeit der Abänderung der Ausgleichswert aller Anrechte festzustellen ist, die in den

[1] Vgl. BT-Drs. 16/10144, 88 f.

[2] Vgl. BGH NJW-RR 2015, 2 = FamRZ 2015, 125; BGHZ 198, 91 Rn. 16 = NJW-RR 2013, 1219 = FamRZ 2013, 1548; OLG Koblenz NJOZ 2014, 1213 (1214); OLG Hamm NJW-RR 2012, 203 (204) = FamRZ 2012, 551 (552).

Ausgleich der Erstentscheidung einbezogen waren.[3] Der Grundsatz der Totalrevision reicht jedoch nicht ebenso weit wie nach früherem Recht,[4] weil eine Abänderung nur unter den in Abs. 2 und 3 genannten Voraussetzungen zulässig ist, während Rechen- und Rechtsanwendungsfehler bei der Erstentscheidung, wie etwa das Übersehen eines eigentlich in den Ausgleich einzubeziehenden Anrechts,[5] anders als nach früherem Recht[6] kein Grund für eine Abänderung sind (→ Rn. 20).[7] Ist das Abänderungsverfahren aber eröffnet, weil sich der Ausgleichswert eines Anrechts aus tatsächlichen oder rechtlichen Gründen rückwirkend wesentlich geändert hat, können auch solche Rechts- und Anwendungsfehler im Rahmen der dann durchzuführenden Totalrevision ausgeglichen werden, soweit sie sich auf ein in den Ausgleich einbezogenes Anrecht beziehen.[8] Die Abänderungsgründe des § 10a Abs. 1 Nr. 2 und 3 VAHRG spielen für die Übergangsregelung des § 51 schon deshalb keine Rolle, weil diese sich nur auf Anrechte bezieht, die in der Erstentscheidung ausgeglichen wurden (zur Unmaßgeblichkeit dieser Abänderungsgründe nach neuem Recht allgemein → 7. Aufl. 2017, FamFG § 225 Rn. 3, 5).

## II. Gegenstand der Regelung und betroffene Anrechte (Abs. 1)

Nach § 51 Abs. 1 ist die Abänderung einer Entscheidung über den öffentlich-rechtlichen Versorgungsausgleich bei einer wesentlichen Wertänderung zulässig. Dabei geht die neue Entscheidung, die einen Antrag voraussetzt, dahin, dass die in den Ausgleich einbezogenen Anrechte nach den §§ 9–19 geteilt werden. 4

**1. Gegenstand der Erstentscheidung.** Abänderbar sind **rechtskräftige Entscheidungen über den öffentlich-rechtlichen Versorgungsausgleich,** die nach dem bis zum 31.8.2009 geltenden Recht ergangen sind[9] und mit denen eine Übertragung oder Begründung von Versorgungsanrechten (§ 1587b Abs. 1–3 BGB, §§ 1, 3b VAHRG) angeordnet wurde. Es kann sich auch um eine Abänderungsentscheidung nach § 10a VAHRG handeln.[10] Gegenstand des Verfahrens ist dann die Abänderungsentscheidung und nicht die Ursprungsentscheidung. Der Abänderungsantrag muss sich daher auf die Abänderungsentscheidung beziehen. Auf Regelungen des schuldrechtlichen Versorgungsausgleichs ist § 51 nicht anzuwenden. Sie unterliegen vielmehr der Abänderungsregelung des § 227 Abs. 1 FamFG iVm § 48 Abs. 1 FamFG. Bisher vollkommen dem schuldrechtlichen Ausgleich vorbehaltene Anrechte, die nach früherem Recht noch in den öffentlich-rechtlichen Versorgungsausgleich einbezogen werden konnten (vgl. § 10a Abs. 1 Nr. 2, 3 VAHRG), wenn sie unverfallbar wurden oder durch Übertragung oder Begründung, etwa nach § 1 Abs. 2 und 3 VAHRG, ausgeglichen werden konnten,[11] bleiben bei der Abänderungsmöglichkeit des § 51 außer Betracht, weil sich die abzuändernde Entscheidung auf sie nicht bezogen hat (zu einer nur teilweisen Einbeziehung von Anrechten → Rn. 21).[12] Es kommt hinzu, dass auch nach neuem Recht im Zeitpunkt des Wertausgleichs noch nicht ausgleichsreife Anrechte nur nach den §§ 20 ff. ausgeglichen werden können (→ 7. Aufl. 2017, FamFG § 225 Rn. 3, 5). 5

Korrekturfähig ist auch eine **Negativentscheidung,**[13] in der festgestellt wurde, dass wegen der Geringfügigkeit des Wertunterschieds ein Ausgleich nach der bis zum 31.12.1991 geltenden Vorschrift 6

[3] Vgl. *Wick* Versorgungsausgleich Rn. 827, 828; AG Sinzig BeckRS 2010, 28671 = FamRZ 2010, 1906 (1907).

[4] Vgl. zu diesem Grundsatz des § 10a VAHRG BGH NJW-RR 2004, 795 (796) = FamRZ 2004, 786 f.; Bericht des RA, BT-Drs. 10/6369, 21; *Hahne* FamRZ 1987, 217 (220); *Dörr* FPR 2007, 130.

[5] Vgl. BGHZ 198, 91 Rn. 16 = NJW-RR 2013, 1219 = FamRZ 2013, 1548; KG BeckRS 2012, 18403 = FamRZ 2012, 1945 (1946).

[6] Vgl. zB OLG Zweibrücken FamRZ 2007, 1750; BGHZ 198, 91 = NJW-RR 2013, 1219 = FamRZ 2013, 1548; FamRZ 2004, 786 = NJW-RR 2004, 795; aber einschr. für Härtefälle BGH FamRZ 2007, 360 = NJW 2007, 433.

[7] Vgl. BGH NJW-RR 2015, 2 Rn. 12, 17 = FamRZ 2015, 125 zur fehlerhaften Begründung von Rentenanwartschaften zu Lasten eines privatrechtlichen Trägers; zu § 225 FamFG BGH NJW-RR 2015, 900 Rn. 12, 14 = FamRZ 2015, 1279; OLG Koblenz NJW 2013, 1171 (1172 f.); *Kemper* FuR 2010, 189 (191); *Borth* FamRZ 2010, 1210 (1215); *Bergner* FamFR 2010, 508; *Götsche* FamRB 2017, 148; *Kirchmeier* FamRZ 2017, 845.

[8] BGH NJW-RR 2015, 900 = FamRZ 2015, 1279; *Götsche* FamRB 2017, 148; BeckOGK/*Müller-Tegethoff,* 1.2.2019, Rn. 16.

[9] Auch nach dem 1.9.2009 nach § 48 Abs. 1; vgl. *Kemper* FuR 2010, 189 (190).

[10] Vgl. OLG Hamm BeckRS 2015, 17477 Rn. 6, 9; OLG Celle BeckRS 2013, 07830 Rn. 24 = FamRZ 2014, 211 (214).

[11] Vgl. hierzu BGH NJW 2003, 3772 (3773) = FamRZ 2003, 1738 (1739 f.); NJWE-FER 1998, 74 = FamRZ 1998, 421; BT-Drs. 10/6369, 21; *Wagenitz* JR 1987, 53 (55).

[12] Vgl. BGH NJW-RR 2015, 1217 Rn. 26 = FamRZ 2015, 1688.

[13] Vgl. zu § 10a VAHRG *Hahne* FamRZ 1987, 217 (221); Soergel/*Hohloch* VAHRG § 10a Rn. 12.

des § 3c VAHRG unterblieb.[14] Denn mit einer solchen Entscheidung sind alle Anrechte, die in die Gesamtbilanz eingestellt worden sind, in die Regelung iSd Abs. 1 „einbezogen" worden, mag sie auch im Hinblick auf den geringen Wertunterschied zu keinem Ausgleich geführt haben. Bei einer Wertänderung, die auch die Grenzen der Geringfügigkeit iSd § 18 überschreitet, ist der Wertausgleich daher hinsichtlich dieser einzelnen Anrechte durchzuführen. Abzugrenzen von dieser Konstellation sind Fälle, in denen es überhaupt an einer Regelung fehlt oder in denen die Rechtskraft, weil es nicht unmittelbar um eine Änderung des Wertunterschieds geht, einem Abänderungsverfahren entgegensteht. Ist der Versorgungsausgleich etwa wegen einer unrichtigen kollisionsrechtlichen Beurteilung nicht durchgeführt oder ohne Ermittlung eines Wertunterschieds bereits dem Grunde nach ausgeschlossen worden, rechtfertigt dies ein Änderungsverfahren auch nach § 51 nicht.[15] Entsprechendes gilt auch dann, wenn das Familiengericht der Einschätzung des Versorgungsträgers gefolgt ist, es bestehe bei Ehezeitende kein Anrecht auf eine betriebliche Altersversorgung, weil dieses wegen treuwidrigen Verhaltens wirksam widerrufen wurde, während das Arbeitsgericht später rechtskräftig feststellt, dass der Widerruf unwirksam gewesen sei.[16] Das Anrecht ist dann endgültig dem Ausgleich entzogen. Dieses widersprüchliche Ergebnis lässt sich nur vermeiden, indem gem. § 221 Abs. 3 FamFG das Verfahren ausgesetzt und eine fachgerichtliche Klärung über die Wirksamkeit des Widerrufs der Versorgungszusage herbeigeführt wird. Umgekehrt kann auch ein entgegen den Kollisionsregeln rechtskräftig durchgeführter Versorgungsausgleich nicht nach § 51 rückgängig gemacht werden; allerdings unterliegt eine solche Entscheidung auch keiner weiteren Veränderung zugunsten des Ausgleichsberechtigten.[17] Ein Hinweis nach § 53d FGG, dass der Versorgungsausgleich mit Rücksicht auf eine genehmigte Vereinbarung oder auf eine ehevertragliche Regelung (§ 1408 Abs. 2 BGB) nicht stattfinde, erwächst nicht in Rechtskraft. Unter diesen Umständen kann die Durchführung des Wertausgleichs im Erstverfahren beantragt werden, wenn sich die Unwirksamkeit oder Nichtigkeit der Vereinbarung herausstellt oder geltend gemacht wird.[18] Ist allerdings eine wegen eines Verstoßes gegen § 1587o Abs. 1 S. 2 BGB unwirksame Vereinbarung durch eine Sachentscheidung umgesetzt worden, die in Rechtskraft erwachsen ist, unterliegt sie, wie jede andere rechtskräftige Entscheidung zum Versorgungsausgleich, unter den Voraussetzungen des § 51 der Abänderung.[19] Ob auch eine auf § 1587b Abs. 4 BGB gestützte anderweitige Regelung des Versorgungsausgleichs unter den Voraussetzungen des § 51 Abs. 2 oder 3 abänderbar ist, erscheint zweifelhaft; für § 10a VAHRG ist dies angenommen worden: Hat sich nämlich der Wertunterschied geändert, mögen etwa auch die für die Unwirtschaftlichkeit maßgeblichen tatsächlichen Umstände anders zu beurteilen sein,[20] so dass man daran denken könnte, den Wertausgleich hinsichtlich der Anrechte vorzunehmen, deren Ausgleich bislang unwirtschaftlich gewesen ist. Dagegen spricht, dass ein Anrecht, dessen Ausgleich für die ausgleichsberechtigte Person unwirtschaftlich wäre, nach § 19 Abs. 2 Nr. 3 als nicht ausgleichsreif angesehen wird, so dass es auch nach neuem Recht nur schuldrechtlich ausgeglichen werden kann,[21] ohne dass diese Entscheidung in Richtung auf einen Wertausgleich zu ändern wäre. Als Negativentscheidungen, die gem. § 10a VAHRG abänderbar waren, wurden nach dem bis 31.8.2009 geltenden Recht auch Entscheidungen angesehen, durch die festgestellt wurde, dass ein Versorgungsausgleich zur Zeit des Erlasses des Verbundurteils nicht stattfinde. Solche Entscheidungen ergingen, wenn der Versorgungsausgleich mangels Mitwirkung des Ausgleichsberechtigten nicht durchführbar war.[22] Vereinzelt hat die Rspr.[23]

---

14 Vgl. im Zusammenhang mit § 10a VAHRG BGH NJW-RR 1990, 1157 (1158) = FamRZ 1990, 1097 (1098); BeckRS 1989, 31073578 (zu 3) = FamRZ 1989, 1058; OLG Frankfurt NJW-RR 1988, 1346 (1347); BeckRS 2009, 25768 (aE) = FamRZ 1987, 1052 (1053); OLG Karlsruhe BeckRS 2009, 40117 (zu II 4 a) = FamRZ 1988, 513 (514); *Dörr* NJW 1988, 97 (98); *Klattenhoff/Wahle* DAngVers. 1989, 453 (454); Soergel/*Hohloch* VAHRG § 10a Rn. 12; aA offenbar OLG München BeckRS 2009, 25449 (zu II 2) = FamRZ 1987, 1051.

15 BGH NJW-RR 1996, 642 (643) = FamRZ 1996, 282 (283 f.) gegen OLG Koblenz BeckRS 2009, 24871 = FamRZ 1987, 950 f. und OLG Hamm NJW-RR 1993, 263 (264) = FamRZ 1992, 826 (827); OLG Celle NJW-RR 2009, 74 (76) in einem Fall des ehevertraglichen Ausschlusses.

16 Vgl. hierzu BAG BeckRS 2018, 13459 = NZFam 2018, 683 Rn. 34.

17 Zu § 10a VAHRG BGH NJOZ 2005, 3585 (3587 f.) = FamRZ 2005, 1467 (1468 f.) und die Vorinstanz OLG Stuttgart BeckRS 2001, 30989522 = FamRZ 2002, 614.

18 Vgl. BGH NJW 1991, 1743 (1744) = FamRZ 1991, 679 (680); NJW-RR 1991, 1026 = FamRZ 1991, 681; OLG Köln NJW-RR 1997, 965 (966) = FamRZ 1998, 373 zu § 1587o BGB; OLG Düsseldorf NJW 2006, 234 (235) = FamRZ 2006, 793 (794) zu § 1408 Abs. 2 BGB.

19 Vgl. zu § 10a VAHRG BGH NJW-RR 2007, 578 Rn. 19 = FamRZ 2007, 536 (537).

20 Vgl. *Dörr* NJW 1988, 97 (98); wohl auch *Hahne* FamRZ 1987, 217 (221); → 5. Aufl. 2009, VAHRG § 10a Rn. 6.

21 Keidel/*Weber* FamFG § 225 Rn. 3b.

22 Staudinger/*Rehme*, 2004, BGB § 1587b Rn. 48; OLG Hamm FamRZ 2000, 673; OLG Oldenburg NJOZ 2005, 1582 = FamRZ 2003, 1752; ferner OLG Schleswig FamRZ 1990, 527.

23 OLG Frankfurt NJOZ 2018, 363 = FamRZ 2018, 338.

versucht, die frühere Rspr. auf § 51 übertragen und entschieden, dass auch hinsichtlich solcher Entscheidungen das Abänderungsverfahren gem. § 51 statthaft sei. Gegen diese Auffassung spricht aber, dass ein Abänderungsverfahren gem. § 51 nur möglich ist, wenn sich der Ausgleichswert eines der in die Entscheidung einbezogenen Anrechte wesentlich geändert hat. In die Altentscheidung waren aber keine Rechte einbezogen, vielmehr hatte diese lediglich die Feststellung zum Gegenstand, dass derzeit kein Ausgleich stattfinde. Inhaltlich hat die Entscheidung damit eine Aussetzung des Verfahrens zum Versorgungsausgleich zum Gegenstand.[24] Es ist dann eine Frage des Inhalts der Entscheidung, ob sie die (erstmalige) Durchführung des Wertausgleichs bei der Scheidung noch zulässt[25] oder die Ehegatten auf die Durchführung des schuldrechtlichen Ausgleichs nach der Scheidung verweist, was zwar nicht zulässig war, aber gleichwohl häufig so praktiziert wurde.

**Vereinbarungen** über den Versorgungsausgleich nach § 1587o BGB können, wie sich früher aus § 10a Abs. 9 VAHRG ergeben hat, abgeändert werden, wenn die Eheleute dies nicht ausgeschlossen haben. Nach neuem Recht ist dies für Vereinbarungen nach § 6 in § 227 Abs. 2 FamFG ebenso geregelt. Für den vorliegenden Zusammenhang sind insbesondere Vereinbarungen in den Blick zu nehmen, in denen der öffentlich-rechtliche Versorgungsausgleich modifiziert und der Vereinbarung entsprechend durchgeführt worden ist. Insoweit ist bei einer wesentlichen Wertänderung auch eine Abänderung nach § 51 zulässig.[26] Sind durch die rechtskräftige Erstentscheidung Anwartschaften mit rechtsgestaltender Wirkung übertragen oder begründet worden, wird eine Abänderung jedoch nicht dadurch eröffnet, dass die Parteien ohne jede Bindung eine anderweitige Regelung des Ausgleichs vereinbaren,[27] auf seine Durchführung, etwa weil sie erneut die Ehe miteinander eingegangen sind, verzichten[28] oder die ergangene Entscheidung durch Anfechtung der Vereinbarung in Frage stellen.[29] Nur wenn ein Abänderungsverfahren wegen einer wesentlichen Veränderung von Ausgleichswerten zulässig ist, ist die Dispositionsbefugnis der geschiedenen Ehegatten nach § 6 wiederherzustellen.[30] 7

**Zahlungen** des Verpflichteten auf Grund einer Entscheidung des FamG nach § 3b Abs. 1 Nr. 2 VAHRG sind im gesetzlichen Wertausgleich nicht mehr vorgesehen,[31] sondern durch andere Formen des Ausgleichs, namentlich die interne Teilung, ersetzt worden. Auch diese Art des öffentlich-rechtlichen Ausgleichs unterliegt der Abänderung nach § 51, wobei in § 52 Abs. 3 eine Pflicht des Versorgungsträgers normiert ist, Beiträge zur Begründung von Anrechten – ggf. unter Anrechnung gewährter Leistungen – zurückzuzahlen (→ § 52 Rn. 16). Demgegenüber betreffen Entscheidungen über Abfindungszahlungen nach § 1587l BGB (zur früheren Anwendbarkeit des § 10a Abs. 8 VAHRG → 5. Aufl. 2009, VAHRG § 10a Rn. 8) nicht den öffentlich-rechtlichen Versorgungsausgleich und sind daher nicht nach § 51 abänderbar (→ 7. Aufl. 2017, FamFG § 225 Rn. 8). 8

Im Abänderungsverfahren ist die **Härteklausel** nach § 52 Abs. 1 iVm § 226 Abs. 3 FamFG entsprechend anwendbar. Sie bezieht sich auf Umstände, die nach der Erstentscheidung entstanden sind. Ihre Anwendung ist erst dann in Betracht zu ziehen, wenn die Voraussetzungen für eine Abänderung der Erstentscheidung nach § 51 Abs. 2, 3 vorliegen. Wie nach bisherigem Recht genügt daher eine Veränderung von Umständen, die nicht mit einer Wertänderung eines Anrechts verbunden sind, aber als Härtegründe in Betracht kommen, nicht für einen Einstieg in das Abänderungsverfahren.[32] Wegen der näheren Einzelheiten zur Anwendung der Härteklausel im Abänderungsverfahren allgemein.[33] 9

---

24 Ebenso Anm. *Borth* FamRZ 2018, 338; zweifelnd auch *Schwamb* FamRB 2017, 416; BeckOGK/*Müller-Tegethoff,* 1.10.2018, Rn. 7.1.

25 OLG Karlsruhe FamRZ 2019, 286 = BeckRS 2018, 35590.

26 Vgl. zum früheren Recht iE Soergel/*Gaul,* 12. Aufl. 1988, BGB § 1408 Rn. 43a; zur Unumkehrbarkeit bei einem ehevertraglichen Ausschluss vgl. AG Rosenheim BeckRS 2008, 21392 (zu III, IV) = FamRZ 2008, 1863 f.

27 Vgl. *Wick* Versorgungsausgleich Rn. 845; zum früheren Recht BGHZ 152, 14 (16) = NJW 2002, 3463 = FamRZ 2002, 1553 f.; OLG Zweibrücken FPR 2002, 148 = FamRZ 2002, 1410 (1411); OLG Köln NJW-RR 1999, 1161 = FamRZ 2000, 832 f.; OLG München FamRZ 1997, 1082 (1084); OLG Düsseldorf FamRZ 1981, 285.

28 Vgl. OLG Hamm BeckRS 2007, 06744 (zu II) = FamRZ 2007, 559 f.

29 Vgl. BGHZ 152, 14 (16) = NJW 2002, 3463 = FamRZ 2002, 1553 f.; ähnlich OLG Hamm BeckRS 2007, 06744 (zu II) = FamRZ 2007, 559 f.; OLG Bamberg BeckRS 2000, 13046 = FamRZ 2001, 499; → 5. Aufl. 2009, BGB § 1587o Rn. 7.

30 Vgl. OLG Hamm FamRZ 2018, 588 = BeckRS 2017, 145724; OLG Celle NJW 2011, 1888 (1889); zu § 1587o BGB AG Bochum FamRZ 2000, 1156.

31 Aber im Zusammenhang mit einer Vereinbarung weiterhin möglich (vgl. § 187 Abs. 1 Nr. 2 lit. b SGB VI).

32 Vgl. OLG Hamm NJW-RR 2017, 1415 = FamRZ 2018, 257; OLG Nürnberg BeckRS 2013, 08964 (zu II 2 b) = FamRZ 2013, 1583 (1584); zu § 10a VAHRG BGH NJW 2007, 433 Rn. 14 = FamRZ 2007, 360 (361); BGHZ 133, 344 (352) = NJW 1997, 56 (57) = FamRZ 1996, 1540 (1542); BGH NJW 1989,

10 **2. Abänderungsfähige Anrechte.** Nach § 51 Abs. 1 unterliegen **die in den Ausgleich einbezogenen Anrechte** der Abänderungsentscheidung. Die Abänderungsmöglichkeiten werden also in diesem Zusammenhang nicht – wie in der allgemeinen Abänderungsregelung des § 225 Abs. 1 FamFG – auf die in § 32 genannten Anrechte beschränkt.[34] Dies beruht vor allem auf dem Umstand, dass gerade im Bereich der betrieblichen Altersversorgung und der privaten Vorsorge der Halbteilungsgrundsatz vielfach dadurch verletzt wurde, dass nicht volldynamische Anrechte nach § 1587a Abs. 3 oder 4 BGB umgerechnet werden mussten, um mit den Maßstabsversorgungen der gesetzlichen Rentenversicherung und der Beamtenversorgung verglichen werden zu können. Hierbei konnten erhebliche Abweichungen vom Halbteilungsgrundsatz entstehen, die den Gesetzgeber veranlasst haben, einen auf diese Situation zugeschnittenen zusätzlichen Abänderungsgrund in Abs. 3 zu schaffen, der für Fallgestaltungen, die erstmals nach neuem Recht entschieden werden, nicht mehr von Bedeutung ist, weil hiernach jedes einzelne Anrecht für sich ausgeglichen wird. Dass in Abs. 3 ein zusätzlicher Abänderungsgrund geschaffen worden ist, bedeutet jedoch nicht, dass sich die Abänderungsmöglichkeit nach Abs. 1 nur auf volldynamische, nicht dynamisierte Anrechte beschränken würde (→ Rn. 21);[35] für eine solche, im Wortlaut des Abs. 1 nicht angelegte Reduzierung seines Anwendungsbereichs gibt es keinen hinreichenden Sachgrund, soll doch die nach altem Recht ergangene Entscheidung in Bezug auf die einbezogenen Anrechte insgesamt auf den neuen Wertausgleich umgestellt werden.

11 In den Ausgleich einbezogen sind nicht nur die Anrechte, die konkret Gegenstand einer Entscheidung nach § 1587b Abs. 1 oder 2 BGB gewesen sind, also Anrechte der gesetzlichen Rentenversicherung, die übertragen worden sind, oder Anrechte der Beamtenversorgung, zu deren Lasten für den anderen Ehegatten Anwartschaften begründet worden sind. Vielmehr sind alle die Anrechte einbezogen, die in der Gesamtsaldierung nach § 1587a Abs. 1 S. 1 BGB einander gegenübergestellt worden sind. Denn sie alle sind im Rahmen des Einmalausgleichs, der sich im Ergebnis auf die Hälfte des Wertunterschieds belief, mit ausgeglichen worden (→ 5. Aufl. 2009, BGB § 1587a Rn. 10, 14). Für die Einbeziehung, die sich der abzuändernden Erstentscheidung unschwer entnehmen lässt, ist notwendig, dass das betreffende Anrecht **bei der Ermittlung des Ausgleichsbetrags ein Rechnungsposten** gewesen ist.[36] Weiterhin ist aber zu differenzieren:

12 Unstreitig sind auf Seiten des **Ausgleichsberechtigten** alle Anrechte zu berücksichtigen, weil sie die Untergrenze der Differenz der beiderseits auszugleichenden Anrechte bilden („Minuend"). Nur Anrechte, die dem schuldrechtlichen Ausgleich vorbehalten waren und auf die Bilanz im öffentlich-rechtlichen Ausgleich überhaupt keinen Einfluss nehmen konnten, sind nicht in die abzuändernde Entscheidung einbezogen. Das betrifft vor allem schuldrechtlich auszugleichende Anrechte des Ausgleichsschuldners sowie beiderseits Anrechte, die noch so unsicher sind, dass sie bei Erlass der abzuändernden Entscheidung nicht bewertet werden konnten.[37]

13 Auf Seiten des **Ausgleichsschuldners** sind unzweifelhaft alle gem. § 1587b Abs. 1, 2 BGB aF, §§ 1, 3b Abs. 1 Nr. 1 VAHRG aF ausgeglichenen Anrechte in den Versorgungsausgleich einbezogen, wobei ein Teilausgleich genügt.[38]

14 Zweifelhaft ist, ob auch lediglich **schuldrechtlich auszugleichende** Anrechte des Ausgleichspflichtigen in die Entscheidung einbezogen waren. Dagegen wird vorgebracht, die Berücksichtigung dieser Anrechte sei nur für die Höhe und Richtung des Ausgleichs bedeutsam, ein solches Recht werde aber nicht ausgeglichen und daher in die Entscheidung einbezogen.[39] Nach aA sind alle Anrechte des Ausgleichspflichtigen, die in die Gesamtsaldierung eingestellt waren, unabhängig davon, ob sie öffentlich-rechtlich oder schuldrechtlich ausgeglichen wurden, als in die Entscheidung einbezogen anzusehen.[40] Für diese Lösung spricht die Struktur des früheren Versorgungsausgleichs. Danach waren in einem ersten Schritt alle in der Ehezeit erworbenen Anrechte der Beteiligten zu ermitteln, zu bewerten und zu saldieren, und zwar unabhängig davon, wie letztlich der Ausgleich erfolgte. Auch die Ausgleichsrente gem. § 1587g BGB wurde daher nicht anhand des Ausgleichswerts eines einzelnen Anrechts, sondern anhand der Ausgleichsbilanz aller Anrechte kalkuliert. Es war eine Restvermögensbilanz zu erstellen.[41] Schließlich entspricht die Struktur des Versorgungsausgleichs

---

1999 (2000) = FamRZ 1989, 725 (726 f.); ähnlich OLG Koblenz NJW-RR 1992, 708 = FamRZ 1992, 687 (688); OLG Düsseldorf FamRZ 1988, 959 (960).

33 Musielak/Borth/*Grandel* FamFG § 226 Rn. 6.

34 Vgl. BGH NJW-RR 2015, 1217 Rn. 24 = FamRZ 2015, 1688.

35 Vgl. *Dörr* FPR 2011, 473 (476).

36 Vgl. *Holzwarth* FamRZ 2009, 1884 (1887).

37 HK-FamR/*Hauß* Rn. 3.

38 BGH FamRZ 2015, 1688 Rn. 26 = NJW-RR 2015, 1217; Palandt/*Brudermüller* § 51 Rn. 4.

39 HK-VersAusglR/*Götsche* Rn. 19.

40 HK-FamR/*Hauß* Rn. 5.

41 Staudinger/*Rehme*, 2004, BGB § 1587g Rn. 10.

aufgrund des bis 31.8.2009 geltenden Rechts dem Zugewinnausgleich. Auch für diesen ist anerkannt, dass nachträglich keine Änderung oder ein Restausgleich verlangt werden kann, wenn eine Vermögensposition bei der Berechnung des Ausgleichsanspruchs übersehen worden war. Folge davon ist, dass ein Anrecht in die abzuändernde Entscheidung einbezogen war, wenn es in die Ausgleichsbilanz eingestellt wurde oder einzustellen gewesen wäre, und zwar unabhängig von der Ausgleichsform. Diese Lösung führt auch zu einer gleichberechtigten Berücksichtigung der Anrechte des Ausgleichsberechtigten und des Ausgleichspflichtigen. Würden demgegenüber auf Seiten des Ausgleichspflichtigen nur Anrechte berücksichtigt, die nicht nur in die Ausgleichsbilanz eingestellt wurden, sondern auch öffentlich-rechtlich ausgeglichen wurden oder bei Berücksichtigung zumindest teilweise auszugleichen gewesen wären, bedeutet das, dass dieser in weitergehendem Umfang als der insgesamt Ausgleichsberechtigte nachträglich einen Ausgleich von Anrechten durch Ausgleichsansprüche nach der Scheidung erwirken könnte.

Die hM[42] und der BGH[43] favorisieren gleichwohl die Lösung, dass der Ausgleichspflichtige nur hinsichtlich solcher Anrechte präkludiert ist, die im öffentlich-rechtlichen Ausgleich in der Ausgleichsbilanz für diesen zu berücksichtigen gewesen wären. Auch dann, wenn das Gericht zu Unrecht davon ausgegangen ist, ein Anrecht sei nicht ausgleichsreif oder wenn es bewusst eine Teilentscheidung im Wege des öffentlich-rechtlichen Versorgungsausgleichs treffen wollte, kann demnach ein Anrecht noch schuldrechtlich ausgeglichen werden.[44] Umgekehrt rechtfertigt die Änderung des Werts eines solchen Anrechts die Abänderung des Wertausgleichs bei der Scheidung nicht und es kann im Rahmen der Totalrevision auch nicht berücksichtigt werden, wenn es nicht in den öffentlich-rechtlichen Ausgleich einbezogen war. Bezugspunkt ist also nicht die Bilanz aller beiderseitigen in der Ehezeit erworbenen Versorgungsanrechte, sondern die Bilanz, die im Rahmen des öffentlich rechtlichen Versorgungsausgleichs zu erstellen war. 15

Die Lösung des Problems hängt davon ab, ob man das Wort „einbezogen" auf die Gründe der abzuändernden Altentscheidung oder auf den der Rechtskraft fähigen Tenor bezieht. Bezieht man es auf die Gründe, sind alle in die Gesamtsaldierung einbezogenen Anrechte unabhängig von der Ausgleichsform betroffen. Ändert sich der Wert auch nur eines solchen Anrechts des Ausgleichspflichtigen wesentlich, ist damit das Abänderungsverfahren gem. Abs. 1, 2 eröffnet. Bezieht man die Frage, ob ein Anrecht „einbezogen" ist, demgegenüber auf den der Rechtskraft fähigen Tenor der Altentscheidung, ist das nur für Anrechte des insgesamt Ausgleichspflichtigen der Fall, die in die Bilanz für den öffentlich-rechtlichen Ausgleich einbezogen waren, sowie (grundsätzlich) für alle Anrechte des Ausgleichsberechtigten; denn gem. §§ 1587b BGB aF, 1, 3b VAHRG aF konnten die Anrechte des Ausgleichspflichtigen nur teilweise öffentlich-rechtlich ausgeglichen werden. 16

§ 51 soll die **Durchbrechung der Rechtskraft** ermöglichen. Das spricht dafür, Anrechte des Ausgleichspflichtigen, die in die für die Durchführung des öffentlich-rechtlichen Ausgleichs erforderliche Bilanz nicht eingestellt wurden, als nicht „einbezogen" anzusehen. Diese können dann ohne Änderung der altrechtlichen Entscheidung noch schuldrechtlich ausgeglichen werden. Weiterhin ergibt sich hieraus, dass ein Anrecht, das im öffentlich-rechtlichen Ausgleich nicht berücksichtigt wurde, aufgrund der Vorschriften über den öffentlich rechtlichen Ausgleich aber zu berücksichtigen gewesen wäre, aufgrund der Rechtskraft der Entscheidung nicht mehr ausgeglichen werden kann. Der Zweck der Vorschrift spricht also für die Lösung der hM. Unterschiede hinsichtlich der Berücksichtigung von Anrechten des Ausgleichsberechtigten und des Ausgleichspflichtigen beruhen auf einer inneren Widersprüchlichkeit des früheren Versorgungsausgleichsrechts: Für die Erstellung der Gesamtbilanz waren zwar – ähnlich wie im Zugewinnausgleich – alle beiderseits in der Ehezeit erworbenen Anrechte zu berücksichtigen, anders als im Zugewinnausgleich konnten diese bei der Scheidung aber nur teilweise ausgeglichen werden. 17

Folgt man diesem Ansatz, ist im Einzelfall allerdings fraglich, ob nicht auch ein nachträglicher Ausgleich von Anrechten des Ausgleichsberechtigten in weitergehendem Umfang zulässig ist. Dies soll folgendes Beispiel verdeutlichen: 18

**Beispiel:**
E1 hat während der Ehezeit eine Rentenanwartschaft aus der gesetzlichen Rentenversicherung in Höhe von 100 erworben, E2 von 60. In diesem Fall beträgt der Saldo der beiderseits erworbenen Anrechte 40, auszugleichen waren 20. Gem. § 1587b Abs. 1 BGB vollzog sich der Ausgleich durch Übertragung von 20 zu Lasten des Anrechts von E1 aus der gesetzlichen Rentenversicherung.

Hat E1 zusätzlich ein Anrecht aus der betrieblichen Altersversorgung in Höhe von 30 erworben und E2 ein solches aus der privaten Altersvorsorge in Höhe von 10, beträgt der Saldo der beiderseits 19

42 Vgl. zB Johannsen/Henrich/*Holzwarth* Rn. 6.
43 BGH NJW-RR 2015, 1217 = FamRZ 2015, 1688.
44 BGH NJW-RR 2014, 1094 = FamRZ 2014, 1614.

erworbenen Anrechte 60. Auszugleichen sind 30. Vollzogen werden kann der öffentlich-rechtliche Ausgleich aber ebenfalls gem. § 1587b Abs. 1 BGB aF nur in Höhe von 20 (von § 3b Abs. 1 Nr. 1 VAHRG soll an dieser Stelle abgesehen werden). Weder das Anrecht von E1 aus der betrieblichen Altersversorgung noch das Anrecht von E2 aus der privaten Altersvorsorge wirken sich im Ergebnis auf die für den öffentlich-rechtlichen Ausgleich zu erstellende Bilanz aus, da der Höchstbetrag des Ausgleichs auch ohne Berücksichtigung dieser Anrechte gem. § 1587b Abs. 1 BGB aF erschöpft ist. Wurde das Anrecht von E2 auf eine private Vorsorge bei der Erstellung der Gesamtbilanz übersehen, könnte daher auch dieses noch nachträglich ausgeglichen werden. Folgt man diesem Ansatz, wäre einschränkend zu formulieren, dass alle Anrechte des Ausgleichsberechtigten in die abzuändernde Entscheidung einbezogen sind, soweit sie im Rahmen der für den öffentlich-rechtlichen Ausgleich zu bildenden Bilanz durch Verrechnung eingestellt wurden oder eingestellt hätten werden müssen.

20 **Nicht in den Ausgleich einbezogen** sind sonstige Anrechte, die im Erstverfahren unberücksichtigt geblieben sind, weil sie möglicherweise **übersehen, vergessen oder verschwiegen** worden sind,[45] und solche, die zwar in der abzuändernden Entscheidung erwähnt werden, nicht aber in die Gesamtbilanz eingestellt worden sind. Dies gilt für Anrechte, die insgesamt dem schuldrechtlichen Versorgungsausgleich überlassen worden sind,[46] etwa weil es sich um noch verfallbare Anrechte der betrieblichen Altersversorgung gehandelt hat (§ 1587f Nr. 4 BGB aF) oder weil die Ehegatten dies zulässigerweise vereinbart haben (§ 1587f Nr. 5 BGB aF). Anrechte, die erst auf Grund der Strukturreform in den Versorgungsausgleich einzubeziehen sind, wie auf Kapitalleistungen gerichtete Anrechte der betrieblichen Altersversorgung oder iSd AltZertG (→ § 2 Rn. 30), können bei richtiger Anwendung des früheren Rechts nicht in den Ausgleich einbezogen gewesen sein, weil sie dem güterrechtlichen Ausgleich unterlagen (→ 5. Aufl. 2009, BGB § 1587 Rn. 10 mzN);[47] sie können demzufolge nicht Gegenstand einer Abänderungsentscheidung nach § 51 sein.[48] Da sich der Gesetzgeber bewusst für eine Einschränkung der Abänderungsmöglichkeiten entschieden hat,[49] die nach § 10a VAHRG eröffnet waren, kommt auch eine entsprechende Anwendung des § 51 auf vergessene oder verschwiegene Anrechte nicht in Betracht.[50] Dies gilt auch dann, wenn das Abänderungsverfahren nach § 51 wegen der Wertänderung eines anderen, in den Versorgungsausgleich einbezogenen Anrechts eröffnet ist.[51] Eine – zumindest – entsprechende Anwendung des § 51 erscheint jedoch angebracht, wenn durch eine Rechtsänderung gegenüber dem Erstverfahren mit Rückwirkung ein Anrecht eines Ehegatten entsteht, das im Zeitpunkt des Erstverfahrens noch nicht bestand, also auch nicht vergessen wurde. So wurde durch Art. 1 Nr. 24 ASRG-ÄndG, Art. 5 Abs. 2 ASRG-ÄndG vom 15.12.1995 (BGBl. 1995 I 1814) mit Wirkung zum 1.1.1995 bestimmt, dass für den Ehegatten bis zum 31.12.1994 unter bestimmten weiteren Voraussetzungen Beiträge als gezahlt gelten, die der andere Ehegatte als Landwirt zur Altershilfe gezahlt hat (§ 92 Abs. 1 S. 1 ALG).[52] Die Anwendung des § 51 lässt sich – abgesehen vom Halbteilungsgrundsatz, der eine solche Lösung dringlich nahelegt – auch insoweit rechtfertigen, als die Altersversorgung des Landwirts, aus der durch die Rechtsänderung ein Anrecht für den Ehegatten erwuchs, in die Erstentscheidung einbezogen war.

21 Nicht selten waren nach früherem Recht Fallgestaltungen, in denen der **Ausgleich** nicht in vollem Umfang, sondern nur **teilweise** öffentlich-rechtlich verwirklicht werden konnte. Dies kam etwa in Betracht, wenn der öffentlich-rechtliche Versorgungsausgleich in der Form der Übertragung oder Begründung von Rentenanwartschaften in der gesetzlichen Rentenversicherung wegen Überschreitung des Höchstbetrags (§ 1587b Abs. 5 BGB, § 1587f Nr. 2 BGB) nicht zu einem vollständigen Ausgleich führte. Dies konnte vorkommen, wenn hohe Anrechte, vorwiegend der Beamtenversor-

---

[45] Vgl. BT-Drs. 16/10144, 89; dem folgend BGHZ 198, 91 Rn. 16 = NJW-RR 2013, 1219 = FamRZ 2013, 1548; OLG Nürnberg BeckRS 2013, 08964 (zu II 2 b) = FamRZ 2013, 1583 (1584); OLG Oldenburg NJW 2012, 3795 f. = FamRZ 2013, 1042 (1043); KG BeckRS 2012, 18403 = FamRZ 2012, 1945 (1946); OLG München BeckRS 2015, 13489 (zu II 1) = FamRZ 2015, 1302 (1303); BeckRS 2012, 08585 (zu II) = FamRZ 2012, 380; *Götsche* FamRB 2017, 148.

[46] Vgl. BGH NJW-RR 2015, 1217 Rn. 26 = FamRZ 2015, 1688; BeckOGK/*Müller-Tegethoff*, 1.3.2018, Rn. 15.

[47] Vgl. nur BGHZ 117, 70 (76 f.) = NJW 1992, 1103 (1104 f.) = FamRZ 1992, 411 (412 f.); BGHZ 88, 386 (394 ff.) = NJW 1984, 299 (301 f.) = FamRZ 1984, 156 (158 f.).

[48] Vgl. OLG Stuttgart NJW-RR 2015, 453 Rn. 32 = FamRZ 2015, 511 (513); OLG Jena BeckRS 2013, 08836 (zu II) = FamRZ 2013, 958 (959); gleichwohl für einen Anspruch nach § 22 AG Groß-Gerau BeckRS 2011, 25130 = FamRZ 2011, 1736 f.; zust. insbesondere bei Nichtberücksichtigung im Zugewinnausgleich *Spangenberg* FamRZ 2012, 373 f.; *Schwamb* FamRZ 2012, 374; hiergegen *Borth* FamRZ 2012, 375.

[49] Vgl. BT-Drs. 16/10144, 89 zu § 51; BT-Drs. 16/10144, 96 zu § 225 FamFG.

[50] Vgl. BGHZ 198, 91 Rn. 20 = NJW-RR 2013, 1219 = FamRZ 2013, 1548; OLG München BeckRS 2012, 08585 (zu II) = FamRZ 2012, 380.

[51] Vgl. BGH NJW-RR 2013, 1217 Rn. 22 f. = FamRZ 2013, 1642.

[52] Vgl. OLG München BeckRS 2013, 17239 (zu II 2 c) = FamRZ 2013, 1586 f.

gung und der berufsständischen Versorgung, in die Ausgleichsbilanz einbezogen waren. In solchen Fällen kann man schwerlich verneinen, dass das entsprechende Anrecht iSd § 51 Abs. 1 in den Ausgleich einbezogen war und jetzt vollständig ausgeglichen werden kann,[53] wobei freilich die Höhe des nicht ausgeglichenen Teils des Versorgungsanrechts für sich genommen keine Wertänderung iSd § 51 Abs. 1 darstellt.[54] Da im Zusammenhang mit der Einführung des Einzelausgleichs die rentenrechtliche Bestimmung über die Beachtung des Höchstbetrags (§ 76 Abs. 2 S. 3 SGB VI) als entbehrlich aufgehoben worden ist, ist insoweit nach neuem Recht ein vollständiger Ausgleich der einbezogenen Anrechte möglich.[55] Daneben gab es Fallgestaltungen, in denen bestimmte einzelne **Anrechte** nur **teilweise** in den öffentlich-rechtlichen Ausgleich einbezogen werden konnten. Dabei handelte es sich um Anrechte gegenüber einem privaten Versorgungsträger, der keine Realteilung eingeführt hatte, so dass außer der Bewirkung des Ausgleichs durch Beitragszahlungen nach § 3b Abs. 1 Nr. 2 VAHRG nur die Möglichkeit gegeben war, durch die begrenzt erweiterte Heranziehung anderer Versorgungsanrechte nach § 3b Abs. 1 Nr. 1 VAHRG den Ausgleich zu verwirklichen. Überstieg der Wert des auf diese Weise auszugleichenden Betrags den Grenzwert von zwei Prozent der monatlichen Bezugsgröße und waren Beitragszahlungen im Hinblick auf die finanziellen Verhältnisse des Verpflichteten nicht zumutbar, blieb ein Teil des betroffenen Anrechts unausgeglichen und dem schuldrechtlichen Versorgungsausgleich nach § 2 VAHRG vorbehalten. Zu denken ist auch an Gestaltungen, in denen der in einem unverfallbaren Anrecht ferner enthaltene verfallbare Anteil – etwa eines endgehaltsbezogenen Versorgungsanrechts der betrieblichen Altersversorgung – im Hinblick auf eine künftig eintretende Dynamik dem schuldrechtlichen Ausgleich überlassen blieb. Dies betrifft vor allem endgehaltsbezogene Anrechte. Auch in solchen Fällen sind die betroffenen Anrechte in den Ausgleich der Erstentscheidung einbezogen gewesen.[56] Tritt der Leistungsfall ein, wird das endgehaltsbezogene Anrecht insgesamt unverfallbar. Es kann dann im Wege der Totalrevision vollständig ausgeglichen werden, sofern hinsichtlich eines in den Ausgleich einbezogenen Anrechts die Voraussetzungen gem. Abs. 2, 5 erfüllt sind.[57] Der Grundsatz der Totalrevision würde in einer mit erheblichen praktischen Schwierigkeiten verbundenen Weise ausgehöhlt, wenn solche Anrechte mit ihrem nicht ausgeglichenen Teil außer Betracht gelassen würden; dies gilt vor allem dann, wenn Anrechte des anderen Ehegatten mit ihnen zuvor verrechnet waren. Lediglich für bestimmte Fallkonstellationen, in denen die Anrechte nach § 1587a Abs. 3 oder 4 BGB aF umgerechnet worden sind und der Abänderungsgrund der Wertverzerrung (§ 51 Abs. 3) in Rede steht, enthält § 51 Abs. 4 eine Ausnahmeregelung (→ Rn. 98).

**3. Art der Abänderung. a) Abänderungsregelung zu Lebzeiten der Ehegatten.** Liegt eine wesentliche Wertänderung, die nach Abs. 2 zu bestimmen ist, oder ein Abänderungsgrund iSd Abs. 3 vor, ändert das FamG die Erstentscheidung in der Weise ab, dass es den **Wertausgleich** hinsichtlich der in den Ausgleich einbezogenen Anrechte **nach den §§ 9–19 durchführt,** soweit nicht die Ausnahmevorschrift des Abs. 4 (→ Rn. 96–98) eingreift. Weiterhin sind die Ehegatten befugt, Vereinbarungen gem. § 6 zu schließen, sofern die Voraussetzungen für das Abänderungsverfahren vorliegen Sie können daher auch durch privatschriftliche Vereinbarung die Durchführung des Versorgungsausgleichs ausschließen.[58] Im Rahmen der beschränkten Totalrevision ist auch § 18 anzuwenden.[59] Die Erstentscheidung, die sich nach den Grundsätzen des Einmalausgleichs damit begnügt hatte, hinsichtlich der Hälfte des Wertunterschieds den öffentlich-rechtlichen Versorgungsausgleich nach der strengen Rangfolge der Ausgleichsformen des Splittings (§ 1587b Abs. 1 BGB aF), des Quasi-Splittings (§ 1587b Abs. 2 BGB aF), der Realteilung (§ 1 Abs. 2 VAHRG), des analogen Quasi-Splittings (§ 1 Abs. 3 VAHRG), des begrenzt zulässigen erweiterten Ausgleichs (§ 3b Abs. 1 Nr. 1 VAHRG) und ggf. der Beitragszahlung (§ 3b Abs. 1 Nr. 2 VAHRG) durchzuführen (→ 5. Aufl. 2009, BGB § 1587b Rn. 3–5), wird vollkommen auf die Grundlage des neuen Rechts gestellt. Die danach notwendige Umstellung des Einmalausgleichs auf den Einzelausgleich nach § 1 Abs. 1 erfordert zwingend, dass sie sich auf alle Anrechte bezieht, die Gegenstand der Erstentschei- 22

53 Ähnlich wohl *Holzwarth* FamRZ 2009, 1884 (1887); *Wick* Versorgungsausgleich Rn. 807; *Dörr* FPR 2011, 473 (477).

54 Vgl. BGH NJW-RR 2016, 326 Rn. 17–19 = FamRZ 2016, 620.

55 Für eine Nichtanwendung des § 1587b Abs. 5 BGB selbst in Verfahren, die noch nach dem 1.9.2009 nach altem Recht zu entscheiden sind, BGH NJW-RR 2011, 361 Rn. 16–21 = FamRZ 2011, 550; OLG Schleswig BeckRS 2010, 21692 = FamRZ 2010, 1443 (1444); aA OLG Stuttgart BeckRS 2010, 12999 (zu II 2 a) = FamRZ 2010, 1442 f.

56 Vgl. BGH NJW-RR 2015, 1217 Rn. 27 = FamRZ 2015, 1688.

57 BGH FamRZ 2018, 1233 = BeckRS 2018, 14251; NJW-RR 2015, 1217 = FamRZ 2015, 1688; OLG Frankfurt NZFam 2017, 1015.

58 OLG Hamm FamRZ 2018, 588 = BeckRS 2017, 145724.

59 BeckOGK/*Müller-Tegethoff,* 1.2.2019, Rn. 83.

dung gewesen sind, auch wenn sich nicht bei allen Anrechten Wertänderungen ergeben haben, die eine Abänderung rechtfertigen würden. Die Abänderung ergreift insbes. auch in die Erstentscheidung im Wege der Verrechnung eingestellte Anrechte der betrieblichen Altersversorgung oder der privaten Vorsorge, die nach neuem Recht den Grundsätzen der internen Teilung unterliegen oder ggf. nach § 14 Abs. 2 extern auszugleichen sind, und alle Anrechte, die – unabhängig von einer Umrechnung nach § 1587a Abs. 3 oder 4 BGB – in den Ausgleich einbezogen gewesen sind. Insofern handelt es sich um eine **Totalrevision,** die es auch gestattet, hinsichtlich der einbezogenen Anrechte Fehler der Erstentscheidung zu korrigieren und insoweit deren Rechtskraft zu durchbrechen.[60] Die Versorgungsträger sollen nämlich im Rahmen eines zulässigen Abänderungsverfahrens nicht gehalten sein, solche (aufgedeckten) Fehler in ihren Versicherungskonten weiterzuführen.[61] Die Einbeziehung eines in der Erstentscheidung übersehenen Anrechts in das Abänderungsverfahren würde indes über eine solche Fehlerkorrektur hinausgreifen und ist daher nicht möglich,[62] und zwar – um die Voraussetzungen für ein Abänderungsverfahren besser auf die allgemeinen Regeln der Rechtskraftdurchbrechung abzustimmen – auch dann nicht, wenn eine Abänderung der Erstentscheidung im Hinblick auf die wesentliche Änderung eines anderen Anrechts eröffnet ist.[63]

23 **b) Abänderungsregelung nach Tod eines Ehegatten.** Ist **nach Rechtskraft der Erstentscheidung ein Ehegatte verstorben,** ist auch die grundlegende Vorschrift des § 31 neben den in § 51 Abs. 1 genannten Bestimmungen der §§ 9–19 anzuwenden.[64] Das ist unproblematisch für die Konstellation, dass der **überlebende Ehegatte** (insgesamt) **ausgleichsberechtigt** ist. In einem solchen Fall muss der Abänderungsantrag gegen die Erben des verstorbenen Ehegatten geltend gemacht werden (§ 31 Abs. 1 S. 1). Da der ausgleichsberechtigte Ehegatte im Rahmen der Erstentscheidung (Einmalausgleich) seine Anrechte behalten hat und die Erben kein Recht auf Wertausgleich haben (§ 31 Abs. 1 S. 2), der ausgleichsberechtigte Ehegatte also nichts von seinen Anrechten abgeben muss, ist im Abänderungsverfahren nach § 31 Abs. 2 S. 1 zu beachten, dass der überlebende Ehegatte durch den Wertausgleich nicht besser gestellt wird, als wenn der Versorgungsausgleich durchgeführt worden wäre. Es unterbleibt also der übliche „Hin- und Her-Ausgleich" und der ausgleichsberechtigte Ehegatte erhält insoweit nur die Differenz der bei einem Wertausgleich zu Lebzeiten jeweils auszugleichenden Werte. Die Differenz kann mithilfe der (korrespondierenden) Kapitalwerte der Anrechte ermittelt werden.[65] Es liegt im Ermessen des FamG, welche Anrechte insoweit zum Ausgleich herangezogen werden (§ 31 Abs. 2 S. 2).

24 Schwieriger zu beantworten ist die Frage, welche Tragweite § 31 Abs. 1 S. 2 zukommt, wenn der (insgesamt) **ausgleichspflichtige Ehegatte überlebt.** Aus dieser Bestimmung ergibt sich nach inzwischen gefestigter Rspr. des BGH die Folge, dass der (insgesamt) ausgleichspflichtige Ehegatte nach eingetretener Wertänderung im Falle des Vorversterbens des (insgesamt) Ausgleichsberechtigten seine während der Ehezeit erworbenen Anrechte ab dem Beginn des Monats, der der Antragstellung folgt (→ § 52 Rn. 11), ungeteilt zurückerhält, ohne dass es nach § 37 Abs. 2 darauf ankommt, wie lange die ausgleichsberechtigte Person Leistungen aus dem ihr übertragenen Anrecht bezogen hat,[66] und dass der Hinterbliebene des ausgleichsberechtigten Ehegatten den Verlust des durch den Ausgleich im Erstverfahren begründeten Anrechts als mittelbare Folge des Versorgungsausgleichs hinnehmen muss.[67] Der BGH kommt zu diesem Ergebnis, weil einerseits die Abänderung zu einer beschränkten Totalrevision führt mit der Folge, dass die während der Ehezeit erworbenen Anrechte

---

[60] Vgl. BGH NJW-RR 2015, 2 Rn. 16 = FamRZ 2015, 125; NJW-RR 2013, 1217 Rn. 22 = FamRZ 2013, 1642; OLG München BeckRS 2015, 13489 (zu II 2) = FamRZ 2015, 1302 (1303); OLG Hamm NJW 2015, 1972 Rn. 28; OLG Celle BeckRS 2013, 07830 Rn. 34 = FamRZ 2014, 211 (215); *Borth* FamRZ 2010, 1210 (1215).

[61] Vgl. BT-Drs. 16/10144, 97 zu § 225 FamFG.

[62] Vgl. KG BeckRS 2012, 18403 = FamRZ 2012, 1945 (1946 f.).

[63] Vgl. BGH NJW-RR 2013, 1217 Rn. 22 f. = FamRZ 2013, 1642.

[64] Vgl. BGH NJW-RR 2018, 1153 = FamRZ 2018, 1496; NJW-RR 2018, 833 = FamRZ 2018, 1238; NJW-RR 2013, 1153 Rn. 24 ff. = FamRZ 2013, 1287; OLG Koblenz BeckRS 2015, 10508 (zu II) = FamRZ 2015, 1295 (1296); KG BeckRS 2012, 24181 (zu II 2) = FamRZ 2013, 703; *Borth* FamRZ 2012, 37; aA OLG Schleswig BeckRS 2011, 17852 (zu 3 c) = FamRZ 2012, 36 f.

[65] Vgl. beispielhaft OLG Hamm BeckRS 2015, 17477 Rn. 13 ff.; OLG Koblenz BeckRS 2015, 10508 (zu II) = FamRZ 2015, 1295 (1296); KG BeckRS 2012, 24181 (zu II 3 a) = FamRZ 2013, 703 (704); zur Anwendung in einem Erstverfahren OLG Bremen NJW-RR 2015, 1093 Rn. 7–9 = FamRZ 2016, 51.

[66] Vgl. BGH NJW-RR 2018, 1153 = FamRZ 2018, 1496; NJW-RR 2018, 833 = FamRZ 2018, 1238; NJW-RR 2013, 1153 Rn. 22, 25 = FamRZ 2013, 1287; ebenso KG BeckRS 2016, 06511 Rn. 14 f.; OLG Stuttgart NJW 2015, 1254 Rn. 12 = FamRZ 2015, 759 f.; OLG Koblenz BeckRS 2015, 10690 Rn. 14 = FamRZ 2015, 1808 (1809 f.); *Holzwarth* FamRZ 2013, 1289.

[67] Vgl. BGH NJW-RR 2013, 1153 Rn. 23 = FamRZ 2013, 1287 unter Bezugnahme auf BGH NJW-RR 2008, 154 Rn. 8 = FamRZ 2007, 1408.

des Ausgleichsberechtigten und des Ausgleichspflichtigen jeweils einzeln auszugleichen sind, und andererseits zugunsten des Verstorbenen kein Anrecht mehr begründet oder übertragen werden kann. Ebenso, wie zu entscheiden wäre, wenn nach dem Tod des insgesamt Ausgleichsberechtigten der Ausgleich erstmals durchgeführt werde, bleibe daher nur die Möglichkeit, die Altentscheidung dahingehend abzuändern, dass der Ausgleich zu Lasten des insgesamt Ausgleichspflichtigen unterbleibe.

Dieses Ergebnis ist nicht unproblematisch. Es steht in einem gewissen Spannungsverhältnis zu § 37. Diese Vorschrift respektiert, dass sich mit Rechtskraft des Versorgungsausgleichs das Versorgungsschicksal der Ehegatten verselbständigt. Um unbillige Ergebnisse für den Ausgleichspflichtigen zu vermeiden, kann dieser jedoch ausnahmsweise verlangen, dass die Kürzung seines Anrechts aufgrund des Versorgungsausgleichs rückgängig gemacht wird, wenn der Ausgleichsberechtigte aus dem im Versorgungsausgleich erworbenen Anrecht nicht länger als 36 Monate eine Versorgung bezogen hat (→ § 37 Rn. 11). Im Abänderungsverfahren gilt diese zeitliche Grenze nicht. Der BGH[68] hat insoweit aber ausgeführt, dass dies mit Rücksicht auf die unterschiedliche Zielsetzung des Verfahrens wegen Anpassung gem. §§ 32, 37 und des Verfahrens wegen Abänderung hinzunehmen ist. 25

Weiterhin wird gegen dieses Ergebnis eingewandt, dass es der Rechtskraft der Ausgangsentscheidung widerspreche.[69] Gegen diese Auffassung spricht aber, dass sie zu sehr dem Ergebnis verhaftet bleibt, das auf der Grundlage von § 10a VAHRG aF im Fall der Wertänderung eines Anrechts zugunsten des Ausgleichspflichtigen erzielt worden wäre. Durch § 51 Abs. 1 wird demgegenüber die Rechtskraftbindung der Altentscheidung geschwächt. Sofern sich nur hinsichtlich eines in den Ausgleich einbezogenen Anrechts der Ausgleichswert wesentlich geändert hat, ist im Wege einer beschränkten Totalrevision der Versorgungsausgleich hinsichtlich aller in den Ausgleich einbezogener Anrechte gem. §§ 9–19 neu durchzuführen. Der Schutz der Rechtskraft beschränkt sich daher darauf, dass eine Abänderung nur hinsichtlich der in den Ausgleich einbezogenen Anrechte durchgeführt werden darf.[70] 26

Fraglich ist weiterhin, inwieweit dieses Ergebnis mit dem „Besserstellungsverbot" gem. § 31 Abs. 2 S. 1 vereinbar ist. Dagegen spricht, dass im Fall, dass der andere Teil noch leben würde, die Entscheidung über den Versorgungsausgleich zugunsten des Ausgleichspflichtigen nur geändert hätte werden können, soweit hinsichtlich einzelner auszugleichender Anrechte zu seinen Gunsten eine Wertänderung eingetreten ist. Demgegenüber wäre es nicht möglich gewesen, wegen einer uU nur geringfügigen Wertänderung den Versorgungsausgleich entfallen zu lassen. Dies muss erst recht gelten, wenn die Wertänderung zu einer zusätzlichen Belastung des Ausgleichspflichtigen geführt hätte.[71] Demgegenüber führt der BGH aus, dass das Besserstellungsverbot sich darauf beschränke, zu verhindern, dass der Ehegatte, der durch den Tod des anderen Teils insoweit begünstigt sei, als zu Lasten seiner Anrechte kein Ausgleich mehr durchgeführt werden könne, nicht auch noch im Wege der internen oder externen Teilung zu Lasten der Anrechte des Verstorbenen eine zusätzliche Versorgung erhalten solle. 27

Ein wichtiges Strukturprinzip des Versorgungsausgleichs ist es, dass dieser für den Versorgungsträger aufwandsneutral durchzuführen ist. Versorgungsrisiken der Ehegatten aufgrund der Scheidung dürfen nicht auf die Gemeinschaft der Versicherten verlagert werden. Zu einer solchen Verlagerung kann es kommen, wenn im Fall des Vorversterbens des Ausgleichsberechtigten der Versorgungsausgleich nicht mehr durchgeführt wird; denn dies ist zwangsläufig mit einer Risikokumulation zu Lasten des Versorgungsträgers verbunden.[72] Insoweit ist der BGH aber der Ansicht, dies sei dem Versorgungsträger zumutbar. Meist seien die Träger der gesetzlichen Rentenversicherung und der Beamtenversorgung betroffen. Nach der Rspr. des BVerfG[73] gelte für diese Versorgungsträger das Gebot der Aufwandsneutralität nicht ausnahmslos, sondern es seien Ausnahmen möglich, um grob unbillige Ergebnisse zu vermeiden. Damit ist es vereinbar, auch im Fall einer wesentlichen Wertänderung eines in den Ausgleich einbezogenen Anrechts im Wege der Totalrevision der Ausgangsentscheidung § 31 zugunsten des per Saldo Ausgleichspflichtigen anzuwenden. 28

Schließlich führt diese Rspr. zu einer Verkürzung der Rechtsstellung der Hinterbliebenen des Ausgleichsberechtigten. Dass diese geschützt werden sollen, ergibt sich daraus, dass der Gesetzgeber – 29

---

68 BGH NJW-RR 2018, 833 Rn. 26.

69 IdS etwa OLG Schleswig BeckRS 2016, 09427 Rn. 23 = FamRZ 2016, 822 (824); BeckRS 2015, 08466 Rn. 17 = FamRZ 2015, 757 (758); wie selbstverständlich auch OLG Celle NJW 2011, 1888 (1889); vgl. auch *Borth* FamRZ 2015, 719 (722 f.); *Bergner* NZFam 2014, 539 (544 f.).

70 BGH NJW-RR 2018, 833 Rn. 19.

71 OLG Schleswig FamRZ 2015, 757 (758) = BeckRS 2015, 8466; BeckOGK/*Siede* 1.2.2019 § 31 Rn. 69; *Bergner* NZFam 2015, 539 (544).

72 BeckOGK/*Siede* 1.2.2019 § 31 Rn. 67.

73 BVerfGE 136, 152 = NJW 2014, 2093 = FamRZ 2014, 1259.

ohne überhaupt die Notwendigkeit einer näheren Begründung in Betracht zu ziehen[74] – die Antragsberechtigung der Hinterbliebenen im Abänderungsverfahren beibehalten hat. Die Zuerkennung einer Antragsberechtigung ist ein deutliches Indiz, dass der Gesetzgeber den Hinterbliebenen eine Rechtsposition zugemessen hat. Allerdings leitet sich die Rechtsstellung der Hinterbliebenen immer von der Rechtsstellung des primär Berechtigten, dem das Stammrecht zusteht, ab. Fällt dessen Berechtigung weg, endet auch der daraus abgeleitete Hinterbliebenenschutz. Leitet sich im Fall des Versorgungsausgleichs der Hinterbliebenenschutz von der Rechtsstellung des Ausgleichsberechtigten ab, die dieser im Versorgungsausgleich erworben hat, und ist diese von vorneherein mit dem Risiko behaftet, dass sie im Fall des Vorversterbens des Ausgleichsberechtigten und einer wesentlichen Änderung eines in den Ausgleich einbezogenen Anrechts wegfallen kann, hat der Hinterbliebene dies hinzunehmen. Dass die Rechtsstellung der Hinterbliebenen aufgrund des früheren Rechts besser geschützt war, kann dieses Ergebnis nicht ändern.

**30** In seiner früheren Rspr. ging der BGH davon aus, dass im Abänderungsverfahren § 1587e Abs. 2 BGB (aF) eine **vom Gesetz gewollte Einschränkung** erfahre und der sozialversicherungsrechtliche Grundsatz, nach dem für einen verstorbenen Versicherten keine Versorgungsanrechte begründet werden könnten, insoweit zurücktrete.[75] Nichts anderes galt nach früherem Recht für die umgekehrte Konstellation, wenn sich ein Hinterbliebener des Berechtigten, der auch nach neuem Recht am Verfahren zu beteiligen ist (→ 7. Aufl. 2017, FamFG § 219 Rn. 7), gegen eine Herabsetzung des Ausgleichsanspruchs gewehrt habe.[76] Der Senat hat sich in seinen beiden jüngsten Entscheidungen jedoch offen von dieser Rspr. distanziert.[77] Auch insoweit verweist er darauf, dass sich das Abänderungsverfahren gem. § 51 wesentlich von dem Abänderungsverfahren gem. § 10a VAHRG unterscheide.

**31** Die Praxis wird sich an diesen Entscheidungen auszurichten haben. Aber auch de lege lata wird es schwierig sein, ein anderes Ergebnis zu begründen; denn anders als das Anpassungsverfahren führt das Abänderungsverfahren zu einer beschränkten Totalrevision. Das gilt auch, wenn ein Ehegatte gestorben ist. Auch in diesem Fall ist zunächst der Versorgungsausgleich ohne Rücksicht auf den Tod eines Ehegatten zu berechnen und sodann aufgrund des Besserstellungsverbots der sich zu Gunsten des Überlebenden ergebende Betrag um den Ausgleichswert der Anrechte zu reduzieren, die zu seinen Lasten aufgrund des Todes des anderen Teils nicht mehr ausgeglichen werden können. Dies führt dazu, dass sich der Saldo des Überlebenden auf Null reduziert, wenn er insgesamt ausgleichspflichtig ist.

**32** Grundsätzlich wird es zwar in vielen Fällen möglich sein, eine beschränkte Wertänderung allein in dem Versicherungskonto des ausgleichspflichtigen Überlebenden abzubilden, indem der auch nach früherem Recht schon zu bildende Saldo in Höhe der hälftigen Differenz des Ehezeitanteils der beiderseits erworbenen Renten entsprechend verringert wird. Dies wäre mit dem Grundsatz vereinbar, dass zu Gunsten eines Verstorbenen keine Anrechte mehr begründet werden können. Diese Lösung wird vor allem dann erfolgreich sein, wenn nur oder zumindest überwiegend Anwartschaften in der gesetzlichen Rentenversicherung auszugleichen sind und sich hier nachträglich die Sach- oder Rechtslage zugunsten des insgesamt Ausgleichspflichtigen geändert hat. Sie würde aber darauf hinauslaufen, dass für diesen Fall doch im Ergebnis das frühere Recht weiter angewandt werden müsste. Weiterhin ist dies auch keine systematisch folgerichtige, in Abänderungsfällen, in denen der insgesamt Ausgleichspflichtige überlebt hat, gangbare Lösung. Insbesondere dann, wenn zu Lasten des insgesamt Ausgleichspflichtigen mehrere Anrechte auszugleichen sind, wird die Situation nicht selten sein, dass ein Ausgleich über das bestehende Versicherungskonto des Ausgleichspflichtigen bei der Deutschen Rentenversicherung durch Änderung des zu seinen Lasten übertragenen Betrags nicht möglich ist. Daher ist auch aus systematischen Gründen der Rspr., die § 31 ohne Einschränkungen auf Abänderungsverfahren gem. § 51 anwendet, auf der Grundlage des geltenden Rechts zu folgen.

### III. Wesentliche Wertänderung (Abs. 2)

**33** Was die Voraussetzungen für eine Abänderung nach Abs. 1 angeht, nimmt Abs. 2 auf die allgemeine Abänderungsvorschrift des § 225 Abs. 2 und 3 FamFG Bezug. Danach ändert das Gericht die Entscheidung bei **rechtlichen oder tatsächlichen Veränderungen** nach dem Ende der Ehezeit, die auf den Ausgleichswert eines Anrechts zurückwirken und zu einer **wesentlichen Wertän-**

[74] Vgl. BT-Drs. 16/10144, 98 zu § 226 Abs. 1 FamFG.
[75] Vgl. BGH NJW-RR 2008, 154 Rn. 12 aE = FamRZ 2007, 1804; hierfür auch nach neuem Recht OLG Schleswig BeckRS 2016, 09427 Rn. 26 = FamRZ 2016, 822 (824).
[76] Vgl. OLG Celle NJW 2011, 1888 (1889).
[77] Vgl. zB BGH NJW-RR 2018, 833 Rn. 32.

**derung** führen (§ 225 Abs. 2 FamFG), ab. Für die Wesentlichkeit der Wertänderung sind in § 225 Abs. 3 FamFG Grenzwerte angegeben.

**1. Wertänderung iSd § 225 Abs. 2 FamFG.** Die allgemeine Abänderungsvorschrift des § 225 Abs. 2 FamFG stellt darauf ab, ob sich der **Ausgleichswert eines Anrechts** verändert hat. Dies steht damit in Einklang, dass nach § 1 Abs. 2 S. 2 der Ausgleichswert Gegenstand des für jedes Anrecht einzeln durchzuführenden Wertausgleichs ist. Der Gegenstand der nach früherem Recht ergangenen Erstentscheidung war ein anderer. Dort wurde nämlich – ggf. in mehreren Ausgleichsschritten – im Wege des sich nur in einer Richtung vollziehenden Einmalausgleichs die Hälfte des sich nach einer Gesamtbilanzierung ergebenden Wertunterschieds ausgeglichen, die zu einem einzelnen Anrecht in keiner unmittelbaren Beziehung stand. Es ist im Hinblick auf die Probleme, die sich aus dem früheren Einmalausgleich ergeben haben, konsequent, dass die Übergangsregelung des § 51, die die Erstentscheidung bei wesentlichen Wertänderungen auf das neue Recht überleiten will, die Veränderung des Ausgleichswerts als maßgebend in den Mittelpunkt stellt. Das bedeutet, dass der Ausgleichswert nach neuem Recht mit der **Hälfte des ehezeitbezogenen Werts** des in den Ausgleich der Erstentscheidung eingestellten Anrechts verglichen werden muss (→ Rn. 81 f.) und dass die Höhe des Ausgleichsbetrags in der Erstentscheidung für die Anwendung der Vorschrift keine Rolle spielt. Haben sich beispielsweise wesentliche Veränderungen bei mehreren Anrechten ergeben, die sich gegeneinander aufheben, weil sie im einen Fall den einen Ehegatten, im anderen Fall den anderen Ehegatten begünstigen, mag dies zwar Anlass für die Überlegung sein, ob ein Abänderungsverfahren durchgeführt werden sollte, seine Zulässigkeit steht jedoch nicht in Frage, weil es nach § 51 Abs. 2 genügt, dass sich der Ausgleichswert auch nur eines Anrechts wesentlich geändert hat. Für die anwaltliche Beratung ergeben sich hieraus freilich Schwierigkeiten, weil sich aus der Zulässigkeit eines Abänderungsantrags – anders als nach früherem Recht – nicht ohne weiteres ergibt, dass sich die Rechtsstellung des Mandanten im Abänderungsverfahren verbessern wird. 34

Auch im Rahmen eines Abänderungsverfahrens nach § 51 kommt es auf den jeweiligen **auf die Ehezeit entfallenden Teil des ausgeglichenen Anrechts** an. Die Ehezeit ist nach § 3 Abs. 1 zu bestimmen und umfasst demgemäß die Zeit vom Beginn des Monats der Eheschließung bis zum Ende des Monats vor Eintritt der Rechtshängigkeit des Scheidungsantrages. Der auf die Ehezeit entfallende Teil der Versorgung ist nach den einzelnen für das jeweilige Versorgungsanrecht maßgebenden Regelungen zu berechnen. Maßgebend ist insoweit der auf das Ende der Ehezeit bezogene Wert,[78] der in der gesetzlichen Rentenversicherung unter Berücksichtigung des zu diesem Zeitpunkt geltenden aktuellen Rentenwerts und der zwischenzeitlich festgestellten endgültigen Durchschnittsentgelte für das Kalenderjahr der Zustellung des Scheidungsantrags und das vorangegangene Kalenderjahr[79] sowie im Beamtenrecht unter Zugrundelegung der zu diesem Zeitpunkt zu berücksichtigenden ruhegehaltfähigen Dienstbezüge zu ermitteln ist. Dabei sind die **aktuelle Rechtslage und die tatsächlichen Verhältnisse,** soweit sie auf den Ehezeitanteil Einfluss haben, zu berücksichtigen. Ohne Einfluss auf die Beurteilung nach § 225 Abs. 2 FamFG bleibt es, welche Wertentwicklung das im Rahmen der Erstentscheidung begründete Anrecht in der Person des Ausgleichsberechtigten genommen hat. Dies ist nur unter den Voraussetzungen des § 51 Abs. 3 von Bedeutung (→ Rn. 93 ff.). 35

Gem. § 1587b Abs. 5 BGB aF war der Ausgleich nur zulässig bis zu dem seinerseits in § 76 Abs. 2 S. 3 SGB VI geregelten Höchstbetrag. Letztlich konnten Versorgungsanwartschaften nur bis zur Höhe von umgerechnet 2 Entgeltpunkten pro Jahr erworben werden. Wurde diese Grenze aufgrund des Versorgungsausgleichs überschritten, war der Rest schuldrechtlich auszugleichen (§ 1587f Nr. 2 BGB aF). Diese Grenze wurde durch das VAStrRefG aufgehoben. Hierin liegt aber keine Wertänderung, sondern nur eine rechtliche Änderung, die die Ausgleichsform betrifft.[80] 36

**2. Veränderung des Ausgleichswerts durch rechtliche oder tatsächliche Veränderungen.** Die Gründe, die zu einem abweichenden Ausgleichswert der Anrechte führen können, sind vielfältig. Sie können in **Rechtsänderungen und tatsächliche Änderungen** gegliedert werden. Rechtsänderungen sind dabei grundsätzlich – auch im Verfahren der Rechtsbeschwerde[81] – zu 37

[78] BGH NJW-RR 2009, 1297 Rn. 20 = FamRZ 2009, 1309; NJW-RR 1998, 74 (76) = FamRZ 1998, 94 (96); *Bergner* SozVers. 1987, 85 (87); *Hahne* FamRZ 1987, 217 (223); *Dörr* NJW 1988, 97 (98).

[79] Vgl. BGH NJW 2012, 1000 Rn. 37 f. = FamRZ 2012, 509; NJW-RR 2012, 641 Rn. 29 f. = FamRZ 2012, 847 zu § 5 Abs. 2 S. 2; zu § 51 KG BeckRS 2015, 15358 Rn. 19 = FamRZ 2016, 133 (134).

[80] BGH NJW-RR 2016, 326 = FamRZ 2016, 620; BeckOGK/*Müller-Tegethoff*, 1.2.2019, Rn. 60.

[81] Vgl. BGH NJW-RR 1993, 258 = FamRZ 1993, 414 (415); NJW 1983, 2443 (2444) = FamRZ 1983, 1003 (1004), jeweils zur früheren weiteren Beschwerde.

berücksichtigen, soweit sie nach ihrem zeitlichen Geltungswillen das betroffene Versorgungsanrecht erfassen wollen (→ § 5 Rn. 43).[82]

38 **a) Beamtenversorgung. aa) Rechtsänderungen.** Das **Beamtenversorgungsrecht** unterliegt einem **steten Wandel,** der in unterschiedlicher Weise aktive Beamte und Ruhestandsbeamte erfasst. Vor diesem Hintergrund dürfte jede Erstregelung des Versorgungsausgleichs nach einer gewissen Zeit auf ihre Richtigkeit zu überprüfen sein. Rechtsänderungen, die bis etwa im Jahr 2000 eingetreten sind, sind bereits in der 4. Aufl. (→ VAHRG § 10a Rn. 21–23) dargestellt worden. Insoweit wird auf diese Kommentierung Bezug genommen. Nachstehend soll auf die neuere Entwicklung seit dem Jahr 2001 hingewiesen werden.

39 Wesentliche Änderungen haben die Beamten- und Soldatenversorgung durch das **Versorgungsänderungsgesetz 2001** vom 20.12.2001 (BGBl. 2001 I 3926) erfahren. Nahezu alle Entscheidungen über den Versorgungsausgleich, die auf den bisherigen Vorschriften des Beamtenversorgungsrechts beruhen, sind durch diese Neuregelung unrichtig geworden, so dass bei einer Überschreitung der Wesentlichkeitsgrenze des § 225 Abs. 3 FamFG eine Abänderung in Betracht kommt.[83] Unter anderem sieht dieses Gesetz mit Wirkung ab 1.1.2003 eine Absenkung des Ruhegehaltssatzes auf 1,79375 vH für jedes Jahr der ruhegehaltfähigen Dienstzeit vor, so dass sich der künftige Höchstsatz auf 71,75 vH (statt bisher 75 vH) beläuft (§ 14 Abs. 1 S. 1 BeamtVG, § 26 Abs. 1 S. 1 SVG). Verfassungsbeschwerden gegen diese Absenkung sind ohne Erfolg geblieben.[84] Die neue Rechtslage ist bei der Wertermittlung der Anwartschaften zu berücksichtigen.[85] Das Übergangsrecht enthält in § 69e BeamtVG (§ 97 SVG) Regelungen, die sowohl für am 1.1.2002 bereits im Ruhestand befindliche Beamten (Soldaten) als auch für Beamten, die vor der achten auf den 31.12.2002 folgenden Anpassung in den Ruhestand treten, eine schrittweise Absenkung des Ruhegehaltssatzes auf das neue Niveau vorsehen (→ § 44 Rn. 59 f.).[86] Soweit ein Versorgungsfall nach der Übergangsregelung zu behandeln ist, ist in den Wertausgleich, der im Zuge des § 51 durchzuführen ist, nur der Teil der Versorgung einzubeziehen, der auf der Anwendung des verringerten neuen Ruhegehaltssatzes beruht.[87] Der darüber hinausgehende Teil der Versorgung, der mit jeder Anpassung während des Übergangszeitraums abgeschmolzen wird, war nicht ausgleichsreif und unterlag daher dem Wertausgleich nicht (§ 19 Abs. 1 S. 1, Abs. 2 Nr. 2); insoweit blieben Ausgleichsansprüche nach der Scheidung unberührt (§ 19 Abs. 4).[88] Zwischenzeitlich ist die Anpassung früherer Versorgungsbezüge an das neue Versorgungsrecht erfolgt.[89] Im Zuge der am 1.9.2006 in Kraft getretenen **Föderalismusreform** ist inzwischen aus dem Gesetz über die Versorgung der Beamten und Richter in Bund und Ländern ein solches über die Versorgung der Beamten und Richter im Bund geworden. Das bisherige BeamtVG idF bis zum 31.8.2006 gilt zwar nach Art. 125a Abs. 1 GG als Bundesrecht fort, kann aber durch Landesrecht ersetzt werden. Dies ist zwischenzeitlich ausnahmslos der Fall. Ferner ist das Dienstrecht des Bundes durch das Dienstrechtsneuordnungsgesetz vom 5.2.2009 (BGBl. 2009 I 160) und das Bundesbesoldungs- und -versorgungsanpassungsgesetz 2010/2011 vom 19.11.2010 (BGBl. 2010 I 1552) (BBVAnpG 2010/2011)neu geordnet worden, in dem die Altersgrenzen für die meisten Beamten und Berufssoldaten heraufgesetzt worden sind.[90]

---

[82] Vgl. zur Beamtenversorgung BGH NJW 2004, 1245 (1246) = FamRZ 2004, 256 (258); BeckRS 2002, 09013 (zu II 1 b) = FamRZ 2003, 435 (436); NJW-RR 1993, 258 = FamRZ 1993, 414 (415); zur gesetzlichen Rentenversicherung BGH NJW 1993, 465 (466) = FamRZ 1993, 294 (295).

[83] Vgl. OLG Koblenz NJOZ 2014, 1213 (1214).

[84] BVerfGE 114, 258 (285 ff.) = NVwZ 2005, 1294 (1297 f.) = FamRZ 2005, 1894 Ls.

[85] Vgl. BGH NJW-RR 2007, 1010 Rn. 7 = FamRZ 2007, 994; NJW-RR 2006, 73 f. = FamRZ 2006, 98 (99); NJOZ 2005, 4379 f. = FamRZ 2005, 1529; NJW 2004, 1245 (1247) = FamRZ 2004, 256 (258); NJW 2004, 1248 (1250) = FamRZ 2004, 259 (261).

[86] Zu Einzelheiten dieser sehr komplexen Regelungen vgl. *Bergner* FamRZ 2002, 1229.

[87] Vgl. zum früheren Recht BGH NJW 2004, 1248 (1250) = FamRZ 2004, 259 (261); NJW-RR 2004, 433; für eine bereits laufende Soldatenversorgung BGH NJOZ 2005, 4379 f. = FamRZ 2005, 1529; OLG Koblenz BeckRS 2010, 25809 (zu II 1 a) = FamRZ 2005, 110 (111); aA mit Blick auf die Auswirkungen für den Ausgleichsberechtigten in der gesetzlichen Rentenversicherung OLG Stuttgart BeckRS 2003, 09985 = FamRZ 2004, 114.

[88] Vgl. zum schuldrechtlichen Versorgungsausgleich OLG Koblenz BeckRS 2010, 25809 (zu II 1 a) = FamRZ 2005, 110 (111); OLG Bremen BeckRS 2003, 30300142 (zu II 1) = FamRZ 2003, 929 (930); OLG München FamRZ 2003, 932; *Deisenhofer* FamRZ 2002, 288; offen gelassen von BGH NJW-RR 2007, 1010 Rn. 9 = FamRZ 2007, 994 mAnm *Borth* FamRZ 2007, 995 f.; NJW 2004, 1248 (1250) = FamRZ 2004, 259 (261).

[89] Vgl. *May* in Schütz/Maiwald, Beamtenrecht – Kommentar, 10. UPD 9/2018, 3.1 Tatsächliche und rechtliche Entwicklung Rn. 56.

[90] Zur weiteren Maßgeblichkeit der besonderen Altersgrenzen nach § 45 Abs. 2 iVm § 96 SG unter Berücksichtigung bisher langjährig geübter Verwaltungspraxis vgl. BGH NJW-RR 2013, 258 Rn. 14 = FamRZ 2013, 435; NJOZ 2013, 583 Rn. 8 f. = FamRZ 2013, 121; NJOZ 2012, 1385 Rn. 17 f. = FamRZ 2012, 944; vgl. auch OLG Zweibrücken BeckRS 2010, 15028 (zu I 2 b) = FamRZ 2010, 977 (978); OLG Celle

Einem stetigen Wandel in Richtung auf eine Verringerung oder Streichung[91] unterliegt auch das Recht zur jährlichen **Sonderzahlung,** wofür durch das Bundesbesoldungs- und -versorgungsanpassungsgesetz 2003/2004 (vom 10.9.2003, BGBl. 2003 I 1798) in § 67 Abs. 1 BBesG, § 50 Abs. 4 BeamtVG die Grundlage geschaffen wurde. Bisher hat der BGH die Sonderzuwendung als ein unselbständiges Element der gesetzlich insgesamt als volldynamisch angesehenen Beamtenversorgung betrachtet, für deren Bemessung der im Zeitpunkt der Entscheidung maßgebende Bemessungsfaktor zugrunde zu legen ist.[92] Seit dem 1.7.2009 ist die jährliche Sonderzuwendung im Bundesdienstrecht in die Grundgehaltstabellen eingearbeitet und bedarf keiner besonderen Berücksichtigung mehr (→ § 44 Rn. 54). 40

**bb) Tatsächliche Änderungen.** Bei der Wertermittlung nach § 1587a Abs. 2 Nr. 1 BGB aF waren **Stellenzulagen,** zB für Strahlflugzeugführer und Kampfbeobachter der Bundeswehr nach einer bestimmten Verwendungsdauer, zu berücksichtigen, wenn sie bei Ehezeitende bereits ruhegehaltfähig waren.[93] Werden die zeitlichen Voraussetzungen der Verwendung erst nach dem Ende der Ehezeit vollständig erfüllt, kann dieser Umstand nach § 51 berücksichtigt werden.[94] Der grundsätzlichen Berücksichtigung von Rechtsänderungen entspricht es, dass jetzt auch eine nach Ehezeitende eingetretene Entwicklung korrigierbar ist, die dazu führt, dass eine Zulage auf 50 vH reduziert wird und nur in dieser Höhe ruhegehaltfähig bleibt.[95] Wird die Ruhegehaltfähigkeit einer Stellenzulage durch den Gesetzgeber erst nach dem Ende der Ehezeit bestimmt, ist sie bei der Bewertung zu berücksichtigen, wenn der Beamte die individuellen Voraussetzungen für die Ruhegehaltfähigkeit bei Ehezeitende erfüllt hat (→ § 44 Rn. 53).[96] 41

Bei der Wertermittlung ist von der zum Ende der Ehezeit tatsächlich erreichten Besoldungsgruppe auszugehen. Die **Sperrfrist des § 5 Abs. 3 BeamtVG,** wonach die niedrigere Besoldungsgruppe zugrunde zu legen ist, wenn der Beamte sich in einem „Beförderungsamt" befindet und die Dienstbezüge aus diesem Amt nicht die vorgesehene Zeit von zwei Jahren[97] erhalten hat, bleibt bei der Wertermittlung außer Betracht (vgl. § 2 Abs. 3). Die Nichtbeachtung der Sperrfrist kann dazu führen, dass mehr an Versorgungsanwartschaften ausgeglichen wird, als der Beamte tatsächlich erlangt hat, und zwar dann, wenn er innerhalb dieser Sperrfrist in den Ruhestand tritt, ohne dass Ausnahmetatbestände für die Nichtanwendung des § 5 Abs. 3 BeamtVG vorliegen (vgl. § 5 Abs. 4 BeamtVG). Dies kann nach § 51 berücksichtigt werden.[98] 42

Änderungsgründe iSd § 51 können sich auch daraus ergeben, dass der Beamte sich bei der Erstentscheidung noch im aktiven Dienst befand und dementsprechend die fiktive Versorgung auf die Altersgrenze hochgerechnet wurde.[99] Bei einer **vorzeitigen Dienstunfähigkeit oder Inanspruchnahme einer vorzeitigen Ruhestandsregelung,** etwa nach dem Gesetz über die Verminderung der Personalstärke der Streitkräfte vom 20.12.1991 (BGBl. 1991 I 2376)[100] ändert sich diese angenommene Zukunftsperspektive. Das tatsächliche Ausscheiden aus dem Dienstverhältnis markiert den Endpunkt für die Berechnung der ruhegehaltfähigen Gesamtzeit.[101] Dies kann sich auf die 43

---

BeckRS 2009, 22561 (zu II) = FamRZ 2010, 37 f.; zu ihrer Maßgeblichkeit aufgrund einer Prognose OLG Stuttgart BeckRS 2009, 87188 (zu II a) = FamRZ 2010, 734 f.

91 Vgl. für Niedersachsen BGH NJW-RR 2006, 73 (74) = FamRZ 2006, 98 (99); zum Bund vgl. Gesetz über Einmalzahlungen für die Jahre 2005, 2006 und 2007 v. 16.5.2007, BGBl. 2007 I 746.

92 Vgl. BGH NJW-RR 2007, 1010 Rn. 15 = FamRZ 2007, 994; NJW-RR 2005, 585 (586) = FamRZ 2005, 511 (513); NJW-RR 2004, 1231 (1232) = FamRZ 2004, 1181 (1182); BeckRS 2002, 09013 (zu II 3) = FamRZ 2003, 435 (437); FPR 2003, 124 (125) = FamRZ 2003, 437 (438); zur Berücksichtigung einer als Abzug für Pflegeleistungen deklarierten Verminderung der Sonderzahlung vgl. BGH NJW-RR 2008, 1529 Rn. 13 = FamRZ 2008, 1833; BeckRS 2008, 22470 Rn. 11 ff. = FamRZ 2008, 2264.

93 Vgl. BGH NJW-RR 1986, 1323 (1324) = FamRZ 1986, 975 (976).

94 Vgl. zu § 10a VAHRG *Hahne* FamRZ 1987, 217 (224); *Dörr* NJW 1988, 97 (100).

95 Vgl. *Hahne* FamRZ 1987, 217 (225); anders vor Inkrafttreten des § 10a VAHRG BGH NJW 1982, 2377 (2378) = FamRZ 1982, 1003 f.

96 Vgl. BGH NJW-RR 1995, 65 f. = FamRZ 1995, 27 f. im Erstverfahren.

97 § 5 Abs. 3 idF von Art. 4 Nr. 5 lit. b Dienstneuordnungsgesetz vom 5.2.2009 (BGBl. 2009 I 160); die Verlängerung des vorgesehenen Zeitraums seit dem 1.1.1999 auf drei Jahre (§ 5 Abs. 3 BeamtVG idF von Art. 6 Nr. 4 lit. b Versorgungsreformgesetz 1998 vom 29.6.1998 (BGBl. 1998 I 1666) ist vom BVerfG BVerfGE 117, 372 (386 ff.) = NVwZ 2007, 679 (681 f.) = FamRZ 2007, 793 Ls. für verfassungswidrig erklärt worden.

98 Vgl. zu § 10a VAHRG *Hahne* FamRZ 1987, 217 (225); *Dörr* NJW 1988, 97 (100).

99 Vgl. OLG Hamm NJW-RR 2012, 203 (204) = FamRZ 2012, 551 (553).

100 Vgl. hierzu BGH NJW-RR 1996, 449 (450 f.) = FamRZ 1996, 215 (216 f.); OLG Celle FamRZ 1995, 810 f.

101 Vgl. BGH NJW-RR 1996, 449 (451) = FamRZ 1996, 215 (217); NJW 1995, 136 = FamRZ 1995, 29; NJW 1992, 313 (314) = FamRZ 1991, 1415 (1416); BeckRS 1989, 31072750 (zu II 2 b) = FamRZ 1989, 727 (728); NJW-RR 1989, 131 (132) = FamRZ 1989, 492 (493 f.); OLG Celle NJW-RR 2008, 528 (529,

Höhe des Ruhegehaltssatzes auswirken. Darüber hinaus verändert sich idR der Verhältniswert, der den Ehezeitanteil bestimmt (vgl. § 44 Abs. 1, § 40 Abs. 2). Da diese Berechnungsart dem tatsächlichen Versorgungserwerb entspricht, hat das BVerfG sie verfassungsrechtlich gebilligt; allerdings sind unbillige Ergebnisse nach Maßgabe des § 27 zu korrigieren (→ § 27 Rn. 27).[102]

**44** Infolge der Verhältnisrechnung in § 1587a Abs. 2 Nr. 1 S. 3 BGB (vgl. jetzt § 44 Abs. 1, § 40 Abs. 2) verändert sich der Ehezeitanteil in allen weiteren Fällen, in denen für sich gesehen bereits die Dauer der ruhegehaltfähigen **Gesamtzeit** einer Änderung unterliegt. Dies gilt etwa für eine weitere **Beurlaubung** ohne Dienstbezüge (vgl. § 6 Abs. 1 S. 2 Nr. 5 BeamtVG)[103] und für eine weitere Bewilligung von **Teilzeitbeschäftigung** (vgl. § 6 Abs. 1 S. 3 BeamtVG) nach Ehezeitende.[104] Umgekehrt wirkt es sich aber auch auf die Verhältnisrechnung aus, wenn für einen Beamten auf seinen Antrag die Dienstzeit verlängert und er über die für ihn geltende besondere Altersgrenze hinaus weiterbeschäftigt wird.[105] Weiterhin wirkt es sich auch auf die Gesamtzeit aus, wenn der Versorgungsträger nachträglich in der Ausgangsentscheidung nicht berücksichtigte „Kann-Zeiten" (§§ 11, 12 BeamtVG) berücksichtigt, und dies auch dann, wenn sich dadurch der Ruhegehaltssatz nicht erhöht, weil auch ohne diese Zeiten die maximale Dauer von 40 Jahren und damit der maximale Ruhegehaltssatz von 71,75% (§ 14 BeamtVG) erreicht ist. Insoweit ist es auch unerheblich, wenn der Antrag des Beamten auf Dienstzeitverlängerung erst nach dem Ende der Ehezeit gestellt wird. Bei der Bewertung des Versorgungsanrechts eines **kommunalen Wahlbeamten** ist die Gesamtzeit die Zeit bis zum Ende der Wahlperiode, die in dem für die letzte tatrichterliche Entscheidung maßgebenden Zeitpunkt läuft.[106] Wird der Beamte wiedergewählt und verlängert sich seine Dienstzeit, ist eine Abänderung nach § 51 möglich.[107] Von dieser zeitlichen Bemessung des Ehezeitanteils unterscheidet der BGH freilich die Frage, ob zum Ehezeitende bereits ein Versorgungsanrecht nach beamtenrechtlichen Grundsätzen erworben ist oder lediglich eine alternativ ausgestaltete Versorgungsaussicht, die grundsätzlich – anders in Fällen, in denen eine Rückführung in ein Beamtenverhältnis zur früheren Dienstbehörde möglich ist – mit dem zum Ende der Ehezeit maßgeblichen Wert der Nachversicherung in der gesetzlichen Rentenversicherung auszugleichen ist.[108] Soweit erst eine Wiederwahl nach Ehezeitende die Wartezeit für eine Versorgung als Wahlbeamter erfüllt, sieht der BGH hierin keinen Abänderungsfall, weil der Erwerbstatbestand – ähnlich wie beim Zeitsoldaten und beim Widerrufsbeamten[109] – keinen hinreichenden Bezug zur Ehezeit aufweist.[110] Die Auffassung der Literatur ist uneinheitlich. Teilweise wird eine Auswirkung der Wiederwahl nach Ehezeitende auf Gesamtzeit und Ehezeitanteil mit der Begründung verneint, die Wiederwahl habe keinen hinreichenden Ehezeitbezug.[111] Nach der Gegenauffassung sind demgegenüber bei Leistungsbezug die tatsächlichen Verhältnisse entscheidend, die auch durch die Wiederwahl geprägt sind.[112] Nach

---

530) = FamRZ 2008, 900 (901, 902); BeckRS 1989, 31364644 (zu II 2 b bb) = FamRZ 1989, 985 (987); OLG Hamm NJW-RR 1990, 1291; OLG Koblenz FamRZ 2019, 692 = BeckRS 2018, 35587; OLG Nürnberg BeckRS 1990, 31138069 (zu II 2 a) = FamRZ 1990, 759 (760); zu Korrekturen, wenn der Ehegatte wegen vorzeitigen Bezugs der Pension einen Versorgungsabschlag hinnehmen muss, OLG Koblenz NJW 2007, 3731 f. = FamRZ 2007, 1248 und OLG Stuttgart BeckRS 2007, 02926 (zu II) = FamRZ 2007, 1024 (1025); *Bergner* SozVers. 1987, 85 (92); *Hahne* FamRZ 1987, 217 (225); *Wagenitz* JR 1987, 53 (54); *Dörr* NJW 1988, 97 (99).

102 Vgl. BVerfG (Kammerbeschluss) NJWE-FER 2001, 169 = FamRZ 2001, 277.

103 Vgl. BGH NJW-RR 1988, 1028 (1029) = FamRZ 1988, 940 (941); NJW 1986, 1934 (1935) = FamRZ 1986, 658 (660).

104 Vgl. BGH NJW-RR 1989, 902 = FamRZ 1989, 1060 (1061); NJW 1986, 1935 (1936) = FamRZ 1986, 563 (564); OLG Karlsruhe BeckRS 2010, 30105 (zu II 3) = FamRZ 1988, 70 (71 f.); zum umgekehrten Fall einer Umwandlung einer Teilzeitbeschäftigung in eine Vollzeitbeschäftigung OLG Koblenz FamRZ 2019, 447 = LSK 2018, 39780.

105 Vgl. hierzu und zum Folgenden BGH FamRZ 2018, 1500 = NJW-RR 2018, 1156.

106 Vgl. BGH NJW-RR 1995, 1153 f. = FamRZ 1995, 414 (415); NJW 1992, 177 = FamRZ 1992, 46 f.; OLG Frankfurt NJW-RR 1990, 2; BeckRS 2010, 02143 (zu II) = FamRZ 1984, 182.

107 BGH NZFam 2019, 43.

108 Vgl. BGH NJW 2007, 73 Rn. 34 f. = FamRZ 2007, 30 (34).

109 Vgl. hierzu BGH NJW 2003, 132 = FamRZ 2003, 29 (30); NJW 1982, 1754 (1755 f.) = FamRZ 1982, 362 (364); NJW 1982, 379 = FamRZ 1982, 154 (155); BGHZ 81, 100 (103 ff.) = NJW 1981, 2187 (2188) = FamRZ 1981, 856 (857).

110 BGH NJW 2009, 3027 Rn. 12 = FamRZ 2009, 1743; NJW 2007, 73 Rn. 36 f. = FamRZ 2007, 30 (34); aA *Bergner* FamRZ 2007, 534 f., der auch in der späteren Wiederwahl einen für den Erwerb der Versorgung beachtlichen Abänderungsgrund nach § 10a VAHRG sieht.

111 *Borth,* Versorgungsausgleich, 7. Aufl. 2014, Kap. 1 Rn. 60; Kap. 2 Rn. 270.

112 Mit Einschränkungen BeckOGK BGB/*Müller-Tegethoff,* 1.10.2018, § 51 Rn. 40.1; BeckOK BGB/*Bergmann* § 44 Rn. 24.

einer vermittelnden Auffassung[113] wirkt sich die Wiederwahl auf die Bemessung der Gesamtzeit und des Ehezeitanteils nur aus, wenn die Wiederwahl bei Ehezeitende wahrscheinlich war. Gem. § 41 Abs. 2 sind die tatsächlichen Verhältnisse bei Leistungsbezug entscheidend. Demnach ist die Gesamtzeit auch anhand der Wiederwahl zu bestimmen.[114] Für den Ausgleichsberechtigten wirkt sich dies dahingehend aus, dass der Ruhegehaltssatz steigt und der Versorgungsabschlag geringer ausfällt, umgekehrt aber auch der Ehezeitanteil durch Verlängerung der Gesamtzeit abnimmt. Das Ergebnis ist konsequent zur Berücksichtigung von Vordienstzeiten, die vor der Eheschließung zurückgelegt wurden, aber unstreitig bei der Berechnung der Gesamtzeit zu berücksichtigen sind (→ § 44 Rn. 22). Nimmt der Beamte nach dem Ende der Ehezeit die Möglichkeit einer vorgezogenen Altersversorgung wahr, bleibt es nach noch hM bei der Zugrundelegung einer Gesamtzeit bis zur Regelaltersgrenze und ein Versorgungsabschlag ist nicht zu berücksichtigen, weil es insoweit an einem Bezug zur Ehezeit fehlt (→ § 44 Rn. 62 f.).[115]

Beim nachträglichen **Ausscheiden** des Beamten aus seinem Dienstverhältnis ohne Versorgungsanspruch tritt eine Minderung seiner Versorgungsanwartschaften ein, weil die für ihn nach § 8 Abs. 2 SGB VI durch Nachversicherung in der gesetzlichen Rentenversicherung – oder unter den Voraussetzungen des § 186 SGB VI in einer berufsständischen Versorgungseinrichtung[116] – zu begründenden Anwartschaften im Wert hinter der Beamtenversorgung zurückbleiben.[117] Als Nachversicherter steht er einer Person gleich, die versicherungspflichtig beschäftigt gewesen ist (vgl. §§ 8 Abs. 1 S. 2, 185 Abs. 2 S. 1 SGB VI). Die Nachversicherung wird – anders als früher nach § 1402 Abs. 8 RVO, § 124 Abs. 8 AVG – nach § 181 SGB VI auf der Grundlage der vollen Entgelte vorgenommen. In der praktischen Auswirkung wird das Quasi-Splitting (vgl. jetzt § 16 Abs. 1) in eine Übertragung von Anwartschaften der gesetzlichen Rentenversicherung „umgewandelt", indem im Rentenkonto des Ausgleichspflichtigen, dessen frühere Beamtenversorgung nicht mehr gekürzt werden kann, wie nach einem Splitting ein Abschlag an Entgeltpunkten vorgenommen wird (§§ 185 Abs. 2 S. 2, 76 Abs. 3 SGB VI). Der Träger der Versorgungslast wird für die Zukunft von der Erstattungspflicht gegenüber dem Rentenversicherungsträger befreit (§ 225 Abs. 1 S. 2 SGB VI).[118] Nach näherer Maßgabe des AltGG vom 28.8.2013 (BGBl. 2013 I 3386) und ähnlicher landesrechtlicher Vorschriften[119] kann für bestimmte aus dem Dienst ausscheidende Beamte anstelle der sonst vorzunehmenden Nachversicherung auf Antrag Altersgeld gewährt werden.[120] Es folgt zwar in seiner Berechnung in vielerlei Hinsicht beamtenrechtlichen Grundsätzen, bleibt jedoch in Einzelregelungen dahinter zurück, sodass auch in einem solchen Fall für den Betroffenen zu prüfen ist, ob die Voraussetzungen für eine Abänderung einer zur Beamtenversorgung ergangenen Erstentscheidung vorliegen. 45

Sind im Erstverfahren zugunsten des **Ausgleichsberechtigten** Rentenanwartschaften nach § 1587b Abs. 2 BGB aF begründet worden, bleibt seine Stellung durch die vorstehend genannten Auswirkungen der Nachversicherung – für sich genommen – unberührt.[121] Soweit der Wert der Nachversicherung hinter dem Wert der Beamtenversorgung zurückbleibt, kann dies jedoch nach § 51 berücksichtigt werden, wobei das FamG im Abänderungsverfahren eine interne Teilung der Anrechte der gesetzlichen Rentenversicherung vornimmt, wenn die Nachversicherung durchgeführt worden ist. Zum Einfluss des Versorgungsausgleichs auf die Abwicklung der Nachversicherung → 5. Aufl. 2009, BGB § 1587a Rn. 135 ff. 46

Ist ein Beamter **vor dem 1.1.1992** ohne Versorgungsanspruch aus seinem Dienstverhältnis ausgeschieden, war die Nachversicherung noch unter Anwendung des früheren Rechts (§ 1402 Abs. 8 RVO, § 124 Abs. 8 AVG) aus den gekürzten Entgelten vorzunehmen (→ 2. Aufl. 1989, BGB § 1587a Rn. 129 ff.). Der geringeren Beitragslast des Dienstherrn steht die Fortdauer seiner Erstattungspflicht hinsichtlich der Aufwendungen des Rentenversicherungsträgers aus den begründeten Anwartschaften gegenüber, die sich nach Außerkrafttreten der § 1304b Abs. 2 S. 2 RVO, § 83b Abs. 2 S. 2 AVG nunmehr aus § 290 S. 1 SGB VI ergibt. Die Erstattungspflicht entfällt, wenn der Versorgungsträger nach der am 1.1.1992 außer Kraft getretenen Vorschrift des § 10b VAHRG Bei- 47

---

113 OLG Stuttgart NJW-RR 2017, 458 = FamRZ 2017, 795.

114 BGH NZFam 2019, 43.

115 Vgl. BGH NJW-RR 2012, 513 Rn. 14 = FamRZ 2012, 769; NJW-RR 2011, 1299 Rn. 15 = FamRZ 2011, 1214.

116 Vgl. BGH NJW-RR 1989, 130 = FamRZ 1989, 264.

117 Vgl. OLG Oldenburg BeckRS 2012, 13599 (zu II 2) = FamRZ 2012, 1945 Ls.

118 Vgl. *Schmeiduch* Amtl. Mitt. LVA Rheinpr. 1990, 230; *Ruland* NJW 1992, 77 (83); *Klattenhoff* DAngVers. 1992, 57 (69).

119 Vgl. §§ 84 ff. BWLBeamtVG, §§ 83 ff. BremBeamtVG, §§ 89a ff. HmbBeamtVG, §§ 76 f. HBeamtVG, §§ 81 ff. NBeamtVG, §§ 92 ff. SächsBeamtVG.

120 Vgl. zum AltGG näher *Borth* FamRZ 2013, 1788 (1790).

121 Vgl. *Schmeiduch* Amtl. Mitt. LVA Rheinpr. 1990, 230 (231).

träge zur Ablösung der Erstattungspflicht oder ungekürzte Beiträge für die Nachversicherung gezahlt hat, weil die Begründung von Rentenanwartschaften – im Wege einer Abänderungsentscheidung nach § 51 – durch eine Übertragung von Rentenanwartschaften ersetzt worden ist (§ 290 S. 2 Nr. 1 und 2 SGB VI).[122]

48 **b) Gesetzliche Rentenversicherung.** In der gesetzlichen Rentenversicherung sind seit dem Inkrafttreten des 1. EheRG am 1.7.1977 **zahlreiche Rechtsänderungen** vorgenommen worden. Mit dem Rentenreformgesetz 1992 und dem Renten-Überleitungsgesetz ist die gesamte Materie von Grund auf neu geregelt worden; weitere Änderungen haben sich durch das Gesetz zur Umsetzung des Programms für mehr Wachstum und Beschäftigung in den Bereichen der Rentenversicherung und Arbeitsförderung (Wachstums- und Beschäftigungsförderungsgesetz – WFG vom 25.9.1996, BGBl. 1996 I 1461) und das Rentenreformgesetz 1999 vom 16.12.1997 (BGBl. 1997 I 2998)[123] ergeben, dessen Inkrafttreten, soweit es um die Einführung eines sog. Demographiefaktors und die Neuordnung des Rechts der Renten wegen verminderter Erwerbsfähigkeit ging, allerdings bis zum 1.1.2001 mit dem Vorbehalt vorheriger anderweitiger Regelung aufgeschoben gewesen ist.[124] Weitere Änderungen sind durch das Gesetz zur Reform der Renten wegen verminderter Erwerbsfähigkeit vom 20.12.2000 (BGBl. 2000 I 1827), das Gesetz zur Ergänzung des Gesetzes zur Reform der gesetzlichen Rentenversicherung und zur Förderung eines kapitalgedeckten Altersvorsorgevermögens (Altersvermögensergänzungsgesetz – AVmEG) vom 21.3.2001 (BGBl. 2001 I 403), das Gesetz zur Sicherung der nachhaltigen Finanzgrundlagen der gesetzlichen Rentenversicherung (RV-Nachhaltigkeitsgesetz) vom 21.7.2004 (BGBl. 2004 I 1791) und das Gesetz zur Anpassung der Regelaltersgrenze an die demografische Entwicklung und zur Stärkung der Finanzierungsgrundlagen der gesetzlichen Rentenversicherung (RV-Altersgrenzenanpassungsgesetz) vom 20.4.2007 (BGBl. 2007 I 554) bewirkt worden. Wegen der wichtigsten Rechtsänderungen, die auch im Versorgungsausgleich von besonderer Bedeutung sind und bis etwa im Jahr 2000 eingetreten sind, wird auf die Kommentierung in der 4. Aufl. (→ 4. Aufl. 2000, VAHRG § 10a Rn. 32–45) Bezug genommen. Nachstehend wird vor allem auf neuere Entwicklungen seit dem Jahr 2001 eingegangen.

49 **aa) Rechtsänderungen.** Mit dem am 1.7.2014 in Kraft getretenen Gesetz über Leistungsverbesserungen in der gesetzlichen Rentenversicherung **(RV-Leistungsverbesserungsgesetz)**[125] vom 23.6.2014 (BGBl. 2014 I 787) wird die rentenrechtliche Erziehungszeit für vor 1992 geborene Kinder (sog. **Mütterrente**) für Mütter und Väter, die ab dem 1.7.2014 in Rente gehen, um ein Jahr auf zwei Jahre verlängert (§§ 249, 249a SGB VI), sodass sich der Versorgungserwerb während der Ehezeit in dem zweiten Jahr nach der Geburt des Kindes erhöht haben kann.[126] Dies ist jedoch nicht zwingend, da die Kindererziehungszeiten zusätzlich zu den Entgeltpunkten für sonstige Beitragszeiten (nur) bis zur Beitragsbemessungsgrenze angerechnet werden (§ 70 Abs. 2 SGB VI iVm Anlage 2b), also dann nicht, wenn in der Zeit vom 13. bis 24. Monat nach der Geburt des Kindes ein Verdienst in Höhe der Beitragsbemessungsgrenze erzielt worden ist.[127] Für Bestandsrentner zum 30.6.2014 wird die Rente ab 1.7.2014 pauschal um einen Zuschlag in Höhe eines persönlichen Entgeltpunkts bzw. eines persönlichen Entgeltpunkts (Ost) aufgestockt (§ 307d SGB VI). Das zusätzliche Beitragsjahr wird bei dem Elternteil berücksichtigt, dem schon das erste Beitragsjahr zugeordnet war.[128] Der pauschale Zuschlag bei Bestandsrentnern steht dem Elternteil zu, dem das Kind im zwölften Monat nach der Geburt des Kindes zugeordnet war.[129] Aus der Sicht der Rentenversicherungsträger ist der pauschale Zuschlag bei Bestandsrentnern nicht dem 13. bis 24. Kalendermonat nach der Geburt des Kindes zuzuordnen, sondern richtet sich nach den Verhältnissen im 12. Kalendermonat.[130] Danach würde bei einer Heirat der Eltern im 13. Monat nach der Geburt keine Kindererziehungszeit in die Ehezeit fallen.[131] Es erscheint zwar im Hinblick auf die Bestimmung der Ehezeit in § 3 Abs. 1 und den Halbteilungsgrundsatz

[122] Vgl. *Schmeiduch* Amtl. Mitt. LVA Rheinpr. 1990, 230 (235).
[123] Vgl. *Michaelis* DAngVers. 1998, 41.
[124] Vgl. Art. 1 § 1 Gesetz zu Korrekturen in der Sozialversicherung und zur Sicherung der Arbeitnehmerrechte vom 19.12.1998, BGBl. 1998 I 3843.
[125] Vgl. zum Inhalt dieses Gesetzes allg. *Schuler-Harms* NZFam 2015, 152; zu den Implikationen für den Versorgungsausgleich *Bachmann/Borth* FamRZ 2014, 1329.
[126] Vgl. KG BeckRS 2015, 15358 Rn. 21 = FamRZ 2016, 133 (135); OLG Dresden BeckRS 2015, 13604 Rn. 27.
[127] Vgl. *Bachmann/Borth* FamRZ 2014, 1329 (1331).
[128] Vgl. *Schuler-Harms* NZFam 2015, 152 (153); *Bachmann/Borth* FamRZ 2014, 1329.
[129] Vgl. *Bachmann/Borth* FamRZ 2014, 1329 (1330).
[130] So offenbar auch OLG Brandenburg BeckRS 2015, 16635 Rn. 10 = FamRZ 2016, 635 (636), in dessen Entscheidung es auf diese Streitfrage indes nicht ankam, weil das gesamte zweite Jahr bereits vor Eheschließung vergangen war.
[131] Vgl. *Bachmann/Borth* FamRZ 2014, 1329 (1331).

bedenklich, die zur Verwaltungsvereinfachung getroffene Regelung über einen pauschalen Zuschlag bei Bestandsrentnern für die Aufteilung der Anrechte im Versorgungsaugleich zu übernehmen,[132] ist aber aus Gründen der Akzessorietät des Versorgungsausgleichs hinzunehmen. Durch das RV-Leistungsverbesserungsgesetz ist hinsichtlich der Kindererziehungszeiten weiter § 56 Abs. 4 Nr. 3 SGB VI geändert worden. Danach sind Elternteile von der Anrechnung ausgeschlossen, wenn sie während der Erziehungszeit Anwartschaften auf Versorgung im Alter aufgrund der Erziehung erworben haben, wenn diese nach den für sie geltenden besonderen Versorgungsregelungen systembezogen annähernd gleichwertig berücksichtigt wird wie die Kindererziehung nach dem SGB VI; als idS systembezogen annähernd gleichwertig gilt eine Versorgung nach beamtenrechtlichen Vorschriften oder Grundsätzen[133] oder entsprechenden kirchenrechtlichen Regelungen.

Durch das RV-Leistungsverbesserungsgesetz wurde weiterhin der Zeitraum, für den Zurech- 50
nungszeiten berücksichtigt werden können, geändert. Während bis 30.6.2014 nur die Zeiten bis zur Vollendung des 60. Lebensjahrs des Versicherten berücksichtigt werden konnten, ist nunmehr die Zeit bis zur Vollendung des 62. Lebensjahrs beachtlich (§ 59 SGB VI). Dies kann zu einer rückwirkenden Änderung des Ehezeitanteils und damit auch des Ausgleichswerts führen.[134]

Werden für einen Ehegatten Rentenanwartschaften übertragen oder begründet, hat dies auch 51
Auswirkungen auf seine **Wartezeit.** § 52 SGB VI, der dies iE regelt, ist durch Art. 1 Nr. 9 AVmEG mit Wirkung zum 1.1.2002 dahin geändert worden, dass auf die Wartezeit die volle Anzahl von Monaten angerechnet wird, die sich ergibt, wenn die Entgeltpunkte für übertragene oder begründete Rentenanwartschaften in der allgemeinen Rentenversicherung durch die Zahl 0,0313 und in der knappschaftlichen Rentenversicherung durch die Zahl 0,0234 geteilt werden. Das führt im Verhältnis zum vorher geltenden Rechtszustand zu einer Verdoppelung der anrechenbaren Monate, was etwa für die Anwendung des § 51 Abs. 5 iVm § 225 Abs. 4 FamFG von Bedeutung ist.[135] Nach § 52 SGB VI idF von Art. 4 Nr. 2 VAStrRefG beträgt die Zahl, durch die die Entgeltpunkte zu teilen sind, für den gesamten Zweig der gesetzlichen Rentenversicherung ab 1.9.2009 jetzt einheitlich 0,0313 (→ § 10 Rn. 28–32). Die Anzahl der Monate wird freilich weiterhin durch die Ehezeit oder Lebenspartnerschaftszeit insgesamt begrenzt (§ 52 Abs. 1 S. 5 SGB VI).[136]

Die Bewertung von **Ausbildungszeiten** unterlag bereits in der Vergangenheit erheblichen 52
Veränderungen. Insoweit wird wegen der Entwicklung bis zum Jahr 2000 auf die Erläuterungen der 4. Aufl. (→ 4. Aufl. 2000, VAHRG § 10a Rn. 33) verwiesen. In der seit dem 1.1.2002 geltenden Fassung des Altersvermögensergänzungsgesetzes werden Zeiten eines Schul-, Fachschul- oder Hochschulbesuchs oder die Teilnahme an einer berufsvorbereitenden Bildungsmaßnahme, also Zeiten einer schulischen Ausbildung, nach dem vollendeten 17. Lebensjahr auf die Dauer von höchstens acht Jahren als Anrechnungszeiten angesehen (§ 58 Abs. 1 Nr. 4 SGB VI). Die Bewertung jener Zeiten ist durch das RV-Nachhaltigkeitsgesetz beschränkt worden. Zeiten der Fachschulausbildung und der Teilnahme an berufsvorbereitenden Bildungsmaßnahmen werden im Rahmen der begrenzten Gesamtleistungsbewertung[137] auf insgesamt höchstens drei Jahre, begrenzt auf 75 vH des individuellen Gesamtleistungswerts, maximal 0,0625 Entgeltpunkte pro Monat, bewertet (§ 74 S. 1–3 SGB VI). Zeiten einer Schul- und Hochschulausbildung, die nach bisherigem Recht derselben Bewertung unterlagen, werden mit Rentenzugang zum 1.1.2009 nicht mehr bewertet (vgl. § 74 S. 4 SGB VI). In der Übergangszeit vom 1.1.2005 bis Ende 2008 wird die frühere Bewertung aus Vertrauensschutzgründen schrittweise – je nach dem Monat des Rentenzugangs – von 75 vH auf Null abgesenkt (§ 263 Abs. 3 SGB VI).[138] Auch die zeitliche Begrenzung der Bewertung von Anrechnungszeiten wegen Fachschulausbildung und Zeiten einer berufsvorbereitenden Bildungsmaßnahme auf drei Jahre unterliegt nach Maßgabe des § 263 Abs. 3, 6 SGB VI einer Übergangsregelung bis zum 1.1.2009, die an den Rentenbeginn anknüpft.[139]

Zeiten einer beruflichen Ausbildung – mit Pflichtbeiträgen für eine Berufsausbildung – gelten 53
als **beitragsgeminderte Zeiten** (§ 54 Abs. 3 SGB VI), die bei der Gesamtleistungsbewertung nach

132 Vgl. die krit. Ausführungen von *Schuler-Harms* NZFam 2015, 152 (153 f.) und *Bachmann/Borth* FamRZ 2014, 1329 (1331).

133 Vgl. zu einem solchen Fall im Erstverfahren OLG Koblenz BeckRS 2015, 01899 Rn. 5 = FamRZ 2015, 1290 (1291).

134 BeckOGK/*Müller-Tegethoff*, 1.3.2018, Rn. 33.

135 Vgl. MüKoFamFG/*Stein* FamFG § 225 Rn. 29–31.

136 Vgl. *Kemnade* FamRZ 2002, 289.

137 Zur Nichtberücksichtigung des belegungsfähigen Zeitraums nach dem Ende der Ehezeit bei der Ermittlung des Ehezeitanteils im Rahmen der Gesamtleistungsbewertung vgl. BGH NJW 2012, 1000 Rn. 27–29 = FamRZ 2012, 509; NJW-RR 2012, 641 Rn. 19–23 = FamRZ 2012, 847.

138 Vgl. iE *Kramer* DAngVers. 2004, 404 (407 f.); ausf. zum Ganzen *Dünn/Lohmann/Stahl/Stegmann* DRV 2004, 364 ff.

139 *Kramer* DAngVers. 2004, 404 (409).

§§ 71 Abs. 2, 74 SGB VI ggf. einen höheren Wert erhalten. Nach bisherigem Recht galten auch die ersten 36 Kalendermonate mit Pflichtbeiträgen für Zeiten einer versicherten Beschäftigung oder einer selbständigen Tätigkeit bis zur Vollendung des 25. Lebensjahres als solche Zeiten einer beruflichen Ausbildung. Bei Beginn einer Rente vor dem 1.1.2009 bleibt es grundsätzlich bei dieser Fiktion (§ 246 S. 2 SGB VI), allerdings wird der Höherbewertungsbetrag ab Rentenbeginn 1.1.2005 bis Ende 2008 stufenweise nach § 263 Abs. 3, 5 SGB VI abgesenkt.[140]

54 Durch das Gesetz zur Flexibilisierung des Übergangs vom Erwerbsleben in den Ruhestand und zur Stärkung von Prävention und Rehabilitation im Erwerbsleben (Flexirentengesetz) vom 8.12.2016 (BGBl. 2016 I 2838) wurde unter anderem die Möglichkeit eingeführt, die Altersrente durch eine nach Bewilligung der Rente ausgeübte Erwerbstätigkeit aufzubessern. Dies geschieht, indem der Arbeitnehmer gegenüber dem Arbeitgeber auf die Versicherungsfreiheit verzichtet (§ 5 Abs. 4 S. 2, 3 SGB VI). Macht der Arbeitnehmer hiervon Gebrauch, erhält er einen Zuschlag an Entgeltpunkten, der jeweils im Folgejahr zum 1.7. erfasst wird und die Rente erhöht (§ 66 Abs. 3a SGB VI, § 76d SGB VI).[141] Da es sich nicht um eine rückwirkende Wertänderung handelt, eröffnet diese Neuregelung das Abänderungsverfahren nicht.

55 Weiterhin wurden durch das Flexirentengesetz die Hinzuverdienstmöglichkeiten neben vorgezogenen Altersrenten (§ 34 SGB VI) und neben Erwerbsminderungsrenten (§ 96a SGB VI) verbessert.[142] Die Regelung ist im Einzelnen recht kompliziert. Sie hat aber keine Auswirkungen auf die Bestimmung des Ausgleichswerts. Allerdings kann die Verbesserung der Hinzuverdienstmöglichkeit dazu führen, dass der Ausgleich nicht mehr unwirtschaftlich ist (§ 19 Abs. 1 Nr. 3).

56 Durch das Rentenüberleitungs-Abschlussgesetz[143] wird die Rentenangleichung zwischen dem Beitrittsgebiet und dem übrigen Bundesgebiet bis zum 30.6.2024 vollzogen werden. Im Wesentlichen handelt es sich um Regelungen, die innerhalb des SGB VI zu einer Umwertung bereits bestehender Anrechte führen, mögen diese auch im Versorgungsausgleich erworben worden sein. Gemäß §§ 254d, 255c SGB VI tritt mit Wirkung ab 1.7.2024 an die Stelle des Rentenwertes (Ost) der aktuelle, dann bundeseinheitliche Rentenwert. Abänderungsverfahren sind also nicht erforderlich, um in Altfällen die Rentenangleichung für vom Versorgungsausgleich betroffene Ehegatten zu verwirklichen.[144]

57 Weitere Änderungen, vor allem bei der „Mütterrente" für vor dem 1.1.1992 geborene Kinder und der Erwerbsminderungsrente sind aufgrund des Gesetzes über Leistungsverbesserungen und Stabilisierung in der gesetzlichen Rentenversicherung (RV-Leistungsverbesserungs- und -Stabilisierungsgesetz)[145] vom 28.11.2018 (BGBl. 2018 I 2016) in Kraft getreten. Durch dieses Gesetz können, je nachdem, ob sich das Anrecht noch in der Anwartschaftsphase oder bereits in der Leistungsphase befindet, ab 1.1.2019 weitere Kindererziehungszeiten bis zur Dauer von sechs Monaten oder ein entsprechender Zuschlag berücksichtigt werden. Vor diesem Zeitpunkt erteilte Auskünfte der gesetzlichen Rentenversicherung sind zu aktualisieren, bevor über den Versorgungsausgleich entschieden werden darf, wenn die Berücksichtigung entsprechender Kindererziehungszeiten in Betracht kommt.

58 **bb) Tatsächliche Änderungen.** Während § 1587a Abs. 2 Nr. 2 BGB aF bestimmte, dass bei Renten(anwartschaften) der Betrag zugrunde zu legen ist, der sich aus den auf die Ehezeit entfallenden Entgeltpunkten ohne Berücksichtigung des **Zugangsfaktors** als Vollrente wegen Alters ergäbe, sieht § 77 Abs. 2 S. 1 Nr. 2 SGB VI für jeden Kalendermonat einer vorzeitigen Inanspruchnahme der Rente einen Versorgungsabschlag von 0,3 vH vor. Liegt der Bezug einer solchen durch einen Versorgungsabschlag geminderten Rente vor dem Ende der Ehezeit, ist nach der Rspr. des BGH zum früheren Recht, die auch für Versorgungsformen iSd § 1587a Abs. 2 Nr. 4 lit. d BGB aF entsprechend gilt,[146] der Abschlag, um dem Halbteilungsgrundsatz Genüge zu tun, insoweit zu berücksichtigen, als die für seine Veränderung maßgeblichen Zeiten vorzeitigen Rentenbezugs in die Ehezeit fallen.[147] Wird die

---

140 *Kramer* DAngVers. 2004, 404 (408 f.).

141 Vgl. hierzu *Ruland* SGb 2017, 121.

142 Rechenbeispiele bei *Ruland* Sgb 2017, 121.

143 Gesetz über den Abschluss der Rentenüberleitung vom 17.7.2017 (BGBl. 2017 I 2575).

144 Vgl. hierzu *Borth* FamRZ 2017, 1542.

145 Hierzu *Bachmann/Borth* FamRZ 2019, 157.

146 Vgl. zur Baden-Württembergischen Ärzteversorgung BGH NJW-RR 2005, 1233 (1235, 1236) = FamRZ 2005, 1455 (1458); aA OLG Stuttgart BeckRS 2003, 31150891 (zu III) = FamRZ 2004, 378 (380).

147 BGH NJOZ 2009, 2849 Rn. 27 = FamRZ 2009, 1397; NJW-RR 2009, 1297 Rn. 19 = FamRZ 2009, 1309; NJW-RR 2009, 1084 Rn. 8 = FamRZ 2009, 948; NJW 2009, 222 Rn. 12 f. = FamRZ 2009, 107; NJW-RR 2008, 81 Rn. 7 f. = FamRZ 2007, 1542; NJW-RR 2005, 1233 (1235 f.) = FamRZ 2005, 1455 (1457); aA – gegen eine Berücksichtigung des Abschlags – OLG Stuttgart BeckRS 2005, 04604 (zu II 1) = FamRZ 2005, 1749 (1750) mAnm *Kemnade* FamRZ 2005, 1751; BeckRS 1998, 31138598 (zu II 2 b) = FamRZ 1999, 863 f.; für eine Berücksichtigung des gesamten Versorgungsabschlags *Bergner* NJW 2008, 271; NJW 2009, 193; für eine Berücksichtigung auch bis zur festen Altersgrenze in der Beamtenversorgung OLG

vorzeitige Rente erst nach dem Ende der Ehezeit bezogen, verblieb es bei der strikten Anwendung des § 1587a Abs. 2 Nr. 2 BGB aF. Der rechtliche Hintergrund ist jetzt in § 109 Abs. 6 SGB VI idF von Art. 4 Nr. 6 VAStrRefG geregelt worden. Nach dieser Vorschrift hat der Versorgungsträger für die Auskunft an das FamG nach § 220 Abs. 4 FamFG die nach § 39 zu ermittelnden **Entgeltpunkte** aus der Berechnung einer Vollrente wegen Erreichens der Regelaltersgrenze mitzuteilen. In der Begründung (zu § 41) wird ausgeführt, nach bislang geltendem Recht wie auch künftig – aber anders als nach der bisherigen Rspr. des BGH – bleibe der Zugangsfaktor unberücksichtigt, weil der Entgeltpunkt (nicht aber eine gezahlte Rente) die für die Teilung von Anrechten aus der gesetzlichen Rentenversicherung maßgebliche Bezugsgröße sei, nicht aber die persönlichen Entgeltpunkte, die sich bei der Berechnung des Rentenbetrags aus Zu- oder Abschlägen auf der Basis von Entgeltpunkten ergeben.[148] Der Zugangsfaktor ist daher nicht zu berücksichtigen (→ § 43 Rn. 29 f.).[149]

59 Für die Anzahl der in der Ehezeit erworbenen Entgeltpunkte ist auch die Bewertung nicht mit Beiträgen belegter Zeiten von Bedeutung. In der Auskunft des Versorgungsträgers umfasst der für die **Bewertung beitragsfreier und beitragsgeminderter Zeiten** im Rahmen der Gesamtleistungsbewertung belegungsfähige Gesamtzeitraum (§ 72 Abs. 2 SGB VI), der seit dem 1.1.1997 grundsätzlich mit der Vollendung des 17. Lebensjahres beginnt,[150] während der Anwartschaftsphase nur die **Zeit bis zum Ehezeitende.** Danach erworbene Entgeltpunkte und weitere Monate, die den belegungsfähigen Gesamtzeitraum verlängern, können den maßgebenden Durchschnittswert für die Bewertung dieser Zeiten aber verändern.[151] Wegen der stufenweise bis zum 1.1.2009 reichenden Übergangsregelung für die Gesamtleistungsbewertung (§ 263 SGB VI), die durch das RV-Nachhaltigkeitsgesetz eingeführt worden ist (→ Rn. 52 f.), kommt dem Datum des Rentenzugangs für den tatsächlichen Versorgungserwerb ebenfalls erhebliche Bedeutung zu. Da nach der neueren Rspr. des BGH nach dem Beginn des Bezugs einer Vollrente wegen Alters der Ausgleichswert in der gesetzlichen Rentenversicherung allein aus den auf die Ehezeit entfallenden Entgeltpunkten der tatsächlich bezogenen Rente zu ermitteln ist, sind auch auf die Ehezeit entfallende Änderungen infolge der Gesamtleistungsbewertung im Abänderungsverfahren zu berücksichtigen;[152] denn wurde das Anrecht im Anwartschaftsstadium ausgeglichen, wird sich der Gesamtleistungswert in aller Regel bis zur tatsächlichen Verrentung verändern.

60 Ob die **zeitlichen Voraussetzungen** für einen möglichen Rentenanspruch zum Ende der Ehezeit erfüllt sind, bleibt nach § 2 Abs. 3 (→ § 2 Rn. 39 f.) wie früher nach § 1587a Abs. 7 S. 1 BGB aF (→ 5. Aufl. 2009, BGB § 1587a Rn. 499) für die Zwecke der Bewertung außer Betracht. Steht in einem Abänderungsverfahren auf Grund genügender zeitlicher Nähe zum Eintritt eines möglichen Versorgungsfalls fest, dass die Erfüllung der allgemeinen Wartezeit von fünf Jahren (§ 50 Abs. 1 SGB VI) nicht mehr möglich ist, ist dies zu berücksichtigen, weil es mit dem Grundsatz der Halbteilung nicht zu vereinbaren wäre, eine nicht zu einer Rentenberechtigung führende Aussicht zu teilen oder wegen ihres Bestehens auf Seiten des Berechtigten den Ausgleichsanspruch zu mindern. Fälle dieser Art waren vor allem vorstellbar, wenn ein Beamter weniger als fünf Jahre versicherungspflichtig tätig gewesen und damit nach § 7 Abs. 2 S. 1 SGB VI aF auch vom Recht der freiwilligen Weiterversicherung ausgeschlossen war.[153] Diese Bestimmung ist zum 10.8.2010 aufgehoben worden. Personen, die bis zum Erreichen der Regelaltersgrenze die allgemeine Wartezeit nicht erfüllt haben und am 10.8.2010 nicht das Recht zur freiwilligen Versicherung hatten, konnten nach § 282 Abs. 2 SGB VI auf Antrag, der bis zum

Stuttgart BeckRS 2007, 02926 (zu II) = FamRZ 2007, 1024 (1025); zur Berücksichtigung eines erhöhten Zugangsfaktors in der berufsständischen Versorgung, wenn die Monate des Hinausschiebens in die Ehezeit fallen, vgl. BGH NJW-RR 2008, 1385 Rn. 18 = FamRZ 2008, 1602.

148 Vgl. BT-Drs. 16/10144, 80; gegen eine Berücksichtigung des Zugangsfaktors auch AG Sinsheim NJOZ 2011, 636 f. = FamRZ 2011, 1300 f.; *Ruland* Versorgungsausgleich Rn. 382 f.

149 Vgl. BGH FamRZ 2016, 1343 = NJW-RR 2016, 898; NJW-RR 2016, 321 Rn. 12–17 = FamRZ 2016, 35; OLG Frankfurt BeckRS 2015, 09400 Rn. 20 f. = FamRZ 2015, 1803 (1804) m. zust. Anm. *Eichenhofer* NZFam 2015, 724; OLG Stuttgart BeckRS 2015, 16410 Rn. 16 f. = FamRZ 2016, 53 (54); aA noch unter Bezugnahme auf die frühere Rspr. des BGH OLG Hamm NJOZ 2014, 1921 (1922) = FamRZ 2015, 1801 (1802).

150 Vgl. Art. 1 Nr. 15 WFG vom 25.9.1996 (BGBl. 1996 I 1461); früher umfasste er die Zeit ab der Vollendung des 16. Lebensjahres.

151 Vgl. *Schmeiduch* FamRZ 1991, 377 (381 f.); *Ruland* NJW 1992, 77 (80).

152 Vgl. BGH NJW 2016, 1233 Rn. 24 ff. = FamRZ 2016, 791 unter Aufgabe der Entscheidungen NJW-RR 2012, 641 Rn. 16 ff. = FamRZ 2012, 847; NJW 2012, 1000 Rn. 22 ff. = FamRZ 2012, 509, die nur noch für die Anwartschaftsphase des Anrechts von Bedeutung sind; OLG Nürnberg BeckRS 2015, 12342 Rn. 30 ff. = FamRZ 2016, 372 (374).

153 Ähnlich *Bergner,* HdB der gesetzlichen Rentenversicherung, 801 f.; aA offenbar OLG Düsseldorf NJW-RR 1989, 772 (773) = FamRZ 1989, 189 f., das dem Beamten das Risiko der Nichterfüllung der Wartezeit zuweist; für eine Berücksichtigung nach § 1587c Nr. 1 BGB OLG Karlsruhe FamRZ 1988, 1068 (1069).

31.12.2015 gestellt werden konnte, noch die zum Erreichen der allgemeinen Wartezeit erforderlichen Beiträge für unbelegte Zeiten nachentrichten.[154] Nunmehr ist bei Durchführung des Versorgungsausgleichs darauf zu achten, ob die Wartezeit bereits erfüllt ist oder durch Leistung freiwilliger Beiträge noch erfüllt werden kann. Die durch den Erwerb von Entgeltpunkten im Versorgungsausgleich erworbenen Wartezeiten ergeben sich, indem die Zahl der Entgeltpunkte durch den Betrag von 0,0313 in der allgemeinen Rentenversicherung und von 0,0234 in der knappschaftlichen Rentenversicherung geteilt wird. Im Übrigen sind mit freiwilligen Beiträgen belegte Monate Beitragszeiten gem. § 55 Abs. 1 SGB VI, die gem. § 51SGB VI auf die allgemeine Wartezeit von fünf Jahren sowie die Wartezeiten von 15, 20 und 35 Jahren und unter bestimmten weiteren Voraussetzungen gem. § 51 Abs. 3a Nr. 4 auf die Wartezeit von 45 Jahren angerechnet werden. Der Beitrag kann durch den freiwillig Versicherten zwischen der Mindestbemessungsgrundlage von 450 EUR (§ 167 SGB VI) und der Beitragsbemessungsgrenze von derzeit 6.700 EUR je Monat (80.400 EUR p.a.) frei bestimmt werden (§ 161 Abs. 2 SGB VI). In Anwendung des derzeit gültigen Beitragssatzes von derzeit 18,6% ergibt sich ein Monatsbeitrag von mindestens 83,70 EUR.

61 Nach § 1587a Abs. 7 S. 2 BGB mussten die Voraussetzungen für die **Rente nach Mindesteinkommen** – jetzt **Mindestentgeltpunkte bei geringem Arbeitsentgelt** (§ 262 Abs. 1 SGB VI, → § 43 Rn. 33, 50 f.) – zum Ehezeitende vorliegen, wenn die zusätzlichen Entgeltpunkte im Versorgungsausgleich berücksichtigt werden sollten. Nach neuem Recht wird dieser Grundsatz in § 43 Abs. 3 allgemeiner und klarstellend dahin formuliert, dass **besondere Wartezeiten** nur dann werterhöhend zu berücksichtigen sind, wenn die hierfür erforderlichen Zeiten „im nach § 5 Abs. 2 maßgeblichen Zeitpunkt" – wie es in der Begründung des RegE zusätzlich heißt – bereits erfüllt sind (→ § 2 Rn. 40).[155] Damit ist nicht unmittelbar die Frage beantwortet, ob eine spätere Erfüllung der Wartezeit in einem Abänderungsverfahren zu beachten ist, wenn in der laufenden Rente des Ehegatten diese Mindestentgeltpunkte berücksichtigt sind.[156] Ähnlich wie bei der Gesamtleistungsbewertung (→ Rn. 59) handelt es sich hier um eine rentenrechtliche Bewertungsbesonderheit, bei der spätere, daher auch nachehezeitliche, Entwicklungen die in der Ehezeit erworbenen Entgeltpunkte beeinflussen, so dass das Prinzip der unmittelbaren Bewertung in seiner reinen Form eigentlich durchbrochen ist, ohne dass der Gesetzgeber eine hierauf zugeschnittene Bewertungsregel für erforderlich gehalten hätte.[157] Da nach der neuen Rspr. des BGH nach dem Beginn des Bezugs einer Vollrente wegen Alters der Ausgleichswert in der gesetzlichen Rentenversicherung allein aus den auf die Ehezeit entfallenden Entgeltpunkten der tatsächlich bezogenen Rente zu ermitteln ist,[158] ist auch die spätere Erfüllung der besonderen Wartezeiten gem. § 70 Abs. 3a SGB VI, § 262 SGB VI nach § 5 Abs. 2 S. 2 und in einem eröffneten Abänderungsverfahren zu berücksichtigen.[159]

62 **c) Betriebliche Altersversorgung.** Anrechte der betrieblichen Altersversorgung sind von der Anwendung der Abänderungsvorschrift des § 51 – anders als nach § 225 Abs. 1 FamFG – **nicht generell ausgenommen** (→ Rn. 10). Allerdings werden durch § 51 Abs. 4 bestimmte Fallgestaltungen aus dem Anwendungsbereich der Abänderungsvorschrift genommen und den Ausgleichsansprüchen nach der Scheidung unterstellt (→ Rn. 96 ff.).

63 **aa) Rechtsänderungen.** In der betrieblichen Altersversorgung ist das Versorgungsrecht in **Satzungsregelungen, Tarifverträgen** oder **Einzelzusagen** enthalten, während das BetrAVG im wesentlichen Rahmenbestimmungen enthält, darunter solche über die Aufrechterhaltung von Versorgungsanwartschaften im Falle des Ausscheidens vor Eintritt des Versorgungsfalls. Änderungen dieser Rechtsgrundlagen, etwa der Satzung der Versorgungsanstalt des Bundes und der Länder, stehen Rechtsänderungen gleich.[160]

64 Die rechtlichen Grundlagen der betrieblichen Altersversorgung sind durch verschiedene Gesetzesnovellen verändert worden. Das BetrAVG ist vor allem durch Art. 9 des in seinen wesentlichen

[154] Vgl. hierzu mit näheren Rechenbeispielen *Bergner* FamFR 2010, 458.

[155] Vgl. BT-Drs. 16/10144, 81.

[156] Für eine Berücksichtigung nach früherem Recht → 5. Aufl. 2009, BGB § 1587a Rn. 502, → 5. Aufl. 2009, VAHRG § 10a Rn. 37.

[157] Vgl. BT-Drs. 16/10144, 77; hierzu auch *Bergner* NJW 2012, 1330 (1332).

[158] Vgl. BGH NJW 2016, 1233 Rn. 24 ff. = FamRZ 2016, 791 unter Aufgabe der Entscheidungen NJW-RR 2012, 641 Rn. 16 ff. = FamRZ 2012, 847; NJW 2012, 1000 Rn. 22 ff. = FamRZ 2012, 509.

[159] IdS BGH FamRZ 2016, 1649 = NJW 2016, 3031; OLG Nürnberg BeckRS 2015, 12342 Rn. 32 ff. = FamRZ 2016, 372 (374 f.); OLG Dresden BeckRS 2015, 13604 Rn. 28 ff., 43; iErg ebenso BeckOGK/*Müller-Tegethoff*, 1.3.2018, Rn. 36; Johannsen/Henrich/*Holzwarth* § 43 Rn. 36; *Wick* Versorgungsausgleich Rn. 236; *Borth* Versorgungsausgleich Kap. 2 Rn. 212; Erman/*Norpoth/Sasse* § 43 Rn. 31; wohl auch *Bachmann* FamRZ 2016, 793 (794).

[160] Vgl. BGH NJW-RR 1986, 1322 (1323) = FamRZ 1986, 976 (978); NJW 1983, 38 (39 f.) = FamRZ 1982, 1193 (1194).

Teilen zum 1.1.2002 in Kraft getretenen Gesetzes zur Reform der gesetzlichen Rentenversicherung und zur Förderung eines kapitalgedeckten Altersvorsorgevermögens (Altersvermögensgesetz – AVmG) vom 26.6.2001 (BGBl. 2001 I 1310) novelliert worden. Hervorzuheben ist hierbei die Möglichkeit, den Ausbau einer zusätzlichen Altersvorsorge über Tarifverträge und Betriebsvereinbarungen zu erreichen. Das Altersvermögensgesetz hat den **Pensionsfonds** als neuen Durchführungsweg der betrieblichen Altersversorgung eingeführt, für den Leistungen nur in Form lebenslanger Renten in Betracht kommen, und dem Arbeitnehmer den Anspruch verliehen, dass von seinem Gehalt im Wege der **Entgeltumwandlung** ein Betrag von bis zu 4 vH der jeweiligen Beitragsbemessungsgrenze in der gesetzlichen Rentenversicherung zugunsten der betrieblichen Altersversorgung eingesetzt wird (§ 1a BetrAVG).[161]

Bereits zum 1.1.2001 wurde die Regelung über die **Unverfallbarkeit** verändert: Nach § 1b **65** Abs. 1 S. 1 BetrAVG genügt für die Unverfallbarkeit ein Alter des Arbeitnehmers von 30 Jahren, wenn die Zusage zu diesem Zeitpunkt bereits fünf Jahre bestanden hat. Zwar gilt diese Regelung grundsätzlich nur für Zusagen, die ab dem 1.1.2001 gegeben worden sind. Bedeutung für ein mögliches Abänderungsverfahren nach § 10a VAHRG hatte jedoch die Übergangsvorschrift des § 30f BetrAVG, nach der auch bei Altzusagen die Unverfallbarkeit eintritt, wenn die Zusage nach dem 1.1.2001 fünf Jahre bestanden und der Arbeitnehmer das 30. Lebensjahr vollendet hat. Durch Gesetz zur Förderung der zusätzlichen Altersvorsorge und zur Änderung des Dritten Buches Sozialgesetzbuch[162] wurde § 1b BetrAVG dahingehend abgeändert, dass das Mindestalter auf 25 Jahre abgesenkt wurde. Da die Abänderungsvorschrift des § 51 nur die Anrechte erfasst, die in den Ausgleich der Erstentscheidung einbezogen waren, kann ein seinerzeit noch verfallbares, aber inzwischen unverfallbar gewordenes Anrecht nicht im Wertausgleich ausgeglichen werden.

Weitere wichtige Änderungen wurden durch das Gesetz zur Umsetzung der EU-Mobilitäts- **66** richtlinie vom 21.12.2015 (BGBl. 2015 I 2553) eingeführt.[163] Durch dieses Gesetz wurde die Unverfallbarkeitsfrist erneut abgesenkt, und zwar von fünf Jahren auf drei Jahre, sowie das Mindestalter von 25 Jahren auf 21 Jahre (§ 1b BetrAVG; Übergangsregelung: § 30f Abs. 3 BetrAVG).

Weiterhin wurde durch dieses Gesetz für Direktzusagen und unterstützungskassengedeckte **67** Zusagen der Festschreibungseffekt gelockert. Demnach sind ausgeschiedene Arbeitnehmer auch an der Anwartschaftsdynamik dieser Anrechte zu beteiligen. Dies betrifft vor allem endgehaltsbezogene Zusagen, während bei einer Festbetragszusage oder einer fest zugesagten Verzinsung, an der auch ausgeschiedene Arbeitnehmer teilhaben, eine entsprechende Partizipation sicher gestellt ist. Wichtig ist in diesem Zusammenhang die Übergangsvorschrift des § 30g Abs. 1 S. 2 BetrAVG. Sofern entsprechende Versorgungssysteme, die eine Anwartschaftsdynamik enthielten (vor allem endgehaltsbezogene Zusagen) bis 31.12.2014 geschlossen wurden, bleibt es bei dem Festschreibungseffekt. Weiterhin tritt die Teilhabe an der Anwartschaftsdynamik auch erst für Beschäftigungszeiten ab 1.1.2018 ein (§ 30g Abs. 1 S. 1 BetrAVG).[164] Versorgungsträger haben überwiegend auf das Inkrafttreten des Gesetzes im Vorfeld reagiert und die entsprechenden Versorgungssysteme spätestens zum Stichtag geschlossen. Daher wird nur selten ein Anrecht vorliegen, das nunmehr entgegen dem früheren Recht auch hinsichtlich der Anwartschaftsdynamik unverfallbar ist.

Wichtige Änderungen enthält auch das Gesetz zur Stärkung der betrieblichen Altersversorgung **68** und zur Änderung anderer Gesetze (Betriebsrentenstärkungsgesetz) vom 17.8.2017 (BGBl. 2017 I 3214). Dieses Gesetz führt erstmals eine reine Beitragszusage ohne akzessorische Arbeitgeberhaftung ein. Weiterhin soll die Verbreitung der betrieblichen Altersvorsorge gesteigert werden, indem in Tarifverträgen für die Arbeitgeber verbindliche Regelungen zur Einführung einer Entgeltumwandlung vorgesehen sind. Außerdem wurde ein das den Arbeitnehmer betreffendes Optionssystem eingeführt (§ 20 BetrAVG). Schließlich ist die Zuschusspflicht des Arbeitgebers zur Entgeltumwandlung neu geregelt worden. Sofern dieser im Fall der Entgeltumwandlung von Sozialabgaben entlastet wird, und die betriebliche Altersvorsorge aufgrund einer reinen Beitragszusage durchgeführt wird, hat er verpflichtend einen Zuschuss in Höhe von 15% des Umwandlungsbetrags zu leisten (§ 23 Abs. 2 BetrAVG).[165]

Durch das Gesetz wurde die reine Beitragszusage eingeführt (§§ 19–25 BetrAVG und Folgerege- **69** lungen). Diese Form der betrieblichen Altersversorgung entlastet den Arbeitgeber. Er ist nur noch verpflichtet, die in den Tarifverträgen vorgesehenen Beiträge zu leisten. Für die Erteilung einer reinen Beitragszusage ist die Schaffung einer gemeinsamen Einrichtung der Tarifvertragsparteien

[161] Vgl. zu Einzelheiten *Förster/Rühmann/Recktenwald* BB 2001, 1406 = BetrAV 2001, 593; *Baumeister* DAngVers. 2002, 187; *Glockner/Goering* FamRZ 2002, 282.

[162] BGBl. 2007 I 2838.

[163] Vgl. hierzu *Scholer* FamRZ 2017, 1821.

[164] Vgl. hierzu BGH FamRZ 2018, 894 = NJW 2018, 1961.

[165] Vgl. zum Inhalt des Gesetzes *Langohr-Plato* ZAP 2017, 1007; *Rolfs* NZA 2017 1225.

nicht erforderlich.[166] Eine solche wird auch benötigt, wenn die Versorgung im Wege der Direktzusage durchgeführt werden soll. Dann ist die gemeinsame Einrichtung und nicht wie sonst bei der Direktzusage der Arbeitgeber Versorgungsträger.

**70** Anrechte aus einer reinen Beitragszusage sind ausgleichsreif.

**71** Anrechte aufgrund solcher Zusagen sind sofort und unabhängig von Alters- und Fristerfordernissen unverfallbar.[167]

**72** Für das Abänderungsverfahren ist von Bedeutung, dass bei einem Wechsel des Arbeitnehmers eine Portierung nur von dem herkömmlichen System in ein System der reinen Beitragszusage zulässig ist. Hierauf hat der Arbeitnehmer einen Anspruch, der innerhalb eines Jahres nach Ausscheiden aus dem Betrieb geltend zu machen ist (§ 4 Abs. 3 S. 1 BetrAVG).[168] Dies lässt aber die Identität der ausgeglichenen Versorgung unberührt. In vielen Fällen wird hierin eine auf den Ehezeitanteil zurückwirkende Änderung des Werts des Ehezeitanteils liegen. Zwar darf eine reine Beitragszusage keinerlei Leistungsgarantien enthalten (§ 22 Abs. 1 S. 2 BetrAVG). Trotzdem kann anhand versicherungsmathematischer Kriterien ein Kapitalwert für den Stichtag des Ehezeitendes berechnet werden, der dem Ausgleich zugrunde zu legen ist (§ 45 Abs. 1).

**73** Durch den „Altersvorsorgeplan 2001" vom 13.11.2001 und die am 1.3.2002 für den Bund-/Länderbereich und für die kommunalen Zusatzversorgungseinrichtungen geschlossenen Tarifverträge der Tarifpartner des öffentlichen Dienstes wurde in der **Zusatzversorgung des öffentlichen Dienstes** das bisherige Gesamtversorgungssystem durch ein Betriebsrentensystem in Form eines Punktemodells ersetzt.[169] Danach werden die im Gesamtversorgungssystem erworbenen Versorgungsanwartschaften in das Punktemodell überführt. Es werden – zunächst bei Beibehaltung der Umlagefinanzierung – Leistungen zugesagt, die sich ergeben würden, wenn eine Gesamtbeitragsleistung von 4 vH des Einkommens in ein vollständig kapitalgedecktes System eingezahlt würde. Im Versorgungsfall werden Rentenleistungen aus der Höhe der während der gesamten Versicherungsdauer eingezahlten Beiträge errechnet; sie orientieren sich damit nicht mehr an dem durchschnittlichen Verdienst der letzten drei Jahre. Unabhängig von einer Grundversorgung, etwa einer Rente der gesetzlichen Rentenversicherung, werden die Leistungen jeweils zum 1. Juli in Anlehnung an § 16 Abs. 3 Nr. 1 BetrAVG um 1 vH erhöht. Damit ist das bisherige Versorgungssystem vollkommen umgestaltet worden, was idR auch zu Wertveränderungen im Versorgungsausgleich führt.

**74** Hinsichtlich der **Überleitung von Renten und Anwartschaften** gilt in groben Zügen folgendes:[170] Die bisherigen **Renten** werden zum Stand 31.12.2001 ermittelt und als Bestandsrenten weitergezahlt. Bezog ein Versicherter daher als Rentner bereits zu diesem Zeitpunkt eine Gesamtversorgung, wirkt sich die Satzungsänderung in der Weise aus, dass die gezahlte Versorgungsrente zum 31.12.2001 festgestellt und als von der gesetzlichen Rentenversicherung abgekoppelte Besitzstandsrente (§ 75 Abs. 2 VBLS) weitergezahlt wird. Ihr Ehezeitanteil errechnet sich im Zeit-Zeit-Verhältnis der in der Ehezeit zurückgelegten zur gesamten gesamtversorgungsfähigen Zeit iSd § 42 VBLS aF.[171] Die Renten unterliegen ab 2002 der jährlichen Anpassung von 1 vH. Dies entspricht den in den letzten Jahren deutlich verminderten Anpassungssätzen in der gesetzlichen Rentenversicherung und in der Beamtenversorgung, so dass nach früherem Recht keine Umrechnung der Rentenleistungen nach § 1587a Abs. 3 BGB aF vorzunehmen war, wenn die Rente bereits zum Ende der Ehezeit gezahlt wurde.[172]

**75** Für die Berechnung der **Anwartschaften** gilt mit Wirkung ab dem 1.1.2002 das neue Recht. Die vor diesem Zeitpunkt erworbenen Anrechte werden in Versorgungspunkte umgerechnet und auf diese Weise in das neue System transferiert. Was die Berechnung der bis zu dem 31.12.2001 erworbenen Anwartschaften angeht, sind zwei Personengruppen zu unterscheiden. Bei pflichtversicherten Arbeitnehmern, die am 1.1.2002 bereits das 55. Lebensjahr vollendet haben, wird auf der Grundlage des früheren Satzungsrechts ermittelt, welche Rente sie bei Eintritt des Versicherungsfalls zum Zeitpunkt der Vollendung des 63. Lebensjahres erhalten hätten. Zur Berechnung dieser Anwartschaft ist eine Auskunft des Trägers der gesetzlichen Rentenversicherung zum Stichtag 31.12.2001 erforderlich. Für die jüngeren Jahrgänge war im Anschluss an die verfassungsrechtlichen Bedenken des BGH[173] aufgrund

---

166 Vgl. hierzu *Guse* DB 2017, 2736.

167 *Bergmann* FamRB 2018, 113.

168 *Ulbrich* BB 2017, 2423.

169 Vgl. zum Ganzen *Hügelschäffer* BetrAV 2002, 237 ff.; *Stephan* ZTR 2002, 49 (150); *Glockner* FamRZ 2002, 287 f.

170 Zu Einzelheiten dieser sehr komplexen Regelungen vgl. *Stephan* ZTR 2002, 152 (153); zur Behandlung im Versorgungsausgleich *Wick* FamRZ 2008, 1223.

171 Vgl. BGH NJW-RR 2008, 665 Rn. 17 = FamRZ 2008, 770; NJW-RR 2006, 73 (74) = FamRZ 2006, 98 (99); NJOZ 2005, 4382 (4386 f.) = FamRZ 2005, 1664 (1666); OLG Nürnberg NJW-RR 2003, 579 (580) = FamRZ 2003, 314 f.

172 Vgl. OLG Schleswig NJW 2004, 958 = FamRZ 2004, 883 f.

173 Vgl. zur teilweisen Unwirksamkeit der Übergangs- und Besitzstandsregelung für diesen Personenkreis BGHZ 174, 127 Rn. 128 ff. = NVwZ 2008, 455 = FamRZ 2008, 395 Ls.; hierzu *Borth* FamRZ 2008, 326 ff., 395 ff.

des 5. Änderungstarifvertrags vom 30.5.2011 eine Regelung getreten, bei der die bisherige Wertermittlung nach Maßgabe des § 18 Abs. 2 BetrAVG um eine Vergleichsberechnung in Anlehnung an § 2 BetrAVG ergänzt und sodann der höhere Wert der Startgutschrift zugrunde gelegt wird.[174] Das mit der Änderung eingeführte Vergleichsmodell beseitigte die vom BGH[175] beanstandete Ungleichbehandlung von Versicherten mit berufsnotwendig langen Ausbildungszeiten aber nicht.[176] Am 8.6.2017 haben sich die Tarifvertragsparteien auf eine Neuregelung der tariflichen Regelung zur Berechnung der Startgutschriften geeinigt, die den Vorgaben des BGH Rechnung tragen soll.[177] Die entsprechenden Änderungstarifverträge Nr. 10 zum Tarifvertrag Altersversorgung (ATV) und Nr. 7 zum Tarifvertrag Altersvorsorge Kommunal (ATV-K) wurden im Dezember 2017 veröffentlicht.[178] Zwischenzeitlich wurden die Satzungen der Versorgungsträger entsprechend angepasst.

Nach der Neuregelung der Zusatzversorgung der Beschäftigten des öffentlichen Dienstes sind deren Versorgungsanrechte nach früherem Recht im **Anwartschaftsstadium** als **statisch,** im **Leistungsstadium** jedoch als **volldynamisch** zu beurteilen gewesen.[179] Dies hat der BGH für eine Reihe von Zusatzversorgungseinrichtungen entschieden.[180] Sie wurden daher im öffentlich-rechtlichen Versorgungsausgleich grundsätzlich nach § 1587a Abs. 3 Nr. 2 BGB aF iVm der Tabelle 1 Anm. 2 der BarwertVO umgerechnet. Eine Umrechnung war indes nicht erforderlich, wenn die (nur) im Leistungsstadium volldynamische Versorgung zum Ehezeitende bereits gezahlt wurde.[181] Gleiches galt, wenn erst nach Ehezeitende eine leistungsdynamische Versorgung gezahlt wurde und zugleich eine im Anwartschaftsstadium vorhandene verfallbare (Einkommens-)Dynamik unverfallbar wurde, so dass das Anrecht insgesamt volldynamisch war.[182] Im Übrigen war ein leistungsdynamisches, aber im Anwartschaftsstadium nicht volldynamisches Anrecht umzurechnen, wenn die Leistungsphase erst nach dem Ehezeitende begann.[183] Dabei war die Startgutschrift bei der Umstellung zum 31.12.2001 auf das Ehezeitende im Verhältnis des jeweiligen gesamtversorgungsfähigen Entgelts 76

174 Vgl. wegen der komplexen Einzelheiten *Hügelschäffer* BetrAV 2011, 613 ff.; krit. hierzu *Krusche* BetrAV 2012, 41.

175 Vgl. BGHZ 174, 127 Rn. 128 ff. = NVwZ 2008, 455 = FamRZ 2008, 395 Ls.

176 Vgl. BGH NZA-RR 2016 Rn. 21 ff.

177 S. https://www.vbl.de/de/die_vbl/presse/pressemitteilungen/rentenferne-startgutschriften-tarifpartner-einigen_j3pfxtuc.html (zuletzt abgerufen am 13.11.2018).

178 Vgl. zB für die VBL: Tarifvertrag über die betriebliche Altersversorgung der Beschäftigten des öffentlichen Dienstes in der Fassung des Änderungstarifvertrags Nr. 10 vom 8.6.2017, abrufbar unter https://www.vbl.de/de/app/media/resource/_jeh62w59.html (zuletzt abgerufen am 13.11.2018).

179 Vgl. *Deisenhofer* FamRZ 2004, 1006.

180 Für die VBL: BGHZ 160, 41 (46 ff.) = NJW 2004, 2676 (2678) = FamRZ 2004, 1474 (1475 f.) mAnm *Bergner* FamRZ 2004, 1631; ebenso OLG Brandenburg BeckRS 2004, 05137 = FamRZ 2005, 37 f.; AG Tempelhof-Kreuzberg BeckRS 2004, 02845 = FamRZ 2003, 1932; für die bayerischen Gemeinden: BGH NJOZ 2005, 4380 (4382) = FamRZ 2005, 1530 f.; NJW 2004, 3426 f. = FamRZ 2004, 1706 f.; ebenso OLG Zweibrücken BeckRS 2003, 30330286 = FamRZ 2004, 380 f.; für die Zusatzversorgung der Bahn: BGH NJW 2004, 3705 = FamRZ 2004, 1959 (1960); für die Gemeinden Baden-Württembergs: BGH BeckRS 2005, 07348 (zu II 1) = FamRZ 2005, 1460 (1461); NJW 2005, 1778 (1779) = FamRZ 2005, 878 (879); für die Gemeinden Thüringens: BGH NJOZ 2005, 3595 = FamRZ 2005, 1532; für die Gemeinden in Westfalen-Lippe BGH NJOZ 2005, 3598 = FamRZ 2005, 1461 (1462); für die kirchliche Zusatzversorgungskasse Baden BGH NJW-RR 2008, 523 Rn. 8 = FamRZ 2008, 677; für die Versorgungsanstalt der deutschen Bühnen BGH NJOZ 2011, 306 Rn. 16 ff. = FamRZ 2011, 277 (278).

181 BGH NJW 2007, 375 Rn. 27 = FamRZ 2007, 23 (27); NJOZ 2005, 4380 (4382) = FamRZ 2005, 1530 f.; NJW 1992, 175 (176) = FamRZ 1992, 47 (48) zur Versorgung der Bezirksärztekammer Trier; OLG Schleswig NJW 2007, 305 f. zur Betriebsrente der IBM.

182 BGH NJW 2007, 375 Rn. 28 = FamRZ 2007, 23 (27) unter Hinweis auf BGH NJOZ 2005, 3584 (3585) = FamRZ 2005, 601 (602); NJW-RR 2007, 1297 Rn. 20 = FamRZ 2007, 1238; NJOZ 2009, 2857 Rn. 19 f. = FamRZ 2009, 1312; NJOZ 2009, 2849 Rn. 14 = FamRZ 2009, 1397; NJW 2007, 2477 Rn. 24 = FamRZ 2007, 996 für die betriebliche Altersversorgung; ähnlich wohl OLG Hamm BeckRS 2007, 11191 (zu II 2) = FamRZ 2007, 1025 (1026).

183 BGH NJW-RR 2009, 1297 Rn. 24 = FamRZ 2009, 1309; NJW-RR 2008, 665 Rn. 20 f. = FamRZ 2008, 770; NJW-RR 2007, 1153 Rn. 17 = FamRZ 2007, 1084; NJW 2007, 375 Rn. 22 = FamRZ 2007, 23 (26) m. abl. Anm. *Bergner* FamRZ 2007, 28 ff.; OLG Koblenz BeckRS 2008, 03663 = FamRZ 2007, 1745 (1746); OLG Celle NJW-RR 2006, 587 (588) = FamRZ 2006, 1041 (1042) unter Aufgabe von NJW-RR 2006, 365 (367) = FamRZ 2006, 271 (273); KG NJOZ 2006, 3151 (3152) = FamRZ 2006, 710; aA – gegen Umrechnung – OLG Saarbrücken NJW-RR 2007, 5 = FamRZ 2007, 561 (562); OLG Hamm NJW 2008, 1169 (1170) = FamRZ 2008, 699 (700); *Bergner* NJW 2007, 2482; gegen eine Umrechnung auch OLG Celle NJW-RR 2007, 1588 (1589) = FamRZ 2007, 1654 (1655), wenn sich für die in Rede stehende Anwartschaftsphase keine andere Wertentwicklung ergibt wie für die gesetzliche Rentenversicherung.

umzurechnen.[184] Die Frage der Dynamik ist nach neuem Recht im Hinblick auf den Grundsatz der internen Teilung nicht mehr von unmittelbarer Bedeutung. § 51 Abs. 3 enthält jedoch einen zusätzlichen Abänderungsgrund, der der Situation Rechnung tragen soll, dass es durch den Vorgang der Umrechnung zu Wertverzerrungen gekommen ist (→ Rn. 93 ff.). Dieser Abänderungsgrund ist vor allem dann zu prüfen, wenn die Voraussetzungen für eine Abänderung nach § 51 Abs. 2 hinsichtlich irgendeines in den Ausgleich einbezogenen Anrechts nicht vorliegen.

77 **bb) Tatsächliche Änderungen.** Ähnlich wie in der Beamtenversorgung wurde das Versorgungsanrecht in der betrieblichen Altersversorgung auf der Grundlage der Bemessungsgrößen zum Ehezeitende für die **Gesamtzeit** bis zur festen Altersgrenze festgestellt und der Ehezeitanteil hieraus nach einem Zeit-Zeit-Verhältnis berechnet (§ 1587a Abs. 2 Nr. 3 S. 1 lit. a BGB aF). Auch nach neuem Recht ist vielfach die zeitratierliche Bewertung vorzunehmen; allerdings gibt es auch Anrechte, die unmittelbar zu bewerten sind (vgl. § 45). Bei der zeitratierlichen Methode kommt es regelmäßig zu Wertänderungen, wenn die Betriebszugehörigkeit vor dem Erreichen der festen Altersgrenze, aber erst nach dem Ende der Ehezeit oder nach der Erstentscheidung über den Versorgungsausgleich endet. Da die Dauer der Betriebszugehörigkeit häufig für die Höhe der Anwartschaft bestimmend ist und eine den tatsächlichen Verhältnissen entsprechende Berechnung des Ehezeitanteils an die wirkliche Dauer der Betriebszugehörigkeit anknüpfen muss, ist die auf der Grundlage der festen Altersgrenze getroffene Wertermittlung zu überprüfen.[185] Weiterhin wirkt es auf den Ehezeitanteil zurück, wenn bei einem endgehaltsbezogenen Anrecht der Leistungsfall eintritt oder das Arbeitsverhältnis beendet wird. Dadurch wird die Anwartschaftsdynamik unverfallbar und erhöht den Ehezeitanteil bzw. den Ausgleichswert.[186] Fraglich ist, wie ein Hinausschieben des Rentenalters zu berücksichtigen ist. Das OLG Nürnberg hat sich dafür ausgesprochen, dass dies unbeachtlich sei, wenn die Altersgrenze durch eine Vereinbarung zwischen Arbeitgeber und Arbeitnehmer hinausgeschoben worden sei.[187] Dagegen spricht aber, dass bei der zeitratierlichen Bewertung mit Eintritt des Leistungsfalls grundsätzlich auf die tatsächlichen Verhältnisse abzustellen ist (§ 41 Abs. 2). Daher hat auch der BGH eine Dienstzeitverlängerung eines Beamten, die auf dessen nach dem Ehezeitende gestellten Antrag beruht, berücksichtigt.[188] Weiterhin wirkt es sich auch rückwirkend auf die Bewertung des Ehezeitanteils aus, wenn der Arbeitgeber die für die Kalkulation der Pensionsrückstellung verwendeten Sterbetafeln austauscht.[189] Demgegenüber wird die Ersetzung der bisherigen Heubeckschen Richttafeln 2005 G durch die Richttafeln 2018 G keine Abänderung rechtfertigen, da die Richttafeln 2018 G nur anzuwenden sind, wenn das Ende der Ehezeit nach dem 31.12.2018 liegt.[190] Sonstige individuelle Tatbestände, die die ehezeitbezogenen Versorgungsanrechte verändern können, lassen sich im Rahmen der betrieblichen Altersversorgung regelmäßig nur einzelfallbezogen beurteilen.

78 **d) Sonstige Renten.** Bei den sonstigen Renten können sich Rechtsänderungen in erster Linie durch Änderungen in der **Versorgungssatzung** ergeben. Individuelle Umstände, die zu einer Änderung des Werts der Versorgung führen, können sehr vielschichtig sein. Eine erhebliche Bedeutung wird – ähnlich wie bei der betrieblichen Altersversorgung – der Umstand haben, dass im Zeitpunkt der Rechtshängigkeit des Scheidungsantrages eine Mitgliedschaft im Versorgungswerk noch bestand, während dies im Zeitpunkt des Abänderungsantrags nicht mehr der Fall war. Denkbar ist insoweit, dass bei einer zugesagten Altersrente ein Zuschlag zu dieser Rente nicht mehr zu zahlen ist, wenn die Mitgliedschaft bei dem entspr. Versorgungswerk nicht mehr besteht.

79 **3. Wesentlichkeitsgrenze iSd § 225 Abs. 3 FamFG.** Auch bei der Übergangsregelung des § 51 führt nur eine **wesentliche Änderung** zu einer Abänderung der Entscheidung, um die Gerichte von Bagatellverfahren zu entlasten.[191] § 51 Abs. 2 nimmt insoweit auf die allgemeine Abän-

[184] BGH NJW-RR 2010, 433 Rn. 21 = FamRZ 2009, 1986; NJOZ 2009, 2857 Rn. 23 f. = FamRZ 2009, 1312; NJOZ 2009, 2849 Rn. 23 = FamRZ 2009, 1397; OLG Celle NJW-RR 2006, 365 (368) = FamRZ 2006, 271 (274); NJW-RR 2006, 587 f.

[185] Vgl. BGH NJW 1990, 1480 (1481 f.) = FamRZ 1990, 605 (606) unter Aufgabe seiner Rspr. vor Inkrafttreten des § 10a VAHRG (BGHZ 98, 390 [396 f.] = NJW 1987, 1014 [1016] = FamRZ 1987, 145 [147]); OLG Celle BeckRS 1989, 31364644 (zu II 2 d) = FamRZ 1989, 985 (988); OLG Hamm FamRZ 1990, 173 (175); BeckOGK/*Müller-Tegethoff*, 1.2.2019, Rn. 51; *Hahne* FamRZ 1987, 217 (225); *Bergner* SozVers. 1987, 85 (89 f.); *Dörr* NJW 1988, 97 (100).

[186] BGH FamRZ 2018, 1233 = BeckRS 2018, 14251; FamRZ 2018, 894 = NJW 2018, 1961; FamRZ 2015, 1688 = NJW-RR 2015, 1217.

[187] OLG Nürnberg FamRZ 2018, 905 = BeckRS 2017, 142856.

[188] BGH NJW-RR 2018, 1156 = FamRZ 2018, 1500.

[189] OLG Nürnberg FamRZ 2018, 905 = BeckRS 2017, 142856.

[190] *Scholer/Aleksić* FamRZ 2019, 334; aA *Borth* FamRZ 2018, 1488.

[191] Vgl. BT-Drs. 16/10144, 97 zu § 225 FamFG.

derungsregelung des § 225 Abs. 3 FamFG Bezug. Diese legt – wie bisher § 10a Abs. 2 VAHRG – eine relative und eine absolute Grenze fest, die beide überschritten sein müssen. Beide Grenzwerte sind nach § 51 Abs. 2 an den Ausgleichswert eines beliebigen Anrechts gebunden, das in den Ausgleich der Erstentscheidung einbezogen war. Anders als nach § 225 Abs. 2 FamFG (→ 7. Aufl. 2017, FamFG § 225 Rn. 3) ändert das Gericht die Erstentscheidung nicht nur hinsichtlich eines Anrechts ab, dessen Wert sich wesentlich geändert hat, sondern unter dieser Voraussetzung alle Anrechte, die in den Ausgleich einbezogen waren (Totalrevision → Rn. 3).

Die **relative Grenze** ist in § 225 Abs. 3 FamFG gegenüber der früheren Rechtslage um die 80
Hälfte auf fünf Prozent des bisherigen Ausgleichswerts des Anrechts **herabgesetzt** worden.[192] Der Gesetzgeber hat damit eine Anregung des BVerfG aufgenommen: Dieses hatte die Regelung in § 10a Abs. 2 VAHRG zwar für verfassungsgemäß gehalten,[193] aber dem Gesetzgeber aufgetragen, die Auswirkungen der Vorschrift weiter zu beobachten und die Regelung ggf. nachzubessern, falls sich herausstellt, dass die Anknüpfung an den früheren Ausgleichsbetrag nicht nur in seltenen, besonders gestalteten Einzelfällen zu empfindlichen Eingriffen in die Eigentumsposition des Ausgleichspflichtigen führt;[194] dementsprechend ist die Schwelle für den Zugang zu einer Abänderung herabgesetzt worden. Zugleich hat der Gesetzgeber die **absolute Grenze** bei einem Rentenbetrag als Bezugsgröße auf ein Prozent der am Ende der Ehezeit maßgeblichen monatlichen Bezugsgröße nach § 18 Abs. 1 SGB IV **verdoppelt** bzw. in allen anderen Fällen als Kapitalwert auf 120 Prozent der am Ende der Ehezeit maßgeblichen monatlichen Bezugsgröße nach § 18 Abs. 1 SGB IV festgesetzt.[195] Insoweit hat er für die Notwendigkeit einer Abänderung die Überschreitung eines Betrags für erforderlich erachtet, der der Geringfügigkeitsgrenze des § 18 Abs. 3 entspricht (→ § 18 Rn. 35). Der Kapitalwert von 120% der monatlichen Bezugsgröße hat allerdings als Grenzwert für die Zulässigkeit einer Abänderung gem. Abs. 2 keine Bedeutung. Zwar verweist diese Vorschrift ohne Einschränkungen auf § 225 Abs. 3 FamFG. Aufgrund des bis 31.8.2009 geltenden Rechts wurden im Versorgungsausgleich allerdings nur Rentenwerte ausgeglichen. Daher hat der BGH[196] entschieden, dass gem. Abs. 2 auch dann der dem Ausgleichswert entsprechende Rentenbetrag mit der Hälfte des Ehezeitanteils des Rentenbetrags, wie er dem ursprünglichen Ausgleich zugrunde gelegt wurde, verglichen werden müsse. Dies gilt insbesondere auch in der gesetzlichen Rentenversicherung, obwohl die mithilfe eines Kapitalbetrags in Höhe von 120% der monatlichen Bezugsgröße erzielbare Rente nur in etwa der Hälfte der Rente von 1% der monatlichen Bezugsgröße entspricht.[197]

Problematisch ist, dass Abs. 2 pauschal auf § 225 Abs. 3 FamFG verweist, obwohl dem bis 81
31.8.2009 geltenden Recht die heutigen Begriffe des Ehezeitanteils und des Ausgleichswerts fremd waren. Gem. §§ 1, 5 sind der Ehezeitanteil und der Ausgleichswert in der für das jeweilige Anrecht maßgeblichen Bezugsgröße zu bestimmen. Demgegenüber kannte das bis 31.8.2009 geltende Recht lediglich den Ausgleich von Rentenbeträgen.

Der **BGH hatte ursprünglich § 225 Abs. 3 FamFG** in einem Abänderungsverfahren nach 82
§ 51 **uneinheitlich angewendet:** Für ein Anrecht aus der Zusatzversorgung des öffentlichen Dienstes hat er die relative Wesentlichkeitsgrenze bestimmt, indem er den in der Ehezeit erworbenen Rentenbetrag des Anrechts, wie er der Ausgangsentscheidung zugrunde gelegt worden war, mit dem Rentenbetrag verglichen hat, wie er sich unter Berücksichtigung der rückwirkenden, nachträglichen Änderungen ergibt. Demgegenüber hat er die absolute Wesentlichkeitsgrenze bestimmt, indem er den der ursprünglichen Entscheidung zugrunde gelegten Barwert mit dem Kapitalwert verglichen hat wie er sich unter Berücksichtigung der Änderungen und unter Heranziehung der aktuellen Umrechnungsfaktoren ergibt; denn Bezugsgröße sei nicht ein monatlicher Rentenbetrag sondern ein Betrag an Versorgungspunkten.[198]

Dem ist ein Teil der Rspr. für den Ausgleich von Anrechten aus der gesetzlichen Rentenversi- 83
cherung gefolgt. Demnach wurde die relative Wesentlichkeitsgrenze anhand des Betrags der in der

192 Bezugspunkt für die Regelung in § 10a Abs. 2 S. 2 VAHRG war allerdings nicht der Ausgleichswert eines Anrechts, sondern der hälftige Wertunterschied des Einmalausgleichs.

193 Vgl. BVerfGE 87, 348 = NJW 1993, 1057 = FamRZ 1993, 161 auf die Vorlage des AG Landsberg/Lech FuR 1990, 54; ebenso BGH NJW 1993, 1650 (1651) = FamRZ 1993, 796 (797 f.).

194 BVerfGE 87, 348 (362) = NJW 1993, 1057 (1059) = FamRZ 1993, 161 (163 f.).

195 Der Grenzwert beträgt bei einem Ende der Ehezeit im Jahr 2019 31,15 EUR für einen Rentenbetrag und 3.738 EUR für einen Kapitalwert; vgl. zu den Grenzwerten seit 1977 die Übersicht in NJW-Beil. 2019, 15 ff.

196 BGH NJW-RR 2018, 65 = FamRZ 2018, 176.

197 Krit. hierzu *Ruland* Versorgungsausgleich Rn. 569.

198 Vgl. BGH NJW-RR 2013, 1153 Rn. 12–14 = FamRZ 2013, 1287; idS auch – allerdings ohne nähere Erörterung – für die Bestimmung der absoluten Wesentlichkeitsgrenze *Borth* Versorgungsausgleich Kap. 12 Rn. 26; Johannsen/Henrich/*Holzwarth* Rn. 8; FamRZ 2009, 1884 (1888); Soergel/*Becker* Rn. 15; *Kemper,* Versorgungsausgleich in der Praxis, 2011, Kap. XII Rn. 76; FuR 2010, 189 (191); *Weil* FF 2010, 195 (196).

Ehezeit erworbenen Entgeltpunkte bestimmt, die absolute Wesentlichkeitsgrenze durch Vergleich des jeweiligen korrespondierenden Kapitalwerts bei Ehezeitende.[199] Dem ist ein Teil der Literatur gefolgt.[200]

**84** Kritisch wurde hiergegen eingewandt, dass nach früherem Recht nur Rentenwerte ausgeglichen werden konnten. Daher gibt § 52 dem Versorgungsträger auf, den Ehezeitanteil des auszugleichenden Anrechts immer auch als Rentenwert mitzuteilen. Die Frage, ob eine Wertänderung wesentlich ist, kann daher sowohl hinsichtlich der absoluten als auch hinsichtlich der relativen Wertgrenze nur bestimmt werden, indem der Rentenwert des Ehezeitanteils, wie er der Ausgleichsentscheidung zugrunde gelegt wurde mit dem Rentenwert des Ehezeitanteils, wie er sich unter Berücksichtigung der Änderungen ergibt, verglichen wird.[201]

**85** Diese Auffassung ist überzeugend; denn auch soweit nach früherem Recht ein Kapitalbetrag zu berechnen war, diente dieser nur dazu, die aus dem auszugleichenden Anrecht zu erwartende Rentenanwartschaft anhand der Vorschriften der BarwertVO mit der Anwartschaft aus der gesetzlichen Rentenversicherung vergleichbar zu machen. Im Übrigen sind der Begriff des Ehezeitanteils und des Ausgleichswerts keine Kategorien, anhand deren der Ausgleich berechnet wurde.[202]

**86** Der BGH[203] hat – wie bereits erwähnt – seine Rspr. modifiziert. Er stellt in Abänderungsverfahren gem. § 51 für die Frage, ob eine relative und absolute wesentliche Änderung vorliegt, nunmehr ausschließlich auf den Rentenwert des Ehezeitanteils des ausgeglichenen Anrechts ab.

**87** Es ist daher der neue Ausgleichswert als Rentenbetrag mit dem hälftigen Ehezeitanteil des in die Erstentscheidung einbezogenen Anrechts zu vergleichen (→ Rn. 34).

**88** Auch dieses Verfahren führt allerdings zu Zufallsergebnissen. Gem. § 225 Abs. 3 FamFG ist der Ausgleichswert, der der Regelung des Versorgungsausgleichs zugrunde gelegt wurde, mit dem Ausgleichswert zu vergleichen, der sich unter Berücksichtigung der tatsächlichen oder rechtlichen Änderungen ergibt. In Höhe des Ausgleichswerts ist zu Lasten des Anrechts des Ausgleichspflichtigen zugunsten des Ausgleichsberechtigten ein Anrecht zu übertragen (interne Teilung) oder zu begründen (externe Teilung). Der Ausgleichswert entspricht dem Betrag, um den aufgrund des Versorgungsausgleichs das Anrecht des Ausgleichspflichtigen vermindert wird. Weiterhin entspricht er dem Betrag, in Höhe dessen für den Ausgleichsberechtigten ein Anrecht übertragen oder begründet wird. Der Ausgleichswert hat also nicht nur für die Bewertung von Anrechten, sondern auch für die Durchführung des Ausgleichs entscheidende Bedeutung. Darum ist es konsequent, in Abänderungsverfahren gem. § 225 FamFG darauf abzustellen, ob sich der Ausgleichswert wesentlich geändert hat; denn im Fall einer wesentlichen Wertänderung ist die Durchbrechung der Rechtskraft einer materiell-rechtlich unrichtig gewordenen Entscheidung gerechtfertigt.

**89** Dieser Zusammenhang besteht für Altentscheidungen nicht. Der Ausgleich erfolgte hier nur durch das Splitting, das Quasisplitting, die Realteilung, das analoge Quasisplitting, das erweiterte Splitting und Beitragszahlung. Aufgrund der Gesamtsaldierung besagt die wesentliche Änderung des Ehezeitanteils einer Rentenanwartschaft nichts darüber, ob und inwieweit die gerichtliche Entscheidung zum Versorgungsausgleich unrichtig geworden ist. Im Extremfall können die Änderungen hinsichtlich eines Anrechts durch Änderungen anderer Anrechte kompensiert werden, zB, wenn sich eine Änderung für beide in den Ausgleich eingestellte Anrechte der Ehegatten gleich auswirkt.

**90** Weiterhin wurden aufgrund des Versorgungsausgleichs auch nicht die Anrechte in Höhe der Hälfte des Ehezeitanteils geteilt. Geteilt wurden lediglich Anrechte aus der gesetzlichen Rentenversicherung, der Beamtenversorgung, Anrechte, für die die Realteilung galt sowie Anrechte bei anderen öffentlich-rechtlichen Versorgungsträgern. Nicht geteilt wurden insbesondere kapitalgedeckte Anrechte aus der betrieblichen Altersversorgung und der privaten Altersvorsorge. Diese Anrechte waren lediglich Rechnungsposten im Rahmen der Gesamtsaldierung und wirkten sich hier mittelbar nach Umrechnung der BarwertVO auf die Teilung der oben genannten teilungsfähigen Anrechte aus.

**91** Sieht man eine wesentliche Funktion des Abänderungsverfahrens darin, durch Durchbrechung der Rechtskraft eine Korrektur zu ermöglichen, wenn die Ursprungsentscheidung hinsichtlich der Teilung bestehender Anrechte aufgrund nachträglicher Änderungen unrichtig wird, wäre es konse-

---

[199] OLG Frankfurt NJW-RR 2014, 450; OLG Dresden NJOZ 2016, 522 = FamRZ 2016, 469; OLG Stuttgart NJW-RR 2017, 458 = FamRZ 2017, 795.

[200] BeckOK BGB/*Gutdeutsch,* Nov. 2016, Rn. 5; BeckOK SozR/*v. Koch,* Dez. 2016, Rn. 11.1; Erman/Norpoth/*Sasse* Rn. 8; jurisPK-BGB/*Breuers,* Juni 2007, Rn. 20.

[201] Anm. *Borth* FamRZ 2016, 469 zu OLG Dresden; → 7. Aufl. 2017, Rn. 51, 52 *(Dörr)*; ebenso *Wick* Versorgungsausgleich Rn. 814 ff.; BeckOGK/*Müller-Tegethoff,* Sept. 2016, Rn. 69 ff.; *Ruland,* Versorgungsausgleich, 4. Aufl. 2015, 1147; HK-VersAusglR/*Götsche* Rn. 37; *Bergner* FamFR 2011, 196.

[202] Vgl. hierzu *Siede* FamRZ 2018, 729.

[203] BGH NJW-RR 2018, 65 = FamRZ 2018, 176.

quent, zumindest zu prüfen, ob sich unter Berücksichtigung der nachträglichen Änderungen eine wesentliche Abweichung zu dem Betrag ergibt, mit dem das betreffende Anrecht in den Ausgleich eingestellt wurde, also nach Umrechnung anhand der BarwertVO, sofern nicht der nominale Betrag der Rentenanwartschaft entscheidend war.

Letztlich könnte dieser Weg allerdings konsequent nur zu Ende geführt werden, wenn die **92**
Auswirkungen der Änderungen auf den Saldo der beiderseits ausgeglichenen Anrechte im Rentenfall ermittelt werden, indem die Auswirkungen der Ursprungsentscheidung mit dem Ergebnis verglichen wird, das sich bei Anwendung des neuen Rechts unter Berücksichtigung der Änderungen für die Versorgungsbezüge ergeben würde.[204] Dieses Ergebnis steht allerdings in einer gewissen Spannung zu dem Ziel, das neue Recht möglichst bald ohne Einschränkungen anzuwenden und lässt sich auch nur durch eine Gesetzesänderung erreichen.[205] Auf der Grundlage des geltenden Rechts kann daher eine wesentliche Änderung nur bestimmt werden, indem die Hälfte des auf die Ehezeit entfallenden Rentenbetrags, der der Ursprungsentscheidung zugrunde lag, verglichen wird mit dem Betrag, der sich unter Berücksichtigung der rückwirkenden tatsächlichen und rechtlichen Änderungen ergibt. Es wäre insoweit konsequent, zumindest auf die tatsächlich in die Saldierung eingestellten Beträge nach Umrechnung anhand der BarwertVO abzustellen, da diese Rentenanwartschaften ausgeglichen wurden. Allerdings wird mit Rücksicht auf Abs. 3 hiervon abgesehen. Das ist zutreffend, wenn man in dieser Bestimmung eine Regelung sieht, durch die Wertverzerrungen aufgrund Dynamisierung abschließend geregelt werden sollen.

**Beispiel**
zur Prüfung der Wesentlichkeitsgrenzen bei Ehezeitende September 2003:

| | | | |
|---|---|---|---|
| **Erstentscheidung** | | | |
| | Ehegatte (E 1) | | Ehegatte (E 2) |
| Ges. Rentenversicherung | | | 320 EUR |
| Beamtenversorgung | 600 EUR | | |
| Betriebliche Altersversorgung | | | 40 EUR |
| Wertunterschied | | 240 EUR | |
| Hälfte des Wertunterschieds | | 120 EUR | |
| **Hälftige Ehezeitanteile in der Erstentscheidung** | | | |
| | Ehegatte (E 1) | | Ehegatte (E 2) |
| Ges. Rentenversicherung | | | 160 EUR |
| oder[206] | | | 6,1232 Entgeltpunkte |
| Korrespondierender Kapitalwert[207] | | | 34.901,32 EUR |
| Beamtenversorgung | 300 EUR | | |
| Betriebliche Altersversorgung | | | 20 EUR |
| **Ausgleichswerte im Abänderungsverfahren** | | | |
| | Ehegatte (E 1) | | Ehegatte (E 2) |
| Ges. Rentenversicherung | | | 180 EUR |
| oder | | | 6,8886 Entgeltpunkte |
| Korrespondierender Kapitalwert | | | 39.263,99 EUR |
| Beamtenversorgung | 321 EUR | | |
| Betriebliche Altersversorgung[208] | | | 25 EUR |

**Lösung:**
Der neue Ausgleichswert der Beamtenversorgung weicht um 21 EUR von dem alten Ausgleichswert ab. 21 EUR übersteigen zwar 5 % des Ausgleichswerts aus der Erstentscheidung (5 % von 300 EUR = 15 EUR), aber nicht 1 % der maßgeblichen monatlichen Bezugsgröße (23,80 EUR im Jahr 2003[209]). Dasselbe gilt für die Änderung des Anrechts der betrieblichen Altersversorgung, die die absolute Grenze von 1 % der maßgeblichen monatlichen Bezugsgröße nicht überschreitet. Legt man auch für das Anrecht der gesetzlichen Rentenversicherung die Rentenbeträge zugrunde, scheidet eine Abänderung aus, weil die Änderung in

204 *Siede* FamRZ 2018, 794.
205 *Siede* FamRZ 2018, 794.
206 Die Entgeltpunkte errechnen sich aus der Division des Rentenbetrags durch den aktuellen Rentenwert zum Ehezeitende (hier: 160 geteilt durch 26,13); vgl. die Übersicht in NJW-Beil. 2019, 10 ff.
207 Der Betrag, der zum Ehezeitende notwendig ist, um beim Versorgungsträger ein Anrecht in Höhe des Ausgleichswerts zu begründen (§ 47 Abs. 2), hier ermittelt durch Multiplikation der Entgeltpunkte (6,1232) mit dem Umrechnungsfaktor (5699,8500); zu den verwendeten Rechengrößen vgl. NJW-Beil. 2016, 11.
208 Im Beispiel mit unterstellter Bezugsgröße eines Rentenbetrags.
209 Zu den Grenzwerten vgl. die Übersicht in NJW-Beil. 2018, 59 ff.

Höhe von 20 EUR den Grenzbetrag von 23,80 EUR nicht übersteigt. Bei Heranziehung der (korrespondierenden) Kapitalwerte ergäbe sich gegenüber der Erstentscheidung ein Unterschied von 4.362,67 EUR, der den Grenzbetrag von 120 % der Bezugsgröße (hier: 2.856 EUR) überschreitet. Da aber auf den Rentenbetrag abzustellen ist, scheidet eine Abänderung der Altentscheidung insgesamt aus. Hätte sich demgegenüber der hälftige Wert des Ehezeitanteils der Beamtenversorgung auf 325 EUR erhöht, wäre hinsichtlich aller Anrechte die Abänderung eröffnet.

### IV. Abänderung wegen Wertverzerrungen bei der Umrechnung (Abs. 3)

93 Abgesehen von wesentlichen Wertänderungen nach Abs. 2 sieht § 51 Abs. 3 einen **weiteren Abänderungsgrund** vor, der in Fällen eingreift, in denen Anrechte der berufsständischen, betrieblichen oder privaten Altersversorgung nach § 1587a Abs. 3 oder 4 BGB aF unter Umrechnung in ein dynamisches Anrecht ausgeglichen worden sind und die Dynamik der Wertentwicklung, gemessen an den aktuellen Rentenwerten zum Ehezeitende einerseits und zum Zeitpunkt des Abänderungsverfahrens andererseits, wesentlich hinter dem tatsächlichen, undynamisierten Wert des Anrechts im Zeitpunkt des Erstverfahrens zurückgeblieben ist. Hintergrund für diesen Abänderungsgrund ist die mit der Anwendung der BarwertVO gewonnene Erfahrung, dass aus verschiedenen, sich kumulierenden Gründen das Ziel, die Wertentwicklung eines nicht volldynamischen ausgeglichenen Anrechts derjenigen der Maßstabsversorgungen der gesetzlichen Rentenversicherung und der Beamtenversorgung anzupassen, deutlich – und im Allgemeinen zulasten des Ausgleichsberechtigten – verfehlt worden ist (zu Mängeln der BarwertVO → 5. Aufl. 2009, VAHRG § 10a Rn. 45 f.). Das neue Recht verzichtet daher auf solche Umwertungen und hat die BarwertVO durch Art. 23 S. 2 Nr. 1 VAStrRefG aufgehoben. Der weitere Abänderungsgrund des § 51 Abs. 3 ist im Hinblick auf den Grundsatz der Totalrevision (→ Rn. 3, 22) nur dann von praktischer Bedeutung, wenn bei keinem der in den Erstausgleich einbezogenen Anrechte eine wesentliche Wertveränderung iSv § 51 Abs. 2 iVm mit § 225 Abs. 3 FamFG vorliegt.[210]

94 Die Feststellung, ob hinsichtlich eines solchen Anrechts eine wesentliche Wertänderung stattgefunden hat und der Abänderungsantrag darum zulässig ist, ist anhand der Erstentscheidung und allgemein verfügbarer Übersichten über die Entwicklung der aktuellen Rentenwerte ohne weiteres vorzunehmen; sie bedarf – anders als die Feststellung einer Wertänderung nach Abs. 2 – insbes. keiner Auskunft eines Versorgungsträgers. Der abzuändernden Erstentscheidung ist der **„vor der Umrechnung ermittelte Wert"** des Ehezeitanteils des betroffenen Anrechts zum Ehezeitende zu entnehmen. Hinsichtlich dieses Werts wird zunächst – im Rahmen der Prüfung der Zulässigkeit des Abänderungsantrags – unterstellt, dass er sich nicht verändert hat, also im Zeitpunkt der Durchführung des Abänderungsverfahrens in derselben Höhe besteht. Unter Anwendung der BarwertVO ist dieser Wert in der Erstentscheidung in einen **dynamischen Wert** umgerechnet worden, der in die Ausgleichsbilanz eingestellt worden ist. Dabei ist die tatsächliche Bewertung des FamG aus der Erstentscheidung zu übernehmen.[211] Dieser – jetzt dynamische oder dynamisierte – Wert unterliegt im Rahmen der gesetzlichen Rentenversicherung der dort üblichen Anpassung und Aktualisierung, wie sie in den **aktuellen Rentenwerten** (S. 2) abgebildet wird. Dies geschieht in der Weise, dass der dynamisierte Wert durch den aktuellen Rentenwert im Zeitpunkt des Ehezeitendes geteilt und mit dem aktuellen Rentenwert im Zeitpunkt der Antragstellung im Abänderungsverfahren multipliziert wird.[212] Dieser so ermittelte **aktualisierte Wert** ist mit dem vor der Umrechnung ermittelten Wert zu vergleichen.[213] Da § 51 Abs. 3 Benachteiligungen beheben soll, die sich aus der Anwendung der BarwertVO ergeben, genügt es als Einstieg in eine Abänderung, wenn der Grenzwert nicht für jedes einzelne, sondern (nur) in der Summe für alle Anrechte überschritten wird, die in der beschriebenen Weise umgerechnet worden sind.[214]

95 Der Wertunterschied zwischen beiden ist nach § 51 Abs. 3 S. 3 wesentlich, wenn er mindestens **2 Prozent der** zum Zeitpunkt der Antragstellung maßgeblichen **monatlichen Bezugsgröße** nach § 18 Abs. 1 SGB IV beträgt.[215] Da sich dieser Verhältniswert auf den betroffenen Ehezeitanteil im Ganzen bezieht, entspricht er der Höhe nach dem auf den Ausgleichswert bezogenen Anteil von 1 Prozent nach § 51 Abs. 2 iVm § 225 Abs. 3 FamFG.

---

[210] Vgl. BeckOGK/*Müller-Tegethoff*, 1.2.2019, Rn. 45; *Dörr* FPR 2011, 473 (478).

[211] Vgl. OLG Saarbrücken NJW 2010, 2222 = FamRZ 2010, 1909.

[212] Zu den aktuellen Rentenwerten vgl. die Übersicht in NJW-Beil. 2019, 10.

[213] Vgl. zu einer solchen Berechnung BGH NJW-RR 2013, 1223 Rn. 13 = FamRZ 2013, 1289; OLG Nürnberg BeckRS 2013, 08964 (zu II 2 b) = FamRZ 2013, 1583 (1584 f.).

[214] So in einem obiter dictum OLG Saarbrücken NJW 2010, 2222 f. = FamRZ 2010, 1909; ebenso *Götsche* ZFE 2010, 324 (329).

[215] Vgl. hierzu die Übersicht in NJW-Beil. 2019, 16 ff.

**Beispiel**
zur Prüfung der Wesentlichkeitsgrenze nach § 51 Abs. 3:
**Erstentscheidung**

| | |
|---|---|
| Ehezeitende 30.7.2000 | |
| Alter des Ehegatten zum Ehezeitende: | 55 Jahre |
| Wert des Ehezeitanteils vor der Umrechnung: | 300 DM = 153,39 EUR |
| Barwert für ein statisches Anrecht: 12 × 300 × 5,1 = | 18.360 DM |
| Umrechnung in Entgeltpunkte: 18.360 DM × 0,0 000 950 479 = | 1,7451 EP |
| Umrechnung in Rentenbetrag: 1,7451 EP × 48,58 DM = | 84,78 DM = 43,35 EUR |
| **Abänderungsverfahren im Mai 2019** | |
| Aktualisierung des dynamisierten Anrechts: 1,7451 EP × 32,03 EUR = | 55,90 EUR |
| Wertunterschied zum statischen Anrecht: 153,39 EUR – 55,90 EUR = | 97,49 EUR |

**Ergebnis:** Der Wertunterschied von 47,49 EUR ist wesentlich, weil er 2 % der zum Zeitpunkt der Antragstellung maßgeblichen monatlichen Bezugsgröße nach § 18 Abs. 1 SGB IV von 62,30 EUR übersteigt. Damit ist das Abänderungsverfahren zulässig mit der Folge, dass der Wertausgleich hinsichtlich aller in der Erstentscheidung in den Ausgleich einbezogenen Anrechte durchzuführen ist und das FamG entsprechende Auskünfte einzuholen hat, auf deren Grundlage dann in der Sache zu entscheiden ist. Der Fall zeigt aber auch, dass Vorsicht geboten ist. So wird bei der Neuberechnung des Werts des Anrechts auf betriebliche Altersversorgung der seit Eintritt des Versicherungsfalls eingetretene „Kapitalverzehr" zu beachten sein.

### V. Keine Abänderung nach Abs. 3 bei Teilausgleich nach § 3b Abs. 1 Nr. 1 VAHRG (Abs. 4)

Das Vorliegen einer nach Abs. 3 wesentlichen Wertänderung führt nicht zu einer Abänderung, 96
wenn das Anrecht, dessen Wert nach § 1587a Abs. 3 oder 4 BGB aF umgerechnet worden ist, **nur teilweise nach § 3b Abs. 1 Nr. 1 VAHRG ausgeglichen** worden ist und der Rest nach dem Inhalt der gerichtlichen Entscheidung im Erstverfahren dem schuldrechtlichen Ausgleich überlassen blieb.[216] Dazu rechnen vor allem die Fälle, in denen der Grenzwert des § 3b Abs. 1 Nr. 1 S. 2 VAHRG (zwei Prozent des auf einen Monat entfallenden Teils der am Ende der Ehezeit maßgebenden Bezugsgröße nach § 18 Abs. 1 SGB IV) überschritten wurde. Die Regelung betrifft aber auch Gestaltungen, in denen der unverfallbare Teil eines Anrechts vollständig ausgeglichen wurde, der in dem Anrecht enthaltene und der Höhe nach noch verfallbare Anteil – etwa bei einem endgehaltsbezogenen Versorgungsanrecht[217] – dagegen dem schuldrechtlichen Versorgungsaugleich vorbehalten blieb.[218] Aber auch in den Fällen, in denen ein Anrecht (zB aus der berufsständischen Versorgung) gem. § 1587b Abs. 5 BGB aF nur teilweise ausgeglichen werden konnte, stellt der Wegfall dieser Vorschrift keine Wertänderung dar, sondern wirkt sich lediglich auf die Ausgleichsform aus. Daher ist in diesen Fällen ein Abänderungsverfahren nur eröffnet, wenn eine wesentliche Wertänderung iSv Abs. 2, 5 vorliegt.[219] In beiden Konstellationen unterbleibt eine Abänderung der Entscheidung wegen einer nach Abs. 3 wesentlichen Wertverzerrung. Der ausgleichsberechtigte Ehegatte wird insoweit auf Ausgleichsansprüche nach der Scheidung verwiesen, um den vollständigen Ausgleich des Anrechts zu verwirklichen. Im Rahmen einer solchen Entscheidung wird der – unangetastet bleibende – Teilausgleich berücksichtigt, dessen Wert nach § 53 mit Hilfe der aktuellen Rentenwerte der gesetzlichen Rentenversicherung zu bestimmen ist. Die Berücksichtigung einer unverfallbar gewordenen Anwartschaftsdynamik ist allerdings nach § 51 Abs. 1 möglich, wenn sie zu einer wesentlichen Wertänderung iSd § 51 Abs. 2 führt, weil sie ein in die Erstentscheidung einbezogenes Anrecht betrifft (→ Rn. 21).[220] In einem solchen Fall hat der Berechtigte jedoch die Wahl, wegen des Dynamisierungszuwachses Ausgleichsansprüche nach der Scheidung geltend zu machen.[221] Haben

---

216 Vgl. BGH BeckRS 2016, 09781 Rn. 17 = FamRZ 2016, 1050; NJW-RR 2015, 1220 Rn. 10, 13 = FamRZ 2015, 1100; zur Auslegung eines Antrags, den Versorgungsausgleich neu zu berechnen, iSd Geltendmachung einer schuldrechtlichen Ausgleichsrente, wenn es an der Zulässigkeit eines Abänderungsantrags nach § 51 fehlt, vgl. OLG München BeckRS 2014, 18043 Rn. 13–15 = FamRZ 2015, 1117 (1118).

217 Vgl. hierzu nach früherem Recht BGH NJW-FER 2001, 89 (91) = FamRZ 2001, 477 (479); NJW 1989, 2812 f. = FamRZ 1989, 844 (845).

218 Vgl. BGH FamRZ 2018, 1233 = BeckRS 2018, 14251; NJW-RR 2015, 1217 Rn. 14, 18 = FamRZ 2015, 1688; OLG München BeckRS 2013, 00114 (zu II 2) = FamRZ 2012, 1944 (1945); aA OLG Celle BeckRS 2013, 07830 Rn. 25 = FamRZ 2014, 211 (214); *Borth* FamRZ 2012, 601 (603).

219 BGH NJW-RR 2016, 326 = FamRZ 2016, 620; BeckOGK/*Müller-Tegethoff*, 1.2.2019, Rn. 60.

220 Vgl. BGH FamRZ 2018, 1233 = BeckRS 2018, 14251; FamRZ 2018, 894 = NJW 2018, 1961; NJW-RR 2015, 1217 Rn. 27 = FamRZ 2015, 1688; ähnlich wohl *Borth* FamRZ 2012, 601 (603); nicht geprüft von OLG München BeckRS 2013, 00114 (zu II 2) = FamRZ 2012, 1944 (1945).

221 *Siede* FamRB 2018, 302; aA möglicherweise OLG Celle BeckRS 2013, 17241 (zu I) = FamRZ 2013, 1587 f., dessen Entscheidung – ohne dass dies aus dem veröffentlichten Inhalt hervorgeht – nach einer redaktionellen Anmerkung (FamRZ 2013, 1588) ebenfalls eine solche Fallgestaltung betreffen soll.

die Ehegatten im Erstverfahren einen Vergleich geschlossen, nach dem auf einen weitergehenden, über den Teilausgleich nach § 3b Abs. 1 Nr. 1 VAHRG hinausgehenden Ausgleich verzichtet wird, muss die Wirksamkeit einer solchen Vereinbarung, über die in der Erstentscheidung nicht befunden worden ist, im Verfahren über Ausgleichsansprüche nach der Scheidung geklärt werden.[222]

**97** Betroffen von dieser Ausnahmevorschrift sind Anrechte, die gegenüber einem **privaten Versorgungsträger** bestehen, der – wie nach früherem Recht idR – nicht von der Möglichkeit Gebrauch gemacht hatte, für den Ausgleich der bei ihm bestehenden Anrechte die Realteilung nach § 1 Abs. 2 VAHRG vorzusehen. Unter diesen Umständen konnte der öffentlich-rechtliche Ausgleich, soweit keine Beitragszahlung nach § 3b Abs. 1 Nr. 2 VAHRG in Betracht kam, nur nach § 3b Abs. 1 Nr. 1 VAHRG durchgeführt werden, indem ein anderes Anrecht des Verpflichteten, das seiner Art nach durch Übertragung oder Begründung von Anrechten ausgeglichen werden konnte, zum Ausgleich herangezogen wurde. Dies war allerdings nur bis zu einem Betrag in Höhe von zwei Prozent des auf einen Monat entfallenden Teils der am Ende der Ehezeit maßgebenden Bezugsgröße nach § 18 Abs. 1 SGB IV möglich (im Beispiel → Rn. 95 betrug der Grenzwert im Jahr 2000 89,60 DM, so dass der Ausgleich in Höhe von ½ × 84,78 DM = 42,39 DM nach § 3b Abs. 1 Nr. 1 VAHRG vollkommen hätte verwirklicht werden können). Demgegenüber konnte der Ausgleich von Anrechten, die gegenüber öffentlich-rechtlichen Versorgungsträgern bestanden, vollständig durch analoges Quasi-Splitting nach § 1 Abs. 3 VAHRG bewirkt werden. Hiervon sind insbes. Anrechte gegenüber berufsständischen Versorgungswerken und in der Zusatzversorgung des öffentlichen und kirchlichen Dienstes betroffen. Insoweit wollte der Gesetzgeber – selbst bei einem nur teilweisen Ausgleich – davon absehen, den Ausgleichsberechtigten auf Ausgleichsansprüche nach der Scheidung zu verweisen, weil er hierdurch eine doppelte Belastung des Verpflichteten befürchtete, der auf Grund des Quasisplittings bereits in Höhe des undynamisierten Betrags Kürzungen seiner Versorgung hinnehmen müsste.[223]

**98** Bei Anrechten gegenüber privaten Versorgungsträgern ist der Vorrang der Geltendmachung von Ausgleichsansprüchen nach der Scheidung im Gesetzgebungsverfahren auch damit gerechtfertigt worden, es werde der Aufwand einer vollständig neuen Ausgleichsentscheidung im Wege der Abänderung vermieden, wenn wegen der fehlerhaften Bewertung eines einzelnen Anrechts der gesamte öffentlich-rechtliche Wertausgleich neu aufgerollt werden müsste.[224] Das ist aber wegen der in § 51 Abs. 1 vorgesehenen Totalrevision (→ Rn. 3, 22) der Erstentscheidung und wegen des Umstands, dass bereits die wesentliche Wertänderung eines einzelnen Anrechts iSv § 51 Abs. 2 für eine Abänderung genügt, nur dann der Fall, wenn es an einer solchen wesentlichen Wertänderung fehlt. § 51 Abs. 4 schließt zwar unter der in der Bestimmung genannten Voraussetzung eine **Abänderung** nach dem weiteren Abänderungsgrund der Wertverzerrung **nach Abs. 3** aus, ist aber **nicht** anwendbar, wenn eine wesentliche Wertänderung eines Anrechts **nach Abs. 2** vorliegt, mag es in der Erstentscheidung daneben auch zu einem Teilausgleich nach § 3b Abs. 1 Nr. 1 VAHRG gekommen sein.[225] Bei einer wesentlichen Wertänderung nach Abs. 2 sind – ebenso wie bei einer Abänderung nach Abs. 5 iVm § 225 Abs. 4 FamFG (→ Rn. 100) – alle in den Erstausgleich einbezogenen Anrechte nach den §§ 9–19 zu teilen.

### VI. Erfüllung der Wartezeit und Auswirkungen zugunsten eines Ehegatten oder seiner Hinterbliebenen (Abs. 5)

**99** Etwas versteckt enthält **Abs. 5 weitere Einzelregelungen,** die sich aus einer entsprechenden Anwendung des § 225 Abs. 4 und 5 FamFG ergeben. Sie umreißen die Möglichkeiten der Abänderung näher, indem sie einmal einen weiteren Abänderungsgrund enthalten, zum anderen verlangen, dass das Abänderungsverfahren für die Ehegatten und ihre Hinterbliebenen einen Nutzen entfaltet.

**100** **1. Erfüllung der Wartezeit.** Nach dem entsprechend anwendbaren § 225 Abs. 4 FamFG ist eine Abänderung auch dann – dh wenn die Wesentlichkeitsgrenzen in § 51 Abs. 2 iVm § 225 Abs. 3 FamFG und in § 51 Abs. 3[226] nicht überschritten sind – zulässig, wenn durch sie eine für die

[222] Vgl. BGH NJW-RR 2015, 1220 Rn. 14 = FamRZ 2015, 1100 mAnm *Bergmann* NZFam 2015, 677.

[223] Vgl. BT-Drs. 16/10144, 90.

[224] Vgl. BT-Drs. 16/10144, 90.

[225] Vgl. BGH FamRZ 2016, 1050 = BeckRS 2016, 09781; NJW-RR 2015, 1217 Rn. 28 f. = FamRZ 2015, 1688; *Borth* Versorgungsausgleich Kap. 12 Rn. 25; *Wick* Versorgungsausgleich Rn. 807; *Dörr* FPR 2011, 473 (479); ähnlich *Kemper* FuR 2010, 189 (194); für eine je selbständige Betrachtung der Änderung nach Abs. 1 und 3 auch *Götsche* ZFE 2010, 324 (332).

[226] Für den Anwendungsbereich des § 51 Abs. 3 kann die Bestimmung nur Bedeutung erlangen, wenn auch die dort betroffenen Versorgungssysteme Regelungen enthalten, die die Wartezeit für den Berechtigten beeinflussen.

Versorgung der ausgleichsberechtigten Person maßgebende **Wartezeit erfüllt wird.**[227] Die Wartezeit hat vor allem für die Übertragung von Anrechten der gesetzlichen Rentenversicherung und der Alterssicherung der Landwirte Bedeutung. In der gesetzlichen Rentenversicherung ist Grundlage hierfür die Bestimmung des § 52 SGB VI, wonach sich Übertragung und Begründung von Anwartschaften auch auf die Wartezeit des Berechtigten auswirken (zur Bedeutung der Wartezeit und zu ihrer Berechnung im Zusammenhang mit dem Wertausgleich iE → § 10 Rn. 28–32). Ähnliches ist für die Alterssicherung der Landwirte in § 17 Abs. 3 ALG geregelt. Daher ist auch bei nur unwesentlichen Abweichungen eine Abänderung vorzunehmen, wenn sich hierdurch beim Ausgleichsberechtigten unter Einschluss eigener für die Wartezeit erheblicher Zeiten und möglicher weiterer Zeiten, die zwischen der Antragstellung und dem möglichen Versorgungsbeginn liegen (→ § 52 Rn. 7), eine Wartezeit konkret erfüllen lässt,[228] die für die angestrebte Rente von Bedeutung ist. Lässt sich die Wartezeit bereits dadurch erfüllen, dass der Antragsteller eine Abänderungsentscheidung hinsichtlich einer weiteren geschiedenen Ehe erwirkt, kommt es auf einen möglichen Gewinn an Wartezeit im anhängigen Verfahren, sofern er für sich allein zur Erfüllung der Wartezeit nicht ausreicht, nicht an. Unter solchen Umständen ist der Abänderungsantrag nicht zulässig, wenn es auch an den Voraussetzungen in § 51 Abs. 2 und 3 fehlt.[229] Wegen der in Betracht kommenden Wartezeiten für unterschiedliche Rentenarten der gesetzlichen Rentenversicherung → Rn. 51. In sachlicher Übereinstimmung mit § 10a Abs. 6 VAHRG wird jetzt durch § 52 Abs. 1 S. 4 SGB VI, § 17 Abs. 3 S. 4 ALG bestimmt, dass durch eine Abänderungsentscheidung zum Wertausgleich eine bereits von der ausgleichsberechtigten Person erfüllte Wartezeit nicht entfällt.

**2. Auswirkungen zugunsten eines Ehegatten oder seiner Hinterbliebenen.** Nach dem entsprechend anwendbaren § 225 Abs. 5 FamFG muss sich die Abänderung **zugunsten eines Ehegatten oder seiner Hinterbliebenen** auswirken. Das entspricht im Wesentlichen der früheren Regelung in § 10a Abs. 2 S. 1 Nr. 3 VAHRG[230] und bedeutet – anders gewendet –, dass das FamG eine einmal getroffene Entscheidung nur unter dieser Voraussetzung abändern darf. Das gilt sowohl für den Fall der Abänderung wegen Überschreitens der Wesentlichkeitsgrenzen (Abs. 2, 3) als auch für den Fall der Wartezeiterfüllung (→ Rn. 100). In besonderem Maße enthält die Vorschrift ein Korrektiv für Anträge der Versorgungsträger, die ihr nach § 52 Abs. 1 iVm § 226 Abs. 1 FamFG bestehendes Antragsrecht nicht dazu gebrauchen sollen, dass eine Abänderung ausschließlich zu ihren Gunsten vorgenommen wird.[231] Zu denken ist im Hinblick auf die Totalrevision der Abänderungsentscheidung nach § 51 Abs. 1 auch an die – vielleicht nicht nur theoretische – Möglichkeit, dass sich hinsichtlich einzelner Anrechte zwar wesentliche Wertänderungen ergeben, der Wertunterschied aber (nahezu) unverändert bleibt und sich aus der Anwendung des neuen Rechts auch Nachteile ergeben können, die in den Kosten der internen Teilung liegen. 101

## § 52 Durchführung einer Abänderung des öffentlich-rechtlichen Versorgungsausgleichs

**(1) Für die Durchführung des Abänderungsverfahrens nach § 51 ist § 226 des Gesetzes über das Verfahren in Familiensachen und in den Angelegenheiten der freiwilligen Gerichtsbarkeit anzuwenden.**

**(2) Der Versorgungsträger berechnet in den Fällen des § 51 Abs. 2 den Ehezeitanteil zusätzlich als Rentenbetrag.**

**(3) Beiträge zur Begründung von Anrechten zugunsten der ausgleichsberechtigten Person sind unter Anrechnung der gewährten Leistungen zurückzuzahlen.**

**Schrifttum:** S. § 1587 BGB.

**Übersicht**



[227] Vgl. OLG Celle NJOZ 2013, 2041 (2042) = FamRZ 2014, 479 (480).
[228] Vgl. BGH NJW-RR 1989, 70 (71) = FamRZ 1989, 39 (40) zur früheren Bestimmung des § 3c S. 2 VAHRG; *Hahne* FamRZ 1987, 217 (228).
[229] Vgl. OLG Celle NJOZ 2013, 2041 (2042) = FamRZ 2014, 479 (481).
[230] Der RegE (BT-Drs. 16/10144, 98) spricht von „Änderungen sprachlicher Natur".
[231] BT-Drs. 10/5447, 19; krit. *Bergner* SozVers. 1987, 85 (96).

## I. Normzweck

1 § 52 trifft ergänzende Bestimmungen für die Durchführung einer nach § 51 zulässigen Abänderung einer **Entscheidung über den öffentlich-rechtlichen Versorgungsausgleich,** die **nach früherem Recht** ergangen ist. **Abs. 1** nimmt insoweit auf die allgemeine Bestimmung des § 226 FamFG Bezug, die sich unmittelbar mit der Durchführung einer Abänderung des Wertausgleichs nach neuem Recht befasst. **Abs. 2** legt den Versorgungsträgern die zusätzliche Pflicht auf, in den Fällen des § 51 Abs. 2 den Ehezeitanteil auch als Rentenbetrag zu berechnen, damit geprüft werden kann, ob sich gegenüber der Erstentscheidung der Wert eines Anrechts wesentlich verändert hat. **Abs. 3** regelt die Pflicht der Versorgungsträger zur Rückerstattung von Beiträgen, die zur Begründung eines Anrechts für den Ausgleichsberechtigten gezahlt worden sind, wobei gewährte Leistungen anzurechnen sind.

## II. Geltung des § 226 FamFG (Abs. 1)

2 Für die Durchführung eines Abänderungsverfahrens nach § 51 ist die Bestimmung des **§ 226 FamFG anzuwenden,** die sich in ihrem unmittelbaren Anwendungsbereich auf die Durchführung einer nach neuem Recht ergangenen Entscheidung über den Wertausgleich bei der Scheidung bezieht. Aus dieser Bestimmung ergibt sich folgendes.

3 **1. Antragsberechtigte Personen.** Die Abänderung einer Entscheidung über den öffentlich-rechtlichen Versorgungsausgleich ist **nur auf Antrag** möglich (vgl. auch § 51 Abs. 1, § 225 Abs. 1 FamFG). Das FamG kann insoweit nicht von Amts wegen tätig werden. Der Antrag hat verfahrenseinleitende Funktion (§ 23 FamFG) und ist kein Sachantrag.[1] Eine Beschränkung des Verfahrens auf einzelne Anrechte ist – anders als bei der Abänderung nach § 225 FamFG[2] – nicht möglich, weil die in den Ausgleich der Erstentscheidung einbezogenen Anrechte nach dem Grundsatz der Totalrevision insgesamt nach den §§ 9–19 geteilt werden sollen (→ § 51 Rn. 22). Der Antrag konkretisiert aber insoweit den Verfahrensgegenstand, als nur die Entscheidung, auf die sich der Antrag bezieht, der Abänderung unterliegt. Das Verfahren unterliegt – auch in der Beschwerdeinstanz (§ 68 Abs. 3 S. 1 FamFG) – dem Amtsermittlungsgrundsatz (§ 26 FamFG). Aus diesem folgt, dass das FamG ohne Bindung an Sachanträge alle Umstände zu prüfen, insbes. die notwendigen Auskünfte nach § 220 FamFG einzuholen[3] und die zur Feststellung der entscheidungserheblichen Tatsachen erforderlichen Ermittlungen selbst durchzuführen hat.[4]

4 Antragsberechtigt sind nach § 226 Abs. 1 FamFG neben den betroffenen **Ehegatten** auch deren **Hinterbliebene,** soweit sie an den Versorgungsanrechten teilhaben.[5] Hinterbliebene sind Personen, die Ansprüche aus dem auf Grund des Versorgungsausgleichs veränderten Versicherungs- oder Versorgungsverhältnisses eines der Ehegatten gegen einen Versorgungsträger ableiten können.[6] Aus § 226 FamFG und dem Zweck des § 51 folgt, dass Hinterbliebene auch nach dem Tod eines der beteiligten Ehegatten aus eigenem Recht einen Antrag auf Abänderung stellen können.[7] Deren Antragsrecht wirkt sich – entsprechend der Begrenzung in § 51 Abs. 1 – nur für solche Anrechte aus, die in der Erstentscheidung in den Ausgleich einbezogen waren (→ § 51 Rn. 11, 22). Ebenso wenig wie nach der allgemeinen Abänderungsvorschrift des § 225 FamFG[8] ist es daher möglich, ein dem schuldrechtlichen Versorgungsausgleich überlassenes Anrecht nachträglich in den Wertausgleich einzubeziehen (→ § 51 Rn. 20).[9] Insoweit muss es der Hinterbliebene des Berechtigten hinnehmen,

[1] Vgl. BGH NJW 2003, 3772 (3773) = FamRZ 2003, 1738 (1739).
[2] Johannsen/Henrich/*Holzwarth* FamFG § 225 Rn. 3.
[3] Vgl. BGHZ 92, 5 = NJW 1984, 2879 = FamRZ 1984, 990.
[4] Vgl. BGH NJW-RR 2013, 1223 Rn. 12 = FamRZ 2013, 1289.
[5] Vgl. OLG Celle NJW 2011, 1888 (1889).
[6] *Kemper* NZFam 2016, 385.
[7] *Kemper* NZFam 2016, 385.
[8] Keidel/*Weber* FamFG § 225 Rn. 3b.
[9] Zum Antragsrecht des Hinterbliebenen in einem solchen Fall nach früherem Recht vgl. BGH NJW-RR 2008, 154 Rn. 12 = FamRZ 2007, 1804; *Dörr* NJW 1988, 97 (101); → 5. Aufl. 2009, VAHRG § 10a Rn. 81.

dass Ausgleichsansprüche nach der Scheidung nach § 31 Abs. 3 S. 1 mit dem Tod eines Ehegatten erlöschen.

Ein Antragsrecht steht auch den **Versorgungsträgern** zu, die durch den Ausgleich in der Erstentscheidung unmittelbar betroffen und darum im Erstverfahren beteiligt worden sind. Im Erstverfahren nicht beteiligte Versorgungsträger, bei denen zwar Anrechte bestanden, die in die Erstentscheidung einbezogen wurden, in deren Rechtsstellung jedoch nicht eingegriffen wurde, haben kein eigenständiges Antragsrecht, sind allerdings – im Rahmen eines zulässigen Abänderungsbegehrens – nunmehr am Verfahren zu beteiligen. Mit dem Antragsrecht des Versorgungsträgers soll einer Handhabung des Antragsrechts durch die Ehegatten entgegengewirkt werden, die einseitig die Versorgungsträger belastet. Zu denken ist an den Fall, dass eine Erhöhung des Ausgleichsanspruchs in Betracht kommt, die Eheleute jedoch übereinkommen, mit Rücksicht auf die Kürzung beim bereits Rente beziehenden Verpflichteten einen Abänderungsantrag erst bei Eintritt des Versorgungsfalls des Berechtigten zu stellen.[10] Allerdings ist die Einschränkung aus § 51 Abs. 5 iVm § 225 Abs. 5 FamFG zu beachten, wonach sich der Antrag eines Versorgungsträgers zugunsten eines Ehegatten oder dessen Hinterbliebenen, die am Verfahren zu beteiligen sind (§ 219), auswirken muss (→ § 51 Rn. 101).[11] 5

Eine Antragsbefugnis kann sich ausnahmsweise für den Träger der Grundsicherung auch aus § 95 SGB XII ergeben. Der Träger der Grundsicherung ist aber nicht berechtigt ein Feststellungsverfahren mit dem Ziel zu betreiben, dass in weitergehendem Umfang ein Anrecht auf eine Betriebsrente zum Ausgleich gebracht wird;[12] denn der Träger der betrieblichen Altersversorgung ist kein Sozialleistungsträger iSv § 11 SGB I. 6

**2. Frühester Zeitpunkt der Antragstellung.** Abweichend vom früher geltenden Recht (§ 10a Abs. 5 VAHRG) kann der Abänderungsantrag nicht bereits allgemein mit der Vollendung des 55. Lebensjahrs gestellt werden, sondern nach § 226 Abs. 2 FamFG **frühestens sechs Monate vor** dem Zeitpunkt, ab dem ein Ehegatte voraussichtlich eine laufende Versorgung aus dem abzuändernden Anrecht bezieht oder dies auf Grund der Abänderung zu erwarten ist.[13] Die Regelung weist damit die nötige Flexibilität auf, um verschiedenen Renteneintrittsaltern Rechnung zu tragen, denen auch unterschiedliche Wartezeiten zugrunde liegen (→ § 51 Rn. 100).[14] Die nahe zeitliche Bindung an den **möglichen Leistungsbeginn** hat den Vorteil, dass voraussichtlich mehrere Abänderungsverfahren, die von Gesetzes wegen nicht ausgeschlossen sind,[15] vermieden werden. Da das Verfahren nach § 51 zu einer Totalrevision der in die Erstentscheidung einbezogenen Anrechte führt, genügt es allerdings, wenn die zeitlichen Voraussetzungen im Hinblick auf den möglichen Leistungsbeginn nur eines Anrechts vorliegen. Weist ein Anrecht mehrere Zugangsalter auf, darf ein Ehegatte das für ihn früheste für seinen Antrag in Anspruch nehmen, wenn er hierfür die Wartezeit erfüllt hat oder zu erwarten ist, dass er die notwendige Wartezeit auf Grund der Abänderung und der für ihn bis zum Leistungsbeginn noch verbleibenden Zeit konkret erfüllen wird. Insoweit hat eine in Literatur und Rspr. zum früheren Recht vertretene Auffassung (→ 5. Aufl. 2009, VAHRG § 10a Rn. 83) ausdrücklichen Eingang in die Neuregelung gefunden.[16] Ist ein Ehegatte bereits verstorben, genügt es für die Zulässigkeit des Abänderungsantrags nicht, dass sein Hinterbliebener Versorgungsleistungen erhält; entscheidend ist unter solchen Umständen, ob der Antrag des anderen Ehegatten, der eine Abänderung herbeiführen möchte, die Voraussetzungen des Abs. 2 erfüllt.[17] 7

**3. Anwendung der Härteklausel.** Nach § 226 Abs. 3 FamFG gilt die **Härteklausel des § 27** im Abänderungsverfahren entsprechend.[18] Damit enthält die Neuregelung eine Fassung, die gegenüber der Vorgängernorm des § 10a Abs. 3 VAHRG wesentlich offener formuliert ist. Nach § 10a Abs. 3 VAHRG fand eine Abänderung nicht statt, soweit sie unter Berücksichtigung der beiderseitigen wirtschaftlichen Verhältnisse, insbesondere des Versorgungserwerbs nach der Ehe, grob unbillig gewesen wäre. In der Gesetzesbegründung zu § 226 Abs. 3 FamFG wird zum Ausdruck gebracht, dass die neue Bestimmung wie bisher dazu führen soll, die wirtschaftlichen Verhältnisse 8

---

10 Vgl. bereits RegE, BT-Drs. 10/5447, 19.

11 Vgl. BGH NJW-RR 2006, 2 = FamRZ 2005, 2055 f.; Johannsen/Henrich/*Holzwarth* FamFG § 225 Rn. 15.

12 BGH NJW-RR 2017, 515 = FamRZ 2017, 515.

13 Zur Unzulässigkeit eines idS verfrüht gestellten Antrags vgl. BGH NJW-RR 2016, 325 Rn. 15 = FamRZ 2015, 2130.

14 Vgl. Keidel/*Weber* FamFG § 226 Rn. 3.

15 Keidel/*Weber* FamFG § 225 Rn. 1a.

16 Vgl. *Hahne* FamRZ 1987, 217 (229); *Bergner* SozVers. 1987, 85 (87); zu einem vergleichbaren Fall OLG Hamm NJW-RR 1993, 263 (264) = FamRZ 1992, 826 (828).

17 Vgl. OLG Stuttgart BeckRS 2015, 17352 Rn. 11 = FamRZ 2015, 1810.

18 Vgl. BGH NJW 2016, 1166 Rn. 12 ff. = FamRZ 2016, 697 in einem Fall, in dem ein in den Ausgleich einbezogenes Anrecht inzwischen abgefunden worden war.

der Ehegatten, insbes. den nachehelichen Erwerb von Anrechten, die jeweilige Bedürftigkeit und die Gründe für die Veränderung des Ehezeitanteils und damit des Ausgleichswerts zu berücksichtigen. Da nur nachträglich entstandene Umstände zu berücksichtigen sind, bleiben – wie im früher geltenden Recht – bereits bei der Erstentscheidung vorliegende, aber nicht geltend gemachte bzw. nicht berücksichtigte Umstände außer Betracht.[19] Entscheidend ist, dass durch die Abänderung (erstmals) eine unbillige Härte für einen der Ehegatten eintritt.[20] Daher kann die Geltendmachung der groben Unbilligkeit insbesondere nicht auf persönliches Fehlverhalten gestützt werden, das bei Erlass der abzuändernden Entscheidung bereits vorlag,[21] sofern die Abänderung nicht zu einer Umkehr der Ausgleichsrichtung führt oder dieser zumindest nahe kommt. Demgegenüber kommt eine Kürzung des Ausgleichs im Wege der Totalrevision in Betracht, wenn ein Ehegatte für ein Anrecht, das Gegenstand der Ursprungsentscheidung war, eine Abfindung erhalten hat, so dass es im Rahmen der auf den später gestellten Abänderungsantrag hin durchzuführenden Totalrevision nicht mehr berücksichtigt werden kann.[22] Für die Auslegung und Anwendung der Härteklausel kann daher auch im Abänderungsverfahren weitgehend auf die bisherigen Grundsätze zurückgegriffen werden.[23]

9 Das bedeutet, dass wie bei Anwendung des § 27 zu prüfen ist, wer im Rahmen des Wertausgleichs **insgesamt Verpflichteter und Berechtigter** ist (→ § 27 Rn. 22). An den Ausschluss der Abänderung sind wie bei § 27 strenge Anforderungen zu stellen.[24] § 226 Abs. 3 FamFG erlaubt daher nicht, eine gebotene Abänderung, die der Versorgungsträger nach § 226 Abs. 1 FamFG beantragen kann (→ Rn. 5), abzulehnen, um die (weitergehende) Kürzung einer laufenden Rente zu vermeiden.[25] Welche Auswirkungen eine Entscheidung zum Wertausgleich hat, beurteilt sich nach dem jeweiligen Versicherungsverhältnis zwischen dem Versicherten und dem Versorgungsträger; das FamG hat seine Entscheidung zum Wertausgleich ohne Rücksicht hierauf zwischen den Ehegatten zu treffen. Ebenso wenig wie § 27[26] erlaubt § 226 Abs. 3 einen Eingriff in die gesetzliche Regelung, nach der der Träger der Versorgungslast durch Kürzung der Versorgung einen pauschalen Ausgleich für seine Pflicht zur Erstattung von Aufwendungen der gesetzlichen Rentenversicherung im Rahmen der für den Ehegatten begründeten Anwartschaften erlangt.

10 Damit ergeben sich folgende Grundsätze: Wurde in der Ursprungsentscheidung gem. § 27 vom Ausgleich abgesehen, bleibt es bei dem Ausschluss, sofern sich nicht aufgrund der Änderung des Ausgleichswerts von in den Ausgleich einbezogenen Anrechten eine andere Entscheidung ergibt. Wurde der Ausgleich durchgeführt, kann im Abänderungsverfahren der Ausgleich nicht aus Gründen versagt werden, die bereits bei Erlass der Ursprungsentscheidung vorlagen. Haben sich Änderungen ergeben, die den Weg ins Abänderungsverfahren öffnen, ist zu prüfen, inwieweit unter Berücksichtigung der Änderungen die Durchführung des Ausgleichs grob unbillig ist. Für diese Prüfung gelten die zu § 27 entwickelten Grundsätze.[27] Das Abänderungsverfahren ist daher insbesondere nicht deswegen eröffnet, weil Umstände, die eine grobe Unbilligkeit begründen können, erst nachträglich entstanden sind oder sich abweichend von der ursprünglichen Prognose entwickeln. Daher ist es auch bei Härtegründen, die noch einer Entwicklung unterliegen, für die betroffene Partei notwendig, bereits im Erstverfahren eine Entscheidung über die Anwendung der Härteklausel herbeizuführen, wobei ggf. eine Prognose anzustellen ist.[28]

11 **4. Auswirkungen der Abänderungsentscheidung.** Während bei der Erstentscheidung über den Versorgungsausgleich nach § 100 Abs. 1 SGB VI leistungsrechtliche Auswirkungen frühestens ab dem Monat entstehen, zu dessen Beginn die Entscheidung rechtskräftig und wirksam ist, entfaltet die Abänderungsentscheidung nach § 226 Abs. 4 FamFG ihre leistungsrechtlichen Auswirkungen bereits ab dem **Beginn des Monats, der der Antragstellung folgt.** Dieser Zeitpunkt muss in der Entscheidung, zweckmäßigerweise im Tenor,[29] festgehalten werden, damit er allen Beteiligten bekannt ist. Für die Antragstellung ist der Zeitpunkt maßgebend, zu dem der Antrag eines Ehegatten

---

19 Vgl. BT-Drs. 16/10144, 98.
20 OLG Hamm NJW-RR 2017, 1415 = FamRZ 2018, 257.
21 MüKoFamFG/*Stein* FamFG § 226 Rn. 12.
22 BGH NJW 2016, 1166 = FamRZ 2016, 697.
23 Zur Heranziehung der Grundsätze zu § 1587c BGB *Hahne* FamRZ 1987, 217 (228).
24 Vgl. BGH NJW-RR 1987, 324 = FamRZ 1987, 362 (363 f.) zu § 1587c Nr. 1 BGB.
25 So aber OLG Schleswig SchlHA 1997, 17 (18 f.) = FamRZ 1997, 566 Ls.
26 Vgl. zu § 1587c BGB BGH NJW-RR 1989, 965.
27 Johannsen/Henrich/*Holzwarth* FamFG § 226 Rn. 3.
28 BGHZ 133, 344 (350) = NJW 1997, 56 (57) = FamRZ 1996, 1540 (1542).
29 Vgl. OLG Celle BeckRS 2013, 07830 Rn. 22, 39 = FamRZ 2014, 211 (214, 216); OLG Hamm NJW-RR 2012, 203 (206) = FamRZ 2012, 551 (554); OLG Oldenburg BeckRS 2012, 13599 (Tenor) = FamRZ 2012, 1945 Ls.

beim FamG eingegangen ist.[30] Wann der Abänderungsantrag dem anderen Ehegatten zugestellt worden ist, ist unerheblich.[31] Stellt auch der andere Ehegatte später einen Abänderungsantrag, bevor der erste Änderungsantrag zurückgenommen wird, bestimmt der erste Änderungsantrag den Beginn für die Wirkungen der Abänderungsentscheidung.[32] Mit Beginn des der Antragstellung folgenden Monats treten beim Ausgleichsberechtigten auch die sich aus der Abänderungsentscheidung ergebenden **Wartezeitmonate** nach den Vorschriften der §§ 52 SGB VI, 17 Abs. 3 ALG hinzu (→ 7. Aufl. 2017, FamFG § 225 Rn. 23). Hierdurch wird erreicht, dass einem Berechtigten, bei dem der Versicherungsfall bereits eingetreten ist, die Wartezeit aber erst durch die Abänderungsentscheidung erfüllt wird, die Rente ab dem Ersten des auf die Antragstellung folgenden Monats gewährt werden kann. Im Übrigen sind aber auch die für das jeweilige Versorgungssystem geltenden Vorschriften für die Entstehung von Rechten zu beachten. Haben Ehegatten einen Vergleich geschlossen, der zur Begründung von Anrechten durch Beitragszahlung verpflichtet, ist für die Umrechnung der Beiträge in Entgeltpunkte und die Voraussetzungen, unter denen in der gesetzlichen Rentenversicherung ein Anrecht begründet werden kann, grundsätzlich auf den Monat abzustellen, in dem die Beiträge bei dem Träger der gesetzlichen Rentenversicherung eingehen. Werden die Beiträge allerdings innerhalb von drei Monaten ab Mitteilung der Rechtskraft der Entscheidung über den Versorgungsausgleich gezahlt, wirkt die Beitragszahlung auf den Monat zurück, in dem der Vergleich geschlossen wurde, frühestens aber den auf die Antragsstellung folgenden Monat (§ 187 Abs. 6 SGB VI). Der Rentenbescheid demgegenüber ist ab Rechtskraft der Entscheidung über den Versorgungsausgleich rückwirkend zu dem auf die Antragstellung folgenden Monat aufzuheben bzw. zu ändern (§ 101 Abs. 3 S. 2 SGB VI).

Fraglich ist, auf welchen Zeitpunkt die Entscheidung zu beziehen ist. Grundsätzlich gilt auch 12
im Abänderungsverfahren § 5 Abs. 2 S. 1. Dies bedeutet, dass die Entscheidung grundsätzlich auf den Zeitpunkt des Endes der Ehezeit zu beziehen ist. Allerdings muss der Ausgleichsberechtigte auch an der Wertentwicklung zwischen Ende der Ehezeit und dem auf die Antragstellung folgenden Monat beteiligt werden. Dies kann dadurch verwirklicht werden, dass dem Versorgungsträger aufgegeben wird, den Ausgleichswert auf den 1. des auf die Antragstellung folgenden Monats hochzurechnen.[33] Ist bei einem kapitalgedeckten Anrecht, das im Wege der internen Teilung ausgeglichen wird, der Leistungsbezug eingetreten und hat dieser zu einer Änderung des auszugleichenden Kapitalwerts geführt, ist die Entscheidung auf einen entscheidungsnahen Zeitpunkt, für den der (Rest-)kapitalwert ermittelt wurde, zu beziehen.[34]

Die früher in § 10a Abs. 6 VAHRG enthaltene Regelung, nach der eine für die Versorgung 13
des Berechtigten **bereits erfüllte Wartezeit** durch die Abänderungsentscheidung nicht entfällt, ist jetzt – systematisch richtiger – in den für die Wartezeit maßgebenden rentenrechtlichen Vorschriften des § 52 Abs. 1 S. 4 SGB VI und des § 17 Abs. 3 S. 4 ALG bestimmt, ohne dass damit eine Änderung in der Sache verbunden wäre.[35] Geschützt ist nur eine bereits erfüllte Wartezeit. Sind demgegenüber für eine Wartezeit auch unter Zugrundelegung der aufgrund des Versorgungsausgleichs abzuändernden Entscheidung noch weitere Monate zur Erfüllung der Wartezeit erforderlich, berechnet sich die noch zu erfüllende Wartezeit anhand des Versorgungsausgleichs, wie er in der Abänderungsentscheidung durchgeführt wurde. Auch im Abänderungsverfahren ist der Versorgungsträger vor doppelter Inanspruchnahme durch § 30 geschützt (→ § 30 Rn. 2). Unabhängig hiervon ist aber in der berufsständischen Versorgung ein Zuschlag für die Beschränkung des Anrechts auf eine reine Altersversorgung ab dem auf die Antragstellung folgenden Monat zu zahlen.[36] Die Begründung dieser Entscheidung trägt allerdings das Ergebnis nicht, da der VGH Mannheim zu Unrecht § 30 auf die Beträge angewandt hat, die der Träger der Versorgungslast gem. § 225 SGB VI an den Träger der gesetzlichen Rentenversicherung aufgrund eines analogen Quasisplittings zu leisten hat. Das BVerwG[37] ist daher dieser Entscheidung in der Begründung entgegengetreten. Da das Abänderungsverfahren gem. § 51 zu einer beschränkten Totalrevision führt, gelten die Vorschriften über das Rentner- und Pensionistenprivileg nicht fort (vgl. §§ 101 Abs. 3, 268a SGB VI, § 57 BeamtVG)

30 Vgl. (zu § 10a Abs. 7 S. 1 VAHRG) BGH NJW 1998, 3571 (3572) = FamRZ 1998, 1504 (1505); OLG Celle NJW-RR 2008, 528 (531 f.) = FamRZ 2008, 900 (903 f.); *Dörr* NJW 1988, 97 (103); ähnlich *Bergner* SozVers. 1987, 85 (98).

31 Vgl. OLG Oldenburg BeckRS 2015, 08660 (zu II) = FamRZ 2016, 63.

32 Vgl. OLG Celle NJW-RR 2008, 528 (531 f.) = FamRZ 2008, 900 (903 f.).

33 *Wick* Versorgungsausgleich Rn. 828.

34 BGH NJW 2018, 3176.

35 Vgl. BT-Drs. 16/10144, 99, 107.

36 VGH Mannheim FamRZ 2017, 102 = BeckRS 2016, 111835; insoweit bestätigt durch die nachfolgende Entscheidung BVerwG FamRZ 2017, 1566 = BeckRS 2017, 117492.

37 BVerwG FamRZ 2017, 1566 = BeckRS 2017, 117492.

14 **5. Tod eines Ehegatten während des Verfahrens.** § 52 Abs. 1 erklärt schließlich § 226 Abs. 5 FamFG für anwendbar, der den Fall regelt, dass ein Ehegatte vor der Rechtskraft der Abänderungsentscheidung verstirbt. Während beim Tod des Ehegatten, der den Abänderungsantrag gestellt hat, das Verfahren nur dann fortgesetzt wird, wenn ein zur Antragstellung Berechtigter dies innerhalb einer Frist von einem Monat nach einem entsprechenden gerichtlichen Hinweis verlangt, wird das Verfahren, wenn der andere Ehegatte verstirbt, gegen dessen Erben fortgesetzt.[38]

### III. Mitteilung des Ehezeitanteils als Rentenbetrag (Abs. 2)

15 Nach § 51 Abs. 2 iVm § 225 Abs. 3 FamFG hat das FamG zu prüfen, ob sich der Ausgleichswert eines in den öffentlich-rechtlichen Versorgungsausgleichs einbezogenen Anrechts wesentlich geändert hat. Dabei ist nicht der Ausgleichsbetrag der Erstentscheidung Bezugsgröße des anzustellenden Vergleichs, sondern aus der Erstentscheidung sind die **hälftigen, in Rentenbeträgen ausgedrückten Ehezeitanteile** der in den Ausgleich einbezogenen Anrechte **mit den Ausgleichswerten** dieser Anrechte **zu vergleichen** (→ § 51 Rn. 34). Da nach früherem Recht nur die Rentenbeträge in der Entscheidung festgestellt und ausgeglichen worden sind, ist auch der Ausgleichswert nach neuem Recht – um den Vergleich für die Wesentlichkeitsgrenze zu ermöglichen – zusätzlich als Rentenbetrag zu ermitteln, selbst wenn für den Wertausgleich nach § 5 Abs. 1 andere Bezugsgrößen, etwa Entgeltpunkte oder ein Kapitalwert, maßgebend sind.[39] Der Versorgungsträger hat daher in seiner Auskunft nach § 220 Abs. 4 FamFG den Ehezeitanteil nach § 52 Abs. 2 zusätzlich als Rentenbetrag zu berechnen. Handelt es sich um ein Anrecht, für das nach neuem Recht eine andere Bezugsgröße gilt, ist diese Bezugsgröße selbstverständlich der abändernden Entscheidung in der Sache zugrunde zu legen; insoweit dient der Rentenbetrag lediglich der Feststellung der Wesentlichkeit der Wertänderung.

### IV. Rückerstattung von Beiträgen (Abs. 3)

16 § 52 Abs. 3 bestimmt, dass **Beiträge zur Begründung von Anrechten** zugunsten der ausgleichsberechtigten Person unter Anrechnung der gewährten Leistungen **zurückzuzahlen** sind. Voraussetzung für die Anwendung dieser Vorschrift ist – ähnlich wie früher nach § 10a Abs. 8 S. 2 VAHRG –, dass auf Grund einer in der Erstentscheidung ausgesprochenen Zahlungspflicht Beiträge zur Begründung von Rentenanwartschaften zugunsten des Berechtigten entrichtet worden sind. Die Beitragspflicht konnte auf § 1587b Abs. 3 BGB aF, auf § 3b Abs. 1 Nr. 2 VAHRG oder auf einer genehmigten Vereinbarung nach § 1587o BGB aF beruhen. Da das neue Recht einen Ausgleich durch Beitragszahlungen – von Fällen einer Vereinbarung abgesehen – nicht mehr kennt, führt die Totalrevision einer Abänderungsentscheidung nach § 51 Abs. 1 idR zu einer anderen Form des Ausgleichs, die in einer internen oder externen Teilung bestehen kann. In beiden Fällen kommt es zur Begründung von Anrechten des Berechtigten, die nicht auf der erbrachten Beitragszahlung des Verpflichteten beruhen. Da das durch die Zahlung begründete Anrecht auf Grund der anderweitigen Regelung des Ausgleichs nach neuem Recht nicht mehr fortbesteht, sind die entrichteten Beiträge an den Verpflichteten zurückzuzahlen.

17 Eine Ausnahme besteht nur insofern, als aus dem begründeten Anrecht **Leistungen** an den Berechtigten gewährt worden sind. Sie sind auf den zurück zu zahlenden Betrag **anzurechnen.** Dabei kommt dem Versorgungsträger die Schutzvorschrift des § 30 zugute: Hat er auf Grund einer bisher bestehenden Pflicht Leistungen aus dem begründeten Anrecht an die bisher berechtigte Person erbracht, darf er diese für eine Übergangszeit auf den Rückzahlungsanspruch des durch die Abänderungsentscheidung begünstigten Verpflichteten anrechnen. Die Übergangszeit dauert bis zum letzten Tag des Monats, der dem Monat folgt, in dem der Versorgungsträger von der Rechtskraft der Entscheidung Kenntnis erlangt hat.[40] Die Anrechnung von Leistungen ist nach denselben Maßstäben vorzunehmen, die für die Rückzahlung von Beiträgen und Beträgen zur Abwendung der Kürzung nach § 37 Abs. 1 S. 2 gelten (→ § 37 Rn. 18 f. und früher §§ 4, 7, 8 VAHRG). Die Verzinsung richtet sich nach den für das jeweilige Versorgungssystem geltenden Vorschriften. Dementsprechend ist in der gesetzlichen Rentenversicherung der Anspruch auf Erstattung geleisteter Beiträge erst ab Fälligkeit des Rückgewähranspruchs zu verzinsen (§ 44 Abs. 1 SGB I).[41]

18 Anders als nach § 10a Abs. 8 S. 2 VAHRG (→ 5. Aufl. 2009, VAHRG § 10a Rn. 98) ist nicht mehr bestimmt, dass das FamG eine entsprechende Rückzahlungsentscheidung zu treffen hat. In

[38] MüKoFamFG/*Stein* FamFG § 226 Rn. 17–22.

[39] Vgl. *Holzwarth* FamRZ 2009, 1884 (1889); Anm. *Borth* FamRZ 2016, 469; BGH FamRZ 2018, 176 = NJW-RR 2018, 65.

[40] BeckOGK/*Müller-Tegethoff*, 1.2.2019, Rn. 31.

[41] BGH FamRZ 2018, 1233 = BeckRS 2018, 14251.

der Gesetzesbegründung wird hierzu ausgeführt, die Pflicht zur Rückerstattung sei eine **gesetzliche Rechtsfolge der Abänderung.** Dies entlaste die Familiengerichte und entspreche insoweit praktischen Bedürfnissen, als es ohnehin der Mitwirkung der Versorgungsträger bedürfe, um den Anrechnungsbetrag zu ermitteln.[42] Zutreffend ist, dass eine gerichtliche Entscheidung außerhalb des Bereichs, in dem Gestaltungswirkungen herzustellen sind, entbehrlich ist, wenn sich die Beteiligten über die Folgen einig und auch bereit sind, ihnen zu entsprechen.[43] Fehlt es hieran jedoch, dürfte wie nach früherem Recht die Zuständigkeit des FamG wegen größerer Sachnähe begründet sein, um auf Antrag des Verpflichteten eine entsprechende Rückzahlungsanordnung zu treffen.[44] Dies zeigt sich insbesondere daran, dass häufig über den Erstattungsanspruch als Vorfrage zu entscheiden ist, ob der Ausgleich gem. § 27 teilweise zu unterbleiben hat.[45] Außerdem hat der Erstattungsanspruch nicht primär im Leistungsrecht, sondern vor allem in der Neuregelung des Versorgungsausgleichs seine Grundlage.

## § 53 Bewertung eines Teilausgleichs bei Ausgleichsansprüchen nach der Scheidung

**Ist bei Ausgleichsansprüchen nach der Scheidung gemäß den §§ 20 bis 26 ein bereits erfolgter Teilausgleich anzurechnen, so ist dessen Wert mithilfe der aktuellen Rentenwerte der gesetzlichen Rentenversicherung zu bestimmen.**

### I. Normzweck

Bei der Berechnung einer schuldrechtlichen Ausgleichsrente nach den §§ 20–26 ist häufig zu berücksichtigen, dass ein Teil des gesamten Anrechts bereits öffentlich-rechtlich ausgeglichen wurde. Insbesondere bei Anwendung des erweiterten Ausgleichs gemäß § 3b Abs. 1 Nr. 1 VAHRG aF, der – bezogen auf das Ende der Ehezeit – zwei vom Hundert des auf einen Monat entfallenden Teils der am Ende der Ehezeit maßgebenden Bezugsgröße nicht übersteigen durfte, verblieb vielfach ein Teilanrecht, das dem schuldrechtlichen Versorgungsausgleich überlassen wurde.[1] Ein nur teilweiser öffentlich-rechtlicher Ausgleich war auch in den seltener auftretenden Fällen hinzunehmen, in denen höhere – idR beamtenrechtliche oder berufsständische – Anrechte im Hinblick auf die in der gesetzlichen Rentenversicherung bis zum 31.8.2009 geltende Höchstbetragsregelung des § 76 Abs. 2 S. 3 SGB VI nach § 1587b Abs. 5 BGB aF (→ 5. Aufl. 2009, BGB § 1587b Rn. 55 ff.) nicht vollständig ausgeglichen werden konnten.[2] § 53 regelt, dass der Wert dieses öffentlich-rechtlichen Teilausgleichs **mithilfe der aktuellen Rentenwerte** der gesetzlichen Rentenversicherung zu bestimmen ist. 1

### II. Aktualisierung des öffentlich-rechtlichen Teilausgleichs

Liegen die Fälligkeitsvoraussetzungen für die Zahlung einer Ausgleichsrente für ein bestimmtes, dem schuldrechtlichen Ausgleich überlassenes Anrecht vor, muss ein früherer öffentlich-rechtlicher Ausgleich dieses Anrechts selbstverständlich auf diese Rente **angerechnet** werden. Während die Berechnung der Ausgleichsrente in der Weise vorgenommen wird, dass nach § 5 Abs. 2, 4 S. 2 auf der Grundlage der zum Ehezeitende bestehenden Verhältnisse allgemeine Wertanpassungen und sonstige rechtlichen und tatsächlichen Veränderungen nach dem Ende der Ehezeit, die auf den Ehezeitanteil zurückwirken, bis zum jeweiligen Zahlungszeitraum zu berücksichtigen sind (→ § 5 Rn. 18 ff., 52), beruht der Teilausgleich auf den Verhältnissen zum Ehezeitende und muss deshalb aktualisiert werden. 2

Der Gesetzgeber hat sich insoweit für die **Rentenwertmethode** entschieden,[3] die bereits zum früheren Recht im Anschluss an eine Entscheidung des OLG Karlsruhe[4] in der Rspr. entwickelt worden ist.[5] Bei ihr wird der in der ursprünglichen Entscheidung ausgeglichene Teil des Anrechts, der sich bei nicht volldynamischen Anrechten aus einer Umrechnung nach § 1587a Abs. 3, 4 BGB 3

---

[42] Vgl. BT-Drs. 16/10144, 91.

[43] Vgl. zu § 10a Abs. 8 S. 2 VAHRG *Dörr* NJW 1988, 97 (103).

[44] AA Erman/*Norpoth/Sasse* Rn. 8; missverständlich Soergel/*Becker* Rn. 6 Fn. 10, der sich nicht dazu äußert, wer über die Rückzahlungspflicht entscheidet, wenn der Versorgungsträger seiner Pflicht nach § 52 Abs. 3 nicht nachkommt.

[45] Vgl. hierzu BGH FamRZ 2018, 1233 = BeckRS 2018, 14251.

[1] Zu einem solchen Fall OLG Hamm BeckRS 2013, 09051 (zu II 2 c) = FamRZ 2013, 1895 (1898).

[2] Vgl. etwa OLG Köln BeckRS 2012, 09193 = FamRZ 2012, 1808 (1809).

[3] Vgl. BT-Drs. 16/10144, 91.

[4] Vgl. OLG Karlsruhe NJW-RR 2000, 295 (298) = FamRZ 2000, 235 (238).

[5] Vgl. die Rspr. zusammenfassend BGH NJW-RR 2007, 1444 Rn. 14 = FamRZ 2007, 1545.

aF – ggf. iVm der BarwertVO – ergeben hat, durch den aktuellen Rentenwert[6] zum Ehezeitende dividiert und mit dem aktuellen Rentenwert multipliziert, der zum Zeitpunkt der jeweiligen Fälligkeit des Ausgleichsrentenanspruchs gilt.[7] Das macht im gegebenen Fall mehrfache Berechnungen erforderlich, wenn es während des Zeitraums, für den eine Ausgleichsrente verlangt wird, zu einer Rentenanpassung gekommen ist.[8] Nach derselben Methode wird nach § 51 Abs. 3 S. 2 ermittelt, ob es bei der Dynamisierung eines nicht volldynamischen Anrechts zu einer relevanten Wertverzerrung gekommen ist, die eine Abänderung der nach altem Recht getroffenen Entscheidung rechtfertigt (→ § 51 Rn. 93 f.). Der Gesetzgeber hat sich damit gegen die kompliziertere Rückrechnungsmethode entschieden, bei der entweder das schuldrechtlich auszugleichende Anrecht in ein dynamisches Anrecht umgerechnet wird, hiervon der bereits ausgeglichene dynamisierte Teilbetrag abgezogen wird und sodann der sich ergebende Restbetrag wieder in ein nicht dynamisches Anrecht verwandelt wird, oder – etwas einfacher – bei der der Teilausgleich nach Umrechnung in einen nicht dynamischen Betrag auf die Ausgleichsrente anzurechnen ist. In beiden Varianten hätte wegen der notwendigen Umrechnung auf die BarwertVO zurückgegriffen werden müssen, die nach Art. 23 Nr. 1 VAStrRefG am 1.9.2009 außer Kraft getreten ist.

4 Den **Rechenweg** verdeutlicht das nachfolgende Beispiel für den Ausgleich eines teilweise dem schuldrechtlichen Ausgleich überlassenen Anrechts, das einfacher als in der → 6. Aufl. 2013, Rn. 2 dargestellt werden kann, weil Umrechnungen hierfür nicht erforderlich sind.

**Beispiel:**

| | | |
|---|---|---|
| Ende der Ehezeit | : | 31.03.2003 |
| Öffentlich-rechtlich ausgeglichen gemäß § 3b Abs. 1 Nr. 1 VAHRG aF | : | 47,60 EUR |
| Aktueller Rentenwert zum Ende der Ehezeit | : | 25,86 EUR |
| Aktueller Rentenwert 1. Halbjahr 2019 bei Fälligkeit der Ausgleichsrente | : | 32,03 EUR |
| Auf die Ausgleichsrente anzurechnender Betrag im 1. Halbjahr 2019 | : | 47,60 : 25,86 x 32,03 = 58,97 EUR |

5 **§ 53** ist **(entsprechend)** auch in Fällen **anzuwenden,** in denen nicht ein Teilausgleich positiv bewirkt worden ist, sondern in denen Anrechte des (insgesamt) Ausgleichsberechtigten im Verfahren über den öffentlich-rechtlichen Ausgleich **verrechnet** worden sind. Das gilt etwa dann, wenn der (insgesamt) Ausgleichsberechtigte Anrechte in der gesetzlichen Rentenversicherung und/oder in der Beamtenversorgung (§ 1587b Abs. 1, 2 BGB aF) erworben hat, die die Anrechte des Ausgleichsverpflichteten in der gesetzlichen Rentenversicherung überstiegen. In solchen Fällen kam es hinsichtlich dieser Anrechte des Ausgleichsberechtigten zu keinem öffentlich-rechtlichen Ausgleich, sondern sie verblieben ihm in vollem Umfang und beeinflussen daher erst die Höhe der von ihm zu beanspruchenden Ausgleichsrente. In Höhe der Hälfte des Wertunterschieds seiner Anrechte in der gesetzlichen Rentenversicherung und/oder Beamtenversorgung und der Anrechte des ausgleichsverpflichteten Ehegatten in der gesetzlichen Rentenversicherung ist daher eine Anrechnung auf die dem schuldrechtlichen Ausgleich unterliegende Rente vorzunehmen, wobei der für die Anrechnung in Rede stehende Betrag mithilfe der aktuellen Rentenwerte zu aktualisieren ist.[9]

6 Der Abzug des Teilausgleichs nach § 53 VersAusglG ist vorzunehmen, bevor die auf den Ausgleichswert entfallenden **Sozialversicherungsbeiträge** oder vergleichbaren Aufwendungen nach § 20 Abs. 1 S. 2 abgezogen werden.[10] Diese sind vielmehr, um ihre teilweise doppelte Berücksichtigung zulasten des Ausgleichsberechtigten zu vermeiden, nach der Höhe der nach Anrechnung des Teilausgleichs sich ergebenden (Brutto-)Ausgleichsrente zu bemessen.

7 Ist ein auf eine Rentenzahlung gerichtetes Anrecht der betrieblichen Altersversorgung teilweise nach § 3b Abs. 1 Nr. 1 VAHRG öffentlich-rechtlich ausgeglichen worden und wird das Anrecht nach Ehezeitende durch eine **Kapitalzahlung** abgefunden, ist der öffentlich-rechtliche Teilausgleich auch auf den Anspruch auf Ausgleich von Kapitalzahlungen (§ 22) anzurechnen.[11] In einem solchen

[6] Zu den aktuellen Rentenwerten vgl. die Übersicht in NJW-Beil. 2019, 10 ff.

[7] Vgl. BGH NJW 2016, 1315 Rn. 38 f. = FamRZ 2016, 442; OLG Hamm BeckRS 2013, 09051 (zu II 2 c) = FamRZ 2013, 1895 (1898).

[8] Vgl. die Berechnung in BGH NJW 2007, 1202 Rn. 15 = FamRZ 2007, 363 (364).

[9] Vgl. zu einem solchen Fall OLG Frankfurt BeckRS 2012, 20981 (zu II 3) = FamRZ 2012, 1727 Ls.

[10] Vgl. OLG Hamm NJW-RR 2014, 964 (965); BeckRS 2013, 09051 (zu II 2 c) = FamRZ 2013, 1895 (1898); OLG Köln BeckRS 2012, 09193 = FamRZ 2012, 1808 (1809); OLG Frankfurt BeckRS 2012, 20981 (zu II 3) = FamRZ 2012, 1727 Ls.; OLG Celle NJW 2011, 1743 (1745) = FamRZ 2011, 728 (730).

[11] Vgl. OLG Stuttgart BeckRS 2015, 00277 Rn. 25 = FamRZ 2015, 511 (512), insoweit nicht abgedruckt in NJW-RR 2015, 453.

Fall ist der korrespondierende Kapitalwert des öffentlich-rechtlich ausgeglichenen Teilanrechts zum Zeitpunkt der Fälligkeit des Anspruchs auf Kapitalzahlung gemäß § 47 Abs. 2 zu ermitteln. Ausgehend von dem Beispiel in Rn. 4 ergibt sich folgender Anrechnungsbetrag:

**Beispiel:**

| | | |
|---|---|---|
| Ende der Ehezeit | : | 31.03.2003 |
| Öffentlich-rechtlich ausgeglichen gemäß § 3b Abs. 1 Nr. 1 VAHRG aF | : | 47,60 EUR |
| Aktueller Rentenwert zum Ende der Ehezeit | : | 25,86 EUR |
| Dem ausgeglichenen Anrecht entsprechende Entgeltpunkte | : | 47,60 EUR : 25,86 EUR = 1,8407 EP |
| Auf die Kapitalzahlung anzurechnender Betrag im 1. Halbjahr 2019 | : | 1,8407 EP x 7235,5860[12] = 13.318,54 EUR |

## § 54 Weiter anwendbare Übergangsvorschriften des Ersten Gesetzes zur Reform des Ehe- und Familienrechts und des Gesetzes über weitere Maßnahmen auf dem Gebiet des Versorgungsausgleichs für Sachverhalte vor dem 1. Juli 1977

**Artikel 12 Nr. 3 Satz 1, 4 und 5 des Ersten Gesetzes zur Reform des Ehe- und Familienrechts vom 14. Juni 1976 (BGBl. I S. 1421), das zuletzt durch Artikel 142 des Gesetzes vom 19. April 2006 (BGBl. I S. 866) geändert worden ist, und Artikel 4 § 4 des Gesetzes über weitere Maßnahmen auf dem Gebiet des Versorgungsausgleichs vom 8. Dezember 1986 (BGBl. I S. 2317), das zuletzt durch Artikel 143 des Gesetzes vom 19. April 2006 (BGBl. I S. 866) geändert worden ist, sind in der bis zum 31. August 2009 geltenden Fassung weiterhin anzuwenden.**

**Schrifttum:** S. § 1587 BGB.

### I. Normzweck

Die Vorschrift bestimmt, dass für Sachverhalte vor dem 1.7.1977 einige Bestimmungen des 1. EheRG und des VAWMG **weiterhin anzuwenden** sind, obwohl diese Vorschriften zum Teil – zur Rechtsbereinigung – durch Art. 21 und Art. 23 S. 2 Nr. 3 VAStrRefG aufgehoben worden sind. 1

### II. Einzelerläuterungen

**1. Art. 12 Nr. 3 des 1. EheRG.** Bis zum 31.8.2009 hatte die Vorschrift folgende Fassung: 2
*[1]Für die Scheidung der Ehe und die Folgen der Scheidung gelten die Vorschriften dieses Gesetzes auch dann, wenn die Ehe vor seinem Inkrafttreten geschlossen worden ist. [2]Der Unterhaltsanspruch eines Ehegatten, dessen Ehe nach den bisher geltenden Vorschriften geschieden worden ist, bestimmt sich auch künftig nach bisherigem Recht. [3]Unterhaltsvereinbarungen bleiben unberührt. [4]Die §§ 1587 bis 1587p des Bürgerlichen Gesetzbuchs in der Fassung von Artikel 1 Nr. 20 sind auf Ehen, die nach den bisher geltenden Vorschriften geschieden worden sind, nicht anzuwenden. [5]Das gleiche gilt für Ehen, die nach dem Inkrafttreten dieses Gesetzes geschieden werden, wenn der Ehegatte, der nach den Vorschriften dieses Gesetzes einen Ausgleichsanspruch hätte, von dem anderen vor Inkrafttreten dieses Gesetzes durch Übertragung von Vermögensgegenständen für künftige Unterhaltsansprüche endgültig abgefunden worden ist oder wenn die nach den Vorschriften dieses Gesetzes auszugleichenden Anwartschaften oder Aussichten auf eine Versorgung Gegenstand eines vor Inkrafttreten dieses Gesetzes abgeschlossenen Vertrages sind. [6]Soweit die Vorschriften über den Versorgungsausgleich auch für Ehen gelten, die vor dem Inkrafttreten dieses Gesetzes geschlossen worden sind, kann das Familiengericht auf Antrag des Ausgleichsverpflichteten den Ausgleichsanspruch herabsetzen, wenn die Ehe allein wegen des Widerspruchs des anderen Ehegatten (§ 48 Abs. 2 des Ehegesetzes) nicht geschieden werden durfte und die uneingeschränkte Durchführung des Ausgleichs für ihn auch unter Berücksichtigung der Interessen des anderen Ehegatten grob unbillig wäre. [7]Der Ausgleichsanspruch darf um nicht mehr als die Hälfte des auf die Trennungszeit entfallenden gesetzlichen Anspruchs herabgesetzt werden.*

Durch Art. 21 VAStrRefG sind die den Versorgungsausgleich betreffenden **S. 4–7** des Art. 12 3
Nr. 3 des 1. EheRG **aufgehoben** worden. Ab dem 1.9.2009 sind daher nur noch die S. 1–3 des Art. 12 Nr. 3 1. EheRG unmittelbar geltendes Recht. Von diesen ist für den hier interessierenden Zusammenhang nur S. 1 von Bedeutung. Diese Bestimmung besagt, dass sich die Scheidung und

[12] Vgl. zu den Faktoren für die Umrechnung von Entgeltpunkten in Beiträge NJW-Beil. 2019, 11.

die Scheidungsfolgen auch dann nach dem durch das 1. EheRG in Kraft gesetzten materiellen Recht richten, wenn die Ehe vor dem 1.7.1977 geschlossen worden ist.

4 Das durch die Strukturreform zum 1.9.2009 geschaffene neue materielle Versorgungsausgleichsrecht ist allerdings kein Recht, das durch das 1. EheRG in Kraft gesetzt worden ist. Deswegen bedurfte es der Klarstellung, dass der **Versorgungsausgleich als Rechtsinstitut** auch für vor dem 1. EheRG geschlossene **Altehen** gilt. Das ist die Bedeutung der Regelung in § 54, nach der **S. 1** von Art. 12 Nr. 3 des 1. EheRG weiterhin anzuwenden ist.

5 Der Gesetzgeber hat ferner das Bedürfnis gesehen, die weitere Anwendbarkeit der **S. 4 und 5** des Art. 12 Nr. 3 1. EheRG vorzusehen. Dabei handelt es sich um zwei Regelungen, in denen ein **Versorgungsausgleich nicht stattfindet.** Dies gilt zum einen für solche Altehen, die nach dem Recht geschieden worden sind, das bis zum 30.6.1977 gegolten hat (S. 4).[1] Zum anderen betrifft sie in der Praxis wohl nur noch selten anzutreffende Fälle von Altehen, in denen nach Art. 12 Nr. 3 S. 1 1. EheRG ein Versorgungsausgleich an sich stattzufinden hätte, dies aber im Hinblick darauf zu unterbleiben hat, weil der Ehegatte, zu dessen Gunsten sich der Versorgungsausgleich auswirken würde, vor dem 1.7.1977 durch die Übertragung von Vermögensgegenständen für künftige Unterhaltsansprüche endgültig abgefunden worden ist oder weil die an sich auszugleichenden Anwartschaften vor dem 1.7.1977 Gegenstand eines – im Übrigen formfrei zulässigen – Vertrags unter den Ehegatten gewesen sind.[2] Bislang hat der BGH unter Bezugnahme auf § 1408 Abs. 2 BGB eine Inhaltskontrolle solcher Vereinbarungen abgelehnt[3] und befunden, dass die Wirksamkeit nicht davon abhängt, dass der Verzichtende eine angemessene Abfindung oder Gegenleistung erhält. Da in dieser Hinsicht jedoch ein Wandel der Beurteilung eingetreten ist,[4] der in § 8 Abs. 1 Ausdruck gefunden hat, unterliegen auch solche Vereinbarungen einer Wirksamkeits- und Ausübungskontrolle des FamG.[5] Für eine weitere Anwendung der Bestimmungen in S. 6 und 7 (früher Art. 12 Nr. 3 Abs. 3 S. 3 und 4 1. EheRG; → 4. Aufl. 2000, BGB § 1587c Rn. 9 f.) hat der Gesetzgeber kein Bedürfnis mehr gesehen.

6 **2. Art. 4 § 4 VAWMG.** Die Vorschrift hatte bis zum 31.8.2009 folgende Fassung:
*Liegt das Ende der Ehezeit vor dem 1. Juli 1977, so ist für die Anwendung des § 3b Abs. 1 Nr. 1, der §§[6] 10a Abs. 2 Satz 2 und des § 10b des Gesetzes zur Regelung von Härten im Versorgungsausgleich als monatliche Bezugsgröße der Wert von 1850 Deutsche Mark zugrunde zu legen.*

7 Die Vorschrift ist durch Art. 23 S. 2 Nr. 3 VAStrRefG zur Rechtsbereinigung aufgehoben worden. Die in ihr zitierten Vorschriften des VAHRG sind ebenfalls aufgehoben worden, so dass es für die Bestimmung keinen unmittelbaren Anwendungsbereich mehr gibt. Sie wird durch § 54 gleichwohl für weiterhin anwendbar erklärt, weil vereinzelt noch über Fälle zu entscheiden sein kann, in denen es um die **Bezugsgröße** nach § 18 SGB IV für ein Ehezeitende geht, das **vor dem 1.7.1977** liegt. Dabei muss es um Fallgestaltungen gehen, in denen der Scheidungsantrag bis spätestens zum 31.7.1977 zugestellt und die Ehe nach dem seit dem 1.7.1977 geltenden Recht geschieden worden ist. Sollte eine solche Entscheidung nach der Übergangsregelung des § 51 abzuändern sein, müsste die Wesentlichkeit einer Wertänderung nach § 51 Abs. 2 iVm § 225 Abs. 3 FamFG mit Hilfe der Bezugsgröße zum Ehezeitende ermittelt werden (→ § 51 Rn. 79 f.).

---

[1] Zur Verfassungsmäßigkeit dieser Regelung (früher Art. 12 Nr. 3 Abs. 3 S. 1 1. EheRG) vgl. BVerfGE 47, 85 (98 f.) = NJW 1978, 629 (630) = FamRZ 1978, 173 (176).

[2] Vgl. zu dieser Regelung (früher Art. 12 Nr. 3 Abs. 3 S. 2 des 1. EheRG) OLG Hamm FamRZ 1995, 1363 f.

[3] Vgl. BGH NJW 1995, 3251 (3252) = FamRZ 1995, 1482 (1483 f.); noch offen gelassen von BGH NJW 1981, 1508 (1509) = FamRZ 1981, 533 (534).

[4] Vgl. zur Wirksamkeits- und Ausübungskontrolle grdl. BGHZ 158, 81 = NJW 2004, 930 = FamRZ 2004, 601; BGH NJW 2005, 137 = FamRZ 2005, 26 mAnm *Bergschneider* FamRZ 2005, 28; NJW 2008, 3426 Rn. 16 ff. = FamRZ 2008, 2011 zu § 1408 Abs. 2 BGB mAnm *Bergschneider* FamRZ 2008, 2014; NJW 2009, 2124 Rn. 12 ff. = FamRZ 2009, 1041 mAnm *Bergschneider* FamRZ 2009, 1044.

[5] Vgl. BT-Drs. 16/10144, 91.

[6] Der an dieser Stelle (versehentlich) verwendete Plural („der §§") beruht auf der redaktionellen Streichung des Verweises auf § 3c durch Art. 29 RÜG vom 25.7.1991 (BGBl. 1991 I 1606).

# Gesetz zum zivilrechtlichen Schutz vor Gewalttaten und Nachstellungen (Gewaltschutzgesetz – GewSchG)

vom 11. Dezember 2001 (BGBl. 2001 I 3513),
geändert durch Gesetz vom 1. März 2017 (BGBl. 2017 I 386)

## § 1 Gerichtliche Maßnahmen zum Schutz vor Gewalt und Nachstellungen

**(1) [1]Hat eine Person vorsätzlich den Körper, die Gesundheit oder die Freiheit einer anderen Person widerrechtlich verletzt, hat das Gericht auf Antrag der verletzten Person die zur Abwendung weiterer Verletzungen erforderlichen Maßnahmen zu treffen. [2]Die Anordnungen sollen befristet werden; die Frist kann verlängert werden. [3]Das Gericht kann insbesondere anordnen, dass der Täter es unterlässt,**

**1. die Wohnung der verletzten Person zu betreten,**
**2. sich in einem bestimmten Umkreis der Wohnung der verletzten Person aufzuhalten,**
**3. zu bestimmende andere Orte aufzusuchen, an denen sich die verletzte Person regelmäßig aufhält,**
**4. Verbindung zur verletzten Person, auch unter Verwendung von Fernkommunikationsmitteln, aufzunehmen,**
**5. Zusammentreffen mit der verletzten Person herbeizuführen,**

**soweit dies nicht zur Wahrnehmung berechtigter Interessen erforderlich ist.**

**(2) [1]Absatz 1 gilt entsprechend, wenn**

**1. eine Person einer anderen mit einer Verletzung des Lebens, des Körpers, der Gesundheit oder der Freiheit widerrechtlich gedroht hat oder**
**2. eine Person widerrechtlich und vorsätzlich**
   **a) in die Wohnung einer anderen Person oder deren befriedetes Besitztum eindringt oder**
   **b) eine andere Person dadurch unzumutbar belästigt, dass sie ihr gegen den ausdrücklich erklärten Willen wiederholt nachstellt oder sie unter Verwendung von Fernkommunikationsmitteln verfolgt.**

**[2]Im Falle des Satzes 1 Nr. 2 Buchstabe b liegt eine unzumutbare Belästigung nicht vor, wenn die Handlung der Wahrnehmung berechtigter Interessen dient.**

**(3) In den Fällen des Absatzes 1 Satz 1 oder des Absatzes 2 kann das Gericht die Maßnahmen nach Absatz 1 auch dann anordnen, wenn eine Person die Tat in einem die freie Willensbestimmung ausschließenden Zustand krankhafter Störung der Geistestätigkeit begangen hat, in den sie sich durch geistige Getränke oder ähnliche Mittel vorübergehend versetzt hat.**

**Schrifttum zum GewSchG:** *Cirullies,* Stalker ohne Schuld – Opfer ohne Schutz?, FamRZ 2014, 1901; *Cirullies/Cirullies,* Das neue Gesetz zur Verbesserung des Schutzes gegen Nachstellungen – eine Reform mit überschätzter Wirkung, FamRZ 2017, 493; *Dose/Kraft,* Einstweiliger Rechtsschutz in Familiensachen, 4. Aufl. 2018; *Dutta,* Grenzüberschreitender Gewaltschutz in der Europäischen Union, FamRZ 2015, 85; *Haller,* Das Private wird politisch: Gewalt gegen Frauen und das österreichische Gewaltschutzgesetz, in Stangl (Hrsg.), Innere Sicherheiten, Jahrbuch für Rechts- und Kriminalsoziologie 2003, 193; *Löhnig,* Zivilrechtliche Probleme des neuen § 238 StGB, FamRZ 2007, 518; *Mosbacher,* Neuregelung der Stalking-Strafbarkeit, NJW 2017, 983; *Pietsch,* Internationaler Gewaltschutz, FuR 2016, 685; *Schumacher,* Mehr Schutz bei Gewalt in der Familie, FamRZ 2002, 645. Für weiteres Schrifttum → 7. Aufl. 2017.

**Übersicht**

## I. Normzweck

1 Das Gewaltschutzgesetz (GewSchG) soll potenzielle **Opfer** vor drohenden Verletzungen an Körper, Gesundheit oder Freiheit ihrer Person sowie vor bestimmten unzumutbaren Belästigungen **schützen.** Auch wenn die Verhinderung von Beziehungstaten und häuslicher Gewalt ein wichtiges Anliegen für den Erlass des GewSchG war,[1] setzen Schutzmaßnahmen nach § 1 kein besonderes Näheverhältnis der Betroffenen voraus.[2] Das Gesetz wirkt **auch jenseits innerfamiliärer Konflikte.** Demgegenüber ist der Schutz von Kindern vor ihren Eltern gemäß § 3 Abs. 1 vom Anwendungsbereich des GewSchG ausgenommen (→ § 3 Rn. 1). § 1 schafft eine Rechtsgrundlage, damit das Gericht weitreichende und für den konkreten Einzelfall angepasste Anordnungen zum Schutz des Opfers treffen kann. Betroffene können den Schutz nach dem GewSchG beantragen, wenn zukünftige Gewalttaten oder Belästigungen zu befürchten sind aufgrund einer bereits erfolgten oder angedrohten Verletzung von Körper, Gesundheit oder Freiheit der Person (§ 1 Abs. 2 S. 1, → Rn. 15 ff., bzw. Abs. 2 S. 1 Nr. 1, → Rn. 21 f.) oder aufgrund des Eindringens in die Wohnung dieser Person oder in deren befriedetes Besitztum (§ 1 Abs. 2 S. 1 Nr. 1 lit. a, → Rn. 23) oder aber aufgrund einer unzumutbaren Belästigung dieser Person (§ 1 Abs. 2 S. 1 Nr. 1 lit. b, → Rn. 24 f.). Das Verfahrens- und das Vollstreckungsrecht unterstützen das Opfer darin, schnell und einfach zu einem effektiv durchsetzbaren Titel zu kommen: Es gilt der Amtsermittlungsgrundsatz des § 26 FamFG; es besteht keine Antragbindung hinsichtlich der Gestalt der Schutzanordnungen im Rahmen des § 1 Abs. 1; §§ 216, 96 FamFG sehen erweiterte Vollstreckungsmöglichkeiten vor.[3]

2 Das Gewaltschutzgesetz war als Art. 1 Gesetz zur Verbesserung des zivilgerichtlichen Schutzes bei Gewalttaten und Nachstellungen sowie zur Erleichterung der Überlassung der Ehewohnung bei Trennung vom 11.12.2001 (BGBl. 2001 I 3513) Bestandteil des Aktionsplans der damaligen Bundesregierung zur Bekämpfung von Gewalt gegen Frauen vom 1.12.1999.[4] Dabei wurden insbesondere die Erfahrungen in Österreich mit dem zum 1.5.1999 in Kraft getretenen Bundesgesetz zum Schutz vor Gewalt in der Familie („Gewaltschutzgesetz", öBGBl. vom 30.12.1996 S. 5065)[5] herangezogen.

3 Das GewSchG ist **verfahrensrechtlich** konzipiert.[6] § 1 gibt dem Opfer gegenüber dem Täter keinen materiell-rechtlichen Anspruch auf Unterlassen einer Schädigung. Das Gesetz setzt vielmehr einen **Unterlassungsanspruch** gemäß §§ 823, 1004 BGB analog voraus.[7] Die Schutzanordnungen des GewSchG gehen dabei jedoch über die reine Forderung der §§ 823, 1004 BGB analog hinaus, eine Verletzung oder Belästigung des Opfers zu unterlassen. Das GewSchG ermächtigt und verpflichtet das Gericht dazu, bei Vorliegen der Tatbestandsvoraussetzungen auf Antrag des Opfers angemessene Schutzanordnungen zu erlassen, um eine zukünftige Verletzung oder Belästigung des Opfers zu verhindern. Bei der Auswahl der **Schutzmaßnahmen** steht dem Gericht ein Ermessen zu. Ausdrücklich nennt § 1 Abs. 1 S. 3 Kontakt- und Aufenthaltsverbote. Wohnt das Opfer in einer gemeinsamen Wohnung mit dem Täter, kann es gemäß § 2 die alleinige Nutzung der Wohnung verlangen. Die Wirkmacht der Schutzanordnungen verstärkt, dass ein Verstoß gegen sie gemäß § 4 strafbewehrt ist.

4 § 1 verwehrt sich einer einfachen **dogmatischen Zuordnung.** Er kommt vielfach im Zusammenhang innerfamiliärer Konflikte zum Tragen, setzt jedoch gerade keine familiäre Nähebeziehung

---

1 BT-Drs. 14/5429, 1.
2 BT-Drs. 14/5429, 17 und 28.
3 OLG Brandenburg NJW 2016, 3541.
4 Vgl. BT-Drs. 14/2812.
5 Vgl. dazu BT-Drs. 14/5429, 25; *Haller* Jb. Rechts- und Kriminalsoziologie 2002, 2003, 193 ff.
6 BGH NJW 2014, 1381 = FamRZ 2014, 825 (826); BT-Drs. 14/5429, 17 f.
7 BGH NJW 2014, 1381 = FamRZ 2014, 825 (826).

voraus.[8] Materiell-rechtlich ist er dem Deliktsrecht zuzuordnen.[9] § 1 knüpft zwar an einen materiell-zivilrechtlichen Unterlassungsanspruch an, ist jedoch verfahrensrechtlich[10] ausgestaltet.[11] Er ermächtigt den Zivilrichter zu weitgehenden Anordnungen, die deutlich im Vorfeld der nach §§ 823, 1004 BGB analog zu unterlassenden Handlung ansetzen. Die Anordnungen können durch Ordnungshaft durchgesetzt werden; ein Zuwiderhandeln ist strafbar. Durch die Strafbewehrung der Schutzanordnung soll auch ermöglicht werden, dass Störer in kritischen Fällen durch Polizei- und Ordnungsbehörden in Gewahrsam genommen werden können.[12] Dem drohenden Verstoß gegen den zivilrechtlichen Unterlassungsanspruch wird somit in bedeutendem Maße durch hoheitliche Unterstützung entgegengewirkt, die das Opfer selbst durch ein zivilrechtliches Verfahren einfordern kann. In ungewöhnlichem Maße wirken Zivilrecht und präventive staatliche Gefahrenabwehr zusammen. Man kann § 1 daher als **privates Polizeirecht** verstehen.

## II. Hauptantrag

Gewaltschutzsachen nach §§ 210 ff. FamFG sind nur solche Verfahren, in denen **Schutzmaßnahmen** nach §§ 1 f. begehrt werden.[13] Das Gewaltschutzgesetz und sein besonderes Verfahrensrecht stehen nur zur Durchsetzung von Abwehransprüchen gegen drohende Verletzungen von Körper, Gesundheit und Freiheit der Person zur Verfügung. Nur wenn solche Ansprüche den Schwerpunkt der Auseinandersetzung zwischen den Beteiligten darstellen, ist ein Verfahren nach dem GewSchG eröffnet.[14] Die Verletzung des **Allgemeinen Persönlichkeitsrechts** als solches, etwa durch eine Beleidigung oder sexuelle Belästigung, kann beispielsweise nicht Grundlage eines Gewaltschutzverfahrens sein.[15] Sonstige Unterlassungsansprüche, die nicht der Abwehr von Gewalt, Drohungen oder Nachstellen dienen, sind im allgemeinen Zivilprozess oder – unter den Voraussetzungen des § 266 FamFG – als sonstige Familiensache zu verfolgen.[16] 5

**1. Zuständigkeit.** Sämtliche Gewaltschutzsachen (Verfahren nach §§ 1 und 2) sind **Familiensachen,** für die die Amtsgerichte als Familiengerichte zuständig sind (§ 23a Abs. 1 Nr. 1 GVG, § 23b GVG, § 111 Nr. 6 FamFG, § 210 FamFG).[17] 6

**Örtlich** ausschließlich zuständig ist gemäß § 211 FamFG nach der Wahl des Antragsstellers das Gericht, in dessen Bezirk die Tat begangen wurde (§ 211 Nr. 1 FamFG); das Gericht, in dessen Bezirk sich die gemeinsame Wohnung des Antragstellers und des Antragsgegners befindet (§ 211 Nr. 2 FamFG) oder das Gericht, in dessen Bezirk der Antragsgegner seinen gewöhnlichen Aufenthalt hat (§ 211 Nr. 3 FamFG). **Tatort** iSd § 211 Nr. 1 FamFG ist dabei jeder Ort, an dem auch nur eines der wesentlichen Tatbestandsmerkmale verwirklicht wurde, also sowohl der Handlungs- als auch der Erfolgsort.[18] 7

Die **gemeinsame Wohnung** iSd § 211 Nr. 2 FamFG entspricht dem bisherigen Begriff des „auf Dauer angelegten gemeinsamen Haushalts", der in Anlehnung an die Definition im Mietrecht (§ 563 Abs. 2 S. 2 BGB) als Lebensgemeinschaft verstanden wird, die auf Dauer angelegt ist, keine weiteren Bindungen gleicher Art zulässt und sich durch innere Bindungen auszeichnet, die ein gegenseitiges füreinander Einstehen begründen und die über eine reine Wohn- und Wirtschaftsgemeinschaft hinausgehen. Damit entspricht der Begriff den Kriterien der bisherigen Rspr. zur „eheähnlichen Gemeinschaft", ohne dass es allerdings auf das Vorliegen geschlechtlicher Beziehungen zwischen den Partnern ankommt. Sowohl eine hetero- oder homosexuelle Partnerschaft wie auch das dauerhafte Zusammenleben alter Menschen als Alternative zum Alters- oder Pflegeheim, die ihr gegenseitiges füreinander Einstehen zum Beispiel durch gegenseitige Vollmachten dokumentieren, können daher grundsätzlich diese Kriterien erfüllen.[19] Ebenso eine Lebensgemeinschaft von Eltern mit ihren erwachsenen Kindern[20] oder Wohngemeinschaften von Studierenden.[21] 8

---

[8] BT-Drs. 14/5429, 17.

[9] Vgl. BT-Drs. 14/5429, 27 zu § 1; BT-Drs. 14/5429, 30 zu § 2.

[10] *Dutta* FamRZ 2015, 85 (86) spricht von einer „aktionenrechtlichen Ausgestaltung".

[11] BT-Drs. 14/5429, 17 f.

[12] BT-Drs. 14/5429, 32 f.

[13] OLG Karlsruhe FamRZ 2016, 1863.

[14] OLG Hamm NJOZ 2012, 247 = FamRZ 2012, 645; OLG Brandenburg NJW 2016, 3541.

[15] OLG Hamm NJOZ 2012, 247 = FamRZ 2012, 645; OLG Karlsruhe FamRZ 2016, 1863 (1863); *Lembke* KJ 49 (2016), 3 (4).

[16] OLG Brandenburg NJW 2016, 3541.

[17] Zur Verweisung, wenn stattdessen die allgemeine Zivilabteilung des Amtsgerichts angerufen wird, vgl. OLG Köln BeckRS 2010, 04979.

[18] BT-Drs. 16/6308, 251.

[19] BR-Drs. 439/00, 92 f.

[20] AG Hamburg-Barmbek FamRZ 2004, 473 (473 f.) gegen *Schumacher* FamRZ 2002, 645 (650 f.).

[21] *Schumacher* FamRZ 2002, 645 (650).

9 Den **gewöhnlichen Aufenthalt** hat nach § 30 Abs. 3 S. 2 SGB I eine Person dort, wo sie sich unter Umständen aufhält, die erkennen lassen, dass sie an diesem Ort oder in diesem Gebiet nicht nur vorrübergehend verweilt.

10 Zur Zuständigkeit vor Inkrafttreten des FamFG zum 1.9.2009 → 5. Aufl. 2010, Rn. 1–3.

11 **2. Verfahren.** Das Gericht wird nur auf **Antrag**[22] der verletzten Person tätig. Allein eine telefonische Antragstellung, über die ein Rechtspfleger einen Aktenvermerk fertigt, reicht dabei nicht aus.[23]

12 Sämtliche Gewaltschutzsachen sind **Angelegenheiten der freiwilligen Gerichtsbarkeit.**[24] Damit gelten grundsätzlich die allgemeinen Regelungen des **FamFG,** soweit sich aus §§ 210 ff. FamFG keine Besonderheiten ergeben. Die Vorschriften der ZPO und damit auch §§ 296, 296a ZPO finden keine Anwendung.[25] Beispielsweise gilt nach § 26 FamFG Amtsermittlung. Die Beweiserhebung ist in §§ 29 ff. FamFG geregelt. Auf eine gütliche Einigung der Beteiligten soll das Gericht in Gewaltschutzsachen nicht hinwirken (§ 36 Abs. 1 S. 2 FamFG), es kann jedoch gemäß § 36a FamFG eine Mediation vorschlagen. Die Beteiligten sind in Gewaltschutzsachen über den Gegenstand des Verfahrens dispositionsbefugt, so dass sie einen Vergleich schließen können (→ Rn. 14).[26] Wird das Verfahren durch einen Vergleich beendet, kann das Verfahren von den Beteiligten nicht mehr aufgenommen werden.[27] Der Vergleich unterliegt auch nicht der Abänderung.[28] Die Androhung der Verhängung eines Ordnungsmittels muss dann im Beschlusswege ergehen.[29] Ein ordnungsgemäß protokollierter gerichtlicher Vergleich stellt insoweit einen Vollstreckungstitel nach § 86 Abs. 1 Nr. 3 FamFG, § 794 Abs. 1 Nr. 1 ZPO dar.[30] Nach § 212 FamFG ist in Verfahren nach § 2 das Jugendamt auf seinen Antrag zu beteiligen, wenn ein Kind im Haushalt lebt. In diesem Fall soll das Gericht zudem nach § 213 Abs. 1 FamFG das Jugendamt anhören und hat ihm nach § 213 Abs. 2 FamFG die Entscheidung mitzuteilen. Dem Jugendamt steht ein eigenes Beschwerderecht gegen den Beschluss zu (§ 213 Abs. 2 S. 2 FamFG).

13 Auch im Rahmen des **Amtsermittlungsgrundsatzes** richten sich Art und Umfang der Ermittlungen nach der Lage des Einzelfalls. Das BayObLG hat insofern zutreffend ausgeführt: Der Amtsermittlungsgrundsatz verpflichtet das Gericht nur, die zur Aufklärung des Sachverhalts dienlichen Beweise zu erheben. Das bedeutet aber nicht, dass allen denkbaren Möglichkeiten zur Erforschung des Sachverhalts von Amts wegen nachgegangen werden müsste. Eine Aufklärungspflicht besteht vielmehr nur insoweit, als das Vorbringen der Beteiligten und der festgestellte Sachverhalt bei sorgfältiger Überlegung dazu Anlass geben. Der Amtsermittlungsgrundsatz enthebt die Beteiligten insbesondere im Antragsverfahren nicht der Pflicht, an der Aufklärung des Sachverhalts mitzuwirken. Ihre Darlegungslast erhöht sich in gleichem Maße, als das Gericht auf ihre Mitwirkung angewiesen ist. Dies gilt insbesondere für Vorgänge aus dem höchstpersönlichen Lebensbereich.[31]

14 Das Gericht entscheidet gemäß § 38 FamFG grundsätzlich durch Beschluss. Nach § 215 FamFG soll das Gericht in Verfahren nach § 2 in der Endentscheidung die zu ihrer Durchführung erforderlichen Anordnungen treffen.[32] Die Beteiligten können das Verfahren durch einen Vergleich zu Ende bringen. Gemäß **§ 214a FamFG** hat das Gericht einen **Vergleich** der Beteiligten – unabhängig von einem entsprechenden Antrag[33] – durch Beschluss zu **bestätigen,**[34] soweit es selbst eine entsprechende Maßnahme nach § 1 Abs. 1, auch in Verbindung mit § 1 Abs. 2 S. 1, hätte anordnen können. Das Gericht muss somit vor der Bestätigung die Voraussetzungen einer Anordnung nach § 1 prüfen, so etwa das Vorliegen eines Antrags und einer Tathandlung iSd § 1 sowie die ausreichende Bestimmtheit, Verhältnismäßigkeit und grundsätzlich die Befristung der Schutzmaßnahmen.[35] Sind die Anfor-

---

[22] Vgl. OLG Köln FamRZ 2003, 319 (319).
[23] OLG Nürnberg FamRZ 2014, 63 (63).
[24] BT-Drs. 16/6308, 169.
[25] OLG Düsseldorf Beschl. v. 31.10.2014 – 2 WF 166/14, nv.
[26] OLG Brandenburg NZFam 2014, 656 (656).
[27] OLG Frankfurt FamRZ 2010, 1584 (1585).
[28] OLG Rostock FamRZ 2009, 997 (998).
[29] OLG Köln FamRZ 2015, 163 (164).
[30] OLG Karlsruhe FamRB 2015, 222 (222).
[31] BayObLG FamRZ 1998, 1242 (1243) mwN, im Rahmen eines Erbscheinerteilungsverfahrens.
[32] Zu den Voraussetzungen der Beiordnung eines Rechtsanwalts im Rahmen der Verfahrenskostenhilfebewilligung nach § 78 Abs. 2 FamFG in einer Gewaltschutzsache vgl. OLG Brandenburg FamRZ 2010, 1689 (1690); zur Beiordnung eines Rechtsanwalts nach den subjektiven Fähigkeiten des betroffenen Beteiligten vgl. OLG Karlsruhe FamRZ 2010, 2003(2004 f.) und (im Rahmen der Regelung des persönlichen Umgangs) BGH NJW 2010, 3029 = FamRZ 2010, 1427 (1428 f.).
[33] Insoweit kritisch: *Cirullies/Cirullies* FamRZ 2017, 493 (495).
[34] *Cirullies/Cirullies* FamRZ 2017, 493 (495).
[35] BT-Drs. 18/9946, 15.

derungen nicht erfüllt, so darf das Gericht den Vergleich nicht bestätigen. Scheitert eine Bestätigung allein an einer fehlenden Befristung, kann das Gericht seine Bestätigung auf eine verhältnismäßige Frist beschränken.[36] Eine Bestätigung scheidet auch aus, wenn die tatsächlichen Voraussetzungen einer Schutzanordnung nicht ausreichend dargelegt und bewiesen sind.[37] Das Gericht entscheidet aufgrund des Sach- und Streitstandes bei Vergleichsabschluss. Es ist zu keinen weiteren Ermittlungen verpflichtet. Die Bestätigung des Vergleichs nach § 214a FamFG ist entscheidend für die Folgen eines Zuwiderhandelns gegen den Vergleich. Gemäß § 4 S. 1 Nr. 2 ist nur der Verstoß gegen einen gerichtlich bestätigten Vergleich iSd § 214a FamFG **strafbewehrt** (→ § 4 Rn. 2 ff.). Wäre der Verstoß gegen jedweden Vergleich strafbewehrt, unabhängig von der Zulässigkeit vergleichbarer gerichtlicher Anordnungen nach § 1, so könnten die Beteiligten selbst abschließend über die Strafbarkeit disponieren und diese über die Reichweite der §§ 1, 4 hinaus ausdehnen.[38] Lehnt das Gericht eine Bestätigung des Vergleichs ab, so ist der Vergleich dennoch wirksam und ein Vollstreckungstitel gemäß § 86 Abs. 1 Nr. 3 FamFG iVm § 794 Abs. 1 Nr. 1 ZPO. Ein Verstoß gegen einen unbestätigten Vergleich ist allerdings nicht gemäß § 4 strafbar.[39] Da die Bestätigung die Schuld an der zugrundeliegenden Tat impliziert und somit vom Abschluss eines Vergleichs abschrecken könnte, wird vorgeschlagen, den Vergleich nur auf Antrag zu bestätigen.[40]

**3. Voraussetzungen einer Anordnung; Anlasstat.** Schutzanordnungen nach § 1 Abs. 1 setzen voraus, dass der Täter vorsätzlich den Körper, die Gesundheit oder die Freiheit des Opfers widerrechtlich verletzt hat. Nach der verfahrensrechtlichen Konzeption[41] des Gewaltschutzgesetzes setzt das Tätigwerden des Gerichts einen materiell-rechtlichen Anspruch nach §§ 823, 1004 BGB analog auf Unterlassung der Beeinträchtigung der genannten Rechtsgüter voraus.[42] Insoweit stimmen die Voraussetzungen nach § 1 und § 823 BGB überein (→ 7. Aufl. 2017, BGB § 823 Rn. 1 ff.). **15**

Das Rechtsgut **Körper** umfasst dabei auch psychische Gewalt, soweit sie sich beim Opfer körperlich auswirkt, etwa durch Schlafstörungen.[43] Das Rechtsgut **Gesundheit** betrifft auch psychische Gewalt, die eine solche Intensität erreicht, dass sie zu medizinisch feststellbaren psychischen Gesundheitsschäden/Störungen führt.[44] Das Rechtsgut **Freiheit** umfasst auch kurzzeitiges Einsperren[45] einer Person, nicht aber bloßes Aussperren aus der Wohnung.[46] Denn eine Freiheitsverletzung scheidet nach allgemeiner Meinung aus, wenn jemand zwar daran gehindert wird, an einen bestimmten Ort zu gelangen, nicht aber daran, seinen aktuellen Standort zu verlassen (→ 7. Aufl. 2017, BGB § 823 Rn. 211, wie im Falle der Freiheitsberaubung, § 239 StGB). – Nicht geschützt ist dagegen die allgemeine Handlungsfreiheit des Opfers als solche.[47] Daher vermögen insbesondere bloße Beschimpfungen, Belästigungen und Beleidigungen keine Schutzanordnungen nach dem GewSchG zu begründen (→ Rn. 22).[48] **16**

Auch die Voraussetzungen für die **Verletzungshandlung** und deren **Widerrechtlichkeit** entsprechen denen nach § 823 Abs. 1 BGB (→ 7. Aufl. 2017, BGB § 823 Rn. 162 ff. bzw. → 7. Aufl. 2017, BGB § 823 Rn. 4 ff.). Die Verletzung muss tatsächlich eingetreten sein; allein ein Versuch reicht nicht aus.[49] Auf Vorbringen zu den Ursachen des Konflikts kommt es bei tätlichen Auseinandersetzungen nicht entscheidend an.[50] **17**

**Vorsatz** bedeutet nach allgemeinen Grundsätzen Wissen und Wollen der Verletzung des geschützten Rechtsguts; dolus eventualis ist ausreichend. Vorübergehend verminderte Zurechnungsfähigkeit – etwa infolge Alkoholgenusses – lässt den Vorsatz unberührt.[51] **18**

**Verschulden** ist (aus Gründen des Opferschutzes)[52] nicht in allen Fällen erforderlich. § 1 Abs. 3 stellt ausdrücklich klar, dass Schutzanordnungen auch dann verhängt werden können, wenn die **19**

36 *Mosbacher* NJW 2017, 983 (986); aA wohl BT-Drs. 18/9946, 19.
37 *Cirullies/Cirullies* FamRZ 2017, 493 (495).
38 BT-Drs. 18/9946, 15.
39 *Mosbacher* NJW 2017, 983 (986); *Cirullies/Cirullies* FamRZ 2017, 493 (496).
40 *Cirullies/Cirullies* FamRZ 2017, 493 (495).
41 Vgl. BT-Drs. 14/5429, 17 f.
42 BT-Drs. 14/5429, 28; BGH NJW 2014, 1381 = FamRZ 2014, 825 Rn. 13.
43 BT-Drs. 14/5429, 19.
44 OLG Rostock FamRZ 2007, 921 (922).
45 OLG Brandenburg NJW-RR 2006, 220 (220) mAnm *Götsche* FamRB 2005, 330 (330): zehn Minuten in der Küche eingesperrt.
46 Offengelassen von OLG Köln FamRZ 2003, 1281 (1281 f.).
47 Vgl. OLG Rostock FamRZ 2007, 921 (922).
48 Vgl. OLG Rostock FamRZ 2007, 921 (922).
49 OLG Celle FamRZ 2012, 1950.
50 Vgl. OLG Stuttgart FamRZ 2004, 876 (876).
51 Vgl. BT-Drs. 14/5429, 28.
52 Vgl. BT-Drs. 14/5429, 28.

Taten in einem vorübergehenden Zustand der Unzurechnungsfähigkeit begangen wurden, in den sich der Täter durch Alkohol oder andere berauschende Mittel versetzt hat. Daran fehlt es allerdings, wenn die Tat im Zustand einer geistigen Grunderkrankung begangen wird, ohne dass sich der Täter durch die in § 1 Abs. 3 genannten Mittel zuvor in einen vorübergehenden Krankheitszustand versetzt hat.[53] Ergeht eine Schutzanordnung nach § 1 ist im Rahmen der Vollstreckung die Schuldfähigkeit ggf. erneut zu prüfen. Nur bei einem schuldhaften Zuwiderhandeln gegen eine Schutzanordnung können Ordnungsmittel nach § 890 ZPO verhängt werden.[54] Soweit eine Anordnung nach § 1 bei dauernder Schuldunfähigkeit des Täters außerhalb der Ausnahmeregelung des § 1 Abs. 3 nicht in Betracht kommt, kann auf die allgemeinen zivilrechtlichen Unterlassungsansprüche nach §§ 823, 1004 BGB analog zurückgegriffen werden.[55]

20 § 1 setzt wie der Anspruch aus §§ 823, 1004 BGB analog voraus, dass **weitere Taten** zu befürchten sind. Die vergangenen Taten begründen dabei eine tatsächliche Vermutung, dass solche Taten drohen. Der Täter muss diese Vermutung widerlegen, um eine Schutzanordnung abzuwenden (→ Rn. 28).[56]

21 Nach § 1 **Abs. 2** können Schutzanordnungen auch verhängt werden, wenn der Täter widerrechtlich mit der Verletzung der in Abs. 1 genannten Rechtsgüter **gedroht** hat (Abs. 1 S. 3 Nr. 1), das **Hausrecht** des Opfers verletzt hat (Abs. 1 S. 3 Nr. 2 lit. a) oder durch wiederholtes **Nachstellen** oder durch Verfolgung mit Fernkommunikationsmitteln das Opfer unzumutbar belästigt (Abs. 1 S. 3 Nr. 2 lit. b).

22 Nur ernstliche[57] **Drohungen,** nicht aber bloße Beschimpfungen oder Verwünschungen, ermöglichen eine Schutzanordnung. Auch eine konkludente Drohung ist für eine Schutzanordnung ausreichend, solange die angedrohte Verletzung hinreichend deutlich zum Ausdruck kommt.[58] Ob ein Verhalten eine ernsthafte Drohung darstellt, ist aus der Sicht eines objektiven Durchschnittsmenschen unter Berücksichtigung der Gesamtumstände des Geschehensablaufs zu beurteilen.[59] Die Ursachen der Konflikte im täglichen Zusammenleben der Parteien, die zu den Drohungen geführt haben, sind unerheblich.[60]

23 Das geschützte **Hausrecht** umfasst das Eindringen – ein Versuch ist nicht ausreichend[61] – in die Privatwohnung, das Haus oder das sonstige befriedete Besitztum; abweichend von § 123 StGB sind die Geschäftsräume des Opfers nicht geschützt.[62] Für ein Eindringen reicht es aus, wenn der Täter mit einem Teil seines Körpers in den geschützten Raum eindringt, etwa indem er einen Fuß durch die Wohnungstür setzt oder durch ein Fenster greift. Das Abstützen auf der Befriedung selbst, also etwa einer Balkonbrüstung oder einem Zaun, reicht hierfür noch nicht aus.[63] Ein widerrechtliches Eindringen in die Ehewohnung nach § 1 Abs. 2 S. 1 Nr. 2 lit. a liegt nicht vor, wenn eine getrennt lebende Ehefrau es zumindest geduldet hat, dass sich der Ehemann zum Abholen der Kinder (und zur Übergabe von Fotokopien) im Eingangsbereich des Hauses bzw. der Ehewohnung aufgehalten hat.[64]

24 **Unzumutbare Belästigungen** durch wiederholtes Nachstellen[65] oder Verfolgung unter Verwendung von Fernkommunikationsmitteln sind beispielsweise[66] die wiederholte Beobachtung und Überwachung einer Person, die ständige demonstrative Anwesenheit des Täters in der Nähe des Opfers, die „körperliche" Verfolgung, Annäherung, Kontaktversuche, Telefonterror, Belästigung durch Hinterlassung von Mitteilungen unter Einsatz von Fernkommunikationsmitteln wie Telefon, Telefax, Internet oder Mobiltelefon. Drei E-Mails binnen drei Minuten, in denen der Ehemann seiner getrennt lebenden Ehefrau seine Liebe zum Ausdruck bringt, stellen keine unzumutbare

[53] AG Wiesbaden FamRZ 2006, 1145 (1145) mAnm *Nagel.*
[54] OLG Koblenz FamRZ 2017, 1933 (1935); *Cirullies* FamRZ 2014, 1901 (1902 f.). Beide bemängeln insoweit eine Schutzlücke des GewSchG.
[55] OLG Celle FamRZ 2012, 456 (457); OLG Frankfurt FamRZ 2010, 1812 (1813) mwN.
[56] BT-Drs. 14/5429, 28.
[57] Vgl. OLG Schleswig NJW-RR 2004, 156 f.; OLG Rostock FamRZ 2007, 921 (922) zur Ernsthaftigkeit der Ankündigung, das Haus des Opfers mit einem Radlader zusammenzuschieben.
[58] OLG Brandenburg NZFam 2017, 817 (817).
[59] OLG Bremen NJW-RR 2010, 1591 (1592).
[60] OLG Schleswig NJW-RR 2004, 156 (156 f.).
[61] Vgl. AG Flensburg ZKJ 2006, 476 (476).
[62] BT-Drs. 14/5429, 29.
[63] OLG Frankfurt FamRZ 2016, 1857 (1857).
[64] OLG Braunschweig FamRZ 2015, 264 (265).
[65] Zweimaliges Beobachten mit einem Fernglas ist kein wiederholtes Nachstellen, OLG Koblenz FamRZ 2010, 1284 (1284).
[66] BT-Drs. 14/5429, 29.

Belästigung dar,[67] wohl aber wiederholte E-Mails, die allen Anlass zu der Annahme geben, der Sender sei nicht bereit, die Trennung vom Empfänger zu akzeptieren.[68] Auseinandersetzungen zwischen Ehegatten müssen über das hinausgehen, was zwischen Ehegatten, die sich getrennt haben, häufiger stattfindet.[69] Die Zerstörung von Sachen des Opfers – etwa das Zerstechen von Autoreifen – stellt keine unzumutbare Belästigung iSd § 1 Abs. 2 Nr. 2 lit. b dar, sondern fällt lediglich unter §§ 823, 1004 BGB analog (Eigentumsverletzung).[70]

In dem Fall der **unzumutbaren Belästigung** durch Nachstellen oder mittels Fernkommunikationsmittel kann eine Schutzanordnung nach § 1 Abs. 2 S. 1 Nr. 2 lit. b nur ergehen, wenn sich das Opfer ausdrücklich gegen die Belästigung **verwahrt** hat. Eine unzumutbare Belästigung liegt nach § 1 Abs. 2 S. 2 nicht vor, wenn die Handlung der **Wahrnehmung berechtigter Interessen,** etwa zur Ausübung des Umgangsrechts mit gemeinsamen Kindern, dient. In diesem Fall kann eine Schutzanordnung aber die berechtigten Interessen des Täters konkret bezeichnen oder den Kontakt zum Opfer nur unter Vermittlung einer dritten, dazu bereiten Person zulassen.[71] Bei Belästigungen, deren Unerwünschtheit offensichtlich ist (etwa wöchentlich 20–30 Anrufe oder SMS),[72] besteht eine tatsächliche Vermutung, dass das Opfer diese nicht wünscht und dies dem Täter zu erkennen gegeben hat; dem Täter obliegt die Widerlegung dieser Vermutung.[73] Dasselbe gilt bei Belästigungen, die einen bedrohlichen Charakter haben (etwa gezielte Kontaktaufnahme durch einen Angeklagten oder Beschuldigten mit dem ermittelnden Staatsanwalt in dessen Privatbereich).[74] 25

Werden über die in § 1 Abs. 1 und 2 geschützten Rechtsgüter hinaus **weitere Rechtsgüter des Opfers verletzt,** etwa das Eigentum, das allgemeine Persönlichkeitsrecht oder sonstige durch § 823 Abs. 1 oder 2 BGB geschützte Rechtsgüter, so richtet sich der gerichtliche Schutz des Opfers insoweit ausschließlich nach §§ 823, 1004 BGB analog. Entsprechendes gilt, soweit ausschließlich die allgemeine Handlungsfreiheit des Opfers beeinträchtigt wird.[75] Allerdings kann das Gericht auch in diesem Rahmen nach allgemeinen Grundsätzen die in § 1 vorgesehenen Schutzanordnungen treffen.[76] 26

**4. Darlegungslast.** Wer eine Schutzanordnung nach dem Gewaltschutzgesetz begehrt, hat die behaupteten **Verletzungshandlungen** oder **Drohungen** im Einzelnen **konkret** nach Zeit, Ort, Beteiligten, Ablauf und Folgen darzulegen. Darlegungserleichterungen hierzu kennt das GewSchG nicht. Soweit – wie in der Praxis häufig anzutreffen – lediglich vorgetragen wird, der Täter habe das Opfer ständig misshandelt, bedroht und auf das Übelste beschimpft, handelt es sich um unsubstantiierten Sachvortrag. 27

**5. Beweiserleichterungen.** Das GewSchG greift die zu den zivilrechtlichen Unterlassungsansprüchen nach §§ 823, 1004 BGB (analog) von der Rspr. entwickelten Beweiserleichterungen[77] auf. Unterlassungsansprüche nach §§ 823, 1004 BGB setzen voraus, dass weitere Beeinträchtigungen drohen. Zwar wird dies – entsprechend der verfahrensrechtlichen Konzeption – im GewSchG nicht ausdrücklich wiederholt. Dem GewSchG liegt jedoch die Rspr. zugrunde, dass eine **tatsächliche Vermutung** dafür spricht, dass **weitere Beeinträchtigungen** zu befürchten sind, wenn es bereits einmal zu Gewalttaten gekommen ist.[78] In diesem Fall obliegt dem Täter die – schwierige – Widerlegung dieser tatsächlichen Vermutung, wobei die Rspr. an eine solche Widerlegung hohe Anforderungen stellt.[79] Liegt die Verletzungshandlung längere Zeit zurück oder haben sich seitdem die 28

[67] AG Flensburg ZKJ 2006, 476 (476).
[68] OLG Köln FamRZ 2011, 132 (132).
[69] Vgl. OLG Brandenburg FamRZ 2010, 449 (449) für Durchtrennen eines Fernsehkabels; Abstellen des Wassers am Haupthahn; Werfen mit einem Gegenstand nach dem anderen Ehegatten.
[70] BT-Drs. 14/5429, 29.
[71] BT-Drs. 14/5429, 29.
[72] OLG Köln BeckRS 2015, 08304 (Rn. 6).
[73] OLG Köln BeckRS 2015, 08304 (Rn. 8); OLG Braunschweig NZFam 2018, 382 (382).
[74] OLG Braunschweig NZFam 2018, 382 (382).
[75] Vgl. OLG Rostock FamRZ 2007, 921 (922).
[76] BT-Drs. 14/5429, 32.
[77] BT-Drs. 14/5429, 19, 28 unter Hinweis auf BGH NJW 1987, 2225 und BayObLG NJW-RR 1987, 463.
[78] BT-Drs. 14/5429, 19; OLG Karlsruhe FamRZ 2016, 1193 (1194); anders für tätliche Übergriffe im außerhäuslichen Bereich OLG Saarbrücken NJW-RR 2006, 747 (748) mAnm *Vahle* DVP 2006, 478 (478): die Notwendigkeit von Schutzmaßnahmen könne nicht allein aufgrund der wegen der Erstbegehung unwiderlegt vermuteten Wiederholungsgefahr bejaht werden. Vielmehr müssten konkrete Anhaltspunkte für eine „konfliktbelastete" Täter-Opfer-Beziehung vorliegen, etwa länger andauernde, nachhaltige persönliche Zerwürfnisse mit wiederholten, ernstgemeinten Gewaltandrohungen.
[79] OLG Brandenburg NJW-RR 2006, 220 (220); OLG Karlsruhe FamRZ 2016, 1193 (1194); vgl. auch (für eine Widerlegung) OLG Saarbrücken NJW-RR 2006, 747 (747) mAnm *Vahle* DVP 2006, 478 (478); OLG Koblenz EzFamR aktuell 2003, 151 (152).

Verhältnisse zwischen den Betroffenen geändert, kann dies die Wiederholungsgefahr in Frage stellen, wenn der Täter in der Zwischenzeit trotz Möglichkeit keine weiteren Verletzungshandlungen begangen hat.[80] Weitergehende Beweiserleichterungen – etwa hinsichtlich der ersten Verletzung oder Drohung – sieht das GewSchG nicht vor; insbesondere indiziert eine Verletzung des Opfers nicht, dass diese auf einen vom Opfer bezeichneten Täter zurückgeht. Dafür ist im Zweifel die volle Überzeugung des Gerichts erforderlich.

29 **6. Rechtsfolgen.** Der Schwerpunkt der Regelungen des GewSchG liegt – dem verfahrensrechtlichen Ansatz entsprechend – auf der Rechtsfolgenseite, nämlich der Ermächtigung an das Gericht, die **erforderlichen Schutzmaßnahmen** anzuordnen.[81] Dem Tatrichter wird aufgegeben, die erforderlichen Maßnahmen zur Vermeidung weiterer Verletzungen zu treffen, um die besondere Verantwortung auch der Zivilgerichte bei der Bekämpfung von Gewalttaten und unzumutbaren Belästigungen zum Ausdruck zu bringen.[82] Dies erfordert eine sorgfältige tatrichterliche Abwägung der Interessen des Opfers, des Täters und ggf. Dritter (zB das Recht gemeinsamer Kinder auf Umgang mit beiden Elternteilen). Die wiederholte einfache Beleidigung oder beleidigende Körperverletzung, üble Nachrede oder sonstige Rufschädigung rechtfertigt regelmäßig nur deren Verbot. Sind nur einzelne Elemente des Persönlichkeitsrechts verletzt, kann ein Verbot nur darauf erstreckt werden.[83] Ein globales Verbot von Belästigungen, Beleidigungen etc ist insoweit nicht geboten, im Übrigen aber auch im Hinblick auf eine eventuelle Vollstreckung problematisch.[84] Die Auswahl der einzelnen Unterlassungsverpflichtungen ist nur von deren Geeignetheit und Erforderlichkeit zur Abwehr einer Gefährdung der geschützten Rechtsgüter abhängig; sie setzt dagegen nicht voraus, dass eine Wiederholungs- oder Begehungsgefahr gerade hinsichtlich der untersagten Verhaltensweise festgestellt ist.[85]

30 **§ 1 Abs. 1 S. 3** enthält eine **beispielhafte Aufzählung** von in Betracht kommenden Schutzmaßnahmen. So kann das Gericht „insbesondere" anordnen, dass der Täter die Wohnung des Opfers nicht betreten darf (Abs. 1 S. 3 Nr. 1). In der Praxis erfolgt dies häufig im Anschluss an einen „Platzverweis" nach – landesrechtlichem – Polizeirecht oder in Zusammenhang mit einer Wohnungszuweisung nach § 2.[86] Der polizeiliche Wohnungsverweis stellt dabei lediglich eine flankierende, kurzfristige Maßnahme dar, um der Polizeibehörde in Fällen häuslicher Gewalt eine erste kurzfristige Krisenintervention zu ermöglichen und Opfern bereits vor bzw. bis zur Erreichbarkeit zivilrechtlichen Schutzes beizustehen. Der Platzverweis ist daher lediglich solange zulässig, als das Opfer benötigt, um zivilrechtlichen Rechtsschutz einzuholen.[87] Ferner kann das Gericht dem Täter verbieten, sich in einem bestimmten Umkreis der Wohnung des Opfers aufzuhalten (Abs. 1 S. 3 Nr. 2); der einzuhaltende Abstand richtet sich nach den örtlichen Verhältnissen, etwa der Bebauungsdichte.[88] Auch kann das Gericht dem Täter verbieten, sich an bestimmten, vom Opfer regelmäßig aufgesuchten Orten aufzuhalten (Abs. 1 S. 3 Nr. 3); dabei kann es sich um beruflich oder privat frequentierte Orte des Opfers, etwa Arbeitsplatz, Kindergarten, Schule, aber auch um öffentlich zugängliche Orte handeln.[89] Weiterhin kann das Gericht dem Täter verbieten, Kontakt zum Opfer aufzunehmen (Abs. 1 S. 3 Nr. 4). Dieses Kontaktverbot kann sich auf alle Telekommunikationsmittel (Telefon, Mobiltelefon, Telefax, Internet, E-Mail etc) erstrecken. Zur Strafbarkeit von Stalking vgl. den durch das Gesetz zur Strafbarkeit beharrlicher Nachstellungen (40. StrÄndG) vom 22.3.2007, BGBl. 2007 I 354, in Kraft getreten am 31.3.2007, neu eingefügten § 238 StGB. Darüber hinaus kann das Gericht dem Täter verbieten, Zusammentreffen mit dem Opfer herbeizuführen (Abs. 1 S. 3 Nr. 5); hierzu gehört auch die Anordnung, bei zufälligen Zusammentreffen mit dem Opfer unverzüglich einen näher zu bestimmenden Abstand zum Opfer einzunehmen.[90]

---

[80] OLG Celle FamRZ 2009, 1751 (1752); OLG Köln FamRZ 2012, 645 (646); OLG Karlsruhe FamRZ 2016, 1193 (1194).

[81] BT-Drs. 14/5429, 17.

[82] BT-Drs. 14/5429, 18.

[83] Vgl. LG Oldenburg BeckRS 2008, 11514.

[84] OLG Köln FamRZ 2015, 163 (164 f.); vgl. auch Zöller/*Stöber* ZPO § 890 Rn. 8.

[85] OLG Celle FamRZ 2015, 263 (264).

[86] Zur Abgrenzung von Platzverweis und gerichtlichen Maßnahmen nach dem GewSchG vgl. VG Augsburg BeckRS 2005, 37623; VG Karlsruhe BeckRS 2004, 24199.

[87] Zulässigkeit eines einwöchigen Platzverweises: VG Lüneburg Streit 2003, 127 (128); Zulässigkeit der Verlängerung eines auf zwei Wochen befristeten Wohnungsverweises um weitere zwei Wochen: VG Karlsruhe BeckRS 2004, 24199; insoweit kritisch: VG Karlsruhe FF 2008, 123 (124) mAnm *Müller* FF 2008, 125.

[88] BT-Drs. 14/5429, 29.

[89] Vgl. BT-Drs. 14/5429, 29.

[90] BT-Drs. 14/5429, 29.

Macht der Täter die **Wahrnehmung berechtigter Interessen** (§ 1 Abs. 1 S. 3 aE) geltend – etwa Umgang mit gemeinsamen Kindern –, kann das Gericht nach Abwägung aller beteiligten Interessen den Umgang einschränken (betreuter Umgang oder nur unter Einschaltung dritter, zur Vermittlung bereiter Personen) oder den konkret bezeichneten Kontakt bei Ausübung des Umgangs zulassen.[91] 31

Der Maßnahmenkatalog in § 1 Abs. 1 S. 3 ist nicht abschließend.[92] Das Gericht kann mehrere der aufgezählten Maßnahmen kumulativ oder auch andere Maßnahmen, die es zum Schutz des Opfers für erforderlich hält, anordnen.[93] Auch die Verpflichtung des Täters zur Aufgabe einer nicht gemeinsam genutzten Wohnung kann Gegenstand einer Schutzanordnung sein.[94] Es sollte der Schwerpunkt der tatrichterlichen Tätigkeit sein, unter Berücksichtigung der jeweiligen Besonderheiten des konkreten Einzelfalles und unter Abwägung aller beteiligten Interessen, aber auch des Verhältnismäßigkeitsgrundsatzes,[95] durch gezielte Anweisungen den Schutz des Opfers sicherzustellen.[96] Die Anordnungen müssen – schon im Hinblick auf einen vollstreckungsfähigen Inhalt[97] – hinreichend konkret gefasst werden. Ein allgemeines Verbot, das Opfer nicht zu bedrohen oder zu belästigen, umfasst nicht das Verbot der Kontaktaufnahme durch Telekommunikationsmittel.[98] Bei Beziehungstaten sind bei der Gestaltung der Schutzmaßnahmen insbesondere auch die Interessen betroffener Kinder zu berücksichtigen.[99] Strahlt die Gewalt in der Paarbeziehung auf Kinder aus, können Maßnahmen zu ihrem Schutz geboten sein gemäß §§ 1666, 1666a, 1696 BGB (→ § 3 Rn. 1). 32

**7. Befristung.** Schutzanordnungen nach dem GewSchG sind – aus Gründen der Verhältnismäßigkeit[100] – nach § 1 Abs. 1 S. 2 Hs. 1 in der Regel zu befristen.[101] Im Einzelfall lässt die Vorschrift jedoch auch unbefristete Maßnahmen zu.[102] Die Bemessung der Frist obliegt dem Tatrichter unter Berücksichtigung der Umstände des Einzelfalls[103] sowie Anzahl, Dauer und Schwere der jeweiligen Rechtsgutsverletzungen.[104] Sind auch nach Ablauf der ursprünglich bestimmten Frist weitere Beeinträchtigungen zu besorgen, kann die Frist nach § 1 Abs. 1 S. 2 Hs. 2 verlängert werden, auch mehrfach.[105] Dies setzt voraus, dass es während der bisherigen Geltungsdauer zu (weiteren) Zuwiderhandlungen gegen die Anordnung gekommen ist.[106] Aus länger zurückliegenden Verletzungshandlungen kann nicht ohne weiteres auf eine fortbestehende Wiederholungsgefahr geschlossen werden.[107] 33

**8. Wirksamkeit.** Die Endentscheidung in Gewaltschutzsachen wird nach § 216 Abs. 1 S. 1 FamFG mit der Rechtskraft wirksam. Das Gericht soll nach § 216 Abs. 1 S. 2 FamFG die sofortige Wirksamkeit anordnen. Mit der Anordnung der sofortigen Wirksamkeit kann das Gericht nach § 216 Abs. 2 S. 1 FamFG auch die Zulässigkeit der Vollstreckung vor Zustellung an den Antragsgegner anordnen. In diesem Fall tritt nach § 216 Abs. 2 S. 2 FamFG die Wirksamkeit mit Übergabe der Entscheidung an die Geschäftsstelle zur Bekanntmachung ein; dieser Zeitpunkt ist auf der Entscheidung zu vermerken. 34

**9. Vollstreckung.** Endentscheidungen in der Hauptsache nach § 1 GewSchG werden nach §§ 95 f. FamFG iVm §§ 890, 891 ZPO vollstreckt. Die Zwangsvollstreckung zur Erzwingung von **Unterlassungsanordnungen** setzt danach grundsätzlich eine schuldhafte Zuwiderhandlung voraus, für die ggf. Vollbeweis zu führen ist. Die Vollstreckung erfolgt im Parteibetrieb, da es dem Opfer überlassen bleiben soll, ob und wann die Möglichkeiten der Vollstreckung ausgeschöpft werden 35

91 BT-Drs. 14/5429, 29.
92 BGH NJW 2014, 1381 = FamRZ 2014, 825 Rn. 11; BT-Drs. 14/5429, 28, 41.
93 BT-Drs. 14/5429, 29.
94 BGH NJW 2014, 1381 = FamRZ 2014, 825 (826).
95 Vgl. hierzu OLG Stuttgart FamRZ 2004, 876 (876).
96 BT-Drs. 14/5429, 29.
97 Vgl. Zöller/*Stöber* ZPO § 890 Rn. 8.
98 Vgl. OLG Karlsruhe FamRZ 2008, 291 (292).
99 *Krüger* NZFam 2016, 294 (295 f.).
100 BT-Drs. 14/5429, 29.
101 Vgl. auch OLG Celle NJW-RR 2009, 1307 = FamRZ 2009, 1751 (1752); OLG Köln FamRZ 2003, 1281 (1282); OLG Koblenz EzFamR aktuell 2003, 151 (152).
102 BGH NJW 2014, 1381 Rn. 15 = FamRZ 2014, 825.
103 Vgl. OLG Brandenburg ZKJ 2006, 375 (376): üblicherweise für eine Zeit von bis zu sechs Monaten; OLG Köln FamRZ 2003, 1281(1282); OLG Naumburg FPR 2003, 376 (376): bis zur Beendigung des Hauptsacheverfahrens.
104 BT-Drs. 14/5429, 28.
105 BT-Drs. 14/5429, 28.
106 OLG Bremen FamRZ 2013, 1828 (1828).
107 OLG Celle FamRZ 2009, 1751 (1752).

sollen.[108] Die Vollstreckung kann aus wirksamen gerichtlichen Beschlüssen, gerichtlich gebilligten Vergleichen[109] oder sonstigen **Vollstreckungstiteln** iSd § 794 ZPO betrieben werden (§ 86 FamFG). Gemäß § 87 Abs. 2 FamFG muss die Entscheidung spätestens bei Vollstreckungsbeginn dem Antragsgegner zugestellt werden. Das FamG kann bei besonderer **Eilbedürftigkeit** nach § 216 Abs. 2 S. 1 FamFG anordnen, dass die Vollstreckung schon vor Zustellung an den Antragsgegner zulässig ist. Bei einer Schutzanordnung nach § 1 kann das Opfer – unbeschadet der Vollstreckungsmöglichkeit nach § 890 ZPO – nach § 96 Abs. 1 S. 1 FamFG zur Beseitigung jeder andauernden Zuwiderhandlung einen **Gerichtsvollzieher zuziehen;** dieser kann zur Brechung von Widerstand Gewalt anwenden sowie Polizei oder Zeugen hinzuziehen (§ 96 Abs. 1 S. 2 FamFG iVm § 758 Abs. 3 ZPO, § 759 ZPO). So kann beispielsweise der gewalttätige Täter, dem ein Betretungs- oder Näherungsverbot auferlegt wurde, aus dem Eingangsbereich der Wohnung entfernt werden.[110] Zur Beschleunigung der Vollstreckbarkeit dürfte es sich empfehlen, diese Befugnisse des Gerichtsvollziehers im Tenor der Schutzanordnung deklaratorisch ausdrücklich klarzustellen. Darüber hinaus kann nach § 95 Abs. 1 Nr. 4 FamFG, § 96 Abs. 1 S. 3 FamFG, §§ 890, 891 ZPO auch die Verhängung von Ordnungsmitteln betrieben werden.[111] Verpflichtet eine Schutzanordnung nach § 1 den Täter lediglich dazu, die eheliche Wohnung zu verlassen (und nicht zur Räumung, vgl. dazu § 2), richtet sich die Vollstreckung nach § 888 ZPO.[112]

36 **Versöhnen** sich die Parteien nach einer Schutzanordnung und wohnen sie wieder zusammen, so hat der Antragsteller den Titel herauszugeben; das Opfer darf den Titel nicht für den Fall zurückhalten, das es während der Befristung nach § 1 Abs. 1 S. 2 noch einmal beabsichtigen sollte, gegen den Täter zu vollstrecken.[113] Gleiches gilt, wenn der Antragsteller aus eigenem Antrieb auf den Schutz durch die Anordnung gemäß § 1 verzichtet, indem er etwa in Kenntnis der möglichen Gewalttätigkeit unmittelbaren Kontakt zu dem Täter sucht, ohne einen Dritten hinzuzuziehen.[114] Zweck einer Anordnung nach dem GewSchG ist nicht, dass das Opfer von Fall zu Fall entscheiden kann, sich auf den Schutz durch die Anordnung zu berufen oder nicht. Sucht das Opfer selbst den Kontakt, fällt das Rechtschutzbedürfnis für ein Kontakt- und Näherungsverbot weg.[115]

37 Erfolgt ein Verstoß gegen ein befristetes Unterlassungsgebot nach § 1 GewSchG innerhalb der Verbotsfrist, kann ein Ordnungsgeld auch noch nach Ablauf der Verbotsfrist verhängt werden, da **Ordnungsmittel** nach § 890 ZPO nicht nur präventiv künftige Zuwiderhandlungen verhindern sollen, sondern auch repressiv vergangene Verstöße sanktionieren sollen.[116] Dass zusätzlich gemäß § 4 strafrechtliche Sanktionen drohen, ändert daran nichts. Ordnungsmittel können daher auch dann festgesetzt und vollstreckt werden, wenn die zu vollstreckende Unterlassung wegen Fristablaufs nicht mehr geschuldet ist.[117] Ein Vergleich kann nach überwiegender Meinung keine wirksame Androhung von Ordnungsgeld enthalten. Macht sich jedoch das Gericht einen Vergleich zu eigen, der eine Verpflichtungserklärung des Täters enthält, für den Fall der Zuwiderhandlung ein Ordnungsgeld zu zahlen, entspricht dies der Androhung eines Ordnungsgeldes durch das Gericht.[118] Da Ordnungsmittel nach § 95 Abs. 1 Nr. 4 FamFG, § 890 ZPO auch Sanktionscharakter haben, setzt ihre Anordnung voraus, dass der Täter bei Verstoß gegen die Schutzanordnung schuldfähig ist (zur Schuldfähigkeit bei der Anlasstat → Rn. 19);[119] eine eingeschränkte Schuldfähigkeit ist aber bei der Zumessung der Ordnungsmittel zu berücksichtigen.[120]

38 Zur Vollstreckung vor Inkrafttreten des FamFG zum 1.9.2009 → 5. Aufl. 2010, Rn. 29.[121]

39 **10. Streitwert.** Der Verfahrenswert beläuft sich in der Hauptsache nach § 49 Abs. 1 FamGKG für Verfahren nach § 1 auf 2.000 EUR; nach besonderen Umständen des Einzelfalles können nach

---

108 BT-Drs. 14/5429, 36.

109 Vgl. dazu OLG Naumburg FamRZ 2007, 1178 (1179); OLG Karlsruhe BeckRS 2005, 2618.

110 BT-Drs. 14/5429, 35.

111 Vgl. OLG Zweibrücken FamRZ 2010, 1369 (1369).

112 Vgl. AG Gladbeck FamRZ 1992, 589 (589); OLG Köln FamRZ 1983, 1231 (1231).

113 KG Berlin FamRZ 2006, 49 (50) mAnm *Müller* FamRB 2005, 263 (263); OLG Hamburg FamRZ 2016, 989 (990).

114 OLG Hamburg FamRZ 2016, 989 (990).

115 OLG Hamburg FamRZ 2016, 989 (990).

116 BGH NJW-RR 2017, 836 = FamRZ 2017, 1329 (1330); OLG Karlsruhe BeckRS 2015, 10548 (Rn. 9); aA OLG Celle FamRZ 2013, 1758 (1759).

117 BGH NJW-RR 2017, 836 = FamRZ 2017, 1329 (1330).

118 OLG Frankfurt NJW-RR 2006, 1441 (1441).

119 OLG Hamm BeckRS 2017, 104328 Rn. 22.

120 OLG Bremen BeckRS 2015, 09697.

121 Zur Frage des nach dem 1.9.2009 für die Vollstreckung aus einer zuvor von einer Zivilabteilung erlassenen Gewaltschutzanordnung vgl. OLG Hamm FamRZ 2010, 920.

§ 49 Abs. 2 FamGKG höhere oder niedrigere Werte festgesetzt werden. Auf die Anzahl der nach § 1 begehrten Schutzanordnungen kommt es dabei nicht an.[122] Bei mehreren Anträgen (Hauptanträgen oder einstweiligen Anordnungen) sind die Werte zu addieren,[123] ebenso, wenn neben Maßnahmen nach § 1 auch eine Wohnungszuweisung nach § 2 beantragt wird[124] oder wenn es wegen mehrerer Antragsteller zu einer subjektiven Antragshäufung kommt.[125]

**11. Kosten.** Die Kosten ergeben sich aus §§ 80 ff. FamFG. In einem Verfahren, in dem Schutzmaßnahmen nach §§ 1, 2 zu treffen sind, sind die Kosten des Verfahrens aus Billigkeitsgründen regelmäßig dem Täter aufzuerlegen.[126] 40

**12. Rechtsmittel.** Entscheidungen in Gewaltschutzsachen in der Hauptsache sind durch die **Beschwerde** (§§ 58 ff. FamFG) anfechtbar. Die Beschwerdefrist beträgt dabei nach § 63 Abs. 1 FamFG einen Monat. Das Gericht, dessen Beschluss angefochten wird, ist nach § 68 Abs. 1 S. 2 FamFG zur Abhilfe nicht befugt. **Rechtsbeschwerde** ist (in der Hauptsache) nach § 70 FamFG statthaft, wenn sie das Beschwerdegericht zugelassen hat. Die Rechtsbeschwerde ist nach § 70 Abs. 2 FamFG bei grundsätzlicher Bedeutung, zur Fortbildung des Rechts oder zur Sicherung einer einheitlichen Rspr. zuzulassen. § 75 FamFG sieht die Möglichkeit der Sprungrechtsbeschwerde vor. 41

## III. Einstweilige Anordnung

**1. Zulässigkeit und Verfahren. Einstweilige Anordnungen** sind nach § 214 FamFG, §§ 49 ff. FamFG auf Antrag möglich. Ein dringendes Bedürfnis für ein sofortiges Tätigwerden des Gerichts liegt nach § 214 Abs. 1 S. 2 FamFG in der Regel vor, wenn eine Tat nach § 1 begangen wurde oder aufgrund konkreter Umstände mit der Begehung zu rechnen ist. Im Gegensatz zur Rechtslage vor Inkrafttreten des FamFG zum 1.9.2009 ist die **Anhängigkeit eines Hauptsacheverfahrens oder** die Einreichung eines diesbezüglichen **Antrags auf Verfahrenskostenhilfe nicht** (mehr) **erforderlich.** Wird dennoch mit dem Antrag auf Erlass einer einstweiligen Anordnung zeit- und inhaltsgleich ein Hauptsacheantrag im Gewaltschutzverfahren gestellt, so ist letzterer in der Regel mutwillig iSv § 114 ZPO.[127] Ob das auch für den Fall gilt, dass bereits eine einstweilige Anordnung vorliegt und dann Verfahrenskostenhilfe für ein Hauptsacheverfahren verlangt wird bzw. in der Hauptsache eine unbefristete Anordnung angestrebt wird, ist umstritten.[128] Das Verfahren der einstweiligen Anordnung ist nach § 51 Abs. 3 S. 1 FamFG ein selbständiges Verfahren, auch wenn eine Hauptsache anhängig ist. Der Gegner kann nach § 52 FamFG die Einleitung eines Hauptsacheverfahrens erzwingen. Wird eine einstweilige Anordnung ohne mündliche Verhandlung erlassen, ist auf Antrag auf Grund mündlicher Verhandlung (zeitnah)[129] erneut zu entscheiden (§ 54 Abs. 2 FamFG). Der Antrag auf Feststellung der Rechtswidrigkeit nach § 62 FamFG schließt auch die Verletzung dieses Verfahrensrechts ein. Der Antrag auf Erlass einer einstweiligen Anordnung gilt im Falle des Erlasses ohne mündliche Erörterung nach § 214 Abs. 2 FamFG zugleich als Auftrag zur Zustellung durch den Gerichtsvollzieher unter Vermittlung der Geschäftsstelle und als Auftrag zur Vollstreckung; auf Verlangen des Antragstellers darf die Zustellung nicht vor der Vollstreckung erfolgen. Das Gericht kann nach § 53 Abs. 2 FamFG anordnen, dass die Vollstreckung der einstweiligen Anordnung vor Zustellung an den Verpflichteten zulässig ist; in diesem Fall wird die einstweilige Anordnung mit dem Erlass wirksam. Das zuständige Gericht ergibt sich aus § 50 FamFG. Die Aufhebung oder Änderung einer einstweiligen Anordnung richtet sich nach § 54 FamFG. Die **Beiordnung eines Rechtsanwaltes** im Rahmen der Verfahrenskostenhilfe nach § 78 Abs. 2 FamFG ist im Verfahren auf Erlass einer einstweiligen Anordnung in Gewaltschutzsachen nicht unbedingt geboten. Gewaltschutzsachen sind nicht generell als in tatsächlicher oder rechtlicher Hinsicht schwierig einzuordnen.[130] Hat der Antragsteller selbst das Verfahren bereits soweit gefördert (oder ist ihm dies zuzumuten), dass es zu seinen Gunsten entscheidungsreif ist, kommt die Beiordnung eines 42

---

122 OLG Frankfurt NZFam 2015, 84 (84).

123 OLG Nürnberg MDR 2008, 773 (773); OLG Zweibrücken OLGR 2008, 367 (367); OLG Dresden FamRZ 2006, 803 (803); OLG Koblenz FamRZ 2005, 1849 mAnm *Müller* FamRB 2005, 330; anders OLG Hamm AGS 2004, 79 (79): es sei nicht nach jeder Maßnahme unterschieden zu addieren.

124 OLG Frankfurt NZFam 2015, 84 (84).

125 OLG Frankfurt NZFam 2016, 277 (277).

126 OLG Brandenburg FamRZ 2015, 524 (524).

127 OLG Celle FamRZ 2010, 1586 (1587).

128 Für Mutwilligkeit auch in diesem Fall OLG Zweibrücken FamRZ 2010, 666 (667); dagegen OLG Hamm FamRZ 2010, 825 (826); OLG Stuttgart FamRZ 2010, 1266 (1266).

129 OLG München FamRZ 2010, 1755 (1756).

130 Vgl. OLG Celle FamRZ 2011, 1971 (1971).

Rechtsanwaltes nicht in Betracht.[131] In die gebotene einzelfallbezogene Abwägung[132] sind auch subjektive Kriterien und die Bedeutung der Angelegenheit für die Beteiligten mit einzubeziehen.[133] In einem Verfahren zur Vollstreckung der Verpflichtung zur Abgabe einer Willenserklärung aus einem Prozessvergleich in einem Gewaltschutzverfahren (einstweilige Anordnung) ist angesichts der Schwierigkeit der Sach- und Rechtslage ein Rechtsanwalt beizuordnen.[134]

43 **2. Voraussetzungen.** Das Regelungsbedürfnis für eine einstweilige Anordnung nach § 214 FamFG ergibt sich unmittelbar aus § 1 Abs. 1 S. 1, Abs. 2. Die einstweilige Anordnung muss erforderlich sein, um weitere Verletzungen bzw. Drohungen zu verhindern.

44 Nach § 49 Abs. 1 FamFG kann das Gericht eine einstweilige Anordnung treffen, soweit dies nach den für das Rechtsverhältnis maßgebenden Vorschriften gerechtfertigt ist und ein dringendes Bedürfnis für ein sofortiges Tätigwerden des Gerichts besteht. Letzteres liegt nach § 214 Abs. 1 S. 2 FamFG in der Regel vor, wenn eine Tat nach § 1 begangen wurde oder auf Grund konkreter Umstände mit der Begehung zu rechnen ist.

45 **3. Glaubhaftmachung.** Die für den Erlass einer einstweiligen Anordnung erforderlichen Tatsachen sind nach § 51 Abs. 1 S. 2 FamFG glaubhaft zu machen.[135] Zur Glaubhaftmachung nach § 31 FamFG können im Einzelfall auch Polizeiberichte und ärztliche Zeugnisse ausreichen; besondere Anforderungen an deren Form sind dabei nicht festgelegt, so dass in besonders eiligen Fällen Erkenntnisse auch durch telefonische Rückfragen gewonnen werden können.[136]

46 **4. Regelungsgegenstand.** Die vom Gericht nach § 49 FamFG zu treffenden erforderlichen Regelungen sind nach den allgemeinen Grundsätzen des Rechts der freiwilligen Gerichtsbarkeit in dessen pflichtgemäß auszuübendes Ermessen gestellt.[137] Der Regelungsgegenstand der einstweiligen Anordnung muss aber stets die Grenzen des Verfahrens in der Hauptsache wahren.[138] Zur Abwendung einer akuten Gefahr können ausnahmsweise und bei besonderer Dringlichkeit Maßnahmen ergehen, die grundsätzlich der Hauptsache vorbehalten sind.[139] Ist die Hauptsache (durch die im Rahmen der Ermittlungen gewonnenen Kenntnisse des Gerichts) schon entscheidungsreif, darf eine einstweilige Anordnung nicht mehr ergehen.[140] Die einstweilige Anordnung ist grundsätzlich zu befristen.[141] Unterbleibt eine Befristung, wird in einem Ordnungsgeldverfahren wegen behaupteter Verstöße gegen die Anordnung mehrere Jahre später dem Verhältnismäßigkeitsgrundsatz besondere Beachtung zu schenken sein.[142]

47 **5. Wirksamkeit und Vollstreckung.** Grundsätzlich wie im Hauptsacheverfahren. Das Gericht kann nach § 53 Abs. 2 FamFG anordnen, dass die Vollstreckung der einstweiligen Anordnung vor Zustellung an den Verpflichteten zulässig ist; in diesem Fall wird die einstweilige Anordnung mit dem Erlass wirksam. Die Zwangsvollstreckung zur Erzwingung von Unterlassungen aufgrund einstweiliger Anordnungen ist nur bei Vorliegen einer vollstreckbaren Ausfertigung des Vollstreckungstitels zulässig.[143] Aufhebung bzw. Änderung einer einstweiligen Anordnung richtet sich nach § 54 FamFG, das Außerkrafttreten nach § 56 FamG. Soweit nach § 54 FamFG die Änderung einer einstweiligen Anordnung betrieben wird, kann nach § 55 FamFG die Vollstreckung vorläufig ausgesetzt oder beschränkt werden. Gleiches gilt für das Beschwerdegericht im Falle des § 57 FamFG.

48 **6. Streitwert.** Nach § 41 FamGKG ist in der Regel von der Hälfte des für die Hauptsache bestimmten Wertes auszugehen.

---

[131] OLG Brandenburg MDR 2015, 298 (298); OLG Karlsruhe NJW-RR 2015, 262 Rn. 7.

[132] BGH NJW 2010, 3029 = FamRZ 2010, 1427 (1431).

[133] OLG Frankfurt FamRZ 2015, 947 (947); OLG Saarbrücken MDR 2011, 1007 (1007); OLG Karlsruhe FamRZ 2010, 2003 (2005).

[134] OLG München FamRZ 2014, 587 (588).

[135] Vgl. OLG Saarbrücken FPR 2011, 234 (234); OLG Köln BeckRS 2010, 28638. Zur Glaubhaftmachung einer Verletzungshandlung iSd § 1, die zuvor vom Antragsteller gegenüber der Polizei verneint wurde, vgl. AG Flensburg JurBüro 2005, 55 (55).

[136] Zu den Voraussetzungen eines Beweisverwertungsverbotes von Videoaufzeichnungen im öffentlichen Verkehrsraum vgl. OLG Saarbrücken BeckRS 2010, 28142.

[137] BT-Drs. 14/5429, 36.

[138] Vgl. zur Anordnung einer ein Jahr dauernden Schutzmaßnahme im Eilverfahren AG Bremen NZFam 2016, 949 (949).

[139] Vgl. *Dose/Kraft*, Einstweiliger Rechtsschutz in Familiensachen, 4. Aufl. 2018, 110 f.

[140] OLG Frankfurt FamRZ 2000, 1037 (1037).

[141] OLG Saarbrücken FamRZ 2010, 1810 (1812); OLG Hamburg BeckRS 2011, 05165. Zu einer Ausnahme bei Nachstellungen angesichts fehlender Einsicht des Täters vgl. OLG Naumburg BeckRS 2010, 33319.

[142] OLG Hamm NJW-Spezial 2015, 358 (358).

[143] OLG Karlsruhe FamRZ 2008, 291 (292).

**7. Kosten.** Zu den Kosten s. § 51 Abs. 4 FamFG, §§ 80 ff. FamFG. 49

**8. Rechtsmittel.** Entscheidungen in Verfahren der einstweiligen Anordnung in Gewaltschutzsachen sind bei Entscheidung aufgrund mündlicher Erörterung (§ 57 S. 2 Nr. 4 FamFG) durch die **Beschwerde** (§§ 58 ff. FamFG) anfechtbar.[144] Die Beschwerdefrist beträgt dabei nach § 63 Abs. 2 Nr. 1 FamFG zwei Wochen. Das Gericht, dessen Beschluss angefochten wird, ist nach § 68 Abs. 1 S. 2 FamFG zur Abhilfe nicht befugt. Hat das Gericht im schriftlichen Verfahren entschieden, scheidet eine Beschwerde aus. Der Antragsgegner kann allerdings gemäß § 54 Abs. 2 FamFG eine erneute Entscheidung nach mündlicher Verhandlung beantragen oder gemäß § 52 Abs. 2 S. 1 FamFG beantragen, eine Frist für die Einleitung des Hauptsacheverfahrens zu setzen.[145] **Rechtsbeschwerde** ist nach § 70 Abs. 4 FamFG im Verfahren einer einstweiligen Anordnung nicht statthaft und kann auch nicht durch eine (irrtümliche) Zulassung durch das Beschwerdegericht eröffnet werden.[146] Während eine einstweilige Anordnungssache beim Beschwerdegericht anhängig ist, ist eine Aufhebung oder Änderung der angefochtenen Entscheidung durch das erstinstanzliche Gericht nach § 54 Abs. 4 FamFG unzulässig. 50

## IV. Auslandsbezug

Da Gewaltschutzmaßnahmen unterschiedliche materielle Rechtsbereiche tangieren – insbesondere das Delikts- und Familienrecht (→ Rn. 4) –, kommen für die Behandlung von Fällen mit Auslandsbezug verschiedene Regime des Kollisionsrechts bzw. internationalen Zivilverfahrensrechts in Frage. Die Behandlung von Gewaltschutzfällen mit Auslandsbezug ist daher komplex.[147] 51

Die **internationale Zuständigkeit** für Maßnahmen nach § 1 richtet sich grundsätzlich nach der Brüssel Ia-VO bzw. dem LugÜ 2007.[148] Dies gilt auch für Gewaltschutzmaßnahmen zwischen Eheleuten und Lebenspartnern (→ 7. Aufl. 2018, EGBGB Anh. Art. 17a Rn. 77 f.).[149] Da Gewaltschutzanordnungen im Kern deliktische Ansprüche absichern und nicht spezifisch ehe- bzw. familienrechtlicher Natur sind (→ Rn. 4), unterfallen sie nicht den Bereichsausnahmen der Art. 1 Abs. 2 lit. a Brüssel Ia-VO bzw. Art. 1 Abs. 2 lit. a LugÜ 2007. Zuständig sind somit die Gerichte des Mitgliedstaates, in dem der Antragsgegner seinen Wohnsitz hat (Art. 4 Abs. 1 Brüssel Ia-VO; Art. 2 Abs. 1 LugÜ 2007) sowie das Gericht des Ortes, an dem das Ereignis eingetreten ist oder einzutreten droht, das der Gewaltschutzanordnung zugrunde liegt (Art. 7 Nr. 2 Brüssel Ia-VO; Art. 5 Nr. 3 LugÜ 2007). Es ist somit häufig eine Klage auch am gewöhnlichen Aufenthalt des Opfers als dem Ort, an dem eine zukünftige Schädigung einzutreten droht, möglich. Hat der Antragsgegner seinen Wohnsitz nicht in einem EU-Mitgliedstaat oder Vertragsstaat des LugÜ 2007, richtet sich die internationale Zuständigkeit nach autonomem Recht. Danach folgt die internationale Zuständigkeit deutscher Gerichte ihrer örtlichen Zuständigkeit (§§ 105, 211 FamFG; zur örtlichen Zuständigkeit → Rn. 7).[150] 52

Da die Gewaltschutzanordnungen deliktische Ansprüche absichern, kommt grundsätzlich das **Deliktsstatut** zur Anwendung (Art. 4 Rom II-VO).[151] Bei innerfamiliären Schutzmaßnahmen kann die Anwendung der Rom II-VO jedoch Fragen aufwerfen. Laut Art. 1 Abs. 2 lit. a Rom II-VO sind außervertragliche Schuldverhältnisse aus einem Familienverhältnis vom Anwendungsbereich der Rom II-VO ausgeschlossen. Die Bereichsausnahme soll jedoch nur solche Ansprüche erfassen, die ihren Rechtsgrund gerade im Familienverhältnis haben.[152] Dies wird im Rahmen des Gewaltschutzrechts insbesondere bei der Zuweisung von Ehe- bzw. Lebenspartnerschaftswohnungen diskutiert (dazu → § 2 Rn. 27).[153] Auch bei Stalking wird – teilweise beschränkt auf Stalking unter Eheleuten bzw. Lebenspartnern – eine Anwendung der Rom II-VO mitunter abgelehnt und auf Art. 40 EGBGB verwiesen.[154] Auch in diesen Fällen steht jedoch das Familienverhältnis nicht derart im 53

---

144 Vgl. OLG Frankfurt FamRZ 2016, 1796.
145 *Cirullies* FamRZ 2016, 953 (954).
146 BGH NJW-RR 2013, 1470 = FamRZ 2013, 1878.
147 Zur Meinungsvielfalt *Dutta* FamRZ 2015, 85 (86).
148 Prütting/Helms/*Hau,* 4. Aufl. 2018, FamFG § 105 Rn. 13.
149 Rauscher/*Binder* EU-SchutzMVO Einl. Rn. 15; Prütting/Helms/*Hau,* 4. Aufl. 2018, FamFG § 105 Rn. 13; aA MüKoFamFG/*Rauscher* FamFG § 105 Rn. 7.
150 Prütting/Helms/*Hau,* 4. Aufl. 2018, FamFG § 105 Rn. 14.
151 BeckOGK/*Schulte-Bunert* Rn. 127.
152 *Hohloch* IPRax 2012, 110 (113); BeckOGK/*Schulte-Bunert* Rn. 127. Weitgehend gegen die Anwendung der Rom II-VO bei innerfamiliären Gewaltschutzmaßnahmen und somit für eine Anwendung des Art. 40 EGBGB *Pietsch* FuR 2016, 685 (686).
153 JurisPK-BGB/*Lund* Rom II-VO Art. 1 Rn. 52; Staudinger/*Mankowski,* 2010, EGBGB Art. 17a Rn. 25 f.
154 Wegen Familienbezug gemäß Art. 1 Abs. 2 lit. a Rom II-VO: Staudinger/*Mankowski,* 2010, EGBGB Art. 17a Rn. 25 f.; auch außerhalb der Familie als Verletzung der Privatsphäre und Persönlichkeitsrechte iSd Art. 1 Abs. 2 lit. g Rom II-VO: BeckOGK/*Schulte-Bunert* Rn. 130.

Vordergrund, dass es zu einer Anwendung der genannten Bereichsausnahme kommen sollte. Es bleibt daher bei der Anwendung der Rom II-VO.

54 Die **Anerkennung und Vollstreckung** von bestimmten Gewaltschutzmaßnahmen, die von Gerichten im EU-Ausland[155] erlassen wurden, unterliegt seit dem 11.1.2015 einem vereinheitlichten europäischen Regime. Zu einer Vereinheitlichung der internationalen Zuständigkeit und des Kollisionsrechts kam es dabei leider nicht.[156] Da in den unterschiedlichen Mitgliedstaaten Gewaltschutzmaßnahmen teils zivilrechtlich, teils strafrechtlich konzipiert sind, griff der EU-Gesetzgeber auf zwei getrennte Rechtsakte zurück.[157] Bei zivilrechtlichen Entscheidungen ergibt sich die Anerkennung und Vollstreckung aus der VO (EU) Nr. 606/2013;[158] bei strafrechtlichen aus der RL 2011/99/EU.[159] Beide wurden durch das EU-Gewaltschutzverfahrensgesetz (EUGewSchVG) umgesetzt.[160] Zuständig für die Durchsetzung EU-ausländischer Gewaltschutzanordnungen sind die Familiengerichte, unabhängig davon, ob es sich um zivilrechtliche oder strafrechtliche Maßnahmen handelt. Die Vollstreckung richtet sich dabei grundsätzlich nach deutschem Vollstreckungsrecht (→ Rn. 35 ff., → Rn. 47).[161] Bezüglich mancher EU-ausländischer Gewaltschutzmaßnahmen genießen andere Rechtsquellen Vorrang. So räumt Art. 2 Abs. 3 VO (EU) Nr. 606/2013 der Brüssel IIa-VO Vorrang ein. Dies betrifft vor allem Kindschaftssachen, also Maßnahmen, die mit hiesigen Maßnahmen nach §§ 1666, 1666a BGB vergleichbar sind und gemäß § 3 Abs. 1 nicht vom GewSchG erfasst sind (→ § 3 Rn. 1).[162] Die Vollstreckung von Gewaltschutzanordnungen aus dem EU-Ausland, die nicht in den Anwendungsbereich der VO (EU) 606/2013 fallen (gemäß Art. 3 Nr. 1 VO (EU) 606/2013 sind beispielsweise nur Maßnahmen zum Schutz vor Gefährdungen der körperlichen und seelischen Unversehrtheit des Opfers, nicht aber dessen Freiheit, erfasst; gemäß Art. 3 Nr. 1 VO (EU) 606/2013 sind zudem Wohnungszuweisungen nicht im Anwendungsbereich inbegriffen, → § 2 Rn. 27), richtet sich nach der Brüssel Ia-VO. Über die Vollstreckung von Maßnahmen aus Drittstaaten entscheiden abhängig von deren Herkunftsstaat das LugÜ 2007, staatsvertragliche Regelungen oder autonomes Recht.

## § 2 Überlassung einer gemeinsam genutzten Wohnung

**(1) Hat die verletzte Person zum Zeitpunkt einer Tat nach § 1 Abs. 1 Satz 1, auch in Verbindung mit Abs. 3, mit dem Täter einen auf Dauer angelegten gemeinsamen Haushalt geführt, so kann sie von diesem verlangen, ihr die gemeinsam genutzte Wohnung zur alleinigen Benutzung zu überlassen.**

**(2) [1]Die Dauer der Überlassung der Wohnung ist zu befristen, wenn der verletzten Person mit dem Täter das Eigentum, das Erbbaurecht oder der Nießbrauch an dem Grundstück, auf dem sich die Wohnung befindet, zusteht oder die verletzte Person mit dem Täter die Wohnung gemietet hat. [2]Steht dem Täter allein oder gemeinsam mit einem Dritten das Eigentum, das Erbbaurecht oder der Nießbrauch an dem Grundstück zu, auf dem sich die Wohnung befindet, oder hat er die Wohnung allein oder gemeinsam mit einem Dritten gemietet, so hat das Gericht die Wohnungsüberlassung an die verletzte Person auf die Dauer von höchstens sechs Monaten zu befristen. [3]Konnte die verletzte Person innerhalb der vom Gericht nach Satz 2 bestimmten Frist anderen angemessenen Wohnraum zu zumutbaren Bedingungen nicht beschaffen, so kann das Gericht die Frist um höchstens weitere sechs Monate verlängern, es sei denn, überwiegende Belange des Täters oder des Dritten stehen entgegen. [4]Die Sätze 1 bis 3 gelten entsprechend für das Wohnungseigentum, das Dauerwohnrecht und das dingliche Wohnrecht.**

**(3) Der Anspruch nach Absatz 1 ist ausgeschlossen,**
**1. wenn weitere Verletzungen nicht zu besorgen sind, es sei denn, dass der verletzten Person das weitere Zusammenleben mit dem Täter wegen der Schwere der Tat nicht zuzumuten ist oder**

---

155 An der VO (EU) Nr. 606/2013 ist Dänemark nicht beteiligt, an der RL 2011/99/EU weder Dänemark noch Irland.
156 Krit. insoweit etwa *Dutta* FamRZ 2015, 85 (86).
157 *Pietsch* FuR 2016, 685 (687 f.); *Dutta* FamRZ 2015, 85 ff.
158 VO (EU) Nr. 606/2013 des Europäischen Parlaments und des Rates vom 12.6.2013 über die gegenseitige Anerkennung von Schutzmaßnahmen in Zivilsachen, ABl. EU 2013 L 181, 4.
159 RL 2011/99/EU des Europäischen Parlaments und des Rates vom 13.12.2011 über die Europäische Schutzanordnung, ABl. EU 2011 L 338, 2.
160 Dazu *Dutta* FamRZ 2015, 85; *Schneider* FamRB 2015, 112; Rauscher/*Binder* EU-SchutzMVO.
161 *Dutta* FamRZ 2015, 85 (89, 91).
162 *Dutta* FamRZ 2015, 85 (90).

**2. wenn die verletzte Person nicht innerhalb von drei Monaten nach der Tat die Überlassung der Wohnung schriftlich vom Täter verlangt oder**
**3. soweit der Überlassung der Wohnung an die verletzte Person besonders schwerwiegende Belange des Täters entgegenstehen.**

**(4) Ist der verletzten Person die Wohnung zur Benutzung überlassen worden, so hat der Täter alles zu unterlassen, was geeignet ist, die Ausübung dieses Nutzungsrechts zu erschweren oder zu vereiteln.**

**(5) Der Täter kann von der verletzten Person eine Vergütung für die Nutzung verlangen, soweit dies der Billigkeit entspricht.**

**(6) [1]Hat die bedrohte Person zum Zeitpunkt einer Drohung nach § 1 Abs. 2 Satz 1 Nr. 1, auch in Verbindung mit Abs. 3, einen auf Dauer angelegten gemeinsamen Haushalt mit dem Täter geführt, kann sie die Überlassung der gemeinsam genutzten Wohnung verlangen, wenn dies erforderlich ist, um eine unbillige Härte zu vermeiden. [2]Eine unbillige Härte kann auch dann gegeben sein, wenn das Wohl von im Haushalt lebenden Kindern beeinträchtigt ist. [3]Im Übrigen gelten die Absätze 2 bis 5 entsprechend.**

**Übersicht**



## I. Normzweck

§ 2 gibt dem Opfer eine deliktsrechtliche Anspruchsgrundlage für die Wohnungsüberlassung bei Gewalttaten in häuslichen Gemeinschaften.[1] § 1361b BGB und § 14 LPartG enthalten vergleichbare Regeln für Eheleute bzw. Lebenspartner, die getrennt leben oder von denen einer getrennt leben will. § 2 erstreckt die Möglichkeit der Wohnungszuweisung jenseits dieser formalisierten Paarbeziehungen allgemein auf Personen, die einen auf Dauer angelegten gemeinsamen Haushalt führen.[2] Eine Wohnungsüberlassung ist möglich, wenn es zu einer Verletzung des Körpers, der Gesundheit oder der Freiheit kam (Abs. 1) oder wenn eine solche Verletzung angedroht wurde (Abs. 6). Allgemein zum Normzweck des GewSchG → § 1 Rn. 1 ff. 1

## II. Hauptantrag

**1. Zuständigkeit und Verfahren.** Zuständig für Verfahren nach § 2 sind gemäß § 23a Abs. 1 Nr. 1 GVG, § 23b GVG, § 111 Nr. 6 FamFG, § 210 FamFG die Amtsgerichte als **Familiengerichte.** Die örtliche Zuständigkeit ergibt sich, wie bei Verfahren nach § 1, aus § 211 FamFG. 2

Ob die Parteien verheiratet sind, spielt keine Rolle. Jedoch ist für Ehegatten in den Fällen, in denen die Wohnungsüberlassung im Hinblick auf eine beabsichtigte Scheidung begehrt wird, **§ 1361b BGB lex specialis**[3] (→ BGB § 1361b Rn. 2). Dies gilt insbesondere auch dann, wenn die Ehegatten sich auf Grund der Gewalttat getrennt haben bzw. wenn mindestens ein Ehepartner die Trennung begehrt. Die Wohnungsüberlassung nach § 1361b BGB ist in der Regel weiterreichend als die nach § 2; sie dauert grundsätzlich bis zur Scheidung (→ BGB § 1361b Rn. 14). Entsprechendes gilt für Lebenspartner bzgl. § 14 LPartG. 3

**Fehlt es an einem auf Dauer angelegten gemeinsamen Haushalt,** können sich Ansprüche auf Wohnungsüberlassung bei Gewalttaten oder Drohungen aus den allgemeinen schuldrechtlichen Grundsätzen ergeben, wonach Gläubiger und Schuldner sich bei der Abwicklung des Schuldverhält- 4

[1] BT-Drs. 14/5429, 27.
[2] BT-Drs. 14/5429, 15 und 30.
[3] OLG Stuttgart FamRZ 2015, 1189; OLG Naumburg BeckRS 2009, 29089.

nisses so zu verhalten haben, dass die Person, das Eigentum und sonstige Rechtsgüter des anderen Teils nicht verletzt werden.[4] Diese Ansprüche fallen in die Zuständigkeit der allgemeinen Zivilgerichte.

5 Nach § 212 FamFG ist in Verfahren nach § 2 das Jugendamt auf seinen Antrag zu beteiligen, wenn ein Kind im Haushalt lebt. In diesem Fall soll das Gericht zudem nach § 213 Abs. 1 FamFG das Jugendamt anhören und hat ihm nach § 213 Abs. 2 FamFG die Entscheidung mitzuteilen. Dem Jugendamt steht ein eigenes Beschwerderecht gegen den Beschluss zu (§ 213 Abs. 2 S. 2 FamFG). Nach § 215 FamFG soll das Gericht in Verfahren nach § 2 in der Endentscheidung die zu ihrer Durchführung erforderlichen Anordnungen treffen.

6 **2. Voraussetzungen.** Ein Anspruch auf Überlassung der Wohnung nach § 2 setzt nach § 2 Abs. 1 voraus, dass das Opfer zum Tatzeitpunkt mit dem Täter **einen auf Dauer angelegten gemeinsamen Haushalt geführt** hat. Für die Bestimmung des Begriffs ist auf die Definition der Mietrechtsreform zurückzugreifen.[5] Danach setzt dies eine Lebensgemeinschaft voraus, die auf Dauer angelegt ist, keine weiteren Bindungen gleicher Art zulässt und sich durch innere Bindungen auszeichnet, die ein gegenseitiges füreinander Einstehen begründen und die über eine reine Wohn- und Wirtschaftsgemeinschaft hinausgehen. Damit entspricht der Begriff den Kriterien der bisherigen Rspr. zur „eheähnlichen Gemeinschaft", ohne dass es allerdings auf das Vorliegen geschlechtlicher Beziehungen zwischen den Partnern ankommt. Sowohl die hetero- oder homosexuelle Partnerschaft wie auch das dauerhafte Zusammenleben alter Menschen als Alternative zum Alters- oder Pflegeheim, die ihr gegenseitiges füreinander Einstehen zum Beispiel durch gegenseitige Vollmachten dokumentieren, können daher grundsätzlich diese Kriterien erfüllen.[6] Ebenso eine Lebensgemeinschaft von Eltern mit ihren erwachsenen Kindern[7] oder Wohngemeinschaften von Studierenden.[8] Die Vorschrift betrifft nach ihrem eindeutigen Wortlaut lediglich den Fall einer vom Opfer und Täter ursprünglich gemeinsam genutzten Wohnung; hat der Täter in einem Mehrfamilienhaus die unter der Wohnung des Opfers liegende Wohnung angemietet, findet § 2 weder direkt noch entsprechend Anwendung.[9]

7 Liegt eine Tat nach **§ 1 Abs. 1 S. 1** vor, ist die Überlassung der Wohnung an das Opfer an **keine weiteren Voraussetzungen** geknüpft[10] (§ 2 Abs. 1). Insbesondere ist – anders als bei § 1361b BGB – nicht vorausgesetzt, dass die Wohnungsüberlassung zur Vermeidung einer unbilligen Härte erforderlich ist.[11] Schützenswerte Belange des Täters finden (nur) über den Ausschlusstatbestand nach § 2 Abs. 3 Nr. 3 Berücksichtigung.[12] Durch den Verweis auf § 1 Abs. 3 wird klargestellt, dass eine Wohnungsüberlassung auch dann ohne weitere Voraussetzungen in Betracht kommt, wenn der Täter die Tat nach § 1 Abs. 1 S. 1 in einem vorübergehenden Zustand der Unzurechnungsfähigkeit begangen hat.[13]

8 Kam es lediglich zu einer **Drohung nach § 1 Abs. 2 S. 1 Nr. 1,** wiederum auch iVm Abs. 3 (vorübergehende Unzurechnungsfähigkeit), setzt eine Wohnungsüberlassung nach § 2 Abs. 6 voraus, dass die Überlassung erforderlich ist, um eine **unbillige Härte** zu vermeiden. Eine unbillige Härte kann nach § 2 Abs. 6 S. 2 auch dann gegeben sein, wenn das Wohl von im Haushalt lebenden Kindern beeinträchtigt ist. Auf einen Katalog von Härtegründen wurde – wie bei § 1361b BGB – auf Grund der Vielgestaltigkeit der Lebensverhältnisse ausdrücklich zugunsten des auslegungsbedürftigen Rechtsbegriffs der „unbilligen Härte" verzichtet.[14]

9 **3. Regelungsgegenstand. Zugrunde liegendes Rechtsverhältnis.** § 2 ist eine eigenständige allgemeine materiell-rechtliche Anspruchsgrundlage auf Überlassung der Wohnung durch den Täter an das Opfer für dessen Nutzung.[15] Nicht Gegenstand des Verfahrens nach dem GewSchG kann der Antrag sein, dem Täter die Benutzung der Wohnung zusammen mit dem Opfer einzuräumen.[16] § 2 ermöglicht **grundsätzlich nur eine vorläufige Regelung** über die Wohnungsbenutzung. Endgültige Regelungen sind sodann auf der Grundlage des für die Wohnungsbenutzung maßgebli-

---

4 BT-Drs. 14/5429, 19 f.
5 BT-Drs. 14/5429, 30.
6 BR-Drs. 439/00, 92 f.
7 AG Hamburg-Barmbek FamRZ 2004, 473 (437 f.) gegen *Schumacher* FamRZ 2002, 645 (651).
8 *Schumacher* FamRZ 2002, 645 (650).
9 BGH NJW 2014, 1381 = FamRZ 2014, 825 (825).
10 BT-Drs. 14/5429, 30, 31.
11 BT-Drs. 14/5429, 31.
12 BT-Drs. 14/5429, 31.
13 BT-Drs. 14/5429, 31.
14 BT-Drs. 14/5429, 32 iVm 33 iVm 21.
15 BT-Drs. 14/5429, 30.
16 OLG Brandenburg NJW-RR 2006, 220 (221 f.).

chen Rechtsverhältnisses zu treffen.[17] Wohnungsüberlassungen nach § 2 können nicht zu einem Eingriff in das der gemeinsamen Nutzung der Wohnung durch Täter und Opfer zugrunde liegende Rechtsverhältnis führen (ebenso bei § 1361b BGB bzw. § 14 LPartG, → BGB § 1361b Rn. 14; anders bei § 1568a BGB bzw. § 17 LPartG, → BGB § 1568a Rn. 32 ff.).[18] Ist das **Opfer allein** (dinglich oder vertraglich) zur Nutzung der Wohnung berechtigt, regelt die Verweisung des Täters aus der Wohnung das Benutzungsverhältnis – mangels eines Rechts des Täters auf Nutzung der Wohnung – endgültig. Eine gerichtliche Entscheidung nach § 2 ist allerdings auch in derartigen Fällen notwendig, da das Opfer dem Täter nicht durch Selbsthilfe den Mitbesitz entziehen darf.[19] Haben **Täter und Opfer** die Wohnung **gemeinsam gemietet,** bleibt der Mietvertrag von einer Anordnung nach § 2 unberührt. Der Mietvertrag kann nur durch Täter und Opfer gemeinsam gekündigt werden. Das in der Wohnung verbliebene Opfer kann jedoch – etwa aus § 723 BGB – zur gemeinsamen Kündigung verpflichtet sein. Verstößt es gegen diese Pflicht, kann es in der Wohnung bleiben, muss aber – als Schadensersatz – den Täter von Mietzahlungen freistellen und somit den Mietzins alleine zahlen.[20] Durch diese Möglichkeit soll das Interesse des Opfers am Verbleib in der gemeinsamen Wohnung ausreichend geschützt werden.[21] Sind Täter und Opfer **Miteigentümer** der Wohnung, kann der verwiesene Täter eine Aufhebung der Gemeinschaft durch Teilungsversteigerung verlangen (§§ 749, 753 BGB). Der jederzeitige Aufhebungsanspruch nach § 749 BGB kann dabei durch das Gericht im Rahmen der Wohnungsüberlassung nach § 2 jedoch für bestimmte Zeiträume ausgeschlossen werden.[22] Sind Täter und Opfer (frühere) Ehegatten oder Lebenspartner kann die Teilungsversteigerung einstweilig eingestellt werden, soweit dies zum Schutz gemeinschaftlicher Kinder erforderlich ist (§ 180 Abs. 3 ZVG). Ist der **Täter allein** (oder mit einem Dritten) zur Nutzung der Wohnung berechtigt, bleibt es nach Ablauf der Wohnungsüberlassung bei dem Nutzungsrecht des Täters. Wie § 2 Abs. 2 S. 3 zeigt ist in diesen Fällen als dauerhafte Lösung vorgesehen, dass das Opfer sich während der befristeten Wohnungsüberlassung eine neue Wohnung sucht (zur Befristung gemäß § 2 Abs. 2 S. 2 und S. 3 → Rn. 12). Die Begründung eines neuen Mietverhältnisses mit dem Opfer ist nicht vorgesehen.[23]

**4. Befristungen.** Ist das Opfer in Rechtsgemeinschaft mit dem Täter oder der Täter allein oder in Rechtsgemeinschaft mit einem Dritten an der Wohnung berechtigt, so ist die Wohnungsüberlassung gemäß **§ 2 Abs. 2** zu befristen.[24] 10

**§ 2 Abs. 2 S. 1** (iVm Abs. 2 S. 4) bestimmt, dass die Dauer der Wohnungsüberlassung zu befristen ist, wenn dem **Opfer zusammen mit dem Täter** das Eigentum, das Erbbaurecht, der Nießbrauch, das Wohnungseigentum, das Dauerwohnrecht oder das dingliche Wohnrecht zusteht oder das Opfer die Wohnung mit dem Täter gemietet hat. Auf wie lange die Dauer der Wohnungsüberlassung in diesen Fällen zu befristen ist, ist nicht ausdrücklich bestimmt. Dies richtet sich nach den **Umständen des Einzelfalls,** etwa Dauer des Mietvertrages, Kündigungsfristen sowie welche Rechtsverhältnisse der Benutzung der Wohnung durch Opfer und Täter zugrunde liegen.[25] 11

Stehen die genannten Berechtigungen an der Wohnung **dem Täter allein oder zusammen mit Dritten** zu, so ist die Wohnungsüberlassung nach § 2 Abs. 2 S. 2 auf höchstens **sechs Monate** zu befristen. Die Bestimmung der Frist durch das Gericht hat dabei die Gegebenheiten auf dem örtlichen Wohnungsmarkt zu berücksichtigen.[26] Die Befristung kann nach § 2 Abs. 2 S. 3 um höchstens sechs weitere Monate verlängert werden, wenn sich das Opfer in der ersten Befristung Ersatzwohnraum nicht beschaffen konnte und überwiegende Belange des Täters – etwa schwere Erkrankung[27] – oder des Dritten nicht entgegenstehen. – Dagegen ist die Neubegründung eines Mietverhältnisses mit dem Opfer grundsätzlich nicht vorgesehen.[28] 12

Eine über die Dauer von einem Jahr hinausgehende Überlassung der Wohnung ist nur auf der Grundlage von § 1666 BGB zur Abwendung der Gefährdung des Wohls eines in der Wohnung lebenden Kindes möglich.[29] 13

---

17 BT-Drs. 14/5429, 30, auch zu weiteren Einzelheiten.
18 BT-Drs. 14/5429, 20; auch nicht bei polizeilichem Platzverweis, vgl. AG Ludwigsburg NZM 2005, 302 (302); OLG Koblenz EzFamR 2003, 151.
19 BT-Drs. 14/5429, 30.
20 BT-Drs. 14/5429, 30.
21 BT-Drs. 14/5429, 30.
22 BT-Drs. 14/5429, 30.
23 BT-Drs. 14/5429, 31.
24 Vgl. BT-Drs. 14/5429, 31.
25 Vgl. OLG Koblenz EzFamR aktuell 2003, 151.
26 BT-Drs. 14/5429, 31.
27 BT-Drs. 14/5429, 31.
28 BT-Drs. 14/5429, 31.
29 BT-Drs. 14/5429, 20.

14 **5. Ausschluss des Anspruchs.** Der Anspruch auf Wohnungsüberlassung ist nach § **2 Abs. 3** ausgeschlossen, wenn weitere Verletzungen nicht zu besorgen sind, es sei denn, dass dem Opfer wegen der Schwere der Tat das weitere Zusammenleben mit dem Täter nicht zuzumuten ist (Abs. 3 Nr. 1), wenn das Opfer nicht innerhalb von drei Monaten nach der Tat die Überlassung der Wohnung schriftlich vom Täter verlangt (Abs. 3 Nr. 2) oder soweit der Wohnungsüberlassung besonders schwerwiegende Belange des Täters entgegenstehen (Abs. 3 Nr. 3). Der Katalog der Ausschlussgründe ist **abschließend.**[30]

15 Nach Abs. 3 **Nr. 1** ist eine Wohnungsüberlassung ausgeschlossen, wenn **weitere Verletzungen nicht zu besorgen** sind, es sei denn, dass es sich bei der Verletzungshandlung um eine besonders schwere Gewalttat gehandelt hat, die dem Opfer das weitere Zusammenleben mit dem Gewalttäter unzumutbar macht, selbst wenn weitere Gewalttaten nicht mehr zu befürchten sind. Dabei ist insbesondere an Fälle der schweren Körperverletzung sowie an andere schwere Delikte oder Verbrechen (Vergewaltigung, Totschlagsversuch) zu denken.[31]

16 Nach Abs. 3 **Nr. 2** ist der Wohnungsüberlassungsanspruch ferner ausgeschlossen, wenn das Opfer nicht innerhalb von drei Monaten nach der Tat die Überlassung der Wohnung **schriftlich vom Täter verlangt hat.** Damit soll einerseits dem Opfer ausreichend Zeit für Überlegungen zur zukünftigen Gestaltung der Wohnverhältnisse eingeräumt werden, andererseits aber auch innerhalb eines angemessenen Zeitraums Klarheit hinsichtlich der Wohnung geschaffen werden.[32] Dadurch wird zugleich klargestellt, dass der Anspruch auf Wohnungsüberlassung auch dann geltend gemacht werden kann, wenn das Opfer die Wohnung zunächst verlassen und etwa Zuflucht im Frauenhaus gesucht hatte.[33] Den Zugang des schriftlichen Überlassungsverlangens hat im Zweifel das Opfer zu beweisen.

17 Schließlich ist der Anspruch auf Wohnungsüberlassung nach Abs. 3 **Nr. 3** auch insoweit ausgeschlossen, als **besonders schwerwiegende Belange des Täters** entgegenstehen, etwa Behinderung oder schwere Erkrankung.[34] Dies ermöglicht auch, anstelle eines vollständigen Ausschlusses den Anspruch auf Wohnungsüberlassung – unabhängig von § 2 Abs. 2 – zu befristen.[35]

18 **6. Unterlassungsanordnungen.** In den Fällen der Wohnungsüberlassung hat der Täter nach § 2 **Abs. 4** alles zu unterlassen, was geeignet ist, die Ausübung des Nutzungsrechts zu erschweren oder zu vereiteln. Kontakt-, Näherungs- und Belästigungsverbote sind dabei auf § 1 zu stützen.[36] Das Gericht kann aber auch etwa die **Kündigung oder die Veräußerung der Wohnung** – als mindestens relatives Verfügungsverbot iSd §§ 135, 136 BGB – untersagen.[37] Zugleich hat sich der Täter aller **tatsächlichen Handlungen** zu enthalten, die das Benutzungsrecht erschweren oder vereiteln würden.[38]

19 **7. Nutzungsvergütung.** Gemäß § 2 **Abs. 5** kann der Täter vom Opfer für die Wohnungsüberlassung eine Nutzungsvergütung verlangen, soweit dies der Billigkeit entspricht. Eine **Billigkeitsvergütung** wird in der Regel in den Fällen zu entrichten sein, in denen der Täter eine auf einem Mietvertrag oder einer dinglichen Berechtigung beruhende (Mit-)Nutzungsbefugnis an der Wohnung hat.[39] Ein Antrag auf Nutzungsvergütung kann auch noch nach Beendigung des Hauptsacheverfahrens gestellt werden, zumal dann, wenn das Hauptsacheverfahren infolge Antragsrücknahme des Gegners endet.[40]

20 **8. Wirksamkeit, Vollstreckung und Kosten.** Hinsichtlich Wirksamkeit und Kosten ergeben sich grundsätzlich keine Besonderheiten zu § 1. Entscheidungen der Familiengerichte auf Überlassung der Wohnung zur alleinigen Nutzung nach § 2 werden nach § 95 Abs. 1 Nr. 2 FamFG, § 96 FamFG, § 885 ZPO vollstreckt. Nach § 96 Abs. 2 S. 1 FamFG können einstweilige Anordnungen nach dem Gewaltschutzgesetz, die einen Räumungstitel darstellen, während ihrer Geltungsdauer mehrfach vollzogen werden. Eine entsprechende Regelung für Hauptsacheentscheidungen (Räumungstitel) nach § 2 fehlt trotz vergleichbarer Problematik, wenn sich der Täter nach einer Räumung

---

30 BT-Drs. 14/5429, 31.
31 BT-Drs. 14/5429, 31.
32 BT-Drs. 14/5429, 31.
33 Vgl. auch LG Freiburg FamRZ 2005, 1252 (1252) zu § 1361b BGB: Durch Quartiernahme im Frauenhaus hat das Opfer nicht die Absicht, die Ehewohnung endgültig zu verlassen, sondern eindeutig Rückkehrwillen.
34 BT-Drs. 14/5429, 31.
35 BT-Drs. 14/5429, 31.
36 BT-Drs. 14/5429, 31.
37 BT-Drs. 14/5429, 31 iVm 33; vgl. dazu ausf. *Kohler* NZFam 2017, 777 (779 ff.); *Kohler* NZFam 2017, 825 (825 ff.).
38 BT-Drs. 14/5429, 31 iVm 33.
39 BT-Drs. 14/5429, 31 f.
40 OLG Hamm FamRZ 2006, 50 (51).

erneut Zugang zur Wohnung verschafft. Die Gesetzesbegründung geht allerdings davon aus, dass die Regelung des § 885 Abs. 1 ZPO auch die mehrfache Vollziehung eines auf Räumung lautenden Hauptsachetitels während seiner Geltungsdauer ermöglicht.[41] Einer erneuten Zustellung des Titels an den Verpflichteten bedarf es nach § 96 Abs. 2 S. 2 FamFG nicht.

**9. Streitwert.** Gemäß § 49 Abs. 1 Hs. 2 FamGKG beträgt der Streitwert für Verfahren gemäß § 2 3.000 EUR; nach besonderen Umständen des Einzelfalles können nach § 49 Abs. 2 FamGKG höhere oder niedrigere Werte festgesetzt werden. 21

**10. Rechtsmittel.** Entscheidungen in Gewaltschutzsachen sind durch die **Beschwerde** (§§ 58 ff. FamFG) anfechtbar. Die Beschwerdefrist beträgt nach § 63 Abs. 1 FamFG im Hauptsacheverfahren einen Monat. Das Gericht, dessen Beschluss angefochten wird, ist nach § 68 Abs. 1 S. 2 FamFG zur Abhilfe nicht befugt. **Rechtsbeschwerde** ist nach § 70 FamFG statthaft, wenn sie das Beschwerdegericht zugelassen hat. Die Rechtsbeschwerde ist nach § 70 Abs. 2 FamFG bei grundsätzlicher Bedeutung, zur Fortbildung des Rechts oder zur Sicherung einer einheitlichen Rspr. zuzulassen, § 75 FamFG sieht die Möglichkeit der Sprungrechtsbeschwerde vor. 22

## III. Einstweilige Anordnung

Grundsätzlich ergeben sich keine Besonderheiten zu einstweiligen Anordnungen bei § 1 (näher → § 1 Rn. 42 ff.). 23

Einstweilige Anordnungen auf Überlassung der Ehewohnung zur alleinigen Nutzung nach § 214, 49 FamFG, § 2 GewSchG können nach **§ 96 Abs. 2 S. 1 FamFG, § 885 ZPO** während ihrer Geltungsdauer mehrfach vollstreckt werden, wenn sich der Täter nach einer Räumung erneut Zugang zur Wohnung verschafft. Eine erneute Zustellung des Titels ist nicht erforderlich (§ 96 Abs. 2 S. 2 FamFG). Nimmt das Opfer den Täter wieder in die Wohnung auf, ist die einstweilige Anordnung gemäß § 54 FamFG auf Antrag des Täters aufzuheben.[42] Gleiches gilt, wenn der Antragsteller aus eigenem Antrieb auf den Schutz durch die Anordnung gemäß § 1 verzichtet, indem er etwa in Kenntnis der möglichen Gewalttätigkeit unmittelbaren Kontakt zu dem Täter sucht, ohne einen Dritten hinzuzuziehen.[43] Zweck einer Anordnung nach dem GewSchG ist nicht, dass das Opfer von Fall zu Fall entscheiden kann, sich auf den Schutz durch die Anordnung zu berufen oder nicht. Sucht das Opfer selbst den Kontakt, fällt das Rechtschutzbedürfnis für ein Kontakt- und Näherungsverbot weg.[44] 24

**§ 940a ZPO** stellt für Ansprüche auf Wohnungsüberlassung außerhalb von auf Dauer angelegten gemeinsamen Haushalten klar, dass hier im Wege der **einstweiligen Verfügung** die Räumung von Wohnraum auch bei einer konkreten Gefahr für Leib und Leben des Antragstellers angeordnet werden kann.[45] 25

Der **Streitwert** beläuft sich nach §§ 41, 49 FamGKG in der Regel auf 1.500 EUR. 26

## IV. Auslandsbezug

Da es sich bei § 2 um einen deliktischen Anspruch handelt, entscheidet die **Rom II-VO** über seine Anwendbarkeit auf Sachverhalte mit Auslandsbezug. Streitig ist, ob auch die Zuweisung von Ehe- und Lebenspartnerschaftswohnungen der Rom II-VO unterfällt oder vielmehr den Verordnungen über das Ehe- bzw. Lebenspartnerschaftsgüterrecht (VO (EU) 2016/1103 bzw. VO (EU) 2016/1104). Für die Anwendung der Güterrechtsverordnungen spricht deren weiter Güterrechtsbegriff.[46] Überzeugender als eine pauschale Anwendung der Güterrechtsverordnungen erscheint jedoch eine Abgrenzung nach dem Anlass der Zuweisung: Erfolgt die Zuweisung zum Gewaltschutz, so bleibt es bei der Anwendung der Rom II-VO. Ergeht die Zuweisung demgegenüber im Hinblick auf eine Trennung und somit zumindest auch als Maßnahme der Vermögensverteilung, kommt es zur Anwendung der Güterrechtsverordnungen.[47] 27

Bezüglich der Zuweisung einer in Deutschland belegenen gemeinsamen Wohnung zu Gewaltschutzzwecken wird es regelmäßig zur **Anwendung deutschen Rechts** kommen, da die Betroffe- 28

41 Ebenso – ohne Begr. – KG FamRZ 2006, 49 (50) mAnm *Müller* FamRB 2005, 263; aA Zöller/*Stöber* ZPO § 885 Rn. 37.
42 BT-Drs. 14/5429, 35.
43 OLG Hamburg FamRZ 2016, 989 (990).
44 OLG Hamburg FamRZ 2016, 989 (990).
45 BT-Drs. 14/5429, 35.
46 BeckOGK/*Schulte-Bunert* Rn. 70; vgl. auch jurisPK-BGB/*Lund* Rom II-VO Art. 1 Rn. 52; BT-Drs. 19/4852, 39.
47 BeckOK BGB/*Wiedemann* EuGüVO Art. 3 Rn. 3.1; wohl ebenso *Heiderhoff* IPRax 2018, 1 (2).

nen in der gemeinsamen Wohnung meist auch einen gemeinsamen gewöhnlichen Aufenthalt haben werden (Art. 4 Abs. 2 Rom II-VO). Sollten die Betroffenen in der zuzuweisenden Wohnung keinen gemeinsamen Aufenthalt haben, wird es dennoch regelmäßig zu einer Anwendung des Rechts der Belegenheit der Wohnung kommen, da die unerlaubte Handlung mit diesem Ort vielfach eine offensichtlich engere Verbindung aufweisen wird (Art. 4 Abs. 3 Rom II-VO). Selbst wenn danach kein deutsches Recht anwendbar ist, können vor deutschen Gerichten die hiesigen Vorschriften zur Wohnungszuweisung als Eingriffsnormen Anwendung finden (Art. 16 Rom II-VO). Im Rahmen der Güterrechtsverordnungen ist der Eingriffsnormcharakter der Vorschriften zur Zuweisung der Ehe- bzw. Lebenspartnerschaftswohnungen ausdrücklich in Erwägungsgrund 53 EuEheGüVO bzw. Erwägungsgrund 52 EuPartGüVO angesprochen.[48] – Zum Internationalen Zivilverfahrensrecht → § 1 Rn. 51 ff.

## § 3 Geltungsbereich, Konkurrenzen

**(1) Steht die verletzte oder bedrohte Person im Zeitpunkt einer Tat nach § 1 Abs. 1 oder Abs. 2 Satz 1 unter elterlicher Sorge, Vormundschaft oder unter Pflegschaft, so treten im Verhältnis zu den Eltern und zu sorgeberechtigten Personen an die Stelle von §§ 1 und 2 die für das Sorgerechts-, Vormundschafts- oder Pflegschaftsverhältnis maßgebenden Vorschriften.**

**(2) Weitergehende Ansprüche der verletzten Person werden durch dieses Gesetz nicht berührt.**

### I. Geltungsbereich

1 Das Gewaltschutzgesetz findet dann keine Anwendung, wenn eine unter elterlicher Sorge, Vormundschaft oder unter Pflegschaft stehende Person von den Eltern oder von einer auf Grund ihrer Eigenschaft als Vormund oder Pfleger sorgeberechtigten Person verletzt wird.[1] Werden **minderjährige Kinder Opfer häuslicher Gewalt von Eltern oder sorgeberechtigten Personen,** richtet sich der Schutz der Kinder ausschließlich nach §§ 1666, 1666a, 1696 BGB bzw. nach den Regelungen des Vormundschafts- oder Pflegschaftsrechts,[2] insbesondere §§ 1915, 1837 BGB iVm §§ 1666, 1666a, 1696 BGB. Diese gehen als spezielle Normen den allgemeinen Unterlassungsansprüchen im Eltern-Kind-Verhältnis und den Vorschriften des GewSchG vor.[3] Minderjährige Kinder, die Opfer von Gewalt bzw. Nachstellungen iSd § 1 durch einen Elternteil werden, haben kein Antragsrecht nach dem GewSchG gegen diesen Elternteil.[4] Ist es aus Kindeswohlgesichtspunkten geboten, gegen einen nichtsorgeberechtigten Elternteil ein Kontaktaufnahme- bzw. Näherungsverbot zu verhängen, ergibt sich die Ermächtigungsgrundlage hierfür weder aus dem GewSchG noch aus § 1666 BGB, sondern aus § 1684 Abs. 4 BGB.[5]

2 Wird das **Kind** dagegen **Opfer von Gewalt bzw. Nachstellungen Dritter,** besteht insoweit ein zweispuriger gerichtlicher Rechtsschutz, sowohl nach dem GewSchG als auch nach §§ 1666, 1666a BGB. Dabei ermöglicht § 1666 BGB auch ein Eingreifen von Amts wegen, unabhängig von einem Antrag.[6]

3 Werden andererseits **Eltern oder andere Sorgeberechtigte Opfer** von Gewalt bzw. Nachstellungen durch unter ihrer Sorge stehende minderjährige Kinder, findet das GewSchG Anwendung, da die für das Sorgerechts-, Vormundschafts- oder Pflegschaftsverhältnis maßgebenden Vorschriften keine speziellen Gewaltschutzvorschriften zugunsten der Sorgeberechtigten enthalten.[7] Eine gerichtliche Intervention nach dem GewSchG erfolgt dabei nur, wenn sorgerechtliche Maßnahmen der Eltern – etwa auch eine anderweitige Unterbringung des Kindes in Ausübung des Aufenthaltsbestimmungsrechts – nicht geeignet oder nicht ausreichend sind, um weitere Verletzungen abzuwenden.[8]

---

48 *Erbarth* NJW 2019, 1169 (1173); *Döbereiner* MittBayNot 2018, 405 (413); Palandt/*Thorn* EuGüVO Art. 30 Rn. 2.

1 OLG Bamberg FamRZ 2012, 459; vgl. BT-Drs. 14/5429, 32.

2 Vgl. BT-Drs. 14/5429, 32; OLG Brandenburg BeckRS 2013, 14844; FuR 2017, 613 = BeckRS 2016, 124527 Rn. 8.

3 Vgl. BT-Drs. 14/5429, 32.

4 KG FPR 2004, 267 f.

5 OLG Frankfurt FamRZ 2013, 1237.

6 OLG Karlsruhe FamRZ 2012, 460 (461); vgl. BT-Drs. 14/5429, 32.

7 BT-Drs. 14/5429, 32.

8 BT-Drs. 14/5429, 32.

## II. Konkurrenzen

Weitergehende Ansprüche des Opfers wegen der Verletzung der in § 1 genannten Rechtsgüter, etwa auf Schadensersatz (beispielsweise Kosten einer ärztlichen Behandlung) und Schmerzensgeld nach § 823 BGB,[9] oder auf Wohnungsüberlassung nach § 1361b BGB bzw. § 14 LPartG werden durch das GewSchG nicht berührt. Ebenfalls nicht ausgeschlossen sind Ansprüche wegen Verletzung weiterer Rechtsgüter des Opfers, etwa des Eigentums, des allgemeinen Persönlichkeitsrechts oder sonstiger durch § 823 Abs. 1 oder Abs. 2 BGB geschützter Rechte. In diesen Fällen kann das Gericht auf der Grundlage von §§ 823, 1004 BGB analog auch die in § 1 vorgesehenen Anordnungen treffen. Die dort vorgesehenen Maßnahmen sind nicht auf die vom GewSchG erfassten Fälle beschränkt.[10] Gleiches gilt bei fahrlässiger Verletzung des Opfers.[11] 4

## § 4 Strafvorschriften

**[1]Mit Freiheitsstrafe bis zu einem Jahr oder mit Geldstrafe wird bestraft, wer einer bestimmten vollstreckbaren**

1. **Anordnung nach § 1 Absatz 1 Satz 1 oder 3, jeweils auch in Verbindung mit Absatz 2 Satz 1, zuwiderhandelt oder**
2. **Verpflichtung aus einem Vergleich zuwiderhandelt, soweit der Vergleich nach § 214a Satz 1 des Gesetzes über das Verfahren in Familiensachen und in den Angelegenheiten der freiwilligen Gerichtsbarkeit in Verbindung mit § 1 Absatz 1 Satz 1 oder 3 dieses Gesetzes, jeweils auch in Verbindung mit § 1 Absatz 2 Satz 1 dieses Gesetzes, bestätigt worden ist.**

**[2]Die Strafbarkeit nach anderen Vorschriften bleibt unberührt.**

Der Verstoß gegen gerichtliche Schutzanordnungen nach § 1 oder gegen einen gemäß § 214a FamFG gerichtlich bestätigten Vergleich ist eigens strafbewehrt, ohne dass ein darauf gerichteter Antrag erforderlich ist. Das Strafgericht ist bei der Überprüfung der Rechtmäßigkeit der Anordnung nicht an die Entscheidung des Familiengerichts gebunden.[1] Die Strafbewährung stellt sicher, dass die Polizei- und Ordnungsbehörden bei Verstößen gegen die Schutzanordnung eingreifen können (Ingewahrsamnahme des Störers).[2] Die Strafbarkeit des Täters nach anderen Vorschriften bleibt unberührt. Seit 31.3.2007 ist insbesondere das sog. Stalking gemäß § 238 StGB[3] strafbar, der durch das Gesetz zur Strafbarkeit beharrlicher Nachstellungen (40. StrÄndG) vom 22.3.2007 (BGBl. 2007 I 354) neu eingefügt wurde. 1

Zum 10.3.2017 wurde § 4 S. 1 durch das Gesetz zur Verbesserung des Schutzes gegen Nachstellungen vom 1.3.2017 (BGBl. 2017 I 386) neu gefasst.[4] Er wurde dabei redaktionell umgestaltet und inhaltlich um Nr. 2 ergänzt, der eine vorher bestehende Schutzlücke schließt.[5] Bis zu seinem Erlass war der Verstoß gegen einen im Verfahren nach § 1 geschlossenen Vergleich nicht eigens gemäß § 4 strafbewehrt.[6] Das Opfer genoss bei einem Vergleich somit weniger Schutz als bei einer gerichtlichen Anordnung nach § 1. Diese Schutzlücke war bedeutsam, da auch in Gewaltschutzsachen häufig Vergleiche geschlossen werden.[7] Sie stellen vielfach einen sinnvollen und tragfähigen Verfahrensabschluss dar. Die Schutzlücke wurde somit auch deshalb geschlossen, weil Opfer nicht vom Abschluss sinnvoller Vergleiche abgeschreckt werden sollten.[8] 2

Ob eine gegenüber dem Angeklagten **vollstreckbare Anordnung** vorliegt, ist nach den hierfür geltenden zivilrechtlichen Grundsätzen zu beurteilen.[9] Nimmt das Opfer den Täter nach einer 3

---

9 Vgl. OLG Saarbrücken NJW-RR 2006, 747 mAnm *Vahle* DVP 2006, 478 (478); OLG Saarbrücken OLGR 2005, 553 (554).
10 BT-Drs. 14/5429, 32.
11 Vgl. BT-Drs. 14/5429, 32.
1 Vgl. BGH NJW 2014, 1749 = FamRZ 2014, 559.
2 Vgl. BT-Drs. 14/5429, 32 f.
3 Vgl. BGH NJW 2010, 1680 = FamRZ 2010, 289; zu zivilrechtlichen Problemen *Löhnig* FamRZ 2007, 518.
4 Allg. zur Reform *Mosbacher* NJW 2017, 983; *Cirullies/Cirullies* FamRZ 2017, 493.
5 BT-Drs. 18/9946, 16.
6 → 7. Aufl. 2017, § 4 Rn. 3 f. *(Krüger)*.
7 *Mosbacher* NJW 2017, 983 (985).
8 BT-Drs. 18/9946, 16.
9 Vgl. BGH NJW 2007, 1605 = FamRZ 2007, 812.

Schutzanordnung nach dem Gewaltschutzgesetz einverständlich wieder in die Wohnung auf, ist das Verweilen des Täters in der Wohnung nicht mehr gemäß § 4 strafbar.[10]

4 Der Verstoß gegen eine **gerichtliche Anordnung** nach § 1 ist nur dann gemäß § 4 strafbar, wenn die Anordnung **rechtmäßig** ist. Das Strafgericht prüft die Rechtmäßigkeit der Anordnung eigenständig und ist nicht an die Entscheidung des Familiengerichts gebunden.[11] Gleiches gilt bzgl. der Strafbarkeit eines Verstoßes gegen einen **Vergleich.** Ein Verstoß ist nur dann strafbar, wenn das Familiengericht im Gewaltschutzverfahren den Vergleich gemäß **§ 214a FamFG bestätigt** hat (→ § 1 Rn. 14). Dies tut es nur, wenn es selbst eine entsprechende Maßnahme nach § 1 Abs. 1, auch in Verbindung mit § 1 Abs. 2 S. 1, hätte anordnen können. Hätte eine Anordnung danach nicht ergehen dürfen, etwa weil der vermeintliche Täter die dem Gewaltschutzverfahren zugrunde liegende Tat nicht begangen hat, so scheidet eine gerichtliche Bestätigung und damit auch eine Strafbarkeit nach § 4 S. 1 aus.[12] Der Abgleich mit der Anordnungsbefugnis nach § 1 verhindert weiterhin, dass sich auch das Opfer – und nicht nur der Täter – strafbar machen würde, wenn es gegen die Pflichten verstößt, die es im Vergleich übernommen hat.[13]

5 Die abstrakte Vollstreckbarkeit einer vollstreckbaren Anordnung reicht für eine Bestrafung nach § 4 nicht aus.[14] Die wirksame **Zustellung** einer im Beschlusswege ergangenen einstweiligen Verfügung ist Voraussetzung der Strafbarkeit nach § 4.[15] Bloße Kenntnis des Inhalts der Anordnung reicht nicht aus.[16] Der BGH zeigt sich jedoch offen für eine Strafbarkeit vor der Zustellung sofern gemäß § 216 Abs. 2 S. 1 FamFG bzw. § 53 Abs. 2 S. 1 FamFG eine Vollstreckbarkeit vor Zustellung angeordnet wurde.[17] Um ein vorsätzliches Zuwiderhandeln anzunehmen, muss der Täter dabei freilich vom Inhalt der Anordnung Kenntnis gehabt haben. Ein gerichtlich bestätigter **Vergleich** muss indes nicht zugestellt sein, um eine Strafbarkeit bei Zuwiderhandeln begründen zu können. Vorsatz setzt auch hier Kenntnis des Vergleichsinhalts voraus.[18]

6 Um die Gefahr einer unberechtigten Strafverfolgung auszuschließen, sollte in Gewaltschutzverfahren bei **Antragsrücknahme** in der Hauptsache durch klarstellenden Beschluss ausgesprochen werden, dass das Verfahren dadurch beendet ist und etwaige einstweilige Anordnungen außer Kraft treten.[19]

7 Verstöße gegen § 4 können die Verhängung einer **kurzen Freiheitsstrafe** rechtfertigen, wenn das Verhalten des Täters zeigt, dass er nicht bereit ist, Schutzanordnungen nach dem Gewaltschutzgesetz einzuhalten, und sich auch durch Ordnungsgelder oder Geldstrafen nicht davon abhalten lässt, unerwünschte Kontakte zum Opfer aufzunehmen.[20]

8 Auch wenn wegen derselben Handlung bereits eine Kriminalstrafe verhängt wurde, ist die Festsetzung von **Ordnungsmitteln** als Maßnahme der Zwangsvollstreckung zivilgerichtlicher oder familiengerichtlicher Entscheidungen nach § 890 ZPO zulässig.[21] Bei der Höhe des Ordnungsgeldes ist die strafgerichtliche Verurteilung zu berücksichtigen.[22]

---

10 OLG Hamm ZfJ 2005, 488 (489).

11 BGH NJW 2014, 1749 (1750); NStZ-RR 2016, 135 = BeckRS 2016, 05739 Rn. 8; BeckRS 2017, 112674 Rn. 26; BeckRS 2018, 17138; OLG Bamberg NZFam 2017, 280; OLG Braunschweig BeckRS 2017, 130150 Rn. 11.

12 BT-Drs. 18/9946, 16.

13 BT-Drs. 18/9946, 16.

14 BGH NJW 2007, 1605 = FamRZ 2007, 812 (813) gegen OLG Oldenburg NStZ 2005, 411 (411).

15 BGH NJW 2007, 1605 = FamRZ 2007, 812 (813); BeckRS 2012, 11971 = FamRZ 2012, 1216 (1217); NStZ-RR 2016, 155; OLG Braunschweig BeckRS 2017, 130150 Rn. 10.

16 BGH NJW 2007, 1605 = FamRZ 2007, 812 (813); BeckRS 2012, 11971 = FamRZ 2012, 1216 (1217); NStZ-RR 2016, 155; OLG Braunschweig BeckRS 2017, 130150 Rn. 10.

17 Offenlassend BGH BeckRS 2012, 11971 = FamRZ 2012, 1216 (1217); LG Braunschweig BeckRS 2017, 130150 Rn. 10; krit. jedoch BGH NJW 2007, 1605 = FamRZ 2007, 812 (813).

18 *Mosbacher* NJW 2017, 983 (986).

19 Vgl. AG Neustadt FamRZ 2004, 1392 (1392).

20 AG Flensburg Streit 2005, 124 (126).

21 OLG Schleswig FamRZ 2007, 300 (300).

22 OLG Schleswig FamRZ 2007, 300 (300).

# Gesetz über die Eingetragene Lebenspartnerschaft (Lebenspartnerschaftsgesetz – LPartG)

vom 16. Februar 2001 (BGBl. 2001 I 266),
zuletzt geändert durch Gesetz vom 18. Dezember 2018 (BGBl. 2018 I 2639)

**Schrifttum (zum LPartG):** *Bäcker,* Begrenzter Wandel – Das Gewollte als Grenze des Verfassungswandels am Beispiel des Art. 6 I GG, AöR 143 (2018), 339; *Blome,* Die Geschlechterverschiedenheit der Ehegatten – Kerngehalt der Ehe nach Art. 6 I GG?, NVwZ 2017, 1658; *Brosius-Gersdorf,* Die Ehe für alle durch Änderung des BGB – Zur Verfassungsmäßigkeit der Ehe für gleichgeschlechtliche Paare, NJW 2015, 3557; *Burgi,* Schützt das Grundgesetz die Ehe vor der Konkurrenz anderer Lebensgemeinschaften?, Der Staat 39 (2000), 487; *Burgi/Wolff,* Rehabilitierung der nach § 175 StGB verurteilten homosexuellen Männer: Auftrag, Optionen und verfassungsrechtlicher Rahmen, 2016; *Dethloff,* Ehe für alle, FamRZ 2016, 351; DNotI, Gesetz zur Einführung der gleichgeschlechtlichen Ehe; Auswirkungen der Umwandlung einer Lebenspartnerschaft in eine Ehe auf Lebenspartnerschaftsverträge, DNotI-Report 2017, 145; *v. Dickhuth-Harrach,* Das Lebenspartnerschaftsrecht Version 2005, FPR 2005, 273; *Erbarth,* Die bürgerliche Ehe für Personen gleichen Geschlechts – keine Ehe für alle, FamRB 2017, 429; *Grziwotz,* Gleichstellung der Lebenspartnerschaft nach dem Gesetz zur Überarbeitung des Lebenspartnerschaftsrechts: Beratungs- und Gestaltungsprobleme, DNotZ 2005, 13; *Görisch,* einfach-gesetzliche, verfassungsrechtliche und rechtsvergleichende Perspektiven eines gewandelten Ehebegriffs, Der Staat 54 (2015), 591; *Hecker,* „Ehe für alle" – Zur aktuellen Entscheidung des österreichischen Verfassungsgerichtshofs und der Rechtslage in Deutschland, NVwZ 2018, 621; *Holzhauer,* Aktuelles Familienrecht vor rechtsgeschichtlichem Hintergrund, JZ 2000, 1076; *Ipsen,* Ehe für alle – verfassungswidrig?, NVwZ 2017, 1096; *Kaiser,* Gleichgeschlechtliche Ehe – nicht ganz gleich und nicht für alle, FamRZ 2017, 1889; *Kaiser,* Statuswechsel – Umwandlung einer Lebenspartnerschaft in eine gleichgeschlechtliche Ehe, § 20a LPartG, FamRZ 2017, 1985; *Kämper,* Eingetragene Lebenspartnerschaft und kirchlicher Dienst, 2003; *Klein,* Für die Verfassungskonformität des LPartG, FPR 2001, 434; *Markard,* Unausweichliche Gleichheit – *Obergefell* und die Öffnung der Ehe für gleichgeschlechtliche Paare, JöR 64 (2016), 767; *Meyer,* Gleichgeschlechtliche Ehe unabhängig vom Ehebegriff des Art. 6 Abs. 1 GG verfassungsmäßig (Art. 6 Abs. 1 GG), FamRZ 2017, 1281; *Th. Meyer/Mittelstädt,* LPartG, Referenten-Kommentar mit Gesetzesmaterialien, 2001; *Muscheler,* Recht der Eingetragenen Lebenspartnerschaft, 2. Aufl. 2004; *Ott,* Die Begriffe „Ehe und Familie" in Art. 6 I GG, NJW 1998, 117; *Pauly,* Sperrwirkungen des verfassungsrechtlichen Ehebegriffs, NJW 1997, 1955; *Schaefer,* Die „Ehe für alle" und die Grenzen der Verfassungsfortbildung, AöR 143 (2018), 393; *Chr. Schmidt,* „Ehe für alle" – Ende der Diskriminierung oder Verfassungsbruch?, NJW 2017, 2225; *Scholz/Uhle,* Eingetragene Lebenspartnerschaft und Grundgesetz, NJW 2001, 393; *Schwab,* Eingetragene Lebenspartnerschaft – Ein Überblick, FamRZ 2001, 385; *Schwab,* Eheschließung für Personen gleichen Geschlechts – Informationen und Fragen, FamRZ 2017, 1284; *Sickert,* Die lebenspartnerschaftliche Familie, 2006; *Siede,* Zur Durchführung des Versorgungsausgleichs bei Umwandlung einer Lebenspartnerschaft in eine Ehe, FamRZ 2018, 1; *U. Weber,* Auswirkungen der Gesetzgebung zur gleichgeschlechtlichen Lebenspartnerschaft im Strafrecht, GS Rolf Keller, 2003, 325; *Wellenhofer,* Das neue Recht für eingetragene Lebenspartnerschaften, NJW 2005, 705; *Wollenschläger,* Die Öffnung der Ehe für gleichgeschlechtliche Paare aus verfassungsrechtlicher Perspektive, in Wollenschläger/Coester-Waltjen, Ehe für Alle, 2018, 1. Für weiteres Schrifttum → 7. Aufl. 2017.

## Vorbemerkung (Vor § 1)

**Übersicht**

## I. Normzweck

1 Das Lebenspartnerschaftsgesetz (LPartG) ermöglichte es gleichgeschlechtlichen Paaren ab dem 1.8.2001, ihre Beziehung rechtlich zu verfassen. Ursprünglich war die Lebenspartnerschaft mit deutlich weniger Rechten und Pflichten ausgestattet als die Ehe.[1] Durch zahlreiche Reformen wurde die Lebenspartnerschaft jedoch im Folgenden immer näher an die Ehe herangeführt (→ Rn. 9 ff.). Vielfach erfolgten die Änderungen aufgrund von Entscheidungen des Bundesverfassungsgerichts, das immer wieder eine Gleichbehandlung mit der Ehe forderte (→ Rn. 20). Siehe beispielhaft das Gesetz zur Umsetzung der Entscheidung des Bundesverfassungsgerichts zur Sukzessivadoption durch Lebenspartner vom 20.6.2014 (BGBl. 2014 I 786).[2] Zuletzt blieb – neben dem Namen – als entscheidender inhaltlicher Unterschied zur Ehe, dass lediglich Ehepaare, nicht jedoch eingetragene Lebenspartner gemeinsam ein Kind adoptieren konnten (s. den fehlenden Verweis auf § 1741 Abs. 2 BGB in § 9 Abs. 7 S. 2; → § 9 Rn. 9 f.). Zu einem Abschluss kam die schrittweise Annäherung an die Ehe als durch das Gesetz zur Einführung des Rechts auf Eheschließung für Personen gleichen Geschlechts vom 20.7.2017 (BGBl. 2017 I 2787) die Ehe für Personen gleichen Geschlechts geöffnet wurde (→ Rn. 12 ff.). Seitdem werden gleich- und verschiedengeschlechtliche Partnerschaften grundsätzlich gleichbehandelt, wobei gewisse Unterschiede fortbestehen (im Abstammungsrecht: § 1592 Nr. 1 BGB,[3] im Internationalen Privatrecht: Art. 17b Abs. 4 EGBGB[4]).

2 Seit der Öffnung der Ehe für Personen gleichen Geschlechts zum 1.10.2017 stellt die Lebenspartnerschaft ein „Auslaufmodell" dar. Laut § 1 dürfen seitdem keine neuen Lebenspartnerschaften mehr begründet werden. Vorher begründete Lebenspartnerschaften bestehen indes fort und unterfallen den §§ 2 ff., sofern die Lebenspartner ihre Partnerschaft nicht gemäß § 20a in eine Ehe umwandeln. Auch fortbestehende Lebenspartnerschaften nehmen jedoch an zukünftigen Änderungen des Eherechts teil. Laut § 21 gelten solche Änderungen grundsätzlich entsprechend für Lebenspartnerschaften. – Weiterhin unkodifiziert sind die Rechtsverhältnisse gleichgeschlechtlicher Paare, die weder verheiratet noch verpartnert sind. Für sie gelten die allgemeinen Grundsätze nichtehelicher Lebensgemeinschaften (→ Rn. 31).

## II. Entwicklung des Rechts gleichgeschlechtlicher Partnerschaften

3 Die Behandlung gleichgeschlechtlicher Paare im deutschen Recht hat sich in den letzten Jahrzehnten **grundlegend gewandelt.** Nachdem bis zum Jahre 1969 Geschlechtsverkehr unter erwachsenen Männern noch generell strafbar war (§ 175 StGB aF), kam es knapp 5 Jahrzehnte später im Jahre 2017 durch die Öffnung der Ehe zu einer weitgehenden Gleichstellung gleichgeschlechtlicher Paare. Neben der rechtlichen hat auch die gesellschaftliche **Akzeptanz** solcher Paare rapide **zugenommen.** So unterstützte eine breite Mehrheit der Bevölkerung die Öffnung der Ehe für Personen gleichen Geschlechts, als es im Jahre 2017 zu dieser Öffnung kam.[5] Die hiesige Entwicklung entspricht dem internationalen Trend – zumindest wenn man den Vergleich mit anderen westlichen Nationen sucht (→ Rn. 17 f.).

4 Ob sich die Entwicklung hin zu einer stetig zunehmenden Akzeptanz gleichgeschlechtlicher Paare fortsetzt oder ob es (zumindest vorübergehend) zu **Rückschritten und Gegenbewegungen** kommt, die sich der Gleichstellung gleichgeschlechtlicher Paare entgegenstellen, muss sich noch zeigen. Nachdem der U.S. Supreme Court im Jahre 2015 entschied, dass die Ehe gleichgeschlechtlichen Paaren offenstehen muss,[6] scheint sich jedenfalls in den USA (auch rechtlicher) Widerstand zu

---

1 Überblicksweise *Schwab* FamRZ 2001, 385.

2 BVerfG NJW 2013, 847; vgl. *Schwab* FamRZ 2017, 1284 (1285).

3 BGH BeckRS 2018, 26815 Rn. 9 ff.; *Helms* StAZ 2018, 33 (34); zu Reformdiskussionen *Helms* Verh. 71. DJT, 2016, F1; *Arbeitskreis Abstammungsrecht,* Abschlussbericht – Empfehlungen für eine Reform des Abstammungsrechts, 2017.

4 *Helms* StAZ 2018, 33 (36 f.).

5 64 % Zustimmung laut Emnid-Umfrage im Auftrag der Zeitschrift Focus (Veröffentlichung: Mai 2015): Wissenschaftlicher Dienst des Deutschen Bundestages, Sachstand WD 1 – 3000 – 029/16 – Einstellungen zu Homosexualität und gleichgeschlechtlichen Partnerschaften in der Bundesrepublik Deutschland 1949-2016, 13; 82,6 % Zustimmung (64,6 % „stimme voll und ganz zu", 18,0 % „stimme eher zu") laut wissenschaftlicher Studie im Auftrag der Antidiskriminierungsstelle des Bundes (Hauptumfragezeitpunkt: 4.10. bis 29.11.2016): *Küpper/Klocke/Hoffmann,* Einstellungen gegenüber lesbischen, schwulen und bisexuellen Menschen in Deutschland – Ergebnisse einer bevölkerungsrepräsentativen Umfrage, 2017, 28 und 57; 75 % Zustimmung laut Emnid-Umfrage im Auftrag der „Bild am Sonntag" (Berichtszeitpunkt: April 2017): https://www.bild.de/news/aktuelles/news/umfrage-mehrheit-der-deutschen-fuer-ehe-fuer-51113104.bild.html (zuletzt aufgerufen am 28.11.2018).

6 U.S. Supreme Court 26.6.2015, 135 S.Ct. 2584 (2015) – Obergefell v. Hodges; dazu *Markard* JöR 64 (2016), 767.

formieren. Dieser spitzt sich beispielsweise in der Frage zu, ob gläubige Menschen mit Verweis auf ihre religiöse Überzeugung gleichgeschlechtlichen Paaren ihre öffentlich angebotenen Dienstleistungen vorenthalten können – ob also etwa ein gläubiger Konditor sich weigern darf, für ein gleichgeschlechtliches Paar deren Hochzeitstorte zu backen.[7]

**1. Ausgangspunkt.** Unter Männern war in Deutschland bis zum Jahre 1969 (auch einvernehmlicher) Geschlechtsverkehr gemäß § 175 StGB aF – als sog. „Unzucht" – **strafbar.**[8] Homosexuelle Handlungen unter Frauen blieben straffrei. Nach 1969 war die Strafbarkeit des § 175 StGB aF auf den Verkehr erwachsener Männer mit Männern von zunächst unter 21, ab 1973 unter 18 Jahren beschränkt. Erst im Jahre 1994 wurde mit der Aufhebung des § 175 StGB aF die eigene Strafbarkeit homosexueller Handlungen unter Männern aus dem StGB gestrichen. Die unter § 175 StGB aF Verurteilten wurden nachträglich **rehabilitiert,** indem die entsprechenden Urteile aufgehoben wurden – im Jahre 1998 zunächst die im Dritten Reich ergangenen Urteile,[9] im Jahre 2017 die nach 1945 auf dem gesamten heutigen Bundesgebiet – somit auch in der DDR – ergangenen Urteile.[10] 5

Ausgehend von Skandinavien sahen ab Ende des 20. Jahrhunderts verschiedene **ausländische Staaten** nicht nur von Strafen für Homosexualität ab, sondern ermöglichten eine rechtliche Verfassung gleichgeschlechtlicher Partnerschaften. Den Anfang machte im Jahre 1989 Dänemark,[11] gefolgt von Norwegen im Jahre 1993,[12] Schweden im Jahre 1995,[13] Island im Jahre 1996[14] und Finnland im Jahre 2002.[15] Sie führten als erste eine eingetragene Lebenspartnerschaft für gleichgeschlechtliche Paare ein.[16] Die Niederlande im Jahre 2001[17] sowie Belgien im Jahre 2003[18] waren demgegenüber die ersten Staaten, die statt einer eingetragenen Lebenspartnerschaft gleichgeschlechtlichen Paaren die Eingehung einer Ehe ermöglichten. Diesem Vorbild folgten die skandinavischen Länder und führten nach der Lebenspartnerschaft auch die Ehe für Personen gleichen Geschlechts ein: Norwegen im Jahre 2009,[19] Schweden im Jahre 2009,[20] Island im Jahre 2010,[21] 6

---

7 Offenlassend U.S. Supreme Court 4.6.2018, 138 S.Ct. 1719 (2018) – Masterpiece Cakeshop, Ltd. v. Colorado Civil Rights Commission.

8 Vgl. zur früheren Rechtsgeschichte *Th. Mommsen,* Römisches Strafrecht, 1899/1961, 703 f.; *O. Robinson,* The Criminal Law of Ancient Rome, London 1995, 70 f.; allgemeine Darstellungen bei *Lilja,* Homosexuality in Republican and Augustan Rome, Helsinki 1983; *E. Cantarella,* Secondo natura: La bisessualità nel mondo antico, Roma 1988; Überblick mit weiterer Lit. bei *E. Hartmann,* Art. Homosexualität, Der Neue Pauly 5 (1998), 703 ff.

9 §§ 1, 2, Nr. 26 Anlage zu § 2 Gesetz zur Aufhebung nationalsozialistischer Unrechtsurteile in der Strafrechtspflege und von Sterilisationsentscheidungen der ehemaligen Erbgesundheitsgerichte vom 25.8.1998, BGBl. 1998 I 2501.

10 Gesetz zur strafrechtlichen Rehabilitierung der nach dem 8.5.1945 wegen einvernehmlicher homosexueller Handlungen verurteilten Personen vom 17.7.2017, BGBl. 2017 I 2443; dazu *Burgi/Wolff,* Rehabilitierung der nach § 175 StGB verurteilten homosexuellen Männer: Auftrag, Optionen und verfassungsrechtlicher Rahmen, 2016.

11 Lov om registreret partnerskab, Gesetz Nr. 372 vom 7.6.1989.

12 Lov om registreret partnerskab, Gesetz Nr. 40 vom 30.4.1993; Übersetzung bei *Grib,* Die gleichgeschlechtliche Partnerschaft im nordischen und deutschen Recht, 1996, 316 ff.

13 Lag (1994:1117) om registreret partnerskab; Übersetzung bei *Grib,* Die gleichgeschlechtliche Partnerschaft im nordischen und deutschen Recht, 1996, 319 ff.

14 Act on registered Partnership, Gesetz Nr. 87 vom 12.6.1996.

15 Act on registered Partnerships, Gesetz Nr. 950/2001 vom 9.11.2001, in Kraft getreten am 1.3.2002.

16 Vgl. *Scherpe* FPR 2001, 434; *Grib,* Die gleichgeschlechtliche Partnerschaft im nordischen und deutschen Recht, 1996; *Olsen-Ring/Ring* KJ 1999, 366; *Wacke* FamRZ 1990, 347.

17 Wet van 21.12.2000 tot wijziging van Boek 1 van het Burgerlijk Wetboek in verband met de openstelling van het huwelijk voor personen van hetzelfde geslacht (Wet openstelling huwelijk), Staatsblad 2001, 9, in Kraft getreten am 1.4.2001; dazu *Post* StAZ 2002, 335.

18 Wet tot openstelling van het huwelijk voor personen van hetzelfde geslacht en tot wijziging van een aantal bepalingen van het Burgerlijk Wetboek, Nr. 2003-820, Belgisch Staatsblad 2003, 9880, in Kraft getreten am 1.6.2003.

19 § 1 EheG (Lov om ekteskap, Gesetz Nr. 47 vom 4.7.1991) wurde durch das Lov om endringer i ekteskapsloven, barnelova, adopsjonsloven, bioteknologiloven mv. (felles ekteskapslov for heterofile og homophile par) zum 1.1.2009 geändert. Zum selben Zeitpunkt wurde das Gesetz über die registrierte Lebenspartnerschaft (lov om registreret partnerskap, Gesetz Nr. 40 vom 30.4.1993) aufgehoben; vgl. *Frantzen* FamRZ 2008, 1707 (1707); *Ring/Olsen-Ring* StAZ 2008, 304.

20 § 1 EheG (Äktenskapsbalken [1987:230]) wurde durch das Änderungsgesetz (2009:253) zum 1.5.2009 geändert; vgl. *Jänterä-Jareborg* FamRZ 2010, 1505; *Ring/Olsen-Ring* ZEV 2009, 508; *Carsten* StAZ 2010, 173; *Scherpe* FPR 2010, 211.

21 § 1 EheG (Hjúskaparlög, Gesetz Nr. 31 vom 14.4.1993) wurde durch das Änderungsgesetz (Lög um breytingar á hjúskaparlögum og fleiri lögum og um brottfall laga um staðfesta samvist [ein hjúskaparlög], Gesetz Nr. 65 vom 22.6.2010) zum 27.6.2010 geändert.

Dänemark im Jahre 2012[22] und Finnland im Jahre 2017[23] (zur Entwicklung in weiteren ausländischen Rechtsordnungen → Rn. 17 f.).

7 **2. Erlass des LPartG. Deutschland** erreichte die Entwicklung hin zu einer Öffnung gegenüber gleichgeschlechtlichen Paaren nach dem Wechsel der Bundesregierung im Herbst 1998. Mehrere Parteien legten eigene Gesetzesentwürfe vor.[24] Der von den Koalitionsfraktionen SPD und Bündnis 90/Die Grünen im Juli 2000 in den Bundestag eingebrachte und in erster Lesung beratene Entwurf[25] wurde den Ausschüssen überwiesen. Als sich abzeichnete, dass das Gesamtvorhaben im Bundesrat keine Mehrheit finden werde, teilte man es auf Anregung des federführenden Rechtsausschusses in zwei Gesetze auf, um ein Zustimmungserfordernis der Länderkammer zu vermeiden.[26] Die nicht zustimmungsbedürftigen Vorschriften wurden im „Gesetz zur Beendigung der Diskriminierung gleichgeschlechtlicher Gemeinschaften" vom 16.2.2001 (BGBl. 2001 I 266) zusammengeführt. Art. 1 Gesetz zur Beendigung der Diskriminierung gleichgeschlechtlicher Gemeinschaften enthält das eigentliche „Gesetz über Eingetragene Lebenspartnerschaften" (LPartG) als bürgerlichrechtliche Kernmaterie. Die zustimmungsbedürftigen Regelungen hauptsächlich steuer- und sozialrechtlichen Inhalts wurden hingegen einem sogenannten „Lebenspartnerschaftsergänzungsgesetz" (LPartErgG) vorbehalten.[27] Dieses Gesetz fand nicht die Zustimmung des Bundesrates; auch im Vermittlungsausschuss wurde keine Einigung erzielt. Am 1.8.2001 trat deshalb mit dem LPartG nur ein Torso der geplanten Gesamtregelung in Kraft.

8 **3. Kritik des ursprünglichen LPartG.** Die meisten Detailregelungen des LPartG waren (und sind noch heute) Nachbildungen des Eherechts. Eherechtliche Vorschriften werden teils wortwörtlich wiederholt (etwa §§ 3, 4, 13 ff.), teils wird auf sie ausdrücklich verwiesen (etwa § 5, § 8 S. 1, § 10), teils wurden für eherechtliche Institute ohne inhaltliche Abweichung (verwirrenderweise) neue Benennungen eingeführt[28] („Begründung" statt Eingehung in § 1; „Vermögensstand" statt Güterstand und „Ausgleichsgemeinschaft" statt Zugewinngemeinschaft in § 6 aF; „Aufhebung" statt Scheidung in § 15). Teils enthielt das LPartG dem Eherecht unbekannte Regelungen: Bei der Trauung mussten die Partner eine Erklärung über ihren künftigen Vermögensstand abgeben (§ 1 Abs. 1 S. 4 aF). Zwecks gerichtlicher Auflösung einer Lebenspartnerschaft mussten ein bzw. drei Jahre vor der Antragstellung öffentlich beurkundete Nichtfortsetzungserklärungen abgegeben werden (§ 15 Abs. 4 S. 1 aF); im Vergleich zur Ehescheidung wurde dadurch die Auflösung einer Lebenspartnerschaft erheblich erschwert. Andererseits fehlten Regelungen über die Verlobung, über ein Vermögensstandsregister und über ein gerichtliches Aufhebungsverfahren bei Begründungsmängeln. Die für die eheliche Zugewinngemeinschaft geltenden Verfügungsbeschränkungen der §§ 1365, 1368 BGB waren auf redaktionell mangelhafte Weise unabhängig vom Güterstand auf alle Lebenspartnerschaften erstreckt (§ 8 Abs. 2 aF).

9 **4. Reformen des LPartG.** Ein Teil der eben beschriebenen Mängel des ursprünglichen LPartG wurde durch das am 1.1.2005 in Kraft getretene Gesetz zur Überarbeitung des Lebenspartnerschaftsrechts **(LPartÜG)**[29] vom 15.12.2004 (BGBl. 2004 I 3396) beseitigt. Darin wurden zahlreiche Angleichungen an das Eherecht vorgenommen, vor allem im Güterrecht (§ 6) und bei der gerichtlichen Auflösung (§ 15), auch bei der Gleichstellung des Registrierungsversprechens mit der Verlobung (§ 1 Abs. 3 aF) und beim nachpartnerschaftlichen Unterhalt (§ 16). Neu eingeführt wurden Vorschriften über Stiefkindadoption und Einbenennung (§ 9 Abs. 5–7), den Versorgungsausgleich (§ 20) und die Hinterbliebenenrente. Bereits vor diesen Änderungen durch das LPartÜG wurde im Rahmen des Erlasses des Gewaltschutzgesetzes durch Art. 11 Gesetz zur Verbesserung des zivilgerichtlichen Schutzes bei Gewalttaten und Nachstellungen sowie zur Erleichterung der Überlassung der Ehewohnung bei Trennung vom 11.12.2001 (BGBl. 2001 I 3513) § 14 mit Wirkung zum 1.1.2002 geändert.

10 Im späteren Verlauf kam es zu zahlreichen weiteren Reformen des LPartG. Das am 1.1.2009 in Kraft getretene Personenstandsreformgesetz (PStRG) vom 19.2.2007 (BGBl. 2007 I 122) erklärte

---

22 Lov om ændring af lov om ægteskabs indgåelse og opløsning, lov om ægteskabets retsvirkninger og retsplejeloven og om ophævelse af lov om registreret partnerskab, Gesetz Nr. 532 vom 12.6.2012; vgl. *Scherpe* FamRZ 2012, 1434.

23 § 1 EheG (Avioliittolaki, Gesetz Nr. 234 vom 13.6.1929) wurde durch das Laki avioliittolain muuttamisesta (Gesetz Nr. 156 vom 20.2.2015) zum 1.3.2017 geändert.

24 Überblick bei HK-LPartG/*Stüber* Einl. Rn. 6 ff.

25 BT-Drs. 14/3751.

26 Vgl. BT-Drs. 14/4545.

27 Vgl. BT-Drs. 14/4545, 69 ff.

28 Synoptische Gegenüberstellung und Kritik an der Gesetzestechnik bei *Schwab* FamRZ 2001, 385 (387); vgl. *Schwab* FamRZ 2017, 1284.

29 RegE mit amtl. Begr., BT-Drs. 15/3445.

für die Trauung und die Entgegennahme namensrechtlicher Erklärungen einheitlich die Standesbeamten für zuständig (§ 1 aF und § 3). Landesrechtliche Zuständigkeitsvorbehalte wurden allerdings aufrechterhalten (erheblich nur noch für die in Bayern wahlweise zuständigen Notare; → § 23 Rn. 1). Durch Spezialgesetze wurden überdies dem Eherecht angepasst: das Namensrecht,[30] das Unterhaltsrecht,[31] der Zugewinnausgleich[32] und der Versorgungsausgleich.[33] Beim Erlass des FamFG kam es im Jahre 2009 zu kleineren Anpassungen durch Art. 52 FGG-Reformgesetz vom 17.12.2008 (BGBl. 2008 I 2586). Das Gesetz zur Bereinigung des Rechts der Lebenspartner vom 20.11.2015 (BGBl. 2015 I 2010) brachte in vielen Bereichen überwiegend redaktionelle Anpassungen an das Eherecht (Verwaltungsverfahren, Laufbahnverordnungen, ZPO samt ZVG und InsO, PStG, SGB etc; zu einer minimalen redaktionellen Anpassung in § 23 kam es auch durch die Zehnte Zuständigkeitsanpassungsverordnung vom 31.8.2015, BGBl. 2015 I 1474); es schuf auch ein Äquivalent zum Ehefähigkeitszeugnis für die beabsichtigte Begründung einer registrierten Partnerschaft im Ausland. Beim Erlass des Gesetzes zur Bekämpfung von Kinderehen vom 17.7.2017 (BGBl. 2017 I 2429) kam es zu Änderungen in § 9 und § 15.

Ein bedeutender Motor der Gleichstellung von Lebenspartnern mit Eheleuten war auch das 11 **Bundesverfassungsgericht.** So wurden registrierte Lebenspartner zunächst finanziell aufgrund von Verfassungsgerichtsurteilen und daraufhin ergangener gesetzlicher Regelungen im Steuerrecht (hinsichtlich Einkommenssteuer bzgl. Zusammenveranlagung mit Splittingtarif,[34] Grunderwerbssteuer,[35] Erbschafts- und Schenkungssteuer[36]), sowie im Versorgungsrecht (hinsichtlich Familienzuschlag,[37] Hinterbliebenenversorgung[38]) den Ehegatten gleichgestellt.[39] Im Jahre 2013 erklärte das Bundesverfassungsgericht es zudem für verfassungswidrig, dass Lebenspartnern ab dem Jahre 2005 zwar eine Stiefkindadoption möglich war, dass ihnen – anders als Ehepartnern – eine Sukzessivadoption jedoch verwehrt blieb. Das Gericht sah darin einen Verstoß sowohl gegen das Recht der betroffenen Kinder als auch der Lebenspartner auf Gleichbehandlung aus Art. 3 Abs. 1 GG.[40] Im Jahre 2014 wurde durch das Gesetz zur Umsetzung der Entscheidung des Bundesverfassungsgerichts zur Sukzessivadoption durch Lebenspartner vom 20.6.2014 (BGBl. 2014 I 786) daraufhin § 9 Abs. 7 um einen Verweis auf § 1742 BGB ergänzt, wodurch die Sukzessivadoption auch Lebenspartnern erlaubt wurde. Als letzter signifikanter materieller Unterschied zwischen Ehe und Lebenspartnerschaft blieb damit zuletzt die fehlende Möglichkeit von Lebenspartnern, gemeinsam Kinder zu adoptieren.

**5. Öffnung der Ehe für Personen gleichen Geschlechts.** Zu einem fundamentalen Wandel 12 der Rechtslage kam es, als im Jahre 2017 durch eine Änderung des § 1353 BGB mit Wirkung zum 1.10.2017 durch das Gesetz zur Einführung des Rechts auf Eheschließung für Personen gleichen Geschlechts vom 20.7.2018 (BGBl. 2017 I 2787) die Ehe für Personen gleichen Geschlechts geöffnet wurde (sog. „Ehe für alle"). Diese Gesetzesänderung wurde sehr überraschend am 30.6.2017 in der letzten Bundestagssitzung der Legislaturperiode beschlossen.[41] Laut Koalitionsvertrag der Regierungsparteien CDU, CSU und SPD war eine Öffnung der Ehe für Personen gleichen Geschlechts nicht vorgesehen gewesen.[42] Bereits zu Beginn der Legislaturperiode hatte jedoch die Oppositionsfraktion DIE LINKE einen Gesetzesentwurf zur Öffnung der Ehe in den Bundestag eingebracht.[43]

---

30 Gesetz zur Änderung des Ehe- und Lebenspartnerschaftsnamens (LPartNamRÄndG) vom 6.2.2005, BGBl. 2005 I 203. Eine weitere (geringfügige) Änderung brachte das Personenstandsrechts-Änderungsgesetz (PStRÄndG) vom 7.5.2013, BGBl. 2013 I 1122.

31 Gesetz zur Änderung des Unterhaltsrechts (UÄndG) vom 21.12.2007, BGBl. 2007 I 3189.

32 Gesetz zur Änderung des Zugewinnausgleichs- und Vormundschaftsrechts (ZuGewAusglÄndG) vom 6.7.2009, BGBl. 2009 I 1696.

33 Gesetz zur Strukturreform des Versorgungsausgleichs (VAStrRefG) vom 3.4.2009, BGBl. 2009 I 700.

34 Die Einkommenssteuer ist nach der Splittingtabelle rückwirkend ab Begründung der Partnerschaft neu zu berechnen, BVerfG NJW 2013, 2257; zust. *Muckel* JA 2013, 714 ff.; vgl. entspr. FG Hamburg FamRZ 2018, 1620.

35 BVerfG NJW 2012, 2719.

36 BVerfG NJW 2010, 2783.

37 BVerfG NVwZ 2012, 1304.

38 BVerfG NJW 2010, 1439.

39 *Tölle* NJW 2011, 2165; Palandt/*Brudermüller* Vor § 1 Einl. Rn. 2.

40 BVerfG NJW 2013, 847.

41 *Schwab* FamRZ 2017, 1284 (1285).

42 Deutschlands Zukunft gestalten – Koalitionsvertrag zwischen CDU, CSU und SPD, 105, https://www.bundesregierung.de/Content/DE/_Anlagen/2013/2013-12-17-koalitionsvertrag.html (zuletzt abgerufen am 28.11.2018).

43 BT-Drs. 18/8 vom 23.10.2013.

Im Laufe der Legislaturperiode taten es ihr die Fraktion Bündnis 90/Die Grünen[44] und schließlich der Bundesrat[45] gleich. Die Entwürfe wurden in den Ausschuss für Recht und Verbraucherschutz überwiesen, in dem die Regierungskoalition die endgültige Befassung mit den Gesetzesentwürfen und eine Beschlussfassung durch das Plenum des Bundestages durch mehrfache Vertagung der Beratung im Ausschuss verhinderte.[46] Um eine Beschlussfassung durch das Plenum noch in der laufenden Legislaturperiode zu erzwingen, beantragte die Fraktion Bündnis 90/Die Grünen – erfolglos – beim BVerfG eine entsprechende einstweilige Anordnung.[47]

**13** Nachdem jedoch Bundeskanzlerin Merkel in einem Interview mit der Zeitschrift „Brigitte" am 26.6.2017 davon sprach, die Frage der Öffnung der Ehe eher als Gewissensentscheidung zu behandeln, änderte die SPD ihren Kurs und tat sich in dieser Sachfrage mit den Oppositionsfraktionen zusammen. Gemeinsam empfahlen sie im Ausschuss für Recht und Verbraucherschutz, den Gesetzesentwurf des Bundesrates unverändert anzunehmen,[48] und setzten eine Abstimmung darüber auf die Tagesordnung der Bundestagssitzung vom 30.6.2017, wo es zu einer namentlichen Abstimmung unter Aufhebung des Fraktionszwanges kam.[49] Das Gesetz wurde mit 393 Ja-Stimmen zu 226 Nein-Stimmen (ca. 63 % Zustimmung; 4 Enthaltungen) verabschiedet.[50]

**14** Mehrfach wurde bei der Abstimmung in Frage gezogen, ob eine einfachgesetzlich Öffnung der Ehe mit dem Grundgesetz vereinbar sei oder ob vorher eine Grundgesetzänderung erfolgen müsse (→ Rn. 21 ff.). Zu einem klärenden Verfahren vor dem BVerfG kam es im Nachgang der Verabschiedung des Gesetzes jedoch nicht. Da die SPD, Bündnis 90/Die Grünen, die FDP und DIE LINKE die Öffnung der Ehe unterstützten, wäre allein eine abstrakte Normenkontrolle auf Antrag der von der CSU allein geführten bayerischen Staatsregierung realistisch gewesen.[51] Nachdem ein von ihr beauftragtes wissenschaftliches Gutachten einem entsprechenden Verfahren jedoch geringe Erfolgsaussichten einräumte,[52] verzichtete auch die bayerische Staatsregierung auf ein Verfahren vor dem Bundesverfassungsgericht.

**15** Der Gesetzestext des LPartG wurde durch das Eheöffnungsgesetz zwar kaum geändert, die Auswirkungen für die Bedeutung des LPartG sind jedoch immens. Laut Art. 3 Abs. 3 Gesetz zur Einführung des Rechts auf Eheschließung für Personen gleichen Geschlechts vom 20.7.2017 (BGBl. 2017 I 2787) können seit der Öffnung der Ehe keine Lebenspartnerschaften mehr begründet werden. Vorher begründete Lebenspartnerschaften bleiben bestehen, können jedoch gemäß dem neu geschaffenen § 20a in Ehen umgewandelt werden.

**16** Bereits im Jahre 2018 kam es mit Wirkung zum 22.12.2018 durch das Gesetz zur Umsetzung des Gesetzes zur Einführung des Rechts auf Eheschließung für Personen gleichen Geschlechts vom 18.12.2018 (Eheöffnungsbegleitgesetz; BGBl. 2018 I 2639) zu ergänzenden Änderungen des LPartG – in §§ 1, 20a, 21 und 23 – sowie des BGB, EGBGB und PStG. Das Begleitgesetz war notwendig, da das ursprüngliche Eheöffnungsgesetz verschiedene Mängel enthielt. So waren etwa in verschiedenen Normen des BGB die Termini „(Ehe-)Frau" und „(Ehe-)Mann" nicht durch den geschlechtsneutralen Begriff „Ehegatten" ersetzt worden (so etwa in § 1355 Abs. 2 BGB, § 1362 Abs. 1 BGB, § 1363 Abs. 2 BGB, § 1366 Abs. 2 BGB, § 1416 Abs. 1 BGB, § 1421 S. 1 BGB aF). Bei dieser Unstimmigkeit handelte es sich jedoch um ein offensichtliches Redaktionsversehen, das der Anwendung der genannten Vorschriften auf gleichgeschlechtliche Paare bereits vor Inkrafttreten des Eheöffnungsbegleitgesetzes nicht entgegenstand.[53] Anders stellte es sich im Abstammungsrecht dar. Sofern §§ 1592 ff. BGB vom (Ehe-)Mann der Mutter sprachen und sprechen, bezieht sich dies nur auf den männlichen Ehepartner und kann nicht analog auf die Ehefrau der Mutter angewendet werden. Das Abstammungsrecht sollte weder durch die Öffnung der Ehe noch durch das Eheöffnungsbegleitgesetz für gleichgeschlechtliche Elternschaft geöffnet werden.[54] Eine weitere Schwäche

---

[44] BT-Drs. 18/5098 vom 10.6.2015.

[45] BT-Drs. 18/6665 vom 11.11.2015.

[46] BT-Drs. 18/12989, 4 ff.

[47] BVerfG NVwZ 2017, 1108 = FamRZ 2017, 1209.

[48] BT-Drs. 18/12989, 8.

[49] Zu den dargestellten Abläufen sowie für einen Kurzüberblick der Gesetzgebungsgeschichte von Erlass des LPartG bis zur Öffnung der Ehe für Personen gleichen Geschlechts *Schwab* FamRZ 2017, 1284 (1284 f.).

[50] BT-Plenarprotokoll 18/244, 25117.

[51] Wegen einer Subjektivierung der Institutsgarantie für eine Beschwerdebefugnis verschiedengeschlechtlicher Ehepaare und Verlobter *Meyer* FamRZ 2017, 1281 (1283 f.).

[52] *Wollenschläger* in Wollenschläger/Coester-Waltjen, Ehe für Alle, 2018, 130 f.

[53] *Schwab* FamRZ 2017, 1284 (1285 f.); *Erbarth* FamRB 2017, 429 (436).

[54] BGH BeckRS 2018, 26815 Rn. 9 ff.; *Helms* StAZ 2018, 33 (34); s. jedoch zu entsprechenden rechtspolitischen Forderungen an den Gesetzgeber *Helms* Verh. 71. DJT, 2016, F1; *Arbeitskreis Abstammungsrecht,* Abschlussbericht – Empfehlungen für eine Reform des Abstammungsrechts, 2017. Für eine Anwendung des geltenden Abstammungsrechts auch auf gleichgeschlechtliche Ehepaare *Erbarth* FamRB 2017, 429 (436).

des Eheöffnungsgesetzes stellte es dar, dass bei der Öffnung der Ehe § 1 aF zur Begründung der Lebenspartnerschaft unverändert blieb, obwohl seit Inkrafttreten des Gesetzes zur Eheöffnung keine Lebenspartnerschaften mehr begründet werden konnten. Diese Einschränkung ließ sich zunächst allein Art. 3 Abs. 3 Eheöffnungsgesetz vom 20.7.2017 (BGBl. 2017 I 2787) entnehmen, fand aber im LPartG selbst irritierenderweise keinen Niederschlag. Auch die ursprüngliche, eher rudimentäre Regelung der Umwandlung in § 20a aF ließ verschiedene Fragen offen. Die genannten Mängel des Eheöffnungsgesetzes erklären sich wohl dadurch, dass bei Einbringen des entsprechenden Gesetzesentwurfs durch die Opposition nicht zu erwarten war, dass das Gesetz tatsächlich verabschiedet werden würde, da laut Koalitionsvertrag eine Öffnung der Ehe nicht vorgesehen war und die Regierungskoalition entsprechende Vorhaben blockierte (→ Rn. 12).[55]

**6. Rechtsvergleichender Kontext.** Die hiesige Öffnung der Ehe spiegelt einen **internationalen Trend.**[56] Seitdem die ersten Staaten eingetragene Lebenspartnerschaften bzw. gleichgeschlechtliche Ehen eingeführt haben (dazu → Rn. 6), sind ihnen zahlreiche Rechtsordnungen gefolgt. Die Entwicklung ging von Skandinavien sowie den Niederlanden und Belgien aus, erfasst inzwischen jedoch fast ganz Westeuropa (bspw. Spanien seit 2005,[57] Portugal seit 2010,[58] Frankreich seit 2013,[59] England und Wales seit 2013,[60] Schottland seit 2014,[61] Irland seit 2015,[62] Österreich seit 2019[63]) und breitet sich auch jenseits von Europa aus. So sind gleichgeschlechtliche Ehen oder Lebenspartnerschaften in weiten Teilen Nord- und Südamerikas (bspw. Kanada seit 2005,[64] Argentinien seit 2010,[65] Brasilien seit 2013,[66] USA seit 2015,[67] Kolumbien seit 2016[68]), in Südafrika (seit 2006)[69] und in Australien (seit 2017) zulässig.[70] Auf verschiedenen Wegen ist es dabei zur Öffnung der Ehe gekommen: Meist wurde die gleichgeschlechtliche Ehe durch Gesetz eingeführt, teilweise jedoch auch durch oder aufgrund von Gerichtsentscheidungen (so in Südafrika, Brasilien, USA, Kolumbien und Österreich) oder Referenden (Irland[71] und Australien[72]). Zahlreiche weitere Länder haben zwar die Ehe nicht geöffnet, allerdings eingetragene Lebenspartnerschaften für gleichgeschlechtliche Paare eingeführt, so etwa die Schweiz (seit 2007)[73] und Italien (seit 2016).[74] 17

---

55 *Helms* StAZ 2018, 33 (33).

56 Ausf. *Coester-Waltjen* in Wollenschläger/Coester-Waltjen, Ehe für Alle, 2018, 133 ff.; *Görisch* Der Staat 54 (2015), 591 (595 ff.).

57 Ley 13/2005, de 1.7.2005, por la que se modifica el Código Civil en materia de derecho a contraer matrimonio, B.O. num. 157 p. 23632, in Kraft getreten am 3.7.2005.

58 Lei N° 9/2010 de 31.5.2010 – Permite o casamento civil entre pessoas do mesmo sexo, veröffentlicht im Diário da República, 1.a série – N° 105 – de 31.5.2010.

59 Loi n° 2013-404 du 17.5.2013 ouvrant le mariage aux couples de personnes de même sexe.

60 Marriage (Same Sex Couples) Act 2013; vgl. *Scherpe/Sloan* FamRZ 2013, 1469 (1470).

61 Marriage and Civil Partnership (Scotland) Act 2014.

62 Art. 41 Abs. 4 irische Verfassung, eingefügt durch Thirty-fourth Amendment of the Constitution (Marriage Equality) Act 2015; Sec. 2(2) Civil Registration Act 2004 idF nach Sec. 4(a) Marriage Act 2015, welche das Ehehindernis der Gleichgeschlechtlichkeit in Sec. 2(2) Civil Registration Act 2004 aF aufhob; vgl. *Sloan* FamRZ 2016, 1533 (1534); *Schaefer* AöR 143 (2018), 393 (421).

63 Aufhebung der Ehevoraussetzung der Verschiedengeschlechtlichkeit zum 1.1.2019 durch VfGH 4.1.2017 – G258/2017 ua.

64 Civil Marriage Act vom 20.7.2005, S.C. 2005, c. 33.

65 Durch das Ley 26.618 (matrimonio Civil) vom 15.7.2010 wurden das Eherecht im Código Civil de la República Argentina geschlechtsneutral formuliert (insbes. Art. 172 Código Civil: „contrayentes" statt „hombre y mujer"). Zum 1.8.2015 trat der neue Código Civil y Comercial (Ley 26.994) in Kraft (vgl. zum Inkrafttreten Art. 1 Ley 27.077); s. Art. 401 ff. Código Civil y Comercial, insbes. Art. 406 Código Civil y Comercial.

66 Conselho Nacional de Justiça 14.5.2013 – Resolução N° 175.

67 U.S. Supreme Court 26.6.2015, 135 S.Ct. 2584 (2015) – Obergefell v. Hodges.

68 Corte Constitucional de Colombia 28.4.2016 – Sentencia SU214/16.

69 Civil Union Act 2006 (Act no. 17 of 2006) 29.11.2006 in Umsetzung von Constitutional Court of South Africa 1.12.2005, 2006 (1) SA 524 – Minister of Home Affairs v. Fourie.

70 Geschlechtsneutrale Definition von „marriage" in Art. 5(1) Marriage Act 1961 idF des Marriage Amendment (Definition and Religious Freedoms) Act 2017 (in Kraft ab 9.12.2017).

71 62 % Zustimmung (bei 60,52 % Umfragebeteiligung) im National Marriage Referendum vom 22.5.2015: http://www.referendum.ie/archive/referendum-on-the-thirty-third-amendment-of-the-constitution-court-of-appeal-bill-2013-12-3-5-2/ (zuletzt abgerufen am 28.11.2018).

72 61,6 % Zustimmung (bei fast 80 % Umfragebeteiligung) für gleichgeschlechtliche Ehe bei Australian Marriage Law Postal Survey, 2017: *Australian Bureau of Statistics,* http://www.abs.gov.au/ausstats/abs@.nsf/mf/1800.0 (zuletzt abgerufen am 28.11.2018).

73 Partnerschaftsgesetz vom 18.6.2004 (in Kraft ab 1.1.2007).

74 Regolamentazione delle unioni civili tra persone dello stesso sesso e disciplina delle convivenze, Gesetz v. 20.5.2016, Nr. 76; vgl. *Cubeddu Wiedemann* FamRZ 2016, 1535.

18 Dieser zunehmenden Akzeptanz gleichgeschlechtlicher Partnerschaften in einigen Staaten steht eine fortbestehende oder gar zunehmende Ablehnung und Diskriminierung solcher Partnerschaften in anderen Staaten gegenüber, so etwa in Teilen Osteuropas oder Russland.[75] Homosexualität ist zudem insbesondere im Nahen Osten vielfach weiterhin strafbar und wird mit schweren Strafen geahndet.

### III. Verfassungsrechtliche Bewertung

19 **1. Verfassungskonformität des ursprünglichen LPartG.** Von Kritikern der Lebenspartnerschaft wurden bei Erlass des LPartG Bedenken bzgl. dessen Verfassungskonformität vorgebracht.[76] Um bereits das Inkrafttreten des Gesetzes zu verhindern, beantragten die Bundesländer Bayern und Sachsen beim BVerfG den Erlass einer einstweiligen Anordnung. Den Anträgen gab das BVerfG jedoch nicht statt.[77] Auch das von Sachsen, Thüringen und Bayern in der Hauptsache angestrengte Normenkontrollverfahren blieb ohne Erfolg.[78] Das BVerfG erklärte das LPartG für mit dem Grundgesetz, insbesondere mit Art. 6 und 3 GG, vereinbar.[79] Der besondere Schutz der Ehe nach Art. 6 Abs. 1 GG verbiete nicht, Lebenspartnern Rechte und Pflichten einzuräumen, die denen von Eheleuten entsprechen bzw. nahe kommen. Die Ehe werde nicht durch ein vergleichbares Institut schlechter gestellt, das sich an Personen wende, die miteinander keine Ehe eingehen könnten.[80]

20 **2. Benachteiligung von Lebenspartnern gegenüber Ehepaaren.** Auch im weiteren Verlauf war die Lebenspartnerschaft mehrfach Gegenstand verfassungsgerichtlicher Entscheidungen. Dabei war die Frage jedoch nicht mehr, ob die Lebenspartnerschaft der Ehe zu nah, sondern ob sie ihr nahe genug komme; ob – anders gewendet – Lebenspartner zu Unrecht gegenüber Eheleuten benachteiligt werden. In einer stetigen Rechtsprechungslinie hat das BVerfG die Gleichbehandlung von Ehe und Lebenspartnerschaft gefordert und zahlreiche Unterschiede in ihrer Behandlung als **Verstoß gegen das Gleichheitsgebot** angesehen und somit für verfassungswidrig erklärt. Dies betraf die betriebliche Hinterbliebenenversorgung für Arbeitnehmer des öffentlichen Dienstes,[81] die Erbschafts- und Schenkungssteuer,[82] den beamtenrechtlichen Familienzuschlag,[83] die Grunderwerbssteuer,[84] das Ehegattensplitting[85] und die Sukzessivadoption.[86] Stückweise wurde so die Lebenspartnerschaft immer näher an die Ehe herangeführt. Konsequenter Abschluss dieser Entwicklung war im Jahre 2017 die Öffnung der Ehe für Personen gleichen Geschlechts.

21 **3. Verfassungskonformität der Öffnung der Ehe.** Bei Erlass des Gesetzes zur Einführung des Rechts auf Eheschließung für Personen gleichen Geschlechts vom 20.7.2018 (BGBl. 2017 I S. 2787) wurden Zweifel an dessen Verfassungskonformität kundgetan. Ohne vorherige Grundgesetzänderung sei eine gleichgeschlechtliche Ehe nicht mit Art. 6 Abs. 1 GG vereinbar.[87] Diese **Bedenken überzeugen nicht.**[88]

---

75 *Schaefer* AöR 143 (2018), 393 (421) mwN.

76 S. etwa *Scholz/Uhle* NJW 2001, 393; *Pauly* NJW 1997, 1955; *Burgi* Der Staat 39 (2000), 487.

77 Urt. v. 18.7.2001: BVerfG NJW 2001, 2457.

78 Urt. v. 17.7.2002: BVerfG NJW 2002, 2543.

79 Krit. etwa → 7. Aufl. 2017, Vor § 1 Rn. 6 *(Wacke)*; *Braun* JuS 2003, 21 (26); Maunz/Dürig/*Badura,* 83. EL April 2018, GG Art. 6 Rn. 58d.

80 BVerfG NJW 2002, 2543 (2548); krit. *Braun* JuS 2003, 21; *Tillmanns* JA 2003, 934; teilweise wurde die Alternativität zur Ehe mit Verweis auf bisexuelle Personen in Zweifel gezogen, → 7. Aufl. 2017, Vor § 1 Rn. 6 *(Wacke)*. Allerdings können auch bisexuelle Personen (abgesehen vom Sonderfall intersexueller Personen) zu jeder gegebenen Zeit nur entweder mit einem Mann oder einer Frau eine Paarbeziehung führen. Da sowohl die Ehe als auch die Lebenspartnerschaft als Zweier-Beziehung ausgestaltet sind, besteht somit auch für bisexuelle Personen die vom BVerfG dargestellte Alternativität.

81 BVerfG NJW 2010, 1439.

82 BVerfG NJW 2010, 2783.

83 BVerfG NVwZ 2012, 1304.

84 BVerfG NJW 2012, 2719.

85 BVerfG NJW 2013, 2257.

86 BVerfG NJW 2013, 847.

87 Die Öffnung der Ehe für verfassungswidrig halten etwa *Ipsen* NVwZ 2017, 1096 (1098); *Görisch* Der Staat 54 (2015), 591 (600); *Chr. Schmidt* NJW 2017, 2225 (2228); Maunz/Dürig/*Badura,* 83. EL April 2018, GG Art. 6 Rn. 58; BeckOK GG/*Uhle* GG Art. 6 Rn. 4 ff.

88 Die Öffnung der Ehe für verfassungsgemäß halten etwa *Bäcker* AöR 143 (2019), 339 (391 f.); *Blome* NVwZ 2017, 1658 (1663); *Brosius-Gersdorf* NJW 2015, 3557 (3558); *Hecker* NVwZ 2018, 621 (623 f.); *Kaiser* FamRZ 2017, 1889 (1890); *Ott* NJW 1998, 117 (118); *Schaefer* AöR 143 (2018), 393 (435); *Wapler* FamRZ 2017, 602 (602); *Wapler,* Die Verfassungsmäßigkeit der Öffnung der Ehe für gleichgeschlechtliche Paare – Gutachten für die Friedrich-Ebert-Stiftung, 2015, 34.

Mitunter wurde angenommen, die Verschiedengeschlechtlichkeit der Eheleute sei Teil des **Institutskerns** der Ehe iSd Art. 6 Abs. 1 GG, weshalb eine Erweiterung des verfassungsrechtlichen Ehebegriffs unzulässig sei.[89] Schon diese Annahme dürfte nicht mehr zutreffen. In der Tat hatte das BVerfG bis zum Jahre 2008 wiederholt die Verschiedengeschlechtlichkeit der Eheleute als Teil des Institutskerns der Ehe iSd Art. 6 Abs. 1 GG dargestellt. Zunächst war das Gericht dabei sehr deutlich: „insoweit stimmt der materielle Gehalt der Institutsgarantie aus Art. 6 Abs. 1 GG mit dem hergebrachten Recht überein. Ehe ist auch für das Grundgesetz die Vereinigung eines Mannes und einer Frau zur grundsätzlich unauflöslichen Lebensgemeinschaft“;[90] entsprechend: „nach den durch Art. 6 I GG gewährleisteten Strukturprinzipien, die der Verfügungsgewalt des Gesetzgebers entzogen sind, ist das vorgegebene Institut der Ehe die Vereinigung eines Mannes und einer Frau zu einer umfassenden, grundsätzlich unauflösbaren Lebensgemeinschaft…“.[91] Nach der Jahrtausendwende schien das Gericht bei seiner Wortwahl bereits zurückhaltender zu werden: „Zum Gehalt der Ehe, wie er sich ungeachtet des gesellschaftlichen Wandels und der damit einhergehenden Änderungen ihrer rechtlichen Gestaltung bewahrt und durch das Grundgesetz seine Prägung bekommen hat, gehört, dass sie die Vereinigung eines Mannes mit einer Frau zu einer auf Dauer angelegten Lebensgemeinschaft ist…“.[92] Zuletzt war der Rspr. des BVerfG eine Zugehörigkeit der Verschiedengeschlechtlichkeit zum Institutskern schließlich nicht mehr so deutlich zu entnehmen wie früher. So wich das BVerfG in den Jahren 2012 und 2013 in seinen Entscheidungen zum beamtenrechtlichen Familienzuschlag und zum Ehegattensplitting von seiner vorher wiederholt genutzten Formulierung ab und verwendete die folgende: „Die Ehe als allein der Verbindung zwischen Mann und Frau vorbehaltenes Institut … erfährt durch Art. 6 Abs. 1 GG einen eigenständigen verfassungsrechtlichen Schutz“.[93] Da das Gericht dabei vorherige Entscheidungen zitierte, liegt nahe, dass es die neue Formulierung bewusst wählte. Im Gegensatz zu den vorher verwendeten Formulierungen, war nun nicht mehr klar, ob die Exklusivität der verschiedengeschlechtlichen Ehe zum damaligen Entscheidungszeitpunkt weiterhin normativ (also: die Ehe iSd GG muss allein Mann und Frau vorbehalten bleiben) oder lediglich deskriptiv zu verstehen ist (also: die Ehe war de lege lata zum Zeitpunkt der Entscheidung tatsächlich allein Mann und Frau vorbehalten). Bezeichnenderweise setzt zwischen der letzten Verwendung der früheren, restriktiveren und der ersten Verwendung der neuen, offeneren Formulierung – nämlich im Jahre 2009 – die Rechtsprechungslinie des BVerfG zum Gebot der Gleichbehandlung von Lebenspartnern und Eheleuten ein (→ Rn. 20).[94] Es liegt daher nahe, dass diese neu aufkommende Rechtsprechungslinie Anlass zu einer Öffnung gegenüber gleichgeschlechtlichen Paaren auch im Rahmen des Art. 6 Abs. 1 GG war und die neue Formulierung somit als vorsichtige Andeutung eines Rechtsprechungswandels zu verstehen ist. Für eine Abkehr von dem Gebot der Verschiedengeschlechtlichkeit spricht auch eine Entscheidung aus dem Jahre 2016, in der das BVerfG die Ehe gänzlich ohne Bezug zum Geschlecht als „dauerhafte Paarbeziehung“ und „besondere Verantwortungsbeziehung“ definiert.[95] 22

Für einen **Wandel in der Rspr.** des BVerfG spricht auch, dass das Gericht in der Entscheidung zur Sukzessivadoption klargestellt hat, dass **auch Personen gleichen Geschlechts Eltern** iSd Art. 6 Abs. 2 GG sein können und mit ihren Kindern eine Familie iSd Art. 6 Abs. 1 darstellen.[96] Das Gericht hat dabei abweichende historische Vorstellungen davon, was unter „Eltern“ iSd Art. 6 Abs. 2 GG zu verstehen ist, ausdrücklich für unbeachtlich erklärt.[97] Die Familie wird durch Art. 6 Abs. 1 GG unabhängig davon geschützt, ob die Eltern verheiratet sind, und auch umgekehrt ruht der Schutz der Ehe nicht darauf, dass aus Ehen Kinder hervorgehen.[98] Im Vordergrund des Schutzes der Ehe stehe vielmehr die Entlastung der Gesellschaft durch die mit der Ehe verbürgte rechtliche Solidarbeziehung.[99] Eine entsprechende Solidarbeziehung bilden indes auch formalisierte gleichgeschlechtliche Paarbeziehungen. Auch die wiederholte Forderung des BVerfG, Lebenspartner und 23

---

89 *Ipsen* NVwZ 2017, 1096 (1097 f.); *Kaiser* FamRZ 2017, 1889 (1891); Maunz/Dürig/*Badura,* 83. EL April 2018, GG Art. 6 Rn. 58. Zur Bedeutung der einfachrechtlichen Definition für den verfassungsrechtlichen Schutzbereich: BVerfG NJW 1971, 1509 (1513); 2002, 2543 (2547).

90 BVerfG NJW 1959, 1483.

91 BVerfG NJW 1980, 689; nahezu wortgleich: BVerfG NJW 1983, 511.

92 BVerfG NJW 2002, 2543 (2547 f.); wortlautidentisch in BVerfG NJW 2008, 3117 Rn. 45.

93 BVerfG NVwZ 2012, 1304 Rn. 66; wortlautidentisch: BVerfG NJW 2013, 2257 (2258 f.).

94 Beschluss vom 7.7.2009 zur Hinterbliebenenversorgung: BVerfG NJW 2010, 1439.

95 BVerfG FamRZ 2017, 666 Rn. 42 f.: „Ehe als rechtlich verbindliche und in besonderer Weise mit gegenseitigen Einstandspflichten (etwa bei Krankheit oder Mittellosigkeit) ausgestattete dauerhafte Paarbeziehung“.

96 BVerfG NJW 2013, 847 Rn. 49 ff. bzw. 61 ff.

97 BVerfG NJW 2013, 847 Rn. 54 ff.; vgl. BVerfG NJW 1959, 1483.

98 BVerfG NJW 2010, 1439 Rn. 103 f.; *Brosius-Gersdorf* NJW 2015, 3557 (3560 f.).

99 So auch in BVerfG FamRZ 2017, 666 Rn. 42; *Blome* NVwZ 2017, 1658 (1662); *Dethloff* FamRZ 2016, 351 (353).

Ehepartner seien gemäß Art. 3 GG gleich zu behandeln, spricht dafür, dass Art. 6 Abs. 1 GG gegenüber einer Erweiterung des Schutzes auf gleichgeschlechtliche Ehen offen ist.[100] Andernfalls würde Art. 6 GG eine Gleichbehandlung verbieten, die Art. 3 GG gerade einfordert. Eine derart gespaltene Auslegung der Verfassung erscheint wenig überzeugend.

24 Auch sonst kann man annehmen, dass sich das Verständnis der Ehe derart **gewandelt** hat,[101] dass die Verschiedengeschlechtlichkeit nicht mehr dem Institutskern zuzurechnen ist und Art. 6 Abs. 1 GG für die gleichgeschlechtliche Ehe offen ist[102] (sie eventuell sogar fordert[103] – zumindest ließe sich die Rspr. des BVerfG zur Gleichbehandlung von Lebenspartnern und Ehepartnern durchaus in diese Richtung weiterdenken). Ein Wandel in der **gesellschaftlichen Wahrnehmung** gleichgeschlechtlicher Partnerschaften, der sich auch im verfassungsrechtlichen Verständnis der Ehe niederschlägt, lässt sich an verschiedenen Entwicklungen erkennen: an der schrittweisen rechtlichen Anerkennung solcher Paare durch den Gesetzgeber im Rahmen des LPartG (→ Rn. 9 f.), an der zunehmenden Akzeptanz gleichgeschlechtlicher Partnerschaften in der hiesigen Gesellschaft (zur Zustimmung der Bevölkerung zur Öffnung der Ehe → Rn. 3), aber auch in anderen westlichen Ländern,[104] an der Öffnung zahlreicher ausländischer Rechtsordnungen gegenüber der gleichgeschlechtlichen Ehe durch Gesetz, Gerichtsurteil oder Referendum (→ Rn. 17) sowie an vergleichbarer Rspr. des EuGH[105] und EGMR.[106] So nimmt der EGMR ausdrücklich „nicht länger" an, dass das Recht aus Art. 12 EMRK auf Eheschließung unter allen Umständen auf Personen verschiedenen Geschlechts beschränkt sei – auch wenn „zum gegenwärtigen Zeitpunkt" die Entscheidung, eine gleichgeschlechtliche Ehe zuzulassen, dem Recht der Konventionsstaaten überlassen bleibe.[107] Der Schutz der Eheschließungsfreiheit durch Art. 9 GRCh wurde wiederum – anders als Art. 12 EMRK – bewusst geschlechtsneutral formuliert, um zu ermöglichen, dass auch gleichgeschlechtlichen Paaren der Status einer Ehe verliehen werden könne.[108]

25 Selbst wenn man davon ausgeht, dass die Verschiedengeschlechtlichkeit noch immer Teil des Institutskerns der Ehe iSd Art. 6 Abs. 1 GG ist, muss das Eheöffnungsgesetz nicht verfassungswidrig sein. Dem liegt die Möglichkeit zugrunde, zwischen der Ehe im Sinne des GG und der Ehe im Sinne des einfachen Rechts zu differenzieren. Sollte sich die Definition der Ehe in Art. 6 Abs. 1 GG einer Ausdehnung auf gleichgeschlechtliche Paare versperren, kann man das Eheöffnungsgesetz derart verstehen, dass der Gesetzgeber **lediglich die einfachgesetzliche Definition der Ehe** geändert und über die verfassungsrechtliche Definition hinaus ausgedehnt hat.[109] Eine derartige Ausweitung des einfachrechtlichen über den verfassungsrechtlichen Ehebegriff hinaus, wäre nur dann verfassungswidrig, wenn Art. 6 Abs. 1 GG einen Abstand der Ehe im Sinne der Verfassung zu einfachgesetzlichen Ehen fordern würde, die nicht unter die verfassungsrechtliche Definition der Ehe fallen. Ein solches Abstandsgebot ist der Verfassung jedoch nicht zu entnehmen.[110] Schon in seiner Entscheidung zur grundsätzlichen Verfassungsmäßigkeit des LPartG hat das BVerfG betont,

---

[100] *Dethloff* FamRZ 2016, 351 (353).

[101] Vgl. zur Möglichkeit eines entspr. Verfassungswandels bereits BVerfG NJW 1993, 3058.

[102] *Hecker* NVwZ 2018, 621 (623); *Blome* NVwZ 2017, 1658 (1663); *Dethloff* FamRZ 2016, 351 (353); *Ott* NJW 1998, 117 (118); *Wapler* FamRZ 2017, 602; wohl ebenso *Germann* VVDStRL 73 (2014), 257 (286); aA *Ipsen* NVwZ 2017, 1096 (1098); *Kaiser* FamRZ 2017, 1889 (1891); *Chr. Schmidt* NJW 2017, 2225 (2227); Maunz/Dürig/*Badura*, 83. EL April 2018, GG Art. 6 Rn. 58.

[103] *Dethloff* FamRZ 2016, 351 (354); entsprechende Entscheidungen ergingen etwa bereits in Südafrika, Brasilien, USA, Kolumbien und Österreich (→ Rn. 17): Constitutional Court of South Africa 1.12.2005, 2006 (1) SA 524 – Minister of Home Affairs v. Fourie; brasil. Conselho Nacional de Justiça 14.5.2013 – Resolução N° 175; U.S. Supreme Court 26.6.2015, 135 S.Ct. 2584 (2015) – Obergefell v. Hodges; Corte Constitucional de Colombia 28.4.2016 – Sentencia SU214/16; öster. VfGH 4.1.2017 – G258/2017 ua.

[104] OECD, LGBTI in OECD Countries: A Review, Working Paper No. 198, DELSA/ELSA/WD/SEM (2017) 4, 2017, 38 f.

[105] EuGH NVwZ 2018, 1545 = FamRZ 2018, 1063 – Coman.

[106] Vgl. *Wollenschläger* in Wollenschläger/Coester-Waltjen, Ehe für Alle, 2018, 130 f.; krit. insoweit *Chr. Schmidt* NJW 2017, 2225 (2227).

[107] EGMR NJW 2011, 1421 Rn. 61 – Schalk u. Kopf/Österreich; BeckRS 2014, 81998 Rn. 71 – Hämäläinen/Finnland; vgl. auch EGMR NJW-RR 2004, 289 Rn. 100 – Goodwin/Vereinigtes Königreich; NJW 2013, 2173 Rn. 146, 153 – X ua/Österreich.

[108] Erläuterungen zur Charta der Grundrechte, ABl. EU 2007 C 303/02, 21; dazu EGMR NJW-RR 2004, 289 Rn. 100 – Goodwin/Vereinigtes Königreich; NJW 2011, 1421 Rn. 60 – Schalk u. Kopf/Österreich.

[109] Für eine derartige Differenzierung sowie für die Zulässigkeit der Ausdehnung allein des einfachgesetzlichen Begriffes der Ehe: *Kaiser* FamRZ 2017, 1889 (1890 f.); *Meyer* FamRZ 2017, 1281 (1282 f.); *Schaefer* AöR 143 (2018), 393 (435); wohl ebenso *Schwab* FamRZ 2017, 1284 (1286). Ähnlich – für eine nur analoge Anwendung von Art. 6 Abs. 1 GG – *Bäcker* AöR 143 (2019), 339 (383 ff., 391 f.).

[110] *Dethloff* FamRZ 2016, 351 (352); *Kaiser* FamRZ 2017, 1889 (1890); *Meyer* FamRZ 2017, 1281 (1282 f.); aA → 7. Aufl. 2017, Vor § 1 Rn. 6 *(Wacke)*.

dass der besondere Schutz der Ehe iSd Art. 6 Abs. 1 GG nicht fordere, dass vergleichbare Institute schlechter gestellt werden müssen, die sich an Personen wenden, die miteinander keine Ehe in diesem Sinne eingehen können.[111] Auch später hat das Gericht wiederholt entschieden, dass Lebenspartner und Ehepartner bezüglich ihrer Rechte und Pflichten gemäß Art. 3 GG gleich zu behandeln sind (→ Rn. 20). Dass beide Institute inhaltlich gleich behandelt, aber unterschiedlich benannt werden müssen, erscheint wenig überzeugend.[112]

## IV. Kritik und rechtspolitische Diskussionen

**1. Starke Verrechtlichung.** Das LPartG wurde dafür kritisiert, die Lebenspartnerschaften zu 26
sehr zu verrechtlichen und den Lebenspartnern einen zu umfangreichen Strauß an Rechten und Pflichten einzuräumen.[113] Eine derart umfassende Solidargemeinschaft werde den Bedürfnissen gleichgeschlechtlicher Partnerschaften nicht gerecht, die regelmäßig nicht auf Kinder ausgerichtet seien. Diese Kritik ist bereits vor dem Hintergrund abzulehnen, dass gleichgeschlechtliche Paare – wie es das BVerfG wiederholt betont hat – gleich zu behandeln sind (→ Rn. 20). Da die Lebenspartnerschaft für gleichgeschlechtliche Paare das Pendant zur Ehe darstellte, waren Lebenspartnern dieselben Rechte, aber auch Pflichten wie verschiedengeschlechtlichen Paaren einzuräumen. Auch die Bezugnahme auf Kinder in der Beziehung überzeugt nicht, da auch gleichgeschlechtliche Paare Kinder aufziehen und umgekehrt verschiedengeschlechtliche Eheleute kinderlos bleiben, ohne dass ihnen eine weniger „verrechtlichte" Alternative zur Ehe offenstände.

Dennoch gibt die Kritik an der Ausgestaltung der Lebenspartnerschaft Anlass, über ein Institut 27
zur Verrechtlichung gleich- wie verschiedengeschlechtlicher Paarbeziehungen nachzudenken, das einen weniger umfangreichen Katalog an Rechten und Pflichten bereithält bzw. bei dem die Rechte und Pflichten weitergehend individuell durch die Partner ausgestaltet werden können. Eine solche Möglichkeit sehen etwa Frankreich mit dem pacte civil de solidarité **(PACS)** oder Belgien mit der cohabitation légale vor.[114] Ein solches Institut könnte auch hierzulande für Paare von Interesse sein, die eine weniger intensive Solidargemeinschaft anstreben.[115]

**2. Regelungstechnik.** Die Regelungstechnik des LPartG ist **uneinheitlich:** Teils werden 28
komplette Regelungen des Familienrechts aus dem BGB übernommen und bloß der Begriff ‚Ehegatte' durch ‚Lebenspartner' ersetzt (zB § 3 zum Lebenspartnerschaftsname entsprechend § 1355 BGB; § 4 zur Haftungsbeschränkung auf eigenübliche Sorgfalt entsprechend § 1359 BGB; §§ 13–14 zu Haushaltsgegenständen und Wohnungszuweisung bei Getrenntleben entsprechend §§ 1361a, 1361b BGB). Andere Sätze sind weitgehend an Formulierungen des BGB angelehnt (zB § 2 zur Partnerschaftlichen Lebensgemeinschaft angelehnt an § 1353 BGB). Oder es wird (oft nach einem Einleitungssatz) für einzelne Komplexe auf Anordnungen des BGB verwiesen (zB §§ 5, 12 und 16 bzgl. Unterhalt; § 6 zum Güterstand; § 7 zum Lebenspartnerschaftsvertrag etc). Dieser (aus dem bruchstückhaften Zustandekommen erklärbare) Mangel an einem klaren Formulierungskonzept hinterließ Regelungslücken und erschwert die Gesetzesauslegung. Die Einfachheit als Leitbild für die Gesetzgebung[116] verlor der Gesetzgeber aus den Augen. Einfachheit hätte nach ursprünglichem dänischen Vorbild (→ Rn. 6) aus einer Globalverweisung auf das Eherecht bestehen können (vgl. nunmehr → § 21 Rn. 1), ggf. mit ausdrücklicher Ausnahme bestimmter Vorschriften. Ursprünglich enthielt der Entwurf der SPD eine solche klare und praktikable Lösung. Er wurde aber zwecks Vermeidung der Zustimmungsbedürftigkeit des dann nicht zerlegbaren Gesamtprojekts durch den Bundesrat nicht verwirklicht.[117]

## V. Nicht formalisierte gleichgeschlechtliche Partnerschaften

**1. Keine direkte Anwendung der Vorschriften über Lebenspartner.** Sofern das LPartG 29
oder sonstige Gesetze die Ausdrücke „Lebenspartner" oder „Lebenspartnerschaft" verwenden, beziehen sie sich auf Lebenspartner bzw. Lebenspartnerschaften iSd LPartG. Erfasst sind lediglich solche Paare, die iSd § 1 aF ihre **Lebensgemeinschaft wirksam formalisiert** haben (→ § 1 Rn. 6 ff.;

---

111 BVerfG NJW 2002, 2543 (2548).

112 Laut *Kaiser* FamRZ 2017, 1889 (1891) würde ein Verbot gleicher Benennung bei gleichzeitigem Gebot inhaltlicher Gleichstellung Art. 6 Abs. 1 GG auf einen „Etikettenschutz" reduzieren. Ähnlich *Meyer* FamRZ 2017, 1281 (1283), der feststellt, dass die „Staatsverfassung … kein Markenschutzgesetz" ist.

113 So etwa → 6. Aufl. 2013, § 5 Rn. 3 *(Wacke)*; *Grziwotz* FPR 2010, 191 (192).

114 Dazu *Ferrand* FamRZ 2000, 517; *Dutta* AcP 216 (2016), 609 (629 ff.).

115 Krit. *Dutta* AcP 216 (2016), 609 (632 ff.).

116 Simplicitas legum amica: Institutiones 3,2,3a; vgl. 2,23,7; dazu *Cl.-D. Schott* Zeitschrift für Neuere Rechtsgeschichte 5 (1983), 121 ff.

117 Vgl. HK-LPartG/*Stüber* Einf. Rn. 8.

zur Anwendung auf im Ausland begründete Lebenspartnerschaften → § 1 Rn. 4).[118] § 1 aF enthielt eine entsprechende Legaldefinition von „Lebenspartnerinnen oder Lebenspartner", die auf der Formalisierung der Lebensgemeinschaft aufbaute, und die auch außerhalb des LPartG gilt. Zwar spricht der amtliche Titel des LPartG von der **eingetragenen** Lebenspartnerschaft. Schon im Gesetz selbst findet sich jedoch lediglich die Wendung „Lebenspartner" und nicht „eingetragene Lebenspartner". Mitunter werden in Nebengesetzen ausdrücklich Lebenspartnerschaften im Sinne des jeweiligen Gesetzes als solche nach dem LPartG definiert (§ 33b SGB I) oder es wird der Begriff eingetragene Lebenspartner verwendet (§ 1a Nr. 5 lit. a TPG, 8§ Abs. 1 S. 2 TPG, § 2 Abs. 1 Nr. 5 KVLG 1989). Derartige Definitionen oder redaktionelle Besonderheiten lassen jedoch keinen Umkehrschluss in der Art zu, dass jenseits des LPartG und den genannten Beispielen auch solche Personen als Lebenspartner gelten, deren Partnerschaft nicht iSd LPartG formalisiert ist. Auch da es sich bei den genannten Ausnahmen um eher randständige Gesetze handelt, liegt nahe, dass es sich um redaktionelle Besonderheiten handelt, die unterstreichen, dass der Legaldefinition des § 1 aF allgemeine Bedeutung zukommt.

30 In § 563 Abs. 2 BGB, § 138 Abs. 1 Nr. 3 InsO und § 2 SÜG sind rein **tatsächliche Partnerschaften** ausnahmsweise Ehen bzw. Lebenspartnerschaften **gleichgestellt:** In **Mietverträgen über Wohnraum** tritt mit dem Tode des Mieters gemäß § 563 Abs. 1 BGB dessen Ehegatten oder Lebenspartner ein. Befand sich der Mieter in einer rein tatsächlichen Partnerschaft hat sein gleich- oder verschiedengeschlechtlicher Partner gemäß § 563 Abs. 2 S. 3 BGB ein Eintrittsrecht als „Person, die mit dem Mieter einen auf Dauer angelegten gemeinsamen Haushalt führt".[119] Im **Insolvenzrecht** gehören zu den gemäß § 138 InsO dem Schuldner nahestehenden Personen der Ehepartner oder Lebenspartner des Schuldners (§ 138 Abs. 1 Nr. 1 und Nr. 1a InsO), aber auch sein hetero- oder homosexueller Lebensgefährte als „Person, die in häuslicher Gemeinschaft mit dem Schuldner lebt" (§ 138 Abs. 1 Nr. 3 InsO). Auch im Rahmen der **Sicherheitsüberprüfung** iSd SÜG sind den Ehegatten und Lebenspartnern gemäß § 2 Abs. 2 SÜG gleich- und verschiedengeschlechtliche tatsächliche Partner (dort legaldefiniert als „Lebensgefährten") gleichgestellt. Das Sicherheitsüberprüfungsgesetz vom 20.4.1994 (SÜG) verstand unter „Lebenspartner" ursprünglich eine mit dem Betroffenen „in eheähnlicher Gemeinschaft lebende" Person des anderen Geschlechts (§ 2 Abs. 2 SÜG aF). Aufgrund einer Angleichung an den Sprachgebrauch des LPartG ist unter „Lebenspartner" seit 1.8.2001 auch im SÜG der Lebenspartner iSd LPartG zu verstehen.[120]

31 **2. Behandlung nicht formalisierter Partnerschaften.** Da Regelungen zu Lebenspartnern lediglich auf Lebenspartner iSd LPartG anzuwenden sind, stellte sich früher die Frage, welchem Regelungsregime tatsächliche gleichgeschlechtliche Partnerschaften unterfallen.[121] Dabei stand die Anwendbarkeit verschiedener Regelungskomplexe zur Diskussion: Möglich wären erstens die analoge Anwendung der Vorschriften über Lebenspartner iSd LPartG, zweitens die analoge Anwendung von Vorschriften, die ein (zumindest konkludentes) Versprechen zur Begründung einer Lebenspartnerschaft voraussetzen, und drittens ein Rückgriff auf Vorgaben für nichteheliche verschiedengeschlechtliche Lebensgemeinschaften. Mit der **Öffnung der Ehe** für Personen gleichen Geschlechts im Jahre 2017 hat sich die Frage überholt. Da nunmehr für gleich- und verschiedengeschlechtliche Paare ein einheitliches Recht der formalisierten Paarbeziehungen besteht, ist auch von einem **einheitlichen Recht der nicht formalisierten Paarbeziehungen** auszugehen (→ BGB Anh. § 1302 Rn. 8). Das Recht der Lebenspartnerschaft gilt inzwischen nur noch für bereits bestehende Partnerschaften, die auf eine Umwandlung gemäß § 20a verzichten. Ein vergleichbarer Bestandsschutz für Altfälle ist im Rahmen nicht formalisierter Partnerschaften nicht geboten. Nicht formalisierte gleichgeschlechtliche Partnerschaften unterfallen nunmehr mit verschiedengeschlechtlichen Partnerschaften einem einheitlichen Regime nichtehelicher Lebensgemeinschaften.

32 **3. Gerichtliche Zuständigkeit.** Zuständig für Streitigkeiten unter gleichgeschlechtlichen Paaren, die ihre Beziehung nicht formalisiert haben, sind (wie bei verschiedengeschlechtlichen Paaren; → BGB Anh. § 1302 Rn. 141) die **allgemeinen Zivilgerichte.** Für Lebenspartner iSd LPartG sind hingegen (wie für Ehegatten) die Familiengerichte zuständig (§ 269 FamFG). Diese der Sache abträgliche **gespaltene Zuständigkeit** sollte künftig durch Anerkennung faktischer Familien im Verfahrensrecht bereinigt werden.

---

118 Vgl. BFH BeckRS 2015, 95935.

119 Amtl. Begr., bei *Meyer/Mittelstädt,* Das Lebenspartnerschaftsgesetz: Kommentierende Darstellung anhand der Materialien, 2001, 72 f. Das Eintrittsrecht gleichgeschlechtlicher Partner beurteilten die Gerichte ebenfalls unterschiedlich; s. *Kaiser* JZ 2001, 617 (623) Fn. 53.

120 *Meyer/Mittelstädt,* Das Lebenspartnerschaftsgesetz: Kommentierende Darstellung anhand der Materialien, 2001, 97 ff., 102; *Muscheler,* Recht der Eingetragenen Lebenspartnerschaft, 2. Aufl. 2004, Rn. 79 f., 632.

121 → 7. Aufl. 2017, § 1 Rn. 4 f. *(Wacke).*

# Abschnitt 1. Begründung der Lebenspartnerschaft

## § 1 Lebenspartnerschaft

**[1]Nach dem 30. September 2017 können Lebenspartnerschaften zwischen zwei Personen gleichen Geschlechts nicht mehr begründet werden. [2]Dieses Gesetz gilt für**

1. **vor dem 1. Oktober 2017 in der Bundesrepublik Deutschland begründete Lebenspartnerschaften und**
2. **im Ausland begründete Lebenspartnerschaften, soweit auf sie deutsches Recht anwendbar ist.**

**Übersicht**



### I. Hintergrund

1 Bis zum Eheöffnungsbegleitgesetz vom 18.12.2018 (BGBl. 2018 I 2639) enthielt § 1 aF in Abs. 1 und 2 aF Formvorgaben für die Begründung einer Lebenspartnerschaft (→ Rn. 5) sowie in Abs. 3 aF Lebenspartnerschaftshindernisse (→ Rn. 10). § 1 Abs. 4 aF enthielt zudem Vorgaben zum Versprechen, eine Lebenspartnerschaft zu begründen. Sie entsprachen dem Verlöbnisrecht (Abs. 4 S. 1 aF) bzw. verwiesen darauf (Abs. 4 S. 2 aF). Zum 1.10.2017 wurde mittels Änderung des § 1353 BGB durch das Gesetz zur Einführung des Rechts auf Eheschließung für Personen gleichen Geschlechts vom 20.7.2017 (BGBl. 2017 I 2787) Personen gleichen Geschlechts die Möglichkeit der Eheschließung eröffnet (→ Vor § 1 Rn. 12 ff.). Seitdem können keine Lebenspartnerschaften mehr begründet werden. Gleichgeschlechtlichen Paaren steht – wie verschiedengeschlechtlichen Paaren – nur noch die Ehe offen. Dennoch sah das Eheöffnungsgesetz keine Änderung des LPartG vor, die kenntlich gemacht hätte, dass keine Lebenspartnerschaften mehr begründet werden können. Dieser Umstand ergab sich lediglich aus Art. 3 Abs. 3 Eheöffnungsgesetz. Dass eine derart entscheidende Einschränkung lediglich den Übergangsvorschriften des Änderungsgesetzes und nicht § 1 zu entnehmen war, war äußerst ungünstig. Mit Inkrafttreten des Eheöffnungsbegleitgesetzes zum 22.12.2018 wurde dieser Mangel durch eine Neufassung des § 1 behoben.

### II. Regelungsgehalt

2 § 1 S. 1 stellt klar, dass **seit dem 1.10.2017 keine Lebenspartnerschaften** mehr begründet werden können. Die Ergänzung, dass „zwischen zwei Personen gleichen Geschlechts“ keine Lebenspartnerschaft mehr begründet werden könne, ist überflüssig und irreführend. Schon vor dem genannten Termin konnten Personen verschiedenen Geschlechts keine eingetragene Lebenspartnerschaft begründen und auch seitdem ist dies nicht vorgesehen. Der Wortlaut des § 1 schließt die Begründung einer Lebenspartnerschaft zwischen Personen verschiedenen Geschlechts indes nicht klar aus, zumal seit der Neufassung des § 1 im LPartG eine Definition der Lebenspartnerschaft als formalisierte Paarbeziehung zwischen Personen gleichen Geschlechts fehlt (zur Legaldefinition in § 1 Abs. 1 S. 1 aF → Rn. 5).

3 Laut § 1 S. 2 Nr. 1 gelten für **vor dem 1.10.2017 begründete Lebenspartnerschaften** die §§ 2 ff. § 1 S. 2 stellt damit klar, dass für Lebenspartnerschaften, die vor dem genannten Stichtag begründet wurden, weiter die Vorschriften des LPartG gelten und nicht etwa – seit der Öffnung der Ehe – Eherecht entsprechend anzuwenden ist. „Begründet“ iSd S. 2 sind freilich nur solche Lebenspartnerschaften, die vor dem genannten Stichtag wirksam begründet wurden. Ob eine

Lebenspartnerschaft vor dem 1.10.2017 wirksam begründet wurde, ergibt sich aus § 1 Abs. 1–3 aF. Die entsprechenden Vorgaben sind daher weiterhin von Bedeutung (daher → Rn. 5 ff., → Rn. 10 ff.).[1]

4 § 1 S. 2 Nr. 2 stellt klar, dass das LPartG auch zukünftig für **im Ausland begründete Lebenspartnerschaften** gilt, soweit sie deutschem Recht unterliegen. Das LPartG gilt dabei auch für Lebenspartnerschaften, die nach dem 1.10.2017 im Ausland begründet wurden.[2] Grds. unterliegen im Ausland begründete Lebenspartnerschaften gemäß Art. 17b Abs. 1 S. 1 EGBGB dem Recht des Register führenden Staates, also gerade nicht deutschem Recht. Bestimmte Materien können allerdings wegen einer gesonderten Anknüpfung dem deutschen Recht unterfallen. So etwa das Namensrecht (Art. 17b Abs. 2 S. 1 EGBGB iVm Art. 10 Abs. 2 EGBGB) und der Versorgungsausgleich (Art. 17b Abs. 1 S. 3 EGBGB).

### III. Begründung einer Lebenspartnerschaft (Abs. 1–2 aF)

5 **1. Normtext des Abs. 1, 2 aF.** § 1 Abs. 1, 2 idF vom 20.11.2015 (in Kraft von 26.11.2015 bis 21.12.2018) lautete:

*(1) [1]Zwei Personen gleichen Geschlechts, die gegenüber dem Standesbeamten persönlich und bei gleichzeitiger Anwesenheit erklären, miteinander eine Partnerschaft auf Lebenszeit führen zu wollen (Lebenspartnerinnen oder Lebenspartner) begründen eine Lebenspartnerschaft. [2]Die Erklärungen können nicht unter einer Bedingung oder Zeitbestimmung abgegeben werden.*

*(2) [1]Der Standesbeamte soll die Lebenspartner einzeln befragen, ob sie eine Lebenspartnerschaft begründen wollen. [2]Wenn die Lebenspartner diese Frage bejahen, soll der Standesbeamte erklären, dass die Lebenspartnerschaft nunmehr begründet ist. [3]Die Begründung der Lebenspartnerschaft kann in Gegenwart von bis zu zwei Zeugen erfolgen.*

6 **2. Wirksamkeitsvoraussetzungen.** Um vor dem 1.10.2017 **wirksam** eine eingetragene Lebenspartnerschaft **zu begründen,**[3] mussten – entsprechend der Eheschließung (§ 1310 Abs. 1 S. 1 BGB, § 1311 BGB) – die zukünftigen Lebenspartner persönlich und bei gleichzeitiger Anwesenheit vor der zuständigen Behörde erklären, miteinander eine Partnerschaft auf Lebenszeit führen zu wollen. Zuständige Behörde war das Standesamt, in Bayern wahlweise auch der Notar (→ § 23 Rn. 1). Der Trauung hatte eine **Anmeldung** vorauszugehen (§§ 12, 17 PStG aF). Örtlich zuständig war für die Anmeldung das Standesamt am Wohnsitz oder gewöhnlichen Aufenthalt eines der zukünftigen Lebenspartner (§§ 12, 17 PStG aF), für die spätere Trauung jedes deutsche Standesamt (§§ 11, 17 PStG aF). Zum Vollzug der Trauung sollte der Standesbeamte die künftigen Lebenspartner gemäß § 1 Abs. 2 fragen, ob sie „eine Lebenspartnerschaft begründen wollen". Nach Abs. 1 S. 1 aF hätte die Frage korrekt lauten müssen, ob die Beteiligten „miteinander eine Partnerschaft auf Lebenszeit führen wollen".[4] Die Lebenspartnerschaft kam zustande, wenn beide Partner die Frage bejahten. Die entsprechende Erklärung des Standesbeamten, dass die Lebenspartnerschaft begründet sei (Abs. 2 S. 2), war nur deklaratorisch. Entgegen dem insoweit falsch formulierten Abs. 1 S. 1 aF wurden die **Erklärungen der Lebenspartner** nicht „gegenüber", sondern *vor* dem Standesbeamten abgegeben (richtig § 1310 Abs. 1 S. 1 BGB); gerichtet waren sie an den anderen Partner.[5] Die persönlich abzugebenden Erklärungen (zu Einzelfragen → BGB § 1310 Rn. 5 ff.) der beiden Partner waren gemäß Abs. 1 S. 2 aF **bedingungs- und befristungsfeindlich** (→ BGB § 1310 Rn. 6), weil das zu begründende familienrechtliche Statusverhältnis keinen Schwebezustand verträgt. Unzulässig wäre zB eine Erklärung unter der Bedingung gewesen, dass der andere Partner sich zu bestimmten Gegenleistungen (etwa zu Unterhalt oder zu nachpartnerschaftlichem Versorgungsausgleich) verpflichtet. Solche (an sich zulässigen) flankierenden Absprachen sind von der Konsenserklärung des Abs. 1 S. 1 strikt zu trennen.[6] Nicht erforderlich war, dass sich die Partner zu ihrer sexuellen Orientierung äußern; für die Wirksamkeit der Lebenspartnerschaft müssen sie überhaupt nicht homosexuell sein oder miteinander sexuell verkehren (→ § 2 Rn. 4).[7] Nach der Trauung war die Lebenspartnerschaft gemäß §§ 15, 17 PStG in das Lebenspartnerschaftsregister (§ 3 Abs. 1 S. 1 Nr. 2 PStG) einzutragen. Die Eintragung stellt aber keine Wirksamkeitsvoraussetzungen der Lebenspartnerschaft dar.

---

1 *Kaiser* FamRZ 2017, 1985 (1986).
2 BT-Drs. 19/4670, 28.
3 Krit. bzgl. der Verwendung des Begriffs „Begründung" einer Lebenspartnerschaft satt – wie bei der Ehe – „Eingehung": → 7. Aufl. 2017, § 1 Rn. 1 *(Wacke)*.
4 Staudinger/*Voppel*, 2010, Rn. 33–34; ergänzend → 7. Aufl. 2017, § 1 Rn. 1 *(Wacke)*.
5 Staudinger/*Voppel*, 2010, Rn. 14.
6 *Schwab* FamRZ 2001, 385 (388).
7 HM, *Muscheler*, Recht der Eingetragenen Lebenspartnerschaft, 2. Aufl. 2004, Rn. 117.

Mit der Abgabe ihrer Erklärungen gemäß Abs. 1 aF führen die gleichgeschlechtlichen Personen ihre Lebenspartnerschaft iSd LPartG (samt Nebengesetzen) bis zu deren Umwandlung in eine Ehe gemäß § 20a oder ihrer rechtlichen Beendigung durch Tod oder gerichtliche Auflösung gemäß § 15. Mit einer Person **eine Lebenspartnerschaft „führen"** (zB iSv § 1 Abs. 3 Nr. 1 LPartG aF; § 26 Abs. 1 Nr. 3a BeurkG) heißt nach gesetzlicher Terminologie nicht, mit ihr faktisch zusammenzuleben, sondern **rechtlich an sie gebunden,** mit ihr (nach verbreitetem Sprachgebrauch)[8] **„verpartnert"** zu sein.[9] Wo zusätzlich ein faktisches Zusammenleben vorausgesetzt wird, sprechen die Gesetze vom Zusammenleben „mit dem Lebenspartner in familiärer Lebensgemeinschaft",[10] von „in eingetragener Lebensgemeinschaft zusammenlebend"[11] oder von „lebenspartnerschaftliche Gemeinschaft".[12] 7

**3. Folge eines Verstoßes.** Bei einem Verstoß gegen Abs. 1 aF kam entsprechend der eherechtlichen Kategorie der **Nichtehe** (matrimonium non existens) keine Lebenspartnerschaft zustande. Dies war der Fall, wenn kein Standesbeamter als zuständige Behörde mitgewirkt hat oder wenn die betroffenen Personen bei Begründung der Lebenspartnerschaft nicht dem **gleichen Geschlecht** angehörten (eine Änderung der Geschlechtszuordnung gemäß §§ 8 ff. TSG nach Begründung der Lebenspartnerschaft beeinträchtigt die Wirksamkeit der Lebenspartnerschaft indes nicht[13]). Verschiedengeschlechtliche Paare konnten nicht etwa wählen zwischen der Ehe und einer Lebenspartnerschaft als alternativer Rechtsform mit geringerer Bindung. Hierin unterscheidet sich das LPartG grundlegend vom in Frankreich gleichzeitig geschaffenen sogenannten PACS (→ Vor § 1 Rn. 26 f.).[14] Eine intersexuelle Person konnte nach hM keine Lebenspartnerschaft begründen. Mangels binärer Geschlechtszuordnung hatte sie weder mit einem Mann noch einer Frau das „gleiche Geschlecht" iSd § 1 Abs. 1 aF.[15] 8

Bei einem Verstoß gegen die **Form** des Abs. 1 war die Lebenspartnerschaft nach der Konzeption des LPartG ex tunc nichtig und nicht lediglich aufhebbar. Kommt demgegenüber eine Ehe formwidrig zustande, so ist sie gemäß §§ 1311, 1314 Abs. 1 Nr. 2 BGB nur mit ex-nunc-Wirkung aufhebbar. Das LPartG kennt keine eigenen entsprechenden Regeln (→ Rn. 19) und verweist auch nicht auf die genannten Vorschriften. Ein gerichtliches Aufhebungsverfahren wegen Mängeln bei der Begründung der Lebenspartnerschaft sieht § 15 Abs. 2 S. 2 iVm § 1314 Abs. 2 Nr. 1–4 BGB nur bei Willensmängeln vor. Als Sanktion von Verstößen gegen § 1 Abs. 1 bleibt damit nach dem LPartG nur die **Nichtigkeitsfolge.**[16] Betroffene werden dadurch allerdings weniger vor der Nichtigkeit einer Lebenspartnerschaft geschützt als vor der Nichtigkeit einer Ehe. Warum die Ehe bzgl. ihres Bestands bzw. Zustandekommens diesen Schutz genießt, nicht aber die Lebenspartnerschaft, ist nicht erkenntlich. Gemäß der Rspr. des BVerfG zur Gleichbehandlung von Lebenspartnern und Eheleuten (→ Vor § 1 Rn. 20) ist diese Ungleichbehandlung nicht mit Art. 3 Abs. 1 GG vereinbar. Dem kann – entgegen der hM – durch eine analoge Anwendung der eherechtlichen Vorschriften zur **Heilung** und **Aufhebung** abgeholfen werden (§ 1310 Abs. 2, 3 BGB bzw. §§ 1314 f. BGB).[17] 9

## IV. Begründungshindernisse (Abs. 3 aF)

**1. Normtext des Abs. 3 aF.** § 1 Abs. 3 idF vom 20.11.2015 (in Kraft von 26.11.2015 bis 21.12.2018) lautete: 10

*(3) Eine Lebenspartnerschaft kann nicht wirksam begründet werden*
1. *mit einer Person, die minderjährig oder mit einer dritten Person verheiratet ist oder bereits mit einer anderen Person eine Lebenspartnerschaft führt;*
2. *zwischen Personen, die in gerader Linie miteinander verwandt sind;*
3. *zwischen vollbürtigen und halbbürtigen Geschwistern;*

---

8 Vgl. bereits *Mayer* ZEV 2001, 169 (175); *Meireis* StAZ 2001, 161, 163 (165).

9 *Finger* MDR 2001, 199 (200); *Schwab* FamRZ 2001, 385 (389); *Muscheler,* Recht der Eingetragenen Lebenspartnerschaft, 2. Aufl. 2004, Rn. 130 aE.

10 So etwa § 6 Anwerbestoppausnahmeverordnung aF (in Kraft vom 1.8.2001 bis 31.12.2008); *Meyer/Mittelstädt,* Das Lebenspartnerschaftsgesetz: Kommentierende Darstellung anhand der Materialien, 2001, 214 f.

11 § 23 Abs. 2 Nr. 3 BErzGG aF (in Kraft vonm 1.8.2001 bis 31.12.2003); *Meyer/Mittelstädt,* Das Lebenspartnerschaftsgesetz: Kommentierende Darstellung anhand der Materialien, 2001, 200.

12 § 2 Abs. 2 ArbeitsgenehmigungsVO aF (in Kraft vom 1.8.2001 bis 30.6.2015); *Meyer/Mittelstädt,* Das Lebenspartnerschaftsgesetz: Kommentierende Darstellung anhand der Materialien, 2001, 216.

13 *Kaiser* FamRZ 2017, 1889 (1890).

14 Pacte civil de solidarité; dazu *Ferrand* FamRZ 2000, 517–525; *Hauser* DEuFamR 2000, 29 ff.

15 *Kaiser* FamRZ 2017, 1889 (1898); *Schwab* FamRZ 2017, 1284 (1286 f.).

16 *Schwab* FamRZ 2001, 385 (387 f.); Palandt/*Brudermüller* Rn. 6.

17 *Battes* FuR 2002, 49 (54); HK-LPartG/*Bruns/Kemper* Rn. 27; aA *v. Koppenfels-Spies* FPR 2003, 5 (6); *Kaiser* FamRZ 2002, 866 (868 f.); Palandt/*Brudermüller* Rn. 6; Staudinger/*Voppel,* 2010, Rn. 26.

4. *wenn die Lebenspartner bei der Begründung der Lebenspartnerschaft darüber einig sind, keine Verpflichtungen gemäß § 2 begründen zu wollen.*

11 **2. Überblick.** Abs. 3 aF übernahm weitgehend die aus dem Eheschließungsrecht bekannten Aufhebungsgründe (vgl. § 1314 BGB): in Nr. 1 die mangelnde Ehefähigkeit (→ Rn. 12 ff., vgl. § 1303 BGB) und die mit einer dritten Person bestehende Ehe oder Lebenspartnerschaft (→ Rn. 15; vgl. § 1306 BGB); in Nr. 2 und 3 die Verwandtschaft der Lebenspartner (→ Rn. 16; vgl. § 1307 BGB); in Nr. 4 die Scheinpartnerschaft (→ Rn. 17 f.; vgl. § 1314 Abs. 2 Nr. 5 BGB). Anders als bei der Ehe führt ein Verstoß gegen die Begründungshindernisse des Abs. 3 nach hM zur Unwirksamkeit der Lebenspartnerschaft und nicht lediglich zu ihrer Aufhebbarkeit (→ Rn. 20). Überzeugender erscheint es jedoch, lediglich von einer Aufhebbarkeit gemäß § 1314 BGB analog auszugehen (→ Rn. 19).

12 **3. Minderjährige; Geschäftsunfähige (Nr. 1 Var. 1 aF).** Eine Person unter 18 Jahren konnte nach Abs. 3 Nr. 1 Var. 1 aF keine Lebenspartnerschaft begründen, auch nicht mit Zustimmung ihres gesetzlichen Vertreters. Früher bestand insoweit ein Unterschied zur Ehe, bei der § 1303 Abs. 2–4 BGB aF eine Befreiungsmöglichkeit vorsah, wenn einer der zukünftigen Ehegatten bei Eheschließung das 16. Lebensjahr vollendet hatte, aber noch nicht volljährig war. Zum 22.7.2017 wurde diese Befreiungsmöglichkeit durch das Gesetz zur Bekämpfung von Kinderehen vom 17.7.2017 (BGBl. 2017 I 2429) abgeschafft, sodass auch eine Ehe seitdem erst mit Erreichen der Volljährigkeit geschlossen werden kann (§ 1303 BGB). Eine Lebenspartnerschaft vorbereitende Abreden Minderjähriger, insbesondere güterrechtliche Abmachungen (§§ 6–7) sind nach hM mit Einwilligung der gesetzlichen Vertreter gültig.[18]

13 Nach hM war die von einem Minderjährigen begründete Lebenspartnerschaft stets endgültig **unwirksam** und nicht lediglich – wie bei einer Ehe gemäß § 1314 Abs. 1 BGB – aufhebbar.[19] Der Minderjährige sollte die Lebenspartnerschaft auch nach Erreichen der Volljährigkeit nicht gemäß § 1315 Abs. 1 S. 1 Nr. 1 lit. a BGB analog bestätigen oder gar gemäß § 108 Abs. 3 BGB analog genehmigen können.[20] Stattdessen sei eine Neuvornahme der Lebenspartnerschaft bzw. – seit dem Gesetz zur Einführung des Rechts auf Eheschließung für Personen gleichen Geschlechts vom 20.7.2017 (BGBl. 2017 I 2787) – eine Eheschließung vonnöten. Aufgrund des Gebots der Gleichbehandlung von Lebenspartnern und Ehegatten überzeugt es indes eher, § 1314 Abs. 1 Nr. 1, § 1315 Abs. 1 Nr. 1 BGB analog anzuwenden und lediglich von einer **Aufhebbarkeit** der Lebenspartnerschaft und der Möglichkeit ihrer Bestätigung auszugehen (→ Rn. 19 f.).

14 Die von einem **Geschäftsunfähigen** begründete Lebenspartnerschaft ist nach hM nichtig (§ 104, vgl. § 1304 BGB).[21] Auch hier überzeugt jedoch eher – wie bei der Ehe – von einer Aufhebbarkeit und Bestätigungsmöglichkeit auszugehen und somit § 1314 Abs. 1 Nr. 2 BGB, § 1315 Abs. 1 Nr. 2 BGB analog anzuwenden (→ Rn. 19 f.). Bei nur vorübergehender Störung der Geistestätigkeit ist die zustande gekommene Lebenspartnerschaft schon nach dem Wortlaut des LPartG lediglich aufhebbar: § 15 Abs. 2 S. 2 iVm § 1314 Abs. 2 Nr. 1 BGB (→ § 15 Rn. 9). Soweit eine Person, die gemäß § 104 Nr. 2 BGB an einer krankhaften Störung ihrer Geistestätigkeit leidet, zur Eheschließung für partiell geschäftsfähig zu halten ist (→ BGB § 1304 Rn. 3),[22] gilt dies entsprechend für die Begründung einer Lebenspartnerschaft.[23] Ein für einen **Betreuten** angeordneter **Einwilligungsvorbehalt** erstreckt sich gemäß § 1903 Abs. 2 Nr. 1 BGB nicht auf die Begründung einer Lebenspartnerschaft ebenso wenig wie auf eine Eheschließung (kritisch → BGB § 1304 Rn. 4).

15 **4. Bestehende Ehe oder Lebenspartnerschaft (Nr. 1 Var. 2 aF).** Eine bereits verheiratete oder durch eine andere Lebenspartnerschaft gebundene Person konnte keine gültige Lebenspartnerschaft mit einer dritten Person begründen (Abs. 3 Nr. 1 Fall 2 aF). Wie bei der Ehe (§ 1306 BGB)[24] gilt auch bei der Lebenspartnerschaft das **Prinzip der Einpaarigkeit.** Als Begründungs- und Wirk-

---

[18] *Muscheler,* Recht der Eingetragenen Lebenspartnerschaft, 2. Aufl. 2004, Rn. 217; Erman/*Kaiser* Rn. 15.

[19] Seit Erlass des Gesetzes zur Bekämpfung von Kinderehen vom 17.7.2017, BGBl. 2017 I 2429 ist bei der Ehe zu differenzieren: Hat ein Ehepartner bei der Eheschließung das 16. Lebensjahr noch nicht vollendet, ist die Ehe unwirksam. Zwischen Vollendung des 16. Lebensjahres und Eintritt in die Volljährigkeit ist die Ehe lediglich aufhebbar (§§ 1303, 1314 Abs. 1 Nr. 1 BGB).

[20] Staudinger/*Voppel,* 2010, Rn. 56; *Muscheler,* Recht der Eingetragenen Lebenspartnerschaft, 2. Aufl. 2004, Rn. 126; aA → 7. Aufl. 2017, § 1 Rn. 8 *(Wacke).*

[21] → 7. Aufl. 2017, § 1 Rn. 8 *(Wacke)*; Erman/*Kaiser* Rn. 6; wohl ebenso Staudinger/*Voppel,* 2010, Rn. 53 ff.

[22] BayObLG FamRZ 1997, 294 f.; 2003, 373 (374).

[23] *Muscheler,* Recht der Eingetragenen Lebenspartnerschaft, 2. Aufl. 2004, Rn. 129; Staudinger/*Voppel,* 2010, Rn. 17.

[24] Zum Ehehindernis einer vorher bestehenden Lebenspartnerschaft mit einem Dritten → 7. Aufl. 2017, § 1 Rn. 10 *(Wacke).*

samkeitshindernis genügte das rechtliche Bestehen einer Lebenspartnerschaft; ob sie tatsächlich (noch) als Lebensgemeinschaft gelebt wurde, war unerheblich. Beide Partner mussten statusrechtlich **„ledig"** sein, das heißt unverheiratet, verwitwet oder geschieden, sowie ungebunden durch eine schon bestehende Lebenspartnerschaft („unverpartnert" oder „nicht vorverpartnert").[25] Eine mit einer dritten Person bestehende Ehe oder Lebenspartnerschaft verhinderte die Begründung einer (weiteren) Lebenspartnerschaft. Der Standesbeamte durfte die Amtshandlung nicht vornehmen. Nach einer statusrechtlichen **Änderung der Geschlechtszugehörigkeit** konnte eine verheiratete Person jedoch mit ihrem Ehepartner eine Lebenspartnerschaft begründen (klargestellt durch die in Abs. 3 Nr. 1 aF von Art. 19 Nr. 1a LPartBerG eingefügten einschränkenden Worte **„mit einer dritten Person"**). Seit der Öffnung der Ehe für Personen gleichen Geschlechts ist dieser Schritt nicht mehr möglich, da seitdem keine Lebenspartnerschaften mehr begründet werden können (§ 1 S. 1). Es besteht dafür allerdings auch kein Bedarf mehr, da das Bestehen einer Ehe nunmehr keinen Rückschluss auf das Geschlecht der Eheleute zulässt und somit auch nicht auf eine mögliche Anpassung der Geschlechtszugehörigkeit. Anders als bei der Ehe (§§ 1306, 1314 BGB) ist eine verbotswidrig begründete Zweitlebenspartnerschaft nach hM **nichtig** und nicht nur aufhebbar.[26] Eine Gleichbehandlung mit der Ehe und somit eine Wirksamkeit, aber Aufhebbarkeit gemäß § 1314 Abs. 1 Nr. 2 BGB analog überzeugt jedoch eher (→ Rn. 19 f.). Die Begründung einer Zweitlebenspartnerschaft ist (wie die Eingehung einer Zweitehe) gemäß § 172 StGB strafbar. Wurde ein Ehe- oder Lebenspartner **fälschlich für tot erklärt** und ging der andere Partner daraufhin eine neue Lebenspartnerschaft ein, so ist die neue Lebenspartnerschaft wirksam, die alte Ehe bzw. Lebenspartnerschaft wurde mit Begründung der neuen Lebenspartnerschaft analog § 1319 Abs. 2 BGB aufgelöst.[27]

**5. Verwandtschaft (Nr. 2 und Nr. 3 aF).** Abs. 3 Nr. 2 bzw. Nr. 3 aF enthalten das Verbot von 16
Lebenspartnerschaften zwischen Verwandten in gerader Linie bzw. zwischen voll- oder halbbürtigen Geschwistern. Das entspricht dem Eheverbot des § 1307 S. 1 BGB. Seine entsprechende Geltung für die Lebenspartnerschaft ist sachgerecht.[28] § 1307 S. 2 BGB verbietet die Heirat zweier Verwandter auch dann, wenn die Verwandtschaft zwischen den beiden gemäß § 1755 BGB oder § 1772 BGB erloschen ist, weil einer der beiden von einem Dritten adoptiert wurde. Diese vom LPartG nicht ausdrücklich übernommene Regelung ist analog anzuwenden.[29] Analog anzuwenden ist auch das aufschiebende Ehehindernis einer bestehenden Adoptivkindschaft gemäß § 1308 BGB: Es überzeugt nicht, dass ein Adoptivvater mit seinem (volljährig gewordenen) Adoptivsohn eine Lebenspartnerschaft begründen können sollte, die Adoptivmutter ihn aber nicht heiraten dürfte. Auch Adoptiveltern sind mit ihrem Kind iSv Abs. 2 Nr. 2 rechtlich in gerader Linie verwandt.[30] Die Registrierung

---

25 Der Begriff „ledig" ist seit Einführung der Lebenspartnerschaft um dieses Element angereichert; vgl. *Mayer* ZEV 2001, 169 (172).

26 Staudinger/*Voppel*, 2010, Rn. 64; *Muscheler*, Recht der Eingetragenen Lebenspartnerschaft, 2. Aufl. 2004, Rn. 133; HK-LPartG/*Bruns/Kemper* Rn. 23; *Schwab* FamRZ 2001, 385 (389).

27 *Rieger* FamRZ 2001, 1497 (1503); Soergel/*Wellenhofer* Rn. 25. Gegen eine Analogie *Muscheler*, Recht der Eingetragenen Lebenspartnerschaft, 2. Aufl. 2004, Rn. 135; Staudinger/*Voppel*, 2010, Rn. 62.

28 AA – sogar verfassungswidrig – *Sachs* JR 2001, 50; *Muscheler*, Recht der Eingetragenen Lebenspartnerschaft, 2. Aufl. 2004, Rn. 136; krit. auch Erman/*Kaiser* Rn. 9 mwN. Verwandtschaft und Paarbeziehungen sind jedoch qualitativ unterschiedliche zwischenmenschliche Beziehungen und nicht miteinander kumulierbar. Hetero- wie homosexuelle Paarbeziehungen sind grundsätzlich auch sexuell motiviert, selbst wenn sie nicht zu sexueller Gemeinschaft verpflichten und manche Paare eine sexuelle Beziehung ausschließen. Eine Gleichbehandlung von Ehe und Lebenspartnerschaft erscheint daher auch im Hinblick auf das Ziel der Vermeidung inzestuöser Verhältnisse angemessen, selbst wenn im Rahmen des § 173 StGB (zu dessen Verfassungskonformität BVerfG NJW 2008, 1137) lediglich der Geschlechtsverkehr zwischen Männern und Frauen unter Strafe steht, MüKoStGB/*Ritscher* StGB § 173 Rn. 9. Die Überlagerung bereits bestehender Verwandtschaft durch die zusätzliche Begründung einer Lebenspartnerschaft würde zudem zu komplizierten Verwicklungen personenrechtlicher Beziehungen führen; *Meyer/Mittelstädt*, Das Lebenspartnerschaftsgesetz: Kommentierende Darstellung anhand der Materialien, 2001, 37; Staudinger/*Voppel*, 2010, Rn. 68. Zudem könnte eine solche Überlagerung gesetzgeberische Wertungen etwa im Steuer- und Versorgungsrecht unterlaufen. So werden bei der Erbschaftsteuer Geschwister nicht im selben Maße begünstig wie Ehegatten oder eingetragene Lebenspartner; dazu BFHE 240, 404 = NJW-RR 2013, 841.

29 *Lipp* StAZ 2002, 345 (357); Soergel/*Wellenhofer* Rn. 27 f.; iErg auch *Rauscher* FamR Rn. 750b; *Gernhuber/Coester-Waltjen* FamR § 42 Rn. 18; aA *Muscheler*, Recht der Eingetragenen Lebenspartnerschaft, 2. Aufl. 2004, Rn. 136; Erman/*Kaiser* Rn. 9 aE. Rein fortpflanzungsbezogene Gründe spielen bei gleichgeschlechtlichen Paaren freilich keine Rolle. Dennoch erscheint es überzeugend, enge Familienbande von sexueller Betätigung, die meist mit einer Lebenspartnerschaft einhergehen wird, auch dann freizuhalten, wenn ein Verwandtschaftsverhältnis formaljuristisch aufgelöst wurde. Eine Umgehung mittels Adoption eines Blutsverwandten durch einen Dritten ist nicht zuzulassen.

30 Vgl. *Schwab* FamRZ 2001, 385 (389); aA – auf Blutsverwandtschaft zu beschränken – Staudinger/*Voppel*, 2010, Rn. 69.

als Lebenspartner bricht also analog § 1766 BGB eine bestehende Adoptivkindschaft.[31] Analog anzuwenden ist schließlich auch das in § 1308 Abs. 1 S. 1 BGB mit enthaltene aufschiebende Eheverbot unter **Adoptivgeschwistern.** Die ausdrückliche Nennung der voll- und halbbürtigen Geschwister in § 1 Abs. 2 Nr. 3 erlaubt keinen Umkehrschluss. Wurde die Adoption nicht nachträglich wieder aufgelöst (§ 1308 Abs. 1 S. 2 BGB), konnte vom Eheverbot nach § 1308 Abs. 2 BGB teilweise Befreiung erteilt werden. Die Befreiung war aus wichtigem Grunde gemäß § 1308 Abs. 2 S. 2 BGB zu versagen (→ BGB § 1308 Rn. 6). **Schwägerschaft** bildete schon seit 1998 – und damit vor Erlass des LPartG – kein Ehehindernis mehr und steht auch einer Lebenspartnerschaft nicht im Wege (→ BGB § 1307 Rn. 9).

17 **6. Scheinpartnerschaft (Nr. 4 aF).** Abs. 3 Nr. 4 aF untersagt schließlich einvernehmlich zum Schein begründete Lebenspartnerschaften, wenn also die Beteiligten die Verpflichtungen des § 2 (→ § 2 Rn. 2 ff.) zur gegenseitigen Fürsorge und Unterstützung sowie zur gemeinsamen Lebensgestaltung nicht übernehmen wollen. Der Missbrauchstatbestand des § 1314 Abs. 2 Nr. 5 BGB einer Scheinehe[32] (→ BGB § 1314 Rn. 33 ff.) gilt damit für Lebenspartnerschaften entsprechend. Erkannte die zuständige Behörde einen beabsichtigten Missbrauch als evident, musste sie analog § 1310 Abs. 1 S. 2 Hs. 2 BGB (→ BGB § 1310 Rn. 16) ihre Mitwirkung verweigern;[33] widrigenfalls machte sich der Beamte unter Umständen strafbar.[34] Ein abschlägiger Bescheid hatte keine Rechtskraft; durch zweckentsprechende Befragung, Melde- oder Auskunftspflichten sollte sichergestellt werden, dass die Antragsteller nicht vor einem anderen Standesamt erneut um Registrierung ansuchen. Im Fokus des Nr. 4 stand die Lebenspartnerschaft unter Beteiligung von Ausländern zwecks erhalt einer Aufenthaltserlaubnis (zur Ehe → § 1314 BGB Rn. 30; vgl. zur rechtsmissbräuchlichen Vaterschaftsanerkennung § 1597a BGB).[35] Für Scheinpartnerschaften von Inländern galt das Verbot jedoch gleichermaßen.[36]

18 Eine verbotswidrig begründete Partnerschaft ist nach hM **von Anfang an nichtig,** nicht nur (wie die Scheinehe) gerichtlich aufhebbar.[37] Eine Gleichbehandlung mit der Ehe und somit eine Aufhebbarkeit und Heilungsmöglichkeit in Analogie zu § 1314 Abs. 2 Nr. 5 BGB, § 1315 Abs. 1 S. 1 Nr. 5 BGB erscheint jedoch überzeugender (→ Rn. 19 f.).[38] Waren umgekehrt im Zeitpunkt der Registrierung beide Partner zur Begründung einer echten Partnerschaft entschlossen, hat ihre spätere einvernehmliche Abkehr von diesem Entschluss keine Auswirkungen: Ihre Partnerschaft ist gemäß § 15 nur gerichtlich auflösbar (→ BGB § 1314 Rn. 39). Dabei sind die Trennungsfristen der § 15 Abs. 2 Nr. 1–2 zu beachten. Sie dürfen nicht umgangen werden durch eine bloß vorgeschobene Erklärung der Lebenspartner, man habe von Anfang an nicht beabsichtigt, eine partnerschaftliche Lebensgemeinschaft zu begründen.[39]

19 **7. Folgen eines Verstoßes.** Für die in § 1314 Abs. 2 Nr. 1–4 genannten Willensmängel eröffnet § 15 Abs. 2 S. 2 den Antrag auf gerichtliche Aufhebung (→ § 15 Rn. 9). In den nicht in Bezug genommenen Fällen (fehlende Anwesenheit, fehlende Ehemündigkeit, Geschäftsunfähigkeit, bestehende Ehe oder Lebenspartnerschaft mit einem Dritten, Verwandtschaft, Scheinpartnerschaft) enthält das LPartG keinen Verweis auf § 1314 BGB und geht somit – anders als es bei den entsprechenden Ehehindernissen vorgesehen ist – von einer Nichtigkeit der Lebenspartnerschaft und nicht lediglich einer Aufhebbarkeit aus. Diese **Ungleichheit im Schutz von Ehe und Lebenspartnerschaft** vor einer Unwirksamkeit ist nicht mit Art. 3 Abs. 1 GG vereinbar. Das BVerfG hat wiederholt entschie-

[31] AA – nicht analogiefähig – *Rauscher* FamR Rn. 747 (S. 505).

[32] Auf seine wechselvolle Geschichte eingehend *Wacke* FS Medicus, 1999, 651 (662 ff.); *Eisfeld* AcP 201 (2001), 662 (663 ff.).

[33] HM, *Meyer/Mittelstädt,* Das Lebenspartnerschaftsgesetz: Kommentierende Darstellung anhand der Materialien, 2001, 37 f.; *Muscheler,* Recht der Eingetragenen Lebenspartnerschaft, 2. Aufl. 2004, Rn. 181 ff.; Staudinger/*Voppel*, 2010, Rn. 83; aA *Kaiser* JZ 2001, 617 (619 Fn. 20); stark einschr. – nur in absoluten Ausnahmefällen – Erman/*Kaiser* Rn. 10.

[34] Vgl. *Wacke* FS Medicus, 1999, 667 Fn. 59.

[35] *Muscheler,* Recht der Eingetragenen Lebenspartnerschaft, 2. Aufl. 2004, Rn. 181.

[36] AA *Kaiser* JZ 2001, 617 (619) Fn. 20; *Kaiser* FamRZ 2002, 866 (869) mwN: auf die Beteiligung von Ausländern „teleologisch reduziert“; vgl. zum Verbot der Namensehe *Wacke* FS Medicus, 1999, 667; gegen Scheinehen generell besonders nachdrücklich *Sturm* FS Ferid, 1988, 528 ff.

[37] Vgl. *Schwab* FamRZ 2001, 385 (389 f.).

[38] → 7. Aufl. 2017, § 1 Rn. 12 *(Wacke)*; aA Erman/*Kaiser* Rn. 12, 13; *Rauscher* FamR Rn. 747 (S. 505); Staudinger/*Voppel*, 2010, Rn. 81; HK-LPartG/*Bruns*/*Kemper* Rn. 17.

[39] Rechtsvergleichend zu Entwicklungen hin zu einer leichteren Scheidung auch ohne gerichtliches Verfahren in Italien und Spanien: *Henrich* in Dutta/Schwab/Henrich/Gottwald/Löhnig, Scheidung ohne Gericht?, 2017, 361, 361 ff.; sowie *Patti* in Dutta/Schwab/Henrich/Gottwald/Löhnig, Scheidung ohne Gericht?, 2017, 105; *Ferrer Riba* in Dutta/Schwab/Henrich/Gottwald/Löhnig, Scheidung ohne Gericht?, 2017, 119.

den, dass Lebenspartner und Eheleute gleich zu behandeln sind. Warum hier eine Ungleichbehandlung zulässig sein sollte, ist nicht ersichtlich. Insbesondere besteht keine prinzipiell unterschiedliche Wertigkeit gleich- und verschiedengeschlechtlicher Paarbeziehungen, die bedeuten könnte, dass ein staatliches Interesse an der Stabilität verschiedengeschlechtlicher, aber nicht gleichgeschlechtlicher Beziehungen besteht. Eine derartige Privilegierung der Ehe gegenüber der Lebenspartnerschaft ist auch nicht etwa durch Art. 6 Abs. 1 GG geboten (→ Vor § 1 Rn. 19 f.). Um dieser unzulässigen Ungleichbehandlung zu begegnen, sollten daher **§§ 1314 ff. BGB analog** angewendet werden.

Die **hM** hält demgegenüber an der Nichtigkeit der Lebenspartnerschaft fest. Auch ohne gerichtliche Entscheidung ist danach vom **Nichtbestehen** der Partnerschaft auszugehen.[40] Dass ein formgerecht begründetes Statusverhältnis ipso iure unbeachtlich sein kann, ist ungewöhnlich. Für Zweifelsfälle sieht **§ 269 Abs. 1 Nr. 2 FamFG** ein familiengerichtliches Verfahren zur **Feststellung des Bestehens** oder Nichtbestehens einer eingetragenen Lebenspartnerschaft vor. Dafür gelten nach § 270 Abs. 1 S. 1 FamFG die Verfahrensvorschriften des § 121 Nr. 3 FamFG über die Feststellung des Bestehens oder Nichtbestehens einer Ehe entsprechend. Antragsbefugt sind die vermeintlichen Lebenspartner sowie Dritte, die ein rechtliches Interesse an der Feststellung des Nichtbestehens haben (vgl. § 256 ZPO; zB der Ehegatte oder der Partner einer womöglich kollidierenden Partnerschaft). Eine Popularklage ist nicht zuzulassen. Im Gegensatz zum Antrag auf Aufhebung einer Ehe (§ 1316 Abs. 1 Nr. 1 BGB) ist keine behördliche Antragsbefugnis vorgesehen, um Verstöße gegen Wirksamkeitsvoraussetzungen gerichtlich feststellen zu lassen. Eine behördliche Antragsbefugnis ist jedoch auch nicht erforderlich. Ein das Nichtbestehen einer Partnerschaft feststellender Beschluss hat keine rechtsgestaltende Wirkung. Schon vorher kann man sich – können sich insbesondere die Ausländerbehörden – auf die Nichtigkeit einer eingetragenen Partnerschaft berufen.[41] Die Registerbehörde kann diese bei Evidenz auch selbst feststellen und durch Vermerk im Partnerschaftsregister verlautbaren. Bei einem präjudiziellen Streit über das Bestehen einer Lebenspartnerschaft muss das Zivilgericht gemäß § 154 Abs. 1 ZPO zwecks Vermeidung divergierender Beurteilung sein Verfahren aussetzen und den Parteien aufgeben, diese Vorfrage durch Feststellungsantrag beim zuständigen Familiengericht zu klären. 20

Die **Folgen der Nichtigkeit** sind im LPartG nicht geregelt. Ein etwa gebildeter **Partnerschaftsname** ist ex tunc unwirksam (→ § 3 Rn. 4). Denn auch nach aufgehobener Ehe besteht nach hM kein Recht auf Fortführung des Ehenamens (str., aA → BGB § 1318 Rn. 17 ff.). Ansonsten erscheint das Vertrauen eines redlichen Partners in Analogie zu § 1318 BGB schützenswert. Bei einer beiderseits zum Schein begründeten Partnerschaft (Abs. 2 Nr. 4) kann kein Partner auf deren Bestand vertrauen. Auch für die aufgehobene Scheinehe gilt Scheidungsfolgenrecht nicht (§ 1318 Abs. 2 Nr. 1 BGB nennt § 1314 Abs. 2 Nr. 5 BGB absichtlich nicht, → BGB § 1318 Rn. 10). Da eine faktisch gelebte Partnerschaft (ähnlich einer faktischen Gesellschaft) grundsätzlich nur ex nunc abzuwickeln ist,[42] bleiben im Rahmen der **Schlüsselgewalt** (§ 8 Abs. 2; § 1357 BGB) abgeschlossene Geschäfte wirksam. Bereits gezahlter (und verbrauchter) **Unterhalt** ist nicht kondizierbar. Nachpartnerschaftliche Unterhaltsansprüche (§ 16) lehnt die hM ab.[43] Nach hier vertretener analoger Anwendung der Eheaufhebungsvorschriften kommen sie in den engen Grenzen des § 1318 Abs. 2 BGB (→ BGB § 1318 Rn. 3–11) in Betracht. Beim nach Billigkeit nur zugunsten eines redlichen Partners zu bestimmenden nachpartnerschaftlichen Unterhalt (→ § 16 Rn. 11) dürfte ausschlaggebend sein, wie lange die Partnerschaft (bis zur Entdeckung des Mangels) faktisch „geführt" worden ist, inwieweit sich also der bedürftige Partner auf laufende Zuwendungen durch den anderen „eingerichtet" hat. Beim Ausgleich des **Zugewinns** (§ 6 Abs. 2; in entsprechender Anwendung von § 1318 Abs. 3 BGB, → BGB § 1318 Rn. 12–14) ist zu berücksichtigen, inwieweit der redliche Partner durch Verzicht auf eigene Berufstätigkeit zur Mehrung des Vermögens des anderen Partners beigetragen hat. Die **Haftungsreduktion** auf die diligentia quam in suis (§ 1359 BGB) ist keine ehespezifische Norm, sondern auch unter nichtehelich Zusammenlebenden anzuwenden (→ BGB Anh. § 1302 Rn. 52); ihre Geltung nach dem LPartG (§ 4) hängt nicht davon ab, ob die Partnerschaft gültig begründet wurde, sofern sie nur faktisch „geführt" wurde. Eine gerichtliche Entscheidung über **Wohnungszuweisung und Verteilung der Haushaltsgegenstände** (§§ 13 f., § 17) vermeidet Streit und eigenmächtiges Handeln; entsprechende Regelungen sind darum analog § 1318 Abs. 4 BGB auch im Verfahren auf Feststellung des Nichtbestehens einer Partnerschaft zu treffen.[44] Auch bei evident nichtiger Partnerschaft wären darauf zielende Anträge nicht unzulässig. 21

[40] *Rauscher* FamR Rn. 747 (S. 505).

[41] Inzidentfeststellung ist zulässig, *Meyer/Mittelstädt,* Das Lebenspartnerschaftsgesetz: Kommentierende Darstellung anhand der Materialien, 2001, 38.

[42] *Muscheler,* Recht der Eingetragenen Lebenspartnerschaft, 2. Aufl. 2004, Rn. 207 ff.

[43] *Muscheler,* Recht der Eingetragenen Lebenspartnerschaft, 2. Aufl. 2004, Rn. 208 Abs. 2; wohl auch *Battes* FuR 2002, 49 (54).

[44] *Battes* FuR 2002, 49 (54); str.

### V. Lebenspartnerschaftsversprechen („Verlöbnis“, Abs. 4 aF)

22 Durch die **Öffnung der Ehe** für Personen gleichen Geschlechts zum 1.10.2017 und die damit verbundene Unmöglichkeit, neue Lebenspartnerschaften zu begründen, wurde ein „Verlöbnisrecht“ der Lebenspartnerschaften entbehrlich. Abs. 4 aF sowie Vorschriften in anderen Gesetzen über Personen, die sich die Begründung einer Lebenspartnerschaft versprochen hatten, wurden daher durch das Eheöffnungsbegleitgesetz mit Wirkung zum 22.12.2018 gestrichen.[45] Sie waren jedoch bereits seit der Öffnung der Ehe für Personen gleichen Geschlechts zum 1.10.2017 obsolet. Gleichgeschlechtliche Partner können sich schon seit diesem Zeitpunkt nicht mehr die Begründung einer Lebenspartnerschaft, sondern nur noch die Eheschließung versprechen.[46]

23 Grundsätzlich wandelt sich ein **vor der Öffnung der Ehe gegebenes** und noch nicht umgesetztes Versprechen, eine Lebenspartnerschaft zu begründen, in ein Verlöbnis zur Eheschließung.[47] Es gilt dann (auch rückwirkend analog § 20a Abs. 5 f.) das Verlöbnisrecht der §§ 1297 ff. BGB. Zwar wird eine Lebenspartnerschaft nicht automatisch, sondern nur durch eine formale Umwandlung gemäß § 20a in eine Ehe umgewandelt. Aus diesem Umstand kann jedoch nicht geschlossen werden, dass auch eine automatische Umwandlung des Lebenspartnerschaftsversprechens nicht möglich sei.[48] Da das Verlöbnis – anders als Ehe und Lebenspartnerschaft – kein formales Verfahren zu seiner Begründung voraussetzt, ist auch keine entsprechend formale Umwandlung notwendig. Es ist vielmehr der Wille der Beteiligten auszulegen. Da die Lebenspartnerschaft zuletzt inhaltlich nahezu mit der Ehe gleichgestellt war, kann grundsätzlich davon ausgegangen werden, dass die Betroffenen statt einer Lebenspartnerschaft nunmehr eine Ehe eingehen wollen. Eine Umdeutung scheitert nur, wenn Anhaltspunkte dafür bestehen, dass die Betroffenen nach der Öffnung der Ehe von der Formalisierung ihrer Beziehung Abstand genommen haben, etwa weil sie aus politischer Überzeugung das Institut der Ehe ablehnen. Hat ein gleichgeschlechtliches Paar **zwischen Beschluss des Eheöffnungsgesetzes** am 30.6.2017 **und seinem Inkrafttreten** am 1.10.2017 vereinbart, eine Ehe zu schließen, so wurde das Verlöbnis zum 1.10.2017 analog § 20a Abs. 5 rückwirkend wirksam.[49]

24 Das **ursprüngliche LPartG** enthielt keine Bezugnahme auf das Verlöbnisrecht. Dieser Mangel wurde zum 1.1.2005 durch das LPartÜG behoben, welches in § 1 einen Verweis auf das Verlöbnisrecht des BGB einführte (zunächst als Abs. 3, ab 1.1.2009 als Abs. 4). Auch die für Verlobte geltenden Zeugnisverweigerungsrechte aus § 383 Abs. 1 Nr. 1 ZPO aF und § 52 Abs. 1 Nr. 1 StPO aF wurden durch das LPartÜG auf Personen ausgeweitet, die sich versprochen hatten, gemeinsam eine Lebenspartnerschaft zu begründen. Zu den Angehörigen iSv § 11 Abs. 1 Nr. 1 lit. a StGB aF gehörten auch gleichgeschlechtliche Paare, die einander die Registrierung versprochen haben. Den **Begriff „Verlöbnis“** vermied das LPartG und beschränkte ihn damit implizit auf das *Ehe*versprechen gemäß § 1297 BGB. Mitunter wurde diese terminologische Trennung indes durchbrochen. So sprachen § 2279 Abs. 3 BGB aF und § 11 Abs. 1 Nr. 1 lit. a StGB aF von „Verlobte[n,] auch im Sinne des Lebenspartnerschaftsgesetzes“.[50] Die Bildung passender Ersatzbegriffe für „Verlöbnis“ und „Verlobte“ war schwierig; im LPartG wurde darauf verzichtet. Als Pendant zum „Verlöbnis“ überzeugt der Begriff „Lebenspartnerschaftsversprechen“.[51] Hinsichtlich der „Verlobten“ bietet sich der Ausdruck „künftige Lebenspartner“ an – so § 51a PStV aF.[52]

---

45 Zur nachwirkenden Bedeutung des Lebenspartnerschaftsversprechens im Erbrecht *Kaiser* FamRZ 2017, 1985 (1195 f.).

46 *Kaiser* FamRZ 2017, 1985 (1995).

47 AA *Kaiser* FamRZ 2017, 1985 (1995).

48 So *Kaiser* FamRZ 2017, 1985 (1995).

49 Für ex nunc Wirksamkeit wegen (im Zweifel konkludenter) Bestätigung nach Inkrafttreten des Eheöffnungsgesetzes *Kaiser* FamRZ 2017, 1985 (1996).

50 Dazu krit. Staudinger/*Voppel*, 2010, Rn. 89 aE; Staudinger/*Voppel*, 2010, Einl. Rn. 45.

51 So Palandt/*Brudermüller* Rn. 7; Erman/*Kaiser* Rn. 15; krit. → 7. Aufl. 2017, § 1 Rn. 3 *(Wacke)*.

52 Antizipierend spricht das LPartG demgegenüber in § 1 Abs. 2 S. 1, 2 aF von den „Lebenspartnern“, obwohl sie es erst durch ihre Registrierung werden wollen. Gemeint sind die künftigen Lebenspartner.

## Abschnitt 2. Wirkungen der Lebenspartnerschaft

### § 2 Partnerschaftliche Lebensgemeinschaft

**[1]Die Lebenspartner sind einander zu Fürsorge und Unterstützung sowie zur gemeinsamen Lebensgestaltung verpflichtet. [2]Sie tragen füreinander Verantwortung.**

#### I. Allgemeines

1 Die Vorschrift entspricht der eherechtlichen Generalklausel des § 1353 BGB. Wie der Name schon nahelegt, wird die Lebenspartnerschaft entsprechend § 1353 Abs. 1 S. 1 BGB (→ BGB § 1353 Rn. 15 ff.) **auf Lebenszeit** geschlossen; das folgt aus der in § 1 Abs. 1 S. 1 aF vorgeschriebenen Erklärung, „miteinander eine Partnerschaft auf Lebenszeit führen zu wollen". Eine Lebenspartnerschaft schließt man (wie die Ehe) für das ganze Leben, nicht nur befristet für das gegenwärtige, augenblickliche Zusammenleben.[1] Verantwortung füreinander (§ 2 S. 2) tragen auch Ehegatten gemäß § 1353 Abs. 1 S. 2 Hs. 2 BGB (→ BGB § 1353 Rn. 22–24). Fürsorge und Unterstützung schulden ebenfalls Ehegatten einander (→ BGB § 1353 Rn. 31; auch in Vermögensangelegenheiten: → BGB § 1353 Rn. 37). Die amtliche Überschrift zu § 2 enthält sogar den Begriff „Partnerschaftliche Lebensgemeinschaft".[2] Die Pflicht „zur gemeinsamen Lebensgestaltung" (§ 2 S. 1) wurde jedoch weniger weitreichend konzipiert als die Pflicht „zur ehelichen Lebensgemeinschaft" iSv § 1353 Abs. 1 S. 2 BGB. Das Zusammenleben der Lebenspartner soll nach der Vorstellung des Gesetzgebers auch ohne ausdrückliche gesetzliche Pflicht die Regel sein.[3] Regeln über Haushaltsführung und Erwerbstätigkeit enthält das LPartG nicht. Über die Bildung eines gemeinschaftlichen Partnernamens enthält § 3 (abweichend von § 1355 Abs. 1 S. 1 BGB) keine Sollvorschrift. An die Stelle des Verfahrens, das die „aus der Ehe herrührenden Ansprüche" (§ 266 Abs. 1 Nr. 2 FamFG), unter anderem das auf Herstellung des ehelichen Lebens, betrifft, tritt gemäß § 269 Abs. 2 Nr. 2 FamFG das Verfahren über „Ansprüche aus der Lebenspartnerschaft" (→ Rn. 7).

#### II. „Gemeinsame Lebensgestaltung"

2 Aus dem im Vergleich zum Eherecht ausgedünnten Pflichtenkatalog des § 2 S. 1 sind nur die beiden erstgenannten Pflichten zu Fürsorge und Unterstützung hinlänglich konkretisierbar; desgleichen die gemäß S. 2 füreinander zu übernehmende Verantwortung (vgl. zur strafrechtlichen Garantenstellung → Rn. 6). Als **Beistandsgemeinschaft** verlangt eine Lebenspartnerschaft die materielle Unterstützung durch Gewährung von Unterhalt (§ 5), unter zusammenlebenden Partnern auch durch Mithilfe im Haushalt, evtl. im Geschäft des anderen, durch Pflege im Krankheitsfalle. Begrenzt werden diese Pflichten durch die eigene Zumutbarkeit und die Wahrnehmung kollidierender Pflichten gegenüber eigenen Angehörigen.[4] Die in S. 1 weiter erwähnte „gemeinsame Lebensgestaltung" ist weniger als die in der Überschrift genannte „partnerschaftliche Lebensgemeinschaft". Abweichungen für die gerichtliche Beurteilung ergeben sich hieraus jedoch kaum (→ Rn. 7). Das Spannungsverhältnis zwischen beiden Gesetzesbegriffen deutet die Situationsbezogenheit der Verpflichtungen an: Sie sind umso umfassender, je intensiver die einzelne Partnerschaft gelebt wird. Sie verlangen Benachrichtigung über wichtige Vorhaben, Offenheit und Kompromissbereitschaft in den von den Partnern als gemeinsam betrachteten Angelegenheiten, die Einhaltung einmal getroffener Abmachungen und Rücksichtnahme auf die persönlichen Belange des anderen Partners. Wenn kein gemeinsamer Haushalt geführt wird, beschränkt sich die gemeinsame Lebensgestaltung praktisch auf die Freizeitgestaltung.[5]

---

1 Ganz hM, *Dethloff* NJW 2001, 2598 (2600); HK-LPartG/*Bruns/Kemper* Rn. 3; Palandt/*Brudermüller* Rn. 1; ausf. Staudinger/*Voppel*, 2010, Rn. 10, 11; aA *Kaiser* JZ 2001, 617 (618, 620); *Kaiser* FamRZ 2002, 866 (870); Erman/*Kaiser* Rn. 2.

2 Als fehlerhaft und für die Interpretation unmaßgeblich betrachtet die amtliche Überschrift *Muscheler,* Recht der Eingetragenen Lebenspartnerschaft, 2. Aufl. 2004, Rn. 337.

3 BT-Drs. 14/3751, 36; *Kaiser* JZ 2001, 617 (618 f.). Zur Gesetzgebungsgeschichte *Muscheler,* Recht der Eingetragenen Lebenspartnerschaft, 2. Aufl. 2004, Rn. 334 ff.

4 HK-LPartG/*Bruns/Kemper* Rn. 8.

5 Im vorstehend geschilderten Sinne *Muscheler,* Recht der Eingetragenen Lebenspartnerschaft, 2. Aufl. 2004, Rn. 338 ff. Der von ihm verwendete Begriff „Lebensgestaltungsgemeinschaft" (als Alternative zur ehelichen Lebensgemeinschaft) ist aber wenig aussagekräftig.

### III. Wohngemeinschaft

3 Zwar ging der Gesetzgeber davon aus, dass die Lebenspartner regelmäßig zusammenleben werden,[6] verpflichtet sind sie dazu jedoch nicht. Viele, wenn nicht die Mehrzahl der Lebenspartner wohnen schon vor ihrer beabsichtigten Registrierung zusammen. Dauerndes Getrenntleben ist umgekehrt nach § 15 auch ein Indiz für das Scheitern einer Lebenspartnerschaft (wie im Ehescheidungsrecht gemäß §§ 1565, 1566 BGB). Ob die Partner einen gemeinsamen Wohnsitz begründen wollen, bleibt aber ihrer autonomen Entscheidung überlassen.[7] Bei der Ortswahl ist wie unter Ehegatten (→ BGB § 1353 Rn. 34) auf die beruflichen Belange beider Partner Rücksicht zu nehmen. Zusammen lebende Partner haben Mitbesitz an der Wohnung und an gemeinschaftlich benutzten Haushaltsgegenständen.[8] Will ein Partner seinen (eingetragenen) Lebenspartner in seine Wohnung aufnehmen, bedarf dies keiner Erlaubnis des Vermieters (→ 7. Aufl. 2016, BGB § 553 Rn. 4). Will er seinen nicht registrierten Partner in seine **Wohnung aufnehmen,** so ist – laut BGH – die Erlaubnis des Vermieters vonnöten, auf die jedoch regelmäßig ein Anspruch besteht.[9] Die Pflicht zur Aufnahme eines pflege- oder betreuungsbedürftigen Lebenspartners in die eigene Wohnung kann sich aus der gegenseitigen Unterstützungs- und Fürsorgepflicht ergeben.[10] Beim Tode eines Mieters kann sein mit ihm zusammenlebender (registrierter oder nicht registrierter) Partner gemäß § 563 Abs. 1 BGB oder § 563 Abs. 2 S. 3 BGB in dessen Mietvertrag eintreten (→ Vor § 1 Rn. 30).

### IV. Sexualbereich

4 Regelmäßig gehen Lebenspartnerschaften – wie Ehen – mit Geschlechtsverkehr einher. Eine Rechtspflicht zum Geschlechtsverkehr besteht für Lebenspartner jedoch ebenso wenig wie für Ehepaare (→ BGB § 1353 Rn. 41).[11] Dem Gesetzgeber steht es nicht zu, den Lebenspartnern Vorschriften für ihr intimes Zusammenleben zu machen. Die Lebenspartner können vielmehr selbst bestimmen, welche Gestalt ihr gemeinsames Sexualleben annehmen soll. Zunächst können die Lebenspartner sich dazu entscheiden, **asexuell** zu leben. Eine „gemeinsame Lebensgestaltung" iSd § 2 ist auch so möglich; eine asexuelle Beziehung stellt keine Scheinpartnerschaft iSd § 1 Abs. 3 Nr. 4 aF dar, sofern die anderen Voraussetzungen einer gemeinsamen Lebensgestaltung vorliegen.[12] Jenseits einer solchen Absprache mag der eine Partner Geschlechtsverkehr mit dem anderen Lebenspartner erwarten; erzwingen kann er ihn jedoch natürlich nicht (→ BGB § 1353 Rn. 41). Die Lebenspartner können weiterhin vereinbaren, von einer sexuellen Exklusivität ihrer Beziehung zugunsten einer **„offenen Partnerschaft"** abzurücken.[13] Im Rahmen der Ehe – und mitunter auch im Rahmen der Lebenspartnerschaft – wird diese Möglichkeit vielfach verneint und der Fortbestand der Rechtspflicht zur ehelichen Treue angenommen (→ BGB § 1353 Rn. 40),[14] ohne dass die Einhaltung der Treuepflicht jedoch erzwungen werden könnte.[15] Beide Ansätze stehen sich nicht zwingend unvereinbar gegenüber. Die Öffnung einer Partnerschaft muss nicht grenzenlos sein. Die Lebenspartner können im Rahmen einer offenen Partnerschaft Grundregeln für sexuelle Kontakte außerhalb ihrer Beziehung vereinbaren (so wäre etwa denkbar, dass solche Kontakte nur während einer längeren Abwesenheit eines der Lebenspartner oder nur mit bestimmten Personen erfolgen dürfen). Definieren die Partner somit autonom den Maßstab ihrer partnerschaftlichen Treue, so kann

---

6 BT-Drs. 14/3751, 36. Diese Annahme zeigt sich auch in den Regelungen über „die gemeinsame Wohnung" in § 14 und § 17 bei Getrenntleben und Auflösung, sowie in § 13 und § 17 über die Verteilung der Haushaltsgegenstände. § 10 Abs. 1 S. 3 rechnet zum gesetzlichen Voraus „die zum lebenspartnerschaftlichen Haushalt gehörenden Gegenstände". Vgl. *Schwab* FamRZ 2001, 385 (390 f.); *Kaiser* JZ 2001, 617 (618 f.); *Muscheler,* Recht der Eingetragenen Lebenspartnerschaft, 2. Aufl. 2004, Rn. 341 ff., 346 ff.; HK-LPartG/*Bruns/Kemper* Rn. 10; Staudinger/*Voppel,* 2010, Rn. 19 ff.

7 Vgl. *Meyer/Mittelstädt,* Das Lebenspartnerschaftsgesetz: Kommentierende Darstellung anhand der Materialien, 2001, 39 f.

8 Eine Räumungsvollstreckung erfordert einen Titel gegen *beide* Partner, HK-LPartG/*Bruns/Kemper* Rn. 11; str.

9 BGH NJW 2004, 56 (57); krit. dazu → 7. Aufl. 2017, BGB § 553 Rn. 4.

10 HK-LPartG/*Bruns/Kemper* Rn. 10 Abs. 2.

11 Erman/*Kaiser* Rn. 3.

12 HK-LPartG/*Bruns/Kemper* Rn. 6; LG Stade StAZ 2003, 48; *Muscheler,* Recht der Eingetragenen Lebenspartnerschaft, 2. Aufl. 2004, Rn. 117; Staudinger/*Voppel,* 2010, Rn. 13 mwN; Staudinger/*Voppel,* 2010, Rn. 76; aA → 7. Aufl. 2017, § 1 Rn. 13 *(Wacke).*

13 *Grziwotz* DNotZ 2001, 280 (290); *Muscheler,* Recht der Eingetragenen Lebenspartnerschaft, 2. Aufl. 2004, Rn. 341; aA → 7. Aufl. 2017, § 2 Rn. 4 *(Wacke)*; HK-LPartG/*Bruns/Kemper* Rn. 16; Staudinger/*Voppel,* 2010, Rn. 28.

14 So etwa BT-Drs. 7/4361; aA *Grziwotz* MDR 1998, 1075 (1078).

15 *Grziwotz* neLG § 10 Rn. 27.

diese Vereinbarung als Bezugspunkt einer möglichen (Rechts-)Pflicht zur partnerschaftlichen Treue dienen. Will man somit am Konzept einer Rechtspflicht zur partnerschaftlichen bzw. ehelichen Treue festhalten, so ist dies auch mit solchen Beziehungen vereinbar, die für sich sexuelle Treue nicht im Sinne einer Ausschließlichkeit der Sexualbeziehung definieren.

Nimmt ein Lebenspartner Sexualkontakte außerhalb der Partnerschaft auf – sei es in oder jenseits 5
einer offenen Beziehung –, trägt der entsprechende Lebenspartner für den anderen Lebenspartner Verantwortung, insbesondere im Hinblick auf Gesundheitsgefahren durch sexuell übertragbare Krankheiten (→ BGB § 1353 Rn. 40).

## V. Rechtsfolgen

Partnerschaftswidriges Verhalten kann bei anschließender Trennung Unterhaltszahlungen, Ver- 6
sorgungsausgleich sowie güterrechtliche Ausgleichszahlungen grob unbillig erscheinen lassen und somit zu Einschränkungen entsprechender Leistungen führen gemäß § 12 S. 2 iVm § 1361 Abs. 3 BGB, § 1579 BGB (für Unterhalt bei Getrenntleben), § 20 Abs. 1 iVm § 27 VersAusglG (für den Versorgungsausgleich) bzw. § 6 S. 2 iVm § 1381 BGB (für das Güterrecht). Zur Verfolgung von partnerschaftswidrigem Verhalten mit dem Herstellungsantrag → Rn. 7. Nicht ausdrücklich in Bezug nimmt § 2 die Regelung des § 1353 Abs. 2 BGB über den Wegfall der Herstellungspflicht bei **missbräuchlichem Verlangen** (→ BGB § 1353 Rn. 44 ff.). Seine entsprechende Geltung ergibt sich aus dem allgemeinen Rechtsmissbrauchsverbot:[16] Wer sich selbst partnerschaftswidrig verhält, kann vom anderen Teil nicht partnerschaftliche Treue verlangen oder erwarten. Die von der hM bejahte **Garantenstellung** eines Partners für den anderen[17] folgt aus der gemäß § 2 S. 2 füreinander zu übernehmenden Verantwortung; sie ist aber auf Beschützerpflichten zu beschränken,[18] nicht auf Überwachungspflichten zur Verhinderung von Straftaten auszudehnen (→ BGB § 1353 Rn. 32). Wegen der Emanzipation des Strafrechts von zivilrechtlichen Begriffen erwächst aber auch für nicht registrierte Partner aus faktischem Zusammenleben eine Erfolgsabwendungspflicht gegenüber Gefahren und Unglücksfällen.[19]

## VI. Prozessuales: Lebenspartnerschaftssachen[20]

Der Enumerativkatalog des § 269 FamFG sieht in Abs. 2 Nr. 2 ein **Verfahren über „Ansprü-** 7
**che aus der Lebenspartnerschaft"** vor. Nach dieser Bestimmung richten sich Verfahren, die die Verpflichtung zur Fürsorge und Unterstützung in einer partnerschaftlichen Gemeinschaft betreffen.[21] Gemäß § 270 Abs. 2 FamFG sind in diesen Verfahren die in sonstigen Familiensachen nach § 111 Nr. 10 FamFG geltenden Vorschriften entsprechend anzuwenden. Ein Antrag auf Herstellung der partnerschaftlichen Lebensgemeinschaft ist nicht vorgesehen. Eine Entscheidung unterliegt ebenso wenig der Vollstreckung wie die Verpflichtung zur Herstellung des ehelichen Lebens (§ 120 Abs. 3 FamFG).[22] Wegen fehlender Vollstreckbarkeit wird die praktische Bedeutung ebenso gering bleiben wie die Eheherstellungsklage.[23] Das Rechtsschutzbedürfnis für ein solch isoliertes Verfahren mit rein deklamatorischer Appellwirkung ist aber nicht zu versagen (→ BGB § 1353 Rn. 54).[24] Partnerschaftswidriges Verhalten kann in den in → Rn. 5 genannten Fällen auch (und wird wohl regelmäßig) inzident festgestellt werden. Im Auflösungsverfahren gemäß § 15 kann partnerschaftswidriges Verhalten jedoch effektiver zusammen mit den Auflösungsvoraussetzungen geprüft werden. Zu den sachlichen Grenzen der Vollstreckungssperre → BGB § 1353 Rn. 55. Vermögensrechtliche Ansprüche können vollstreckt werden. Das Recht auf **Mitbenutzung von Wohnung und Hausrat** ist,

---

16 Vgl. HK-LPartG/*Bruns/Kemper* Rn. 17; abgeschwächt Staudinger/*Voppel*, 2010, Rn. 85.

17 Dafür beiläufig und pauschal *Schwab* FamRZ 2001, 385 (390).

18 Staudinger/*Voppel*, 2010, Rn. 54. Zur Unterscheidung zwischen Beschützer- und Überwachergarant *U. Weber* GS Keller, 2003, 325 (331 ff.) sub III 1; *Perdomo-Torres,* Garantenpflichten aus Vertrautheit, 2006.

19 Eine Pflicht zur Verhinderung des Selbstmords eines in Wohngemeinschaft lebenden gleichgeschlechtlichen Partners bejahte schon AG Duisburg MDR 1971, 1027. Vgl. *D. Albrecht,* Begründung von Garantenstellungen in familiären und ähnlichen Beziehungen, 1998.

20 Vgl. dazu Keidel/*Giers* FamFG §§ 269, 270.

21 Keidel/*Giers* FamFG § 269 Rn. 11; früher § 661 Abs. 1 Nr. 3 ZPO aF.

22 Die Vollstreckungssperre des § 888 Abs. 3 ZPO (dem § 120 Abs. 3 FamFG grds. entspricht) ist in die Verweisung einzubeziehen; aA – nur analog anzuwenden – *Wellenhofer* NJW 2005, 705. Sie mit *Schwab* FamRZ 2001, 385 (391) auf Urteile zur Herstellung des *ehelichen* Lebens zu beschränken, ist nicht gerechtfertigt.

23 Praktisch relevant wurde die Herstellungsklage nur bis 1938 als Vorverfahren zur Scheidung wegen böslicher Verlassung; ihre Beibehaltung ist ein Anachronismus, → BGB § 1353 Rn. 19.

24 HK-LPartG/*Bruns/Kemper* ZPO § 661 Rn. 375.

falls ein gemeinsamer Hausstand geführt wird, als Teil der Unterhaltspflicht klag- und vollstreckbar (→ BGB § 1353 Rn. 35).[25]

### § 3 Lebenspartnerschaftsname

**(1) [1]Die Lebenspartner können einen gemeinsamen Namen (Lebenspartnerschaftsnamen) bestimmen. [2]Zu ihrem Lebenspartnerschaftsnamen können die Lebenspartner durch Erklärung gegenüber dem Standesamt den Geburtsnamen oder den zur Zeit der Erklärung über die Bestimmung des Lebenspartnerschaftsnamens geführten Namen eines der Lebenspartner bestimmen. [3]Die Erklärung über die Bestimmung des Lebenspartnerschaftsnamens soll bei der Begründung der Lebenspartnerschaft erfolgen. [4]Wird die Erklärung später abgegeben, muss sie öffentlich beglaubigt werden.**

**(2) [1]Ein Lebenspartner, dessen Name nicht Lebenspartnerschaftsname wird, kann durch Erklärung gegenüber dem Standesamt dem Lebenspartnerschaftsnamen seinen Geburtsnamen oder den zur Zeit der Erklärung über die Bestimmung des Lebenspartnerschaftsnamens geführten Namen voranstellen oder anfügen. [2]Dies gilt nicht, wenn der Lebenspartnerschaftsname aus mehreren Namen besteht. [3]Besteht der Name eines Lebenspartners aus mehreren Namen, so kann nur einer dieser Namen hinzugefügt werden. [4]Die Erklärung kann gegenüber dem Standesamt widerrufen werden; in diesem Fall ist eine erneute Erklärung nach Satz 1 nicht zulässig. [5]Die Erklärung, wenn sie nicht bei Begründung der Lebenspartnerschaft gegenüber einem deutschen Standesamt abgegeben wird, und der Widerruf müssen öffentlich beglaubigt werden.**

**(3) [1]Ein Lebenspartner behält den Lebenspartnerschaftsnamen auch nach der Beendigung der Lebenspartnerschaft. [2]Er kann durch Erklärung gegenüber dem Standesamt seinen Geburtsnamen oder den Namen wieder annehmen, den er bis zur Bestimmung des Lebenspartnerschaftsnamens geführt hat, oder dem Lebenspartnerschaftsnamen seinen Geburtsnamen oder den bis zur Bestimmung des Lebenspartnerschaftsnamens geführten Namen voranstellen oder anfügen. [3]Absatz 2 gilt entsprechend.**

**(4) Geburtsname ist der Name, der in die Geburtsurkunde eines Lebenspartners zum Zeitpunkt der Erklärung gegenüber dem Standesamt einzutragen ist.**

#### I. Allgemeines

1 Inhaltlich entspricht die Vorschrift bis ins Detail den Bestimmungen über die Bildung des Ehenamens (§ 1355 BGB). § 3 wurde zusammen mit § 1355 BGB geändert durch das LPartNamRÄndG vom 6.2.2005 (BGBl. 2005 I 203). Mit der Neufassung der Abs. 1–4 durch Art. 2 Abs. 18 Personenstandsreformgesetz vom 19.2.2007 (BGBl. 2007 I 122, 142 f.) wurde statt der (bisher nach Landesrecht) „zuständigen Behörde“ für die namensrechtlichen Erklärungen das Standesamt für zuständig erklärt. Zur Bestimmung eines gemeinschaftlichen Lebenspartnerschaftsnamens enthält § 3 Abs. 1 S. 1 allerdings abweichend von § 1355 Abs. 1 S. 1 BGB bewusst **keine Sollvorschrift.** Die Lebenspartner sollten nicht zur Bestimmung eines Lebenspartnerschaftsnamens gedrängt werden. Es ist durchaus nachvollziehbar, dass sie aus Sorge vor Diskriminierung vermeiden wollten, durch einen Namenswechsel auf die Begründung einer Lebenspartnerschaft und damit verbunden auf ihre Homosexualität hinzuweisen. Zum gemeinsamen Namen **wählbar** ist außer dem Geburtsnamen eines Partners aufgrund der vom BVerfG erzwungenen Reform[1] von Abs. 1 S. 2 auch dessen zur Zeit der Erklärung über die Bestimmung des Lebenspartnerschaftsnamens geführter, eventuell aus einer früheren Ehe oder Lebenspartnerschaft erworbener Familienname. „Geführter“ Name (Abs. 1 S. 2, Abs. 2 S. 1, Abs. 3 S. 2) ist (genauer) der von Rechts wegen *zu führende* Name (vgl. Abs. 4).

2 **Wandeln** die Lebenspartner ihre Lebenspartnerschaft **in eine Ehe um,** so können sie gemäß § 20a Abs. 2 keinen neuen Ehenamen bestimmen, wenn sie bereits einen Partnerschaftsnamen bestimmt haben. Haben Sie keinen Partnerschaftsnamen bestimmt, können sie bei der Umwandlung einen Ehenamen bestimmen (→ § 20a Rn. 30).

#### II. Verfahren der Namensbildung

3 Die Amtsempfangsbedürftigkeit der namensrechtlichen Erklärungen ergibt sich aus Abs. 1 S. 2 und Abs. 2 S. 1 und 4 (entsprechend § 1355 Abs. 2 bzw. Abs. 4 S. 1 und 4 BGB). Der gemäß

[25] Erman/*Kaiser* Rn. 6; entspr. *Schwab* FamRZ 2001, 385 (391).

[1] Zu § 1355 BGB s. BVerfG NJW 2004, 1155 = FamRZ 2004, 515 mAnm *Muscheler* FamRZ 2004, 762; vgl. *Muscheler,* Recht der Eingetragenen Lebenspartnerschaft, 2. Aufl. 2004, Rn. 386 ff.

§ 42 PStG zuständige Standesbeamte muss die zukünftigen Lebenspartner bei der Begründung der Lebenspartnerschaft zu der Namensführung befragen (vgl. Anlage 11 PStV). Auch bei Nichtabgabe einer namensrechtlichen Erklärung ist die Lebenspartnerschaft zu registrieren; jeder Lebenspartner führt dann seinen bisherigen Namen fort (so ausdrücklich beim Ehenamen unter § 1355 Abs. 1 S. 3 BGB).[2] Die nachträgliche Bildung eines gemeinsamen Namens ist öffentlich zu beglaubigen (Abs. 1 S. 4). Abs. 2 ermöglicht es, dem Lebenspartnerschaftsnamen einen Begleitnamen voranzustellen oder anzufügen (entsprechend § 1355 Abs. 4 BGB). Das für Ehegatten und Kinder verfassungsgemäße[3] Verbot der Bildung echter, aus beiden Geburtsnamen zusammengesetzter Doppelnamen gilt dabei auch für Lebenspartner;[4] desgleichen das Verbot der Bildung mehrgliedriger Namensketten bei der Anfügung des nicht zum Partnernamen gewählten Geburtsnamens (Abs. 2 S. 2 und 3).[5] Der einmal gebildete Partnerschaftsname kann (bis zur Auflösung der Gemeinschaft) nicht wieder abgelegt werden. Widerruflich ist nur die Beifügung eines Begleitnamens (Abs. 2 S. 4).

### III. Beendigte oder nichtige Partnerschaft

Beendigt wird die Partnerschaft iSv Abs. 3 durch Tod oder durch gerichtliche Auflösung gemäß § 15. Das Recht zur Fortführung des Lebenspartnerschaftsnamens oder zur Wiederannahme des früheren Namens entspricht (einschließlich der auch jetzt noch zulässigen Hinzufügung eines Begleitnamens) dem § 1355 Abs. 5 BGB.[6] Bei nichtiger Partnerschaft (§ 1 Abs. 2 aF → § 1 Rn. 9; § 1 Abs. 3 aF, → § 1 Rn. 19 f.), insbesondere bei nur zwecks Namenserwerbs begründeter Scheinpartnerschaft (§ 1 Abs. 3 Nr. 4 → § 1 Rn. 17 f.) ist die Bildung eines Partnerschaftsnamens ex tunc ungültig (→ § 1 Rn. 21),[7] denn Scheidungsfolgenrecht ist nach hM auch bei einer Eheaufhebung insoweit nicht anwendbar (aA → BGB § 1318 Rn. 17 ff.).[8] 4

## § 4 Umfang der Sorgfaltspflicht

**Die Lebenspartner haben bei der Erfüllung der sich aus dem lebenspartnerschaftlichen Verhältnis ergebenden Verpflichtungen einander nur für diejenige Sorgfalt einzustehen, welche sie in eigenen Angelegenheiten anzuwenden pflegen.**

Das Haftungsprivileg der eigenüblichen Sorgfalt (der diligentia quam in suis oder culpa in concreto) aus § 4 spiegelt die entsprechende Vorschrift für Ehegatten aus § 1359 BGB. Auch außerhalb des Rechts der formalisierten Paarbeziehungen finden sich entsprechende Haftungsprivilegien im Rahmen persönlicher Gemeinschaftsverhältnisse (s. §§ 708, 1664 BGB). Gemäß § 277 BGB schließt die Haftungsbeschränkung auf eigenübliche Sorgfalt eine Haftung für grobe Fahrlässigkeit nicht aus. Auch rein tatsächliche, gleichgeschlechtliche Paare haften einander nur für eigenübliche Sorgfalt (→ BGB Anh. § 1302 Rn. 44). Seit der Öffnung der Ehe für Personen gleichen Geschlechts im Jahre 2017 ergibt sich diese Haftungsprivilegierung aus einer Analogie zu § 1359 BGB und nicht mehr zu § 4 LPartG (→ Vor § 1 Rn. 31). 1

Wie § 1359 BGB regelt § 4 nur den Haftungsmaßstab, liefert aber keine Anspruchsgrundlage. Wegen rechtspolitischer Kritik an der Haftungsprivilegierung durch § 1359 BGB und § 4 (→ BGB § 1359 Rn. 3) wurde vorgeschlagen, den konkreten Maßstab normativ danach zu bestimmen, welche Sorgfalt vom Partner nach seinen persönlichen Fähigkeiten erwartet werden dürfe.[1] Dieser Ansatz gerät jedoch bereits mit dem Wortlaut in Konflikt, der auf die tatsächlich angewendete Sorgfalt abstellt. Auch ist er nicht vereinbar mit dem Zweck, die Paarbeziehung als Rückzugsraum zu schützen, in dem die Partner ohne Angst vor möglicher Haftung sein können, wie sie sind, und den jeweils anderen nehmen sollen, wie er ist. Die tatsächliche Bestimmung der eigenüblichen Sorgfalt erscheint daher insgesamt überzeugender – trotz der Gefahr einer Belohnung von Nachlässigkeit (→ BGB § 1359 Rn. 4).[2] Die Haftungsmilderung gilt grundsätzlich für alle Verpflichtungen „aus dem partnerschaftlichen Verhältnis", gleichgültig ob auf Gesetz (wie bes. Unterhaltsansprüche), 2

---

2 *Schwab* FamRZ 2001, 385 (390).
3 BVerfG FamRZ 2002, 306.
4 *Muscheler,* Recht der Eingetragenen Lebenspartnerschaft, 2. Aufl. 2004, Rn. 385.
5 Zu den Auswirkungen der Namenswahl auf etwaige Kinder s. eingehend *Muscheler,* Recht der Eingetragenen Lebenspartnerschaft, 2. Aufl. 2004, Rn. 394 ff.
6 Anders *Mayer* ZEV 2001, 169 (170); Beispiele bei *Schwab* FamRZ 2001, 385 (390).
7 Zust. Staudinger/*Voppel*, 2010, Rn. 3.
8 Staudinger/*Voppel*, 2012, § 1355 Rn. 80; BeckOK BGB/*Hahn* § 1355 Rn. 18; BeckOGK/*Kienemund* § 1355 Rn. 84.

1 → 7. Aufl. 2017, § 4 Rn. 2 *(Wacke)*; ihm folgend OLG Hamm VersR 2002, 732.
2 So die hM, s. etwa Staudinger/*Voppel*, 2010, Rn. 6.

Vertrag oder Delikt beruhend. Eine schärfere vertragliche Haftung kann vereinbart werden oder sich durch Auslegung aus den Umständen ergeben; dasselbe gilt grundsätzlich für eine mildere Haftung, allerdings gemäß § 276 Abs. 3 BGB nur bis zur Grenze des Vorsatzes (→ § 1359 BGB Rn. 13). Auf im Straßenverkehr von Haftpflichtversicherungen gedeckte Schadenszufügungen wendet die Rspr. die Haftungsmilderung nicht an (→ 7. Aufl. 2016, BGB § 277 Rn. 2; → BGB § 1359 Rn. 16–21).

## § 5 Verpflichtung zum Lebenspartnerschaftsunterhalt

**[1]Die Lebenspartner sind einander verpflichtet, durch ihre Arbeit und mit ihrem Vermögen die partnerschaftliche Lebensgemeinschaft angemessen zu unterhalten. [2]§ 1360 Satz 2, die §§ 1360a, 1360b und 1609 des Bürgerlichen Gesetzbuchs gelten entsprechend.**

**Schrifttum:** *Grziwotz,* Das Unterhaltsrecht nach dem LPartG, FPR 2010, 191.

### I. Voraussetzungen

1 Die Partner müssen nach § 5 ihre „partnerschaftliche Lebensgemeinschaft" angemessen unterhalten.[1] Vorausgesetzt ist das Zusammenleben in gültiger eingetragener Lebenspartnerschaft. Unter dauernd getrennt lebenden Partnern gibt es Unterhaltsansprüche nur gemäß § 12. Verpflichtet ist ein Lebenspartner nach dem Maße seiner Leistungsfähigkeit; anspruchsberechtigt ist der andere nach dem Maße seiner Bedürfnisse. Leistungsfähigkeit und Bedürfnisse richten sich jeweils nach dem Typ des Zusammenlebens als Doppelverdiener-, Zuverdiener- oder Alleinverdienerpartnerschaft.[2] Einsetzen muss der Verpflichtete seine Arbeitseinkünfte und sein Vermögen (S. 1).

### II. Umfang

2 Der angemessene Unterhalt umfasst nach dem in Bezug genommenen § 1360a Abs. 1 BGB alles, was nach den Verhältnissen der Lebenspartner erforderlich ist, um die Kosten des Haushalts zu bestreiten und ihre persönlichen Bedürfnisse zu befriedigen. Der Unterhalt kann auch durch **Haushaltsführung** geleistet werden, auf § 1360 S. 2 BGB wird ausdrücklich verwiesen. Ein den Haushalt führender Partner hat Anspruch auf **Wirtschafts-** und **Taschengeld** (→ BGB § 1360a Rn. 16–18). **Kinder** eines Partners, die der andere angenommen hat (§ 9 Abs. 7) und die im gemeinsamen Haushalt leben, sind ebenfalls zu unterhalten (S. 2 iVm § 1360a BGB). Hinzu kommt ggf. ein Anspruch auf **Prozesskostenvorschuss** für einen Rechtsstreit in einer persönlichen Angelegenheit oder zwecks Verteidigung in einem Strafverfahren, falls dies der Billigkeit entspricht, weil der bedürftige Partner zur Tragung dieser Kosten außerstande ist (→ BGB § 1360a Rn. 20 ff.). Bezüglich der **Einkommenssteuer** stehen registrierte Partner Ehegatten gleich.[3] Die Vorschrift des § 12 über den Unterhalt bei dauerndem **Getrenntleben** gilt erst ab dem Zeitpunkt einer partnerschaftlichen Krise, entsprechend § 1567 BGB also erst, wenn zumindest einer der Partner die Lebensgemeinschaft mit dem anderen ablehnt und sie nicht mehr aufnehmen will.[4] Durch die entsprechende Anwendung des **vermuteten Rückforderungsverzichts** gemäß § 1360b BGB soll vermieden werden, dass im Hinblick auf die Lebenspartnerschaft erbrachte Leistungen rückwirkend auf ihre Zweckrichtung geprüft werden müssen; im Zweifel ist anzunehmen, dass der Zuvielleistende keinen Rückforderungswillen hat.

### III. Vertragliche Modifizierungen

3 Grundsätzlich ist die Verpflichtung zum Lebenspartnerschaftsunterhalt zwingend. Die Lebenspartner dürfen für die Zukunft nicht gänzlich oder teilweise auf den Unterhalt **verzichten** (§ 1360a Abs. 3 BGB, § 1614 BGB).[5] Die Bestimmung der Zahlungsmodalitäten und einer angemessenen Unterhaltshöhe ist jedoch zulässig, wobei sich die Angemessenheit an dem rechnerisch ermittelten Unterhalt ausrichtet und nicht zu weit unter diesem liegen darf (Grenze ca. 20–33% → BGB § 1614 Rn. 9).[6] Möglich sind weiterhin der Unterhaltsvergleich im Wege gegenseitigen Nachgebens sowie

[1] Zu rechtspolitischer Kritik → 6. Aufl. 2013, § 5 Rn. 3 *(Wacke)*; *Grziwotz* FPR 2010, 191 (192).
[2] HK-LPartG/*Bruns/Kemper* Rn. 9–11; eingehend Staudinger/*Voppel*, 2010, Rn. 15 ff.
[3] *Sanders* NJW 2013, 2236; anders noch BFH NJW 2006, 3310.
[4] HK-LPartG/*Bruns/Kemper* Rn. 6.
[5] Vgl. *Schwab* FamRZ 2001, 385 (392).
[6] BGH NJW 2015, 3715 Rn. 22.

die vertragliche Erhöhung des Unterhalts, solange sie nicht die Zahlung vorrangiger Unterhaltspflichten gefährdet oder der Unterhaltspflichtige seinen eigenen Bedarf nicht mehr decken kann.[7]

## § 6 Güterstand

**[1]Die Lebenspartner leben im Güterstand der Zugewinngemeinschaft, wenn sie nicht durch Lebenspartnerschaftsvertrag (§ 7) etwas anderes vereinbaren. [2]§ 1363 Abs. 2 und die §§ 1364 bis 1390 des Bürgerlichen Gesetzbuchs gelten entsprechend.**

### I. Redaktionsgeschichte

Die Terminologie wurde geändert durch das Gesetz zur Überarbeitung des Lebenspartnerschaftsrechts vom 15.12.2004 (BGBl. 2004 I 3396). Bis zum 31.12.2004 verwendete das LPartG vom Eherecht abweichende Begriffe, die speziell für die Lebenspartnerschaft kreiert wurden: „Vermögensstand" statt Güterstand, „Ausgleichsgemeinschaft" statt Zugewinngemeinschaft, „Überschuss" statt Zugewinn. Diese willkürliche Abweichung in der Diktion wurde mit Recht kritisiert.[1] Einen „Vermögensstand" hat jede Einzelperson; „Güterstand" ist konkreter im Aussagegehalt, weil der Plural zum Ausdruck bringt, dass das Schicksal *zweier* Vermögensmassen (der Güter von *beiden* miteinander verbundenen Lebenspartnern) betroffen ist. 1

### II. Ausgleichsgemeinschaft bis 2004

Die Ausgleichsgemeinschaft des § 6 aF kam nicht von Rechts wegen zustande; vielmehr mussten die Beteiligten vor der Begründung ihrer Partnerschaft spätestens im Trauungstermin durch Erklärung vor dem zuständigen Beamten für sie optiert haben (§ 1 Abs. 1 S. 4 aF). Die Ausgleichsgemeinschaft war deshalb kein gesetzlicher, sondern nur der **gesetzlich vertypte Wahlgüterstand** mit vorgegebenem Inhalt. Abgesehen von der abweichenden Terminologie und dem unterschiedlichen Zustandekommen war die Ausgleichsgemeinschaft inhaltlich bis ins Detail ein genaues Abbild der Zugewinngemeinschaft. Die Erklärung über den Vermögensstand war keine Wirksamkeitsvoraussetzung für die Begründung einer Lebenspartnerschaft, sondern bloße Antragsvoraussetzung für die Einleitung des Verfahrens, ein aufschiebendes Begründungshindernis. Gemäß der Übergangsvorschrift des § 21 Abs. 1 aF (→ § 21 Rn. 2; gemäß Art. 7 Abs. 2 LPartÜG seit dem 31.12.2010 außer Kraft) gelten für Lebenspartner, die am 1.1.2005 in einer Ausgleichsgemeinschaft gelebt haben, grundsätzlich von diesem Tage an die Vorschriften über die Zugewinngemeinschaft, sofern nicht ein Lebenspartner bis zum 31.12.2005 gegenüber dem Amtsgericht erklärt hat, dass für die Lebenspartnerschaft Gütertrennung gelten solle (§ 21 Abs. 2 aF → § 21 Rn. 2). Abweichende Vereinbarungen der Lebenspartner bzgl. des Güterstandes galten fort.[2] 2

### III. Zugewinngemeinschaft ab 2005

Mit der Neufassung des § 6 wurden mit Wirkung zum 1.1.2005 die Ausgleichsgemeinschaft abgeschafft – einschließlich der Besonderheiten ihres Zustandekommens – und die Zugewinngemeinschaft wie bei Ehegatten zum **gesetzlichen Güterstand** erklärt.[3] S. 1 entspricht § 1363 Abs. 1 BGB; im Übrigen wird auf die güterrechtlichen Bestimmungen des Eherechts verwiesen. Deren Kommentierung kann daher auch hier herangezogen werden. 3

Zur Auswirkung einer **Umwandlung** der Lebenspartnerschaft in eine Ehe gemäß § 20a → § 20a Rn. 35. 4

## § 7 Lebenspartnerschaftsvertrag

**[1]Die Lebenspartner können ihre güterrechtlichen Verhältnisse durch Vertrag (Lebenspartnerschaftsvertrag) regeln. [2]Die §§ 1409 bis 1563 des Bürgerlichen Gesetzbuchs gelten entsprechend.**

### I. Begriff

Der womöglich irreführende Begriff „Lebenspartnerschaftsvertrag" betrifft nicht das Zustandekommen der Lebenspartnerschaft, sondern nur die Regelung der Vermögensverhältnisse. Der Aus- 1

[7] BGH NJW 2009, 842; *Grziwotz* FPR 2010, 191 (193).
[1] *Rieger* FamRZ 2001, 1497 f.
[2] Staudinger/*Voppel*, 2010, Rn. 5.
[3] Krit. → 7. Aufl. 2017, § 6 Rn. 4 *(Wacke)*.

druck ist dem Begriff „Ehevertrag" (§ 1408 BGB) nachgebildet, der jedoch eigentlich „Ehegüterrechtsvertrag" heißen müsste. Schuldrechtliche Verträge (bes. Gesellschaftsverträge) sind nicht gemeint. Künftige Lebenspartner, die sich iSd § 1 Abs. 4 versprochen haben, gemeinsam eine Lebenspartnerschaft zu begründen, können ihr künftiges Güterrecht bereits vertraglich regeln. Auch nach Begründung der Lebenspartnerschaft kann der Güterstand modifiziert oder aufgehoben werden, obwohl § 7 nicht ausdrücklich auf § 1408 Abs. 1 Hs. 2 BGB verweist. Ansonsten werden **alle Vorschriften des vertraglichen Ehegüterrechts** in Bezug genommen.

2 **Wandeln** die Lebenspartner ihr Lebenspartnerschaft **in eine Ehe um,** so gilt der Lebenspartnerschaftsvertrag gemäß § 20a Abs. 3 als Ehevertrag fort (→ § 20a Rn. 32).

### II. Beurkundung und Eintragung

3 Zulässig ist die Eintragung in das **Güterrechtsregister** mit Wirkung gegenüber Dritten (§ 1412 BGB) und die Vereinbarung der Gütergemeinschaft (§§ 1415 ff. BGB). Erforderlich ist dafür die **notarielle Beurkundung** (§ 1410 BGB), ebenso für die Vereinbarung von Gütertrennung (§ 1414 BGB), von Modifikationen der Zugewinngemeinschaft (insbesondere für die Abbedingung der Verfügungsbeschränkungen aus §§ 1365, 1369 BGB), sowie für jede spätere Änderung des Güterstandes. Abdingbar oder reduzierbar ist auch der Versorgungsausgleich (§ 20 Abs. 3; → § 20 Rn. 4). Die von § 1410 BGB geforderte „gleichzeitige" Anwesenheit schließt Stellvertretung nicht aus; unzulässig ist aber eine stufenweise Beurkundung (wie nach § 128 BGB). Ein volljähriger, aber nicht (voll) geschäftsfähiger Partner bedarf der Zustimmung seines gesetzlichen Vertreters, ggf. mit Zustimmung des Familiengerichts (§ 1411 BGB).

### III. Inhalt

4 Auf nicht mehr geltendes oder ausländisches Recht darf nicht verwiesen werden (§ 1409 BGB). Ansonsten gilt inhaltliche **Gestaltungsfreiheit.** Kombiniert werden kann ein Güterrechtsvertrag mit Abmachungen über Unterhaltsleistungen und mit einem Erbvertrag (obgleich § 2276 Abs. 2 BGB dies weder erwähnt noch diese Vorschrift für entsprechend anwendbar erklärt wird: ein auch durch das Lebenspartnerschaftsbereinigungsgesetz vom 20.11.2015 (BGBl. 2015 I 2010) nicht bereinigtes Redaktionsversehen). Während eines Auflösungsverfahrens können Abmachungen über die Höhe der Zugewinnausgleichsforderung vom Prozessgericht protokolliert werden (§ 1378 Abs. 3 BGB, § 127a BGB). Ein einseitiger Verzicht auf güterrechtliche Beteiligung und auf Unterhalt kann (wegen Übervorteilung des schwächeren Partners) gemäß § 138 BGB **sittenwidrig** sein, wenn dafür auf Seiten des Verpflichteten kein Grund (wie eine wirtschaftliche Krise) vorliegt (→ BGB § 1585c Rn. 49 ff.).[1] Eine unwiderrufliche **Überlassung der Vermögensverwaltung** an den anderen Partner bedarf entsprechend § 1413 BGB ebenfalls der notariellen Beurkundung.

## § 8 Sonstige vermögensrechtliche Wirkungen

**(1) [1]Zugunsten der Gläubiger eines der Lebenspartner wird vermutet, dass die im Besitz eines Lebenspartners oder beider Lebenspartner befindlichen beweglichen Sachen dem Schuldner gehören. [2]Im Übrigen gilt § 1362 Abs. 1 Satz 2 und 3 und Abs. 2 des Bürgerlichen Gesetzbuchs entsprechend.**

**(2) § 1357 des Bürgerlichen Gesetzbuchs gilt entsprechend.**

### I. Eigentumsvermutung (Abs. 1)

1 Wortgleich mit § 1362 Abs. 1 S. 1 BGB erleichtert Abs. 1 einem Gläubiger die Zwangsvollstreckung in bewegliche Sachen im Besitze eines oder beider Lebenspartner, weil die Eigentumsverhältnisse an ihnen unter zusammenlebenden Lebenspartnern für Dritte schwer durchschaubar sind. Die Vermutung des § 1006 Abs. 1 BGB wird insoweit verdrängt (zur Würdigung → BGB § 1362 Rn. 4 ff.). Kraft der Verweisung in Abs. 1 S. 2 auf die übrigen Sätze des § 1362 BGB gilt die Vermutung nicht bei getrennt lebenden Lebenspartnern zu Lasten des nichtschuldenden Lebenspartners (§ 1362 Abs. 1 S. 2 BGB). Für die Zwangsvollstreckung gilt § 739 Abs. 1 ZPO laut § 739 Abs. 2 ZPO entsprechend für Lebenspartner. Sofern gemäß § 8 Abs. 1 somit zugunsten des Gläubigers eines Lebenspartners vermutet wird, dass er der Eigentümer einer beweglichen Sache ist, so gilt er für die Durchführung der Zwangsvollstreckung als alleiniger Gewahrsamsinhaber und Besitzer. Aus dem gegen *einen* Lebenspartner ergangenen Vollstreckungstitel darf also der Gerichtsvollzieher trotz des Widerspruchs des anderen pfänden (§ 739 Abs. 1 ZPO, §§ 803, 808 ZPO). Der andere Lebens-

[1] HK-LPartG/*Bruns/Kemper* Rn. 8; ausf. Staudinger/*Voppel*, 2010, Rn. 9–12.

partner ist auf die Drittwiderspruchsklage verwiesen (§ 771 ZPO) und muss in deren Rahmen gemäß § 292 ZPO die gegen ihn sprechende Vermutung durch den Beweis des Gegenteils widerlegen (→ BGB § 1362 Rn. 23 f.). Der Beweis ist geführt durch den Nachweis alleinigen Eigentumserwerbs (vor oder während der Partnerschaft). Auch aus vor Beginn der Partnerschaft bestehendem Alleinbesitz wird gemäß § 1006 Abs. 2 BGB die Fortdauer alleinigen Eigentums vermutet. Die Vermutung gilt als zwingendes Recht unabhängig vom Güterstand (→ BGB § 1362 Rn. 17, 14). Abs. 1 gilt nur zugunsten der Gläubiger (nicht zwischen den Partnern), über die Zwangsvollstreckung hinaus zB auch für die in eine Mietwohnung eingebrachten, dem Vermieterpfandrecht unterliegenden Sachen (→ BGB § 1362 Rn. 17–18; §§ 562 ff. BGB). Widerlegbar ist die Vermutung auch durch den Nachweis, dass die Sache ausschließlich zum persönlichen Gebrauch des nichtschuldenden Partners bestimmt ist (→ BGB § 1362 Rn. 27–30; eine geschlechtsspezifische Zuordnung, etwa von Kleidung oder Schmuck, scheidet freilich bei homosexueller Partnerschaft aus). Die Vermutung des § 1362 Abs. 2 BGB, dass Sachen, die ausschließlich zum persönlichen Gebrauch eines Lebenspartners bestimmt sind, diesem Lebenspartner gehören, gilt zwischen den Partnern und gegenüber den Gläubigern (→ BGB § 1362 Rn. 25).

Auf rein **tatsächliche gleichgeschlechtliche Paare,** die weder eine Lebenspartnerschaft noch eine Ehe eingegangen sind, oder auf nichtige Partnerschaften ist die Vermutung des § 1362 nicht analog anwendbar (→ § 1362 BGB Rn. 10 mwN).[1] 2

## II. „Schlüsselgewalt" (Abs. 2)

**1. Rechtspolitische Fragwürdigkeit.** Die wechselseitige gesetzliche Verpflichtungsermächtigung von Ehegatten für Geschäfte zur angemessenen Deckung des Lebensbedarfs der Familie (§ 1357 BGB) gilt gemäß Abs. 2 für Lebenspartner entsprechend. Bei Führung eines gemeinschaftlichen Partnernamens (§ 3) mag für die Mithaftung des am Geschäftsabschluss nicht beteiligten Partners ein Bedürfnis bestehen: Wegen der Namensgleichheit zweier Personen gleichen Geschlechts ist die Verwechselungsgefahr für den Geschäftspartner größer als bei Vertragsabschlüssen mit einem Ehegatten. Die identische Anschrift verstärkt für Dritte das Vertrauen auf eine bestehende Solidargemeinschaft. Getrennt lebende Partner haben für einander keine Vertretungsmacht (§ 1357 Abs. 3 BGB). Historisch war die Schlüsselgewalt jedoch (als *mandat tacite domestique*) auf die nichterwerbstätige Ehefrau zugeschnitten. Die ihr gesetzlich eingeräumte Vertretungsmacht sollte ihr die eigenverantwortliche Wahrnehmung von Geschäften im Rahmen ihres häuslichen Wirkungskreises ermöglichen. Die Vorschrift des § 1357 war (und ist trotz geschlechtsneutraler Formulierung im praktischen Rechtsleben überwiegend noch heute) eine auf die Rolle der Hausfrau zugeschnittene Norm. Ihre Ausdehnung auf beide Ehegatten durch das 1. EheRG (als *pouvoir à double clefs*) wird als übertriebener Gläubigerschutz nicht zu Unrecht zuweilen heftig attackiert.[2] Bei der Mithaftung der Hausfrau aus regelwidrig vom erwerbstätigen Ehemann abgeschlossenen Geschäften verkehrt sich die ihr eingeräumte Befugnis zum sie belastenden Nachteil. Da sich bei gleichgeschlechtlichen Paaren der Typ der reinen „Haushaltsführungspartnerschaft" auf Ausnahmefälle beschränken dürfte, ist die Rezeption des § 1357 BGB **rechtspolitisch fragwürdig.**[3] Wie gegenwärtig unter nichtehelich zusammenlebenden Paaren wäre die Praxis mit einer fallweise oder für einen bestimmten Kreis von Geschäften (notfalls konkludent) erteilbaren rechtsgeschäftlichen Vollmacht zurechtgekommen (→ BGB Anh. § 1302 Rn. 26; → BGB § 1357 Rn. 6). 3

**2. Praktische Bedeutung.** Unabhängig vom jeweiligen Güterstand gilt die gesetzliche Verpflichtungsermächtigung auch, wenn die Partner Vermögenstrennung vereinbaren. Eine Einschränkung oder ein Ausschluss der Berechtigung ist gemäß § 1357 Abs. 2 BGB iVm § 7 S. 2, § 1412 BGB im Güterrechtsregister einzutragen. Nicht gilt § 1357 BGB nach seinem Abs. 3 bei dauerndem Getrenntleben. Wegen seiner rechtspolitischen Fragwürdigkeit bedarf die praktische Handhabung **restriktiver Interpretation** (für Ehegatten → BGB § 1357 Rn. 9). Bei schriftlich fixierten Vertragsabschlüssen, besonders bei Bankkrediten und Abzahlungskäufen (Verbraucherkreditgeschäften), spricht die Vermutung der Vollständigkeit der Urkunde gegen eine Mithaftung des sie nicht mitunterzeichnenden Lebenspartners, denn insoweit ergibt sich „aus den Umständen etwas anderes" (§ 1357 Abs. 1 S. 2 BGB; eingehend → BGB § 1357 Rn. 24, 27 f.). 4

---

1 BGH NJW 2007, 992; aA noch → 7. Aufl. 2017, § 8 Rn. 2 *(Wacke).*

2 Die Figur vom „geschenkten", wenn nicht gar aufgedrängten Zweitschuldner wird in der Literatur angeprangert. Für eine Beseitigung des § 1357 BGB darum ausführlich *A. Teschner,* Die Ehe als Schuldnergemeinschaft, 1999, S. 155–205, 250.

3 Ebenso HK-LPartG/*Bruns/Kemper,* 1. Aufl. 2001, Rn. 3; *Rieger* FamRZ 2001, 1497 (1507); *Muscheler,* Recht der Eingetragenen Lebenspartnerschaft, 2. Aufl. 2004, Rn. 247.

## § 9 Regelungen in Bezug auf Kinder eines Lebenspartners

**(1) [1]Führt der allein sorgeberechtigte Elternteil eine Lebenspartnerschaft, hat sein Lebenspartner im Einvernehmen mit dem sorgeberechtigten Elternteil die Befugnis zur Mitentscheidung in Angelegenheiten des täglichen Lebens des Kindes. [2]§ 1629 Abs. 2 Satz 1 des Bürgerlichen Gesetzbuchs gilt entsprechend.**

**(2) Bei Gefahr im Verzug ist der Lebenspartner dazu berechtigt, alle Rechtshandlungen vorzunehmen, die zum Wohl des Kindes notwendig sind; der sorgeberechtigte Elternteil ist unverzüglich zu unterrichten.**

**(3) Das Familiengericht kann die Befugnisse nach Absatz 1 einschränken oder ausschließen, wenn dies zum Wohl des Kindes erforderlich ist.**

**(4) Die Befugnisse nach Absatz 1 bestehen nicht, wenn die Lebenspartner nicht nur vorübergehend getrennt leben.**

**(5) [1]Der Elternteil, dem die elterliche Sorge für ein unverheiratetes Kind allein oder gemeinsam mit dem anderen Elternteil zusteht, und sein Lebenspartner können dem Kind, das sie in ihren gemeinsamen Haushalt aufgenommen haben, durch Erklärung gegenüber dem Standesamt ihren Lebenspartnerschaftsnamen erteilen. [2]§ 1618 Satz 2 bis 6 des Bürgerlichen Gesetzbuchs gilt entsprechend.**

**(6) [1]Nimmt ein Lebenspartner ein Kind allein an, ist hierfür die Einwilligung des anderen Lebenspartners erforderlich. [2]§ 1749 Absatz 1 Satz 2 und 3 sowie Absatz 2 des Bürgerlichen Gesetzbuchs gilt entsprechend.**

**(7) [1]Ein Lebenspartner kann ein Kind seines Lebenspartners allein annehmen. [2]Für diesen Fall gelten die §§ 1742, 1743 Satz 1, § 1751 Abs. 2 und 4 Satz 2, § 1754 Abs. 1 und 3, § 1755 Abs. 2, § 1756 Abs. 2, § 1757 Abs. 2 Satz 1 und § 1772 Abs. 1 Satz 1 Buchstabe c des Bürgerlichen Gesetzbuchs entsprechend.**

**Schrifttum:** *Arbeitskreis Abstammungsrecht,* Abschlussbericht – Empfehlungen für eine Reform des Abstammungsrechts, 2017; *Dittberner,* Lebenspartnerschaft und Kindschaftsrecht, 2004; *Helms,* Rechtliche, biologische und soziale Elternschaft – Herausforderungen durch neue Familienformen – Gutachten F zum 71. DJT, Verh. 71. DJT, 2016, F1; *Kanther,* Die „neue soziale Familie" oder zur Verfassungswidrigkeit des § 9 LPartG, NJW 2003, 797.

**Übersicht**



### I. Übersicht

1 § 9 enthält Regelungen in Bezug auf Kinder der Lebenspartner. In seiner ursprünglichen Form des Jahres 2001 betraf er lediglich das Sorgerecht und trug dementsprechend die amtliche Überschrift „Sorgerechtliche Befugnisse des Lebenspartners". Erweitert wurde § 9 zum 1.1.2005 durch das **LPartÜG** um die Abs. 5–7 betreffend die Einbenennung (Abs. 5), die Adoption durch einen Lebenspartner (Abs. 6) und die Stiefkindadoption – also die Adoption eines iSd §§ 1591 ff. BGB eigenen Kindes des anderen Lebenspartners – (Abs. 7). Im Jahre 2014 wurde § 9 Abs. 7 um den Verweis auf § 1742 BGB erweitert, wodurch Lebenspartnern die Möglichkeit der **Sukzessivadoption** eröffnet wurde, also der Adoption eines Adoptivkindes des anderen Lebenspartners (vgl. Gesetz zur Umsetzung der Entscheidung des Bundesverfassungsgerichts zur Sukzessivadoption durch Lebenspartner vom 20.6.2014, BGBl. 2014 I 786).[1]

[1] Zulässigkeit der Sukzessivadoption gefordert durch BVerfG NJW 2013, 847.

## II. „Kleines Sorgerecht" (Abs. 1–4)

**1. Normzweck.** Mit der Begründung einer Lebenspartnerschaft wird ein Lebenspartner mit Kindern des anderen Lebenspartners verschwägert (§ 11 Abs. 2). Stiefvater oder Stiefmutter erhalten nach § 9 Abs. 1 über minderjährige Kinder, die im gemeinschaftlichen Haushalt (vgl. Abs. 4) aufwachsen, die Befugnis zur einvernehmlichen Mitentscheidung in Angelegenheiten des täglichen Lebens. Dieses sog. **„kleine Sorgerecht"** wurde mit dem LPartG inhaltsgleich und folgerichtig als § 1687b auch für Stiefkinder eines Ehegatten durch Art. 2 Nr. 13 Gesetz zur Beendigung der Diskriminierung gleichgeschlechtlicher Gemeinschaften: Lebenspartnerschaften vom 16.2.2001 (BGBl. 2001 I 266) in das BGB eingeführt, um einem möglichen Vorwurf gleichheitswidriger Regelung zu entgehen. – Das Schicksal und Wohlergehen eines im gemeinschaftlichen Haushalt aufwachsenden Kindes des anderen Partners darf einem Stiefelternteil nicht gleichgültig sein. Aufgrund des täglichen Umgangs steht der Stiefelternteil dem Kinde faktisch näher als der getrennt lebende leibliche zweite Elternteil, zumal wenn letzterem (wie von Abs. 1 vorausgesetzt: dazu kritisch → Rn. 5) kein Sorgerecht zusteht. Die partnerschaftliche Pflicht zu Fürsorge, Unterstützung und gemeinsamer Lebensgestaltung (§ 2) umfasst auch die Pflicht, sich in zumutbarer Weise um Kinder des sorgeberechtigten Partners zu kümmern, sie in Pflege und Erziehung mit zu betreuen. Damit wird nur beschrieben, was in funktionierender Partnerschaft ohnehin gelebte Praxis sein wird. Die Verleihung von Mitentscheidungsbefugnissen in Angelegenheiten des täglichen Lebens durch Abs. 1 soll das Mitwirkungsrecht des Stiefelternteils stärken:[2] Ihm wird bescheinigt, dass seine Maßnahmen nicht nur geduldet werden, sondern er dazu (auch gegen etwaigen Widerstand des Kindes) befugt ist (→ BGB § 1687b Rn. 3 aE). Bezweckt wird damit eine Kombination von elterlicher Sorge und stiefelterlicher Mitsorge.[3] 2

**2. Voraussetzungen und Umfang.** Das Recht und die Pflicht (§ 1626 BGB) zur Mitsorge entstehen aufgrund ausdrücklicher oder konkludenter Einigung der Partner mit der Aufnahme des Kindes in den Haushalt kraft Gesetzes.[4] Auszuüben ist die Mitsorge im Einvernehmen mit dem sorgeberechtigten Elternteil in Angelegenheiten des täglichen Lebens. Der Mitsorgeberechtigte hat sich nach den Wünschen des Hauptsorgeberechtigten zu richten (wenngleich sich in der Praxis die willensstärkere Persönlichkeit oft durchsetzen wird). Das „Einvernehmen mit dem sorgeberechtigten Elternteil" ist ein einseitiges, kein „gegenseitiges" wie unter gemeinsam sorgeberechtigten Eltern gemäß § 1627 S. 1 BGB. Bei mangelndem Einverständnis hat der Wille des Hauptsorgeberechtigten den Vorrang.[5] Ein Widerruf ist auch ohne Getrenntleben (Abs. 4) statthaft (→ BGB § 1687b Rn. 1 aE). Auf das situationsbedingte Einvernehmen dürfen die Partner wechselseitig vertrauen; es hat aber nicht den Verbindlichkeitsgrad eines Rechtsgeschäfts. Angelegenheiten des täglichen Lebens sind nach der Legaldefinition in § 1687 Abs. 1 S. 3 BGB „in der Regel solche, die häufig vorkommen und die keine schwer abzuändernden Auswirkungen auf die Entwicklung des Kindes haben". Sie lassen sich durch Beispielsfälle konkretisieren, doch gibt es keine klare Abgrenzungslinie (→ BGB § 1687 Rn. 16). Die tatbestandliche Beschränkung auf „alleinige" Sorgeberechtigung erscheint als zu eng (→ Rn. 5). 3

**3. Vertretungsrecht.** Soweit sein Sorgerecht reicht, hat der Stiefelternteil auch die Befugnis, das Kind zu vertreten (§ 1629 BGB). Ausgeschlossen ist sein Vertretungsrecht in Fällen, in denen auch ein Vormund das Kind nicht vertreten könnte (Abs. 1 S. 2 iVm § 1629 Abs. 2 S. 1 BGB und § 1795 BGB). Aus der einvernehmlich wahrzunehmenden elterlichen Sorge wäre theoretisch zu folgern, dass beiden Partnern auch das Vertretungsrecht nur gemeinschaftlich zustünde.[6] Gerade in Angelegenheiten des täglichen Lebens wäre ein Gesamtvertretungsrecht jedoch eine unpraktische und lebensfremde Erschwernis. Sinn und Zweck des Mitsorgerechts (das den Hauptsorgeberechtigten entlasten soll) würden konterkariert. Der Rechtsverkehr darf (wie bei Ehegatten) davon ausgehen, dass ein alleinhandelnder Elternteil im mutmaßlichen Einverständnis des anderen auftritt,[7] falls der andere nicht widerspricht. „Mitentscheidung" heißt nicht, dass beide Sorgebe- 4

---

[2] BT-Drs. 14/3751, 39.

[3] *Holzhauer* JZ 2000, 1076 (1082). Zu problematischen Einzelheiten *Schwab* FamRZ 2001, 385 (394 f.); *Schomburg* Kind-Prax 2001, 103 ff.; HK-LPartG/*Bruns/Kemper* Rn. 4 ff.

[4] Ganz hM, zB *Battes* FuR 2002, 116 f.; Palandt/*Brudermüller* Rn. 2; *Veit* FPR 2004, 71; *Schomburg* KindPrax 2001, 103 (105); Staudinger/*Voppel*, 2010, Rn. 20–22; aA *Muscheler,* Recht der Eingetragenen Lebenspartnerschaft, 2. Aufl. 2004, Rn. 449 ff.: familienrechtlicher Vertrag *sui generis* mit Bindungswirkung und Schadensersatzpflichten; Erman/*Kaiser* Rn. 3. Einzelheiten dieser aus dem Eherecht bekannten Problematik untersuchte *Hepting,* Ehevereinbarungen, 1984.

[5] *Veit* FPR 2004, 67.

[6] So Palandt/*Brudermüller* Rn. 3; *Schomburg* KindPrax 2001, 103 (105); *Dethloff* NJW 2001, 2598 (2602).

[7] Zutr. Staudinger/*Voppel*, 2010, Rn. 36.

rechtigte stets gemeinschaftlich handeln müssten. Situationsabhängig entscheidet vielmehr mal der eine, mal der andere.

5 **4. Würdigung.** Die Regelung ist grundsätzlich sachgerecht. Im Schrifttum geäußerte Bedenken gegen ihre Verfassungsmäßigkeit[8] überzeugen nicht.[9] Sie enthält schon keinen Eingriff in das Erziehungsrecht des allein sorgeberechtigten Elternteils, sondern tritt zu ihm ergänzend (unterstützend und bereichernd) hinzu.[10] Durch das teilweise an den Lebenspartner delegierte Erziehungsrecht wird das Hauptsorgerecht nicht beschnitten (ebenso wenig wie bei Hinzuziehung einer externen Pflegeperson, etwa in Gestalt einer Kinderfrau). – Die Einschränkung, dass der sorgeberechtigte Lebenspartner allein sorgeberechtigt sein muss (Abs. 1), überzeugt nicht. Trotz einer Trennung bleiben Eltern grundsätzlich gemeinsam sorgeberechtigt (§ 1671 BGB). Die Einschränkung in Abs. 1 soll daher eine Kollision mit den Erziehungszielen des Elternteils vermeiden, der nicht mit dem Kind zusammenlebt, aber weiterhin sorgeberechtigt ist. Das kleine Sorgerecht sollte daher auch dann bestehen, wenn bei gemeinsamer Sorge dem Lebenspartner gemäß § 1687 Abs. 1 S. 2 BGB in Angelegenheiten des täglichen Lebens die Befugnis zur alleinigen Entscheidung zusteht (→ BGB § 1687b Rn. 3).[11] Zu rechtfertigen ist die Anwendung aus der engeren Vertrautheit des mit dem Vater oder der Mutter zusammenlebenden Partners mit den Lebensumständen des Kindes (→ Rn. 2). – Dass in nicht alltäglichen Angelegenheiten der Stiefelternteil vom Mitentscheidungsrecht ausgeschlossen ist, obwohl diese gründlicherer Erwägungen bedürfen, der allein sorgeberechtigte Elternteil also die Verantwortung für seine Entscheidung allein übernehmen muss, erscheint nicht widerspruchsfrei. Rat einzuholen ist ihm jedoch nicht verwehrt.

### III. Notvertretungsrecht (Abs. 2)

6 Bei Gefahr im Verzug (bes. bei dringlicher ärztlicher Behandlung) kann der mitsorgeberechtigte Stiefelternteil allein entscheiden, und zwar nicht nur in Angelegenheiten des täglichen Lebens (arg. „alle"), sowie auch wenn das Sorgerecht dem unerreichbaren Partner nicht allein zusteht.[12] Die Notfall-Kompetenz verbleibt ihm selbst dann, falls ihm das Familiengericht das Mitentscheidungsrecht gemäß Abs. 3 entzogen haben sollte oder wenn die Lebenspartner getrennt leben (Abs. 3 und 4 zitieren nur den Abs. 1). Der hauptsorgeberechtigte Elternteil ist unverzüglich zu benachrichtigen. Doch muss der Handelnde weder dessen Genehmigung einholen noch sie dem Gegner mitteilen. Bei heutigen Kommunikationsmitteln (besonders Mobiltelefonen) sind Fälle von Unerreichbarkeit selten; die praktische Bedeutung des Not-Sorgerechts ist gering.

### IV. Einbenennung (Abs. 5)

7 Nach (oder im Zusammenhang mit) der Bildung eines Partnerschaftsnamens gemäß § 3 können die Partner durch Erklärung gegenüber dem Standesbeamten ein in den Haushalt aufgenommenes minderjähriges und lediges[13] Kind des (mit)sorgeberechtigten Partners **in den Namenswechsel einbeziehen,** um die familiäre Zusammengehörigkeit nach außen zu dokumentieren. Da das Kind dadurch seinen bisherigen Familiennamen verliert, muss der noch lebende andere Elternteil zustimmen, wenn er mitsorgeberechtigt ist oder denselben Familiennamen trägt wie bisher sein Kind. Seine Zustimmung kann das Familiengericht ersetzen, wenn das Wohl des Kindes dies erfordert (Abs. 5 S. 2 iVm § 1618 S. 3–4 BGB; ausführlich → BGB § 1618 Rn. 21 f.). Dabei muss das Familiengericht prüfen, ob statt einer ersetzenden Einbenennung die bloße Hinzufügung des Lebenspartnerschaftsnamens genügt (→ Rn. 8; → BGB § 1618 Rn. 21). Auch das Kind muss zustimmen, wenn es bereits das fünfte Lebensjahr vollendet hat (zwecks Wahrung seines Interesses an Namenskontinuität), § 1618 S. 3 BGB. Die Bildung des Partnerschaftsnamens und die anschließende Einbenennung müssten nach der Gesetzesfassung in zwei aufeinanderfolgenden Schritten erfolgen. Ihre **Zusammenfassung in einem Termin** ist jedoch statthaft. Die Einbenennungserklärung ist natur-

---

8 *Kanther* NJW 2003, 797 (798); vorher schon *Rauscher* FamR Rn. 750 (S. 511), Rn. 1134 (S. 1005 f.); dem BVerfG jedoch grundsätzlich zust. *Muscheler,* Recht der Eingetragenen Lebenspartnerschaft, 2. Aufl. 2004, Rn. 446 f.

9 Staudinger/*Voppel*, 2010, Rn. 8–10.

10 Zutr. Staudinger/*Voppel*, 2010, Rn. 33 ff., 36.

11 Zutr. Palandt/*Brudermüller* Rn. 2; *Motzer* FamRZ 2001, 1034 (1040); aA Staudinger/*Voppel*, 2010, Rn. 13 mwN.

12 Unstr.; zu allem ausf. Staudinger/*Voppel*, 2010, Rn. 41–46.

13 Durch das Gesetz zur Bekämpfung von Kinderehen vom 17.7.2017 (BGBl. 2017 I 2429) wurde der Hinweis, dass es sich um ein unverheiratetes Kind handeln muss, aus § 1618 S. 1 BGB aF gestrichen. Zwingend war dies jedoch angesichts der fortbestehenden Möglichkeit aufhebbarer Ehen mit Minderjährigen nicht (vgl. § 1314 Abs. 1 Nr. 1 BGB, § 1303 S. 1 BGB; Art. 13 Abs. 3 Nr. 2 EGBGB).

gemäß akzessorisch: Sie wird hinfällig, falls ein Partnerschaftsname nicht gebildet werden sollte (zulässige condicio iuris). Die Bildung eines Partnerschaftsnamens ist eine sachliche, nicht zeitliche Voraussetzung. – Die Einbenennung begründet kein Kindschaftsverhältnis zu dem einbenennenden Lebenspartner, deshalb auch weder Unterhaltsansprüche noch ein Erbrecht (anders die Adoption, → Rn. 9). Es bleibt bei dem kleinen Sorgerecht gemäß Abs. 1.

Als minus statthaft ist anstelle der ersetzenden Einbenennung auch die **additive Hinzufügung** 8 (Voranstellung oder Anfügung) des Partnernamens zum Familiennamen des Kindes (Abs. 5 iVm § 1618 S. 2 BGB). Auch sie erfordert die genannten Einwilligungen. Namensketten sind auch hier nicht zuzulassen (entsprechend § 3 Abs. 2 S. 2; vgl. auch § 1618 S. 2 Hs. 2 BGB).[14]

### V. Adoption (Abs. 6 und 7)

**1. Fremdes Kind. Eingetragene Lebenspartner** können – anders als gleichgeschlechtliche 9 Eheleute – ein fremdes Kind nicht gemeinschaftlich adoptieren. Sie sind iSd § 1741 Abs. 2 S. 1 BGB „nicht verheiratet". § 9 LPartG sieht keine Ausnahme von dieser Grundregel vor. Ein fremdes Kind kann daher nur von *einem* der Partner allein angenommen werden; die Annahme bedarf der Einwilligung des anderen Partners (Abs. 6 S. 1). Im Anschluss kann es zu einer Sukzessivadoption durch den anderen Partner kommen (→ Rn. 12).

Seit der Öffnung der Ehe für Personen gleichen Geschlechts im Jahre 2017, können auch 10 **gleichgeschlechtliche Ehepaare** fremde Kinder gemeinschaftlich annehmen. § 1741 Abs. 2 BGB differenziert insoweit nicht nach dem Geschlecht der Eheleute. Wollen somit eingetragene Lebenspartner gemeinschaftlich ein Kind adoptieren, müssen sie zunächst ihre Lebenspartnerschaft gemäß § 20a in eine Ehe umwandeln.

**2. Kind des Lebenspartners.** Im Rahmen der seit 1.1.2005 zulässigen **Stiefkindadoption** 11 kann ein Lebenspartner ein Kind des anderen allein annehmen.[15] Das Kind muss nicht leiblich von dem letztgenannten Lebenspartner abstammen; es entscheidet vielmehr allein die rechtliche Abstammung gemäß §§ 1591 ff. BGB. Das angenommene Kind erlangt gemäß Abs. 7 S. 2, § 1754 Abs. 1 BGB „die rechtliche Stellung eines gemeinschaftlichen Kindes" beider Lebenspartner und damit einen Unterhaltsanspruch gegen den Annehmenden sowie ein gesetzliches Erbrecht. Sorgeberechtigt sind beide Elternteile (Abs. 7 S. 2, § 1754 Abs. 3 BGB). Nach einer Auflösung der Partnerschaft dauert das Kindschaftsverhältnis fort (arg. § 11 Abs. 2 S. 3; vgl. § 1759 BGB).

Seit 27.6.2014 ist neben der Stiefkindadoption – als Adoption des eigenen Kindes (§§ 1591 ff. 12 BGB) des anderen Lebenspartners – auch eine **Sukzessivadoption** möglich. Ein Lebenspartner kann also ein Kind adoptieren, das der andere Lebenspartner vorher selbst adoptiert hat, Abs. 7 S. 2 iVm § 1742 BGB. Bis zum Jahre 2014 war eine solche Sukzessivadoption Ehepaaren vorbehalten (s. § 1742 BGB, auf den § 9 Abs. 7 S. 2 aF nicht verwies). Auch analog war § 1742 BGB nicht auf Lebenspartnerschaften anwendbar.[16] Die für Lebenspartner nicht zulässige gemeinschaftliche Annahme eines fremden Kindes sollte nicht durch eine Kettenadoption umgangen werden. Das Verbot der Sukzessivadoption erklärte das BVerfG für verfassungswidrig.[17] Lebenspartnern die Sukzessivadoption vorzuenthalten, verstoße gegen das Recht auf Gleichbehandlung der betroffenen Kinder und Lebenspartner.[18] Zur Umsetzung der Entscheidung wurde Abs. 7 S. 2 durch das Gesetz zur Umsetzung der Entscheidung des Bundesverfassungsgerichts zur Sukzessivadoption durch Lebenspartner vom 20.6.2014 (BGBl. 2014 I 786) um die Verweisung auf § 1742 BGB ergänzt. Der Vorschlag, die gemeinschaftliche Adoption von *vornherein* auch Lebenspartnern zu gestatten, fand dabei noch keine Mehrheit.

## § 10 Erbrecht

**(1) [1]Der überlebende Lebenspartner des Erblassers ist neben Verwandten der ersten Ordnung zu einem Viertel, neben Verwandten der zweiten Ordnung oder neben Großeltern**

---

14 Staudinger/*Voppel*, 2010, Rn. 67; str.

15 *M. Jestaedt* FS R. Bartlsperger, 2006, 79 ff.

16 AG Hamburg FamRZ 2009, 355; *Wellenhofer* NJW 2005, 705; Staudinger/*Voppel*, 2010, Rn. 103 mzN; OLG Hamm NJW 2010, 2065 = FamRZ 2010, 1260 = ZKJ 2010, 209 m. zust. Anm. *R. Frank* ZKJ 2010, 197 f.; ebenso → 6. Aufl. 2013, § 9 Rn. 12 *(Wacke)*.

17 BVerfG 133, 59 = NJW 2013, 847 = JZ 2013, 460 mAnm *Reimer/Jestaedt* JZ 2013, 462; *Kroppenberg* NJW 2013, 2161.

18 Einen Vorlagebeschluss über die Unstatthaftigkeit gemeinschaftlicher Adoption nahm das BVerfG am 23.1.2014 nicht zur Entscheidung an, da es im zugrundeliegenden Fall nicht darauf ankam, BVerfG BeckRS 2014, 47866 = FamRZ 2014, 537.

**zur Hälfte der Erbschaft gesetzlicher Erbe. [2]Treffen mit Großeltern Abkömmlinge von Großeltern zusammen, so erhält der Lebenspartner auch von der anderen Hälfte den Anteil, der nach § 1926 des Bürgerlichen Gesetzbuchs den Abkömmlingen zufallen würde. [3]Zusätzlich stehen ihm die zum lebenspartnerschaftlichen Haushalt gehörenden Gegenstände, soweit sie nicht Zubehör eines Grundstücks sind, und die Geschenke zur Begründung der Lebenspartnerschaft als Voraus zu. [4]Ist der überlebende Lebenspartner neben Verwandten der ersten Ordnung gesetzlicher Erbe, so steht ihm der Voraus nur zu, soweit er ihn zur Führung eines angemessenen Haushaltes benötigt. [5]Auf den Voraus sind die für Vermächtnisse geltenden Vorschriften anzuwenden. [6]Gehört der überlebende Lebenspartner zu den erbberechtigten Verwandten, so erbt er zugleich als Verwandter. [7]Der Erbteil, der ihm aufgrund der Verwandtschaft zufällt, gilt als besonderer Erbteil.**

**(2) [1]Sind weder Verwandte der ersten noch der zweiten Ordnung noch Großeltern vorhanden, erhält der überlebende Lebenspartner die ganze Erbschaft. [2]Bestand beim Erbfall Gütertrennung und sind als gesetzliche Erben neben dem überlebenden Lebenspartner ein oder zwei Kinder des Erblassers berufen, so erben der überlebende Lebenspartner und jedes Kind zu gleichen Teilen; § 1924 Abs. 3 des Bürgerlichen Gesetzbuchs gilt auch in diesem Fall.**

**(3) [1]Das Erbrecht des überlebenden Lebenspartners ist ausgeschlossen, wenn zur Zeit des Todes des Erblassers**
**1. die Voraussetzungen für die Aufhebung der Lebenspartnerschaft nach § 15 Abs. 2 Nr. 1 oder 2 gegeben waren und der Erblasser die Aufhebung beantragt oder ihr zugestimmt hatte oder**
**2. der Erblasser einen Antrag nach § 15 Abs. 2 Nr. 3 gestellt hatte und dieser Antrag begründet war.**

**[2]In diesen Fällen gilt § 16 entsprechend.**

**(4) [1]Lebenspartner können ein gemeinschaftliches Testament errichten. [2]Die §§ 2266 bis 2272 des Bürgerlichen Gesetzbuchs gelten entsprechend.**

**(5) Auf eine letztwillige Verfügung, durch die der Erblasser seinen Lebenspartner bedacht hat, ist § 2077 des Bürgerlichen Gesetzbuchs entsprechend anzuwenden.**

**(6) [1]Hat der Erblasser den überlebenden Lebenspartner durch Verfügung von Todes wegen von der Erbfolge ausgeschlossen, kann dieser von den Erben die Hälfte des Wertes des gesetzlichen Erbteils als Pflichtteil verlangen. [2]Die Vorschriften des Bürgerlichen Gesetzbuchs über den Pflichtteil gelten mit der Maßgabe entsprechend, dass der Lebenspartner wie ein Ehegatte zu behandeln ist.**

**(7) Die Vorschriften des Bürgerlichen Gesetzbuchs über das Inventar für eine zum Gesamtgut gehörende Erbschaft und über den Erbverzicht gelten entsprechend.**

### I. Grundregeln des gesetzlichen Erbrechts (Abs. 1, 2)

1 Wie beim Unterhalt und Güterstand durch §§ 5 und 6, so stellt § 10 den eingetragenen Lebenspartner auch erbrechtlich einem Ehegatten gleich. Während sich die §§ 5 und 6 regelungstechnisch mit einer pauschalen Verweisung auf das Eherecht begnügen, werden die Vorschriften des gesetzlichen Ehegattenerbrechts hier weitestgehend wortgleich[1] wiederholt. Gemäß Abs. 1 S. 1–2 erbt der überlebende Partner entsprechend § 1931 BGB kraft Gesetzes neben Kindern oder Enkeln des Verstorbenen ein Viertel, neben dessen Eltern, Großeltern, Geschwistern oder Neffen und Nichten jedoch die Hälfte. In der dritten Ordnung erhält der überlebende Partner auch den an sich auf die Abkömmlinge von Großeltern entfallenden Anteil (Abs. 1 S. 2; entsprechend § 1931 Abs. 1 S. 2). Hinzu kommt (wie für den verwitweten Ehegatten) ein weiteres Viertel bei **Zugewinngemeinschaft;** denn § 6 S. 2 verweist auch auf § 1371. Bei **Gütertrennung** erbt der überlebende Partner bei weniger als drei Kindern mindestens so viel wie ein Kind (Abs. 2 S. 2; entsprechend § 1931 Abs. 4 BGB).

2 Der als Legalvermächtnis überdies hinzukommende **Voraus** (Abs. 1 S. 3–5) entspricht der Regelung des § 1932 BGB für den verwitweten Ehegatten. Dieses eherechtliche Institut[2] taufte der Gesetzgeber hier nicht um, vermutlich in Ermangelung eines passenden Ersatzworts (das Fremdwort „Präzeptionsrecht" hat sich nicht eingebürgert). Der zum gesetzlichen Erbteil hinzukommende

---

[1] Zu Abweichungen im Detail Erman/*Kaiser* Rn. 10–11.
[2] *Wesener* FamRZ 1959, 84 ff.

Voraus umfasst die anlässlich der Verpartnerung von Dritten zugewendeten Geschenke und die zum gemeinschaftlichen Haushalt (wenn ein solcher geführt wird) gehörenden Gegenstände, sofern sie nicht Grundstückszubehör sind. Neben Abkömmlingen gebühren dem Überlebenden nur diejenigen Gegenstände, die er zur angemessenen Führung seines Haushalts benötigt.

Für einen mit dem Erblasser **verwandten Lebenspartner** entsprechen Abs. 1 S. 6 und 7 dem 3
§ 1934 BGB. Das Alleinerbrecht des überlebenden Partners beim Fehlen von Verwandten erster oder zweiter Ordnung und von Großeltern des Erblassers (§ 10 Abs. 2 S. 1) entspricht dem § 1931 Abs. 2 BGB. Als Familienangehöriger (§ 11 Abs. 1) hat der überlebende Lebenspartner auch Anspruch auf den **Dreißigsten** gemäß § 1969 BGB.

## II. Ausschluss des Erbrechts (Abs. 3 und 5)

Der Ausschluss des gesetzlichen Erbrechts während der Lösungskrise durch Abs. 3 entspricht 4
§ 1933 BGB. Bloßes Getrenntleben schließt das **gesetzliche Erbrecht** noch nicht aus. Hinzukommen muss, dass die Voraussetzungen für eine Auflösung gegeben waren und der Erblasser die Auflösung beantragt oder ihr zugestimmt hatte. Das Verfahren muss also rechtshängig und der Antrag begründet gewesen sein. Zu dessen Schlüssigkeit müssen die gemäß § 15 Abs. 2 Nr. 1 oder 2 erforderlichen Trennungsfristen abgelaufen sein; es sei denn, dass wegen einer unzumutbaren Härte für den verstorbenen Antragsteller aus Gründen, die in der Person des überlebenden Partners lagen, die Auflösung ausnahmsweise auch ohne Fristablauf auszusprechen gewesen wäre (§ 15 Abs. 2 Nr. 3). Keines Fristablaufs bedarf es bei der Aufhebung im eigentlichen Sinne gemäß § 15 Abs. 2 wegen eines Willensmangels (→ § 15 Rn. 9).[3] Bei zum Schein begründeten Partnerschaften, die nach hM von Anfang an nichtig sind (→ § 1 Rn. 18), gibt es kein gesetzliches Erbrecht. Der vom Erbrecht ausgeschlossene überlebende Lebenspartner hat kein Pflichtteilsrecht, aber unter den Voraussetzungen der § 16 und § 1586b BGB einen nachpartnerschaftlichen Unterhaltsanspruch (§ 10 Abs. 3 S. 2; vgl. § 1933 S. 3 BGB). Auch Erbeinsetzungen und Zuwendungen durch **Testament oder Erbvertrag** zugunsten des überlebenden Lebenspartners sind unwirksam, wenn die Lebenspartnerschaft vor dem Tod aufgehoben worden ist oder zur Zeit des Todes die Voraussetzungen der Aufhebung gegeben waren und der Erblasser die Aufhebung beantragt oder ihr zugestimmt hatte (Abs. 5 iVm § 2077 BGB bzw. § 2279 Abs. 2 BGB). Dasselbe gilt hinsichtlich des überlebenden Verlobten iSd § 1 Abs. 4 aF, wenn vor dem Tod das Verlöbnis aufgelöst wurde (Abs. 5, § 2077 Abs. 2 BGB). Ein gemeinschaftliches Testament ist in diesem Fall grundsätzlich seinem ganzen Inhalt nach unwirksam (Abs. 4 iVm §§ 2077, 2268 BGB). Auch erbvertragliche Regelungen zugunsten Dritter sind unter den genannten Voraussetzungen unwirksam (§ 2279 Abs. 2 BGB).

## III. Gemeinschaftliches Testament (Abs. 4)

Lebenspartner können gemäß Abs. 4 ein gemeinschaftliches Testament errichten. Ein gemein- 5
schaftliches Testament kann gemäß dem klaren Wortlaut des § 2265 BGB „nur von Ehegatten" errichtet werden. Nach absolut hM müssen die Testierenden bereits im Zeitpunkt der Errichtung verheiratet sein. Gleiches gilt bezüglich eines gemeinschaftlichen Testaments eingetragener Lebenspartner. Sofern das LPartG von Lebenspartnern spricht, bezieht es sich auf Personen, die gemäß § 1 aF eine eingetragene Lebenspartnerschaft begründet haben (→ Vor § 1 Rn. 29; vgl. Legaldefinition des § 1 Abs. 1 S. 1 aF). Ein von Verlobten errichtetes gemeinschaftliches Testament soll trotz nachträglicher Heirat unheilbar nichtig bleiben (→ BGB § 2265 BGB Rn. 2). Wegen der widersinnigen Konsequenzen sollte die Konvaleszenz von gemeinschaftlichen Testamenten nichtverheirateter oder nicht verpartnerter Personen jedoch entgegen der Ansicht der BGB-Verfasser bejaht werden.[4] Es sollte genügen, wenn die Partner **im Zeitpunkt des Erbfalls** registriert sind.

**Wandeln** die Lebenspartner ihre Lebenspartnerschaft **in eine Ehe um,** so gilt ein vorher 6
errichtetes gemeinschaftliches Testament gemäß § 20a Abs. 4 fort (→ § 20a Rn. 33).

## IV. Pflichtteilsrecht (Abs. 6)

Für das Pflichtteilsrecht eines enterbten Lebenspartners gelten gemäß Abs. 6 S. 2 die §§ 2303 ff. 7
BGB „mit der Maßgabe entsprechend, dass der Lebenspartner wie ein Ehegatte zu behandeln ist".[5] Diese Formulierung enthüllt (pars pro toto), dass mit einer Globalverweisung auf das Ehegattenerbrecht dieselben Ergebnisse zu erzielen gewesen wären wie mit deren wörtlicher Wiederholung durch Abs. 1–3.

---

3 Str., Einzelheiten bei Erman/*Kaiser* Rn. 11.

4 *Wacke* FamRZ 2001, 457 ff.; aA *Kanzleiter* FamRZ 2001, 1198 ff.

5 Dazu eingehend HK-LPartG/*Bruns*/*Kemper* Rn. 81–147.

### V. Erbverzicht und Erbvertrag. Inventarerrichtungsfrist (Abs. 7)

8 Die Zulässigkeit eines Erbverzichts iSv §§ 2346 ff. BGB folgt aus Abs. 7. Aus § 2279 Abs. 2 BGB ergibt sich auch die Zulässigkeit von Erbverträgen (→ Rn. 4). Für Erbverträge stellt das deutsche Recht ohnehin keine personellen Beschränkungen auf. – Zusammenhanglos verweist Abs. 7 noch auf § 2008 BGB über das Inventar für eine zum Gesamtgut gehörende Erbschaft: Nach § 2008 BGB muss die Bestimmung einer Inventarfrist auch dem das Gesamtgut verwaltenden anderen Lebenspartner, bei gemeinschaftlicher Verwaltung beiden gegenüber erfolgen.

## § 11 Sonstige Wirkungen der Lebenspartnerschaft

**(1) Ein Lebenspartner gilt als Familienangehöriger des anderen Lebenspartners, soweit nicht etwas anderes bestimmt ist.**

**(2) [1]Die Verwandten eines Lebenspartners gelten als mit dem anderen Lebenspartner verschwägert. [2]Die Linie und der Grad der Schwägerschaft bestimmen sich nach der Linie und dem Grad der sie vermittelnden Verwandtschaft. [3]Die Schwägerschaft dauert fort, auch wenn die Lebenspartnerschaft, die sie begründet hat, aufgelöst wurde.**

### I. Normzweck

1 Die beiden Absätze haben hauptsächlich klarstellende Funktion. Trotz der Verben „gilt" und „gelten" enthalten sie keine Fiktionen. Bei Fiktionen werden ungleiche Sachverhalte einander gleichgestellt. Der eingetragene Lebenspartner ist jedoch wirklich Familienangehöriger und mit den Verwandten seines Partners wird er wirklich verschwägert. Gemäß Art. 51 EGBGB gelten die Vorschriften über Verwandtschaft und Schwägerschaft des LPartG (ebenso wie die des BGB) auch für das GVG, für ZPO und StPO, die InsO und das AnfG. Der Vorbehalt des § 11 Abs. 1 „soweit nicht etwas anderes bestimmt ist" hat infolge der durchgehenden Gleichstellung von Lebenspartnern mit Ehegatten an Bedeutung verloren. Das materielle Strafrecht definiert den Begriff der Angehörigen zwar autonom; § 11 Abs. 1 Nr. 1 lit. a StGB bezieht jedoch ebenfalls den Lebenspartner,[1] auch den ehemaligen Lebenspartner, ein. Gleichlautend ergänzt wurde § 15 Abs. 1 Nr. 1 AO. Darauf verweist § 101 Abs. 1 AO bezüglich Auskunfts- und Eidesverweigerungsrechten; dem entspricht § 84 FGO. Kraft des Bereinigungsgesetzes gilt die Einbeziehung des Lebenspartners in den Angehörigenbegriff nun auch im Öffentlichen Recht einschließlich des Sozialrechts.

### II. Reichweite der Gleichstellung mit einem Ehegatten

2 Nach Abs. 1 ist der eingetragene Lebenspartner (wie der Ehegatte) in alle Vorschriften einzubeziehen, die „Familienangehörige" betreffen, sei es im BGB (wie in § 1969 für den „Dreißigsten"), sei es darüber hinaus (zB für das Regressverbot gegen Familienangehörige im Versicherungsrecht gemäß § 86 Abs. 3 VVG, § 116 Abs. 6 SGB X). Es genügen auch Bestimmungen über die „Familie" einer Person (wie in § 1093 Abs. 2 BGB für das dingliche Wohnrecht oder § 555d Abs. 2 BGB für den Ausschluss der Pflicht zur Duldung von Modernisierungsmaßnahmen bei unzumutbarer Härte für den Mieter, seine Familie oder einen Angehörigen seines Haushalts) oder über „Angehörige" (wie in Art. 104 Abs. 4 GG hinsichtlich der Benachrichtigungspflicht bei angeordneter Freiheitsentziehung). Der Lebenspartner gehört sogar (wie bei Verheirateten der Ehegatte) zu den „nahen Angehörigen" (etwa beim Schenkungswiderruf wegen groben Undanks gemäß § 530 Abs. 1 BGB).

### III. Einzelne Rechte des Lebenspartners

3 Als naher Angehöriger hat der Lebenspartner (ähnlich einem Ehegatten) unter anderem Mitwirkungsrechte als Beteiligter in amtlichen Verfahren, besonders über persönliche Angelegenheiten (zB im Betreuungsrecht), Zeugnisverweigerungsrechte und ist er in amtlicher Funktion wegen drohender Befangenheit kraft Gesetzes ausgeschlossen.[2] Seine Aufnahme in die Mietwohnung bedarf keiner Einwilligung des Vermieters, denn der Lebenspartner ist nicht „Dritter" iSv § 540 BGB.[3] Als Vertrauensperson eines Patienten dürfen kraft dessen mutmaßlicher Einwilligung dem Lebenspartner Auskünfte von Ärzten und Krankenhäusern über den Gesundheitszustand erteilt werden.[4] Im Todesfalle

---

[1] Zu Einzelheiten *U. Weber* GS Keller, 2003, 325 ff.

[2] Kursorischer Überblick bei *Schwab* FamRZ 2001, 385 (396 f.); HK-LPartG/*Bruns/Kemper* Rn. 40.

[3] BGH NJW 2004, 56 f.

[4] Dies schon nach früherem Recht (und nicht nur gegenüber dem eingetragenen Lebenspartner); vgl. *Muscheler*, Recht der Eingetragenen Lebenspartnerschaft, 2. Aufl. 2004, Rn. 401; HK-LPartG/*Bruns/Kemper* Rn. 48 ff. Der Nachweis der Legitimation wird erleichtert, wenn der die Auskunft begehrende Partner des Patienten gemäß § 3 den gleichen Familiennamen führt.

hat er das Einwilligungsrecht hinsichtlich klinischer Sektion und Organspende (§§ 4, 1a Nr. 5 lit. a TPG) sowie das Bestimmungsrecht über die Art der Bestattung. Er ist befugt zur Geltendmachung von Verletzungen des postmortalen Persönlichkeitsrechts (vgl. § 22 KunstUrhG).[5]

**IV. Nicht registrierte Partner**

Bisherige Bestrebungen von Wissenschaft und Praxis, den Partnern nichtehelicher Lebensgemeinschaften fallweise ebenfalls den Status von Angehörigen zuzugestehen (→ BGB Anh. § 1302 Rn. 41 ff.), sollen durch die Legaldefinition in § 11 Abs. 1 nicht unterbunden werden. Der amtlichen Begründung zufolge ist die Klarstellung in Abs. 1 nicht als Festschreibung des Angehörigenbegriffs aufzufassen; der Rechtsfortbildung sollten keine Schranken gesetzt werden.[6] Die judiziellen Erweiterungen des Angehörigenbegriffs um nichteheliche Lebensgemeinschaften dürfen vor gleichgeschlechtlichen Partnerschaften nicht Halt machen. 4

**V. Schwägerschaft (Abs. 2)**

Die zu Verwandten des Ehegatten und zu Ehegatten von Verwandten gemäß § 1590 BGB bestehende Schwägerschaft erweitert Abs. 2 um die registrierte Lebenspartnerschaft. Schwägerschaft entsteht also auch, wenn man sich verpartnert (nämlich zu den Verwandten des Lebenspartners) oder wenn ein Verwandter sich verpartnert (nämlich zu dessen Lebenspartner). In der Seitenlinie wird Schwägerschaft allerdings zumeist nur bis zum zweiten Grade relevant (zB § 41 Nr. 3 ZPO, § 383 Abs. 1 Nr. 3 ZPO), also zu Geschwistern des Ehegatten oder Lebenspartners. Setzt man Ehe oder Partnerschaft einer gradlinigen Verwandtschaft im ersten Grade (theoretisch) gleich, dann entspricht dem die in der Seitenlinie nach diesen Vorschriften bis zum dritten Grade relevante Verwandtschaft. Schwägerschaft besteht auch zu Verwandten, die die homosexuelle Beziehung ablehnen; die Verschwägerung dient auch ihrem Schutz. Den Grundsatz des § 1590 Abs. 2 BGB („Ehe vergeht – Schwägerschaft besteht") übernimmt § 11 Abs. 2 S. 3 als „Partnerschaft vergeht – Schwägerschaft besteht". Nach Auflösung der Partnerschaft neu hinzutretende Verwandte gelten aber nicht mehr als verschwägert (→ BGB § 1590 Rn. 5). 5

---

5 *Muscheler,* Recht der Eingetragenen Lebenspartnerschaft, 2. Aufl. 2004, Rn. 399, 400.

6 BT-Drs. 14/4550, 15; wiedergegeben auch bei *Meyer/Mittelstädt,* Das Lebenspartnerschaftsgesetz: Kommentierende Darstellung anhand der Materialien, 2001, 268.

## Abschnitt 3. Getrenntleben der Lebenspartner

### § 12 Unterhalt bei Getrenntleben

**[1]Leben die Lebenspartner getrennt, so kann ein Lebenspartner von dem anderen den nach den Lebensverhältnissen und den Erwerbs- und Vermögensverhältnissen der Lebenspartner angemessenen Unterhalt verlangen. [2]Die §§ 1361 und 1609 des Bürgerlichen Gesetzbuches gelten entsprechend.**

#### I. Getrenntleben

1 Für das Getrenntleben gelten gemäß § 15 Abs. 5 die Vorschriften des § 1567 Abs. 1 S. 2 und Abs. 2 BGB aus dem Eherecht entsprechend (→ BGB § 1567 Rn. 1 ff.). Führten die Lebenspartner keinen gemeinsamen Haushalt (→ § 2 Rn. 3), muss zu den getrennten Wohnbereichen die Ablehnung der Partnerschaft zumindest bei einem Partner hinzukommen. Während kurzfristigen Zusammenlebens zwecks Prüfung von Versöhnungsbereitschaft (§ 1567 Abs. 2 BGB) richtet sich die Unterhaltspflicht nach § 5.

#### II. Maßstab. Anpassung ans Eherecht

2 Das Maß des geschuldeten Unterhalts richtet sich (wie im Eherecht) „nach den Lebensverhältnissen und den Erwerbs- und Vermögensverhältnissen während der Lebenspartnerschaft", also nach den sie „prägenden" Umständen (→ BGB § 1361 Rn. 6 ff.). Vor dem 1.1.2005 wurde das Prinzip der **Eigenverantwortlichkeit** in Abs. 1 S. 2 aF abweichend vom Eherecht (§ 1361 Abs. 2 BGB) in den Vordergrund gerückt. Zugrunde lag dem das Bild grundsätzlich kinderloser gleichgeschlechtlicher Partnerschaften mit Doppelverdienerrollen. Ein nichterwerbstätiger Lebenspartner musste sich seinen Unterhalt grundsätzlich durch eigene Erwerbstätigkeit verdienen; ein nichterwerbstätiger Ehegatte muss dies erst nach einer Übergangszeit (→ BGB § 1361 Rn. 62). Zum 1.1.2005 wurde diese Abweichung durch den Verweis auf das Eherecht in S. 2 beseitigt.

#### III. Bemessung der Geldrente

3 Der laufende Unterhalt ist monatlich im Voraus in Geld zu zahlen, S. 2 iVm § 1361 Abs. 4 BGB. Bei grober Unbilligkeit kann der Unterhalt gemäß S. 2 iVm § 1361 Abs. 3 BGB, § 1579 BGB versagt, herabgesetzt oder zeitlich begrenzt werden.[1] Das **Rangverhältnis** mehrerer Unterhaltsberechtigter regelt § 1609 BGB.

#### IV. Altersvorsorge

4 Versicherungskosten für Alter und Erwerbsunfähigkeit werden gemäß § 12 S. 2 wie zwischen Ehegatten ab rechtshängigem Scheidungsverfahren (§ 1361 Abs. 1 S. 2 BGB) nun ebenfalls geschuldet.

### § 13 Verteilung der Haushaltsgegenstände bei Getrenntleben

**(1) [1]Leben die Lebenspartner getrennt, so kann jeder von ihnen die ihm gehörenden Haushaltsgegenstände von dem anderen Lebenspartner herausverlangen. [2]Er ist jedoch verpflichtet, sie dem anderen Lebenspartner zum Gebrauch zu überlassen, soweit dieser sie zur Führung eines abgesonderten Haushalts benötigt und die Überlassung nach den Umständen des Falles der Billigkeit entspricht.**

**(2) [1]Haushaltsgegenstände, die den Lebenspartnern gemeinsam gehören, werden zwischen ihnen nach den Grundsätzen der Billigkeit verteilt. [2]Das Gericht kann eine angemessene Vergütung für die Benutzung der Haushaltsgegenstände festsetzen.**

**(3) Die Eigentumsverhältnisse bleiben unberührt, sofern die Lebenspartner nichts anderes vereinbaren.**

1 Die Vorschrift ist dem § 1361a BGB nachgebildet. Sie bedarf deshalb hier keiner Erläuterung. Nicht ausdrücklich übernommen wurde Abs. 3 S. 1 von § 1361a BGB bzgl. der gerichtlichen Entscheidungszuständigkeit bei Uneinigkeit unter den Ehegatten. Dass im Streitfalle das Gericht die

---

[1] AA → 7. Aufl. 2017, § 12 Rn. 3 *(Wacke)*: schon bei einfacher Unbilligkeit.

Benutzung von Haushaltsgegenständen nach Billigkeit zu verteilen hat, versteht sich nach § 13 Abs. 2 von selbst.[1]

## § 14 Wohnungszuweisung bei Getrenntleben

**(1) [1]Leben die Lebenspartner voneinander getrennt oder will einer von ihnen getrennt leben, so kann ein Lebenspartner verlangen, dass ihm der andere die gemeinsame Wohnung oder einen Teil zur alleinigen Benutzung überlässt, soweit dies auch unter Berücksichtigung der Belange des anderen Lebenspartners notwendig ist, um eine unbillige Härte zu vermeiden. [2]Eine unbillige Härte kann auch dann gegeben sein, wenn das Wohl von im Haushalt lebenden Kindern beeinträchtigt ist. [3]Steht einem Lebenspartner allein oder gemeinsam mit einem Dritten das Eigentum, das Erbbaurecht oder der Nießbrauch an dem Grundstück zu, auf dem sich die gemeinsame Wohnung befindet, so ist dies besonders zu berücksichtigen; Entsprechendes gilt für das Wohnungseigentum, das Dauerwohnrecht und das dingliche Wohnrecht.**

**(2) [1]Hat der Lebenspartner, gegen den sich der Antrag richtet, den anderen Lebenspartner widerrechtlich und vorsätzlich am Körper, der Gesundheit oder der Freiheit verletzt oder mit einer solchen Verletzung oder der Verletzung des Lebens widerrechtlich gedroht, ist in der Regel die gesamte Wohnung zur alleinigen Benutzung zu überlassen. [2]Der Anspruch auf Wohnungsüberlassung ist nur dann ausgeschlossen, wenn keine weiteren Verletzungen und widerrechtlichen Drohungen zu besorgen sind, es sei denn, dass dem verletzten Lebenspartner das weitere Zusammenleben mit dem anderen wegen der Schwere der Tat nicht zuzumuten ist.**

**(3) [1]Wurde einem Lebenspartner die gemeinsame Wohnung ganz oder zum Teil überlassen, so hat der andere alles zu unterlassen, was geeignet ist, die Ausübung dieses Nutzungsrechts zu erschweren oder zu vereiteln. [2]Er kann von dem nutzungsberechtigten Lebenspartner eine Vergütung für die Nutzung verlangen, soweit dies der Billigkeit entspricht.**

**(4) Ist ein Lebenspartner aus der gemeinsamen Wohnung ausgezogen, um getrennt zu leben und hat er binnen sechs Monaten nach seinem Auszug eine ernstliche Rückkehrabsicht dem anderen Lebenspartner gegenüber nicht bekundet, so wird unwiderleglich vermutet, dass er dem in der gemeinsamen Wohnung verbliebenen Lebenspartner das alleinige Nutzungsrecht überlassen hat.**

Das Gesetz zur Verbesserung des zivilgerichtlichen Schutzes bei Gewalttaten und Nachstellungen sowie zur Erleichterung der Überlassung der Ehewohnung bei Trennung vom 11.12.2001 (BGBl. 2001 I 3513, 3517) änderte die Vorschrift gleichzeitig mit der Parallelnorm des § 1361b BGB, auf deren Kommentierung verwiesen wird. Anstelle der früheren „schweren Härte" genügt jetzt eine „unbillige Härte". Eingefügt wurden: Abs. 1 S. 2, wonach das Kindeswohl zu berücksichtigen ist, Abs. 2, der Gewaltanwendungen oder Drohungen sanktioniert, Abs. 3 S. 1, der Unterlassungspflichten auferlegt, sowie Abs. 4, der eine Tatsachenvermutung für einen Überlassungswillen nach sechsmonatigem Stillschweigen aufstellt. 1

1 Nach aA Redaktionsversehen: Palandt/*Brudermüller* Rn. 2, jedoch ebenso iErg.

## Abschnitt 4. Aufhebung der Lebenspartnerschaft

### § 15 Aufhebung der Lebenspartnerschaft

**(1) Die Lebenspartnerschaft wird auf Antrag eines oder beider Lebenspartner durch richterliche Entscheidung aufgehoben.**

**(2) [1]Das Gericht hebt die Lebenspartnerschaft auf, wenn**
**1. die Lebenspartner seit einem Jahr getrennt leben und**
  **(a) beide Lebenspartner die Aufhebung beantragen oder der Antragsgegner der Aufhebung zustimmt oder**
  **(b) nicht erwartet werden kann, dass eine partnerschaftliche Lebensgemeinschaft wieder hergestellt werden kann,**
**2. ein Lebenspartner die Aufhebung beantragt und die Lebenspartner seit drei Jahren getrennt leben,**
**3. die Fortsetzung der Lebenspartnerschaft für den Antragsteller aus Gründen, die in der Person des anderen Lebenspartners liegen, eine unzumutbare Härte wäre.**
**[2]Das Gericht hebt die Lebenspartnerschaft ferner auf, wenn bei einem Lebenspartner ein Willensmangel im Sinne des § 1314 Abs. 2 Nr. 1 bis 4 des Bürgerlichen Gesetzbuchs vorlag; § 1316 Abs. 1 Nr. 2 des Bürgerlichen Gesetzbuchs gilt entsprechend.**

**(3) Die Lebenspartnerschaft soll nach Absatz 2 Satz 1 nicht aufgehoben werden, obwohl die Lebenspartner seit mehr als drei Jahren getrennt leben, wenn und solange die Aufhebung der Lebenspartnerschaft für den Antragsgegner, der sie ablehnt, aufgrund außergewöhnlicher Umstände eine so schwere Härte darstellen würde, dass die Aufrechterhaltung der Lebenspartnerschaft auch unter Berücksichtigung der Belange des Antragstellers ausnahmsweise geboten erscheint.**

**(4) Die Aufhebung nach Absatz 2 Satz 2 ist bei einer Bestätigung der Lebenspartnerschaft ausgeschlossen; § 1315 Absatz 1 Satz 1 Nummer 3 und 4 und § 1317 des Bürgerlichen Gesetzbuchs gelten entsprechend.**

**(5) [1]Die Lebenspartner leben getrennt, wenn zwischen ihnen keine häusliche Gemeinschaft besteht und ein Lebenspartner sie erkennbar nicht herstellen will, weil er die lebenspartnerschaftliche Gemeinschaft ablehnt. [2]§ 1567 Abs. 1 Satz 2 und Abs. 2 des Bürgerlichen Gesetzbuchs gilt entsprechend.**

**Übersicht**



## I. Allgemeines

1 **1. Terminologie: Differenzierung „Auflösung“ vs. „Aufhebung“.** Da man unter „Scheidung“ gemeinhin die Ehescheidung versteht, verwendet das LPartG bewusst den abweichenden Ausdruck „Aufhebung“, um Assoziationen an die Ehe zu vermeiden. Der Terminus „Aufhebung“ ist jedoch unglücklich gewählt.[1] Denn er erweckt irreführende Assoziationen an den durch die §§ 1313 ff. BGB bereits besetzten Begriff der Aufhebung (im eigentlichen Sinne) von Ehen wegen Formverstößen oder Willensmängeln. Ein der Eheaufhebung entsprechendes Gerichtsverfahren zur

---

[1] HK-LPartG/*Bruns/Kemper* Rn. 1; *Kaiser* FamRZ 2002, 866; *Finger* MDR 2005, 122; *Stüber* FamRZ 2005, 575.

Aufhebung gleichgeschlechtlicher Lebenspartnerschaften kennt das LPartG aber erst seit der 2005 in Kraft getretenen Neufassung, die den Abs. 2 S. 2 einfügte. Nur insoweit besteht Übereinstimmung mit der Ehe-Aufhebung. Im Rahmen des LPartG **umfasst der weitergreifende Begriff „Aufhebung"** aber auch die **Tatbestände einer Ehescheidung.** Diese unnötige terminologische Verschiebung („Aufhebung" 1. im engeren, eigentlichen Sinne entsprechend der Eheaufhebung und 2. im weiteren Sinne entsprechend der Ehescheidung) beschwört die Gefahr von Missverständnissen herauf. Um ihr zu entgehen, soll im Folgenden an Stelle des amtlichen Ausdrucks „Aufhebung" der Terminus **„Auflösung"** verwendet werden. Von der „Auflösung" der Lebenspartnerschaft spricht das LPartG selbst in § 11 Abs. 2 S. 3 und ebenso § 138 Abs. 1 Nr. 1a InsO; gemeint ist: durch Gerichtsurteil oder durch Tod. Zahlreiche andere verfahrensrechtliche Vorschriften erwähnen gleichbedeutend den Lebenspartner, „auch wenn die Lebenspartnerschaft nicht mehr besteht" (zB § 41 Nr. 2a ZPO, § 383 Abs. 1 Nr. 2a ZPO, § 52 Abs. 1 Nr. 2a StPO), oder den Lebenspartner und „früheren Lebenspartner" (zB § 850c Abs. 1 ZPO, § 850d Abs. 1 ZPO, § 863 ZPO; § 3 Abs. 1 S. 1 Nr. 2a BeurkG und § 7 Nr. 2a BeurkG etc). Um „nicht mehr" zu bestehen, muss die Partnerschaft zunächst gültig bestanden haben.

**2. Abgrenzung von der Feststellung des Nichtbestehens.** Die (nicht fristgebundene) gerichtliche Feststellung des Nichtbestehens einer Partnerschaft gemäß § 269 Abs. 1 Nr. 2 FamFG (→ § 1 Rn. 20) ist von der Auflösung gemäß § 15 zu unterscheiden. Die Antragsbefugnis einer Behörde oder eines Dritten ist dafür nicht vorgesehen. Eine Antragsänderung ist als Klageänderung zulässig unter den Voraussetzungen des § 263 ZPO. Mit dem Antrag, das Nichtbestehen festzustellen, kann hilfsweise die Auflösung gemäß § 15 beantragt werden. Bei unklar gestelltem Antrag ist gemäß § 139 ZPO auf dessen Präzisierung hinzuwirken. 2

**3. Grundzüge.** § 15 Abs. 1 enthält drei vom Ehescheidungsrecht her geläufige Grundaussagen. Aufgelöst werden kann auch eine Lebenspartnerschaft: 1. nur durch ein **Gericht,** nicht etwa durch die für ihre Begründung zuständige Behörde[2] oder durch privates Übereinkommen; 2. nur durch **Beschluss;** 3. nur auf **Antrag** eines oder beider Partner, nicht auf Betreiben eines Dritten oder einer staatlichen Stelle. Im Eherecht bringt das BGB in § 1564 Abs. 1 S. 1 BGB und § 1313 S. 1 BGB diese Grundaussagen durch die in § 15 Abs. 1 leider fehlenden Worte „kann nur" deutlicher zum Ausdruck.[3] 3

**4. Gesetzesgeschichte.** Die tatsächlichen Voraussetzungen für die Auflösung waren in der ursprünglichen Fassung des § 15 anders geregelt als für die Scheidung. Die Länge der von Abs. 2 aF festgelegten Fristen stimmte zwar äußerlich mit denen des § 1566 BGB überein: ein Jahr bei übereinstimmendem, hingegen drei Jahre bei einseitigem Antrag. Da die damals weniger pflichtenintensive Lebenspartnerschaft keine Wohngemeinschaft voraussetzt (→ § 2 Rn. 3), wurde für den Fristbeginn nicht an den Beginn des Getrenntlebens angeknüpft. Die Einhaltung einer Mindesttrennungsdauer genügte nicht; erst eine notariell beurkundete **Erklärung des Beendigungswillens** begründete abweichend von § 1566 BGB eine Vermutung für ein Scheitern der Partnerschaft und ließ die Fristen beginnen. Die Regelung begegnete erheblichen Zweifeln.[4] Zum 1.1.2005 kam es daher zu einer Angleichung an das Ehescheidungsrecht. 4

**5. Vergleich zum Ehescheidungsrecht.** Nach bis Ende 2004 geltendem Recht genügte der Fristablauf von einem Jahr bei beiderseitigem oder von drei Jahren bei einseitigem Auflösungsantrag ab Zustellung der notariellen Beendigungserklärung. Das Scheitern der Lebenspartnerschaft bedurfte keiner besonderen gerichtlichen Feststellung. Nach der nF berechnen sich die Fristen wie im Ehescheidungsrecht ab **Beginn des Getrenntlebens.** Die Fristen sind schematisch aus dem Ehescheidungsrecht übernommen. Eine Ehe kann geschieden werden, wenn sie gescheitert ist (§ 1565 BGB); nach Ablauf der Trennungsfristen wird das Scheitern unwiderleglich vermutet (§ 1566 BGB). Die in der Formulierung vereinfachte Auflösungsregelung für Lebenspartnerschaften kommt ohne den Begriff des Scheiterns und ohne die dafür aufgestellten Vermutungen aus; der Inhalt der §§ 1565, 1566 BGB wird weder wiederholt noch wird darauf verwiesen. In der Sache ergeben sich aber daraus keine wesentlichen Abweichungen vom Ehescheidungsrecht. Der in Abs. 2 Nr. 1 lit. b erwähnte 5

---

2 Für rechtspolitisch unumgänglich hält *Kaiser* FamRZ 2002, 866 (873) die Zuständigkeit der Familiengerichte nur im Falle unzumutbarer Härte des Abs. 2 Nr. 3.

3 Vgl. *Kaiser* FamRZ 2002, 866 (868). Den anordnenden Befehl verhüllt § 15 Abs. 2 überdies durch die bloße Beschreibung des einzuhaltenden Verfahrens: „Das Gericht hebt (auf Antrag) auf." Zu dem Trend zur „Ersetzung von Präskription durch bloße Deskription" bei der Gesetzesredaktion krit. *Muscheler,* Recht der Eingetragenen Lebenspartnerschaft, 2. Aufl. 2004, Rn. 536 im Anschluss an *Holzhauer* JZ 2000, 1076; *Wacke* FS Holzhauer, 2005, 389.

4 → 7. Aufl. 2017, § 15 Rn. 4 *(Wacke).*

Fall, dass „nicht erwartet werden kann, dass eine partnerschaftliche Lebensgemeinschaft wieder hergestellt werden kann" entspricht der Definition des Scheiterns einer Ehe gemäß § 1565 Abs. 1 S. 2 BGB (Abs. 2 Nr. 1 setzt freilich einjähriges Getrenntleben voraus).

## II. Einzelerläuterung

6 **1. Die Aufhebungsgründe im Überblick.** Für die Auflösung einer Partnerschaft ist ein Aufhebungsgrund gemäß § 15 nachzuweisen. Aufhebungsgründe sind nach Abs. 2: 1. einjähriges Getrenntleben *und* entweder (a) beiderseitiger Antrag oder (b) festzustellendes Scheitern der Lebenspartnerschaft, oder 2. dreijähriges Getrenntleben, oder 3. unzumutbare Härte aus in der Person des Antragsgegners liegenden Gründen, oder 4. ein Willensmangel gemäß Abs. 2 S. 2. Redaktionell fehlt vor Nr. 2 und Nr. 3 von Abs. 2 S. 1 jeweils das Wort „oder". Für eine **zum Schein** begründete Partnerschaft (§ 1 Abs. 3 Nr. 4 aF) enthält das Gesetz (abweichend von § 1314 Abs. 2 Nr. 5 BGB) keinen Aufhebungsgrund. Scheinpartnerschaften sind daher nach hM von Anfang an nichtig (→ § 1 Rn. 18 ff.). Gegebenenfalls kann ein Antrag auf gerichtliche Feststellung ihres Nichtbestehens gestellt werden (→ Rn. 2).

7 **2. Scheitern der Partnerschaft: Trennungsfristen.** Um der Privatautonomie gerecht zu werden, verlangt das Gesetz einen bei Gericht von einem Partner oder von beiden zu stellenden Antrag. Das gerichtliche Verfahren will einem öffentlichen Interesse an der Kontrolle über die Auflösung von Lebenspartnerschaften dienen. Die Trennungsfristen müssen bei Zustellung der Antragsschrift, spätestens vor dem mündlichen Verhandlungstermin abgelaufen sein, falls kein Härtefall gemäß Abs. 2 Nr. 3 vorliegt. Ein verfrüht gestellter und darum unschlüssiger Aufhebungsantrag kann durch Fristablauf während des Verfahrens schlüssig werden. Verweigert nach einjährigem **Getrenntleben**[5] der Antragsgegner seine Zustimmung, muss das Scheitern gemäß Abs. 2 S. 1 Nr. 1 lit. b vom Gericht festgestellt werden. Eine Aussetzung des Verfahrens darf nach § 270 Abs. 1 S. 1 FamFG, § 136 Abs. 3 FamFG ein Jahr nicht überschreiten. Die Definition des Getrenntlebens in Abs. 5 deckt sich mit § 1567 BGB; auf dessen Abs. 1 S. 2 und Abs. 2 wird ausdrücklich verwiesen. Bei Weiterbenutzung der gemeinsamen Wohnung muss das Zusammenleben aufgegeben sein. Etwaige Fürsorgemaßnahmen für den anderen sollten sich auf ein Mindestmaß beschränken. Ein höfliches und respektvolles, womöglich gar freundschaftliches Nebeneinander schadet nicht zwingend. Entscheidend ist, dass die Ablehnung der lebenspartnerschaftlichen Gemeinschaft erkennbar ist. Fehlte von Anfang an eine gemeinsame Wohnung, beginnt die Trennungsfrist mit der Kundgabe dieser Absicht. Ein der Versöhnung dienendes kürzeres Zusammenleben unterbricht oder hemmt den Fristenlauf nicht (§ 1567 Abs. 2 BGB); anderenfalls würden Aussöhnungsversuche erschwert. „Kürzer" ist (nach einer Faustregel) die Dauer von etwa einem Vierteljahr. Bei erfolgreicher Aussöhnung muss die abgebrochene Frist nach einer späteren Trennung erneut ablaufen.

8 **3. Fortbestand bzw. Aufhebung der Partnerschaft als unzumutbare Härte.** Ohne Einhaltung einer Trennungsfrist ist die Auflösung statthaft, wenn im Weiterbestehen für den Antragsteller aus in der Person des Antragsgegners liegenden Gründen eine **unzumutbare Härte** läge, **Abs. 2 S. 1 Nr. 3** (Beispiel: Neigung des Gegners zu Gewalttätigkeiten). Für die in der Person des anderen Partners liegenden Gründe kann auf den Maßstab des § 1565 Abs. 2 BGB zurückgegriffen werden. Unzumutbar sein muss nach hM das Festhalten am Rechtsband der Partnerschaft; die bloße Unzumutbarkeit des gegenwärtigen Zusammenlebens genügt nicht. – Für eine Abweisung des Auflösungsantrags trotz dreijährigen Getrenntlebens nach der **umgekehrten Härteklausel** des **Abs. 3** kann auf den Maßstab des § 1568 BGB verwiesen werden. Anders als § 1568 BGB erwähnt Abs. 3 nicht die Belange von Kindern. Sofern Kinder vorhanden sind, sollten deren Belange jedoch analog § 1568 BGB berücksichtigt werden.

9 **4. Aufhebung wegen Willensmangel.** Die der Eheaufhebung entsprechende Aufhebung wegen eines Willensmangels (Abs. 2 S. 2) gehört systematisch vor den Abs. 4; in der gesetzlichen Reihenfolge unterbricht die Vorschrift den Zusammenhang. Verwiesen wird nur auf § 1314 Abs. 2 Nr. 1–4 BGB (Bewusstlosigkeit, Geistesstörung, Irrtum über Begründung einer Lebenspartnerschaft, arglistige Täuschung, Drohung). Nicht verwiesen wird auf § 1314 Abs. 1 BGB (Unmündigkeit, Bigamie im weiteren Sinne, Verwandtschaft, fehlende gleichzeitige Anwesenheit) oder auf § 1314 Abs. 2 Nr. 5 BGB (Scheinpartnerschaft; → Rn. 6). In den nicht in Bezug genommenen Fällen ist die Partnerschaft nach hM nichtig (→ § 1 Rn. 20; nach hier vertretener Ansicht gemäß § 1314 BGB analog aufhebbar; → § 1 Rn. 19). Berechtigt, die Aufhebung zu beantragen, ist nur der durch den Willensmangel beeinträchtigte Lebenspartner (Abs. 2 S. 2 iVm § 1316 Abs. 1 Nr. 2 BGB), nicht

[5] So richtig *Grziwotz* DNotZ 2005, 20; anders – Aufhebung *ohne* Einhaltung einer Trennungsfrist – versteht diesen Fall HK-LPartG/*Bruns*/*Kemper* Rn. 17.

eine Verwaltungsbehörde. Eine außerprozessuale Privatanfechtung scheidet aus. Das Antragsrecht unterliegt Ausschlussfristen gemäß Abs. 4 iVm § 1317 BGB.

**5. Bestätigung.** Nach ausdrücklicher oder (zumeist) stillschweigender **Kundgabe des Fortsetzungswillens** ab Entdeckung eines Begründungsmangels ist gemäß Abs. 4 iVm § 1315 Abs. 1 S. 1 Nr. 3 und 4 BGB die Aufhebung der Partnerschaft ausgeschlossen.[6] Abs. 4 Hs. 2 verweist freilich nur auf die Nr. 3 und Nr. 4 von § 1315 Abs. 1 S. 1 BGB. Nicht vorgesehen ist eine Bestätigung gemäß § 1315 Abs. 1 S. 1 Nr. 1, 2 und 5 bei erreichter Volljährigkeit, weggefallener Geschäftsunfähigkeit oder Aufnahme partnerschaftlicher Lebensgemeinschaft nach anfänglicher Scheinpartnerschaft. Für diese Begrenzung fehlen einleuchtende Gründe. Die eherechtlichen Konvaleszenzregeln des § 1315 Abs. 1 BGB sind daher entgegen der hM analog anzuwenden (→ § 1 Rn. 19; → § 1 Rn. 9).[7] 10

**6. Verfahren.** Für das gerichtliche Auflösungsverfahren gelten gemäß § 270 Abs. 1 FamFG die Vorschriften über das Scheidungsverfahren entsprechend. Die Entscheidungen über Aufhebung, Unterhalt, güterrechtliche Auseinandersetzung, Versorgungsausgleich etc sind im **Verbund** zu treffen.[8] Die Kosten sind gemäß § 150 Abs. 1 FamFG grundsätzlich gegeneinander aufzuheben, weil es bei den verschuldensunabhängigen Aufhebungsgründen kein echtes Obsiegen und Unterliegen gibt. 11

## § 16 Nachpartnerschaftlicher Unterhalt

**[1]Nach der Aufhebung der Lebenspartnerschaft obliegt es jedem Lebenspartner, selbst für seinen Unterhalt zu sorgen. [2]Ist er dazu außerstande, hat er gegen den anderen Lebenspartner einen Anspruch auf Unterhalt nur entsprechend den §§ 1570 bis 1586b und 1609 des Bürgerlichen Gesetzbuchs.**

**Übersicht**



### I. Allgemeines

Nach der ursprünglichen Fassung des § 16 wurde nachpartnerschaftlicher Unterhalt nur ausnahmsweise, nämlich dann geschuldet, wenn ein Lebenspartner nicht selbst für seinen Unterhalt sorgen konnte, soweit und solange von ihm eine Erwerbstätigkeit, insbesondere wegen seines Alters oder wegen Krankheiten oder anderer Gebrechen, nicht erwartet werden konnte. Durch die Neufassung der Bestimmung durch das Gesetz zur Überarbeitung des Lebenspartnerschaftsrechts vom 15.12.2004 (BGBl. 2004 I 3396) wurde das nachpartnerschaftliche Unterhaltsrecht dem Recht des nachehelichen Unterhalts angeglichen. Das Gesetz zur Änderung des Unterhaltsrechts vom 21.12.2007 (BGBl. 2007 I 3189) strafft § 16 zu einer Globalverweisung in einem einzigen Absatz. S. 1, der dem neu formulierten § 1569 BGB entspricht, betont stärker die **Eigenverantwortung jedes Partners.** Hinsichtlich des Rangs verweist S. 2 auf § 1582 BGB und § 1609 BGB. Unterschiede zum nachehelichen Unterhalt bestehen insofern nicht mehr; Unstimmigkeiten und Zweifelsfragen der ursprünglichen Fassung sind beseitigt. Die in § 2 genannte partnerschaftliche Solidarität wirkt gemäß § 16 S. 2 in Gestalt des Unterhaltsanspruchs über das Ende der Partnerschaft hinaus. Bei der Berechnung sind dieselben Maßstäbe wie beim nachehelichen Unterhalt anzulegen. Über den nachehelichen Unterhaltsanspruch geht der nachpartnerschaftliche somit nicht hinaus – bleibt jedoch auch nicht hinter ihm zurück. Auch über den gemäß § 12 geschuldeten Trennungsunterhalt 1

6 Eingehend erläutert von Staudinger/*Voppel*, 2010, Rn. 101–116.

7 Für eine Abhilfe mittels konkludenten Verzichts oder Verbots von Rechtsmissbrauch Staudinger/*Voppel*, 2010, Rn. 112 ff.

8 HK-LPartG/*Bruns*/*Kemper* Rn. 184 ff.

darf er nicht hinausgehen.[1] Unterhaltsansprüche während des Getrenntlebens (§ 12) und solche nach Auflösung der Partnerschaft (§ 16) sind nicht miteinander identisch, ebenso wenig wie zwischen getrennt lebenden Ehegatten und solchen nach der Scheidung (→ BGB § 1361 Rn. 81 aE). Zwischen getrennt lebenden Partnern ergangene Unterhaltstitel können deshalb nicht in solche auf nachpartnerschaftlichen Unterhalt umgeschrieben werden.

2 S. zur Auswirkung einer **Umwandlung** der Lebenspartnerschaft **in eine Ehe** gemäß § 20a → § 20a Rn. 36.

## II. Unterhaltstatbestände

3 Wegen der entsprechend anzuwendenden Vorschriften der §§ 1570 ff. BGB über den nachehelichen Unterhalt hat der bedürftige Lebenspartner Anspruch auf Unterhalt wegen Alters (§ 1571 BGB), wegen Krankheit oder Gebrechen (§ 1572 BGB), wegen Erwerbslosigkeit (§ 1573 Abs. 1 BGB), auf Aufstockungsunterhalt (§ 1573 Abs. 2 BGB), auf Ausbildungsunterhalt (§ 1575 BGB) und aus Billigkeitsgründen (§ 1576 BGB). **Betreuungsunterhalt** wird gemäß § 1570 BGB nur bei Betreuung eines gemeinschaftlichen Kindes geschuldet, besonders nach einer Stiefkind- oder Sukzessivadoption (§ 9 Abs. 7; → § 9 Rn. 9 f.).[2] Bei Betreuung eines nicht rechtlich, sondern **bloß „sozial gemeinschaftlichen“ Kindes** scheidet ein früher zum Teil bejahter[3] Anspruch nach der Neufassung des § 1570 BGB aus. Schwerwiegende Billigkeitsgründe für eine Unterhaltsgewährung gemäß § 1576 BGB scheiden in der Regel ebenfalls aus, wenn die Partner von einer Stiefkindadoption absahen und sich damit gegen rechtlich gemeinsame Elternschaft entschieden. Nur wo gemeinsame Elternschaft entgegen einem übereinstimmend geäußerten Wunsche nicht begründet werden konnte, ist ein Unterhaltsanspruch aus § 1576 nach Billigkeit in Betracht zu ziehen.[4] Abweichendes können die Partner vertraglich vereinbaren.[5]

## III. Inhalt und Umfang

4 Inhalt und Umfang des Unterhaltsanspruchs richten sich nach dem Recht des nachehelichen Unterhalts. Der bedürftige Lebenspartner kann nachpartnerschaftlichen Unterhalt durch Zahlung einer monatlich im Voraus zu entrichtenden Geldrente (§ 1585 Abs. 1 BGB) verlangen, wenn und soweit der andere Lebenspartner leistungsfähig ist (§ 1581 BGB). Der Anspruch entsteht mit der Rechtskraft des Auflösungsbeschlusses. Sein Maß bestimmt sich nach den lebenspartnerschaftlichen Lebensverhältnissen. Geschuldet werden auch die Kosten einer angemessenen Versicherung für den Fall der Krankheit und der Pflegebedürftigkeit sowie für den Fall des Alters sowie der verminderten Erwerbsfähigkeit (§ 16 S. 2 iVm § 1578 Abs. 1–3 BGB).

## IV. Bedürftigkeit

5 Im Rahmen der Bedürftigkeit gilt – ebenso wie für den nachehelichen Unterhalt – der Grundsatz der **Eigenverantwortung** (§ 16 S. 1). Im Vergleich mit der bis zum 31.12.2007 geltenden Rechtslage folgen aus den entsprechend anzuwendenden §§ 1570 ff. BGB auch Verbesserungen für den unterhaltsbedürftigen Lebenspartner: Früher konnte er Unterhalt nur beanspruchen, wenn er nicht selber – auch durch eine seiner Ausbildung nicht adäquate Erwerbstätigkeit – für seinen Unterhalt sorgen konnte. Heute obliegt ihm nach dem entsprechend anzuwenden § 1574 BGB nur die Aufnahme einer angemessenen Erwerbstätigkeit. Auch den Stamm seines Vermögens muss ein unterhaltsbedürftiger Lebenspartner nicht mehr in jedem Fall verwerten; vorhandene Vermögenswerte stehen seiner Bedürftigkeit nicht entgegen, soweit ihre Verwertung unwirtschaftlich oder unter Berücksichtigung der beiderseitigen wirtschaftlichen Verhältnisse unbillig wäre (§ 16 S. 2 iVm § 1577 Abs. 3 BGB). Die §§ 1574, 1577 BGB setzen somit der Eigenverantwortlichkeit Grenzen.[6]

---

[1] Krit. zu diesen Auslegungsrichtlinien *Muscheler,* Recht der Eingetragenen Lebenspartnerschaft, 2. Aufl. 2004, Rn. 575. Die dortige Argumentation ist durch nachfolgende Reformen – insbes. des § 20 jedoch überholt.

[2] *v. Dickhuth-Harrach* FPR 2005, 273 (275); Erman/*Kaiser* Rn. 6; *Kaiser* StAZ 2006, 65 (71); Palandt/*Brudermüller* Rn. 3; *Walter* MittBayNotZ 2005, 193 (197); *Wellenhofer* NJW 2005, 705 (707); zweifelnd *Grziwotz* DNotZ 2005, 13 (23).

[3] HK-LPartG/*Bruns/Kemper,* 1. Aufl. 2001, Rn. 32 f.; *Büttner* FamRZ 2001, 1105 (1109); *Grziwotz* DNotZ 2001, 280 (297 f.); *Weinreich* FuR 2001, 481 (483).

[4] *Kemper* FF 2005, 88 (93).

[5] *Grziwotz* DNotZ 2005, 14 (23).

[6] So auch Erman/*Kaiser* Rn. 6.

## V. Begrenzung und Befristung

Nach § 16 S. 2 kann der nachpartnerschaftliche Unterhalt aus den in § 1578b Abs. 1 BGB 6
genannten Gründen und unter Berücksichtigung der dort aufgeführten Kriterien **auf den angemessenen Lebensbedarf herabgesetzt** werden. Entsprechend § 1578b Abs. 2 BGB kann der Unterhalt aus Billigkeitsgründen auch **zeitlich zu begrenzen** sein. Die Zeit vorpartnerschaftlichen Zusammenlebens ist dafür ebenso wenig einzubeziehen wie bei Ehegatten das voreheliche Zusammenleben. Herabsetzung und zeitliche Begrenzung des Unterhalts können miteinander verbunden werden (§ 1578b Abs. 3 BGB).

## VI. Grobe Unbilligkeit

Wegen der Verweisung auf § 1579 BGB kann nachpartnerschaftlicher Unterhalt zu versagen, 7
herabzusetzen oder zu begrenzen sein, soweit die **Inanspruchnahme des Verpflichteten grob unbillig** wäre, weil einer der Tatbestände der Nr. 1–8 vorliegt. Die §§ 12 und 16 setzen jetzt einheitlich grobe Unbilligkeit voraus. Auf die Rspr. zu § 1579 BGB kann zurückgegriffen werden. Beim Versagungsgrund nach Nr. 7 (offensichtlich schwerwiegendes, eindeutig bei dem Berechtigten liegendes Fehlverhalten gegen den Verpflichteten) ist die konkrete Partnerschaft zu berücksichtigen. Sofern die Lebenspartner eine entsprechende Absprache getroffen haben, stellt eine sexuelle Beziehung zu einem Dritten daher nicht zwingend ein Fehlverhalten iSd Nr. 7 dar (→ § 2 Rn. 4).[7]

## VII. Erlöschen und Wiederaufleben des Unterhaltsanspruchs

Der nachpartnerschaftliche Unterhaltsanspruch erlischt wie der nacheheliche mit der Eingehung 8
einer neuen Ehe oder mit dem Tode des Berechtigten (§ 16 S. 2 iVm § 1586 Abs. 1 BGB). Wird die neue Ehe aufgelöst, so kommt ein Wiederaufleben des Unterhaltsanspruchs in Betracht (§ 16 S. 2 iVm § 1586a Abs. 1 BGB).

## VIII. Rangverhältnisse

Bei **mehreren Unterhaltsverpflichteten** haftet der unterhaltspflichtige ehemalige Lebenspart- 9
ner, soweit er leistungsfähig ist, vor den Verwandten des Berechtigten. Ist der ehemalige Lebenspartner nicht leistungsfähig, haften die Verwandten vor ihm (§ 16 S. 2 iVm § 1584 BGB). Das Gleiche gilt gemäß § 16 S. 2, § 1584 S. 3 BGB, § 1607 Abs. 2 BGB, falls die Rechtsverfolgung gegen den Unterhaltspflichtigen im Inland ausgeschlossen oder erheblich erschwert ist (→ BGB § 1607 Rn. 7 ff.). Bei **mehreren Unterhaltsberechtigten** gilt auch hinsichtlich der Rangfolge das nacheheliche Unterhaltsrecht entsprechend (§ 16 S. 2 iVm §§ 1582, 1609 BGB). Beseitigt ist damit der Nachrang des Unterhaltsanspruchs des Lebenspartners gegenüber demjenigen von Ehegatten und nicht verheirateten Müttern und Vätern nach § 1615l BGB, den der frühere § 16 Abs. 2 vorsah.[8] Lebenspartner gehören mithin je nach ihren individuellen Lebensverhältnissen in die Rangstufe des § 1609 Nr. 2 oder Nr. 3. Die Rangregelung bezieht sich nicht nur auf das Verhältnis mehrerer Lebenspartner zueinander, sondern auch auf dasjenige zwischen Lebenspartnern einerseits und (geschiedenen) Ehegatten andererseits.[9]

## IX. Abweichende Vereinbarungen

Lebenspartner können wie Ehegatten jederzeit den nachpartnerschaftlichen Unterhalt vertrag- 10
lich regeln (§ 16 S. 2 iVm § 1585c BGB). Die grundsätzlich formfreien Absprachen können schriftlich oder auch mündlich durch ausdrückliche Erklärung getroffen werden; bei stillschweigenden Zahlungen mangelt es zumeist am Rechtsbindungswillen (→ BGB § 1585c Rn. 14 ff.).[10] Unterhaltsabreden sind allerdings dann notariell zu beurkunden oder in einem gerichtlichen Vergleich zu protokollieren, wenn sie vor rechtskräftiger Auflösung der Partnerschaft abgeschlossen werden (§ 1585c S. 2–3 BGB), oder wenn sie nach dem Willen der Kontrahenten zusätzliche formbedürftige Abreden (etwa güterrechtlicher oder erbvertraglicher Art) enthalten sollen (§§ 1410, 2276 BGB).[11] In Verfahren mit Anwaltszwang ist diesem zu genügen. Vor der Rechtskraft formgerecht abgeschlossene Vereinbarun-

---

7 *Büttner* FamRZ 2001, 1105 (1110); Erman/*Kaiser* Rn. 8; vgl. auch *Schwab* FamRZ 2001, 385 (390); anders noch → 7. Aufl. 2017, § 16 Rn. 6 *(Wacke)*.

8 BT-Drs. 16/1830, 32.

9 *Hoppenz/Brudermüller,* Familiensachen, 9. Aufl. 2009, Rn. 9.

10 Rechtspolitisch wünschenswert wäre es, Unterhaltsverträge wegen ihrer einschneidenden, für den Bedürftigen existenzwichtigen Dauerwirkung generell der Schriftform zu unterwerfen. Mündliche Zusagen sind leicht (zuweilen übereilt) erklärt, auf sie ist aber selten Verlass.

11 BGH NJW-RR 2002, 1513 = FamRZ 2002, 1179 (1180).

gen können nachher formfrei geändert werden.[12] Die Rspr. zur Inhalts- und Ausübungskontrolle von Eheverträgen (→ BGB § 1408 Rn. 25 ff.) ist auf Vereinbarungen unter Lebenspartnern grundsätzlich übertragbar.[13] Für einen Verzicht auf nachpartnerschaftlichen Unterhalt sind die für den nachehelichen Unterhalt geltenden Maßstäbe entsprechend heranzuziehen (→ BGB § 1585c Rn. 40 ff.).

### X. Unterhaltsversagung bei Partnerschaftsaufhebung wegen bekannter Formverstöße oder anfänglicher Willensmängel

11 Bei einer wegen Formverstoßes oder Willensmangels aufgehobenen Ehe erhält gemäß § 1318 Abs. 2 BGB Unterhalt nur derjenige Gatte, der bei der Heirat den Aufhebungsgrund nicht kannte oder der getäuscht bzw. bedroht wurde. Diese einschränkende Vorschrift nehmen die § 15 Abs. 2 und § 16 S. 2 nicht mit in Bezug. § 16 knüpft insoweit die Unterhaltsfolgen zu pauschal an alle Fälle der „Aufhebung" der Partnerschaft an (ehescheidungsähnlich wie eheaufhebungsähnlich; → § 15 Rn. 1). Aufgrund des Gebots der Gleichbehandlung (ehemaliger) Lebenspartner mit (ehemaligen) Ehegatten, sollte § 1318 Abs. 2 BGB hier analog angewandt werden.[14] Wer den Mangel eines Rechtsgeschäfts kennt, bringt ihm kein schützenswertes Vertrauen entgegen (§ 122 Abs. 2 BGB, § 123 Abs. 2 BGB).

## § 17 Behandlung der gemeinsamen Wohnung und der Haushaltsgegenstände anlässlich der Aufhebung der Lebenspartnerschaft

**Für die Behandlung der gemeinsamen Wohnung und der Haushaltsgegenstände anlässlich der Aufhebung der Lebenspartnerschaft gelten die §§ 1568a und 1568b des Bürgerlichen Gesetzbuchs entsprechend.**

1 Für die Überlassung der gemeinsamen Wohnung und der Haushaltsgegenstände gelten nunmehr die §§ 1568a, 1586b BGB entsprechend (näher → BGB § 1568a Rn. 1 ff.; → BGB § 1586b Rn. 1 ff.). Das Verfahren richtet sich gemäß § 270 Abs. 1 FamFG nach den für Ehegatten geltenden Vorschriften (§§ 200 ff. FamFG). Die HausratsVO, auf die §§ 17–19 aF verwiesen, wurde 2009 aufgehoben (BGBl. 2009 I 1696); die §§ 18 und 19 wurden ebenfalls aufgehoben.

## § 18 (aufgehoben)

## § 19 (aufgehoben)

## § 20 Versorgungsausgleich

**(1) Wird eine Lebenspartnerschaft aufgehoben, findet in entsprechender Anwendung des Versorgungsausgleichsgesetzes ein Ausgleich von im In- oder Ausland bestehenden Anrechten (§ 2 Abs. 1 des Versorgungsausgleichsgesetzes) statt, soweit sie in der Lebenspartnerschaftszeit begründet oder aufrechterhalten worden sind.**

**(2) Als Lebenspartnerschaftszeit gilt die Zeit vom Beginn des Monats, in dem die Lebenspartnerschaft begründet worden ist, bis zum Ende des Monats, der dem Eintritt der Rechtshängigkeit des Antrages auf Aufhebung der Lebenspartnerschaft vorausgeht.**

**(3) Schließen die Lebenspartner in einem Lebenspartnerschaftsvertrag (§ 7) Vereinbarungen über den Versorgungsausgleich, so sind die §§ 6 bis 8 des Versorgungsausgleichsgesetzes entsprechend anzuwenden.**

**(4) Die Absätze 1 bis 3 sind nicht anzuwenden, wenn die Lebenspartnerschaft vor dem 1. Januar 2005 begründet worden ist und die Lebenspartner eine Erklärung nach § 21 Abs. 4 nicht abgegeben haben.**

---

[12] Staudinger/*Voppel*, 2010, Rn. 195 aE.

[13] *Krause* NotBZ 2005, 85 (87); *Grziwotz* DNotZ 2005, 14 (23); Palandt/*Brudermüller* Rn. 7. Für Vereinbarungen im Trennungsstadium einschränkend Staudinger/*Voppel*, 2010, Rn. 197.

[14] Für eine Abhilfe über die Generalklausel des § 1579 BGB mit gleichem Ergebnis *Wellenhofer* NJW 2005, 705 (708); Erman/*Kaiser* Rn. 14; abl. trotz erkannter Regelungslücke wegen vermeintlich eindeutiger Gesetzeslage Staudinger/*Voppel*, 2010, § 15 Rn. 120 f.

## I. Allgemeines

Das LPartG sah in seiner Ursprungsfassung vom 16.2.2001 für die Lebenspartnerschaft keinen Versorgungsausgleich vor. Er wurde durch § 20 idF des LPartÜG vom 15.12.2004 mit Wirkung zum 1.1.2005 eingeführt. Die Vorschrift wurde durch das Versorgungsausgleichsstrukturreformgesetz (VAStrRefG) vom 3.4.2009 erneut geändert. Sie ist nunmehr dem § 1587 BGB idF des VAStrRefG nachgebildet. Auch die Härtefallregelungen der §§ 32–38 VersAusglG sind entsprechend anwendbar. 1

Zur Auswirkung einer **Umwandlung** der Lebenspartnerschaft in eine Ehe gemäß § 20a → § 20a Rn. 40. 2

## II. Lebenspartnerschaftszeit

Abs. 2 übernimmt die Regelung des § 3 Abs. 1 VersAusglG, die in Ansehung des Versorgungsausgleichs für die Ehezeit gilt. 3

## III. Ausschluss des Versorgungsausgleichs

Abs. 3 entspricht § 1408 Abs. 2 BGB. Danach kann der Versorgungsausgleich in einem Lebenspartnerschaftsvertrag unter bestimmten Voraussetzungen ausgeschlossen werden (s. die Kommentierung zu §§ 6–8 VersAusglG; → VersAusglG § 6 Rn. 1 ff.). Die im Verhältnis von Ehegatten geltenden Grundsätze sind entsprechend heranzuziehen. 4

## IV. Altfälle

Nach früherer Gesetzeslage begründeten Lebenspartnerschaften wurde der durch das LPartÜG mit Wirkung vom 1.1.2005 eingeführte Versorgungsausgleich nicht aufgezwungen. In solchen Fällen kommt es unter den Lebenspartnern nur dann zum Versorgungsausgleich, wenn sie dafür binnen Jahresfrist bis Ende Dezember 2005 einvernehmlich und formgerecht optiert hatten. 5

# Abschnitt 5. Umwandlung einer Lebenspartnerschaft in eine Ehe

## § 20a Umwandlung einer Lebenspartnerschaft in eine Ehe

**(1) [1]Eine Lebenspartnerschaft wird in eine Ehe umgewandelt, wenn beide Lebenspartner vor dem Standesbeamten persönlich und bei gleichzeitiger Anwesenheit erklären, miteinander eine Ehe führen zu wollen. [2]Für die Umwandlung gelten die Vorschriften über die Eheschließung und die Eheaufhebung entsprechend. [3]Die Lebenspartnerschaft wird nach der Umwandlung als Ehe fortgeführt.**

**(2) Bei der Umwandlung einer Lebenspartnerschaft in eine Ehe kann ein Ehename nicht mehr bestimmt werden, wenn die Lebenspartner zuvor bereits einen Lebenspartnerschaftsnamen nach § 3 bestimmt hatten.**

**(3) Ein Lebenspartnerschaftsvertrag gilt nach der Umwandlung der Lebenspartnerschaft in eine Ehe als Ehevertrag weiter.**

**(4) Die Umwandlung der Lebenspartnerschaft in eine Ehe hat keine Auswirkungen auf ein nach § 10 Absatz 4 errichtetes gemeinschaftliches Testament.**

**(5) Nach der Umwandlung der Lebenspartnerschaft in eine Ehe ist für Rechte und Pflichten der Ehegatten der Tag der Begründung der Lebenspartnerschaft maßgebend.**

**(6) Nach der Umwandlung der Lebenspartnerschaft in eine Ehe gilt für den Versorgungsausgleich der erste Tag des Monats, in dem die Lebenspartnerschaft begründet worden ist, als Beginn der Ehezeit.**

**Übersicht**



### I. Normzweck

1 § 20a ermöglicht es seit der Öffnung der Ehe für Personen gleichen Geschlechts im Jahre 2017,[1] eine Lebenspartnerschaft in eine gleichgeschlechtliche Ehe umzuwandeln. Die Lebenspartner müssen nicht zunächst ihre Partnerschaft aufheben, um danach eine Ehe einzugehen. Bei der Umwandlung **geht die Lebenspartnerschaft in der Ehe auf.** Die Eheleute werden rückwirkend behandelt als wären sie bereits bei Begründung der Lebenspartnerschaft eine Ehe eingegangen. Wie Abs. 5 und 6 verdeutlichen, wirken die Rechtsfolgen der Ehe bis auf diesen Zeitpunkt zurück (→ Rn. 34 ff.). So soll die Ungleichbehandlung eingetragener Lebenspartner gegenüber Eheleuten rückwirkend beseitigt werden.[2]

2 § 20a unterstreicht, dass zwei Personen, zwischen denen eine Lebenspartnerschaft iSd LPartG besteht (zu Lebenspartnerschaften nach ausländischem Recht → Rn. 13 ff.), keine Ehe schließen können, ohne gleichzeitig die Lebenspartnerschaft in eine Ehe umzuwandeln. Der **Versuch einer**

[1] Gesetz zur Einführung des Rechts auf Eheschließung für Personen gleichen Geschlechts vom 20.7.2017 (BGBl. 2017 I 2787).

[2] BT-Drs. 18/6665, 10.

**Eheschließung** führt zur Umwandlung der Lebenspartnerschaft in eine Ehe.[3] Die Lebenspartner können nicht etwa zusätzlich zu einer fortbestehenden Lebenspartnerschaft eine Ehe eingehen. Auch können sie nicht eine neue Ehe gemäß §§ 1310 ff. BGB schließen, statt die bestehende Lebenspartnerschaft gemäß § 20a mit Rückwirkung in eine Ehe umzuwandeln.[4] Zwar ist laut § 1306 BGB nur die Lebenspartnerschaft mit einer dritten Person ein Ehehindernis, was auf die Möglichkeit des Abschlusses einer neuen Ehe deuten könnte.[5] § 20a legt allerdings bei Bestehen einer Lebenspartnerschaft zwischen den Beteiligten von Gesetzes wegen die Erklärung, eine Ehe führen zu wollen, als Umwandlungserklärung aus.

§ 20a zeigt weiterhin, dass sich Lebenspartnerschaften, die bei Öffnung der Ehe für Personen gleichen Geschlechts bestanden, **nicht von sich aus in Ehen wandeln.** Die Lebenspartner können entscheiden, ihre Beziehung weiterhin als Lebenspartnerschaft zu führen. Gemäß § 21 gelten für solche Lebenspartner und Lebenspartnerschaften diejenigen Regelungen zu Ehegatten und zur Ehe entsprechend, die seit der Geltung des Eheöffnungsbegleitgesetzes (22.12.2018) in Kraft treten. Zu diesem Zeitpunkt verbliebene Unterschiede zwischen beiden Instituten sollen demgegenüber fortgelten (→ § 21 Rn. 1). Da sich Lebenspartnerschaft und Ehe zuletzt vor allem bezüglich der Möglichkeit einer gemeinschaftlichen Adoption unterschieden (→ § 9 Rn. 9 f.), dürften zumindest solche Lebenspartner, die kein Kind adoptieren wollen, wohl einerseits wegen des administrativen Aufwandes bei geringem Mehrwert einer Umwandlung, andererseits aus persönlich-politischen Vorbehalten gegenüber dem Institut der Ehe auf eine Umwandlung verzichten. 3

Abs. 1 S. 2 bestimmt die entsprechende Anwendung der Vorschriften zur Schließung und Aufhebung der Ehe (→ Rn. 20 ff.). Abs. 2–6 klären Einzelfragen der Umwandlung bezüglich des Lebenspartnerschaftsnamens (Abs. 2; → Rn. 30 f.), Lebenspartnerschaftsvertrags (Abs. 3; → Rn. 32), gemeinschaftlichen Testaments (Abs. 4; → Rn. 33), sowie zum maßgeblichen Zeitpunkt für die Begründung ehebezogener Rechte und Pflichten (Abs. 5; → Rn. 34 ff.) und für den Versorgungsausgleich (Abs. 6; → Rn. 40). 4

## II. Gesetzgebungsgeschichte

§ 20a wurde durch das **Eheöffnungsgesetz** im Jahre 2017 neu in das LPartG eingeführt. Die Öffnung der Ehe war zum damaligen Zeitpunkt **nicht zu erwarten gewesen.** Nach dem Koalitionsvertrag der Regierungskoalition aus CDU/CSU und SPD war eine Öffnung der Ehe nicht vorgesehen, weshalb die Regierungskoalition entsprechende Gesetzesentwürfe der Opposition blockiert hatte bis es am 30.6.2017 überraschend zu einer Abstimmung unter Aufhebung des Fraktionszwanges kam (genauer zum Erlass des Eheöffnungsgesetzes → Vor § 1 Rn. 12).[6] Der Gesetzesentwurf, der somit – wider die ursprüngliche Erwartung – zum 1.10.2017 in Kraft trat, enthielt verschiedene Schwächen, insbesondere bezüglich der Voraussetzungen und Folgen einer Umwandlung.[7] Bereits zum 22.12.2018 wurde daher im Rahmen des Eheöffnungsbegleitgesetzes ein weitgehend neu gefasster § 20a erlassen.[8] 5

## III. Umwandlung der Lebenspartnerschaft (Abs. 1)

**1. Umwandlungsverfahren.** Die formalen Vorgaben einer Umwandlung gemäß § 20a Abs. 1 S. 1 entsprechen denen der Eheschließung (§ 1310 Abs. 1 S. 1 BGB iVm § 1311 BGB) bzw. der Begründung einer Lebenspartnerschaft (§ 1 Abs. 1 aF – an diesem orientiert sich auch die Formulierung des § 20a). Die Lebenspartner müssen persönlich und bei gleichzeitiger Anwesenheit vor dem Standesbeamten **erklären, eine Ehe führen zu wollen.** Eine Stellvertretung, Botenschaft oder posthume Umwandlung ist damit ausgeschlossen.[9] Die Erklärung zielt allein auf die zu führende Ehe, von der Umwandlung ist explizit keine Rede.[10] Dies entspricht dem gesetzgeberischen Gedanken, dass die Lebenspartnerschaft von der Ehe konsumiert wird.[11] Die Erklärungen sind an den jeweils anderen Lebenspartner gerichtet und nicht an den Standesbeamten. Sie müssen lediglich in 6

---

3 BT-Drs. 19/4670, 28; *Helms* StAZ 2018, 33 (38).

4 So indes *Kaiser* FamRZ 2017, 1985 (1986). Die Rechtsfolge der Eheschließung soll allerdings ebenfalls eine Überführung der Lebenspartnerschaft in eine Ehe sein, jedoch ohne dass die Wirkungen der Ehe auf den Zeitpunkt der Begründung der Lebenspartnerschaft zurückwirken.

5 *Kaiser* FamRZ 2017, 1985 (1986).

6 Vgl. BT-Plenarprot. 18/244, 25117.

7 Zu § 20a und dessen Schwächen *Schwab* FamRZ 2017, 1284; *Löhnig* NZFam 2017, 977; *Kaiser* FamRZ 2017, 1985.

8 Dazu BT-Drs. 19/4670, 28 ff.

9 *Kaiser* FamRZ 2017, 1985 (1987); *Löhnig* NZFam 2017, 977 (978).

10 „Ehewillenserklärungen“: *Schwab* FamRZ 2017, 1284 (1287).

11 BT-Drs. 19/4670, 29.

seiner Anwesenheit abgegeben werden.[12] Gemäß § 20a Abs. 1 S. 2 iVm § 1312 S. 1 BGB soll der Standesbeamte die Lebenspartner einzeln fragen, ob sie miteinander eine Ehe führen wollen, und, nachdem die Lebenspartner dies bejaht haben, aussprechen, dass sie nunmehr kraft Gesetzes rechtmäßig verbundene Eheleute sind. Er kann den Ausspruch um den Hinweis ergänzen, dass sie seit Begründung der Lebenspartnerschaft als verheiratet gelten.[13] Die Umwandlung kann in Gegenwart von einem oder zwei Zeugen erfolgen, wenn die Lebenspartner dies wünschen (§ 20a Abs. 1 S. 2 iVm § 1312 S. 2 BGB). Die Erklärung darf gemäß § 20a Abs. 1 S. 2 iVm § 1311 S. 2 nicht unter einer Bedingung oder Zeitbestimmung abgegeben werden.

7 Die Umwandlungserklärungen müssen vor einem **Standesbeamten** abgegeben werden, andernfalls ist die Umwandlung unwirksam (zur möglichen Heilung → Rn. 22).[14] Zuständig für die Anmeldung der Umwandlung ist gemäß § 17a Abs. 2 PStG, § 12 Abs. 1 PStG das Standesamt am Wohnsitz oder gewöhnlichen Aufenthalt eines der Lebenspartner, für die Umwandlung selbst gemäß § 17a Abs. 2 PStG, § 11 Abs. 1 PStG jedes deutsche Standesamt. Das standesamtliche Verfahren richtet sich weitgehend nach den Vorschriften zur Eheschließung (§ 17a Abs. 2 PStG). Gemäß § 17a Abs. 1 PStG müssen die Lebenspartner – neben den Nachweisen gemäß § 12 Abs. 2 Nr. 1–3 – bei der Umwandlung auch das Bestehen der Lebenspartnerschaft durch **öffentliche Urkunden** nachweisen, regelmäßig durch Vorlage einer Lebenspartnerschaftsurkunde gemäß § 58 PStG (zur Wirksamkeit der Lebenspartnerschaft als Voraussetzung einer Umwandlung → Rn. 11 f.). Eine Vorlage ist nicht notwendig, wenn das Standesamt im eigenen Register oder über das Register anderer Standesämter auf die Eintragung zugreifen kann.[15] Die Scheidung bzw. Auflösung vorheriger Ehen bzw. Lebenspartnerschaften müssen die Lebenspartner nicht gemäß § 12 Abs. 2 Nr. 4 PStG nachweisen (vgl. § 17a Abs. 2 PStG). Einen entsprechenden Nachweis bzgl. vorheriger Beziehungen mussten sie bereits bei Begründung der Lebenspartnerschaft vorlegen (§ 17 S. 1 PStG aF, § 12 Abs. 2 Nr. 4 PStG).

8 Der Standesbeamte **muss nicht** gemäß § 13 PStG **prüfen,** ob der Umwandlung ein **Hindernis gemäß §§ 1303 ff. BGB** entgegensteht (vgl. fehlender Verweis in § 17a Abs. 2 PStG). Da diese Hindernisse größtenteils bereits bei der Begründung der Lebenspartnerschaft geprüft wurden, hielt der Gesetzgeber eine erneute Prüfung für entbehrlich.[16] An diesem Ansatz wurde kritisiert, dass Ehe- und Lebenspartnerschaftshindernisse im Detail nicht identisch waren.[17] So schloss § 1 Abs. 3 Nr. 1-3 aF nach hM weder eine Lebenspartnerschaft zwischen Adoptivelternteil und Adoptivkind aus (anders bei der Ehe gemäß § 1307 S. 2 BGB, § 1308 Abs. 1 BGB; zu deren analoger Anwendung → § 1 Rn. 16) noch eine Lebenspartnerschaft zwischen einem Elternteil und seinem Kind, nachdem deren rechtliche Verwandtschaft wegen einer Adoption durch einen Dritten erloschen war (anders bei der Ehe gemäß § 1307 S. 2 BGB; zu dessen analoger Anwendung → § 1 Rn. 16). Zwischenzeitlich war im Gesetzgebungsverfahren daher vorgeschlagen worden, dem Standesbeamten eine umfassende Prüfung der Ehevoraussetzungen durch die Aufnahme eines Verweises auf § 13 PStG in § 17a Abs. 2 PStG aufzugeben.[18] Letztlich blieb es jedoch bei dem ursprünglichen Vorschlag keiner erneuten Prüfung der Ehevoraussetzungen durch den Standesbeamten.[19]

9 Liegen die gesetzlichen Voraussetzungen der Umwandlung vor, darf der Standesbeamte gemäß § 1310 Abs. 1 S. 2 BGB seine **Mitwirkung** an der Umwandlung nicht verweigern, ebenso wenig wie er seine Mitwirkung an der Eheschließung eines gleichgeschlechtlichen Paares verweigern darf. Umgekehrt muss er gemäß § 1310 Abs. 1 S. 3 BGB die Mitwirkung verweigern, wenn die Ehe offenkundig nach § 1314 Abs. 2 BGB wegen eines Willensmangels oder als Scheinehe aufhebbar wäre oder nach Art. 13 Abs. 3 EGBGB als Minderjährigenehe unwirksam oder aufhebbar wäre (→ BGB § 1310 Rn. 15 ff.). Die Ehe ist nach der Umwandlung gemäß § 17a Abs. 2, § 15 PStG im **Eheregister** einzutragen. Gemäß § 17a Abs. 3 PStG ist zusätzlich der Tag der Begründung der Lebenspartnerschaft zu beurkunden und sind Hinweise darüber aufzunehmen. Umgekehrt erfolgt im Lebenspartnerschaftsregister gemäß § 17 S. 2 PStG eine Folgebeurkundung über die Umwandlung. Nach Eintragung der Folgebeurkundung wird das Lebenspartnerschaftsregister nicht mehr fortgeführt (§ 17 S. 3 PStG).

10 Gehören die **Lebenspartner** einem (oder mehreren) **ausländischen Staaten** an, müssen sie dennoch für die Umwandlung **kein Ehefähigkeitszeugnis** nach § 1309 BGB vorlegen.[20] Gemäß

[12] *Löhnig* NZFam 2017, 977 (978).
[13] Vgl. *Löhnig* NZFam 2017, 977 (978).
[14] *Schwab* FamRZ 2017, 1284 (1287); *Kaiser* FamRZ 2017, 1985 (1987).
[15] *Kaiser* FamRZ 2017, 1985 (1988).
[16] BT-Drs. 18/6665, 10; vgl. *Kaiser* FamRZ 2017, 1985 (1988); krit. *Schwab* FamRZ 2017, 1284 (1287).
[17] *Schwab* FamRZ 2017, 1284 (1287); *Löhnig* NZFam 2017, 977.
[18] BR-Drs. 432/18, 5 und 31.
[19] BR-Drs. 612/18, 2; vgl. BT-Drs. 19/6137, 2 und 6.
[20] *Kaiser* FamRZ 2017, 1889 (1891).

Art. 17b Abs. 1 und 4 EGBGB unterliegen die Voraussetzungen der Begründung einer gleichgeschlechtlichen Ehe und damit auch der Umwandlung einer Lebenspartnerschaft in eine Ehe dem Registerstatut (und nicht wie bei verschiedengeschlechtlichen Ehen gemäß Art. 13 Abs. 1 EGBGB dem Heimatrecht der Verlobten). Bei der Umwandlung nach § 20a kommt es somit immer zur Anwendung deutschen Rechts. Ein Ehefähigkeitszeugnis ist gemäß § 1309 Abs. 1 BGB jedoch nur vorzulegen, wenn sich die Voraussetzungen der Eheschließung aus ausländischem Recht ergeben. Schon wegen Art. 17b EGBGB ist somit ein Ehefähigkeitszeugnis bei der Umwandlung einer Lebenspartnerschaft und der Schließung einer gleichgeschlechtlichen Ehe stets entbehrlich. Auf die durch das Eheöffnungsgesetzt eingefügte Ausnahme des § 1309 Abs. 3 BGB aF kam es somit nicht an.[21] Sie wurde daher konsequenterweise durch das Eheöffnungsbegleitgesetz wieder gestrichen.[22] Zur Umwandlung einer Lebenspartnerschaft ausländischen Rechts (oder einem vergleichbaren Institut ausländischen Rechts) → Rn. 13.

**2. Umwandlungsobjekt Lebenspartnerschaft. a) Wirksamkeit der Lebenspartnerschaft.** Die Umwandlung setzt voraus, dass zwischen den Lebenspartnern zum Zeitpunkt der Umwandlung eine (wirksame) Lebenspartnerschaft besteht (ausführlich zu den Wirksamkeitsvoraussetzungen → § 1 Rn. 6 ff.).[23] Ist die Lebenspartnerschaft **unwirksam** oder aufgehoben, kommt nur die Begründung einer **neuen Ehe** in Frage (zur Umdeutung der Umwandlung einer unwirksamen Lebenspartnerschaft → Rn. 23 ff.). Eine Umwandlung ist somit insbesondere ausgeschlossen, wenn die Begründung der Lebenspartnerschaft nicht den Voraussetzungen des § 1 Abs. 1 aF entspricht (unbedingte und unbefristete Erklärung bei persönlicher und gleichzeitiger Anwesenheit vor einem Standesbeamten) oder gemäß § 1 Abs. 3 Nr. 1–4 aF unwirksam ist wegen der Minderjährigkeit eines der Lebenspartner bei Begründung der Lebenspartnerschaft, wegen einer zu diesem Zeitpunkt bereits bestehenden Ehe oder Lebenspartnerschaft mit einer dritten Person, wegen Verwandtschaft der Partner oder weil die Partnerschaft nur zum Schein begründet werden sollte (→ § 1 Rn. 11 ff.). Wurde eine unerkannt unwirksame Lebenspartnerschaft tatsächlich gelebt und in Vollzug gesetzt, bleibt es nach hM bei der Unwirksamkeit. Eine Heilung (vgl. § 1310 BGB) oder Bestätigung (vgl. § 1315 BGB) der Lebenspartnerschaft soll nicht möglich sein (anders → § 1 Rn. 19) und die unwirksame Lebenspartnerschaft auch nicht als „fehlerhafte Lebenspartnerschaft" Grundlage einer Umwandlung sein können.[24] 11

**Unschädlich** ist es für eine Umwandlung demgegenüber, wenn die Lebenspartnerschaft lediglich **aufhebbar** ist, insbesondere weil ein Lebenspartner bei Begründung der Lebenspartnerschaft einem Willensmangel unterlag (§ 15 Abs. 2 S. 2 iVm § 1314 Abs. 2 Nr. 1–4 BGB, → § 15 Rn. 9; weitergehend bei analoger Anwendung von § 1314 BGB, → § 1 Rn. 9, 19). Wird eine aufhebbare Lebenspartnerschaft in eine Ehe umgewandelt, ist die Ehe nach der Umwandlung nur dann aufhebbar, wenn auch bzgl. der Umwandlung ein Aufhebungsgrund besteht.[25] 12

**b) Lebenspartnerschaften und Ehen ausländischen Rechts.** Die Umwandlung einer Lebenspartnerschaft hat eine doppelte Wirkung. Sie löst einerseits die Lebenspartnerschaft in dieser Form auf und begründet andererseits eine Ehe. Kollisionsrechtlich ist zwischen beiden Aspekten zu differenzieren: Ob eine **Lebenspartnerschaft ausländischen Rechts** oder ein vergleichbares Institut ausländischen Rechts durch Umwandlung in eine Ehe aufgelöst werden kann, bestimmt sich gemäß Art. 17b Abs. 1 S. 1 EGBGB nach dem auf die Lebenspartnerschaft anwendbaren Recht, also dem Recht des registerführenden Staates (→ 7. Aufl. 2018, EGBGB Art. 17b Rn. 34 ff.). Das deutsche Recht entscheidet jedoch gemäß Art. 17b Abs. 4, Abs. 1 S. 1 EGBGB darüber, ob eine Lebenspartnerschaft ausländischen Rechts taugliches Objekt einer Umwandlung gemäß § 20a ist und somit in eine Ehe überführt werden kann (Frage der Substitution).[26] Dies wird nur für solche Institute der Fall sein, die – mangels einer Öffnung der Ehe – als Funktionsäquivalent der Ehe für gleichgeschlechtliche Paare konzipiert sind. Wenn danach eine Umwandlung möglich ist, entscheidet das ausländische Recht darüber, ob die Umwandlung auf den Abschluss der Lebenspartnerschaft 13

[21] *Erbarth* FamRB 2017, 429 (430); *Kaiser* FamRZ 2017, 1889 (1891), die es als Verstoß gegen Art. 3 Abs. 1 GG und Art. 6 Abs. 1 GG ansieht, dass lediglich hetero-, nicht jedoch homosexuelle ausländische Verlobte ein Ehefähigkeitszeugnis vorlegen müssen.

[22] Dazu BR-Drs. 432/18, 19.

[23] BT-Drs. 19/4670, 28.

[24] *Battes* FuR 2002, 49 (54); HK-LPartG/*Bruns/Kemper* Rn. 27; aA *v. Koppenfels-Spies* FÜR 2003, 5 (6); *Kaiser* FamRZ 2002, 866 (868 f.); *Kaiser* FamRZ 2017, 1985 (1989); Palandt/*Brudermüller* Rn. 6; Staudinger/*Voppel*, 2010, Rn. 26.

[25] *Kaiser* FamRZ 2017, 1985 (1988).

[26] *Hepting/Dutta,* Familie und Personenstand, 3. Aufl. 2019, Rn. III-867 ff. und III-881; vgl. *Helms* StAZ 2018, 33 (38); BT-Drs. 19/4670, 28; wohl generell gegen eine Umwandlungsmöglichkeit *Kaiser* FamRZ 2017, 1985 (1995).

zurückwirkt. Aus § 20a Abs. 5 und 6 kann in diesem Fall keine Rückwirkung hergeleitet werden. Gemäß Art. 17b Abs. 4, Abs. 3 EGBGB gilt deutsches Recht nämlich lediglich vom Zeitpunkt der Umwandlung an.[27] Haben die Lebenspartner nach einer Erstregistrierung im Ausland ihre **Partnerschaft erneut in Deutschland** gemäß § 1 aF registrieren lassen (und nicht lediglich gemäß § 35 PStG nachbeurkunden lassen), so ist gemäß Art. 17b Abs. 3 EGBGB deutsches Recht anwendbar und eine Umwandlung nach § 20a möglich (näher → 7. Aufl. 2018, EGBGB Art. 17b Rn. 15 ff.).[28]

14 Ist die **Umwandlung** einer Lebenspartnerschaft ausländischen Rechts **nicht möglich,** können die Lebenspartner trotz der ausländischen Lebenspartnerschaft eine Ehe eingehen, da nur eine Partnerschaft mit einer „dritten Person" gemäß § 1306 BGB einer Eheschließung im Wege steht.[29] Anders als bei einer Umwandlung besitzt diese Ehe allerdings keine Rückwirkung.[30] Über das Schicksal der vorher geschlossenen Lebenspartnerschaft entscheidet das Recht des ausländischen registerführenden Staates.[31]

15 Haben zwei Personen gleichen Geschlechts vor der hiesigen Öffnung der Ehe zum 1.10.2017 **im Ausland eine Ehe geschlossen,** wird diese Beziehung auch ohne eine Umwandlung automatisch als Ehe behandelt.[32] Laut Art. 229 § 48 EGBGB idF des Eheöffnungsbegleitgesetzes vom 18.12.2018 fällt rückwirkend die Anwendung der Kappungsgrenze des Art. 17b Abs. 4 EGBGB aF weg, die die Wirkungen im Ausland eingetragener Lebenspartnerschaften und Ehen auf die Wirkungen einer deutschen Lebenspartnerschaft begrenzte. Die frühere Abwertung verschwindet. Die Ehe ist auf Antrag der Ehegatten ins Eheregister einzutragen (§ 34 PStG), das Lebenspartnerschaftsregister ist durch eine Folgebeurkundung gemäß §§ 17, 16 Abs. 1 Nr. 6 PStG zu berichtigen.[33]

16 **3. Anwendung der Ehevoraussetzungen.** Gemäß Abs. 1 S. 2 gelten die **Vorschriften über die Eheschließung und die Eheaufhebung entsprechend.** Zur Anwendung kommen danach §§ 1310–1318 BGB, soweit nicht § 20a bereits eine eigene entsprechende Regelung enthält (§ 20a Abs. 1 S. 1 repliziert § 1310 Abs. 1 S. 1 BGB iVm § 1311 S. 1 BGB). Es gelten somit die eherechtlichen Vorschriften zur Durchführung der Trauung (§ 1310 Abs. 1 S. 2 und 3 BGB, § 1311 S. 2 BGB, § 1312 BGB), zu Willensmängeln (§ 1314 Abs. 2 BGB), zur Wirksamkeit trotz Fehlern hinsichtlich der Mitwirkung des Standesbeamten (§ 1310 Abs. 2 und 3 BGB) sowie zur Aufhebung (§§ 1313 ff. BGB; s. jedoch → Rn. 17 sowie → Rn. 20).[34]

17 Keine Anwendung finden demgegenüber die **Ehevoraussetzungen** der **§§ 1303–1308** BGB und der auf ihnen aufbauende § 1314 Abs. 1 BGB (zu § 1309 BGB → Rn. 10).[35] Dies zeigt schon der Wortlaut des S. 2. Er verweist lediglich auf die „Vorschriften über die Eheschließung" (so die Überschrift der §§ 1310–1312 BGB) und nicht über die Eingehung der Ehe (so die Überschrift der §§ 1303–1312 BGB). Im Regierungsentwurf des Eheöffnungsbegleitgesetzes war vorgesehen gewesen, dass der Standesbeamte bei der Umwandlung die materiellen Ehevoraussetzungen umfassend gemäß § 13 PStG prüfen solle, was bedeutet hätte, dass es zu einer Anwendung der §§ 1303 ff. BGB käme.[36] Die Begründung des Regierungsentwurfs erwähnte sogar ausdrücklich § 1308 BGB und damit ein Ehehindernis, dass nach hM nicht auch Lebenspartnerschaftshindernis war. Die Prüfung sollte erfolgen, obwohl ein Standesbeamter bei der Begründung der Lebenspartnerschaft gemäß §§ 17a, 13 PStG aF bereits deren Voraussetzungen geprüft hat. Für eine erneute Prüfung sprach dennoch, dass einzelne Ehehindernisse nach hM für die Begründung einer Lebenspartnerschaft nicht galten und somit nicht geprüft wurden (→ § 1 Rn. 16). Im Laufe des Gesetzgebungsverfahrens wurde die Prüfpflicht des Standesbeamten jedoch mit Verweis auf die Prüfung im Rahmen der Begründung der Lebenspartnerschaft ausdrücklich gestrichen.[37] Unklar blieb dabei jedoch, ob damit auch eine Anwendung der §§ 1303 ff. BGB als unmittelbare Wirksamkeitsvoraussetzungen der Umwandlung entfallen sollte oder ob die §§ 1303 ff. BGB zwar über die materielle Wirksamkeit der Umwandlung entscheiden, ihre Erfüllung aber nicht vom Standesbeamten geprüft werden sollten.

18 Neben dem eigentlich klaren Wortlaut des Abs. 1 S. 2 spricht gegen eine Anwendung der §§ 1303 ff. BGB der Umstand, dass auch ohne deren unmittelbare Anwendung weitgehend gewähr-

---

[27] BT-Drs. 19/4670, 28; *Kaiser* FamRZ 2017, 1985 (1995).

[28] *Kaiser* FamRZ 2017, 1985 (1994).

[29] *Helms* StAZ 2018, 33 (38); *Kaiser* FamRZ 2017, 1889 (1892).

[30] *Helms* StAZ 2018, 33 (38).

[31] Vgl. BT-Drs. 19/4670, 28; *Helms* StAZ 2018, 33 (38).

[32] *Helms* StAZ 2018, 33 (39).

[33] *Kaiser* FamRZ 2017, 1985 (1994).

[34] Umfassend *Dutta* FamRZ 2019, 163 (164).

[35] *Dutta* FamRZ 2019, 163 (163 f.); *Kaiser* FamRZ 2019, 845 (847 f.).

[36] BT-Drs. 19/4670, 28.

[37] BT-Drs. 19/5413, 2 f.; BT-Drs. 19/6137, 6.

leistet bleibt, dass ihre **inhaltlichen Vorhaben eingehalten** werden. Es kann schließlich nur eine wirksame Lebenspartnerschaft Gegenstand einer Umwandlung sein (→ Rn. 11 f.) und größtenteils entsprachen die Voraussetzzungen für die Begründung einer Lebenspartnerschaft denjenigen einer Eheschließung (→ § 1 Rn. 11 ff.). Die Ehevoraussetzungen fließen somit mittelbar über das Erfordernis einer wirksamen Lebenspartnerschaft in die Umwandlung ein. Zu beanstanden bleibt dennoch, dass – soweit Ehe- und Lebenspartnerschaftsvoraussetzungen divergierten – über die Umwandlung vereinzelt Ehen entstehen können, die nur als aufhebbare Ehen hätten geschlossen werden können (§ 1307 BGB iVm § 1314 Abs. 1 Nr. 2) bzw. nicht geschlossen hätten werden sollen, aber wirksam wären (§ 1308 BGB). Will man diese Regelungslücke schließen, wären eine analoge Anwendung der originär ehelichen Wirksamkeitsvoraussetzungen (§ 1307 S. 2 BGB, § 1308 Abs. 1 BGB) denkbar sowie zukünftig die Einführung einer isolierten Prüfung dieser Voraussetzungen.

Als Konkretisierung eines allgemeinen Rechtsgrundsatzes ist auf die Umwandlung § 1304 BGB zur **Geschäftsfähigkeit** analog anzuwenden ebenso wie die auf ihm aufbauenden § 1314 Abs. 1 Nr. 2 Var. 1 BGB und § 1315 Abs. 1 S. 1 Nr. 2 BGB. Da die Umwandlung nur geringe materielle Änderungen an den Rechten und Pflichten der Beteiligten bewirkt, dürfen bei der Bestimmung der Umwandlungsgeschäftsfähigkeit als Unterfall der Geschäftsfähigkeit jedoch keine zu hohen Anforderungen angesetzt werden, um der Eheschließungsfreiheit aus Art. 6 Abs. 1 GG Rechnung zu tragen. Entscheidend ist, ob der Lebenspartner das Wesen der Ehe zu begreifen vermag und insoweit eine freie Willensentscheidung treffen kann.[38] 19

**4. Folge eines Verstoßes gegen Umwandlungsvoraussetzungen. a) Aufhebbare Umwandlung.** Gemäß § 20a Abs. 1 S. 2 finden §§ 1313 ff. BGB zur Aufhebung der Ehe entsprechende Anwendung auf die Umwandlung.[39] Nach ihnen richtet sich das Schicksal einer Umwandlung, die unter den in § 1314 Abs. 2 BGB genannten Mängeln leidet, also unter einem Willensmangel iSd § 1314 Abs. 2 Nr. 1–4 BGB oder wenn es sich um eine Scheinehe handelt (§ 1314 Abs. 2 Nr. 5 BGB). Grundsätzlich ist in diesen Fällen die in eine Ehe umgewandelte Lebenspartnerschaft aufhebbar.[40] Der § 1314 Abs. 1 BGB hat iRd Umwandlung grds. keine Bedeutung, da die dort genannten Vorschriften bei der Umwandlung nicht anzuwenden sind, sondern in der Voraussetzung einer wirksamen Lebenspartnerschaft als Umwandlungsobjekt aufgehen (→ Rn. 16; s. jedoch → Rn. 19). 20

Kommt es zu einer Aufhebung, soll die Lebenspartnerschaft laut Begründung des Eheöffnungsbegleitgesetzes nicht wiederaufleben. Stattdessen soll es zu einer Auseinandersetzung der Beteiligten nach § 1318 BGB kommen.[41] Begründet wird dies mit dem Gedanken, dass die Ehe nach der Umwandlung die Lebenspartnerschaft konsumiert, die Rechtsbeziehung somit – lediglich in umgewandelter Form – fortgesetzt wird.[42] Es überzeugt jedoch mehr und entspricht dem Zweck des Eheöffnungsgesetzes und des Eheöffnungsbegleitgesetzes eher, die **Lebenspartnerschaft** nach einer Aufhebung der Umwandlung grundsätzlich **wiederaufleben** zu lassen[43] und die Wirksamkeit der Lebenspartnerschaft eigenständig zu prüfen. Wie die Gesetzesbegründung zum Eheöffnungsgesetz zeigt, soll die Umwandlung die Lebenspartner besser stellen und rückwirkend bestehende Ungleichbehandlungen der Lebenspartnerschaft beseitigen.[44] Die Lage der Lebenspartner soll sich durch die Umwandlung nicht verschlechtern, erworbene Rechte und Pflichten sollen unberührt bleiben.[45] Dem würde es widersprechen, wenn das Scheitern der Umwandlung auch die Lebenspartnerschaft zu Fall bringen würde. 21

**b) Unwirksame, aber heilbare Umwandlung.** Wird die Umwandlung entgegen § 20a nicht vor einem Standesbeamten erklärt, so ist die Umwandlung grundsätzlich unwirksam. Die Lebenspartnerschaft besteht fort.[46] Die Umwandlung kann jedoch gemäß § 20a Abs. 1 S. 2 iVm § 1310 Abs. 2 bzw. 3 BGB wirksam sein bzw. geheilt werden (→ BGB § 1310 Rn. 14, → BGB § 1310 Rn. 29 ff.). 22

**c) Umwandlung einer unwirksamen Lebenspartnerschaft.** Die Umwandlung setzt das Bestehen einer wirksamen Lebenspartnerschaft voraus (→ Rn. 11 f.). Nach hM (aA → § 1 Rn. 9, 19) ist eine Lebenspartnerschaft, deren Begründung gegen § 1 aF verstößt, nichtig und kann somit nicht 23

---

38 Vgl. BGH NJW-RR 2012, 897 (898); *Löhnig* NZFam 2017, 977 (978).

39 Vor Erlass des Eheöffnungsbegleitgesetzes enthielt § 20a keinen Verweis auf §§ 1313 ff. BGB, weshalb deren analoge Anwendung diskutiert wurde: *Schwab* FamRZ 2017, 1284 (1287); *Kaiser* FamRZ 2017, 1985 (1987).

40 BT-Drs. 19/4670, 28 f.

41 BT-Drs. 19/4670, 29.

42 BT-Drs. 19/4670, 29.

43 So auch *Löhnig* NZFam 2017, 977 (978); *Dutta* FamRZ 2019, 163 (164 Fn. 12); *Kaiser* FamRZ 2019, 845 (848).

44 BT-Drs. 18/6665, 10.

45 DNotI DNotI-Report 2017, 145 (146).

46 *Löhnig* NZFam 2017, 977 (978); *Kaiser* FamRZ 2017, 1985 (1987).

in eine Ehe umgewandelt werden. Es fragt sich daher, welche Bedeutung es hat, wenn bezüglich einer unerkannt unwirksamen Lebenspartnerschaft (andernfalls käme es direkt zu einer Eheschließung nach § 1310 BGB) ein Umwandlungsverfahren gemäß § 20a durchgeführt wird. Konkret ist zu klären, ob eine gescheiterte **Umwandlung in eine Eheschließung** iSd § 1310 BGB **umgedeutet** werden kann (§ 140 BGB) oder ob der Umwandlung keine Bedeutung zukommt und die vermeintlichen Lebenspartner stattdessen auf eine spätere Eheschließung gemäß § 1310 BGB verwiesen sind.[47] Für letzteren Ansatz und somit gegen eine Umdeutung spricht zwar, dass §§ 1303–1309 BGB bei der Umwandlung keine Anwendung finden (→ Rn. 16), sodass die Wirksamkeitsvoraussetzungen einer Umwandlung von denen einer Eheschließung teilweise abweichen, und dass es zu keiner Prüfung der Ehevoraussetzungen durch den Standesbeamten gemäß § 13 PStG kommt (→ Rn. 8).[48] Diese Einwände stehen der grundsätzlichen Möglichkeit einer Umdeutung indes nicht entgegen, da auch bei einer Umdeutung die Ehe nur dann wirksam ist, wenn die Voraussetzungen der §§ 1303 ff. BGB erfüllt sind, während das Unterbleiben der Prüfung der Ehevoraussetzungen durch den Standesbeamten gemäß § 13 PStG der materiellen Wirksamkeit der Ehe nicht entgegensteht.

24 Für die Behandlung der Erklärung der Betroffenen ist somit entscheidend, ob in die Umwandlungserklärungen der Beteiligten auch der **Wille zur originären Eheschließung hineingelesen** werden kann; ob die Beteiligten also iSd § 140 BGB bei Kenntnis der Nichtigkeit der Umwandlung stattdessen eine originäre Eheschließung gewollte hätten. Regelmäßig wird dies der Fall sein. Der Wortlaut der Umwandlungserklärung des § 20a („Ehe … führen wollen“) weicht zwar leicht von demjenigen der Eheschließungserklärung des § 1310 BGB („Ehe … eingehen zu wollen“) ab. Er drückt explizit nur den Willen aus, eine formalisierte Paarbeziehung fortzusetzen, und nicht den Willen, sie zu begründen. Dennoch stimmen Eheschließungs- und Umwandlungserklärung darin überein, dass nach der Erklärung zwischen den Betroffenen eine Ehe bestehen soll. Die Umdeutung in eine Eheschließung kommt dem Willen der Beteiligten mithin deutlich näher als die Bedeutungslosigkeit des Umwandlungsverfahrens. Da die Betroffenen sich für verpartnert halten (andernfalls würden sie keine Umdeutung anstreben), wird die Umdeutung in eine Eheschließung ihren Erwartungen eher entsprechen als rückwirkend festzustellen, dass – trotz Durchlaufens zweier formalisierter Verfahren – sowohl die Lebenspartnerschaft als auch die Umwandlung unerkannt unwirksam waren. Für die Umdeutung spricht weiterhin, dass auch umgekehrt der Versuch zweier Lebenspartner, trotz einer bestehenden Lebenspartnerschaft eine neue Ehe zu schließen, in eine Umwandlung umgedeutet wird (→ Rn. 2).[49] Es kommt somit **grundsätzlich** zu einer **Umdeutung der gescheiterten Umwandlung in eine Eheschließung** nach § 1310 BGB. Die Wirksamkeit der Eheschließung ist dabei eigenständig nach §§ 1303 ff. BGB zu beurteilen.

25 Für eine Umdeutung spricht letztlich auch, dass so teilweise dem Umstand abgeholfen werden kann, dass nach hM ein Verstoß gegen § 1a aF stets zur Nichtigkeit der Lebenspartnerschaft führte und eine Aufhebbarkeit oder Heilung ausschied – anders als bei der Ehe und somit unter Verstoß gegen Art. 3 GG (→ § 1 Rn. 19). Wäre die Lebenspartnerschaft – wie die Ehe – bei einem Verstoß gegen § 1 aF lediglich aufhebbar, so wäre eine Umwandlung schließlich möglich (→ Rn. 12).

26 Eine Umdeutung ist daher auch nicht notwendig, wenn man wie oben vertreten in Analogie zu § 1310 Abs. 2 und 3 BGB bzw. § 1314 Abs. 1, Abs. 2 Nr. 5 BGB von einer **Heilbarkeit** einer fehlerhaften Lebenspartnerschaft bzw. von deren **Aufhebbarkeit** als Folge eines Verstoßes gegen § 1 aF ausgeht (→ § 1 Rn. 19). Ist eine fehlerhaft begründete Lebenspartnerschaft geheilt bzw. lediglich aufhebbar, so kann sie gemäß § 20a in eine Ehe umgewandelt werden (→ Rn. 12).

## IV. Rechtsfolgen der Umwandlung

27 Die Lebenspartnerschaft wird gemäß § 20a in eine Ehe umgewandelt. Die rechtliche Beziehung besteht fort, ändert allerdings ihre Gestalt. Die Lebenspartnerschaft geht in der Ehe auf. Es handelt sich um eine „identitätswahrende Umwandlung“.[50] § 20a liegt der Gedanke der **Kontinuität des Rechtsverhältnisses** zu Grunde.[51] Es entstehen keine Abwicklungsansprüche auf Zugewinnausgleich oder Versorgungsausgleich.[52] Ein Lebenspartnerschaftsvertrag wirkt als Ehevertrag fort (Abs. 3, → Rn. 32); ein gemeinschaftliches Testament bleibt wirksam (Abs. 4, → Rn. 33); die Ehegatten dürfen nicht erneut einen Ehenamen wählen (Abs. 2, → Rn. 30 f.). Rückwirkend wird fingiert, dass die Ehe seit Begründung der Lebenspartnerschaft bestand. Rechte und Pflichten der Ehegatten

47 So *Kaiser* FamRZ 2017, 1985 (1989); wohl ebenso *Löhnig* NZFam 2017, 977.
48 *Kaiser* FamRZ 2017, 1985 (1989).
49 BT-Drs. 19/4670, 28.
50 *Schwab* FamRZ 2017, 1284 (1288); DNotI DNotI-Report 2017, 145 (146); *Erbarth* FamRB 2017, 429 (435).
51 DNotI DNotI-Report 2017, 145 (146).
52 *Löhnig* NZFam 2017, 977 (978 f.).

werden rückwirkend bis zur Begründung der Partnerschaft angeknüpft (Abs. 5, → Rn. 34 ff.; Abs. 6, → Rn. 40). So soll die Ungleichbehandlung von Lebenspartnern gegenüber Eheleuten im Nachhinein beseitigt werden (vgl. bereits Art. 3 Abs. 2 Gesetz zur Einführung des Rechts auf Eheschließung für Personen gleichen Geschlechts vom 20.7.2017, BGBl. 2017 I 2787).[53]

Wegen der weitgehenden inhaltlichen Angleichung der Lebenspartnerschaft an die Ehe kommt es nur zu wenigen Änderungen der laufenden Rechte und Pflichten.[54] Die einzig verbliebene bedeutsame Änderung ist, dass die Ehepartner nach der Umwandlung fremde Kinder gemäß § 1741 Abs. 2 S. 2 BGB gemeinsam adoptieren können und auch müssen. 28

Zu keiner Angleichung mit verschiedengeschlechtlichen Ehepaaren kommt es im **Abstammungsrecht,** das weiterhin nach Geschlechtern differenziert. Nutzen bspw. zwei weibliche Ehepartnerinnen eine Samenspende, so wird die Ehefrau der Gebärenden nicht gemäß § 1592 Nr. 1 BGB von Gesetzes wegen zweiter Elternteil oder kann gemäß Nr. 2 die Elternschaft anerkennen, sondern muss das Kind adoptieren.[55] Eine analoge Anwendung scheidet aus. Angesichts der umfangreichen rechtspolitischen Diskussionen zu dieser Thematik,[56] kann man nicht von einer planwidrigen Regelungslücke ausgehen. Eine gleichgeschlechtliche Elternschaft nach ausländischem Recht oder aufgrund einer ausländischen Entscheidung kann allerdings in Deutschland gemäß Art. 19 EGBGB bzw. § 108 FamFG Wirkung entfalten (→ 7. Aufl. 2018, EGBGB Art. 19 Rn. 57). 29

**1. Keine neue Bestimmung eines Ehenamens (Abs. 2).** Haben die Lebenspartner weder bei Begründung der Lebenspartnerschaft noch danach gemäß § 3 Abs. 1 einen Lebenspartnerschaftsnamen bestimmt, so können sie dies **bei der Umwandlung nachholen** (§ 17a Abs. 2 PStG, § 14 Abs. 1 PStG, § 1355 BGB). Auch unabhängig von der Umwandlung wäre den Lebenspartnern eine nachträgliche Bestimmung des Lebenspartnerschaftsnamens durch öffentlich beglaubigte Erklärung möglich (§ 3 Abs. 1 S. 4).[57] 30

Laut Abs. 2 können die Lebenspartner bei der Umwandlung in eine Ehe jedoch keinen neuen Ehenamen bestimmen, wenn sie **bereits zuvor einen Partnerschaftsnamen** nach § 3 bestimmt hatten. In seiner ursprünglichen Fassung vom 20.7.2017 enthielt § 20a keine Vorgaben zu diesem Thema, weshalb die Möglichkeit einer erneuten Bestimmung des Ehenamens unklar war.[58] Hinter der Regelung des Abs. 2 steht der Gedanke, dass die Umwandlung auf die Begründung der Lebenspartnerschaft zurückwirkt und die bisherige rechtliche Beziehung fortgesetzt wird, wenn auch in umgewandelter Form. Es bedürfe daher keines erneuten Namenswahlrechts. Vielmehr hätten die Lebenspartner ihr Wahlrecht, das ihnen bei der Begründung der Lebenspartnerschaft zustand, bereits verbraucht.[59] 31

**2. Fortgeltung von Lebenspartnerschaftsverträgen und gemeinschaftlichen Testamenten (Abs. 3, Abs. 4). Lebenspartnerschaftsverträge,** die die Lebenspartner vor der Umwandlung geschlossen haben, gelten nach Abs. 3 als Eheverträge fort – unabhängig davon, ob sie vor Begründung der Lebenspartnerschaft oder danach geschlossen wurden.[60] § 20a enthielt in seiner ursprünglichen Fassung keine Regelung zu diesem Thema, weshalb das Schicksal von Lebenspartnerschaftsverträgen in der Literatur streitig war[61] und durch das Eheöffnungsbegleitgesetz eine Klarstellung eingefügt wurde.[62] Soweit sich der Vertrag auf Regelungen bezieht, die nach der Umwandlung nicht mehr einschlägig sind, kann durch Auslegung abgeholfen werden.[63] Wollen die Lebenspartner von einem Lebenspartnerschaftsvertrag Abstand nehmen, können Sie ihn aufheben oder einen neuen Ehevertrag schließen.[64] 32

Abs. 4 stellt klar, dass auch **gemeinschaftliche Testamente** der Lebenspartner (§ 10 Abs. 4; → § 10 Rn. 5) nach der Umwandlung fortgelten.[65] 33

---

53 BT-Drs. 18/6665, 10.

54 Vgl. *Kaiser* FamRZ 2017, 1985 (1990).

55 BGH BeckRS 2018, 26815 Rn. 9 ff.; für eine Anwendung des Abstammungsrechts auch auf gleichgeschlechtliche Ehepaare *Erbarth* FamRB 2017, 429 (436).

56 Siehe nur *Helms* Verh. 71. DJT, 2016, F1; *Arbeitskreis Abstammungsrecht,* Abschlussbericht – Empfehlungen für eine Reform des Abstammungsrechts, 2017.

57 *Kaiser* FamRZ 2017, 1889 (1892).

58 Ein erneutes Bestimmungsrecht sahen etwa *Helms* StAZ 2018, 33 (35); *Kaiser* FamRZ 2017, 1889 (1892).

59 BT-Drs. 19/4670, 29.

60 *Löhnig* NZFam 2017, 977 (979).

61 Für Fortgeltung als Ehevertrag DNotI DNotI-Report 2017, 145 (146); *Löhnig* NZFam 2017, 977 (979); dagegen *Kaiser* FamRZ 2017, 1985 (1991).

62 BT-Drs. 19/4670, 29.

63 *Löhnig* NZFam 2017, 977 (979).

64 BT-Drs. 19/4670, 29.

65 Vgl. DNotI-Report 2017, 145 (147); DNotV-Stellungnahme vom 13.6.2018 zum Gesetz zur Umsetzung des Gesetzes zur Einführung des Rechts auf Eheschließung für Personen gleichen Geschlechts.

34 **3. Begründung der Lebenspartnerschaft als Stichtag für Rechte und Pflichten der Ehegatten (Abs. 5).** Seit Inkrafttreten des Eheöffnungsbegleitgesetzes am 22.12.2018 bestimmt § 20a Abs. 5, dass für Rechte und Pflichten der Ehegatten auch nach der Umwandlung der Lebenspartnerschaft in eine Ehe der Tag der Begründung der Lebenspartnerschaft maßgeblich bleibt.[66] Bei der Öffnung der Ehe enthielt zunächst nur Art. 3 Abs. 2 Eheöffnungsgesetz vom 20.7.2017 (BGBl. 2017 I 2787) eine entsprechende Regelung, während § 20a dazu schwieg. Abs. 5 soll auch klarstellen, dass die Lebenspartnerschaft von der Ehe konsumiert wird, dass also die bisherige rechtliche Beziehung fortgesetzt wird, allerdings in umgewandelter Form.[67]

35 Bezüglich des **Güterrechts** ist rückwirkend ab Begründung der Lebenspartnerschaft die Zugewinngemeinschaft gesetzlicher Güterstand. Der Tag der Begründung der Lebenspartnerschaft ist Stichtag für das Anfangsvermögen (§ 1374 BGB).[68] Für zahlreiche Betroffene sicher überraschend soll es auch dann rückwirkend zu einer Zugewinngemeinschaft kommen, wenn die Lebenspartnerschaft vor dem 1.1.2005 begründet wurde und ein Lebenspartner nach Einführung der Zugewinngemeinschaft am 1.1.2005 für Gütertrennung optiert hatte (§ 21 Abs. 2 idF vom 15.12.2004; → § 21 Rn. 2) oder wenn die Vermögenstrennung als Auffangtatbestand galt gemäß § 6 Abs. 3 idF vom 16.2.2001.[69] Die Vereinbarung eines abweichenden Güterstands (etwa der Gütertrennung) hat nur Bestand, wenn sie als Lebenspartnerschaftsvertrag notariell beurkundet wurde (vgl. § 7 iVm § 1410 BGB).[70] Um diese Folgen der Umwandlung zu vermeiden, können die Ehepartner vor oder nach der Umwandlung einen Ehevertrag schließen, sofern sie sich der Notwendigkeit denn bewusst sind.[71]

36 Entsprechend verhält es sich beim **nachehelichen Unterhalt.** Auch insoweit wirkt die Umwandlung auf die Begründung der Lebenspartnerschaft zurück.[72] Die „Dauer der Ehe" iSd § 1570 Abs. 2 BGB, § 1574 Abs. 2 S. 2 BGB, § 1578b Abs. 1 S. 2 BGB schließt die Dauer der Lebenspartnerschaft mit ein.[73] Die Rückwirkung gilt selbst, wenn die Lebenspartnerschaft vor dem 1.1.2005 begründet wurde und die Lebenspartner gemäß § 21 Abs. 3 idF vom 15.12.2004 erklärt haben, dass sich die gegenseitigen Unterhaltspflichten weiterhin nach der bis zum 31.12.2004 geltenden Rechtslage richten sollen (→ § 21 Rn. 2).[74] Abweichende Vereinbarungen durch Lebenspartnerschaftsvertrag (§ 7) gelten fort (vgl. Abs. 3). Anlässlich der Umwandlung können die Ehegatten zudem eine abweichende Unterhaltsvereinbarung treffen.[75]

37 Bereits **abgeschlossene Vorgänge** müssen grundsätzlich nicht neu bewertet werden, so bleibt eine Einzel- oder Sukzessivadoption weiter wirksam.[76] Hat ein Lebenspartner vor der Umwandlung allein ein Kind angenommen, so kann es der andere Lebenspartner – bzw. dann Ehepartner – nach der Umwandlung gemäß § 1741 Abs. 2 S. 3 BGB, § 1742 BGB annehmen, wodurch das Kind gemäß § 1754 BGB zu einem gemeinschaftlichen Kind der Ehepartner wird.[77]

38 Unproblematisch ist, dass das **Erbrecht** eingetragener Lebenspartner erst zum Jahre 2005 an das Ehegattenerbrecht angeglichen wurde. Da eine posthume Umwandlung nicht möglich ist (→ Rn. 6), stellt sich auch die Frage der Rückwirkung der Umwandlung auf Erbfälle vor dem Jahre 2005 nicht.[78] Letztwillige Verfügungen aus der Zeit vor 2005 gelten grundsätzlich fort, ihr Inhalt ist durch ergänzende Auslegung zu ermitteln, sofern sie sich auf die damalige Rechtslage beziehen.[79]

39 In **Formularen** soll als Tag der Eheschließung der Tag der Umwandlung eingetragen werden, wegen der Rückwirkung ergänzt durch den Tag der Begründung der Lebenspartnerschaft.[80]

40 **4. Stichtag für Versorgungsausgleich (Abs. 6).** Abs. 6 überträgt die Grundlinie des Abs. 5 auf den Versorgungsausgleich. Er stellt klar, dass auch diejenigen Versorgungsanrechte in den

---

66 So zum Ehegattensplitting FG Hamburg FamRZ 2018, 1620.
67 BT-Drs. 19/4670, 29.
68 *Kaiser* FamRZ 2017, 1985 (1991).
69 BT-Drs. 19/4670, 29; *Kaiser* FamRZ 2017, 1985 (1993); aA – unter § 20a idF vom 20.7.2017 – DNotI DNotI-Report 2017, 145 (146); *Löhnig* NZFam 2017, 977 (979).
70 BT-Drs. 19/4670, 29.
71 BT-Drs. 19/4670, 29.
72 BT-Drs. 19/4670, 29.
73 *Kaiser* FamRZ 2017, 1985 (1991).
74 BT-Drs. 19/4670, 29; so bereits *Kaiser* FamRZ 2017, 1985 (1993); DNotI DNotI-Report 2017, 145 (147); aA – unter § 20a aF – *Löhnig* NZFam 2017, 977 (979).
75 BT-Drs. 19/4670, 30; vgl. auch *Kaiser* FamRZ 2017, 1985 (1993); DNotI DNotI-Report 2017, 145 (147).
76 *Kaiser* FamRZ 2017, 1985 (1991).
77 *Knoop* NJW-Spezial 2017, 580 (580).
78 *Löhnig* NZFam 2017, 977 (979 f.).
79 *Löhnig* NZFam 2017, 977 (980).
80 BT-Drs. 19/4670, 30.

Versorgungsausgleich einzubeziehen sind, die seit Beginn des Monats der Begründung der Lebenspartnerschaft bis zum Beginn des Monats der Umwandlung erworben wurden.[81] Vor Erlass des Eheöffnungsbegleitgesetzes war unklar, inwiefern vor der Umwandlung erworbene Anrechte beim Versorgungsausgleich berücksichtigt werden sollten. Dies betraf insbesondere solche Anrechte, die vor dem 1.1.2005 erworben wurden, seit dem für Lebenspartner ein Versorgungsausgleich überhaupt erst vorgesehen ist (→ § 20 Rn. 1).[82] Die Berücksichtigung der Zeit seit Begründung der Lebenspartnerschaft entspricht dem Gedanken, dass die Lebenspartner nach der Umwandlung so behandelt werden, als hätten sie bei Begründung der Lebenspartnerschaft geheiratet.[83] Die vor der Umwandlung erworbenen Anrechte werden auch dann einbezogen, wenn die Lebenspartnerschaft vor dem 1.1.2005 begründet wurde und die Lebenspartner nicht gemäß § 21 Abs. 4 idF vom 15.12.2004 erklärt haben, dass ein Versorgungsausgleich durchgeführt werden solle (vgl. § 20 Abs. 4).[84] Eine abweichende Vereinbarung können die Ehegatten vor oder nach der Umwandlung treffen.[85]

---

81 Vgl. *Kaiser* FamRZ 2017, 1985 (1991).
82 *Schwab* FamRZ 2017, 1284 (1288); DNotI-Report 2017, 145 (146).
83 BT-Drs. 19/4670, 30; *Siede* FamRZ 2018, 1 (3).
84 BT-Drs. 19/4670, 30; vgl. bereits *Löhnig* NZFam 2017, 977 (979); *Erbarth* FamRB 2017, 429 (436); DNotI DNotI-Report 2017, 145 (147); *Siede* FamRZ 2018, 1 (2 ff.).
85 BT-Drs. 19/4670, 30.

## Abschnitt 6. Übergangsvorschriften

### § 21 Anwendung eherechtlicher Regelungen auf Lebenspartnerschaften

**Regelungen zu Ehegatten und Ehen, die nach dem 22. Dezember 2018 in Kraft treten, gelten entsprechend für Lebenspartner und Lebenspartnerschaften, wenn nichts anderes bestimmt ist.**

1 § 21 enthält einen **Globalverweis,** nach dem Änderungen des Eherechts, die nach Inkrafttreten des Eheöffnungsbegleitgesetzes in Kraft treten, entsprechend für fortbestehende Lebenspartnerschaften gelten, sofern nicht etwas anderes bestimmt ist. Die Lebenspartnerschaft nimmt somit grundsätzlich an der **Fortentwicklung des Eherechts** teil. Unterschiede, die vor diesem Zeitpunkt bestanden, sollen demgegenüber fortgelten. Lebenspartner können somit weiterhin keine Kinder gemeinsam adoptieren, sondern sind auf eine Sukzessivadoption verwiesen. Lebenspartnerschaften werden zudem weiterhin gemäß § 15 aufgehoben und nicht geschieden.[1] Ob dieser Fortbestand materieller Unterschiede zur Ehe mit Art. 3 GG vereinbar ist, ist zweifelhaft.

2 Die Übergangsvorschriften zum LPartÜG in **§ 21 aF** sind gemäß Art. 7 Abs. 2 LPartÜG am 31.12.2010 außer Kraft getreten. Die Abs. 2–4 aF waren bereits durch Fristablauf am 31.12.2005 gegenstandslos geworden. Für vor dem 31.12.2004 begründete Lebenspartnerschaften galt grundsätzlich das neue, durch das LPartÜG eingeführte Recht. Auch die damals geltende Ausgleichsgemeinschaft wurde kraft Gesetzes übergeleitet in die Zugewinngemeinschaft; in der Sache bestand ohnehin kein Unterschied, nur im Zustandekommen (→ § 6 Rn. 2 f.). Vermögenstrennung wurde übergeleitet in Gütertrennung. Bis zum 31.12.2005 konnte jeder Lebenspartner auch die Ausgleichsgemeinschaft in Gütertrennung überführen (Abs. 2 aF) oder für die Unterhaltspflichten die Fortgeltung des alten Rechts erklären (Abs. 3 aF). Für den am 1.1.2005 in Kraft getretenen Versorgungsausgleich konnten Altpartner nach Abs. 4 aF bis zum Jahresende gemeinsam optieren.

### § 22 Abgabe von Vorgängen

**[1]Die bis zum Inkrafttreten dieses Gesetzes nach Landesrecht für die Begründung der Lebenspartnerschaft zuständigen Stellen haben die bei ihnen entstandenen Vorgänge einer jeden Lebenspartnerschaft an das Standesamt abzugeben, das nach § 17 des Personenstandsgesetzes für die Entgegennahme der Erklärungen der Lebenspartner zuständig gewesen wäre. [2]Sind danach mehrere Standesämter zuständig, so sind die Unterlagen an das Standesamt, in dessen Bezirk beide Lebenspartner ihren Wohnsitz oder ihren gewöhnlichen Aufenthalt haben, abzugeben; haben die Lebenspartner keinen gemeinsamen Wohnsitz oder gewöhnlichen Aufenthalt, so ist das Standesamt zuständig, in dessen Bezirk einer der Lebenspartner seinen Wohnsitz oder seinen gewöhnlichen Aufenthalt hat. [3]Verbleiben auch danach noch mehrere Zuständigkeiten, so ist die abgebende Behörde bei der Wahl unter den zuständigen Standesämtern frei. [4]Der Standesbeamte des danach zuständigen Standesamts hat die in § 17 in Verbindung mit den §§ 15, 16 des Personenstandsgesetzes bezeichneten Angaben unter Hinweis auf die Behörde, vor der die Lebenspartnerschaft begründet worden ist, in ein gesondertes Lebenspartnerschaftsregister einzutragen.**

1 Zwecks Beseitigung der landesrechtlich zersplitterten Zuständigkeiten erklärte das Personenstandsreformgesetz vom 19.2.2007 (BGBl. 2007 I 122, 142) bundesrechtlich ab 1.1.2009 grundsätzlich die Standesbeamten zur zuständigen Partnerschaftsbehörde. Gemäß der Übergangsvorschrift des § 22 hatten deshalb die bisher nach Landesrecht zuständigen Stellen die Vorgänge an die Standesämter abzugeben.

[1] BT-Drs. 19/4670, 30.

## Abschnitt 7. Länderöffnungsklausel

### § 23 Abweichende landesrechtliche Zuständigkeiten

**[1]Die Länder können abweichend von den §§ 3 und 9 bestimmen, dass die jeweiligen Erklärungen nicht gegenüber dem Standesbeamten, sondern gegenüber einer anderen Urkundsperson oder einer anderen Behörde abzugeben sind; bereits bestehende landesrechtliche Regelungen bleiben unberührt. [2]Die zuständigen Behörden sind verpflichtet, dem zuständigen Standesamt die für die Eintragung in das Lebenspartnerschaftsregister erforderlichen Angaben mitzuteilen. [3]Sie sind überdies berechtigt, personenbezogene Daten von Amts wegen an öffentliche Stellen des Bundes, der Länder und der Kommunen zu übermitteln, wenn die Kenntnis dieser Daten zur Ergänzung und Berichtigung sowie zur Fortführung von Unterlagen dieser Stellen im Rahmen ihrer Aufgaben erforderlich ist.**

Die vormals drei Absätze des § 23 aF, angefügt mit Wirkung vom 1.1.2009 durch das Personenstandsreformgesetz vom 19.2.2007 (BGBl. 2007 I 122), wurden durch das Lebenspartnerschaftsrechtsbereinigungsgesetz vom 20.11.2015 (BGBl. 2015 I 2010) zu einem einzigen Absatz vereinfacht. Von dem landesrechtlichen Zuständigkeitsvorbehalt gemäß S. 1 machte nur Bayern Gebrauch.[1] Zuständig sind dort für die Entgegennahme der Erklärungen zur Begründung der Partnerschaft einschließlich etwaiger namensrechtlicher Erklärungen außer den Standesämtern auch die Notare. Die Lebenspartnerschaftsregister führen jetzt (in elektronischer Form) stets (auch in Bayern) die Standesämter; ihnen müssen deshalb nach S. 2 die Notare die zur Eintragung erforderlichen Angaben mitteilen. Das Datenübermittlungsrecht gemäß S. 3 entspricht dem bisherigen Abs. 3 S. 1. 1

Seit der Öffnung der Ehe für Personen gleichen Geschlechts im Jahre 2017 ist die Begründung neuer Lebenspartnerschaften ausgeschlossen. Das Eheöffnungsbegleitgesetz hat daher mit Wirkung zum 22.12.2018 S. 2 aF gestrichen mit seinem Hinweis auf die Anwendung des Personenstandsgesetzes bezüglich der Anmeldung und Begründung der Lebenspartnerschaft. Auch § 1 aF wurde bei dieser Gelegenheit aus der Reihe der von S. 1 in Bezug genommenen Paragraphen gestrichen. 2

---

1 Art. 1 AGLPartG (bay. Gesetz zur Ausführung des Lebenspartnerschaftsgesetzes) vom 7.7.2009 (GVBl. 2009, 261, BayRS 404-3-J), zuletzt geändert durch VO vom 22.7.2014 (GVBl. 2014, 286, berichtigt S. 405).

# Sachverzeichnis

Die fett gedruckten Ziffern bezeichnen Artikel, Paragraphen oder Abschnitte, die mager gedruckten Randnummern.

Bearbeiterin: Dr. Cordula Scholz Löhnig

## A

## B

## G

## H

## I



## K



## L

## M

## T



## U

## V